中｜华｜国｜学｜文｜库

资治通鉴

一

〔宋〕司马光 编著

〔元〕胡三省 音注

中 华 书 局

图书在版编目(CIP)数据

资治通鉴(全十二册)/(北宋)司马光编著;(元)胡三省音注. —北京:中华书局,2013.12(2021.7重印)
(中华国学文库)
ISBN 978-7-101-09857-0

Ⅰ.资… Ⅱ.①司…②胡… Ⅲ.中国历史-古代史-编年体 Ⅳ.K204.3

中国版本图书馆CIP数据核字(2013)第277680号

书　　名	资治通鉴(全十二册)
编 著 者	〔北宋〕司马光
音 注 者	〔元〕胡三省
丛 书 名	中华国学文库
责任编辑	李　静
出版发行	中华书局 (北京市丰台区太平桥西里38号　100073) http://www.zhbc.com.cn E-mail:zhbc@zhbc.com.cn
印　　刷	北京市白帆印务有限公司
版　　次	2013年12月北京第1版 2021年7月北京第7次印刷
规　　格	开本/880×1230毫米　1/32 印张260　插页24　字数7500千字
印　　数	21001-25000册
国际书号	ISBN 978-7-101-09857-0
定　　价	790.00元

中华国学文库出版缘起

《中华国学文库》的出版缘起，要从九十年前说起。

1920 年，中华书局在创办人陆费伯鸿先生的主持下，开始编纂《四部备要》。这套汇集三百三十六种典籍的大型丛书，精选经史子集的“最要之书”，校订成“通行善本”，以精雅的仿宋体铅字排印。一经推出，即以其选目实用、文字准确、品相精美、价格低廉的鲜明特点，最大限度地满足了国人研治学问、阅读典籍的需要，广受欢迎。丛书中的许多品种，至今仍为常用之书。

新中国成立之后，党和国家倡导系统整理中国传统文献典籍。六十馀年来，在新的学术理念和新的整理方法的指导下，数千种古籍得到了系统整理，并涌现出许多精校精注整理本，已成为超越前代的新善本，为学界所必备。

同时，随着中华民族以前所未有的自信快速发展，全社会对中国固有的学术文化——国学，也表现出前所未有的关注和重视。让中华文化的优秀成果得到继承和创新，并在世界范围内进行传播和弘扬，普惠全人类，已经成为中华民族的历史使命。当此之时，符合当代国民阅读需要的权威的国学经典读本的出现，实为当务之急。于是,《中华国学文库》应运而生。

《中华国学文库》是我们追慕前贤、服务当代的产物,因此,它自当具备以下三个基本特点:

一、《文库》所选均为中国学术文化的“最要之书”。举凡哲学、历史、文学、宗教、科学、艺术等各类基本典籍,只要是公认的国学经典,皆在此列。

二、《文库》所选均为代表当代最新学术水平的“最善之本”,即经过精校精注的最有品质的整理本。其中既有传统旧注本的点校整理本,如朱熹《四书章句集注》,也有获得学界定评的新校新注本,如余嘉锡《世说新语笺疏》。总之,不以新旧为别,惟以善本是求。

三、《文库》所选均以新式标点、简体横排刊印。中国古籍向以繁体竖排为标准样式。时至当代,繁体竖排的标准古籍整理方式仍通行于学术界,但绝大多数国人早已习惯于现代通行的简体横排的图书样式。《文库》作为服务当代公众的国学读本,标准简体字横排本自当是恰当的选择。

《中华国学文库》将逐年分辑出版,每辑十种,一次推出;期以十年,以毕其功。在此,我们诚挚希望得到学术界、出版界同仁的襄助和广大读者的支持。

中华书局自1912年成立,至今已近百岁。我们将《中华国学文库》当作向中华书局百年诞辰敬献的一份贺礼,更是向致力于中华民族和平崛起、实现复兴大业的全国人民敬献的一份厚礼。我们自当努力,让《中华国学文库》当得起这份重任,这份荣誉。

中华书局编辑部

2010年12月

资治通鉴目次

附录　通鉴释文辩误

标点资治通鉴说明

资治通鉴是我国著名的古典编年史。作者司马光（一〇一九——〇八六年）和他的重要助手刘恕、刘攽、范祖禹等人根据大量的史料，通鉴采用资料，除正史以外，所采杂史多至二百二十二种。花了十九年的时间，才把从战国到五代（公元前四〇三—公元九五九年）这段错综复杂的历史编写成年经事纬的巨著。

通鉴一向为历史学者所推崇，有很多人摹仿它，写成同样体裁的编年史；它在祖国的历史编纂学上曾起过巨大的影响。固然由于时代局限，这部古典历史著作已不能满足我们现在的要求，但司马光等人毕竟在收集史料、考订事实、编排年月以及文字的剪裁、润色等方面下过一番工夫，它仍然是祖国文化遗产里的重要典籍，因此有必要把它标点重印出来，以供学习历史的人们做参考。

通鉴自从宋朝以来，有很多刻本。这次标点排印的是根据清胡克家翻刻的元刊胡注本。因原刊本已不易购得，只好用胡刻本来代替。原因是：这个本子有元朝著名学者胡三省的注文，对于阅读通鉴有很大的帮助；它把司马光的考异散注在正文之下而不单独刊行，阅读起来也比较方便。而且章钰曾根据胡刻本校过宋、明各本，并参考了以前人校过的宋、元、明本记录，写成胡刻通鉴正文校宋记，现在我们根据同一刻本标点排印，便于把章钰的校记择要附注在正文之下，这样，宋、元、明各本的长处就汇集在一起了。

标点之外，我们也增添了一些校注以及其他方面的加工，兹分述如下。

一、标点、分段

除破折号（——）、曳引号（~~~~~）和疑叹号（?!）以外，其馀一般现在通用的标点符号，在标点这部书时都使用了。有些用法，需要在这里说明。

（一）人名标号

凡谥号、尊号，不论名词长短，一律加标号，如“太祖高皇帝”、“文惠皇后”、“从天生大突厥天下贤圣元子伊利居卢设莫何沙钵略可汗”。

非真实姓名而习惯上已用作一人私名者，加标号，如“圯上老人”、“角里先生”、“赤松子”、“南郭先生”。

爵名如“齐王”、“魏公”、“淮阴侯”、“新沓伯”、“贡符子”、“奉春君”之类，在爵衔之上有的冠以地名，有的冠以封号，为求统一起见，一律于爵衔之旁加标号。惟如“魏主焘”、“燕主儁”之类，因“主”字为泛称，故不加标号。

有的人名和官名，习惯上往往连在一起称呼，则作为一个名词，连同官名加标号，如“师尚父”、“王子比干”、“司马穰苴”等是。也有在人名之上加封爵的，则分别在封爵与名字之旁加标号，如“屈侯鲋”、“嵬王诃”等是。

（二）地名标号

凡地名，不论所指区域大小，一律加标号，如“中华”、“浙江”、“山南道行台”、“广通渠”、“临春阁”、“南内”。

“河”如果专指“黄河”，“江”如果专指“长江”，也加上标号，一般泛称江河，则不加标号。

凡民族专名，同地名一样的加标号；但有时民族专用名词变为普通名词，则不加标号。如“胡”专指匈奴，“蕃”专指吐蕃，加标号；一般泛称的胡番，不加标号。

（三）代名标号

朝代名有时加次序、方位及统治者的姓氏以示区别于其他同名的朝代，则连同所添之字加标号，如“前汉”、“后汉”、“西晋”、“东晋”、“曹魏”、“拓跋魏”、“李唐”、“后唐”、“南唐”。

（四）书名标号

凡简称的书名，如“五代志”、指隋书中的某一志。“旧传”，指旧唐书中的某列传。仍加书名标号；简称书的作者及其所作之书，如“班书”、指班固汉书。“班志”，指汉书中的某一志。则加人名标号及书名标号。

歌舞名词，加书名标号，如“五夏：昭夏、皇夏、诚夏、需夏、肆夏。二舞：文、武二舞。”

（五）引号

凡比较特殊的事物加引号，如“杨素造大舰，名曰‘五牙’，上起楼五层，容战士八百人；次曰‘黄龙’，置兵百人。”

一般人常说的成语也加引号，如“文士元万顷等常于北门候进止，时人谓之‘北门学士’。”

通鉴正文及考异引书，均加引号；胡三省注引书，一般不加引号。

"臣光曰"、"汉纪曰"、"班固曰"等议论按语，低两格排，不加引号；论中引文，则加用引号。

（六）分段

原书一卷中每年提行，一年中依事分段，各空一格。现将年份独立成一行，顶格排印。年下纪事，每段一律提行，首行低两格排印，加标"1""2""3""4"等号码，借以保存原来分段面目。至每事细为分段，则不标号码，表示是此次标点者所加。但胡刻分段，间有应空格而不空格，也有不应空格而误空格处，现在都纠正过来。

二、选录章钰胡刻通鉴正文校宋记作注

章钰以胡刻通鉴为底本，曾校勘过宋刊本通鉴九种，章钰简称为十二行本，甲、乙十五行本、十四行本，甲、乙十六行本，甲、乙十一行本，传校北宋本。参校过明刊本通鉴一种，即孔天胤本，章钰简称为孔本。并参阅张敦仁资治通鉴刊本识误、张瑛资治通鉴校勘记章钰以张校、退斋校代表以上二书。及熊罗宿胡刻资治通鉴校字记等书，写成胡刻通鉴正文校宋记三十卷，校出胡刻通鉴中的很多错处；据章钰统计，胡刻"二百九十四卷中，脱、误、衍、倒四者，盖在万字以上，内脱文五千二百馀字，关系史实为尤大。"

我们把章钰书中的重要校勘都收入本书做注文（用新五号铅字排印，加一"章"字，并用括号【】括出，以示注文为此次所加，非胡刻原有），如卷一，页20，周安王八年"齐伐鲁，取最"句下，章钰根据宋、明刊本、张敦仁识误及张瑛校勘记诸书校出有"韩救鲁"三字，因在"最"字下括注：

章：十二行本"最"下有"韩救鲁"三字；乙十一行本

同；孔本同；张校同；退斋校同。
这是校出脱漏的例子。

卷一八三，页4785，隋炀帝大业十二年十月，“李密……亡去，抵其妹夫雍丘令丘君明……密自雍州亡命，往来诸帅间……”章钰据宋、明刊本及张敦仁识误校出“雍州”为“雍丘”之误，因在“雍州”下括注：

章：十二行本“州”作“丘”；乙十一行本同；孔本同；张校同。
这是校出错字的例子。

卷二六，页714，汉宣帝神爵二年，“匈奴虚闾权渠单于将十馀万骑旁塞猎，欲入边为寇，未至，会其民题除渠堂亡降汉言状，汉以为言兵鹿奚鹿卢侯。”“言兵鹿奚鹿卢侯”汉书匈奴传作“言兵鹿奚卢侯”，章钰校宋刊本及张瑛校勘记也作“言兵鹿奚卢侯”，因在“鹿卢”下括注：

章：甲十五行本无“鹿卢”“鹿”字；乙十一行本同；退斋校同。
这是校出衍文的例子。

卷二四，页664，汉宣帝本始三年，女医淳于衍夫“谓衍‘可过辞霍夫人（显），行为我求安池监。’衍如言报显，显因心生，辟左右，字谓衍曰：‘少夫幸报我以事……’”，“心生”二字不辞，章钰据宋、明刊本及张敦仁、张瑛二书校出应作“显因生心辟左右”，因在“心生”下括注：

章：甲十五行本二字互乙；乙十一行本同；孔本同；张校同；退斋校同。
这是校出颠倒错误的例子。

凡章钰所谓“脱误衍倒”的错误，我们一般只是把校文注在正文之下，并不改正原文。只有比较重要的遗漏，才把它补作正文。如卷五，页132，胡刻于周赧王“五十一年”下脱“秦武安君伐韩，拔九城，斩首五万。田单为齐相。五十二年”二十二字，这样，正文便少了一年的历史，并把五十二年的事错为五十一年的事。章钰据宋、明刊本及张敦仁识误校出这段脱文是非常重要的，故本书据以补入正文，并注明：

以上二十二字，胡刻本缺，据章校补；章氏系据十二行本、乙十一行本及孔本。

章钰把张敦仁识误、张瑛校勘记及严衍资治通鉴补校勘通鉴的异文而无别本可资印证处，列为附录，我们也选录了一些作注文（用“张”、“退”、“严”等字代表上举三书）。

章钰书里有一篇胡刻通鉴正文校宋记述略，我们把它放在第一册的前面，以便明了他的校勘过程和他用的是些什么本子。

还得指出，章钰校记和他所列的附录，有很多异文是不关重要甚而是错误的，需要大量删汰，例如：

卷二七三，页7444，后唐同光二年三月，“李存审……屡表求入觐”，章钰在“屡表”下的校文是：“十二行本‘屡’作‘累’”。这两个字在这句话里，意义没什么大差别，故不选录。

卷一〇六，页2817，晋太元十一年七月，狄道长苻登“秦主丕之族子也”，章钰附录严衍的改订是：“秦主坚之族孙也”。苻丕是苻坚的儿子，苻登既是苻丕的族子，自然就是苻坚的族孙。故不选录。

卷二一〇，页5588，唐先天元年八月，“乙巳，于鄚州北置渤海军”，章钰在“鄚”字下的校文是：“十二行本‘鄚’作‘漠’……”，按唐代河北并无漠州，但有鄚州，“鄚”字不误，十二行本作“漠”反而错了。故不选录。

卷一三三，页3495，刘宋元徽二年“夏五月壬午，桂阳王休范反……庚寅，大雷戍主杜道欣驰下告变……辛卯，休范前军已至新林。”章钰附录张敦仁识误说“寅”作“辰”。按通鉴这一段叙事，日期排得很清楚，由壬午而庚寅而辛卯，顺序也对。假如把“庚寅”改成“庚辰”，那就错了，因为庚辰是在壬午的前两天。故不选录。

我们在选录章钰书时，经过一番斟酌去取，因此，不少校文被删去了。

三、其他的加工

我们作了以下的加工：

（一）根据四部丛刊影宋本通鉴考异并参考了胡元常据万历刊本所作的校记，将胡刻本所附考异校勘了一遍，校出遗文十一条，并改正了若干误字和错简。考异原为单刊本，元刊胡注本散入正文，有的地方放得不合适，现在都依据宋本改正。

（二）凡胡刻一般明显的错字，如“刺史”误为“剌史”，“段规”误为“叚规”，以及“羡”、“羨”不分，“汜”、“氾”无别等，均为改正；其字体写法歧异者，如“强”或作“彊”，“法”或作“灋”之类，都改归一律。又所有帝王名讳缺笔及封建性的抬头、空格之类，也统加更正。

（三）凡胡注误文，不为擅改，而括注正字于误字之下，如卷一四，页374，胡注将长安志的作者“宋敏求”误为“沈敏求”，则括注“宋”字于“沈”字之下。其有衍文、脱漏，也括注出来。如卷一〇四，页2745，胡注：“北人谓父为鲜卑母为铁弗，因以为姓。”文义不明。考胡三省此段文字是采自李延寿北史，北史夏赫连氏传“谓”下有“胡”字，但文义仍不很通晓。再考北史是钞自魏收魏书，魏书铁弗刘虎传原文为“北人谓胡父鲜卑母为铁弗”。因在“谓”下括“胡”字，“为”下括“衍”字，意思才明白。

（四）凡胡注缺文，可以据书增补的，则概加增补，并加括弧。如卷八五，页2241，“刘昫曰：义阳……唐为”以下有空白数字，今据旧唐书于“为”字下括补“申州义阳县”五字。其无法增补的，则依据原书空格的多少，括注“原缺若干字”。

（五）胡三省音注间有错误处，就我们所能知道的加以改正，并括注所改之字于原字下。音注有时错放了地方，也改正了。

（六）通鉴以尔雅释天中岁阳、岁阴诸名词作纪年符号，但这些名词早已不通用。因此注上干支。如在卷一，页1，周纪一“著雍摄提格”下括注“戊寅”二字，于“玄黓困敦”下括注“壬子”二字。又在每年之下括注干支和公历，如周威烈王二十三年下注出“戊寅、前四〇三”等字；这样，对于读者比较方便些。

这次标点是由十二位同志分担的，另由其中四位同志组成校阅小组，每卷标点完，一般都经过两次的校阅（标点及校阅者姓名列在各卷之末）。本书付排时，承古籍出版社校阅的同志提出一些意见，又加以修改，同时校阅小组中的聂崇岐同志校看了全书的校样，又作了若干修正。虽然我们努力使它没有错误，可是限于能力，又因为时间仓促，没有来得及广泛地参考书籍，标点及校勘的错误一定还很不少，希望读者们多提意见，以便再版时更正。

标点资治通鉴委员会

胡刻通鉴正文校宋记述略

有宋天台胡身之先生，身丁末造，避兵山谷，前为资治通鉴撰著之作既毁，乃复购他本，二字见自序，说详下。以成今日流传之注本。按胡氏，宋史无传。宋宝祐四年登科录，胡三省为五甲一百二十一名进士，与文、谢、陆三公同榜。事略见袁桷清容集师友渊源录，有云：释通鉴三十年，兵难，稿三失。乙酉岁，留袁氏塾，日钞定注，己丑寇作，以书藏窖中得免。定注今在家。全祖望鲒埼亭集有胡梅磵藏书窖记云：南湖袁学士桥即清容故居，东轩有石窖，即梅磵藏书之所。清容又有祭胡氏文，专举注通鉴一事，称为司马氏功臣。而全氏记中又疑胡氏本深宁王氏高第弟子，当时师弟同居南湖，深宁方作通鉴答问及地理通释，何以胡氏未将此书与深宁商榷，谓其故不可晓。钰考深宁遗文，惟赤城书堂记有"前进士胡君三省为之录"一语。宋元学案列胡氏于深宁门人，亦仅收通鉴注与史炤释文辩误两序。所著竹素园集一百卷，卢文弨宋史艺文志补、钱大昕补元史艺文志皆载其目。江东十鉴、四城赋，全记已云不可得见，是则胡氏著述散佚者久矣。归安陆心源宋史翼，采台州府志，列胡氏于遗献传，无他事迹可考；有竹叶稿一百卷，当系竹素园集之误。惟胡氏所谓他本之外，就注文考之，有云蜀本者，有云杭本者，有云传写本者，后贤之为通鉴学者，大都为胡注匡益，于正文则鲜致力也。吾乡顾硐蕘先生序张敦仁通鉴识误有云：兴文署本非兴文署刊，考详海宁王国维观堂集林，下均沿用通称。非出梅磵亲刊。欲纠其误，必资于兴文本之上。今两宋大字、中字、小字附释文、未附释文诸刊，即零卷残帙，犹艰数觏，目为难之又难。盖旧椠之难得而异文之待校，前人固有欲为之而无从措手者。钰自宣统辛亥以后，侨寄津郊，以校书遣日。丙辰冬日，江安傅君沅叔用巨金得宋椠通鉴百衲本，约钰同用鄱阳胡氏翻刻兴文署本校读，并约各校各书，校毕互勘，以免脱漏，阅今已一星终矣。比以上海涵芬楼四部丛刊中有宋刻一种，出百衲本之外，逐字比勘，可供佐证。又以明孔天胤刊无注本源出宋椠，先后从沅叔借校，亦多佳处。始知张敦仁识误及常熟张瑛校勘记，功未及半；辜校二百九十四卷中，脱、误、衍、倒四者盖在万字以上；内脱文五千二百馀字，关系史事为尤大。初拟汇集众说，统加考定，头白汗青，逡巡缩手。阮文达序山井鼎七经孟子考文，訾其但能详记同异，未敢抉择是非，皆为才力所限，若为钰也言之。顾以桑海馀生，得见老辈所未见，业已耗日力于此，亦安忍弃而置之！爰手写校记七千数百条，编为三十卷，备列所见，不厌其详，以便覆按。读涑水书者，或有取焉。

戊辰岁寒，长洲章钰式之甫记。

校各宋本：

宋椠百衲本七种　此书已由傅氏影印行世，各本大概具详傅氏后记，兹更撮录其要，并以钰所见者杂识之。

第一种，半叶十二行，行二十四字，字体方整浑厚，避讳至“构”字止，“慎”字间有刓去痕迹。第二百四十一卷、二百四十九卷之末，均有“左文林郎知绍兴府嵊县丞臣季祐之校正”字样。此种，记刊板始末虽佚，涵芬楼印十一行本载有绍兴二年馀姚县重刊时衔名，祐之名列校刊监视中，“左文林”作“右脩职”，“季”作“桂”。是为绍兴二年浙东茶盐公使库刊于馀姚之确证。涵芬本非绍兴本，说详下。各卷有“宋本”椭圆朱文，“焦氏家藏”大方朱文，“顾从德”联珠白朱文，“项子昌氏”朱文，“毛氏九畴珍玩”白文，“季振宜”长方朱文，“汪士钟印”白文，“艺芸主人”朱文各印。存卷数：一至八内卷一、卷二各缺一叶。　三十七至四十五内卷四十五缺一叶。　九十五至一百十一内卷一百零六缺一叶。　一百二十四至一百二十七　一百三十六至一百五十　一百五十九至一百七十六　一百八十至二百二十　二百二十二至二百三十　二百三十六至二百三十七　二百四十一至二百九十三　计一百七十六卷。——校记省称“十二行本”。

第二种，半叶十五行，行二十五字，点画匀整，字形略长，避讳至“慎”字、“敦”字止，当是光宗朝刊本，有“东吴沈天用记”长方朱文印，季、汪两家藏印同上。存卷数：十一至十六内卷十五、卷十六各缺一叶。　二十三至二十七　计十一卷。——校记省称“甲十五行本”。凡行数同者以甲、乙别之。

第三种，半叶十四行，行二十四字，字体古劲疏秀，似江南图书馆之景祐本唐书，“敦”字不避，当是光宗以前刻本，有“宋本”椭圆及季、汪两家藏印同上。存卷数：十九至二十二内卷二十、卷二十二各缺一叶。　三十至三十三　计八卷。——校记省称“十四行本”。

第四种，半叶十六行，行二十七字，间有二十八九字，不及他刻之工，避讳不谨严。有沈天用及季、汪两家藏印同上。存卷数：三十五至三十六　四十六至五十二　六十九至七十五　一百十九至一百二十一　二百二十一　计二十卷。——校记省称“甲十六行本”。

第五种，半叶十六行，行二十七字，古雅疏劲，刻手极精，避讳至"慎"字止，"敦"字不避，是光宗以前刻本，有季、汪两家藏印同上。存卷数：五十三至五十六内卷五十四、卷五十五、卷五十六各缺一叶。　二百三十二至二百三十五　计八卷。——校记省称"乙十六行本"。

第六种，半叶十一行，行二十一字，"郭"、"敦"字皆缺笔，当是宁宗以后刻本，大字精楷，秀丽方峭，刻工有锋颖，极似黄善夫史记、刘元起汉书，是建本之佳者。有"季振宜印"朱文；"御史之章"长方朱文，"沧苇"朱文各印及汪氏藏印同上。存卷数：五十七至六十八内卷五十八缺二叶，卷五十九缺一叶。　七十六至九十四内卷八十三缺六叶半，卷九十一缺半叶，卷九十四缺二叶半。　一百十二至一百十八　一百二十二至一百二十三　一百二十八至一百三十五内卷一百二十八缺两半叶。　一百五十一至一百五十八　一百七十七至一百七十九　二百三十八至二百四十　计六十二卷。——校记省称"甲十一行本"。

第七种，半叶十五行，行二十四字，字体精劲，与第三种十四行本相类，是光宗以后刻本，有"宋本"椭圆及季、汪两家藏印同上。存卷数：二百三十一　计一卷。——校记省称"乙十五行本"。

以上七种所记缺叶均据百衲本原书，百衲本又有钞补之卷九、卷十、卷十七、卷十八、卷二十八、卷二十九、卷三十四、卷二百九十四。傅氏影印本凡缺叶之卷及钞补整卷，与全书之卷首、卷末，均已用涵芬楼本抽换印成，全部皆宋刻，与原书微有不符。

涵芬楼影印宋本，半叶十一行，行二十一字。四部丛刊书录云：避讳至"构"字止。钰细勘本书卷三之三十一叶五行，此叶数、行数，均指胡克家翻刻胡三省注本；下同。"饰词以相惇"，"惇"字已缺笔；避光宗讳、避嫌名者屡见，则谓避高宗讳字止者非也。首尾完全，首载御序，末载总目、进书表、奖谕诏、元祐元年杭州镂板时衔名及绍兴二年绍兴府馀姚县重刊时衔名、校勘监视人衔名。板匡字体与百衲本之第六种皆相似，惟逐叶板匡外皆有耳题，为显然两刻。校其正文，如第五十九卷二十七叶六行“诛其无道”，百衲本“诛”误“非”，此本不误。同卷二十八叶五行“操责让之”，百衲本脱“操”字，此本“操”字与上句末“取”字并刻一格。第八十七卷十九叶十一行“扬言”，百衲本“扬”作“阳”，此本作“飏”。第一百十八卷十七叶十一行，百衲本“秦雍人”下空三格，此本“秦雍人”上有“姚泓灭”三字。类此者不知凡几。百衲本定为建刻，此本当为建刻之重校本也。有“卢文弨印”白文，“汪士钟印”白文印。馀如赵子昂、文征明、唐伯虎等各藏印，均不可信。存全部。——校记称“乙十一行本”。

京师图书馆藏北宋残本，半叶十一行，行十九字，附音释。为广都费氏进脩堂刻。傅氏以百衲本中有明钞补本，因就馆本对校，钰即从之传录，馆目存卷较多，馀未及也。

傅校卷数：九至十　十七　二十八至二十九　计五卷。——校记称“傅校北宋本”。

参校本：

明孔天胤本，半叶十行，行二十字，首尾完全。天胤序云：“嘉靖甲辰六月开局，明岁三月完工。与考异三十卷，俱从唐太史宋板文字。”唐太史，即荆川，见仪顾堂题跋。署衔为“中宪大夫提督浙江学校按察副使河汾孔天胤”，逐册有“江西提学副使徐官书，嘉靖四十五年发贮本道”楷书。“隆庆壬申，提学副使邵晒理书籍关防”篆书。两大长印。又“乙亭田氏藏书之印”、“方扶南入京后收藏”两朱文印。此本与各宋本异同多相应，间有佳处，出各宋本之外。又有胡注本云误而此本不误者，疑即据胡说改正，不敢遽信为全出宋本也。此书嘉靖乙巳刻成，至四十五年丙寅，仅二十一年，检本书二百六十卷之十六叶、二百六十一卷之十二叶，均系补钞，且用刻成空板，中缝刻有通鉴卷数字样。为时未久，何以已有缺叶？能刻空叶，何不影刻补全？此事之不可解者。流传既罕，又不避宋讳，宜有人误认为北宋刻也。皕宋楼藏书续志径题为明仿宋刻本。又，胡注本卷二百二十三之三十六叶十二行有二空格，孔本同之。检宋十二行本、宋乙十一行本，空格乃“灭绝”二字，颇疑孔刊板时或缺此卷之宋本，即用胡注本补刊。同叶十四行“安隐”之“隐”作“稳”，当系用胡说改正文也。

采用各校本：

资治通鉴刊本识误三卷，阳城张敦仁撰。自序云：“取纪事本末大字本及明万历间杭州所刻无注本参校。”杭本，即吴勉学本，见本书每卷之首，脱卷二百四十三、卷二百四十四、卷二百四十五，共三卷，系用陈仁锡本补校，见本书自记。按张氏订补正文，每与宋本暗合，钰既校各宋本，应采入校记以资佐证，馀说详后。——校记称“张校本”。

资治通鉴校勘记，宋本五卷，元本二卷，常熟张瑛字退斋。撰。凡例略云：“初校用兴文署原本改正胡克家本，又以绍兴本对校”云云。是张氏以宋本校胡注正文，先钰从事。所云绍兴本，疑即同县瞿氏铁琴铜剑楼所藏，与涵芬楼印行者为一本，即百衲本之第六种，定为建本者也。涵芬楼缺叶即用此本补足；见四部丛刊书录。凡校宋本者，亦采入校记以资佐证，馀说详后。——校记称“退斋以别于阳城张氏。校本”。张瑛校元本二卷，以校胡注文为多，关涉正文者大都见宋刻，故未另录。

胡刻资治通鉴校字记，四卷，丰城熊罗宿撰。意在订正张瑛校记。自序云：“得兴文署原本，取胡克家初印本逐一雠之”云云。今取关涉正文者录之，亦以资佐证也。——校记称“熊校本”。

校例：

一、凡胡氏注疑正文有误，云“当作某字”，或云“当脱某字”，如卷一之六叶十一行，正文“美鬓”，注云：“通鉴俗传写者多作美须，非也。”今校十二行本正作“鬓”，与注合。卷二之十一叶十七行，正文“大良造伐魏”，注云：“大良造之下当有卫鞅二字”，今校十二行本正有“卫鞅”二字，与注合。此类甚多，校记中必全行照录，以志胡氏遭乱僻居，未见佳刻，凡所拟议，今日得以证实，为校此书者第一快事，馀说详后。

一、此记据校各本稍多，每卷下必分别注明，曰“校宋某本”，“校两宋本”，曰“校宋某本又某本”。次参校本，曰“参校某本”，又次曰“录某校本”。间有传校傅校本，曰“传校本”。

一、校字之例：凡脱一字，曰“某本某下有某字”，脱二字或脱多字，曰“某本某下有某某几字”。误字，曰“某本某作某”。衍一字，曰“某本无某字”。衍二字或衍多字，曰“某本某下无某某几字”。倒而可通者，曰“某本某某二字互乙”。不可通者，曰“某本作某某”。又通用字一见数见，胡注逐处注明者，则于第一见录胡注，下记“下同”或“后同”字，以免烦琐。至甲本与乙本有同异者，同者曰“某本同”，异者曰“某本作某”。又宋本脱误之甚者，亦间记出，以资考证。

一、校文用经典释文例，任举二字或三数字标明，不出全句。

一、宋帝庙讳，已略见各宋本记略，于文义无关皆不记。

古今字如无無、执势、皃貌、絜洁、孰熟、矦侯、灋法、陈阵、创疮、亢吭之类，正俗字如因囙、国囯、体躰、馆舘、懼惧、怪恠、耻耻、牀床、弔吊、遷迁之类，通用字如谊义、辨辩、修脩、游遊、耀燿、欢驩、案按、災灾、乃迺、与予之类，苟于文义无关，亦不记。

一、叶数、行数均指胡克家翻兴文署本，以苏、鄂各局本皆重翻胡刻，取其便于检对。

附录：

胡氏注通鉴，凡事实有疑者，皆见注中，于文字歧异者亦然。钰校各宋本，既将注文录入卷中，证明胡氏存疑之有据。馀凡不能以钰所见本证其是非者，如卷一之二十三叶，正文“取襄阳”，注云：“阳”当作“陵”，各宋本仍作“阳”之类。今均分别辑出，以待别得善本校之。此体胡氏苦心，钞胥之诮，所不计也，是为附录一。

张敦仁通鉴刊本识误三卷，计三千馀条，钰用各宋本校胡克家覆元刻本，既逐条录入以证其同；馀凡张氏校出而不见于各宋本者，另行录存，俾便参考，是为附录二之一。又，张瑛资治通鉴校勘记宋本五卷，计九百馀条，自记云：“以绍兴本对勘。”钰按绍兴本惟百衲本中半叶十二行本为有确据，今涵芬楼印行本亦云绍兴本，其实非绍兴原椠，钰既于上文略言之。涵芬本有缺佚，云用常熟鐵琴铜剑楼本补完。张、瞿同家虞麓，颇疑用瞿藏本为之。钰既用涵芬本合校，而核诸此记，尚馀若干条出涵芬本之外，是张校之是否即用瞿本，遂不敢定。既全录所校入校宋记以证其同，更录张云宋本而不见于他宋本者以免遗漏，是为附录二之二。

嘉定严衍氏于明季成资治通鉴补二百九十四卷，为四库所未收，先后有江夏童氏、武进盛氏排印本，其书专订涑水本书，钱大昕氏撰严先生传极推重之。张敦仁通鉴刊本识误外，别辑严氏书成通鉴补正略三卷；自序略云：“严氏通鉴补卷帙繁巨，兹举改正、移置、存疑、备考、补注各条，汇而录之。”钰按严书改正一类，其别凡三：一曰改，一曰删，一曰补。删、补二项，于读通鉴者固有裨益，是否有当温公编集本旨，未敢置议。改字一项，内分两例，一为严氏纠正通鉴而径改本文者，一为传刻字误而改者。张敦仁有“严氏皆由考证而来”一说。兹为校胡刻正文完备计，专辑改正误字一类，如上附录例存之，是为附录三。

校馀杂记

温公此书，于元丰七年表进，元祐元年下杭州镂板，表文及镂板时衔名，胡注本均附刻。惟考公本集乞黄庭坚同校通鉴副本奏，有“去年九月奉旨国子监镂板”之说。菊坡丛话原书未见，见宋诗记事引。言之尤详，云：“元祐初，温公还朝，作门下侍郎，用宰相蔡持正劄子付下国子监开板，板成，遍赐宰执。”张舜民画墁集有赐资治通鉴呈范淳父七律一首，黄庭坚集刘道原墓志，亦有“元祐七年刻资治通鉴版书成，诏赐其家。”以范祖禹、刘恕均预修书之役，故当时均得赐本也。三朝名臣言行录又载“陈忠肃瓘官太学博士，因发策引神宗序文，蔡卞有密令学中置板高阁”之举。是杭本之外别有监本，监本之有无流传，各藏家均未明载。稍后又有成都费氏进修堂一刻。此三者，皆属北宋本。费本，皕宋志目为北宋本，适园志但称宋本。检胡氏释文辩误，谓进修堂本正文下附注多本之史炤。按史书系绍兴三十年所刻，冯时行序称“见可年几七十，好学不衰”云云，作同时人语。如费本所采为史氏释文，则费刻之果否在北宋，实一疑问。姑援不訾重器之例，沿其旧称。又皕宋志别载一残本，亦目为北宋刻，每叶二十行，行二十一字，“贞”“恒”字皆缺避，亦未知其审。南渡以后，则以绍兴二年馀姚官刻为最先，此记目为第一种。又有建本，此记目为第六种。涵芬本即建本之重校者。皆存当今藏家，明白可信。此外则检明以来藏目，天禄琳瑯续编，著录全帙，馀如脉望馆之二种，近古堂之一种，传是楼之三种，绛云楼之二种，海源阁之一种，均标明宋本而不言何刻与夫行数、字数。年禩辽远，几经流转，不能详知究共几刻及今日尚存与否。钰就所见揣之，百衲本之第二、第三、第四、第五、第七各种，凡密行细字者，大都为天水坊刻，板心皆有正鉴几字样。第七种作鉴几。必前刻目录三十卷，后刻考异三十卷，与宋史艺文志载涑水原书为三百五十四卷正同。苏轼撰温公行状作资治通鉴二百九十四卷，考异三十卷，不及目录。顾栋高编温公年谱引行状作三百二十四卷，考异三十卷，未知何以互歧。私计官私所藏，大都不能出此十种内外。惟进脩堂本，钰仅传沅叔校本五卷，京师图书馆目列残本三种，当有零叶可供校补，适园藏书志所载存卷尤多，志中于七、八两卷举出异文八条，就此校记核之，合者六条，“祠柱”“博狼”两条即不见他宋本，知可校者必多，羁穷垂老，乞假无由，只得徐以俟之。

胡氏初以资治通鉴音义、释文各本乖异，刊正为广注九十七卷，著论十卷。遇乱失前书，复购他本为之注，始以考异及所著者散入各文之下。本台州府志，见宋史翼。此本自序言“宝祐丙辰始肆力是书”，不言用何本。“复购他本注之”，亦不言何本。“他本”二字，自序外一见卷三十二之二十四叶注，观堂集林谓即兴文署本。钰按胡氏义不臣元，故以他字外之，理极可信。注中称蜀本者最多，凡十七见，卷六十之二十五叶，卷六十九之二叶，又十七叶，卷七十二之二十二叶，卷一百十四之二十八叶，卷一百十五之十二叶，卷一百十八之二十八叶，卷一百三十七之九叶，卷一百五十三之九叶，卷一百七十九之二十二叶，卷一百八十七之十八叶，卷二百十一之十六叶，卷二百十六之二十五叶，卷二百四十四之六叶，卷二百五十之十七叶，卷二百五十二之二十六叶，卷二百七十七之九叶。知即进脩堂本。称“杭本”者一见，卷一百七十之二十九叶。知即元祐元年杭州镂板本。馀则无可征者。今所见宋刻，或残或完至七八种，校勘之顷，竟未有一本与注本吻合者，究不知胡氏所注时专据何本。又有注明“传写本”者凡七见，卷一之六叶，卷十三之二十七叶，卷十七之二十二叶，卷四十八之二十一叶，卷五十九之二十五叶，卷七十六之二十七叶，卷一百五十四之十叶。则更无从取证。颇疑胡氏掇拾各残本汇集成部而注之，躬遭国变，苦学如此，前脩在望，不禁奋起。

胡氏注此书，谨严至极，至严氏通鉴补有“身之立意不改原文，每每将错就错，误人不浅”之讥。严书一百十八卷。钰统全书核之，不但注所疑正文于注中，即寻常脱文亦不添补，如卷一百四十五目高祖武皇帝下注云：“此卷武皇帝下合有一字。”又笔画微异，亦必校出，如卷四之二十二叶正文画以五采，注云：“画古畫字通。”又两字颠倒，可随笔乙转，亦必加注，如卷一百四十八之二十二叶正文“诏魏”，注云：“魏字当在诏字之上。”是则全书之注悉遵所用旧本，可以类推。卷二百六十四之十九叶注云：“昭宗实录皆云辛巳，今从之。”是胡注间有据他书校补正文处，惟仅此一见，非全书通例也。今胡翻元椠无“辛巳”二字，乃系刻时脱文。宋十二行本、乙十一行本皆不脱。惟书由手注，加注所在，可自审定，乃卷十五之十六叶正文“以飨士卒私养钱”，胡氏于“钱”下注云：“当从汉书以私养钱属下句。”卷一百八十六之二十七叶正文“熊耳山南据要道”，胡氏于“山”下注云：“熊耳山在熊州南。”又于“道”下注云：“南字当属上句。”未免多费笔墨。至卷二百之三十叶正文“不敢复出福信”，注“复，扶又翻。”四字于福字下，则疑出写刻之误也。胡氏注中录考异亦不改字，见卷八十四之二叶等处，有脱字则识之，见卷二百四十八之二十五叶；疑考异有阙文则注之，见卷二百五十八之十四叶；有移置处则注之，见卷二百七十三之四叶。盖尊考异与正文同也。又注引他书亦不改字，如卷六十之六叶注引医书云：“闰当作閒。”卷一百四十三之四叶注引通典云：“泰始三年，刘勔破刘顺于宛唐，宛唐即死虎，字之误也。”此类甚多，不悉举。然亦有校他书之误入通鉴注者，如卷一百四十一之二十三叶校齐书王敬则传直阁将军一条，卷一百四十四之三十二叶校梁书镇军一条是也。

胡氏注本非兴文署刊，王国维观堂集林考之详矣，大意谓兴文署刊行本当在至元十年间，胡氏注成于至元二十三年，作序之王磐，致仕在至元二十一年，无从为胡氏作序，且序文亦无一语及于梅磵，故定兴文署刊为温公原书而非胡注。钰按王磐序有“兴文署剡刻版本，颁布天下，以资治通鉴为起端之首”数语，尤可证成此说。是王磐所序之本必系无注本，即观堂定为胡氏所云“他本”者，各藏目均未之见也。读胡氏自序有云：“前注之失，吾知之，吾注之失，吾不能知。”又云：“古人注书，文约而义见；今注博则博矣，反之于约，有未能焉。”是注本为梅磵手定；清容且云“定注今在家”，若无可疑者，今检卷二百五十八之二十一叶“营于赵城”下注，先引史记注，又引九域志，下云：“余按宋白既以赵城为造父所封之地，此又引史记注，何所折衷哉！”“余按”云云。颇似校书者驳注文语气，此可疑者一。卷一百四十之二十叶“八姓”下注：“嵇恐当作奚。今据魏书官氏志自有嵇姓，嵇敬之嵇。”是竟似自驳前说，未定一是，此可疑者二。卷二百七十八之二十一叶注，“年六十七。按下文云登极之年已逾六十，则是年年六十八。”一条，亦自驳前说，与上同例。又卷一百九十三之十一叶注云：“一本此下有考异。”按宋本通鉴考异突利可汗入朝下无考异。按温公通鉴与考异各自为书，未闻有考异散入正文之本，胡氏据注本当亦同之。此注云云，似校刻时另见胡氏他稿有考订处乃加此一语，此可疑者三。有此数疑，是定注之说，似属难信。至卷一百三十一之六叶“请征”下注云：“请下当有征字。”今胡克家翻刻元本有“征”字，是元刻底本未必从原稿出，尤其明证也。

王崇武标点容肇祖聂崇岐覆校

新注资治通鉴序

古者国各有史以纪年书事，晋乘、楚梼杌虽不可复见，春秋经圣人笔削，周辙既东，二百四十二年事昭如日星。秦灭诸侯，燔天下书，以国各有史，刺讥其先，疾之尤甚。诗、书所以复见者，诸儒能藏之屋壁。诸国史记各藏诸其国，国灭而史从之，至汉时，独有秦记。太史公因春秋以为十二诸侯年表，因秦记以为六国年表，三代则为世表。当其时，黄帝以来谍记犹存，具有年数，子长稽其历、谱谍、终始五德之传，咸与古文乖异，且谓"孔子序书，略无年月；虽颇有，然多阙。夫子之弗论次，盖其慎也。"子长述夫子之意，故其表三代也，以世不以年。汲冢纪年出于晋太康初，编年相次，起自夏、殷、周，止魏哀王之二十年，此魏国史记，脱秦火之厄而晋得之，子长不及见也。子长之史，虽为纪、表、书、传、世家，自班孟坚以下不能易，虽以纪纪年，而书事略甚，盖其事分见志、传，纪宜略也。自荀悦汉纪以下，纪年书事，世有其人。独梁武帝通史至六百卷，侯景之乱，王僧辩平建业，与文德殿书七万卷俱西，江陵之陷，其书烬焉。唐四库书，编年四十一家，九百四十七卷，而王仲淹元经十五卷，萧颖士依春秋义类作传百卷，逸矣。今四十一家书，存者复无几。乙部书以迁、固等书为正史，编年类次之，盖纪、传、表、志之书行，编年之书特以备乙库之藏耳。

宋朝英宗皇帝命司马光论次历代君臣事迹为编年一书，神宗皇帝以鉴于往事，有资于治道，赐名曰资治通鉴，且为序其造端立意之由。温公之意，专取关国家盛衰，系生民休戚，善可为法，恶可为戒者以为是书。治平、熙宁间，公与诸人议国事相是非之日也。萧、曹画一之辩不足以胜变法者之口，分司西京，不豫国论，专以书局为事。其忠愤感概不能自已于言者，则智伯才德之论，樊英名实之说，唐太宗君臣之议乐，李德裕、牛僧孺争维州事之类是也。至于黄幡绰、石野猪俳谐之语，犹书与局官，欲存之以示警，此其微意，后人不能尽知也。编年岂徒哉！

世之论者率曰："经以载道，史以记事，史与经不可同日语也。"夫道无不在，散于事为之间，因事之得失成败，可以知道之万世亡弊，史可少欤！为人君而不知通鉴，则欲治而不知自治之源，恶乱而不知防乱之术。为人臣而不知通鉴，则上无以事君，下无以治民。为人子而不知通鉴，则谋身必至于辱先，作事不足以垂后。乃如用兵行师，创法立制，而不知迹古人之所以得，鉴古人之所以失，则求胜而败，图利而害，此必然者也。

孔子序书，断自唐、虞，讫文侯之命而系之秦，鲁春秋则始于平王之四十九年；左丘明传春秋，止哀之二十七年赵襄子惎智伯事，通鉴则书赵兴智灭以先事。以此见孔子定书而作春秋，通鉴之作实接春秋左氏后也。

温公遍阅旧史，旁采小说，抉擿幽隐，荟稡为书，劳矣。

而修书分属，汉则刘攽，三国迄于南北朝则刘恕，唐则范祖禹，各因其所长属之，皆天下选也，历十九年而成。则合十六代一千三百六十二年行事为一书，岂一人心思耳目之力哉！

公自言："修通鉴成，惟王胜之借一读；他人读未尽一纸，已欠伸思睡。"是正文二百九十四卷，有未能遍观者矣。若考异三十卷，所以参订群书之异同，俾归于一。目录三十卷，年经国纬，不特使诸国事杂然并录者粲然有别而已，前代历法之更造，天文之失行，实著于目录上方。是可以凡书目录观邪！

先君笃史学，淳祐癸卯始患鼻衄，读史不暂置，洒血渍书，遗迹故在。每谓三省曰："史、汉自服虔、应劭至三刘，注解多矣。章怀注范史，裴松之注陈寿史，虽间有音释，其实广异闻，补未备，以示博洽。晋书之杨正衡，唐书之窦苹、董冲，吾无取焉。徐无党注五代史，粗言欧公书法义例，他未之及也。通鉴先有刘安世音义十卷，而世不传。释文本出于蜀史炤，冯时行为之序，今海陵板本又有温公之子康释文，与炤本大同而小异。公休于书局为检阅官，是其得温公辟咡之教诏，刘、范诸公群居之讲明，不应乖剌乃尔，意海陵释文非公休为之。若能刊正乎？"三省捧手对曰："愿学焉。"

乙巳，先君卒，尽瘁家蛊，又从事科举业，史学不敢废也。宝祐丙辰，出身进士科，始得大肆其力于是书。游宦远外，率携以自随；有异书异人，必就而正焉。依陆德明经典释文，厘为广注九十七卷；著论十篇，自周讫五代，略叙兴亡大致。咸淳庚午，从淮壖归杭都，延平廖公见而韪之，礼致诸家，俾雠校通鉴以授其子弟，为著雠校通鉴凡例。廖转荐之贾相国，德祐乙亥，从军江上，言辄不用，既而军溃，间道归乡里。丙子，浙东始骚，辟地越之新昌；师从之，以孥免，失其书。乱定反室，复购得他本为之注，始以考异及所注者散入通鉴各文之下；历法、天文则随目录所书而附注焉。汔乙酉冬，乃克彻编。凡纪事之本末，地名之同异，州县之建置离合，制度之沿革损益，悉疏其所以然。若释文之舛谬，悉改而正之，著辩误十二卷。

呜呼！注班书者多矣：晋灼集服、应之义而辨其当否，臣瓒总诸家之说而驳以己见。至小颜新注，则又讥服、应之疏紊尚多，苏、晋之剖断盖鲜，訾臣瓒以差爽，诋蔡谟以抵牾，自谓穷波讨源，构会甄释，无复遗恨；而刘氏兄弟之所以议颜者犹颜之议前人也。人苦不自觉，前注之失，吾知之，吾注之失，吾不能知也。又，古人注书，文约而义见；今吾所注，博则博矣，反之于约，有未能焉。世运推迁，文公儒师从而凋谢，吾无从而取正。或勉以北学于中国，嘻，有志焉，然吾衰矣！

旃蒙作噩，冬，十有一月，乙酉，日长至，天台胡三省身之父书于梅硐蠖居。

兴文署新刊资治通鉴序

古今载籍之文，存于世者多矣。苟不知所决择而欲遍观之，则穷年不能究其辞，没世不能通其义，是犹入海算沙，成功何年！善乎孟子之言曰：“尧、舜之智而不遍知，急先务也。”大抵士君子之学，期于适用而已；驰骛乎高远，陷溺乎异端，放浪于词华，皆不足谓之学矣。易曰：“君子多识前言往行以畜其德。”说命曰：“学古入官，议事以制，政乃不迷。”若此者可谓适用之学矣。

前脩司马文正公，遍阅历代旧史，旁采诸家传记，删繁去冗，举要提纲，纂成资治通鉴二百九十四卷，上起战国，下终五季，一千三百六十二年之间，贤君、令主、忠臣、义士、志士、仁人，兴邦之远略，善俗之良规，匡君之格言，立朝之大节，叩函发帙，靡不具焉。其于前言往行，盖兼畜而不遗矣；其于裁量庶事，盖拟议而有准矣。士之生也，苟无意于斯世则已；如其抱负器业，未甘空老明时，将以奋发而有为也，其于是书，可不熟读而深考之乎！

朝廷悯庠序之荒芜，叹人材之衰少，乃于京师创立兴文署，署置令、丞并校理四员，咸给禄廪，召集良工，剡刻诸经子史版本，颁布天下，以资治通鉴为起端之首，可谓知时事之缓急而审适用之先务者矣。

嘻！遐乡小邑，虽有长材秀民，向慕于学而无书可读，悯默以空老者多矣。是书一出，其为天下福泽利益，可胜道哉！昔圯上老人出袖中一书，而留侯为万乘师；穆伯长以昌黎文集镂板，而天下文风遂变。今是书一布，不及十年，而国家人材之盛可拭目而观之矣。

翰林学士王磐序。

资治通鉴序 御制

朕惟君子多识前言往行以畜其德，故能刚健笃实，辉光日新。书亦曰："王，人求多闻，时惟建事。"诗、书、春秋，皆所以明乎得失之迹，存王道之正，垂鉴戒于后世者也。

汉司马迁䌷石室金匮之书，据左氏国语，推世本、战国策、楚汉春秋，采经摭传，罔罗天下放失旧闻，考之行事，驰骋上下数千载间，首记轩辕，至于麟止，作为纪、表、世家、书、传，后之述者不能易此体也。惟其是非不谬于圣人，褒贬出于至当，则良史之才矣。

若稽古英考，留神载籍，万机之下，未尝废卷。尝命龙图阁直学士司马光论次历代君臣事迹，俾就秘阁缮阅，给吏史笔札，起周威烈王，讫于五代。光之志以为周积衰，王室微，礼乐征伐自诸侯出，平王东迁，齐、楚、秦、晋始大，桓、文更霸，犹托尊王为辞以服天下；威烈王自陪臣命韩、赵、魏为诸侯，周虽未灭，王制尽矣！此亦古人述作造端立意之所繇也。其所载明君、良臣，切摩治道，议论之精语，德刑之善制，天人相与之际，休咎庶证之原，威福盛衰之本，规模利害之效，良将之方略，循吏之条教，断之以邪正，要之于治忽，辞令渊厚之体，箴谏深切之义，良谓备焉。凡十六代，勒成二百九十六【章：乙十一行本，“六”作“四”。】卷，列于户牖之间而尽古今之统，博而得其要，简而周于事，是亦典刑之总会，册牍之渊林矣。

荀卿有言：“欲观圣人之迹，则于其粲然者矣，后王是也。”若夫汉之文、宣，唐之太宗，孔子所谓“吾无间焉”者。自馀治世盛王，有惨怛之爱，有忠利之教，或知人善任，恭俭勤畏，亦各得圣贤之一体，孟轲所谓“吾于武成取二三策而已”。至于荒坠颠危，可见前车之失；乱贼奸宄，厥有履霜之渐。诗云：“商鉴不远，在夏后之世。”故赐其书名曰“资治通鉴”，以著朕之志焉耳。

治平四年十月初开经筵，奉圣旨读资治通鉴。其月九日，臣光初进读，面赐御制序，令候书成日写入。

资治通鉴卷第一

朝散大夫右谏议大夫权御史中丞充理检使上护军赐紫金鱼袋臣 司马光 奉敕编集

后学天台 胡三省 音注

周纪一 起著雍摄提格（戊寅），尽玄黓困敦（壬子），凡三十五年。

尔雅：太岁在甲曰阏逢，在乙曰旃蒙，在丙曰柔兆，在丁曰强圉，在戊曰著雍，在己曰屠维，在庚曰上章，在辛曰重光，在壬曰玄黓，在癸曰昭阳，是为岁阳。在寅曰摄提格，在卯曰单阏，在辰曰执徐，在巳曰大荒落，在午曰敦牂，在未曰协洽，在申曰涒滩，在酉曰作噩，在戌曰掩茂，在亥曰大渊献，在子曰困敦，在丑曰赤奋若，是为岁名。周纪分注"起著雍摄提格"，起戊寅也。"尽玄黓困敦"，尽壬子也。阏，读如字；史记作"焉"，於乾翻。著，陈如翻。雍，於容翻。黓，逸职翻。单阏，上音丹，又特连翻；下乌葛翻，又於连翻。牂，作郎翻。涒，吐魂翻。滩，吐丹翻。困敦，音顿。杜预世族谱曰：周，黄帝之苗裔，姬姓。后稷之后，封于邰；及夏衰，稷子不窋窜于西戎。至十二代孙太王，避狄迁岐；至孙文王受命，武王克商而有天下。自武王至平王凡十三世，自平王至威烈王又十八世，自威烈王至赧王又五世。张守节曰：因太王居周原，国号曰周。地理志云：右扶风美阳县岐山西北中水乡，周太王所邑。括地志云：故周城一名美阳城，在雍州武功县西北二十五里。纪，理也，统理众事而系之年月。温公系年用春秋之法，因史、汉本纪而谓之纪。邰，汤来翻。夏，户雅翻。窋，竹律翻。在雍，於用翻。

威烈王 名午，考王之子。谥法：猛以刚果曰威；有功安民曰烈。沈约曰：诸复谥，有谥人，无谥法。

二十三年（戊寅、前四〇三）上距春秋获麟七十八年，距左传赵襄子惎智伯事七十一年。惎，毒也，音其冀翻。

1 初命晋大夫魏斯、赵籍、韩虔为诸侯。此温公书法所由始也。魏之先，毕公高后，与周同姓；其苗裔曰毕万，始封于魏。至魏舒，始为晋正卿；三世至斯。赵之先，造父后；至叔带，始自周适晋；至赵夙，始封于耿。至赵盾，始为晋正卿；六世至籍。韩之先，出于周武王；至韩武子事晋，封于韩原。至韩厥，为晋正卿；六世至虔。三家者，世为晋大夫，于周则陪臣也。周室既衰，晋主夏盟，以尊王室，故命之为伯。三卿窃晋之权，暴蔑其君，剖分其国，此王法所必诛也。威烈王不惟不能诛之，又命之为诸侯，是崇奖奸名犯分之臣也。通鉴始于此，其所以谨名分欤！

臣光曰：臣闻天子之职莫大于礼，礼莫大于分，分莫大于名。分，扶问翻；下同。何谓礼？纪纲是也。何谓分？君、臣是也。何谓名？公、侯、卿、大夫是也。

夫以四海之广，夫以，音扶。兆民之众，受制于一人，虽有绝伦之力，高世之智，莫【章：十二行本“莫”下有“敢”字；乙十一行本同；孔本同。】不奔走而服役者，岂非以礼为之纪纲【章：十二行本，二字互乙；乙十一行本同；孔本同。】哉！是故天子统三公，统，他综翻。三公率诸侯，诸侯制卿大夫，卿大夫治士庶人。治，直之翻。贵以临贱，贱以承贵。上之使下犹心腹之运手足，根本之制支叶，下之事上犹手足之卫心腹，支叶之庇本根，然后能上下相保而国家治安。治，直吏翻。故曰天子之职莫大于礼也。

文王序易，以乾、坤为首。孔子系之曰：“天尊地卑，乾坤定矣。卑高以陈，贵贱位矣。”系，户计翻。言君臣之位犹天地之不可易也。春秋抑诸侯，尊王【章：十二行本“王”作“周”；乙十一行本同；孔本同；退斋校同。】室，王人虽微，序于诸侯之上，以是见圣人于君臣之际未尝不惓惓也。惓，逵员翻。汉刘向传：忠臣畎亩，犹不忘君惓惓之义也。惓惓，犹言勤勤也。非有桀、纣之暴，汤、武之仁，人归之，天命之，君臣之分当守节伏死而已矣。是故以微子而代纣则成汤配天矣，史记：商帝乙生三子：长曰微子启，次曰中衍，季曰纣。纣之母为后。帝乙欲立启为太子，太史据法争之曰："有妻之子，不可立妾之子。"乃立纣。纣卒以暴虐亡殷国。孔〔郑〕玄义曰：物之大者莫若于天；推父比天，与之相配，行孝之大，莫大于此，所谓"严父莫大于配天"也。又孔氏曰：礼记称万物本乎天，人本乎祖。俱为其本，可以相配，故王者皆以祖配天。谥法：除残去虐曰汤。然谥法起于周；盖殷人先有此号，周人遂引以为谥法。分，扶问翻。长，知两翻。卒，子恤翻。以季札而君吴则太伯血食矣，吴王寿梦有子四人：长曰诸樊，次曰馀祭，次曰馀昧，次曰季札。季札贤，寿梦欲立之，季札让不可，于是立诸樊。诸樊卒，以授馀祭，欲兄弟以次相传，必致国于季札；季札终让而逃之。其后诸樊之子光与馀昧之子僚争国，至于夫差，吴遂以亡。宗庙之祭用牲，故曰血食。太伯，吴立国之君。范宁曰：太者，善大之称；伯者，长也。周太王之元子，故曰太伯。陆德明曰：寿梦，莫公翻。馀祭，侧介翻。馀昧，音末。然二子宁亡国而不为者，诚以礼之大节不可乱也。故曰礼莫大于分也。

夫礼，辨贵贱，序亲疏，裁群物，制庶事，非名不著，非器不形；名以命之，器以别之，夫，音扶。别，彼列翻。然后上下粲然有伦，此礼之大经也。名器既亡，则礼安得独在哉！昔仲叔于奚有功于卫，辞邑而请繁缨，孔子以为不如多与之邑。惟名与器，不可以假人，君之所司也；政亡则国家从之。左传：卫孙桓子帅师与齐师战于新筑，卫师败绩。新筑人仲叔于奚救孙桓子，桓子是以免。既而卫人赏之邑，辞；请曲县、繁缨以朝，许之。孔子闻之曰："不如多与之邑，惟名与器不可以假人。"繁缨，马饰也。繁，马鬣上饰；缨，马膺前饰。晋志注曰：缨在马膺如索裙。繁，音蒲官翻。缨，伊盈翻。索，昔各翻。卫君待孔子而为政，孔子欲先正名，以为名不正则民无所措手足。见论语。夫繁缨，小物也，而孔子惜之；正名，细务也，而孔子先之：先，悉荐翻。诚以名器既乱则上下无以相保故也。夫事未有不生于微而成于著，圣人之虑远，故能谨其微而治之，治，直之翻；下同。众人之识近，故必待其著而后救之；治其微则用力寡而功多，救其著则竭力而不能及也。易曰："履霜坚冰至，"坤初六爻辞。象曰："履霜坚冰，阴始凝也。驯致其道，至坚冰也。"书曰："一日二日万几，"皋陶谟之辞。孔安国注曰：几，微也。言当戒惧万事之微。几，居依翻。谓此类也。故曰分莫大于名也。分，扶问翻。

呜呼！幽、厉失德，周道日衰，纲纪散坏，下陵上替，诸侯专征，谓齐桓公、晋文公至悼公以及楚庄王、吴夫差之类。大夫擅政，谓晋六卿、鲁三家、齐田氏之类。礼之大体什丧七八矣，丧，息浪翻。然文、武之祀犹绵绵相属者，属，联属也，音之欲翻。凡联属之属皆同音。盖以周之子孙尚能守其名分故也。何以言之？昔晋文公有大功于王室，请隧于襄王，襄王不许，曰："王章也。未有代德而有二王，亦叔父之所恶也。不然，叔父有地而隧，又何请焉！"文公于是惧而不敢违。太叔带之难，襄王出居于氾。晋文公帅师纳王，杀太叔带。既定襄王于郏，王劳之以地，辞；请隧焉，王弗许云云。杜预曰：阙地通路曰隧，此乃王者葬礼也。诸侯皆县柩而下。王章者，章显王者异于诸侯。古者天子谓同姓诸侯为伯父、叔父。隧，音遂。恶，乌路翻。难，乃旦翻。氾，音泛。劳，力到翻。阙，其月翻。县，音玄。柩，其久翻。是故以周之地则不大于曹、滕，以周之民则不众于邾、莒，曹、滕、邾、莒，春秋时小国。莒，居许翻。然历数百年，宗主天下，虽以晋、楚、齐、秦之强不敢加者，何哉？徒以名分尚存故也。至于季氏之于鲁，田常之于齐，白公之于楚，智伯之于晋，鲁大夫季氏，自季友以来，世执鲁国之政。季平子逐昭公，季康子逐哀公，然终身北面，不敢篡国。田常，即陈恒。田氏本陈氏；温公避国讳，改"恒"曰"常"。陈成子得齐国之政，杀阚止，弑简公，而亦不敢自立。史记世家以陈敬仲完为田敬仲完，陈成子恒为田常，故通鉴因以为据。白公胜杀楚令尹子西、司马子期，石乞曰："焚库弑王，不然不济！"白公曰："弑王不祥，焚库无聚。"智伯当晋之衰，专其国政，侵伐邻国，于晋大夫为最强；攻晋出公，出公道死。智伯欲并晋而不敢，乃奉哀公骄立之。其势皆足以逐君而自为，然而卒不敢者，卒，子恤翻，终也。岂其力不足而心不忍哉，乃畏奸名犯分而天下共诛之也。奸，居寒翻，亦犯也。分，扶问翻。今晋大夫暴蔑其君，剖分晋国，史记六国年表：定王十六年，赵、魏、韩灭智伯，遂三分晋国。天子既不能讨，又宠秩之，使列于诸侯，是区区之名分复不能守而并弃之也。陆德明经典释文：凡复字，其义训又者，并音扶又翻。先王之礼于斯尽矣！

或者以为当是之时，周室微弱，三晋强盛，三家分晋国，时因谓之"三晋"，犹后之三秦、三齐也。虽欲勿许，其可得乎！是大不然。夫三晋虽强，苟不顾天下之诛而犯义侵礼，则不请于天子而自立矣。不请于天子而自立，则为悖逆之臣，夫，音扶。悖，蒲内翻，又蒲没翻。天下苟有桓、文之君，必奉礼义而征之。今请于天子而天子许之，是受天子之命而为诸侯也，谁得而讨之！故三晋之列于诸侯，非三晋之坏礼，乃天子自坏之也。坏，音怪，人毁之也。

乌呼！君臣之礼既坏矣，此坏，其义为成坏之坏，读如字。则天下以智力相雄长，长，知两翻。遂使圣贤之后为诸侯者，社稷无不泯绝，谓齐、宋亡于田氏，鲁、陈、越亡于楚，郑亡于韩也。泯，弥忍翻，尽也，又弥邻翻。毛晃曰：没也，灭也。生民之类糜灭几尽，说文曰：糜，糁也；取糜烂之义，音忙皮翻。几，居依翻，又渠希翻，近也。岂不哀哉！

2 初，智宣子将以瑶为后，智果曰："不如宵也。韦昭曰：智宣子，晋卿荀跞之子申也。瑶，宣子之子智伯也，谥曰襄子。智果，智氏之族也。宵，宣子之庶子也。按谥法：圣善周闻曰宣。智氏溢美也。瑶之贤于人者五，其不逮者一也。韦昭曰：不仁也。美鬓长大则贤，通鉴俗传写者多作"美须"，非也。国语作"美鬓"，今从之。【章：十二行本正作"鬓"；孔本同。乙十一行本作"须"。】射御足力则贤，伎艺毕给则贤，巧文辩惠则贤，韦昭曰：给，足也。巧文，巧于文辞。伎，渠绮翻。强毅果敢则贤；如是而甚不仁。夫以其五贤陵人而以不仁行之，其谁能待之？韦昭曰：待，犹假也。若果立瑶也，智宗必灭。"弗听。智果别族于太史，为辅氏。此事见国语。按左传哀公二十三年，晋荀瑶伐齐，始见于传。哀二十三年，史记元王五年也。荀跞，智文子也。定十四年，智文子犹见于传。智宣子之事，传无所考。立瑶之议，当在元王五年之前。韦昭曰：太史掌氏姓，周礼春官之属；小史掌定世系，辨昭穆。郑司农注云：史官主书，故韩宣子聘鲁，观书于太史。世系，谓帝系、世本之属是也；小史主定之。贾公彦疏曰：注引太史证之者，太史史官之长，共其事故也。盖周之制，小史定姓氏，其书则太史掌之。智果欲避智氏之祸，故于太史别族。宋祁国语补音：别，彼列翻；又如字。

赵简子之子，长曰伯鲁，幼曰无恤。赵简子，文子之孙鞅也。谥法：一德不懈曰简。白虎通曰：子，孳也，孳孳无已也。赵岐曰：子者，男子之通称也。长，知两翻。将置后，不知所立，乃书训戒之辞于二简，孔颖达曰：书者，舒也。书纬璇玑钤云：书者，如也。则书者，写其言如其意，得展舒也。世本曰：沮诵、苍颉作书。释文〔名〕曰：书，庶也，纪庶物也；亦言著也，著之简纸，求不灭也。简，竹策也。以授二子曰："谨识之！"识，职吏翻，记也。三年而问之，伯鲁不能举其辞；求其简，已失之矣。问无恤，诵其辞甚习；习，熟也。求其简，出诸袖中而奏之。毛晃曰：奏，进上也。于是简子以无恤为贤，立以为后。

简子使尹铎为晋阳，姓谱：尹，少昊之子，封于尹城，子孙因为氏。韦昭曰：晋阳，赵氏邑。为，治也。班志曰：晋阳，故诗唐国。周成王灭唐，封弟叔虞。龙山在西，晋水所出，东入汾。臣瓒曰：所谓唐，今河东永安县是也，去晋四百里。括地志曰：晋阳故城，今名晋城，在蒲州虞乡县西。今按水经注：晋水出晋阳县西龙山。昔智伯遏晋水以灌晋阳，其水分为二流，北渎即智氏故渠也。同过水出沾县北山，西过榆次县南，又西到晋阳县南。榆次县南水侧有凿台，战国策所谓"智伯死于凿台之下"，即此处也。参而考之，晋阳故城恐不在蒲州。水经注又云：叔虞封于唐，县有晋水，故改名为晋。子夏序诗，"此晋也而谓之唐"，是也，与班志合。瓒说及括地志未知何据。请曰："以为茧丝乎？抑为保障乎？"简子曰："保障哉！"茧丝，谓浚民之膏泽，如抽茧之绪，不尽则不止。保障，谓厚民之生，如筑堡以自障，愈培则愈厚。宋祁曰：障，之亮翻，又音章。尹铎损其户数。韦昭曰：损其户，则民优而税少。简子谓无恤曰："晋国有难，而无以尹铎为少，而，汝也。难，乃旦翻，患也，厄也。少，音多少之少。重之为多，轻之为少。无以晋阳为远，必以为归。"

及智宣子卒，卒，子恤翻。智襄子为政，谥法：有劳定国曰襄。为政，为晋国之政。与韩康子、魏桓子宴于蓝台。韩康子，韩宣子之曾孙庄子之子虔〔虎〕也。魏桓子，魏献子之子曼多之孙驹也。谥法：温柔好乐曰康；辟土服远曰桓。尔雅：四方而高曰台。智伯戏康子而侮段规。姓谱：段，郑共叔段之后。智国闻之，谏曰："主不备难，【章：十二行本无"难"字；乙十一行本同。】难必至矣！"春秋以来，大夫之家臣谓大夫曰主。难，乃旦翻；下同。智伯曰："难将由我。我不为难，谁敢兴之！"对曰："不然。夏书有之：'一人三失，怨岂在明，不见是图。'书五子之歌之辞。夏，户雅翻。见，贤遍翻，发见也，著也，形也。夫君子能勤小物，故无大患。今主一宴而耻人之君相，夫，音扶。段规，韩康子之相也。相，息酱翻；下同。又弗备，曰'不敢兴难'，无乃不可乎！蚋、蚁、蜂、虿，皆能害人，宋祁曰：蚋，如锐翻；又字林：人劣翻。秦人谓蚊为蚋。今按：蚋，小虫，日中群集人之肌肤而嘬其血，蚊之类也。蜂，细腰而能螫人。虿亦毒虫，长尾，音丑迈翻。况君相乎！”弗听。

智伯请地于韩康子，康子欲弗与。段规曰：“智伯好利而愎，不与，将伐我；不如与之。彼狃于得地，好，呼到翻。愎，弼力翻，狠也。狃，女九翻，骄忲也，又相狎也。必请于他人；他人不与，必向之以兵，然后【章：十二行本，“后”作“则”；乙十一行本同。】我得免于患而待事之变矣。”康子曰：“善。”使使者致万家之邑于智伯。毛晃曰：邑：都邑。四井为邑，四邑为丘；邑方二里，丘方四里。载师以公邑之田任甸地，以家邑之田任稍地。注：公邑，谓六遂馀地。家邑，大夫之采地。此又与四井之邑不同。又都，国都；邑，县也。左传：凡邑有先君宗庙之主曰都，无曰邑。邑曰筑，都曰城。此谓大县邑也。杜预引周礼“四县为都，四井为邑”，恐误。四井之邑方二里，岂能容宗庙城郭！如论语“十室之邑”，西都赋“都都相望，邑邑相属”，则是四县四井之都邑也。若千室之邑、万家之邑，则非井邑矣。项安世曰：小司徒井牧田野，以四井为邑，凡三十六家；除公田四夫，凡三十二家；遂大夫会为邑者之政，以里为邑，凡二十五家。遂大夫盖论里井之制，二十五家共一里门，即六乡之二十五家为一闾也；小司徒盖论沟洫之制，四井为邑，共享一沟，即匠人所谓“井间广四尺深四尺谓之沟”也。居则度人之众寡，沟则度水之众寡，此其所以异欤！毛、项二说皆明周制，参而考之，战国之所谓邑非周制矣。致，送至也。智伯悦。又求地于魏桓子，桓子欲弗与。任章曰：“何故弗与？”任章，魏桓子之相也。姓谱：黄帝二十五子，十二人各以德为姓，第一曰任氏。又任为风姓之国，实太昊之后，主济祀，今济州任城即其地。任，市林翻。桓子曰：“无故索地，故弗与。”任章曰：“无故索地，诸大夫必惧；索，山客翻，求也。吾与之地，智伯必骄。彼骄而轻敌，此惧而相亲；以相亲之兵待轻敌之人，智氏之命必不长矣。周书曰：‘将欲败之，必姑辅之。将欲取之，必姑与之。’逸书也。败，补迈翻。主不如与之，以骄智伯，然后可以择交而图智氏矣，奈何独以吾为智氏质乎！”质，脂利翻，物相缀当也。又质读如字，亦通。质，谓椹质也，质的也。椹质受斧，质的受矢。言智伯怒魏桓子，必加兵于魏，如椹质之受斧，质的之受矢也。桓子曰："善。"复与之万家之邑一。复，扶又翻。

智伯又求蔡、皋狼之地于赵襄子，康曰：皋，姑劳切；狼，卢当切；春秋蔡地，后为赵邑。余据春秋之时，晋、楚争盟，晋不能越郑而服蔡。三家分晋，韩得成皋，因以并郑，时蔡已为楚所灭，郑之南境亦入于楚，就使皋狼为蔡地，赵襄子安得而有之！汉书地理志西河郡有皋狼县，又有蔺县。汉之西河，春秋以来皆为晋境，而古文"蔺"字与"蔡"字近，或者"蔡"字其"蔺"字之讹也。襄子弗与。智伯怒，帅韩、魏之甲以攻赵氏。帅，读曰率。襄子将出，曰："吾何走乎？"走，则豆翻，疾趋之也。趋，七喻翻。从者曰："长子近，且城厚完。"从，才用翻。长子县，周史辛伯所封邑。班志属上党郡。陆德明曰：长子之长，丁丈翻。颜师古曰：长，读为短长之长；今读为长幼之长，非也。崔豹古今注曰：城，盛也，所以盛受民物也。淮南子曰：鲧作城。盛，时征翻。襄子曰："民罢力以完之，罢，读曰疲。又毙死以守之，其谁与我！"韦昭曰：谓谁与我同力也。从者曰："邯郸之仓库实。"邯郸，即春秋邯郸午之邑也。班志，邯郸县属赵国。张晏曰：邯郸山在东城下。单，尽也。城郭从邑，故旁加邑。宋白曰：邯郸本卫地，后属晋；七国时为赵都，赵敬侯自晋阳始都邯郸。余按史记六国年表，周安王之十六年，赵敬侯之元年；烈王之二年，赵成侯之元年。成侯二十二年，魏克邯郸，是年显王之十六年也。二十四年，魏归邯郸。若敬侯已都邯郸，魏克其国都而赵不亡，何也？至显王二十二年，公子范袭邯郸，不胜而死，是年肃侯之三年也。意此时赵方都邯郸，盖肃侯徙都，非敬侯也。邯，音寒。郸，音丹，康多寒切。襄子曰："浚民之膏泽以实之，韦昭曰：浚，煎也，读曰醮。宋祁曰：浚，苏俊翻；醮，子召翻；余谓浚读当如宋音。浚者，疏瀹也，淘也，深也。又因而杀之，其谁与我！其晋阳乎，先主之所属也，古者诸侯之大夫，其家之臣子皆称之曰主，死则曰先主，考左传可见已。属，陟玉翻。尹铎之所宽也，民必和矣。"乃走晋阳。

三家以国人围而灌之，城不浸者三版；高二尺为一版；三版，六尺。沈灶产鼃，民无叛意。沈，持林翻。颜师古汉书音义曰：鼃，黾也，似虾蟆而长脚，其色青。史游急就章曰：蛙，虾蟆。陆佃埤雅曰：鼃，似虾蟆而长跻，瞋目如怒。鼃，与蛙同，音下娲翻。智伯行水，据经典释文，凡巡行之行，音下孟翻；后仿此。魏桓子御，韩康子骖乘。兵车，尊者居左，执弓矢；御者居中；有力者居右，持矛以备倾侧，所谓车右是也。韩、魏畏智氏之强，一为之御，一为之右。骖，与参同，参者，三也。三人同车则曰骖乘，四人同车则曰驷乘。左传：齐伐晋，烛庸之越驷乘。杜预注曰：四人共乘者殿车。乘，石证翻。智伯曰："吾乃今知水可以亡人国也。"桓子肘康子，康子履桓子之跗，以汾水可以灌安邑，绛水可以灌平阳也。跗，音夫，足趾也。班志：汾水出汾阳北山。汾阳县属太原郡，安邑县属河东郡。史记正义曰：安邑故城在绛州夏县东北十五里。应劭曰：绛水出河东绛县西南。平阳县亦属河东郡。安邑，魏绛始居邑。平阳，韩武子玄孙贞子始居之。桓、康二子之肘足接，盖各为都邑虑也。水经注曰：绛水出绛县西南，盖以故绛为言，其水出绛山东，西北流而合于浍，犹在绛县界中。智伯所谓"汾水可以灌安邑"，或亦有之；"绛水可以灌平阳"，未识所由。余谓自春秋之季至于元魏，历年滋多，郡县之离合，川谷之迁改，有不可以一时所睹为据者。史记正义曰：韩初都平阳，今晋州也。括地志曰：绛水一名白，今名沸泉，源出绛山，飞泉奋涌，扬波注县，积壑三十馀丈，望之极为奇观，可接引北灌平阳城。郦道元父范，历仕三齐，少长齐地，熟其山川，后入关死于道，未尝至河东也。此盖因耳学而致疑。括地志成于唐之魏王泰，泰者，太宗之爱子，罗致天下一时名儒以作此书，其考据宜详，当取以为据。絺疵谓智伯曰："韩、魏必反矣。"智伯曰："子何以知之？"絺疵曰："以人事知之。夫从韩、魏之兵以攻赵，赵亡，难必及韩、魏矣。夫，音扶。难，乃旦翻。今约胜赵而三分其地，城不没者三版，人马相食，城降有日，而二子无喜志，有忧色，是非反而何？"明日，智伯以絺疵之言告二子，二子曰："此夫谗人欲为赵氏游说，使主疑于二家而懈于攻赵氏也。不然，夫二家岂不利朝夕分赵氏之田，而欲为危难不可成之事乎！"二子出，絺疵入曰："主何以臣之言告二子也？"智伯曰："子何以知之？"对曰："臣见其视臣端而趋疾，知臣得其情故也。"智伯不悛。絺疵请使于齐。夫，音扶；馀并同。难，乃旦翻。降，户江翻，下也，服也。说，输芮翻。懈，居隘翻，怠也。危难，如字。悛，丑缘翻，改也，止也。絺，抽迟翻，姓也。康曰："絺"当作"郗"，姓谱诸书未有从丝者，疑借字。余按姓谱：絺姓，周苏忿生支子，封于絺，因氏焉。为赵之为，音于伪翻。使，疏吏翻。疵请出使以避祸也。

赵襄子使张孟谈潜出见二子，曰："臣闻唇亡则齿寒。今智伯帅韩、魏以攻赵，赵亡则韩、魏为之次矣。"帅，读曰率。二子曰："我心知其然也；恐事未遂而谋泄，则祸立至矣。"张孟谈曰："谋出二主之口，入臣之耳，何伤也！"二子乃潜与张孟谈约，为之期日而遣之。姓谱：张氏本自轩辕第五子挥，始造弦，寔张网罗，世掌其职，后因氏焉。风俗传云：张、王、李、赵，黄帝所赐姓也。又晋有解张，字张侯，自此晋国有张氏。唐姓氏谱：张氏出自姬姓，黄帝子少昊青阳氏第五子挥正始制弓矢，子孙赐姓张。周宣王卿士张仲，其后裔事晋为大夫。襄子夜使人杀守堤之吏，而决水灌智伯军。智伯军救水而乱，韩、魏翼而击之，襄子将卒犯其前，将，即亮翻，又音如字。将，领也。卒，臧没翻。说文：吏人给事者衣为卒，卒衣有题识；其字从"衣"从"十"。大败智伯之众，以此败彼曰败。败，比迈翻。遂杀智伯，尽灭智氏之族。史记六国年表，三晋灭智氏在周定王十六年，上距获麟二十七年。皇甫谧曰：元王十一年癸未，三晋灭智伯。唯辅果在。以别族也。

臣光曰：智伯之亡也，才胜德也。夫才与德异，而世俗莫之能辨，夫，音扶。通谓之贤，此其所以失人也。夫聪察强毅之谓才，正直中和之谓德。才者，德之资也；德者，才之帅也。夫，音扶。帅，所类翻。云梦之竹，天下之劲也；书禹贡：云土梦作乂。孔安国注云：云梦之泽在江南。左传：楚王以郑伯田江南之梦。杜预注云：楚之云梦跨江南北。班志：云梦泽在南郡华容县南。祝穆曰：据左传郧夫人弃子文于梦中，言梦而不言云，楚子避吴入于云中，言云而不言梦，则知云、梦二泽也。汉阳志：云在江之北，梦在江之南。又安陆有云梦泽，枝江有云梦城。盖古之云梦泽甚广，而后世悉为邑居聚落，故地之以云梦得名者非一处。竹箭之产，荆楚为良；云梦，楚之地也。梦，如字，又莫公翻。然而不矫揉，不羽括，则不能以入坚。矫，举夭翻。揉，如久翻。康曰：揉曲为矫，揉所以桡曲而使之直也。羽者，箭翎。括者，箭窟受弦处。括，音聒，通作"筈"。棠溪之金，天下之利也；左传：楚封吴夫概王于棠溪。战国之时，其地属韩，出金甚精利。刘昭郡国志：汝南郡吴房县有棠溪亭。杜佑通典曰：棠溪在今汝州郾城县界。九域志：蔡州有冶炉城，韩国铸剑之地。然而不镕范，不砥砺，则不能以击强。毛晃曰：镕，销也，铸也；说文：铸器法也。董仲舒传：犹金在镕。注：镕，谓铸器之模范。范，法也，式也。礼运：范金合土。砥，轸氏翻，柔石也。砺，力制翻，礳也。是故才德全尽谓之"圣人"，才德兼亡谓之"愚人"；德胜才谓之"君子"，才胜德谓之"小人"。凡取人之术，苟不得圣人、君子而与之，与其得小人，不若得愚人。何则？君子挟才以为善，小人挟才以为恶。挟才以为善者，善无不至矣；挟才以为恶者，恶亦无不至矣。挟，檄颊翻。愚者虽欲为不善，智不能周，力不能胜，譬如乳狗搏人，人得而制之。挟，户颊翻。朱元晦曰：挟者，兼有而恃之之称。胜，音升。乳，儒遇翻，乳育也。乳狗，育子之狗也。搏，伯各翻。小人智足以遂其奸，勇足以决其暴，是虎而翼者也，其为害岂不多哉！虎而傅翼，其为害也愈甚。夫德者人之所严，严，敬也。而才者人之所爱；爱者易亲，严者易疏，易，以豉翻。是以察者多蔽于才而遗于德。自古昔以来，国之乱臣，家之败子，才有馀而德不足，以至于颠覆者多矣，岂特智伯哉！故为国为家者苟能审于才德之分而知所先后，先，悉荐翻。后，户遘翻。又何失人之足患哉！

3 三家分智氏之田。赵襄子漆智伯之头，以为饮器。说文：桼，木汁可以髹物；下从水，象桼如水滴而下也。汉书张骞传：匈奴破月氏王，以其头为饮器。韦昭注曰：饮器，椑榼也。晋灼曰：饮器，虎子属也。或曰，饮酒之器也。师古曰：匈奴尝以月氏王头与汉使歃血盟，然则饮酒之器是也。韦云椑榼，晋云虎子，皆非也。椑榼，即今之偏榼，所以盛酒耳，非用饮者也。虎子，亵器，所以溲便者。椑，音鼙。榼，克合翻。氏，音支。使，疏吏翻。歃，色甲翻。盛，时征翻。亵，息列翻。溲，疏鸠翻。便，毗连翻。智伯之臣豫让欲为之报仇，豫，姓也。让，名也。战国之时又有豫且，不知其同时否也。为，音于伪翻；下同。乃诈为刑人，挟匕首，入襄子宫中涂厕。挟，持也。刘向曰：匕首，短剑。盐铁论曰：匕首长尺八寸；头类匕，故云匕首。匕，音比。厕，初吏翻，圊也。长，直亮翻。襄子如厕心动，索之，获豫让。索，山客翻。左右欲杀之，襄子曰："智伯死无后，而此人欲为报仇，真义士也，吾谨避之耳。"乃舍之。舍，读曰捨。豫让又漆身为癞，吞炭为哑。癞，落盖翻，恶疾也。哑，倚下翻，瘖也。行乞于市，神农日中为市，致天下之民，聚天下之货，交易而退，此立市之始也。郑氏周礼注曰：市，杂聚之处。其妻不识也。行见其友，其友识之，为之泣曰："以子之才，臣事赵孟，必得近幸。自春秋之时，赵宣子谓之宣孟，赵文子谓之赵孟，其后遂袭而呼为赵孟。孟，长也。子乃为所欲为，顾不易邪？易，以豉翻。何乃自苦如此？求以报仇，不亦难乎！"豫让曰：【章：十二行本"曰"下有"不可"二字；乙十一行本同；孔本同；张校同；退斋校同。】"既已委质为臣，经典释文曰：质，职日翻。委质，委其体以事君也。后汉书注：委质，屈膝。而又求杀之，是二心也。凡吾所为者，极难耳。然所以为此者，将以愧天下后世之为人臣怀二心者也。"襄子出，豫让伏于桥下。襄子至桥，马惊；索之，得豫让，遂杀之。自智宣子立瑶，至豫让报仇，其事皆在威烈王二十三年之前，故先以"初"字发之。温公之意，盖以天下莫大于名分，观命三大夫为诸侯之事，则知周之所以益微，七雄之所以益盛；莫重于宗社，观智、赵立后之事，则知智宣子之所以失，赵简子之所以得；君臣之义当守节伏死而已，观豫让之事，则知策名委质者必有賈而无贰。其为后世之鉴，岂不昭昭也哉！

襄子为伯鲁之不立也，有子五人，不肯置后。封伯鲁之子于代，代国在夏屋句注之北，赵襄子灭之。班志有代郡代县。为，于伪翻。夏，户雅翻。曰代成君，早卒；成，谥也。谥法：安民立政曰成。立其子浣为赵氏后。浣，户管翻。襄子卒，弟桓子逐浣而自立；史记六国表，威烈王元年，襄子卒；二年，赵桓子元年，卒；明年，国人立献侯浣。"浣"，索隐作"晚"。卒，子恤翻；下同。一年卒。赵氏之人曰："桓子立非襄主意。"乃共杀其子，复迎浣而立之，是为献子。复，扶又翻；又音如字。献子，即献侯。六国表：威烈王三年，献侯之元年。盖分晋之后，三晋僭侯久矣。谥法：知质有圣曰献。献子生籍，是为烈侯。谥法：有功安民曰烈；秉德尊业曰烈。魏斯者，魏桓子之孙也，是为文侯。谥法：学勤好问曰文；慈惠安民曰文。韩康子生武子；武子生虔，是为景侯。谥法：克定祸乱曰武；布义行刚曰景。六国表：威烈王二年，魏文侯斯元年；十八年，韩景侯虔元年。盖其在国僭爵已久，不敢以通王室；威烈王遂因而命之，识者重为周惜。通鉴于此序三家之世也。

魏文侯以卜子夏、田子方为师。卜，以官为氏。田本出于陈，陈敬仲以陈为田氏。徐广曰：始食采地，由是改姓田氏。索隐曰：陈、田二声相近，遂为田氏。夏，户雅翻。每过段干木之庐必式。过，工禾翻。唐人志氏族曰：李耳，字伯阳，一字聃；其后有李宗，魏封于段，为干木大夫，是以段为氏也。余按：通鉴赧王四十二年，魏有段干子，则段干，复姓也。书：武王式商容闾。注云：式其闾巷，以礼贤。记曲礼：国君抚式，士下之。注云：升车必正立，据式小俛，崇敬也。师古曰：式，车前横木。古者立乘；凡言式车者，谓俛首抚式，以礼敬人。孔颖达曰：式，谓俯下头也。古者车箱长四尺四寸而三分，前一后二，横一木，下去车床三尺三寸，谓之为式；又于式上二尺二寸横一木，谓之较，较去车床凡五尺五寸。于时立乘，若平常则凭较，故诗云"倚重较兮"是也。若应为敬，则落隐下式，而头得俯俛，故记云"式视马尾"是也。较，讫岳翻。四方贤士多归之。

文侯与群臣饮酒，乐，而天雨，命驾将适野。左右曰："今日饮酒乐，天又雨，君将安之？"文侯曰："吾与虞人期猎，虽乐，岂可无一会期哉！”乃往，身自罢之。周礼有山虞、泽虞，以掌山泽。注云：虞，度也，度知山林之大小及其所生。身自罢之者，身往告之，以雨而罢猎也。乐，音洛。

韩借师于魏以伐赵，文侯曰：“寡人与赵，兄弟也，不敢闻命。”赵借师于魏以伐韩，文侯应之亦然。二国皆怒而去。已而知文侯以讲于己也，讲，和也。皆朝于魏。朝，直遥翻。魏于是始大于三晋，诸侯莫能与之争。

使乐羊伐中山，克之；乐，姓也。本自有殷徵子之后。宋戴公四世孙乐吕为大司寇。中山，春秋之鲜虞也，汉为中山郡。宋白曰：唐定州，春秋白狄鲜虞之地。隋图经曰：中山城在今唐昌县东北三十一里，中山故城是也。杜佑曰：城中有山，故曰中山。以封其子击。文侯问于群臣曰：“我何如主？”皆曰：“仁君。”任座曰：“君得中山，不以封君之弟而以封君之子，何谓仁君！”文侯怒，任座趋出。任座亦习见当时邻国之事而为是言耳。任音壬，“座”一作“痤”，音才戈翻。次问翟璜，翟，姓也，音直格翻，又音狄。姓谱：翟为晋所灭，子孙以国为氏。今人多读从上音。璜，户光翻。对曰：“仁君。”文侯曰：“何以知之？”对曰：“臣闻君仁则臣直。向者任座之言直，臣是以知之。”文侯悦，使翟璜召任座而反之，亲下堂迎之，以为上客。

文侯与田子方饮，文侯曰：“钟声不比乎？比，音毗。不比，言不和也。左高。”此盖编钟之悬，左高，故其声不和。田子方笑。文侯曰：“何笑？”子方曰：“臣闻之，君明乐官，不明乐音。今君审于音，臣恐其聋于官也。”明乐官，知其才不才；明乐音，知其和不和。五声合和，然后成音。诗大序曰：声成文，谓之音。文侯曰：“善。”

子击出，遭田子方于道，下车伏谒。古文〔史〕考曰：黄帝作车，引重致远；少昊氏加牛；禹时奚仲加马。释名曰：车，居也。韦昭曰：古唯尺遮翻，自汉以来，始有“居”音。萧子显曰：三皇氏乘祇车出谷口，车之始也。祇，翘移翻。子方不为礼。子击怒，谓子方曰：“富贵者骄人乎？贫贱者骄人乎？”子方曰：“亦贫贱者骄人耳，富贵者安敢骄人！国君而骄人则失其国，大夫而骄人则失其家。失其国者未闻有以国待之者也，失其家者未闻有以家待之者也。夫士贫贱者，言不用，行不合，则纳履而去耳，安往而不得贫贱哉！”子击乃谢之。夫，音扶。行，下孟翻。

文侯谓李克曰：“先生尝有言曰：‘家贫思良妻；国乱思良相。’今所置非成则璜，二子何如？”李氏出自颛顼曾孙皋陶，为尧大理，以官命族为理氏。商纣时，裔孙利贞逃难，食木子得全，改为李氏。置，言置相也。相，息亮翻。难，乃旦翻。对曰：“卑不谋尊，疏不谋戚。臣在阙门之外，不敢当命。”在阙门之外，谓疏远也。文侯曰：“先生临事勿让！”克曰：“君弗察故也。居视其所亲，富视其所与，达视其所举，穷视其所不为，贫视其所不取，五者足以定之矣，何待克哉！”文侯曰：“先生就舍，吾之相定矣。”相，息亮翻。李克出，见翟璜。翟璜曰：“今者闻君召先生而卜相，果谁为之？”克曰：“魏成。”翟璜忿然作色曰：“西河守吴起，臣所进也。班志：魏地，其界自高陵以东，尽河东、河内。高陵县，汉属冯翊，其地在河西，所谓“西河之外”者也。魏初使吴起守之，秦兵不敢东向。至惠王时，秦使卫鞅击虏其将公子卬，遂献西河之外于秦。吴，以国为姓。相，息亮翻。守，式又翻。君内以邺为忧，臣进西门豹。班志，邺县属魏郡。西门豹为邺令，凿渠以利民。王符潜夫论姓氏篇曰：如有东门、西郭、南宫、北郭，皆因居以为姓。西门盖亦此类。邺，鱼怯翻。君欲伐中山，臣进乐羊。中山已拔，无使守之，臣进先生。君之子无傅，臣进屈侯鲋。傅者，傅之以德义，因以为官名。傅，芳遇翻。屈，九勿翻，姓也。余按屈，晋地，时属魏；鲋盖魏封屈侯也。鲋，音符遇翻。以耳目之所睹记，臣何负于魏成！”不胜为负。李克曰：“子【章：十二行本“子”下有“之”字；乙十一行本同；孔本同。】言克于子之君者，岂将比周以求大官哉？比，毗至翻。阿党为比。君问相于克，克之对如是。李克自叙其答魏文侯之言也。所以知君之必相魏成者，魏成食禄千钟，孔颖达曰：禄者，谷也。故郑注司禄云：禄也言谷，年谷丰然后制禄。援神契云：禄者，录也。白虎通曰：上以收录接下，下以名录谨以事上是也。六斛四斗为一钟。什九在外，什一在内；是以东得卜子夏、田子方、段干木。夏，户雅翻。此三人者，君皆师之；子所进五人者，君皆臣之。子恶得与魏成比也！”恶，读曰乌，何也。翟璜逡巡再拜曰：“璜，鄙人也，失对，愿卒为弟子！”逡，七伦翻。逡巡，却退貌。卒，子恤翻，终也。孔颖达曰：先生，师也。谓师为先生者，言彼先己而生，其德多厚也。自称为弟子者，言己自处如弟子，则尊其师如父兄也。

吴起者，卫人，仕于鲁。齐人伐鲁，鲁人欲以为将，起取齐女为妻，将，即亮翻；下同。取，读曰娶。孔颖达曰：妻之为言齐也；以礼见问，得与夫敌体也。鲁人疑之，起杀妻以求将，大破齐师。或谮之鲁侯曰：“起始事曾参，世本曰：曾姓出自鄫国。陆德明曰：参，所金翻，一音七南翻。母死不奔丧，曾参绝之；今又杀妻以求为君将。起，残忍薄行人也！行，下孟翻。且以鲁国区区而有胜敌之名，则诸侯图鲁矣。”起恐得罪，闻魏文侯贤，乃往归之。文侯问诸李克，李克曰：“起贪而好色；好，呼到翻。然用兵，司马穰苴弗能过也。”司马，官名。穰苴本齐田姓，仕齐为是官，故以称之；齐景公之贤将也。穰，如羊翻。苴，子余翻。于是文侯以为将，击秦，拔五城。

起之为将，与士卒最下者同衣食，卧不设席，行不骑乘，骑马为骑，乘车为乘，言起与士卒同其劳苦，行不用车马也。亲裹赢粮，师古曰：赢，担也。此言起亲裹士卒所赍担之粮。赢，怡成翻。与士卒分劳苦。卒有病疽者，起为吮之。疽，七余翻，痈也。吮，徐兖翻；说文：嗽也，康所角切。卒母闻而哭之。人曰：“子，卒也，而将军自吮其疽，何哭为？”母曰：“非然也。往年吴公吮其父疽，【章：十二行本无“疽”字；乙十一行本同；孔本同。】其父战不旋踵，遂死于敌。

吴公今又吮其子，妾不知其死所矣，是以哭之。”

4 燕湣公薨，子僖公立。燕自召公奭受封于北燕，其地则唐幽州蓟县故城是也。自召公至湣公三十二世。燕，因肩翻。湣，读与闵同。谥法：使民悲伤曰闵；小心畏忌曰僖。

二十四年（己卯、前四〇二）

1 王崩，子安王骄立。

2 盗杀楚声王，国人立其子悼王。周成王封熊绎于楚，姓芈氏，居丹阳，今枝江县故丹阳城是也。括地志曰：归州秭归县丹阳城，熊绎之始国。其后强大，北封畛于汝，南并吴、越，地方五千里。自熊绎至声王三十世。索隐曰：声王，名当。悼王，名疑。谥法：不生其国曰声。注云：生于外家。年中早夭曰悼。注云：年不称志。又云：恐惧从处曰悼。注云：从处，言险圮也。

安王 谥法：好和不争曰安。

元年（庚辰、前四〇一）

1 秦伐魏，至阳孤。周孝王邑非子于秦。徐广曰：今陇西县秦亭是也。括地志曰：秦州清水县本名秦。十三州志曰：秦亭，秦谷是也。至襄公取周地，穆公霸西戎，日以强大。是年，秦简公之十四年也。自非子至简公二十八世。“阳孤”，史记作“阳狐”。【章：乙十一行本正作“狐”。】正义引括地志曰：阳狐郭在魏州元城县东北三十里。余按此时西河之外皆为魏境，若秦兵至元城，则是越魏都安邑而东矣。水经注：河东垣县有阳壶城。九域志：绛州有阳壶城。识之以广异闻，且俟知者。

二年（辛巳、前四〇〇）

1 魏、韩、赵伐楚，至桑丘。水经注：澺水自葛陂东南径新蔡县故城东，而东南流注于汝水；又东南径下桑里，左迤为横塘陂。史记作“乘丘”。正义：地理志，乘丘故城在兖州瑕丘县西北三十五里。当从之。

2 郑围韩阳翟。周宣王封其弟友于郑。杜预世族谱曰：封于咸林，今京兆郑邑是也。幽王无道，友徙其人于虢、郐之间，遂有其地，今河南新郑是也。友，谥桓公。是年，郑繻公骀之二十三年。自桓公至繻公二十二世。班志，阳翟县属颍川郡。索隐曰：翟，音狄，温公类篇音苌伯切。繻，询趋翻。骀，堂来翻。

3 韩景侯薨，子烈侯取立。

4 赵烈侯薨，国人立其弟武侯。

5 秦简公薨，子惠公立。谥法：爱民好与曰惠。

三年（壬午、前三九九）

1 王子定奔晋。

2 虢山崩，壅河。徐广曰：虢山在陕。裴骃曰：弘农陕县，故虢国。北虢在大阳，东虢在荥阳。括地志曰：虢山在陕州陕县，西临黄河；今临河有冈阜，似是颓山之馀。水经注曰：陕城西北带河，水涌起方数十丈。父老云：石虎载铜翁仲至此沈没，水所以涌。洪河巨渎，宜不为金狄梗流，盖魏文侯时虢山崩壅河所致耳。陕，失冉翻。

四年（癸未、前三九八）

1 楚围郑。郑人杀其相驷子阳。郑穆公之子騑，字子驷；古者以王父之字为氏，子阳其后也。相，息亮翻。騑，芳菲翻。

五年（甲申、前三九七）

1 日有食之。杜预曰：日行迟，一岁一周天。月行速，一月一周天；一岁凡十二交会。然日、月，动物，虽行度有大量，不能不小有赢缩，故有虽交会而不食者，或有频交而食者。孔颖达曰：日月交会，谓朔也。周天三百六十五度四分度之一。日月皆右行于天，一昼一夜，日行一度，月行十三度十九分度之七，二十九日日有馀，而月行天一周，追及于日而与之会。交会而日月同道则食；月或在日道表，或在日道里，则不食矣。又历家为交食之法，大率以一百七十有三日有奇为限。然月先在里，则依限而食者多；若月在表，则依限而食者少。杜预见其参差，乃云"虽行度有大量，不能不小有赢缩，故有虽交会而不食者，或有频交而食者"，此得之矣。苏氏曰：交当朔则日食，然亦有交而不食者。交而食，阳微而阴乘之也；交而不食，阳盛而阴不能揜也。朱元晦曰：此则系乎人事之感。盖臣子背君父，妾妇乘其夫，小人陵君子，夷狄侵中国，所感如是，则阴盛阳微而日为之食矣。是以圣人于春秋，每食必书，而诗人亦以为丑也。今此书年而不书月与晦、朔，史失之也。释名曰：日、月亏曰食；稍小侵亏，如虫食草木之叶也。亦作"蚀"。

2 三月，盗杀韩相侠累。侠累与濮阳严仲子有恶。仲子闻轵人聂政之勇，以黄金百溢为政母寿，欲因以报仇。相，息亮翻。侠，户颊翻。累，力追翻。濮阳，春秋之帝丘，汉为濮阳县，属东郡。应劭曰：濮水南入巨野。水北为阳。濮，博木翻。恶，如字，不善也；康乌故切，非。轵，春秋原邑，晋文公所围者，汉为轵县，属河内郡；音只。姓谱曰：楚大夫食采于聂，因以为氏。聂，尼辄翻。溢，夷质翻。二十四两为溢。政不受，曰："老母在，政身未敢以许人也！"及母卒，仲子乃使政刺侠累。卒，子恤翻。刺，七亦翻，又如字。侠累方坐府上，兵卫甚众，聂政直入上阶，上，时掌翻。刺杀侠累，因自皮面决【章：乙十一行本作"抉"。】眼，自屠出肠。韩人暴其尸于市，暴，步木翻，又音如字，露也。购问，莫能识。其姊嫈闻而往，哭之曰："是轵深井里聂政也！史记正义曰：深井里在怀州济源县南三十里。以妾尚在之故，重自刑以绝从。妾奈何畏殁身之诛，终灭贤弟之名！"遂死于政尸之旁。皮面，以刀剺面而去其皮。悬赏以募告者曰购。购，古候翻。嫈，乌茎翻。绝从之从，读曰踪，谓自绝其踪迹。或曰：从，读如字，谓绝其从坐之罪也。

六年（乙酉、前三九六）

1 郑驷子阳之党弑繻公，繻者，谥法所不载。史记注："繻"，或作"𦈡"。繻，询趋翻。而立其弟乙，白虎通曰：弟，悌也，心顺、行笃也。行，下孟翻。是为康公。

2 宋悼公薨，子休公田立。武王封微子启于宋，唐宋州之睢阳县是也。自微子二十七世至悼公，名购由。休，亦谥法所不载。

八年（丁亥、前三九四）

1 齐伐鲁，取最。【章：十二行本"最"下有"韩救鲁"三字；乙十一行本同；孔本同；张校同；退斋校同。】武王封太公于齐，唐青州之临淄是也。括地志曰：天齐水在临淄东南十五里。封禅书曰：齐之所以为齐者，以天齐。是年，康公贷之十一年。自太公至康公二十九世。成王封伯禽于鲁，唐兖州之曲阜是也。是年，穆公之十六年。自伯禽至穆公凡二十八世。

2 郑负黍叛，复归韩。据史记，𦈡公之十六年，败韩于负黍，盖以此时取之，而今复叛归韩也。刘昭郡国志：颍川郡阳城县有负黍聚。古今地名云：负黍山在阳城县西南二十七里，或云在西南三十五里。

九年(戊子、前三九三)

1 魏伐郑。

2 晋烈公薨，子孝公倾立。周成王封弟叔虞于唐。括地志曰：故唐城在并州晋阳县北二里，尧所筑也。都城记曰：唐叔虞之子燮父徙居晋水旁，今并州理故唐城，即燮父初徙之处；其城南半入州城中。毛诗谱曰：燮父以尧墟南有晋水，改曰晋侯。自唐叔至烈公三十七世。烈公，名止。谥法：慈惠爱亲曰孝。

十一年(庚寅、前三九一)

1 秦伐韩宜阳，取六邑。班志，宜阳县属弘农郡。史记正义曰：宜阳县故城，在河南府福昌县东十四里，故韩城是也。此邑即周礼"四井为邑"之邑。

2 初，田常生襄子盘，盘生庄子白，白生太公和。此序齐田氏之世也。田常，即左传陈成子恒也。温公避仁庙讳，改"恒"曰"常"。自陈公子完奔齐，五世至常得政。谥法：胜敌志强曰庄。是岁，齐田和迁齐康公于海上，使食一城，以奉其先祀。

十二年(辛卯、前三九〇)

1 秦、晋战于武城。此非鲁之武城。左传：晋阴饴甥会秦伯，盟于王城。杜预曰：冯翊临晋县东有王城，今名武乡。括地志：故武城，一名武平城，在华州郑县东北十三里。

2 齐伐魏，取襄阳。"阳"，当作"陵"。徐广曰：今之南平阳也。余据晋志，南平阳县属山阳郡。班志，陈留郡有襄邑县。师古曰：圈称云：襄邑，宋地，本承匡襄陵乡也，宋襄公所葬，故曰襄陵。秦始皇以承匡卑湿，徙县襄陵，因曰襄邑。

3 鲁败齐师于平陆。班志，东平国有东平陆县，战国时之平陆也。史记正义曰：平陆，兖州县，即古厥国。宋白曰：郓州中都县，汉为平陆县，史记"鲁败齐师于平陆"是也。败，补迈翻。

十三年(壬辰、前三八九)

1 秦侵晋。

2 齐田和会魏文侯、楚人、卫人于浊泽，康曰：浊，水名；汉志：浊水出齐郡广县妫山。余谓康说误矣。徐广史记注曰：长社有浊泽。水经注曰：皇陂水出胡城西北。胡城，颍阴之狐人亭也。皇陂，古长社之浊泽也。记：诸侯相见于郤地曰会。孔颖达曰：诸侯未及期而相见曰遇。会者，谓及期之礼，既及期，又至所期之地。求为诸侯。魏文侯为之请于王及诸侯，王许之。为之之为，于伪翻。

十五年（甲午、前三八七）

1 秦伐蜀，取南郑。谱记普〔疑衍〕云：蜀之先，肇自人皇之际。黄帝子昌意娶蜀山氏女，生帝佶。既立，封其支庶于蜀，历虞、夏、商、周。周衰，先称王者蚕丛。余据武王伐纣，庸、蜀诸国皆会于牧野。孔安国曰：蜀，叟也，春秋之时不与中国通。班志，南郑县属汉中郡，唐为梁州治所。“佶”，通作“喾”，音括沃翻。

2 魏文侯薨，太子击立，王者以嫡长子为太子，谓之国储副君。诸侯曰世子。周衰，率上僭。孔颖达曰：太者，大中之大也。上，时掌翻。长，知两翻。是为武侯。

武侯浮西河而下，西河，即禹贡之“龙门西河”。中流顾谓吴起曰：“美哉山河之固，此魏国之宝也！”对曰：“在德不在险。昔三苗氏，左洞庭，右彭蠡；德义不修，禹灭之。武陵、长沙、零、桂之水，汇为洞庭，周七百里。彭蠡泽在汉豫章郡彭泽县西。书：有苗弗率，汝徂征。三苗所居，盖今江南西道之地。蠡，里弟翻。夏桀之居，左河济，右泰华，伊阙在其南，羊肠在其北；修政不仁，汤放之。济水出河东垣县王屋山，南流贯河而南，合于荥渎。禹贡所谓“导沇水，东流为济，溢为荥”者也。自汉筑荥阳石门，而济与河合流而注于海，不入荥渎。禹贡所谓“导沇水，东流为济，入于河”。桀都安邑，盖恃以为险。泰华山在京兆华阴县南。水经：伊水出南阳县西荀渠山，东北流至河南新城县，又东南过伊阙中，大禹所凿也。两山相对，望之若阙。左传“女宽守阙塞”，即其地。括地志：伊阙山在洛州南十九里。班志，上党壶关县有羊肠阪。此安邑四履所凭，山河之固也。书曰：成汤放桀于南巢。济，子礼翻。华，户化翻。商纣之国，左孟门，右太行，常山在其北，大河经其南；修政不德，武王杀之。水经注：孟门在河东北屈县西，即龙门上口也。淮南子曰：龙门未辟，吕梁未凿，河出孟门之上，溢而逆流，无有丘陵，名曰洪水。太行山在河内野王县西北。常山在常山郡上曲阳县西北。河水自孟门南抵华阴，屈而东流；纣都朝歌，河经其南。北屈之孟门在朝歌西北，恐不可言“左”。索隐曰：孟门别一山，在朝歌东边。此特左、右二字之差而误耳。春秋说题辞：河之为言荷也；荷精分布，怀阴引度也。释名：河，下也，随地下处而通流也。书曰：武王胜殷，杀纣。太行之行，户刚翻。北屈，陆求忽翻，颜居勿翻。由此观之，在德不在险。若君不修德，舟中之人皆敌国也！”武侯曰：“善。”

魏置相，相田文。相，息亮翻。此田文非齐之田文。吴起不悦，谓田文曰：“请与子论功可乎？”田文曰：“可。”起曰：“将三军，使士卒乐死，敌国不敢谋，子孰与起？”文曰：“不如子。”将，即亮翻。乐，音洛。起曰：“治百官，亲万民，实府库，子孰与起？”文曰：“不如子。”治，直之翻。起曰：“守西河，秦兵不敢东乡，韩、赵宾从，子孰与起？”文曰：“不如子。”乡，读曰向。宾从，犹言宾服也。起曰：“此三者子皆出吾下，而位居吾上，何也？”文曰：“主少国疑，大臣未附，百姓不信，方是之时，属之子乎，属之我乎？”少，诗照翻。属，子欲翻。起默然良久曰：“属之子矣！”

久之，魏相公叔尚【章：十二行本“尚”下有“魏公”二字；乙十一行本同；孔本同；张校同；退斋校同。】主而害吴起。如淳曰：天子嫁女于诸侯，必使诸侯同姓者主之，故谓之公主。帝姊妹曰长公主，诸王女曰翁主。师古曰：如说得之。天子不亲主婚，故谓之公主；诸王则自主婚，故其女曰翁主。翁者，父也，言父主其婚也；亦曰王主，言王自主其婚也。扬雄方言云：周、晋、秦、陇谓父曰翁。而臣瓒、王楙，或云“公者比于上爵”，或云“主者妇人尊称”，皆失之。刘贡父曰：予谓公主之称本出秦旧，男为公子，女为公主。古者大夫妻称主，故以公配之。若谓同姓主之，故谓之公主，则周之事，秦不知用也。古之嫁女，礼当如周使大夫主之，何不谓之夫主乎？然则谓之王主者，犹言王子也；谓之公主者，缘公而生耳。毛晃曰：尚，崇也，高也，贵也，饰也，加也，尊也。娶公主谓之尚，言帝王之女尊而尚之，不敢言娶也。相，息亮翻。公叔之仆曰："起易去也。起为人刚劲自喜。易，以豉翻。去，起吕翻。师古曰：喜，许吏翻。子先言于君曰：'吴起，贤人也，而君之国小，臣恐起之无留心也。君盍试延以女，起无留心，则必辞矣。'子因与起归而使公主辱子，起见公主之贱子也，必辞，则子之计中矣。"中，竹仲翻。公叔从之，吴起果辞公主。魏武侯疑之而未信，起惧诛，遂奔楚。

楚悼王素闻其贤，至则任之为相。起明灋审令，相，息亮翻。灋，古法字。捐不急之官，废公族疏远者，以抚养战斗之士，要在强兵，破游说之言从横者。捐，余专翻，弃也，除去也。汉书音义曰：以利合曰从，以威力相胁曰横。或曰：南北曰从，从者，连南北为一，西乡以摈秦。东西曰横，横者，离山东之交，使之西乡以事秦。说，式芮翻。从，即容翻。"横"，亦作"衡"，音同。于是南平百越，韦昭曰：越有百邑。北却三晋，西伐秦，诸侯皆患楚之强；而楚之贵戚大臣多怨吴起者。

3 秦惠公薨，子出公立。出，非谥也；以其失国出死，故曰出公。

4 赵武侯薨，国人复立烈侯之太子章，是为敬侯。谥法：夙夜警戒曰敬。

5 韩烈侯薨，子文侯立。

十六年（乙未、前三八六）

1 初命齐大夫田和为诸侯。田氏自此遂有齐国。田和是为太公。

2 赵公子朝作乱，【章：乙十一行本"乱"下有"出"字；孔本同；退斋校同；此处百衲本缺。】奔魏；与魏袭邯郸，不克。邯，音寒。郸，音丹。

十七年（丙申、前三八五）

1 秦庶长改逆献公于河西而立之；杀出子及其母，沈之渊旁。后秦制爵，一级曰公士，二上造，三簪袅，四不更，五大夫，六官大夫，七公大夫，八公乘，九五大夫，十左庶长，十一右庶长，十二左更，十三中更，十四右更，十五少上造，十六大上造，十七驷车庶长，十八大庶长，十九关内侯，二十彻侯。师古曰：庶长，言众列之长。注又详见下卷显王十年前。据史记：威烈王十一年秦灵公卒，子献公师隰不得立，立灵公季父悼子，是为简公。出子，简公之孙也。今庶长改迎献公而杀出子。正义曰：西者，秦州西县，秦之旧地。时献公在西县，故迎立之。余谓此言河西，非西县也。灵公之卒，献公不得立，出居河西；河西者，黄河之西，盖汉凉州之地。"袅"，当作"裹"，乃了翻。更，工衡翻。乘，绳证翻。长，知丈翻。

2 齐伐鲁。

3 韩伐郑，取阳城；汉阳城县属颍川郡；是为地中，成周于此以土圭测日景。伐宋，执宋公。

4 齐太公薨，子桓公午立。

十九年（戊戌、前三八三）

1 魏败赵师于兔台。史记赵世家曰：魏败我兔台，筑刚平。正义曰：兔台、刚平，并在河北。败，补迈翻。

二十年（己亥、前三八二）

1 日有食之，既。既，尽也。

二十一年（庚子、前三八一）

1 楚悼王薨。贵戚大臣作乱，攻吴起；起走之王尸而伏之。之，往也，往赴王尸而伏其侧。击起之徒因射刺起，并中王尸。射，而亦翻。刺，七亦翻。中，竹仲翻。既葬，肃王即位，谥法：刚德克就曰肃；执心决断曰肃。使令尹尽诛为乱者；令尹，楚相也。坐起夷宗者七十馀家。夷，杀也；夷宗者，杀其同宗也。

二十二年（辛丑、前三八〇）

1 齐伐燕，取桑丘。魏、韩、赵伐齐，至桑丘。此桑丘，非二年所书楚之桑丘。括地志曰：桑丘故城，俗名敬城，在易州遂城县，盖燕之南界也。

二十三年(壬寅、前三七九)

1 赵袭卫，不克。成王封康叔于卫，居河、淇之间，故殷墟也。至懿公为狄所灭，东徙度河。文公徙居楚丘，遂国于濮阳。是年，慎公颓之三十五年。自康叔至慎公凡三十二世。

2 齐康公薨，无子，田氏遂并齐而有之。姜氏至此灭矣。

是岁，齐桓公亦薨，子威王因齐立。谥法：强毅訙正曰威。訙，渠留翻。齐桓公，田午。訙，谋也。

二十四年(癸卯、前三七八)

1 狄败魏师于浍。汉之中山、上党、西河、上郡，自春秋以来，狄皆居之，此亦其种也。水经：浍水出河东绛县东浍山，西过绛县南，又西南过虒祁宫南，又西南至王桥，入汾水。括地志：浍山在绛州翼城县东北。败，补迈翻。浍，古外翻。

2 魏、韩、赵伐齐，至灵丘。史记正义曰：灵丘，河东蔚州县。余按蔚州之灵丘，即汉代郡之灵丘，此时齐境安能至代北邪！此即孟子谓蚳蛙辞灵丘请士师之地。班志曰：齐地北有千乘、清河以南。汉清河郡有灵县，清河北接赵、魏之境，此为近之。蚳，音迟。蛙，乌花翻。

3 晋孝公薨，子靖公俱酒立。谥法：柔众安民曰靖；又，恭己鲜言曰靖。

二十五年(甲辰、前三七七)

1 蜀伐楚，取兹方。据史记：蜀伐楚，取兹方，楚为扞关以拒之。则兹方之地在扞关之西。刘昭志：巴郡鱼复县有扞关。

2 子思言苟变于卫侯曰："其才可将五百乘。"古者兵车一乘，甲士三人，步卒七十二人；五百乘，三万七千五百人。国语曰：苟本自黄帝之子。将，即亮翻；下同。乘，绳证翻。公曰："吾知其可将；然变也尝为吏，赋于民而食人二鸡子，故弗用也。"子思曰："夫圣人之官人，犹匠之用木也，夫，音扶。取其所长，弃其所短；故杞梓连抱而有数尺之朽，良工不弃。今君处战国之世，处，昌吕翻。选爪牙之士，而以二卵弃干城之将，诗：赳赳武夫，公侯干城。毛氏传曰：干，扞也；音户旦翻。郑氏笺曰：干也，城也，皆所以御难也。干，读如字。此不可使闻于邻国也。”公再拜曰：“谨受教矣！”

卫侯言计非是，而群臣和者如出一口。和，户卧翻。子思曰：“以吾观卫，所谓‘君不君，臣不臣’者也！”“君不君，臣不臣，”论语载齐景公之言。公丘懿子曰：“何乃若是？”公丘，复姓。谥法：温柔贤善曰懿。子思曰：“人主自臧，则众谋不进。臧，善也。事是而臧之，犹却众谋，况和非以长恶乎！和，户卧翻。长，知丈翻。夫不察事之是非而悦人赞己，暗莫甚焉；不度理之所在而阿谀求容，谄莫甚焉。度，徒洛翻。君暗臣谄，以居百姓之上，民不与也。若此不已，国无类矣！”

子思言于卫侯曰：“君之国事将日非矣！”公曰：“何故？”对曰：“有由然焉。君出言自以为是，而卿大夫莫敢矫其非；卿大夫出言亦自以为是，而士庶人莫敢矫其非。君臣既自贤矣，白虎通曰：君，群也，群下之所归心也。臣，坚也，厉志自坚也。而群下同声贤之，贤之则顺而有福，矫之则逆而有祸，如此则善安从生！诗曰：‘具曰予圣，谁知乌之雌雄？’诗正月之辞。毛氏传曰：君臣俱自谓圣也。郑氏笺曰：时君臣贤愚适同，如乌之雌雄相似，谁能别异之乎？又曰：乌〔鸟〕之雌雄不可别者，以翼〔知之〕，右掩左，雄，左掩右，雌，阴阳相下之义也。抑亦似君之君臣乎！”

3 鲁穆公薨，子共公奋立。谥法：布德执义曰穆；中情见貌曰穆；尊贤敬让曰共；既过能改曰共；执事坚固曰共。共，读曰恭。考异曰：司马迁史记六国表：周威烈王十九年甲戌，鲁穆公元年。烈王元年丙午，共公元年。显王十七年己巳，康公元年。二十六年戊寅，景公元年。赧王元年丁未，平公元年。二十年丙寅，文公元年。四十三年己丑，顷公元年。五十九年乙巳，周亡。秦庄襄王元年壬子，楚灭鲁。按鲁世家，穆公三十三年卒，若元甲戌，终乙巳，则是三十二年也。共公二十二年卒，若元丙午，终戊辰，则是二十三年也。康公九年卒，景公二十五年卒，平公二十二年卒，若元丁未，终乙丑，则是十九年也。文公二十三年卒，顷公二十四年楚灭鲁。班固汉书律历志“文公”作“缗公”；其在位之年与世家异者，惟平公二十年耳。本志自鲁僖公五年正月辛亥朔旦冬至推之，至成公十二年正月庚寅朔旦冬至，定公七年正月己巳朔旦冬至，元公四年正月戊申朔旦冬至，康公四年正月丁亥朔旦冬至，缗公二十二年正月丙寅朔旦冬至，汉高祖八年十一月乙巳朔旦冬至，武帝元朔六年十一月甲申朔旦冬至，元帝初元二年十一月癸亥朔旦冬至，其间相距皆七十六年，此最为得实，又与鲁世家注、皇甫谧所纪岁次皆合，今从之。六国表差谬，难可尽据也。余按考异自鲁僖公五年至汉元帝初元二年六百馀年间，十二月朔旦冬至，相距皆七十六年，此最为得实，又与鲁世家注、皇甫谧所纪岁次皆合，盖谓刘彝叟长历也。且言“史记六国表差谬，难可尽据”。又按通鉴目录编年用刘彝叟长历。汉武帝太初元年，初用夏正定历，史记历书是年书阏逢摄提格，目录书强圉赤奋若。阏逢摄提格，甲寅也，强圉赤奋若，丁丑也，有二十四年之差。温公用彝叟历，邵康节皇极经世书亦用彝叟历。康节少自雄其才，既学，力慕高远，一见李之才，遂从而受学，庐于共城百源，冬不炉，夏不扇，夜不就席者数年，覃思于易经也。皇极经世书不能违彝叟历。及其来居于洛，而温公亦奉祠以书局在洛，相过从稔，又夙所敬者也。余意其讲明之间必尝及此，而决于用彝叟历。读考异此一段，辞意可见。

4 韩文侯薨，子哀侯立。

二十六年（乙巳、前三七六）

1 王崩，子烈王喜立。

2 魏、韩、赵共废晋靖公为家人而分其地。唐叔不祀矣。

烈王名喜，安王之子。

元年（丙午、前三七五）

1 日有食之。

2 韩灭郑，因徙都之。韩本都平阳，其地属汉之河东郡；中间徙都阳翟。郑都新郑，其地属汉之河南郡。郑桓公始封于郑，其地属汉之京兆；后灭虢、郐而国于溱、洧之间，故曰新郑，左传郑庄公所谓“吾先君新邑于此”是也。今韩既灭郑，自阳翟徙都之。韩既都郑，故时人亦谓韩王为郑王，考之战国策、韩非子可见。

3 赵敬侯薨，子成侯种立。种，章勇翻。

三年（戊申、前三七三）

1 燕败齐师于林狐。败，补迈翻。

鲁伐齐，入阳关。徐广曰：阳关在巨平。班志，巨平县属泰山郡。括地志：阳关故城在兖州博城县南二十九里，其城之西临汶水。汶，音问。

魏伐齐，至博陵。史记正义曰：博陵在济州西界。宋白曰：史记，齐威王伐晋至博陵。徐广曰：东郡之博平，汉为县。

2 燕僖公薨，子桓公立。

3 宋休公薨，子辟公立。辟亦谥法之所不载。

4 卫慎公薨，子声公训立。谥法：敏以敬曰慎。戴记：思虑深远曰慎。

四年（己酉、前三七二）

1 赵伐卫，取都鄙七十三。周礼：太宰以八则治都鄙。注云：都之所居曰鄙。都鄙，卿大夫之采邑。盖周之制，四县为都，方四十里，一千六百井，积一万四千四百夫；五酂为鄙，鄙五百家也。此时卫国褊小，若都鄙七十三，以成周之制率之，其地广矣，尽卫之提封，未必能及此数也。更俟博考。

2 魏败赵师于北蔺。班志，西河郡有蔺县。史记正义曰：在石州。其地于赵为西北，故曰北蔺。蔺，离进翻。

五年（庚戌、前三七一）

1 魏伐楚，取鲁阳。左传所谓"刘累迁于鲁县"，即鲁阳也。班志，鲁阳县属南阳郡。史记正义曰：今汝州鲁山县。

2 韩严遂弑哀侯，国人立其子懿侯。初，哀侯以韩廆为相而爱严遂，二人甚相害也。严遂令人刺韩廆于朝，廆走哀侯，哀侯抱之；人刺韩廆，兼及哀侯。战国策以聂政刺韩相事及并中哀侯为一事；此从史记。蜀本注曰：按太史公年表及韩世家，于韩烈侯三年皆书"聂政杀韩相侠累"，于哀侯六年又皆书"严遂弑哀侯"。以刺客传考之，聂政杀侠累事在哀侯时；以战国策考之亦然。从传与战国策，则是年表、世家于烈侯三年书"盗杀侠累"误矣。通鉴于烈侯三年载聂政杀侠累事，又于哀侯六年载严遂杀其君哀侯，是从年表、世家所书。盖刺客传初不言并杀哀侯，止战国策言之，通鉴岂以此疑之欤！故载并刺哀侯，不书聂政，止曰“使人”。以此求之，则通鉴之意不以严仲子为严遂，亦不以侠累为韩傀，止从年表、世家而不信其传也。余按温公与刘道原书，亦疑此事。傀，户贿翻。相，息亮翻。刺，七亦翻。朝，直遥翻。走，音奏。

3 魏武侯薨，不立太子，子罃与公中缓争立，国内乱。罃，于耕翻。中，读曰仲。

六年（辛亥、前三七〇）

1 齐威王来朝。是时周室微弱，诸侯莫朝，而齐独朝之，天下以此益贤威王。朝，直遥翻。

2 赵伐齐，至鄄。班志，济阴郡有鄄城县。鄄，工掾翻。

3 魏败赵师于怀。班志，河内郡有怀县。魏收地形志，怀州武德郡有怀县，县管内有怀城。败，补迈翻。

4 齐威王召即墨大夫，语之曰：“自子之居即墨也，毁言日至。班志，即墨县属胶东国。括地志：即墨故城，在莱州胶水县南六十里。宋白曰：城临墨水，故曰即墨。语，牛倨翻；下同。然吾使人视即墨，田野辟，辟，读曰闢；下同。人民给，官无事，东方以宁；是子不事吾左右以求助也！”封之万家。召阿大夫，语之曰：“自子守阿，誉言日至。阿，即东阿县；班志属东郡。誉，音余，称其美也。吾使人视阿，田野不辟，人民贫馁。昔日赵攻鄄，子不救；鄄，工掾翻。卫取薛陵，子不知；薛陵，春秋薛国之墟也。班志，薛县属鲁国，而卫国在汉东郡陈留界。薛陵属齐而近于卫，故为所取。齐后封田婴于此。是子厚币事吾左右以求誉也！”是日，烹阿大夫及左右尝誉者。于是群臣耸惧，莫敢饰诈，务尽其情，齐国大治，强于天下。誉，音余。治，直吏翻。

5 楚肃王薨，无子，立其弟良夫，是为宣王。

6 宋辟公薨，子剔成立。剔，他历翻。

七年（壬子、前三六九）

1 日有食之。

2 王崩，弟扁立，据班书古今人表师古注：扁，音篇。是为显王。

3 魏大夫王错出奔韩。姓谱：王氏之所自出非一。出太原、琅邪者，周灵王太子晋之后。北海、陈留，齐王田和之后。东海出自姬姓。高平、京兆，魏信陵君之后。天水、东平、新蔡、新野、山阳、中山、章武、东莱、河东者，殷王子比干为纣所害，子孙以王者之后，号曰王氏。余谓此皆后世以诸郡著姓言之耳。春秋之时自有王姓，莫能审其所自出。公孙颀谓韩懿侯曰："魏乱，可取也。"公孙，姓也。黄帝，公孙氏。颀，渠希翻。懿侯乃与赵成侯合兵伐魏，战于浊泽，大破之，遂围魏。史记正义曰：徐广以为长社浊泽，非也。括地志云：浊水源出蒲州解县东北平地，尔时魏都安邑，韩、赵伐魏，岂至河南长社邪！解县浊水近于魏都，当是也。成侯曰："杀䓣，立公中缓，割地而退，我二国之利也。"懿侯曰："不可。杀魏君，暴也；割地而退，贪也。不如两分之。魏分为两，不强于宋、卫，则我终无魏患矣。"赵人不听。懿侯不悦，以其兵夜去。赵成侯亦去。䓣遂杀公中缓而立，中，读曰仲。是为惠王。

太史公曰：魏惠王所以身不死、国不分者，二国之谋不和也。若从一家之谋，魏必分矣。故曰："君终，无適子，其国可破也。"索隐曰：盖古人之言及俗说，故云"故曰"。適，读曰嫡。

齐思和标点顾颉刚聂崇岐覆校

资治通鉴卷第二

朝散大夫右谏议大夫权御史中丞
充理检使上护军赐紫金鱼袋臣 司马光 奉敕编集

后学天台 胡三省 音注

周纪二 起昭阳赤奋若（癸丑），尽上章困敦（庚子），凡四十八年。

显王 十一家谥法：行见中外曰显；受禄于天曰显；百辟惟刑曰显。周公盖未有此谥，而周之末世谥显王曰显，意谓后世传写周公谥法者遗之。

元年（癸丑、前三六八）

1 齐伐魏，取观津。康曰：齐伐魏，魏惠王请献观以和，即观津。余按班志信都国有观津县，与齐相去甚远，且赵地也。又东郡有畔观县。水经：大河故渎东径五鹿之野，又东径卫国故城南，古斟观也。此其魏之观津欤！徐广曰：观，今卫县。史记正义曰：魏州观城县，古观国。国语云：观国，夏太康第五弟之所封也。观，工唤翻。

2 赵侵齐，取长城。刘昭志：济北卢县有长城。史记苏代说燕王曰："齐有长城巨防，"即此。

三年（乙卯、前三六六）

1 魏、韩会于宅阳。水经注曰：荥泽之际有沙城，世谓水城，非也。魏冉走芒卯，入北宅，即此宅阳城。括地志曰：宅阳故城，在郑州荥阳县东十七里。

2 秦败魏师、韩师于洛阳。洛阳在洛水之北，周公迁殷民于此，谓之成周。班志，属河南郡。败，补迈翻。

四年（丙辰、前三六五）

1 魏伐宋。

五年（丁巳、前三六四）

1 秦献公败三晋之师于石门，水经注：冯翊云阳县有石门山。括地志：在雍州三原县西北三十二里。又曰：尧门山，俗名石门，上有路，其状若门。故老云：尧凿山为门，因名之。武德中于此山南置石门县，贞观中改云阳县。斩首六万。王赐以黼黻之服。黼者，刺绣为斧形；黻者，刺绣为两"己"相背。孔颖达曰：白与黑谓之黼，黑与青谓之黻。黼，音甫。黻，音弗。

七年（己未、前三六二）

1 魏败韩师、赵师于浍。浍，古外翻。括地志：浍水在绛州翼城县东南二十五里，水侧有皮牢城。

2 秦、魏战于少梁，班志：冯翊夏阳县，故少梁。师古曰：本梁国，为秦所灭，至惠文王十一年，更名夏阳。康曰：魏有大梁，故此称"少"以别之。少，诗沼翻。夏，户雅翻。更，工衡翻。魏师败绩；获魏公孙痤。左传：师大崩曰败绩。痤，才何翻。

3 卫声公薨，子成侯速立。

4 燕桓公薨，子文公立。燕，因肩翻。考异曰：史记苏秦传谓之"燕文侯"。按春秋时北燕简公已称公，文公之子易王寻称王，岂文公独称侯乎！今从世家。

5 秦献公薨，子孝公立。索隐曰：孝公，名渠梁。孝公生二十一年矣。是时河、山以东强国六，河自龙门上口，南抵华阴而东流，秦国在河之西。山自鸟鼠同穴连延为长安南山，至于泰华，秦国在山之西。韩、魏、赵、齐、楚、燕六国皆在河、山以东。华，户化翻。燕，因肩翻。淮、泗之间小国十馀，南阳郡平氏县东南有桐柏、大复山，淮水所出，东南至淮陵入海。泗水出鲁国卞县西南，至方与入沛。宋、鲁、邹、滕、薛、郳等国，国于其间。齐威王所谓"泗上十二诸侯"。楚、魏与秦接界。魏筑长城，自郑滨洛以北有上郡；郑县，周宣王母弟郑桓公封邑，班志属京兆。洛，水名，非伊、洛之洛也。水经注：渭水东过华阴县北，洛水入焉。洛水，古漆、沮之水也。又有长涧水，南出泰华之山侧长城东而北流注于渭。史记所谓“魏筑长城，自郑滨洛”者也。宋白曰：今华州东南魏长城是也。上郡，汉属并州，隋、唐之绥州、延州，秦、汉之上郡地也。滨，音宾。楚自汉中，南有巴、黔中：汉中郡，汉属益州，自晋以后为梁州。巴，即春秋巴子之国，汉为巴郡，属益州，唐为巴、渝、渠、果诸州之地。黔中，汉为牂牁郡之地，唐为黔中节度。黔，渠今翻。皆以夷翟遇秦，翟，与狄同。摈斥之，不得与中国之会盟。摈，必刃翻。与，读曰预。于是孝公发愤，布德修政，欲以强秦。愤，房粉翻，懑也，怒也。朱元晦曰：愤者，心求通而未得之意。

八年（庚申、前三六一）

1 孝公下令国中曰：“昔我穆公，自岐、雍之间修德行武，东平晋乱，以河为界，西霸戎翟，广地千里，天子致伯，诸侯毕贺，令，力正翻，号令也，命令也。令者，出于上而行于下者也。岐山，周太王所邑。班志，岐山在扶风美阳县西。雍县属扶风。秦穆公娶晋献公之女。献公卒，晋国乱，穆公纳惠公。惠公立而背河外之赂，又闭秦籴。穆公伐晋，执惠公，既而归之；始征晋河东，置官司。惠公卒，子怀公立。穆公纳文公而晋乱平。又能用由余及孟明，以霸西戎。天子致伯者，周礼九命作伯；古有九州岛，一为王畿，八州八伯，各主其方之诸侯；致伯者，以方伯之任致之穆公也。雍，于用翻。伯，如字。背，蒲妹翻。为后世开业甚光美。会往者厉、躁、简公、出子之不宁，国家内忧，未遑外事。三晋攻夺我先君河西地，丑莫大焉。为，于伪翻。史记：秦厉共公卒，子躁公立。躁公卒，立其弟怀公。四年，庶长鼂围怀公，公自杀，乃立灵公。灵公卒，子献公不得立，立灵公之季父，是为简公。公卒而惠公立。惠公卒，子出子立。二年，庶长改杀出子，迎立献公于河西。河西地，即魏所有西河之外。史记正义曰：自华州北至同州，并魏河西之地。躁，则到翻。共，读曰恭。鼂，古朝字。长，知两翻。华，户化翻。献公即位，镇抚边境，徙治栎阳，史记：秦献公二年，始治栎阳。徐广注曰：即汉万年县。余按汉志，栎阳、万年为两县，皆属冯翊，后汉始省并。宋白曰：栎阳，秦旧县。汉高祖既葬太上皇于万年陵，仍分栎阳置万年县以为陵邑，理栎阳城中，故栎阳城亦名万年城。后汉省栎阳县入万年县。后魏大统中，分万年置鄣丘、宣武，又分置广阳县。周明帝省万年入高陵、广阳二县，更于长安城中别置万年县。唐武德元年，又改广阳为栎阳，元和十五年，并移隶奉先县以奉景陵。栎、音药。且欲东伐，复穆公之故地，修穆公之政令。寡人思念先君之意，常痛于心。宾客群臣有能出奇计强秦者，吾且尊官，与之分土。”谓裂地以封之，使各有分土。分，扶问翻。于是卫公孙鞅闻是令下，乃西入秦。

公孙鞅者，卫之庶孙也，好刑名之学。师古曰：刘向别录云：申子学好刑名。刑名者，循名以责实，其尊君卑臣，崇上抑下，合于六经。说者曰：刑，刑家；名，名家；即太史公所论六家之二也。此说非。刘原父曰：刑名，即并学两家术耳。公孙非姓氏，以其先出于卫，父为卫侯则称为公子，祖为卫侯则称为公孙。鞅，于两翻。事魏相公叔痤，痤知其贤，未及进。会病，魏惠王往问之曰：“公叔病如有【章：十二行本二字互乙；乙十一行本同；孔本同。】不可讳，相，息亮翻。痤，才戈翻。不可讳，谓死也。俗语有之：“人不讳死”。将奈社稷何？”公叔曰：“痤之中庶子卫鞅，自战国以来，大夫之家有中庶子，有舍人。年虽少，有奇才，少，诗照翻。愿君举国而听之！”王嘿然。公叔曰：“君即不听用鞅，必杀之，无令出境！”王许诺而去。令，力丁翻。公叔召鞅谢曰：“吾先君而后臣，先、后，皆去声。故先为君谋，后以告子。此先、后，皆如字。为，于伪翻。子必速行矣！”鞅曰：“君不能用子之言任臣，又安能用子之言杀臣乎！”卒不去。卒，子恤翻。王出，谓左右曰：“公叔病甚，悲乎，欲令寡人以国听卫鞅也！既又劝寡人杀之，岂不悖哉！”悖，蒲内翻。卫鞅既至秦，因嬖臣景监以求见孝公，嬖，博计翻，又卑义翻。史记正义：监，甲暂翻。康曰：景，姓，楚之族。监，古衔切，非。说以富国强兵之术；公大悦，与议国事。说，式芮翻。

十年（壬戌、前三五九）

1 卫鞅欲变法，秦人不悦。卫鞅言于秦孝公曰：“夫民不可与虑始，而可与乐成。夫，音扶。乐，音洛。论至德者不和于俗，成大功者不谋于众。是以圣人苟可以强国，不法其故。”索隐曰：言救弊为政之术，所为苟可以强国，则不必须要法于故事也。甘龙曰：“不然，索隐曰：甘，姓；龙，名。甘姓出春秋时甘昭公子带之后。姓谱又曰：甘姓，商甘盘之后。缘法而治者，吏习而民安之。”治，直吏翻。卫鞅曰：“常人安于故俗，学者溺于所闻，溺，奴历翻。以此两者，居官守法可也，非所与论于法之外也。智者作法，愚者制焉；贤者更礼，不肖者拘焉。”更，工衡翻。公曰：“善。”以卫鞅为左庶长。刘卲爵制曰：春秋传有庶长鲍。商君为政，备其法品为十八级；合关内侯、列侯，凡二十等。其制因古义。古者天子寄军政于六卿，居则以田，警则以战，所谓“入使治之，出使长之，素信者与众相得”也。故启伐有扈，乃召六卿，大夫之在军为将者也。及周之六卿，亦以居军。在国也，则以比长、闾胥、族师、党、州长、卿大夫为称；其在军也，则以司马、将军、卒、伍为号，所以异在国之名也。秦依古制，其在军赐爵为等级，其帅人皆更卒也。有功赐爵，则在军吏之例。自一等以上至不更，四等，皆士也。大夫以上至五大夫，五等，比大夫也。九等，依九命之义也。自左庶长至大庶长，比九卿也。关内侯者，依古圻内子男之义也。秦都山西，以关内为王畿，故曰关内侯也。列侯者，依古列国诸侯之义也。然则卿、大夫、士下之品，皆仿古比建之制而异其名，亦所以殊军国也。古者以车战，兵车一乘，步卒七十二人，分翼左右；车，大夫在左，御者处中，勇士为右，凡七十五人。一爵曰公士者，步卒之有爵为公士者也。二爵曰上造，造，成也，古者成士升于司徒曰造士；虽依此名，皆步卒也。三爵曰簪褭，御驷马者。要褭者，古之名马也；驾驷马，其形似簪，故云簪褭也。四爵曰不更，不更者，为车右，不复与凡更卒同也。五爵曰大夫，大夫在车左者也。六爵为官大夫，七爵为公大夫，八爵为公乘，九爵为五大夫，皆军吏也。吏民爵不得过公乘者，得贯与子若同产。然则公乘者，军吏之爵最高者也；虽非临战，得公乘车，故曰公乘也。十爵为左庶长，十一爵为右庶长，十二爵为左更，十三爵为中更，十四爵为右更，十五爵为少上造，十六爵为大上造，十七爵为驷车庶长，十八爵为大庶长，十九爵为关内侯，二十爵为列侯。自左庶长至大庶长，皆卿大夫，皆军将也；所将皆庶人、更卒也，故以“庶”、

"更"为名。大庶长，即大将军也；左、右庶长，即左、右偏裨将军也。长，知丈翻。卒定变法之令。令民为什伍而相收司、连坐，索隐曰：收司，谓相纠发也。一家有罪，则九家连举发；若不纠举，则九家连坐。师古曰：五人为伍，二伍为什。康曰：司，犹管也。为什伍之法，使之相司相管。秦有见知连坐法。余谓连坐者，一家有罪，什伍皆相连坐罪也；见知乃汉法。卒，子恤翻。告奸者与斩敌首同赏，索隐曰：谓告奸一人则得爵一级，故云与斩敌首同赏。不告奸者与降敌同罚。索隐曰：律：降敌者诛其身，没其家。今匿奸者，言当与之同罚。降，户江翻。有军功者，各以率受上爵；率，音律。为私斗者，各以轻重被刑大小。僇力本业，耕织致粟帛多者，复其身；僇，力竹翻，古戮字；说文：并力也。字林音辽。复，方目翻。汉法，除其赋、税、役，皆谓之复。事末利及怠而贫者，举以为收孥。索隐曰：末利，谓工、商。纠举而收录其妻子，没为奴婢。秦法，一人有罪，收其室家。至汉文帝元年，始除收孥相坐法。孥，音奴。宗室非有军功论，论，议也，有战功之可论也。论，卢困翻，康卢昆切。不得为属籍。属籍，宗属之籍也。孔颖达曰：汉之同宗有属籍，则周家系之以姓是也。周礼小史之官，掌定帝系、世本，知世代昭穆。属，殊玉翻。明尊卑爵秩等级，各以差次白虎通曰：爵者，尽也，所以尽人才也。毛晃曰：大夫以上预燕飨，然后赐爵秩，以章有德。秩，职也，官也，积也，次也，常也，序也。名田宅、臣妾、衣服。有功者显荣，无功者虽富无所芬华。

令既具未布，恐民之不信，乃立三丈之木于国都市南门，募民有能徙置北门者予十金。予，读曰与。民怪之，莫敢徙。复曰："能徙者予五十金！"复，扶又翻。有一人徙之，辄予五十金。李云：金方寸重一斤，为一金。程大昌演繁露曰：二十两为一金，亦为一镒。乃下令。

令行期年，秦民之国都之，往也，如也。言新令之不便者以千数。于是太子犯法。卫鞅曰："法之不行，自上犯之。太子，君嗣也，嗣，祥吏翻。不可施刑，刑其傅公子虔，黥其师公孙贾。墨涅其面曰黥。黥，音渠京翻。为后秦杀商君鞅张本。明日，秦人皆趋令。索隐曰：趋者，向也，附也，音七喻翻。行之十年，秦国道不拾遗，山无盗贼，民勇于公战，怯于私斗，乡邑大治。自是年至三十一年商鞅死，盖鞅之行其法而致效在十年之间，又十年而致祸。治，直吏翻。秦民初言令不便者，有来言令便。卫鞅曰："此皆乱法之民也！"尽迁之于边。其后民莫敢议令。

臣光曰：夫信者，人君之大宝也。夫，音扶。国保于民，民保于信；非信无以使民，非民无以守国。是故古之王者不欺四海，孔颖达曰：自今本昔曰古。霸者不欺四邻，善为国者不欺其民，善为家者不欺其亲。不善者反之，欺其邻国，欺其百姓，甚者欺其兄弟，欺其父子。上不信下，下不信上，上下离心，以至于败。所利不能药其所伤，所获不能补其所亡，岂不哀哉！昔齐桓公不背曹沫之盟，晋文公不贪伐原之利，魏文侯不弃虞人之期，姓谱：曹本自颛顼之玄孙陆终之子六安，是为曹姓。周武王封曹挟于邾，故邾，曹姓也。又云：曹，叔振铎之后，武王母弟也，后以为氏。史记：齐桓公伐鲁，鲁庄公请平，桓公许之，与盟于柯。将盟，曹沫以匕首劫桓公于坛上，请反鲁之侵地。桓公许之，曹沫去匕首而就臣位。桓公后悔，欲杀曹沫，管仲不可，遂反所侵地于鲁。诸侯闻之，皆信齐而欲附焉。左传：晋文公围原，命三日之粮。原不降，命去之。谍出，曰："原将降矣。"军吏曰："请待之。"公曰："得原失信，所亡滋多。"退一舍而原降。魏文侯事见上卷威烈王二十三年。背，蒲妹翻。索隐曰：沫，音亡葛翻。左传、穀梁并作"曹刿"。然则沫宜音刿，沫、刿声相近而字异耳。秦孝公不废徙木之赏。此四君者道非粹白，而商君尤称刻薄，又处战攻之世，天下趋于诈力，犹且不敢忘信以畜其民，处，昌吕翻。趋，七喻翻。畜，许六翻，养也。况为四海治平之政者哉！治，直吏翻。

2 韩懿侯薨，子昭侯立。谥法：昭德有劳曰昭；圣闻周达曰昭。

十一年（癸亥、前三五八）

1 秦败韩师于西山。自宜阳熊耳东连嵩高，南至鲁阳，皆韩之西山。败，补迈翻。

十二年（甲子、前三五七）

1 魏、韩【章：十二行本“韩”作“赵”；乙十一行本同；孔本同；张校同。】会于鄗。班志，鄗县属中山郡。此时为赵地，后汉改曰高邑，唐为赵州柏乡县、赞皇县地。鄗，呼各翻。

十三年（乙丑、前三五六）

1 赵、燕会于阿。燕，因肩翻。

2 赵、齐、宋会于平陆。

十四年（丙寅、前三五五）

1 齐威王、魏惠王会田于郊。惠王曰：“齐亦有宝乎？”威王曰：“无有。”惠王曰：“寡人国虽小，尚有径寸之珠，照车前后各十二乘者十枚。乘，绳证翻。岂以齐大国而无宝乎？”威王曰：“寡人之所以为宝者与王异。吾臣有檀子者，姓谱云：齐公族有食采于瑕丘檀城，因以为氏。使守南城，城在齐之南境，故曰南城。则楚人不敢为寇，泗上十二诸侯皆来朝。朝，直遥翻。吾臣有肹子者，使守高唐，则赵人不敢东渔于河。肹，匹苋翻，又披班翻。按丁度集韵，肹，与盼同。肹子，齐之同姓，即田肹也。班志，高唐县属平原郡。杜预曰：祝阿西北有高唐城。宋白曰：齐州章丘县，古高唐，春秋、战国之时为齐邑，故城在废禹城县西四十里。唐之禹城，汉祝阿也。吾吏有黔夫者，使守徐州，姓谱：齐有黔敖、则黔亦姓也，音其淹翻。司马彪曰：鲁国薛县，六国时曰徐州。徐，音舒。丁度集韵“徐”作“俆”，音同。则燕人祭北门，赵人祭西门，燕在齐之北，赵在齐之西。贾逵曰：燕、赵畏齐，故祭以求福。燕，因肩翻。徙而从者七千馀家。吾臣有种首者，使备盗贼，则道不拾遗。种，章勇翻。此四臣者，将照千里，岂特十二乘哉！”惠王有惭色。

2 秦孝公、魏惠王会于杜平。班志，京兆有杜陵县，故周之杜伯国也。史记灌婴传：婴以昌平侯食邑于杜平乡。正义曰：杜平在唐之同州澄城县界。魏世家作“社平”。

3 鲁共公薨，子康公毛立。共，读曰恭。

十五年（丁卯、前三五四）

1 秦败魏师于元里，史记正义曰：元里亦在同州澄城县界。败，补迈翻。斩首七千级，秦法战而斩敌人一首者，赐爵一级，因谓之级。取少梁。少，诗照翻。

2 魏惠王伐赵，围邯郸。楚王使景舍救赵。邯，音寒。郸，音丹。昭、屈、景，皆楚之同姓，楚强族也。屈，九勿翻。

十六年（戊辰、前三五三）

1 齐威王使田忌救赵。

初，孙膑与庞涓俱学兵法，姓谱：周文王子康叔封于卫，至武公子惠孙曾耳为卫上卿，因氏焉，后有孙武、孙膑，俱善兵。赵明诚金石录有汉安平相孙根碑云：先出自有殷之裔子，武王定周，封比干墓，胤裔分析，定曰孙焉。姓谱又曰：庞姓，毕公高之后，支庶封于庞，因氏焉。膑，频忍翻，刖刑也，去膝盖骨。郑玄曰：周改膑作刖，刖，断足也。书传云：决关梁、逾城郭而略盗者，其刑膑。孙膑盖以刖足故呼为膑。说文：膑，膝耑也；类篇：毗宾切。庞，薄江翻。涓，古玄翻。庞涓仕魏为将军，将军之官，自周以来有之。自以能不及孙膑，乃召之；至，则以法断其两足而黥之，断，丁管翻。欲使终身废弃。齐使者至魏，孙膑以刑徒阴见，说齐使者；齐使，疏吏翻，说，式芮翻。齐使者窃载与之齐。之，往也。田忌善而客待之，进于威王。威王问兵法，遂以为师。于是威王谋救赵，以孙膑为将；辞以刑馀之人不可，乃以田忌为将而孙子为师，居辎车中，坐为计谋。将，即亮翻。字林曰：軿车，有衣蔽、无后辕者谓之辎。释名曰：有邸曰辎，无邸曰軿。傅子曰：周曰辎车，即辇也。康曰：軿车也，军行所以载辎重。辎，楚持翻。軿，蒲眠翻。重，直用翻。

田忌欲引兵之赵。孙子曰："夫解杂乱纷纠者不控拳，索隐曰：谓事之杂乱纷纠也。解杂乱纷纠者，当善以手解之，不可控拳而击之。余谓杂乱纷纠者，谓人斗者耳，非事也。康曰：拳，与絭同。絭者，攘臂绳也。余谓当从索隐说，康说非。夫，音扶。救斗者不搏撠，索隐曰：搏撠，音博戟，谓救斗者当善扮解之，毋以手相搏撠，则其怒益炽矣。按撠，谓以手持撠以刺人也。余谓索隐之说善矣，但以撠为持撠以刺人则非也。撠，如汉书"撠太后掖"之撠，师古曰：撠，谓拘持之也。毛晃曰：索持曰搏，拘持曰撠。批亢捣虚，形格势禁，则自为解耳。索隐曰：批，白结翻。亢，苦浪翻。按批者，相排批也，音白灭翻。亢，言敌人相亢拒也。捣者，击也，冲也。虚，空也。谓前人相亢，必须批之，彼兵若虚则冲捣之，若批其相亢，击捣彼虚，则是其形相格，其势自禁止，则彼自为解也。康曰：亢，极也，高也。捣，筑也。乘其高亢而批之，乘其虚而捣之，则其势自解。批亢捣虚，所谓形格势禁也。余谓索隐之说为长。盖斗者方相亢拒，则排批之使解；虚者，两敌距斗力所不及之处，捣之则虽欲斗，其势不能不解，此易见也。格，各额翻，格正也，又击也，斗也。吴都赋："䨲䨲笑而被格"，本音如字，协韵音阁。䨲，与狒同，音父沸翻。今梁、赵相攻，轻兵锐卒必竭于外，老弱疲于内；子不若引兵疾走魏都，据其街路，冲其方虚，康曰：虚，音墟。余谓虚，如字，冲其方虚，即上所谓"捣虚"也。索隐之说，义亦如此。走，则凑翻。彼必释赵以自救：是我一举解赵之围而收弊于魏也。"田忌从之。十月，邯郸降魏。邯，音寒。郸，音丹。降，户江翻。魏师还，与齐战于桂陵，魏师大败。还，从宣翻，又音如字。水经注：濮渠与酸水会，水东径滑台城南，又东南径瓦亭南，又东南会于濮。濮渠之侧有漆城。桂城亦曰桂陵，即田忌败魏师处。史记正义曰：桂陵在曹州乘氏县东南二十一里。濮，博木翻。

2 韩伐东周，取陵观、廪丘。周室衰微，战国之时仅有七邑，汉时之河南、洛阳、谷成、平阴、偃师、巩、缑氏是也。晋志曰：周考王封周桓公孙惠公于巩，号东周，故战国有东、西周，芒山、首山其界也。陵观、廪丘皆当时邑聚之名，史无所考。廪丘，史记作"邢丘"。观，古玩翻。

3 楚昭奚恤为相。江乙言于楚王曰："人有爱其狗者，狗尝溺井，昭、屈、景，楚之强族，所谓"三闾"者也。太史公曰：嬴姓分封为江氏。相，息亮翻。溺，奴吊翻。其邻人见，欲入言之，狗当门而噬之。今昭奚恤常恶臣之见，亦犹是也。噬，时制翻。见，谓见楚王也。恶，乌路翻。且人有好扬人之善者，王曰：'此君子也，'近之；好扬人之恶者，王曰：'此小人也，'远之。好，呼到翻。近者，附近之近，去声。远，于愿翻，推而远之。推，吐雷翻。然则且有子弑其父、臣弑其主者，而王终已不知也。已，音纪。终已，犹言终身也。何者？以王好闻人之美而恶闻人之恶也。"王曰："善，寡人愿两闻之。"江乙欲毁昭奚恤，故先设是言。

十七年（己巳、前三五二）

1 秦大良造伐魏。索隐曰：大良造，即大上造。余谓大良造，大上造之良者也。按史记秦纪：孝公十年，卫鞅为大良造，将兵围魏安邑，降之。又按六国年表，秦孝公之十年，显王之十七年，所谓大良造伐魏，即卫鞅将兵也。是时魏都安邑，其兵犹强，庞涓、太子申、公子卬未败，安邑不应遽降于秦。至显王二十九年，卬军既败，魏献河西之地于秦，始去安邑徙都大梁。史记六国表不书徙大梁而世家书之，魏世家于是年不书安邑降秦而秦纪孝公十年书之。通鉴从魏世家，于显王二十九年书魏去安邑，徙大梁，而是年不书魏安邑降秦，盖亦疑而除去之。但大良造之下当有"卫鞅"二字，意谓传写通鉴者逸之。【章：十二行本正有"卫鞅"二字；乙十一行本同；孔本同；退斋校同。】

2 诸侯围魏襄陵。史记正义曰：襄陵故城，在兖州邹县。余按魏境时不至于邹。班志，河东有襄陵县。师古曰：晋襄公之陵，因以名县。括地志：襄陵在晋州临汾县东南三十五里。宋白曰：后魏为禽昌县；隋大业二年改为襄陵县，以赵襄子、晋襄公俱陵于是邑也。

十八年（庚午、前三五一）

1 秦卫鞅围魏固阳，降之。魏有上郡，北至固阳，汉五原郡稒阳县是也。括地志：固阳在银州银城县界。按魏筑长城，自郑滨洛，北抵银州，至胜州固阳县为塞也。固阳有连山，东至黄河，西南至夏、会等州。降，户江翻。

夏，户雅翻。

2 魏人归赵邯郸。邯，音寒。郸，音丹。与赵盟漳水上。记曲礼曰：莅牲曰盟。盟者，杀牲歃血，誓于神也。天下太平之时，诸侯不得擅相与盟，惟天子巡狩至方岳之下，会毕，乃与诸侯相盟，同好恶，奖王室，以昭事神、训民、事君，凡国有疑则盟，诅其不信者。至于五霸，有事而会，不协而盟。盟之为法，先凿地为方坎，杀牲于坎上，割牲左耳，盛以珠盘；又取血，盛以玉敦；用血为盟书，成，乃歃血而读书。左传云："坎用牲加书，"是也。班志：浊漳水出上党长子县鹿谷山，东至邺，入清漳。水经曰：出长子县发鸠山，东至武安县与清漳会，谓之交漳口。又东过邺县列人，又东北过巨鹿信都，谓之衡漳；又东北过平舒县南而东入海。漳，诸良翻。

3 韩昭侯以申不害为相。谥法：昭德有劳曰昭；圣闻周达曰昭。姓谱：四岳之后封于申。周有申伯，郑有大夫申侯，齐有申鲜虞。相，息亮翻。

申不害者，郑之贱臣也，学黄、老、刑名，以干昭侯。黄、老，黄帝、老子之书。昭侯用为相，内修政教，外应诸侯，十五年，终申子之身，国治兵强。治，直吏翻。

申子尝请仕其从兄，从，才用翻；群从之从同。昭侯不许，申子有怨色。昭侯曰："所为学于子者，欲以治国也。为，于伪翻。治，直之翻。今将听子之谒而废子之术乎，已其行子之术而废子之请乎？子尝教寡人修功劳，视次第；今有所私求，我将奚听乎？"申子乃辟舍请罪曰："君真其人也！"辟，读曰避。

昭侯有弊袴，命藏之。袴，苦故翻，胫衣也。侍者曰："君亦不仁者矣，不赐左右而藏之！"昭侯曰："吾闻明主爱一嚬一笑，嚬有为嚬，笑有为笑。今袴岂特嚬笑哉！吾必待有功者。"言袴虽弊，其直犹重，固不止于嚬笑也。然人主之嚬笑，所关甚大，昭侯姑以此为言耳。为，于伪翻。嚬，与颦同，愁蹙之貌。笑，古笑字。

十九年（辛未、前三五〇）

1 秦商鞅筑冀阙宫庭于咸阳，索隐曰：冀阙，即魏阙也。尔雅：观谓之阙。郭璞曰：宫门双阙也。释名：阙在门两旁，中间阙然为道也。三辅黄图曰：人臣至此，必思其所阙少。尔雅：宫谓之室。郭璞曰：宫，谓围绕之也。说文曰：庭，朝中也。苍颉篇曰：庭，直也。风俗通曰：庭，正也。言县庭、郡庭、朝庭，皆取平均正直也。三辅黄图曰：山南为阳，水北为阳。山水皆在阳，故曰咸阳。汉高帝更名新城，武帝更名渭城，属右扶风。括地志：咸阳故城，在雍州咸阳县东十五里，在长安城北四十五里。宋白曰：咸阳县本周王季所都，秦又都之。三秦记：秦都在九嵕山南，渭水北，山水俱阳，故名咸阳。二十九年，秦始封卫鞅于商，号商君；史以后所封书之。徙都之。令民父子、兄弟同室内息者为禁。息，止也。秦俗，父子、兄弟同室居止；商君始更制，禁同室内息者。尧教民以人伦，教之有序有别。秦用西戎之俗，至于男女无别，长幼无序。商君今为之禁，古道也，乌可例言之！白虎通曰：父，矩也，以法度教子也。子，孳也，孳孳无已也。兄，况也，况父法也。弟，悌也，心顺、行笃也。并诸小乡聚，集为一县，县置令、丞，凡三十一县。废井田，开阡陌。周礼，六乡，乡万二千五百家。又百家之内曰乡，五鄙为县，县二千五百家，此六遂之县也。四甸为县，比州里之县也。周制：天子地方千里，分为百县，县有四郡。左传赵鞅所谓"上大夫受县，下大夫受郡"者也。秦并天下，置三十六郡，以监天下之县，自是始统于郡矣。释名曰：县，悬也，悬于郡也。汉书音义所谓"大曰乡，小曰聚"，亦秦制也。广雅曰：聚，聚居也，音慈谕翻。县令、丞之官始此。令，音力正翻。令，命也，告也，律也，法也，长也；使为一县之长，以行诰命法律也。丞，翊也，副贰也。成周之制，田方里为井，井九百亩，八家各耕百亩；其中百亩，八十亩为公田，二十亩为庐舍。史记正义曰：南北曰阡，东西曰陌。刘伯庄曰：开田界道，使不相干。长，知两翻。平斗、桶、权、衡、丈、尺。桶，索隐音统，非也；当作"甬"，音勇，斛也。沈括曰：予受诏考钟律及铸浑仪，求秦、汉以来度、量、斗、升，计六斗当今之一斗七升九合，秤三斤当今十三两，一斤当今四两三分两之一，一两当今六铢半。为升中方，古尺二寸五分十分分之三，今尺一寸八分百分分之四十五强。

2 秦、魏遇于彤。彤，周彤伯所封之国，国于王畿之内。史记六国年表：商君反，死彤地。则其地当在汉京兆郑县界。彤，徒冬翻。

3 赵成侯薨，公子绁与太子争立；绁败，奔韩。绁，私列翻。赵成侯，敬侯之子，名种。太子，肃侯语也。

二十一年（癸酉、前三四八）

1 秦商鞅更为赋税法，行之。井田既废，则周什一之法不复用，盖计亩而为赋税之法。更，工衡翻。

二十二年（甲戌、前三四七）

1 赵公子范袭邯郸，不胜而死。邯，音寒。郸，音丹。

二十三年（乙亥、前三四六）

1 齐杀其大夫牟。

2 鲁康公薨，子景公偃立。

3 卫更贬号曰侯，服属三晋。周成王封康叔为卫侯，其后世进爵为公；今寖以弱小，贬号曰侯。贬，悲检翻。

二十五年（丁丑、前三四四）

1 诸侯会于京师。时天下宗周，以洛阳为京师。京，大也；师，众也；京师，众大之名也。

二十六年（戊寅、前三四三）

1 王致伯于秦，伯，如字。伯者，周二伯、九伯之任。诸侯皆贺秦。秦孝公使公子少官帅师会诸侯于逢泽以朝王。左传：逢泽有介麇焉，宋地也。杜预注曰：地理志言逢泽在荥阳开封县东北；远，疑非。括地志曰：逢泽在汴州浚仪县东南二十四里。帅，音率。

二十八年（庚辰、前三四一）

1 魏庞涓伐韩。韩请救于齐。齐威王召大臣而谋曰：“蚤救孰与晚救？”成侯曰：“不如勿救。”邹忌为齐相，封成侯。田忌曰：“弗救则韩且折而入于魏，折，而设翻。不如蚤救之。”孙膑曰：“夫韩、魏之兵未弊而救之，膑，频忍翻，又毗宾翻。夫，音扶。是吾代韩受魏之兵，顾反听命于韩也。且魏有破国之志，韩见亡，必东面而诉于齐矣。见亡，言见有亡国之势也。诉，告诉也。吾因深结韩之亲而晚承魏之弊，则可受重利而得尊名也。”王曰：“善。”乃阴许韩使而遣之。阴，暗也。使，疏吏翻。韩因恃齐，五战不胜，而东委国于齐。

齐因起兵，使田忌、田婴、田盼将之，盼，与昐同，音匹苋翻。将，即亮翻；下同。又音如字，领也。孙子为师，以救韩，直走魏都。走，音奏。庞涓闻之，去韩而归。庞，薄江翻。涓，工玄翻。魏人大发兵，以太子申为将，以御齐师。孙子谓田忌曰："彼三晋之兵素悍勇而轻齐，将，即亮翻。悍，下罕翻，又音汗。齐号为怯。善战者因其势而利导之。兵法：'百里而趣利者蹶上将，五十里而趣利者军半至。'"此孙武子兵法也。趣，七喻翻。魏武帝曰：蹶，其月翻。蹶，犹挫也。刘氏曰：蹶，犹毙也。半至，谓军趣利前后不相属，半至半不至也。属，陟玉翻。乃使齐军入魏地为十万灶，明日为五万灶，又明日为二万灶。庞涓行三日，大喜曰："我固知齐军怯，入吾地三日，士卒亡者过半矣！"过，工禾翻。乃弃其步军，句断。庞，薄江翻。涓，圭渊翻。与其轻锐倍日并行逐之。并行，兼程而行也。倍日，一日行两日之程，亦兼程也。孙子度其行，暮当至马陵，司马彪志：魏郡元城县。注云：左传成七年，会马陵；杜预注，在县东南，庞涓死处。虞喜志林：马陵在濮州鄄城东北六十里，涧谷深，可以置伏。度，徒洛翻。鄄，吉掾翻。马陵道陿而旁多阻隘，可伏兵，陿，与狭同。隘，乌懈翻。乃斫大树，白而书之曰："庞涓死此树下！"于是令齐师善射者万弩夹道而伏，期日暮见火举而俱发。庞涓果夜到斫木下，见白书，以火烛之，读未毕，万弩俱发，魏师大乱相失。庞涓自知智穷兵败，乃自刭，曰："遂成竖子之名！"庞，薄江翻。涓，工玄翻。刭，古顶翻，断首也；康古定切，非。竖，殊遇翻。说文：竖使布短衣。齐因乘胜大破魏师，虏太子申。

2 成侯邹忌恶田忌，邹，以国为氏。恶，乌路翻。使人操十金，卜于市，操，七刀翻。曰："我，田忌之人也。我为将三战三胜，欲行大事，可乎？"卜者出，因使人执之。田忌不能自明，率其徒攻临淄，临淄，齐国都也；城临淄水，因以为名。班志，临淄属齐国。

臣瓒曰：临淄，即营丘，太公营之。淄，庄持翻。求成侯；不克，出奔楚。为下齐复田忌张本。

二十九年（辛巳、前三四〇）

1 卫鞅言于秦孝公曰："秦之与魏，譬若人有腹心之疾，非魏并秦，秦即并魏。何者？魏居岭阨之西，索隐曰：盖安邑以东，山岭险阨之地，今蒲州中条以东，连汾、晋之险嶝，皆其地也。阨，於革翻。都安邑，与秦界河，秦、魏以河为界也。而独擅山东之利，擅，市战翻。利则西侵秦，病则东收地。今以君之贤圣，国赖以盛；而魏往年大破于齐，诸侯畔之，可因此时伐魏。魏不支秦，必东徙，然后秦据河、山之固，东乡以制诸侯，乡，读曰向。此帝王之业也。"公从之，使卫鞅将兵伐魏。魏使公子卬将而御之。

军既相距，卫鞅遗公子卬书曰："吾始与公子欢；今俱为两国将，将，即亮翻。遗，于季翻。不忍相攻，可与公子面相见盟，乐饮而罢兵，以安秦、魏之民。"乐，音洛。公子卬以为然，乃相与会；盟已，饮，盟已而饮也。而卫鞅伏甲士，袭虏公子卬，因攻魏师，大破之。

魏惠王恐，使使献河西之地于秦以和。使使，下疏吏翻。因去安邑，徙都大梁。班志：陈留郡浚仪县，故大梁。杜佑曰：汴州城西古城，战国时魏惠王所筑。乃叹曰："吾恨不用公叔之言！"公叔言见上八年。

秦封卫鞅商于十五邑。班志：弘农郡商县，商君邑。裴骃曰：商于之地在今顺阳郡南乡、丹水二县，有商城在于中，故谓之商于。史记正义曰：丹水及商皆属弘农，今言顺阳，是魏、晋始分置顺阳郡，商及丹水皆属之也。水经注：丹水径南乡、丹水二县之间，历于中之北，所谓商于者也。杜佑曰：今邓州内乡县东七里有于村，盖秦所谓商州。商洛县，古商邑，卨所封也；汉为商县。于，如字。号曰商君。

2 齐、赵伐魏。

3 楚宣王薨，子威王商立。

三十一年(癸未、前三三八)

1 秦孝公薨，子惠文王立。公子虔之徒告商君欲反，发吏捕之。商君亡之魏；之，如也，往也。魏人不受，复内之秦。内，读曰纳。怨其挟诈以破魏师，故不受。商君乃与其徒之商于，发兵北击郑。之，往也，如也。郑，京兆之郑县也，周宣王弟郑桓公采邑，唐属华州。宋白续通典曰：郑县古城在华州郡城北。秦人攻商君，杀之，车裂以徇，尽灭其家。车裂，古之轘刑。轘，户串翻。

初，商君相秦，用法严酷，尝临渭论囚，渭水尽赤。相，息亮翻。水经：渭水出陇西首阳县鸟鼠山，东流至秦都咸阳南。商君盖临此以论囚。决罪曰论。论，卢困翻。为相十年，人多怨之。按显王十七年，秦以商鞅为大良造；十九年，商鞅徙秦都咸阳，废井田，开阡陌，平权量。二十一年，更赋税法，为相当在是年，至今年十年矣。赵良见商君，商君问曰："子观我治秦治，直之翻。孰与五羖大夫贤？"百里奚自卖以五羖羊之皮，为人养牛；秦穆公举以为相，秦人谓之五羖大夫。羖，牡羊也。羖，音古。赵良曰："千人之诺诺，不如一士之谔谔。引赵简子之言。诺，应声也。谔，謇直也。仆请终日正言而无诛，可乎？"商君曰："诺。"赵良曰："五羖大夫，荆之鄙人也，穆公举之牛口之下孟子：百里奚，虞人也，以食牛干秦缪公。今曰荆之鄙人，按史记：晋灭虞，执百里傒，为秦缪夫人媵。百里傒亡秦走宛，楚鄙人执之；缪公以五羖羊皮赎之，以为上大夫。傒，读与奚同。缪，读与穆同。媵，以证翻。宛，於元翻。而加之百姓之上，秦国莫敢望焉。相秦六七年而东伐郑，谓左传僖三十年与晋围郑也。相，息亮翻。三置晋君，一救荆祸。三置晋君，谓立惠公、怀公、文公也。索隐曰：十二诸侯年表，穆公二十八年，会晋伐楚朝周；此云救荆，未详。余按左传，晋既败楚于城濮，又败秦于殽，穆公使鬬克归楚求成，所谓救荆祸，盖指此也。秦讳楚，故其国记率谓楚为"荆"。太史公取秦记为史记，通鉴又因史记而成书，故亦以楚为荆。其为相也，劳不坐乘，古者车立乘，惟安车则坐乘耳。暑不张盖。周礼：轮人为盖。盖，所以覆冒车上也。行于国中，不从车乘，乘，绳证翻。不操干戈。操，七刀翻。五羖大夫死，秦国男女流涕，童子不歌谣，舂者不相杵。记：邻有丧，舂不相。注云：相杵者，以音声相劝。相，息亮翻。今君之见也，因嬖人景监以为主；事见上八年。嬖，卑义翻，又博计翻。监，甲暂翻。其从政也，凌轹公族，残伤百姓。轹，郎击翻。车践曰轹。公子虔杜门不出已八年矣。君又杀祝欢而黥公孙贾。祝，姓也。古有巫、史、祝之官，其子孙因以为姓。或曰：武王封黄帝之后于祝，其子孙因氏焉。黥，其京翻。诗曰：'得人者兴，失人者崩。'逸诗也。此数者，非所以得人也。君之出也，后车载甲，多力而骈胁者为骖乘，杜预曰：骈胁，合干也。骈，步田翻。乘，绳证翻。骖，读曰参。持矛而操阘戟者旁车而趋。薛综曰：阘之为言函也，取四戟函车边。此盖令力士旁车而趋，有急则操翕戟以御之也。后汉志有阘戟车。晋志：阘戟车，长戟邪偃在后。唐韵：戟名曰阘，音所及翻。史记正义曰：顾野王云：矛，铤也。方言云：矛，吴、楚、江、淮之间谓之铤。释名曰：戟，格也，旁有枝格。旁车之旁，音步浪翻。此一物不具，君固不出。书曰：'恃德者昌，恃力者亡。'逸书也。此数者，非恃德也。君之危若朝露，朝露易晞，言不久也。而尚贪商于之富，宠秦国之政，言以专秦国之政为宠也。畜百姓之怨。畜，读曰蓄。秦王一旦捐宾客而不立朝，朝，直遥翻。秦国之所以收君者岂其微哉！"微，少也。赵良言岂少，盖谓太子与其师傅将挟怨而杀之也。商君弗从。居五月而难作。难，乃旦翻。史言商君尚刑愎谏之祸速。

三十二年（甲申、前三三七）

1 韩申不害卒。卒，子恤翻。

三十三年（乙酉、前三三六）

1 宋太丘社亡。班志，沛郡有太丘县。又志曰：宋太丘社亡，周鼎沦没于泗水中。尔雅：右陵太丘。释云：谓丘之西有大阜者为太丘。宋太丘社亡，盖依丘作社，于时亡去，咎证也。

2 邹人孟轲见魏惠王，邹，春秋之邾国也。班志，邹县属鲁国。宋白曰：淄州邹平县，汉旧县。王曰：“叟，叟者，尊老之称。称，尺证翻。不远千里而来，亦有以利吾国乎？”孟子曰：“君何必曰利，仁义而已矣！不远千里，言不以千里为远也。君曰何以利吾国，大夫曰何以利吾家，士庶人曰何以利吾身，上下交征利而国危矣。未有仁而遗其亲者也，未有义而后其君者也。”后，户豆翻。王曰：“善。”通鉴于此段前后书王，因孟子之文也。中间叙孟子答魏王之言，独改“王”曰“君”，不与魏之称王也。

初，孟子师子思，尝问牧民之道何先。子思曰：“先利之。”孟子曰：“君子所以教民者，亦仁义而已矣，何必利！”子思曰：“仁义固所以利之也。上不仁则下不得其所，上不义则下乐为诈也，乐，音洛。此为不利大矣。故易曰：‘利者，义之和也。’易乾卦文言。又曰：‘利用安身，以崇德也。’易大传之辞。此皆利之大者也。”

臣光曰：子思、孟子之言，一也。夫唯仁者为知仁义之为【章：十二行本无“为”字；乙十一行本同。】利，不仁者不知也。夫，音扶。故孟子对梁王直以仁义而不及利者，所与言之人异故也。

三十四年（丙戌、前三三五）

1 秦伐韩，拔宜阳。

三十五年（丁亥、前三三四）

1 齐王、魏王会于徐州以相王。史记正义曰：竹书纪年云：梁惠王三十年，下邳迁于薛，改曰徐州。续汉志曰：鲁国薛县，六国时曰徐州。与竹书合。徐，音舒。相王者，相立为王也。

2 韩昭侯作高门，屈宜臼曰：“君必不出此门。许慎曰：屈宜臼，楚大夫，时在韩。屈，九勿翻。何也？不时。吾所谓时者，非时日也。夫人固有利、不利时。夫，音扶。往者君尝利矣，不作高门。前年秦拔宜阳，今年旱，君不以此时恤民之急而顾益奢，此所谓时诎举赢者也。诎，区勿翻。徐广曰：时衰耗而作奢侈，言国家多难而势诎，此时宜恤民之急，而举事反若有赢馀者，失其所以为国之道矣。“时诎举赢”，盖古语也。赢，怡成翻。故曰不时。”

3 越王无彊伐齐。越王句践之后。自句践至无彊，凡六世。句，音钩。践，音慈浅翻。齐王使人说之以伐齐不如伐楚之利。说，式芮翻。越王遂伐楚。楚人大败之，败，补迈翻。乘胜尽取吴故地，东至于浙江。越以此散，诸公族争立，或为王，或为君，滨于海上，吴之故地，汉会稽、九江、丹杨、豫章、庐江、广陵、临淮等郡是也。越初都会稽，其境北至于御儿，不能全有汉会稽一郡地；及其灭吴，始并有吴地。今楚取吴地至于浙江，则御儿亦入于楚矣。浙江有三源：发于太末者谓之谷水，今之衢港是也；发于乌伤者，水经谓之吴宁溪，今之婺港是也；发于黟县者，班志谓之浙江水，今之徽港是也：三水合为浙江，东至钱唐入海。浙，折也，言水屈折于群山之间也。释名曰：江，共也，小水流入其中，所公共也。国于海上者，汉之瓯越、闽越、骆越其后也。浙，之列翻。滨，音宾。会，古外翻。太末之太，孟康音闼。港，古项翻。婺，亡遇翻。黟，音伊。闽，眉巾翻。骆，音洛。朝服于楚。朝，直遥翻。

三十六年（戊子、前三三三）

1 楚王伐齐，围徐州。徐，音舒。

2 韩高门成。昭侯薨，卒如屈宜臼言。卒，子恤翻。子宣惠王立。宣惠，复谥也。

3 初，洛阳人苏秦说秦王以兼天下之术，说，式芮翻。姓谱：苏，己姓，颛顼裔孙吴回生陆终，陆终生昆吾，封于苏，至周，苏公。秦王不用其言。苏秦乃去，说燕文公曰：“燕之所以不犯寇被甲兵者，以赵之为蔽其南也。燕，因肩翻。被，皮义翻。且秦之攻燕也，战于千里之外；赵之攻燕也，战于百里之内。燕南与赵接境；战于百里之内，言其近也。秦欲攻燕，自蒲、潼下兵，则为赵所隔，故必径上郡之西，出云中、九原然后至燕，故云战于千里之外。夫不忧百里之患而重千里之外，计无过于此者。夫，音扶。计无过于此者，言燕计之过，无甚于此。愿大王与赵从亲，从，子容翻。天下为一，则燕国必无患矣。”此苏秦为燕至计，先定于胸中者。

文公从之，资苏秦车马，以说赵肃侯曰：“当今之时，山东之建国莫强于赵，说，式芮翻。建国，犹言立国也。秦之所害亦莫如赵。然而秦不敢举兵伐赵者，畏韩、魏之议其后也。秦之攻韩、魏也，无有名山大川之限，稍蚕食之，傅国都而止。傅，读曰附，傅着之傅。韩、魏不能支秦，必入臣于秦；秦无韩、魏之规则祸中于赵矣。中，竹仲翻。臣以天下地【章：十二行本“地”作“之”；乙十一行本同；孔本同；张校同。】图案之，诸侯之地五倍于秦，料度诸侯之卒十倍于秦。料，音聊，又如字。度，徒洛翻。六国为一，并力西乡而攻秦，乡，读曰向。秦必破矣。夫衡人者皆欲割诸侯之地以与秦，衡，读曰横。衡人，说客之连横者。秦成则其身富荣，国被秦患而不与其忧，与，读曰预。是以衡人日夜务以秦权恐愒诸侯，以求割地。索隐曰：恐，起拱翻。愒，许曷翻，又呼曷翻，谓相恐胁也。邹氏愒音憩，义疏。故愿大王熟计之也！窃为大王计，莫如一韩、魏、齐、楚、燕、赵为从亲以畔秦，从，子容翻。畔，反也，反秦之所为也，秦之所为者衡也。令天下之将相会于洹水之上，令，卢经翻，使也。将，即亮翻。相，息亮翻。徐广曰：洹水出汲郡林虑县。水经：洹水出上党泫氏县东北，出山径邺县南，又东过内黄县北，入于白沟。洹，音桓，又于元翻。虑，音庐。通质结盟，质，音致。约曰：‘秦攻一国，五国各出锐师，或桡秦，服虔曰：桡，弱也，音奴教翻，又音乃卯翻。或救之。有不如约者，五国共伐之！’诸侯从亲以摈秦，秦甲必不敢出于函谷以害山东矣。”从，子容翻。摈，必刃翻。班志，弘农郡弘农县有秦函谷关；汉武帝从杨仆之请，移关于新安县。文颖曰：秦关在弘农县衡岭，后移在河南谷成县。师古曰：今桃林县有洪溜涧水，即古所谓函谷，其水北流入河，夹河之岸尚有旧关馀迹焉。谷成，即新安。杜佑曰：汉函谷关在汉新安县东北一里，其秦关在今灵宝县。肃侯大说，索隐曰：肃侯，名语。谥法：刚德克就曰肃；执心决断曰肃。说，与悦同。厚待苏秦，尊宠赐赍之，以约于诸侯。

会秦使犀首伐魏，大败其师四万馀人，禽将龙贾，取雕阴，犀首，魏官名。公孙衍为此官，因号犀首，犹虎牙将军之称。龙姓出于龙伯氏，或云出于御龙氏。班志，上郡有雕阴道。括地志：雕阴故城，在鄜州洛交县北二十里。败，补迈翻。称，尺证翻。且欲东兵。言引兵东下也。苏秦恐秦兵至赵而败从约，从，子容翻。念莫可使用于秦者，乃激怒张仪，入之于秦。

张仪者，魏人，与苏秦俱事鬼谷先生，盖居于鬼谷，因以称之。隋志，冯翊郡韩城县有鬼谷。风俗通义曰：鬼谷先生，六国时纵横家。索隐曰：扶风池阳、颍川阳城并有鬼谷，盖是其人所居，因以为号。又乐壹注鬼谷子书云：苏秦欲神秘其道，故假名鬼谷。学纵横之术，纵，与从同，音子容翻。苏秦自以为不及也。仪游诸侯无所遇，困于楚，苏秦故召而辱之。仪恐，"恐"，史记作"怒"。念诸侯独秦能苦赵，遂入秦。苏秦阴遣其舍人赍金币资仪，文颖曰：舍人，主厩内小吏官名也。师古曰：舍人，亲近左右之通称也；后遂为司属官号。赍，则兮翻。仪得见秦王。秦王说之，说，读曰悦。以为客卿。秦有客卿之官，以待自诸侯来者，其位为卿而以客礼待之也。舍人辞去，曰："苏君忧秦伐赵败从约，败，补迈翻。从，子容翻。以为非君莫能得秦柄；故激怒君，使臣阴奉给君资，尽苏君之计谋也。"张仪曰："嗟乎，此吾在术中而不悟，吾不及苏君明矣。为吾谢苏君，苏君之时，仪何敢言！"为吾之为，于伪翻。为后苏秦死、仪方出说六国张本。说，式芮翻。

于是苏秦说韩宣惠王曰："韩地方九百馀里，带甲数十万，天下之强弓、劲弩、利剑皆从韩出。韩卒超足而射，百发不暇止。以韩卒之勇，被坚甲，跖劲弩，被，皮义翻。跖，之石翻，踏也。史记正义曰：欲放弩者皆坐，举足踏弩材，手引凑机，然后发之。

带利剑，一人当百，不足言也。大王事秦，秦必求宜阳、成皋；韩之宜阳，西接境于秦，当函谷出兵之路。成皋，春秋郑之制邑，亦曰虎牢，战国时为郑之屏蔽，皆韩之地。班志，宜阳属弘农郡，成皋属河南郡。今兹效之，明年复求割地。复，扶又翻。与则无地以给之；不与则弃前功，受后祸。且大王之地有尽而秦求无已，以有尽之地逆无已之求，此所谓市怨结祸者也，市，买也。凡以物买卖贸易曰市。不战而地已削矣。鄙谚曰：‘宁为鸡口，无为牛后。’谚，鱼变翻，俗言也。史记正义曰：鸡口虽小，犹进食；牛后虽大，乃出粪。尔雅翼曰：苏秦说韩王，“宁为鸡尸，无为牛从。”尸，主也；一群之主，所以将众也。从，从物者也，谓牛子也；随群而往，制不在我者也。言宁为鸡中之主，不为牛子之从后也。此本诸延笃注战国策。夫以大王之贤，挟强韩之兵，而有牛后之名，臣窃为大王羞之！”夫，音扶。挟，户颊翻。为，于伪翻。韩王从其言。

苏秦说魏王曰：“大王之地方千里，地名虽小，然而田舍庐庑之数，庑，文甫翻。数，七欲翻，密也。曾无所刍牧。曾，才登翻。刍，刈草也。牧，放牧也。言魏民居蕃庶，无刈刍放牧之地也。人民之众，车马之多，日夜行不绝，輷輷殷殷，若有三军之众。輷，呼宏翻。殷，音隐。臣窃量大王之国不下楚。量，吕张翻，量度也。今窃闻大王之卒，武士二十万，苍头二十万，奋击二十万，厮徒十万；武士，武卒也。详见后第六卷秦昭襄王五十二年。苍头，谓着青帽；项羽传有“异军苍头特起”。奋击，简军中之勇士敢奋力而击敌者异之。苏林曰：取薪之卒曰厮，音斯。车六百乘，骑五千匹；古者用车战，战国始用骑兵，车骑异用而并用矣。乘，绳证翻。骑，奇寄翻。乃听于群臣之说，而欲臣事秦！【章：乙十一行本“秦”下有“愿大王熟察之”六字；孔本同；张校同；退斋校同；百衲本缺页。】故敝邑赵王使臣效愚计，奉明约，在大王之诏诏之。”魏王听之。

苏秦说齐王曰：“齐四塞之国，地方二千馀里，带甲数十万，粟如丘山。三军之良，五家之兵，三军，谓三晋之军。高诱曰：五家，即五国。进如锋矢，战如雷霆，解如风雨，即有军役，未尝倍泰山、绝清河、涉渤海者也。倍，与背同，音蒲妹翻，乡倍之倍也。班志：泰山在泰山郡博县东北。水经：淇水自馆陶清渊东北过广宗县东，为清河，汉因置清河郡；清河又东过修县，与大河张甲故渎合，又东过东光、南皮等县，齐之北界也。又齐东、北皆阻海，汉渤海郡亦其境也。师古曰：郡在渤海之滨，因以为名。直度曰绝；由膝以上曰涉。临淄之中七万户，臣窃度之，不下户三男子，不待发于远县，而临淄之卒固已二十一万矣。临淄甚富而实，其民无不斗鸡、走狗、六博、阘鞠。说文曰：六博，局戏也。六箸十二棋，乌胄所作。楚辞：箟蔽象棋有六博。鲍宏博经曰：琨蔽，玉箸也。各投六箸，行六棋，故曰六博。用十二棋，六棋白，六棋黑。所掷头谓之琼，琼有五采，刻为一画者谓之塞，刻为两画者谓之白，刻为三画者谓之黑；一边不刻者，五塞之间，谓之五塞。"阘鞠"，史记作"蹋鞠"，以皮为之，实之以毛，蹴蹋而戏。刘向曰：蹴鞠起于战国之时，所以练武士，因嬉戏而讲习之；或言黄帝所作。阘，徒腊翻。临淄之涂，车毂击，人肩摩，连衽成帷，挥汗成雨。夫韩、魏之所以重畏秦者，为与秦接境壤也。夫，音扶。为，于伪翻。兵出而相当，不十日而战，胜存亡之机决矣。"而战"句断。"胜"下当有"负"字。以此观之，文意明通。窃谓通鉴承史记元文之误。韩、魏战而胜秦，则兵半折，折，常列翻，摧折也。四境不守；战而不胜，则国已危亡随其后；是故韩、魏之所以重与秦战而轻为之臣也。今秦之攻齐则不然，倍韩、魏之地，过卫阳晋之道，经乎亢父之险，车不得方轨，骑不得比行，水经注：瓠子河出东郡濮阳县北河，南至济阴句阳县为新沟，又东过廪丘县与濮水俱东。瓠河又径阳晋城南，苏秦所谓"卫阳晋之道"也。史记正义曰：阳晋故城在曹州乘氏县西北三十七里。班志，亢父县属东平国。又括地志：亢父故城，在兖州任城县南五十一里。亢，音抗，又音刚。父，音甫。说文：轨，车辙也。颜师古曰：车并行为方轨。骑，奇寄翻。比，毗义翻，次也。行，户刚翻，列也；凡行列之行皆同音。车并读曰併。百人守险，千人不敢过也。秦虽欲深入则狼顾，恐韩、魏之议其后也，尔雅翼：狼猛而敏给，能自顾其后；盖狼行而屡顾，恐人掎其后故也。掎，居绮翻。是故恫疑、虚喝、骄矜而不敢进，恫，他红翻，恐惧貌。高诱曰：虚喝，喘息惧貌。刘氏曰：秦自疑惧，虚作恐猲之辞以胁韩、魏也。史记正义曰：言秦虽至亢父，犹恐惧狼顾，虚作喝骂，骄溢矜夸而不敢进伐齐。喝，呼葛翻；亦作猲，音同。则秦之不能害齐亦明矣。夫不深料秦之无奈齐何，而欲西面而事之，是群臣之计过也。夫，音扶。今无臣事秦之名而有强国之实，臣是故愿大王少留意计之！"齐王许之。少，始绍翻。

乃西南说楚威王曰："楚，天下之强国也，地方六千馀里，带甲百万，车千乘，骑万匹，楚在齐之西南，故苏秦自齐而西南诣楚。说，式芮翻。乘，绳证翻。骑，奇寄翻。粟支十年，此霸王之资也。秦之所害莫如楚，楚强则秦弱，秦强则楚弱，其势不两立。故为大王计，莫如从亲以孤秦。从，子容翻。臣请令山东之国令，卢经翻，使也。奉四时之献，以承大王之明诏；委社稷，奉宗庙，练士厉兵，在大王之所用之。故从亲则诸侯割地以事楚，衡合则楚割地以事秦，从，子容翻。衡，读曰横。此两策者相去远矣，大王何居焉？"楚王亦许之。

于是苏秦为从约长，长，知丈翻。并相六国，相，息亮翻。北报赵，车骑辎重拟于王者。康曰：辎重，载物车也。行者之车，总曰辎重。韵书曰：辎，庄持翻，库车也。重，直用翻。考异曰：史记苏秦传："秦兵不敢窥函谷关十五年。"又云："其后秦使犀首欺齐、魏，与共伐赵，苏秦去赵而从约皆解。"齐、魏伐赵，败从约，止在明年耳。其自相违戾如此！秦本纪："惠文王七年，公子卬与魏战，虏其将龙贾，"后二年事耳；乌在其不窥函谷十五年乎！此出于游谈之士夸大苏秦而云尔。今不取。

4 齐威王薨，子宣王辟彊立；知成侯卖田忌，事见上二十八年。乃召而复之。

5 燕文公薨，子易王立。谥法：好更改旧曰易。燕，因肩翻。易，音如字。更，工衡翻。

6 卫成侯薨，子平侯立。谥法：治而无眚曰平；执事有制曰平；布纲治纪曰平；又曰：惠无内德曰平。

三十七年（己丑、前三三二）

1 秦惠王使犀首欺齐、魏，与共伐赵，以败从约。败，补迈翻。从，子容翻。赵肃侯让苏秦，苏秦恐，请使燕，必报齐。苏秦去赵而从约皆解。赵人决河水以灌齐、魏之师，齐、魏之师乃去。

2 魏以阴晋为和于秦，实华阴。班志，华阴，故阴晋，秦惠文王五年更名宁秦，汉高帝改曰华阴县，属京兆，以其地在华山之阴也。宋白曰：华阴分秦、晋之境：边晋之西，则曰阴晋；边秦之东，则曰宁秦。华，户化翻。

3 齐王伐燕，取十城；已而复归之。

三十九年（辛卯、前三三〇）

1 秦伐魏，围焦、曲沃。班志，弘农郡陕县有焦城，左传所谓"晋与秦焦、瑕"者也。括地志：焦在陕城东百步。曲沃在陕西南三十二里，因曲沃水为名。郦道元曰：案春秋文公十三年，晋侯使詹嘉处瑕，守桃林之塞以备秦，时以曲沃之官守之，故曲沃之名遂为积古之传。宋白曰：焦，古焦国。括地志：焦城在陕城东北百步，因焦水为名；周同姓所封。魏入少梁、河西地于秦。少，诗照翻。二十九年，魏已使使献河西于秦以和，今乃入其地。

四十年（壬辰、前三二九）

1 秦伐魏，渡河，取汾阴、皮氏，班志，汾阴县属河东郡。皮氏县，故耿国，晋献公以封赵夙者也，亦属河东郡。括地志：汾阴故城，在蒲州汾阴县北九里，皮氏故城，在绛州龙门县西百八十步。拔焦。

2 楚威王薨，子怀王槐立。谥法：慈仁短折曰怀；又怀，思也。槐，乎乖翻，又乎瑰翻。折，而设翻。

3 宋公剔成之弟偃袭攻剔成；剔成奔齐，偃自立为君。剔，他历翻。

四十一年（癸巳、前三二八）

1 秦公子华、张仪帅师围魏蒲阳，取之。史记正义曰：蒲阳在隰州隰川县，蒲邑故城是也。帅，读曰率。张仪言于秦王，请以蒲阳复与魏，而使公子繇质于魏。质，音致。仪因说魏王曰："秦之遇魏甚厚，魏不可以无礼于秦。"魏因尽入上郡十五县以谢焉。说，式芮翻。括地志曰：上郡故城在绥州上县东南五十里，魏、秦之上郡地也。史记正义曰：按鄜、坊、丹、延等州，北至固阳，尽上郡地。魏筑长城界秦，自华州郑县滨洛至庆州洛源县白於山，即东北至胜州固阳，东至河西上郡之地，尽入于秦。秦之与魏者小，魏之谢秦者大，史言张仪为秦计者甚巧。张仪归而相秦。相，息亮翻。

四十二年（甲午、前三二七）

1 秦县义渠，以其君为臣。义渠，西戎国名，秦取之以为县。班志，义渠道属北地郡。括地志：宁、庆、原三州，秦之北地郡也。

2 秦归焦、曲沃于魏。既取而复归之。秦之于魏，若玩弄婴儿于掌股之上耳。

四十三年（乙未、前三二六）

1 赵肃侯薨，索隐曰：肃侯，名语。子武灵王立；置博闻师三人，左、右司过三人，先问先君贵臣肥义，加其秩。索隐曰：武灵王，名雍。姓谱：肥姓，肥子之后，以国为姓。

四十四年（丙申、前三二五）

1 夏，四月，戊午，秦初称王。

2 卫平侯薨，子嗣君立。嗣，祥吏翻。卫有胥靡亡之魏，汉书音义曰：胥，相也。靡，随也。古者相随坐轻刑之名，谓罪不至于扑刑者，令衣褐带索，相随以执役。朱元晦曰：胥靡者，连锁役作也。胥，新于翻。靡，母被翻。因为魏王之后治病。为，于伪翻。治，直之翻。嗣君闻之，【章：十二行本"之"下有"使人"二字；乙十一行本同；孔本同；退斋校同。】请以五十金买之。五反，魏不与，乃以左氏易之。左右谏曰："夫以一都买一胥靡，可乎？"夫，音扶；下同。嗣君曰："非子所知也！

夫治无小，乱无大。治，直吏翻。法不立，诛不必，虽有十左氏，无益也。法立，诛必，失十左氏，无害也。”魏王闻之曰：“人主之欲，不听之不祥。”因载而往，徒献之。此学申、韩者为之说耳。

四十五年（丁酉、前三二四）

1 秦张仪帅师伐魏，取陕。班志，陕县属弘农郡，故虢国。北虢在大阳，东虢在荥阳，西虢在雍州。周、召分陕而治，即此陕也。帅，读曰率。陕，失冉翻。召，读曰邵。

2 苏秦通于燕文公之夫人，易王知之。苏秦恐，乃说易王曰：“臣居燕不能使燕重，而在齐则燕重。”易王许之。燕，因肩翻。易，音如字。说，式芮翻。谥法：好更改旧曰易。注：变故改常。乃伪得罪于燕而奔齐，齐宣王以为客卿。苏秦说齐王高宫室，大苑囿，以明得意，欲以敝齐而为燕。说，式芮翻。为后齐大夫杀苏秦张本。

四十六年（戊戌、前三二三）

1 秦张仪及齐、楚之相会齧桑。相，悉亮翻。服虔曰：齧桑，翟地。徐广曰：在梁与彭城之间。裴骃曰：晋地。索隐曰：卫地。余按汉武帝瓠子歌曰：“齧桑浮兮淮、泗满，”及塞决河而梁、楚之地复宁，无水灾。后汉王梁击佼彊、苏茂于楚、沛间，拔大梁、齧桑，则徐说为近之。齧，五结翻。

2 韩、燕皆称王。赵武灵王独不肯，曰：“无其实，敢处其名乎！”令国人谓己曰君。赵武灵王之不肯称王，非守君臣之分，居之以谦也，将求其所大欲而力未能称心也。处，昌吕翻。令，力丁翻，使也；又力正翻，命令也。分，扶问翻。称，尺证翻。

四十七年（己亥、前三二二）

1 秦张仪自齧桑还而免相，相魏，齧，鱼结翻。还，从宣翻，又音如字。免相，免秦相而相魏。相，息亮翻。欲令魏先事秦而诸侯效之；魏王不听。秦王伐魏，取曲沃、平周，令，力丁翻。此曲沃在河东，晋桓叔所封之邑；汉武帝改名闻喜。史记正义曰：绛州桐乡县，晋曲沃邑。十三州志：古平周邑在汾州介休县西四十里。复阴厚张仪益甚。

四十八年（庚子、前三二一）

1 王崩，子慎靓王定立。靓，疾正翻。

2 燕易王薨，子哙立。燕，因肩翻。易，音如字。哙，苦夬翻。

3 齐王封田婴于薛，班志，薛县属鲁国，夏奚仲之国；后迁于邳，仲虺居之。括地志：故薛城在今徐州滕县界。史记正义曰：薛故城在今徐州滕县南四十四里。号曰靖郭君。杜佑曰：战国之际，秦、项之间，权设班宠有加赐邑封君者，盖假其位号，或空受其爵，如靖郭、武安之类是也。至汉尤多，盖在封爵之外别加美号。史记列传云：婴谥为靖郭君。索隐曰：靖郭，或封邑号，故汉驷钧封靖郭侯。靖郭君言于齐王曰："五官之计，不可不日听而数览也。"记曾子问：诸侯出，命国家五官而后行。注云：五官，五大夫典事者。命者，敕之以其职。正义云：案太宰职云：建其牧，立其监，设其参，傅其伍，是诸侯有三卿、五大夫。经云五官，故云五大夫。以属官大夫，其数众多，直云五者，据典国事言之。不云命卿者，或从君出行，或虽在国留守，总主群吏，如三公然，不专主一事，且尊之。既命五大夫，则卿亦命之可知，故不显言命卿也。余谓此所谓五官，盖亦言典事五大夫也。数，所角翻。王从之；已而厌之，悉以委靖郭君。靖郭君由是得专齐之权。

靖郭君欲城薛，客谓靖郭君曰："君不闻海大鱼乎？网不能止，钩不能牵，荡而失水，则蝼蚁制焉。今夫齐，亦君之水也。夫，音扶。君长有齐，奚以薛为！苟为失齐，虽隆薛之城到于天，庸足恃乎！"乃不果城。隆，高也，崇也。庸，常也。

靖郭君有子四十【章：十二行本"十"下有"馀"字；乙十一行本同；孔本同。】人，其贱妾之子曰文。文通傥饶智略，通，达也。傥，倜傥卓异也。饶智略，言智略有馀也。说靖郭君以散财养士。靖郭君使文主家待宾客，宾客争誉其美，说，式芮翻。誉，音余。皆请靖郭君以文为嗣。靖郭君卒，嗣，祥吏翻。卒，子恤翻。文嗣为薛公，号曰孟尝君。史记列传曰：谥曰孟尝君。索隐曰：号曰孟尝君；曰谥，非也。

孟，字；尝，邑名。尝邑在薛之旁。孟尝君招致诸侯游士及有罪亡人，皆舍业厚遇之，舍业，为之筑舍、立居业也。存救其亲戚，食客常数千人，各自以为孟尝君亲己，由是孟尝君之名重天下。

臣光曰：君子之养士，以为民也。易曰："圣人养贤，以及万民。"颐卦彖辞也。为，于伪翻。夫贤者，其德足以敦化正俗，其才足以顿纲振纪，顿，谓整顿。夫，音扶。其明足以烛微虑远，其强足以结仁固义；大则利天下，小则利一国。是以君子丰禄以富之，隆爵以尊之；养一人而及万人者，养贤之道也。今孟尝君之养士也，不恤智愚，不择臧否，否，补美翻。盗其君之禄，以立私党，张虚誉，上以侮其君，下以蠹其民，是奸人之雄也，乌足尚哉！书曰："受为天下逋逃主、萃渊薮。"此之谓也。

4 孟尝君聘于楚，楚王遗之象床。登徒直送之，象床，以象齿为之。登徒，姓也；直，其名。遗，于季翻。不欲行，谓孟尝君门人公孙戌曰："象床之直千金，苟伤之毫发，则卖妻子不足偿也。足下能使仆无行者，有先人之宝剑，愿献之。"公孙戌许诺，姓谱：公孙氏出于黄帝。释名曰：剑，检也，所以防检非常也。戌，音恤。偿，辰羊翻，报也。诺，奴各翻。以言许人曰诺。入见孟尝君曰："小国所以皆致相印于君者，以君能振达贫穷，存亡继绝，故莫不悦君之义，慕君之廉也。今始至楚而受象床，则未至之国将何以待君哉！"孟尝君曰："善。"遂不受。公孙戌趋去，未至中闺，闺，涓畦翻。宫中小门曰闺，上圆下方如圭，故谓之闺。孟尝君召而反之，曰："子何足之高，志之扬也？"公孙戌以实对。孟尝君乃书门版曰："有能扬文之名，止文之过，私得宝于外者，疾入谏！"

臣光曰：孟尝君可谓能用谏矣。苟其言之善也，虽怀诈谖之心，犹将用之，谖，许元翻。况尽忠无私以事其上乎！诗云："采葑采菲，无以下体。"诗邶谷风之辞。毛氏传曰：

葑，须也。菲，芴也。郑氏笺曰：此二菜，蔓菁与葍之类也，皆上下可食，然其根有美时，有恶时，采之者不可以根恶并弃其叶。下体，谓根茎也。陆玑草木疏曰：葑，芜菁也。郭璞曰：今菘菜。陆德明曰：江南有菘，江北有蔓菁，相似而异。尔雅曰：菲，芴；又曰：菲，息菜。郭璞曰：菲，芴，土瓜；息菜，似芜菁，华紫赤色，可食。葍，大叶，白华，根如指，色白，可食。菲，敷尾翻。邶，蒲昧翻。芴，扶拂翻。蔓，谟官翻。葍，方六翻。孟尝君有焉。

5 韩宣惠王欲两用公仲、公叔为政，问于缪留。缪，莫留翻，姓也；今靡幼翻，又音穆。对曰："不可。晋用六卿而国分；齐简公用陈成子及阚止而见杀；魏用犀首、张仪而西河之外亡。晋六卿，智氏、范氏、中行氏、赵氏、韩氏、魏氏也。自晋文、襄以来，迭秉国政，后皆强大，卒分晋国。齐简公使阚止为政，陈成子惮之；已而陈常杀阚止，弑简公。阚，以邑为氏。苏代曰：魏相犀首，必右韩而左魏；相张仪，必右秦而左魏。盖二相外各倚与国以为重而内争权，所以魏日削也。阚，户监翻。行，户刚翻。恒，户登翻。卒，子恤翻。相，息亮翻。今君两用之，其多力者内树党，其寡力者借外权。群臣有内树党以骄主，有外为交以削地，君之国危矣。"

齐思和标点顾颉刚聂崇岐覆校

资治通鉴卷第三

朝散大夫右谏议大夫权御史中丞充理检使上护军赐紫金鱼袋臣 司马光 奉敕编集

后学天台 胡三省 音注

周纪三 起重光赤奋若(辛丑)，尽昭阳大渊献(癸亥)，凡二十有三年。

慎靓王 讳定，显王之子也。此复谥也。以谥法言之，谥法：敏以敬曰慎；柔德安众曰靖。靓，疾正翻。

元年(辛丑、前三二〇)

1 卫更贬号曰君。显王二十三年，卫已贬号曰侯；介于秦、魏之间，国日以削弱，因更贬其号曰君。更，居孟翻。贬，悲检翻。

二年(壬寅、前三一九)

1 秦伐韩，取鄢。春秋"晋败楚师于鄢陵"，即此鄢也。班志作"傿陵"，属颍川郡。鄢，音谒晚翻，又于建翻；师古音偃。史记正义曰：许州鄢陵县西北十五里有鄢陵古城。

2 魏惠王薨，子襄王立。索隐曰：系本曰：襄王，名嗣。今按系本即世本，司马贞避唐讳，改"世"为"系"。考异曰：史记魏世家云：惠王三十六年卒，子襄王立。襄王十六年卒，子哀王立。哀王二十三年卒，子昭王立。六国表：惠王元辛亥，终丙戌；襄王元丁亥，终壬寅；哀王元癸卯，终乙丑。按杜预春秋后序云：太康初，汲县有发旧冢者，大得古书，其纪年篇起自夏、殷、周，皆三代王事，无诸国别也；惟特记晋国，起自殇叔，次文侯、昭侯，以至曲沃庄伯，皆用夏正，编年相次；晋国灭，独记魏事，下至魏哀王之二十年：盖魏国之史记也。哀王于史记，襄王之子，惠王之孙也。古书纪年篇，惠王三十六年改元，从一年始，至十六年而称惠成王卒，即惠王也；疑史记误分惠成之世以为后王年也。哀王二十三年乃卒，故特不称谥，谓之“今王”。裴骃魏世家注引和峤云：纪年起自黄帝，终于魏之今王；今王者，魏惠成王子。按太史公书，惠成王但言惠王，惠王子曰襄王，襄王子曰哀王。惠王三十六年卒，襄王立十六年卒，并惠、襄为五十二年。今按古文惠成王立三十六年，改元，称一年，改元后十七年卒。太史公书为误分惠成之世以为二王之年数也。世本，惠王生襄王而无哀王，然则“今王”者，魏襄王也。彼既魏史，所书魏事必得其真，今从之。孟子入见而出，语人曰：“望之不似人君，就之而不见所畏焉。入见，贤遍翻。语，牛倨翻。卒然问曰：‘天下恶乎定？’卒，七没翻。恶，音乌，何也。吾对曰：‘定于一。’‘孰能一之？’此一语，魏襄王以问孟子。对曰：‘不嗜杀人者能一之。’‘孰能与之？’此语亦襄王问。对曰：‘天下莫不与也。王知夫苗乎？夫，音扶。七、八月之间旱，则苗槁矣。孟子此言，用周正也。周七、八月，夏五、六月也。槁，音考，乾枯也。夏，户雅翻。乾，音干。天油然作云，沛然下雨，则苗浡然兴之矣。油然，云盛貌。沛然，雨盛貌。浡然，兴起貌。沛，普盖翻。浡，音勃。其如是，孰能御之！’”

三年（癸卯、前三一八）

1 楚、赵、魏、韩、燕同伐秦，攻函谷关。燕，因肩翻，注已见上。宋白曰：函谷关在弘农。地理志注云：谓道形如函，孙卿子所谓“秦有松柏之塞”是也。秦人出兵逆之，五国之师皆败走。

2 宋初称王。

四年（甲辰、前三一七）

1 秦败韩师于脩鱼，斩首八万级，虏其将鳆、申差于浊泽。败，补迈翻。索隐曰：脩鱼，地名。鳆、申差，二将名。索，山客翻。将，即亮翻。鳆，音瘦，又疏鸠翻。“浊泽”，年表作“观泽”。括地志，观泽在魏州顿丘县东十八里。诸侯振恐。

2 齐大夫与苏秦争宠，使人刺秦，杀之。刺，七亦翻。

3 张仪说魏襄王曰："梁地方不至千里，卒不过三十万，地四平，无名山大川之限，卒戍楚、韩、齐、赵之境，戍，春遇翻；字从"人"，从"戈"，人荷戈，所以戍也。梁地南接楚，西接韩，东接齐，北接赵。守亭、障者不过【章：十二行本"过"作"下"；乙十一行本同；孔本同；张校同。】十万，说文：亭，民所安定也，道路所舍也。障，堡障也，隔也，塞也，所以隔塞敌人也。梁之地势固战场也。夫诸侯之约从，盟于洹水之上，结为兄弟以相坚也。事见上卷显王二十六年。夫，音扶。从，子容翻。洹，于元翻。今亲兄弟同父母，尚有争钱财相杀伤，而欲恃反覆苏秦之馀谋，其不可成亦明矣。大王不事秦，秦下兵攻河外，据卷衍、酸枣，后汉志：卷县属河南郡，酸枣县属陈留郡。水经注：河水径卷县北，又东至酸枣、延津，二邑皆河津之要也。卷，逵员翻。衍，以善翻。劫卫，取阳晋，则赵不南，赵不南则梁不北，梁不北则从道绝，从道绝则大王之国欲毋危不可得也。从道，谓约从之路也。从，子容翻。故愿大王审定计议，且赐骸骨。"人臣委身以事君，身非我之有矣，故于其乞退也，谓之乞骸骨。骸，户皆翻。魏王乃倍从约，倍，蒲妹翻。而因仪以请成于秦。张仪归，复相秦。仪罢秦相相魏，见上卷显王四十七年。相，息亮翻。

4 鲁景公薨，子平公旅立。谥法：由义而济曰景；布义行刚曰景。

五年（乙巳、前三一六）

1 巴、蜀相攻击，巴，春秋巴子之国。蜀，蚕丛、鱼凫之后。华阳国志曰：昔蜀王封其弟于汉中，号曰苴侯，因命其邑曰葭萌。苴侯与巴王为好。后巴与蜀为雠，蜀王怒，伐苴侯，苴侯奔巴。巴求救于秦，秦伐蜀，蜀王败死。秦灭蜀，因遂灭巴、苴，置巴、蜀二郡。史记正义曰：巴子城在合州石镜县南五里，故垫江县也。宋白曰：巴子后理阆中。扬雄蜀本纪曰：蜀王本治广都樊乡，徙居成都。华，户化翻。苴，子余翻。葭，音家。萌，谟耕翻。垫，音叠。阆，音浪。俱告急于秦。秦惠王欲伐蜀，以为道险陿难至，陿，与狭同。汉书赵充国传注：山峭而夹水曰陿。而韩又来侵，犹豫未能决。说文：犹，玃属，居山中；闻人声，豫登木，无人乃下。世谓不决曰犹豫。一说，陇西谓犬子为犹，犬导人行，忽先忽后，故曰犹豫。又一说，犹豫，犬也，犬为人行，好先行，却住以俟其人，百步之间，如是者数四；先者，豫也，遂曰犹豫。犹，夷周翻，又余救翻。玃，厥缚翻。为，于伪翻。好，呼到翻。司马错请伐蜀。史记：重、黎之后，至周宣王时为程伯休父，为司马氏。错，七各翻，又七故翻。重，直龙翻。父，音甫。张仪曰："不如伐韩。"王曰："请闻其说。"仪曰："亲魏，善楚，下兵三川，攻新城、宜阳，伊水、洛水、河水为三川。秦后置三川郡，汉改为河南郡。班志，新城县属河南郡。括地志：洛州伊阙县本汉新城县，在州南七十里。隋文帝改新城为伊阙，取伊阙山为名。以临二周之郊，周分为东、西，故曰二周。据九鼎，昔夏禹贡金九牧，铸鼎象物，桀有昏德，鼎迁于商；商纣暴虐，鼎迁于周；成王定鼎于郏鄏，宝之，以为三代共器。夏，户雅翻。郏，音夹。鄏，音辱。按图籍，图籍，谓天下之图籍，周官职方氏所掌是也。挟天子以令于天下，天下莫敢不听，此王业也。臣闻争名者于朝，争利者于市。今三川、周室，天下之朝市也，朝，直遥翻。周礼大宗伯注云：朝，犹朝也，欲其来之早也。人君昕旦亲政贵早，声转为朝。犹朝，陟遥翻。而王不争焉，顾争于戎翟，去王业远矣。"翟，与狄同。司马错曰："不然。臣闻欲富国者务广其地，欲强兵者务富其民，欲王者务博其德：欲王，于况翻，又如字。三资者备而王随之矣。今王地小民贫，故臣愿先从事于易。易，弋豉翻。夫蜀，西僻之国而戎翟之长也，夫，音扶。长，知丈翻。有桀、纣之乱；以秦攻之，譬如使豺狼逐群羊；豺，徂斋翻。得其地足以广国，取其财足以富民，缮兵不伤众而彼已服焉。彼，谓蜀也。拔一国而天下不以为暴，利尽四【章：十二行本"四"作"西"；乙十一行本同。】海而天下不以为贪，是我一举而名实附也，而又有禁暴止乱之名。今攻韩，劫天子，恶名也，而未必利也；又有不义之名，而攻天下所不欲，危矣。臣请论其故：周，天下之宗室也。周室为天下所宗，故谓之宗室。齐，韩之与国也。邻国相亲睦者，谓之与国。周自知失九鼎，韩自知亡三川，将二国并力合谋，以因乎齐、赵而求解乎楚、魏，并，必正翻。求解者，先与之构怨隙而今求和解也。以鼎与楚，以地与魏，王弗能止也。此臣之所谓危也。不如伐蜀完。”完，全也。言以兵伐蜀，十全必取也。王从错计，错，七各翻，又七故翻。起兵伐蜀；十月取之。取，言易也。易，弋豉翻。贬蜀王，更号为侯；贬，悲检翻。更，工衡翻。而使陈庄相蜀。相，息亮翻。蜀既属秦，秦以益强，富厚，轻诸侯。

2 苏秦既死，三年，苏秦死于齐。秦弟代、厉亦以游说显于诸侯。说，式芮翻。燕相子之与苏代婚，欲得燕权。苏代使于齐而还，燕，因肩翻。相，息亮翻。使，疏吏翻。还，从宣翻。燕王哙问曰：“齐王其霸乎？”哙，苦夬翻。对曰：“不能。”王曰：“何故？”对曰：“不信其臣。”于是燕王专任子之。鹿毛寿谓燕王曰：刘伯庄曰：鹿毛寿，人姓名；又曰潘寿。春秋后语作“唐毛寿”。徐广曰：一作“厝毛”。如徐广一作之说，当作“厝”。厝，音秦昔翻。清河有厝县。“人之谓尧贤者，以其能让天下也。今王以国让子之，是王与尧同名也。”燕王因属国于子之，属，之欲翻，付也，托也。子之大重。或曰：“禹荐益而以启人为吏，孟子曰：禹荐益于天，禹崩，天下之人不之益而之启，曰：“吾君之子也。”索隐曰：人，犹臣也。谓以启臣为益吏。索，山客翻。及老而以启为不足任天下，任，音壬。传之于益。启与交党攻益，夺之，天下谓禹名传天下于益而实令启自取之。按或曰一段事，与师春纪伊尹放太甲，潜出自桐，杀伊尹，事颇相类，古书杂记固多也。今王言属国于子之而吏无非太子人者，是名属子之而实太子用事也。”王因收印绶，自三百石吏已上而效之子之。后汉书舆服志曰：三王俗化雕文，诈伪渐生，始有印绶，以检奸萌。周礼掌节有玺节，郑氏注云：今之印章也。绶，组绶。古者佩玉以绶贯之。汉承秦制，乘舆玺绶；诸王以下，印以金、银、铜为差，绶以赤、紫、青、黑、黄为差。印，信也，刻文合信也。绶，受也，转相授受也。三百石吏，铜印，黑绶或黄绶。王制：诸侯大国之卿，食禄以田计之，为三十二夫之入。战国之卿，食禄万钟，其僭差不度甚矣。汉制：三公秩万石，至于斗食佐吏，凡十六等。三百石吏，第十等，奉月四十斛。绶，音受。玺，斯氏翻。组，祖五翻。乘，绳证翻。奉，与俸同，音扶用翻。子之南面行王事，而哙老，不听政，顾为臣，顾，反也。哙，苦夬翻。国事皆决于子之。为后燕乱张本。

六年（丙午、前三一五）

1 王崩，子赧王延立。

赧王上

刘伯庄曰：赧，惭之甚也。轻微危弱，寄住东、西，足为惭赧，故号之曰赧；谥法本无赧字也。赧，音奴版翻。

元年（丁未、前三一四）

1 秦人侵义渠，得二十五城。义渠，戎国名。按上卷显王四十二年，秦县义渠，以其君为臣，是已得义渠矣。今又侵得二十五城，何也？盖先此秦以义渠为县，君为臣，虽臣属于秦，义渠之国未灭也，秦稍蚕食侵其地。今得二十五城，义渠之国所馀无几矣。盖秦兼并诸侯，不尽其国不止也。左传：有钟鼓曰伐，无曰侵。穀梁传：苞人民、驱牛马曰侵。斩树木、坏宫室曰伐。无几，居岂翻。传，直恋翻。坏，音怪。

2 魏人叛秦。秦人伐魏，取曲沃而归其人。又败韩于岸门，续汉志，颍川郡颍阴县有岸亭。注引徐广云：岸亭，即岸门。括地志：岸门在今许州长社县东北二十八里，今名长武亭。败，补迈翻。韩太子仓入质于秦以和。质，音致。

3 燕子之为王三年，国内大乱。将军市被与太子平谋攻子之。齐王令人谓太子曰：令，卢经翻。“寡人闻太子将饬君臣之义，明父子之位，寡人之国【章：十二行本“国”下有“虽小”二字；乙十一行本同；孔本同；退斋校同。】唯太子所以令之。”饬，整也，修也，治也。治，直之翻。饬君臣之义，言太子平将治子之僭王之罪也。明父子之位，言太子平当继其父哙之位也。令，力政翻，命令也，号令也。太子因要党聚众，要，一遥翻，要结也。使市被攻子之，不克。市被反攻太子。构难数月，难，乃旦翻。死者数万人，百姓恫恐。恫，它红翻，痛也。齐王令章子将五都之兵，因北地之众以伐燕。将，即亮翻，又音如字，领也。邑有先王之庙曰都。或曰：都，邑之大者。北地，齐之北境也，盖汉千乘、清河、勃海之地。燕，因肩翻；下同。乘，绳证翻。燕士卒不战，城门不闭。齐人取子之，醢之，醢，呼改翻，肉酱也。遂杀燕王哙。哙，苦夬翻。

齐王问孟子曰："或谓寡人勿取燕，或谓寡人取之。以万乘之国伐万乘之国，古者天子之地方千里，出兵车万乘。七国兼并以强大，于时皆为万乘之国。乘，绳证翻。五旬而举之，十日为旬；五旬，五十日。人力不至于此；不取，必有天殃。殃，咎也，祸也。取之何如？"孟子对曰："取之而燕民悦则取之，古之人有行之者，武王是也。取之而燕民不悦则勿取，古之人有行之者，文王是也。以万乘之国伐万乘之国，箪食壶浆以迎王师，箪，竹器也；圆曰箪，方曰笥。箪，音丹。食，祥吏翻，熟食也。浆，水也，酢浆也。笥，相吏翻。酢，仓故翻。岂有他哉？避水火也。如水益深，如火益热，亦运而已矣！"运，转也。言燕之民将转而之他国也。

诸侯将谋救燕。齐王谓孟子曰："诸侯多谋伐寡人者，何以待之？"对曰："臣闻七十里为政于天下者，汤是也；未闻以千里畏人者也。书曰：'徯我后，后来其苏。'书仲虺之诰之辞。徯，户礼翻，待也。后，君也。今燕虐其民，王往而征之，民以为将拯己于水火之中也，拯，上举也，援也，救也，助也，音之凌翻。箪食壶浆以迎王师。若杀其父兄，系累其子弟，赵岐曰：系累，缚结也。系，户计翻。累，力追翻。毁其宗庙，迁其重器，重器，国之宝镇。如之何其可也！天下固畏齐之强也，今又倍地齐并燕则地倍其旧。燕，因肩翻。而不行仁政，是动天下之兵也。王速出令，反其旄倪，令，力政翻。赵岐曰：旄，老旄；倪，弱小。陆德明曰：倪，谓繄倪小儿也。记曲礼曰：八十、九十曰耄，注云：耄，惛忘也。旄，读曰耄。倪，五兮翻。繄，与繄同，音烟兮翻。止其重器，谋于燕众，置君而后去之，则犹可及止也。”齐王不听。

已而燕人叛。是时燕人虽未立太子平，固已相帅叛齐矣。王曰：“吾甚惭于孟子。”陈贾曰：“王无患焉。”乃见孟子，曰：“周公何人也？”曰：“古圣人也。”陈贾曰：“周公使管叔监商，古殷、商通称，商者，以始封为国号，殷者，以都亳为国号。按孟子，陈贾只云“监殷”，今通鉴云“监商”，避宋庙讳也。监，古衔翻。管叔以商畔也。周公知其将畔而使之与？”畔，与叛同。与，读曰欤；下同。曰：“不知也。”陈贾曰：“然则圣人亦有过与？”曰：“周公，弟也，管叔，兄也，周公之过不亦宜乎！且古之君子，过则改之；今之君子，过则顺之。古之君子，其过也如日月之食，民皆见之；及其更也，更，工衡翻，更改。民皆仰之。今之君子，岂徒顺之，又从为之辞！”

4 是岁，齐宣王薨，子湣王地立。湣，读曰闵。

二年（戊申、前三一三）

1 秦右更疾伐赵，右更，秦爵第十四。师古曰：左、右、中更，皆主领更卒而部其役使也。更，工衡翻。拔蔺，虏其将庄豹。庄姓有出于宋者，左传所谓戴、武、庄之族是也；有出于楚者，楚庄王之后，庄蹻是也。齐之庄暴，楚之庄辛，蒙之庄周，与此庄豹，其时适相先后，莫能审其所自出。

2 秦王欲伐齐，患齐、楚之从亲，从，子容翻。乃使张仪至楚，说楚王曰：“大王诚能听臣，闭关绝约于齐，说，式芮翻。闭关者，古之列国各置关尹，敌国宾至，关尹以告，则行理以节逆之。闭关则距绝其使，不为通也。使，疏吏翻。臣请献商于之地六百里，使秦女得为大王箕帚之妾，于，如字。箕帚之妾，犹言备洒扫也。帚，止酉翻，箒也。秦、楚嫁女娶妇，长为兄弟之国。”楚王说而许之。说，读曰悦。群臣皆贺，陈轸独吊。陈姓出于舜，周武王封舜后于陈，子孙以国为氏。王怒曰：“寡人不兴师而得六百里地，何吊也？”对曰：“不然。以臣观之，商于之地不可得而齐、秦合，齐、秦合则患必至矣。”王曰：“有说乎？”对曰：“夫秦之所以重楚者，以其有齐也。夫，音扶，发语辞。今闭关绝约于齐则楚孤，秦奚贪夫孤国而与之商于之地六百里！张仪至秦，必负王。是王北绝齐交，西生患于秦也，楚东北接齐，西接秦。两国之兵必俱至。为王计者，不若阴合而阳绝于齐，使人随张仪，苟与吾地，绝齐未晚也。”王曰：“愿陈子闭口，毋复言，以待寡人得地！”毋，音无，毋者，禁止之辞。复，扶又翻，再又也。乃以相印授张仪，相，息亮翻。厚赐之。遂闭关绝约于齐，使一将军随张仪至秦。班固百官表：将军，周末官，秦、汉因之。

张仪详堕车，详，读曰佯，诈也。【章：乙十一行本正作“佯”。】不朝三月。朝，直遥翻。楚王闻之，曰：“仪以寡人绝齐未甚邪？”邪，余遮翻。邪，疑辞也。乃使勇士宋遗借宋之符，北骂齐王。既闭关绝约，则齐、楚之信使不通，故使宋遗借宋符以至齐。宋，姓也。周武王封微子于宋，子孙以国为氏。齐王大怒，折节以事秦，折，而设翻。齐、秦之交合。仪归而诈疾，待齐、秦之交合乃朝。张仪乃朝，见楚使者曰：“子何不受地？从某至某，广袤六里。”朝，直遥翻。使，疏吏翻。东西曰广，南北曰袤。广，古旷翻，又读如字。袤，音茂。使者怒，还报楚王。还，从宣翻，又音如字。楚王大怒，欲发兵而攻秦。陈轸曰：“轸可发口言乎？攻之不如因赂之以一名都，与之并力【章：十二行本“力”作“兵”；乙十一行本同；孔本同。】而攻齐，是我亡地于秦，取偿于齐也。偿，辰羊翻，报也。今王已绝于齐而责欺于秦，是吾合齐、秦之交而来天下之兵也，国必大伤矣！”楚王不听，使屈匄帅师伐秦。屈，姓也，音九勿翻。匄，居大翻。帅，读曰率。秦亦发兵使庶长章击之。长，知丈翻。按史记樗里子传，庶长章，姓魏。

三年（己酉、前三一二）

1 春，秦师及楚战于丹阳，索隐曰：此丹阳在汉中。刘昭曰：南郡枝江县有丹阳聚，即秦破楚处。李垕舆地纪胜曰：丹阳在今归州秭归县东八里屈沱楚王城是也。余按楚遣屈匄伐秦，秦发兵逆击之，枝江之丹阳则距郢逼近，秭归之丹阳则不当秦、楚之路。索隐因下文遂取汉中，即谓丹阳在汉中，皆非也。此丹阳谓丹水之阳。班志：丹水出上洛冢岭山，东至析入钧水，其水盖在弘农丹水、析两县之间，武关之外也。秦、楚交战当在此水之阳。楚师既败，秦师乘胜取上庸路西入以收汉中，其势易矣。索，山客翻。冢，与埴同。屈，九勿翻。冢，知陇翻。易，弋豉翻。楚师大败；斩甲士八万，虏屈匄及列侯、执珪七十馀人，执珪，楚爵也，执珪而朝者也。遂取汉中郡。自沔阳、成固至新城、上庸，时皆汉中郡之地。释名曰：郡，群也，人所群聚也。黄义仲十三州记曰：郡之言君也。改公侯之封而言君者，至尊也。今郡字，“君”在其左，“邑”在其右，君为元首，邑以载民，故取名于君，谓之郡。楚王悉发国内兵以复袭秦，复，扶又翻。战于蓝田，班志，蓝田县属京兆，秦孝公置。史记正义曰：蓝田县在雍州东南八十里。从蓝田关入蓝田县，时楚袭秦深入。楚师大败。韩、魏闻楚之困，南袭楚，至邓。邓，春秋邓国之地。班志，邓县属南阳郡。杜预曰：颍川召陵县西有邓城。括地志曰：故邓城在豫州郾陵县东三十五里，所谓在古召陵西十里者也。召，读曰邵。楚人闻之，乃引兵归，割两城以请平于秦。

2 燕人共立太子平，是为昭王。燕，因肩翻。昭王于破燕之后。【章：十二行本“后”下有“即位”二字；乙十一行本同；孔本同；张校同。】言燕国为齐所破，己承其后也。吊死问孤，与百姓同甘苦，卑身厚币以招贤者。谓郭隗曰：“齐因孤之国乱而袭破燕，孤极知燕小力少，臧文仲曰：列国有凶称孤，礼也。杜预曰：列国诸侯无凶则称寡人。郭姓出于周之虢公，世亦谓虢公为郭公。隗，五罪翻。少，始绍翻。不足以报；然诚得贤士与共国，以雪先王之耻，谓燕王哙破国之耻。哙，苦夬翻。孤之愿也。先生视可者，得身事之！”郭隗曰：“古之人君有以千金使涓人求千里马者，春秋以来，诸侯之国有涓人，秦、汉之间有中涓。师古曰：涓，洁也。言其在中主知洁清洒扫之事，盖王之亲旧左右也。应劭曰：涓人如谒者。涓，古玄翻。洒，所卖翻；扫，所报翻；又皆音如字。马已死，买其首五百金而返。君大怒，涓人曰：‘死马且买之，况生者乎！马今至矣。'不期年，千里之马至者三。期，读曰朞。今王必欲致士，先从隗始，况贤于隗者，岂远千里哉！"言燕王若加礼于郭隗，则四方之贤士闻之，将不以千里为远而来。于是昭王为隗改筑宫而师事之。于是士争趣燕：为，于伪翻。趣，七喻翻。乐毅自魏往，剧辛自赵往。剧，竭戟翻。剧，姓；辛，名。剧姓莫知其所自出。班志，北海郡有剧县，盖其先以县为姓也。昭王以乐毅为亚卿，任以国政。为燕用乐毅破齐张本。

3 韩宣惠王薨，子襄王仓立。

四年（庚戌、前三一一）

1 蜀相杀蜀侯。相，息亮翻。蜀相，盖陈庄也。

2 秦惠王使人告楚怀王，请以武关之外易黔中地。武关，左传之少习，地在汉弘农郡析县西百七十里，道通南阳。晋太康地志曰：武关当冠军西。括地志曰：武关在商州上洛县东。武关之外，盖秦丹、析、商于之地。黔，音琴。少，始照翻。冠，工玩翻。于，音如字。楚王曰："不愿易地，愿得张仪而献黔中地。"张仪闻之，请行。王曰："楚将甘心于子，楚王以堕张仪之诈，故欲甘心焉。奈何行？"张仪曰："秦强楚弱，大王在，楚不宜敢取臣。且臣善其嬖臣靳尚，嬖，匹计翻，又卑义翻。靳，居焮翻，姓也。靳尚得事幸姬郑袖，郑，以国为氏。"袖"，战国策作"褎"，古字也。袖之言，王无不听者。"遂往。楚王囚，将杀之。靳尚谓郑袖曰："秦王甚爱张仪，将以上庸六县及美女赎之。上庸，春秋庸国。班志，上庸县属汉中郡。史记正义：上庸县，今房州。宋白曰：今房州竹山县古城，即汉上庸县。王重地尊秦，秦女必贵而夫人斥矣。"于是郑袖日夜泣于楚王曰："臣各为其主耳。为，于伪翻。今杀张仪，秦必大怒。妾请子母俱迁江南，毋为秦所鱼肉也！"王乃赦张仪而厚礼之。张仪因说楚王曰："夫为从者无以异于驱群羊而攻猛虎，不格明矣。说，式芮翻。夫，音扶。从，子容翻。格，当也。刘伯庄曰：格，各额翻，其字宜从"手"。余据字书，格，击也，斗也，从“木”亦通。今王不事秦，秦劫韩驱梁而攻楚，则楚危矣。秦西有巴、蜀，治船积粟，浮岷江而下，治，直之翻。江水出蜀郡湔氐道之岷山，故谓之岷江。释名曰：江，共也；小流入其中，所公共也。一日行五百馀里，不至十日而拒【章：十二行本“拒”作“距”；乙十一行本同。】扞关，徐广曰：巴郡鱼复县有扞关。史记正义曰：在峡州巴山县界。扞，寒旦翻。扞关惊则从境以东尽城守矣，境，楚境也。扞关，楚之西境；从境以东，谓扞关以东也。黔中、巫郡非王之有。黔，巨今翻。班志，巫县属南郡。郦道元曰：县故楚之巫郡。杜佑曰：今归州巴东县是也。秦举甲出武关，则北地绝。北地，楚北境之地，陈、蔡、汝、颍是也。秦兵之攻楚也，危难在三月之内，难，乃旦翻。而楚待诸侯之救在半岁之外，夫待弱国之救，忘强秦之祸，此臣所为大王患也。夫，音扶。为，于伪翻。大王诚能听臣，臣【章：十二行本不重“臣”字；乙十一行本同；孔本同。】请令秦、楚长为兄弟之国，无相攻伐。”令，力丁翻。楚王已得张仪而重出黔中地，重，难也。以地为重，意难割弃之。乃许之。

张仪遂之韩，说韩王曰：“韩地险恶山居，之，如也，自楚如韩也。韩有宜阳、成皋，南尽鲁阳，皆山险之地。说，式芮翻。五谷所生，非菽而麦，菽，式竹翻，豆也。国无二岁之食；见卒不过二十万。见卒，见在之兵。见，贤遍翻。秦被甲百馀万。被，皮义翻。山东之士被甲蒙胄以会战，秦人捐甲徒裼以趋敌，胄，今谓之兜鍪。捐，与专翻，弃也。徒，徒行也。裼，音锡，袒也。趋，七喻翻。鍪，音牟。左挈人头，右挟生虏。夫战孟贲、乌获之士以攻不服之弱国，挟，户颊翻。孟贲、乌获，古之勇士。贲，音奔。无异垂千钧之重于鸟卵之上，必无幸矣。三十斤为钧。必无幸矣，言无幸而获全之理。大王不事秦，秦下甲据宜阳，塞成皋，下，遐稼翻。塞，悉则翻。则王之国分矣，鸿台之宫，桑林之苑，非王之有也。为大王计，莫如事秦以攻楚，以转祸而悦秦，计无便于此者！”韩王许之。

张仪归报，秦王封以六邑，号武信君。复使东说齐王曰：“从人说大王者复，扶又翻。从人，合从之人也。从，子容翻。说，式芮翻。必曰：‘齐蔽于三晋，地广民众，兵强士勇，虽有百秦，将无奈齐何。’大王贤其说而不计其实。今秦、楚嫁女娶妇，为昆弟之国；韩献宜阳；梁效河外；河外，秦盖以河东为河外，梁则以河西为河外，张仪以秦言之也。赵王入朝，割河间以事秦。朝，直遥翻。河间，赵地。汉文帝二年，分为河间国。应劭曰：在两河之间。唐为瀛州。大王不事秦，秦驱韩、梁攻齐之南地，汉泰山、城阳，齐南境之地也。悉赵兵，渡清河，指博关，临菑、即墨非王之有也！博关在济州西界之博陵。史记正义曰：博关在博州。赵兵从贝州渡清河指博关，则漯河以南临菑、即墨危矣。济，子礼翻。漯，托合翻。国一日见攻，虽欲事秦，不可得也！”齐王许张仪。

张仪去，西说赵王曰：“大王收率天下以摈秦，秦兵不敢出函谷关十五年。摈，必刃翻。事见上卷显王三十六年。大王之威行于山东，敝邑恐惧，春秋以来，列国交聘，行人率自称其国曰敝邑。缮甲厉兵，力田积粟，愁居慑处，不敢动摇，慑，之涉翻，怖也，心伏也，失常也，失气也。处，昌吕翻。唯大王有意督过之也。师古曰：督过，视责也。索隐曰：督者，正其事而责之；督过，是深责其过也。今以大王之力，举巴、蜀，事见慎靓王五年。并汉中，事见上二年。包两周，元年服韩、魏，则包两周矣。守白马之津。班志，白马县属东郡。水经注：白马津在白马城之西北。白马城，唐为滑州治所。开山图曰：白马津东可二十许里，有白马山，山上常有白马群行，悲鸣则河决，驰走则山崩，后人因以名县及津。按通鉴不语怪，今此注亦近于怪，姑以广异闻耳。秦虽僻远，然而心忿含怒之日久矣。今秦有敝甲凋兵军于渑池，敝，败恶也，凋，瘁也，半伤也。败甲凋兵，谦其辞，言军于渑池，则张其势以临赵矣。康曰：渑池，赵邑。余据赵与韩、魏接境，韩有野王、上党，魏有河东、河内，而渑池则秦地也，汉为县，属弘农郡，赵安能越韩、魏而有之！康说非是。渑，莫善翻；又莫忍翻。愿渡河，逾漳，据番吾，言欲自渑池北渡河，又自此东逾漳水而进据番吾，此亦张声势以临赵也。番吾，即汉常山郡之蒲吾县也。刘昭注曰：史记番吾君，杜预云：晋之蒲邑也。此说非。括地志：番吾故城，在恒州房山县东二十里。番，音婆，又音盘。会邯郸之下，愿以甲子合战，正殷纣之事。武王伐纣，癸亥陈于商郊，甲子昧爽，纣帅其旅若林，会于牧野，前徒倒戈，攻其后以北，遂以胜殷杀纣。张仪引以惧赵，其有所侮而动，亦已甚矣。邯郸，赵都，音寒丹。谨使使臣先闻左右。使臣，上疏吏翻。今楚与秦为昆弟之国，而韩、梁称东藩之臣，齐献鱼盐之地，齐东濒于海，海滨广斥，鱼盐所出也。此时齐未尝献地于秦，张仪驾说以恐动赵耳。此断赵之右肩也。夫断右肩而与人斗，夫，音扶。断，丁管翻。失其党而孤居，求欲毋危得乎！今秦发三将军，其一军塞午道，索隐曰：午道当在赵之东，齐之西。午道，地名也。郑玄云：一纵一横为午，谓交道也。塞，悉则翻。告齐使渡清河，军于邯郸之东，邯郸，音寒丹，一军军成皋，驱韩、梁军于河外，史记正义曰：河外，谓郑滑州，北临河。余谓此河外，亦因赵而言之。一军军于渑池，约四国为一以攻赵，赵服必四分其地。言秦约齐、韩、魏四分赵地。臣窃为大王计，莫如与秦王面相约而口相结，常为兄弟之国也。”赵王许之。当时赵于山东最强，且主从约，张仪说之，亦费辞矣。

张仪乃北之燕，燕，因肩翻。说燕王曰：“今赵王已入朝，效河间以事秦。张仪自赵至燕，借此气势而为是虚言以动燕耳。朝，直遥翻。大王不事秦，秦下甲云中、九原，虞氏记曰：赵自五原河曲筑长城，东至阴山，又于河西造大城，一箱崩不就，乃改卜阴山河曲而祷焉。昼见群鹄游于云中，徘徊经日，见大光在其下，乃即其处筑城，今云中城是也。余谓此亦语怪，郦道元为后魏书之耳。宋白曰：胜州榆林县界有云中古城，赵武侯所筑，秦置云中郡，唐为单于都护府。班志，九原县属五原郡。汉之五原，即秦之九原郡也。唐为丰、盐等州之地。宋白曰：唐丰州治九原县。按云中九原，皆在燕之西，秦自上郡朔方下兵则可至。史记正义曰：古云中、九原郡皆在胜州。云中郡故城在榆林东北四十里。九原郡故城在胜州西界，今连谷县是。下，遐稼翻。元为，于伪翻。驱赵而攻燕，则易水、长城非大王之有也！水经注：易水出涿郡故安县阎乡西山，东届关城西南，即燕长城门也。易水又历长城而东过范阳、容城、安次、泉州县南而东入海。且今时齐、赵之于秦，犹郡县也，不敢妄举师以攻伐。今王事秦，长无齐、赵之患矣。"以利动之。燕王请献常山之尾五城以和。常山，即北岳恒山也。汉文帝讳恒，改曰常山，置常山郡。班志，常山在常山郡上曲阳县西北，其尾则燕之西南界。

张仪归报，未至咸阳，秦惠王薨，子武王立。索隐曰：武王，名荡。武王自为太子时，不说张仪；说，读曰悦。及即位，群臣多毁短之。毁短，訾毁而数其短也。诸侯闻仪与秦王有隙，隙，乞逆翻，怨隙也，衅隙也。物之有罅衅者为有隙，人之与人有怨者亦为有隙。皆畔衡，复合从。衡，读曰横。从，子容翻。以此观之，此时六国之势，利在合从，而从张仪连衡者，畏秦而摇于仪之说耳。

五年（辛亥、前三一〇）

1 张仪说秦武王曰："为王计者，东方有变，韩、魏皆在秦之东。说，式芮翻。然后王可以多割得地也。臣闻齐王甚憎臣，臣之所在，齐必伐之。臣愿乞其不肖之身以之梁，不肖，谦言无所肖似也。魏都大梁。齐必伐梁，齐、梁交兵而不能相去，言兵交不解，各欲去而不能也。王以其间伐韩，间，居苋翻，间隙也；又居闲翻，中间也。入三川，挟天子，案图籍，此王业也！"张仪欲倾周而为秦，始终以此说为主。挟，户颊翻。王许之。齐王果伐梁，梁王恐。张仪曰："王勿患也！言勿以为患。请令齐罢兵。"令，卢经翻，使也；下同。乃使其舍人之楚，借使谓齐王曰：之，往也，如也。不敢径遣人使齐，而往楚借使，借使，言借楚人以为使。借，子夜翻；叚资昔切。使，疏吏翻。"甚矣王之托仪于秦也！"齐王曰："何故？"楚使者曰："张仪之去秦也固与秦王谋矣，欲齐、梁相攻而令秦取三川也。今王果伐梁，是王内罢国而外伐与国，罢，读曰疲。而信仪于秦王也。”齐王乃解兵还。还，从宣翻，又如字。张仪相魏一岁，卒。相，息亮翻。卒，子恤翻。

仪与苏秦皆以纵横之术游诸侯，致位富贵，天下争慕效之。纵，子容翻。又有魏人公孙衍者，号曰犀首，亦以谈说显名。说，式芮翻。其馀苏代、苏厉、周最、楼缓之徒，纷纭遍于天下，务以辩诈相高，不可胜纪；姓谱曰：周姓本自周平王子，别封汝川，人谓之周家，因氏焉。一云：以赧王为秦所灭，黜为庶人，百姓称为周家，因氏焉。余按商有太史周任，谓为周姓所自出，夫岂不可！又赧王于时未灭，不可谓周最出于赧王。楼姓，夏少康之裔，周封为东楼公，子孙因氏焉。师古曰：纷纭，兴作貌，又物多而乱貌。胜，音升。赧，奴版翻。夏，户雅翻。少，始照翻。裔，苗裔。而仪、秦、衍最著。著者，显著于时。

孟子论之曰：或谓：“公孙衍张仪岂不大丈夫哉；一怒而诸侯惧，安居而天下熄？”熄，灭也，火灭为熄。此言天下兵革之事熄灭也。孟子曰：“是恶足为大丈夫哉！恶，音乌。君子立天下之正位，行天下之正道，得志则与民由之，不得志则独行其道，富贵不能淫，贫贱不能移，威武不能诎，诎，与屈同。是之谓大丈夫。”

扬子法言曰：或问：“仪、秦学乎鬼谷术而习乎纵横言，安中国者各十馀年，是夫？”夫，音扶。曰：“诈人也，圣人恶诸。”恶，乌路翻。曰：“孔子读而仪、秦行，谓读孔子之言而行仪、秦之事。何如也？”曰：“甚矣凤鸣而鸷翰也！”翰，侯旰翻，又侯安翻，羽翰。“然则子贡不为欤？”曰：“乱而不解，子贡耻诸。太史公曰：子贡一出，存鲁，乱齐，破吴，强晋而霸越。温公曰：考其年与事皆不合，盖六国游说之士托为之辞，太史公不加考订，因而记之；扬子云亦据太史公书发此语也。说，式芮翻。说而不富贵，仪、秦耻诸。”说，式芮翻。或曰：“仪、秦其才矣乎，迹不蹈已？”宋咸曰：蹈，践也；言仪、秦之才术超卓，自然不践循旧人之迹。践，慈演翻。曰：“昔在任人，帝而难之。书舜典：而难任人。孔安国注云：任，佞也；难，拒也；言佞人则斥远之。任，音壬。难，乃旦翻。不以才乎？才乎才，非吾徒之才也！”

2 秦王使甘茂诛蜀相庄。四年，蜀相杀蜀侯，秦武王故诛之。史记“庄”作“壮”。案秦纪，秦既得蜀，使陈庄相蜀；从“庄”为是。

3 秦王、魏王会于临晋。班志，临晋县属冯翊，故大荔也，秦取之，更名临晋。应劭曰：临晋水，故名。臣瓒曰：晋水在河之东，此县在河之西，不得临晋水。旧说，秦筑高垒以临晋国，故曰临晋。章怀太子贤曰：临晋故城，在今同州朝邑县西南。余按唐书地理志，蒲州有临晋县。宋白曰：汉临晋县在今临晋县东南十八里，故解城是也。后魏改为北解县。周省。隋分猗氏县，置桑泉县。唐天宝十二载，改临晋县。天宝之改县，必有所据，则应劭临晋水之说，未可厚非。秦之临晋在河西，臣瓒、章怀之说皆是也。更，工衡翻。应，乙陵翻。瓒，藏旱翻。朝，直遥翻。解，户买翻。载，祖亥翻。

4 赵武灵王纳吴广之女孟姚，吴姓，以国为氏。有宠，是为惠后。孔颖达曰：后，後也，言其後于天子，亦以广後胤也。战国诸侯僭王，亦称其夫人为后。生子何。为立何而长子章争国张本。长，知两翻。

六年（壬子、前三〇九）

1 秦初置丞相，以樗里疾为右丞相。应劭曰：丞者，承也；相者，助也。荀悦曰：秦本次国，命卿二人，故置左右丞相，无三公官。樗里疾，秦惠王之弟也。高诱曰：疾居渭南之阴乡，其里有大樗树，故号樗里子。相，息亮翻。樗，丑於翻。诱，羊久翻。

七年（癸丑、前三〇八）

1 秦、魏会于应。左传曰：邘、晋、应、韩，武之穆也。杜预注云：应国在襄阳城父县西。余按襄阳无城父县。后汉志，颍川父城县西南有应乡，古应国也。括地志曰：故应城因应山为名。古之应国在汝州鲁山县东三十里。应，乙陵翻。邘，音于。

2 秦王使甘茂约魏以伐韩，而令向寿辅行。甘茂【章：十二行本“茂”下有“至魏”二字；乙十一行本同；孔本同；张校同；退斋校同。】令向寿还，谓王曰：“魏听臣矣，令，卢经翻，使也。向，式让翻，姓也。姓谱：向姓本自宋文公枝子向文盱，盱孙戌以王父字为氏。余按左传，向戌本出于宋桓公。孟子为齐卿，出吊于滕，王使王驩为辅行。赵岐注曰：辅行，副使也。盱，音干。戌，音恤。传，直恋翻。使，疏吏翻。然愿王勿伐！”王迎甘茂于息壤而问其故。柳宗元曰：地长隆然而起，夷之而益高者为息壤。异书有云：鲧窃帝之息壤以堙洪水。意者此所谓息壤，盖以地长得名。长，知两翻。对曰：“宜阳大县，其实郡也。杜佑曰：春秋时列国相灭，多以其地为县，则县大而郡小，故赵鞅曰：“上大夫受县，下大夫受郡。”至于战国，则郡大而县小矣，故甘茂曰：“宜阳大县，其实郡也。”汉官仪曰：凡郡：或以列国，陈、鲁、齐、吴是也；或以旧邑，长沙、丹阳是也；或以山陵，泰山、山阳是也；或以川原，西河、河东是也；或以所出，金城城下得金、酒泉泉味如酒、豫章樟树生庭、雁门雁之所育是也；或以号令，夏禹合诸侯，大计东冶之山会计，因名会稽是也。令，力正翻。名会，古外翻。今王倍数险，行千里，攻之难。倍，与背同，音蒲妹翻。数险，谓函谷及三崤之险。鲁人有与曾参同姓名者杀人，人告其母，其母织自若也。参，所金翻，一音七南翻。及三人告之，其母投杼下机，逾墙而走。杼，直吕翻。说文曰：杼，机之持纬者，盖今所谓梭。梭，苏禾翻。臣之贤不若曾参，王之信臣又不如其母，疑臣者非特三人，臣恐大王之投杼也。魏文侯令乐羊将而攻中山，三年而拔之。事见一卷威烈王二十三年。令，音卢经翻。将，即亮翻。反而论功，文侯示之谤书一箧。谤，讪也，毁也。箧，竹笥也，音古颊翻。乐羊再拜稽首曰：‘此非臣之功，君之力也！’稽首，首至地也。稽，音启。今臣，羁旅之臣也，甘茂，楚下蔡人，故云然。羁，居宜翻，寄也。旅，客也。樗里子、公孙奭挟韩而议之，王必听之，樗，丑於翻。奭，施只翻。挟，户颊翻。是王欺魏王而臣受公仲侈之怨也。”公仲侈，韩相也。王曰：“寡人弗听也，请与子盟！”乃盟于息壤。秋，甘茂、庶长封帅师伐宜阳。长，知丈翻。帅，读曰率。

八年（甲寅、前三〇七）

1 甘茂攻宜阳，五月而不拔。樗里子、公孙奭果争之。秦王召甘茂，欲罢兵。甘茂曰："息壤在彼。"征前盟也。王曰："有之。"因大悉起兵以佐甘茂，佐，助也。斩首六万，遂拔宜阳。韩公仲侈入谢于秦以请平。请平，犹请和也。

2 秦武王好以力戏，好，呼到翻。力士任鄙、乌获、孟说皆至大官。乌，姓也。春秋时，齐有大夫乌枝鸣。姓谱：孟姓，鲁桓公之子仲孙之胤，仲孙为三桓之孟，故曰孟氏。任，音壬。说，读曰悦。八月，王与孟说举鼎，绝脉而薨；脉，莫获翻。脉者，系络脏腑，其血理分行于支体之间；人举重而力不能胜，故脉绝而死。按史记甘茂传云：武王至周而卒于周。盖举鼎者，举九鼎也。世家以为龙文赤鼎。史记"脉"作"膑"。族孟说。族者，诛夷其族。武王无子，异母弟稷为质于燕，质，音致。燕，因肩翻。国人逆而立之，逆，迎也。是为昭襄王。昭襄王母芈八子，芈，楚姓也。汉因秦制，嫡称皇后，次称夫人，又有美人、良人、八子、七子、长使、少使之号。美人爵视二千石，比少上造。八子视千石，比中更。芈，亡氏翻。楚女也，实宣太后。

3 赵武灵王北略中山之地，略地之师速而疾。杜预曰：略者，总摄巡行之名也。至房子，班志，房子县属常山郡。史记正义曰：房子，今赵州县。宋白曰：天宝元年改曰临城。遂至【章：十二行本"至"作"之"；乙十一行本同；孔本同；张校同；退斋校同。】代，北至无穷，自代北出塞外，大漠数千里，故曰无穷。战国策，武灵王曰："昔先君襄王与代交地，城境封之，名曰无穷之门，所以诏后而期远也。"西至河，登黄华之上。史记正义曰：黄华，盖黄河侧之山名。与肥义谋胡服骑射以教百姓，骑，奇寄翻。曰："愚者所笑，贤者察焉。虽驱世以笑我，胡地、中山，吾必有之！"遂胡服。

国人皆不欲，公子成称疾不朝。朝，直遥翻。王使人请之曰："家听于亲，亲，谓父母。国听于君。今寡人作教易服而公叔不服，吾恐天下议己【章：十二行本“己”作“之”；乙十一行本同；孔本同；张校同，退斋校同。】也。制国有常，利民为本；从政有经，令行为上。令，力政翻。明德先论于贱，而从政先信于贵，德欲其下及，故先论于贱；卑贱者感其德，则德广所及可知矣。法行自贵近始，故先信于贵；贵近者奉法，则法之必行可知矣。故愿慕公叔之义以成胡服之功也。”公子成再拜稽首曰：稽，音启。“臣闻中国者，圣贤之所教也，礼乐之所用也，远方之所观赴也，蛮夷之所则效也。今王舍此而袭远方之服，则，法也。舍，读曰捨。袭，重衣也。变古之道，逆人之心，臣愿王孰图之也！”孰，古熟字，通。【章：十二行本正作“熟”；乙十一行本同；孔本同。】使者以报。王自往请之，使，疏吏翻。曰：“吾国东有齐、中山，按赵都邯郸，东接于齐，中山在其东北，故史记赵世家载武灵王之言曰：“吾国东有河薄落之水，与齐、中山同之。”盖河、薄落之水在赵之东，与齐、中山同此地险也。北有燕、东胡，西有楼烦、秦、韩之边。史记正义曰：营州之境，即东胡、乌丸之地。林胡、楼烦，即岚、胜之北也。班志：雁门郡楼烦县。应劭注云：故楼烦胡地。岚、胜以南，石州离石、蔺等，七国时赵边也，与秦隔河。晋、洺、潞、泽等州，皆七国时韩地，赵之西边也。燕，因肩翻。今无骑射之备，则何以守之哉？骑，奇寄翻。先时中山负齐之强兵，侵暴吾地，系累吾民，先，悉荐翻。累，力追翻。引水围鄗；微社稷之神灵，则鄗几于不守也。鄗，赵邑；汉光武改为高邑；隋、唐为柏乡县地，唐属赵州。鄗，呼各翻。几，居衣翻。先君丑之，以为赵国之丑。故寡人变服骑射，欲以备四境之难，难，乃旦翻。报中山之怨。而叔顺中国之俗，恶变服之名，恶，乌路翻。以忘鄗事之丑，非寡人之所望也！”公子成听命，乃赐胡服；明日服而朝。朝，直遥翻。于是始出胡服令令，力政翻。而招骑射焉。

九年（乙卯、前三〇六）

1 秦昭王使向寿平宜阳，平，正也，和也。正宜阳之疆界而和其民人也。向，式亮翻。而使樗里子、甘茂伐魏。甘茂言于王，以武遂复归之韩。史记正义曰：武遂本属韩，近平阳。楚世家云：韩先王之墓在平阳，武遂去之七十里。去年秦拔宜阳，因涉河城武遂，今复归之韩。复，音如字。向寿、公孙奭争之，不能得，向，式让翻。由此怨谗甘茂。茂惧，辍伐魏蒲阪，亡去。班志，蒲阪县属河东郡，旧曰蒲。应劭曰：秦始皇东巡，见长阪，因加"阪"云。括地志：蒲阪故城，在蒲州河东县南五里。阪，音反。樗里子与魏讲而罢兵。讲，和也。甘茂奔齐。

2 赵王略中山地，至宁葭；水经注：衡漳水东北历下博城西，又西径乐乡县故城南，又东引葭水注之。葭，音加。西略胡地，至榆中。水经注：诸次水出上郡诸次山，其水东径榆林塞，世又谓之榆林山，即汉书所谓"榆溪旧塞"者。自溪西去，悉榆柳之薮，缘历沙陵，届龟兹县西出，故云广长榆也。王恢曰"树榆为塞"，谓此。苏林以为榆中在上郡，非也。按始皇本纪：西北逐匈奴，自榆中并河以东，属之阴山。然榆中在金城东五十许里，阴山在朔方东，以此推之，不得在上郡。余谓苏林之说固未为尽，而道元所谓榆中在金城东五十许里亦非也。据卫青取河南地，案榆溪旧塞，正在唐麟、胜二州界，其西则接古上郡之境。况诸次水出上郡，径榆林塞入河，则榆中在上郡之东明矣，诸次水无西流至金城、榆中之理。夷考其故，道元特以班志金城郡有榆中县，遂牵合以为说，不知此一节之误尤甚于苏林也。史记正义曰：榆中，胜州北河北岸也。杜佑曰：胜州榆林郡南即秦榆林塞。林胡王献马。如淳曰：林胡，即儋林。余谓此胡种落依阻林薄，因曰林胡。儋，都甘翻。种，章勇翻。归，使楼缓之秦，仇液之韩，王贲之楚，归，谓赵王自略中山归也。仇，姓也。春秋时，宋有大夫仇牧。液，音亦。之，往也，如也。贲，音奔；康曰：离之父，翦之子。余按离父、翦子，秦将也；此王贲乃赵人，康说非是。将，即亮翻。富丁之魏，富，姓也。春秋时，周有大夫富辰。赵爵之齐；代相赵固主胡，致其兵。相，息亮翻。致者，使之至也。

3 楚王与齐、韩合从。楚与齐、韩合从，寻即倍之，适足致齐、韩之兵耳。从，子容翻。

十年（丙辰、前三〇五）

1 彗星见。彗星，世所谓扫星，本类星，末类彗，小者数寸，长或竟天，见则兵起，主扫除，除旧布新。唐史臣曰：彗体无光，傅日以为光，故夕见则东指，晨见则西指，或长或短，光芒所及则为灾。又曰：孛星，彗之属也；偏指曰彗，气四出曰孛。孛者孛孛，非常恶气之所生，灾甚于彗。天文书谓五星之精为妖，岁星流为苍彗，荧惑、填星散为赤彗、黄彗，太白、辰星变为白彗、黑彗。彗，祥岁翻，又徐醉翻，又旋芮翻。见，贤遍翻。扫，所报翻。傅，读曰附。孛，蒲内翻。妖，于遥翻。填，读曰镇。

2 赵王伐中山，取丹丘、爽阳、鸿之塞，又取鄗、石邑、封龙、东垣。史记正义曰：丹丘，邢州县。余按隋、唐志，邢州有内丘县，汉之中丘县也，未尝有丹丘，不知其何据。"爽阳、鸿之塞，"史记作"华阳、鸱之塞"。括地志曰：北岳别名曰华阳台，即常山也，在定州恒阳县北百四十里。徐广曰："鸱"作"鸿"，鸿上故关，今名汝城，在定州唐县东北六十里。又有鸿上水，出唐县北葛洪山，山接北岳恒山，皆在定州界。班志，石邑县属常山郡，井陉山在西。括地志：石邑故城，在恒州鹿泉县南三十五里。封龙山，一名飞龙山，在恒州鹿泉县南四十五里，邑盖因山为名。洪氏隶释载后汉所立白石碑云：常山国元氏县界有封龙山。东垣，即汉真定国之真定县，汉高帝更名。史记正义曰：赵之东垣，在恒州真定县南八里，故常山城是也。鄗，呼各翻。垣，于元翻。华，户化翻。恒，户登翻。鸱，丑之翻。陉，音刑。更，工衡翻。中山献四邑以和。

3 秦宣太后异父弟曰穰侯魏冉，同父弟曰华阳君芈戎；王之同母弟曰高陵君、泾阳君。魏冉最贤，秦封穰侯于陶，陶即范蠡所居陶邑。孟康曰：陶即定陶。班志，定陶县属济阴郡。下云封于穰与陶；穰县属南阳郡，去定陶差远。水经注曰：穰侯封于穰，益封于陶；其免相也，出之陶而卒。陶有穰侯冢。穰，音人羊翻。华阳，即武王归马之地。水经注：洛水自上洛县东北分为二水，枝渠东北出为门水，水东北历阳华之山，即华阳也。华，音户化翻。芈，眉婢翻。相，息亮翻。卒，子恤翻。冢，知陇翻。班志，高陵县属冯翊，泾阳县属安定。杜佑曰：京兆泾阳县乃秦封泾阳君之地。汉泾阳县在今平凉郡界泾阳故城是也。宋白曰：雍州泾阳本秦旧县。与杜佑同。索隐曰：高陵君，名显，泾阳君，名悝。索，山客翻。悝，苦回翻。自惠王、武王时，任职用事。武王薨，诸弟争立，唯魏冉力能立昭王。惠王，即惠文王。昭王，即昭襄王。昭王即位，以魏冉为将军，卫咸阳。是岁，庶长壮及大臣、诸公子谋作乱，长，知丈翻。魏冉诛之；及惠文后皆不得良死，惠文后，昭王嫡母也。死于正命曰良死。悼武王后出居【章：十二行本“居”作“归”；乙十一行本同；孔本同；退斋校同。】于魏，悼武王后，即秦武王后，昭王嫂也。王兄弟不善者，魏冉皆灭之。王少，宣太后自治事，任魏冉为政，威震秦国。少，诗照翻。治，直之翻。为范雎间魏冉张本。

十一年(丁巳、前三〇四)

1 秦王、楚王盟于黄棘；史记正义曰：黄棘盖在房、襄二州。余按班志，南阳郡有棘阳县，应劭曰：县在棘水之阳。秦复与楚上庸。三年，秦败楚师，虏屈匄，取楚上庸。

十二年(戊午、前三〇三)

1 彗星见。彗，祥岁翻，又徐醉翻，旋芮翻。见，贤遍翻。

2 秦取魏蒲阪、晋阳、封陵；“晋阳”，按史记世家作“阳晋”，其地当在蒲阪之东，风陵之西，大河之阳；且本晋地也，故谓之阳晋。苏秦所谓“卫阳晋之道”，盖以魏境有阳晋，故在卫境者称“卫阳晋”以别之。括地志曰：晋阳故城，今名晋城，在蒲州虞乡县西。水经注：函谷关直北隔河有崇阜，巍然独秀，世谓之风陵。郦道元所谓函谷，则潼关也。史记正义曰：封陵在蒲州。唐志：河中府河东县南有风陵关。今若据括地志，则晋阳亦通。又取韩武遂。九年，秦归韩武遂。

3 齐、韩、魏以楚负其从亲，九年，楚与齐、韩合从，盖即负之也。从，子容翻。合兵伐楚。楚王使太子横为质于秦以请救。质，音致。秦客卿通将兵救楚，三国引兵去。将，即亮翻，又音如字，领也。

十三年(己未、前三〇二)

1 秦王、魏王、韩太子婴会于临晋，韩太子至咸阳而归；秦复与魏蒲阪。阪，音反。去年秦取魏蒲阪。

2 秦大夫有私与楚太子斗者，太子杀之，亡归。楚太子质秦而亡归，复质于齐；秦以为言而诱陷其父，齐乘其父出而要之以利。

十四年(庚申、前三〇一)

1 日有食之，既。

2 秦人取韩穰。班志，穰县属南阳郡。以时考之，当属楚。然韩得颍川之地，与南阳接境，七国兵争，疆埸之间，一彼一此，或者此时穰属韩欤？穰，人羊翻。

3 蜀守辉叛秦，秦司马错往诛之。蜀守，蜀郡守也。史记秦纪作“蜀侯”。华阳国志曰：秦封王子辉为蜀侯。蜀侯祭，归胙于王；后母疾之，加毒以进。王大怒，使司马错赐辉剑。守，音狩。辉，索隐音晖。

4 秦庶长奂会韩、魏、齐兵伐楚，修楚太子亡归之怨。长，知丈翻。败其师于重丘，杀其将唐昧；遂取重丘。唐姓本于唐尧。春秋之时，有二重丘：卫孙蒯饮马于重丘，杜预曰：曹邑；诸侯同盟于重丘，杜预曰：齐地。时楚之境皆不至此。吕氏春秋曰：齐令章子与韩、魏攻荆，荆使唐蔑将兵应之，夹泚而军；章子夜袭之，斩蔑于是水之上。水经注曰：泚水又西，澳水注之。水北出茈丘山，南入于泚水。意者重丘即茈丘也。败，补迈翻。将，即亮翻。“昧”，荀子作“蔑”，杨倞注曰：与“昧”同，语音相近，当音末。索隐音莫葛翻。重，直龙翻。茈，才支翻。

5 赵王伐中山，中山君奔齐。

十五年（辛酉、前三〇〇）

1 秦泾阳君为质于齐。质，音致。

2 秦华阳君伐楚，大破楚师，斩首三万，杀其将景缺，取楚襄城。班志，襄城县属颍川郡，有西不羹，楚灵王所谓“大城陈、蔡、不羹，赋皆千乘”是也。将，即亮翻。陆德明曰：不羹，旧音郎；汉书地理志作“更”字。乘，绳证翻。楚王恐，使太子为质于齐以请平。为楚怀王入秦而卒、齐留太子以邀楚张本。

3 秦樗里疾卒，以赵人楼缓为丞相。樗，丑於翻。卒，子恤翻。相，息亮翻。

4 赵武灵王爱少子何，欲及其生而立之。少，诗照翻。及其生者，及其生而亲见之。

十六年（壬戌、前二九九）

1 五月戊申，大朝东宫，朝，直遥翻。传国于何。王庙见礼毕，出临朝，庙见，始即位而见祖庙也。见，贤遍翻。大夫悉为臣。肥义为相国，并傅王。相国之官始此，秦、汉因之；汉、魏以降，其位望尊于丞相。相，息亮翻。武灵王自号"主父"。主父，言为国之主之父也。一曰，言其子主国而己则父也。主父欲使子治国，身胡服，将士大夫西北略胡地。治，直之翻。将，即亮翻，又如字。将自云中、九原南袭咸阳，于是诈自为使者，入秦，使，疏吏翻。欲以观秦地形及秦王之为人。秦王不知，已而怪其状甚伟，非人臣之度，宾主相见，交际之礼已，方怪其非人臣。使人逐之；主父行已脱关矣，审问之，乃主父也。谓已脱身出秦关也。秦人大惊。

2 齐王、魏王会于韩。

3 秦人伐楚，取八城。秦王遗楚王书曰："始寡人与王约为兄弟，盟于黄棘，见上十一年。遗，于季翻。太子入质，至欢也。质，音致。见十二年。太子陵杀寡人之重臣，不谢而亡去。见十三年。寡人诚不胜怒，胜，音升。使兵侵君王之边。谓战重丘，取襄城。今闻君王乃令太子质于齐以求平。见十五年。寡人与楚接境，婚姻相亲；妻父曰婚，婿父曰姻。字书：婚，昏也；礼娶以昏时，妇人阴也，故曰婚。婿家女之所因，故曰姻。字林：婚，妇家；姻，婿家。贾公彦曰：各据男女身，则男曰昏，女曰姻；若以亲言之，则女之父曰婚，婿之父曰姻。余按张仪言秦、楚嫁女娶妇为昆弟之国；考之于史，自赧王四年至是年，秦、楚未尝嫁娶也。至十九年，楚怀王死于秦。至二十三年，楚襄王逆妇于秦。盖先已约亲，其后襄王终丧，始逆妇成婚姻。而今秦、楚不欢，则无以令诸侯。令，力政翻。寡人愿与君王会武关，面相约，结盟而去，寡人之愿也！"

楚王患之，欲往恐见欺，欲不往恐秦益怒。昭睢曰："毋行而发兵自守耳！睢，息遗翻，又七余翻。秦，虎狼也，有并诸侯之心，不可信也！"怀王之子【章：十二行本"子"下有"子"字；乙十一行本同；孔本同。】兰劝王行，王乃入秦。秦王令一将军诈为王，伏兵武关，楚王至则闭关劫之，与俱西，至咸阳，朝章台，如藩臣礼，朝，直遥翻。秦章台宫在渭南。汉张敞走马章台街，孟康曰：在长安中；臣瓒曰：街在章台下。汉长安在渭南，以此言之，章台宫在渭南明矣。瓒，藏旱翻。要以割巫、黔中郡。楚王欲盟，秦王欲先得地。楚王怒曰："秦诈我，而又强要我以地！"要，一遥翻。黔，其今翻。强，其良翻，又其两翻。因不复许。秦人留之。复，扶又翻。

楚大臣患之，乃相与谋曰："吾王在秦不得还，要以割地，而太子为质于齐；还，从宣翻，又音如字。要，一遥翻。质，音致。齐、秦合谋，则楚无国矣。"欲立王子之在国者。昭雎曰："王与太子俱困于诸侯，今又倍王命而立其庶子，不宜！"雎，息随翻。倍，蒲妹翻。乃诈赴于齐。诈言楚王薨而请太子还王楚。齐湣王召群臣谋之，或曰："不若留太子以求楚之淮北。"湣，读曰闵。楚灭陈、蔡，封畛于汝，灭越，取吴故地，并有古徐夷之地，皆在淮北，即楚所谓"下东国"。齐相曰："不可！郢中立王，郢，楚都。班志：南郡江陵县，故楚郢都，楚文王自丹阳徙此；后九世，平王城之；又后十世，秦拔之，东徙寿春，亦名曰郢。水经：江水东径江陵县故城南，又东径郢城南。注云：今江陵城，楚船官地，春秋之渚宫。郢城即子囊遗言所城者。刘昫曰：故楚都之郢城，今江陵县北十五里纪南城是也。相，息亮翻。是吾抱空质而行不义于天下也。"质，音致。其人曰："不然，郢中立王，因与其新王市曰：'予我下东国，吾为王杀太子。市，谓相要以利，如市道也。予，读曰与。为，于伪翻。不然，将与三国共立之。'"三国，谓齐、韩、魏。齐王卒用其相计而归楚太子。卒，子恤翻。楚人立之。

4 秦王闻孟尝君之贤，使泾阳君为质于齐以请。孟尝君来入秦，秦王以为丞相。质，音致。

十七年（癸亥、前二九八）

1 或谓秦王曰："孟尝君相秦，必先齐而后秦；先、后，皆去声。秦其危哉！”秦王乃以楼缓为相，囚孟尝君，欲杀之。孟尝君使人求解于秦王幸姬，姬曰：“愿得君狐白裘。”狐白裘，缉狐掖之皮为之，所谓千金之裘非一狐之掖者也。孟尝君有狐白裘，已献之秦王，无以应姬求。客有善为狗盗者，入秦藏中，物之所藏曰藏，音徂浪翻。盗狐白裘以献姬。姬乃为之言于王而遣之。为，于伪翻。王后悔，使追之。孟尝君至关，关法，鸡鸣而出客，时尚蚤，蚤，古早字通。追者将至，客有善为鸡鸣者，野鸡闻之皆鸣。孟尝君乃得脱归。

2 楚人告于秦曰：“赖社稷神灵，国有王矣！”秦王怒，发兵出武关击楚，斩首五万，取十六城。

3 赵王封其弟【章：十二行本“弟”下有“胜”字；乙十一行本同。】为平原君。班志，平原县属平原郡。胜封于东武城，号平原君，非封于平原也。东武城属清河郡，杜佑曰：今贝州武城县是也。盖定襄有武城，时同属赵，故此加“东”也。平原君好士，好，呼到翻。食客尝【章：十二行本“尝”作“常”；乙十一行本同。】数千人。有公孙龙者，善为坚白同异之辩，汉书艺文志：公孙龙子十四篇。注云：即为坚白同异之辩者。成玄英庄子疏云：公孙龙著守白论，行于世。坚白，即守白也，言坚执其说，如墨子墨守之义。自坚白之论起，辩者互执是非，不胜异说。公孙龙能合众异而为同，故谓之同异。史记注曰：晋太康地记云：汝南西平县有龙渊，水可用淬刀剑，极坚利，故有坚白之论云：黄，所以为坚也；白，所以为利也。或曰：黄所以为不坚，白所以为不利。二说未知孰是。胜，音升。淬，取内翻。平原君客之。孔穿自鲁适赵，按孔丛子，孔穿，孔子之后。孙愐曰：孔姓，殷汤之后，本自帝喾元妃简狄，吞乙卵生契，赐姓子氏；至汤，以其祖感乙而生，故名履，字天乙；后代以“子”加“乙”，始为孔氏。至宋孔父遭华督之难，其子奔鲁，故孔子生于鲁。愐，弥兖翻。喾，苦沃翻。华，户化翻。难，乃旦翻。与公孙龙论臧三耳，三耳，如庄子所载鸡三足之说。庄子疏谓数起于一，一与一为二，二与一为三，三名虽立，实无定体，故鸡可以为三足，则两耳、三耳，其说亦犹是耳。一说：耳主听，两耳，形也，兼听而言，可得为三。臧，臧获之臧。臧获，奴婢也。龙甚辩析。辩，别也；析，分也：言分别甚精微也。子高弗应，俄而辞出，明日复见平原君。子高，孔穿字也。复，扶又翻。平原君曰："畴昔公孙之言信辩也，毛晃曰：畴，曩也；昔，夕也；畴昔，曩夕也。先生以为何如？"对曰："然。几能令臧三耳矣。毛晃曰：然，如也，是也，语决辞。几，居依翻。令，使也，音力丁翻。虽然，实难！仆愿得又问于君：今谓三耳甚难而实非也，谓两耳甚易而实是也，不知君将从易而是者乎，其亦从难而非者乎？"平原君无以应。明日，谓公孙龙曰："公无复与孔子高辩事也！易，弋豉翻。其人理胜于辞；公辞胜于理，终必受诎。"

邹衍过赵，过，古禾翻。平原君使与公孙龙论白马非马之说。此亦庄子所谓狗非犬之说。疏云：狗之与犬，一实两名：名实合，则此为狗，彼为犬；名实离，则狗异于犬。又墨子曰：狗，犬也。然〔杀〕狗非狗〔杀〕犬也。大指与白马非马之说同。邹子曰："不可。夫辩者，别殊类使不相害，序异端使不相乱。抒意通指，夫，音扶。别，彼列翻。索隐曰：抒，音墅，抒者舒也；又常恕翻。康曰：亦音舒。明其所谓，使人与知焉，不务相迷也。与，音如字；又读曰预。故胜者不失其所守，不胜者得其所求。辩以求是，辩虽不胜而得审其是，所谓得其所求也。若是，故辩可为也。及至烦文以相假，饰辞以相惇，惇，都昆翻，迫也，诋也，谁何也。巧譬以相移，引人使不得及其意，如此害大道。夫缴纫【章：十二行本"纫"作"纷"；乙十一行本同；孔本同；熊校同。】争言而竞后息，索隐：缴，音纠；康吉吊切，非。言其言戾，纷然而争，欲人先屈，务在人后方止也。不能无害君子，衍不为也。"座皆称善。言一座之人皆称衍言为善。公孙龙由是遂诎。通鉴书此，言小辩终不足破大道。诎，音敕律翻。说文曰：诎，贬下也。又读与屈同。

齐思和标点顾颉刚聂崇岐覆校

资治通鉴卷第四

朝散大夫右谏议大夫权御史中丞充理检使上护军赐紫金鱼袋臣 司马光 奉敕编集

后学天台 胡三省 音注

周纪四 起阏逢困敦（甲子），尽著雍困敦（戊子），凡二十五年。

赧王中

十八年（甲子、前二九七）

1 楚怀王亡归。秦人觉之，遮楚道。遮其归楚之路也。怀王从间道走赵。间，隙也，从空隙之路而行也。间，古苋翻。走，音奏，又音如字。赵主父在代，赵人不敢受。怀王将走魏，秦人追及之，以归。

2 鲁平公薨，子缗公贾立。世本“缗”作“湣”。

十九年（乙丑、前二九六）

1 楚怀王发病，薨于秦，秦人归其丧。丧，息郎翻。楚人皆怜之，如悲亲戚。诸侯由是不直秦。

2 齐、韩、魏、赵、宋同击秦，至盐氏而还。括地志：盐氏故城，一名司盐城，在蒲州安邑县，掌盐池之官，因称盐氏。徐广曰：“盐”，一作“监”。秦与韩武遂、与魏封陵以和。十二年，秦取魏封陵，又取韩武遂，今皆归之以和。

3 赵主父行新地，赵新取中山之地也。行，下孟翻。遂出代；西遇楼烦王于西河而致其兵。赵北有林胡、楼烦之戎。汉雁门郡楼烦县，楼烦胡所居地。西河，即汉西河郡之地。

4 魏襄王薨，子昭王立。世本曰：昭王，名遬。

5 韩襄王薨，子釐王咎立。釐，读曰僖。

二十年（丙寅、前二九五）

1 秦尉错伐魏襄城。尉，盖国尉也。班志，襄城县属颍川郡。以分地考之，颍川属韩境。盖魏与韩分有颍川之地，用兵争强，疆埸之间，朝韩暮魏，则此时襄城或为魏土，容亦有之。埸，音亦。

2 赵主父与齐、燕共灭中山，迁其王于肤施。燕，因肩翻。班志，肤施县属上郡；唐属延州，为州治所。归，行赏，大赦，置酒，酺五日。酺，音蒲。说文曰：王德布大饮酒也。师古曰：酺之为言布也。王德布于天下而合聚饮食为酺。师古注所云，汉法也。此言赵国内酺耳。赦者，宥有罪也。

3 赵主父封其长子章于代，号曰安阳君。长，知丈翻。班志，代郡有东安阳县。括地志：东安阳故城，在朔州定襄县界。

安阳君素侈，心不服其弟。不服其弟为王也。主父使田不礼相之。相，息亮翻。李兑谓肥义曰：“公子章强壮而志骄，党众而欲大，田不礼忍杀而骄，二人相得，必有阴谋。夫小人有欲，轻虑浅谋，徒见其利，不顾其害，难必不久矣。夫，音扶。难，乃旦翻；下同。子任重而势大，乱之所始而祸之所集也。子何不称疾毋出而传政于公子成，毋为祸梯，梯，犹阶也，以木为之，以升高者也。祸梯，犹言祸阶也。梯，天黎翻。不亦可乎！”肥义曰：“昔者主父以王属义也，属，之欲翻。曰：‘毋变而度，毋易而虑，而，犹汝也。坚守一心，以殁而世！’义再拜受命而籍之。记王命于籍也。今畏不礼之难而忘吾籍，变孰大焉！谚曰：‘死者复生，生者不愧。’吾欲全吾言，安得全吾身乎！子则有赐而忠我矣。虽然，吾言已在前矣，终不敢失！”李兑曰：“诺，子勉之矣！吾见子已今年耳。”已，止也，言肥义命止于今年也。涕泣而出。

李兑数见公子成以备田不礼。数见者，相与谋为之备也。数，所角翻。肥义谓信期曰：索隐曰：即下文高信也。史记正义曰：信，音申；康曰：如字。“公子章与田不礼声善而实恶，内得主而外为暴，得主，谓章为主父所怜也。矫令以擅一旦之命，不难为也。矫令，矫主父之令也。令，力正翻。擅，时战翻。今吾忧之，夜而忘寐，饥而忘食，盗出入不可以【章：十二行本无“以”字；乙十一行本同。】不备。言盗在主父左右，出入不可不备也。自今以来，有召王者必见吾面，我将以身先之，无故而后王可入也。”先，悉荐翻。信期曰：“善。”

主父使惠文王朝群臣而自从旁窥之，见其长子傫然也，朝，直遥翻。长，知丈翻。傫，伦追翻，懒懈貌。少子临朝而长子朝之，故其貌如此。反北面为臣，诎于其弟，诎，与屈同。心怜之，于是乃欲分赵而王公子章于代。王，于况翻，又音如字。计未决而辍。主父及王游沙丘，史记正义曰：沙丘在邢州平乡县东北二十里。余按沙丘台，纣所作也。班志云：沙丘在巨鹿郡巨鹿县东北七十里。异宫，异宫而处也。公子章、田不礼以其徒作乱，诈以主父令召王。肥义先入，杀之。高信即与王战。高信以王与公子章之徒战也。公子成与李兑自国至，赵都邯郸，自邯郸至也。邯郸，音寒丹。乃起四邑之兵入距难，距，犹拒也。难，乃旦翻。杀公子章及田不礼，灭其党。公子成为相，号安平君；相，息亮翻。班志，涿郡有安平县，非赵地也。以公子成能平难而安国，故以为号。李兑为司寇。司寇，周六卿之一也，掌刑。是时惠文王少，少，诗照翻。成、兑专政。

公子章之败也，往走主父；主父开之。谓开宫门内之也。走，音奏。成、兑因围主父。【章：十二行本“父”下有“宫”字；乙十一行本同；孔本同；张校同；退斋校同。】公子章死，成、兑谋曰：“以章故，围主父；即解兵，吾属夷矣！”夷，诛也，灭也。乃遂围之，令：

"宫中人后出者夷！"令，力正翻。宫中人悉出。主父欲出不得，又不得食，探雀鷇而食之。尔雅曰：生哺，鷇；生噣，雏。释云：辨鸟子之异名也。鸟子生而须母哺食者为鷇，谓燕、雀之属也。生而能自啄食者为雏，谓鸡、雉之属也。探，吐南翻。鷇，居候翻。三月馀，饿死沙丘宫。主父定死，乃发丧赴诸侯。主父初以长子章为太子，后得吴娃，爱之，长，知丈翻。吴娃，谓吴广之女孟姚也，见上卷五年。吴、楚之间谓美女曰娃。娃，音於佳翻。为不出者数岁。为，于伪翻。生子何，乃废太子章而立之。何，即惠文王也。吴娃死，爱弛；怜故太子，欲两王之，犹豫未决，故乱起。

4 秦楼缓免相，魏冉代之。相，息亮翻。

二十一年（丁卯、前二九四）

1 秦败魏师于解。败，补迈翻。班志，解县属河东郡。宋白曰：解县地即夏鸣条之野，有盐池之利。后汉乾祐元年，蒲帅李茂贞奏置解州。师古曰：解，下买翻。

二十二年（戊辰、前二九三）

1 韩公孙喜、魏人伐秦。魏书人，其将微也。将，即亮翻。穰侯荐左更白起于秦王以代向寿将兵，白，姓也。春秋之时，秦有白乙丙。穰，人羊翻。更，工衡翻。向，息亮翻。败魏师、韩师于伊阙，斩首二十四万级，虏公孙喜，拔五城。秦王以白起为国尉。战国之时，有国尉，有郡尉。应劭曰：自上安下曰尉，武官悉以为称。败，补迈翻。

2 秦王遗楚王书曰："楚倍秦，秦且率诸侯伐楚，愿王之饬士卒，饬，治也，整也。遗，于季翻。倍，蒲妹翻。得一乐战！"乐，音洛，快意也；言一战以快其意。楚王患之，乃复与秦和亲。和亲者，结和以相亲也。复，扶又翻，又音如字。

二十三年（己巳、前二九二）

1 楚襄王迎妇于秦。

臣光曰：甚哉秦之无道也，杀其父而劫其子；谓楚怀王留于秦而以困死，秦王复遗襄王书，以兵威劫之。楚之不竞也，杜预曰：竞，强也。或曰：竞，争也，言不能与秦争也。忍其父而婚其雠！谓楚襄王父死于秦，是仇雠之国也，忍耻而与之婚。乌呼，楚之君诚得其道，臣诚得其人，秦虽强，乌得陵之哉！善乎荀卿论之曰："夫道，善用之则百里之地可以独立，不善用之则楚六千里而为雠人役。"夫，音扶。故人主不务得道而广有其势，是其所以危也。

1 秦魏冉谢病免，以客卿烛寿为丞相。烛，姓也。左传，郑有大夫烛之武。

二十四年(庚午、前二九一)

1 秦伐韩，拔宛。宛，故申伯国。班志，宛县属南阳郡；唐为邓州南阳县。宛，於元翻。

秦烛寿免。魏冉复为丞相，相，息亮翻。封于穰与陶，谓之穰侯。又封公子市于宛，公子悝于邓。悝，苦回翻。

二十五年(辛未、前二九〇)

1 魏入河东地四百里、河东地，盖安邑、大阳、蒲阪、解县濒河之地。阪，音反。解，下买翻。韩入武遂地二百里于秦。武遂地，十八年秦以予韩。予，读曰与。

2 魏芒卯始以诈见重。芒，谟郎翻，姓也。卯，其名。

二十六年(壬申、前二八九)

1 秦大良造白起、客卿错伐魏，至轵，取城大小六十一。大良造，即大上造之良者。大上造，秦十六爵。轵，音只。轵县，班志属河内郡；唐为孟州济源县。

二十七年(癸酉、前二八八)

1 冬，十月，秦王称西帝，遣使立齐王为东帝，欲约与共伐赵。苏代自燕来，使，疏吏翻。燕，因肩翻。齐王曰："秦使魏冉致帝，子以为何如？"对曰："愿王受之而勿称也。秦称之，天下安之，王乃称之，无后也。无后，犹言未晚。秦称之，天下恶之，恶，乌路翻。王因勿称，以收天下，此大资也。且伐赵孰与伐桀宋利？桀宋，见下二十九年。今王不如释帝以收天下之望，发兵以伐桀宋，宋举则楚、赵、梁、卫皆惧矣。是我以名尊秦而令天下憎之，令，卢经翻。所谓以卑为尊也。”古人有言曰：“自卑者人尊之。”齐王从之，称帝二日而复归之。归帝号而不称也。复，扶又翻，又音如字。十二月，吕礼自齐入秦。姓谱曰：太岳为禹心吕之臣，故封吕侯，后因以为氏。古字脊骨之膂本作“吕”。秦王亦去帝，复称王。去，羌吕翻，除也；后以义推。

2 秦攻赵，拔杜阳。徐广曰：“杜”，一作“梗”。按班志，梗阳在太原郡榆次县界，杜阳县属扶风，注云：杜水南入渭。诗曰“自土”。师古注云：绵诗：自土、沮、漆。齐诗作“自杜”，言公刘自狄而来居杜与沮、漆之地。又云：扶风栒邑有豳乡，公刘所都。审尔，则杜阳近栒邑，接上郡、北地之境。赵地西至上郡肤施，或者其时并有杜阳欤！沮，七余翻。栒，须伦翻。豳，彼贫翻。

二十八年（甲戌、前二八七）

3 秦攻赵，【章：十二行本“赵”作“魏”；乙十一行本同；孔本同；张校同。】拔新垣、曲阳。史记正义曰：年表及括地志，曲阳故城在怀州济源县西四十里，新垣近曲阳，未详端的之处。余按班志，王屋山在河东垣县，沇水所出，东流为济。水经：济水出河东垣县王屋山为沇水。注云：济水重源出温西北平地。水有二源，东源出原城东北，晋文公以信降原，即此城也。俗以济水重源所发，因复谓之济源城。如此则济源去垣不远矣。盖新垣即河东之垣县也；以县有迁徙，谓其新邑为新垣也。垣，于元翻。济，子礼翻。沇，以转翻。降，户江翻。重，直龙翻。复，扶又翻。

二十九年（乙亥、前二八六）

1 秦司马错击魏河内。汉河内郡即魏河内之地，秦并属河东郡。孟子记梁惠王曰：“河内凶则移其民于河东，移其粟于河内。”盖魏之有国，河东、河内自为二郡也。错，七各翻，又千故翻。魏献安邑以和，秦出其人归之魏。

2 秦败韩师于夏山。败，补迈翻。夏，户雅翻。

3 宋有雀生𪂬于城之陬。“𪂬”，刘向说苑作“鹯”。字林曰：鹞属。陆玑曰：鹯似鹞，青黄色，燕颔句啄，向风摇翅，乃因风飞急疾，击鸠、鸽、燕、雀食之。陬，子侯翻，隅也。句，古侯翻。史占之史，太史之属，掌卜筮者。曰：“吉。凶人吉其凶。小而生巨，必霸天下。”宋康王喜，起兵灭滕，伐薛，班志：沛郡公丘县，古滕国。水经注：滕城在蕃县西。唐志，滕县属徐州。薛即孟尝君所封地。蕃，音皮，又音如字。东败齐，取五城，南败楚，取地三百里，西败魏军，与齐、魏为敌国，乃愈自信其霸。欲霸之亟成，故射天笞地，败，补迈翻。亟，己力翻。射，而亦翻；后以义推。笞，击也，音丑之翻。斩社稷而焚灭之，记曰：共工氏有子曰句龙，能平水土，故祀以为社。烈山氏之子曰柱，为稷，自夏以上祀之；周弃亦为稷，自商以来祀之。自汉以下，夏禹配食官社，后稷配食官稷。周礼注：社稷，土谷之神。共，读曰恭。夏，户雅翻。以示威服鬼神。为长夜之饮于室中，室中人呼万岁，则堂上之人应之，堂下之人又应之，门外之人又应之，以至于国中，无敢不呼万岁者。天下之人谓之“桀宋”。言其昏暴如桀也。齐湣王起兵伐之，民散，城不守。宋王奔魏，死于温。温，周司寇苏忿生之邑。班志，温县属河内郡。宋至此而灭。湣，读曰闵。

三十年(丙子、前二八五)

1 秦王会楚王于宛，宛，於元翻。会赵王于中阳。班志，中阳县属西河郡。水经注：文水径太原兹氏县故城之东，潴为文湖；文湖水又东径中阳县故城东。

2 秦蒙武击齐，拔九城。风俗通：东蒙主以蒙山为氏。

3 齐湣王既灭宋而骄，乃南侵楚，西侵三晋，欲并二周，为天子。狐咺正议，斮之檀衢。狐，姓也。春秋之时，晋有狐突、狐毛、狐偃父子。左传：齐简公与妇人饮酒于檀台。檀衢，意其地为通檀台之衢路也。尔雅：四达谓之衢。咺，况晚翻，又况远翻。斮，侧略翻，斩也。陈举直言，杀之东闾。左传：晋围齐，州绰门于东闾。杜预注曰：齐东门。

燕昭王日夜抚循其人，益以富实，燕，因肩翻。乃与乐毅谋伐齐。乐毅曰："齐，霸国之馀业也，毅，鱼器翻。自齐桓公霸天下，国以强大；田氏借其馀业。地大人众，未易独攻也。易，弋豉翻。王必欲伐之，莫如约赵及楚、魏。"于是使乐毅约赵，别使使者连楚、魏，且令赵啗秦以伐齐之利。使者，上疏吏翻。令，力丁翻。以利诱之曰啗。啗，音田滥翻。诱，羊久翻。诸侯害齐王之骄暴，皆争合谋与燕伐齐。燕，因肩翻。

三十一年（丁丑、前二八四）

1 燕王悉起兵，以乐毅为上将军。上将军，犹春秋之元帅。帅，所类翻。秦尉斯离帅师与三晋之师会之。尉，秦官也。斯离，其名。或曰：斯，姓也；离，名也。斯，蜀之西南夷种，遂以为姓。帅，读曰率。赵王以相国印授乐毅，乐毅并将秦、魏、韩、赵之兵以伐齐。齐湣王悉国中之众以拒之，战于济西，相，息亮翻。将，即亮翻。湣，读曰闵。水经：济水东北过寿张县西界，北径须昌、谷城、临邑县西，又北径北平、阴城西，又东北过卢县北，皆齐地也。济西地在济水之西。济，子礼翻；下同。齐师大败。乐毅还秦、韩之师，分魏师以略宋地，部赵师以收河间。秦、韩与齐隔远，故先还其师。宋地近于魏，故使略之。河间近于赵，故以方略部赵取之。此其部分，非人所能及也。宋地，齐灭宋所取之地。身率燕师，长驱逐北。剧辛曰："齐大而燕小，燕，因肩翻。剧，竭戟翻。赖诸侯之助以破其军，宜及时攻取其边城以自益，此长久之利也。剧，竭戟翻，姓也。今过而不攻，以深入为名，无损于齐，无益于燕而结深怨，后必悔之。"乐毅曰："齐王伐功矜能，谋不逮下，废黜贤良，信任谄谀，政令戾虐，百姓怨怼。怼，直类翻。今军皆破亡，若因而乘之，其民必叛，祸乱内作，则齐可图也。若不遂乘之，待彼悔前之非，改过恤下而抚其民，则难虑也。"遂进军深入。齐人果大乱失度，难虑，谓难为计虑也。失度，失其常度也。湣王出走。乐毅入临淄，取宝物、祭器，输之于燕。燕王亲至济上劳军，行赏飨士；燕，因肩翻。济，子礼翻。劳，力到翻。封乐毅为昌国君，班志，昌国县属齐郡。封毅为昌国君，以其能昌大燕国也。遂使留徇齐城之未下者。

齐王出亡之卫，卫君辟宫舍之，称臣而共具。辟，读曰避。共，音供，又居用翻。齐王不逊，卫人侵之。齐王去奔邹、鲁，有骄色；邹、鲁弗内，遂走莒。莒，春秋莒子之国，齐灭之。班志，莒县属城阳国，国都也。宋白曰：周武王封少昊之后嬴姓兹舆于莒，始都计斤城，在今高密县东南四十里。春秋时徙于莒。隐公二年，莒人入向。注云：今城阳莒县。莒自初封二十三君，为楚简王所灭。汉为莒县，城阳王所都。莒，音居御翻。楚使淖齿将兵救齐，因为齐相。淖齿欲与燕分齐地，索隐曰：淖，女教翻；康曰：竹角切；姓也。相，息亮翻。乃执湣王而数之数其罪也。师古曰：数，所具翻；宋祁曰：所主翻。曰："千乘、博昌之间，方数百里，雨血沾衣，汉置千乘郡，博昌县属焉。后汉更千乘郡为乐安国。十三州志曰：昌水，其势平，故曰博昌。唐志，千乘、博昌二县皆属青州。乘，绳证翻。雨，王遇翻。自上而下曰雨。王知之乎？"曰："知之。""嬴、博之间，地坼及泉，班志，嬴、博二县属泰山郡。王知之乎？"曰："知之。""有人当阙而哭者，求之不得，去则闻其声，王知之乎？"曰："知之。"淖齿曰："天雨血沾衣者，天以告也；地坼及泉者，地以告也；有人当阙而哭者，人以告也。天、地、人皆告矣，而王不知诫焉，诫，与戒同；戒，警敕也。毛晃曰：警敕之辞曰诫。此言天、地、人皆以相警敕也。何得无诛！"遂弑王于鼓里。鼓里，莒中地名，近齐庙。

荀子论之曰：国者，天下之利势也。得道以持之，则大安也，大荣也，积美之源也。不得道以持之，则大危也，大累也，累，力伪翻，事相缘及也。有之不如无之；及其綦也，齐人谓极为綦，音其；下綦之同。索为匹夫，不可得也。索，山客翻，求也。齐湣、宋献是也。湣，读曰闵。宋献，意即指宋康王。

故用国者义立而王，信立而霸，权谋立而亡。

挈国以呼礼义，而无以害之。挈，即提挈之挈，音诘结翻。行一不义，杀一无罪，而得天下，仁者不为也。拆然扶持心国，且若是其固也。拆然，落石貌；言其持心持国，拆然如石之固。拆，历各翻。之所与为之者之人，则举义士也。之所以为布陈于国家刑法者，则举义法也。主之所极然，毛晃曰：然，如也，是也。帅群臣而首向之者，则举义志也。帅，读曰率。首，所救翻。志者，心之所主也。如是，则下仰上以义矣，仰，鱼亮翻。凡仰给、仰成之仰皆同音。是基定也。基【章：乙十一行本，二"基"字均作"綦"。】定而国定，国定而天下定。故曰：以国济义，一日而白，汤、武是也。基，址也，本也。为土立址曰基；为木立根本亦曰基。白，明也。是所谓义立而王也。

德虽未至也，义虽未济也，然而天下之理略奏矣，杨倞曰：略有节奏也。刑赏已诺信于天下矣，诺，人应声也。信，人不疑而心孚也。臣下晓然皆知其可要也。要，一遥翻，约也，勤也，求也。政令已陈，虽睹利败，不欺其民；令，力正翻。约结已定，虽睹利败，不欺其与；与，党与也。即下文所谓与国也。如是，则兵劲城固，敌国畏之；国一綦明，杨倞曰：此"綦"当作"基"。今谓此"綦"字从上注，所谓齐人之言，其义亦通。明，显也。与国信之；虽在僻陋之国，威动天下，五伯是也。是所谓信立而霸也。伯，读曰霸。五霸，夏昆吾，商大彭、豕韦，周齐桓、晋文。或曰：齐桓、晋文、宋襄、秦穆、楚庄为五霸。

挈国以呼功利，不务张其义，齐其信，唯利之求；内则不惮诈其民而求小利焉，外则不惮诈其与而求大利焉。内不修正其所以有，然常欲人之有，如是，则臣下百姓莫不以诈心待其上矣。上诈其下，下诈其上，则是上下析也。析，先的翻，分也，离也。如是，则敌国轻之，与国疑之，权谋日行而国不免危削，綦之而亡，齐湣、薛公是也。湣，读曰闵。薛公，谓孟尝君。孟尝君卒，齐与诸侯共灭薛。卒，子恤翻。故用强齐，非以修礼义也，非以本政教也，非以一天下也，绵绵常以结引驰外为务。引，读曰靷，音羊晋翻。丁度曰：靷，驾牛具，在胸曰靷，盖驾马亦用靷也。故强，南足以破楚，西足以诎秦，北足以败燕，中足以举宋，史记，齐闵王十年，伐燕，取之；二十三年，与秦败楚于重丘，南割楚之淮北；三十六年，与韩、魏攻秦，至函谷；三十八年，伐宋，灭之。通鉴据孟子以取燕事属之齐宣王。败，补迈翻。诎，与屈同，音渠勿翻。燕，因肩翻。及以燕、赵起【章：十二行本"起"作"改"；孔本同。】而攻之，若振槁然，燕，因肩翻。槁，枯木也。振，摇也。振已枯之木，则枝叶摧落而本根拨矣。槁，苦皓翻，又音古老翻。而身死国亡，为天下大戮，后世言恶则必稽焉。稽，考也，又计校也。是无他故焉，唯其不由礼义而由权谋也。

三者，明主之所谨择也，仁人之所务白也。白，明白也。善择者制人，不善择者人制之。

2 乐毅闻昼【章：乙十一行本作"画"；孔本同；下均同。】邑人王蠋贤，刘熙曰：画，齐西南近邑，音获。索隐曰：音胡卦翻。括地志：戟里城在临淄城西北三十里，春秋时棘邑。又云：澅邑，蠋所居，即此邑，因澅水为名也。京相璠曰：今临淄有澅水，西北入沛，即班志所谓如水；如、时声相似，然则澅水即时水也。余按后汉耿弇攻张步，进军画中，在临淄、西安二邑之间。"蠋"，班固古今人表作"歜"，音触。据"蠋"字则当音蜀，或音之欲翻；康珠玉切。通鉴以画邑为昼邑，以孟子去齐宿于昼为据也。若以孟子为据，则昼读如字。令军中环昼邑三十里无入。环，据汉书音义音宦。使人请蠋，蠋谢不往。燕人曰："不来，吾且屠昼邑！"蠋曰："忠臣不事二君，烈女不更二夫。【章：十二行本"夫"下有"齐王不用吾谏故退而耕于野"十二字；乙十一行本同；孔本同；张校同；退斋校同。】燕，因肩翻。蠋，音蜀。更，工衡翻。国破君亡，吾不能存，而又欲劫之以兵；吾与其不义而生，不若死！”遂经其颈于树枝，自奋绝脰而死。经，绞也，缢也。颈，居郢翻，头茎也。自奋，自奋起而还掷也。脰，大透翻，颈也。燕师乘胜长驱，齐城皆望风奔溃。乐毅修整燕军，禁止侵掠，求齐之逸民，显而礼之。宽其赋敛，敛，力验翻；后以义推。除其暴令，修其旧政，【章：孔本“政”作“制”。】齐民喜悦。乃遣左军渡胶东、东莱；胶东，汉为王国。水经：胶水出琅邪黔陬县胶山，北过胶东、下密，又北过东莱当利县入海。胶水之东为胶东国，胶水之西为胶西国。东莱，春秋莱子之国，汉置东莱郡。邪，音耶。前军循泰山以东至海，略琅邪；琅邪，秦置为郡，其地东至海，南距淮。右军循河、济，屯阿、鄄以连魏师；河济注已见一卷安王十五年，然仅及济水入河而溢为荥一节。今据水经：济水自荥泽东流至济阴乘氏县西，分为二渎：其南渎为菏水，东南流至山阳湖陆县，与泗水合。其北渎东北流入于巨野泽，东北过东郡寿良县西界，北径须昌、谷城至临邑县四渎津口，与河水合。此盖言齐地在河、济之间者也。参考上济西注可见。济，子礼翻。阿，东阿；鄄，鄄城。鄄，音绢。乘，绳证翻。菏，音柯。后军旁北海以抚千乘：旁，步浪翻。自临淄东北至海，北海地也。汉置郡。乘，绳证翻。中军据临淄而镇齐都。祀桓公、管仲于郊，表贤者之闾，封王蠋之墓。王蠋墓盖在昼。齐人食邑于燕者二十馀君，封为君也。有爵位于蓟者百有馀人。蓟，燕都也。班志，蓟县属广阳国。唐为幽州治所；今为燕京。水经注：蓟城西北隅有蓟丘，故名。燕，因肩翻。蓟，音计。六月之间，下齐七十馀城，皆为郡县。

3 秦王、魏王、韩王会于京师。

三十二年（戊寅、前二八三）

1 秦、赵会于穰。秦拔魏安城，班志，安成县属汝南郡。司马彪志作“安城”。时魏地南至汝南，秦自武关出兵攻拔之。括地志：安城在豫州汝阳县东南十七里。一曰：在豫州吴房县东南。穰，人羊翻。兵至大梁而还。还，音旋。

2 齐淖齿之乱，湣王子法章变姓名为莒太史敫家佣。淖，女教翻。湣，读曰闵。徐广曰：敫，音跃，一音皎；康吉了切。余按班书王子侯表有“敫”字，师古曰：古穆字；今从之。佣，雇身为人力作。为，于伪翻。太史敫女奇法章状貌，以为非常人，怜而常窃衣食之，窃，私也，私为之而不使人知。衣，于既翻。食，祥吏翻。因与私通。王孙贾从湣王，失王之处，其母曰：“汝朝出而晚来，则吾倚门而望；汝暮出而不还，则吾倚闾而望。闾，里门也。周礼：二十五家为闾。汝今事王，王走，汝不知其处，汝尚何归焉！”王孙贾乃入市中呼曰：呼，火故翻，叫号也。号，户高翻。“淖齿乱齐国，杀湣王。欲与我诛之者袒右！”袒右肩也。市人从者四百人，与攻淖齿，杀之。于是齐亡臣相与求湣王子，欲立之。法章惧其诛己，久之乃敢自言，遂立以为齐王，保莒城以拒燕，燕，因肩翻。布告国中曰：“王已立在莒矣！”其时乐毅以燕中军镇临淄，法章已立而保莒。田单自安平保即墨，奔败之馀，犹可置之不问，法章布告国中，自言已立在莒，可安坐而不问乎！后人论乐毅，以为善藏其用，吾未敢以为然也。

3 赵王得楚和氏璧，楚人卞和得玉璞，献之楚厉王，王使玉人视之，曰：“石也”；王以和为诈，刖其左足。及武王立，和又献之，玉人又曰：“石也”；王又以为诈而刖其右足。及文王立，和乃抱璞而泣于荆山之下；王闻之，使玉人理其璞，而得宝，因命曰“和氏之璧”。尔雅：肉倍好谓之璧；外圆象天，内方象地。秦昭王欲之，请易以十五城。赵王欲勿与，畏秦强；欲与之，恐见欺。以问蔺相如，姓谱曰：韩献子玄孙曰康，食采于蔺，因氏焉。蔺，力刃翻。对曰：“秦以城求璧而王不许，曲在我矣。我与之璧而秦不与我城，则曲在秦。均之二策，宁许以负秦。使秦负曲也。臣愿奉璧而往；使秦城不入，臣请完璧而归之！”赵王遣之。相如至秦，秦王无意偿赵城。相如乃以诈给秦王，复取璧，偿，辰羊翻。给，荡亥翻，欺也，诳也。遣从者怀之，间行归赵，从，才用翻。间，古苋翻。而以身待命于秦。秦王以为贤而弗诛，礼而归之。赵王以相如为上大夫。

4 卫嗣君薨，子怀君立。嗣君好察微隐，县令有发褥而席弊者，嗣，祥吏翻。好，呼到翻。令，力正翻。古者县大夫，至春秋时有邑大夫。县令，起于战国之时，秦、汉因之。嗣君闻之，乃赐之席。令大惊，以君为神。又使人过关市，赂之以金，此盖赂掌关市之官。周礼：司关掌国货之节，以联门市，司货贿之出入者，掌其治禁与其征廛；司市掌市之治教政刑，量度禁令。战国之时，合为一官。量，音亮。既而召关市，问有客过与汝金，汝回遣之；回遣，谓还其金也。关市大恐。又爱泄姬，重如耳，而恐其因爱重以壅己也，泄，姓也，与洩同，春秋时郑有大夫洩驾，陈有大夫洩冶。如，亦姓也；张守节以如耳为魏大夫姓名，非也，盖卫大夫。是时魏王有如姬。重，音轻重之重。乃贵薄疑以敌如耳，薄，姓也；风俗通，卫贤人薄疑。敌，当也。尊魏妃以偶泄姬，偶，匹也，对也。曰："以是相参也。"参，三也，相参列也，间厕也。

荀子论之曰：成侯、嗣君，聚敛计数之君也，未及取民也。子产，取民者也，未及为政也。管仲，为政者也，未及修礼也。故修礼者王，为政者强，取民者安，聚敛者亡。敛，力艳翻。

三十三年(己卯、前二八二)

1 秦伐赵，拔两城。

三十四年(庚辰、前二八一)

1 秦伐赵，拔石城。史记正义曰：地理志，右北平有石城县。括地志：石城在相州林虑县西南九十里。疑相州石城是。余谓北平之石城，燕境也，相州之石城，魏境也，皆非赵地。此石城即汉西河之离石县城；拓拔魏分西河，置五城郡，又置石城县，盖此地是也。相，息亮翻。虑，音庐。燕，因肩翻。

2 秦穰侯复为丞相。穰，人羊翻。复，扶又翻。

3 楚欲与齐、韩共伐秦，因欲图周。王使东周武公谓楚令尹昭子曰："周不可图也。"令尹，楚上卿，执其国之政，犹秦之丞相也。

令，力正翻。昭子曰："乃图周，则无之；虽然，何不可图？"武公曰："西周之地，绝长补短，不过百里。名为天下共主，言天下共宗周以为诸侯主。杜佑曰：洛阳，古成周之地。今洛阳城东三十馀里故城，是周之下都也。晋帅诸侯城之，以居敬王。至孝王封其弟桓公于河南以续周公之官职，至孙惠公乃封少子于巩，号曰东周。赧王立，东、西周分理，又徙都西周，则王城也。帅，读曰率。少，始照翻。巩，居勇翻。赧，奴版翻。裂其地不足以肥国，得其众不足以劲兵。虽然，攻之者名为弑君。然而犹有欲攻之者，见祭器在焉故也。谓三代所传之祭器，如九鼎之类是也。夫虎肉臊而兵利身，人犹攻之；若使泽中之麋蒙虎之皮，人之攻之也必万倍矣。夫，音扶。刘伯庄曰：虎之爪牙如兵之利刃在身，其肉虽臊而人犹攻之者，以其皮之所在也。鹿之大者曰麋，麋无爪牙之利而肉可食；若更蒙虎之皮，人之攻之必万倍于虎矣。臊，苏遭翻。鱼腥，肉臊。麋，武悲翻。更，古孟翻。裂楚之地，足以肥国，诎楚之名，足以尊王。【章：十二行本"王"作"主"；乙十一行本同；孔本同；退斋校同。】诎，读曰黜，言黜其僭王之名也。今子欲诛残天下之共主，居三代之传器，器南，则兵至矣！"于是楚计辍不行。共，音如字。传，直专翻。言三代之器传于周，周亡则所传之器将南归于楚，天下将合兵至楚而共讨其罪也。

三十五年（辛巳、前二八〇）

1 秦白起败赵军，斩首二万，取代光狼城。索隐曰：地志不载光狼城，盖属赵国。史记正义曰：光狼故城，在泽州高平县西二十里。康曰：本中山地，赵武灵王取之，其地在代。余考史以代光狼城联而书之，康以为其地在代可也。又云本中山地；中山与代旧为两国，代在山之阴，中山在山之阳；既云在代，不当又云本中山地。如康意，抑以为光狼本代地，赵襄子灭代而中山侵有光狼地；武灵王既灭中山，始有光狼之地。白起自上郡、九原、云中下兵，始能败赵军，取光狼。史既不先序其兵行之路，后又无考，光狼城之所，阙疑可也。又使司马错发陇西兵，扶风汧县之西有大陇山，名陇坻，上者七日方越。自陇以西，本冀戎、獂戎、氐、羌之地，秦累世攘拓，以其地置陇西郡。错，七各翻，又仓故翻。汧，苦坚翻。獂，户官翻。因蜀攻楚黔中，拔之。按秦兵时因蜀出巴郡枳县路以攻拔楚之黔中。黔，音琴。楚献汉北及上庸地。汉北，谓汉水以北宛、叶、樊、邓、随、唐之地。上庸，曹魏新城，唐房陵郡之地。

三十六年（壬午、前二七九）

1 秦白起伐楚，取鄢、邓、西陵。史记正义曰：鄢、邓二城并在襄州。括地志：故鄢城在襄州安养北三里，古鄢子之国。又按水经注，鄢城当在宜城南，有鄢水。左传楚屈瑕伐罗及鄢，乱次而济，即其地。徐广曰：西陵属江夏。余谓西陵即夷陵。班志，夷陵县属南郡。水经：江水东径夷陵县，又东径西陵峡，盖县城去峡不远。夏，户雅翻。

2 秦王使使者告赵王，愿为好会于河外渑池。使使之使，疏吏翻。好，呼到翻；凡和好之好皆同音。汉志，渑池县属弘农郡。杜佑曰：渑池有东、西俱利二城，即秦、赵会处。宋白曰：在今县西十三里。渑，莫践翻，又莫忍翻。赵王欲毋行，廉颇、蔺相如计曰：姓谱：廉姓，颛帝曾孙大廉之后。颇，普河翻。"王不行，示赵弱且怯也。"赵王遂行，相如从。从，才用翻。廉颇送至境，与王诀诀，音决，别也。曰："王行，度道里会遇之礼毕，度，徒洛翻。还不过三十日；三十日不还，还，从宣翻，又音如字。则请立太子以绝秦望。"王许之。

会于渑池。王与赵王饮，此句作"秦王与赵王饮"，文意乃明。酒酣，酣，户甘翻，乐也，洽也。秦王请赵王鼓瑟，瑟二十五弦，伏羲所作。史记曰：黄帝使素女鼓五十弦瑟，帝悲不止，故破其瑟为二十五弦。赵人善瑟，故秦请鼓之。瑟，色栉翻。赵王鼓之。蔺相如复请秦王击缶，缶，瓦器。尔雅曰：盎谓之缶，注云：盆也。杨恽曰："仰天拊缶而歌呜呜，秦声也。"说文曰：缶所以盛酒，秦人鼓之以节乐。刘昫曰：缶如足盆，古西戎之乐，秦俗因而用之。其形如覆盆，以四杖击之。复，扶又翻，又音如字。缶，方九翻。恽，于粉翻。盛，时征翻。昫，吁句翻。秦王不肯。相如曰："五步之内，臣请得以颈血溅大王矣！"言将杀秦王也。颈，居郢翻。溅，音箭，康音赞，污洒也。污，乌故翻。左右欲刃相如，相如张目叱之，左右皆靡。靡，委靡不振之貌。王不怿，不悦也。为一击缶。为，于伪翻。罢酒，秦终不能有加于赵；赵人亦盛为之备，秦不敢动。赵王归国，以蔺相如为上卿，位在廉颇之右。蔺，力刃翻。颇，普何翻。毛晃曰：人道尚右，故左右手之右，以右为尊。

廉颇曰："我为赵将，有攻城野战之功。将，即亮翻。蔺相如素贱人，徒以口舌而位居我上，吾羞，不忍为之下！"宣言曰："我见相如，必辱之！"宣言者，宣布其言于外也。相如闻之，不肯与会；每朝，常称病，不欲争列。朝，直遥翻。毛晃曰：列，行次也，位序也。出而望见，辄引车避匿。匿，藏也，隐也。其舍人皆以为耻。相如曰："子视廉将军孰与秦王？"曰："不若。"若，犹如也。相如曰："夫以秦王之威而相如廷叱之，辱其群臣；此谓请秦王击缶时也。相如虽驽，夫，音扶。驽，音奴，字林曰：骀也。骀，堂来翻。独畏廉将军哉！顾吾念之，强秦所【章：十二行本"所"上有"之"字；乙十一行本同；孔本同。】以不敢加兵于赵者，徒以吾两人在也。今两虎共斗，其势不俱生。吾所以为此者，先国家之急而后私雠也！"先，悉荐翻。后，户遘翻。廉颇闻之，肉袒负荆至门谢罪，荆，所以笞，故负之以请罪。肉袒者，袒而露其肉。笞，丑之翻。遂为刎颈之交。刎，武粉翻。颈，居郢翻。言襟相契，虽刎断其首，无所顾也。崔灏曰：言要齐生死，断首无悔。

3 初，燕人攻安平，燕，因肩翻。班志，东安平县属淄川；司马彪志属北海郡。括地志：安平城在青州临淄县东十九里，古纪国之酅邑。唐志，青州有安平县，后省入博昌县。按三十一年乐毅入临淄，以中军据之，燕人攻安平，当在三十二年、三十三年之间，故通鉴于是年以"初"字发之。酅，户圭翻。临淄市掾田单在安平，使其宗人皆以铁笼傅车辖。掾，以绢翻，掌市官属也。卷铁以傅车辖，故谓之铁笼。笼，卢东翻。傅，音附。辖，音卫。车轴头谓之辖。及城溃，人争门而出，皆以辖【章：十二行本"辖"作"轴"；乙十一行本同；孔本同。】折车败，为燕所擒；溃，户对翻，溃散也。折，食列翻。燕，因肩翻。独田单宗人以铁笼得免，遂奔即墨。

是时齐地皆属燕，独莒、即墨未下，乐毅乃并右军、前军以围莒，左军、后军围即墨。即墨大夫出战而死。即墨人曰："安平之战，田单宗人以铁笼得全，是多智习兵。"因共立以为将以拒燕。燕，因肩翻。将，即亮翻。乐毅围二邑，期年不克，乃令解围，各去城九里而为垒，令曰："城中民出者勿获，困者赈之，令，力正翻。勿获，勿禽之以为俘获。赈，即忍翻，救也，恤也。毅欲怀柔二邑，使之自服，不及计其死守也。使即旧业，即，就也。以镇新民。"恐新民思为齐而反，则以此镇之。三年而犹未下。或谗之于燕昭王曰："乐毅智谋过人，伐齐，呼吸之间克七十馀城，今不下者两城耳，非其力不能拔，所以三年不攻者，欲久仗兵威以服齐人，南面而王耳。今齐人已服，所以未发者，以其妻子在燕故也。且齐多美女，又将忘其妻子。愿王图之!"昭王于是置酒大会，引言者而让之曰：让，责也。"先王举国以礼贤者，非贪土地以遗子孙也。遗，于季翻。遭所传德薄，不能堪命，国人不顺。齐为无道，乘孤国之乱以害先王。谓王哙让国于子之，以至亡国杀身也。事见上卷慎靓王五年，今王元年。堪，胜也，任也。不能堪命者，言王哙命子之，子之不能胜王哙所命而任燕国之事也。哙，苦夬翻。靓，疾正翻。胜，音升。任，音壬。寡人统位，统，他综翻。丁度曰：统，摄理也。痛之入骨，故广延群臣，外招宾客，以求报雠；其有成功者，尚欲与之同共燕国。今乐君亲为寡人破齐，夷其宗庙，夷，平也。为，于伪翻。报塞先仇，塞，悉则翻。齐国固乐君所有，非燕之所得也。乐君若能有齐，与燕并为列国，结欢同好，以抗诸侯之难，燕国之福，寡人之愿也。塞，悉则翻。燕，因肩翻。好，呼到翻。难，乃旦翻。汝何敢言若此!"乃斩之。赐乐毅妻以后服，赐其子以公子之服；辂车乘马，后属百两，夏奚仲作车，至周而备其制。舆方象地；盖圆象天；三十辐以象日、月；盖弓二十八以象列星；龙旂九斿、七仞、齐轸以象大火；鸟旟七斿、五仞、齐较以象鹑火；熊旂六斿，五仞、齐肩以象参伐；龟旐四斿、四仞、齐首以象营室；弧旌、枉矢以象弧：此诸侯以下所建者也。辂车之后，又有属车百两，亦当时诸国之仪。乘马，四马也。孔颖达曰：书序云：武王戎车三百两，皆以一乘为一两。谓之两者，风俗通以车有两轮，故车称两。乘，绳正翻。好，呼到翻。难，乃旦翻。属，音蜀。两，音亮。旂，渠希翻。斿，夷周翻，旒也。参，所今翻，列宿星名也。旐，音兆。遣国相奉而致之乐毅，立乐毅为齐王。相，息亮翻。乐毅惶恐不受，拜书，以死自誓。由是齐人服其义，诸侯畏其信，莫敢复有谋者。复，扶又翻。

顷之，昭王薨，惠王立。顷之，言无几何时。相，息亮翻。毅，鱼器翻。惠王自为太子时，尝不快于乐毅。田单闻之，乃纵反间于燕，孙子五间，有反间，因其敌间而用之。又曰：敌间之间我者，因而利之，导而舍之，故反间可得而用也。间，古苋翻。宣言曰："齐王已死，城之不拔者二耳。乐毅与燕新王有隙，畏诛而不敢归，以伐齐为名，实欲连兵南面王齐。王，于况翻，又音如字。齐人未附，故且缓攻即墨以待其事。齐人所惧，唯恐他将之来，即墨残矣。"燕王固已疑乐毅，得齐反间，乃使骑劫代将而召乐毅。将，即亮翻。燕，因肩翻；下同。骑，奇寄翻，康曰：姓也。余谓骑劫时以能而将，骑以官称，非姓也。毅，鱼器翻。乐毅知王不善代之，知王遣代，其意不善，将诛之也。遂奔赵。燕将士由是愤惋不和。燕，因肩翻。将，即亮翻。惋，乌贯翻。

田单令城中人食，必祭其先祖于庭，飞鸟皆翔舞而下城中。燕人怪之，田单因宣言曰："当有神师下教我。"有一卒曰："臣可以为师乎？"因反走。田单起引还，坐东乡，师事之。乡，读曰向。卒曰："臣欺君。"田单曰："子勿言也！"因师之。每出约束，必称神师。田单恐众心未一，故假神以令其众。乃宣言曰："吾唯惧燕军之劓所得齐卒，劓，鱼器翻，割鼻也。置之前行，行，户刚翻。即墨败矣！"燕人闻之，如其言。城中见降者尽劓，皆怒，坚守，唯恐见得。降，户江翻。单又纵反间，言“吾惧燕人掘吾城外冢墓，可为寒心！”掘，其月翻。冢，之陇翻。燕军尽掘冢墓，烧死人。齐人从城上望见，皆涕泣，共欲出战，怒自十倍。田单知士卒之可用，乃身操版、锸，与士卒分功；操，七刀翻。锸，则洽翻，锹也。妻妾编于行伍之间；尽散饮食飨士。令甲卒皆伏，使老、弱、女子乘城，乘，登也，登城而守也。遣使约降于燕；使，疏吏翻。降，户江翻。燕，因肩翻。燕军皆呼万岁。田单又收民金得千镒，令即墨富豪遗燕将，曰：“即降，愿无虏掠吾族家！”燕将大喜，许之。燕军益懈。田单乃收城中，得牛千馀，为绛缯衣，镒，弋质翻。遗，于季翻。令，卢经翻。懈，古隘翻。缯，慈陵翻，绢也。画以五采龙文，画，古畫字通。束兵刃于其角，而灌脂束苇于其尾，苇，于鬼翻，葭也。烧其端，凿城数十穴，夜纵牛，壮士五千【章：十二行本，“千”下有“人”字；乙十一行本同；孔本同。】随其后。史记田单传，“壮士五千”下有“人”字。牛尾热，怒而奔燕军。燕军大惊，视牛皆龙文，所触尽死伤。而城中鼓噪从之，噪，先到翻，群呼也。老弱皆击铜器为声，声动天地。燕军大骇，败走。齐人杀骑劫，追亡逐北，亡，逃亡也。北，奔北也。逃亡者追之，奔北者逐之。杨倞曰：北者，乖背之名，故以败走为北。毛晃曰：人道面南偝北，北者偝也，故古以堂北为背，背亦偝也。以败走为北者，取偝之而走耳。所过城邑皆叛燕，复为齐。田单兵日益多，乘胜，燕日败亡，走至河上，而齐七十馀城皆复焉。燕，因肩翻。为，于伪翻，又音如字。乃迎襄王于莒；入临淄，封田单为安平君。齐以田单安国平难，又尝保安平，故因以安平封之。

齐王以太史敫之女为后，生太子建。太史敫曰：“女不取媒，因自嫁，非吾种也，污吾世！”徐广曰：敫，音跃，一音皎。师古曰：敫，古穆字。种，之陇翻。污，乌故翻；凡染污之污皆同音。终身不见君王后，君王后亦不以不见故失人子之礼。

赵王封乐毅于观津，班志，观津县属信都国。观，工唤翻。尊宠之，以警动于燕、齐。燕惠王乃使人让乐毅，且谢之曰："将军过听，以与寡人有隙，遂捐燕归赵。捐，余专翻，弃也。将军自为计则可矣，而亦何以报先王之所以遇将军之意乎？"乐毅报书曰："昔伍子胥说听于阖闾而吴远迹至郢；夫差弗是也，赐之鸱夷而浮之江。吴王不寤先论之可以立功，故沈子胥而不悔；子胥不蚤见主之不同量，是以至于入江而不化。远迹，言自吴至郢，其道里甚远而行迹得至也。弗是，谓夫差弗以子胥之言为是也。伍子胥，楚人也。楚平王信谗，杀其父、兄，子胥奔吴。吴王阖闾信而用之，伐楚入郢。阖闾卒，夫差立，子胥屡谏不听，赐之属镂以死。子胥既死，夫差取其尸，盛之鸱夷，浮之江中。应劭曰：鸱夷，榼形也，以马革为之。韦昭曰：革囊也。或曰：生牛皮也。索隐曰：言子胥怨恨，故虽投江而神不化，犹为波涛之神也。郢，以井翻。说，式芮翻。夫，音扶。差，初加翻。鸱，丑之翻。沈，持林翻。量，力让翻。阖，户腊翻。卒，子恤翻。镂，力俱翻，又力候翻。盛，时征翻。榼，户盍翻。夫免身立功以明先王之迹，臣之上计也。夫，音扶。离毁辱之诽谤，堕先王之名，臣之所大恐也。离，与罹同。堕，与隳同，音火规翻；后凡堕毁之堕皆同音。临不测之罪，以幸为利，义之所不敢出也。谓不敢与赵谋燕。臣闻古之君子，交绝不出恶声，忠臣去国，不洁其名。臣虽不佞，不佞，犹言不才也。数奉教于君子矣。数，所角翻。唯君王之留意焉！"于是燕王复以乐毅子间为昌国君，燕，因肩翻。索隐曰：间，音纪闲翻。而乐毅往来复通燕，卒于赵，号曰望诸君。望诸，泽名，本齐地；毅自齐奔赵，赵人以此号之，本其所从来也。卒，子恤翻。

田单相齐，相，息亮翻。过淄水，水经：淄水出泰山莱芜县原山，东北过临淄县，又东过利县东，东北入于海。有老人涉淄而寒，出水不能行。田单解其裘而衣之。襄王恶之，曰："田单之施于人，衣，于既翻。恶，乌路翻。施，式豉翻；后凡布施之施皆同音。将【章：十二行本"将"下有"欲"字；乙十一行本同；孔本同。】以取我国乎！不早图，恐后之变也。"左右顾无人，岩下有贯珠者，岩下，殿岩之下也。昔舜游岩廊。襄王呼而问之曰："汝闻吾言乎？"对曰："闻之。"王曰："汝以为何如？"对曰："王不如因以为己善。王嘉单之善，下令曰：'寡人忧民之饥也，单收而食之。寡人忧民之寒也，单解裘而衣之。寡人忧劳百姓，而单亦忧，【章：十二行本"忧"下有"之"字；乙十一行本同；孔本同；张校同；退斋校同。】称寡人之意。'食，祥吏翻。称，昌孕翻，惬也；后凡称惬之称皆同音。单有是善而王嘉之，单之善亦王之善也！"王曰："善。"乃赐单牛酒。后数日，贯珠者复见王曰："王朝日宜召田单而揖之于庭，口劳之。复，扶又翻。朝，陟遥翻，旦日；又直遥翻，朝群臣之日也。劳，力到翻；凡抚劳之劳皆同音。乃布令求百姓之饥寒者，收穀之。"穀，如字，养也。收穀，收而养之也。乃使人听于闾里，闻大夫之相与语者曰："田单之爱人，嗟，乃王之教也！"

田单任貂勃于王。任，汝鸩翻，保也。今之任子，义亦如此。貂，丁聊翻，康曰：姓也。王有所幸臣九人，欲伤安平君，伤，谮毁也，害也，损也。相与语于王曰："燕之伐齐之时，楚王使将军将万人而佐齐。军将，即亮翻，又音如字，领也。今国已定而社稷已安矣，何不使使者谢于楚王？"王曰："左右孰可？"九人之属曰："貂勃可。"貂勃使楚，楚王受而觞之，数月不反。使，疏吏翻。觞之者，举觞以礼之也。九人之属相与语【章：十二行本"语"下有"于王"二字；乙十一行本同；孔本同；退斋校同。】曰："夫一人之身而牵留万乘者，岂不以据势也哉！谓貂勃以安平君之重，楚王留而礼遇之也。夫，音扶。乘，绳证翻。且安平君之与王也，君臣无异而上下无别。别，彼列翻。且其志欲为不善，内抚百姓，外怀戎翟，翟，与狄同。礼天下之贤士，其志欲有为，愿王【章：十二行本"为"下有"也"字，"王"下有"之"字；乙十一行本同；孔本同。退斋校云："为"下有"也"字。】察之！"异日，王曰："召相单而来！"异日，犹言他日也。相，息亮翻。田单免冠、徒跣、肉袒而进，徒跣，徒行而跣足也。跣，先典翻，不屦而以足亲地也。李巡曰：襢裼，脱衣；袒肩见体曰肉袒。襢，与袒同。裼，先的翻。退而请死罪，五日而王曰："子无罪于寡人。子为子之臣礼，吾为吾之王礼而已矣。"貂勃从楚来，王赐之酒。酒酣，王曰："召相单而来！"貂勃避席稽首酣，户甘翻，酒乐也。应劭曰：洽也。稽，音启，下首拜也。曰："王上者孰与周文王？"王曰："吾不若也。"貂勃曰："然，臣固知王不若也。下者孰与齐桓公？"王曰："吾不若也。"貂勃曰："然，臣固知王不若也。然则周文王得吕尚以为太公，吕尚钓于渭滨，周文王出猎，载与俱归，曰："吾太公望子久矣。"因号曰"太公望"。齐桓公得管夷吾以为仲父，齐公子无知之乱，管夷吾奉公子纠与桓公争国。子纠死，管仲囚，桓公释其罪，任之以政，号曰"仲父"。姓谱：管姓，周文王子管叔之后。今王得安平君而独曰'单'，安得此亡国之言乎！且自天地之辟，民人之始，为人臣之功者，谁有厚于安平君者哉？王不能守王之社稷，燕人兴师而袭齐，王走而之城阳之山中，襄王从湣王走莒。班志，莒县属城阳国，故云城阳之山中。湣，读曰闵。莒，居许翻。安平君以惴惴即墨三里之城，五里之郭，敝卒七千人，禽其司马而反千里之齐，安平君之功也。惴，之睡翻，危恐之貌。司马，盖指骑劫。当是之时，舍城阳而自王，舍，读曰捨。王，于况翻。天下莫之能止。然而计之于道，归之于义，以为不可，故栈道木阁而迎王与后于城阳山中，架木通路曰栈道。栈，士限翻；康士谏切，非。王乃得反，子临百姓。今国已定，民已安矣，王乃曰'单'，婴儿之计不为此也。王亟杀此九子者以谢安平君；不然，国其危矣！"乃杀九子而逐其家，益封安平君以夜邑万户。"夜邑"，战国策作"掖邑"。班志，掖县属东莱郡。掖，羊益翻。

田单将攻狄，班志，狄县属千乘郡。后汉安帝改曰临济。徐广曰：狄，今乐安临济县也。史记正义曰：故狄城在淄州高苑县西北。往见鲁仲连。姓谱：鲁，以国为姓。鲁仲连曰："将军攻狄，不能下也。"田单曰："臣以即墨破亡馀卒破万乘之燕，复齐之墟，今攻狄而不下，何也？"上车弗谢而去，乘，绳证翻。燕，因肩翻。上，时掌翻。遂攻狄。三月不克。齐小儿谣曰："大冠若箕，谣，余昭翻。徒歌曰谣。大冠，武冠也。修剑拄颐，修，长也。拄，冢庾翻。攻狄不能下，垒枯骨成丘。"田单乃惧，问鲁仲连曰："先生谓单不能下狄，请闻其说。"鲁仲连曰："将军之在即墨，坐则织蒉，蒉，其位翻，草器也。立则仗锸，颜师古曰：仗，直亮翻，凭荷也。锸，则洽翻。为士卒倡曰：'无可往矣！宗庙亡矣！今日尚矣！归于何党矣！'毛晃曰：尚，庶几也。言单于其时盖言曰："今日之事，尚庶几焉。"党，类也，言战有胜负，不死则降，将归于何类也。当此之时，将军有死之心，士卒无生之气，闻君言莫不挥泣奋臂而欲战，此所以破燕也。当今将军东有夜邑之奉，西有淄上之娱，此盖言安平封邑，益之以夜邑。夜邑在安平东，淄水在安平西；夜邑有租赋之奉，淄上有游观之乐：故鲁仲连云然。燕，因肩翻。夜，读曰掖，音羊益翻。黄金横带而骋乎淄、渑之间，水经注：淄水自利县东北流，径安平城北，又东径广饶县，与浊水会。浊水出广饶县冶岭山，亦谓之渑水，又北与时、渑之水会。时水出齐城西北，北会渑水。渑水出营城东，世谓汉溱水，西径乐安、博县，与时水合。孔子谓"淄、渑之合，易牙尝而知之"，即斯水也。骋，丑郢翻，驰骛也。渑，时陵翻。溱，仄诜翻，又音秦。有生之乐，无死之心，所以不胜也。"乐，音洛。田单曰："单之有心，先生志之矣。"志者，心之所主也。明日，乃厉气循城，厉，严厉也，勉厉也，奋厉也，振厉也，是三者有修饬振起之意。立于矢石之所，援枹鼓之；狄人乃下。援，于元翻，引也；后以义推。枹，芳无翻，击鼓杖。

初，齐湣王既灭宋，欲去孟尝君。二十九年书齐灭宋，先书宋灭薛，时孟尝君已封于薛，宋所灭者何薛邪？去，羌吕翻。孟尝君奔魏，魏昭王以为相，与诸侯共伐破齐。湣王死，襄王复国，而孟尝君中立为诸侯，无所属。襄王新立，畏孟尝君，与之连和。孟尝君卒，诸子争立，而齐、魏共灭薛，孟尝君绝嗣。嗣，祥吏翻。

三十七年（癸未、前二七八）

1 秦大良造白起伐楚，拔郢，括地志：郢城在江陵县东北六里，楚平王筑都之地。烧夷陵。楚襄王兵散，遂不复战，东北徙都于陈。陈，即古陈国。班志，陈县属淮阳国。注云：楚顷襄王自郢徙此。复，扶又翻。顷，窥营翻。秦以郢为南郡，封白起为武安君。班志，武安县属魏郡。战国之君分封其臣，如平原、武安之类，非真食其县之入也。张守节曰：言能抚养军士，战必克，得百姓安集，故曰武安。

三十八年（甲申、前二七七）

1 秦武安君定巫、黔中，初置黔中郡。括地志：黔中故城在辰州沅陵县西二十二里江南，今黔府亦其地。按秦黔中郡地，非唐黔州地也。宋白曰：秦黔中郡所理在今辰州西二十里黔中故郡城是。汉改黔中为武陵郡，移理义陵，即今辰州溆浦县是。后汉移理临沅，即今朗州所理是。今辰州溆、奖、溪、澧、朗、施八州，是秦、汉黔中郡之地。自永嘉之后，没于夷、獠；元魏之后，图记不传。至后周保定四年，涪陵首领田思鹤归化，初于其地立奉州，续改为黔州。大业中，又改为黔安郡。因周、隋州郡之名，遂与秦、汉黔中郡交互难辨。今黔州及夷、费、思、播，与秦黔中郡隔越峻岭，以山川言之，炳然自分。黔，其今翻，又其炎翻。沅，音元。溆，音叙。澧，里弟翻。獠，鲁皓翻。涪，音浮。互，与互同。费，兵媚翻，以水名。

2 魏昭王薨，子安釐王立。世本曰：安釐王，名圉。釐，读曰僖。

三十九年（乙酉、前二七六）

1 秦武安君伐魏，拔两城。

2 楚王收东地兵，东地，盖楚之东境淮、汝之地也。得十馀万，复西取江南十五邑。复，扶又翻，又音如字。

3 魏安釐王封其弟无忌为信陵君。宋白曰：信陵君邑于宁，今宋州宁陵县，古宁城也。

四十年(丙戌、前二七五)

1 秦相国穰侯伐魏。韩暴鸢救魏，暴，白报翻，姓也。周有卿士暴公，其后遂以为氏。鸢，以专翻，名也。穰侯大破之，穰，人羊翻。斩首四万。暴鸢走开封。班志，开封县属河南郡。贤曰：开封故城在今汴城南。宋白曰：今汴州开封县南五十里开封故城，是汉理所。汴，皮变翻。魏纳八城以和。穰侯复伐魏，走芒卯，入北宅。北宅，即宅阳。复，扶又翻。芒，莫郎翻。魏【章：十二行本"魏"上有"遂围大梁"四字；乙十一行本同；孔本同；退斋校同。】人割温以和。温县，即春秋温邑，属晋；唐属孟州。

四十一年(丁亥、前二七四)

1 魏复与齐合从。秦穰侯伐魏，拔四城，斩首四万。从，子容翻。穰，人羊翻。

2 鲁湣【章：十二行本"湣"作"缗"；乙十一行本同；孔本同。】公薨，子顷公雠立。湣，读曰闵。顷，音倾。谥法：甄心动惧曰顷；敏以敬慎曰顷。

四十二年(戊子、前二七三)

1 赵人、魏人伐韩华阳。司马彪曰：华阳，山名，在河南密县。括地志：在郑州管城县南四十里。水经注：黄水出新郑县太山黄泉，东南流径华城西。史伯谓郑桓公曰："华，君之土也。"韦昭曰：华，国名也。华，户化翻。韩人告急于秦，秦王弗救。韩相国谓陈筮曰："事急矣，相，息亮翻。愿公虽病，为一宿之行！"陈筮如秦，如，往也。见穰侯。穰侯曰："事急乎？故使公来。"陈筮曰："未急也。"穰侯怒曰："何也？"陈筮曰："彼韩急则将变而他从；谓从赵、魏也。以未急，故复来耳。"复，扶又翻。穰侯曰："请发兵矣。"乃与武安君及客卿胡阳救韩，姓谱：舜后胡公满封于陈，子孙以为氏。又陆终氏六子，长曰昆吾，次曰参胡，董姓，封于韩墟。周为胡国，楚灭之。八日而至，败魏军于华阳之下，盖华阳城下也。走芒卯，虏三将，斩首十三万。武安君又与赵将贾偃战，沈其卒二万人于河。将，即亮翻。沈，持林翻。人皆贪生而畏死，二万人与战，乌得尽沈诸河？以计沈之也。魏段干子请割南阳予秦以和。古予、与字通。下书南阳实修武。班志，修武县属河内郡。应劭曰：晋始启南阳，今南阳城是也。其地在晋山南、河北，故曰南阳。刘原父曰：修武即晋之宁邑，武王伐纣名之。韩诗外传：武王伐纣，勒兵于宁，故曰修武。有古南阳城。父，音甫。传，直恋翻。苏代谓魏王曰："欲玺者，段干子也，欲地者，秦也。今王使欲地者制玺，欲玺者制地，魏地尽矣！玺，印也。言段干子欲得秦相印，故请魏割地。玺，斯氏翻。夫以地事秦，犹抱薪救火，夫，音扶。薪不尽，火不灭。"王曰："是则然也。虽然，事始已行，不可更矣。"更，工衡翻。对曰："夫博之所以贵枭者，便则食，不便则止。今何王之用智不如用枭也？"夫，音扶。郑司农注考工记曰：博立枭棋。宋玉楚辞曰：箟蔽象棋有六博，成枭而牟呼五白。谢艾曰：六博得枭者胜。史记正义曰：博头有刻为枭鸟形者，掷得枭者合食其子，不便则为馀行也。梁湘东王绎博食子未下，以其有便不便也。枭，坚尧翻。魏王不听，卒以南阳为和，卒，子恤翻。实修武。

2 韩釐王薨，子桓惠王立。

3 韩、魏既服于秦，秦王将使武安君与韩、魏伐楚，未行，而楚使者黄歇至，姓谱：陆终之后受封于黄，为楚所灭，其后以国为氏。使，疏吏翻。歇，许竭翻。闻之，畏秦乘胜一举而灭楚也，乃上书曰："臣闻物至则反，冬、夏是也；上，时掌翻。至，极也，物极则反也。冬至阴之极而阳生焉，夏至阳之极而阴生焉。致至则危，累棋是也。致，亦极也，极其至则危也。累棋至于极高则必危矣。楚司马子期累十二博棋不坠，王曰：危哉！今大国之地，遍天下有其二垂，史记正义曰：极东、极西也。余谓秦国之地，有天下西、北之二垂也。此从生民以来，万乘之地未尝有也。先王三世不忘接地于齐，以绝从亲之要。乘，绳证翻。从，子容翻。索隐曰：要，读曰腰，以言山东合从，韩、魏是其腰。康曰：于笑切，约也。余谓索隐说是。今王使盛桥守事于韩，盛桥以其地入秦，索隐曰：秦使盛桥守事于韩，亦犹楚使召滑相赵然也。盛，姓也。相，息亮翻。是王不用甲，不信威，而得百里之地，王可谓能矣！信，读曰申；后屈信之信皆同音。王又举甲而攻魏，杜大梁之门，举河内，拔燕、酸枣、虚、桃，入邢，魏之兵云翔而不敢捄，徐广曰：始皇五年，取酸枣、燕、虚。苏代曰：决宿胥之口，魏无虚、顿丘。又曰：燕县有桃城。班志，东郡有燕县，陈留郡有酸枣县。水经注：濮渠东北径燕城内，为阳清湖，又径桃城南，即战国策所谓燕、酸枣，虚、桃者。史记正义曰：故桃城在滑州胙城县东三十里。燕，于贤翻。虚，如字。徐广曰：平皋有邢丘。刘昭曰：邢丘，故邢国。史记正义曰：邢丘在怀州武德县东南二十里。捄，与救同。王之功亦多矣！王休甲息众，二年而后复之，又并蒲、衍、首、垣以临仁、平丘，黄、济阳婴城而魏氏服。徐广曰：皆属陈留。索隐曰：仁及平丘，二县名。班志，平丘、外黄、济阳三县属陈留；仁地阙。张晏曰：魏郡有内黄，故加“外”。臣瓒曰：县有黄沟。师古曰：左传，鲁惠公败宋师于黄。杜预以为外黄县有黄城，即此地也。索隐又曰：谓秦以兵临仁、平丘二县，则黄、济阳婴城而自守也。“平丘”句断。史记正义曰：故黄城在曹州考城县东。按水经注，黄，沟名也，河水旧于白马南泆，通濮、济、黄沟。济阳故城在曹州冤句县西南。康曰：蒲在长垣之蒲乡，衍在河南，与卷近，首，盖牛首，垣，即长垣。济，子礼翻。垣，于元翻。瓒，藏旱翻。索，山客翻。传，直恋翻。王又割濮磨之北，注齐、秦之要，绝楚、赵之脊，天下五合六聚而不敢捄，王之威亦单矣！濮，博木翻。要，读曰腰。脊，资昔翻。徐广曰：濮水北于巨野入济。索隐曰：濮磨，地名，近濮水。水经：濮水上承济水于封丘县，班志所谓濮水首济者也。东北流，左会别濮水，水受河于酸枣县，杜预所谓濮水出酸枣县首受河者也。东至乘氏县，与济同入巨野泽。磨，康莫贺切。言秦既服魏，又割濮磨之北，则地连于齐，是注齐之要也。魏地既入于秦，则楚、赵之声势不接，是绝楚、赵之脊也。单，与殚同。索隐曰：单，尽也，言秦王之威尽行也。济，子礼翻。乘，绳证翻。索，山客翻。王若能保功守威，绌攻取之心绌，敕律翻，黜也。而肥仁义之地，使无后患，三王不足四，五伯不足六也！伯，读曰霸。王若负人徒之众，仗兵革之强，乘毁魏之威，而欲以力臣天下之主，臣恐其有后患也。诗曰：'靡不有初，鲜克有终。'诗变大雅荡之辞。鲜，息善翻，少也；后以义推。易曰：'狐涉水，濡其尾。'易未济：小狐汔济，濡其尾。彖曰：小狐汔济，未出中也。濡某尾，无攸利，不续终也。濡，汝朱翻。此言始之易，终之难也。易，弋豉翻。昔吴之信越也，从而伐齐，既胜齐人于艾陵，还为越王禽于三江之浦。事见左传。史记正义曰：艾山在兖州博县南六十里。三江，即禹贡所谓"三江既入，震泽底定"者也。吴地记：松江东北行七十里，得三江口，东北入海为娄江，东南入海为东江，并松江为三江。水濒曰浦。智氏之信韩、魏也，从而伐赵，攻晋阳城，胜有日矣，韩、魏叛之，杀智伯瑶于凿台之下。事见一卷威烈王二十三年。水经注：太原榆次县同过水侧有凿台。今王妒楚之不毁孔颖达曰：本以色曰妒，以行曰忌：但后之作者，妒亦兼行。而忘毁楚之强韩、魏也，臣为王虑而不取也。为，于伪翻。夫楚国，援也；邻国，敌也。夫，音扶。今王信韩、魏之善王，此正吴之信越也，臣恐韩、魏卑辞除患而实欲欺大国也。何则？王无重世之德于韩、魏而有累世之怨焉。索隐曰：重世，犹再世也。重，直龙翻。累，鲁水翻。夫韩、魏父子兄弟接踵而死于秦【章：十二行本"秦"下有"者"字；乙十一行本同；孔本同。】将十世矣，故韩、魏之不亡，秦社稷之忧也。今王资之与攻楚，不亦过乎！资之，谓资以兵也。且攻楚将恶出兵？恶，音乌。王将借路于仇雠之韩、魏乎，兵出之日而王忧其不反也。王若不借路于仇雠之韩、魏，必攻随水右壤，索隐曰：楚都陈，随水右壤，盖在随水之西，今邓州之西，其地多山林者是。余谓右壤，盖其地在楚都之右。此皆广川、大水、山林、溪谷，不食之地。记檀弓：成子高曰：死则择不食之地而葬。注云：不食，谓不垦耕。是王有毁楚之名而无得地之实也。且王攻楚之日，四国必悉起兵而应王，秦、楚之兵构而不离，魏氏将出而攻留、方与、铚、湖陵、砀、萧、相，故宋必尽，班志，留县属楚国，方与、湖陵县属山阳郡。铚、萧、相三县属沛郡，砀县属梁国。铚，竹乙翻。方，音房。与，音预。砀，音唐，又徒浪翻。相，息亮翻。史记正义曰：徐州西，宋州东，兖州南，并故宋地。齐人南面攻楚，泗上必举，时楚蚕食鲁国，有泗上之地。此皆平原四达膏腴之地，如此，则天下之国莫强于齐、魏矣。臣为王虑，莫若善楚。秦、楚合而为一以临韩，韩必敛手而朝，王施以东山之险，带以曲河之利，东山，谓华山以至崤塞诸山，皆在咸阳之东。曲河，谓河千里一曲。按水经：河水自云中沙南县屈而南流，至华阴潼关曲而东流，所谓曲河也。春秋说题辞曰：河之为言荷也，荷精分布，怀阴引度也。释名曰：河，下也，随地下处而通流也。韩必为关内之侯。若是而王以十万戍郑，郑，韩之国都也。梁氏寒心，许、鄢陵婴城而上蔡、召陵不往来也，许，春秋许国。班志，许、鄢陵二县皆属颍川郡。上蔡，故蔡国，蔡仲所封；后徙新蔡，故此为上蔡。召陵，即齐桓公伐楚所次之地。二县，班志皆属汝南郡。魏都大梁，其境南至汝南，许、鄢陵居其间，二邑皆胁于秦兵，婴城自守，则楚之上蔡、召陵不能与大梁往来矣。婴，绕也。婴城者，谓以兵绕城而守也。鄢，汉书音义音甚多；丁度、毛晃音从于建翻。召，读曰邵。如此，魏亦关内侯矣。大王壹善楚而关内两万乘之主乘，绳证翻。注地于齐，齐右壤可拱手而取也。齐右壤，谓济西之地也。王之地一经两海，要约天下，东西为经。两海，东海、西海也。谓自西海至东海，其地一为秦所有也。要约，犹约束也。要，于遥翻。是燕、赵无齐、楚，齐、楚无燕、赵也。此极言山东诸国连从之为秦害也。燕，因肩翻。然后危动燕、赵，直摇齐、楚，此四国者不待痛而服矣。”燕，因肩翻。王从之，止武安君而谢韩、魏，使黄歇归，约亲于楚。

齐思和标点顾颉刚聂崇岐覆校

资治通鉴卷第五

朝散大夫右谏议大夫权御史中丞充理检使上护军赐紫金鱼袋臣 司马光 奉敕编集
后学天台 胡三省 音注

周纪五 起屠维赤奋若（己丑），尽旃蒙大荒落（乙巳），凡十七年。

赧王下

四十三年（己丑、前二七二）

1 楚以左徒黄歇侍太子完为质于秦。左徒，楚官名。史记正义曰：盖今在左右拾遗、补阙之类。质，音致。按去年秦欲与韩、魏伐楚，黄歇上书止之，归而报楚，楚遂使歇侍太子为质于秦；为楚王疾病、歇使太子亡归楚张本。歇，许竭翻。

2 秦置南阳郡。凡山南、水北皆谓之南阳。晋南阳在修武，以在太行之南，大河之北也。秦置南阳郡，以在南山之南，汉水之北也。

3 秦、魏、楚共伐燕。燕，因肩翻。

4 燕惠王薨，子武成王立。

四十四年（庚寅、前二七一）

1 赵蔺相如伐齐，至平邑。括地志：平邑故城在魏州昌乐县东北四十里。蔺，力刃翻。乐，音洛。

2 赵田部吏赵奢收租税，田部吏，部收田之租税者也。平原君家不肯出；赵奢以法治之，杀平原君用事者九人。治，直之翻。平原君之家臣用事而不肯出租税者也。平原君怒，将杀之。赵奢曰：

“君于赵为贵公子，今纵君家而不奉公则法削，法削则国弱，国弱则诸侯加兵，是无赵也。削，侵也，夺也。弱，劣也，懦也。君安得有此富乎！以君之贵，奉公如法则上下平，上下平则国强，国强则赵固，而君为贵戚，岂轻于天下邪！”邪，音耶。戚，亲也。言平原君于赵则王族亲戚之贵者也。平原君以为贤，贤，善也，能也。言之于王。王使治国赋，国赋太平，民富而府库实。观此则赵奢岂特善兵哉，可使治国也。治，直之翻。

四十五年（辛卯、前二七〇）

1 秦伐赵，围阏与。司马彪志：上党郡涅县有阏与聚。水经注：上党沾县有梁榆城，即阏与故城。卢谌征艰赋曰：访梁榆之虚郭，乃阏与之旧平。史记正义曰：阏与在潞州铜鞮县西北二十里。又仪州和顺县亦有阏与城。仪、潞相近，二所未详。又阏与山在潞州武安县西南五十里，赵奢拒秦军于阏与，即山北也。河东图：辽州和顺县，晋大夫梁馀子养邑；秦伐阏与，赵奢救之。是此辽州即唐之仪州。阏，阿葛翻，又于达翻。康音曷，又音嫣。与，音预，又音余。史记正义曰：阏，于连翻。汉书音义：涅，乃结翻。聚，才喻翻。沾，他兼翻。谌，时壬翻。鞮，丁兮翻。潞，鲁故翻。赵王召廉颇、乐乘而问之索隐曰：乐乘，乐毅之宗人也。颇，普河翻。曰：“可救否？”皆曰：“道远险陿，难救。”陿，与狭同，隘也。问赵奢，赵奢对曰：“道远险陿，譬犹两鼠斗于穴中，将勇者胜。”言将是勇者胜也；将，平声。或曰：帅勇者则胜；将，去声。王乃令赵奢将兵救之。去邯郸三十里而止，令，卢经翻。邯郸，音寒丹。令军中曰：“有以军事谏者死！”令，力正翻。赵奢此令，非以禁约所部，以愚秦军也。

秦师军武安西，班志，武安县属魏郡。宋白曰：洺州治永年县；隋改广平为永年，属武安郡。秦军勒兵武安西，即此地。刘昫曰：磁州治滏阳县，汉武安县地；隋又置武安县，亦属磁州。磁，祥之翻。昫，吁句翻。鼓噪勒兵，武安屋瓦尽振。赵军中候有一人言急救武安，赵奢立斩之。此军之中候也。汉北军中候之官本此。或曰：军中之候，军吏也。坚壁二【章：十二行本“壁”作“壁”；乙十一行本同；孔本同。十二行本“二”上有

"留"字；乙十一行本同；孔本同；退斋校同。】十八日不行，复益增垒。复，扶又翻，又音如字。垒，力水翻。秦间入赵军，赵奢善食遣之。间以报秦将，间，古苋翻。此孙子所谓反间也。食，祥吏翻。将，即亮翻。秦将大喜曰："夫去国三十里而军不行，乃增垒，阏与非赵地也！"赵奢既已遣间，卷甲而趋，卷，读曰捲。凡捲舒之卷皆同音。一【章：十二行本"一"作"二"；乙十一行本同。】日一夜而至，去阏与五十里而军，军垒成。秦师闻之，悉甲而往。赵军士许历请以军事谏，赵奢进之。姓谱：许姓本自姜姓，炎帝之后，太岳之胤；其后以国为氏。许历曰："秦人不意赵至此，其来气盛，将军必厚集其陈以待之；陈，读曰阵。不然，必败。"赵奢曰："请受教！"许历请刑，赵奢曰："胥，后令邯郸。"索隐曰：按胥、须古人通用，今者胥后令，谓胥为须，须者待也，待后令，谓许历之言，更不拟诛之，故更待后令也。邯郸二字，当为欲战，谓临战之时，许历复谏也。余谓"胥"语绝，许历请刑，赵奢令其且待也。盖谓敢谏者死，邯郸之令耳，今既自邯郸进军近阏与矣，许历之谏固在邯郸之后，不当用邯郸之令以杀之，故曰后令邯郸。令，力正翻。邯郸，音寒丹。奢令，力丁翻。许历复请谏，曰："先据北山上者胜，后至者败。"赵奢许诺，即发万人趋之。秦师后至，争山不得上；趋，七喻翻；又音如字。得上，时掌翻。赵奢纵兵击秦师，秦师大败，解阏与而还。还，从宣翻，又音如字。赵王封奢为马服君，服虔曰：马服，犹言服马也。括地志：邯郸县西北有马服山。与廉、蔺同位；以许历为国尉。

2 穰侯言客卿灶于秦王，穰，人羊翻。使伐齐，取刚、寿以广其陶邑。括地志：故刚城在兖州龚丘县。寿，郓州之县也。余据唐志：郓州寿张县，武德初置寿州。通鉴书此，以发范睢间穰侯之事。间，古苋翻。

初，魏人范睢姓谱：范本陶唐氏之后，随会为晋大夫，食采于范，后有〔因〕氏焉。睢，音虽。从中大夫须贾使于齐，战国之时，仍周之制，置上、中、下三大夫。汉百官表：中大夫掌论议。须姓，密须氏之后。风俗通：

须姓，太昊之后。盖本之须句。使，疏吏翻。句，音朐。齐襄王闻其辩口，私赐之金及牛、酒。须贾以为睢以国阴事告齐也，归而告其相魏齐。魏齐怒，笞击范睢，摺胁，摺齿。睢佯死，卷以箦，置厕中，使客醉者更溺之，索隐曰：摺胁，摺齿，谓击折其胁，又拉折其齿也。箦，谓苇荻之薄，用之以卷其尸也。余谓箦字从竹，盖竹为之，非苇荻之薄也。又谓竹东南之产，北人贵之，自江以北饶苇荻，人率织之以为薄，寝或以为荐籍。索隐以苇薄为箦，习于所见而从俗所呼者耳。相，息亮翻。笞，丑之翻。摺，力答翻。卷，读曰捲。箦，竹革翻。更，工衡翻。溺，奴吊翻。以惩后，令无妄言者。令，力丁翻。范睢谓守者曰："能出我，我必有厚谢。"守者乃请弃箦中死人。魏齐醉，曰："可矣。"范睢得出。魏齐悔，复召求之。令，卢经翻。复，扶又翻，又音如字。魏人郑安平遂操范睢亡匿，更姓名曰张禄。操，七刀翻。

秦谒者王稽使于魏，谒者，秦官，汉因之。志云：主殿上时节威仪。谒者仆射一人为谒者台率，其下有给事谒者，有灌谒者。使，疏吏翻。率，读曰帅。范睢夜见王稽。稽潜载与俱归，荐之于王，王见之于离宫。离宫，别宫也。范睢佯为不知永巷而入其中，佯，音羊，古字多作"阳"，诈也。如淳曰：周宣王姜后脱簪珥待罪永巷，后改为掖庭。师古曰：永，长也。本谓宫中之长巷也；或曰宫中狱也。王来而宦者怒逐之，曰："王至！"范睢谬曰："秦安得王，秦独有太后、穰侯耳！"谬，靡幼翻，误也，诈也。穰，人羊翻。王微闻其言，乃屏左右，跽而请曰："先生何以幸教寡人？"对曰："唯唯。"如是者三。屏，卑郢翻，又卑正翻；后凡屏退之屏皆同音。跽，忌己翻，跪也。唯，于癸翻，盖应声也。凡唯诺之唯皆同音。王曰："先生卒不幸教寡人邪？"卒，子恤翻，终也。邪，音耶。范睢曰："非敢然也！睢，音虽。然，犹言如是也。臣，羁旅之臣也，交疏于王，而所愿陈者皆匡君之事，处人骨肉之间，处，昌吕翻。愿效愚忠而未知王之心也，此所以王三问而不敢对者也。臣知今日言之于前，明日伏诛于后，然臣不敢避也。且死者，人之所必不免也，苟可以少有补于秦而死，此臣之所大愿也。少，始绍翻。独恐臣死之后，天下杜口裹足，莫肯乡秦耳。”谓天下之士惩雎之死，不敢复言。乡，读曰向。王跽曰：“先生，是何言也！今者寡人得见先生，是天以寡人溷先生而存先王之宗庙也。溷，谓溷渎之也。汉陆贾曰“毋久溷公！”即此义，音户困翻。毛晃曰：溷，浊也，又污辱也。事无大小，上及太后，下至大臣，愿先生悉以教寡人，无疑寡人也！”范雎拜，王亦拜。范雎曰：“以秦国之大，士卒之勇，以治诸侯，譬若走韩卢而博蹇兔也，韩卢，天下之骏犬。蹇兔，病足之兔。韩卢搏兔，无不获者，况蹇兔乎！治，直之翻。而闭关十五年，不敢窥兵于山东者，是穰侯为秦谋不忠，而大王之计亦有所失也。”穰，人羊翻。为，于伪翻。王跽曰：“寡人愿闻失计！”然左右多窃听者，范雎未敢言内，先言外事，以观王之俯仰。因进曰：“夫穰侯越韩、魏而攻齐刚、寿，非计也。夫，音扶。齐湣王南攻楚，破军杀将，谓杀唐昧也，见上卷十四年。湣，读曰闵。将，即亮翻。再辟地千里，辟，读曰闢。昧，莫葛翻。而齐尺寸之地无得焉者，岂不欲得地哉？形势不能有也。诸侯见齐之罢敝，起兵而伐齐，大破之，齐几于亡，事见上卷三十一年。罢，读曰疲。几，居依翻。以其伐楚而肥韩、魏也。今王不如远交而近攻，得寸则王之寸也，得尺亦王之尺也。今夫韩、魏，中国之处夫，音扶。康曰：处，敞吕翻；余谓处，昌据翻，于世俗常言，音义为长。而天下之枢也。以门户为喻，门户之阖辟皆由于枢。王若用【章：十二行本“用”作“欲”；乙十一行本同；孔本同，退斋校同。】霸，必亲中国以为天下枢，以威楚、赵，用霸者，请〔谓〕用霸天下之术。楚强则附赵，赵强则附楚，强者未易柔服，故先亲附弱者。易，以豉翻。楚、赵皆附，齐必惧矣，齐附则韩、魏因可虏也。”王曰：“善。”乃以范雎为客卿，与谋兵事。范雎谋兵事，则三晋受兵祸，而穰侯兄弟皆为秦所逐矣。

四十六年（壬辰、前二六九）

1 秦中更胡伤攻赵阏与，不拔。更，工衡翻。"胡伤"，意谓即上卷客卿之"胡阳"。阏，於葛翻，又于连翻。与，音预。

四十七年（癸巳、前二六八）

1 秦王用范睢之谋，使五大夫绾伐魏，拔怀。班志，怀县属河内郡。括地志曰：怀县在怀州武陟县西十一里。睢，息随翻。

四十八年（甲午、前二六七）

1 秦悼太子质于魏而卒。质，音致。卒，子恤翻。

四十九年（乙未、前二六六）

1 秦拔魏邢丘。范睢日益亲，用事，因承间说王曰：睢，息随翻。间，古苋翻。说，式芮翻。"臣居山东时，闻齐之有孟尝君，不闻有王；闻秦有太后、穰侯，不闻有王。夫擅国之谓王，能利害之谓王，制杀生之谓王。今太后擅行不顾，穰侯出使不报，华阳、泾阳击断无讳，夫，音扶。使，疏吏翻。华，户化翻。断，丁乱翻；凡断决之断皆同音。高陵进退不请，四贵备而国不危者，未之有也。为此四贵者下，乃所谓无王也。穰侯使者操王之重，决制于诸侯，剖符于天下，操，七刀翻。谓剖符而出使也。征敌伐国，莫敢不听；战胜攻取则利归于陶，陶，穰侯封邑。战败则结怨于百姓而祸归于社稷。臣又闻之，木实繁者披其枝，披其枝者伤其心；大其都者危其国，左传：祭仲曰："都城过百雉，国之害也。"辛伯曰："大都耦国，乱之本也。"申无宇曰："郑京、栎实杀曼伯，宋萧、亳实杀子游，卫蒲、戚实出献公，齐渠丘实杀无知，而陈、蔡、不羹亦杀楚灵王。"此皆大都危国也。传，直恋翻。祭，则介翻。陆德明：栎，音立；曼，音万；羹，音郎。尊其臣者卑其主。如下事之类。淖齿管齐，射王股，擢王筋，悬之于庙梁，宿昔而死。管，掌也。擢，拔也。宿昔，一夕之间也。淖齿弑齐湣王事见上卷三十一年。淖，女教翻。射，而亦翻。李兑管赵，囚主父于沙丘，百日而饿死。事见上卷二十年。今臣观四贵之用事，此亦淖齿、李兑之类也。夫三代之所以亡国者，君专授政于臣，纵酒弋猎；其所授者妒贤疾能，御下蔽上以成其私，不为主计，而主不觉悟，故失其国。夫，音扶。今自有秩以上至诸大吏，汉承秦制，乡置有秩。汉官曰：乡户五千则置有秩，掌一乡之人。风俗通曰：有秩则田间大夫，言其官裁有秩耳。大吏，谓左、右、中更以上为吏者也。秩，直乙翻。下及王左右，无非相国之人者，见王独立于朝，臣窃为王恐，万世之后有秦国者，非王子孙也！”相，息亮翻。朝，直遥翻。为，于伪翻。王以为然，于是废太后，逐穰侯、高陵、华阳、泾阳君于关外，以范雎为丞相，封为应侯。应，于陵翻，国名；周武王之子封于应，其地在唐安州界。

魏王使须贾聘于秦，应侯敝衣间步而往见之。间步，投间隙徒步而行也。间，古苋翻。须贾惊曰：“范叔固无恙乎！”范雎，字叔。恙，忧也，病也，又噬虫善食人心者也。古人相问，率曰无恙。朱熹曰：古者草居，多被噬虫之毒，故相问曰“无恙乎？”恙，馀亮翻。噬，时制翻。留坐饮食，取一绨袍赠之。绨，田黎翻，厚缯也。袍，步刀翻，长襦也。记玉藻曰：纩为茧，缊为袍。孔颖达曰：纯着新绵者为襺，杂用旧絮者为袍。遂为须贾御而至相府，曰：“我为君先入通于相君。”须贾怪其久不出，问于门下，门下曰：“无范叔；乡者吾相张君也。”相，息亮翻。为，于伪翻。雎更姓名曰张禄，故云然。乡，读曰向。须贾知见欺，乃膝行入谢罪。膝行，屈膝就地而行，以示跪伏。应侯坐，责让之，且曰：“尔所以得不死者，以绨袍恋恋尚有故人之意耳！”乃大供具，请诸侯宾客；坐须贾于堂下，置莝、豆于前而马食之，莝，寸斩之藁，杂豆以饲马。莝、豆，两物也。莝，寸卧翻。食，祥吏翻。使归告魏王曰：“速斩魏齐头来！不然，且屠大梁！”屠，杀也。自古以来，以攻下城而尽杀城中人为屠城，亦曰洗城。须贾还，以告魏齐。魏齐奔赵，匿于平原君家。还，从宣翻，又音如字。平原君，赵胜，赵王之贵介弟也，贵盛于赵，以好士闻于诸侯，故魏齐奔归之而就匿焉。

2 赵惠文王薨，子孝成王丹立；以平原君为相。相，息亮翻。

五十年（丙申、前二六五）

1 秦宣太后薨。九月，穰侯出之陶。薨，呼肱翻。穰，人羊翻。

臣光曰：穰侯援立昭王，除其灾害；事见三卷十年。援，于元翻，手引也。荐白起为将，见上卷二十三年。将，即亮翻。南取鄢、郢，东属地于齐，言拓地东联于齐也，事并见上卷。鄢，于晚翻。郢，以井翻。属，之欲翻。使天下诸侯稽首而事秦，稽，音启。秦益强大者，穰侯之功也。虽其专恣骄贪足以贾祸，贾，音古，言其致祸如商贾之贾物也。凡商贾之贾皆同音。亦未至尽如范雎之言。若雎者，亦非能为秦忠谋，直欲得穰侯之处，故搤其吭而夺之耳。雎，息随翻。为，于伪翻。搤，音厄，说文曰：捉也。吭，音刚，咽也。遂使秦王绝母子之义，失舅甥之恩。要之，雎真倾危之士哉！

2 秦王以子安国君为太子。为安国君立子异人为嗣张本。嗣，祥吏翻。

3 秦伐赵，取三城。赵王新立，太后用事，求救于齐。齐人曰："必以长安君为质。"索隐曰：赵亦有长安，今其地阙。孔衍曰：长安君，惠文王之少子也。史记正义曰：长安君以长安善，故名也。质，音致。索，山客翻。少，始照翻。太后不可。齐师不出，大臣强谏。强谏，犹力谏也。太后明谓左右曰："复言长安君为质者，老妇必唾其面！"复，扶又翻。唾，吐卧翻，口液也。明谓左右者，显言之也。左师触龙愿见太后，太后盛气而胥之入。胥，待也。言盛气以待其入也。左师公徐趋而坐，自谢曰："老臣病足，不得见久矣，窃自恕；而恐太后体之有所苦也，故愿望见太后。"太后曰："老妇恃辇而行。"曰："食得毋衰乎？"曰："恃粥耳。"太后不和之色稍解。左师公曰："老臣贱息舒祺，春秋时宋国之官有左、右师，上卿也。赵以触龙为左师，盖冗散之官，以优老臣者也。息，子也。祺，音其。冗，而陇翻。散，悉亶翻。最少，不肖，而臣衰，窃怜爱之，愿得补黑衣之缺以卫王宫，昧死以闻！”黑衣，卫士之服也。触龙先为其少子言，以发太后之问也。昧死言，忘其死也。少，失照翻，又音小。昧，莫佩翻。太后曰：“诺。年几何矣？”对曰：“十五岁矣。虽少，愿及未填沟壑而托之。”几，居岂翻，谦言死必填沟壑，愿及未死而托少子也。太后曰：“丈夫亦爱少子乎？”对曰：“甚于妇人。”太后笑曰：“妇人异甚。”对曰：“老臣窃以为媪之爱燕后贤于长安君。”媪，乌浩翻，妇之老者之称。赵太后之女嫁于燕，故称之曰燕后。燕，因肩翻。太后曰：“君过矣！不若长安君之甚。”左师公曰：“父母爱其子则为之计深远。媪之送燕后也，持其踵而泣，念其远也，亦哀之矣。已行，非不思也，祭祀则祝之曰：‘必勿使反！’岂非为之计长久，为子孙相继为王也哉？”太后曰：“然。”左师公曰：“今三世以前，至于赵王之子孙为侯者，其继有在者乎？”曰：“无有。”曰：“此其近者祸及身，远者及其子孙。岂人主之子侯则不善哉？位尊而无功，奉厚而无劳，奉，读曰俸；凡奉禄之奉皆同音。而挟重器多也。今媪尊长安君之位，而封之以膏腴之地，多与之重器，而不及今令有功于国，令，力丁翻，使也。一旦山陵崩，长安君何以自托于赵哉？”太后曰：“诺，恣君之所使之！”于是为长安君约车百乘质于齐。为，于伪翻。乘，绳证翻。质，音致。齐师乃出，秦师退。

4 齐安平君田单将赵师以伐燕，取中阳；徐广曰：“阳”，一作“人”。史记正义曰：燕无中阳。括地志：中山故城，一名中人亭，在定州唐县北四十一里；是时盖属燕。将，即亮翻。燕，因肩翻。又伐韩，取注人。括地志：注城，在汝州梁县西四十五里。

5 齐襄王薨，子建立。建年少，国事皆决于君王后。少，失照翻。

五十一年（丁酉、前二六四）

1 秦武安君伐韩，拔九城，斩首五万。

2 田单为赵相。

五十二年【以上二十二字，胡刻本缺，据章校补；章氏系据十二行本、乙十一行本及孔本。】（戊戌、前二六三）

1 秦武安君伐韩，取南阳；攻太行道，绝之。秦封白起为武安君。韩之南阳，即河内野王之地。班志，太行山在野王西北。括地志：在怀州河内县北四十五里。行，户刚翻。

2 楚顷襄王疾病。疾至于甚曰病。黄歇言于应侯曰："今楚王疾恐不起，秦不如归其太子。太子得立，其事秦必重而德相国无穷，是亲与国而得储万乘也。不归，则咸阳布衣耳。四十三年，黄歇与楚太子为质于秦。应，于陵翻。相，息亮翻。乘，绳证翻。歇，许竭翻。楚更立君，必不事秦，更，工衡翻。是失与国而绝万乘之和，非计也。"应侯以告王。王曰："令太子之傅先往问疾，反而后图之。"黄歇与太子谋曰："秦之留太子，欲以求利也。今太子力未能有以利秦也，令，力丁翻。歇，许竭翻。而阳文君子二人在中。王若卒大命，谓死也。卒，终也，音子恤翻。太子不在，阳文君子必立为后，太子不得奉宗庙矣。不如亡秦，与使者俱出。逃去为亡。使，疏吏翻。臣请止，以死当之！"太子因变服为楚使者御而出关；而黄歇守舍，常为太子谢病。度太子已远，歇，许竭翻。守舍者，守楚太子所寓馆舍。常为，于伪翻。度，徒洛翻。乃自言于王曰："楚太子已归，出远矣。歇愿赐死！"王怒，欲听之。应侯曰："歇为人臣，出身以徇其主，太子立，必用歇。不如无罪而归之，言无以罪加歇，而归之于楚，以结其和亲也。应，于陵翻。以亲楚。"王从之。黄歇至楚三月，秋，顷襄王薨，考烈王即位；顷，音倾。秋，即是年秋。考烈王，即太子完。以黄歇为相，封以淮北地，号曰春申君。史记，歇初封春申君，赐淮北十四县；后徙封江东，因城吴故墟以为都邑，今苏州是也。相，息亮翻。

五十三年（己亥、前二六二）

1 楚人纳州于秦以平。司马彪志，南郡州陵县，注云：楚考烈王纳州于秦，即其地。

2 武安君伐韩，拔野王。上党路绝，武安君上逸"秦"字。史记正义曰：从太行西北，泽、潞等州皆上党郡地。释名云：上党所治在山上，其所最高，故曰上党。上党守冯亭姓谱：毕公高之子食采于冯城，因以命氏。郑有大夫冯简子。守，式又翻。与其民谋曰："郑道已绝，韩都新郑，自上党趣郑，由野王渡河。今秦拔野王，故郑道绝。秦兵日进，韩不能应，不如以上党归赵。赵受我，秦必攻之；赵被秦兵，必亲韩；应，于证翻。被，皮义翻。韩、赵为一，则可以当秦矣。"乃遣使者告于赵曰："韩不能守上党，入之秦，谓韩献上党于秦。使，疏吏翻。其吏民皆安于【章：十一行本"于"作"为"；乙十一行本同；孔本同；张校同；退斋校同。】赵，不乐为秦。为，于伪翻。乐，音洛；下同。有城市邑十七，城市邑，言邑之有城市者，指言大邑也。愿再拜献之大王！"赵王以告平阳君豹，对曰："圣人甚祸无故之利。"甚祸者，言甚以为祸也。王曰："人乐吾德，何谓无故？"对曰："秦蚕食韩地，中绝，不令相通，固自以为坐而受上党也。韩氏所以不入于秦者，欲嫁其祸于赵也。毛晃曰：推恶与人曰嫁怨、嫁祸。推，吐雷翻。秦服其劳而赵受其利，虽强大不能得之于弱小，弱小固能得之于强大乎！岂得谓之非无故哉？不如勿受。"王以告平原君，平原君请受之。王乃使平原君往受地，秦有吞天下之心，使赵不受上党而秦得之，亦必据上党而攻赵。故赵之祸不在于受上党而在于用赵括。以万户都三封其太守为华阳君，守，式又翻。以千户都三封其县令为侯，吏民皆益爵三级。冯亭垂涕不见使者，曰："吾不忍卖主地而食之也！"使，疏吏翻。

五十五年（辛丑、前二六〇）

1 秦左庶长王龁攻上党，拔之。长，知丈翻。龁，音纥，杜佑恨勿翻；康胡骨切。上党民走赵。赵廉颇军于长平，司马彪志：上党泫氏县有长平亭。括地志：长平故城，在上党县西四十一里。杜佑曰：白起坑赵卒于长平，有头颅山，筑台于垒中，因山为台。宋白曰：秦坑赵卒于长平，今泽州之北高平县西北二十一里长平故城是也。颇，普何翻。泫，工玄翻。颅，音卢。垒，鲁水翻。以按据上党民。毛晃曰：按，於旰翻，抑也，止也，据也。余谓此据、按二字，按字当以抑止为义。据，依据也，引援也，拒守也。言廉颇依据上党地险，引援上党之民而拒守也。康曰：按，音遏；此义亦通，但按字无遏音。王龁因伐赵。赵军数战不胜，数，所角翻。止【章：十二行本"止"作"亡"；乙十一行本同；孔本同；退斋校同。】一裨将、四尉。裨将，军之副将也。尉，军中诸部都尉也。裨，频弥翻。将，即亮翻。赵王与楼昌、虞卿谋，风俗通曰：凡氏之兴九事：氏于号者，唐、虞、夏、殷是也；氏于国者，齐、鲁、宋、卫是也；氏于事者，巫、卜、陶、匠是也；氏于字者，伯、仲、叔、季是也；氏于谥者，戴、武、宣、穆是也。楼昌请发重使为媾。媾，音构，和也。虞卿曰："今制媾者在秦；秦必欲破王之军矣，虽往请媾，秦将不听。不如发使以重宝附楚、魏，楚、魏受之，则秦疑天下之合从，从，子容翻。媾乃可成也。"王不听，使郑朱媾于秦，秦受之。王谓虞卿曰："秦内郑朱矣。"虞卿时为赵之相。对曰："王必不得媾而军破矣。何则？天下之贺战胜者皆在秦矣。夫郑朱，贵人也，秦王、应侯必显重之以示天下。夫，音扶。应，于陵翻。天下见王之媾于秦，必不救王；秦知天下之不救王，则媾不可得成矣。"既而秦果显郑朱而不与赵媾。史言赵之丧师蹙国，不特以赵括代廉颇之故，亦由不用虞卿之计也。

秦数败赵兵，廉颇坚壁不出。赵王以颇失亡多而更怯不战，怒，数让之。数，所角翻，屡也。败，补迈翻。应侯又使人行千金于赵为反间，曰："秦之所畏，独畏马服君之子赵括为将耳！间，古苋翻。将，即亮翻。廉颇易与，且降矣！"易，弋豉翻。降，户江翻。赵王遂以赵括代颇将。蔺相如曰："王以名使括，若胶柱鼓瑟耳。鼓瑟者，弦有缓急，调弦之缓急在柱之运转，若胶其柱，则弦不可得而调，缓者一于缓，急者一于急，无活法矣。括徒能读其父书传，不知合变也。”兵以正合，以奇变。传，直恋翻。王不听。初，赵括自少时学兵法，以天下莫能当；尝与其父奢言兵事，奢不能难，少，诗照翻。难，乃旦翻，辩折之也。然不谓善。括母问其故，奢曰：“兵，死地也，而括易言之。易，以豉翻，轻也。使赵不将括则已；若必将之，将，即亮翻；下同。破赵军者必括也。”及括将行，其母上书，言括不可使。王曰：“何以？”上，时掌翻。言以何事知其不可使也。对曰：“始妾事其父，时为将，身所奉饭而进食者以十数，奉，读曰捧。所友者以百数，王及宗室所赏赐者，尽以与军吏士大夫；受命之日，不问家事。今括一旦为将，东乡而朝，军吏无敢仰视之者；将，即亮翻。朝，直遥翻。王所赐金帛，归藏于家，而日视便利田宅可买者买之。王以为如其父，父子异心，愿王勿遣！”王曰：“母置之，吾已决矣！”置，止也，废也。置之，言废置此事，止勿言也。母因曰：“即如有不称，妾请无随坐！”称，尺证翻。不称，言不胜任也。随坐，相随而坐罪也。观此，则知古者败军之将，罪并及其家。赵王许之。

秦王闻括已为赵将，乃阴使武安君为上将军而王龁为裨将，令军中：“有敢泄武安君将者斩！”赵括至军，悉更约束，龁，恨勿翻。更，工衡翻。易置军吏，出兵击秦师。武安君佯败而走，佯，音羊，诈也。张二奇兵以劫之。劫，势胁也。说文：人欲去，以力胁止曰劫。赵括乘胜追造秦壁，造，七到翻，诣也。壁坚拒不得入；奇兵二万五千人绝赵军之后，又五千骑绝赵壁间。骑，奇寄翻。赵军分而为二，粮道绝。武安君出轻兵击之，赵战不利，因筑壁坚守以待救至。秦王闻赵食道绝，自如河内发民年十五以上悉诣长平，遮绝赵救兵及粮食。如，往也。上，时掌翻。遮者，遮断其路。齐人、楚人救赵。赵人乏食，请粟于齐，王【章：十二行本“王”上有“齐”字，乙十一行本同；孔本同；张校同；退斋校同。】弗许。周子曰：“夫赵之于齐、楚，扞蔽也，夫，音扶。犹齿之有唇也，唇亡则齿寒；今日亡赵，明日患及齐、楚矣。救赵之务，宜若奉漏瓮沃焦釜然。奉，读曰捧；言惟恐不及也。且救赵，高义也；却秦师，显名也；义救亡国，威却强秦。不务为此而爱粟，为国计者过矣！”齐王弗听。九月，赵军食绝四十六日，皆内阴相杀食。急来攻【章：十二行本“攻”下有“秦”字；乙十一行本同；孔本同；张校同；退斋校同。】垒，史言急来攻垒，赵括为计如此耳。下言欲出而不能出，赵括自出而死，其势可见。欲出为四队，四，五复之，不能出。言括欲分其卒为四队，更攻秦垒，自一队至四队，至五则复之，而不能出也。赵括自出锐卒搏战，秦人射杀之。射，而亦翻。赵师大败，卒四十万人皆降。降，户江翻。武安君曰：“秦已拔上党，上党民不乐为秦而归赵。赵卒反覆，非尽杀之，恐为乱。”乃挟诈而尽坑杀之，遗其小者二百四十人归赵，乐为，上音洛；下于伪翻，又音如字。四十馀万人皆死，而独遗小者二百四十人得归赵，此非得脱也，白起之谲也。强壮尽死，则小弱得归者必言秦之兵威，所以破赵人之胆，将以乘胜取邯郸也；为应侯所沮，故白起之计不得行耳。谲，古穴翻。邯郸，音寒丹。应，于陵翻。沮，在吕翻。卒，子恤翻。前后斩首虏四十五万人；赵人大震。此言秦兵自挫廉颇至大破赵括前后所斩首虏之数耳。兵非大败，四十万人安肯束手而死邪！

五十六年（壬寅、前二五九）

1 十月，武安君分军为三：王龁攻赵武安、皮牢，拔之。史记正义曰：皮牢故城，在绛州龙门县西一里。余谓秦兵已至上党，不应复回攻绛州之皮牢。宋白曰：蒲州龙门县，秦为皮氏县，今县西一里八十步古皮氏城是也。恐不可以皮氏为皮牢。司马梗北定太原，太原，即汉太原郡地，在上党西北。尽有上党地。韩、魏使【章：十二行本“使”上有“恐”字；乙十一行本同；孔本同；张校同；退斋校同。】苏代厚币说应侯曰："武安君即围邯郸乎？"说，式芮翻。邯郸，音寒丹。曰："然。"苏代曰："赵亡则秦王王矣；秦之称王自王其国耳，今破赵国则将王天下也。武安君为三公，君能为之下乎？虽欲无为之下，固不得已矣。秦尝攻韩，围邢丘，困上党，四十九年通鉴书秦拔魏邢丘，岂其时邢丘之地固属韩邪！上党之民皆反为赵，天下不乐为秦民之日久矣。乐，音洛。今亡赵，北地入燕，东地入齐，南地入韩、魏，则君之所得民无几何人矣。不如因而割之，无以为武安君功也。"应侯言于秦王曰："秦兵劳，请许韩、赵之割地以和，且休士卒。"王听之，割韩垣雍、赵六城以和，应，于陵翻。司马彪志：河南卷县有垣雍城，或曰古衡雍。注曰：今县所治城，是也。史记正义曰：垣雍城，在今郑州原武县西北七里。雍，于用翻。正月，皆罢兵。观此，则亦用十月为岁首，盖因秦记而书之也。武安君由是与应侯有隙。为秦杀白起张本。

赵王将使赵郝约事于秦，割六县。约事，约结和之事也。郝，音释，徐广曰：一作"赦"。虞卿谓赵王曰："秦之攻王也，倦而归乎？王以其力尚能进，爱王而弗攻乎？"王曰："秦不遗馀力矣，必以倦而归也。"遗，失也。虞卿曰："秦以其力攻其所不能取，倦而归，王又以其力之所不能取以送之，是助秦自攻也。来年秦攻王，王无救矣。"言无救于讲和之失计也。赵王计未定，楼缓至赵，赵王与之计之。楼缓曰："虞卿得其一，不得其二。秦、赵构难而天下皆说，难，乃旦翻。说，读曰悦。何也？曰：'吾且因强而乘弱矣。'今赵不如亟割地为和以疑天下，缓谓赵与秦和，则天下疑赵有秦之援，将不敢乘弱而图之。慰秦之心。不然，天下将因秦之怒，乘赵之敝，瓜分之，赵且亡，何秦之图乎！"虞卿闻之，复见曰："危哉楼子之计，是愈疑天下，复，扶又翻。又音如字。卿亲谓赵与秦和，则天下愈疑而不肯亲赵也。而何慰秦之心哉！独不言其示天下弱乎？且臣言勿与者，非固勿与而已也；秦索六城于王，而王以六城赂齐。齐，秦之深雠也，索，山客翻。齐自宣、湣以来，亲楚而雠秦，孟尝君尝率诸侯伐秦至函谷。湣，读曰闵。其听王不待辞之毕也。则是王失之于齐而取偿于秦，而示天下有能为也。言赵失地于赂齐，而能攻秦，取其地以偿所失。王以此发声，兵未窥于境，臣见秦之重赂至赵而反媾于王也。从秦为媾，韩、魏闻之，必尽重王，媾，居候翻。说文：媾，重婚也。引易"匪寇婚媾"。夫已婚而夫妻反目而不和，既而复和者为媾。此言秦、赵为寇雠而交兵，至今而复和，故以媾为言也。重，直陇翻。是王一举而结三国之亲而与秦易道也。"秦胁韩、魏使事秦，赵结韩、魏使亲赵，是与秦易道。易，音如字。赵王曰："善。"使虞卿东见齐王，与之谋秦。虞卿未返，秦使者已在赵矣。求和于赵也。使，疏吏翻。楼缓闻之，亡去。赵王封虞卿以一城。

秦之始伐赵也，魏王问于【章：十二行本"于"下有"诸"字；乙十一行本同；孔本同；退斋校同。】大夫，皆以为秦伐赵，于魏便。孔斌曰：斌，悲巾翻。"何谓也？"曰："胜赵，则吾因而服焉；不胜赵，则可承敝而击之。"子顺曰："不然。秦自孝公以来，战未尝屈，今又属其良将，良将，谓白起也。属，之欲翻。将，即亮翻。何敝之承！"大夫曰："纵其胜赵，于我何损？邻之羞，国之福也。"子顺曰："秦，贪暴之国也，胜赵，必复他求，复，扶又翻。吾恐于时魏受其师也。于时，犹言于此时也。先人有言：燕雀处屋，处，昌吕翻。子母相哺，呴呴焉相乐也，哺，音步。呴，或作姁，音况羽翻；康吁句切。乐，音洛。自以为安矣。灶突炎上，突，陀忽翻。灶窗谓之突。陆德明曰：上，时掌翻，又如字。栋宇将焚，燕雀颜不变，不知祸之将及己也。今子不悟赵破患将及己，可以人而同于燕雀乎！"子顺者，孔子六世孙也。孔子生伯鱼，伯鱼生子思，子思生子上，子上生子家，子家生子京，子京生子高，子高生子顺。初，魏王闻子顺贤，遣使者奉黄金束帛，聘以为相。使，疏吏翻。相，息亮翻。子顺【章：十二行本“顺”下有“谓使者”三字；乙十一行本同；孔本同；张校同；退斋校同。】曰：“若王能信用吾道，吾道固为治世也，为，于伪翻。治，直之翻。虽蔬食饮水，吾犹为之。若徒欲制服吾身，委以重禄，吾犹一夫耳，魏王奚少于一夫！”食，祥吏翻。少，始绍翻。使者固请，子顺乃之魏；之，如也，往也。魏王郊迎以为相。子顺改嬖宠之官以事贤才，夺无任之禄以赐有功。嬖，卑义翻，又博计翻。无任之禄，谓不任事而食禄者。诸丧职【章：十二行本“职”下有“秩”字；乙十一行本同；孔本同；张校同；退斋校同。】者咸不悦，乃造谤言。丧，息浪翻。文咨以告子顺。文，姓也。越有大夫文种。子顺曰：“民之不可与虑始久矣！古之善为政者，其初不能无谤。子产相郑，三年而后谤止；左传：子产相郑一年，舆人诵之曰：“取我衣冠而褚之，取我田畴而伍之。孰杀子产，吾其与之！”及三年，又诵之曰：“我有子弟，子产诲之；我有田畴，子产殖之。子产而死，谁其嗣之！”褚，丁吕翻。褚，所以贮藏衣物。左传：郑贾人欲脱智罃，将寘诸褚中而出。吾先君之相鲁，三月而后谤止。今吾为政日新，虽不能及贤，庸知谤乎！”文咨曰：“未识先君之谤何也？”子顺曰：“先君相鲁，人诵之曰：‘麛裘而芾，投之无戾。芾而麛裘，投之无邮。’及三月，政化既成，民又诵曰：‘裘衣章甫，实获我所。章甫裘衣，惠我无私。’”麛，鹿子也，以其皮为裘。记曰：一命缊芾、黝珩，再命赤芾、黝珩，三命赤芾、葱珩。大夫以上赤芾、乘轩。戾，罪也。邮，与尤同，过也。章甫，殷冠。孔子曰：“丘长居宋，冠章甫之冠。”古者大夫羔裘以居，狐裘以朝，麛裘而芾，谓芾与麛裘相称也。刺孔子裘衣而章甫，言孔子相鲁能行古之道也。麛，莫兮翻；康绵披切。芾，分勿翻；协韵方盖翻。戾，郎计翻；康曰：力结切，曲也，音义非。文咨喜曰：“乃今知先生不异乎圣贤矣。”子顺相魏凡九月，陈大计辄不用，乃喟然曰：喟，去贵翻。喟然，发叹之声。“言不见用，是吾言之不当也。言不当于主，当，丁浪翻，居人之官，食人之禄，是尸利素餐，吾罪深矣！”尸，主也。素，空也。尸利，言仕不能行道而主于利也。素餐，言空食君之禄而不能有所为也。退而以病致仕。致仕，言致其仕事。人谓子顺曰：“王不用子，子其行乎？”答曰：“行将何之？山东之国将并于秦；秦为不义，义所不入。”遂寝于家。新垣固请子顺曰：新垣，姓也。陈留风俗传：周毕公之后居于梁，为新垣氏，梁有新垣衍、汉有新垣平是也。“贤者所在，必兴化致治。治，直吏翻。今子相魏，未闻异政而即自退，意者志不得乎，何去之速也？”子顺曰：“以无异政，所以自退也。且死病无良医。病不可为则良医束手，故无良医。今秦有吞食天下之心，以义事之，固不获安；救亡不暇，何化之兴！昔伊挚在夏，伊挚，即伊尹，伊尹五就桀，五就汤。挚，音至。吕望在商，史记曰：太公博闻，尝事纣；纣无道，去之，游说诸侯，无所遇而卒西归周西伯。而二国不治，岂伊、吕之不欲哉？势不可也。治，直吏翻。当今山东之国敝而不振，三晋割地以求安，二周折而入秦，燕、齐、楚已屈服矣。燕，因肩翻。以此观之，不出二十年，天下其尽为秦乎！”自此至秦始皇二十五年并天下，凡三十八年。

2 秦王欲为应侯必报其仇，为，于伪翻。应，于陵翻。闻魏齐在平原君所，四十九年魏齐奔赵，匿于平原君家。乃为好言诱平原君至秦而执之。诱，音酉。遣使谓赵王曰：“不得齐首，吾不出王弟于关！”魏齐穷，抵虞卿，虞卿弃相印，与魏齐偕亡。使，疏吏翻。相，息亮翻。至魏，欲因信陵君以走楚。信陵君意难见之，魏齐怒，自杀。赵王卒取其首以与秦，卒，子恤翻。秦乃归平原君。九月，五大夫王陵复将兵【章：十二行本作“将兵复”；乙十一行本同；孔本同。】伐赵。复，扶又翻。武安君病，不任行。任，如林翻。不任，谓不堪也。

五十七年（癸卯、前二五八）

1 正月，王陵攻邯郸，少利，邯郸，音寒丹。少利，谓兵颇失利也。

少，始绍翻。益发卒佐陵；陵亡五校。校，户教翻。校，犹部队也。立军之法，一人曰独，二人曰比，三人曰参；比参曰伍，五人为列，列有头；二列为火，十人有长，立火子；五火为队，队五十人，有头；二队为官，官百人，立长；二官为曲，曲二百人，立候；二曲为部，部四百人，立司马；二部为校，校八百人，立尉；二校为裨将，千六百人，立将军；二裨将军三千二百人，有将军、副将军。武安君病愈，王欲使代之。武安君曰："邯郸实未易攻也；易，以豉翻。且诸侯之救日至。彼诸侯怨秦之日久矣，秦虽胜于长平，士卒死者过半，国内空，远绝河山而争人国都；自秦而攻邯郸，有大河及王屋、太行诸山之阻。横度曰绝。赵应其内，诸侯攻其外，破秦军必矣。"王自命不行，秦王亲命之行而不肯行也。乃使应侯请之。武安君终辞疾，不肯行；乃以王龁代王陵。应，于陵翻。龁，恨勿翻。

赵王使平原君求救于楚，平原君约其门下食客文武备具者二十人与之俱，得十九人，馀无可取者。毛遂自荐于平原君。姓谱：毛本自周武王母弟毛公。平原君曰："夫贤士之处世也，譬若锥之处囊中，其末立见。夫，音扶。毛晃曰：锥，锐也；又器，如钻。囊，袋也；有底曰囊。处，昌吕翻。见，贤遍翻。今先生处胜之门下三年于此矣，左右未有所称诵，胜未有所闻，是先生无所有也。先生不能，先生留！"以毛遂为不能而使之留也。毛遂曰："臣乃今日请处囊中耳！使遂蚤得处囊中，乃脱颖而出，非特其末见而已。"处，昌吕翻。见，贤遍翻。毛晃曰：锥铓曰颖。平原君乃与之俱，十九人相与目笑之。索隐曰：谓目视而侮笑之。平原君至楚，与楚王言合从之利害，日出而言之，日中不决。毛遂按剑历阶而上，谓平原君曰："从之利害，两言而决耳！两言，谓利与害也。从，子容翻。上，时掌翻。今日出而言，日中不决，何也?"楚王怒叱曰："胡不下！胡，何也。吾乃与而君言，而，犹汝也。汝何为者也?"毛遂按剑而前曰："王之所以叱遂者，以楚国之众也。今十步之内，王不得恃楚国之众也！王之命悬于遂手。吾君在前，叱者何也？且遂闻汤以七十里之地王天下，王，于况翻。文王以百里之壤而臣诸侯，岂其士卒众多哉？诚能据其势而奋其威也。今楚地方五千里，持戟百万，此霸王之资也。以楚之强，天下弗能当。白起，小竖子耳，率数万之众，兴师以与楚战，一战而举鄢、郢，再战而烧夷陵，事见上卷三十七年。史记正义曰：鄢乡故城，在襄州率道县西南九里。安郢城，在荆州江陵县东北七里。鄢，于幰翻。郢，以井翻。三战而辱王之先人，谓焚夷楚之陵庙也。此百世之怨而赵之所羞，而王弗之恶焉。合从者为楚，非为赵也。吾君在前，叱者何也？"楚王曰："唯唯，恶，乌路翻。为，于伪翻。唯，于癸翻。诚若先生之言，谨奉社稷以从。"从，如字。毛遂曰："从定乎？"楚王曰："定矣。"毛遂谓楚王之左右曰："取鸡、狗、马之血来！"索隐曰：盟之所用牲，贵贱不同：天子用牛及马；诸侯用犬及豭；大夫以下用鸡。今此总言盟之用血，故云取鸡、狗、马之血来耳。索，山客翻。豭，居牙翻。毛遂奉铜盘而跪进之楚王曰："王当歃血以定从；索隐曰：歃血，若周礼则用珠盘。奉，读曰捧。歃，色洽翻，又所甲翻。从，子容翻。次者吾君，次者遂。"遂定从于殿上。毛遂左手持盘血而右手招十九人曰："公等相与歃此血于堂下！公等录录，所谓'因人成事'者也。"说文：录录，随从之貌，音禄。索隐曰：音六。王劭曰：录，借字耳。平原君已定从而归，至于赵，曰："胜不敢【章：十二行本"敢"下有"复"字；乙十一行本同；孔本同；张校同；退斋校同。】相天下士矣！"相，息亮翻。遂以毛遂为上客。

于是楚王使春申君将兵救赵，魏王亦使将军晋鄙将兵十万救赵。晋，以国为氏。秦王使谓魏王曰："吾攻赵，旦暮且下，诸侯敢救之者，吾已拔赵，必移兵先击之！"魏王恐，遣人止晋鄙，留兵壁邺，班志，邺县属魏郡。名为救赵，实挟两端。两端，名为救赵，实贰于秦。又使将军新垣衍间入邯郸，间入，由间道而入也。间，古苋翻。邯郸，音寒丹。因平原君说赵王，欲共尊秦为帝，以却其兵。齐人鲁仲连在邯郸，闻之，往见新垣衍曰："彼秦者，弃礼义而上首功之国也。秦以战而能斩首有功者为上，故曰上首功。上，尚也。索隐曰：秦法斩首多为上功，斩一人首则赐爵一级，故谓秦为上首功之国。彼即肆然而为帝于天下，则连有蹈东海而死耳，不愿为之民也！且梁未睹秦称帝之害故耳，吾将使秦王烹醢梁王！"新垣衍怏然不悦怏，于两翻。曰："先生恶能使秦王烹醢梁王？"恶，音乌。鲁仲连曰："固也，吾将言之。昔者九侯、鄂侯、文王，纣之三公也。九侯有子而好，献之于纣，纣以为恶，醢九侯；醢，呼改翻，肉酱也。鄂侯争之强，辩之疾，故脯鄂侯；文王闻之，喟然而叹，故拘之牖里之库百日，欲令之死。司马彪志：河内郡荡阴县有牖里城，纣囚文王于此。史记正义曰：其地在荡阴县北九里。喟，于贵翻。牖，音酉。令，力丁翻。今秦，万乘之国也，梁，亦万乘之国也；俱据万乘之国，各有称王之名，奈何睹其一战而胜，欲从而帝之，卒就脯醢之地乎！乘，绳证翻。卒，子恤翻。且秦无已而帝，则将行其天子之礼以号令于天下，则且变易诸侯之大臣，彼将夺其所不肖而与其所贤，夺其所憎而与其所爱，彼又将使其子女谗妾为诸侯妃姬，处梁之宫，处，昌吕翻。梁王安得晏然而已乎！而将军又何以得故宠乎！"新垣衍起，再拜曰："吾乃今知先生天下之士也！吾请出，不敢复言帝秦矣！"复，扶又翻。考异曰：史记鲁仲连传云："新垣衍谢，请出，不敢复言帝秦。秦将闻之，为却军五十里。"按仲连所言，不过论帝秦之利害耳，使新垣衍惭怍而去则有之，秦将何预而退军五十里乎？此亦游谈者之夸大也，今不取。垣，于元翻。怍，才各翻。将，即亮翻。为，于伪翻。

2 燕武成王薨，子孝王立。

3 初，魏公子无忌仁而下士，下，遐稼翻。致食客三千人。魏有隐士曰侯嬴，洪氏隶释有汉金乡守长侯君之碑云：其先出自豳、岐，周文王之后，封于郑。郑共仲赐氏曰侯，厥胤宣多，以功佐国。审如是，则侯姓出于侯宣多。嬴，音盈；曹植音嬴瘦之嬴。年七十，家贫，为大梁夷门监者。大梁，魏都。夷门，盖大梁城北门。监，古衔翻。公子置酒大会宾客，坐定，公子从车骑虚左自迎侯生。古者乘车，尊者在左；虚左以迎，尊侯生而礼之也。骑，奇寄翻。侯生摄敝衣冠，直上载公子上坐不让；直上，时掌翻。上坐之坐，才卧翻。公子执辔愈恭。侯生又谓公子曰："臣有客在市屠中，愿枉车骑过之。"公子引车入市，侯生下见其客朱亥，姓谱：朱本高阳，周封其后于邾；后为楚所灭，子孙乃去邑氏朱。睥睨，故久立，与其客语，睥睨，不正视也。睥，匹诣翻。睨，研计翻。微察公子，公子色愈和；乃谢客就车，至公子家。公子引侯生坐上坐，徧赞宾客，宾客皆惊。索隐曰：赞，告也。谓以侯生徧告宾客。徧，与遍同。及秦围赵，赵平原君之夫人，公子无忌之姊也，平原君使者冠盖相属于魏，属，之欲翻；下乃属同。让公子曰："胜所以自附于婚姻者，以公子之高义，能急人之困也。今邯郸旦暮降秦而魏救不至，纵公子轻胜弃之，独不怜公子姊邪！"邯郸，音寒丹。降，户江翻。邪，音耶。公子患之，数请魏王敕晋鄙令救赵，数，所角翻。令，力丁翻。及宾客辩士游说万端，王终不听。公子乃属宾客说，式芮翻。属，之欲翻。约车骑百馀乘，欲赴斗以死于赵；过夷门，见侯生。侯生曰："公子勉之矣，老臣不能从！"乘，绳证翻。从，才用翻。公子去，行数里，心不快，以侯生既不从行，又不为之画计谋也。复还见侯生。侯生笑曰："臣固知公子之还也！复，扶又翻，又音如字。还，从宣翻，又音如字。今公子无他端而欲赴秦军，无他端，言无他奇策以发端也。譬如以肉投馁虎，何功之有！"公子再拜问计。侯嬴屏人曰："吾闻晋鄙兵符在王卧内，而如姬最幸，力能窃之。尝闻公子为如姬报其父仇，屏，必郢翻。史记曰：如姬之父为人所杀，公子使客斩其仇头以进如姬。屏，卑郢翻。为，于伪翻；下同。如姬欲为公子死无所辞。公子诚一开口，则得虎符，虎，威猛之兽，故以为兵符。汉有铜虎符。夺晋鄙之兵，北救赵，西却秦，此五伯之功也。”伯，读曰霸。公子如其言，果得兵符。公子行，侯生曰：“将在外，君令有所不受。孙武子之言。将，即亮翻。令，力定翻。有如晋鄙合符而不授兵，复请之，则事危矣。复，扶又翻。臣客朱亥，其人力士，可与俱。晋鄙若听，大善；不听，可使击之！”于是公子请朱亥与俱。至邺，晋鄙合符，疑之，举手视公子曰：“吾拥十万之众屯于境上，【章：十二行本“上”下有“国之重任”四字，乙十一行本同；孔本同；张校同；退斋校同。】今单车来代之，何如哉？”朱亥袖四十斤铁椎，椎杀晋鄙，椎，直追翻；齐人谓之终葵。铁椎，以铁为之。椎杀，击杀也；与槌同。公子遂勒兵下令军中曰：“父子俱在军中者，父归！兄弟俱在军中者，兄归！独子无兄弟者，归养！”养，羊尚翻；后养上、为养同。得选兵八万人，将之而进。

王龁久围邯郸不拔，诸侯来救，战数不利。龁，恨勿翻。邯郸，音寒丹。数，所角翻。武安君闻之曰：“王不听吾计，今何如矣？”白起以为邯郸未易攻，而王龁军果不利，故以为言。王闻之，怒，强起武安君。强，其两翻。武安君称病笃，不肯起。

五十八年(甲辰、前二五七)

1 十月，免武安君为士伍，迁之阴密。如淳曰：律：有罪失官爵，称士伍。师古曰：谓夺其爵，令为士伍；言使从士卒之伍也。班志，阴密县属安定郡，古密国，诗所谓“密人不恭”者也。括地志：阴密故城，在泾州鹑觚县西，古密须氏之国。十二月，益发卒军汾城旁。汾城，即汉河东临汾县城也，去邯郸尚远。秦盖屯兵于此，为王龁声援。括地志：临汾故城，在绛州正平县东北三十五里。武安君病，未行，诸侯攻王龁，龁数却，龁，恨勿翻。数，所角翻。使者日至，使，疏吏翻。王乃使人遣武安君，不得留咸阳中。武安君出咸阳西门十里，至杜邮。水经注：渭水故渠径安陵南，渠侧有杜邮亭，又径渭城北。秦咸阳，汉之渭城也。史记正义曰：今咸阳县城，本秦时杜邮也，在雍州西北三十五里。邮，音尤。雍，于用翻。王与应侯群臣谋曰：“白起之迁，意尚怏怏有馀言。”怏，于两翻。王乃使使者赐之剑，武安君遂自杀。秦人怜之，乡邑皆祭祀焉。

魏公子无忌大破秦师于邯郸下，王龁解邯郸围走。郑安平为赵所困，将二万人降赵，邯郸，音寒丹。降，户江翻。应侯由是得罪。郑安平匿范雎以见王稽，因此入秦为相，故雎保任安平而用之。今安平降赵，故雎由此得罪。秦法：保任其人而不称者与同罪。应，于陵翻。

公子无忌既存赵，遂不敢归魏，与宾客留居赵，使将将其军还魏。将，即亮翻。还，从宣翻，又音如字。赵王与平原君计，以五城封公子。赵王扫除自迎，执主人之礼，引公子就西阶。公子侧行辞让，从东阶上，记曲礼：主人就东阶，客就西阶。客若降等，则就主人之阶。上，时掌翻。自言辠过，辠，古罪字。秦始皇以“辠”字近“皇”字，改为“罪”。以负于魏，无功于赵。赵王与公子饮至暮，口不忍献五城，以公子退让也。赵王以鄗为公子汤沐邑。师古曰：凡言汤沐邑，谓以其赋税供汤沐之具也。鄗，呼各翻。魏亦复以信陵奉公子。杜佑曰：信陵君邑于今宋州宁陵县。公子闻赵有处士毛公隐于博徒，薛公隐于卖浆家，处，昌吕翻。姓谱：薛本自黄帝，任姓之后，裔孙奚仲居薛，历夏、殷、周六十四代为诸侯，后因氏焉。欲见之；两人不肯见，公子乃间步从之游。平原君闻而非之。公子曰：“吾闻平原君之贤，故背魏而救赵。今平原君所与游，徒豪举耳，间，古苋翻。背，蒲妹翻。索隐曰：谓豪者举之。不求士也。以无忌从此两人游，尚恐其不我欲也，平原君乃以为羞乎！”为装欲去。为装者，为行装也。平原君免冠谢，乃止。

平原君欲封鲁连，以其折新垣衍言帝秦也。使者三返，终不肯受。使，疏吏翻。又以千金为鲁连寿，鲁连笑曰：“所贵于天下士，【章：十二行本“下”下有“之”字；“士”下有“者”字；乙十一行本同；孔本同。】为人排患释难解纷乱而无取也。为人之为，于伪翻。难，乃旦翻。即有取，【章：十二行本“取”下有“者”字；乙十一行本同；孔本同。】是商贾之事也！”贾音古；下同。遂【章：十二行本“遂”上有“而连不忍为也”六字；乙十一行本同；孔本同；张校同；退斋校同。】辞平原君而去，终身不复见。复，扶又翻。

2 秦太子之妃曰华阳夫人，盖食汤沐邑于华阳，因以为号。华，户化翻。无子；夏姬生子异人。异人质于赵；秦数伐赵，赵人不礼之。夏，户雅翻。质，音致。数，所角翻。异人以庶孽孙质于诸侯，车乘进用不饶，张晏曰：孺子曰孽子。何休曰：孽子，贱子也，非嫡正之子曰孽。师古曰：孽，庶子也。唐韵曰：犹木之有孽生也。异人于秦太子为庶子，于秦王为庶孽孙。孽，鱼列翻。索隐曰：进者，财也，宜依小颜读为赆，古字多假借用之。进，音才刃翻。居处困不得意。

阳翟大贾吕不韦适邯郸，见之，曰：“此奇货可居！”贾，音古。邯郸，音寒丹。贾人居积滞货，伺时以牟利，以异人方财货也。乃往见异人，说曰：“吾能大子之门！”说，式芮翻。异人笑曰：“且自大君之门！”不韦曰：“子不知也，吾门待子门而大。”异人心知所谓，乃引与坐，深语。不韦曰：“秦王老矣。太子爱华阳夫人，夫人无子。子之兄弟二十馀人，子傒有秦【章：十二行本“秦”作“承”；乙十一行本同；孔本同；退斋校同。】国之业，华，户化翻；下同。子傒，盖秦太子之子，爱而居长者。康曰：傒，胡启切。余谓“傒”字即左传高傒之傒。陆德明曰：傒，音兮。士仓又辅之。姓谱：士姓，晋士芳之后。子居中，不甚见幸，久质诸侯。太子即位，子不得争为嗣矣。”质，音致。嗣，祥吏翻。异人曰：“然则奈何？”不韦曰：“能立適嗣者，独华阳夫人耳。適，读曰嫡；下为適同。不韦虽贫，请以千金为子西游，立子为嗣。”异人曰：“必如君策，请得分秦国与君共之。”不韦乃以五百金与异人，令结宾客。复以五百金买奇物玩好，复，扶又翻。好，呼到翻。自奉而西，见华阳夫人之姊，而以奇物献于夫人，因誉子异人之贤，誉，音余。宾客遍天下，常日夜泣思太子及夫人，曰："异人也以夫人为天！"夫人大喜。不韦因使其姊说夫人曰：说，式芮翻。"夫以色事人者，色衰则爱弛。夫，音扶。今夫人爱而无子，不以繁华时蚤自结于诸子中贤孝者，举以为適，適，读曰嫡。即色衰爱弛，虽欲开一言，尚可得乎！今子异人贤，而自知中子中，读曰仲。不得为適，夫人诚以此时拔之，是子异人无国而有国，夫人无子而有子也，则终身有宠于秦矣。"夫人以为然，承间言于太子曰：间，古苋翻。"子异人绝贤，毛晃曰：绝，奇冠也，相去辽远也。来往者皆称誉之。"因泣曰："妾不幸无子，愿得子异人立以为子【章：十二行本"子"作"嗣"；乙十一行本同；孔本同。】以托妾身！"太子许之，与夫人刻玉符，约以为嗣，因厚馈遗异人，嗣，祥吏翻。遗，于季翻。而请吕不韦傅之。异人名誉盛于诸侯。

吕不韦娶邯郸诸【章：十二行本无"诸"字；乙十一行本同；孔本同。】姬绝美者与居，"娶"字当从史记作"取"。邯郸，音寒丹。知其有娠，应劭曰：娠，震动怀任之意。左传曰：邑姜方娠。孟康曰：娠，音身，汉书"娠"多作"身"，古今字也。师古曰：孟说是也。汉书皆以娠为任身字。邑姜方震，自为震动之震，不作娠。异人从不韦饮，见而请之。不韦佯怒，既而献之，孕期年而生子政，佯，音羊。期，读曰朞。盖任身十二月而生也。子政是为始皇。为吕不韦以此贾祸张本。异人遂以为夫人。邯郸之围，赵人欲杀之，异人与不韦行金六百斤予守者，予，读曰与。脱亡赴秦军，遂得归。异人楚服而见华阳夫人，楚服，为楚人之服。或曰：楚楚，盛服也。夫人曰："吾楚人也，当自子之。"因更其名曰楚。更，更衡翻。

五十九年（乙巳、前二五六）

1 秦将军摎伐韩，摎，史记正义纪虬翻。康曰：居由切。取阳城、负黍，斩首四万。伐赵，取二十馀县，斩首虏九万。赧王恐，背秦，与诸侯约从，将天下锐师出伊阙攻秦，令无得通阳城。从，子容翻。将，即亮翻。令，力丁翻。秦王使将军摎攻西周，赧王入秦，顿首受罪，尽献其邑三十六，口三万。秦受其献，归赧王于周。是岁，赧王崩。皇甫谧曰：周凡三十七王，八百六十七年。

齐思和标点顾颉刚聂崇岐覆校

资治通鉴卷第六

朝散大夫右谏议大夫权御史中丞充理检使上护军赐紫金鱼袋臣 司马光 奉敕编集
后学天台 胡三省 音注

秦纪一 起柔兆敦牂(丙午)，尽昭阳作噩(癸酉)，凡二十八年。陆德明曰：秦，陇西谷名也，在雍州鸟鼠山之东北。秦之先非子，为周孝王养马于汧、渭之间，封为附庸，邑之秦谷。非子曾孙秦仲，周宣王命为大夫。仲之孙襄公，讨西戎救周，平王东迁，以岐、丰之地赐之，列为诸侯。春秋时称秦伯。

昭襄王 名稷，惠文王庶子也。西周既亡，天下莫适为主。通鉴以秦卒并天下，因以昭襄王系年。谥法：昭德有劳曰昭；辟地有德曰襄。以沈约谥法言之，则昭襄复谥也。卒，子恤翻。谥，神至翻。辟，读曰闢。

五十二年(丙午、前二五五)

1 河东守王稽坐与诸侯通，弃市。河东本魏地，秦取之，以其地在大河之东，置河东郡。守，式又翻。刑人于市，与众弃之。秦法论死于市，谓之弃市。应侯日以不怿。王稽荐范雎于秦王，雎既相秦，稽亦进用，今以罪死，故雎日以不怿。怿，悦也。不怿，不悦也。应，于陵翻。或曰：范雎之初进用于秦，至于为相，昭襄王诚悦之也。郑安平既降赵，王稽又得罪，雎虽为相，昭襄王临朝接之，日以不悦。怿，羊益翻。王临朝而叹，朝，直遥翻。应侯请其故。王曰："今武安君死，而郑安平、王稽等皆畔，内无良将而外多敌国，吾是以忧！"将，即亮翻。应侯惧，不知所出。

燕客蔡泽闻之，燕，于贤翻。蔡，姓也，以国为氏。西入秦，先使人宣言于应侯曰："蔡泽，天下雄辩之士；彼见王，必困君而夺君之位。"应侯怒，使人召之。蔡泽见应侯，礼又倨。倨，居御翻，傲也。应侯不快，因让之曰："子宣言欲代我相，相，息亮翻。请闻其说。"蔡泽曰："吁，孔安国曰：吁，疑怪之辞。孔颖达曰：吁者，心有所嫌而为此声，故以为疑怪之辞也。君何见之晚也！夫四时之序，成功者去。谓春生，夏长，秋就实，冬闭藏，各成其功而相代谢也。夫，音扶；下同。君独不见夫秦之商君、楚之吴起、越之大夫种，何足愿与？"商君事见二卷周显王三十一年。吴起事见一卷安王二十一年。大夫种相越王句践以雪会稽之耻，功成不退，为句践所杀。种，温公音章勇翻。与，读曰欤。句，音钩。践，慈浅翻。种，章勇翻。应侯谬曰："何为不可！此三子者，义之至也，忠之尽也。君子有杀身以成名，死无所恨。"蔡泽曰："夫人立功，岂不期于成全邪！应，于陵翻。谬，靡幼翻。邪，音耶。身名俱全者，上也；名可法而身死者，次也；名僇辱而身全者，下也。僇，与戮同。夫商君、吴起、大夫种，其为人臣尽忠致功，则可愿矣。闳夭、周公，岂不亦忠且圣乎！三子之可愿，孰与闳夭、周公哉？"闳夭，周文王、武王之贤臣。闳，音宏。夭，于骄翻，又于表翻。应侯曰："善。"蔡泽曰："然则君之主惇厚旧故，不倍功臣，孰与孝公、楚王、越王？"倍，与背同，蒲昧翻。曰："未知何如。"蔡泽曰："君之功能孰与三子？"曰："不若。"蔡泽曰："然则君身不退，患恐甚于三子矣。语曰：'日中则移，月满则亏。'进退嬴缩，五星早出为嬴，晚出为缩。嬴，馀轻翻。缩，所六翻。与时变化，圣人之道也。今君之怨已雠而德已报，怨已雠，谓杀魏齐；德已报，谓进用王稽、郑安平等。意欲至矣而无变计，窃为君危之！"为，于伪翻。应侯遂延以为上客，因荐于王。王召与语，大悦，拜为客卿。应侯因谢病免。王新悦蔡泽计画，遂以为相国。泽为相数月，免。相，息亮翻。

2 楚春申君以荀卿为兰陵令。姓谱：荀，本姓郇，后去“邑”为“荀”。又晋荀林父，公族隰叔之后。班志，兰陵县属东海郡。史记正义曰：今沂州承县有兰陵山。荀卿者，赵人，名况，尝与临武君论兵于赵孝成王之前。王曰：“请问兵要。”临武君对曰：“上得天时，下得地利，观敌之变动，后之发，先之至，此用兵之要术也。”后、先，皆去声。荀卿曰：“不然。臣所闻古之道，凡用兵攻战之本，在乎一民。弓矢不调，则羿不能以中；六马不和，则造父不能以致远；羿，古之善射者；造父，古之善御者也。羿，音诣。中，竹仲翻。父，音甫。士民不亲附，则汤、武不能以必胜也。故善附民者，是乃善用兵者也。故兵要在乎附民而已。”临武君曰：“不然。兵之所贵者势利也，所行者变诈也。善用兵者感忽悠暗，杨倞曰：感忽，恍惚也。悠暗，谓远视不分之貌。莫知所从出；孙、吴用之，无敌于天下，岂必待附民哉！”荀卿曰：“不然。臣之所道，仁人之兵，王者之志也。君之所贵，权谋势利也。仁人之兵，不可诈也。彼可诈者，怠慢者也，露袒者也，露袒，如人之支体上下无衣裳以覆蔽，裸露肉袒者也。君臣上下之间滑然有离德者也。滑，音骨，乱也。故以桀诈桀，犹巧拙有幸焉。以桀诈尧，譬之以卵投石，以指桡沸，桡，奴巧翻，又奴教翻，搅也。若赴水火，入焉焦没耳。故仁人之兵，上下一心，三军同力；臣之于君也，下之于上也，若子之事父，弟之事兄，若手臂之扞头目而覆胸腹也。覆，敷救翻，盖也。诈而袭之，与先惊而后击之，一也。且仁人用十里之国则将有百里之听，用百里之国则将有千里之听，用千里之国则将有四海之听，必将聪明警戒，和傅而一。康曰：将，音将帅之将。余据文义，读如字为通。傅，音附。故仁人之兵，聚则成卒，百人为卒。散则成列，延则若莫邪之长刃，莫邪，吴之宝剑也。说文：莫邪，长戟也。邪，音耶。婴之者断；兑则若莫邪之利锋，当之者溃；“兑”，刘向新序作“锐”。杨倞曰：兑，犹聚也，读与队同。倞，音谅。圜居而方止，则若盘石然，触之者角摧而退耳。且夫暴国之君，将谁与至哉？夫，音扶。彼其所与至者，必其民也。其民之亲我欢若父母，其好我芬若椒兰；彼反顾其上则若灼黥，若仇雠；人之情，虽桀、跖，岂有肯为其所恶，贼其所好者哉！字书：仇、雠，皆匹也。说文：仇，雠也。雠，犹应也。左传：怨耦曰仇。记曰：父之雠，不与共戴天。盖谓仇之初匹也。至于耦而成怨，则为仇。雠，校也，两本相对，覆校是非也。杀父之人一旦相对，覆校是非，则不共戴天矣。仇雠之义，至此为甚；后世率以为言。好，呼到翻。为，于伪翻。恶，乌路翻。是犹使人之子孙自贼其父母也。彼必将来告，【章：十二行本"告"下有"之"字；乙十一行本同；孔本同；退斋校同。】夫又何可诈也！故仁人用，国日明，诸侯先顺者安，后顺者危，敌之者削，反之者亡。诗曰：'武王载发，有虔秉钺，如火烈烈，则莫我敢遏，'此之谓也。"商颂之辞。武王，汤也。发，依商颂读为旆。古者军将战则建旆。

孝成王、临武君曰："善。请问王者之兵，设何道，何行而可？"杨倞曰：设，谓制置。道，谓论说教令也。行，谓动用也。荀卿曰："凡君贤者其国治，君不能者其国乱；隆礼贵义者其国治，简礼贱义者其国乱。治者强，乱者弱，是强弱之本也。治，直吏翻。上足卬则下可用也；上不足卬则下不可用也。卬，古仰字，音鱼向翻。杨倞曰：下托上曰仰。下可用则强，下不可用则弱，是强弱之常也。齐【章：十二行本"齐"上有"好士者强，不好士者弱；爱民者强，不爱民者弱；政令信者强，政令不信者弱；重用兵者强，轻用兵者弱；权出一者强，权出二者弱；是强弱之常也。"五十五字。乙十一行本同；孔本同；张校同；退斋校同。】人隆技击，孟康曰：技击者，兵家之技巧，习手足，便器械，积机关，以立攻守之胜者也。杨倞曰：技，材力也。齐人以勇力击斩敌者，号为技击。隆，重也。技，渠绮翻。其技也，得一首者则赐赎锱金，无本赏矣。杨倞曰：八两曰锱。本赏，谓有功同受赏也。其技击之术，斩得一首，则官赐以锱金赎之。斩首，虽战败亦赏；不斩首，虽胜亦不赏：是无本赏矣。

锱，庄持翻。是事小敌毳，则偷可用也；毳，与脆同，音此芮翻。事大敌坚，则涣焉离耳；若飞鸟然，倾侧反覆无日，是亡国之兵也，兵莫弱是矣，是其去赁市佣而战之几矣。赁，女禁翻。毛晃曰：借也，僦也。市佣，谓市人之受雇者也。魏氏之武卒，以度取之；杨倞曰：选择武勇之士，号为武卒，度取之，谓取长短材力之中度者也。衣三属之甲，如淳曰：上身一，髀裈一，胫缴一，凡三属。衣，于既翻。属，之欲翻。操十二石之弩，沈括曰：钧石之石，五权之名，石重百二十斤。后人以一斛为一石，自汉时已如此，于定国饮酒一石不乱是也。挽强弓弩，古人以钧石率之。今人乃以秔米一斛之重为一石，凡石以九十二斤半为法，乃汉秤三百四十一斤也。今之武卒蹶弩有及九石者，计其力乃古二十五石，比魏之武卒，当二人有馀。弓有挽三石者，乃古之二十四钧，比颜高之弓当五人有馀。此皆近世教习所致。武备之盛，前古未有其比。案括之论详矣；然用之则误国丧师，不知合变，是赵括之谈兵也。操，七刀翻。负矢五十个，置戈其上，谓置戈于身之上，即荷戈也。荷，下可翻。冠胄带剑，赢三【章：十二行本"三"作"二"，乙十一行本同。】日之粮，日中而趍百里；中试则复其户，利其田宅。中试，言程试而中度者，复其户，不徭役也。利其田宅，给以田宅便利之处。胄，今之兜鍪。冠，古玩翻。赢，怡成翻，担也。中，竹仲翻。复，方目翻。是其气力数年而衰，而复利未可夺也，改造则不易周也，改造，谓更选择也。易，弋豉翻。是故地虽大，其税必寡，是危国之兵也。秦人，其生民也陿隘，其使民也酷烈，劫之以势，隐之以阸，忸之以庆赏，鳅之以刑罚，陿，与狭同。隘，乌懈翻。杨倞曰：隐之以阸，谓隐蔽以险阸，使敌不能害。郑氏曰：秦地多阸，隐藏其民于阸中也。忸，与狃同，串习也。战胜则与之庆赏，使习以为常。鳅，藉也。不胜则以刑罚陵藉之。庄子：风谓蛇曰，鳅我亦胜我。陆德明音义曰：鳅，音秋，藉也。李云：鳅，藉也；藉则削也。忸，女九翻。使民所以要利于上者，非斗无由也。使以功赏相长，五甲首而隶五家，杨倞曰：有功则赏之，使相长，凡获得五甲首则役隶乡里之五家也。要，一遥翻。长，知两翻。是最为众强长久之道。故四世有胜，非幸也，数也。四世，谓秦孝公、惠文王、悼武王，昭襄王。故齐之技击不可以遇魏之武卒，魏之武卒不可以遇秦之锐士，秦之锐士不可以当桓、文之节制，桓、文之节制不可以当汤、武之仁义，有遇之者，若以焦熬投石焉。焦熬之物至脆，投石则碎。熬，五刀翻。兼是数国者，皆干赏蹈利之兵也，佣徒鬻卖之道也；未有贵上安制綦节之理也。杨倞曰：干赏蹈利之兵，与佣徒之人鬻卖其力而作者无异，未有爱贵其上而为之致死。安于制度，自不逾越，极于节义，心不为非之理也。诸侯有能微妙之以节，则作而兼殆之耳。杨倞曰：微妙，精尽也。节，仁义也。作，起也。殆，危也。诸侯有能精尽仁义，则起而兼此数国，使之危殆。故招延募选，隆势诈，上功利，是渐之也。渐，浸渍也。言势诈功利渐染以成俗。渐，子廉翻。礼义教化，是齐之也。故以诈遇诈，犹有巧拙焉；以诈遇齐，譬之犹以锥刀堕泰山也。谓礼义教化之所齐，以诈遇之，无不败者。堕，读曰隳。故汤、武之诛桀、纣也，拱挹指麾，而强暴之国莫不趋使，挹，一及翻，义与揖同。诛桀、纣若诛独夫。故泰誓曰：'独夫纣，'此之谓也。故兵大齐则制天下，小齐则治邻敌。治，直之翻。若夫招延募选，隆势诈，上功利之兵，夫，音扶；下同。则胜不胜无常，代翕代张，代存代亡，相为雌雄耳。夫是谓之盗兵，君子不由也。"

孝成王、临武君曰："善。请问为将。"将，即亮翻。荀卿曰："知莫大于弃疑，杨倞曰：不用疑谋，此智之大。知，读曰智。行莫大于无过，行，下孟翻。事莫大于无悔；事至无悔而止矣，不可必也。言不可自以为必胜。故制号政令，欲严以威；庆赏刑罚，欲必以信；处舍收藏，欲周以固；杨倞曰：处舍，营垒也。收藏，财物也。周密严固，则敌不得而陵夺也。处，昌吕翻。徙举进退，欲安以重，欲疾以速；窥敌观变，欲潜以深，欲伍以参；杨倞曰：谓使间谍观敌，欲潜隐深入之也。伍参，犹错杂也。使间谍或参之，或伍之于敌之间，而尽知其事。韩子曰：省同异之言，以知朋党之分，偶参伍之验，以责陈言之实。

又曰：参之以比物，伍之以合参。遇敌决战，必行吾所明，无行吾所疑；夫是之谓六术。无欲将而恶废，言欲为将而恶失权，则舍己之胜算，迁就以逢君之欲矣。将，即亮翻。无怠胜而忘败，无威内而轻外，无见其利而不顾其害，凡虑事欲熟而用财欲泰，夫是之谓五权。夫，音扶。将所以不受命于主有三：可杀而不可使处不完，可杀而不可使击不胜，可杀而不可使欺百姓，夫是之谓三至。杨倞曰：至，谓守一而不变。处，昌吕翻。凡受命于主而行三军，三军既定，百官得序，杨倞曰：百官，军之百吏也。群物皆正，则主不能喜，敌不能怒，夫是之谓至臣。虑必先事而申之以敬，慎终如始，始终如一，夫是之谓大吉。杨倞曰：言必无覆败之祸。凡百事之成也必在敬之，其败也必在慢之。故敬胜怠则吉，怠胜敬则灭；计胜欲则从，欲胜计则凶。战如守，行如战，有功如幸。敬谋无旷，敬事无旷，敬吏无旷，敬众无旷，敬敌无旷，夫是之谓五无旷。旷，废也。夫，音扶。慎行此六术、五权、三至，而处之以恭敬、无旷，夫是之谓天下之将，则通于神明矣。"

临武君曰："善。请问王者之军制。"荀卿曰："将死鼓，将，即亮翻。将建旗伐鼓以令三军之进退，死不离局。离，力智翻。御死辔，百吏死职，上【章：乙十一行本"上"作"士"。】大夫死行列。行，户刚翻。闻鼓声而进，闻金声而退。顺命为上，有功次之。令不进而进，犹令不退而退也，令，力正翻。其罪惟均。不杀老弱，不猎禾稼，服者不禽，格者不赦，奔命者不获。杨倞曰：服，谓不战而退者不追禽之。格，谓相拒捍者。奔命，谓奔走来归其命，不获之以为囚俘。凡诛，非诛其百姓也，诛其乱百姓者也。百姓有捍其贼，则是亦贼也。以其【章：十二行本"其"作"故"；乙十一行本同。】顺刃者生，傃刃者死，奔命者贡。杨倞曰：傃，向也，谓傃向格斗者。贡，谓取归命者献于上将也。傃，音素。微子开封于宋，殷纣暴虐，微子奔周。武王杀纣，封微子于宋。微子本名启，此云开者，盖汉景帝讳，刘向改之也。曹触龙断于军，杨倞曰：说苑云：桀为天子，其臣有左师触龙者，谄谀不正。此云纣，当是说苑误。按战国时赵亦有左师触龙，岂姓名同乎？姓谱：曹姓，本自颛顼玄孙陆终之子六安，周武王封曹挟于邾，故邾，曹姓也。至魏武帝，始祖曹叔振铎。商之服民，所以养生之者无异周人，故近者歌讴而乐之，远者竭蹶而趍之，以上下文观之，商、周二字恐或倒置。杨倞曰：竭蹶，颠仆，犹言匍匐也。乐，音洛。蹶，居月翻。无幽閒辟陋之国，莫不趋使而安乐之，閒，读曰闲。辟，读曰僻。四海之内若一家，通达之属莫不从服，夫是之谓人师。夫，音扶。诗曰：'自西自东，自南自北，无思不服。'此之谓也。引文王有声之诗而言。王者有诛而无战，城守不攻，兵格不击，敌上下相喜则庆之，不屠城，不潜军，不留众，师不越时，故乱者乐其政，不安其上，欲其至也。"乱国之民乐吾之政，故不安其上，惟欲吾兵之至也。乐，音洛。临武君曰："善。"

陈嚣问荀卿曰：嚣，虚骄翻；又牛刀翻。"先生议兵，常以仁义为本，仁者爱人，义者循理，然则又何以兵为？凡所为有兵者，为争夺也。"为争，于伪翻。荀卿曰："非汝所知也。彼仁者爱人，爱人，故恶人之害之也；义者循理，循理，故恶人之乱之也。恶，乌路翻。彼兵者，所以禁暴除害也，非争夺也。"

3 燕孝王薨，子喜立。

4 周民东亡。义不为秦民也。秦人取其宝器，迁西周公于墨狐之聚。此西周文公也，武公之子也。自赧王时，东西分治，赧王拥虚器而已。班志，河南郡梁县有墨狐聚。括地志：汝州外古梁城，即墨狐聚也。阳人故城，即阳人聚也；在汝州梁县西四十里，秦迁东周所居也。梁，亦古梁城也，在汝州梁县西南十五里。索隐曰：墨狐聚与阳人聚在洛阳南北五十里梁、新城之间也。墨，与惮同。聚，贤曰：慈谕翻。

5 楚王【章：十二行本"王"作"人"，乙十一行本同；孔本同；退斋校同。】

迁鲁于莒而取其地。鲁至是而亡。莒，居许翻。

五十三年（丁未、前二五四）

1 摎伐魏，取吴城。后汉志，河东郡大阳县有吴山，山上有虞城。杜预曰：虞，国也。帝王世纪曰：舜妃嫔于虞，虞城是也；亦谓吴城，秦昭王伐魏取吴城是也。摎，纪虬翻。韩王入朝。魏举国听令。朝，直遥翻。令，力政翻。

五十四年（戊申、前二五三）

1 王郊见上帝于雍。班志，雍县属扶风。秦惠公都之，有五畤，故于此郊见上帝，欲行天子之礼也。应劭曰：四方积高曰雍。凡下见上之见，音贤遍翻。雍，于用翻。畤，音止。

2 楚迁于巨阳。赧王三十七年，楚自郢东北徙于陈；今自陈徙巨阳；至始皇六年，春申君以朱英之言，自陈徙寿春：则此时虽徙巨阳，未离陈地也。赧，奴版翻。郢，以井翻。离，力智翻。

五十五年（己酉、前二五二）

1 卫怀君朝于魏，魏人执而杀之；更立其弟，是为元君。更，工衡翻。元君，魏婿也。婿，女夫也。妻谓夫亦曰婿。旁从“女”，或从“士”，音思继翻。

五十六年（庚戌、前二五一）

1 秋，王薨，孝文王立。尊唐八子为唐太后，薨，呼肱翻。七子、八子，秦宫中女官名。以子楚为太子。赵人奉子楚妻子归之。韩王衰绖入吊祠。贤曰：丧服斩衰裳，上曰衰，下曰裳。麻在首要皆曰绖，首绖象缁布冠，要绖象大带。绖之言实，衰之言摧，明中实摧痛也。衰，七雷翻。

2 燕王喜使栗腹约欢于赵，姓谱：栗姓，栗陆氏之后。燕，因肩翻。以五百金为赵王酒。反而言于燕王曰：“赵壮者皆死长平，长平之败，事见上卷周赧王五十五年。其孤未壮，可伐也。”王召昌国君乐间问之，对曰：“赵四战之国，言其四境皆邻于强敌，四面拒战也。其民习兵，不可。”王曰：“吾以五而伐一。”对曰：“不可。”王怒。群臣皆以为可，乃发二千乘，栗腹将而攻鄗，乘，绳证翻。鄗，呼各翻。卿秦攻代。姓谱：卿，姓也。将渠曰："与人通关约交，以五百金饮人之王，姓谱：将，亦姓也，音即良翻。饮，于禁翻。使者报而攻之，不祥；师必无功。"使，疏吏翻。王不听，自将偏军随之。将渠引王之绶，王以足蹴之。蹴，子六翻，蹋也。绶，音受。将渠泣曰："臣非自为，为王也！"为，于伪翻。燕师至宋子，班志，宋子县属巨鹿郡。赵廉颇为将，逆击之，败栗腹于鄗，败卿秦、乐乘于代，将，即亮翻。乐乘，赵将也。战国策曰：乐乘败卿秦于代，当从之。败，补迈翻。追北五百馀里，遂围燕。燕都蓟，赵人进围之。燕人请和，赵人曰："必令将渠处和。"处，昌吕翻。处和者，主和也。燕王使【章：十二行本"使"作"以"；乙十一行本同；孔本同。】将渠为相而处和，赵师乃解去。相，息亮翻。

3 赵平原君卒。卒，子恤翻。

孝文王　索隐曰：名柱。谥法：五宗安之曰孝；慈惠爱民曰文。

元年（辛亥、前二五〇）

1 冬，十月，己亥，王即位；三日薨。子楚立，是为庄襄王；尊华阳夫人为华阳太后，夏姬为夏太后。姓谱：周封夏后氏于杞，非为后不得封者，以夏为氏。一曰：陈夏徵舒之后。夏姬生庄襄王，故尊为太后。华，户化翻。夏，户雅翻。

2 燕将攻齐聊城，拔之。聊城在济水之北。班志，聊城县属东郡。或谮之燕王，燕将保聊城，不敢归。齐田单攻之，岁馀不下。鲁仲连乃为书，约之矢以射城中，燕，因肩翻。将，即亮翻。约之矢，谓以书围绕束缚于矢也。射，而亦翻。遗燕将，为陈利害遗，于季翻。为，于伪翻。曰："为公计者，不归燕则归齐。今独守孤城，齐兵日益而燕救不至，将何为乎？"燕将见书，泣三日，犹豫不能自决。欲归燕，已有隙；欲降齐，所杀虏于齐甚众，恐已降而后见辱。喟然叹曰："与人刃我，宁我自刃！"遂自杀。降，户江翻。喟，丘贵翻。言与其使人加刃于我，宁使我拔刃而自杀也。聊城乱，田单克聊城。用大师曰克。归，言鲁仲连于齐，【章：十二行本"齐"下有"王"字；乙十一行本同；孔本同。】欲爵之。仲连逃之海上，曰："吾与富贵而诎于人，诎，曲勿翻。礼记：不充诎于富贵。诎者，喜失节貌。余谓此诎即屈伸之屈。宁贫贱而轻世肆志焉！"

魏安釐王问天下之高士于子顺，釐，读曰僖。子顺曰："世无其人也；抑可以为次，其鲁仲连乎！"王曰："鲁仲连强作之者，强，其两翻。非体自然也。"子顺曰："人皆作之。作之不止，乃成君子；作之不变，习与体成，【章：十二行本"戎"下有"习与体成"四字；乙十一行本同；孔本同；张校同。】则自然也。"朱熹曰：君子，成德之名。

庄襄王 本名异人，改名楚，孝文王之中子也。谥法：胜敌志强曰庄。

元年（壬子，前二四九）

1 吕不韦为相国。相，息亮翻。

2 东周君与诸侯谋伐秦；王使相国帅师讨灭之，迁东周君于阳人聚。帅，读曰率。聚，慈喻翻。周既不祀。皇甫谧曰：周凡三十七王，八百六十七年。周有天下，祀后稷以配天，宗祀文王于明堂以配上帝，宗庙血食八百六十馀年。西周已亡，犹幸东周能守其祀，东周又为秦所灭，则尽不祀矣。索隐曰：既，尽也。日食尽曰既。言周祚尽灭，无主祭祀。周比亡，比，必寐翻，及也。凡有七邑：河南、洛阳、谷城、平阴、偃师、巩、缑氏。班志：河南县故郏鄏地，周武王迁九鼎，周公营以为都，是为王城；平王居之。洛阳，周公迁殷民于此，是为成周。师古曰：谷城，即今新安。应劭曰：平阴，在平城北，故曰平阴。班志：河南郡之平县，即平城也。括地志曰：故谷城在洛州河南县西北十八里苑中。河阴县城本汉平阴县，在洛州洛阳县东北五十里。十三州志曰：在平津大河之南，魏文帝改曰河阴。刘昭曰：偃师，帝喾所都。盘庚复南亳，是为西亳。巩，古巩伯国，周之东，周公所居。缑氏，周大夫刘子邑。宋白曰：缑氏，春秋之滑国。已上七邑，汉皆属河南郡。缑，工侯翻。郏，音夹。鄏，音辱。

3 以河南洛阳十万户封相国不韦为文信侯。相，息亮翻。

4 蒙骜伐韩，骜，五到翻，又五刀翻。取成皋、荥阳，班志，荥阳县属河南郡，荥泽在其南。唐属郑州。初置三川郡。

5 楚灭鲁，迁鲁顷公于卞，春秋："夫人姜氏会齐侯于卞，"即其地。班志，卞县属鲁郡。顷，音倾。为家人。家人，犹今所谓齐民也。

二年（癸丑、前二四八）

1 日有食之。

2 蒙骜伐赵，【章：十二行本"赵"下有"定太原"三字；乙十一行本同；孔本同；张校同；退斋校同。】取榆次、狼孟等三十七城。班志，榆次、狼孟二县并属太原郡。榆次，即左传涂水、梗阳之地。括地志：狼孟故城，在并州阳曲县东北二十六里。

3 楚春申君言于楚王曰："淮北地边于齐，其事急，请以为郡而封于江东。"楚王许之。春申君因城吴故墟以为都邑。吴都姑苏，越王句践灭吴王夫差而吴为墟。班志：吴县，太伯所邑，汉为会稽郡治所。句，音钩。践，慈演翻。宫室极盛。春申君相楚，楚正弱，秦正强，不能为国谋，乃营其都而盛宫室，何足道也！孔颖达曰：尔雅云：室谓之宫，宫谓之室。别而言之，论其四面穹隆则曰宫，因其贮物则曰室。室之言实也。

三年（甲寅、前二四七）

1 王龁攻上党诸城，悉拔之，初置太原郡。龁，恨勿翻。

2 蒙骜帅师伐魏，取高都、汲。班志，高都县属上党郡，汲县属河内郡。括地志：高都县，今泽州也。汲故城在卫州所理汲县之西南二十五里。帅，读曰率。魏师数败，数，所角翻。魏王患之，乃使人请信陵君于赵。信陵君畏得罪，不肯还，信陵君留赵事见上卷周赧王五十八年。还，从宣翻，又音如字。赧，奴版翻。诫门下曰：诫，居拜翻，敕也。"有敢为魏使通者死！"为，于伪翻。使，疏吏翻。宾客莫敢谏。毛公、薛公见信陵君曰："公子所以重于诸侯者，徒以有魏也。康曰：

重，直用切。余按文义，当音轻重之重。今魏急而公子不恤，一旦秦人克大梁，夷先王之宗庙，公子当何面目立天下乎！”语未卒，信陵君色变，趣驾还魏。卒，子恤翻。趣，读曰促，催也。魏王持信陵君而泣，以为上将军。信陵君使人求援于诸侯。诸侯闻信陵君复为魏将，将，即亮翻。皆遣兵救魏。信陵君率五国之师败蒙骜于河外，自春秋至战国，率以黄河之西为河外，晋赂秦以河外列城五，即其证也。骜，五到翻。败，补迈翻。蒙骜遁走。信陵君追至函谷关，抑之而还。

安陵人缩高之子仕于秦，后汉志，汝南郡征羌县有安陵亭。注云：即魏安陵君所封地。括地志曰：隱陵县西北十五里。李奇云：六国时为安陵。还，从宣翻，又音如字。缩，所六翻。秦使之守管。班志，河南郡中牟县有管叔邑。后汉志，中牟县有管城。杜预曰：管，国也，在京县东北。信陵君攻之不下，使人谓安陵君曰：“君其遣缩高，吾将仕之以五大夫，使为执节尉。”信陵君使安陵君遣缩高，欲使安陵以君谕其民，以父谕其子也。军尉之执节者也。周执节以使，汉执节则使且可以专杀矣。安陵君曰：“安陵，小国也，不能必使其民。使者自往请之。”使吏导使者至缩高之所。使者致信陵君之命，缩高曰：“君之幸高也，将使高攻管也。夫父攻子守，人之笑也；见臣而下，是倍主也。父教子倍，亦非君之所喜。夫，音扶。倍，蒲妹翻。喜，许既翻。敢再拜辞！”使者以报信陵君。信陵君大怒，遣使之安陵君所曰：“安陵之地，亦犹魏也。使，疏吏翻。之，如也，往也。安陵本魏地，魏襄王以封其弟。今吾攻管而不下，则秦兵及我，社稷必危矣。愿君生束缩高而致之！若君弗致，无忌将发十万之师以造安陵之城下。”造，七到翻。安陵君曰：“吾先君成侯受诏襄王以守此城也，手授太府之宪。太府，魏国藏图籍之府。宪，法也。宪之上篇曰：‘臣弑君，子弑父，有常不赦。有常，谓有常法也。国虽大赦，降城亡子不得与焉。’降，户江翻。与，读曰预。今缩高辞大位以全父子之义，而君曰‘必生致之’，是使我负襄王之诏而废太府之宪也，虽死，终不敢行！”缩高闻之曰：“信陵君为人，悍猛而自用，此辞必反【章：十二行本二字互乙；乙十一行本同；孔本同。】为国祸。谓为安陵之祸也。悍，下罕翻，又音汗。吾已全己，无违人臣之义矣，岂可使吾君有魏患乎！”乃之使者之舍，刎颈而死。信陵君闻之，缟素辟舍，刎，扶粉翻。颈，居郢翻。缟，古老翻。尔雅曰：缟，皓也。辟，读曰避。使使者谢安陵君曰：“无忌，小人也，困于思虑，失言于君，请再拜辞罪！”安陵，受封于魏国者也，缩高，受廛于安陵者也。缩高之子不为魏民，逃归秦而臣于秦，为秦守管。时秦加兵于魏，欲取大梁，安陵傥念魏为宗国，缩高傥念其先为魏民，见魏之危，安敢坐视而不救。公子无忌为魏举师以临之，安陵君则陈太府之宪，缩高则陈大臣之义以拒之，虽死不避，反而求之，可谓得其死乎！无忌为之缟素辟舍以谢安陵，吾亦未知其何所处也。

王使人行万金于魏以间信陵君，求得晋鄙客，信陵君杀晋鄙事见上卷周赧王五十六年。间，古苋翻。令说魏王曰：“公子亡在外十年矣，今复为将，诸侯皆属，天下徒闻信陵君而不闻魏王矣。”令，力丁翻。说，式芮翻。将，即亮翻。王又数使人贺信陵君：“得为魏王未也？”数，所角翻。魏王日闻其毁，不能不信，乃使人代信陵君将兵。信陵君自知再以毁废，乃谢病不朝，日夜以酒色自娱，凡四岁而卒。朝，直遥翻。卒，子恤翻。韩王往吊，其子荣之，以告子顺。子顺曰：“必辞之以礼！‘邻国君吊，君为之主。’郑玄曰：君为之主，吊臣恩为己也。子不敢当主，中庭北面，哭不拜。记曰：昔者卫灵公适鲁，遭季桓子之丧，卫君请吊，哀公辞，不得命，公为主。客入吊，公揖让，升自东阶，西乡；客升自西阶吊。公拜，兴，哭。今君不命子，则子无所受韩君也。”其子辞之。

3 五月，丙午，王薨。薨，呼肱翻。太子政立，生十三年矣，国事皆决【章：十二行本“决”作“委”；乙十一行本同；孔本同；张校同；退斋校同。】于文信侯，号称仲父。吕不韦封文信侯。仲父，以齐桓礼管仲礼之。

4 晋阳反。是年，秦攻得晋阳，置太原郡；未久而秦有庄襄王之丧，故反。

始皇帝上

讳政，庄襄王子也。王并天下，自以德兼三皇，功过五帝，故自号曰皇帝；欲传世以一至万，乃除谥法，号始皇帝。

元年（乙卯、前二四六）

1 蒙骜击定之。击定晋阳也。骜，五到翻。

2 韩欲疲秦人，使无东伐，乃使水工郑国为间于秦，凿泾水自仲山为渠，间，古苋翻。班志：泾水出安定郡泾阳县西开头山，东至冯翊阳陵县入渭，过郡三，行千六十里。淮南子曰：泾水出薄落之山。华戎对境图：泾水上接蔚茹水，南流至笄头山，西折而东流，径原州、泾州界，又东流径邠州、乾州之北，又东南流至雍州泾阳县而合于渭。师古曰：仲山，即今九嵕之东仲山也。开，轻烟翻。蔚，纡勿翻。笄，古兮翻。雍，于用翻。嵕，祖红翻。并北山，东注洛。并，步浪翻。师古曰：洛水，即冯翊漆、沮水。程大昌曰：禹贡止有漆、沮，秦、汉以来始有洛水。所谓洛者，班志云：源出北地归德县北蛮夷中。今按其水自入塞后，历鄜、坊、同三州始入渭，孔安国谓自冯翊怀德县入渭是也。汉怀德、唐同州朝邑县是也。漆水自华原县东北同官县界来，沮水自邠州东北来；洛在漆、沮之东，至同州白水县与漆、沮合。所谓洛即漆、沮者，言其本同也。沮，七余翻。鄜，音肤。邠，彼巾翻。中作而觉，师古曰：中作，谓用功中道，事未竟也。觉，露也，韩之谋露也。秦人欲杀之。郑国曰："臣为韩延数年之命，然渠成，亦秦万世之利也。"乃使卒为之。臣为，于伪翻。卒，子恤翻，终也。注填阏之水溉舄卤之地四万馀顷，收皆亩一钟，师古曰：注，引也。填阏，谓壅泥也。言引淤浊之水灌咸卤之田，更令肥美，故一亩之收至六斛四斗。杜佑曰：古者百步为亩，秦、汉以降，即二百四十步为亩。阏，读曰淤，音于据翻。舄，与潟同，音思积翻，卤也。卤，亦作滷，音郎古翻，咸卤。关中由是益富饶。饶，有馀裕也。

二年（丙辰、前二四五）

1 麃公将卒攻卷，索隐曰：麃，邑名。麃公，史失其姓名。麃，悲骄翻。将，即亮翻，又音如字。卷，逵员翻，邑名。斩首三万。

2 赵以廉颇为假相国，伐魏，取繁阳。班志，繁阳县属魏郡。应劭曰：在繁水之阳。括地志：繁阳故城，在相州内黄县东北二十七里。相，息亮翻。赵孝成王薨，子悼襄王立，使武襄君乐乘代廉颇。廉颇怒，攻武襄君；武襄君走。廉颇出奔魏；久之，魏不能信用。赵师数困于秦，赵王思复得廉颇，廉颇亦思复用于赵。赵王使使者视廉颇尚可用否。廉颇之仇郭开多与使者金，令毁之。廉颇见使者，一饭斗米，肉十斤，被甲上马，以示可用。使者还报曰："廉将军虽老，尚善饭；然与臣坐，顷之三遗矢矣。"数，所角翻。复，扶又翻。使使，疏吏翻。令，力丁翻。被，皮义翻。上，时掌翻。矢，粪也。赵王以为老，遂不召。郭开之间廉颇，以其仇也；其谗杀李牧，则好货耳。谗人罔极，其祸国可胜言哉！间，古苋翻。好，呼到翻。胜，音升。楚人阴使迎之。廉颇一为楚将，无功，曰："我思用赵人！"卒死于寿春。将，即亮翻。寿春县，汉属九江郡，唐为寿州治所。始皇六年，楚方徙都寿春，史终言廉颇之事也。卒，子恤翻。

三年（丁巳、前二四四）

1 大饥。五谷皆不熟为大饥。

2 蒙骜伐韩，取十二城。骜，五到翻。

3 赵王以李牧为将，伐燕，取武遂、方城。班志，武遂县属河间国。方成县属广阳国；后汉志作"方城"。括地志：易州遂城县，战国时武遂城也。方城故城，在幽州固安县南十七里。将，即亮翻。燕，因肩翻。李牧者，赵之北边良将也，尝居代、雁门备匈奴，秦置雁门郡，在代郡西南。匈奴，淳维之后，本夏后氏之苗裔。索隐曰：张晏云：淳维以殷时奔北边。又乐彦括地谱曰：夏桀无道，汤放之鸣条，三年而死。其子獯粥妻桀之众妾，避居北野，随畜移徙，中国谓之匈奴。其言夏后苗裔，或当然也。故应劭风俗通曰：殷时曰獯粥，改曰匈奴。又晋灼云：尧时曰荤粥，周曰猃狁，秦曰匈奴。韦昭曰：汉曰匈奴，荤粥其别名，则淳维是其始祖，盖与獯粥是一也。獯，许云翻。粥，音育。猃，虚检翻。以便宜置吏，市租皆输入莫府，为士卒费，康曰：师出无常处，所在张幕居之，以将帅得称府，故曰莫府。莫，与幕同。一曰：莫，大也。莫府，犹言大府。日击数牛飨士；习骑射，孔颖达曰：古人不骑马，故但经记正典无言骑者。今言骑者，当是周末时。射之所起，起自黄帝，故易系辞黄帝下九事章云：古者弦木为弧，剡木为矢，弧矢之利以威天下。又世本云：挥作弓，夷牟作矢。注云：挥、夷牟，黄帝臣。是弓矢起于黄帝矣。骑，奇寄翻；下同。剡，以冉翻。谨烽火，多间谍，塞上置候望之地，边有警则举烽。汉书音义：烽，如覆米䉛，县着桔槔头，有寇则举之。燧，积薪，有寇则燔然之。索隐曰：字林：䉛，漉米薮也，音一六翻。纂要：䉛，淅箕也。烽见敌则举，燧有难则焚。烽主昼，燧主夜。间谍者，使之间行以伺敌，观其变动也。间，古苋翻。谍，达协翻。着，直略翻。桔，吉屑翻。槔，音皋。漉，音鹿。淅，音析。难，乃旦翻。伺，相吏翻。为约曰：“匈奴即入盗，急入收保。收畜产而自保也。有敢捕虏者斩！”匈奴每入，烽火谨，辄入收保不战。如是数岁，亦不亡失。匈奴皆以为怯，虽赵边兵亦以为吾将怯。将，即亮翻。赵王让之，让，责也。李牧如故。王怒，使他人代之。岁馀，屡出战，不利，多失亡，边不得田畜。说文：畜，许竹翻，养也。史记正义：许又翻，又音蓄，聚也。王复请李牧，复，扶又翻。李牧杜门称病不出。王强起之，杜门，塞门以拒绝来者。强，其两翻。李牧曰：“必欲用臣，【章：十二行本作“王必用臣”四字；乙十一行本同；孔本同；退斋校同。】如前，乃敢奉令。”王许之。李牧至边，如约。匈奴数岁无所得，终以为怯。边士日得赏赐而不用，言屡赏而不用之以战也。皆愿一战。于是乃具选车得千三百乘，选骑得万三千匹，车、骑皆选其坚良者。乘，绳证翻。骑，奇寄翻。百金之士五万人，管子曰：能禽敌杀将者赏百金。将，即亮翻。彀者十万人，彀，古候翻，张弓也。索隐曰：彀，谓能射者也。悉勒习战；大纵畜牧、人民满野。匈奴小入，佯北不胜，以数十人委之。委，弃也，委之于敌也。佯，音羊。单于闻之，单于，匈奴首领之称。班书曰：单于者，广大之貌，言其象天单于然也。单，音蝉。称，尺证翻。大率众来入。李牧多为奇陈，陈，读曰阵。张左、右翼击之，大破之，杀匈奴十馀万骑。灭襜褴，如淳曰：襜褴，胡名，在代地。班书作"澹林"。襜，都甘翻。褴，路谈翻；类篇：卢甘翻。破东胡，东胡，其后为鲜卑、乌丸。服虔曰：在匈奴东，故曰东胡。降林胡。如淳以澹林为东胡，以此观之，似是两种。降，户江翻。单于奔走，十馀岁不敢近赵边。近，其靳翻。

先是，天下冠带之国七，而三国边于戎狄：先，悉荐翻。秦自陇以西有绵诸、绲戎、翟、豲之戎，班志，绵诸道属天水郡。西汉之制，县有蛮夷曰道。括地志：緜诸城在秦州秦岭县北五十六里。唐贞观十七年，省秦岭入清水县。韦昭曰：绲戎，春秋以为犬戎。师古曰：混云夷也。史记正义曰：绲，音昆，字当作"混"。余谓昆戎即周之昆夷。翟，与狄同。班志，陇西郡有狄道。师古曰：其地有狄种，故曰狄道。天水郡有豲道。应劭曰：豲，戎邑也。狄道，晋置武始郡。括地志：豲道故城，在渭州襄武县东南三十七里。豲，户官翻。岐、梁、泾、漆之北有义渠、大荔、乌氏、朐衍之戎；班志，岐山在扶风美阳县西北，梁山在冯翊夏阳县西北。师古曰：此漆水在新平。后汉志，扶风漆县有漆水。晋分扶风置新平郡，治漆县。班志，义渠道属北地郡。括地志：唐宁、庆二州地。又班志，冯翊临晋县，古大荔城。括地志：同州冯翊县及朝邑县本汉临晋地。今朝邑县东三十步故王城，即大荔王城也。宋白曰：同州冯翊县古大荔城，在今州东三十七里朝邑县界，故王城是也。荔，力计翻。班志，安定郡有乌氏县。括地志：乌氏故城，在泾州安定县东三十里，周之故地，后入戎；秦惠王取之，置乌氏县。氏，音支。班志，北地郡有朐衍县。括地志：盐州，古戎狄居之，即朐衍戎之地。应劭曰：朐，音煦。师古音香于翻。康求于翻，非。而赵北有林胡、楼烦之戎；燕北有东胡、山戎；自汉北平、无终、白狼以北，皆大山重谷，诸戎居之，春秋谓之山戎。各分散居溪谷，自有君长，往往而聚者百有馀戎，然莫能相一。其后义渠筑城郭以自守，而秦稍蚕食之，至惠王遂拔义渠二十五城。昭王之时，宣太后诱义渠王，杀诸甘泉，甘泉在汉冯翊云阳县，汉起甘泉宫于此。诱，羊久翻。遂发兵伐义渠，灭之，始于陇西、北地、上郡陇西，唐渭州、洮州、河州之地。北地，唐庆州、宁州、鄜州、灵州、盐州之地。上郡、唐延州、绥州、银州之地。筑长城以拒胡。赵武灵王北破林胡、楼烦，筑长城，自代并阴山下，至高阙为塞。徐广曰：五原郡西安阳县北有阴山，阴山在河南，阳山在河北。郦道元曰：余按南河、北河及安阳县以南，悉沙阜耳，无他异山。故广志云：朔方郡移沙七所而无山以拟之，是议志之僻也。阴山在河东南斯可矣。汉郎中侯应曰：阴山东西千馀里，单于之苑囿也。孝武出师攘之于漠北，匈奴过之，未尝不哭。则此山盖在沙漠之南也。括地志：阴山在朔州北塞外突厥界。杜佑曰：今安北府北山是也。安北府治中受降城。地志：朔方郡临戎县北有连山，险于长城，其山中断，两峰俱峻，名曰高阙。水经注：河水自窳浑县东屈而东流，径高阙南，阙口有城跨山结局，谓之高阙戍。刘昫曰：高阙北拒大碛口三百里。杜佑曰：高阙当在丰州河西。厥，九勿翻。降，户江翻。窳，以主翻。浑，户昆翻。碛，七迹翻。而置云中、雁门、代郡。史记正义曰：云中故城，赵云中城，秦云中郡，在胜州榆林县东北四十里。秦、汉之雁门、代郡皆在句注陉之北，唐之云、朔、蔚、新、武州即其地也。若唐之代州雁门郡惟崞、繁畤二县，汉雁门郡之旧县，其雁门县则汉太原郡之广武县也，五台则汉太原之虑虒县也。句，音钩。陉，音刑。蔚，纡勿翻。崞，音郭。畤，音止。师古曰：虑虒，音庐夷。其后燕将秦开为质于胡，姓谱：秦本颛顼后，子婴既灭，支庶为秦氏。余按左传鲁有秦堇父，秦姓其来尚矣。燕，因肩翻。将，即亮翻。质，音致。父，音甫。堇，几隐翻。胡甚信之；归而袭破东胡，东胡却千馀里。燕亦筑长城，自造阳至襄平，韦昭曰：造阳，地名，在上谷。余按汉书所谓“上谷之斗造阳”是也。杜佑曰：晋太康地志：自北地郡北行九百里，得五原塞；又北出九百里得造阳，即麟州银城县。史记：燕筑长城，自造阳至襄平。韦昭曰：造阳地在上谷。未详孰是。史记正义曰：上谷，今妫州。王隐地道志曰：郡在谷之头，故以上谷名焉。班志，襄平县，辽东郡治所。燕，因肩翻。妫，居为翻。置上谷、渔阳、右北平、辽东郡以拒胡。渔阳，唐蓟州、檀州。北平，唐平州。辽东，其地在大辽水之东，唐尝置辽州，又尝为安东都护府治所。及战国之末而匈奴始大。

四年（戊午、前二四三）

1 春，蒙骜伐魏，取畼、有诡。畼，徐广音场，索隐音畅；类篇又直亮翻，仲郎翻。三月，军罢。

2 秦质子归自赵；赵太子出归国。质，音致。

3 七月，蝗，疫。蝗子始生曰蝝，翅成而飞曰蝗，以食苗为灾。疫，札瘥瘟也。令百姓纳粟千石，拜爵一级。

4 魏安釐王薨，子景湣王立。釐，读曰僖。湣，读曰闵。

五年（己未、前二四二）

1 蒙骜伐魏，取酸枣、燕、虚、长平、雍丘、山阳等三【章：十二行本“三”作“二”；乙十一行本同；孔本同；退斋校同。】十城；骜，五到翻。括地志：酸枣故城，在滑州酸枣县北十五里。索隐曰：燕、虚，二邑名。春秋桓十二年，会于虚。赧王四十二年，黄歇说秦王曰：“拔酸枣、虚、桃。”按今东郡燕县东三十里有桃城，虚盖与桃相近。括地志：南燕城，古燕国，滑州胙城县是也。桃、虚在濮州雷泽县东十三里。燕，乌田翻。虚，如字。班志，长平县属汝南郡。括地志：在陈州宛丘县西六十六里。班志，雍丘县属陈留郡，故杞国也。雍，于用翻。史记正义曰：地理志，河内郡有山阳县。余考之上下文，此非河内之山阳，盖班志山阳郡之地。初置东郡。

2 初，剧辛在赵与庞煖善，赧王三年，剧辛自赵适燕。剧，竭戟翻。煖，音许远翻，又许元翻。赧，奴版翻。已而仕燕。燕王见赵数困于秦，廉颇去而庞煖为将，欲因其敝而攻之，问于剧辛，对曰：“庞煖易与耳！”数，所角翻。将，即亮翻。易，弋豉翻。燕王使剧辛将而伐赵。赵庞煖御之，杀剧辛，取燕师二万。

3 诸侯患秦攻伐无已时。以发明年合从伐秦事。从，子容翻。

六年（庚申、前二四一）

1 楚、赵、魏、韩、卫合从以伐秦，楚王为从长，从，子容翻。长，知两翻。春申君用事，取寿陵。徐广曰：寿陵在常山。史记正义曰：本赵邑也。余据五国攻秦，取寿陵，至函谷，则寿陵不在新安、宜阳之间，当在河东郡界；常山无乃太远！至函谷，秦师出，五国之师皆败走。楚王以咎春申君，春申君以此益疏。观津人朱英谓春申君曰：史记正义曰：观，音馆，今魏州观城县。余按班志，观津县属信都国。又按隋志，魏州之观城，旧曰卫国，开皇六年始更名；信都国则隋冀州也。开皇六年置武邑县，并得观津县地，则观津犹属信都也。正义误矣。观，古玩翻。"人皆以楚为强，君用之而弱。其于英不然。先君时，秦善楚，二十年而不攻楚，何也？秦逾黾阨之塞而攻楚，不便；刘昭曰：江夏郡鄳县，古冥阨之塞也。史记正义曰：黾阨之塞在申州。张守节曰：申州罗山县本汉鄳县平靖关，盖鄳县之阨塞。括地志曰：石城山在申州罗山县东南二十一里，古冥阨塞。黾，音盲；康弥兖切，非也。阨，音厄，又於卖翻。假道于两周，背韩、魏而攻楚，不可。背，蒲妹翻。今则不然。魏旦暮亡，不能爱许、鄢陵，鄢，于幰翻。魏割以与秦，秦兵去陈百六十里。臣之所观者，见秦、楚之日斗也。"楚于是去陈，徙寿春，命曰郢。郢，以井翻。春申君就封于吴，行相事。相，息亮翻。

2 秦拔魏朝歌朝歌，纣都，卫康叔所封也。班志，朝歌县属河内郡。及卫濮阳。卫元君率其支属徙居野王，班志，野王县属河内郡。濮，博木翻。阻其山以保魏之河内。

七年（辛酉、前二四〇）

1 伐魏，取汲。

2 夏太后薨。即夏姬也。夏，户雅翻。薨，呼肱翻。

3 蒙骜卒。骜，五到翻。卒，子恤翻。

八年（壬戌、前二三九）

1 魏与赵邺。

2 韩桓惠王薨，子安立。

九年（癸亥、前二三八）

1 伐魏，取垣、蒲。蒲，晋公子重耳所居邑也。班志，蒲子与垣县皆属河东郡。括地志：故垣城，汉县治，本魏地王垣，在绛州垣县西北二十里。蒲故城，在隰州蒲县北四十五里。垣，于元翻。重，直龙翻。

2 夏，四月，寒，民有冻死者。

3 王宿雍。雍，於用翻。

4 己酉，王冠，冠，古唤翻。带剑。

5 杨端和伐魏，姓谱：周宣王子尚父，幽王邑诸杨，号曰杨侯；后并于晋，因以为氏。又晋大夫杨食我食采于杨氏，子孙以邑为氏。杨食，音嗣。采，仓代翻。取衍氏。史记正义曰：衍氏，在郑州。衍，羊善翻。

6 初，王即位，年少，少，始照翻。太后□【章：十二行本“□”作“时”；乙十一行本同；孔本同。】时与文信侯私通。王益壮，文信侯恐事觉，祸及己，乃诈以舍人嫪毐为宦者，进于太后。师古曰：嫪，居虬翻；许慎郎到翻；康卢道切。毐，乌改翻。太后幸之，生二子，封毐为长信侯，以太原为毐国，政事皆决于毐；客求为毐舍人者甚众。王左右有与毐争言者，告毐实非宦者，王下吏治毐。下，遐稼翻。治，直之翻。毐惧，矫王御玺发兵，欲攻蕲年宫班志：蕲年宫，秦惠公所起，在雍。括地志：在岐州城西故城内。蕲，巨依翻。为乱。句断。王使相国昌平君、昌文君发卒攻毐，相，息亮翻。战咸阳，斩首数百；毐败走，获之。秋，九月，夷毐三族；秦有夷三族之罪。张晏曰：三族，父母、兄弟、妻子也。如淳曰：父族、母族、妻族也。师古曰：如说是，所谓参夷之诛也。党与皆车裂灭宗；舍人罪轻者徙蜀，凡四千馀家。迁太后于雍萯阳宫，萯阳宫，秦文王所起。水经注：甘水出南山甘谷，北径秦文王萯阳宫西，又北径五柞宫东，又北径甘亭西。后汉志，甘亭在扶风鄠县。萯，音倍。杀其二子。下令曰：“敢以太后事谏者，戮而杀之，断其四支，积于阙下！”死者二十七人。断，丁管翻。齐客茅焦上谒请谏。姓谱：周公之子封于茅，其后以国为氏。又有茅戎。郑大夫有茅地、茅夷鸿。谒，犹今之刺也。上谒者，通名而求见也。上，时掌翻。王使谓之曰："若不见夫积阙下者邪？"若，汝也。夫，音扶。对曰："臣闻天有二十八宿，二十八宿：角、亢、氐、房、心、尾、箕、斗、牛、女、虚、危、室、壁、奎、娄、胃、昴、毕、觜、参、井、鬼、柳、星、张、翼、轸，天之经星也。日、月、五星之行，躔次所舍，故谓之宿。宿，音秀。亢，音刚。觜，即移翻。参，疏簪翻。今死者二十七人，臣之来固欲满其数耳。臣非畏死者也！"使者走入白之。使，疏吏翻。茅焦邑子同食者，尽负其衣物而逃。邑子，同邑之少年也。王大怒曰："是人也，故来犯吾，趣召镬烹之，趣，读曰促。镬，胡郭翻，吴人谓之锅。是安得积阙下哉！"王按剑而坐，口正沫出。沫，莫曷翻，涎也。使者召之入，茅焦徐行至前，再拜谒起，称曰："臣闻有生者不讳死，有国者不讳亡；讳死者不可以得生，讳亡者不可以得存。死生存亡，圣主所欲急闻也，陛下欲闻之乎？"蔡邕独断曰：陛，阶陛也。与天子言，不敢指斥，故称陛下。应劭曰：陛者，升堂之陛，王者必有执兵陈于阶陛。群臣与至尊言，不敢指斥，故呼在陛下者以告之，因卑以达尊之意，若今称殿下、阁下之类。断，丁乱翻。王曰："何谓也？"茅焦曰："陛下有狂悖之行，悖，蒲妹翻，又蒲没翻。行，下孟翻；下同。不自知邪？邪，音耶。车裂假父，谓嫪毐。囊扑二弟，以囊盛其人，扑而杀之。扑，弼角翻，又普卜翻。迁母于雍，残戮谏士；桀、纣之行不至于是矣！今【章：十二行本"今"作"令"；乙十一行本同；令上有一空格；孔本同；退斋校同。】天下闻之，尽瓦解，无向秦者，臣窃为陛下危之！雍，于用翻。行，下孟翻。为，于伪翻。臣言已矣！"乃解衣伏质。质，与锧同，职日翻，铁椹也。王下殿，手自接之曰："先生起就衣，今愿受事！"受事者，受所教之事也。乃爵之上卿。王自驾，虚左方，往迎太后，归于咸阳，复为母子如初。

7 楚考烈王无子，春申君患之，求妇人宜子者甚众，进之，卒无子。卒，子恤翻。赵人李园持其妹欲进诸楚王，闻其不宜子，恐久无宠，乃求为春申君舍人。已而谒归，谓谒告而归也。故失期而还。欲以发春申君之问也。还，从宣翻。春申君问之，李园曰："齐王使人求臣之妹，与其使者饮，故失期。"春申君曰："聘入乎？"谓已入聘币否也。使，疏吏翻。曰："未也。"春申君遂纳之。既而有娠，娠，音身。李园使其妹说春申君曰："楚王贵幸君，虽兄弟不如也。今君相楚二十馀年而王无子，周赧王五十三年，楚以春申君为相，至是二十馀年。说，式芮翻。相，息亮翻。即百岁后将更立兄弟，人谓死后为百岁后。彼亦各贵其故所亲，君又安得常保此宠乎！非徒然也，言非但如此而已也。君贵，用事久，多失礼于王之兄弟，兄弟立，祸且及身矣。今妾有娠而人莫知，妾幸君未久，诚以君之重，进妾于王，王必幸之。妾赖天而有男，则是君之子为王也。楚国尽可得，孰与身临不测之祸哉！"春申君大然之。乃出李园妹，谨舍而言诸楚王。谨舍者，别为馆舍以居之，奉卫甚谨也。王召入，幸之，遂生男，立为太子。

李园妹为王后，李园亦贵用事，而恐春申君泄其语，阴养死士，欲杀春申君以灭口；国人颇有知之者。楚王病，朱英谓春申君曰："世有无望之福，亦有无望之祸。史记正义曰：无望者，不望而忽至。今君处无望之世，正义曰：谓生死无常也。处，昌吕翻。事无望之主，正义曰：谓喜怒不节也。安可以无无望之人乎！"正义曰：谓吉凶忽为。春申君曰："何谓无望之福？"曰："君相楚二十馀年矣，虽名相国，其实王也。相，息亮翻。王今病，旦暮薨，薨而君相幼主，因而当国，王长而反政，不即遂南面称孤，长，知两翻。不，读曰否。此所谓无望之福也。""何谓无望之祸？"曰："李园不治国而君之仇也，左传曰：怨耦曰仇，盖取此义。治，直之翻。不为兵而养死士之日久矣。王薨，李园必先入，据权而杀君以灭口，此所谓无望之祸也。”薨，呼肱翻。“何谓无望之人？”曰：“君置臣郎中，班书百官表：郎掌门户，出充车骑，有议郎、中郎、侍郎、郎中。韩信曰：“吾事项王，官不过郎中，位不过执戟。”盖战国时置此官。王薨，李园先入，臣为君杀之，此所谓无望之人也。”为，于伪翻。春申君曰：“足下置之。李园，弱人也，仆又善之。且何至此！”朱英知言不用，惧而亡去。后十七日，楚王薨，李园果先入，伏死士于棘门之内。史记正义曰：棘门，寿春城门名。春申君入，死士侠刺之，侠，读曰夹，盖夹而刺之。魏、晋仪：卫有侠毂队，亦曰夹毂队。刺，七亦翻。投其首于棘门之外；于是使吏尽捕诛春申君之家。太子立，是为幽王。

扬子法言曰：“或问信陵、平原、孟尝、春申益乎？”曰：“上失其政，奸臣窃国命，何其益乎！”

8 王以文信侯奉先王功大，事见上卷周赧王五一八年。不忍诛。

十年（甲子、前二三七）

1 冬，十月，文信侯免相，出就国。相，息亮翻。文信侯国于河南洛阳。

宗室大臣议曰：“诸侯人来仕者，皆为其主游间耳，谓游说以间秦之君臣。为，于伪翻。间，古苋翻。请一切逐之。”于是大索，逐客。索，山客翻。客卿楚人李斯亦在逐中，行，且上书曰：“昔穆公求士，西取由余于戎，东得百里【章：十二行本“里”下有“奚”字；乙十一行本同；孔本同。】于宛，迎蹇叔于宋，求丕豹、公孙支于晋，上，时掌翻。史记：戎王使由余使于秦，穆公留由余而遗戎王以女乐，戎王受而说之，乃归由余。由余谏戎王而不听，穆公使人要之，由余遂去戎降秦。穆公用其谋伐戎，并国十二，开地千里。晋献公灭虞，虏其大夫百里奚，以媵于秦；百里奚亡秦走宛。穆公赎之于楚，授以国政；奚荐其友蹇叔，穆公使人厚币迎之，以为上大夫。晋惠公杀其大夫丕郑，其子豹奔秦，穆公用之。公孙支，子桑也。余使，疏吏翻。遗，于季翻。说，读曰悦。要，一遥翻。降，户江翻。媵，以证翻。宛，於元翻。并国二十，遂霸西戎。孝公用商鞅之法，诸侯亲服，至今治强。惠王用张仪之计，散六国之从，使之事秦。昭王得范雎，强公室，杜私门。事并见前。治，直吏翻。从，子容翻。雎，息随翻。此四君者，皆以客之功。由此观之，客何负于秦哉！夫色、乐、珠、玉不产于秦而王服御者众；夫，音扶。色，女色也。取人则不然，不问可否，不论曲直，非秦者去，为客者逐。是所重者在乎色、乐、珠、玉，而所轻者在乎人民也。臣闻太山不让土壤，故能成其大；河海不择细流，故能就其深；王者不却众庶，故能明其德；此五帝、三王之所以无敌也。今乃弃黔首以资敌国，秦谓民为黔首。黔，其廉翻，黧黑也。却宾客以业诸侯，所谓藉寇兵，【章：十二行本“兵”下有“而”字；乙十一行本同；孔本同。】赍盗粮者也。”藉，慈夜翻，假也，借也。赍，子兮翻，持遗也；或为资，义亦通。王乃召李斯，复其官，除逐客之令。李斯至骊邑而还。班志：京兆新丰县，秦之骊邑，古骊戎国也；骊山在其南。汉高帝七年，更名新丰。骊，吕支翻。还，从宣翻，又音如字。更，工衡翻。王卒用李斯之谋，阴遣辩士赍金玉游说诸侯，诸侯名士可下以财者厚遗结之，不肯者利剑刺之，离其君臣之计，然后使良将随其后，数年之中，卒兼天下。卒，子恤翻。遗，于季翻。刺，七亦翻，又七赐翻。将，即亮翻。

十一年（乙丑、前二三六）

1 赵人伐燕，取狸阳。史记正义曰：按燕无狸阳，疑“狸”字误，当作“渔阳”，故城在檀州密云县南十八里，燕渔阳郡城也。赵东界至瀛州则檀州在北，赵攻燕取渔阳城也。康从本字，力之切。余谓康音是。战国策，燕昭王攻齐阳城及狸，窃意狸即狸阳也。其地当在齐、燕境上。燕，因肩翻。兵未罢，将军王翦、桓齮、杨端和伐赵，言伐燕之兵未罢而秦兵来伐也。姓谱：桓本自姜姓，齐桓公后，因谥为氏。余按齐桓之前有周桓王、鲁桓公，晋有桓、庄之族，而以姓桓者为祖齐桓，亦不通矣。齮，丘奇翻，又去倚翻。谥，神至翻。攻邺，取九城。王翦攻阏与、橑阳，阏，于曷翻。与，音预，又音余。徐广曰：橑，音老，在并州。十三州志：橑阳在上党西北百八十里，盖唐乐平郡地，今之辽州也。据十三州志，橑，当音辽。桓齮取邺、安阳。邺县有安阳城，曹魏置安阳县，属魏郡。

2 赵悼襄王薨，薨，呼肱翻。子幽缪王迁立。缪，靡幼翻。其母，倡也，倡，音昌，妓女也。嬖于悼襄王，嬖，卑义翻，又博计翻。悼襄王废嫡子嘉而立之。迁素以无行闻于国。为迁亡赵张本。行，下孟翻。

3 文信侯就国岁馀，诸侯宾客使者相望于道，请之。使，疏吏翻。王恐其为变，乃赐文信侯书曰："君何功于秦，封君河南，食十万户？何亲于秦，号称仲父？其与家属徙处蜀！"处，昌吕翻。文信侯自知稍侵，恐诛。

十二年(丙寅、前二三五)

1 文信侯饮鸩死，鸩鸟出南方，啖蝮蛇，以其羽画酒中，饮之立死。鸩，直禁翻。窃葬。其舍人临者，皆逐迁之。临，良鸩翻，哭也。且曰："自今以来，操国事不道如嫪毐、不韦者，籍其门，视此！"操，七刀翻。嫪，居虬翻。毐，乌改翻。

扬子法言曰：或问："吕不韦其智矣乎？以人易货。"曰："谁谓不韦智者欤！以国易宗。吕不韦之盗，穿窬之雄乎！穿，穿壁；窬，穿墙。窬，音谕，又音俞。穿窬也者，吾见担石矣，"担"，亦作"儋"，齐人名小罂为儋，音都滥翻。石，斗石也。罂，于耕翻。未见雒阳也。"

2 自六月不雨，至于八月。

3 发四郡兵助魏伐楚。发关东四郡兵也。

十三年(丁卯、前二三四)

1 桓齮伐赵，败赵将扈辄于平阳，齮，丘奇翻，又去倚翻。败，补迈翻。将，即亮翻。扈，夏有扈氏之后，音户。辄，陟涉翻。后汉志，魏郡邺县有平阳城。括地志：平阳故城，在相州临漳县西二十五里。史记正义曰：平阳，战国时属韩，后属赵。若据正义所云，则以此平阳为河东之平阳，非也。当以后汉志、括地志为正。斩首十万，杀扈辄。赵王以李牧为大将军，复战于宜安、肥下，复，扶又翻。括地志：宜安故城，在常山藁城县西南二十五里。肥下，即班志真定国之肥累县，春秋肥子之国。括地志：肥累故城，在藁城县西七里。秦师败绩，大崩曰败绩。桓齮奔还。赵封李牧为武安君。还，从宣翻。

十四年（戊辰、前二三三）

1 桓齮伐赵，取宜安、平阳、武城。后汉志，魏郡邺县有武城。史记正义曰：即贝州武城县外城是。齮，丘奇翻，又去倚翻。

2 韩王纳地效玺，请为藩臣，使韩非来聘。古者列国之于天子，比年一小聘，三年一大聘。玺，斯氏翻。韩非者，韩之诸公子也，善刑名灋术之学，班志：法家者流，盖出于理官，信赏必罚，以辅礼制。晁错为申、商刑名之学，言人主不可不知术数。张晏曰：术数，刑名之书也。臣瓒曰：术数，谓法制治国之术也。师古曰：瓒说是也。公孙弘曰："擅杀生之力，通雍塞之涂，权轻重之数，论得失之道，使远近情伪毕见于上，谓之术，"与错所言同。灋，古法字。晁，古朝字。错，千故翻。瓒，藏旱翻。塞，悉则翻。见，贤遍翻。见韩之削弱，数以书干韩王，数，所角翻。王不能用。于是韩非疾治国不务求人任贤，治，直之翻。反举浮淫之蠹而加之功实之上，宽则宠名誉之人，急则用介胄之士，所养非所用，所用非所养。悲廉直不容于邪枉之臣，观往者得失之变，作孤愤、五蠹、内、外储、说林、说难五十六篇，十馀万言。自孤愤至说难，皆韩非子篇名。索隐曰：孤愤者，愤孤直不容于时也。五蠹者，蠹政之事有五也。内、外储者，韩非子有内、外储说篇：内储者，言明君执术以制臣下，制之在己，故曰内也；外储者，明君观听臣下之言行以断其赏罚，赏罚在彼，故曰外也。说林广说诸事，其多若林，故曰说林也。余谓说难者，言游说之难。温公扬子注：说，音税。难，如字。

王闻其贤，欲见之。非为韩使于秦，因上书说王曰：为，于伪翻。使，疏吏翻。上，时掌翻。说，式芮翻。“今秦地方数千里，师名百万，号令赏罚，天下不如。臣昧死愿望见大王，言所以破天下从之计。大王诚听臣说，一举而天下之从不破，从，子容翻。赵不举，韩不亡，荆、魏不臣，齐、燕不亲，霸王之名不成，四邻诸侯不朝，燕，因肩翻。朝，直遥翻。大王斩臣以徇国，以戒为王谋不忠者也。”王悦之，未任用。李斯嫉之，曰：“韩非，韩之诸公子也。今欲并诸侯，非终为韩不为秦，此人情也。为，于伪翻。今王不用，久留而归之，此自遗患也；不如以法诛之。”王以为然，下吏治非。李斯使人遗非药，令早自杀。下，遐稼翻。治，直之翻。遗，于季翻。令，力丁翻。韩非欲自陈，不得见。王后悔，使人赦之，非已死矣。

扬子法言曰：或问：“韩非作说难之书而卒死乎说难，敢问何反也？”知说之难而卒死于说，是何其所行与所言反也？说，式芮翻。难，如字。卒，子恤翻。曰：“说难盖其所以死乎！”曰：“何也？”“君子以礼动，以义止，合则进，否则退，确乎不忧其不合也。确，坚也，言自信之坚也。夫说人而忧其不合，则亦无所不至矣。”或曰：“非忧说之不合，夫，音扶。此非，指韩非子之名。非邪？”此非，是非之非。邪，音耶。曰：“说不由道，忧也。由道而不合，非忧也。”

臣光曰：臣闻君子亲其亲以及人之亲，爱其国以及人之国，是以功大名美而享有百福也。今非为秦画谋，而首欲覆其宗国谓欲亡韩。以售其言，罪固不容于死矣，言死犹有馀罪也。乌足愍哉！

十五年（己巳、前二三二）

1 王大兴师伐赵，一军抵邺，一军抵太原，取狼孟、番吾；遇李牧而还。番，音婆；又音盘。还，从宣翻，又音如字。秦军畏李牧，不敢战而还。赵之所恃者李牧，而卒杀之以速其亡。

2 初，燕太子丹尝质于赵，与王善。王之父异人质于赵，生王于邯郸。王即位，丹为质于秦，质，音致。王不礼焉。丹怒，亡归。为丹遣荆轲刺秦王张本。

十六年（庚午、前二三一）

1 韩献南阳地。此汉南阳郡之地，时秦、楚、韩分有之。九月，发卒受地于韩。

2 魏人献地。

3 代地震，自乐徐以西，北至平阴，史记正义曰：乐徐在晋州，平阴在汾州。余谓上书代地震，则乐徐、平阴皆代地也，乌得在晋、汾二州界！水经注：徐水出代郡广昌县东南大岭下，东北流，径郎山入北平郡界。意乐徐之地，当在徐水左右。又代郡平邑县，王莽曰平湖。十三州志：平湖城在高柳南百八十里。水经注曰：代郡道人县城北有潭，渊而不注，俗谓之平湖。平阴之地，盖在此湖之阴也。乐，意当音洛。台屋墙垣太半坏，地坼东西百三十步。毛晃曰：四方而高曰台。垣，于元翻。坼，斥格翻；说文：裂也。

十七年（辛未、前二三〇）

1 内史胜灭韩，史记本纪作“内史腾”。班书百官表：内史，周官，秦因之，掌治京师。余按秦内史兼治汉三辅之地，始皇并天下，置三十六郡，内史其一也。虏韩王安，以其地置颍川郡。韩至是而亡。颍川郡，韩地也。韩自平阳徙都河南新郑；韩景侯又自新郑徙都阳翟。秦灭韩，遂以阳翟县为颍川郡治所。

2 华阳太后薨。华，户化翻。

3 赵大饥。

4 卫元君薨，子角立。

十八年（壬申、前二二九）

1 王翦将上地兵下井陉，史记正义曰：上郡上县，今绥州是也。余谓上地，以其地在大河上游，凡上郡抵西河之地，皆是也。应劭曰：井陉在常山郡井陉县西，唐谓之土门。将，即亮翻，又音如字。陉，音刑。端和将河内兵共伐赵。端和，即杨端和，此逸“杨”字。赵李牧、司马尚御之。秦人多与赵王嬖臣郭开金，嬖，卑义翻，又博计翻。使毁牧及尚，言其欲反。赵王使赵葱及齐将颜聚代之。姓谱：颜姓本自鲁伯禽支庶，有食采颜邑者，因而著族。又邾武公名夷，字曰颜，故公羊传称颜公，后以为氏。将，即亮翻。采，仓代翻。传，直恋翻。李牧不受命，赵人捕而杀之；废司马尚。

十九年（癸酉、前二二八）

1 王翦击赵军，大破之，杀赵葱，颜聚亡，遂克邯郸，虏赵王迁。赵至是亡。邯郸，音寒丹。王如邯郸，故与母家有仇怨者皆杀之。王母，邯郸美女也，事见上卷周赧王五十八年。怨，于元翻。还，从太原、上郡归。还，从宣翻，又音如字。

2 太后薨。薨，呼肱翻。

3 王翦屯中山以临燕。中山，春秋之鲜虞也，战国时为中山国；赵灭之，以其地为中山郡。水经注曰：城中有山，故曰中山。唐之定州即其地也。燕，因肩翻。赵公子嘉帅其宗数【章：十二行本无“数”字；乙十一行本同。】百人奔代，帅，读曰率。自立为代王。赵之亡，大夫稍稍归之，与燕合兵，军上谷。上谷，燕地；秦置上谷郡；唐易州、妫州之地。括地志：上谷郡故城，在妫州怀戎县东北百一十里。妫，居为翻。

4 楚幽王薨，国人立其弟郝。郝，音释。康曰：呵各切。三月，郝庶兄负刍杀之，自立。

5 魏景湣王薨，子假立。湣，与闵同。

6 燕太子丹怨王，怨王之不礼也。欲报之，以问其傅鞠武。鞠，居六翻，姓也。姓谱云：后稷之孙，生而有文在手曰鞠，因以为氏。余谓此傅会之说也。鞠武请西约三晋，南连齐、楚，北媾匈奴以图秦。太子曰：“太傅之计，旷日弥久，令人心惛然，恐不能须也。”令，力丁翻。康曰：惛，音昏。恐，丘用切。余谓“然”字句绝，言鞠武之计迂远，使人闷然。恐，如字。须，待也。顷之，将军樊於期得罪，亡之燕；姓谱：周宣王封太王之子虞仲支孙仲山甫于樊，后因氏焉。太子受而舍之。舍，如字，馆也。鞠武谏曰："夫以秦王之暴而积怒于燕，足为寒心，又况闻樊将军之所在乎！是谓委肉当饿虎之蹊也。愿太子疾遣樊将军入匈奴！"太子曰："樊将军穷困于天下，归身于丹，是固丹命卒之时也，命卒，谓命尽也。丹言樊将军以穷来归，当尽死以保匿舍藏之。卒，子恤翻。愿更虑之！"鞠武曰："夫行危以求安，造祸以为福，计浅而怨深，连结一人之后交，不顾国家之大害，所谓资怨而助祸矣。"太子不听。

太子闻卫人荆轲之贤，楚国本曰荆，此盖楚未改国号之前受姓也。卑辞厚礼而请见之。谓轲曰："今秦已虏韩王，又举兵南伐楚，北临赵；赵不能支秦，则祸必至于燕。燕小弱，数困于兵，燕，因肩翻。数，所角翻。何足以当秦！诸侯服秦，莫敢合从。丹之私计愚，以为诚得天下之勇士使于秦，从，子容翻。使，疏吏翻。劫秦王，使悉反诸侯侵地，若曹沫之与齐桓公，则大善矣；□不可，则【章：十二行本"□"作"则"，可下无"则"字，乙十一行本同；孔本同；退斋校同。】因而刺杀之。燕丹于礼致荆轲之初，画两端之策；荆轲守其初说，所以事不成。要之，战国之士皆祖曹沫之故智，若蔺相如会秦王、毛遂结从于楚之类是也。沫，音末，又读曰刿。刺，七亦翻，又七赐翻。彼大将擅兵于外而内有乱，则君臣相疑，以其间，诸侯得合从，其破秦必矣。唯荆卿留意焉！"荆轲许之。于是舍荆卿于上舍，太子日造门下，所以奉养荆轲，无所不至。间，古苋翻。造，七到翻。及王翦灭赵，太子闻之惧，欲遣荆轲行。荆轲曰："今行而无信，则秦未可亲也。诚得樊将军首与燕督亢之地图，后汉志：涿郡方城县有督亢亭。刘向别录曰：督亢，膏腴之地。史记正义曰：督亢陂在幽州范阳县东南十里，今固安县南有督亢陌，幽州南界。唐会要：涿州新城县，太和六年置，古督亢地也。督，都毒翻。亢，音刚。康苦浪切。奉献秦王，秦王必说见臣，说，读曰悦。臣乃有以报。"太子曰："樊将军穷困来归丹，丹不忍也！"荆轲乃私见樊於期曰："秦之遇将军，可谓深矣，父母宗族皆为戮没！今闻购将军首，金千斤，邑万家，将奈何？"於期太息流涕曰："计将安出？"荆卿曰："愿得将军之首以献秦王，秦王必喜而见臣，臣左手把其袖，右手揕其胸，揕，张鸩翻。索隐曰：揕，谓以剑刺其胸也。则将军之仇报而燕见陵之愧除矣！"燕，因肩翻。樊於期曰："此臣之日夜切齿腐心也！"索隐曰：切，齿相磨切也。尔雅曰：治骨曰切。腐，音辅。腐，亦烂也，犹今人事不可忍云腐烂然；皆奋怒之意。遂自刎。太子闻之，奔往伏哭，然已无奈何，遂以函盛其首。刎，扶粉翻。盛，时征翻。太子豫求天下之利匕首，使工以药焠之，焠，匆溃翻。索隐曰：焠，染也，谓以毒药染剑锷也。水与火合为焠。以试人，血濡缕，人无不立死者。言以匕首试人，人血出才足以沾濡丝缕，便立死也。康曰：血出如丝缕也。濡，人余翻。缕，龙主翻。乃装为遣荆轲，以燕勇士秦舞阳为之副，使入秦。

齐思和标点顾颉刚聂崇岐覆校

资治通鉴卷第七

朝散大夫右谏议大夫权御史中丞充理检使上护军赐紫金鱼袋臣司马光奉敕编集
后学天台胡三省音注

秦纪二 起阏逢阉茂（甲戌），尽玄黓执徐（壬辰），凡十九年。

始皇帝下

二十年（甲戌、前二二七）

1 荆轲至咸阳，因王宠臣蒙嘉卑辞以求见；王大喜，朝服，设九宾而见之。韦昭曰：九宾，周礼九仪也，谓公、侯、伯、子、男、孤、卿、大夫、士也。史记正义曰：刘云：设文物大备，即谓九宾，不得以周礼九宾义为释。刘原父曰：宾，谓传摈之摈。九宾，摈者九人。荆轲奉图而进于王，图穷而匕首见，见，贤遍翻。因把王袖而揕之；未至身，王惊起，袖绝。荆轲逐王，王环柱而走。环，音宦。群臣皆愕，卒起不意，愕，五各翻。卒，读曰猝；后仓卒之卒皆同音。尽失其度。而秦法，群臣侍殿上者不得操尺寸之兵，操，七刀翻。左右以手共搏之，且曰："王负剑！"负剑，王遂拔以击荆轲，断其左股。断，丁管翻。荆轲废，乃引匕首擿王，中铜柱。索隐曰：擿，与掷同，古字耳，音持益翻。中，竹仲翻。自知事不就，骂曰："事所以不成者，以欲生劫之，必得约契以报太子也！"遂体解荆轲以徇。体解，支解也。解，佳买翻。王于是大怒，益发兵诣赵，就王翦以伐燕，与燕师、代师战于易水之西，大破之。

二十一年（乙亥、前二二六）

1 冬，十月，王翦拔蓟，蓟，音计。燕王及太子率其精兵东保辽东，李信急追之。代王嘉遗燕王书，遗，于季翻。令杀太子丹以献。丹匿衍水中，索隐曰：衍水在辽东。燕王使使斩丹，欲以献王，王复进兵攻之。复，扶又翻。

2 王贲伐楚，贲，音奔，翦之子也。取十馀城。王问于将军李信曰："吾欲取荆，王父庄襄王讳楚，故谓楚为荆。于将军度用几何人而足？"度，徒洛翻。李信曰："不过用二十万。"王以问王翦，王翦曰："非六十万人不可。"王曰："王将军老矣，何怯也！"遂使李信、蒙恬将二十万人伐楚；王翦因谢病归频阳。王翦，频阳人也。班志，频阳县属京兆，秦厉公所置。应劭注曰：县在频水之阳。杜佑曰：美阳本汉频阳县，故城在县西南三十里。宋白曰：因界内频阳山而名。

二十二年（丙子、前二二五）

1 王贲伐魏，引河沟以灌大梁。班志：陈留郡浚仪县，故大梁，狼汤水所经也。水经：渠水出荥阳北河，东南流至浚仪县。注云：始皇使王贲攻魏，断故渠，引水东南出以灌大梁，因谓之梁沟。三月，城坏。魏王假降，杀之，遂灭魏。降，户江翻。

王使人谓安陵君曰："寡人欲以五百里地易安陵。"安陵君曰："大王加惠，以大易小，甚幸。虽然，臣受地于魏之先王，愿终守之，弗敢易！"王义而许之。

2 李信攻平舆，班志，汝南郡有平舆县，春秋沈子之国。舆，音预，史记正义读如字。蒙恬攻寝，班志：汝南郡有寝县。应劭曰：孙叔敖子所邑之寝丘是也；世祖更名固始。徐广曰：寝，今固始寝丘。师古曰：寝，子衽翻。刘仲冯曰：据后淮阳国已有固始，此寝疑自别地。余谓郡县离合无常，盖后来并寝入固始也。杜佑曰：颍州治汝阴县，有寝丘，秦蒙恬攻寝即此。大破楚军。信又攻鄢郢，破之。此鄢郢非楚故都之鄢郢也。楚故都为白起所取，秦已置南郡。据楚都寿春，以寿春为郢，则其前自郢徙陈，亦必以陈为郢矣。

然则此郢乃陈也。鄢即颍川之鄢陵，与平舆、城父地皆相近。或曰："鄢郢"当作"鄢陵"。于是引兵而西，与蒙恬会城父。班志，沛郡有城父县。索隐曰：在汝南即良乡。史记正义曰：言引兵而会城父，则是汝州郏城县东父城者也。括地志：汝州郏城县东四十里有父城故城，即服虔云"城父，楚北境"者也。又许州叶县东北四十五里亦有父城故城，即杜预云"襄城，城父县"者也。此二城，父城之名耳，服虔城父是误也。左传及水经注云：楚大城城父，使太子建居之。十三州志云：太子建所居城父，谓今亳州城父，是也。此三家之说，是城父之名。班志云，颍川父城县、沛郡城父县，据县属郡，其名自分。楚人因随之，三日三夜不顿舍，大败李信，入两壁，杀七都尉；此郡都尉将兵从伐楚者也。秦列郡有守，有尉，有监，然秦、汉之制，行军亦自有都尉。败，补迈翻。李信奔还。

王闻之，大怒，自至频阳谢王翦曰："寡人不用将军谋，李信果辱秦军。将军虽病，独忍弃寡人乎！"王翦谢："病不能将。"王曰："已矣，勿复言！"将，即亮翻。复，扶又翻。王翦曰："必不得已用臣，非六十万人不可！"王曰："为听将军计耳。"于是王翦将六十万人伐楚。王送至霸上，应劭曰：霸上，地名，在霸水上，在长安东三十里。霸水，古之滋水，秦穆公更名。王翦请美田宅甚众。王曰："将军行矣，何忧贫乎！"王翦曰："为大王将，有功，终不得封侯，故及大王之向臣，以请田宅为子孙业耳。"王大笑。王翦既行，至关，此当是出武关也。使使还请善田者五辈。或曰："将军之乞贷亦已甚矣！"贷，与貣同，吐得翻，从人求物也。王翦曰："不然。王怚中而不信人，史记注：怚，音麤。徐广曰：一作"粗"。今空国中之甲士而专委于我，我不多请田宅为子孙业以自坚，顾令王坐而疑我矣。"

二十三年（丁丑、前二二四）

1 王翦取陈以南至平舆。楚人闻王翦益军而来，乃悉国中兵以御之；王翦坚壁不与战。楚人数挑战，数，所角翻。挑战者，擿娆敌以求战也。挑，徒了翻。终不出。王翦日休士洗沐，而善饮食，抚循之；饮，于禁翻。食，祥吏翻，后以义推。亲与士卒同食。久之，王翦使人问“军中戏乎？”对曰：“方投石、超距。”徐广曰：“超”，一作“拔”。裴骃曰：据汉书云：甘延寿投石拔距，绝于等伦。张晏曰：范蠡兵法：飞石重十二斤，为机发，行三百步。延寿有力，能手投之。拔距，犹超距也。索隐曰：超距，犹跳跃也。余谓投石，以石投人也，齐高固“桀石以投人”是也。超距，距跃也，晋魏犨“距跃三百”是也。王翦曰：“可用矣！”楚既不得战，乃引而东。王翦追之，令壮士击，大破楚师，至蕲南，班志，沛郡有蕲县。史记正义曰：徐州县也。康以为江夏之蕲春，其误甚矣。蕲，渠之翻，又音机。杀其将军项燕，项燕，项梁之父也。燕，乌贤翻。楚师遂败走。王翦因乘胜略定城邑。

二十四年（戊寅、前二二三）

1 王翦、蒙武虏楚王负刍，以其地置楚郡。楚至是亡矣。按秦三十六郡无楚郡，此盖灭楚之时暂置耳；后分为九江、鄣、会稽三郡。

二十五年（己卯、前二二二）

1 大兴兵，使王贲攻辽东，虏燕王喜。燕至是亡。

臣光曰：燕丹不胜一朝之忿以犯虎狼之秦，胜，音升。轻虑浅谋，挑怨速祸，使召公之庙不祀忽诸，忽诸，言忽然而亡也。罪孰大焉！而论者或谓之贤，岂不过哉！

夫为国家者，任官以才，立政以礼，怀民以仁，交邻以信；是以官得其人，政得其节，百姓怀其德，四邻亲其义。夫如是，则国家安如磐石，炽如焱火，炽，尺志翻。焱，弋赡翻。触之者碎，犯之者焦，虽有强暴之国，尚何足畏哉！丹释此不为，顾以万乘之国，决匹夫之怒，逞盗贼之谋，功隳身戮，社稷为墟，不亦悲哉！

夫其膝行、蒲伏，非恭也；蒲，蓬逋翻，手行也。伏，皂墨翻，伏地也。复言、重诺，非信也；复言，谓言必信而可复也。重诺，重然诺也。糜金、散玉，非惠也；刎首、决腹，非勇也。要之，谋不远而动不义，其楚白公胜之流乎！白公胜欲报其父雠，不胜其忿，以及其叔父，事见左传。

荆轲怀其豢养之私，不顾七族，汉邹阳曰：荆轲湛七族。应劭曰：荆轲为燕刺秦王，其族坐之湛没。欲以尺八匕首强燕而弱秦，不亦愚乎！故扬子论之，以要离为蛛蝥之靡，聂政为壮士之靡，要离，吴人，为吴王阖闾刺庆忌。言其力不足，譬如蜘蛛之螫毒于人而靡死耳。靡，披靡而死也。尔雅疏：鼅鼄，即鼄蝥。方言：自关以西，秦、晋之间谓之鼄蝥，赵、魏之间谓之鼅鼄。蛛，音朱；蝥，音矛。靡，温公扬子注，音如字。康美为切，谓糜烂也。余谓康音义俱非。聂政事见一卷安王五年。荆轲为刺客之靡，皆不可谓之义。又曰："荆轲，君子盗诸。"吴秘曰：荆轲，以君子之道类之则盗尔。善哉！

2 王贲攻代，虏代王嘉。嘉奔代，见上卷十九年赵既不祀。

3 王翦悉定荆、江南地，降百越之君，置会稽郡。秦会稽郡治吴县，兼有今闽越、两浙之地。后汉分会稽置吴郡，而会稽郡徙治山阴县。刘恕曰：禹会诸侯江南而有功，因名其山曰会稽，犹言会计也。会，古外翻。

4 五月，天下大酺。

5 初，齐君王后贤，君王后，太史敫女，襄王后。事秦谨，与诸侯信；齐亦东边海上。言齐东取岛夷，以海上为边也。或曰：齐东边海，不与秦接，故不受兵。秦日夜攻三晋、燕、楚，五国各自救，以故齐王建立四十馀年不受兵。及君王后且死，戒王建曰："群臣之可用者某。"王曰："请书之。"君王后曰："善！"王取笔牍受言，君王后曰："老妇已忘矣。"忘，巫放翻。君王后死，后胜相齐，姓谱：后本郈氏，其后去"邑"。史记正义曰：胜，音升。多受秦间金。间，古苋翻；下同。宾客入秦，秦又多与金。客皆为反间，劝王朝秦，不修攻战之备，不助五国攻秦，秦以故得灭五国。

齐王将入朝，雍门司马前曰：左传：晋围齐，伐雍门之萩。杜预曰：雍门，齐城门也。经典释文：雍，於用翻；康於龙切，非也。“所为立王者，为社稷耶，为王耶？”王曰：“为社稷。”司马曰：“为社稷立王，王何以去社稷而入秦？”孟子曰：民为大，社稷次之，君为轻。齐王还车而反。

即墨大夫闻之，见齐王曰：“齐地方数【章：十二行本“数”作“四”；乙十一行本同。】千里，带甲数百万。夫三晋大夫皆不便秦，而在阿、甄之间者百数；“甄”，当作“鄄”，音工掾翻。王收而与之百万人之众，使收三晋之故地，即临晋之关可以入矣。收三晋兵自河东攻秦则入临晋关。鄢郢大夫不欲为秦，而在城南下者百数，城南下，即南城之下也。南城，齐威王使檀子所守者。王收而与之百万之师，使收楚故地，即武关可以入矣。楚攻秦自南阳入武关。如此，则齐威可立，秦国可亡，岂特保其国家而已哉！”齐王不听。

二十六年（庚辰、前二二一）

1 王贲自燕南攻齐，猝入临淄，民莫敢格者。格，如字，止也，斗也。秦使人诱齐王，约封以五百里之地。诱，音酉。齐王遂降，秦迁之共，班志，河内郡有共县。史记正义曰：今卫州有共城县。共，音恭；下同。处之松柏之间，饿而死。处，昌吕翻。齐人怨王建不早与诸侯合从，听奸人宾客以亡其国，歌之曰：“松耶，柏耶！住建共者客耶！”疾建用客之不详也。索隐曰：谓不详审用宾客，不知其善否也。齐田氏亡。

臣光曰：从衡之说虽反覆百端，然大要合从者，六国之利也。昔先王建万国，亲诸侯，使之朝聘以相交，飨宴以相乐，乐音洛。会盟以相结者，无他，欲其同心戮力以保家国也。向使六国能以信义相亲，则秦虽强暴，安得而亡之哉！夫三晋者，齐、楚之藩蔽；齐、楚者，三晋之根柢；柢，都礼翻，又丁计翻。形势相资，表里相依。故以三晋而攻齐、楚，自绝其根柢也；以齐、楚而攻三晋，自撤其藩蔽也。安有撤其藩蔽以媚盗，曰“盗将爱我而不攻”，岂不悖哉！

2 王初并天下，自以为德兼三皇，功过五帝，伏羲、神农、黄帝为三皇。少昊、颛顼、高辛、唐尧、虞舜为五帝。宋均注援神契引甄耀度曰：伏羲、神农、燧人为三皇。黄帝、颛顼、帝喾、唐尧、虞舜为五帝。孔颖达曰：郑玄注中候敕省图引运斗枢：伏羲、女娲、神农为三皇。五帝者，德合五帝座星者称帝，则黄帝、金天氏、高阳氏、高辛氏、陶唐氏、有虞氏是也；实六人而称五者，以其俱合五帝座星也。白虎通取伏羲、神农、祝融为三皇。帝者，天之一名，所以名帝。帝者，谛也，言天荡然无心，忘于物我，公平通远，举事审谛，故谓之帝也。帝号同天，名所莫加，而称皇者，以皇是美大之名，言大于帝也。乃更号曰“皇帝”，命为“制”，令为“诏”，师古曰：天子之言，一曰制书，二曰诏书。制书，谓其制度之命也。如淳曰：诏，告也。自秦、汉以上，唯天子得称之。更，工衡翻。自称曰“朕”。古者君臣之间通称曰朕；自秦定制，唯天子独称之。追尊庄襄王为太上皇。太上者，极尊之称也。始皇自号曰始皇帝，故追尊庄襄王为太上皇。自汉高帝以尊太公，此后不复为追号。制曰：“死而以行为谥，则是子议父，臣议君也，甚无谓。自今以来，除谥法。周公作谥法，缘行之美恶以立谥。如幽、厉之君，虽孝子、慈孙，百世不能改也。今秦除之，畏后人加己以恶谥也。谥，神志翻。朕为始皇帝，后世以计数，史记正义：数，色主翻。二世、三世至于万世，传之无穷。”

3 初，齐威、宣之时，邹衍论著终始五德之运；所谓终始五德之运者：伏羲以木德王；木生火，故神农以火德王；火生土，故黄帝以土德王；土生金，故少昊以金德王；金生水，故颛顼以水德王；水生木，故帝喾又以木德王；木又生火，故帝尧以火德王；火又生土，故帝舜以土德王；土又生金，故夏以金德王；金又生水，故商以水德王；水又生木，故周以木德王：此五德之终而复始也。邹衍以为周得火德，盖以火流王屋为周受命之符，且服色尚赤故也。就衍之说以为终始，秦当以土为行。今始皇以水胜火，自以水为行，所谓推五胜也。汉初以土为行，盖亦祖衍之说也。及始皇并天下，齐人奏之。始皇采用其说，以为周得火德，秦代周，从所不胜，为水德。始改年，朝贺皆自十月朔；衣服、旌旄、节旗皆尚黑；数以六为纪。改年句断。夏以建寅之月为岁首，殷以建丑之月为岁首，周以建子之月为岁首；今始皇以建亥之月为岁首，是改年也。自此纪年皆以十月为岁首，朝贺以十月朔。以水为行，故色尚黑。水成数六，故以六为纪。

4 丞相绾【章：十二行本“绾”下有“等”字；乙十一行本同；孔本同。】言：“燕、齐、荆地远，避庄襄王讳，故以楚为荆。索隐曰：丞相绾，姓王。不为置王，无以镇之。请立诸子。”始皇下其议。下，遐嫁翻；凡自上而下之下皆同音。廷尉斯曰：班书百官表：廷尉，秦官。应劭曰：听狱必质诸朝廷，与众共之；兵狱同制，故称廷尉。师古曰：廷，平也；治狱贵平，故以为号。“周文武所封子弟同姓甚众，然后属疏远，相攻击如仇雠，周天子弗能禁止。今海内赖陛下神灵一统，皆为郡、县，诸子功臣以公赋税重赏赐之，甚足易制，易，以豉翻；史记正义音以职翻，非也。天下无异意，则安宁之术也。置诸侯不便。”始皇曰：“天下共苦战斗不休，以有侯王。赖宗庙，天下初定，又复立国，是树兵也；而求其宁息，岂不难哉！廷尉议是。”

分天下为三十六郡，郡置守、尉、监。裴骃曰：三川、河东、南阳，南郡、九江、鄣郡、会稽、颍川，砀郡、泗水、薛郡、东郡、琅邪，齐郡、上谷、渔阳、右北平、辽西、辽东、代郡、巨鹿、邯郸、上党、太原、云中、九原、雁门、上郡、陇西、北地、汉中、巴郡、蜀郡、黔中、长沙，凡三十五郡，与内史为三十六郡。班书百官表：郡守掌治其郡；郡尉掌佐守典武职、甲卒；监御史掌监郡。守，始究翻。监，去声；康又居衔切。余谓守、尉、监，官名也，当从去声；若监郡之监则从平声。记王制：天子使其大夫为三监，监于方伯之国。陆德明释文：监，古暂翻；监于，古衔翻；可以知矣。

收天下兵聚咸阳，销以为钟鐻、鐻与虡同，音巨。虡者所以悬钟；横曰筍，植曰虡。金人十二，重各千石，置宫庭【章：十二行本“庭”作“廷”；乙十一行本同；孔本同。】中。史记正义曰：汉书五行志：时大人见临洮，长五丈，足履六尺，皆夷狄服，凡十二人；故销兵器，铸而象之，所谓

“金狄”也。一法度、衡、石、丈尺。徙天下豪桀于咸阳十二万户。

诸庙及章台、上林皆在渭南。上林在汉长安县西南。秦始起上林苑，至汉武帝又增而广之。每破诸侯，写放其宫室，作之咸阳北阪上，程大昌雍录曰：咸阳北阪，汉武帝别名渭城。阪，即九嵕诸山麓也。南临渭，自雍门以东至泾、渭，殿屋、复道、周阁相属，徐广曰：雍门在高陵县。史记正义曰：在今岐州雍县东。余按班志，高陵县属左冯翊，左辅都尉治焉；雍县属右扶风。二说相去何远也？三辅黄图曰：长安城西出北头第一门曰雍门，本名西城门。但长安本秦离宫，秦之咸阳则汉扶风之渭城也。渭城与长安相去虽不远，然秦时长安未有十二门也。岂作史者因汉之雍门而书之欤！泾、渭，言泾、渭之交也。复，与複同，音方目翻。复道，阁道也；上下有道，故谓之复。所得诸侯美人、钟鼓以充入之。

二十七年(辛巳、前二二〇)

1 始皇巡陇西、北地，至鸡头山，过回中焉。范史隗嚣传：王孟塞鸡头道。贤注曰：在原州高平县西。括地志：成州上禄县东北二十里有鸡头山。应劭曰：回中在安定高平。孟康曰：回中在北地。贤曰：回中在汧。括地志：回中宫在雍西四十里。史记正义曰：言始皇西巡，出陇右，向西北，出宁州，西南行至成州，出鸡头山，东还过岐州之回中宫也。余谓上书巡陇西、北地，则先至原州之鸡头山而还过回中，道里为顺。若出成州之鸡头，则须先过回中而后至鸡头。以书法之前后观之，居然可见。

2 作信宫渭南，已，更命曰极庙。作宫已成而更名也。索隐曰：言为宫庙象天极，故曰极庙；天官书：中宫曰天极，是也。自极庙道通骊山，作甘泉前殿，筑甬道自咸阳属之，治驰道于天下。三辅黄图曰：甘泉宫，一名云阳宫。关辅记曰：林光宫，一曰甘泉宫，始皇造，在今池阳县西。故甘泉山宫周匝十馀里，汉武帝广之，周十九里。又黄图曰：咸阳北至九嵕、甘泉，南至鄠、杜，东至河，西至汧、渭之交；东西八百里，南北四百里，离宫、别馆，联望相属。甬道，唐夹城之类也。应劭曰：筑垣墙如街巷。甬，余陇翻。贾山曰：秦为驰道于天下，东穷燕、齐，南极吴、楚，江湖之上，濒海之观毕至。道广五十步，三丈而树，厚筑其外，隐以金椎，树以青松。应劭曰：驰道，天子所行道也，若今之中道。孔颖达曰：驰道，如今御路也；是君驰走车马之处，故曰驰道。属，之欲翻。

二十八年（壬午、前二一九）

1 始皇东行郡、县，上邹峄山，立石颂功业。班志：鲁国邹县，峄山在北。应劭曰：邾文公迁于绎，即此。括地志：邹峄山在兖州邹县南二十二里。峄，音亦。于是召集鲁儒生七十人，孔颖达曰：儒之言优也，柔也，能安人，能服人。又，儒者，濡也，以先王之道能濡其身。至泰山下，议封禅。诸儒或曰："古者封禅，为蒲车，恶伤山之土石、草木；扫地而祭，席用【章：十二行本"用"作"因"；乙十一行本同。】葅秸。"议各乖异。始皇以其难施用，由此绌儒生。括地志：泰山在兖州博城县西北三十里，一曰岱宗。服虔曰：封者，增山之高；禅，广地也。张晏曰：天高不可及，于泰山上立封禅以祭之，冀近神灵也。项威曰：封泰山，告太平，升中和之气于天。祭土为封，谓负土于泰山为坛而祭也。除地为墠；后改"墠"为"禅"。晋太康地记曰：为坛于泰山以祭天，示增高也；为墠于梁父以祭地，示广也。白虎通曰：王者易姓而起，必升封于泰山之上者何？因高告高，顺其类，故升封者增高也。下禅梁父之基，广厚也。刻石纪号者，著己之功迹以自劝也。增太山之高以报天，附梁父之基以报地。恶，乌路翻。师古曰：蒲车，以蒲裹轮。"葅秸"，班志作"苴秸"。如淳曰：苴，读如租；秸，读曰戛。晋灼曰：苴，藉也；师古曰：茅藉也。"苴"，本作"葅"，假借用。应劭曰：稭，藁本，去皮以为席。绌，与黜同，黜退也。而遂除车道，上自太山阳至颠，立石颂德；从阴道下，禅于梁父。师古曰：山南曰阳，山北曰阴。班志，泰山郡有梁父县。师古注曰：以山名县。括地志：梁父山在兖州泗水县北八十里。父，音甫。其礼颇采太祝之祀雍上帝所用，班表：奉常之属有雍太祝令、丞，盖汉仍秦制也。秦作畤于雍以祀上帝，今采其礼以为封禅礼。而封藏皆秘之，世不得而记也。

于是始皇遂东游海上，行礼祠名山、大川及八神。封禅书：八神：一曰天主，祠天齐渊水；二曰地主，祠太山、梁父；三曰兵主，祠蚩尤；四曰阴主，祠三山；五曰阳主，祠之罘山；六曰月主，祠之莱山；七曰日主，祠成山；八曰四时主，祠琅邪。或曰：八神，齐自太公以来祠之。始皇南登琅邪，大乐之，留三月，作琅邪台，立石颂德，明得意。班志，琅邪郡有琅邪县。山海经：琅邪台在勃海间，琅邪之东。郭璞曰：琅邪临海边，有山曰琅邪台。越王句践徙琅邪，作观台以望东海。史记曰：始皇徙三万家于台下。是其所作因越之旧也。括地志：琅邪山在密州诸城县东南百四十里；始皇立层台于山上，谓之琅邪台。邪，音耶。大乐之，乐琅邪之风景也。乐，音洛。

初，燕人宋毋忌、羡门子高之徒称有仙道、形解佳买翻。销化之术，燕、齐迂怪之士皆争传习之。道经：月中仙人宋毋忌。白泽图云：火之精曰宋毋忌。盖其人火仙也。张曰：羡门子高，仙人，居碣石山上。服虔曰：形解，尸解也。张晏曰：人老而解去，故骨如变化也。今山中有龙骨，世谓之龙解骨化去。迂，羽俱翻，又忧俱翻。自齐威王、宣王、燕昭王皆信其言，使人入海求蓬莱、方丈、瀛洲，云此三神山在勃海中，去人不远。患且至，则风引船去。尝有至者，诸仙人及不死之药皆在焉。及始皇至海上，诸方士齐人徐市等争上书言之，太史公曰，嬴姓分封者为徐氏。姓谱曰：皋陶子伯益佐禹有功，封其子若木于徐。请得齐戒与童男女求之。齐戒之齐，读曰斋。于是遣徐市发童男女数千人入海求之。船交海中，皆以风为解，师古曰：自解说云“为风不得而至”。自解，犹今言分疏。曰：“未能至，望见之焉。”

始皇还，过彭城，班志，楚国有彭城县，古彭祖国。斋戒祷祠，欲出周鼎泗水，水经：泗水出鲁国卞县北山，东南过彭城县，又东过下邳县入淮。时人相传以为宋太丘社亡而周鼎没于泗水中，故祠泗水，欲出周鼎。使千人没水求之，弗得。乃西南渡淮水，水经：淮水出南阳郡平氏县桐柏山，东南至淮陵入海，行三千馀里。之衡山、南郡。班志，衡山在长沙国湘南县之东南。括地志：衡山，一名岣嵝山，在衡州湘潭县西四十一里。汉衡山国在江北；秦拔楚郢，置南郡；唐为荆州江陵府。之，往也。浮江至湘山祠，逢大风，几不能渡。几，居依翻。上问博士曰：“湘君何神？”对曰：“闻之：尧女，舜之妻，葬此。”班志：湘水出零陵郡零陵县阳朔山，北至酃入江。括地志：黄陵庙在岳州湘阴县北五十七里，舜二妃之神。二妃冢在湘阴县一百六十里青草山上。盛弘之荆州记：青草湖，南有青草山，湖因山而名。舜陟方死于苍梧，二妃死于江、湘之间，因葬焉。博士以儒学为官。汉成帝诏曰：儒林之官，四海渊源。宜皆明于古今，温故知新，通达国体，故谓之博士。始皇大怒，使刑徒三千人皆伐湘山树，赭其山。赭，音者，赤也。遂自南郡由武关归。

2 初，韩人张良，其父、祖以上五世相韩。张良大父开地，相韩昭侯、宣惠王、襄哀王，父平，相釐王、悼惠王，凡五世。及韩亡，良散千金之产，欲为韩报仇。为，于伪翻。

二十九年（癸未、前二一八）

1 始皇东游，至阳武博浪沙中，班志，阳武县属河南郡，有博浪沙。索隐曰：今浚仪西北四十里有博浪城。史记正义曰：郑州阳武县有博浪沙，当官道。师古曰："狼"，音浪，史记作"浪"，正义音狼。张良令力士操铁椎狙击始皇，误中副车。狙，玃属。狙之伺物，必伏，乘其便而击之。狙击者，谓伏其旁而狙伺以击之也。狙，千恕翻，又千余翻。索隐曰：汉官仪：天子有属车，即副车，奉车即御而从后。余谓副，贰也；汉有五时副车，又在属车之外。始皇惊，求，弗得；令天下大索十日。索，山客翻。

始皇遂登之罘，班志：之罘山在东莱睡县。括地志：之罘山在莱州文登县东北一百八十里。罘，音浮。刻石；旋，之琅邪，道上党入。旋，即还字。之，往也。

三十一年（乙酉、前二一六）

1 使黔首自实田。二十六年，更名民曰黔首。孔颖达曰：黔，黑也。凡民以黑巾覆头，故谓之黔首。

三十二年（丙戌、前二一五）

1 始皇之碣石，班志：大碣石山在右北平郡骊成县西南。文颖曰：碣石在辽西郡絫县。郦道元曰：濡水至絫县碣石山。今〔于此〕枕海有石如埇道，数十里，当山顶有大石如柱形，往往而见，立于巨海之中，名天桥柱。碣，音桀。使燕人卢生求羡门，姓谱：姜姓之后，封于卢，以国为氏。刻碣石门。

坏城郭，决通堤坊。坏，音怪。坊，读曰防。始皇巡北边，从上郡入。卢生使入海还，因奏录图书曰："亡秦者胡也。"录图书，如后世谶纬之书。郑玄曰：胡，胡亥，秦二世名也。秦见图书而不知此为人名，反备北胡。始皇乃遣将军蒙恬发兵三十万人，北伐匈奴。

三十三年（丁亥、前二一四）

1 发诸尝逋亡人、赘婿、贾人为兵，贾谊曰：秦人家贫子壮则出赘。师古曰：谓之赘婿，言其不当出在妻家，犹人身之有肬赘也。转货贩易者为商，坐市贩卖者为贾。赘，之锐翻。略取南越陆梁地，索隐曰：谓南方之人，其性陆梁，故曰陆梁地。班表，汉高帝功臣有陆量侯须无，诏以为列诸侯，自置吏令、长，受令长沙王。如淳曰：陆量，秦始皇本纪所谓陆梁地也。置桂林、南海、象郡；桂林因产桂而名。合浦以南，山间无杂木，冬夏长青，叶长尺馀。文颖曰：桂林，今郁林。师古曰：桂林，今桂州界是其地，非郁林也。南海郡，今广州。茂陵书曰：象郡治临尘，去长安万七千五百里。韦昭曰：今日南是也。以谪徙民五十万人戍五岭，与越杂处。所谓谪戍也。晋志曰：自北徂南，入越之道，必由岭峤；时有五处，故曰五岭。师古曰：岭者，西自衡山之南，东穷于海，一山之限耳，而别标名，则有五焉。裴氏广州记曰：大庾、始安、临贺、桂阳、揭阳为五岭。邓德明南康记曰：大庾岭，一也；桂阳骑田岭，二也；九真都庞岭，三也；临贺萌渚岭，四也；始安越城岭，五也。师古以裴说为是。蜀注曰：大庾岭在虔州；永明岭、白芒岭在道州；腊岭在郴州；临源岭在桂州。谪，则革翻。处，昌吕翻。

2 蒙恬斥逐匈奴，收河南地为四十四县。筑长城，因地形，用制险塞；起临洮至辽东，延袤万馀里。于是渡河，据阳山，逶迤而北。师古曰：河南地当北地之北，黄河之南。余按，河出积石，过金城、陇西、安定、北地郡界，皆东北流；北过朔方、窳浑间，方屈而东南流，径高阙南；又自临河县东径阳山南，徐广所谓阳山在河北、阴山在河南者。刘昭曰：二山皆属五原郡西安阳县。班志，临洮县属陇西郡。洮水出西羌中，北至枹罕东入河。县临洮水，因以为名。洮，土刀翻。延，长行也。南北曰袤。袤，音茂。逶，於为翻。迤，以支翻。暴师于外十馀年，蒙恬常居上郡统治之；威振匈奴。暴，读如字；刘伯庄音仆。括地志：上郡故城在绥州上县东南五十里。

三【“三”原误作“二”。】十四年(戊子、前二一三)

1 谪治狱吏不直及覆狱故、失者，覆狱者，奏当已成而覆按之也。故者，知其当罪与不当罪而故出入之；失者，误出入也。筑长城及处南越地。处，昌吕翻。

丞相李斯上书曰：“异时诸侯并争，厚招游学。今天下已定，法令出一，百姓当家则力农工，士则学习法令。今诸生不师今而学古，以非当世，惑乱黔首，相与非法教人；闻令下，则各以其学议之，入则心非，出则巷议，夸主以为名，异趣以为高，率群下以造谤。如此弗禁，则主势降乎上，党与成乎下。禁之便！臣请史官非秦记皆烧之；此烧列国史记也。非博士官所职，天下有藏诗、书、百家语者，皆诣守、尉杂烧之。秦之焚书，焚天下之人所藏之书耳，其博士官所藏则故在；项羽烧秦宫室，始并博士所藏者焚之。此所以后之学者咎萧何不能于收秦图书之日并收之也。有敢偶语诗、书弃市；以古非今者族；吏见知不举，与同罪。令下三十日，不烧，黥为城旦。应劭曰：城旦，旦起行治城；四岁刑也。所不去者，医药、卜筮、种树之书。若有欲学法令者，【章：十二行本“有欲”二字互乙，无“者”字；乙十一行本同。】以吏为师。”制曰：“可。”

魏人陈馀谓孔鲋曰：“秦将灭先王之籍，而子为书籍之主，其危哉！”子鱼曰：“吾为无用之学，知吾者惟友。秦非吾友，吾何危哉！吾将藏之以待其求；求至，无患矣。”孔鲋，孔子八世孙，字子鱼。鲋，音附。

三十五年(己丑、前二一二)

1 使蒙恬除直道，道九原，抵云阳，班志，云阳县属冯翊。堑山堙谷堑，七艳翻。堙，音因。千八百里；数年不就。

2 始皇以为咸阳人多，先王之宫庭【章：十二行本“庭”作“廷”；乙十一行本同；孔本同。】小，乃营作朝宫渭南上林苑中，先作前殿阿房，师古曰：阿，近也；以其去咸阳近，且号阿房。索隐曰：此以形名宫也；言其宫曰〔四〕阿房〔旁〕广也。三辅黄图曰：作宫阿基旁，天下谓之阿房。括地志：秦阿房宫亦曰阿城，在雍州长安县西一十四里。史记正义曰：按宫在上林苑中；雍州郭城西南面，即阿房宫城东南面也。房，白郎翻。东西五百步，南北五十丈，上可以坐万人，下可以建五丈旗，周驰为阁道，自殿下直抵南山，关中有南山、北山：自甘泉连延至巀嶭、九嵕为北山；自终南、太白连延至商岭为南山。表南山之颠以为阙。为复道，自阿房度渭，属之咸阳，以象天极阁道、绝汉抵营室也。天官书曰：天极后十七星，绝汉抵营室，曰阁道。北辰为天极。营室二星，天子之宫也。隐宫、徒刑者七十【章：十二行本"十"下有"馀"字；乙十一行本同；孔本同；张校同。】万人，史记正义曰：馀刑见于市朝；宫刑，一百日隐于荫室养之乃可，故曰隐宫，下蚕室是也。徒刑者，有罪既加刑，复罚作之也。乃分作阿房宫或作骊山。发北山石椁，写蜀、荆地材，康曰：写，四夜切；舍车解马为写，或作"卸"。余谓此非舍车解马之"卸"，即前写放宫室之"写"，读如字。皆至；关中计宫三百，或曰："皆至"当属上句。关中记云：东自函关弘农郡灵宝县界，西至陇关汧阳郡汧源县界，二关之间，谓之关中，东西千馀里。关外四百馀。于是立石东海上朐界中，以为秦东门。班志：东海郡朐县，始皇立石海上，以为东门阙。朐，音劬。因徙三万家骊邑，五万家云阳，皆复不事十岁。复，方目翻，除也。不事者，不供征役之事。

3 卢生说始皇曰："方中：人主时为微行以辟恶鬼。恶鬼辟，辟，读曰避。真人至。愿上所居宫毋令人知，然后不死之药殆可得也！"始皇曰："吾慕真人！"自谓"真人"，不称"朕"。康曰：称，去声；不称，不惬意也。余谓康说非也。始皇初并天下，自称曰朕，至此不称朕耳。乃令咸阳之旁二百里内宫观二百七十，复【章：十二行本"复"作"複"；乙十一行本同；孔本同。】道、甬道相连，帷帐、钟鼓、美人充之，各案署不移徙。行所幸，有言其处者，罪死。始皇幸梁山宫，班志：梁山宫在扶风好畤县。括地志：俗名望宫山，在雍州好畤县西十二里，北去梁山九里。雍录曰：唐奉天县有梁山，秦之梁山宫正在其地。从山上见丞相车骑众，弗善也。中人或告丞相，丞相后损车骑。始皇怒曰："此中人泄吾语！"案问，莫服，捕时在旁者，尽杀之。自是后，莫知行之所在。群臣受决事者，悉于咸阳宫。

侯生、卢生相与讥议始皇，因亡去。始皇闻之，大怒曰："卢生等，吾尊赐之甚厚，今乃诽谤我！诽，敷尾翻。诸生在咸阳者，吾使人廉问，或为妖言以乱黔首。"廉，察也。秦有诽谤、妖言之罪，汉除之。妖，于遥翻。于是使御史悉案问诸生。秦置御史，掌讨奸猾，治大狱，御史大夫统之。诸生传相告引，传相告引者，谓甲引乙，乙复引丙也。传，柱恋翻。相，如字。乃自除犯禁者四百六十馀人，皆坑之咸阳，使天下知之，以惩后；益发谪徙边。始皇长子扶苏谏曰："诸生皆诵法孔子。诵孔子之言以为法也。今上皆重法绳之，臣恐天下不安。"始皇怒，使扶苏北监蒙恬军于上郡。为胡亥夺嫡杀扶苏张本。

三十六年（庚寅、前二一一）

1 有陨石于东郡。东郡，本卫地，秦徙卫于野王，以其地置东郡。或刻其石曰："始皇死而地分。"始皇使御史逐问，莫服；尽取石旁居人诛之，燔其石。燔，音烦，爇也。

2 迁河北榆中三万家；河北，北河之北也。赐爵一级。

三十七年（辛卯、前二一〇）

1 冬，十月，癸丑，始皇出游；左丞相斯从，右丞相去疾守。去疾，姓冯。从，才用翻。守，手又翻。始皇二十馀子，少子胡亥最爱，请从；上许之。

十一月，行至云梦，望祀虞舜于九疑山。古者，天子巡狩所至，山川之神，各以秩次望祭之。郦道元曰：营水出营阳郡泠道县南留山，西流径九疑山。其山磐棋苍梧之野，峰秀数郡之间，罗岩九举，各导一溪，岫壑负阻，异岭同势，游者疑焉，故曰九疑。括地志：九疑山在永州唐兴县东南百里，其山九峰相似，故名。元次山曰：九疑山在永州，方四千里，四州各近一隅。九域志曰：九疑在道州，舜陵在女英峰下，九疑之第六峰也。太史公曰：舜南狩，崩于苍梧之野，归葬于江南九疑山。山海经曰：舜之所葬，在今道州零陵界。则苍梧、九疑，两处也；合而言之者，误也。浮江下，观藉柯，渡海渚，过丹阳，至钱唐，史记正义曰：括地志：海渚，云在舒州同安县东。按舒州在江之中流，疑海字误。藉，秦昔翻。柯，音歌。班志：丹阳县，秦属鄣郡。括地志：丹阳故城，在润州江宁县东南五里。班志，钱唐县属会稽郡，汉西部都尉所治。唐为杭州治所。临浙江。水波恶，乃西百二十里，从陿中渡。所谓水波恶处，则今之由钱唐渡西陵者是也。西陿中渡，则今富阳、分水之间。徐广曰：盖在馀杭也。顾夷曰：馀杭，秦始皇至会稽经此，立为县。上会稽，班志：会稽山在会稽郡山阴县南，有禹冢、禹井。祭大禹，望于南海；立石颂德。还，过吴，从江乘渡。江乘县，秦属鄣郡，汉属丹阳郡。括地志：江乘故县城在今润州句容县北六十里。并海上，北至琅邪、之罘。并，步浪翻。罘，音浮。见巨鱼，射杀之。遂并海西，至平原津而病。平原县，秦属齐郡，汉分置平原郡。史记正义曰：今德州平原县南六十里有张公故城，城东有津，后名张公渡，恐此平原郡古津也。汉书平津侯公孙弘所封亦近此，盖平津即此津。余按公孙弘传：封勃海高城县之平津乡，则平津非平原津也。班志：笃马河至平原东北入海。此盖津渡处。射，而亦翻。并，步浪翻。

始皇恶言死，恶，乌路翻。群臣莫敢言死事。病益甚，乃令中车府令行符玺事赵高为书赐扶苏曰："与丧，会咸阳而葬。"书已封，在赵高所，未付使者。班书百官表：太仆，秦官，其属有车府令。秋，七月，丙寅，始皇崩于沙丘平台。史记正义曰：始皇崩在沙丘宫平台之中。丞相斯为上崩在外，为，于伪翻。恐诸公子及天下有变，乃秘之不发丧，棺载辒凉车中，文颖曰：辒辌车，如今丧辒车也。孟康曰：如衣车，有窗牖，闭之则温，开之则凉，故名。如淳曰：辒辌车，其车广大，有羽饰。沈约宋书礼志曰：汉制：大行载辒辌车，四轮；其饰如金根，加施组，连壁交路；四角金龙饰，衔璧，垂五采饰羽流苏，前后云画帷裳；榱文画曲𤰈，长与车等。太仆御驾六白骆马，以黑药灼其身为虎文。史记正义曰：棺，音馆，又古玩翻。辒，音温。"凉"，一作"辌"，音同。故幸宦者骖乘。所至，上食、百官奏事如故，宦者辄从车中可其奏事。独胡亥、赵高及幸宦者五六人知之。

初，始皇尊宠蒙氏，信任之。蒙恬任【章：乙十一行本"任"下有"在"字。】外将，蒙毅常居中参谋议，名为忠信，故虽诸将相莫敢与之争。将，即亮翻。赵高者，生而隐宫；康曰：馀刑显于市朝，宫刑在于隐室，故曰隐宫。始皇闻其强力，通于狱法，举以为中车府令，使教胡亥决狱；胡亥幸之。赵高有罪，始皇使蒙毅治之；毅当高法应死。始皇以高敏于事，赦之，复其官。赵高既雅得幸于胡亥，雅，素也。又怨蒙氏，乃说胡亥，请诈以始皇命诛扶苏而立胡亥为太子。胡亥然其计。赵高曰："不与丞相谋，恐事不能成。"乃见丞相斯曰："上赐长子书及符玺，皆在胡亥所。长子，谓扶苏。定太子，在君侯与高之口耳。事将何如？"斯曰："安得亡国之言！此非人臣所当议也！"高曰："君侯材能、谋虑、功高、无怨、长子信之，此五者皆孰与蒙恬？"斯曰："不及也。"高曰："然则长子即位，必用蒙恬为丞相，君侯终不怀通侯之印归乡里明矣！通侯，汉曰彻侯，亦曰列侯。应劭曰：通，亦彻也；通者，言功德通于王室也。张晏曰：列侯者，见序列也。胡亥慈仁笃厚，可以为嗣。愿君审计而定之！"丞相斯以为然，乃相与谋，诈为受始皇诏，立胡亥为太子；更为书赐扶苏，更，工衡翻；改也。数以不能辟地立功，士卒多耗，数，所具翻。数【章：十二行本"数"上有"反"字；乙十一行本同；孔本同；张校同；退斋校同。】上书，直言诽谤，日夜怨望不得罢归为太子；将军恬不矫正，知其谋；皆赐死，以兵属裨将王离。数，所角翻；下同。属，之欲翻，付也；康音蜀，非；下以属同。

扶苏发书，泣，入内舍，欲自杀。蒙恬曰："陛下居外，未立太子；使臣将三十万众守边，公子为监，此天下重任也。今一使者来，即自杀，安知其非诈！复请而后死，未暮也。"使者数趣之。扶苏谓蒙恬曰："父赐子死，尚安复请！"即自杀。趣，读曰促。复，扶又翻。蒙恬不肯死，使者以属吏，系诸阳周；班志，阳周县属上郡。史记正义曰：阳周，宁州罗川县之邑。属，之欲翻。今按天宝元年，改罗川县为真宁县。更置李斯舍人为护军，班百官表：护军都尉，秦官。又，汉王以陈平为护军中尉，尽护诸将。当是时，恬已属吏，恐其军有变，故以李斯舍人为护军，使之护诸将也。还报。胡亥已闻扶苏死，即欲释蒙恬。会蒙毅为始皇出祷山川，还至。赵高言于胡亥曰："先帝欲举贤立太子久矣，而毅谏以为不可；不若诛之！"乃系诸代。据地理，代距沙丘甚远。盖毅还至代，即就系之。

遂从井陉抵九原。班志：井陉在常山石邑县西。史记正义曰：井陉故关在并州石艾县东十八里，即井陉口。会暑，辒车臭，乃诏从官令车载一石鲍鱼以乱之。孟康曰：百二十斤曰石。班书货殖传：鲰鲍千钧。师古注曰：鲰，膊鱼也，即今之不着盐而干者也。鲍，今之鲍鱼也。而说者乃读鲍为鮠鱼之鮠，失义远矣。郑康成以鲍于煏室干之，亦非也。煏室干之，即鲍耳。盖今巴、荆人所呼鳠鱼者是也。秦皇载鲍乱臭者，则是鲍鱼耳；而煏室干者，本不臭也。鲍，白卯翻。鲰，音接。鲍，于业翻。鮠，五回翻。煏，蒲北翻。鳠，居偃翻。从直道至咸阳，发丧。直道，即三十五年蒙恬所除者。太子胡亥袭位。

九月，葬始皇于骊山，下锢三泉；师古曰：三重之泉，言至水也。余谓锢者，冶铜锢塞之也。三泉者，取九泉之数言之。奇器珍怪，徙藏满之。谓徙府库之物以实陵便房中。藏，才浪翻。令匠作机弩，有穿近者辄射之。以水银为百川、江河、大海，机相灌输。康注引刘伯庄云：机相灌输，以防穿近者。予按文势，自机弩至辄射之，文意已足；机相灌输，是承水银为百川、江河、大海之意，作如是观，文意甚顺。射，而亦翻。史记正义：灌，音馆。输，音戍。上具天文，下具地理。后宫无子者，皆令从死。从，才用翻。葬既已下，或言工匠为机藏，皆知之，藏重即泄。大事尽，闭之墓中。藏重即泄，谓工匠若更为第二重机藏，与外人近，即泄其所以为机藏之事，故大事尽则皆闭之墓中。大事尽，句绝，谓既下窆，则送终之大事尽也。重，直龙翻。

2 二世欲诛蒙恬兄弟。二世兄子子婴谏曰："赵王迁杀李牧而用颜聚，齐王建杀其故世忠臣而用后胜，卒皆亡国。二事并见前。卒，子恤翻。蒙氏，秦之大臣、谋士也，而陛下欲一旦弃去之。诛杀忠臣而立无节行之人，行，下孟翻。是内使群臣不相信而外使斗士之意离也！"二世弗听，遂杀蒙毅及内史恬。恬曰："自吾先人及至子孙，积功信于秦三世矣。恬祖骜、父武及恬，三世皆事秦有功。今臣将兵三十馀万，身虽囚系，其势足以倍畔。倍，蒲妹翻。然自知必死而守义者，不敢辱先人之教以不忘先帝也！"乃吞药自杀。

扬子法言曰：或问："蒙恬忠而被诛，忠奚可为也？"曰："堑山，堙谷，起临洮，击辽水，力不足而尸有馀，忠不足相也。"相，息亮翻。

臣光曰：始皇方毒天下而蒙恬为之使，恬不仁可知矣。然恬明于为人臣之义，虽无罪见诛，能守死不贰，斯亦足称也。使，如字。

二世皇帝上 讳胡亥，始皇少子也。【章：十二行本无此八字；乙十一行本同。】

元年（壬辰、前二〇九）

1 冬，十月，戊寅，大赦。

2 春，二世东行郡县，李斯从；到碣石，并海，南至会稽；而尽刻始皇所立刻石，旁著大臣从者名，行，下孟翻。从，才用翻。并，步浪翻。著，如字；史记正义丁略翻。以章先帝成功盛德而还。

夏，四月，二世至咸阳，谓赵高曰："夫人生居世间也，譬犹骋六骥过决隙也。康曰：上音缺；下丘逆翻。余谓决，如字，决，裂也；裂开之隙，其间不能以寸，喻狭小也。吾既已临天下矣，欲悉耳目之所好，穷心志之所乐，好，呼到翻。乐，音洛。以终吾年寿，可乎？"高曰："此贤主之所能行而昏乱主之所禁也。虽然，有所未可，臣请言之：夫沙丘之谋，诸公子及大臣皆疑焉；而诸公子尽帝兄，大臣又先帝之所置也。今陛下初立，此其属意怏怏皆不服，恐为变；臣战战栗栗，唯恐不终，陛下安得为此乐乎！"二世曰："为之奈何？"赵高曰："陛下严法而刻刑，令有罪者相坐，诛灭大臣及宗室；然后收举遗民，贫者富之，贱者贵之。尽除先帝之故臣，更置陛下之所亲信者，此则阴德归陛下，害除而奸谋塞，群臣莫不被润泽，蒙厚德，陛下则高枕肆志宠乐矣。更，工衡翻。塞，悉则翻。枕，之鸩翻。计莫出于此！"二世然之。乃更为法律，务益刻深，大臣、诸公子有罪，辄下高【章：十二行本"高"下有"令"字；乙十一行本同；孔本同。】鞫治之。于是公子十二人僇死咸阳市，十公主矺死于杜，索隐曰：矺，贮格翻；史记正义音宅，与磔同，谓磔裂支体而杀之；温公类篇音竹格翻，碓也。杜，故周之杜伯国。班志，杜县属京兆，宣帝改曰杜陵。财物入于县官，汉谓天子为县官。此县官，犹言公家也。相连逮者不可胜数。言事相连及皆逮之。贡父曰：其人存，直追取之曰逮；其人亡，则讨而捕之。逮，易辞；捕，加力也。

公子将闾昆弟三人囚于内宫，议其罪独后。二世使使令将闾曰："公子不臣，罪当死！吏致法焉。"将闾曰："阙廷之礼，吾未尝敢不从宾赞也；廊庙之位，吾未尝敢失节也；受命应对，吾未尝敢失辞也；何谓不臣？言不敢挟亲亲之恩废为臣之节，何得以此罪加之！愿闻罪而死！”使者曰：“臣不得与谋，与，读曰预。奉书从事！”将闾乃仰天大呼“天”者三，曰：“吾无罪！”昆弟三人皆流涕，拔剑自杀。宗室振恐。公子高欲奔，恐收族，乃上书曰：“先帝无恙时，臣入门【章：十二行本“门”作“则”；乙十一行本同；孔本同；退斋校同；熊校同。】赐食，出则乘舆，御府之衣，臣得赐之，中厩之宝马，臣得赐之。臣当从死而不能，为人子不孝，为人臣不忠。不孝不忠者，无名以立于世，臣请从死，愿葬骊山之足。唯上幸哀怜之！”书上，二世大说，说，读曰悦。召赵高而示之，曰：“此可谓急乎？”赵高曰：“人臣当忧死不暇，何变之得谋！”二世可其书，赐钱十万以葬。

复作阿房宫。尽征材士五万人为屯卫咸阳，令教射。狗马禽兽当食者多，食，读曰饫，音祥吏翻。度不足，下调郡县，史记正义曰：下，户嫁翻。调，徒钓翻。谓下郡县而调发之也。余谓下，读如字亦通。转输菽粟、刍稿，皆令自赍粮食；咸阳三百里内不得食其谷。

3 秋，七月，阳城人陈胜、阳夏人吴广起兵于蕲。史记正义曰：即河南阳城县；班志，属颍川郡。阳夏县属淮阳国。括地志：陈州太康县，本汉阳夏县地。盘洲洪氏曰：阳夏乡去太康县三十里。夏，音贾。班志，蕲县属沛郡，有大泽乡。蕲，音渠依翻。是时，发闾左戍渔阳，晁错曰：秦以谪发戍，先发吏有谪及赘婿、贾人，后以尝有市籍者，又后以大父母尝有市籍者，后入闾取其左。索隐曰：闾左，谓居闾里之左也。秦时，复除者居闾左。今力役凡在闾左者尽发之也。又云：凡居以富强为右，贫弱为左。秦役戍多富者，役尽，兼取贫弱而发之也。班志，渔阳县属渔阳郡。括地志：渔阳故城在檀州密云县南十八里，在渔水之阳。九百人屯大泽乡，陈胜、吴广皆为屯长。师古曰：人所聚为屯。长，帅也。会天大雨，道不通，度已失期；度，徒洛翻。失期，法皆斩。陈胜、吴广因天下之愁怨，乃杀将尉，师古曰：其官本尉耳，时领戍人，故为将尉。索隐曰：尉，官也；汉旧仪：大县三人。其尉将屯九百人，故云将尉。召令徒属曰："公等皆失期当斩；假令毋斩，而戍死者固什六七。且壮士不死则已，死则举大名耳！王、侯、将、相宁有种乎！"种，章勇翻。众皆从之。乃诈称公子扶苏、项燕，以百姓贤扶苏而楚人怜项燕也。为坛而盟，称大楚；陈胜自立为将军，吴广为都尉。攻大泽乡，拔之；收而攻蕲，蕲下。收大泽乡之兵以攻蕲也。乃令符离人葛婴将兵徇蕲以东；攻铚、酂、苦、柘、谯，皆下之。班志：符离、铚、酂、谯属沛郡。姓谱：葛国既灭，其后以国为氏。柘，苦二县属淮阳国。宋白曰：柘县，古襄氏之邑；春秋时，陈之株野；汉为柘县，以邑有柘沟而名；唐为宋州柘城县。亳州真源县，古苦县地。徇，辞峻翻，略地也。铚，竹乙翻。"酂"，本作"鄌"，才多翻。师古曰：此县本借酂字为之，音嵯。王莽改县为赞治，则此县亦有赞音。苦，音怙。行收兵；比至陈，比，必寐翻。车六七百乘，骑千馀，卒数万人。攻陈，陈守、尉皆不在，独守丞与战谯门中，不胜；守丞死，陈胜乃入据陈。班志，陈县属淮阳国。史记正义曰：今陈州城本楚襄王所筑陈国城也。师古曰：守丞，谓郡丞之居守者；一曰：郡守之丞，故曰守丞。原父曰：秦不以陈为郡，何庸有守！守，谓非正官，权守者耳。余按秦分天下为郡县，郡置守、尉、监，县置令、丞、尉。原父以此守为权守之守，良是。迁、固二史作"守令皆不在"，此作"守尉皆不在"，盖二史"令"下缺"尉"字，而通鉴"尉"上缺"令"字也。师古曰：谯门，谓门上为高楼以候望者耳。楼，一名谯，故谓美丽之楼为丽谯；亦呼为巢。所谓巢车者，亦于兵车之上为楼以望敌也。谯、巢，声相近。

初，大梁人张耳、陈馀相与为刎颈交。秦灭魏，闻二人魏之名士，重赏购求之。张耳、陈馀乃变名姓，俱之陈，为里监门以自食。师古曰：监门，卒之贱者；耳、馀以卑贱自隐。张晏曰：监门，里正卫也。监，古衔翻。里吏尝以过笞陈馀，陈馀欲起，张耳蹑之，使受笞。欲起者，不能受辱，欲起与吏亢也。蹑，尼辄翻，蹑其足也。笞，丑之翻。吏去，张耳乃引陈馀之桑下，数之曰：数，所具翻，又所主翻。"始吾与公言何如？今见小辱而欲死一吏乎！"陈馀谢之。陈涉既入陈，张耳、陈馀诣门上谒。陈胜，字涉。陈涉素闻其贤，大喜。陈中豪桀父老请立涉为楚王，涉以问张耳、陈馀。耳、馀对曰："秦为无道，灭人社稷，暴虐百姓；将军出万死之计，为天下除残也。今始至陈而王之，示天下私。愿将军毋王，急引兵而西；遣人立六国后，自为树党，为秦益敌；敌多则力分，与众则兵强。如此，则野无交兵，六国皆为与国，则兵不交锋于野矣。县无守城，诸县皆畔秦复为六国，无复为秦守城者。诛暴秦，据咸阳，以令诸侯；诸侯亡而得立，以德服之，则【章：十二行本"则"上有"如此"二字；乙十一行本同；孔本同；张校同。】帝业成矣！今独王陈，恐天下懈也。"陈涉不听，遂自立为王，号"张楚"。刘德曰：若云张大楚国也。张晏曰：先是楚已为秦所灭，今立楚为张。

当是时，诸郡县苦秦法，争杀长吏以应涉。谒者【章：十二行本"者"下有"使"字；乙十一行本同；孔本同；张校同。】从东方来，以反者闻。二世怒，下之吏。下，遐嫁翻。后使者至，上问之，对曰："群盗鼠窃狗偷，郡守、尉方逐捕，今尽得，不足忧也。"上悦。

陈王以吴叔为假王，监诸将以西击荥阳。吴广，字叔。荥阳县属三川郡。

张耳、陈馀复说陈王，请奇兵北略赵地。复，扶又翻。于是陈王以故所善陈人武臣为将军，邵骚为护军，姓谱曰：武姓，宋武公之后。余谓自有谥法，以武为谥者多矣，而必以武姓为宋武公之后，何拘也！唐志氏族以为武氏出自姬姓，周平王少子生而有文在手曰"武"，遂以为氏。此由武后而傅会为之说也。赵明诚金石录有汉敦煌长史武班碑云：昔殷王武丁克伐鬼方，官族析分，因以为氏。邵姓，周文王子邵公奭之后；或言第十一子耼季载之后。以张耳、陈馀为左、右校尉，予卒三千人，徇赵。

予，读曰与。

陈王又令汝阴人邓宗徇九江郡。殷王武丁封叔父于河北，是为邓侯，后因氏焉。班志，汝阴县属汝南郡，故胡国。九江，本楚地，秦灭楚，分置九江郡；项羽灭秦，以封黥布；汉高祖更名淮南国；武帝复曰九江郡。当此时，楚兵数千人为聚者不可胜数。师古曰：聚，才喻翻。

葛婴至东城，班志，东城县属九江郡。括地志：东城故城，在濠州定远县东南五十里。立襄彊为楚王。姓谱：襄，鲁庄公子襄仲之后。闻陈王已立，因杀襄彊还报。陈王诛杀葛婴。

陈王令【章：十二行本“令”下有“魏人”二字；乙十一行本同；孔本同；张校同；退斋校同。】周市北徇魏地。以上蔡人房君蔡赐为上柱国。索隐曰：房，邑名；爵之于房，号曰房君。上柱国，楚爵之尊者。蔡，以国为氏。

陈王闻周文，陈之贤人也，习兵，乃与之将军印，使西击秦。

武臣等从白马渡河，师古曰：白马津在今滑州白马县界。括地志：白马故城，在滑州卫南县西南二十四里。戴延之西征记曰：白马故城即卫之漕邑。至诸县，说其豪桀，豪桀皆应之；乃行收兵，得数万人；号武臣为武信君。下赵十馀城，馀皆城守；乃引兵东北击范阳。班志曰，范阳县属涿郡。应劭曰：在范水之阳。范阳蒯彻说武信君曰：蒯彻，即蒯通，班书避武帝讳，改“彻”为“通”。蒯，丘怪翻，姓也。左传，晋有大夫蒯得。“足下必将战胜而后略地，攻得然后下城，臣窃以为过矣。诚听臣之计，可不攻而降城，不战而略地，传檄而千里定；可乎？”师古曰：檄者，以木简为书，长尺二寸，用征召也；有急，则加以鸟羽插之，所以示急疾也。檄，户历翻。武信君曰：“何谓也？”彻曰：“范阳令徐公，畏死而贪，欲先天下降。先，悉荐翻。君若以为秦所置吏，诛杀如前十城，则边地之城皆为金城、汤池，不可攻也。君若赍臣侯印以授范阳令，使乘朱轮华毂，驱驰燕、赵之郊，即燕、赵城可无战而降矣。”武信君曰：“善！”以车百乘、骑二百、侯印迎徐公。燕、赵闻之，不战以城下者三十馀城。

陈王既遣周章，以秦政之乱，有轻秦之意，不复设备。复，扶又翻。博士孔鲋谏曰：鲋，魏相子顺之子，孔子八世孙，即前藏书者也。“臣闻兵法：‘不恃敌之不我攻，恃吾不可攻。’今王恃敌而不自恃，若跌而不振，悔之无及也。”跌，徒结翻，蹶而踣也。陈王曰：“寡人之军，先生无累焉。”累，良瑞翻。

周文行收兵至关，车千乘，卒数十万，至戏，军焉。师古曰：戏，水名，在京兆新丰东；今有戏水驿。其水本出蓝田北界，至此而北流入渭。苏林曰：戏在新丰东南三十里。戏，许宜翻。二世乃大惊，与群臣谋曰：“奈何？”少府章邯曰：班表曰：少府，秦官，掌山林、池泽之赋以给共养。姓谱：齐人降鄣，子孙去邑为章氏。少，诗照翻。邯，下甘翻。“盗已至，众强，今发近县，不及矣。骊山徒多，秦之刑徒已论者，输作骊山。请赦之，授兵以击之。”二世乃大赦天下，使章邯免骊山徒、人奴产子，悉发以击楚军，大败之。服虔曰：人奴产子，家人之产奴。师古曰：奴产子，犹今人云家生奴。仲冯曰：人奴一物，产子又一物。臣瓒曰：人奴之产子，今田客家儿。周文走。

张耳、陈馀至邯郸，闻周章却，又闻诸将为陈王徇地还者多以谗毁得罪诛，乃说武信君令自王。八月，武信君自立为赵王，以陈馀为大将军，班表：前、后、左、右将军，周末官，秦因之，位上卿。汉大将军比三公。张耳为右丞相，邵骚为左丞相；使人报陈王。陈王大怒，欲尽族武信君等家而发兵击赵。柱国房君谏曰：“秦未亡而诛武信君等家，此生一秦也；不如因而贺之，使急引兵西击秦。”陈王然之，从其计，徙系武信君等家宫中，封张耳子敖为成都君，使使者贺赵，令趣发兵西入关。张耳、陈馀说赵王曰：“王王赵，非楚意，趣，读曰促。上王，如字；下王，于况翻。特以计贺王。楚已灭秦，必加兵于赵。愿王毋西兵，北徇燕、代，南收河内以自广。燕，涿郡以北之地。代，常山以北之地。河内本魏地，时属河东郡。赵南据大河，北有燕、代，楚虽胜秦，必不敢制赵；不胜秦，必重赵。赵乘秦、楚之敝，可以得志于天下。"赵王以为然，因不西兵，而使韩广略燕，李良略常山，张黡略上党。黡，乌点翻，又于琰翻。

九月，沛人刘邦起兵于沛，陶唐氏既衰，其后有刘累，以扰龙事孔甲，为豢龙氏。及晋，士会自秦归晋，其处者为刘氏。师古曰：沛本秦泗水郡之属县。李斐曰：沛，小沛也。索隐曰：汉改泗水郡为沛郡，治相城，故以沛县为小沛。沛，博盖翻。汉高帝事始此。下相人项梁起兵于吴，班志，下相县属临淮郡。索隐曰：按相，水名，出沛国。沛有相县；于相水下流置县，故曰下相。括地志：下相故城，在泗州宿豫县西北七十里。项燕为楚将，封于项，子孙以邑为氏。吴县，会稽郡治所，故吴都也。狄人田儋起兵于齐。服虔曰：儋，音负担之担。师古曰：儋，音丁甘翻。

刘邦，字季，为人隆准、龙颜，左股有七十二黑子。服虔曰：准，音拙。应劭曰：隆，高也。准，頬权准也。颜，额颡也。李斐曰：准，鼻也。文颖曰：音准的之准。晋灼曰：战国策云：眉目准頞权衡。史记：秦始皇蜂目长准。李说、文音是也。师古曰：頬权"頔"字，岂当借准为之！服音、应说皆失之。黑子，今中国通呼为黡子，吴、楚俗谓之志；志者，记也。爱人喜施，喜，许既翻。施，式豉翻。意豁如也；常有大度，不事家人生产作业。初为泗上亭长，秦法：十里一亭。亭长，主亭之吏；亭，谓停留客旅宿食之馆。史记正义曰：国语有寓室，即今之亭也。亭长，盖今之里长，民有讼诤，吏留平辨，得成其政。"泗上"，史记作"泗水"。括地志：泗水亭在徐州沛县东一百步；有高祖庙。单父人吕公，好相人，见季状貌，奇之，以女妻之。班志，单父县属山阳郡。单，音善。父，音甫。妻，七细翻。吕公女，是为吕后。

既而季以亭长为县送徒骊山，徒多道亡。自度比至皆亡之，度，徒洛翻。比，必寐翻。到丰西泽中亭，止饮，应劭曰：沛，县也；丰，其乡也。孟康曰：后沛为郡而丰为县。师古曰：丰本沛之聚邑耳。

夜，乃解纵所送徒曰："公等皆去，吾亦从此逝矣！"徒中壮士愿从者十馀人。

刘季被酒，师古曰：被，加也；被酒，为酒所加也。被，皮义翻。夜径泽中，有大蛇当径，季拔剑斩蛇。有老妪哭曰："吾子，白帝子也，化为蛇，当道；今赤帝子杀之！"因忽不见。妪，威遇翻，老母也。应劭曰：秦襄公自以居西，主少昊之神，作西畤，祠白帝。至献公时，栎阳雨金，又作畦畤，祠白帝。少昊，金德也；赤帝，尧后，谓汉也；杀之，明汉当代秦。刘季亡匿于芒、砀山泽【章：十二行本"泽"下有"岩石"二字；乙十一行本同；孔本同；张校同；退斋校同。】之间，班志，芒县属沛郡；砀县属梁国。应劭曰：二县之间，有山泽之固，故隐其间。宋白曰：亳州永城县，汉芒县地。括地志：宋州砀山县在州东一百五十里，本汉砀县；砀山在县东。芒，音忙。砀，音唐；师古又音宕。数有奇怪；沛中子弟闻之，多欲附者。

及陈涉起，沛令欲以沛应之。掾、主吏萧何、曹参曰：据曹参传曰：参为掾，何为主吏。孟康曰：主吏，功曹也。姓谱：宋支子食采于萧，后因为氏。数，所角翻。掾，于绢翻。"君为秦吏，今欲背之，背，蒲妹翻。率沛子弟，恐不听。愿君召诸亡在外者，可得数百人，因劫众，众不敢不听。"乃令樊哙召刘季。刘季之众已数十百人矣；沛令后悔，恐其有变，乃闭城城守，师古曰：城守者，守其城也；音狩。后皆类此。欲诛萧、曹。萧、曹恐，逾城保刘季。言投刘季以自保也。刘季乃书帛射城上，遗沛父老，为陈利害。射，而亦翻。遗，于季翻。为，于伪翻。父老乃率子弟共杀沛令，开门迎刘季，立以为沛公。春秋之时，楚僭王号，其大夫多封县公，如申公、叶公、鲁阳公之类是也。今立季为沛公，用楚制也。萧、曹等为收沛子弟，得三【章：十二行本"三"上有"二"字；乙十一行本同；孔本同。】千人，以应诸侯。

项梁者，楚将项燕子也，尝杀人，与兄子籍避仇吴中。吴中贤士大夫皆出其下。籍少时学书，不成，去；学剑，又不成。项梁怒之。籍曰："书，足以记名姓而已！剑，一人敌，不足学；学万人敌！"于是项梁乃教籍兵法。籍大喜；略知其意，又不肯竟学。籍长八尺馀，力能扛鼎，韦昭曰：扛，举也。索隐曰：说文云：扛，横关对举也。长，真亮翻。扛，音江。才器过人。会稽守殷通徐广曰：尔时未言太守。余谓战国之时，郡守只称守，景帝中二年七月始曰太守。姓谱：武王克商，子孙分散，以殷为氏。守，式又翻；下同。闻陈涉起，欲发兵以应涉，使项梁及桓楚将。将，即亮翻。是时，桓楚亡在泽中。梁曰："桓楚亡，人莫知其处，独籍知之耳。"梁乃【章：十二行本"乃"下有"出"字；乙十一行本同；孔本同。】诫籍持剑居外，梁复入，与守坐，曰："请召籍，使受命召桓楚。"守曰："诺。"梁召籍入。须臾，梁眴籍曰："可行矣！"眴，音舜，动目而使之也。于是籍遂拔剑斩守头。项梁持守头，佩其印绶。释名：印，信也，所以封物以为验也；亦言因也，封物相因付也。绶，受也，系印之组也，以相授受也。应劭汉官曰：绶长丈二尺，法十二月；广三尺，法天、地、人。门下大惊，扰乱；籍所击杀数十百人，言所杀自数十至百人也。一府中皆慑伏，莫敢起。说文曰：慑，失气也，音之涉翻。梁乃召故所知豪吏，谕以所为起大事，遂举吴中兵，使人收下县，下县，会稽管下诸县也。师古曰：非郡所都，故谓之下也。得精兵八千人。梁为会稽守，籍为裨将，徇下县。籍是时年二十四。项籍始此。

田儋，【章：十二行本"儋"下有"者"字；乙十一行本同；孔本同。】故齐王族也。儋从弟荣，荣弟横，皆豪健，宗强，能得人。从，才用翻。周市徇地至狄，周市，魏人。狄城守。田儋详为缚其奴，从少年之廷，欲谒杀奴，详，读曰佯，诈也。应劭曰：古杀奴婢皆当告官。儋欲杀令，故诈缚奴以谒也。廷，县廷也。师古曰：廷，音定。见狄令，因击杀令，而召豪吏子弟曰："诸侯皆反秦自立。齐，古之建国也；儋，田氏，当王！"遂自立为齐王，发兵以击周市。周市军还去。田儋率兵东略定齐地。

韩广将兵北徇燕，燕地豪桀欲共立广为燕王。广曰："广母在赵，不可！"燕人曰："赵方西忧秦，南忧楚，其力不能禁我。且以楚之强，不敢害赵王将相之家，赵独安敢害将军家乎！"韩广乃自立为燕王。居数月，赵奉燕王母家属归之。

赵王与张耳、陈馀北略地燕界，赵王间出，师古曰：谓投间隙而微出。为燕军所得。燕囚之，欲求割地；使者往请，燕辄杀之。有厮养卒走燕壁，如淳曰：厮，贱者也。公羊传曰：厮役扈养。韦昭曰：析薪为厮，炊烹为养。厮，音斯。养，羊尚翻。见燕将曰："君知张耳、陈馀何欲？"曰："欲得其王耳。"赵养卒笑曰："君未知此两人所欲也。夫武臣、张耳、陈馀，杖马箠杖，直亮翻。箠，止橤翻，马挝也。下赵数十城，此亦各欲南面而王，岂欲为将相终已耶！顾其势初定，未敢参分而王，参，犹三也。且以少长先立武臣为王，以持赵心。少，诗照翻。长，知两翻。今赵地已服，此两人亦欲分赵而王，时未可耳。今君乃囚赵王。此两人名为求赵王，实欲燕杀之；此两人分赵自立。夫以一赵尚易燕，易，弋豉翻。况以两贤王左提右挈而责杀王之罪，灭燕易矣！"燕将乃归赵王，养卒为御而归。

4 周市自狄还，至魏地，欲立故魏公子宁陵君咎为王。宁陵即汉之宁陵县，属陈留郡。括地志曰：宋州宁陵城，古宁陵也。咎在陈，不得之魏。魏地已定，诸侯皆欲立周市为魏王。市曰："天下昏乱，忠臣乃见。见，贤遍翻。今天下共畔秦，其义必立魏王后乃可。"诸侯固请立市，市终辞不受；迎魏咎于陈，五反，陈王乃遣之，立咎为魏王，市为魏相。

5 是岁，二世废卫君角为庶人，卫绝祀。周之列国，卫最后亡。

聂崇岐标点顾颉刚覆校

资治通鉴卷第八

朝散大夫右谏议大夫权御史中丞充理检使上护军赐紫金鱼袋臣 司马光 奉敕编集

后学天台 胡三省 音注

秦纪三 起昭阳大荒落（癸巳），尽阏逢敦牂（甲午），凡二年。

二世皇帝下

二年（癸巳、前二〇八）

1 冬，十月，泗川监平将兵围沛公于丰，泗川郡即泗水郡。秦，郡置守、尉、监。文颖曰：秦时御史监郡，若今刺史。平，人名。沛公出与战，破之；令雍齿守丰。雍，于用翻，姓也。风俗通：雍姓，周文王子雍伯之后。十一月，沛公引兵之薛。泗川守壮兵败于薛，走至戚；沛公左司马得杀之。壮者，泗川守之名。班志，戚县属东海郡。括地志：沂州临沂县有戚县故城。戚，如字，如淳将毒翻。余以地理考之，沛郡之与东海相去颇远，壮兵败而走，未必能至东海之戚。班志，沛郡有广戚县。章怀太子贤曰：广戚故城在今徐州沛县东，恐是走至广戚之戚也。师古曰：得者，司马之名。贡父曰：得杀之者，得而杀之；汉书多以获为得。司马掌兵，周之夏卿。春秋之时，晋置三军及新军，各有卿、佐，复置司马以掌军中刑戮之事；后复分为左、右；又其后也，军行有军司马、假司马；下至部曲，有候，有司马。

2 周章出关，止屯曹阳，晋灼曰：曹阳亭在弘农东十三里，魏武改曰好阳。师古曰：曹水之阳也。其水出陕县西岘头山而北流入河，今谓之好阳涧，在陕县西四十五里。括地志：在陕州桃林县东十四里。二月馀，章邯追败之；复走渑池，败，补迈翻。复，扶又翻。十馀日，章邯击，大破之。周文自刎，军遂不战。刎，扶粉翻。

吴叔围荥阳；李由为三川守，守荥阳，秦灭周置三川郡，其治所当在洛阳；由盖守荥阳以扞楚。宋白曰：秦立三川郡，初理洛阳，后徙荥阳。叔弗能下。楚将军田臧等相与谋曰："周章军已破矣，周章，即周文。秦兵旦暮至。我围荥阳城弗能下，秦兵至，必大败，不如少遗兵守荥阳，遗兵，留兵也。少，诗沼翻。悉精兵迎秦军。今假王骄，陈涉之自王也，以吴叔为假王。不知兵权，不足与计事，恐败。"因相与矫王令以诛吴叔，师古曰：矫，托也，托言受王令也。献其首于陈王。陈王使使赐田臧楚令尹印，以为上将。

田臧乃使诸将李归等守荥阳，自以精兵西迎秦军于敖仓，周宣王狩于敖。左传：晋师在敖、鄗之间。后汉志：荥阳有敖亭，秦立敖仓。孟康曰：敖，地名，在荥阳西北山上，临河有大仓。与战；田臧死，军破。章邯进兵击李归等荥阳下，破之，李归等死。阳城人邓说将兵居郯，师古曰：郯，东海县，音谈。索隐曰：非也。此时章邯军未至东海，此郯别是地名；或恐"郯"当作"郏"，郏是郏鄏之地。史记正义曰：郏是春秋时郏地，楚郏敖葬之，今汝州郏县城是。邓说，阳城人。阳城，河南府县，与郏县相近，又近陈。余按索隐以为河南之郏鄏，正义以为汝州之郏；时章邯兵至荥阳，则已过郏鄏而东矣，正义之说近之。章邯别将击破之。铚人伍逢将兵居许，伍，姓也。春秋时，楚有伍举、伍奢。许，春秋许子之国，班志属颍川；魏文帝改曰许昌；唐为许州。章邯击破之。两军皆散，走陈，陈王诛邓说。

3 二世数诮让李斯："居三公位，如何令盗如此！"数，所角翻。诮，七笑翻，责也。秦以丞相、太尉、御史大夫为三公，汉因之。李斯恐惧，重爵禄，不知所出，乃阿二世意，以书对曰："夫贤主者，必能行督责之术者也。索隐曰：督者，察也；察其罪，责之以刑罚也。故申子曰：‘有天下而不恣睢，恣，资二翻；睢，香萃翻，谓肆情放纵也。命之曰“以天下为桎梏”者，无他焉，不能督责，而顾以其身劳于天下之民，若尧、禹然，故谓之桎梏也。’桎梏，械也；在足曰桎，在手曰梏。桎，职日翻。梏，姑沃翻。夫不能修申、韩之明术，行督责之道，专以天下自适也；而徒务苦形劳神，以身徇百姓，则是黔首之役，非畜天下者也，何足贵哉！故明主能行督责之术以独断于上，断，丁乱翻。则权不在臣下，然后能灭仁义之涂，绝谏说之辩，荦然行恣睢之心荦，吕角翻。而莫之敢逆。如此，群臣、百姓救过不给，何变之敢图！”二世说，说，读曰悦。于是行督责益严，税民深者为明吏，杀人众者为忠臣，刑者相半于道，而死人日成积于市；秦民益骇惧思乱。

4 赵李良已定常山，去年，赵王使李良略常山。还报赵王。赵王复使良略太原；至石邑，秦兵塞井陉，未能前。班志，石邑县属常山郡，井陉山在西。塞，悉则翻。陉，音刑。秦将诈为二世书以招良。良得书未信，还之邯郸，益请兵。未至，道逢赵王姊出饮，【章：十二行本“饮”下有“从百馀骑”四字；乙十一行本同；孔本同；张校同；退斋校同。】良望见，以为王，伏谒道旁。王姊醉，不知其将，将，即亮翻。使骑谢李良。李良素贵，起，惭其从官。拜谒而起，顾从官而惭也。从，才用翻。从官有一人曰：“天下畔秦，能者先立。且赵王素出将军下，今女儿乃不为将军下车，请追杀之！”李良已得秦书，固欲反赵，未决；因此怒，遣人追杀王姊，因将其兵袭邯郸。邯郸不知，竟杀赵王、邵骚。赵人多为张耳、陈馀耳目者，以故二人独得脱。以故者，以此故也。

5 陈人秦嘉、符离人朱鸡石等起兵，围东海守于郯。“陈”当作“凌”；陈胜传作“凌人秦嘉”。秦，姓也；春秋时，鲁有秦堇父。班志曰：东海郡，汉高帝置；应劭注曰：即秦郯郡。余按裴骃所云三十六郡，本亦无郯郡，汉东海郡则治郯耳。陈王闻之，使武平君畔为将军，监郯下军。

秦嘉不受命，自立为大司马；恶属武平君，恶，乌路翻。告军吏曰："武平君年少，不知兵事，勿听！"因矫以王命杀武平君畔。

6 二世益遣长史司马欣、董翳佐章邯击盗。时章邯为上将，将兵东讨，故使欣为长史以佐之。据项籍传，翳为都尉。姓谱：飂叔安裔子董父好龙，帝舜嘉焉，因赐姓董。章邯已破伍逢，击陈柱国房君，杀之；又进击陈西张贺军。陈王出监战。张贺死。监，古衔翻。

腊月，张晏曰：秦之腊月，夏之九月。臣瓒曰：建丑之月也。师古曰：史记云：胡亥二年十月，诛葛婴；十一月，周文死；十二月，陈涉死：瓒说是也。陈王之汝阴，之，往也。还，至下城父，师古曰：下城父，地名，在沛郡城父县东。刘昭曰：汝南山桑县，故属沛，有下城父聚。父，音甫。其御庄贾杀陈王以降。降，户江翻。初，陈涉既为王，其故人皆往依之。妻之父亦往焉，陈王以众宾待之，长揖不拜。妻之父怒曰："怙乱僭号，而傲长者，不能久矣！"不辞而去。陈王跪谢，遂不为顾。客出入愈益发舒，言陈王故情。或说陈王曰："客愚无知，颛妄言，轻威。"陈王斩之。诸故人皆自引去，由是无亲陈王者。陈王以朱防为中正，胡武为司过，主司群臣。诸将徇地至，令之不是，【章：十二行本"是"下有"者"字；乙十一行本同；孔本同。】辄系而罪之。以苛察为忠；其所不善者，弗下吏，辄自治之。诸将以其故不亲附，此其所以败也。史言陈王弃其亲故，遂死于庄贾之手，故先以故人二字发其端，乃及慢其妻父事，次及客事。客先与陈王佣耕，及其据陈而王，遮道求见，陈王载与俱归；后以客言其故情，遂杀之。轻威者，言轻其为君之威重也。颛，与专同。

陈王故涓人将军吕臣为苍头军，魏有苍头二十万，盖前乎此时已有苍头军矣。应劭曰：时军皆着青巾，故曰苍头。服虔曰：苍头，谓士卒青帛巾，若赤眉之号以相识别也。起新阳，班志，新阳县属汝南郡；应劭曰：在新水之阳。括地志：新阳故城，在豫州真阳县西南四十二里。攻陈，下之，杀庄贾，复以陈为楚；葬陈王于砀，谥曰隐王。

初，陈王令铚人宋留将兵定南阳，入武关。留已徇南阳，闻陈王死，南阳复为秦；宋留以军降，二世车裂留以徇。

7 魏周市将兵略【章：十二行本“略”下有“地”字；乙十一行本同；孔本同。】丰、沛，使人招雍齿。雍齿雅不欲属沛公，即以丰降魏。雅，素也。沛公攻之，不克。

8 赵张耳、陈馀收其散兵，得数万人，击李良；良败，走归章邯。

客有说耳、馀曰：“两君羁旅，而欲附赵，难可独立；立赵后，辅以谊，可就功。”乃求得赵歇。春，正月，耳、馀立歇为赵王，居信都。项羽改信都曰襄国；汉复为信都县，属信都国；后汉复曰襄国。

9 东阳宁君、秦嘉文颖曰：秦嘉，东阳郡人，为宁县君。臣瓒曰：陈胜传：“凌人秦嘉”，然则嘉非东阳人。嘉起于郯，号大司马，又不为宁县君。东阳宁君自一人，秦嘉又一人。师古曰：瓒说是。东阳者，为所属县；宁君者，姓宁，时号为君。姓谱：卫卿宁氏之后；又晋有宁嬴，以邑为姓。闻陈王军败，乃立景驹为楚王，引兵之方与，欲击秦军定陶下；班志，方与县属山阳郡，定陶县属济阴郡。史记正义曰：方与，今济州县；定陶，今曹州县。方与，音房预。使公孙庆使齐，欲与之并力俱进。并，必正翻。齐王曰：“陈王战败，不知其死生，楚安得不请而立王！”公孙庆曰：“齐不请楚而立王，楚何故请齐而立王！且楚首事，当令于天下。”首事，谓最先起兵伐秦。田儋杀公孙庆。

秦左、右校复攻陈，下之。索隐曰：左、右校，即左、右校尉。校，户教翻。吕将军走，徼兵复聚，如淳曰：徼，要也，徼散卒复相聚也。师古曰：徼，工尧翻。余谓从如氏之说，当音于尧翻。与番盗黥布相遇，番，即番阳县，汉属豫章郡。英布为盗于江中，番阳令吴芮妻之以女，故谓番盗。番，蒲何翻。攻击秦左、右校，破之青波，复以陈为楚。

黥布者，六人也，六，春秋之六国也；秦为县，属九江郡；汉属六安国。括地志：六故城，在寿州安丰县南百三十里。宋白曰：今蕲州东广济县即秦、汉之六县。英布都六，古城犹存。姓英氏，姓谱：英出自偃姓，皋陶之后封于英，因以为氏。坐法黥，以刑徒论输骊山。骊山之徒数十万人，布皆与其徒长豪桀交通，长，知两翻。乃率其曹耦曹，辈也。亡之江中为群盗。番阳令吴芮，甚得江湖间民心，号曰番君。布往见之，其众已数千人。番君乃以女妻之，妻，七细翻。使将其兵击秦。

10 楚王景驹在留，班志，留县属楚国。括地志：留城在徐州沛县东南五十里，即张良封处。沛公往从之。张良亦聚少年百馀人欲往从景驹，道遇沛公，遂属焉；沛公拜良为厩将。厩将盖掌马。良数以太公兵法说沛公；沛公善之，常用其策；良为他人言，皆不省。说，输芮翻。为，于伪翻；下平为同。省，悉井翻，察也；后以义推。良曰："沛公殆天授！"故遂留不去。张良从沛公始此。

沛公与良俱见景驹，欲请兵以攻丰。时章邯司马𡰥将兵北定楚地，师古曰：𡰥，古夷字。类篇曰：古仁字；又延知翻。屠相，至砀。班志，相县为沛郡治所。括地志：故相城，在徐州符离县西九十里。相，息亮翻。砀，徒郎翻。东阳宁君、沛公引兵西，与战萧西，班志，萧县属沛郡；唐属徐州。萧西，谓在萧县之西。不利，还，收兵聚留。二月，攻砀，三日，拔之；收砀兵得六千人，与故合九千人。三月，攻下邑，拔之；班志，下邑县属梁国。还击丰，不下。

11 广陵人召平为陈王徇广陵，未下。广陵县属九江郡。班志为广陵国都；唐为扬州。姓谱：召姓，周文王子召公奭之后。召，寔照翻。闻陈王败走，章邯且至，乃渡江，矫陈王令，拜项梁为楚上柱国，曰："江东已定，急引兵西击秦！"梁乃以八千人渡江而西。闻陈婴已下东阳，班志，东阳县属临淮郡；明帝分属下邳；后复分属广陵。括地志：东阳故城，在楚州盱眙县东七十里。水经注曰：淮阴县，楚、汉之间为东阳郡。遣使欲与连和俱西。陈婴者，故东阳令史，苏林曰：令史，曹史也。晋灼曰：汉仪注：令吏曰令史，丞吏曰丞史。师古曰：晋说是。居县中，素信谨，称为长者。东阳少年杀其令，相聚得二万人，欲立婴为王。婴母谓婴曰："自我为汝家妇，未尝闻汝先世之有贵者。今暴得大名，不祥；不如有所属。事成，犹得封侯；事败，易以亡，非世所指名也。"易，以豉翻。婴乃不敢为王，谓其军吏曰："项氏世世将家，有名于楚；今欲举大事，将非其人不可。将，即亮翻。我倚名族，亡秦必矣！"其众从之，乃以兵属梁。

英布既破秦军，引兵而东；闻项梁西渡淮，布与蒲将军皆以其兵属焉。项梁众凡六七万人，军下邳。班志，下邳县属东海郡。应劭曰：邳在薛，其后徙此，故曰下邳。臣瓒曰：有上邳，故曰下邳。史记正义曰：下邳，泗水县也。

景驹、秦嘉军彭城东，欲以距梁。梁谓军吏曰："陈王先首事，战不利，未闻所在。今秦嘉倍陈王而立景驹，大逆无道！"倍，蒲妹翻。乃进兵击秦嘉，秦嘉军败走。追之，至胡陵，胡陵即湖陆，班志属山阳郡，汉章帝改曰湖陵。嘉还战。一日，嘉死，军降；景驹走死梁地。梁地，故魏地也。

梁已并秦嘉军，军胡陵，将引军而西。章邯军至栗，班志，栗县属沛郡。项梁使别将朱鸡石、馀樊君与战。馀樊君死；朱鸡石军败，亡走胡陵。梁乃引兵入薛，诛朱鸡石。括地志曰：故薛城，古薛侯国也，在今徐州滕县界。

沛公从骑百馀往见梁；梁与沛公卒五千人，五大夫将十人。沛公还，引兵攻丰，拔之。雍齿奔魏。

项梁使项羽别攻襄城，班志，襄城县属颍川郡。史记正义曰：今许州县。襄城坚守不下；已拔，皆坑之，还报。

梁闻陈王定死，召诸别将会薛计事，沛公亦往焉。居鄛人范增，年七十，班志，居巢县属庐江郡。春秋"楚人围巢"，巢，国也。史记正义曰：即夏桀所奔地。晋灼曰：鄛，音劋绝之劋。师古音巢。素居家，好奇计，往说项梁曰："陈胜败，固当。夫秦灭六国，楚最无罪。自怀王入秦不反，楚人怜之事见四卷周赧王十九年。至今。当属上句。故楚南公曰：'楚虽三户，亡秦必楚。'服虔曰：南公，南方之老人。虞喜志林曰：南公者，道士，识废兴之数，知亡秦者必楚。汉书艺文志：南公十三篇，六国时人，在阴阳家流。臣瓒曰：楚人怨秦，虽三户足以亡秦。今陈胜首事，不立楚后而自立，其势不长。今君起江东，楚蠭起之将皆争附君者，师古曰：蠭，古蜂字；蠭起，如蠭之起，言其众也。一说：蠭，与锋同，言锋锐而起者。尔雅翼曰：蠭，近其房，辄群起攻人，故曰蠭起之将。以君世世楚将，为能复立楚之后也。"于是项梁然其言，乃求得楚怀王孙心于民间，为人牧羊；夏，六月，立以为楚怀王，从民望也。徐广曰：顺民望，以其祖谥为号。陈婴为上柱国，封五县，与怀王都盱眙。班志，盱眙县属临淮郡。史记正义曰：今楚州县。阮胜之南兖州记：盱眙，本春秋善道地；宋属泗州。音吁怡。项梁自号为武信君。

张良说项梁曰："君已立楚后，而韩诸公子横阳君成最贤，可立为王，益树党。"项梁使良求韩成，立以为韩王。以良为司徒，与韩王将千馀人西略韩地，得数城，秦辄复取之；往来为游兵颍川。颍川，故韩地，秦置郡。

12 章邯已破陈王，乃进兵击魏王于临济。后汉志，陈留郡平丘县有临济亭。水经注曰：田儋死处。史记正义曰：今齐州临济县。又曰：故城在淄州高苑县北二里。余按正义所云临济，乃田儋所起狄县地也，非魏王咎所居临济也。后汉志及水经注为是。魏王使周市出，请救于齐、楚；齐王儋及楚将项它皆将兵随市救魏。它，徒河翻，章邯夜衔枚击，大破齐、楚军于临济下，师古曰：衔枚者，止言语讙嚣，欲令敌人不知其来也。周官有衔枚氏。枚状如箸，横衔之，繣结于项。繣结，碍也，絜绕也，盖为结纽而绕项也。衔，户缄翻。缅，音获。絜，音颉。杀齐王及周市。魏王咎为其民约降；约定，自烧杀。其弟豹亡走楚，楚怀王予魏豹数千人，复徇魏地。为，于伪翻。予，读曰与。齐田荣收其兄儋馀兵，东走东阿；班志，东阿县属东郡。括地志：东阿故城，在济州东阿县西南二十五里。章邯追围之。齐人闻田儋死，乃立故齐王建之弟假为王，田角为相，角弟间为将，以距诸侯。

秋，七月，大霖雨。雨三日以往为霖。武信君引兵攻亢父，亢父，音抗甫。闻田荣之急，乃引兵击破章邯军东阿下；章邯走而西。田荣引兵东归齐。武信君独追北，使项羽、沛公别攻城阳，屠之。括地志：濮州雷泽县，本汉城阳，在州东九十一里。余按班志，济阴成阳县有雷泽。此成阳与定陶、濮阳皆相近，非城阳国之城阳。楚军军濮阳东，班志，濮阳县属东郡。括地志：濮阳县在濮州西八十六里。濮，音卜。复与章邯战，又破之。章邯复振，李奇曰：振，整也。如淳曰：振，起也；收散卒，自振迅而起。守濮阳，环水。文颖曰：决水以自环守为固。环，音宦。沛公、项羽去，攻定陶。

八月，田荣击逐齐王假，假亡走楚。【章：十二行本"楚"下有"田角亡走赵"五字；乙十一行本同；孔本同；张校同；退斋校同。】田间前救赵，因留不敢归。田荣乃立儋子市为齐王，荣相之。田横为将，平齐地。章邯兵益盛，项梁数使使告齐、赵发兵共击章邯。田荣曰："楚杀田假，赵杀角、间，乃出兵。"楚、赵不许。田荣怒，终不肯出兵。

13 郎中令赵高班表：郎中令，秦官，掌宫殿掖门户。臣瓒曰：掌郎内诸臣，故曰郎中令；武帝改光禄勋。恃恩专恣，以私怨诛杀人众多；恐大臣入朝奏事言之，乃说二世曰："天子之所以贵者，但以闻声，群臣莫得见其面故也。且陛下富于春秋，谓少年，此云春秋多也。未必尽通诸事；今坐朝廷，谴举有不当者，谴，去战翻，责也。当，丁浪翻。则见短于大臣，非所以示神明于天下也。见，贤遍翻。陛下不如深拱禁中，蔡邕曰：本为禁中，门阁有禁，非侍御之臣不得妄入；行道豹尾中亦为禁中。与臣及侍中习法者待事，事来有以揆之。如此，则大臣不敢奏疑事，天下称圣主矣。"二世用其计，乃不坐朝廷见大臣，常居禁中；赵高侍中用事，班表：秦制：侍中、左右曹、诸吏、散骑、中常侍皆加官，所加或列侯、卿、大夫、将军、将、都尉、尚书、太医、太官令，至郎中亡员，多至数十人；侍中、中常侍得入禁中。应劭曰：入侍天子，故曰侍中。后汉志：侍中，比二千石，掌侍左右，赞导众事，顾问应对。事皆决于赵高。

高闻李斯以为言，乃见丞相曰："关东群盗多，今上急益发繇，繇，读曰徭，役也；古字借用。治阿房宫，治，直之翻。聚狗马无用之物。臣欲谏，为位贱，为，于伪翻；下同。此真君侯之事；君何不谏？"李斯曰："固也，吾欲言之久矣。今时上不坐朝廷，常居深宫。吾所言者，不可传也；欲见，无閒。"閒，古苋翻，隙也；又读曰闲，馀暇也。赵高曰："君诚能谏，请为君候上闲，语君。"于是赵高侍【章：十二行本"侍"作"待"；乙十一行本同；孔本同；张校同。】二世方燕乐，妇女居前，使人告丞相："上方闲，可奏事。"丞相至宫门上谒。如此者三。二世怒曰："吾常多闲日，丞相不来；吾方燕私，丞相辄来请事！丞相岂少我哉，且固我哉？"少我，谓轻我以为幼少也。固我，谓轻我以为固陋也。赵高因曰："夫沙丘之谋，丞相与焉。事见上卷始皇三十七年。与，读曰预。今陛下已立为帝，而丞相贵不益，此其意亦望裂地而王矣。且陛下不问臣，臣不敢言。丞相长男李由为三川守，楚盗陈胜等皆丞相傍县之子，傍县，近县也。李斯，汝南上蔡人；陈胜，颍川阳城人：汝南、颍川相近也。以故楚盗公行，过三川城，守【章：十二行本"守"作"皆"。】不肯击。高闻其文书相往来，未得其审，故未敢以闻。且丞相居外，权重于陛下。"二世以为然，欲案丞相；

恐其不审，乃先使人按验三川守与盗通状。

李斯闻之，因上书言赵高之短曰："高擅利擅害，与陛下无异。昔田常相齐简公，窃其恩威，下得百姓，上得群臣，卒弑简公而取齐国，事见左传。卒，子恤翻。此天下所明知也。今高有邪佚之志，危反之行，行，下孟翻。私家之富，若田氏之于齐矣，而又贪欲无厌，厌，于盐翻；后以义推。求利不止，列势次主，言赵高居中用事，其位列权势次于人主也。其欲无穷，劫陛下之威信，其志若韩玘为韩安相也。索隐曰："玘"，一作"起"，并音怡，韩大夫，弑其君悼公者。然韩无悼公，或郑之嗣君。按表：韩玘事昭侯，昭侯以下四世至王安，斯说非也。余观李斯书意，正以胡亥亡国之祸近在旦夕，故指韩安以其用韩玘而亡韩之事警动之。韩安之时，其臣必有韩玘者，特史逸其事耳。李斯与韩安同时，而韩安亡国之事接乎胡亥之耳目，所谓"殷鉴不远"也。索隐于数百载之下议其说为非，可乎！信，读曰伸。陛下不图，臣恐其必为变也。"二世曰："何哉！夫高，故宦人也；然不为安肆志，不以危易心，洁行修善，自使至此，以忠得进，以信守位，朕实贤之；所谓临乱之君，各贤其臣也。行，下孟翻。而君疑之，何也？且朕非属赵君，当谁任哉！属，之欲翻。且赵君为人，精廉强力，下知人情，上能适朕；君其勿疑！"二世雅爱赵【章：十二行本"赵"作"信"；乙十一行本同。】高，恐李斯杀之，乃私告赵高。高曰："丞相所患者独高；高已死，丞相即欲为田常所为。"

是时，盗贼益多，而关中卒发东击盗者无已。右丞相冯去疾、左丞相李斯、将军冯劫进谏曰："关东群盗并起，秦发兵诛【章：十二行本"诛"作"追"；乙十一行本同。】击，所杀亡甚众，然犹不止。盗多，皆以戍、漕、转、作事苦，戍，征戍也；漕，水运也；转，陆运也；作，役作也。事苦，言其事劳苦也。赋税大也。请且止阿房宫作者，减省四边戍、转。"二世曰："凡所为贵有天下者，得肆意极欲，主重明法，谓君臣之势，上之所三者重则下之势轻，主重，犹言居重也。重，如字；康直龙切，非也。下不敢为非，以制御四海矣。夫虞、夏之主，贵为天子，亲处穷苦之实以徇百姓，尚何于法！言尚何事于法也。处，昌吕翻。且先帝起诸侯，兼天下，天下已定，外攘四夷以安边境，作宫室以章得意；而君观先帝功业有绪。今朕即位，二年之间，群盗并起，君不能禁，又欲罢先帝之所为，是上无以报先帝，次不为朕尽忠力，何以在位！"下去疾、斯、劫吏，下，遐嫁翻。案责他罪。去疾、劫自杀；独李斯就狱。二世以属赵高治之，属，之欲翻。责斯与子由谋反状，皆收捕宗族、宾客。赵高治斯，榜掠千馀，榜，音彭，笞击也。掠，音亮，考棰也。不胜痛，自诬服。自诬以反而服其罪也。胜，音升。

斯所以不死者，自负其辩，有功，实无反心，欲上书自陈，幸二世寤而赦之。乃从狱中上书曰："臣为丞相治民，三十馀年矣。治，直之翻。逮秦地之陿隘，不过千里，兵数十万。臣尽薄材，阴行谋臣，资之金玉，使游说诸侯；阴脩甲兵，饬政教，官斗士，尊功臣；故终以胁韩，弱魏，破燕、赵，夷齐、楚，卒兼六国，虏其王，立秦为天子。又北逐胡、貉，卒，子恤翻。貉，莫客翻，北方国，豸种。南定百越，以见秦之强。见，贤遍翻。更克画平斗斛、度量、文章，布之天下，以树秦之名。此皆臣之罪也，臣当死久矣！上幸尽其能力，乃得至今。愿陛下察之！"书上，赵高使吏弃去不奏，曰："囚安得上书！"

赵高使其客十馀辈诈为御史、谒者、侍中，更往覆讯斯，御史之名，周官有之；战国亦有御史，秦、赵渑池之会，各命书其事，则皆记事之职；至秦、汉为纠察之任。更，迭也。覆，审也。讯，问也。更，工衡翻。斯更以其实对，辄使人复榜之。后二世使人验斯，斯以为如前，终不敢更言。辞服，奏当上。奏当者，狱具而奏当处其罪也。汉路温舒曰：奏当之成，虽咎繇听之，犹以为死有馀辜。上，时掌翻。二世喜曰："微赵君，几为丞相所卖！"几，居依翻。及二世所使案三川守由者至，则楚兵已击杀之。使者来，会丞相下吏，高皆妄为反辞以相傅会，傅，读曰附；凡傅会之傅皆同音。遂具斯五刑论，班志：秦法：当三族者，皆先黥、劓、斩左右止，笞杀之，枭其首，菹其骨肉于市；其诽谤、詈诅者，又先断舌：谓之具五刑。腰斩咸阳市。斯出狱，与其中子俱执。中，读曰仲，顾谓其中子曰："吾欲与若复牵黄犬，俱出上蔡东门逐狡兔，岂可得乎！"遂父子相哭而夷三族。二世乃以赵高为丞相，事无大小皆决焉。

14 项梁已破章邯于东阿，引兵西，北【章：十二行本"北"作"比"；孔本同。】至定陶，再破秦军。项羽、沛公又与秦军战于雍丘，班志，雍丘县属陈留郡，故杞国也。史记正义曰：雍丘，今汴州县。大破之，斩李由。项梁益轻秦，有骄色。宋义谏曰："战胜而将骄卒惰者，败。今卒少惰矣，秦兵日益，臣为君畏之！"项梁弗听。乃使宋义使于齐，道遇齐使者高陵君显，晋灼曰：高陵县属琅邪郡。曰："公将见武信君乎？"曰："然。"曰："臣论武信君必败；公徐行即免死，疾行则及祸。"二世悉起兵益章邯击楚军，大破之定陶，项梁死。

时连雨，自七月至九月。项羽、沛公攻外黄未下，班志，外黄县属陈留郡。张晏曰：魏郡有内黄，故曰外。括地志曰：故周城即外黄之地，在雍丘县之东。去，攻陈留；班志，陈留县属陈留郡。孟康曰：留，郑邑也，后为陈所并，故曰陈留。臣瓒曰：宋亦有留，彭城留是也；留属陈者称陈留。括地志：陈留，汴州县，在州东五十里。闻武信君死，士卒恐，乃与将军吕臣引兵而东，徙怀王自盱眙都彭城。班志，彭城县属楚国。彭门记：彭祖，颛顼之玄孙，至商末寿及七百六十七岁，今墓犹存，故邑号彭城。吕臣军彭城东；项羽军彭城西；沛公军砀。

15 魏豹下魏二十余城；楚怀王立豹为魏王。

16 后九月，文颖曰：即闰九月。时律历废，不知闰，故谓之后九月。如淳曰：时因秦以十月为岁首，至九月则岁终；后九月即闰月。师古曰：文说非也。若以律历废不知闰者，则当径谓之十月，不应有后九月。盖秦之历法，应置闰者总置于岁末，此意当取左传归馀于终耳。何以明之？据汉表及史记，汉未改秦历之前，迄至高后、文帝，屡书后九月；是知固然，非历废也。贡父曰：予谓颜说后九月亦为未尽。秦知置历有闰，何故皆以为九月乎？盖司马氏为史记，既以秦正月称十月，遂以闰月溥为后九月。是司马氏如此叙之，非秦法也。楚怀王并吕臣、项羽军，自将之；以沛公为砀郡长，苏林曰：长，如郡守也。封武安侯，将砀郡兵；封项羽为长安侯，号为鲁公；吕臣为司徒，其父吕青为令尹。

17 章邯已破项梁，以为楚地兵不足忧，乃渡河，北击赵，大破之；引兵至邯郸，皆徙其民河内，夷其城郭。张耳与赵王歇走入巨鹿城，班志，巨鹿县属巨鹿郡。应劭曰：鹿，林之大者。臣瓒曰：山足曰鹿。括地志曰：今邢州平乡城本巨鹿。宋白曰：十三州志：巨鹿，尧时大麓之地；禹为大陆之野；秦灭赵，置巨鹿郡。巨，亦大称也。王离围之。陈馀北收常山兵，得数万人，军巨鹿北；章邯军巨鹿南棘原。赵数请救于楚。数，所角翻；下同。

高陵君显在楚，见楚王曰："宋义论武信君之军必败；居数日，军果败。兵未战而先见败征，征，读曰证。此可谓知兵矣！"王召宋义与计事而大说之，说，读曰悦。因置以为上将军，项羽为次将，范增为末将，以救赵。诸别将皆属宋义，号为"卿子冠军"。如淳曰：卿者，大夫之号；子者，子男之爵；冠军，人之首也。文颖曰：卿子，人相褒尊之称，犹言公子也；上将，故言冠军。刘伯庄曰：公之子为公子；卿子，谓卿之子也。师古曰：冠军，言其在诸军之上。

初，楚怀王与诸将约："先入定关中者王之。"秦地西有陇关，东有函谷关，南有武关，北有临晋关，西南有散关；秦地居其中，故谓之关中。注已见前。当是时，秦兵强，常乘胜逐北，诸将莫利先入关；言莫有以入关为利者，盖畏秦也。独项羽怨秦之杀项梁，奋【章：乙十一行本"奋"下有"势"字；孔本同；张校同。】愿与沛公西入关。怀王诸老将皆曰："项羽为人，慓悍猾贼，慓，疾也；悍，勇也；猾，狡也；贼，残害也。慓，频妙翻，又匹妙翻。悍，下旦翻，又下罕翻。尝攻襄城，襄城无遗类，皆坑之；诸所过无不残灭。且楚数进取，前陈王、项梁皆败，不如更遣长者，扶义而西，师古曰：扶，助也，以义自助也。余谓扶义，犹言杖义也。告谕秦父兄。秦父兄苦其主久矣，今诚得长者往，无侵暴，宜可下。项羽不可遣；独沛公素宽大长者，可遣。"怀王乃不许项羽，而遣沛公西略地，收陈王、项梁散卒以伐秦。

沛公道砀，至阳城与杠里，道砀，自砀取道而西也。此据班书书之。"阳城"，史记作"成阳"。韦昭注曰：在颍川，则是谓阳城也。索隐曰：在济阴，则是谓成阳也。杠里，孟康、服虔皆以为县名，而班志无之。余按沛公之兵自砀而攻秦，道成阳与杠里，而后破东郡尉于成武。成阳县属济阴，成武县属山阳。济阴，唐为曹州，成武属焉。若取道颍川之阳城，当自此西趋洛、陕，安得复至成武耶！书成阳为是。杠里之地，盖在成阳、成武之间。杠，音江。攻秦壁，破其二军。

三年（甲午、前二〇七）

1 冬，十月，齐将田都畔田荣，助楚救赵。为项羽封田都张本。

2 沛公攻破东郡尉于成武。秦灭卫，置东郡。尉，郡尉也。班志，成武即卫楚丘地。括地志：今曹州县。

3 宋义行至安阳，师古曰：今相州安阳县。索隐曰：傅宽传云"从攻安阳、杠里"，则当俱在河南；师古以为相州县，按此兵犹未渡河，不应即至相州安阳。后魏书地形志：己氏有安阳城，后改己氏为楚丘，今宋州楚丘西北四十里有安阳故城是也。留四十六日不进。项羽曰："秦围赵急，宜疾引兵渡河；楚击其外，赵应其内，破秦军必矣！"宋义曰："不然。夫搏牛之虻，不可以破虮虱。苏林曰：虻喻秦，虱喻章邯等，言小大不同势，欲灭秦当先宽邯等也。如淳曰：言本欲以大力伐秦而不可以救赵也。师古曰：搏，击也；言以手击牛之背，可以杀其上虻而不能破虱。今将兵力欲灭秦，不可尽力与邯战，即未能禽，徒费力也。如说近之。搏，音博。虻，音盲。虮，居喜翻。虱，音瑟。今秦攻赵，战胜则兵疲，我承其敝；不胜，则我引兵鼓行而西，必举秦矣。鼓行者，击鼓而行，堂堂之陈也。故不如先斗秦、赵。夫被坚执锐，义不如公；坐运筹策，公不如义。”因下令军中曰：“有猛如虎，狠如羊，狠，何垦翻。此并下三语，指项羽也。贪如狼，强不可使者，皆斩之！”

乃遣其子宋襄相齐，身送之至无盐，班志，东平国有无盐县。索隐曰：在今郓州之东。饮酒高会。师古曰：高会者，大会也。天寒，大雨，士卒冻饥。项羽曰：“将戮力而攻秦，久留不行。今岁饥民贫，士卒食半菽，菽，豆也。臣瓒曰：士卒食蔬菜，以菽杂半之。军无见粮，言军无见在之粮。见，贤遍翻。乃饮酒高会。不引兵渡河，因赵食，与赵并力攻秦，乃曰‘承其敝’。夫以秦之强，攻新造之赵，其势必举。赵举秦强，何敝之承！且国兵新破，王坐不安席，扫境内而专属于将军，属，之欲翻；下道属同。国家安危，在此一举。今不恤士卒而徇其私，非社稷之臣也！”徇其私，谓身送其子相齐也。

十一月，项羽晨朝上将军宋义，朝，直遥翻。即其帐中斩宋义头。出令军中曰：“宋义与齐谋反楚，楚王阴令籍诛之！”当是时，诸将皆慑服，莫敢枝梧，如淳曰：枝梧，犹枝扞也。臣瓒曰：小柱为枝，邪柱为梧，今屋极邪柱也。皆曰：“首立楚者，将军家也；今将军诛乱。”乃相与共立羽为假上将军。以未得怀王之命，故且为假。使人追宋义子，及之齐，杀之。使桓楚报命于怀王。怀王因使羽为上将军。

4 十二月，沛公引兵至栗，遇刚武侯，应劭曰：刚武侯，楚怀王将。功臣表：“棘蒲刚侯陈武”，武，一姓柴，宜为“刚侯武”，魏将也。孟康曰：功臣表：“以将军起薛，至霸上，入汉中”，非怀王将，又非魏将，例未有称谥者。师古曰：史失其姓名，惟识其爵号，不知谁也。不当改“刚武侯”为“刚侯武”；应说非也。夺其军四千馀人，并之；与魏将皇欣、武满军合攻秦军，破之。皇，姓也。左传，郑有大夫皇颉。

5 故齐王建孙安下济北，济水以北之地，聊城、博阳诸城是也。从项羽救赵。为项羽王田安张本。

6 章邯筑甬道属河，饷王离。恐敌抄其粮运，故夹筑垣墙以通饷道。属，之欲翻。饷，式亮翻。王离兵食多，急攻巨鹿。巨鹿城中食尽、兵少，张耳数使人召前陈馀。召前者，召陈馀使前救巨鹿也。陈馀度兵少，不敌秦，不敢前。度，徒洛翻；下同。数月，张耳大怒，怨陈馀，使张黡、陈泽往让陈馀曰：史记正义：泽，音释。“始吾与公为刎颈交，今王与耳旦暮且死，而公拥兵数万，不肯相救，安在其相为死！相为，于伪翻；下欲为同。苟必信，胡不赴秦军俱死；且有十一二相全。”言十分之中冀有一二分得以胜秦而相保全也。陈馀曰：“吾度前终不能救赵，徒尽亡军。度，徒洛翻。且馀所以不俱死，欲为赵王、张君报秦。今必俱死，如以肉委饿虎，何益！”张黡、陈泽要以俱死。馀乃使黡、泽将五千人先尝秦军，尝，试也。至，皆没。当是时，齐师、燕师皆来救赵，张敖亦北收代兵，得万馀人，来，张敖，耳之子也。皆壁馀旁，未敢击秦。

项羽已杀卿子冠军，威震楚国，乃遣当阳君、蒲将军将卒二万渡河救巨鹿。战少利，言其战略有利也。绝章邯甬道，王离军乏食。陈馀复请兵。复，扶又翻。项羽乃悉引兵渡河，皆沈船，破釜、甑，烧庐舍，持三日粮，以示士卒必死，无一还心。于是至则围王离，与秦军遇，九战，大破之；章邯引兵却。诸侯兵乃敢进击秦军，遂杀苏角，虏王离；涉间不降，自烧杀。涉，姓也。间，名也。当是时，楚兵冠诸侯；冠，古玩翻。军救巨鹿者十馀壁，莫敢纵兵。及楚击秦，诸侯将【章：十二行本“将”下有“皆”字；乙十一行本同；孔本同；张校同。】从壁上观。楚战士无不一当十，呼声动天地，将，即亮翻。呼，火故翻。诸侯军无不人人惴恐。惴，之睡翻。于是已破秦军，项羽召见诸侯将；诸侯将入辕门，张晏曰：军行，以车为陈，辕相向为门。师古曰：周礼掌舍：王行则设车宫、辕门。杜佑曰：昂车，以其辕表门。无不膝行而前，莫敢仰视。项羽由是始为诸侯上将军，诸侯皆属焉。

于是赵王歇及张耳乃得出巨鹿城谢诸侯。张耳与陈馀相见，责让陈馀以不肯救赵；及问张黡、陈泽所在，疑陈馀杀之，数以问馀。数，所角翻。馀怒曰："不意君之望臣深也！望，怨望也，又责望也。尔雅翼曰：怨者必望，故以望为怨，"不意君之望臣深"是也。岂以臣为重去将印哉？"重，难也；言岂以去将印为难也。岂，疑辞。重，如字。乃脱解印绶，推与张耳；推，通回翻。张耳亦愕不受。陈馀起如厕。客有说张耳曰："臣闻'天与不取，反受其咎。'索隐曰：此辞出国语。今陈将军与君印，君不受；反天不祥。急取之！"张耳乃佩其印，收其麾下。而陈馀还，亦望张耳不让，遂趋出，独与麾下所善数百人之河上泽中渔猎。为张耳、陈馀相攻杀张本。赵王歇还信都。

春，二月，沛公北击昌邑，班志，昌邑县属山阳郡。括地志曰：曹州成武县东北三十二里有梁丘故城，是也。贤曰：昌邑故城，在兖州金乡县西北。遇彭越；彭越以其兵从沛公。姓谱：彭姓，大彭之后。越，昌邑人，常渔巨野泽中，为群盗。班志：山阳郡巨野县有大野泽。巨野县，唐属郓州。陈胜、项梁之起，泽间少年相聚百馀人，往从彭越曰："请仲为长。"彭越，字仲。长，知两翻；下同。越谢曰："臣不愿也。"少年强请，乃许；强，其两翻。与期旦日日出会，索隐曰：旦日，谓明日之朝日出时也。后期者斩。旦日日出，十馀人后，后者至日中。于是越谢曰："臣老，诸君强以为长。今期而多后，不可尽诛，诛最后者一人。"令校长斩之。校长，一校之长。皆笑曰："何至于【章：十二行本无"于"字；乙十一行本同；孔本同。】是！

请后不敢。”于是越引一人斩之，设坛祭，令徒属，【章：乙十一行本重“徒属”二字。】皆大惊，莫敢仰视。乃略地，收诸侯散卒，得千馀人，遂助沛公攻昌邑。

昌邑未下，沛公引兵西过高阳。文颖曰：高阳，聚邑名，属陈留圉县。臣瓒曰：陈留传：高阳在雍丘西南。水经注：睢水首受陈留浚仪浪荡水，东径高阳故亭北。高阳人郦食其，家贫落魄，郦，音历；姓谱：黄帝之支孙封于郦，后以为氏。食其，音异基。郑氏曰：魄，音薄。应劭曰：落魄，志行衰薄之貌。师古曰：落魄，失业无次也。为里监门。沛公麾下骑士适食其里中人，食其见，谓曰："诸侯将过高阳者数十人，吾问其将皆握龊，好苛礼，握龊，急促貌。苛，细也。龊，初角翻。自用，不能听大度之言。吾闻沛公慢而易人，多大略，易，以豉翻。此真吾所愿从游，莫为我先。索隐曰：先，谓先容，言无人为我作绍介也。若见沛公，若，汝也。谓曰：'臣里中有郦生，年六十馀，长八尺，人皆谓之狂生。生自谓"我非狂生"。'"骑士曰："沛公不好儒，诸客冠儒冠来者，客冠，古玩翻。沛公辄解其冠，溲溺其中，溲，所由翻。溺，乃吊翻。溲，即溺也。与人言，常大骂；未可以儒生说也。"郦生曰："第言之。"第，但也。骑士从容言，如郦生所诫者。从，千容翻。

沛公至高阳传舍，师古曰：传置之舍，人所止息，前人已去，后人复来，转相传也。传，张恋翻。使人召郦生。郦生至，入谒。沛公方倨床，使两女子洗足而见郦生。倨，与踞同。洗，先典翻。乐彦曰：床边曰倨。郦生入，则长揖不拜，曰："足下欲助秦攻诸侯乎，且欲率诸侯破秦也？"沛公骂曰："竖儒！天下同共【章：十二行本无"共"字；乙十一行本同；孔本同。】苦秦久矣，故诸侯相率而攻秦，何谓助秦攻诸侯乎！"郦生曰："必聚徒、合义兵诛无道秦，不宜倨见长者！"于是沛公辍洗，起，摄衣，史记正义曰：摄，敛着也。余谓摄衣，起而持其衣也。延郦生上坐，谢之。郦生因言六国从横时。沛公喜，赐郦生食，问曰："计将安出？"郦生曰："足下起纠合之众，收散乱之兵，不满万人；欲以径入强秦，此所谓探虎口者也。探，吐南翻。夫陈留，天下之冲，四通五达之郊也；如淳曰：四面往来通之，并数中央为五达也。臣瓒曰：四通五达，言无险阻。今其城中又多积粟。臣善其令，请得使之令下足下；令下之令，力丁翻，使也。下，降也。即不听，足下引兵攻之，臣为内应。"于是遣郦生行，沛公引兵随之，遂下陈留；号郦食其为广野君。郦生言其弟商。时商聚少年得四千人，来属沛公，沛公以为将，将陈留兵以从。郦生常为说客，使诸侯。

7 三月，沛公攻开封，未拔；班志，开封县属河南郡。宋白曰：今县南五十里开封古城，是汉理所。西与秦将杨熊会战白马，又战曲遇东，后汉志，河南中牟县有曲遇聚。苏林曰：曲，音齲。遇，音颙。师古曰：齲，音丘羽翻。大破之。杨熊走之荥阳，二世使使者斩之以徇。

夏，四月，沛公南攻颍川，屠之。颍川郡治阳翟。因张良，遂略韩地。文颖曰：河南新郑南至颍川，皆韩地也。张良家世相韩，故因之。时赵别将司马卬方欲渡河入关，沛公乃北攻平阴，班志，平阴县属河南郡。史记正义曰：今河阴是。绝河津南，战洛阳东。军不利，南出轘辕，后汉志：河南缑氏县有轘辕关。臣瓒曰：险道名也，在缑氏县东南。索隐曰：轘辕为九十二曲，是险道也。轘，音环。张良引兵从沛公；沛公令韩王成留守阳翟，与良俱南。

六月，与南阳守齮战犨东，破之，齮，鱼岂翻。班志，犨县属南阳郡。水经注：滍水出鲁阳县西，径犨县故城北。犨，昌牛翻。略南阳郡；南阳守走保城，守宛。宛，南阳郡治所。括地志曰：宛故城，在宛大城之南隅，其西南有二面是。师古曰：宛，於元翻。沛公引兵过宛，西；张良谏曰："沛公虽欲急入关，秦兵尚众，距险；依险以距敌也。今不下宛，宛从后击，强秦在前，此危道也！"于是沛公乃夜引军从他道还，偃旗帜，旗，旐之属。帜，即幖也。或曰：旗帜，总称。帜，昌志翻。迟明，围宛城三匝。文颖曰：迟，未也，天未明之顷已围其城矣。师古曰：文说得其大意耳。此言围城事毕，然后天明。明迟于事，故曰迟明；变为去声，音丈二翻。南阳守欲自刭，其舍人陈恢曰："死未晚也。"乃逾城见沛公曰："臣闻足下约先入咸阳者王之。今足下留守宛，宛郡县连城数十，其吏民自以为降必死，故皆坚守乘城。今足下尽日止【章：十二行本"止"作"上"；乙十一行本同。】攻，士死伤者必多；引兵去宛，宛必随足下后。足下前则失咸阳之约，后有强宛之患。为足下计，莫若约降封其守；因使止守，引其甲卒与之西。诸城未下者，闻声争开门而待足下，足下通行无所累。"累，力瑞翻。沛公曰："善！"秋，七月，南阳守齮降，封为殷侯；封陈恢千户。

引兵西，无不下者。至丹水，班志，丹水县属弘农郡。括地志曰：故丹城，在邓州内乡县西南百二十里，南去丹水二百步。汲冢纪年曰：后稷放帝子丹朱于丹水。舆地志云：即秦时丹水县。高武侯鳃、襄侯王陵降。鳃，音鱼鳃之鳃，先才翻；人名也，史失其姓。韦昭曰：汉封王陵为安国侯。陵初起兵在南阳，南阳有穰县，疑"襄"当为"穰"，而无"禾"，字省耳。臣瓒曰：时韩成封穰侯。江夏有襄，是陵所封也。师古曰：王陵亦非安国者；韦昭改"襄"为"穰"，盖亦穿凿。索隐曰：王陵封安国侯，是定天下为丞相时封耳；此言襄侯，当如臣瓒解，盖初封江夏之襄也。还攻胡阳，遇番君别将梅鋗，姓谱：梅本自子姓，殷有梅伯，为纣所醢。与偕攻析、郦，皆降。班志，南阳郡有湖阳县，故廖国。析县属弘农郡，本楚之白羽也。郦县属南阳郡。师古曰：析，今内乡县；郦，今菊潭县。鋗，呼玄翻。析，先历翻。郦，直益翻，又郎益翻。廖，力救翻。所过亡得卤掠，亡，古毋、无二字通。卤，与虏同。秦民皆喜。

8 王离军既没，章邯军棘原，项羽军漳南。括地志：浊漳水一名漳水，今俗名柳河，在邢州平乡县南。相持未战。秦军数却，数，所角翻。二世使人让章邯。章邯恐，使长史欣请事；至咸阳，留司马门师古曰：凡言司马门者，宫垣之内，兵卫所在，四面皆有司马主武事；总言之，外门为司马门。三日，赵高不见，有不信之心。长史欣恐，还走其军，走，音奏。不敢出故道。赵高果使人追之，不及。欣至军，报曰："赵高用事于中，下无可为者。今战能胜，高必疾妒吾功；不能胜，不免于死。愿将军孰计之！"孰，古熟字通；后以义推。

陈馀亦遗章邯书曰："白起为秦将，南征鄢郢，北坑马服，攻城略地，不可胜计，而竟赐死。马服，谓赵括也。白起事，并见五卷赧王纪。遗，于季翻。胜，音升。蒙恬为秦将，北逐戎人，开榆中地数千里，竟斩阳周。事见上卷始皇纪。何者？功多，秦不能尽封，因以法诛之。今将军为秦将三岁矣，所亡失以十万数；而诸侯并起滋益多。彼赵高素谀日久，今事急，亦恐二世诛之，故欲以法诛将军以塞责，使人更代将军以脱其祸。夫将军居外久，多内郤，塞，悉则翻。更，工衡翻。郤，读曰隙。有功亦诛，无功亦诛。且天之亡秦，无愚智皆知之。今将军内不能直谏，外为亡国将，孤特独立而欲常存，岂不哀哉！将军何不还兵与诸侯为从，从，子容翻。约共攻秦，分王其地，南面称孤！此孰与身伏鈇质，妻子为戮乎？"何休曰：伏鈇质，要斩之罪。崔浩曰：质，斩人椹也。师古曰：质，谓锧也。古者斩人，加于锧上而斫之。鈇，音夫，又匪父翻。

章邯狐疑，狐性多疑，每渡河，听冰，且听且渡；故以喻人之怀疑不决者。阴使候始成使项羽，郑氏曰：候，军候也。始，姓也；成，名也。欲约。约未成，项羽使蒲将军日夜引兵渡三户，服虔曰：三户，漳水津也。孟康曰：在邺西三十里。水经注曰：漳水东径三户峡，为三户津。括地志：三户津，在相州滏阳县界。军漳南，与秦军战，再破之。项羽悉引兵击秦军汙水上，水经注：汙水出武安山东南，径汙城北入漳。郡国志：邺县有汙城。师古曰：汙水在邺西南。史记正义曰：汙水源出怀州河内县太行山。又云：故邘城在河内县西北二十七里，古邘国地也。余据此时章邯与项羽相持于邢、相之间，正义以为河内汙水，非也。汙，音于。大破之。章邯使人见项羽，欲约。项羽召军吏谋曰："粮少，欲听其约。"军吏皆曰："善！"项羽乃与期洹水南殷虚上。应劭曰：洹水在汤阴界。殷虚，故殷都也。臣瓒曰：洹水在今安阳县北，去朝歌殷都一百五十里，然则此殷虚非朝歌也。汲冢古文曰：昔殷盘庚迁于北冢，曰殷虚，南去邺三十里。是旧殷乎！然则朝歌非盘庚所迁者。索隐曰：按释例：洹水出汲郡林虑县，东北至长乐入清水，是也。汲冢古文曰：盘庚自奄迁于北冢，曰殷虚，南去邺三十里。是殷虚旧地名号北冢也。宋白曰：相州安阳县，其地即纣之都。战国策云：纣聚兵百万，左饮淇水竭，右饮洹水不流。按邑地在淇、洹二水之间，本殷墟；所谓北冢，即此地。七国时为魏宁新中邑。史记曰：秦昭襄王拔魏宁新中邑，更名安阳。虚，读与墟字同。已盟，章邯见项羽而流涕，为言赵高。项羽乃立章邯为雍王，为言之为，于伪翻。雍，于用翻。置楚军中；使长史欣为上将军，将秦军为前行。行，户刚翻。

9 瑕丘申阳下河南，引兵从项羽。服虔曰：瑕丘，县名；申，姓；阳，名也。班志，山阳郡有瑕丘县。瑕，音遐。河南，即汉河南郡地。姓谱：四岳之后封于申，周有申伯。左传，齐有申鲜虞，楚有申叔。

10 初，中丞相赵高史记，李斯既死，二世拜赵高为中丞相，盖以其宦人，得入禁中。欲专秦权，恐群臣不听，乃先设验，持鹿献于二世曰："马也。"二世笑曰："丞相误邪，谓鹿为马？"问左右，【章：十二行本重"左右"二字；乙十一行本同。】或默，或言马以阿顺赵高，或言鹿者。高因阴中诸言鹿者以法。中，竹仲翻。后群臣皆畏高，莫敢言其过。

高前数言"关东盗无能为也"；及项羽虏王离等，而章邯等军数败，数，所角翻。上书请益助。自关以东，大抵尽畔秦吏，应诸侯；诸侯咸率其众西乡。乡，读曰向。八月，沛公将数万攻武关，屠之。高恐二世怒，诛及其身，乃谢病，不朝见。

二世梦白虎啮其左骖马，杀之，以马驾车夹辕曰服，两旁曰骖。

骖，七含翻。心不乐，乐，音洛。怪问占梦。周礼：春官之属有占梦，掌其岁时，观天地之会，辨阴阳之气，以日、月、星、辰占六梦之吉凶：一曰正梦，二曰噩梦，三曰思梦，四曰寤梦，五曰喜梦，六曰惧梦。卜曰："泾水为祟。"祟，虽遂翻，人祸也，鬼厉也。二世乃斋于望夷宫，张晏曰：望夷宫在长陵西北，长平观道东故亭处是也；临泾水作之，以望北夷。括地志曰：在雍州咸阳县东南八里。欲祠泾水，沈四白马。沈，持林翻。使使责让高以盗贼事。高惧，乃阴与其婿咸阳令阎乐姓谱：太伯曾孙仲奕封于阎乡。又曰：唐叔虞之后，晋成公子懿食采于阎。左传，齐有阎职，晋有阎嘉。及弟赵成谋曰："上不听谏；今事急，欲归祸于吾。欲易置上，更立子婴。子婴仁俭，百姓皆载其言。"乃使郎中令为内应，诈为有大贼，令乐召吏发卒追，劫乐母置高舍。遣乐将吏卒千馀人至望夷宫殿门，缚卫令仆射，曰：卫尉掌宫门屯兵，其属有卫士令。秦官自侍中、尚书、博士、郎及军屯吏驺、永巷皆有仆射，取其领事之号。"贼入此，何不止？"卫令曰："周庐设卒甚谨，胡广曰：周庐者，卫士于周垣内为区庐。师古曰：区庐者，今之仗宿屋。薛综曰：士傅宫外，内为庐舍，昼则巡行非常，夜则警备不虞。安得贼，敢入宫！"乐遂斩卫令，直将吏入，行射郎、宦者。射，而亦翻。郎属郎中令，宦者属少府。郎、宦者大惊，或走，或格；格者辄死，死者数十人。郎中令与乐俱入，射上幄坐帏。三礼图曰：上下四旁悉周曰幄。幄，乙角翻。帏，羽非翻，单帐也。二世怒，召左右；左右皆惶扰不斗。旁有宦者一人侍，不敢去。二世入内，谓曰："公何不早告我，乃至于此！"宦者曰："臣不敢言，故得全；使臣早言，皆已诛，安得至今！"阎乐前即二世，即，就也。数曰："足下骄恣，诛杀无道，天下共畔足下；足下其自为计！"二世曰："丞相可得见否？"乐曰："不可！"二世曰："吾愿得一郡为王。"弗许。又曰："愿为万户侯。"弗许。曰："愿与妻子为黔首，比诸公子。"阎乐曰："臣受命于丞相，为天下诛足下；为，于伪翻。

足下虽多言，臣不敢报！”麾其兵进。二世自杀。阎乐归报赵高。赵高乃悉召诸大臣、公子，告以诛二世之状，曰：“秦故王国；始皇君天下，故称帝。今六国复自立，秦地益小，乃以空名为帝，不可；宜【章：十二行本“宜”下有“为王”二字；乙十一行本同；孔本同。】如故，便。”乃立子婴为秦王。以黔首葬二世杜南宜春苑中。宜春苑在杜县南，汉起宜春观于此地。

九月，赵高令子婴斋戒，【章：十二行本无“戒”字；乙十一行本同。】当庙见，受玉玺；玉玺，即以卞和玉所刻传国玺。见，贤遍翻。斋五日。子婴与其子二人谋曰：“丞相高杀二世望夷宫，恐群臣诛之，乃诈【章：十二行本“诈”作“详”；孔本同。乙十一行本作“佯”。张校作“佯”。】以义立我。我闻赵高乃与楚约，灭秦宗室而分王关中。今使我斋、见庙，此欲因庙中杀我。我称病不行，丞相必自来；来则杀之。”高使人请子婴数辈，子婴不行。高果自往，曰：“宗庙重事，王奈何不行？”子婴遂刺杀高于斋宫，刺，七亦翻。三族高家以徇。

遣将兵距峣关，应劭曰：峣山之关。李奇曰：在上洛北，蓝田南，武关之西。土地记：峣关，地名；峣柳道通荆州。晋地道记曰：峣关当上洛西北。峣，音尧。沛公欲击之。张良曰：“秦兵尚强，未可轻。愿先遣人益张旗帜于山上为疑兵，使郦食其、陆贾往说秦将，啖以利。”师古曰：啖者，本为食啖耳，音徒敢翻；以食喂人，令其啖食，音则改变为徒滥翻。今言以利诱之，取食为譬。秦将果欲连和；沛公欲许之。张良曰：“此独其将欲叛，恐其士卒不从；不如因其懈怠击之。”沛公引兵绕峣关，逾蒉山，宋敏求长安志曰：峣关即蓝田关，在县东南九十里。蒉山在县东南二十五里。蒉，郑氏音匮；师古从苏林音蒯。击秦军，大破之蓝田南。遂至蓝田，又战其北，秦兵大败。

聂崇岐标点顾颉刚覆校

资治通鉴卷第九

翰林学士朝散大夫右谏议大夫知制诰兼侍讲
同提举万寿观公事兼判集贤院上护军 司马光 奉敕编集
河内郡开国侯食邑一千三百户赐紫金鱼袋臣
后学天台胡三省音注

汉纪一 起旃蒙协洽（乙未），尽柔兆涒滩（丙申），凡二年。

项羽之分天下，王诸将也，王沛公于巴、蜀、汉中，曰汉王。王怒，欲攻羽。萧何谏曰："语曰'天汉'，其称甚美。"于是就国。及灭项羽，有天下，遂因始封国名而号曰汉。【章："项羽至曰汉"，乙十一行本无此五十九字。】

太祖高皇帝上之上 姓刘氏，讳邦，字季；沛丰邑中阳里人。张晏曰：谥法无高，以帝为功最高而为帝之太祖，故特起此名焉。【章：乙十一行本"人"下有"秦二世元年，陈涉起蕲，沛父老立季为沛公；二年，项羽更立为汉王，明年称汉元年；五年即帝位。"三十七字。无"张晏"至"名焉"二十五字。】

元年（乙未、前二〇六）

1 **冬，十月**，古有三正：子为天正，周用之，以十一月为岁首；丑为地正，殷用之，以十二月为岁首；寅为人正，夏用之，以十三月为岁首。秦，水德，谓建亥之月水得位，故以十月为岁首。高祖以十月至霸上，因而不革。至武帝太初元年，定历，改用夏正，始以寅为岁首；至于今因之。**沛公至霸上**；考异曰：史记、汉书、荀悦汉纪，皆云"是月五星聚东井"。按魏收后魏书高允传：崔浩集诸术士考校汉元以来日月薄蚀、五星行度，并讥前史之失，别为魏历，以示允。允曰："善言远者必先验于近。且汉元年冬十月五星聚于东井，此乃历术之浅事。今讥汉史而不觉此谬，恐后之讥今犹今之讥古。"浩曰："所缪云何？"允曰："按星传：金、水二星常附日而行，冬十月，日旦在尾、箕，昏没于申南，而东井方出于寅北，二星何因背日而行！是史官欲神其事，不复推之于理。”浩曰：“欲为变者，何所不可！君独不疑三星之聚，而怪二星之来。”允曰：“此不可以空言争，宜更审之。”时坐者咸怪。东宫少傅游雅曰：“高君长于历，当不虚言也。”后岁馀，浩谓允曰：“先所论者，本不经心；及更考究，果如君语，以前三月聚于东井，非十月也。”今从之，十月不言五星聚。秦王子婴素车、白马，系颈以组，封皇帝玺、符、节，降轵道旁。应劭曰：子婴不敢袭帝号，但称王耳。素车、白马，丧人之服。组者，天子韨也。系颈，言欲自杀也。师古曰：此组，谓绶也，所以带玺也。组，总五翻，今绶纷绦是也。应劭曰：玺，信也；古者尊卑共之。左传：襄公在楚，季武子使公冶问玺书，追而与之。秦、汉尊者以为信，群下乃避之。汉官仪曰：子婴上始皇玺，因服御之；代代传受，号“汉传国玺”。沈约曰：高祖入关，得秦始皇蓝田玉玺，螭虎纽，文曰“受天之命，皇帝寿昌”。后代名传国玺。史记正义曰：天子有六玺：皇帝行玺，皇帝之玺，皇帝信玺，天子行玺，天子之玺，天子信玺。皇帝信玺，凡事皆用之，玺令施行。天子信玺，以迁拜、封诸侯之玺，以发兵，皆以武都紫泥封。虞喜志林曰：传国玺自在六玺之外；天子凡七玺。符，说文曰：信也。韦昭曰：符，发兵符也。师古曰：符，诸所合符以为契者也。周礼，地官之属有掌节。郑玄注云：节，犹信也，行者所执之信。三礼义宗曰：节长尺二寸；秦、汉以下改为旌幢之形。韦昭曰：节者，使所拥也。释名云：为号令赏罚之节也。师古曰：节以毛为之，上下相重，取象竹节，将命者持之以为信。徐广曰：轵道，在霸陵。苏林曰：亭名也，在长安东十三里。汉宫殿疏曰：轵道亭东去霸城观四里，观东去霸水百步。括地志：轵，音纸。轵道在雍州万年县东北十六里苑中。诸将或言诛秦王。沛公曰：“始怀王遣我，固以能宽容。事见上卷秦二世二年。且人已降，杀之不祥。”乃以属吏。属，付也。属吏者，付之于吏，使监守之也。属，之欲翻。

贾谊论曰：秦以区区之地致万乘之权，招八州而朝同列，苏林曰：招，音翘；举也。秦国，周职方雍州之地耳；既破六国，乃举豫、兖、青、扬、荆、幽、冀、并八州有之。六国与秦俱称王，是为同列。朝，直遥翻。百有馀年，然后以六合为家，六合，天、地、东、西、南、北。殽、函为宫；一夫作难而七庙堕，堕，读曰隳。记：天子七庙，三昭、三穆，与太祖之庙而七。身死人手，为天下笑者，何也？仁谊不施而攻守之势异也。

2 沛公西入咸阳，诸将皆争走金帛财物之府分之；走，音奏。萧何独先入收秦丞相府图籍藏之，以此沛公得具知天下阨塞、阨，乙革翻。塞，悉则翻。户口多少、强弱之处。沛公见秦宫室、帷帐、狗马、重宝、妇女以千数，意欲留居之。樊哙谏曰："沛公欲有天下耶，将为富家翁耶？凡此奢丽之物，皆秦所以亡也，沛公何用焉！愿急还霸上，无留宫中！"樊哙起于狗屠，识见如此。余谓哙之功当以谏留秦宫为上，鸿门诮让项羽次之。姓谱：周宣王封仲山甫于樊，后因氏焉。沛公不听。张良曰："秦为无道，故沛公得至此。夫为天下除残贼，宜缟素为资。缟素，有丧之服；谓吊民也。为，于伪翻。缟，工老翻。今始入秦，即安其乐，乐，音洛。此所谓'助桀所虐'。且忠言逆耳利于行，毒药苦口利于病，愿沛公听樊哙言！"沛公乃还军霸上。

十一月，沛公悉召诸县父老、豪杰，谓曰："父老苦秦苛法久矣！苛，音何，细也。吾与诸侯约，先入关者王之；王，于况翻；又如字。吾当王关中。与父老约，法三章耳：杀人者死，伤人及盗抵罪。服虔曰：随轻重制法也。李奇曰：伤人有曲直，盗赃有多少，罪名不可预定；凡言抵罪，未知抵何罪也。师古曰：抵，至也，当也。服、李二说并得之。抵，丁礼翻。馀悉除去秦法，诸吏民皆案堵如故。案，次第也；堵，墙堵也：言不迁动也。去，羌吕翻。凡吾所以来，为父老除害，非有所侵暴；无恐！且吾所以还军霸上，待诸侯至而定约束耳。"乃使人与秦吏行县、乡、邑，告谕之。秦制：县大率方百里，十里一亭，十亭一乡，所封食邑。为，于伪翻。行，下孟翻。秦民大喜，争持牛、羊、酒食献飨军士。沛公又让不受，曰："仓粟多，非乏，不欲费民。"民又益喜，唯恐沛公不为秦王。

项羽既定河北，率诸侯兵欲西入关。先是，诸侯吏卒、繇使、屯戍过秦中者，秦中吏卒遇之多无状。言无善状也。先，悉荐翻。繇，读曰徭。及章邯以秦军降诸侯，诸侯吏卒乘胜多奴虏使之，轻折辱秦吏卒。秦吏卒多怨，窃言曰："章将军等诈吾属降诸侯。今能入关破秦，大善；即不能，诸侯虏吾属而东，秦又尽诛吾父母妻子，奈何？"诸将微闻其计，以告项羽。项羽召黥布、蒲将军计曰："秦吏卒尚众，其心不服；至关不听，事必危。不如击杀之，而独与章邯、长史欣、都尉翳入秦。"于是楚军夜击坑秦卒二十馀万人新安城南。班志，县属弘农郡。师古曰：今谷州县。括地志：新安故城，在洛州渑池县东一十二里。

3 或说沛公曰："秦富十倍天下，地形强。闻项羽号章邯为雍王，王关中，雍，于用翻。王关之王，于况翻；下欲王同。今则来，沛公恐不得有此。可急使兵守函谷关，无内诸侯军；内，音纳，又如字。今传内从"人"者奴对翻；从"入"者读为纳。稍征关中兵以自益，距之。"沛公然其计，从之。

已而项羽至关，关门闭；闻沛公已定关中，大怒，使黥布等攻破函谷关。十二月，项羽进至戏。戏，许宜翻。沛公左司马曹无伤使人言项羽曰："沛公欲王关中，令子婴为相，珍宝尽有之。"欲以求封。项羽大怒，飨士卒，期旦日击沛公军。当是时，项羽兵四十万，号百万，在新丰鸿门；新丰县本秦骊邑，高祖七年方置，史以后来县名书之。应劭曰：太上皇思东归，于是高祖改筑城市街里以象丰，徙丰民以实之，故号新丰。孟康曰：鸿门在新丰东十七里，旧大道下阪口名也。姚察云：在新丰古城东，未至戏水，道南有断原，南北洞门是也。水经注：今新丰古城东有阪，长二里馀，堑原通道，南北洞开，有同门汰，谓之鸿门。孟康言在新丰东十七里，无之；盖指县治而言，非谓城也。自新丰古城西至霸城五十里，霸城西十里则霸水，又西二十里则长安城。沛公兵十万，号二十万，在霸上。

范增说项羽曰："沛公居山东时，贪财，好色；今入关，财物无所取，妇女无所幸，此其志不在小。吾令人望其气，皆为龙虎，成五采，此天子气也。周礼：眂祲氏掌十煇之法，以观妖祥，辨吉凶。即后世所谓望气者也。晋天文志：天子气，内赤外黄，四方所发之处当有王者。若天子欲有游往处，其地亦先发此气，或如城门隐隐在气雾中，或气象青衣人无手，在日西，或如龙马，或杂色郁郁冲天者，皆帝王之气。急击勿失！”

楚左尹项伯者，楚官有左尹、右尹。项羽季父也，素善张良，乃夜驰之沛公军，私见张良，具告以事，欲呼与俱去，曰："毋俱死也！"张良曰："臣为韩王送沛公；沛公今有急，亡去，不义，不可不语。"为，于伪翻。语，牛倨翻。良乃入，具告沛公。沛公大惊。良曰："料公士卒足以当项羽乎？"沛公默然曰："固不如也。且为之奈何？"张良曰："请往谓项伯，言沛公之不敢叛也。"沛公曰："君安与项伯有故？"张良曰："秦时与臣游，尝杀人，臣活之。今事有急，故幸来告良。"沛公曰："孰与君少长？"良曰："长于臣。"少，诗照翻。长，知两翻。沛公曰："君为我呼入，吾得兄事之。"张良出，固要项伯；要，一遥翻。项伯即入见沛公。沛公奉卮酒为寿，约为婚姻，曰："吾入关，秋毫不敢有所近，文颖曰：毫，秋乃成好，举盛而言也。师古曰：毫成之时，端极纤细，适足喻小，非言其盛。近，其靳翻。籍吏民，封府库而待将军。所以遣将守关者，备他盗之出入与非常也。日夜望将军至，岂敢反乎！愿伯具言臣之不敢倍德也。"倍，读曰背。项伯许诺，谓沛公曰："旦日不可不蚤自来谢。"沛公曰："诺。"于是项伯复夜去，至军中，具以沛公言报项羽；因言曰："沛公不先破关中，公岂敢入乎！今人有大功而击之，不义也；不如因善遇之。"项羽许诺。

沛公旦日从百馀骑来见项羽鸿门，谢曰："臣与将军戮力而攻秦，将军战河北，臣战河南；不自意能先入关破秦，得复见将军于此。今者有小人之言，令将军与臣有隙。"项羽曰：

"此沛公左司马曹无伤言之；不然，籍何以至此！"项羽因留沛公与饮。范增数目项羽，数，所角翻。举所佩玉玦以示之者三，玦如环而有缺。增举以示羽，盖欲其决意杀沛公也。项羽默然不应。范增起，出，召项庄，谓曰："君王为人不忍。若入前为寿，若，汝也。师古曰：凡言为寿者，谓进爵于尊者而献无疆之寿。寿毕，请以剑舞，因击沛公于坐，杀之。坐，徂卧翻。不者，若属皆且为所虏！"庄则入为寿，寿毕，曰："军中无以为乐，乐，音洛。请以剑舞。"项羽曰："诺。"项庄拔剑起舞。项伯亦拔剑起舞，常以身翼蔽沛公，庄不得击。

于是张良至军门见樊哙。哙曰："今日之事何如？"良曰："今项庄拔剑舞，其意常在沛公也。"哙曰："此迫矣，臣请入，与之同命！"哙即带剑拥盾入。盾，所以蔽身者也。盾，食尹翻。军门卫士欲止不内，樊哙侧其盾以撞，卫士仆地。撞，丈江翻；击也。遂入，披帷立，在旁曰帷。释名曰：帷，围也，以自障围也。瞋目视项羽，瞋，怒目也，昌真翻。头发上指，目眦尽裂。眦，才赐翻，又在计翻，目际也。项羽按剑而跽曰：跽，其纪翻，长跪也。"客何为者？"张良曰："沛公之参乘樊哙也。"项羽曰："壮士！赐之卮酒！"则与斗卮酒。哙拜谢，起，立而饮之。项羽曰："赐之彘肩！"则与一生彘肩。樊哙覆其盾于地，加彘肩其上，拔剑切而啖之。项羽曰："壮士复能饮乎？"复，扶又翻。樊哙曰："臣死且不避，卮酒安足辞！夫秦有虎狼之心，杀人如不能举，刑人如恐不胜；天下皆叛之。怀王与诸将约曰：'先破秦入咸阳者，王之。'今沛公先破秦，入咸阳，毫毛不敢有所近，近，其靳翻。还军霸上以待将军。劳苦而功高如此，未有封爵之赏，而听细人之说，欲诛有功之人，此亡秦之续耳，窃为将军不取也！"项羽未有以应，曰："坐！"樊哙从良坐。

坐须臾，沛公起如厕，因招樊哙出。沛公曰："今者出，未辞也，为之奈何？"樊哙曰："如今人方为刀俎，我方为鱼肉，何辞为！"于是遂去。鸿门去霸上四十里，沛公则置车骑，置，留也；留车骑于鸿门，不以自随。脱身独骑；樊哙、夏侯婴、靳彊、纪信等四人姓谱：夏侯出自夏后之后，杞简公为楚所灭，其弟佗奔鲁，鲁悼公以佗出自夏后氏，受爵为侯，谓之夏侯，因而命氏。纪，春秋纪侯之后，以国为姓。持剑、盾步走，从骊山下道芷阳，间行趣霸上。班志：京兆霸陵县，故芷阳也；文帝更名。间，空也；投空隙而行。间，古苋翻。趣，读如趋向之趋，逡须翻；后以义推。又七喻翻。留张良使谢项羽，以白璧献羽，玉斗与亚父。沛公谓良曰："从此道至吾军，不过二十里耳。度我至军中，公乃入。"度，徒洛翻。沛公已去，间至军中，张良入谢曰："沛公不胜杯杓，不能辞，胜，音升。谨使臣良奉白璧一双，再拜献将军足下；玉斗一双，再拜奉亚父足下。"项羽曰："沛公安在？"良曰："闻将军有意督过之，师古曰：谓视责也。脱身独去，已至军矣。"项羽则受璧，置之坐上。坐，徂卧翻。亚父受玉斗，置之地，拔剑撞而破之，曰："唉，叹恨之声，音乌开翻，又於其翻。竖子不足与谋！夺将军天下者，必沛公也；吾属今为之虏矣！"沛公至军，立诛杀曹无伤。

居数日，项羽引兵西，屠咸阳，杀秦降王子婴，烧秦宫室，火三月不灭；收其货宝、妇女而东。秦民大失望。秦民初见沛公无所侵暴而悦，及为项羽残灭，失其初所望也。

韩生说项羽曰："关中阻山带河，四塞之地，地肥饶，可都以霸。"项羽见秦宫室皆已烧残破，又心思东归，曰："富贵不归故乡，如衣绣夜行，谁知之者！"韩生退曰："人言楚人沐猴而冠耳，果然！"师古曰：沐猴，猕猴也。言虽着人衣冠，其心不类人也。果然，如人之言也。项羽闻之，烹韩生。

项羽使人致命怀王；怀王曰："如约。"言如前约，使沛公王关中。项羽怒曰："怀王者，吾家所立耳，非有功伐，张晏曰：积功曰伐。何以得专主约！天下初发难时，谓初起兵时。难，乃旦翻。假立诸侯后以伐秦。然身被坚执锐首事，暴露于野史记正义曰：暴，蒲北翻，又如字。三年，灭秦定天下者，皆将相诸君与籍之力也。怀王虽无功，固当分其地而王之。"诸将皆曰："善！"春，正月，羽阳尊怀王为义帝，曰："古之帝者，地方千里，必居上游。"游，即流也；言居水之上流。乃徙义帝于江南，都郴。史记曰：长沙郴县。班志，郴县属桂阳郡。盖高祖定天下，方分长沙为桂阳郡也。郴，丑林翻。

二月，羽分天下王诸将。羽自立为西楚霸王，文颖曰：史记货殖传：淮以北，沛、陈、汝南、南郡为西楚；彭城以东，吴、广陵为东楚；衡山、九江、江南长沙、豫章为南楚。羽欲都彭城，故自称西楚。孟康曰：旧名江陵为南楚，吴为东楚，彭城为西楚。师古曰：孟说是也。王梁、楚地九郡，都彭城。班志，县属楚国。史记正义曰：徐州县。羽与范增疑沛公，而业已讲解，又恶负约，恶，乌路翻。乃阴谋曰："巴、蜀道险，秦之迁人皆居之。"乃曰："巴、蜀亦关中地也。"故立沛公为汉王，王巴、蜀、汉中，都南郑。巴、蜀、汉中，秦所置三郡地也。班志，南郑县属汉中。括地志：南郑县，今梁州治所。近世有李文子者，蜀人也，著蜀鉴曰：南郑自南郑，汉中自汉中。南郑乃古褒国，秦未得蜀以前，先取之。汉中乃金、洋、均、房等州六百里是也。秦既得汉中，乃分南郑以隶之而置郡焉，南郑与汉中为一自此始。春秋"楚人、巴人灭庸"，即今均、房两州地。班志，汉中郡治西城，今金州上庸郡是也。而三分关中，王秦降将，以距塞汉路：塞，悉则翻。章邯为雍王，王咸阳以西，都废丘；班志：扶风槐里县，周曰犬丘，懿王所都也；秦曰废丘；高祖三年更名。韦昭曰：犬丘，周懿王所都；秦欲废周，故曰废丘。括地志：废丘故城，在雍州始平县东南一十里。长史欣者，故为栎阳狱掾，尝有德于项梁；都尉董翳者，本劝章邯降楚；故立欣为塞王，王咸阳以东，至河，都栎阳；韦昭曰：塞在长安，名桃林塞。史记正义曰：桃林塞，今华州潼关。

师古曰：取河、华之固为阨塞耳，非桃林也。塞，先代翻。栎阳县属冯翊。括地志：汉七年，分栎阳城内为万年县；隋改为大兴县；唐复万年。秦献公所城栎阳故城，在今雍州栎阳县东北二十五里。项梁尝有栎阳逮，请蕲狱掾曹咎书以抵欣而事得已，所谓“有德于梁”也。栎，音药。立翳为翟王，王上郡，都高奴。以上郡北近戎、翟，因以名国。班志，高奴县属上郡。索隐曰：今鄜州有高奴城。括地志：延州城即汉高奴县。杜佑曰：延州，春秋白翟之地；汉为肤施、高奴、临河县地；后魏置东夏州，后改延州，以界内延水为名。董翳都高奴，今金明县是。项羽欲自取梁地，乃徙魏王豹为西魏王，王河东，都平阳。班志，县属河东郡。瑕丘申阳者，张耳嬖臣也，先下河南郡，迎楚河上，故立申阳为河南王，都洛阳。括地志：洛阳故城，在洛州洛阳县东北二十六里，周公所筑，即成周城也。舆地志：成周之地，秦庄襄王以为洛阳县，三川守治焉。后汉都雒阳，改为“雒”。汉以火德，忌水，故去“洛”旁“水”而加“隹”。魏于行次为土；土，水之忌也，水得土而流，土得水而柔，故除“隹”而加“水”。韩王成因故都，都阳翟。赵将司马卬定河内，数有功，故立卬为殷王，王河内，都朝歌。河内郡朝歌县，故殷都也，因以名国。徙赵王歇为代王。赵相张耳素贤，又从入关，故立耳为常山王，王赵地，治襄国。括地志：邢州本汉襄国县；秦置三十六郡，于此置信都县，属巨鹿郡；项羽改曰襄国。予据班志，襄国县属赵国，信都县属信都国，汉盖又分为二县。宋白曰：赵王歇都襄国，今邢州所理龙冈县城是也。当阳君黥布为楚将，常冠军，冠，古玩翻。故立布为九江王，都六。班志，当阳县属南郡。九江，应劭曰：江自庐江寻阳分为九。地理志：九江在寻阳县南，皆东合为大江。史记正义曰：九江郡即寿州。楚自陈徙寿春，号曰郢。秦灭楚，于此置九江郡。番君吴芮率百越佐诸侯，又从入关，故立芮为衡山王，都邾。班志，邾县属江夏郡。括地志：邾故城，在黄州黄冈县东南二十里。番，音婆。义帝柱国共敖将兵击南郡，功多，因立敖为临江王，都江陵。共，音龚，人姓也。姓谱：共，商诸侯之国。晋有左行共华。又云：郑共叔段后。临江，孟康曰：本南郡，汉改为临江国，江陵县属焉。徙燕王韩广为辽东王，都无终。故无终子之国。班志，无终县属北平郡，非辽东郡界。盖羽令韩广都于无终，而令并王辽东之地故也。燕将臧荼从楚救赵，姓谱：臧姓，鲁孝公子臧僖伯之后。因从入关，故立荼为燕王，都蓟。班志，蓟县属广阳国。师古曰：今幽州县。水经注：蓟城西北隅有蓟丘，故名蓟，音计。徙齐王田市为胶东王，都即墨。齐将田都从楚救赵，因从入关，故立都为齐王，都临菑。项羽方渡河救赵，田安下济北数城，引其兵降项羽，故立安为济北王，都博阳。史记正义曰：博阳在济北。班志：太山郡卢县，济北王都。岂博阳即此地邪！余据济北有博关，博阳盖在博关之南也。济，子礼翻。田荣数负项梁，数，所角翻。又不肯将兵从楚击秦，以故不封。成安君陈馀弃将印去，不从入关，亦不封。客多说项羽曰："张耳、陈馀，一体有功于赵，今耳为王，馀不可以不封。"羽不得已，闻其在南皮，班志，南皮县属勃海郡。阚骃曰：章武有北皮亭，故此云南。括地志：南皮故城，在沧州南皮县北四里。因环封之三县。环，音宦。番君将梅鋗功多，封十万户侯。

汉王怒，欲攻项羽；周勃、灌婴、樊哙皆劝之。灌，风俗通曰：斟灌氏之后。萧何谏曰："虽王汉中之恶，不犹愈于死乎？"汉王曰："何为乃死也？"何曰："今众弗如，百战百败，不死何为！夫能诎于一人之下而信于万乘之上者，汤、武是也。诎，与屈同。信，与伸同。臣愿大王王汉中，养其民以致贤人，收用巴、蜀，还定三秦，雍、翟、塞为三秦。天下可图也。"汉王曰："善！"乃遂就国；以何为丞相。

汉王赐张良金百镒，珠二斗；良具以献项伯。汉王亦因令良厚遗项伯，遗，于季翻。使尽请汉中地，项王许之。

夏，四月，诸侯罢戏下兵，师古曰：戏，谓军之旌麾也。先是，诸侯从项羽入关者，各帅其兵听命于羽。今既受封爵，各使就国，故总言罢戏下也。一说云：时从羽在戏水之上，故言罢戏下。此说非也。羽见高祖于鸿门，此时已过戏矣；又入烧宫室，不复在戏也。汉书通以戏为麾，许宜翻。各就国。项王使卒三万人从汉王之国。楚与诸侯之慕从者数万人，从杜南入蚀中。汉京兆杜县之南也。如淳曰：蚀，入汉中道川谷名。近世有程大昌者著雍录曰：以地望求之，关中南面背碍南山，其有微径可达汉中者，唯子午谷在长安正南，其次向西则骆谷。此蚀中，若非骆谷，即是子午谷。李奇：蚀，音力。张良送至褒中，地理志，褒中县属汉中郡。师古曰：褒中，言居褒谷之中。括地志：褒谷在梁州褒城县北五十里南中山。李文子曰：褒谷在褒城北，南谷曰褒，北谷曰斜，同为一谷。自褒谷至凤州界一百三十里，始通斜谷。斜谷在凤翔府郿县。谷中褒水所流，穴山架木而行。汉王遣良归韩；良因说汉王烧绝所过栈道，以备诸侯盗兵，师古曰：栈，即阁也，今谓之阁道；盖架木为之。栈，士限翻，公休士谏翻。且示项羽无东意。

4 田荣闻项羽徙齐王市于胶东，而以田都为齐王，大怒。五月，荣发兵距击田都，都亡走楚。走，音奏。荣留齐王市，不令之胶东。市畏项羽，窃亡之国。荣怒，六月，追击杀市于即墨，自立为齐王。是时，彭越在巨野，有众万馀人，无所属。荣与越将军印，使击济北。秋，七月，越击杀济北王安。荣遂并王三齐之地，三齐，谓齐及济北、胶东也。王，于况翻。又使越击楚。项王命萧公角将兵击越，越大破楚军。

5 张耳之国，陈馀益怒曰："张耳与馀，功等也；今张耳王，馀独侯，此项羽不平！"乃阴使张同、夏说说齐王荣曰：夏说，读曰悦。"项羽为天下宰不平，尽王诸将善地，徙故王于丑地。今赵王乃北居代，馀以为不可。闻大王起兵，不听不义；愿大王资馀兵击常山，复赵王，请以赵为扞蔽！"师古曰：扞蔽，犹言藩屏也。齐王许之，遣兵从陈馀。

6 项王以张良从汉王，韩王成又无功，故不遣之国，与俱至彭城，废以为穰侯；班志，穰县属南阳郡。已，又杀之。

7 初，淮阴人韩信，家贫，无行，班志：武帝元狩六年，置临淮郡，淮阴县属焉。史记正义曰：今楚州县。无行，言无善行可推择也。行，下孟翻。不得推择为吏，又不能治生商贾，行卖曰商，坐贩曰贾。治，直之翻。常从人寄食饮，人多厌之。信钓于城下，有漂母见信饥，饭信。漂，匹妙翻。以水击絮曰漂。饭，扶晚翻。信喜，谓漂母曰："吾必有以重报母。"母怒曰："大丈夫不能自食；吾哀王孙而进食，岂望报乎！"淮阴屠中少年有侮信者曰："若虽长大，好带刀剑，中情怯耳。"因众辱之曰："信能死，刺我；刺，七亦翻。不能死，出我袴下！"徐广曰："袴"，一作"胯"；胯，股也。汉书作"跨"，同耳。师古曰：跨，两股之间。索隐曰：胯，枯化翻。然寻此文作"袴"，欲依字读，何为不通！袴下乃胯下也，何必须要作胯下！于是信孰视之，俛出袴下，蒲伏。俛，音免，俯首也。伏，蒲北翻。一市人皆笑信，以为怯。

及项梁渡淮，信杖剑从之；居麾下，无所知名。项梁败，又属项羽，羽以为郎中；数以策干羽，羽不用。数，所角翻；下同。汉王之入蜀，信亡楚归汉，未知名。为连敖，坐当斩；据史记表，信为连敖，典客；班表作"票客"，索隐以为误。徐广于周灶表，以连敖为典客，盖以信表为据。李奇曰：楚官名。如淳曰：连敖，楚官。左传，楚有连尹、莫敖；其后合为一官号。其辈十三人皆已斩，次至信，信乃仰视，适见滕公，曰：滕公，即夏侯婴；初从高祖为滕令，故号滕公。"上不欲就天下乎，何为斩壮士？"滕公奇其言，壮其貌，释而不斩；与语，大说之，说，读曰悦。言于王。王拜以为治粟都尉，班表：治粟内史，秦官，掌谷货；都尉盖其属也。至汉，改内史为大司农。亦未之奇也。

信数与萧何语，何奇之。汉王至南郑，诸将及士卒皆歌讴思东归，多道亡者。信度何等已数言王，王不我用，即亡去。数，所角翻。何闻信亡，不及以闻，自追之。人有言【章：传校“言”下有“于”字。】王曰：“丞相何亡。”王大怒，如失左右手。居一二日，何来谒王。王且怒且喜，骂何曰：“若亡，何也？”何曰：“臣不敢亡也，臣追亡者耳。”王曰：“若所追者谁？”何曰：“韩信也。”王复骂曰：“诸将亡者以十数，公无所追；追信，诈也！”何曰：“诸将易得耳；至如信者，国士无双。师古曰：为国家之奇士。余谓何言汉国之士仅有信一人，他无与比也。王必欲长王汉中，无所事信；长王，于况翻。必欲争天下，非信无可与计事者。顾王策安所决耳！”王曰：“吾亦欲东耳，安能郁郁久居此乎！”何曰：“计必欲东，能用信，信即留；不能用信，终亡耳。”王曰：“吾为公以为将。”吾为，于伪翻。何曰：“虽为将，信不留。”王曰：“以为大将。”何曰：“幸甚！”于是王欲召信拜之。何曰：“王素慢无礼；今拜大将，如呼小儿，此乃信所以去也。王必欲拜之，择良日，斋戒，设坛场，具礼，乃可耳。”王许之。诸将皆喜，人人各自以为得大将。至拜大将，乃韩信也，一军皆惊。

信拜礼毕，上坐。上，时掌翻。坐，徂卧翻。王曰：“丞相数言将军；将军何以教寡人计策？”信辞谢，因问王曰：“今东乡争权天下，岂非项王耶？”乡，读曰向。汉王曰：“然。”曰：“大王自料，勇悍仁强孰与项王？”汉王默然良久，曰：“不如也。”信再拜贺曰：“惟信亦以为大王不如也。“惟”，史记作“惟”，汉书作“唯”。师古曰：唯，弋癸翻，应辞。仲冯曰：“惟”字当属下句，读如本字。余谓如汉书本文，则当如师古；如史记本文，则当如仲冯。“贺曰”，句断。然臣尝事之，请言项王之为人也：项王喑噁叱咤，喑，于鸩翻；噁，乌路翻；怀怒气也。叱，昌栗翻；咤，卓嫁翻；发怒声也。千人皆废，晋灼曰：废，不收也。然不能任属贤将；属，之欲翻。此特匹夫之勇耳。项王见人，恭敬慈爱，言语呕呕，索隐曰：呕呕，犹姁姁，同音吁。邓展曰：和好貌。人有疾病，涕泣分食饮；至使人，有功当封爵者，印刓敝，忍不能予；苏林曰：手弄角讹，不忍授也。余谓角讹者，刓之义；敝，旧敝也。师古曰：刓，五丸翻，苏林：太官翻，又音专。此所谓妇人之仁也。项王虽霸天下而臣诸侯，不居关中而都彭城；背义帝之约，而以亲爱王诸侯，不平；背，蒲妹翻。王，于况翻；下而王、威王、王王、当王同。逐其故主而王其将相，又迁逐义帝置江南，所过无不残灭；百姓不亲附，特劫于威强耳。名虽为霸，实失天下心，故其强易弱。今大王诚能反其道，任天下武勇，何所不诛；以天下城邑封功臣，何所不服；以义兵从思东归之士，何所不散！散，谓四散而立功。刘氏曰：用东归之兵击东方之敌，此敌无不败散也。贡父曰：何不散者，言义兵无敌，诸侯之兵无不离散以败也。且三秦王为秦将，谓章邯、司马欣、董翳三人。将秦子弟数岁矣，所杀亡不可胜计；胜，音升。又欺其众，降诸侯，至新安，项王诈坑秦降卒二十馀万，唯独邯、欣、翳得脱。秦父兄怨此三人，痛入骨髓。今楚强以威王此三人，秦民莫爱也。大王之入武关，秋毫无所害；除秦苛法，与秦民约法三章；秦民无不欲得大王王秦者。于诸侯之约，大王当王关中，关中民咸知之；大王失职入汉中，秦民无不恨者。今大王举而东，三秦可传檄而定也。”于是汉王大喜，自以为得信晚，遂听信计，部署诸将所击；师古曰：部分而署置之。留萧何收巴、蜀租，给军粮食。

八月，汉王引兵从故道出，袭雍；春秋释例：掩其不备曰袭。班志，故道县属武都郡。括地志：故道，今凤州两当县。杜佑通典曰：故道，凤州梁泉、两当县地。雍王章邯迎击汉陈仓。雍兵败，还走；止，战好畤，又败，班志，陈仓县属扶风；唐之岐州宝鸡县是也。杜佑曰：故城在县东二十里。班志，好畤县属扶风。孟康曰：畤，音止，神灵之所止也。师古曰：即今雍州好畤县。宋白曰：汉好畤故县，在今县东南四十三里奉天县界好畤故城是也。李文子曰：在今凤翔天兴县界。走废丘。汉王遂定雍地，东至咸阳；引兵围雍王于废丘，而遣诸将略地。塞王欣、翟王翳皆降，以其地为渭南、河上、上郡。渭南，后曰京兆；河上，后曰冯翊。令将军薛欧、王吸出武关，欧，恶后翻。吸，音翕。因王陵兵以迎太公、吕后。项王闻之，发兵距之阳夏，不得前。夏，音贾。

王陵者，沛人也，先聚党数千人，居南阳，至是始以兵属汉。项王取陵母置军中，陵使至，则东乡坐陵母，欲以招陵。古以东乡之位为尊。沛公见羽于鸿门，羽东乡坐；韩信东乡坐李左车而师事之，是也。乡，读曰向。陵母私送使者，泣曰："愿为老妾语陵：善事汉王，汉王长者，终得天下；毋以老妾故持二心。妾以死送使者！"遂伏剑而死。项王怒，亨陵母。为，于伪翻。语，牛倨翻。亨，读曰烹。

8 项王以故吴令郑昌为韩王，以距汉。班志，吴县属会稽郡。

9 张良遗项王书曰："汉王失职，欲得关中；如约即止，不敢东。"又以齐、梁反书遗项王曰：遗，于季翻。"齐欲与赵并灭楚。"项王以此故无西意，而北击齐。

10 燕王广不肯之辽东；臧荼击杀之，并其地。

11 是岁，以内史沛周苛为御史大夫。班表：御史大夫，秦官，位上卿，掌副宰相。应劭曰：侍御史之率，故称大夫。

12 项王使趣义帝行，其群臣、左右稍稍叛之。趣，读曰促。

二年（丙申、前二〇五）

1 冬，十月，项王密使九江、衡山、临江王击义帝，杀之江中。九江王，黥布；衡山王，吴芮；临江王，共敖。

2 陈馀悉三县兵，与齐兵共袭常山。常山王张耳败，走汉，谒汉王于废丘；汉王厚遇之。陈馀迎赵王于代，复为赵王。赵王德陈馀，立以为代王。陈馀为赵王弱，国初定，不之国，为，于伪翻。留傅赵王；而使夏说以相国守代。

3 张良自韩间行归汉：间，古苋翻。汉王以为成信侯。良多病，未尝特将，特将，未尝独将兵也。将，即亮翻。常为画策臣，时时从汉王。

4 汉王如陕，陕，失冉翻。镇抚关外父老。

5 河南王申阳降，置河南郡。

6 汉王以韩襄王孙信为韩太尉，将兵略韩地。信急击韩王昌于阳城，昌降。十一月，立信为韩王；常将韩兵从汉王。

7 汉王还都栎阳。

8 诸将拔陇西。

9 春，正月，项王北至城阳。齐王荣将兵会战，败，走平原，平原民杀之。项王复立田假为齐王。遂北至北海，烧夷城郭、室屋，坑田荣降卒，系虏其老弱、妇女，所过多所残灭。齐民相聚叛之。

10 汉将拔北地，虏雍王弟平。章平也。雍，于用翻。

11 三月，汉王自临晋渡河。临晋，注见三卷赧王五年。师古曰：其地在河之西滨，东临晋境，即今之同州朝邑界也。史记正义曰：临晋即蒲津关。魏王豹降，将兵从；下河内，虏殷王卬，置河内郡。

12 初，阳武人陈平，家贫，好读书。里中社，孔颖达曰：按祭法曰：大夫以下成群立社曰置社。注云：大夫不得特立社，与民族居，百家以上则共立一社，今时里社是也。如郑此言，则周之政法，百家以上得立社；其秦、汉以来，虽非大夫，民二十五家以上则得立社，故云今之里社。又郑志云：月令"命民社"，谓秦社也。自秦以下，民始得立社。平为宰，师古曰：宰，主切割肉也。分肉甚均。父老曰："善，陈孺子之为宰！"平曰："嗟乎，使平得宰天下，亦如是肉矣！"及诸侯叛秦，平事魏王咎于临济，为太仆，班表：太仆，秦官，掌舆马。应劭曰：周穆王所置，盖大御众仆之长也。济，子礼翻。说魏王，不听。人或谗之，平亡去。后事项羽，赐爵为卿。张晏曰：礼秩如卿，不治事。殷王反，

【章：乙十一行本“反”下有“楚”字；孔本同；张校同；退斋校同；传校同。】项羽使平击降之；还，拜为都尉，赐金二十镒。

居无何，师古曰：言无几时。汉王攻下殷。项王怒，将诛定殷将吏。平惧，乃封其金与印，使使归项王；而挺身间行，挺，待鼎翻，拔也；言平拔身间出而行也。杖剑亡，渡河，归汉王于修武，因魏无知求见汉王。汉王召入，赐食，遣罢就舍。平曰：“臣为事来，为，于伪翻。所言不可以过今日。”于是汉王与语而说之，说，读曰悦。问曰：“子之居楚何官？”曰：“为都尉。”是日，即拜平为都尉，使为参乘，典护军。使平典护军而监护诸将也。诸将尽讙曰：讙，音喧，哗然不服之声。“大王一日得楚之亡卒，未知其高下，而即与同载，反使监护长者！”监，古衔翻。汉王闻之，愈益幸平。

13 汉王南渡平阴津，至洛阳新城。班志，平阴县属河南郡。水经：河水径平阴县北。魏文帝改平阴曰河阴。洛阳县属河南郡；新城时属县界，惠帝四年始置新城县。括地志：洛州伊阙县，在州南七十里，本汉新城也；隋文帝改新城为伊阙，取伊阙山为名。三老董公遮说王曰：班表：十里一亭，亭有长；十亭一乡，乡有三老，掌教化；秦制。横道自言曰遮。说，式芮翻。“臣闻‘顺德者昌，逆德者亡’；‘兵出无名，伐有罪则兵出有名。事故不成’。故曰：‘明其为贼，敌乃可服。’项羽为无道，放杀其主，放，谓迁义帝于郴；杀，谓杀之江中。杀，读曰弑。天下之贼也。夫仁不以勇，义不以力，文颖曰：以，用也；己有仁，天下归之，可不用勇而天下自服；己有义，天下奉之，可不用力而天下自定。大王宜率三军之众为之素服，以告诸侯而伐之，则四海之内莫不仰德，此三王之举也。”于是汉王为义帝发丧，袒而大哭，哀临三日，如淳曰：袒，亦如礼袒踊也。师古曰：袒，谓脱衣之袖也。袒，徒旱翻。众哭曰临，力禁翻。发使告诸侯曰：“天下共立义帝，北面事之。今项羽放杀义帝江南，大逆无道！寡人悉发关中兵，收三河士，韦昭曰：河南、河东、河内也。南浮江、汉以下，愿从诸侯王击楚之杀义帝者！”史记正义曰：南收三河士，发关内兵，从雍州入子午道至汉中，历汉水而下，东行至徐州云楚。余谓正义之说迂矣！三河在彭城之北，已不可谓南收三河士。若发关内兵，南浮江、汉，独不能出武关而浮江、汉，而必入子午谷至汉中而下汉水邪！况子午道此时亦未通凿，其可引之而为说乎！此特言发三河士以攻其北，又南浮江、汉，下兵以夹攻之也。服虔曰：汉名王为诸侯。师古曰：非也。当时汉未有此称号，直言诸侯及王耳。

使者至赵，陈馀曰：“汉杀张耳，乃从。”于是汉王求人类张耳者斩之，持其头遗陈馀；遗，于季翻。馀乃遣兵助汉。

14 田荣弟横收散卒，得数万人，起城阳；史记正义曰：城阳，濮州雷泽是。余考正义所谓城阳，乃班志济阴郡之城阳县，田荣初与项羽会战之地。荣既败而北走，死于平原，羽遂至北海，烧夷城郭、室屋，则济阴之城阳已隔在羽军之后。田横所起，盖班志城阳国之地，春秋莒之故虚也。羽既连战未能克横，而汉入彭城，遂南从鲁出胡陵至萧以击汉。莒、鲁旧为邻国，则此城阳为莒之故虚明矣。夏，四月，立荣子广为齐王，以拒楚。项王因留，连战，未能下。虽闻汉东，既击齐，欲遂破之而后击汉，汉王以故得率诸侯兵凡五十六万人伐楚。到外黄，彭越将其兵三万馀人归汉。汉王曰：“彭将军收魏地得十馀城，项羽并王梁、楚，徙魏王豹于河东，号西魏王。今越所下外黄十馀城，皆梁地也。欲急立魏后。今西魏王豹，真魏后。”乃拜彭越为魏相国，擅将其兵略定梁地。汉王遂入彭城，收其货宝、美人，日置酒高会。

项王闻之，令诸将击齐，而自以精兵三万人南，从鲁出胡陵至萧。鲁，即伯禽所都；秦置鲁县，属薛郡；汉后以薛郡为鲁国。史记正义曰：鲁，今兖州曲阜县。萧县，秦属泗水郡；唐徐州萧县是也。晨，击汉军而东至彭城，日中，大破汉军。汉军皆走，相随入穀、泗水，死者十馀万人。汉卒皆南走山，楚又追击至灵璧东睢水上；臣瓒曰：穀、泗二水皆在沛郡彭城。水经注：睢水出陈留县西蒗荡渠，东过沛郡相县；又径彭城郡之灵璧东而东南流，项羽败汉王处也。汉书又云：东逼穀、泗。服虔曰：水名也，在沛国相县界。又详睢水径穀熟而两分，而睢水为蕲水，故二水所在枝分，通为兼称。穀水之名，盖因地变。然则穀水即睢水也。睢水又东南至下相而入于泗，谓之睢口。泗水又东南过彭城县东北，南至下邳入淮。孟康曰：灵璧故小县，在彭城南。史记正义曰：灵璧在徐州符离县西北九十里。汉军却，为楚所挤，挤，子诣翻，排也，又子奚翻。卒十馀万人皆入睢水，水为之不流。围汉王三匝。会大风从西北起，折木，发屋，扬沙石，窈冥昼晦，逢迎楚军，大乱坏散，而汉王乃得与数十骑遁去。欲过沛收家室，而楚亦使人之沛取汉王家；家皆亡，不与汉王相见。

汉王道逢孝惠、鲁元公主，鲁元公主，帝女也。服虔曰：元，长也；食邑于鲁。韦昭曰：元，谥也。师古曰：公主，惠帝姊也，以其最长，故号曰元，不得为谥。贡父曰：韦昭是也。载以行。楚骑追之，汉王急，推堕二子车下。推，吐雷翻。滕公为太仆，滕公，夏侯婴也。史记曰：婴从击秦军洛阳东，赐爵封，转为滕公。汉书曰：婴为滕令，奉车，故号滕公。班表：太仆，秦官，掌舆马。应劭曰：周穆王所置，盖大御，众仆之长，中大夫也。常下收载之；如是者三，曰："今虽急，不可以驱，奈何弃之！"故徐行。汉王怒，欲斩之者十馀；滕公卒保护，脱二子。卒，子恤翻。审食其从太公、吕后间行求汉王，不相遇，反遇楚军；审，姓；食其，名。食其，音异基。将间行以避楚军，乃反与楚军相遇也。间，古苋翻；下同。楚军与归，项王常置军中为质。质，音致。

是时，吕后兄周吕侯为汉将兵，居下邑；班志，下邑县属梁国。梁国，秦砀郡；汉改焉。宋白曰：今宋州砀山县即古下邑城。汉王间往从之，稍稍收其士卒。诸侯皆背汉，复与楚。背，蒲妹翻。塞王欣、翟王翳亡降楚。

15 田横进攻田假，假走楚，楚杀之；横遂复定三齐之地。

16 汉王问群臣曰："吾欲捐关以东，等弃之，谁可与共功者？”师古曰：捐关以东，谓不自有其地，将以与人，令其立功共破楚也。余谓等弃之者，言捐以与人，与弃等也。张良曰：“九江王布，楚枭将，师古曰：枭，谓最勇健也。与项王有隙；彭越与齐反梁地；此两人可急使。而汉王之将，独韩信可属大事，当一面。师古曰：属，委也，音之欲翻。即欲捐之，捐之此三人，则楚可破也！”

初，项王击齐，征兵九江，九江王布称病不往，遣将将军数千人行。汉之破楚彭城，布又称病不佐楚。楚王由此怨布，数使使者诮让，数，所角翻。以辞相责曰诮让。诮，才笑翻。召布。布愈恐，不敢往。项王方北忧齐、赵，西患汉，所与者独九江王；又多布材，师古曰：多者，犹重也。欲亲用之，以故未之击。

汉王自下邑徙军砀，遂至虞，班志，虞县属梁国。师古曰：今宋州虞城县。宋白曰：古虞国。舜禅禹，封其子商均于虞；少康奔虞即此。谓左右曰：“如彼等者，无足与计天下事！”谒者随何进曰：“不审陛下所谓。”姓谱：随姓，随侯之后。又云：杜伯之玄孙会为晋大夫，食采于随，曰随武子；后因以为姓。汉王曰：“孰能为我使九江，令之发兵倍楚？倍，蒲妹翻。留项王数月，我之取天下可以百全。”随何曰：“臣请使之！”汉王使与二十人俱。

17 五月，汉王至荥阳，诸败军皆会，萧何亦发关中老弱未傅者傅，读曰附。孟康曰：古者二十而傅；三年耕有一年储，故二十三而后役之。如淳曰：律言二十三傅之，畴官各从其父畴学之；高不满六尺二寸以下为罢癃。汉仪注云：民年二十三为正，一岁为卫士，一岁为材官、骑士，习射御，驰战陈。又曰：年五十六乃得免为庶民，就田里。今老弱未傅者皆发之。未二十为弱，过五十六为老。师古曰：傅，著也；言著名籍给公家傜役也。悉诣荥阳，汉军复大振。楚起于彭城，常乘胜逐北，与汉战荥阳南京、索间。京县，秦属三川郡；汉改曰河南郡，即郑共叔所居京城也。应劭曰：京县今有大索、小索亭。括地志：京县城在郑州荥阳县东南二十里，荥阳县即大索城。杜预曰：成皋城东有大索城；又有小索故城，在荥阳县北四里。

宋白曰：荥阳县故城在郑州荥泽县南十七里平原上，索水径其东，即项羽围汉王处；秦三川郡亦曾移理于此。括地志所谓荥阳县即大索城，乃唐之荥阳县。晋灼曰：索，音册。师古音求索之索。

楚骑来众，汉王择军中可为骑将者，皆推故秦骑士重泉人李必、骆甲；班志，重泉县属冯翊。括地志：重泉故城，在同州蒲城县东南四十五里。姓谱：齐太公之后有公子骆，子孙以为氏。又史记：恶来革之玄孙曰大骆。汉王欲拜之。必、甲曰："臣故秦民，恐军不信臣；愿得大王左右善骑者傅之。"如淳曰：傅，音附，犹言随从者。乃拜灌婴为中大夫令，李必、骆甲为左右校尉，将骑兵击楚骑于荥阳东，大破之，楚以故不能过荥阳而西。汉王军荥阳，筑甬道属之河，以取敖仓粟。括地志：敖仓在郑州荥阳西北十五里。县门之东北临汴水，南带三皇山。属，之欲翻。

18 周勃、灌婴等言于汉王曰："陈平虽美如冠玉，孟康曰：饰冠以玉，光好外见，中无所有也。其中未必有也。臣闻平居家时盗其嫂；事魏不容，亡归楚；不中，中，竹仲翻。又亡归汉。今日大王尊官之，令护军。臣闻平受诸将金，金多者得善处，金少者得恶处。平，反覆乱臣也，愿王察之！"汉王疑之，召让魏无知。无知曰："臣所言者能也，陛下所问者行也。今有尾生、孝己之行，尾生，古之信士；或曰，即微生高。孝己，商高宗之子，以孝行著。行，下孟翻。而无益胜负之数，陛下何暇用之乎！楚、汉相距，臣进奇谋之士，顾其计诚足以利国家不耳。不，读曰否。盗嫂、受金，又何足疑乎！"汉王召让平曰："先生事魏不中，事楚而去，今又从吾游，信者固多心乎？"平曰：臣事魏王，魏王不能用臣说，故去事项王。项王不能信人，其所任爱，非诸项，即妻之昆弟，虽有奇士不能用。闻汉王能用人，故归大王。臣裸身来，裸，郎果翻，赤身也。不受金无以为资。诚臣计画有可采者，愿大王用之；使无可用者，金具在，请封输官，得请骸骨。”汉王乃谢，厚赐，拜为护军中尉，尽护诸将。诸将乃不敢复言。

19 魏王豹谒归视亲疾；谒归，谓谒告而归也。至则绝河津，反为楚。豹都平阳，在河东，故断其津济以拒汉军。为，于伪翻。

20 六月，汉王还栎阳。

21 壬午，立子盈为太子；赦罪人。

22 汉兵引水灌废丘，废丘降，章邯自杀。尽定雍地，以为中地、北地、陇西郡。自置中地郡后，至九年罢，属内史。武帝建元六年，分为右内史；太初元年，更名主爵都尉为右扶风。

23 关中大饥，米斛万钱，人相食。令民就食蜀、汉。

初，秦之亡也，豪桀争取金玉，宣曲任氏独窖仓粟。汉有长水宣曲胡骑，高祖功臣有宣曲侯，盖地名也。张揖曰：宣曲，宫名，在昆明池西。师古曰：宣曲，观名。索隐曰：上林赋云：西驰宣曲。当在京辅，今阙其地。窖，工孝翻；穿地以藏粟也。及楚、汉相距荥阳，民不得耕种，而豪桀金玉尽归任氏，任氏以此起，富者数世。

24 秋，八月，汉王如荥阳，命萧何守关中侍太子，为法令约束，立宗庙、社稷、宫室、县邑；事有不及奏决者，辄以便宜施行，上来，以闻。计关中户口，转漕、调兵以给军，未尝乏绝。调，徒吊翻。

25 汉王使郦食其往说魏王豹，且召之。豹不听，曰：“汉王慢而侮人，骂詈诸侯、群臣如骂奴耳，吾不忍复见也！”复，扶又翻。于是汉王以韩信为左丞相，与灌婴、曹参俱击魏。

汉王问食其：“魏大将谁也？”对曰：“柏直。”姓谱：柏，柏皇氏之后。颛顼师柏招；帝喾师柏景。春秋柏国为楚所灭。王曰：“是口尚乳臭，言其少不经事，弱不任事，若未离乳保之怀者。安能当韩信！”“骑将谁也？”曰：“冯敬。”曰：“是秦将冯无择子也，虽贤，不能当灌婴。”“步卒将谁也？”曰：“项它。”曰：“不能当曹参。吾无患矣！”韩信亦问郦生：“魏得无用周叔为大将乎？”郦生曰：“柏直也。”信曰：“竖子耳！”遂进兵。

魏王盛兵蒲坂以塞临晋。塞，悉则翻。信乃益为疑兵，陈船欲渡临晋，而伏兵从夏阳以木罂渡军，袭安邑。班志，夏阳县属冯翊，秦之少梁也，秦惠文王十一年更名。史记正义曰：夏阳在同州北韩城界。木罂，服虔曰：以木柙缚罂缶以渡也。韦昭曰：以木为器如罂缶以渡军，无船，且尚密也。师古曰：服说是。罂缶，谓瓶之大腹小口者也。罂，一政翻，康于耕翻。魏王豹惊，引兵迎信。九月，信击虏豹，传诣荥阳；传，直恋翻；言以驿马传送诣汉王所。悉定魏地，置河东、上党、太原郡。

26 汉之败于彭城而西也，陈馀亦觉张耳不死，即背汉。背，蒲妹翻。韩信既定魏，使人请兵三万人，愿以北举燕、赵，东击齐，南绝楚粮道。汉王许之，乃遣张耳与俱，引兵东，北击赵、代。时赵王歇王赵，陈馀王代。后九月，信破代兵，禽夏说于阏与。信之下魏破代，汉辄使人收其精兵诣荥阳以距楚。

聂崇岐标点顾颉刚覆校

资治通鉴卷第十

翰林学士朝散大夫右谏议大夫知制诰兼侍讲
同提举万寿观公事兼判集贤院上护军 **司马光** 奉敕编集
河内郡开国侯食邑一千三百户赐紫金鱼袋臣

后学天台 **胡三省** 音注

汉纪二 起强圉作噩(丁酉)，尽著雍阉茂(戊戌)，凡二年。

太祖高皇帝上之下

三年(丁酉、前二〇四)

1 冬十月，韩信、张耳以兵数万东击赵。赵王及成安君陈馀闻之，聚兵井陉口，陉，音刑。杜佑曰：井陉口在镇州鹿泉县，今谓之土门。按宋白续通典：镇州石邑县有井陉山，甚险固。又，鹿泉县，本汉石邑县地，隋开皇十六年置，至德初改名获鹿。又，井陉县，穆天子传"天子猎于钘山"，即此地。注云：燕、赵谓山脊为陉。陉山在县东南十八里，四方高，中央下，如井，故曰井陉。号二十万。

广武君李左车说成安君曰："韩信、张耳乘胜而去国远斗，谓乘取代之胜势也。说，输芮翻。其锋不可当。臣闻'千里馈粮，士有饥色；樵苏后爨，樵，取薪也；苏，取草也。师不宿饱。'今井陉之道，车不得方轨，方轨，谓车并行。骑不得成列；行数百里，其势粮食必在其后。郑康成曰：行道曰粮，谓糒也；止居曰食，谓米也。愿足下假臣奇兵三万人，从间路绝其辎重；师古曰：间路，微路也。间，古苋翻。师古曰：辎，衣车也；重，谓载重物车也；故行者之资，总曰辎重。释名云：辎，厕也，所载衣服杂厕其中。重，直用翻。足下深沟高垒勿与战。彼前不得斗，退不得还，野无所掠，不至十日，而两将之头可致于麾下；否则必为二子所禽矣。”成安君尝自称义兵，不用诈谋奇计，曰：“韩信兵少而疲，如此避而不击，则诸侯谓吾怯而轻来伐我矣。”

韩信使人间视，知其不用广武君策，则大喜，乃敢引兵遂下。未至井陉口三十里，止舍。止军而舍息也。舍，如字。夜半，传发，选轻骑二千人，传发，传令军中使发兵。人持一赤帜，汉旗帜皆赤。帜，昌志翻。从间道萆山而望赵军。如淳曰：萆，音蔽，依山以自覆蔽也。杜佑曰：卑山，音蔽，今名抱犊山，在镇州石邑县。井陉山亦在石邑，意“间道萆山”即此地。师古曰：蔽隐于山，使敌不见。诫曰：“赵见我走，必空壁逐我；若疾入赵壁，若，汝也。疾，速也。拔赵帜，立汉赤帜。”令其裨将传餐，曰：服虔曰：立，驻。传餐，食也。如淳曰：小饭曰餐。言破赵乃当共饱食也。餐，千安翻。“今日破赵会食！”诸将皆莫信，佯应曰“诺。”信曰：“赵已先据便地为壁；且彼未见吾大将旗鼓，未肯击前行，行，户刚翻。恐吾至阻险而还也。”信盖谓赵聚兵塞井陉之口，欲俟信出险而后击之；若见前锋便纵兵接战，则信必将阻险而还师也。还，音旋，又如字。乃使万人先行，出，背水陈；史记正义曰：绵蔓水自并州北流入井陉县界，即信背水陈处。背，蒲妹翻。陈，读曰阵。赵军望见而大笑。

平旦，信建大将旗鼓，鼓行出井陉口；赵开壁击之，大战良久。于是信与张耳佯弃鼓旗，走水上军；走，音奏。水上军开入之，复疾战。赵果空壁争汉旗鼓，逐信、耳。信、耳已入水上军，军皆殊死战，师古曰：殊，绝也；言决意必死。不可败。败，补迈翻。信所出奇兵二千骑共候赵空壁逐利，则驰入赵壁，皆拔赵旗，立汉赤帜二千。赵军已不能得信等，欲还归壁；壁皆汉赤帜，见而大惊，以为汉皆已得赵王将矣，将，即亮翻。兵遂乱，遁走，赵将虽斩之，不能禁也。于是汉兵夹击，大破赵军，斩成安君泜水上，水经注：泜水即井陉山水，世谓之鹿泉水，东北流，屈径陈馀垒，又东注绵蔓水。师古曰：泜，音祗，又丁计翻，又丁礼翻。禽赵王歇。

诸将效首虏，毕贺，因问信曰："兵法：'右倍山陵，前左水泽。'今者将军令臣等反背水陈，曰'破赵会食'，倍，与背同，蒲妹翻。臣等不服，然竟以胜。此何术也？"信曰："此在兵法，顾诸君不察耳！兵法不曰：'陷之死地而后生，孙子九地：疾战则存、不战则亡为死地。曹操注曰：前有高山，后有大水，进不得，退有碍者。置之亡地而后存'？且信非得素拊循士大夫也，此所谓'驱市人而战之'，师古曰：言如忽入市廛，驱其人以赴战，非素所习练者也。其势非置之死地，使人人自为战；今予之生地，皆走，宁尚可得而用之乎！"予，读曰与；下同。诸将皆服，曰："善！非臣所及也。"

信募生得广武君者予千金。有缚致麾下者，信解其缚，东乡坐，师事之。予，读曰与。乡，读曰向。问曰："仆欲北伐燕，东伐齐，何若而有功？"何若，犹言何如也。广武君辞谢曰："臣，败亡之虏，何足以权大事乎！"权，所以称物，见其轻重也。左车盖谓兵者国之大事，如己者败亡之馀，不足以审处其轻重。信曰："仆闻之：百里奚居虞而虞亡，在秦而秦霸；百里奚，虞之大夫，虞公不能用以亡；秦穆公信而用之，遂霸西戎。非愚于虞而智于秦也，用与不用，听与不听也。诚令成安君听足下计，若信者亦已为禽矣；以不用足下，故信得侍耳。言得侍左右以求教。今仆委心归计，愿足下勿辞！"广武君曰："今将军涉西河，虏魏王，禽夏说；东下井陉，不终朝而破赵二十万众，诛成安君；名闻海内，威震天下，农夫莫不辍耕释耒，褕衣甘食，褕，音瑜；靡也。此言当时之人，畏信之威声，不能自保其生业，皆辍耕、释耒，褕靡其衣，甘毳其食，以苟生于旦夕，不复为久远计。倾耳以待命者，此将军之所长也。然而众劳卒罢，罢，读曰疲。其实难用。今将军欲举倦敝之兵顿之燕坚城之下，欲战不得，攻之不拔，情见势屈；兵，诡道也，乘势以为用者也。见，显露也。屈，尽也。吾之情见则敌知所备，势屈则敌得乘吾之敝矣。见，贤遍翻。屈，其勿翻。旷日持久，粮食单竭。单，与殚同，尽也。燕既不服，齐必距境以自强。燕、齐相持而不下，则刘、项之权未有所分也，此将军所短也。善用兵者，不以短击长而以长击短。”韩信曰：“然则何由？”由，从也，言当从何计也。广武君对曰：“方今为将军计，莫如按甲休兵，镇抚赵民，百里之内，牛酒日至，以飨士大夫；北首燕路，首，式救翻；头之所向曰首。而后遣辨士奉咫尺之书，师古曰：八寸曰咫。咫尺者，言其简牍或长咫，或长尺，喻轻率也。暴其所长于燕，暴，显也，示也，露也。燕必不敢不听从。燕已从而东临齐，虽有智者，亦不知为齐计矣。如是，则天下事皆可图也。兵固有先声而后实者，此之谓也。”韩信曰：“善！”从其策，发使使燕，燕从风而靡；遣使报汉，且请以张耳王赵，汉王许之。楚数使奇兵渡河击赵，数，所角翻。张耳、韩信往来救赵，因行定赵城邑，发兵诣汉。

2 甲戌晦，月尽为晦。日有食之。

3 十一月，癸卯晦，日有食之。

4 随何至九江，九江太宰主之，此太宰非周官之太宰。汉奉常属官有太宰。师古曰：具食之官。信使入国，必使人为之主；时布使太宰主何也。三日不得见。随何说太宰曰：“王之不见何，必以楚为强，汉【章：乙十一行本“汉”上有“以”字；孔本同；传校同。】为弱也。此臣之所以为使。说，输芮翻；下同。使，疏吏翻。使何得见，言之而是，大王所欲闻也；言之而非，使何等二十人伏斧质九江市，足以明王倍汉而与楚也。”倍，与背同，蒲妹翻。太宰乃言之王。

王见之。随何曰：“汉王使臣敬进书大王御者，窃怪大王与楚何亲也？”九江王曰：“寡人北乡而臣事之。”随何曰：“大王与项王俱列为诸侯，北乡而臣事之者，乡，读曰向；下同。必以楚为强，可以托国也。项王伐齐，身负版筑，为士卒先。李奇曰：版，墙版也；筑，杵也。大王宜悉九江之众，身自将之，为楚前锋；将，即亮翻。今乃发四千人以助楚。夫北面而臣事人者，固若是乎？汉王入彭城，项王未出齐也。大王宜悉九江之兵渡淮，日夜会战彭城下；大王乃抚万人之众，无一人渡淮者，垂拱而观其孰胜。垂拱者，垂衣拱手也。夫托国于人者，固若是乎？大王提空名以乡楚而欲厚自托，臣窃为大王不取也！然而大王不背楚者，以汉为弱也。夫楚兵虽强，天下负之以不义之名，以其背盟约而杀义帝也。背，蒲妹翻。汉王收诸侯，还守成皋、荥阳，下蜀、汉之粟，深沟壁垒，分卒守徼乘塞。徼，循也。凡边谓之边徼，盖使人循徼，机〔讥〕禁奸非，因以名之。索隐曰：徼，谓边境亭障，以徼绕边陲，常守之也。徼，吉吊翻。乘，登也；登塞垣而守之。楚人深入敌国八九百里，言楚自彭城至荥阳、成皋，中间有梁地间之；彭越时反梁地，是楚之敌国也，故云深入敌国八九百里。老弱转粮千里之外。汉坚守而不动，楚进则不得攻，退则不能解，故曰楚兵不足恃也。使楚胜汉，则诸侯自危惧而相救；夫楚之强，适足以致天下之兵耳。故楚不如汉，其势易见也。今大王不与万全之汉而自托于危亡之楚，臣窃为大王惑之！易，以豉翻。为，于伪翻。臣非以九江之兵足以亡楚也；大王发兵而倍楚，倍，与背同，蒲妹翻。项王必留；留数月，汉之取天下可以万全。臣请与大王提剑而归汉，汉王必裂地而封大王；又况九江必大王有也。”九江王曰：“请奉命。”阴许畔楚与汉，未敢泄也。

楚使者在九江，舍传舍，传舍，客舍也；前客舍之而去，后客复来舍之，传相受也，故谓之传舍。传，直恋翻。方急责布发兵。随何直入，坐楚使者上，曰：“九江王已归汉，楚何以得发兵？”布愕然。楚使者起。何因说布曰，“事已构，师古曰：构，结也；言背楚之事已结成也。可遂杀楚使者，无使归，而疾走汉并力。”布曰：“如使者教。”于是杀楚使者，因起兵而攻楚。

楚使项声、龙且攻九江，且，子余翻。龙，姓，且，名。数月，龙且破九江军。布欲引兵走汉，恐楚兵杀之，乃间行与何俱归汉。十二月，九江王至汉。汉王方踞床洗足，召布入见。见，贤遍翻。布大怒，悔来，欲自杀；及出就舍，帐御、饮食、从官皆如汉王居，布又大喜过望。师古曰：高帝以布先久为王，恐其意自尊大，故峻其礼，令布折服；已而美其帷帐，厚其饮食，多其从官，以悦其心。此权道也。帐，若今之帐设也；御，谓服御也。从，才用翻。于是乃使人入九江；楚已使项伯收九江兵，尽杀布妻子。布使者颇得故人、幸臣，将众数千人归汉。汉益九江王兵，与俱屯成皋。

楚数侵夺汉甬道，数，所角翻。汉军乏食。汉王与郦食其谋桡楚权。食其，音异基。桡，女教翻，弱也；其字从“木”。食其曰：“昔汤伐桀，封其后于杞；武王伐纣，封其后于宋。今秦失德弃义，侵伐诸侯，灭其社稷，使无立锥之地。陛下诚能复立六国之后，此其君臣、百姓必皆戴陛下之德，莫不向风慕义，愿为臣妾。德义已行，陛下南乡称霸，楚必敛衽而朝。”衽，衣襟也。乡，读曰向。朝，直遥翻。汉王曰：“善！趣刻印，先生因行佩之矣。”言将使食其行使六国，授之以印而使佩之。趣，读曰促；下同。

食其未行，张良从外来谒。汉王方食，曰：“子房前！子房，张良字也。客有为我计桡楚权者，”具以郦生语告良，曰：“何如？”良曰：“谁为陛下画此计者？陛下事去矣！”汉王曰：“何哉？”对曰：“臣请借前箸，为大王筹之：时汉王方食，故良言愿借食前之箸，就用指画。郑玄曰：今人或谓箸为筴提。昔汤、武封桀、纣之后者，度能制其死生之命也；度，徒洛翻。今陛下能制项籍之死命乎？其不可一也。武王入殷，表商容之间，释箕子之囚，封比干之墓；商容，殷贤人。里门曰间。表，显异也。纣囚箕子，杀比干；武王克殷，释箕子囚，封比干墓。韩诗外传曰：商容执羽籥，冯于马徒，欲以化纣而不能，遂去，伏于太行山。武王欲以为三公，辞而不受。郑玄曰：商家乐官，知礼容，所以礼署称容台。今陛下能乎？其不可二也。发巨桥之粟，散鹿台之钱，服虔曰：巨桥，仓名。许慎曰：巨鹿之大桥有漕粟。杜佑曰：巨桥仓在今广平郡曲周县。臣瓒曰：鹿台今在朝歌城中；刘向曰：其大三里，高千尺。以赐贫穷；今陛下能乎？其不可三也。殷事已毕，偃革为轩，苏林曰：革者，兵车也；轩者，朱轩、皮轩也；谓废兵车而用乘车也。说文曰：轩，曲周屏车。如淳曰：革者，革车也；轩者，赤黻乘轩也；偃武备而治礼乐也。倒载干戈，示天下不复用兵；今陛下能乎？其不可四也。复，扶又翻。休马华山之阳，示以无为；今陛下能乎？其不可五也。华，户化翻。放牛桃林之阴，晋灼曰：桃林在弘农阌乡南谷中。山海经曰：夸父之山，北有林焉，名曰桃林，广围三百里。十三州记：弘农有桃丘聚，即桃林也。师古曰：桃林山谷在阌乡县东南，西南去湖城县三十五里。以示不复输积；今陛下能乎？其不可六也。天下游士，离其亲戚，弃坟墓，去故旧，从陛下游者，徒欲日夜望咫尺之地。今复立六国之后，天下游士各归事其主，从其亲戚，反其故旧、坟墓，陛下谁与取天下乎？其不可七也。且夫楚唯无强，六国立者复桡而从之，服虔曰：惟当使楚无强，强则六国弱而从之。晋灼曰：当今惟楚大，无有强之者；若复立六国，六国皆桡而从之，陛下安得而臣之乎！陛下焉得而臣之？其不可八也。诚用客之谋，陛下事去矣！”汉王辍食，吐哺，骂曰：哺，音步，食在口中者。“竖儒几败而公事！”而，汝也。公，尊称也。高祖嫚骂人，率曰“而公”、“乃公”，盖自尊辞。几，居依翻。令趣销印。

荀悦论曰：夫立策决胜之术，其要有三：一曰形，二曰势，三曰情。形者，言其大体得失之数也；势者，言其临时之宜、进退之机也；情者，言其心志可否之实也。故策同、事等而功殊者，三术不同也。

初，张耳、陈馀说陈涉以复六国，自为树党；事见七卷秦二世元年。郦生亦说汉王。所以说者同而得失异者，陈涉之起，天下皆欲亡秦；而楚、汉之分未有所定，今天下未必欲亡项也。故立六国，于陈涉，所谓多己之党而益秦之敌也；且陈涉未能专天下之地也，所谓取非其有以与于人，行虚惠而获实福也。立六国，于汉王，所谓割己之有而以资敌，设虚名而受实祸也。此同事而异形者也。

及宋义待秦、赵之毙，事见八卷秦二世三年。与昔卞庄刺虎同说者也。卞庄子刺虎。管竖子止之曰："两虎方食牛，牛甘必争斗，则大者伤，小者亡；从伤而刺，一举必有两获。"庄子然之，果获二虎。施之战国之时，邻国相攻，无临时之急，则可也。战国之立，其日久矣，一战胜败，未必以存亡也；其势非能急于亡敌国也，进乘利，退自保，故累力待时，乘【章：乙十一行本"乘"作"承"；孔本同；传校同。】敌之毙，其势然也。今楚、赵所起，其与秦势不并立，安危之机，呼吸成变，进则定功，退则受祸。此同事而异势者也。

伐赵之役，韩信军于泜水之上而赵不能败。事见上卷三年。彭城之难，汉王战于睢水之上，士卒皆赴入睢水而楚兵大胜。事见上卷二年。难，乃旦翻。何则？赵兵出国迎战，见可而进，知难而退，怀内顾之心，无出死之计；韩信军孤在水上，士卒必死，无有二心，此信之所以胜也。汉王深入敌国，置酒高会，士卒逸豫，战心不固；楚以强大之威而丧其国都，丧，息浪翻。士卒皆有愤激之气，救败赴亡之急，以决一旦之命，此汉之所以败也。且韩信选精兵以守，而赵以内顾之士攻之；项羽选精兵以攻，而汉以怠惰之卒应之。此同事而异情者也。

故曰：权不可豫设，变不可先图；与时迁移，应物变化，设策之机也。

5 汉王谓陈平曰："天下纷纷，何时定乎？"陈平曰："项王骨鲠之臣，亚父、钟离眛、龙且、周殷之属，钟离，古钟离子之后，以国为姓。龙姓出于龙伯氏；又曰，出于舜纳言之龙。师古曰：眛，莫曷翻，其字从本末之末。且，子余翻。不过数人耳。大王诚能捐数万斤金，行反间，间其君臣，以疑其心；间，古苋翻。项王为人，意忌信谗，必内相诛，汉因举兵而攻之，破楚必矣。"汉王曰："善！"乃出黄金四万斤与平，恣所为，不问其出入。平多以金纵反间于楚军，宣言："诸将钟离眛等为项王将，功多矣，然而终不得裂地而王，欲与汉为一，以灭项氏而分王其地。"项羽果意不信钟离眛等。

夏，四月，楚围汉王于荥阳，急；汉王请和，割荥阳以西者为汉。亚父劝羽急攻荥阳；汉王患之。项羽使使至汉，陈平使为大牢具。大，读曰太。古者诸侯遣使交聘，其牢礼各如其命数，以三牲具为一牢。秦灭古法，军兴之时，不能备古之牢礼，故以太牢具为盛礼。孔颖达曰：按周礼：膳夫，王日一举，鼎十有二物，谓太牢也。是周公制礼，天子日食太牢，则诸侯日食少牢，大夫日食特牲，士日食特豚。至后世衰乱，玉藻云：天子日食少牢，朔月太牢；诸侯日食特牲，朔月少牢。则知大夫日食特豚，朔月特牲；士日食无文，朔月特豚。故内则云：见子具朔食。注云：天子太牢，诸侯少牢，大夫特豕，士特豚。诸侯祭以太牢，得杀牛；诸侯之大夫祭以少牢，得杀羊；天子大夫祭亦得杀牛，其诸侯及大夫飨食宾得用牛也。故大行人掌客，诸侯待宾，皆用牛也。公食大夫礼，大夫食宾礼，亦用牛也。举进，见楚使，即佯惊曰："吾以为亚父使，乃项王使！"复持去，更以恶草具进楚使。服虔曰：去肴肉，更以恶草之具。恶，粗恶；草，草率也。楚使归，具以报项王；项王果大疑亚父。亚父欲急攻下荥阳城，项王不信，不肯听。亚父闻项王疑之，乃怒曰："天下事大定矣，君王自为之，愿赐【章：乙十一行本"赐"作"请"；孔本同。】骸骨！"归，未至彭城，疽发背而死。疽，千余翻，痈疮也。

五月，将军纪信言于汉王曰："事急矣！臣请诳楚，诳，居况翻，欺也。王可以间出。"间，古苋翻。于是陈平夜出女子东门二千馀人，楚因四面击之。纪信乃乘王车，黄屋，左纛，李斐曰：天子车以黄缯为盖里。纛，羽幢也，在乘舆车衡左方上柱之。蔡邕曰：以牦牛尾为之，大如斗，或在骈头，或在衡。应劭曰：雉尾为之，在左骖，当镳上。师古曰：应说非。尔雅翼：牦，西南夷长髦牛也，似牛，而四节、腹下及肘皆有赤毛长尺余，而尾尤佳，其大如斗。天子之车左纛，以此牛尾为之，系之左骈马轭上。盖马在中曰服，在外曰骈，骈，即骖也；安最外马头上，以乱马目，不令相见也。纛，徒倒翻，又音毒。曰："食尽，汉王降。"楚皆呼万岁，之城东观。以故汉王得与数十骑出西门遁去，令韩王信与周苛、魏豹、枞公守荥阳。枞，千容翻。羽见纪信，问："汉王安在？"曰："已出去矣。"羽烧杀信。周苛、枞公相谓曰："反国之王，难与守城！"因杀魏豹。

汉王出荥阳，至成皋，入关，收兵欲复东。辕生说汉王曰：辕，姓也。姓谱：陈大夫辕涛涂之后。以其所本考之，亦与爰、袁二姓通。"汉与楚相距荥阳数岁，汉常困。愿君王出武关，项王必引兵南走。王深壁勿战，令荥阳、成皋间且得休息，使韩信等得安辑河北赵地，连燕、齐，师古曰：辑，与集同，谓和合也。诗序曰："劳来还定安集之"；春秋左氏传曰："群臣辑睦"。他皆类此。君王乃复走荥阳。如此，则楚所备者多，力分；汉得休息，复与之战，破之必矣！"汉王从其计，出军宛、叶间。班志，二县属南阳郡。史记正义曰：宛，邓州县。叶，汝州县。宛，於元翻。叶，式涉翻。与黥布行收兵。羽闻汉王在宛，果引兵南；汉王坚壁不与战。

汉王之败彭城，解而西也，彭越皆亡其所下城，独将其兵北居河上，常往来为汉游兵击楚，绝其后粮。是月，彭越渡睢，与项声、薛公战下邳，破，杀薛公。睢，音虽。羽乃使终公守成皋，终，姓也。姓谱曰：陆终之后。而自东击彭越。汉王引兵北，击破终公，复军成皋。

六月，羽已破走彭越，闻汉复军成皋，乃引兵西拔荥阳城，生得周苛。羽谓苛："为我，将以公为上将军，封三万户。"周苛骂曰："若不趋降汉，今为虏矣；若非汉王敌也！"羽烹周苛，并杀枞公而虏韩王信，遂围成皋。汉王逃，汉书"逃"作"跳"；如淳音逃；史记项羽纪作"逃"；索隐：徒雕翻。晋灼曰：跳，独出意。如淳曰：逃，谓走也。余谓左氏传例：民逃其上曰溃，在上曰逃。太史公盖用此例，温公仍之。逃，当如字。独与滕公共车出成皋玉门，张晏曰：玉门，成皋北门。北渡河，宿小修武传舍。晋灼曰：在大修武城东。晨，自称汉使，驰入赵壁。张耳、韩信未起，即其卧内，夺其印符以麾召诸将，易置之。信、耳起，乃知汉王来，大惊。汉王既夺两人军，即令张耳循【章：乙十一行本"循"作"徇"。】行，备守赵地。行，下孟翻。拜韩信为相国，收赵兵未发者击齐。诸将稍稍得出成皋从汉王。楚遂拔成皋，欲西；汉使兵距之巩，班志，巩县属河南郡，即东周君所居。汝洛地图云：巩，固也。巩县在洛水之间，言四面有山，可以巩固。令其不得西。

6 秋，七月，有星孛于大角。隋天文志：孛，彗之属也；偏指曰彗，芒气四出曰孛。孛者，孛孛然，非常恶气之所生也。内不有大乱，必有大兵。天下合谋，暗蔽不明，有所伤害。晏子曰："君若不改，孛星将出，彗何惧乎！"由是言之，灾甚于彗。孛，蒲内翻，又蒲没翻。班志：房南众星曰骑官，左角理，右角将。大角者，天王帝坐廷。

7 临江王敖薨，子尉嗣。

8 汉王得韩信军，复大振。八月，引兵临河，南乡，军小修武，欲复与楚战。乡，读曰向。复，扶又翻。郎中郑忠说止汉王，汉制：议郎、中郎，秩比六百石；侍郎，比四百石；郎中，比三百石；皆属郎中令。说，式芮翻。使高垒深堑勿与战。堑，七艳翻。汉王听其计，使将军刘贾、卢绾将卒二万人，绾，乌板翻。骑数百，渡白马津，入楚地，佐彭越，烧楚积聚，以破其业，师古曰：积聚，所畜军粮刍稾之属也。积，子赐翻。聚，才喻翻。无以给项王军食而已。楚兵击刘贾，贾辄坚壁不肯与战，而与彭越相保。

9 彭越攻徇梁地，下睢阳、外黄等十七城。睢阳，秦县，属砀郡，汉属梁国，故微子所封国也；唐为宋州宋城县。杜佑曰：汉外黄故城，在陈留郡雍丘县东，春秋"齐桓公会诸侯于葵丘"，即此。九月，项王谓大司马曹咎曰："谨守成皋！即汉王欲挑战，挑，徒了翻。慎勿与战，勿令得东而已。我十五日必定梁地，复从将军。"羽引兵东行，击陈留、外黄、睢阳等城，皆下之。

汉王欲捐成皋以东，屯巩、洛以距楚。郦生曰："臣闻'知天之天者，王事可成'；王者以民为天，而民以食为天。大戴礼曰：食谷者智慧而巧。古史考曰：古者茹毛饮血，燧人氏钻火，而人始裹肉而燔之曰炮。神农时，人方食谷，加米于烧石之上而食之。及黄帝时，始有釜甑，火食之道成矣。夫敖仓，天下转输久矣，臣闻其下乃有藏粟甚多。楚人拔荥阳，不坚守敖仓，乃引而东，令適卒分守成皋，適，读曰谪。卒，谓卒之有罪谪者，所谓谪戍也。此乃天所以资汉也。方今楚易取而汉反却，易，以豉翻。自夺其便，臣窃以为过矣！且两雄不俱立，楚、汉久相持不决，海内摇荡，农夫释耒，耒，手耕曲木也。工女下机，天下之心未有所定也。愿足下急复进兵，收取荥阳，据敖仓之粟，塞成皋之险，杜太行之道，距蜚狐之口，如淳曰：上党壶关也。臣瓒曰：飞狐口在代郡。师古曰：瓒说是，壶关无飞狐之名。地道记：恒山在上曲阳县西北百四十里，北行四百五十里，得恒山岋，号飞狐口，北则代郡也。水经注：代郡南四十里有蜚狐关。史记正义曰：按蔚州飞狐县北百五十里有秦、汉故代郡城，西南有山，俗号蜚狐口。塞，悉则翻。行，户刚翻。守白马之津，以示诸侯形制之势，谓因地形而据之以制敌。则天下知所归矣。”王从之，乃复谋取敖仓。

食其又说王曰：“方今燕、赵已定，唯齐未下。诸田宗强，负海、岱，阻河、济，齐地东至海，南至太山，故曰负海、岱；西阻清济，北阻浊河，故曰阻河、济。济，子礼翻。南近于楚，近，其靳翻。人多变诈；足下虽遣数万师，未可以岁月破也。臣请得奉明诏说齐王，使为汉而称东藩。”考异曰：史记、汉书皆以食其劝取敖仓及请说齐合为一事，独刘向新序分为二；臣谓分为二者是。上曰：“善！”

乃使郦生说齐王曰：“王知天下之所归乎？”王曰：“不知也。天下何所归？”郦生曰：“归汉！”曰：“先生何以言之？”曰：“汉王先入咸阳；项王负约，王之汉中。项王迁杀义帝；汉王闻之，起蜀、汉之兵击三秦，出关而责义帝之处。收天下之兵，立诸侯之后；降城即以侯其将，得赂即以分其士；与天下同其利，豪英贤才皆乐为之用。乐音洛。项王有倍约之名，杀义帝之负；毛晃曰：背恩亡德曰负。倍，与背同，蒲妹翻。于人之功无所记，于人之罪无所忘；战胜而不得其赏，拔城而不得其封，非项氏莫得用事；天下畔之，贤才怨之，而莫为之用。故天下之事归于汉王，可坐而策也！夫汉王发蜀、汉，定三秦；涉西河，破北魏；河自砥柱以上、龙门以下为西河。索隐曰：北魏，谓魏王豹，豹国于河北故也。亦谓之西魏，以大梁于安邑为东也。出井陉，诛成安君；此非人之力也，天之福也！今已据敖仓之粟，塞成皋之险，守白马之津，杜太行之阪，距蜚狐之口；天下后服者先亡矣。郦生之说，形格势禁之说也。盖据敖仓，塞成皋，则项羽不能西；守白马，杜太行，距蜚狐，则河北燕、赵之地尽为汉有，齐、楚将安归乎！白马津在唐滑州。太行阪在唐泽州界。杜佑曰：蔚州飞狐县，汉广昌县地；飞狐口在县北，即汉之飞狐道，通妫川郡怀戎县。王疾先下汉王，齐国可得而保也；不然，危亡可立而待也！”先是，齐闻韩信且东兵，使华无伤、田解将重兵屯历下，军【章：乙十一行本无“军”字；孔本同；退斋校同；传校同。熊校云：元本“军”作“下”，“下”字衍；胡刻改作“军”，非。】以距汉。先，悉荐翻。华，户化翻，姓也。姓谱：宋华父督始立华氏。张揖曰：济南历山之下。余据郦食其传曰：“军于历城”，则历下即济南郡历城县。及纳郦生之言，遣使与汉平，乃罢历下守战备，与郦生日纵酒为乐。乐，音洛。

韩信引兵东，未度平原，闻郦食其已说下齐，欲止。辨士蒯彻说信曰：“将军受诏击齐，而汉独发间使下齐，间，古苋翻。使，疏吏翻。宁有诏止将军乎，何以得毋行也？且郦生，一士，伏轼掉三寸之舌，轼，车前横木，人所凭者。掉，徒钓翻，摇也。下齐七十馀城；将军以数万众，岁馀乃下赵五十馀城。为将数岁，反不如一竖儒之功乎！”于是信然之，遂渡河。

四年（戊戌、前二〇三）

1冬，十月，信袭破齐历下军，遂至临淄。齐王以郦生为卖己，乃烹之；引兵东走高密，高密县在胶西，宣帝本始元年为高密国。宋白曰：高密，春秋时晏平仲所食邑。使使之楚请救。田横走博阳，此据史记也。班书作“横走博”。博阳近清河博关，此正韩信自赵进兵之路。临淄既破，君、相皆出走。其后韩信既虏田广于潍水，灌婴又败田横于嬴下。嬴县亦属太山郡。括地志：故嬴城在兖州博城县东北百里。唐之博城，汉太山之博县；此博阳，即博城之阳。守相田光走城阳，相，息亮翻。将军田既军于胶东。括地志：即墨故城在莱州胶水县南六十里，古齐地，汉为胶东国，以其地在胶水之东也。

2楚大司马咎守成皋，汉数挑战，数，所角翻。挑，徒了翻。楚军不出。使人辱之，数日，咎怒，渡兵汜水。张晏曰：汜水在济阴界。如淳曰：汜，音祀。左传曰：“鄙在郑地汜。”臣瓒曰：高祖攻曹咎于成皋，咎渡汜水而战，今成皋城东汜水是也。师古曰：瓒说得之，此水不在济阴也。“鄙在郑地汜”，释者云在襄城，则亦非此汜水。旧读音凡，今彼乡人呼之音祀。索隐曰：此水今见名汜水，音似；臣瓒说是。张晏曰：在济阴亦未全失。按古济水当此截河而南，又东流溢为荥泽。水南曰阴，此亦在济之阴，非彼济阴郡耳。括地志：汜水源出洛州汜水县东南三十二里方山。山海经：浮戏之山，汜水出焉。士卒半渡，汉击之，大破楚军，尽得楚国金玉、货赂，咎及司马欣皆自刭汜水上。汉王引兵渡河，复取成皋，军广武，孟康曰：于荥阳筑两城相对为广武，在敖仓西三皇山上。括地志：东广武、西广武在郑州荥阳县西二十里。戴延之西征记曰：三皇山上有二城，东曰东广武，西曰西广武，各在一山头，相去百步。汴水从广涧中东南流，今涸无水。城各有三面，在敖仓西。郭缘生述征记曰：一涧横绝上过，名曰广武，相对皆立城堑，遂号东、西广武。就敖仓食。

项羽下梁地十馀城，闻成皋破，乃引兵还。汉军方围钟离昧于荥阳东，闻羽至，尽走险阻。羽亦军广武，与汉相守。数月，楚军食少。项王患之，乃为俎，置太公其上，告汉王曰："今不急下，吾烹太公！"汉王曰："吾与羽俱北面受命怀王，约为兄弟，吾翁即若翁；必欲烹而翁，幸分我一杯羹！"如淳曰：俎，高几之上也。李奇曰：军中巢橹谓之俎。师古曰：俎者，所以荐肉，示欲烹之，故置俎上；如说是。俎，在吕翻。方言：周、晋、秦、陇谓父为翁。若，汝也；而，亦汝也。古者以杯盛羹，今之杯侧有两耳者也。项王怒，欲杀之。项伯曰："天下事未可知；且为天下者不顾家，虽杀之无益，只益祸耳！"项王从之。

项王谓汉王曰："天下匈匈数岁者，师古曰：匈匈，喧扰之意，公休许容翻。徒以吾两人耳。愿与汉王挑战，决雌雄，毋徒苦天下之民父子为也！"汉王笑谢曰："吾宁斗智，不能斗力。"项王三令壮士出挑战，汉有善骑射者楼烦辄射杀之。应劭曰：楼烦，胡人也。李奇曰：后为县，属雁门。此县人善骑射。谓士为楼烦，取其称耳，未必楼烦人也。师古曰：李奇说是。射，而亦翻。项王大怒，乃自被甲持戟挑战。楼烦欲射之，项王瞋目叱之，瞋，昌真翻。楼烦目不敢视，手不敢发，遂走还入壁，不敢复出。汉王使人间问之，间问，微问也。间，工苋翻。乃项王也，汉王大惊。

于是项王乃即汉王，即，就也，从也。相与临广武间而语。羽欲与汉王独身挑战。汉王数羽曰：数，所具翻。“羽负约，王我于蜀、汉，罪一；矫杀卿子冠军，罪二；救赵不还报，而擅劫诸侯兵入关，罪三；烧秦宫室，掘始皇帝冢，收私其财，罪四；收私者，收取其财以为私有。杀秦降王子婴，罪五；诈坑秦子弟新安二十万，罪六；王诸将善地而徙逐故王，罪七；出逐义帝彭城，自都之，夺韩王地，并王梁、楚，多自与，罪八；使人阴杀义帝江南，罪九；为政不平，主约不信，天下所不容，大逆无道，罪十也。吾以义兵从诸侯诛残贼，使刑馀罪人击公，何苦乃与公挑战！”羽大怒，伏弩射中汉王。汉王伤胸，乃扪足曰：“虏中吾指。”扪，音门，摸也。师古曰：伤胸而扪足者，以安众也。中，竹仲翻。汉王病创卧，创，初良翻。张良强请汉王起行劳军，以安士卒，强，其两翻。劳，力到翻。毋令楚乘胜。汉王出行军，行，下孟翻。疾甚，因驰入成皋。

3 韩信已定临淄，遂东追齐王。项王使龙且将兵，号二十万，以救齐，与齐王合军高密。

客或说龙且曰：“汉兵远斗穷战，其锋不可当。齐、楚自居其地，兵易败散。孙子九地，诸侯自战其地为散地。曹操曰：士卒恋土，道近易散者也。易，以豉翻；下同。不如深壁，令齐王使其信臣招所亡城；信臣，常所亲信之臣。亡城闻王在，楚来救，必反汉。汉兵二千里客居齐地，齐城皆反之，其势无所得食，可无战而降也。”龙且曰：“吾平生知韩信为人，易与耳！寄食于漂母，无资身之策；受辱于袴下，无兼人之勇；事见上卷元年。不足畏也。且夫救齐，不战而降之，吾何功！今战而胜之，齐之半可得也。”

十一月，齐、楚与汉夹潍水而陈。徐广曰：潍水出东莞而东北流，至北海都昌县入海。索隐曰：潍水出琅邪箕县东北，至都昌入海。水经注：

潍水径高密县故城西；韩信与龙且夹水而陈，即此处。潍，音维。陈，读曰阵。韩信夜令人为万馀囊，满盛沙，壅水上流；盛，时征翻。引军半渡击龙且，佯不胜，还走。龙且果喜曰："固知信怯也！"遂追信。信使人决壅囊，水大至，龙且军太半不得渡。即急击杀龙且，水东军散走，齐王广亡去。信遂追北至城阳，虏齐王广。史记正义曰：城阳，雷泽县是也，在濮州东南九十一里。予据班志，济阴郡城阳县雷泽在西北，此梁地也；自潍水追北至城阳，此乃汉城阳国之地。正义此误，与上卷二年田横起城阳同。汉将灌婴追得齐守相田光，进至博阳。田横闻齐王死，自立为齐王，还击婴，婴败横军于嬴下。败，补迈翻。田横亡走梁，归彭越。婴进击齐将田吸于千乘，千乘县属北海郡，高祖分置千乘郡。括地志：千乘故城，在淄州高苑县北二十五里。乘，绳证翻。曹参击田既于胶东，皆杀之，尽定齐地。

4 立张耳为赵王。

5 汉王疾愈，西入关。至栎阳，枭故塞王欣头栎阳市。师古曰：县首于木上曰枭。索隐曰：欣自刭于汜水上，今枭之栎阳者，以其故都，故枭以示之也。留四日，复如军，军广武。

6 韩信使人言汉王曰："齐伪诈多变，反复之国也；南边楚。师古曰：边，近也。请为假王以镇之。"汉王发书，大怒，骂曰："吾困于此，旦暮望若来佐我；乃欲自立为王！"张良、陈平蹑汉王足，因附耳语曰："汉方不利，宁能禁信之自王乎！不如因而立之，善遇，使自为守；不然，变生。"汉王亦悟，因复骂曰："大丈夫定诸侯，即为真王耳，何以假为！"春，二月，遣张良操印立韩信为齐王，征其兵击楚。操，七刀翻。

7 项王闻龙且死，大惧，使盱台人武涉盱台，音吁怡。往说齐王信曰："天下共苦秦久矣，相与戮力击秦。秦已破，计功割地，分土而王之，以休士卒。今汉王复兴兵而东，侵人之分，分，扶问翻。夺人之地；已破三秦，引兵出关，收诸侯之兵以东击楚，其意非尽吞天下者不休，其不知厌足如是甚也！厌，于盐翻。且汉王不可必：身居项王掌握中数矣，数，所角翻；史记正义：色庾翻。项王怜而活之；然得脱，辄倍约，倍，蒲妹翻；下同。复击项王，其不可亲信如此。今足下虽自以【章：乙十一行本“以”下有“与”字；孔本同；张校同；传校同。】汉王为厚交，为之尽力用兵，必终为所禽矣。足下所以得须臾至今者，以项王尚存也。当今二王之事，权在足下，足下右投则汉王胜，左投则项王胜。项王今日亡，则次取足下。足下与项王有故，何不反汉与楚连和，参分天下王之！参分，即三分。今释此时而自必于汉以击楚，且为智者固若此乎？”韩信谢曰：“臣事项王，官不过郎中，位不过执戟；郎中，执戟宿卫。信先仕楚为郎中，故云然。言不听，画不用，故倍楚而归汉。倍，蒲妹翻；下同。汉王授我上将军印，予我数万众，予，读曰与。解衣衣我，推食食我，衣衣，下于既翻。推，吐雷翻。食食，下祥吏翻。言听计用，故吾得以至于此。夫人深亲信我，我倍之不祥；虽死不易！幸为信谢项王。”

武涉已去，蒯彻知天下权在信，乃以相人之术说信曰：“仆相君之面，不过封侯，又危不安；相君之背，贵乃不可言。”以微言动信，言背汉则大贵也。相，息亮翻。韩信曰：“何谓也？”蒯彻曰：“天下初发难也，难，乃旦翻。忧在亡秦而已。师古曰：志在灭秦，所忧者唯此。今楚、汉分争，使天下之人肝胆涂地，父子暴骸骨于中野，不可胜数。暴，步木翻，又如字；凡暴露之暴皆同。胜，音升。楚人走【章：乙十一行本“走”作“起”；孔本同；退斋校同；传校同。】彭城，转斗逐北，乘利席卷，威震天下；然兵困于京、索之间，迫西山而不能进者，三年于此矣。汉王将十【章：乙十一行本“十”上有“数”字。】万之众，距巩、雒，阻山河之险，一日数战，无尺寸之功，折北不救。折，挫也。北，奔也。不救者，不能自救也。折，而设翻。此所谓智勇俱困者也。百姓罢极怨望，无所归倚；罢，读曰疲。以臣料之，其势非天下之贤圣固不能息天下之祸。当今两主之命，县于足下，县，读曰悬。足下为汉则汉胜，与楚则楚胜。诚能听臣之计，莫若两利而俱存之，参分天下，鼎足而居，其势莫敢先动。夫以足下之贤圣，有甲兵之众，据强齐，从赵、燕，出空虚之地而制其后，因民之欲，西乡为百姓请命，师古曰：齐国在东，故曰西乡。止楚、汉之战斗，士卒不死亡，故曰请命。乡，读曰向；下同。则天下风走而响应矣，孰敢不听！割大、弱强以立诸侯，诸侯已立，天下服听，而归德于齐。案齐之故，有胶、泗之地，胶、泗，二水名。深拱揖让，则天下之君王相率而朝于齐矣。师古曰：深拱，犹高拱也。朝，直遥翻。盖闻'天与弗取，反受其咎；时至不行，反受其殃'。愿足下熟虑之！"韩信曰："汉王遇我甚厚，吾岂可乡利而倍义乎！"蒯生曰："始常山王、成安君为布衣时，相与为刎颈之交；后争张黡、陈泽之事，常山王杀成安君泜水之南，头足异处。此二人相与，天下至欢也，然而卒相禽者，何也？卒，子恤翻。患生于多欲而人心难测也。今足下欲行忠信以交于汉王，必不能固于二君之相与也，而事多大于张黡、陈泽者；故臣以为足下必汉王之不危己，亦误矣！大夫种存亡越，霸句践，立功成名而身死亡，野兽尽而猎狗烹。夫以交友言之，则不如张耳之与成安君者也；以忠信言之，则不过大夫种之于句践也：种，章勇翻。句，音钩。此二者足以观矣，愿足下深虑之！且臣闻'勇略震主者身危，功盖天下者不赏'。今足下戴震主之威，挟不赏之功，归楚，楚人不信；归汉，汉人震恐。足下欲持是安归乎？"韩信谢曰："先生且休矣，吾将念之。"后数日，蒯彻复说曰："夫听者，事之候也；师古曰：谓能听善谋也。复，扶又翻。计者，事之机也；听过计失而能久安者鲜矣！鲜，息善翻。故知者，决之断也；断，丁乱反。疑者，事之害也。审豪厘之小计，豪，长毛也。十豪为厘。遗天下之大数，智诚知之，决弗敢行者，百事之祸也。夫功者，难成而易败，时者，难得而易失也；时乎时，不再来！”韩信犹豫，不忍倍汉；又自以为功多，汉终不夺我齐，遂谢蒯彻。谢去，辞之使去也。因去，佯狂为巫。

8 秋，七月，立黥布为淮南王。

9 八月，北貉燕人来致枭骑助汉。应劭曰：北貉，国也。枭，健也。张晏曰：枭，勇也，若六博之枭也。师古曰：貉在东北方，三韩之属，皆貉类也。盖貉人及燕皆来助汉。孔颖达曰：经传说貊多是东夷，故职方掌九夷、九貊。郑志答赵商云：九貊，即九夷也。又周官貊隶，注云征东北夷所获。貉，读与貊同。

10 汉王下令：军士不幸死者，吏为衣衾棺敛，转送其家。棺，工唤翻。敛，力赡翻。与作衣衾而敛尸于棺也。转送，传送也。四方归心焉。

11 是岁，以中尉周昌为御史大夫。班表：中尉，秦官，掌徼循京师；武帝太初元年更名执金吾。昌，苛从弟也。从，才用翻。

12 项羽自知少助；食尽，韩信又进兵击楚，羽患之。汉遣侯公说羽请太公。太公、吕后为楚所得，见上卷三年。羽乃与汉约，中分天下，割洪沟以西为汉，以东为楚。文颖曰：于荥阳下引河东南为洪沟，以通宋、郑、陈、蔡、曹、卫，与济、汝、淮、泗会于楚，即今官渡水也。应劭曰：荥阳东南二十里，盖引河东南入淮、泗也。张华曰：大梁城在浚仪县。此县西北，渠水东经此城南，又北屈，分为二渠：其一渠东南流，始皇凿之，引河水以灌大梁，谓之洪沟；其一渠东经阳武县南为官渡水。杜佑曰：郑州荥阳县西有鸿沟，楚、汉分境之所。九月，楚归太公、吕后，引兵解而东归。汉王欲西归，张良、陈平说曰：“汉有天下太半，韦昭曰：凡数，三分有二为太半，有一分为少半。而诸侯皆附；楚兵疲食尽，此天亡之时也。今释弗击，此所谓‘养虎自遗患’也。”史记正义：遗，唯季翻。余谓音如字亦通；遗，留也。汉王从之。

聂崇岐标点容肇祖覆校

资治通鉴卷第十一

翰林学士朝散大夫右谏议大夫知制诰兼侍讲
同提举万寿观公事兼判集贤院上护军 司马光 奉敕编集
河内郡开国侯食邑一千三百户赐紫金鱼袋臣

后学天台 胡三省 音注

汉纪三 起屠维大渊献(己亥)，尽重光赤奋若(辛丑)，凡三年。

太祖高皇帝中

五年(己亥、前二〇二)

1 冬，十月，汉王追项羽至固陵，徐广曰：固陵在阳夏。晋灼曰：即固始县。余据班志，固始与阳夏为两县，皆属淮阳国。刘昭志：陈国阳夏县有固陵聚。括地志：固陵，县名，在陈州宛丘县西北四十二里。与齐王信、魏相国越期会击楚；信、越不至，楚击汉军，大破之。汉王复坚壁自守，谓张良曰："诸侯不从，奈何?"对曰："楚兵且破，二人未有分地，李奇曰：言信、越未有益地之分也。韦昭曰：信等虽名为王，未为分画疆界。分，扶问翻。余谓韦说是。其不至固宜；君王能与共天下，可立致也。齐王信之立，非君王意，言信自请为假王，乃立之耳，非君王本意。信亦不自坚；彭越本定梁地，始，君王以魏豹故拜越为相国；见上卷二年。今豹死，越亦望王，而君王不早定。今能取睢阳以北至谷城皆以王彭越，班志，睢阳县属梁国。刘昭志：谷城县属东郡，春秋之小谷也。括地志：谷城故城，在济州东阿县东二十六里。睢阳，宋州也。自宋州以北至济州谷城际黄河，尽以封彭越。从陈以东傅海与韩【章：甲十五行本“韩”作“齐”；乙十一行本同；孔本同。】王信。陈，古陈国，班志之淮阳国也；唐为陈州。自陈以东至于海并齐旧地，尽以与齐王信。信家在楚，其意欲复得故邑。能出捐此地以许两人，使各自为战，则楚易破也。”易，以豉翻。汉王从之。于是韩信、彭越皆引兵来。

十一月，刘贾南渡淮，围寿春，遣人诱楚大司马周殷。殷畔楚，以舒屠六，舒，春秋之舒国也。班志，舒县属庐江郡。括地志：舒，今庐江之故舒城是也。举九江兵迎黥布，史记正义曰：九江郡即寿州。楚考烈王二十二年徙寿春，号曰郢；至王负刍，为秦所灭，置九江郡；至唐为庐、寿、滁、濠等州之地。并行屠城父，随刘贾皆会。

十二月，项王至垓下，李奇曰：沛洨县聚邑名。洨，下交翻。张揖三苍注：垓，堤名，在沛郡。史记正义曰：按垓下是高冈绝岩，今犹高三四丈；其聚邑及堤在垓之侧，因取名焉；今在亳州真源县东十里。垓，音该。兵少，食尽，与汉战不胜，入壁；汉军及诸侯兵围之数重。重，直龙翻。项王夜闻汉军四面皆楚歌，应劭曰：楚歌者，鸡鸣歌也。汉已略得楚地，故楚歌者多，鸡鸣时歌也。师古曰：楚歌者，为楚人之歌，犹吴歈、越吟耳。若以鸡鸣为歌曲之名，于理则可，不得云鸡鸣时也。高祖令戚夫人楚舞，自为作楚歌，岂有鸡鸣时乎！乃大惊曰：“汉皆已得楚乎？是何楚人之多也！”则夜起，饮帐中，悲歌忼慨，泣数行下；忼，苦广翻。行，户刚翻。泣，目中泪也。左右皆泣，莫能仰视。于是项王乘其骏马名骓，骓，朱惟翻。苍白杂毛曰骓。孔颖达曰：杂毛，是体有二种之色相间杂。麾下壮士骑从者八百馀人，直夜，溃围南出驰走。平明，汉军乃觉之，令骑将灌婴以五千骑追之。项王渡淮，骑能属者才百馀人。属，之欲翻。至阴陵，班志，阴陵县属九江郡。括地志：阴陵故城，在濠州定远县西北六十里。迷失道，问一田父，田父绐曰“左”。绐，荡亥翻；欺诳也。左，乃陷大泽中，以故汉追及之。

项王乃复引兵而东，至东城，班志，东城县属九江郡。括地志：

东城故城，在定远东南五十里。乃有二十八骑；汉骑追者数千人。项王自度不得脱，度，徒洛翻。谓其骑曰："吾起兵至今，八岁矣；身七十馀战，未尝败北，遂霸有天下。然今卒困于此，卒，子恤翻。此天之亡我，非战之罪也！今日固决死，愿为诸君快战，必溃围，斩将，刈旗，三胜之，令诸君知天亡我，非战之罪也。"乃分其骑以为四队，四乡。乡，读曰向。汉军围之数重。项王谓其骑曰："吾为公取彼一将。"令四面骑驰下，期山东为三处。于是项王大呼驰下，汉军皆披靡，呼，火故翻。披，普彼翻。史记正义曰：靡，言精体低垂。遂斩汉一将。是时，郎中骑杨喜追项王，郎中骑，即汉官所谓骑郎。项王瞋目而叱之，喜人马俱惊，辟易数里。辟，频益翻。易，如字。师古曰：辟易，谓开张而易其故处。宋祁国语补音：易，以豉翻；未知其何据。项王与其骑会为三处，汉军不知项王所在，乃分军为三，复围之。项王乃驰，复斩汉一都尉，杀数十百人；复聚其骑，亡其两骑耳。乃谓其骑曰："何如？"骑皆伏曰："如大王言！"

于是项王欲东渡乌江，臣瓒曰：乌江在牛渚。索隐曰：按晋初属临淮。括地志：乌江亭，即和州乌江县是也；晋初为县。水经曰：江水又北得黄律口，汉书所谓乌江亭长檥船待项王，即此地。余据乌江浦在今和州乌江县东五十里，即亭长檥船待羽处。乌江亭长檥船待，徐广曰：檥，音仪，一音俄。应劭曰：檥，正也。孟康曰：檥，音蚁，附也，附船着岸也。如淳曰：南方谓整船向岸曰檥。索隐曰：檥字，诸家各以意解耳。邹诞本作"样船"，以尚翻；刘氏亦有此音。谓项王曰："江东虽小，地方千里，众数十万人，亦足王也。愿大王急渡！今独臣有船，汉军至，无以渡。"项王笑曰："天之亡我，我何渡为！且籍与江东子弟八千人渡江而西，今无一人还；纵江东父兄怜而王我，我何面目见之！纵彼不言，籍独不愧于心乎！"乃以所乘骓马赐亭长，令骑皆下马步行，持短兵接战。独籍所杀汉军数百人，身亦被十馀创。被，皮义翻。创，初良翻。顾见汉骑司马吕马童，曰："若非吾故人乎？"马童面之，张晏曰：以故人难亲斫之，故背之也。如淳曰：面，谓不正视也。师古曰：如说非。面，谓背之，不正向也，面缚，亦反偝而缚之；杜元凯以为但见其面，非也。贡父曰：面之，直向之耳。指示中郎骑王翳曰："此项王也。"项王乃曰："吾闻汉购我头千金，邑万户；史记正义曰：汉以一斤金为千金，当一万钱也。余谓一斤金与万户邑，多少不称，正义之说，未可为据也。吾为若德。"班书，"德"作"得"；邓展曰：令公得我以为功也。史记作"德"；徐广曰：亦可是功德之德。史记正义曰：为，于伪翻。言吕马童与己是故人，旧有恩德于己。余谓羽盖谓我为汝自刎以德汝。乃自【章：甲十五行本无"自"字；乙十一行本同；孔本同。】刎而死。刎，武粉翻。王翳取其头；馀骑相蹂践蹂，人九翻。争项王，相杀者数十人；最其后，杨喜、吕马童及郎中吕胜、杨武各得其一体；五人共会其体，皆是，故分其户，封五人皆为列侯。吕马童封中水侯，王翳封杜衍侯，杨喜封赤泉侯，杨武封吴防侯，吕胜封涅阳侯。

楚地悉定，独鲁不下；秦，鲁县属薛郡，项羽初封于此；汉为鲁国。汉王引天下兵欲屠之。至其城下，犹闻弦诵之声；为其守礼义之国，为主死节，乃持项王头以示鲁父兄，鲁乃降。汉王以鲁公礼葬项王于谷城，宋白曰：宋州谷熟县，古谷城也，汉于此置薄县，又改为谷阳县。亲为发哀，哭之而去。为，于伪翻。诸项氏枝属皆不诛。封项伯等四人皆为列侯，赐姓刘氏；诸民略在楚者皆归之。

太史公曰：羽起陇畮之中，畮，古亩字。三年，遂将五诸侯灭秦，此时山东六国，而齐、赵、韩、魏、燕并起，从羽伐秦，故云五诸侯。分裂天下而封王侯，政由羽出；位虽不终，近古以来未尝有也！及羽背关怀楚，师古曰：背关，谓背约不王沛公于关中；怀楚，谓思东归彭城也。余谓背关怀楚，文意一贯，言羽弃背关中之形胜而怀乡归楚也，不必分为两节。背，蒲妹翻。放逐义帝而自立；怨王侯叛己，难矣！自矜功伐，奋其私智而不师古，谓霸王之业，欲以力征经营天下。五年，卒亡其国，卒，子恤翻。身死东城；尚不觉悟而不自责，乃引“天亡我，非用兵之罪也，”岂不谬哉！

扬子法言：或问：“楚败垓下，方死，曰‘天也！’谅乎？”曰：“汉屈群策，群策屈群力；谅，信也。屈，尽也。楚憞群策而自屈其力。憞，徒对翻，恶也。屈人者克，自屈者负；天曷故焉！”温公曰：何预天事。

2 汉王还，至定陶，班志，定陶县属济阴郡，古之陶邑；宋为广济军理所。驰入齐王信壁，夺其军。

3 临江王共尉不降，共敖，项羽封为临江王；尉，其子也。遣卢绾、刘贾击虏之。

4 春，正月，更立齐王信为楚王，王淮北，都下邳。更，工衡翻。封魏相国建城侯彭越为梁王，王魏故地，都定陶。

5 令曰：“兵不得休八年，万民与苦甚；如淳、师古皆曰与，弋庶翻。贡父曰：与，读曰欤，助辞。今天下事毕，其赦天下殊死以下。”如淳曰：殊死，死罪之明白也；左传曰：斩其木而弗殊。韦昭曰：殊死，斩刑也。师古曰：殊，绝也，异也；言其身首离绝而异处。贡父曰：予按说文：汉蛮夷殊。然则殊自死刑之名。

6 诸侯王皆上疏请尊汉王为皇帝。二月甲午，王即皇帝位于汜水之阳。蔡邕曰：上古天子称皇，其次称帝，其次称王。秦承三王之末，自以德兼三皇、五帝，故并以为号。汉高受命，因而不改。张晏曰：汜水在济阴界，取其汜爱弘大而润下也。师古曰：据叔孙通传：为皇帝于定陶，则此水在济阴是也。括地志：汉高祖即位坛，在曹州济阴县界。汜，敷剑翻。更王后曰皇后，太子曰皇太子；追尊先媪曰昭灵夫人。高祖母曰刘媪。文颖曰：幽州及汉中皆谓老妪为媪。师古曰：媪，女老称，音乌老翻。

诏曰：如淳曰：诏，告也。自秦、汉以下，惟天子独称之。汉制度：帝之下书有四：一曰策书，二曰制书，三曰诏书，四曰诫敕。策书者，编简也，其制长二尺，短者半之；篆书，起年月日，称皇帝以命诸侯王；三公以罪免，亦赐策，而以隶书，用尺一木，两行，此为异也。制书，帝者制度之命。其文曰"制诏三公"，皆玺封，尚书令印重封，露布州郡也。诏书，诏，告也，其文曰"告某官如故事"。诫敕，谓敕刺史、太守，其文曰"有诏，敕某官"。他皆仿此。"故衡山王吴芮，从百粤之兵，佐诸侯，诛暴秦，有大功；诸侯立以为王，项羽侵夺之地，谓之番君。其以芮为长沙王。"吴芮封衡山王，都邾；今封长沙王，都临湘。番，蒲何翻。又曰："故粤王无诸，世奉粤祀；秦侵夺其地，使其社稷不得血食。诸侯伐秦，无诸身率闽中兵以佐灭秦，项羽废而弗立。今以为闽粤王，王闽中地。"粤王无诸，句践之后；秦取其地置闽中郡；今复以封之。师古曰：闽越，今泉州、建安是其地。徐广曰：今建安侯官地。史记正义曰：今闽州又改为福。应劭曰：闽，音文饰之文。师古曰：非也；音缗。闽人本蛇种，故其字从"虫"。

7 帝西都洛阳。

8 夏，五月，兵皆罢归家。

9 诏："民前或相聚保山泽，不书名数。今天下已定，令各归其县，复故爵、田宅；复，扶目翻，还也。吏以文法教训辨告，师古曰：辨告者，分别义理以晓喻之。勿笞辱军吏卒；爵及七大夫以上，皆令食邑，臣瓒曰：秦制：列侯乃得食邑。今七大夫以上皆食邑，所以宠之也。师古曰：七大夫，公大夫也；爵第七，故谓之七大夫。非七大夫已下，皆复其身及户，勿事。"应劭曰：不输户赋也。如淳曰：事，谓役使也。师古曰：复其身及一户之内皆不傜赋也。复，方目翻。

10 帝置酒洛阳南宫，括地志：南宫，在洛州洛阳县东北二十六里洛阳故城中。舆地志：秦时，洛阳已有南、北宫。上曰：蔡邕曰：上者，尊位所在也；但言上，不敢言尊号耳。"彻侯、诸将毋敢隐朕，皆言其情：彻，通也。应劭曰：言其功德通于王室也。后避武讳，改曰通侯，亦曰列侯。吾所以有天下者何？项氏之所以失天下者何？"高起、王陵对曰：张晏曰：诏使高官者起，故陵先对。臣瓒曰：汉帝年纪有信平侯臣陵、都武侯臣起。魏相、邴吉奏：高祖时，奏事有将军臣陵、臣起。师古曰：张说非也。若言高官者起，则丞相萧何、太尉卢绾及张良、陈平之属皆在，陵不得而先对也。姓谱：齐太公之后，食采于高，因氏焉。“陛下使人攻城略地，因以与之，与天下同其利；项羽不然，有功者害之，贤者疑之，此其所以失天下也。”上曰：“公知其一，未知其二。夫运筹帷幄之中，决胜千里之外，吾不如子房；填国家，抚百姓，给饷偏餽，不绝粮道，吾不如萧何；填，读曰镇。餽，与馈同。连百万之众，战必胜，攻必取，吾不如韩信。三者皆人杰，吾能用之，此吾所以取天下者也。项羽有一范增而不能用，此所以为我禽也。”群臣说服。说，读曰悦。

韩信至楚，召漂母，赐千金。召辱己少年令出跨下者，以为中尉；事见九卷元年。漂，匹妙翻。告诸将相曰：“此壮士也。方辱我时，我宁不能杀之邪？杀之无名，故忍而就此。”

11 彭越既受汉封，田横惧诛，与其徒属五百馀人入海，居岛中。海中山曰岛。史记正义曰：海州东海县有岛山，去岸八十里。余按北史，杨愔避谗东入田横岛，是岛以横居之而得名。岛，丁老翻。帝以田横兄弟本定齐地，齐贤者多附焉；今在海中，不取，后恐为乱。乃使使赦横罪，召之。横谢曰：“臣烹陛下之使郦生，事见上卷四年。今闻其弟商为汉将；臣恐惧，不敢奉诏，请为庶人，守海岛中。”使还报，帝乃诏卫尉郦商曰：班表：卫尉，秦官，掌宫门卫屯兵。“齐王田横即至，人马从者敢动摇者，致族夷！”从，才用翻。言诛夷其族也。乃复使使持节具告以诏商状，周礼：司节掌守邦节，辨其用以辅王命。注云：节者，执以行为信。邦节，珍圭、牙璋、谷圭、琬圭、琰圭也。守邦国用玉节，以玉为之；守都鄙用角节，以角为之。邦国之使，节用金；门关之节，用符；货贿之节，用玺；道路之节，用旌。审此，则古之所执以为信者，皆谓之节。自秦以来，有玺、符、节，则玺自玺，符自符，节自节，分为三矣。汉之节，即古之旌节也。郑氏注以符节为汉宫中诸宫诏符，玺节为汉之印章，旌节为汉使者所持节；则知汉所谓节，盖古之旌节也。贤曰：节者，所以为信，以竹为之，柄长八尺，以旄牛尾为之，眊三重。此汉制也。曰：“田横来，大者王，小者乃侯耳；不来，且举兵加诛焉。”

横乃与其客二人乘传诣洛阳。如淳曰：四马，高足为置传，中足为驰传，下足为乘传；一马、二马为轺传。急者乘一乘传。师古曰：盖今之驿，古者以车，谓之传车；其后单置马，谓之驿骑。汉律：诸当乘传及发驾置传者，皆持尺五寸木传信，封以御史大夫印章；其乘传，参封之，参，三也；有期会，累封两端，端各两封，凡四封；乘置驰传，五封之，两端各二，中央一；轺传，两马再封之；一马一封，以马驾轺车而乘传曰一封轺传。史炤所谓依乘符传而行者本此；但择焉而不精，语焉而不详耳，终不若颜说简而明。传，张恋翻。未至三十里，至尸乡厩置。应劭曰：尸乡，在偃师城西。臣瓒曰：按厩置，谓置马以传驿者。横谢使者曰：“人臣见天子，当洗沐。”因止留，谓其客曰：“横始与汉王俱南面称孤；师古曰：王者自称曰孤，盖为谦也。老子道德经曰：贵以贱为本，高以下为基，是以侯王自谓孤、寡、不穀。今汉王为天子，而横乃为亡虏，北面事之，其耻固已甚矣。且吾亨人之兄，与其弟并肩而事主；并，步项翻。纵彼畏天子之诏不敢动，我独不愧于心乎！且陛下所以欲见我者，不过欲一见吾面貌耳；今斩吾头，驰三十里间，形容尚未能败，犹可观也。”遂自刭，令客奉其头，从使者驰奏之。帝曰：“嗟乎！起自布衣，兄弟三人更王，岂不贤哉！”更，工衡翻。为之流涕，而拜其二客为都尉；发卒二千人，以王者礼葬之。史记正义曰：田横墓在偃师西十五里。既葬，二客穿其冢傍孔，皆自刭，下从之。帝闻之，大惊。以横客皆贤，馀五百人尚在海中，使使召之；至，则闻田横死，亦皆自杀。

12 初，楚人季布为项籍将，季，姓也。周八士有季随、季騧；鲁有季氏。数窘辱帝。数，所角翻。窘，巨陨翻，困也。项籍灭，帝购求布千金；敢有舍匿，罪三族。舍，止也。匿，隐也。布乃髡钳为奴，自卖于鲁朱家。髡，枯昆翻，鬄其发也。钳，其炎翻，以铁束项。朱家，鲁之大侠。朱家心知其季布也，买置田舍；身之洛阳见滕公，说曰："季布何罪！臣各为其主用，职耳；师古曰：职，常也；言此乃常道也。一曰：职，主掌其事也。为，于伪翻。项氏臣岂可尽诛邪？今上始得天下，而以私怨求一人，何示不广也！且以季布之贤，汉求之急，此不北走胡，南走越耳。夫忌壮士以资敌国，此伍子胥所以鞭荆平之墓也。伍子胥，楚大夫伍奢之子也。楚平王信谗而杀伍奢，子胥奔吴，借吴师以破楚，入郢，发平王墓而鞭其尸。君何不从容为上言之！"从，千容翻。滕公待间，言于上，如朱家指。上乃赦布，召拜郎中，朱家遂不复见之。复，扶又翻。

布母弟丁公，亦为项羽将，逐窘帝彭城西。短兵接，帝急，顾谓丁公曰："两贤岂相厄哉！"孟康曰：丁公及彭城赖齮追上，故曰两贤也。师古曰：孟说非也。两贤者，高祖自谓并与固也，言吾与固俱是贤，岂相厄困哉！故固感此言而止也。虽与赖齮同追，而高祖独与固言也。姓谱：丁本自姜姓，齐太公子谥丁公，因以命氏。丁公引兵而还。及项王灭，丁公谒见。见，贤遍翻。帝以丁公徇军中，徇，辞峻翻。师古曰：行示也。曰："丁公为项王臣不忠，使项王失天下者也。"遂斩之，曰："使后为人臣无效丁公也！"

臣光曰：高祖起丰、沛以来，罔罗豪桀，招亡纳叛，亦已多矣。及即帝位，而丁公独以不忠受戮，何哉？夫进取之与守成，其势不同。当群雄角逐之际，民无定主；来者受之，固其宜也。及贵为天子，四海之内，无不为臣；苟不明礼义以示之，使为臣者，人怀贰心以徼大利，则国家其能久安乎！是故断以大义，断，丁乱翻。使天下晓然皆知为臣不忠者无所自容；而怀私结恩者，虽至于活己，犹以义不与也。戮一人而千万人惧，其虑事岂不深且远哉！子孙享有天禄四百馀年，宜矣！

13 齐人娄敬戍陇西，姓谱：娄，邾娄国之后；一曰：离娄之后。过洛阳，脱挽辂，苏林曰：辂，音冻洛之洛；一木横遮车前，一人挽之，三人推之。师古曰：挽，音晚。辂，胡格翻；洛音同。衣羊裘，因齐人虞将军求见上。虞将军欲与之鲜衣。娄敬曰："臣衣帛，衣帛见；衣褐，衣褐见；衣，着也。帛，缯也。褐，织毛布之衣也。终不敢易衣。"于是虞将军入言上；上召见，问之。娄敬曰："陛下都洛阳，岂欲与周室比隆哉？"上曰："然。"娄敬曰："陛下取天下与周异。周之先，自后稷封邰，班志，邰县属右扶风。师古曰：即今武功故城是。史记正义曰：雍州武功县西南二十三里，故漦城是也。说文曰：邰，炎帝之后姜姓所封国，弃外家也。毛苌云：邰，姜嫄国，尧以天因邰而生后稷故，因封之于邰；音吐才翻。积德絫善，絫，古累字。十有馀世，至于太王、王季、文王、武王而诸侯自归之，遂灭殷为天子。及成王即位，周公相焉，乃营洛邑，以为此天下之中也，诸侯四方纳贡职，道里均矣。有德则易以王，无德则易以亡。故周之盛时，天下和洽，诸侯、四夷莫不宾服，效其贡职。及其衰也，天下莫朝，朝，直遥翻。周不能制也；非唯其德薄也，形势弱也。今陛下起丰、沛，卷蜀、汉，定三秦，卷，读曰捲。与项羽战荥阳、成皋之间，大战七十，小战四十；使天下之民，肝脑涂地，父子暴骨中野，不可胜数，胜，音升。哭泣之声未绝，伤夷者未起；夷，与痍同，创也，音延知翻。而欲比隆于成、康之时，臣窃以为不侔也。且夫秦地被山带河，四塞以为固；卒然有急，卒，读曰猝。百万之众可立具也。因秦之故，资甚美膏腴之地，此所谓天府者也。府，聚也；万物所聚，谓之天府。陛下入关而都之，山东虽乱，秦之故地可全而有也。夫与人斗，不搤其亢，拊其背，未能全其胜也；张晏曰：搤，与扼同，促持之也。亢，音冈，又下郎翻，喉咙也。今陛下案秦之故地，此亦搤天下之亢而拊其背也。"帝问群臣。群臣皆山东人，争言："周王数百年，秦二世即亡。洛阳东有成皋，西有殽、渑，师古曰：殽，谓殽山，今陕州东二殽山是也。渑，即渑池。倍河，乡伊、洛，河在洛阳城北，故曰倍；伊、洛二水在洛阳城南，故曰乡。倍，蒲妹翻。乡，读曰向。其固亦足恃也。”上问张良。良曰：“洛阳虽有此固，其中小不过数百里，田地薄，四面受敌，此非用武之国也。关中左殽、函，右陇、蜀，沃野千里；师古曰：沃者，溉灌也；言其土地皆有溉灌之利，故曰沃野。南有巴、蜀之饶，北有胡苑之利。师古曰：谓安定、北地、上郡之北与胡相接之地，可以畜牧者也。养禽兽谓之苑，音于阮翻。阻三面而守，独以一面东制诸侯；诸侯安定，河、渭漕挽天下，西给京师；汉漕关东之时，自河入渭，自渭而上输之长安。诸侯有变，顺流而下，足以委输；康曰：委，於伪切，即委积之委。输，即转输之输。输，春遇翻。此所谓金城千里，天府之国也。府者，物所聚也。天物所聚，不假人力，故曰天府。娄敬说是也。”上即日车驾西，都长安。拜娄敬为郎中，号曰奉春君，赐姓刘氏。师古曰：凡言车驾，谓天子乘车而行，不敢指斥也。长安，本秦之乡名也，高祖作都。奉春君，张晏曰：春，岁之始也；今娄敬发事之始，故曰奉春君也。

14 张良素多病，从上入关，即道引，不食谷，孟康曰：道，读曰导；服辟谷药而静居行气。杜门不出，曰：“家世相韩；及韩灭，不爱万金之资，为韩报雠强秦，天下振动。事见七卷秦始皇二十九年。今以三寸舌为帝者师，封万户侯，此布衣之极，于良足矣。愿弃人间事，欲从赤松子游耳。”师古曰：赤松子，仙人号也，神农时为雨师，服水玉，教神农，能入火自烧。至昆山上，常止西王母石室，随风雨上下。炎帝少女追之，亦得仙俱去。

臣光曰：夫生之有死，譬犹夜旦之必然；自古及今，固未【章：甲十五行本“未”下有“尝”字；乙十一行本同；孔本同。】有超然而独存者也。以子房之明辨达理，足以知神仙之为虚诡矣；然其欲从赤松子游者，其智可知也。夫功名之际，人臣之所难处。处，昌吕翻。如高帝所称者，三杰而已；淮阴诛夷，萧何系狱，非以履盛满而不止耶！故子房托于神仙，遗弃人间，等功名于外物，置荣利而不顾，所谓“明哲保身”者，诗云：既明且哲，以保其身。子房有焉。

15 六月，壬辰，大赦天下。

16 秋，七月，燕王臧荼反；上自将征之。

17 赵景王耳、长沙文王芮皆薨。

18 九月，虏臧荼。壬子，立太尉长安侯卢绾为燕王。班表：太尉，秦官，掌武事。汉制与丞相、御史大夫为三公。应劭曰：自上安下曰尉。据史记卢绾传，长安，故咸阳也。正义曰：秦咸阳在渭北；长安在渭南，萧何起未央宫之处。绾家与上同里闬，闬，音汗；闾也；里门曰闬。绾生又与上同日；上宠幸绾，群臣莫敢望，故特王之。考异曰：史记、汉书高纪，于此皆云“使丞相哙将兵平代地”。按樊哙传：从平韩王信，乃迁左丞相；是时未为丞相，又代地无反者，哙传亦无此事；疑纪误。

19 项王故将利几反；利几以陈令降，上侯之颍川。上至洛阳，召之；利几恐而反。风俗通：利，姓也。姓谱：楚公子食采于利，后以为氏。上自击破之。

20 后九月，治长乐宫。程大昌雍录曰：长乐宫，本秦之兴乐宫，周回二十里，高祖改修而居之；在长安城东隅。乐，音洛。

21 项王将钟离眜，素与楚王信善。眜，莫曷翻；下同。项王死后，亡归信。汉王怨眜，闻其在楚，诏楚捕眜。信初之国，行县邑，陈兵出入。行，下孟翻。

六年（庚子、前二〇一）

1 冬，十月，人有上书告楚王信反者。帝以问诸将，皆曰：“亟发兵，坑竖子耳！”帝默然。又问陈平，陈平曰：“人上书言信反，信知之乎？”曰：“不知。”陈平曰：“陛下精兵孰与楚？”上曰：“不能过。”平曰：“陛下诸将，用兵有能过韩信者乎？”上曰：“莫及也。”平曰：“今兵不如楚精而将不能及，举兵攻之，是趣之战也，趣，读曰促。窃为陛下危之！”上曰：“为之奈何？”平曰：“古者天子有巡狩，会诸侯。白虎通曰：天子所以巡狩者何？巡者，循也；狩者，收也；谓循行天下，收人道德太平，恐远近不同，政化幽隐，有不得其所者，故必自行之，谨敬重民之意也。孟子曰：天子适诸侯曰巡守；巡守者，巡所守也。陛下第出，伪游云梦，第，但也。会诸侯于陈。陈，楚之西界；信闻天子以好出游，其势必无事而郊迎谒；谒而陛下因禽之，此特一力士之事耳。”帝以为然；乃发使告诸侯会陈，“吾将南游云梦。”上因随以行。

楚王信闻之，自疑惧，不知所为。或说信曰：“斩钟离昧以谒上，上必喜，无患。”信从之。十二月，上会诸侯于陈，信持昧首谒上；上令武士缚信，载后车。信曰：“果若人言：‘狡兔死，走狗烹；高鸟尽，良弓藏；敌国破，谋臣亡。’师古曰：黄石公三略之言。天下已定，我固当烹！”上曰：“人告公反。”遂械系信以归，械者，加以杻械；系者，加以徽索。因赦天下。

田肯贺上曰：“陛下得韩信，又治秦中。如淳曰：山东人谓关中为秦中，师古曰：谓关中，秦地也。秦，形胜之国也，张晏曰：得形势之胜便也。带河阻山，地势便利；其以下兵于诸侯，譬犹居高屋之上建瓴水也。如淳曰：瓴，盛水瓶也。居高屋之上而翻瓴水，言其向下之势顺也。建，居偃翻。瓴，音铃。夫齐，东有琅邪、即墨之饶，师古曰：二县近海，财用之所出。南有泰山之固，泰山在齐之南境，齐负以为固。西有浊河之限，晋灼曰：齐西有平原。河水东北过高唐；高唐，即平原也。孟津号黄河，故曰浊河也。余谓孟津在河内，去平原甚远，晋说失之拘；盖河流浑浊，故谓之浊河也。北有勃海之利；索隐曰：崔浩云：勃，旁跌也。旁跌出者，横在济北，故齐都赋云：海旁出为勃，名曰勃海郡。余据班志，齐地北至勃海，有高乐、高城、阳信、重合之地。地方二千里，持戟百万；此东西秦也，言齐地形胜与秦亢衡也。非亲子弟，莫可使王齐者。”上曰：“善！”赐金五百斤。

上还，至洛阳，赦韩信，封为淮阴侯。信知汉王畏恶其能，恶，乌路翻。多称病，不朝从；朝，直遥翻，朝见也。从，才用翻，从游也。居常鞅鞅，羞与绛、灌等列。鞅鞅，志不满也，音于两翻。绛侯周勃、灌将军婴。尝过樊将军哙。哙跪拜送迎，言称臣，曰："大王乃肯临臣！"信出门，笑曰："生乃与哙等为伍！"为信怨望谋反张本。

上尝从容与信言诸将能将兵多少。从，千容翻。将，即亮翻；下同。上问曰："如我能将几何？"信曰："陛下不过能将十万。"上曰："于君何如？"曰："臣多多而益善耳。"上笑曰："多多益善，何为为我禽？"信曰："陛下不能将兵而善将将，此乃信之所以为陛下禽也。且陛下，所谓'天授，非人力'也。"

2 甲申，始剖符封诸功臣为彻侯。师古曰：剖，破也；与其合符而分授之也。剖，普口翻。萧何封酂侯，班志，酂县属南阳郡。孟康曰：酂，音赞。所食邑独多。按班书功臣表：萧何封酂，八千户，而曹参封平阳、张良封留，皆万户，宜不得言何封邑独多。盖参以十二月甲申封，何以正月丙午封；功臣言何居上其意不能平者，特同日受封樊、郦、绛、灌诸人耳。张良亦以丙午封。诸人言何而不言良者，盖高祖先使良自择齐三万户，而良止受留万户，故不敢言也。功臣皆曰："臣等身被坚执锐，被，皮义翻。多者百馀战，小者数十合。今萧何未尝有汗马之劳，徒持文墨议论，顾反居臣等上，何也？"帝曰："诸君知猎乎？夫猎，追杀兽兔者，狗也；而发纵指示兽处者，人也。今诸君徒能得走兽耳，功狗也；至如萧何，发纵指示，功人也。"师古曰：发纵，谓解绁而放之也。指示，以手指示之，今俗言放狗。纵，子用翻；而读者乃为踪迹之"踪"，非也，书本皆不为"踪"字；自有逐踪之狗，不待人发也。洪氏隶释曰：元佑中，洺州治河堤，得汉北海淳于长夏君碑，其辞有曰"绍纵先轨"。又北军中候郭仲奇碑，云"有山甫之纵"，又云"徽纵显"，又司隶校尉鲁峻碑，云"比纵豹、产"，又囿令赵君碑，云"羡其纵"，外黄令高彪碑，云"莫与比纵”，皆以“纵”为“踪”。萧何传：“发纵指示兽处，”颜师古注云：书本皆不为“踪”字，读者乃为踪迹之“踪”，非也。据此数碑，则汉人固多借用；颜氏之注殆未然也。群臣皆不敢言。张良为谋臣，亦无战斗功；帝使自择齐三万户。良曰：“始，臣起下邳，与上会留，见八卷秦二世二年。此天以臣授陛下；陛下用臣计，幸而时中。中，竹仲翻。臣愿封留足矣，不敢当三万户。”乃封张良为留侯。封陈平为户牖侯，户牖，乡名，属陈留郡阳武县。徐广曰：阳武属魏地。户牖，今为东昏县，属陈留。索隐曰：徐广云：阳武属魏，而地理志属河南郡，盖后阳武属梁国耳。徐又云：户牖，今为东昏县，属陈留，与班书地理志同。按是秦时户牖乡属阳武，至汉以户牖乡为东昏县，隶陈留郡也。括地志：东昏故城，在汴州陈留县东北九十里。陈平亦十二月甲申封。平辞曰：“此非臣之功也。”上曰：“吾用先生谋，战胜克敌，非功而何？”平曰：“非魏无知，臣安得进？”上曰：“若子，可谓不背本矣！”乃复赏魏无知。平因无知见上事见九卷二年。背，蒲妹翻。复，扶又翻。

3 帝以天下初定，子幼，昆弟少，惩秦孤立而亡，欲大封同姓以填抚天下。填，读曰镇。春，正月，丙午，分楚王信地为二国：以淮东五十三县立从兄将军贾为荆王，索隐曰：乃王吴地，在淮东也。余据班史，时以故东阳郡、鄣郡、吴郡五十三县王贾。东阳，汉下邳地；鄣郡，汉丹阳地；吴郡，即会稽地；盖其地自淮东而南，尽丹阳、会稽也。贾死后，以其地王吴王濞，故索隐云王吴地也。如淳曰：荆，亦楚也。贾逵曰：秦庄襄王名楚，故改曰荆，遂行于世。晋灼曰：“奋伐荆楚”，自秦之先固已称荆。索隐曰：姚察按虞喜云：总言荆者，以山命国也。今西南有荆山，在阳羡界。贾分封吴地而号荆王，指取此义。太康地志：阳羡县，本名荆溪。从，才用翻。以薛郡、东海、彭城三十六县立弟文信君交为楚王。薛郡，汉之鲁国；东海，秦之郯郡；彭城，后为楚国：盖封交之时得三郡地。景、武之后，楚国仅彭城数县耳。壬子，以云中、雁门、代郡五十三县立兄宜信侯喜为代王，以胶东、胶西、临菑、济北、博阳、城阳郡七十三县立微时外妇之子肥为齐王；据此，则博阳于秦、楚、汉兵争之时亦尝置郡矣。自淮东至此，杂用古地名，固不纯用秦、汉所置郡名也。师古曰：外妇，谓与旁通者。诸民能齐言者皆以与齐。孟康曰：此时民流移，故使能齐言者还齐也。史记正义曰：按言齐国形胜次于秦中，故以封子肥。七十馀城近齐城邑，能齐言者咸割属齐。亲子，故大其都也。孟说恐非。

4 上以韩王信材武，所王北近巩、洛，南迫宛、叶，东有淮阳，韩之分晋，其地南至宛、叶，西北包巩、洛，接于新安、宜阳，东有颍川；而淮阳之地则属于楚。及汉定天下，韩王信剖符王颍川，其地东兼有淮阳，所谓“北近”、“南迫”，言其境相迫近耳，不属韩也。宛，於元翻。叶，式涉翻。皆天下劲兵处；乃以太原郡三十一县为韩国，徙韩王信王太原以北，备御胡，都晋阳。信上书曰：“国被边，匈奴数入寇；晋阳去塞远，请治马邑。”班志，太原郡领二十一县；今以三十一县为韩国。盖定襄未置郡　故太原之境，北被边，兼有雁门之马邑也。晋太康地记曰：秦时建此城辄崩，不成；有马周旋走反复，父老异之，因依以筑城，遂名马邑。杜佑曰：秦马邑城，在朔州善阳县界。李奇曰：被，音被马之被。师古曰：被，犹带也，皮义翻。数，所角翻。上许之。

5 上已封大功臣二十馀人，其馀日夜争功不决，未得行封。上在洛阳南宫，从复道望见诸将，往往相与坐沙中语。上曰：“此何语？”留侯曰：“陛下不知乎？此谋反耳！”上曰：“天下属安定，属，近也；言近方安定也。属，之欲翻。何故反乎？”留侯曰：“陛下起布衣，以此属取天下；属，殊玉翻。今陛下为天子，而所封皆故人所亲爱，所诛皆生平所仇怨。今军吏计功，以天下不足遍封；此属畏陛下不能尽封，恐又见疑平生过失及诛，故即相聚谋反耳。”上乃忧曰：“为之奈何？”留侯曰：“上平生所憎、群臣所共知，谁最甚者？”上曰：“雍齿与我有故怨，数尝窘辱我；服虔曰：未起之时，与我有故怨也。师古曰：每以勇力困辱高祖。

余观帝初起，令雍齿守丰；齿雅不欲属帝，即以丰降魏，可以见其有故怨矣。雍，于用翻。数，所角翻。我欲杀之，为其功多，故不忍。”为，于伪翻。留侯曰：“今急先封雍齿，则群臣人人自坚矣。”于是上乃置酒，封雍齿为什方侯；苏林曰：什方，汉中县也。师古曰：地理志，属广汉，非汉中也；今则属益州。什，音十。余按唐志，什邡县属汉州，盖垂拱又分益州置汉州也。宋白曰：什方县，旧治雍齿城，今于城北四十步立县。而急趣丞相、御史定功行封。趣，读曰促。汉之三公，丞相职无不总；御史大夫掌副丞相。群臣罢酒，皆喜，曰：“雍齿尚为侯，我属无患矣！”

臣光曰：张良为高帝谋臣，委以心腹，宜其知无不言；安有闻诸将谋反，必待高帝目见偶语，然后乃言之邪！盖以高帝初得天下，数用爱憎行诛赏，数，所角翻。或时害至公，群臣往往有觖望自危之心；觖，古穴翻。师古曰：音决。觖，谓相觖也；望，怨望也。韦昭曰：觖，犹冀也，音冀。索隐音企。故良因事纳忠以变移帝意，使上无阿私之失，下无猜惧之谋，国家无虞，利及后世。若良者，可谓善谏矣。

6列侯毕已受封，诏定元功十八人位次。师古曰：谓萧何、曹参、张敖、周勃、樊哙、郦商、奚涓、夏侯婴、灌婴、傅宽、靳歙、王陵、陈武、王吸、薛欧、周昌，丁复、虫达，自第一至十八也。余谓此但定萧何等元功十八人位次耳。至吕后时，乃诏作高祖功臣位次，凡一百四十馀人。师古所谓自萧何至虫达十八人，吕后所定位次也。张敖于高祖九年始自赵王废为宣平侯，安得预元功十八人之数哉？故师古注功臣位次云：张耳及敖并为无大功，盖以鲁元之故，吕后曲升之耳。此说则得之。皆曰：“平阳侯曹参，身被七十创，攻城略地，功最多，宜第一。”被，皮义翻。创，初良翻。谒者、关内侯鄂千秋进曰：“群臣议皆误，鄂本出姬姓，晋鄂侯之后。关内侯位次列侯，爵第十九。师古曰：言有侯号而居京畿，无国邑。夫曹参虽有野战略地之功，此特一时之事耳。上与楚相距五岁，失军亡众，跳身遁者数矣；师古曰：谓轻身走出也。数，所角翻；下同。然萧何常从关中遣军补其处，非上所诏令召，而数万众会。上之乏绝者数矣，又军无见粮；见，贤遍翻。萧何转漕关中，给食不乏。陛下虽数亡山东，萧何常全关中以待陛下。此万世之功也。今虽无曹参等百数，何缺于汉；汉得之，不必待以全。奈何欲以一旦之功而加万世之功哉！萧何第一，曹参次之。"上曰："善！"于是乃赐萧何带剑履上殿，入朝不趋。古者君子必带剑，所以卫身，且昭武备也。秦法：群臣上殿，不得持尺寸之兵。草曰菲，麻曰屦，皮曰履。屦、履所以从军，军容不入国，故皆不许以上殿。君前必趋，崇敬也。今赐何剑履上殿，入朝不趋，殊礼也。上曰："吾闻'进贤受上赏'。萧何功虽高，得鄂君乃益明。"于是因鄂千秋所【章：甲十五行本"所"上有"故"字；乙十一行本同；孔本同。】食邑，封为安平侯。索隐曰：安平县属涿郡，非甾川之东安平县。是日，悉封何父子兄弟十馀人，皆有食邑；益封何二千户。

7 上归栎阳。

8 夏，五月，丙午，尊太公为太上皇。师古曰：太上者，极尊之称也。皇，君也。天子之父，故号曰皇；不预治国，故不言帝。

9 初，匈奴畏秦，北徙十馀年。及秦灭，匈奴复稍南渡河。此北河也，在朔方北。

单于头曼有太子曰冒顿。韦昭曰：曼，音瞒；师古曰：莫安翻。索隐曰：冒，音墨，又莫报翻。后有所爱阏氏，匈奴之阏氏，犹中国之皇后。阏，于连翻。氏，音支；下月氏同。生少子，头曼欲立之。少，诗照翻。是时，东胡强而月氏盛，括地志：凉、肃、甘、沙、庭州，本月氏地。乃使冒顿质于月氏。质，音致。既而头曼急击月氏，月氏欲杀冒顿。冒顿盗其善马骑之，亡归；头曼以为壮，令将万骑。

冒顿乃作鸣镝，应劭曰：髇箭也。韦昭曰：矢镝飞则鸣。余见今军中亦有鸣镝，于近笴之处开小窍，矢飞急则凌风而鸣。镝，音嫡。骲，呼交翻。习勒其骑射。勒其所部，使习其令也。令曰："鸣镝所射而不悉射者，斩之！"冒顿乃以鸣镝自射其善马，既又射其爱妻；左右或不敢射者，皆斩之。最后以鸣镝射单于善马，左右皆射之。于是冒顿知其可用；从头曼猎，以鸣镝射头曼，其左右亦皆随鸣镝而射。射，而亦翻。遂杀头曼，尽诛其后母与弟及大臣不听从者。冒顿自立为单于。

东胡闻冒顿立，乃使使谓冒顿："欲得头曼时千里马。"冒顿问群臣，群臣皆曰："此匈奴宝马也，勿与！"冒顿曰："奈何与人邻国而爱一马乎！"遂与之。居顷之，东胡又使使谓冒顿："欲得单于一阏氏。"冒顿复问左右，复，扶又翻。左右皆怒曰："东胡无道，乃求阏氏！请击之！"冒顿曰："奈何与人邻国爱一女子乎！"遂取所爱阏氏予东胡。予，读曰与；下同。东胡王愈益骄。东胡与匈奴中间，有弃地莫居，千馀里，各居其边，为瓯脱。服虔曰：瓯脱，作土室以伺也；师古曰：境上候望之处，若今之伏宿处也。瓯，一侯翻。脱，土活翻。东胡使使谓冒顿："此弃地，欲有之。"冒顿问群臣，群臣或曰："此弃地，予之亦可，勿与亦可。"于是冒顿大怒曰："地者，国之本也，奈何予之！"诸言予之者，皆斩之。冒顿上马，令："国中有后出者斩！"遂袭击东胡。东胡初轻冒顿，不为备；冒顿遂灭东胡。

既归，又西击走月氏，南并楼烦、白羊河南王，师古曰：楼烦、白羊二王之居在河南。遂侵燕、代，悉复收蒙恬所夺匈奴故地蒙恬夺匈奴地，见七卷秦始皇三十三年。与汉关故河南塞至朝那、肤施。班志，朝那县属安定郡，肤施县属上郡。史记正义曰：汉朝那故城，在原州百泉县西七十里。肤施县，赵置，秦因而不改，今属延州。是时，汉兵方与项羽相距，中国罢于兵革，罢，读曰疲。以故冒顿得自强，控弦之士三十馀万，控弦，引弓也。控，口弄翻。威服诸国。

秋，匈奴围韩王信于马邑。信数使使胡，求和解。汉发兵救之；疑信数间使，有二心，数，所角翻。间，古苋翻。使，疏吏翻。使人责让信。信恐诛，九月，以马邑降匈奴。匈奴冒顿因引兵南逾句注，郡国志：句注，山险名，在雁门阴馆县。括地志：句注山在代州雁门县西北三十里。杜佑曰：句注山，即代州雁门县西陉岭。句，音钩，又如字，又音拘。攻太原，至晋阳。

10 帝悉去秦苛仪，法为简易。去，羌吕翻，除也；后以义推。易，以豉翻；下同。群臣饮酒争功，醉，或妄呼，拔剑击柱，呼，火故翻。帝益厌之。叔孙通说上曰：叔孙本出姬姓，鲁叔孙氏之后。“夫儒者难与进取，可与守成。臣愿征鲁诸生，与臣弟子共起朝仪。”朝，直遥翻。帝曰：“得无难乎？”叔孙通曰：“五帝异乐，三王不同礼；礼者，因时世、人情为之节文者也。臣愿颇采古礼，与秦仪杂就之。”上曰：“可试为之，令易知，度吾所能行者为之！”易，以豉翻。度，徒洛翻。

于是叔孙通使，征鲁诸生三十馀人。师古曰：通为使者而征鲁诸生。使，疏吏翻。鲁有两生不肯行，曰：“公所事者且十主，皆面谀以得亲贵。通事秦始皇、二世、陈涉、项梁、楚怀王、项羽及帝，凡七主。且，几也；言几及十主也。今天下初定，死者未葬，伤者未起，又欲起礼、乐。礼、乐所由起，积德百年而后可兴也。师古曰：言行德教百年，然后可起礼乐。吾不忍为公所为；公去矣，无污我！”污，乌故翻。叔孙通笑曰：“若真鄙儒也，不知时变！”师古曰：若，汝也。鄙，言不通。遂与所征三十人西，师古曰：西入关。及上左右为学者师古曰：左右，谓近臣也。为学，谓素有学术。与其弟子百馀人，为绵蕞，野外习之。应劭曰：立竹及茅索营之，习礼仪其中也。如淳曰：谓以茅剪树地，为纂位尊卑之次也。春秋传曰：置茅蕝。师古曰：

蕝，与蕞同，子悦翻。如说是。韦昭曰：引绳为绵，立表为蕞。蕞，兹会翻。贾逵曰：束茅以立表位为蕝。纂文曰：蕝，今之纂字，即悦翻，又音纂。月馀，言于上曰："可试观矣。"上使行礼；曰："吾能为此。"乃令群臣习肄。肄，弋二翻，亦习也。

七年（辛丑、前二〇〇）

1 冬，十月，长乐宫成，诸侯群臣皆朝贺。时未起未央宫，故帝御长乐宫受朝贺。及萧何既起未央前殿，自惠帝以后，皆御未央；而长乐为太后所居，谓之东朝。乐，音洛。先平明，师古曰：未平明之前。先，悉荐翻。谒者治礼，以次引入殿门，陈东、西乡。治，直之翻。乡，读曰向。卫官侠陛卫官，侍卫之官，郎中及中郎执戟侍卫者是也。侠，与挟同，挟殿陛之两旁也，或音夹。及罗立廷中，皆执兵，张旗帜。帜，昌志翻。于是皇帝传警，汉仪云：帝辇动，则左右侍帷幄者称警，是也。汉书音义：天子出称警，传声而唱，以警外也。辇出房；沈约曰：辇车，周礼王后五路之卑者也。后从容宫中，所乘非王车也。汉制：乘舆御之，或使人挽，或驾果下马，不知何代去其轮。引诸侯王以下至吏六百石汉吏六百石，铜印，墨绶，奉月七十斛。以次奉贺，莫不振恐肃敬。至礼毕，复置法酒。礼毕，谓朝礼毕也。师古曰：法酒，犹言礼爵，谓不饮之至醉。诸侍坐殿上，皆伏，抑首；师古曰：抑，屈也；谓依礼法不敢平坐而视。以尊卑次起上寿。觞九行，谒者言"罢酒"，御史执法举不如仪者，辄引去。执法，即御史也。杜佑曰：御史之名，周官有之，盖掌赞书而授法令，非今任也。战国时亦有御史，秦、赵渑池之会，各令书其事。秦、汉为纠察之任。秦以御史监郡。汉初定礼仪，"御史执法举不如仪者辄引去"是也。竟朝置酒，无敢讙哗失礼者。竟朝，言行朝礼至礼毕也。朝，直遥翻。讙，与喧同，许元翻。于是帝曰："吾乃今日知为皇帝之贵也！"乃拜叔孙通为太常，班表：奉常，秦官，掌宗庙礼仪；景帝中六年改曰太常。此不书奉常而书太常者，使人易知。赐金五百斤。

初，秦有天下，悉内六国礼仪，采择其尊君、抑臣者存之。及通制礼，颇有所增损，大抵皆袭秦故，自天子称号下至佐僚及宫室、官名，少所变改。其书，后与律、令同录，藏于理官；师古曰：理官，即法官也。法家又复不传，民臣莫有言者焉。

臣光曰：礼之为物大矣！用之于身，则动静有法而百行备焉；用之于家，则内外有别而九族睦焉；行，下孟翻。别，彼列翻。用之于乡，则长幼有伦而俗化美焉；用之于国，则君臣有叙而政治成焉；治，直吏翻。用之于天下，则诸侯顺服而纪纲正焉；岂直几席之上、户庭之间得之而不乱哉！夫以高祖之明达，闻陆贾之言而称善，见下卷十一年。睹叔孙之仪而叹息；然所以不能肩【张："肩"上脱"比"字。】于三代之王者，病于不学而已。当是之时，得大儒而佐之，与之以礼为天下，其功烈岂若是而止哉！惜夫，叔孙生之【章：甲十五行本"之"下有"为"字；乙十一行本同。】器小也！徒窃礼之糠粃，以依世、谐俗、取宠而已，谷皮曰糠；谷不成曰粃；粃，与秕同。遂使先王之礼沦没而不振，以迄于今，岂不痛甚矣哉！是以扬子讥之曰："昔者鲁有大臣，史失其名。曰：'何如其大也！'曰：'叔孙通欲制君臣之仪，召先生于鲁，所不能致者二人。'曰：'若是，则仲尼之开迹诸侯也非邪？'曰：'仲尼开迹，将以自用也。宋咸曰：谓开布其迹于诸侯之国，犹言历聘也。如委己而从人，虽有规矩、准绳，焉得而用之！'"焉，于虔翻。善乎扬子之言也！夫大儒者，恶肯毁其规矩、准绳以趋一时之功哉！恶，音乌。趋，七喻翻。

2 上自将击韩王信，破其军于铜鞮，班志，铜鞮县属上党郡。上党记：晋铜鞮，伯华所邑，去铜鞮故宫二十里；唐属潞州。宋白曰：县有铜鞮水，故名。鞮，丁奚翻。斩其将王喜。信亡走匈奴；白土人曼丘臣、王黄等立赵苗裔赵利为王，班志，白土县属上郡。括地志：白土故城，在盐州白池东北九十里；又云：近延州。余据班志：圜水出白土县西，东入河。师古曰：圜，音银，今银州银水是。则白土县在唐银州界。按"圜"字乃"圁"字之误。通典：圁水在银州儒林县东北，今谓之无定河。师古又曰：曼丘、毌丘，本一姓也，语有缓急耳。曼音万。姓谱：齐有曼丘不择。复收信败散兵，与信及匈奴谋攻汉。匈奴使左、右贤王将万馀骑，与王黄等屯广武以南，至晋阳，班史：匈奴置左、右贤王，左、右谷蠡王，最为大国。班志，广武县属太原郡。史记正义：广武故城在代州雁门界句注山南。杜佑曰：代州雁门郡治雁门县；汉广武县故城在西南。宋白曰：隋改广武县为雁门，避太子讳也。汉兵击之，匈奴辄败走，已复屯聚，汉兵乘胜追之。会天大寒，雨雪，大戴记曰：盛阴之气在雨水，则凝滞而为雪。雨，于具翻。自上而下曰雨；后以义推。士卒堕指者什二三。师古曰：什人之中二三堕指。

上居晋阳，闻冒顿居代谷，史记正义曰：代谷，今妫州。余据唐妫州在幽州西北，此代谷在句注之北。后魏都平城，建为代都，盖因代谷而名也；唐属云州界。欲击之。使人觇匈奴，觇，丑廉翻，又敕艳翻，窥侦也。冒顿匿其壮士、肥牛马，但见老弱及羸畜。羸，伦为翻。畜，许救翻。使者十辈来，皆言匈奴可击。上复使刘敬往使匈奴，复，扶又翻。未还；汉悉兵三十二万北逐之，逾句注。刘敬还，报曰："两国相击，此宜夸矜，见所长；见，贤遍翻，示也；下欲见同。今臣往，徒见羸瘠、老弱，此必欲见短，伏奇兵以争利。愚以为匈奴不可击也。"是时，汉兵已业行，凡事已为而未成曰业。上怒，骂刘敬曰："齐虏以口舌得官，今乃妄言沮吾军！"沮，才汝翻，止也。械系敬广武。

帝先至平城，兵未尽到；冒顿纵精兵四十万骑，围帝于白登七日，班志：平城县属雁门郡。服虔曰：白登，台名，去平城七里。师古曰：白登在平城东南，去平城十馀里。括地志：朔州定襄县，本汉平城县，东北三十里有白登山，山上有台，名曰白登台。汉兵中外不得相救饷。帝用陈平秘计，使使间厚遗阏氏。应劭曰：陈平使画工图美女，间遗阏氏曰："汉有美女如此；今皇帝困急，欲献之。"阏氏畏其夺己宠，言于冒顿，令解围。余谓秘计者，以其失中国之体，故秘而不传。间，古苋翻。遗，于季翻。阏氏谓冒顿曰："两主不相困。今得汉地，而单于终非能居之也。且汉主亦有神灵，单于察之！"冒顿与王黄、赵利期，而黄、利兵不来，疑其与汉有谋，乃解围之一角。会天大雾，汉使人往来，匈奴不觉。陈平请令强弩傅两矢，外乡，师古曰：傅，读曰附。每一弩而加两矢，外向以御敌也。乡，读曰向。从解角直出。帝出围，欲驱；太仆滕公固徐行。至平城，汉大军亦到，胡骑遂解去。汉亦罢兵归，令樊哙止定代地。

上至广武，赦刘敬，曰："吾不用公言，以困平城；吾皆已斩前使十辈矣！"乃封敬二千户为关内侯，号为建信侯。帝南过曲逆，班志，曲逆县属中山国。张晏曰：濡水于城北曲而西流，故曰曲逆；后汉章帝丑其名，改曰蒲阴。杜佑曰：中山郡北平县，秦曲逆县，后汉蒲阴县。曲逆，读皆如字。文选高祖功臣赞注曰：曲，区句翻；逆，音遇；非也。颜之推曰：俗儒读曲逆侯为去遇；票姚校尉曰飘摇。票姚，诸儒有两音；最无谓者，曲逆为去遇也。曰："壮哉县！吾行天下，独见洛阳与是耳。"乃更封陈平为曲逆侯，尽食之。平从帝征伐，凡六出奇计，辄益封邑焉。

3 十二月，上还，过赵。赵王敖执子婿礼甚卑；敖尚帝女鲁元公主，故执子婿礼。上箕倨慢骂之。师古曰：箕倨者，谓伸两脚，其形如箕。曲礼曰：坐毋箕。孔颖达曰：箕，谓舒展两足，状如箕舌也。赵相贯高、赵午等皆怒贯，姓也；原伯贯之后。曰："吾王，孱王也！"孟康曰：

孱，音潺湲之潺，冀州谓懦弱者为孱。师古音士连翻。乃说王曰："天下豪杰并起，能者先立。今王事帝甚恭，而帝无礼；请为王杀之！"张敖啮其指出血，曰：师古曰：自啮其指出血，以表至诚而为誓，约不背汉也。为，于伪翻。"君何言之误！先人亡国，赖帝得复国，张耳亡国事见九卷元年，复国事见十卷三年。德流子孙；秋豪皆帝力也。豪至秋而纤锐。秋豪，言其细微也。愿君无复出口！"复，扶又翻。贯高、赵午等皆相谓曰："乃吾等非也。吾王长者，不倍德；长，知两翻。倍，蒲妹翻。且吾等义不辱。今帝辱我王，故欲杀之，何洿王为！洿，乌故翻，染洿也。事成归王，事败独身坐耳。"言独以身坐弑帝之罪。

4 匈奴攻代。代王喜弃国自归，喜，即帝兄仲也。六年春正月，以代地立喜为代王，韩王信故国。赦为郃阳侯。班志，郃阳县属左冯翊，诗所谓"在郃之阳"者也。括地志：郃阳故城，在同州河西县南三十里。郃，音合。辛卯，立皇子如意为代王。如意，戚夫人之子，后徙王赵。

5 春，二月，上至长安。萧何治未央宫，未央宫在长安城西南隅，周回二十八里。元和志曰：东距长乐宫一里，中隔武库。括地志：未央宫，在雍州长安县西北十里长安故城中。上见其壮丽，甚怒，谓何曰："天下匈匈，劳苦数岁，成败未可知，是何治宫室过度也！"何曰："天下方未定，故可因以就宫室。且夫天子以四海为家，非壮丽无以重威，且无令后世有以加也。"上说。说，读曰悦。

臣光曰：王者以仁义为丽，道德为威，未闻其以宫室填服天下也。填，读曰镇。天下未定，当克己节用以趋民之急；趋，七喻翻。而顾以宫室为先，岂可谓之知所务哉！昔禹卑宫室而桀为倾宫。孔子曰：禹卑宫室而尽力乎沟洫。桀为倾宫、瑶台以殚百姓之财。创业垂统之君，躬行节俭以示子孙，其末流犹入于淫靡，况示之以侈乎！乃云"无令后世有以加"，岂不谬哉！至于孝武，卒以宫室罢敝天下，卒，子恤翻。罢，读曰疲。未必不由酂侯启之也！

6 上自栎阳徙都长安。先虽以娄敬、张良之言西都关中，然都邑未成，则犹居栎阳；今未央宫成，始自栎阳徙都长安。

7 初置宗正官，以序九族。班表：宗正，秦官，掌亲属；平帝元始元年，更名宗伯。

8 夏，四月，帝行如洛阳。

聂崇岐标点容肇祖覆校

资治通鉴卷第十二

翰林学士朝散大夫右谏议大夫知制诰兼侍讲
同提举万寿观公事兼判集贤院上护军 **司马光** 奉敕编集
河内郡开国侯食邑一千三百户赐紫金鱼袋臣

后学天台**胡三省**音注

汉纪四 起玄黓摄提格（壬寅），尽昭阳赤奋若（癸丑），凡十二年。

太祖高皇帝下

八年（壬寅、前一九九）

1 冬，上【章：甲十五行本“上”下有“东”字；乙十一行本同；孔本同。】击韩王信馀寇于东垣，班志，高帝十一年，更名东垣曰真定；武帝元鼎四年，置真定国。垣，音辕。过柏人。班志，柏人县属赵国。括地志：柏人故城，在邢州柏人县西北十二里；至唐天宝元年，更柏人曰尧山。贯高等壁人于厕中，欲以要上。文颖曰：置人厕壁中以伺高祖也。要，一遥翻。上欲宿，心动，问曰：“县名为何？”曰：“柏人。”上曰：“柏人者，迫于人也。”遂不宿而去。十二月，帝行自东垣至。

2 春，三月，行如洛阳。

3 令贾人毋得衣锦、绣、绮、縠、絺、纻、罽，操兵、乘、骑马。师古曰：贾人，坐贩卖者也。绮，文缯也，即今之细绫也。絺，细葛也。纻，织纻为布及疏也。罽，织毛，若今毼及氍毹之类也。操，持也。兵，凡兵器也。乘，驾车也。骑，单骑也。贾，音古。衣，于既翻。絺，充知翻。纻，音伫。罽，居例翻。操，千高翻。余据：锦，织文也；绣，刺文而五采备者也；

縠，绉纱也。骑，奇寄翻。

4 秋，九月，行自洛阳至；淮南王、梁王、赵王、楚王皆从。从，才用翻。

5 匈奴冒顿数苦北边。数，所角翻；下同。上患之，问刘敬，刘敬曰："天下初定，士卒罢于兵，罢，读曰疲。未可以武服也。冒顿杀父代立，妻群母，以力为威，未可以仁义说也。说，式芮翻。独可以计久远，子孙为臣耳；然恐陛下不能为。"上曰："奈何？"对曰："陛下诚能以適长公主妻之，適，读曰嫡；谓皇后所生也。长，知两翻。厚奉遗之，遗，于季翻；下同。彼必慕，以为阏氏，阏氏，音烟支。生子，必为太子。陛下以岁时汉所馀、彼所鲜，数问遗，鲜，息善翻，少也。因使辨士风谕以礼节。风，与讽同。冒顿在，固为子婿；死，则外孙为单于；岂尝闻外孙敢与大父抗礼者哉！可无战以渐臣也。若陛下不能遣长公主，而令宗室及后宫诈称公主，彼知，不肯贵近，无益也。"帝曰："善！"近，其靳翻。欲遣长公主。吕后日夜泣曰："妾唯太子、一女，奈何弃之匈奴！"上竟不能遣。

九年（癸卯、前一九八）

1 冬，上取家人子名为长公主，师古曰：于外庶人家取女，而名之为公主。以妻单于；妻，千细翻。使刘敬往结和亲约。

> 臣光曰：建信侯谓冒顿残贼，不可以仁义说，而欲与为婚姻，何前后之相违也！夫骨肉之恩，尊卑之叙，唯仁义之人为能知之；奈何欲以此服冒顿哉！盖上世帝王之御夷狄也，服则怀之以德，叛则震之以威，未闻与为婚姻也。且冒顿视其父如禽兽而猎之，奚有于妇翁！建信侯之术，固已疏矣；况鲁元已为赵后，又可夺乎！

2 刘敬从匈奴来，因言："匈奴河南白羊、楼烦王，去长安近者七百里，轻骑一日一夜可以至秦中。秦中新破，秦中，谓关中，故秦地也。新破，谓经兵革之后未殷实。少民，地肥饶，可益实。少，诗沼翻；下同。夫诸侯初起时，非齐诸田、楚昭、屈、景莫能兴。齐之王族，诸田也；楚之王族，昭、屈、景也；皆二国之强家。师古曰：今高陵、栎阳诸田，华阴、好畤诸景及三辅诸屈、诸怀尚多，皆此时之所徙也。屈，九勿翻。今陛下虽都关中，实少民，东有六国之强族；一日有变，陛下亦未得高枕而卧也。枕，之鸩翻。臣愿陛下徙六国后及豪桀、名家居关中；无事可以备胡，诸侯有变，亦足率以东伐。此强本弱末之术也。”上曰：“善！”十一月，徙齐、楚大族昭氏、屈氏、景氏、怀氏、田氏五族及豪桀于关中，与利田、宅，谓便利田宅也。凡十馀万口。

3 十二月，上行如洛阳。

4 贯高怨家知其谋，上变告之。谋，谓谋弑上，事始上卷七年。怨，于元翻，又如字。变，非常也；谓上告非常之事。于是上逮捕赵王及诸反者。师古曰：逮捕，谓事相连及者皆捕之。一曰：在道守禁相属不绝，若今之传送囚耳。贡父曰：逮者，其人存在，直追取之；捕者，其人亡，当讨捕也；故有或但言逮，或但言捕，知异义也。一曰：逮，易辞；捕，加力也。逮，徒呼召之；捕，则加束缚矣。赵午等十馀人皆争自刭；贯高独怒骂曰：“谁令公为之？今王实无谋，而并捕王。公等皆死，谁白王不反者？”白，明白也。乃轞车胶致，师古曰：轞车者，车而为槛形，以版四周之，无所通见。史记正义曰：胶致者，胶密不得开，送致京师也。与王诣长安。高对狱曰：“独吾属为之，王实不知。”吏治，搒笞数千，刺剟，搒，音彭。剟，丁劣翻。索隐曰：剟，亦刺也；应劭曰：以铁刺之也。身无可击者；终不复言。吕后数言：“张王以公主故，不宜有此。”数，所角翻。上怒曰：“使张敖据天下，岂少而女乎！”少，诗沼翻。而，汝也。不听。

廷尉以贯高事辞闻。上曰：“壮士！谁知者？以私问之。”盖欲求贯高平日相知昵者，以其私问之。中大夫泄公曰：班表：郎中令之属有太中大夫、中大夫，皆掌论议。泄，音薛。泄，姓也；秦时卫有泄姬。“臣之邑子，素知之，此固赵国立义不侵、为然诺者也。”言以义自立，不受侵辱，重于然诺也。上使泄公持节往问之箯舆前。韦昭曰：如今舆床，人舆以行。师古曰：箯舆者，编竹木以为舆形，如今之食舆。高时搒笞刺剟委困，故以箯舆处之。索隐曰：服虔云：编竹木如今峻，可以粪除也。何休注公羊：笲，音峻。笲者，竹箯，一名编，齐、鲁以北名为笲。郭璞三苍注云：箯，轝土器，音鞭。泄公与相劳苦，如生平欢，劳，力到翻。相劳，且问其所苦也。因问：“张王果有计谋不？”不，读曰否。高曰：“人情宁不各爱其父母、妻子乎？今吾三族皆以论死，谓以罪论抵死。岂爱王过于吾亲哉？顾为王实不反，为，于伪翻。独吾等为之。”具道本指所以为者、王不知状。于是泄公入，具以报上。春，正月，上赦赵王敖，废为宣平侯，徙代王如意为赵王。

上贤贯高为人，使泄公具告之曰：“张王已出。”因赦贯高。贯高喜曰：“吾王审出乎？”泄公曰：“然。”泄公曰：“上多足下，故赦足下。”贯高曰：“所以不死、一身无馀者，白张王不反也。今王已出，吾责已塞，塞，悉则翻。死不恨矣。且人臣有篡弑之名，何面目复事上哉！复，扶又翻。纵上不杀我，我不愧于心乎！”乃仰绝亢，遂死。苏林曰：亢，颈大脉也，俗所谓胡脉也。师古曰：亢者，总谓颈耳。尔雅云：亢，鸟咙，即喉咙也。亢，音冈，又下郎翻。

荀悦论曰：贯高首为乱谋，杀主之贼；杀，读曰弑。虽能证明其王，小亮不塞大逆，私行不赎公罪。塞，悉则翻。行，下孟翻。春秋之义大居正，大居正者，以居正为大也。罪无赦可也。

臣光曰：高祖骄以失臣，贯高狠以亡君。使贯高谋逆者，高祖之过也；使张敖亡国者，贯高之罪也。

5 诏："丙寅前有罪，殊死已下，皆赦之。"

6 二月，行自洛阳至。

7 初，上诏："赵群臣宾客敢从张王者，皆族。"郎中田叔、孟舒皆自髡钳为王家奴以从。田叔、孟舒，皆赵国郎中也。从，才用翻。及张敖既免，上贤田叔、孟舒等。召见，与语，汉廷臣无能出其右者。师古曰：古者以右为尊；言材用无有过之者，故云无出其右也。贡父曰：古者居则贵左，兵则贵右；贵右似战国时俗也。上尽拜为郡守、诸侯相。班表：郡守，秦官，掌治其郡，秩二千石。汉初，诸侯王国亦置丞相，统众官、群卿大夫都官，如汉朝。景帝中五年，令者侯王不得复治国，天子为置吏，改丞相曰相，秩二千石。

8 夏，六月【章：甲十五行本"月"下有"乙未"二字；乙十一行本同；孔本同；张校同；退斋校同。】晦，日有食之。

9 更【章：甲十五行本"更"上有"是岁"二字；乙十一行本同；孔本同。】以丞相何为相国。自丞相进相国，则相国之位尊于丞相矣。

十年（甲辰、前一九七）

1 夏，五月，太上皇崩于栎阳宫。秋，七月，癸卯，葬太上皇于万年，师古曰：三辅黄图云：高祖初居栎阳，太上皇因居栎阳；既崩，葬其北原，起万年邑，置长、丞焉。考异曰：汉书："五月，太上皇后崩。""七月，癸卯，太上皇崩，葬万年。"荀纪，五月无"后"字，七月无"崩"字。盖荀悦之时，汉书本尚未讹谬故也；今从之。楚王、梁王皆来送葬。赦栎阳囚。臣瓒曰：万年陵在栎阳县，故特赦之。

2 定陶戚姬有宠于上，如淳曰：姬，音怡。众妾之总称也。汉官曰：姬妾数百。臣瓒曰：汉秩禄令及茂陵书：姬，内官也，秩比二千石，位次倢妤下，在七子、八子之上。索隐曰：如淳音怡，非也。茂陵书，姬是内官，是矣；然官号及妇人通称姬者，姬，周之姓，所以左传称伯姬、叔姬；以言天子之宗女贵于他姓，故遂以姬为妇人美号。生赵王如意。上以太子仁弱，谓如意类己；虽封为赵王，常留之长安。上之关东，戚姬常从，从，才用翻。日夜啼泣，欲立其子。吕后年长，常留守，益疏。长，知两翻。守，式又翻。疏，与疎同。上欲废太子而立赵王！大臣争之，皆莫能得。御史大夫周昌廷争之强，上问其说。昌为人吃，吃，音讫，言之难也。又盛怒，曰："臣口不能言，然臣期期知其不可！陛下欲废太子，臣期期不奉诏！"师古曰：以口吃故，重言期期。贡父曰：期，读如荀子"目欲綦色"之綦；楚人谓极为綦。孔颖达曰：释诂曰：蹶，汔也；杜预曰：汔，期也。然则期字虽别，皆是近义，言其近当如此。史记称高祖欲废太子，周昌曰："臣期知其不可"；周昌又曰："臣期不奉诏。"言期者，意亦与汔同。上欣然而笑。吕后侧耳于东厢听，韦昭曰：东厢，殿东堂也。师古曰：正寝之东西室皆曰厢，言似箱箧之形。既罢，见昌，为跪谢，曰："微君，太子几废。"为，于伪翻。几，居依翻。

时赵王年十岁，上忧万岁之后不全也；符玺御史赵尧符玺御史，御史之掌符玺者也，属御史大夫。玺，斯氏翻。请为赵王置贵强相，为，于伪翻。相，息亮翻。及吕后、太子、群臣素所敬惮者。上曰："谁可者？"尧曰："御史大夫昌，其人也。"上乃以昌相赵，为吕后杀戚夫人及如意张本。而以尧代昌为御史大夫。考异曰：史记、汉书张良传，皆云"十二年上击黥布还，愈欲易太子"。按百官表："十年，赵尧为御史大夫"，则是时太子位已定；今从之。

3 初，上以阳夏侯陈豨为相国，监赵、代边兵；夏，音贾。豨，许岂翻，又音希。徐广曰：为赵相国，将兵守代。监，古衔翻。豨过辞淮阴侯。淮阴侯挈其手，辟左右，辟，音闢，除也；屏除左右也。与之步于庭，仰天叹曰："子可与言乎？"豨曰："唯将军令之！"淮阴侯曰："公之所居，天下精兵处也；而公，陛下之信幸臣也。人言公之畔，陛下必不信；再至，陛下乃疑矣；三至，必怒而自将。将，即亮翻。吾为公从中起，天下可图也。"为，于伪翻。陈豨素知其能也，信之，曰："谨奉教！"

豨常慕魏无忌之养士，魏无忌，信陵君也。及为相守边，告归，汉律：二千石有予告，有赐告。予告者，在官有功最，法所当得也。赐告者，病满三月当免，天子优赐其告，使得带印绶、将官属归家治病。至成帝时，郡国二千石赐告不得归家；至和帝时，赐、予皆绝。师古曰：告者，请谒之言，谓请休耳。或谓之谢，谢，亦告也。左传曰：韩献子告老；礼记曰：若不得谢。汉书诸云谢病，皆同义。过赵，宾客随之【章：甲十五行本"之"下有"者"字；乙十一行本同；孔本同。】千馀乘，乘，绳证翻。邯郸官舍皆满。赵相周昌求入见上，见，贤遍翻。具言豨宾客甚盛，擅兵于外数岁，恐有变。上令人覆案豨客居代者诸不法事，多连引豨。豨恐；韩王信因使王黄、曼丘臣等说诱之。说，式芮翻。诱，音酉。

太上皇崩，上使人召豨，豨称病不至；九月，遂与王黄等反，自立为代王，劫略赵、代。上自东击之。至邯郸，喜曰："豨不【章：甲十五行本"不"下有"南"字；乙十一行本同；孔本同；张校同。】据邯郸而阻漳水，吾知其无能为矣！"

周昌奏："常山二十五城，亡其二十城；请诛守、尉。"秦灭赵，置巨鹿、邯郸郡；汉始置常山郡。杜佑通典曰：汉常山郡故城，在赵州元氏县西。守者，郡守；尉者，都尉。守，式又翻。上曰："守、尉反乎？"对曰："不。"不，读曰否。上曰："是力不足，亡罪。"

上令周昌选赵壮士可令将者，白见四人。将，即亮翻；下同。见，贤遍翻。上嫚骂曰："竖子能为将乎？"四人惭，皆伏地；上封各千户，以为将。左右谏曰："从入蜀、汉，伐楚，赏未遍行；今封此，何功？"上曰："非汝所知。陈豨反，赵、代地皆豨有。吾以羽檄征天下兵，未有至者，今计唯独邯郸中兵耳；吾何爱四千户，不以慰赵子弟！"皆曰："善！"

又闻豨将皆故贾人；上曰："吾知所以与之矣。"乃多以金购豨将，豨将多降。师古曰：与，如也，言能如之何也。贡父曰：与，犹待也。原父曰：知与之者，知所以与之之术也。豨将皆故贾人，贾人嗜利，乃多以金购之。贾，音古。

十一年（乙巳、前一九六）

1 冬，上在邯郸。陈豨将侯敞将万馀人游行，王黄将骑千馀军曲逆，张春将卒万馀人渡河攻聊城；班志，聊城县属东郡。括地志：聊城故城，在博州聊城县西二十里，春秋时齐之西界。聊，摄也。战国时亦为齐地。汉将军郭蒙与齐将击，大破之。太尉周勃道太原入定代地，至马邑，不下，攻残之。残，谓多所杀戮。赵利守东垣，帝攻拔之，更命曰真定。更，工衡翻。帝购王黄、曼丘臣以千金，其麾下皆生致之。于是陈豨军遂败。

淮阴侯信称病，不从击豨，阴使人至豨所，与通谋。信谋与家臣夜诈诏赦诸官徒、奴，有罪而居作者为徒；有罪而没入官者为奴。欲发以袭吕后、太子；部署已定，待豨报。其舍人得罪于信，信囚，欲杀之。春，正月，舍人弟上变，告信欲反状于吕后。按班书功臣表，告信反者，舍人乐说也，封慎阳侯。吕后欲召，恐其傥不就；傥，或然之辞。乃与萧相国谋，诈令人从上所来，言豨已得，死，列侯、群臣皆贺。相国绐信曰："虽疾，强入贺。"强，其两翻。信入，吕后使武士缚信，斩之长乐钟室。师古曰：悬钟之室。信方斩，曰："吾悔不用蒯彻之计，不用蒯彻，见十卷四年。乃为儿女子所诈，岂非天哉！"遂夷信三族。

臣光曰：世或以韩信【章：甲十五行本"信"下有"为"字；乙十一行本同；孔本同。】首建大策，与高祖起汉中，定三秦，遂分兵以北，禽魏，取代，仆赵，胁燕，东击齐而有之，南灭楚垓下，汉之所以得天下者，大抵皆信之功也。观其距蒯彻之说，迎高祖于陈，见上卷六年。岂有反心哉！良由失职怏怏，遂陷悖逆。夫以卢绾里闬旧恩，犹南面王燕，信乃以列侯奉朝请；闬，侯旰翻。王，于况翻。朝，直遥翻。请，才性翻，又如字。岂非高祖亦有负于信哉？臣以为高祖用诈谋禽信于陈，言负则有之；虽然，信亦有以取之也。

始，汉与楚相距荥阳，信灭齐，不还报而自王；见十卷四年。其后汉追楚至固陵，与信期共攻楚而信不至；见十卷五年。当是之时，高祖固有取信之心矣，顾力不能耳。及天下已定，【章：甲十五行本"定"下有"则"字；乙十一行本同；孔本同。】信复何恃哉！复，扶又翻。夫乘时以徼利者，市井之志也；徼，一遥翻。酬功而报德者，士君子之心也。酬，时流翻。信以市井之志利其身，而以士君子之心望于人，不亦难哉！是故太史公论之曰："假令韩信学道谦让，不伐己功，不矜其能，则庶几哉！几，居衣翻。于汉家勋，可以比周、召、太公之徒，后世血食矣！不务出此，而天下已集，乃谋畔逆；夷灭宗族，不亦宜乎！"

2 将军柴武斩韩王信于参合。姓谱：柴姓，高柴之后。班志，参合县属代郡。括地志：参合故城在朔州定襄县北。

3 上还洛阳，闻淮阴侯之死，且喜且怜之；喜者，喜除其逼；怜者，怜其功大。问吕后曰："信死亦何言？"吕后曰："信言恨不用蒯彻计。"上曰："是齐辩士蒯彻也。"乃诏齐捕蒯彻。蒯彻至，上曰："若教淮阴侯反乎？"对曰："然，臣固教之。竖子不用臣之策，故令自夷于此；如用臣之计，陛下安得而夷之乎！"上怒曰："烹之！"彻曰："嗟乎！冤哉烹也！"上曰："若教韩信反，何冤？"对曰："秦失其鹿，天下共逐之，高材疾足者先得焉。跖之狗吠尧；尧非不仁，狗固吠非其主。当是时，臣唯独知韩信，非知陛下也。且天下锐精持锋锐精，言磨淬精铁而锐之也。欲为陛下所为者甚众，顾力不能耳，师古曰：顾，念也。余谓顾，反视也，反己而自视其力有所不能也。又可尽烹之邪？"上曰："置之。"置，犹舍也，又赦也。

4 立子恒为代王，都晋阳。晋阳，汉为太原郡治所。如淳曰：文纪言都中都。又文帝过太原，复晋阳、中都二岁，似迁都于中都也。恒，户登翻。

5 大赦天下。

6 上之击陈豨也，征兵于梁；梁王称病，使将将兵诣邯郸。上怒，使人让之。梁王恐，欲自往谢。其将扈辄曰："王始不往，见让而往，往则为禽矣；不如遂发兵反。"梁王不听。梁太仆得罪，亡走汉，告梁王与扈辄谋反。于是上使使掩梁王，梁王不觉，遂囚之洛阳。有司治："反形已具，臣瓒曰：扈辄劝越反而越不诛，是反形已具也。请论如法。"上赦以为庶人，传处蜀青衣。青衣道属蜀郡。臣瓒曰：今汉嘉是也。章怀太子贤曰：青衣道，在大江、青衣二水之会，今嘉州龙游县也。传，张恋翻。处，昌吕翻。西至郑，逢吕后从长安来。彭王为吕后泣涕，自言无罪，愿处故昌邑。二世二年，彭越起于昌邑。为，于伪翻。吕后许诺，与俱东。至洛阳，吕后白上曰："彭王壮士，今徙之蜀，此自遗患；不如遂诛之。妾谨与俱来。"于是吕后乃令其舍人告彭越复谋反。复，扶又翻。廷尉王恬开奏请族之，上可其奏。三月，夷越三族。此以汉书本纪为据；史记高祖纪作"夏，夷彭越三族"，年表书"越反，诛"，又在十年夏诛彭越，盖以卢绾言为据。枭越首洛阳，下诏："有收视者，辄捕之。"

梁大夫栾布使于齐，姓谱：栾，晋卿栾氏之后。还，奏事越头下，祠而哭之。吏捕以闻。上召布，骂，欲烹之。方提趋汤，提，挈也；挈而趋鼎，欲投之于汤。趋，七喻翻。布顾曰："愿一言而死。"上曰："何言？"布曰："方上之困于彭城，败荥阳、成皋间，项王所以遂不能西者，徒以彭王居梁地，与汉合从苦楚也。从，子容翻。当是之时，王一顾，与楚则汉破，与汉则楚破。且垓下之会，微彭王，项氏不亡。天下已定，彭王剖符受封，亦欲传之万世。今陛下一征兵于梁，彭王病不行，而陛下疑以为反；反形未具，以苛小案诛灭之。臣恐功臣人人自危也。今彭王已死，臣生不如死，请就烹！"于是上乃释布罪，拜为都尉。

7 丙午，立皇子恢为梁王；考异曰：汉书诸侯王表作"三月丙午"。按刘羲叟长历：三月丙辰朔，无丙午；今从史记年表。今按史记年表作"二月丙午"，但通鉴先书"三月夷彭越三族"，方于此书"立子恢为梁王"，则又是三月丙午。丙寅，立皇子友为淮阳王。罢东郡，颇益梁；罢颍川郡，颇益淮阳。

8 夏，四月，行自洛阳至。

9 五月，诏立秦南海尉赵佗为南粤王，晋志：秦使任嚣、赵佗攻粤，略取陆梁地，遂定南粤，以为桂林、南海、象三郡，非三十六郡之限；乃置南海尉以典之，所谓"东南一尉"也。余谓始皇二十六年，分天下为三十六郡，郡置守、尉、监。三十三年，取南粤，置南海、桂林、象郡；比南海尉止典南海一郡兵，犹三十六郡之尉也，安得兼典桂林、象郡！任嚣既死，秦已破灭，赵佗始击并桂林、象郡，以此知非兼典也。佗，徒河翻。使陆贾即授玺绶，姓谱：陆，古天子陆终之后。与剖符通使，使和集百越，无为南边患害。

初，秦二世时，南海尉任嚣病且死，任，音壬。嚣，音敖。召龙川令赵佗，班志：龙川县属南海郡。裴氏广州记：龙川本博罗县之东乡，有龙穿地而出，即穴流泉，因以为号。师古曰：今循州。语曰：语，牛倨翻。"秦为无道，天下苦之。闻陈胜等作乱，天下未知所安。南海僻远，吾恐盗兵侵地至此，欲兴兵绝新道自备，苏林曰：新道，秦所新通越道。待诸侯变；会病甚。且番禺负山险，阻南海，班志：番禺县属南海郡，尉佗所都。今为广州治所。番，音潘。禺，音愚，又鱼容翻。东西数千里，颇有中国人相辅；此亦一州之主也，可以立国。郡中长吏，无足与言者，长，知两翻。故召公告之。"即被佗书，韦昭曰：被之以书，音光被之被，皮义翻。行南海尉事。嚣死，佗即移檄告横浦、阳山、湟溪关曰：武帝伐南越，遣杨仆出豫章，下横浦；则横浦通豫章之路也。杜佑曰：横浦关在虔州大庾县西南。南康记曰：南野大庾岭三十里至横浦，有秦时关，其下谓为塞上。班志：阳山侯国属桂阳郡。

姚氏曰：连州阳山县上流百馀里有骑田岭，当是阳山关。新唐书地理志：连州阳山县有故秦湟溪关。郡国志：阳山县理洭水之南，即其故墟，本南越置关之邑，故关在县西北四十里茂溪口。湟，音皇。“盗兵且至，急绝道，聚兵自守！”因稍以法诛秦所置长吏，以其党为假守。秦已破灭，佗即击并桂林、象郡，桂林，后武帝改为郁林郡。象郡，武帝改为日南郡。自立为南越武王。韦昭曰：生以武为号，不稽于古也。

陆生至，尉佗魋结、服虔曰：今兵士椎头髻也。师古曰：椎髻者，一撮之髻，其形如椎。魋，音椎。结，读曰髻。箕倨见陆生。陆生说佗曰：“足下中国人，尉佗本真定人，故贾云然。亲戚、昆弟、坟墓在真定。今足下反天性，弃冠带，背父母之国，不念坟墓、宗族，是反天性也；椎髻以从蛮夷之俗，是弃冠带也。欲以区区之越与天子抗衡为敌国，祸且及身矣！且夫秦失其政，诸侯、豪杰并起，唯汉王先入关，据咸阳。项羽倍约，自立为西楚霸王，倍，蒲妹翻。诸侯皆属，可谓至强。然汉王起巴、蜀，鞭笞天下，遂诛项羽，灭之；五年之间，海内平定。此非人力，天之所建也。天子闻君王王南越，王王，下于况翻；下故王同。不助天下诛暴逆，将相欲移兵而诛王。天子怜百姓新劳苦，故且休之，遣臣授君王印，剖符通使。君王宜郊迎，北面称臣；乃欲以新造未集之越，师古曰：未集，言未成也。屈强于此！师古曰：屈强，谓不柔服也。屈，其勿翻。汉诚闻之，掘烧王先人冢，夷灭宗族，使一偏将将十万众临越，则越杀王降汉如反覆手耳！”于是尉佗乃蹶然起坐，师古曰：蹶然，惊起之貌也。蹶，音厥。谢陆生曰：“居蛮夷中久，殊失礼义。”因问陆生曰：“我孰与萧何、曹参、韩信贤？”陆生曰：“王似贤也。”复曰：“我孰与皇帝贤？”复，扶又翻。陆生曰：“皇帝继五帝、三皇之业，统理中国；中国之人以亿计，地方万里，万物殷富；政由一家，自天地剖判未始有也。今王众不过数十万，皆蛮夷，崎岖山海间，崎，丘宜翻。岖，音区。譬若汉一郡耳，何乃比于汉！”尉佗大笑曰：“吾不起中国，故王此；使我居中国，何遽不若汉！”师古曰：言有何迫促而不如汉也。余谓遽者，急促也，今江南人谓之便；何至便不如汉也。遽，其庶翻。乃留陆生与饮，数月，曰：“越中无足与语。至生来，令我日闻所不闻。”赐陆生橐中装直千金，张晏曰：橐中装，珠玉之宝也。装，裹也。如淳曰：明月珠之属也。师古曰：有底曰囊，无底曰橐；言其宝物质轻而价重，可入囊橐以赍行，故曰橐中装。他送亦千金。苏林曰：非橐中物，故曰他送。师古曰：他，犹馀也。陆生卒拜尉佗为南越王，卒，子恤翻。令称臣，奉汉约。归报，帝大悦，拜贾为太中大夫。

陆生时时前说称诗、书，帝骂之曰：“乃公居马上而得之，安事诗、书！”陆生曰：“居马上得之，宁可以马上治之乎？治，直之翻。且汤、武逆取而以顺守之；文武并用，长久之术也。昔者吴王夫差、智伯、秦始皇，皆以极武而亡。乡使秦已并天下，行仁义，法先圣，陛下安得而有之！”乡，读曰向。帝有惭色，曰：“试为我著秦所以失天下、吾所以得之者及古成败之国。”陆生乃粗述存亡之征，为，于伪翻。粗，坐五翻，略也。凡著十二篇。每奏一篇，帝未尝不称善，左右呼万岁；号其书曰“新语”。

10 帝有疾，恶见人，恶，乌路翻。卧禁中，诏户者无得入群臣，户者，谓守门户者也。群臣绛、灌等莫敢入，十馀日。舞阳侯樊哙排闼直入，班志，舞阳县属颍川郡。应劭曰：舞水出其县之南。史记正义：在许州叶县东十里。师古曰：闼，宫中小门也；一曰：门屏也；音土曷翻。大臣随之。上独枕一宦者卧。枕，之鸩翻。哙等见上，流涕曰：“始，陛下与臣等起丰、沛，定天下，何其壮也！今天下已定，又何惫也！惫，蒲拜翻，疲极也。且陛下病甚，大臣震恐；不见臣等计事，顾独与一宦者绝乎！且陛下独不见赵高之事乎？”谓与李斯谋杀扶苏立胡亥也。帝笑而起。

11 秋，七月，淮南王布反。

初，淮阴侯死，布已心恐。及彭越诛，醢其肉以赐诸侯。师古曰：反者被诛，皆以为醢，即刑法志所谓"菹其骨肉"是也。贾公彦曰：有骨为臡，无骨为醢；菜、肉通。全物若牒为菹，细切为齑。作臡、醢者，必先膊干其肉及渍剉之，杂以粱、曲及盐，渍以美酒，涂置甀中，百日则成矣。菹，醢、酱所和。使者至淮南，淮南王方猎，见醢，因大恐，阴令人部聚兵，候伺旁郡警急。布所幸姬，病就医，医家与中大夫贲赫对门，贲，音肥，姓也；赫，其名也。姓谱有贲姓，以为县贲父之后；风俗通，鲁有贲浦；皆音奔。赫乃厚馈遗，从姬饮医家；遗，于季翻。王疑其与乱，欲捕赫。赫乘传诣长安上变，传，柱恋翻。言"布谋反有端，可先未发诛也。"上读其书，语萧相国，相国曰："布不宜有此，恐仇怨妄诬之。语，牛倨翻。怨，于元翻。请系赫，使人微验淮南王。"师古曰：微验者，不显言其事。淮南王见赫以罪亡上变，固已疑其言国阴事；汉使又来，颇有所验；遂族赫家，发兵反。反书闻，上乃赦贲赫，以为将军。

上召诸将问计。皆曰："发兵击之，坑竖子耳，何能为乎！"汝阴侯滕公班志，汝阴县属汝南郡，春秋胡子之国。史记正义曰：汝阴即今阳城。余据唐阳城县属河南郡，与汉汝南之汝阴相去颇远。又据史记滕公传："平城围解，增食细阳千户"，细阳县属汝南郡，盖与汝阴邻境。索隐曰：汝阴属汝南，亦据班志也。召故楚令尹薛公问之。令尹曰："是固当反。"滕公曰："上裂地而封之，疏爵而王之；疏，分也。其反何也？"令尹曰："往年杀彭越，前年杀韩信；此三人者，同功一体之人也，自疑祸及身，故反耳！"滕公言之上，上乃召见，问薛公，薛公对曰："布反不足怪也。使布出于上计，山东非汉之有也；出于中计，胜败之数未可知也；出于下计，陛下安枕而卧矣。"上曰："何谓上计？"对曰："东取吴，西取楚，并齐，取鲁，传檄燕、赵，固守其所，山东非汉之有也。""何谓中计？”“东取吴，西取楚，并韩，取魏，据敖仓之粟，塞成皋之口，胜败之数未可知也。”“何谓下计？”“东取吴，西取下蔡，归重于越，身归长沙，吴，谓荆王刘贾所封之地；楚，谓楚王交所封之地；齐，谓齐王肥所封之地。鲁亦入楚境；韩地，时以益淮阳国；魏地，梁王友所封也。下蔡县属沛郡，春秋时之州来也。越，会稽地，故越王句践之墟也。长沙，吴芮所封国，时其子臣嗣封。黥布都六，阻淮为固，故策其西取下蔡，东取刘贾，以据全淮。越在东南，故策其归辎重于越以自厚，为深固不可取之计；布娶于长沙王，故策其身归长沙；料其出于丽山之徒，虑不及远也。重，直用翻。陛下安枕而卧，汉无事矣。”上曰：“是计将安出？”对曰：“出下计。”上曰：“何为废上、中计而出下计？”对曰：“布，故丽山之徒也，丽，与骊同。事见八卷秦二世一年。自致万乘之主，此皆为身，不顾后、为百姓万世虑者也；皆为，于伪翻；下间为、为妻、为上同。故曰出下计。”上曰：“善！”封薛公千户。乃立皇子长为淮南王。考异曰：史记诸侯年表云：“十二月，庚子，厉王长元年。”汉书诸侯王表：“十月庚午立。”今从汉书帝纪。

是时，上有疾，欲使太子往击黥布。太子客东园公、绮里季、夏黄公、角里先生此所谓四皓也，避秦之乱，隐于商山。索隐曰：按陈留志云：园公，姓唐，字宣明，居园中，因以为号。夏黄公，姓崔，名广，字少通，齐人，隐居夏里修道，故号曰夏黄公。角里先生，河内轵人，太伯之后，姓周，名术，字元道，京师号曰霸上先生，一曰角里先生。角，卢谷翻。说建成侯吕释之曰：班志，建成侯国属沛郡。“太子将兵，有功则位不益，师古曰：太子嗣君，位已至矣，虽更立功，位无加益。无功则从此受祸矣。君何不急请吕后，承间为上泣言：‘黥布，天下猛将也，善用兵。今诸将皆陛下故等夷，间，古苋翻。师古曰：夷，平也；言故时皆齐等。乃令太子将此属，无异使羊将狼，莫肯为用；且使布闻之，则鼓行而西耳。上虽病，强载辎车，强，其两翻。师古曰：辎车，衣车也。卧而护之，诸将不敢不尽力。上虽苦，为妻子自强！’”于是吕释之立夜见吕后。吕后承间为上泣涕而言，如四人意。考异曰：史记、汉书皆云“吕泽夜见吕后”，按恩泽侯表有周吕侯泽、建成侯释之。今此上云建成侯，而下云吕泽，恐误；当为释之是。又留侯世家：“上欲废太子，立戚夫人子赵王如意，大臣多谏争，未能得坚决者也。吕后恐，不知所为。人或谓吕后曰：‘留侯善画计策，上信用之。’吕后乃使建成侯吕泽劫留侯，曰：‘君常为上谋臣。今上易太子，君安得高枕而卧乎？’留侯曰：‘始，上数在困急之中，幸用臣策；今天下安定，以爱欲易太子，骨肉之间，虽臣等百馀人何益！’吕泽强要曰：‘为我画计。’留侯曰：‘此难以口舌争也。顾上有不能致者，天下有四人。四人者，年老矣，皆以为上嫚侮人，故逃匿山中，义不为汉臣；然上高此四人。今公诚能无爱金、玉、璧、帛，令太子为书，卑辞安车，因使辩士固请；宜来。来，以为客，时时从入朝，令上见之，则必异而问之。问之，上知此四人贤，则一助也。’于是吕后令吕泽使人奉太子书，卑辞厚礼，迎此四人。四人至，客建成侯所。上欲使太子击黥布，四人相谓曰：‘凡来者，将以存太子。太子将兵，事危矣。’乃说建成侯云云。上遂自行。上破布归，置酒，太子侍。四人从太子，年皆八十有馀，须眉皓白，衣冠甚伟。上怪问之，曰：‘彼何为者？’四人前对，各言名姓：曰东园公、角里先生、绮里季、夏黄公。上乃大惊曰：‘吾求公数岁，公辟逃我；今公何自从吾儿游乎？’四人皆曰：‘陛下轻士，善骂，臣等义不受辱，故恐而亡匿。窃闻太子为人，仁孝，恭敬，爱士，天下莫不延颈欲为太子死者，故臣等来耳。’上曰：‘烦公幸卒调护太子。’四人为寿已毕，起去。上目送之，召戚夫人指示四人者曰：‘我欲易之，彼四人辅之，羽翼已成，难动矣！吕氏真而主矣！’戚夫人泣。上曰：‘为我楚舞，吾为若楚歌。’歌曰：‘鸿鹄高飞，一举千里，羽翮已就，横绝四海。横绝四海，当可奈何！虽有缯缴，尚安所施！’歌数阕，戚夫人嘘唏流涕。上起去，罢酒。竟不易太子者，留侯本招此四人之力也。”按高祖刚猛伉厉，非畏搢绅讥议者也。但以大臣皆不肯从，恐身后赵王不能独立，故不为耳。若决意欲废太子，立如意，不顾义理，以留侯之久故亲信，犹云“非口舌所能争”，岂山林四叟片言遽能柅其事哉！借使四叟实能柅其事，不过污高祖数寸之刃耳，何至悲歌云“羽翮已成，缯缴安施”乎！若四叟实能制高祖使不敢废太子，是留侯为子立党以制其父也；留侯岂为此哉！此特辩士欲夸大四叟之事，故云然；亦犹苏秦约六国从，秦兵不敢窥函谷关十五年；鲁仲连折新垣衍，秦将闻之却军五十里耳。凡此之类，皆非事实。司马迁好奇，多爱而采之，今皆不取。上曰：“吾惟竖子固不足遣，惟，思也。而公自行耳。”

于是上自将兵而东，群臣居守，守，式又翻。皆送至霸上。留侯病，自强起，至曲邮，司马彪曰：长安县东有曲邮聚。索隐曰：今在新丰西，俗谓之邮头。汉书旧仪云：五里一邮，邮人居间相去一里半。按邮乃今之候也。见上曰："臣宜从，从，才用翻。病甚。楚人剽疾，剽，匹妙翻。愿上无与争锋！"因说上令太子为将军，监关中兵。上曰："子房虽病，强卧而傅太子。"监，古衔翻。强，其两翻。是时，叔孙通为太傅，留侯行少傅事。班志：太子太傅、少傅，古官。予据古世子有三师、三少，至汉惟太傅、少傅耳。少，诗照翻。发上郡、北地、陇西车骑、巴蜀材官及中尉卒三万人为皇太子卫，军霸上。应劭曰：材官，有材力者。汉官仪曰：民年二十三为正，一岁为卫士，二岁为材官、骑士，习射、御、骑驰、战陈，常以八月，太守、都尉、令、长、丞、尉会都试，课殿最；水处则习船；边郡将万骑行障塞，烽火，追虏。师古曰：车，常拟军兴者，若近代之戎车也；骑，常所养马，并其人使行充骑，若今武马及所养者主也；至光武罢省。班表：中尉，秦官，掌徼循京师；武帝太初元年，更名执金吾。

布之初反，谓其将曰："上老矣，厌兵，必不能来。使诸将，诸将独患淮阴、彭越，今皆已死，馀不足畏也。"故遂反。果如薛公之言，东击荆。荆王贾走死富陵；班志，富陵县属临淮郡。括地志：富陵故城，在楚州盱眙县东北六十里。尽劫其兵，渡淮击楚。楚发兵与战徐、僮间，班志，临淮郡有徐县、僮县，楚盖发兵与布战于二县之间。杜预曰：徐在下邳僮县东。括地志：大徐城在泗州徐城县北四十里，古徐国也。为三军，欲以相救为奇。师古曰：不聚一处而分为三，欲互相救，出奇谲。或说楚将曰："布善用兵，民素畏之。且兵法：'诸侯自战其地为散地'，今别为三，彼败吾一军，散，如字。败，补迈翻。馀皆走，安能相救！"不听。布果破其一军，其二军散走；布遂引兵而西。

十二年（丙午、前一九五）

1 冬，十月，上与布军遇于蕲西，班志，蕲县属沛郡。布兵精甚。上壁庸城，以布军锐甚，故坚壁以挫之。庸城，地名，必亦在蕲县西。望布军置陈如项籍军，上恶之。陈，读曰阵。恶，乌路翻。与布相望见，遥谓布曰："何苦而反？"布曰："欲为帝耳！"上怒骂之，遂大战。布军败走，渡淮，数止战，不利，数，所角翻。与百馀人走江南，上令别将追之。

2 上还，过沛，留，置酒沛宫，括地志：沛宫故地，在徐州沛县东南二十里一十步。悉召故人、父老、诸母、子弟佐酒，道旧故为笑乐。酒酣，乐，音洛；下同。应劭曰：不醒、不醉曰酣；一曰：酣，洽也，音户甘翻。上自为歌，起舞，慷慨伤怀，泣数行下，行，户刚翻。谓沛父兄曰："游子悲故乡。师古曰：游子，行客也。悲，谓顾念也。朕自沛公以诛暴逆，遂有天下；其以沛为朕汤沐邑，复其民，世世无有所与。"复除其民，不豫赋役。复，方目翻。与，读曰预。乐饮十馀日，乃去。

3 汉别将击英布军洮水南、北，皆大破之。苏林曰：洮，音兆。徐广曰：洮，音道，在江、淮间。余据布军既败走江南，则洮水当在江南。罗含湘中记：零陵有洮水。水经注：洮水出洮阳县西南，东流注于湘水。如淳注：洮阳之洮，音韬。盖布旧与长沙王婚，其败也，往从之，而洮水又在长沙境内，疑近是也。杜佑曰：汉洮阳县城在永州湘源县西北。按今全州，汉洮阳县地，有洮水，在清湘县北。布故与番君婚，以故长沙成王臣使人诱布，伪欲与亡走越，布信而随之。番阳人杀布兹乡民田舍。番，音婆。师古曰：兹乡，鄡阳县之乡也。班志，鄡阳县属豫章郡。鄡，古么翻。余据史记及汉书高纪，皆言"追斩布番阳"，窃意兹乡当在番阳界，非鄡阳。

4 周勃悉定代郡、雁门、云中地，斩陈豨于当城。班志，当城县属代郡。阚骃十三州记：当城在高柳东八十里；县当桓都山作城，故曰当城。史记正义曰：当城在朔州定襄县界。考异曰：卢绾传云："汉使樊哙击斩豨"，按斩豨者周勃，非樊哙也。

5 上以荆王贾无后，更以荆为吴国；辛丑，立兄仲之子濞为吴王，服虔曰：濞，音帔，普懿翻。王三郡、五十三城。为后濞以吴反张本。

6 十一月，上过鲁，以太牢祠孔子。

7 上从破黥布归，疾益甚，愈欲易太子。张良谏不听，因疾不视事。良先行太子少傅事，以谏不听，因称疾不肯视事。叔孙通谏曰："昔者晋献公以骊姬之故，废太子，立奚齐，晋国乱者数十年，为天下笑。晋献公嬖骊姬，欲立其子，故废太子申生，而以骊姬之子奚齐属荀息而立之。公薨，里克杀奚齐。荀息立其弟卓子。里克杀卓子，迎立惠公。惠公为秦所执，既归而薨，子怀公立。秦纳文公而杀怀公，晋乃定。秦以不蚤定扶苏，令赵高得以诈立胡亥，自使灭祀，事见秦纪。此陛下所亲见。今太子仁孝，天下皆闻之。吕后与陛下攻苦食啖，徐广曰：攻，犹今人言击也。"啖"，一作"淡"。如淳曰：食无菜茹为啖。师古曰："啖"，当作"淡"；淡，谓无味之食也。言共攻击勤苦之事，食无味之食也。孔文祥曰：与帝俱攻冒苦难，俱食淡也。或曰：攻，治也。余按周礼丱人注：物地占其形色，知咸啖也。释文：啖，直览翻；疏作"咸淡"。则知"啖"、"淡"古字通用。其可背哉！背，蒲妹翻。陛下必欲废適而立少，適谓太子，少谓赵王。適，读曰嫡。臣愿先伏诛，以颈血污地！"污，乌故翻。帝曰："公罢矣，吾直戏耳！"叔孙通曰："太子，天下本，本一摇，天下振动；奈何以天下为戏乎！"时大臣固争者多；上知群臣心皆不附赵王，乃止不立。

8 相国何以长安地陿，陿，与狭同。上林中多空地，弃；愿令民得入田，毋收稿，为禽兽食。师古曰：稿，禾秆也，言恣人田之，不收其稿税也。索隐曰：苗子还种田人，收稿入官。稿，工老翻。上大怒曰："相国多受贾人财物，乃为请吾苑！"下相国廷尉，械系之。贾，音古。为，于伪翻。下，遐嫁翻。数日，王卫尉侍，前问曰：师古曰：前问，谓进而请也。"相国何大罪，陛下系之暴也？"上曰："吾闻李斯相秦皇帝，有善归主，有恶自与。今相国多受贾竖金，而为之请吾苑以自媚于民，师古曰：媚，爱也；求爱于民。故系治之。”王卫尉曰：“夫职事苟有便于民而请之，真宰相事；陛下奈何乃疑相国受贾人钱乎？且陛下距楚数岁，陈豨、黥布反，陛下自将而往；当是时，相国守关中，关中摇足，则关以西非陛下有也！相国不以此时为利，今乃利贾人之金乎？且秦以不闻其过亡天下；李斯之分过，又何足法哉！陛下何疑宰相之浅也！”帝不怿。师古曰：怿，悦也；感卫尉之言，故惭悔而不悦也。是日，使使持节赦出相国。相国年老，素恭谨，入，徒跣谢。帝曰：“相国休矣！相国为民请苑，吾不许；我不过为桀、纣主，而相国为贤相。吾故系相国，欲令百姓闻吾过也。”

9 陈豨之反也，燕王绾发兵击其东北。陈豨反于代，代在燕之西南，故绾击其东北。当是时，陈豨使王黄求救匈奴；燕王绾亦使其臣张胜于匈奴，言豨等军破。张胜至胡，故燕王臧荼子衍出亡在胡，见张胜曰：“公所以重于燕者，以习胡事也；燕所以久存者，以诸侯数反，数，所角翻。兵连不决也。今公为燕，欲急灭豨等；为，于伪翻。豨等已尽，次亦至燕，公等亦且为虏矣。公何不令燕且缓陈豨，而与胡和！事宽，得长王燕；王，于况翻。即有汉急，可以安国。”张胜以为然，乃私令匈奴助豨等击燕。燕王绾疑张胜与胡反，上书请族张胜。胜还，具道所以为者；燕王乃诈论他人，脱胜家属，使得为匈奴间。间，古苋翻。而阴使范齐之陈豨所，欲令久亡，连兵勿决。欲使之连兵相持，胜负久而不决也。

汉击黥布，豨常将兵居代。汉击斩豨，其裨将降，言燕王绾使范齐通计谋于豨所。帝使使召卢绾，绾称病；【章：甲十五行本“病”下有“上”字；乙十一行本同；孔本同。】又使辟阳侯审食其、班志，辟阳县属信都国。辟，必亦翻。姓谱有审姓。食其，音异基。御史大夫赵尧往迎燕王，因验问左右。绾愈恐，闭匿，谓闭其踪迹，藏匿其人也。谓其幸臣曰："非刘氏而王，独我与长沙耳。往年春，汉族淮阴，夏，诛彭越，皆吕氏计。今上病，属任吕后；属，之欲翻。吕后妇人，专欲以事诛异姓王者及大功臣。"乃遂称病不行，其左右皆亡匿。语颇泄，辟阳侯闻之，归，具报上，上益怒；又得匈奴降者，言张胜亡在匈奴为燕使。于是上曰："卢绾果反矣！"春，二月，使樊哙以相国将兵击绾，立皇子建为燕王。

10 诏曰："南武侯织，亦粤之世也，立以为南海王。"文颖曰：高祖五年，以象郡、桂林、南海、长沙立吴芮为长沙王。象郡、桂林、南海属尉佗；佗未降，遥夺以封芮耳。后佗降汉，十一年，更立佗为南越王。自此王三郡，芮惟得长沙、桂阳耳。今封织南海王，复遥夺佗一郡，织未得王之。

11 上击布时，为流矢所中，行道，疾甚。吕后迎良医。医入见，曰："疾可治。"治，直之翻；下同。上嫚骂之曰："吾以布衣提三尺取天下，师古曰：三尺，谓剑也。中，竹仲翻。见，贤遍翻。此非天命乎！命乃在天，虽扁鹊何益！"扁鹊，古之良医。扁，补辨翻。遂不使治疾，赐黄金五十斤，罢之。吕后问曰："陛下百岁后，萧相国既死，谁令代之？"上曰："曹参可。"问其次，曰："王陵可；然少戆，少者，多少之少。师古曰：戆，愚也；古者下绀翻，今则竹巷翻。陈平可以助之。陈平知有馀，然难独任。周勃重厚少文，知，读曰智。少，诗沼翻。然安刘氏者必勃也，可令为太尉。"吕后复问其次，复，扶又翻。上曰："此后亦非乃所知也。"师古曰：乃，汝也；言自此之后，汝亦终矣，不复知之。夏，四月，甲辰，帝崩于长乐宫。寿五十三。考异曰：汉书云："吕后与审食其谋尽诛诸将。郦商见审食其，说以：'如此，大臣内畔，诸将外反，亡可跷足待也。'审食其入言之，乃以丁未发丧。"按吕后虽暴戾，亦安敢一旦尽诛大臣！又时陈平不在荥阳，樊哙不在代；此说恐妄，今不取。丁未，发丧，大赦天下。

12 卢绾与数千人居塞下候伺，幸上疾愈，自入谢；师古曰：冀得上疾愈自入谢，以为己身之幸也。闻帝崩，遂亡入匈奴。

13 五月，丙寅，葬高帝于长陵。班志：长陵县，高帝置，属左冯翊。皇甫谧曰：长陵在渭水北，去长安城三十五里。臣瓒曰：在长安北四十里。括地志：在雍州咸阳县东三十里。汉官仪曰：古不墓祭；秦始皇起寝于墓侧，汉因而不改。诸陵寝皆以晦、朔、二十四气、三伏、社、腊及四时上饭；其亲陵所宫人，随鼓漏理被、枕，具盥水，陈妆具。陵旁起邑，置令、丞、尉奉守。

初，高祖不修文学，而性明达，好谋，能听，自监门、戍卒，见之如旧。初顺民心作三章之约。见九卷元年。天下既定，命萧何次律、令，帝既灭项羽，四夷未附，兵革未息，三章之法，不足以御奸，萧何捃摭秦法，取其宜于时者，作律九章。韩信申军法，帝命张良、韩信序次兵法，凡百八十二家；删取要用，定著三十五家；诸吕用事而盗取之。张苍定章程，如淳曰：章，历数之章术也；程者，权、衡、尺、斗、斛之平法也。师古曰：程，法式也。叔孙通制礼仪；见上卷六年、七年。又与功臣剖符作誓，丹书、铁契，金匮、石室，藏之宗庙。剖符作誓，谓剖符封功臣，刑白马与为山河带厉之盟也。丹书、铁契者，以铁为契，以丹书之。如淳曰：金匮，犹金縢也。师古曰：以金为匮，以石为室，重缄封之，重慎之义。盖谓以丹书盟誓之言于铁券，盛之以金匮、石室而藏之宗庙也。虽日不暇给，规摹弘远矣。邓展曰：若画工规模物之摹。韦昭曰：正员之器曰规。摹者，如画工未施，朱土摹之矣。师古曰：取喻规摹，谓立制立范也。给，足也；日不暇给，言众事繁多，常汲汲也。余谓日不暇给，盖言项羽既平，诸侯又叛也。

14 己巳，太子即皇帝位，尊皇后曰皇太后。

15 初，高帝病甚，人有恶樊哙云："党于吕氏，即一日上晏驾，师古曰：恶，谓毁谮，言其罪恶也，音如字。晏驾者，天子当晨起早作；而忽崩殒，不出临朝，凡臣子之心，犹谓宫车晚出也。欲以兵诛赵王如意之属。"帝大怒，用陈平谋，召绛侯周勃受诏床下，曰："陈平亟驰传载勃代哙将；平至军中，即斩哙头！"二人既受诏，驰传，未至军，如淳曰：四马，高足为置传，中足为驰传。律：诸当乘传及发驾置传，皆持尺五寸木传信，封以御史大夫印章。其乘传，参封之；参，三也。有期会，累封两端，端各两封，凡四封也。传，株恋翻。行计之曰："樊哙，帝之故人也，功多；且又吕后弟吕媭之夫，媭，音须。师古曰：行计，谓于道中行且计也。有亲且贵。帝以忿怒故欲斩之，则恐后悔；宁囚而致上【章：甲十五行本重"上"字；乙十一行本同；孔本同；退斋校同。】自诛之。"未至军，为坛，以节召樊哙。哙受诏，即反接，师古曰：反缚两手也。载槛车传诣长安；传，柱恋翻，递也。而令绛侯勃代将，将兵定燕反县。

平行，闻帝崩；师古曰：未至京师，于道中闻高帝崩。畏吕媭谗之于太后，乃驰传先去。逢使者，诏平与灌婴屯荥阳。平受诏，立复驰至宫，哭殊悲；因固请得宿卫中。请得宿卫禁中也。复，扶又翻；下同。太后乃以为郎中令，班表：郎中令，秦官，掌宫殿掖门户；武帝太初元年，更名光禄勋。使傅教惠帝。是后吕媭谗乃不得行。樊哙至，则赦，复爵邑。

16 太后令永巷囚戚夫人，髡钳，衣赭衣，令舂。赭衣，囚服也；以赤土染之。赭，止也翻。遣使召赵王如意。使者三反，赵相周昌谓使者曰："高帝属臣赵王，属，之欲翻。王年少；少，诗照翻；下同。窃闻太后怨戚夫人，欲召赵王并诛之，臣不敢遣王。王且亦病，不能奉诏。"太后怒，先使人召昌。昌至长安，乃使人复召赵王。王来，未到；帝知太后怒，自迎赵王霸上，与入宫，自挟与起居饮食。太后欲杀之，不得间。间，古苋翻；隙也。

孝惠皇帝 荀悦曰：讳"盈"之字曰"满"。师古曰：臣下以"满"字代"盈"者，则知帝讳盈也；他皆类此。高帝嫡长子。应劭曰：礼谥法：柔质慈民曰惠。师古曰：孝子善述人之志，故汉家之谥，自惠帝以下皆称孝也。

元年（丁未、前一九四）

1 冬，十二月，帝晨出射。赵王年【章：甲十五行本无“年”字；乙十一行本同；孔本同。】少，不能蚤起；太后使人持鸩饮之。广志：鸩鸟大如鹗，毛紫绿色，有毒；颈长七八寸，食蝮蛇。雄名运日，雌名阴谐。以其毛历饮食则杀人。范成大曰：鸩，闻邕州朝天铺及山深处有之，形如鸦差大，黑身，赤目，音如羯鼓，唯食毒蛇，遇蛇则鸣声邦邦然。蛇入石穴，则于穴外禹步作法；有顷，石碎，啄蛇吞之。山有鸩，草木不生。秋冬之间脱羽。往时人以银作爪拾取，着银瓶中；否则手烂堕。鸩矢着人立死；集于石，石亦裂。此禽至凶极毒。所谓鸩，即鸩酒也。陆佃埤雅曰：鸩，似鹰而紫、黑，喙长七八寸，作铜色。食蛇，蛇入口辄烂；屎溺着石，石亦为之烂。羽翮有毒，以栎酒，饮杀人；惟犀角可以解，故有鸩处必有犀。饮，于禁翻。犁明，徐广曰：犁，犹比也；比至天明也。诸言犁明者，将明时也。吕静曰：犁，结也，力奚翻。程大昌曰：徐说非也。犁、黎，古字通。黎，黑也；黑与明相杂，欲晓未晓之交也，犹曰昧爽也。昧，暗也；爽，明也；亦明暗相杂也。迟明，即未及乎明也。厥明、质明，则已晓也。康云力追切。未知何据。帝还，赵王已死。太后遂断戚夫人手足，去眼，煇耳，饮瘖药，断，丁管翻。去，羌吕翻。师古曰：去其眼睛，以药熏耳令聋也。瘖，不能言也；以瘖药饮之。瘖，于今翻。使居厕中，命曰“人彘”。居数日，乃召帝观人彘。帝见，问知其戚夫人，乃大哭，因病，岁馀不能起。使人请太后曰：“此非人所为。臣为太后子，终不能治天下。”师古曰：令太后治事，己自如太子然。余谓惠帝之意，盖以谓身为太后子而不能容父之宠姬，是终不能治天下也。治，直之翻。帝以此日饮为淫乐，不听政。乐，音洛。

臣光曰：为人子者，父母有过则谏；谏而不听，则号泣而随之。见记曲礼。号，户高翻。安有守高祖之业，为天下之主，不忍母之残酷，遂弃国家而不恤，纵酒色以伤生！若孝惠者，可谓笃于小仁而未知大谊也。

2 徙淮阳王友为赵王。高祖十一年，封友于淮阳。

3 春，正月，始作长安城西北方。汉都长安，萧何虽治宫室，未暇筑城，帝始筑之，至五年乃毕，故书以始事。杜佑曰：惠帝所筑长安城，在今大兴城西北苑中。

二年（戊申、前一九三）

1 冬，十月，齐悼惠王来朝；高祖庶长子肥也。朝，直遥翻。饮于太后前，帝以齐王，兄也，置之上坐。盖于宫中以兄弟齿列为序，非外朝君臣之礼。坐，徂卧翻。太后怒，酌鸩酒置前，赐齐王为寿。齐王起，帝亦起取卮；太后恐，自起泛帝卮。汉书音义：泛，音幡；索隐音捧。余据泛驾之泛，其义为覆，则音覂亦通。齐王怪之，因不敢饮，佯醉去；问知其鸩，大恐。齐内史士说王，师古曰：内史，王国官；士，其名也。班表：王国有内史，掌治民。使献城阳郡为鲁元公主汤沐邑。太后喜，乃罢归齐王。

2 春，正月，癸酉，有两龙见兰陵家人井中。班志：兰陵县属东海郡。师古曰：家人，言庶人之家。五行志曰：温陵之家。见，贤遍翻。

3 陇西地震。

4 夏，旱。

5 郃阳侯仲薨。仲，即代王喜；封郃阳事见上卷高祖七年。

6 酂文终侯萧何病，谥法：有始有卒曰终。蒙曰：克成令名曰终。上亲自临视，因问曰："君即百岁后，谁可代君者？"对曰："知臣莫如主。"帝曰："曹参何如？"何顿首曰："帝得之矣，臣死不恨！"

秋，七月，辛未，何薨。何置田宅，必居穷僻处，为家，不治垣屋。师古曰：僻，隐也。垣，墙也。治，直之翻。曰："后世贤，师吾俭；不贤，毋为势家所夺。"

癸巳，以曹参为相国。参闻何薨，告舍人："趣治行！师古曰：舍人，犹言家人也。一曰：私属官主家事者也。余据战国时，苏秦使舍人资送张仪入秦，李斯为吕不韦舍人，谓为私属官可也，以为主家事则拘矣。趣，读曰促，速也。治行，谓饬治行装也。吾将入相。"居无何，居无何，谓居无几时也。相，息亮翻；下同。使者果召参。始，参微时，与萧何善；及为将相，有隙；至何且死，所推贤惟参。言推举以为贤也。参代何为相，举事无所变更，师古曰：举，皆也；言凡事无更改。更，工衡翻。一遵何约束。择郡国吏木讷于文辞、木，质朴也。讷，謇于言也。重厚长者，即召除为丞相史；汉制：丞相官属，长史之下有掾史、令史等。吏之言文刻深、欲务声名者，辄斥去之。日夜饮醇酒；斥，却也，逐也。师古曰：醇酒不浇，谓厚酒也。去，羌吕翻。卿、大夫以下吏及宾客见参不事事，言不事丞相之事。来者皆欲有言，参辄饮以醇酒；间欲有所言，复饮之，醉而后去，终莫得开说，以为常。开，启也；谓有所启白。以为常者，饮之以酒也。饮，于禁翻。复，扶又翻。见人有细过，专掩匿覆盖之；覆，敷救翻。府中无事。

参子窋为中大夫，窋，张律翻。帝怪相国不治事，以为"岂少朕与？"师古曰：言岂以我为年少故也。治，直之翻。与，读曰欤。使窋归，以其私问参。参怒，笞窋二百，曰："趣入侍！天下事非若所当言也！"至朝时，帝让参曰："乃者我使谏君也。"师古曰：乃者，犹言曩者。朝，直遥翻。参免冠谢曰："陛下自察圣武孰与高帝？"上曰："朕乃安敢望先帝！"又曰："陛下观臣能孰与萧何贤？"上曰："君似不及也。"参曰："陛下言之是也。高帝与萧何定天下，法令既明。今陛下垂拱，参等守职，遵而勿失，不亦可乎！"帝曰："善！"

参为相国，出入三年，百姓歌之曰："萧何为法，较若画一。较若，犹今言较然也。画一，言其整齐也。曹参代之，守而勿失；载其清净，师古曰：载，犹乘也。民以宁壹。"

三年（己酉、前一九二）

1 春，发长安六百里内男女十四万六千人城长安，三十日罢。

2 以宗室女为公主，嫁匈奴冒顿单于。是时，冒顿方强，为书，使使遗高后，辞极亵嫚。遗，于季翻；下同。亵，息列翻，污也。嫚，傲也。高后大怒，召将相大臣，议斩其使者，发兵击之。樊哙曰："臣愿得十万众横行匈奴中！"中郎将季布曰："哙可斩也！汉有五官、左、右中郎三将，秩二千石，典领中郎，属郎中令。前匈奴围高帝于平城，见上卷高祖七年。考异曰：季布传云："前陈豨反于代时，匈奴围高帝于平城。"按平城之围，乃韩王信反，非陈豨反也。汉兵三十二万，哙为上将军，不能解围。今歌吟之声未绝，伤夷者甫起，而哙欲摇动天下，妄言以十万众横行，是面谩也。谩，莫连翻，又莫官切，又音慢，欺诳也。且夷狄譬如禽兽，得其善言不足喜，恶言不足怒也。"高后曰："善！"令大谒者张释报书，谒者，秦官，掌宾赞受事，员七十人。大谒者，盖其长也。考异曰：史记文帝本纪及惠景间侯者表、汉书匈奴传皆作"泽"；史记吕后本纪："八年，中大谒者张释"，汉书纪作"释卿"，恩泽侯表及周勃传皆云"张释"；颜师古注曰：荆燕吴传云"张择"。今从史记吕后本纪、汉书恩泽侯表、周勃传。深自谦逊以谢之，逊，与逊同，顺也。并遗以车二乘，马二驷。乘，绳证翻。冒顿复使使来谢，复，扶又翻。曰："未尝闻中国礼义，陛下幸而赦之。"因献马，遂和亲。

3 夏，五月，立闽越君摇为东海王。摇与无诸，皆越王句践之后也，句音钩。从诸侯灭秦，功多，其民便附，故立之。都东瓯，世号东瓯王。闽越王无诸，高祖五年受封，都冶，今福州侯官是也。帝又封摇于东海。东海，即东瓯，今温州永嘉是也。应劭曰：摇封东海，在吴郡东南滨海，此闽越、东越所由分也。

4 六月，发诸侯王、列侯徒隶二万人城长安。自元年始作长安城西北方；今年春，又发长安六百里内男女就役；不欲复劳之，故发王侯徒隶。

5 秋，七月，都厩灾。都厩，大厩也，属太仆。

6 是岁，蜀湔氐反，班志，湔氐道属蜀郡岷山，在西徼外，江水所出。又百官表：有蛮夷曰道，则其地盖湔氐居之，故曰道也。湔，则前翻；裴松之音翦。氐，丁奚翻。击平之。

四年（庚戌、前一九一）

1 冬，十月，立皇后张氏。后，帝姊鲁元公主女也，太后欲为重亲，故以配帝。后，张敖女也。鲁元公主降敖而生后。因下文重亲，故直书帝姊鲁元公主女；既以纪人伦之变，且著外戚固宠也。重，直龙翻。

2 春，正月，举民孝、弟、力田者，复其身。善事父母为孝；善事兄长为弟；力田者，取其竭力服勤于田事。孝、弟，人伦之大；力田，人生之本；故令郡国举之。复其身，以风厉天下也。弟，读曰悌。复，方目翻。

3 三月，甲子，皇帝冠，赦天下。帝年十七即位，至是始冠。孔颖达曰：案略说：周公对成王云：古者冒而句领。注云：古人，谓三皇时以冒覆头，句领绕颈，至黄帝时则有冕也。世本谓黄帝造火食、旃冕，是冕起于黄帝也。但黄帝以前，则以羽皮为之冠；黄帝以后，乃用布帛。其冠之年，则天子、诸侯十二而冠。故襄九年左传云：古者国君十五而生子；冠而生子，礼也。其士则二十而冠。古者行冠礼于庙，初加缁布冠，次加皮弁冠，三加爵弁冠，所谓"三加弥尊，加有成也"。诸侯则四加而有玄冕，故大戴礼云"公冠四加"也。诸侯尚四加，则天子当五加，衮冕也。郑樵曰：汉改皇帝冠为加元服；初加缁布进贤，次爵弁，次武弁，次通天冠；冠讫，皆于高祖庙如礼谒见。

4 省法令妨吏民者；除挟书律。应劭曰：挟，藏也。张晏曰：秦律，挟书者族。今始除之。

5 帝以朝太后于长乐宫及间往，数跸烦民。师古曰：非大朝见、中间小谒见曰间往。天子出入警跸，辟止行人；数跸，则人以为烦。郑氏周礼注曰：国有事，王当出，则禁绝行者，若今时卫士填街跸也。贾公彦疏曰：汉仪：大驾行幸，使卫士填塞街巷，备非常也。跸，壁吉翻。乃筑复道于武库南。武库在长乐、未央之间，故筑复道始于武库南。奉常叔孙通谏曰："此高帝月出游衣冠之道也，服虔曰：持高庙中衣冠，月旦以游于众庙，已而复之。应劭曰：月旦，出高帝衣冠，备法驾，名曰游衣冠。如淳曰：高祖之衣冠藏在宫中之寝，三月出游，其道正直今之所作复道下，故言"乘宗庙道上行”也。晋灼曰：黄图：高庙在长安城门街东，寝在桂宫北；服言衣冠藏于庙中，如言宫中，皆非也。师古曰：诸家之说皆未允也。谓从高帝陵寝出，衣冠游于高庙，每月一为之，汉制则然。而后之学者不晓其意，谓以月出之时，夜游衣冠，皆非也。子孙奈何乘宗庙道上行哉！”帝惧曰：“急坏之！”坏，音怪。通曰：“人主无过举；今已作，百姓皆知之矣。愿陛下为原庙渭北，师古曰：原，重也；先已有庙，今更立之，故云重也。月【章：甲十五行本“月”上有“衣冠”二字；乙十一行本同；孔本同；张校同。】出游之，益广宗庙，大孝之本。”上乃诏有司立原庙。郑氏曰：庙之言貌也；死者精神不可得而见，但以生时之居，立宫室象貌为之耳。孝经注：宗，尊也。庙，貌也。

臣光曰：过者，人之所必不免也；惟圣贤为能知而改之。古之圣王，患其有过而不自知也，故设诽谤之木，置敢谏之鼓；后汉书曰：尧置敢谏之鼓。贾谊曰：三代之君，则有进善之旌，诽谤之木，敢谏之鼓。岂畏百姓之闻其过哉！是以仲虺美成汤曰：“改过不吝。”傅说戒高宗曰：“无耻过作非。”由是观之，则为人君者，固不以无过为贤，而以改过为美也。今叔孙通谏孝惠，乃云“人主无过举”，是教人君以文过遂非也，岂不缪哉！

6 长乐宫鸿台灾。三辅黄图：鸿台在长乐宫中。秦始皇二十七年筑，高四十丈，上起观宇；帝尝射飞鸿于台上，故曰鸿台。

7 秋，七月，乙亥，未央宫凌室灾；丙子，织室灾。凌室，藏冰之室；织室，掌织作缯帛之处。班表：少府有东织、西织。凌，力证翻，又音陵。

五年（辛亥、前一九〇）

1 冬，雷；洪范论曰：阳用事百八十三日而终，阴用事百八十三日而终。雷出地百八十三日而入地，入地百八十三日而复出地，是其常经也；冬雷为失常。桃李华，枣实。

2 春，正月，复发长安六百里内男女十四万五千人城长安，三十日罢。

3 夏，大旱，江河水少，溪谷水绝。

4 秋，八月，平【章：甲十五行本“平”上有“己丑”二字，乙十一行本同；孔本同。】阳懿侯曹参薨。谥法：温柔贤善曰懿。

六年（壬子、前一八九）

1 冬，十月，以王陵为右丞相，陈平为左丞相。

2 齐悼惠王肥薨。

3 夏，留文成侯张良薨。周公谥法：安民立政曰成。贺琛臣谥：佐相克终曰成。

4 以周勃为太尉。

七年（癸丑、前一八八）

1 冬，发车骑、材官诣荥阳，太尉灌婴将。将，即亮翻。

2 春，正月，辛丑朔，日有食之。

3 夏，五月，丁卯，日有食之，既。

4 秋，八月，戊寅，帝崩于未央宫。大赦天下。九月，辛丑，葬安陵。臣瓒曰：寿二十四。安陵在长安北三十里。师古曰：去长陵一十里。

初，吕太后命张皇后取他人子养之，而杀其母，以为太子。既葬，太子即皇帝位，年幼；太后临朝称制。师古曰：天子之言，一曰制书，二曰诏书。制书者，谓制度之命也，非皇后所得称。今太后临朝，行天子事，故称制。

聂崇岐标点容肇祖覆校

资治通鉴卷第十三

翰林学士朝散大夫右谏议大夫知制诰兼侍讲
同提举万寿观公事兼判集贤院上护军 **司马光** 奉敕编集
河内郡开国侯食邑一千三百户赐紫金鱼袋臣

后学天台 **胡三省** 音注

汉纪五 起阏逢摄提格(甲寅),尽昭阳大渊献(癸亥),凡十年。

高皇后 荀悦曰:讳"雉"之字曰"野鸡"。索隐曰:字娥姁。应劭曰:礼,妇人从夫谥,故称"高"也。师古曰:讳雉,故臣下讳雉也。姁,许于翻。

元年(甲寅、前一八七)

1 冬,太后议欲立诸吕为王,问右丞相陵,陵曰:"高帝刑白马盟曰:高祖刑白马与群臣盟曰:"非刘氏不王,非有功不侯。"'非刘氏而王,天下共击之。'今王吕氏,非约也。"太后不说,说,读曰悦。问左丞相平、太尉勃,对曰:"高帝定天下,王子弟;今太后称制,王诸吕,无所不可。"王,于况翻。太后喜。罢朝,朝,直遥翻。王陵让陈平、绛侯曰:"始与高帝啑血盟,诸君不在邪!啑,所甲翻,小啜也。索隐引邹氏,音使接翻。今高帝崩,太后女主,欲王吕氏;诸君纵欲阿意背约,背,蒲妹翻。何面目见高帝于地下乎?"陈平、绛侯曰:"于今,面折廷争,谓当朝廷而谏诤。臣不如君;全社稷,定刘氏之后,君亦不如臣。"陵无以应之。十一月,甲子,太后以王陵为帝太傅,实夺之相权;陵遂病免归。

乃以左丞相平为右丞相；此时尚右，故陈平自左丞相迁右丞相。以辟阳侯审食其为左丞相，不治事，治，直之翻。令监宫中，如郎中令。言食其不董丞相职事，常监宫中若郎中令。监，古衔翻。食其故得幸于太后，公卿皆因而决事。

太后怨赵尧为赵隐王谋，乃抵尧罪。尧为赵王谋，事见上卷高祖十年。赵王如意，谥隐。谥法：隐拂不成曰隐；不显尸国曰隐；见美坚长曰隐。为，于伪翻。

上党守任敖尝为沛狱吏，有德于太后；乃以为御史大夫。任敖，沛人，少为狱吏。高祖常避吏，吏系吕后，遇之不谨，敖击伤主吕后吏，故后德之。

太后又追尊其父临泗侯吕公为宣王，兄周吕令武侯泽为悼武王，欲以王诸吕为渐。临泗侯，班表：以后父赐号。索隐曰：应劭云：周吕，国也，按周及吕皆国名。济阴有吕都县，晋灼曰：吕，县名，以为侯国。予据班志，吕县属楚国。令武，谥也。

2 春，正月，除三族罪、妖言令。秦为威虐，罪之重者，戮及三族；过误之语，以为妖言；故皆除之。

3 夏，四月，鲁元公主薨；封公主子张偃为鲁王，谥公主曰鲁元太后。

4 辛卯，封所名孝惠子山为襄城侯，班志，襄城县属颍川郡。朝为轵侯，轵县属河内郡。武为壶关侯。壶关县属上党郡。

太后欲王吕氏，乃先立所名孝惠子彊为淮阳王，不疑为恒山王；惠帝元年，淮阳王友徙王赵，今以封彊。恒山郡本属赵国，今割以封不疑。恒，户登翻。使大谒者张释风大臣。风，读曰讽。〔考异曰：史记文帝本纪〕及惠景间侯者表、汉书匈奴传皆作“泽”。史记吕后本纪：“八年，中大谒者张释”，汉书纪作“释卿”，恩泽侯表及周勃传皆云“张释”。颜师古注曰：荆燕吴传云“张择”。今从史记吕后本纪、汉书恩泽侯〔表〕。大臣乃请立悼武王长子郦侯台为吕王，苏林曰：台，音胞胎之胎。索隐曰：郑、邹并音怡。考异曰：汉书外戚侯表及高五王传皆作“鄜侯”。今从史记本纪、功臣侯表。割齐之济南郡为吕国。济，子礼翻。

5 五月，丙申，赵王宫丛台灾。刘昭志：赵国邯郸县有丛台。

6 秋，桃、李华。

二年（乙卯、前一八六）

1 冬，十一月，吕肃王台薨。考异曰：史记本纪：“高后元年，立孝惠子不疑为恒山王，吕台为吕王。”“二年，恒山王薨。”“十一月，吕王台薨。”年表，二人皆以元年薨。汉书本纪：“元年，立不疑、吕台、产、禄通为王。二年，不疑薨”。年表，元年，不疑及吕台为王，二年皆薨。盖史记年表“薨”字应在二年，误书于元年耳。其实二人皆以二年薨；汉书本纪云“产、禄通为王”，亦误也。

2 春，正月，乙卯，地震，羌道、武都道山崩。羌道，班志，县，属陇西郡。武都，时为县。汉志：县杂蛮夷曰道。武帝置武都郡。

3 夏，五月，丙申，封楚元王子郢客为上邳侯，齐悼惠王子章为朱虚侯，班志，东海下邳县。应劭曰：邳在薛，其后徙此，故曰下邳。臣瓒曰：有上邳，故曰下邳。师古曰：瓒说是也。班志，朱虚县属琅邪郡。括地志：朱虚故城，在青州临朐县东六十里，汉朱虚也。十三州志：丹朱游故虚，故云朱虚也。虚，犹丘也；朱，犹丹也。索隐：虚，音墟。考异曰：史记高后纪在元年，今从汉书王子侯表。令入宿卫；又以吕禄女妻章。妻，千细翻。

4 六月，丙戌晦，日有食之。

5 秋，七月，恒山哀王不疑薨。恒，户登翻。

6 行八铢钱。应劭曰：本秦钱，质如周钱，文曰半两，重如其文，即八铢也。汉以其太重，更铸荚钱，今民间名榆荚钱是也。民患其太轻，至是复行八铢钱。

7 癸丑，立襄成侯山为恒山王，更名义。更，工衡翻。

三年（丙辰、前一八五）

1 夏，江水、汉水溢，流四千余家。班志：江水出蜀郡湔氐道徼外崏山，东南至江都入海。禹贡：嶓冢导漾，东流为汉。孔安国注曰：泉始出山为漾水，东南流为沔水，至汉中东行为汉水。班志：陇西氐道县，禹贡漾水所出；至武都为汉。又于武都注曰：东汉水受氐道水，一名沔，过江夏，谓之夏水，入江。又，汉中郡有沔阳县。如淳注曰：此方人谓汉水为沔水。师古曰：汉上曰沔。水经则以为沔、漾异源。漾出陇西氐道嶓冢山，东至武都沮县为汉水。其流，东南历白水、葭萌，又东南过巴郡阆中至江津县而入于江；涪水注之；庾仲雍所谓内水者也。沔水出武都沮县东狼谷中，一名沮水，东径汉中郡沔阳、南郑、成固等县，又东径西城、锡县，又东径南郡襄阳、中庐，即宜城郡当阳县，又东径江夏云杜县，又南至沙羡县入江。予据禹贡，导漾东流为汉，又东为沧浪之水，过三澨，至大别南入于江，则汉水源出于漾。据水经，则漾会于涪，沔入于江，所出异源，所入异派。据班志，则漾出陇西氐道，至武都为汉水；而东汉水受氐道水，通谓之沔，过江夏而入于江。则漾、沔似合为一矣，然又言沮水出沮县南至沙羡入江，与水经所谓沔水即沮水说似不合而实合也。

2 秋，星昼见。见，贤遍翻。

3 伊水、洛水溢，流千六百余家。班志：伊水出弘农郡熊耳山，东北入洛水。水经：伊水出南阳县蔓渠山。郦道元注：即麓大同，陵峦互别耳。又班志：洛水出弘农上洛县，东北至河南巩县入河。汝水溢，流八百余家。应劭曰：汝水出弘农县，入淮。水经：汝水出南阳鲁阳县之大盂山，东南径颍川之郏、定陵、郾，又东南过汝南之上蔡、平舆，南入于淮。

四年（丁巳、前一八四）

1 春，二月，癸未，立所名孝惠子太为昌平侯。班志，昌平县属上谷郡。

2 夏，四月，丙申，太后封女弟媭为临光侯。媭，音须。

3 少帝寖长，自知非皇后子，惠帝张皇后，鲁元公主之女。太后以其无子，使阳为有身，取后宫美人子名之，而杀其母。少帝及义、朝、彊、不疑皆是也。长，知两翻。乃出言曰："后安能杀吾母而名我！我壮，即为变！"太后闻之，幽之永巷中，言帝病。左右莫得见。太后语群臣曰：语，牛倨翻。"今皇帝病久不已，失惑昏乱，不能继嗣治天下；治，直之翻。其代之。"群臣皆顿首言："皇太后为天下齐民计，所以安宗庙、社稷甚深；群臣顿首奉诏。”遂废帝，幽杀之。五月，丙辰，立恒山王义为帝，更名曰弘；更，工衡翻。不称元年，以太后制天下事故也。以轵侯朝为恒山王。恒，户登翻。

4 是岁，以平阳侯曹窋为御史大夫。窋，张律翻。

5 有司请禁南越关市、铁器。汉于边关与蛮夷通市，谓之关市。南越王佗曰：“高帝立我，通使物。今高后听谗臣，别异蛮夷，隔绝器物；此必长沙王计，欲倚中国击灭南越而并王之，自为功也。”使，疏吏翻。别，彼列翻。并王，于况翻。

五年（戊午、前一八三）

1 春，佗自称南越武帝，韦昭曰：生以武为号，不稽古也。师古曰：此说非也。汤曰：“吾武甚，自号曰武王”。佗言武帝，亦犹是耳，何谓其不稽古乎！贡父曰：颜虽引成汤之言，然未知汤自号武王乎？圣人者，人与之名耳。诗谓汤为武王，亦犹书谓文王为宁王耳。史记之言，未可信也。发兵攻长沙，败数县而去。败，补迈翻。

2 秋，八月，淮阳怀王彊薨；以壶关侯武为淮阳王。

3 九月，发河东、上党骑屯北地。

4 初令戍卒岁更。秦虐用其民，南戍五岭，北筑长城，戍卒连年不归而死者多矣。至此，始令一岁而更。更，工衡翻。

六年（己未、前一八二）

1 冬，十月，太后以吕王嘉居处骄恣，废之。嘉，台之子也。二年，台薨，嘉嗣。处，昌吕翻。十一月，立肃王弟产为吕王。台，谥曰肃。

2 春，星昼见。见，贤遍翻。

3 夏，四月，丁酉，赦天下。

4 封朱虚侯章弟兴居为东牟侯，班志，东牟县属东莱郡。贤曰：东牟故城，在今莱州文登县西北。亦入宿卫。

5 匈奴寇狄道，攻阿阳。班志，狄道县属陇西郡；阿阳县属天水郡。

6 行五分钱。应劭曰：所谓荚钱者。

7 宣平侯张敖卒，考异曰：史记吕后本纪，敖卒在明年六月。按史记功臣表："高后六年，敖卒"；汉书功臣表，敖以高祖九年封，十七年薨；盖本纪之误。赐谥曰鲁元王。张敖本嗣父耳爵为赵王。贯高之谋发，敖废为宣平侯，仍尚鲁元公主。及惠帝之世，齐悼惠王献城阳郡以奉鲁元。敖之卒也，因公主而赐谥曰鲁元王。

七年(庚申、前一八一)

1 冬，十二月，匈奴寇狄道，略二千余人。

2 春，正月，太后召赵幽王友。惠帝元年，友自淮阳徙王赵。友以诸吕女为后，弗爱，爱他姬。诸吕女怒，去，谗之于太后曰："王言'吕氏安得王！太后百岁后，吾必击之。'"太后以故召赵王。赵王至，置邸，不得见，言置之赵邸也。师古曰：郡国朝宿之舍在京师者率名邸。邸，至也，言所归至也。邸，丁礼翻。令卫围守之，弗与食；其群臣或窃馈，辄捕论之。捕其馈者，以罪论之。丁丑，赵王饿死，以民礼葬之长安民冢次。

3 己丑，日食，昼晦。太后恶之，谓左右曰："此为我也！"恶，乌路翻。为，于伪翻；下为之同。

4 二月，徙梁王恢为赵王，吕王产为梁王。梁王不之国，为帝太傅。

5 秋，七月，丁巳，立平昌侯太为济川王。四年，封太为昌平侯；班表亦作"昌平" 此误以"平"字在上。济川，即济南、济北之地，盖割齐封之。时太年幼，未尝之国。济，子礼翻。

6 吕媭女为将军、营陵侯刘泽妻。班志，营陵县属北海郡，或曰营丘。应劭曰：师尚父封于营丘。陵，亦丘也。臣瓒曰：营丘，即临淄、营陵，春秋谓之缘陵。师古曰：临菑、营陵皆故营丘地。括地志：营陵故城，在青州北海县南三十里。泽者，高祖从祖昆弟也。从，才用翻；下后从同。齐人田生为之说大谒者张卿曰：张卿，即前大谒者张释也。说，式芮翻。

“诸吕之王也，诸大臣未大服。今营陵侯泽，诸刘最长；今卿言太后王之，长，知两翻。王，于况翻。吕氏王益固矣。”张卿入言太后，太后然之，乃割齐之琅邪郡封泽为琅邪王。秦灭齐，以濒海之地置琅邪郡；汉因之。考异曰：史记世家、汉书列传，皆云田生先说张卿令风大臣立吕产为吕王，然后说令王泽。按太后自以吕王嘉骄恣废之，以产代为吕王，非始封于吕；又诸吕之王已久，何必待田生之谋！以此不取。

7 赵王恢之徙赵，心怀不乐。乐，音洛。太后以吕产女为王后，王后从官皆诸吕，擅权，微伺赵王，从，才用翻。赵王不得自恣。王有所爱姬，王后使人鸩杀之。六月，王不胜悲愤，自杀。胜，音升。太后闻之，以为王用妇人弃宗庙礼，诸侯王有国，所以奉宗庙也。今恢以爱姬之故，至于自杀，故以弃宗庙礼罪之。废其嗣。

8 是时，诸吕擅权用事；朱虚侯章，年二十，有气力，忿刘氏不得职。尝入侍太后燕饮，太后令章为酒吏。章自请曰：“臣将种也，将，即亮翻。种，章勇翻；下其种同。请得以军法行酒。”太后曰：“可。”酒酣，章请为耕田歌；太后许之。章曰：“深耕穊种，立苗欲疏；非其种者，锄而去之！”师古曰：穊，稠也。穊种，言多生子孙也。疏立者，四散置之，令为藩辅也。非其种者锄而去之，以斥诸吕也。穊，音冀。去，羌吕翻。太后默然。顷之，诸吕有一人醉，亡酒，章追，拔剑斩之而还，报曰：“有亡酒一人，臣谨行法斩之！”师古曰：亡酒，避酒而逃亡也。太后左右皆大惊，业已许其军法，无以罪也；因罢。自是之后，诸吕惮朱虚侯，虽大臣皆依朱虚侯，刘氏为益强。为，于伪翻；下因为同。

陈平患诸吕，力不能制，恐祸及己；尝燕居深念，师古曰：以国家不安，故静居独虑其方策。陆贾往，直入坐；而陈丞相不见。师古曰：言不因门人将命而径自入座，平方深思，不觉其至。坐，徂卧翻。陆生曰：“何念之深也！”陈平曰：“生揣我何念？”揣，初委翻，度也。

陆生曰："足下极富贵，无欲矣；然有忧念，不过患诸吕、少主耳。"陈平曰："然。为之奈何？"陆生曰："天下安，注意相；天下危，注意将。将相和调，则士豫附；师古曰：豫，素也。余谓豫，顺也。天下虽有变，权不分。为社稷计，在两军【章：甲十五行本"军"作"君"；乙十一行本同；孔本同；退斋校同。】掌握耳。臣尝【章：甲十五行本"尝"作"常"；乙十一行本同；孔本同。】欲谓太尉绛侯；绛侯与我戏，易吾言。谓，告语也。言绛侯素与之戏狎，轻易其言也。周勃封绛侯。班志，绛县属河东郡，晋之旧都。君何不交欢太尉，深相结！"因为陈平画吕氏数事。陈平用其计，乃以五百金为绛侯寿，厚具乐饮；师古曰：厚为其具而与太尉乐饮。乐，音洛。太尉报亦如之。两人深相结，吕氏谋益衰。陈平以奴婢百人、车马五十乘、钱五百万遗陆生为饮食费。遗，于季翻。

9 太后使使告代王，高祖七年，立子恒为代王。欲徙王赵。王，于况翻。代王谢之，愿守代边。太后乃立兄子吕禄为赵王，追尊禄父建成康侯释之为赵昭王。

10 九月，燕灵王建薨；有美人子，太后使人杀之。国除。高祖初封卢绾于燕，绾入匈奴，乃立建为燕王。美人子，美人所生之子也。

11 遣隆虑侯周灶将兵击南越。班志，隆虑县属河内郡；至后汉，避殇帝讳，改曰林虑。虑，音闾。

八年（辛酉、前一八〇）

1 冬，十月，辛丑，立吕肃王子东平侯通为燕王；东平，地名，在济东；宣帝甘露二年为东平国。封通弟庄为东平侯。

2 三【张："三"上脱"春"字。】月，太后祓，还，过轵道，师古曰：祓者，除恶之祭。祓，音废，又敷勿翻。见物如苍犬，撠太后掖，师古曰：撠，谓拘持之也。撠，音戟。拘，居足翻。掖，与腋同。忽不复见。卜之，云"赵王如意为祟"。祟，虽遂翻，神祸也，鬼厉也。太后遂病掖伤。

太后为外孙鲁王偃年少孤弱，偃，张敖子。为，于伪翻。夏，四月，丁酉，封张敖前姬两子侈为新都侯，班志，新都县属南阳郡。寿为乐昌侯，徐广曰：乐昌，今细阳之池阳乡。余据班志，细阳县属汝南郡；又东郡有乐昌县。考异曰：史记惠景间侯者表“新都”作“信都”；“寿”作“受”。今从本纪。以辅鲁王。又封中大谒者张释为建陵侯，如淳曰：灌婴为中谒者，后常以阉人为之；诸官加中者，多阉人也。班志，建陵县属东海郡。以其劝王诸吕，赏之也。

3 江、汉水溢，流万余家。

4 秋，七月，太后病甚，乃令赵王禄为上将军，居北军；吕王产居南军。班表：中垒校尉掌北军垒门。外又有中尉掌徼循京师，属官有中垒、寺互等令、丞。至后汉始置北军中候，掌监五营。刘昭注曰：旧有中垒校尉，领北军营垒之事；中兴，省中垒，但置中候以监五营。又据班表：中垒以下八校尉，皆武帝置。意者武帝以前，北军属中尉，故领中垒令、丞等官；南军盖卫尉所统。班表：卫尉掌宫门卫屯兵。周勃之入北军也，尚有南军。乃先使曹窋告卫尉毋入吕产殿门，然后使朱虚侯逐产，杀之未央宫郎中府吏厕中，以此知南军属卫尉也。太后诫产、禄曰：“吕氏之王，大臣弗平。我即崩，帝年少，大臣恐为变。必据兵卫宫，慎毋送丧，为人所制！”辛巳，太后崩，遗诏：大赦天下，以吕王产为相国，以吕禄女为帝后。高后已葬，以左丞相审食其为帝太傅。考异曰：史记将相表：“八年七月辛巳，食其为太傅；”“九月丙戌，复为丞相；后九月免。”汉书公卿表：“七年七月辛巳，食其为太傅；”“八年九月，复为丞相；后九月免。”以长历推之：八年七月无辛巳，九月无丙戌，闰月群臣代邸上议，无食其名。二表皆误，今从史记本纪，免相在此月。本纪又云：“八月壬戌，食其复为左丞相。”亦误。

5 诸吕欲为乱，畏大臣绛、灌等，未敢发。朱虚侯以吕禄女为妇，故知其谋，乃阴令人告其兄齐王，欲令发兵西，朱虚侯、东牟侯为内应，以诛诸吕，立齐王为帝。齐王乃与其舅驷钧、郎中令祝午、中尉魏勃阴谋发兵。齐相召平弗听。班

表：诸侯王，高祖初置有太傅辅王，内史治国民，中尉掌武职，丞相统众官，如汉朝。景帝中五年，令诸侯王不得复治国，天子为置吏，改丞相曰相。武帝分汉内史为左右，后又更右为京兆尹，左为冯翊，中尉为执金吾，郎中令为光禄勋；故王国如故，损其郎中令秩千石；改太仆曰仆，秩亦千石。成帝绥和元年，更令相治民如郡太守，中尉如郡都尉。康曰：广陵人召平与东陵侯召平及此召平，凡三人。此召平之子奴，以平死事封黎侯，见功臣表。召，与邵同。姓谱：驷，郑七穆驷氏之后。祝，周武王封黄帝之后于祝，后以为氏。八月，丙午，齐王欲使人诛相；相闻之，乃发卒卫王宫。魏勃绐邵【章：甲十五行本"邵"作"召"；乙十一行本同；孔本同。】平曰："王欲发兵，非有汉虎符验也。应劭曰：铜虎符第一至第五，国家当发兵，遣使者至郡合符，符合乃听受之。张晏曰：符以代古之圭璋，从简易也。予据史记文帝纪："三年九月，初与郡国守相为铜虎符。"既有"初"字，则前乎文帝之时当未有铜虎符也。召平、魏勃事在三年之前，何缘有虎符发兵！班史于文纪三年，只书"初与郡守为铜虎符"，汰去"国相"二字。温公则但书勃语于此，而文纪不复书，岂亦有疑于此邪？而相君围王固善，勃请为君将兵卫王。"为，于伪翻。召平信之。勃既将兵，遂围相府；召平自杀。于是齐王以驷钧为相，魏勃为将军，祝午为内史，悉发国中兵。

使祝午东诈琅邪王曰：琅邪王，刘泽也。三年，割齐琅邪封之。"吕氏作乱，齐王发兵欲西诛之。齐王自以年少，不习兵革之事，愿举国委大王。大王，自高帝将也；言泽自高帝时为将。请大王幸之临菑，见齐王计事。"临菑，即古营丘，齐国所都。琅邪王信之，西驰见齐王。齐王因留琅邪王，而使祝午尽发琅邪国兵，并将之。考异曰：史记泽世家、汉书传，皆以为泽与齐王合谋；盖误。今从史记吕后本纪、齐王世家、汉书吕后纪、齐王传。琅邪王说齐王曰："大王，高皇帝適长孙也，当立；適，读曰嫡。齐王襄，悼惠王之子，高帝之长孙也。长，知两翻；下同。今诸大臣狐疑未有所定；而泽于刘氏最为长年，大臣固待泽决计。今大王留臣，无为也，不如使我入关计事。"齐王以为然，乃益具车送琅邪王。琅邪王既行，齐遂举兵西攻济南；济南本属齐，元年割以封吕台；台卒，产嗣封。遗诸侯王书，遗，于季翻。陈诸吕之罪，欲举兵诛之。

相国吕产等闻之，乃遣颍阴侯灌婴将兵击之。班志，颍阴县属颍川郡。灌婴至荥阳，谋曰："诸吕拥兵关中，欲危刘氏而自立。今我破齐还报，此益吕氏之资也。"乃留屯荥阳，使使谕齐王及诸侯与连和，以待吕氏变，共诛之。齐王闻之，乃还兵西界待约。

吕禄、吕产欲作乱，内惮绛侯、朱虚等，外畏齐、楚兵；又恐灌婴畔之，欲待灌婴兵与齐合而发，犹豫未决。

当是时，济川王太、淮阳王武、常山王朝及鲁王张偃皆年少，未之国，居长安；赵王禄、梁王产各将兵居南、北军；皆吕氏之人也。列侯群臣莫自坚其命。

太尉绛侯勃不得主兵。曲周侯郦商老病，班志，曲周县属广平国。其子寄与吕禄善。绛侯乃与丞相陈平谋，使人劫郦商，令其子寄往绐说吕禄曰："高帝与吕后共定天下，刘氏所立九王，楚王交，高祖弟。代王恒、淮南王长，高祖子。吴王濞，高祖侄。琅邪王泽，刘氏疏属。齐王襄，高祖孙。常山王朝、淮阳王武、济川王太，惠帝子。说，式芮翻。吕氏所立三王，梁王吕产，赵王吕禄，燕王吕通也。皆大臣之议，事已布告诸侯，【章：甲十五行本重"诸侯"二字；乙十一行本同；孔本同；张校同。】皆以为宜。今太后崩，帝少，而足下佩赵王印，不急之国守藩，乃为上将，将兵留此，为大臣诸侯所疑。足下何不归将印，以兵属太尉，属，之欲翻；下同。请梁王归相国印，与大臣盟而之国。齐兵必罢，大臣得安，足下高枕而王千里，此万世之利也。"而王，于况翻。吕禄信然其计，欲以兵属太尉；使人报吕产及诸吕老人，或以为便，或曰不便，计犹豫未有所决。

吕禄信郦寄，时与出游猎，过其姑吕媭。媭大怒曰：媭，吕后之妹，樊哙之妻；于禄，姑也。过，工禾翻。“若为将而弃军，吕氏今无处矣！”乃悉出珠玉、宝器散堂下，曰：“毋为他人守也！”

九月，庚申旦，考异曰：史记本纪，“八月庚申旦”上有“八月丙午”。汉书高后纪亦云“八月庚申”。今以长历推之，下“八月”当为“九月”。平阳侯窋行御史大夫事，见相国产计事。郎中令贾寿使从齐来，姓谱：周康王封唐叔虞少子公明于贾城，子孙以国为氏。又，晋大夫贾季食邑于贾，其后以邑为氏。因数产曰：“王不早之国；今虽欲行，尚可得耶！”数，所具翻。具以灌婴与齐、楚合从欲诛诸吕告产，师古曰：齐、楚俱在山东，连兵西乡，欲诛诸吕，亦犹六国为从以敌秦，故谓之合从也。从，子容翻。且趣产急入宫。趣，读曰促。平阳侯颇闻其语，驰告丞相、太尉。

太尉欲入北军，不得入。襄平侯纪通尚符节，乃令持节矫内太尉北军。班志，襄平县属辽东郡。张晏曰：纪通，纪信子也。尚，主也；今符节令也。晋灼曰：纪信焚死，不见其后。功臣表云：通，纪成之子，以成死事故封侯。贡父曰：汉祖以善用人得天下，岂忘纪信之功哉！疑成者，即信之一名也。通尚符节，故使持节矫以帝命内勃北军。内，读曰纳。太尉复令郦寄与典客刘揭先说吕禄曰：复，扶又翻。班志：典客，秦官，掌诸侯、归义蛮夷；景帝中六年，更名大行令；武帝太初元年，更名大鸿胪。揭，音竭。“帝使太尉守北军，欲足下之国。急归将印，辞去！不然，祸且起。”吕禄以为郦况不欺己，遂解印属典客，而以兵授太尉。太尉至军，吕禄已去。太尉入军门，行令军中曰：“为吕氏右袒，为刘氏左袒！”师古曰：袒者，脱衣袖而肉袒也；左、右袒者，偏脱其一耳。袒，徒旱翻。郑氏注觐礼云：凡为礼事者左袒；若请罪待刑则右袒。军中皆左袒。太尉遂将北军；然尚有南军。丞相平乃召朱虚侯章佐太尉；太尉令朱虚侯监军门，监，古衔翻。令平阳侯告卫尉：“毋入相国产殿门！”卫尉，掌宫门卫屯兵。平阳侯时为御史大夫，盖将丞相之命以告卫尉，使毋纳产也。

吕产不知吕禄已去北军，乃入未央宫，欲为乱。至殿门，弗得入，徘徊往来。平阳侯恐弗胜，驰语太尉。语，牛倨翻。太尉尚恐不胜诸吕，未敢公言诛之，乃谓朱虚侯曰："急入宫卫帝！"朱虚侯请卒，太尉予卒千馀人。予，读曰与。入未央宫门，见产廷中。日餔时，申时食为餔。餔，奔谟翻。遂击产；产走。天风大起，以故其从官乱，莫敢斗；逐产，杀之郎中府吏厕中。如淳曰：郎中令，掌宫殿门户，故府在宫中。从，才用翻。朱虚侯已杀产，帝命谒者持节劳朱虚侯。劳，力到翻。朱虚侯欲夺其节，谒者不肯。朱虚侯则从与载，因节信驰走，师古曰：因谒者所持之节，用为信也。章与谒者同车，故为门者所信，得入长乐宫。斩长乐卫尉吕更始。更，工衡翻。还，驰入北军报太尉，太尉起拜贺。朱虚侯曰："所患独吕产；今已诛，天下定矣！"遂遣人分部悉捕诸吕男女，无少长皆斩之。分，扶问翻。辛酉，捕斩吕禄而笞杀吕媭，使人诛燕王吕通而废鲁王张偃。戊辰，徙济川王王梁。吕产既诛，故徙太王梁。遣朱虚侯章以诛诸吕事告齐王，令罢兵。

灌婴在荥阳，闻魏勃本教齐王举兵，使使召魏勃至，责问之。勃曰："失火之家，岂暇先言丈人而后救火乎！"因退立，股战而栗，师古曰：言以社稷将危，故举兵而正之，不暇待有诏命也。股，脚也。战者，惧之甚也。栗，与慄同。恐不能言者，终无他语。灌将军熟视笑曰："人谓魏勃勇；妄庸人耳，何能为乎！"乃罢魏勃。灌婴兵亦罢荥阳归。

班固赞曰：孝文时，天下以郦寄为卖友。言寄与禄友善，诡说之出游，因夺其兵而诛之，是寄卖友也。夫卖友者，谓见利而忘义也。若寄父为功臣而又执劫；虽摧吕禄以安社稷，谊存君亲可也。师古曰：周勃劫其父，令其子行说。予谓劫者，劫质也。盖劫寄父商为质，谕以不行说禄将杀之也。盖当时皆以寄为卖友，故固发明父子、朋友各有其伦，为人臣子者当知所缓急先后也。

6 诸大臣相与阴谋曰："少帝及梁、淮阳、恒山王，皆非真孝惠子也；吕后以计诈名他人子，杀其母养后宫，令孝惠子之，立以为后及诸王，以强吕氏。今皆已夷灭诸吕，而所立即长，用事，吾属无类矣！长，知两翻；下同。不如视诸王最贤者立之。"或言："齐王，高帝长孙，可立也。"大臣皆曰："吕氏以外家恶而几危宗庙，乱功臣。几，居衣翻。今齐王舅驷钧，虎而冠；言驷钧恶戾，如虎而着冠。即立齐王，复为吕氏矣。代王方今高帝见子最长，仁孝宽厚；太后家薄氏谨良。言高帝见在诸子惟代王为最长也。见，贤遍翻。代王，高帝姬薄氏所生。薄姓，战国已有之；风俗通：卫有贤人薄疑。且立长固顺，况以仁孝闻天下乎！"乃相与共阴使人召代王。

代王问左右，郎中令张武等曰："汉大臣皆故高帝时大将，习兵，多谋诈。此其属意非止此也，师古曰：言常有异志也。属意，犹言注意也。属，音之欲翻。特畏高帝、吕太后威耳。今已诛诸吕，新喋血京师，索隐曰：汉书作"喋"，音跕，丁牒翻。陈汤、杜业皆言"喋血"，无盟歃事。广雅曰：喋，履也。予据类篇：喋字有色甲、色洽二翻。既从喋字音义，当与歃同；若从喋字，则有履之义。公羊传曰：京，大也；师，众也：天子之居，必以众大之辞言之。此以迎大王为名，实不可信。愿大王称疾毋往，以观其变。"中尉宋昌进曰："群臣之议皆非也。夫秦失其政，诸侯、豪桀并起，人人自以为得之者以万数，然卒践天子之位者，刘氏也；卒，子恤翻；下同。天下绝望，一矣。高帝封王子弟，地犬牙相制，此所谓磐石之宗也；师古曰：言地形如犬之牙，交而相入也。石大而下平，磐据地面，不可得而移动，故以为喻也。王，于况翻。天下服其强，二矣。汉兴，除秦苛政，约法令，施德惠，人人自安，难动摇，三矣。夫以吕太后之严，立诸吕为三王，擅权专制；然而太尉以一节入北军一呼，呼，火故翻。士皆左袒，为刘氏，叛诸吕，卒以灭之。此乃天授，非人力也。今大臣虽欲为变，百姓弗为使，为，于伪翻。使，如字。其党宁能专一邪！方今内有朱虚、东牟之亲，外畏吴、楚、淮阳、琅邪、齐、代之强。"淮阳"，史记作"淮南"，当从之。方今高帝子，独淮南王与大王；大王又长，长，知两翻。贤圣仁孝闻于天下，闻，音问。故大臣因天下之心而欲迎立大王。大王勿疑也！"代王报太后计之，犹豫未定。卜之，兆得大横，应劭曰：龟曰兆，筮曰卦。卜者以荆灼龟，文正横也。占曰："大横庚庚，余为天王，夏启以光。"服虔曰：庚庚，横貌。李奇曰：庚庚，其繇文也。占，谓其繇也。张晏曰：先是五帝官天下，老则嬗贤；至夏启始传嗣，能光先君之业。文帝亦袭父迹，言似启也。师古曰：繇，丈救翻，本作"籀"。籀，书也。谓读卜词。孔颖达曰：兆者，龟之亹坼；繇者，卜之文辞。代王曰："寡人固已为王矣，又何王？"卜人曰："所谓天王者，乃天子也。"于是代王遣太后弟薄昭往见绛侯，绛侯等具为昭言所以迎立王意。为，于伪翻。薄昭还报曰："信矣，毋可疑者。"毋，与无通。代王乃笑谓宋昌曰："果如公言。"

乃命宋昌参乘，师古曰：戎事则称车右，其馀则曰参乘。参者，三也，盖取三人为义。乘，绳证翻。张武等六人乘传，从诣长安。至高陵，休止，传，株恋翻。班志，高陵县属左冯翊。括地志：高陵故城在雍州高陵县西一里。从，才用翻。而使宋昌先驰之长安观变。昌至渭桥，苏林曰：渭桥，在长安北三里。索隐曰：咸阳宫在渭北，兴乐宫在渭南，秦昭王通两宫之间作渭桥，长三百八十步。关中记云：石柱以北属扶风，石柱以南属京兆。丞相以下皆迎。昌还报。代王驰至渭桥，群臣拜谒称臣，代王下车答拜。太尉勃进曰："愿请閒。"包恺曰：閒，音闲；言欲向空闲处。师古曰：閒，容也，犹今言中閒也；请容暇之顷，当有所陈，不欲于众中显论也。他皆类此。宋昌曰："所言公，公言之；所言私，王者无私。"太尉乃跪上天子玺、符。上，时掌翻。代王谢曰："至代邸而议之。"

后九月，己酉晦，代王至长安，舍代邸，群臣从至邸。丞相陈平等皆再拜言曰："子弘等皆非孝惠子，不当奉宗庙。大王，高帝长子，宜为嗣。长，知两翻。愿大王即天子位！"代王西乡让者三，南乡让者再，如淳曰：让群臣也。或曰：宾主位东西面，君臣位南北面；故西乡坐三让不受，群臣犹称宜，乃更南乡坐，示变即君位之渐也。余谓如说以代王南乡坐为即君位之渐，恐非代王所以再让之意。盖王入代邸而汉廷群臣继至，王以宾主礼接之，故西乡；群臣劝进，王凡三让，群臣遂扶王正南面之位，王又让者再；则南乡非王之得已也，群臣扶之使南乡耳。遽以为南乡坐，可乎！乡，读曰向。遂即天子位；群臣以礼次侍。

东牟侯兴居曰："诛吕氏，臣无功，请得除宫。"除宫，清宫也。应劭曰：旧典，天子行幸，所至必遣静室令先按行清净殿中，以备非常。余谓此时群臣虽奉帝即位，而少帝犹居禁中，盖有所屏除也。乃与太仆汝阴侯滕公入宫，前谓少帝曰："足下非刘氏子，不当立！"乃顾麾左右执戟者掊兵罢去；掊，芳遇翻。类篇曰：顿也。有数人不肯去兵，宦者令张释谕告，亦去兵。班表：宦者令属少府。张释，即大谒者、封建陵侯者，释本宦者，故兼是官。去，羌吕翻。滕公乃召乘舆车载少帝出。康曰：天子以天下为家，不以宫室为常处。当乘舆以行天下，故托乘舆言。余谓康说乘舆本不与古义相悖；但此所谓乘舆车，不当以此解之。汉乘舆之制：轮，朱班，重牙，贰毂，两辖。金薄缪龙为舆倚较，文虎伏轼，龙首衔轭。左右吉阳筩，鸾雀立衡。樇文画辀，羽盖华蚤。建大旗十二斿，画日月升龙。驾六马，象镳镂锡金鍐方釳。插翟尾，朱兼繁缨，赤罽易茸，金就十有二。左纛以犛牛尾为之，在左骓马轭上，大如斗。此即法驾。文帝已立，少帝安得乘此出宫乎！沈约礼志云：魏、晋御小出，多乘舆车。舆车，今之小舆。滕公职为太仆，与东牟侯除宫，亦无缘召乘舆、金根以载少帝。意者此舆车盖天子常所乘舆车，即魏、晋间小舆也。少帝曰："欲将我安之乎？"滕公曰："出就舍。"舍少府。乃奉天子法驾迎代王于邸，汉官仪：天子卤簿有大驾、法驾、小驾。大驾，公卿奉引，大将军骖乘，属车八十一乘。法驾，公卿不在卤簿中，惟京兆尹、执金吾、长安令奉引，侍中骖乘，属车三十六乘。蔡邕曰：法驾，乘金根车，驾六马，有五时副车，驾四马；侍中骖乘，属车三十六乘。沈约礼志：汉制：乘舆金根车，轮皆朱班、重毂、两辖、飞软。毂外复有毂，施辖，其外复设辖，铜贯其中。飞軨以赤油为之，广八寸，长注地，系轴头，谓之飞軨。金，金薄缪龙为舆倚较。较在箱上，櫖文画藩；藩，箱也。文虎伏轼，鸾雀立衡，櫖文画辕。翠羽盖，黄裹，所谓黄屋也。金华施橑末，建太常十二斿，画日月升龙，驾六黑马，施十二鸾、金为叉髦，插以翟尾。又加左纛，所谓左纛舆也。路，如周玉路之制。应劭汉官卤簿图：乘舆大驾，则御凤凰车，以金根为副，又五色安车、五色立车各五乘，建龙旗，驾四车，施八鸾，馀如金根之制，犹周金路也。车各如方色，所谓五时副车。白马者，朱其鬣。安车者，坐乘。又有建华盖九重甘泉卤簿者，道车五乘，游车九乘，在乘舆车前。又有象车，最在前，试桥道。宋明帝时，建安王休仁议曰：秦改周辂制为金根，通以金薄周匝四面；汉、魏、二晋，因循莫改。报曰："宫谨除。"代王即夕入未央宫。有谒者十人持戟卫端门，郎、谒者皆执戟以宿卫宫殿。前所书少帝左右执戟者，亦中郎、郎中、谒者之官也。端门，未央宫前殿之正南门也。曰："天子在也，足下何为者而入！"代王乃谓太尉。太尉往谕，谒者十人皆掊兵而去，代王遂入。夜，拜宋昌为卫将军，班表：前、后、左、右将军，皆周末官，秦因之，汉不常置。蔡质汉仪：汉兴，置大将军、骠骑将军，位次丞相；车骑将军、卫将军、左、右、前、后将军，皆金紫，位次上卿。余据大将军始于灌婴，骠骑、车骑、左、右、前、后将军，景、武之后方有其官；卫将军则始置于此。镇抚南北军；以张武为郎中令，行殿中。行，谓案行也。行，下更翻。有司分部诛灭梁、淮阳、恒山王及少帝于邸。分，扶问翻。文帝还坐前殿，夜，下诏书赦天下。

太宗孝文皇帝上 荀悦曰：讳"恒"之字曰"常"，高祖中子也。母曰薄姬。礼，祖有功而宗有德。汉之子孙，以为功莫盛于高帝，故为帝者太祖之庙；德莫盛于文帝，故为帝者太宗之庙。自唐以来，诸帝庙号莫不称宗，而此义泯矣。谥法：经纬天地曰文。

元年（壬戌、前一七九）

1 冬，十月，庚戌，徙琅邪王泽为燕王；封赵幽王子遂为赵王。泽以吕后七年自营陵侯封琅邪王。齐王起兵诛诸吕，泽失国，西至京师，与大臣共立帝，以功徙封燕王。赵王友幽死于吕后七年，徙梁王恢王赵，恢寻以逼死，以其国封吕禄。禄诛，乃复封友长子遂为赵王。

2 陈平谢病；上问之，平曰："高祖时，勃功不如臣，及诛诸吕，臣功亦不如勃；愿以右丞相让勃。"十一月，辛巳，上徙平为左丞相，太尉勃为右丞相，大将军灌婴为太尉。诸吕所夺齐、楚故地，皆复与之。吕后封吕台为吕王，得梁地，夺齐、楚之地以傅益之。

3 论诛诸吕功，右丞相勃以下益户、赐金各有差。绛侯朝罢趋出，意得甚；上礼之恭，常目送之。上礼勃恭甚，其罢朝也，常目送之；待其既出，然后肆体自如。朝，直遥翻；下同。郎中安陵袁盎谏曰：安陵属右扶风，惠帝所起陵邑。按姓谱：辕、袁、爰三姓皆出陈辕涛涂之后。按史记作"爰盎"，汉书作"袁盎"，则"袁"、"爰"通也。"诸吕悖逆，大臣相与共诛之。悖，蒲内翻。是时丞相为太尉，本兵柄，适会其成功。今丞相如有骄主色，如，似也。陛下谦让；臣主失礼，窃为陛下弗取也！"为，于伪翻；下同。后朝，上益庄，丞相益畏。

4 十二月，诏曰："法者，治之正也。治，直吏翻。今犯法已论，而使无罪之父母、妻子、同产坐之，及为收帑，朕甚不取！其除收帑诸相坐律令！"应劭曰：帑，子也。秦法：一人有罪，并坐其室家。今除此律。帑，音奴。

5 春，正月，有司请蚤建太子。上曰："朕既不德，纵不能博求天下贤圣有德之人而禅天下焉，而曰豫建太子，是重吾不德也；其安之！"师古曰：重，谓增益也。安，犹徐也；言不宜汲汲耳。重，直用翻；他皆类此。有司曰："豫建太子，所以重宗庙、社稷，不忘天下也。"上曰："楚王，季父也；吴王，兄也；淮南王，弟也：岂不豫哉？今不选举焉，而曰必子；人其以朕为忘贤有德者而专于子，非所以优【章：甲十五行本"优"作"忧"；乙十一行本同；孔本同；退斋校同。】天下也！”有司固请曰：“古者殷、周有国，治安皆千馀岁，用此道也；师古曰：所以能尔者，以承嗣相传故也。治，直吏翻。立嗣必子，所从来远矣。高帝平天下为太祖，子孙继嗣世世不绝，今释宜建释，舍也。宜建，谓嗣也。而更选于诸侯及宗室，非高帝之志也。更议不宜。师古曰：不当更议。子启最长，启，景帝名。长，知两翻。纯厚慈仁，请建以为太子。”上乃许之。

6 三月，立太子母窦氏为皇后。春秋之法，母以子贵。风俗通：夏帝相遭有穷氏之难，其妃方娠，逃出自窦而生少康，其后氏焉。皇后，清河观津人。班志，观津县属信都国，清河郡无观津。盖信都、清河本皆赵地，景帝二年为广川国，四年为信都郡，而清河郡则高帝置；此在未分置之前，故系之清河。杜佑曰：汉观津县在德州蓨县东北。有弟广国，字少君，幼为人所略卖，传十馀家，传，直恋翻。闻窦后立，乃上书自陈。召见，验问，得实，乃厚赐田宅、金钱，与兄长君家于长安。绛侯、灌将军等曰：“吾属不死，命乃且县此两人。县，读曰悬。两人所出微，不可不为择师傅、宾客；又复效吕氏，大事也！”于是乃选士之有节行者与居。为，于伪翻。行，下孟翻。窦长君、少君由此为退让君子，不敢以尊贵骄人。观绛、灌所以处二窦，后世大臣以文义自持者，其智识及此乎！

7 诏振贷鳏、寡、孤、独、穷困之人。师古曰：振，起也，为给贷之，令其存立也。诸振救、振赡，其义皆同。今流俗作字从“贝”者，非也，自别有训。贷，吐戴翻。又令：“八十已上，月赐米、肉、酒；九十已上，加赐帛、絮。赐物当禀鬻米者，禀，给也。鬻，读曰粥，之六翻，糜也。长吏阅视，丞若尉致；师古曰：长吏，县之令、长也。若者，豫及之辞；致者，送至也；或丞、或尉自致之也。班表：县令、长皆秦官，掌治其县。万户以上为令，秩千石至六百石；减万户为长，秩五百石至三百石；皆有丞、尉，秩四百石至二百石；是为长吏。长，知两翻。不满九十，啬夫、令史致；汉制：十里一亭，十亭一乡。乡有啬夫，职听讼、收赋税。风俗通曰：啬者，省也；夫，赋也；言消息百姓，均其赋役。又汉制：县长吏百石以下有所谓斗食佐史。汉官云：斗食佐史，即斗食令史。二千石遣都吏循行，不称者督之。”苏林曰：取其都吏有德也。如淳曰：律说：都吏，今督邮是也。闲惠晓事，即为文无害都吏。师古曰：如说是。其循行有不如诏意者，二千石察视责罚之。行，下孟翻。称，尺证翻。

8 楚元王交薨。

9 夏，四月，齐、楚地震，二十九山同日崩，大水溃出。

10 时有献千里马者。帝曰：“鸾旗在前，刘昭志：乘舆大驾、法驾，前驱有九斿、云罕、凤凰阘戟、皮轩、鸾旗，皆大夫载。鸾旗者，编羽毛，列系幢旁；民或谓之鸡翘，非也。胡广曰：鸾旗，以铜作鸾鸟车衡上。与本志不同。晋志曰：鸾旗车，驾四马，先辂所载也。属车在后，汉制：大驾，属车八十一乘，备千乘万骑。刘昭曰：古者诸侯贰车九乘。秦灭六国，兼其车服。古大驾属车八十一乘；法驾半之。沈约曰：属车皆皂盖、黄里。师古曰：属，之欲翻。吉行日五十里，师行三十里；朕乘千里马，独先安之？”于是还其马，与道里费；而下诏曰：“朕不受献也。其令四方毋求来献。”

11 帝既施惠天下，诸侯、四夷远近欢洽；乃修代来功，封宋昌为壮武侯。班志，壮武属胶东国。括地志：壮武故城，在莱州即墨县西六十里，古莱夷之国。

12 帝益明习国家事。朝而问右丞相勃曰：“天下一岁决狱几何？”朝，直遥翻。勃谢不知；又问：“一岁钱谷入【章：乙十一行本“入”上有“出”字；并刊一格。】几何？”勃又谢不知；惶愧，汗出沾背。上问左丞相平。平曰：“有主者。”上曰：“主者谓谁？”曰：“陛下即问决狱，责廷尉；廷尉，掌刑辟；故决狱当问之。问钱谷，责治粟内史。”班表：治粟内史，秦官，掌谷货；故钱谷出入当问之。武帝太初元年，改为大司农。上曰：“苟各有主者，而君所主者何事也？”平谢曰：“陛下不知其驽下，师古曰：驽，凡马之称，非骏者也，故以自喻。驽，音奴。使待罪宰相。宰相者，上佐天子，理阴阳，顺四时；下遂万物之宜；外镇抚四夷诸侯；内亲附百姓，使卿大夫各得任其职焉。”帝乃称善。右丞相大惭，出而让陈平曰：“君独不素教我对！”陈平笑曰：“君居其位，不知其任邪？且陛下即问长安中盗贼数，君欲强对邪？”强，其两翻。于是绛侯自知其能不如平远矣。居顷之，人或说勃曰：“君既诛诸吕，立代王，威震天下。而君受厚赏，处尊位，说，式芮翻。处，昌吕翻。久之，即祸及身矣。”勃亦自危，乃谢病，请归相印，上许之。秋，八月，辛未，右丞相勃免，左丞相平专为丞相。

13 初，隆虑侯灶击南越，事见高后七年。会暑湿，士卒大疫，兵不能隃领。师古曰：隃，与逾同。岁馀，高后崩，即罢兵。赵佗因此以兵威财物赂遗闽越、西瓯、骆，役属焉。遗，于季翻；下同。刘昫曰：唐党州，古西瓯所居也；汉属郁林郡界。骆，越也；唐贵州郁平县，古西瓯、骆越所居，汉为郁林广郁县地。又，潘州亦西瓯、骆越地，汉合浦郡地也。又，高州茂名县及郁林军，亦古西瓯之地。宋白曰：秦象林郡皆西瓯地。师古曰：西瓯者，即骆越也；言西者，以别东瓯也。广州记曰：交趾有骆田，仰潮水上下；人食其田，名为骆侯，诸县自名为骆将，铜印青绶，即今之令。后蜀王子将兵讨骆侯，自称为安阳王，治封溪县。南越王尉佗攻破安阳王，令二使典主交趾、九真二郡，即瓯骆也。东西万馀里，乘黄屋左纛，称制与中国侔。

帝乃为佗亲冢在真定者置守邑，为，于伪翻。岁时奉祀；召其昆弟，尊官、厚赐宠之。复使陆贾使南越，复，扶又翻。赐佗书曰：“朕，高皇帝侧室之子也，师古曰：言非正嫡所生。弃外，奉北藩于代。道里辽远，壅蔽朴愚，未尝致书。高皇帝弃群臣，孝惠皇帝即世；高后自临事，不幸有疾，诸吕为变，赖功臣之力，诛之已毕。朕以王、侯、吏不释之故，孟康曰：辞让帝位，不见置也。不得不立；今即位。乃者闻王遗将军隆虑侯书，求亲昆弟，请罢长沙两将军。佗，真定人，亲昆弟皆在真定，故来求之。吕后七年，佗反，攻长沙，故遣两将军屯于长沙以备之。遗，于季翻。朕以王书罢将军博阳侯；博阳，齐地。高祖功臣表有博阳侯陈濞，盖于此时为将军也。索隐曰：博阳县在汝南。亲昆弟在真定者，已遣人存问，修治先人冢。治，直之翻。前日闻王发兵于边，为寇灾不止。当其时，长沙苦之，南郡尤甚；虽王之国，庸独利乎！师古曰：言越兵寇边、长沙、南郡皆厌苦之，而汉兵亦当拒战，其于越亦非利也。必多杀士卒，伤良将吏，寡人之妻，孤人之子，独人父母；得一亡十，朕不忍为也。朕欲定地犬牙相入者；以问吏，吏曰：'高皇帝所以介长沙土也，'介，隔也。朕不得擅变焉。今得王之地，不足以为大；得王之财，不足以为富。服领以南，苏林曰：山领名也。如淳曰：长沙南界。予谓服领者，自五岭以南，荒服之外，因以称之。王自治之。虽然，王之号为帝。两帝并立，亡一乘之使以通其道，亡，与无同。乘，绳证翻。是争也；争而不让，仁者不为也。愿与王分弃前恶，师古曰：彼此共弃，故曰分。终今以来，通使如故。"师古曰：从今通使至于终久，故曰"终今以来"也。

贾至南越。南越王恐，顿首谢罪；愿奉明诏，长为藩臣，奉贡职。于是下令国中曰："吾闻两雄不俱立，两贤不并世。汉皇帝，贤天子。自今以来，去帝制、黄屋、左纛。"去，羌吕翻。因为书，称："蛮夷大长、老夫臣佗昧死再拜上书皇帝陛下长，知两翻；下同。曰：【章：甲十五行本无"曰"字；乙十一行本同；孔本同。】老夫，故越吏也，高皇帝幸赐臣佗玺，以为南越王。孝惠皇帝即位，义不忍绝，所以赐老夫者厚甚。高后用事，别异蛮夷，别，彼列翻。出令曰：'毋与蛮夷越金铁、田器、马、牛、羊；以越为蛮夷，故曰蛮夷越。即予，予牡，毋予牝。'予，读曰与。牡，雄也；牝，雌也。恐其蕃息，故不予牝。老夫处僻，马、牛、羊齿已长。师古曰：齿已长，谓老也。处，昌吕翻；下同。自以祭祀不修，有死罪，使内史藩、中尉高、御史平凡三辈上书谢过，皆不反。又风闻老夫父母坟墓已坏削，兄弟宗族已诛论。师古曰：风闻，谓风声传闻也。诛论者，以罪论死也。坏，音怪。吏相与议曰：'今内不得振于汉，言为汉所贬削，不得振起也。外亡以自高异，'亡，读曰无。故更号为帝，自帝其国，非敢有害于天下。更，工衡翻。高皇后闻之，大怒，削去南越之籍，使使不通。去，羌吕翻。使使：上如字；下疏吏翻。老夫窃疑长沙王谗臣，故发兵以伐其边。老夫处越四十九年，于今抱孙焉。然夙兴夜寐，寝不安席，食不甘味，目不视靡曼之色，张揖曰：靡，细也。曼，泽也。耳不听钟鼓之音者，以不得事汉也。今陛下幸哀怜，复故号，通使汉如故；老夫死，骨不腐。改号，不敢为帝矣！"

14 齐哀王襄薨。谥法：恭仁短折曰哀。

15 上闻河南守吴公治平为天下第一，守，式又翻。治，直吏翻。召以为廷尉。吴公荐洛阳人贾谊，班志，洛阳县属河南郡。帝召以为博士。班表：博士，秦官，掌通古今，秩比六百石，员多至数十人。武帝建元五年，初置五经博士；宣帝黄龙元年，增员十二人；属奉常。是时贾生年二十馀。帝爱其辞博，言其赡于文辞而博识也。一岁中，超迁至太中大夫。班表：太中大夫，掌论议，无员，多至数十人，秩比千石；属郎中令。贾生请改正朔，易服色，定官名，兴礼乐，以立汉制，更秦法；正朔，谓夏建寅为人正，商建丑为地正，周建子为天正。秦之建亥，非三统也，而汉因之，此当改也。周以火德王，色尚赤。汉继周者也，以土继火，色宜尚黄，此当易也。唐、虞官百，夏、商官倍，周官则备矣，六卿各率其属，凡三百六十。秦立百官之职名，汉因循而不革，此当定也。高祖之时，叔孙通采秦仪以制朝廷之礼，因秦乐人以作宗庙之乐，此当兴也。谊之说虽未为尽醇，而其志则可尚矣。帝谦让未遑也。

二年（癸亥、前一七八）

1 冬，十月，曲逆献侯陈平薨。

2 诏列侯各之国；为吏及诏所止者，遣太子。李奇曰：为吏，谓为卿、大夫者；诏所止，谓特以恩爱见留。余谓当时如周勃者是也。

3 十一月，乙亥，周勃复为丞相。

4 癸卯晦，日有食之。诏："群臣悉思朕之过失及知见之所不及，匄以启告朕。匄，音丐，乞也。及举贤良、方正、能直言极谏者，贤良方正之举昉此。以匡朕之不逮。"因各敕以职任，务省繇费以便民；省，所景翻，减也。繇，读曰徭，役也。罢卫将军；按班纪，诏曰："朕既不能远德，故憪然念外人之有非，是以设备未息。今纵不能罢边屯戍，又饬兵厚卫，其罢卫将军军。"通鉴传写逸一"军"字耳。太仆见马遗财足，馀皆以给传置。班表：太仆掌舆马。见马，见在之马也。遗，留也。财，与才同，少也，仅也。言减见在之马，所留财足充事而已。置者，置传驿之所，因名置也。传，张恋翻。

颍阴侯骑贾山颍阴侯，灌婴也。骑者，盖在侯家为骑从也。上书言治乱之道曰："臣闻雷霆之所击，无不摧折者；折，而设翻。万钧之所压，无不糜灭者。今人主之威，非特雷霆也；埶重，非特万钧也。开道而求谏，和颜色而受之，用其言而显其身，士犹恐惧而不敢自尽；又况于纵欲恣暴、恶闻其过乎！恶，乌路翻。震之以威，压之以重，虽有尧、舜之智，孟贲之勇，岂有不摧折者哉！贲，音奔。如此则人主不得闻其过，社稷危矣。

昔者周盖千八百国，周爵五等而土三等：公、侯百里，伯七十里，子、男五十里；不满为附庸。九州，州方千里。八州，州二百一十国；天子之县内九十三国，凡九州，千七百七十三国。曰千八百国者，举成数也。以九州之民周改禹贡徐、梁二州合之于青、雍，分冀州之地以为幽、并。职方氏所掌曰扬州、荆州、豫州、青州、兖州、雍州、幽州、冀州、并州。养千八百国之君，君有馀财，民有馀力，而颂声作。颂者，美盛德之形容也。秦皇帝以千八百国之民自养，力罢不能胜其役，财尽不能胜其求。罢，读曰疲。胜，音升。一君之身耳，所自养者驰骋弋猎之娱，弋，羊职翻，缴射也。天下弗能供也。秦皇帝计其功德，度其后嗣世世无穷；度，徒洛翻。然身死才数月耳，天下四面而攻之，宗庙灭绝矣。秦皇帝居灭绝之中而不自知者，何也？天下莫敢告也。其所以莫敢告者，何也？亡养老之义，亡辅弼之臣；亡，古无字通。退诽谤之人，杀直谏之士。是以道谀、媮合苟容，道，读曰导；言为谄谀，导迎主意，纳之于邪也。媮，与偷同。比其德则贤于尧、舜，课其功则贤于汤、武；天下已溃师古曰：溃，水旁决也；言天下已坏，如水之溃也。而莫之告也。

今陛下使天下举贤良方正之士，天下皆䜣䜣焉䜣，读曰欣。曰：'将兴尧舜之道、三王之功矣。'天下之士，莫不精白以承休德。师古曰：厉精而为洁白也。今方正之士皆在朝廷矣；又选其贤者，使为常侍、诸吏，班表：左、右曹、诸吏、散骑常侍、中常侍，皆加官。与之驰驱射猎，一日再三出。臣恐朝廷之解弛，百官之堕于事也。解，读曰懈。弛，式氏翻，放也。堕，与惰同。陛下即位，亲自勉以厚天下，节用爱民，平狱缓刑；天下莫不说喜。说，读曰悦。臣闻山东吏布诏令，民虽老羸癃疾，癃，音隆；病也，老也，疲病也。扶杖而往听之，愿少须臾毋死，思见德化之成也。少，诗沼翻。今功业方就，名闻方昭，闻，音问；后以义推。四方乡风乡，读曰向。而从；豪俊之臣，方正之士，直与之日日射猎，击兔、伐狐，以伤大业，绝天下之望，臣窃悼之！古者大臣不得与宴游，师古曰：安息曰宴。与，读曰豫。使皆务其方而高其节，师古曰：方，道也；一曰：方，谓廉隅也。则群臣莫敢不正身修行，行，下孟翻。尽心以称大礼。夫士，修之于家而坏之于天子之廷，称，尺证翻。坏，音怪。臣窃愍之。陛下与众臣宴游，与大臣、方正朝廷论议，游不失乐，朝不失礼，乐，音洛。朝，直遥翻；下同。轨【章：甲十五行本“轨”上有“议不失计”四字；乙十一行本同；孔本同；张校同；退斋校同。】事之大者也。”师古曰：轨，谓法度也。轨，居洧翻。上嘉纳其言。

上每朝，郎、从官上书疏，从，才用翻。未尝不止辇受其言。言不可用置之，言可用采之，未尝不称善。

帝从霸陵上班志，霸陵县属京兆。故芷阳也；帝起陵邑，因更名。欲西驰下峻阪。中郎将袁盎骑，并车擥辔。并，蒲浪翻。擥，与揽同，鲁敢翻。上曰：“将军怯邪？”盎曰：“臣闻‘千金之子，坐不垂堂’。师古曰：言富人之子则自爱也。垂堂，谓坐堂外边，恐坠堕也。圣主不乘危，不徼幸。徼，工尧翻。今陛下骋六飞驰下峻山，有如马惊车败，陛下纵自轻，奈高庙、太后何！”上乃止。

上所幸慎夫人，在禁中常与皇后同席坐。及坐郎署，袁盎引却慎夫人坐。苏林曰：郎署，上林中直卫之署也。如淳曰：盎时为中郎将，天子幸署，豫设供张待之，故得引却慎夫人坐也。坐，徂卧翻。慎，姓也。古有慎到。慎夫人怒，不肯坐；上亦怒，起，入禁中。盎因前说曰：“臣闻‘尊卑有序，则上下和’。今陛下既已立后，慎夫人乃妾；妾、主岂可与同坐哉！且陛下幸之，即厚赐之；陛下所以为慎夫人，适所以祸之也。为，于伪翻。陛下独不见‘人彘’乎！”人彘事见上卷惠帝元年。于是上乃说，说，读曰悦。召语慎夫人，语，牛倨翻。慎夫人赐盎金五十斤。

贾谊说上曰：“管子曰：管子，管仲之书。‘仓廪实而知礼节，衣食足而知荣辱。’民不足而可治者，自古及今，未之尝闻。治，直之翻；下同。古之人曰：‘一夫不耕，或受之饥；一女不织，或受之寒。’生之有时而用之无度，亡，古无字通。则物力必屈。屈，其勿翻，尽也；下大屈同。古之治天下，至纤，至悉，故其畜积足恃。今背本而趋末者甚众，是天下之大残也；师古曰：

本，农业也；末，工、商也。言人弃农业而务工、商者甚众。残，谓伤害天下也。背，蒲妹翻。淫侈之俗，日日以长，长，知两翻。是天下之大贼也。残、贼公行，莫之或止；大命将泛，莫之振救。孟康曰：泛，方勇翻，覆也。师古曰：字本作"覂"，此通用。振，举也。生之者甚少而靡之者甚多，靡，读曰糜，散也。天下财产何得不蹷！蹷，音厥，倾竭也。

汉之为汉，几四十年矣，几，居衣翻。公私之积，犹可哀痛。失时不雨，民且狼顾；郑氏曰：民欲有畔意，若狼之顾望也。李奇曰：狼性怯，走喜还顾。言民见天不雨，心亦恐也。师古曰：李说是。岁恶不入，请卖爵子；如淳曰：卖爵级又卖子也。余谓请卖爵子，犹言请爵、卖子也。入粟得以拜爵，故曰请爵。富者有粟以徼上之急，至于请爵；贫者无以自活，至于卖子。既闻耳矣。如淳曰：闻于天子之耳。安有为天下阽危者若是而上不惊者！阽危，欲坠之意。阽，音阎，又丁念翻。

世之有饥、穰，天之行也；李奇曰：天之行气，不能常熟也。或曰：行，道也；师古曰：穰，丰也；人羊翻。禹、汤被之矣。被，皮义翻。即不幸有方二三千里之旱，国胡以相恤？卒然边境有急，卒，读曰猝。数十百万之众，国胡以馈之？兵、旱相乘，天下大屈，有勇力者聚徒而衡击，衡，读曰横。罢夫、羸老，易子咬其骨。罢，读曰疲。咬，五巧翻，啮也。政治未毕通也，治，直吏翻。远方之能僭拟者并举而争起矣；乃骇而图之，岂将有及乎！夫积贮者，天下之大命也；贮，丁吕翻。苟粟多而财有馀，何为而不成！以攻则取，以守则固，以战则胜，怀敌附远，何招而不至！

今毆民而归之农，皆著于本；毆，与驱同。著，直略翻。使天下各食其力，末技、游食之民转而缘南亩，则畜积足而人乐其所矣。乐，音洛。可以为富安天下，而直为此廪廪也，廪，与凛同；廪廪，危惧之意。师古曰：言务耕农，厚畜积，则天下富安，何乃不为而常不足，直廪廪若此也。窃为陛下惜之！”为，于伪翻。

上感谊言，春，正月，丁亥，诏开藉田，上亲耕以率天下之民。应劭曰：古者天子耕藉田千亩，为天下先。藉者，典藉之常也。韦昭曰：藉，借也；借民以治之，以奉宗庙，且以劝率天下使务农也。臣瓒曰：景帝诏曰：“朕亲耕，后亲桑，为天下先。”本以躬亲为义，不得以假借为称也。藉，谓蹈藉也。师古曰：国语云：宣王即位，不藉千亩。虢文公谏。则藉非假借明矣。瓒说是也。陆德明经典释文：藉，在亦翻。

5 三月，有司请立皇子为诸侯王。诏先立赵幽王少子辟彊为河间王，师古曰：辟彊，言辟御强梁，亦犹辟兵、辟非耳。辟，必亦翻。彊，其良翻。一说，辟，读曰闢，彊，读曰疆；辟疆，言开土地也。贾谊书曰：卫侯朝于周，周行人问其名。卫侯曰：“辟彊。”行人还之曰：“启彊、辟彊，天子之号也，诸侯弗得用。”更其名曰毁。其义两说并通；他皆仿此。河间本属赵国；元年以幽王子遂为赵王，至是又分河间以王遂之弟辟彊。朱虚侯章为城阳王，东牟侯兴居为济北王；城阳、济北本皆属齐，今分以王章、兴居，二人皆悼惠王子。济，子礼翻。然后立皇子武为代王，参为太原王，揖为梁王。

6 五月，诏曰：“古之治天下，朝有进善之旌，应劭曰：旌，幡也；尧设之五达之道，令民进善也。如淳曰：欲有进者，于旌下言之。诽谤之木，服虔曰：尧作之，桥梁交午柱头也。应劭曰：桥梁边版，所以书政治之愆失也；至秦去之，今乃复施也。索隐曰：尸子云：尧立诽谤之木。诽，音非，音沸。韦昭曰：虑政有阙失，使书于木。此尧时然也，后代因以为饰；今宫外桥头四柱木是。郑玄注礼云：一纵一横为午；谓以木贯表柱四出，即今之华表。崔浩以为木贯柱四出名桓，陈、楚俗桓声近和，又云和表，则华又与和相讹也。所以通治道而来谏者也。今法有诽谤、訞言之罪，师古曰：高后元年，诏除妖言令。今犹有妖言罪，则是中间重设此条。訞，与妖同。是使众臣不敢尽情而上无由闻过失也，将何以来远方之贤良！其除之！”

7 九月，诏曰：“农，天下之大本也，民所恃以生也；而民或不务本而事末，故生不遂。朕忧其然，故今兹亲率群臣农以劝之；其赐天下民今年田租之半。”

8 燕敬王泽薨。谥法：合善典法曰敬。

聂崇岐标点容肇祖覆校

资治通鉴卷第十四

翰林学士朝散大夫右谏议大夫知制诰兼侍讲
同提举万寿观公事兼判集贤院上护军 司马光 奉敕编集
河内郡开国侯食邑一千三百户赐紫金鱼袋臣

后学天台 胡三省 音注

汉纪六 起阏逢困敦(甲子),尽重光协洽(辛未),凡八年。

太宗孝文皇帝中

前三年(甲子、前一七七)

1冬,十月,丁酉晦,日有食之。

2十一月,丁卯晦,日有食之。

3诏曰:"前遣列侯之国,事见上卷上年。或辞未行。丞相,朕之所重,其为朕率列侯之国!"为,于伪翻。十二月,免丞相勃,遣就国。乙亥,以太尉灌婴为丞相;罢太尉官,属丞相。汉承秦制,以丞相、太尉、御史大夫为三公。今周勃自丞相罢就国,灌婴自太尉为丞相,因罢太尉官;盖三公不必备之意,且兵柄难以轻属也。

4夏,四月,城阳景王章薨。谥法:由义而济曰景;耆意大虑曰景;布义行刚曰景。

5初,赵王敖献美人于高祖,得幸,有娠。娠,音身。及贯高事发,见十二卷高祖九年。美人亦坐系河内。美人母弟赵兼因辟阳侯审食其言吕后;食其,音异基。吕后妒,弗肯白。美人已生子,恚,即自杀。恚,於避翻。吏奉其子诣上,上悔,名之曰长，令吕后母之，而葬其母真定。后封长为淮南王。见十二卷高祖十一年。

淮南王蚤失母，常附吕后，故孝惠、吕后时得无患；而常心怨辟阳侯，以为不强争之于吕后，使其母恨而死也。及帝即位，淮南王自以最亲，时高祖诸子惟帝及长在，故自以为最亲。骄蹇，数不奉法；骄蹇，谓不顺也。数，所角翻。上常宽假之。是岁，入朝，朝，直遥翻。从上入苑囿猎，与上同车，常谓上“大兄”。王有材力，能扛鼎。扛，音江；举也。乃往见辟阳侯，自袖铁椎椎辟阳侯，令从者魏敬刭之；从，才用翻。刭，古顶翻。驰走阙下，肉袒谢罪。帝伤其志为亲，故赦弗治。为，于伪翻。治，直之翻。当是时，薄太后及太子、诸大臣皆惮淮南王。淮南王以此，归国益骄恣，出入称警跸，称制拟于天子。袁盎谏曰：“诸侯太骄，必生患。”上不听。为淮南王谋反废张本。

6 五月，匈奴右贤王入居河南地，右贤王，匈奴贵王也，居西方，直上郡以西，接氐、羌。师古曰：北地郡之北、黄河之南，即白羊王所居。余谓其地在北河之南，蒙恬所收，卫青所夺，皆是地也。侵盗上郡保塞蛮夷，杀掠【章：甲十五行本“掠”作“略”；乙十一行本同；孔本同。】人民。上幸甘泉。蔡邕曰：天子车驾所至，臣民以为侥幸，故曰幸。见令、长、三老、官属，亲临轩作乐，赐以酒、食、帛、葛、越巾、佩带之属；民爵有级数；或赐田租之半；故因谓之幸也。师古曰：甘泉宫在云阳，本秦林光宫。括地志：在雍州云阳县西北三十八里。元和郡国志：云阳县西北三十八里有车箱阪，萦纡曲折，财通单轨，上阪即平原宏敞。甘泉宫之地亦曰车盘岭。沈〔宋〕敏求长安志：云阳磨石岭，山有甘泉。遣丞相灌婴发车骑八万五千，诣高奴击右贤王；发中尉材官属卫将军，军长安。此中尉所掌材官士也。观此，益足以明二年罢卫将军军，卫将军之官本不罢也。右贤王走出塞。

7 上自甘泉之高奴，因幸太原，见故群臣，皆赐之；复晋阳、中都民三岁租。班志，晋阳、中都二县皆属太原郡。高帝十一年，立帝为代王，都晋阳。如淳注曰：文纪言都中都，又，帝复晋阳、中都二岁，似迁都于中都也。括地志：中都故城，在汾州平遥县西南十三里。宋白曰：汉文帝为代王，都中都，故介休县东南中都城也。史记诸侯年表：高帝十年，封子恒为代王，都中都。复，方目翻。留游太原十馀日。

8 初，大臣之诛诸吕也，朱虚侯功尤大，大臣许尽以赵地王朱虚侯，尽以梁地王东牟侯。王，于况翻；下以义推。及帝立，闻朱虚、东牟之初欲立齐王，事见上卷吕后八年。故绌其功，绌，敕律翻，贬下也。及王诸子，乃割齐二郡以王之。兴居自以失职夺功，颇怏怏；闻帝幸太原，以为天子且自击胡，遂发兵反。帝闻之，罢丞相及行兵皆归长安，行兵，行击匈奴之兵也。以棘蒲侯柴武为大将军，将四将军、十万众击之；祁侯缯贺为将军，军荥阳。应劭曰：棘蒲，即常山平棘县。师古非之。余据靳歙传，则棘蒲，赵地也，在安阳以东。宋白曰：棘蒲，春秋时晋邑，汉初为棘蒲，后改为平棘。盖亦本应说也。班志，祁县属太原郡，晋大夫贾辛邑。括地志：并州祁县城是也。柴武、缯贺，皆高帝功臣。姓谱：柴姓，高柴之后。缯，亦姓也，以国为氏。国语云：申、缯方强。韦昭注：缯出于姒姓。秋，七月，上自太原至长安。诏："济北吏民，兵未至先自定及以军城邑降者，皆赦之，复官爵；与王兴居去来者，赦之。"师古曰：虽始与兴居共反，今弃之去而来降者亦赦之。贡父曰：高帝诏曰："与绾居去来归者赦之"，今此文当云："与王兴居居去来者赦之"，盖脱一"居"字也。余谓贡父说是。济，子礼翻。降，户江翻。八月，济北王兴居兵败，自杀。

9 初，南阳张释之为骑郎，秦置南阳郡，汉因之。郎属郎中令，掌守门户，出充车骑。郎中有车、骑、户三将，主车曰车郎，主骑曰骑郎，主户卫曰户郎，皆以中郎将主之。骑，奇寄翻。十年不得调，调，徒钓翻，选也。欲免归。袁盎知其贤而荐之，为谒者仆射。班表：谒者掌宾赞受事，秩比六百石；有仆射，秩比千石。应劭曰：谒，请也，白也。仆，主也。汉官仪曰：仆射，秦官也。仆，主也；古者主武事，每官必有主射者以督课之。

释之从行，登虎圈，上问上林尉诸禽兽簿。虎圈，养虎之所，在上林。圈，求远翻。班表：有令，有八丞、十二尉；武帝以后属水衡都尉。禽兽簿，谓簿录禽兽之大数也。十馀问；尉左右视，尽不能对。盖帝问之而不能对，故仓皇失措而左右视也。师古曰：视其属官，尽不能对；非也。虎圈啬夫从旁代尉对。上所问禽兽簿甚悉，欲以观其能；师古曰：能，谓材也。能，本兽名，形似罴，足似鹿，为物坚中而强力，故人之有贤材者皆谓之能。口对响应，无穷者。虎圈啬夫，掌虎圈之吏也。悉，详尽也。响应者，如响应声，言其捷也。帝曰："吏不当若是邪！尉无赖。"言其才无足恃赖也。援神契曰：猬多赖，故不使超扬。赖，才也。孟子：富岁子弟多赖。朱子曰：赖，借也。乃诏释之拜啬夫为上林令。释之久之前，曰："陛下以绛侯周勃何如人也？"上曰："长者也。"长，知两翻。又复问："东阳侯张相如何如人也？"班志，东阳县属临淮郡。上复曰："长者。"复，扶又翻。释之曰："夫绛侯、东阳侯称为长者，此两人言事曾不能出口，岂效此啬夫喋喋利口捷给哉！晋灼曰：喋，音牒。且秦以任刀笔之吏，师古曰：刀，所以削书也；古者用简牒，故吏皆以刀笔自随也。扬子曰：刀不利，笔不铦。说文：楚谓之聿，吴谓之不律，燕谓之弗，秦谓之笔。释名：笔，述也；述事而书之也。争以亟疾苛察相高，亟，居力翻，急也。其敝，徒文具而无实，不闻其过，陵迟至于土崩。师古曰：陵，丘陵也；陵迟，言如丘陵之逶迟稍卑下也。又曰陵夷。夷，平也；言其颓替若丘陵之渐平也。今陛下以啬夫口辨而超迁之，臣恐天下随风而靡，争为口辩而无其实。夫下之化上，疾于景响，举错不可不审也！"错，七故翻；后以义推。帝曰："善！"乃不拜啬夫。上就车，召释之参乘。乘，绳证翻。徐行，问释之秦之敝，具以质言。如淳曰：质，诚也。至宫，上拜释之为公车令。

顷之，太子与梁王共车入朝，不下司马门。于是释之追止太子、梁王，无得入殿门，遂劾"不下公门，不敬，"奏之。班表：公车令属卫尉。汉官仪：公车司马令掌殿司马门。如淳曰：宫卫令：诸出入殿门、公车司马门者，皆下；不如令者，罚金四两。程大昌曰：通典卫尉公车令曰：胡广云：诸门各陈屯夹道，其旁设兵以示威武，交节立戟以遮诃出入。劾，户概翻，又户得翻。薄太后闻之；帝免冠，谢教儿子不谨。薄太后乃使使承诏赦太子、梁王，然后得入。帝由是奇释之，拜为中大夫；中大夫掌论议，属郎中令，其位在太中大夫之下，谏大夫之上。武帝太初元年，更名中大夫曰光禄大夫，秩比二千石；太中大夫秩比千石如故。至后汉志有光禄大夫、太中大夫、中散大夫、谏议大夫。胡广曰：光禄大夫，本为中大夫，武帝元狩五年置，为光禄大夫、谏大夫，世祖中兴，以为谏议大夫。又有太中、中散大夫。此四等，于古皆为天子之下大夫，视列国之上卿。顷之，至中郎将。

从行至霸陵，上谓群臣曰："嗟乎！以北山石为椁，用纻絮斮陈漆其间，师古曰：美石出京师北山，今宜州石是。斮絮以漆着其间也。纻，竹吕翻。康曰：纻，苘属；细者为絟，粗者为纻。陆玑草木疏曰：纻，亦麻也。科生数十茎，宿根在地中，至春自生，不岁种也。荆、扬之间，一岁三收；今官园种之，岁再刈。刈便生剥之，以铁若竹挟之，表厚皮自脱，但得其裹韧如筋者，谓之徽纻。今南越纻布皆用此麻。苘，口颖翻。斮，侧略翻。岂可动哉！"左右皆曰："善！"释之曰："使其中有可欲者，虽锢南山犹有隙；使其中无可欲者，虽无石椁，又何戚焉！"锢，音固；冶铜铸塞以为固也。师古曰：有可欲，谓多藏金玉而厚葬之，人皆欲发取之也，是有间隙也；无可欲，谓不寘器备而薄葬，人无欲攻掘取之者，故无忧戚也。帝称善。

是岁，释之为廷尉。上行出中渭桥，张晏曰：中渭桥，在渭桥中路。臣瓒曰：中渭桥，两岸之中。索隐曰：张晏、臣瓒之说皆非也。按今渭桥有三所：一所在城西北咸阳路，曰西渭桥；一所在城东北高陵路，曰东渭桥；其中渭桥在长安故城之北。有一人从桥下走，乘舆马惊；乘，绳证翻。于是使骑捕之，属廷尉。属，之欲翻；下同。释之奏当："此人犯跸，当罚金。"崔浩曰：奏当，谓处其罪也。索隐曰：按百官志云：廷尉掌平刑罚、奏当，一应郡国谳疑罪，皆处当以报之也。如淳曰：跸，止行人。乙令：

跸先至而犯者，罚金四两。上怒曰："此人亲惊吾马；马赖和柔，令他马，固不败伤我乎！而廷尉乃当之罚金！"释之曰："法者，天下公共也。今法如是；更重之，是法不信于民也。且方其时，上使使诛之则已。今已下廷尉；下，遐嫁翻。廷尉，天下之平也，壹倾，天下用法皆为之轻重，民安所错其手足！错，七故翻。唯陛下察之！"上良久曰："廷尉当是也。"

其后人有盗高庙坐前玉环，得；得，言捕得也。坐，徂卧翻。帝怒，下廷尉治。释之按"盗宗庙服御物者"为奏当弃市。上大怒曰："人无道，乃盗先帝器！吾属廷尉者，欲致之族；而君以法奏之，索隐曰：谓依律而断也。属，之欲翻。非吾所以共承宗庙意也。"共，读曰恭。释之免冠顿首谢曰："法如是，足也。且罪等，然以逆顺为差。如淳曰：罪等，俱死罪也。盗玉环不若长陵土之逆。仲冯曰：此等，读如等级之等，言凡罪之等差。今盗宗庙器而族之，有如万分一，假令愚民取长陵一抔土，长陵，高祖陵也。张晏曰：不欲指言，故以取土喻之也。师古曰：抔，谓以手掬之也。抔，步侯翻。陛下且何以加其法乎？"帝乃白太后许之。

四年（乙丑、前一七六）

1 冬，十二月，颍阴懿侯灌婴薨。

2 春，正月，甲午，以御史大夫阳武张苍为丞相。班志，阳武县属河南郡。苍好书，博闻，尤邃律历。好，呼到翻。

3 上召河东守季布，河东本韩、魏之地，秦置郡。欲以为御史大夫。有言其勇、使酒、难近者；应劭曰：使酒，酗酒也。师古曰：言因酒沾洽而使气也。近，谓附近天子而为大臣。近，其靳翻。至，留邸一月，见罢。师古曰：既引见而罢令还郡也。贡父曰：见罢，犹言见逐、见弃耳，非引见也。季布因进曰："臣无功窃宠，待罪河东，陛下无故召臣，此人必有以臣欺陛下者。师古曰：谓妄言其贤，故云欺也。

今臣至，无所受事，罢去，此人必有毁臣者。夫陛下以一人之誉而召臣，以一人之毁而去臣，誉，音余。去，羌吕翻。臣恐天下有识闻之，有以窥陛下之浅深也！”上默然，惭，良久曰：“河东，吾股肱郡，故特召君耳。”

4 上议以贾谊任公卿之位。大臣多短之曰：“洛阳之人，年少初学，少，诗照翻。专欲擅权，纷乱诸事。”于是天子后亦疏之，不用其议，以为长沙王太傅。长沙王，吴差也。汉制：诸侯王国有太傅辅王。疏，与疎同。

5 绛侯周勃既就国，每河东守、尉行县至绛，汉承秦制，郡有守，有尉；守掌治其郡，尉掌佐守典武职甲卒。行县，循行属县也。行，下孟翻。勃自畏恐诛，常被甲，令家人持兵以见之。被，皮义翻。其后人有上书告勃欲反，下廷尉；上，时掌翻。下，遐嫁翻。廷尉逮捕勃，治之。勃恐，不知置辞；师古曰：置，立也。辞，对狱之辞。吏稍侵辱之。勃以千金与狱吏，吏【章：甲十五行本下“吏”字上重“狱”字；乙十一行本同；孔本同。】乃书牍背示之曰：牍，木简也，以书狱辞。李奇曰：牍，吏所执簿。韦昭曰：牍，版也。索隐曰：簿即牍也；故魏志“秦宓以簿击颊”，则亦简牍之类也。“以公主为证。”公主者，帝女也，勃太子胜之尚之。韦昭曰：尚，奉也，不敢言娶也。薄太后亦以为勃无反事。帝朝太后，太后以冒絮提帝曰：应劭曰：冒絮，陌额絮也。如淳曰：太后恚怒，遭得左右物提之也。晋灼曰：巴蜀异物志谓头上巾为冒絮。师古曰：冒，覆也；老人所以覆其头。提，击之也。提，徒计翻；索隐音抵，掷也。“绛侯始诛诸吕，绾皇帝玺，绾，乌版翻。将兵于北军，不以此时反，今居一小县，顾欲反邪！”帝既见绛侯狱辞，乃谢曰：“吏方验而出之。”于是使使持节赦绛侯，复爵邑。绛侯既出，曰：“吾尝将百万军，然安知狱吏之贵乎！”

6 作顾成庙。服虔曰：顾成庙，在长安城南；还顾见城，故名之。应劭曰：帝自为庙，制度卑狭，若顾望而成，犹文王灵台不日成之，故曰顾成也。

如淳曰：身存而为庙，若周之顾命也。景帝庙号德阳，武帝庙号龙渊，昭帝庙号徘徊，宣帝庙号乐游，元帝庙号长寿，成帝庙号阳池。师古曰：以还顾见城，于义无取；又，书本不作城郭字。应说近之。

五年（丙寅、前一七五）

1 春，二月，地震。

2 初，秦用半两钱，秦半两钱，重如其文。高祖嫌其重，难用，更铸荚钱。更，工衡翻；下同。如淳曰：如榆荚也。荚，音颊。杜佑曰：荚钱，如榆荚，重一铢，半径五分，文曰“汉兴”，即应劭所谓五分钱。于是物价腾踊，米至石万钱。夏，四月，更造四铢钱；应劭曰：文帝以五分钱太轻小，更作四铢钱，文亦曰“半两”，今民间半两钱最轻小者是也。除盗铸钱令，使民得自铸。

贾谊谏曰：“法使天下公得雇租铸铜、锡为钱，师古曰：雇租，谓雇佣之直，或租其本。敢杂以铅、铁为他巧者，其罪黥。然铸钱之情，非殽杂为巧，则不可得赢；师古曰：殽，谓乱杂也；不得赢，谓无馀利也；言不杂铅、铁则无利也。殽，音爻。而殽之甚微，为利甚厚。师古曰：微，谓精妙也；言殽杂铅、铁，其术精妙，不可觉知，而得利甚厚，故令人轻犯奸而不可止也。余谓微，细也；言奸民殽杂铅、铁，其所费甚微，而得利甚厚也。夫事有召祸而法有起奸；今令细民人操造币之势，师古曰：操，持也；人人皆得铸钱也。操，千高翻。各隐屏而铸作，屏，必郢翻，蔽也；言各自隐蔽而铸钱也。因欲禁其厚利微奸，虽黥罪日报，其势不止。苏林曰：报，论。余据张汤传有讯、鞫、论、报，严延年传有报囚，师古注皆以为论奏获报。原父注则谓报者为断决囚，若今有司书囚罪，长吏判准断，是也。乃者，民人抵罪多者一县百数，及吏之所疑搒笞奔走者甚众。搒，音彭。夫县法以诱民。县，读曰悬。师古曰：悬，谓开立之。使入陷阱，孰多于此！师古曰：阱，穿地以陷兽也。阱，才性翻。又民用钱，郡县不同：或用轻钱，百加若干；应劭曰：时钱重四铢；法钱百文，当重一斤十六铢；轻则以钱足之若干枚令满平也。师古曰：若干，且设数之言也。干，犹个也，谓当如此个数也。而胡广云：若，顺也；干，求也；当顺所求而与之矣。或用重钱，平称不受。应劭曰：用重钱则平称有馀，不能受也。臣瓒曰：秦钱重半两，汉初铸荚钱，文帝更铸四铢钱。秦钱与荚钱皆当废，而故与四铢并行。民以其见废，故用轻钱则百加若干；用重钱则虽一当一犹复不受；是以郡县不同也。师古曰：应说是也。称，尺孕翻。法钱不立：师古曰：依法之钱也。吏急而壹之乎？则大为烦苛而力不能胜；纵而弗呵乎？则市肆异用，钱文大乱；苟非其术，何乡而可哉！今农事弃捐而采铜者日蕃，胜，音升。乡，读曰向。蕃，扶元翻。释其耒耨，冶镕炊炭；奸钱日多，五谷不为多。言民弃其农而冶铜炊炭，故五谷不为多。为，于伪翻。善人怵而为奸邪，愿民陷而之刑戮；刑戮将甚不详，奈何而忽！怵，先律翻，又音黜，诱也；言动心于为奸邪也。愿，谨也。师古曰：详，平也。忽，忽忘也。国知患此，吏议必曰'禁之'。禁之不得其术，其伤必大。令禁铸钱，则钱必重；师古曰：令，谓法令也。重则其利深，盗铸如云而起，弃市之罪又不足以禁矣。奸数不胜而法禁数溃，铜使之然也。数，所角翻。铜布于天下，其为祸博矣，故不如收之。"贾山亦上书谏，以为："钱者，亡用器也，亡，与无通。而可以易富贵。富贵者，人主之操柄也；令民为之，是与人主共操柄，不可长也。"上不听。操，千高翻。长，知两翻。

是时，太中大夫邓通方宠幸，上欲其富，赐之蜀严道铜山，使铸钱。班志，严道属蜀郡。括地志：雅州荣经县北三里有铜山，即邓通得赐铜山铸钱者也。唐荣经，即汉严道也。吴王濞有豫章铜山，豫章，秦鄣郡地，高帝分置豫章郡。招致天下亡命者以铸钱；东煮海水为盐；以故无赋而国用饶足。史言吴以强富致叛。于是吴、邓钱布天下。

3 初，帝分代为二国；事见上卷一年。立皇子武为代王，参为太原王。是岁，徙代王武为淮阳王；以太原王参为代王，尽得故地。故代国之地。

六年（丁卯、前一七四）

1 冬，十月，桃、李华。华，读如花。

2 淮南厉王长自作法令行于其国，逐汉所置吏，请自置相、二千石；王国自相至内史、中尉皆吏二千石，汉为置之，馀得自置。今长骄横，逐汉所置吏而请自置之。帝曲意从之。又擅刑杀不辜及爵人至关内侯；关内侯，爵第十九。爵自上出，非侯王所擅。数上书不逊顺。数，所角翻。帝重自切责之，师古曰：重，难也。乃令薄昭与书风谕之，引管、蔡及代顷王、济北王兴居以为儆戒。周公诛管叔、蔡叔。代顷王，高祖兄仲也。谥法：甄心动惧曰顷；敏以敬慎曰顷。废为侯事见十一卷高祖七年。兴居事见上三年。风，读曰讽。顷，音倾。

王不说，说，读曰悦。令大夫但、士伍开章等七十人开姓也。姓谱：卫公子开方之后。与棘蒲侯柴武太子奇谋以辇车四十乘反谷口；师古曰：辇车，古人挽行以载兵器也。谷口在长安北，处多险阻。班志，谷口县属左冯翊。括地志：谷口故城，在雍州醴泉县东北四十里。乘，绳证翻。令人使闽越、匈奴。事觉，有司治之；使，疏吏翻；下以义推。使使召淮南王。王至长安，丞相张苍、典客冯敬行御史大夫事，与宗正、廷尉奏："长罪当弃市。"制曰："其赦长死罪，废，勿王；徙处蜀郡严道邛邮。"邛邮，置名。师古曰：邮，行书之舍。余据班志，严道有邛来山，邛水所出，盖于其地置邮驿也。杜佑曰：邛州临邛县南有邛来山，在雅州百丈县。严道，今雅州。宋白曰：秦灭楚，徙严王之族以实此地，故曰严道。勿王，于况翻。处，昌吕翻。邛，渠容翻。邮，音尤。尽诛所与谋者。载长以辎车，令县以次传之。传，直恋翻；下同。

袁盎谏曰："上素骄淮南王，弗为置严傅、相，为，于伪翻。相，息亮翻。以故致【章：甲十五行本"致"作"至"；乙十一行本同；孔本同。】此。淮南王为人刚，今暴摧折之，臣恐卒逢雾露病死，卒，读曰猝，又音子恤翻，终也。陛下有杀弟之名，奈何？"上曰："吾特苦之耳，今复之。”师古曰：暂困苦之，令其自悔，即追还也。

淮南王果愤恚不食死。县传至雍，班志，雍县属扶风。雍，于用翻。雍令发封，以死闻。辎车有封，前此所经县传莫敢发；至雍，令乃发之。上哭甚悲，谓袁盎曰：“吾不听公言，卒亡淮南王！卒，子恤翻。今为奈何？”盎曰：“独斩丞相、御史以谢天下乃可。”上即令丞相、御史逮考诸县传送淮南王不发封馈侍者，皆弃市；以列侯葬淮南王于雍，置守冢三十户。

3 匈奴单于遗汉书曰：“前时，皇帝言和亲事，称书意，合欢。遗，于季翻；下同。师古曰：称，副也；言与所遗书意相副，而共结欢亲。称，尺证翻；下同。汉边吏侵侮右贤王；右贤王不请，听后义卢侯难支等计，索隐曰：难支，匈奴将名也。与汉吏相距。绝二主之约，离兄弟之亲，故罚右贤王，使之西求月氏击之。以天之福，吏卒良，马力强，以夷灭月氏，尽斩杀、降下，定之；氏，音支。降，户江翻。楼兰、乌孙、呼揭楼兰国，在西域之东垂，后曰鄯善。自武帝开河西之后，地最近汉，当白龙堆之道。乌孙国，治赤谷城。师古曰：乌孙于西域诸戎，其形最异，今之胡人，青眼，赤须，状类猕猴，是其种也。史记正义：呼揭国，在瓜州西北。余据班史，匈奴北服丁零、呼揭之国。宣帝时，匈奴乖乱，其西方呼揭王自立为呼揭单于。西域传，呼揭不在三十六国之数，而乌孙国东与匈奴接，则呼揭盖在乌孙之东、匈奴西北也。师古曰：揭，丘例翻；索隐其列翻；正义音桀。及其旁二十六国，皆已为匈奴，诸引弓之民释名曰：弓，穹也；张之穹穹然也。并为一家，北州以定。愿寝兵，休士卒，养马，除前事，复故约，以安边民。皇帝即不欲匈奴近塞，则且诏吏民远舍。”近，其靳翻。帝报书曰：“单于欲除前事，复故约，朕甚嘉之！此古圣王之志也。汉与匈奴约为兄弟，所以遗单于甚厚；倍约、离兄弟之亲者，常在匈奴。倍，蒲妹翻。然右贤王事已在赦前，单于勿深诛！单于若称书意，明告诸吏，使无负约，有信，敬如单于书。”

后顷之，冒顿死，子稽粥立，稽，音鸡。粥，音育。号曰老上单于。老上单于初立，帝复遣宗室女翁主为单于阏氏，复，扶又翻。阏氏，音烟支。使宦者燕人中行说傅翁主。中行，姓；说，名。中行本出荀氏，晋荀林父将中行，因以为氏。行，户江翻。说，读曰悦。说不欲行，汉强使之。强，其两翻。说曰："必我也，为汉患者！"言为汉患者必我也。史倒其文，因当时语。中行说既至，因降单于，单于甚亲幸之。

初，匈奴好汉缯絮、食物。缯，帛也；絮，绵也。好，呼到翻；下同。中行说曰："匈奴人众不能当汉之一郡，然所以强者，以衣食异，无仰于汉也。今单于变俗，好汉物；汉物不过什二，则匈奴尽归于汉矣。"师古曰：言汉费物十分之二，则匈奴之众将尽归于汉矣。其得汉缯絮，以驰草棘中，衣袴皆裂敝，以示不如旃裘之完善也；得汉食物，皆去之，去，丘吕翻，弃也。以示不如湩酪之便美也。湩，竹用翻，又都奉翻，乳汁也。酪，卢各翻，以乳为之。于是说教单于左右疏记，以计课其人众、畜牧。其遗汉书牍及印封，皆令长大，倨傲其辞，遗，于季翻。自称"天地所生、日月所置匈奴大单于。"

汉使或訾笑匈奴俗无礼义者，訾，将此翻，毁也。中行说辄穷汉使曰："匈奴约束径，易行；易，以豉翻。君臣简，可久；一国之政，犹一体也。故匈奴虽乱，必立宗种。种，章勇翻。今中国虽云有礼义，及亲属益疏则相杀夺，以至易姓，皆从此类也。嗟！土室之人，匈奴之人，逐水草，居庐帐，非如中国有室屋，故谓中国人为土室之人。师古曰：嗟者，叹愍之言。顾无多辞，喋喋占占！师古曰：顾，思念也。喋喋，利口也；占占，衣裳貌也；言汉人且当思念，无为喋喋占占。占，昌占翻。顾汉所输匈奴缯絮、米蘖，令其量中、必善美而已矣，师古曰：顾，念也。中，犹满也；量中者，满其数也。中，竹仲翻。何以言为乎！且所给，备、善，则已；不备、苦恶，则候秋熟，以骑驰蹂而稼穑耳！”师古曰：苦，犹粗也。蹂，践也。而，汝也。韦昭曰：苦，音靡盬之盬。蹂，人九翻。

4 梁太傅贾谊谊自长沙征为梁怀王太傅。上疏曰：“臣窃惟今之事势，可为痛哭者一，可为流涕者二，可为长太息者六；若其他背理而伤道者，难遍以疏举。背，蒲妹翻。进言者皆曰：‘天下已安已治矣’，臣独以为未也；曰安且治者，非愚则谀，皆非事实知治乱之体者也。治，直吏翻；下同。夫抱火厝之积薪之下而寝其上，厝，千故翻；置也。火未及然，因谓之安；方今之势，何以异此！陛下何不壹令臣得孰数之于前，孰，古熟字通。因陈治安之策，试详择焉！

使为治，劳志【章：甲十五行本“志”作“智”；乙十一行本同；孔本同。】虑，苦身体，乏钟、鼓之乐，勿为可也；乐与今同，而加之诸侯轨道，师古曰：轨道，言遵法制也。乐，音洛。兵革不动，匈奴宾服，百姓素朴，生为明帝，没为明神，名誉之美垂于无穷，使顾成之庙称为太宗，上配太祖，与汉亡极，亡，古无字通。立经陈纪，为万世法；虽有愚幼、不肖之嗣犹得蒙业而安。以陛下之明达，因使少知治体者得佐下风，致此非难也。

夫树国固必相疑之势，郑氏曰：今建立国泰大，其势固必相疑也。臣瓒曰：树国于险固，诸侯强大，则必与天子有相疑之势也。师古曰：郑说是。下数被其殃，上数爽其忧，如淳曰：爽，忒也。数，所角翻。甚非所以安上而全下也。今或亲弟谋为东帝，亲兄之子西乡而击；亲弟，谓淮南厉王长谋反。亲兄之子，谓齐悼惠王子济北王兴居欲西击荥阳。乡，读曰向。今吴又见告矣。如淳曰：时吴王濞不循汉法，有告之者。天子春秋鼎盛，应劭曰：鼎，方也。行义未过，德泽有加焉，行，下孟翻。犹尚如是；况莫大诸侯，权力且十此者虖！师古：莫大，谓无有大于其国者，言最大也。十此，谓十倍于此。余谓谊之大意，盖谓淮南、济北当文帝之时尚敢以一国为变，使诸侯相合，袭是迹而动，则其权力十倍于此，为患莫大焉。

然而天下少安，何也？大国之王幼弱未壮，汉之所置傅、相方握其事。数年之后，诸侯之王大抵皆冠，师古曰：大抵，犹言大略也。冠，古玩翻。血气方刚；汉之傅、相称病而赐罢，彼自丞、尉以上遍置私人；如此，有异淮南、济北之为邪！此时而欲为治安，虽尧、舜不治。

黄帝曰：'日中必熭！操刀必割。'孟康曰：熭，音卫。日中盛者，必暴熭也。臣瓒曰：太公曰："日中不熭，是谓失时；操刀不割，失利之期。"言当及时也。师古曰：熭，谓暴晒之也。今令此道顺而全安甚易，易，以豉翻。不肯蚤为，已乃堕骨肉之属而抗刭之，应劭曰：抗其头而刭之也。师古曰：堕，毁也。抗，举也。刭，割颈也。堕，许规翻。刭，工顶翻。岂有异秦之季世虖！虖，古乎字。其异姓负强而动者，汉已幸而胜之矣，又不易其所以然；同姓袭是迹而动，既有征矣，征，证验也。其势尽又复然。殃祸之变，未知所移，明帝处之尚不能以安，处，昌吕翻。后世将如之何！

臣窃迹前事，师古曰：寻前事之踪迹。大抵强者先反。长沙乃二万五千户耳，功少而最完，势疏而最忠；汉初功臣封王者，独长沙王吴芮传国至文帝时。非独性异人也，亦形势然也。曩令樊、郦、绛、灌据数十城而王，今虽以残亡可也；令信、越之伦列为彻侯而居，虽至今存可也。然则天下之大计可知已：欲诸王之皆忠附，则莫若令如长沙王；欲臣子勿菹醢，则莫若令如樊、郦等；菹，臻鱼翻，虀也。醢，呼改翻，肉酱也。欲天下之治安，莫若众建诸侯而少其力。力少则易使以义，师古曰：使以义，使之遵礼义也。少，诗沼翻。国小则亡邪心。令海内之势，如身之使臂，臂之使指，莫不制从，诸侯之君不敢有异心，辐凑并进而归命天子。割地定制，令齐、赵、楚各为若干国，使悼惠王、幽王、元王之子孙毕以次各受祖之分地，分，扶问翻。地尽而止；其分地众而子孙少者，建以为国，空而置之，须其子孙生者举使君之；须，待也。一寸之地，一人之众，天子亡所利焉，亡，古无字通；下同。诚以定治而已。如此，则卧赤子天下之上而安，植遗腹，朝委裘而天下不乱；服虔曰：言天下安，虽赤子、遗腹在位犹不危也。应劭曰：植遗腹，朝委裘，皆未有所知也。孟康曰：委裘，若容衣，天子未坐〔朝〕，事先帝裘衣也。植，音值。朝，直遥翻。当时大治，后世诵圣。师古曰：称其圣明。陛下谁惮而久不为此！

天下之势方病大瘇，如淳曰：肿足曰瘇。师古曰：瘇，止勇翻。一胫之大几如要，胫，户定翻，脚胫。释名曰：胫，茎也，直而长，似物茎也。几，居依翻；下同。一指之大几如股，平居不可屈伸，一二指慉，身虑无聊。师古曰：慉，谓动而痛也。聊，赖也。慉，丑六翻。失今不治，必为锢疾，师古曰：锢疾，坚久之疾。后虽有扁鹊，不能为已。师古曰：扁鹊，良医也。为，治也。已，语终辞。病非徒瘇也，又苦跋盭。师古曰：跋，古跖字，之石翻。足下曰跖，今所呼脚掌是也。盭，古戾字；言足跖反戾，不可行也。元王之子，帝之从弟也；今之王者，从弟之子也。惠王之子，亲兄子也；今之王者，兄子之子也。楚元王交，高帝之弟，其子于文帝为从弟。齐悼惠王肥，高帝之庶长子，其子于文帝为亲兄子。从，才用翻。亲者或亡分地以安天下，疏者或制大权以偪天子，师古曰：广立藩屏，则天下安，故曰以安天下。偪，古逼字。臣故曰非徒病瘇也，又苦跋盭。可痛哭者，此病是也。

天下之势方倒县。县，古悬字通；下同。凡天子者，天下之首。何也？上也。蛮夷者，天下之足。何也？下也。今匈奴嫚侮侵掠，至不敬也；而汉岁致金絮采缯以奉之。足反居上，首顾居下，师古曰：顾，亦反也。倒县如此，莫之能解，犹为国有人乎？师古曰：颠倒如此而不能解救，岂谓国有明智之人乎？可为流涕者此也。

今不猎猛敌而猎田彘，不搏反寇而搏畜菟，玩细娱而不图大患，德可远加而直数百里外威令不胜，【章：甲十五行本“胜”作“伸”；乙十一行本同；孔本同；张校同；退斋校同。】可为流涕者此也。

今庶人屋壁得为帝服，倡优下贱得为后饰；且帝之身自衣皂绨，绨，徒奚翻，厚缯也。衣，于既翻；下能衣同。而富民墙屋被文绣；被，皮义翻。天子之后以缘其领，庶人孽妾以缘其履；师古曰：缘，荧绢翻。孽，庶贱者。此臣所谓舛也。夫百人作之不能衣一人，欲天下亡寒，胡可得也；一人耕之，十人聚而食之，欲天下亡饥，不可得也；饥寒切于民之肌肤，欲其亡为奸邪，不可得也。可为长太息者此也。

商君遗礼义，弃仁恩，并心于进取；行之二岁，秦俗日败。故秦人家富子壮则出分，分，扶问翻。家贫子壮则出赘；借父耰钼，虑有德色；师古曰：耰，摩田器。言以耰及钼借与其父，而容色自矜以为恩德也。耰，音忧。母取箕帚，立而谇语；服虔曰：谇，犹骂也。张晏曰：谇语，让也。谇，音碎。抱哺其子，与公并倨；师古曰：哺，饤也，言妇抱其子而哺之，乃与其舅并倨，无礼之甚也。哺，音步。并，步鼎翻。妇姑不相说，说，读曰悦。则反唇而相稽；应劭曰：稽，计也，相与计校也。稽，工奚翻。其慈子、耆利，不同禽兽者亡几耳。师古曰：惟有慈爱其子而贪嗜财利，不异于禽兽也。无几，言不多也。几，居岂翻。仲冯曰：谊谓秦人不知孝义，但知爱子、贪利而已，此其去禽兽无几也。耆，古嗜字通用。今其遗风馀俗，犹尚未改，弃礼义，捐廉耻日甚，可谓月异而岁不同矣。逐利不耳，虑非顾行也；师古曰：言其所追赴，惟计利与不耳，念虑之中非顾所行之善恶。贡父曰：虑，大率也。不，读曰否。今其甚者杀父兄矣。而大臣特以簿书不报、期会之间以为大故，至于俗流失，世坏败，因恬而不知怪，师古曰：恬，安也，徒兼翻。虑不动于耳目，以为是适然耳。师古曰：适，当也；谓事理当然。夫移风易俗，使天下回心而乡道，乡，读曰向。类非俗吏之所能为也。俗吏之所务，在于刀笔、筐箧师古曰：刀，所以削书札，筐箧，所以盛书也。箧，音古颊翻。而不知大体。陛下又不自忧，窃为陛下惜之！为，于伪翻。岂如今定经制，令君君、臣臣，上下有差，父子六亲各得其宜！贤曰：六亲，谓父、子、兄、弟、夫、妇也。此业壹定，世世常安，而后有所持循矣；师古曰：执持而顺行之。若夫经制不定，是犹渡江河亡维楫，师古曰：维所以系船，楫所以刺船也。诗曰：绋缡维之。楫，音集，又音妾。中流而遇风波，船必覆矣。可为长太息者此也。

夏、殷、周为天子皆数十世，秦为天子二世而亡。人性不甚相远也，远，于万翻。何三代之君有道之长而秦无道之暴也？其故可知也。古之王者，太子乃生，师古曰：乃，始也。固举以礼，有司齐肃端冕，见之南郊，齐，读曰斋。见，户电翻。过阙则下，过庙则趋，故自为赤子仲冯曰：婴儿体色赤，故曰赤子。而教固已行矣。孩提有识，师古曰：孩，小儿也；提，谓提撕之。三公、三少明孝仁礼义以道习之，太师、太傅、太保为三公；少师、少傅、少保为三少。少，诗照翻。逐去邪人，不使见恶行，去，羌吕翻。行，下孟翻。于是皆选天下之端士、孝弟博闻有道术者以卫翼之，使与太子居处出入。处，昌吕翻。故太子乃生而见正事，闻正言，行正道，左右前后皆正人也。夫习与正人居之不能毋正，犹生长于齐不能不齐言也；习与不正人居之不能毋不正，犹生长于楚之地不能不楚言也。孔子曰：'少成若天性，习贯如自然。'师古曰：贯，亦习也，工宦翻；下积贯同。习与智长，故切而不愧；师古曰：每被切磋，故无大过可愧耻之事。长，知两翻。化与心成，故中道若性。夫三代之所以长久者，以其辅翼太子有此具也。及秦而不然，使赵高傅胡亥而教之狱，所习者非斩、劓人，则夷人之三族也。劓，鱼器翻，割鼻也。胡亥今日即位而明日射人，射，而亦翻。忠谏者谓之诽谤，深计者谓之妖言，其视杀人若艾草菅然。艾，与刈同。师古曰：菅，茅也，音奸。岂惟胡亥之性恶哉？彼其所以道之者非其理故也。道，读曰导。鄙谚曰：‘前车覆，后车诫。’秦世之所以亟绝者，其辙迹可见也；师古曰：亟，急也。车迹曰辙。然而不避，是后车又将覆也。天下之命，县于太子，县，读曰悬。太子之善，在于早谕教与选左右。师古曰：谕，晓告也。与，犹及也。夫心未滥而先谕教，则化易成也；易，以豉翻。开于道术智谊之指，则教之力也；若其服习积贯，则左右而已。夫胡、粤之人，生而同声，嗜欲不异；及其长而成俗，累数译而不能相通，译，传言也。夷狄与中国言语不同，故使通夷狄之言者译之，周礼象胥是也。长，知两翻。有虽死而不相为者，苏林曰：言其人不能易事相为处。则教习然也。臣故曰选左右、早谕教最急。夫教得而左右正，则太子正矣，太子正而天下定矣。书曰：‘一人有庆，兆民赖之。’师古曰：周书吕刑之辞也。一人，天子也；言天子有善，则兆庶获其利。此时务也。

凡人之智，能见已然，不能见将然。夫礼者禁于将然之前师古曰：将然，谓欲有其事。而法者禁于已然之后，是故法之所为用易见而礼之所为生难知也。易，以豉翻。若夫庆赏以劝善，刑罚以惩恶，先王执此之政，坚如金石；行此之令，信如四时；据此之公，无私如天地；岂顾不用哉？然而曰礼云、礼云者，贵绝恶于未萌而起教于微眇，师古曰：眇，细小也。使民日迁善、远罪而不自知也。远，于愿翻。孔子曰：‘听讼，吾犹人也；必也使毋讼乎。’师古曰：论语载孔子之言也。言使吾听讼与众人齐等，然能先以德义化之使无讼。为人主计者，莫如先审取舍，师古曰：取，所择用也；舍，所弃置也。舍，读曰捨；下同。取舍之极定于内而安危之萌应于外矣。师古曰：极，中也；萌，始生也。秦王之欲尊宗庙而安子孙，与汤、武同；然而汤、武广大其德行，六七百岁而弗失，秦王治天下十馀岁则大败。治，直之翻。此亡他故矣，亡，古无字通；下同。汤、武之定取舍审而秦王之定取舍不审矣。夫天下，大器也；今人之置器，置诸安处则安，置诸危处则危。天下之情，与器无以异，在天子之所置之。汤、武置天下于仁、义、礼、乐，累子孙数十世，此天下所共闻也；秦王置天下于法令、刑罚，祸几及身，几，居依翻。子孙诛绝，此天下之所共见也；是非其明效大验邪！人之言曰：'听言之道，必以其事观之，则言者莫敢妄言。'今或言礼谊之不如法令，教化之不如刑罚，人主胡不引殷、周、秦事以观之也！胡，何也。人主之尊譬如堂，群臣如陛，众庶如地。故陛九级上，廉远地，则堂高；远，于愿翻；下同。陛无级，廉近地，则堂卑。高者难攀，卑者易陵，师古曰：级，等也。廉，侧隅也。陵，乘也。理势然也。故古者圣王制为等列，内有公、卿、大夫、士，外有公、侯、伯、子、男，然后有官师、小吏，师古曰：官师，一官之长。延及庶人，等级分明而天子加焉，故其尊不可及也。

里谚曰：'欲投鼠而忌器。'此善谕也。鼠近于器，尚惮不投，恐伤其器，况于贵臣之近主乎！近，其靳翻。廉耻节礼以治君子，故有赐死而无戮辱。是以黥、劓之罪不及大夫，杜佑曰：刑不上大夫者，古之大夫有坐不廉污秽者，则曰簠簋不饰；淫乱男女无别者，则曰帷薄不修；罔上不忠者，则曰臣节未著；罢软不胜任者，则曰下官不职；干国之纪，则曰行事不请。此五者，大夫定罪之名矣，不忍斥然正以呼之。其在五刑之域者云云，如后谊所云。以其离主上不远也；离，力智翻。礼：不敢齿君之路马，蹴其刍者有罚，齿，谓审其齿岁也。蹴，蹋也。刍，马所食草。记曲礼：以足蹴路马刍有诛，齿路马有诛。蹴，千六翻。所以为主上豫远不敬也。今自王、侯、三公之贵，皆天子之所改容而礼之也，古天子之所谓伯父、伯舅也；师古曰：天子呼诸侯长者，同姓则曰伯父，异姓则曰伯舅。伯，长也。而令与众庶同黥、劓、髡、刖、笞、傌、弃市之法，髡，苦昆翻。刖，音月，断足也。笞，丑之翻。傌，音骂。毛晃曰：戮辱也。然则堂不无陛虖！被戮辱者不泰迫虖！师古曰：迫天子也。廉耻不行，大臣无乃握重权、大官而有徒隶无耻之心虖！夫望夷之事，二世见当以重法者，如淳曰：决罪曰当。阎乐杀二世于望夷宫，本由秦制无忌上之风也。仲冯曰：赵高杀二世，盖又以法定其罪。投鼠而不忌器之习也。臣闻之：履虽鲜不加于枕，冠虽敝不以苴履。师古曰：苴者，履中之藉。苴，子余翻。夫尝已在贵宠之位，天子改容而礼貌之矣，师古曰：礼貌，谓加礼容而敬之也。吏民尝俯伏以敬畏之矣；今而有过，帝令废之可也，退之可也，赐之死可也，灭之可也；若夫束缚之、系绁之，师古曰：绁，谓以长绳系之也。绁，先列翻。输之司寇，编之徒官，师古曰：司寇，主刑罚之官。编，次列也。徒官，谓刑徒输作于官者。司寇小吏詈骂而搒笞之，搒，音彭。殆非所以令众庶见也。夫卑贱者习知尊贵者之一旦吾亦乃可以加此也，苏林曰：知有一旦之刑。非所以尊尊、贵贵之化也。古者大臣有坐不廉而废者，不谓不廉，曰'簠簋不饰'；师古曰：簠簋，所以盛饭也；方曰簠，圆曰簋。埤雅曰：龟有灵德，伏匿而噎，善潜而不志于养，故古者簠簋皆为龟形于其上，而大臣以贪墨坐废者曰簠簋不饰。贾公彦曰：簠，内圆外方；簋，内方外圆；皆受斗二升。簠，音甫，又音扶。簋，音轨。坐污秽淫乱、男女无别者，不曰污秽，曰'帷薄不修'；坐罢软不胜任者，不谓罢软，曰'下官不职'。师古曰：罢，废于事也。软，弱也。罢，读曰疲。软，人兖翻。胜，音升。故贵大臣定有其罪矣，犹未斥然正以呼之也，尚迁就而为之讳也。故其在大谴、大何之域者，师古曰：谴，责也。何，问也。域，界局也。闻谴、何则白冠氂缨，郑氏曰：以毛作缨。白冠，丧服也。盘水加剑，造请室而请罪耳，应劭曰：请室，请罪之室。苏林曰：音洁清之清。胡公汉官：车驾出，有清室令在前先驱，此官有别狱也。如淳曰：水性平，若己有正罪，君以平法治之也。加剑，当以自刎也。或曰：杀牲以盘水取颈血，故示若此也。造，七到翻。上不执缚系引而行也。其有中罪者，闻命而自弛，上不使人颈盭而加也。师古曰：中罪，非大非小也。弛，废也；自废而死。苏林曰：不戾其颈而亲加刀锯。弛，式尔翻。盭，古戾字，音卢计翻。其有大罪者，闻命则北面再拜，跪而自裁，师古曰：裁，谓自刑杀也。上不使人捽抑而刑之也。师古曰：捽，持头发也。抑，按也。捽，才兀翻。曰：'子大夫自有过耳，吾遇子有礼矣。'服虔曰：子者，男子美号。遇之有礼，故群臣自憙；师古曰：憙，读曰喜，许吏翻。喜，好也；好为志气也。婴以廉耻，故人矜节行。师古曰：婴，加也。矜，尚也。行，下孟翻；下同。上设廉耻、礼义以遇其臣，而臣不以节行报其上者，则非人类也。故化成俗定，则为人臣者皆顾行而忘利，守节而伏义，故可以托不御之权，可以寄六尺之孤，言臣下矜尚节行，故可托以权柄，不须复加制御。应劭曰：六尺之孤，未能自立者也。此厉廉耻、行礼义之所致也，主上何丧焉！师古曰：丧，失也；言如此则于主上无所失。丧，息浪翻。此之不为而顾彼之久行，此，谓以礼义廉耻遇其臣；彼，谓戮辱贵臣。言不为此而反久行彼也。故曰可为长太息者此也。"

谊以绛侯前逮系狱，卒无事，卒，子恤翻。故以此讥上。上深纳其言，养臣下有节，是后大臣有罪，皆自杀，不受刑。汉人相传以大臣不对理陈冤为故事，多有闻命而引决者；然诣狱受刑者亦多有之，史特大概言之耳。

七年（戊辰、前一七三）

1 冬，十月，令列侯太夫人、如淳曰：列侯之妻称夫人；列侯死，子复为列侯，乃得称太夫人；子不为列侯，不得称也。夫人、诸侯王子及吏二千石无得擅征捕。

2 夏，四月，赦天下。

3 六月，癸酉，未央宫东阙罘罳灾。如淳曰：东阙与其两旁罘罳皆灾也。晋灼曰：东阙之罘罳独灾也。师古曰：罘罳，谓连阙曲阁也，以覆重刻垣墉处，其形罘罳然。一曰：屏也。崔豹古今注曰：罘罳，屏也。又云：罘者，复也；罳者，思也；臣朝君至屏外，复思所奏之事于其下。孔颖达曰：屏谓之树，今浮思也；释宫文。汉时谓屏为浮思，解者以为天子外屏；人臣至屏，俯伏思念其事。按匠人：城隅谓角浮思也。汉时东阙浮思灾，以此诸文参之，则浮思小楼也，故城隅、阙上皆有之。然则屏上亦为屋以覆屏墙，故称屏曰浮思。苏鹗演义曰：罘者，浮也；罳者，思也；谓织丝之文轻疏虚浮之貌，盖宫殿门阙有此物也。余谓苏鹗之说，有见于唐禁中之罘罳；唐太和甘露之变，宦者奉乘舆、决罘罳北出者也。此罘罳当以旧注为正。

4 民有歌淮南王者曰："一尺布，尚可缝；一斗粟，尚可舂；兄弟二人不相容！"帝闻而病之。臣瓒曰：一尺布可缝而共衣，一斗粟可舂而共食，况以天下之广，而兄弟不相容乎！

八年（己巳、前一七二）

1 夏，封淮南厉王子安等四人为列侯。淮南厉王长子安封阜陵侯，勃封安阳侯，赐封阳周侯，良封东城侯。贾谊知上必将复王之也，上疏谏曰："淮南王之悖逆无道，悖，蒲内翻。天下孰不知其罪！陛下幸而赦迁之，自疾而死，天下孰以王死之不当！当，丁浪翻。今奉尊罪人之子，适足以负谤于天下耳。师古曰：言若尊王其子，则是淮南王无罪，汉枉杀之也。此人少壮，师古曰：少壮，犹言稍长大。少，诗沼翻。岂能忘其父哉！白公胜所为父报仇者，大父与叔父也。为，于伪翻。白公为乱，非欲取国代主；发忿快志，剡手以冲仇人之匈，固为俱靡而已。白公胜，楚平王之孙，太子建之子。建得罪于平王，出奔而死于郑，胜又奔吴；子胥以吴师入郢，胜盖预焉，是雠其大父也。及其还楚，杀子西、子期，是雠其叔父也。剡，式冉翻，利也。靡，武彼翻；师古曰：言与雠人俱毙。康曰：武皮切，碎也。淮南虽小，黥布尝用之矣，事见十二卷高祖十一年。汉存，特幸耳。师古曰：言汉之胜布得存，此直天幸耳。夫擅仇人足以危汉之资，于策不便。师古曰：言假四子以资权，则当危汉。予之众，积之财，予，读曰与。此非有子胥、白公报于广都之中，即疑有刳诸、荆轲起于两柱之间，刳诸，吴人，为阖闾刺杀王僚。荆轲事见七卷始皇二十年。两柱之间，南面乡明，人君听政正坐之处。刳，音专。所谓假贼兵，为虎翼者也。应劭曰：周书云：无为虎傅翼，将飞入邑，择人而食之。愿陛下少留计！"少，诗沼翻。上弗听。

2 有长星出于东方。文颖曰：孛、彗、长三星，其占略同，然其形象少异：孛星光芒短，其光四出，蓬蓬孛孛也；彗星，光芒参参如扫彗；长星，有一直，指或竟天，或三丈、二丈无常也。大法，彗、孛星多为除旧布新，长星多为兵革事。

九年（庚午、前一七一）

1 春，大旱。

十年（辛未、前一七〇）

1 冬，上行幸甘泉。

2 将军薄昭杀汉使者。帝不忍加诛，使公卿从之饮酒，欲令自引分，引分，犹言引决也。昭不肯；使群臣丧服往哭之，乃自杀。

臣光曰：李德裕以为："汉文帝诛薄昭，断则明矣，断，丁乱翻；下同。于义则未安也。秦康送晋文，兴如存之感；诗小序曰：秦康公之母，晋献公之女。文公遭骊姬之难，未反而秦姬卒。穆公纳文公，康公时为太子，赠送文公于渭之阳；念母之不见也，我见舅氏，如母存焉。况太后尚存，唯一弟薄昭，断之不疑，非所以慰母氏之心也。"臣愚以为法者天下之公器，惟善持法者，亲疏如一，无所不行，则人莫敢有所恃而犯之也。夫薄昭虽素称长者，文帝不为置贤师傅而用之典兵；

骄而犯上，至于杀汉使者，非有恃而然乎！若又从而赦之，则与成、哀之世何异哉！魏文帝尝称汉文帝之美，而不取其杀薄昭，曰："舅后之家，但当养育以恩而不当假借以权，既触罪法，又不得不害。"讥文帝之始不防闲昭也，斯言得之矣。然则欲慰母心者，将慎之于始乎！

聂崇岐标点容肇祖覆校

资治通鉴卷第十五

翰林学士朝散大夫右谏议大夫知制诰兼侍讲
同提举万寿观公事兼判集贤院上护军 司马光 奉敕编集
河内郡开国侯食邑一千三百户赐紫金鱼袋臣

后学天台 胡三省 音注

汉纪七 起玄黓涒滩(壬申)，尽柔兆阉茂(丙戌)，凡十五年。

太宗孝文皇帝下

前十一年(壬申、前一六九)

1 冬，十一月，上行幸代；春，正月，自代还。

2 夏，六月，梁怀王揖薨，揖受封事见十三卷二年。无子。贾谊复上疏曰：复，扶又翻。“陛下即不定制，如今之势，不过一传、再传，服虔曰：一、二传世也。诸侯犹且人恣而不制，言人人自恣而不可制也。豪植而大强，言其矜豪自植立，太过于强也。汉法不得行矣。陛下所以为藩扞及皇太子之所恃者，唯淮阳、代二国耳。淮阳王武、代王参，帝之子而太子之弟也，故云所恃唯此二国。代，北边匈奴，与强敌为邻，能自完则足矣；而淮阳之比大诸侯，廑如黑子之着面，廑，与仅同。师古曰：黑子，今所谓黡子也。着，则略翻；下北着同。适足以饵大国，言国小如鱼饵，适足为所吞食。而不足以有所禁御。方今制在陛下；制国而令子适足以为饵，岂可谓工哉！臣之愚计，愿举淮南地以益淮阳，而为梁王立后，为，于伪翻。割淮阳北边二、三列城与东郡以益梁。不可者，可徙代王而都睢阳。睢阳故宋国，微子所封；班志属梁国。括地志：宋州宋城县，在州南二里外，城中本汉之睢阳县也。汉文帝封子武于大梁，以其地卑湿，徙睢阳，故改曰梁。睢，音虽。梁起于新郪而北着之河，班志，新郪县属汝南郡。应劭曰：秦为郪丘；汉兴，为新郪。师古曰：颍川县。郪，千移翻。淮阳包陈而南揵之江，陈，即谓古陈国之地也。晋灼曰：包，取也。如淳曰：揵，谓立封界也；或曰：揵，接也。师古曰：揵，巨偃翻。则大诸侯之有异心者破胆而不敢谋。梁足以扞齐、赵，淮阳足以禁吴、楚，陛下高枕，终无山东之忧矣，枕，职任翻。此二世之利也。如淳曰：从谊言，可二世安耳。师古曰：言帝身及太子嗣位之时。当今恬然，适遇诸侯之皆少；师古曰：恬，安也。少，谓年少。少，时照翻。数岁之后，陛下且见之矣。夫秦日夜苦心劳力以除六国之祸；今陛下力制天下，颐指如意，如淳曰：但动颐指麾，则所欲皆如意。仲冯曰：颐、指，两事。高拱以成六国之祸，难以言智。苟身无事，畜乱，宿祸，畜，读曰蓄。孰视而不定；孰，古熟字通。万年之后，传之老母、弱子，将使不宁，不可谓仁。”帝于是从谊计，徙淮阳王武为梁王，北界泰山，西至高阳，得大县四十馀城。后岁馀，贾谊亦死，死时年三十三矣。

3 徙城阳王喜为淮南王。喜，城阳王章之子，齐悼惠王肥之孙。

4 匈奴寇狄道。狄道县为陇西郡治所。师古曰：其地有狄种，故曰狄道。

时匈奴数为边患，数，所角翻。太子家令颍川晁错上言兵事太子家令，属詹事。张晏曰：太子称家，故曰家令。臣瓒曰：茂陵中书：太子家令，秩八百石。颍川本韩国；秦置郡，汉因之。晁，与朝同。风俗通：卫大夫史晁之后。姓谱：王子朝之后。错，仓故翻；音错杂之错者非。曰：“兵法曰：‘有必胜之将，无必胜之民。’繇此观之，安边境，立功名，在于良将，不可不择也。将，即亮翻；下同。

臣又闻：用兵临战合刃之急者三：一曰得地形，二曰卒服习，三曰器用利。兵法，步兵、车骑、弓弩、长戟、矛铤、剑楯之地，师古曰：铤，铁杷短矛也。孔颖达曰：方言云：矛，吴、扬、江·淮南、楚、五湖之间谓之鍦，或谓之铤，或谓之鏦；其柄谓之矜。鍦，音蛇。晋陈安执丈八蛇矛，盖蛇即方言之所谓鍦也。铤，上延翻。楯，食尹翻。各有所宜；不得其宜者，或十不当一。士不选练，卒不服习，起居不精，动静不集，趋利弗及，避难不毕，趋，七喻翻。难，乃旦翻。前击后解，与金鼓之指相失，师古曰：金，金钲。鼓，所以进众，金，所以止众。"指"，当作"音"。此不习勒卒之过也，百不当十。兵不完利，与空手同；甲不坚密，与袒裼同；应劭曰：袒裼，肉袒。裼，音锡。弩不可以及远，与短兵同；射不能中，与无矢同；中不能入，与无镞同；中，竹仲翻。师古曰：镞，矢锋也。镞，子木翻。此将不省兵之祸也，师古曰：省，视也，悉井翻。五不当一。故兵法曰：'器械不利，以其卒予敌也；卒不可用，以其将予敌也；将不知兵，以其主予敌也；君不择将，以其国予敌也。'予，读曰与。四者，兵之至要也。

臣又闻：小大异形，强弱异势，险易异备。师古曰：易，平势也。易，以豉翻；下同。夫卑身以事强，小国之形也；合小以攻大，敌国之形也；师古曰：彼我之力不能相胜，则须连结外援共制之也。以蛮夷攻蛮夷，中国之形也。师古曰：不烦华夏之兵，使其同类自相攻击也。今匈奴地形、技艺与中国异：上下山阪，出入溪涧，中国之马弗与也；弗与，犹言不如也。技，渠绮翻；下同。险道倾仄，仄，古侧字。且驰且射，中国之骑弗与也；风雨罢劳，罢，读曰疲。饥渴不困，中国之人弗与也；此匈奴之长技也。若夫平原、易地，轻车、突骑，则匈奴之众易桡乱也；师古曰：突骑，言其骁锐可用冲突敌人也。桡，搅也，音火高翻；其字从"手"。一曰：桡，曲也，弱也，音女教翻；其字从"木"。劲弩、长戟，射疏、及远，师古曰：疏，亦阔远也。仲冯曰："长戟"恐误。或者劲弩如今九牛大弩，以枪为矢欤，故可射疏及远也；然戟有钩，又不可射。余谓文意各有所属：劲弩，所以射疏，长戟，所以及远也。则匈奴之弓弗能格也；坚甲、利刃，长短相杂，游弩往来，什伍俱前，师古曰，五人为伍，十人为什。则匈奴之兵弗能当也；材官驺发，矢道同的，如淳曰：驺，矢也。处平易之地，可以矢相射也。臣瓒曰：材官，骑射之官也。射者驺发，其用矢者同中一的，言其工妙也。师古曰：驺，矢之善者；春秋传作"菆"，其音同耳。材官，有材力者。驺发，发驺矢以射也。手工，矢善，故中则同的。的，谓所射之准臬也。驺，侧鸠翻。则匈奴之革笥、木荐弗能支也；孟康曰：革笥，以皮作如铠者被之。木荐，以木板作如楯。一曰：革笥，木荐之，以当人心也。师古曰：一说非也。笥，音息嗣翻。下马地斗，剑戟相接，去就相薄，薄，伯各翻；师古曰：迫也。则匈奴之足弗能给也；师古曰：给，谓相连及。此中国之长技也。以此观之：匈奴之长技三，中国之长技五；陛下又兴数十万之众以诛数万之匈奴，众寡之计，以一击十之术也。

虽然，兵，凶器，战，危事也；故以大为小，以强为弱，在俛仰之间耳。师古曰：言不知其术，则虽大必小，虽强必弱。俛，亦俯字。余谓俛，音免，亦通。夫以人之死争胜，跌而不振，服虔曰：蹉跌不可复起也。师古曰：跌，足失据也。跌，徒结翻。则悔之无及也；帝王之道，出于万全。今降胡、义渠、蛮夷之属来归谊者，其众数千，饮食、长技与匈奴同。【章：甲十五行本"同"下有"可"字；乙十一行本同；孔本同；张校同。】赐之坚甲、絮衣、劲弓、利矢，益以边郡之良骑，令明将能知其习俗、和辑其心者，师古曰：辑，与集同。以陛下之明约将之。即有险阻，以此当之；平地通道，则以轻车、材官制之；两军相为表里，各用其长技，衡加之以众，衡，与横同。此万全之术也。"

帝嘉之，赐错书，宠答焉。

错又上言曰："臣闻秦起兵而攻胡、粤者，非以卫边地而救民死也，贪戾而欲广大也，故功未立而天下乱。且夫起兵而不知其势，战则为人禽，屯则卒积死。夫胡、貉之人，其性耐寒；扬、粤之人，其性耐暑。秦之戍卒不耐其水土，戍者死于边，输者偾于道。耐，乃代翻。服虔曰：偾，仆也。如淳曰：偾，音奋。秦民见行，如往弃市，因以谪发之，名曰'谪戍'；先发吏有谪及赘婿、贾人，后以尝有市籍者，又后以大父母、父母尝有市籍者，后入闾取其左。应劭曰：秦以谪发戍，先自吏有过至于大父母、父母尝有市籍者；曹辈尽，复入闾取其左者发之，未及取右而秦亡。孟康曰：秦时复除者居闾之左，后发役不供，复役之也。师古从应说。闾，里门也；居闾之左者，一切发之。发之不顺，行者愤怨，有万死之害而亡铢两之报，亡，古无字通。死事之后，不得一算之复，汉律：人出一算，算百二十钱。天下明知祸烈及己也；师古曰：猛火曰烈，取以喻耳。陈胜行戍，至于大泽，为天下先倡，事见七卷二世元年。天下从之如流水者，秦以威劫而行之之敝也。

胡人衣食之业，不著于地，著，直略翻。其势易以扰乱边境，易，以豉翻。往来转徙，时至时去；此胡人之生业，而中国之所以离南亩也。师古曰：南亩，所以耕种处也。离，力智翻。今胡人数转牧、行猎于塞下，数，所角翻。以候备塞之卒，卒少则入。陛下不救，则边民绝望而有降敌之心；救之，少发则不足，多发，远县才至，则胡又已去。师古曰：才，浅也，犹言仅至也；他皆类此。聚而不罢，为费甚大；罢之，则胡复入。复，扶又翻。如此连年，则中国贫苦而民不安矣。陛下幸忧边境，遣将吏发卒以治塞，甚大惠也。治，直之翻。然今【章：甲十五行本"今"作"令"；孔本同。】远方之卒守塞，一岁而更，岁更，见十三卷高后五年。更，工衡翻。不知胡人之能。不如选常居者家室田作，且以备之，以便为之高城深堑；因山川地形之便而为之城堑。要害之处，通川之道，调立城邑，毋下千家。师古曰：调，谓算度之也。揔计城邑之中，令有千家以上也。调，徒钓翻。先为室屋，具田器，乃募民，免罪，拜爵，谓有罪者免其罪，无罪者拜爵以劝其徙。复其家，谓民之欲往者，复除其家征役。复，方目翻。予冬夏衣、禀食，能自给而止。师古曰：初徙之时，县官且禀给其衣食，于后能自供赡乃止也。予，读曰与；下同。塞下之民，禄利不厚，不可使久居危难之地。难，乃旦翻。胡人入驱而能止其所驱者，以其半予之，孟康曰：谓胡入为寇，驱收中国，能夺得之者，以半予之。师古曰：孟说非也。言胡人入为寇，驱略汉人及畜产也。人能止得其所驱者，令其本主以半赏之。县官为赎。张晏曰：得汉人，官为赎也。师古曰：张说非也。此承上句之言，谓官为备价赎之耳。为，于伪翻；下同。其民如是，则邑里相救助，赴胡不避死。非以德上也，师古曰：言非以此事欲立德义于主上也。欲全亲戚而利其财也；此与东方之戍卒不习地势而心畏胡者功相万也。言其功万倍于东方之戍卒也。以陛下之时，徙民实边，使远方无屯戍之事；塞下之民，父子相保，无系虏之患；利施后世，名称圣明，其与秦之行怨民，相去远矣。”师古曰：行怨民，言发怨恨之民使行戍役也。

上从其言，募民徙塞下。

错复言：“陛下幸募民徙以实塞下，使屯戍之事益省，输将之费益寡，如淳曰：将，送也；或曰：资也。复，扶又翻。甚大惠也。下吏诚能称厚惠，称，尺证翻。奉明法，存恤所徙之老弱，善遇其壮士，和辑其心而勿侵刻，使先至者安乐而不思故乡，乐，音洛。则贫民相募【章：甲十五行本“募”作“慕”；乙十一行本同；孔本同。】而劝往矣。臣闻古之徙民者，相其阴阳之和，相，息亮翻。尝其水泉之味，然后营邑、立城，制里、割宅，先为筑室家，置器物焉，民至有所居，作有所用。此民所以轻去故乡而劝之新邑也。之，往也。为置医、巫以救疾病，以修祭祀，男女有昏，师古曰：昏，谓婚姻配合也。生死相恤，坟墓相从，种树畜长，师古曰：种树，谓桑、果之属。张晏曰：畜长，六畜也。贡父曰：所种、所树，畜积、长茂。余谓畜长当从张说。畜，许六翻。长，知两翻。室屋完安。此所以使民乐其处而有长居之心也。乐，音洛。

臣又闻古之制边县以备敌也，使五家为伍，伍有长，长，知两翻。十长一里，里有假士，四里一连，连有假五百，十连一邑，邑有假候，服虔曰：假，音假借之假。五百，帅名也。师古曰：假，大也，工雅翻。仲冯曰：假，服说是。古者戍皆有期，代则不置，故曰假，谓其权设；犹假司马之类，亦非常置也。余谓五百，即后所谓伍伯也。贾公彦曰：伍伯者，汉制，五人为伍；伯，长也。沈约曰：旧说，古者君行师从，卿行旅从；旅者，五百人也，今诸官府至郡各置五百四，以象师从、旅从，依古义也。候，即军候也。皆择其邑之贤材有护、师古曰：有保护之能者也。习地形、知民心者；居则习民于射法，出则教民于应敌。故卒伍成于内，则军政定于外。服习以成，勿令迁徙，师古曰：各守其业也。幼则同游，长则共事。长，知两翻。夜战声相知，则足以相救；昼战目相见，则足以相识；欢爱之心，足以相死。如此而劝以厚赏，威以重罚，则前死不还踵矣。师古曰：还踵，回旋其足也。还，音旋。所徙之民非壮有材者，但费衣粮，不可用也；虽有材力，不得良吏，犹亡功也。亡，古无字通。

陛下绝匈奴不与和亲，臣窃意其冬来南也；师古曰：意，拟也。壹大治，则终身创矣。师古曰：创，惩艾也；初亮翻。欲立威者，始于折胶；苏林曰：秋气至，胶可折，弓弩可用；匈奴常以为候而出军。折，而设翻。来而不能困，使得气去，师古曰：使之得胜，逞志气而去。后未易服也。”易，以豉翻。

错为人陗直刻深，师古曰：陗，与峭同。陗，谓峻陿也；章笑翻。韦昭曰：岸高曰峭。臣瓒曰：陗，峻陗。以其辩得幸太子，太子家号曰“智囊”。师古曰：言其一身所有皆是智算，若囊橐之盛物也。

十二年（癸酉、前一六八）

1 冬，十二月，河决酸枣，东溃金堤、东郡；大兴卒塞之。

班志，酸枣县属陈留郡。师古曰：金堤在东郡白马界，今滑州。括地志：金堤，一名千里堤，在白马县东五里。余据河堤自汴口以东，缘河积石为堰，通河古口，咸曰金堤。又水经注：濮阳县故城在河南，与卫县分水；城北十里有瓠河口，有金堤。塞，悉则翻。

2 春，三月，除关，无用传。张晏曰：传，信也；若今过所也。如淳曰：两行书缯帛，分持其一，出入关，合之乃得过，谓之传也。李奇曰：传，棨也。师古曰：张说是也。古者或用棨，或用缯帛；棨者，刻木为合符也。康曰：传以木为之，长尺五，书符于上为信。传，张恋翻。

3 晁错言于上曰："圣王在上而民不冻饥者，非能耕而食之，织而衣之也，为开其资财之道也。食，祥吏翻。衣，于既翻。为，于伪翻。故尧有九年之水，汤有七年之旱，而国亡捐瘠者，孟康曰：肉腐为瘠。捐，骨不埋者。或曰：捐，谓有饥相弃捐者；或谓贫乞者为捐。苏林曰：瘠，音渍。师古曰：瘠，瘦病也；言无相弃捐而瘦病者耳，不当音渍也；贫乞之释，尤疏僻焉。亡，古无字通。以畜积多而备先具也。今海内为一，土地人民之众不减汤、禹，加以无天灾数年之水旱，而畜积未及者，何也？地有遗利，民有馀力；生谷之土未尽垦，山泽之利未尽出，游食之民未尽归农也。

夫寒之于衣，不待轻暖；师古曰：苟御风霜，不求美丽也。饥之于食，不待甘旨；师古曰：旨，美也。饥寒至身，不顾廉耻。人情，一日不再食则饥，终岁不制衣则寒。夫腹饥不得食，肤寒不得衣，虽慈父不能保其子，君安能以有其民哉！明主知其然也，故务民于农桑，薄赋敛，敛，力赡翻。广畜积，以实仓廪，备水旱，故民可得而有也。民者，在上所以牧之；民之趋利，如水走下，四方无择也。趋，七喻翻。走，音奏。

夫珠、玉、金、银，饥不可食，寒不可衣；然而众贵之者，以上用之故也。其为物轻微易藏，易，以豉翻；下同。在于把握，可以周海内而无饥寒之患。师古曰：周，谓周遍而游行。此令臣轻背其主背，蒲妹翻。而民易去其乡，盗贼有所劝，亡逃者得轻资也。粟、米、布、帛，生于地，长于时，聚于力，非可一日成也；长，知两翻；下同。数石之重，中人弗胜，师古曰：中人者，处强弱之中也。胜，音升。不为奸邪所利，一日弗得而饥寒至。是故明君贵五谷而贱金玉。

今农夫五口之家，其服役者不下二人，师古曰：服，事也；服公事之役也。其能耕者不过百亩，百亩之收不过百石。春耕，夏耘，秋获，冬藏，伐薪樵，治官府，给繇役；治，直之翻。繇，与傜同；后以义推。春不得避风尘，夏不得避暑热，秋不得避阴雨，冬不得避寒冻，四时之间无日休息；又私自送往迎来、吊死问疾、养孤长幼在其中。勤苦如此，尚复被水旱之灾，复，扶又翻。被，皮义翻。急政暴赋，赋敛不时，朝令而暮改。敛，力赡翻。有者半贾而卖，师古曰：本直千钱，止得五百也。贾，读曰价。无者取倍称之息，如淳曰：取一偿二为倍称。师古曰：称，举也，今俗所谓举钱者也。余谓如说是。称，尺证翻。于是有卖田宅，鬻妻子【章：甲十五行本"妻子"作"子孙"；乙十一行本同；退斋校同。】以偿责者矣。而商贾，大者积贮倍息，小者坐列贩卖，师古曰：行卖曰商，坐贩曰贾。列，市列也，若今市中卖物行也。贾，音古。贮，丁吕翻。操其奇赢，日游都市，操，千高翻。师古曰：奇赢，谓有馀财而蓄聚奇异之物也；一说：奇，谓残馀物也；居宜翻。乘上之急，所卖必倍。师古曰：上所急求，则其价倍贵。故其男不耕耘，女不蚕织，衣必文采，食必粱肉；师古曰：粱，好粟也，即今之粱米。无农夫之苦，有仟伯之得。师古曰：仟，谓千钱；伯，谓百钱也。伯，莫白翻，今俗犹谓百钱为一伯。因其富厚，交通王侯，力过吏势，以利相倾；千里游敖，冠盖相望，乘坚、策肥，履丝、曳缟。乘坚车，策肥马。师古曰：坚，谓好车也。缟，皓素也；缯之精白者也。此商人所以兼并农人，农人所以流亡者也。

方今之务，莫若使民务农而已矣。欲民务农，在于贵粟；贵粟之道，在于使民以粟为赏罚。今募天下入粟县官，得以拜爵，得以除罪。如此，富人有爵，农民有钱，粟有所渫。师古曰：渫，散也，先列翻。夫能入粟以受爵，皆有馀者也；取于有馀以供上用，则贫民之赋可损，师古曰：损，减也。所谓损有馀，补不足，令出而民利者也。今令民有车骑马一匹者，复卒三人；如淳曰：复三卒之算钱也；或曰：除三夫不作甲卒也。师古曰：当为卒者，免其三人；不为卒者，复其钱。复，方目翻。车骑者，天下武备也，故为复卒。为，于伪翻。神农之教曰：'有石城十仞，应劭曰：仞，六尺五寸也。师古曰：此说非也；八尺曰仞，取人伸臂之一寻也。汤池百步，师古曰：池，城边池也、以沸汤为池，不可辄近，言严固之甚。带甲百万，而无粟，弗能守也。'以是观之，粟者，王者大用，政之本务。今民入粟受爵至五大夫以上，师古曰：五大夫，第九爵。乃复一人耳，此其与骑马之功相去远矣。爵者，上之所擅，师古曰：擅，专也。出于口而无穷；粟者，民之所种，生于地而不乏。夫得高爵与免罪，人之所甚欲也；使天下人入粟于边以受爵、免罪，不过三岁，塞下之粟必多矣。"

帝从之，令民入粟于边，拜爵各以多少级数为差。时令入粟六百石爵上造，稍增至四千石为五大夫，万二千石为大庶长。

错复奏言："陛下幸使天下入粟塞下以拜爵，甚大惠也。复，扶又翻；下同。窃恐塞卒之食不足用，大渫天下粟。边食足以支五岁，可令入粟郡县矣；师古曰：入诸郡县以备凶灾也。郡县足支一岁以上，可时赦，勿收农民租。如此，德泽加于万民，民愈勤农，大富乐矣。"乐，音洛。

上复从其言，诏曰："道民之路，在于务本。道，读曰导。朕亲率天下农，十年于今，而野不加辟，师古曰：辟，读曰闢，开也。岁一不登，民有饥色；师古曰：登，成也；言五谷一岁不成则众庶饥馁，是无蓄积故也。是从事焉尚寡师古曰：从事，谓从农事也。而吏未加务。吾诏书数下，岁劝民种树而功未兴，是吏奉吾诏不勤而劝民不明也。且吾农民甚苦而吏莫之省，将何以劝焉！数，所角翻。省，悉井翻。其赐农民今年租税之半。”

十三年（甲戌、前一六七）

1 春，二月，甲寅，诏曰：“朕亲率天下农耕以供粢盛，稷曰明粢，在器曰盛。盛，时征翻。皇后亲桑以供祭服；其具礼仪！”

2 初，秦时祝官有秘祝，应劭曰：秘祝之官，移过于下，国家讳之，故曰秘也。即有灾祥，辄移过于下。夏，诏曰：“盖闻天道，祸自怨起而福繇德兴，百官之非，宜由朕躬。今秘祝之官移过于下，以彰吾之不德，朕甚弗取。其除之！”

3 齐太仓令淳于意有罪，太仓令，齐王国官也。姓谱：淳于出于姜姓，州公之后。当刑，诏狱逮系长安。师古曰：逮，及也；辞之所及，则追捕之，故谓之逮。一曰：逮者，在道将送，防御不绝，若今之传送囚。其少女缇萦上书曰：师古曰：缇，他弟翻；索隐音啼。萦，于营翻。“妾父为吏，齐中皆称其廉平；今坐法当刑。妾伤夫死者不可复生，刑者不可复属，夫，音扶。复，扶又翻；下同。师古曰：属，联也，之欲翻。虽后欲改过自新，其道无繇也。繇，古由字通用。妾愿没入为官婢，汉制：永巷令典官婢。以赎父刑罪，使得自新。”

天子怜悲其意，五月，诏曰：“诗曰：‘恺弟君子，民之父母。’师古曰：大雅泂酌之诗也。言君子有和乐简易之德，则天下尊之如父，亲之如母也。今人有过，教未施而刑已加焉，或欲改行为善而道无繇至，朕甚怜之！夫刑至断支体，刻肌肤，终身不息，行，下孟翻。断，端管翻。师古曰：息，生也。何其刑之痛而不德也！岂为民父母之意哉！其除肉刑，有以易之；及令罪人各以轻重，不亡逃，有年而免。孟康曰：其不亡逃者，满其年数，得免为庶人。具为令！”师古曰：使更为条例。

丞相张苍、御史大夫冯敬奏请定律曰：“诸当髡者为城旦、春；髡，鬄也，谓去其发及其耏鬓。应劭曰：城旦者，旦起行治城；舂者，妇人不豫外傜，但舂作米：皆四岁刑也。当黥髡者钳为【章：乙十一行本作“当黥者髡钳为”。】城旦、春；钳者，以铁束其颈。当劓者笞三百；当斩左止者笞五百；当斩右止及杀人先自告及吏坐受赇、枉法、守县官财物而即盗之、已论而复有笞罪者皆弃市。师古曰：止，足也；当斩右足者，以其罪次重，故从弃市也。杀人先自告，谓杀人先自首得免罪者也。吏受赇枉法，谓受赂而曲公法者也。守县官财物而即盗之，即今律所谓主守自盗者也。杀人害重、受赇、盗物赃污之身，故此三罪已被论而又犯笞，亦皆弃市。罪人狱已决为城旦、春者，各有岁数以免。”城旦、舂满三岁为鬼薪、白粲，鬼薪、白粲一岁为隶臣妾，隶臣妾一岁免为庶人；隶臣妾满二岁为司寇，司寇一岁及作如司寇二岁皆免为庶人。制曰：“可。”

是时，上既躬修玄默，而将相皆旧功臣，少文多质。惩恶亡秦之政，恶，乌露翻。论议务在宽厚，耻言人之过失；化行天下，告讦之俗易。自下告上曰讦。师古曰：面相斥罪也，居谒翻。吏安其官，民乐其业，乐，音洛。畜积岁增，户口寖息。风流笃厚，禁罔疏阔，疏，与疎同。罪疑者予民，师古曰：从轻断。予，读曰与。是以刑罚大省，至于断狱四百，师古曰：谓普天之下重罪者也。断，丁乱翻。有刑错之风焉。应劭曰：错，置也。民不犯法，无所刑也。错，千故翻。

4 六月，诏曰：“农，天下之本，务莫大焉。今勤身从事而有租税之赋，是为本末者无以异也，李奇曰：本，农也；末，贾也。言农与贾俱出租无异也，故除田租。其于劝农之道未备。其除田之租税！”

十四年（乙亥、前一六六）

1 冬，匈奴老上单于十四万骑入朝那、萧关，班志，朝那县属安定郡。应劭曰：史记，故戎那邑也。萧关在朝那界，唐属原州之境，后置萧关县，为武州治所。史记正义曰：萧关，今古陇山关，在原州平凉县界。杀北地都尉卬，徐广曰：卬，姓段。师古曰：非也，姓孙。卬，五郎翻。虏人民畜产甚多；遂至彭阳，使奇兵入烧回中宫，候骑至雍甘泉。班志，彭阳县属安定郡。师古曰：即今彭原县。括地志：彭阳县故城，在今泾州临泾县东二十里彭原。宁州雍县，班志属扶风。骑，奇寄翻；下同。帝以中尉周舍、郎中令张武为将军，发车千乘、乘，绳证翻。骑卒十万军长安旁，以备胡寇；而拜昌侯卢卿为上郡将军，宁侯魏遬为北地将军，隆虑侯周灶为陇西将军，屯三郡。昌侯"卢卿"，功臣表作"旅卿"，古字借用也。姓谱：姜姓之后封于卢，以国为氏，与宁侯、隆虑侯皆高祖功臣。昌侯国属琅邪郡。宁侯国在河内修武县界。隆虑侯国亦属河内郡。三人分屯三郡，故各以郡为将军号。遬，古速字。上亲劳军，勒兵，申教令，赐吏卒，自欲征匈奴。群臣谏，不听；皇太后固要，上乃止。劳，力到翻。文颖曰：要，劫也，哀痛祝誓之言。余谓固要，力止也。要，读曰邀。康力笑翻，非也。于是以东阳侯张相如为大将军，成侯董赤、成侯董赤，高帝功臣董渫之子。成侯国属涿郡。赤，史记正义音赫。内史栾布皆为将军，击匈奴。单于留塞内月馀，乃去。汉逐出塞即还，不能有所杀。

2 上辇过郎署，问郎署长冯唐曰：署，郎舍也。长，知两翻。"父家何在？"对曰："臣大父赵人，父徙代。"上曰："吾居代时，吾尚食监高祛尚食监，主膳食之官。祛，音区。数为我言赵将李齐之贤，战于钜鹿下。当是秦将王离围钜鹿时。数，所角翻。为，于伪翻。今吾每饭意未尝不在钜鹿也。每食时，念高祛所言，其心未尝不在钜鹿。父知之乎？"唐对曰："尚不如廉颇、李牧之为将也。"上搏髀曰：搏，拊也。左传曰：搏膺而踊。髀，音陛。"嗟乎，吾独不得廉颇、李牧为将！吾岂忧匈奴哉！"唐曰："陛下虽得廉颇、李牧，弗能用也。"

上怒，起，入禁中，良久，召唐，让曰："公奈何众辱我，独无间处乎！"师古曰：何不于隙间之处而言。唐谢曰："鄙人不知忌讳。"上方以胡寇为意，乃卒复问唐曰：卒，子恤翻。"公何以知吾不能用廉颇、李牧也？"唐对曰："臣闻上古王者之遣将也，跪而推毂，曰：'阃以内者，寡人制之；阃以外者，将军制之。'推，吐雷翻。阃，苦本翻，门橛也。军功爵赏皆决于外，归而奏之，此非虚言也。臣大父言：李牧为赵将，居边，军市之租，索隐曰：军中立市，市有税；税即租也。皆自用飨士；赏赐决于外，不从中覆也。师古曰：覆，谓覆白之也。一说，不从中覆校其所用之数，亦通。委任而责成功，故李牧乃得尽其智能；选车千三百乘，乘，绳证翻。彀骑万三千，百金之士十万，弓弩引满为彀；谓骑兵能射者。服虔曰：良士直百金。晋灼曰：百金，喻贵重也。彀，古候翻。骑，奇寄翻。是以北逐单于，破东胡，灭澹林，澹林，即襜褴。澹，丁甘翻。西抑强秦，南支韩、魏；当是之时，赵几霸。几，居依翻。其后会赵王迁立，用郭开谗，卒诛李牧，事见六卷始皇十八年。卒，子恤翻。令颜聚代之；是以兵破士北，为秦所禽灭。今臣窃闻魏尚为云中守，守，式又翻。其军市租尽以飨士卒，私养钱服虔曰：私禀假钱。索隐曰：按汉市肆租税之入为私奉养。服虔曰：私禀假钱是也。或云：官所别给也。余谓当从汉书以私养钱属下句。五日一椎牛，自飨宾客、军吏、舍人，是以匈奴远避，不近云中之塞。近，其靳翻。虏曾一入，尚率车骑击之，所杀甚众。夫士卒尽家人子，师古曰：家人子，谓庶人家之子也。起田中从军，安知尺籍、伍符！李奇曰：尺籍，所以书军令；伍符，军士伍伍相保之符信也。如淳曰：汉军法曰：吏卒斩首，以尺籍书下县移郡；令人故行不行，夺劳二岁。伍符，亦什五之符要节度也。或曰：以尺简书，故曰尺籍也。索隐曰：按尺籍者，谓书其斩首之功于一尺之板。伍符者，令军人伍伍相保，不容奸诈也。终日力战，斩首捕虏，上功幕府，上，时掌翻。一言不相应，索隐曰：应，一陵翻，谓数不同也。余谓相应之应，当从去声。文吏以法绳之，其赏不行；而吏奉法必用。臣愚以为陛下赏太轻，罚太重。且云中守魏尚坐上功首虏差六级，陛下下之吏，削其爵，罚作之。苏林曰：一岁刑为罚作。下之，遐嫁翻。由此言之，陛下虽得廉颇、李牧，弗能用也！”上说。说，读曰悦。是日，令唐持节赦魏尚，复以为云中守，而拜唐为车骑都尉。详考班表：汉无车骑都尉官。时使唐主中尉及郡国车士。

3 春，诏广增诸祀坛场、珪币，师古曰：筑土为坛、除土为场；珪币，所以荐神。且曰：“吾闻祠官祝釐，如淳曰：釐，福也。师古曰：“釐”，本作“禧”，假借用耳；音禧。祝，职救翻。皆归福于朕躬，不为百姓，为，于伪翻。朕甚愧之。夫以朕之不德，而专飨独美其福，百姓不与焉，是重吾不德也。与，读曰预。师古曰：重，直用翻。其令祠官致敬，无有所祈！”

4 是岁，河间文王辟彊薨。

5 初，丞相张苍以为汉得水德，鲁人公孙臣以为汉当土德，其应，黄龙见；苍以为非，【章：甲十五行本“非”下有“是”字；乙十一行本同；孔本同。】罢之。公孙臣上书曰：“始，秦得水德；推终始传，汉当土德。土德之应，黄龙见；宜改正朔，服色尚黄。”张苍以为：“汉乃水德，河决金堤，其符也。公孙臣言非是，罢之。”见，贤遍翻。

十五年（丙子、前一六五）

1 春，黄龙见成纪。班志，成纪县属天水郡，庖牺所生处。见，贤遍翻。帝召公孙臣，拜为博士，与诸生申明土德，草改历、服色事。师古曰：草，谓创造之。张苍由此自绌。

2 夏，四月，上始幸雍，郊见五帝，秦立白帝、赤帝、黄帝、青帝畤于雍，汉高帝又立黑帝畤，故雍有五帝畤。雍，于用翻。见，贤遍翻。赦天下。

3 九月，诏诸侯王、公卿、郡守举贤良、能直言极谏者，守，式又翻。上亲策之。太子家令晁错对策高第，擢为中大夫。错又上言宜削诸侯及法令可更定者，更，工衡翻。书凡三十篇。上虽不尽听，然奇其材。

4 是岁，齐文王则、河间哀王福皆薨，无子，国除。齐王则，哀王襄之子，悼惠王肥之孙。河间王福，辟彊之子。赵幽王子遂之孙。

5 赵人新垣平以望气见上，言长安东北有神，气成五采。于是作渭阳五帝庙。韦昭曰：在渭城。师古曰：郊祀志云：在长安东北，非渭城也；韦说谬矣。余据水北为阳，长安在渭南，渭城在渭北，五帝庙或在渭城界，韦说未可非也。括地志：渭阳五帝庙，在雍州咸阳县东三十里。

十六年（丁丑、前一六四）

1 夏，四月，上郊祀五帝于渭阳五帝庙。于是贵新垣平至上大夫，周官有上大夫。汉官有太中大夫、中大夫、谏大夫；爵十九级，有大夫、五大夫，而上大夫不见于表。赐累千金；而使博士、诸生刺六经中作王制，师古曰：刺，采取也；七赐翻。即今礼记王制篇是也。谋议巡狩、封禅事。又于长门道北立五帝坛。如淳曰：长门，亭名，在长安城东南。括地志：长门故亭，在雍州万年县东北苑中。

2 徙淮南王喜复为城阳王。又分齐为六国；丙寅，立齐悼惠王子在者六人：杨虚侯将闾为齐王，安都侯志为济北王，武成侯贤为菑川王，白石侯雄渠为胶东王，平昌侯卬为胶西王，扐侯辟光为济南王。淮南厉王子在者三人：阜陵侯安为淮南王，安阳侯勃为衡山王，阳周侯赐为庐江王。十一年，徙城阳王喜王淮南，今复其旧；将复以淮南地分王厉王三子安、勃、赐也。杨虚，据水经，河水过杨虚县；注引地理志曰：杨虚，平原之隶县也，城在高唐之西南；而班志无此县，不知郦道元所谓志者何志也。史记正义曰：安都故城，在瀛州高阳县西南三十九里。济北王，都卢。“武成”，史记作“武城”。索隐曰：武城县属平原。正义曰：贝州县。菑川王，都剧。班志，金城郡有白石县。正义曰：白石故城，在德州安德县北二十里。胶东王，都即墨。班志，平昌，侯国，属平原郡。胶西王，都高苑。扐，侯国，属平原郡。济南王，都东平陵。阜陵县属九江郡。淮南王，都寿春。安阳属汝南郡。衡山王，都六。阳周县属上郡。庐江王，都江南。济，子礼翻。扐，音力。

3 秋，九月，新垣平使人持玉杯上书阙下献之。平言上曰："阙下有宝玉气来者。"已，视之，果有献玉杯者，刻曰"人主延寿"。平又言："臣候日再中。"居顷之，日却，复中。于是始更以十七年为元年，复，扶又翻。令天下大酺。汉律：三人无故群饮，罚金四两。今诏横赐得会聚饮食。师古曰：酺，布也；言王德布于天下而合聚饮食为酺。周礼族师：春秋祭酺。注：酺者，为人烖害之神也。有马酺，有蝝螟之酺与人鬼之酺，亦为坛位如雩禜。族长无饮酒之礼，因祭酺而与其民以长幼相献酬焉。正义曰：古者祭酺，聚钱饮酒，故后世听民聚饮，皆谓之酺。汉书，每有嘉庆，令民大酺，是其事也。彼注云因祭酺而与其民长幼相酬，郑注所谓祭酺、合醵也。酺，音蒲。平言曰："周鼎亡在泗水中。今河决，通于泗，臣望东北汾阴直有金宝气，班志，汾阴县属河东郡。师古曰：直，谓正当汾阴也。宋白曰：蒲州宝鼎县，古纶氏地，夏少康所邑也。汾水南流过县，汉置汾阴县，今县北九十里汾阴故城是也。意周鼎其出乎！兆见，不迎则不至。"于是上使使治庙汾阴，南临河，欲祠出周鼎。见，贤遍翻。

后元年（戊寅、前一六三）

1 冬，十月，人有上书告新垣平"所言皆诈也"；下吏治，诛夷平。师古曰：夷者，平也；谓尽平除其家室、宗族。下，遐嫁翻。是后，上亦怠于改正、服、鬼神之事，师古曰：正，正朔也；服，服色也。正，之成翻。而渭阳、长门五帝，使祠官领，以时致礼，不往焉。

2 春，三月，孝惠皇后张氏薨。孝惠皇后，张敖之女；诸吕之诛，徙居北宫。张晏曰：后党于吕氏，故不曰崩。

3 诏曰："间者数年不登，又有水旱、疾疫之灾，朕甚忧之。愚而不明，未达其咎：意者朕之政有所失而行有过与？与，与欤同；下同。乃天道有不顺，地利或不得，人事多失和，鬼神废不享与？何以致此？将百官之奉养或废，无用之事或多与？何其民食之寡乏也？夫度田非益寡，师古曰：度，谓量计之。度，徒各翻。而计民未加益，以口量地，量，音良。其于古犹有馀；而食之甚不足者，其咎安在？无乃百姓之从事于末以害农者蕃，师古曰：蕃，多也，扶元翻。为酒醪以靡谷者多，师古曰：醪，汁滓酒也。靡，散也。醪，来高翻。靡，音縻。六畜之食焉者众与？六畜，马、牛、羊、犬、豕、鸡。畜，许救翻。细大之义，吾未得其中，师古曰：中，竹仲翻。其与丞相、列侯、吏二千石、博士议之；有可以佐百姓者，率意远思，无有所隐！”

二年（己卯、前一六二）

1 夏，上行幸雍棫阳宫。黄图曰：棫阳宫，秦昭王所起。括地志：在岐州扶风县东北。棫，音域。

2 六月，代孝王参薨。参，前二年封于太原，三年徙代。

3 匈奴连岁入边，杀略人民、畜产甚多；云中、辽东最甚，辽东，战国时燕之东北境，秦置郡。郡万馀人。上患之，乃使使遗匈奴书。遗，于季翻。单于亦使当户报谢，匈奴官自左、右贤王至左、右大当户，凡二十四长。复与匈奴和亲。

4 八月，戊戌，丞相张苍免。帝以皇后弟窦广国贤、有行，欲相之，相，息亮翻。行，下孟翻。曰：“恐天下以吾私广国，久念不可。”而高帝时大臣，馀见无可者。谓高帝大臣薨逝之馀，其见存之臣无可相者。见，贤遍翻。御史大夫梁国申屠嘉，庄子有申徒狄，夏之贤人也。一曰：申徒，楚官号。姓谱：申侯之后，支子居安定屠原，因为申屠氏。故以材官蹶张从高帝，梁国本秦砀郡，汉为梁国。如淳曰：材官之多力者，能脚蹋强弩张之，故曰蹶张。律有蹶张士。师古曰：今之弩，以手张者为擘张，以足蹋者为蹶张。蹶，音厥。封关内侯；庚午，以嘉为丞相，封故安侯。班志，故安县属涿郡。括地志：今易州界武阳城中东南隅故城是也。嘉为人廉直，门不受私谒。是时，太中大夫邓通方爱幸，赏赐累巨万；帝尝燕饮通家，其宠幸无比。嘉尝入朝，而通居上旁，有怠慢之礼。嘉奏事毕，因言曰："陛下幸爱群臣，则富贵之；至于朝廷之礼，不可以不肃。"师古曰：肃，敬也。上曰："君勿言，吾私之。"师古曰：言欲私告戒之。罢朝，坐府中，风俗通：府，聚也，公、卿、牧、守道德之所聚也；又舍也。嘉为檄召通诣丞相府，师古曰：檄，木书也，长二尺。不来，且斩通。通恐，入言上；上曰："汝第往，吾令使人召若。"通诣丞相府，【章：乙十一行本无"府"字；孔本同。】免冠、徒跣，顿首谢嘉。嘉坐自如，弗为礼，责曰："夫朝廷者，高帝之朝廷也。通小臣，戏殿上，大不敬，当斩。吏！今行斩之！"如淳曰：嘉语其吏曰："今便行斩之"。通顿首，首尽出血，不解。上度丞相已困通，度，徒洛翻。使使持节召通而谢丞相："此吾弄臣，君释之！"邓通既至，为上泣曰："丞相几杀臣！"为，于伪翻。几，居希翻。

三年（庚辰、前一六一）

1 春，二月，上行幸代。

2 是岁，匈奴老上单于死，子军臣单于立。

四年（辛巳、前一六〇）

1 夏，四月，丙寅晦，日有食之。月末为晦。天文书，晦则日月相沓，月在日后，则光体伏矣。

2 五月，赦天下。

3 上行幸雍。

五年（壬午、前一五九）

1 春，正月，上行幸陇西；三月，行幸雍；秋，七月，行幸代。

六年（癸未、前一五八）

1 冬，匈奴三万骑入上郡，三万骑入云中，所杀略甚众，烽火通于甘泉、长安。文颖曰：边方备胡寇作高土，橹上作桔槔，桔槔头兜零，以薪草置其中，常低之。有寇，即燃火举之以相告，曰烽。又多积薪，寇至即燃之，以望其烟，曰燧。以中大夫令免为车骑将军，屯飞狐；师古曰：中大夫，官名；其人姓令名免耳。此诸将军下至徐厉皆书姓，而徐广以为中大夫令是官名，此说非也。据百官表：景帝初改卫尉为中大夫令，文帝时无此官；而中大夫是郎中令属官，秩比二千石。索隐曰：据风俗通：令姓，楚令尹子文之后。虞世南曰：中大夫令是史家追书耳。故楚相苏意为将军，屯句注；句，音钩。将军张武屯北地；秦灭义渠，置北地郡。河内太守周亚夫为将军，次细柳；项羽以河内郡为殷国；高帝灭殷，复置河内郡。服虔曰：细柳在长安西北。如淳曰：长安细柳仓在渭北，近石徼。张揖曰：在昆明池南，今有柳市是也。臣瓒曰：一宿曰宿，再宿曰信，过信为次。师古曰：匈奴传云：置三将军，军长安西细柳、渭北棘门、霸上，此则细柳不在渭北，揖说是也。索隐曰：按三辅故事：细柳在直城门外阿房宫西北维。旧唐书：肃宗母元献杨后葬细柳原。宗正刘礼为将军，次霸上；祝兹侯徐厉为将军，次棘门；宗正，秦官，掌亲属；汉因之。徐厉，高祖功臣，吕后四年封祝兹侯。史记表作“松滋”。班志，松滋县属庐江郡。孟康曰：棘门在长安北，秦时宫门也。如淳曰：棘门在横门外。横门，长安城北出西头第一门。以备胡。上自劳军，至霸上及棘门军，直驰入，将以下骑送迎。劳，力到翻。将，即亮翻；下其将同。骑，奇寄翻。已而之细柳军，之，往也。军士吏被甲，锐兵刃，彀弓弩持满，被，皮义翻。彀，古候翻。天子先驱至，不得入。先驱曰：师古曰：先驱导驾，若今之武候队矣。“天子且至！”军门都尉曰：“将军令曰：‘军中闻将军令，不闻天子之诏。’”居无何，上至，又不得入。于是上乃使使持节诏将军：“吾欲入营劳军。”亚夫乃传言：“开壁门。”壁门士请车骑曰：“将军约：军中不得驰驱。”于是天子乃按辔徐行。至营，将军亚夫持兵揖曰：“介胄之士不拜，请以军礼见。”礼：介者不拜。见，贤遍翻。天子为动，改容，式车，为，于伪翻。使人称谢：“皇帝敬劳将军。”成礼而去。既出军门，群臣皆惊。上曰：“嗟乎，此真将军矣！曩者霸上、棘门军若儿戏耳，其将固可袭而虏也。至于亚夫，可得而犯耶！”称善者久之。月馀，汉兵至边，匈奴亦远塞，远，于愿翻。汉兵亦罢。乃拜周亚夫为中尉。为以亚夫属太子张本。

2 夏，四月，大旱，蝗。师古曰：蝗，即螽也，食苗为灾；今俗呼为簸蝩。说文曰：一曰蝝，一曰蝗。蝗，户光翻。蝩，音钟。令诸侯无入贡；弛山泽，师古曰：弛，解也；解而不禁，与众庶同其利。减诸服御，损郎吏员；发仓庾以振民；应劭曰：水漕仓曰庾。胡公曰：在邑曰仓，在野曰庾。康曰：凡仓无屋曰庾。民得卖爵。

七年（甲申、前一五七）

1 夏，六月，己亥，帝崩于未央宫。臣瓒曰：寿四十六。遗诏曰：“朕闻之：盖天下万物之萌生，靡不有死；死者，天地之理，万【章：乙十一行本无“万”字。】物之自然，奚可甚哀！当今之世，咸嘉生而恶死，恶，乌路翻。厚葬以破业，重服以伤生，吾甚不取。且朕既不德，无以佐百姓；今崩，又使重服久临师古曰：临，哭也，力禁翻；下出临、服临、当临、夕临、哭临音同。以罹寒暑之数，师古曰：罹，音离，遭也。哀人父子，伤长老之志，损其饮食，绝鬼神之祭祀，以重吾不德，谓天下何！朕获保宗庙，以眇眇之身师古曰：眇眇，犹言细末也。托于天下君王之上，二十有馀年矣。赖天之灵，社稷之福，方内安宁，方内，四方之内也。靡有兵革。朕既不敏，常惧过行以羞先帝之遗德，师古曰：过行，行有过失也。羞，谓忝辱也。行，下孟翻。惟年之久长，惧于不终。今乃幸以天年得复供养于高庙，其奚哀念之有！帝自谦，以谓得终其天年以从先帝幸矣，奚哀念之有乎！供，居用翻。养，羊亮翻。其令天下吏民：令到，出临三日，皆释服；毋禁取妇、嫁女、祠祀、饮酒、食肉；取，读曰娶。自当给丧事服临者，皆无跣；跣，先典翻，足亲地也。绖带毋过三寸；毋布车及兵器；应劭曰：毋以布衣车及兵器也。服虔曰：不施轻车介士也。师古曰：应说是也。毋发民哭临宫殿中；殿中当临者，皆以旦夕各十五举音，礼毕罢；非旦夕临时，禁毋得擅哭临；已下棺，服大功十五日，小功十四日，纤七日，释服。丧礼：大功之服，七升、八升、九升；小功，十升、十一升、十二升。再期而大祥，逾月而禫；禫而纤，无所不佩。郑注云：大祥，除衰杖。黑经白纬曰纤。旧说：纤，冠者采缨也。无所不佩者，纷帨之属如平常也。孔氏正义曰：禫而纤者，禫祭之时，玄冠朝服；禫祭既讫，而首着纤冠，身着素端黄裳；以至吉祭，无所不佩者，吉祭之时，身寻常吉服，平常所服之物无不佩也。服虔曰：大功、小功，布也；纤，细布衣也。应劭曰：凡三十六日而释服矣，此以日易月也。师古曰：此丧制者，文帝自率己意创而为之，非有取于周礼也。何为以日易月乎！三年之丧，其实二十七月，岂有三十六月之文！禫又无七月也。应氏既失之于前，近代学者因循缪说，未之思也。贡父曰：文帝制此丧服，断自已葬之后；其未葬之前，则服斩衰。汉诸帝自崩至葬有百馀日者，未葬则服不除矣。翟方进传："后母终，既葬，三十六日起视事"，其证也。说者遂以日易月，又不通计葬之日，皆大谬也。考之文帝意，既葬除重服，制大功、小功，所以渐即吉耳。贾公彦曰：布之精粗，斩衰三升；齐衰有三等：或四升，或五升，或六升；小功、大功如前说；缌麻十五升，抽去半；朝服十五升。他不在令中者，皆以此令比类从事。师古曰：言此诏中无文者，皆以类比而行事。布告天下，使明知朕意。霸陵山川因其故，毋有所改。应劭曰：因山为藏，不复起坟，山下川流不遏绝，就其水名以为陵号耳。师古曰：霸陵在长安东南。归夫人以下至少使。"应劭曰：夫人已下，有美人、良人、八子、七子、长使、少使，皆遣归家，重绝人类。乙巳，葬霸陵。

帝即位二十三年，宫室、苑囿、车骑、服御，无所增益；有不便，辄弛以利民。尝欲作露台，召匠计之，直百金。上曰："百金，中人十家之产也。吾奉先帝宫室，尝恐羞之，何以台为！"师古曰：中，谓不富不贫。今新丰县南骊山之顶有露台乡，极为高显，犹有文帝所欲作台之处。身衣弋绨；如淳曰：弋，皂也。师古曰：弋，黑色。衣，于既翻。所幸慎夫人，衣不曳地；帷帐无文绣；以示敦朴，为天下先。治霸陵，皆瓦器，不得以金、银、铜、锡为饰，因其山，不起坟。古者墓而不坟。坟者，聚土使之高大也。皇甫谧曰：汉长陵高十三丈，阳陵高十四丈；安陵三十馀丈，则不度甚矣。治，直之翻。吴王诈病不朝，赐以几杖。群臣袁盎等谏说虽切，常假借纳用焉。张武等受赂金钱，觉，更加赏赐以愧其心；专务以德化民。是以海内安宁，家给人足，后世鲜能及之。鲜，息浅翻。

2 丁未，太子即皇帝位。郑樵曰：汉大敛毕，三公奏："尚书顾命，太子即日即天子位于柩前。请太子即皇帝位，皇后为皇太后"。奏可，群臣皆出，吉服入会，如仪。太尉升自阼阶，当柩御坐，北面稽首，读册毕，以传国玉玺绶东面跪授；皇太子即皇帝位，告令群臣，群臣皆伏称万岁，或大赦天下。群臣百僚罢，入，成丧服，如礼。尊皇太后薄氏曰太皇太后，皇后曰皇太后。帝祖母曰太皇太后，帝母曰皇太后。

3 九月，有星孛于西方。孛，蒲内翻。

4 是岁，长沙王吴著薨，无子，国除。高帝封吴芮为长沙王，传成王臣，共〔哀〕王回、共王右，至著而绝。"著"，汉书作"差"。

初，高祖贤文王芮，制诏御史："长沙王忠，其定著令。"邓展曰：汉约非刘氏不王而芮王，故著令使特王也。或曰：以芮至忠，故著令也。仲冯曰：兼用邓二说，乃著令之意也。贡父曰："长沙王忠，其定著令，"定著令者，谓于令著长沙王车服土地之类也。至孝惠、高后时，封芮庶子二人为列侯，传国数世绝。

孝景皇帝上 荀悦曰：讳"启"之字曰"开"。文帝长子也。应劭曰：礼谥法：布义行刚曰景。

元年（乙酉、前一五六）

1 冬，十月，丞相嘉等奏："功莫大于高皇帝，德莫盛于孝文皇帝。高皇帝庙，宜为帝者太祖之庙；孝文皇帝庙，宜为帝者太宗之庙。天子宜世世献祖宗之庙，郡国诸侯宜各为孝文皇帝立太宗之庙。”应劭曰：始取天下者曰祖，高帝称高祖是也。始治天下者曰宗，文帝称太宗是也。师古曰：应说非也。祖，始也，始受命也。宗，尊也，有德可尊。贡父曰：颜说非也。始受命称太祖耳；有功亦称祖，商祖甲是也。制曰：“可。”

2 夏，四月，乙卯，赦天下。

3 遣御史大夫青至代下与匈奴和亲。开封侯陶青，高祖功臣陶舍之子。

4 五月，复收民田半租，文帝十二年，赐民田租之半；次年，尽除田之租税；今复收半租。三十而税一。

5 初，文帝除肉刑，事见文帝十三年。外有轻刑之名，内实杀人；斩右止者又当死；斩左止者笞五百，当劓者笞三百，率多死。是岁，下诏曰：“加笞与重罪无异；孟康曰：重罪，谓死刑。幸而不死，不可为人。师古曰：谓不能自起居也。其定律：笞五百曰三百，笞三百曰二百。”

6 以太中大夫周仁为郎中令，张欧为廷尉，孟康曰：欧，音驱；索隐曰：於后翻。楚元王子平陆侯礼为宗正，平陆，战国时齐邑。班志，东平国有东平陆县，又，西河郡有平陆县。意礼所封者齐地。中大夫晁错为左内史。仁始为太子舍人，内史掌治京邑，武帝建元六年始分左、右内史。疑“左”字衍。续汉志：太子舍人更直宿卫，如三署郎中。晁，音朝，直遥翻。以廉谨得幸。张欧亦事帝于太子宫，虽治刑名家，为人长者；治，直之翻。长，知两翻。帝由是重之，用为九卿。欧为吏未尝言按人，专以诚长者处官；官属以为长者，亦不敢大欺。处，昌吕翻。

二年（丙戌、前一五五）

1 冬，十二月，有星孛于西南。孛，蒲内翻。

2 令天下男子年二十始傅。师古曰：旧制二十三而傅；今此二十，更为异制也。傅，读曰附。

3 春，三月，甲寅，立皇子德为河间王，阏为临江王，馀为淮阳王，非为汝南王，彭祖为广川王，发为长沙王。河间王，都乐成。临江王，都江陵。淮阳王，都陈。汝南王，都平舆。广川王，都信都，长沙王，都长沙。阏，一曷翻。

4 夏，四月，壬午，太皇太后薄氏崩。薄太皇，文帝母也。

5 六月，丞相申屠嘉薨。时内史晁错数请间言事，辄听，宠幸倾九卿，汉正卿九，奉常、郎中令、卫尉、太仆、廷尉、典客、宗正、治粟内史、少府是也。数，所角翻。法令多所更定。更，工衡翻。丞相嘉自绌所言不用，疾错。错为内史，东出不便，更穿一门南出。南出者，太上皇庙堧垣也。三辅黄图：太上皇庙在长安香室街南，冯翊府北。武帝分内史为左右，后又改左内史为左冯翊。括地志：汉太上皇庙，在雍州长安县西北，长安故城中酒池之北。服虔曰：堧垣，宫外垣馀地也。师古曰：内垣之外馀地也。堧，而缘翻。嘉闻错穿宗庙垣，为奏，请诛错。客有语错，语，牛倨翻。错恐，夜入宫上谒，自归上。上谒，时掌翻。至朝，朝，直遥翻；下同。嘉请诛内史错。上曰："错所穿非真庙垣，乃外堧垣，故冗官居其中；师古曰：冗，谓散辈也，如今之散官。冗，如陇翻。且又我使为之，错无罪。"丞相嘉谢。罢朝，嘉谓长史曰："吾悔不先斩错乃请之，为错所卖。"至舍，因欧血而死。欧，於后翻。错以此愈贵。

6 秋，与匈奴和亲。

7 八月，丁未，以御史大夫开封侯陶青为丞相。班志，开封县属河南郡。姓谱：陶，陶唐氏之后。丁巳，以内史晁错为御史大夫。

8 彗星出东北。彗，祥岁翻，又徐醉翻，又旋芮翻。

9 秋，衡山雨雹，大者五寸，深者二尺。大戴礼曰：孔曾子云：阳之专气为霰，阴之专气为雹。盛阳之气在雨水，则温暖而为雨，阴气薄而胁之不相入，则抟而为雹也。盛阴之气在雨水，则凝滞而为雪，阳气薄而胁之不相入，则消散而下，因水而为霰。雨，于具翻。

10 荧惑逆行守北辰，月出北辰间；岁星逆行天廷中。荧惑，火星。北辰，中宫天极星也。月有九行，黑道二，出黄道北，自立冬、冬至行之；青道二，出黄道东，立春、春分行之；赤道二，出黄道南，立夏、夏至行之；白道二，出黄道西，立秋、秋分行之。其去极有远近，终不能出北辰之间；出北辰间，失其行也。岁星，木星也。太微为天廷。据天文志：北极及太微，人君之位；或守之，或出之，或逆行经之，皆变也。又石氏星传曰：龙左角为天田，右角为天廷。孔颖达曰：春秋纬文：紫微宫为大帝，太微为天庭，中有五帝座。

11 梁孝王以窦太后少子故，有宠，王四十馀城，少，诗沼翻。王，於况翻。居天下膏腴地。赏赐不可胜道，府库金钱且百巨万，巨万，万万也。胜，音升。珠玉宝器多于京师。筑东苑，方三百馀里，广睢阳城七十里，唐宋州治宋城县，即汉睢阳。大治宫室，治，直之翻。为复道，自宫连属于平台三十馀里。如淳曰：平台在梁东北，离宫所在。师古曰：今其城东二十里所有故台基，其处宽博，俗云平台也。属，之欲翻。招延四方豪俊之士，如吴人枚乘、严忌，齐人羊胜、公孙诡、邹阳，蜀人司马相如之属皆从之游。姓谱：枚，姓也。六国有贤人枚被。严忌，本姓庄，汉书避明帝讳，改为严。羊，晋羊舌大夫之后。邹，以国为氏。每入朝，上使使持节以乘舆驷马迎梁王于关下。既至，宠幸无比；入则侍上同辇，出则同车，射猎上林中；因上疏请留，且半岁。梁侍中、郎、谒者著籍引出入天子殿门，史记正义曰：籍，谓名簿也；若今通引出入门也。著，竹略翻。与汉宦官无异。

聂崇岐标点容肇祖覆校

资治通鉴卷第十六

翰林学士朝散大夫右谏议大夫知制诰兼侍讲
同提举万寿观公事兼判集贤院上护军 司马光 奉敕编集
河内郡开国侯食邑一千三百户赐紫金鱼袋臣

后学天台 胡三省 音注

汉纪八 起强圉大渊献(丁亥)，尽上章困敦(庚子)，凡十四年。

孝景皇帝下

前三年(丁亥、前一五四)

1 冬，十月，梁王来朝。朝，直遥翻。时上未置太子，与梁王宴饮，从容言曰：从，千容翻。"千秋万岁后传于王。"王辞谢，虽知非至言，然心内喜；孔颖达曰：喜者，外竟会心之谓。太后亦然。詹事窦婴班表：詹事，秦官，掌皇后、太子家。应劭曰：詹，省也，给也。臣瓒曰：茂陵书：詹事，秩真二千石。师古曰：皇后、太子各置詹事，随其所在以名官。引卮酒进上曰："天下者，高祖之天下，父子相传，汉之约也；上何以得传梁王！"太后由此憎婴；引酒进之，盖罚爵也。婴因病免；太后除婴门籍，不得朝请。门籍，出入宫殿门之籍也。请，材性翻，又如字。梁王以此益骄。

2 春，正月，乙巳，赦。

3 长星出西方。

4 洛阳东宫灾。洛阳县，河南郡治所。高祖先居洛阳，因筑宫室，有南宫、北宫、东宫。

5 初，孝文时，吴太子入见，楚汉春秋曰：吴太子，名贤，字德明。见，贤遍翻。得侍皇太子饮、博。吴太子博争道，不恭；皇太子引博局提吴太子，杀之。提，徒计翻。遣其丧归葬，至吴，吴王愠曰：愠，于问翻。师古曰：怒也。孔颖达曰：愠者，外竟违心之谓；事与心违，所以怒生。"天下同宗，师古曰：犹言同姓共为一家。死长安即葬长安，何必来葬为！"复遣丧之长安葬。吴王由此稍失藩臣之礼，称疾不朝。朝，直遥翻。京师知其以子故，系治、验问吴使者；吴王恐，始有反谋。后使人为秋请，应劭曰：冬当断狱，秋先请择其轻重也。孟康曰：律：春曰朝，秋曰请。如淳曰：濞不自行，使人代己致请礼。索隐曰：音净；孟说是。文帝复问之，复，扶又翻。使者对曰："王实不病；汉系治使者数辈，吴王恐，以故遂称病。夫'察见渊中鱼不祥'；服虔曰：言天子察见下之私则不祥也。索隐曰：案此语见韩子及文子。韦昭曰：知臣下阴私，使忧患生，变为不祥，故当赦宥使自新也。唯上弃前过，与之更始。"师古曰：言赦其已往之事，使得自新也。更，工衡翻。于是文帝乃赦吴使者，归之，而赐吴王几杖，老，不朝。吴得释其罪，谋亦益解。然其居国，以铜、盐故，百姓无赋；索隐曰：吴国有铸钱、煮盐之利，故百姓不别徭赋也。卒践更，辄予平贾；服虔曰：以当为更卒，出钱三百，谓之过更；自行为卒，谓之践更。吴王欲得民心，以为卒者雇其庸，随时月予平贾。晋灼曰：谓借人自代为卒者，官为出钱雇，其时庸平贾也。师古曰：晋说是。索隐曰：案汉律，卒更有三：践更、居更、过更也。此言践更辄与平贾者，谓为践更合自出钱，今吴王欲得人心，乃予平贾，官雠之也。予，读曰与；下同。贾，读曰价。岁时存问茂材，赏赐闾里；他郡国吏欲来捕亡人者，公共禁弗予。如此者四十馀年。

晁错数上书言吴过，可削；文帝宽，不忍罚，以此吴日益横。晁，直遥翻。错，千故翻。数，所角翻。横，户孟翻。及帝即位，错说上曰："昔高帝初定天下，昆弟少，诸子弱，说，式芮翻。

少，诗沼翻。大封同姓，齐七十馀城，楚四十馀城，吴五十馀城；封三庶孽，分天下半。今吴王前有太子之郤，郤，与隙同；下有郤同。诈称病不朝，于古法当诛。文帝弗忍，因赐几杖，德至厚，当改过自新；反益骄溢，即山铸钱，师古曰：即，就也。煮海水为盐，诱天下亡人谋作乱。今削之亦反，不削亦反。削之，其反亟，祸小；不削，反迟，祸大。”上令公卿、列侯、宗室杂议，莫敢难；独窦婴争之，由此与错有郤。难，乃旦翻。郤，与隙同。及楚王戊来朝，错因言：“戊往年为薄太后服，私奸服舍，师古曰：服舍，居丧之次，若垩室之属也。请诛之。”诏赦，削东海郡。东海郡，即秦郯郡，高帝更名。及前年，赵王有罪，削其常山郡；胶西王卬以卖爵事有奸，胶西后改为高密。削其六县。

廷臣方议削吴。吴王恐削地无已，因发谋举事；念诸侯无足与计者，闻胶西王勇，好兵，好，呼到翻。诸侯皆畏惮之，于是使中大夫应高口说胶西王曰：应本自周武王后。左传曰：邘，晋、应、韩，武之穆也。“今者，主上任用邪臣，听信谗贼，侵削诸侯，诛罚良重，师古曰：良，实也，信也。日以益甚。语有之曰：‘狧穅及米。’师古曰：狧，古舓字，食尔翻。狧，用舌食也，盖以犬为谕。言初狧糠，遂至食米也。索隐曰：言狧糠尽则至米，谓削土尽则至灭国也。吴与胶西，知名诸侯也，一时见察，不得安肆矣。师古曰：肆，纵也。吴王身有内疾，师古曰：谓疾在身中，不显于外也。不能朝请二十馀年，常患见疑，无以自白，胁肩累足，犹惧不见释。师古曰：胁，翕也，谓敛之也；累足，重足也；并谓惧耳。释，解也，放也。累，与絫同。窃闻大王以爵事有过。所闻诸侯削地，罪不至此；师古曰：言其罪皆不至于削地。此恐不止削地而已！”王曰：“有之。子将奈何？”高曰：“吴王自以为与大王同忧，愿因时循理，弃躯以除患于天下，意亦可乎？”胶西王瞿然骇曰：瞿，居具翻。说文：瞿，远视貌。师古曰：瞿然，无守之貌。“寡人何敢如是！主上虽急，固有死耳，安得不事！”高曰：“御史大夫晁错，营惑天子，师古曰：营，谓回绕之也。侵夺诸侯，【章：甲十五行本“侯”下有“朝廷疾怨”四字；乙十一行本同；张校同；退斋校同。】诸侯皆有背叛之意，人事极矣。彗星出，背，蒲妹翻。彗，祥岁翻；又徐醉翻；又旋芮翻。蝗虫起，此万世一时；而愁劳，圣人所以起也。索隐曰：所谓殷忧以启明圣也。吴王内以晁错为诛，外从大王后车，方洋天下，方，音房，又音旁。洋，音羊。师古曰：方洋，犹翱翔也。所向者降，降，户江翻。所指者下，莫敢不服。大王诚幸而许之一言，则吴王率楚王略函谷关，守荥阳、敖仓之粟，距汉兵，治次舍，须大王。师古曰：次舍，息立之处。须，待也。治，直之翻。大王幸而临之，则天下可并，两主分割，不亦可乎！”王曰：“善！”归，报吴王，吴王犹恐其不果，乃身自为使者，至胶西面约之。胶西群臣或闻王谋，谏曰：“诸侯地不能当汉十二，为叛逆以忧太后，非计也。文颖曰：谓王之太后也。今承一帝，尚云不易；易，以豉翻。假令事成，两主分争，患乃益生。”王不听，遂发使约齐、菑川、胶东、济南，皆许诺。齐王将闾，菑川王贤，胶东王雄渠，济南王辟光，皆文帝封。济，子礼翻。

初，楚元王好书，好，呼到翻。与鲁申公、穆生、白生俱受诗于浮丘伯；及王楚，以三人为中大夫。及王，于况翻。穆生不耆酒；元王每置酒，常为穆生设醴。及子夷王、孙王戊即位，楚元王交，高祖异母弟。楚子重、子辛皆出于穆王，楚人谓之“二穆”，故楚有穆姓。秦有白乙丙、白圭，楚有白公。浮丘，复姓。夷王，名郢客，元王子。戊，元王孙。师古曰：醴，甘酒，少曲多米，二宿而熟。不耆之耆，读曰嗜。为，于伪翻；下同。常设，后乃忘设焉。忘，巫放翻。穆生退，曰：“可以逝矣！醴酒不设，王之意怠；不去，楚人将钳我于市。”遂称疾卧。申公、白生强起之，强，其两翻。曰：“独不念先王之德与？与，读曰欤。今王一旦失小礼，何足至此！”穆生曰：

"易称：'知几其神乎！几者，动之微，吉凶之先见者也。几，居衣翻。师古曰：易下系之辞。见，户电翻。君子见几而作，不俟终日。'先王之所以礼吾三人者，为道存也；今而忽之，是忘道也。忘道之人，胡可与久处，岂为区区之礼哉！"区区，谓小也。处，昌吕翻。为，于伪翻。遂谢病去。申公、白生独留。王戊稍淫暴，太傅韦孟作诗讽谏，不听，亦去，居于邹。姓谱：韦姓出颛顼大彭豕韦之后。戊因坐削地事，遂与吴通谋。申公、白生谏戊，戊胥靡之，衣之赭衣，使雅舂于市。晋灼曰：高肱举杵，正身而舂之。师古曰：为木杵而手舂，即今所谓步臼者耳。衣之，于既翻。休侯富使人谏王。孟子去齐居休。赵岐注曰：休，地名；盖即富所封之地。富，楚元王之子，夷王之弟也。王曰："季父不吾与，我起，先取季父矣！"休侯惧，乃与母太夫人奔京师。臣瓒曰：侯母号太夫人。

及削吴会稽、豫章郡书至，吴王遂先起兵，诛汉吏二千石以下；胶西、胶东、菑川、济南、楚、赵亦皆反。楚相张尚、太傅赵夷吾谏王戊，戊杀尚、夷吾。赵相建德、内史王悍谏王遂，遂烧杀建德、悍。悍，下罕翻，又侯旰翻。齐王后悔，背约城守。背，蒲妹翻。守，式又翻。济北王城坏未完，其郎中令劫守，王不得发兵。胶西王、胶东王为渠率，师古曰：渠，大也。率，所类翻。与菑川、济南共攻齐，围临菑。临菑，齐都。赵王遂发兵住其西界，欲待吴、楚俱进，北使匈奴与连兵。使，疏吏翻；下同。

吴王悉其士卒，下令国中曰："寡人年六十二，身自将；将，即亮翻。少子年十四，亦为士卒先。诸年上与寡人同，下与少子等，皆发。"凡二十馀万人。南使闽、东越，使，疏吏翻。闽、东越亦发兵从。从，才用翻。吴王起兵于广陵，广陵，吴都。西涉淮，因并楚兵，发使遗诸侯书，罪状晁错，遗，于季翻。欲合兵诛之。吴、楚共攻梁，破棘壁，索隐曰：按左氏传，宣公二年，宋华元战于大棘。杜预曰：在襄邑东南；盖即棘壁是也。括地志：大棘故城，在宋州宁陵县西南七十里。杀数万人；乘胜而前，锐甚。梁孝王遣将军击之，又败梁两军，败，补迈翻。士卒皆还走。梁王城守睢阳。睢阳，梁都。睢，音虽。

初，文帝且崩，戒太子曰："即有缓急，周亚夫真可任将兵。"及七国反书闻，上乃拜中尉周亚夫为太尉，将三十六将军往击吴、楚，遣曲周侯郦寄击赵，班志，曲周县属广平国。将军栾布击齐；复召窦婴，拜为大将军，使屯荥阳监齐、赵兵。班志，荥阳县属河南郡。监，古衔翻。

初，晁错所更令三十章，更，工衡翻。诸侯讙哗。讙，许元翻。错父闻之，从颍川来，错，颍川人。谓错曰："上初即位，公为政用事，侵削诸侯，疏人骨肉，疏，与疎同。口语多怨，公何为也？"错曰："固也；不如此，天子不尊，宗庙不安。"父曰："刘氏安矣而晁氏危，吾去公归矣！"遂饮药死，曰："吾不忍见祸逮身！"后十馀日，吴、楚七国俱反，以诛错为名。

上与错议出军事，错欲令上自将兵而身居守；守，式又翻。又言："徐、僮之旁吴所未下者，可以予吴。"徐、僮二县皆属临淮郡。错初议削诸侯地以强汉，及七国反，乃欲以徐、僮之旁予吴；是自畔其说，恶得无死乎！予，读曰与。错素与吴相袁盎不善，相，息亮翻。错所居坐，盎辄避；盎所居坐，错亦避；坐，徂卧翻。两人未尝同堂语。及错为御史大夫，使吏按盎受吴王财物，抵罪；诏赦以为庶人。吴、楚反，错谓丞、史曰：班表：御史大夫有两丞，秩千石；侍御史十五人。"袁盎多受吴王金钱，专为蔽匿，言不反；今果反，欲请治盎，宜知其计谋。"丞、史曰："事未发，治之有绝；如淳曰：事未发之时治之，乃有所绝也。治，直之翻。今兵西向，治之何益！且盎不宜有谋。"错犹与未决。犹与，即犹豫也。与，去声。人有告盎，盎恐，夜见窦婴，为言吴所以反，愿至前，口对状。婴入言，上乃召盎。盎入见，为，于伪翻。入见，贤遍翻。上方与错调兵食。师古曰：调，计也，计发兵食也。调，徒钓翻。上问盎："今吴、楚反，于公意何如？"对曰："不足忧也！"上曰："吴王即山铸钱，煮海为盐，诱天下豪杰；白头举事，此其计不百全，岂发乎！何以言其无能为也？"对曰："吴铜盐之利则有之，安得豪杰而诱之！诱，音酉。诚令吴得豪杰，亦且辅而为谊，不反矣。吴所诱皆无赖子弟、亡命、铸钱奸人，章怀太子贤曰：命，名也，谓脱其名籍而逃亡。故相诱以乱。"错曰："盎策之善。"上曰："计安出？"盎对曰："愿屏左右。"上屏人，独错在；盎曰："臣所言，人臣不得知。"乃屏错。屏，必郢翻。错趋避东厢，甚恨。上卒问盎，卒，子恤翻；下卒受同。对曰："吴、楚相遗书，言高皇帝王子弟各有分地，遗，于季翻。分，扶问翻。今贼臣晁错擅适诸侯，适，读曰谪。削夺之地，以故反，欲西共诛错，复故地而罢。方今计独有斩错，发使赦吴、楚七国，使，疏吏翻；下使吴同。复其故地，则兵可毋血刃而俱罢。"于是上默然良久，曰："顾诚何如？吾不爱一人以谢天下。"盎曰："愚计出此，唯上孰计之！"孰，与熟同。乃拜盎为太常，中六年，始改奉常为太常，时盎犹为奉常也。密装治行。治，直之翻。后十馀日，上令丞相青、中尉嘉、廷尉欧丞相陶青，中尉嘉，失其姓，廷尉张欧。劾奏错："不称主上德信，欲疏群臣、百姓，又欲以城邑予吴，无臣子礼，大逆无道。错当要斩，劾，户概翻。疏，与疎同。予，读曰与。要，与腰同。父母、妻子、同产无少长皆弃市。"少，诗照翻。长，知两翻。制曰："可。"错殊不知。壬子，上使中尉召错，绐载行市，师古曰：诳云乘车案行市中也。行，下孟翻。错衣朝衣斩东市。衣朝，上于既翻，下直遥翻。上乃使袁盎与吴王弟子宗正德侯通使吴。高祖兄仲之子广封德侯，生通。德，侯国，在泰山界。

谒者仆射邓公为校尉，上书言军事，见上，校，户教翻。上书之上，时掌翻。上问曰："道军所来，如淳曰：道路从吴军所来也。臣瓒曰：道，由也。闻晁错死，吴、楚罢不？"不，读曰否。邓公曰："吴为反数十岁矣；发怒削地，以诛错为名，其意不在错也。且臣恐天下之士拑口不敢复言矣。"拑，其炎翻。复，扶又翻。上曰："何哉？"邓公曰："夫晁错患诸侯强大不可制，故请削之以尊京师，万世之利也。计画始行，卒受大戮；卒，子恤翻，或读为猝。内杜忠臣之口，外为诸侯报仇，臣窃为陛下不取也。"为，于伪翻。于是帝喟然长息曰："公言善，吾亦恨之！"

袁盎、刘通至吴，吴、楚兵已攻梁壁矣。宗正以亲故，先入见，谕吴王，令拜受诏。宗正于濞，犹子之亲也。吴王闻袁盎来，知其欲说，说，式芮翻；下同。笑而应曰："我已为东帝，尚谁拜！"不肯见盎，而留军中，欲劫使将；将，即亮翻。盎不肯，使人围守，且杀之。盎得间，脱亡归报。间，古苋翻。

太尉亚夫言于上曰："楚兵剽轻，难与争锋，剽，匹妙翻。轻，虚劲翻。愿以梁委之，绝其食道，乃可制也。"上许之。亚夫乘六乘传，张晏曰：传车六乘也。乘，绳证翻。传，张恋翻。余据汉有乘传、驰传；文帝之自代入立也，张武等乘六乘传，今亚夫乘六乘传，六乘传之见于史者二，盖又与乘传不同也。将会兵荥阳。师古曰：会兵，谓集大兵。发至霸上，赵涉遮说亚夫曰："吴王素富，怀辑死士久矣。此知将军且行，必置间人于殽、渑陒陿之间；渑，弥兖翻。殽山、渑池之间，其道陒陿。陒，於懈翻。陿，与狭同。且兵事尚【章：甲十五行本"尚"作"上"；乙十一行本同。】神密，将军何不从此右去，走蓝田，出武关，抵洛阳！间不过差一二日，自霸上左趋殽、渑至洛阳，其道便近；若自霸上右趋蓝田出武关至洛阳，其道迂曲，故差一二日。走，音奏。间，如字。直入武库，洛阳有武库。击鸣鼓。诸侯闻之，以为将军从天而下也。"太尉如其计，至洛阳，喜曰："七国反，吾乘传至此，不自意全。师古曰：言不自意得安全至洛阳也。今吾据荥阳，荥阳以东，无足忧者。”考异曰：史记、汉书皆云：“太尉得剧孟喜，如得一敌国，曰：‘吴楚无足忧者。’”按孟一游侠之士耳，亚夫得之，何足为轻重！盖其徒欲为孟重名，妄撰此言，不足信也。使吏搜殽、渑间，果得吴伏兵。乃请赵涉为护军。

太尉引兵东北走昌邑。昌邑，梁地，后为山阳郡治所。走，音奏；下同。吴攻梁急，梁数使使条侯求救，条侯不许；班志，勃海郡有脩县，音条。数，所角翻。使使，上如字，下疏吏翻。又使使诉条侯于上。上使告条侯救梁，亚夫不奉诏，坚壁不出；而使弓高侯等将轻骑兵出淮泗口，韩王信之子颓当自匈奴中来归，封为弓高侯。功臣表：弓高属营陵；地理志，弓高属河间国。盖颓当受封于文帝之初，而河间国则三年所置，故志与表异。泗水南入淮，故谓之淮泗口。骑，奇寄翻。绝吴、楚兵后，塞其饟道。塞，悉则翻。饟，古饷字。梁使中大夫韩安国及楚相张尚弟羽为将军；羽力战，安国持重，乃得颇败吴兵。吴兵欲西，梁城守，不敢西；败，补迈翻。守，式又翻。即走条侯军，会下邑，下邑县属梁国。欲战。条侯坚壁不肯战；吴粮绝卒饥，数挑战，终不出。数，所角翻。挑，徒了翻。条侯军中夜惊，内相攻击，扰乱至帐下，亚夫坚卧不起，顷之，复定。吴奔壁东南陬，陬，子侯翻，隅也。亚夫使备西北；已而其精兵果奔西北，不得入。吴、楚士卒多饥死叛散，乃引而去。二月，亚夫出精兵追击，大破之。吴王濞弃其军，与壮士数千人夜亡走；楚王戊自杀。

吴王之初发也，吴臣田禄伯为大将军。田禄伯曰：“兵屯聚而西，无他奇道，难以立功。臣愿得五万人，别循江、淮而上，上，时掌翻。收淮南、长沙，入武关，与大王会，此亦一奇也。”吴王太子谏曰：“王以反为名，此兵难以借人，人亦且反王，奈何？且擅兵而别，多他利害，苏林曰：禄伯傥将兵降汉，自为己利，于吴生患也。徒自损耳！”吴王即不许田禄伯。

吴少将桓将军说王曰：“吴多步兵，步兵利险；汉多车骑，车骑利平地。愿大王所过城不下，直去，疾西据洛阳武库，食敖仓粟，阻山河之险以令诸侯，虽无入关，天下固已定矣。大王徐行留下城邑，汉军车骑至，驰入梁、楚之郊，事败矣。”吴王问诸老将，老将曰：“此年少，椎锋可耳，安知大虑！”老将，即亮翻；下并将、为将同。于是王不用桓将军计。

王专并将兵。兵未渡淮，诸宾客皆得为将、校尉、候、司马，凡军行有大将、裨将领军，皆有部曲；部有校尉，曲有军候、军司马，又有假候、假司马，皆有副；其别营领属为别部司马。独周丘不用。周丘者，下邳人，班志，下邳属东海郡。亡命吴，酤酒无行；行，下孟翻。王薄之，不任。周丘乃上谒，说王曰：“臣以无能，不得待罪行间。上，时掌翻。说，式芮翻。行，户刚翻。臣非敢求有所将也，将，即亮翻。愿请王一汉节，必有以报。”王乃予之。予，读曰与。周丘得节，夜驰入下邳；下邳时闻吴反，皆城守。至传舍，召令入户，使从者以罪斩令，传，张恋翻。令，力正翻。从，才用翻。遂召昆弟所善豪吏告曰：“吴反，兵且至，屠下邳不过食顷；今先下，家室必完，能者封侯矣。”出，乃相告，下邳皆下。周丘一夜得三万人，使人报吴王，遂将其兵北略城邑；比至阳城，兵十馀万，破阳城中尉军。“阳城”，汉书作“城阳”。城阳国都莒，其地南接下邳之境，班表：王国有中尉，掌武职。比，必寐翻，及也。闻吴王败走，自度无与共成功，度，徒洛翻。即引兵归下邳，未至，疽发背死。史言吴王有才不能用，以至于败。

6 壬午晦，日有食之。

7 吴王之弃军亡也，军遂溃，往往稍降太尉条侯及梁军。降，户江翻。吴王渡淮，走丹徒，班志，丹徒县属会稽郡，即春秋之朱方。括地志：丹徒故城，在润州丹徒县东南十八里。南徐州记：秦使赭衣凿其处，因谓之丹徒，凿处今在故县西北六里丹徒岘东南。保东越，欲依东越以自保也。兵可万馀人，收聚亡卒。汉使人以利啖东越，啖，徒览翻，饵之也；又徒滥翻，谯〔醮〕也，食也。东越即绐吴王出劳军，劳，力到翻。使人𫓩杀吴王，孟康曰：方言：戟谓之𫓩。苏林曰：𫓩，音从容之从。师古曰：𫓩，谓以矛戟撞杀之。𫓩，楚江翻。盛其头，驰传以闻。盛，时征翻。传，张恋翻。吴太子驹亡走闽越。吴、楚反，凡三月，皆破灭，于是诸将乃以太尉谋为是；然梁王由此与太尉有隙。为梁王毁短亚夫张本。

三王之围临菑也，齐王使路中大夫告于天子。张晏曰：姓路，官为中大夫。姓谱：路本自帝挚之后。天子复令路中大夫还报，告齐王坚守，"汉兵今破吴楚矣。"路中大夫至，三国兵围临菑数重，无从入。三国将与路中大夫盟曰："若反言：'汉已破矣，重，直龙翻。将，即亮翻。师古曰：若，汝也。反，谓反易其辞也。齐趣下三国，趣，读曰促。不，且见屠。'"路中大夫既许，至城下，望见齐王曰："汉已发兵百万，使太尉亚夫击破吴、楚，方引兵救齐；齐必坚守无下！"三国将诛路中大夫。齐初围急，阴与三国通谋，约未定；会路中大夫从汉来，其大臣乃复劝王无下三国。会汉将栾布、平阳侯等兵至齐，据班史齐王传作平阳侯曹襄。史记索隐曰：平阳侯，按表是简侯曹奇。击破三国兵。解围已，句断。后闻齐初与三国有谋，将欲移兵伐齐。齐孝王惧，饮药自杀。

胶西、胶东、菑川王各引兵归国。胶西王徒跣、席藁、饮水谢太后。王太子德曰："汉兵还，臣观之，已罢，罢，与疲同。可袭，愿收王馀兵击之！不胜而逃入海，未晚也。"王曰："吾士卒皆已坏，不可用。"弓高侯韩颓当遗胶西王书曰："奉诏诛不义：降者赦除其罪，复故；不降者灭之。遗，于季翻。降，户江翻。王何处？须以从事。"言胶西王于降与不降之间，欲以何自处，吾待以行事。处，昌汝翻。王肉袒叩头，诣汉军壁谒曰："臣卬奉法不谨，惊骇百姓，乃苦将军远道至于穷国，敢请菹醢之罪！"弓高侯执金鼓见之曰："王苦军事，愿闻王发兵状。"王顿首膝行，厀，与膝同。对曰："今者晁错天子用事臣，变更高皇帝法令，侵夺诸侯地。卬等以为不义，恐其败乱天下，更，工衡翻。败，补迈翻。七国发兵且诛错。今闻错已诛，卬等谨已罢兵归。"将军曰："王苟以错为不善，何不以闻？及未有诏、虎符，擅发兵击义国？以此观之，意非徒欲诛错也。"乃出诏书，为王读之，为，于伪翻；下同。曰："王其自图！"王曰："如卬等死有馀罪！"遂自杀，太后、太子皆死。胶东王、菑川王、济南王皆伏诛。

郦将军兵至赵，赵王引兵还邯郸城守。邯郸，赵都。郦寄攻之，七月不能下。匈奴闻吴、楚败，亦不肯入边。栾布破齐还，并兵引水灌赵城；城坏，王遂自杀。

帝以齐首善，师古曰：言其初首无逆乱之心。以迫劫有谋，非其罪也，召立齐孝王太子寿，是为懿王。

济北王亦欲自杀，济北王志，齐悼惠王子，文帝十六年受封。幸全其妻子。齐人公孙玃谓济北王曰：玃，俱碧翻；康俱缚切。"臣请试为大王明说梁王，通意天子；说而不用，死未晚也。"为，于伪翻。说，式芮翻。公孙玃遂见梁王曰："夫济北之地，东接强齐，南牵吴、越，北胁燕、赵。此四分五裂之国，张晏曰：四方受敌，济北居中央为五。晋灼曰：四分，即交午而裂，如田字也。权不足以自守，劲不足以捍寇，又非有奇怪云以待难也；虽坠言于吴，非其正计也。如淳曰：非有奇材异计欲为乱逆也，但假权许吴以避祸耳。晋灼曰：非有以怪异之心而城守，须待变难以应吴也。师古曰：二说皆非也。此言权谋、劲力既不能扞守，又无奇怪神灵可以御难，恐不能自全，故坠言于吴也。坠，犹失也。难，乃旦翻。乡使济北见情实，示不从之端，乡，读曰向。见，贤遍翻。则吴必先历齐，毕济北，历，过也。毕，了也。招燕、赵而总之，如此，则山东之从结而无隙矣。从，子容翻。今吴王连诸侯之兵，敺白徒之众，师古曰：敺，与驱同。白徒，素非习军旅之人，犹言白丁也。西与天子争衡；济北独底节不下，使吴失与而无助，跬步独进，师古曰：半步曰跬。跬，空累翻。瓦解土崩，破败而不救者，未必非济北之力也。夫以区区之济北而与诸侯争强，是以羔犊之弱而扞虎狼之敌也。小羊曰羔。小牛曰犊。守职不桡，桡，奴教翻。可谓诚一矣。功义如此，尚见疑于上，胁肩低首，累足抚衿，使有自悔不前之心，自悔者，悔不与吴同也。不前，不敢前进以自归于汉也。非社稷之利也。臣恐藩臣守职者疑之！臣窃料之，能历西山，径长乐，抵未央，攘袂而正议者，师古曰：西山，谓殽及华山也。抵，至也。攘，却也。袂，衣袖也。攘袂，犹今人言捋臂耳。余谓长乐，太后居之；未央，天子居之。径长乐，抵未央，犹言自太后所至帝所也。乐，音洛。独大王耳；上有全亡之功，下有安百姓之名，德沦于骨髓，恩加于无穷，愿大王留意详惟之！”惟，思也。孝王大说，说，读曰悦。使人驰以闻；济北王得不坐，徙封于菑川。

8 河间王太傅卫绾击吴、楚有功，拜为中尉。绾以中郎将事文帝，醇谨无他。上为太子时，召文帝左右饮，而绾称病不行。文帝且崩，属上曰：“绾长者，善遇之！”故上亦宠任焉。属，之欲翻。

9 夏，六月，乙亥，诏：“吏民为吴王濞等所诖误当坐及逋逃亡军者，皆赦之。”诖，户卦翻。亡军，从军而逃者也。

帝欲以吴王弟德哀侯广之子续吴，以楚元王子礼续楚。德，哀侯广之子，即德侯通也。礼时封平陆侯，为宗正。窦太后曰：“吴王，老人也，宜为宗室顺善；今乃首率七国纷乱天下，奈何续其后！”不许吴，许立楚后。乙亥，徙淮阳王馀为鲁王；汝南王非为江都王，王故吴地；立宗正礼为楚王；立皇子端为胶西王，胜为中山王。中山王，都卢奴。

四年（戊子、前一五三）

1 春，复置关，用传出入。应劭曰：文帝十三年，除关，无用传。至此复用传，以七国新反，备非常。传，张恋翻。

2 夏，四月，己巳，立子荣为皇太子，彻为胶东王。

3 六月，赦天下。

4 秋，七月，临江王阏薨。

5 冬，十月，戊戌晦，月末为晦。日有食之。李心传曰：汉景帝四年、中四年皆以冬十月日食，今通鉴书于夏、秋之后，盖编辑者自志中摘出，不思汉初以十月为岁首，故误系之岁末耳。余按此误刘贡父已言之，通鉴盖承用汉书本纪也。

6 初，吴、楚七国反，吴使者至淮南，淮南王欲发兵应之。其相曰："王必欲应吴，臣愿为将。"王乃属之。将，即亮翻；下同。属，之欲翻，委也；言以兵事委之。相已将兵，因城守，不听王而为汉，守，式又翻。为，于伪翻。汉亦使曲城侯将兵救淮南，晋灼曰：曲城侯，功臣表，虫达也。师古曰：晋说非。此虫达之子耳，名捷；达已先薨也。班志，曲城县属东莱郡。以故得完。

吴使者至庐江，庐江王不应，而往来使越。使，疏吏翻。至衡山，衡山王坚守无二心。及吴、楚已破，衡山王入朝。上以为贞信，劳苦之，曰：劳，来到翻。"南方卑湿。"徙王王于济北以褒之。王于之王，于况翻。庐江王以边越，数使使相交，师古曰：边越者，边界与越相接。据班志，庐江故淮南，文帝别为国。庐江水出陵阳东南而北入于江。陵阳县属丹杨郡。文帝初分淮南为庐江国，在江南；若班志之庐江郡，则其地尽在江北矣。数，所角翻。徙为衡山王，王江北。衡山王都六，其地在江北。

五年（己丑、前一五二）

1 春，正月，作阳陵邑。班志，阳陵县属冯翊，本弋阳县。索隐曰：

帝豫作寿陵于此，因更县名；在长安东北四十五里。夏，募民徙阳陵，赐钱二十万。

2 遣公主嫁匈奴单于。

3 徙广川王彭祖为赵王。

4 济北贞王勃薨。谥法：清白守节曰贞。

六年（庚寅、前一五一）

1 冬，十二月，雷，霖雨。雨三日以往为霖。

2 初，上为太子，薄太后以薄氏女为妃；及即位，为皇后，无宠。秋，九月，皇后薄氏废。

3 楚文王礼薨。

4 初，燕王臧荼有孙女曰臧儿，嫁为槐里王仲妻，生男信与两女而仲死；班志，槐里县属扶风，秦之废丘也，高祖二年更名。更嫁长陵田氏，更，工衡翻。生男蚡、胜。蚡，扶粉翻。文帝时，臧儿长女为金王孙妇，生女俗。长，知两翻；下同。臧儿卜筮之，曰："两女皆当贵。"臧儿乃夺金氏妇，金氏怒，不肯予决；予，读曰与。决，别也，言不肯与别。师古曰：决，绝也。内之太子宫，生男彻。彻方在身身，与娠同。师古曰：汉史多以娠为任身字。时，王夫人梦日入其怀。

及帝即位，长男荣为太子；其母栗姬，齐人也。长公主嫖欲以女嫁太子，长，知两翻。嫖，文帝女，景帝之姊。师古曰：年最长，故谓之长公主。余谓帝女称公主，帝之姊妹称长公主。嫖降堂邑侯陈午，生女，是为武帝陈皇后。嫖，匹昭翻。栗姬以后宫诸美人皆因长公主见帝，故怒而不许；长公主欲与王夫人男彻，予，读曰与。王夫人许之。由是长公主日谗栗姬而誉王夫人【章：甲十五行本"人"下有"男"字；乙十一行本同；孔本同。】之美；誉，音余。帝亦自贤之，又有曩者所梦日符，王夫人之震武帝也，梦日入其怀，所谓符也。计未有所定。王夫人知帝嗛栗姬，嗛，乎监翻，口有所衔也。康曰：恨也。史记曰：帝尝体不安，属诸子为王者于栗姬曰："善视之！"栗姬怒，不肯应，言不逊。帝恚，心嗛之而未发也。因怒未解，阴使人趣大行晋灼曰：礼有大行人、小行人，主谥官。臣瓒曰：大行是官名，掌九仪之制以宾诸侯者。师古曰：大行令，本名行人，典客属官也，后改曰大行令。余按班表，帝中六年改典客曰大行令，武帝太初元年改大行令为大鸿胪，更名行人为大行令，意其有误；不然，则追书也。原父曰：史记文、景事最略，汉书则颇有所录。盖班氏博采他书成之，故于景帝世谓典客为鸿胪，行人为大行。由他书即武帝时官记景帝世事，班氏失于改革耳，非表误也。趣，读曰促。请立栗姬为皇后。帝怒曰："是而所宜言邪！"而，汝也。遂按诛大行。

七年（辛卯、前一五〇）

1 冬，十一月，己酉，废太子荣为临江王。太子太傅窦婴力争不能得，乃谢病免。栗姬恚恨而死。

2 庚寅晦，日有食之。

3 二月，丞相陶青免。乙巳，太尉周亚夫为丞相。罢太尉官。

4 夏，四月，乙巳，立皇后王氏。

5 丁巳，立胶东王彻为皇太子。

6 是岁，以太仆刘舍为御史大夫，刘舍，高祖功臣桃安侯刘襄之子。襄本项氏，亲赐姓。济南太守郅都为中尉。济南王辟光反，国除为郡。郅，之日翻。风俗通：郅，商时侯国，后以为氏。

始，都为中郎将，敢直谏。尝从入上林，贾姬如厕，贾姬，即贾夫人，生赵王彭祖、中山王胜。野彘卒来入厕。卒，读曰猝。上目都，都不行；上欲自持兵救贾姬。都伏上前曰："亡一姬，复一姬进，复，扶又翻。天下所少，宁贾姬等乎！陛下纵自轻，奈宗庙、太后何！"上乃还，彘亦去。太后闻之，赐都金百斤，由此重都。都为人，勇悍公廉，不发私书，问遗无所受，悍，下罕翻。遗，于季翻。请谒无所听。及为中尉，先严酷，先，悉荐翻。

行法不避贵戚；列侯、宗室见都，侧目而视，号曰“苍鹰”。师古曰：言其鸷击之甚。

中元年（壬辰、前一四九）

1 夏，四月，乙巳，赦天下。

2 地震。衡山原都雨雹，大者尺八寸。原都，地名，盖属衡山国。雨，王遇翻。

二年（癸巳、前一四八）

1 春，二月，匈奴入燕。燕，因肩翻。

2 三月，临江王荣坐侵太宗庙壖垣为宫，征诣中尉府对簿。帝即位之初，令天下郡国各立太祖、太宗之庙，故临江王国亦有之。壖，与堧同，而缘翻。师古曰：簿者，狱辞之文书。簿，步户翻。临江王欲得刀笔，为书谢上，师古曰：刀，所以削治书也。古者著书于简牍，故必用刀焉。而中尉郅都禁吏不予；魏其侯使人间与临江王。伺间隙而与之也。魏其侯，窦婴。班志，魏其，侯国，属琅邪郡。予，读曰与。间，古苋翻。临江王既为书谢上，因自杀。窦太后闻之，怒；后竟以危法中都而杀之。师古曰：谓构成其罪。中，竹仲翻。考异曰：史记本纪：“后二年正月，郅将军击匈奴。”酷吏传：“郅都死后，宗室多犯法，上乃召宁成为中尉。”成为中尉在中六年，则后二年所谓郅将军者，非都也，疑别一人。汉书纪无郅将军事。

3 夏，四月，有星孛于西北。孛，蒲内翻。

4 立皇子越为广川王，寄为胶东王。广川王彭祖王赵，故立越为王。胶东王彻为太子，故立寄为王。

5 秋，九月，甲戌晦，日有食之。

6 初，梁孝王以至亲有功，梁王以母弟之亲，又有破吴、楚之功。得赐天子旌旗，从千乘万骑，出跸入警。王宠信羊胜、公孙诡，以诡为中尉。胜、诡多奇邪计，欲使王求为汉嗣。栗太子之废也，太子荣，栗姬之子，故号栗太子。太后意欲以梁王为嗣，尝因置酒谓帝曰："安车大驾，用梁王为寄。"帝跪席举身曰："诺。"罢酒，帝以访诸大臣，大臣袁盎等曰："不可。昔宋宣公不立子而立弟，以生祸乱，五世不绝。宋宣公舍其子与夷而立穆公，穆公又舍其子冯而立与夷，其后冯卒与与夷争国。见春秋传。小不忍，害大义，故春秋大居正。"公羊传之言。由是太后议格，遂不复言。格，音阁，止也。王又尝上书："愿赐容车之地，径至长乐宫，自使梁国士众筑作甬道朝太后。"甬，余拱翻。朝，直遥翻。袁盎等皆建以为不可。建，建议也。

梁王由此怨袁盎及议臣，乃与羊胜、公孙诡谋，阴使人刺杀袁盎及他议臣十馀人。刺，七亦翻。贼未得也，于是天子意梁；意梁者，以意测度，知其为梁所为也。逐贼，果梁所为。上遣田叔、吕季主往按梁事，捕公孙诡、羊胜；诡、胜匿王后宫。使者十馀辈至梁，责二千石急。梁相轩丘豹及内史韩安国以下举国大索，姓谱：楚文王庶子食采于轩丘，其后为氏。索，山客翻。月馀弗得。安国闻诡、胜匿王所，乃入见王而泣曰："主辱者臣死。大王无良臣，故纷纷至此。今胜、诡不得，请辞，赐死！"王曰："何至此！"安国泣数行下，曰："大王自度于皇帝，孰与临江王亲？"王曰："弗如也。"安国曰："临江王適长太子，行，户刚翻。度，徒洛翻。適，读曰嫡。长，知两翻。以一言过，师古曰：景帝常属诸姬子，栗姬言不逊，由是废太子。废王临江；用宫垣事，卒自杀中尉府。王，于况翻。卒，子恤翻；下同。何者？治天下终不用私乱公。治，直之翻。今大王列在诸侯，訹邪臣浮说，訹，音戌，诱也。犯上禁，桡明法。桡，奴教翻。天子以太后故，不忍致法于大王；太后日夜涕泣，幸大王自改，大王终不觉寤。有如太后宫车即晏驾，大王尚谁攀乎？"语未卒，王泣数行而下，卒，子恤翻。行，户刚翻。谢安国曰："吾今出胜、诡。"王乃令胜、诡皆自杀，出之。上由此怨望梁王。

梁王恐，使邹阳入长安，见皇后兄王信说曰：说，式芮翻；下同。“长君弟得幸于上，后宫莫及，而长君行迹多不循道理者。长，知两翻。行，下孟翻。今袁盎事即穷竟，梁王伏诛，太后无所发怒，切齿侧目于贵臣，窃为足下忧之。”为，于伪翻；下精为同。长君曰：“为之奈何？”阳曰：“长君诚能精为上言之，得毋竟梁事；长君必固自结于太后，太后厚德长君入于骨髓，而长君之弟幸于两宫，长君之弟，谓皇后也。如淳曰：两宫，太后宫及帝宫也。金城之固也。师古曰：言其荣宠无极而不可坏，故取喻于金城。昔者舜之弟象，日以杀舜为事，及舜立为天子，封之于有卑。卑，音鼻。师古及柳宗元皆以为零陵之鼻亭即象所封。夫仁人之于兄弟，无藏怒，无宿怨，厚亲爱而已。用孟子语意。是以后世称之。以是说天子，徼幸梁事不奏。”长君曰：“诺。”乘间入言之，徼，工尧翻。间，古苋翻。帝怒稍解。

是时，太后忧梁事不食，日夜泣不止，帝亦患之。会田叔等按梁事来还，至霸昌厩，霸昌厩在长安东。括地志：在雍州万年县东北三十八里。取火悉烧梁之狱辞，空手来见帝。见，贤遍翻。帝曰：“梁有之乎？”叔对曰：“死罪！有之。”上曰：“其事安在？”田叔曰：“上毋以梁事为问也！”上曰：“何也？”曰：“今梁王不伏诛，是汉法不行也；伏法而太后食不甘味，卧不安席，此忧在陛下也。”上大然之，使叔等谒太后，且曰：“梁王不知也；造为之者，独在幸臣羊胜、公孙诡之属为之耳，谨已伏诛死，梁王无恙也。”恙，余亮翻。太后闻之，立起坐餐，气平复。

梁王因上书请朝。朝，直遥翻。既至关，茅兰说王，使乘布车、从两骑入，匿于长公主园。服虔曰：茅兰，孝王大夫。张晏曰：

布车，降服自比丧人也，长公主，即馆陶长公主嫖。汉使使迎王，王已入关，车骑尽居外，不知王处。太后泣曰："帝果杀吾子！"帝忧恐。于是梁王伏斧质于阙下谢罪。太后、帝大喜，相泣，复如故，悉召王从官入关。从，才用翻。然帝益疏王，不与同车辇矣。疏，与踈同；下同。帝以田叔为贤，擢为鲁相。相鲁王馀也。

三年（甲午、前一四七）

1 冬，十一月，罢诸侯御史大夫官。

2 夏，四月，地震。

3 旱，禁酤酒。酤，工护翻，谓卖酒也。

4 三月，丁巳，立皇子乘为清河王。高帝置清河郡于齐、赵之间，今以为王国。

5 秋，九月，蝗。

6 有星孛于西北。孛，蒲内翻。

7 戊戌晦，日有食之。

8 初，上废栗太子，周亚夫固争之，不得；上由此疏之。而梁孝王每朝，常与太后言条侯之短。梁王与条侯有隙，见前三年。窦太后曰："皇后兄王信可侯也。"帝让曰："始，南皮、章武，先帝不侯，南皮侯窦彭祖，太后弟长君之子；章武侯窦广国，太后弟也。班志，南皮、章武皆属勃海郡。及臣即位乃侯之；信未得封也。"窦太后曰："人生各以时行耳。自窦长君在时，竟不得侯，死后，其子彭祖顾得侯，吾甚恨之！帝趣侯信也。"趣，读曰促。帝曰："请得与丞相议之。"上与丞相议。亚夫曰："高皇帝约：'非刘氏不得王，非有功不得侯。'今信虽皇后兄，无功，侯之，非约也。"帝默然而止。其后匈奴王徐卢等六人降，降，户江翻。帝欲侯之以劝后。丞相亚夫曰："彼背主降陛下，背，蒲内翻。陛下侯之，则何以责人臣不守节者乎？"帝曰："丞相议不可用。"乃悉封徐卢等为列侯。徐卢，容城侯；赐，桓侯；陆彊，遒侯；仆黚，易侯；范代，范阳侯；邯郸，翕侯。翺，师古音但。亚夫因谢病。九月，戊戌，亚夫免；以御史大夫桃侯刘舍为丞相。索隐曰：桃县属信都郡。

四年（乙未、前一四六）

1 夏，蝗。

2 冬，十月，戊午，日有食之。

五年（丙申、前一四五）

1 夏，立皇子舜为常山王。高帝置常山郡，属赵国；吕后分为王国；文帝并为赵国；今复以王舜。

2 六月，丁巳，赦天下。

3 大水。

4 秋，八月，己酉，未央宫东阙灾。

5 九月，诏："诸狱疑，若虽文致于法谓原情定罪，本不至于死，而以律文傅致之。而于人心不厌者，辄谳之。"厌，服也；师古曰：一涉翻，又于涉翻。谳，鱼列翻，又鱼蹇翻，平议也。

6 地震。

六年（丁酉、前一四四）

1 冬，十月，梁王来朝，上疏欲留；上弗许。褚少孙曰：诸侯王朝见天子，汉法凡当四见耳：始到，入，小见。到正月朔旦，奉皮荐璧玉贺正月，法见。后三日，为王置酒，赐金钱财物。后二日，复入小见，辞去。凡留长安，不过二十日。小见者，燕见于禁门内，饮于省中。王归国，意忽忽不乐。乐，音洛。

2 十一【章：乙十一行本"一"作"二"；孔本同。】月，改诸廷尉、将作等官名。时改廷尉为大理，将作少府为大匠，奉常为大常，典客为大行令，长信詹事为长信少府，将行为大长秋，主爵中尉为都尉。

3 春，二月，乙卯，上行幸雍，郊五畤。畤，音止。

4 三月，雨雪。

5夏，四月，梁孝王薨。窦太后闻之，哭极哀，不食，曰："帝果杀吾子！"帝哀惧，不知所为；与长公主计之，乃分梁为五国，尽立孝王男五人为王：买为梁王，明为济川王，彭离为济东王，定为山阳王，不识为济阴王；梁仍都睢阳。济川国在陈留、东郡之间。济东国后入汉为大河郡，后又为东平国。山阳国即山阳郡。济阴国即济阴郡。济，子礼翻。女五人皆食汤沐邑。奏之太后，太后乃说，为帝加一餐。说，读曰悦。为，于伪翻。孝王未死时，财以巨万计，及死，藏府馀黄金尚四十馀万斤，藏，徂浪翻。他物称是。称，尺证翻。

6上既减笞法，见上卷元年。笞者犹不全；乃更减笞三百曰二百，笞二百曰一百。又定箠令：师古曰：箠，策也，所以击者也。箠，止蕊翻。箠长五尺，长，直亮翻。其本大一寸，竹也；末薄半寸，皆平其节。当笞者笞臀；如淳曰：然则先时笞背也。臀，徒门翻。毕一罪，乃更人。更，工衡翻。自是笞者得全。然死刑既重而生刑又轻，民易犯之。易，以豉翻。

7六月，匈奴入雁门，至武泉，入上郡，取苑马；雁门有句注之险。如淳曰：汉仪注：太仆牧师诸苑三十六所，分布北边、西边，以郎为苑监，官奴婢三万人，养马三十万匹。师古曰：武泉，云中县也。养鸟兽通名曰苑，故谓牧马处曰苑。食货志：景帝始造苑马以广用。吏卒战死者二千人。陇西李广为上郡太守，尝从百骑出，【章：甲十五行本"出"下有"卒"字；乙十一行本同；张校同。】遇匈奴数千骑，见广，以为诱骑，诱骑者，见少以诱敌。诱，音酉；下同。皆惊，上山陈。师古曰：为陈以待广也。陈，读曰阵；下同。广之百骑皆大恐，欲驰还走。广曰："吾去大军数十里，今如此以百骑走，匈奴追射我立尽。射，而亦翻；下同。今我留，匈奴必以我为大军之诱，必不敢击我。"广令诸骑曰："前！"未到匈奴阵二里所，止，令曰："皆下马解鞍！"其骑曰："虏多且近，即有急，奈何？"广曰："彼虏以我为走；令【章：乙十一行本“令”作“今”；孔本同；熊校同。】皆解鞍以示不走，用坚其意。”师古曰：示以坚牢，令敌意知之。于是胡骑遂不敢击。有白马将出，护其兵；师古曰：将之乘白马者也。护，谓监视之。将，即亮翻。李广上马，与十馀骑奔，射杀白马将而复还，至其骑中解鞍，令士皆纵马卧。是时会暮，胡兵终怪之，不敢击。夜半时，胡兵亦以为汉有伏军于旁，欲夜取之，胡皆引兵而去。平旦，李广乃归其大军。

8 秋，七月，辛亥晦，日有食之。

9 自郅都之死，长安左右宗室多暴犯法。上乃召济南都尉南阳宁成为中尉。其治效郅都，其廉弗如；然宗室、豪杰皆人人惴恐。惴，之瑞翻。

10 城阳共王喜薨。共王喜，文帝前四年嗣父章爵为王，八年徙王淮阳，后四年复还城阳，至是而薨。共，读曰恭。

后元年（戊戌、前一四三）

1 春，正月，诏曰：“狱，重事也。人有智愚，官有上下。狱疑者谳有司；有司所不能决，移廷尉；谳而后不当，谳者不为失。师古曰：假令谳讫，其理不当，所谳之人不为罪失。谳，鱼列翻，又鱼蹇翻。欲令治狱者务先宽。”治，直之翻。

2 三月，赦天下。

3 夏，大酺五日，民得酤酒。中三年禁民酤酒，今弛此禁。酺，音蒲。

4 五月，丙戌，地震。上庸地震二十二日，班志，上庸县属汉中郡。坏城垣。坏，音怪。

5 秋，七月，丙午，丞相舍免。

6 乙巳晦，日有食之。

7 八月，壬辰，以御史大夫卫绾为丞相，卫尉南阳直不疑为御史大夫。姓谱：楚人直弓之后。初，不疑为郎，同舍有告归，误持其同舍郎金去。已而同舍郎觉亡，意不疑；师古曰：疑其盗取。不疑谢有之，师古曰：告云实取。买金偿。后告归者至而归金，亡金郎大惭。以此称为长者，稍迁至中大夫。人或廷毁不疑，师古曰：当廷见之时而毁之。以为盗嫂。不疑闻，曰："我乃无兄。"然终不自明也。

8帝居禁中，召周亚夫赐食，独置大胾，师古曰：胾，大脔。孔颖达曰：熟肉带骨而脔曰殽；纯肉而脔曰胾。胾，侧吏翻。无切肉，又不置箸。亚夫心不平，顾谓尚席取箸。应劭曰：尚席，主席者也。上视而笑曰："此非不足君所乎？"孟康曰：设胾无箸者，此非不足满于君所乎？嫌恨之也。如淳曰：非故不足君之餐具，偶失之也。师古曰：孟说近之。帝言赐君食而不设箸，此由我意，于君有不足乎？亚夫免冠谢上，上曰："起！"亚夫因趋出。上目送之曰："此鞅鞅，非少主臣也。"

居无何，亚夫子为父买工官尚方甲楯五百被，可以葬者。少，诗沼翻。为，于伪翻。楯，食尹翻。如淳曰：工官，官名。张晏曰：被，具也；五百具甲楯也。师古曰：被，皮义翻。取庸苦之，不与钱。师古曰：庸，谓赁也；苦，谓极苦使也。余谓亚夫之子无识，苦使其人而不与赁钱，致其怀怨而祸及其父。亚夫之死，虽由景帝之少恩，其子亦深可罪也。庸知其盗买县官器，怨而上变，告子，上，时掌翻。事连污亚夫。书既闻，上下吏。吏簿责亚夫，如淳曰：簿问其辞情。师古曰：簿责者，书之于簿，一一责问之也。污，乌故翻。下，户嫁翻。亚夫不对。上骂之曰："吾不用也！"孟康曰：言不用汝对，欲杀之也。如淳曰：恐狱吏畏其复用事，不敢折辱也。师古曰：孟说是也。一云：帝责吏，云不胜其任，吾不用汝，故召亚夫令诣廷尉也。召诣廷尉。廷尉责问曰："君侯欲反何？"亚夫曰："臣所买器，乃葬器也，何谓反乎？"吏曰："君纵不欲反地上，即欲反地下耳！"吏侵之益急。初，吏捕亚夫，亚夫欲自杀，其夫人止之，以故不得死，遂入廷尉。因不食五日，欧血而死。

9 是岁，济阴哀王不识薨。济，子礼翻。

二年（己亥，前一四二）

1 春，正月，地一日三动。

2 三月，匈奴入雁门，太守冯敬与战，死。发车骑、材官屯雁门。

3 春，以岁不登，禁内郡食马粟；没入之。师古曰：食，读曰饲。以粟食马者，没其马入官。

4 夏，四月，诏曰："雕文刻镂，伤农事者也；镂，力豆翻。锦绣纂组，害女工者也。应劭曰：纂，今五采属，綷是也。组，今绶纷绦是也。臣瓒曰：许慎云：纂，赤组也。师古曰：瓒说是也。綷，会也；会五采者，今谓之错彩，非纂也。綷，子内翻。绦，他牢翻。农事伤则饥之本，女工害则寒之原也。夫饥寒并至而能亡为非者寡矣。亡，古无字通。朕亲耕，后亲桑，以奉宗庙粢盛、祭服，为天下先；盛，时征翻。不受献，减太官，省繇赋，师古曰：省，所领翻。繇，读曰徭。欲天下务农蚕，素有蓄积，以备灾害。强毋攘弱，众毋暴寡；老耆以寿终，幼孤得遂长。师古曰：遂，成也。长，知两翻。今岁或不登，民食颇寡，其咎安在？或诈伪为吏，张晏曰：以诈伪人为吏也。臣瓒曰：律所谓矫枉以为吏者也。师古曰：二说并非也，直谓诈自称吏耳。以货赂为市，渔夺百姓，侵牟万民。师古曰：渔，言若渔猎之为也。李奇曰：牟，食苗根虫也。侵牟食民，比之蝉贼也。杜佑曰：牟，取也。县丞，长吏也；奸法与盗盗，甚无谓也！李斐曰：奸法，因法作奸也。文颖曰：与盗，谓盗者当治，而知情反佐与之，是则共盗无异也。师古曰：与盗盗者，共盗为盗耳。其令二千石各修其职；不事官职、耗乱者，师古曰：耗，不明也，读与眊同，音莫报翻。丞相以闻，请其罪。布告天下，使明知朕意。"

5 五月，诏算赀四得官。服虔曰：赀万钱，算百二十七也。应劭曰：古者疾吏之贪，衣食足知荣辱，限赀十算乃得为吏；十算，十万也。贾人有财不得为吏，廉士无赀又不得官，故减赀四算得官矣。

6 秋，大旱。

三年（庚子、前一四一）

1 冬，十月日月皆食，赤五日。

2 十二月晦，雷；日如紫；五星逆行守太微；晋天文志：太微，天子廷也，五帝座也，十二诸侯府也。其外蕃，九卿也；南蕃中二星间曰端门，东曰左执法，廷尉象也；西曰右执法，御史大夫象也。左执法之东，左掖门也；右执法之西，右掖门也。东蕃四星：南第一星曰上相，其北东太阳门也；第二星曰次相，其北中华东门也；第三星曰次将，其北东太阴门也；第四星曰上将，所谓四辅也。西蕃四星：第一星曰上将，其北西太阳门也；第二星曰次将，其北中华西门也；第三星曰次相，其北西太阴门也；第四星曰上相，次亦四辅也。月贯天廷中。

3 春，正月，诏曰："农，天下之本也。黄金、珠、玉，饥不可食，寒不可衣，以为币用，师古曰：币者，所以通有无，易贵贱也。不识其终始。间岁或不登，意为末者众，农民寡也。其令郡国务劝农桑，益种树，可得衣食物。吏发民若取庸韦昭曰：发民，用其民也；取庸，取其资以顾庸也。采黄金、珠、玉者，坐赃为盗。二千石听者，与同罪。"

4 甲寅，皇太子冠。冠，古玩翻。

5 甲子，帝崩于未央宫。臣瓒曰：寿四十八。太子即皇帝位，年十六。尊皇太后为太皇太后，皇后为皇太后。

6 二月，癸酉，葬孝景皇帝于阳陵。臣瓒曰：自崩及葬凡十日。

7 三月，封皇太后同母弟田蚡为武安侯，班志，武安县属魏郡。又据沟洫志，蚡封武安，而奉邑食清河之鄃。蚡，房吻翻。胜为周阳侯。史记正义：绛州闻喜县东二十九里有周阳故城。

8 班固赞曰：孔子称："斯民也，三代之所以直道而行也。"师古曰：此论语载孔子之辞也。言今此时之人，亦夏、殷、周之所驭，以政化淳壹，故能直道而行。伤今不然。信哉！周、秦之敝，罔密文峻，而奸轨不胜。师古曰：不可胜。汉兴，扫除烦苛，与民休息；至于孝文，加之以恭俭；孝景遵业。五六十载之间，至于移风易俗，黎民醇厚。师古曰：黎，众也。醇，不浇杂。周云成、康，汉言文、景，美矣！

9汉兴，接秦之弊，作业剧而财匮，自天子不能具钧驷，四马一色，谓之钧驷。而将相或乘牛车，师古曰：以牛驾车也。余据汉时以牛车为贱，魏、晋以后，王公始多乘牛车。齐民无藏盖。苏林曰：无物可盖藏。天下已平，高祖乃令贾人不得衣丝、乘车，重租税以困辱之。贾，音古。衣，于既翻。孝惠、高后时，为天下初定，复弛商贾之律；然市井之子孙，亦不得仕宦为吏。量吏禄，度官用，以赋于民。师古曰：才取足。量，音良。度，徒洛翻。而山川、园池、市井租税之入，自天子以至于封君汤沐邑，皆各为私奉养焉，不领于天子【章：甲十五行本"子"作"下"；乙十一行本同。】之经费。师古曰：言各收其所赋税以自供，不入于国朝之仓廪府库也。经，常也。漕转山东粟以给中都官，师古曰：中都官，京师诸官府也。岁不过数十万石。继以孝文、孝景，清净恭俭，安养天下，七十馀年之间，国家无事，非遇水旱之灾，民则人给家足。都鄙廪庾皆满，而府库馀货财；京师之钱累巨万，贯朽而不可校；师古曰：累巨万，谓数百万万也。校，谓计数也。太仓之粟陈陈相因，师古曰：陈，谓久旧也。充溢露积于外，至腐败不可食。众庶街巷有马，而阡陌之间成群，师古曰：谓田中之阡陌也。乘字牝者摈而不得聚会。孟康曰：皆乘父马，有牝马间其间则踶啮，故斥出不得会同。师古曰：言时富饶，耻乘字牝，不必以其踶啮也。守闾阎者食粱肉；为吏者长子孙，如淳曰：时无事，吏不数转，至于生长子孙而不转职也。长，知两翻。居官者以为姓号。如淳曰：货殖传仓氏、库氏是也。故人人自爱而重犯法，先行义而后诎【章：甲十五行本"诎"作"绌"；乙十一行本同。】辱焉。师古曰：以行义为先，以愧辱相绌也。行，下孟翻。当此之时，罔疏而民富，役财骄溢，或至兼并、豪党之徒，以武断于乡曲。师古曰：恃其豪富则擅行威罚也。断，丁乱翻。宗室有土、师古曰：谓国之宗姓受封邑土地者也。公、卿、大夫以下，争于奢侈，室庐、舆服僭于上，无限度。物盛而衰，固其变也；自是之后，孝武内穷侈靡，外攘夷狄，天下萧然，财力耗矣！

聂崇岐标点容肇祖覆校

资治通鉴卷第十七

翰林学士朝散大夫右谏议大夫知制诰兼侍讲
同提举万寿观公事兼判集贤院上护军 **司马光** 奉敕编集
河内郡开国侯食邑一千三百户赐紫金鱼袋臣

后学天台 **胡三省** 音注

汉纪九 起重光赤奋若(辛丑)，尽强圉协洽(丁未)，凡七年。

世宗孝武皇帝上之上 荀悦曰：讳"彻"之字曰"通"。景帝中子也。应劭曰：礼谥法：威强睿德曰武。

建元元年(辛丑、前一四〇)自古帝王未有年号，始起于此。贡父曰：封禅书云："其后三年，有司言：'元宜以天瑞命，不宜以一二数推。'"所谓"其后三年"者，盖尽元狩六年至元鼎三年也。然元鼎四年方得宝鼎，又无缘先三年称之。以此而言，自元鼎以前之年，皆有司所追命；其实年号之起在元鼎，故元封改元则始有诏书也。

1 冬，十月，诏举贤良方正直言极谏之士，上亲策问以古今治道，对者百馀人。广川董仲舒对曰："道者，所繇适于治之路也，师古曰：繇，从也。适，往也。治，直吏翻。繇，古由字。仁、义、礼、乐，皆其具也。故圣王已没，而子孙长久，安宁数百岁，此皆礼乐教化之功也。夫人君莫不欲安存，而政乱国危者甚众；所任者非其人而所繇者非其道，是以政日以仆灭也。夫周道衰于幽、厉，非道亡也，幽、厉不繇也。至于宣王，思昔先王之德，兴滞补敝，明文、武之功业，周道粲然复兴，复，扶又翻。此夙夜不懈行善之所致也。

孔子曰：'人能弘道，非道弘人。'师古曰：论语载孔子之言也。言明智之人则能行道；内无其质，非道所化。故治乱废兴在于己，非天降命，不可得反；其所操持悖谬，失其统也。操，千高翻；下同。为人君者，正心以正朝廷，正朝廷以正百官，正百官以正万民，正万民以正四方。四方正，远近莫敢不壹于正，而亡有邪气奸其间者，奸，音干，犯也。是以阴阳调而风雨时，群生和而万民殖，诸福之物，可致之祥，莫不毕至，而王道终矣！

孔子曰：'凤鸟不至，河不出图，吾已矣夫！'论语载孔子之言。自悲可致此物，而身卑贱不得致也。师古曰：凤鸟、河图，皆王者之瑞；仲尼自叹有德无位，故不至也。今陛下贵为天子，富有四海，居得致之位，操可致之势，又有能致之资；行高而恩厚，知明而意美，爱民而好士，可谓谊主矣。行，下孟翻。知，读曰智。好，呼到翻。然而天地未应而美祥莫至者，何也？凡以教化不立而万民不正也。夫万民之从利也，如水之走下，走，音奏。不以教化堤防之，不能止也。古之王者明于此，故南面而治天下，治，直之翻。莫不以教化为大务。立太学以教于国，设庠序以化于邑，学记曰：古之教者，家有塾，党有庠，遂有序，国有学也。渐民以仁，摩民以谊，渐，音沾，谓浸润之也。摩，谓砥厉之也。节民以礼，故其刑罚甚轻而禁不犯者，教化行而习俗美也。圣王之继乱世也，扫除其迹而悉去之，去，羌吕翻。复修教化而崇起之；复，扶又翻。教化已明，习俗已成，子孙循之，师古曰：循，顺也；顺而行之。行五六百岁尚未败也。秦灭先圣之道，为苟且之治，故立十四年而亡，自始皇初并天下数之，至亡十四年。其遗毒馀烈至今未灭，使习俗薄恶，人民嚚顽，抵冒殊扞，熟烂如此之甚者也。文颖曰：扞，突也。师古曰：口不道忠信之言为嚚，心不则德义之经为顽。抵，触也。冒，犯也。殊，绝也。扞，拒也。嚚，鱼巾翻。冒，如字，又莫克翻。窃譬之：琴瑟不调，甚者必解而更张之，乃可鼓也；为政而不行，甚者必变而更化之，乃可理也。故汉得天下以来，常欲治而至今不可善治者，失之于当更化而不更化也。更，工衡翻。

臣闻圣王之治天下也，自此以下，系第二策。少则习之学，长则材诸位，谓授之位以试其材。少，诗沼翻。长，知两翻。爵禄以养其德，刑罚以威其恶，故民晓于礼谊而耻犯其上。武王行大谊，平残贼，周公作礼乐以文之；至于成、康之隆，囹圄空虚四十馀年：尔雅〔刘熙〕释名：囹，领也；圄，御也；领录囚徒禁御也。礼记正义：崇精问曰："狱，周曰圜土，殷曰羑里，夏曰均台；囹圄，何代之狱？"焦氏答曰："月令，秦书，则狱名也，汉曰若卢，魏曰司空是也。"此亦教化之渐而仁谊之流，非独伤肌肤之效也。渐，子廉翻。至秦则不然。师申、商之法，申不害、商鞅也。行韩非之说，憎帝王之道，以贪狼为俗，师古曰：狼性皆贪，故谓贪者为贪狼也。诛名而不察实，师古曰：诛，责也。为善者不必免而犯恶者未必刑也。是以百官皆饰虚辞而不顾实，外有事君之礼，内有背上之心，造伪饰诈，趋利无耻；背，蒲妹翻。趋，七喻翻。是以刑者甚众，死者相望，而奸不息，俗化使然也。今陛下并有天下，莫不率服，而功不加于百姓者，殆王心未加焉。曾子曰：'尊其所闻，则高明矣；行其所知，则光大矣。高明光大，不在于他，在乎加之意而已。'师古曰：曾子之书也。曾子，曾参。愿陛下因用所闻，设诚于内而致行之，则三王何异哉！

夫不素养士而欲求贤，譬犹不琢玉而求文采也。故养士之大者，莫大虖太学；太学者，贤士之所关也，师古曰：关，由也。教化之本原也。今以一郡、一国之众对，亡应书者，师古曰：书，谓举贤良文学之诏书。亡，古无字通；下同。是王道往往而绝也。臣愿陛下兴太学，置明师，以养天下之士，数考问以尽其材，数，所角翻。则英俊宜可得矣。今之郡守、县令，民之师帅，所使承流而宣化也；故师帅不贤，则主德不宣，恩泽不流。帅，所类翻。今吏既亡教训于下，或不承用主上之法，暴虐百姓，与奸为市，师古曰：言小吏有为奸欺者，守令不举，乃反与交易求利也。贫穷孤弱，冤苦失职，甚不称陛下之意；是以阴阳错缪，氛气充塞，称，尺证翻。塞，悉则翻。群生寡遂，黎民未济，皆长吏不明使至于此也！

夫长吏多出于郎中、中郎、吏二千石子弟，选郎吏又以富訾，未必贤也。长，知两翻。訾，读曰赀。且古所谓功者，以任官称职为差，非谓积日累久也；故小材虽累日，不离于小官，贤材虽未久，不害为辅佐，师古曰：害，犹妨也。离，力智翻。是以有司竭力尽知，务治其业而以赴功。知，读曰智。治，直之翻。今则不然。累日以取贵，积久以致官，是以廉耻贸乱，贤不肖浑殽，未得其真。贸，音茂。浑，户本翻。臣愚以为使诸列侯、郡守、二千石各择其吏民之贤者，岁贡各二人以给宿卫，且以观大臣之能；所贡贤者，有赏，所贡不肖者，有罚。夫如是，诸吏二千石皆尽心于求贤，天下之士可得而官使也。授之以官而任使之。遍得天下之贤人，则三王之盛易为易，以豉翻。而尧、舜之名可及也。毋以日月为功，实试贤能为上，量材而授官，录德而定位，量，音良。师古曰：录，谓存视也。则廉耻殊路，贤不肖异处矣！

臣闻众少成多，积小致巨，自此以下，系第三策。师古曰：巨，大也。故圣人莫不以晻致明，晻，古暗字。以微致显；是以尧发于诸侯，舜兴虖深山，师古曰：尧，谓从唐侯升天子之位。孟康曰：舜耕于历山。非一日而显也，盖有渐以致之矣。言出于己，不可塞也；行发于身，不可掩也；言行，治之大者，君子之所以动天地也。塞，悉则翻。行，下孟翻。故尽小者大，慎微者著；师古曰：

能尽众小，则致高大；能谨于微，则其善著明也。积善在身，犹长日加益而人不知也；师古曰：长，言身形之修短，自幼及壮也。积恶在身，犹火销膏而人不见也；此唐、虞之所以得令名而桀、纣之可为悼惧者也。

夫乐而不乱，复而不厌者，谓之道。乐，音洛。师古曰：复，谓反复行之也，音扶目翻。道者，万世亡敝；敝者，道之失也。师古曰：言有敝非道，由失道故有敝。亡，古无字通；下同。先王之道，必有偏而不起之处，故政有眊而不行，眊，莫报翻，不明也。举其偏者以补其敝而已矣。三王之道，所祖不同，非其相反，将以捄溢扶衰，所遭之变然也。捄，与救同。故孔子曰：'无为而治者其舜乎！'改正朔，易服色，以顺天命而已；其馀尽循尧道，何更为哉！更，工衡翻。故王者有改制之名，亡变道之实。然夏尚忠，殷尚敬，周尚文者，所继之捄当用此也。师古曰：继，谓所受先代之次也。捄，谓救其敝也。孔子曰：'殷因于夏礼，所损益可知也；周因于殷礼，所损益可知也；其或继周者，虽百世可知也。'师古曰：论语载孔子之言。谓忠敬与文因循为教，立政垂则，不远此也。此言百王之用，以此三者矣。夏因于虞，而独不言所损益者，其道一而所上同也。道之大原出于天，天不变，道亦不变；是以禹继舜，舜继尧，三圣相受而守一道，亡捄敝之政也，师古曰：言政和平，不须救弊也。故不言其所损益也。繇是观之，继治世者其道同，继乱世者其道变。

今汉继大乱之后，若宜少损周之文致，师古曰：致，至极也。贡父曰：致，当属下句。少，诗沼翻。用夏之忠者。夫古之天下，亦今之天下，共是天下，以古准今，壹何不相逮之远也！安所缪盭而陵夷若是？盭，古戾字。师古曰：安，焉也。意者有所失于古之道与，有所诡于天之理与？诡，违也，异也。与，与欤同。

夫天亦有所分予：予之齿者去其角，傅其翼者两其足，师古曰：谓牛无上齿则有角，其馀无角者则有上齿。傅，着也；言鸟不四足。分，扶问翻。予，读曰与。去，羌吕翻。傅，读曰附。是所受大者不得取小也。古之所予禄者，不食于力，不动于末，师古曰：末，谓工商之业。是亦受大者不得取小，与天同意者也。夫已受大，又取小，天不能足，而况人虖！此民之所以嚣嚣苦不足也。嚣，音敖；嚣嚣，众怨愁声也。身宠而载高位，载，乘也。家温而食厚禄，因乘富贵之资力以与民争利于下，民安能如之哉！民日削月朘，孟康曰：朘，音揎，谓转蹴也。苏林曰：朘，音镌石；俗语谓朒为朘缩。师古曰：孟说是也。揎，音宣。蹴，音子六翻。寖以大穷。富者奢侈羡溢，羡，饶也，读与衍同，音弋战翻。贫者穷急愁苦；民不乐生，安能避罪！此刑罚之所以蕃乐，音洛。师古曰：蕃，多也，音扶元翻。而奸邪不可胜者也。天子大夫者，下民之所视效，远方之所四面而内望也；近者视而放之，师古曰：放，依也，音甫往翻。远者望而效之，岂可以居贤人之位而为庶人行哉！行，下孟翻；下同。夫皇皇求财利，常恐乏匮者，庶人之意也；皇皇求仁义，常恐不能化民者，大夫之意也。皇皇，急速也。易曰：'负且乘，致寇至。'此易解卦六三之辞也。乘车者，君子之位也；负担者，小人之事也；此言居君子之位而为庶人之行者，患祸必至也。若居君子之位，当君子之行，则舍公仪休之相鲁，无可为者矣。公仪休相鲁，之其家，见织帛，怒而出。其妻食于舍而茹葵，愠而拔其葵。曰："吾已食禄，而夺园夫、红女利乎！"舍，读曰捨。言为君子者当如公仪休；若废而不遵，则无可为者矣。

春秋大一统者，天地之常经，古今之通谊也。师古曰：一统者，万物之统皆归于一也。春秋公羊传："隐公元年，春王正月。何言乎王正月？大一统也。"此言诸侯皆系统天子，不得自专也。今师异道，人异论，百家殊方，指意不同，是以上无以持一统，法制数变，下不知所守。数，所角翻。臣愚以为诸不在六艺之科、孔子之术者，皆绝其道，勿使并进，邪辟之说灭息，辟，读曰僻。然后统纪可一而法度可明，民知所从矣！”

天子善其对，以仲舒为江都相。会稽主助亦以贤良对策，汉书作“严助”，盖明帝讳庄，避之也。会，工外翻。天子擢为中大夫。按考异曰：汉书武纪：“元光元年五月，诏举贤良，董仲舒、公孙弘出焉。”仲舒传曰：“仲舒对册，推明孔氏，抑黜百家。立学校之官，州县举茂才、孝廉，皆自仲舒发之。”今举孝廉在元光元年十一月，若对策在下五月，则不得云自仲舒发之，盖武纪误也。然仲舒对策，不知果在何时；元光元年以前，唯今年举贤良见于纪。三年，闽越、东瓯相攻，庄助已为中大夫，故皆著之于此。仲舒传又云：“辽东高庙、长陵高园灾。仲舒推说其意；主父偃窃其书奏之，仲舒由是得罪。”按二灾在建元六年，主父偃传，上书召见在元光元年。盖仲舒追述二灾而作书，或作书不上，而偃后来方见其草藁也。丞相卫绾奏：“所举贤良，或治申、韩、苏、张之言乱国政者，请皆罢。”奏可。董仲舒少治春秋，治，直之翻。少，诗照翻。孝景时为博士，进退容止，非礼不行，学者皆师尊之。及为江都相，事易王。江都易王非，景帝子，帝之兄也。谥法：好更故旧曰易；音亦。易王，帝兄，素骄，好勇。好，呼到翻；下同。仲舒以礼匡正，王敬重焉。

2 春，二月，赦。

3 行三铢钱。师古曰：新坏四铢钱，造此钱也 重如其文。

4 夏，六月，丞相卫绾免。丙寅，以魏其侯窦婴为丞相，武安侯田蚡为太尉。上雅向儒术，婴、蚡俱好儒，推毂代赵绾为御史大夫，兰陵王臧为郎中令。谓荐进贤者，若推车毂然，主于进也。推，吐雷翻。毂，古禄翻。班志，代县属代郡；兰陵县属东海郡。绾请立明堂以朝诸侯，王者之堂，所以正四时，出教化；自秦灭先王之礼，其制不存。朝，直遥翻；下同。且荐其师申公。秋，天子使使束帛加璧、安车驷马以迎申公。古者，高车立乘，安车坐乘。据申公传，安车以蒲裹轮。孔颖达曰：安车，若今小车者。古者乘四马之车，立乘；既老，故乘一马小车，坐乘也。余按孔氏所谓小车，乃古之大夫致事者适四方所乘私车也；今加礼申公，迎以驷马安车，非小车也。既至，见天子。天子问治乱之事，申公年八十馀，对曰："为治者不至多言，顾力行何如耳！"治，直吏翻。是时，天子方好文词，见申公对，默然；然已招致，则以为太中大夫，舍鲁邸，议明堂、巡狩、改历、服色事。汉制：郡国皆立邸于京师。申公，鲁人，故舍鲁邸。

5 是岁，内史宁成抵罪髡钳。

二年（壬寅、前一三九）

1 冬，十月，淮南王安来朝。上以安属为诸父而材高，甚尊重之，安，淮南王长之子。长于文帝为弟，安于景帝为从弟，于帝为诸父行。每宴见谈语，昏暮然后罢。见，贤遍翻。

安雅善武安侯田蚡，雅，素也。其入朝，武安侯迎之霸上，与语曰："上无太子，王亲高皇帝孙，行仁义，天下莫不闻。宫车一日晏驾，非王尚谁立者！"安大喜，厚遗蚡金钱财物。遗，于季翻。

2 太皇窦太后好黄、老言，不悦儒术。赵绾请毋奏事东宫。汉长乐宫在东，太后居之，故谓之东宫，亦谓之东朝。窦太后大怒曰："此欲复为新垣平邪！"事见十五卷文帝十六年。复，扶又翻。阴求得赵绾、王臧奸利事，以让上；上因废明堂事，诸所兴为皆废。下绾、臧吏，皆自杀；下，遐嫁翻。丞相婴、太尉蚡免，申公亦以疾免归。

初，景帝以太子太傅石奋及四子皆二千石，乃集其门，号奋为"万石君"。石姓，卫大夫石碏之后。师古曰：集，合也，凡最计也。总合其一门之计，五人为二千石，故号万石君。万石君无文学，而恭谨无与比。子孙为小吏，来归谒，万石君必朝服见之，不名。朝，直遥翻。子孙有过失，不责让，为便坐，师古曰：便坐，于便侧之处，非正室也。坐，徂卧翻。对案不食；然后诸子相责，因长老肉祖谢罪，改之，乃许。子孙胜冠者在侧，胜，音升。虽燕居必冠。其执丧，哀戚甚悼。子孙遵教，皆以孝谨闻乎郡国。闻，音问。及赵绾、王臧以文学获罪，窦太后以为儒者文多质少；少，诗沼翻。今万石君家不言而躬行，乃以其长子建为郎中令，少子庆为内史。建在上侧，事有可言，屏人恣言极切，至廷见，如不能言者；谓事有当谏正者。廷见，谓于百官正朝毕集之时。屏，必逞翻。见，贤遍翻。上以是亲之。庆尝为太仆，御出，为上御车而出。考异曰：按百官公卿表，庆不为太仆，盖尝摄职也。上问车中几马，庆以策数马毕，举手曰："六马。"庆于诸子中最为简易矣。易，以豉翻。

窦婴、田蚡既免，以侯家居。蚡虽不任职，以王太后故亲幸，数言事多效；谓言事多见听用。数，所角翻。士吏趋势利者，趋，七喻翻。皆去婴而归蚡，蚡日益横。为婴、蚡交诉张本。横，户孟翻。

3 春，二月，丙戌朔，日有食之。

4 三月，乙未，以太常柏至侯许昌为丞相。昌，高祖功臣许盎之孙。柏至，地阙。

5 初，堂邑侯陈午尚帝姑馆陶公主嫖，帝之为太子，公主有力焉；班志，堂邑县属临淮郡。陈午，高祖功臣陈婴之孙。馆陶县属魏郡。公主援上为太子，事见上卷景帝前七年。以其女为太子妃，及即位，妃为皇后。窦太主恃功，求请无厌，厌，于盐翻。上患之。皇后骄妒，擅宠而无子，与医钱凡九千万，欲以求子，然卒无之；卒，子恤翻。后宠浸衰。皇太后谓上曰："汝新即位，大臣未服，先为明堂，太皇太后已怒；今又忤长主，忤，五故翻。长，知两翻。必重得罪。重，直用翻。妇人性易悦耳，易，以豉翻。宜深慎之！"上乃于长主、皇后复稍加恩礼。复，扶又翻。

上祓霸上，孟康曰：祓，除也；于霸水上自祓除。今之上巳祓禊也。

袚，音废，又音拂。还，过上姊平阳公主，班志，平阳县属河东郡。公主，景帝女，降平阳侯曹寿。悦讴者卫子夫。师古曰：齐歌曰讴；一侯翻。子夫母卫媪，平阳公主家僮也；师古曰：僮者，婢妾之总称；媪者，年老之号，非当时所呼也。卫者，举夫家姓。媪，乌浩翻。主因奉送子夫入宫，恩宠日隆。陈皇后闻之，恚，几死者数矣；恚，於避翻，恚怒也。几，居衣翻。数，所角翻。上愈怒。

子夫同母弟卫青，其父郑季，本平阳县吏，给事侯家，师古曰：县遣于侯家供事也。与卫媪私通而生青，冒姓卫氏。冒姓者，青本郑氏子而冒卫姓也。青长，为侯家骑奴。大长公主执囚青，大长公主，即馆陶公主也。长，知两翻。骑，奇寄翻；下同。欲杀之；其友骑郎公孙敖与壮士篡取之。郎之骑从者。郎中有车、户、骑三将。逆取曰篡。上闻，乃召青为建章监、侍中，建章宫监。据史，太初元年起建章宫，盖因旧宫而大起也。青时为建章监而兼侍中。赏赐数日间累千金。既而以子夫为夫人，青为太中大夫。

6 夏，四月，有星如日，夜出。

7 初置茂陵邑。班志，茂陵邑属扶风。黄图曰：本槐里之茂乡。武帝起陵邑，在长安西北八十里。

8 时大臣议者多冤晁错之策，晁错事见上卷景帝前三年。务摧抑诸侯王，数奏暴其过恶，吹毛求疵，谓暴露其过恶。数，所角翻。疵，才斯翻，病也，瑕也。笞服其臣，使证其君；诸侯王莫不悲怨。

三年（癸卯、前一三八）

1 冬，十月，代王登、长沙王发、中山王胜、济川王明来朝。代王登，王参之子，文帝之孙。长沙、中山王，皆景帝子。济川王，梁孝王之子。济，子礼翻。上置酒，胜闻乐声而泣。上问其故，对曰："悲者不可为累欷，思者不可为叹息。累，重也。欷，歔欷也，悲思之积于心，闻欷叹之声，则其悲思益甚。累，力癸翻。欷，许既翻。今臣心结日久，每闻幼眇之声，幼，一笑翻。眇，音妙；精微也。不知涕泣之横集也。臣得蒙肺附为东藩，属又称兄。“肺附”，一作“肺腑”。史记正义曰：颜师古曰：旧解云：肺附，如肝肺之相附着也。一说：肺，碎木札也；喻其轻薄附着大材。按颜此说，并是疏缪；又改“腑”为“附”就其义，重疏缪矣。八十一难云：寸口者，脉之大会；手，太阴之动脉也。吕广云：太阴，肺之脉也；肺为诸藏之主，通阴阳，故十二经脉皆会于太阴，所以决吉凶者。十二经有病，皆于寸口知其何经之动，浮沉涩滑，春秋逆顺，知其死生。顾野王曰：肺腑，腹心也。余谓史若从肺附，则颜说为是；若从肺腑，则依正义。胜王中山，在关东，故曰东藩；以亲属言，则胜于帝，兄也。泣，亦泪也。今群臣非有葭莩之亲、鸿毛之重；张晏曰：葭，芦叶也；莩，叶里白皮；皆取喻于轻薄也。师古曰：葭，芦也；莩者，其筒中白皮至薄者也。葭莩喻薄，鸿毛喻轻薄甚。莩，音孚。群居党议，朋友相为，使夫宗室摈却，摈却，斥退也。摈，必刃翻。却，丘略翻。骨肉冰释，臣窃伤之！”具以吏所侵闻。于是上乃厚诸侯之礼，省有司所奏诸侯事，加亲亲之恩焉。省，悉井翻。

2 河水溢于平原。平原本齐地，高祖置郡。禹疏九河，皆在平原、勃海郡界。

3 大饥，人相食。

4 秋，七月，有星孛于西北。孛，蒲内翻。

5 济川王明坐杀中傅，济川王明，梁孝王子。应劭曰：中傅，宦者也。汉诸王国有太傅，秩二千石，掌傅王以德义。中傅出入王宫，在王左右，亦主傅教导王。梁王传作“中尉”，此从帝纪。废迁房陵。班志，房陵县属汉中郡。

6 七国之败也，事见上卷景帝前三年。吴王子驹亡走闽越，怨东瓯杀其父，常劝闽越击东瓯。闽粤从之，发兵围东瓯，东瓯使人告急天子。天子问田蚡，蚡对曰：“越人相攻击，固其常；又数反覆，数，所角翻；下同。自秦时弃不属，不属，不臣属也。不足以烦中国往救也。”庄助曰：庄，姓也。战国时，楚有庄周，赵有庄豹。“特患力不能救，德不能覆；覆，敷又翻。诚能，何故弃之！且秦举咸阳而弃之，师古曰：举，总也；言总天下乃至京师皆弃之。何但越也！今小国以穷困来告急，天子不救，尚安所诉；又何以子万国乎！”上曰：“太尉不足与计。考异曰：史记东越、汉书严助传，皆云“建元三年，闽越围东瓯，天子问太尉田蚡。”按是时蚡不为太尉，云太尉，误也。下云“太尉不足与计”，盖追呼其官；或亦误耳。吾新即位，不欲出虎符发兵郡国。”乃遣助以节发兵会稽。会稽，东南边越。会稽守欲距法不为发，以法距之，为无汉虎符验。会，工外翻。守，式又翻。为，于伪翻。助乃斩一司马，谕意指，谓晓喻以天子不欲出虎符之意。遂发兵浮海救东瓯。未至，闽越引兵罢。东瓯请举国内徙，乃悉举其众来，处于江、淮之间。处，昌吕翻。

7 九月，丙子晦，日有食之。

8 上自初即位，招选天下文学材智之士，待以不次之位。师古曰：不拘常次，言超擢之。四方士多上书言得失，自眩鬻者以千数，汉书作“衒”，行卖也。鬻，亦卖也。衒，与眩同，音州县之县，又工县翻。鬻，音育。上简拔其俊异者宠用之。庄助最先进；后又得吴人朱买臣、赵人吾丘寿王、姓谱：吾，音虞，即虞丘氏。史记有楚相虞丘子。蜀人司马相如、平原东方朔、风俗通曰：伏羲之后，帝出乎震，主东方，子孙为东方氏。吴人枚皋、济南终军等，姓谱：枚姓出于周官衔枚氏，其后以官为姓。风俗通：六国有贤人枚被。终姓出于颛顼裔孙陆终。济，子礼翻。并在左右，每令与大臣辨论，中外相应以义理之文，大臣数屈焉。然相如特以辞赋得幸；朔、皋不根持论，好诙谐，言其议论无所根据。好，呼到翻。诙，古回翻。李奇曰：诙，嘲也。上以俳优畜之，师古曰：俳，杂戏也；优，调戏也。左传曰：少相狎，长相优。俳优，即今伶人调戏者。虽数赏赐，终不任以事也。数，所角翻。朔亦观上颜色，时时直谏，有所补益。

是岁，上始为微行，北至池阳，西至黄山，班志，池阳县属冯翊。黄山，宫名，在扶风槐里县。南猎长杨，东游宜春，长杨，宫名。

水经注云：槐里县东有漏水，出南山赤谷东北，径长杨宫；宫有长杨，因名；其地在盩厔界。师古曰：宜春，宫也，在长安东南；说者乃以为在鄠，非也。在鄠者自是宜春观，在长安城西，非东游也。与左右能骑射者期诸殿门。期门之号始此。常以夜出，自称平阳侯；平阳侯曹寿尚帝姊，见尊宠，故称之。旦明，入南山下，射鹿、豕、狐、兔，终南山横亘关中南面，西起秦、陇，东彻蓝田，凡雍、岐、郿、鄠、长安、万年相去且八百里，而连绵峙据其南者，皆此一山也。射，而亦翻。驰骛禾稼之地，民皆号呼骂詈。号，户高翻。鄠、杜令欲执之，班志，鄠县属扶风。杜县属京兆，宣帝更为杜陵。鄠，音户。示以乘舆物，乃得免。乘，绳证翻。又尝夜至柏谷，水经：河水径湖县故城北，又东合柏谷。水经注云：水出弘农县西石堤山，北径柏谷亭下，即帝微行处。投逆旅宿，就逆旅主人求浆，主人翁曰："无浆，正有溺耳！"溺，奴吊翻。且疑上为奸盗，聚少年欲攻之；主人妪睹上状貌而异之，妪，威遇翻。止其翁曰："客非常人也；且又有备，不可图也。"翁不听，妪饮翁以酒，醉而缚之。饮，于禁翻。少年皆散走，妪乃杀鸡为食以谢客。明日，上归，召妪，赐金千斤，拜其夫为羽林郎。羽林郎属郎中令。师古曰：羽林，宿卫之官，言如羽之疾，如林之多也。一说曰：羽所以为王者羽翼。后乃私置更衣，从宣曲以南十二所，夜投宿长杨、五柞等诸宫。师古曰：为休息更衣之处。宣曲，宫名，在昆明池西。五柞，宫名；水经注：宫在盩厔县长杨宫东北。更，工衡翻。柞，昨、作二音。

上以道远劳苦，又为百姓所患，乃使太中大夫吾丘寿王举籍阿城以南，盩厔以东，宜春以西，提封顷亩，及其贾直，师古曰：举，计其数以为簿籍也。阿城本秦阿房宫，以其墙壁崇广，故俗呼为阿城。盩厔属扶风。山曲曰盩，水曲曰厔。杜佑曰：盩厔，唐为宜寿县。提封，亦谓提举四封之内，总计其大数也。盩，音辀。厔，音窒。贾，读曰价。欲除以为上林苑，属之南山。又诏中尉、左右内史师古曰：时未为京兆、扶风、冯翊，故云中尉及左、右内史也。予据班表，帝后改右内史为京兆尹，左内史为左冯翊，主爵都尉为右扶风：是为三辅。属，之欲翻。表属县草田，草田，荒田之未耕垦者。欲以偿鄠、杜之民。寿王奏事，上大说称善。说，读曰悦。时东方朔在傍，进谏曰："夫南山，天下之阻也。汉兴，去三河之地，河南、河内、河东为三河。汉高帝始居洛阳，后西都关中，是去三河之地也。止霸、浐以西，都泾、渭之南，此所谓天下陆海之地，霸水出蓝田县蓝田谷。浐水亦出蓝田谷，径蓝田川，北出霸陵，入霸水。霸又北入于渭。泾水注见六卷。渭水出陇西首阳县西南鸟鼠同穴山，东流与霸水、泾水合，又东至船司空入河。陆海，师古曰：高平曰陆；关中地高，故称之耳。海者，万物所出。言关中陆产饶富，是以谓之陆海也。秦之所以虏西戎、兼山东者也。其山出玉、石、金、银、铜、铁、良材，百工所取给，万民所卬足也。卬，古仰字，通用，音牛向翻。又有秔、稻、梨、栗、桑、麻、竹箭之饶，土宜姜、芋，水多蠅、鱼，芋，即蹲鸱也，其叶似藕荷而长，不圆；其根大者为芋魁，其小者附丽甚众，白腻可食。蠅，与蛙同。师古曰：似虾蟆而小，长脚。贫者得以人给家足，无饥寒之忧；故酆、镐之间，号为土膏，周文王都酆，武王都镐。水经：渭水东过槐里县故城南，东合甘水；又东，丰水从南来注之；又东北与镐水合。班志，丰水出鄠县东南。镐水上承镐池水于昆明池北，皆在上林苑中。其贾亩一金。贾，与价同。今规以为苑，绝陂池水泽之利而取民膏腴之地，上乏国家之用，下夺农桑之业，是其不可一也。盛荆、棘之林，广狐、菟之苑，菟，古兔字通用。大虎、狼之虚，坏人冢墓，虚，读曰墟。坏，音怪。发人室庐，令幼弱怀土而思，耆老泣涕而悲，是其不可二也。贺玚曰：耆，至也，至老之境也。斥而营之，垣而囿之，骑驰东西，车骛南北，师古曰：乱驰曰骛。有深沟大渠。夫一日之乐，不足以危无堤之舆，苏林曰：堤，限也。舆，乘舆也，无限，若言不訾也。不敢斥天子，故曰舆也。张晏曰：一日之乐，谓田猎也；无堤之舆，谓天子富贵无堤限。贡父曰：不足以危，"不"字当作"亦"。堤，亦防也。言车舆驰骋，不为防虑，必有颠蹶之变。乐，音洛。是其不可三也。夫殷作九市之宫而诸侯畔，应劭曰：纣于宫中设九市。灵王起章华之台而楚民散，师古曰：楚灵王作章华之台，纳亡人以实之，卒有干溪之祸也。章华台在华容城也。秦兴阿房之殿而天下乱。粪土愚臣，逆盛意，罪当万死！”上乃拜朔为太中大夫、给事中，百官表：给事中，加官。师古曰：汉官解诂云：掌侍从左右，无员，常侍中。续汉志：给事中，关通内外。盖以给事禁中名官也。赐黄金百斤。然遂起上林苑，如寿王所奏。

上又好自击熊、豕，说文：熊，似豕，山居，冬蛰，春出。诗疏：熊能攀缘上树，见人则颠倒投地而下。豕，谓野豕也；生一岁为豵，二岁为豜。二兽皆能突人。驰逐野兽。司马相如上疏谏曰：“臣闻物有同类而殊能者，故力称乌获，捷言庆忌，勇期贲、育。乌获，秦武王力士也。庆忌，吴王僚之子，射能捷矢也。孟贲，古之勇士，水行不避蛟龙，陆行不避豺狼，发怒吐气，声响动天。夏育，亦猛士也。贲，音奔。臣之愚，窃以为人诚有之，兽亦宜然。今陛下好陵阻险，射猛兽，卒然遇逸材之兽，骇不存之地，师古曰：不存，不可得安存也。贡父曰：不存，犹言不虞，下文云存变之意。射，而亦翻。卒，读曰猝。犯属车之清尘，属车，注见十三卷。师古曰：属者，言联属不绝也。尘，谓行而起尘也。言清者，尊贵之意也。说者乃以清尘为清道洒尘，非也。舆不及还辕，人不暇施巧，虽有乌获、逢蒙之技逢蒙，古之善射者也。孟子曰：逢蒙学射于羿。逢，皮江翻。不得用，宜承上文为句。枯木朽株，尽为难矣。是胡、越起于毂下而羌、夷接轸也，轸，后车横木也。岂不殆哉！虽万全而无患，然本非天子之所宜近也。近，其靳翻。且夫清道而后行，中路而驰，犹时有衔橛之变；张揖曰：衔，马勒衔也。橛，骈马口长衔也。师古曰：橛，谓车之钩心也。衔橛之变，言马衔或断，钩心或出，则致倾败以伤人也。橛，巨月翻。况乎涉丰草，丰草，茂草也。骋丘墟，前有利兽之乐虚，读曰墟。乐，音洛；下同。而内无存变之意，其为害也不难矣。夫轻万乘之重不以为安，乐出万有一危之涂以为娱，臣窃为陛下不取。为，于伪翻。盖明者远见于未萌师古曰：萌，谓事始，若草木初生者也。而知者避危于无形，知，读曰智。祸固多藏于隐微而发于人之所忽者也。故鄙谚曰：‘家累千金，坐不垂堂。’张揖曰：畏檐瓦堕中人也。师古曰：垂堂者，近堂边外，自恐坠堕耳，非畏檐瓦也。言富人之子则自爱深矣。此言虽小，可以谕大。”上善之。考异曰：此多非今年事；因庄助救东瓯及微行始出终言之。

四年（甲辰、前一三七）

1 夏，有风赤如血。

2 六月，旱。

3 秋，九月，有星孛于东北。孛，蒲内翻。

4 是岁，南越王佗死，佗，徒河翻。其孙文王胡立。

五年（乙巳，前一三六）

1 春，罢三铢钱，行半两钱。建元元年，行三铢钱，至是而罢，又新铸半两钱。

2 置五经博士。

3 夏，五月，大蝗。

4 秋，八月，广川惠王越、清河哀王乘皆薨，无后，国除。二王，皆景帝子；越中二年四月受封，乘中三年三月受封，至是国除。

六年（丙午、前一三五）

1 春，二月，乙未，辽东高庙灾。景帝令郡国各立高祖庙，故辽东有高庙。

2 夏，四月，壬子，高园便殿火；上素服五日。师古曰：凡言便殿、便室、便坐者，皆非正大之处，所以就便安也。园者，于陵上作之；既有正寝以象平生，又立便殿为休息闲宴之处耳。便，如字。沈约曰：汉氏诸陵皆有园寝，承秦所为也。说者以为古前庙后寝，以象人主前有朝，后有寝也。庙以藏主，四时祭祀；寝有衣冠、象生之具以荐新。秦始出寝，起于墓侧；汉因不改。及魏武帝葬高陵，有司依汉立陵上祭殿。文帝以为古不墓祭，皆设于庙。高陵上殿屋皆毁坏，车马还厩，衣服藏府。文帝自作终制，又曰：“寿陵无立寝殿，造园邑。”自是至今，陵寝遂绝。

3 五月，丁亥，太皇太后崩。孝文皇后窦氏也。

4 六月，癸巳，丞相昌免；许昌也。武安侯田蚡为丞相。蚡骄侈：治宅甲诸第，田园极膏腴；师古曰：甲诸第者，言为诸第之最也。以甲、乙之次言，甲则为上矣。膏腴，谓肥厚之处。治，直之翻。市买郡县物，相属于道；多受四方赂遗；其家金玉、妇女、狗马、声乐、玩好，不可胜数。属，之欲翻。遗，于季翻。好，呼到翻。胜，音升。每入奏事，坐语移日，所言皆听；荐人或起家至二千石，权移主上。上乃曰："君除吏已尽未？吾亦欲除吏。"尝请考工地益宅，考工，少府之属官也，主作器械。上怒曰："君何不遂取武库！"是后乃稍退。

5 秋，八月，有星孛于东方，长竟天。孛，蒲内翻。

6 闽越王郢兴兵击南越边邑；南越王守天子约，不敢擅兴兵，使人上书告天子。于是天子多南越义，大为发兵，为，于伪翻；下同。遣大行王恢出豫章，大农令韩安国出会稽，大农令，本秦之治粟内史也，汉初因之；景帝中六年，更名大农令；帝太初元年，更名大司农。击闽越。

淮南王安上书谏曰："陛下临天下，布德施惠，天下摄然，孟康曰：摄，安也，奴协翻。人安其生，自以没身不见兵革。今闻有司举兵将以诛越，臣安窃为陛下重之。师古曰：重，难也。

越，方外之地，剪发文身之民也，晋灼曰：淮南云：越人劗发。张揖以为古剪字。师古曰：劗，与剪同，张说是也。应劭曰：越人常在水中，故断其发，文其身，以象龙子，欲不见伤害。不可以冠带之国法度理也。自三代之盛，胡、越不与受正朔，与，读曰预。非强勿能服，威弗能制也；以为不居之地，不牧之民，不足以烦中国也。师古曰：地不可居而民不可牧养也。自汉初定以来七十二年，越人相攻击者不可胜数，胜，音升。然天子未尝举兵而入其地也。臣闻越非有城郭邑里也，处溪谷之间，篁竹之中，处，昌吕翻。服虔曰：竹从曰篁。师古曰：竹田曰篁，音皇。习于水斗，便于用舟，地深昧而多水险；昧，暗也；言多草木也。中国之人不知其势阻而入其地，虽百不当其一。得其地，不可郡县也，攻之，不可暴取也。以地图察其山川要塞，相去不过寸数，而间独数百千里，师古曰：间，中间也，或八九百里，或千里也。险阻、林丛弗能尽著；师古曰：不能尽载于地图也。著，竹助翻。视之若易，行之甚难。天下赖宗庙之灵，方内大宁，戴白之老师古曰：言白发在首。不见兵革，民得夫妇相守，父子相保，陛下之德也。越人名为藩臣，贡酎之奉不输大内，贡者，以土产之物来贡也。酎者，三重酿醇酒也；味厚，故以荐宗庙也。汉制：于正月旦作酒，八月成，曰酎。酎之言纯也。八月尝酎于太庙，诸侯王各出金助祭，所谓酎金也。大内，都内也，国之宝藏。班表，治粟属官有都内令、丞。言越国僻远，既不输土贡，又不输酎金于中国，得其地无益也。酎，直又翻。一卒之奉【章：乙十一行本“奉”作“用”；孔本同。】不给上事；给，供也。自相攻击，而陛下发兵救之，是反以中国而劳蛮夷也！师古曰：疲劳中国之人于蛮夷之地。且越人愚戆轻薄，戆，陟降翻。负约反覆，其不用天子之法度，非一日之积也。师古曰：积，久也。壹不奉诏，举兵诛之，臣恐后兵革无时得息也。

间者，数年岁比不登，民待卖爵、赘子以接衣食。比，毗至翻。如淳曰：淮南俗卖子与人作奴婢，名曰赘子，三年不能赎，遂为奴婢。师古曰：赘，质也。一说云：赘子者，谓令子出就妇家为赘婿。赖陛下德泽振救之，得毋转死沟壑；四年不登，五年复蝗，民生未复。年复，扶又翻；未复，如字。今发兵行数千里，资衣粮，师古曰：资，犹赍也。入越地，舆轿而隃领，拕舟而入水，轿，竹舆车，江南人又谓之篮舆。领，山岭也。不通舟车，故用肩舆以行。轿，旗妙翻。拕，音他，曳也。行数百千里，夹以深林丛竹，水道上下击石；谓水道多巨石，船行上下，皆与石相击触也。林中多蝮蛇、猛兽，应劭曰：蝮蛇，一名虺。蠚，螫也，螫人手足，则割去其肉，不然则死。师古曰：尔雅及说文皆以为蝮即虺也，博三寸，首大如擘。而郭璞云：各自一种蛇，其蝮蛇，大头，细颈，焦尾，色如绶文，文间有毛似猪鬣，鼻上有针，大者七八尺，一名反鼻，非虺之类也。以今俗名证之，郭说得矣。虺若土色，所在有之，俗呼土虺。其蝮惟出南方。蝮，敷福翻。夏月暑时，欧泄霍乱之病相随属也；欧，吐也。泄，利也。师古曰：泄，以制翻。属，之欲翻。曾未施兵接刃，死伤者必众矣。前时南海王反，陛下先臣使将军间忌将兵击之，文颖曰：先臣，淮南厉王长也，间忌，人姓名也。师古曰：淮南王传作"简忌"，此本作"间"，传写字误省耳。左传有鲁大夫简叔。以其军降，处之上淦。班志，豫章郡有新淦县。应劭注云：淦水所出。上淦，盖淦水之上流也。降，户江翻。处，昌吕翻。淦，音绀，又工含翻。后复反，会天暑多雨，楼船卒水居击棹，师古曰：言常居舟中水上，而又有击棹行舟之役，故多死也。复，扶又翻。未战而疾死者过半；亲老涕泣，孤子啼号，号，户高翻。破家散业，迎尸千里之外，裹骸骨而归。悲哀之气，数年不息，长老至今以为记，曾未入其地而祸已至此矣。曾，才登翻。陛下德配天地，明象日月，恩至禽兽，泽及草木，一人有饥寒不终其天年而死者，为之凄怆于心。今方内无狗吠之警，而使陛下甲卒死亡，暴露中原，沾渍山谷，边境之民为之早闭晏开，师古曰：晏，晚也。言有兵难，故边城早闭而晚开也。为，于伪翻；下同。朝不及夕，师古曰：言忧危亡不自保也。臣安窃为陛下重之。

不习南方地形者，多以越为人众兵强，能难边城。服虔曰：为边城作难也。难，乃旦翻。淮南全国之时，多为边吏，师古曰：全国，谓未分为三之时也，淮南人于边为吏，与越接境，故知其地形也。臣窃闻之，与中国异；师古曰：言其风土不同。限以高山，人迹绝，车道不通，天地所以隔外内也。其入中国，必下领水，领水之山峭峻，漂石破舟，领水，即赣水也；班志所谓彭水出豫章南野县东入湖汉水，庾仲初所谓大庾峤水北入豫章注于江者是也。漂石破舟，言三百里赣石。不可以大船载食粮下也。越人欲为变，必先田馀干界中，班志，豫章郡有馀汗县。应劭曰：汗，音干。今饶州馀干县，汉古县名也。积食粮，乃入，伐材治船。治，直之翻。边城守候诚谨，越人有入伐材者，辄收捕，焚其积聚，积，子赐翻。聚，慈谕翻。虽百越，奈边城何！且越人绵力薄材，师古曰：绵，弱也；言其柔弱如绵。不能陆战，又无车骑、弓弩之用，然而不可入者，以保地险，而中国之人不耐其水土也。臣闻越甲卒不下数十万，所以入之，五倍乃足，师古曰：不下，言不减也。汉军多之五倍，然后可入其地也。挽车奉饷者不在其中。师古曰：挽，音晚，引车也。南方暑湿，近夏瘅热，近，其靳翻。师古曰：瘅，黄病也，丁干翻。暴露水居，蝮蛇蠚生，师古曰：蠚，毒也，音壑。疾疢多作，疢，丑刃翻，病也。兵未血刃而病死者什二三，虽举越国而虏之，不足以偿所亡。师古曰：举，谓总取也。

臣闻道路言：闽越王弟甲弑而杀之，甲以诛死，甲者，闽越王弟之名。其民未有所属。陛下若欲来，内处之中国，处，昌吕翻。使重臣临存，师古曰：存，谓省问之。施德垂赏以招致之，此必携幼、扶老以归圣德。若陛下无所用之，则继其绝世，存其亡国，建其王侯，以为畜越，李奇曰：如人畜养六畜也。师古曰：直谓畜养之耳，非六畜也。畜，许六翻。此必委质为藩臣，世共贡职。共，读曰供。陛下以方寸之印，丈二之组，填抚方外，不劳一卒，不顿一戟，师古曰：顿，坏也，读曰钝。而威德并行。今以兵入其地，此必震恐，以有司为欲屠灭之也，必雉兔逃，入山林险阻。师古曰：如雉兔之逃窜而入山林险阻之中。背而去之，则复相群聚；留而守之，历岁经年，则士卒罢勌，背，蒲妹翻。罢，读曰疲。勌，即倦字。食粮乏绝，民苦兵事，盗贼必起。臣闻长老言：秦之时，尝使尉屠睢击越，张晏曰：郡都尉，姓屠，名睢。晋有屠岸贾、屠蒯。睢，音虽。又使监禄凿渠通道，张晏曰：监郡御史也，名禄。案秦郡置守、尉、监。越人逃入深山林丛，不可得攻；留军屯守空地，旷日引久，士卒劳勧；越出击之，秦兵大败，乃发適戍以备之。適，读曰谪。当此之时，外内骚动，皆不聊生，亡逃相从，群为盗贼，于是山东之难始兴。难，乃旦翻。兵者凶事，一方有急，四面皆耸。臣恐变故之生，奸邪之作，由此始也。

臣闻天子之兵有征而无战，言莫敢校也。师古曰：校，计也；不敢与计强弱曲直。如使越人蒙徼幸以逆执事之颜行，徼，工尧翻。文颖曰：颜行，犹雁行；在前行，故曰颜也。行，户刚翻。厮舆之卒有一不备而归者，张晏曰：厮，微；舆，众也。师古曰：厮，析薪者；舆，主驾车者；皆言贱役之人也。虽得越王之首，臣犹窃为大汉羞之。为，于伪翻。陛下以四海为境，生民之属，皆为臣妾。垂德惠以覆露之，覆，谓盖帱也。露，谓使之沾润泽也。覆，敷又翻。使安生乐业，则泽被万世，乐，音洛。被，皮义翻。传之子孙，施之无穷，天下之安，犹泰山而四维之也；师古曰：维，谓联系之。夷狄之地，何足以为一日之闲如淳曰：得其地不足为一日闲暇之娱也。而烦汗马之劳乎！诗云：'王犹允塞，徐方既来。'师古曰：大雅常武之诗也。允，信也；塞，满也，言王道信充满于天下，则徐方、淮夷尽来服也。塞，悉则翻。言王道甚大而远方怀之也。臣安窃恐将吏之以十万之师为一使之任也！"师古曰：言汉发一使镇抚之，则越人宾服，不烦兵往。使，疏吏翻。

是时，汉兵遂出，未隃领，隃，与逾同。领，与岭同。闽越王郢发兵距险。其弟馀善乃与相、宗族谋曰：相，闽越国相也，音息亮翻。"王以擅发兵击南越不请，故天子兵来诛。汉兵众强，即幸胜之，后来益多，师古曰：言汉地广大，兵众盏强，今虽胜之，后必复来也。终灭国而止。今杀王以谢天子，天子听罢兵，固国完；不听，乃力战；不胜，即亡入海。"皆曰："善！"即鏦杀王，鏦，初江翻，短矛也。使使奉其头致大行。大行曰："所为来者，诛王。为，于伪翻；下同。今王头至，谢罪；不战而殒，利莫大焉。”乃以便宜案兵，告大农军，而使使奉王头驰报天子。诏罢两将兵，将，即亮翻。曰：“郢等首恶，独无诸孙繇君丑不与谋焉。”张晏曰：繇，邑号也。师古曰：繇，音摇。与，读曰预。乃使中郎将立丑为越繇王，奉闽越先祭祀。馀善已杀郢，威行于国，国民多属，窃自立为王，繇王不能制。上闻之，为馀善不足复兴师，曰：“馀善数与郢谋乱；复，扶又翻。数，所角翻。而后首诛郢，师得不劳。”因立馀善为东越王，与繇王并处。处，昌吕翻。

上使庄助谕意南越。南越王胡顿首曰：“天子乃为臣兴兵讨闽越，死无以报德！”遣太子婴齐入宿卫，谓助曰：“国新被寇，被，皮义翻。使者行矣，胡方日夜装，入见天子。”见，贤遍翻；下同。助还，过淮南，上又使助谕淮南王安以讨越事，嘉答其意，安谢不及。助既去南越，南越大臣皆谏其王曰：“汉兴兵诛郢，亦行以惊动南越。且先王昔言：‘事天子期无失礼。’要之，不可以说好语入见，言不可喜汉使好语而入朝也。说，读曰悦。则不得复归，亡国之势也。”于是胡称病，竟不入见。

7 是岁，韩安国为御史大夫。

8 东海太守濮阳汲黯为主爵都尉。按汲黯传：其先有宠于卫君，至黯十世，世为卿大夫。盖食采于汲，因以为氏。班表：主爵中尉，秦官，掌列侯；景帝中六年，更名都尉；武帝太初元年，更名右扶风，治内史右地。濮，博木翻。始，黯为谒者，以严见惮。东越相攻，上使黯往视之；不至，至吴而还，报曰：“越人相攻，固其俗然，不足以辱天子之使。”河内失火，延烧千馀家，上使黯往视之；还，报曰：“家人失火，屋比延烧，师古曰：家人，犹言庶人家也。比，近也；言屋相近，故连延而烧也。比，频寐翻。不足忧也。臣过河南，河南贫人伤水旱万馀家，或父子相食，臣谨以便宜，持节发河南仓粟以振贫民。臣请归节，伏矫制之罪。”师古曰：矫，托也；托言奉制诏而行之也。汉律：矫制者，论弃市罪。上贤而释之。其在东海，治官理民，好清静，择丞、史任之，如淳曰：择丞及史任之也。汉律：太守、都尉、诸侯内史，史各一人，卒史、书佐各十人。余据汉制，郡守之属有丞，有诸曹掾史。好，呼到翻。责大指而已，不苛小。黯多病，卧闺阁内不出；岁馀，东海大治，称之。治，直吏翻；下同。上闻，召为主爵都尉，列于九卿。汉太常、郎中令、中大夫令、太仆、大理、大行令、宗正、大司农、少府，为正九卿；中尉、主爵都尉、内史，列于九卿。其治务在无为，引大体，不拘文法。

黯为人，性倨少礼，师古曰：倨，简傲也。少，诗沼翻。面折，不能容人之过。折，之舌翻。时天子方招文学儒者，上曰："吾欲云云。"张晏曰：所言欲施仁义也。师古曰：云云，犹言如此如此也，史略其辞耳。黯对曰："陛下内多欲而外施仁义，奈何欲效唐、虞之治乎！"上默然，怒，变色而罢朝，公卿皆为黯惧。上退，谓左右曰："甚矣汲黯之戆也！"群臣或数黯，师古曰：数，责也，音所具翻。黯曰："天子置公卿辅弼之臣，宁令从谀承意，陷主于不义乎！且已在其位，纵爱身，奈辱朝廷何！"黯多病，病且满三月；上常赐告者数，数，所角翻。终不愈。最后病，庄助为请告。为，于伪翻。上曰："汲黯何如人哉？"助曰："使黯任职居官，无以逾人；然至其辅少主，守城深坚，招之不来，麾之不去，虽自谓贲、育亦不能夺之矣！"贲，音奔。上曰："然。古有社稷之臣，至如黯，近之矣！"近，其靳翻。

9 匈奴来请和亲，天子下其议。下，遐嫁翻。大行王恢，燕人也，习胡事，议曰："汉与匈奴和亲，率不过数岁，即复倍约；倍，蒲妹翻。不如勿许，兴兵击之。"韩安国曰："匈奴迁徙鸟举，难得而制，言其轻疾，逐水草迁徙，若鸟之举也。自上古不属为人。不以人类待之。今汉行数千里与之争利，则人马罢乏；罢，读曰疲。虏以全制其敝，此危道也。不如和亲。"群臣议者多附安国，于是上许和亲。

元光元年（丁未、前一三四）

1冬，十一月，初令郡国举孝廉各一人，师古曰：孝，谓善事父母者；廉，谓清廉有廉隅者也。从董仲舒之言也。

2卫尉李广为骁骑将军，屯云中，周末置左、右、前、后将军，秦、汉因之，位上卿。至武帝置骁骑、车骑等将军，后来名号浸多，不可胜纪，谓之杂号将军。盘洲洪氏曰：西汉杂号将军掌征伐背叛，事讫则罢，不常置也。骁，坚尧翻。中尉程不识为车骑将军，姓谱：程本自颛顼重黎之后，周宣王时，程伯休父入为大司马，封于程者以为氏；与司马氏同出。屯雁门；六月，罢。广与程不识俱以边太守将兵，有名当时。广行无部伍、行陈，部者，军行各有分部；伍者，五人为伍也。部有校尉，伍有伍长。行，户刚翻。陈，读曰阵。就善水草舍止，人人自便，不击刁斗以自卫，孟康曰：刁斗，以铜作鐎，受一斗，昼炊饮食，夜击持行夜，名曰刁斗。苏林曰：形如铜，无缘。荀悦曰：刁斗，小铃，如宫中传夜铃也。索隐曰：铜，即铃也。埤苍云：鐎，温器，有柄；斗，似铫，无缘。师古曰：鐎，音谯。铜，火玄翻；铜，即铫也。铫，音姚。缘，去声。莫府省约文书；然亦远斥候，淮南子曰：斥，度也；候，视也，望也。未尝遇害。程不识正部曲、行伍、营陈，击刁斗，士吏治军簿师古曰：簿，文簿。治，直之翻；下言治同。至明，军不得休息；然亦未尝遇害。不识曰："李广军极简易，易，以豉翻。然虏卒犯之，无以禁也；卒，读曰猝。而其士卒亦佚乐，咸乐为之死。乐，音洛；下同。我军虽烦扰，然虏亦不得犯我。"然匈奴畏李广之略，士卒亦多乐从李广而苦程不识。师古曰：苦，谓厌苦之也。

臣光曰：易曰："师出以律，否臧凶。"否，音鄙。易师卦初六爻辞。王弼注曰：齐众以律，失律则散；故师出以律。律不可失；失律而臧，何异于否！失令有功，法所不赦。故师出不以律，否臧皆凶。言治众而不用法，无不凶也。李广之将，使人人自便。以广之材，如此焉可也；然不可以为法。何则？其继者难也；况与之并时而为将乎！夫小人之情，乐于安肆而昧于近祸，彼既以程不识为烦扰而乐于从广，且将仇其上而不服。然则简易之害，非徒广军无以禁虏之仓卒而已也！故曰“兵事以严终”，为将者，亦严而已矣。然则效程不识，虽无功，犹不败；效李广，鲜不覆亡哉！鲜，息浅翻。

3 夏，四月，赦天下。

4 五月，诏举贤良、文学，上亲策之。

5 秋，七月，癸未，日有食之。

聂崇岐标点容肇祖覆校

资治通鉴卷第十八

翰林学士朝散大夫右谏议大夫知制诰兼侍讲
同提举万寿观公事兼判集贤院上护军 **司马光** 奉敕编集
河内郡开国侯食邑一千三百户赐紫金鱼袋臣

后学天台 **胡三省** 音注

汉纪十 起著雍涒滩（戊申），尽柔兆执徐（丙辰），凡九年。

世宗孝武皇帝上之下

元光二年（戊申、前一三三）

1 冬，十月，上行幸雍，祠五畤。雍，于用翻。畤，音止。

2 李少君以祠灶却老方见上，祠灶者，祭灶以致鬼物，化丹砂以为黄金，以为饮食器，可以延年。方士之言云尔。少，诗照翻。上尊之。少君者，故深泽侯舍人，高祖功臣有深泽侯赵将夕；景帝三年，孙修嗣侯；七年，有罪，耐为司寇。少君当是为修舍人。班志，涿郡有南深泽县。匿其年及其生长，谓其生时及长时所居止处也。长，知两翻。其游以方遍诸侯，无妻子。人闻其能使物及不死，如淳曰：物，谓鬼物也。更馈遗之，更，工衡翻。遗，于季翻。常馀金钱、衣食。人皆以为不治生业而饶给，又不知其何所人，愈信，争事之。治，直之翻。少君善为巧发奇中。如淳曰：时时发言有所中也。中，竹仲翻。尝从武安侯饮，田蚡封武安侯。坐中有九十馀老人，坐，徂卧翻；下同。少君乃言与其大父游射处；老人为儿时从其大父，识其处，师古曰：识，记也，式志翻。一坐尽惊。少君言上曰："祠灶则致物，致物而丹沙可化为黄金，寿可益，蓬莱仙者可见；见之，以封禅则不死，黄帝是也。臣尝游海上，见安期生，列仙传：安期生，琅邪人，卖药东海边，时人皆言千岁。食臣枣，大如瓜。食，祥吏翻。安期生仙者，通蓬莱中，合则见人，不合则隐。”于是天子始亲祠灶，遣方士入海求蓬莱安期生之属，而事化丹沙诸药齐为黄金矣。药之分齐。齐，才计翻。居久之，李少君病死，天子以为化去，不死；而海上燕、齐怪迂之方士多更来言神事矣。更，工衡翻。

3 亳人谬忌奏祠太一。如淳曰：亳，亦薄也。晋灼曰：亳县属济阴郡。予据班志，亳属山阳郡；“亳”作“薄”。谬，姓也，音靡幼翻，与缪同；战国时，赵有宦者令缪贤。太一者，天之尊神。天文志：中宫天极星，其一明者，太一常居也。淮南子：太微者，太一之庭；紫宫者，太一之居。索隐曰：乐汁征图云：天宫，紫微；北极，天一、太一。宋均云：天一、太一，北极神之别名。春秋佐助期云：紫宫，天皇耀魄宝之所理也。石氏云：天一、太一各一星，在紫宫门外立，承事天皇大帝。方曰：“天神贵者太一，太一佐曰五帝。”五帝，谓东方青帝灵威仰，南方赤帝赤熛怒，西方白帝白招矩，北方黑帝叶光纪，中央黄帝含枢纽也。一说：苍帝名灵符，赤帝名文祖，白帝名显记，黑帝名玄矩，黄帝名神斗。于是天子立其祠长安东南郊。

4 雁门马邑豪聂壹，马邑县属雁门郡。豪，谓以赀财、武力雄于乡曲者。聂，姓也。姓谱曰：楚大夫食采于聂，因以为氏。壹，其名。聂，尼辄翻。因大行王恢言：“匈奴初和亲，亲信边，可诱以利致之，伏兵袭击，必破之道也。”上召问公卿。王恢曰：“臣闻全代之时，战国之初，代自为一国，故曰全代；其后为赵襄子所灭，代始属赵。服虔曰：代未分之时也。李奇曰：六国之时，代为一国，尚能以击匈奴；况今加以汉之大乎！北有强胡之敌，内连中国之兵，然尚得养老、长幼，长，知两翻。种树以时，仓廪常实，匈奴不轻侵也。今以陛下之威，海内为一；然匈奴侵盗不已者，无他，以不恐之故耳。言不示以威，故匈奴不知惧也。臣窃以为击之便。”韩安国曰：“臣闻高皇帝尝围于平城，事见十一卷高祖七年。七日不食；及解围反位而无忿怒之心。夫圣人以天下为度者也，师古曰：言当随天下人心而宽大其度量也。不以己私怒伤天下之公，故遣刘敬结和亲，至今为五世利。臣窃以为勿击便。”恢曰：“不然。高帝身被坚执锐，行几十年，被，皮义翻。几，居衣翻。所以不报平城之怨者，非力不能，所以休天下之心也。今边境数惊，数，所角翻。士卒伤死，中国槥车相望，应劭曰：槥，小棺也，今谓之椟。金布令曰：不幸死，所为椟传归所居县。师古曰：从军死者，以槥送致其丧；载槥之车相望于道，言其多也。槥，音卫。此仁人之所隐也。隐，恻也；张晏曰：痛也。故曰击之便。”安国曰：“不然。臣闻用兵者以饱待饥，正治以待其乱，定舍以待其劳；故接兵覆众，伐国堕城，师古曰：覆，败也；堕，毁也；言兵与敌接则败其众，所伐之国则堕其城也。堕，读曰隳。常坐而役敌国，此圣人之兵也。今将卷甲轻举，卷，读曰捲。深入长敺，难以为功；敺，与驱同。从行则迫胁，衡行则中绝，从，子容翻。衡，读曰横。疾则粮乏，徐则后利，师古曰：后利，谓不及于利。后，户遘翻。不至千里，人马乏食。兵法曰：‘遗人，获也。’言以军遗敌人，令其禽获也。遗，于季翻。臣故曰勿击便。”恢曰：“不然。臣今言击之者，固非发而深入也；将顺因单于之欲，诱而致之边，诱，音酉。吾选枭骑、壮士阴伏而处以为之备，枭，古尧翻。骑，奇寄翻。审遮险阻以为其戒。吾势已定，或营其左，或营其右，或当其前，或绝其后，单于可禽，百全必取。”上从恢议。考异曰：史记韩长孺传，元光元年，聂壹画马邑事；而汉书武纪在二年。盖元年壹始言之，二年议乃决也。

夏，六月，以御史大夫韩安国为护军将军，卫尉李广为骁骑将军，太仆公孙贺为轻车将军，大行王恢为将屯将军，司马彪曰：轻车，古之战车。李奇曰：将屯，主监诸屯。太中大夫李息为材官将军，将车骑、材官三十馀万匿马邑旁谷中，约单于入马邑纵兵。阴使聂壹为间，间，古苋翻。亡入匈奴，谓单于曰："吾能斩马邑令、丞，以城降，县有令，有丞，长吏也。财物可尽得。"单于爱信，以为然而许之。聂壹乃诈斩死罪囚，县其头马邑城下县，古悬字通。示单于使者为信，曰："马邑长吏已死，长，知两翻。可急来！"于是单于穿塞，将十万骑入武州塞。班志，武州县属雁门郡。崔浩曰：今平城首西百里有武州城是也。杜佑曰：武州塞在朔州善阳县界。未至马邑百馀里，见畜布野畜，许救翻。而无人牧者，怪之。乃攻亭，得雁门尉史，欲杀之；师古曰：汉律：近塞皆置尉，百里一人，士史、尉史各二人。时雁门尉史行徼见寇，因保此亭。尉史乃告单于汉兵所居。单于大惊曰："吾固疑之。"乃引兵还，出曰："吾得尉史，天也！"以尉史为天王。塞下传言单于已去，汉兵追至塞，度弗及，乃皆罢兵。度，徒洛翻。王恢主别从代出击胡辎重，重，直用翻。闻单于还，兵多，亦不敢出。

上怒恢。恢曰："始，约为入马邑城，兵与单于接，而臣击其辎重，可得利。今单于不至而还，臣以三万人众不敌，只取辱。固知还而斩，然完陛下士三万人。"于是下恢廷尉，下，遐嫁翻。廷尉当"恢逗桡，当斩。"应劭曰：逗，曲行避敌也。桡，顾望也。如淳曰：军行而逗留、畏愞者，要斩。师古曰：应说非也。逗，留止也。桡，谓屈弱也。逗，音豆，又音住。桡，奴教翻。恢行千金丞相蚡，蚡不敢言上，而言于太后曰："王恢首为马邑事，今不成而诛恢，是为匈奴报仇也。"蚡，房吻翻。是为，于伪翻。上朝太后，朝，直遥翻。太后以蚡言告上。上曰："首为马邑事者恢，故发天下兵数十万，从其言为此。且纵单于不可得，恢所部击其辎重，犹颇可得以尉士大夫心。尉，与慰同。今不诛恢，无以谢天下。"于是恢闻，乃自杀。自是之后，匈奴绝和亲，攻当路塞，师古曰：塞之当行道处者。往往入盗于汉边，不可胜数；然尚贪乐关市，匈奴与汉人于边为互市，如今之回易场也。胜，音升。乐，音洛。嗜汉财物；汉亦关市不绝以中其意。中，竹仲翻。

三年(己酉、前一三二)

1 春，河水徙，从顿丘东南流。师古曰：顿丘，丘名，因以为县；本卫地也。地理志，属东郡；今则在魏州界。考异曰：汉书武纪云："东南流入勃海。"按顿丘属东郡，勃海乃在顿丘东。此恐误，今不取。夏，五月，丙子，复决濮阳瓠子，濮阳县属东郡。服虔曰：瓠子，堤名，在东郡。苏林曰：甄城以南、濮阳以北为瓠子河，广百步，深五丈。水经：瓠子河出濮阳县北十里，即瓠河口。复，扶又翻。瓠，户故翻。考异曰：史记河渠书："元光中，河决瓠子，东注钜野。"服虔注汉书武纪曰："瓠子，堤名，在东郡白马。"苏林曰："在甄城以南，濮阳以北。"将相名臣表曰："五月，丙子，河决瓠子。"然则瓠子即濮阳县境堤名也。注钜野，班志，钜野县属山阳郡；大野泽在其北。师古曰：即今郓州钜野县。通淮、泗，决河之水，由钜野而通泗水，由泗水而通淮也。泛郡十六。泛，敷剑翻。天子使汲黯、郑当时发卒十万塞之，辄复坏。塞，悉则翻。复，扶又翻；下同。是时，田蚡奉邑食鄃；奉，扶用翻。鄃，音输。鄃县属清河郡。鄃居河北，河决而南，则鄃无水灾，邑收多。蚡言于上曰："江、河之决皆天事，未易以人力强塞，易，以豉翻。强，其两翻。塞之未必应天。"而望气用数者亦以为然。于是天子久之不复事塞也。

2 初，孝景时，魏其侯窦婴为大将军，武安侯田蚡乃为诸郎，诸郎，诸曹郎也。侍酒跪起如子侄；已而蚡日益贵幸，为丞相。魏其失势，宾客益衰，师古曰：言素为婴之宾客者，渐以衰退，不复往也。独故燕相颍阴灌夫不去。燕王定国，王泽之孙也；夫自太仆出相之。班志，颍阴县属颍川郡。相，息亮翻。婴乃厚遇夫，相为引重，张晏曰：相荐达为声势也。师古曰：相牵引以致于尊重也。为，于伪翻。其游如父子然。夫为人刚直，使酒，诸有势在己之右者必陵之；数因酒忤丞相。数，所角翻。忤，五故翻。丞相乃奏案："灌夫家属横颍川，民苦之。"夫宗族、宾客为权利，横于颍川；小儿歌之曰："颍水清，灌氏宁；颍水浊，灌氏族。"横，户孟翻。收系夫及支属，皆得弃市罪。刑人于市，与众弃之，故杀之于市者谓之弃市。景帝中元年，改磔曰弃市。应劭曰：先诸死刑皆磔于市，今改曰弃市，自非妖逆，不复磔也。师古曰：磔，谓张其尸也。弃市，杀之于市也。魏其上书论救灌夫，上令与武安东朝廷辨之。东朝，谓太后居长乐宫，在未央宫之东也；令于长乐宫见太后，廷辨其是非也。朝，直遥翻；下同。魏其、武安因互相诋讦。讦，居谒翻。上问朝臣："两人孰是？"唯汲黯是魏其，韩安国两以为是；郑当时是魏其，后不敢坚。上怒当时曰："吾并斩若属矣！"若属，犹言汝辈也。即罢。起，入，上食太后，上，时掌翻。太后怒不食，曰："今我在也，而人皆藉吾弟；晋灼曰：藉，蹈也。藉，慈夜翻。令我百岁后，皆鱼肉之乎！"师古曰：以比鱼肉而食啖也。上不得已，遂族灌夫；使有司案治魏其，得弃市罪。

四年（庚戌、前一三一）

1 冬，十二月晦，论杀魏其于渭城。汉法，以冬月行重刑，遇春则赦若赎，故以十二月晦论杀魏其侯。此武安侯蚡之意也。渭城县属扶风，秦之咸阳也。考异曰：班固汉武故事曰："上召大臣议之。群臣多是窦婴，上亦不复穷问，两罢之。田蚡大恨，欲自杀；先与太后诀，兄弟共号哭诉太后，太后亦哭，弗食。上不得已，遂乃杀婴。"按汉武故事，语多诞妄，非班固书；盖后人为之，托固名耳。春，三月，乙卯，武安侯蚡亦薨。考异曰：武安侯传云："元光四年春，丞相按灌夫事；其夏，取夫人。五年十月，论灌夫及家属。十二月，晦，魏其弃市。"徐广引武帝本纪、侯表，以为蚡薨在婴死后分明，四年当是三年，五年当是四年。今从之。广又疑十二月为二月；按汉制，常以立春下宽大诏书，蚡恐魏其得释，故以十二月晦杀之，何必改为二月也！及淮南王安败，见后十九卷元狩元年。上闻蚡受安金，有不顺语，见上卷建元二年。曰："使武安侯在者，族矣！"

2 夏，四月，陨霜杀草。

3 御史大夫安国行丞相事，引，堕车，蹇。如淳曰：为天子导引而堕车蹇跛也。余据汉制，大驾则公卿奉引，安国盖因奉引而堕车也。堕，杜火翻。五月，丁巳，以平棘侯薛泽为丞相；薛泽，高祖功臣广平侯薛欧之孙。广平，侯国，景帝中二年罪绝；中五年，复封泽平棘侯。班志，平棘县属常山郡。安国病免。

4 地震；赦天下。

5 九月，以中尉张欧为御史大夫。韩安国疾愈，复为中尉。

6 河间王德，修学好古，实事求是，德，景帝子，帝之兄也；景帝前二年受封。师古曰：实事求是，务得其实，每求真是也。好，呼到翻；下同。以金帛招求四方善书，得书多与汉朝等。朝，直遥翻；下同。是时，淮南王安亦好书，所招致率多浮辩；献王所得书，皆古文先秦旧书，师古曰：先秦，犹言秦先，谓未焚书之前。余据献王传，旧书，即谓周官、尚书、礼记、孟子、老子之书也。采礼乐古事，稍稍增辑至五百馀篇，被服、造次师古曰：被服，言常居处其中也。造次，谓所向必行也。余谓被服者，言以儒术衣被其身也。被，皮义翻。造，千到翻。必于儒者，山东诸儒多从之游。

五年（辛亥、前一三〇）

1 冬，十月，河间王来朝，献雅乐，对三雍宫应劭曰：辟雍、明堂、灵台也。雍，和也；言天地、君臣、人民皆和也。余谓对三雍宫者，对三雍之制度，非召对于三雍宫。及诏策所问三十馀事；其对，推道术而言，得事之中，文约指明。师古曰：中，竹仲翻。约，少也。指，谓义之所趋，若人以手指物也。天子下太乐官常存肄河间王所献雅声，班表：太乐官属太常。肄，以至翻，习也。下，遐嫁翻。岁时以备数，然不常御也。春，正月，河间王薨，中尉常丽以闻，姓谱：常姓，黄帝相常先之后。曰："王身端行治，师古曰：端，直也。治，理也。行，下孟翻。温仁恭俭，笃敬爱下，明知深察，惠于鳏寡。"大行令奏："谥法：'聪明睿知曰献'，谥曰献王。"知，读曰智。

班固赞曰：昔鲁哀公有言："寡人生于深宫之中，长于妇人之手，未尝知忧，未尝知惧。"师古曰：哀公与孔子言也，事见孙卿子。长，知两翻。信哉斯言也，虽欲不危亡，不可得已！师古曰：已，语终辞。是故古人以宴安为鸩毒，师古曰：左氏传：管敬仲曰："宴安鸩毒，不可怀也。"无德而富贵谓之不幸。汉兴，至于孝平，诸侯王以百数，率多骄淫失道。何则？沈溺放恣之中，沈，持林翻。居势使然也。自凡人犹系于习俗，而况哀公之伦乎！"夫唯大雅，卓尔不群"，河间献王近之矣。近，其靳翻。

2 初，王恢之讨东越也，见上卷建元六年。使番阳令唐蒙风晓南越。南越食蒙以蜀枸酱，班志，番阳县属豫章郡。番，蒲何翻。风，读曰讽。刘德曰：枸树如桑，其椹长二三寸，味酢；取其实以为酱，美。师古曰：枸者，缘木而生，非树也。子形如桑椹，又不长，一二寸，味尤辛，不酢：刘说非也。裴骃曰：按汉书音义：枸木似榖树，其叶似桑叶，用其叶作酱酢，美，蜀人以为珍味。广志曰：枸，黑色，味辛，下气，消谷。晋灼曰：枸，音矩。索隐从徐广音求羽翻。唐本本草注曰：蒟，蔓生，叶似王瓜而厚大，味辛香，实似桑椹，皮黑，肉白。刘渊林曰：蒟酱，缘木而生，其子如桑椹，熟时正青，长二三寸，以蜜藏而食，辛香，调五藏。李心传曰：蒟酱，广、蜀皆有之，实草类也。蜀中者，缘木而生，如桑椹，熟时正青，长二三寸，以蜜藏而食之。广中者，蔓生，叶似王瓜而厚大，味辛香，实似桑椹，皮黑，肉白，其苗如浮留藤，取叶合槟榔食之。西戎亦时时持来，细而辛烈。唐蒙所见，谓来自牂柯，则广生，殆蜀本也。蒟酱之味，全类荜拨，而荜拨辛烈尤甚。世人唯用荜拨，不用蒟酱，故鲜有知者。蒙问所从来。曰："道西北牂柯江。牂柯江广数里，出番禺城下。"南越志曰：番禺之西有江浦焉。师古曰：牂柯，系船杙。华阳国志云：楚遣庄蹻伐夜郎，军至且兰，椓船于岸而步战。既灭夜郎，以且兰有椓船牂柯处，乃改为牂牁。又后汉志注：牂柯，江中名山。或曰，牂柯江东通四会，至番禺入海。水经：牂柯水东至郁林广郁县为郁水，南流入交趾界。刘昫曰：唐邕州治宣化县，汉郁林郡之领方县地也；驩水在县北，本牂柯河，俗呼为郁状江，即骆越水也。盖广郁县，汉亦属郁林郡。水经所谓交趾界者，汉交趾州界也。牂，音臧。柯，音歌。班志，番禺县属南海郡，时为南越王都。广，古旷翻。番，音潘。禺，音愚。蒙归至长安，问蜀贾人。

贾人曰："独蜀出枸酱，多持窃出市夜郎。华阳国志：夜郎王，竹王三郎之后，武帝开为县，属牂柯郡。史记正义曰：今泸州南大江南岸协州、曲州，本夜郎国。贾，音古。夜郎者，临牂柯江，江广百馀步，足以行船。南越以财物役属夜郎，西至桐师，桐师亦西南夷种，其地在夜郎之西，叶榆之西南。然亦不能臣使也。"蒙乃上书说上曰：乃上，时掌翻。说，式芮翻。"南越王黄屋左纛，地东西万馀里，名为外臣，实一州主也。今以长沙、豫章往，水道多绝，难行。窃闻夜郎所有精兵可得十馀万，浮船牂柯江，出其不意，此制越一奇也。诚以汉之强，巴、蜀之饶，通夜郎道为置吏，甚易。"为，于伪翻；下同。易，以豉翻。上许之。

乃拜蒙为中郎将，将千人，食重万馀人，师古曰：食粮及衣重也。重，直用翻。从巴、蜀筰关入，李文子曰：筰关在沈黎郡；又云：在犍为郡界。宋白曰：眉州青神县临青衣江。郡国志：汉武帝使唐蒙开西南夷路始此。眉州，汉犍为郡地。筰，才各翻。遂见夜郎侯多同。多同，夜郎侯之名也。蒙厚赐，喻以威德，约为置吏，使其子为令。自此以下，为，如字。夜郎旁小邑皆贪汉缯帛，以为汉道险，终不能有也，乃且听蒙约。还报，上以为犍为郡，李文子曰：犍为郡治鳖；元光五年，又治南广。水经注曰：鳖水出符县南不狼山，县有犍山。后汉志：鳖水过牂柯郡入延江水。水经注：沅水出且兰，东至镡城为沅水。寰宇记：唐播州、夷州、费州、庄州即秦且兰、夜郎之西北隅，今珍州亦其地。又西，高州有夜郎县，牂州建安县有古夜郎城，西近施、黔，东近辰、沅，皆其境也。犍，居言翻。章怀太子贤曰：犍为故城，在今眉州隆山县西北。发巴、蜀卒治道，自僰道指牂柯江，班志，僰道属犍为郡。宋白曰：古僰国；县有蛮夷曰道，故为僰道，今戎州治所。康曰：僰国在马湖江，唐蒙凿石开道以通之。治，直之翻。僰，蒲北翻。作者数万人，士卒多物故，有逃亡者；用军兴法诛其渠率，郑玄曰：县官征聚曰兴，今云军兴是也。率，所类翻。巴、蜀民大惊恐。上闻之，使司马相如责唐蒙等，因谕告巴、蜀民以非上意；相如还报。

是时，邛、筰之君长华阳国志：雅州邛崃山，本名邛筰山，故邛人、筰人界。韦昭曰：筰县在越嶲。文颖曰：邛者，今为邛都县；筰者，今为定筰县。史记正义曰：邛都西有邛僰山，在雅州荣经县界，山岩峭峻，曲回九折乃至上，下有疑冰，即王尊叱驭处。康曰：邛都夷，其地陷为污泽，因名卭池，南人呼为邛河。师古曰：邛都，今之邛州本其地。卭，渠容翻。筰，才各翻。闻南夷与汉通，得赏赐多，多欲愿为内臣妾，请吏比南夷。天子问相如，相如曰："邛、筰、冉駹者近蜀，道亦易通；师古曰：今开州、夔州等首领多姓冉者，本皆冉种也。后汉书：冉駹，其山有六夷、七羌、九蛮，各有部落。括地志：蜀西徼外羌，茂州、冉州本冉駹国。康曰：其人依山居土，累石为室至十馀丈。駹，音厖。易，以豉翻。秦时尝通，为郡县，至汉兴而罢。今诚复通，为置郡县，愈于南夷。"张揖曰：愈，差也；又云：愈，犹胜也。晋灼曰：南夷，谓牂柯、犍为，西夷，谓越嶲、益州也。为置之为，于伪翻。天子以为然，乃拜相如为中郎将，建节往使，及副使王然于等乘传，因巴、蜀吏币物以赂西夷；邛、筰、冉駹、斯榆之君康曰：本叶榆泽，其君长因以立号，后随畜移于徙。师古曰：徙，音斯，故又号为徙榆。使，疏吏翻。传，张恋翻。皆请为内臣。除边关；关益斥，西至沬、若水，斥，开广也。张揖曰：沬水出蜀广平徼外，与青衣水合。若水出旄牛徼外，至僰道入江。华阳国志：汉嘉县有沬水。李文子曰：若水南至大作入绳水。师古曰：沬，音妹。南至牂柯为徼，通零关道，班志，零关属越嶲郡。张揖曰：凿灵山为道。寰宇记：灵关山在雅州卢山县北二十里，灵关镇在卢山县北八十二里。零、灵通用。徼，吉吊翻。桥孙水张揖曰：孙水出台登县，南至会无，入若水。康曰：一名白沙江。李文子曰：孙水，本名长河水。以通邛都，为置一都尉、十馀县，属蜀。为，于伪翻。天子大说。说，读曰悦。

3 诏发卒万人治雁门阻险。师古曰：阻险，所以为固，用止匈奴之寇。贡父曰：治险阻者，通道令平易，以便伐匈奴。治，直之翻。

4 秋，七月，大风拔木。

5 女巫楚服等教陈皇后祠祭厌胜，挟妇人媚道；事觉，厌，一涉翻。贾公彦曰：按汉书：妇人蛊惑媚道，更相祝诅，作木偶人埋之于地。汉法又有官禁敢行媚道者。上使御史张汤穷治之。汤深竟党与，相连及诛者三百馀人，楚服枭首于市。枭，坚尧翻。乙巳，赐皇后册，收其玺绶，罢退，居长门宫。长门宫，如淳曰：长门在长安城东南。东方朔传：窦太主献长门园，上以为宫。窦太主惭惧，稽颡谢上。窦太主，陈皇后母也。稽，音启。上曰："皇后所为不轨于大义，不得不废。主当信道以自慰，勿受妄言以生嫌惧。后虽废，供奉如法，长门无异上宫也。"

6 初，上尝置酒窦太主家，主见所幸卖珠儿董偃，上赐之衣冠，尊而不名，称为"主人翁"，使之侍饮；由是董君贵宠，天下莫不闻。考异曰：汉武故事曰："陈皇后废处长门宫，窦太主以宿恩犹自亲近。后置酒主家，主见所幸董偃。"按东方朔传："爰叔为偃画计，令主献长门园，更名曰长门宫，"则偃见上在陈后废前明矣。常从游戏北宫，驰逐平乐观，平乐观在未央宫北，周回十五里；高祖时，制度草创。至帝增修之。三辅黄图曰：上林苑中有平乐观。乐，音洛。观，古玩翻。鸡、鞠之会，斗鸡及蹴踘也。鞠，球也，以皮为之。鞠，音居六翻。角狗、马之足，师古曰：角，犹校也。上大欢乐之。上为窦太主置酒宣室，苏林曰：宣室，未央前殿正室也。如淳曰：宣室，布政教之室也。乐，音洛。为，于伪翻。使谒者引内董君。是时，中郎东方朔陛戟殿下，师古曰：持戟立列陛侧也。辟戟而前曰：辟，频亦翻。"董偃有斩罪三，安得入乎！"上曰："何谓也？"朔曰："偃以人臣私侍公主，其罪一也。败男女之化，而乱婚姻之礼，伤王制，其罪二也。败，补迈翻。陛下富于春秋，方积思于六经；偃不遵经劝学，反以靡丽为右，师古曰：右，尊之也。思，相吏翻。奢侈为务，尽狗马之乐，极耳目之欲，是乃国家之大贼，人主之大蜮，师古曰：蜮，魅也，音或。说者以为短狐，非也；短狐，射工耳，于此不当其义；今俗犹云魅蜮也。贡父曰：刘向说春秋，蜮，南方淫气所生，以应哀姜。然则朔正用指偃耳，何必迁就魅蜮也。余按洪范五行传曰：蜮如鳖，三足，生于南越。南越妇人多淫，故其地多蜮，淫女惑乱之气所生也，陆玑草木疏曰：一名射影，江、淮水皆有之。人在岸上，影见水中，投水影则杀之，故曰射影。南人将入水，先以瓦石投水中，令水浊，然后入。或曰，含沙射人皮肌，其疮如疥。陆佃埤雅曰：蜮，一名射工，有长角横在口前如弩，檐临其角，端曲如上弩，以气为矢，因水势以射人，故俗呼为水弩。其罪三也。”上默然不应，良久曰：“吾业已设饮，后而自改。”朔曰：【章：乙十一行本“曰”下有“不可”二字；孔本同；退斋校同。】“夫宣室者，先帝之正处也，非法度之政不得入焉。故淫乱之渐，其变为篡。是以竖貂为淫而易牙作患，庆父死而鲁国全。”竖貂、易牙，皆齐桓公之臣也。管仲有疾，桓公问之曰：“将何以教寡人？”仲曰：“愿君之远竖貂、易牙。”公曰：“易牙烹其子以快寡人，尚可疑邪？”对曰：“人之情非不爱其子，其子之忍，又将何有于君！”公曰：“竖貂自宫以近寡人，尚可疑邪？”对曰：“人之情非不爱其身，其身之忍，又将何有于君！”公曰：“诺。”管仲死，尽逐之；而公食不甘，宫不治。居三年，公曰：“仲父不亦过乎！”于是复皆召而反之。明年，公病。竖貂、易牙相与作乱，塞门筑墙不通人。有一妇人逾垣至公所，公曰：“我欲食。”妇人曰：“吾无所得。”又曰：“我欲饮。”妇人曰：“吾无所得。”公曰：“何故？”曰：“竖貂、易牙作乱，故无所得。”公慨然叹曰：“若死者有知，吾何面目见仲父乎！”蒙衣袂而绝乎寿宫；虫流出于户，盖以杨门之扉，三月不葬。庆父，鲁桓公庶子，庄公之兄，通于哀姜。庄公薨，庆父弑其子般及闵公，欲为乱而不克，奔莒。莒人归之，缢于密，鲁乃定。父，音甫。上曰：“善！”有诏止，更置酒北宫，引董君从东司马门入；未央宫有东阙、北阙，东阙曰苍龙。东司马门，苍龙阙内之司马门也。更，工衡翻。赐朔黄金三十斤。董君之宠由是日衰。是后，公主、贵人多逾礼制矣。

7 上以张汤为太中大夫，与赵禹共定诸律令，务在深文。拘守职之吏，作见知法，吏传相监司。用法益刻自此始。苏林曰：拘刻于守职之吏。师古曰：见知人犯法而不举告，谓之故纵。晋志曰：见知而不举劾，各与同罪；失不举劾，以赎论；其不见、不知，不坐也。传，张恋翻。监，古衔翻。

8 八月，螟。食心曰螟。

9 是岁，征吏民有明当世之务、习先圣之术者，县次续食，令与计偕。师古曰：计者，上计簿使也；郡国每岁遣诣京师上之。偕者，俱也；令所征之人与上计者俱来，而县次给其食。后世讹误，因承此语，遂谓上计为计偕。阚骃不详，妄为解说，云秦、汉谓诸侯朝使曰计偕。偕，次也。晋代有计偕簿，又改"偕"为"阶"，失之弥远，致误后学。

菑川人公孙弘对策曰："臣闻上古尧、舜之时，不贵爵赏而民劝善，不重刑罚而民不犯，躬率以正而遇民信也；末世贵爵厚赏而民不劝，深刑重罚而奸不止，其上不正，遇民不信也。夫厚赏重刑，未足以劝善而禁非，必信而已矣。是故因能任官，则分职治；去无用之言，则事情得；不作无用之器，则赋敛省；治，直吏翻。去，羌吕翻。敛，力赡翻。不夺民时，不妨民力，则百姓富；有德者进，无德者退，则朝廷尊；有功者上，无功者下，则群臣逡；李奇曰：言有次第也。师古曰：逡，七旬翻。罚当罪，则奸邪止；赏当贤，则臣下劝。凡此八者，治之本也。故民者，业之则不争，理得则不怨，有礼则不暴，爱之则亲上，师古曰：各得其业，则无争心；各申其理，则无所怨；使之由礼，则无暴慢；子而爱之，则知亲上也。此有天下之急者也。礼义者，民之所服也；而赏罚顺之，则民不犯禁矣。

臣闻之：气同则从，声比则应。比，频寐翻，音毗，和也。今人主和德于上，百姓和合于下，故心和则气和，气和则形和，形和则声和，声和则天地之和应矣。故阴阳和，风雨时，甘露降，五谷登，六畜蕃，畜，许又翻。蕃，扶元翻。嘉禾兴，朱草生，山不童，泽不涸，此和之至也。"

时对者百馀人，太常奏弘第居下。策奏，天子擢弘对为第一，拜为博士，待诏金马门。如淳曰：武帝时，相马者东方京作铜马法献之，立马于鲁班门外，更名鲁班门为金马门。三辅黄图曰：金马门，宦者署，武帝得大宛马，以铜铸作，立于署门，因以为名。

齐人辕固，年九十馀，亦以贤良征。公孙弘仄目而事固，固曰：“公孙子，务正学以言，无曲学以阿世！”诸儒多疾毁固者，固遂以老罢归。

是时，巴、蜀四郡四郡，蜀郡、广汉郡、犍为郡、巴郡也。凿山通西南夷，千馀里戍转相饷。数岁，道不通，士罢饿、离暑湿死者甚众；罢，读曰疲。西南夷又数反，数，所角翻。发兵兴击，费以巨万计而无功。上患之，诏使公孙弘视焉。还奏事，盛毁西南夷无所用，上不听。弘每朝会，【章：乙十一行本“会”下有“议”字；孔本同；退斋校同。】朝，直遥翻。开陈其端，使人主自择，不肯面折廷争。于是上察其行慎厚，辩论有馀，习文法吏事，缘饰以儒术，师古曰：譬之于衣，加纯缘也。折，之舌翻。争，读曰诤。行，下孟翻。大说之，说，读曰悦。一岁中迁至左内史。考异曰：汉书武纪云：“元光元年五月，诏策贤良，于是董仲舒、公孙弘等出焉。”按弘传：“元光五年，复征贤良文学，菑川国推上弘。”其策文颇与武纪元年策文相类。又云：“一岁中至左内史。”百官表：“元光五年，弘为左内史。”然则弘之再举贤良，不在元光元年明矣。荀纪著于此年“征吏民明当世之务”下。葛洪西京杂记亦云：“弘以元光五年为国士所推上为贤良，”若此续食之诏在八月，则弘不容于今年已为左内史。盖此诏在今年，不知何月，故班氏系之于年末耳。其策文相类，盖出偶然；或者此策乃弘先举贤良时所对，班氏误以为此年之策。疑未能明，今从汉纪。

弘奏事，有不可，不廷辨。常与汲黯请间，师古曰：求空隙之暇。黯先发之，弘推其后，天子常说，说，读曰悦。所言皆听，以此日益亲贵。弘尝与公卿约议，至上前，皆倍其约以顺上旨。倍，蒲妹翻。汲黯廷诘弘曰：“齐人多诈而无情实；始与臣等建此议，今皆倍之，不忠！”上问弘。弘谢曰：“夫知臣者，以臣为忠；不知臣者，以臣为不忠。”上然弘言。左右幸臣每毁弘，上益厚遇之。

六年（壬子、前一二九）

1 冬，初算商车。李奇曰：始税商贾车船，令出算。

2 大司农郑当时言："穿渭为渠，下至河，渠起长安，旁南山下至河三百馀里。漕关东粟径易，易，以豉翻。又可以溉渠下民田万余顷。"春，诏发卒数万人穿渠，如当时策；三岁而通，人以为便。

3 匈奴入上谷，杀略吏民。遣车骑将军卫青出上谷，骑将军公孙敖出代，轻车将军公孙贺出云中，骁骑将军李广出雁门，各万骑，击胡关市下。卫青至龙城，龙城，匈奴祭天，大会诸部处。得胡首虏七百人；公孙贺无所得；公孙敖为胡所败，亡七千骑；李广亦为胡所败。胡生得广，置两马间，络而盛卧，败，补迈翻。盛，时征翻。行十馀里；广佯死，暂腾而上胡儿马上，师古曰：腾，跳跃也。上，时掌翻。夺其弓，鞭马南驰，遂得脱归。汉下敖、广吏，下，遐嫁翻。当斩，赎为庶人；唯青赐爵关内侯。青虽出于奴虏，青本平阳公主家骑奴。然善骑射，材力绝人；遇士大夫以礼，与士卒有恩，众乐为用，有将帅材，骑，奇寄翻。乐，音洛。将，即亮翻。帅，所类翻。故每出辄有功。天下由此服上之知人。

4 夏，大旱；蝗。

5 六月，上行幸雍。

6 秋，匈奴数盗边，数，所角翻。渔阳尤甚。以卫尉韩安国为材官将军，屯渔阳。

元朔元年（癸丑、前一二八）应劭曰：朔，苏也。孟轲曰："后来其苏。"苏，息也；言万民品物大繁息也。师古曰：朔，犹始也；言更为初始也。苏息之息，非息生义，应说失之。

1 冬，十一月，诏曰："朕深诏执事，兴廉举孝，庶几成风，绍休圣绪。师古曰：休，美也；绪，业也：言绍先圣之休绪也。几，居衣翻。夫十室之邑，必有忠信；三人并行，厥有我师。论语曰：十室之邑，必有忠信如丘者焉。又曰：三人行，必有我师焉。今或至阖郡而不荐一人，师古曰：阖，闭也；总一郡之中，故曰阖。是化不下究，而积行之君子雍于上闻也。师古曰：究，竟也；言见雍遏，不得闻达于天子也。行，下孟翻。且进贤受上赏，蔽贤蒙显戮，古之道也。其议二千石不举【章：孔本“者”作“孝”。】者罪！”有司奏：“不举孝，不奉诏，当以不敬论；张晏曰：谓其不勤求士报国。不察廉，不胜任也，当免。”张晏曰：二千石当率身化下；今亲宰牧而无贤人，为不胜任也。胜，音升。奏可。

2 十二月，江都易王非薨。非，景帝子；前二年，封汝南；三年，徙江都。

3 皇子据生，卫夫人之子也。是为戾太子。考异曰：汉书武五子传赞曰：“建元六年春，戾太子生。”外戚传：“卫皇后，元朔元年生男据。”按枚皋传云：“武帝春秋二十九乃有皇子，”与外戚传合。盖赞语因蚩尤之旗致此误，亦犹五星聚在秦二世末年，误为汉元年也。三月，甲子，立卫夫人为皇后，赦天下。

4 秋，匈奴二万骑入汉，杀辽西太守，略二千馀人，围韩安国壁；又入渔阳、雁门，各杀略千馀人。安国益东徙，屯北平；数月，病死。考异曰：安国死在明年，于此终言之。天子乃复召李广，拜为右北平太守。匈奴号曰“汉之飞将军”，避之，数岁不敢入右北平。

5 车骑将军卫青将三万骑出雁门，将军李息出代；青斩首虏数千人。

6 东夷薉君南闾等共【章：乙十一行本“共”作“口”；孔本同，熊校同。】二十八万人降，为苍海郡；服虔曰：薉貊在辰韩之北，高丽、沃沮之南，东穷大海。师古曰：南闾，薉君名。食货志：彭吴开道通薉貊、朝鲜，置沧海郡。陈寿夫馀传：魏时，夫馀库有玉璧、珪瓒，传世以为宝。耆老言先代所赐，其印文言"涉王之印"。国有故城名涉城，盖本涉貊之地。又涉传云：武帝灭朝鲜，置乐浪郡，自单单大岭以西属乐浪，自岭以东七县，都尉主之，皆以涉为民，今不耐涉，皆其种也。班志，乐浪东部都尉治不耐县。薉，音涉。降，户江翻。考异曰：史记平准书曰：彭吴贾灭朝鲜，置苍海之郡。按：灭朝鲜，置苍海，两事也，不知何者出贾之谋。人徒之费，拟于南夷，燕、齐之间，靡然骚动。

7 是岁，鲁共王馀、长沙定王发皆薨。二王皆景帝子：馀以前二年受封淮阳，三年，徙鲁；发亦以前二年受封长沙。

8 临菑人主父偃、赵武灵王自号主父，支庶因以为氏。严安，无终人徐乐，班志，无终县属右北平郡，春秋无终子之国。皆上书言事。

始，偃游齐、燕、赵，皆莫能厚遇，诸生相与排摈不容；家贫，假贷无所得，乃西入关上书阙下，朝奏，暮召入。所言九事，其八事为律令；一事谏伐匈奴，其辞曰："司马法曰：'国虽大，好战必亡；天下虽平，忘战必危。'师古曰：司马穰苴善用兵，著书言兵法，谓之司马法。一说：司马，古主兵之官，有军陈用师之法。余据史记，齐威王使大夫追论古者司马兵法而附穰苴于其中，因号司马穰苴兵法。好，呼到翻。夫怒者逆德也，兵者凶器也，争者末节也。夫务战胜，穷武事者，未有不悔者也。

昔秦皇帝并吞战国，务胜不休，欲攻匈奴。李斯谏曰：'不可。夫匈奴，无城郭之居，委积之守，委，于伪翻。积，子智翻。委积者，仓廪之藏也。郑氏曰：少曰委，多曰积。迁徙鸟举，难得而制也。轻兵深入，粮食必绝；踵粮以行，重不及事。得其地，不足以为利也；得其民，不可调而守也；李奇曰：不可和调也。胜必杀之，非民父母也；靡敝中国，师古曰：靡，散也，音縻。快心匈奴，非长策也。'秦皇帝不听，遂使蒙恬将兵攻胡，辟地千里，辟，读曰闢。以河为境。地固沮泽、咸卤，不生五谷。沮，将预翻。五谷，黍、稷、菽、麦、稻；或曰：黍、稷、秫、稻、粱。然后发天下丁男以守北河，河水径安定、北地、朔方界，皆北流；至高阙，始屈而东流；过云中桢陵县，又屈而南流。故朔方、云中之北，谓之北河。杜佑曰：卫青渡西河至高阙破匈奴，河自今灵武郡之西南便北流，千馀里，过九原郡乃东流。时帝都在秦，所谓西河，疑是此处；其高阙当在河之西也。史记，赵武灵王筑长城，自代并阴山，下至高阙，则与汉书符矣。其河自九原东流千里，在京师直北，汉史即云“北河”，斯则西河之侧者。暴兵露师十有馀年，死者不可胜数，胜，音升。终不能逾河而北，是岂人众不足，兵革不备哉？其势不可也。又使天下蜚刍、挽粟，师古曰：运载刍槁，令其疾至，故曰飞刍。挽，谓引车船也。起于东腄、琅邪负海之郡，转输北河，率三十钟而致一石。“东腄”，汉书作“黄腄”。师古曰：黄、腄二县并在东莱。言自东莱及琅邪缘海诸郡皆令转输至北河。六斛四斗为钟，计其道路所费，凡用一百九十二斛，乃得一石至。杜佑曰：腄，即今文登县。腄，直睡翻，又音谁。男子疾耕，不足于粮饷，女子纺绩，不足于帷幕，百姓靡敝，靡，美为翻。孤寡老弱不能相养，道路死者相望，盖天下始畔秦也。

及至高皇帝，定天下，略地于边，闻匈奴聚于代谷之外而欲击之。御史成进谏曰：‘不可。夫匈奴之性，兽聚而鸟散，从之如搏影。师古曰：搏，击也。搏人之阴影，言不可得。余谓影随物而生者也，存灭不常，难得而搏之。今以陛下盛德攻匈奴，臣窃危之。’高帝不听，遂北至于代谷，果有平城之围。高皇帝盖悔之甚，乃使刘敬往结和亲之约，事见高帝纪。然后天下忘干戈之事。

夫匈奴难得而制，非一世也；行盗侵驱，师古曰：来侵边竟而驱掠人畜也。所以为业也，天性固然。上及虞、夏、殷、周，固弗程督，师古曰：程，课也；督，视责也。禽兽畜之，畜，许六翻。不属为人。夫上不观虞、夏、殷、周之统，而下循近世之失，此臣之所大忧，百姓之所疾苦也。”

严安上书曰："今天下人民，用财侈靡，车马、衣裘、宫室，皆竞修饰，调五声使有节族，苏林曰：族，音奏。师古曰：节，止也。奏，准也。杂五色使有文章，重五味方丈于前，以观欲天下。孟康曰：观，犹显也。师古曰：显示之，使其慕欲也。重，直龙翻。观，古玩翻。彼民之情，见美则愿之，是教民以侈也；侈而无节，则不可赡，民离本而徼末矣。师古曰：赡，足也。离，力智翻。徼，要求也，于尧翻。末不可徒得，故搢绅者不惮为诈，带剑者夸杀人以矫夺，师古曰：夸，大也，竞也。矫，伪也。而世不知愧，是以犯法者众。臣愿为民制度以防其淫，使贫富不相耀以和其心；心志定，则盗贼消，刑罚少，阴阳和，万物蕃也。师古曰：蕃，扶元翻，多也。昔秦王意广心逸，欲威海外，使蒙恬将兵以北攻胡，又使尉屠睢将楼船之士以攻越。睢，音虽。当是时，秦祸北构于胡，南挂于越，师古曰：挂，县也。宿兵于无用之地，进而不得退。行十馀年，丁男被甲，丁女转输，苦不聊生，自经于道树，自经，缢也。死者相望。及秦皇帝崩，天下大畔，灭世绝祀，穷兵之祸也。故周失之弱，秦失之强，不变之患也。今徇西【章：乙十一行本"西"作"南"；孔本同；退斋校同。】夷，朝夜郎，降羌、僰，略薉州，朝，直遥翻。降，户江翻。僰，蒲北翻。薉，音秽。建城邑，深入匈奴，燔其龙城，议者美之；此人臣之利，非天下之长策也。"

徐乐上书曰："臣闻天下之患，在于土崩，不在瓦解，古今一也。

何谓土崩？秦之末世是也。陈涉无千乘之尊、尺土之地，身非王公、大人、名族之后，乡曲之誉，非有孔、曾、墨子之贤，陶朱、猗顿之富也；范蠡居于陶，自号为陶朱公，治产至巨万。猗顿，鲁人，用盬盐起，与王者埒富。然起穷巷，奋棘矜，棘，与戟同。

师古曰：矜者，戟之把也。矜，读曰穫，其巾翻。偏袒大呼，呼，火故翻。天下从风。此其故何也？由民困而主不恤，下怨而上不知，俗已乱而政不修。此三者，陈涉之所以为资也，此之谓土崩。故曰天下之患在乎土崩。

何谓瓦解？吴、楚、齐、赵之兵是也。七国谋为大逆，号皆称万乘之君，带甲数十万，威足以严其境内，财足以劝其士民；然不能西攘尺寸之地师古曰。攘，谓侵取汉也。而身为禽于中原者，此其故何也？非权轻于匹夫而兵弱于陈涉也。当是之时，先帝之德未衰而安土乐俗之民众，乐，音洛。故诸侯无竟外之助，师古曰：竟，读曰境。此之谓瓦解。故曰天下之患不在瓦解。

此二体者，安危之明要，贤主之所宜留意而深察也。

间者，关东五谷数不登，年岁未复，民多穷困，重之以边境之事；数，所角翻。师古曰：复，扶目翻。重，直用翻。推数循理而观之，民宜有不安其处者矣。不安，故易动；易动者，土崩之势也。易，以豉翻。故贤主独观万化之原，明于安危之机，修之庙堂之上而销未形之患也，其要期使天下无土崩之势而已矣。"

书奏，天子召见三人，谓曰："公等皆安在，何相见之晚也！"皆拜为郎中。考异曰：汉书主父偃传，云"元光元年，三人上书"；按严安书云"徇南夷，朝夜郎，降羌、僰，略蕿州"，此等事皆在元光元年后，盖误以"朔"字为"光"字耳。主父偃尤亲幸，一岁中凡四迁，为中大夫；大臣畏其口，赂遗累千金。或谓偃曰："太横矣！"遗，于季翻。横，户孟翻。偃曰："吾生不五鼎食，死即五鼎烹耳！"张晏曰：五鼎，牛、羊、豕、鱼、麋也。诸侯五，卿大夫三。孔颖达曰：少牢陈五鼎：羊一，豕二，肤三，鱼四，腊五。师古曰：五鼎烹，谓被镬烹之诛。为主父偃被诛张本。

二年（甲寅、前一二七）

1 冬，赐淮南王几杖，毋朝。朝，直遥翻。考异曰：汉书武纪曰："赐淮南、菑川王几杖，毋朝。"颜师古曰："淮南王安，菑川王志，皆武帝诸父列也，故赐几杖。"按诸侯表，菑川王志在位三十五年，以元光五年薨，齐悼惠王世家、高五王传皆同。此云菑川王志，误也。

2 主父偃说上曰："古者诸侯不过百里，强弱之形易制。今诸侯或连城数十，地方千里，缓则骄奢，易为淫乱，急则阻其强而合从以逆京师；说，式芮翻。易，以豉翻。从，子容翻。以法割削之，则逆节萌起；师古曰：萌，谓事之始生，如草木之萌芽也。前日晁错是也。事见十六卷景帝前三年。晁，直遥翻。错，千故翻。今诸侯子弟或十数，而适嗣代立，適，读曰嫡。馀虽骨肉，无尺地之封，则仁孝之道不宣。愿陛下令诸侯得推恩分子弟，以地侯之，彼人人喜得所愿；上以德施，实分其国，不削而稍弱矣。"上从之。春，正月，诏曰："诸侯王或欲推私恩分子弟邑者，令各条上，上，时掌翻。朕且临定其号名。"于是藩国始分，而子弟毕侯矣。

3 匈奴入上谷、渔阳，杀略吏民千馀人。遣卫青、李息出云中以西至陇西，击胡之楼烦、白羊王于河南，得胡首虏数千，牛羊百馀万，走白羊、楼烦王，遂取河南地。诏封青为长平侯；班志，长平侯国属汝南郡。青校尉苏建、张次公皆有功，封建为平陵侯，次公为岸头侯。据功臣表：平陵侯食邑于南阳郡武当县界。晋灼曰：河东皮氏县有岸头亭。校，户教翻。

主父偃言："河南地肥饶，外阻河，蒙恬城之以逐匈奴，内省转输戍漕，广中国，灭胡之本也。"上下公卿议；皆言不便。下，遐嫁翻。上竟用偃计，立朔方郡，使苏建兴十馀万人筑朔方城，括地志：夏州朔方县北什贲故城，按是苏建筑；什贲之号，盖出蕃语也。宋白曰：汉朔方郡治三封县，今长泽县有三封故城。什贲故城，今为德静县治。复缮故秦时蒙恬所为塞，因河为固。转漕甚远，自山东咸被其劳，被，皮义翻。费数十百巨万，府库并虚；汉亦弃上谷之斗辟县造阳地以予胡。孟康曰：县斗僻，曲近胡。师古曰：斗，绝也，县之斗曲入匈奴界者，其中造阳地也。杜佑曰：造阳，在今妫川郡之北。辟，读曰僻。予，读曰与。

4 三月，乙亥晦，日有食之。

5 夏，募民徙朔方十万口。

6 主父偃说上曰："茂陵初立，初立于建元二年。天下豪杰，并兼之家，乱众之民，皆可徙茂陵；内实京师，外销奸猾，此所谓不诛而害除。"上从之，徙郡国豪杰及訾三百万以上于茂陵。訾，与赀同。

轵人郭解，班志，轵县属河内郡，音止。关东大侠也，亦在徙中。卫将军为言："郭解家贫，不中徙。"为，于伪翻，言其贫不当在见徙之数。中，竹仲翻。上曰："解，布衣，权至使将军为言，师古曰：将军为之言，是为其所使也。此其家不贫。"卒徙解家。卒，子恤翻。解平生睚眦杀人甚众，师古曰：睚，音厓，举眼也；眦，即眥字，谓目匡也；言举眼相忤者，即杀之也。一说：睚，五懈翻；眦，士懈翻。睚眦，瞋目貌。二说并通。上闻之，下吏捕治解，下，遐嫁翻。所杀皆在赦前。轵有儒生侍使者坐，客誉郭解，誉，音余。生曰："解专以奸犯公法，何谓贤！"解客闻，杀此生，断其舌。断，丁管翻。吏以此责解，解实不知杀者，杀者亦【章：乙十一行本"亦"下有"竟"字；孔本同。】绝莫知为谁。吏奏解无罪，公孙弘议曰："解，布衣，为任侠行权，以睚眦杀人；解虽弗知，此罪甚于解杀之，当大逆无道。"当，谓处断其罪，盖以大逆无道之罪坐郭解也。遂族郭解。考异曰：荀纪以郭解事著于建元二年。按武纪，"建元二年初置茂陵邑"，"三年赐徙茂陵者钱"；当是时，卫青、公孙弘皆未贵。又，"元朔二年徙郡国豪杰于茂陵"；此乃徙解之时也。

班固曰：古者天子建国，诸侯立家，自卿大夫以至于庶人，各有等差，是以民服事其上而下无觊觎。师古曰：觊，幸也；觎，欲也；幸得其所欲也。觊，音冀。觎，音俞，又音喻。周室既微，礼乐、征伐自诸侯出；桓、文之后，大夫世权，陪臣执命。师古曰：陪，重也。大夫世权，晋六卿、鲁三桓、齐田氏是也。陪臣执命，阳虎之类是也。诸侯之臣，于天子为陪臣；大夫之家臣，于诸侯为陪臣。陵夷至于战国，合从连衡，从，子容翻。衡，读曰横。繇是列国公子，魏有信陵，赵有平原，齐有孟尝，楚有春申，皆借王公之势，竞为游侠，鸡鸣狗盗，事见三卷赧王十七年。无不宾礼。而赵相虞卿，弃国捐君，以周穷交魏齐之厄；事见五卷周赧王五十六年。信陵无忌，窃符矫命，戮将专师，以赴平原之急；事见五卷赧王五十七年。将，即亮翻。皆以取重诸侯，显名天下，扼腕而游谈者，以四豪为称首。师古曰：扼，捉持也，音戹。腕，乌贯翻。四豪，即魏信陵以下也。于是背公死党之议成，守职奉上之义废矣。背，蒲妹翻。及至汉兴，禁网疏阔，未知匡改也。是故代相陈豨从车千乘，而吴濞、淮南皆招宾客以千数；从，才用翻。濞，普懿翻。外戚大臣魏其、武安之属竞逐于京师，布衣游侠剧孟、郭解之徒驰骛于闾阎、权行州域，力折公侯，众庶荣其名迹，觊而慕之。虽其陷于刑辟，辟，毗亦翻。自与杀身成名，若季路、仇牧，死而不悔。季路死于卫侯辄之难，仇牧死于宋闵公之难，事并见左传。故曾子曰："上失其道，民散久矣。"见论语。非明主在上，示之以好恶，好，呼到翻。恶，乌路翻。齐之以礼法，民曷由知禁而反正乎！古之正法：五伯，三王之罪人也；而六国，五伯之罪人也；伯，读曰霸。夫四豪者，又六国之罪人也。况于郭解之伦，以匹夫之细，窃杀生之权，其罪已不容于诛矣。观其温良泛爱，振穷周急，谦退不伐，亦皆有绝异之姿。惜乎，不入于道德，苟放纵于末流，杀身亡宗，非不幸也。

荀悦论曰：世有三游，德之贼也：一曰游侠，二曰游说，三曰游行。说，式芮翻。行，下孟翻。立气势，作威福，结私交以立强于世者，谓之游侠；饰辩辞，设诈谋，驰逐于天下以要时势者，谓之游说；要，一遥翻。色取仁以合时好，好，呼到翻。连党类，立虚誉以为权利者，谓之游行。此三者，乱之所由生也；伤道害德，败法惑世，败，补迈翻。先王之所慎也。国有四民，各修其业；不由四民之业者，谓之奸民。四民，士、农、工、商也。奸民不生，王道乃成。

凡此三游之作，生于季世，周、秦之末尤甚焉。上不明，下不正，制度不立，纲纪弛废；以毁誉为荣辱，不核其真；誉，音余；下同。以爱憎为利害，不论其实；以喜怒为赏罚，不察其理。上下相冒，万事乖错，是以言论者计薄厚而吐辞，选举者度亲疏而举笔，度，徒洛翻。善恶谬于众声，功罪乱于王法。然则利不可以义求，害不可以道避也。是以君子犯礼，小人犯法，奔走驰骋，越职僭度，饰华废实，竞趣时利。趣，七喻翻。简父兄之尊而崇宾客之礼，薄骨肉之恩而笃朋友之爱，忘修身之道而求众人之誉，割衣食之业以供飨宴之好，好，呼到翻。苞苴盈于门庭，聘问交于道路，裹曰苞，藉曰苴。诗笺：以果实相遗者苞苴之。又曰：苞苴，裹鱼肉，或以苇，或以茅。左传注云：聘，执玉帛以相存问。书记繁于公文，私务众于官事，于是流俗成而正道坏矣。

是以圣王在上，经国序民，正其制度；善恶要于功罪而不淫于毁誉，要，一遥翻。听其言而责其事，举其名而指其实。故实不应其声者谓之虚，情不覆其貌者谓之伪，覆，敷又翻。毁誉失其真者谓之诬，言事失其类者谓之罔。虚伪之行不得设，行，下孟翻。诬罔之辞不得行，有罪恶者无侥幸，无罪过者不忧惧，请谒无所行，请，求也。谒，告也。货赂无所用，息华文，去浮辞，去，羌吕翻。禁伪辩，绝淫智，放百家之纷乱，壹圣人之至道，养之以仁惠，文之以礼乐，则风俗定而大化成矣。

7 燕王定国与父康王姬奸；夺弟妻为姬。杀肥如令郢人，肥如，燕之属县。燕国除，入汉，属辽西郡。应劭曰：肥子奔燕，燕封于此。郢人兄弟上书告之，主父偃从中发其事。公卿请诛定国，上许之。定国自杀，国除。文帝初，王泽始封于燕，传子康王嘉；文帝九年，嘉薨，定国嗣；盖立四十二年矣。

齐厉王次昌亦与其姊纪翁主通。齐孝王将闾，文帝十六年受封，传子懿王寿，寿传次昌。主父偃欲纳其女于齐王，齐纪太后不许。偃因言于上曰："齐临菑十万户，市租千金，人众殷富，巨于长安，非天子亲弟、爱子，不得王此。王，于况翻。今齐王于亲属益疏，疏，与疎同。又闻与其姊乱，请治之！"于是帝拜偃为齐相，且正其事。偃至齐，急治王后宫宦者，辞及王；王惧，饮药自杀。偃少时游齐及燕、赵，少，诗照翻。及贵，连败燕、齐。败，补迈翻。赵王彭祖惧，彭祖，景帝子；前二年封广川，五年徙赵。上书告主父偃受诸侯金，以故诸侯子弟多以得封者。及齐王自杀，上闻，大怒，以为偃劫其王令自杀，乃征下吏。【章：乙十一行本"吏"下有"治"字；孔本同；张校同。】下，遐嫁翻。偃服受诸侯金，实不劫王令自杀。上欲勿诛，公孙弘曰："齐王自杀，无后，国除为郡入汉，主父偃本首恶。陛下不诛偃，无以谢天下。"乃遂族主父偃。

8 张欧免，上欲以蓼侯孔臧为御史大夫。班志，蓼县属衡山国，春秋之蓼国也；音了。康曰音六，未知其何据。蓼侯孔聚，高祖功臣；臧，其子也。臧自言世修经学，盖谓孔子后也；安国为从弟。安国，孔子十三世孙。臧辞曰："臣世以经学为业，乞为太常，典臣家业，与从弟侍中安国百官表：侍中，加官，得出入禁中。应劭曰：入侍天子，故曰侍中。续汉书曰：侍中，比二千石，无员。汉官仪曰：侍中，左蝉、右貂，本秦丞相史，往来殿内，故谓之侍中，分掌乘舆服物，下至亵器虎子之属。武帝时，孔安国为侍中，以其儒者，特听掌御座唾壶，朝廷荣之。从，才用翻。纲纪古训，使永垂来嗣。"上乃以臧为太常，其礼赐如三公。

三年（乙卯、前一二六）

1 冬，匈奴军臣单于死，其弟左谷蠡王伊稚斜自立为单于，匈奴左、右谷蠡王，在左、右贤王之下。谷蠡，音鹿黎。索隐曰：稚，持利翻。斜，士嗟翻，邹诞生音直牙翻。盖"稚斜"胡人语，近得其实。攻破军臣单于太子於单，於单亡降汉。於单，音丹。降，户江翻。

2 以公孙弘为御史大夫。是时，方通西南夷，东置苍海，北筑朔方之郡。公孙弘数谏，以为罢敝中国以奉无用之地，愿罢之。数，所角翻。为罢，读曰疲。天子使朱买臣等难以置朔方之便，发十策，弘不得一。师古曰：言其利害十条，弘无以应之。难，乃旦翻。弘乃谢曰："山东鄙人，不知其便若是，愿罢西南夷、苍海而专奉朔方。"上乃许之。春，罢苍海郡。

弘为布被，食不重肉。言不重肉味也。重，音直龙翻。汲黯曰："弘位在三公，奉禄甚多；奉，扶用翻。然为布被，此诈也。"上问弘，弘谢曰："有之。夫九卿与臣善者无过黯，然今日廷诘弘，诚中弘之病。中，竹仲翻。夫以三公为布被，与小吏无差，诚饰诈，欲以钓名，师古曰：钓，取也；言若钓鱼之谓也。如汲黯言。且无汲黯忠，陛下安得闻此言！"天子以为谦让，愈益尊之。

3 三月，赦天下。

4 夏，四月，丙子，封匈奴太子於单为涉安侯，数月而卒。

5 初，匈奴降者言："月氏故居敦煌、祁连间，为强国，降，户江翻。氏，音支。敦煌、张掖，匈奴破月氏，使昆邪王居之；汉开置郡。祁连，山名，即天山也，匈奴呼天为祁连；在张掖西北。敦，徒门翻。匈奴冒顿攻破之。老上单于杀月氏王，以其头为饮器。馀众遁逃远去，怨匈奴，无与共击之。"上募能通使月氏者。使，疏吏翻。汉中张骞以郎应募，出陇西，径匈奴中；单于得之，留骞十馀岁。骞得间亡，乡月氏间，古苋翻。乡，读曰向。西走，数十日，至大宛。西域传：大宛国治贵山城，去长安万二千五百七十里；西南至大月氏所居六百九十里。宛，於元翻。大宛闻汉之饶财，欲通不得，见骞，喜，为发导译抵康居，导者，引路之人；译者，传言之人也。康居国治乐越匿地，到卑阗城，去长安万二千三百里。为，于伪翻。传致大月氏。传，张恋翻。大月氏太子为王，既击大夏，分其地而居之，大夏国在大宛西南，都妫水南。月氏居妫水北。地肥饶，少寇，少，诗沼翻。殊无报胡之心。骞留岁馀，竟不能得月氏要领，李奇曰：要领，要契也。师古曰：要，衣要也；领，衣领也。凡持衣者执要与领；言骞不能得月氏意趣，无以持归于汉，故以要领为喻。要，一遥翻。乃还；并南山，史记曰：南山即连终南山，从京南东至华山，东北连延至海，即中条山也。从京南而西，连接至葱岭万馀里，故云并南山也。西域传云：其南山东出金城，与汉南山属。还，从宣翻，又如字；下同。并，步浪翻。欲从羌中归，复为匈奴所得，复，扶又翻。留岁馀。会伊稚斜逐於单，匈奴国内乱，骞乃与堂邑氏奴甘父逃归。服虔曰：堂邑，姓也。汉人；其奴名甘父。父，音甫。上拜骞为太中大夫，甘父为奉使君。骞初行时百馀人，去十三岁，唯二人得还。考异曰：史记西南夷传曰："元狩元年，张骞使大夏来，言通身毒国之利。"按年表，骞以元朔六年二月甲辰封博望侯，必非元狩元年始归也。或者元狩元年，天子始令骞通身毒国。疑不能明，故因是岁伊稚斜立终言之。

6 匈奴数万骑入塞，杀代郡太守恭，代郡，唐蔚州、武州界。及略千馀人。

7 六月，庚午，皇太后崩。武帝母王太后也。

8 秋，罢西夷，独置南夷、夜郎两县、一都尉，稍令犍为自葆就，师古曰：葆，与保同；令自保守，且成其郡县。专力城朔方。

9 匈奴又入雁门，杀略千馀人。

10 是岁，中大夫张汤为廷尉。汤为人多诈，舞智以御人。时上方乡文学，乡，读曰向。汤阳浮慕，事董仲舒、公孙弘等；以千乘兒宽为奏谳掾，兒，本郳姓，以国为氏，其后去"邑"。以为廷尉掾，专主奏谳也。兒，五奚翻。谳，鱼蹇翻。掾，俞绢翻。以古法义决疑狱。所治：即上意所欲罪，与监、史深祸者；班表，廷尉有左、右监，秩千石。汉官曰：廷尉狱史二十七人。深祸，谓持文深刻，欲致人于祸者。即上意所欲释，与监、史轻平者；上由是悦之。汤于故人子弟调护之尤厚；师古曰：调，和适之令得其所；护，谓保佑之也。其造请诸公，师古曰：造，诣至也。请，谒问也。造，七到翻。不避寒暑。是以汤虽文深、意忌、不专平，文深，谓持文深；意忌，谓其意忌前也；不专平，谓不专于持平也。然得此声誉。汲黯数质责汤于上前质，对也，对面责之也。或曰：质，正也，以正义责之。数，所角翻。曰："公为正卿，汉官，九卿之外，又有列于九卿者，故谓九卿为正卿。上不能褒先帝之功业，下不能抑天下之邪心，安国富民，使囹圄空虚，何空取高皇帝约束纷更之为！师古曰：言何为乃纷乱而改更也。更，工衡翻。而公以此无种矣。"言当诛及子孙。种，章勇翻。黯时与汤论议，汤辩常在文深小苛；黯伉厉守高，伉，口浪翻，健也，高也。厉，严也。不能屈，忿发，骂曰："天下谓刀笔吏不可以为公卿，果然！必汤也，令天下重足而立，累足而立，惧之甚也。重，直龙翻。侧目而视矣！"

四年（丙辰、前一二五）

1 冬，上行幸甘泉。

2 夏，匈奴入代郡、定襄、上郡，上郡，唐延、绥、银之地，高祖置定襄郡。括地志：定襄故城，在朔州善阳县北三百八十里。各三万骑，杀略数千人。

聂崇岐标点容肇祖覆校

资治通鉴卷第十九

翰林学士朝散大夫右谏议大夫知制诰兼侍讲
同提举万寿观公事兼判集贤院上护军　司马光　奉敕编集
河内郡开国侯食邑一千三百户赐紫金鱼袋臣

后学天台胡三省音注

汉纪十一　起强圉大荒落（丁巳），尽玄黓阉茂（壬戌），凡六年。

世宗孝武皇帝中之上

元朔五年（丁巳、前一二四）

1冬，十一月，乙丑，薛泽免。以公孙弘为丞相，封平津侯。勃海郡高成县有平津乡。宋白曰：沧州盐山县，勃海高成县也，有平津乡。考异曰：史记将相名臣表、汉书公卿百官表，弘为相皆在今年。建元以来侯者表、恩泽侯表皆云"元朔三年封侯"。按三年弘始为御史大夫。盖误书"五"为"三"，因置于三年耳。丞相封侯自弘始。汉初常以列侯为丞相，弘则既相而后封侯，故丞相封侯自弘始。

时上方兴功业，弘于是开东阁以延贤人，师古曰：阁，小门也；东向开之，避当庭门而引客，别于掾史官属也。与参谋议。每朝觐奏事，因言国家便宜，上亦使左右文学之臣与之论难。难，乃旦翻。弘尝奏言："十贼彍弩，张晏曰：彍，音郭。师古曰：引满曰彍。百吏不敢前。请禁民毋得挟弓弩，便。"上下其议。下，遐嫁翻。侍中吾丘寿王对曰："臣闻古者作五兵，师古曰：五兵，谓矛、戟、弓、剑、戈。吾，读曰虞。非以相害，以禁暴讨邪也。秦兼天下，销甲兵，折锋刃；其后民以耰鉏、箠梃相挞击，师古曰：耰，摩田之器也。箠，马挝也。梃，大杖也。折，而设翻。耰，音忧。梃，大鼎翻。挞，音闼。犯法滋众，盗贼不胜，师古曰：滋，益也。不胜，言不可胜也。卒以乱亡。卒，子恤翻。故圣王务教化而省禁防，知其不足恃也。礼曰：'男子生，桑弧、蓬矢以举之，'明示有事也。记内则：国君世子生三日，射人以桑弧、蓬矢六射天地四方。注云：天地四方，男子之所有事也。大射之礼，自天子降及庶人，三代之道也。古者天子射豹侯，诸侯射熊侯，卿大夫射麋侯，士射鹿侯、豕侯。周官又以乡射之礼询众庶。愚闻圣王合射以明教矣，未闻弓矢之为禁也。且所为禁者，为盗贼之以攻夺也；为盗之为，于伪翻。攻夺之罪死；然而不止者，大奸之于重诛，固不避也。臣恐邪人挟之而吏不能止，良民以自备而抵法禁，师古曰：抵，触也。是擅贼威而夺民救也。窃以为大不便。"书奏，上以难弘，弘诎服焉。难，乃旦翻。诎，与屈同。

弘性意忌，外宽内深；诸尝与弘有隙，无近远，虽阳与善，后竟报其过。董仲舒为人廉直，以弘为从谀，弘嫉之。胶西王端骄恣，数犯法，端，景帝子，前三年受封。数，所角翻；下同。所杀伤二千石甚众。弘乃荐仲舒为胶西相；仲舒以病免。汲黯常毁儒，面触弘，弘欲诛之以事，以事致其罪而诛之。乃言上曰："右内史界部中多贵臣、宗室，难治，非素重臣不能任，请徙黯为右内史。"右内史后为右扶风。治，直之翻。任，音壬。上从之。

2 春，大旱。

3 匈奴右贤王数侵扰朔方。天子令车骑将军青将三万骑出高阙，卫尉苏建为游击将军，左内史李沮为强弩将军，沮，音组。太仆公孙贺为骑将军，代相李蔡为轻车将军，皆领属车骑将军，俱出朔方；大行李息、岸头侯张次公为将军，俱出右北平；凡十馀万人，击匈奴。右贤王以为汉兵远，不能至，饮酒，醉。卫青等兵出塞六七百里，夜至，围右贤王。右贤王惊，夜逃，独与壮骑数百驰，溃围北去。得右贤裨王十馀人，师古曰：裨王，小王也，犹言裨将也。裨，频移翻。众男女万五千馀人，畜数十百万，师古曰：数十万以至百万。畜，许救翻。于是引兵而还。

至塞，天子使使者持大将军印，即军中拜卫青为大将军，诸将皆属焉。夏，四月，乙未，复益封青八千七百户，复，扶又翻。封青三子伉、不疑、登皆为列侯。师古曰：伉，音杭，又工郎翻。伉为宜春侯，不疑为阴安侯，登为发干侯。青固谢曰：师古曰：固，谓再三也。"臣幸得待罪行间，行，户刚翻。赖陛下神灵，军大捷，皆诸校尉力战之功也。陛下幸已益封臣青；臣青子在襁褓中，未有勤劳，上列地封为三侯，"列"，汉书作"裂"。非臣待罪行间所以劝士力战之意也。"天子曰："我非忘诸校尉功也。"乃封护军都尉公孙敖为合骑侯，晋灼曰：合骑侯，犹冠军、从票之名也。余据功臣表，合骑侯食邑于渤海高成。都尉韩说为龙頟侯，班志，龙頟，侯国，属平原郡。頟，音洛。公孙贺为南窌侯，窌，匹孝翻，又普孝翻。李蔡为乐安侯，"乐安"，功臣表作"安乐"，食邑于琅邪之昌县。校尉李朔为涉轵侯，"涉轵"，班史卫青传作"陟轵"，功臣表作"轵"，食邑于齐郡之西安。赵不虞为随成侯，随成侯，功臣表，食邑于千乘县。公孙戎奴为从平侯，从平侯，食邑于东郡乐昌。李沮、李息及校尉豆如意班史"豆"作"窦"。皆赐爵关内侯。

于是青尊宠，于群臣无二，公卿以下皆卑奉之，独汲黯与亢礼。亢，音抗。人或说黯曰："自天子欲群臣下大将军，说，式芮翻。师古曰：下，户嫁翻。大将军尊重，君不可以不拜。"黯曰："夫以大将军有揖客，反不重邪！"师古曰：言能降贵以礼士，最为重也。大将军闻，愈贤黯，数请问国家朝廷所疑，数，所角翻。遇黯加于平日。大将军青虽贵，有时侍中，上踞厕而视之；如淳曰：厕，溷也。孟康曰：厕，床边侧也。师古曰：如说是也。仲冯曰：厕，当从孟说。古者见大臣则御坐为起；然则踞厕者轻之也。丞相弘燕见，上或时不冠；至如汲黯见，见，贤遍翻。上不冠不见也。上尝坐武帐中，应劭曰：武帐，织成帐为武士象也。孟康曰：今御武帐置兵，阑五兵于帐中也。师古曰：孟说是。韦昭曰：以武名之，示威。黯前奏事，上不冠，望见黯，避帐中，使人可其奏。其见敬礼如此。

4 夏，六月，诏曰："盖闻导民以礼，风之以乐。师古曰：风，教也。诗序曰：上以风化下。今礼坏、乐崩，朕甚闵焉。其令礼官劝学兴礼以为天下先！"于是丞相弘等奏："请为博士官置弟子五十人，复其身；为，于伪翻。复，方目翻。第其高下，以补郎中、文学、掌故；兒宽以射策为掌故，功次补廷尉文学卒史。苏林曰：卒史秩六百石。臣瓒曰：汉注，卒史秩百石。师古曰：瓒说是。余谓掌故，掌故府之典籍者也。"以兒宽自掌故补卒史推之，则掌故之品秩从可知也。即有秀才异等，辄以名闻；秀才异等，谓有俊秀之才异于常等者。其不事学若下材，辄罢之。又，吏通一艺以上者，请皆选择以补右职。"吏，谓百石已上及比百石以下也。右职，谓中二千石、二千石之卒史也。上从之。自此公卿、大夫、士、吏彬彬多文学之士矣。

5 秋，匈奴万骑入代，杀都尉朱英，略千馀人。

6 初，淮南王安，好读书属文，喜立名誉，好，呼到翻。属，之欲翻。喜，许记翻。招致宾客方术之士数千人。其群臣、宾客，多江、淮间轻薄士，常以厉王迁死感激安。迁死见十四卷文帝前六年。建元六年，彗星见，彗，祥岁翻，又徐醉翻，又旋芮翻。见，贤遍翻。或说王曰："先吴军时，彗星出，长数尺，然尚流血千里。说，式芮翻。先，悉荐翻。长，直亮翻。谓吴王濞起兵时也。今彗星竟天，天下兵当大起。"王心以为然，乃益治攻战具，积金钱。治，直之翻；下同。

郎中雷被获罪于太子迁，雷被善用剑，与太子戏，误中太子，故得罪。师古曰：被，皮义翻。姓谱：雷，古方雷氏后。时有诏，欲从军者辄诣长安，被即愿奋击匈奴。太子恶被于王，恶，毁恶也，如字。斥免之，欲以禁后。师古曰：令后人更不敢效之也。是岁，被亡之长安，上书自明。事下廷尉治，下，遐嫁翻。踪迹连王，公卿请逮捕治王。太子迁谋令人衣卫士衣，持戟居王旁，汉使有非是者，即刺杀之，人衣，于既翻。刺，七亦翻。因发兵反。天子使中尉宏即讯王，师古曰：即，就也，就问也。王视中尉颜色和，遂不发。公卿奏："安壅阏奋击匈奴者，格明诏，当弃市。"阏，音遏。师古曰：格，音阁，谓阁止不行之。诏削二县。既而安自伤曰："吾行仁义，反见削地。"耻之，于是为反谋益甚。

安与衡山王赐相责望，礼节间不相能。赐，即安之弟也，孝文十六年与安同受封。师古曰：兄弟相责，故有嫌。衡山王闻淮南王有反谋，恐为所并，亦结宾客为反具，以为淮南已西，欲发兵定江、淮之间而有之。衡山王后徐来谮太子爽于王，欲废之而立其弟孝。王因太子而佩孝以王印，令招致宾客。宾客来者微知淮南、衡山有逆计，日夜从容劝之。从，千容翻。王乃使孝客江都人枚赫、陈喜作辒车、锻矢，辒，薄庚翻，兵车也，楼车也。锻，都玩翻，冶铁也。刻天子玺、将相军吏印。秋，衡山王当入朝，过淮南；淮南王乃昆弟语，师古曰：为相亲爱之言。除前隙，约束反具。师古曰：共契约为反具。衡山王即上书谢病，上赐书不朝。

六年（戊午、前一二三）

1 春，二月，大将军青出定襄，击匈奴；杜佑曰：汉定襄郡在今马邑北三百馀里，后魏置云中郡。以合骑侯公孙敖为中将军，太仆公孙贺为左将军，翕侯赵信为前将军，功臣表，翕，侯国，在魏郡内黄界。卫尉苏建为右将军，郎中令李广为后将军，左内史李沮为强弩将军，师古曰：沮，音组。咸属大将军；斩首数千级而还，贤曰：秦法，斩首一，赐爵一级，故因谓斩首为级。休士马于定襄、云中、雁门。

2 赦天下。

3 夏，四月，卫青复将六将军出定襄，击匈奴，复，扶又翻。斩首虏万馀人。右将军建、前将军信并军三千馀骑独逢单于兵，与战一日馀，汉兵且尽。信故胡小王，降汉，汉封为翕侯，信，元光四年十月壬午受封。及败，匈奴诱之，遂将其馀骑可八百降匈奴。诱，音酉。将，即亮翻。降，户江翻。建尽亡其军，脱身亡，自归大将军。

议郎周霸曰：班表：议郎属郎中令，秩比六百石。"自大将军出，未尝斩裨将。今建弃军，可斩，以明将军之威。"军正闳、长史安曰："不然。凡军行置军正，掌举军法以正军中。军法曰：正无属将军，将军有罪以闻。刘昭志：大将军长史秩千石。如淳曰：律：都军官长史一人。兵法：'小敌之坚，大敌之禽也。'孙子之言，言大小不敌，小虽坚于战，终必为大所禽。今建以数千当单于数万，力战一日馀，士尽，不敢有二心，自归，而斩之，是示后无反意也，不当斩。"大将军曰："青幸得以肺腑待罪行间，不患无威，而霸说我以明威，甚失臣意。言失为臣之意也。行，户刚翻。说，式芮翻。且使臣职虽当斩将，将，即亮翻。以臣之尊宠而不敢【章：十四行本"敢"下有"自"字；乙十一行本同。】擅诛于境外，而具归天子，天子自裁之，于以见为人臣不敢专权，不亦可乎？"军吏皆曰："善！"遂囚建诣行在所。蔡邕独断曰：天子以四海为家，故谓所居为行在所。

初，平阳县吏霍仲孺给事平阳侯家，与青姊卫少儿私通，生霍去病。霍姓，以国为氏。去病年十八，为侍中，善骑射，再从大将军击匈奴，为票姚校尉，服虔曰：票姚，音飘摇。师古曰：票，匹妙翻。姚，羊召翻。票姚，劲疾之貌。荀悦汉纪作“票鷂”字。去病后为票骑将军，尚取票姚之字耳。今读者音飘摇，则不当其义也。与轻骑勇八百，直弃大军数百里赴利，斩捕首虏过当。师古曰：计其所将人数，则捕斩首为多，过于所当。一曰：汉军失亡者少，而杀获匈奴数多，故曰过当也。于是天子曰：“票姚校尉去病，斩首虏二千馀级，得相国、当户，斩单于大父行藉若侯产，生捕季父罗姑，匈奴左、右大当户，在左、右大都尉之下，左、右骨都侯之上。大父行，单于祖行也。张晏曰：藉若，胡侯也，产，其名也。师古曰：此人，单于祖父之行也。季父，亦单于季父也，罗姑，其名。行，户浪翻。比再冠军，师古曰：比，频也。比，毗至翻。冠，古玩翻。封去病为冠军侯。帝以去病功冠诸军，以南阳穰县卢阳乡、宛县临骁聚为冠军侯国。骁，音桃。上谷太守郝贤四从大将军，捕斩首虏二千馀级，封贤为众利侯。”姓谱：殷帝乙有子期，封太原郝乡，后因氏焉。功臣表，众利侯食邑于琅邪郡姑幕县。

是岁，失两将军，亡翕侯，军功不多，故大将军不益封，止赐千金。右将军建至，天子不诛，赎为庶人。

单于既得翕侯，以为自次王，师古曰：自次者，尊重次于单于。用其姊妻之，妻，七细翻。与谋汉。信教单于益北绝幕，师古曰：直度曰绝，幕，与漠同。阴山以北皆大漠，不生草木。以诱罢汉兵，徼极而取之，师古曰：罢，读曰疲。徼，要也。诱令疲，徼其困极，然后取之。徼，一遥翻。无近塞。单于从其计。近，其靳翻。

是时，汉比岁发十馀万众击胡，比，毗至翻。斩捕首虏之士受赐黄金二十馀万斤，而汉军士马死者十馀万，兵甲转漕之费不与焉。与，读曰预。于是大司农经用竭，不足以奉战士。六月，诏令民得买爵及赎禁锢，免臧罪。置赏官，名曰武功爵，级十七万，凡直三十馀万金。诸买武功爵至千夫者，得先除为吏。禁锢，重系也。臣瓒曰：茂陵中书有武功爵：一级曰造士，二级曰闲舆卫，三级曰良士，四级曰元戎士，五级曰官首，六级曰秉铎，七级曰千夫，八级曰乐卿，九级曰执戎，十级曰政戾庶长，十一级曰军卫：此武帝所制，以宠军功。师古曰：下云“级十七万，凡直三十馀万金”；今瓒引茂陵中书，说之不尽也。贡父曰：直三十馀万金，其价之差殊不可详也。或说：“七”当作“一”，与茂陵书合矣。余谓卖爵当级，级稍增其价，岂可例云级十七万！若每级十七万，比至三十馀万金，当一万七千馀级，又非也。然则误衍此“万”字。盖武功爵，其级十七，参考颜、刘注，皆因求其说而不得，遂疑茂陵书所谓十一级为不足，又疑史之正文“万”字为衍，皆未为允也。盖级十七万者，卖爵一级为钱十七万，至二级则三十四万矣，自此以上，乌得不每级而增乎！王莽时黄金一斤直钱万，以此推之，则三十万金为钱三十馀万万矣，此当时鬻武功爵所直之数也。夫民入钱买爵，随其钱之多少为爵级之高下，爵之高下有定直，而民钱之多少无定数，若比而同之，其失弥远矣。史记作“直八十万金”，索隐曰：一金万钱，初一级十七万，自此以上每级加二万，至十七级合成三十四万也。吏道杂而多端，官职耗废矣。师古曰：耗，乱也，莫报翻。

元狩元年（己未、前一二二）

1 冬，十月，上行幸雍，祠五畤，雍，于用翻。畤，音止。获兽，一角而足有五蹄。有司言：“陛下肃祗郊祀，上帝报享，锡一角兽，盖麟云。”麟，麇身，牛尾，马足，五色，圜蹄，一角，角端有肉，音中钟吕，行中规矩，游必择地，详而后处，不履生虫，不践生草，不群居，不侣行，不入陷阱，不罹罗网，王者至仁则出。今并州界有麟，大小如鹿，非瑞应麟也。京房易传曰：麟，麇身，牛尾，马蹄，有五采，腹下黄，高丈二。尔雅：麟，麇身，牛尾，一角。盖麟似麇，圆顶一角。曰“盖”云者，意其为麟而未知其果为麟也。于是以庆【章：十四行本“庆”作“荐”；乙十一行本同。】五畤，畤加一牛，以燎。畤，音止。久之，有司又言：“元宜以天瑞命，不宜以一二数，一元曰建，二元以长星曰光，今元以郊得一角兽曰狩云”。于是济北王济北王勃，淮南厉王子，孝文十六年，封衡山王，孝景四年，徙封济北；今王，勃子成王胡也。济北王，都卢，后天汉四年，国除，入汉为泰山郡。济，子礼翻。以为天子且封禅，上书献泰山及其旁邑；天子以他县偿之。

2 淮南王安与宾客左吴等日夜为反谋，姓谱：齐之公族有左、右公子，后因氏焉。余按卫亦有左、右公子，姓谱之说非是。鲁有左丘明。按舆地图，苏林曰：舆，犹尽载之意。索隐曰：志林云：舆地图，汉家所画，非出远也。部署兵所从入。诸使者道长安来，为妄言，言“上无男，汉不治”，即喜；即言“汉廷治，有男”，王怒，以为妄言，非也。治，直吏翻。

王召中郎伍被被，皮义翻。姓谱：伍姓，出于楚伍举。与谋反事，被曰：“王安得此亡国之言乎？臣见宫中生荆棘，露沾衣也！”王怒，系伍被父母，囚之。三月，复召问之。复，扶又翻。被曰：“昔秦为无道，穷奢极虐，百姓思乱者十家而六七。高皇帝起于行陈之中，行，户刚翻。陈，读曰阵。立为天子，此所谓蹈瑕候间，间，古苋翻。因秦之亡而动者也。今大王见高皇帝得天下之易也，易，以豉翻。独不观近世之吴、楚乎！事见十五卷景帝三年。夫吴王王四郡，四郡：东阳郡、鄣郡、吴郡、豫章郡。王王，下于况翻。国富民众，计定谋成，举兵而西；然破于大梁，谓为梁孝王所破也。奔走而东，身死祀绝者何？诚逆天道而不知时也。方今大王之兵，众不能十分吴、楚之一，天下安宁，万倍吴、楚之时，大王不从臣之计，今见大王弃千乘之君，赐绝命之书，为群臣先死于东宫也。”如淳曰：东宫，淮南王所居也。王涕泣而起。

王有孽子不害，最长，庶生曰孽。长，知两翻。王弗爱，王后、太子皆不以为子、兄数。言后不以为子，太子不以为兄。数，秩数也。不害有子建，材高有气，常怨望太子，阴使人告太子谋杀汉中尉事，事见上，元朔五年。下廷尉治。下，遐嫁翻。

王患之，欲发，复问伍被曰：复，扶又翻。“公以为吴兴兵，是邪，非邪？”被曰：“非也。臣闻吴王悔之甚，愿王无为吴王之所悔。”王曰：“吴何知反！汉将一日过成皋者四十馀人；今我绝成皋之口，据三川之险，汉河南，秦三川郡也，其地当伊、洛、河三川之会。招山东之兵，举事如此，左吴、赵贤、朱骄如皆以为什事九成，公独以为有祸无福，何也？必如公言，不可徼幸邪？"师古曰：徼，要也。幸，非妄之福也。徼，工尧反。被曰："必不得已，被有愚计。当今诸侯无异心，百姓无怨气，可伪为丞相、御史请书，言伪为丞相、御史奏请于天子之书。徙郡国豪杰高赀于朔方，益发甲卒，急其会日；又伪为诏狱书，汉时左右都司空、上林、中都官皆有诏狱，盖奉诏以鞠囚，因以为名。逮诸侯太子、幸臣；逮，追对狱也。如此，则民怨，诸侯惧，即使辩士随而说之，说，式芮翻；下同。傥可徼幸什得一乎！"王曰："此可也。虽然，吾以为不至若此。"言不须为此也。

于是王乃作皇帝玺，丞相、御史大夫、将军、军吏、中二千石及旁近郡太守、都尉印，汉使节。使，疏吏翻。欲使人伪得罪而西，言使人诈为得罪而逃去，西如京师。事大将军，一日发兵，一日，犹言一旦。即刺杀大将军。刺，七亦翻。且曰："汉廷大臣，独汲黯好直谏，好，呼到翻。守节死义，难惑以非，至如说丞相弘等，如发蒙振落耳！"发蒙，谓物所蒙覆，发而去之；振落，谓木叶将落，振而坠之；皆言其易。说，式芮翻。

王欲发国中兵，恐其相、二千石不听，王乃与伍被谋，先杀相、二千石。又欲令人衣求盗衣，求盗，卒也，掌逐捕盗贼。汉书本纪，高帝时为亭长，令求盗之薛，治竹皮冠。人衣，于既翻。持羽檄从东方来，呼曰："南越兵入界！"呼，火故翻。欲因以发兵。

会廷尉逮捕淮南太子，淮南王闻之，与太子谋，召相、二千石，欲杀而发兵。召相，相至，内史、中尉皆不至。王念，独杀相，无益也，即罢相。罢，遣出去也。相，息亮翻。王犹豫，计未决。太子即自刭，不殊。晋灼曰：不殊，不死也。师古曰：言虽自刭而身首不能绝也。刭，古顶翻；下同。

伍被自诣吏，告与淮南王谋反踪迹如此。吏因捕太子、王后，围王宫，尽求捕王所与谋反宾客在国中者，索得反具，以【章：十四行本"以"下有"闻"字；乙十一行本同；孔本同；退斋校同。】上。下公卿治其党与，索，山客翻，求也，搜也。以上，时掌翻。下公，户嫁翻。"以上"句断。使宗正以符节治王。未至，【章：十四行本"至"下有"十一月"三字；乙十一行本同；张校作"十二月"，云"无注本作十一月"。】淮南王安自刭。杀王后荼、太子迁，诸所与谋反者皆族。

天子以伍被雅辞多引汉之美，欲勿诛。雅，素也。雅辞，素来言语也。廷尉汤曰："被首为王画反计，为，于伪翻。罪不可赦。"乃诛被。侍中庄助素与淮南王相结交，私论议，王厚赂遗助；遗，于季翻。上薄其罪，欲勿诛。张汤争，以为："助出入禁门，腹心之臣，而外与诸侯交私如此；不诛，后不可治。"助竟弃市。

衡山王上书，请废太子爽，立其弟孝为太子。爽闻，即遣所善白嬴之长安上书，言"孝作輣车、锻矢，与王御者奸"，欲以败孝。败，补迈翻。会有司捕所与淮南王谋反者，得陈喜于衡山王子孝家，吏劾孝首匿喜。师古曰：为头首而藏匿之。孝闻"律：先自告，除其罪"，即先自告所与谋反者枚赫、陈喜等。公卿请逮捕衡山王治之，王自刭死。王后徐来、太子爽及孝皆弃市，所与谋反者皆族。

凡淮南、衡山二狱，所连引列侯、二千石、豪杰等，死者数万人。

3 夏，四月，赦天下。

4 丁卯，立皇子据为太子，年七岁。

5 五月，乙巳晦，日有食之。

6 匈奴万人入上谷，杀数百人。

7 初，张骞自月氏还，事见上卷元朔四年。氏，音支。具为天子言西域诸国风俗：为，于伪翻。“大宛在汉正西，可万里。其俗土著，耕田；土著，谓有城郭常居，不随水草移徙也。宛，於元翻。著，直略翻。多善马，马汗血；孟康曰：大宛国有高山，其上有马，不可得，因取五色母马置其下，与集，生驹皆汗血，因号天马子云。一说：汗血者，汗从肩髆出如血，号能一日千里。有城郭、室屋，如中国。其东北则乌孙，东则于窴。于窴国在南山下，居西城。窴，徒贤翻，又徒见翻。于窴之西，则水皆西流注西海，水经注：昆仑山西有大水名新头河，度葱岭入北天竺境，又西南流，屈而东南流，径中天竺国，又西径安息，南注于雷翥海。雷翥海，即西海也，在安息之西，犁靬之东，东南连交州海。其东，水东流注盐泽。水经注：河水一源出于窴国南山，北流与葱岭河合，东注蒲昌海。西域传：盐泽，一名蒲昌海，去玉门、阳关三百馀里，广袤三百里，其水停居，冬夏不增减，皆以为潜行地下，南出于积石，为中国河云。玉门、阳关皆在敦煌西界。括地志：蒲昌海，一名泑泽，亦名盐泽，亦名辅日海，亦名穿兰，亦名临海，在沙州西南。玉门关，在沙州寿昌县西六里。盐泽潜行地下，其南则河源出焉。索隐曰：按汉书西南夷传云：河有两源，其一出葱岭，一出于窴。山海经云：河出昆仑东北隅。郭璞云：河出昆仑，潜行地下，至葱岭山于窴国，复分流歧出，合而东注泑泽，已而复行积石为中国河。泑泽即盐泽也。西域传云：于窴在南山下，与郭璞注山海经不同。广志云：蒲昌海在蒲类海东。唐长庆中，刘元鼎为盟会使，言河之上流，由洪济西南行二千里，水益狭，冬春可涉，夏秋乃胜舟，其南三百里，三山，中高四下，曰历山，直大羊同国，古所谓昆仑者也，虏曰闷摩黎山，东距长安五千里。河源其间，流澄缓下，稍合众流，色赤，行益远，他水并注则浊。河源东北直莫贺延碛尾，隐测其地，盖剑南之西。盐泽去长安可五千里。匈奴右方居盐泽以东，至陇西长城，即秦所筑长城也。秦筑长城起临洮。临洮县，汉属陇西郡。南接羌，鬲汉道焉。鬲，与隔同。乌孙、康居、奄蔡、大月氏，皆行国，随畜牧，奄蔡国在康居西北，临大泽无涯，盖北海云。随畜牧逐水草而居，无城郭常处，故曰行国。与匈奴同俗。大夏在大宛西南，与大宛同俗。臣在大夏时，见邛竹杖、蜀布，臣瓒曰：邛，山名，生竹，高节，可作杖。服虔曰：蜀布，细布也。史记正义曰：邛都邛山出此竹，因名邛竹，节高实中，或奇生，可为杖。布，土芦布。邛，渠容翻。问曰：‘安得此？’大夏国人曰：‘吾贾人往市之身毒。’孟康曰：身毒，即天竺也，所谓浮屠胡也。邓展曰：毒，音笃。李奇曰：一名天笃。师古曰：亦曰捐毒。贾，音古。索隐曰：身，音乾。身毒在大夏东南可数千里，其俗土著，与大夏同。以骞度之，著，直略翻。度，徒洛翻。大夏去汉万二千里，居汉西南；今身毒国又居大夏东南数千里，有蜀物，此其去蜀不远矣。今使大夏，从羌中，险，羌人恶之；使，疏吏翻。恶，乌路翻。少北，则为匈奴所得；少，诗沼翻。从蜀，宜径，又无寇。”师古曰：宜，当也。径，直也。从蜀向大夏，其道当直。

天子既闻大宛及大夏、安息之属，安息治番兜城，临妫水，去长安万一千六百里，其俗亦土著。皆大国，多奇物，土著，颇与中国同业，而兵弱，贵汉财物。其北有大月氏、康居之属，兵强，可以赂遗设利朝也。师古曰：设，施也。施之以利，诱令入朝。遗，于季翻。朝，直遥翻。诚得而以义属之，师古曰：谓不以兵革。则广地万里，重九译，译，传言之人，周官象胥之职也。远方之人，言语不同，更历九译，乃能通于中国。重，直龙翻。致殊俗，威德遍于四海，欣然以骞言为然。乃令骞因蜀、犍为发间使王然于等四道并出，师古曰：间使者，求间隙而行。间，古苋翻。使，疏吏翻。出駹，出冉，出徙，出邛、僰，指求身毒国，徙，斯榆也。以手点物为指。使之出求路，指身毒而行。徙，读与斯同。僰，蒲墨翻。各行一二千里，其北方闭氐、莋，南方闭嶲、昆明。服虔曰：汉使见闭于夷也。师古曰：嶲，即今嶲州也；昆明又在其西南，即今南宁州，诸爨所居是其地。莋，音昨，又音作。嶲，先蘂翻。昆明之属无君长，善寇盗，辄杀略汉使，终莫得通。于是汉以求身毒道，始通滇国。滇国地有滇池，因以名国。楚使庄蹻以兵定夜郎诸国，至滇池，因留王其地。华阳国志：滇池周回三百里，所出深广，下流浅狭如倒流，故谓之滇池。汉为益州郡，后改为永昌郡；魏、晋之间为晋宁郡；唐为昆州。括地志：滇池泽，在昆州晋宁县西南三十里。长，知两翻。滇，音颠。滇王当羌谓汉使者曰：“汉孰与我大？”及夜郎侯亦然。以道不通，故各自以为一州主，不知汉广大。使者还，因盛言滇大国，足事亲附；天子注意焉，乃复事西南夷。元朔三年罢西南夷，至是复通。师古曰：事，谓经略通之，专以为事也。复，扶又翻。

二年（庚申、前一二一）

1 冬，十月，上幸雍，祠五畤。雍，于用翻。畤，音止。

2 三月，戊寅，平津献侯公孙弘薨。壬辰，以御史大夫乐安侯李蔡为丞相，廷尉张汤为御史大夫。考异曰：汉书百官公卿表：“元狩三年三月壬辰，廷尉张汤为御史大夫，六年，有罪自杀。”史记将相名臣表：“元狩二年，御史大夫汤。”按李蔡既迁，汤即应补其缺，岂可留之期年，复与李蔡为丞相月日正同乎！又按长历，三年三月无壬辰；又以得罪之年推之，在今年明矣。今从史记表。

3 霍去病为票骑将军，票骑将军始此。票，频妙翻。将万骑出陇西，击匈奴，历五王国，转战六日，过焉支山千馀里，括地志：焉支山，一名删丹山，在甘州删丹县东南五十里。焉，音烟。杀折兰王，斩卢侯王，张晏曰：折兰、卢侯，胡国名也。杀者，杀之而已；斩者，获其首也。师古曰：折兰，匈奴中姓也。今鲜卑中有是兰姓者，即其种也。折，上列翻。执浑邪王子师古曰：浑，下昆翻。及相国、都尉，获首虏八千九百馀级，收休屠王祭天金人。孟康曰：匈奴祭天处，本在云阳甘泉山下，秦击夺其地，后徙之休屠王右地，故休屠王有祭天金人像也。如淳曰：祭天以金人为主也。张晏曰：佛徒祠金人也。师古曰：作金人以为天神之像而祭之，今之佛像，是其遗法。屠，音储。诏益封去病二千户。

夏，去病复与合骑侯公孙敖将数万骑俱出北地，异道。复，扶又翻。卫尉张骞、郎中令李广俱出右北平，异道。广将四千骑先行，可数百里，骞将万骑在后。匈奴左贤王将四万骑围广，广军士皆恐；广乃使其子敢独与数十骑驰贯胡骑，贯，穿也。出其左右而还，告广曰："胡虏易与耳！"易，以豉翻。军士乃安。广为圜陈，外向，陈，读曰阵。胡急击之，矢下如雨，汉兵死者过半，汉矢且尽。广乃令士持满毋发，师古曰：注矢于弓弩而引满之，不发矢也。而广身自以大黄射其裨将，杀数人，徐广曰：南都赋：黄间机张，善弩之名。裴骃曰：按郑德曰：黄肩弩，渊中黄朱之。孟康曰：太公六韬云：陷坚、败强敌，用大黄连弩。韦昭曰：角弩色黄而体大也。射，而亦翻。胡虏益解。会日暮，吏士皆无人色，师古曰：言惧甚。而广意气自如，师古曰：自如，犹云如旧。益治军，师古曰：巡部曲，整行陈也。治，直之翻。军中皆服其勇。明日，复力战，复，扶又翻。死者过半，所杀亦过当。会博望侯军亦至，张骞从大将军击匈奴，知水草处，军得以不乏，封博望侯。师古曰：取其能广博瞻望。班志，博望，侯国，属南阳郡。括地志：博望故城，在邓州向城县东南四十五里。匈奴军乃解去。汉军罢，罢，读曰疲。弗能追，罢归。汉法：博望侯留迟后期，当死，赎为庶人。广军功自如，无赏。自如，言功过正相当也。广军失亡多，而杀虏亦过当，故曰自如。而票骑将军去病深入二千馀里，与合骑侯失，不相得。票骑将军逾居延，居延泽，古文以为流沙，帝开置居延县，属张掖郡，使路博德筑遮虏障于其北。过小月氏，匈奴破大月氏，月氏西击大夏而臣之，其馀小众不能去者保南山羌，号小月氏。至祁连山，得单桓、酋涂王，张晏曰：单桓、酋涂，皆胡王也。师古曰：酋，才犹翻。涂，音塗。及相国、都尉以众降者二千五百人，降，户江翻。斩首虏三万二百级，获裨小王七十馀人。天子益封去病五千户，封其裨将有功者鹰击司马赵破奴为从票侯，以从票骑有功，因以为号。功臣侯表不书食邑之地。校尉高不识为宜冠侯，功臣表，宜冠侯食邑于琅邪之昌县。校尉仆多为辉渠侯。仆多本匈奴种，来降汉。功臣表"仆多"作"仆朋"。辉渠侯食邑于南阳之鲁阳县。合骑侯敖坐行留不与票骑会，当斩，赎为庶人。

是时，诸宿将所将士、马、兵皆不如票骑，票骑所将常选；师古曰：选取骁锐。索隐曰：选，宣变翻。然亦敢深入，常与壮骑先其大军；先，悉荐翻。军亦有天幸，未尝困绝也。而诸宿将常留落不偶，师古曰：留，谓迟留；落，谓坠落；故不谐耦而无功也。由此票骑日以亲贵，比大将军矣。

匈奴入代、雁门，杀略数百人。

4 江都王建建，易王非之子，景帝之孙。与其父易王所幸淖姬等及女弟徵臣奸。淖，郑氏音卓，师古音奴教翻。淖，姓也；战国时楚有淖齿。建游雷陂，雷陂，即广陵之雷塘，在今扬州堡城之北，平冈之上。天大风，建使郎二人乘小船入陂中，船覆，两郎溺，攀船，乍见乍没；见，贤遍翻。建临观大笑，令勿救，皆死。凡杀不辜三十五人，专为淫虐。自知罪多，恐诛，与其后成光共使越婢下神，祝诅上。祝，织救翻。诅，庄助翻。又闻淮南、衡山阴谋，建亦作兵器，刻皇帝玺，为反具。事发觉，有司请捕诛；建自杀，后成光等皆弃市，国除。

5 胶东康王寄薨。寄，景帝子，中二年受封。

6 秋，匈奴浑邪王降。是时，单于怒浑邪王、休屠王居西方为汉所杀虏数万人，欲召诛之。浑邪王与休屠王恐，谋降汉，先遣使向边境要遮汉人，要，一遥翻。令报天子。是时，大行李息将城河上，得浑邪王使，使，疏吏翻。驰【章：十四行本“驰”上有“即”字；乙十一行本同；张校同，云无注本亦无“即”字。】传以闻。传，株恋翻；下同。天子闻之，恐其以诈降而袭边，乃令票骑将军将兵往迎之。休屠王后悔，浑邪王杀之，并其众。票骑既渡河，与浑邪王众相望。浑邪王裨将见汉军，而多不欲降者，师古曰：恐被掩覆也。颇遁去。票骑乃驰入，得与浑邪王相见，斩其欲亡者八千人，遂独遣浑邪王乘传诣至【章：十四行本“传”下有“先”字，无“至”字；乙十一行本同；孔本同；张校同。】行在所，传，张恋翻。尽将其众渡河。降者四万馀人，号称十万。既至长安，天子所以赏赐者数十巨万；封浑邪王万户，为漯阴侯，班志，漯阴县属平原郡。漯，他合翻。封其裨王呼毒尼等四人皆为列侯；呼毒尼为下摩侯，雁疕为辉渠侯，禽黎为河綦侯，大当户调虽为常乐侯。文颖曰：雁，音鹰。疕，音庇荫之庇。师古曰：疕，匹履翻。益封票骑千七百户。

浑邪之降也，汉发车二万乘以迎之，考异曰：汉书食货志云“三万两”。今从史记平准书、汲黯传。县官无钱，从民贳马，贳，始制翻，贷也。师古曰：赊买也。民或匿马，马不具。上怒，欲斩长安令，右内史汲黯曰：“长安令无罪，独斩臣黯，民乃肯出马。且匈奴畔其主而降汉，汉徐以县次传之，何至令天下骚动，罢敝中国罢，读曰疲。而以事夷狄之人乎！”上默然。及浑邪至，贾人与市者坐当死五百馀人，黯请间见高门，晋灼曰：三辅黄图，未央宫中有高门殿。贾，音古。见，贤遍翻。曰：“夫匈奴攻当路塞，言塞障当匈奴所入之路也。绝和亲，中国兴兵诛之，死伤者不可胜计，胜，音升。而费以巨万百数。师古曰：即数百巨万也。臣愚以为陛下得胡人，皆以为奴婢，以赐从军死事者家，所卤获，因予之，卤，与虏同。予，读曰与。以谢天下之苦，塞百姓之心。师古曰：塞，满也。塞，悉则翻。今纵不能，浑邪率数万之众来降，虚府库赏赐，发良民侍养，譬若奉骄子，愚民安知市买长安中物，而文吏绳以为阑出财物于边关乎！应劭曰：阑，妄也。律：胡市，吏民不得持兵器及钱出关；虽于京师市买，其法一也。臣瓒曰：无符传出入为阑也。陛下纵不能得匈奴之资以谢天下，又以微文杀无知者五百馀人，是所谓‘庇其叶而伤其枝’者也。臣窃为陛下不取也。”为，于伪翻。上默然不许，曰：“吾久不闻汲黯之言，今又复妄发矣！”

居顷之，乃分徙降者边五郡故塞外，而皆在河南，因其故俗为五属国。五郡，谓陇西、北地、上郡、朔方、云中也。故塞，秦之先与匈奴所关之塞。自秦使蒙恬夺匈奴地而边关益斥，秦、项之乱，冒顿南侵，与中国关于故塞。及卫青收河南，而边关复蒙恬之旧。所谓故塞外，其地在北河之南也。师古曰：凡言属国，存其国号而属汉朝，故曰属国。史记正义曰：以来降之民徙置五郡，各依本国之俗而属于汉，故曰属国。而金城河西，河水出金城河关县西南塞外积石山，东流径金城郡界。自允吾以西，通谓之金城河。渡河而西，则武威等四郡之地。然金城郡昭帝于元始六年方置，史追书也。西并南山至盐泽，空无匈奴，并，步浪翻。匈奴时有候者到而希矣。

休屠王太子日磾与母阏氏、弟伦俱没入官，输黄门养马。久之，磾，丁奚翻。班表，黄门属少府。师古曰：黄门之署，职任亲近，以供天子，百物在焉。阏氏，音烟支。帝游宴，见马，师古曰：方于游宴之时而召阅诸马。后宫满侧，日磾等数十人牵马过殿下，莫不窃视，师古曰：视宫人。至日磾独不敢。日磾长八尺二寸，长，直亮翻。容貌甚严，马又肥好，上异而问之，具以本状对；上奇焉，即日赐汤沐、衣冠，拜为马监，黄门有马监、狗监。迁侍中、驸马都尉、光禄大夫。侍中，得出入禁中。驸马都尉，帝所置，秩比二千石。师古曰：驸，副马也；非正驾车，皆为副马。一曰：驸，近也，疾也。光禄大夫，本中大夫，帝改其名。日磾既亲近，近，其靳翻。未尝有过失，上甚信爱之；赏赐累千金，出则骖乘，乘，绳正翻。入侍左右。贵戚多窃怨曰：“陛下妄得一胡儿，反贵重之。”上闻，愈厚焉。以休屠作金人为祭天主，故赐日磾姓金氏。为金氏贵显张本。

三【“三”，原误“二”。】**年**（辛酉、前一二〇）

1 春，有星孛于东方。孛，蒲内翻。

2 夏，五月，赦天下。

3 淮南王之谋反也，胶东康王寄微闻其事，私作战守备。及吏治淮南事，辞出之。师古曰：狱辞所连，发出其事。寄母王夫人，即皇太后之女弟也，于上最亲，意自伤，发病而死，不敢置后。上闻而怜之，立其长子贤为胶东王；康王寄去年薨，今年方置后。又封其所爱少子庆为六安王，王故衡山王地。衡山国都六，故改为六安。

4 秋，匈奴入右北平、定襄，各数万骑，杀略千馀人。

5 山东大水，民多饥乏。天子遣使者虚郡国仓廥以振贫民，廥，工外翻，刍藁之藏也；一曰：库廐名。犹不足，又募豪富吏民能假贷贫民者以名闻；尚不能相救，乃徙贫民于关以西及充朔方以南新秦中应劭曰：秦遣蒙恬却匈奴，得其河南造阳之地千里，地甚好，于是为筑城郭，徙民充之，名曰新秦。四方错杂，奢俭不同。今俗名新富贵者为"新秦"，由是名也。七十馀万口，衣食皆仰给县官，数岁假予产业。使者分部护之，仰，牛向翻。予，读曰与。分，扶问翻。冠盖相望。其费以亿计，不可胜数。胜，音升。

6 汉既得浑邪王地，陇西、北地、上郡益少胡寇，诏减三郡戍卒之半，以宽天下之繇。繇，读曰傜。

7 上将讨昆明，以其闭汉使故也。以昆明有滇池方三百里，乃作昆明池以习水战。昆明池在长安西南，周回四十里。三辅旧事，昆明池盖地三百二十顷。是时法既益严，吏多废免。兵革数动，数，所角翻。民多买复师古曰：入财于官以取优复。复，方目翻。及五大夫，五大夫，旧爵二十等之第九级也。汉法，至此始免傜役。征发之士益鲜。鲜，少也，先浅翻。于是除千夫、五大夫为吏，不欲者出马。师古曰：千夫、五大夫不欲为吏者，使之出马也。千夫，武功爵第七级。以故吏弄法，皆谪令伐棘上林，穿昆明池。

8 是岁，得神马于渥洼水中。李斐曰：南阳新野有暴利长，当武帝时遭刑，屯田敦煌界，数于此水旁见群野马，中有奇马与凡马异，来饮此水。利长先作土人持勒绊于水傍，后马玩习。久之，代土人持勒绊，收得其马，献之，欲神异此马，云从水中出。渥，音握。洼，於佳翻。上方立乐府，乐府有安世房中歌十七章，郊祀歌十九章，使童男女七十人歌之。师古曰：始置之也。乐府之名盖起于此，哀帝时罢之。使司马相如等造为诗赋，以宦者李延年为协律都尉，协律都尉，先无此官，武帝始置于此。佩二千石印；弦次初诗以合八音之调。诗多尔雅之文，初诗，新造之诗也。八音，金、石、丝、竹、匏、土、革、木也。调，徒钓翻。尔雅三卷二十篇，文帝时列于学官。张晏曰：尔，近也。雅，正也。通一经之士不能独知其辞，必集会五经家相与共讲习读之，乃能通知其意。汉时，五经之学各专门名家，故通一经者不能尽通歌诗之辞意，必集五经家相与讲读乃得通也。及得神马，次以为歌。汲黯曰："凡王者作乐，上以承祖宗，下以化兆民。今陛下得马，诗以为歌，协于宗庙，先帝百姓岂能知其音邪？"诗大序曰：声成文谓之音。注云：声，谓宫、商、角、徵、羽也。成文，谓五声上下相应。郑康成曰：五声杂比曰音，单出曰声。上默然不说。说，读曰悦。考异曰：史记乐书："武帝作十九章歌，常以正月上辛祠太乙甘泉，使僮男、僮女七十人俱歌。又尝得神马渥洼水中，复次以为太一之歌。后伐大宛得千里马，次以为歌。中尉汲黯进曰：'陛下得马诗以为歌云云。'丞相公孙弘曰：'黯诽谤圣制，当族。'"汉书礼乐志："武帝定郊祀之礼，祠太一于甘泉，祭后土于汾阴，乃立乐府，作十九章之歌，以正月上辛用事甘泉圜丘。"按天马歌，本志云"元狩三年，马生渥洼水中作"，武纪云："元鼎四年秋，马生渥洼水中。五年十一月，立泰畤于甘泉。太初四年，贰师获汗血马，作西极天马之歌。"公孙弘以元狩二年薨。汲黯以元狩三年免右内史，五年为淮阳太守，元鼎五年卒。又黯未尝为中尉。或者马生渥洼水作歌在元狩三年，汲黯为右内史而讥之，言当族者非公孙弘也。虽未立泰畤，或以歌之于郊庙，其十九章之歌当时未能尽备也。

上招延士大夫，常如不足；然性严峻，群臣虽素所爱信者，或小有犯法，或欺罔，辄按诛之，无所宽假。汲黯谏曰："陛下求贤甚劳，未尽其用，辄已杀之。以有限之士恣无已之诛，臣恐天下贤才将尽，陛下谁与共为治乎！"黯言之甚怒，上笑而谕之黯言之甚怒，上乃笑而喻之，即其怒笑之间而观其君臣相与之意，则帝之于黯，非但能容其直，而从容不迫，方喻之以其所见。使他人处此，固将顺之不暇矣，而黯自言其心犹以为非，此岂面从退有后言者哉！黯之事君，固人所难能；而帝之容黯，亦非后世之君所可及矣。治，直吏翻。曰："何世无才，患人不能识之耳。苟能识之，何患无人！夫所谓才者，犹有用之器也，有才而不肯尽用，与无才同，不杀何施！"黯曰："臣虽不能以言屈陛下，而心犹以为非；愿陛下自今改之，无以臣为愚而不知理也。"上顾群臣曰："黯自言为便辟则不可，朱熹曰：便者，便人之所好。辟者，避人之所恶。便，毗连翻。辟，读曰僻。自言为愚，岂不信然乎！"

四年（壬戌、前一一九）

1冬，有司言："县官用度太空，而富商大贾冶铸、煮盐，财或絫万金，不佐国家之急；贾，音古。絫，古累字。请更钱造币以赡用，而摧浮淫并兼之徒。"是时，禁苑有白鹿而少府多银、锡，乃以白鹿皮方尺，缘以藻缋，缘，以绢翻。师古曰：缋，绣也，缋五采而为之。缋，黄外翻。为皮币，直四十万。王侯、宗室，朝觐、聘享必以皮币荐璧，然后得行。后，与後同。又造银、锡为白金三品：如淳曰：杂银、锡为白金。大者圜之，其文龙，直三千；次方之，其文马，直五百；小者椭之，其文龟，直三百。时议以为天用莫如龙，地用莫如马，人用莫如龟：故以为白金三品之文。师古曰：椭，圜而长也，音他果翻。令县官销半两钱，更铸三铢钱，建元五年废三铢钱，行半两钱。更，工衡翻。盗铸诸金钱罪皆死；而吏民之盗铸白金者不可胜数。胜，音升。

于是以东郭咸阳、孔仅为大农丞，领盐铁事；师古曰：二人也；姓东郭，名咸阳；姓孔，名仅。班表：大农令有两丞。齐有大夫东郭氏。桑弘羊以计算用事。姓谱：桑，秦大夫子桑之后。咸阳，齐之大煮盐，仅，南阳大冶，皆致生絫千金；弘羊，洛阳贾人子，以心计，心计者，不必用筹算而知其数也。贾，音古；下同。年十三侍中。三人言利，事析秋毫矣。毫至秋而锐小，言其剖析微细，虽秋毫之小亦可分而为二也。

诏禁民敢私铸铁器、煮盐者钛左趾，韦昭曰：钛，以铁为之，着左足以代刖也。索隐曰：三苍云：钛，踏脚钳也。张斐汉晋律序：状如跟衣，着足下，重六斤，以代刖，至魏武改以灭代钛也。晋律：钳重二斤，长翘一尺五寸。师古曰：钛，徒计翻。没入其器物。公卿又请令诸贾人末作各以其物自占，师古曰：占，隐度也。各隐度其财物之多少而为名簿，送之于官也。占，之赡翻；下同。率缗钱二千而一算；李斐曰：缗，丝也，以贯钱。一贯千钱，出算二十也。瓒曰：此缗钱为是储缗钱也，故随其用所施而出算。余谓率计缗钱二千而出一算，算百二十钱。缗，眉巾翻。及民有轺车若船五丈以上者，皆有算。轺，小车也，弋招翻。匿不自占，占不悉，戍边一岁，没入缗钱。匿，藏也。悉，尽也。藏匿而不自占，占而不尽者，罚戍边一岁，没其钱入官。有能告者，以其半畀之。其法大抵出张汤。汤每朝奏事，语国家用，日晏，师古曰：论事既多，至于日晚。朝，直遥翻。天子忘食；丞相充位，但充其位，无所建明。天下事皆决于汤。百姓骚动，不安其生，咸指怨汤。

2 初，河南人卜式，数请输财县官以助边，数，所角翻。天子使使问式："欲官乎？"式曰："臣少田牧，不习仕宦，不愿也。"少，诗照翻。使者问曰："家岂有冤，欲言事乎？"式曰："臣生与人无分争，邑人贫者贷之，不善者教之，所居人皆从式，式何故见冤于人！无所欲言也。"使者曰："苟如此，子何欲而然？"式曰："天子诛匈奴，愚以为贤者宜死节于边，有财者宜输委，委，於伪翻，蓄也。宜输其所蓄也。如此而匈奴可灭也。"上由是贤之，欲尊显以风百姓，师古曰：风，读曰讽，又如字。乃召拜式为中郎，爵左庶长，赐田十顷，布告天下，使明知之。未几，又擢式为齐太傅。齐王次昌，元朔三年薨，无后，国除；元狩六年始封皇子闳为齐王；式盖傅闳也。史因其输财得官而终书之。几，居岂翻。

3 春，有星孛于东北。孛，蒲内翻。夏，有长星出于西北。

4 上与诸将议曰："翕侯赵信为单于画计，为，于伪翻。常以为汉兵不能度幕轻留，幕，沙漠也。师古曰：言轻易汉军，留而不去也。一曰：谓汉军不能轻入而久留也。余谓后说是。今大发士卒，其势必得所欲。"乃粟马十万，师古曰：以粟秣马也。令大将军青、票骑将军去病各将五万骑，私负从马复四万匹，师古曰：私负衣装及私将马自从者，皆非公家所发之限。从，才用翻。步兵转者踵军后又数十万人，师古曰：转者，谓运辎重也。踵，接也。而敢力战深入之士皆属票骑。票骑始为出定襄，当单于；捕虏言单于东，乃更令票骑出代郡，令大将军出定襄。郎中令李广数自请行，数，所角翻。天子以为老，弗许；良久，乃许之，以为前将军。太仆公孙贺为左将军，主爵都尉赵食其为右将军，食其，音异箕。平阳侯曹襄为后将军，皆属大将军。赵信为单于谋曰："汉兵既度幕，人马罢，匈奴可坐收虏耳。"师古曰：言收虏汉军人马可不费力，故言坐。罢，读曰疲。乃悉远北其辎重，师古曰：送辎重远去，令处北也。以精兵待幕北。

大将军既出塞，捕虏知单于所居，乃自以精兵走之，走，音奏。而令前将军广并于右将军军，出东道。师古曰：并，合也；合军而同道。东道回远而水草少，师古曰：回，绕也，曲也，户悔翻。广自请曰："臣部为前将军，今大将军乃徙令臣出东道。且臣结发而与匈奴战，今乃一得当单于，结发者，言始胜冠即在战阵，及今得当单于也。臣愿居前，先死单于。"师古曰：致死而取单于。大将军亦阴受上诫，以为"李广老，数奇，孟康曰：奇，只不偶也。如淳曰：数为匈奴所败为奇不耦。师古曰：言广命只不耦合也，孟说是矣。数，所角翻。奇，居宜翻。毋令当单于，恐不得所欲。"师古曰：谓不胜敌也。余谓指欲禽单于，脱有邂逅失之，为不得所欲。而公孙敖新失侯，大将军亦欲使敖与俱当单于，敖失侯见上二年。青本与敖友，又脱青于厄，故青欲使当单于而立功。故徙前将军广。广知之，固自辞于大将军；大将军不听，广不谢而起行，意甚愠怒。愠，于运翻。

大将军出塞千馀里，度幕，见单于兵陈而待。言结陈以待敌也。陈，与阵同。于是大将军令武刚车自环为营，张晏曰：武刚车，兵车也。师古曰：环，绕也。续汉志：诸军有矛戟，其饰幡斿旗帜，有巾有盖，谓之武刚车。环，音宦。而纵五千骑往当匈奴；匈奴亦纵可万骑。会日且入，言日欲没也。大风起，砂砾击面，师古曰：砾，小石也；音历。两军不相见，汉益纵左右翼绕单于。师古曰：翼，谓左右舒引其兵，如鸟之张翼。单于视汉兵多而士马尚强，自度战不能如汉兵，度，徒洛翻。单于遂乘六骡，壮骑可数百，直冒汉围，西北驰去。师古曰：骡者，驴种马子，坚忍。单于自乘善走骡，而壮骑随之也。冒，犯也。骡，来戈翻。冒，莫克翻。时已昏，汉匈奴相纷拏，师古曰：纷拏，乱相持搏也。拏，女居翻。杀伤大当。杀伤各大相当。汉军左校捕虏言，单于未昏而去，汉军发轻骑夜追之，大将军军因随其后，匈奴兵亦散走。迟明，迟，直二翻。行二百馀里，不得单于，捕斩首虏万九千级，遂至窴颜山赵信城，窴，徒贤翻。如淳曰：赵信降匈奴，筑城居之。得匈奴积粟食军，师古曰：食，读曰饮。留一日，悉烧其城馀粟而归。

前将军广与右将军食其军无导，惑失道，后大将军，师古曰：惑，迷也；在后不及期也。不及单于战。大将军引还，过幕南，乃遇二将军。大将军使长史责问广、食其失道状，急责广之幕府对簿。师古曰：簿，谓文状也。广曰："诸校尉无罪，乃我自失道，吾今自上簿至莫府。"上，时掌翻。广谓其麾下曰："广结发与匈奴大小七十馀战，今幸从大将军出接单于兵，而大将军徙广部，行回远而又迷失道，岂非天哉！且广年六十馀矣，终不能复对刀笔之吏！"复，扶又翻。遂引刀自刭。刭，古顶翻。广为人廉，得赏赐辄分其麾下，饮食与士共之，为二千石四十馀年，家无馀财。猿臂，善射，如淳曰：臂如猿臂通肩也。度不中不发。度，徒洛翻。中，竹仲翻。将兵，乏绝之处孔颖达曰：暂无曰乏，不续曰绝。见水，士卒不尽饮，广不近水，近，其靳翻。士卒不尽食，广不尝食；士以此爱乐为用。乐，音洛。及死，一军皆哭；百姓闻之，知与不知，无老壮皆为垂涕。师古曰：知谓素相识知也。为，于伪翻。而右将军独下吏，下，遐嫁翻。当死，赎为庶人。

单于之遁走，其兵往往与汉兵相乱而随单于，单于久不与其大众相得。其右谷蠡王以为单于死，乃自立为单于。谷蠡，音鹿黎。十馀日，真单于复得其众，而右谷蠡王乃去其单于号。师古曰：去，除也，丘吕翻。

票骑将军骑兵车重与大将军军等重，直用翻。而无裨将，悉以李敢等为大校，当裨将，校，户教翻。出代、右北平二千馀里，绝大幕，直左方兵，师古曰：直，当也。匈奴分其国为左右：诸左王将居东方，直上谷以东，接涉貊、朝鲜；右王将居西方，直上郡以西，接氐、羌；故谓之左、右方，亦谓之左、右地。获屯头王、韩王等三人，将军、相国、当户、都尉八十三人，封狼居胥山，禅于姑衍，登临翰海，张晏曰：登海边山以望海也。有大功，故增山而广地也。如淳曰：翰海，北海名也。崔浩曰：群鸟之所解羽，故曰翰海。广志，翰海在沙漠北。师古曰：积土增高曰封，为墠祭地曰禅。卤获七万四百四十三级。天子以五千八百户益封票骑将军；又封其所部右北平太守路博德等四人为列侯，路博德为邳离侯，卫山为义阳侯，复陆支为杜侯，伊即靬为众利侯。从票侯破奴等二人益封，校尉敢为关内侯，食邑；军吏卒为官、赏赐甚多。而大将军不得益封，军吏卒皆无封侯者。

两军之出塞，塞阅官及私马凡十四万匹，而复入塞者不满三万匹。

乃益置大司马位，大将军、票骑将军皆为大司马，定令，令票骑将军秩禄与大将军等。应劭曰：司马主武事，诸武官亦以为号。

汉官仪曰：时议者以为军中有侯司马，故加“大”为大司马以别异之。自此票骑将军同大将军品秩，位亚丞相。自是之后，大将军青日退而票骑日益贵。大将军故人、门下士多去事票骑，辄得官爵，唯任安不肯。

票骑将军为人，少言不泄，孔文祥曰：谓质重少言，胆气在中也。有气敢往。天子尝欲教之孙、吴兵法，孙，孙武；吴，吴起也。对曰：“顾方略何如耳，不至学古兵法。”天子为治第，令票骑视之，对曰：“匈奴未灭，无以家为也！”治，直之翻。由此上益重爱之。然少贵，不省士，师古曰：省，视也；言不恤视军士也。少，诗照翻。其从军，天子为遣太官赍数十乘；班表：太官有令，有丞，主膳食。师古曰：赍，与资同。余谓音则兮翻，亦通，装也。为，于伪翻。乘，绳证翻。既还，重车馀弃粱肉，师古曰：重，直用翻。粱，粟类也，米之善者。而士有饥者；其在塞外，卒乏粮或不能自振，而票骑尚穿域蹋鞠；服虔曰：穿域，作鞠室也。师古曰：鞠，以皮为之，实以毛，蹴蹋为戏也。刘向别录曰：蹴鞠，相传以为黄帝所作，或曰起战国之时，所以讲武知有材也。蹋，徒腊翻。鞠，居六翻。事多此类。大将军为人仁，喜士退让，师古曰：喜，许吏翻。以和柔自媚于上。两人志操如此。操，七到翻。

是时，汉所杀虏匈奴合八九万，而汉士卒物故亦数万。魏台访议：高堂隆曰：“闻之先师，物，无也，故，事也，言无复所能于事也。”索隐曰：汉以来谓死为物故，就朽故也。师古曰：物故，谓死也；言其同于鬼物而故也。盖汉军死者亦数万。是后匈奴远遁，而幕南无王庭。冒顿之强，尽取蒙恬所夺匈奴地，而王庭列置于幕南。今匈奴为汉所攻，远遁幕北，故幕南无王庭也。汉渡河自朔方以西至令居，班志，令居县属金城郡。令，音零。往往通渠，置田官，置官以主屯田。吏卒五六万人，稍蚕食匈奴以北；蚕食，言如蚕之食叶，以渐而侵其地也。然亦以马少，不复大出击匈奴矣。少，诗沼翻。复，扶又翻；下同。

匈奴用赵信计，遣使于汉，好辞请和亲。天子下其议，下，遐嫁翻；下同。或言和亲，或言遂臣之。丞相长史任敞曰：班表：丞相有二长史，秩二千石。任，音壬。"匈奴新破困，宜可使为外臣，朝请于边。"汉使任敞于单于，单于大怒，留之不遣。朝，直遥翻。请，才性翻。使，疏吏翻。是时，博士狄山议以为和亲便，姓谱：狄，春秋狄国之后；又曰：周文王封少子于狄城。上以问张汤，汤曰："此愚儒无知。"狄山曰："臣固愚，愚忠；若御史大夫汤，乃诈忠。"于是上作色曰："吾使生居一郡，师古曰：博士，儒官也，故呼为生。能无使虏入盗乎？"曰："不能。"曰："居一县？"对曰："不能。"复曰："居一障间？"师古曰：障，谓塞上要险之处，别筑为城，因置吏士，而为蔽障以御寇也。障，之尚翻。又汉制，每塞要处别筑为城，置人镇守，谓之候城，此即障也。山自度，辩穷且下吏，师古曰：度，计也；见诘辩而辞穷，当下吏也。下，遐嫁翻。曰："能。"于是上遣山乘障；师古曰：乘，登也，登而守之。至月馀，匈奴斩山头而去。自是之后，群臣震慑，师古曰：震，动也。慑，失气也。慑，之涉翻。无敢忤汤者。忤，五故翻。

5 是岁，汲黯坐法免，以定襄太守义纵为右内史，河内太守王温舒为中尉。守，式又翻。

先是，宁成为关都尉，函谷关都尉也。先，悉荐翻。吏民出入关者号曰："宁见乳虎，无值宁成之怒。"师古曰：猛虎产乳，护养其子，则搏噬过当，故以为喻。乳，人喻翻。及义纵为南阳太守，义，姓也。纵，其名。至关，宁成侧行送迎；侧行不敢正行，言恭甚。至郡，遂按宁氏，破碎其家；南阳吏民重足一迹。言累足也，畏惧之甚。重，直龙翻。后徙定襄太守，初至，掩定襄狱中重罪、轻系二百馀人，及宾客、昆弟私入视亦二百馀人，一捕，鞫曰"为死罪解脱"，一切皆捕而鞫问之也。服虔曰：律：诸囚徒私解脱桎梏钳赭，加罪一等；为人解脱与同罪。纵鞫相赂饷者二百人以为解脱死罪 尽杀之。师古曰：

鞫，穷也，谓穷治也。是日，皆报杀四百馀人，师古曰：奏请得报而论杀。原父曰：纵掩定襄狱，一切捕鞫，而云是日皆报杀，则非奏请报可之报矣，然则以论决为报也。其后郡中不寒而栗。是时，赵禹、张汤以深刻为九卿，然其治尚辅法而行；纵专以鹰击为治。师古曰：言如鹰隼之击也。治，直吏翻。

王温舒始为广平都尉，广平本属赵国，景、武之间，分为广平郡，征和元年，立为平干国。择郡中豪敢往吏十馀人，师古曰：豪桀而性果敢一往无所顾者，以为吏也。以为爪牙，皆把其阴重罪，而纵使督盗贼。师古曰：纵，放也。督，察视也。快其意所欲得，此人虽有百罪，弗法；师古曰：言所捕盗贼得其人而快，温舒意则不问其先所犯罪也。弗法，谓弗行法也。即有避，因其事夷之，亦灭宗。师古曰：避，谓不尽意捕击也。以其故，齐、赵之郊盗贼不敢近广平，近，其靳翻。广平声为道不拾遗。迁河内太守；以九月至，令郡具【章：十四行本“具”下有“私”字；乙十一行本同；孔本同；退斋校同。】马五十匹为驿，师古曰：以私马于道上往往置驿，自河内至长安。捕郡中豪猾，相连坐千馀家。上书请，大者至族，小者乃死，家尽没入偿臧。师古曰：以臧获罪者既没入之，又令出倍臧，或收入官，或还其主也。余谓没入其家以偿所受之臧，其义似径。臧，读曰赃。奏行不过二三日得可，奏而天子可之，谓之得可。事论报，至流血十余里，河内皆怪其奏，以为神速。尽十二月，郡中毋声，毋敢夜行，古毋、无通。野无犬吠之盗。其颇不得，失之旁郡国，追求。会春，温舒顿足叹曰：“嗟乎！令冬月益展一月，足吾事矣！”师古曰：立春之后不复行刑，故云然。展，伸也。

天子闻之，皆以为能，故擢为中二千石。郡守二千石，正卿及列卿皆中二千石。

6 齐人少翁，以鬼神方见上。上有所幸王夫人卒，王夫人，齐王闳之母。少翁以方夜致鬼，如王夫人之貌，天子自帷中望见焉。考异曰：汉书以此事置李夫人传中，古今相承皆以为李夫人事。史记封禅书："少翁见上，上有所幸王夫人卒，少翁以方夜致王夫人及灶鬼之貌云。"按李夫人卒时，少翁死已久，汉书误也。今从史记。于是乃拜少翁为文成将军，赏赐甚多，以客礼礼之。文成又劝上作甘泉宫，中为台室，画天、地、太一诸鬼神而置祭具，以致天神。居岁馀，其方益衰，神不至。乃为帛书以饭牛，师古曰：谓杂草以饭牛也。饭，扶晚翻。佯不知，言曰："此牛腹中有奇。"杀视，得书，书言甚怪，天子识其手书，谓识其亲书手迹也。问其人，果是伪书；于是诛文成将军而隐之。隐，谓秘诛文成之事，不令人知之也。

张政烺标点容肇祖聂崇岐覆校

资治通鉴卷第二十

翰林学士朝散大夫右谏议大夫知制诰兼侍讲
同提举万寿观公事兼判集贤院上护军 司马光 奉敕编集
河内郡开国侯食邑一千三百户赐紫金鱼袋臣

后学天台胡三省音注

汉纪十二 起昭阳大渊献（癸亥），尽重光协洽（辛未），凡九年。

世宗孝武皇帝中之下

元狩五年（癸亥、前一一八）

1 春，三月，甲午，丞相李蔡坐盗孝景园堧地，葬其中，当下吏，自杀。堧，而缘翻。下，遐嫁翻。

2 罢三铢钱，更铸五铢钱。去年废半两钱，行三铢钱。更，工衡翻。考异曰：汉书食货志："前以销半两钱，铸三铢钱；明年以三铢钱轻，更铸五铢钱。"武帝元狩五年，乃云"罢半两钱，行五铢钱"，误也。于是民多盗铸钱，楚地尤甚。

上以为淮阳，楚地之郊，师古曰：郊，谓交迫冲要之处。乃召拜汲黯为淮阳太守。黯去年免，故召拜之。守，式又翻。黯伏谢不受印，诏数强予，强，其两翻。予，读曰与。然后奉诏。黯为上泣曰：为，于伪翻；下正为同。"臣自以为填沟壑，不复见陛下，复，扶又翻。填，大贤翻。不意陛下复收用之。臣常有狗马病，力不能任郡事。任，音壬。臣愿为中郎，出入禁闼，补过拾遗，臣之愿也。"上曰："君薄淮阳邪？吾今召君矣。师古曰：言后即召也。顾淮阳吏民不相得，师古曰：顾，思念也。言吏民不相安而失其所也。吾徒得君之重，师古曰：徒，但也。重，威重也。卧而治之。”

黯既辞行，过大行李息曰：“黯弃逐居郡，不得与朝廷议矣。过，古禾翻。与，读曰预。御史大夫汤，智足以拒谏，诈足以饰非，务巧佞之语，辩数之辞，非肯正为天下言，专阿主意。主意所不欲，因而毁之；主意所欲，因而誉之。誉，音馀。好兴事，舞文法，好，呼到翻。内怀诈以御主心，外挟贼吏以为威重。公列九卿，不早言之，公与之俱受其戮矣。”息畏汤，终不敢言；及汤败，上抵息罪。师古曰：抵，至也，致之于罪也。

使黯以诸侯相秩居淮阳，如淳曰：诸侯王相在郡守上，秩真二千石，月得百五十斛，岁凡得千八百石。二千石月得百二十斛，岁凡得千四百四十石耳。十岁而卒。

3 诏徙奸猾吏民于边。

4 夏，四月，乙卯，以太子少傅武强侯庄青翟为丞相。武强侯庄不识，高祖功臣，青翟其孙也。班志，武强县属广川；唐冀州武强县是也。

5 天子病鼎湖甚，晋灼曰：黄图：鼎湖，宫名，在京兆。班志，湖本在京兆，后分属弘农。索隐曰：昔黄帝采首山铜，铸鼎于湖，曰鼎湖，即今之湖城县也。巫医无所不致，不愈。游水发根言上郡有巫，病而鬼神下之。服虔曰：游水，县名；发根，人名。晋灼曰：地理志，游水，水名，在临淮。师古曰：二说皆非也。游水，姓也；发根，名也；盖因水为姓也。本尝遇病而神下之，故为巫也。下，户嫁翻，降附也。上召置，祠之甘泉，及病，使人问神君，神君言曰：“天子无忧病；病少愈，强与我会甘泉。”少，诗沼翻。强，其两翻。于是病愈，遂起幸甘泉，病良已，孟康曰：良已，善已；谓愈也。置酒寿宫。帝置寿宫以奉神君。臣瓒曰：寿宫，奉神之宫也。楚辞曰：蹇将澹兮寿宫。括地志：寿宫在雍州长安县西北三十里长安故城中。神君非可得见，闻其言，言与人音等，时去时来，来则风肃然，居室帷中。神君所言，上使人受，书其言，命之曰“画法”。孟康曰：策画之法也。其所语，世俗之所知也，无绝殊者，而天子心独喜；其事秘，世莫知也。师古曰：喜，好也，音许吏翻。

时上卒起，幸甘泉，卒，读曰猝。过右内史界中，道多不治，上怒曰：“义纵以我为不复行此道乎！”衔之。师古曰：衔，含也；包含在心，以为过也。复，扶又翻。

六年（甲子、前一一七）

1 冬，十月，雨水，无冰。雨，于具翻。

2 上既下缗钱令而尊卜式，事见上卷四年。百姓终莫分财佐县官，于是杨可告缗钱纵矣。纵，放也，肆也。义纵以为此乱民，部吏捕其为可使者。天子以纵为废格沮事，孟康曰：武帝使杨可主告缗，没入其财物，纵捕其为可使者，此为废格诏书，沮已成之事也。格，音阁。沮，才汝翻，坏也。考异曰：汉书武纪：“元鼎三年十一月，令民告缗，”据义纵传则在今冬。弃纵市。

3 郎中令李敢，怨大将军之恨其父，怨大将军卫青也。恨其父事见上卷四年。师古曰：令其父抱恨而死也。乃击伤大将军，大将军匿讳之。居无何，师古曰：无何，谓未多时也。敢从上雍，师古曰：雍之所在，地形积高，故曰上也。上，时掌翻。雍，于用翻。至甘泉宫猎，票骑将军去病射杀敢。射，而亦翻。考异曰：史记封禅书云：“明年，天子病鼎湖，甚；病愈，幸甘泉，大赦。”莫知其为何年。本纪皆无其事，独义纵传有之。按汉书百官公卿表，义纵、李敢死皆在今年。敢传云：“从上雍，至甘泉宫。”“雍”盖衍字也。平准书云：“自造白金五铢钱后五岁赦。”按武纪，元狩四年造白金，元鼎元年赦，首尾四年。若今年更有赦，则四年再赦，与平准书不合，今从百官表。去病时方贵幸，上为讳，云鹿触杀之。为，于伪翻。

4 夏，四月，乙巳，庙立皇子闳为齐王，旦为燕王，胥为广陵王，初作诰策。师古曰：于庙中策命之。服虔曰：诰敕王，如尚书诸诰。李奇曰：今敕封拜诸王策文起于此。毛晃曰：汉制，天子之策长二尺。释名曰：策，书教令于上，所以驱策于下也。

5 自造白金、五铢钱后，吏民之坐盗铸金钱死者数十万人，其不发觉者不可胜计，胜，音升。天下大抵无虑皆铸金钱矣。师古曰：抵，归也。大归，犹言大凡也。无虑，亦谓大率无少计虑云耳。犯者众，吏不能尽诛。

6 六月，诏遣博士褚大、徐偃等六人姓谱：宋恭公子石食采于褚，其德可师，号曰褚师，因以命氏。分循郡国，举兼并之徒及守、相、为吏有罪者。守，郡守；相，诸侯相也。

7 秋，九月，冠军景桓侯霍去病薨。冠，古玩翻。天子甚悼之，为冢，像祁连山。

初，霍仲孺吏毕归家，霍仲孺，本河东平阳县吏，给事平阳侯家，与侍者卫少儿私通而生去病。吏毕，言为吏毕，免归家也。娶妇，生子光。去病既壮大，乃自知父为霍仲孺。会为票骑将军，击匈奴，道出河东，遣吏迎仲孺而见之，大为买田宅奴婢而去；为，于伪翻。及还，因将光西至长安，任以为郎，稍迁至奉车都尉、任，保任也。帝置奉车都尉，掌御乘舆车，秩比二千石。光禄大夫。

8 是岁，大农令颜异诛。景帝后元年，更治粟内史为大农令。考异曰：徐广注史记平准书云，异诛在元狩四年壬戌岁。广见汉书百官公卿表，其年注云："大农令颜异，二年坐腹非诛。"不思有二年字，致此误也。

初，异以廉直，稍迁至九卿。上与张汤既造白鹿皮币，见上卷四年。问异，异曰："今王侯朝贺以苍璧，直数千，而以皮荐反四十万，时王侯朝贺以皮币荐璧，故曰皮荐。朝，直遥翻。本末不相称。"天子不说。称，尺证翻。说，读曰悦。张汤又与异有郤，郤，读曰隙。及人有告异以他事，下张汤治异。下，遐嫁翻。异与客语初令下有不便者，李奇曰：异与客语诏令初下有不便处。异不应，微反唇。师古曰：盖非也。汤奏当："异九卿，见令不便，不入言而腹诽，论死。"自是之后，有腹诽之法比，师古曰：比，则例也，读如字，又频寐翻。而公卿大夫多谄谀取容矣。

元鼎元年（乙丑、前一一六）应劭曰：得宝鼎故，因是改元。考异曰：汉书武纪，此年云"得鼎汾水上"，汉纪云"六月得宝鼎于河东汾水上，吾丘寿王对云云。"按封禅书，栾大封乐通侯之岁，其夏六月，"汾阴巫锦为民祠魏脽后土营旁得鼎，诏曰：'间者巡祭后土云云'。"武纪："元鼎四年，十月，幸汾阴。十一月，立后土祠于汾阴脽上。六月，得宝鼎后土祠旁。"礼乐志又云"元鼎五年得宝鼎。"恩泽侯表，"元鼎四年四月乙巳，栾大封侯。"然则得鼎应在四年。盖武纪因今年改元而误增此得鼎一事耳，非两曾得鼎于汾水上也。封禅书："天子封泰山反，至甘泉。有司言宝鼎出为元鼎，以今年为元封元年。"然则元鼎年号亦如建元、元光，皆后来追改之耳。

1 夏，五月，赦天下。

2 济东王彭离骄悍，彭离，梁孝王子，景帝中六年受封。济，子礼翻。悍，下罕翻；又侯旰翻。昏暮，与其奴、亡命少年数十人行剽杀人，取财物以为好，如淳曰：以是为好喜之事也。剽，匹妙翻，劫也。好，呼到翻。所杀发觉者百馀人，坐废，徙上庸。班志，上庸县属汉中郡。

二年（丙寅、前一一五）

1 冬，十一月，张汤有罪自杀。

初，御史中丞李文，与汤有郤，班表，御史大夫有两丞，一曰中丞，在殿中、兰台，掌图籍秘书，外督部刺史，内领侍御史员十五人，受公卿奏事，举劾、按章。成帝绥和元年，更名御史大夫为大司空，置长史，而中丞官职如故。哀帝建平二年，复为御史大夫，元寿二年，又为大司空，而中丞出外为御史台主，历汉东京至魏、晋以下皆然。郤，读曰隙；下同。汤所厚吏鲁谒居阴使人上变告文奸事，事下汤治，论杀之。上，时掌翻。下，遐嫁翻；下同。汤心知谒居为之，上问："变事踪迹安起？"汤佯惊曰："此殆文故人怨之。"师古曰：殆，近也。谒居病，汤亲为之摩足。为，于伪翻。赵王素怨汤，上书告："汤大臣，乃与吏摩足，疑与为大奸。"事下廷尉。谒居病死，事连其弟。弟系导官，苏林曰：汉仪注：狱二十六所，导官无狱也。师古曰：苏说非也。导，择也。以主择米，故曰导官。时或以诸狱皆满，故权寄此署系之，非本狱所也。班表，导官属少府。汤亦治他囚导官，见谒居弟，欲阴为之，而佯不省。囚，徐尤翻。为，于伪翻。省，心景翻。谒居弟弗知，怨汤，使人上书，告汤与谒居谋共变告李文。事下减宣，减宣，人姓名。减，古斩翻。宣尝与汤有郤，及得此事，穷竟其事，未奏也。会人有盗发孝文园瘗钱，如淳曰：瘗，埋也，埋钱于园陵以送死也。瘗，于计翻。丞相青翟朝，与汤约俱谢，师古曰：将入朝之时为此要约。朝，直遥翻。至前，至帝之前也。汤独不谢。汤以丞相四时行园陵当谢，御史大夫不豫园陵事，故不谢。上使御史按丞相，汤欲致其文"丞相见知"，欲以见知故纵之罪罪丞相。丞相患之。丞相长史朱买臣、王朝、边通，皆故九卿、二千石，朱买臣尝为主爵都尉，王朝至右内史，边通至济南相。陈留风俗传：边祖于宋平公子戎字子边。余按左传，周有大夫边伯。仕宦绝在汤前。汤数行丞相事，数，所角翻。知三长史素贵，故陵折，丞史遇之，三长史皆怨恨，欲死之。欲以死发汤之奸也。乃与丞相谋，使吏捕案贾人田信等，曰："汤且欲奏请，信辄先知之，居物致富，服虔曰：居，谓储也。贾，音古；下同。与汤分之。"事辞颇闻，师古曰：闻于天子也。上问汤曰："吾所为，贾人辄先知之，益居其物，师古曰：益，多也。是类有以吾谋告之者。"师古曰：类，似也。汤不谢，又佯惊曰："固宜有。"减宣亦奏谒居等事。天子以汤怀诈面欺，师古曰：对面欺诬也。使赵禹切责汤，汤乃为书谢，因曰："陷臣者，三长史也。"遂自杀。汤既死，家产直不过五百金。昆弟诸子欲厚葬汤，汤母曰："汤为天子大臣，被污恶言而死，被，皮义翻。污，乌故翻。何厚葬乎！"载以牛车，有棺无椁。天子闻之，乃尽按诛三长史。十二月，壬辰，丞相青翟下狱，自杀。

2 春，起柏梁台。服虔曰：用百头梁作台，因名焉。师古曰：三辅旧事云，以香柏为之。今书皆作"柏"，服说非也。作承露盘，高二十丈，高，居号翻。大七围，以铜为之；上有仙人掌，以承露，和玉屑饮之，云可以长生。宫室之修，自此日盛。

3 二月，以太子太傅赵周为丞相。

4 三月，辛亥，以太子太傅石庆为御史大夫。卫有大夫石氏。

5 大雨雪。雨，于具翻。

6 夏，大水，关东饿死者以千数。

7 是岁，孔仅为大农令，而桑弘羊为大农中丞，班表：大农有两丞，元狩四年，以东郭咸阳及孔仅为之。今置中丞，其位当在两丞上。稍置均输，以通货物。时置均输官于郡、国，令远方各以其物而灌输。置平准于京师，都受天下委输，贵则卖之，贱则买之，使富商大贾无所牟利。杜佑曰：汉武帝置均输，谓所当输于官者皆令输其土地所饶，平其所在时价，官更于他处卖之。输者既便，而官有利。

8 白金稍贱，民不宝用，竟废之。铸白金，见上卷元狩四年。于是悉禁郡、国无铸钱，专令上林三官铸钱，令天下非三官钱不得行。裴骃曰：百官表：水衡都尉，掌上林苑，属官有上林、均输、钟官、辨铜令，然则上林三官其是此三令乎！而民之铸钱益少，计其费不能相当，惟真工、大奸乃盗为之。

9 浑邪王既降汉，见上卷元狩元年。汉兵击逐匈奴于幕北，见上卷元狩元年。自盐泽以东空无匈奴，西域道可通。于是张骞建言："乌孙王昆莫本为匈奴臣，后兵稍强，不肯复朝事匈奴，匈奴攻不胜而远之。朝，直遥翻。远，于愿翻。今单于新困于汉，而故浑邪地空无人，蛮夷俗恋故地，又贪汉财物，今诚以此时厚币赂乌孙，招以益东，居故浑邪之地，张骞传：昆莫父难兜靡本与大月氏同在敦煌、祁连间，小国也。大月氏攻杀难兜靡，夺其地。而大月氏又为匈奴所破，西击塞王而夺其国。昆莫报父怨，西攻破大月氏国，因留居为乌孙国。骞欲诱之复归故地。与汉结昆弟，其势宜听，听则是断匈奴右臂也。断，丁管翻。既连乌孙，自其西大夏之属皆可招来而为外臣。”天子以为然，拜骞为中郎将，将三百人，马各二匹，牛羊以万数，赍金币帛直数千巨万；多持节副使，师古曰：为骞之副，而各令持节也。道可便，遣之他旁国。沿道有便可通使他国者即遣之。

骞既至乌孙，昆莫见骞，礼节甚倨。骞谕指曰：师古曰：以天子意指晓告之。“乌孙能东居故地，则汉遣公主为夫人，结为兄弟，共距匈奴，匈奴不足破也。”乌孙自以远汉，未知其大小；素服属匈奴日久，且又近之，近，其靳翻。其大臣皆畏匈奴，不欲移徙。骞留久之，不能得其要领，要，读曰腰。因分遣副使使大宛、康居、大月氏、大夏、安息、身毒、于阗及诸旁国。乌孙发译道送骞还，宛，於元翻。氏，音支。身毒，音捐笃。阗，徒贤翻，又徒见翻。师古曰：道，读曰导。使数十人，马数十匹，随骞报谢，因令窥汉大小。是岁，骞还，到，拜为大行。后岁馀，骞所遣使通大夏之属者皆颇与其人俱来，晋灼曰：其国人。于是西域始通于汉矣。

西域凡三十六国，南北有大山，中央有河，西域始通于汉凡三十六国，其后分置五十馀国：婼羌、鄯善、且末、小宛、精绝、戎卢、扜弥、渠勒、皮山、乌秅、西夜、蒲犁、子合、依耐、无雷、难兜、罽宾、乌弋山离、犁鞬、条支、安息、大月氏、大夏、康居、奄蔡、大宛、桃槐、休循、捐笃、莎车、疏勒、尉头、乌孙、姑墨、温宿、龟兹、乌垒、渠犁、尉犁、危须、焉耆、乌贪訾离、卑陆、卑陆后国、郁立师、单桓、蒲类、蒲类后国、西且弥、东且弥、劫国、山国、狐胡、车师前、后王是也。南北有大山者，南山在于寘之南、东出金城，与汉南山接；北山在车师之北，即唐志所谓西州交河县北柳谷金沙岭等山是也。中央有河者，河有两源，一出葱岭，一出于寘南山，其河北流与葱岭河合，注蒲昌海。自于寘以西，水皆西流，径休循、罽宾、大月氏、安息等国而入于西海。蒲昌之水潜行地下，南出积石，为中国河。西海之水东南合于交州涨海。东西六千馀里，南北千馀里，东则接汉玉门、阳关，班志：敦煌郡龙勒县有玉门关、阳关，酒泉郡有玉门县。阚骃曰：汉罢玉门关屯，置其人于此。括地志：沙州龙勒山，在县南百六十五里，玉门关，在县西北百一十八里。西则限以葱岭。西河旧事：葱岭，其山高大，上悉生葱，故以名焉。河有两源，一出葱岭，一出于窴，【章：十四行本“窴”作“阗”；乙十一行本同；孔本同。】合流东注盐泽。盐泽去玉门、阳关三百馀里。自玉门、阳关出西域有两道：从鄯善傍南山北，循河西行至莎车，为南道；鄯善，亦曰楼兰国，治杆尼城，去阳关千六百里。鄯，上扇翻。傍，步浪翻。莎车，治莎车城，去长安九千九百五十里。莎，素河翻。南道西逾葱岭，则出大月氏、安息。自车师前王廷随北山循河西行至疏勒，为北道；车师前王，治交河城，去长安八千一百五十里，唐西州交河县是也。疏勒，治疏勒城，去长安九千三百五十里，西当大月氏、大宛、康居之道。北道西逾葱岭，则出大宛、康居、奄蔡焉。杜佑曰：奄蔡，后为肃〔粟〕特国。故皆役属匈奴，匈奴西边日逐王，置僮仆都尉，匈奴盖以僮仆视西域诸国，故以名官。使领西域，常居焉耆、危须、尉黎间，焉耆，治员渠城，去长安七千三百里。危须，治危须城，在焉耆东百里，去长安七千二百九十里。尉犁，治尉犁城，去长安六千七百五十里，南接鄯善、且末二国。赋税诸国，取富给焉。

乌孙王既不肯东还，汉乃于浑邪王故地置酒泉郡，应劭曰：其水如酒，故曰酒泉。师古曰：城下有金泉，泉味如酒；唐为肃州。宋白曰：东南至长安二千九百里。稍发徙民以充实之；后又分置武威郡，本匈奴休屠王所居地，太初四年分置武威郡，唐之凉州即其地。宋白曰：东南至长安二千八百里。以绝匈奴与羌通之道。

天子得宛汗血马，爱之，名曰“天马”。使者相望于道以求之。诸使外国，一辈大者数百，少者百馀人，人所赍操大放博望侯时，赍，资也。操，持也。放，依也。言遣使所将节币大概依遣博望侯时也。放，读曰仿。其后益习而衰少焉。师古曰：以其串习，故不多发人。少，诗沼翻。汉率一岁中使多者十馀，少者五六辈；远者八九岁，近者数岁而反。

三年（丁卯、前一一四）

1 冬，徙函谷关于新安。据班史，以故关为弘农县。应劭曰：弘农去新安三百里。述征记：新安县，今犹谓之新关。

2 春，正月，戊子，阳陵园火。

3 夏，四月，雨雹。雨，于具翻。

4 关东郡、国十馀饥，人相食。

5 常山宪王舜薨，舜，景帝子，中五年受封。谥法：博闻多能曰宪。子勃嗣，坐宪王病不侍疾及居丧无礼废，徙房陵。班志，房陵县属汉中郡。宋白曰：郦驷云，即春秋防渚地，汉献帝改"防"为"房"，兼立房陵郡；今为房州。后月馀，天子更封宪王子平为真定王，真定县本属常山。今分真定、绵曼、藁城、肥累四县为王国。以常山为郡，于是五岳皆在天子之邦矣。华山、嵩高，本在天子之郡。南岳霍山属庐江，淮南、衡山谋反，国除，入汉为郡。元狩元年，济北王献太山及其旁邑。今又以常山为郡，然后皆在天子之邦。

6 徙代王义为清河王。义，文帝子代王参之孙，王登之子。清河王乘，孝景之子，薨，无子，国除，徙代王王焉。

7 是岁，匈奴伊稚斜单于死，子乌维单于立。

四年（戊辰、前一一三）

1 冬，十月，上行幸雍，祠五畤。雍，于用翻。畤，音止。诏曰："今上帝，朕亲郊，而后土无祀，则礼不答也，师古曰：答，对也。郊天而不祀地，失对偶之义。一曰：阙地祇之祀，不为神所答应。其令有司议！"立后土祠于泽中圜丘。郊祀志：有司议祠后土宜于泽中圜丘，为五坛。上遂自夏阳东幸汾阴。班志，夏阳县属左冯翊。汾阴县属河东郡。是时，天子始巡郡、国；河东守不意行至，不办，自杀。不意天子行幸至郡，供具不能备也。十一月，甲子，立后土祠于汾阴脽上，如淳曰：脽者，河之东岸特堆堀，长四五里，广二里馀，高十馀丈。汾阴县治脽之上；后土祠在县西。汾在脽之北，西流与河合。师古曰：脽者，以其形高起，如人尻脽，故以名云。一说，此临汾水之上，地本名鄈，音与葵同，彼乡人呼葵音如谁，故转而为脽字耳。故汉旧仪曰鄈上。脽，音谁。上亲望拜，如上帝礼。礼毕，行幸荥阳，还，至洛阳，班志，荥阳、洛阳并属河南郡。封周后姬嘉为周子南君。臣瓒曰：汲冢古文谓卫将军文子为子南弥牟，其后有子南固、子南劲。纪年，劲朝于魏。后惠成王如卫，命子南为侯。秦并六国，卫最后亡。疑嘉是卫后，故氏子南而称君也。师古曰：子南，其封邑之号，以为周后，故总言周子南君，瓒说非也。例不先言姓而后称君，且自嘉以下皆姓姬，著于史传。余据恩泽侯表，周子南君食邑于颍川长社。

2 春，二月，中山靖王胜薨。胜，景帝子，中二年受封。

3 乐成侯丁义义，高祖功臣丁礼之曾孙。班志，乐成，侯国，属南阳郡。考异曰：汉书郊祀志作"乐成侯登"。按史记、汉书功臣表当为"丁义"。荐方士栾大，云与文成将军同师。上方悔诛文成，诛文成见上卷元狩四年。得栾大，大说。说，读曰悦。大先事胶东康王，康王寄，上弟也。为人长美言，师古曰：善为甘美之言。多方略，而敢为大言，处之不疑。处，昌吕翻。大言曰："臣常往来海中，见安期、羡门之属，顾以臣为贱，不信臣；又以为康王诸侯耳，不足与方。臣之师曰：'黄金可成而河决可塞，塞，悉则翻。不死之药可得，仙人可致也。'然臣恐效文成，则方士皆掩口，恶敢言方哉！"恶，音乌。上曰："文成食马肝死耳。索隐曰：论衡云：气勃而毒盛，故食走马肝，马肝杀人。儒林传：食肉无食马肝，是也。子诚能修其方，我何爱乎！"大曰："臣师非有求人，人者求之。陛下必欲致之，则贵其使者，令为亲属，以客礼待之，乃可使通言于神人。"于是上使验小方，斗旗，旗自相触击。考异曰：封禅书郊祀志皆作"棋"，独史记孝武纪作"旗"。按汉武故事云："大尝于殿前树旍数百枚，大令旍自相击，翻翻竟庭中，去地十馀丈，观者皆骇。"然则作'旗"字者是也。是时，上方忧河决而黄金不就，乃拜大为五利将军，又拜为天士将军，地士将军，大通将军。夏，四月，乙巳，封大为乐通侯，恩泽侯表：乐通侯食邑于安定郡高平县。食邑二千户，赐甲第，僮千人，乘舆斥车马、帷帐、器物以充其家，师古曰：斥不用者也。又以卫长公主妻之，乘，绳证翻。长，知两翻。孟康曰：卫太子妹。如淳曰：卫太子姊也。师古曰：外戚传云：子夫生三女，元朔三年生男。据是，则卫太子之姊也，孟说非。妻，七细翻。赍金十万斤，天子亲如五利之第，使者存问共给，共，读曰供。相属于道。属，之欲翻。自太主、将、相以下，太主，帝姑窦太主也。皆置酒其家，献遗之。遗，于季翻。天子又刻玉印曰“天道将军”，据前史，下文言为天子道天神，则道读曰导。使使衣羽衣，夜立白茅上；五利将军亦衣羽衣，立白茅上，受印，以示不臣。羽衣，缉羽毛为衣也；今道士服被之。使衣、亦衣，于既翻。大见数月，佩六印，五利、天士、地士、大通、天道五将军，并乐通侯为六印。贵震天下。于是海上燕、齐之间，莫不扼腕自言有禁方、能神仙矣。扼，音厄。腕，乌贯翻。

4 六月，汾阴巫锦应劭曰：锦，巫名。得大鼎于魏脽后土营旁，师古曰：汾脽本魏地之坟，故曰魏脽也。营，谓后土祠之兆域。河东太守以闻。天子使验问，巫得鼎无奸诈，乃以礼祠，迎鼎至甘泉，从上行，如淳曰：以鼎从行上甘泉。荐之宗庙及上帝，藏于甘泉宫；群臣皆上寿贺。

5 秋，立常山宪王子商为泗水王。泗水统凌、泗阳、于三县，本属东海郡，帝分为王国。

6 初，条侯周亚夫为丞相，周亚夫，景帝前七年为相，中三年罢。赵禹为丞相史，府中皆称其廉平，然亚夫弗任，曰：“极知禹无害，汉书音义曰：文无所枉害。萧何以文无害为沛主吏掾。章怀太子贤曰：按律有无害都吏，如今言公平吏。苏林曰：无害，若言无比也。一曰：害，胜也，无能胜害之者。师古曰：伤害也，无人能伤害之者。贡父曰：持法者或以私意陷人，谓之害；故贵于文无害。无害者，取其为人无害于行，则可以为吏矣。然文深，不可以居大府。”应劭曰：禹持文法深刻。及禹为少府，比九卿为酷急；言以当时九卿同列者比之，禹为酷急也。至晚节，吏务为严峻，而禹更名宽平。

中尉尹齐素以敢斩伐著名，姓谱：少昊之子封于尹城，子孙因以为氏。按尹氏，周之世卿。及为中尉，吏民益凋敝。是岁，齐坐不胜任抵罪。胜，音升。上乃复以王温舒为中尉，赵禹为廷尉。后四年，禹以老，贬为燕相。

是时吏治皆以惨刻相尚，治，直吏翻。独左内史兒宽，劝农业，缓刑罚，理狱讼，务在得人心；择用仁厚士，推情与下，不求名声，吏民大信爱之；收租税时，裁阔狭，与民相假贷，师古曰：谓有贫弱及农要之时，不即征收也。余谓阔，谓征敛稍宽、禁防疏阔之时；狭，谓督促迫急之时。阔时不急征收，假贷与民，使营生业。以故租多不入。后有军发，左内史以负租课殿，当免；殿，丁练翻。课下下曰殿。民闻当免，皆恐失之，大家牛车、小家担负输租，繦属不绝，师古曰：繦，索也。言输者接连不绝于道，若绳索之相属也，犹今言续索矣。属，之欲翻。课更以最。课上上曰最。上由此愈奇宽。

7 初，南越文王遣其子婴齐入宿卫，南越王胡薨，谥文王。婴齐入宿卫，见十七卷建元元年。在长安取邯郸樛氏女，取，读曰娶。邯郸属赵国。师古曰：樛，居虯翻。生子兴。文王薨，婴齐立，乃藏其先武帝玺，赵佗自号南越武帝。李奇曰：去其僭号。上书请立樛氏女为后，兴为嗣。汉数使使者风谕婴齐入朝。数，所角翻。师古曰：风，读曰讽，讽谕令入朝。婴齐尚乐擅杀生自恣，惧入见要，用汉法比内诸侯，乐，音洛。见，贤遍翻；下同。要，读曰邀。恐汉邀之以用朝廷之法，如内诸侯王。固称病，遂不入见。婴齐薨，谥曰明王。太子兴代立，其母为太后。

太后自未为婴齐姬时，尝与霸陵人安国少季通。师古曰：姓安国，字少季。少，诗照翻。是岁，上使安国少季往谕王、王太后以入朝，比内诸侯，令辩士谏大夫终军等宣其辞，百官表：元狩五年，初置谏大夫，秩八百石。勇士魏臣等辅其决，师古曰：助令决策也。卫尉路博德将兵屯桂阳班志，桂阳县属桂阳郡；唐为连州桂阳、连山二县地。待使者。南越王年少，太后中国人；安国少季往，复与私通，国人颇知之，多不附太后。太后恐乱起，亦欲倚汉威，数劝王及群臣求内属；数，所角翻。即因使者上书，请比内诸侯，三岁一朝，朝，直遥翻。除边关。于是天子许之，赐其丞相吕嘉银印及内史、中尉、太傅印，馀得自置；除其故黥、劓刑，用汉法，比内诸侯。使者皆留，填抚之。汉制，诸侯王国二千石以上皆汉朝所命，馀得自置。今赐南越丞相、内史、中尉、太傅印，使之比内诸侯也。汉自文帝除肉刑，不用黥、劓之法，故亦令南越除之。劓，鱼器翻，又牛例翻。填，读曰镇。为吕嘉反张本。

8 上行幸雍，雍，于用翻。且郊，或曰："五帝，泰一之佐也。宜立泰一，而上亲郊。"上疑未定。齐人公孙卿曰："今年得宝鼎，其冬辛巳朔旦冬至，与黄帝时等。"卿有札书师古曰：等，同也。札，木简之薄小者也。曰："黄帝得宝鼎，是岁己酉朔旦冬至，凡三百八十年，黄帝仙登于天。"因嬖人奏之。嬖，卑义翻，又博计翻。上大悦，召问，卿对曰："受此书申公，申公曰：'汉兴复当黄帝之时，汉之圣者在高祖之孙且曾孙也。宝鼎出而与神通，黄帝接万灵明庭，明庭者甘泉也。黄帝采首山铜，班志，河东蒲坂县有首山。铸鼎于荆山下，班志：冯翊怀德县有荆山。鼎既成，有龙垂胡髯下迎黄帝，师古曰：胡，谓颔下垂肉也；髯，其毛也。髯，人占翻。黄帝上骑龙，与群臣后宫七十馀人俱登天。'"于是天子曰："嗟乎！诚得如黄帝，吾视去妻子如脱屣耳！"师古曰：屣，小履也。脱屣者，言其便易，无所顾也。屣，山尔翻。拜卿为郎，使东候神于太室。师古曰：太室山在颍川崇高县，是为中岳。

五年（己巳、前一一二）

1冬，十月，上祠五畤于雍，遂逾陇，陇坻也，在天水郡陇县。三秦记曰：其坂九曲，上陇者七日乃越。西登崆峒。唐地理志，崆峒在岷州溢乐县西。岷州，汉临洮之地。史记作“空桐”。正义曰：空桐山，在原州平高县西百里。陇西守以行往卒，卒，读曰猝。天子从官不得食，惶恐，自杀。从，才用翻。于是上北出萧关，从数万骑猎新秦中，以勒边兵而归。新秦中或千里无亭徼，于是诛北地太守以下。唐麟州治新秦。杜佑：汉新秦中地。余谓唐取汉新秦中之名以名郡耳，麟州不能尽有汉新秦中之地也。北地与朔方接境，时朔方新置郡，盖使北地并力以营筑亭徼也。徼，吉吊翻。上又幸甘泉，立泰一祠坛，所用祠具如雍一畤而有加焉。雍有五畤，今祠太一所用，如雍一畤之祠具也。有加者，加醴枣脯之属。五帝坛环居其下四方地，为醊食群神从者及北斗云。说文，醊，祭酹也。师古曰：谓联属而祭也。醊，竹芮翻。食，读曰飤。从，才用翻。十一月，辛巳朔，冬至；昧爽，昧，冥也。爽，明也。谓日尚昧昧而天色渐明也。天子始郊拜泰一，朝朝日，夕夕月则揖。应劭曰：天子春朝日，秋夕月；朝日以朝，夕月以夕。臣瓒曰：汉仪注：郊泰畤，皇帝平旦出竹宫，东向揖日，其夕西南向揖月，便用郊日，不用春、秋也。师古曰：春朝朝日，秋暮夕月，盖常礼；郊泰畤而揖日月，此又别仪。朝朝，下直遥翻；下同。其祠，列火满坛，坛旁亨炊具。亨，读曰烹。有司云：“祠上有光。”又云：“昼有黄气上属天。”属，之欲翻。太史令谈、祠官宽舒等班表：太史令属太常。刘昭志：秩六百石，掌天时星历，凡国祭祀、丧娶之事。谈，即司马谈也。祠官，掌祠祀之官。宽舒，史逸其姓。请三岁天子一郊见，见，贤遍翻。诏从之。

2南越王、王太后饬治行装，重赍治，直之翻。赍，读曰资。为入朝具。其相吕嘉，年长矣，相三王，宗族仕宦为长吏者七十馀人，男尽尚王女，女尽嫁王子弟、宗室，及苍梧秦王有连，孟康曰：苍梧，越中王，自名为秦王。连，亲婚也。晋灼曰：秦王，即后赵光；赵本与秦同姓，故曰秦王。余据南越王姓赵，曷为不称南越秦王！晋说未为通。长，知两翻。其居国中甚重，得众心愈于王。师古曰：愈，胜也。王之上书，数谏止王，王弗听；有畔心，数称病，不见汉使者。数，所角翻。使者皆注意嘉，势未能诛。王、王太后亦恐嘉等先事发，先，悉荐翻。欲介汉使者权，谋诛嘉等，韦昭曰：恃使者为介胄也。索隐曰：志林云：介者，因也；欲因使者权诛吕嘉也。韦昭以介为恃。介者，间也；以言间恃汉使之权，意即得矣；然云恃为介胄则非也。虞喜以介为因，亦有所由；介者，宾主所因也。乃置酒请使者，大臣皆侍坐饮。坐，徂卧翻。嘉弟为将，将卒居宫外。将，即亮翻。酒行，太后谓嘉曰："南越内属，国之利也；而相君苦不便者，何也？"以激怒使者。使者狐疑相杖，杖，直亮翻。遂莫敢发。嘉见耳目非是，师古曰：言异于常也。即起而出。太后怒，欲鏦嘉以矛，鏦，楚江翻。王止太后。嘉遂出，介其弟兵就舍，李奇曰：介，被也。师古曰：介，甲也，被甲以自卫也。弟兵，即上所云弟将卒居外者。称病，不肯见王及使者，阴与大臣谋作乱。王素无意诛嘉，嘉知之，以故数月不发。

天子闻嘉不听命，王、王太后孤弱不能制，使者怯无决；又以为王、王太后已附汉，独吕嘉为乱，不足以兴兵，欲使庄参以二千人往使。往使，疏吏翻。参曰："以好往，数人足矣；以武往，二千人无足以为也。"辞不可，天子罢参。郏壮士故济北相韩千秋班志，郏县属颍川郡。史记正义曰：今汝州郏城县。郏，音夹。千秋，盖相济北成王胡也。胡，贞王勃之子。奋曰："以区区之越，又有王、王太后应，独相吕嘉为害，愿得勇士三百人，必斩嘉以报。"于是天子遣千秋与王太后弟樛乐将二千人往。入越境。樛，居虬翻。吕嘉等乃遂反，下令国中曰："王年少。太后，中国人也，又与使者乱，专欲内属，尽持先王宝器入献天子以自媚；多从人行，至长安，虏卖以为僮仆；取自脱一时之利，无顾赵氏社稷、为万世虑计之意。"乃与其弟将卒攻杀王、王太后及汉使者，遣人告苍梧秦王及其诸郡县，立明王长男越妻子术阳侯建德为王。建德降汉，始封术阳侯，史盖追书也。班表，术阳侯食邑于东海之下邳。长，知两翻。而韩千秋兵入，破数小邑。其后越开直道给食，师古曰：纵之令深入，然后击灭之。未至番禺四十里，番禺，南越都。番，音潘。越以兵击千秋等，遂灭之；使人函封汉使者节置塞上，好为谩辞谢罪，师古曰：谩，诳也，音慢，又莫连翻。发兵守要害处。

春，三月，壬午，天子闻南越反，曰："韩千秋虽无功，亦军锋之冠，冠，古玩翻。封其子延年为成安侯；班表，成安侯食邑于颍川郡之郏县。樛乐姊为王太后，首愿属汉，封其子广德为龙亢侯。"班志，龙亢县属沛国。亢，音刚。考异曰：汉书功臣表作"龙侯"，南越传作"龏侯"。晋灼曰："龏"，古"龙"字。史记建元以来侯者表及南越传皆作"龙亢侯"，今从之。

3 夏，四月，赦天下。

4 丁丑晦，日有食之。

5 秋，遣伏波将军路博德环济要略曰：伏波将军者，船涉江海，欲使波涛伏息也。出桂阳，下湟水；水经：汇水出桂阳县卢聚，南出贞女峡，合洭水，东南过含洭县，南出洭浦关为桂水。山海经以洭水为湟水。徐广曰：湟水，一名洭水，出桂阳，通四会。师古曰：湟，音皇。楼船将军杨仆出豫章，下浈水；应劭曰：浈水出南海龙川西，入奏水。水经：浈水径桂阳郡之浈阳县南，而右注溱水。浈，郑氏曰：浈，音柽；孟康曰：浈，音贞；师古曰：浈，丈庚翻。归义越侯严为戈船将军，出零陵，下离水；张晏曰：严故越人，降，为归义侯。越人于水中负人船，又有蛟龙之害，故置戈于船下，因以为名。臣瓒曰：伍子胥书有戈船，以载干戈，因谓之戈船也。师古曰：以楼船之例言之，非谓载干戈也，此盖船下安戈以御蛟鼍水虫之害，张说近之。贡父曰：船下安戈既难措置，又不可以行；今造舟船甚多，未尝有置戈者。颜北人，不晓行船，故信张说；盖瓒说是。余据表无归义越侯严。零陵本属桂阳，帝分置郡；唐为永、道二州。漓水，班志：出零陵县阳海山东南，至广信入郁水。甲为下濑将军，下苍梧；服虔曰：甲故越人归汉者。臣瓒曰：

濑，湍也；吴、越谓之濑，中国谓之碛。伍子胥书有下濑船。濑，音赖。苍梧本越地，帝始置郡，有漓水关；唐梧、贺、康、端、封之地。皆将罪人，江、淮以南楼船十万人。越驰义侯遗别将巴、蜀罪人，发夜郎兵，下牂柯江，咸会番禺。

齐相卜式上书，请父子与齐习船者往死南越。天子下诏褒美式，赐爵关内侯，金六十斤，田十顷，布告天下；天下莫应。是时列侯以百数，皆莫求从军击越。会九月尝酎，祭宗庙，列侯以令献金助祭。少府省金，金有轻及色恶者，上皆令劾以不敬，夺爵者百六人。如淳曰：汉仪注：王子为侯，岁以黄金尝酎于汉庙，皇帝临受献金，金少，不如斤两，色恶，王削县，侯免国。余据当时失侯者列侯、王子侯共一百六人，盖不特王子侯有酎金也。酎，直又翻。省，悉景翻。劾，户概翻。辛巳，丞相赵周坐知列侯酎金轻，下狱，自杀。下，遐嫁翻。

6 丙申，以御史大夫石庆为丞相，封牧丘侯。恩泽侯表，牧丘侯食邑平原。时国家多事，桑弘羊等致利，王温舒之属峻法，而兒宽等推文学，皆为九卿，更进用事；更，工衡翻。事不关决于丞相，丞相庆醇谨而已。师古曰：醇，专厚也。

7 五利将军装治行，东入海求其师。既而不敢入海，之太山祠。上使人随验，实无所见。五利妄言见其师，其方尽多不售，师古曰：售，应当也；不售者，无验也。坐诬罔，腰斩；乐成侯亦弃市。

8 西羌众十万人反，与匈奴通使，使，疏吏翻。攻故安，围枹罕。故安县属涿郡，西羌之兵安能至此！当作“安故”。班志，安故、枹罕二县，皆属陇西郡。枹罕，故罕羌邑。宋白曰：安故故城，在兰州南。枹罕，今河州治所。枹，音肤。罕，如字。匈奴入五原，五原，即秦九原郡，帝更名；唐为盐州。宋白曰：五原郡有原五所，故名，谓龙游原、乞地于原、青岭原、岢岚真原、横槽原也。五原故城，在今榆林县界。杀太守。守，式又翻；下同。

六年（庚午、前一一一）

1冬，发卒十万人，遣将军李息、郎中令徐自为征西羌，平之。

2楼船将军杨仆入越地，先陷寻陿，陿，作狭音。姚氏曰：寻陿在始兴西三百里，近连口也。陿，音狭。破石门，石门在番禺西北二十里。郡国志：吕嘉拒汉，积石江中为门，因名石门。挫越锋，以数万人待伏波将军路博德至俱进，楼船居前，至番禺。南越王建德、相吕嘉城守。楼船居东南面，伏波居西北面。会暮，楼船攻败越人，纵火烧城。败，补卖翻。伏波为营，师古曰：设营垒以待降者。遣使者招降者，赐印绶，复纵令相招。师古曰：来降者即赐以侯印，而放令还，更相招谕。复，扶又翻。楼船力攻烧敌，驱而入伏波营中。黎旦，城中皆降。建德、嘉已夜亡入海，伏波遣人追之。校尉司马苏弘得建德，越郎都稽得嘉。孟康曰：越中所自置郎也。考异曰：史记汉书表皆作"孙都"，南越传皆云"都稽"，今从传。戈船、下濑将军兵及驰义侯所发夜郎兵未下，南越已平矣。遂以其地为南海、苍梧、郁林、合浦、交趾、九真、日南、珠厓、儋耳九郡。南海，唐广州、循州之地。苍梧，注见上。郁林，唐桂州、郁林、党、绣州之地。合浦，唐廉、雷、潘州之地。交趾，唐安南之地。杜佑曰：南方夷人，其足大，指开广；若并足而立，其指交，故名交趾。刘欣期交州记曰：交趾之人出南定县，足骨无节，身有毛，卧者更扶乃得起。山海经：交胫国为人交胫。郭璞曰：脚胫曲戾相交，所谓"雕题、交趾"也。九真，唐爱州之地。日南，唐驩州之地。师古曰：言其在日之南，所谓开北户以向日者。珠厓、儋耳，唐琼管之地。应劭曰：二郡在大海厓岸之边，出真珠，故曰珠厓。儋耳者，种大耳，其渠率自谓王者，耳尤缓，下肩三寸。张晏曰：异物志，二郡在海中，东西千里，南北五百里。儋耳之人，镂其颊皮，上连耳匡，分为数支，状如羊肠，累耳而下垂。贤曰：儋耳故城，即今儋州义伦县。儋，丁甘翻。臣瓒曰：珠厓郡治瞫都，去长安七千三百二十四里，儋耳去长安七千三百三十五里，见茂陵书。师还，上益封伏波；封楼船为将梁侯，苏弘为海常侯，都稽为临蔡侯，徐广曰：海常在东莱。余以王子侯表参考，则海常侯当食邑琅邪。功臣表，临蔡侯食邑河内。及越降将苍梧王赵光等四人皆为侯。赵光封随桃侯，史定封安道侯，毕取封膫侯，居翁封湘城侯。考异曰：凡此等封侯者，年表皆有月日，为其先后难齐，故尽附于立功之处；后仿此。

3 公孙卿候神河南，言见仙人迹缑氏城上。班志，缑氏县属河南郡。宋白曰：汉缑氏县故城，在今县东南二十五里。缑，工侯翻。春，天子亲幸缑氏城视迹，问卿："得毋效文成、五利乎？"卿曰："仙者非有求人主，人主者求之；其道非宽假，神不来。言神事如迂诞，师古曰：迂，回远也。诞，大言也。积以岁月，乃可致也。"上信之。于是郡、国各除道，缮治宫观、名山、神祠以望幸焉。观，古玩翻。

4 赛南越，祠泰一、后土，始用乐舞。据郊祀志，五年秋，为伐南越告祷太一，故今赛祠。赛，先代翻。

5 驰义侯发南夷兵，欲以击南越。且兰君恐远行且兰亦南夷种，帝开为县，属牂柯郡。且，音苴；子闾翻。旁国虏其老弱，乃与其众反，杀使者及犍为太守。犍，渠延翻。守，式又翻。汉乃发巴、蜀罪人当【严："当"改"尝"。】击南越者八校尉，遣中郎将郭昌、卫广将而击之，将，即亮翻。诛且兰及邛君、莋侯，邛君，邛都之君。莋侯，莋都之君。莋，才各翻；下同。遂平南夷为牂【章：十四行本"牂"作"牂"，乙十一行本同。】柯郡。夜郎侯始倚南越，南越已灭，夜郎遂入朝，朝，直遥翻。上以为夜郎王。冉駹皆振恐，请臣置吏，乃以邛都为越巂郡，邛，渠容翻。越巂郡，唐为巂州。巂，音髓。莋都为沈黎郡，服虔曰：今蜀郡北部都尉所治本莋都。臣瓒曰：茂陵书，沈黎治莋都，去长安三千三百三十五里。唐为黎州地。冉駹为汶山郡，駹，莫江翻。应劭曰：今蜀郡岷山本冉駹地。宣帝地节四年，省岷山郡并蜀，今茂州诸羌之地是也。华阳国志：汶山，南接汉嘉，西接凉州酒泉，北接阴平，皆其地也。唐置茂州汶山县。注云，有岷山。类篇：汶，音岷。又据史记夏纪引禹贡"岷、嶓既艺"及"岷山之阳"及"岷山导江"之"岷"皆作"汶"，盖汉时古字通用也。康曰汶，音问，非也。广汉西白马为武都郡。高祖置广汉郡；唐为梓州。白马居武都仇池，班志所谓天池大泽。括地志：陇右成州、武州皆白马氏，其豪族杨氏居成州仇池山上。武都郡，唐阶、成、武等州地。

6 初，东越王馀善上书，请以卒八千人从楼船击吕嘉；兵至揭阳，班志，揭阳县属南海郡；唐为潮州。韦昭曰：揭，其逝翻。苏林音揭，师古音竭。以海风波为解，不行，持两端，阴使南越。使，疏吏翻。及汉破番禺，不至。杨仆上书愿便引兵击东越；上以士卒劳倦，不许，令诸校屯豫章、梅岭以待命。徐广曰：梅岭在会稽界。索隐曰：徐说非也。按今豫章三十里有梅岭，在洪崖山，当古驿道。杜佑曰：梅岭在虔州虔化县界。括地志：在虔化县东北一百二十八里。校，户教翻。馀善闻楼船请诛之，汉兵临境，乃遂反，发兵距汉道，号将军驺力等为吞汉将军，入白沙、武林、梅岭，索隐曰：按今豫章北二百里接番阳界，地名白沙，沙东南八十里有武阳亭，东南三十里地名武林，当闽、越之京道。刘昫曰：武林，在苍梧猛陵县界，隋分猛陵置武林县，属永平郡；唐置龚州。杀汉三校尉。是时，汉使大农张成、故山州侯齿将屯，齿，城阳共王子，坐酎金失侯，故书曰故侯。将，即亮翻；下仆将同。弗敢击，却就便处，皆坐畏懦诛。馀善自称武帝。

上欲复使杨仆将，为其伐前劳，为，于伪翻。以书敕责之曰："将军之功独有先破石门、寻陿，非有斩将搴旗之实也，师古曰：搴，拔取之也。乌足以骄人哉！前破番禺，捕降者以为虏，降，户江翻。掘死人以为获，是一过也。使建德、吕嘉得以东越为援，师古曰：以仆不穷追之，故令得以东越为援也。是二过也。士卒暴露连岁，将军不念其勤劳，而请乘传行塞，传，张恋翻。行，下孟翻。因用归家，怀银、黄，垂三组，夸乡里，是三过也。师古曰：银，银印也；黄，金印也。仆为主爵都尉，又为楼船将军，并将梁侯，故为三组。组，印绶也。失期内顾，师古曰：言顾思妻妾也。以道恶为解，是四过也。问君蜀刀价而阳不知，蜀刀，蜀中所作刀。师古曰：蜀刀，有环者也。挟伪干君，师古曰：干，犯也。是五过也。受诏不至兰池，兰池宫在渭城。如淳曰：本出军时欲使之兰池宫，顿而不至。明日又不对；假令将军之吏，问之不对，令之不从，其罪何如？推此心在外，江海之间可得信乎？今东越深入，将军能率众以掩过不？”不，读曰否。仆惶恐对曰：“愿尽死赎罪！”上乃遣横海将军韩说出句章，班志，句章县属会稽郡。史记正义曰：句章故城，在越州鄮县西一百里。浮海从东方往；楼船将军杨仆出武林，中尉王温舒出梅岭，以越侯为戈船、下濑将军，出若邪、白沙，若邪，时属会稽山阴县界；今之若邪溪，在越州东南二十五里，曰五云溪。以击东越。

7 博望侯既以通西域尊贵，其吏士争上书言外国奇怪利害求使。天子为其绝远，非人所乐往，听其言，师古曰：凡人皆不乐去，故有自请为使者即听而遣之。为，于伪翻。乐，音洛。使，疏吏翻；下同。予节，募吏民，毋问所从来，师古曰：不为限禁远近，虽家人私隶并许应募。予，读曰与。为具备人众遣之，为，于伪翻；下同。以广其道。来还，不能毋侵盗币物及使失指，师古曰：乖天子指意。天子为其习之，辄覆按致重罪，以激怒令赎，师古曰：言其串习，不以为难，必当更求充使，令立功以赎罪。复求使，使端无穷，而轻犯法。复，扶又翻。使，疏吏翻；下同。其吏卒亦辄复盛推外国所有，言大者予节，言小者为副，予，读曰与。故妄言无行之徒皆争效之。行，下孟翻。其使皆贫人子，私县官赍物，师古曰：言所赍官物，窃自用之，同于私物。欲贱市以私其利。师古曰：所市之物得利多，故不尽入官也。外国亦厌汉使，人人有言轻重，服虔曰：汉使言于外国，人人轻重不实。度汉兵远不能至，而禁其食物以苦汉使。师古曰：令其困苦也。度，徒洛翻。汉使乏绝，积怨至相攻击。而楼兰、车师，小国当空道，汉出西域有两道，南道从楼兰，北道从车师，故二国当汉使空道。师古曰：空，即孔也。攻劫汉使王恢等尤甚，而匈奴奇兵又时遮击之。使者争言西域皆有城邑，兵弱易击。易，以豉翻。于是天子遣浮沮将军公孙贺将万五千骑出九原二千馀里，至浮沮井而还；浮沮，匈奴中井名。出军时，期贺至浮沮井，故以为将军之号。下匈河将军，其义类此。沮，子馀翻。匈河将军赵破奴将万馀骑出令居数千里，至匈河水而还；臣瓒曰：匈奴河水，去令居千里。以斥逐匈奴，不使遮汉使，皆不见匈奴一人。乃分武威、酒泉地置张掖、敦煌郡，应劭曰：敦，大也。煌，盛也。张掖，张国臂掖也。敦，音屯。张掖，昆邪王所居地，唐为甘州。敦煌，唐为沙州。考异曰：汉书武纪："元狩二年，浑邪王降，以其地为武威、酒泉郡。元鼎六年，分置张掖、敦煌郡。"而地理志云："张掖、酒泉郡，太初元年开；武威郡，太初四年开；敦煌郡，后元元年分酒泉置。"今从武纪。徙民以实之。

8 是岁，齐相卜式为御史大夫。式既在位，乃言"郡、国多不便县官作盐铁器，苦恶如淳曰："苦"或作"盬"，盬，不攻严也。臣瓒曰：谓作铁器民患苦其不好也。师古曰：二说非也。盐既味苦，器又脆恶，故总云苦恶也。余谓盐器，则官与牢盆是也；铁器，则官铸鉄器是也。苦恶，专指盐铁器而言，如说未可厚非。价贵，或强令民买之；而船有算，船算及盐铁器，并见上卷四年。强，其两翻。商者少，物贵。"少，诗沼翻。上由是不悦卜式。

9 初，司马相如病且死，有遗书，颂功德，言符瑞，劝上封泰山。上感其言，会得宝鼎，上乃与公卿诸生议封禅。封禅用希旷绝，莫知其仪，而诸方士又言："封禅者合不死之名也。汉书作"古不死之名"。黄帝以上，封禅皆致怪物，与神通，秦皇帝不得上封。陛下必欲上，稍上即无风雨，遂上封矣。"上，时掌翻。师古曰：稍，渐也。上于是乃令诸儒采尚书、周官、王制之文，草封禅仪，数年不成。上以问左内史兒宽，宽曰："封泰山，禅梁父，昭姓考瑞，帝王之盛节也；父，音甫。然享荐之义，不著于经。师古曰：封禅之享荐也，以非常礼，故经无其文。著，竹筯翻。臣以为封禅告成，合祛于天地神祇，李奇曰：祛，开散；合，闭也；开闭于天地也。祛，丘居翻。唯圣主所由，制定其当，师古曰：当，犹中也。非群臣之所能列。今将举大事，优游数年，使群臣得人人自尽，师古曰：所言不同，各有执见也。终莫能成。唯天子建中和之极，兼总条贯，金声而玉振之，师古曰：言振扬德音，如金玉之声也。以顺成天庆，垂万世之基。"上乃自制仪，颇采儒术以文之。上为封禅祠器，以示群儒，或曰"不与古同"，于是尽罢诸儒不用。上又以古者先振兵释旅，然后封禅。

元封元年（辛未、前一一〇）应劭曰：始封泰山，故改元。

1冬，十月，下诏曰："南越、东瓯，咸伏其辜；西蛮、北夷，颇未辑睦；师古曰：辑，与集同。集，和也。朕将巡边垂，躬秉武节，置十二部将军，亲帅师焉。"帅，读曰率。乃行，自云阳班志，云阳县属左冯翊。北历上郡、西河、五原，元朔四年置西河郡，其地自汾、石州西北至塞下。出长城，北登单于台，杜佑曰：单于台在云州云中县西北百馀里。至朔方，临北河；【章：十四行本"河"下有"勒兵十八万骑，旌旗径千馀里，以见武节，威匈奴"十九字；乙十一行本同；张校同。】遣使者郭吉告单于曰："南越王头已县于汉北阙。县，古悬通。今单于能战，天子自将待边；将，即亮翻。不能，即南面而臣于汉，何徒远走亡匿于幕北寒苦无水草之地，毋为也！"语卒而单于大怒，卒，子恤翻。立斩主客见者，师古曰：主客，主接诸客者也。见者，谓引见郭吉于单于者。而留郭吉，迁之北海上。然匈奴亦詟，詟，之涉翻。师古曰：失气也。终不敢出。上乃还，祭黄帝冢桥山，应劭曰：桥山在上郡阳周县。释兵须如。须如，地名。考异曰：汉书作"凉如"，今从史记。上曰："吾闻黄帝不死，今有冢，何也？"公孙卿曰："黄帝已仙上天，群臣思慕，葬其衣冠。"考异曰：史记、汉书皆云"或对"；汉武故事云"公孙卿对"，今取之。上叹曰："吾后升天，群臣亦当葬吾衣冠于东陵乎?”东陵，谓茂陵也。在长安东，故曰东陵。乃还甘泉，类祠太一。师古曰：类祠，谓以事类而祭也。

2 上以卜式不习文章，贬秩为太子太傅，以兒宽代为御史大夫。

3 汉兵入东越境，东越素发兵距险，使徇北将军守武林。楼船将军卒钱塘辕终古斩徇北将军。班志，钱唐县属会稽郡。师古曰：辕，姓；终古，名。故越衍侯吴阳以其邑七百人反攻越军于汉阳。越建成侯敖与繇王居股杀馀善，以其众降。据东越传，吴阳先在汉，汉使归喻馀善，馀善不听。及汉军至，阳以邑人攻越。书“故越衍侯”者，言其旧为越衍侯也。越衍侯及建成侯皆东越所封。上封终古为御儿侯，孟康曰：御儿，越中地，今吴南亭是也。国语曰：吾用御儿临之。宋祁注云：御儿，越北鄙，今嘉兴。史记正义曰：“御”，今作“语”。语儿乡在苏州嘉兴县南七十里，临官道。阳为卯石侯，居股为东成侯，敖为开陵侯；又封横海将军说为按道侯，横海校尉福为缭荌侯，东越降将多军为无锡侯。“卯石侯”，功臣表作“外石”，食邑于济南。“东成”作“东城”，属九江郡。开陵，侯国，属临淮郡。“按道”，功臣表作“安道”，食邑于南阳。索隐曰：缭荌，县名。师古曰：缭，音辽。荌，于耕翻。横海校尉福，城阳共王子海常侯福也，坐法失侯，以今功封缭荌侯。服虔曰：荌，音莹。刘伯庄曰：纡营翻。无锡县，属会稽郡。上以闽地险阻，数反覆，数，所角翻。终为后世患，乃诏诸将悉其民徙于江、淮之间，遂虚其地。虚，如字，康读曰墟。

4 春，正月，上行幸缑氏，考异曰：封禅书、郊祀志作“三月”；汉书武纪及荀纪皆作“正月”，今从之。礼祭中岳太室，从官在山下闻若有言“万岁”者三。荀悦曰：万岁，神称之也。从，才用翻。诏祠官加增太室祠，禁无伐其草木，以山下户三百为之奉邑。奉，扶用翻。

上遂东巡海上，行礼祠八神。齐人之上疏言神怪、奇方者以万数，乃益发船，令言海中神山者数千人求蓬莱神人。

公孙卿持节常先行，候名山，至东莱，东莱，春秋莱子之国；高祖置莱郡；唐为登、莱二州之地。言："夜见大人，长数丈，长，直亮翻。就之则不见，其迹甚大，类禽兽云。"群臣有言："见一老父牵狗，言'吾欲见巨公'，郑氏曰：巨公，天子也。张晏曰：天子为天下父，故曰巨公。师古曰：巨，大也。已忽不见。"上既见大迹，未信，及群臣又言老父，则大以为仙人也，宿留海上；师古曰：宿留，谓有所须待也。宿，先就翻。留，力就翻。与方士传车及间使求神仙，人以千数。师古曰：间，微也；随间隙而行也。

夏，四月，还，至奉高，奉高，泰山郡治所。礼祠地主于梁父。地主，八神之一也。梁父县属泰山郡。父，音甫。乙卯，令侍中儒者皮弁、搢绅，射牛行事，续汉志：委貌、皮弁同制，长七寸，高四寸，制如覆盆，前高广，后卑锐，所谓"夏之毋追、殷之章甫"者也。委貌，以皂绢为之；皮弁，以鹿皮为之。沈约曰：古者贵贱皆执笏，其有事则搢之于腰带，所谓"搢绅之士"者，搢笏而垂绅。绅，带也，长三尺。天子有事必自射牛，示亲杀也；今采此礼以为封禅仪。封泰山下东方，考异曰：武纪："癸卯，上还，登封泰山。"盖癸卯自海上还，乙卯至泰山行事也。如郊祠泰一之礼。封广丈二尺，高九尺，广，古旷翻，度广曰广。高，居号翻，度高曰高。其下则有玉牒书，书秘。礼毕，天子独与侍中、奉车都尉霍子侯上泰山，服虔曰：子侯，霍去病子也。上，时掌翻；下同。亦有封，其事皆禁。明日，下阴道。山北为阴。丙辰，禅泰山下址师古曰：址者，山之基足。址，音止。东北肃然山，如祭后土礼，天子皆亲拜见，见，贤遍翻；下同。衣尚黄，而尽用乐焉。江、淮间茅三脊为神藉，藉，才夜翻；荐也。五色土益杂封。其封禅祠，夜若有光，昼有白云出封中。师古曰：云出于所封之中。天子从禅还，坐明堂，班志，明堂在奉高西南四里。臣瓒曰：郊祀志：初，天子封泰山，泰山东北址，古时有明堂处，则此所坐者也。明年秋，乃作明堂。群臣更上寿颂功德。更，互也，工衡翻。诏曰："朕以眇身承至尊，兢兢焉惟德菲薄，不明于礼乐，故用事八神。遭天地况施，应劭曰：况，赐也。施，与也。言天地神灵乃赐我瑞应。施，式智翻。著见景象，屑然如有闻，臣瓒曰：闻呼万岁者三，是也。震于怪物，欲止不敢，遂登封泰山，至于梁父，然后升禮肃然禮，与禅同。自新，嘉与士大夫更始，更，工衡翻；下同。其以十月为元封元年。行所巡至，博、奉高、蛇丘、历城、梁父，博与蛇丘属泰山郡。博县有泰山庙。岱山在西北。师古曰：蛇，音移。历城县属济南郡。民田租逋赋，皆贷除之，无出今年算。赐天下民爵一级。"又以五载一巡狩，用事泰山，令诸侯各治邸泰山下。载，子亥翻。治，直之翻；下同。

天子既已封泰山，无风雨，而方士更言蓬莱诸神若将可得，于是上欣然庶几遇之，复东至海上望焉。几，居衣翻。复，扶又翻。上欲自浮海求蓬莱，群臣谏，莫能止。东方朔曰："夫仙者，得之自然，不必躁求。躁，则到翻。若其有道，不忧不得；若其无道，虽至蓬莱见仙人，亦无益也。臣愿陛下第还宫静处以须之，处，昌吕翻。须，待也。仙人将自至。"上乃止。会奉车霍子侯暴病，一日死。子侯，去病子也，上甚悼之；乃遂去，并海上，并，步浪翻。上，时掌翻。北至碣石，巡自辽西，历北边，至九原，五月，乃至甘泉。凡周行万八千里云。

先是，桑弘羊为治粟都尉，领大农，原父曰：大司农，旧治粟内史耳，弘羊为搜粟都尉也。先，悉荐翻。尽管天下盐铁。弘羊作平准之法，令远方各以其物如异时商贾所转贩者贾，音古。为赋而相灌输。置平准于京师，都受天下委输。委，於伪翻。输，音戍。大农诸官，尽笼天下之货物，贵即卖之，贱则买之，欲使富商大贾无所牟大利，如淳曰：牟，取也。而万物不得腾踊。至是，天子巡狩郡县，所过赏赐，用帛百馀万匹，钱金以巨万计，皆取足大农。弘羊又请【章：十四行本"请"下有"令"字；乙十一行本同；

孔本同。】吏得入粟补官及罪人赎罪。山东漕粟益岁六百万石，一岁之中，太仓、甘泉仓满，边馀谷，诸物均输，帛五百万匹，民不益赋而天下用饶。于是弘羊赐爵左庶长，黄金再百斤焉。

是时小旱，上令官求雨。卜式言曰："县官当食租衣税而已，师古曰：衣，于既翻。今弘羊令吏坐市列肆，贩物求利，亨弘羊，天乃雨。"

5 秋，有星孛于东井，晋天文志：东井八星，天之南门，黄道所经。又曰：东井，雍州分。孛，蒲内翻；下同。后十馀日，有星孛于三台。天文志：魁下六星，两两而比，曰三台。望气王朔言："候独见填星出如瓜，食顷，复入。"填星，土星也。填，读曰镇。有司皆曰："陛下建汉家封禅，天其报德星云。"师古曰：德星，即填星也。言天以德星报于帝。

6 齐怀王闳薨，无子，国除。闳，元狩六年受封。

张政烺标点容肇祖聂崇岐覆校

资治通鉴卷第二十一

翰林学士朝散大夫右谏议大夫知制诰兼侍讲
同提举万寿观公事兼判集贤院上护军 司马光 奉敕编集
河内郡开国侯食邑一千三百户赐紫金鱼袋臣

后学天台 胡三省 音注

汉纪十三 起玄黓涒滩(壬申)，尽玄黓敦牂(壬午)，凡十一年。

世宗孝武皇帝下之上

元封二年(壬申、前一〇九)

1冬，十月，上行幸雍，祠五畤；还，祝祠泰一，以拜德星。师古曰：拜而祠之，加祝辞。

2春，正月，公孙卿言："见神人东莱山，若云欲见天子。"天子于是幸缑氏城，缑，工侯翻。拜卿为中大夫，遂至东莱，宿留之，数日，无所见，宿留，音秀溜。见大人迹云。复遣方士求神怪，采芝药，以千数。复，扶又翻。时岁旱，天子既出无名，乃祷万里沙。应劭曰：万里沙神祠也，在东莱曲城。孟康曰：沙径三百馀里。杜佑通典：万里沙在莱州掖县界。夏，四月，还，过祠泰山。

3初，河决瓠子，河始决见十八卷元光二年。后二十馀岁不复塞，复，扶又翻。塞，悉则翻；下同。梁、楚之地尤被其害。被，皮义翻。是岁，上使汲仁、郭昌二卿发卒数万人塞瓠子河决。天子自泰山还，自临决河，沈白马、玉璧于河，沈，持林翻。令群臣、从官自将军以下皆负薪，卒填决河。从，才用翻。卒，子恤翻。筑宫其上，名曰宣防宫。导河北行二渠，复禹旧迹，沟洫志：禹导河自积石，历龙门，南到华阴，东下底柱及孟津、洛、汭，至于大伾。于是禹以为河所从来者高，水湍悍，难以行平地，数为败，乃酾二渠以引其河，北载之高地，过洚水，至于大陆，播为九河，同为迎河入勃海。孟康曰：二渠，其一出贝丘西南，南折者也；其一则漯川也。河自王莽时遂空，惟用漯耳。酾，山支翻。漯，吐合翻。而梁、楚之地复宁，无水灾。

4 上还长安。

5 初令越巫祠上帝、百鬼，而用鸡卜。越俗用鸡卜。李奇曰：持鸡骨卜，如鼠卜。史记正义曰：鸡卜法，用鸡一、狗一，生祝愿讫，即杀鸡狗，煮熟又祭，独取鸡两眼骨，上自有孔，裂似人物形则吉，不足则凶。今岭南犹行此法。范成大桂海虞衡志：鸡卜，南人占法，以雄鸡雏执其两足，焚香祷所占，扑鸡杀之，拔两股骨，净洗，线束之，以竹筳插束处，使两骨相背于筳端，执竹再祝。左骨为侬，侬，我也。右骨为人，人，所占事也。视两骨之侧所有细窍，以细竹筳长寸馀遍插之，斜直偏正，各随窍之自然，以定吉凶。法有十八变，大抵直而正、或近骨者多，吉；曲而斜、或远骨者多，凶。亦有用鸡卵卜者，握卵以卜，书墨于壳，记其四维；煮熟横截，视当墨处，辨壳中白之厚薄以定侬、人吉凶。

6 公孙卿言仙人好楼居，好，呼到翻。于是上令长安作蜚廉、桂观，甘泉作益寿、延寿观，应劭曰：蜚廉，神禽名，能致风气。晋灼曰：身似鹿，头如爵，有角，而蛇尾，文如豹文。"桂观"，汉志作"桂馆"。师古曰：蜚廉、桂馆、益寿、延寿，四馆名。观，古玩翻。使卿持节设具而候神人。又作通天茎台，通天台在甘泉宫。汉旧仪曰：台高五十丈，去长安二百里，望见长安城。置祠具其下。更置甘泉前殿，益广诸宫室。

7 初，全燕之世，尝略属真番、朝鲜，徐广曰：辽东有番汗县。应劭曰：玄菟本真番国。番，普安翻。张晏曰：朝鲜有湿水、洌水、汕水三水，合为洌水。疑乐浪、朝鲜取名于此。括地志：高丽都平壤城，本乐浪郡王险城；又古云朝鲜。索隐曰：按朝，音潮，直骄翻。鲜，音仙，以有汕水故也。汕，一音讪。为置吏，筑障塞。为，于伪翻；下同。秦灭燕，属辽东外徼。

徼，吉吊翻。汉兴，为其远难守，复修辽东故塞，至浿水为界，班志，浿水出辽东塞外，西南至乐浪县西入海。水经：浿水出乐浪镂方县，东南过临浿县，东入海。郦道元注曰：满自浿水而至朝鲜，若浿水东流，无渡浿之理。余访蕃使，言城在浿水之阳，其水西流，径乐浪郡朝鲜县，故志曰浿水西至增地县入海，经误。浿，普盖翻，又滂沛翻，普大翻。杜佑曰：浿，滂拜翻。属燕。燕王卢绾反，入匈奴。见十二卷高祖十三年。燕人卫满亡命，聚党千馀人，椎髻、蛮夷服而东走出塞，渡浿水，居秦故空地上下障，稍役属真番、朝鲜蛮夷及燕亡命者王之，王，于况翻。都王险。韦昭曰：王险，故邑名。应劭曰：辽东有险渎县，即满所都，因水险，故曰险渎。臣瓒曰：王险在乐浪郡浿水之东。师古曰：瓒说是。贤曰：即平壤城。会孝惠、高后时，天下初定，辽东太守即约满为外臣，保塞外蛮夷，无使盗边；诸蛮夷君欲入见天子，勿得禁止。见，贤遍翻；下同。以故满得以兵威财物侵降其旁小邑，真番临屯皆来服属，临屯，帝后开为郡。注见下三年。降，户江翻。方数千里。传子至孙右渠，所诱汉亡人滋多，又未尝入见；诱，音酉。见，贤遍翻；下同。辰国欲上书见天子，又雍阏不通。师古曰：辰国，即辰韩之国。雍，读曰壅。阏，一曷翻。是岁，汉使涉何诱谕，涉，姓也。左传晋有大夫涉佗。右渠终不肯奉诏。何去至界上，临浿水，使御刺杀送何者朝鲜裨王长，刺，七亦翻。即渡，驰入塞，遂归报天子曰："杀朝鲜将。"上为其名美，将，即亮翻。为，于伪翻；下同。即不诘，拜何为辽东东部都尉。辽东东部都尉治武次县。朝鲜怨何，发兵袭攻杀何。

8 六月，甘泉房中产芝九茎，时芝产于甘泉斋房，九茎连叶。论衡：芝生于土，土气和则芝草生。瑞命记：王者慈仁则芝草生。上为之赦天下。

9 上以旱为忧，公孙卿曰："黄帝时，封则天旱，乾封三年。"上乃下诏曰："天旱，意乾封乎！"乾，音干。

10 秋，作明堂于汶上。班志，泰山郡莱芜县。禹贡：汶水出西南入济。

桑钦所言又曰：琅邪郡朱虚县东泰山，汶水所出，东至安丘入潍；有五帝祠。师古曰：前言汶水出莱芜入济，此又言出朱虚入潍，将桑钦所言有异，或者有二汶水乎？余据班志，明堂在泰山奉高县西南四里；又禹贡，“浮于汶，达于济”；此明堂当在济之汶上。琅邪之汶入于潍，而潍入于海，其地僻远，非立明堂处。汶，音问。

11 上募天下死罪为兵，遣楼船将军杨仆从齐浮渤海，仆从齐浮渤海。盖自青、莱以北，幽、平以南，皆滨于海，其海通谓之渤海，非指渤海郡而言也。左将军荀彘出辽东，以讨朝鲜。

12 初，上使王然于以越破及诛南夷兵威喻滇王入朝。滇王者，其众数万人，其旁东北有劳深、靡莫，皆同姓相杖，未肯听。杖，直亮翻。劳深、靡莫数侵犯使者吏卒。数，所角翻。于是上遣将军郭昌、中郎将卫广发巴、蜀兵击灭劳深、靡莫，以兵临滇。滇王举国降，请置吏入朝，于是以为益州郡，续汉志：益州郡去雒阳五千六百里。魏、晋为南中、宁州之地，唐为昆州、姚州之地，后没于南诏。师古曰：唐南宁州、昆州、裒州也。降，户江翻。朝，直遥翻。赐滇王王印，复长其民。复，扶又翻，又如字。长，丁丈翻。

是时，汉灭两越，平西南夷，置初郡十七，臣瓒曰：元鼎六年，定南越地，以为南海、郁林、苍梧、合浦、九真、日南、交趾、珠厓、儋耳郡；定西南夷，以为武都、牂柯、越巂、沈黎、汶山郡；及地里志、西南夷传所置犍为、零陵、益州郡，凡十七。且以其故俗治，毋赋税。南阳、汉中以往郡，各以地比，给初郡吏卒奉食、币物、传车、马被具。师古曰：地比，谓依其次第，自近及远。比，频寐翻。奉，扶用翻。传，张恋翻。被，皮义翻。而初郡时时小反，杀吏，汉发南方吏卒往诛之，间岁万馀人，费皆仰给大农。大农以均输、调盐铁助赋，故能赡之。然兵所过，县为以訾给毋乏而已，訾，读曰资。不敢言擅赋法矣。帝初击胡，大司农赋税专以奉战士，故有擅赋之法。

13 是岁，以御史中丞南阳杜周为廷尉。姓谱：杜本陶唐氏刘累之后，在周为唐杜氏，有杜伯。周外宽，内深次骨，李奇曰：其用法深刻至骨。其治大放张汤。言大抵依放张汤也。放，甫往翻。时诏狱益多，二千石系者，新故相因，不减百馀人；廷尉一岁至千馀章，章者，诸狱告劾之书，上之廷尉者也。章大者连逮证案数百，小者数十人，远者数千、近者数百里会狱。师古曰：往赴对也。廷尉及中都官诏狱逮至六七万人，师古曰：中都官，凡京师诸官府也；狱辞所及进考问者六七万人也。吏所增加，十万馀人。师古曰：吏又于此外以文致之更增也。

三年（癸酉、前一〇八）

1 冬，十二月，雷；雨雹，大如马头。雨，于具翻。

2 上遣将军赵破奴击车师。破奴与轻骑七百馀先至，虏楼兰王，遂破车师，因举兵威以困乌孙、大宛之属。宛，於元翻。春，正月，甲申，封破奴为浞野侯。王恢佐破奴击楼兰，封恢为浩侯。从票侯赵破奴，元鼎五年坐酎金失侯，今以功复封浞野侯。浞野侯、浩侯，功臣表不书所食邑。浞，士角翻。于是酒泉列亭障至玉门矣。

3 初作角牴、鱼龙曼延之属。文颖曰：名此乐为角牴，两两相当，角力、角技艺射御，盖杂技乐也。师古曰：鱼龙者，为舍利之兽，先戏于庭极。毕，乃入殿前，化成比目鱼，跳跃漱水，作雾障日。毕，化成黄龙八丈，散戏于庭，炫耀日光。西京赋云："海鳞变而成龙"，即谓此也。曼延，即西京赋所谓"巨兽百寻，是为曼延"者也。延，弋战翻。

4 汉兵入朝鲜境，朝鲜王右渠发兵距险。楼船将军将齐兵七千人先至王险。右渠城守，窥知楼船军少，守，式又翻。少，诗沼翻。即出城击楼船；楼船军败散，遁山中十馀日，稍求退【严："退"改"收"。】散卒，复聚。左将军击朝鲜浿【章：十四行本"浿"作"沨"；孔本同；张校同；退斋校同。下三见均同。】水西军，未能破。天子为两将未有利，为，于伪翻。乃使卫山因兵威往谕右渠。右渠见使者，顿首谢："愿降，恐两将诈杀臣；今见信节，请复降。”复，扶又翻。降，户江翻；下同。遣太子入谢，献马五千匹，及馈军粮；人众万馀，持兵方渡浿水。使者及左将军疑其为变，谓太子：“已服降，宜令人毋持兵。”太子亦疑使者、左将军诈杀之，遂不渡浿水，复引归。山还报天子，天子诛山。

左将军破浿水上军，乃前至城下，围其西北，楼船亦往会，居城南。右渠遂坚守城，数月未能下。左将军所将燕、代卒多劲悍，楼船将齐卒已尝败亡困辱，卒皆恐，将心惭，将，即亮翻。悍，下罕翻，又侯旰翻。其围右渠，常持和节。左将军急击之，朝鲜大臣乃阴间使人私约降楼船，阴，暗密也。间，空隙也。言暗密遣使投空隙而出，与楼船约降。间，古苋翻。往来言尚未肯决。左将军数与楼船期战，数，所角翻；下同。楼船欲就其约，不会。左将军亦使人求间隙降下朝鲜，朝鲜不肯，心附楼船，以故两将不相能。左将军心意楼船前有失军罪，意，疑也，亿度也，料也。今与朝鲜私善，而又不降，疑其有反计，未敢发。

天子以两将围城乖异，兵久不决，使济南太守公孙遂往正之，济，子礼翻。考异曰：史记作“征之”，盖字误；今从汉书。有便宜得以从事。遂至，左将军曰：“朝鲜当下，久之不下者，楼船数期不会。”具以素所意告，曰：“今如此不取，恐为大害。”遂亦以为然，乃以节召楼船将军入左将军营计事，即命左将军麾下执楼船将军，并其军；以报天子，天子诛遂。考异曰：汉书作“许遂”。按左将军亦以争功相嫉乖计弃市，则武帝必以遂执楼船为非，汉书作“许”，盖字误，今从史记。

左将军已并两军，即急击朝鲜。朝鲜相路人、相韩阴、考异曰：汉书“阴”作“陶”，今从史记。尼溪相参、将军王唊应劭曰：凡五人；戎狄不知官纪，故皆称相。师古曰：相路人，一也，相韩陶，二也，尼溪相参，三也，将军王唊，四也，应氏乃云五人，失之矣，不当寻下文乎！余据“韩陶”今作“韩阴”，盖从史记。相，息亮翻。唊，音颊。相与谋曰：“始欲降楼船，楼船今执，独左将军并将，将，即亮翻。战益急，恐不能与战；王又不肯降。”阴、唊、路人皆亡降汉，路人道死。夏，尼溪参使人杀朝鲜王右渠来降。王险城未下，故右渠之大臣成己又反，复攻吏。复，扶又翻。左将军使右渠子长、降相路人之子最师古曰：右渠之子名长。路人先已降汉而死于道，故谓之降相，最者其子名。告谕其民，诛成己。以故遂定朝鲜，为乐浪、临屯、玄菟、真番四郡。乐浪郡治朝鲜县，盖以右渠所都为治所也。臣瓒曰：茂陵书：临屯郡治东暆县，去长安六千一百三十八里，领十五县。玄菟郡，本高句骊也，既平朝鲜，并开为郡，治沃沮城，后为夷貊所侵，徙郡句骊西北。真番郡治霅县，去长安七千六百四十里，领十五县。余据后废临屯、真番二郡。班志，东暆县属乐浪。霅县无所考。乐，音洛。浪，音狼。封参为澅清侯，功臣表：澅清侯食邑于齐。澅，音获，又户卦翻。阴为萩苴侯，班书功臣表作“荻苴侯”，食邑于勃海。此从史记作“萩”，音秋。苴，子馀翻。唊为平州侯，功臣表：平州侯食邑于泰山梁父县。长为几侯，功臣表作“几侯张洛”，食邑于河东。最以父死颇有功，为涅阳侯。涅阳县属南阳郡。涅，乃结翻。

左将军征至，坐争功相嫉乖计，弃市。楼船将军亦坐兵至列口，班志，列口县属乐浪郡。郭璞曰：山海经，列水在辽东。余谓其地当列水入海之口。当待左将军，擅先纵，失亡多，当诛，赎为庶人。

> 班固曰：玄菟、乐浪，本箕子所封。武王封箕子于朝鲜。昔箕子居朝鲜，教其民以礼义，田蚕织作，为民设禁八条，为，于伪翻。相杀，以当时偿杀；相伤，以谷偿；相盗者，男没入为其家奴，女为婢；欲自赎者人五十万，虽免为民，俗犹羞之，嫁娶无所售。是以其民终不相盗，无门户之闭，妇人贞信不淫辟。辟，读曰僻。其田野饮食以笾豆，都邑颇放效吏，往往以杯器食。放，甫往翻。郡初取

吏于辽东，吏见民无闭臧，臧，读曰藏。及贾人往者，贾，音古。夜则为盗，俗稍益薄，今于犯禁寖多，至六十馀条。可贵哉，仁贤之化也！然东夷天性柔顺，异于三方之外。故孔子悼道不行，设浮桴于海，欲居九夷，并见论语。桴，编竹木为之，大者曰筏，小者曰桴。桴，芳无翻。有以也夫！

5 秋，七月，胶西于王端薨。端，景帝子，三年受封。谥法：能优其德曰于。考异曰：荀纪“端”皆作“瑞”，今从汉书。

6 武都氐反，分徙酒泉。杜佑曰：氐者，西戎别种。

四年（甲戌、前一〇七）

1 冬，十月，上行幸雍，祠五畤。雍，于用翻。畤，音止。通回中道，遂北出萧关，师古曰：回中在安定高平，有险阻；萧关在其北。此盖自回中通道以出萧关。历独鹿、鸣泽，服虔曰：独鹿，山名；鸣泽，泽名；皆在涿郡遒县北界。水经注：泽渚方十五里。自代而还，幸河东。春，三月，祠后土，赦汾阴、夏阳、中都死罪以下。

2 夏、大旱。

3 匈奴自卫、霍度幕以来，度幕见十九卷元狩四年。希复为寇，复，扶又翻；下同。远徙北方，休养士马，习射猎，数使使于汉，数，色角翻。使使，下疏吏翻。好辞甘言求请和亲。汉使北地人王乌等窥匈奴，乌从其俗，去节入穹庐，去，羌吕翻。师古曰：穹庐，毡帐也。索隐曰：盖以毡为庐，崇穹然。而宋均曰：穹，兽名，亦异说也。单于爱之，佯许甘言，为遣其太子入汉为质。质，音致。汉使杨信于匈奴，信不肯从其俗，单于曰：“故约汉尝遣翁主，给缯絮食物有品，以和亲，师古曰：品，谓等差也。而匈奴亦不扰边。今乃欲反古，师古曰：反，违也。令吾太子为质，无几矣。”师古曰：言遣太子为质，则匈奴国中所馀者无几，皆当尽也。余谓匈奴盖自谓本与汉为邻敌之国，今乃令以太子为质，是其国势削弱，所馀无几也。几，居岂翻。信既归，汉又使王乌往，而单于复谄以甘言，师古曰：谄，古谄字。欲多得汉财物，给谓王乌曰："吾欲入汉见天子面，相约为兄弟。"王乌归报汉，汉为单于筑邸于长安。汉为，于伪翻。匈奴曰："非得汉贵人使，吾不与诚语。"师古曰：诚，实也。匈奴使其贵人至汉，病，汉予药，欲愈之，予，读曰与。不幸而死。汉使路充国佩二千石印绶往使，因送其丧，厚葬，直数千金，曰："此汉贵人也。"单于以为汉杀吾贵使者，乃留路充国不归。诸所言者，单于特空绐王乌，师古曰：特，但也。殊无意入汉及遣太子。于是匈奴数使奇【张："奇"作"骑"。】兵侵犯汉边。数，所角翻。乃拜郭昌为拔胡将军，及浞野侯屯朔方以东，备胡。

五年(乙亥、前一〇六)

1 冬，上南巡狩，至于盛唐，文颖曰：按地理志不得，疑当在庐江左右，县名。韦昭曰：在南郡。余据唐地理志，寿州有盛唐县，盖以古地名名县。宋白曰：寿州六安县，楚之潜也，在汉为盛唐县，西十五里有盛唐山。望祀虞舜于九疑。地理志：九疑山在零陵营道县南，亦名苍梧山；九峰相似，望而疑之，故曰九疑。相传舜死于苍梧，因葬焉，故望祀之。登灊天柱山，班志，灊县属庐江郡，天柱山在南，帝以为南岳。灊，音潜。唐之舒州。自寻阳浮江，班志，寻阳县属庐江郡。禹贡九江在南，皆东合为大江。沈约曰：寻阳，因水名县，水南注江。余据汉寻阳县在大江之北，自晋立寻阳郡于江南之柴桑，而江北寻阳之名遂晦。杜佑曰：汉旧寻阳县在江北，今蕲春郡界；晋温峤移于江南。亲射蛟江中，获之。师古曰：蛟，龙属也。郭璞说其状云："似蛇而有脚，细颈有白婴，大者数围，卵生，子如二石大瓮，能吞人。"射，而亦翻。舳舻千里，薄枞阳而出，李斐曰：舳，舡后持柁处；舻，船前刺棹处。言其船多，前后相衔，千里不绝也。舳，音逐。舻，音卢。班志，枞阳县属庐江郡。宋白曰：舒州桐城县，汉为枞阳县也；梁置枞阳郡。师古曰：枞，千容翻。遂北至琅邪，琅邪郡，秦置；唐为沂州，其馀地入海、莱、密州界。并海，并，步浪翻。所过礼祠其名山大川。春，三月，还至太山，增封。甲子，始祀上帝于明堂，配以高祖；因朝诸侯王、列侯，受郡、国计。师古曰：计，若今之诸州计帐也。朝，直遥翻。夏，四月，赦天下，所幸县毋出今年租赋。还，幸甘泉，郊泰畤。

2 长平烈侯卫青薨。考异曰：汉武故事云："大将军四子皆不才，皇后每因太子涕泣请上削其封。上曰：'吾自知之，不令皇后忧也。'少子竟坐奢淫诛。上遣谢后，通削诸子封爵，各留千户焉。"按青四子无坐奢淫诛者，此说妄也。起冢，象庐山。庐山，盖即卢山。杨雄所谓"填卢山之壑"者也。师古曰：卢山，匈奴中山名。卫青冢在茂陵东，次霍去病冢之西，相并者是也。

3 上既攘却胡、越，开地斥境，乃置交趾、朔方之州，及冀、幽、并、兖、徐、青、扬、荆、豫、益、凉等州，凡十三部，皆置刺史焉。续汉志：秦有监郡御史，监诸郡；汉兴省之，但遣丞相史分刺诸州，无常官。孝武帝初置刺史十三人，秩六百石。古今注曰：常以春分行部，郡、国各遣一吏迎界上。汉旧仪曰：诏书旧典，刺史班宣，周行郡国，省察治政，黜陟能否，断理冤狱，以六条问事，非条所问，即不省。一条，强宗豪右田宅逾制，以强陵弱，以众暴寡。二条，二千石不奉诏书、遵承典制，倍公向私，旁诏牟利，侵渔百姓，聚敛为奸。三条，二千石不恤疑狱，风厉杀人，怒则任刑，喜则任赏，烦扰苛暴，剥戮黎元，为百姓所疾；山崩石裂，妖祥讹言。四条，二千石选置不平，苟阿所爱，蔽贤宠顽。五条，二千石子弟怙恃荣势，请托所监。六条，二千石违公下比，阿附豪强，通行货赂，割损政令。续汉志又曰：诸州常以八月巡行郡国，录囚徒，考殿最。初，岁尽诣京都奏事，中兴，但因计吏。与古今注异。据晋志，帝改禹贡雍州曰凉州，梁州曰益州，又置徐州，复禹贡旧号，北置朔方，南置交趾，与荆、扬、兖、豫、青、冀、幽、并为十三州。春秋元命包及晋书地理志，昴、毕散为冀州。其地有险有易，帝王所都，乱则冀安，弱则冀强，荒则冀丰。箕星散为幽州，言北方太阴，故以幽冥为号。营室流为并州，不以卫水为号，又不以恒山为称，而云并者，盖以其在两谷之间也。五星流为兖州。端也，信也；又云，盖取沇水以名焉。天氐流为徐州，盖取舒缓之义；或云因徐丘以立名。虚、危流为青州；周礼曰：正东曰青州，盖取地居少阳，其色青，故名。牵牛流为扬州，以为江南之气躁劲，厥性轻扬；亦云州界多水，水波轻扬也。轸星散为荆州，强也，言其气躁强；亦曰警也，言南蛮数为寇逆，其人有道后服，无道先强，常警备也；又云，取名于荆山。钩钤星别为豫州；豫者，舒也，言禀中和之气，性理安舒也。参、伐流为益州；益之言阨，言其所在之地险阨；亦曰疆壤益大，故以名焉。凉州，以地处西方，常寒凉也。

4 上以名臣文武欲尽，乃下诏曰："盖有非常之功，必待非常之人。故马或奔踶而致千里，师古曰：奔，走也。踶，蹈也。奔踶者，乘之则奔，立则踶人也。踶，徒计翻。士或有负俗之累而立功名。晋灼曰：负俗，谓被世讥论也。累，力瑞翻。夫泛驾之马，师古曰：泛，覆也；与覂同。言马有逸气者多能覆车。泛，方勇翻。跅弛之士，如淳曰：士行有卓异不入俗，弛而见斥逐者。师古曰：跅者，跅落无检局也；弛者，放废不遵法度也。跅，音拓。弛，式尔翻。亦在御之而已。其令州、郡察吏、民有茂才、异等应劭曰：旧言秀才，避光武讳称茂才。异等者，超等轶群，不与凡同也。师古曰：茂，美也。可为将、相及使绝国者。"使，疏吏翻。

六年（丙子、前一〇五）

1 冬，上行幸回中。

2 春，作首山宫。应劭曰：首山在上郡，于其下立宫庙也。文颖曰：在河东蒲坂界。师古注汉书曰：寻此下诏文及依地理志，文说是。

3 三月，行幸河东，祠后土，赦汾阴殊死以下。

4 汉既通西南夷，开五郡，五郡：犍为、越巂、沈黎、汶山、益州。欲地接以前通大夏，岁遣使十馀辈出此初郡，皆闭昆明，杜佑曰：昆明在越巂西南，诸爨所居。为所杀，夺币物。于是天子赦京师亡命，令从军，遣拔胡将军郭昌将以击之，斩首数十万。后复遣使，竟不得通。将，即亮翻。复，扶又翻。

5 秋，大旱，蝗。

6 乌孙使者见汉广大，归报其国，元鼎二年，乌孙遣使随张骞入谢天子。其国乃益重汉。匈奴闻乌孙与汉通，怒，欲击之；又其旁大宛、月氏之属皆事汉；乌孙于是恐，使使愿得尚汉公主，为昆弟。天子与群臣议，许之。乌孙以千匹马往【章：十四行本无“往”字；乙十一行本同；孔本同。】聘汉女。汉以江都王建女细君为公主，往妻乌孙，江都王建，易王非之子。妻，七细翻；下同。赠送甚盛；乌孙王昆莫以为右夫人。匈奴亦遣女妻昆莫，以为左夫人。公主自治宫室居，治，直之翻。岁时一再与昆莫会，置酒饮食。昆莫年老，言语不通，公主悲愁思归，天子闻而怜之，间岁遣使者以帷帐锦绣给遗焉。师古曰：间岁者，谓每隔一岁而往也。间，古苋翻。遗，于季翻。昆莫曰：“我老，”欲使其孙岑娶尚公主。史记作“岑娶”，汉书作“岑陬”。师古曰：岑，士林翻。陬，子侯翻。余据汉书，岑陬者，其官名也，本名军须靡。公主不听，上书言状。天子报曰：“从其国俗，欲与乌孙共灭胡。”岑娶遂妻公主。昆莫死，岑娶代立，为昆弥。乌孙建国之王曰昆莫。班史云：昆莫，王号也，名猎骄靡，后书“昆弥”云。颜注曰：昆莫本是王号，而其人名猎骄靡。故书云昆弥；昆取昆莫，弥取骄靡，弥、靡音有轻重耳，盖本一也。后遂以昆弥为王号。灭，绵结翻。

是时，汉使西逾葱岭，抵安息。安息发使，以大鸟卵及黎轩善眩人献于汉，应劭曰：大鸟卵如一二石瓮。师古曰：如汲水瓮，无一二石也。郭义恭广志曰：大爵，颈及身、膺、蹄都似橐驼，举头高七八尺，张翅丈馀，食大麦，其卵如瓮，即今之驼鸟也。黎轩，亦曰黎靬，东汉为大秦国，唐为拂菻国，在安息、乌弋之西，隔大海。眩，与幻同，即今吞刀、吐火、植瓜、种树、屠人、截马之术皆是。鱼豢魏略曰：大秦国，俗善幻，口中出火，自缚自解，跳十二丸，巧妙非常。靬，音轩，又巨连翻。及诸小国驩潜、大益、车〔姑〕师、扜罙、苏薤之属据史记，驩潜、大益在大宛西。扜罙国治扜罙城，去长安九千二百八十里，西通于窴三百九十里，后汉曰宁罙。苏薤，康居小王国，治苏薤城，去阳关凡八千二十五里。扜，音乌。罙，与弥同。薤，下戒翻。皆随汉使献见天子，见，贤遍翻。天子大悦。西国使更来更去，师古曰：递互来去，前后不绝。更，工衡翻。天子每巡狩海上，悉从外国客，大都、多人则过之，散财帛以赏赐，厚具以饶给之，以览示汉富厚焉。师古曰：言示之，令其观览。大角抵，出奇戏、诸怪物，多聚观者。师古曰：聚都邑人令观看，以夸示之。观，工唤翻；下同。行赏赐，酒池肉林，令外国客遍观名【严：“名”改“各”。】仓库府藏之积，见汉之广大，倾骇之。师古曰：见，显示也。藏，徂浪翻。大宛左右多蒲萄，可以为酒；多苜蓿，苜蓿，草名。苜，音目。蓿，音宿。天马嗜之；汉使采其实以来，天子种之于离宫别观旁，极望。然西域以近匈奴，常畏匈奴使，待之过于汉使焉。近，其靳翻。

7是岁，匈奴乌维单于死，子乌师庐立，年少，号“儿单于”。自此之后，单于益西北徙，左方兵直云中，右方兵直酒泉、敦【章：十四行本“敦”作“燉”；乙十一行本同；孔本同。】煌郡。匈奴左方兵本直上谷以东，右方兵直上郡以西，单于庭直代、云中；今徙去而西北，故左右方亦徙。

太初元年（丁丑、前一〇四）应劭曰：初用夏正，以正月为岁首，故改元为太初。

1冬，十月，上行幸泰山。十一月，甲子朔旦，冬至，祠上帝于明堂。东至海上，考入海及方士求神者莫验；然益遣，冀遇之。

2乙酉，柏梁台灾。天火曰灾，人火曰火。

3十二月，甲午朔，上亲禅高里，伏俨曰：高里，山名，在泰山下。师古曰：此“高”字自作高下之“高”，而死人之里谓之蒿里，字即为蓬蒿之“蒿”，或呼为下里者也。或者既见泰山神灵之府，高里山又在其旁，即误以高里为蒿里。混同一事，陆士衡尚不免，况馀人乎？今流俗汉书本有作“蒿”字者，妄增耳。祠后土，临勃海，将以望祀蓬莱之属，冀至殊廷焉。师古曰：蓬莱，仙人之庭也。春，上还，以柏梁灾，故朝诸侯、受计于甘泉。师古曰：受郡国所上计簿也。朝，直遥翻。甘泉作诸侯邸。

越人勇之曰：“越俗，有火灾复起屋，必以大，用胜服之。”于是作建章宫，师古曰：建章宫在未央宫西，俗所呼贞女楼即建章之阙。余据戾太子传，建章宫在长安城西，周回二十里，上林之地也。括地志：建章宫在雍州长安县西二十里，长安故城西。度为千门万户。度，大各翻。其东则凤阙，三辅黄图曰：凤阙高二十五丈。关中记曰：一名别风阙，以言别四方之风。西京赋阊阖之内，别风嶕峣是也。三辅旧事曰：北有圜阙，高二十丈，上有铜凤凰，故曰凤阙也。高二十馀丈。高，居豪翻。其西则唐中，数十里虎圈。西都赋：前唐中而后太液。索隐曰：如淳云：中唐有甓，郑玄注：唐，堂庭也。尔雅以庙中路谓之唐，西京赋前开唐中，弥望广潒是也。毛氏诗传曰：唐，堂涂也。正义曰：唐，是门内之路。释宫云，庙中路谓之唐，堂涂谓之陈。班史作“商中”。师古曰：商，金也，于序在秋。如淳谓商中为商庭，盖以西方之庭也。数十里，言广。於菟亦西方之兽，故于此置圈。圈，求远翻。其北治大池，渐台高二十馀丈，命曰太液池，治，直之翻。渐台，在太液池中。师古曰：为水所渐渍，故曰渐台。渐，子廉翻。臣瓒曰：太液池，言承阴阳津液以作池也。师古曰：太液池者，言其津润所及广也。中有蓬莱、方丈、瀛洲、壶梁，象海中神山、龟鱼之属。三辅故事：池北面有石鱼，长三丈，高五尺。南岸有石鳖三枚，长六尺。其南有玉堂、璧门、大鸟之属。汉武故事：玉堂，基与未央前殿等，去地十二丈。黄图曰：璧门，薄以璧玉，因曰璧门。大鸟，立条支所产大鸟之象。立神明台、井干楼，度五十丈，汉宫阁疏：神明台，高五十丈，上有九室，置九天，道士百人。然则神明、井干俱高五十丈也。井干楼，积木而高为楼，若井干之形也。井干者，井上木栏也，其形或四角，或八角。西京赋井干叠而百层，即此楼也。辇道相属焉。属，之欲翻。

4 大中大夫公孙卿、壶遂、姓谱：晋大夫受邑壶口，其后以为氏。太史令司马迁等言：“历纪坏废，箕子叙大法九章，而五纪明历法，故自古以来，创业改制，咸正历纪。宜改正朔。”上诏兒宽与博士赐等共议，以为宜用夏正。汉初用秦正，以建亥之月为岁首。夏正以建寅之月为岁首。夏，五月，诏卿、遂、迁等共造汉太初历，以正月为岁首，色上黄，数用五，时议者谓汉以土德旺，土色黄而数五，故上黄而用五。张晏曰：用五，谓印文也。若丞相曰"丞相之印章"，诸卿及守、相印文不足五字者，以"之"字足之。定官名，协音律，定宗庙百官之仪，以为典常，垂之后世云。

5 匈奴儿单于好杀伐，国人不安；又有天灾，畜多死。好，呼到翻。畜，许救翻。左大都尉使人间告汉曰：间，古苋翻。"我欲杀单于降汉，降，户江翻。汉远，即兵来迎我，我即发。"上乃遣因杅将军公孙敖筑塞外受降城以应之。服虔曰：因杅，匈奴地名，因所征以为将军之名。杅，与俱翻。受降城在居延北。

6 秋，八月，上行幸安定。元鼎二年置安定郡，属凉州；唐为原、会、泾州地。

7 汉使入西域者言："宛有善马，在贰师城，张晏曰：贰师，大宛城名。宛，於元翻。匿不肯与汉使。"天子使壮士车令等持千金及金马以请之。姓谱以为车姓本于田千秋，据此则已自有车姓。宛王与其群臣谋曰："汉去我远，而盐水中数败，服虔曰：盐水，水名，道从水中行。师古曰：沙碛之中不生草木，水又咸苦，即今敦煌西北恶碛者也。数有败，言每自死亡也。孔文祥曰：盐泽也，言水广远或致风波而数败也。裴矩西域记曰：盐水在西州高昌县东，东南去瓜州一千三百里，并砂碛之地，道路不可准，惟以人畜骸骨及驼马粪为标验，由此数有死亡。出其北有胡寇，出其南乏水草，又且往往而绝邑，师古曰：言近道之处无城郭之居也。乏食者多，汉使数百人为辈来，而常乏食，死者过半，是安能致大军乎！无奈我何。贰师马，宛宝马也。"遂不肯予汉使。予，读曰与。汉使怒，妄言，椎金马而去。谓妄发言以诟詈之，且椎破金马而去也。宛贵人怒曰："汉使至轻我！"遣汉使去，令其东边郁成王遮攻，杀汉使，取其财物。

于是天子大怒。诸尝使宛姚定汉等言："宛兵弱，姚，舜姓也。左传有郑大夫姚句耳。诚以汉兵不过三千人，强弩射之，射，而亦翻。可尽虏矣。"天子尝使浞野侯以七百骑虏楼兰王，以定汉等言为然；而欲侯宠姬李氏，师古曰：欲封其兄弟。乃拜李夫人兄广利为贰师将军，发属国六千骑及郡国恶少年数万人，以往伐宛。师古曰：恶少年，谓无行义者。期至贰师城取善马，故号贰师将军。赵始成为军正，故浩侯王恢使导军，而李哆为校尉，制军事。哆，昌也翻，索隐音尺奢翻。

臣光曰：武帝欲侯宠姬李氏，而使广利将兵伐宛，其意以为非有功不侯，不欲负高帝之约也。夫军旅大事，国之安危、民之死生系焉。苟为不择贤愚而授之，欲徼幸咫尺之功，借以为名而私其所爱，不若无功而侯之为愈也。然则武帝有见于封国，无见于置将；高祖曰：置将不善，一败涂地。将，即亮翻。谓之能守先帝之约，臣曰过矣。

8 中尉王温舒坐为奸利，罪当族，自杀；时两弟及两婚家妇家曰婚。亦各自坐他罪而族。光禄勋徐自为曰：帝改郎中令为光禄勋。应劭曰：光，明也；禄，爵也；勋，功也。如淳曰：胡公曰：勋之言阍也；阍者，古主门官也。光禄主宫门。师古曰：应说是也。"悲夫！古有三族，而王温舒罪至同时而五族乎！"师古曰：温舒与兄弟同三族，而两妻各一，故曰五族也。

9 关东蝗大起，飞西至敦煌。敦煌郡属凉州，唐瓜州、沙州地。敦，音屯。

二年（戊寅、前一〇三）

1 春，正月，戊申，牧丘恬侯石庆薨。沈约曰：恬亦谥法所不载。

2 闰月，丁丑，以太仆公孙贺为丞相，封葛绎侯。贺始以功封南奅侯，元鼎五年坐酎金免；今以为相，封葛绎侯，功臣表不书所食邑。时朝廷多事，督责大臣，自公孙弘后，丞相比坐事死。元狩五年，丞相李蔡有罪自杀。元鼎二年，丞相庄青翟自杀。五年，丞相赵周下狱死。师古曰：比，频也。比，毗寐翻。石庆虽以谨得终，然数被谴。数，所角翻。被，皮义翻。贺引拜为丞相，不受印绶，顿首涕泣不肯起。

上乃起去，贺不得已拜，出曰："我从是殆矣！"师古曰：殆，危也。

3 三月，上行幸河东，河东郡属司隶，三河之一也，唐蒲、晋、解、隰州地。祠后土。

4 夏，五月，籍吏民马补车骑马。

5 秋，蝗。

6 贰师将军之西也，既过盐水，当道小国各城守，不肯给食，攻之不能下；下者得食，不下者数日则去。比至郁成，比，必寐翻；及也。士至者不过数千，皆饥罢。罢，读曰疲。攻郁成，郁成大破之，所杀伤甚众。贰师将军与李哆、赵始成等计："至郁成尚不能举，况至其王都乎！"引兵而还。至敦煌，燉，音屯。士不过什一二。师古曰：十人之中一二人得还。使使上书言："道远乏食，且士卒不患战而患饥，人少，不足以拔宛，愿且罢兵，益发而复往。"复，扶又翻。天子闻之，大怒，使使遮玉门曰："军有敢入者辄斩之！"贰师恐，因留敦煌。

7 上犹以受降城去匈奴远，遣浚稽将军赵破奴将二万馀骑出朔方西北二千馀里，期至浚稽山而还。应劭曰：浚稽山在武威塞北，匈奴常以为障蔽。浚，音峻。稽，音鸡。余据班史，匈奴中有东、西浚稽，东浚稽山在龙勒水上。浞野侯既至期，左大都尉欲发而觉，单于诛之，发左方兵击浞野侯。浞野侯行捕首虏，得数千人，还，未至受降城四百里，匈奴兵八万骑围之。浞野侯夜自出求水，匈奴间捕生得浞野侯，间，古苋翻。因急击其军，军吏畏亡将而诛，莫相劝归者，军遂没于匈奴。儿单于大喜，因遣奇兵攻受降城，不能下，乃寇入边而去。

8 冬，十二月，兒宽卒。兒，五兮翻。

三年（己卯、前一〇二）

1 春，正月，胶东太守延广为御史大夫。胶东郡属青州，唐人青、莱州界。延广，史逸其姓。守，式又翻。

2 上东巡海上，考神仙之属皆无验，令祠官礼东泰山。东泰山在琅邪郡朱虚县界。夏，四月，还，修封泰山，禅石闾。应劭曰：石闾，在泰山下址南方，方士以为仙人之闾。

3 匈奴儿单于死，子年少，匈奴立其季父右贤王呴犁湖为单于。“呴”，汉书作“句”。师古曰：音钩。史记作“呴”，音同，又音吁。

4 上遣光禄勋徐自为出五原塞数百里，史记正义曰：即五原郡榆林塞也，在胜州榆林县西北四十里。远者千馀里，筑城、障、列亭，西北至庐朐，晋灼曰：地理志，从五原稒阳县北出石门障即得所筑城。师古曰：庐朐，山名。杜佑曰：庐朐，在麟州银城县北，犹谓之光禄塞。银城，汉圁阴县地。而使游击将军韩说、长平侯卫伉屯其旁；使强弩都尉路博德筑居延泽上。班志，居延泽在张掖居延县东北，古文以为流沙。括地志：居延海在甘州张掖县东北六十四里，甘州在长安西北二千四百六十里。说，读曰悦。伉，音抗。秋，匈奴大入定襄、云中，定襄、云中二郡属并州。杀略数千人，败数二千石而去，行破坏光禄所筑城、列亭、障；败，补迈翻。坏，音怪。又使右贤王入酒泉、张掖，酒泉、张掖二郡属凉州。略数千人。会军正任文击救，尽复失所得而去。师古曰：击救者，击匈奴以救汉人。任，音壬。

5 是岁，睢阳侯张昌坐为太常乏祠，国除。班书功臣表及公卿表皆作“睢陵侯”。高祖功臣张敖封宣平侯，传国至曾孙壬失侯，元光三年，封其弟广为睢陵侯，绍国。昌，广之子也。睢陵县，属临淮郡。师古曰：乏祠，祠事有阙也。睢，音虽。

初，高祖封功臣为列侯百四十有三人。时兵革之馀，大城、名都民人散亡，户口可得而数，裁什二三。师古曰：裁，与才同，十分之内才有二三也。大侯不过万家，小者五六百户。其封爵之誓曰：“使黄河如带，泰山若厉，国以永存，爰及苗裔。”应劭曰：封爵之誓，国家欲使功臣传祚无穷也。带，衣带也。厉，砥石也。河当何时如衣带，山当何时如厉石，言如带厉，国犹永存，以及后世之子孙也。申以丹书之信，重以白马之盟。及高后时，尽差第列侯位次，藏诸宗庙，副在有司。师古曰：副，贰也。其列侯功籍已藏于宗庙，副贰之本又在有司。逮文、景，四五世间，流民既归，户口亦息，列侯大者至三四万户，小国自倍，师古曰：谓旧五百户，今者至千户也。曹参初封万六百户，至后嗣宗免时，有户二万三千，是为户口蕃息故也。他皆类此。富厚如之。师古曰：言其资财亦益富厚如户口之多。子孙骄逸，多抵法禁，陨身失国，至是见侯裁四人，酂侯萧寿成、缪侯郦世宗、汾阳侯靳石封并睢陵侯张昌为四人耳。见，贤遍翻。罔亦少密焉。少，诗沼翻。

6 汉既亡浞野之兵，公卿议者皆愿罢宛军，专力攻胡。天子业出兵诛宛，宛小国而不能下，则大夏之属渐轻汉，而宛善马绝不来，乌孙、轮台易苦汉使，晋灼曰：易，轻也。师古曰：轮台，亦国名。余按轮台在车师西千馀里，又西即大宛。易，以豉翻。为外国笑，乃案言伐宛尤不便者邓光等。师古曰：按其罪而行罚。赦囚徒，发恶少年及边骑，岁馀而出敦煌者六万人，师古曰：兴发部署，岁馀乃得行。负私从者不与，师古曰：负私粮食及私从者不在六万人数中也。从，才用翻。与，读曰预。牛十万，马三万匹，驴、橐驼以万数，赍粮、兵弩甚设。师古曰：施张甚具也。天下骚动，转相奉伐宛五十馀校尉。宛城中无井，汲城外流水，于是遣水工徙其城下水，空以穴其城。师古曰：空，孔也。徙其城下水者，令从他道流，不迫其城也。空以穴其城者，围而攻之，令作孔使穿穴也。下云决其水原移之，又云围其城攻之，皆再叙其事也。一曰：既徙其水不令于城下流，而因其旧引水入城之孔，攻而穴之。余谓此书遣水工将以徙水穴城也，下书决水原攻城，正行其初计耳，非再叙其事也。益发戍甲卒十八万酒泉、张掖北，置居延、休屠屯兵以卫酒泉，班志，居延县属张掖郡，休屠县属武威郡。屠，音储。而发天下吏有罪者、亡命者及赘婿、贾人、故有市籍、父母大父母有市籍者凡七科，适为兵；赘，之芮翻。

贾，音古。適，读曰谪。及载糒给贰师，师古曰：糒，干饭也；音备。转车人徒相连属；属，之欲翻。而拜习马者二人为执、驱马校尉，师古曰：习，犹便也。一人为执马校尉，一人为驱马校尉。备破宛择取其善马云。

于是贰师后复行，复，扶又翻。兵多，所至小国莫不迎，出食给军。至轮台，轮台不下，攻数日，屠之。自此而西，平行至宛城，师古曰：平行，言无寇难。兵到者三万。宛兵迎击汉兵，汉兵射败之，射，而亦翻。败，补卖翻。宛兵走入，保其城。贰师欲攻郁成城，恐留行而令宛益生诈，师古曰：留行，谓留止军废其行。乃先至宛，决其水原移之，则宛固已忧困，围其城，攻之四十馀日。宛贵人谋曰："王毋【退："毋"作"毋"。】寡匿善马，杀汉使，师古曰：毋寡，宛王名。今杀王而出善马，汉兵宜解；即不解，乃力战而死，未晚也。"宛贵人皆以为然，共杀王。其外城坏，虏宛贵人勇将煎靡。师古曰：宛之贵人为将而勇者，名煎靡。煎，子延翻。宛大恐，走入城中，持王毋寡头，遣人使贰师约曰："汉无攻我，我尽出善马恣所取，而给汉军食。即不听，我【章：十四行本重"我"字；乙十一行本同；孔本同。】尽杀善马，康居之救又且至，至，我居内，康居居外，与汉军战。孰计之，何从？"师古曰：令贰师孰计之，而欲攻战乎，欲不攻而取马乎？孰，与熟同，古字通用。是时，康居候视汉兵尚盛，不敢进。贰师闻宛城中新得汉人，知穿井，而其内食尚多，计以为"来诛首恶者毋寡，毋寡头已至，如此不许则坚守，而康居候汉兵罢来救宛，罢，读曰疲。破汉兵必矣；"乃许宛之约。宛乃出其马，令汉自择之，而多出食食汉军。师古曰：下食，读曰饲。汉军取其善马数十匹，中马以下牝牡三千馀匹，而立宛贵人之故时遇汉善者名昧蔡为宛王，服虔曰：蔡，音楚言蔡。师古曰：昧，音本末之末。蔡，音千曷翻。

与盟而罢兵。

初，贰师起敦煌西，起，发也。谓发敦煌而西也。分为数军，从南、北道。校尉王申生将千馀人别至郁成，郁成王击灭之，数人脱亡，走贰师。走，音奏；下同。贰师令搜粟都尉上官桀往攻【章：十四行本“攻”下有“破”字；乙十一行本同；孔本同；张校同。】郁成，帝置搜粟都尉，属大司农。姓谱：楚庄王少子为上官大夫，其后以为氏；秦灭楚，徙陇西之上邽。郁成王亡走康居，桀追至康居。康居闻汉已破宛，出郁成王与桀，桀令四骑士缚守诣贰师。上邽骑士赵弟恐失郁成王，班志，上邽县属陇西郡，故邽戎邑也。邽，音圭。拔剑击斩其首，追及贰师。

四年（庚辰、前一〇一）

1 春，贰师将军来至京师。贰师所过小国闻宛破，皆使其子弟从入贡献，见天子，见，贤遍翻。因为质焉。质，音至。军还，入马千馀匹。汉书李广利传云：军还，入玉门者万馀人，马千馀匹。文为详明。后行，既还敦煌而再出师，故曰后行。军非乏食，战死不甚多，而将吏贪，不爱卒，侵牟之，师古曰：言如牟贼之食苗也。以此物故者众。天子为万里而伐，不录其过，乃下诏封李广利为海西侯，班志，海西县属东海郡。封赵弟为新畤侯，功臣表，新畤侯食邑于齐地。畤，音止。以上官桀为少府，军官吏为九卿者三人，诸侯相、郡守、二千石百馀人，千石以下千馀人，奋行者官过其望，孟康曰：奋，迅也，自乐而行者。以谪过行，皆黜其劳，师古曰：言以罪谪而行者，免其所犯，不叙其劳。士卒赐直四万钱。师古曰：或以他财物充之，故云直。

匈奴闻贰师征大宛，欲遮之，贰师兵盛，不敢当，即遣骑因楼兰候汉使后过者，欲绝勿通。时汉军正任文将兵屯玉门关，捕得生口，知状以闻。上诏文便道引兵捕楼兰王，将诣阙簿责。王对曰：“小国在大国间，不两属无以自安，愿徙国入居汉地。”上直其言，师古曰：以其言为直。遣归国，亦因使候司匈奴，司，读曰伺。匈奴自是不甚亲信楼兰。

自大宛破后，西域震惧，汉使入西域者益得职。师古曰：赏其勤劳，皆得拜职也。余谓颜说非也。此言汉使入西域，诸国不敢轻辱，为得其职耳。得职者，不失其职也。于是自敦煌西至盐泽往往起亭，而轮台、渠犁渠犁在轮台东，东南与且末接，南与精绝接。皆有田卒数百人，置使者、校尉领护，师古曰：统领保护屯田之事也。以给使外国者。师古曰：收其五谷以供之。使，疏吏翻。

后岁馀，宛贵人以为昧蔡善谀，以其遇汉善而得王也。使我国遇屠，乃相与杀昧蔡，立毋寡昆弟蝉封为宛王，而遣其子入侍【章：十四行本“侍”作“质”；乙十一行本同；孔本同。】于汉。汉因使使赂赐，以镇抚之。蝉封与汉约，岁献天马二匹。

2 秋，起明光宫。三辅黄图：明光宫在长乐宫后，南与长乐宫相联属，北通桂宫。

3 冬，上行幸回中。

4 匈奴呴犁湖单于死，匈奴立其弟左大都尉且鞮侯为单于。师古曰：且，子馀翻。鞮，丁奚翻。天子欲因伐宛之威遂困胡，乃下诏曰：“高皇帝遗朕平城之忧，平城事见十一卷高祖七年。遗，于季翻，又如字。高后时，单于书绝悖逆。事见十二卷惠帝三年。悖，蒲内翻。昔齐襄公复九世之雠，春秋大之。”公羊传：庄四年春，齐襄公灭纪，复雠也。襄公之九世祖为纪侯所谮而烹杀于周，故襄公灭纪也。九世犹可以复雠乎？曰：虽百世可也。且鞮侯单于初立，恐汉袭之，乃曰：“我儿子，安敢望汉天子，汉天子，我丈人行也。”师古曰：丈人，尊老之称。行，户浪翻。因尽归汉使之不降者路充国等，充国被留见上元封四年。使【张：“使”上缺“且”字。】使来献。

天汉元年（辛巳、前一〇〇）应劭曰：时频年苦旱，故改元为天汉，以祈甘雨。师古曰：大雅有云汉之诗，周大夫仍叔所作，以美宣王遇旱灾，修德勤政而能致雨，故依以为年号也。

1 春，正月，上行幸甘泉，郊泰畤。三月，行幸河东，祠后土。

2 上嘉匈奴单于之义，遣中郎将苏武送匈奴使留在汉者，因厚赂单于，答其善意。武与副中郎将张胜及假吏常惠等俱，师古曰：假吏，犹言兼吏也；时权为使之吏，若今之差人充使典矣。姓谱：常姓，黄帝相常先之后。既至匈奴，置币遗单于。遗，于季翻。单于益骄，非汉所望也。汉望其回心乡善，今乃益骄，故曰非汉所望。

会缑王与长水虞常等缑王者，匈奴浑邪王姊子，与浑邪王俱降汉，后随浞野侯没匈奴中。汉有长水校尉，掌长水胡骑。师古曰：长水，胡名。其注戾太子传则又曰：今鄠县东有长水。余据水经注，长水出杜县白鹿原，北入霸水。胡骑盖屯于此，非胡名也。戾传说是。虞常盖亦先没于匈奴。缑，工侯翻。及卫律所将降者，阴相与谋劫单于母阏氏归汉。降，户江翻。阏氏，音烟支。卫律者，父故长水胡人，律善协律都尉李延年，延年荐言律使于匈奴，使还，闻延年家收，遂亡降匈奴。考异曰：延年传云：诛延年兄弟宗族。按是后李广利尚为将帅，盖止诛延年及弟季妻子耳。单于爱之，与谋国事，立为丁灵王。魏略曰：丁灵，在康居北，去匈奴廷接习水七千里。匈奴盖以丁灵王封卫律耳。虞常在汉时素与副张胜相知，私候胜曰："闻汉天子甚怨卫律，常能为汉伏弩射杀之。为，于伪翻。射，而亦翻。吾母、弟在汉，言其母与其弟也。幸蒙其赏赐。"张胜许之，以货物与常。后月馀，单于出猎，独阏氏、子弟在，虞常等七十馀人欲发，其一人夜亡告之。单于子弟发兵与战，缑王等皆死，虞常生得。师古曰：被执获也。

单于使卫律治其事。治，直之翻。张胜闻之，恐前语发，以状语武。状语，牛倨翻。武曰："事如此，此必及我，见犯乃死，重负国。"欲自杀，胜、惠共止之。虞常果引张胜。见犯，言被匈奴侵犯然后乃死，是为更负汉国，故欲先自杀，而胜、惠止之。引，谓辞及之也。重，直用翻。单于怒，召诸贵人议，欲杀汉使者。左伊秩訾曰："即谋单于，何以复加！臣瓒曰：左伊秩訾，胡官之号。余据匈奴传，呼韩邪之败，其右伊秩訾王使之降汉，则此乃胡王之号。师古曰：言谋卫律而杀之，其罚太重也。复，扶又翻。宜皆降之。"降，户江翻；下同。单于使卫律召武受辞。师古曰：致单于之命而取其对也。武谓惠等：谓，犹语也；武语惠等也。"屈节辱命，虽生，何面目以归汉！"引佩刀自刺。刺，七亦翻。卫律惊，自抱持武，驰召医，凿地为坎，置煴火，师古曰：煴，谓聚火无焰者也。煴，于云翻。覆武其上，师古曰：覆身于坎上也。覆，音方目翻。蹈其背以出血。武气绝，半日复息。师古曰：息，谓出气也。惠等哭，舆归营。单于壮其节，朝夕遣人候问武，而收系张胜。

武益愈，单于使使晓武，欲降之，师古曰：喻说令武降也。会论虞常，欲因此时降武；剑斩虞常已，律曰："汉使张胜谋杀单于近臣，师古曰：近臣，卫律自谓也。当死，单于募降者赦罪。"举剑欲击之，胜请降。律谓武曰："副有罪，当相坐。"武曰："本无谋，又非亲属，何谓相坐！"复举剑拟之，复，扶又翻；下同。武不动。律曰："苏君！律前负汉归匈奴，幸蒙大恩赐号称王，拥众数万，马畜弥山，师古曰：弥，满也。畜，许又翻。富贵如此！苏君今日降，明日复然；空以身膏草野，膏，古号翻。谁复知之！"武不应。律曰："君因我降，与君为兄弟；今不听吾计，后虽欲复见我，尚可得乎！"武骂律曰："汝为人臣子，不顾恩义，畔主背亲，背，蒲妹翻。为降虏于蛮夷，何以汝为见！师古曰：言何用见汝为也。且单于信汝，使决人死生，不平心持正，反欲斗两主，观祸败。南越杀汉使者，屠为九郡；宛王杀汉使者，头县北阙；朝鲜杀汉使者，即时诛灭；南越事见上卷元鼎五年、六年。宛事见上太初三年。朝鲜事见上元封二年。县，读曰悬。独匈奴未耳。若知我不降明，师古曰：若，汝也。言汝知我不降明矣。欲令两国相攻，匈奴之祸从我始矣。”律知武终不可胁，白单于，单于愈益欲降之。乃幽武置大窖中，师古曰：旧米粟之窖而空者也。窖，工孝翻。绝不饮食；天雨雪，武卧，啮雪与旃毛并咽之，师古曰：饮，于禁翻。食，读曰饲。雨，于具翻。啮，鱼结翻。咽，音宴，吞也。数日不死。匈奴以为神，乃徙武北海上无人处，使牧羝，曰“羝乳乃得归。”师古曰：羝，牡羊也。羝不当产乳，故设此言，示绝其事，若燕太子丹乌白头、马生角之比也。羝，音丁奚翻。乳，音人喻翻。别其官属常惠等，各置他所。

3 天雨白氂。师古曰：氂，毛之强曲者；音力之翻。

4 夏，大旱。

5 五月，赦天下。

6 发谪戍屯五原。五原郡属并州。括地志：胜州连谷县，本秦九原郡，汉武帝更名五原。

7 浞野侯赵破奴自匈奴亡归。太初元年，破奴为匈奴所获。

8 是岁，济南太守王卿为御史大夫。济南郡属青州，唐淄、青、齐州地。济，子礼翻。守，式又翻。考异曰：“七月，闭城门大搜。”臣瓒注武帝纪曰：“汉帝年记，六月禁逾侈，七月大搜。”则搜索逾侈者不必闭城门大搜，盖搜奸人耳。

二年（壬午、前九九）

1 春，上行幸东海。东海郡属徐州；唐为海州地。□幸回中。【章：十四行本空格作“还”字；乙十一行本同；孔本同；退斋校同。】

2 夏，五月，遣贰师将军广利以三万骑出酒泉，击右贤王于天山，晋灼曰：天山在西域，近蒲类国，去长安八千里。师古曰：即祈连山也。匈奴谓天曰“祈连”。西河旧事：白山冬夏有雪，匈奴谓之天山。括地志：天山，一名白山，今名折罗漫山，在伊吾县北百二十里。伊州在长安西北四千四百一十六里。余据唐志，祁连山在甘州张掖县，与天山似是两处。骑，音渠吏翻。得胡首虏万馀级而还。还，从宣翻，又如字。匈奴大围贰师将军，汉军乏食数日，死伤者多。假司马陇西赵充国陇西郡属凉州；唐河、渭、岷州地。与壮士百馀人溃围陷陈，陈，读曰阵。贰师引兵随之，遂得解。汉兵物故什六七，充国身被二十馀创。贰师奏状，诏征充国诣行在所，帝亲见，视其创，被，皮义翻。创，初良翻。嗟叹之，拜为中郎。

汉复使因杅将军敖出西河，西河郡属并州。强【章：十四行本“强”上有“与”字；乙十一行本同；张校同；退斋校同。】弩都尉路博德会涿涂山，徐广曰：涂，音邪。索隐曰：涿，音卓。邪，以奢翻。汉书作“涿邪山”，在高阙塞北千里。无所得。

初，李广有孙陵，为侍中，善骑射，爱人下士。帝以为有广之风，拜骑都尉，续汉志：骑都尉比二千石。杜佑曰：奉车都尉、驸马都尉、骑都尉并汉武帝置；东晋省奉车、骑都尉，惟留驸马，尚主者为之。使将丹阳、楚人五千人，丹阳，秦鄣郡地，元封二年更名丹阳，属扬州；唐宣、歙、池、升、睦州之地。教射酒泉、张掖以备胡。及贰师击匈奴，上诏陵，欲使为贰师将辎重。将，即亮翻；下同。重，直用翻。陵叩头自请曰：“臣所将屯边者，皆荆楚勇士奇材剑客也，力扼虎，扼，捉持也。射命中，师古曰：所指名处即中之也。中，竹仲翻。愿得自当一队，到兰于【章：十四行本“于”作“干”；乙十一行本同；退斋校同。】山南以分单于兵，毋令专乡贰师军。”乡，读曰向。上曰：“将恶相属邪！将，如字。恶，乌路翻。吾发军多，无骑予女。”陵对：“无所事骑，师古曰：犹言不须骑也。予，读曰与。女，读曰汝。臣愿以少击众，步兵五千人涉单于庭。”上壮而许之，因诏路博德将兵半道迎陵军。博德亦羞为陵后距，奏言：“方秋，匈奴马肥，未可与战，愿留陵至春俱出。”上怒，疑陵悔不欲出而教博德上书，乃诏博德引兵击匈奴于西河。诏陵以九月发，出遮虏障，遮虏障在张掖居延县，路博德所筑。括地志：汉居延故城，在甘州张掖县之东北一千五百三十里，有遮虏障。至东浚稽山南龙勒水上，班志，敦煌龙勒县有龙勒水，出南羌中，东北入泽，溉民田，盖其下流北至浚稽山下。徘徊观虏，即无所见，还，抵受降城休士。太初元年，公孙敖筑受降城。陵于是将其步卒五千人，出居延，北行三十日，至浚稽山止营，举图所过山川地形，使麾下骑陈步乐还以闻。步乐召见，道陵将率得士死力，将率，犹言将领也。将，即亮翻。率，如字。上甚悦，拜步乐为郎。

陵至浚稽山，与单于相值，骑可三万围陵军，军居两山间，以大车为营。陵引士出营外为陈，陈，读曰阵。前行持戟、盾，后行持弓、弩。行，户刚翻。盾，食尹翻。虏见汉军少，直前就营。陵搏战攻之，如淳曰：手对战也。千弩俱发，应弦而倒，虏还走上山，上，时掌翻。汉军追击杀数千人。单于大惊，召左、右地兵八万馀骑攻陵。陵且战且引南行，数日，抵山谷中，师古曰：抵，当也，至也。连战，士卒中矢伤，三创者载辇，两创者将车，一创者持兵战，复斩首三千馀级。中，竹仲翻。创，初良翻。将，如字，诗，无将大车，郑氏曰：将，犹扶进也。复，扶又翻。引兵东南，循故龙城道行，四五日，抵大泽葭苇中，师古曰：葭，即芦也。释名曰：初生为葭，长大为芦，成则名为苇。虏从上风纵火，陵亦令军中纵火以自救。师古曰：预烧自陈前葭苇，则虏火不得而延及也。南行至山下，单于在南山上，使其子将骑击陵。陵军步斗树木间，复杀数千人，因发连弩射单于，服虔曰：三十弩共一弦也。张晏曰：三十絭共一臂也。贡父曰：皆无此理。盖如今之合蝉，或并两弩共一弦之类。余据魏氏春秋，诸葛亮损益连弩，以铁为矢，矢长八寸，一弩十矢俱发。今之划车弩、梯弩盖亦损益连弩而为之，虽不能三十臂共一弦，亦十数臂共一弦。射，而亦翻。单于下走。是日捕得虏，言"单于曰：'此汉精兵，击之不能下，日夜引吾南近塞，得无有伏兵乎？'近，其靳翻。诸当户君长皆言：师古曰：当户，匈奴官名。余据匈奴之官有左右当户、骨都侯，凡二十四长。'单于自将数万骑击汉数千人不能灭，后无以复使边臣，复，扶又翻；下同。令汉益轻匈奴。复力战山谷间，尚四五十里，得平地，不能破，乃还。'”

是时陵军益急，匈奴骑多，战一日数十合，复伤杀虏二千馀人。虏不利，欲去，会陵军候管敢为校尉所辱，续汉志：凡领军皆有部曲；部有校尉，部下有曲，曲有军候一人。亡降匈奴，具言：“陵军无后救，射矢且尽，独将军麾下及校尉成安侯韩延年韩延年以父千秋死南越封，事见上卷元鼎五年。各八百人为前行，以黄与白为帜；当使精骑射之行，户刚翻。射，而亦翻。即破矣。”单于得敢大喜，使骑并攻汉军，疾呼曰：“李陵、韩延年趣降！”呼，火故翻。趣，读曰促。遂遮道急攻陵。陵居谷中，虏在山上，四面射，矢如雨下。汉军南行，未至鞮汗山，一日五十万矢皆尽，师古曰：鞮，音丁奚翻。汉书作“百五十万矢皆尽”。即弃车去。士尚三千馀人，徒斩车辐而持之，师古曰：徒，但也。辐，音福。军吏持尺刀【章：十四行本“刀”下有“抵山”二字；乙十一行本同；孔本同；张校同。】入陿谷，单于遮其后，乘隅下垒石，服虔曰：垒石，山名也。师古曰：此说非也，言放石以投人，因山隅曲而下也。垒，卢对翻。士卒多死，不得行。昏后，陵便衣独步出营，苏林曰：褰衣卷袖而行也。师古曰：便衣，谓着短衣小袖也。止左右：“毋随我，丈夫一取单于耳！”师古曰：言一身独取也。良久，陵还，太息曰：“兵败，死矣！”于是尽斩旌旗，及珍宝埋地中，陵叹曰：“复得数十矢，足以脱矣。今无兵复战，师古曰：兵即谓矢及矛戟之属也。天明，坐受缚矣，各鸟兽散，犹有得脱归报天子者。”令军士人持二升糒，一片冰，师古曰：时冬寒有冰，持之以备渴也。糒，音备。期至遮虏障者相待。与军士期，有先至遮虏障者留驻以待后至也。夜半时，击鼓起士，鼓不鸣。陵与韩延年俱上马，壮士从者十馀人，虏骑数千追之，韩延年战死。陵曰：“无面目报陛下！”遂降。军人分散，脱至塞者四百馀人。

陵败处去塞百馀里，史记正义曰：遮虏障北百八十里直居延西北，长老相传，云是李陵战处。边塞以闻。上欲陵死战；后闻陵降，上怒甚，责问陈步乐，步乐自杀。群臣皆罪陵，上以问太史令司马迁，迁盛言："陵事亲孝，与士信，常奋不顾身以徇国家之急，师古曰：徇，营也；一曰：从也。其素所畜积也，言其胸中素所畜积者如上所言也。有国士之风。今举事一不幸，全躯保妻子之臣随而媒糵其短，服虔曰：媒，音欺，谓诋欺也。孟康曰：媒，酒教；糵，曲也；谓酿成其罪也。师古曰：孟说是也。齐人名曲饼曰媒。贾公彦曰：齐人名曲饼为媒者，曲麸和合得成酒醴，名之为媒。诚可痛也！且陵提步卒不满五千，深蹂戎马之地，师古曰：蹂，人九翻，践也。抑数万之师，虏救死扶伤不暇，悉举引弓之民共攻围之，转斗千里，矢尽道穷，士张空弮，文颖曰：弮，弓弩弮也。师古曰：音去权翻，又音眷。冒白刃，北首争死敌，师古曰：冒，犯也。北首，北向也。冒，音莫北翻。首，音式救翻。得人之死力，虽古名将不过也。身虽陷败，然其所摧败亦足暴于天下。师古曰：所摧败，败匈奴之兵也。暴者，犹章也。摧败，补卖翻。彼之不死，宜欲得当以报汉也。"师古曰：言欲立功以当罪也。上以迁为诬罔，欲沮贰师，为陵游说，下迁腐刑。沮，在吕翻。为，于伪翻。说，式芮翻。下，遐嫁翻。如淳曰：腐，宫刑也。丈夫割势不复能生子，如腐木不生实。腐，音附。

久之，上悔陵无救，曰："陵当发出塞，乃诏强弩都尉令迎军；坐预诏之，得令老将生奸诈。"孟康曰：坐预诏博德迎陵，博德老将，出塞不至，令陵见没也。余谓此说非也。帝意既悔，追思前事，以为当陵发出塞之时，方可诏博德继其后以迎陵军，乃于陵未行之时预诏之，使博德羞为陵后距，得生奸诈上奏，而遂令博德别出西河，使陵军无救也。乃遣使劳赐陵馀军得脱者。劳，力到翻。

3 上以法制御下，好尊用酷吏，好，呼报翻。而郡、国二千石为治者大抵多酷暴，治，直之翻。吏民益轻犯法；东方盗贼滋起，大群至数千人，攻城邑，取库兵，汉郡、国各有库兵。释死罪，缚辱郡太守、都尉，杀二千石，小群以百数掠卤乡里者，不可胜数，胜，音升。道路不通。上始使御史中丞、丞相长史督之，弗能禁；督，察也。禁，居禽翻。乃使光禄大夫范昆及故九卿张德等衣绣衣，持节、虎符，发兵以兴击。师古曰：以军兴之法而讨击也。衣绣，于既翻。斩首大郡或至万馀级，及以法诛通行、饮食当连坐者，诸郡甚者数千人。数岁，乃颇得其渠率，师古曰：渠，大也。率，所类翻。散卒失亡复聚党阻山川者往往而群居，无可奈何。于是作沈命法，应劭曰：沈，没也。敢蔽匿盗贼者没其命也。孟康曰：沈，藏匿也。命，亡逃也。师古曰：应说是。沈，持林翻。曰："群盗起，不发觉，发觉而捕弗满品者，师古曰：品，率也，以人数为率也。二千石以下至小吏，主者皆死。"其后小吏畏诛，虽有盗不敢发，恐不能得，坐课累府，府亦使其不言。师古曰：县有盗贼，府亦并坐，故使县不言之也。累，力瑞翻。故盗贼寖多，上下相为匿，以文辞避法焉。

是时，暴胜之为直指使者，所诛杀二千石以下尤多，威震州郡。暴，周卿士暴公之后。至勃海，勃海郡属幽州，高祖置。师古曰：在勃海之滨，因以为名；唐为沧、景州之地。闻郡人隽不疑贤，师古曰：隽，音徂兖翻，又辞兖翻，姓谱有隽姓。请与相见。不疑容貌尊严，衣冠甚伟，胜之蹝履起迎，文颖曰：蹝，音纚。师古曰：履不着跟曰蹝。蹝，谓纳履未正，曳之而行。蹝，音山尔翻。登堂坐定，不疑据地曰："窃伏海濒，闻暴公子旧矣，师古曰：濒，厓也。公子，胜之字也。旧，久也。今乃承颜接辞。凡为吏，太刚则折，折，而设翻。太柔则废，威行，施之以恩，然后树功扬名，树，立也。永终天禄。"胜之深纳其戒；及还，表荐不疑，上召拜不疑为青州刺史。济南王贺亦为绣衣御史，济，子礼翻。逐捕魏郡群盗，魏郡，高帝置，属冀州，唐为相、魏、澶、卫州地。多所纵舍，以奉使不称免，师古曰：不称，谓不副所委。称，尺正翻。叹曰："吾闻活千人，子孙有封，吾所活者万馀人，后世其兴乎！"为王氏子孙以外戚篡汉张本。

4 是岁，以匈奴降者介和王成娩为开陵侯，降，户江翻。师古曰：娩，音晚，又音免。班志，开陵，侯国，属临淮郡。将楼兰国兵击车师；匈奴遣右贤王将数万骑救之，汉兵不利，引去。

张政烺标点容肇祖聂崇岐覆校

资治通鉴卷第二十二

翰林学士朝散大夫右谏议大夫知制诰兼侍讲
同提举万寿观公事兼判集贤院上护军 司马光 奉敕编集
河内郡开国侯食邑一千三百户赐紫金鱼袋臣

后学天台胡三省音注

汉纪十四 起昭阳协洽（癸未），尽阏逢敦牂（甲午），凡十二年。

世宗孝武皇帝下之下

天汉三年（癸未、前九八）

1 春，二月，王卿有罪自杀，以执金吾杜周为御史大夫。班表：中尉掌徼循京师，太初元年更名执金吾。应劭曰：吾，御也，掌执金革以御非常。师古曰：金吾，鸟名，主辟不祥。天子出行，主先导以备非常，故执此鸟之象；因以名官。

2 初榷酒酤。如淳曰：榷，音较。应劭曰：县官自酤榷卖酒，小民不复得酤也。韦昭曰：以木渡水曰榷，谓禁民酤酿，独官开置，如道路设木为榷，独取利也。师古曰：榷者，步渡桥，尔雅谓之石杠，今之略彴是也。禁闭其事，总利入官，而下无由以得，有若渡水之榷，因立名焉。酤，工护翻。彴，音酌。

3 三月，上行幸泰山，修封，祀明堂，因受计。还，祠常山，瘗玄玉。邓展曰：瘗，埋也。尔雅曰：祭地曰瘗薶。薶其物者，示归于地也。瘗，音于例翻。方士之候祠神人、入海求蓬莱者终无有验，而公孙卿犹以大人迹为解，大人迹见二十卷元封元年。天子益怠厌方士之怪迂语矣；然犹羁縻不绝，师古曰：羁縻，牵联之意。马络头曰羁，牛靷曰縻。冀遇其真。自此之后，方士言神祠者弥众，然其效可睹矣。

4 夏，四月，大旱。赦天下。

5 秋，匈奴入雁门。雁门郡属并州。太守坐畏愞弃市。如淳曰：军法，行逗留畏愞者要斩。愞，如椽翻；师古曰：又音乃馆翻。

四年（甲申、前九七）

1 春，正月，朝诸侯王于甘泉宫。

2 发天下七科谪张晏曰：吏有罪，一；亡命，二；赘婿，三；贾人，四；故有市籍，五；父母有市籍，六；大父母有市籍，七；凡七科也。及勇敢士，遣贰师将军李广利将骑六万、步兵七万出朔方；朔方郡属朔方州，唐灵、夏州地。强弩都尉路博德将万馀人与贰师会；游击将军韩说将步兵三万人出五原；因杅将军公孙敖将骑万、步兵三万人出雁门。匈奴闻之，悉远其累重于余吾水北；师古曰：累重，谓妻子、资产也。累，力瑞翻。重，直用翻。余吾水在朔方北。山海经曰：北鲜之山，鲜水出焉，北流注于余吾。而单于以兵十万待水南，与贰师接战。贰师解而引归，与单于连斗十馀日。考异曰：史记匈奴传云广利于此降匈奴，误。游击无所得。因杅与左贤王战，不利，引归。

时上遣敖深入匈奴迎李陵，敖军无功还，因曰："捕得生口，言李陵教单于为兵以备汉军，故臣无所得。"上于是族陵家。既而闻之，乃汉将降匈奴者李绪，非陵也。陵使人刺杀绪。降，户江翻。刺，七亦翻。大阏氏欲杀陵，师古曰：大阏氏，单于之母。阏氏，音烟支。单于匿之北方；大阏氏死，乃还。单于以女妻陵，妻，千细翻。立为右校王，校，户教翻。与卫律皆贵用事。卫律常在单于左右；陵居外，有大事乃入议。

3 夏，四月，立皇子髆为昌邑王。髆，音博。昌邑国属兖州，即山阳郡地；其地在唐之宋、亳、单、郓四州间。考异曰：表云六月乙丑立，今从武纪。

太始元年（乙酉、前九六）应劭曰：言荡涤天下，与民更始，故以冠元。

1 春，正月，公孙敖坐妻为巫蛊要斩。巫，祝也；蛊，厌也，惑也；谓使巫祠祭、祝诅、厌魅以蛊惑人也。蛊，音古。孔颖达曰：蛊者，损坏之名，故左传云：皿虫为蛊；是蛊食器皿，巫行邪术，损坏于人。要，与腰同。

2 徙郡国豪桀于茂陵。

3 夏，六月，赦天下。

4 是岁，匈奴且鞮侯单于死；且，子余翻。鞮，田黎翻。有两子，长为左贤王，次为左大将。匈奴二十四长，左贤王位第一，左大将位第五。长，知两翻。左贤王未至，贵人以为有病，更立左大将为单于。左贤王闻之，不敢进；左大将使人召左贤王而让位焉。左贤王辞以病，左大将不听，谓曰："即不幸死，传之于我。"左贤王许之，遂立，为狐鹿姑单于；以左大将为左贤王。数年，病死；其子先贤掸不得代，更以为日逐王。师古曰：掸，音廛。日逐王居匈奴西边，以日入于西，故以为名。至宣帝神爵二年，掸来降。单于自以其子为左贤王。

二年（丙戌、前九五）

1 春，正月，上行幸回中。

2 杜周卒，光禄大夫暴胜之为御史大夫。

3 秋，旱。

4 赵中大夫白公奏穿渠引泾水，首起谷口，尾入栎阳，班志，谷口、栎阳二县属左冯翊。师古曰：谷口，即今云阳县。杜佑曰：今云阳县治谷是。又曰：醴泉，汉谷口县地，隋为醴泉县，谷口县故城在县西北。栎，音药。注渭中，袤二百里，师古曰：袤，音茂，长也。溉田四千五百馀顷，因名曰白渠；民得其饶。

三年（丁亥、前九四）

1 春，正月，上行幸甘泉宫。二月，幸东海，获赤雁。幸琅邪，东海、琅邪二郡皆属徐州。琅邪，唐沂、密州也。礼日成山，孟康曰：礼日，拜日也。如淳曰：拜日于成山。师古曰：成山在东莱不夜县，斗入海。登之罘，臣瓒曰：地理志，东莱腄县有之罘山。师古曰：罘，音浮。浮大海而还。还，从宣翻，又如字。

2 是岁，皇子弗陵生。弗陵母曰河间赵倢伃，河间国属冀州，唐瀛、莫州地。帝置倢伃，位视上卿，爵比列侯。师古曰：倢，言接幸于上也。伃，美貌。倢，音接。伃，音予。居钩弋宫，师古曰：黄图，钩弋宫在城外；汉武故事在直门南。任身十四月而生。任，读曰妊。上曰："闻昔尧十四月而生，今钩弋亦然，"乃命其所生门曰尧母门。

臣光曰：为人君者，动静举措不可不慎，发于中必形于外，天下无不知之。当是时也，皇后、太子皆无恙，恙，余亮翻。而命钩弋之门曰尧母，非名也。是以奸人【章：十四行本"人"作"臣"；乙十一行本同；孔本同。】逆探上意，知其奇爱少子，欲以为嗣，少，诗照翻。遂有危皇后、太子之心，卒成巫蛊之祸，卒，子恤翻。悲夫！

3 赵人江充为水衡都尉。赵国属冀州；唐为冀州，其地又分入深州、德州界。元鼎二年，初置水衡都尉，掌上林苑。应劭曰：古山林之官曰衡；掌诸池苑，故称水衡。张晏曰：主都水及上林，故称水衡；主诸官，故曰都；有卒徒武事，故曰尉。师古曰：衡，平也，主平其税入；位列九卿，秩中二千石。初，充为赵敬肃王客，敬肃王，名彭祖；薨，谥敬肃。得罪于太子丹，亡逃；诣阙告赵太子阴事，太子坐废。上召充入见。见，贤遍翻。充容貌魁岸，被服轻靡，师古曰：魁，大也。岸者，有廉棱如崖岸之状。被服，衣服也。轻，轻细也。靡，靡丽也。被，皮义翻。上奇之；与语政事，大悦，由是有宠，拜为直指绣衣使者，使督察贵戚、近臣逾侈者。充举劾无所避，劾，户概翻。上以为忠直，所言皆中意。师古曰：中，当也。中，竹仲翻。尝从上甘泉，上，时掌翻。逢太子家使乘车马行驰道中，充以属吏。应劭曰：驰道，天子所行道也，若今之中道也。孔颖达曰：驰道，正道御路也。是天子驰走车马之处，故曰驰道。如淳曰：令乙：骑乘车马行驰道中，已论者没入车马被具。师古曰：

家使，太子遣人之甘泉请问者也。使，疏吏翻。属，之欲翻。太子闻之，使人谢充曰："非爱车马，诚不欲令上闻之，以教敕亡素者；师古曰：言素不教敕左右。古字，亡与无通。唯江君宽之！"充不听，遂白奏。上曰："人臣当如是矣！"大见信用，威震京师。

四年（戊子、前九三）

1 春，三月，上行幸泰山。壬午，祀高祖于明堂以配上帝，因受计。癸未，祀孝景皇帝于明堂。甲申，修封。丙戌，禅石闾。夏，四月，幸不其。如淳曰：其，音基。不其，山名，因以为县。应劭曰：东莱县也。余据班志，不其县属琅邪郡。五月，还，幸建章宫，赦天下。

2 冬，十月，甲寅晦，日有食之。

3 十二月，上行幸雍，祠五畤；雍，于用翻。畤，音止。西至安定、北地。二郡属朔方州。安定，唐泾、原之地。北地，唐邠、宁、环、庆、盐、宥州地。

征和元年（己丑、前九二）应劭曰：言征伐四夷而天下和平。

1 春，正月，上还，幸建章宫。

2 三月，赵敬肃王彭祖薨。彭祖取江都易王所幸淖姬，彭祖，景帝子，前二年封广川，五年徙赵。淖姬事见十九卷元狩二年。淖，奴教翻。生男，号淖子。时淖姬兄为汉宦者，上召问："淖子何如？"对曰："为人多欲。"上曰："多欲不宜君国子民。"问武始侯昌，昌亦彭祖之子。班志：武始县属魏郡。曰："无咎无誉。"誉，音余。上曰："如是可矣。"遣使者立昌为赵王。

3 夏，大旱。

4 上居建章宫，见一男子带剑入中龙华门，疑其异人，命收之。男子捐剑走，逐之弗获。上怒，斩门候。门候，掌宫门出入之禁；续汉志，秩六百石。冬，十一月，发三辅骑士大搜上林，闭长安城门索；臣瓒曰：搜，谓索奸人也。上林苑周回数百里，恐奸人藏匿其中，故大搜索。索，山客翻。十一日乃解。巫蛊始起。

5 丞相公孙贺夫人君孺，卫皇后姊也，贺由是有宠。贺子敬声代父为太仆，骄奢不奉法，擅用北军钱千九百万；发觉，下狱。下，遐嫁翻；下同。是时诏捕阳陵大侠朱安世甚急，贺自请逐捕安世以赎敬声罪，上许之。后果得安世。安世笑曰："丞相祸及宗矣！"遂从狱中上书，告"敬声与阳石公主私通；阳石公主，帝女也。班志：阳石属北海郡。上书，时掌翻；下且上同。上且上甘泉，使巫当驰道埋偶人，祝诅上，有恶言。"师古曰：刻木为人，象人之形，谓之偶人。偶，并也，对也。祝，职救翻。诅，庄助翻。

二年（庚寅、前九一）

1 春，正月，下贺狱，案验；父子死狱中，家族。其家皆族诛也。以涿郡太守刘屈氂为【章：十四行本"为"下有"左"字；乙十一行本同。】丞相，封澎侯。涿郡，高帝置，属幽州；唐瀛、莫、幽、涿、深、祁州地。屈，丘勿翻。氂，力之翻。晋灼曰：澎，东海县。今考班志无之。服虔曰：澎，音彭。屈氂，中山靖王子也。靖王胜，景帝子。

2 夏，四月，大风，发屋折木。折，而设翻。

3 闰月，诸邑公主、阳石公主及皇后弟子长平侯伉皆坐巫蛊诛。诸，琅邪县，以封公主，故谓之邑；与阳石公主皆卫皇后之女。长平侯伉，卫青子也。伉，音抗，又音刚。

4 上行幸甘泉。

5 初，上年二十九乃生戾太子，甚爱之。及长，性仁恕温谨，长，知两翻。上嫌其材能少，不类己；而所幸王夫人生子闳，李姬生子旦、胥，李夫人生子髆，少，诗沼翻。髆，音博。皇后、太子宠浸衰，常有不自安之意。上觉之，谓大将军青曰："汉家庶事草创，朱熹曰：草，略也。创，造也。加四夷侵陵中国，朕不变更制度，后世无法；不出师征伐，天下不安；为此者不得不劳民。更，工衡翻。为，于伪翻。若后世又如朕所为，是袭亡秦之迹也。太子敦重好静，好，呼到翻。必能安天下，不使朕忧。欲求守文之主，安有贤于太子者乎！闻皇后与太子有不安之意，岂有之邪？可以意晓之。”大将军顿首谢。皇后闻之，脱簪请罪。脱簪，去饰也。太子每谏征伐四夷，上笑曰：“吾当其劳，以逸遗汝，遗，于季翻。不亦可乎！”

上每行幸，常以后事付太子，宫内付皇后；有所平决，还，白其最，最，大最也。上亦无异，有时不省也。无所违异也。不省，不视也。省，悉景翻。上用法严，多任深刻吏；太子宽厚，多所平反，如淳曰：反，音幡。幡奏使从轻也。虽得百姓心，而用法大臣皆不悦。皇后恐久获罪，每戒太子，宜留取上意，言留其事，取上意裁决也。不应擅有所纵舍。上闻之，是太子而非皇后。群臣宽厚长者皆附太子，而深酷用法者皆毁之；邪臣多党与，故太子誉少而毁多。誉，音余。少，诗沼翻。卫青薨，【章：乙十一行本“薨”下有“后”字；孔本同。】臣下无复外家为据，竞欲构太子。言自卫青既薨之后，奸臣以太子无复外家以为凭依，竞欲构成其罪。

上与诸子疏，疏，读曰疎。皇后希得见。见，贤遍翻。太子尝谒皇后，移日乃出。移日，言日景移也。黄门苏文告上曰：黄门属少府，以宦者为之。“太子与宫人戏。”上益太子宫人满二百人。太子后知之，心衔文。文与小黄门常融、王弼等常微伺太子过，辄增加白之。皇后切齿，切齿者，怨愤之甚，两齿相摩切也。使太子白诛文等。太子曰：“第勿为过，何畏文等！上聪明，不信邪佞，不足忧也！”上尝小不平，小不平者，体中微有不适也。使常融召太子，融言“太子有喜色”，上嘿然。及太子至，上察其貌，有涕泣处，而佯语笑，上怪之；更微问，知其情，乃诛融。皇后亦善自防闲，避嫌疑，虽久无宠，尚被礼遇。被，皮义翻。

是时，方士及诸神巫多聚京师，率皆左道惑众，卢植曰：左道，谓邪道也。地道尊右，右为贵。故汉书云：右贤左愚，右贵左贱，故正道为右；不正道为左，若巫蛊及俗禁者。变幻无所不为。女巫往来宫中，教美人度厄，每屋辄埋木人祭祀之；因妒忌恚詈，恚，於避翻。更相告讦，以为祝诅上，无道。更，工衡翻。讦，居谒翻。郑玄曰：诅，谓祝之使沮败也。汉法有大逆无道之科。祝，职救翻。诅，庄助翻。上怒，所杀后宫延及大臣，死者数百人。上心既以为疑，尝昼寝，梦木人数千持杖欲击上，上惊寤，因是体不平，遂苦忽忽善忘。忘，巫放翻，遗忘也。江充自以与太子及卫氏有隙，见上年老，恐晏驾后为太子所诛，因是为奸，言上疾祟在巫蛊。师古曰：祟，谓祸咎之征也，故其字从"出"从"示"，言鬼神所以示人者也。音息遂翻。于是上以充为使者，治巫蛊狱。充将胡巫掘地求偶人，捕蛊及夜祠、视鬼，染污令有处，辄收捕验治，烧铁钳灼，强服之。张晏曰：充捕巫蛊及夜祭祀祝诅者，令胡巫视鬼，诈以酒醊地，令有处也。师古曰：捕夜祠及视鬼之人，而充遣巫污染地上为祠祭之处以诬其人，又以烧铁或钳之，或灼之，强使之服。钳，镊也。灼，炙也。污，乌故翻。钳，其炎翻。强，其两翻。民转相诬以巫蛊，吏辄劾以为大逆无道；劾，户概翻。自京师、三辅连及郡、国，坐而死者前后数万人。

是时，上春秋高，疑左右皆为蛊祝诅；有与无，莫敢讼其冤者。充既知上意，因胡巫檀何言："宫中有蛊气；不除之，上终不差。"差，愈也。上乃使充入宫，至省中，坏御座，掘地求蛊；又使按道侯韩说、御史章赣、师古曰：说，读曰悦。赣，音贡。姓谱：齐人降鄣，子孙去邑为章氏。黄门苏文等助充。充先治后宫希幸夫人，以次及皇后、太子宫，掘地纵横，纵，子容翻。太子、皇后无复施床处。充云："于太子宫得木人尤多，师古曰：三辅旧事云：充使胡巫作桐木人而薶之。又有帛书，所言不道；当奏闻。"太子惧，问少傅石德。德惧为师傅并诛，因谓太子曰："前丞相父子、两公主及卫氏皆坐此，今巫与使者掘地得征验，不知巫置之邪，将实有也，无以自明。可矫以节收捕充等系狱，师古曰：矫，托也，托诏命也。穷治其奸诈。且上疾在甘泉，皇后及家吏请问皆不报；苏林曰：家吏，皇后吏也。臣瓒曰：太子称家，家吏是太子吏也。师古曰：既言皇后及家吏，此为皇后吏及太子吏耳，瓒说是也。上存亡未可知，而奸臣如此，太子将不念秦扶苏事邪！"事见七卷始皇三十七年。太子曰："吾人子，安得擅诛！不如归谢，幸得无罪。"太子将往之甘泉，而江充持太子甚急；太子计不知所出，遂从石德计。秋，七月，壬午，太子使客诈为使者，收捕充等；按道侯说疑使者有诈，不肯受诏，客格杀说。格，古陌翻，击也。太子自临斩充，骂曰："赵虏！前乱乃国王父子不足邪！江充，赵人，故骂为赵虏。乃，汝也，谓充前告赵太子阴事，使太子见废也。乃复乱吾父子也！"复，扶又翻。又炙胡巫上林中。

太子使舍人无且师古曰：且，音子闾翻。持节夜入未央宫殿长秋门，因长御倚华具白皇后，郑氏曰：长，音长者之长。如淳曰：汉仪注：女长御比侍中，皇后见姪娥以下长御称谢。倚华，字也。师古曰：倚，音于绮翻。发中厩车载射士，师古曰：中厩，皇后车马所在也。余谓中厩者，天子之内厩也。秦二世时，公子高曰："中厩之宝马，臣得赐之。"非专主皇后车马也。出武库兵，发长乐宫卫卒。长安扰乱，言太子反。苏文迸走，得亡归甘泉，说太子无状。迸，北孟翻。上曰："太子必惧，又忿充等，故有此变。"乃使使召太子。使者不敢进，归报云："太子反已成，欲斩臣，臣逃归。"上大怒。丞相屈氂闻变，挺身逃，师古曰：挺，引也，独引身而逃也。余谓挺，拔也，拔身而逃也。亡其印绶，使长史乘疾置以闻。师古曰：置，谓所置驿也。疾置，急传也。上问："丞相何为？"对曰："丞相秘之，未敢发兵。"上怒曰："事籍籍如此，师古曰：籍籍，犹纷纷也。何谓秘也！丞相无周公之风矣，周公不诛管、蔡乎！"屈氂于太子为兄弟，故以周公之事责之。乃赐丞相玺书曰："捕斩反者，自有赏罚。以牛车为橹，师古曰：橹，盾也。远与敌战，故以车为橹，用自蔽也。一说：橹，望敌之楼。毋接短兵，多杀伤士众！坚闭城门，毋令反者得出！”太子宣言告令百官云：“帝在甘泉病困，疑有变；奸臣欲作乱。”上于是从甘泉来，幸城西建章宫，诏发三辅近县兵，部中二千石以下，丞相兼将之。太子亦遣使者矫制赦长安中都官囚徒，命少傅石德及宾客张光等分将；使长安囚如侯持节发长水及宣曲胡骑，皆以装会。师古曰：长水、宣曲并胡骑所屯，今鄠县东长水乡即旧营校之地。侍郎马通使长安，“马通”，汉书作“莽通”，通及弟何罗以反诛。明德马皇后恶其先有反者，故易其姓为莽。姓谱：马本自伯益之裔，赵奢封马服君，后因氏焉。因追捕如侯，告胡人曰：“节有诈，勿听也！”遂斩如侯，引骑入长安；又发楫棹士以予大鸿胪商丘成。师古曰：楫棹士，主用楫及棹行船者也。短曰楫，长曰棹。余据班表，水衡都尉有楫棹令、丞，盖掌楫棹士之官也。太初元年，改典客为大鸿胪。鸿胪者，凡朝会，使之鸿声胪传以赞导九宾。予，读曰与。胪，音闾。初，汉节纯赤，以太子持赤节，故更为黄旄加上以相别。更，工衡翻。别，彼列翻。

太子立车北军南门外，召护北军使者任安，与节，令发兵。安拜受节；入，闭门不出。任，音壬。太子引兵去，敺四市人二都及二京赋皆谓长安城中有九市。庙记曰：长安市有九，各方二百六十五步，六市在道西，三市在道东，凡四里为一市。此言四市，盖以东、西、南、北分为市也。一说：四市者，东市、西市、直市、柳市。师古曰：敺，与驱同。凡数万众，至长乐西阙下，逢丞相军，合战五日，死者数万人，血流入沟中。街衢之侧有沟以通水。民间皆云“太子反”，以故众不附太子，丞相附兵寖多。

庚寅，太子兵败，南奔覆盎城门。师古曰：长安城南出东头第一门曰覆盎城门，一曰杜门。三辅黄图曰：长乐宫在东，直杜门，故戾太子战败于长乐阙下，南奔覆盎城门而出亡也。司直田仁部闭城门，班表，元狩五年初置司直，掌佐丞相举不法，秩比二千石。以为太子父子之亲，不欲急之；太子由是得出亡。丞相欲斩仁，御史大夫暴胜之谓丞相曰："司直，吏二千石，当先请，奈何擅斩之！"丞相释仁。上闻而大怒，下吏责问御史大夫曰：下，遐稼翻。"司直纵反者，丞相斩之，法也；大夫何以擅止之？"胜之惶恐，自杀。诏遣宗正刘长、执金吾刘敢奉策收皇后玺绶，后自杀。玺，斯氏翻。上以为任安老吏，见兵事起，欲坐观成败，见胜者合从之，言与之合而从之也。有两心，与田仁皆要斩。要，与腰同。上以马通获如侯，长安男子景建从通获石德，商丘成力战获张光，姓谱：商丘，卫大夫，以邑为氏。封通为重合侯，班志：重合，侯国，属勃海郡。建为德侯，班表：德侯食邑于济南界。成为秺侯。班志：秺，侯国，属济阴郡。孟康曰：今济阴成武有秺亭。秺，音妒。诸太子宾客尝出入宫门，皆坐诛；其随太子发兵，以反法族；吏士劫略者皆徙敦煌郡。师古曰：非其本心，然被太子劫略，故徙之也。敦，音屯。以太子在外，始置屯兵长安诸城门。

上怒甚，群下忧惧，不知所出。壶关三老茂上书曰：班志，壶关县属上党郡。荀悦汉纪，茂，姓令狐。"臣闻父者犹天，母者犹地，子犹万物也，故天平，地安，物乃茂成；父慈，母爱，子乃孝顺。今皇太子为汉适嗣，承万世之业，体祖宗之重，亲则皇帝之宗子也。適子承大宗，故谓之宗子。適，读曰嫡。江充，布衣之人，闾阎之隶臣耳；隶，贱也。陛下显而用之，衔至尊之命以迫蹴皇太子，蹴，子六翻。造饰奸诈，群邪错缪，是以亲戚之路鬲塞而不通。鬲，与隔同。塞，悉则翻。太子进则不得见上，退则困于乱臣，独冤结而无告，不忍忿忿之心，起而杀充，恐惧逋逃，子盗父兵，以救难自免耳；难，乃旦翻。臣窃以为无邪心。诗曰：'营营青蝇，止于藩。恺悌君子，无信谗言。谗言罔极，交乱四国。'师古曰：小雅青蝇之诗也。营营，往来之貌也。藩，篱也。恺悌，乐易也。言青蝇往来止于藩篱，变白作黑；谗人构毁，间亲令疏，乐易之君子不当信用；若谗言无极，则四国亦以交乱，宜深察也。往者江充谗杀赵太子，天下莫不闻。陛下不省察，深过太子，师古曰：以太子为罪过而深责之。省，悉景翻。发盛怒，举大兵而求之，三公自将；汉丞相位三公。将，即亮翻。智者不敢言，辩士不敢说，说，式芮翻。臣窃痛之！唯陛下宽心慰意，少察所亲，少，诗沼翻。毋患太子之非，亟罢甲兵，无令太子久亡！臣不胜惓惓，胜，音升。师古曰：惓惓，忠切之意。惓，读曰拳。出一旦之命，待罪建章宫下。"书奏，天子感寤，然尚未敢显言赦之也。以文理观之，不必有"敢"字。【章：十四行本正无"敢"字；乙十一行本同；孔本同；张校同；退斋校同。】

太子亡，东至湖，湖县属京兆。师古曰：今虢州湖城、阌乡二县皆其地。藏匿泉鸠里；师古曰：泉鸠水今在阌乡县东南十五里；见有戾太子冢，冢在涧东。主人家贫，常卖屦以给太子。太子有故人在湖，闻其富赡，使人呼之而发觉。八月，辛亥，吏围捕太子。太子自度不得脱，度，徒洛翻。即入室距户自经。孙愐曰：颈在前，项在后，故引绳经其颈，谓之自经；以刀割其颈，谓之自刭。山阳男子张富昌为卒，山阳时为昌邑国。足蹋开户，新安令史李寿趋抱解太子，班志，新安县属弘农郡。续汉志：县有斗食令史。主人公遂格斗死，皇孙二人并皆遇害。考异曰：汉武故事云："治随太子反者，外连郡国数十万人。壶关三老郑茂上书，上感寤，赦反者，拜郑茂为宣慈校尉，持节徇三辅赦太子。太子欲出，疑弗实。吏捕太子急，太子自杀。"按上若赦太子，当诏吏弗捕，此说恐妄也。上既伤太子，乃封李寿为邘侯，班志，河内野王县有邘亭。邘，音于。张富昌为题侯。班表：题侯食邑于钜鹿。

初，上为太子立博望苑，三辅黄图曰：博望苑在长安杜门外五里。师古曰：取其广博观望也。为，于伪翻；下同。使通宾客，从其所好，好，呼到翻。故宾客多以异端进者。

臣光曰：古之明王教养太子，为之择方正敦良之士为，于伪翻。以为保傅、师友，使朝夕与之游处。处，昌吕翻。

左右前后无非正人，出入起居无非正道，然犹有淫放邪僻而陷于祸败者焉。今乃使太子自通宾客，从其所好。夫正直难亲，谄谀易合，易，以豉翻。此固中人之常情，宜太子之不终也！

6 癸亥，地震。

7 九月，商丘成为御史大夫。

8 立赵敬肃王小子偃为平干王。平干国属冀州，本广平也；宣帝五凤二年复旧名。

9 匈奴入上谷、五原，杀掠吏民。上谷郡属幽州，唐妫州地也。

三年（辛卯、前九〇）

1 春，正月，上行幸雍，至安定、北地。雍，于用翻。

2 匈奴入五原、酒泉，杀两都尉。三月，遣李广利将七万人出五原，商丘成将二万人出西河，马通将四万骑出酒泉，击匈奴。

3 夏，五月，赦天下。

4 匈奴单于闻汉兵大出，悉徙其辎重北邸郅居水；重，直用翻。师古曰：邸，至也，音丁礼翻。郅，之日翻。左贤王驱其人民度余吾水六七百里，居兜衔山；单于自将精兵渡姑且水。将，即亮翻。师古曰：且，子余翻。商丘成军至，追邪径，无所见，还。师古曰：从疾道而追之，不见虏而还也。邪，音士嗟翻。匈奴使大将与李陵将三万馀骑追汉军，转战九日，至蒲奴水；蒲奴水又在龙勒水南。虏不利，还去。马通军至天山，匈奴使大将偃渠将二万馀骑要汉兵，要，一遥翻；下同。见汉兵强，引去；通无所得失。是时，汉恐车师【章：十四行本“师”下有“兵”字；乙十一行本同；孔本同。】遮马通军，遣开陵侯成娩将楼兰、尉犁、危须等六国兵危须国治危须城，去长安七千二百九十里，西至焉耆百里。娩，音晚，又音免。共围车师，尽得其王民众而还。贰师将军出塞，匈奴使右大都尉与卫律将五千骑要击汉军于夫羊句山陿，要，读曰邀。服虔曰：夫羊，地名也。师古曰：句山，西山也。句，音钩。贰师击破之，乘胜追北至范夫人城；应劭曰：本汉将，筑此城；将亡，其妻率馀众完保之，因以为名也。张晏曰：范氏，能胡诅者。匈奴奔走，莫敢距敌。

初，贰师之出也，丞相刘屈氂为祖道，祖，軷祭也。崔氏云：宫内之軷，祭古之行神；城外之軷，祭山川与道路之神。记曾子问：诸侯适天子，道而出。注云：祖道也。聘礼曰：出祖释軷，祭酒脯也。注云：祖，始也。行出国门，正陈车骑，释酒脯之奠为行始也。师古曰：祖者，送行之祭，因设宴饮。昔黄帝之子累祖好远游而死于道，故祀以为行神。为，于伪翻。送至渭桥。广利曰："愿君侯早请昌邑王为太子；如立为帝，君侯长何忧乎！"当时列侯通呼为君侯，尊称之也。屈氂许诺。昌邑王者，贰师将军女弟李夫人子也；贰师女为屈氂子妻，故共欲立焉。会内者令郭穰班表，内者令属少府。又据昭纪，内谒者令郭穰。内者、谒者各有令、丞，皆属少府。岂其时穰兼两令乎！告"丞相夫人祝诅上及与贰师共祷祠，欲令昌邑王为帝"，按验，罪至大逆不道。六月，诏载屈氂厨车以徇，师古曰：厨车，载食之车。徇，行示也。要斩东市，要，与腰同。妻子枭首华阳街；枭，坚尧翻。长安城中八街，华阳其一也。华，户化翻。贰师妻子亦收。贰师闻之，忧惧，其掾胡亚夫亦避罪从军，说贰师曰："夫人、室家皆在吏，若还，不称意适与狱会，掾，于绢翻。说，式芮翻。称，尺证翻。郅居以北，可复得见乎！"如淳曰：以就诛后虽欲复降匈奴不可得。复，扶又翻。贰师由是狐疑，深入要功，要，一遥翻。遂北至郅居水上。虏已去，贰师遣护军将二万骑度郅居之水，逢左贤王、左大将将二万骑，与汉兵合战一日，汉军杀左大将，虏死伤甚众。军长史与决眭都尉煇渠侯谋曰：晋灼曰：决眭都尉，匈奴官也。功臣表，归义侯仆朋子雷电以击匈奴功，封煇渠侯。煇渠，鲁阳县也。余据班表，仆朋侯辉渠食邑于鲁阳，雷电嗣爵。雷电不自匈奴来降，则决眭都尉非匈奴官也。师古曰：眭，息随翻。煇，音辉。“将军怀异心，欲危众求功，恐必败。”谋共执贰师。贰师闻之，斩长史，引兵还至燕然山。据匈奴传，燕然山在匈奴中速邪乌地。师古曰：燕，一千翻。单于知汉军劳倦，自将五万骑遮击贰师，相杀伤甚众；夜，堑汉军前，深数尺，堑，七艳翻。深，式禁翻，度深曰深。从后急击之，军大乱；【章：十四行本“乱”下有“败”字；乙十一行本同；孔本同；张校同。】贰师遂降。单于素知其汉大将，以女妻之，降，户江翻。妻，千细翻。尊宠在卫律上。宗族遂灭。

5 秋，蝗。

6 九月，故城父令公孙勇班志：城父县属沛郡。父，音甫。与客胡倩等谋反，师古曰：倩，音千见翻。倩诈称光禄大夫，言使督盗贼；淮阳太守田广明觉知，使，疏吏翻。守，式又翻。高祖十一年，置淮阳国；时为郡，属兖州；唐陈州地。贤曰：淮阳故城，在今陈州宛丘县东南。发兵捕斩焉。公孙勇衣绣衣、乘驷马车至圉；师古曰：陈留圉县。余据班志，圉县属淮阳。勇衣，于既翻。圉守尉魏不害等诛之。封不害等四人为侯。不害，当涂侯。江德，轑阳侯。苏昌，蒲侯。圉县小史，关内侯，食邑圉之遗乡。

7 吏民以巫蛊相告言者，案验多不实。上颇知太子惶恐无他意，言为江充所迫，惶恐无以自明，而起兵杀江充，非有他意也。会高寝郎田千秋上急变，讼太子冤师古曰：高庙卫寝之郎。所告非常，故云急变。上，时掌翻。曰：“子弄父兵，罪当笞。天子之子过误杀人，当何罪哉！臣尝梦一白头翁教臣言。”上乃大感寤，召见千秋，谓曰：“父子之间，人所难言也，公独明其不然。此高庙神灵使公教我，公当遂为吾辅佐。”立拜千秋为大鸿胪，师古曰：当其立见而即拜之，言不移时也。胪，陵如翻。而族灭江充家，焚苏文于横桥上；即横门外渭桥也。横，音光。及泉鸠里加兵刃于太子者，初为北地太守，后族。上怜太子无辜，乃作思子宫，为归来望思之台于湖，师古曰：言己望而思之，庶太子之魂归来也。其台在今湖城县之西，阌乡县之东，基址犹存。天下闻而悲之。

四年（壬辰、前八九）

1 春，正月，上行幸东莱，临大海，欲浮海求神山。群臣谏，上弗听；而大风晦冥，海水沸涌。上留十馀日，不得御楼船，乃还。

2 二月，丁酉，雍县无云如雷者三，雍，于用翻。经典，如、而字通。陨石二，黑如黳。师古曰：黳，乌兮翻，小黑也。江南人以油煎漆滓以饰物曰黳。

3 三月，上耕于巨定。地理志，巨定县属齐国。水经注作"巨淀县"，故城在淄水北。县东南有巨淀湖，盖以水受名也。还，幸泰山，修封。庚寅，祀于明堂。癸巳，禅石闾，见群臣，上乃言曰："朕即位以来，所为狂悖，悖，蒲妹翻。使天下愁苦，不可追悔。自今事有伤害百姓，糜费天下者，悉罢之！"田千秋曰："方士言神仙者甚众，而无显功，臣请皆罢斥遣之！"上曰："大鸿胪言是也。"于是悉罢诸方士候神人者。是后上每对群臣自叹："向时愚惑，为方士所欺。天下岂有仙人，尽妖妄耳！妖，于遥翻。节食服药，差可少病而已。"少，诗沼翻。夏，六月，还，幸甘泉。

4 丁巳，以大鸿胪田千秋为丞相，封富民侯。恩泽侯表，富民侯食邑于沛郡蕲县。师古曰：欲百姓之殷实，故取其嘉名也。千秋无他材能，【章：十四行本"能"下有"术学"二字；乙十一行本同；孔本同；张校同；退斋校同。】又无伐阅功劳，太史公曰：古者人臣功有五品：以德立宗庙、定社稷曰勋；以言曰劳；角力曰功；明其等曰伐；积日曰阅。师古曰：伐，积功也。阅，经历也。特以一言寤意，数月取宰相，封侯，世未尝有也。然为人敦厚有智，居位自称，师古曰：言称其职也。称，尺证翻。逾于前后数公。

先是搜粟都尉桑弘羊与丞相、御史奏先，悉荐翻。言："轮台东有溉田五千顷以上，杜佑曰：轮台，渠犁地，今在交河、北庭界中，其地相连。可遣屯田卒，置校尉三人分护，益种五谷；张掖、酒泉遣骑假司马为斥候；斥，拓也。候，望也。言开拓道路候望也。募民壮健敢徙者诣田所，益垦溉田，稍筑列亭，迮城而西，以威西国，辅乌孙。”时乌孙王尚公主，故欲屯田列亭连城以辅之。上乃下诏，深陈既往之悔曰：“前有司奏欲益民赋三十，助边用，师古曰：三十者，每口转增三十钱也。是重困老弱孤独也。重，直用翻。而今又请遣卒田轮台。轮台西于车师千馀里，前开陵侯击车师时，虽胜，降其王，降，户江翻。以辽远乏食，道死者尚数千人，况益西乎！曩者朕之不明，以军候弘上书，言‘匈奴缚马前后足置城下，驰言“秦人，我丐若马。”’据汉时匈奴谓中国人为秦人，至唐及国朝则谓中国为汉，如汉人、汉儿之类，皆习故而言。师古曰：丐，乞与也。若，汝也。乞，音气。又，汉使者久留不还，故兴遣贰师将军，久留不还，谓苏武等也。师古曰：兴遣，兴军而遣之。欲以为使者威重也。古者卿、大夫与谋，参以蓍、龟，不吉不行。师古曰：谓共卿大夫谋事尚不专决，犹杂问蓍龟也。蓍，筮也。龟，卜也。孔颖达曰：卜筮必用龟蓍者，按刘向云：蓍之言耆，龟之言久。龟千岁而灵，蓍百年而神，以其长久，故能辩吉凶也。说文：蓍，蒿属也，生千岁三百茎，易以为数。天子九尺，诸侯七尺，大夫五尺，士三尺。陆玑草木疏云：似藾萧，青色，科生。洪范五行传曰：蓍生百年，一本生百茎。论衡云：七十年生一茎，七百年十茎，神灵之物，故生迟也。史记曰：满百茎者，其下必有神龟守之，其上常有云气覆之。淮南子云：上有丛蓍，下有伏龟。卜筮实问于神，龟筮能传神命以告人，故金縢告太王、王季、文王，乃卜三龟，一袭吉，是能传神命也。又郑注天府云：卜筮实问于鬼神，龟筮能出其卦兆之占耳。按白虎通称礼三正记：天子龟一尺二寸，诸侯一尺，大夫八寸，士六寸。龟，阴也，故其数偶；蓍，阳也，故其数奇。所以谓之卜筮者，师说云：卜，覆也，以覆审吉凶；筮，决也，以决定其惑。刘向以为卜，赴也，赴来者之心；筮，问也，问筮者之事。赴、问，互言之。易系辞云：定天下之吉凶，成天下之亹亹者，莫大乎蓍龟。又曰：蓍之德圆而神。又说卦云：幽赞于神明而生蓍。据此诸文，蓍龟知灵相似；传云蓍短龟长，不如从长者，史苏欲止献公之意，托云尔，实无优劣也。杜预、郑玄因是言以为实有长短。杜预注传云：物生而后有象，象而后有滋，滋而后有数。龟象、筮数，故象长、数短是也。象所以长者，以物初生则有象，去初既近，且包罗万形，故为长。数短者，数是终，去初既远，推寻事数始能求象，故为短也。郑注占人云：占人亦占筮掌占龟者，筮短龟长，主于长者，是也。凡卜筮，天子、诸侯，若大事则卜、筮并用，皆先筮后卜。大事则卜立君、卜大封、大祭祀、出军旅、丧事，及龟之八命：一曰征，二曰象，三曰与，四曰谋，五曰果，六曰至，七曰雨，八曰瘳。此等皆为大事。郑注占人云：将卜八事，皆先以筮筮之，是也。若次事则惟卜不筮，故表记云：天子无筮，小事无卜惟筮。筮人掌九筮之言：一曰筮更，谓迁都邑也；二曰筮咸，咸，犹佥也，谓筮众心欢不也；三曰筮式，谓筮作法式也；四曰筮目，谓事众，筮其所要当也；五曰筮易，谓民众不说，筮所改易也；六曰筮比，谓与民和比也；七曰筮祠，谓筮牲与日也；八曰筮参，谓筮御与右也；九曰筮环，谓筮可致师不。郑注：古人不卜而徒筮者，则用九筮，是也。僖十五年，晋卜纳襄王，得黄帝战阪泉之兆，又筮之，得大有之睽；哀九年，卜伐宋，亦卜而后筮：是大事卜、筮并用也。与，读曰预。蓍，音升脂翻。乃者以缚马书遍视丞相、御史、二千石、诸大夫、郎、为文学者，师古曰：视，读曰示。为文学，谓学经书之人。乃至郡、属国都尉等，皆以'虏自缚其马，不祥甚哉！'或以为'欲以见强，师古曰：见，显示。见，贤遍翻。夫不足者视人有馀。'师古曰：言其夸张也。视，亦读曰示。公车方士、太史、治星、望气及太卜龟蓍皆以为'吉，公车方士，方士之待诏公车者。太史，属太常。治星，习为天文之家；望气，如周官之视祲者，皆属太史。太卜，属太常，有令、丞。治，直之翻。匈奴必破，时不可再得也。'师古曰：今便利之时，后不可再得也。又曰：'北伐行将，于鬴山必克。师古曰：行将，谓遣将率行也。鬴山，山名也。将，即亮翻；下同。鬴，古釜字。卦，诸将贰师最吉。'卜遣诸将，而于卦中贰师最为吉也。故朕亲发贰师下鬴山，诏之必毋深入。今计谋、卦兆皆反缪。师古曰：言不效也。缪，妄也。重合侯得虏候者，乃言'缚马者匈奴诅军事也。'据班史，匈奴闻汉军当来，使巫埋羊、牛所出诸道及水上以诅军。诅，庄助翻。匈奴常言'汉极大，然不耐饥渴，失一狼，走千羊。'乃者贰师败，军士死略离散，师古曰：言死及被虏略，并自离散也。悲痛常在朕心。今又请远田轮台，欲起亭隧，师古曰：隧者，依深险之处，开通行道也。是扰劳天下，非所以优民也，朕不忍闻！大鸿胪等又议欲募囚徒送匈奴使者，明封侯之赏以报忿，此五伯所弗为也。盖欲使刺单于以报忿也。师古曰：言五伯尚耻不为，况今大汉也。伯，读曰霸。且匈奴得汉降者常提掖搜索，降，户江翻。索，山客翻。提，谓提挈之也。掖，谓两人夹持其两掖。掖，羊益翻。师古曰：搜索者，恐其或私赍文书也。余谓恐其挟兵刃。问以所闻，岂得行其计乎！当今务在禁苛暴，止擅赋，力本农，修马复令，汉有擅赋法，今止不行。孟康曰：先是令长吏各以秩养马，亭有牝马，名养马者皆复不事。后马多绝乏，至此复修之也。师古曰：此说非也。马复，因养马以免徭赋也。复，方目翻。以补缺、毋乏武备而已。郡国二千石各上进畜马方略补边状，与计对。"师古曰：与上计者同来赴对也。上，时掌翻。畜，许六翻。

由是不复出军，复，扶又翻。而封田千秋为富民侯，以明休息，思富养民也。又以赵过为搜粟都尉。过能为代田，班志：一亩三畎，岁代处，故曰代田，古法也。后稷始畎田，以二耜为耦，广尺、深尺曰畎，长终亩；一亩三畎，一夫三百畎，而播种于三畎中。师古曰：代，易也。余谓此即周礼一易、再易之田之类。其耕耘田器皆有便巧，以教民，用力少而得谷多，民皆便之。

臣光曰：天下信未尝无士也！武帝好四夷之功，而勇锐轻死之士充满朝廷，辟土广地，无不如意。及后息民重农，而赵过之俦教民耕耘，民亦被其利。好，呼到翻。被，皮义翻。此一君之身趣好殊别，而士辄应之，诚使武帝兼三王之量以兴商、周之治，治，直吏翻。其无三代之臣乎！

5 秋，八月，辛酉晦，日有食之。考异曰：荀纪作"七月"，汉书作

"八月"。按长历是年九月壬戌朔，言八月是也。

6 卫律害贰师之宠，会匈奴单于母阏氏病，阏氏，音烟支。律饬胡巫言："先单于怒曰：'胡故时祠兵，常言得贰师以社，师古曰：饬，与敕同。社，祠社也。何故不用？'"于是收贰师。贰师骂曰："我死必灭匈奴！"遂屠贰师以祠。

后元元年（癸巳、前八八）

1 春，正月，上行幸甘泉，郊泰畤；遂幸安定。

2 昌邑哀王髆薨。髆，音博。

3 二月，赦天下。

4 夏，六月，商丘成坐祝诅自杀。考异曰：功臣表云："坐为詹事，祠孝文庙，醉歌堂下曰：'出居安能郁郁！'大不敬，自杀。"公卿表云："坐祝诅。"按成不为詹事，功臣表误也。

5 初，侍中仆射马何罗与江充相善。班表，侍中仆射，秦官。自侍中、尚书郎、军屯驺宰、永巷宦者皆有仆射。古者重武，官有主射以课督之，取其领事之号。沈约曰：侍中本秦丞相史也，使五人往来殿内东厢奏事，故谓之侍中。汉西京无员，多至数十人，入侍禁中，分掌乘舆御物，下至亵器虎子之属。武帝世，孔安国为侍中，以其儒者，特令掌御唾壶，朝廷荣之。久次者为仆射。东京又属少府，犹无员，掌侍左右赞导众事、顾问应答；法驾出，则多识者一人负传国玺，操斩白蛇剑参乘，馀皆骑，在乘舆车后。光武改仆射为祭酒。汉世与中官俱止禁中。武帝时，侍中马何罗为逆，由是侍中出禁外，有事乃得入，事毕即出。王莽秉政，侍中复入，与中官俱止。章帝元和中，侍中郭举与后宫通，拔佩刀惊御。举伏诛，侍中由是复出外。及卫太子起兵，何罗弟通以力战封重合侯。后上夷灭充宗族、党与，何罗兄弟惧及，及，谓及于祸也。遂谋为逆。侍中驸马都尉金日磾视其志意有非常，心疑之，阴独察其动静，与俱上下。师古曰：上下于殿也。磾，丁奚翻。上，时掌翻；下厢上同。何罗亦觉日磾意，以故久不得发。是时上行幸林光宫，服虔曰：甘泉，一名林光。师古曰：秦之林光宫，胡亥所造；汉又于其旁起甘泉宫。日磾小疾卧庐，师古曰：

殿中所止曰庐。何罗与通及小弟安成矫制夜出，共杀使者，发兵。明旦，上未起，何罗无何从外入。无何，犹言无几时也。日磾奏厕，心动，师古曰：奏，向也。日磾方向厕而心动。立入，坐内户下。须臾，何罗袖白刃从东厢上，见日磾，色变；走趋卧内，欲入，师古曰：趋，读曰趣，向也。卧内，天子卧处。行触宝瑟，僵。日磾得抱何罗，因传曰："马何罗反！"传，谓传声而唱之。上惊起。左右拔刃欲格之，上恐并中日磾，中，竹仲翻。止勿格。日磾投何罗殿下，得禽缚之。穷治，皆伏辜。

6 秋，七月，地震。

7 燕王旦自以次第当为太子，燕王旦，元狩六年受封。上书求入宿卫。上怒，斩其使于北阙；又坐藏匿亡命，削良乡、安次、文安三县。班志，良乡县属涿郡，安次、文安属勃海郡。良乡、安次二县，唐皆属幽州。文安县，唐为莫州。上由是恶旦。恶，乌路翻。旦辩慧博学，其弟广陵王胥，有勇力，胥亦以元狩六年受封。而皆动作无法度，多过失，故上皆不立。

时钩弋夫人之子弗陵，年数岁，形体壮大，多知，师古曰：壮大者，言其形体伟大。上奇爱之，心欲立焉；以其年稚，母少，少，诗沼翻；下同。犹与久之。与，读曰豫。欲以大臣辅之，察群臣，唯奉车都尉、光禄大夫霍光，忠厚可任大事，上乃使黄门画周公负成王朝诸侯以赐光。师古曰：黄门之署，职任亲近，以供天子，百物在焉，故亦有画工。画，读曰畫。后数日，帝谴责钩弋夫人；夫人脱簪珥，珥，仍吏翻，耳饰也。叩头。句断。帝曰："引持去，送掖庭狱！"掖庭属少府，有秘狱，凡宫人有罪考下之。夫人还顾，帝曰："趣行，趣，读曰促。汝不得活！"卒赐死。卒，子恤翻。顷之，帝间居，问左右曰："外人言云何？"左右对曰："人言'且立其子，何去其母乎？'"去，羌吕翻；下同。帝曰，"然，是非儿曹愚人之所知也。往古国家所以乱，由主少、母壮也。女主独居骄蹇，淫乱自恣，莫能禁也。汝不闻吕后邪！故不得不先去之也。”

二年（甲午、前八七）

1 春，正月，上朝诸侯王于甘泉宫。二月，行幸盩厔五柞宫。班志，盩厔县属扶风。山曲曰盩，水曲曰厔。师古曰：盩，张流翻。厔，竹乙翻。张晏曰：五柞宫有五柞树，因名。水经注：五柞宫在长杨宫东北八里。柞，即各翻。

2 上病笃，霍光涕泣问曰：“如有不讳，贤曰：不讳，谓死也。死者人之常，故言不讳也。师古曰：不讳，言不可讳也。谁当嗣者？”上曰：“君未谕前画意邪？立少子，君行周公之事！”光顿首让曰：“臣不如金日磾！”日磾亦曰：“臣，外国人，日磾，休屠王子，故云然。不如光；且使匈奴轻汉矣！”乙丑，诏立弗陵为皇太子，时年八岁。丙寅，以光为大司马、大将军，日磾为车骑将军，太仆上官桀为左将军，受遗诏辅少主，又以搜粟都尉桑弘羊为御史大夫，皆拜卧内床下。光出入禁闼二十馀年，出则奉车，入侍左右，小心谨慎，未尝有过。为人沈静详审，沈，持林翻。每出入、下殿门，止进有常处，郎、仆射窃识视之，师古曰：识，记也，音式志翻，又职吏翻。不失尺寸。日磾在上左右，目不忤视者数十年；忤，逆也，五故翻。赐出宫女，不敢近；上欲内其女后宫，内，读曰纳。不肯；其笃慎如此，上尤奇异之。日磾长子为帝弄儿，帝甚爱之。其后弄儿壮大，不谨，自殿下与宫人戏；日磾适见之，恶其淫乱，恶，乌路翻。遂杀弄儿。上闻之，大怒。日磾顿首谢，具言所以杀弄儿状。上甚哀，为之泣；为，于伪翻。已而心敬日磾。上官桀始以材力得幸，桀少时为羽林期门郎，从帝上甘泉，天大风，车不得行，解盖授桀；桀奉盖，虽风，常属车，雨下，盖辄御，上奇其材力。为未央厩令；未央厩令属太仆。上尝体不安，及愈，见马，师古曰：见，谓呈见之，音胡电翻。马多瘦，上大怒曰：“令以我不复见马邪！”欲下吏。复，扶又翻。下，遐嫁翻。桀顿首曰：“臣闻圣体不安，日夜忧惧，意诚不在马。”师古曰：诚，实也。言未卒，泣数行下。卒，子恤翻。行，户刚翻。上以为爱己，由是亲近，近，其靳翻。为侍中，稍迁至太仆。三人皆上素所爱信者，故特举之，授以后事。丁卯，帝崩于五柞宫；臣瓒曰：寿七十一。入殡未央宫前殿。

帝聪明能断，断，丁乱翻。善用人，行法无所假贷。隆虑公主子昭平君隆虑公主，景帝女。班志，隆虑县属河内郡。虑，音闾。尚帝女夷安公主。班志，夷安县属胶西国。隆虑主病困，以金千斤、钱千万为昭平君豫赎死罪，上许之。为，于伪翻；下同。隆虑主卒，昭平君日骄，醉杀主傅，服虔曰：主傅，主之官也。如淳曰：礼有傅姆。说者又曰：傅，老大夫也，汉使中行说傅翁主是也。师古曰：傅姆是。系狱；廷尉以公主子上请。上，时掌翻。左右人人为言：“前又入赎，陛下许之。”上曰：“吾弟老有是一子，死，以属我。”弟，谓女弟。师古曰：老乃有子，言其晚孕育也。属，音之欲翻。于是为之垂涕，叹息良久，曰：“法令者，先帝所造也，用弟故而诬先帝之法，吾何面目入高庙乎！又下负万民。”乃可其奏，哀不能自止，左右尽悲。待诏东方朔前上寿，时有待诏公车者，有待诏金马门者。朔时待诏宦者署。曰：“臣闻圣王为政，赏不避仇雠，诛不择骨肉。书曰：‘不偏不党，王道荡荡。’师古曰：周书洪范之辞。荡荡，平坦貌。此二者，五帝所重，三王所难也，陛下行之，天下幸甚！臣朔奉觞昧死再拜上万【章：十四行本“万”下有“岁”字；乙十一行本同；孔本同；退斋校同。】寿！”上初怒朔，既而善之，以朔为中郎。

班固赞曰：汉承百王之弊，高祖拨乱反正，文、景务在养民，至于稽古礼文之事，犹多阙焉。孝武初立，卓然罢黜百家，表章六经，师古曰：百家，谓诸子杂说，违背六经。六经，谓易、诗、书、春秋、礼、乐也。遂畴咨海内，举其俊茂，师古曰：畴，谁也。咨，谋也。言谋于众人，谁可为事者也。与之立功；兴太学，修郊祀，改正朔，师古曰：正，音之成翻。定历数，协音律，作诗乐，建封禅，礼百神，绍周后，号令文章，焕然可述，后嗣得遵洪业而有三代之风。如武帝之雄材大略，不改文、景之恭俭以济斯民，虽诗、书所称何有加焉！师古曰：美其雄材大略而非其不恭俭也。

臣光曰：孝武穷奢极欲，繁刑重敛，敛，力赡翻。内侈宫室，外事四夷，信惑神怪，巡游无度，使百姓疲敝，起为盗贼，其所以异于秦始皇者无几矣。几，居岂翻。然秦以之亡，汉以之兴者，孝武能尊先王之道，知所统守，受忠直之言，恶人欺蔽，好贤不倦，恶，乌路翻。好，呼到翻。诛赏严明，晚而改过，顾托得人，此其所以有亡秦之失而免亡秦之祸乎！

3 戊辰，太子即皇帝位。帝姊鄂邑公主共养省中，班志，鄂县属江夏郡，公主所食之邑。伏俨曰：蔡邕云：本为禁中。门阁有禁，非侍御之臣不得妄入；行道豹尾中亦为禁中。孝元皇后父名禁，避之，故曰省中。师古曰：省，察也，言入此中者皆当察视，不可妄也。余据鄂邑公主即盖长公主。鄂，五各翻。共，居用翻。养，弋亮翻。霍光、金日磾、上官桀共领尚书事。光辅幼主，政自己出，天下想闻其风采。殿中尝有怪，一夜，群臣相惊，光召尚符玺郎，续汉志本注：符玺郎中二人，在中主玺及虎符、竹符之半者。玺，斯氏翻。欲收取玺。师古曰：恐有变难，欲收取玺。郎不肯授，光欲夺之。郎按剑曰："臣头可得，玺不可得也！"光甚谊之。明日，诏增此郎秩二等。众庶莫不多光。多，犹重也，以此事为多足重也。

4 三月，甲辰，葬孝武皇帝于茂陵。

5 夏，六月，赦天下。

6 秋，七月，有星孛于东方。孛，蒲内翻。

7 济北王宽坐禽兽行自杀。淮南厉王子勃徙封济北王，宽其孙也。汉法，内乱者为禽兽行。济，子礼翻。行，下孟翻。

8 冬，匈奴入朔方，杀略吏民；发军屯西河，左将军桀行北边。行，下孟翻。

顾颉刚标点聂崇岐覆校

资治通鉴卷第二十三

翰林学士朝散大夫右谏议大夫知制诰兼侍讲
同提举万寿观公事兼判集贤院上护军 司马光 奉敕编集
河内郡开国侯食邑一千三百户赐紫金鱼袋臣

后学天台 胡三省 音注

汉纪十五 起旃蒙协洽（乙未），尽柔兆敦牂（丙午），凡十二年。

孝昭皇帝上 讳弗陵，武帝少子也。张晏曰：后以二名难讳，但名弗。荀悦曰：讳“弗”之字曰“不”。应劭曰：礼谥法：圣闻周达曰昭。

始元元年（乙未、前八六）

1 夏，益州夷二十四邑、三万馀人皆反。遣水衡都尉吕破【张：“破”作“辟”。】胡募吏民及发犍为、蜀郡奔命往击，大破之。犍为、蜀郡，皆属益州。犍为郡，唐泸、戎、嘉、眉、荣、资、简州地。蜀郡，唐成都府、彭、蜀、邛、雅、翼、茂州之地。应劭曰：旧时郡国皆有材官、骑士以赴急难；今夷反，常兵不足以讨之，故权发精勇，闻命奔走，故谓之奔命。李奇曰：平居发二十以上至五十为甲卒；今者五十以上、六十以下为奔命。奔命，言急也。师古曰：应说是。余据左传：子重、子反一岁七奔命。奔命者，救急之师，固不拘五十以上、六十以下也。犍，居言翻。

2 秋，七月，赦天下。

3 大雨，至于十月，渭桥绝。

4 武帝初崩，【章：甲十五行本作“初，武帝崩”；乙十一行本同；孔本同；退斋校同。】赐诸侯王玺书。左传：襄公在楚，季武子使公冶问玺书，追而与之，盖君臣通用也；秦、汉以来，惟至尊以为信。燕王旦得书不肯哭，曰：“玺书封小，张晏曰：文小则封小。京师疑有变。”遣幸臣寿西长、孙纵之、王孺等之长安，苏林曰：寿西，姓；长，名。师古曰：之，往也。以问礼仪为名，阴刺候朝廷事。刺，七亦翻，探也。及有诏褒赐旦钱三十万，益封万三千户，旦怒曰：“我当为帝，何赐也！”遂与宗室中山哀王子长、齐孝王孙泽等结谋，中山哀王昌，靖王胜子。齐孝王将闾，悼惠王肥子。诈言以武帝时受诏，得职吏事，修武备，备非常。如淳曰：诸侯不得治民、与职事，是以诈言受诏，得知职事，发兵为备也。郎中成轸谓旦曰：“大王失职，独可起而索，姓谱：成姓本自周文王，成伯之后，周有成肃公；又楚有令尹成得臣。师古曰：失职，谓当为汉嗣而不被用也。索，求也，音山客翻。不可坐而得也。大王壹起，国中虽女子皆奋臂随大王。”旦即与泽谋，为奸书，言：“少帝非武帝子，大臣所共立；天下宜共伐之！”使人传行郡国以摇动百姓。泽谋归发兵临菑，临菑，齐郡太守、青州刺史治所。杀青州刺史隽不疑。隽，辞兖翻。旦招来郡国奸人，赋敛铜铁作甲兵，数阅其车骑、材官卒，发民大猎以讲士马，须期日。师古曰：讲，习也。须，待也。余谓泽归临菑谋举兵，故旦阅兵以待期。数，所角翻；下同。郎中韩义等数谏旦，旦杀义等凡十五人。会瓶侯成知泽等谋，成，菑川靖王之子。班志，瓶，侯国，属琅琊郡。瓶，步丁翻。以告隽不疑。八月，不疑收捕泽等以闻。天子遣大鸿胪丞治，续汉志：大鸿胪丞，秩千石。胪，陵如翻。连引燕王。有诏，以燕王至亲，勿治；而泽等皆伏诛。迁隽不疑为京兆尹。百官表：武帝太初元年，改右内史为京兆尹。张晏曰：地绝高曰京。左传曰：莫之与京。十亿曰兆。尹，正也。师古曰：京，大也；兆者，众数；言大众所在，故云京兆也。郦道元曰：尹，正也，所以董正京畿、率先百郡也。孔颖达曰：释诂文曰：万亿曰兆。如依算法，亿之数有大小二法：其小数以十为等，十万为亿，十亿为兆也；其大数以万亿为等，万至万，是万之为亿；又从亿而数至万亿曰兆，亿亿曰秭。兆，在亿、秭之间。

不疑为京兆尹，吏民敬其威信。每行县、录囚徒还，师古曰：省录之，知其情状有冤滞与否也。今云虑囚，本"录"声之去者耳，音力具翻。而近俗不晓其意，讹其文遂为思虑之虑，失其源也甚矣。行，下孟翻。其母辄问不疑："有所平反？活几何人？"即不疑多有所平反，毛晃曰：平反，理正幽枉也。反，音幡。母喜笑异于他时；或无所出，母怒，为不食。为，于伪翻。故不疑为吏，严而不残。

5 九月，丙子，秺敬侯金日磾薨。秺，音妒。磾，丁奚翻。初，武帝病，有遗诏，封金日磾为秺侯，上官桀为安阳侯，恩泽侯表，安阳侯食邑于河内之荡阴。水经注：陕县有安阳城，武帝封上官桀为侯国。霍光为博陆侯；文颖曰：博，大；陆，平；取其嘉名，无此县也；食邑于北海、河间、东郡。师古曰：盖亦取乡聚之名以为国号，非必县也。博陆初封，食北海、河间；后益封，食东郡。皆以前捕反者马何罗等功封。捕马何罗事见上卷武帝后元元年。日磾以帝少，不受封，少，诗沼翻。光等亦不敢受。及日磾病困，光白封，日磾卧受印绶；一日薨。日磾两子赏、建俱侍中，与帝略同年，共卧起。赏为奉车，建驸马都尉。及赏嗣侯，佩两绶，上谓霍将军曰："金氏兄弟两人，不可使俱两绶邪？"对曰："赏自嗣父为侯耳。"上笑曰："侯不在我与将军乎？"对曰："先帝之约，有功乃得封侯。"遂止。

6 闰月，遣故廷尉王平等五人持节行郡国，举贤良，问民疾苦、冤、失职者。行，下孟翻。

7 冬，无冰。

二年（丙申、前八五）

1 春，正月，封大将军光为博陆侯，按师古注，光初封，食邑北海、河间。左将军桀为安阳侯。桀食邑荡阴。

2 或说霍光曰："将军不见诸吕之事乎？处伊尹、周公之位，说，式芮翻。处，昌吕翻。摄政擅权，而背宗室，不与共职，是以天下不信，卒至于灭亡。背，蒲妹翻。卒，子恤翻。今将军当盛位，帝春秋富，宜纳宗室，又多与大臣共事，服虔曰：共议事也。师古曰：每事皆与参共知之。反诸吕道。如是，则可以免患。”师古曰：言诸吕专权而灭亡，今纳宗室，是反其道，乃可免患也。光然之，乃择宗室可用者，遂拜楚元王孙辟疆及宗室刘长乐皆为光禄大夫，辟疆守长乐卫尉。汉长乐、建章、甘泉各有卫尉以掌其宫卫，然不常置。乐，音洛。

3 三月，遣使者振贷贫民无种、食者。师古曰：种者，五谷之种也。食者，所以为粮食也。种，之勇翻。

4 秋，八月，诏曰：“往年灾害多，今年蚕、麦伤，所振贷种、食勿收责，毋令民出今年田租！”

5 初，武帝征伐匈奴，深入穷追，二十馀年，匈奴马畜孕重堕殰，罢极，苦之，师古曰：孕重，怀任者也。堕，落也。殰，败也。罢极，困也。苦之，心厌苦也。罢，读曰疲。殰，音读。郑玄曰：内败曰殰。陆云：谓怀任不成也。常有欲和亲意，未能得。狐鹿孤单于有异母弟为左大都尉，贤，国人乡之。乡，读曰向，谓悉皆附之。母阏氏恐单于不立子而立左大都尉也，阏氏，音烟支。乃私使杀之。左大都尉同母兄怨，遂不肯复会单于庭。复，扶又翻。是岁，单于病且死，谓诸贵人：“我子少，不能治国，立弟右谷蠡王。”少，诗沼翻。治，直之翻。谷蠡，音鹿黎。及单于死，卫律等与颛渠阏氏谋，颛渠阏氏，单于之正室也，位大阏氏上。匿其丧，矫单于令，更立子左谷蠡王为壶衍鞮单于。更，工衡翻。左贤王、右谷蠡王怨望，率其众欲南归汉，恐不能自致，即胁卢屠王，欲与西降乌孙。降，户江翻。卢屠王告之单于，使人验问，右谷蠡王不服，反以其罪罪卢屠王，国人皆冤之。于是二王去居其所，不复肯会龙城，匈奴诸王长少，岁正月会单于庭；五月，大会龙城，祭其先天地鬼神。今二王自居其本处，不复会祭龙城也。复，扶又翻。匈奴始衰。

三年（丁酉、前八四）

1 春，二月，有星孛于西北。孛，蒲内翻。

2 冬，十一月，壬辰朔，日有食之。

3 初，霍光与上官桀相亲善。光每休沐出，汉制，中朝官五日一下里舍休沐，三署诸郎亦然。桀常代光入决事。光女为桀子安妻，生女，年甫五岁，甫，始也。安欲因光内之宫中；光以为尚幼，不听。盖长公主私近子客河间丁外人，地理志，盖县属泰山郡。师古曰：食邑于鄂，为盖侯所尚，故曰盖长公主。长公主仪比诸王，帝姊妹乃称之。盖侯王充，武帝舅王信之子，袭爵。盖，如字，又古盍翻。子客，子宾客也。丁，姓；外人，其名。长，知两翻；下同。近，其靳翻。安素与外人善，说外人曰：说，式芮翻。"安子容貌端正，诚因长主时得入为后，以臣父子在朝而有椒房之重，师古曰：椒房殿在未央宫中，皇后所居；以椒和泥涂壁，取其温而芳。朝，直遥翻。成之在于足下。汉家故事，常以列侯尚主，足下何忧不封侯乎！"外人喜，言于长主。长主以为然，诏召安女为倢伃，倢伃，音接予。安为骑都尉。为安父子与霍光争权谋乱张本。

四年（戊戌、前八三）

1 春，三月，甲寅，立皇后上官氏，赦天下。

2 西南夷姑缯、叶榆复反，姑缯、叶榆，皆西南夷别种，其所居地在益州郡界。叶榆，泽名，武帝开为县。缯，慈陵翻。叶，式涉翻。遣水衡都尉吕辟胡将益州兵击之。此益州刺史所部兵也。宋白曰：汉武帝元鼎中，分雍州之南置益州。释名曰：益，阨也，所在之地险阨也。应劭地理风俗记曰：疆理益广，故曰益州。班志，汉中、广汉、蜀郡、越巂、益州、牂柯、巴郡皆属益州。师古曰：辟，音壁。辟胡不进，蛮夷遂杀益州太守，武帝元封二年，开滇王国，置益州郡，治滇池县。守，式又翻。乘胜与辟胡战，士战及溺死者四千余人。冬，遣大鸿胪田广明击之。胪，陵如翻。

3 廷尉李种坐故纵死罪种，音冲。弃市。

4 是岁，上官安为车骑将军。考异曰：昭纪作"骠骑"，今从百官表、外戚传。

五年（己亥、前八二）

1 春，正月，追尊帝外祖赵父为顺成侯。顺成侯赵父，钩弋夫人之父也。父时已死，追封为顺成侯，置园邑三百户于扶风。顺成侯有姊君姁，师古曰：姁，音况羽翻。赐钱二百万、奴婢、第宅以充实焉。诸昆弟各以亲疏受赏赐，孔颖达曰：五服之内，大功已上服粗者为亲，小功已下服精者为疏。疏，与踈同。无在位者。

2 有男子乘黄犊车诣北阙，未央宫北阙，萧何筑也。师古曰：未央宫虽南向，而上书、奏事、谒见者皆诣北阙，公车司马在焉。自谓卫太子；公车以闻。班表：公车属卫尉，天下上事皆总领之。师古曰：公车主受章奏。诏使公、卿、将军、中二千石杂识视。师古曰：杂，共也。有素识之者，令视知其是非也。长安中吏民聚观者数万人。右将军勒兵阙下以备非常。丞相、御史、中二千石至者并莫敢发言。京兆尹不疑后到，叱从吏收缚。从，才用翻。或曰："是非未可知，且安之！"安，犹徐也。不疑曰："诸君何患于卫太子！昔蒯聩违命出奔，辄距而不纳，春秋是之。师古曰：蒯聩，卫灵公太子；辄，蒯聩子也。蒯聩得罪于灵公而出奔晋。及灵公卒，使辄嗣位。晋赵鞅纳蒯聩于戚，欲求入卫。齐国夏、卫石曼姑帅师围戚。公羊传曰：曼姑受命于灵公而立辄，曼姑之义固可以距蒯聩也。辄之义可以立乎？曰：可。奈何？不以父命辞王父命也。蒯，苦怪翻。聩，五怪翻。卫太子得罪先帝，亡不即死，即，就也。今来自诣，此罪人也！"遂送诏狱。天子与大将军霍光闻而嘉之曰："公卿大臣当用有经术、明于大谊者。"繇是不疑名声重于朝廷，在位者皆自以不及也。廷尉验治何人，凡不知姓名及所从来，皆曰何人。竟得奸诈，本夏阳人，姓成，名方遂，居湖，以卜筮为事。有故太子舍人尝从方遂卜，谓曰："子状貌甚似卫太子。"方遂心利其言，冀得以富贵。坐诬罔不道，要斩。

要，与腰同。考异曰：昭纪云“张延年”，隽不疑传云“成方遂”，又云“一姓张，名延年”。今从不疑传。

3 夏，六月，封上官安为桑乐侯。恩泽侯表：桑乐侯食邑于千乘。乐，来各翻。安日以骄淫，受赐殿中，对宾客言：“与我婿饮，大乐!”乐，音洛。见其服饰，使人归，欲自烧物。子病死，仰而骂天。其顽悖如此。悖，蒲内翻。

4 罢儋耳、真番郡。武帝元鼎六年置儋耳郡，元封三年置真番郡；今皆罢之。儋，都甘翻。

5 秋，大鸿胪广明、军正王平击益州，斩首、捕虏三万馀人，获畜产五万馀头。

6 谏大夫杜延年见国家承武帝奢侈、师旅之后，数为大将军光言：“年岁比不登，数，所角翻。为，于伪翻。比，毗至翻。流民未尽还，宜修孝文时政，示以俭约、宽和，顺天心，说民意，说，读曰悦。年岁宜应。”光纳其言。延年，故御史大夫周之子也。

六年(庚子、前八一)

1 春，二月，诏有司问郡国所举贤良、文学，民所疾苦、教化之要，皆对：“愿罢盐、铁、酒榷、均输官，盐铁事始见十九卷武帝元狩四年，均输事始见二十卷元鼎三年，酒榷事始见上卷天汉三年。榷，古岳翻。毋与天下争利，示以俭节，然后教化可兴。”桑弘羊难，以为：“此国家大业，所以制四夷，安边足用之本，不可废也。”难，乃旦翻。于是盐铁之议起焉。师古曰：议罢盐铁之官，百姓皆得鬻盐、铸钱，因总论政治得失也。据班史艺文志，有盐铁论十篇，今行于世。

2 初，苏武既徙北海上，事见二十一卷天汉元年。禀食不至，禀，给也。掘野鼠、去草实而食之。苏林曰：掘野鼠所去草实而食之。张晏曰：取鼠及草实，并而食之。师古曰：苏说是，去，谓藏之也。贡父曰：今北方野鼠甚多，皆可食也。武掘野鼠，得即食之，其草实乃颇去藏耳。去，丘吕翻。

杖汉节牧羊，卧起操持，节旄尽落。操，千高翻。武在汉，与李陵俱为侍中；陵降匈奴，不敢求武。久之，降匈奴事见二十一卷天汉二年。降，户江翻；下同。单于使陵至海上，为武置酒设乐，为，于伪翻；下同。因谓武曰：“单于闻陵与子卿素厚，子卿，苏武字。故使来说足下，虚心欲相待。终不得归汉，空自苦；亡人之地，说，式芮翻。亡，古无字通。信义安所见乎！见，贤遍翻。足下兄弟二人，前皆坐事自杀；来时，太夫人已不幸；不幸，谓死也。子卿妇年少，少，诗照翻。闻已更嫁矣；独有女弟二人、两女、一男，今复十馀年，更，工衡翻。复，扶又翻；下同。存亡不可知。人生如朝露，师古曰：朝露见日则晞干，人命短促亦如之。何久自苦如此！陵始降时，忽忽如狂，自痛负汉，加以老母系保宫。班表，少府属官有居室，武帝太初元年，更名保宫。子卿不欲降，何以过陵！且陛下春秋高，法令无常，大臣无罪夷灭者数十家。安危不可知，子卿尚复谁为乎！”武曰：“武父子无功德，皆为陛下所成就，位列将，爵通侯，兄弟亲近，皆为，如字。将，即亮翻。近，其靳翻。常愿肝脑涂地。今得杀身自效，虽斧钺、汤镬，诚甘乐之！师古曰：鼎大而无足曰镬。乐，音洛。臣事君，犹子事父也；子为父死，无所恨。愿勿复再言！”陵与武饮数日，复曰：“子卿壹听陵言！”武曰：“自分已死久矣，分，扶问翻。王必欲降武，匈奴封李陵为右校王，故称之。请毕今日之欢，效死于前！”陵见其至诚，喟然叹曰：“嗟乎，义士！陵与卫律之罪上通于天！”因泣下沾衿，与武决去。师古曰：决，别也。赐武牛羊数十头。

后陵复至北海上，语武以武帝崩。武南乡号哭欧血，旦夕临，数月。语，牛倨翻。乡，读曰向。号，户高翻。临，哭也，力禁翻。及壶衍鞮单于立，母阏氏不正，阏氏，音烟支。国内乖离，常恐汉兵袭之，于是卫律为单于谋，与汉和亲。汉使至，求苏武等，匈奴诡言武死。后汉使复至匈奴，常惠私见汉使，教使者谓单于，谓告语也。言："天子射上林中，得雁，足有系帛书，言武等在某泽中。"使者大喜，如惠语以让单于。单于视左右而惊，谢汉使曰："武等实在。"乃归武及马宏等。马宏者，前副光禄大夫王忠使西国，西国，谓西域诸国。使，疏吏翻。为匈奴所遮；忠战死，马宏生得，亦不肯降。故匈奴归此二人，欲以通善意。于是李陵置酒贺武曰："今足下还归，还，音旋，又如字。扬名于匈奴，功显于汉室，虽古竹帛所载，丹青所画，何以过子卿！陵虽驽怯，令汉贳陵罪，驽，音奴。贳，宽也。贳，时夜翻。全其老母，使得奋大辱之积志，庶几乎曹柯之盟，李奇曰：言欲劫单于如曹刿劫齐桓公柯盟之时。几，居衣翻。此陵宿昔之所不忘也。收族陵家，为世大戮，事见上卷天汉三年。陵尚复何顾乎！已矣，令子卿知吾心耳！"陵泣下数行，行，户刚翻。因与武决。

单于召会武官属，前已降及物故，凡随武还者九人。既至京师，诏武奉一太牢谒武帝园庙，程大昌演繁露曰：牛、羊、豕具为太牢；有羊、豕而无牛则为少牢。今人独以太牢名牛，失之矣。拜为典属国，秩中二千石，班表：典属国本秦官，掌归义蛮夷；汉因之。今以命武，以武久在匈奴中，习外夷事，故使为是官。其后省并大鸿胪。赐钱二百万，公田二顷，宅一区。武留匈奴凡十九岁，始以强壮出，及还，须发尽白。须，与鬚同。霍光、上官桀与李陵素善，遣陵故人陇西任立政等三人俱至匈奴招之。陵曰："归易耳，易，以豉翻。丈夫不能再辱！"遂死于匈奴。陵意谓降匈奴已辱矣，今若归汉，汉将使刀笔吏簿责其丧师降匈奴之罪，是为再辱也，故遂不归。

3 夏，旱。

4 秋，七月，罢榷酤官，从贤良、文学之议也。酤，古护翻。武帝之末，海内虚耗，户口减半。霍光知时务之要，轻傜薄赋，与民休息。至是匈奴和亲，百姓充实，稍复文、景之业焉。

5 诏以钩町侯毋波钩町，西南夷种，武帝开为县，属牂柯郡。虽置官吏，而仍以其君长为钩町侯，使主其种类。钩，音劬。町，音梃。“毋波”，汉书作“亡波”。亡，古无字也。率其邑君长、人民击反者有功，长，知两翻。立以为钩町王。赐田广明爵关内侯。

元凤元年（辛丑、前八〇）应劭曰：三年中，凤凰比下东海、海西、乐乡，故以冠元。

1 春，武都氐人反，武都郡属凉州。氐人，即白马氐也。鱼豢魏略曰：其人分窜山谷，或号青氐，或号白氐。氐，丁奚翻。遣执金吾马适建、龙頟侯韩增、大鸿胪田广明将三辅、太常徒，皆免刑，击之。师古曰：姓马适，名建也。据班书功臣表，弓高侯韩颓当之孙说以击匈奴功封龙頟侯，坐酎金失侯；复以破东越功封按道侯；后为卫太子所杀。子兴嗣侯，坐巫蛊诛。后元元年，复以增嗣龙頟侯。增，兴弟也。班志，龙頟，侯国，属平原郡。頟，音洛；作额者非。崔浩曰：今有龙頟村。苏林曰：是时太常，主诸陵县治民也。余谓此刑徒，输作三辅及太常者也。

2 夏，六月，赦天下。

3 秋，七月，乙亥晦，日有食之，既。

4 八月，改元。

5 上官桀父子既尊，盛德长公主，欲为丁外人求封侯，霍光不许。又为外人求光禄大夫，欲令得召见，又不许。长主大以是怨光，而桀、安数为外人求官爵弗能得，亦惭。长，知两翻。为，于伪翻。数，所角翻。又桀妻父所幸充国为太医监，充国，史失其姓。太医监属少府。阑入殿中，阑，妄也。汉制：诸入宫殿门皆著籍；无籍而妄入，谓之阑入。下狱当死；冬月且尽，汉论死囚不过冬月。下，遐嫁翻。盖主为充国入马二十匹赎罪，乃得减死论。于是桀、安父子深怨光而重德盖主。自先帝时，桀已为九卿，位在光右，武帝时，桀为太仆，位九卿，秩中二千石；光为奉车都尉、光禄大夫，秩比二千石；是桀之位在光右也。右，上也。及父子并为将军，桀为左将军，安为车骑将军。皇后亲安女，光乃其外祖，而顾专制朝事，师古曰：顾，犹反也。朝，直遥翻。由是与光争权。燕王旦自以帝兄不得立，常怀怨望。及御史大夫桑弘羊建造酒榷、盐、铁，为国兴利，伐其功，伐，矜也。榷，古岳翻。为，于伪翻；下同。欲为子弟得官，亦怨恨光。于是盖主、桀、安、弘羊皆与旦通谋。

旦遣孙纵之等前后十馀辈，多赍金宝、走马赂遗盖主、桀、弘羊等。师古曰：走马，马之善走者也。遗，于季翻。桀等又诈令人为燕王上书，言："光出都肄郎、羽林，孟康曰：都，试也。肄，习也。张晏曰：都肄郎及羽林也。师古曰：都，大也，大会试之。汉光禄勋令，诸当试者不会都所，免之。都肄，谓总阅试习武备也。肄，羊至翻。道上称趩，天子出称趩，以清道止行人。趩，与跸同。太官先置。"师古曰：供饮食之具。太官属少府，主膳食。凡车驾所幸，太官先往其处供置。又引"苏武使匈奴二十年不降，乃为典属国；实十九年而言二十者，欲久其事以见冤屈，故言多也。使，疏吏翻。降，户江翻。大将军长史敞无功，为搜粟都尉；又擅调益莫府校尉。师古曰：调，选也。莫府，大将军府也。调，音徒钓翻。光专权自恣，疑有非常。臣旦愿归符玺，入宿卫，察奸臣变。"玺，斯氏翻。候司光出沐日奏之。桀欲从中下其事，伺光出沐不在禁中，桀欲自从禁中下其事也。司，读曰伺。师古曰：下，谓下有司也。下，音胡稼翻；下同。弘羊当与诸大臣共执退光。当者，以之自任也。书奏，帝不肯下。明旦，光闻之，止画室中不入。如淳曰：近臣所计画之室。或曰：雕画之室。师古曰：雕画是也。上问："大将军安在？"左将军桀对曰："以燕王告其罪，故不敢入。"有诏："召大将军。"光入，免冠、顿首谢。上曰："将军冠！师古曰：令复着冠也。朕知是书诈也，将军无罪。"光曰："陛下何以知之？"上曰："将军之广明都郎，近耳；师古曰：之，往也。广明，亭名。余据广明亭在长安城东东都门外。水经注：京兆奉明县广成乡有广明苑，史皇孙及王夫人葬于郭北，宣帝移于苑北以为悼园，在东都门外。调校尉以来，未能十日，燕王何以得知之！且将军为非，不须校尉。”文颖曰：帝云“将军欲反，不由一校尉”。是时帝年十四，尚书、左右皆惊。班表：少府属官有尚书等十二官令、丞，又有中书谒者等七官令、丞。续汉志：尚书令千石。本注曰：承秦所置；武帝用宦者，更为中书谒者令。成帝用士人，复故，掌凡选署及奏下尚书曹文书众事。余据表，则尚书、中书为两官；据续志，则合为一官。此时既有尚书，则与中书谒者为两官明矣。沈约曰：秦世少府遣吏四人，在殿中主发书，故谓之尚书；尚，犹主也。汉初有尚冠、尚衣、尚席、尚浴、尚食、尚书，故谓之六尚。秦时尚书有令，有仆射，有丞；至汉，并隶少府。武帝使左右曹、诸吏分平尚书事。昭帝即位，霍光领尚书。约又曰：汉武游后庭，始使宦者典尚书事，谓之中书谒者，置令、仆射。成帝改中书谒者令为中谒者令，罢谒者。东京省中谒者令；而有中宫谒者令，非其职也。沈约亦以尚书、中书为两官明矣。而上书者果亡，捕之甚急。桀等惧，白上：“小事不足遂。”师古曰：遂，犹竟也，言不须穷竟也。上不听。后桀党与有谮光者，上辄怒曰：“大将军忠臣，先帝所属以辅朕身，敢有毁者坐之！”自是桀等不敢复言。属，之欲翻。复，扶又翻。

李德裕论曰：人君之德，莫大于至明，明以照奸，则百邪不能蔽矣，汉昭帝是也。周成王有惭德矣；高祖、文、景俱不如也。成王闻管、蔡流言，遂使周公狼跋而东。汉高闻陈平去魏背楚，欲舍腹心臣。背，蒲妹翻。汉文惑季布使酒难近，罢归股肱郡；疑贾生擅权纷乱，复疏贤士。景帝信诛晁错兵解，遂戮三公。武王崩，周公相成王，管叔、蔡叔流言于国曰：“公将不利于孺子。”周公于是东征。成王未知周公之志，公乃为鸱鸮之诗；周大夫亦为赋狼跋之诗曰：“狼跋其胡，载疐其尾。”毛氏注云：跋，躐也。疐，跲也。老狼有胡，进则躐其胡，退则跲其尾，进退有难，然而不失其猛。疏曰：李巡曰：跋前行曰躐，跲却顿曰疐也。说文云：跋，蹎，丁千翻。跲，踬，竹二翻。踬，即疐也。然则跋与疐皆是颠倒之类。以跋为躐者，谓跋其胡而倒耳。老狼有胡，谓颔垂胡。进则躐其胡，谓躐胡而前倒也；退则跆其尾，谓却顿而倒于尾上也。高祖疑陈平事见九卷二年，文帝罢季布事见十四卷前四年，疏贾生事同上，景帝诛晁错事见十六卷前三年。所谓"执狐疑之心，来谗贼之口"。刘向之言。使昭帝得伊、吕之佐，则成、康不足侔矣。

6 桀等谋令长公主置酒请光，伏兵格杀之，因废帝，迎立燕王为天子。旦置驿书往来相报，许立桀为王，外连郡国豪桀以千数。旦以语相平，平为燕相，史失其姓。语，牛倨翻。平曰："大王前与刘泽结谋，事未成而发觉者，以刘泽素夸，好侵陵也。好，呼到翻。平闻左将军素轻易，车骑将军少而骄，易，以豉翻。少，诗照翻。臣恐其如刘泽时不能成，又恐既成反大王也。"旦曰："前日一男子诣阙，自谓故太子，长安中民趣乡之，趣，七喻翻。乡，读曰向。正讙不可止。师古曰：人众既多故讙哗。讙，况爰翻。大将军恐，出兵陈之，以自备耳。我，帝长子，帝，谓武帝。长，知两翻。天下所信，何忧见反！"后谓群臣："盖主报言，独患大将军与右将军王莽。张晏曰：王莽，天水人也，字稚叔。今右将军物故，丞相病，幸事必成，征不久。"令群臣皆装。令皆治行装也。

安又谋诱燕王至而诛之，诱，音酉。因废帝而立桀。或曰："当如皇后何？"安曰："逐麋之狗，当顾菟邪！师古曰：言所求者大，不顾小也。麋，鹿之大者。菟，读曰兔，吐故翻。且用皇后为尊，一旦人主意有所移，虽欲为家人亦不可得。家人，谓凡庶匹夫也。此百世之一时也！"会盖主舍人父稻田使者燕仓知其谋，如淳曰：特为诸稻田置使者，假与民收其税入也。燕，音烟。姓谱：召公封于燕，其后为秦所灭，子孙以为氏。以告大司农杨敞。敞素谨，畏事，不敢言，乃移病卧，师古曰：移病，谓移书言病。一曰：以病而移居。余谓前说是。以告谏大夫杜延年；延年以闻。九月，诏丞相部中二千石逐捕孙纵之及桀、安、弘羊、外人等，并宗族悉诛之；盖主自杀。燕王旦闻之，召相平曰："事败，遂发兵乎？"相，息亮翻。平曰："左将军已死，百姓皆知之，不可发也！"王忧懑，师古曰：懑，音满，又音闷，烦也。置酒与群臣、妃妾别。会天子以玺书让旦，玺，斯氏翻。旦以绶自绞死，后、夫人随旦自杀者二十馀人。天子加恩，赦王太子建为庶人，赐旦谥曰剌王。剌，来达翻。谥法：暴戾无亲曰剌。皇后以年少，不与谋，与，读曰豫。亦霍光外孙，故得不废。

7 庚午，右扶风王䜣为御史大夫。䜣，与欣同。

8 冬，十月，封杜延年为建平侯，班表：建平侯食邑于济阳。燕仓为宜城侯，宜城侯食邑于济阴。故丞相征事任宫捕得桀，为弋阳侯，文颖曰：征事，丞相官属，位差尊掾属也。如淳曰：时宫以征事待诏丞相府，故曰丞相征事。张晏曰：汉仪注：征事比六百石，皆故吏二千石不以赃罪免者为征事，绛衣奉朝贺正月。师古曰：张说是。班志，弋阳，侯国，属汝南郡。任，音壬。丞相少史王山寿诱安入府，为商利侯。如淳曰：汉仪注：武帝置丞相少史，秩四百石。班表：商利侯食邑于临淮之徐。少，诗照翻。久之，文学济阴魏相对策，济阴郡属兖州，唐为曹州。济，子礼翻。以为："日者燕王为无道，韩义出身强谏，为王所杀。义无比干之亲而蹈比干之节，比干，纣之贤臣，谏纣而死。宜显赏其子以示天下，明为人臣之义。"乃擢义子延寿为谏大夫。

9 大将军光以朝无旧臣，朝无，直遥翻。光禄勋张安世自先帝时为尚书令，班表，少府属官有尚书令。续汉志：尚书令，承秦所置，掌凡选署及奏下尚书曹文书众事，秩千石。志行纯笃，行，下孟翻。乃白用安世为右将军兼光禄勋以自副焉。安世，故御史大夫汤之子也。光又以杜延年有忠节，以其发燕、盖、上官之谋也。擢为太仆、右曹、给事中。太仆，正卿；右曹、给事中，加官也。晋灼曰：汉仪注：诸吏、给事中日上朝谒，平尚书奏事，分为左、右曹。班表：给事中掌顾问应对，位中常侍下。盖得出入禁中。光持刑罚严，延年常辅之以宽。吏民上书言便宜，辄下延年平处复奏。下，遐嫁翻。先平处其可否，复奏言之。处，昌吕翻。可【章：甲十五行本"可"上有"言"字，乙十行本同；孔本同。】官试者，至为县令；或丞相、御史除用，满岁，以状闻；或抵其罪法。师古曰：抵，至也。言事之人有奸妄者，则致之于罪法。

10 是岁匈奴发左、右部二万骑为四队，并入边为寇。汉兵追之，斩首、获虏九千人，生得瓯脱王；汉无所失亡。匈奴见瓯脱王在汉，恐，以为道击之，道，读曰导。即西北远去，不敢南逐水草；发人民屯瓯脱。

二年（壬寅、前七九）

1 夏，四月，上自建章宫徙未央宫。

2 六月，赦天下。

3 是岁，匈奴复遣九千骑屯受降城以备汉，复，扶又翻。北桥余吾水，令可度，以备奔走；师古曰：于余吾水上作桥，拟有迫急，奔走避汉，从此桥度也。欲求和亲，而恐汉不听，故不肯先言，常使左右风汉使者。风，读曰讽。然其侵盗益希，遇汉使愈厚，欲以渐致和亲。汉亦羁縻之。

三年（癸卯、前七八）

1 春，正月，泰山有大石自起立；上林有柳树枯僵自起生，僵，居良翻，仆也。有虫食其叶成文，曰"公孙病已立"。此为宣帝兴于民间之符。符节令鲁国眭弘上书，班表：符节令属少府，秩六百石。续汉志曰：为符节台率，主符节事。汉改秦薛郡为鲁国，属豫州；唐兖州地。师古曰：眭，息随翻。今河、朔犹有此姓。言："大石自立，僵柳复起，复，扶又翻；下同。当有匹庶为天子者。枯树复生，故废之家公孙氏当复兴乎？汉家承尧之后，班赞曰：春秋晋史蔡墨有言："陶唐既衰，其后有刘累，学扰龙，事孔甲，范氏其后也。"而范宣子亦曰："祖自虞以上为陶唐氏，在夏为御龙氏，在商为豕韦氏，在周为唐杜氏，晋主夏盟为范氏。"

范氏为晋士师，鲁文公世奔秦，后归于晋；其处者为刘氏。刘向云：战国时刘氏自秦获于魏；秦灭魏，迁大梁，都于丰。故周市说雍齿曰："丰，故梁徙也。"是以颂高祖云："汉帝本系，出自唐帝；降及于周，在秦作刘；涉魏而东，遂为丰公。"丰公盖太上皇父。及高祖即位，置祠祀官，则有秦、晋、梁、荆之巫，世祠天地，缀之以祀，岂不信哉！由是言之，汉承尧运，协于火德，得天统矣。有传国之运，当求贤人禅帝位，退自封百里，以顺天命。"弘坐设妖言惑众伏诛。

2 匈奴单于使犁污王窥边，据王莽时使译出塞诱呼右犁污王咸，则犁污王所居地盖近塞下也。言酒泉、张掖兵益弱，出兵试击，冀可复得其地。时汉先得降者，闻其计，天子诏边警备。后无几，几，居岂翻。右贤王、犁污王四千骑分三队，入日勒、屋兰、番和。班志，三县皆属张掖郡。贤曰：日勒故城在今甘州删丹县东南。师古曰：番，音盘。张掖太守、属国都尉续汉志，张掖属国都尉治居延县。守，式又翻。发兵击，大破之，得脱者数百人。属国义渠王射杀犁污王，义渠王，属国义渠胡之君长。射，而亦翻。赐黄金二百斤，马二百匹，因封为犁污王。自是后，匈奴不敢入张掖。

3 燕、盖之乱，燕王、盖主也。燕，于贤翻。盖，古盍翻。桑弘羊子迁亡，过父故吏侯史吴；侯史，姓也。吴，其名也。晋武帝时有侯史光。过，古禾翻。后迁捕得，伏法。会赦，侯史吴自出系狱。廷尉王平、【章：甲十五行本"平"下有"与"字；乙十一行本同；孔本同。】少府徐仁杂治反事，皆以为"桑迁坐父谋反而侯史吴臧之，治，直之翻；下同。臧，读曰藏。非匿反者，乃匿为随者也"，言桑迁但随坐耳，非自反也。即以赦令除吴罪。后侍御史治实，师古曰：重核治其事也。以"桑迁通经术，知父谋反而不谏争，争，与诤同。与反者身无异。侯史吴故三百石吏，首匿迁，师古曰：首匿者，言身为谋首而藏匿人也。不与庶人匿随从者等，吴不得赦。"奏请覆治，此深文傅致吴之罪。从，才用翻。劾廷尉、少府纵反者。劾，户概翻。师古曰：纵，放也。少府徐仁，即丞相车千秋女婿也，车千秋，即田千秋。汉以其年老，得乘小车入殿中，因呼为车丞相。故千秋数为侯史吴言；数，所角翻。恐大将军光不听，千秋即召中二千石、博士会公车门，公车门，即未央宫北阙门也。议问吴法。师古曰：于法律之中，吴当得何罪。议者知大将军指，皆执吴为不道。明日，千秋封上众议。上，时掌翻。光于是以千秋擅召中二千石以下，外内异言，张晏曰：外则去疾欲尽，内则为其婿也。师古曰：非也；外内，谓内朝及外朝也。遂下廷尉平、少府仁狱。下，遐嫁翻。朝廷皆恐丞相坐之。太仆杜延年奏记光曰："吏纵罪人，有常法。今更诋吴为不道，师古曰：诋，诬也。恐于法深。又，丞相素无所守持而为好言于下，尽其素行也。师古曰：言非故有所执持，但其素行好与在下人言议耳。至擅召中二千石，甚无状。师古曰：无善状也。延年愚以为丞相久故及先帝用事，言在位已久，是为故旧，又尝及相先帝而任事也。非有大故，不可弃也。间者民颇言狱深，吏为峻诋；今丞相所议，又狱事也，如是以及丞相；恐不合众心，群下讙哗，讙，许爰翻。庶人私议，流言四布。延年窃重将军失此名于天下也。"师古曰：重，犹难也，以此为重事也。光以廷尉、少府弄法轻重，卒下之狱。卒，子恤翻。夏，四月，仁自杀，平与左冯翊贾胜胡皆要斩。内史，周官；秦因之；景帝二年，分置左内史；武帝更名左冯翊。要，与腰同。而不以及丞相，终与相竟。师古曰：谓终丞相之身无贬黜也。余谓言与千秋共事终其身。延年论议持平，合和朝廷，皆此类也。

4 冬，辽东乌桓反。初，冒顿破东胡，东胡馀众散保乌桓及鲜卑山为二族，辽东郡属幽州，唐尝置安东都护府于其地。东胡破见十一卷高祖六年。后汉书：乌桓之地在丁零西南、乌孙东北。武帝遣霍去病击破匈奴左地，因徙乌桓于上谷、渔阳、右北平、辽东、辽西五郡塞外，为汉侦察匈奴动静。其大人岁一朝见。于是始置护乌桓校尉，秩比二千石。鲜卑先远窜于辽东塞外，与乌桓相接，未尝通中国；至后汉稍徙辽西塞外，始为中国患。

世役属匈奴。武帝击破匈奴左地，因徙乌桓于上谷、渔阳、右北平、辽东塞外，上谷、渔阳、北平皆属幽州。上谷，唐妫州。渔阳，唐檀、蓟州。北平，唐平州之地。为汉侦察匈奴动静。为，于伪翻。侦，丑郑翻，又丑贞翻：候也。置护乌桓校尉监领之，监，古衔翻。使不得与匈奴交通。至是，部众渐强，遂反。

先是，匈奴三千馀骑入五原，五原郡属并州。先，悉荐翻。杀略数千人；后数万骑南旁塞猎，旁，步浪翻。行攻塞外亭障，略取吏民去。是时汉边郡烽火候望精明，匈奴为边寇者少利，希复犯塞。少，诗照翻。复，扶又翻；下同。汉复得匈奴降者，言乌桓尝发先单于冢，匈奴怨之，方发二万骑击乌桓。霍光欲发兵邀击之，师古曰：邀迎而击之。以问护军都尉赵充国，护军都尉，秦官；武帝以属大司马，此时盖属大将军也。充国以为："乌桓间数犯塞，师古曰：间，即中间也，犹言比日也。数，所角翻。今匈奴击之，于汉便。又匈奴希寇盗，北边幸无事，蛮夷自相攻击而发兵要之，要，与邀同。招寇生事，非计也！"光更问中郎将范明友，明友言可击，于是拜明友为度辽将军，度辽将军，盖使之度辽水以伐乌桓。至后汉，遂以为将军之号以护匈奴。将二万骑出辽东。匈奴闻汉兵至，引去。初，光诫明友："兵不空出；即后匈奴，遂击乌桓。"师古曰：后匈奴者，言兵迟后，邀匈奴不及。后，户遘翻。乌桓时新中匈奴兵，师古曰：为匈奴所中伤。中，竹仲翻。明友既后匈奴，因乘乌桓敝，击之，斩首六千馀级，获三王首。匈奴由是恐，不能复出兵。

四年（甲辰、前七七）

1 春，正月，丁亥，帝加元服。如淳曰：元服，谓初冠加上服也。师古曰：如氏以为衣服之服，非也。元，首也。冠者，首之所着，故曰元服。汲黯序传云：上正元服。是知谓冠为元服。余按续汉志有加元服之礼。

2 甲戌，富民定侯田千秋薨。谥法：安民大虑曰定。时政事壹决大将军光；千秋居丞相位，谨厚自守而已。

3 夏，五月，丁丑，孝文庙正殿火。人火曰火。上及群臣皆素服，发中二千石将五校作治，将作大匠属官有左、右、前、后、中五校令，掌五校士。校，户教翻。六日，成。太常及庙令丞、郎、吏，皆劾大不敬；劾，户概翻。会赦，太常轑阳侯德免为庶人。班表，轑阳侯食邑清河。文颖曰：轑阳在魏郡清渊。轑，音料，又音聊。

4 六月，赦天下。

5 初，杅罙遣太子赖丹为质于龟兹；龟兹国治廷城，去长安七千四百八十里。杅，音乌。罙，与弥同。质，音致；下同。龟，音丘。兹，音慈。贤曰：今龟音丘勾翻，兹音沮惟翻，盖急言之也。贰师击大宛还，事见二十一卷武帝太初元年。宛，於元翻。将赖丹入至京师。霍光用桑弘羊前议，以赖丹为校尉，将军田轮台。弘羊议田轮台，见二十二卷征和四年。龟兹贵人姑翼谓其王曰："赖丹本臣属吾国，今佩汉印绶来，迫吾国而田，必为害。"王即杀赖丹而上书谢汉。

楼兰王死，匈奴先闻之，遣其质子安归归，得立为王。考异曰：西域传作"常归"，今从昭纪及傅介子传。汉遣使诏新王令入朝，王辞不至。楼兰国最在东垂，西域之东垂也。近汉，当白龙堆，孟康曰：龙堆，形如土龙身，无头有尾，高大者三四丈，埤者长丈余，皆东北向而相似也。近，其靳翻；下同。乏水草，常主发导，负水担粮，送迎汉使；担，都甘翻。又数为吏卒所寇，惩艾，不便与汉通。师古曰：艾，读曰乂。数，所角翻；下同。后复为匈奴反间，间，古苋翻。数遮杀汉使。其弟尉屠耆降汉，具言状。骏马监北地傅介子使大宛，班表，太仆属官有骏马监。北地郡属凉州刺史。姓谱：傅说出傅岩，因以为氏。诏因令责楼兰、龟兹。介子至楼兰、龟兹，责其王，皆谢服。介子从大宛还，到龟兹，会匈奴使从乌孙还，在龟兹，介子因率其吏士共诛斩匈奴使者。还，奏事，诏拜介子为中郎，迁平乐监。平乐监，监平乐观。乐，音洛。

介子谓大将军霍光曰："楼兰、龟兹数反覆，而不诛，无所惩艾。介子过龟兹时，其王近就人，易得也；愿往刺之以威示诸国！"易，以豉翻。刺，七亦翻；下同。大将军曰："龟兹道远，且验之于楼兰。"于是白遣之。介子与士卒俱赍金币，扬言以赐外国为名，至楼兰。楼兰王意不亲介子，介子阳引去，至其西界，使译谓曰：班表，大鸿胪有译官令，典属国有九译令，皆掌译。此译，则楼兰国之译人。"汉使者持黄金、锦绣行赐诸国。王不来受，我去之西国矣。"即出金、币以示译。译还报王，王贪汉物，来见使者。介子与坐饮，陈物示之，饮酒皆醉。介子谓王曰："天子使我私报王。"师古曰：谓密有所论。王起，随介子入帐中屏语，屏人而独共语也。屏，必郢翻。壮士二人从后刺之，刺，七亦翻。刃交匈，立死；匈，与胸同。其贵臣、【章：甲十五行本"臣"作"人"；乙十一行本同；孔本同。】左右皆散走。介子告谕以王负汉罪，"天子遣我诛王，当更立王弟尉屠耆在汉者。更，工衡翻。汉兵方至，毋敢动，自令灭国矣！"介子遂斩王安归首，驰传诣阙，县首北阙下。传，张恋翻。县，古悬字通。

乃立尉屠耆为王，更名其国为鄯善，为刻印章；赐以宫女为夫人，备车骑、辎重。更，工衡翻。鄯，上扇翻。为刻，于伪翻。重，直用翻。丞相率百官送至横门外，祖而遣之。三辅黄图：横门，长安城北出西头第一门。孟康曰：横，音光。祖，祖道也。王自请天子曰："身在汉久，今归单弱，而前王有子在，恐为所杀。国中有伊循城，其地肥美，愿汉遣一将屯田积谷，令臣得依其威重。"于是汉遣司马一人、吏士四十人田伊循以填抚之。填，读曰镇。

秋，七月，乙巳，封范明友为平陵侯，赏破乌桓之功也。班表，平陵侯食邑于南阳之武当。傅介子为义阳侯。班表，义阳侯食邑于南阳之平氏。

臣光曰：王者之于戎狄，叛则讨之，服则舍之。舍，读曰捨。今楼兰王既服其罪，又从而诛之，后有叛者，不可得而怀矣。必以为有罪而讨之，则宜陈师鞠旅，毛诗注曰：鞠，告也。将战之日，陈其师旅，誓告之也。明致其罚。今乃遣使者诱以金币而杀之，后有奉使诸国者，复可信乎！复，扶又翻。且以大汉之强而为盗贼之谋于蛮夷，不亦可羞哉！论者或美介子以为奇功，过矣！

五年（乙巳、前七六）

1 夏，大旱。

2 秋，罢象郡，分属郁林、牂柯。班志：鬱林，故秦桂林郡。

3 冬，十一月，大雷。

4 十二月，庚戌，宜春敬侯王䜣薨。恩泽侯表，宜春侯食邑于汝南。䜣，音欣。

六年（丙午、前七五）

1 春，正月，募郡国徒筑辽东、玄菟城。菟，音涂。

2 夏，赦天下。

3 乌桓复犯塞，复，扶又翻。遣度辽将军范明友击之。

4 冬，十一月，乙丑，以杨敞为丞相，少府河内蔡义为御史大夫。河内郡时属司隶；唐怀、孟、卫州地。

顾颉刚标点聂崇岐覆校

资治通鉴卷第二十四

翰林学士朝散大夫右谏议大夫知制诰兼侍讲
同提举万寿观公事兼判集贤院上护军 **司马光** 奉敕编集
河内郡开国侯食邑一千三百户赐紫金鱼袋臣

后学天台 **胡三省** 音注

汉纪十六 起强圉协洽(丁未)，尽昭阳赤奋若(癸丑)，凡七年。

孝昭皇帝下

元平元年(丁未、前七四)

1 春，二月，诏减口赋钱什三。如淳曰：汉仪注：民年七岁至十四，出口赋钱人二十三：二十钱以食天子，其三钱者武帝加口钱以补车骑马。

2 夏，四月，癸未，帝崩于未央宫；臣瓒曰：寿二十三。无嗣。时武帝子独有广陵王胥，大将军光与群臣议所立，咸持广陵王。王本以行失道，先帝所不用；光内不自安。郎有上书言："周太王废太伯立王季，文王舍伯邑考立武王，师古曰：太伯者，王季之兄；伯邑考，文王长子也。舍，读曰捨。唯在所宜，虽废长立少可也。长，知两翻。少，诗照翻。广陵王不可以承宗庙。"言合光意。光以其书示丞相敞等，擢郎为九江太守。九江郡属扬州，唐濠、寿、庐、滁、和州地。守，式又翻。即日承皇后诏，遣行大鸿胪事少府乐成、宗正德、光禄大夫吉、中郎将利汉乐成，史乐成。德，刘德。吉，丙吉。利汉，不知其姓。迎昌邑王贺，乘七乘传文帝之入立也，乘六乘传；今乘七乘传。传，张恋翻。诣长安邸。诸王国皆置邸长安，此谓长安之昌邑邸也。光又白皇后，徙右将军安世为车骑将军。

贺，昌邑哀王之子也，哀王，名髆，武帝子也。在国素狂纵，动作无节。武帝之丧，贺游猎不止。尝游方与，方与县本属山阳郡，武帝以山阳为昌邑王国，方与县属焉。方，音房。与，音豫。不半日驰二百里。中尉琅邪王吉上疏谏曰："大王不好书术而乐逸游，好，呼到翻。乐，五孝翻，又音洛。冯式撙衔，冯，读曰凭。臣瓒曰：撙，促也。师古曰：撙，挫也，音子本翻。驰骋不止，口倦虖叱咤，师古曰：咤，亦吒字也，音竹驾翻。手苦于箠辔，师古曰：箠，马策。身劳虖车舆，朝则冒雾露，师古曰：冒，莫北翻，犯也。昼则被尘埃，被，皮义翻。夏则为大暑之所暴炙，暴，步木翻。冬则为风寒之所匽薄，师古曰：匽，与偃同，言遇疾风则偃靡也。薄，言迫也。数以耎脆之玉体师古曰：耎，柔也，音而兖翻。脆，音此芮翻。犯勤劳之烦毒，非所以全寿命之宗也，又非所以进仁义之隆也。师古曰：宗，尊也。隆，高也。夫广厦之下，细旃之上，师古曰：广厦，大屋也。旃，与毡同。明师居前，劝诵在后，上论唐、虞之际，下及殷、周之盛，考仁圣之风，习治国之道，治，直之翻。䜣䜣焉发愤忘食，䜣，与欣同。日新厥德，其乐岂衔橛之间哉！乐，音洛；下同。休则俛仰屈伸以利形，师古曰：形，形体也。俛，音免。进退步趋以实下，如淳曰：今人不行，则膝以下虚弱不实。吸新吐故以练臧，师古曰：臧，五藏也。练，练其气也。臧，古藏字通，音徂浪翻。专意积精以适神，师古曰：适，和也。于以养生，岂不长哉！大王诚留意如此，则心有尧、舜之志，体有乔、松之寿，师古曰：仙人伯乔及赤松子也。美声广誉，登而上闻，则福禄其臻师古曰：臻，至也。而社稷安矣。皇帝仁圣，至今思慕未怠，师古曰：皇帝，谓昭帝也。言武帝晏驾未久，故尚思慕。于宫馆、囿池、弋猎之乐未有所幸，大王宜夙夜念此以承圣意。诸侯骨肉，莫亲大王，大王于属则子也，于位则臣也，一身而二任之责加焉。恩爱行义，孅介有不具者，行，下孟翻；下同。孅，与纤同，息廉翻。于以上闻，非飨国之福也。”王乃下令曰：“寡人造行不能无惰，中尉甚忠，数辅吾过。”数，所角翻。使谒者千秋赐中尉牛肉五百斤，酒五石，脯五束。孔颖达曰：脯训始，始作即成也；修训治，治之乃成。郑注腊人云：薄析曰脯；捶而施姜桂曰锻修。其后复放纵自若。

郎中令山阳龚遂，忠厚刚毅，有大节，龚，姓也。左传，晋有大夫龚坚。内谏争于王，外责傅相，引经义，陈祸福，至于涕泣，蹇蹇亡已，争，读曰诤。相，息亮翻。亡，古无字通。师古曰：蹇蹇，不阿顺之意。易曰：王臣蹇蹇。面刺王过。王至掩耳起走，曰：“郎中令善媿人！”师古曰：媿，古愧字也。媿，辱也。王尝久与驺奴、宰人游戏饮食，驺，导车而㧑诃者也。宰人，掌膳食者也。驺，侧鸠翻。赏赐无度，遂入见王，涕泣膝行，左右侍御皆出涕。王曰：“郎中令何为哭？”遂曰：“臣痛社稷危也！愿赐清閒，竭愚！”王辟左右。师古曰：閒，读曰闲。辟，音闢。遂曰：“大王知胶西王所以为无道亡乎？”胶西王，谓于王端也。王曰：“不知也。”曰：“臣闻胶西王有谀臣侯得，王所为儗于桀、纣也，儗，与拟同。师古曰：儗，比也。得以为尧、舜也。王说其谄谀，常与寝处，说，读曰悦。处，昌吕翻。唯得所言，以至于是。师古曰：唯用得之邪言，故至亡。今大王亲近群小，近，其靳翻。渐渍邪恶渐，子廉翻。渍，疾智翻。所习，存亡之机，不可不慎也！臣请选郎通经有行义者与王起居，坐则诵诗、书，立则习礼容，宜有益。”王许之。遂乃选郎中张安等十人侍王。居数日，王皆逐去安等。去，羌吕翻；下同。

王尝见大白犬，颈以下似人，冠方山冠而无尾，方山冠，以五采縠为之，前高七寸，后高三寸，长八寸，乐舞人服之。冠方之冠，古玩翻。考异曰：昌邑王传云“无头”，五行志云“无尾”，且云“不得置后之象”。若颈以下似人而无头，何以辨其为犬，且安所施冠！盖传误也。以问龚遂；遂曰：“此天戒，言在侧者尽冠狗也，言王左右之人皆狗而冠也。去之则存，不去则亡矣。”后又闻人声曰“熊”！视而见大熊，左右莫见，以问遂；遂曰：“熊，山野之兽，而来入宫室，王独见之，此天戒大王，恐宫室将空，危亡象也。”王仰天而叹曰：“不祥何为数来！”遂叩头曰：“臣不敢隐忠，数言危亡之戒；大王不说。夫国之存亡，岂在臣言哉！愿王内自揆度。数，所角翻；下同。说，读曰悦。度，徒洛翻。大王诵诗三百五篇，人事浃，浃，即协翻，洽也，彻也。王道备。王之所行，中诗一篇何等也？中，竹仲翻。师古曰：言王所行皆不合法度，王自谓当于何诗之文也。大王位为诸侯王，行污于庶人，行，下孟翻。师古曰：污，浊秽。以存难，以亡易，易，以豉翻。宜深察之！”后又血污王坐席，王问遂；遂叫然号污，乌故翻。号，户高翻。曰：“宫空不久，妖祥数至。血者，阴忧象也，宜畏慎自省！”省，悉景翻。王终不改节。

及征书至，夜漏未尽一刻，以火发书。其日中，王发；晡时，至定陶，定陶县为济阴郡治所。行百三十五里，侍从者马死相望于道。从，才用翻。王吉奏书戒王曰：“臣闻高宗谅闇，三年不言。闇，读与阴同。今大王以丧事征，宜日夜哭泣悲哀而已，慎毋有所发！师古曰：发，谓兴举众事。大将军仁爱、勇智、忠信之德，天下莫不闻；事孝武皇帝二十馀年，未尝有过。先帝弃群臣，属以天下，属，之欲翻。寄幼孤焉。大将军抱持幼君襁褓之中，襁，负儿衣。论语曰：襁负其子。博物志曰：织缕为之，广八寸，长二尺，以约小儿于背上。李奇曰：络也，以缯布为之，络负小儿。孟康曰：小儿绷。师古曰：孟说是。褓，小儿衣。李奇曰：褓，小儿大籍。又齐人名小儿被为褓。襁，举两翻。褓，博抱翻。布政施教，海内晏然，虽周公、伊尹无以加也。今帝崩无嗣，大将军惟思可以奉宗庙者，攀援而立大王，师古曰：援，引也，音爰。其仁厚岂有量哉！臣愿大王事之，敬之，政事壹听之，大王垂拱南面而已。愿留意，常以为念！”

王至济阳，班志，济阳县属陈留郡。杜佑曰：济阳县故域，在曹州冤句县西南。济，子礼翻。求长鸣鸡，师古曰：鸡之鸣声长者也。范成大曰：长鸣鸡自南诏诸蛮来，形矮而大，鸣声圆长，一鸣半刻，终日啼号不绝。蛮甚贵之，一鸡直银一两。邕州溪洞亦有之。道买积竹杖。文颖曰：合竹作杖也。过弘农，使大奴善以衣车载女子。师古曰：凡言大奴者，谓奴之尤长大者也。善，其名也。至湖，使者以让相安乐。师古曰：使者，长安使人也。让，责也。安乐，史逸其姓。相，息亮翻。乐，音洛。安乐告龚遂，遂入问王，王曰：“无有。”遂曰：“即无有，何爱一善以毁行义！请收属吏，以湔洒大王。”师古曰：以善付吏也。湔，浣也。洒，濯也。行，下孟翻。属，之欲翻；下同。湔，子颠翻。洒，先礼翻。即捽善属卫士长行法。师古曰：卫士长，主卫之官。捽，持头也，音才兀翻。长，知两翻。

王到霸上，大鸿胪郊迎，胪，陵如翻。驺奉乘舆车。王使寿成御，寿成，人名，昌邑太仆也。乘，绳证翻；下同。郎中令遂参乘。且至广明、东都门，遂曰：“礼，奔丧望见国都哭。此长安东郭门也。”广明注见上卷元凤元年。三辅黄图：宣平门，长安城东出北头第一门；其外郭名东都门。王曰：“我嗌痛，不能哭。”师古曰：嗌，喉咽也，音益。至城门，遂复言；复，扶又翻。王曰：“城门与郭门等耳。”且至未央宫东阙，遂曰：“昌邑帐在是阙外驰道北，文颖曰：吊哭帐也。未至帐所，有南北行道，马足未至数步；大王宜下车，乡阙西面伏哭，尽哀止。”乡，读曰向。王曰：“诺。”到，哭如仪。六月，丙寅，王受皇帝玺绶，袭尊号；玺，斯氏翻。绶，音受。尊皇后曰皇太后。

3 壬申，葬孝昭皇帝于平陵。平陵，属右扶风，在长安西北七十里。自崩至葬十日。

4 昌邑王既立，淫戏无度。昌邑官属皆征至长安，往往超擢拜官。相安乐迁长乐卫尉。龚遂见安乐，流涕谓曰："王立为天子，日益骄溢，谏之不复听。今哀痛未尽，师古曰：谓新居丧服。日与近臣饮酒【章：甲十五行本"酒"作"食"；乙十一行本同；孔本同。】作乐，斗虎豹，召皮轩车九旒，汉大驾、法驾，前驱有云罕九斿，皮轩，鸾旗。薛综曰：云罕，旌旗名。胡广曰：皮轩，以虎皮为轩。郭璞曰：皮轩，革车，即曲礼"前有士师则载虎皮"。师古曰：皮轩之上，以赤皮为重盖，今此制尚存，非用虎皮饰车。驱驰东西，所为悖道。孔颖达曰：走马谓之驰；策马谓之驱。悖，蒲内翻。师古曰：乖也。古制宽，大臣有隐退；今去不得，阳狂恐知，身死为世戮，奈何？君，陛下故相，宜极谏争！"

王梦青蝇之矢积西阶东，可五六石，以屋版瓦覆之，师古曰：版瓦，大瓦也。覆，敷又翻。以问遂，遂曰："陛下之诗不云乎：以昌邑王习诗，故云然。苏林曰：犹言陛下所读之诗也。'营营青蝇，止于藩。恺悌君子，毋信谗言。'陛下左侧谗人众多，如是青蝇恶矣。师古曰：恶，即矢也。吴越春秋云：越王勾践为吴王尝恶，即其义也。宜进先帝大臣子孙，亲近以为左右。近，其靳翻。如不忍昌邑故人，师古曰：如，若也。信用谗谀，必有凶咎。愿诡祸为福，师古曰：诡，反也。皆放逐之！臣当先逐矣。"王不听。

太仆丞河东张敞上书谏，班表，太仆有两丞。续汉志：丞一人，秩千石。河东郡属并州；按此时河东郡当属司隶。曰："孝昭皇帝蚤崩无嗣，师古曰：蚤，古早字。大臣忧惧，选贤圣承宗庙，东迎之日，唯恐属车之行迟。师古曰：不欲斥乘舆，故但言属车耳。属，之欲翻。今天子以盛年初即位，天下莫不拭目倾耳，观化听风。师古曰：言改易视听，欲急闻见善政化也。拭，音式。国辅大臣未褒，而昌邑小辇先迁，李奇曰：挽辇小臣也。此过之大者也。"王不听。

大将军光忧懑，懑，母本翻，又音满，又音闷，烦懑也。独以问所亲故吏大司农田延年；延年曰："将军为国柱石，师古曰：柱者，梁下之柱。石，承柱之础。言大臣负国重任，如屋之柱及其石也。审此人不可，何不建白太后，建议而白之也。更选贤而立之？"光曰："今欲如是，于古尝有此不？"师古曰：光不涉学，故有此问也。不，读曰否。延年曰："伊尹相殷，废太甲以安宗庙，后世称其忠。师古曰：商书太甲篇：太甲既立，不明，伊尹放诸桐也。将军若能行此，亦汉之伊尹也。"光乃引延年给事中，给事中，给事禁中也；西汉以为加官。阴与车骑将军张安世图计。师古曰：图，谋也。

王出游，光禄大夫鲁国夏侯胜当乘舆前谏曰："天久阴而不雨，臣下有谋上者。陛下出，欲何之？"之，往也。王怒，谓胜为袄言，袄，与妖同，音于骄翻。缚以属吏。属，之欲翻。吏白霍光，光不举法。光让安世，以为泄语。安世实不言；乃召问胜。胜对言："在鸿范传曰：'皇之不极，厥罚常阴，汉儒作洪范传，以五事应五行。"皇之不极，是谓不建，厥罚常阴，时则有下人伐上之痾。"皇，君也。极，中也。建，立也。人君貌、言、视、听、思五事皆失，不得其中，则不能立万事，失在眊悖，故其咎眊也。王者承天理物，云起于山而弥于天，天气乱，故其罚常阴也。君乱且弱，人之所叛，故有下人伐上之痾也。时则有下人伐上者。'恶察察言，恶，忌讳也。恶察察言，不敢明言之也。恶，乌路翻。故云'臣下有谋'。"光、安世大惊，以此益重经术士。侍中傅嘉数进谏，数，所角翻。王亦缚嘉系狱。

光、安世既定议，乃使田延年报丞相杨敞。敞惊惧，不知所言，汗出洽背，徒唯唯而已。师古曰：唯唯者，恭应之辞也。唯，于癸翻。延年起，至更衣。师古曰：古者延宾必有更衣之处也。更，工衡翻。敞夫人遽从东厢谓敞曰："此国大事，今大将军议已定，使九卿来报君侯，君侯不疾应，与大将军同心，犹与无决，先事诛矣！"与，读曰豫。先，悉荐翻。延年从更衣还，敞夫人与延年参语许诺，"请奉大将军教令！"师古曰：三人共言，故曰参语。

癸巳，光召丞相、御史、将军、列侯、中二千石、大夫、博士会议未央宫。光曰："昌邑王行昏乱，恐危社稷，如何？"群臣皆惊鄂失色，师古曰：凡鄂者，皆谓阻碍不依顺也。后字作"愕"，其义亦同。莫敢发言，但唯唯而已。田延年前，离席按剑离，力智翻。曰："先帝属将军以幼孤，寄将军以天下，以将军忠贤，能安刘氏也。今群下鼎沸，社稷将倾；且汉之传谥常为'孝'者，以长有天下，令宗庙血食也。如汉家绝祀，将军虽死，何面目见先帝于地下乎？今日之议，不得旋踵，师古曰：宜速决。群臣后应者，臣请剑斩之！"光谢曰："九卿责光是也！天下匈匈不安，光当受难。"师古曰：受其忧责也。难，乃旦翻。于是议者皆叩头曰："万姓之命，在于将军，唯大将军令！"师古曰：言一听之也。

光即与群臣俱见，见，贤遍翻。白太后，具陈昌邑王不可以承宗庙状。皇太后乃车驾幸未央承明殿，未央宫有承明殿，天子于是延儒生、学士。武帝责庄助曰："君厌承明之庐"；西都赋曰："承明、金马，著作之庭"，是也。诏诸禁门毋内昌邑群臣。王入朝太后还，乘辇欲归温室，晋灼曰：长乐宫有温室殿。三辅黄图：温室殿在未央殿北，武帝建。余谓长乐固亦有温室，但汉诸帝皆居未央，则此当为未央之温室也。中黄门宦者各持门扇，中黄门属少府黄门令。师古曰：中黄门，谓奄人居禁中，在黄门之内给事者也，比百石。王入，门闭，昌邑群臣不得入。王曰："何为？"大将军跪曰："有皇太后诏，毋内昌邑群臣！"内，读曰纳。王曰："徐之，何乃惊人如是！"光使尽驱出昌邑群臣，置金马门外。车骑将军安世将羽林骑将，即亮翻。骑，奇寄翻。收缚二百馀人，皆送廷尉诏狱。令故昭帝侍中中臣侍守王。光敕左右："谨宿卫！卒有物故自裁，师古曰：卒，读曰猝。物故，死也。自裁，谓自杀也。令我负天下，有杀主名。"王尚未自知当废，谓左右："我故群臣从官安得罪，而大将军尽系之乎？"从，才用翻。师古曰：安，焉也。余谓安得罪，犹言何所得罪也。

顷之，有太后诏召王。王闻召，意恐，乃曰："我安得罪而召我哉?"太后被珠襦，被，皮义翻。如淳曰：以珠饰襦也。晋灼曰：贯珠以为襦，形若今革襦矣。师古曰：晋说是也。襦，汝朱翻。盛服坐武帐中，侍御数百人皆持兵，期门武士陛戟陈列殿下，期门属光禄勋，掌执兵送从。武帝为微行，与勇力之士期诸殿门，故曰期门。群臣以次上殿，召昌邑王伏前听诏。光与群臣连名奏王，尚书令读奏曰："丞相臣敞等臣敞下即连名，史以等字约言之。昧死言皇太后陛下：孝昭皇帝早弃天下，遣使征昌邑王典丧，服斩衰。师古曰：典丧，言为丧主也。斩衰，谓缞裳下不缏，直斩割之而已。缏，步千翻。无悲哀之心，废礼谊，居道上不素食，师古曰：素食，菜食无肉也。言王在道常肉食，非居丧之制也。而郑康成解素食云平常之食，失之远矣。使从官略女子载衣车，内所居传舍。始至谒见，传，张恋翻。见，贤遍翻。立为皇太子，常私买鸡豚以食。受皇帝信玺、行玺大行前，孟康曰：汉初有三玺，天子之玺自佩，信玺、行玺在符节台。大行前，昭帝柩前也。韦昭曰：大行，不反之辞也。就次，发玺不封。师古曰：玺既国器，常当缄封，而王于大行前受之，退还所次，遂尔发漏，更不封之，令凡人皆见，言不重慎。从官更持节引内昌邑从官、驺宰、官奴二百馀人，常与居禁闼内敖戏。更，工衡翻。敖，读曰傲。为书曰：'皇帝问侍中君卿：使中御府令高昌奉黄金千斤，赐君卿取十妻。'师古曰：昌邑之侍中名君卿也。大行在前殿，发乐府乐器，引内昌邑乐人击鼓，歌吹，作俳倡；师古曰：俳，优谐戏也。倡，乐人也。倡，音昌。召内泰壹、宗庙乐人，悉奏众乐。郑氏曰：祭泰一乐人也。余据武帝祠泰一用乐舞，召歌儿作二十五弦及空侯瑟，又采诗夜诵，有赵、代、秦、楚之讴，宗庙乐有文德、昭德、文始、五行之舞，嘉至、永至、登歌、休成之乐，房中祠乐、安世乐、昭容乐、礼容乐，其员八百二十九人。驾法驾驱驰北宫、桂宫，师古曰：北宫、桂宫并在未央宫北。三辅黄图：桂宫，武帝造，周回十馀里，有紫房复道通未央宫。三秦记：未央宫渐台西有桂宫。弄彘，斗虎。召皇太后御小马车，张晏曰：皇太后所驾游宫中辇车也。汉厩有果下马，高三尺，以驾辇。师古曰：小马可于果树下乘之，故曰果下马。使官奴骑乘，游戏掖庭中。与孝昭皇帝宫人蒙等淫乱，诏掖庭令：'敢泄言，要斩！'——"掖庭令属少府，武帝太初元年更名，本永巷令也。要，与腰同。太后曰："止！师古曰：令且止读奏也。为人臣子，当悖乱如是邪！"王离席伏。悖，蒲内翻。离，力智翻。尚书令复读曰：复，扶又翻。"——取诸侯王、列侯、二千石绶及墨绶、黄绶以并佩昌邑郎官者免奴。续汉志：诸侯王赤绶四采，青、黄、缥、绀。列侯紫绶二采，紫、白。二千石青绶三采，青、白、红。千石、六百石墨绶三采，青、赤、绀。四百石、三百石、二百石黄绶。师古曰：免奴，谓奴免放为良人者。发御府金钱、刀剑、玉器、采缯，赏赐所与游戏者。与从官、官奴夜饮，湛沔于酒。师古曰：湛，读曰沈；又读曰耽。湛沔者，乃荒迷之义也。沔，与湎同。独夜设九宾温室，师古曰：于温室中设九宾之礼也。延见姊夫昌邑关内侯。祖宗庙祠未举，为玺书，使使者持节以三太牢祠昌邑哀王园庙，称'嗣子皇帝'。师古曰：时在丧服，故未祠宗庙而私祭昌邑哀王也。余谓贺入继大宗，不当于昌邑哀王称嗣子皇帝，既于礼悖"三年不祭"之义，又悖"为人后者为之子"之义。受玺以来二十七日，使者旁午，如淳曰：旁午，分布也。师古曰：一纵一横为旁午，犹言交横也。持节诏诸官署征发凡一千一百二十七事。荒淫迷惑，失帝王礼谊，乱汉制度。臣敞等数进谏，不变更，数，所角翻。更，工衡翻。日以益甚；恐危社稷，天下不安。臣敞等谨与博士议，皆曰：'今陛下嗣孝昭皇帝后，行淫辟不轨。辟，读曰僻。"五辟之属，莫大不孝。"孝经：孔子曰：五刑之属三千，其罪莫大于不孝。辟，五刑之辟也。辟，频亦翻。周襄王不能事母，春秋曰："天王出居于郑，"由不孝出之，绝之于天下也。僖二十四年经书天王出居于郑。公羊传曰：王者无外，此其言出何？不能于母也。宗庙重于君，陛下不可以承天序，奉祖宗庙，子万姓，当废！’臣请有司以一太牢具告祠高庙。”皇太后诏曰：“可。”光令王起，拜受诏，王曰：“闻‘天子有争臣七人，虽亡道不失天下。’”引孝经孔子之言。争，读曰诤。亡，古无字通。光曰：“皇太后诏废，安得称天子！”乃即持其手，解脱其玺组，师古曰：即，就也。组，则古翻。说文曰：组，绶属。续汉志：乘舆，黄赤绶四采，黄、赤、绀、缥，长丈有九尺九寸，五百首。奉上太后；上，时掌翻。扶王下殿，出金马门，群臣随送。王西面拜曰：“愚戆，不任汉事！”戆，陟降翻。任，音壬。起，就乘舆副车；乘，绳证翻。大将军光送至昌邑邸。光谢曰：“王行自绝于天，臣宁负王，不敢负社稷！愿王自爱，臣长不复左右。”师古曰：言不复得侍见于左右。光涕泣而去。

群臣奏言：“古者废放之人，屏于远方，屏，必郢翻，又卑正翻。不及以政。师古曰：言不豫政令。请徙王贺汉中房陵县。”汉中郡属益州。房陵县，唐为房州。太后诏归贺昌邑，赐汤沐邑二千户，故王家财物皆与贺；及哀王女四人，各赐汤沐邑千户；国除，为山阳郡。昌邑国本山阳郡也；今国除，复为郡。

昌邑群臣坐在国时不举奏王罪过，令汉朝不闻知，朝，直遥翻。又不能辅道，道，读曰导。陷王大恶，皆下狱，诛杀二百余人；下，遐嫁翻。唯中尉吉、郎中令遂以忠直数谏正，数，所角翻。得减死，髡为城旦。师王式系狱当死，治事使者责问曰：“师何以无谏书？”王式时为昌邑王师，以授王诗。治事使者，即治狱使者也。治，直之翻。式对曰：“臣以诗三百五篇朝夕授王，至于忠臣、孝子之篇，未尝不为王反复诵之也；为，于伪翻；下同。师古曰：复，音方目翻。至于危亡失道之君，未尝不流涕为王深陈之也。臣以三百五篇谏，是以无谏书。”使者以闻，亦得减死论。

霍光以群臣奏事东宫，太后省政，省，悉景翻。宜知经术，白令夏侯胜用尚书授太后，迁胜长信少府，长信，宫名；少府掌其宫事。班表：长信詹事掌皇太后宫；景帝中六年更名长信少府；平帝元始四年更名长乐少府。张晏曰：以太后所居名也，居长信宫则曰长信少府，居长乐宫则曰长乐少府也。三辅黄图：长信殿在长乐宫，太后常居之。余据表，长信少府后改为长乐少府，则长信、长乐，非两宫也，张说误。赐爵关内侯。

5 初，卫太子纳鲁国史良娣，姓谱：史，周史佚之后。师古曰：太子有妃，有良娣，有孺子，凡三等。生子进，师古曰：进，皇孙之名也。号史皇孙。皇孙纳涿郡王夫人，涿郡属幽州。王夫人，名翁须。生子病已，师古曰：盖以夙遭屯难而多病苦，故名病已，欲其速差也；后以为鄙，更改讳询。号皇曾孙。皇曾孙生数月，遭巫蛊事，见二十二卷武帝征和二年。太子三男、一女及诸妻、妾皆遇害，独皇曾孙在，亦坐收系郡邸狱。师古曰：汉旧仪：郡邸狱，治天下郡国上计者，属大鸿胪。此盖巫蛊狱收系者众，故皇曾孙寄在郡邸狱。故廷尉监鲁国丙吉班表：廷尉有左、右监，秩千石。丙，姓也。左传齐有丙歜。功臣表有高苑侯丙倩。受诏治巫蛊狱，治，直之翻。吉心知太子无事实，重哀皇曾孙无辜，师古曰：重，音直用翻。择谨厚女徒渭城胡组、淮阳郭徵卿，令乳养曾孙，置閒燥处。李奇曰：轻罪，男子守边一岁；女子软弱不任守，复令作于官，亦一岁；故班史谓之女徒复作。复作者，复为官作，满其本罪月日。班志，渭城县属扶风。师古曰：閒，宽净之处也。燥，高敞也。閒，读曰闲。燥，苏老翻。吉日再省视。省，悉景翻。

巫蛊事连岁不决，武帝疾，来往长杨、五柞宫，师古曰：二宫并在盩厔，皆以水名之。水经注：漏水出南山赤谷，东北流径长杨宫。漏水又东北，耿谷水注之，水发南山耿谷，北流与柳泉合；东北径五柞宫。望气者言长安狱中有天子气，于是武帝遣使者分条中都官，诏狱系者师古曰：条，谓疏录之。无轻重，一切皆杀之。内谒者令郭穰夜到郡邸狱，班表：谒者令属少府。续汉志：主宫中布张诸亵物。汉官云：秩千石。盖当时权为此使。吉闭门拒使者不纳，曰："皇曾孙在。他人无辜死者犹不可，况亲曾孙乎！"相守至天明，不得入。

襁还，以闻，因劾奏吉。劾，户概翻。武帝亦寤，曰："天使之也。"因赦天下。郡邸狱系者，独赖吉得生。

既而吉谓守丞谁如："皇孙不当在官。"孟康曰：郡守丞也，来诣京师邸治狱，姓谁，名如。文颖曰：不当在官，不当在郡邸狱也。师古曰：守丞，守狱官之丞耳，非郡丞也。谁如者，其人名，本作"谯"字；言姓，又非也。仲冯曰：守丞，盖郡邸守邸之丞也，与朱买臣传守丞同。使谁如移书京兆尹，遣与胡组俱送；京兆尹不受，复还。及组日满当去，皇孙思慕，吉以私钱雇组令留，与郭徵卿并养，数月，乃遣组去。后少内啬夫白吉曰："食皇孙无诏令。"师古曰：少内，掖庭主府藏之官也。食，读曰饲。诏令无文，无从得其廪具而食之。时吉得食米、肉，月月以给皇曾孙。曾孙病，几不全者数焉，吉数敕保养乳母加致医药，几，居衣翻。数，所角翻。视遇甚有恩惠。吉闻史良娣有母贞君及兄恭，乃载皇曾孙以付之。贞君年老，见孙孤，甚哀之，自养视焉。

后有诏掖庭养视，上属籍宗正。应劭曰：掖庭，宫人之官，有令、丞，宦者为之。诏敕掖庭养视之，始令宗正著其属籍。时掖庭令张贺，尝事戾太子，思顾旧恩，张贺，安世兄也，幸于卫太子。太子败，宾客皆诛，安世上书为贺请，得下蚕室，后为掖庭令。师古曰：顾，念也。哀曾孙，奉养甚谨，以私钱供给，教书。既壮，贺欲以女孙妻之。妻，千细翻；下同。是时昭帝始冠，冠，古玩翻。长八尺二寸。长，直亮翻。贺弟安世为右将军，辅政，闻贺称誉皇曾孙，欲妻以女，誉，音余。怒曰："曾孙乃卫太子后也，幸得以庶人衣食县官足矣，勿复言予女事！"复，扶又翻。予，读曰与。于是贺止。时暴室啬夫许广汉有女，暴室属掖庭令。师古曰：取暴晒为名，盖主织作染练之署。应劭曰：暴室，宫人狱也；今曰薄室。许广汉坐法，腐为宦者，作啬夫也。师古又曰：暴室职务既多，因为置狱，主治罪人，故往往云暴室狱耳；然非狱名。啬夫者，暴室属官，亦犹县乡啬夫。姓谱：许姓出高阳，本自姜姓，炎帝之后，太岳之裔；其后因封国为氏。贺乃置酒请广汉，酒酣，为言"曾孙体近，下乃关内侯，师古曰：言曾孙于帝为近亲，纵其人得下劣，犹为关内侯也。为，于伪翻。可妻也。"广汉许诺。明日，妪闻之，怒。妪，谓广汉妻也。说文曰：妪，母也，音威遇翻。广汉重令人为介，师古曰：更令人作媒，结婚姻。重，音直用翻。遂与曾孙；贺以家财聘之。曾孙因依倚广汉兄弟及祖母家史氏，受诗于东海澓中翁，服虔曰：澓，音福。师古曰：姓澓，字中翁也。澓，房福翻。中，读曰仲。高材好学；好，呼到翻。然亦喜游侠，师古曰：喜，许吏翻。斗鸡走狗，【章：甲十五行本"狗"作"马"；乙十一行本同。】以是具知闾里奸邪，吏治得失。治，直吏翻。数上下诸陵，师古曰：诸陵皆据高敞地为之，县即在其侧。帝每周游往来，去则上，来则下，故言上下诸陵。数，所角翻。上，时掌翻。周遍三辅，尝困于莲勺卤中。班志，莲勺县属左冯翊。贤曰：故城在同州下邽县东北。如淳曰：为人所困辱也。莲勺县有盐池，纵广十馀里，其乡人名为卤中。师古曰：卤者，咸地，今在栎阳县东。今其乡人谓此中为卤盐池。程大昌曰：莲勺，唐下邽县。莲，音辇。勺，音酌。尤乐杜、鄠之间，班志，杜县属京兆；鄠县属扶风。乐，音洛。鄠，音户。率常在下杜。孟康曰：下杜在长安南。师古曰：即今之杜城。括地志：下杜城在雍州长安县东南九里，古杜伯国。时会朝请，舍长安尚冠里。文颖曰：以属弟尚亲，故岁时从宗室朝会也。如淳曰：春曰朝，秋曰请。师古曰：尚冠者，长安中里名。帝会朝请之时，即于此里中止息。三辅黄图曰：京兆尹治尚冠里。朝，直遥翻。舍，如字。请，才性翻。

及昌邑王废，霍光与张安世诸大臣议所立，未定。丙吉奏记光曰："将军事孝武皇帝，受襁褓之属，任天下之寄。属，之欲翻。孝昭皇帝早崩亡嗣，亡，古无字通。海内忧惧，欲亟闻嗣主。发丧之日，以大谊立后；所立非其人，复以大谊废之；师古曰：虽无嫡嗣，旁立支属，令宗庙有奉，既而恐危社稷，故废黜之，皆以大谊而行也。天下莫不服焉。方今社稷、宗庙、群生之命在将军之壹举，窃伏听于众庶，察其所言诸侯、宗室在列位者，未有所闻于民间也。而遗诏所养武帝曾孙名病已在掖庭、外家者，苏林曰：外家，犹言在外人民家，不在宫中。晋灼曰：出郡邸狱，归在外家史氏，后入掖庭耳。师古曰：晋说是也。吉前使居郡邸时，使，疏吏翻。见其幼少；至今十八九矣，通经术，有美材，行安而节和。行，下孟翻。愿将军详大义，参以蓍龟岂宜，句断，言参以蓍龟，卜其宜与不宜也。褒显先使入侍，师古曰：侍太后。令天下昭然知之，然后决定大策，天下幸甚！”杜延年亦知曾孙德美，劝光、安世立焉。

秋，七月，光坐庭中，会丞相以下议【章：甲十五行本“议”下有“定”字；乙十一行本同；孔本同。】所立，遂复与丞相敞等上奏曰：复，扶又翻。上，时掌翻。“孝武皇帝曾孙病已，年十八，师受诗、论语、孝经，躬行节俭，慈仁爱人，可以嗣孝昭皇帝后，奉承祖宗庙，子万姓。师古曰：天子以万姓为子，故云子万姓。臣昧死以闻！”昧死，冒死也。皇太后诏曰：“可。”光遣宗正德至曾孙家尚冠里，洗沐，赐御衣；太仆以軨猎车迎曾孙，文颖曰：軨猎，小车，前有曲舆，不衣，近世谓之軨猎车。孟康曰：今之载猎车也。前有曲軨，特高大，猎时立其中，格射禽兽。李奇曰：兰舆、轻车也。师古曰：文、李二说是。时未备天子车驾，故且取其轻便耳，非取其高大也。孟说失之。軨，音零。就斋宗正府。庚申，入未央宫，见皇太后，封为阳武侯。班志，阳武县属河南郡。师古曰：先封侯者，不欲立庶人为天子也。见，贤遍翻。已而群臣奏上玺绶，即皇帝位，癸巳，废昌邑王。庚申，立宣帝。汉朝无君二十七日，天下不摇，霍光处此，诚难能也。上，时掌翻。谒高庙；尊皇太后为太皇太后。

侍御史严延年班表：侍御史属御史大夫，员十五人，受公卿奏事，举劾按章。此严非庄助之严，自是一姓；战国时有濮阳严仲子。劾奏“大将军光擅废立主，无人臣礼，不道。”奏虽寝，然朝廷肃然敬惮之。

6 八月，己巳，安平敬侯杨敞薨。班表，安平侯食邑于汝南。

7 九月，大赦天下。

8 戊寅，蔡义为丞相。

9 初，许广汉女适皇曾孙，一岁，生子奭。数月，曾孙立为帝，许氏为倢伃。是时霍将军有小女与皇太后亲，公卿议更立皇后，皆心拟霍将军女，亦未有言。上乃诏求微时故剑。大臣知指，白立许倢伃为皇后。十一月，壬子，立皇后许氏。霍光以后父广汉刑人，不宜君国；岁馀，乃封为昌成君。

10 太皇太后归长乐宫。长乐宫初置屯卫。汉太后常居长乐宫。太皇太后自昌邑之废，居未央宫。今宣帝既立，复归长乐宫。乐，音洛。

中宗孝宣皇帝上之上

荀悦曰：讳询，字次卿。讳"询"之字曰"谋"。应劭曰：谥法：圣善周闻曰宣。余据帝本名病已，元康二年乃更名询。

本始元年（戊申、前七三）

1 春，诏有司论定策安宗庙功。大将军光益封万七千户，与故所食凡二万户。车骑将军富平侯安世以下益封者十人，封侯者五人，赐爵关内侯者八人。昭帝始元二年，霍光以捕马何罗功封博陆侯，二千三百五十户，今益封万七千二百户。元凤六年，张安世封富平侯，三千四十户，今益封万六百户。杨敞始封安平侯，七百户，今益封其子忠四千八百四十七户。蔡义始封阳平侯，今益封，通前凡七百户。范明友始封平陵侯，今益封，通前凡二千九百二十户。韩增始绍封龙頟侯，今益封千户。建平侯杜延年始封二千户，今益封二千三百六十户。蒲侯苏昌始封千二十六户，今益封。王谭始绍封宜春侯，今益封，通前凡一千一百八户。魏圣始绍封当涂侯，今益封，通前凡二千二百户。屠耆堂始绍封杜侯，千三百户，今益封。夏侯胜始赐爵关内侯，今益封千户。凡十人。封田广明为昌水侯，赵充国为营平侯，田延年为阳城侯，乐成为爰氏侯，王迁为平丘侯，凡五人。周德、苏武、李光、刘德、韦贤、宋畸、丙吉、赵广汉八人皆赐爵关内侯。

2 大将军光稽首归政，稽，音启。上谦让不受；诸事皆先关白光，然后奏御。自昭帝时，光子禹及兄孙云皆为中郎将，云弟山奉车都尉、侍中，领胡、越兵，光两女婿为东、西宫卫尉，昆弟、诸婿、外孙皆奉朝请，为诸曹、大夫、骑都尉、给事中，党亲连体，根据于朝廷。及昌邑王废，光权益重，每朝见，上虚己敛容，礼下之已甚。胡、越兵，胡骑及越骑也。东、西宫卫尉，长乐卫尉及未央卫尉也。侍中得入禁中，诸曹受尚书奏事，给事中给事禁中，皆加官也。下，胡稼翻。已甚，言过当也。

3 夏，四月，庚午，地震。

4 五月，凤皇集胶东、千乘。赦天下，勿收田租赋。

5 六月，诏曰："故皇太子在湖，未有号谥，戾太子死事见二十二卷武帝征和二年。岁时祠；其议谥，置园邑。"有司奏请："礼，为人后者，为之子也；故降其父母，不得祭，师古曰：谓本生之父母也。尊祖之义也。陛下为孝昭帝后，承祖宗之祀，愚以为亲谥宜曰悼，如淳曰：亲，谓父也。母曰悼后；故皇太子谥曰戾，史良娣曰戾夫人。"谥法：不悔前过曰戾；又不思念曰戾。皆改葬焉。

6 秋，七月，诏立燕剌王太子建为广阳王；燕王旦死，建为庶人，事见二十三卷昭帝元凤元年。广阳国属幽州，旦死，燕国除，为广阳郡，今因以为国名。剌，音来曷翻。立广陵王胥少子弘为高密王。封胥子弘为王，加亲亲之恩也。

7 初，上官桀与霍光争权，光既诛桀，遂遵武帝法度，以刑罚痛绳群下，由是俗吏皆尚严酷以为能；而河南太守丞淮阳黄霸独用宽和为名。上在民间时，知百姓苦吏急也，闻霸持法平，乃召为廷尉正；数决疑狱，庭中称平。廷尉正，秩千石。"庭中"，汉书作"廷中"。师古曰：此廷中，谓廷尉之中也。余谓通鉴作"庭中"，言汉庭之中也。数，所角翻。

二年（己酉、前七二）

1 春，大司农田延年有罪自杀。昭帝之丧，大司农僦民车，延年诈增僦直，师古曰：僦，谓赁之，与雇直也。僦，子就翻。盗取钱三千万，为怨家所告。怨，于元翻。霍将军召问延年，欲为道地。师古曰：为之开通道路，使有安全之地也。延年抵曰：师古曰：抵，拒讳也。抵，丁礼翻。“无有是事！”光曰：“即无事，当穷竟！”师古曰：既无实事，当令有司穷治，尽其理。御史大夫田广明谓太仆杜延年曰：“春秋之义，以功覆过。公羊传：僖十七年夏，灭项。孰灭之？齐灭之。曷为不言齐灭之？为桓公讳也。桓公尝有存亡继绝之功，故君子为之讳。当废昌邑王时，非田子宾之言，大事不成。延年，字子宾，事见上昭帝元平元年。今县官出三千万自乞之，何哉？师古曰：谓自乞与之也。柳宗元曰：哉，疑辞也。何哉，犹曰何如也。乞，音气。愿以愚言白大将军！”延年言之大将军，大将军曰：“诚然，实勇士也！当发大议时，震动朝廷。”光因举手自忼【章：甲十五行本“忼”作“抚”；乙十一行本同；孔本同。】心曰：“使我至今病悸。师古曰：悸，心动也，音揆。韵略：其季翻。谢田大夫晓大司农，通往就狱，得公议之。”师古曰：晓者，告白意指也。通者，从公家通理也。光忿其拒讳，故不佑之。田大夫使人语延年。语，牛倨翻。延年曰：“幸县官宽我耳，何面目入牢狱，使众人指笑我，卒徒唾吾背乎！”即闭阁独居斋舍，偏袒，持刀东西步。数日，使者召延年诣廷尉。闻鼓声，自刎死。晋灼曰：使者至司农，司农发诏书，故鸣鼓也。师古曰：刎，谓断颈也。刎，武粉翻。

2 夏，五月，诏曰：“孝武皇帝躬仁谊，厉威武，功德茂盛，而庙乐未称，师古曰：称，副也。称，尺证翻。朕甚悼焉。其与列侯、二千石、博士议。”于是群臣大议庭中，师古曰：大议，总会议也。此庭中，谓朝廷之中。皆曰：“宜如诏书。”长信少府夏侯胜独曰：“武帝虽有攘四夷、广土境之功，然多杀士众，竭民财力，奢泰无度，天下虚耗，百姓流离，物故者半，蝗虫大起，赤地数千里，师古曰：言无五谷之苗。或人民相食，畜积至今未复；畜，读曰蓄。无德泽于民，不宜为立庙乐。”公卿共难胜曰：

为，于伪翻。难，乃旦翻。“此诏书也。”胜曰：“诏书不可用也。人臣之谊，宜直言正论，非苟阿意顺指。议已出口，虽死不悔！”于是丞相、御史劾奏胜非议诏书，毁先帝，不道；及丞相长史黄霸阿纵胜，不举劾；俱下狱。劾，户概翻。下，遐嫁翻。有司遂请尊孝武帝庙为世宗庙，奏盛德、文始五行之舞。应劭曰：宣帝复采昭德之舞为盛德舞，以尊世宗庙也。诸帝庙皆常奏文始四时五行舞也。武帝巡狩所幸郡国皆立庙，如高祖、太宗焉。夏侯胜、黄霸既久系，霸欲从胜受尚书，胜辞以罪死。霸曰：“朝闻道，夕死可矣。”论语载孔子之言。胜贤其言，遂授之。系再更冬，师古曰：更，历也。更，音工衡翻。讲论不怠。

3 初，乌孙公主死，汉复以楚王戊之孙解忧为公主，妻岑娶。岑娶胡妇子泥靡尚小，岑娶且死，复，扶又翻。妻，七细翻。汉书作岑陬。师古曰：岑，音仕林翻。陬，音子侯翻。以国与季父大禄子翁归靡，曰：“泥靡大，以国归之。”翁归靡既立，号肥王，复尚楚主，生三男、两女。长男曰元贵靡，次曰万年，次曰大乐。昭帝时，公主上书言：“匈奴与车师共侵乌孙，唯天子幸救之！”汉养士马，议击匈奴。会昭帝崩，上遣光禄大夫常惠使乌孙。乌孙公主及昆弥皆遣使上书，言：“匈奴复连发大兵，侵击乌孙。使使谓乌孙，‘趣持公主来！’趣，读曰促。欲隔绝汉。昆弥愿发国精兵五万骑，尽力击匈奴。唯天子出兵以救公主、昆弥！”先是匈奴数侵汉边，先，悉荐翻。汉亦欲讨之。秋，大发兵，遣御史大夫田广明为祁连将军，四万馀骑，出西河；度辽将军范明友三万馀骑，出张掖；前将军韩增三万馀骑，出云中；后将军赵充国为蒲类将军，三万馀骑，出酒泉；云中太守田顺为虎牙将军，三万馀骑，出五原；期以出塞各二千馀里。以常惠为校尉，持节护乌孙兵共击匈奴。

三年（庚戌、前七一）

1 春，正月，癸亥，恭哀许皇后崩。张晏曰：礼，妇人从夫谥。闵其见杀，故兼二谥。师古曰：共，读曰恭。余据班史，自高后以下皆从夫称之，未尝有谥也。至帝谥孝武卫皇后曰思，亦以其不令终也。至于东都，如光烈、明德，始从夫而加二谥。时霍光夫人显欲贵其小女成君，道无从。师古曰：从，因也，由也。无由得纳其女。会许后当娠，病，女医淳于衍者，姓谱：淳于出于姜姓，州公之后。霍氏所爱，尝入宫侍皇后疾。衍夫赏为掖庭户卫，掖庭户卫，掌卫掖庭门户，户郎主之也。谓衍："可过辞霍夫人，行为我求安池监。"安池，池名。监，掌池之官。为，于伪翻。衍如言报显，显因心生，【章：甲十五行本二字互乙；乙十一行本同；孔本同；张校同；退斋校同。】辟左右，师古曰：辟，谓屏去之；音闢。字谓衍曰："少夫幸报我以事，如淳曰：称衍字曰少夫，亲之也。晋灼曰：报我以事，谓求池监也。少，诗照翻。我亦欲报少夫，可乎？"晋灼曰：报少夫谋弑许后事。衍曰："夫人所言，何等不可者！"师古曰：无事而不可。显曰："将军素爱小女成君，欲奇贵之，愿以累少夫！"师古曰：累，托也，音力瑞翻。衍曰："何谓邪？"显曰："妇人免乳，大故，十死一生。师古曰：免乳，谓产子也。大故，大事也。乳，音人喻翻。今皇后当免身，可因投毒药去也，师古曰：去，谓除去皇后也；音丘吕翻。成君即为皇后矣。如蒙力，事成，富贵与少夫共之。"衍曰："药杂治，常先尝，安可？"师古曰：与众医共杂治之，又有先尝者，何可行毒？治，直之翻。显曰："在少夫为之耳。将军领天下，谁敢言者！缓急相护，但恐少夫无意耳。"衍良久曰："愿尽力！"即捣附子，附子与天雄、乌喙同出一种，有大毒。赍入长定宫。皇后免身后，衍取附子并合大医大丸以饮皇后，师古曰：大丸，今泽兰丸之属。合，音阁。饮，于禁翻。有顷，曰："我头岑岑也，药中得无有毒？"师古曰：岑岑，痺闷之意。对曰："无有。"遂加烦懑，崩。师古曰：懑，音满，又音闷。衍出，过见显，相劳问，劳，力到翻。亦未敢重谢衍。师古曰：恐人知觉之。后人有上书告诸医侍疾无状者，皆收系诏狱，劾不道。劾，户概翻。显恐急，即以状具语光，语，牛据翻。因曰：“既失计为之，无令吏急衍！”光大惊，欲自发举，不忍，犹与。师古曰：犹与，不决也。与，读曰豫。会奏上，光署衍勿论。李奇曰：光题其奏也。师古曰：言之于帝，故解释耳，光不自署也。余据霍光传，光薨后，帝始闻毒许后事，光于是时安敢言之于帝邪！李说为是。上，时掌翻。显因劝光内其女入宫。

2 戊辰，五将军发长安。匈奴闻汉兵大出，老弱奔走，敺畜产远遁逃，师古曰：敺，与驱同。是以五将少所得。少，诗沼翻。夏，五月，军罢。度辽将军出塞千二百馀里，至蒲离候水，自张掖出塞。斩首、捕虏七百馀级。前将军出塞千二百馀里，至乌员，自云中出塞。师古曰：乌员，地名也；音云。斩首、捕虏百馀级。蒲类将军出塞千八百馀里，西至候山，自酒泉出塞。斩首、捕虏，得单于使者蒲阴王以下三百馀级。闻虏已引去，皆不至期还。天子薄其过，宽而不罪。祈【章：甲十五行本“祈”作“祁”；乙十一行本同；孔本同。下三见均同。】连将军出塞千六百里，至鸡秩山，自西河出塞。斩首、捕虏十九级。逢汉使匈奴还者冉弘等，姓谱：楚大夫叔山冉之后。案夫子弟子有冉伯牛、冉有。使，疏吏翻。还，从宣翻，又如字。言鸡秩山西有虏众，祈连即戒弘，使言无虏，欲还兵。御史属公孙益寿谏，以为不可。祈连不听，遂引兵还。虎牙将军出塞八百馀里，至丹馀吾水上，自五原出塞。即止兵不进，斩首、捕虏千九百馀级，引兵还。上以虎牙将军不至期，诈增卤获，而祈连知虏在前，逗遛不进，孟康曰：逗遛，律语也；谓军行顿止，稽留不进也。师古曰：逗，读与住同；又音豆。皆下吏，自杀。擢公孙益寿为侍御史。百官表：侍御史员十五人，受公卿奏事、举劾案章。下，遐嫁翻。

乌孙昆弥自将五万骑与校尉常惠从西方入，至右谷蠡王庭，谷蠡，音鹿黎。获单于父行行，胡浪翻。及嫂、居次、晋灼曰：匈奴女号，若言公主也。名王、犁污都尉、千长、骑将以下四万级，犁污都尉，犁污王之都尉也。师古曰：千长，千人之长。长，知两翻。马、牛、羊、驴、橐佗七十馀万头。师古曰：橐佗，言能负橐囊而驮物也。佗，音徒河翻。考异曰：常惠传，“四万级”为“三万九千人”，“七十馀万头”为“六十馀万头”；今从乌孙传。乌孙皆自取所虏获。上以五将皆无功，独惠奉使克获，封惠为长罗侯。长罗，侯国，属陈留郡。贤曰：故城在今滑州匡城县东北。然匈奴民众伤而去者及畜产远移死亡，不可胜数，胜，音升。于是匈奴遂衰耗，怨乌孙。

上复遣常惠持金币还赐乌孙贵人有功者。复，扶又翻。惠因奏请龟兹国尝杀校尉赖丹，未伏诛，请便道击之。帝不许。大将军霍光风惠以便宜从事。师古曰：言至前所，专命而行也。风，读曰讽。惠与吏士五百人俱至乌孙，还，还，从宣翻，又如字；下同。过，发西国兵二万人，自乌孙还，所过西国皆发其兵。令副使发龟兹东国二万人，乌孙兵七千人，从三面攻龟兹。兵未合，先遣人责其王以前杀汉使状。王谢曰：“乃我先王时为贵人姑翼所误耳，我无罪。”惠曰：“即如此，缚姑翼来，吾置王。”师古曰：置，犹放。王执姑翼诣惠，惠斩之而还。龟兹杀赖丹事，见上卷昭帝元凤四年。

3 大旱。

4 六月，己丑，阳平节侯蔡义薨。阳平属东郡。考异曰：荀纪作“乙丑”，误。

5 甲辰，长信少府韦贤为丞相。

6 大司农魏相为御史大夫。

7 冬，匈奴单于自将数万骑击乌孙，颇得老弱。欲还，会天大雨雪，雨，于具翻。一日深丈余，深，式鸩翻。人民、畜产冻死，还者不能什一。于是丁令乘弱攻其北，令，音零。乌桓入其东，乌孙击其西，凡三国所杀数万级，马数万匹，牛羊甚众；又重以饿死，重，直用翻。人民死者什三，畜产什五。匈奴大虚弱，诸国羁属者皆瓦解，攻盗不能理。其后汉出三千馀骑为三道，并入匈奴，捕虏得数千人还；匈奴终不敢取当，师古曰：当者，报其直。滋欲乡和亲，师古曰：滋，益也。乡，读曰向。而边境少事矣。

8 是岁，颍川太守赵广汉为京兆尹。颍川俗，豪桀相朋党。广汉为缿筒，苏林曰：缿，音项，如瓶，可受投书。孟康曰：筒，竹筒也，如今官受密事筒也。师古曰：缿，若今盛钱臧瓶，为小孔，可入而不可出。或缿或筒，皆为此制，而用受书，令投于中也。筒，音同。受吏民投书，使相告讦，师古曰：面相斥曰讦，音居乂翻，又音居谒翻。于是更相怨咎，更，工衡翻。奸党散落，盗贼不敢发。匈奴降者言匈奴中皆闻广汉名，降，户江翻。由是入为京兆尹。广汉遇吏，殷勤甚备，事推功善，归之于下，行之发于至诚，吏咸愿为用，僵仆无所避。师古曰：僵，偃也。仆，顿也。僵，音姜。仆，音赴。广汉聪明，皆知其能之所宜，尽力与否；其或负者，辄收捕之，无所逃；案之，罪立具，即时伏辜。尤善为钩距以得事情，苏林曰：钩得其情，使不得去也。晋灼曰：钩，致也。距，闭也。使对者无疑，若不问而自知，众莫觉所由以闭，其术为距也。师古曰：晋说是也。闾里铢两之奸皆知之。长安少年数人会穷里空舍，师古曰：穷里，里中之极隐处。谋共劫人；坐语未讫，广汉使吏捕治，具服。其发奸擿伏如神。师古曰：擿，谓动发之也；音他狄翻。京兆政清，吏民称之不容口。长老传以为自汉兴，治京兆者莫能及。长，知两翻。治，直之翻。

四年（辛亥、前七〇）

1 春，三月，乙卯，立霍光女为皇后；赦天下。初，许后起微贱，登至尊日浅，从官车服甚节俭。及霍后立，舆驾、侍从益盛，从，才用翻。赏赐官属以千万计，与许后时县绝矣。

县，读曰悬。

2 夏，四月，壬寅，郡国四十九同日地震，或山崩，坏城郭、室屋，杀六千馀人。北海、琅邪坏祖宗庙。景帝元年，令郡国各立太祖高皇帝庙、太宗文皇帝庙。坏，音怪。诏丞相、御史与列侯、中二千石博问经学之士，有以应变，师古曰：谓御塞灾异也。毋有所讳。令三辅、太常、内郡国举贤良方正各一人。大赦天下。上素服，避正殿五日。释夏侯胜、黄霸；以胜为谏大夫、给事中，霸为扬州刺史。扬州统庐江、九江、会稽、丹阳、豫章等郡。

胜为人，质朴守正，简易无威仪，易，以豉翻。或时谓上为君，误相字于前；师古曰：前，天子之前也。君前臣名，不当相呼字也。上亦以是亲信之。师古曰：知其质朴也。尝见，出道上语，师古曰：入见天子而以其言为外人道之。见，贤遍翻。上闻而让胜，胜曰："陛下所言善，臣故扬之。尧言布于天下，至今见诵。臣以为可传，故传耳。"朝廷每有大议，上知胜素直，谓曰："先生建正言，无惩前事！"师古曰：惩，创也。前事，谓坐议庙乐事。胜复为长信少府，后迁太子太傅。年九十卒，太后赐钱二百万，为胜素服五日，以报师傅之恩。为，于伪翻。儒者以为荣。

3 五月，凤皇集北海安丘、淳于。安丘、淳于二县皆属北海郡。安丘，春秋时之渠丘。淳于，春秋之州国。

4 广川王去坐杀其师及姬妾十馀人，或销铅锡灌口中，或支解，并毒药煮之，令糜尽，废徙上庸；自杀。广川王去，景帝子广川惠王越之孙。师古曰：糜，碎也。

地节元年（壬子、前六九）应劭曰：以先者地震，山崩、水出，于是改元曰地节，欲令地得其节。

1 春，正月，有星孛于西方。孛，蒲内翻。

2 楚王延寿景帝立平陆侯礼为楚王，奉元王后，传子道，孙注，曾孙纯；延寿，纯之子也。以广陵王胥，武帝子，天下有变，必得立，阴附助之，为其後【严："後"改"后"。】母弟赵何齐取广陵王女为妻，因使何齐奉书遗广陵王曰："愿长耳目，师古曰：言常伺听，勿失几也。取，读曰娶。遗，于季翻。长，如字。毋后人有天下！"师古曰：方争天下，勿使在人后。后，户觀翻。何齐父长年上书告之，事下有司考验，辞服。下，遐嫁翻。冬，十一月，延寿自杀。胥勿治。

3 十二月，癸亥晦，日有食之。

4 是岁，于定国为廷尉。姓谱：周武王子封于邘，子孙以国为氏；其后去"邑"，单为"于"。定国决疑平法，务在哀鳏寡，罪疑从轻，加审慎之心。朝廷称之曰："张释之为廷尉，天下无冤民。师古曰：言决罪皆当。于定国为廷尉，民自以不冤。"师古曰：言知其宽平，皆无冤枉之虑也。

二年（癸丑、前六八）

1 春，霍光病笃。车驾自临问，上为之涕泣。为，于伪翻。光上书谢恩，愿分国邑三千户以封兄孙奉车都尉山为列侯，奉兄去病祀。霍去病封冠军侯，子嬗嗣封，薨，无后，国除，故光乞分国邑以封其孙。即日，拜光子禹为右将军。三月，庚午，光薨。上及皇太后亲临光丧，中二千石治冢，赐梓宫、葬具皆如乘舆制度，谥曰宣成侯。发三河卒穿复土，乘，绳证翻。复，如字。置园邑三百家，长、丞奉守；下诏复其后世，复，方目翻。畴其爵邑，应劭曰：畴，等也。世世无有所与。与，读曰豫。

御史大夫魏相上封事言事而不欲宣泄，重封上之，故曰封事。汉官曰：凡章表皆启封；其言密事，得用皂囊。曰："国家新失大将军，宜显明功臣以填藩国，填，古镇字通。毋空大位，以塞争权。师古曰：大臣位空，则起争夺之权也。塞，悉则翻。宜以车骑将军安世为大将军，毋令领光禄勋事；以其子延寿为光禄勋。"上亦欲用之。夏，四月，戊申，以安世为大司马、车骑将军，领尚书事。考异曰：百官表："地节三年，四月，戊申，张安世为大司马。七月，戊戌，更为卫将军；霍禹为大司马。七月，壬辰，禹要斩。”荀纪：“三年，四月，戊辰，安世为大司马。”按明年四月无戊辰，七月无戊戌，又不当再言七月。以宣纪、张安世、霍光传考之，安世为司马当在今年，为卫将军当在明年十月，禹死在四年七月，盖年表旁行通连书之，致此误也。

2 凤皇集鲁，群鸟从之。大赦天下。

3 上思报大将军德，乃封光兄孙山为乐平侯，使以奉车都尉领尚书事。魏相因昌成君许广汉奏封事，言“春秋讥世卿，公羊传：隐三年，夏，四月，辛卯，尹氏卒。尹氏者何？天子之大夫也。其称尹氏何？贬。曷为贬？讥世卿。世卿，非礼也。恶宋三世为大夫公羊传曰：宋三世无大夫，三世内取也。师古曰：三世，谓襄公、成公、昭公也，内取于国之大夫也。“为”，恐当作“无”。恶，乌路翻。及鲁季孙之专权，鲁自季友立僖公，行父逐东门氏，意如逐昭公，世专鲁国。至哀公，恶季氏之逼而不能去，遂孙于邾。皆危乱国家。自后元以来，禄去王室，政由冢宰。今光死，子复为右将军，兄子秉枢机，谓领尚书事也。贤曰：枢机，近要之官也。春秋运斗枢曰：北斗，第一天枢，第二璇，第三机也。昆弟、诸婿据权势，在兵官，光夫人显及诸女皆通籍长信宫，师古曰：通籍，谓禁门之中皆有名籍，恣出入也。应劭曰：籍者，为二尺竹牒，设其年纪、名字、物色，悬之宫门，按省相应，乃得入也。或夜诏门出入，骄奢放纵，恐寖不制，师古曰：寖，渐也。不制，不可制御也。宜有以损夺其权，破散阴谋，以固万世之基，全功臣之世。”又故事：诸上书者皆为二封，署其一曰“副”，领尚书者先发副封，所言不善，屏去不奏。相复因许伯白去副封以防壅蔽。屏，必郢翻。去，丘吕翻。帝善之，诏相给事中，皆从其议。汉三公、九卿皆外朝，今魏相给事中，则得入禁中，预中朝之议。

4 帝兴于闾阎，师古曰：闾，里门也。阎，里中门也。言从里巷而即天位也。知民事之艰难。艰，古艰字。霍光既薨，始亲政事，厉精为治，治，直吏翻；下同。五日一听事。自丞相以下各奉职奏事，敷奏其言，考试功能。应劭曰：敷，陈也。各自奏陈其言，然后试之以官，考其功德也。侍中、尚书功劳当迁及有异善，厚加赏赐，至于子孙，终不改易。师古曰：言各久其职事也。贡父曰：至于子孙，谓赏赐逮及子孙也，非谓侍中、尚书官至子孙不改易也。枢机周密，品式备具，上下相安，莫有苟且之意。及拜刺史、守、相，辄亲见问，观其所由，退而考察所行以质其言，师古曰：质，正也。有名实不相应，必知其所以然。常称曰："庶民所以安其田里而亡叹息愁恨之心者，政平讼理也。师古曰：讼理，言所讼见理而无冤滞也。亡，古无字通。与我共此者，其唯良二千石乎！"师古曰：谓郡守、诸侯相。以为太守，吏民之本，数变易则下不安；数，所角翻。民知其将久，不可欺罔，乃服从其教化。故二千石有治理效，辄以玺书勉厉，增秩、赐金，或爵至关内侯；公卿缺，则选诸所表，以次用之。师古曰：所表，谓增秩、赐金、爵也。是以汉世良吏，于是为盛，称中兴焉。

5 匈奴壶衍鞮单于死，弟左贤王立为虚闾权渠单于，以右大将女为大阏氏，而黜前单于所幸颛渠阏氏。颛渠阏氏，单于之元妃也；其次为大阏氏。将，即亮翻。阏氏，音烟支。颛渠阏氏父左大且渠怨望。且，子闾翻。是时汉以匈奴不能为边寇，罢塞外诸城以休百姓。师古曰：外城，塞外诸城也，如光禄塞、受降城、遮虏障等城是也。单于闻之，喜，召贵人谋，欲与汉和亲。左大且渠心害其事，曰："前汉使来，兵随其后。今亦效汉发兵，先使使者入。"乃自请与呼卢訾王各将万骑，南旁塞猎，相逢俱入。訾，子移翻。旁，步浪翻。行未到，会三骑亡降汉，言匈奴欲为寇。降，户江翻。于是天子诏发边骑屯要害处，使大将军军监治众等四人师古曰：治众者，军监之名。余据军监位次军正。将五千骑，分三队，出塞各数百里，捕得虏各数十人而还。时匈奴亡其三骑，不敢入，即引去。是岁，匈奴饥，人民、畜产死什六七，又发两屯各万骑以备汉。其秋，匈奴前所得西嗕居左地者，孟康曰：嗕，音辱，匈奴种。师古曰：嗕，音奴独翻。余谓西嗕自是一种，为匈奴所得，使居左地耳，非匈奴种也。其君长以下数千人皆驱畜产行，与瓯脱战，所杀伤甚众，遂南降汉。

顾颉刚标点聂崇岐覆校

中华国学文库

资治通鉴

二

〔宋〕司马光 编著

〔元〕胡三省 音注

中华书局

资治通鉴卷第二十五

翰林学士朝散大夫右谏议大夫知制诰兼侍讲
同提举万寿观公事兼判集贤院上护军　**司马光**　奉敕编集
河内郡开国侯食邑一千三百户赐紫金鱼袋臣

后学天台　**胡三省**　音注

汉纪十七　起阏逢摄提格（甲寅），尽屠维协洽（己未），凡六年。

中宗孝宣皇帝上之下

地节三年（甲寅、前六七）

1春，三月，诏曰："盖闻有功不赏，有罪不诛，虽唐、虞不能【章：甲十五行本"能"下有"以"字；乙十一行本同；孔本同。】化天下。今胶东相王成，劳来不怠，师古曰：谓劝勉招怀百姓。劳，郎到翻。来，郎代翻。流民自占八万馀口，师古曰：隐度名数而来附业也。占，音之赡翻。治有异等之效。师古曰：异于常等。治，直吏翻。其赐成爵关内侯，秩中二千石。"未及征用，会病卒官。卒，子恤翻。后诏使丞相、御史问郡、国上计长史、守丞以政令得失。贡父曰：郡使守丞，国使长史，皆一物也，故总言郡、国上计长史、守丞。后汉百官志：诸侯王相如太守，长史如郡丞。又边郡有丞，元有长史；长史上计无疑矣。上，时掌翻。或对言："前胶东相成伪自增加以蒙显赏。是后俗吏多为虚名"云。

2夏，四月，戊申，立子奭为皇太子，以丙吉为太傅，太中大夫疏广为少傅。疏，姓也。考异曰：荀纪立皇太子在去年四月戊申，汉书旧本亦然。颜师古据疏广及丙吉传，并云“地节三年立皇太子”，知在此年者是也。封太子外祖父许广汉为平恩侯。平恩，侯国，属魏郡。宋白曰：魏为县，属广平郡；唐属洺州；有平恩川。又封霍光兄孙中郎将云为冠阳侯。恩泽侯表，冠阳侯食邑于南阳郡。

霍显闻立太子，怒恚不食，欧血，曰：恚，於避翻。欧，乌口翻。“此乃民间时子，安得立！即后有子，反为王邪?”复教皇后令毒太子。皇后数召太子赐食，保、阿辄先尝之；保母、阿母也。复，扶又翻。数，所角翻。后挟毒不得行。

3 五月，甲申，丞相贤以老病乞骸骨；赐黄金百斤、安车、驷马，罢就第。丞相致仕自贤始。

4 六月，壬辰，以魏相为丞相。辛丑，丙吉为御史大夫，疏广为太子太傅，广兄子受为少傅。

太子外祖父平恩侯许伯，以为太子少，白使其弟中郎将舜监护太子家。许伯，即许广汉，称伯者，盖尊之也。少，诗照翻。监，古衔翻。上以问广，广对曰：“太子，国储副君，师友必于天下英俊，不宜独亲外家许氏。且太子自有太傅、少傅，官属已备，今复使舜护太子家，示陋，师古曰：言独亲外家，示天下以浅陋。复，扶又翻。非所以广太子德于天下也。”上善其言，以语魏相，语，牛倨翻。相免冠谢曰：“此非臣等所能及。”广由是见器重。

5 京师大雨雹，大行丞东海萧望之上疏，言大臣任政，一姓专权之所致。据望之传，为大行治礼丞。上素闻望之名，拜为谒者。时上博延贤俊，民多上书言便宜，辄下望之问状；下，遐稼翻。高者请丞相、御史、师古曰：望之以其人所言之状请于丞相、御史，或以奏闻，即见超擢。次者中二千石试事，满岁以状闻；师古曰：试令行其所言之事，或以诸他职事试之。刘仲冯曰：观其意共是一条，不当中分，却烦解说也，颜说非也。高者则令丞相、御史试事，岁满各以状闻，误断其文尔。余谓高者则请丞相、御史试事，次者中二千石试事，文意固是一贯，而分高、次，则非误断也。下者报闻，罢。其言不可用，故报闻而罢归田里也。所白处奏皆可。师古曰：当主上之意也。处，昌吕翻。

6 冬，十月，诏曰："乃者九月壬申地震，朕甚惧焉。有能箴朕过失，及贤良方正直言极谏之士，以匡朕之不逮，毋讳有司！师古曰：箴，戒也。匡，正也。李奇曰：讳，避也。虽有司在显职，皆言其过，勿避之。朕既不德，不能附远，是以边境屯戍未息。今复饬兵重屯，久劳百姓，师古曰：饬，整也。复，扶又翻；下同。非所以绥天下也。其罢车骑将军、右将军屯兵！"又诏："池篽未御幸者，假与贫民。苏林曰：折竹，以绳绵连禁御，使人不得往来，律名为篽。服虔曰：篽在池水中作室，可用栖鸟，鸟入中则捕之。应劭曰：池者，陂池也。篽者，禁苑也。臣瓒曰：篽者，所以养鸟也。设为藩落，周覆其上，令鸟不得出，犹苑之畜兽、池之畜鱼也。师古曰：苏、应二说是。郡国宫馆勿复修治。治，直之翻；下同。流民还归者，假公田，贷种食，师古曰：贷，音吐戴翻。种，五谷种也，音之勇翻。且勿算事。"师古曰：不出算赋及给徭役。

7 霍氏骄侈纵横。横，户孟翻。太夫人显，广治第室，作乘舆辇，加画，绣絪冯，黄金涂；韦絮荐轮，如淳曰：絪，亦茵。冯，谓所冯者也；以黄金涂饰之。师古曰：茵，蓐也。以绣为茵冯，而黄金涂于辇也。晋灼曰：御辇以韦缘轮，著之以絮。师古曰：取其行安，不摇动也。冯，与凭同。著，音张吕翻。侍婢以五采丝挽显游戏第中；师古曰：挽，谓牵引车辇也，音晚。与监奴冯子都乱。师古曰：监奴，谓奴之监知家务者。而禹、山亦并缮治第宅，走马驰逐平乐馆。云当朝请，数称病私出，乐，音洛。朝，直遥翻。请，才性翻。数，所角翻；下同。多从宾客，张围猎黄山苑中，使仓头奴上朝谒，文颖曰：朝当用谒，不自行而令奴上谒者也。师古曰：上谒，若今参见尊贵而通人也。孔颖达曰：汉家仆隶谓之苍头，以苍巾为饰，异于民也。上，时掌翻。莫敢谴者。显及诸女昼夜出入长信宫殿中，亡期度。师古曰：长信宫，上官太后所居。亡，古无字通。

帝自在民间，闻知霍氏尊盛日久，内不能善。既躬亲朝政，御史大夫魏相给事中。显谓禹、云、山："女曹不务奉大将军馀业，师古曰：女，音汝。曹，辈也。今大夫给事中，他人壹间女，能复自救邪！"间，古苋翻。复，扶又翻；下同。后两家奴争道，师古曰：谓霍氏及御史家。霍氏奴入御史府，欲蹋大夫门；御史为叩头谢，乃去。蹋，与蹋同。为，于伪翻。人以谓霍氏，师古曰：告语也。显等始知忧。

会魏大夫为丞相，数燕见言事；见，贤遍翻；下同。平恩侯与侍中金安上等径出入省中。时霍山领尚书，上令吏民得奏封事，不关尚书，群臣进见独往来，师古曰：谓各各得尽言于上也。于是霍氏甚恶之。恶，乌路翻。上颇闻霍氏毒杀许后而未察，乃徙光女婿度辽将军、未央卫尉、平陵侯范明友为光禄勋，功臣侯表，平陵侯食邑于南阳郡之武当县。出次婿诸吏、中郎将、羽林监任胜为安定太守。任，音壬。守，式又翻；下同。数月，复出光姊婿给事中、光禄大夫张朔为蜀郡太守，群孙婿中郎将王汉为武威太守。顷之，复徙光长女婿长乐卫尉邓广汉为少府。戊戌，更以张安世为卫将军，两宫卫尉、城门、北军兵属焉。两宫，未央、长乐也。城门，京城十二门屯兵也。北军，北军八校兵也。更，工衡翻。以霍禹为大司马，冠小冠，大司马大将军，冠武弁大冠。今贬禹，故使冠小冠。冠小之冠，古玩翻。亡印绶；亡，古无字通。罢其屯兵官属，特使禹官名与光俱大司马者。苏林曰：特，但也。又收范明友度辽将军印绶，但为光禄勋；及光中女婿赵平为散骑、骑【章：甲十五行本"骑"字不重；乙十一行本同；孔本同。】都尉、光禄大夫，将屯兵，又收平骑都尉印绶。散骑、骑都尉，以骑都尉而加散骑官也。百官表云：散骑、中常侍，皆加官；中常侍得入禁中，散骑骑并乘舆车。如淳曰：自列侯下至郎中，皆得有散骑及中常侍加官，是时散骑及中常侍各自一官，无员也。中，读曰仲。诸领胡、越骑、羽林及两宫卫将屯兵，悉易以所亲信许、史子弟代之。

8 初，孝武之世，征发烦数，百姓贫耗，穷民犯法，奸轨不胜，数，所角翻。胜，音升，又如字。于是使张汤、赵禹之属，条定法令，作见知故纵、监临部主之法，师古曰：见知人犯法不举告，为故纵；而所监临部主有罪，并连坐之也。监，古衔翻。缓深、故之罪，孟康曰：孝武欲急刑，吏深害及故入人罪者，皆宽缓之也。急纵、出之诛。师古曰：吏释罪人，疑以为纵，出则急诛之，亦言尚酷。其后奸猾巧法转相比况，禁罔寖密，律令烦苛，文书盈于几阁，典者不能遍睹。是以郡国承用者驳，师古曰：不晓其指，用意不同也。或罪同而论异，奸吏因缘为市，师古曰：弄法而受财，若市贾之交易。所欲活则傅生议，傅，读曰附。所欲陷则予死比，师古曰：比，以例相比况也。议者咸冤伤之。

廷尉史钜鹿路温舒上书曰："臣闻齐有无知之祸而桓公以兴，齐襄公为公子无知所杀，雍廪复杀无知，齐国大乱，桓公自莒入立。晋有骊姬之难而文公用伯；晋献公信骊姬之谗，杀世子申生，逐公子重耳、夷吾，而立骊姬之子奚齐、卓子，皆为里克所杀。夷吾入立，复为秦所执，既而归之，卒，而子圉嗣。秦纳重耳，子圉死，而文公遂霸诸矦。难，乃旦翻。伯，读曰霸。近世赵王不终，诸吕作乱，而孝文为太宗。事见十三卷。繇是观之，祸乱之作，将以开圣人也。夫继变乱之后，必有异旧之恩，此贤圣所以昭天命也。往者昭帝即世无嗣，昌邑淫乱，乃皇天所以开至圣也。臣闻春秋正即位，大一统而慎始也。春秋之法，继弑君不言即位，继正即位，正也。陛下初登至尊，与天合符，宜改前世之失，正始受命之统，涤烦文，除民疾，以应天意。臣闻秦有十失，其一尚存，治狱之吏是也。治，直之翻。夫狱者，天下之大命也，死者不可复生，绝者不可复属。复，扶又翻。师古曰：属，连也，音之欲翻。书曰：'与其杀不辜，宁失不经。’师古曰：虞书大禹谟载咎繇之言。辜，罪也。经，常也。言人命至重，治狱宜慎，宁失不常之过，不滥杀无罪之人，所以崇宽恕也。今治狱吏则不然，上下相敺，敺，与驱同。以刻为明，深者获公名，平者多后患。故治狱之吏皆欲人死，非憎人也，自安之道在人之死。是以死人之血，流离于市，被刑之徒，比肩而立，被，皮义翻。大辟之计，岁以万数。辟，毗亦翻。此仁圣之所以伤也，太平之未洽，凡以此也。夫人情，安则乐生，乐，音洛。痛则思死，棰楚之下，何求而不得！故囚人不胜痛，则饰辞以示之；胜，音升。吏治者利其然，则指导以明之；治，直吏翻。上奏畏却，则锻练而周内之。上，时掌翻。晋灼曰：精熟周悉，致之法中也。师古曰：却，退也。畏为上所却退。却，丘略翻。盖奏当之成，师古曰：当，谓处其罪也。虽皋陶听之，犹以为死有馀辜。师古曰：皋陶作士，善听狱讼，故以为喻也。陶，音遥。何则？成练者众，文致之罪明也。故俗语曰：‘画地为狱，议不入；刻木为吏，期不对。’师古曰：画狱、木吏，尚不入对，况真实乎！期，犹必也。议必不入对。此皆疾吏之风，悲痛之辞也。唯陛下省法制，宽刑罚，则太平之风可兴于世。”上善其言。

9 十二月，诏曰：“间者吏用法巧文寖深，是朕之不德也。夫决狱不当，使有罪兴邪，不辜蒙戮，晋灼曰：当重而轻，使有罪者起邪恶之心也。师古曰：有罪者更兴邪恶，无辜者反陷重刑，是决狱不平故也。当，丁浪翻。父子悲恨，朕甚伤之！今遣廷史与郡鞠狱，任轻禄薄，如淳曰：廷史，廷尉史也。以囚辞决狱事为鞠，谓疑狱也。李奇曰：鞠，穷也。狱事穷竟也。师古曰：李说是也。其为置廷尉平，秩六百石，员四人。其务平之，以称朕意！”于是每季秋后请谳时，为，于伪翻。称，尺证翻。谳，语蹇翻，又鱼战翻，又鱼列翻，议狱也。上常幸宣室，斋居而决事，如淳曰：宣室，布政教之室也。重用刑，故斋戒以决事。晋灼曰：未央宫中有宣室殿。师古曰：晋说是也。贾谊传亦云“受釐坐宣室”，盖其殿在前殿之侧也，斋则居之。狱刑号为平矣。

涿郡太守郑昌上疏言："今明主躬垂明听，虽不置廷平，狱将自正；若开后嗣，不若删定律令。师古曰：删，刊也；有不便者则刊而除之。律令一定，愚民知所避，奸吏无所弄矣。今不正其本，而置廷平以理其末，政衰听怠，则廷平将召权而为乱首矣。"孟康曰：召，求也。招致权著己也，犹卖弄也。师古曰：孟说是也。

10 昭帝时，匈奴使四千骑田车师。及五将军击匈奴，事见上卷本始三年。车师田者惊去，车师复通于汉；匈奴怒，召其太子军宿，欲以为质。军宿，焉耆外孙，不欲质匈奴，亡走焉耆，车师王更立子乌贵为太子。复，扶又翻；下同。质，音致。走，音奏。更，工衡翻。及乌贵立为王，与匈奴结婚姻，教匈奴遮汉道通乌孙者。

是岁，侍郎会稽郑吉与校尉司马憙，会，古外翻。憙，许吏翻。将免刑罪人田渠犁，积谷，罪人免其刑，使屯田。发城郭诸国兵万余人西域诸国，有逐水草与匈奴同俗者，谓之行国；其城居者，谓之城郭诸国也。与所将田士千五百人共击车师，破之；车师王请降。降，户江翻。匈奴发兵攻车师；吉、憙引兵北逢之，匈奴不敢前。吉、憙即留一候与卒二十人留守王，吉等引兵归渠犁。考异曰：西域传云"地节二年"；以匈奴传校之，知在三年。车师王恐匈奴兵复至而见杀也，乃轻骑奔乌孙。吉即迎其妻子，传送长安。传，知恋翻。匈奴更以车师王昆弟兜莫为车师王，收其馀民东徙，不敢居故地；而郑吉始使吏卒三百人往田车师地以实之。为下元康二年匈奴争车师张本。

11 上自初即位，数遣使者求外家；数，所角翻。久远，多似类而非是。是岁，求得外祖母王媪文颖曰：幽州及汉中皆谓老妪曰媪。师古曰：媪，女老称也；音乌老翻。及媪男无故、武。无故及武，皆媪子也。上赐无故、武爵关内侯。旬日【章：甲十五行本"日"作"月"；乙十一行本同；孔本同。】间，赏赐以巨万计。

四年（乙卯、前六六）

1 春，二月，赐外祖母号为博平君；据外戚传，“以博平、蠡吾二县为汤沐邑”；而地理志，博平县属东郡。封舅无故为平昌侯，平昌，侯国属平原郡。武为乐昌侯。乐昌，侯国属东郡。恩泽侯表，武封乐昌侯，食邑于汝南。

2 夏，五月，山阳、济阴雹如鸡子，深二尺五寸，深，式浸翻。杀二十馀人，飞鸟皆死。

3 诏：“自今子有匿父母、妻匿夫、孙匿大父母，皆勿治。”

4 立广川惠王孙文为广川王。本始四年，广川王去以罪自杀；今复立文，嗣封王。

5 霍显及禹、山、云自见日侵削，数相对啼泣自怨。数，所角翻。山曰：“今丞相用事，县官信之，尽变易大将军时法令，发扬大将军过失。又，诸儒生多窭人子，师古曰：窭，贫而无礼。孔颖达曰：贫无可为礼谓之窭，音其羽翻。远客饥寒，喜妄说狂言，喜，许吏翻。不避忌讳，大将军常雠之。师古曰：言嫉之如仇雠也。今陛下好与诸儒生语，好，呼到翻。人人自书对事，多言我家者。尝有上书言我家昆弟骄恣，其言绝痛；山屏不奏。后上书者益黠，尽屏，必郢翻。黠，下八翻。奏封事，辄使中书令出取之，不关尚书，益不信人。又闻民间讙言‘霍氏毒杀许皇后’，师古曰：讙，众声也；音许爰翻。毒许后事见上卷本始三年。宁有是邪？”显恐急，即具以实告禹、山、云。禹、山、云惊曰：“如是，何不早告禹等！县官离散、斥逐诸婿，用是故也。此大事，诛罚不小，奈何？”于是始有邪谋矣。

云舅李竟所善张赦，见云家卒卒，师古曰：卒，读曰猝，匆遽之貌也。谓竟曰：“今丞相与平恩侯用事，可令太夫人言太后，太夫人，谓霍显。上官太后，霍氏外孙也。先诛此两人；移徙陛下，在太后耳。"长安男子张章告之，事下廷尉、下，遐稼翻。执金吾，捕张赦等。后有诏，止勿捕。山等愈恐，相谓曰："此县官重太后，故不竟也。师古曰：重，难也。竟，穷竟其事也。然恶端已见，见，贤遍翻。久之犹发，发即族矣，不如先也。"师古曰：言先反。遂令诸女各归报其夫，皆曰："安所相避！"师古曰：言无处相避，当受祸也。

会李竟坐与诸侯王交通，辞语及霍氏，有诏："云、山不宜宿卫，免就第。"山阳太守张敞上封事曰："臣闻公子季友有功于鲁，赵衰有功于晋，田完有功于齐，皆畴其庸，延及子孙。终后田氏篡齐，赵氏分晋，季氏颛鲁。鲁公子季友，杀庆父，立僖公，以安鲁国，遂世为上卿，专鲁国之政。晋公子重耳出亡，赵衰从，及其反国，伯诸侯，衰皆有功，遂世为晋卿，有军行；至赵鞅，遂与智、韩、魏分晋国。田完自陈奔齐，桓公礼而用之，桓公之伯，完与有功；其后陈成子得齐国之政，至田和，遂篡齐而有之。故仲尼作春秋，迹盛衰，讥世卿最甚。乃者大将军决大计，安宗庙，定天下，功亦不细矣。夫周公七年耳，周公辅成王七年而反政于成王。而大将军二十岁，自武帝后元二年至地节二年，适二十岁。海内之命断于掌握。断，丁乱翻。方其隆盛时，感动天地，侵迫阴阳。朝臣宜有明言曰：'陛下褒宠故大将军以报功德足矣。间者辅臣颛政，贵戚太盛，君臣之分不明，分，扶问翻。请罢霍氏三侯皆就第；及卫将军张安世，宜赐几杖归休，时存问召见，见，贤遍翻。以列侯为天子师。'明诏以恩不听，群臣以义固争而后许之，天下必以陛下为不忘功德而朝臣为知礼，朝，直遥翻；下同。霍氏世世无所患苦。今朝廷不闻直声，师古曰：言朝臣不进直言以陈其事。而令明诏自亲其文，非策之得者也。师古曰：言失计也。今两侯已出，人情不相远，以臣心度之，度，徒洛翻。大司马及其枝属必有畏惧之心。夫近臣自危，非完计也。臣敞愿于广朝白发其端，直守远郡，师古曰：直，读曰值。朝，直遥翻。其路无由。唯陛下省察！”省，悉井翻。上甚善其计，然不召也。

禹、山等家数有妖怪，数，所角翻。妖，于骄翻。举家忧愁。山曰：“丞相擅减宗庙羔、菟、鼃，可以此罪也！”如淳曰：高后时定令，辄有擅议宗庙者弃市。师古曰：羔、菟、鼃，所以供祭也。菟，吐故翻。鼃，古蛙字。谋令太后为博平君置酒，为，于伪翻。召丞相、平恩侯以下，使范明友、邓广汉承太后制引斩之，因废天子而立禹。约定，未发，云拜为玄菟太守，菟，同都翻。太中大夫任宣为代郡太守。会事发觉，秋，七月，云、山、明友自杀。显、禹、广汉等捕得；禹要斩，要，古腰字通。显及诸女昆弟皆弃市；与霍氏相连坐诛灭者数十家。太仆杜延年以霍氏旧人，亦坐免官。八月，己酉，皇后霍氏废，处昭台宫。师古曰：在上林苑中。处，昌吕翻。乙丑，诏封告霍氏反谋者男子张章、期门董忠、左曹杨恽、百官表：侍中、左、右曹皆加官。晋灼曰：汉仪注：诸吏、给事中日上朝谒，平尚书奏事，分为左、右曹。恽，于粉翻。侍中金安上、史高皆为列侯。章为博成侯。忠，高昌侯。恽，平通侯。安上，都成侯。高为乐陵侯。恽，丞相敞子；安上，车骑将军日磾弟子；高，史良娣兄子也。

初，霍氏奢侈，茂陵徐生曰：“霍氏必亡。夫奢则不逊，不逊则【章：甲十五行本“则”作“必”；乙十一行本同；张校同。】侮上。侮上者，逆道也，在人之右，师古曰：右，上也。众必害之。霍氏秉权日久，害之者多矣；天下害之，而又行以逆道，不亡何待！”乃上疏言：“霍氏泰盛，陛下即爱厚之，宜以时抑制，无使至亡！”书三上，辄报闻。汉制：上书不行者，辄报闻，罢。其后霍氏诛灭，而告霍氏者皆封，人为徐生上书曰：“臣闻客有过主人者，为，于伪翻。过，古禾翻。见其灶直突，傍有积薪，客谓主人：‘更为曲突，突，灶突囱也。更，工衡翻。远徙其薪，不者且有火患！’主人嘿然不应。俄而家果失火，邻里共救之，幸而得息。于是杀牛置酒，谢其邻人，灼烂者在于上行，师古曰：灼，谓被烧炙者也。行，户郎翻。馀各以功次坐，而不录言曲突者。人谓主人曰：‘乡使听客之言，不费牛酒，终亡火患。乡，读曰向。亡，古无字通。今论功而请宾，曲突徙薪无恩泽，焦头烂额为上客邪？’主人乃寤而请之。今茂陵徐福，数上书言霍氏且有变，宜防绝之。乡使福说得行，数，所角翻。乡，读曰向。则国无裂土出爵之费，臣无逆乱诛灭之败。往事既已，而福独不蒙其功，唯陛下察之，贵徙薪曲突之策，使居焦发灼烂之右！”上乃赐福帛十匹，后以为郎。

帝初立，谒见高庙，见，贤遍翻。大将军光骖乘，汉制，大驾，大将军骖乘。乘，绳证翻；下同。上内严惮之，若有芒刺在背。后车骑将军张安世代光骖乘，天子从容肆体，甚安近焉。从，千容翻。师古曰：肆，放也，展也。近，其靳翻。及光身死而宗族竟诛，故俗传霍氏之祸萌于骖乘。师古曰：萌，谓始生也。后十二岁，霍后复徙云林馆，复，扶又翻；下同。乃自杀。

班固赞曰：霍光受襁褓之托，任汉室之寄，匡国家，安社稷，拥昭，立宣，虽周公、阿衡何以加此！师古曰：阿衡，伊尹官号也。阿，倚也。衡，平也。言天子所倚，群下取平也。然光不学亡术，亡，古无字通。暗于大理；阴妻邪谋，晋灼曰：不扬其过也。立女为后，湛溺盈溢之欲，湛，读曰沈。以增颠覆之祸，死财三年，宗族诛夷，哀哉！

臣光曰：霍光之辅汉室，可谓忠矣；然卒不能庇其宗，何也？卒，子恤翻。夫威福者，人君之器也；人臣执之，久而不归，鲜不及矣。鲜，息浅翻。以孝昭之明，十四而知上官桀之诈，固可以亲政矣。况孝宣十九即位，聪明刚毅，知民疾苦，而光久专大柄，不知避去，多置私【章：甲十五行本“私”作“亲”；乙十一行本同；孔本同。】党，充塞朝廷，塞，悉则翻。使人主蓄愤于上，吏民积怨于下，切齿侧目，待时而发，其得免于身幸矣，况子孙以骄侈趣之哉！趣，读曰促。虽然，向使孝宣专以禄秩赏赐富其子孙，使之食大县，奉朝请，亦足以报盛德矣；乃复任之以政，授之以兵，及事丛衅积，更加裁夺，遂至怨惧以生邪谋，岂徒霍氏之自祸哉？亦孝宣酝酿以成之也。昔鬬椒作乱于楚，楚若敖之支庶为鬬氏。庄王灭其族而赦箴尹克黄，以为子文无后，何以劝善。事见左传宣四年。子文，鬬縠於菟也。箴尹，楚官名。克黄，子文之孙。箴，之金翻。夫以显、禹、云、山之罪，虽应夷灭，而光之忠勋不可不祀；遂使家无噍类，噍，才肖翻。孝宣亦少恩哉！

6 九月，诏减天下盐贾。贾，读曰价。又令郡国岁上系囚以掠笞若瘐死者，上，时掌翻。苏林曰：瘐，病也。囚徒病，律名为瘐。如淳曰：律，囚以饥寒而死曰瘐。师古曰：瘐，病，是也；此言囚或以掠笞及饥寒及疾病而死，如说非也。瘐，音庾，或作“瘉”，其音亦同。或读作“瘦”，误。据本纪，“瘐死”上有“饥寒”二字。掠，音亮。所坐县、名、爵、里，汉书本纪作“名县爵里”。师古曰：名者，其人名也；县，所属县也；爵，其身之官爵也；里，所居邑里也。丞相、御史课殿最以闻。师古曰：凡言殿最者，殿，后也，课居后也；最，凡要之首也，课居先也。殿，音丁见翻。

7 十二月，清河王年坐内乱废，迁房陵。武帝元光二年，立清河王义以嗣代孝王后。年，义之孙也。

8 是岁，北海太守庐江朱邑以治行第一入为大司农，行，下孟翻。勃海太守龚遂入为水衡都尉。先是，勃海左右郡岁饥，师古曰：左右，谓侧近相次者。先，悉荐翻。盗贼并起，二千石不能禽制。上选能治者，治，直之翻；下同。丞相、御史举故昌邑郎中令龚遂，上拜为勃海太守。召见，见，贤遍翻。问："何以治勃海，息其盗贼?"对曰："海濒遐远，师古曰：濒，涯也，音频，又音宾。不沾圣化，其民困于饥寒而吏不恤，故使陛下赤子盗弄陛下之兵于潢池中耳。师古曰：赤子，犹言初生，幼小之意也。婴孩初生体赤，故曰赤子。积水曰潢，音黄。今欲使臣胜之邪，将安之也?"师古曰：胜，谓以威力克而杀之。安，谓以德化抚而安之。上曰："选用贤良，固欲安之也。"遂曰："臣闻治乱民犹治乱绳，不可急也；唯缓之，然后可治。治，直之翻。臣愿丞相、御史且无拘臣以文法，得一切便宜从事。"上许焉，加赐黄金赠遣。乘传至勃海界，传，知恋翻。郡闻新太守至，发兵以迎。遂皆遣还。移书敕属县："悉罢逐捕盗贼吏，诸持鉏、钩、田器者师古曰：钩，镰也。皆为良民，吏毋得问；持兵者乃为贼。"遂单车独行至府。盗贼闻遂教令，即时解散，弃其兵弩而持钩、鉏，于是悉平，民安土乐业。乐，音洛。遂乃开仓廪假贫民，师古曰：假，谓给与。选用良吏尉安牧养焉。遂见齐俗奢侈，好末技，好，呼到翻。技，渠绮翻。不田作，乃躬率以俭约，劝民务农桑，各以口率种树畜养。遂令民口种一树榆，百本䪥，五十本葱，一畦韭；家三母彘，五鸡。畜，许六翻。民有带持刀剑者，使卖剑买牛，卖刀买犊，曰："何为带牛佩犊!"劳来循行，劳，力到翻。来，力代翻。行，下孟翻。郡中皆有畜积，狱讼止息。通鉴书龚遂自勃海入为列卿，因叙其政绩。

9 乌孙公主女为龟兹王绛宾夫人。绛宾上书言："得尚汉外孙，愿与公主女俱入朝。"朝，直遥翻。

元康元年（丙辰、前六五）

1 春，正月，龟兹王及其夫人来朝；皆赐印绶，夫人号称公主，赏赐甚厚。

2 初作杜陵。徙丞相、将军、列侯、吏二千石、訾百万者杜陵。时以京兆杜县东原上为初陵，更名杜县曰杜陵。訾，读曰赀。

3 三月，诏以凤皇集泰山、陈留，甘露降未央宫，赦天下。

4 有司复言悼园宜称尊号曰皇考；本始元年，谥亲曰悼，置园邑。复，扶又翻。夏，五月，立皇考庙。

5 冬，置建章卫尉。未央、长乐、建章、甘泉皆有卫尉，各掌其宫门卫屯兵。

6 赵广汉好用世吏子孙新进年少者，师古曰：言旧吏家子孙，而其人后出求进，又年少也。好，呼到翻。少，诗照翻。专厉强壮蜂气，师古曰：蜂与锋同，言锋锐之气。见事风生，无所回避，师古曰：风生，言其速疾不可当也。回，曲也。率多果敢之计，莫为持难，终以此败。广汉以私怨论杀男子荣畜，初，广汉客私酤酒长安市，丞相吏逐去。客疑男子苏贤言之，以语广汉，案贤。贤父上书讼罪，广汉坐贬秩；疑其邑子荣畜教令，以他法论杀畜。荣，姓也；周有荣公，子孙以为氏。人上书言之，事下丞相、御史按验。下，遐稼翻；下同。广汉疑丞相夫人杀侍婢，欲以此胁丞相，丞相按之愈急。广汉乃将吏卒入丞相府，召其夫人跪庭下受辞，师古曰：受其对辞也。收奴婢十馀人去。丞相上书自陈，事下廷尉治，实丞相自以过谴笞傅婢，出至外第乃死，不如广汉言。帝恶之，恶，乌路翻。下广汉廷尉狱。吏民守阙号泣者数万人：号，户刀翻。"臣生无益县官，愿代赵京兆死，使牧养小民！"汉书本传，"臣生"之上有"或言"二字。【章：甲十五行本"臣"上正有"或言"二字；乙十一行本同；孔本同；退斋校同。】广汉竟坐要斩。要，与腰同。考异曰：本纪："元康二年，冬，广汉有罪要斩。"百官表："本始三年，广汉为京兆尹；六年，要斩。元康元年，守京兆尹、彭城太守遗。"按广汉传，司直萧望之劾奏广汉摧辱大臣，望之自司直为平原太守。元康元年，自平原太守为少府。然则广汉死当在元康元年，本纪误也。广汉传又云："地节三年七月，丞相婢自绞死。"盖婢死已数年，而广汉追发其事也。广汉为京兆尹，廉明，威制豪强，小民得职，师古曰：得职，各得其常所也。百姓追思歌之。

7 是岁，少府宋畸坐议“凤皇下彭城，未至京师，不足美”，贬为泗水太傅。傅泗水王综。

8 上选博士、谏大夫通政事者补郡国守相，以萧望之为平原太守。望之上疏曰：“陛下哀愍百姓，恐德之不究，师古曰：究，竟也。谓周遍于天下。悉出谏官以补郡吏。朝无争臣，则不知过，朝，直遥翻。争，读曰诤。所谓忧其末而忘其本者也。”上乃征望之入守少府。

9 东海太守河东尹翁归，以治郡高第入为右扶风。翁归为人，公廉明察，郡中吏民贤、不肖及奸邪罪名尽知之。县县各有记籍，自听其政；师古曰：言决断诸县奸邪之事不委令、长也。有急名则少缓之。吏民小解，辄披籍。服虔曰：披有罪者籍也。师古曰：解，读曰懈。取人必于秋冬课吏大会中及出行县，师古曰：于大会之中及行县时，则取罪人以警众。行，下孟翻。下改行、以行，同。不以无事时。其有所取也，以一警百。吏民皆服，恐惧，改行自新。其为扶风，选用廉平疾奸吏以为右职，职居诸吏之上，为右职。接待有【章：甲十五行本“有”作“以”；乙十一行本同；孔本同。】礼，好恶与同之；好，呼到翻。恶，乌路翻。其负翁归，罚亦必行。然温良谦退，不以行能骄人，故尤得名誉于朝廷。

10 初，乌孙公主少子万年有宠于莎车王。班书，莎车国王治莎车城，去长安九千九百五十里。莎，苏禾翻。莎车王死而无子，时万年在汉，莎车国人计，欲自托于汉，又欲得乌孙心，上书请万年为莎车王。汉许之，遣使者奚充国送万年。姓谱：奚姓，夏车正奚仲之后。万年初立，暴恶，国人不说。说，读曰悦；下同。

上令群臣举可使西域者，前将军韩增举上党冯奉世以卫候使持节送大宛诸国客至伊循城。卫候，卫士候也。伊循城在鄯善国，汉于其中置屯田吏士。使，疏吏翻。会故莎车王弟呼屠徵与旁国共杀其王万年及汉使者奚充国，自立为王。时匈奴又发兵攻车师城，不能下而去。莎车遣使扬言"北道诸国已属匈奴矣"，扬言，谓宣扬其言于外也。于是攻劫南道，与歃盟畔汉，从鄯善以西皆绝不通。歃，色甲翻。鄯，上扇翻。都护郑吉、校尉司马憙皆在北道诸国间，奉世与其副严昌计，以为不亟击之，则莎车日强，其势难制，必危西域，遂以节谕告诸国王，因发其兵，南北道合万五千人，进击莎车，攻拔其城。莎车王自杀，传其首诣长安，更立他昆弟子为莎车王。更，工衡翻。诸国悉平，威振西域，奉世乃罢兵以闻。帝召见韩增曰："贺将军所举得其人。"

奉世遂西至大宛；大宛闻其斩莎车王，敬之异于他使，得其名马象龙而还。师古曰：言马形似龙者。仲冯曰：此马名曰象龙也。宛，於元翻。还，从宣翻，又如字。上甚说，说，读曰悦。议封奉世。丞相、将军皆以为可，独少府萧望之以为"奉世奉使有指，师古曰：本为送诸国客。而擅【章：甲十五行本"擅"下有"矫"字；乙十一行本同；孔本同。】制违命，发诸国兵，虽有功效，不可以为后法。即封奉世，开后奉使者利以奉世为比，师古曰：比，必寐翻。余谓当音毗寐翻。争逐发兵，要功万里之外，师古曰：逐，竞也。要，一遥翻。为国家生事于夷狄，渐不可长。为，于伪翻。长，知两翻。奉世不宜受封。"上善望之议，以奉世为光禄大夫。

二年（丁巳、前六四）

1 春，正月，赦天下。

2 上欲立皇后，时馆陶主母华倢伃馆陶县属魏郡。华，户化翻。倢伃，音接予；下同。及淮阳宪王母张倢伃、楚孝王母卫倢伃皆爱幸。淮阳宪王，钦。楚孝王，嚣。上欲立张倢伃为后；久之，惩艾霍氏欲害皇太子，艾，音乂。乃更选后宫无子而谨慎者，二月，乙丑，立长陵王倢伃为皇后，令母养太子；封其父奉光为邛成侯。恩泽侯表，邛成侯食邑于济阴。邛，渠容翻。后无宠，希得进见。见，贤遍翻。

3 五月，诏曰："狱者，万民之命。能使生者不怨，死者不恨，则可谓文吏矣。今则不然。用法或持巧心，析律贰端，深浅不平，师古曰：析，分也。谓分破律条，妄生端绪，以出入人罪。奏不如实，上亦亡由知，师古曰：上者，天子自谓也。亡，古无字通。四方黎民将何仰哉！二千石各察官属，勿用此人。吏或擅兴傜役，饰厨传，称过使客，韦昭曰：厨，谓饮食。传，谓传舍。言修饰意气，以称过使而已。师古曰：使人及宾客来者，称其意而遣之，令过去也。传，知恋翻。称，音尺孕翻。过者，过度之过也。越职逾法以取名誉，譬如践薄冰以待白日，岂不殆哉！师古曰：殆，危也。今天下颇被疾疫之灾，朕甚愍之，其令郡国被灾甚者被，皮义翻。毋出今年租赋。"

4 又曰："闻古天子之名，难知而易讳也；其更讳询。"易，以豉翻。更，工衡翻。

5 匈奴大臣皆以为"车师地肥美，近匈奴，近，其靳翻。使汉得之，多田积谷，必害人国，不可不争"，由是数遣兵击车师田者。数，所角翻。郑吉将渠犁田卒七千馀人救之，为匈奴所围。吉上言："车师去渠犁千馀里，汉兵在渠犁者少，势不能相救，愿益田卒。"上与后将军赵充国等议，欲因匈奴衰弱，出兵击其右地，使不得【章：甲十五行本"得"作"敢"；乙十一行本同；孔本同。】复扰西域。复，扶又翻。

魏相上书谏曰："臣闻之：救乱诛暴，谓之义兵，兵义者王。敌加于己，不得已而起者，谓之应兵，兵应者胜；争恨小故，不忍愤怒者，谓之忿兵，兵忿者败；利人土地、货宝者，谓之贪兵，兵贪者破；恃国家之大，务【章：甲十五行本“务”作“矜”；乙十一行本同；孔本同；熊校同。】民人之众，欲见威于敌者，见，贤遍翻。谓之骄兵，兵骄者灭。此五者，非但人事，乃天道也。间者匈奴尝有善意，所得汉民，辄奉归之，未有犯于边境；虽争屯田车师，不足致意中。谓不足介意也。今闻诸将军欲兴兵入其地，丞相不预中朝之议，故言闻诸将军。大将军、车骑将军、前、后、左、右将军，皆中朝官。臣愚不知此兵何名者也！今边郡困乏，父子共犬羊之裘，食草莱之实，常恐不能自存，难以动兵。师古曰：不可以兵事动之也。‘军旅之后，必有凶年，’师古曰：此引老子道经之语。言民以其愁苦之气伤阴阳之和也。出兵虽胜，犹有后忧，恐灾害之变因此以生。今郡国守相多不实选，师古曰：言不得其人。风俗尤薄，水旱不时。按今年【章：甲十五行本“年”下有“计”字；乙十一行本同；孔本同。】子弟杀父兄、妻杀夫者凡二百二十二人，臣愚以为此非小变也。今左右不忧此，师古曰：左右，谓近臣在天子左右者。乃欲发兵报纤介之忿于远夷，殆孔子所谓‘吾恐季孙之忧不在颛臾而在萧墙之内也’。”师古曰：论语，季氏将伐颛臾，孔子谓冉有、季路曰云云，故相引之。颛臾，鲁附庸国。萧墙者，屏墙也。上从相言，止遣长罗侯常惠将张掖、酒泉骑往车师，迎郑吉及其吏士还渠犁。召故车师太子军宿在焉耆者，立以为王；尽徙车师国民令居渠犁，遂以车师故地与匈奴。以郑吉为卫司马，使护鄯善以西南道。

6 魏相好观汉故事及便宜章奏，师古曰：既观国家故事，又观前人所奏便宜之章也。好，呼到翻。数条汉兴已来国家便宜行事及贤臣贾谊、晁错、董仲舒等所言，奏请施行之。数，所角翻。相敕掾史按事郡国，及休告，从家还至府，辄白四方异闻。或有逆贼、风雨灾变，郡不上，相辄奏言之。上，时掌翻。与御史大夫丙吉同心辅政，上皆重之。

丙吉为人深厚，不伐善。自曾孙遭遇，师古曰：遭遇，谓升大位也。言【章：甲十五行本“言”作“吉”；乙十一行本同；孔本同；熊校同。】绝口不道前恩，故朝廷莫能明其功也。会掖庭宫婢则令民夫上书，自陈尝有阿保之功，师古曰：谓未为宫婢时有旧夫，见在俗间者。章下掖庭令考问，下，遐稼翻。则辞引使者丙吉知状。掖庭令将则诣御史府以视吉，师古曰：视，读曰示。吉识，谓则曰：“汝尝坐养皇曾孙不谨，督笞汝，师古曰：督，谓视察之。汝安得有功！独渭城胡组、淮阳郭徵卿有恩耳。”分别奏组等共养劳苦状。别，彼列翻。共，居用翻。养，弋亮翻。诏吉求组、徵卿；已死，有子孙，皆受厚赏。诏免则为庶人，赐钱十万。上亲见问，然后知吉有旧恩而终不言，上大贤之。

7 帝以萧望之经明持重，议论有馀，材任宰相，师古曰：任，堪也。欲详试其政事，复以为左冯翊。宋白曰：冯，辅也。翊，佐也。义取辅佐京师。复，扶又翻；下同。望之从少府出为左迁，少府，正九卿；三辅禄秩视九卿，故为左迁。恐有不合意，即移病。师古曰：移病，谓移书言病。一曰：以病而移居。余谓前说是。上闻之，使侍中成都侯金安上谕意曰：“所用皆更治民以考功。功臣表及霍光传皆作“都成侯”，此承望之本传之误。师古曰：更，犹经历也。更，工衡翻。治，直之翻。君前为平原太守日浅，故复试之于三辅，非有所闻也。”望之即起视事。师古曰：所闻，谓闻其短失。

8 初，掖庭令张贺数为弟车骑将军安世称皇曾孙之材美及征怪；师古曰：征，证也。数，所角翻。为，于伪翻。安世辄绝止，以为少主在上，少，诗照翻。不宜称述曾孙。及帝即位而贺已死，上谓安世曰：“掖庭令平生称我，将军止之，是也。”上追思贺恩，欲封其冢为恩德侯，师古曰：身死追封，故曰封冢也。置守冢二百家。贺有子蚤死，子安世小男彭祖。师古曰：子者，言养以为子也。彭祖又小与上同席研书指，欲封之，先赐爵关内侯。安世深辞贺封；又求损守冢户数，稍减至三十户。上曰："吾自为掖庭令，非为将军也！"为，于伪翻。安世乃止，不敢复言。

9 上心忌故昌邑王贺，赐山阳太守张敞玺书，令谨备盗贼，察往来过客；昌邑王废归昌邑，国除，为山阳郡，故令太守谨察之。毋下所赐书。师古曰：密令警察，不欲宣露也。下，遐稼翻。敞于是条奏贺居处，处，昌吕翻。著其废亡之效师古曰：著，明也。曰："故昌邑王为人，青黑色，小目，鼻末锐卑，少须眉，身体长大，疾痿，行步不便。少，诗沼翻。师古曰：痿，风痹疾也，音人佳翻。臣敞尝与之言，欲动观其意，即以恶鸟感之曰：'昌邑多枭。'故王应曰：'然。前贺西至长安，殊无枭；复来，东至济阳，乃复闻枭声。'枭，不孝鸟，一名流离。诗注：少好而长丑。尔雅作"鹠鷅"；草木疏曰：枭也，大则食其母。刘子曰：炎州有鸟曰枭，伛伏其子，百日而长；羽翼既成，食母而飞。盖稍长从母索食，母无以应，从是而死。汉使东郡送枭，五月五日作枭羹以赐百官。音坚尧翻，又于骄翻。乃复，扶又翻。察故王衣服、言语、跪起，清狂不惠。苏林曰：凡狂者阴阳脉尽浊；今此人不狂似狂者，故言清狂也。或曰：色理清徐而心不慧曰清狂；清狂，如今白痴者也。韩子曰：心不能审得失之地，则谓之狂。臣敞前言：'哀王歌舞者张修等十人无子，留守哀王园，贺父髆，谥哀王。请罢归。'故王闻之曰：'中人守园，疾者当勿治，治，直之翻。相杀伤者当勿法，欲令亟死。太守奈何而欲罢之？'其天资喜由乱亡，终不见仁义如此。"师古曰：喜，好也。由，从也。喜，许吏翻。上乃知贺不足忌也。

三年（戊午、前六三）

1 春，三月，诏封故昌邑王贺为海昏侯。海昏县属豫章郡，后汉分立建昌县。宋白曰：今建昌县，旧海昏县也；宋元嘉二年，废海昏县，移建昌居焉。考异曰：王子侯表，贺以四月壬子封。宣纪，贺封在丙吉之前。按是岁四月癸亥朔，无壬子，表误。

2 乙未，诏曰："朕微眇时，御史大夫丙吉、中郎将史曾、史玄、长乐卫尉许舜、侍中、光禄大夫许延寿皆与朕有旧恩，及故掖庭令张贺，辅导朕躬，修文学经术，恩惠卓异，厥功茂焉。诗不云乎：'无德不报'，师古曰：大雅抑之诗。封贺所子弟子侍中、中郎将彭祖为阳都侯，追赐贺谥曰阳都哀侯，吉为博阳侯，曾为将陵侯，玄为平台侯，舜为博望侯，延寿为乐成侯。"地理志，城阳国有阳都县。恩泽侯表，博阳侯食邑于汝南郡之南顿县。平台属常山郡。博望属南阳郡。乐成侯食邑于南阳之平氏。贺有孤孙霸，年七岁，拜为散骑、中郎将，赐爵关内侯。散，悉亶翻。骑，奇寄翻。故人下至郡邸狱复作师古曰：复，扶目翻。尝有阿保之功者，皆受官禄、田宅、财物，各以恩深浅报之。

吉临当封，病；上忧其不起，将使人就加印绋而封之，及其生存也。应劭曰：吉时疾不能起，欲如君视疾，加朝服拖绅，就封之也。师古曰：绋，系印之组也；音弗。太子太傅夏侯胜曰："此未死也！臣闻有阴德者必飨其乐，以及子孙。乐，音洛。今吉未获报而疾甚，非其死疾也。"后病果愈。

张安世自以父子封侯，在位太盛，乃辞禄，诏都内别藏张氏无名钱以百万数。文颖曰：都内，主藏官也。张晏曰：安世以还官，官不簿也。百官表：大司农属官有都内令、丞。安世谨慎周密，每定大政，已决，辄移病出。闻有诏令，乃惊，使吏之丞相府问焉。自朝廷大臣，莫知其与议也。与，读曰豫。尝有所荐，其人来谢，安世大恨，以为"举贤达能，岂有私谢邪！"绝弗复为通。师古曰：有欲谢者皆不通也。一曰：告此人而绝之，更不与相见也。复，扶又翻；下同。为，于伪翻。余谓绝弗为通者，安世敕其阍人之辞也。有郎功高不调，师古曰：调，选也，音徒钓翻。自言安世，安世应曰："君之功高，明主所知，人臣执事何长短，而自言乎！"绝不许。已而郎果迁。师古曰：安世外阳距之而实令其迁。安世自见父子尊显，怀不自安，为子延寿求出补吏，为，于伪翻；下同。上以为北地太守；岁馀，上闵安世年老，复征延寿为左曹、太仆。以太仆而加左曹官也。

3 夏，四月，丙子，立皇子钦为淮阳王。皇太子年十二，通论语、孝经。太傅疏广谓少傅受曰："吾闻'知足不辱，知止不殆。'师古曰：此老子之言而广引之。今仕宦至二千石，官成名立，如此不去，惧有后悔。"即日，父子俱移病，上疏乞骸骨。上皆许之，加赐黄金二十斤，皇太子赠以五十斤。公卿故人设祖道供张东都门外，供，居共翻。张，竹亮翻。送者车数百两。两，音亮。道路观者皆曰："贤哉二大夫！"或叹息为之下泣。

广、受归乡里，广、受，东海兰陵人。日令其家卖金共具，师古曰：日日设之也。共，读曰供；下同。请族人、故旧、宾客，与相娱乐。乐，音洛；下同。或劝广以其金为子孙颇立产业者，为，于伪翻。广曰："吾岂老悖不念子孙哉！师古曰：悖，惑也，音布内翻。顾自有旧田庐，师古曰：顾，思念也。令子孙勤力其中，足以共衣食，与凡人齐。今复增益之以为赢馀，但教子孙怠堕耳。贤而多财，则损其志；愚而多财，则益其过。且夫富者众之怨也，吾既无以教化子孙，不欲益其过而生怨。又此金者，圣主所以惠养老臣也，故乐与乡党、宗族共飨其赐，以尽吾馀日，不亦可乎！"于是族人悦服。

4 颍川太守黄霸使邮亭、乡官皆畜鸡、豚，师古曰：邮亭，书舍，谓传送文书所止处，亦如今之驿馆矣。乡官者，乡所治处也。沈约曰：汉制：五家为伍，伍长主之；二五为什，什长主之；十什为里，里魁主之；十里为亭，亭长主之；十亭为乡，有乡佐、三老、有秩、啬夫、游徼各一人：乡佐、有秩主赋税；三老主教化；啬夫主争讼；游徼主奸非。畜，吁玉翻；下同。以赡鳏、寡、穷者；然后为条教，置父老、师帅、伍长，帅，所类翻。长，知两翻；下同。班行之于民间，劝以为善防奸之意，及务耕桑、节用、殖财、种树、畜养，去浮淫之费。去，羌吕翻；下同。其治，米盐靡密，师古曰：米盐，言杂而且细。初若烦碎，然霸精力能推行之。吏民见者，语次寻绎，师古曰：绎，谓抽引而出也。问他阴伏以相参考，聪明识事，吏民不知所出，师古曰：不知其用何术也。咸称神明，豪厘不敢有所欺。奸人去入他郡，盗贼日少。霸力行教化而后诛罚，师古曰：力，犹勤也。言先以德教化于下，若有弗从，然后用刑罚也。后，户遘翻。务在成就全安长吏。师古曰：不欲易代及损伤之也。许丞老，病聋，督邮白欲逐之。如淳曰：许县丞。据地理志，许县属颍川郡。郡有郡督邮，分部属县。霸曰："许丞廉吏，虽老，尚能拜起送迎，正颇重听何伤！且善助之，毋失贤者意！"或问其故，霸曰："数易长吏，数，所角翻。送故迎新之费，及奸吏因缘，绝簿书，盗财物，师古曰：缘，因也。因交代之际而弃匿簿书，以盗官物也。公私费耗甚多，皆当出于民。所易新吏又未必贤，或不如其故，徒相益为乱。凡治道，去其泰甚者耳。"霸以外宽内明，得吏民心，户口岁增，治为天下第一，治，直之翻。征守京兆尹。顷之，坐法，连贬秩；有诏复归颍川为太守，以八百石居。太守秩二千石；连贬，故以八百石居。

四年（己未、前六二）

1 春，正月，诏："年八十以上，非诬告、杀伤人，他皆勿坐。"师古曰：诬告人及杀伤人，皆如旧法；其馀则不论。

2 右扶风尹翁归卒，家无馀财。秋，八月，诏曰："翁归廉平乡正，乡，读曰向。治民异等。治，直之翻。其赐翁归子黄金百斤，以奉祭祀。"

3 上令有司求高祖功臣子孙失侯者，得槐里公乘周广汉等百三十六人，皆赐黄金二十斤，复其家，令奉祭祀，世世勿绝。公乘，爵第八。复，方目翻。考异曰：宣纪："元康元年，五月，复高皇帝功臣绛侯周勃等百三十六人家子孙。四年，又赐功臣適后黄金人二十斤。"按功臣表，诏复家者皆云"元康四年"，其数非一，不容尽误；盖纪误耳。

4 丙寅，富平敬侯张安世薨。

5 初，扶阳节侯韦贤薨，恩泽侯表，扶阳侯食邑于沛郡萧县。谥法：好廉自克曰节。长子弘有罪系狱，弘为太常，坐宗庙事系狱。家人矫贤令，以次子大河都尉玄成为后。服虔曰：今东平郡也。本为济东国，国除，为大河郡。师古曰：矫，托也。玄成深知其非贤雅意，即阳为病狂，卧便利，妄笑语，昏乱。师古曰：便利，大、小便，音毗连翻。既葬，当袭爵，以狂不应召。大鸿胪奏状，章下丞相、御史按验。下，遐稼翻。按事丞相史乃与玄成书师古曰：即按验玄成事者。曰："古之辞让，必有文义可观，故能垂荣于后。今子独坏容貌，蒙耻辱为狂痴，光曜晻而不宣，坏，音怪。晻，读与暗同。微哉子之所托名也！李奇曰：名，声名也。仆素愚陋，过为丞相执事，师古曰：过，犹谬也。愿少闻风声；不然，恐子伤高而仆为小人也。"玄成友人侍郎章侍郎名章，史逸其姓。亦上疏言："圣王贵以礼让为国，宜优养玄成，勿枉其志，师古曰：枉，屈也。使得自安衡门之下。"师古曰：衡门，谓横一木于门上，贫者之所居也。而丞相、御史遂以玄成实不病，劾奏之，劾，户概翻；下同。有诏勿劾，引拜；玄成不得已，受爵。帝高其节，以玄成为河南太守。

6 车师王乌贵之走乌孙也，乌孙留不遣。汉遣使责乌孙，乌孙送乌贵诣阙。

7 初，武帝开河西四郡，隔绝羌与匈奴相通之路，斥逐诸羌，不使居湟中地。河西武威、张掖、酒泉、敦煌四郡，本匈奴昆邪、休屠王地，武帝开之，置郡县，羌与匈奴隔远，不复得通。湟中，湟水左右地也，其地肥美，故斥逐诸羌，不使居之。水经注：金城郡临羌县西北至塞外，有西王母石室、仙海盐池；北则湟水所出，东流径湟中城北，故小月氏之地也；又东径临羌、破羌、允街、枝阳、金城而合于大河。及帝即位，光禄大夫义渠安国使行诸羌；战国时，西戎有义渠君，为秦所灭；子孙以国为姓。先零豪言："愿时渡湟水北，逐民所不田处畜牧。"师古曰：湟水出金城临羌塞外，东入河。湟水之北是汉地。仲冯曰：湟北非谓汉地也。羌意欲稍北迁，与匈奴合而为寇。安国不知其情，故受其词，详下文可见。余谓羌依南山，渡湟水而北，固欲与匈奴合，而湟北则汉地，所以隔绝羌与匈奴通之路正在此。零，音怜。安国以闻。后将军赵充国劾安国奉使不敬。劾，户概翻。是后羌人旁缘前言，抵冒渡湟水，师古曰：旁，依也。抵冒，犯突而前也。旁，音步浪翻。冒，音莫北翻。郡县不能禁。

既而先零与诸羌种豪二百馀人解仇、交质、盟诅，师古曰：羌人无大君长，而诸种豪递相杀伐，故每有仇雠，往来相报。今解仇交质者，自相亲结，欲入汉为寇也。零，音怜。种，章勇翻。诅，庄助翻。上闻之，以问赵充国，对曰："羌人所以易制者，易，以豉翻。以其种自有豪，数相攻击，势不壹也。数，所角翻；下同。往三十馀岁西羌反时，亦先解仇合约攻令居，与汉相距，五六年乃定。武帝元鼎五年，西羌反，攻故安枹罕，次年即平，至是五十一年。师古曰：合约，共为要契也。令，音铃。匈奴数诱羌人，欲与之共击张掖、酒泉地，使羌居之。数，所角翻。诱，音酉。间者匈奴困于西方，谓本始三年为乌孙所破。疑其更遣使至羌中与相结。臣恐羌变未止此，且复结联他种，复，扶又翻。宜及未然为之备。"师古曰：未然者，其计未成。后月馀，羌侯狼何果遣使至匈奴藉兵，师古曰：藉，借也。据充国传，狼何，小月氏种。欲击鄯善、燉煌以绝汉道。鄯，上扇翻。炖，音屯。充国以为"狼何势不能独造此计，疑匈奴使已至羌中，先零、罕、开乃解仇作约。苏林曰：罕、开在金城南。师古曰：罕、开，羌之别种也。此下言"遣开豪雕库宣天子至德，罕、开之属皆闻知明诏"，其下又云："河南大开、小开"，则罕羌、开羌姓族殊矣。开，音口坚翻。而地理志，天水有罕开县，盖以此二种羌来降，处之此地，因以名县也。而今之羌姓有罕开者，总是罕、开之类，合而言之，因为姓耳。变"开"为"井"，字之讹也。零，音怜。罕，即罕字。到秋马肥，变必起矣。宜遣使者行边兵，行，下孟翻；下同。豫为备敕，视诸羌毋令解仇，师古曰：视，读曰示；示，语之也。以发觉其谋。"于是两府复白遣义渠安国行视诸羌，两府，丞相、御史府也。此视，观也。分别善恶。别，彼列翻。

8 是时，比年丰稔，谷石五钱。比，毗至翻。

顾颉刚标点聂崇岐覆校

资治通鉴卷第二十六

翰林学士朝散大夫右谏议大夫知制诰兼侍讲
同提举万寿观公事兼判集贤院上护军 司马光 奉敕编集
河内郡开国侯食邑一千三百户赐紫金鱼袋臣

后学天台 胡三省 音注

汉纪十八 起上章涒滩（庚申），尽玄黓阉茂（壬戌），凡三年。

中宗孝宣皇帝中

神爵元年（庚申、前六一）以神爵降集纪元。

1 春，正月，上始行幸甘泉，郊泰畤；三月，行幸河东，祠后土。上颇修武帝故事，谨斋祀之礼，以方士言增置神祠；时以方士言，为随侯剑、宝玉、宝璧、周康宝鼎立四祠于未央宫中。又祠大室山于即墨，三户山于下密；祠天封苑火井于鸿门；又立岁星、辰星、太白、荧惑、南斗祠于长安城旁；又祠参山八神于曲城，蓬山石社、石鼓于临朐，之罘山于腄，成山于不夜，莱山于黄；成山祠日，莱山祠月；又祠四时于琅邪，蚩尤于寿良。京师近县，鄠则有劳谷、五床山、日、月、五帝、仙人、玉女祠；云阳有径路神祠；又立五龙山仙人祠及黄帝、天神帝、原水凡四祠于肤施。闻益州有金马、碧鸡之神，可醮祭而致，后汉志：越巂郡青蛉县禺同山，俗谓有金马、碧鸡。如淳曰：金形似马，碧形似鸡。水经注曰：禺同山神有金马、碧鸡，光景倏忽。醮，即召翻。于是遣谏大夫蜀郡王褒使持节而求之。使，疏吏翻。

初，上闻褒有俊才，召见，见，贤遍翻。使为圣主得贤臣颂。其辞曰："夫贤者，国家之器用也。所任贤，则趋舍省而功施普；师古曰：趋，读曰趣。普，博也。趋，七喻翻。舍，读曰舍。施，式智翻。器用利，则用力少而就效众。故工人之用钝器也，劳筋苦骨，终日矻矻；应劭曰：矻矻，劳极皃；如淳曰：健作皃。师古曰：如说是也。矻，口骨翻。及至巧冶铸干将，干将，吴宝剑名，阖庐所铸。使离娄督绳，公输削墨，张晏曰：离娄，黄帝时明目者也。应劭曰：公输，鲁般，性巧者也。师古曰：督，察视也。虽崇台五层、延袤百丈而不溷者，工用相得也。师古曰：溷，乱也，音胡顿翻。庸人之御驽马，亦伤吻、敝策而不进于行；师古曰：吻，口角也。策，所以击马。及至驾啮膝、骖乘旦，孟康曰：良马低头，口至膝，故曰啮膝。张晏曰：驾则旦至，故曰乘旦。乘，食证翻。王良执靶，张晏曰：王良，邮无恤，字伯乐。晋灼曰：靶，音霸；谓辔也。师古曰：参验左氏传及国语、孟子，邮无恤、邮良、刘无止、王良，总一人也。楚辞云：骥踌躇于敝辇，遇孙阳而得代。王逸云：孙阳，伯乐姓名也。列子云：伯乐，秦穆公时人。考其年代，不相当。张说云良字伯乐，斯失之矣。韩哀附舆，应劭曰：世本：韩哀作御。师古曰：宋衷云：韩哀，韩哀侯也。时已有御，此复言作者，加其精巧也。然则善御者耳，非始作也。周流八极，万里一息，何其辽哉？人马相得也。故服絺绤之凉者，不苦盛暑之郁燠；袭貂狐之暖者，不忧至寒之凄怆。师古曰：郁，热气也。燠，温也。凄怆，寒冷也。燠，于六翻。暖，乃短翻。何则？有其具者易其备。贤人、君子，亦圣王之所以易海内也。易，以豉翻。昔周公躬吐捉之劳，故有圉空之隆；师古曰：一饭三吐食，一沐三捉发，以宾贤士，故能成太平之化，而刑措不用，故囹圄空虚也。圉，音圄，同。齐桓设庭燎之礼，故有匡合之功。应劭曰：有以九九求见桓公，桓公不内。其人曰："九九小术，而君不内之，况大于九九者乎！"于是桓公设庭燎之礼而见之。居无几，隰朋自远而至，齐遂以霸。师古曰：九九，计数之书，若今算经也。匡，谓一匡天下。合，谓九合诸侯。由此观之，君人者勤于求贤而逸于得人。人臣亦然。昔贤者之未遭遇也，图事揆策，则君不用其谋；陈见悃诚，王逸曰：悃愊，志纯一也，亦犹实也。则上不然其信；进仕不得施效，斥逐又非其愆。是故伊尹勤于鼎俎，太公困于鼓刀，师古曰：勤于鼎俎，谓负鼎俎以干汤也。鼓刀者，谓太公屠牛于朝歌也。百里自鬻，宁子饭牛，师古曰：鬻，卖也。吕氏春秋曰：百里奚之未遇时也，虞亡而虏缚，鬻以五羊之皮，公孙枝得而悦之，献诸穆公。应劭曰：齐桓公夜出迎客，宁戚疾击其牛角，高歌曰："南山矸，白石烂，生不逢尧与舜禅！短布单衣适至骭，从昏饭牛薄夜半，长夜曼曼何时旦！"桓公遂召与语，悦之，以为大夫。饭，扶晚翻。离此患也。师古曰：离，遭也。及其遇明君、遭圣主也，运筹合上意，谏诤即见听，进退得关其忠，任职得行其术，剖符锡壤而光祖考。故世必有圣知之君知，读曰智。而后有贤明之臣。故虎啸而风冽，师古曰：冽冽，风皃也；音列。龙兴而致云，蟋蟀俟秋吟，蜉蝣出以阴。孟康曰：蜉蝣，渠略也。师古曰：蟋蟀，今之促织也。蜉蝣，甲虫也，好丛众而生也，朝生而夕死。舍人曰：南阳以东曰蜉蝣，梁、宋之间曰渠略。郭璞曰：似蛣蜣，身狭而长，有角，黄黑色，聚生粪土中，朝生暮死，猪好啖之。陆玑疏云：蜉蝣有角，大如指，长三四寸，甲下有翅，能飞，夏月阴雨时地中出。俟，即俟字。蝣，音由。易曰：'飞龙在天，利见大人。'师古曰：干卦九五爻辞也。言王者居正阳之位，贤才见之，则利用也。诗曰：'思皇多士，生此王国。'师古曰：大雅文王之诗也。思，语辞也。皇，美也。言美哉众多贤士，生此周王之国也。故世平主圣，俊艾将自至；师古曰：艾，读曰乂。明明在朝，穆穆布列，聚精会神，相得益章，师古曰：章，明也。虽伯牙操递钟，晋灼曰：递，音递送之递。二十四钟各有节奏，击之不常，故曰递。臣瓒曰：楚辞云："奏伯牙之号钟。"号钟，琴名也。马融笛赋曰：号钟，高调。伯牙以善鼓琴，不闻其能击钟也。师古曰：琴名，是也。字既作递，则与楚辞不同，不得即读为号，当依晋音耳。逢门子弯乌号，师古曰：逢门，善射者，即逢蒙也。应劭曰：楚有柘桑，乌栖其上，枝下着地，不得飞，欲堕，号呼，故曰乌号。张揖曰：黄帝乘龙上天，小臣不得上，挽持龙髯；髯拔，堕黄帝弓；臣下抱弓而号，故名弓乌号。师古曰：应、张二说皆有据。逢，皮江翻。犹未足以喻其意也。故圣主必待贤臣而弘功业，俊士亦俟明主以显其德。上下俱欲，欢然交欣，千载壹合，论说无疑，翼乎如鸿毛遇顺风，沛乎如巨鱼纵大壑；其得意若此，则胡禁不止，曷令不行，师古曰：胡、曷，皆何也。化溢四表，横被无穷。被，皮义翻。是以圣主不遍窥望而视已明，不殚倾耳而听已聪，师古曰：殚，尽也。太平之责塞，师古曰：塞，满也。塞，悉则翻。优游之望得，休征自至，寿考无疆，何必偃仰屈伸若彭祖，呴嘘呼吸如侨、松，如淳曰：五帝纪：彭祖，尧、舜时人。列仙传：彭祖，殷大夫也；历夏至商末，号年七百。师古曰：呴、嘘，皆开口出气也。侨，王侨；松，赤松子；皆仙人也。呴，吁于翻。嘘，音虚。眇然绝俗离世哉！”师古曰：眇然，高远之意。离，力智翻。是时上颇好神仙，故褒对及之。好，呼到翻；下同。

京兆尹张敞亦上疏谏曰：“愿明主时忘车马之好，斥远方士之虚语，游心帝王之术，太平庶几可兴也。”远，于愿翻。几，居希翻。上由是悉罢尚方待诏。此尚方，非作器物之尚方。尚，主也，主方药也。司马相如大人赋：诏岐伯使尚方，是也。初，赵广汉死后，为京兆尹者皆不称职，称，尺证翻。唯敞能继其迹；其方略、耳目不及广汉，然颇以经术儒雅文之。

2 上颇修饰，宫室、车服盛于昭帝时；外戚许、史、王氏贵宠。谏大夫王吉上疏曰：“陛下躬圣质，总万方，惟思世务，将兴太平，诏书每下，民欣然若更生。臣伏而思之，可谓至恩，未可谓本务也。师古曰：言天子如此，虽于百姓为至恩，然未尽政务之本也。欲治之主不世出，师古曰：言有时遇之不常值。治，直吏翻。公卿幸得遭遇其时，言听谏从，然未有建万世之长策，举明主于三代之隆也。其务在于期会、簿书、断狱、听讼而已，断，丁乱翻。此非太平之基也。臣闻民者，弱而不可胜，愚而不可欺也。圣主独行于深宫，得则天下称诵之，失则天下咸言之，故宜谨选左右，审择所使。左右所以正身，所使所以宣德，此其本也。孔子曰：‘安上治民，莫善于礼，’非空言也。

师古曰：孝经载孔子之言。治，直之翻。王者未制礼之时，引先王礼宜于今者而用之。臣愿陛下承天心，发大业，与公卿大臣延及儒生，述旧礼，明王制，敺一世之民跻之仁寿之域，师古曰：以仁抚下，则群生安逸而寿考。余谓此以仁、寿二字并言，仁考不鄙诈，寿者不夭折也。敺，与驱同。则俗何以不若成、康，寿何以不若高宗！师古曰：高宗，殷王武丁也，享国百年。窃见当世趋务不合于道者，谨条奏，师古曰：趋，读曰趣。趣，向也。唯陛下财择焉。"吉意以为："世俗聘妻、送女无节，则贫人不及，故不举子。又，汉家列侯尚公主，诸侯则国人承翁主，晋灼曰：娶天子女，则曰尚公主。国人娶诸侯女，则曰承翁主。尚、承，皆卑下之名也。使男事女，夫屈于妇，逆阴阳之位，故多女乱。古者衣服、车马，贵贱有章；今上下僭差，人人自制，师古曰：言无节度。是以贪财诛利，不畏死亡。诛，责也，求也。周之所以能致治刑措而不用者，以其禁邪于冥冥，绝恶于未萌也。"师古曰：冥冥，言未有端绪也。治，直吏翻。又言："舜、汤不用三公、九卿之世而举皋陶、伊尹，李奇曰：不继世而爵也。言皋陶、伊尹非三公、九卿之世。陶，音遥。不仁者远。师古曰：任用贤人，放黜谗佞。今使俗吏得任子弟，张晏曰：子弟以父兄任为郎。率多骄骜，不通古今，无益于民，宜明选求贤，除任子之令；外家及故人，可厚以财，不宜居位。去角抵，减乐府，省尚方，明示天下以俭。古者工不造琱瑑，师古曰：瑑者，刻镂为文。瑑，音篆。商不通侈靡，非工、商之独贤，政教使之然也。"上以其言为迂阔，师古曰：迂，远也，音于。不甚宠异也。吉遂谢病归。

3 义渠安国至羌中，召先零诸豪三十馀人，以尤桀黠者皆斩之；师古曰：桀，坚也，言不顺从也。黠，恶也，为恶坚也。零，音怜。黠，户八翻。纵兵击其种人，种，章勇翻；下同。斩首千馀级。于是诸降羌及归义羌侯杨玉等怨怒，无所信乡，师古曰：恐中国泛怒，不信其心而纳向之。仲冯曰：恐怒，且恐且怒也。羌未有变，而汉吏无故诛杀其人，故杨玉等谓汉无所信乡，于是与他族皆叛也。余谓恐怒，仲冯说是。无所信向，不信汉、不向汉也。作"怨怒"者，通鉴略改班书之文，成一家言。降，户江翻。遂劫略小种，背畔犯塞，攻城邑，杀长吏。背，蒲妹翻。安国以骑都尉将骑二【章：乙十一行本"二"作"三"；孔本同；张校同。】千屯备羌；至浩亹，浩亹县，属金城郡；有浩亹水，出西塞外，东至允吾，入湟水。孟康曰：浩亹，音合门。师古曰：浩，音诰。浩，水名也。亹者，水流峡山，岸深若门也。诗大雅曰：凫鹥在亹，亦其义也。今俗呼此水为阁门河，盖疾言之，浩为阁耳。杜佑曰：浩亹县即今金城郡广武县地。又曰：广武县西南有汉浩亹县故城。为虏所击，失亡车重、兵器甚众。师古曰：重，音直用翻。安国引还，至令居，以闻。令，音零。

时赵充国年七十馀，上老之，使丙吉问谁可将者。将，即亮翻；下同。充国对曰："无逾于老臣者矣！"上遣问焉，曰："将军度羌虏何如？师古曰：度，计也，音大各翻；下同。当用几人？"充国曰："百闻不如一见。兵难遥度，臣愿驰至金城，昭帝元始六年，置金城郡；唐兰、鄯、廓州地。图上方略。师古曰：图其地形，并为攻讨方略，俱奏上也。上，时掌翻；下兵上同。羌戎小夷，逆天背畔，灭亡不久，背，蒲妹翻。愿陛下以属老臣，师古曰：属，委也。属，音之欲翻。勿以为忧！"上笑曰："诺。"乃大发兵诣金城。夏，四月，遣充国将之，以击西羌。将，即亮翻。

4 六月，有星孛于东方。孛，蒲内翻。

5 赵充国至金城，须兵满万骑，欲渡河，恐为虏所遮，即夜遣三校衔枚先渡，师古曰：衔枚者，欲其无声，使虏不觉。校，户教翻；下同。渡，辄营陈；立营陈，则虏不得而犯，诸军可以相继而渡河。陈，读曰阵。会明毕，遂以次尽渡。虏数十百骑来，出入军傍，充国曰："吾士马新倦，不可驰逐，此皆骁骑难制，又恐其为诱兵也。骁，坚尧翻。诱，音酉。击虏以殄灭为期，小利不足贪！"

令军勿击。遣骑候四望陿中无虏，文颖曰：金城有三陿，在南六百里。师古曰：山峭而夹水曰陿。四望者，陿名也。陿，音狭。夜，引兵上至落都，服虔曰。落都，山名也。据水经注，破羌县之西有乐都城。后汉志，浩亹县有雒都谷。刘昫曰：唐鄯州，治故乐都城。召诸校司马谓曰："吾知羌虏不能为兵矣！使虏发数千人守杜四望陿中，师古曰：杜，塞也。兵岂得入哉！"

充国常以远斥候为务，行必为战备，止必坚营壁，尤能持重，爱士卒，先计而后战。遂西至西部都尉府，孟康曰：在金城。日飨军士，师古曰：飨，饮之。士皆欲为用。虏数挑战，数，所角翻。挑，徒了翻。充国坚守。捕得生口，言羌豪相数责曰："语汝无反，数，所具翻。语，牛倨翻。今天子遣赵将军来，年八九十矣，善为兵；今请欲壹斗而死，可得邪！"言充国持重不战，羌欲一斗而死，不可得也。初，罕、开豪靡当儿使弟雕库来告都尉曰："先零欲反。"后数日，果反。雕库种人颇在先零中，都尉即留雕库为质。金城西部都尉也。种，章勇翻。质，音致。充国以为无罪，乃遣归告种豪："大兵诛有罪者，明白自别，毋取并灭。师古曰：言勿相和同，并取灭亡。别，彼列翻。天子告诸羌人：犯法者能相捕斩，除罪，仍以功大小赐钱有差；时募能斩大豪有罪者一人，赐钱四十万；中豪十五万；下豪二万；女子及老、弱千钱。又以其所捕妻子、财物尽与之。"充国计欲以威信招降罕、开及劫略者，解散虏谋，徼其疲剧，乃击之。师古曰：徼，要也。音工尧翻。

时上已发内郡兵屯边者合六万人矣。酒泉太守辛武贤姓谱：夏启封支子于莘；莘、辛相近，遂为辛氏。汉初申湑为赵、魏名将，及徙家陇西，遂为陇西人。余按此叙辛武贤之世，然既以莘为辛，而又以申牵合之，以其声相近也。然周自有太史辛甲。奏言："郡兵皆屯备南山，北边空虚，势不可久。若至秋冬乃进兵，此虏在境外之册。今虏朝夕为寇，土地寒苦，汉马不耐冬，不如以七月上旬赍三十日粮，分兵出张掖、酒泉，合击罕、开在鲜水上者。刘昫曰：汉金城郡之金城县，罕羌所处也；后汉置西海郡；晋乞伏乾归都于此；唐为兰州五泉县。余据汉书，羌豪献鲜水海地于王莽，置西海郡，即此。山海经云：北鲜之山，鲜水出焉，北流注于徐吾。非此鲜水也。虽不能尽诛，但夺其畜产，虏其妻子，复引兵还，冬复击之，复，扶又翻。大兵仍出，虏必震坏。"师古曰：仍，频也。天子下其书充国，下，遐稼翻；下同。令议之。充国以为："一马自负三十日食，为米二斛四斗，麦八斛，又有衣装、兵器，难以追逐。虏必商军进退，师古曰：商，计度也。稍引去，逐水草，入山林。随而深入，虏即据前险，守后阨，以绝粮道，必有伤危之忧，为夷狄笑，千载不可复。复，报也。载，子亥翻。而武贤以为可夺其畜产，虏其妻子，此殆空言，非至计也。师古曰：殆，仅也。韵略云：近也。先零首为畔逆，他种劫略，师古曰：言被劫略而反畔，非其本心。故臣愚册，册，谋也，筹也。欲捐罕、开暗昧之过，隐而勿章，先行先零之诛以震动之，宜悔过反善，因赦其罪，选择良吏知其俗者，拊循和辑。师古曰：拊，古抚字。辑，与集同。此全师保胜安边之册。"

天子下其书，公卿议者咸以为"先零兵盛而负罕、开之助，师古曰：负，恃也。不先破罕、开，则先零未可图也。"上乃拜侍中许延寿为强弩将军，即拜酒泉太守武贤为破羌将军，师古曰：即，就也。就其郡而拜之。赐玺书嘉纳其册。以书敕让充国曰："今转输并起，百姓烦扰，将军将万余之众，不早及秋共水草之利，争其畜食，师古曰：此畜，谓畜产牛羊之属；食，谓谷麦之属也。或曰：畜食，畜之所食，即谓草也。欲至冬，虏皆当畜食，师古曰：此畜读曰蓄。蓄，聚积也。多臧匿山中，依险阻，臧，古藏字。将军士寒，手足皲瘃，师古曰：皲，坼裂也。瘃，寒创也。皲，音军。瘃，竹足翻。宁有利哉！将军不念中国之费，欲以岁数而胜敌，师古曰：久历年岁，乃胜小敌也。数，音所具翻。将军谁不乐此者！师古曰：言为将军者皆乐此。乐，音洛。今诏破羌将军武贤等将兵，以七月击罕羌；将军其引兵并进，勿复有疑！"复，扶又翻。

充国上书曰："陛下前幸赐书，欲使人谕罕，以大军当至，汉不诛罕，以解其谋。臣故遣开豪雕库宣天子至德；罕、开之属皆闻知明诏。今先零羌杨玉阻石山木，候便为寇，师古曰：谓阻依山之木石以自保固。罕羌未有所犯，乃置先零，先击罕，释有罪，诛无辜，师古曰：释，置也，放也。起壹难，就两害，诚非陛下本计也！臣闻兵法：'攻不足者守有余。'又曰：'善战者致人，不致于人。'师古曰：致人者，引致而取之。致于人，为人所引也。今罕羌欲为敦煌、酒泉寇，敦，徒门翻。宜饬兵马，练战士，以须其至。师古曰：须，待也。坐得致敌之术，以逸击劳，取胜之道也。今恐二郡兵少，不足以守，而发之行攻，释致虏之术而从为虏所致之道，师古曰：释，废也。臣愚以为不便。先零羌虏欲为背畔，故与罕、开解仇结约，然其私心不能无恐汉兵至而罕、开背之也。背，蒲妹翻。臣愚以为其计常欲先赴罕、开之急以坚其约。先击罕羌，先零必助之。今虏马肥、粮食方饶，击之恐不能伤害，适使先零得施德于罕羌，师古曰：施德，自树恩德也。坚其约，合其党。虏交坚党，合精兵二万馀人，迫胁诸小种，附著者稍众，著，直略翻。莫须之属不轻得离也。服虔曰；莫须，小种羌名也。如是，虏兵寖多，诛之用力数倍。臣恐国家忧累，累，力瑞翻；下累重同。由十年数，不二三岁而已。于臣之计，先诛先零已，则罕、开之属不烦兵而服矣。先零已诛而罕、开不服，涉正月击之，得计之理，又其时也。以今进兵，诚不见其利！"戊申，充国上奏。上，时掌翻。秋，七月，甲寅，玺书报，从充国计焉。

充国乃引兵至先零在所。虏久屯聚，懈弛，师古曰：弛，放也。望见大军，弃车重，欲渡湟水，重，直用翻。道厄陿；充国徐行驱之。或曰："逐利行迟。"师古曰：逐利宜速，今行太迟。充国曰："此穷寇，不可迫也。缓之则走不顾，急之则还致死。"师古曰：谓更回还尽力而死战。诸校皆曰："善。"虏赴水溺死者数百，降及斩首五百馀人。降，户江翻。虏马、牛、羊十万馀头，车四千馀两。两，音亮。兵至罕地，令军毋燔聚落、刍牧田中。师古曰：不得燔烧人居，及于田亩之中刈刍放牧也。罕羌闻之，喜曰："汉果不击我矣！"豪靡忘使人来言："愿得还复故地。"服虔曰：靡忘，羌帅名也。充国以闻，未报。靡忘来自归，充国赐饮食，遣还谕种人。护军以下皆争之曰："此反虏，不可擅遣！"充国曰："诸君但欲便文自营，师古曰：苟取文墨之便，以自营卫。非为公家忠计也！"语未卒，为，于伪翻。卒，子恤翻。玺书报，令靡忘以赎论。后罕竟不烦兵而下。

上诏破羌、强弩将军诣屯所，以十二月与充国合，进击先零。时羌降者万余人矣，充国度其必坏，度，徒洛翻。欲罢骑兵，屯田以待其敝。作奏未上，上，时掌翻。会得进兵玺书，充国子中郎将卬惧，使客谏充国曰："诚令兵出，破军杀将，以倾国家，将，即亮翻。将军守之可也。即利与病，又何足争！一旦不合上意，遣绣衣来责将军，师古曰：绣衣，谓御史。将军之身不能自保，何国家之安！"充国叹曰："是何言之不忠也！本用吾言，羌虏得至是邪！师古曰：言豫防之，可无今日之寇也。往者举可先行羌者，行，下孟翻。吾举辛武贤；丞相御史复白遣义渠安国，竟沮败羌。复，扶又翻。败，补迈翻。金城、湟中谷斛八钱，吾谓耿中丞：服虔曰：耿寿昌也，为司农中丞。姓谱：耿，古国名，为晋所灭，子孙以为氏。谓，告语也。'籴三百万斛谷，羌人不敢动矣！'师古曰：言豫储粮食可以制敌。耿中丞请籴百万斛，乃得四十万斛耳；义渠再使，使，疏吏翻。且费其半。失此二册，羌人致敢为逆。失之豪厘，差以千里，是既然矣。今兵久不决，四夷卒有动摇，卒，读曰猝；下可卒同，又卒死同。相因而起，虽有知者不能善其后，知，读曰智。羌独足忧邪！师古曰：言傥如此，则所忧不独在羌。吾固以死守之，明主可为忠言。”

遂上屯田奏曰：“臣所将吏士、马牛食所用粮谷、茭藁，调度甚广，难久不解，调，徒吊翻。难，乃旦翻。傜役不息，恐生他变，为明主忧，诚非素定庙胜之册。师古曰：庙胜，谓谋于庙堂而胜敌也。且羌易以计破，难用兵碎也，易，以豉翻。故臣愚心以为击之不便！计度临羌东至浩亹，羌虏故田及公田，民所未垦，可二千顷以上，度，徒洛翻。其间邮亭多坏败者。臣前部士入山，伐林木六万馀枚，在水次。臣愿罢骑兵，留步兵万二百八十一人，分屯要害处，冰解漕下，缮乡亭，浚沟渠，师古曰：漕下，以水运木而下也。缮，补也。浚，深治也。治湟陿以西道桥七十所，令可至鲜水左右。田事出，赋人三【章：甲十五行本“三”作“二”；乙十一行本同；孔本同；张校同。】十晦；师古曰：田事出，谓至春，人出营田也。赋，谓班与之也。晦，古亩字。至四月草生，发郡骑及属国胡骑各千，就草为田者游兵，以充入金城郡，益积畜，省大费。今大司农所转谷至者，足支万人一岁食，谨上田处及器用簿。”上，时掌翻。

上报曰：“即如将军之计，虏当何时伏诛？兵当何时得决？孰计其便，复奏！”孰，与熟同。复，扶又翻。

充国上状曰：“臣闻帝王之兵，以全取胜，是以贵谋而贱战。‘百战而百胜，非善之善者也，故先为不可胜以待敌之可胜。’师古曰：此兵法之辞，言先自完坚，令敌不能胜我，乃可以胜敌也。余据此言本之孙子。蛮夷习俗虽殊于礼义之国，然其欲避害就利，爱亲戚，畏死亡，一也。今虏亡其美地荐草，师古曰：荐，稠草。愁于寄托，远遁，骨肉心离，人有畔志。而明主班师罢兵，邓展曰：班，还也。万人留田，顺天时，因地利，以待可胜之虏，虽未即伏辜，兵决可期月而望。羌虏瓦解，前后降者万七百馀人，及受言去者凡七十辈，如淳曰：羌胡言欲降，受其言遣去者。师古曰：如说非也。谓羌受充国之言，归相告喻者也。羌虏，即羌贼耳，无预于胡。此坐支解羌虏之具也。臣谨条不出兵留田便宜十二事：步兵九校、师古曰：一部为一校。校，户教翻。吏士万人留屯，以为武备，因田致谷，威德并行，一也。又因排折羌虏，令不得归肥饶之地，贫破其众，以成羌虏相畔之渐，二也。居民得并田作，师古曰：并且，读如本字，又音步浪翻。仲冯曰：并，亦俱也。不失农业，三也。军马一月之食，度支田士一岁，罢骑兵以省大费，四也。度，徒洛翻。至春，省甲士卒，循河、湟漕谷至临羌，临羌县，属金城郡，其西北即塞外。以示羌虏，扬威武，传世折冲之具，五也。以閒暇时，下先所伐材，缮治邮亭，充入金城，六也。閒，与闲同。治，直之翻。兵出，乘危徼幸；师古曰：言不可必胜。徼，坚尧翻，又一遥翻。不出，令反畔之虏窜于风寒之地，离霜露、疾疫、瘃堕之患，师古曰：堕，谓因寒瘃而堕指者。坐得必胜之道，七也。无经阻、远追、死伤之害，八也。内不损威武之重，外不令虏得乘间之势，九也。师古曰：间，谓军之间隙者也。间，古苋翻。又亡惊动河南大开服虔曰：皆羌种，在河西之河南也。亡，古无字通。使生他变之忧，十也。治隍陿中道桥，令可至鲜水以制西域，伸威千里，从枕席上过师，十一也。郑氏曰：桥成，军行安易，若于枕席上过也。大费既省，繇役豫息，以戒不虞，十二也。繇，古傜字通。留屯田得十二便，出兵失十二利，唯明诏采择！”

上复赐报曰：“兵决可期月而望者，复，扶又翻；下同。期，读曰朞。谓今冬邪，谓何时也？将军独不计虏闻兵颇罢，且丁壮相聚，攻扰田者及道上屯兵，复杀略人民，将何以止之？将军孰计复奏！”

充国复奏曰：“臣闻兵以计为本，故多算胜少算。孙子曰：多算胜，少算不胜。先零羌精兵，今馀不过七八千人，失地远客分散，饥冻畔还者不绝。臣愚以为虏破坏可日月冀，远在来春，故曰兵决可期月而望。窃见北边自敦煌至辽东万一千五百馀里，乘塞列地有吏卒数千人，虏数以大众攻之而不能害。敦，徒门翻。数，所角翻。今骑兵虽罢，虏见屯田之士精兵万人，从今尽三月，虏马羸瘦，羸，伦为翻。必不敢捐其妻子于他种中，种，章勇翻。远涉河山而来为寇；亦不敢将其累重，还归故地。师古曰：累重，谓妻子也。累，力瑞翻。重，直用翻。是臣之愚计所以度虏且必瓦解其处，师古曰：各于其处自瓦解。度，徒洛翻。不战而自破之册也。册，与策同。至于虏小寇盗，时杀人民，其原未可卒禁。卒，读曰猝。臣闻战不必胜，不苟接刃；攻不必取，不苟劳众。诚令兵出，虽不能灭先零，但能令虏绝不为小寇，则出兵可也。即今同是，师古曰：言俱不能止小寇盗。而释坐胜之道，从乘危之势，往终不见利，空内自罢敝，罢，读曰疲。贬重以自损，贬重，谓贬中国之威重也。非所以示蛮夷也。又大兵一出，还不可复留，言大兵出塞而还，人有归志，不可使复留屯以备羌。湟中亦未可空，如是，徭役复更发也。复，扶又翻；下同。臣愚以为不便。臣窃自惟念：奉诏出塞，引军远击，穷天子之精兵，散车甲于山野，虽亡尺寸之功，亡，古无字通；下同。媮得避嫌之便，师古曰：媮，苟且也。而亡后咎馀责，此人臣不忠之利，非明主社稷之福也！”

充国奏每上，辄下公卿议臣。上，时掌翻。下，遐稼翻。初是充国计者什三；中什五；最后什八。有诏诘前言不便者，皆顿首服。诘，去吉翻。魏相曰："臣愚不习兵事利害。后将军数画军册，数，所角翻；下同。其言常是，臣任其计必可用也。"师古曰：任，保也。上于是报充国，嘉纳之；亦以破羌、强弩将军数言当击，以是两从其计，诏两将军与中郎将卬出击。强弩出，降四千馀人；破羌斩首二千级；中郎将卬斩首降者亦二千馀级；而充国所降复得五千馀人。诏罢兵，独充国留屯田。

6 大司农朱邑卒。上以其循吏，闵惜之，诏赐其子黄金百斤，以奉其祭祀。

7 是岁，【张："岁"下脱"以"字。】前将军、龙頟侯韩增为大司马、车骑将军。龙頟侯国，属平原郡。师古曰：今书本"頟"字或作"额"，而崔浩云有龙頟村，作"额"者非。頟，音洛。

8 丁令比三岁钞盗匈奴，令，音零。比，毗至翻。钞，楚交翻。杀略数千人。匈奴遣万馀骑往击之，无所得。史言匈奴浙衰。

二年（辛酉、前六〇）

1 春，正月，以凤皇、甘露降集京师，赦天下。

2 夏，五月，赵充国奏言："羌本可五万人军，凡斩首七千六百级，降者三万一千二百人，溺河湟、饿死者五六千人，定计遗脱与煎巩、黄羝俱亡者不过四千人。定计，以定数计算也。羌靡忘等自诡必得，师古曰：诡，责也。自以为忧，责言必能得之。请罢屯兵！"奏可。充国振旅而还。书：班师振旅。孔安国注曰：兵入曰振旅。振，整也。杜预曰：振，整也；旅，众也；言整众而还也。

所善浩星赐迎说充国曰：邓展曰：浩星，姓；赐，名也。孙愐曰：汉又有浩星公，治穀梁。说，输芮翻。"众人皆以破羌、强弩出击，多斩首、生降，虏以破坏。然有识者以为虏势穷困，兵虽不出，即【章：甲十五行本"即"作"必"；乙十一行本同；孔本同；张校同。】自服矣。将军即见，见，贤遍翻。宜归功于二将军出击，非愚臣所及。如此，将军计未失也。"充国曰："吾年老矣，爵位已极，岂嫌伐一时事以欺明主哉！言一时用兵之事，当以实敷奏，岂可以自矜伐为嫌。兵势，国之大事，当为后法。老臣不以馀命壹为陛下明言兵之利害，卒死，谁当复言之者！"卒以其意对。为，于伪翻。卒，子恤翻。复，扶又翻。上然其计，罢遣辛武贤归酒泉太守，官充国复为后将军。

秋，羌若零、离留、且种、儿库师古曰：且，音子闾翻。共斩先零大豪犹非、杨玉首，文颖曰：犹非，人名也。师古曰：犹非及杨玉二人也。及诸豪弟泽、阳雕、良儿、靡忘皆帅煎巩、黄羝之属四千馀人降。帅，读曰率；下同。考异曰：宣纪："五月，羌斩犹非、杨玉降。"充国传："五月，奏罢屯兵。秋，羌斩犹非、杨玉降。"今从传。汉封若零、弟泽二人为帅众王，馀皆为侯、为君。离留、且种二人为侯；儿库为君；阳雕为言兵侯；良儿为君；靡忘为献牛君。初置金城属国以处降羌。处，昌吕翻。

诏举可护羌校尉者。护羌校尉之官，始见于此。范晔曰：汉武帝时，诸羌与匈奴通，攻令居、安故，围枹罕，遣李息、徐自为击定之，始置护羌校尉。时充国病，四府举辛武贤小弟汤。四府，丞相、御史、车骑将军、前将军府也；并后将军府，为五府。充国遽起，奏："汤使酒，不可典蛮夷。师古曰：使酒，因酒而使气，若今言恶酒者。使，如字。不如汤兄临众。"时汤已拜受节，拜者，拜官护羌校尉，持节护诸羌。有诏更用临众。更，改也，音工衡翻。后临众病免，五府复举汤。汤数醉酗羌人，复，扶又翻。数，所角翻；下同。师古曰：酗，况务翻，即酗字也。醉怒曰酗。羌人反畔，卒如充国之言。史终言其事。卒，子恤翻。辛武贤深恨充国，以破羌希赏，而格不行也。上书告中郎【章：甲十五行本"郎"下有"将"字；乙十一行本同；孔本同。】印泄省中语，辛武贤在军中时，与印宴语。印言，张安世始不快上，上欲诛之；印家将军以为安世宜全度之，由此安世得免。武贤恨充国，告印以此罪。下吏，自杀。下，遐稼翻。

3 司隶校尉魏郡盖宽饶，百官表：司隶校尉，周官；武帝征和四年初置，持节，从中都官徒千二百人，捕巫蛊，督大奸猾；后罢其兵，察三辅、三河、弘农。师古曰：以掌徒隶而巡察，故云司隶。盖，音古盍翻。齐大夫陈戴食采于盖，其后以为氏。至汉初，齐有盖公。刚直公清，数干犯上意。时上方用刑法，任中书官，武帝游宴后庭，用宦者为中书官。宣帝因之，遂基恭、显之祸。贤曰：中书，内中之书也。宽饶奏封事曰："方今圣道浸微，儒术不行，以刑馀为周、召，师古曰：言使奄人当权轴也。召，读曰邵。以法律为诗、书。"师古曰：言以刑法成教化也。又引易传传，直恋翻。言："五帝官天下，三王家天下。家以传子孙，官以传贤圣。"书奏，上以为宽饶怨谤，下其书中二千石。下，遐稼翻；下同。时执金吾议，据公卿表，是岁也，南阳太守贤为执金吾。以为"宽饶旨意欲求禅，大逆不道！"师古曰：言欲使天子传位于己。谏大夫郑昌愍伤宽饶忠直忧国，以言事不当意而为文吏所诋挫，师古曰：诋，毁也。挫，折也。上书讼宽饶曰：讼者，讼其冤也。"臣闻山有猛兽，藜藿为之不采；国有忠臣，奸邪为之不起。为，于伪翻。司隶校尉宽饶，居不求安，食不求饱；师古曰：论语称孔子曰："君子食无求饱，居无求安。"故引之。进有忧国之心，退有死节之义；上无许、史之属，下无金、张之托；应劭曰：许伯，宣帝皇后父。史高，宣帝外家也。金，金日磾也。张，张安世也。此四家属托无不听。师古曰：此说非也。许氏、史氏，有外属之恩；金氏、张氏，自托于近侍也。属，读如本字。职在司察，直道而行，多仇少与。师古曰：仇，怨雠也。与，党与也。上书陈国事，有司劾以大辟。劾，户概翻。辟，毗亦翻。臣幸得从大夫之后，官以谏为名，不敢不言！"上不听。九月，下宽饶吏；宽饶引佩刀自刭北阙下，刭，古鼎翻。众莫不怜之。

4 匈奴虚闾权渠单于将十馀万骑旁塞猎，旁，步浪翻。欲入边为寇。未至，会其民题除渠堂亡降汉言状，汉以为言兵鹿奚鹿卢【章：甲十五行本无"鹿卢""鹿"字；乙十一行本同；退斋校同。】侯，此侯不见于表，盖无食邑，犹前羌阳雕为言兵侯之类也。而遣后将军赵充国将兵四万馀骑屯缘边九郡文颖曰：五原、朔方之属也。师古曰：九郡者，五原、朔方、云中、代郡、雁门、定襄、北平、上谷、渔阳也。四万馀骑分屯之，而充国总统领之。据充国传，书此事于征羌之前；通鉴因匈奴内乱，书于此以先事。备虏。月馀，单于病欧血，因不敢入，还去，即罢兵。乃使题王都犁胡次等入汉请和亲，未报。会单于死。虚闾权渠单于始立，而黜颛渠阏氏。事见二十四卷地节二年。阏氏，音烟支。颛渠阏氏即与右贤王屠耆堂私通，右贤王会龙城而去。颛渠阏氏语以单于病甚，且勿远。语，牛倨翻。后数日，单于死，用事贵人郝宿王刑未央使人召诸王，未至，师古曰：郝，音呼各翻。颛渠阏氏与其弟左大将【章：甲十五行本无"将"字；乙十一行本同。】且渠都隆奇谋，立右贤王为握衍朐鞮单于。且，子余翻。朐，音劬。鞮，丁奚翻。握衍朐鞮单于者，乌维单于耳孙也。应劭曰：耳孙，玄孙之子也；言去其高、曾益远，但耳闻之也。李斐曰：耳孙，曾孙也。晋灼曰：耳孙，玄孙之曾孙也。诸侯王表，在八世。师古曰：耳孙，诸说不同。据平纪及诸侯王表说，梁孝王玄孙之子耳孙，音仍；又匈奴传说握衍朐鞮单于，云乌维单于耳孙；以此参之，李云曾孙是也。然汉书诸处又皆云曾孙非一，不应杂两称而言。据尔雅，"曾孙之子为玄孙，玄孙之子为来孙，来孙之子为昆孙，昆孙之子为仍孙。"从己之数，是为八叶，则与晋说相同。仍、耳声相近，盖一号也。但班氏唯存古名，而计其叶数则错也。

握衍朐鞮单于立，凶恶，杀刑未央等而任用都隆奇，又尽免虚闾权渠子弟近亲而自以其子弟代之。虚闾权渠单于子稽侯狦既不得立，师古曰：狦，音先安翻，又音所奸翻；杜佑山谏翻。亡归妻父乌禅幕。师古曰：禅，音蝉。乌禅幕者，本康居、乌孙间小国，数见侵暴，数，所角翻。率其众数千人降匈奴。狐鹿姑单于以其弟子日逐王姊妻之，使长其众，居右地。师古曰：长其众，为之长帅。妻，七细翻。长，知两翻。日逐王先贤掸，郑氏曰：掸，音缠束之缠。晋灼曰：音田。师古曰：晋音是也。其父左贤王当为单于，让狐鹿姑单于，狐鹿姑单于许立之。事见二十二卷武帝太初元年。国人以故颇言日逐王当为单于。日逐王素与握衍朐鞮单于有隙，即帅其众欲降汉，帅，读曰率。降，户江翻；下同。使人至渠犁，与骑都尉郑吉相闻。吉发渠犁、龟兹诸国五万人迎日逐王口万二千人、小王将十二人，小王将者，以裨小王将兵者也。一曰匈奴左·右贤王、左·右谷蠡王、左·右大将以下，凡二十四长为大王将；其馀为小王将。将，即亮翻。随吉至河曲，黄河千里一曲，此当在金城郡界。颇有亡者，吉追斩之，遂将诣京师。将，如字，领也，挟也。汉封日逐王为归德侯。功臣表：归德侯食邑于汝南。

吉既破车师，事见上卷地节三年。降日逐，威震西域，遂并护车师以西北道，故号都护。都护之置，自吉始焉。师古曰：并护南北二道，故谓之都。都，犹大也，总也。上封吉为安远侯。功臣侯表：安远侯，食邑于汝南之慎县。吉于是中西域而立莫府，师古曰：中西域者，言最处诸国之中，远近均也。中，音竹仲翻。考异曰：百官表曰："西域都护，加官，地节二年初置。"盖误以神爵为地节也。西域传又云"神爵三年"，亦误。治乌垒城，去阳关二千七百馀里。乌垒城，与渠犁田官相近。阳关，在敦煌龙勒县西。宋白曰：伊州伊吾郡，汉伊吾卢地；宣帝时，郑吉为西域都护，治乌垒城，即此。永平末，取此地置宜禾都尉。匈奴益弱，不敢争西域，僮仆都尉由此罢。西域诸国故皆役属匈奴，匈奴西边日逐王置僮仆都尉，使领西域，常居焉耆、危须、尉犁间，赋税诸国，取富给焉。匈奴盖以僮仆视西域也。今日逐王既降，西域诸国咸服于汉，故僮仆都尉罢。都护督察乌孙、康居等三十六国动静，有变以闻，可安辑，安辑之，不可者诛伐之，汉之号令班西域矣。师古曰：班，布也。

握衍朐鞮单于更立其从兄薄胥堂为日逐王。为薄胥堂立为屠耆单于张本。从，才用翻。

5 乌孙昆弥翁归靡因长罗侯常惠上书："愿以汉外孙元贵靡

为嗣，元贵靡，楚主解忧长男也。得令复尚汉公主，结婚重亲，复，扶又翻；下同。重，直龙翻。畔绝匈奴。”诏下公卿议。下，遐稼翻；下同。大鸿胪萧望之以为：“乌孙绝域，变故难保，不可许。”胪，陵如翻。上美乌孙新立大功，谓本始二年破匈奴也。又重绝故业，师古曰：重，难也。故业，谓先与匈奴婚亲也。乃以乌孙主解忧弟相夫为公主，盛为资送而遣之，使常惠送之至敦煌。敦，音屯。未出塞，闻翁归靡死，乌孙贵人共从本约立岑娶子泥靡为昆弥，号狂王。本约见二十四卷本始二年。“岑娶”，汉书作“岑陬”。常惠上书：“愿留少主敦煌。”少，诗照翻；下同。敦，徒门翻。惠驰至乌孙，责让不立元贵靡为昆弥，还迎少主。事下公卿，望之复以“乌【章：甲十五行本“乌”上有“为”字；乙十一行本同；孔本同。】孙持两端，难约结。复，扶又翻。今少主以元贵靡不立而还，信无负于夷狄，中国之福也。少主不止，繇役将兴。”繇，古傜字通。天子从之，征还少主。考异曰：乌孙传，请昏在元康二年。望之传云“神爵二年”。按元康二年，望之未为鸿胪。盖误以神爵为元康也。

三年（壬戌、前五九）

1 春，三月，丙辰，高平宪侯魏相薨。恩泽侯表，高平侯食邑于淮阳柘县。谥法：博闻多能曰宪。夏，四月，戊辰，丙吉为丞相。吉上宽大，好礼让，好，呼到翻。不亲小事；时人以为知大体。

2 秋，七月，甲子，大鸿胪萧望之为御史大夫。

3 八月，诏曰：“吏不廉平，则治道衰。治，直吏翻；下同。今小吏皆勤事而俸禄薄，俸，扶用翻。欲无侵渔百姓，难矣！如淳曰：渔，夺也；谓夺其利便也。晋灼曰：许慎云：捕鱼之字也。师古曰：渔者，若言渔猎也。晋说是也。其益吏百石已下俸十五。”如淳曰：律：百石，奉月六百。韦昭曰：若食一石，则益五斗。考异曰：宣纪云：“益吏百石以下俸十五”。韦昭曰：若食一石，则益五斗。荀纪云：“益吏百石以下俸五十斛。”盖以十五难晓，故改之。然诏云以下，恐难指五十斛也。

4 是岁，东郡太守韩延寿为左冯翊。始，延寿为颍川太守，颍川承赵广汉构会吏民之后，构会吏民事见二十四卷本始三年。师古曰：构，结也。俗多怨雠。延寿改更，教以礼让；更，工衡翻。召故老，与议定嫁娶、丧祭仪品，略依古礼，不得过法。百姓遵用其教。卖偶车马、下里伪物者，弃之市道。张晏曰：下里，地下蒿里伪物也。师古曰：偶，谓土木为之，象真车马之形也。偶，对也。弃其物于市之道上也。黄霸代延寿居颍川，霸因其迹而大治。延寿为吏，上礼义，好古教化，好，呼到翻。所至必聘其贤士，以礼待，用广谋议，纳谏争；表孝弟有行，争，读曰诤。行，下孟翻。修治学官，师古曰：学官，谓庠序之舍也。治，直之翻。春秋乡射，陈钟鼓、管弦，盛升降、揖让；周礼地官：乡大夫以乡射之礼五物询众庶：一曰和，二曰容，三曰主皮，四曰和容，五曰兴舞。及都试讲武，设斧钺、旌旗，习射、御之事；汉诸郡以八月都试，讲武事也。如淳曰：太守、都尉、令、长、丞、尉、会都试，课殿最也。治城郭，收赋租，先明布告其日，以期会为大事。吏民敬畏，趋乡之。师古曰：趋，读曰趣。乡，读曰向。趣，七喻翻。又置正、五长，师古曰：正，若今之乡正、里正也。伍长，同伍之中置一人为长也。长，知两翻。相率以孝弟；弟，读曰悌；下孝弟同。不得舍奸人，师古曰：舍，止也。闾里阡陌有非常，吏辄闻知，奸人不敢入界。其始若烦，后吏无追捕之苦，民无箠楚之忧，师古曰：箠，杖也。楚，荆木也；即今之荆子也。箠，止橤翻。皆便安之。接待下吏，恩施甚厚而约誓明。施，式豉翻。或欺负之者，延寿痛自刻责：“岂其负之，何以至此！”师古曰：言岂我负之，其人何以为此事。吏闻者自伤悔，其县尉至自刺死。刺，七亦翻。及门下掾自刭，人救不殊，掾，于绢翻。师古曰：殊，绝也。以人救之，故身首不相绝也。刭，古顶翻。延寿涕泣，遣吏医治视，治，直之翻。厚复其家。复，方目翻。在东郡三岁，令行禁止，令之必行，禁之必止，无违者也。断狱大减，断，丁乱翻。由是入为冯翊。

延寿出行县至高陵，高陵县属左冯翊。行，下孟翻。民有昆弟相与讼田，自言。延寿大伤之，曰："幸得备位，为郡表率，不能宣明教化，至令民有骨肉争讼，既伤风化，重使贤长吏、啬夫、三老、孝弟受其耻，重，直用翻。贤长吏，谓县令、丞也。续汉志：县有啬夫，皆主知民善恶、为役先后，知民贫富、为赋多少，平其差品。三老，掌教化，凡有孝子、顺孙、贞女、义妇、让财、救患及学士为民法式者，皆扁表其民，以兴善行。贤曰：三老、孝弟、力田，三者皆乡官之名。三老，高帝置，孝弟、力田，高后置，所以劝导乡里，助成风化也。咎在冯翊，当先退！"是日，移病不听事，因入卧传舍，闭阁思过。传，知恋翻；下传相同。一县莫知所为，令、丞、啬夫、三老亦皆自系待罪。于是讼者宗族传相责让；此两昆弟深自悔，皆自髡，肉袒谢，愿以田相移，终死不敢复争。师古曰：移，犹传也。一说：兄以让弟，弟又让兄，故云相移。复，扶又翻。郡中歙然，莫不传相敕厉，不敢犯。歙，与翕同，许及翻。延寿恩信周遍二十四县，冯翊统高陵、栎阳、翟道、池阳、夏阳、衙、粟邑、谷口、莲勺、鄜、频阳、临晋、重泉、郃阳、祋祤、武城、沈阳、褱德、征、云陵、万年、长陵、阳陵、云阳二十四县。莫敢以辞讼自言者。推其至诚，吏民不忍欺绐。师古曰：绐，诳也，音荡亥翻。

5 匈奴单于又杀先贤掸两弟；乌禅幕请之，不听，心恚。师古曰：恚，恨也，音於避翻。其后左奥鞬王死，单于自立其小子为奥鞬王，留庭。留单于庭也。奥鞬贵人共立故奥鞬王子为王，师古曰：奥，音郁。鞬，音居言翻。与俱东徙。单于右丞相将万骑往击之。失亡数千人，不胜。

容肇祖标点顾颉刚聂崇岐覆校

资治通鉴卷第二十七

翰林学士朝散大夫右谏议大夫知制诰兼侍讲
同提举万寿观公事兼判集贤院上护军 司马光 奉敕编集
河内郡开国侯食邑一千三百户赐紫金鱼袋臣

后学天台 胡三省 音注

汉纪十九 起昭阳大渊献（癸亥），尽玄黓涒滩（壬申），凡十年。

中宗孝宣皇帝下

神爵四年（癸亥、前五八）

1 春，二月，以凤皇、甘露降集京师，赦天下。

2 颍川太守黄霸在郡前后八年，地节四年，颍川太守让入为左冯翊，以霸为颍川太守。至元康三年，霸入守京兆尹；数月，还故官，至是适九年；中间入尹京，是在颍川前后八年。政事愈治；治，直吏翻；下为治、政治同。是时凤皇、神爵数集郡国，数，所角翻。颍川尤多。夏，四月，诏曰："颍川太守霸，宣明【章：甲十五行本"明"作"布"；乙十一行本同；孔本同。】诏令，百姓乡化，孝子、弟弟、乡，读曰向。弟弟，上读曰悌。贞妇、顺孙日以众多，田者让畔，师古曰：畔，田界也。道不拾遗，养视鳏寡，赡助贫穷，狱或八年无重罪囚；其赐爵关内侯、黄金百斤、秩中二千石。"而颍川孝、弟、有行义民，行，下孟翻。三老、力田皆以差赐爵及帛。后数月，征霸为太子太傅。

3 五月，匈奴单于遣弟呼留若王胜之来朝。师古曰：呼留若者，王之号也。胜之，其人名。考异曰：匈奴传："握衍朐鞮单于立，复修和亲，遣弟伊酋若王胜之入汉献见。"盖即谓此也。

4 冬，十月，凤皇十一集杜陵。

5 河南太守【章：甲十五行本"守"下有"东海"二字；乙十一行本同；孔本同；张校同。】严延年为治阴鸷酷烈，众人所谓当死者一朝出之，所谓当生者诡杀之，师古曰：诡，违正理而杀也。吏民莫能测其意深浅，战栗不敢犯禁。冬月，传属县囚会论府上，传，知恋翻，又直恋翻。师古曰：总集郡府而论杀。流血数里，河南号曰"屠伯"。邓展曰：言延年杀人，如屠儿之杀六畜也。伯，长也。延年素轻黄霸为人，及比郡为守，师古曰：比，接近也，音频二翻。褒赏反在己前，心内不服。河南界中又有蝗虫，府丞义出行蝗，行，下孟翻。还，见延年。延年曰："此蝗岂凤皇食邪？"义年老，颇悖，师古曰：悖，心恶惑也，音布内翻。素畏延年，恐见中伤。延年本尝与义俱为丞相史，实亲厚之，馈遗之甚厚。中，竹仲翻。遗，于季翻。义愈益恐，自筮，得死卦，忽忽不乐，乐，音洛。取告至长安，师古曰：取告，取休假也。上书言延年罪名十事；已拜奏，因饮药自杀，以明不欺。事下御史丞按验，百官表：御史大夫有两丞，秩千石；一曰中丞。下，遐稼翻。得其语言怨望、诽谤政治数事。十一月，延年坐不道，弃市。

初，延年母从东海来，欲从延年腊；风俗通引礼传曰：夏曰嘉平，殷曰清祀，周曰大蜡，汉改曰腊。腊者，猎也，因猎取兽以祭先祖。或曰：新故交接，大祭以报功也。蔡邕独断曰：腊者，岁终大祭，纵吏民宴饮。高堂隆曰：王者各以其行之盛祖，以其终腊。水始于申，盛于子，终于辰，故水行之君以子祖、辰腊。火始于寅，盛于午，终于戌，故火行之君以午祖、戌腊。木始于亥，盛于卯，终于未，故木行之君以卯祖、未腊。金始于巳，盛于酉，终于丑，故金行之君以酉祖、丑腊。土始于未，盛于戌，终于辰，故土行之君以戌祖、辰腊。师古曰：建丑之月为腊祭，因会饮，若今之蜡节也。到洛阳，适见报囚，师古曰：奏报行决也。原父曰：检寻前后，直谓断决囚为报耳，非奏得报也。如今有司书囚罪，长吏判准断，是所谓报也。母大惊，使【章：甲十五行本“使”作“便”；乙十一行本同；孔本同。】止都亭，凡郡县皆有都亭。秦法，十里一亭，郡县治所则置都亭。不肯入府。延年出至都亭谒母，母闭阁不见。延年免冠顿首阁下，良久，母乃见之，因数责延年：数，所具翻。“幸得备郡守，专治千里，守，式又翻。治，直之翻。不闻仁爱教化，有以全安愚民；顾乘刑罚，多刑杀人，师古曰：顾，反也。乘，因也。欲以立威，岂为民父母意哉！”延年服罪，重顿首谢，师古曰：重，音直用翻。因【章：甲十五行本“因”下有“自”字；乙十一行本同；孔本同。】为母御归府舍。为，于伪翻；下同。母毕正腊，师古曰：腊及正岁礼毕也。正，音之盈翻。谓延年曰：“天道神明，人不可独杀。师古曰：言多杀人者，己亦当死也。我不意当老见壮子被刑戮也！师古曰：言素意不谓如此也。行矣，去汝东归，扫除墓地耳！”师古曰：言待其丧至也。遂去，归郡，见昆弟、宗人，复为言之。后岁余，果败，东海莫不贤智其母。师古曰：称其贤智也。

6 匈奴握衍朐鞮单于暴虐，好杀伐，好，呼到翻。国中不附。及太子、左贤王数谗左地贵人，左地贵人，谓左谷蠡王以下至左大当户统兵者也。数，所角翻。左地贵人皆怨。会乌桓击匈奴东边姑夕王，颇得人民，单于怒。姑夕王恐，即与乌禅幕及左地贵人共立稽侯狦为呼韩邪单于，狦，先安翻，又所奸翻。发左地兵四五万人，西击握衍朐鞮单于，至姑且水北。师古曰：且，音子余翻。未战，握衍朐鞮单于兵败走，使人报其弟右贤王曰：“匈奴共攻我，若肯发兵助我乎？”师古曰：若，汝也；此下亦同。右贤王曰：“若不爱人，杀昆弟、诸贵人。各自死若处，无来污我！”师古曰：言于汝所居处自死。污，乌故翻。握衍朐鞮单于恚，自杀。恚，於避翻。左大且渠都隆奇亡之右贤王所，都隆奇，本立握衍朐鞮单于，故亡。且，子余翻。其民尽降呼韩邪单于。降，户江翻。呼韩【章：甲十五行本“韩”下有“邪”字；乙十一行本同；孔本同。】单于归庭；数月，罢兵，使各归故地，乃收其兄呼屠吾斯在民间者，立为左谷蠡王，谷，音鹿。蠡，卢奚翻；下同。使人告右贤贵人，欲令杀右贤王。其冬，都隆奇与右贤王共立日逐王薄胥堂为屠耆单于，发兵数万人东袭呼韩邪单于，呼韩邪单于兵败走。屠耆单于还，以其长子都涂吾西为左谷蠡王，少子姑瞀楼头为右谷蠡王，留居单于庭。屠耆使二子守单于庭，而身西还也。师古曰：瞀，音莫构翻。

五凤元年（甲子、前五七）

1 春，正月，上幸甘泉，郊泰畤。畤，音止。

2 皇太子冠。冠，古玩翻。考异曰：按宣纪，太子冠在此年，而荀纪于元康三年疑二疏去位事已云皇太子冠，至是又重复言之，盖误也。

3 秋，七月，【章：甲十五行本无“七月”二字；乙十一行本同。】匈奴屠耆单于使先贤掸兄右奥鞬王与乌藉都尉各二万骑屯东方，以备呼韩邪单于。掸，音缠，又音田。是时西方呼揭王来与唯犁当户谋，师古曰：揭，音丘例翻。唯，音弋癸翻。共谗右贤王，言欲自立为单于。屠耆单于杀右贤王父子；后知其冤，复杀唯犁当户，复，扶又翻。于是呼揭王恐，遂畔去，自立为呼揭单于。右奥鞬王闻之，即自立为车犁单于。奥，音郁。鞬，居言翻。乌藉都尉亦自立为乌藉单于。凡五单于。屠耆单于自将兵东击车犁单于，使都隆奇击乌藉。乌藉、车犁皆败，西北走，与呼揭单于兵合为四万人。乌藉、呼揭皆去单于号，去，羌吕翻。共并力尊辅车犁单于。屠耆单于闻之，使左大将、都尉将四万骑分屯东方，以备呼韩邪单于，自将四万骑西击车犁单于。车犁单于败，西北走。屠耆单于即引兵西南留闟敦地。师古曰：闟，音蹋。敦，音顿，又音对。

汉议者多曰：“匈奴为害日久，可因其坏乱，举兵灭之。”

诏问御史大夫萧望之，对曰："春秋，晋士匄帅师侵齐，闻齐侯卒，引师而还，君子大其不伐丧，师古曰：士匄，晋大夫范宣子也。公羊传：襄十九年，齐侯环卒。晋士匄帅师侵齐，至谷，闻齐侯卒，乃还。还者何？善辞也，大其不伐丧也。卒，子恤翻。以为恩足以服孝子，谊足以动诸侯。前单于慕化乡善，称弟，苏林曰：弟，顺也。师古曰：乡，读曰向。弟，音悌。仲冯曰：汉与匈奴尝约为兄弟，此弟直自为弟耳。遣使请求和亲，海内欣然，夷狄莫不闻。未终奉约，不幸为贼臣所杀；今而伐之，是乘乱而幸灾也，彼必奔走远遁。不以义动，兵恐劳而无功。宜遣使者吊问，辅其微弱，救其灾患；四夷闻之，咸贵中国之仁义。如遂蒙恩得复其位，必称臣服从，此德之盛也。"上从其议。

4 冬，十有二月，乙酉朔，日有食之。

5 韩延寿代萧望之为左冯翊。望之闻延寿在东郡时放散官钱千馀万，使御史案之。师古曰：望之以延寿代己为冯翊，而有能名出己之上，故忌害之，欲陷以罪法。延寿闻知，即部吏案校望之在冯翊时廪牺官钱放散百馀万。左冯翊属官有廪牺令、丞、尉。师古曰：廪，主藏谷；牺，主养牲；皆所以供祭祀也。校，居孝翻。望之自奏："职在总领天下，闻事不敢不问，而为延寿所拘持。"上由是不直延寿，各令穷竟所考。望之卒无事实。卒，子恤翻。而望之遣御史案东郡者，得其试骑士日【章：甲十五行本"日"下有"车服侍卫"四字；乙十一行本同；孔本同；退斋校同。】奢僭逾制；师古曰：试骑士，每岁大试也。余谓即都试也。据延寿传：治饰兵车，画龙、虎、朱爵。延寿衣黄纨方领，驾四马，傅总，建幢棨、植羽葆，鼓车、歌车。功曹引车，皆驾四马，建棨戟。五骑为伍，分左右部，军假司马、千人持幢旁毂。歌者先居射室，望见延寿车，嗷咷楚歌。延寿坐射室，骑吏持戟夹陛列立，骑士从者带弓鞬罗后。令骑士、兵车四面营陈，被甲鞮鍪，居马上，抱弩负籣。又使骑士戏车、弄马、盗骖。所谓奢僭逾制者也。嗷，音叫。咷，音他钓翻。又取官铜物，候月食铸刀剑，【章：甲十五行本无“剑”字；乙十一行本同。】效尚方事；据刘向传，上令典尚方铸作事。师古注曰：尚方，铸巧作金银之所，若今之中尚署。又汉制尚方主作御刀剑。及取官钱【章：十五行本“钱”下有“帛”字；乙十一行本同；孔本同；张校同。】私假徭使吏；师古曰：假，谓顾赁也。及治饰车甲三百万以上。治，直之翻。延寿竟坐狡猾不道，弃市。吏民数千人送至渭城，老小扶持车毂，争奏酒炙。师古曰：奏，进也。炙，之夜翻，燔肉也。延寿不忍距逆，人人为饮，为，于伪翻。计饮酒石馀。使掾、史分谢送者："远苦吏民，延寿死无所恨！"百姓莫不流涕。

二年（乙丑、前五六）

1 春，正月，上幸甘泉，郊泰畤。考异曰：宣纪云："三月，行幸甘泉。"荀纪作"正月"。按汉制，常以正月郊祀。盖荀悦作纪之时，本犹未误也。又杨恽传曰："行必不至河东矣。"盖时亦幸河东祠后土，史脱之也。

2 车骑将军韩增薨。五月，将军许延寿为大司马、车骑大将军。

3 丞相丙吉年老，上重之。萧望之意常轻吉，上由是不悦。丞相司直奏望之遇丞相礼节倨慢，时繁延寿为丞相司直。师古曰：繁，音婆。又使吏买卖，私所附益凡十万三千，师古曰：使其吏为望之家有所买卖，而吏以其私钱增益之，用润望之也。请逮捕系治。秋，八月，壬午，诏左迁望之为太子太傅；以太子太傅黄霸为御史大夫。

4 匈奴呼韩邪单于遣其弟右谷蠡王等西袭屠耆单于屯兵，杀略万馀人。谷蠡，音鹿黎。屠耆单于闻之，即自将六万骑击呼韩邪单于。屠耆单于兵败，自杀。都隆奇乃与屠耆少子右谷蠡王姑瞀楼头亡归汉。车犁单于东降呼韩邪单于。降，户江翻；下同。冬，十一月，呼韩邪单于左大将乌厉屈与父呼遬累乌厉温敦皆见匈奴乱，率其众数万人降汉；封乌厉屈为新城侯，乌厉温敦为义阳侯。师古曰：呼遬累，其官号也。遬，古速字。累，音力追翻。功臣侯表，新城侯食邑于汝南之细阳；义阳侯食邑于南阳之平氏。考异曰：宣纪："匈奴呼遬累单于帅众来降。"功臣表："信成侯，王定以匈奴乌桓屠蓦单于子左大将军率众降，侯。义阳侯，厉温敦以匈奴呼连累单于率众降，侯。"此即屈与敦也。未尝为单于，或降时自称单于；或纪、表二者误也。是时李陵子复立乌藉都尉为单于，复，扶又翻。呼韩邪单于捕斩之；遂复都单于庭，然众裁数万人。屠耆单于从弟休旬王自立为闰振单于，在西边；从，才用翻。呼韩邪单于兄左贤王呼屠吾斯亦自立为郅支骨都侯单于，在东边。

5 光禄勋平通侯杨恽，功臣侯表，平通侯食邑于汝南之博阳。廉洁无私；然伐其行能，伐，矜也。行，身所行也。能，才所堪也。行，下孟翻。又性刻害，好发人阴伏，好，呼到翻。由是多怨于朝廷。与太仆戴长乐相失；乐，音洛。人有上书告长乐罪，长乐疑恽教人告之，亦上书告恽罪曰："恽上书讼韩延寿，郎中丘常谓恽曰：'闻君侯讼韩冯翊，当得活乎？'恽曰：'事何容易，易，以豉翻。胫胫者未必全也！师古曰：胫胫，直貌也。胫，下顶翻。我不能自保，师古曰：言我尚不能自保，讼人何以得活。真人所谓"鼠不容穴，衔窭数"者也。'李奇曰：真人，正人也。如淳曰：所以不容穴，正坐衔窭数自妨，故不得入穴也。师古曰：窭数，戴盆器也。以盆盛物戴于头者，则以窭数荐之。今卖白团饼人所用者是也。窭，音其羽翻。数，音山羽翻。又语长乐曰：语，牛倨翻。'正月以来，天阴不雨，此春秋所记，夏侯君所言。'"张晏曰：夏侯胜谏昌邑王曰："天久阴不雨，臣下必有谋上者。"春秋无久阴不雨之异也。汉史记胜所言，故曰春秋所记，谓说春秋灾异耳。师古曰：春秋有不雨事，说者因论久阴，附著之也。张晏谓汉史为春秋，失之矣。事下廷尉。下，遐稼翻。廷尉定国奏恽怨望，为訞恶言，于定国也。訞，与妖同。大逆不道。上不忍加诛，有诏皆免恽、长乐为庶人。考异曰：宣纪："十二月，杨恽坐前为光禄勋有罪，免为庶人。不悔过，怨望，大逆不道，要斩。"荀纪因而用之。恽传："恽与孙会宗书曰：'臣之得罪已三年矣。'"又因日食之变，驺马猥佐成上书告恽罪，下狱死。又杨谭称杜延年为御史大夫。按百官表，恽以神爵元年为光禄勋，五年免。戴长乐亦以其年为太仆，五年免。杜延年以五凤三年，六月，辛酉为御史大夫。又按萧望之传："使光禄勋恽策免望之"，其事在今年八月，恽犹为光禄勋。至四年四月，乃有日蚀之变。盖恽以今年十二月免为庶人，至四年乃死。宣纪误也。

三年（丙寅、前五五）

1 春，正月，癸卯，博阳定侯丙吉薨。

班固赞曰：古之制名，必由象类，远取诸物，近取诸身。易大传有是言。故经谓君为元首，臣为股肱，师古曰：谓虞书益稷云："元首明哉，股肱良哉"也。明其一体相待而成也。是故君臣相配，古今常道，自然之势也。近观汉相，高祖开基，萧、曹为冠；师古曰：名位在众人之上也。余谓此言其相业冠群后耳。冠，古玩翻。孝宣中兴，丙、魏有声。是时黜陟有序，黜，降也。陟，升也。众职修理，公卿多称其位，称，尺证翻。海内兴于礼让。览其行事，岂虚虖哉！师古曰：言君明臣贤，所以致治，非徒然。

2 二月，壬辰，黄霸为丞相。霸材长于治民，及为丞相，功名损于治郡。治，直之翻。时京兆尹张敞舍鹖雀飞集丞相府，苏林曰：今虎贲所著鹖也。师古曰：苏说非也。此鹖，音芥，字本作鳻，此通用耳。鳻雀大而色青，出羌中，非武贲所著也。武贲鹖者色黑，出上党，以其斗死不止，故用其羽饰武臣首云，今时俗所谓鹖鸡者也；音曷，非此鳻雀也。霸以为神雀，议欲以闻。敞奏霸曰："窃见丞相请与中二千石、博士杂问郡、国上计长史、守丞为民兴利除害，成大化，为，于伪翻。条其对。有耕者让畔，男女异路，道不拾遗，及举孝子、贞妇者为一辈，先上殿；师古曰：丞相所坐屋也。古者屋之高严，通呼为殿，不必宫中也。余据郑玄周礼注，汉司徒府有天子以下大会殿。后汉之司徒府，则前汉之丞相府也。举而不知其人数者，次之；不为条教者在后。叩头谢丞相，口虽不言，而心欲其为之也。长史、守丞对时，臣敞舍有鹖雀飞止丞相府屋上，丞相以下见者数百人。边吏多知鹖雀者，问之，皆阳不知。丞相图议上奏师古曰：图，谋也。曰：'臣问上计长史、守丞以兴化条，师古曰：凡言条者，一一而疏举之，若木条然也。皇天报下神爵。'后知从臣敞舍来，乃止。郡国吏窃笑丞相仁厚有知略，知，与智同。微信奇怪也。臣敞非敢毁丞相也，诚恐群臣莫白，恐群臣莫敢白其事也。而长史、守丞畏丞相指，归舍法令，各为私教，师古曰：舍，废也，读曰捨。务相增加，浇淳散朴，师古曰：不杂为淳，以水浇之则味漓薄。朴，大质也。割之，散也。并行伪貌，有名亡实，亡，古无字通。倾摇解怠，师古曰：解，读曰懈。甚者为妖。妖，于骄翻。假令京师先行让畔、异路、道不拾遗，其实亡益廉贪、贞淫之行，亡，古无字通。行，下孟翻。而以伪先天下，先，悉荐翻。固未可也。即诸侯先行之，伪声轶于京师，师古曰：轶，过也，音逸。非细事也。汉家承敝通变，造起律令，所以劝善禁奸，条贯详备，不可复加。复，扶又翻。宜令贵臣明饬长史、守丞，师古曰：饬，读与敕同。归告二千石，举三老、孝弟、力田、孝廉、廉吏，务得其人，郡事皆以法令为【章：甲十五行本无"为"字；乙十一行本同；孔本同。】检式，师古曰：检，局也，音居俭翻。毋得擅为条教；敢挟诈伪以奸名誉者，必先受戮，师古曰：奸，求也，音干。以正明好恶。"好，呼到翻。恶，乌路翻。天子嘉纳敞言，召上计吏，使侍中临饬，如敞指意。霸甚惭。

又，乐陵侯史高以外属旧恩侍中，贵重，乐陵县，属平原郡。师古曰：乐，音来各翻。史高者，帝祖母史良娣兄恭之长子。霸荐高可太尉。天子使尚书召问霸："太尉官罢久矣。尚书，属少府。成帝建始四年，增置为五员。自文帝罢太尉官，至景帝以周亚夫为太尉，寻罢。至武帝，以田蚡为太尉；罢后，不复除授。夫宣明教化，通达幽隐，使狱无冤刑，邑无盗贼，君之职也。将相之官，朕之任焉。师古曰：言欲拜将相，自在朕也。侍中、乐陵侯高，帷幄近臣，朕之所自亲，师古曰：言具知其材质。君何越职而举之？”丞相职，总百官，进贤退不肖。霸荐史高，以为所荐非其人可也，以为越职则非也。盖自武帝以来，丞相之失其职也久矣。尚书令受丞相对，后汉志：尚书令，承秦所置。武帝用宦者更为中书谒者令。成帝用士人，复故，掌凡选署及奏下尚书曹文书众事。帝既使尚书召问霸，故使尚书令受其对也。尚书令、中书令，沈约以为两官。注已见前。霸免冠谢罪，数日，乃决，师古曰：乃得免罪也。自是后不敢复有所请。复，扶又翻。然自汉兴，言治民吏，以霸为首。治，直之翻。

3 三月，上幸河东，祠后土。减天下口钱；如淳曰：汉仪注：民年七岁至十四出口赋钱，人二十三：二十钱以食天子；其三钱者，武帝加口钱以补车骑马。赦天下【章：甲十五行本无“天下”二字；乙十一行本同；孔本同。】殊死以下。

4 六月，辛酉，以西河太守杜延年为御史大夫。考异曰：荀纪作“辛巳”，百官表作“辛酉”。按长历，此月丙午朔，无辛巳。

5 置西河、北地属国以处匈奴降者。处，昌吕翻。

6 广陵厉王胥使巫李女须祝诅上，求为天子。师古曰：女须者，巫之名也。祝，职救翻。诅，庄助翻。事觉，药杀巫及宫人二十馀人以绝口。公卿请诛胥。

四年（丁卯、前五四）

1 春，胥自杀。

2 匈奴单于称臣，遣弟右【章：甲十五行本无“右”字；乙十一行本同；孔本同。】谷蠡王入侍。考异曰：按匈奴传：“呼韩邪称臣，即遣铢娄渠堂入侍，”事在明年。时匈奴有三单于，不知此单于为谁也。余按通鉴据班纪而书此事，又参考匈奴传以明其异。以边塞亡寇，亡，古无字通。减戍卒什二。

3 大司农中丞耿寿昌奏言：“岁数丰穰，谷贱，农人少利。时谷石五钱，所谓谷贱伤农者也。数，所角翻。少，诗沼翻。故事：岁漕关东谷四百万斛以给京师，用卒六万人。宜籴三辅、弘农、河东、上党、太原郡谷，足供京师，可以省关东漕卒过半。”上从其计。寿昌又白：“令边郡皆筑仓，以谷贱增其贾而籴，【章：甲十五行本“籴”下有“以利农”三字；乙十一行本同；孔本同；张校同；退斋校同。】谷贵时减贾而粜，贾，读曰价。名曰常平仓。”常平仓始此。民便之。上乃下诏赐寿昌爵关内侯。

4 夏，四月，辛丑朔，日有食之。

5 杨恽既失爵位，家居治产业，以财自娱。其友人安定太守西河孙会宗与恽书，谏戒之，为言“大臣废退，当阖门惶惧，为可怜之意；师古曰：阖，闭也。为，于伪翻。不当治产业，通宾客，有称誉。”治，直之翻。恽，宰相子，恽，宰相杨敞之子也。有材能，少显朝廷，少，诗照翻。一朝以晻昧语言见废，晻，与暗同。内怀不服，报会宗书曰：“窃自思念，过已大矣，行已亏矣，行，下孟翻。常为农夫以没世矣，是故身率妻子，戮力耕桑，不意当复用此为讥议也！复，扶又翻。夫人情所不能止者，圣人弗禁；故君、父至尊、亲，送其终也，有时而既。师古曰：君至尊，父至亲。张晏曰：丧不过三年；臣见放逐，降居三月复初。师古曰：既，已也。原父曰：恽但云送终三年，本不及放逐三月也。余谓恽之比言，实因废弃而有怨望之意。臣之得罪，已三年矣，田家作苦，岁时伏腊，作苦，谓耕作劳苦也。史记：秦作伏祠，改蜡曰腊。释名曰：伏者，金气伏藏之日也。金畏火，故三伏皆庚日。历忌曰：四时代谢，皆以相生。至于立秋，以金代火。金畏火，故庚日必伏。毛晃曰：夏有三伏，冬有腊，故称岁时伏腊。烹羊，炰羔，师古曰：炰羔，炙肉也，即今所谓爊也。余按羊子曰羔，未离乳者也；其肉嫩美。炰，音步交翻。斗酒自劳，劳，音来到翻。酒后耳热，仰天拊缶而呼乌乌，应劭曰：缶，瓦器也；秦人击之以节歌。师古曰：缶，即今之盆类也。李斯上秦王书云：“击瓮，叩缶，弹筝，搏髀而歌呼乌乌快耳者，真秦声也。”是关中旧有此曲。其诗曰：‘田彼南山，芜秽不治；种一顷豆，落而为萁。治田曰田，音堂练翻。诗云：无田甫田。张晏曰：山高而在阳，人君之象也。芜秽不治，言朝廷之荒乱也。一顷，百亩；以喻百官也。言豆贞实之物，当在囷仓，零落在野，喻己见放弃也。萁，曲而不直，言朝臣皆谄谀也。师古曰：萁，豆茎也，音基。治，直之翻。人生行乐耳，乐，音洛。须富贵何时！'师古曰：须，待也。诚荒淫无度，不知其不可也。"师古曰：自谓为可也。又恽兄子安平侯谭恽兄忠，袭父敞爵。安平侯忠卒，谭嗣。谓恽曰："侯罪薄，又有功，谓恽有发霍氏谋反之功也。且复用！"复，扶又翻。恽曰："有功何益！县官不足为尽力。"为，于伪翻。谭曰："县官实然。盖司隶、韩冯翊皆尽力吏也，俱坐事诛。"盖司隶事见上卷神爵二年。韩冯翊事见上元年。盖，古盍翻。会有日食之变，驺马猥佐成上书告"恽骄奢，不悔过。如淳曰：驺马，以给驺使乘之；佐，主猥马吏也，有史有佐，名成也。日食之咎，此人所致。"章下廷尉，按验，得所予会宗书，帝见而恶之。下，遐稼翻。予，读曰与。恶，乌路翻。廷尉当恽大逆无道，要斩；师古曰：当，谓处断其罪。要，与腰同。妻子徙酒泉郡；谭坐免为庶人，诸在位与恽厚善者，未央卫尉韦玄成及孙会宗等，皆免官。

臣光曰：以孝宣之明，魏相、丙吉为丞相，于定国为廷尉，而赵、盖、韩、杨之死皆不厌众心，厌，于赡翻，满也。【章：甲十五行本"心"下有"惜哉"二字；乙十一行本同；孔本同；张校同；退斋校同。】其为善政之累大矣！累，力瑞翻。周官司寇之法，有议贤、议能，周官：小司寇之职，以八辟丽邦法，附刑罚，三曰议贤之辟，四曰议能之辟。郑玄注曰：贤，谓有德行者。能，谓有道艺者。郑众曰：若今时廉吏有罪先请，是也。若广汉、延寿之治民，可不谓能乎！治，直之翻。宽饶、恽之刚直，可不谓贤乎！然则虽有死罪，犹将宥之，况罪不足以死乎！扬子以韩冯翊之愬萧为臣之自失。扬子：或问臣之自失，曰：韩冯翊之愬萧，赵京兆之犯魏。夫所以使延寿犯上者，望之激之也。

上不之察，而延寿独蒙其辜，不亦甚哉！

6 匈奴闰振单于率其众东击郅支单于。郅支与战，杀之，并其兵；遂进攻呼韩邪。呼韩邪兵败走，郅支都单于庭。郅支忘呼韩邪树立之恩，以兄弟而寻干戈，为汉所诛，宜矣。

甘露元年（戊辰、前五三）以甘露降纪元。说文：露，润泽也。五经通义：和气津凝为露也。蔡邕月令曰：露者，阴之液也。

1 春，正月，行幸甘泉，郊泰畤。

2 杨恽之诛也，公卿奏京兆尹张敞，恽之党友，不宜处位。处，昌吕翻。上惜敞材，独寝其奏，不下。师古曰：天子惜敞，故留所奏事不出。下，遐稼翻。敞使掾絮舜有所案验，李奇曰：絮，音挐。师古曰：絮，姓也，音女居翻，又音人馀翻。舜，其名。舜私归其家曰："五日京兆耳，舜以敞被奏当免，在位不久也。安能复案事！"复，扶又翻。敞闻舜语，即部吏收舜系狱，昼夜验治，竟致其死事。罪不至死，而以事致之，所谓文致也。治，直之翻。舜当出死，敞使主簿持教告舜曰："五日京兆竟何如？冬月已尽，延命乎？"主簿，处郡阁下，主文簿，因以名官。师古曰：言汝不欲望延汝命乎！乃弃舜市。会立春，行冤狱使者出，行，下孟翻。舜家载尸并编敞教，师古曰：编，联也；联之于章前也。自言使者。使者奏敞贼杀不辜。上欲令敞得自便，师古曰：从轻法以免也。即先下敞前坐杨恽奏，免为庶人。下，遐稼翻。敞诣阙上印绶，上，时掌翻。便从阙下亡命。此即令之得自便也。师古曰：亡命，不还其本县邑也。贤曰：命，名也。谓脱其名籍而逃亡。数月，京师吏民解弛，师古曰：弛，放也。解，读曰懈，或如字。枹鼓数起，盗贼多也。枹，音肤。数，所角翻；下同。而冀州部中有大贼，天子思敞功效，使使者即家在所召敞。师古曰：就其所居处而召之。敞身被重劾，师古曰：谓前有贼杀不辜之事。劾，户概翻；下同。及使者至，妻子家室皆泣，【章：甲十五行本"泣"下有"惶惧"二字；乙十一行本同；孔本同；张校同；退斋校同。】而敞独笑曰："吾身亡命为民，郡吏当就捕。今使者来，此天子欲用我也。"装随使者，治行装而随使者也。诣公车上书曰："臣前幸得备位列卿，待罪京兆，西都之制，为三辅者列于九卿。待罪者，谦言也。谓身居其官而不称职，则将有瘝旷之罪，故谓居职为待罪。西都之臣率有是言。坐杀掾絮舜。舜本臣敞素所厚吏，数蒙恩贷；师古曰：贷，音土带翻。宥罪曰贷。以臣有章劾当免，受记考事，师古曰：记，书也；若今之州县为符教也。便归卧家，谓臣五日京兆。背恩忘义，背，蒲妹翻。伤薄俗化。臣窃以舜无状，枉法以诛之。臣敞贼杀不辜，鞫狱故不直，虽伏明法，死无所恨！"天子引见敞，见，贤遍翻。拜为冀州刺史。冀州部魏郡、钜鹿、常山、清河等郡；广平、真定、中山、信都、河间等国。考异曰：荀纪载于五凤二年，因杨恽事，并致此误也。百官表："敞以神爵元年为京兆尹，八年免"。敞传云："为京兆九岁免。"敞到部，盗贼屏迹。屏，必郢翻。

3 皇太子柔仁好儒，见上所用多文法吏，以刑绳下，常【章：甲十五行本"常"作"尝"；乙十一行本同。】侍燕从容言："陛下持刑太深，宜用儒生。"好，呼到翻；下同。从，千容翻。帝作色曰：师古曰：作，动也。意怒故动色。"汉家自有制度，本以霸王道杂之；奈何纯任德教，用周政乎！师古曰：姬周之政。且俗儒不达时宜，风俗通曰：儒者，区也，言其区别古今。居则玩圣哲之辞，动则行典籍之道，稽先王之制，立当时之事，此通儒也。若能纳而不能出，能言而不能行，讲诵而已，无能往来，此俗儒也。好是古非今，使人眩于名实，师古曰：眩，乱视也，音胡眄翻。不知所守，何足委任！"乃叹曰："乱我家者太子也！"

臣光曰：王霸无异道。昔三代之隆，礼乐、征伐自天子出，则谓之王。天子微弱不能治诸侯，诸侯有能率其与国同讨不庭以尊王室者，则谓之霸。庭，直也。不庭，不直也。一说以诸侯不朝为不庭。治，直之翻。其所以行之也，皆本仁祖义，任贤使能，赏善罚恶，禁暴诛乱；顾名位有尊卑，德泽有深浅，功业有巨细，政令有广狭耳，非若白黑、甘苦之相反也。汉之所以不能复三代之治者，由人主之不为，非先王之道不可复行于后世也。复，扶又翻。夫儒有君子，有小人。论语：孔子谓子夏曰：汝为君子儒，毋为小人儒。谢显道为之说曰：志于义则大，是以谓之君子；志于利则小，是以谓之小人。彼俗儒者，诚不足与为治也，治，直吏翻；下同。独不可求真儒而用之乎！稷、契、皋陶、伯益、伊尹、周公、孔子，皆大儒也，契，息列翻。陶，音遥。使汉得而用之，功烈岂若是而止邪！孝宣谓太子懦而不立，暗于治体，必乱我家，则可矣；乃曰王道不可行，儒者不可用，岂不过哉！非【章：甲十五行本“过”下有“甚矣”二字；乙十一行本同；孔本同。甲十五行本“非”上有“殆”字；乙十一行本同；孔本同。】所以训示子孙，垂法将来者也。

4 淮阳宪王好法律，淮阳王钦，上次子也。好，呼到翻。聪达有材；王母张倢伃尤幸。倢伃，音接予。上由是疏太子而爱淮阳宪王，数嗟叹宪王曰："真我子也！"常有意欲立宪王，然用太子起于微细，上少依倚许氏，疏，读曰疎。数，所角翻。少，诗照翻。依倚许氏事见二十四卷昭帝元平元年。及即位而许后以杀死，事见二十四卷本始三年。故弗忍也。久之，上拜韦玄成为淮阳中尉，以玄成尝让爵于兄，事见二十五卷元康四年。欲以感谕宪王；由是太子遂安。

5 匈奴呼韩邪单于之败也，左伊秩訾王为呼韩邪计，师古曰：訾，音子移翻。劝令称臣入朝事汉，从汉求助，如此，匈奴乃定。呼韩邪问诸大臣，皆曰："不可。匈奴之俗，本上气力而下服役，师古曰：以服役于人为下。以马上战斗为国，故有威名于百蛮。战死，壮士所有也。师古曰：言人皆有此事耳。余谓壮士健斗则战死，乃本分必有之事。今兄弟争国，不在兄则在弟，郅支，兄也。呼韩邪，弟也。虽死犹有威名，子孙常长诸国。师古曰：为诸国之长帅也。长，知两翻；下同。汉虽强，犹不能兼并匈奴；奈何乱先古之制，臣事于汉，卑辱先单于，师古曰：言忝辱之，更令卑下也。余谓此言先单于与汉争为长雄，而今单于臣事之，是卑辱先单于于地下也。为诸国所笑！虽如是而安，何以复长百蛮！"复，扶又翻。左伊秩訾曰："不然，强弱有时。今汉方盛，乌孙城郭诸国皆为臣妾。自且鞮侯单于以来，匈奴日削，不能取复，且鞮侯单于，呼韩邪之曾祖也。复，报也。且，子余翻。虽屈强于此，师古曰：屈，音其勿翻。未尝一日安也。今事汉则安存，不事则危亡，计何以过此！"诸大人相难久之。难，乃旦翻。呼韩邪从其计，从左伊秩訾王之计也。引众南近塞，近，其靳翻。遣子右贤王铢娄渠堂入侍。师古曰：铢，音殊。娄，音力于翻。郅支单于亦遣子右大将驹于利受入侍。

6 二月，丁巳，乐成敬侯许延寿薨。恩泽侯表，乐成侯食邑于南阳之平氏。

7 夏，四月，黄龙见新丰。见，贤遍翻。

8 丙申，太上皇庙火；甲辰，孝文庙火；上素服五日。

9 乌孙狂王复尚楚主解忧，复，扶又翻。生一男鸱靡，不与主和；又暴恶失众。汉使卫司马魏和意、副侯任昌至乌孙。侯，卫侯也；为和意之副。任，音壬。公主言："狂王为乌孙所患苦，易诛也。"易，以豉翻。遂谋置酒，使士拔剑击之。剑旁下，师古曰：不正下也。狂王伤，上马驰去。其子细沈瘦会兵围和意、昌及公主于赤谷城；师古曰：瘦，音搜。赤谷城，乌孙国都，去长安八千九百里。数月，都护郑吉发诸国兵救之，乃解去。汉遣中郎将张遵持医药治狂王，赐金帛；治，直之翻。因收和意、昌系琐，系琐，即今云锁索也。从尉犁槛车至长安，斩之。

初，肥王翁归靡胡妇子乌就屠，狂王伤时，惊，与诸翎侯俱去，居北山中，其山在乌孙之北也。翎，与翕同，音许及翻。扬言母家匈奴兵来，故众归之；后遂袭杀狂王，自立为昆弥。是岁，汉遣破羌将军辛武贤将兵万五千人至敦煌，通渠积谷，欲以讨之。时立表穿渠于卑鞮侯井以西。孟康曰：大井六，通渠也，下流涌出在白龙堆东土山下。敦，徒门翻。

初，楚主侍者冯嫽，师古曰：嫽，音了。嫽者，慧也，故以为名。能史书，史，吏也。史书，犹言吏书也。习事，内习汉事，外习西域诸国事也。尝持汉节为公主使，使，疏吏翻。城郭诸国敬信之，号曰冯夫人，为乌孙右大将妻。乌孙国官，相大禄之下有左、右大将二人，盖贵人也。右大将与乌就屠相爱，都护郑吉使冯夫人说乌就屠，说，输芮翻。以汉兵方出，必见灭，不如降。乌就屠恐，曰："愿得小号以自处！"处，昌吕翻。帝征冯夫人，自问状；即此事与数诏问赵充国事参而观之，通鉴所纪一千三百馀年间，明审之君，一人而已。遣谒者竺次、期门甘延寿为副，送冯夫人。冯夫人锦车持节，应劭曰：锦车，以锦衣车也。诏乌就屠诣长罗侯赤谷城，立元贵靡为大昆弥，元贵靡，肥王翁归靡嫡长男，楚主解忧所生也。事始上卷神爵二年。乌就屠为小昆弥，皆赐印绶。破羌将军不出塞，还。后乌就屠不尽归翖侯人【章：甲十五行本"归"下有"诸"字；"人"作"民"；乙十一行本同；孔本同。】众，汉复遣长罗侯将三校屯赤谷，因为分别【章：甲十五行本"别"下有"其"字；乙十一行本同；孔本同。】人民地界，复，扶又翻。校，户教翻。别，彼列翻。大昆弥户六万馀，小昆弥户四万馀；然众心皆附小昆弥。为汉以两昆弥忧劳张本。

二年（己巳、前五二）

1 春，正月，立皇子嚣为定陶王。考异曰：诸侯王表，"十月乙亥立，"今据宣纪。

2 诏赦天下，减民算三十。师古曰：一算减钱三十也。汉律，人出一算，算百二十钱。

3 珠厓郡反。夏，四月，遣护军都尉张禄将兵击之。百官表：

护军都尉，秦官；武帝元狩四年属大司马。

4 杜延年以老病免。五月，己丑，廷尉于定国为御史大夫。

5 秋，七【章：甲十五行本"七"作"九"；乙十一行本同；孔本同；退斋校同。】月，立皇子宇为东平王。

6 冬，十二月，上行幸萯阳宫、属玉观。应劭曰：萯阳宫在鄠，秦文王所起。伏俨曰：在扶风。李斐曰：萯，音倍。师古曰：应说、李音是也。服虔曰：属玉观，以玉饰，因名焉，在扶风。李奇曰：属玉，音鸑鷟。其上有此鸟，因以为名。晋灼曰：属玉，水鸟，似鵁鶄，以名观也。师古曰：晋说是也。属，音之欲翻。观，工玩翻。曰："乱我家者太子也！"

7 是岁，营平壮武侯赵充国薨。恩泽侯表：营平侯，食邑于济南。夫以赵充国之贤之功，而班史列之恩泽侯者，以其初封以定策功也。如卫青、霍去病本以破匈奴功封，而班史亦列于恩泽侯，以其由卫思后戚属得进也。班史书法，犹有古史官典刑，后之为史者不复知此矣。先是，充国以老乞骸骨，赐安车、驷马、黄金，罢就弟。先，悉荐翻。弟，与第同。朝廷每有四夷大议，常与参兵谋、师古曰：与读曰豫。问筹策焉。

8 匈奴呼韩邪单于款五原塞，师古曰：款，叩也。按班志，汉五原郡即秦九原郡，治稒阳；别有五原县。宋白曰：汉五原故城，在今胜州榆林县界。愿奉国珍，朝三年正月。师古曰：欲于甘露三年正月行朝礼。朝，直遥翻。诏有司议其仪。丞相、御史曰："圣王之制，先京师而后诸夏，先诸夏而后夷狄。匈奴单于朝贺，其礼仪宜如诸侯王，位次在下。"此议犹依傍成周盛时朝诸侯之制。先、后，皆去声。太子太傅萧望之以为："单于非正朔所加，言班历所不及也。故称敌国，宜待以不臣之礼，位在诸侯王上。外夷稽首称藩，中国让而不臣，此则羁縻之谊，谦亨之福也。望之此议，取春秋传王者不治夷狄之意。马络曰羁，牛靷曰縻。言其在荒服，待之若马牛然，取羁縻不绝而已。师古曰：易谦卦之辞曰：谦，亨，天道下济而光明，地道卑而上行。言谦之为德，无所不通也。亨，火庚翻。书曰：'戎狄荒服，'师古曰：逸书也。余谓此语，或者伏生之书有之，今国语犹载此言。言其来服荒忽亡常。亡，古无字通。如使匈奴后嗣卒有鸟窜鼠伏，阙于朝享，朝，朝见也。享，供时享也。享，献也。古者诸侯见于天子，必以所贡助祭于庙。孝经所谓“四海之内，各以其职来祭”者也。卒，读曰猝；师古子恤翻。不为畔臣，师古曰：卒，终也。谓本以客礼待之；若后不来，非叛臣。万世之长策也。”天子采之，下诏曰：“匈奴单于称北蕃，朝正朔。谓朝明年正月朔也。朕之不德，不能弘覆。覆，敷救翻。其以客礼待之，令单于位在诸侯王上，赞谒称臣而不名。”

荀悦论曰：春秋之义，王者无外，欲一于天下也。春秋之义，王者无外，故天王有入无出，大夫出不言奔，欲一乎天下也。戎狄道里辽远，人迹介绝，故正朔不及，礼教不加，非尊之也，其势然也。诗云：“自彼氐、羌，莫敢不来王。”商颂殷武之诗也。故要、荒之君必奉王贡；若不供职，则有辞让号令加焉，国语：祭公谋父曰：“蛮夷要服，戎狄荒服。要服者贡，荒服者王。有不贡则修名，有不王则修德。于是让不贡，告不王。于是有威让之令，有文告之辞。”要，一遥翻。非敌国之谓也。望之欲待以不臣之礼，加之王公之上，僭度失序，以乱天常，非礼也！若以权时之宜，则异论矣。

9 诏遣车骑都尉韩昌迎单于，发所过七郡二千骑为陈道上。按汉书“郡”下又有“郡”字。师古注曰：所过之郡，每为发兵陈列于道，以为宠卫也。七郡，谓过五原、朔方、西河、上郡、北地、冯翊而后至长安也。为，于伪翻。

三年（庚午、前五一）

1 春，正月，上行幸甘泉，郊泰畤。

2 匈奴呼韩邪单于来朝，赞谒称藩臣而不名；赐以冠带、衣裳，黄金玺、盭绶，白虎通：衣者，隐也；裳者，障也；所以隐形自障蔽也。玺，斯氏翻。绶，音受。师古曰：盭，古戾字。戾，草名也。以戾染绶，亦诸侯王之制也。玉具剑、佩刀，弓一张，矢四发，孟康曰：玉具剑，摽首、镡、卫尽用玉为之也。师古曰：镡，剑口旁横出者也。卫，剑鼻也。镡，音淫。“卫”字本作“毊”，其音同耳。服虔曰：发，十二矢也。韦昭曰：射礼，三而止，每射四矢，故以十二为一发也。师古曰：发，犹今言箭一放、两放也。今则以一矢为一放也。棨戟十，师古曰：棨，有衣之戟也。棨，音启。安车一乘，鞍勒一具，师古曰：勒，马辔也。马十五匹，黄金二十斤，钱二十万，衣被七十七袭，师古曰：一称为一袭，犹今人之言一副衣服也。锦绣、绮縠、杂帛八千匹，絮六千斤。礼毕，使使者道单于先行宿长平。师古曰：道，读曰导，导引也。如淳曰：长平，阪名也，在池阳南。上原之阪有长平观，去长安五十里。师古曰：泾水之南原，即今所谓睦城阪也。上自甘泉宿池阳宫。池阳县属左冯翊，有离宫在焉。贤曰：池阳县故城，在今泾阳县西北。上登长平阪，诏单于毋谒，师古曰：不令拜也。其左右当户【章：甲十五行本“户”下有“群臣”二字；乙十一行本同；孔本同。】皆得列观，及诸蛮夷君长、王、侯数万，咸迎于渭桥下，夹道陈。陈，如字，陈列也，又涂也。上登渭桥，咸称万岁。单于就邸长安。置酒建章宫，飨赐单于，观以珍宝。师古曰：观，示也。观，古玩翻。二月，遣单于归国。单于自请“愿留居幕南光禄塞下；师古曰：徐自为所筑者也。余按武帝遣光禄徐自为出五原塞，筑亭障列城后，人因谓之光禄塞。有急，保汉受降城。”恐郅支来攻，故请有急入城自保。汉遣长乐卫尉、高昌侯董忠、功臣表，高昌侯食邑于千乘。乐，音洛。车骑都尉韩昌将骑万六千，又发边郡士马以千数，送单于出朔方鸡鹿塞。师古曰：鸡鹿塞，在朔方窳浑县之西北。诏忠等留卫单于，助诛不服，又转边谷米糒，师古曰：糒，干饭也，音备。前后三万四千斛，给赡其食。先是，自乌孙以西至安息诸国近匈奴者，皆畏匈奴而轻汉；先，悉荐翻。近，其靳翻。及呼韩邪【章：甲十五行本“邪”下有“单于”二字；乙十一行本同；孔本同。】朝汉后，咸尊汉矣。

上以戎狄宾服，思股肱之美，乃图画其人于麒麟阁，麒麟阁，在未央宫中。张晏曰：武帝获麒麟时作此阁，图画其像于阁，遂以为名。

师古曰：汉宫阁疏云：萧何造。画，古畫字通。法其容貌，署其官爵、姓名；师古曰：署，表也，题也。唯霍光不名，曰"大司马、大将军、博陆侯，姓霍氏，"其次张安世，韩增、赵充国、魏相、丙吉、杜延年、刘德、梁丘贺、萧望之、苏武，凡十一人，图画功臣自此始。观麟阁股肱之次，魏、丙列于霍、张、韩、赵之下，则知汉之丞相在中朝诸将军之后矣。梁丘，姓也。左传，齐有梁丘据。皆有功德，知名当世，是以表而扬之，明著中兴辅佐，列于方叔、召虎、仲山甫焉。师古曰：三人皆周宣王之臣，有文、武之功，佐宣王中兴者也。言宣帝亦重兴汉室，而霍光等并为名臣，皆比于方叔之属。召，读曰邵。

3 凤皇集新蔡。新蔡县，属汝南郡；春秋蔡平侯自蔡徙此，因名。

4 三月，己巳，建成安侯黄霸薨。恩泽侯表，建成侯食邑于沛。五月，甲午，于定国为丞相，封西平侯。恩泽侯表，西平侯食邑于临淮。太仆沛郡陈万年为御史大夫。

5 诏诸儒讲五经同异，萧望之等平奏其议，上亲称制临决焉。乃立梁丘易、大·小夏侯尚书、穀梁春秋博士。梁丘，贺；大夏侯，胜；小夏侯，建；穀梁，赤。

6 乌孙大昆弥元贵靡及鸱靡皆病死。公主上书言："年老土思，土思者，怀故乡也。愿得归骸骨，葬汉地！"天子闵而迎之。冬，至京师，待之一如公主之制。楚主本以宗室女嫁乌孙，今待之如公主之制，仪比皇女。后二岁卒。

元贵靡子星靡代为大昆弥，弱。师古曰：言其尚幼小。冯夫人上书："愿使乌孙，镇抚星靡。"汉遣之。使，疏吏翻。都护【章：甲十五行本"护"下有"韩宣"二字，乙十一行本同；孔本同；张校同；退斋校同。】奏乌孙大吏大禄、大监皆可赐以金印紫绶，以尊辅大昆弥。初，乌孙王昆莫中子大禄彊善，将总万馀骑，后遂以为官名。又其国官有大监二人。汉列侯金印紫绶，今特赐之。汉许之。其后段会宗为都护，乃招还亡叛，安定之。星靡死，子雌栗靡代立。

7 皇太子所幸司马良娣，病，且死，谓太子曰："妾死非天命，乃诸娣妾、良人更祝诅杀我。"汉嫔御之秩，良人视八百石，爵比左庶长。师古曰：更，音工衡翻。祝，职救翻。诅，庄助翻。太子以为然。及死，太子悲恚发病，恚，於避翻。忽忽不乐。乐，音洛。帝乃令皇后择后宫家人子可以娱侍太子者，得元城王政君，元城县，属魏郡。应劭曰：魏武侯公子元食邑于此，因而遂氏焉。送太子宫。政君，故绣衣御史贺之孙女也，王贺事见二十一卷武帝天汉二年。见于丙殿；殿，盖以甲、乙、丙、丁为次，因名。见，贤遍翻。壹幸，有身。是岁，生成帝于甲馆画堂，应劭曰：甲观，在太子宫甲地，主用乳生也。画堂，画九子母。如淳曰：画堂，堂名。甲观，观名。三辅黄图云：太子宫有甲观。师古曰：甲者，甲、乙、丙、丁之次也。元后传：见于丙殿，此其例也。而应氏以为在宫之甲地，谬矣。画堂，但画饰耳，岂必九子母乎！霍光止画室中，是则宫殿中通有彩画之饰。为世适皇孙。帝爱之，自名曰骜，字大孙，常置左右。適，读曰嫡。嫡，正出也。曰世適者，谓正统继世之重也。政君之入太子宫，亦姬侍耳，以子贵，遂为正妃。骜，五到翻。大，读曰太。为王氏窃汉张本。

四年（辛未、前五〇）

1 夏，广川王海阳坐禽兽行、贼杀不辜废，徙房陵。地节四年，立广川王文。海阳，文之子也。内乱为禽兽行。行，下孟翻。考异曰：诸侯表作"汝阳"，宣纪、景十三王传作"海阳"，今从之。

2 冬，十月，【章：甲十五行本"月"下有"丁卯"二字；乙十一行本同；孔本同；张校同。】未央宫宣室阁火。

3 是岁，徙定陶王嚣为楚王。

4 匈奴呼韩邪、郅支两单于俱遣使朝献，汉待呼韩邪使有加焉。

黄龙元年（壬申、前四九）

1 春，正月，上行幸甘泉，郊泰畤。

2 匈奴呼韩邪单于来朝；二月，归国。始，郅支单于以为呼韩邪兵弱，降汉，不能复自还，复，扶又翻。即引其众西，欲攻定右地。又屠耆单于小弟本侍呼韩邪，亦亡之右地，收两兄馀兵，两兄，屠耆、闰振也。得数千人，自立为伊利目单于；"目"，汉书作"自"。道逢郅支，合战，郅支杀之，并其兵五万馀人。郅支闻汉出兵谷助呼韩邪，即遂留居右地；自度力不能定匈奴，度，徒洛翻。乃益西，近乌孙，近，其靳翻。欲其【章：甲十五行本"其"作"与"；乙十一行本同；张校同。】并力，遣使见小昆弥乌就屠。乌就屠杀其使，发八千骑迎郅支。郅支觉其谋，勒兵逢击乌孙，破之；师古曰：以兵逆之，相逢即击，故云逢击。因北击乌揭、坚昆、丁令，并三国。揭，音丘例翻。数遣兵击乌孙，常胜之。数，所角翻。坚昆东去单于庭七千里，南至【章：甲十五行本"至"作"去"；乙十一行本同；孔本同。】车师五千里，郅支留都之。

3 三月，有星孛于王良、阁道，营室曰离宫。阁道，汉中四星，曰天驷；旁一星曰王良。又紫宫后十七星，绝汉，抵营室，曰阁道。孛，蒲内翻。入紫微□【章：甲十五行本□作"宫"；乙十一行本同；孔本同。】

4 帝寝疾，选大臣可属者，属，之欲翻。引外属侍中乐陵侯史高、属，读如本字。外属，犹言外戚也。太子太傅萧望之、少傅周堪至禁中，拜高为大司马、车骑将军，望之为前将军、光禄勋，堪为光禄大夫，皆受遗诏辅政，领尚书事。汉尚书职典枢机，凡诸曹文书众事皆由之。自是之后，凡受遗辅政皆领尚书事，至东都曰录尚书事。冬，十二月，甲戌，帝崩于未央宫。臣瓒曰：帝年十八即位；即位二十五年，寿四十三。

班固赞曰：孝宣之治，信赏必罚，师古曰：有功必赏，有罪必罚。治，直吏翻。综核名实。政事、文学、法理之士，咸精其能。至于技巧、工匠、器械，自元、成间鲜能及之。师古曰：械者，器之总名也。一曰：有盛为械，无盛为器。鲜，少也；言少有能及之者。技，渠绮翻。鲜，息浅翻。亦足以知吏称其职，民安其业也。称，尺证翻。遭值匈奴乖乱，推亡固存，李奇曰：推亡者，若纣为无道，天下苦之，有灭亡之形，周武遂推而弊之。固存，譬如邻国以道莅民，上下一心，势必能存，因就而坚固之。今匈奴内自纷争，宣帝能朝呼韩邪而固存之；走郅支使远遁，是谓推亡也。师古曰：尚书仲虺之诰曰：推亡固存，邦乃其昌。言有亡道者则推而灭之，有存道者则辅而固之，王者如此，国乃昌盛。故此赞引之。推，吐雷翻。信威北夷，师古曰：信，读曰申，古字通用。一说：恩信及威，并著北夷。余谓前音是。单于慕义，稽首称藩。功光祖宗，业垂后嗣，可谓中兴，侔德殷宗、周宣矣！师古曰：侔等殷之高宗及周之宣王也。

5 癸巳，太子即皇帝位，谒高庙，尊皇太后曰太皇太后，苏林曰：上官后。皇后曰皇太后。

容肇祖标点顾颉刚聂崇岐覆校

资治通鉴卷第二十八

翰林学士朝散大夫右谏议大夫知制诰兼侍讲
同提举万寿观公事兼判集贤院上护军 司马光 奉敕编集
河内郡开国侯食邑一千三百户赐紫金鱼袋臣

后学天台 胡三省 音注

汉纪二十 起昭阳作噩（癸酉），尽屠维单阏（己卯），凡七年。

孝元皇帝上 荀悦曰：讳“奭”之字曰“盛”。应劭曰：谥法：行义悦民曰元。

初元元年（癸酉、前四八）

1 春，正月，辛丑，葬孝宣皇帝于杜陵；臣瓒曰：自崩至葬凡二十八日。杜陵在长安南五十里。赦天下。

2 三月，丙午，立皇后王氏，封后父禁为阳平侯。恩泽侯表，阳平侯食邑于东郡。

3 以三辅、太常、郡国公田及苑可省者振业贫民；太常掌诸陵邑，故亦有公田苑。师古曰：振业，振起之令有作业。赀不满千钱者，赋贷种、食。师古曰：赋，给与之也。贷，假也。种，音之勇翻。贾公彦曰：种食者，或为种子，或为食用。

4 封外祖平恩戴侯同产弟子中常侍许嘉为平恩侯。文颖曰：戴侯，许广汉。谥法，典礼不愆曰戴。余按广汉先坐腐刑，及薨，无后；今以嘉绍封。百官表：侍中、中常侍皆加官。西都参用士人，东都始以宦者为中常侍。

5 夏，六月，以民疾疫，令太官损膳，减乐府员，省苑马，以振困乏。乐府员大凡八百二十九人，武帝所立。汉官仪：牧师诸苑三十六所，分置北边、西边，养马三十万匹。

6 关【章：乙十一行本“关”上有“秋九月”三字；孔本同；张校同；传校同。】东郡、国十一大水，饥，或人相食；转旁郡钱谷以相救。

7 上素闻琅邪王吉、贡禹皆明经洁行，姓谱：贡姓，子贡之后。行，下孟翻。遣使者征之。吉道病卒。禹至，拜为谏大夫。上数虚己问以政，易咸卦，君子以虚受人。师古曰：虚己，谓听受其言也。数，所角翻。禹奏言："古者人君节俭，什一而税，无他赋役，故家给人足。高祖、孝文、孝景皇帝，宫女不过十馀人，厩马百馀匹。后世争为奢侈，转转益甚；臣下亦稍放效。师古曰：放，音甫往翻；下同。臣愚以为如太古难，宜少放古以自节焉。少，诗沼翻。方今宫室已定，无可奈何矣；其馀尽可减损。故时齐三服官，输物不过十笥；李斐曰：齐国旧有三服之官，春献冠帻，纵为首服，纨素为冬服，轻绡为夏服，凡三。如淳曰：地理志曰：齐冠带天下。胡公曰：服官，主作文绣以给衮龙之服。地理志，襄邑亦有服官。师古曰：齐三服官，李说是也。纵，与纚同，音山尔翻，即今之方目紗也。纨素，今之绢也。轻绡，今之轻紗也。襄邑自出文绣，非齐三服也。方今齐三服官，作工各数千人，一岁费数巨万。万万为巨万。厩马食粟将万匹。武帝时，又多取好女至数千人，以填后宫。及弃天下，多藏金钱、财物，鸟兽、鱼鳖凡百九十物；又皆以后宫女置于园陵。至孝宣皇帝时，陛下恶有所言，师古曰：不能自言减省之事，恶，乌路翻。恶有所言者，恶以天下俭其亲。此语承上园陵事。群臣亦随故事，甚可痛也！故使天下承化，取女皆大过度：师古曰：取，读曰娶。诸侯妻妾或至数百人，豪富吏民畜歌者至数十人，此所谓取女过度也。是以内多怨女，外多旷夫。师古曰：旷，空也。室家空也。及众庶葬埋，皆虚地上以实地下。其过自上生，师古曰：自，从也。上，谓天子也。皆在大臣循故事之罪也。唯陛下深察古道，从其俭者：大减损乘舆服御器物，三分去二；乘，绳证翻。去，羌吕翻。

择后宫贤者，留二十人，馀悉归之，及诸陵园女无子者，宜悉遣；汉制：天子晏驾，后宫送葬，因留奉陵寝。厩马可无过数十匹，独舍长安城南苑地，以为田猎之囿。师古曰：舍，置也。独留置之，其馀皆废去。舍，读曰捨。以方今天下饥馑，可无大自损减以救之称天意乎！天生圣人，盖为万民，非独使自娱乐而已也。"称，尺证翻。为，于伪翻。乐，音洛。天子纳善其言，下诏，令诸宫馆希御幸者勿缮治；治，直之翻。太仆减谷食马；水衡减肉食兽。太仆，掌舆马。汉旧仪云：天子六厩，未央、承华、辂軨、骑马、騊駼、大厩也；马皆万匹。水衡都尉，掌上林苑，禽兽属焉。师古曰：缮，补也。减，谓损其数。省者，全去之。

臣光曰：忠臣之事君也，责其所难，则其易者不劳而正；易，以豉翻。补其所短，则其长者不劝而遂。孝元践位之初，虚心以问禹，禹宜先其所急，后其所缓。然则优游不断，先、后，皆去声。断，丁乱翻。谗佞用权，当时之大患也，而禹不以为言；恭谨节俭，孝元之素志也，而禹孜孜言之；何哉！使禹之智不足以知，乌得为贤！知而不言，为罪愈大矣。

8 匈奴呼韩邪单于复上书，言民众困乏。复，扶又翻。诏云中、五原郡转谷二万斛以给之。

9 是岁，初置戊己校尉，使屯田车师故地。师古曰：戊己校尉者，镇安西域，无常治处，亦犹甲乙等各有方位，而戊与己四季寄王，故以名官也。时有戊校尉，又有己校尉。一说：戊与己位在中央，今所置校尉在三十六国之中，故曰戊己也。余谓车师之地不在三十六国之中，当从师古前说为是。宣帝元康二年，以车师地与匈奴。今匈奴款附，故复屯田故地。

二年（甲戌、前四七）

1 春，正月，上行幸甘泉，郊泰畤。畤，音止。乐陵侯史高以外属领尚书事，前将军萧望之、光禄大夫周堪为之副。望之名儒，与堪皆以师傅旧恩，天子任之，数宴见，言治乱，陈王事。数，所角翻。见，贤遍翻。治，直吏翻。陈王者之事也。望之选白宗室明经有行行，下孟翻。散骑、谏大夫刘更生给事中，明经有行，言其通于经术，且行修饬也。百官表曰：散骑加官；骑并乘舆车。师古曰：并，音步浪翻。骑而散从，无常职也。给事中，给事禁中也。散，悉亶翻。与侍中金敞并拾遗左右。四人同心谋议，劝导上以古制，多所欲匡正；上甚乡纳之。师古曰：乡，读曰向。意信向之而纳用其言。史高充位而已，由此与望之有隙。

中书令弘恭、弘，姓也。卫有大夫弘演。仆射石显，自宣帝时久典枢机，明习文法；续汉志：尚书令，承秦所置；武帝用宦者，更为中书谒者令。成帝用士人，复故。令掌凡选署及奏下尚书曹文书众事。仆射，署尚书事，令不在则奏下众事。辩已见前。帝即位多疾，以显久典事，中人无外党，师古曰：少骨肉之亲，无婚姻之家也。精专可信任，遂委以政，事无大小，因显白决，白，奏也。决，断也。贵幸倾朝，朝，直遥翻。百僚皆敬事显。显为人巧慧习事，能深得人主微指，内深贼，持诡辩，以中伤人，师古曰：诡，违也。违道之辩。中，竹仲翻。忤恨睚眦，辄被以危法；忤，五故翻。睚，五懈翻。眦，仕懈翻。师古曰：被，加也，音皮义翻。危法，谓以法危杀之。亦与车骑将军高为表里，议论常独持故事，不从望之等。

望之等患苦许、史放纵，又疾恭、显擅权，建白以为："中书政本，国家枢机，师古曰：建白者，立此议而白之。宜以通明公正处之。处，昌吕翻。武帝游宴后庭，故用宦者，非古制也。宜罢中书宦官，应古不近刑人之义。"师古曰：礼，刑人不在君侧，故曰应古。近，其靳翻。由是大与高、恭、显忤。师古曰：忤，谓相违逆也。忤，五故翻。上初即位，谦让，重改作，师古曰：重，难也；未欲更置士人于中书也。议久不定，出刘更生为宗正。散骑、给事中，中朝官也；宗正，外朝官也，故云出。

望之、堪数荐名儒、茂材以备谏官，数，所角翻。会稽郑朋阴欲附望之，会，工外翻。上书言车骑将军高遣客为奸利郡国，及言许、史子弟罪过。章视周堪，师古曰：视，读曰示。以朋所奏之章示堪也。堪白："令朋待诏金马门。"朋奏记望之曰："今将军规橅，云若管、晏而休，遂行日昃，至周、召乃留乎？师古曰：问望之，立意当趣如管、晏而止，为欲恢廓其道，日昃不食，追周、召之迹然后已乎？橅，读曰模，其字从木。若管、晏而休，则下走将归延陵之皋，没齿而已矣。应劭曰：下走，仆也。张晏曰：吴公子札食邑延陵，薄吴王之行，弃国而耕于皋泽。朋云望之所为若但如管、晏，则不处汉朝，将归会稽，寻延陵之轨，隐耕皋泽之中也。师古曰：下走，自谦，言趋走之使也。没齿，终身也。如将军兴周、召之遗业，亲日昃之兼听，则下走其庶几愿竭区区奉万分之一！"召，读曰邵。庶几，居希翻。望之始见朋，接待以意；师古曰：与之相见，纳用其说也。余谓接待以意者，推诚待之，接以殷勤。后知其倾邪，绝不与通。朋，楚士，怨恨，张晏曰：朋，会稽人，会稽并属楚。苏林曰：楚人脆急也。更求入许、史，推所言许、史事，推，吐雷翻。曰："皆周堪、刘更生教我；我关东人，何以知此！"于是侍中许章白见朋。见，贤遍翻；下同。朋出，扬言曰："我见言前将军小过五，大罪一。"前将军，谓望之也。待诏华龙行污秽，师古曰：华，音胡化翻，姓也。行，下孟翻。欲入堪等，堪等不纳，亦与朋相结。

恭、显令二人告望之等谋欲罢车骑将军，疏退许、史状，车骑将军，谓史高。疏，与疎同。候望之出休日，汉制：自三署郎以上入直禁中者，十日一出休沐。令朋、龙上之。事下弘恭问状，上，时掌翻。下，遐稼翻；下既下同。望之对曰："外戚在位多奢淫，欲以匡正国家，非为邪也。"恭、显奏："望之、堪、更生朋党相称举，数谮诉大臣，数，所角翻。毁离亲戚，欲以专擅权势。为臣不忠，诬上不道，请谒者召致廷尉。"时上初即位，不省召致廷尉为下狱也，省，悉井翻，察也，悟也。可其奏。后上召堪、更生，曰："系狱。"上大惊曰："非但廷尉问邪！"以责恭、显，皆叩头谢。上曰："令出视事。"恭、显因使史高言："上新即位，未以德化闻天下，而先验师傅。既下九卿、大夫狱，刘更生为宗正，九卿也。周堪为光禄大夫。闻，音问。下，遐嫁翻。宜因决免。"于是制诏丞相、御史："前将军望之，傅朕八年，宣帝五凤二年，萧望之为太子太傅；至黄龙元年为八年。无他罪过，今事久远，识忘难明，师古曰：言不能尽记，有遗忘者，故难明。忘，巫放翻。其赦望之罪，收前将军、光禄勋印绶；及堪、更生皆免为庶人。"

2 二月，丁巳，立弟竟为清河王。考异曰：荀纪，"竟"作"宽"，今从汉书。

3 戊午，陇西地震，败城郭、屋室，压杀人众。败，补迈翻。考异曰：刘向传云："三月，地大震。"今从元纪。

4 三月，立广陵厉王子霸为王。宣帝五凤四年，广陵厉王胥以罪自杀，国除。今复立其子。

5 诏罢黄门乘舆狗马，师古曰：黄门，近署也，故亲幸之物属焉。百官表：黄门寺，属少府。乘，绳证翻。水衡禁囿、百官表：水衡都尉属官有禁圃等九官令、丞。宜春下苑、孟康曰：宜春，宫名也，在杜县东。晋灼曰：史记云：葬二世杜南宜春苑中。师古曰：宜春下苑，即今京城东南隅曲江池是。少府佽飞外池、百官表：少府属官有左弋十二官令、丞。武帝太初元年，更名左弋为佽飞。佽飞，掌弋射，有九丞、两尉。如淳曰：佽飞，具矰缴以射凫雁，给祭祀，是故有池也。佽飞，荆人，入水斩蛟，勇士也，故以名官。佽，音次。严籞池田苏林曰：严饰池上之屋及其地也。晋灼曰：严籞，射苑也。许慎曰：严，弋射所蔽也。池田，苑中田也。师古曰：晋说是也。假与贫民。又诏赦天下，举茂材异等、直言极谏之士。

6 夏，四月，【章：乙十一行本"月"下有"丁巳"二字；孔本同；张校同；传校同。】立子骜为皇太子。骜，五到翻。待诏郑朋荐太原太守张敞，先帝名臣，宜傅辅皇太子。上以问萧望之，望之以为敞能吏，任治烦乱，材轻，非师傅之器。敞传云：敞无威仪，罢朝会过，走马章台街，使御吏驱，自以便面拊马；又为妇画眉。所谓材轻也。任，音壬。治，直之翻。天子使使者征敞，欲以为左冯翊，会病卒。

7 诏赐萧望之爵关内侯，给事中，朝朔望。朝，直遥翻。考异曰：元纪，此诏在今冬。按刘向传云："前弘恭奏望之等狱决；三月，地大震。"然则望之等黜免，在今春地震前也。又曰："夏，客星见昴、卷舌间。上感悟，下诏赐望之爵关内侯。"望之传曰："后数月，赐望之爵关内侯。"盖纪见望之死在十二月，因置此诏于彼上耳。

8 关东饥，齐地人相食。

9 秋，七月，己酉，地复震。复，扶又翻；下同。考异曰：刘向传曰："冬，地复震。"元纪，此月诏曰："一年中地再动。"汉纪在七月己酉。今从之。

10 上复征周堪、刘更生，欲以为谏大夫；弘恭、石显白，皆以为中郎。百官表：谏大夫，秩比八百石；中郎，秩比六百石：并属光禄勋。

上器重萧望之不已，欲倚以为相；相，息亮翻。恭、显及许、史兄弟、侍中、诸曹皆侧目于望之等。更生乃使其外亲上变事，外亲，谓母党也。上，时掌翻；下同。言"地震殆为恭等，不为三独夫动。应劭曰：三独夫，谓萧望之、周堪及向。师古曰：独夫，犹言匹夫也。殆，近也。为，于伪翻。臣愚以为宜退恭、显以章蔽善之罚，师古曰：章，明也。进望之等以通贤者之路，如此，则太平之门开，灾异之原塞矣。"塞，悉则翻；下同。书奏，恭、显疑其更生所为，白请考奸诈，辞果服；遂逮更生系狱，免为庶人。

会望之子散骑、中郎伋亦上书讼望之前事，散骑、中郎者，本为中郎而加散骑官也。事下有司，复奏："望之前所坐明白，无谮诉者，师古曰：言望之自有罪，非人谗谮而诉之也。下，遐稼翻。复，扶又翻；下同。而教子上书，称引亡辜之诗，史不载伋书，不知其所称引者何诗。诗变雅云：无罪无辜，谗口嗷嗷。岂伋所引者即此诗乎！亡，古无字通。失大臣体，不敬；请逮捕。”弘恭、石显等知望之素高节，不诎辱，诎，与屈同。建白：“望之前幸得不坐，复赐爵邑，不悔过服罪，深怀怨望，教子上书，归非于上，师古曰：言归恶于天子也。自以托师傅，终必不坐，师古曰：言恃旧恩，自谓终无罪坐，怀此心。非颇屈望之于牢狱，塞其怏怏心，则圣朝无以施恩厚！”上曰：“萧太傅素刚，安肯就吏！”显等曰：“人命至重，言人所重者性命也。望之所坐，语言薄罪，既以语言为薄罪，则不当下吏。孝元于此，不能破恭、显之奸，可谓不明矣。必无所忧。”上乃可其奏。冬，十二月，显等封诏以付谒者，敕令召望之手付。因令太常急发执金吾车骑驰围其第。太常，掌诸陵县。执金吾，掌徼循京师。萧望之时居杜陵，故令太常发执金吾车骑往围其第以恐胁之，速其自尽也。使者至，召望之。望之以问门下生鲁国朱云，云者，好节士，好，呼到翻。劝望之自裁。自裁，犹自杀也。于是望之仰天叹曰：“吾尝备位将相，年逾六十矣，老入牢狱，苟求生活，不亦鄙乎！”字谓云曰：“游，师古曰：朱云，字游，呼其字。趣和药来，趣，读曰促。和，户卧翻。无久留我死！”遂【章：乙十一行本“遂”作“竟”；传校同。】饮鸩自杀。果堕恭、显计中。天子闻之惊，拊手曰：“曩固疑其不就牢狱，果然杀吾贤傅！”是时，太官方上昼食，上，时掌翻。上乃却食，为之涕泣，哀动左右。诗云：啜其泣矣，何嗟及矣。为，于伪翻。于是召显等责问；以议不详，师古曰：详，审也。皆免冠谢，良久然后已。上追念望之不忘，每岁时遣使者祠祭望之冢，终帝之世。平曰墓；封曰冢；高曰坟。

臣光曰：甚矣孝元之为君，易欺而难悟也！易，以豉翻。夫恭、显之谮诉望之，其邪说诡计，诚有所不能辨也。至于始疑望之不肯就狱，恭、显以为必无忧，已而果自杀，则恭、显之欺亦明矣。在中智之君，孰不感动奋发以底邪臣之罚！厎，致也。孝元则不然。虽涕泣不食以伤望之，而终不能诛恭、显，才得其免冠谢而已。如此，则奸臣安所惩乎！是使恭、显得肆其邪心而无复忌惮者也。复，扶又翻。

11 是岁，弘恭病死，石显为中书令。

12 初，武帝灭南越，开置珠厓、儋耳郡，事见二十卷武帝元鼎六年。儋，丁甘翻。在海中洲上；师古曰：居海中之洲也。水中可居者曰洲。吏卒皆中国人，多侵陵之。其民亦暴恶，自以阻绝，数犯吏禁，数，所角翻。率数年壹反，杀吏；汉辄发兵击定之。二十馀年间，凡六反。据贾捐之传：自初为郡，至昭帝始元元年，二十馀年间，凡六反。至宣帝时，又再反。始元五年，罢儋耳郡，并属珠厓。至宣帝神爵三年，珠厓三县反。后七年，甘露元年，九县复反。上即位之明年，珠厓山南县反，发兵击之。诸县更叛，连年不定。海中洲上，以黎母山为主，环山列置诸县。山南县盖置于黎母山之南也。师古曰：更，音工衡翻。上博谋于群臣，欲大发军。待诏贾捐之曰：捐之时待诏金马门。"臣闻尧、舜、禹之圣德，地方不过数千里，西被流沙，东渐于海，朔南暨声教，师古曰：此引禹贡之辞。渐，入也；一曰浸也。朔，北方也。暨，及也。被，皮义翻。渐，子廉翻。言欲与声教则治之，不欲与者不强治也。与，读曰豫。治，直之翻。强，其两翻。故君臣歌德，师古曰：言皆有德可歌颂。含气之物各得其宜。武丁、成王，殷、周之大仁也，然地东不过江、黄，杜预曰：江国，在汝南安阳县。黄国，今弋阳县。西不过氐、羌，南不过蛮荆，北不过朔方，是以颂声并作，视听之物【章：乙十一行本"物"作'类"；孔本同；张校同。】咸乐其生，乐，音洛。越裳氏重九译而献，此非兵革之所能致也。晋灼曰：远国使来，因九译言语乃通也。张晏曰：越不着衣裳，慕中国化，遣译来着衣裳，故曰越裳也。师古曰：越裳自是国名，非以袭衣裳始为称号也。王充论衡作"越尝"，此则不作衣裳之字明矣。晋志曰：吴孙皓置九德郡，即周时越裳氏地。以至于秦，兴兵远攻，贪外虚内而天下溃畔。

孝文皇帝偃武行文，当此之时，断狱数百，赋役轻简。断，丁乱翻；下同。孝武皇帝厉兵马以攘四夷，天下断狱万数，赋烦役重，寇贼并起，军旅数发，数，所角翻。父战死于前，子斗伤于后，女子乘亭障，孤儿号于道，老母、寡妇饮泣巷哭，师古曰：泪流被面以入于口，故言饮泣也。巷哭者，哭于路也。号，户刀翻。是皆廓地泰大，征伐不休之故也。今关东民众久困，流离道路。人情莫亲父母，莫乐夫妇；乐，音洛。至嫁妻、卖子，法不能禁，义不能止，此社稷之忧也。今陛下不忍悁悁之忿，悁，萦年翻，又吉掾翻，忿也，忧也。诗：中心悁悁。又急躁貌。欲驱士众挤之大海之中，师古曰：挤，坠也，音子诣翻，又子奚翻；余谓挤，排也，推也。快心幽冥之地，非所以救助饥馑，保全元元也。诗云：'蠢尔蛮荆，大邦为雠。'师古曰：诗小雅采芑之诗也。蠢，动貌也。蛮荆，荆州之蛮也。言敢与大国为雠敌也。言圣人起则后服，中国衰则先畔，自古而患之，何况乃复其南方万里之蛮乎！言珠厓又在蛮荆之南，去京师万里。复，扶又翻。骆越之人，南越王尉佗以兵威役属西瓯骆。师古曰：西瓯，即骆越也。言西者，以别东瓯也。余谓今安南之地，古之骆越也。珠厓，盖亦骆越地。宋白曰：高、贵二州，亦古骆越地。父子同川而浴，相习以鼻饮，范成大曰：今邕管溪洞及沿海喜鼻饮。随贫富，以银、锡、陶器或大瓢盛水，入盐，并山姜汁数滴；器侧有窍，施管如瓶觜，内鼻中，吸水升脑，下入喉。吸水时，含鱼肉鲊一脔，故水得安流入鼻，不与气相激。既饮，必噫气，谓掠脑快膈莫此若。但可饮水；或传为饮酒，非是。与禽兽无异，本不足郡县置也。颛颛独居一海之中，师古曰：颛，与专同。专专，犹区区也；一曰：圜貌也。雾露气湿，多毒草、虫蛇、水土之害；人未见虏，战士自死。又非独珠厓有珠、犀、玳瑁也。海中有珠池。珠母者，蚌也。采珠必蜑丁，皆居海艇中，以大舶环池采珠；以石悬大絙，别以小绳系蜑〔丁〕腰，没水取珠。气迫则撼绳，绳动，舶人觉，乃绞取，人缘大絙上。然而死于采珠者亦多矣，此我太祖皇帝所以罢刘氏媚川都也。师古曰：犀状如牛，头如猪，而四足类象；黑色；一角当额前，鼻上又有小角。刘欣明交州记曰：犀，其毛如豕，蹄有三甲，头如马；有三角，鼻上角短，额上、头上角长。异物志曰：角中特有光耀，白理如线，自本达末，则为通天犀。抱朴子曰：通天犀有白理如线者，以盛米，鸡即骇矣。其真者，刻为鱼，衔入水，水开三尺。本草图经曰：犀，出永昌山谷及益州，今出南海者为上。郭璞尔雅注曰：犀三角，一在顶上，一在额上，一在鼻上。鼻上者，即食角，小而不椭。玳瑁，如龟，其甲相覆而生，若甲然；甲上有斑文。玳，音代。瑁，音妹。弃之不足惜，不击不损威。其民譬犹鱼鳖，何足贪也！臣窃以往者羌军言之，此盖指宣帝神爵元年羌反时。暴师曾未一年，兵出不逾千里，费四十馀万万；大司农钱尽，乃以少府禁钱续之。续汉志：大司农掌诸钱、谷、金、帛、诸货币。边郡诸官请调度者，皆为报给，损多益寡，取相给足。百官表：少府，掌山林池泽之税，以给共养。应劭注曰：名曰禁钱，以给私养，自别为藏。少者，小也，故称少府。师古曰：大司农，供军国之用；少府，以养天子也。夫一隅为不善，费尚如此，况于劳师远攻，亡士毋功乎！毋，与无同。求之往古则不合，施之当今又不便，臣愚以为非冠带之国，禹贡所及，春秋所治，皆可且无以为。师古曰：为，犹用也。治，直之翻。愿遂弃珠厓，专用恤关东为忧！”上以问丞相、御史。御史大夫陈万年以为当击；丞相于定国以为：“前日兴兵击之连年，护军都尉、校尉及丞凡十一人，还者二人，卒士及转输死者万人以上，费用三万万馀，尚未能尽降。降，户江翻。今关东困乏，民难摇动，捐之议是。”上从之。捐之，贾谊曾孙也。

三年（乙亥、前四六）

1 春，诏曰：“珠厓虏杀吏民，背畔为逆。背，蒲妹翻。今廷议者或言可击，或言可守，或欲弃之，其指各殊。朕日夜惟思议者之言，羞威不行，则欲诛之；狐疑辟难，则守屯田；师古曰：辟，读曰避；下同。欲屯田与之相守，以待其敝。通乎时变，则忧万民。夫万民之饥饿与远蛮之不讨，危孰大焉？且宗庙之祭，凶年不备，王制：冢宰制国用，视年之丰耗，祭用数之仂。郑氏曰：算今年一岁经用之数，用其什一。夫以凶年之入，制经用之什一以供祭，则宗庙之礼宜有不备者矣。况乎辟不嫌之辱哉！“嫌”，当读作“慊”。慊之为言厌也，意自足也。今关东大困，仓库空虚，无以相赡，又以动兵，非特劳民，凶年随之。其罢珠厓郡，民有慕义欲内属，便处之；师古曰：欲有来入内郡者，所至之处即安置之。余谓便处者，各随其所便而处之也。处，昌吕翻。不欲，勿强。”强，其两翻。

2 夏，四月，乙未晦，茂陵白鹤馆灾；赦天下。

3 夏，旱。

4 立长沙炀王弟宗为王。长沙炀王旦，定王发之玄孙，初元元年薨，无后；今立其弟绍封。郑氏曰：炀，音供养之养。谥法：好内远礼曰炀；去礼远众曰炀。

5 长信少府贡禹上言：“诸离宫及长乐宫卫，可减其太半以宽繇役。”繇，读曰傜。六月，诏曰：“朕惟烝庶之饥寒，烝，众也。远离父母妻子，离，力智翻。劳于非业之作，师古曰：不急之事，故云非业也。卫于不居之宫，恐非所以佐阴阳之道也。其罢甘泉、建章宫卫，令就农。百官各省费。师古曰：费用之物务减省。条奏，毋有所讳。”

6 是岁，上复擢周堪为光禄勋，复，扶又翻。堪弟子张猛为光禄大夫、给事中，大见信任。猛，张骞孙也。

四年（丙子、前四五）

1 春，正月，上行幸甘泉，郊泰畤。畤，音止；下同。三月，行幸河东，祠后土；赦汾阴徒。徒，有罪居作者。

五年（丁丑、前四四）

1 春，正月，以周子南君为周承休侯。文颖曰：姓姬，名延；其祖父姬嘉，本周后，武帝元鼎四年封为周子南君，奉周祀。师古曰：承休侯国，在颍川郡。

2 上【章：乙十一行本“上”上有“三月”二字；孔本同；张校同；退斋校同；传校同。】行幸雍，雍，于用翻。祠五畤。畤，音止。

3 夏，四月，有星孛于参。孛，蒲内翻。天文志：参为白虎，三星直者是为衡石；下有三星锐，曰罚，为斩艾事；其外四星，左右肩、股也。参，所今翻。

4 上用诸儒贡禹等之言，诏太官毋日杀，师古曰：不得日日宰杀。所具各减半；师古曰：食具也。乘舆秣马，无乏正事而已。师古曰：秣，养马以粟秣食之也。正事，谓驾供祭祀、蒐狩之事，非游田者也。乘，绳证翻。秣，音末。罢角抵、上林宫馆希御幸者、角抵，见二十一卷武帝元封三年。齐三服官、北假田官、李斐曰：主假赁见官田与民，收其假税也，故置田农之官。晋灼曰：匈奴传：秦始皇渡河，据阳山、北假中。王莽传：五原、北假，膏壤殖谷。北假，地名。师古曰：晋说是也。郦道元曰：自高阙以东，夹山带河，阳山以西，皆北假也。盐铁官、常平仓。武帝置盐铁官。宣帝置常平仓。博士弟子毋置员，以广学者；武帝为博士官置弟子五十人。昭帝增弟子员满百人。宣帝末，增倍之。令〔今〕不限员数以广学者。后数年，以用度不足，更为设员千人。令民有能通一经者，皆复。复，方目翻。省刑罚七十馀事。

5 陈万年卒。六月，辛酉，长信少府贡禹为御史大夫。禹前后言得失书数十上，上，时掌翻。上嘉其质直，多采用之。

6 匈奴郅支单于自以道远，又怨汉拥护呼韩邪而不助己，困辱汉使者江乃始等；遣使奉献，因求侍子。郅支遣子入侍，见上卷宣帝甘露元年。汉议遣卫司马谷吉送之，谷，姓也。御史大夫贡禹、博士东海匡衡以为：“郅支单于乡化未醇，师古曰：不杂曰醇。醇，壹也，厚也。乡，读曰向；下同。所在绝远，宜令使者送其子，至塞而还。”还，从宣翻，又如字。吉上书言：“中国与夷狄有羁縻不绝之义，今既养全其子十年，德泽甚厚，空绝而不送，近从塞还，示弃捐不畜，畜，许六翻。使无乡从之心，师古曰：乡从，谓向化而从命也。弃前恩，立后怨，不便！议者见前江乃始无应敌之数，智勇俱困，以致耻辱，即豫为臣忧。臣幸得建强汉之节，承明圣之诏，宣谕厚恩，不宜敢桀。师古曰：言郅支畏威，当不敢桀猾也。若怀禽兽心，加无道于臣，则单于长婴大罪，师古曰：婴，犹带也。必遁逃远舍，师古曰：舍，止也。不敢近边。近，其靳翻。没一使以安百姓，国之计，臣之愿也。愿送至庭。"郅支单于庭也。上许焉。既至，郅支单于怒，竟杀吉等；考异曰：陈汤传："初元四年，郅支求侍子。"元帝纪："五年，谷吉使匈奴，不还。"汤传又云："御史大夫贡禹议吉不可遣。"按禹今年六月始为御史大夫，或者郅支以明年求侍子，而吉以五年使匈奴也！自知负汉，又闻呼韩邪益强，恐见袭击，欲远去。会康居王数为乌孙所困，数，所角翻；下同。与诸翕侯计，以为："匈奴大国，乌孙素服属之。今郅支单于困厄在外，可迎置东边，使合兵取乌孙而立之，师古曰：言与郅支并力共灭乌孙，以其地立郅支，令居之也。长无匈奴忧矣。"即使使至坚昆，通语郅支。宣帝黄龙元年，郅支都坚昆。郅支素恐，又怨乌孙，怨乌孙事亦见上卷黄龙元年。闻康居计，大说，说，读曰悦。遂与相结，引兵而西。郅支人众中寒道死，馀财三千人。师古曰：中寒，伤于寒也。道死，死于道上也。中，竹仲翻。财，与才同。到康居，康居王以女妻郅支；郅支亦以女予康居王。妻，七细翻。予，读曰与。康居甚尊敬郅支，欲倚其威以胁诸国。郅支数借兵击乌孙，深入至赤谷城，杀略民人，敺畜产去。师古曰：敺，与驱同。乌孙不敢追，西边空虚不居者五千里。西域传：乌孙国，治赤谷城，西至康居蕃地五千里。若云空虚者五千里，则自赤谷以西皆不居矣。此已抵其国都，不得云西边也。陈汤传作"且千里"，当从之。

7 冬，十二月，丁未，贡禹卒。丁巳，长信少府薛广德为御史大夫。

永光元年（戊寅、前四三）

1 春，正月，上行幸甘泉，郊泰畤。礼毕，因留射猎。薛广德上书曰："窃见关东困极，人民流离；陛下日撞亡秦之钟，师古曰：撞，音丈江翻。听郑、卫之乐，臣诚悼之。今士卒暴露，从官劳倦，应劭曰：从官，谓宦者及虎贲、羽林、太医、太官是也。师古曰：从官，亲近天子，常侍从者，皆是也。从，才用翻；下同。愿陛下亟反宫，思与百姓同忧乐，乐，音洛。天下幸甚！"上即日还。还，从宣翻，又如字。

2 二月，诏："丞相、御史举质朴、敦厚、逊让、有行者，行，下孟翻。光禄岁以此科第郎、从官。"师古曰：始令丞相、御史举此四科人而擢用之。而见在郎及从官，又令光禄每岁依此科考校，定其第高下，用知其人贤否也。

3 三月，赦天下。

4 雨雪、陨霜，杀桑。雨，于具翻。

5 秋，上酎祭宗庙，出便门，师古曰：便门，长安城南面西头第一门。酎，直又翻。欲御楼船。薛广德当乘舆车，免冠顿首曰："宜从桥。"诏曰："大夫冠，"乘，绳证翻。说文：冠，豢也，所以豢发。弁，冕之总名也。广德曰："陛下不听臣，臣自刎，刎，扶粉翻。以血污车轮，陛下不得入庙矣！"师古曰：言不以理，终不得立庙也。一曰：以见死伤，犯于斋洁，不得入庙祠也。原父曰：一说是也。时上欲入庙。污，乌故翻。上不说。先敺光禄大夫张猛进曰：师古曰：先驱，导乘舆也。说，读曰悦。敺，读曰驱。"臣闻主圣臣直。乘船危，就桥安；圣主不乘危。御史大夫言可听！"上曰："晓人不当如是邪！"师古曰：谓谏争之言当如猛之详善也。乃从桥。

6 九月，陨霜杀稼，天下大饥。丞相于定国，大司马、车骑将军史高，御史大夫薛广德俱以灾异乞骸骨；赐安车、驷马、黄金六十斤，罢。太子太傅韦玄成为御史大夫。考异曰：百官表："七月，癸未，大司马高免。辛亥，韦玄成为御史大夫。十一月，戊寅，丞相定国免。”荀纪：“七月，己未，高免。”薛广德传：“酎祭后月馀，以岁恶民流，乞骸骨，罢。广德为御史大夫，凡十月，免。”月日参差，未知孰是，故皆没不书。广德归，县其安车，以传示子孙为荣。师古曰：县其所赐安车，以示荣幸也。致仕县车，盖亦古法。韦孟诗：“县车之义，以洎小臣，”是也。贡父曰：致仕县车，言休息不出也。故韦孟及薛广德自县其安车也。县，读曰悬。

7 帝之为太子也，从太中大夫孔霸受尚书；及即位，赐霸爵关内侯，号褒成君，如淳曰：为帝师，教令成就，故曰褒成君。给事中。上欲致霸相位，霸为人谦退，不好权势，好，呼到翻。常称“爵位泰过，何德以堪之！”御史大夫屡缺，上辄欲用霸；霸让位，自陈至于再三。上深知其至诚，乃弗用。以是敬之，赏赐甚厚。

8 戊子，侍中、卫尉王接为大司马、车骑将军。接，平昌侯王无故之子。

9 石显惮周堪、张猛等，数谮毁之。数，所角翻。刘更生惧其倾危，上书曰：“臣闻舜命九官，师古曰：尚书，禹作司空，弃后稷，契司徒，皋陶作士，垂共工，益朕虞，伯夷秩宗，夔典乐，龙纳言，凡九官也。济济相让，和之至也。济，子礼翻。众臣和于朝则万物和于野，故箫韶九成，凤皇来仪。师古曰：韶，舜乐名。举箫管之属，示其备也。于韶乐九奏，则凤皇见其容仪，言感至和也。至周幽、厉之际，师古曰：厉王，夷王之子。厉王生宣王；宣王生幽王。朝廷不和，转相非怨，则日月薄食，水泉沸腾，山谷易处，师古曰：薄，迫也；谓被掩迫也。沸，涌出也。腾，乘也。言百川沸涌而相乘陵，山顶隆高而尽崩坏，陵谷易处。霜降失节。谓正月繁霜也。正月，夏之四月，正阳之月也。由此观之，和气致祥，乖气致异，祥多者其国安，异众者其国危，天地之常经，古今之通义也。今陛下开三代之业，招文学之士，优游宽容，使得并进。今贤不肖浑殽，师古曰：言杂乱也。浑，音胡本翻。白黑不分，邪正杂糅，师古曰：糅，和也，音汝救翻。忠谗并进；章交公车，人满北军，如淳曰：汉仪注，中垒校尉，主北军垒门内。尉一人，主上书者狱。上章于公车，有不如法者，以付北军尉；北军尉以法治之。杨恽上书，遂幽北阙。北阙，公车所在。朝臣舛午，胶戾乖剌，师古曰：言志意不和，各相违背。午，音五故翻。剌，音来曷翻。更相谗诉，转相是非；更，工衡翻。所以营惑耳目，感移心意，不可胜载，师古曰：言其诬罔天子也。营，谓回绕之。胜，音升；下同。分曹为党，师古曰：曹，辈也。往往群朋将同心以陷正臣。正臣进者，治之表也；正臣陷者，乱之机也；乘治乱之机，未知孰任，而灾异数见，治，直吏翻。数，所角翻。见，贤遍翻。此臣所以寒心者也。初元以来六年矣，按春秋六年之中，灾异未有稠如今者也。师古曰：稠，多也，音直流翻。原其所以然者，由谗邪并进也；谗邪之所以并进者，由上多疑心，既已用贤人而行善政，如或谮之，则贤人退而善政还矣。师古曰：还，谓收还也。夫执狐疑之心者，来谗贼之口；持不断之意者，开群枉之门；断，丁乱翻。谗邪进则众贤退，群枉盛则正士消。故易有否、泰，师古曰：否，音皮鄙翻。小人道长，君子道消，则政日乱；君子道长，小人道消，则政日治。长，知两翻。治，直吏翻；下同。昔者鲧、共工、驩兜与舜、禹杂处尧朝，师古曰：鲧，崇伯之名，即梼杌也。共工，少皞氏之后，即穷奇也。驩兜，帝鸿氏之后，即浑敦也。鲧，音工本翻。共，音恭。驩，音火官翻。处，昌吕翻。周公与管、蔡并居周位，当是时，迭进相毁，师古曰：迭，互也，音大结翻。流言相谤，岂可胜道哉！胜，音升。帝尧、成王能贤舜、禹、周公而消共工、管、蔡，故以大治，荣华至今。孔子与季、孟偕仕于鲁，师古曰：季、孟，谓季孙、孟孙，皆桓公之后，代执国权而卑公室。余谓季孙、孟孙，季、孟之通称。与孔子偕仕者，季孙斯、孟孙何忌也。李斯与叔孙俱宦于秦，师古曰：叔孙者，叔孙通也。定公、始皇贤季、孟、李斯而消孔子、叔孙，故以大乱，污辱至今。故治乱荣辱之端，在所信任；信任既贤，在于坚固而不移。诗云：‘我心匪石，不可转也，’师古曰：此邶柏舟之诗也。言石性虽坚，尚可移转；己志须确，执德不倾，过于石也。言守善笃也。易曰：‘涣汗其大号，’师古曰：此易涣卦九五爻辞也。言王者涣然大发号令，如汗之出也。言号令如汗，汗出而不反者也。今出善令未能逾时而反，师古曰：逾时，三月也。是反汗也；用贤未能三旬而退，是转石也。论语曰：‘见不善如探汤。’师古曰：论语载孔子之言。探汤，言其除难无所避也。探，吐南翻。今二府奏佞讇不当在位，师古曰：讇，古谄字。历年而不去。故出令则如反汗，用贤则如转石，去佞则如拔山，去，羌吕翻。如此，望阴阳之调，不亦难乎！是以群小窥见间隙，间，古苋翻。缘饰文字，巧言丑诋，师古曰：诋，毁也，辱也，音丁礼翻。流言、飞文哗于民间。放言于外以诬人，曰流言。孔颖达曰：流，谓水流。造作虚语，使人传之，如水之流然，故谓之流言。为飞书以诋毁，若今之匿名书，曰飞文。师古曰：哗，讙也，音火瓜翻。故诗云：‘忧心悄悄，愠于群小，’师古曰：邶柏舟言仁人不遇之诗。悄悄，忧貌。愠，怒也。悄，音千小翻。愠，于问翻。小人成群，诚足愠也。昔孔子与颜渊、子贡更相称誉，不为朋党；师古曰：事具见论语。更，工衡翻。誉，音余。禹、稷与皋陶传相汲引，不为比周；师古曰：事见尚书。传，柱恋翻，递也。比，频寐翻。何则？忠于为国，无邪心也。今佞邪与贤臣并交戟之内，师古曰：交戟，谓宿卫者。合党共谋，违善依恶，歙歙訿訿，诗小旻：“歙歙訿訿。”毛氏注曰：潝潝然患其上，訿訿然思不称于上。尔雅云：潝潝訿訿，莫供职也。韩诗云：不善之貌。歙，与潝同，许急翻。訿，音紫。数设危险之言，数，所角翻。欲以倾移主上，如忽然用之，此天地之所以先戒，灾异之所以重至者也。师古曰：重，音直用翻。自古明圣未有无诛而治者也，故舜有四放之罚，师古曰：谓舜流共工于幽州，放驩兜于崇山，窜三苗于三危，殛鲧于羽山。孔子有两观之诛，应劭曰：少正卯，奸人之雄，故孔子为司寇七日，诛之于两观之下。师古曰：两观，谓阙也。观，古玩翻。然后圣化可得而行也。今以陛下明知，知，读曰智。诚深思天地之心，览否、泰之卦，历周、唐之所进以为法，原秦、鲁之所消以为戒，师古曰：历，谓历观之。原，谓思其本也。周，成王；唐，唐尧。考祥应之福，【章：乙十一行本"灾"上有"省"字；张校同。】灾异之祸，以揆当世之变，放远佞邪之党，坏散险诐之聚，远，于愿翻。坏，音怪。师古曰：揆，度也。险言曰诐。诐，彼义翻。杜闭群枉之门，广开众正之路，决断狐疑，分别犹豫，断，丁乱翻。别，彼列翻。使是非炳然可知，则百异消灭而众祥并至，太平之基，万世之利也。"显见其书，愈与许、史比而怨更生等。比，毗至翻；下同。

是岁，夏寒，日青无光，显及许、史皆言堪、猛用事之咎。上内重堪，又患众口之寖润，郑氏曰：谮人之言如水之浸润，渐以成之。孔子曰：浸润之谮不行焉，可谓明也已矣。无所取信。时长安令杨兴以材能幸，常称誉堪，誉，音余；下同。上欲以为助，乃见问兴："朝臣龂龂不可光禄勋，何邪？"师古曰：龂龂，忿疾之意也。龂，音牛斤翻。兴者，倾巧士，谓上疑堪，因顺指曰："堪非独不可于朝廷，自州里亦不可也！周礼：五党为州，五家为邻，五邻为里。汉人谓同州乡而居者为州里。臣见众人闻堪与刘更生等谋毁骨肉，以为当诛；故臣前书言堪不可诛伤，为国养恩也。"为，于伪翻；下同。上曰："然此何罪而诛？今宜奈何？"兴曰："臣愚以为可赐爵关内侯，食邑三百户，勿令典事。明主不失师傅之恩，此最策之得者也。"上于是疑之。

司隶校尉琅邪诸葛丰姓谱：葛氏，先本琅邪诸县人，徙阳都；时人本其先之所居，谓之诸葛氏。风俗通云：葛婴为陈涉将，有功而诛，孝文录其后，封诸县侯，因并氏焉。始以刚直特立著名于朝，数侵犯贵戚，数，所角翻；下同。在位者多言其短；后坐春夏系治人，春、夏，生长之时，故仲春省囹圄，去桎梏，毋肆掠，止狱讼；仲夏挺重囚，益其食。春夏而系治人，为不顺天时。徙城门校尉。丰于是上书告堪、猛罪。上不直丰，乃制诏御史："城门校尉丰，前与光禄勋堪、光禄大夫猛在朝之时，数称言堪、猛之美。丰前为司隶校尉，不顺四时，修法度，专作苛暴以获虚威；朕不忍下吏，下，遐稼翻。以为城门校尉。百官表：城门校尉，掌京师十二城门屯兵。不内省诸己，省，悉景翻。而反怨堪、猛以求报举，师古曰：言举其事以报怨。告按无证之辞，暴扬难验之罪，毁誉恣意，不顾前言，师古曰：前言，谓誉堪、猛之美；今乃更言其短，是不顾也。誉，音余；下同。不信之大也。朕怜丰之耆老，不忍加刑，其免为庶人！"又曰："丰言堪、猛贞信不立，朕闵而不治，又惜其材能未有所效，其左迁堪为河东太守，猛槐里令。"槐里，周之犬丘，秦曰废丘；高帝二年改曰槐里，属右扶风。

臣光曰：诸葛丰之于堪、猛，前誉而后毁，其志非为朝廷进善而去奸也，去，羌吕翻。欲比周求进而已矣；斯亦郑朋、杨兴之流，乌在其为刚直哉！人君者，察美恶，辨是非，赏以劝善，罚以惩奸，所以为治也。治，直吏翻。使丰言得实，则丰不当黜；若其诬罔，则堪、猛何辜焉！今两责而俱弃之，则美恶、是非果安在哉！

10 贾捐之与杨兴善。捐之数短石显，师古曰：谈说其长短。余谓此言数陈其短耳。数，所角翻。以故不得官，稀复进见；复，扶又翻；下同。见，贤遍翻。兴新以材能得幸。捐之谓兴曰："京兆尹缺，按百官表：初元四年，京兆尹成。永光四年，光禄大夫琅邪张谭为京兆尹；四年，不胜任，免。盖是时成已去而谭未除，是以缺官也。使我得见，言君兰，张晏曰：杨兴，字君兰。考异曰：荀纪作"君简"，今从汉书。京兆尹可立得。"兴曰："君房下笔，言语妙天下；贾捐之，字君房。师古曰：于天下最为精妙耳。使君房为尚书令，胜五鹿充宗远甚。"续汉志曰：尚书令，承秦所置；武帝用宦者更为中书谒者令。是时石显为中书令，五鹿充宗为尚书令，疑两官并置也。百官表：成帝建始元年，尚书令五鹿充宗为少府；五年，贬为玄菟太守。逆而数之，则知充宗是年犹为尚书令也。姓谱：赵大夫食采于五鹿，以邑为氏。捐之曰："令我得代充宗，君兰为京兆，京兆，郡国首，尚书，百官本，天下真大治，士则不隔矣！"治，直吏翻。捐之复短石显，兴曰："显方贵，上信用之；今欲进，第从我计，师古曰：第，但也。且与合意，即得入矣！"捐之即与兴共为荐显奏，称誉其美，誉，音余；下同。以为宜赐爵关内侯，引其兄弟以为诸曹；又共为荐兴奏，以为可试守京兆尹。石显闻知，白之上，乃下兴、捐之狱，下，遐稼翻。令显治之，奏"兴、捐之怀诈伪，更相荐誉，更，工衡翻。欲得大位，罔上不道！"捐之竟坐弃市；兴髡钳为城旦。

臣光曰：君子以正攻邪，犹惧不克；况捐之以邪攻邪，其能免乎！

11 徙清河王竟为中山王。

12 匈奴呼韩邪单于民众益盛，塞下禽兽尽，单于足以自卫，不畏郅支，其大臣多劝单于北归者。师古曰：塞下无禽兽，则射猎无所得；又不畏郅支，故欲北归旧处。久之，单于竟北归庭，民众稍稍归之，其国遂定。

二年（己卯、前四二）

1 春，二月，赦天下。

2 丁酉，御史大夫韦玄成为丞相；右扶风郑弘为御史大夫。

3 三月，壬戌朔，日有食之。

4 夏，六月，赦天下。

5 上问给事中匡衡以地震日食之变，匡衡时以博士给事中。风俗通云：匡，鲁邑，句须为之宰；其后氏焉。衡上疏曰："陛下躬圣德，开太平之路，闵愚吏民触法抵禁，比年大赦，使百姓得改行自新，比，毗至翻。行，下孟翻。天下幸甚！臣窃见大赦之后，奸邪不为衰止，为，于伪翻。今日大赦，明日犯法，相随入狱，此殆导之未得其务也。今天下俗，贪财贱义，好声色，上侈靡，亲戚之恩薄，婚姻之党隆，苟合徼幸，好，呼到翻；下同。徼，工尧翻。以身设利；不改其原，师古曰：设，施也。原，本也。虽岁赦之，刑犹难使错而不用也，师古曰：岁赦，谓每岁一赦也。错，置也。错，音千故翻。臣愚以为宜壹旷然大变其俗。夫朝廷者，天下之桢干也。桢干，版筑之具：题曰桢，旁曰干，以筑垣墙，喻治天下也。桢，音贞。朝有变色之言，则下有争斗之患；上有自专之士，则下有不让之人；上有克胜之佐，则下有伤害之心；上有好利之臣，则下有盗窃之民；此其本也。师古曰：言下之所行，皆取化于上也。治天下者，审所上而已。师古曰：上，谓崇尚也。治，直之翻。教化之流，非家至而人说之也；师古曰：非家家皆到，人人劝说也。贤者在位，能者布职，朝廷崇礼，百僚敬让，道德之行，由内及外，自近者始，然后民知所法，迁善日进而不自知也。诗曰：'商邑翼翼，四方之极。'师古曰：商颂殷武之诗也。商邑，京师也。极，中也。言商邑之礼俗，翼翼然可则效，是乃四方之中正也。今长安，天子之都，亲承圣化，然其习俗无以异于远方，郡国来者无所法则，或见侈靡而放效之；师古曰：放，依也，音甫往翻。此教化之原本，风俗之枢机，宜先正者也。臣闻天人之际，精祲有以相荡，李奇曰：祲，气也；言天人精气相动也。师古曰：祲，谓阴阳之气相浸渐以成灾祥者也，音子鸩翻。善恶有以相推，事作乎下者象动乎上，阴变则静者动，阳蔽则明者晻，邓展曰：静者动，谓地震也；明者晻，谓日食也。师古曰：晻，与暗同。水旱之灾随类而至。陛下祇畏天戒，哀闵元元，宜省靡丽，考制度，近忠正，远巧佞，近，其靳翻。远，于愿翻。以崇至仁，匡失俗，道德弘于京师，淑问扬乎疆外，师古曰：淑，善也。问，名也。然后大化可成、礼让可兴也。”上说其言，说，读曰悦。迁衡为光禄大夫。

荀悦论曰：夫赦者，权时之宜，非常典也。汉兴，承秦兵革之后，大愚之世，比屋可刑，比，毗至翻，又毗必翻。故设三章之法，大赦之令，约法三章，事见九卷高帝元年。赦，自古有之，至于大赦，则始于秦。高祖既并天下，即皇帝位，大赦天下，后世因之为永制。荡涤秽流，与民更始，更，工衡翻。时势然也。后世承业，袭而不革，失时宜矣。若惠、文之世，无所赦之。若孝景之时，七国皆乱，异心并起，奸诈非一；及武帝末年，赋役繁兴，群盗并起，加以太子之事，巫蛊之祸，天下纷然，百姓无聊；【章：乙十一行本“聊”下有“人不自安”四字；孔本同；退斋校同；传校同。】及光武之际，拨乱之后：如此之比，宜为赦矣。

6 秋，七月，陇西羌彡姐旁种反，师古曰：彡，音所廉翻，又音先廉翻。姐，音紫。今西羌尚有此姓，而彡，音先冉翻。诏召丞相韦玄成等入议。是时，岁比不登，比，毗至翻。朝廷方以为忧，而遭羌变，玄成等漠然，莫有对者。师古曰：漠，无声也，音莫。右将军冯奉世曰：“羌虏近在竟内背畔，竟，古境字通用。背，蒲妹翻。不以时诛，无以威制远蛮，臣愿帅师讨之！”帅，读曰率。上问用兵之数，对曰：“臣闻善用兵者，役不再兴，粮不三载，故师不久暴而天诛亟决。师古曰：暴，露也。亟，急也。载，子亥翻。往者数不料敌，师古曰：料，量也，音聊。而师至于折伤，再三发调，则旷日烦费，威武亏矣。折，而设翻。调，徒吊翻。今反虏无虑三万人，师古曰：无虑，举凡之言，无小思虑而大计也。法当倍，用六万人；然羌戎，弓矛之兵耳，器不犀利，如淳曰：今俗以刀兵利为犀。晋灼曰：犀，坚也。师古曰：晋说是。可用四万人。一月足以决。”丞相、御史、两将军两将军，车骑将军王接、左将军许嘉也。皆以为“民方收敛时未可多发；发万人屯守之，且足。”且足，犹言且可也。敛，力赡翻。奉世曰："不可。天下被饥馑，被，皮义翻。士马羸耗，守战之备久废不简，师古曰：简，谓选拣。夷狄皆有轻边吏之心，而羌首难。师古曰：言创首为寇难也。难，乃旦翻。今以万人分屯数处，虏见兵少，必不畏惧；战则挫兵病师，守则百姓不救，如此，怯弱之形见。见，贤遍翻。羌人乘利，诸种并和，种，章勇翻。师古曰：和，应也，音胡卧翻。相扇而起，臣恐中国之役不得止于四万，非财币之所能解也。故少发师而旷日，师古曰：旷，空也；空费其日而无功也。与一举而疾决，利害相万也。"师古曰：相比为万倍也。固争之，不能得。言奉世不能得请也。有诏，益二千人。于是遣奉世将万二千人骑，以将屯为名，师古曰：且云领兵屯田，不言讨贼。将，即亮翻。典属国任立、护军都尉韩昌为偏裨，到陇西，分屯三处。任立为右军，屯白石。韩昌为前军，屯临洮。奉世为中军，屯首阳西极上。任，音壬。昌先遣两校尉与羌战，羌众【章：乙十一行本"众"作"虏"；孔本同。】盛多，皆为所破，杀两校尉。校，户教翻。奉世具上地形部众多少之计，愿益三万六千人，乃足以决事。书奏，天子大为发兵六万馀人。上，时掌翻。为，于伪翻。八月，拜太常弋阳侯任千秋为奋武将军以助之。昭帝时，宫以捕上官桀功，封弋阳侯，千秋其子也。弋阳侯国，属汝南郡。应劭曰：弋山在西北。冬，十月，兵毕至陇西，十一月，并进，羌虏大破，斩首数千级，馀皆走出塞。兵未决间，汉复发募士万人，复，扶又翻。拜定襄太守韩安国为建威将军；师古曰：自别有此韩安国，非武帝时人也。未进，闻羌破而还。诏罢吏士，吏，军吏；士，卒也。颇留屯田，备要害处。师古曰：要害者，在我为要，于敌为害也。

容肇祖标点顾颉刚聂崇岐覆校

资治通鉴卷第二十九

翰林学士朝散大夫右谏议大夫知制诰兼侍讲
同提举万寿观公事兼判集贤院上护军 司马光 奉敕编集
河内郡开国侯食邑一千三百户赐紫金鱼袋臣

后学天台胡三省 音注

汉纪二十一 起上章执徐(庚辰),尽著雍困敦(戊子),凡九年。

孝元皇帝下

永光三年(庚辰、前四一)

1 春,二月,冯奉世还京师,更为左将军,赐爵关内侯。

2 三月,立皇子康为济阳王。济,子礼翻。

3 夏,四月,平【章:乙十一行本"平"上有"癸未"二字;孔本同;张校同;退斋校同;传校同。】昌考侯王接薨。谥法:大虑行方曰考。秋,七月,壬戌,以平恩侯许嘉为大司马、车骑将军。

4 冬,十一月,己丑,地震,雨水。

5 复盐铁官;置博士弟子员千人。罢盐铁官,博士弟子毋置员,事见上卷初元五年。以用度不足,民多复除,复,方目翻。无以给中外繇役故也。繇,古傜字通。

四年(辛巳、前四〇)

1 春,二月,赦天下。

2 三月,上行幸雍,祠五畤。雍,于用翻。畤,音止。

3 夏，六月，甲戌，孝宣园东阙灾。

4 戊寅晦，日有食之。上于是召诸前言日变在周堪、张猛者责问，皆稽首谢；谮堪、猛事见上卷元年。稽，音启。因下诏称堪、猛【章：乙十一行本无“猛”字；传校同。】之美，征诣行在所，拜为光禄大夫，秩中二千石，领尚书事；猛复为太中大夫、给事中。中书令石显管尚书，师古曰：言管主其事。尚书五人皆其党也；按帝纪及百官表，成帝建始四年，初置尚书员五人。此盖言显与牢梁、五鹿充宗、伊嘉、陈顺五人皆典领尚书事，虽未置定员，实亦五人也。堪希得见，见，贤遍翻。常因显白事，事决显口。会堪疾瘖，不能言而卒。师古曰：瘖，音于今翻。显诬谮猛，令自杀于公车。

5 初，贡禹奏言：“孝惠、孝景庙皆亲尽宜毁，按贡禹传，定汉宗庙迭毁之礼，未及施行而卒。其后，韦玄成等毁庙之议，又不纯用禹说。观其奏言天子七庙，孝惠、孝景亲尽宜毁，盖以悼考庙足为七庙也。及郡国庙不应古礼，宜正定。”惠帝尊高帝庙为太祖庙，景帝尊文帝庙为太宗庙；行所尝幸郡国，各立太祖、太宗庙。宣帝复尊武帝为世宗庙，行所巡狩亦立焉。凡祖宗庙在郡国者六十八，合百六十七所。春秋之义，王不祭于下土诸侯，故以为不应古礼。天子是其议。秋，七月，戊子，罢昭灵后、武哀王、昭哀后、卫思后、戾太子、戾后园，皆不奉祠，裁置吏卒守焉。师古曰：昭灵后，高祖母也。武哀王，高祖兄也。昭哀后，高祖姊也。卫思后，戾太子母也。戾后，即史良娣也。冬，十月，乙丑，罢祖宗庙在郡国者。

6 诸陵分属三辅。师古曰：先是诸陵总属太常，今各依其地界属三辅。以渭城寿陵亭部原上为初陵；服虔曰：元帝所置陵也；未有名，故曰初。诏勿置县邑及徙郡国民。

五年（壬午、前三九）

1 春，正月，上行幸甘泉，郊泰畤。畤，音止。三月，幸河东，祠后土。

2 秋，颍川水流杀人民。

3 冬，上幸长杨射熊馆，师古曰：长杨，宫名也，在盩厔县；其中有射熊馆。大猎。

4 十二月，乙酉，毁太上皇、孝惠皇帝寝庙园，用韦玄成等之议也。玄成等奏曰："祖宗之庙，世世不毁；继祖以下，五庙而迭毁。今高皇帝为太祖，孝文皇帝为太宗，孝景皇帝为昭，孝武皇帝为穆，孝昭皇帝与孝宣皇帝俱为昭。皇考庙，亲未尽。太上皇、孝惠庙皆亲尽，宜毁。"

5 上好儒术、文辞，颇改宣帝之政；言事者多进见，好，呼到翻。见，贤遍翻。人人以【章：乙十一行本"以"上有"自"字；孔本同。】为得上意。又傅昭仪及子济阳王康爱幸，外戚传曰：元帝加昭仪之号，位视丞相，爵比诸侯王。师古曰：昭显其仪，示隆重也。济，子礼翻。逾于皇后、太子。昭仪位次皇后，今宠逾之。太子少傅匡衡上疏曰：疏，所据翻，条陈也。"臣闻治乱安危之机，在乎审所用心。盖受命之王，【章：乙十一行本"王"作"主"；传校同。】务在创业垂统，传之无穷；继体之君，心存于承宣先王之德而褒大其功。昔者成王之嗣位，思述文、武之道以养其心，休烈盛美【章：乙十一行本"美"下有"皆"字；孔本同；张校同；传校同。】归之二后，而不敢专其名，师古曰：休，亦美也。烈，业也。后，君也。二君，文王、武王也。是以上天歆享，鬼神佑焉。陛下圣德天覆，子爱海内，覆，敷又翻。然而阴阳未和、奸邪未禁者，殆议者未丕扬先帝之盛功，师古曰：丕，大也。争言制度不可用也，务变更之，所更或不可行而复复之，更，工衡翻；下同。上复，扶又翻，又也。下复，扶目翻，反也。是以群下更相是非，吏民无所信。臣窃恨国家释乐成之业而虚为此纷纷也！师古曰：释，废也。乐成，谓已成之业，人情所乐也。乐，音洛。愿陛下详览统业之事，留神于遵制扬功，遵先帝之法制，扬先帝之功烈也。以定群下之心。诗大雅曰：'无念尔祖，聿修厥德，'师古曰：大雅文王之诗也。无念，念也。聿，述也。盖至德之本也。

传曰：'审好恶，理情性，而王道毕矣。'衡守诗学，此必诗传之言。传，直恋翻。好，呼到翻。恶，乌路翻。治性之道，必审己之所有馀而强其所不足，治，直之翻。师古曰：强，勉也，音其两翻。盖聪明疏通者戒于太察，寡闻少见者戒于壅蔽，少，诗沼翻。勇猛刚强者戒于太暴，仁爱温良者戒于无断，断，丁乱翻。湛静安舒者戒于后时，广心浩大者戒于遗忘。师古曰：湛，读曰沈。忘，巫放翻。必审己之所当戒而齐之以义，然后中和之化应，而巧伪之徒不敢比周而望进。比，毗至翻。唯陛下戒之，所以崇圣德也！

臣又闻室家之道修，则天下之理得，故诗始国风，礼本冠、婚。始乎国风，原情性以明人伦也；本乎冠、婚，正基兆以防未然也；师古曰：关雎美后妃之德，而为国风之首。礼记冠义曰：冠者，礼之始也。婚义曰：婚者，礼之本也。冠，古玩翻；下同。故圣王必慎妃后之际，别適长之位，师古曰：適，读曰嫡；下同。长，知两翻。礼之于内也。卑不逾尊，新不先故，先，悉荐翻。所以统人情而理阴气也；其尊適而卑庶也，適子冠乎阼，礼之用醴，师古曰：阼，主阶也。醴，甘酒也，贵于众酒。適，读曰嫡。众子不得与列，所以贵正体而明嫌疑也。非虚加其礼文而已，乃中心与之殊异，故礼探其情而见之外也。探，吐南翻。圣人动静游燕所亲，物得其序，师古曰：言凡物大小、高卑皆有次序。则海内自修，百姓从化。如当亲者疏，疏，读曰踈。当尊者卑，师古曰：如，若也。则佞巧之奸因时而动，以乱国家。故圣人慎防其端，禁于未然，不以私恩害公义。传曰：'正家而天下定矣！'"师古曰：易家人卦之彖辞。

6 初，武帝既塞宣房，事见二十一卷武帝元封二年。塞，悉则翻；下同。后河复北决于馆陶，分为屯氏河，馆陶县，属魏郡，河水自此别出为屯氏河，东北至勃海章武县入海；过魏郡、清河、信都、勃海四郡，行千五百里。师古曰：屯，音大门翻。而隋氏分析州县，误以为毛氏河，乃置毛州，失之甚矣。复，扶又翻。东北入海，广深与大河等，故因其自然，不堤塞也。是岁，河决于清河灵鸣犊口，而屯氏河绝。据沟洫志：灵鸣犊口在清河东界。师古曰：清河之灵县鸣犊河口也。按唐博州高唐县，汉灵县地，鸣犊河在县西。宋白曰：魏州夏津县本汉灵县地，汉初为鄃县，故城在今德州西南五十里；天宝元年改为夏津县。

建昭元年(癸未、前三八)

1 春，正月，戊辰，陨石于梁。据五行志，陨石于梁国。

2 三月，上行幸雍，祠五畤。雍，于用翻。畤，音止。

3 冬，河间王元坐贼杀不辜废，迁房陵。元，河间献王德之来孙也。

4 罢孝文太后寝祠园。孝文太后，薄氏，葬霸陵之南。

5 上幸虎圈斗兽，圈，求阮翻；下同。后宫皆坐；熊逸出圈，攀槛欲上殿，上，时掌翻。左右、贵人、傅倢伃等皆惊走；傅倢伃，即傅昭仪，盖后进号也。倢伃，音接予。冯倢伃直前，当熊而立。左右格杀熊。上问："人情惊惧，何故前当熊?"倢伃对曰："猛兽得人而止；妾恐熊至御坐，坐，徂卧翻。故以身当之。"帝嗟叹，倍敬重焉。傅倢伃惭，由是与冯倢伃有隙。为后傅太后诬杀中山冯太后张本。冯倢伃，左将军奉世之女也。

二年(甲申、前三七)

1 春，正月，上行幸甘泉，郊泰畤。三月，行幸河东，祠后土。

2 夏，四月，赦天下。

3 六月，立皇子兴为信都王。考异曰：荀纪，"兴"作"誉"。今从汉书。

4 东郡京房学易于梁人焦延寿。风俗通云：郑武公子段封于京，其后氏焉。姓谱云：周武王封神农之后于焦，后以国为氏。又左传云：虞、虢、焦、滑，皆姬姓也。董正工曰：京房，本姓李，吹律，自定为京氏。洪氏隶释云：汉中黄门谯敏碑云：其先故国师谯赣，传道与京君庆。此碑以焦赣为谯。

左传，楚师伐陈，取焦夷，注谓焦，今谯县。若是，则“焦”、“谯”可以通用。梁，国名。延寿常曰：“得我道以亡身者，京生也。”其说长于灾变，分六十卦，更直日用事，以风雨寒温为候，孟康曰：分卦直日之法，一爻各主一日，六十卦为三百六十日。馀四卦，震、离、兑、坎为方伯、监司之官。所以用震、离、兑、坎者，是二至、二分用事之日，又是四时各专王之气，各卦主时。其占法，各以其日观其善恶也。更，工衡翻。各有占验。房用之尤精，以孝廉为郎，上疏屡言灾异，有验。天子说之，数召见问。说，读曰悦。数，所角翻。房对曰：“古帝王以功举贤，则万化成，瑞应著；师古曰：万化，万机之事，施教化者也。一曰：万物之类也。末世以毁誉取人，誉，音余。故功业废而致灾异。宜令百官各试其功，灾异可息。”诏使房作其事，房奏考功课吏法。晋灼曰：令、丞、尉治一县，崇教化，亡犯法者，辄迁。有盗贼，满三日不觉者，则尉事也；令觉之，自除，丞、尉负其罪。率相准，如此法。上令公卿朝臣与房会议温室，皆以房言烦碎，令上下相司，不可许；上意乡之。师古曰：乡，读曰向。时部刺史奏事京师，上召见诸刺史，令房晓以课事；刺史复以为不可行。武帝置十三州刺史，各部一州，故曰部刺史。复，扶又翻。唯御史大夫郑弘、光禄大夫周堪初言不可，后善之。

是时，中书令石显颛权，显友人五鹿充宗为尚书令，二人用事。房尝宴见，师古曰：以闲宴时而入见天子。见，贤遍翻。问上曰：“幽、厉之君何以危？所任者何人也？”上曰：“君不明而所任者巧佞。”房曰：“知其巧佞而用之邪，将以为贤也？”上曰：“贤之。”房曰：“然则今何以知其不贤也？”上曰：“以其时乱而君危知之。”房曰：“若是，任贤必治，任不肖必乱，必然之道也。治，直吏翻；下同。幽、厉何不觉悟而更求贤，曷为卒任不肖以至于是？”师古曰：卒，终也，音子恤翻。上曰：“临乱之君，各贤其臣；令皆觉寤，天下安得危亡之君！”房曰：“齐桓公、秦二世亦尝闻此君而非笑之；然则任竖刁、赵高，政治日乱，盗贼满山，竖刁注见十八卷武帝元光五年。赵高事见秦纪。何不以幽、厉卜之而觉寤乎？”以龟卜，所以验吉凶。以幽、厉卜，所以验治乱。上曰：“唯有道者能以往知来耳。”房因免冠顿首曰：“春秋纪二百四十二年灾异，以示万世之君。今陛下即位以来，日月失明，星辰逆行，山崩，泉涌，地震，石陨，夏霜，冬靁，春凋，秋荣，陨霜不杀，水、旱、螟虫，民人饥、疫，盗贼不禁，刑人满市，春秋所记灾异尽备。师古曰：言今皆备有之。靁，古雷字。春秋所记：隐十一年、桓十八年、庄公三十二年、闵公二年、僖公三十三年、文公十八年、宣公十八年、成公十八年、襄公三十一年、昭公三十二年、定公十五年、哀公十四年，凡二百四十二年。陛下视今为治邪，乱邪？”上曰：“亦极乱耳，尚何道！”房曰：“今所任用者谁与？”道，言也。师古曰：与，读曰欤。考异曰：故资政殿学士邵亢得两浙钱王写本汉书，无“乱邪”二字，有“上曰：‘亦极乱耳，尚何道！’房曰：‘今’”十二字；今取之。上曰：“然，幸其愈于彼，又以为不在此人也。”师古曰：愈，犹胜也。言今之灾异及政道，犹幸胜于往日，又不由所任之人。房曰：“夫前世之君，亦皆然矣。臣恐后之视今，犹今之视前也！”上良久，乃曰：“今为乱者谁哉？”房曰：“明主宜自知之。”上曰：“不知也；如知，何故用之！”房曰：“上最所信任，与图事帷幄之中，师古曰：图，谋也。进退天下之士者是矣。”房指谓石显，上亦知之，谓房曰：“已谕。”师古曰：言已晓此意。房罢出，后上亦不能退显也。

臣光曰：人君之德不明，则臣下虽欲竭忠，何自而入乎！观京房所以晓孝元，可谓明白切至矣，而终不能寤，悲夫！诗曰：“匪面命之，言提其耳。匪手携之，言示之事。”又曰：“诲尔谆谆，听我藐藐。”皆大雅抑诗之辞也。郑氏笺曰：“言我非但以手携挈之，亲示以其事之是非；我非但对面告语之，亲提撕其耳。此言以教导之熟，不可启觉也。藐藐然，不入也。我教告王，口语谆谆然，王听聆之藐藐然。谆，之纯翻，又之闰翻。藐，美角翻；尔雅云：闷也。孝元之谓矣！

5 上令房上弟子晓知考功、课吏事者，欲试用之。房上"中郎任良、姚平，愿以为刺史，试考功法；臣得通籍殿中，为奏事，以防壅塞。"石显、五鹿充宗皆疾房，欲远之，上，时掌翻。为，于伪翻。塞，悉则翻。远，于愿翻。师古曰：欲出之，令远去。建言，宜试以房为郡守。师古曰：立议云然也。帝于是以房为魏郡太守，得以考功法治郡。治，直之翻。

房自请："岁竟，乘传奏事，"岁竟，岁终也。传，知恋翻；下同。天子许焉。房自知数以论议为大臣所非，数，所角翻。与石显等有隙，不欲远离左右，离，力智翻。乃上封事曰："臣出之后，恐为用事所蔽，身死而功不成，故愿岁尽乘传奏事，蒙哀见许。言蒙帝哀怜而许之。乃辛巳，蒙气复乘卦，太阳侵色，张晏曰：晋卦、解卦也。太阳侵色，谓大壮也。原父曰：蒙气起而太阳侵色，则太阳指日也。大壮、解卦可云太阳，而非所侵色也。京房易传曰：蒙如尘云。臣私禄及亲，兹谓罔辟，厥异蒙。大臣厌小臣，兹谓蔽蒙，微，日不明，若解不解。晋书天文志曰：凡连阴十日，昼不见日，夜不见月，乱风四起，欲雨而无雨，名曰"蒙"。复，扶又翻；下同。此上大夫覆阳而上意疑也。据孟康注：房以消息卦为辟。辟，君也。息卦曰太阴，消卦曰太阳。其馀卦曰少阴、少阳，谓臣下也。上大夫覆阳，盖以是候之。师古曰：覆，掩蔽也，音敷救翻。己卯、庚辰之间，必有欲隔绝臣，令不得乘传奏事者。"以辛巳蒙气，占己卯、庚辰二日也。

房未发，上令阳平侯王凤承制诏房止无乘传奏事。凤，阳平侯王禁之子。房意愈恐。秋，房去至新丰，因邮上封事师古曰：邮，行书者也，若今传送文书矣。邮，音尤。曰："臣前以六月中言遁卦不效，法曰：'道人始去，寒涌水为灾。'法者，房占候之法，著之于书者也。师古曰：道人，有道术之人也。天气寒，又有水涌出也。至其七月，涌水出。臣弟子姚平谓臣曰：‘房可谓知道，未可谓信道也。房言灾异，未尝不中。中，竹仲翻。涌水已出，道人当逐死，尚复何言！’臣曰：‘陛下至仁，于臣尤厚，虽言而死，臣犹言也。’师古曰：自云不避死也。平又曰：‘房可谓小忠，未可谓大忠也。小忠，谓以谏杀身而无益于国。大忠，谓谏行言听而身与国同休也。昔秦时赵高用事，有正先者，非刺高而死，孟康曰：姓正，名先，秦博士也。姓谱：正姓，宋上卿正考父之后。高威自此成，故秦之乱，正先趣之。’师古曰：趣，读曰促。今臣得出守郡，自诡效功，恐未效而死，惟陛下毋使臣塞涌水之异，师古曰：塞，当也。当正先之死，为姚平所笑。"

房至陕，陕县，属弘农郡，周、召二伯东西分治，以陕为界，即此地也。陕，音式冉翻。复上封事曰："臣前白愿出任良试考功，臣得居内。议者知如此于身不利，臣不可蔽，故云‘使弟子不若试师。’臣为刺史，又当奏事，故复云‘为刺史，恐太守不与同心，不若以为太守。’此其所以隔绝臣也。陛下不违其言而遂听之，此乃蒙气所以不解、太阳无色者也。臣去稍远，太阳侵色益甚，愿陛下毋难还臣而易逆天意！师古曰：易，轻也，音弋豉翻。邪说虽安于人，天气必变，言人君虽安其邪说而不之觉，天气必为之变而失其常。故人可欺，天不可欺也，愿陛下察焉！"

房去月馀，竟征下狱。初，淮阳宪王舅张博，倾巧无行，淮阳宪王钦，宣帝张倢伃之子，帝弟也。下，遐稼翻。行，下孟翻。多从王求金钱，欲为王求入朝。博从京房学，以女妻房。房每朝见，退辄为博道其语。师古曰：所与天子言者，皆具说之。为，于伪翻。妻，七细翻。博因记房所说密语，令房为王作求朝奏草，师古曰：草，谓为文之藁草也。论语，孔子曰："为命，裨谌草创之。"皆持柬与王，以为信验。淮阳国，在关东。石显知之，告"房与张博通谋，非谤政治，归恶天子，诖误诸侯王。”治，直吏翻。诖，古卖翻。皆下狱，弃市，考异曰：元纪及荀纪，京房死皆在此年末。按房传，二月朔上封事；去月馀，征下狱。百官表：“八月，癸亥，匡衡为御史大夫。”房死必不在岁末也。纪不知月日，故系之岁末耳。妻子徙边。郑弘坐与房善，免为庶人。免御史大夫也。

6 御史中丞陈咸数毁石显，数，所角翻；下同。久之，坐与槐里令朱云善，漏泄省中语，时丞相韦玄成言云暴虐无状，陈咸在前闻之，以语云；云上书自讼。显以此奏咸漏泄省中语。高帝三年，改废丘为槐里，属右扶风。石显微伺知之，与云皆下狱，髡为城旦。

石显威权日盛，公卿以下畏显，重足一迹。师古曰：言极恐惧，不敢自宽纵也。重，直龙翻。重足，累足也。累足而立，故一迹。显与中书仆射牢梁、少府五鹿充宗结为党友，姓谱：牢姓，孔子弟子琴牢之后。诸附倚者皆得宠位。民歌之曰：“牢邪，石邪！五鹿客邪！印何累累，绶若若邪！”师古曰：累累，重积也。若若，长貌。累，音力追翻。

显内自知擅权，事柄在掌握，恐天子一旦纳用左右耳目以间己，间，音工苋翻。乃时归诚，取一信以为验。显尝使至诸官，有所征发，使，疏吏翻。将命曰使。诸官，诸官府也。显先自白：“恐后漏尽宫门闭，请使诏吏开门，”上许之。显故投夜还，称诏开门入。后果有上书告“显颛命，矫诏开宫门”，天子闻之，笑以其书示显。显因泣曰：“陛下过私小臣，属任以事，师古曰：过，犹误也。属，委也。属，音之欲翻。群下无不嫉妒，欲陷害臣者，事类如此非一，唯独明主知之。愚臣微贱，诚不能以一躯称快万众，称，音尺孕翻。任天下之怨；师古曰：任，犹当也。任，音壬。臣愿归枢机职，受后宫扫除之役，死无所恨。唯陛下哀怜财幸，师古曰：财，与裁同。以此全活小臣！”天子以为然而怜之，数劳勉显，加厚赏赐，数，所角翻。劳，力到翻。赏赐及赂遗訾一万万。遗，于季翻。师古曰：赂遗，谓百官群下所遗也。訾，读与赀同。初，显闻众人匈匈，言己杀前将军萧望之，事见上卷初元二年。恐天下学士讪己，师古曰：讪，谤也，音所谏翻。以谏大夫贡禹明经著节，乃使人致意，深自结纳，因荐禹天子，历位九卿，礼事之甚备。议者于是或称显，以为不妒谮望之矣。荐贡禹事当在显谮杀京房、陷陈咸之前，故以初字发语。显之设变诈以自解免，取信人主者，皆此类也。

荀悦曰：夫佞臣之惑君主也甚矣，故孔子曰："远佞人。"论语孔子告颜渊之言。远，于愿翻；下同。非但不用而已，乃远而绝之，隔塞其源，塞，悉则翻。戒之极也。孔子曰："政者，正也。"论语，孔子答季康子之言。夫要道之本，正己而已矣。平直真实者，正之主也。故德必核其真，然后授其位；能必核其真，然后授其事；功必核其真，然后授其赏；罪必核其真，然后授其刑；行必核其真，然后贵之；言必核其真，然后信之；物必核其真，然后用之；事必核其真，然后修之。核，与覈同；谓精确得其实也。行，下孟翻。故众正积于上，万事实于下，先王之道，如斯而已矣！

7 八月，癸亥，以光禄勋匡衡为御史大夫。郑弘坐京房免，以衡代之。

8 闰月，丁酉，太皇太后上官氏崩。此昭帝上官后也。

9 冬，十一月，齐、楚地震，此指齐、楚古国之大界。大雨雪，树折，屋坏。雨，于具翻。折，而设翻。

三年（乙酉、前三六）

1 夏，六月，甲辰，扶阳共侯韦玄成薨。共，音恭。

2 秋，七月，匡衡为丞相。戊辰，卫尉李延寿为御史大夫。

3 冬，使西域都护、骑都尉北地甘延寿、副校尉山阳陈汤师古曰：言延寿及汤本充西域之使，故先言使而后序其官职及姓名。使，疏吏翻。共诛斩【章：乙十一行本“斩”下有“匈奴”二字；孔本同。】郅支单于于康居。

始，郅支单于自以大国，威名尊重，又乘胜骄，郅支尝破杀闰振，攻破呼韩邪，又杀伊利目，屡破乌孙兵，故乘胜气而骄也。不为康居王礼，怒杀康居王女康居王以女妻郅支，事见上卷初元五年。及贵人、人民数百，或支解投都赖水中；师古曰：支解，谓截其四支。都赖，郅支水名。余谓都赖水在康居国郅支城旁。发民作城，日作五百人，二岁乃已。又遣使责阖苏、大宛诸国岁遗，师古曰：胡广云：康居北可一千里有国名奄蔡，一名阖苏。然则阖苏即奄蔡也。岁遗者，年常所献之物。遗，弋季翻。不敢不予。予，读曰与。汉遣使三辈至康居，求谷吉等死，杀谷吉见上卷初元五年。师古曰：死，尸也。郅支困辱使者，不肯奉诏；而因都护上书，言“居困厄，愿归计强汉，遣子入侍。”师古曰：故为此言以调戏也。归计，谓归附而受计策也。其骄嫚如此。

汤为人沈勇，有大虑，沈，持林翻。多策略，喜奇功，师古曰：喜，音许吏翻。与延寿谋曰：“夷狄畏服大种，其天性也。种，章勇翻。西域本属匈奴，武帝虽通西域，匈奴犹役属之；至宣帝时，朝呼韩邪，降日逐，西域乃咸属汉。今郅支单于威名远闻，闻，音问。侵陵乌孙、大宛，宛，於元翻。常为康居画计，欲降服之；为，于伪翻。降，户江翻。如得此二国，数年之间，城郭诸国危矣。且其人剽悍，师古曰：剽，轻也。悍，勇也。剽，平妙翻，又匹妙翻。悍，胡干翻，又下罕翻。好战伐，数取胜；久畜之，必为西域患。好，呼到翻。数，所角翻。畜，许六翻。虽所在绝远，蛮夷无金城、强弩之守。如发屯田吏士，即屯田车师者。敺从乌孙众兵，师古曰：驱率之令随从也。敺，与驱同；下同。直指其城下，彼亡则无所之，守则不足自保，师古曰：之，往也。保，安也。千载之功可一朝而成也！”载，子亥翻。延寿以为然，欲奏请之。汤曰：“国家与公卿议，此时已称天子为国家，非至东都始然也。大策非凡所见，事必不从。”师古曰：言凡庸之人不能远见，将坏其事也。延寿犹与不听。与，读曰豫；即犹豫也。会其久病，汤独矫制发城郭诸国兵、车师戊己校尉屯田吏士。戊己校尉屯田车师。延寿闻之，惊起，欲止焉。汤怒，按剑叱延寿曰：“大众已集会，竖子欲沮众邪！”师古曰：沮，止也，坏也，音材汝翻。延寿遂从之。部勒行陈，行，户刚翻。陈，读曰阵。汉兵、胡兵合四万馀人。延寿、汤上疏自劾奏矫制，劾，户概翻。自劾，自奏其矫制之罪也。陈言兵状，即日引军分行，别为六校：别，彼列翻，分也。按汤传，益置阳威、合骑、白虎之校，并副校尉、戊校尉、己校尉为六校。校，户教翻。其三校从南道逾葱领，径大宛；其三校都护自将，发温宿国，从北道入赤谷，过乌孙，温宿国，东至都护治所二千三百八十里，北至乌孙赤谷六百一十里。涉康居界，至阗池西。而康居副王抱阗将数千骑寇赤谷城东，文颖曰：阗，音填。杀略大昆弥千馀人，驱畜产甚多，从后与汉军相及，颇寇盗后重。师古曰：重，谓辎重也，音直用翻。汤纵胡兵击之，杀四百六十人，得其所略民四百七十人，还付大昆弥，其马、牛、羊以给军食。又捕得抱阗贵人伊奴毒。入康居东界，令军不得为寇。师古曰：勿抄掠也。间呼其贵人屠墨见之，师古曰：间，谓密呼也。间，古苋翻。谕以威信，与饮、盟，遣去。既与之饮，又与之盟也。径引行，未至单于城可六十里，止营。复捕得康居贵人具【章：乙十一行本“具”作“贝”；下同；退斋校同。】色子男开牟以为导。复，扶又翻。具色子，即屠墨母之弟，师古曰：母之弟，即谓舅者。皆怨单于，由是具知郅支情。明日，引行，未至城三十里，止营。

单于遣使问：“汉兵何以来？”应曰：“单于上书言：‘居困厄，愿归计强汉，身入朝见，’朝，直遥翻。见，贤遍翻。天子哀闵单于，弃大国，屈意康居，故使都护将军来迎单于妻子。当此时，甘延寿止为西域都护；以将兵故称将军。至光武时，遂以贾复为都护将军。

复之都护，盖护诸将也。恐左右惊动，故未敢至城下。"使数往来相答报，数，所角翻；下同。延寿、汤因让之：师古曰：让，责也。"我为单于远来，为，于伪翻。而至今无名王、大人见将军受事者，师古曰：名王，诸王之贵者。受事，受教命而供事也。何单于忽大计，失客主之礼也！师古曰：忽，忘也，又轻也。兵来道远，人畜罢极，食度且尽，师古曰：罢，读曰疲。度，音大各翻。恐无以自还，愿单于与大臣审计策！"

明日，前至郅支城都赖水上，离城三里，离，力智翻。止营傅陈。师古曰：傅，读曰敷，布也。陈，读曰阵；下同。望见单于城上立五采幡帜，帜，昌志翻。数百人被甲乘城；师古曰：乘，谓登之备守也。被，皮义翻；下同。又出百馀骑往来驰城下，步兵百馀人夹门鱼鳞陈，师古曰：言其相接次，形若鱼鳞。讲习用兵。城上人更招汉军曰："斗来！"师古曰：更，互也，音工衡翻。百馀骑驰赴营，营皆张弩持满指之，骑引却。颇遣吏士射城门骑、步兵，射，而亦翻；下同。骑、步兵皆入。延寿、汤令军："闻鼓音，皆薄城下，薄，伯各翻。四面围城，各有所守，穿堑，塞门户，堑，即堑字，音尺艳翻。塞，悉则翻。卤楯为前，戟弩为后，楯，食尹翻。仰射城楼上人。"楼上人下走；土城外有重木城，重，直龙翻。从木城中射，颇杀伤外人。外人发薪烧木城，孔颖达曰：薪，樵也。大樵曰薪。诗云：析薪如之何？匪斧不克。是大，故用斧也。夜，数百骑欲出，外迎射，杀之。

初，单于闻汉兵至，欲去，疑康居怨己，为汉内应，又闻乌孙诸国兵皆发，自以无所之。言郅支自计无所往而可也。郅支已出，复还，复，扶又翻。曰："不如坚守。汉兵远来，不能久攻。"单于乃被甲在楼上，被，皮义翻。诸阏氏、夫人数十皆以弓射外人。外人射中单于鼻，中，竹仲翻。诸夫人颇死；单于乃下。夜过半，木城穿；中人却入土城，乘城呼。中人，木城中人也。师古曰：呼，音火故翻；下同。时康居兵万馀骑，分为十馀处，四面环城，亦与相应和。师古曰：环，绕也，音宦。和，胡卧翻。夜，数奔营，不利，辄却。平明，四面火起，吏士喜，大呼乘之，师古曰：乘，逐也。余谓乘，驾也；乘火起之势而驾之也。钲、鼓声动地。钲，音征，铙也，其状似铃。杜佑曰：镯，钲也。形如小钟，军行鸣之，以为鼓节。周礼：以金镯节鼓。近代有大铜叠，悬而击之，以节鼓，曰钲。康居兵引却；汉兵四面推卤楯，推，吐雷翻。并入土城中。单于男女百馀人走入大内。师古曰：大内，单于之内室也。汉兵纵火，吏士争入，单于被创死。被，皮义翻。创，初良翻。军候假丞杜勋斩单于首。汉制，军行有各部校尉；部下有曲，曲有军候一人。又都护有副校尉，秩比二千石；丞一人，司马、候、千人各二人。杜勋本为军候而假丞也。得汉使节二及谷吉等所赍帛书；诸卤获以畀得者。师古曰：畀，与也，各以与所得人；音必寐翻。凡斩阏氏、太子、名王以下千五百一十八级；阏，于焉翻。氏，音支。生虏百四十五人，降虏千馀人，赋予城郭诸国所发十五王。降，户江翻。师古曰：赋，谓班与之也。所发十五王，谓所发诸国之王，领兵共围郅支单于者也。予，读曰与。

四年(丙戌、前三五)

1 春，正月，郅支首至京师。延寿、汤上疏曰："臣闻天下之大义当混为一，师古曰：混，同也，音胡本翻。余谓混为一者，合四海之内，同禀命于一人，天下之治出于一也。昔有唐、虞，今有强汉。匈奴呼韩邪单于已称北藩，唯郅支单于叛逆，未伏其辜，大夏之西，以为强汉不能臣也。大夏，西域国名，在大宛西南。师古曰：谓汉为不能使郅支臣服也。郅支单于惨毒行于民，大恶通于天；臣延寿，臣汤，将义兵，行天诛，赖陛下神灵，阴阳并应，天气精明，陷陈克敌，陈，读曰阵。斩郅支首及名王以下，宜县头槁街蛮夷邸间，晋灼曰：槁街，黄图在长安城门内。师古曰：槁街，街名，蛮夷邸在此街也。邸，若今客馆也。又曰：蛮夷邸，若今鸿胪馆。崔浩以为"槁"当为"橐"；橐街，即铜驼街也。此说失之。铜驼街在雒阳，西京无也。县，读曰悬；下同。以示万里，明犯强汉者，虽远必诛！"丞相匡衡等以为："方春掩骼、埋胔之时，礼记月令：孟春，掩骼、埋胔。注云：谓死气逆生气也。应劭曰：禽兽之骨曰骼，骼，大也；鸟鼠之骨曰胔，胔，可恶也。臣瓒曰：枯骨曰骼；有肉曰胔。师古曰：瓒说是也。骼，音工客翻。胔，音才赐翻。宜勿县。"诏县十日，乃埋之；仍告祠郊庙，赦天下。群臣上寿，置酒。

2 六月，甲申，中山哀王竟薨。哀王者，帝之少弟，与太子游学相长大。游，谓宴游。学，谓讲学。师古曰：同处长养，以至于壮大。少，诗照翻。长，知两翻。及薨，太子前吊。上望见太子，感念哀王，悲不能自止。太子既至前，不哀，上大恨曰："安有人不慈仁，而可以奉宗庙，为民父母者乎！"是时驸马都尉、侍中史丹护太子家，护，监护也。上以责谓丹，师古曰：谓者，告语也。丹免冠谢曰："臣诚见陛下哀痛中山王，至以感损。谓哀感而神气为之耗损。向者太子当进见，见，贤遍翻；下同。臣窃戒属，毋涕泣，感伤陛下；师古曰：属，音之欲翻。罪乃在臣，当死！"上以为然，意乃解。

3 蓝田地震，山崩，壅霸水；安陵岸崩，壅泾水，泾水逆流。蓝田县属京兆。水经：霸水出蓝田县蓝田谷，过霸陵县，西北流注于渭。孟康曰：安陵岸，惠帝陵旁泾水岸也。

五年（丁亥、前三四）

1 春，三月，赦天下。

2 夏，六月，庚申，复戾园。

3 壬申晦，日有食之。

4 秋，七月，庚子，复太上皇寝庙园、原庙、昭灵后、武哀王、昭哀后、卫思后园。时上寝疾，久不平，以为祖宗谴怒，故尽复之；唯郡国庙遂废云。永光四年，罢园庙。

5 是岁，徙济阳王康为山阳王。济，子礼翻。

6 匈奴呼韩邪单于闻郅支既诛，且喜且惧；喜者，以郅支既诛而己无后患也。惧者，以汉威强，惧复得罪而灭亡如郅支也。上书，愿入朝见。朝，直遥翻。

竟宁元年（戊子、前三三）应劭曰：呼韩邪单于愿保塞，边竟得以安宁，故以冠元也。师古曰：据如应说，竟读为境。古之用字，境、竟实同。但诏云"长无兵革之事"，竟者，终极之言，言永永安宁也。既无兵革，中外安宁，岂止境上。若依本字而读，义更弘通也。

1 春，正月，匈奴呼韩邪单于来朝，自言愿婿汉氏以自亲。师古曰：言欲取汉女而身为汉家婿。帝以后宫良家子王嫱字昭君赐单于。嫱，音墙。单于欢喜，上书"愿保塞上谷以西至敦煌，师古曰：保，守也。自请保守之，令无寇盗。敦，徒门翻。传之无穷。请罢边备塞吏卒，以休天子人民。"天子下有司议，下，遐稼翻。议者皆以为便。郎中侯应习边事，以为不可许。上问状，应曰："周、秦以来，匈奴暴桀，寇侵边境；汉兴，尤被其害。被，皮义翻；下同。臣闻北边塞至辽东，外有阴山，东西千馀里，草木茂盛，多禽兽，本冒顿单于依阻其中，治作弓矢，来出为寇，是其苑囿也。冒，如字，又莫北翻。治，直之翻。至孝武世，出师征伐，斥夺此地，攘之于幕北，师古曰：斥，开也。攘，却也，音人羊翻。建塞徼，起亭隧，徼，吉吊翻，境也，小路也，循察也。师古曰：隧，谓深开小道而行，避敌抄寇也，音遂。筑外城，设屯戍以守之，然后边境用得少安。幕北地平，少草木，多大沙，所谓大碛也。少，诗沼翻；下同。匈奴来寇，少所蔽隐；从塞以南，径深山谷，往来差难。边长老言：'匈奴失阴山之后，过之未尝不哭也！'长，知两翻。如罢备塞吏卒，示夷狄之大利，不可一也。今圣德广被，天覆匈奴，师古曰：如天之覆也。被，皮义翻。覆，敷又翻。匈奴得蒙全活之恩，稽首来臣。夫夷狄之情，困则卑顺，强则骄逆，天性然也。前已罢外城，事见二十四卷宣帝地节二年。省亭隧，【章：乙十一行本“隧”下有“令”字；孔本同；张校同。】才足以候望，通烽火而已。古者安不忘危，不可复罢，二也。复，扶又翻。中国有礼义之教，刑罚之诛，愚民犹尚犯禁；又况单于，能必其众不犯约哉！三也。师古曰：必，极也；极保之也。毛晃曰：必，定辞也。自中国尚建关梁以制诸侯，关、梁，设于水、陆要会之处。因山陿而设塞以讥陆行者为关，或立石，或架木，或维舟绝水以讥舟行者为梁。所以绝臣下之觊欲也。师古曰：觊，音冀。设塞徼，置屯戍，非独为匈奴而已，亦为诸属国降民本故匈奴之人，恐其思旧逃亡，四也。为，于伪翻。近西羌保塞，与汉人交通，吏民贪利，侵盗其畜产、妻子，以此怨恨，起而背畔。背，蒲妹翻。今罢乘塞，则生嫚易分争之渐，五也。师古曰：乘塞，登之而守也。嫚易，犹欺侮也。易，音弋豉翻。往者从军多没不还者，子孙贫困，一旦亡出，从其亲戚，六也。又边人奴婢愁苦，欲亡者多，曰：【张：“曰”作“日”。】‘闻匈奴中乐，乐，音洛。无奈候望急何！’然时有亡出塞者，七也。盗贼桀黠，群辈犯法，如其窘急，亡走北出，则不可制，八也。黠，下八翻。起塞以来百有馀年，自武帝起塞时，至此时百有馀年。非皆以土垣也，或因山岩、石、木、溪谷、水门，稍稍平之，卒徒筑治，功费久远，不可胜计。治，直之翻；下同。胜，音升。臣恐议者不深虑其终始，欲以壹切省繇戍，师古曰：壹切者，权时之事，非经常也。犹如以刀切物，苟取整齐，不顾长短纵横，故言一切。繇，古傜字通。十年之外，百岁之内，卒有他变，障塞破坏，亭隧灭绝，当更发屯缮治，累岁【章：乙十一行本“岁”作“世”；孔本同。】之功不可卒复，九也。师古曰：卒，皆读曰猝。如罢戍卒，省候望，单于自以保塞守御，必深德汉，师古曰：于汉自称恩德也。请求无已；小失其意，则不可测。开夷狄之隙，亏中国之固，十也。非所以永持至安，威制百蛮之长策也！”对奏，天子有诏：“勿议罢边塞事。”使车骑将军嘉口谕单于师古曰：将军许嘉也。谕，谓晓告。曰：“单于上书愿罢北塞吏士屯戍，子孙世世保塞。单于乡慕礼义，乡，读曰向。所以为民计者甚厚，此长久之策也。朕甚嘉之！中国四方皆有关梁障塞，非独以备塞外也，亦以防中国奸邪放纵，出为寇害，故明法度以专众心也。专，壹也。敬谕单于之意，师古曰：言已晓知其意也。朕无疑焉。为单于怪其不罢，为，于伪翻；下同。故使嘉晓单于。”毛晃曰：晓，开谕也。单于谢曰：“愚不知大计，天子幸使大臣告语，甚厚！”语，牛倨翻。

初，左伊秩訾为呼韩邪画计归汉，事见二十七卷宣帝甘露元年。竟以安定。其后或谗伊秩訾自伐其功，师古曰：伐，谓矜其功力。余谓此言其矜画计定匈奴之功耳，非力也。常鞅鞅，呼韩邪疑之；伊秩訾惧诛，将其众千馀人降汉，汉以为关内侯，食邑三百户，令佩其王印绶。师古曰：虽于汉为关内侯，而依匈奴王号与印绶。及呼韩邪来朝，与伊秩訾相见，谢曰：“王为我计甚厚，令匈奴至今安宁，王之力也，德岂可忘！我失王意，使王去，不复顾留，师古曰：言不复顾念而留住匈奴中。皆我过也。今欲白天子，请王归庭。”归单于庭也。伊秩訾曰：“单于赖天命，自归于汉，得以安宁，单于神灵，天子之佑也，我安得力！既已降汉，又复归匈奴，是两心也。愿为单于侍使于汉，不敢听命！”师古曰：言为单于充使留侍于汉，不能还匈奴。使，疏吏翻。单于固请，不能得而归。

单于号王昭君为宁胡阏氏；师古曰：言胡得之，国以安宁也。生一男伊屠智牙师，为右日逐王。

2 皇太子冠。冠，古玩翻。

3 二月，御史大夫李延寿卒。

4 初，石显见冯奉世父子为公卿著名，女又为昭仪在内；冯昭仪，即冯倢伃，进号昭仪。显心欲附之，荐言："昭仪兄谒者逡修敕，宜侍幄帷。"师古曰：逡，音千旬翻。敕，整也。天子召见，欲以为侍中。见，贤遍翻。逡请间言事。上闻逡言显专权，大怒，罢逡归郎官。及御史大夫缺，在位多举逡兄大鸿胪野王；胪，陵如翻。上使尚书选第中二千石，选第者，选其有行能者，而第其高下之次也。而野王行能第一。行，下孟翻。上以问显，显曰："九卿无出野王者；然野王，亲昭仪兄，臣恐后世必以陛下度越众贤，师古曰：度，过也。私后宫亲以为三公。"上曰："善，吾不见是！"师古曰：言不见此理。因谓群臣曰："吾用野王为三公，后世必谓我私后宫亲属，以野王为比。"师古曰：比，例也，音必寐翻。当音毗寐翻。三月，丙寅，诏曰："刚强坚固，确然亡欲，大鸿胪野王是也。亡，古无字通。心辨善辞，言心辨于是非而善于辞令。辨，别也。可使四方，少府五鹿充宗是也。使，疏吏翻。廉洁节俭，太子少傅张谭是也。其以少傅为御史大夫。"以诏褒之次第，不用五鹿充宗而用张谭，何也？帝亦知充宗为石显之党也。

5 河南太守九江召信臣为少府。信臣先为南阳太守，后迁河南，治行常第一。视民如子，好为民兴利，躬劝耕稼，开通沟渎，户口增倍。吏民亲爱，号曰"召父"。师古曰：召，读曰邵。治，直吏翻。行，下孟翻。好，呼到翻。

6 癸卯，【章：乙十一行本"卯"作"未"；孔本同；张校同；退斋校同；传校同。】复孝惠皇帝寝庙园、孝文太后、孝昭太后寝园。永光五年，毁惠园。建昭元年，罢孝文太后、孝昭太后寝园。孝昭太后，孝武帝钩弋赵倢伃也，葬云阳甘泉宫南。

7 初，中书令石显尝欲以姊妻甘延寿，妻，七细翻。延寿不取。及破郅支还，还，从宣翻，又如字。丞相、御史亦恶其矫制，恶，乌路翻。皆不与延寿等。师古曰：与，犹许也。陈汤素贪，所卤获财物入塞，多不法。师古曰：不法者，私自取之，不依军法。余谓不法者，以外国财物阑入边关也。司隶校尉移书道上，移书所过道上郡县也。系吏士，按验之。汤上疏言："臣与吏士共诛郅支单于，幸得禽灭，万里振旅，师古曰：师入曰振旅。宜有使者迎劳道路。劳，来到翻。今司隶反逆收系按验，当劳来而收系，是于事理为反也。逆，迎也。是为郅支报雠也！"为，于伪翻。上立出吏士，令县、道出【章：乙十一行本"出"作"具"；传校同。】酒食以过军。汉制，县有蛮夷曰道。既至，论功，石显、匡衡以为："延寿、汤擅兴师矫制，幸得不诛；如复加爵土，复，扶又翻。则后奉使者争欲乘危徼幸，生事于蛮夷，为国招难。"徼，古尧翻，又一遥翻。难，乃旦翻。帝内嘉延寿、汤功而重违衡、显之议，师古曰：重，难也。久之不决。

故宗正刘向上疏曰：帝初即位，刘向为宗正；免官久矣，故曰故宗正。向本名更生，至是改名。"郅支单于囚杀使者、吏士以百数，事暴扬外国，伤威毁重，群臣皆闵焉。师古曰：闵，病也。陛下赫然欲诛之，意未尝有忘。西域都护延寿，副校尉汤，承圣指，倚神灵，总百蛮之君，揽城郭之兵，意之所向为指。师古曰：揽，总持之也。出百死，入绝域，遂蹈康居，屠三重城，郅支城木城再重，并土城为三重。重，直龙翻。搴歙侯之旗，师古曰：搴，拔也，音骞。歙，许及翻。斩郅支之首，县旌万里之外，县，读曰悬。扬威昆山之西，昆山，指言昆仑山也。埽谷吉之耻，谷吉为郅支所杀，见上卷初元五年。立昭明之功，昭明，谓显功也。万夷慑伏，师古曰：慑，恐也，音之涉翻。莫不惧震。呼韩邪单于见郅支已诛，且喜且惧，乡风驰义，乡，读曰向。师古曰：驰义，慕义驱驰而来也。稽首来宾，愿守北藩，累世称臣。立千载之功，载，子亥翻。建万世之安，群臣之勋莫大焉。昔周大夫方叔、吉甫为宣王诛猃狁而百蛮从，为，于伪翻。其诗曰：‘啴啴焞焞，如霆如雷。显允方叔，征伐猃狁，蛮荆来威。’师古曰：小雅采芑之诗也。啴啴，众也。焞焞，盛也。言车徒既众且盛，故能克定猃狁而令荆土之蛮亦畏威而来也。显，明也。允，信也。猃，音虚检翻。狁，音庾准翻。啴，音他丹翻。焞，音土回翻。易曰：‘有嘉折首，获匪其丑。’师古曰：离上九爻辞也。嘉，善也。丑，类也。言王者出征，克胜斩首，多获非类，故以为善。言美诛首恶之人，而诸不顺者皆来从也。今延寿、汤所诛震，虽易之折首，诗之雷霆，不能及也。论大功者不录小过，举大美者不疵细瑕。司马法曰：‘军赏不逾月，’欲民速得为善之利也。盖急武功，重用人也。吉甫之归，周厚赐之，其诗曰：‘吉甫燕喜，既多受祉。来归自镐，我行永久。’师古曰：小雅六月之诗也。镐，地名，非丰、镐之镐。此镐及方，皆在周之北。时猃狁侵镐及方，至于泾阳，吉甫薄伐，自镐而还；王以宴礼乐之，多受福赐，以其行役有功，日月长久故也。吉甫，尹吉甫也。千里之镐犹以为远，况万里之外，其勤至矣。延寿、汤既未获受祉之报，反屈捐命之功，久挫于刀笔之前，师古曰：捐其躯命，言无所顾也。挫，屈折也。刀笔，吏也。非所以厉有功，劝戎士也。昔齐桓前有尊周之功，后有灭项之罪，君子以功覆过而为之讳。师古曰：尊周，谓伐楚责苞茅及会王世子于首止。项，国名也。春秋僖十七年，夏，灭项。公羊传曰：齐灭之也。不言齐，为桓公讳也。桓尝有继绝存亡之功，故君子为之讳。覆，敷救翻。为，于伪翻。贰师将军李广利，捐五万之师，靡亿万之费，经四年之劳，而仅获骏马三十匹，虽斩宛王母寡之首，犹不足以复费，其私罪恶甚多；孝武以为万里征伐，不录其过，遂封拜两侯、三卿、二千石百有馀人。事见二十一卷武帝太初三年、四年。师古曰：靡，散也，音縻。仅，少也。复，偿也，音扶目翻。今康居之国，强于大宛，郅支之号，重于宛王，杀使者罪，甚于留马，而延寿、汤不烦汉士，不费斗粮；比于贰师，功德百之。师古曰：百倍胜之。且常惠随欲击之乌孙，事见二十四卷宣帝本始三年。郑吉迎自来之日逐，事见二十六卷宣帝神爵二年。犹皆裂土受爵。故言威武勤劳，则大于方叔、吉甫；列功覆过，则优于齐桓、贰师；覆，敷又翻。近事之功，则高于安远、长罗；师古曰：安远侯，郑吉；长罗侯，常惠也。而大功未著，小恶数布，数，所角翻。臣窃痛之！宜以时解县，通籍，孟康曰：县，罪未竟也；如言县罚也。通籍者，不禁止，令得出入也。县，读曰悬。除过勿治，尊宠爵位，以劝有功。”于是天子下诏赦延寿、汤罪勿治，令公卿议封焉。议者以为宜如军法捕斩单于令。匡衡、石显以为“郅支本亡逃失国，窃号绝域，非真单于。”帝取安远侯郑吉故事，封千户；衡、显复争。复，扶又翻；下同。夏，四月，戊辰，封延寿为义成侯，地理志：沛郡有义成侯国。赐汤爵关内侯，食邑各三百户，加赐黄金百斤。拜延寿为长水校尉，汤为射声校尉。

于是杜钦上疏追讼冯奉世前破莎车功。事见二十五卷宣帝元康元年。上以先帝时事，不复录。钦，故御史大夫延年子也。

荀悦论曰：诚其功义足封，追录前事可也。春秋之义，毁泉台则恶之，舍中军则善之，春秋公羊传：文公十六年，毁泉台。何以书？讥。何讥尔？先祖为之，己毁之，不如勿居而已矣。昭五年，舍中军。舍中军者何？复古也。穀梁之义略同。恶，乌路翻。各由其宜也。夫矫制之事，先王之所慎也，不得已而行之。若矫大而功小者，罪之可也；矫小而功大者，赏之可也；功过相敌，如斯而已可也。权其轻重而为之制宜焉。为，于伪翻。

8 初，太子少好经书，少，诗照翻。好，呼到翻；下同。宽博谨慎；其后幸酒，乐燕乐，晋灼曰：幸酒，好酒也。师古曰：乐燕乐，若论语称孔子云：损者三乐：乐骄乐，乐逸游，乐燕乐，损矣。燕乐，燕私之乐也。上乐，读如本字，又音五孝翻。下乐，音来各翻。上不以为能。而山阳王康有才艺，母傅昭仪又爱幸，上以故常有意欲以山阳王为嗣。上晚年多疾，不亲政事，留好音乐；孟康曰：留意于音乐。或置鼙鼓殿下，天子自临轩槛上，隤铜丸以擿鼓，师古曰：鼙，本骑上之鼓，音步迷翻。槛，轩阑版也。隤，下也。擿，投也。隤，音颓。擿，音持益翻。一曰：擿，磓也，音丁力翻。磓，音丁回翻。声中严鼓之节。李奇曰：庄严之鼓节也。晋灼曰：疾击之鼓也。师古曰：晋说是。中，竹仲翻。后宫及左右习知音者莫能为，而山阳王亦能之，上数称其材。数，所角翻；下同。史丹进曰："凡所谓材者，敏而好学，温故知新，师古曰：敏，速疾也。温，厚也。温故，厚蓄故事也。何晏曰：温，寻也；寻绎故者，又知新者。余谓何说是。皇太子是也。若乃器人于丝竹鼙鼓之间，则是陈惠、李微高于匡衡，可相国也！"如淳曰：器人，取人器能也。陈惠、李微二人，好音者也。服虔曰：二人皆黄门鼓吹也。于是上嘿然而笑。闻丹言而嘿然，已而笑。

及上寝疾，傅昭仪、山阳王康常在左右，而皇后、太子希得进见。见，贤遍翻。上疾稍侵，意忽忽不平，师古曰：稍侵，言渐笃也。平，和也。数问尚书以景帝时立胶东王故事。事见十六卷景帝前六年。是时太子长舅阳平侯王凤为卫尉、侍中，长，知两翻；下同。与皇后、太子皆忧，不知所出。师古曰：不知计所出。史丹以亲密臣得侍视疾，候上间独寝时，丹直入卧内，顿首伏青蒲上，服虔曰：青缘蒲席也。应劭曰：以青规地曰青龙；自非皇后不得至此。孟康曰：蒲青为席，用蔽地也。师古曰：应说是也。涕泣而言曰："皇太子以適长立，积十馀年，师古曰：適，读曰嫡。名号系于百姓，天下莫不归心臣子。师古曰：自托为臣子。仲冯曰：臣子，当属下句，不当断之。余以下文大意观之，颜说为是。见山阳王雅素爱幸，今者道路流言，为国生意，为，于伪翻。以为太子有动摇之议。审若此，公卿以下必以死争，不奉诏。臣愿先赐死以示群臣！"天子素仁，不忍见丹涕泣，言又切至，意大感寤，喟然太息曰："吾日困劣，劣，弱也。太【章：乙十一行本“太”上有“而”字；孔本同。】子、两王幼少，两王，山阳王康、信都王兴。意中恋恋，亦何不念乎！然无有此议。且皇后谨慎，先帝又爱太子，事见二十七卷宣帝甘露三年。吾岂可违指！驸马都尉安所受此语？”师古曰：安，焉也。余谓安，何也。丹即却，顿首曰：“愚臣妄闻，罪当死！”师古曰：却，退也，离青蒲上。上因纳，谓丹曰：“吾病寖加，恐不能自还，纳者，纳其言也。师古曰：寖，渐也。不自还者，言当遂至崩亡也。还，读曰旋。善辅道太子，毋违我意！”丹嘘唏而起，师古曰：道，读曰导。嘘，音虚。唏，音许既翻。太子由是遂定为嗣。而右将军、光禄大夫王商、中书令石显亦拥佑太子，颇有力焉。夏，五月，壬辰，帝崩于未央宫。臣瓒曰：帝年二十七即位，即位十六年，寿四十三。

班彪赞曰：臣外祖兄弟为元帝侍中，应劭曰：外祖金敞也。语臣曰：“元帝多材艺，善史书，应劭曰：周宣王太史史籀所作大篆。语，牛倨翻。鼓琴瑟，吹洞箫，如淳曰：箫之无底者也。杜佑曰：前代有洞箫，今无其器。自度曲，被歌声，应劭曰：自隐度作新曲，因持新曲以为歌诗声也。荀悦曰：被声，能播乐也。巨瓒曰：度曲，谓歌终更授其次，谓之度曲。西京赋曰：度曲未终，云起雪飞。张衡舞赋亦曰：度终复位，次受三八。师古曰：应、荀二说皆是也。度，音大洛翻。被，音皮义翻。分刌节度，穷极幼眇。苏林曰：刌，度也；知曲之终始节度也。韦昭曰：刌，切也；谓能分切句绝为之节制也。师古曰：韦说是也。刌，音千本翻。幼眇，读曰要妙。少而好儒；少，诗照翻。好，呼到翻。及即位，征用儒生，委之以政，贡、薛、韦、匡迭为宰相。师古曰：贡禹、薛广德、韦玄成、匡衡迭互而为丞相也。而上牵制文义，优游不断，孝宣之业衰焉。师古曰：为文义所牵制，故不断决。断，丁乱翻。然宽弘尽下，出于恭俭，号令温雅，有古之风烈。”

9 匡衡奏言：“前以上体不平，故复诸所罢祠；卒不蒙福。

师古曰：卒，终也。卒，子恤翻。案卫思后、戾太子、戾后园，亲未尽。师古曰：言不当毁也。孝惠、孝景庙，亲尽，宜毁。及太上皇、孝文、孝昭太后、昭灵后、昭哀后、武哀王祠，请悉罢勿奉。”奏可。

10 六月，己未，太子即皇帝位，谒高庙。尊皇太后曰太皇太后，宣帝印成王皇后也。皇后曰皇太后。以元舅侍中、卫尉、阳平侯王凤为大司马、大将军、领尚书事。王氏得权自此始。

11 秋，七月，丙戌，葬孝元皇帝于渭陵。臣瓒曰：自崩及葬凡五十五日。渭陵在长安北五十六里。

12 大赦天下。

13 丞相衡上疏曰：“陛下秉至孝，哀伤思慕，不绝于心，未有游虞弋射之宴，师古曰：虞，与娱同。诚隆于慎终追远，无穷已也。师古曰：慎终，慎孝道之终也。追远，不忘本也。论语称孔子曰：“慎终追远，民德归厚矣。”故衡引之。窃愿陛下虽圣性得之，犹复加圣心焉！师古曰：言天性已自然矣，又当加意也。复，扶又翻。诗云：‘茕茕在疚，’师古曰：周颂闵予小子之诗。茕茕，忧貌也。疚，病也。茕，与䓫同；渠营翻。言成王丧毕思慕，意气未能平也。盖所以就文、武之业，崇大化之本也。臣又闻之师曰：‘妃匹之际，生民之始，万福之原。婚姻之礼正，然后品物遂而天命全。’师古曰：遂，成也。孔子论诗以关雎为始，此纲纪之首，王教之端也。自上世以来，三代兴废，未有不由此者也。愿陛下详览得失盛衰之效，以定大基，采有德，戒声色，近严敬，远技能！师古曰：无德之人，虽有技能，则斥远之。近，其靳翻。远，于愿翻。技，渠绮翻。臣闻六经者，圣人所以统天地之心，著善恶之归，明吉凶之分，师古曰：分，音扶问翻。通人道之正，使不悖于其本性者也。师古曰：悖，乖也，音布内翻。及论语、孝经，圣人言行之要，宜究其意。行，下孟翻。臣又闻圣王之自为，动静周旋，奉天承亲，临朝享臣，物有节文，以章人伦。师古曰：物，事也；事事皆有节文。盖钦翼祇栗，事天之容也；温恭敬逊，承亲之礼也；正躬严恪，临众之仪也；师古曰：严，读曰俨。嘉惠和说，飨下之颜也。师古曰：飨，宴飨也。说，读曰悦。举错动作，物遵其仪，故形为仁义，动为法则。今正月初，幸路寝，路寝，大寝也。临朝贺，置酒以飨万方。传曰：'君子慎始。'愿陛下留神动静之节，使群下得望盛德休光，以立基桢，天下幸甚！"上敬纳其言。

容肇祖标点　顾颉刚　聂崇岐覆校

资治通鉴卷第三十

翰林学士朝散大夫右谏议大夫知制诰兼侍讲
同提举万寿观公事兼判集贤院上护军 司马光 奉敕编集
河内郡开国侯食邑一千三百户赐紫金鱼袋臣

后学天台胡三省音注

汉纪二十二 起屠维赤奋若（己丑），尽著雍阉茂（戊戌），凡十年。

孝成皇帝上之上 荀悦曰：讳骜，字太孙；“骜”之字曰“俊”。应劭曰：谥法，安民立政曰成。

建始元年（己丑、前三二）

1 春，正月，乙丑，悼考庙灾。宣帝尊史皇孙曰悼考。

2 石显迁长信中太仆，百官表：长信中太仆，掌皇太后舆马，不常置。秩中二千石。显既失倚，离权，显嬖于元帝，帝崩为失倚。自中书令枢机之官迁太后宫官为离权。离，力智翻。于是丞相、御史条奏显旧恶；及其党牢梁、陈顺皆免官，显与妻子徙归故郡，忧懑不食，道死。显，故济南人。师古曰：懑，音闷。诸所交结以显为官者，皆废罢；少府五鹿充宗左迁玄菟太守，菟，音涂。守，式又翻。御史中丞伊嘉为雁门都尉。姓谱：伊姓出于伊尹。

司隶校尉涿郡王尊劾奏：“丞相衡，御史大夫谭，劾，户概翻，又户得翻。知显等颛权擅势，大作威福，为海内患害，不以时白奏行罚；而阿谀曲从，附下罔上，怀邪迷国，无大臣辅政之义，皆不道！在赦令前。去年七月大赦。赦后，衡、谭举奏显，不自陈不忠之罪，而反扬著先帝任用倾覆之徒，妄言‘百官畏之，甚于主上’；卑君尊臣，非所宜称，失大臣体！”于是衡惭惧，免冠谢罪，上丞相、侯印绶。衡封乐安侯。天子以新即位，重伤大臣，乃左迁尊为高陵令。然群下多是尊者。衡嘿嘿不自安，每有水旱，连乞骸骨让位；上辄以诏书慰抚，不许。

3 立故河间王元弟上郡库令良为河间王。元废事见上卷元帝建昭元年。如淳曰：汉北边郡库，官兵器之所藏，故置令。

4 有星孛于营室。晋书天文志：营室二星，天子之宫也，一曰玄宫，一曰清庙；又为军粮之府及土功事。孛，蒲内翻。

5 赦天下。

6 壬子，封舅诸吏、光禄大夫、关内侯王崇为安成侯；恩泽侯表，安成侯食邑于汝南。赐舅谭、商、立、根、逢时爵关内侯。夏，四月，黄雾四塞，元命包曰：阴阳乱为雾。尔雅曰：地气发，天不应，曰雾。释名曰：雾，冒也；气蒙冒地之物也。师古曰：塞，满也；言四方皆满。塞，悉则翻。诏博问公卿大夫，无有所讳。谏大夫杨兴、博士驷胜等【章：十四行本“等”下有“对”字；乙十一行本同；孔本同；张校同。】皆以为“阴盛侵阳之气也。高祖之约，非功臣不侯；今太后诸弟皆以无功为侯，外戚未曾有也，故天为见异。”师古曰：见，显示也。为，于伪翻。见，贤遍翻。于是大将军凤惧，上书乞骸骨，辞职；上优诏不许。

7 御史中丞东海薛宣上疏曰：“陛下至德仁厚，而嘉气尚凝，师古曰：凝，谓不通也。阴阳不和，殆吏多苛政。部刺史或不循守条职，师古曰：刺史所察本有六条，今则逾越故事，信意举劾，妄为苛刻也。汉官典职仪云：刺史班宣，周行郡国，省察治状，黜陟能否，断治冤狱，以六条问事；非条所问，即不省。一条，强宗豪右，田宅逾制，以强陵弱，以众暴寡。二条，二千石不奉诏书、遵承典制，倍公向私，旁诏牟利，侵渔百姓，聚敛为奸。三条，二千石不恤疑狱，风厉杀人，怒则任刑，喜则淫赏，烦扰刻暴，剥截黎元，为百姓所疾，山崩石裂，祅祥讹言。四条，二千石选署不平，苟阿所爱，蔽贤宠顽。五条，二千石子弟恃怙荣势，请托所监。六条，二千石违公下比，阿附豪强，通行货赂，割损正令。举错各以其意，多与郡县事，师古曰：错，置也，音千故翻。与，读曰豫。豫，干也。至开私门，听谗佞，以求吏民过，谴呵及细微，责义不量力；师古曰：言求备于人。量，音良。郡县相迫促，亦内相刻，流及众庶。是故乡党阙于嘉宾之欢，九族忘其亲亲之恩，饮食周急之厚弥衰，送往劳来之礼不行。师古曰：劳，郎到翻。来，郎代翻。余谓来，读如字亦通。夫人道不通则阴阳否隔，否，皮鄙翻。和气不通，【章：十四行本"通"作"兴"；乙十一行本同；孔本同。】未必不由此也！诗云：'民之失德，乾糇以愆。'小雅伐木之诗也。毛氏曰：糇，食也。郑氏曰：失德，谓见谤讪也。民尚以乾糇之食获愆过于人，况上之人乎！乾，音干。糇，音侯。鄙语曰：'苛政不亲，烦苦伤恩。'方刺史奏事时，宜明申敕，师古曰：申，束也；谓约束也。使昭然知本朝之要务。"上嘉纳之。

8 八月，有两月相承，晨见东方。服虔曰：相承，在上下也。应劭曰：案京房易传云：君弱如妇，为阴所乘，则两月出。见，贤遍翻。

9 冬，十二月，作长安南、北郊，罢甘泉、汾阴祠，匡衡奏：祭天于南郊，就阳之义也。瘗地于北郊，即阴之象也。甘泉郊见皇天，反北之太阴；汾阴祠后土，反东之少阳。甘泉、河东之祠宜徙就正阳、太阴之处，于长安定南、北郊。上从之。及紫坛伪饰、女乐、鸾路、骍驹、龙马、石坛之属。衡又言：甘泉泰畤紫坛有文章、采镂、黼黻之饰，及玉女乐、石坛仙人祠，瘗鸾路、骍驹、寓龙，非古。于是悉罢之。师古曰：汉旧仪云：祭天用六彩，绮席六重，用玉几、玉饰器凡七十。女乐，即礼乐志所云使童男、童女俱歌也。

二年(庚寅、前三一)

1 春，正月，罢雍五畤及陈宝祠，秦作畤于雍，以祠上帝，有白、青、黄、赤帝之祠。至汉高帝立北畤，祠黑帝，而五畤具。有司进祠，上不亲往。至文帝时，始幸雍，郊见五畤。陈宝者，秦文公获若石于陈仓北阪上，祠之。其神来，常以夜，光辉若流星；从东方来，集于祠城，若雄雉，其声殷殷云，野鸡皆鸣以应之。祠以一牢，名曰陈宝。衡以为不应礼，皆奏罢之。雍，于用翻。畤，音止。皆从匡衡之请也。辛巳，上始郊祀长安南郊。赦奉郊县应劭曰：天郊在长安城南，地郊在长安城北长陵界中。二县有奉郊之勤，故并赦之。余按帝纪，二县，长安及长陵也。及中都官耐罪徒；师古曰：中都官，京师诸官府。应劭曰：轻罪不至于髡，完其耏鬓，故曰耏。古耏字从"彡"，发肤之意也。杜林以为法度之字皆从"寸"，后改如是。耐，音若能。如淳曰：耐，犹任也，任其事也。师古曰：依应氏之说，耏当音而；如氏之说，则音乃代翻。其义亦两通。耏，谓颊旁毛也。彡，毛发貌也，音所廉翻，又先廉翻。而功臣表，宣曲侯通耏为鬼薪。则应氏之说斯为长矣。减天下赋钱，算四十。孟康曰：本算百二十，今减四十为八十。

2 闰月，以渭城延陵亭部为初陵。

3 三月，辛丑，上始祠后土于北郊。

4 丙午，立皇后许氏。后，车骑将军嘉之女也。元帝伤母恭哀后居位日浅而遭霍氏之辜，事见二十四卷宣帝本始三年。故选嘉女以配太子。

5 上自为太子时，以好色闻；好，呼到翻。闻，音问。及即位，皇太后诏采良家女以备后宫。大将军武库令杜钦此大将军之军中武库令也。钦传，军下更有"军"字。说王凤曰："礼，一娶九女，所以广嗣重祖也；张晏曰：阳数一、三、五、七、九。九，数之极也。臣瓒曰：天子一娶九女，夏、殷之制也。钦故举古之约以刺今之奢也。说，输芮翻。娣侄虽缺不复补，所以养寿塞争也。师古曰：媵女之内，兄弟之女则谓之侄，己之女弟则谓之娣。塞，绝也。复，扶又翻。塞，悉则翻。故后妃有贞淑之行，行，下孟翻；下同。则胤嗣有贤圣之君；制度有威仪之节，则人君有寿考之福。废而不由，则女德不厌；师古曰：由，用也，从也。女德不厌，言好色之甚也。女德不厌，则寿命不究于高年。师古曰：究，竟也。男子五十，好色未衰；妇人四十，容貌改前；以改前之容侍于未衰之年，而不以礼为制，则其原不可救而后徕异态；后徕异态，则正后自疑而支庶有间適之心；师古曰：间，代也，音居苋翻。適，读曰嫡；下亦同。是以晋献被纳谗之谤，申生蒙无罪之辜。晋献公嬖骊姬，骊姬欲立其子，谗世子申生；献公信之，申生雉经而死。被，皮义翻。今圣主富于春秋，未有適嗣，方乡术入学，乡，读曰向。未亲后妃之议。将军辅政，宜因始初之隆，建九女之制，详择有行义之家，行，下孟翻。求淑女之质，毋必有声色技能，为万世大法。师古曰：惟求淑质，无论美色及音声技能，如此则可为万世法也。技，渠绮翻。夫少戒之在色，师古曰：论语，孔子曰：君子有三戒，少之时，血气未定，戒之在色。言好色无节则致损败，故戒之也。少，诗照翻。小卞之作，可为寒心。诗小雅也。张晏曰：小卞，刺幽王废申后而立褒姒，黜太子宜咎而立伯服也。臣瓒曰：小卞之诗，太子之傅作也；哀太子之放逐，愍周室之大坏也。卞，音盘。唯将军常以为忧！”凤白之太后，太后以为故事无有；凤不能自立法度，循故事而已。凤素重钦，故置之莫府，国家政谋常与钦虑之，师古曰：虑，计也。数称达名士，裨正阙失；数，所角翻。当世善政多出于钦者。

6 夏，大旱。

7 匈奴呼韩邪单于嬖左伊秩訾兄女二人；长女颛渠阏氏长，知两翻；下同。阏，于干翻；氏，音支；下同。生二子，长曰且莫车，师古曰：且，音子余翻；下且麋胥同。车，昌遮翻。次曰囊知牙斯；少女为大阏氏，少，诗照翻；下同。生四子，长曰雕陶莫皋，次曰且麋胥，皆长于且莫车，少子咸、乐二人，皆小于囊知牙斯。又他阏氏子十馀人。颛渠阏氏贵，且莫车爱，呼韩邪病且死，欲立且莫车。颛渠阏氏曰：“匈奴乱十馀年，不绝如发，赖蒙汉力，故得复安。复，扶又翻；下同。今平定未久，人民创艾战斗。师古曰：创，音初亮翻。艾，读曰乂。且莫车年少，少，诗照翻；下同。百姓未附，恐复危国。我与大阏氏一家共子，师古曰：一家，言亲姊妹也。共子，两人所生，恩慈无别也。不如立雕陶莫皋。”大阏氏曰：“且莫车虽少，大臣共持国事。今舍贵立贱，师古曰：舍，谓弃置也。舍，读曰捨。后世必乱。”单于卒从颛渠阏氏计，立雕陶莫皋，卒，子恤翻。约令传国与弟。呼韩邪死，雕陶莫皋立，为复株累若鞮单于。师古曰：复，音服。累，力追翻。贤曰：匈奴谓孝为若鞮。自呼韩邪降后，与汉亲密，见汉帝谥常为孝，慕之：至其子复株累单于以下，皆称若鞮。复株累若鞮单于以且麋胥为左贤王，且莫车为左谷蠡王，谷，音鹿。蠡，卢奚翻。囊知牙斯为右贤王。复株累单于复妻王昭君，生二女，长女云为须卜居次，小女为当于居次。文颖曰：须卜氏，匈奴贵族也。当于，亦匈奴大族也。师古曰：须卜、当于，皆其夫家氏族。

三年（辛卯、前三〇）

1 春，三月，赦天下徒。

2 秋，关内大雨四十馀日。京师民相惊，言大水至；百姓奔走相蹂躏，师古曰：蹂，践也。躏，轹也。蹂，音人九翻。躏，音蔺。老弱号呼，号，户高翻。呼，火故翻。长安中大乱。天子亲御前殿，召公卿议。大将军凤以为：“太后与上及后宫可御船，令吏民上长安城以避水。”上，时掌翻；下同。群臣皆从凤议。左将军王商独曰：“自古无道之国，水犹不冒城郭；师古曰：冒，蒙覆也。今政治和平，世无兵革，上下相安，何因当有大水一日暴至，此必讹言也！师古曰：讹，伪也。治，直吏翻。不宜令上城，重惊百姓。”师古曰：重，音直用翻。上乃止。有顷，长安中稍定；问之，果讹言。上于是美壮商之固守，数称其议；数，所角翻。而凤大惭，自恨失言。为王凤排斥王商张本。

3 上欲专委任王凤，八月，策免车骑将军许嘉，以特进侯就朝位。汉制，列侯奉朝请在长安者，位次三公；赐位特进者，在凡列侯之上，位亦次三公。朝，直遥翻。

4 张谭坐选举不实，免。冬，十月，光禄大夫尹忠为御史大夫。

5 十二月，戊申朔，日有食之。其夜，地震未央宫殿中。诏举贤良方正能直言极谏之士。杜钦及太常丞谷永上对，续汉志：太常丞，比千石，掌凡行礼及祭祀小事，总署曹事。汉旧仪曰：丞，举庙中非法者。皆以为后宫女宠太盛，嫉妒专上，将害继嗣之咎。此盖指许后及班倢伃也。

6 越嶲山崩。

7 丁丑，匡衡坐多取封邑四百顷，监临盗所主守直十金以上，免为庶人。衡本封临淮郡僮县之乐安乡，乡本田提封三千一百顷，南以闽陌为界。后误封平陵陌为界，多四百顷。师古曰：十金以上，当时律定罪之次；若今律条言一尺以上、一匹以上。

四年（壬辰、前二九）

1 春，正月，癸卯，陨石于亳四，陨于肥累二。汉书五行志：亳作"槁"。孟康曰：槁、肥累，皆县名，故属真定。师古曰：槁，音工老翻。累，音力追翻。

2 罢中书宦官；初置尚书员五人。臣瓒曰：汉初，中人有中谒者令；孝武加中谒者令为中书谒者令，置仆射。宣帝时，任中书官弘恭为令，石显为仆射。元帝即位数年，恭死，显代为中书令，专权用事；至帝，乃罢其官。师古曰：汉旧仪云：尚书四人，为四曹：常侍尚书，主丞相、御史事；二千石尚书，主刺史、二千石事；户曹尚书，主庶人上书事；主客尚书，主外国事。帝置五人，有三公曹，主断狱事。

3 三月，甲申，以左将军乐昌侯王商为丞相。

4 夏，上悉召前所举直言之士，诣白虎殿对策。师古曰：此殿在未央宫。是时上委政王凤，议者多归咎焉。谷永知凤方见柄用，师古曰：柄用，言任用之，授以权也。阴欲自托，乃曰："方今四夷宾服，皆为臣妾，北无荤粥、冒顿之患，荤，许云翻。师古曰：粥，音弋六翻。太史公曰：唐、虞以上有荤粥。孟子曰：太王事獯粥。冒顿为患，见高、惠、吕后纪。南无赵佗、吕嘉之难，赵佗，见高、惠、吕后、孝文纪。吕嘉，见孝武纪。难，乃旦翻。三垂晏然，靡有兵革之警。诸侯大者乃食数县，汉吏制其权柄，不得有为，无吴、楚、燕、梁之势。吴、楚、梁见孝景纪。燕，见孝昭纪。百官盘互，亲疏相错，师古曰：盘互，盘结而交互也。错，间杂也。骨肉大臣有申伯之忠，师古曰：申伯，周申后之父。余据诗崧高云：不显申伯，王之元舅，是则申伯乃宣王之舅，永正以之况王凤也。洞洞属属，师古曰：洞洞，敬肃也。属属，专谨也。洞，音动。属，音之欲翻。小心畏忌，无重合、安阳、博陆之乱。师古曰：重合侯，莽通；安阳侯，上官桀；博陆侯，霍禹也。余按莽通即马通，事见二十二卷武帝后元元年。安阳侯，事见二十三卷昭帝元凤元年。霍禹，事见二十五卷宣帝地节四年。三者无毛发之辜，窃恐陛下舍昭昭之白过，忽天地之明戒，听暗【章：十四行本“暗”作“晻”；乙十一行本同。】昧之瞽说，师古曰：舍，谓留也。晻，与暗同，又音一感翻。瞽说，言不中道，若无目之人也。余谓舍，置也，读曰捨。归咎乎无辜，倚异乎政事，师古曰：倚，依也。重失天心，师古曰：重，音直用翻。不可之大者也。师古曰：此则为大不可也。陛下诚深察愚臣之言，抗湛溺之意，解偏驳之爱，师古曰：抗，举也。湛，读曰沈。驳，不周普也。湛，持林翻。奋乾刚之威，平天覆之施，使列妾得人人更进，覆，敷又翻。施，式智翻。更，工衡翻。益纳宜子妇人，毋择好丑，毋避尝字，如淳曰：王凤上小妻弟以纳后宫，以尝字乳，王章言之，坐死。今永及此，为凤洗前过也。仲冯曰：按王章言事坐诛在阳朔初，而永此对乃是建始四年，则非为凤而言也。然观永前后之文，实若为凤。但班固于此对后，乃云，永为上第，擢为光禄大夫，则同是建始四年中事。余谓此时凤盖已纳张美人于后宫，故永为之言；若王章指言凤过，则在阳朔初也。毋论年齿。推法言之，陛下得继嗣于微贱之间，乃反为福；得继嗣而已，母非有贱也。师古曰：苟得子耳，勿论其母之贵贱。后宫女史、使令有直意者，郑玄曰：女史，女奴晓书者。使令，给役后宫，无爵秩者也。师古曰：直，当也。令，音力成翻。广求于微贱之间，以遇天所开右，师古曰：右，读曰佑。佑，助也。慰释皇太后之忧愠，师古曰：释，散也。愠，于问翻。解谢上帝之谴怒，则继嗣蕃滋，灾异讫息！"师古曰：蕃，多也。讫，止也。蕃，音扶元翻。杜钦亦仿此意。上皆以其书示后宫，擢永为光禄大夫。

5 夏，四月，雨雪。雨，于具翻。

6 秋，桃、李实。

7 大雨水十馀日，河决东郡金堤。师古曰：金堤者，河堤之名，今在滑州界。先是清河都尉冯逡奏言："郡承河下流，据沟洫志：逡言清河郡承河下流，与兖州、东郡分水为界。先，悉荐翻。逡，七伦翻。土壤轻脆易伤，易，以豉翻。顷所以阔无大害者，以屯氏河通两川分流也。师古曰：阔，稀也。今屯氏河塞，灵鸣犊口又益不利，屯氏河塞，见上卷元帝永光五年。塞，悉则翻。独一川兼受数河之任，虽高增堤防，终不能泄。如有霖雨，旬日不霁，必盈溢。师古曰：雨止曰霁，音子诣翻，又音才诣翻。九河故迹，今既灭难明，夏禹疏九河。孔安国曰：河水分九道，在兖州界。尔雅曰：徒骇一，太史二，马颊三，覆釜四，胡苏五，简六，洁七，钩盘八，鬲津九。屯氏河新绝未久，其处易浚；师古曰：浚，谓治导之，令其深也。浚，音峻。又其口所居高，于以分杀水力，道里便宜，杀，音所介翻，减也。可复浚以助大河，复，扶又翻。泄暴水，备非常。不豫修治，治，直之翻。北决病四、五郡，南决病十馀郡，然后忧之，晚矣！"事下丞相、御史，白遣博士许商行视，下，遐稼翻。师古曰：白，白于天子也。行，音下更翻。以为"方用度不足，师古曰：言国家少财役也。可且勿浚。"后三岁，河果决于馆陶及东郡金堤，泛滥兖、豫及【章：乙十一行本"及"作"入"；孔本同。】平原、千乘、济南，乘，绳证翻。济，子礼翻。

凡灌四郡、三十二县，水居地十五万馀顷，深者三丈；坏败官亭、室庐且四万所。坏，音怪。败，补迈翻。

冬，十一月，御史大夫尹忠以对方略疏阔，上切责其不忧职，自杀。遣大司农非调师古曰：大司农名非调也。姓谱：非，姓也，秦非子之后。调均钱谷河决所灌之郡，师古曰：令其调发均平钱谷遭水之郡，使存给也。调，音徒钓翻。谒者二人发河南以东船五百艘，师古曰：一船为一艘，音先劳翻；其字从木。徙民避水居丘陵九万七千馀口。

8 壬戌，以少府张忠为御史大夫。

9 南山群盗傰宗等数百人为吏民害。苏林曰：傰，音朋；晋灼曰：音倍。师古曰：晋音是也。诏发兵千人逐捕，岁馀不能禽。或说大将军凤，说，输芮翻。以"贼数百人在毂下，师古曰：在天子辇毂之下，明其逼近也。讨不能得，难以示四夷；独选贤京兆尹乃可。"于是凤荐故高陵令王尊，征为谏大夫，守京辅都尉，武帝元鼎四年，更置三辅都尉：京兆曰京辅都尉，冯翊曰左辅都尉，扶风曰右辅都尉。行京兆尹事。旬月间，盗贼清；后拜为京兆尹。

10 上即位之初，丞相匡衡复奏："射声校尉陈汤武帝置北军八校尉，射声其一也，秩二千石，掌待诏射声士。服虔曰：工射者也；冥冥中闻声则中之，因以名也。复，扶又翻。以吏二千石奉使，汤为西域副校尉，秩比二千石。颛命蛮夷中，不正身以先下，先，悉荐翻。而盗所收康居财物，戒官属曰，'绝域事不覆校。'言外域之事，汉朝务存宽大，必不考覆也。虽在赦前，言其事在竟宁元年七月，赦前也。不宜处位。"处，昌吕翻。汤坐免。

后汤上言："康居王侍子，非王子。"按验，实王子也。汤下狱当死。下，遐稼翻。太中大夫谷永按是年夏，谷永方擢为光禄大夫。河平二年，议受伊邪莫演降，永犹为光禄大夫。此书太中大夫谷永，据陈汤传也。上疏讼汤曰："臣闻楚有子玉得臣，文公为之仄席而坐；师古曰：子玉，楚大夫也；得臣，其名也。春秋僖十八年，子玉帅师与晋文公战于城濮，楚师败绩，晋师三日馆谷，而文公犹有忧色，曰："得臣犹在，忧未歇也！"及楚杀子玉，公喜而后可知也。礼记曰：有忧者仄席而坐，盖自贬也。为，于伪翻。仄，古侧字。赵有廉颇、马服，强秦不敢窥兵井陉；师古曰：廉颇，赵将也。马服君赵奢，亦赵将也。井陉之口，赵之西界山险道也。陉，音刑。近汉有郅都、魏尚，匈奴不敢南乡沙幕。景帝以郅都为雁门太守，匈奴素闻都节，举边为引兵去，竟都死不敢近雁门。魏尚事见十五卷文帝十四年。乡，读曰向。由是言之，战克之将，国之爪牙，不可不重也。盖君子闻鼓鼙之声，则思将帅之臣。师古曰：礼之乐记曰：鼓鼙之声讙，讙以立动，动以进众；君子听鼓鼙之声则思将帅之臣。鼙，骈迷翻。将，即亮翻。帅，所类翻。窃见关内侯陈汤，前斩郅支，威震百蛮，武畅西海，汉元以来，征伐方外之将，未尝有也！汉元，谓汉初也。今汤坐言事非是，幽囚久系，历时不决，执宪之吏欲致之大辟。辟，毗亦翻。昔白起为秦将，南拔郢都，北坑赵括，以纤介之过，赐死杜邮；秦民怜之，莫不陨涕。事见周赧王纪。今汤亲秉钺，席卷、喋血万里之外，师古曰：如席之卷，言其疾也。服虔曰：喋，音蹀，屣履之蹀。如淳曰：杀人流血滂沱为喋血。师古曰：喋，音大颊翻，本字当作"蹀"。蹀，谓履涉之耳。荐功祖庙，告类上帝，张晏曰：谓以所征之国事类告天也。介胄之士靡不慕义。以言事为罪，无赫赫之恶。周书曰：'记人之功，忘人之过，宜为君者也。'师古曰：尚书之外间书也。夫犬马有劳于人，尚加帷盖之报，师古曰：礼记称孔子云：敝帷弗弃，为埋马也；敝盖弗弃，为埋狗也。况国之功臣者哉！窃恐陛下忽于鼙鼓之声，不察周书之意，而忘帷盖之施，施，式智翻。庸臣遇汤，卒从吏议，师古曰：以待庸臣者待汤也。卒，犹终也。卒，子恤翻。使百姓介然有秦民之恨，师古曰：介然，犹耿耿。非所以厉死难之臣也！"难，乃旦翻。书奏，天子出汤，夺爵为士伍。

会西域都护段会宗为乌孙兵所围，驿骑上书，愿发城郭、敦煌兵以自救；城郭，谓西域城郭诸国也。敦，音屯，徒门翻。丞相商、大将军凤及百僚议数日不决。凤言："陈汤多筹策，习外国事，可问。"上召汤见宣室。汤击郅支时中寒，见，贤遍翻。中，竹仲翻。病两臂不屈申；汤入见，有诏毋拜，示以会宗奏。汤对曰："臣以为此必无可忧也。"上曰："何以言之？"汤曰："夫胡兵五而当汉兵一，何者？兵刃朴钝，弓弩不利。今闻颇得汉巧，然犹三而当一。又兵法曰：'客倍而主人半，然后敌。'此言凭城而守者，主人之半可以敌客之倍。今围会宗者人众不足以胜会宗，唯陛下勿忧！且兵轻行五十里，重行三十里，今会宗欲发城郭、敦煌，历时乃至，所谓报雠之兵，非救急之用也。"上曰："奈何？其解可必乎？度何时解？"度，徒洛翻。汤知乌孙瓦合，不能久攻，师古曰：谓如碎瓦之杂居，不齐同。故事不过数日，师古曰：故事，谓以旧事测之。因对曰："已解矣！"屈指计其日，曰："不出五日，当有吉语闻。"师古曰：吉，善也。善，谓兵解之事。居四日，军书到，言已解。大将军凤奏以为从事中郎，莫府事壹决于汤。续汉志：大将军府有从事中郎二人，秩六百石，职参谋议。

河平元年（癸巳、前二八）以河决堤，塞辄平，改元。

1 春，杜钦荐犍为王延世于王凤，使塞决河。犍，居言翻。塞，悉则翻。凤以延世为河堤使者。延世以竹落长四丈，大九围，盛以小石，长，直亮翻。盛，时征翻。两船夹载而下之。三十六日，河堤成。三月，诏以延世为光禄大夫，秩中二千石，赐爵关内侯、黄金百斤。

2 夏，四月，己亥晦，日有食之。诏公卿百僚陈过失，无有所讳；大赦天下。光禄大夫刘向对曰："四月交于五月，月同孝惠，日同孝昭，孝惠七年，五月，丁卯，先晦一日日食。今四月，己亥，晦而日食，故曰四月交于五月，月同孝惠。孝昭元年，七月，己亥晦，日食。故曰日同孝昭。二帝寻皆晏驾而无嗣。其占恐害继嗣。'"是时许皇后专宠，后宫希得进见，见，贤遍翻。中外皆忧上无继嗣，故杜钦、谷永及向所对皆及之。上于是减省椒房、掖庭用度，师古曰：椒房殿，皇后所居，以椒和泥涂壁，取其温且芬也。服御、舆驾所发诸官署及所造作，遗赐外家、群臣妾，师古曰：外家，谓后之家族，言在外也。刘向曰：妇人内夫家而外父母家。遗，于季翻。皆如竟宁以前故事。

皇后上书自陈，以为："时世异制，长短相补，不出汉制而已，纤微之间未必可同。若竟宁前与黄龙前，岂相放哉！晋灼曰：竟宁，元帝时也。黄龙，宣帝时也。言二帝奢俭不同，岂相放哉！师古曰：放，依也，音甫往翻。家吏不晓，师古曰：家吏，皇后之官属。今壹受诏如此，且使妾摇手不得。设妾欲作某屏风张于某所，曰：'故事无有。'或不能得，则必绳妾以诏书矣。师古曰：言或有所求，吏不肯备，因云诏书不许也。绳，约也。此诚不可行，唯陛下省察！省，悉井翻。故事，以特牛祠大父母，戴侯、敬侯皆得蒙恩以太牢祠，一牲曰特，三牲备为一牢。平恩戴侯，许广汉；后父嘉绍其封，于后为祖。乐成敬侯，许延寿，后父嘉所自出也。嘉继大宗，延寿于后为叔祖。今当率如故事，谓将复以特牛祠也。唯陛下哀之！今吏甫受诏读记，师古曰：甫，始也。直豫言使后知之，非可复若私府有所取也。师古曰：若谓如未奉诏之前也。复，扶又翻；下同。其萌牙所以约制妾者，恐失人理。师古曰：萌牙，言其初始发意，若草木之方生也。唯陛下深察焉！"

上于是采谷永、刘向所言灾异咎验皆在后宫之意以报之，且曰："吏拘于法，亦安足过！过，罪过也。言何足以为罪也。盖矫枉者过直，古今同之。师古曰：矫，正也。枉，曲也。言意在正曲，遂过于直。且财币之省，特牛之祠，其于皇后，所以扶助德美，为华宠也。咎根不除，灾变相袭，师古曰：袭，重累也。祖宗且不血食，何戴侯也！传不云乎：‘以约失之者鲜’，师古曰：论语载孔子之言。鲜，少也。谓能行俭约而有过失之事，如此者少也。鲜，音先践翻。审皇后欲从其奢与？师古曰：与，读曰欤。朕亦当法孝武皇帝也，如此，则甘泉、建章可复兴矣。孝文皇帝，朕之师也。皇太后，皇后成法也。假使太后在彼时不如职，今见亲厚，又恶可以逾乎！师古曰：言假令太后昔时不得其志，不依常理，而皇后今被亲厚，何可逾于太后制度乎！妇不可逾姑也。恶，音乌。皇后其刻心秉德，谦约为右，师古曰：以谦约为先。垂则列妾，使有法焉！”师古曰：言垂法于后宫，使皆遵行也。

3 给事中平陵平当上言：“太上皇，汉之始祖，废其寝庙园，非是。”事见上卷元帝竟宁元年。上亦以无继嗣，遂纳当言。秋，九月，复太上皇寝庙园。

4 诏曰：“今大辟之刑千有馀条，律令烦多，百有馀万言；奇请、他比，日以益滋。师古曰：奇请，谓常文之外，主者别有所请以定罪也。他比，谓引他类以比附之，稍增律条也。奇，音居宜翻。自明习者不知所由，欲以晓喻众庶，不亦难乎！于以罗元元之民，夭绝无辜，岂不哀哉！由，从也。罗，谓设禁网而民无所逃罪也。夭绝亡辜，谓亡罪而陷于刑辟，死于非命，至于短折也。夭，于绍翻。其议减死刑及可蠲除约省者，令较然易知，条奏！”易，以豉翻。时有司不能广宣上意，徒钩摭微细，毛举数事，以塞诏而已。师古曰：毛举，言举毫毛之事，轻小之甚。塞，犹当也。塞，悉则翻。

5 匈奴单于遣右皋林王伊邪莫演等奉献，朝正月。师古曰：演，音衍。朝，直遥翻。考异曰：匈奴传：“河平元年，单于遣莫演朝正月。”下云：“明年，单于上书愿朝。河平四年正月，遂入朝。”据此，则是莫演以元年至汉，朝二年正月也。而荀纪系于元年正月之下，恐误。汉纪又以莫演为“黄浑”。今从汉书。

二年（甲午、前二七）

1 春，伊邪莫演罢归，朝罢遣归也。自言欲降，降，户江翻；下同。"即不受我，我自杀，终不敢还归。"使者以闻，下公卿议。下，遐稼翻。议者或言："宜如故事，受其降。"光禄大夫谷永、议郎杜钦以为："汉兴，匈奴数为边害，数，所角翻。故设金爵之赏以待降者。今单于屈体称臣，列为北藩，遣使朝贺，无有二心；汉家接之，宜异于往时。今既享单于聘贡之质，师古曰：享，当也。质，诚也。而更受其逋逃之臣，是贪一夫之得而失一国之心，拥有罪之臣而绝慕义之君也。假令单于初立，师古曰：假令，犹言或当也。欲委身中国，未知利害，私使伊邪莫演诈降以卜吉凶，受之，亏德沮善，令单于自疏，疏，与疎同。不亲边吏；或者设为反间，间，居苋翻。欲因以生隙，受之，适合其策，使得归曲而责直；师古曰：归曲于汉，而以直义来责也。此诚边境安危之原，师旅动静之首，不可不详也。不如勿受，以昭日月之信，抑诈谖之谋，怀附亲之心，便！"师古曰：谖，诈辞也，音许远翻，又许元翻。对奏，天子从之。遣中郎将王舜往问降状，伊邪莫演曰："我病狂，妄言耳。"遣去。归到，官位如故，不肯令见汉使。史言永、钦能得匈奴之情。

2 夏，四月，楚国雨雹，雨，于具翻。大如釜。

3 徙山阳王康为定陶王。

4 六月，上悉封诸舅：王谭为平阿侯，商为成都侯，立为红阳侯，根为曲阳侯，逢时为高平侯。恩泽侯表，平阿侯食邑于沛，成都侯食邑于山阳，红阳侯食邑于南阳，曲阳侯食邑于九江，高平侯食邑于临淮。五人同日封，故世谓之"五侯"。太后母李氏更嫁为河内苟宾妻，据太后传，母李，以妒去，更嫁。更，工衡翻。生子参；太后欲以田蚡为比而封之。李奇曰：田蚡与孝景王后同母异父得封故也。蚡，扶粉翻。师古曰：比，例也，音频寐翻。上曰："封田氏，非正也！"以参为侍中、水衡都尉。

5 御史大夫张忠奏京兆尹王尊暴虐倨慢，尊坐免官；吏民多称惜之。湖三老公乘兴等师古曰：湖，县名也。今虢州湖城县取其名。地理志：湖县，属京兆。公乘，以爵为姓。乘，绳证翻。上书讼："尊治京兆，拨剧整乱，诛暴禁邪，皆前所希有，名将所不及；此将，谓郡将也。治，直之翻。将，即亮翻。虽拜为真，尊自行尹事为真。未有殊绝褒赏加于尊身。今御史大夫奏尊'伤害阴阳，为国家忧，无承用诏书意，"靖言庸违，象恭滔天。"'师古曰：引虞书尧典之辞也。靖，治也。庸，用也。违，僻也。滔，漫也。谓其言假托于治，实用违僻；貌象恭敬，过恶漫天也。漫，音莫干翻。一曰：慆慢也。原其所以，出御史丞杨辅，御史大夫有两丞，秩千石；一曰中丞。素与尊有私怨，外依公事建画为此议，傅致奏文，师古曰：建立谋画为此议也。傅，读曰附，谓益其事而引致于罪状。据尊传，辅故为尊书佐，尝醉过尊大奴利家，利家捽搏其颊，兄子闳拔刀欲刭之，以故深怨，欲伤害尊。浸润加诬，师古曰：浸润，犹渐染也。臣等窃痛伤。尊修身洁己，砥节首公，师古曰：砥，厉也。首，向也。砥，音指。首，音式救翻。刺讥不惮将相，诛恶不避豪强，诛不制之贼，贼，谓傰宗等。解国家之忧，功著职修，威信不废，诚国家爪牙之吏，折冲之臣。今一旦无辜制于仇人之手，伤于诋欺之文，上不得以功除罪，下不得蒙棘木之听，张晏曰：周礼三槐九棘，公卿于下听讼。王制：大司寇听狱于棘木之下。棘者，欲其赤心而留意于三刺也。独掩怨雠之偏奏，被共工之大恶，仲冯曰：共工之大恶，谓上劾奏云"靖言庸违，象恭滔天，"是也。被，皮义翻。共，音恭。无所陈冤诉罪。尊以京师废乱，群盗并兴，选贤征用，起家为卿；贼乱既除，豪猾伏辜，即以佞巧废黜。一尊之身，三期之间，师古曰：期，年也。期，音基。乍贤乍佞，岂不甚哉！孔子曰：'爱之欲其生，恶之欲其死，是惑也。'论语所载答樊迟之言。恶，乌路翻。'浸润之谮不行焉，可谓明矣。'答子张之言。愿下公卿、大夫、博士、议郎定尊素行！下，户嫁翻。行，下孟翻。夫人臣而'伤害阴阳'，死诛之罪也；'靖言庸违'，放殛之刑也。师古曰：殛，诛也，音居力翻。审如御史章，尊乃当伏观阙之诛，张晏曰：孔子诛少正卯于两观之间。观，古玩翻。放于无人之域，不得苟免；师古曰：非止坐免官而已也。及任举尊者，当获选举之辜，不可但已。任，保也。汉法，选举而其人不称考，与同罪。即不如章，饰文深诋以诉无罪，亦宜有诛，以惩谗贼之口，绝诈欺之路。师古曰：惩，创也。唯明主参详，使白黑分别！"别，彼列翻。书奏，天子复以尊为徐州刺史。徐州部琅邪、东海、临淮等郡及楚、广陵等国。复，扶又翻；下同。

6 夜郎王兴、钩町王禹、漏卧侯俞更举兵相攻。孟康曰：漏卧，夷邑名，后为县。地理志：夜郎、钩町、漏卧三县皆属牂柯郡。钩町，音劬梃。师古曰：俞，音逾。牂柯太守请发兵诛兴等。牂柯，音臧哥。议者以为道远不可击，乃遣太中大夫蜀郡张匡持节和解。兴等不从命，刻木象汉吏，立道旁，射之。射，而亦翻。

杜钦说大将军王凤曰："蛮夷王侯轻易汉使，不惮国威，说，输芮翻。易，以豉翻。恐议者选耎，复守和解；师古曰：选耎，怯不前之意也。选，音息兖翻。耎，音人兖翻。太守察动静有变，乃以闻。如此，则复旷一时，师古曰：旷，空也。一时，三月也。言空废一时，不早发兵也。王侯得收猎其众，申固其谋，党助众多，各不胜忿，胜，音升；下同。必相殄灭。自知罪成，狂犯守尉，师古曰：言起狂勃之心而杀守尉也。远臧温暑毒草之地；臧，古藏字通。虽有孙、吴将，贲、育士，师古曰：孙，孙武。吴，吴起。贲，孟贲。育，夏育也。将，即亮翻。贲，音奔。若入水火，往必焦没，智勇亡所施。亡，读曰无。屯田守之，费不可胜量。量，音良。宜因其罪恶未成，未疑汉家加诛，阴敕旁郡守尉练士马，师古曰：练，简也。守，式又翻；下同。大司农豫调谷积要害处，调，徒钓翻。选任职太守往，以秋凉时入，诛其王侯尤不轨者。即以为不毛之地，无用之民，圣王不以劳中国，师古曰：即，犹若也。不毛，言不生草木。宜罢郡，放弃其民，绝其王侯勿复通。复，扶又翻。如以先帝所立累世之功不可堕坏，师古曰：堕，音火规翻，毁也。亦宜因其萌牙，早断绝之，及已成形然后战师，则万姓被害。”断，丁管翻；下同。被，皮义翻。于【章：十四行本“于”上有“大将军凤”四字；乙十一行本同；孔本同。】是凤【章：十四行本无“凤”字；乙十一行本同；孔本同。】荐金城司马临邛陈立为牂柯太守。汉列郡守、尉之下，有长史、司马。地理志，临邛县属蜀郡。邛，音渠容翻。

立至牂柯谕告夜郎王兴，兴不从命；立请诛之，未报。乃从吏数十人出行县，行，下孟翻。至兴国且同亭，师古曰：且，音子馀翻。按地理志，夜郎县，王莽改曰同亭，盖因亭以名县也。召兴。兴将数千人往至亭，从邑君数十人入见立。按西南夷传，夷人椎结耕田，有邑聚，各有君长。立数责，因断头。数，所具翻。邑君曰：“将军诛无状，为民除害，为，于伪翻。愿出晓士众！”以兴头示之，皆释兵降。师古曰：释，解也。降，户江翻。钩町王禹、漏卧侯俞震恐，入粟千斛、牛羊劳吏士。劳，力到翻。立还归郡。

兴妻父翁指，与子邪务收馀兵，迫胁旁二十二邑反。至冬，立奏募诸夷，与都尉、长史分将攻翁指等。将，即亮翻。翁指据阸为垒，立使奇兵绝其饟道，饟，与饷同，音式亮翻。纵反间以诱其众。间，居苋翻。诱，音酉。都尉万年曰：“兵久不决，费不可共。”师古曰：共，读曰供。引兵独进；败走，趋立营。师古曰：趋，读曰趣。趣，向也，音七喻翻。立怒，叱戏下令格之。戏，读曰麾。都尉复还战，立救之。时天大旱，立攻绝其水道。蛮夷共斩翁指，持首出降，西夷遂平。考异曰：西南夷传但云河平中；而胡旦汉春秋云在此年十一月，未知何据也。

三年（乙未、前二六）

1 春，正月，楚王嚣来朝。嚣，宣帝子，于帝为叔父。二月，乙亥，诏以嚣素行纯茂，特加显异，封其子勋为广戚侯。广戚侯国，属沛郡。行，下孟翻。

2 丙戌，犍为地震，山崩，壅江水，水逆流。犍，居言翻。

3 秋，八月，乙卯晦，日有食之。

4 上以中秘书颇散亡，师古曰：言中，以别外。艺文志曰：武帝建藏书之策。刘歆曰：外则有太常、太史、博士之藏，内则有延阁、广内、秘室之府。使谒者陈农求遗书于天下。诏光禄大夫刘向校经传、诸子、诗赋，步兵校尉任宏校兵书，百官表：步兵校尉，掌上林苑门屯兵，武帝所置八校尉之一也。任，音壬。校尉之校，户教翻；馀并居效翻。太史令尹咸校数术，百官表：太史令，属太常。师古曰：数术，占卜之书。侍医李柱国校方技。侍医，属太医令，在天子左右者也。师古曰：方技，医药之书也。技，音渠绮翻。每一书已，向辄条其篇目，撮其指意，录而奏之。已，终也，竟也。师古曰：撮，总取也，音千括翻。

5 刘向以王氏权位太盛，而上方向诗、书古文，向乃因尚书洪范，集合上古以来，历春秋、六国至秦、汉符瑞、灾异之记，推迹行事，连傅祸福，傅，读曰附。著其占验，比类相从，各有条目，凡十一篇，号曰洪范五行传论，奏之。天子心知向忠精，故为凤兄弟起此论也；为，于伪翻。然终不能夺王氏权。

6 河复决平原，流入济南、千乘，所坏败者半建始时。复，扶又翻；下同。济，子礼翻。乘，绳证翻。坏，音怪。败，补迈翻。复遣王延世与丞相史杨焉及将作大匠许商、百官表曰：将作少府，秦官，掌治宫室；景帝中六年，更名将作大匠。谏大夫乘马延年同作治，孟康曰：乘马，姓也。师古曰：乘，音食证翻。六月乃成。复赐延世黄金百斤。治河卒非受平贾者，为著外繇六月。苏林曰：平贾，以钱取人作卒，顾其时庸之平贾也。如淳曰：律说，平贾一月，得钱二千。又律说，戍边一岁当罢；若有急，当留守六月。今以卒治河之故，复留六月。孟康曰：外繇，戍边也。治水不复戍边也。师古曰：如、孟二说皆非也。以卒治河有劳，虽执役日近，皆得比繇戍六月也。著，谓著簿籍也。治，直之翻。贾，读曰价。著，音竹助翻。繇，读曰傜。

四年（丙申、前二五）

1 春，正月，匈奴单于来朝。

2 赦天下徒。

3 三月，癸丑朔，日有食之。

4 琅邪太守杨肜与王凤连昏，如淳曰：连昏者，昏家之姻亲也。肜，音以中翻。其郡有灾害，丞相王商按问之。凤以为请，商不听，竟奏免肜，奏果寝不下。下，遐稼翻；下同。凤以是怨商，阴求其短，使频阳耿定上书，频阳县，属左冯翊。言"商与父傅婢通；及女弟淫乱，奴杀其私夫，师古曰：私夫，女弟之私与奸通者。疑商教使。"天子以为暗昧之过，不足以伤大臣。凤固争，下其事司隶。句断。下，遐嫁翻。太中大夫蜀郡张匡，素佞巧，复上书极言诋毁商。复，扶又翻。有司奏请召商诣诏狱。上素重商，知匡言多险，制曰："勿治！"治，直之翻。凤固争之。夏，四月，壬寅，诏收商丞相印绶。商免相三日，发病，欧血薨，谥曰戾侯。而商子弟亲属为驸马都尉、侍中、中常侍、诸曹、大夫、郎吏者，皆出补吏，莫得留给事、宿卫者。有司奏请除国邑；有诏："长子安嗣爵为乐昌侯。"宣帝之母党微矣。

5 上之为太子也，受论语于莲勺张禹，莲勺，音辇酌。及即位，赐爵关内侯，拜为诸吏、光禄大夫，秩中二千石，给事中，领尚书事。禹与王凤并领尚书，内不自安，数病，上书乞骸骨，数，所角翻；下同。欲退避凤；上不许，抚待愈厚。六月，丙戌，以禹为丞相，封安昌侯。恩泽侯表，安昌侯食邑于汝南。

6 庚戌，楚孝王嚣薨。

7 初，武帝通西域，罽宾自以绝远，汉兵不能至，独不服，罽宾国，治循鲜城，去长安万二千二百里；不属都护。罽，音计。数剽杀汉使。数，所角翻。师古曰：剽，劫也，音频妙翻。久之，汉使者文忠与容屈王子阴末赴合谋攻杀其王；王曰乌头劳，即数杀汉使者也。立阴末赴为罽宾王。后军候赵德使罽宾，与阴末赴相失；阴末赴锁琅当德，师古曰：相失，相失意也。琅当，长锁也，若今之禁系人锁矣。琅，音郎。杀副已下七十馀人，遣使者上书谢。孝元帝以其绝域，不录，放其使者于县度，县度，在乌秅国西。县度者，石山也，溪谷不通，以绳索相引而度。县，古悬字通。师古曰：悬绳而度也。乌秅，郑氏音鷃拏。师古曰：乌，音一加翻；秅，音直加翻；急言之，声如鷃拏耳，非正音也。绝而不通。

及帝即位，复遣使谢罪。复，扶又翻；下同。汉欲遣使者报送其使。杜钦说王凤曰："前罽宾王阴末赴，本汉所立，后卒畔逆。说，输芮翻。卒，子恤翻。夫德莫大于有国子民，罪莫大于执杀使者，所以不报恩，不惧诛者，自知绝远，兵不至也。有求则卑辞，无欲则骄慢，终不可怀服。凡中国所以为通厚蛮夷，惬快其求者，为壤比而为寇。师古曰：比，近也；为其土壤接近，能为寇也。惬，音苦颊翻。为壤之为，于伪翻。比，毗寐翻。今县度之阸，非罽宾所能越也；其乡慕，不足以安西域；乡，读曰向。虽不附，不能危城郭。前亲逆节，恶暴西域，师古曰：暴，谓章露也。故绝而不通；今悔过来，而无亲属、贵人，奉献者皆行贾贱人，贾，音古；下同。欲通货市买，以献为名，故烦使者送至县度，恐失实见欺。凡遣使送客者，欲为防护寇害也。为，于伪翻。起皮山，南更不属汉之国四、五，皮山国，去长安万五千里。师古曰：言经历不属汉者凡四、五国。更，音工衡翻。斥候士百馀人，五分夜击刁斗自守，师古曰：夜有五更，分而持之。尚时为所侵盗。驴畜负粮，须诸国禀食，得以自赡。师古曰：禀，给也。赡，足也。食，读曰饮；下同。国或贫小不能食，或桀黠不肯给，黠，下八翻。拥强汉之节，馁山谷之间，乞丐无所得，师古曰：丐，亦乞也，音工大翻。离一、二旬，则人畜弃捐旷野而不反。又历大头痛、小头痛之山，赤土、身热之阪，令人身热无色，头痛呕吐，驴畜尽然。呕，一口翻。吐，土故翻。畜，许救翻；下同。又有三池盘、石阪道，陿者尺六七寸，长者径三十里，临峥嵘不测之深，陿，与狭同。师古曰：峥嵘，深险之貌。峥，音仕耕翻。嵘，音宏。余谓峥嵘，山峻貌。行者骑步相持，骑，奇寄翻。绳索相引，索，昔各翻。二千馀里，乃到县度。畜坠，未半坑谷尽靡碎；师古曰：靡，散也，音縻。人堕，势不得相收视；险阻危害，不可胜言。胜，音升。圣王分九州，制五服，师古曰：九州，冀、兖、豫、青、徐、荆、扬、梁、雍也。五服，甸、侯、绥、要、荒。余谓此言禹迹也。周职方，九州有幽、并，无徐、梁；又分为九服。务盛内，不求外；今遣使者承至尊之命，送蛮夷之贾，劳吏士之众，涉危难之路，贾，音古。难，乃旦翻。罢敝所恃以事无用，师古曰：罢，读曰疲。所恃，谓中国之人。无用，谓远方蛮夷之国。非久长计也。使者业已受节，可至皮山而还。"师古曰：言已立计遣之，不能即止，可至皮山也。于是凤白从钦言。罽宾实利赏赐贾市，贾，音古。其使数年而壹至云。

阳朔元年（丁酉、前二四）应劭曰：时阴盛阳微，故改元曰阳朔，欲阳气之苏息也。师古曰：应说非也。朔，始也。以山阳火生石中，言阳气之始。

1 春，二月，丁未晦，日有食之。

2 三月，赦天下徒。

3 冬，京兆尹泰山王章下狱，死。下，遐嫁翻。

时大将军凤用事，上谦让无所颛。左右尝荐光禄大夫刘向少子歆通达有异材，上召见，歆诵读诗赋，甚悦之，欲以为中常侍；百官表：中常侍，加官，得出入禁中。盖此时以士人为之，东都始纯用宦者。召取衣冠，临当拜，左右皆曰："未晓大将军。"师古曰：晓，犹白。余谓晓，开谕也。上曰："此小事，何须关大将军！"左右叩头争之，上于是语凤，凤以为不可，乃止。刘向忠于汉室，子歆附从王莽，得无由此邪！爵赏之柄不自上出，则贪爵禄苟富贵之人，视其柄所在而趋之矣。语，牛倨翻。

王氏子弟皆卿、大夫、侍中、诸曹，分据势官，满朝廷。杜钦见凤专政泰重，戒之曰："愿将军由周公之谦惧，损穰侯之威，放武安之欲，毋使范雎之徒得间其说！"周公辅成王，管、蔡流言，周公狼跋而东，其惧可知矣；吐握以下士，其谦可知矣。穰侯、范雎事见周纪。武安侯田蚡事见武帝纪。间，居苋翻。凤不听。

时上无继嗣，体常不平。师古曰：言多疾疢。定陶共王来朝，共，读曰恭；下同。太后与上承先帝意，遇共王甚厚，赏赐十倍于他王，不以往事为纤介；师古曰：往事，谓先帝时欲以代太子也。言无纤介之嫌怒。留之京师，不遣归国。上谓共王："我未有子，人命不讳，师古曰：人命无常，不可讳。一朝有他，师古曰：他，谓晏驾也。且不复相见，复，扶又翻。尔长留侍我矣！"其后天子疾益有瘳，共王因留国邸，定陶邸也。旦夕侍上；上甚亲重之。大将军凤心不便共王在京师，会日食，凤因言："日食，阴盛之象。定陶王虽亲，于礼当奉藩在国；今留侍京师，诡正非常，师古曰：诡，违也。故天见戒，见，贤遍翻。宜遣王之国！"上不得已于凤而许之。共王辞去，上与相对涕泣而决。决，与诀同，别也。

王章素刚直敢言，虽为凤所举，章以选为京兆，凤所举也。非凤专权，不亲附凤，乃奏封事，言"日食之咎，皆凤专权蔽主之过。"上召见章，延问以事。见，贤遍翻。章对曰："天道聪明，佑善而灾恶，以瑞应【章：十四行本"应"作"异"；乙十一行本同。】为符效。今陛下以未有继嗣，引近定陶王，近，其靳翻。所以承宗庙，重社稷，上顺天心，下安百姓，此正议善事，当有祥瑞，何故致灾异！灾异之发，为大臣专政者也。为，于瑞翻。今闻大将军猥归日食之咎于定陶王，师古曰：猥，犹曲也。建遣之国，师古曰：建立其议也。苟欲使天子孤立于上，颛擅朝事以便其私，非忠臣也。朝，直遥翻。且日食，阴侵阳，臣颛君之咎。今政事大小皆自凤出，天子曾不壹举手，凤不内省责，省，悉井翻。反归咎善人，推远定陶王。推，吐雷翻。远，于愿翻。且凤诬罔不忠，非一事也。前丞相乐昌侯商，本以先帝外属，商，宣帝舅王武之子。内行笃，行，下孟翻。有威重，位历将相，国家柱石臣也，其人守正，不肯屈节随凤委曲；卒用闺门之事为凤所罢，卒，子恤翻。身以忧死，众庶愍之。又凤知其小妇弟张美人已尝适人，师古曰：小妇，妾也。弟，谓女弟，即妹也。今俗犹谓妾为小妻。于礼不宜配御至尊，托以为宜子，内之后宫，苟以私其妻弟；闻张美人未尝任身就馆也。师古曰：是则不为宜子，明凤所言非实。妇人将生子，及月辰，出就他馆。任，读曰妊。且羌、胡尚杀首子以荡肠正世，师古曰：荡，洗涤也。言妇初来，所生之子或他姓。况于天子，而近已出之女也！已出，谓已出嫁也。近，其靳翻。此三者皆大事，陛下所自见，足以知其馀及他所不见者。师古曰：以所见者譬之，则不见者可知。凤不可令久典事，宜退使就第，选忠贤以代之！"

自凤之白罢商，后遣定陶王也，上不能平；及闻章言，天子感寤，纳之，谓章曰："微京兆尹直言，师古曰：微，无也。吾不闻社稷计。且唯贤知贤，君试为朕求可以自辅者。"为，于伪翻；下同。于是章奏封事，荐信都王舅琅邪太守冯野王，忠信质直，智谋有馀。【章：乙十一行本"馀"下有"以王舅出，以贤复入，明圣主乐进贤也。"十五字。】上自为太子时，数闻野王名，【章：乙十一行本"王"下有"先帝"二字，"名"下有"卿声誉出凤远甚"七字。】数，所角翻。方倚【章：十四行本"倚"下有"欲"字；乙十一行本同；孔本同。】以代凤。章每召见，上辄辟左右。见，贤遍翻。师古曰：辟，读曰闢。时太后从弟子侍中音元后传曰：太后从弟长乐卫尉弘，子侍中音。师古曰：弘者，太后之叔父也；音则从父弟。余据后云“音以从舅用事”，则颜注良是。独侧听，具知章言，以语凤。语，牛倨翻。凤闻之，甚忧惧。杜钦令凤【章：乙十一行本“凤”下有“称病”二字；张校同。】出就第，上疏乞骸骨，其辞指甚哀。太后闻之，为垂涕，不御食。为，于伪翻。御，进也。上少而亲倚凤，少，诗照翻。弗忍废，乃优诏报凤，强起之；强，其两翻。于是凤起视事。

上使尚书劾奏章：“知野王前以王舅出补吏，而私荐之，成帝立，有司奏野王王舅，不宜备九卿，出为上郡太守。欲令在朝，阿附诸侯；朝，直遥翻。又知张美人体御至尊，而妄称引羌胡杀子荡肠，非所宜言；”下章吏。下，遐稼翻。廷尉致其大逆罪，致，文致也。以为“比上夷狄，欲绝继嗣之端；背畔天子，背，蒲妹翻。私为定陶王。”章竟死狱中，妻子徙合浦。合，音蛤。自是公卿见凤，侧目而视。

冯野王惧不自安，遂病；满三月，赐告，与妻子归杜陵就医药。大将军凤风御史中丞劾奏“野王师古曰：风，读曰讽。劾，户概翻，又户得翻。赐告养病而私自便，师古曰：便，安也，音频面翻。持虎符出界归家，奉诏不敬。”杜钦奏记于凤曰：“二千石病，赐告得归，有故事；不得去郡，亡著令。如淳曰：律施行，无不得去郡之文也。亡，读曰无。传曰：‘赏疑从予，’所以广恩劝功也；师古曰：疑当赏、不当赏则与之。疑厚、薄则从厚。予，读曰与。‘罚疑从去，’所以慎刑，阙难知也。师古曰：疑当罚、不当罚则赦之。疑轻、重则从轻。去，谓赦之也。今释令与故事而假不敬之法，师古曰：释，废去也。假，谓假托法律以致其罪。甚违‘阙疑从去’之意。即以二千石守千里之地，任兵马之重，任，音壬。不宜去郡，将以制刑为后法者，则野王之罪在未制令前也。刑赏大信，不可不慎！”凤不听，竟免野王官。

时众庶多冤王章讥朝廷者，钦欲救其过，复说凤曰："京兆尹章，所坐事密，自京师不晓，况于远方！恐天下不知章实有罪，而以为坐言事。如是，塞争引之原，复，扶又翻；下同。说，输芮翻。塞，悉则翻。争，读曰诤。师古曰：争引，谓引事类以谏争之也。一曰：下有谏争之言，上引而纳之也。损宽明之德。钦愚以为宜因章事举直言极谏，并见郎从官，从，才用翻。展尽其意，加于往前，以明示四方，使天下咸知主上圣明，不以言罪下也。若此，则流言消释，疑惑著明。"凤白行其策焉。杜钦之罪浮于谷永，以其与王凤计议，为之文过也。

4 是岁，陈留太守薛宣为左冯翊。宣为郡，所至有声迹。宣子惠为彭城令，宣尝过其县，心知惠不能，不问以吏事。或问宣："何不教戒惠以吏职？"宣笑曰："吏道以法令为师，可问而知；及能与不能，自有资材，何可学也！"众人传称，以宣言为然。时人虽以宣言为然，实未必然也！

二年（戊戌、前二三）

1 春，三月，大赦天下。

2 御史大夫张忠卒。

3 夏，四月，丁卯，以侍中、太仆王音为御史大夫。于是王氏愈盛，郡国守相、刺史皆出其门下。师古曰：言为其家寮属者皆得大官。五侯群弟争为奢侈，按元后传，王凤兄弟八人：凤、崇以与元后同母，先侯；谭、商、立、根、逢时同日侯，世谓之五侯；曼，乃五侯之兄，早死，不侯。五侯无群弟，疑"群"字当作"兄"。赂遗珍宝，四面而至，皆通敏人事，好士养贤，倾财施予以相高尚；遗，于季翻。好，呼到翻。施，式豉翻。予，读曰与。宾客满门，竞为之声誉。刘向谓陈汤曰："今灾异如此，而外家日盛，其渐必危刘氏。吾幸得以同姓末属，累世蒙汉厚恩，身为宗室遗老，历事三主。三主，宣、元、成。上以我先帝旧臣，每进见，常加优礼。见，贤遍翻。

吾而不言，孰当言者！”遂上封事极谏曰：“臣闻人君莫不欲安，然而常危；莫不欲存，然而常亡；失御臣之术也。夫大臣操权柄，持国政，未有不为害者也。操，千高翻。故书曰：‘臣之有作威作福，害于而家，凶于而国。’师古曰：周书洪范也。而，汝也。言唯君得作威作福；臣下为之，则致凶害也。孔子曰：‘禄去公室，政逮大夫，’危亡之兆也。臣瓒曰：政不由君，下及大夫也。师古曰：论语孔子曰：禄之去公室五世矣，政逮于大夫四世矣。故夫三桓之子孙微矣。今王氏一姓，乘朱轮华毂者二十三人，青、紫、貂、蝉充盈幄内，鱼鳞左右。汉制，列侯，紫绶；二千石，青绶；侍中、中常侍，皆银珰左貂、金附蝉。师古曰：言在帝之左右，相次若鱼鳞也。大将军秉事用权，五侯骄奢僭盛，并作威福，击断自恣，行污而寄治，身私而托公，师古曰：内为污私之行而外则寄托治公之道也。断，丁乱翻。行，下孟翻。依东宫之尊，师古曰：东宫，太后所居也。余按汉制，太后率居长乐宫，在未央宫东，故曰东宫。假甥舅之亲，以为威重。尚书、九卿、州牧、郡守皆出其门，管执枢机，朋党比周；比，毗至翻。称誉者登进，忤恨者诛伤；游谈者助之说，执政者为之言。誉，音余。忤，五故翻。为，于伪翻。排摈宗室，孤弱公族，其有智能者，尤非毁而不进，远绝宗室之任，不令得给事朝省，远，于愿翻。朝，直遥翻。恐其与己分权；数称燕王、盖主以疑上心，燕、盖事见昭帝纪。师古曰：以示宗室亲近而反逆也。数，所角翻。避讳吕、霍而弗肯称。吕氏事见吕后纪。霍氏事见宣帝纪。师古曰：吕、霍二家皆坐专擅诛灭，故为王氏讳而不言也。内有管、蔡之萌，外假周公之论，兄弟据重，宗族磐互，历上古至秦、汉，外戚僭贵未有如王氏者也。物盛必有非常之变先见，为其人微象。言伏于微而著于象也。见，贤遍翻。孝昭帝时，冠石立于泰山，仆柳起于上林，事见二十三卷昭帝元凤三年。而孝宣帝即位。今王氏先祖坟墓在济南者，王氏，本济南东平陵人；武帝时，绣衣御史王贺既免官，乃徙居魏郡元城。其梓柱生枝叶，扶疏上出屋，根臿地中，康曰：臿，测洽切。余按字书，测洽之臿，从"干"、从"臼"，与今臿字不同。汉书作"根垂地中"。意"臿"即"垂"字也。虽立石起柳，无以过此之明也。事势不两大，王氏与刘氏亦且不并立，如下有泰山之安，则上有累卵之危。陛下为人子孙，守持宗庙，而令国祚移于外亲，降为皂隶，师古曰：皂隶，卑贱之人也。春秋左氏传曰：大夫臣士，士臣皂，皂臣舆，舆臣隶也。纵不为身，为，于伪翻。奈宗庙何！妇人内夫家而外父母家，此亦非皇太后之福也。如淳曰：内，犹亲也；而皇太后反外夫家也。孝宣皇帝不与舅平昌侯权，所以全安之也。平昌侯王无故，宣帝舅也。夫明者起福于无形，销患于未然，宜发明诏，吐德音，援近宗室，亲而纳信，师古曰：援，引也。谓升引而附近之也。援，音爰。近，其靳翻。黜远外戚，毋授以政，师古曰：远，谓疏而离之也，音于万翻。皆罢令就弟，弟，与第同；汉书率作"弟"。孟康曰：第，宅也，有甲乙次第也；亦作"弟"。以则效先帝之所行，厚安外戚，全其宗族，诚东宫之意，外家之福也。王氏永存，保其爵禄，刘氏长安，不失社稷，所以褒睦外内之姓，子子孙孙无疆之计也。如不行此策，田氏复见于今，六卿必起于汉，田氏篡齐，六卿分晋，言汉亦将有此祸也。复，扶又翻。为后嗣忧，昭昭甚明。唯陛下深留圣思！"书奏，天子召见向，叹息悲伤其意，谓曰："君且休矣，吾将思之！"然终不能用其言。

4 秋，关东大水。

5 八月，甲申，定陶共王康薨。

6 是岁，徙信都王兴为中山王。

容肇祖标点顾颉刚聂崇岐覆校

资治通鉴卷第三十一

翰林学士朝散大夫右谏议大夫知制诰兼侍讲
同提举万寿观公事兼判集贤院上护军 司马光 奉敕编集
河内郡开国侯食邑一千三百户赐紫金鱼袋臣
后学天台胡三省音注

汉纪二十三 起屠维大渊献（己亥），尽强圉协洽（丁未），凡九年。

孝成皇帝上之下

阳朔三年（己亥、前二二）

1 春，三月，壬戌，陨石东郡八。

2 夏，六月，颍川铁官徒申屠圣等百八十人杀长吏，盗库兵，自称将军，经历九郡。遣丞相长史、御史中丞逐捕，以军兴从事，长，知两翻。师古曰：逐捕之事，须有发兴，皆依军法。皆伏辜。

3 秋，王凤疾，天子数自临问，数，所角翻。亲执其手涕泣曰："将军病，如有不可言，师古曰：不可言，谓死也，不欲斥言之。平阿侯谭次将军矣！"凤顿首泣曰："谭等虽与臣至亲，行皆奢僭，行，下孟翻。无以率导百姓，不如御史大夫音谨敕，敕，整也，正也，固也，理也。臣敢以死保之！"及凤且死，上疏谢上，复固荐音自代，复，扶又翻。言谭等五人必不可用；天子然之。初，谭倨，不肯事凤，师古曰：倨，慢也。而音敬凤，卑恭如子，故凤荐之。八月，丁巳，凤薨。九月，甲子，以王音为大司马、车骑将军，而王谭位特进，领城门兵。长安十二城门皆有屯兵。安定太守谷永以谭失职，劝谭辞让，不受城门职；由是谭、音相与不平。

4 冬，十一月，丁卯，光禄勋于永为御史大夫。永，定国之子也。

四年(庚子、前二一)

1 春，二月，赦天下。

2 夏，四月，雨雪。雨，于具翻。

3 秋，九月，壬申，东平思王宇薨。宇，宣帝之子。

4 少府王骏为京兆尹。骏，吉之子也。先是，京兆有赵广汉、张敞、王尊、王章，至骏，皆有能名，故京师称曰："前有赵、张，后有三王。"赵广汉、张敞，宣帝时尹京。三王，皆帝所用。史言尹京者难其材。先，悉荐翻。

5 闰月，壬戌，于永卒。

6 乌孙小昆弥乌就屠死，子拊离代立；师古曰：拊，读与抚同。为弟日贰所杀。汉遣使者立拊离子安日为小昆弥。日贰亡阻康居；亡奔康居，依阻其远以自全。安日使贵人姑莫匿等三人诈亡从日贰，刺杀之。师古曰：诈畔亡而投之，因得以刺杀。刺，七亦翻。于是西域诸国上书，愿复得前都护段会宗；会宗前为西域都护，终更而还。复，扶又翻。上从之。城郭诸国闻之，皆翕然亲附。

7 谷永奏言："圣王不以名誉加于实效；御史大夫任重职大，少府宣达于从政，唯陛下留神考察！"上然之。

鸿嘉元年(辛丑、前二〇)

1 春，正月，癸巳，以薛宣为御史大夫。用谷永之言也。

2 二月，壬午，上行幸初陵，赦作徒；师古曰：徒人之在陵役作者。以新丰之戏乡为昌陵县，师古曰：戏水之乡也。戏，音许宜翻。奉初陵。

3 上始为微行，张晏曰：出入市里，不复警跸，若微贱者之所为，故曰微行。从期门郎或私奴十馀人，或乘小车，或皆骑，骑，奇寄翻。出入市里郊野，远至旁县旁县，诸县环长安旁者也。甘泉、长杨、五柞，柞，才各翻。斗鸡、走马，常自称富平侯家人。富平侯者，张安世四世孙放也。放父临，尚敬武公主，文颖曰：公主，成帝姊也。臣瓒曰：敬武公主是元帝姊也。师古曰：二说皆非也。薛宣传云：主怒曰："嫂何以取妹杀之！"既谓元后为嫂，是即元帝妹也。地理志，钜鹿郡有敬武县。生放，放为侍中、中郎将，娶许皇后女弟，当时宠幸无比，故假称之。

4 三月，庚戌，张禹以老病罢，以列侯朝朔、望，位特进，见礼如丞相；朝，直遥翻。赏赐前后数千万。

5 夏，四月，庚辰，薛宣为丞相，封高阳侯；恩泽侯表，高阳侯食邑于东莞。京兆尹王骏为御史大夫。

6 王音既以从舅越亲用事，小心亲职。从，才用翻。上以音自御史大夫入为将军，将军，中朝官，故曰入。不获宰相之封，自公孙弘以来，为相者封侯。六月，乙巳，封音为安阳侯。地理志，汝南郡有安阳侯国。

7 冬，黄龙见真定。见，贤遍翻。

8 是岁，匈奴复株累单于死，弟且麋【章十四行本"麋"作"麋"；乙十一行本同；孔本同。】胥立，为搜谐若鞮单于；遣子左祝都韩王昫留斯侯入侍，以且莫车为左贤王。累，力追翻。单，音蝉。且，子余翻。鞮，丁兮翻。"昫"，汉书作"朐"；师古曰：音许于翻。

二年（壬寅、前一九）

1 春，上行幸云阳、甘泉。甘泉宫在云阳县。

2 三月，博士行大射礼。古者天子、诸侯、大夫、士皆有大射之礼。博士所行，士之射礼也。有飞雉集于庭，历阶登堂而雊；师古曰：历阶，谓以次而登也。雊，古豆翻。后雉又集太常、宗正、丞相、御史大夫、车骑将军之府，又集未央宫承明殿屋上。车骑将军音、待诏宠等上言：师古曰：以经术待诏，其人名宠，不记姓也。“天地之气，以类相应；谴告人君，甚微而著。雉者听察，先闻雷声，故月令以纪气。师古曰：谓季冬之月，雉雊、鸡乳。经载高宗雊雉之异，以明转祸为福之验。师古曰：高宗祭成汤，有飞雉升鼎耳而雊，祖己曰：“惟先假王正厥事”。故能攘妖而致百年之寿。今雉以博士行礼之日【章：乙十一行本“日”下有“大众聚会，飞集于庭”八字，孔本同；张校同；退斋校同。】历阶登堂，万众睢睢，师古曰：睢睢，仰目视貌，音呼惟翻。惊怪连日，径历三公之府，太常、宗正典宗庙骨肉之官，然后入宫，其宿留告晓人，具备深切；师古曰：宿，音先就翻。留，音力救翻。虽人道相戒，何以过是！”后帝使中常侍鼌闳诏音曰：鼌，古朝字。“闻捕得雉，毛羽颇摧折，类拘执者，得无人为之？”师古曰：言人放此雉，故欲为变异者。折，而设翻。音复对曰：“陛下安得亡国之语！不知谁主为佞讇之计，诬乱圣德如此者！左右阿谀甚众，不待臣音复讇而足。复，扶又翻。讇，古谄字。师古曰：足，益也，音子喻翻。足其不足曰足。公卿以下，保位自守，莫有正言。如令陛下觉寤，惧大祸且至身，深责臣下，绳以圣法，臣音当先诛，岂有以自解哉！今即位十五年，继嗣不立，日日驾车而出，失行流闻；行，所行也。言帝所行多非道，过失流布，闻于远方也。行，下孟翻。海内传之，甚于京师。外有微行之害，内有疾病之忧，皇天数见灾异，欲人变更，数，所角翻。见，贤遍翻。更，工衡翻；下同。终已不改。天尚不能感动陛下，臣子何望！独有极言待死，命在朝暮而已。如有不然，老母安得处所，尚何皇太后之有！高祖天下当以谁属乎！如淳曰：老母，音之老母也，当随己受罪诛也。又谓己言深切，触牾人主，积恚而犯必行之诛，不能复顾太后也。师古曰：如说非也。此言总属于成帝耳。不然者，谓不如所谏而自修改也。老母，即帝之母太后也。言帝不自修改，国家危亡，太后不知处所，高祖天下无所付属也。属，音之欲翻。宜谋于贤智，克己复礼，用论语孔子答颜渊之言。以求天意，继嗣可立，灾变尚可销也。”

3 初，元帝俭约，渭陵不复徙民起邑；事见二十九卷元帝永光四年。复，扶又翻。帝起初陵，即延陵也。数年后，乐霸陵曲亭南，更营之。即新丰戏乡之地。关中记：昌陵，在霸城东二十里。乐，音洛。将作大匠解万年解，户买翻，姓也。姓谱：自晋唐叔虞食邑于解，今解县也。晋有解狐、解扬。使陈汤为奏，请为初陵徙民起邑，欲自以为功，求重赏。汤因自请先徙，冀得美田宅。上从其言，果起昌陵邑。为万年、汤得罪罢昌陵张本。

夏，徙郡国豪桀赀五百万以上五千户于昌陵。

4 五月，癸未，陨石于杜邮三。

5 六月，立中山宪王孙云客为广德王。中山宪王福，靖王胜之玄孙也。地节元年，福薨，子怀王修嗣。五凤三年，修薨，无后。今立云客。

6 是岁，城阳哀王云薨；无子，国除。城阳景王章传国十世，至云。

三年（癸卯、前一八）

1 夏，四月，赦天下。

2 大旱。

3 王氏五侯争以奢侈相尚。成都侯商尝病，欲避暑，从上借明光宫。师古曰：黄图云：明光宫，在城内，近桂宫。后又穿长安城，引内沣水，地理志：丰水出鄠县东南，北流过上林苑，入渭。注第中大陂以行船，立羽盖，羽盖，编羽为之。张周帷，周帷，船之四周皆张帷。楫棹越歌。师古曰：楫、棹，皆所以行船也；令执楫棹人为越歌也。楫，谓棹之短者也，今吴、越之人谓之桡，音饶。越歌，为越之歌。上幸商第，见穿城引水，意恨，内衔之，未言。后微行出，过曲阳侯第，又见园中土山、渐台，象白虎殿，起土山、渐台，又为室屋象白虎殿也。于是上怒，以让车骑将军音。商、根兄弟欲自黥、劓以谢太后。劓，鱼器翻，又牛例翻。上闻之，大怒，乃使尚书责问司隶校尉、京兆尹，知成都侯商等奢僭不轨，藏匿奸猾，皆阿纵，不举奏正法；二人顿首省户下。司隶校尉察三辅，京兆尹治京邑，而阿纵不举奏，故责之。省户，禁门也。又赐车骑将军音策书曰："外家何甘乐祸败！师古曰：言此罪过，并身自为之。余谓言商等奢僭，必将得罪，何乃甘心为之以为乐也！乐，音洛。而欲自黥、劓，相戮辱于太后前，伤慈母之心，以危乱国家！外家宗族强，上一身寖弱日久，今将一施之，师古曰：行刑罚。君其召诸侯，令待府舍！"诸侯，指商、根等。师古曰：令总集音舍待诏命。是日，诏尚书奏文帝诛将军薄昭故事。见十四卷文帝前十年。车骑将军音藉稿请罪，师古曰：自坐稿上，言待刑戮也。商、立、根皆负斧质谢，良久乃已。上特欲恐之，实无意诛也。

4 秋，八月，乙卯，孝景庙北阙灾。

5 初，许皇后与班倢伃皆有宠于上。上尝游后庭，欲与倢伃同辇载，倢伃，音接于；下同。倢伃辞曰："观古图画，贤圣之君皆【章：十四行本"皆"下有"有"字；乙十一行本同；孔本同。】名臣在侧，三代末主乃有嬖妾；今欲同辇，得无近似之乎！"师古曰：嬖，爱也，音必计翻，又卑义翻。近，音巨靳翻。上善其言而止。太后闻之，喜曰："古有樊姬，张晏曰：楚王好田，樊姬为不食禽兽之肉。按樊姬事楚庄王。今有班倢伃！"班倢伃进侍者李平得幸，亦为倢伃，赐姓曰卫。

其后，上微行过阳阿主家，师古曰：阳阿，平原之县也。应劭曰：平原漯阴东南五十里，有阳阿乡，故县也。考异曰：五行志作"河阳主"，伶玄赵后外传及荀纪亦作"河阳"。外戚传颜师古注曰：阳阿，平原之县也。今俗书"阿"字作"河"，或为"河阳"，皆后人所妄改耳。今从之。悦歌舞者赵飞燕，师古曰：以其体轻，故曰飞燕。召入宫，大幸；有女弟，复召入，复，扶又翻。姿性尤酞粹，左右见之，皆啧啧嗟赏。啧啧，众口称羡而作声也；音侧革翻。有宣帝时披香博士淖方成在帝后，披香博士，后宫女职也。淖，音女教翻，姓也。唾曰："此祸水也，灭火必矣！"姊、弟俱为倢伃，贵倾后宫。许皇后、班倢伃皆失宠。于是赵飞燕谮告许皇后、班倢伃挟媚道，妇人挟媚道者，蛊诅他人，求己亲媚。祝诅后宫，詈及主上。祝，职救翻。诅，庄助翻。詈，力智翻。冬，十一月，甲寅，许后废处昭台宫，师古曰：宫在上林苑中。处，昌吕翻。后姊谒【章：乙十一行本"谒"下有"等"字；孔本同；张校同。】皆诛死，亲属归故郡。后姊谒，为平安刚侯夫人。许氏，本山阳人也。考问班倢伃，倢伃对曰："妾闻'死生有命，富贵在天。'论语载子夏答司马牛之言。修正尚未蒙福，为邪欲以何望！使鬼神有知，不受不臣之诉；师古曰：祝诅主上，是不臣也。如其无知，诉之何益！故不为也。"上善其对，赦之，赐黄金百斤。赵氏姊、弟骄妒，婕伃恐久见危，乃求共养太后于长信宫。师古曰：共，音居用翻。养，音弋向翻。宫阁记：长信殿，在长乐宫，太后常居之。上许焉。

6 广汉男子郑躬等六十馀人攻官寺，篡囚徒，盗库兵；自称山君。广汉郡，高帝分蜀郡置，属益州。师古曰：逆取曰篡。风俗通：寺，司也。诸官府所止皆曰寺。

四年（甲辰、前一七）

1 秋，勃海、清河、信都河水湓溢，勃海，唐沧、景州。清河，唐贝州。信都，唐冀州。师古曰：湓，涌也；音普顿翻。灌县、邑三十一，败官亭、民舍四万馀所。败，补迈翻。平陵李寻【章：乙十一行本"寻"下有"等"字；孔本同。】奏言："议者常欲求索九河故迹而穿之。今因其自决，可且勿塞，以观水势；索，山客翻。塞，悉则翻；下同。河欲居之，当稍自成川，跳出沙土。然后顺天心而图之，必有成功，而用财力寡。"于是遂止不塞。朝臣数言百姓可哀，上遣使者处业振赡之。师古曰：处业，谓安处之，使得居业。数，所角翻。处，昌吕翻。

2 广汉郑躬党与寖广，犯历四县，众且万人；州郡不能制。冬，以河东都尉赵护为广汉太守，发郡中及蜀郡合三万人击之，或相捕斩除罪；师古曰：贼党相捕斩，赦其本罪。旬月平。迁护为执金吾，赐黄金百斤。

3 是岁，平阿安侯王谭薨。上悔废谭使不辅政而薨也，乃复进成都侯商，复，扶又翻。以特进领城门兵，置幕府，得举吏如将军。汉制，列将军置幕府，得举吏。

魏郡杜邺时为郎，素善车骑将军音，见音前与平阿侯有隙，即说音曰："夫戚而不见殊，孰能无怨！师古曰：戚，近也。殊，谓异于疏也。说，输芮翻。昔秦伯有千乘之国而不能容其母弟，师古曰：秦景公母弟公子鍼有宠于其父桓公。景公立，鍼惧而奔晋。事在昭元年。故经书"秦伯之弟鍼出奔晋"，传曰：称弟，罪秦伯也。春秋讥焉。周、召则不然，师古曰：言周公、召公无私怨也。余谓不然者，不为秦伯之为也。召，读曰邵。忠以相辅，义以相匡，同己之亲，等己之尊，不以圣德独兼国宠，又不为长专受荣任，分职于陕，并为弼疑，师古曰：分职于陕，谓自陕以东周公主之，自陕以西召公主之。陕，即今陕州县也；音式冉翻。而说者妄云分陕是颍川郏县，谬矣。弼疑，谓左辅、右弼、前疑、后丞也。余按字书，陕从两"入"，郏从两"人"，人自不考耳。为，于伪翻。长，知两翻。故内无感恨之隙，师古曰：感，音胡暗翻。外无侵侮之羞，俱享天佑，两荷高名者，盖以此也。荷，下可翻。窃见成都侯以特进领城门兵，复有诏得举吏如五府，丞相、御史及车骑、左、右将军府也。复，扶又翻。此明诏所欲必宠也。将军宜承顺圣意，加异往时，每事凡议，必与及之。发于至诚，则孰不说谕！"师古曰：言皆出于至诚，彼必和说，无忧乖异也。说，读曰悦。音甚嘉其言，由是与成都侯商亲密。二人皆重邺。

永始元年（乙巳、前一六）

1 春，正月，癸丑，太官凌室火。师古曰：凌室，藏冰之室。凌，音力证翻，又音陵。戊午，戾后园南阙火。考异曰：五行志及荀纪二“火”皆作“灾”，今从汉书。

2 上欲立赵倢伃为皇后，皇太后嫌其所出微甚，难之。太后姊子淳于长为侍中，数往来通语东宫；数，所角翻。岁馀，乃得太后指，许之。夏，四月，乙亥，上先封倢伃父临为成阳侯。恩泽侯表，成阳侯食邑于汝南新息。谏大夫河间刘辅上书，汉书：刘辅，河间宗室。言：“昔武王、周公，承顺天地以飨鱼、乌之瑞，然犹君臣祗惧，动色相戒。今文尚书泰誓曰：白鱼入于王舟；有火复于王屋，流为乌。周公曰：“复哉！复哉！”况于季世，不蒙继嗣之福，屡受威怒之异者虖！威怒，谓皇天降威震怒也。虖，古乎字。虽夙夜自责，改过易行，行，下孟翻。畏天命，念祖业，妙选有德之世，考卜窈窕之女，郑玄曰：考，犹稽也。师古曰：窈窕，幽闲也。以承宗庙，顺神祇心，塞天下望，塞，悉则翻。子孙之祥犹恐晚暮！今乃触情纵欲，倾于卑贱之女，欲以母天下，不畏于天，不愧于人，惑莫大焉！里语曰：‘腐木不可以为柱；人婢不可以为主。’考异曰：刘辅传云：“腐木不可以为柱；卑人不可以为主。”荀纪“柱”作“珪”，“卑人”作“人婢”。今“柱”从汉书；“人婢”从荀纪。天人之所不予，必有祸而无福，市道皆共知之，师古曰：市道，市中之道也；一曰市人及行于道路者也。予，读曰与。朝廷莫肯壹言。臣窃伤心，不敢不尽死！”书奏，上使侍御史收缚辅，系掖庭秘狱，师古曰：汉旧仪：掖庭诏狱，令、丞，宦者为之，主理妇人、女官也。群臣莫知其故。于是左将军辛庆忌、右将军廉褒、光禄勋琅邪师丹、太中大夫谷永四人皆中朝官。俱上书曰：“窃见刘辅前以县令求见，擢为谏大夫，辅以襄贲令上书言得失，召见，擢谏大夫。襄贲，东海县也。贲，音肥。此其言必有卓诡切至当圣心者，故得拔至于此；旬月之间，收下秘狱。下，遐稼翻。臣等愚以为辅幸得托公族之亲，在谏臣之列，新从下土来，未知朝廷体，独触忌讳，不足深过。过，犹罪也。小罪宜隐忍而已，如有大恶，宜暴治理官，与众共之。理官，谓廷尉也。师古曰：令众人知其罪状而罚之。暴，显示也。显示其罪，使理官治之。今天心未豫，张晏曰：豫，悦豫也。灾异屡降，水旱迭臻，方当隆宽广问，褒直尽下之时也，而行惨急之诛于谏争之臣，争，读曰诤。震惊群下，失忠直心。假令辅不坐直言，所坐不著，师古曰：著，明也。天下不可户晓。师古曰：言不可家家晓谕之也。同姓近臣，本以言显，其于治亲养忠之义，治，直之翻。诚不宜幽囚于掖庭狱。公卿以下，见陛下进用辅亟而折伤之暴，人有惧心，精锐销耎，师古曰：人人皆惧也。苏林曰：耎，弱也。师古曰：耎，音乃乱翻，又乳兖翻。莫敢尽节正言，非所以昭有虞之听，师古曰：舜有敢谏之鼓，故言有虞之听也；一曰：谓达四聪也。广德美之风！臣等窃深伤之，惟陛下留神省察！"省，悉井翻。上乃徙辅系共工狱，苏林曰：考工也。师古曰：少府之属官，亦有诏狱。共，读与龚同。减死罪一等，论为鬼薪。应劭曰：取薪给宗庙为鬼薪，三岁刑也。

3 初，太后兄弟八人，独弟曼早死，不侯；凤，嗣父爵阳平侯。崇，安成侯。庶弟五人，同日封，谓之五侯。八人之中，独曼不侯。太后怜之。曼寡妇渠供养东宫，供，居用翻。养，余亮翻。子莽幼孤，不及等比；师古曰：比，音必寐翻；余谓当音毗至翻。其群兄弟皆将军、五侯子，乘时侈靡，师古曰：乘，因也；因富贵之时。以舆马声色佚游相高。师古曰：佚，与逸同。莽因折节为恭俭，勤身博学，折，而设翻。被服如儒生；师古曰：被，音皮义翻。事母及寡嫂，养孤兄子，行甚敕备；莽兄永早死，有子光。行，下孟翻。又外交英俊，内事诸父，曲有礼意。大将军凤病，莽侍疾，亲尝药，郑玄曰：尝药，度其所堪。乱首垢面，不解衣带连月。凤且死，以托太后及帝，拜为黄门郎，汉旧仪曰：黄门郎，属黄门令，日暮入对青琐门拜，名曰夕郎。董巴曰：禁门曰黄闼。迁射声校尉。久之，叔父成都侯商上书，愿分户邑以封莽。长乐少府戴崇、姓谱：戴，宋戴公之后；一曰：宋灭戴，子孙以国为氏。侍中金涉、中郎陈汤等皆当世名士，咸为莽言，为，于伪翻；下同。上由是贤莽，太后又数以为言。数，所角翻。五月，乙未，封莽为新都侯，莽传以南阳新野之都乡为新都侯国。迁骑都尉、光禄大夫、侍中。宿卫谨敕，爵位益尊，节操愈谦，散舆马、衣裘振施宾客，师古曰：振，举也。施，式智翻。家无所馀；收赡名士，交结将、相、卿、大夫甚众。故在位者更推荐之，更，工衡翻。游者为之谈说，虚誉隆洽，倾其诸父矣。隆，盛也。洽，渐浃也，周遍也。敢为激发之行，处之不惭恧。师古曰：激，急动。恧，愧也。激，音工历翻。行，下孟翻。处，昌吕翻。恧，音女六翻。尝私买侍婢，昆弟或颇闻知，莽因曰："后将军朱子元无子，朱博，字子元。莽闻此儿种宜子。"【章：十四行本"子"下有"为买之"三字；乙十一行本同；孔本同；张校同；退斋校同。】师古曰：此儿，谓所买婢也。种，章勇翻。即日以婢奉朱博。其匿情求名如此！王莽事始此。

4 六月，丙寅，立皇后赵氏，大赦天下。

皇后既立，宠少衰；而其女弟绝幸，为昭仪，居昭阳舍，其中庭彤朱而殿上髹漆；师古曰：以漆漆物谓之髹，音许求翻，又许昭翻。今关东俗，器物一再着漆者谓之捎漆；捎，即髹声之转重耳。"髹"，字或作"髤"，音义亦与髹同。今关西俗云黑髹盘、朱髹盘，其音如此。两义并通。毛晃曰：髹，赤黑漆。切皆铜沓，黄金涂；师古曰：切，门限也；音千结翻。沓，冒其头也。涂以金，涂铜上也。沓，音他合翻。白玉阶；师古曰：阶，所由升殿陛也。壁带往往为黄金釭，函蓝田璧、明珠、翠羽饰之；服虔曰：釭，壁中之横带也。晋灼曰：以金环饰之也。师古曰：壁带，壁之横木露出如带者也，于壁带之中往往以金为釭，若车釭之形也。其釭中，着玉璧、明珠、翠羽耳。蓝田，山名，出美玉。釭，音工；流俗读之音江，非也。自后宫未尝有焉。赵后居别馆，多通侍郎、宫奴多子者。侍郎，郎之得出入禁中者。宫奴，有罪没为宫奴，给使宫中者。昭仪尝谓帝曰：“妾姊性刚，有如为人构陷，则赵氏无种矣！”种，章勇翻。因泣下凄恻。帝信之，有白后奸状者，帝辄杀之。由是后公为淫恣，无敢言者，然卒无子。卒，子恤翻。

光禄大夫刘向以为王教由内及外，自近者始，诗大序：关雎，后妃之德也，风之始也，所以风天下而正夫妇也，故曰正始之道，王化之基。于是采取诗、书所载贤妃、贞妇兴国显家及孽、嬖乱亡者，师古曰：孽，庶也。嬖，爱也。序次为列女传，凡八篇，及采传记行事，著新序、说苑，凡五十篇，奏之；数上疏言得失，陈法戒。数，所角翻。书数十上，以助观览，补遗阙。上，时掌翻。上虽不能尽用，然内嘉其言，常嗟叹之。

5 昌陵制度奢泰，久而不成。刘向上疏曰：“臣闻王者必通三统，应劭曰：二王之后与己为三统也。孟康曰：天、地、人之始也。张晏曰：一曰天统，谓周以十一月建子为正，天始施之端也；二曰地统，谓殷以十二月建丑为正，地始化之端也；三曰人统，谓夏以十三月建寅为正，人始成之端也。师古曰：诸家之说皆不备也；言王者象天、地、人之三统，故存三代也。明天命所授者博，非独一姓也。自古及今，未有不亡之国。孝文皇帝尝美石椁之固，张释之曰：‘使其中有可欲，虽锢南山犹有隙。’夫死者无终极而国家有废兴，故释之之言为无穷计也。释之对详见十四卷文帝前三年。孝文寤焉，遂薄葬。棺椁之作，自黄帝始。古之葬者，厚衣之以薪，葬之中野，不封不树；黄帝易之以棺椁。黄帝、尧、舜、禹、汤、文、武、周公，丘垄皆小，葬具甚微；晋灼曰：丘垄，冢坟也。其贤臣孝子亦承命顺意而薄葬之，此诚奉安君父忠孝之至也。孔子葬母于防，师古曰：防，鲁邑名也。杜预曰：昌邑县西有防城。坟四尺。记檀弓曰：孔子既得合葬于防，曰：“古者墓而不坟；今丘也，东西南北之人也，不可以不识也，”于是封之，崇四尺。师古曰：坟者，谓积土也。春秋纬：天子坟高三仞，树以松；诸侯半之，树以柏；大夫八尺，树以药草；士四尺，树以槐；庶人无坟，树以杨柳。郑玄曰：孔子盖用士礼。延陵季子葬其子，封坟掩坎，其高可隐。孟康曰：隐蔽之，财可见而已。臣瓒曰：谓人立可隐肘也。师古曰：瓒说是也。隐，音于靳翻。故仲尼孝子而延陵慈父，舜、禹忠臣，周公弟弟，师古曰：弟弟者，言弟能顺理也。上弟，音徒计翻。其葬君、亲、骨肉皆微薄矣；非苟为俭，诚便于体也。秦始皇葬于骊山之阿，下锢三泉，上崇山坟，水银为江、海，黄金为凫、雁，珍宝之臧，臧，古藏字通；下臧椁同。机械之变，棺椁之丽，宫馆之盛，不可胜原；详见七卷秦始皇三十七年。胜，音升。天下苦其役而反之，骊山之作未成，而周章百万之师至其下矣。事见七卷秦二世二年。项籍燔其宫室，营宇，事见九卷高帝元年。牧儿持火照求亡羊，失火烧其臧椁。自古及今，葬未有盛如始皇者也；数年之间，外被项籍之灾，被，皮义翻。内离牧竖之祸，师古曰：离，遭也。岂不哀哉！是故德弥厚者葬弥薄，知愈深者葬愈微。无德寡知，知，读曰智；下贤知同。其葬愈厚，丘垄弥高，宫阙【章：十四行本“阙”作“庙”；乙十一行本同；孔本同。】甚丽，发掘必速。由是观之，明暗之效，葬之吉凶，昭然可见矣！陛下即位，躬亲节俭，始营初陵，其制约小，天下莫不称贤明；始营陵见上卷建始二年。及徙昌陵，增庳为高，师古曰：庳，下也，音婢。积土为山，发民坟墓，积以万数，营起邑居，期日迫卒，师古曰：卒，读曰猝。功费大万百馀，应劭曰：大万，亿也。大，巨也。死者恨于下，生者愁于上，臣甚惽焉！师古曰：惽，谓不了，言惑于此事也。惽，音昏；一云：惽，古闵字，忧病也。余谓当从后说。以死者为有知，发人之墓，其害多矣；若其无知，又安用大！谋之贤知则不说，说，读与悦同；下同。以示众庶则苦之，若苟以说愚夫淫侈之人，又何为哉！唯陛下上览明圣之制以为则，下观亡秦之祸以为戒，初陵之模，宜从公卿大臣之议，以息众庶！”上感其言。

初，解万年自诡昌陵三年可成，卒不能就；卒，子恤翻。群臣多言其不便者。下有司议，下，遐稼翻。皆曰：“昌陵因卑为高，度便房犹在平地上；汉书音义曰：便房，藏中便坐也。度，徒洛翻。客土之中，不保幽冥之灵，浅外不固。服虔曰：取他处土以增高，为客土。卒徒工庸以巨万数，至然脂夜作，取土东山，且与谷同贾，师古曰：贾，读曰价。作治数年，天下遍被其劳。治，直之翻。被，皮义翻。故陵因天性，据真土，处势高敞，旁近祖考，初陵近渭陵，又西近茂陵。处，昌吕翻。近，其靳翻。前又已有十年功绪，师古曰：绪，谓端次也。宜还复故陵，勿徙民，便！”秋，七月，诏曰：“朕执德不固，谋不尽下，师古曰：言不博谋于群下。过听将作大匠万年言‘昌陵三年可成’，师古曰：过，误也。万年，解万年也。作治五年，中陵、司马殿门内尚未加功。如淳曰：陵中有司马殿门，如生时制也。臣瓒曰：天子之藏圹中，无司马殿门也。此谓陵上寝殿及司马门也。时皆未作之，故曰尚未加功。师古曰：中陵，陵中正寝也。司马殿门，瓒说是也。天下虚耗，百姓罢劳，客土疏恶，罢，读曰疲。疏，音疎。终不可成，朕惟其难，师古曰：惟，思也。怛然伤心。怛，当割翻；惊也，惧也，悼也，不安也。夫‘过而不改，是谓过矣’。师古曰：论语载孔子之言，故诏引之。其罢昌陵，及故陵勿徙吏民，罢昌陵，还故陵，而故陵勿起陵邑、徙吏民也。令天下毋有动摇之心！”

6 初，酂侯萧何之子【章：十四行本“子”下有“孙”字；乙十一行本同；孔本同；张校同。】嗣为侯者，无子及有罪，凡五绝祀。高后、文帝、景帝、武帝、宣帝思何之功，辄以其支庶绍封。萧何薨，子禄嗣；薨，亡子，高后乃封何夫人同为酂侯，小子延为筑阳侯。孝文元年，罢同，更封延为酂侯；薨，子遗嗣；薨，亡子，文帝复以遗弟则嗣；有罪，免。景帝二年，封则弟嘉为武阳侯；薨，子胜嗣；有罪，免。武帝元狩中，复以酂户二千四百封何曾孙庆为酂侯。庆，则子也；薨，子寿成嗣；坐罪，免。宣帝封何玄孙建世为酂侯。凡五绍封。是岁，何七世孙酂侯获坐使奴杀人，减死，完为城旦。获，建世孙也。先是，上诏有司访求汉初功臣之后，久未省录。杜业说上曰：先，悉荐翻。省，悉井翻。说，输芮翻。“唐、虞、三代皆封建诸侯，以成太平之美，是以燕、齐之祀与周并传，太公封于齐，至周安王二十三年，始为田氏所灭。召公封于燕，后周而灭。子继弟及，历载不堕。师古曰：弟继兄位谓之及。载，子亥翻。堕，毁也；音火规翻。岂无刑辟，辟，毗亦翻。繇祖之竭力，故支庶赖焉。师古曰：言国家非无刑辟，而功臣子孙得不陷罪辜而能长存者，思其先人之力，令有嗣续也。迹汉功臣，亦皆剖符世爵，受山、河之誓；高帝封爵之誓曰：“使黄河如带，泰山若厉，国以永存，爰及苗裔。”百余年间，而袭封者尽，朽骨孤于墓，苗裔流于道，生为愍隶，死为转尸。应劭曰：死不能葬，故尸流转在沟壑之中。师古曰：愍隶者，言为徒隶，在可哀愍之中。以往况今，师古曰：况，譬也。甚可悲伤。圣朝怜闵，诏求其后，四方忻忻，靡不归心。出入数年而不省察，恐议者不思大义，徒设虚言，则厚德掩息，吝简布章，吝，靳也。简，略也。言既诏求其后，复靳而不封，略而不问，若如此，必布闻于天下也。非所以示化劝后也。虽难尽继，宜从尤功。”言汉之功臣绝世者多，虽难尽继，宜取功尤重者后，绍其国封也。上纳其言。癸卯，封萧何六世孙南䜌长喜为酂侯。地理志，南䜌县属钜鹿郡。孟康曰：䜌，音力全翻。百官表：县令、长皆秦官，掌治其县：万户以上为令，秩千石至六百石；减万户为长，秩五百石至三百石。长，知两翻。考异曰：成纪：“元延元年，封萧相国后喜为酂侯。”荀、胡皆用之。按功臣表，“永始元年，酂侯喜绍封；三年薨。永始四年，质侯尊嗣；五年薨，绥和元年质侯章嗣。”盖本纪误以永始为元延故也。

7 立城阳哀王弟俚为王。鸿嘉二年，哀王云薨，无后。考异曰：汉纪，“俚”作“悝”，今从汉书。

8 八月，丁丑，太皇太后王氏崩。师古曰：宣帝王皇后也。

9 九月，黑龙见东莱。见，贤遍翻。

10 丁巳晦，日有食之。考异曰：荀纪作"乙巳"，按长历丁巳晦，荀悦误。

11 是岁，以南阳太守陈咸为少府，侍中淳于长为水衡都尉。

二年（丙午、前一五）

1 春，正月，己丑，安阳敬侯王音薨。王氏唯音为修整，数谏正，数，所角翻。有忠直节。

2 二月，癸未夜，星陨如雨，绎绎，未至地灭。师古曰：绎绎，光采貌。

3 乙酉晦，日有食之。

4 三月，丁酉，以成都侯【章：十四行本"侯"下有"王"字；乙十一行本同；孔本同。】商为大司马、卫将军；红阳侯王立位特进，领城门兵。

5 京兆尹翟方进为御史大夫。翟，亭历翻，又直格翻。

6 谷永为凉州刺史，奏事京师，讫，当之部，凉州部陇西、天水、武都、金城、安定、北地、武威、张掖、敦煌、酒泉等郡。汉制，诸州刺史常以八月巡行所部，录囚徒，考殿最；岁尽，诣京师奏事。上使尚书问永，受所欲言。师古曰：永有所言，令尚书即受之。永对曰："臣闻王天下、有国家者，王，于况翻。患在上有危亡之事而危亡之言不得上闻。如使危亡之言辄上闻，师古曰：如，若也。有即上闻。则商、周不易姓而迭兴，三正不变改而更用。更，工衡翻。夏、商之将亡也，行道之人皆知之；师古曰：凡在道路行者也。晏然自以若天有日，莫能危，尚书大传曰：桀云：天之有日犹吾之有民。日有亡哉？日亡，吾亦亡矣。师古曰：自谓如日在天而无有能伤危也。是故恶日广而不自知，大命倾而不【章：十四行本"不"下有"自"字；乙十一行本同；孔本同；张校同。】寤。易曰：'危者有其安者也，亡者保其存者也。'师古曰：易下系之辞也。言安必思危，存不忘亡，乃得保其安存。陛下诚垂宽明之听，无忌讳之诛，使刍荛之臣得尽所闻于前，刈草曰刍，采薪曰荛。文王询于刍荛。群臣之上愿，社稷之长福也！

元年，九月，黑龙见；见，贤遍翻。其晦，日有食之。今年二月，己未夜，星陨；乙酉，日有食之。“己”，当作“癸”。此承谷永传之误。六月之间，大异四发，二二而同月。三代之末，春秋之乱，未尝有也。臣闻三代所以陨社稷，丧宗庙者，皆由妇人与群恶沈湎于酒；丧，息浪翻。沈，持林翻。秦所以二世、十六年而亡者，秦始皇二十六年，初并天下，三十七年，崩。二世三年而亡，其有天下财十六年。养生泰奢，奉终泰厚也。二者，陛下兼而有之，臣请略陈其效：

建始、河平之际，许、班之贵，倾动前朝，师古曰：许皇后及班倢伃之家。朝，直遥翻。熏灼四方，女宠至极，不可上矣；师古曰：上，犹加也。今之后起，什倍于前。如淳曰：谓赵、李本从微贱起也。废先帝法度，听用其言，官秩不当，纵释王诛，师古曰：纵，放也。释，解也。王诛，谓王法当诛者。当，丁浪翻。骄其亲属，假之威权，从横乱政，师古曰：从，音子用翻。横，音胡孟翻。刺举之吏，莫敢奉宪。又以掖庭狱大为乱阱，师古曰：阱，穿地为坑阱以拘系人也。乱者，言其非正而又多也。阱，音才性翻。仲冯曰：言设狱陷人如阱耳。余谓仲说是。榜箠瘠于炮烙，师古曰：瘠，痛也。炮烙，纣所作刑也。膏涂铜柱，加之火上，令罪人行其上，辄堕炭中；笑而以为乐。瘠，音千感翻。绝灭人命，主为赵、李报德复怨。师古曰：复，亦报也。为，于伪翻。反除白罪，建治正吏，师古曰：反，读曰幡。罪之明白者，反而除之；吏之公正者，建议劾治也。多系无辜，掠立迫恐，师古曰：掠，笞服之，立其罪名。至为人起责，分利受谢，师古曰：言富贾有钱，假托其名，代之为主，放与他人，以取利息而共分之；或受报谢，别取财物。为，于伪翻。生入死出者，不可胜数。胜，音升。是以日食再既，以昭其辜。孟康曰：既，尽也。师古曰：昭，明也。

王者必先自绝，然后天绝之。今陛下弃万乘之至贵，乐家人之贱事，师古曰：谓私畜田及奴婢财物。乐，音洛。厌高美之尊号，好匹夫之卑字，孟康曰：成帝好微行，更作私字以相呼。如淳曰：称张放家人为卑字。好，呼到翻。崇聚僄轻无义小人以为私客，师古曰：僄，疾也；音频妙翻，又匹妙翻。数离深宫之固，数，所角翻。离，力智翻。挺身晨夜，与群小相随，师古曰：挺，引也，音大鼎翻。乌集杂会，醉饱吏民之家，师古曰：言聚散不常，如乌鸟之集。乱服共坐，沈湎媟嫚，溷淆无别，黾勉遁乐，师古曰：黾勉，言不息也。遁，流遁也。言流遁为乐也。沈，持林翻。乐，音洛。昼夜在路，典门户、奉宿卫之臣执干戈而守空宫，公卿百僚不知陛下所在，积数年矣。

王者以民为基，民以财为本，财竭则下畔，下畔则上亡。是以明王爱养基本，不敢穷极，使民如承大祭。论语孔子答仲弓之言。师古曰：言常畏慎。今陛下轻夺民财，不爱民力，听邪臣之计，去高敞初陵，改作昌陵，役百乾溪，费拟骊山，楚灵王侈心无厌，民不堪其役，溃于乾溪，王缢而死。骊山事见秦纪。师古曰：拟，比也，言劳役之功百倍于楚灵王，费财之广比于秦始皇。杜预曰：乾溪，在谯国城父县南。乾，音干。靡敝天下，师古曰：靡，音武皮翻。五年不成而后反故。百姓愁恨感天，饥馑仍臻，师古曰：仍，频也。流散冗食，餧死于道，以百万数。师古曰：冗，亦散也。餧，饿也。冗，音人勇翻。餧，音乃贿翻。公家无一年之畜，师古曰：畜，读曰蓄。百姓无旬月【章：十四行本“月”作“日”；乙十一行本同；孔本同；张校同。】之储，上下俱匮，无以相救。诗云：‘殷监不远，在夏后之世。’师古曰：大雅荡之诗也。愿陛下追观夏、商、周、秦所以失之，以镜考己行，师古曰：镜，谓鉴照之。考，校也。行，下孟翻。有不合者，臣当伏妄言之诛！师古曰：言上所为违于节俭，皆与永言同。余谓此言帝之失行，与夏、殷、周、秦所以失者合耳。

汉兴九世，百九十馀载，载，子亥翻。继体之主七，皆承天顺道，遵先祖法度，或以中兴，或以治安；治，直吏翻。至于陛下，独违道纵欲，轻身妄行，当盛壮之隆，无继嗣之福，有危亡之忧，积失君道，不合天意，亦以多矣。为人后嗣，守人功业如此，岂不负哉！方今社稷、宗庙祸福安危之机在于陛下；陛下诚能昭然远寤，专心反道，师古曰：反，犹还也。旧愆毕改，新德既章，则赫赫大异庶几可销，天命去就庶几可复，师古曰：去就，言去离无德而就有德。社稷、宗庙庶几可保！唯陛下留神反覆，熟省臣言！”

帝性宽，好文辞，而溺于宴乐，省，悉井翻。好，呼到翻。乐，音洛。皆皇太后与诸舅夙夜所常忧；至亲难数言，数，所角翻。故推永等使因天变而切谏，劝上纳用之。永自知有内应，展意无所依违，师古曰：展，申也。每言事辄见答礼。师古曰：如礼而答之。余谓答礼者，答之而又加礼也。至上此对，上，时掌翻。上大怒。卫将军商密擿永令发去。师古曰：擿，谓发动之。上使侍御史收永，敕过交道厩者勿追；晋灼曰：交道厩，去长安六十里，近延陵。御史不及永，还。上意亦解，自悔。悔遣侍御史收永也。

7 上尝与张放及赵、李诸侍中共宴饮禁中，皆引满举白，服虔曰：举满杯，有馀白沥者罚之也。孟康曰：举白，见验饮酒尽不也。师古曰：谓引取满觞而饮，饮讫，举觞告白尽不也。一说：白者，罚爵之名；饮有不尽者，则以此爵罚之。魏文侯与大夫饮酒，令曰：“不釂者浮以大白。”于是公乘不仁举白浮君，是也。釂，子肖翻；饮酒尽爵也。谈笑大噱。师古曰：噱，笑声也，音其略翻。或曰，噱，谓唇口之中，大笑则见。此说非。时乘舆幄坐张画屏风，乘，绳证翻。师古曰：坐，音材卧翻。画，古畫字通；下同。画纣醉踞妲己，作长夜之乐。妲，当割翻。妲己，有苏氏之女。乐，音洛。侍中、光禄大夫班伯久疾新起，姓谱：班，楚令尹鬬班之后。班书叙传自以为楚令尹子文之后。子文初生，弃于梦中而虎乳之。楚人谓乳为“縠”，谓虎为“於菟”，故名穀於菟，楚人谓虎“班”，其子以为号。师古注曰：子文之子鬬班亦为楚令尹。余按左传庄三十年，申公鬬班杀令尹子元，鬬穀於菟为令尹，恐班非子文之子。上顾指画而问伯曰：“纣为无道，至于是虖?”虖，古乎字。对曰：“书云：‘乃用妇人之言’，师古曰：今文尚书泰誓之辞。何有踞肆于朝！师古曰：肆，放也，陈也。朝，直遥翻。所谓众恶归之，不如是之甚者也！”师古曰：论语称孔子曰：“纣之不善，不如是之甚也！是以君子恶居下流，天下之恶皆归焉”。上曰：“苟不若此，此图何戒?”对曰：“‘沈湎于酒’，微子所以告去也。孔颖达曰：酒诰注云：饮酒齐色曰湎。然则湎者，颜色湎然齐一之辞。师古曰：微子，殷之卿士，封于微，爵称子也。殷纣错乱天命，微子作诰，告箕子、比干而去。其诰曰：用沈酗于酒，用乱败厥德于下。我其发出狂，吾家耄逊于荒。事见尚书微子篇。‘式号式呼’，大雅所以流连也。师古曰：大雅荡之诗曰：式号式呼，俾昼作夜。言醉酒号呼，以昼为夜也。流连，言作诗之人，嗟叹而泣涕流连也。而说者乃以流连为荒亡，盖失之矣。大雅所以流连，不谓饮酒之人也。呼，音火故翻。诗、书淫乱之戒，其原皆在于酒！”上乃喟然叹曰：“吾久不见班生，今日复闻谠言！”复，扶又翻。师古曰：谠言，善言也。谠，音党。放等不怿，师古曰：怿，悦也，音亦。稍自引起更衣，更，工衡翻。因罢出。

时长信庭林表适使来，闻见之。孟康曰：长信，太后宫名也。庭林表，宫中妇人官名也。师古曰：长信宫庭之林表也。林表，官名耳。庭，非官称也。使，疏吏翻。后上朝东宫，朝，直遥翻。太后泣曰：“帝间颜色瘦黑。师古曰：间，谓比日也。班侍中本大将军所举，大将军，谓王凤也。宜宠异之；益求其比，以辅圣德！凤初荐伯宜劝学，召见亲近。今太后以其能谏正，欲令帝宠异之也。师古曰：比，类也；音必寐翻。当如字。宜遣富平侯且就国！”富平侯，张放。上曰：“诺。”上诸舅闻之，以风丞相、御史，师古曰：风，读曰讽。求放过失。于是丞相宣、御史大夫方进奏“放骄蹇纵恣，奢淫不制，拒闭使者，侍御史修奉使至放家，逐名捕贼；奴从者闭门，设弓弩，距使者，不肯内。贼伤无辜，放知李游君欲献女，求不得，使奴康等之其家，贼伤三人。从者支属并乘权势，为暴虐，从，才用翻。请免放就国。”考异曰：叙传云：“王音以风丞相御史。”按放传：“丞相宣、御史大夫方进奏放过恶。”音以正月乙巳薨，方进以三月丁酉为御史大夫，然则风丞相、御史者疑非音也。放传又云：“上诸舅皆害其宠。”故但云上诸舅。上不得已，师古曰：已，止也。左迁放为北地都尉。其后比年数有灾变，师古曰：比，频也。比，毗至翻。数，所角翻。故放久不得还。玺书劳问不绝。玺，斯氏翻。劳，力到翻。敬武公主有疾，诏征放归第视母疾。数月，主有瘳，后复出放为河东都尉。复，扶又翻。上虽爱放，然上迫太后，下用大臣，故常涕泣而遣之。

8 邛成太后之崩也，邛成太后，孝宣王皇后也。父奉光，封邛成侯，故书邛成太后，以别孝元王皇后。恩泽侯表，邛成侯，国于济阴。丧事仓卒，吏赋敛以趋办，卒，读曰猝。敛，力赡翻。师古曰：趋，读曰趣；言苟取办。趣，与促同。上闻之，以过丞相、御史。过，罪也。冬，十一月，己丑，策免丞相宣为庶人，御史大夫方进左迁执金吾。二十馀日，丞相官缺，群臣多举方进者；上亦器其能，十一月，壬子，擢方进为丞相，封高陵侯。恩泽侯表，高陵侯，国于琅邪。考异曰：方进传：“丞相薛宣免，方进亦左迁执金吾；二十馀日，遂擢为丞相。”而荀纪云：“秋八月，方进贬为执金吾。”盖以公卿表云，“三月，丁酉，京兆尹翟方进为御史大夫；八月贬为执金吾。”故致此误也。按公卿表所云者，谓方进自三月为御史大夫，至十一月而贬，凡居官八月耳。又黑龙见东莱，在去年九月，谷永传著之甚明，而荀悦亦载之于此年，云“冬，黑龙见东莱。”盖因陈汤获罪在今年故也。汉春秋虽正黑龙之误，而方进贬官犹承荀悦之失。以诸吏、散骑、光禄勋孔光为御史大夫。散，悉亶翻。方进以经术进，方进以射策甲科为郎，举明经，迁议郎。其为吏，用法刻深，好任势立威；有所忌恶，峻文深诋，中伤甚多。好，呼到翻。恶，乌路翻。中，竹仲翻。有言其挟私诋欺不专平者，上以方进所举应科，不以为非也。科，律条也。光，褒成君霸之少子也，霸见二十八卷元帝永光元年。领尚书，典枢机十馀年，守法度，修故事，上有所问，据经法，以心所安而对，不希指苟合；师古曰：希指，希望天子之意指也。如或不从，不敢强谏争，争，读曰诤。以是久而安。时有所言，辄削草藁，服虔曰：言已缮书，更削坏其草也。以为章主之过以奸忠直，人臣大罪也。师古曰：奸，求也；奸忠直之名也。奸，音干。有所荐举，唯恐其人之闻知。沐日归休，兄弟妻子燕语，终不及朝省政事。朝，直遥翻。或问光："温室省中树，皆何木也？"光嘿不应，更答以他语，其不泄如是。

9 上行幸雍，祠五畤。建始二年，罢雍五畤；今以久无继嗣，并甘泉泰畤皆复之。雍，于用翻。畤，音止。

10 卫将军王商恶陈汤，奏"汤妄言昌陵且复发徙；初，汤请起昌陵邑；既罢昌陵，丞相、御史请废昌陵邑中室。奏未下，人以问汤："第宅不彻，得无复发徙？"汤曰："县官且顺听群臣言，犹复发徙之也。"恶，乌路翻。又言黑龙冬出，微行数出之应。"东莱郡黑龙出，人以问汤，曰："是所谓玄门开；微行数出，出入不时，故龙以非时出也。"数，所角翻。廷尉奏"汤非所宜言，大不敬。"诏以汤有功，有斩郅支功。免为庶人，徙边。

上以赵后之立也，淳于长有力焉，故德之，乃追显其前白罢昌陵之功，下公卿，议封长。下，遐稼翻。光禄勋平当以为："长虽有善言，不应封爵之科。"姓谱：平，齐相晏平仲之后；一曰：韩哀侯少子婼食采平邑，因以为氏。高祖之法，非有功不侯。当坐左迁钜鹿太守。上遂下诏，以常侍闳、卫【章：十四行本"卫"上有"侍中"二字；乙十一行本同；孔本同。】尉长首建至策，师古曰：闳，王闳也。赐长、闳爵关内侯。

将作大匠万年佞邪不忠，毒流众庶，与陈汤俱徙敦煌。敦，徒门翻。

初，少府陈咸，卫尉逢信，官簿皆在翟方进之右；逢，皮江翻，姓也；古有逢蒙。师古曰：簿，谓伐阅也。簿，音主簿之簿。方进晚进，为京兆尹，与咸厚善。及御史大夫缺，三人皆名卿，俱在选中，而方进得之。会丞相薛宣得罪，与方进相连，上使五二千石杂问丞相、御史，晋灼曰：大臣狱重，故以秩二千石者五人诘责之。咸诘责方进，冀得其处，方进心恨。诘，去吉翻。陈汤素以材能得幸于王凤及王音，咸、信皆与汤善，汤数称之于凤、音所，数，所角翻。以此得为九卿。及王商黜逐汤，方进因奏"咸、信附会汤以求荐举，苟得无耻，"皆免官。考异曰：咸、信免官皆在明年以后，因陈汤事连言之。

11 是岁，琅邪太守朱博为左冯翊。博治郡，常令属县各用其豪桀以为大吏，文、武从宜。师古曰：各因其材而任之。治，直之翻。县有剧贼及他非常，博辄移书以诡责之，其尽力有效，必加厚赏；怀诈不称，诛罚辄行。师古曰：称，副也。称，尺证翻。以是豪强慑服，事无不集。慑，之涉翻。

三年（丁未、前一四）

1 春，正月，己卯晦，日有食之。

2 初，帝用匡衡议，罢甘泉泰畤，事见上卷建始元年。其日，大风坏甘泉竹宫，武帝以正月上辛有事甘泉圜丘，自竹宫而望拜。韦昭曰：以竹为宫，天子居中。师古曰：汉旧仪，竹宫去坛三里。坏，音怪。折拔畤中树木十围以上百馀。折，而设翻。帝异之，以问刘向；对曰："家人尚不欲绝种祠，师古曰：家人，谓庶人之家也。种祠，继嗣所传祠也。况于国之神宝旧畤！且甘泉、汾阴及雍五畤始立，皆有神祇感应，然后营之，非苟而已也。武帝祠泰一于甘泉，夜常有神光如流星集于祠坛。汾阴男子公孙滂洋等见汾旁有光如绛，上遂立后土祠于汾阴脽上。文帝十四年，黄龙见成纪，始幸雍，郊见五畤。武、宣之世奉此三神，礼敬敕备，神光尤著。祖宗所立神祇旧位，诚未易动。

易，以豉翻。前始纳贡禹之议，后人相因，多所动摇。元帝时，贡禹建言，汉家祭祀多不应古礼；韦玄成、匡衡等因之。易大传曰：'诬神者殃及三世。'恐其咎不独止禹等！"上意恨之，师古曰：恨，悔也。又以久无继嗣，冬，十月，庚辰，上白太后，令诏有司复甘泉泰畤、汾阴后土如故，及雍五畤、陈宝祠、长安及郡国祠著明者，皆复之。

是时，上以无继嗣，颇好鬼神、方术之属，好，呼到翻。上书言祭祀方术得待诏者甚众，祠祭费用颇多。谷永说上曰：说，输芮翻。"臣闻明于天地之性，不可惑以神怪；知万物之情，不可罔以非类。师古曰：罔，犹蔽。余谓罔，欺也，欺人以所无曰罔。诸背仁义之正道，背，蒲妹翻。不遵五经之法言，而盛称奇怪鬼神，广崇祭祀之方，求报无福之祠，及言世有仙人，服食不终之药，遥兴轻举、如淳曰：遥，远也。兴，举也。师古曰：兴，起也，谓起而远去也。黄冶变化之术者，晋灼曰：黄者，铸黄金也。道家言，冶丹沙令变化，可铸作黄金也。皆奸人惑众，挟左道，怀诈伪，以欺罔世主，师古曰：左道，邪僻之道，非正义也。王制曰：执左道以乱政者杀。听其言，洋洋满耳，若将可遇，师古曰：洋洋，美盛之貌。洋，音羊，又音祥。求之，盪盪如系风捕景，终不可得。师古曰：荡荡，空旷之貌也。盪，音荡。景，影也。是以明王距而不听，圣人绝而不语。师古曰：谓孔子不语怪神。昔秦始皇使徐福发男女入海求神采药，因逃不还，天下怨恨。事见秦始皇纪。汉兴，新垣平、事见文帝纪。齐人少翁、公孙卿、栾大等事见武帝纪。皆以术穷诈得，诛夷伏辜。师古曰：诈得，谓主上得其诈伪之情。唯陛下距绝此类，毋令奸人有以窥朝者！"朝，直遥翻。上善其言。

3 十一月，尉氏男子樊并等十三人谋反，地理志，尉氏县属陈留郡。应劭曰：古狱官曰尉氏，郑之别狱也。臣瓒曰：郑大夫尉氏之邑，故遂以为邑名。师古曰：郑大夫尉氏，亦以掌狱之官故为族耳；应说是也。杀陈留太守，劫略吏民，自称将军；徒李谭、称忠、钟祖、訾顺共杀并，以闻，皆封为侯。姓谱：称，平声。汉功臣表有新山侯称忠。楚有钟仪、钟建，又有知音钟子期。訾，即移翻；何氏姓苑云：今齐人，本姓祭氏。谭，延乡侯。忠，新山侯。祖，童乡侯。顺，楼虚侯。考异曰：本纪云五人，而功臣表止有四人，盖纪误。

4 十二月，山阳铁官徒苏令等二百二十八人攻杀长吏，盗库兵，自称将军；地理志，山阳郡有铁官。经郡国十九，杀东郡太守及汝南都尉。汝南太守严䜣捕斩令等。迁䜣为大司农。师古曰：䜣，与欣同。

5 故南昌尉九江梅福上书曰：地理志，南昌县属豫章郡。后汉志：尉，主盗贼；凡有贼发，主名不立，则推索行寻，按察奸宄，以起端绪。"昔高祖纳善若不及，从谏如转圜，师古曰：不及，恐失之也。转圜者，言其顺易也。听言不求其能，举功不考其素，师古曰：直取其功，不论其旧行及所从来也。陈平起于亡命而为谋主，韩信拔于行陈而建上将；事并见高帝纪。行，户刚翻。陈，读曰阵。故天下之士云合归汉，师古曰：言四面而至。争进奇异，知者竭其策，知，读曰智；下同。愚者尽其虑，勇士极其节，怯夫勉其死。合天下之知，并天下之威，是以举秦如鸿毛，取楚若拾遗，师古曰：鸿毛，谕轻；拾遗，言其易也。此高祖所以无敌于天下也。孝武皇帝好忠谏，说至言，好，呼到翻。说，读曰悦。出爵不待廉、茂，廉、茂，孝廉、秀才也。光武讳秀，改为茂才。庆赐不须显功，师古曰：谓谏争合意，即得爵赐，不由荐举及军功也。廉，廉吏也。茂，茂材也。是以天下布衣各厉志竭精以赴阙庭，自衒鬻者不可胜数，师古曰：衒，行卖也。鬻，亦卖也。衒，音州县之县，又音工县翻。胜，音升。汉家得贤，于此为盛。使孝武皇帝听用其计，升平可致，张晏曰：民有三年之储曰升平。于是积尸暴骨，快心胡、越，故淮南王安缘间而起；间，古觅翻；下同。所以计虑不成而谋议泄者，以众贤聚于本朝，故其大臣势陵，不敢和从也。事见武纪。师古曰：本朝，谓汉朝也。大臣，谓淮南相、内史之属也。服虔曰：臣势陵君。和，户卧翻。方今布衣乃窥国家之隙，见间而起者，蜀郡是也。孟康曰：鸿嘉中广汉男子郑躬等反是也。及山阳亡徒苏令之群，蹈藉名都、大郡，贤曰：前书曰：十二万户为大郡。求党与，索随和，而无逃匿之意，李奇曰：求索与己和及随己者。原父曰：汉氏世宝随和珠玉，谓匹夫至欲求索此物，所谓与上争衡也。索，山客翻。此皆轻量大臣，无所畏忌，量，音良。国家之权轻，故匹夫欲与上争衡也。

士者，国之重器；得士则重，失士则轻。诗云：'济济多士，文王以宁。'师古曰：诗大雅文王之诗也。济济，盛貌也。言文王能多用贤人，故邦国得以安宁也。济，子礼翻。庙堂之议，非草茅所言也；汉书"所"字下有"当"字。臣诚恐身涂野草，尸并卒伍，故数上书求见，辄报罢。福去南昌归寿春，数因县道上书，求假轺传，诣行在所条对急政；辄报罢。数，所角翻。见，贤遍翻。臣闻齐桓之时，有以九九见者，桓公不逆，欲以致大也。今臣所言，非特九九也；陛下距臣者三矣，此天下士所以不至也。昔秦武王好力，任鄙叩关自鬻；事见三卷周赧王七年。周礼司关，凡四方之宾客叩关者，则为之告。注曰：叩关，谓谒关人也。疏曰：叩，犹至也。好，呼到翻。缪公行霸，由余归德。秦缪公开霸业，由余自西戎归之。缪，读曰穆。今欲致天下之士，民有上书求见者，辄使诣尚书问其所言，言可采取者，秩以升斗之禄，赐以一束之帛，若此，则天下之士，发愤懑，懑，音闷。吐忠言，嘉谋日闻于上，天下条贯，国家表里，烂然可睹矣。师古曰：烂然，分明之貌也。

夫以四海之广，士民之数，数，趋玉翻。能言之类至众多也；然其隽桀指世陈政，言成文章，质之先世【章：十四行本"世"

作“圣”；乙十一行本同；孔本同；张校同。】而不缪，施之当世合时务，若此者亦无几人。师古曰：无几，言不多也。几，音居岂翻。故爵禄束帛者，天下之砥石，高祖所以厉世摩钝也。师古曰：砥，细石也；音之履翻，又音衹。

孔子曰：‘工欲善其事，必先利其器。’师古曰：论语载孔子之言也。工以谕国政，利器谕贤材。至秦则不然，张诽谤之罔以为汉驱除，为，于伪翻。倒持泰阿，授楚其柄。师古曰：太阿，剑名，欧冶所铸也。言秦无道，令陈涉、项羽乘间而发，譬倒持剑，以把授人也。故诚能勿失其柄，天下虽有不顺，莫敢触其锋，此孝武皇帝所以辟地建功，为汉世宗也。师古曰：辟，读曰闢。

今陛下既不纳天下之言，又加戮焉。夫鸢鹊遭害，则仁鸟增逝，师古曰：鸢，鸱也。仁鸟，鸾凤也。鸢，音缘。愚者蒙戮，则智士深退。间者愚民上书，多触不急之法，师古曰：言以其所言为不急而罪之也。或下廷尉而死者众。下，遐稼翻；下同。自阳朔以来，天下以言为讳，朝廷尤甚，惩王章之死也。师古曰：防人之口，法禁严切也。群臣皆承顺上指，莫有执正。何以明其然也？取民所上书，陛下之所善，试下之廷尉，廷尉必曰‘非所宜言，大不敬，’以此卜之，一矣。故京兆尹王章，资质忠直，敢面引廷争，争，读曰诤。孝元皇帝擢之，以厉具臣而矫由朝；元帝初，擢章为左曹、中郎将。师古曰：具臣，具位之臣，无益者也。矫，正也。朝，直遥翻。及至陛下，戮及妻子；事见上卷阳朔元年。且恶恶止其身，公羊传：恶恶止其身，善善及子孙。王章非有反畔之辜而殃及室家，言王章妻子坐徙也。孔颖达曰：左传曰：男有室，女有家。谓男处妻之室，女安夫之家，夫妇共为家室。故谓夫妇家室之道为室家也。折直士之节，折，而设翻。结谏臣之舌。群臣皆知其非，然不敢争，天下以言为戒，最国家之大患也！

愿陛下循高祖之轨，杜亡秦之路，除不急之法，下无讳之诏，博览兼听，谋及疏贱，令深者不隐，远者不塞，所谓'辟四门，明四目'也。师古曰：虞书舜典曰："辟四门，明四目。"言开四门以致众贤，则明视于四方也。塞，悉则翻。辟，读曰闢。往者不可及，来者犹可追。方今君命犯而主威夺，师古曰：君命犯者，谓大臣犯君之命。外戚之权，日以益隆。陛下不见其形，愿察其景！建始以来，日食、地震，以率言之，三倍春秋，水灾亡与比数，师古曰：言其极多，不可比校而数也。亡，读曰无。阴盛阳微，金铁为飞，此何景也？张晏曰：河平二年，沛郡铁官铸铁如星飞，上去权、臣用事之异也。苏林曰：言之不从，是谓不乂，则金不从革。景，象也；何象，言将危亡也。为，于伪翻。汉兴以来，社稷三危：吕，霍，上官；皆母后之家也。亲亲之道，全之为右，师古曰：务全安之，此为上。当与之贤师良傅，教以忠孝之道；今乃尊宠其位，授以魁柄，师古曰：以斗为谕也。斗身为魁。使之骄逆，至于夷灭，师古曰：夷，平也，谓平除之。此失亲亲之大者也。自霍光之贤，不能为子孙虑，故权臣易世则危。书曰：'毋若火，始庸庸。'师古曰：周书洛诰之辞也。庸庸，微小貌也。言火始微小，不早扑灭，则至炽盛；大臣贵擅，亦当早图，黜其权也。势陵于君，权隆于主，然后防之，亦无及已！"师古曰：已语终辞。上不纳。

容肇祖标点顾颉刚聂崇岐覆校

资治通鉴卷第三十二

翰林学士朝散大夫右谏议大夫知制诰兼侍讲
同提举万寿观公事兼判集贤院上护军 **司马光** 奉敕编集
河内郡开国侯食邑一千三百户赐紫金鱼袋臣

后学天台 **胡三省** 音注

汉纪二十四 起著雍涒滩(戊申),尽昭阳赤奋若(癸丑),凡六年。

孝成皇帝中

永始四年(戊申、前一三)

1 春,正月,上行幸甘泉,郊泰畤;大赦天下。三月,行幸河东,祠后土。

2 夏,大旱。

3 四月,癸未,长乐临华殿、未央宫东司马门皆灾。师古曰:东面之司马门也。乐,音洛。六月,甲午,霸陵园门阙灾。

4 秋,七月,辛未晦,日有食之。

5 冬,十一月,庚申,卫将军王商病免。

6 梁王立骄恣无度,立,梁孝王武八世孙也。至一日十一犯法。相禹奏"立对外家怨望,有恶言。"梁相,名禹。相,息亮翻。有司按验,因发其与姑园子奸事,奏"立禽兽行,请诛。"汉法,内乱为禽兽行。行,下孟翻。太中大夫谷永上书曰:"臣闻礼,天子外屏,不欲见外也;师古曰:屏,谓当门之墙,以屏蔽者也。外屏,于门外为之。是以帝王之意，不窥人闺门之私，听闻中冓之言。韩诗云：中冓，中夜。应劭曰：中冓，材冓在堂之中也。晋灼曰：鲁诗以为夜也。师古曰：冓，谓舍之交积材木也。应说近之。冓，音工豆翻。春秋为亲者讳。春秋公羊传：闵元年，齐仲孙来。齐仲孙者何？公子庆父也。公子庆父则曷为谓之齐仲孙？外之也。曷为外之？春秋为亲者讳。为，于伪翻；下同。今梁王年少，少，诗照翻；下同。颇有狂病，始以恶言按验，既无事实，而发闺门之私，非本章所指。王辞又不服，猥强劾立，傅致难明之事，劾，户概翻。师古曰：傅，读曰附。独以偏辞成罪断狱，断，丁乱翻。无益于治道；治，直吏翻。污蔑宗室污，乌故翻。孟康曰：蔑，音漫。师古曰：蔑，音秣，谓涂染也。以内乱之恶，披布宣扬于天下，非所以为公族隐讳，为，于伪翻；下为公同。增朝廷之荣华，昭圣德之风化也。臣愚以为王少而父同产长，姑者，父之同产。长，知两翻。年齿不伦；梁国之富足以厚聘美女，招致妖丽；妖，巧也，艳也，好也。妖，于骄翻。父同产亦有耻辱之心；师古曰：言其姑亦当自耻，必不与奸。按事者乃验问恶言，师古曰：本所问者，怨望朝廷之言也。何故猥自发舒！言何为而自发内乱之事。以三者揆之，殆非人情，疑有所迫切，过误失言，文吏蹑寻，不得转移。蹑寻者，谓蹑其失言之后，而寻其内乱之迹也。萌牙之时，加恩勿治，上也。如淳曰：覆盖之，则计之上。治，直之翻；下同。既已按验举宪，举宪者，举以法也。宜及王辞不服，诏廷尉选上德通理之吏更审考清问，上，与尚同。书吕刑：皇帝清问下民。孔安国曰：清问，详问也。马曰：清，讯。著不然之效，定失误之法，著，明也。效，验也。明其事之不然，具有证验也。失误，谓误入人罪为失。而反命于下吏，师古曰：使者还，反以清白之状付有司也。以广公族附疏之德，附疏者，使疏属亲附也。为宗室刷污乱之耻，师古曰：刷，谓拭，刷除之也，音所劣翻。甚得治亲之谊。”天子由是寝而不治。

7 是岁，司隶校尉蜀郡何武为京兆尹。姓谱：何，出自周成王母弟唐叔虞；后封于韩；韩灭，子孙分散，江、淮间音以"韩"为"何"，字随音变，遂为何氏。武为吏，守法尽公，进善退恶，所居无赫赫名，去后常见思。

元延元年（己酉、前一二）

1 春，正月，己亥朔，日有食之。

2 壬戌，王商复为大司马、卫将军。商去年以病免，今复位。

3 三月，上行幸雍，祠五畤。雍，于用翻。畤，音止。

4 夏，四月，丁酉，无云而雷；刘向曰：雷当托于云，犹君之托于臣，阴阳之合也。人君不恤天下，万民有怨畔之心，故无云而雷。有流星从日下东南行，四面耀耀如雨，自晡及昏而止。

5 赦天下。

6 秋，七月，有星孛于东井。孛，蒲内翻。

上以灾变，博谋群臣。北地太守谷永对曰："王者躬行道德，承顺天地，则五征时序，五征，即洪范之八庶征，曰雨、曰旸、曰寒、曰燠、曰风也。百姓寿考，符瑞并降；失道妄行，逆天暴物，则咎征著邮，洪范之常雨、常旸、常寒、常燠、常风，为咎征著明也。天见咎征，以明著人君之过也。师古曰：邮，与尤同。尤，过也。妖孽并见，洪范五行传说曰：凡草木之类谓之妖；妖，犹夭胎，言尚微也。虫豸之类谓之孽；孽则芽孽矣。见，贤遍翻。饥馑荐臻；终不改寤，恶洽变备，不复谴告，更命有德。如鲁哀祸大天不降谴是也。复，扶又翻。更，工衡翻。此天地之常经，百王之所同也。加以功德有厚薄，期质有修短，时世有中季，师古曰：中，读曰仲。天道有盛衰。陛下承八世之功业，八世，高、惠、文、景、武、昭、宣、元。当阳数之标季，孟康曰：阳九之末季也。师古曰：标，音必遥翻。涉三七之节纪，孟康曰：至平帝，乃三七二百一十岁之厄，今已涉向其节纪。遭无妄之卦运，应劭曰：天必先云而后雷，雷而后雨；而今无云而雷。无妄者，无所望也。万物无所望于天，灾异之最大者也。师古曰：取易之无妄卦为义。项安世曰：古妄与望通，秦、汉言无妄，皆无望也。朱英之说黄歇与扬子法言皆然。故太玄以去准无妄，谓其无所复望也。在易则自为诚妄之妄。直百六之灾阸，易九厄曰：初入元，百六阳九。孟康曰：易传也。所谓阳九之厄，百六之会也。初入元，百六岁有厄者，则前元之馀气也。师古曰：直，当也。孔颖达曰：凡水旱之岁，历运有常。按律历志云：十九岁为一章，四章为一部，二十部为一统，三统为一元。则一元有四千五百六十岁。初入元一岁有阳九，谓旱九年。次三百七十四岁阴九，谓水九年。以一百六岁并三百七十四岁为四百八十岁，注云，六乘八之数。次四百八十岁有阳九，谓旱九年。次七百二十岁阴七，谓水七年。次七百二十岁阳七，谓旱七年。又注云：七百二十者，九乘八之数。次六百岁阴五，谓水五年。次六百岁阳五，谓旱五年。注云：六百岁者，以八乘八，八八六十四。又以七乘八，七八五十六，相并为一千二百岁。于易七、八不变，气不通，故合而数之，各得六百岁。次四百八十岁阴三，次四百八十岁阳三，除入元至阳三，除去灾岁，总有四千五百六十年。其灾岁，两个阳九年，一个阴九年，一个阴、阳各七年，一个阴、阳各五年，一个阴、阳各三年，总有五十七年，并前四千五百六十年，通为四千六百一十七岁。此一元之气终矣。此是阴阳水旱之大数也。所以正用七、八、九、六相乘者，以水数六，火数七，木数八，金数九，此交互相乘也。以七、八、九、六阴阳之数自然，故有九年、七年、五年、三年之灾。三难异科，杂焉同会；师古曰：杂，谓相参也。一曰，杂，音先合翻。杂焉，总萃。难，乃旦翻。建始元年以来，二十载间，载，子亥翻。群灾大异，交错锋起，多于春秋所书。内则为深宫后庭，将有骄臣悍妾、醉酒狂悖卒起之败，骄臣，指淳于长等。悍妾，指赵昭仪姊弟也。悍，下罕翻，又侯旰翻。师古曰：卒，读曰猝。悖，蒲内翻，又蒲没翻。北宫苑囿街巷之中、臣妾之家幽閒之处苑，园也。孔颖达曰：有蕃曰园，有墙曰囿；园、囿大同，蕃、墙异耳。囿者，域养禽兽之处。园者，种菜殖果之处。毛晃曰：苑，亦以养禽兽。直曰街，曲曰巷。师古曰：閒，读曰闲。徵舒、崔杼之乱；陈灵公淫于夏姬，数如其家；夏姬之子徵舒病之，自厩射而杀之。齐庄公通于崔杼之妻姜氏，数如崔氏；杼伏甲杀之。事并见左传。此指帝微行，将有徵舒、崔杼之祸也。外则为诸夏下土，将有樊并、苏令、陈胜，项梁奋臂之祸。樊并、苏令事见上卷永始三年。陈胜、项梁事见七卷秦二世元年。夏，户雅翻；下同。安危之分界，宗庙之至忧，师古曰：分，音扶问翻。臣永所以破胆寒心，豫言之累年。下有其萌，然后变见于上，见，贤遍翻。可不致慎！祸起细微，奸生所易。易，轻也，忽也。言奸生于所轻忽也。易，以豉翻。愿陛下正君臣之义，无复与群小媟黩宴饮；师古曰：媟，狎也，音私列翻。黩，污也。复，扶又翻；下同。勤三纲之严，师古曰：三纲，君臣、父子、夫妇也。余按君为臣纲，父为子纲，夫为妇纲，所谓严也。修后宫之政，抑远骄妒之宠，崇近婉顺之行；远，于愿翻。近，其靳翻。行，下孟翻。朝觐法驾而后出，朝，直遥翻。陈兵清道而后行，无复轻身独出，饮食臣妾之家。三者既除，内乱之路塞矣。三者，谓微行、崇饮、好色也。塞，悉则翻。诸夏举兵，萌在民饥馑而吏不恤，兴于百姓困而赋敛重，发于下怨离而上不知。永书曰：诸夏举兵，以火角为期。盖言已有其萌，而将至于兴发也。敛，力赡翻。传曰：'饥而不损，兹谓泰，厥咎亡。'师古曰：洪范传之辞。余按五行志，盖京房易传之辞也。比年郡国伤于水灾，禾麦不收，禾，粟苗也，又稼之总名。比，毗至翻。宜损常税之时，谓此时宜减税也。而有司奏请加赋，甚缪经义，逆于民心，市怨趋祸之道也。趋，读曰趣，与促同。臣愿陛下勿许加赋之奏，益减奢泰之费，流恩广施，施，式豉翻。振赡困乏，敕劝耕桑，以慰绥元元之心，诸夏之乱庶几可息！"赡，而艳翻。几，居希翻，又巨衣翻。

中垒校尉刘向武帝置中垒校尉，掌北军垒门之内，又外掌西域，八校尉之首也。上书曰："臣闻帝舜戒伯禹'毋若丹朱傲'，师古曰：事见虞书益稷篇。丹朱，尧子也。敖，读曰傲。仲冯曰：此禹戒舜之语。非舜戒禹之辞也。上，时掌翻。周公戒成王'毋若殷王纣'，尚书无逸篇：周公戒成王曰：毋若殷王纣之迷乱，酗于酒德哉！圣帝明王常以败乱自戒，不讳废兴，故臣敢极陈其愚，唯陛下留神察焉！

谨按春秋二百四十二年，日食三十六，师古曰：从隐公元年至哀公十四年获麟，凡二百四十二年。日食三十六，谓隐三年二月己巳，桓三年七月壬辰朔，十七年十月朔，庄十八年三月，二十五年六月辛未朔，二十六年十二月癸亥朔，三十年九月庚午朔，僖五年九月戊申朔，十二年三月庚午，十五年五月，文元年二月己亥朔，十五年六月辛丑朔，宣八年七月甲子，十年四月丙辰，十七年六月癸卯，成十六年六月丙寅朔，十七年十二月丁巳朔，襄十四年二月乙未朔，十五年秋八月丁巳，二十年冬十月丙辰朔，二十一年九月庚戌朔，冬十月庚辰朔，二十三年二月癸酉朔，二十四年秋七月甲子朔，八月癸巳朔，二十七年冬十二月乙亥朔，昭七年夏四月甲辰朔，十五年六月丁巳朔，十七年六月甲戌朔，二十一年秋七月壬午朔，二十二年十二月癸酉朔，二十四年夏五月乙未朔，三十一年十二月辛亥朔，定五年正月辛亥朔，十二年十一月丙寅朔，十五年八月庚辰朔也。今连三年比食，比，毗至翻。自建始以来，二十岁间而八食，率二岁六月而一发，古今罕有。建始三年十二月戊申朔，河平元年四月癸亥晦，三年八月乙卯晦，四年三月癸丑朔，阳朔元年二月丁未晦，永始二年二月乙酉晦，三年正月己卯晦，四年七月辛未晦，凡八食，而是年春正月己亥又不预此数。异有小大希稠，占有舒疾缓急，观秦、汉之易世，览惠、昭之无后，察昌邑之不终，视孝宣之绍起，皆有变异著于汉纪。天之去就，岂不昭昭然哉！按向书曰：秦始皇之末至二世时，日月薄食，山林沦亡，辰星出于四孟，太白经天而行，无云而雷，枉矢夜光，荧惑袭月，孽火烧宫，野禽戏庭，都门内崩，长人见临洮，石陨于东郡，星孛大角，大角以亡。及项籍之败，亦孛大角。汉之入秦，五星聚于东井，得天下之象也。孝惠时有雨血、日食于冲、灭光星见之异。孝昭时有太山卧石自立，上林僵柳复起，大星如月西行，众星随之，此为特异，孝宣兴起之表。天狗夹汉而西，久阴不雨者二十馀日，昌邑不终之异也。臣幸得托末属，诚见陛下宽明之德，冀销大异而兴高宗、成王之声，向书曰：高宗、成王亦有雊雉、拔木之变，能思其故，故高宗有百年之福，成王有复风之报，向之所以望帝者如此。以崇刘氏，崇，增高也。谓增高刘氏之业，愈巍巍也。故恳恳数奸死亡之诛！师古曰：恳恳，款诚之意也。奸，犯也。数，所角翻。奸，音干。天文难以相晓，臣虽图上，犹须口说，然后可知；愿赐清燕之閒，指图陈状！”上辄入之，师古曰：谓召入也。上，时掌翻。閒，读曰闲；又如字。上辄之上，如字。然终不能用也。考异曰：向传云：星孛东井，岷山崩，向怀不能已，上此奏。按岷山崩在三年，此奏云“自建始以来，二十岁间而食八，率二岁六月而一发”，则上此奏当在今年也。胡旦亦载之三年。余按刘向传，若以星孛东井为据，则上奏当在今年。若以岷山崩为据，则上奏当在三年。若以二十岁间日八食为据，则上奏当在去年。然向言“日食之变率二岁六月而一发”，以班书考之，自建始三年十二月至河平元年四月，则一年五月而食；至四年三月癸丑朔则才一年而食；又至阳朔元年二月丁未晦则又期年而食；永始元年九月丁巳晦，志书食而纪不书；至二年二月乙酉晦，则凡九期，而志所书永始元年九月丁巳晦不计也。又至永始三年正月己卯晦，则未及一期而食。又至四年七月辛未晦，则一年六月而食。向所谓率二岁六月而一发，亦通二十岁而约言之耳。自建始三年至今年，以纪考之则九食，以志考之则一食，此其差异又未有所折衷也。

7 红阳侯立举陈咸方正；对策，拜为光禄大夫、给事中。丞相方进复奏“咸前为九卿，坐为贪邪免，咸免见上卷永始二年。复，扶又翻。不当蒙方正举，备内朝臣”；孟康曰：内朝，中朝也。大司马、前·后·左·右将军、侍中、常侍、散骑、诸吏、给事中为中朝官；丞相以下至六百石，为外朝官也。并劾“红阳侯立选举故不以实。”汉制，列侯选举不以实，削封户。劾，户概翻；下同。有诏免咸，勿劾立。

8 十二月，乙未，王商为大将军。辛亥，商薨。其弟红阳侯立次当辅政；先是立使客因南郡太守李尚占垦草田数百顷，先，悉荐翻。据孙宝传：占垦草田，颇有民所假少府陂泽，略皆开发。师古曰：隐度而取之也。草田，荒田也。旧为陂泽，本属少府，其后以假百姓，百姓皆已田之。而立总谓为草田，占云新自垦。占，音之赡翻。百亩为顷。上书以入县官，师古曰：立上书云：新垦得此田，请以入官也。贵取其直一亿【章：十四行本“亿”作“万”；乙十一行本同；孔本同；退斋校同。】万以上，师古曰：直，价直也。贵者，增于时价。丞相司直孙宝发之，上由是废立，而用其弟光禄勋曲阳侯根。庚申，以根为大司马、骠骑将军。考异曰：荀纪云“十一月”，成纪云“十二月”。按是岁十一月甲子朔，无乙未、辛亥、庚申。荀悦误。今按考异又有扬雄待诏一条，注云：雄传云：“车骑将军王音奇其文雅，荐雄待诏。”按雄自序云：“上方郊祠甘泉泰畤，召雄待诏承明之庭，奏甘泉赋。其十二月，奏羽猎赋。”事在今年。时王音卒已久，盖王根也。胡旦遂误以为曲阳侯云。余按曲阳侯即王根也。王音则封安阳侯。

9 特进、安昌侯张禹请平陵肥牛亭地；师古曰：肥牛，亭名。禹欲得置亭之处为冢茔。曲阳侯根争，以为此地当平陵寝庙，衣冠所出游道，宜更赐禹他地。请别以地赐之。更，工衡翻。上不从，卒以赐禹。卒，子恤翻。根由是害禹宠，数毁恶之。数，所角翻；下同。师古曰：恶，谓言其过恶。依颜注，恶，当读如字；后凡毁恶之恶皆同音。天子愈益敬厚禹，每病，辄以起居闻，师古曰：谓其饮食寝卧之增损。车驾自临问之，上亲拜禹床下，禹顿首谢恩；禹小子未有官，禹数视其小子；上即禹床下拜为黄门郎、给事中。即，就也。禹虽家居，以特进为天子师，国家每有大政，必与定议。师古曰：与，读曰豫。余谓与，读如字，言天子与禹定其可否也。

时吏民多上书言灾异之应，讥切王氏专政所致，上，时掌翻。上意颇然之，未有以明见；未能灼见人言之当否也。乃车驾至禹弟，弟，与第同，舍也，宅也。辟左右，师古曰：辟，读曰闢。亲问禹以天变，因用吏民所言王氏事示禹。禹自见年老，子孙弱，又与曲阳侯不平，恐为所怨，则谓上曰：“春秋日食、地震，或为诸侯相杀，夷狄侵中国。为，于伪翻。灾变之意，深远难见，故圣人罕言命，不语怪神，师古曰：罕，稀也。论语云：子罕言利与命与仁。又曰：子不语：怪、力、乱、神。性与天道，自子贡之属不得闻，师古曰：论语称子贡曰：夫子之言性与天道不可得而闻也。谓孔子未尝言性命及天道。何况浅见鄙儒之所言。陛下宜修政事，以善应之，与下同其福喜，汉书张禹传，“喜”作“善”。此经义意也。新学小生，乱道误人，宜无信用，以经术断之！”断，丁乱翻。上雅信爱禹，由此不疑王氏。元帝师萧望之，成帝师张禹，皆敬重之矣。元帝不能听望之言疏许、史而去恭、显，成帝则听禹言而不疑王氏；望之以此杀身，禹以此苟富贵。汉祚中衰，实由此也。又，成帝之时，吏民犹讥切王氏；平帝之末，吏民以王莽不受新野田，上书者至四十八万七千五百七十二人，何元、成之时吏民犹忠于汉，平帝之时吏民则附王氏也？政自之出久矣，人心能无从之乎！有国家者，尚监兹哉！后曲阳侯根及诸王子弟闻知禹言，皆喜说，遂亲就禹。张氏安矣，刘氏危矣。说，读曰悦。

故槐里令朱云元帝时，云为槐里令，坐论石显废锢，故称故。上书求见，见，贤遍翻。公卿在前，云曰："今朝廷大臣，上不能匡主，下无以益民，皆尸位素餐，师古曰：尸，主也。素，空也。尸位者，不举其事，但主其位而已。素餐者，德不称官，空当食禄。孔子所谓'鄙夫不可与事君，苟患失之，亡所不至'者也！师古曰：论语所载孔子之言也。苟患失其宠禄，则言行僻邪，无所不至也。谨案孔子曰：鄙夫可与事君也与哉！其未得之也，患得之；既得之，患失之。苟患失之，无所不至矣！亡，与无同。臣愿赐尚方斩马剑，师古曰：尚方，少府之属官也，作供御器物，故有斩马剑；剑利，可以斩马。断佞臣一人头以厉其馀！"断，丁管翻。上问："谁也？"对曰："安昌侯张禹！"上大怒曰："小臣居下讪上，盖引用论语恶居下流而讪上之言。师古曰：讪，谤也，音所谏翻，又音删。廷辱师傅，罪死不赦！"御史将云下；云攀殿槛，槛折。师古曰：槛，轩前栏也。折，而设翻。云呼曰："臣得下从龙逄、比干游于地下，足矣！师古曰：呼，叫也，音火故翻。关龙逄，桀臣，王子比干，纣臣，皆以谏而死，故云然。逄，音皮江翻。未知圣朝何如耳！"师古曰：言杀直臣，其声恶。余谓云盖言亦将如夏、殷之亡也。朝，直遥翻；下入朝同，每朝同。御史遂将云去。将，如字，挟也，携也。于是左将军辛庆忌免冠，解印绶，叩头殿下曰："此臣素著狂直于世，师古曰：著，表也。言此名久已章表。使其言是，不可诛；其言非，固当容之。臣敢以死争！"庆忌叩头流血；上意解，然后得已。言杀云之事得止也。及后当治槛，治，直之翻。上曰："勿易，因而辑之，以旌直臣！"师古曰：辑，与集同；谓补合之也。旌，表也。

10 匈奴搜谐单于将入朝；未入塞，病死。弟且莫车立，为车牙若鞮单于；以囊知牙斯为左贤王。单，音蝉。且，子余翻。车，尺遮翻。鞮，丁奚翻。

11 北地都尉张放到官数月，复征入侍中。复，扶又翻；下同。太后与上书曰："前所道尚未效，张晏曰：谓太后言，"班侍中，大将军所举，宜宠异之。"详见上卷永始二年。富平侯反复来，其能默虖！"如淳曰：富平侯张放又来，太后安能默然不以为言。上谢曰："请今奉诏！"上于是出放为天水属国都尉；地理志，天水属国都尉，治勇士县。引少府许商、光禄勋师丹为光禄大夫，姓谱：师，古者掌乐之官，因以为氏。班伯为水衡都尉，并侍中，皆秩中二千石，每朝东宫，常从；从，才用翻。及大政，俱使谕指于公卿。使传上指以谕公卿也。上亦稍厌游宴，复修经书之业；上为太子时，好经书；及即位，幸酒，乐宴乐。今出放等，复修经书业。太后甚悦。

12 是岁，左将军辛庆忌卒。庆忌为国虎臣，爪牙扞御之臣曰虎臣。遭世承平，匈奴、西域亲附，敬其威信。

二年（庚戌、前一一）

1 春，正月，上行幸甘泉，郊泰畤。三月，行幸河东，祠后土。既祭，行游龙门，师古曰：龙门山，在今蒲州龙门县北。登历观，晋灼曰：历观，在河东蒲反县。师古曰：历山上有观。观，音古玩翻。陟西岳而归。陟，登也。师古曰：西岳，华山也。

2 夏，四月，立广陵孝王子守为王。广陵孝王霸，厉王胥之子也，元帝初元二年绍封；传子意，孙护人，薨，无后。今立守以绍封。考异曰：荀纪"守"作"宪"，今从汉书。

3 初，乌孙小昆弥安日为降民所杀，诸翎侯大乱；降，户江翻。翎，许及翻。诏征故金城太守段会宗为左曹、中郎将、光禄大夫，使安辑乌孙；阳朔中，会宗复为西域都护，终更而还，以擅发戊己校尉兵迎康居降者不遂，劾乏兴，诏以赎论；拜金城太守，以病免，故曰故金城太守。守，式又翻。立安日弟末振将为小昆弥，服虔曰：末振将，人姓名。师古曰：其名也；昆弥之弟，不可别举姓也。考异曰：乌孙传以末振将为安日弟，段会宗传以为兄，"兄"字误耳。定其国而还。还，从宣翻；又如字。时大昆弥雌栗靡勇健，末振将恐为所并，使贵人乌日领诈降，刺杀雌栗靡；刺，七亦翻。汉欲以兵讨之而未能，遣中郎将段会宗立公主孙伊秩靡为大昆弥。公主，谓楚主解忧也。公主之孙，于雌栗靡为季父。久之，大昆弥、翎侯难栖杀末振将，安日子安犁靡代为小昆弥。汉恨不自诛末振将，复遣段会宗发戊己校尉诸国兵，复，扶又翻。校，户教翻。即诛末振将太子番丘。即，就也。师古曰：番，音盘。会宗恐大兵入乌孙，惊番丘，亡逃不可得，即留所发兵垫娄地，服虔曰：垫，音垫陀之垫。郑氏曰：娄，音赢。师古曰：垫，音丁念翻。娄，音楼。选精兵三十弩李奇曰：三十人，人持一弩。径至昆弥所在，召番丘，责以末振将之罪，即手剑击杀番丘。手执剑曰手剑。记檀弓曰：子手弓，子射诸。手，守又翻。官属以下惊恐，驰归。小昆弥安犁靡勒兵数千骑围会宗，会宗为言来诛之意，为言奉天子命来诛番丘之意。为，于伪翻。"今围守杀我，如取汉牛一毛耳。司马迁答任安书曰：假令仆伏法受诛，若九牛亡一毛，与蝼蚁何异！自谕其身甚微也。宛王、郅支头县槁街，宛王事见二十一卷武帝太初三年。郅支事见二十九卷元帝建昭三年。宛，於元翻。乌孙所知也。"昆弥以下服，曰："末振将负汉，诛其子可也，独不可告我，令饮食之邪！"师古曰：饮，于禁翻。食，读曰饲；下同。会宗曰："豫告昆弥，逃匿之，为大罪。谓豫以诛番丘之事告昆弥，昆弥以叔侄之情必使番丘逃匿，汉欲诛之而昆弥匿之，则于汉为有大罪也。即饮食以付我，伤骨肉恩。若饮食之而使之就死，则于骨肉为伤恩。故不先告。"昆弥以下号泣罢去。号，户刀翻。会宗还，奏事，天子赐会宗爵关内侯、黄金百斤。会宗以难栖杀末振将，奏以为坚守都尉。乌孙有大将、都尉各一人。以难栖能为雌栗靡复雠，坚守臣节，异于诸翎侯，故以"坚守"二字宠之。责大禄、大监以雌栗靡见杀状，夺金印、紫绶，更与铜、墨云。宣帝甘露三年，大禄大监赐金印、紫绶。末振将弟卑爰疐师古曰：疐，音竹二翻。本共谋杀大昆弥，将众八万【章：十四行本"万"下有"馀口"二字；乙十一行本同；孔本同；张校同；退斋校同。】北附康居，谋欲借兵兼并两昆弥；卑爰疐自此强，其后都护孙建袭杀之。将，即亮翻。汉复遣会宗与都护孙建并力以备之。复，扶又翻；下同。

自乌孙分立两昆弥，汉用忧劳，且无宁岁。分立两昆弥，见二十七卷宣帝甘露元年。时康居复遣子侍汉，元帝时，康居遣子入侍，陈汤上言其非王子。今复遣子入侍。贡献，既遣子入侍，而又奉贡也。都护郭舜上言：此时郭舜为都护。平帝元始间，孙建始为都护。上，时掌翻。"本匈奴盛时，非以兼有乌孙、康居故也；及其称臣妾，非以失二国也。言匈奴之强弱，不系二国之叛服。汉虽皆受其质子，然三国内相输遗，交通如故；三国，谓匈奴、乌孙、康居。质，音致。遗，于季翻。亦相候司，司，读曰伺。见便则发：合不能相亲信，离不能相臣役。以今言之，结配乌孙，竟未有益，反为中国生事。谓自武帝以来，以宗室女下嫁乌孙也。为，于伪翻。然乌孙既结在前，今与匈奴俱称臣，义不可距。而康居骄黠，讫不肯拜使者；师古曰：讫，竟也。黠，户八翻。都护吏至其国，坐之乌孙诸使下，王及贵人先饮食已，乃饮啖都护吏，师古曰：饮，音于禁翻。啖，音徒滥翻。故为无所省以夸旁国。师古曰：言故不省视汉使也。余谓夸者，自矜耀其能傲汉也。旁国，邻国也。省，悉井翻。以此度之，何故遣子入侍？其欲贾市，为好辞之诈也。谓特欲行贾以市易，其为好辞者，诈也。度，徒洛翻。贾，音古。匈奴，百蛮大国，师古曰：于百蛮中，最大国也。今事汉甚备；闻康居不拜，且使单于有悔自卑之意。师古曰：言单于见康居不事汉以为高，自以事汉为太卑而悔之也。宜归其侍子，绝不复使，师古曰：不通使于其国也。使，疏吏翻。以章汉家不通无礼之国！”章，显著也。汉为其新通，为，于伪翻。重致远人，师古曰：以此声名为重也。终羁縻不绝。

三年（辛亥、前一〇）

1 春，正月，丙寅，蜀郡岷山崩，地理志，岷山，在蜀郡湔氐道西徼外。禹贡所谓岷山导江，即此山也。水经注曰：岷山，即渎山，水曰渎水，亦曰汶阜山，在氐道徼外，江水所导也。大江泉源发羊膊岭下，缘崖散漫，小大百数，殆未滥觞，东南下百馀里，至白马岭西，历天彭关，亦谓之天谷。天彭山两山相对，其高若阙，谓之天彭门。江水自此以上至微弱，所谓其源滥觞者也。汉元延中，岷山崩，壅江水三日不流，即其处。岷，音武巾翻。壅江三日，江水竭。刘向大恶之，恶，音乌路翻；恶其征异也。曰：“昔周岐山崩，三川竭，而幽王亡。周幽王二年，三川竭，岐山崩。师古曰：三川，泾、渭、洛也。洛，即漆、沮也。余按幽王时有是异，后卒为犬戎所杀。岐山者，周所兴也。周自太王避狄去豳，而邑于岐山之下，周之王业遂兴于此。汉家本起于蜀、汉，高帝始王汉中，起兵还定三秦，诛项羽，遂有天下。今所起之地，山崩川竭，星孛又及摄提、大角，从参至辰，天文志：房南众星曰骑官，左角理，右角将。大角者，天三帝坐廷，其两旁各有三星鼎足句之，曰摄提。摄提者，直斗杓所指，以建时节，故曰摄提格。晋天文志：参十星，于辰在申。至辰者，至大火也。自氐五度至尾九度，为大火，于辰在卯。如淳曰：孛星尾长及摄提大角，始发于参至辰也。孛，蒲内翻。参，疏簪翻。殆必亡矣！”

2 二月，丙午，封淳于长为定陵侯。恩泽侯表，定陵侯，国于汝南。

3 三月，上行幸雍，祠五畤。

4 上将大夸胡人以多禽兽，秋，命右扶风发民入南山，西自褒、斜，师古曰：褒、斜，南山二谷名。余按自秦川径南山通汉中，南谷曰褒，北谷曰斜，径五百里。斜，余遮翻。东至弘农，长安南山连延，东至弘农，今商、虢二州之山皆是也。南敺汉中，敺，与驱同。张罗罔罝罘，罔，与网同，古字通用。罝，音咨邪翻，兔罟也。罘，音房尤翻，翻车大网也。捕熊罴禽兽，熊似豕而大，黑色。罴似熊，黄白色，被发人立，而绝有力。载以槛车，输之长杨射熊馆，师古曰：长杨宫中有射熊馆。以罔为周陆，李奇曰：陆，遮禽兽围陈也。师古曰：陆，音祛。纵禽兽其中，令胡人手搏之，自取其获，上亲临观焉。考异曰：成纪，"元延二年冬，行幸长杨宫，从胡客大校猎，宿萯阳宫，赐从官。"胡旦用之。按扬雄传：祀甘泉、河东之岁，十二月，羽猎，雄上校猎赋；明年，从至射熊馆还，上长杨赋。然则从胡客校猎当在今年；纪因去年冬有羽猎事，致此误耳。

四年（壬子、前九）

1 春，正月，上行幸甘泉，郊泰畤。

2 中山王兴、定陶王欣皆来朝，兴，帝少弟。欣，帝弟定陶共王康之子。朝，直遥翻。中山王独从傅，定陶王尽从傅、相、中尉。师古曰：三官皆从王入朝。相，息亮翻。上怪之，以问定陶王，对曰："令：诸侯王朝，得从其国二千石。傅、相、中尉，皆国二千石，故尽从之。"上令诵诗，通习，能说。师古曰：说其义也。他日，问中山王："独从傅在何法令？"不能对；令诵尚书，又废；师古曰：中忘之也。法令，力政翻。令诵，力呈翻。及赐食于前，后饱；起下，袜系解。师古曰：食而独在后饱；及起，又袜系解也。袜，音武伐翻。余谓赐食于君前，礼主于敬，食而独后，又致饱而止，皆非敬也。及起而降级，袜系解而不知，是皆不能执礼。夫礼，所以固人肌肤之会，筋骸之束也。袜，足衣也；系，所以结袜。帝由此以为不能，而贤定陶王，数称其材。数，所角翻。是时诸侯王唯二人于帝为至亲，定陶王祖母傅太后随王来朝，傅太后，元帝傅昭仪，定陶共王母也；随共王就国，为定陶太后。私赂遗赵皇后、昭仪及票骑将军王根。遗，于季翻。票，匹妙翻。后、昭仪、根见上无子，亦欲豫自结，为长久计，皆更称定陶王，迭互称其材美也。师古曰：更，工衡翻。劝帝以为嗣。帝亦自美其材，为加元服而遣之，师古曰：为之冠也。为，于伪翻。时年十七矣。

3 三月，上行幸河东，祠后土。

4 陨石于关东二。据汉书，“关东”当作“都关”。师古曰：都关，山阳之县。

5 王根荐谷永，征入，为大司农。自北地太守征入。永前后所上四十馀事，上，时掌翻。略相反覆，专攻上身与后宫而已；党于王氏，上亦知之，不甚亲信也。为大司农岁馀，病；满三月，上不赐告，即时免。故事，公卿病，辄赐告；上以其党于王氏，故即时免。数月，卒。史终言之。

绥和元年（癸丑、前八）

1 春，正月，大赦天下。

2 上召丞相翟方进、御史大夫孔光、右将军廉褒、后将军朱博入禁中，票骑将军王根先劝帝立定陶王为嗣，汉书孔光传先书根劝立定陶王事，下即书召方进、光、褒、博入禁中。通鉴因之，亦不书根。今但以下文观之，根亦召入禁中也。议“中山、定陶王谁宜为嗣者？”方进、根、褒、博皆以为：“定陶王，帝弟之子。礼曰：‘昆弟之子，犹子也。为其后者，为之子也。’昆弟之子，视犹子也。以弟之子为兄后，则为兄之子矣。公羊春秋：成十五年，仲婴齐卒。此公孙婴齐也，曷为谓之仲婴齐？为兄后也。为兄后，则曷为谓之仲婴齐？为人后者，为之子也。为其子则其称仲何？孙以王父字为氏也。定陶王宜为嗣。”光独以为：“礼，立嗣以亲。谓兄、弟，同父之亲子；其亲亲于兄弟之子。以尚书盘庚殷之及王为比，兄终弟及。兄终弟及，殷法也。殷自外丙、仲壬至于盘庚，率多兄弟代立，而尚书无文；光所引盖今文尚书也。师古曰：比，音必寐翻；余谓当如字读。中山王，先帝之子，帝亲弟，宜为嗣。”上以“中山王不材；又礼，兄弟不得相入庙，”父为昭，子为穆，则兄弟不得相入庙也。不从光议。二月，癸丑，诏立定陶王欣为皇太子，封中山王舅谏大夫冯参为宜乡侯，益中山国三万户，以慰其意；师古曰：以不得继统为帝之后，恐其怨恨。使执金吾任宏守大鸿胪，持节征定陶王。大鸿胪，掌诸侯，故任宏守大鸿胪之官以征定陶王。守者，权守也。任，音壬。胪，陵如翻。定陶王谢曰："臣材质不足以假充太子之宫；师古曰：谦不言为太子，故云假充，若元非正。余谓王谢意，盖以将有皇嗣，今为太子特假充耳。臣愿且得留国邸，旦夕奉问起居，谓昏定晨省。记曰：文王之为世子也，朝于王季日三，鸡初鸣而衣服，至于寝门外，问内竖之御者曰："今日安否何如？"内竖曰："安。"文王乃喜。及日中又至，亦如之。及莫再至，亦如之。其有不安节，则内竖以告文王，文王色忧，行不能正履。此旦夕问起居之礼也。国邸，谓定陶国邸也。俟有圣嗣，归国守藩。"书奏，天子报"闻"。报闻，报已览其书，而不从其请也。戊午，孔光以议不合意，左迁廷尉；何武为御史大夫。光左迁廷尉，而何武自廷尉为御史大夫。

3 初，诏求殷后，分散为十馀姓，殷，子姓也，其后为宋、为孔、为华、为戴、为桓、为向、为乐等姓。推求其嫡，不能得。匡衡、梅福皆以为宜封孔子世为汤后，匡衡议，以为王者存二王后，所以尊其先王而通三统也。其犯诛绝之罪者，绝而更封他亲为始封君，上承其王者之始祖。春秋之义，诸侯不能守其社稷者绝。今宋国已不守其统而失国矣，则宜更立殷后为始封君而上承汤统；非当继宋之绝侯也，宜明得殷后而已。今之故宋，推求其嫡，久远不可得；虽得其嫡，嫡之先已绝，不当得立礼。孔子曰："丘，殷人也。"先师所传，宜以孔子世为汤后。此元帝时议也；是时梅福复言之。上从之，封孔吉为殷绍嘉侯。恩泽侯表：殷绍嘉侯，国于沛。三月，与周承休侯皆进爵为公，地各百里。

4 上行幸雍，祠五畤。

5 初，何武之为廷尉也，公卿表，元延三年，何武自沛郡太守为廷尉；是年三月，戊午，为御史大夫。建言："末俗之敝，政事烦多，宰相之材不能及古，而丞相独兼三公之事，所以久废而不治也。废，谓废事也。宜建三公官。"上从之。夏，四月，赐曲阳侯根大司马印绶，置官属，罢票骑将军官；武帝初置大司马，以冠将军之号。宣帝地节三年，置大司马，不冠将军，亦无印绶、官属。今赐大司马金印、紫绶，置官属，而大司马为专官，故根不复领票骑将军。以御史大夫何武为大司空，封氾乡侯；武封氾乡侯，在琅邪不其县；后改食南阳博望乡。师古曰：氾，音凡。其，音基。皆增奉如丞相，如淳曰：律：大司马、大将军与丞相奉，月钱六万；御史大夫奉，月四万也。奉，读曰俸。以备三公焉。

6 秋，八月，庚戌，中山孝王兴薨。

7 匈奴车牙单于死；弟囊知牙斯立，为乌珠留若鞮单于。乌珠留单于立，以弟乐为左贤王，舆为右贤王，乐，呼韩邪单于大阏氏之子。舆，第五阏氏之子。汉遣中郎将夏侯藩、副校尉韩容使匈奴。

或说王根曰：说，输芮翻。"匈奴有斗入汉地，直张掖郡，师古曰：斗，绝也；地之斗曲入汉界者也。直，当也。生奇材箭竿、鹫羽；师古曰：鹫，大雕也，黄头赤目，其羽可为箭。竿，音工旱翻。鹫，音就。余按鹫羽可为箭翎也。山海经曰：景山多鹫，黑色多力，所谓皂雕是也。如得之，于边甚饶，国家有广地之实，将军显功垂于无穷！"根为上言其利，言得此地为中国利也。为，于伪翻；下同。上直欲从单于求之，师古曰：直，犹正也。余谓直，径直也。为有不得，伤命损威。师古曰：诏命不行为伤命。余谓天子之命不行于夷狄为损中国之威。根即但以上指晓藩，令从藩所说而求之。师古曰：自以藩意说单于而求之。说，输芮翻；下同。藩至匈奴，以语次说单于曰：语次，交语之次也。"窃见匈奴斗入汉地，直张掖郡，汉三都尉居塞上，士卒数百人，寒苦，候望久劳，张掖两都尉，一治日勒泽索谷，一治居延；又有农都尉，治番和：是为三都尉。师古曰：泽，音铎。索，音先各翻。如淳曰：番，音盘。单于宜上书献此地，直断割之，谓从直割地，以其斗入者与汉也。断，丁管翻。上，时掌翻；下同。省两都尉士卒数百人，以复天子厚恩，师古曰：复，亦报也。其报必大！”师古曰：汉得此地，必厚报单于。单于曰：“此天子诏语邪，邪，音耶，疑未定之辞。将从使者所求也？”藩曰：“诏指也；然藩亦为单于画善计耳。”为，于伪翻。单于曰：“此温偶𫘍王所居地也，师古曰：偶，音五口翻。𫘍，音涂；下同。余按后汉书，匈奴有温禺犊王。班固燕然铭曰：斩温禺以衅鼓，血尸逐以染锷。意温偶即温禺也，后人妄加“禺”旁从“人”耳；当读曰禺。未晓其形状、所生，请遣使问之。”形状，谓地形之夷险，可割与不可割之状也。师古曰：所生，谓山之所生草木、鸟兽为用者。

藩、容归汉后，复使匈奴，复，扶又翻。至则求地。单于曰：“父兄传五世，呼韩邪传其长子复株絫，复株絫传其弟搜谐，搜谐又传其弟车牙，车牙传之囊知牙斯，是为五世。汉不求此地，至知独求，何也？单于名囊知牙斯。王莽专政，讽其慕中国不二名，始名知。史从简便，因以单名书于此。已问温偶𫘍王，匈奴西边诸侯作穹庐及车，皆仰此山材木，师古曰：谓诸小王为诸侯，效中国之言耳。仰，音牛向翻。且先父地，不敢失也。”先父，谓呼韩邪。藩还，迁太原太守。单于遣使上书，以藩求地状闻。守，式又翻。使，疏吏翻。诏报单于：【章：十四行本“于”下有“曰”字；乙十一行本同；孔本同。】“藩擅称诏，从单于求地，法当死；更大赦二，余按是年后至明年哀帝即位，大赦。又明年，改元，赦。诏云更大赦二，以此知夏侯藩再使匈奴，必在建平初。师古曰：更，经也；音工衡翻。今徙藩为济南太守，不令当匈奴。”济，子礼翻。

8 冬，十月，甲寅，王根病免。

9 上以太子既奉大宗后，不得顾私亲，按礼，父、祖以上正嫡相传为大宗；别子为祖，继别为宗，继祢者为小宗。定陶王以帝弟之子入奉大宗后，义不得复顾定陶共王亲也。十一月，立楚孝王孙景为定陶王。【章：十四行本“王”下有“以奉共王后”五字；乙十一行本同，“共”作“恭”；孔本同；张校同。】楚孝王嚣，宣帝之子。太子议欲谢；少傅阎崇以为“为人后之礼，不得顾私亲，不当谢”；少，诗照翻；下少府同。太傅赵玄以为“当谢”，太子从之。诏问所以谢状，尚书劾奏玄，左迁少府；劾，户概翻。以光禄勋师丹为太傅。

初，太子之幼也，王祖母傅太后躬自养视；在定陶国时也。及为太子，诏傅太后、【章：十四行本“后”下有“与太子母”四字；乙十一行本同；孔本同；退斋校同。】丁姬自居定陶国邸，丁姬事定陶共王，实生太子。不得相见。顷之，王太后欲令傅太后、丁姬十日一至太子家，帝曰：“太子承正统，当共养陛下，汉亦称太后为陛下；后世多称殿下，唯临朝乃称陛下。共，音居用翻。养，音弋尚翻。不得复顾私亲。”此私亲，谓傅太后、丁姬。复，扶又翻；下同。王太后曰：“太子小而傅太后抱养之；今至太子家，以乳母恩耳，谓抱养太子，恩犹乳母也。不足有所妨！”于是令傅太后得至太子家；丁姬以不养太子，独不得。

10 卫尉、侍中淳于长有宠于上，大见信用，贵倾公卿，外交诸侯、牧、守，赂遗、牧，州牧也。守，郡守也。遗，于季翻；下同。赏赐累巨万，淫于声色。淫，过也，放也。许后姊孊为龙雒思侯夫人，龙雒思侯韩宝，增子也。晋灼曰：孊，音靡。余按韩宝已死，故书谥。谥法：外内思索曰思；追悔前过曰思。寡居；长与孊私通，因取为小妻。孊虽皇后之姊，列侯之夫人，以淫放失身于长，而长自有正室，故为小妻。记曰：聘则为妻，奔则为妾。妇人女子之持身，不可不慎也。许后时居长定宫，许后废，徙昭台宫；岁馀，还徙长定宫。师古曰：三辅黄图，林光宫中有长定宫。因孊赂遗长，欲求复为婕妤。长受许后金钱乘舆、服御物前后千馀万，乘，绳证翻。诈许为白上，立为左皇后。许为，于伪翻。孊每入长定宫，辄与孊书，戏侮许后，嫚易无不言；师古曰：嫚，亵污也。易，轻也。易，音弋豉翻。交通书记，赂遗连年。

时曲阳侯根辅政，久病，数乞骸骨。数，所角翻。长以外亲居九卿位，长，太后姊子，于帝室为外家之亲。次第当代根。侍中、骑都尉、光禄大夫王莽心害长宠，私闻其事。莽侍曲阳侯病，因言："长见将军久病意喜，自以当代辅政，至对衣冠议语署置；"衣冠，当时士大夫及贵游子弟也。师古曰：自谓当辅政，故豫言某人为某官，某人主某事。具言其罪过。根怒曰："即如是，何不白也！"莽曰："未知将军意，故未敢言！"根曰："趣白东宫！"东宫，太后宫。师古曰：趣，读曰促。莽求见太后，具言长骄佚，欲代曲阳侯；私与长定贵人姊通，受取其衣物。太后亦怒曰："儿至如此！长，太后姊子，故呼为儿。往，白之帝！"莽白上；上以太后故，免长官，勿治罪，遣就国。就定陵侯国。治，直之翻。

初，红阳侯立不得辅政，疑为长毁谮，常怨毒长；毒，苦也，痛也；怨之甚也。上知之。及长当就国，立嗣子融从长请车骑，以长当就国，所常从车骑无所用，故请之。师古曰：嗣子，谓適长子当为嗣者也。长以珍宝因融重遗立。立因上封事，为长求留上，时掌翻。为，于伪翻。曰："陛下既托文以皇太后故，苏林曰：托于诏文也。诚不可更有他计。"师古曰：言不宜遣长就国。于是天子疑焉，帝知立素怨长，今为长上封事求留，疑心于是而起。下有司按验。下，户稼翻；下同。吏捕融，立令融自杀以灭口。恐融就吏而事泄，故令其自杀以灭口。上愈疑其有大奸，遂逮长系洛阳诏狱，凡诏所系治皆为诏狱，非必洛阳先有诏狱也。穷治。考鞠以穷其奸也。长具服戏侮长定宫，谋立左皇后，罪至大逆，死狱中。妻子当坐者徙合浦；母若归故郡。长母若，即王太后姊，故居魏郡元城。师古曰：若者，其母名。上使廷尉孔光持节赐废后药，自杀。丞相方进复劾奏"红阳侯立，狡猾不道，师古曰：狡，狂也。猾，乱也。复，扶又翻。请下狱。"上曰："红阳侯，朕之舅，不忍致法；遣就国。"于是方进复奏立党友后将军朱博、钜鹿太守孙闳，皆免官，与故光禄大夫陈咸皆归故郡。朱博，杜陵人；孙闳亦京师世家；陈咸本沛郡相人。据汉书翟方进传，则博、闳免官，独咸归故郡耳。“与”字、“皆”字衍。元延元年，咸免光禄大夫，故称故。咸自知废锢，以忧死。

方进智能有馀，兼通文法吏事，以儒雅缘饰，【章：十四行本“饰”下有“法律”二字；乙十一行本同；孔本同；张校同。】师古曰：缘饰，譬之于衣，加纯缘者。纯，音之允翻。号为通明相，相，息亮翻。天子器重之；又善求人主微指，微指，谓上意所向，未著见于外者。奏事无不当意。方淳于长用事，方进独与长交，称荐之；据方进传，长初用事，方进独与长交。及长宠盛，与之交者不独一方进矣。及长坐大逆诛，上以方进大臣，为之隐讳，为，于伪翻。方进内惭，上疏【章：十四行本“疏”下有“谢罪”二字；乙十一行本同；孔本同；张校同；退斋校同。】乞骸骨。上，时掌翻。上报曰：“定陵侯长已伏其辜，君虽交通，传不云乎：‘朝过夕改，君子与之，’师古曰：与，许也。余谓此盖论语传。传，音直恋翻。君何疑焉！其专心壹意，毋怠医药，以自持。”方进起视事，复条奏长所厚善京兆尹孙宝、右扶风萧育、刺史二千石以上，免二十馀人。孙宝、萧育，皆能吏也。以急于求进，比匪人以得罪，是以君子慎交。函谷都尉、建平侯杜业，素与方进不平，函谷关置都尉，以讥出入。业，杜延年之孙，素不事权贵，与翟方进、淳于长皆不平。方进奏“业受红阳侯书听请，不敬，”免，就国。据业传，业与淳于长不平，长当就国，红阳侯立与业书属之，勿复用前事相侵。长出关后，罪复发，下洛阳狱，丞相史搜得红阳侯书，奏业听请，不敬。服虔曰：受立属请为不敬。

上以王莽首发大奸，称其忠直；王根因荐莽自代。丙寅，以莽为大司马，时年三十八。莽既拔出同列，继四父而辅政，师古曰：凤、商、音、根四人皆为大司马，而莽之诸父也。欲令名誉过前人，遂克己不倦。聘诸贤良以为掾、史，赏赐、邑钱悉以享士，邑钱，封邑所入之钱也。掾，俞绢翻。愈为俭约。母病，公卿列侯遣夫人问疾，莽妻迎之，衣不曳地，布蔽膝，蔽膝，韠也；亦曰袚。郑玄曰：袚，太古蔽膝之象。见之者以为僮使，问知其夫人。此下，依汉书有“皆惊”二字，文意乃足。他本皆有此二字。其饰名如此。

11 丞相方进、大司空武奏言：“春秋之义，用贵治贱，不以卑临尊。春秋首止之会，殊会王世子，世子贵也。宋之盟，楚驾晋而书先晋，黄池之会，吴主会而书先晋，不以卑临尊也。治，直之翻。刺史位下大夫而临二千石，刺史六百石，下大夫之秩也；其朝位亦班于下大夫。轻重不相准。臣请罢刺史，更置州牧以应古制！”古制九州，一为畿内，八州八伯，以统诸侯之国。今请置州牧以应古州伯之制。更，工衡翻；下同。十二月，罢刺史，更置州牧，秩二千石。

12 犍为郡于水滨得古磬十六枚，师古曰：滨，水厓也；音宾。说文曰：磬，乐石也。古者毋句氏作磬，后或以玉为之。犍，居言翻。议者以为善祥。刘向因是说上：“宜兴辟雍，记王制：天子之学曰辟雍。郑玄曰：辟，明也。雍，和也。所以明和天下。说，输芮翻。设庠序，古者党有庠，遂有序。庠者，养也。序者，教也。陈礼乐，隆雅颂之声，盛揖让之容，以风化天下。如此而不治者，未之有也。治，直吏翻。或曰：不能具礼。师古曰：或曰者，刘向设为难者之言，而后答释也。礼以养人为本，如有过差，师古曰：过差，犹失错也。是过而养人也。刑罚之过或至死伤，今之刑非皋陶之法也，而有司请定法，削则削，笔则笔，服虔曰：言随君意也。师古曰：削者，言有所删去，以刀削简牍也。笔者，谓有所增益，以笔就而书也。救时务也。至于礼乐，则曰不敢，是敢于杀人、不敢于养人也。为其俎豆、管弦之间小不备，为，于伪翻。因是绝而不为，是去小不备而就大不备，惑莫甚焉！为其不能具礼而废礼，是去小不备而就大不备也。俎，祭器，如几，盛牲体者也。豆，似笾，亦所以盛肉。笾用竹而豆用木。管，笙、箫之属也。弦，琴、瑟之属也。夫教化之比于刑法，刑法轻，是舍所重而急所轻也。师古曰：舍，废也。舍，读曰捨。教化，所恃以为治也；刑法，所以助治也；治，直吏翻。今废所恃而独立其所助，非所以致太平也。自京师有悖逆不顺之子孙，师古曰：悖，乖也；音布内翻。至于陷大辟，受刑戮者不绝，由不习五常之道也。师古曰：五常，仁、义、礼、智、信，人性之所常行也。辟，毗亦翻。夫承千岁之衰周，继暴秦之馀敝，民渐渍恶俗，贪饕险诐，不闲义理，渐，子廉翻。师古曰：贪甚曰饕。言行险曰诐。饕，音吐高翻。诐，音彼义翻。闲，习也。不示以大化而独敺以刑罚，敺，读与驱同。终已不改！”帝以向言下公卿议，下，遐稼翻。丞相、大司空奏请立辟廱，按行长安城南营表；未作而罢。师古曰：营，度地也。表，立标也。行，下孟翻。时又有言“孔子布衣，养徒三千人，今天子太学弟子少。”诗沼翻。于是增弟子员三千人；岁馀，复如故。元帝设弟子员千人。

刘向自见得信于上，故常显讼宗室，讥刺王氏及在位大臣，其言多痛切，发于至诚。上数欲用向为九卿，数，所角翻。辄不为王氏居位者及丞相、御史所持，师古曰：持，谓扶持佐助也。故终不迁，居列大夫官前后三十馀年而卒。后十三岁而王氏代汉。

容肇祖标点　顾颉刚　聂崇岐覆校

资治通鉴卷第三十三

翰林学士朝散大夫右谏议大夫知制诰兼侍讲
同提举万寿观公事兼判集贤院上护军 司马光 奉敕编集
河内郡开国侯食邑一千三百户赐紫金鱼袋臣

后学天台 胡三省 音注

汉纪二十五 起阏逢摄提格(甲寅),尽旃蒙单阏(乙卯),凡二年。

孝成皇帝下

绥和二年(甲寅、前七)

1 春,正月,上行幸甘泉,郊泰畤。

2 二月,考异:荀纪云"赦天下"今本纪无之,故不取。壬子,丞相方进薨。

时荧惑守心,心为明堂;荧惑守心,王者恶之。火曰荧惑星。荧惑,天子理也。虽有明天子,必视荧惑所在。见天文志。丞相府议曹平陵李寻议曹,职在论议,自公府至州郡皆有之。奏记方进,言:"灾变迫切,大责日加,安得保斥逐之戮!师古曰:言其事重,不但斥逐而已也。阖府三百馀人,师古曰:三百馀人,言丞相之官属也。唯君侯择其中,与尽节转凶。"方进忧之,不知所出。会郎贲丽善为星,善为甘、石之学也。师古曰:贲,姓也。丽,名也。贲,音肥。言大臣宜当之。上乃召见方进。还归,未及引决,师古曰:引决,自裁也。还,从宣翻。上遂赐册,责让以政事不治,灾害并臻,百姓穷困,册,即策书也。说文：册，符命也，诸侯进受于王也；象其札一长一短，中有二绳之形。程大昌演繁露曰：策制长二尺，短者半之；其次一长一短；两编下唯用篆书：此汉策拜丞相之制也。至策免，则以尺一木，两行而隶书，与策拜异矣。治，直吏翻。曰："欲退君位，尚未忍，使尚书令赐君上尊酒十石，养牛一，君审处焉！"如淳曰：汉仪注，有天地大变，天下大过，皇帝使侍中持节乘四白马，赐上尊酒十斛，牛一头，策告殃咎。使者去半道，丞相即上病。使者还，未白事，尚书以丞相不起闻。律：稻米一斗得酒一斗为上尊，稷米一斗得酒一斗为中尊，粟米一斗得酒一斗为下尊。师古曰：稷，即粟也；宜为黍米，不当言稷。且作酒自有浇、淳之异，为上、中、下耳。处，昌吕翻。方进即日自杀。上秘之，遣九卿策赠印绶，赐乘舆秘器、少府供张，柱槛皆衣素。乘，绳证翻。秘器，东园秘器也。供，音居用翻。张，音竹亮翻。师古曰：柱，屋柱也；槛，轩前阑版也；皆以白素衣之。衣，音于既翻。天子亲临吊者数至，礼赐异于他相故事。师古曰：汉旧仪云：丞相有疾，皇帝法驾亲至问疾，从西门入；即薨，移居第中，车驾往吊，赐棺、棺敛敛具；赠钱、葬地。葬日，公卿已下会葬。数，所角翻。

臣光曰：晏婴有言："天命不慆，不贰其命。"晏子对齐侯禳彗之辞也。杜预曰：慆，疑也，音他刀翻。祸福之至，安可移乎！昔楚昭王、宋景公不忍移灾于卿佐，曰："移腹心之疾，寘诸股肱，何益也！"左传：哀六年，有云如众赤鸟，夹日而飞，三日。楚子使问诸周太史，周太史曰："其当王身乎！若禜之，可移于令尹、司马。"王曰："移腹心之疾而寘股肱，何益！"遂弗禜。史记：宋景公时，荧惑守心，景公忧之。司星子韦曰："可移于相。"公曰："相，吾之股肱。"曰："可移于民。"公曰："君者待民。"曰："可移于岁。"公曰："岁饥民困，吾谁为君！"子韦曰："天高听卑，君有仁人之言三，荧惑宜有动。"候之，果徙三度。藉其灾可移，藉之为言借也，假也；设为之言，以发所欲言之意。仁君犹不忍【章：十四行本"忍"作"肯"；乙十一行本同；孔本同。】为，况不可乎！使方进罪不至死而诛之，以当大变，是诬天也；方进有罪当刑，隐其诛而厚其葬，是诬人也；孝成欲诬天、人而卒无所益，卒，子恤翻。可谓不知命矣。

3 三月，上行幸河东，祠后土。

4 丙戌，帝崩于未央宫。臣瓒曰：帝年二十即位，即位二十六年，寿四十五。师古曰：即位明年乃改元耳，寿四十六。

帝素强无疾病，自强以为无疾病也。是时，楚思王衍、梁王立来朝，衍，楚孝王嚣之子。明旦，当辞去，上宿供张白虎殿；又欲拜左将军孔光为丞相，已刻侯印，书赞。师古曰：赞，谓延拜之文。赞，进也，延进而拜之也。书赞者，书赞辞于策也。昏夜，平善，乡晨，傅绔袜欲起，应劭曰：傅，着也。师古曰：乡，读曰向。傅，读曰附。绔，古袴字也。袜，音武伐翻。因失衣，不能言，揽衣而失，手缓纵也。昼漏上十刻而崩。司漏之度，有昼漏、夜漏。是时三月，昼漏五十八刻。上者，漏箭浮而上也。上，时掌翻。民间讙哗，咸归罪赵昭仪。讙，许元翻。皇太后诏大司马莽杂与御史、丞相、廷尉治，问皇帝起居发病状；赵昭仪自杀。

班彪赞曰：臣姑充后宫为婕妤，婕妤，音接予。父子、昆弟侍帷幄，数为臣言：数，所角翻。为，于伪翻。"成帝善修容仪，升车正立，不内顾，不疾言，不亲指，师古曰：不内顾者，俨然端严，不回眄也。不疾言者，为轻肆也。不亲指者，为惑下也。此三句者，本论语乡党篇述孔子之事，班氏引之。今论语云：车中不内顾，不疾言，不亲指。内顾者，说者以为前视不过衡轭，旁视不过猗较，与此不同。猗，音于绮翻。余谓此亦成帝学论语而有得于修容仪者也。夫圣人道德之容，积于中而发于外；帝则因论语之文，而刚制其外而已。损者三乐，帝何不能服膺斯言乎！呜呼，岂唯是哉！论语二十篇，修身、齐家、治国、平天下尽在是矣。临朝渊嘿，尊严若神，可谓【章：十四行本"谓"下有"有"字；乙十一行本同；孔本同。】穆穆天子之容【章：十四行本"容"下有"者"字；乙十一行本同；孔本同。】矣。渊，深；嘿，静也。师古曰：礼记云：天子穆穆，诸侯皇皇，大夫济济，士跄跄。毛晃曰：穆穆，和敬貌。朝，直遥翻；下同。博览古今，容受直辞，公卿奏议可述。遭世承平，上下和睦。然湛于

【章：十四行本“于”作“乎”；乙十一行本同；孔本同。】酒色，师古曰：湛，读曰耽。孔颖达曰：耽者，过礼之乐。赵氏乱内，外家擅朝，言之可为於邑！”师古曰：於邑，短气貌，读如本字。於，又音乌；邑，又音乌合翻。建始以来，王氏始执国命，哀、平短祚，莽遂篡位，盖其威福所由来者渐矣！言王氏之祸，始于成帝。

5 是日，孔光于大行前拜受丞相、博山侯印绶。大行前，谓大行皇帝柩前。韦昭曰：大行者，不反之辞。恩泽侯表，博山侯，国于南阳顺阳。

6 富平侯张放闻帝崩，思慕哭泣而死。放自河东都尉征为侍中、光禄勋；丞相翟方进奏免放，遣就国。

荀悦论曰：放非不爱上，忠不存焉。故爱而不忠，仁之贼也！

7 皇太后诏南、北郊长安如故。永始三年，复甘泉泰畤、雍五畤、汾阴后土祠；罢长安南、北郊。

8 夏，四月，丙午，太子即皇帝位，谒高庙；尊皇太后曰太皇太后，皇后曰皇太后。大赦天下。

哀帝初立，躬行俭约，省减诸用，政事由己出，朝廷翕然望至治焉。治，直吏翻。

9 己卯，葬孝成皇帝于延陵。臣瓒曰：自崩至葬凡五十四日。延陵在扶风，去长安六十二里。考异曰：成纪：“三月，丙戌，帝崩于未央宫。四月，己卯，葬延陵。”臣瓒曰：“自崩及葬凡五十四日。”汉纪：“三月，丙午，帝崩。四月，己卯，葬延陵。”自崩及葬三十四日。按是年三月己巳朔，无丙午；四月己亥朔，无己卯。若依成纪，则当云“五月己卯葬”；依荀纪，当云“闰三月丙午崩”。二者各有差舛，未知孰是。按是年闰七月，不当顿差四月。今且从成纪之文。

10 太皇太后令傅太后、丁姬十日一至未央宫。

有诏问丞相、大司空：“定陶共王太后宜当何居？”共，读曰恭。丞相孔光素闻傅太后为人刚暴，长于权谋，自帝在襁褓，而养长教道至于成人，养长，知两翻。道，读曰导。帝之立又有力；

事见上卷元延四年。光心恐傅太后与政事，师古曰：与，读曰豫。不欲与帝旦夕相近，近，其靳翻。即议以为："定陶太后宜改筑宫。"大司空何武曰："可居北宫。"上从武言。北宫有紫房复道通未央宫，长安记：桂宫在未央宫北，亦曰北宫。余按汉书平帝纪，成帝赵皇后退居北宫，哀帝傅皇后退居桂宫，则北宫、桂宫自是两宫。傅太后果从复道朝夕至帝所，求欲称尊号，贵宠其亲属，使上不得由直道行。师古曰：不得依正直之道也。余谓小宗不得间大宗，藩后不得位匹长乐，私戚不得妄干恩泽，所谓正道也。高昌侯董宏宏，高昌侯董忠子也。功臣表，高昌侯，国于千乘。希指，上书言："秦庄襄王，母本夏氏，而为华阳夫人所子，及即位后，俱称太后。事见六卷秦孝文王元年。上，时掌翻。华，户化翻。宜立定陶共王后为帝太后。"事下有司，下，遐稼翻。大司马王莽、左将军、关内侯、领尚书事师丹劾奏宏："知皇太后至尊之号，天下一统，而称引亡秦以为比喻，诖误圣朝，劾，户概翻。诖，户卦翻。非所宜言，大不道！"上新立，谦让，纳用莽、丹言，免宏为庶人。傅太后大怒，要上，欲必称尊号。要，一遥翻。上乃白太皇太后，令下诏尊定陶恭王为恭皇。

11 五月，丙戌，立皇后傅氏，傅太后从弟晏之子也。从，才用翻。

12 诏曰："春秋，母以子贵。见公羊春秋传隐元年。宜尊定陶太后曰恭皇太后、丁姬曰恭皇后，各置左右詹事，食邑如长信宫、中宫。"应劭曰：成帝母王太后居长信宫。李奇曰：傅姬如长信，丁姬如中宫也。师古曰：中宫，皇后之宫。追尊傅父为崇祖侯，丁父为褒德侯；封舅丁明为阳安侯，舅子满为平周侯，皇后父晏为孔乡侯，师古曰：傅父，傅太后之父。丁父，丁太后之父。地理志，汝南郡有阳安县。恩泽侯表，平周侯，食邑于南阳湖阳。孔乡侯，食邑于沛郡夏丘。皇太后弟侍中、光禄大夫赵钦为新城侯。地理志，河南郡有新城县。太皇太后诏大司马莽就第，避帝外家；莽上疏乞骸骨。帝遣尚书令诏起莽，又遣丞相孔光、大司空何武、左将军师丹、卫尉傅喜白太皇太后曰："皇帝闻太后诏，甚悲！大司马即不起，皇帝即不敢听政！"太后乃复令莽视事。太皇太后止称太后，史省文。复，扶又翻。

13 成帝之世，郑声尤甚，周末有郑、卫之乐：东门、溱洧之诗，郑声也；桑中、濮上之音，卫声也：皆淫声也。其从凡淫声通谓之郑声。孔子曰：郑声淫，是也。黄门名倡丙彊、景武之属富显于世，倡，音齿良翻。贵戚至与人主争女乐。盖王氏五侯、淳于长之属也。帝自为定陶王时疾之，又性不好音，好，呼到翻。六月，诏曰："孔子不云乎：'放郑声，郑声淫。'师古曰：论语载孔子之言。郑国有溱、洧之水，男女亟于其间聚会，故俗乱而乐淫。其罢乐府官；立乐府见十九卷元狩三年。郊祭乐及古兵法武乐在经，非郑、卫之乐者，别【章：十四行本"别"上有"条奏"二字；乙十一行本同；孔本同；张校同；退斋校同。】属他官。"郊祭乐，亦武帝置，今以给祠南、北郊。大乐鼓、嘉至鼓、邯郸鼓、骑吹鼓、江南鼓、淮南鼓、巴俞鼓、歌鼓、楚严鼓、梁皇鼓、临淮鼓、兹邡鼓，朝贺置酒，陈殿上，应古兵法，凡鼓十二，人员百一十八人，郊祭员十三人；诸族乐人兼云招给祠南、北郊用六十七人，兼给事雅乐用四人，夜诵员五人，刚、别柎员二人，给盛德主调篪员二人，听工以日知律冬夏至一人，钟工、磬工、箫工员各一人；仆射二人，主领诸乐人；皆不可罢。竽工员三人，罢一；琴工员五人，罢三；柱工员二人，罢一；绳弦工员六人，罢四；郑四会员六十二人，留一人给事雅乐，馀罢；张瑟员八人，留一；安世乐鼓、沛吹鼓、族歌鼓、陈吹鼓、商乐鼓、东海鼓、长乐鼓、缦乐鼓，凡鼓八，员百二十八人，朝贺置酒陈前殿房中，不应经法；治竽员五人，楚鼓员六人，常从倡三十人，常从象人四人，诏随常从倡十六人；秦倡员二十九人，秦倡象人员三人，诏随秦倡一人；雅大人员九人，朝贺置酒为乐；楚四会员十七人，巴四会员十二人，铫四会员十二人，齐四会员十九人，蔡讴员三人，齐讴员六人，竽、瑟、钟、磬员五人，皆郑声，可罢。师学百四十四人，其七十二人给太官挏马酒，其七十二人可罢。大凡八百二十九人，其三百八十八人不可罢，可领属大乐；其四百四十一人不应经法，或郑、卫之声，皆可罢。奏可。晋灼曰：邡，音方。师古曰：招，读与翘同。刚及别柎，皆鼓名也。柎，音肤。柱工，主筝瑟之柱者。弦，琴瑟之弦。绳，言主纠合作之也。缦乐，杂乐也，音漫。挏，音动。李奇曰：以马乳为酒，撞挏乃成。孟康曰：象人，若今戏虾、鱼、师子者也。韦昭曰：着假面者也。凡所罢省过半。然百姓渐渍日久，又不制雅乐有以相变，豪富吏民湛沔自若。渐，读曰沾。师古曰：湛，读曰沈，又读曰耽。自若，言自如故也。

14 王莽荐中垒校尉刘歆有材行，行，下孟翻。为侍中，稍迁光禄大夫，贵幸；更名秀。歆改名秀，冀以应图谶。更，工衡翻。上复令秀典领五经，卒父前业；秀父向典校书，见三十卷河平三年。师古曰：卒，终也。复，扶又翻。卒，子恤翻。秀于是总群书而奏其七略，有辑略、有六艺略、有诸子略、有诗赋略、有兵书略、有术数略、有方技略。师古曰：辑略，谓群书之总要。辑，与集同。六艺，六经也。诸子，即下九流是也。诗赋，则自屈原、荀卿至扬雄等所作也。兵书，则权谋、技巧、形势、阴阳之书也。术数，则天文、历谱、五行、蓍龟、杂占、形法之书也。方技，则医经、经方、房中、神仙之书也。凡书六略，三十八种，种，章勇翻。五百九十六家、万三千二百六十九卷。其叙诸子，分为九流：曰儒，曰道，曰阴阳，曰法，曰名，曰墨，曰从横，曰杂，曰农，从，子容翻。以为：“九家皆起于王道既微，诸侯力政，时君世主好恶殊方，好，呼到翻。恶，乌路翻。是以九家之术蜂出并作，师古曰：蜂，与锋同。各引一端，崇其所善，以此驰说，取合诸侯，其言虽殊，譬如水火相灭，亦相生也；水灭火而生木，木复生火。仁之与义，敬之与和，相反而皆相成也。易曰：‘天下同归而殊涂，一致而百虑。’师古曰：下系之辞。今异家者推所长，穷知究虑以明其指，虽有蔽短，合其要归，亦六经之支与流裔；师古曰：裔，衣末也。其于六经，如水之下流，衣之末裔。使其人遭明王圣主，得其所折中，中，竹仲翻。皆股肱之材已。师古曰：已，语终辞。仲尼有言：'礼失而求诸野。'师古曰：言都邑失礼，则于外野求之，亦将有获。方今去圣久远，道术缺废，无所更索，师古曰：索，求也。索，山客翻。彼九家者，不犹愈于野乎！师古曰：愈，胜也。若能修六艺之术而观此九家之言，舍短取长，舍，读曰捨。则可以通万方之略矣。"

15 河间惠王良能修献王之行，行，下孟翻。母太后薨，服丧如礼；诏益封万户，以为宗室仪表。师古曰：仪表者，言为礼仪之表率。余谓有仪可象谓之仪，四外望之以取正谓之表。

16 初，董仲舒说武帝，说，输芮翻。以"秦用商鞅之法，除井田，事见二卷周显王十九年。民得卖买，富者田连阡陌，贫者亡立锥之地，亡，读与无同。邑有人君之尊，里有公侯之富，小民安得不困！古井田法虽难卒行，卒，读曰猝。宜少近古，少，诗沼翻。限民名田以赡不足，师古曰：名田，占田也。各为立限，不使富者过制，则可使贫弱之家足也。塞并兼之路；去奴婢，除专杀之威；服虔曰：不得专杀奴婢也。塞，悉则翻。去，羌吕翻。薄赋敛，省繇役，敛，力赡翻。繇，读曰傜。以宽民力，然后可善治也！"治，直吏翻。及上即位，师丹复建言：复，扶又翻。"今累世承平，豪富吏民訾数巨万，訾，与赀同。而贫弱愈困，宜略为限。"天子下其议，下，遐稼翻。丞相光、大司空武奏请："自诸侯王、列侯、公主名田各有限；关内侯、吏、民名田皆毋过三十顷；奴婢毋过三十人。据哀帝纪：有司条奏："诸侯王、列侯得名田国中，列侯在长安及公主得名田县、道。关内侯、吏、民名田皆毋得过三十顷。诸侯王奴婢二百人，列侯、公主百人，关内侯吏民三十人。"与此少异。食货志亦与纪同。期尽三年，犯者没入官。"时田宅、奴婢贾为减贱，贾，读曰价。贵戚近习皆不便也，皆不以为便于己也。诏书："且须后。"师古曰：须，待也。遂寝不行。又诏："齐三服官、诸官，织绮绣难成、害女红之物，皆止，无作输。齐三服官及诸织官，皆无作难成之物以输送也。如淳曰：红，亦工也。其所作已成、未成，皆止无复作，皆输所近官府也。师古曰：如说非也，谓未成者不作，已成者不输耳。余谓如说固非，颜说亦未若余说之为简易明白也。除任子令及诽谤诋欺法。应劭曰：任子令者，汉仪注：吏二千石以上视事满三年，得任同产若子一人为郎。不以德选，故除之。师古曰：任，保也。诋，诬也。掖庭宫人年三十以下，出嫁之；重绝人道也。官奴婢五十以上，免为庶人。益吏三百石以下俸。"

17 上置酒未央宫，内者令为傅太后张幄，坐于太皇太后坐旁。百官志：内者令，属少府，以宦者为之，掌中布张诸衣物。为，于伪翻。师古曰：坐，音材卧翻；下同。大司马莽按行，行，下孟翻。责内者令曰："定陶太后，藩妾，何以得与至尊并！"彻去，更设坐。去，羌吕翻。更，工衡翻。傅太后闻之，大怒，不肯会，重怨恚莽；师古曰：会，谓至酒所也。重，音直用翻。莽复乞骸骨。复，扶又翻。秋，七月，丁卯，上赐莽黄金五百斤，安车驷马，罢就第。考异曰：公卿表："十一月，丁卯，大司马莽免。庚午，师丹为大司马。四月，徙。"又曰："十月，癸酉，丹为大司空。"又曰："太子太傅师丹为左将军，五月迁。"荀纪："七月，丁巳，大司马莽免。"按丹若以十一月为司马，四月徙官，不得以十月为司空也。七月丁卯朔，无丁巳。年表月误，荀纪日误。公卿大夫多称之者，上乃加恩宠，置中黄门，为莽家给使，苏林曰：使黄门在其家为使令。十日一赐餐。又下诏益封曲阳侯根、安阳侯舜、新都侯莽、丞相光、大司空武邑户各有差。益封根二千户；舜五百户，舜，音子也；莽三百五十户；光千户；武更以南阳犨之博望乡为汜乡侯国，益封千户。以莽为特进、给事中，朝朔望，见礼如三公。朝，直遥翻。又还红阳侯立于京师。立就国见上卷去年。

傅太后从弟右将军喜，好学问，有志行。从，才用翻。好，呼到翻。行，下孟翻；下同。王莽既罢退，众庶归望于喜。初，上之官爵外亲也，外亲，外家之亲。喜独执谦称疾；傅太后始与政事，数谏之；与，读曰豫。数，所角翻。由是傅太后不欲令喜辅政。庚午，以左将军师丹为大司马，封高乡亭侯；按丹传及恩泽侯表，皆云封高乐侯，国于东海。赐喜黄金百斤，上右将军印绶，以光禄大夫养病；以光禄勋淮阳彭宣为右将军。大司空何武、尚书令唐林皆上书言："喜行义修洁，忠诚忧国，内辅之臣也。言可为内朝辅弼之臣。今以寝病一旦遣归，众庶失望，皆曰：'傅氏贤子，以论议不合于定陶太后，故退，'百寮莫不为国恨之。为，于伪翻。忠臣，社稷之卫；鲁以季友治乱，师古曰：谓季氏亡则鲁不昌。治，直吏翻。楚以子玉轻重，师古曰：谓楚杀子玉而晋侯喜可知。魏以无忌折冲，事见上卷秦庄襄王三年。项以范增存亡。事见高帝纪。百万之众，不如一贤；故秦行千金以间廉颇，事见五卷周赧王五十五年。间，古苋翻。汉散万金以疏亚父。事见十卷高帝三年。疏，与疎同。喜立于朝，陛下之光辉，傅氏之废兴也。"如淳曰：傅喜显则傅氏兴，其废亦如之。晋灼曰：用喜于陛下有光明，而傅氏之废复得兴也。师古曰：如说是。余谓晋说亦未可厚非。上亦自重之，故寻复进用焉。明年，复进用喜。复，扶又翻。

18 建平侯杜业上书诋曲阳侯【章：十四行本"侯"下有"王"字，乙十一行本同；孔本同；张校同。】根、高阳侯薛宣、安昌侯张禹而荐朱博。帝少而闻知王氏骄盛，少，诗照翻。心不能善，以初立，故且优之。后月馀，司隶校尉解光解，户买翻。奏："曲阳侯，先帝山陵未成，公聘取【章：十四行本"取"下有"故"字；乙十一行本同，孔本同；张校同。】掖庭女乐五官殷严、王飞君等置酒歌舞，如淳曰：五官，官名也。外戚传云：五官，视三百石。及根兄子成都侯况，亦聘取故掖庭贵人以为妻，况，商子也。皆无人臣礼，大不敬，不道！"于是天子曰："先帝遇根、况父子，至厚也，今乃背恩忘义！"背，蒲妹翻。以根尝建社稷之策，师古曰：谓立哀帝为嗣也。事见上卷元延四年。遣归国；免况为庶人，归故郡。王氏，故魏郡元城人。根及况父商所荐举为官者皆罢。以其党也。

19 九月，庚申，地震，自京师到北边郡国三十馀处，坏城郭，坏，音怪。凡压杀四百馀人。上以灾异问待诏李寻，考异曰：寻传云：使侍中、卫尉傅喜问寻。按公卿表："傅喜为卫尉；二月，迁右将军；十一月，罢。"地震在九月，当是时，喜已不为卫尉矣。对曰："夫日者，众阳之长，长，知两翻。人君之表也。君不修道，则日失其度，晻昧亡光。师古曰：晻，与暗同；又音乌感翻。间者日尤不精，光明侵夺失色，邪气珥、蜺数作。孟康曰：晕适、背鐍、抱珥、虹蜺，皆日旁气也。珥，形点黑也。如淳曰：雄为虹，雌为蜺。凡气在旁相对为珥，在旁如半镮向日为抱，向外为背。有气刺日为鐍，鐍，映伤也。适者，日之将食，先有黑之变也。蜺，读曰啮。珥，音仍吏翻。数，所角翻；下同。小臣不知内事，窃以日视陛下，志操衰于始初多矣。唯陛下执乾刚之德，强志守度，谓守法度也。毋听女谒、邪臣之态，诸保阿、乳母甘言卑【章：十四行本"卑"作"悲"；乙十一行本同；孔本同。】辞之托，断而勿听。勉强大义，断，丁管翻。强，其两翻。绝小不忍；良有不得已，良，甚也。可赐以货财，不可私以官位，诚皇天之禁也！

臣闻月者，众阴之长，长，知两翻。妃后、大臣、诸侯之象也。间者月数为变，此为母后与政乱朝，与，读曰豫。朝，直遥翻；下同。阴阳俱伤，两不相便；外臣不知朝事，窃信天文，即如此，近臣已不足杖矣。师古曰：杖，谓倚任也。唯陛下亲求贤士，无强所恶，师古曰：邪佞之人，诚可贱恶，勿得宠而异之，令其盛强也。恶，乌路翻。以崇社稷，尊强本朝！

臣闻五行以水为本，五行，一曰水。水者，天一所生。水为准平，王道公正修明，则百川理，落脉通；师古曰：落，谓经络也。偏党失纲，则涌溢为败。今汝、颍漂涌，地理志，颍川郡阳城县阳乾山，颍水所出，东至沛郡下蔡县入淮，过郡三，行千五百里。汝水出汝南郡定陵县高陵山，东南至新蔡入淮，过郡四，行千三百四十里。与雨水并为民害，此诗所谓'百川沸腾'，咎在皇甫卿士之属。师古曰：诗小雅十月之交之诗也。皇甫卿士，周室女宠之族也。唯陛下少抑外亲大臣！

臣闻地道柔静，阴之常义也。间者关东地数震，数，所角翻。宜务崇阳抑阴以救其咎，固志建威，固志以用英俊，建威以黜奸邪。建，立也。闭绝私路，拔进英隽，退不任职，以强本朝！夫本强则精神折冲；师古曰：言有欲冲突为害者，则折挫之。本弱则招殃致凶，为邪谋所陵。闻往者淮南王作谋之时，其所难者独有汲黯，以为公孙弘等不足言也。事见十九卷武帝元狩元年。弘，汉之名相，于今无比，而尚见轻，何况亡弘之属乎！故曰朝廷亡人，则为贼乱所轻，亡，读曰无。其道自然也。”

20 骑都尉平当使领河堤，师古曰：为使而领其事。使，音疏吏翻。奏：“九河今皆寘灭。寘，与填同。按经义，治水有决河深川师古曰：决，分泄也。深，浚治也。治，直之翻；下同。而无堤防雍塞之文。塞，悉则翻。河从魏郡以东多溢决；水迹难以分明，四海之众不可诬。尔雅：九夷、八狄、七戎、六蛮，谓之四海。孔颖达曰：东方曰夷者，风俗通云：东方人好生，万物抵触地而出；夷者，抵也。其类有九。依东夷传：一曰玄菟，二曰乐浪，三曰高丽，四曰满饰，五曰凫臾，六曰索家，七曰东屠，八曰倭人，九曰天鄙。南方曰蛮者，风俗通云：君臣同川而浴，极为简慢；蛮者，慢也。其类有八。李巡注尔雅云：一曰天竺，二曰咳首，三曰僬侥，四曰跛踵，五曰穿胸，六曰儋耳，七曰狗轵，八曰旁舂。西方曰戎者，风俗通云：斩伐杀生，不得其中。戎者，凶也。其类有六。李巡注尔雅云：一曰侥夷，二曰戎央，三曰老白，四曰耆羌，五曰鼻息，六曰天刚。北方曰狄者，风俗通云：父子、嫂叔同穴无别；狄者，辟也，其行邪辟。其类有五。李巡注尔雅云：一曰月支，二曰秽貊，三曰匈奴，四曰单于，五曰白屋。诸儒之说略有异同。然平当所谓四海之众，但言四海之内之人耳。宜博求能浚川疏河者。”上从之。

待诏贾让奏言：“治河有上、中、下策。古者立国居民，疆理土地，必遗川泽之分，度水势所不及。师古曰：遗，留也。度，计也。言川泽水所流聚之处，皆留而置之，不以为居邑而妄垦殖，必计水之所不及，然后居而田之也。分，音扶问翻。度，音大各翻。大川无防，小水得入，陂障卑下，以为污泽，师古曰：停水曰污；音一胡翻。使秋水多得其所休息，左右游波宽缓而不迫。夫土之有川，犹人之有口也，治土而防其川，犹止儿啼而塞其口，岂不遽止，然其死可立而待也。塞，悉则翻。师古曰：遽，速也，音其庶翻。故曰：'善为川者决之使道，善为民者宣之使言。'国语召公谏厉王监谤之辞。师古曰：道，读曰导。导，通引也。盖堤防之作，近起战国，雍防百川，各以自利。师古曰：雍，读曰壅。齐与赵、魏以河为竟，竟，读曰境。赵、魏濒山，师古曰：濒山，犹言以山为边界也。濒，音频，又音宾。余谓赵、魏之地，一边接山，则地势高，非边界也。齐地卑下，齐地濒海，故卑下也。作堤去河二十五里，河水东抵齐堤则西泛赵、魏；赵、魏亦为堤去河二十五里，虽非其正，水尚有所游荡。时至而去，则填淤肥美，淤，依据翻。民耕田之；或久无害，稍筑宫【严："宫"改"室"。】宅，遂成聚落；大水时至，漂没，则更起堤防以自救，稍去其城郭，排水泽而居之，湛溺自其宜也。师古曰：湛，读曰沈，音持林翻。今堤防，陿者去水数百步，陿，与狭同。远者数里，于故大堤之内复有数重，复，扶又翻。重，直龙翻。民居其间，此皆前世所排也。河从河内黎阳至魏郡昭阳，东西互有石堤，激水使还，百馀里间，河再西三东，迫阨如此，不得安息。地理志，黎阳县属魏郡。晋灼曰：黎山在其南，河水经其东，其山上碑云：县取山之名，取水之阳，以为名。按沟洫志具载让奏曰：河从河内北至黎阳，为石堤，激使抵东郡平刚；又为石堤，使西北抵黎阳观下；又为石堤，使东北抵东郡津北；又为石堤，使西北抵魏郡昭阳；又为石堤，激使东北。

今行上策，徙冀州之民当水冲者，决黎阳遮害亭，遮害亭，在淇口东十八里，有金堤，堤高一丈；自淇口东地稍高，至遮害亭西五丈。水经注曰：旧有宿胥口，河水于此北入。放河使北入海；河西薄大山，东薄金堤，势不能远，泛滥期月自定。薄，伯各翻。难者将曰：

'若如此，败坏城郭、田庐、冢墓以万数，百姓怨恨。'难，乃旦翻。坏，音怪。败，补迈翻。昔大禹治水，山陵当路者毁之，故凿龙门，辟伊阙，析底柱，破碣石，堕断天地之性；师古曰：辟，开也。析，分也。堕，毁也，音火规翻。断，丁管翻。此乃人功所造，何足言也！人功所造，谓城郭、田庐、冢墓也。今濒河十郡，治堤岁费且万万；河南、河内、东郡、陈留、魏郡、平原、千乘、信都、清河、勃海，凡十郡。及其大决，所残无数。如出数年治河之费以业所徙之民，遵古圣之法，定山川之位，谓依禹迹也。使神人各处其所而不相奸；神，谓川渎之神。人，谓居人也。处，昌吕翻。师古曰：奸，音干。且大汉方制万里，岂其与水争咫尺之地哉！此功一立，河定民安，千载无患，故谓之上策。载，子亥翻。

若乃多穿漕渠于冀州地，使民得以溉田，分杀水怒，杀，所介翻；减也。虽非圣人法，然亦救败术也。可从淇口以东为石堤，地理志：淇水出河内共县北山，东至黎阳入河。水经注曰：魏、晋之枋头，古淇口也。共，音恭。多张水门。恐议者疑河大川难禁制，荥阳漕渠足以卜之。如淳曰：今砾溪口是也。言作水门流水，流不为害也。师古曰：砾溪，溪名，即水经所云济水东过砾溪者。冀州渠首尽，当仰此水门，仰，牛向翻。诸渠皆往往股引取之：如淳曰：肢，支别也。据如说，股当作肢。旱则开东方下水门，溉冀州；水则开西方高门，分河流，民田适治，河堤亦成。此诚富国安民、兴利除害，支数百岁，故谓之中策。

若乃缮完故堤，增卑倍薄，劳费无已，数逢其害，此最下策也！"让所画治河三策，自汉至今，未有能行之者。大率古人论事，画为三策者，其上策多孟浪骇俗而难行，其中策则平实合宜而可用，其下策则常人所知也。数，所角翻。

21 孔光何武奏："迭毁之次当以时定，自元帝时贡禹建毁庙之议。韦玄成、匡衡皆踵其说，以为太祖以下五庙，其亲庙四，亲尽而迭毁。迄于成帝，终莫能定。今二府复奏。请与群臣杂议。”于是光禄勋彭宣等五十三人皆以为“孝武皇帝虽有功烈，亲尽宜毁。”太仆王舜、中垒校尉刘歆议曰：“礼，天子七庙。七者其正法数，可常数者也。礼记曰：天子七庙，三昭三穆，与太祖庙而七。宗不在此数中，宗变也。师古曰：言非常数，故云变也。苟有功德则宗之，不可预为设数。臣愚以为孝武皇帝功烈如彼，孝宣皇帝崇立之如此，不宜毁！”立世宗庙，见二十四卷宣帝本始元年。上览其议，制曰：“太仆舜、中垒校尉歆议可。”

22 何武后母在蜀郡，武，蜀郡郫县人，遣吏归迎；会成帝崩，吏恐道路有盗贼，后母留止。止，不行也。左右或讥武事亲不笃，师古曰：左右，谓天子侧近之臣。帝亦欲改易大臣，冬，十月，策免武，以列侯归国。癸酉，以师丹为大司空。丹见上多所匡改成帝之政，乃上书言：“古者谅闇不言，听于冢宰；师古曰：论语云：子张曰：“书云：高宗谅闇，三年不言。”孔子曰：“何必高宗，古之人皆然。君薨，百官总己以听于冢宰，三年。”谅，信也。闇，默然也。郑玄曰：周之六官，皆总属于冢宰。冢宰于百官，无所不主。尔雅曰：冢，大也。冢宰，太宰也。乃上，时掌翻。三年无改于父之道。师古曰：论语称孔子曰：“父在观其志，父没观其行，三年无改于父之道，可谓孝矣。”前大行尸柩在堂，而官爵臣等以及亲属，赫然皆贵宠，封舅为阳安侯，皇后尊号未定，豫封父为孔乡侯；出侍中王邑、射声校尉王邯等。王邑、王邯，太皇太后亲属也。邯，户甘翻。诏书比下，变动政事，卒暴无渐。师古曰：比，频也。比，毗至翻。卒，读曰猝；下仓卒同。臣纵不能明陈大义，复曾不能牢让爵位，师古曰：牢，坚也。复，扶又翻。曾，才登翻。相随空受封侯，增益陛下之过。间者郡国多地动水出，流杀人民，日月不明，五星失行，此皆举错失中，号令不定，法度失理，阴阳溷浊之应也。错，音千故翻。师古曰：溷，音胡顿翻。

臣伏惟人情无子，年虽六七十，犹博取而广求。师古曰：取，读曰娶。孝成皇帝深见天命，烛知至德，师古曰：烛，照也。至德，指谓哀帝。以壮年克己，己者，有我之私。克，去也。立陛下为嗣。先帝暴弃天下，暴者，言无疾而崩。而陛下继体，四海安宁，百姓不惧，此先帝圣德，当合天人之功也。臣闻'天威不违颜咫尺'，左传齐桓公对宰孔之言。师古曰：言常若在前，宜自肃惧也。愿陛下深思先帝所以建立陛下之意，且克己躬行，以观群下之从化。天下者，陛下之家也，胏附何患不富贵，不宜仓卒若是，其不久长矣。"丹书数十上，上，时掌翻。多切直之言。

傅太后从弟子迁在左右，尤倾邪，从，才用翻。上恶之，恶，乌路翻。免官，遣归故郡。傅氏，本河内温人。傅太后怒；上不得已，复留迁。复，扶又翻；下同。丞相光与大司空丹奏言："诏书前后相反，天下疑惑，无所取信。臣请归迁故郡，以销奸党。"卒不得遣，卒，子恤翻；终也。复为侍中。其逼于傅太后，皆此类也。哀帝之时，傅氏固为骄横，然史家所记如此等语，意其出于王氏爱憎之口。

23 议郎耿育上书冤讼陈汤成帝永始二年，陈汤徙边。冤讼，讼其冤也。曰："甘延寿、陈汤，为圣汉扬钩深致远之威，言汤等深入康居，远诛郅支，虽其窜伏荒外，能扬威而钩致之也。为，于伪翻。雪国家累年之耻，讨绝域不羁之君，不羁，言不可羁属也。系万里难制之虏，岂有比哉！先帝嘉之，仍下明诏，宣著其功，改年垂历，师古曰：谓改年为竟宁也；不以此事，盖当其年，上书者附著耳。余按元纪，诏曰："匈奴郅支单于背叛礼义，既伏其辜，呼韩邪单于修朝保塞，边垂长无兵革之事，其改元为竟宁。"则改年亦以此事，非附著也。传之无穷。应是，南郡献白虎，白虎，西方之兽，主威武，故以为汤等之应。边垂无警备。会先帝寝疾，然犹垂意不忘，数使尚书责问丞相，趣立其功；数，所角翻。趣使丞相、御史立议以序其功也。师古曰：趣，读曰促。独丞相匡衡排而不予，予，读曰与。封延寿、汤数百户，事见二十九卷元帝竟宁元年。此功臣战士所以失望也。孝成皇帝承建业之基，乘征伐之威，兵革不动，国家无事，而大臣倾邪，欲专主威，排妒有功，妒，与妬同。使汤块然被见拘囚，师古曰：块然，独处之意，如土块也。块，音口内翻。被，皮义翻。不能自明，卒以无罪老弃，敦煌正当西域通道，通道，通行之路也。卒，子恤翻。敦，徒门翻。令威名折冲之臣，旋踵及身，谓罪及其身也。复为郅支遗虏所笑，诚可悲也！复，扶又翻；下同。至今奉使外蛮者，未尝不陈郅支之诛以扬汉国之盛。夫援人之功以惧敌，师古曰：援，引也；音爰。弃人之身以快谗，岂不痛哉！且安不忘危，盛必虑衰，今国家素无文帝累年节俭富饶之畜，又无武帝荐延畜，读与蓄同。如淳曰：荐延，使群臣荐士而延纳之。枭俊禽敌之臣，独有一陈汤耳！师古曰：枭，谓斩其首而县之也。俊，谓敌之魁率，郅支是也。春秋左氏传曰：得俊曰克。仲冯曰：枭俊禽敌之臣，宜与荐延通为一句，则与上文相配，而下言“独有一陈汤耳”自不妨。枭善斗，故云枭俊，犹云枭将也。枭，坚尧翻。假使异世不及陛下，尚望国家追录其功，封表其墓，以劝后进也。汤幸得身当圣世，功曾未久，曾，才登翻。反听邪臣鞭逐斥远，远，于愿翻。使亡逃分窜，死无处所。师古曰：分，谓散离也。舜典曰：分北三苗。远览之士，莫不计度，以为汤功累世不可及，而汤过人情所有，师古曰：言汤所犯之罪过，人情共有不能免者，非特诡异，深可诛责也。度，徒洛翻。汤尚如此，虽复破绝筋骨，暴露形骸，犹复制于唇舌，为嫉妒之臣所系虏耳。言汤功如此之伟，犹不免于罪徙，继今者虽复捐身为国，终制于吏议，陷于系虏之罪也。复，扶又翻。此臣所以为国家尤戚戚也。”为，于伪翻。书奏，天子还汤，卒于长安。卒，子恤翻。

孝哀皇帝上 讳欣，定陶恭王康之子也，成帝立以为嗣。荀悦曰：

讳“欣”之字曰“喜”。应劭曰：谥法，恭仁短折曰哀。

建平元年（乙卯、前六）

1 春，正月，陨石于北地十六。

2 赦天下。

3 司隶校尉解光奏言：“臣闻许美人及故中宫史曹宫史，女史也。中宫，皇后宫也。赵皇后传：宫属中宫，为学事史，通诗，授皇后。皆御幸孝成皇帝，产子；子隐不见。见，贤遍翻。臣遣吏验问，皆得其状：元延元年，宫有身；其十月，宫乳掖庭牛官令舍。师古曰：乳，产也，音而具翻；下皆类此。中黄门田客续汉志：中黄门，比百石，掌给事禁中，以宦者为之。持诏记与掖庭狱丞籍武，令收置暴室狱。掖庭令，属少府，有左·右丞、暴室丞各一人，皆宦者为之。暴室丞，主中妇人疾病者，就此室；其皇后、贵人有罪，亦就此室。籍姓，晋大夫籍氏之后，其先有孙伯黡，司晋之典籍，以为大政，故曰籍氏。‘毋问儿男、女，谁儿也！’宫曰：‘善臧我儿胞。臧，古藏字通。师古曰：胞，谓胎之衣也；音苞。丞知是何等儿也！’师古曰：意言是天子儿耳。后三日，客持诏记与武，问：‘儿死未？’武对：‘未死。’客曰：‘上与昭仪大怒，赵昭仪也。奈何不杀！’武叩头啼曰：‘不杀儿，自知当死；杀之，亦死！’不杀，则为违诏命，故知当死。杀之，则后人以害皇子之罪加之，故知亦死。即因客奏封事曰：‘陛下未有继嗣，子无贵贱，唯留意！’奏入，客复持诏记取儿，付中黄门王舜。舜受诏，内儿殿中，为择乳母，复，扶又翻。为，于伪翻。告‘善养儿，且有赏，毋令漏泄！’舜择官婢张弃为乳母。官婢，盖以罪没入掖庭，男为官奴，女为官婢。郑玄曰：古者从坐男女没入县官为奴，其少才知以为奚。今之侍史官婢，或谓之奚官女。后三日，客复持诏记并药以饮宫。师古曰：饮，音于禁翻。宫曰：‘果也欲姊弟擅天下！我儿，男也，额上有壮发，类孝元皇帝。师古曰：壮发当额前侵下而生，今俗呼为圭头者是也。额，鄂格翻。今儿安在？危杀之矣！师古曰：危，险也，犹今人言险不杀耳。奈何令长信得闻之？'师古曰：长信，谓太后。遂饮药死。弃所养儿，师古曰：弃，谓张弃也。十一日，宫长李南以诏书取儿去，晋灼曰：汉仪注，有女长御，比侍中，宫长岂此邪？余谓宫长者，盖老于宫中诸女御，因称之为宫长；犹三署诸郎，谓久次者为郎署长也。前持诏记，此以诏书书之，与记有以异乎？曰：有。诏记，手记也，后世谓之手记。光武所谓"诏书、手记不可数得"。手记出于上手；诏书则下为之，以玺为信。长，知两翻。不知所置。师古曰：终竟不知置何所也。

许美人元延二年怀子，十一月乳。乳，如注翻；娩乳也。昭仪谓帝曰：'常给我言从中宫来。即从中宫来，许美人儿何从生中！许氏竟当复立邪！'晋灼曰：昭仪前要帝不得立许美人以为皇后，而今有子中，许氏竟当复立为皇后邪！此前约之言也。师古曰：此说非也。言美人在内中，何从得儿而生也。故言何从生中次。此下乃始言约耳。怼，以手自捣，师古曰：怼，怨怒也。捣，筑也。怼，音直类翻。以头击壁户柱，从床上自投地，啼泣不肯食，曰：'今当安置我，我欲归耳！'帝曰：'今故告之，反怒为，师古曰：故以许美人生子告汝，何为反怒。殊不可晓也！'殊，异甚也。帝亦不食。昭仪曰：'陛下自知是，不食何为！陛下尝自言："约不负女！"师古曰：女，读曰汝。今美人有子，竟负约，谓何？'帝曰：'约以赵氏故不立许氏，使天下无出赵氏上者，毋忧也！'后诏使中黄门靳严从许美人取儿去，盛以苇箧，靳，居焮翻。盛，时征翻。苇，葭类也；织以为箧也。置饰室帘南去。饰室，室之以金玉为饰者，昭阳舍是也。师古曰：帘，户帘也，音廉。帝与昭仪坐，使御者于客子解箧缄，未已，御者，侍者也。师古曰：缄，束箧之绳，音古咸翻。帝使客子及御者皆出，自闭户，独与昭仪在。须臾开户，嘑客子嘑，古呼字。使缄封箧，及诏记令中黄门吴恭持以与籍武曰：'告武，箧中有死儿，埋屏处，屏处，有遮蔽处，人所不见者。屏，必郢翻。勿令人知！'武穿狱楼垣下为坎，埋其中。狱，掖庭狱也。

其他饮药伤堕者无数事，皆在四月丙辰赦令前。考异曰：赵后传作“丙辰”。按哀帝纪，“四月丙午即位，赦天下”。盖传误也。或者即位十日后赦也。臣谨按：永光三年，男子忠等发长陵傅夫人冢，事更大赦，更，工衡翻。孝元皇帝下诏曰：‘此朕所不当得赦也！’穷治，尽伏辜。天下以为当。当，丁浪翻。赵昭仪倾乱圣朝，亲灭继嗣，家属当伏天诛。而同产亲属皆在尊贵之位，迫近帷幄，近，其靳翻。天下寒心，请事穷竟！谓穷治其狱而竟其情。丞相以下议正法，令外朝大议以正其罪。帝于是免新成侯赵钦、钦兄子咸阳侯䜣皆为庶人，䜣，临之子也。将家属徙辽西郡。

议郎耿育上疏言：“臣闻继嗣失统，废適立庶，师古曰：適，读曰嫡；下同。圣人法禁，古今至戒。然太伯见历知適，师古曰：历，谓王季，即文王之父也。知適，谓知其当为適嗣也。適，丁历翻。逡循固让，委身吴、粤，谓太伯逃之吴、粤以避季历。权变所设，不计常法，致位王季，以崇圣嗣，圣嗣，谓文王。卒有天下，师古曰：卒，终；卒，子恤翻。子孙承业，七八百载，载，子亥翻，年也。尔雅曰：唐、虞曰载，取物终更始。功冠三王，冠，古玩翻。道德最备，是以尊号追及太王。太王，古公亶父也。武王克商有天下，追王太王、王季。故世必有非常之变，然后乃有非常之谋。孝成皇帝自知继嗣不以时立，念虽末有皇子，万岁之后未能持国，师古曰：末，晚暮也。万岁，言晏驾也。余谓人之生也，以死为讳，故常人以死后为百年之后，天子曰千秋万岁后。权柄之重，制于女主，女主骄盛则耆欲无极，如武帝为钩弋夫人虑者是也。师古曰：耆，读曰嗜。少主幼弱则大臣不使，师古曰：不使，不可使从命也。世无周公抱负之辅，恐危社稷，倾乱天下。知陛下有贤圣通明之德，仁孝子爱之恩，怀独见之明，内断于身，断，丁乱翻。故废后宫就馆之渐，绝微嗣祸乱之根，师古曰：微嗣者，谓幼主也。乃欲致位陛下以安宗庙。愚臣既不能深援安危，定金匮之计，师古曰：愚臣，谓解光等也。金匮，言长久之法，可藏于金匮石室者。援，音爰。又不知推演圣德，师古曰：演，广也，音弋善翻。述先帝之志，乃反覆校省内，暴露私燕，师古曰：私燕，谓成帝闲燕之私也。覆，音方目翻。余谓私燕，衽席之私，所谓专房燕，即此燕也。诬污先帝倾惑之过，污，乌故翻。成结宠妾妒媢之诛，媢，莫报翻。甚失贤圣远见之明，逆负先帝忧国之意！夫论大德不拘俗，立大功不合众，用卫鞅语意。此乃孝成皇帝至思所以万万于众臣，陛下圣德盛茂所以符合于皇天也，岂当世庸庸斗筲之臣所能及哉！筲，竹器也，容斗二升，音所交翻。且褒广将顺君父之美，匡救销灭既往之过，古今通义也。事不当时固争，防祸于未然，各随指阿从以求容媚；晏驾之后，尊号已定，万事已讫，乃探追不及之事，讦扬幽昧之过，此臣所深痛也！耿育之言是也。春秋为尊者讳，义正如此。探，吐南翻。师古曰：讦，音居谒翻。愿下有司议，下，遐稼翻。即如臣言，宜宣布天下，使咸晓知先帝圣意所起。不然，空使谤议上及山陵，下流后世，远闻百蛮，闻，音问。近布海内，甚非先帝托后之意也。盖孝者，【章：十四行本“者”作“子”；乙十一行本同；孔本同。】善述父之志，善成人之事，唯陛下省察！”省，悉井翻。帝亦以为太子颇得赵太后力，事见上卷成帝元延四年。遂不竟其事。傅太后恩赵太后，师古曰：恩，谓以厚恩接遇之。一曰：恩，谓衔其立哀帝为嗣之恩也。余谓一说是。赵太后亦归心，故太皇太后及王氏皆怨之。为赵后自杀张本。

4 丁酉，光禄大夫傅喜为大司马，封高武侯。恩泽侯表：高武侯，国于南阳杜衍县。考异曰：公卿表：“绥和二年，十一月，庚午，师丹为大司马，四月，徙。建平元年，四月，丁酉，傅喜为大司马。”喜传云：“明年正月，徙师丹为大司空，而拜喜为大司马。”荀纪亦在正月。按长历此年四月癸亥朔，无丁酉，今从喜传、汉纪。

5 秋，九月，甲辰，陨石于虞二。地理志，虞县，属梁国。

6郎中令泠褒、师古曰：泠，音零。古者乐工谓之泠人，因以为氏。周有泠州鸠。原父曰：按此时无郎中令。余谓“令”字衍。黄门郎段犹等复奏言：“定陶共皇太后、共皇后皆不宜复引定陶藩国之名，以冠大号；复，扶又翻。共，读曰恭。冠，古玩翻。车马、衣服宜皆称皇之意，师古曰：皇者，至尊之号，其服御宜皆副称之也。称，音尺孕翻。置吏二千石以下，各供厥职；师古曰：谓詹事、太仆、少府等众官也。又宜为共皇立庙京师。”为，于伪翻；下故为同。上复下其议，复，扶又翻。下，遐稼翻。群下多顺指言：“母以子贵，宜立尊号以厚孝道。”唯丞相光、大司马喜、大司空丹以为不可。丹曰：“圣王制礼，取法于天地。尊卑者，所以正天地之位，不可乱也。易系辞曰：天尊地卑，君臣定矣。卑高以陈，贵贱位矣。又履卦大象曰：上天下泽，履，君子以辩上下、定民志。履者，礼也。今定陶共皇太后、共皇后以‘定陶共’为号者，母从子，妻从夫之义也。共皇太后之号，为母从子。共皇后之号，为妻从夫。欲立官置吏，车服与太皇太后并，非所以明‘尊无二上’之义也。定陶共皇号谥已前定，义不得复改。复，扶又翻。礼：‘父为士，子为天子，祭以天子，其尸服以士服’，子无爵父之义，尊父母也。引礼记丧服小记之言。古者祭祀必有尸，服以生时之服，事亡如事存也。郑玄曰：祭以天子，养以子道也。尸服士服，父本无爵，不敢以己爵加之，嫌于卑之。为人后者为之子，故为所后服斩衰三年，斩衰，用粗布，其下斩之不缏。衰，音七雷翻。而降其父母期，明尊本祖而重正统也。本祖，所后之祖。孝成皇帝圣恩深远，故为共王立后，事见上卷成帝绥和元年。奉承祭祀，令共皇长为一国太祖，前称共王，后称共皇，随其时之所称而称之也。诸侯之国，以始封之君为国太祖。万世不毁，恩义已备。陛下既继体先帝，持重大宗，承宗庙、天地、社稷之祀，义不可复奉定陶共皇，祭入其庙。复，扶又翻；下同。今欲立庙于京师，使臣下祭之，是无主也。又，亲尽当毁，礼，太祖以下亲庙四，亲尽而迭毁。

匡衡曰：孝莫大于严父，故父之所尊，子不敢不承；父之所异，子不敢同。礼，公子不得为母信。为后，则于子祭，于孙止。李奇曰：不得信，尊其父也。公子去其所而为大宗后，尚得私祭其母；为孙则止，不得祭公子母也，明继祖不复顾其私祖母。此皆亲尽当毁之义也。师古曰：信，读曰申。空去一国太祖不堕之祀而就无主当毁不正之礼，共皇立庙于定陶，则为一国太祖之庙，万世不毁。立庙于京师，则其祭莫适为主；又亲尽当毁，而于礼又为不正也。堕，读曰隳。非所以尊厚共皇也！"丹由是浸不合上意。

会有上书言："古者以龟、贝为货，今以钱易之，贝，博盖翻，海介虫也；居陆名猋，在水名蜬。古者货贝而宝龟，周有泉，至秦废贝而行钱。其后王莽以龟贝为货，盖祖此说也。埤雅：兽为友，贝二为朋。贝中肉如科斗而有首尾，贝之字从目从八，言贝，目之所背也。盐铁论曰：教与俗改，敝与世易，夏后氏以玄贝，殷人以紫石。孔颖达曰：尔雅：贝，居陆猋，在水蜬，大者魧，小者鲼。今之细贝亦有紫色者，出日南。玄贝，胎贝黑色者。馀蚳，黄白文。馀泉，白黄文，白质黄文也。诗成贝锦，则紫贝也。紫贝，以紫为质，黑为文点也。蚆博而頯，中广，两头锐。蜠大而险。鲼小而惰，惰狭而长。猋，音标。蜬，音含。魧，音况。鲼，音积。蚳，音治。蚆，音葩。頯，匡轨翻。蜠，音囷。民以故贫，宜可改币。"上以问丹，丹对言可改。章下有司议，下，遐稼翻；下同。皆以为行钱以来久，难卒变易。师古曰：卒，读曰猝。丹老人，忘其前语，年老神识衰减则健忘。忘，音巫放翻。复从公卿议。又丹使吏书奏，吏私写其草；丁、傅子弟闻之，使人上书告"丹上封事，上，时掌翻。行道人遍持其书。"上以问将军、中朝臣，朝，直遥翻。皆对曰："忠臣不显谏。大臣奏事，不宜漏泄，宜下廷尉治。"下，遐稼翻。事下廷尉，劾丹大不敬，承丁、傅风旨也。劾，户概翻。事未决，给事中、博士申咸、炔钦上书苏林曰：炔，音桂，姓也。言："丹经、行无比，行，下孟翻。师古曰：比，音必寐翻。余谓读如字，义自通。自近世大臣能若丹者少。发愤懑，奏封事，懑，音满，又莫困翻。不及深思远虑，使主簿书，汉三公府皆有主薄，录省众事。簿，文籍也，以版书之。漏泄之过不在丹，以此贬黜，恐不厌众心。”师古曰：厌，音一赡翻。上贬咸、钦秩各二等；博士秩比六百石，贬二等，则比四百石。遂策免丹曰：“朕惟君位尊任重，怀谖迷国，师古曰：谖，诈也；音虚爰翻。进退违命，反覆异言，甚为君耻之！为，于伪翻；下为贤同。以君尝托傅位，谓尝傅上于东宫也。未忍考于理，理，理官也；谓廷尉也。言未召致廷尉而考问之也。其上大司空、高乐侯印绶，罢归！”上，时掌翻；下同。

尚书令唐林上疏曰：“窃见免大司空丹策书，泰深痛切。君子作文，为贤者讳。春秋之义，为贤者讳。丹，经为世儒宗，言经学为当世儒者所宗也。德为国黄耇，师古曰：黄耇，老人之称也。黄，谓白发落尽，更生黄者也。耇，老人面色不净如垢也。亲傅圣躬，位在三公；所坐者微，海内未见其大过。事既以往，丹传“以”作“已”。免爵太重；京师识者咸以为宜复丹爵邑，使奉朝请。朝，直遥翻。师古曰：识者，谓有识之人也。请，音材性翻。成帝尊礼张禹，使奉朝请，后遂以为官名。沈约曰：奉朝会请召而已。请，读如字。唯陛下裁览众心，有以尉复师傅之臣！”尉，与慰同，安也。复，报也。上从林言，下诏，赐丹爵关内侯。自萧望之以谗间免官，赐爵关内侯，其后周堪等皆用此比，虽曰以恩师傅，其实倚阁之，使之优闲耳。

上用杜业之言，召见朱博，起家复为光禄大夫；朱博免官，见上卷成帝绥和元年。按杜业传：帝初即位，业上书言王氏世权日久，薛宣、张禹惑乱朝廷，而荐朱博。见，贤遍翻。迁京兆尹。冬，十月，壬午，以博为大司空。

7 中山王箕子，幼有眚病，箕子，中山王兴之子。孟康曰：灾眚之眚，谓妖病也。服虔曰：身尽青也。苏林曰：名为肝厥，发时，唇口手足十指甲皆青。师古曰：下云“祷祠解舍”，孟说是也。眚，音所领翻，字不作“青”。服〔苏〕说误矣。祖母冯太后自养视，数祷祠解。数，所角翻。师古曰：解，音懈。余按韵书，解音懈者，释除也，祷祠以除灾也。但颜注上云“祷祠解舍”，则以解为廨舍之廨，其说拘矣。贾公彦曰：求福曰祷，祷礼轻；得求曰祠，祠礼重。上遣中郎谒者张由将医治之。续汉志：常侍谒者，主殿上时节威仪，比六百石；给事谒者，四百石；灌谒者郎中，比三百石，掌宾赞受事及上章报问。中郎谒者，盖即灌谒者郎中也。治，直之翻；下同。由素有狂易病，师古曰：狂易者，狂而变易常性也。病发，怒去，西归长安。尚书簿责由擅去状，师古曰：簿责，以文簿一一责问也。由恐，因诬言中山太后祝诅上及傅太后。中山太后，冯太后也，即元帝冯昭仪。祝，职救翻。诅，庄助翻。傅太后与冯太后并事元帝，追怨之，因是遣御史丁玄按验；数十日，无所得。更使中谒者令史立治之；师古曰：官为中谒者令，姓史，名立。续汉志：中宫谒者令，主报中章，宦者为之。更，工衡翻。立受傅太后指，冀得封侯，治冯太后女弟习及弟妇君之，据冯昭仪传，君之，寡弟妇也。死者数十人，诬奏云：“祝诅，谋弑上，立中山王。”责问冯太后，无服辞。立曰：“熊之上殿何其勇，今何怯也！”当熊事，见二十九卷元帝建昭元年。之上，时掌翻。太后还谓左右：“此乃中语，【章：十四行本“语”下有“前世事”三字；乙十一行本同；孔本同；退斋校同。】师古曰：中语，谓宫中之言语也。吏何用知之？欲陷我效也！”师古曰：效，征验也。乃饮药自杀。宜乡侯参、君之、习及夫、子按冯昭仪传，习夫及子也。当相坐者，或自杀，或伏法，伏法，谓受刑而死。凡死者十七人。众莫不怜之。

司隶孙宝奏请覆治冯氏狱，傅太后大怒曰：“帝置司隶，主使察我！冯氏反事明白，故欲擿抉以扬我恶，师古曰：剔抉，谓挑发之也。擿，音他历翻。抉，音一决翻。挑，音他聊翻。我当坐之！”上乃顺指，下宝狱。下，遐稼翻。尚书仆射唐林争之，上以林朋党比周，比，毗至翻。左迁敦煌鱼泽障候。师古曰：敦煌效谷县，本鱼泽障也。大司马傅喜、光禄大夫龚胜固争，上为言太后，出宝，复官。为，于伪翻。张由以先告，赐爵关内侯；史立迁中太仆。

张由、史立以此受赏，岂知乃以此贾祸邪！

容肇祖标点顾颉刚聂崇岐覆校

资治通鉴卷第三十四

翰林学士朝散大夫右谏议大夫知制诰兼侍讲
同提举万寿观公事兼判集贤院上护军 司马光 奉敕编集
河内郡开国侯食邑一千三百户赐紫金鱼袋臣

后学天台 胡三省 音注

汉纪二十六 起柔兆执徐（丙辰），尽著雍敦牂（戊午），凡三年。

孝哀皇帝中

建平二年（丙辰、前五）

1 春，正月，有星孛于牵牛。晋天文志：牵牛六星，天之关梁，主牺牲事。孛，蒲内翻。

2 丁、傅宗族骄奢，皆嫉傅喜之恭俭。又，傅太后欲求称尊号，与成帝母齐尊；喜与孔光、师丹共执以为不可。上重违大臣正议，师古曰：重，难也。又内迫傅太后，依违者连岁。如淳曰：依违，不决事之言也。余谓上二语，即依违之意。傅太后大怒，上不得已，先免师丹以感动喜；师丹免见上卷上年。喜终不顺。朱博与孔乡侯傅晏连结，共谋成尊号事，数燕见，数，所角翻。见，贤遍翻。奏封事，毁短喜及孔光。毁短者，谮毁而言其短也。丁丑，上遂策免喜，以侯就第。

御史大夫官既罢，成帝绥和元年，罢御史大夫，置大司空，事见三十二卷。议者多以为古今异制，汉自天子之号下至佐史，皆不同于古，汉官至斗食，佐史而止。言汉承秦号为皇帝，下至百官称号，皆不与古同。而独改三公，职事难分明，无益于治乱。治，直吏翻。于是朱博奏言："故事：选郡国守相高第为中二千石，守，式又翻。相，息亮翻。选中二千石为御史大夫，任职者为丞相；言御史大夫能任其职，则进而为相。位次有序，所以尊圣德，重国相也。今中二千石未更御史大夫而为丞相，师古曰：更，经也，音工衡翻。权轻，非所以重国政也。臣愚以为大司空官可罢，复置御史大夫，遵奉旧制。臣愿尽力以御史大夫为百僚率！"上从之。夏，四月，戊午，更拜博为御史大夫。又以丁太后兄阳安侯明为大司马、卫将军，置官属；大司马冠号如故事。复绥和以前之制也。冠，古玩翻。

3 傅太后又自诏丞相、御史大夫曰："高武侯喜附下罔上，与故大司空丹同心背畔，放命圮族，应劭曰：谓放弃教令，圮其族类。背，蒲妹翻。圮，皮美翻。不宜奉朝请，朝，直遥翻。请，才性翻，又如字。其遣就国！"

4 丞相孔光，自先帝时议继嗣，有持异之隙，又重忤傅太后指；持异事见三十二卷成帝绥和元年。重忤傅太后指，谓不使居北宫，奏傅迁，持称尊号之议也。师古曰：重，音直用翻。忤，五故翻。由是傅氏在位者与朱博为表里，共毁谮光。表，外也。里，内也。傅氏谮之于内，朱博毁之于外也。乙亥，策免光为庶人。师古曰：汉旧仪云：丞相有他过，使者奉策书，即时步出府，乘栈车归田里。以御史大夫朱博为丞相，封阳乡侯；恩泽侯表：阳乡侯，国于山阳湖陵。考异曰：公卿表："四月乙未，孔光免，朱博为丞相。"又曰："四月，戊午，博为御史大夫；乙亥，迁。"五行志："五月，乙亥朔，博为丞相。"荀纪："乙亥，孔光免。"按长历，是月丁巳朔，无乙未；十九日乙亥，非朔也。表、志皆有误。少府赵玄为御史大夫。成帝绥和元年，赵玄自太子太傅左迁，今复进用，皆丁、傅之意也。临延登受策，师古曰：延入而登殿也。汉旧仪云：丞相、御史大夫初拜，皇帝延登亲诏也。有大声如钟鸣，殿中郎吏陛者皆闻焉。师古曰：陛者，谓执兵列于陛侧。

上以问黄门侍郎蜀郡扬雄续汉志：给事黄门侍郎，六百石，掌侍从左右，给事中，关通中外及诸王朝见于殿上，引王就坐。扬雄解嘲所谓"官不过侍郎，擢才给事黄门"者也。扬雄自谓其先出自有周伯侨者，食采于晋之杨，因氏焉。不知伯侨，周何别也。及李寻。寻对曰："此洪范所谓鼓妖者也。师法，以为人君不聪，为众所惑，空名得进，则有声无形，不知所从生。洪范五行传曰：听之不聪，是谓不谋，时则有鼓妖。君严猛而闭下，臣战栗而塞耳，则妄闻之气发于音声，故有鼓妖。妖，于骄翻。其传曰：'岁、月、日之中，则正卿受之。'今以四月日加辰、巳有异，是为中焉。以一岁三分之，则四月巳为岁之中。以一日三分之，则辰、巳已为日之中。正卿，谓执政大臣也。宜退丞相、御史，以应天变。然虽不退，不出期年，其人自蒙其咎。"师古曰：期年，十二月也。蒙，犹被也。期，音基。扬雄亦以为"鼓妖，听失之象也。朱博为人强毅，多权谋，宜将不宜相，将，即亮翻。相，息亮翻。恐有凶恶亟疾之怒。"师古曰：亟，急也；音居力翻。上不听。

朱博既为丞相，上遂用其议，下诏曰："定陶共皇之号，不宜复称定陶；复，扶又翻。尊共皇太后曰帝太太后，称永信宫；共皇后曰帝太后，称中安宫；为共皇立寝庙于京师，为，于伪翻。比宣帝父悼皇考制度。"宣帝既立八年，有司言：礼，父为士，子为天子，祭以天子。悼园宜称皇考，立庙，因园为寝，以时荐享焉。然悼园在广明成乡，长安东郭之外也。定陶共王葬定陶而立庙京师，则非因园为寝矣。于是四太后各置少府、太仆，秩皆中二千石。傅太后、丁太后、赵太后与太皇太后为四太后。傅太后既尊后，尤骄，与太皇太后语，至谓之"妪"。妪，威遇翻。时丁、傅以一二年间暴兴尤盛，为公卿列侯者甚众；然帝不甚假以权势，不如王氏在成帝世也。

5 丞相博、御史大夫玄奏言："前高昌侯宏，首建尊号之议，而为关内侯师丹所劾奏，免为庶人。事见上卷绥和二年。劾，户概翻。时天下【严："下"改"子"。】衰粗，委政于丹，师古曰：言新有成帝之丧，斩衰粗服，故天子不亲政事也。衰，音仓回翻。丹不深惟褒广尊号之义，惟，思也。而妄称说，抑贬尊号，亏损孝道，不忠莫大焉！陛下仁圣，昭然定尊号，宏以忠孝复封高昌侯；丹恶逆暴著，虽蒙赦令，不宜有爵邑，请免为庶人。"奏可。

又奏："新都侯莽前为大司马，不广尊尊之义，抑贬尊号，亏损孝道，事亦见上卷绥和二年。当伏显戮。幸蒙赦令，不宜有爵土，请免为庶人。"上曰："以莽与【章：乙十一行本"与"下有"太"字；孔本同。】皇太后有属，勿免，遣就国。"及平阿侯仁臧匿赵昭仪亲属，皆遣就国。仁，谭之子也。臧，古藏字通。

天下多冤王氏者！为下元寿二年王莽复柄国张本。谏大夫杨宣上封事言："孝成皇帝深惟宗庙之重，称述陛下至德以承天序，天序，谓帝王正统相传之次，天所命也。上，时掌翻。圣策深远，恩德至厚。惟念先帝之意，岂不欲以陛下自代，奉承东宫哉！师古曰：言供养太后。太皇太后春秋七十，数更忧伤，谓先罹元帝之丧而又哭成帝也。数，所角翻。更，工衡翻。敕令亲属引领以避丁、傅，师古曰：引领，自引道领而退也。行道之人为之陨涕，为，于伪翻。况于陛下！登高远望，独不惭于延陵乎！"言王氏斥逐而丁、傅贵宠，若登高而望成帝陵寝，宁不有惭于付托乎！帝深感其言，复封成都侯商中子邑为成都侯。绥和二年，商子况以罪夺侯；今以邑绍封。中，读曰仲。

6 朱博又奏言："汉家故事，置部刺史，秩卑而赏厚，汉，刺史秩六百石耳；居部九岁，举为守相，秩二千石；其有异材功效著者辄登擢。咸劝功乐进。师古曰：劝功，自劝勉而立功也。乐，音洛。前罢刺史，更置州牧，事见三十二卷成帝绥和元年。更，工衡翻。秩真二千石，位次九卿；九卿缺，以高第补；其中材则苟自守而已，恐功效陵夷，师古曰：陵夷，谓渐废替。奸轨不禁。臣请罢州牧，置刺史如故。”上从之。

7 六月，庚申，帝太后丁氏崩，诏归葬定陶共皇之园，从夫也。共皇葬于其国。贤曰：在今曹州济阴县北。共，读曰恭。发陈留、济阴近郡国五万人穿复土。近郡国，谓郡国之近定陶者。前书音义曰：穿复土，谓穿圹填塞事也。言下棺讫，复以土为坟，故曰复土。近，其靳翻。

8 初，成帝时，齐人甘忠可诈造天官历、包元太平经十二卷，言汉家逢天地之大终，当更受命于天；以教渤海夏贺良等。夏，户雅翻。中垒校尉刘向奏忠可假鬼神，罔上惑众；忠可诈称“天帝使真人赤精子下教我”，故向奏之。下狱，治服；服其挟诈也。下，遐稼翻。未断，病死。断，丁乱翻。贺良等复私以相教。复，扶又翻；下同。上即位，司隶校尉解光、骑都尉李寻白贺良等，皆待诏黄门。应劭曰：诸以材技征召，未有正官，故曰待诏。董巴曰：黄门，禁门黄闼。数召见，数，所角翻。见，贤遍翻。陈说“汉历中衰，当更受命。成帝不应天命，故绝嗣。今陛下久疾，变异屡数，师古曰：数，音所角翻。天所以谴告人也；宜急改元易号，乃得延年益寿，皇子生，灾异息矣。得道不得行，师古曰：言知道而不能行。咎殃且无不有，洪水将出，灾火且起，涤荡民人。”上久寝疾，班固曰：上即位痿痹，末年浸剧。冀其有益，遂从贺良等议，诏大赦天下，以建平二年为太初元年，号曰“陈圣刘太平皇帝”，李斐曰：陈，道也；言得神道圣者刘也。如淳曰：陈，舜后。王莽，陈之后。谬语陈当立而不知。韦昭曰：敷陈圣刘之德也。师古曰：如、韦二说是也。余谓韦说不诡于正，如说则流于巫。颜以为二说皆是，将安从乎！漏刻以百二十为度。师古曰：旧漏，昼夜共百刻，今增其二十。

9 秋，七月，以渭城西北原上永陵亭部为初陵，勿徙郡国民。

10 上既改号月馀，寝疾自若。夏贺良等复欲妄变政事，大臣争以为不可许。贺良等奏言：“大臣皆不知天命，宜退丞相、御史，以解光、李寻辅政。"上以其言无验，八月，诏曰："待诏贺良等建言改元易号，增益漏刻，可以永安国家；朕信道不笃，过听其言，师古曰：过，误也。冀为百姓获福，卒无嘉应。为，于伪翻。卒，子恤翻。夫过而不改，是谓过矣！论语载孔子之言。六月甲子诏书，非赦令，皆蠲除之。如淳曰：悔前赦令不蒙其福，故收令还之。臣瓒曰：改元易号，大赦天下，以求延祚而不蒙福，哀帝悔之，故更下制书，诸非赦事皆除之。谓改制易号，今皆复故也。师古曰：如说非也，瓒说是矣。唯赦令不改，馀皆除之。贺良等反道惑众，奸态当穷竟。"皆下狱，伏诛。下，遐稼翻，寻及解光减死一等，徙敦煌郡。此汉法所谓减死徙边也。减死者，罪至死而特为末减也。减死罪一等，为城旦、舂。

11 上以寝疾，尽复前世所尝兴诸神祠凡七百馀所，成帝建始初，匡衡、张谭奏罢诸神祠不应礼者，今尽复之。一岁三万七千祠云。神祠既多，而有岁五祠者，有岁四祠者，故其数若是之多。

12 傅太后怨傅喜不已，使孔乡侯【章：乙十一行本"侯"有"晏"字；孔本同；张校同。】风丞相朱博令奏免喜侯。师古曰：风，读曰讽。博与御史大夫赵玄议之，玄言："事已前决，谓前已决遣就国，罪无重科也。得无不宜？"师古曰：得无，犹言无乃也。博曰："已许孔乡侯矣。匹夫相要，尚相得死，要，一遥翻。得死，谓得其死力；一曰：得其相为死也。何况至尊！至尊，谓傅太后。博唯有死耳！"大臣以道事君，而博以死奉私属，贪权借势之心为之也。玄即许可。博恶独斥奏喜，恶，乌故翻。以故大司空氾乡侯何武前亦坐过免就国，事见上卷绥和二年。事与喜相似，即并奏："喜、武前在位，皆无益于治，治，直吏翻。虽已退免，爵土之封，非所当也；皆请免为庶人。"上知傅太后素尝怨喜，疑博、玄承指，即召玄诣尚书问状，玄辞服。丞相、御史同奏，而独召问玄者，以博强毅多权诈，难遽得其情，而玄易以穷诘也。有诏："左将军彭宣与中朝者杂问"，宣等奏劾“博、玄、晏皆不道，不敬，劾，户概翻。请召诣廷尉诏狱”。上减玄死罪三等，削晏户四分之一；减死罪三等，为隶臣妾。晏封五千户，削其千二百五十。假谒者节召丞相诣廷尉，博自杀，国除。

13 九月，以光禄勋平当为御史大夫；冬，十月，甲寅，迁为丞相；以冬月故，且赐爵关内侯。如淳曰：汉仪注，御史大夫为丞相，更春乃封，故先赐爵关内侯也。李奇曰：以冬月非封侯时，故且先赐爵关内侯也。师古曰：李说是也。以京兆尹平陵王喜为御史大夫。按表、传，“喜”当作“嘉”，详见下年。及审是。〔衍〕

14 上欲令丁、傅处爪牙官，处，昌吕翻。是岁，策免左将军淮阳彭宣，以关内侯归家，而以光禄勋丁望代为左将军。上策宣曰：“前有司数奏言：诸侯国人不得宿卫；将军不宜典兵马，处大位。朕惟将军任汉将之重，而子又前娶淮阳王女，婚姻不绝，非国之制，其上左将军印绶。”余按彭宣以连姻藩国而免官，丁、傅以戚党而见用，卒之夺刘氏者，非藩国，乃外戚也。丁、傅于国有大故之时，拱手授柄于王氏，而彭宣乃能辞三公位于王莽专权之初，任官惟贤材，乌得拘小嫌乎！

15 乌孙卑爰疐侵盗匈奴西界，单于遣兵击之，杀数百人，略千馀人，敺牛畜去。卑爰疐恐，遣子趋逯为质匈奴，疐，竹二翻。师古曰：敺，与驱同。逯，音录。质，音致；下同。单于受，以状闻。汉遣使者责让单于，告令还归卑爰疐质子；责以匈奴、乌孙并为汉臣，单于不当擅受卑爰疐质子。单于受诏遣归。

三年（丁卯、前四）

1 春，正月，立广德夷王弟广汉为广平王。广德夷王云客，成帝鸿嘉二年封；又二年，薨，无后。今立广汉以奉中山靖王嗣。谥法：安心好静曰夷；克杀秉政曰夷。

2 帝太太后【章：乙十一行本“帝”上有“癸卯”二字；孔本同；退斋校同。】所居桂宫正殿火。考异曰：五行志云：“桂宫鸿宁殿灾。”荀纪云：“桂宫正殿火。”今从哀纪。

3 上使使者召丞相平当，欲封之；当病笃，不应。不应召也。室家或谓当："不可强起受侯印为子孙邪？"室家，当之妻子也。谓受侯印而死，得以封爵遗子孙也。强，其两翻。为，于伪翻；下同。当曰："吾居大位，已负素餐责矣；起受侯印，还卧而死，死有馀罪。今不起者，所以为子孙也！"遂上书乞骸骨，上不许。三月，己酉，当薨。

4 有星孛于河鼓。天文志：河鼓，在牵牛北；大星，上将；左、右星，左、右将。孛，蒲内翻。

5 夏，四月，丁酉，王嘉为丞相，河南太守王崇为御史大夫。守，式又翻。崇，京兆尹骏之子也。嘉以时政苛急，郡国守相数有变动，数，所角翻。乃上疏曰："臣闻圣王之功在于得人，孔子曰：'材难，不其然与！'师古曰：论语载孔子之言也。材难，言有贤材者难得也。与，读曰欤。余谓材难二语，古语也；孔子引之，谓其言之是也。故'继世立诸侯，象贤也。'礼记郊特牲之文。师古曰：象其先父祖之贤耳，非必皆贤也。虽不能尽贤，天子为择臣、立命卿以辅之。记王制：大国三卿，皆命于天子；次国三卿，二卿命于天子，一卿命于其君；小国二卿，皆命于其君。春秋之时，如晋之六卿，以中军帅为正卿，亦其君先命之而后闻于天子耳。齐之高、国，鲁之三桓，皆世卿也。汉之王国傅、相、中尉命于天子，犹古之命卿也。居是国也，累世尊重，然后士民之众附焉，是以教化行而治功立。治，直吏翻。今之郡守重于古诸侯，周初班爵五等，公、侯地方百里，伯七十里，子、男五十里。其后齐、晋、秦、楚，以兼并而地始广大耳。汉郡守方制千里，连城以十数，是重于古诸侯也。守，式又翻；下同。往者致选贤材，致，极也。贤材难得，拔擢可用者，或起于囚徒。昔魏尚坐事系，文帝感冯唐之言，遣使持节赦其罪，拜为云中太守；匈奴忌之。事见十四卷文帝十四年。武帝擢韩安国于徒中，拜为梁内史；骨肉以安。按韩安国传：安国坐法抵罪。会梁内史缺，汉使使者拜安国为梁内史，起徒中为二千石。此景帝时事也。“武帝”，当作“景帝”。师古曰：骨肉以安，言梁孝王免罪也。张敞为京兆尹，有罪当免，黠吏知而犯敞，黠，下八翻。敞收杀之，其家自冤，自言其冤也。使者覆狱，劾敞贼杀人，上逮捕不下，上奏请逮捕敞，而天子不下其奏也。上，时掌翻。下，遐嫁翻。会免；亡命十数日，宣帝征敞拜为冀州刺史，卒获其用。事见二十七卷宣帝甘露元年。卒，子恤翻。前世非私此三人，贪其材器有益于公家也。孝文时，吏居官者或长子孙，【章：乙十一行本“孙”下有“以官为氏”四字；孔本同；张校同；退斋校同。】长，知两翻；下同。仓氏、库氏则仓库吏之后也；其二千石长吏亦安官乐职，乐，音洛。然后上下相望，莫有苟且之意。其后稍稍变易，公卿以下传相促急，又数改更政事，传，知恋翻。数，所角翻。更，工衡翻。司隶、部刺史举劾苛细，发扬阴私，司隶部三辅、三河、弘农，其馀部刺史分部诸郡国。劾，户概翻。吏或居官数月而退，送故迎新，交错道路。中材苟容求全，师古曰：不敢操持群下也。下材怀危内顾，师古曰：常恐获罪，每为私计也。壹切营私者多。二千石益轻贱，吏民慢易之，或持其微过，增加成罪，言于司隶、刺史，或上书告之；众庶知其易危，师古曰：言易可倾危。易，以豉翻。小失意则有离畔之心。前山阳亡徒苏令等纵横，事见三十一卷成帝永始三年。师古曰：横，音胡孟翻。吏士临难，难，乃旦翻。莫肯伏节死义，以守、相威权素夺也。师古曰：守，郡守也；相，诸侯相也。素夺，谓不先假之威权也。孝成皇帝悔之，下诏书，二千石不为故纵，孟康曰：不以故纵为罪，所以优之也。遣使者赐金，尉厚其意，诚以为国家有急，取办于二千石；二千石尊重难危，乃能使下。孝宣皇帝爱其善治民之吏，有章劾事留中，会赦壹解。师古曰：不即下治其事，恐为扰重，故每留中；或经赦，令壹切皆解散也。余谓善治民之吏，宣帝爱其材，或有章劾，留中不下，会赦，则其事得释。治，直之翻。劾，户概翻。故事：尚书希下章，为烦扰百姓，证验系治，或死狱中，章文必有'敢告之'字乃下。师古曰：所以丁宁告者之辞，绝其相诬也。余谓此乃防其诬告耳。下，遐稼翻。为，于伪翻。唯陛下留神于择贤，记善忘过，容忍臣子，勿责以备。师古曰：不求备于一人也。余谓责备者，求全也。二千石、部刺史、三辅县令有材任职者，人情不能不有过差，宜可阔略，师古曰：当宽恕其小罪也。令尽力者有所劝。此方今急务，国家之利也。前苏令发，欲遣大夫使逐问状，使之逐盗而问其状也。时见大夫无可使者，师古曰：谓见在大夫皆不堪为使。见，贤遍翻。召盩厔令尹逢，拜为谏大夫遣之。盩厔，音舟窒。今诸大夫有材能者甚少，宜豫畜养可成就者，则士赴难不爱其死；临事仓卒乃求，非所以明朝廷也。"人材当聚于朝廷；事会之来，无可用者，仓猝求之，适所以明朝廷之无人耳。少，诗沼翻。畜，许六翻。难，乃旦翻。卒，读曰猝。嘉因荐儒者公孙光、满昌风俗通：荆蛮有瞒氏，音舛变为"满"。国语：路，潞、泉、余、满，皆赤狄，隗姓。及能吏萧咸、薛修，皆故二千石有名称者，天子纳而用之。按嘉此疏，诚中当时之病。然为相者在于朝夕纳诲，随事矫正，天下不能窥其际，而自臻于治平，不在著见于奏疏，以腾口说也。自宣帝之后，为相者始加详于奏疏，而考其治迹，愈不逮前，相业固不在乎此也。称，尺证翻。

6 六月，立鲁顷王子部乡侯闵为王。鲁共王曾孙顷王封，传国于其子文王晙；晙薨，无后；今立闵绍封。"部乡"，据纪、表及传当作"部乡"。师古曰：部，音吾，又音鱼。晙，音子缘翻。地理志，东海郡有部乡侯国。

7 上以寝疾未定，定，犹安也。冬，十一月，壬子，令太皇太后下诏复甘泉泰畤、汾阴后土祠，罢南、北郊。成帝崩，皇太后诏罢甘泉、汾阴祠，复南、北郊。畤，音止。上亦不能亲至甘泉、河东，遣有司行事而礼祠焉。

8 无盐危山土自起覆草，如驰道状；无盐县，属东平国。危山，山名。言土自起，覆草成路，如人力开掘，作驰道状也。又，瓠山石转立。晋灼曰：汉书作"报山"。山胁石一枚，转侧起立，高九尺六寸，旁行一丈，广四尺也。师古曰：报山，山名也。古作“瓠”字，为其形似瓠耳。晋说是也。东平王云及后谒自之石所祭；治石象瓠山立石，束倍草，并祠之。云，元帝子东平王宇之子也。谒，后名也。苏林曰：于宫中作山象。师古曰：倍草，黄倍草也。倍，音步贿翻。原父曰：“立石”属上句。治，直之翻。河内息夫躬、息夫，复姓。姓谱：妫姓之国为息氏，公子达受爵为大夫；又有息夫氏出焉。长安孙宠相与谋共告之，曰：“此取封侯之计也！”乃与中郎右师谭张晏曰：右师，姓；谭，名。余谓右师，以官为氏。共因中常侍宋弘上变事，告焉。上，时掌翻。是时上被疾，多所恶，事下有司，逮王后谒下狱验治；服“祠祭诅祝上，为云求为天子，被，皮义翻。下，遐稼翻。诅，庄助翻。祝，职救翻。为云，于伪翻。以为石立，宣帝起之表也。”事见二十三卷昭帝元凤三年。有司请诛王，有诏，废徙房陵。云自杀，谒及舅伍宏及成帝舅安成共侯夫人放，皆弃市。安成共侯王崇，时已死矣，故称帝舅及谥，以别下御史大夫王崇也。伍宏以医伎得幸，出入禁门，盖放荐之，故并得祸。共，音恭。事连御史大夫王崇，左迁大司农。擢宠为南阳太守，谭颍川都尉，弘、躬皆光禄大夫、左曹、给事中。

四年(戊午、前三)

1 春，正月，大旱。

2 关东民无故惊走，持稿或掫一枚，如淳曰：掫，麻干也。师古曰：稿，禾秆也，音工老翻。掫，音邹，又音侧九翻。转相付与，曰“行西王母筹”，师古曰：西王母，元后寿考之象。行筹，又言执国家筹策，行于天下。道中相过逢，多至千数；或被发徒跣，或夜折关，或逾墙入，或乘车骑奔驰，以置驿传行，被，皮义翻。折，而设翻。传，知恋翻。经郡国二十六至京师，不可禁止。民又聚会里巷阡陌，设博具，师古曰：博戏之具。歌舞祠西王母，至秋乃止。五行志曰：此异乃王太后、莽之应也。

3 上欲封傅太后从父弟侍中、光禄大夫商，从，才用翻。尚书仆射平陵郑崇谏曰："孝成皇帝封亲舅五侯，天为赤黄，昼昏，日中有黑气。事见三十卷成帝建始元年。为，于伪翻。孔乡侯，皇后父，高武侯以三公封，尚有因缘。孔乡侯，傅晏；高武侯，傅喜。言皇后父及三公封侯，尚有汉家旧比可因缘也。今无故复欲封商，坏乱制度，复，扶又翻。坏，音怪。逆天人之心，非傅氏之福也！臣愿以身命当国咎！"崇因持诏书案起。李奇曰：持当受诏书案起也。师古曰：李说非也。案者，即写诏之文。余按更始时，常侍奏事，韩夫人起，抵破书案。则案非文案之案也。李说是。傅太后大怒曰："何有为天子乃反为一臣所颛制邪！"二月，癸卯，上遂下诏封商为汝昌侯。恩泽侯表，汝昌侯，国于东郡须昌之阳谷。考异曰：哀纪及恩泽侯表皆云"商以今年二月封"，而孙宝传云："制诏丞相、大司空"。按建平二年已罢大司空官，疑传误。

4 驸马都尉、侍中云阳董贤得幸于上，出则参乘，入御左右，乘，绳证翻；御，侍也。赏赐累巨万，贵震朝廷。常与上卧起；尝昼寝，偏藉上袖，师古曰：藉，谓身卧其上也。上欲起，贤未觉，师古曰：觉，寐之寤也。觉，音工效翻。不欲动贤，乃断袖而起。断，丁管翻。又诏贤妻得通引籍殿中，止贤庐。师古曰：庐，谓殿中所宿止处。又召贤女弟以为昭仪，位次皇后。昭仪及贤与妻旦夕上下，并侍左右。上，时掌翻。以贤父恭为少府，赐爵关内侯。诏将作大匠为贤起大第北阙下，重殿，洞门，师古曰：重殿，谓有前后殿；洞门，谓阙门相当也：皆僭天子之制度者也。为，于伪翻。重，直龙翻。土木之功，穷极技巧。技，渠绮翻。赐武库禁兵、上方珍宝。禁中谓之上方。其选物上弟尽在董氏，选物，物之选其尤者。上第，于众物之中等第居上也。弟，与第同。而乘舆所服乃其副也。乘，绳证翻。及至东园秘器、珠襦、玉匣，【章：乙一十行本"匣"作"柙"。】师古曰：东园，署名，属少府。汉旧仪云：东园秘器，作棺，梓素木，长三丈，崇广四尺。珠襦，以珠为襦，如铠状，连缝之，以黄金为缕；腰以下，玉为柙，长尺，广二寸半，为甲至足，亦缝以黄金缕。豫以赐贤，无不备具。又令将作为贤起冢茔义陵旁，义陵，帝寿陵也。茔，余倾翻，墓域。内为便房，刚柏题凑，服虔曰：便房，藏中便坐也。苏林曰：以柏木黄心致累棺外，曰黄肠。木头皆内向，故曰题凑。师古曰：便房，小曲室也。外为徼道，周垣数里，徼道，徼循之道。师古曰：徼，谓遮绕也，音工钓翻。垣，墙也。门阙罘罳甚盛。罘，音浮。罳，音思。

郑崇以贤贵宠过度谏上，由是重得罪，师古曰：重，音直用翻。数以职事见责；数，所角翻。发疾颈痈，欲乞骸骨，不敢。尚书令赵昌佞谄，谄，古谄字。素害崇；知见疏，因奏"崇与宗族通，疑有奸，请治。"治，直之翻；下同。上责崇曰："君门如市人，师古曰：言请求者多，交通宾客。何以欲禁切主上？"崇对曰："臣门如市，臣心如水。师古曰：言至清也。愿得考覆！"上怒，下崇狱。下，遐稼翻。司隶孙宝上书曰：成帝元延四年，省司隶校尉。绥和二年，上复置，但曰司隶，冠进贤冠，属大司空。"按尚书令昌奏仆射崇狱，覆治，榜掠将死，卒无一辞；师古曰：榜掠，谓笞击而考问之也。榜，音彭。掠，音亮。卒，音子恤翻。道路称冤。疑昌与崇内有纤介，师古曰：言有细故宿嫌也。浸润相陷。自禁门枢机近臣，蒙受冤谮，亏损国家，为谤不小。臣请治昌以解众心。"书奏，上下诏曰："司隶宝附下罔上，以春月作诋欺，遂其奸心，盖国之贼也。免宝为庶人。"崇竟死狱中。

5 三月，诸【章：乙十一行本"诸"上有"丁卯"二字；孔本同。】吏、散骑、光禄勋贾延为御史大夫。延为光禄勋而加诸吏、散骑也。百官表：诸吏得举法；散骑，骑旁乘舆车。师古曰：骑而散从，无常职也。散，悉亶翻。

6 上欲侯董贤而未有缘，侍中傅嘉劝上定息夫躬、孙宠告东平本章，去宋弘，更言因董贤以闻，更定告章，刊去宋弘名而入董贤名。师古曰：定，谓改治其章也。去，羌吕翻。更，工衡翻。欲以其功侯之，皆先赐爵关内侯。顷之，上欲封贤等而心惮王嘉，乃先使孔乡侯晏持诏书示丞相、御史。于是嘉与御史大夫贾延上封事言："窃见董贤等三人始赐爵，众庶匈匈，咸曰贤贵，其馀并蒙恩；师古曰：言董贤以贵宠故妄得封，而躬、宠等遂蒙恩。至今流言未解。陛下仁恩于贤等不已，宜暴贤等本奏语言，师古曰：暴，谓章露也。延问公卿、大夫、博士、议郎，考合古今，明正其义，然后乃加爵土；不然，恐大失众心，海内引领而议。引领，犹言引颈也。项背曰领。暴评其事，必有言当封者，在陛下所从；天下虽不说，师古曰：说，读曰悦。咎有所分，不独在陛下。前定陵侯淳于长初封，其事亦议，事见三十一卷成帝永始二年。大司农谷永以长当封；众人归咎于永，先帝不独蒙其讥。臣嘉，臣延，材驽不称，称，尺证翻。死有馀责，知顺指不迕，师古曰：迕，逆也，音五故翻。可得容身须臾；所以不敢者，思报厚恩也。"上不得已，且为之止。为，于伪翻；下同。

7 夏，六月，尊帝太太后为皇太太后。傅太后也。

8 秋，八月，辛卯，上下诏切责公卿曰："昔楚有子玉得臣，晋文公为之侧席而坐；晋文公与楚战，胜于城濮，文公犹有忧色，曰："得臣犹在，忧未歇也。"记曰：有忧者侧席而坐。近事，汲黯折淮南之谋。事见十九卷武帝元狩元年。今东平王云等至有图弑天子逆乱之谋者，是公卿股肱莫能悉心、务聪明以销厌未萌故也。师古曰：悉，尽也。务聪明者，广视听也。厌，音一涉翻。赖宗庙之灵，侍中、驸马都尉贤等发觉以闻，咸伏厥辜。书不云乎：'用德章厥善。'师古曰：尚书盘庚之辞也。其封贤为高安侯，恩泽侯表，高安侯，国于朱扶。而朱扶之地无所考。南阳太守宠为方阳侯，恩泽侯表，方阳侯，国于沛郡龙亢。左曹、光禄大夫躬为宜陵侯，恩泽侯表，宜陵侯，国于南阳杜衍。赐右师谭爵关内侯。"又封傅太后同母弟郑恽子业为阳信侯。恩泽侯表，阳信侯，国于南阳新野。恽，于粉翻。息夫躬既亲近，数进见言事，近，其靳翻。数，所角翻。见，贤遍翻。议论无所避，上疏历诋公卿大臣。众畏其口，见之仄目。

9 上使中黄门续汉志：中黄门比百石，掌给事禁中。发武库兵，前后十辈，送董贤及上乳母王阿舍。执金吾毋将隆奏言："武库兵器，天下公用。国家武备，缮治造作，皆度大司农钱。毋将，复姓。治，直之翻。苏林曰：用度皆出大司农。大司农钱，自乘舆不以给共养；共养劳赐，一出少府。乘，绳证翻。师古曰：共，音居用翻。养，音弋尚翻。劳，郎到翻。盖不以本臧给末用，不以民力共浮费，臧，古藏字通，音徂浪翻。师古曰：共，读曰供；下同。别公私，示正路也。别，彼列翻。古者诸侯、方伯得颛征伐，乃赐斧钺，礼记曰：诸侯赐斧钺，然后征。王制：八州八伯，谓之方伯，各统其州之国。汉家边吏职任距寇，亦赐武库兵，皆任事然后蒙之。任，音壬。春秋之谊，家不臧甲，春秋公羊传载孔子堕三都之言。臧，与藏通；读从平声。所以抑臣威，损私力也。今贤等便僻弄臣，便，频连翻。私恩微妾，而以天下公用给其私门，契国威器，共其家备，李奇曰：契，缺也。晋灼曰：契，取也。师古曰：李说是也；音诘结翻。民力分于弄臣，武兵设于微妾，建立非宜，以广骄僭，非所以示四方也。孔子曰：'奚取于三家之堂！'师古曰：论语云：三家者以雍彻。孔子曰："相维辟公，天子穆穆，奚取于三家之堂！"言以雍彻食乃天子之礼，何为在三家之堂也。三家，谓鲁叔孙、仲孙、季孙也。余谓隆引孔子之言，以谓武库兵器不当以共臣妾之家，犹歌雍不当在三家之堂也。臣请收还武库。"上不说。说，读曰悦。

顷之，傅太后使谒者贱买执金吾官婢八人，隆奏言："买贱，请更平直。"汉书作"贾贱"。贾，读曰价；下同。上于是制诏丞相、御史："隆位九卿，既无以匡朝廷之不逮，而反奏请与永信宫争贵贱之贾，傅太后称永信宫。伤化失俗。以隆前有安国之言，左迁为沛郡都尉。"初，成帝末，隆为谏大夫，尝奏封事言："古者选诸侯入为公卿，以褒功德，如卫武公、郑武公、庄公是也。宜征定陶王使在国邸，以填万方。"师古曰：填，读曰镇；音竹刃翻。故上思其言而宥之。

10 谏大夫渤海鲍宣上书曰：姓谱：鲍，本自夏禹之裔，因封为鲍氏。齐之鲍氏，世为上卿。"窃见孝成皇帝时，外亲持权，人人牵引所私以充塞朝廷，塞，悉则翻。妨贤人路，浊乱天下，奢泰亡度，亡，古无字通。穷困百姓，是以日食且十，彗星四起。日食十，注已见三十二卷元延二年。建始元年，星孛于营室，元延元年，星孛于营室，元延元年，星孛于东井，后又晨出东方，十三日，又夕见西方，是四起也。彗，祥岁翻，延芮翻，又徐醉翻。危亡之征，陛下所亲见也；今奈何反覆剧于前乎！"覆"，当作"复"；剧，增也，甚也。

今民有七亡：师古曰：亡，谓失其作业也。阴阳不和，水旱为灾，一亡也；县官重责更赋租税，二亡也；师古曰：更，谓为更卒也，音工衡翻。贪吏并公，受取不已，三亡也；师古曰：并，依也，音步浪翻。豪强大姓，蚕食亡厌，四亡也；亡厌，上古无字通；下音于盐翻。苛吏繇役，失农桑时，五亡也；繇，古傜字通。部落鼓鸣，男女遮列，六亡也；师古曰：言闻桴鼓之声，以为有盗贼，皆当遮列而追捕。盗贼劫略，取民财物，七亡也。七亡尚可，又有七死：酷吏殴杀，一死也；师古曰：殴，击也，音一口翻。治狱深刻，二死也；治，直之翻。冤陷亡辜，三死也；亡，古无字通；下同。盗贼横发，四死也；师古曰：横，音户孟翻。怨雠相残，五死也；岁恶饥饿，六死也；时气疾疫，七死也。天有六气，阴、阳、风、雨、晦、明也。分为四时，序为五节，过则为灾而生疾疫，亦非时之气所为也。民有七亡而无一得，欲望国安，诚难；民有七死而无一生，欲望刑措，诚难。此非公卿、守相贪残成化之所致邪！

群臣幸得居尊官，食重禄，岂有肯加恻隐于细民，助陛下流教化者邪！师古曰：恻隐，皆痛也。志但在营私家，称宾客，为奸利而已。师古曰：务称宾客所求也。称，尺证翻。以苟容曲从为贤，以拱默尸禄为智，拱默，拱手而默然不言也。师古曰：尸，主也；不忧其职，但主食禄而已。谓如臣宣等为愚。陛下擢臣岩穴，诚冀有益豪毛，岂徒使臣美食大官、重高门之地哉！晋灼曰：高门，殿名也。师古曰：在未央宫中。余谓宣盖言徒知养贤为朝廷之重，而不计其有益于时与否。

天下，乃皇天之天下也。陛下上为皇天子，下为黎庶父母，为天牧养元元，为天之为，于伪翻。视之当如一，合尸鸠之诗。师古曰：尸鸠，曹国风之篇也。其诗曰：尸鸠在桑，其子七兮，淑人君子，其仪一兮。言尸鸠养其子七，平均如一，善人君子布德施惠亦当然也。毛氏曰：尸鸠，秸鞠也。尸鸠之养其子，朝从上下，暮从下上，平均如一。秸，音居八翻，又音吉。今贫民菜食不厌，衣又穿空，师古曰：厌，饱足也。空，孔也。穿空，言破敝也。父子、夫妇不能相保，诚可为酸鼻。陛下不救，将安所归命乎！奈何独养外亲与幸臣董贤，多赏赐，以大万数，使奴从、宾客，浆酒藿肉，刘德曰：视酒如浆，视肉如藿也。师古曰：藿，豆叶也，贫人茹之。从，才用翻。苍头庐儿，皆用致富，孟康曰：黎民、黔首，黔、黎，皆黑也；下民阴类，故以黑为号。汉名奴为苍头，非纯黑，以别于良人也。诸给事殿中者所居为庐，苍头侍从，因呼为庐儿。臣瓒曰：汉仪注，官奴给书计，从侍中已下为苍头青帻。非天意也！

及汝昌侯傅商，亡功而封。古亡、无字通；下同。夫官爵非陛下之官爵，乃天下之官爵也。陛下取非其官，官非其人，师古曰：此官不当加于此人，此人不当受此官也。而望天说民服，岂不难哉！说，读曰悦。方阳侯孙宠，宜陵侯息夫躬，辩足以移众，强可用独立，奸人之雄，惑世尤剧者也，宜以时罢退；及外亲幼童未通经术者，皆宜令休，就师傅。急征故大司马傅喜，使领外亲；故大司空何武、师丹，故丞相孔光，故左将军彭宣，经皆更博士，言经学有师法也。更，工衡翻。位皆历三公；龚胜为司直，郡国皆慎选举；司直，掌佐丞相举不法。胜守正不阿，郡国惧为所举奏，故皆慎于选举。可大委任也。陛下前以小不忍退武等，师古曰：少有不快于心，不能忍也。海内失望。陛下尚能容亡功德者甚众，曾不能忍武等邪！治天下者，当用天下之心为心，治，直之翻。不得自专快意而已也。"宣语虽刻切，上以宣名儒，优容之。

11 匈奴单于上书愿朝五年。朝，直遥翻；下同。时帝被疾，被，皮义翻。或言："匈奴从上游来厌人；服虔曰：游，犹流也。河水从西北来，故曰上游也。师古曰：上游，亦总谓地形耳，不必系于河水也。厌，音一涉翻。厌，胜也。自黄龙、竟宁时，单于朝中国，辄有大故。"师古曰：大故，谓国之大丧。上由是难之，以问公卿，亦以为虚费府帑，师古曰：府，物所聚也。帑，藏金帛之所也。帑，音他莽翻；又音奴。可且勿许。单于使辞去，未发，已辞而未行也。使，疏吏翻。黄门郎扬雄上书谏曰："臣闻六经之治，贵于未乱；兵家之胜，贵于未战；书周官曰：制治于未乱。兵法曰：战不必胜，不苟接刃。师古曰：已乱而后治之，战斗而后获胜，则不足贵。治，直吏翻。二者皆微，师古曰：微，谓精妙也。然而大事之本，不可不察也。今单于上书求朝，国家不许而辞之，臣愚以为汉与匈奴从此隙矣。言嫌隙从此而开也。匈奴本五帝所不能臣，三王所不能制，其不可使隙明甚。臣不敢远称，请引秦以来明之：

以秦始皇之强，蒙恬之威，然不敢窥西河，乃筑长城以界之。蒙恬斥逐匈奴，以北河为竟，汉朔方郡地是也。若西河，则汉武威、张掖、敦煌、酒泉地是也。秦不能取，筑长城，起临洮以界之。会汉初兴，以高祖之威灵，三十万众困于平城，事见十一卷高帝七年。时奇谲之士、石画之臣甚众，邓展曰：石，大也。师古曰：石，言坚固如石也。画，计策也，音获。卒其所以脱者，世莫得而言也。师古曰：卒，终也。莫得而言，谓自免之计，其事丑恶，故不传。卒，子恤翻。又高后时，匈奴悖慢，大臣权书遗之，然后得解。事见十二卷惠帝三年。杜佑曰：以权道为书，顺辞以答。遗，于季翻。及孝文时，匈奴侵暴北边，候骑至雍甘泉，京师大骇，发三将军屯棘门、细柳、霸上以备之，数月乃罢。事见十五卷文帝后六年。雍，于用翻。孝武即位，设马邑之权，欲诱匈奴，徒费财劳师，一虏不可得见，况单于之面乎！事见十七卷武帝元光二年。言欲见匈奴一人且不可得，况使单于面来献见乎！其后深惟社稷之计，规恢万载之策，载，子亥翻。乃大兴师数十万，使卫青、霍去病操兵，前后十馀年，于是浮西河，绝大幕，破寘颜，袭王庭，穷极其地，追奔逐北，封狼居胥山，禅于姑衍，以临瀚海，虏名王、贵人以百数；自是之后，匈奴震怖，益求和亲，然而未肯称臣也。事并见武帝纪。操，千高翻。寘，音填。怖，普布翻。

且夫前世岂乐倾无量之费，役无罪之人，快心狼望之北哉？师古曰：狼望，匈奴中地名。余谓边人谓举燧为狼烟。狼望，谓狼烟候望之地。乐，音洛。以为不壹劳者不久逸，不暂费者不永宁，是以忍百万之师以摧饿虎之喙，师古曰：喙，口也。摧百万之师于兽口也。喙，许秽翻。余谓顺文而为说，其义自通。唐讳虎，故师古改曰兽。运府库之财填卢山之壑而不悔也。师古曰：卢山，匈奴中山也。余按卫青薨，起冢象卢山。青唯绝幕至寘颜山耳，或者寘颜山即卢山欤？孟康曰：卢山，单于南庭也。至本始之初，匈奴有桀心，师古曰：桀，坚也；言其起立不顺。欲掠乌孙，侵公主，乃发五将之师十五万骑以击之，时鲜有所获，徒奋扬威武，明汉兵若雷风耳！虽空行空反，尚诛两将军，事见二十四卷宣帝本始三年。鲜，息践翻。兵若雷风，言师速而疾，风驱霆行，一过而不留也。故北狄不服，中国未得高枕安寝也。枕，职任翻。逮至元康、神爵之间，大化神明，鸿恩溥洽，而匈奴内乱，五单于争立，日逐、呼韩邪携国归死，扶伏称臣，事并见宣帝纪。归死者，归死命于汉也。扶伏，犹言匍匐也。师古曰：伏，音蒲北翻。然尚羁縻之，计不颛制。师古曰：颛，与专同。专制，谓以为臣妾也。自此之后，欲朝者不距，朝，直遥翻。不欲者不强。师古曰：强，音其两翻。何者？外国天性忿鸷，形容魁健，负力怙气，难化以善，易肆以恶，师古曰：鸷，音竹二翻。鸷，狠也。魁，大也。负，恃也。余谓肆，习也，言易习于为恶也。其强难诎，诎，与屈同。其和难得。故未服之时，劳师远攻，倾国殚货，伏尸流血，破坚拔敌，如彼之难也；既服之后，慰荐抚循，交接赂遗，威仪俯仰，如此之备也。往时尝屠大宛之城，事见二十一卷武帝太初三年。宛，於元翻。蹈乌桓之垒，事见二十三卷昭帝元凤三年。探姑缯之壁，事见二十三卷昭帝始元四年。探，吐南翻。藉荡姐之场，刘德曰：荡姐，羌属。师古曰：藉，犹蹈也。姐，音紫。余据元帝永光三年，陇西羌彡姐反，岂是邪？艾朝鲜之旃，事见二十一卷武帝元封三年。师古曰：艾，读曰刈。刈，绝也。朝，音潮。拔两越之旗，见二十卷武帝元鼎六年。近不过旬月之役，远不离二时之劳，师古曰：离，历也。三月为一时。固已犁其庭，师古曰：犁，耕也。扫其闾，郡县而置之，云彻席卷，后无馀灾。如云之彻，如席之卷，天清地净，无纤毫之尘翳也。唯北狄为不然，真中国之坚敌也，三垂比之悬矣；师古曰：悬，绝也。前世重之兹甚，师古曰：兹，益也。余谓兹，此也。兹甚，此为甚也。未易可轻也。易，以豉翻。

今单于归义，怀款诚之心，欲离其庭，陈见于前，离，力智翻。此乃上世之遗策，神灵之所想望，国家虽费，不得已者也。奈何距以来厌之辞，谓或言从上游来厌人也。疏以无日之期，止其来朝，辞以他日，而无一定之期，则匈奴与汉疏。消往昔之恩，开将来之隙！夫疑而隙之，使有恨心，负前言，缘往辞，归怨于汉，师古曰：言单于因缘往昔和好之辞以怨汉也。余谓负，恃也。负前言者，恃前者有和好之言也。因以自绝，终无北面之心，威之不可，谕之不能，焉得不为大忧乎！焉，于虔翻。夫明者视于无形，聪者听于无声，诚先于未然，先，悉荐翻。即兵革不用而忧患不生。不然，壹有隙之后，虽智者劳心于内，辩者毂击于外，师古曰：毂击，言使车交驰，其毂相击也。毂，户谷翻。犹不若未然之时也。且往者图西域，制车师，置城郭都护三十六国，事并见武帝、宣帝纪。岂【章：乙十一行本"岂"上有"费岁以大万计者"七字；孔本同；张校同；退斋校同。】为康居、乌孙能逾白龙堆而寇西边哉？为，于伪翻；下同。乃以制匈奴也。夫百年劳之，一日失之，费十而爱一，谓向者不惮十分之费以制匈奴，今来朝之费十分之一耳，乃爱惜之。臣窃为国不安也。为，于伪翻。唯陛下少留意于未乱、未战，少，诗沼翻。以遏边萌之祸！"萌，与氓同，谓边民也。书奏，天子寤焉，召还匈奴使者，更报单于书而许之。更，工衡翻，改也。赐雄帛五十匹，黄金十斤。单于未发，会病，复遣使愿朝明年；复，扶又翻。上许之。

12 董贤贵幸日盛，丁、傅害其宠，孔乡侯晏与息夫躬谋欲求居位辅政。会单于以病未朝，躬因是而上奏，上，时掌翻。以为："单于当以十一月入塞，后以病为解，师古曰：自解说云病。疑有他变。乌孙两昆弥弱，卑爰疐强盛，东结单于，遣子往侍，事见上建平二年。疐，竹二翻。恐其合势以并乌孙；乌孙并，则匈奴盛而西域危矣。可令降胡诈为卑爰疐使者来上书，欲因天子威告单于归臣侍子，因下其章，降，户江翻。下，遐稼翻。令匈奴客闻焉；则是所谓'上兵伐谋，匈奴客，谓匈奴使者也。服虔曰：谋者，举兵伐解之也。师古曰：此说非也，言知敌有谋者则以事而应之，沮其所为，不用兵革，所以为贵耳。上兵伐谋，其次伐交，孙武子之言。其次伐交'者也。"师古曰：知敌有外交连结相援者，则间而误之，令其解散也。

书奏，上引见躬，见，贤遍翻；下屡见之见同。召公卿、将军大议。左将军公孙禄以为："中国常以威信怀伏夷狄，躬欲逆诈，逆诈者，敌之诈谋未见，欲迎测其情也。进不信之谋，不可许。且匈奴赖先帝之德，保塞称藩；今单于以疾病不任奉朝贺，遣使自陈，不失臣子之礼。任，音壬。臣禄自保没身不见匈奴为边竟忧也！"竟，读曰境。躬掎禄曰：师古曰：掎，从后引之也。谓引蹑其言也；音居绮翻。"臣为国家计，为，于伪翻。冀先谋将然，师古曰：谓彼欲有其事，则为谋策以坏之。豫图未形，师古曰：图，谋也。未有形兆而图之。为万世虑。而禄欲以其犬马齿保目所见。臣与禄异议，未可同日语也！"上曰："善！"乃罢群臣，独与躬议。

躬因建言："灾异屡见，恐必有非常之变，可遣大将军行边兵，敕武备，师古曰：行，音下孟翻。敕，整也。斩一郡守以立威，震四夷，守，手又翻。因以厌应变异。"师古曰：厌，音一涉翻。上然之，以问丞相嘉，对曰："臣闻动民以行不以言，行，下孟翻。应天以实不以文，下民微细，犹不可诈，况于上天神明而可欺哉！天之见异，师古曰：见，谓显示也。所以敕戒人君，欲令觉悟反正，推诚行善，民心说而天意得矣！说，读曰悦。辩士见一端，或妄以意傅著星历，师古曰：傅，读曰附。著，音治略翻。虚造匈奴、【章：乙十一行本"奴"下有"乌孙"二字；孔本同。】西羌之难，难，乃旦翻。谋动干戈，设为权变，非应天之道也。守相有罪，相，息亮翻。车驰诣阙，交臂就死，恐惧如此，而谈说者欲动安之危，师古曰：之，往也。言摇动安全之计，往就危殆也。辩口快耳，其实未可从。夫议政者，苦其谄谀、倾险、辩惠、深刻也。讇，古谄字。昔秦缪公不从百里奚、蹇叔之言，以败其师，其悔过自责，疾诖误之臣，思黄发之言，名垂于后世。秦穆公欲袭郑，蹇叔、百里奚谏，不听，遂出师；晋襄公要而败诸殽。还归，作秦誓以悔过，其辞曰：惟古之谋人，则曰未就予忌；惟今之谋人，姑将以为亲。虽则云然，尚猷询兹黄发，则罔所愆。又曰：惟截截善谝言，俾君子易辞，我皇多有之，昧昧我思之。败，补迈翻。诖，户卦翻。愿陛下观览古戒，反覆参考，无以先入之语为主！”师古曰：谓躬为此计先入于帝耳。上不听。为董贤沮躬策、躬遂得罪张本。

容肇祖标点顾颉刚聂崇岐覆校

资治通鉴卷第三十五

翰林学士朝散大夫右谏议大夫知制诰兼侍讲
同提举万寿观公事兼判集贤院上护军 司马光 奉敕编集
河内郡开国侯食邑一千三百户赐紫金鱼袋臣
后学天台胡三省音注

汉纪二十七 起屠维协洽（己未），尽玄黓阉茂（壬戌），凡四年。

孝哀皇帝下

元寿元年（己未、前二）

1 春，正月，辛丑朔，考异曰：荀纪云"辛卯朔"，误。诏将军、中二千石举明习兵法者各一人，因就拜孔乡侯傅晏为大司马、卫将军，阳安侯丁明为大司马、票骑将军。用息夫躬之言也。票，频妙翻。

2 是日，日有食之。上诏公卿大夫悉心陈过失；又令举贤良方正能直言者各一人。大赦天下。

丞相嘉奏封事曰："孝元皇帝奉承大业，温恭少欲，少，诗沼翻；下同。都内钱四十万万。百官表：大司农有都内令丞。尝幸上林，后宫冯贵人从临兽圈，猛兽惊出，贵人前当之，即二十九卷建昭元年事也。圈，求远翻。元帝嘉美其义，赐钱五万。师古曰：言此事虽嘉其义而赏亦不多。掖庭见亲，有加赏赐，属其人勿众谢。师古曰：掖庭宫人有亲戚来见而帝赐之者，属其家勿使于众人口谢也。见，贤遍翻；下见钱同。属，音之欲翻。余谓有见亲幸者，加之赏赐，则属其人勿于众中谢也。示平恶偏，恶，乌路翻。重失人心，赏赐节约。是时外戚赀千万者少耳，故少府、水衡见钱多也。少府掌禁钱。水衡都尉有钟官辨铜令、丞，掌铸钱。师古曰：见在之钱也。虽遭初元、永光凶年饥馑，加以西羌之变，永光二年，陇西羌反。外奉师旅，内振贫民，终无倾危之忧，以府臧内充实也。臧，读曰藏，音徂浪翻。孝成皇帝时，谏臣多言燕出之害，师古曰：燕出，谓微行也。及女宠专爱，耽于酒色，损德伤年，其言甚切，然终不怨怒也。宠臣淳于长、张放、史育，育数贬退，家赀不满千万，放斥逐就国，事见三十三卷成帝绥和二年。数，所角翻。长榜死于狱，事见三十二卷绥和元年。榜，音彭。不以私爱害公义，故虽多内讥，朝廷安平，师古曰：言虽有好内之讥而不害政也。传业陛下。

陛下在国之时，好诗、书，好，呼到翻。上俭节，征来，所过道上称诵德美，此天下所以回心也。师古曰：望为治也。余谓回心者，回其戴成帝之心而戴哀帝也。初即位，易帷帐，去锦绣，去，羌吕翻。乘舆席缘绨缯而已。乘，绳证翻。缘，俞绢翻。师古曰：绨，厚缯也，音徒奚翻。缯，慈陵翻。共皇寝庙比当作，共，音恭。比，近也，音毗至翻。忧闵元元，惟用度不足，师古曰：惟，思也。以义割恩，辄且止息，今始作治。治，直之翻；下同。而驸马都尉董贤亦起官寺上林中，又为贤治大第，开门乡北阙，为，于伪翻。乡，读曰向；下独乡同。引王渠灌园池，苏林曰：王渠，官渠也；犹今御渠也。晋灼曰：渠名也，在城东覆盎门外。师古曰：晋说是。使者护作，赏赐吏卒，甚于治宗庙。师古曰：护，监视也。贤母病，长安厨给祠具，师古曰：长安有厨官，主为官食。道中过者皆饮食。如淳曰：祷于道中，故行人皆得饮食。余谓若据文理，则饮，音于禁翻；食，读曰饲。为贤治器，器成，奏御乃行，或物好，特赐其工；自贡献宗庙、三宫，犹不至此。师古曰：三宫，天子、太后、皇后也。原父曰：是时太皇太后称长信宫，傅太后称永信宫，而丁姬称中安宫，故以三宫为言。余按此时丁姬死矣，三宫盖谓长信、永信及赵太后宫也。贤家有宾婚及见亲，诸官并共，师古曰：见亲，亲戚相见也。并共，言百官各以所掌事及财物就供之。共，读曰供。赐及仓头、奴婢人十万钱。使者护视、发取市物，百贾震动，师古曰：贾，谓贩卖之人也。言百贾者，非一之称也。贾，音古。道路讙哗，讙，许元翻。群臣惶惑。诏书罢苑，而以赐贤二千馀顷，均田之制从此堕坏。孟康曰：自公卿以下至于吏民，名曰均田，皆有顷数，于品制中令均等。今赐贤二千馀顷，则坏其制也。师古曰：堕，音火规翻。均田，见三十三卷绥和二年。奢僭放纵，变乱阴阳，灾异众多，百姓讹言，持筹相惊，师古曰：言行西王母筹也。天惑其意，不能自止。陛下素仁智慎事，今而有此大讥。

孔子曰：'危而不持，颠而不扶，则将安用彼相矣！'师古曰：论语：季氏将伐颛臾，冉有、季路见于孔子。孔子以此言责之，以其不匡谏也。相，息亮翻。臣嘉幸得备位，窃内悲伤不能通愚忠之信；身死有益于国，不敢自惜。唯陛下慎己之所独乡，察众人之所共疑！往者【章：甲十六行本"者"下有"宠臣"二字；乙十一行本同；张校同。】邓通、韩嫣，骄贵失度，逸豫无厌，小人不胜情欲，卒陷罪辜，乱国亡躯，不终其禄，邓通幸于文帝，赐以蜀严道铜山。景帝立，人告通盗出徼外铸钱，没入其家，卒以饿死。韩嫣幸于武帝，出入永巷不禁，以奸闻，赐死。嫣，音偃。厌，于盐翻。胜，音升。卒，子恤翻。所谓'爱之适足以害之'者也！宜深览前世，以节贤宠，全安其命。"上由是于嘉浸不说。为嘉死不以罪张本。说，读曰悦。

前凉州刺史杜邺以方正对策曰："臣闻阳尊阴卑，天之道也。是以男虽贱，各为其家阳；女虽贵，犹为其国阴。故礼明三从之义，师古曰：谓妇人在家从父，既嫁从夫，夫死从子。虽有文母之德，必系于子。师古曰：文母，文王之妃太姒也。刘攽曰：文母，文王之母也，所谓系于子也，何预太姒！余谓刘说是。诗曰：思齐太任，文王之母。昔郑伯随姜氏之欲，终有叔段篡国之祸；左传：郑武姜生庄公及共叔段，恶庄公而爱段，为之请京，使居之。祭仲谏曰："国之害也。"公曰："姜氏欲之，焉辟害！"段缮甲兵，具卒乘，将袭郑，庄公克之。周襄王内迫惠后之难，而遭居郑之危。史记：周惠王二子，长襄王，次叔带。惠后爱叔带，襄王既立，叔带召狄人，狄人伐周，王御士将御之。王曰："先后其谓我何！"乃出居于郑。难，乃旦翻。汉兴，吕太后权私亲属，几危社稷。事见高后纪。几，居依翻。窃见陛下约俭正身，欲与天下更始，更，工衡翻。然嘉瑞未应，而日食、地震。案春秋灾异，以指象为言语。师古曰：谓天不言，但以景象指意告谕人。日食，明阳为阴所临。日者，阳宗。阴盛阳微，日为所掩而食，是为阴所临也。坤以法地，为土，为母，以安静为德；震，不阴之效也。师古曰：言地当安静，而今乃震，是为不遵阴道也。占象甚明，臣敢不直言其事！昔曾子问从令之义，孔子曰：'是何言与！'师古曰：曾子问："从父之令，可谓孝乎？"孔子非之。事见孝经。与，读曰欤。善闵子骞守礼不苟从亲，所行无非理【张："理"作"礼"。】者，故无可间也。师古曰：论语称孔子曰："孝哉闵子骞，人不间于其父母兄弟之言！"是也。间，音居苋翻。今诸外家昆弟，无贤不肖，并侍帷幄，布在列位，师古曰：不问贤与不肖，皆亲近在位。或典兵卫，或将军屯，将，即亮翻。宠意并于一家，积贵之势，世所希见、所希闻也。至乃并置大司马、将军之官，皇甫虽盛，三桓虽隆，鲁为作三军，无以甚此！言周以皇甫为卿士，鲁三桓强盛，作三军而三分公室，比丁、傅无以甚也。为，于伪翻。当拜之日，晻然日食。师古曰：晻，音乌感翻。不在前后，临事而发者，明陛下谦逊无专，承指非一，所言辄听，所欲辄随，师古曰：谓皆迫于太后也。有罪恶者不坐辜罚，无功能者毕受官爵，流渐积猥，过在于是，猥，遝也，言有罪恶者不诛，无功能者并进，其流渐至积遝也。欲令昭昭以觉圣朝。朝，直遥翻。昔诗人所刺，春秋所讥，指象如此，殆不在他。由后视前，忿邑非之；师古曰：由，从也。邑，於邑也。逮身所行，不自镜见，则以为可，计之过者。师古曰：逮，及也。镜，鉴照也。自以所行为可，是计策之误者。愿陛下加致精诚，思承始初，事稽诸古，以厌下心，师古曰：每事皆考于古者。厌，满也，音一赡翻。则黎庶群生无不说喜，说，读曰悦。上帝百神收还威怒，祯祥福禄，何嫌不报！”师古曰：嫌，疑也。

上又征孔光诣公车，问以日食事，拜为光禄大夫，秩中二千石，给事中，位次丞相。

初，王莽既就国，建平二年，莽就国。杜门自守。其中子获杀奴，中，读曰仲。莽切责获，令自杀。在国三岁，吏民上书冤讼莽者百数。师古曰：言其合管朝政，不当就国也。上，时掌翻。至是，贤良周护、宋崇等对策，复深讼莽功德；复，扶又翻。上于是征莽及平阿侯仁还京师，侍太后。侍太皇太后也。

3 董贤因日食之变以沮傅晏、息夫躬之策，沮，在吕翻。辛卯，【章：甲十六行本“卯”作“亥”；乙十一行本同；退斋校同。】上收晏印绶，罢就第。

4 丁巳，皇太太后傅氏崩，合葬渭陵，称孝元傅皇后。史记正义曰：汉帝后同陵则为合葬，不合陵也；诸陵皆如此。傅氏以侧室而合葬，称孝元傅皇后，太皇太后在上，此心为何如邪！宜其启王莽而授之以柄也。

5 丞相、御史奏息夫躬、孙宠等罪过，上乃免躬、宠官，遣就国；又罢侍中、诸曹、黄门郎数十人。丁、傅之亲党也。

鲍宣上书曰：“陛下父事天，母事地，子养黎民；即位以来，父亏明，母震动，子讹言相惊恐。今日食于三始，如淳曰：正月一日为岁之朝、月之朝、日之朝。朝，犹始也。诚可畏惧。小民正朔日尚恐毁败器物，败，补迈翻。何况于日亏乎！陛下深内自责，避正殿，举直言，求过失，罢退外亲及旁仄素餐之人，征拜孔光为光禄大夫，发觉孙宠、息夫躬过恶，免官遣就国，众庶歙然，莫不说喜。师古曰：歙，音翕。天人同心，人心说则天意解矣。说，读曰悦。乃二月丙戌，白虹干日，虹，日旁气也。白，兵象。干，犯也。连阴不雨，此天下【张："下"作"有"。】忧结未解，民有怨望未塞者也。塞，悉则翻。侍中、驸马都尉董贤，本无葭莩之亲，但以令色、谀言自进，令，善也。谀，谄也。孔安国曰：令色，无质。巧言，无实。赏赐无度，竭尽府臧，臧，读曰藏；音徂浪翻。并合三第，尚以为小，复坏暴室。师古曰：时以三第总为一第，赐贤，犹嫌陿小，复取暴室之地以增益之也。复，扶又翻；下同。贤父、子坐使天子使者，言其骄慢也。将作治第，将作大匠，掌治宫室，使为之治第。治，直之翻。行夜吏卒皆得赏赐，师古曰：为贤第上持时行夜者。行，音下孟翻。上冢有会，辄太官为供。为之供具也。为，于伪翻；下同。海内贡献，当养一君，今反尽之贤家，岂天意与民意邪！天不可久负，暴殄天物以私嬖幸，是为负天。厚之如此，反所以害之也！诚欲哀贤，宜为谢过天地，解雠海内，免遣就国，收乘舆器物还之县官，此所谓谢过解雠也。为，于伪翻。乘，绳证翻。可【章：甲十六行本"可"上有"如此"二字；乙十一行本同；孔本同；张校同。】以父子终其性命；不者，海内之所仇，未有得久安者也。孙宠、息夫躬不宜居国，可皆免，以视天下。师古曰：视，读曰示。复征何武、师丹、彭宣、傅喜，旷然使民易视，以应天心，建立大政，兴太平之端。"上感大异，纳宣言，征何武、彭宣；拜鲍宣为司隶。

6 上托傅太后遗诏，令太皇太后下丞相、御史，益封董贤二千户，贤先封千户。下，遐稼翻。赐孔乡侯、汝昌侯、阳新侯国。三人者，先虽封侯，未有国邑；今赐之国邑也。阳新侯，即阳信侯郑业。汉书傅昭仪传作"阳信"，王嘉传及恩泽侯表作"阳新"。王嘉封还诏书，后世给、舍封驳本此。师古曰：还，谓却上之于天子也。因奏封事谏曰："臣闻爵禄、土地，天之有也。书云：'天命有德，五服五章哉！'师古曰：虞书皋陶谟之辞也。言皇天命有德者以居列位，天子、诸侯、卿、大夫、士，尊卑之服，采章各异也。王者代天爵人，尤宜慎之。裂地而封，不得其宜，则众庶不服，感动阴阳，其害疾自深。师古曰：言此气损害，故令天子身有疾也。今圣体久不平，此臣嘉所内惧也。高安侯贤，佞幸之臣，陛下倾爵位以贵之，单货财以富之，师古曰：单，尽也。损至尊以宠之，师古曰：言上意倾惑，为下所窥也。余谓帝为贤治第，儗于宫阙，乘舆器物充牣其家，此所谓损至尊以宠之也。主威已黜，府臧已竭，唯恐不足。财皆民力所为，孝文【章：甲十六行本"文"下有"皇帝"二字；乙十一行本同；孔本同；张校同。】欲起露台，重百金之费，克己不作。事见文帝纪。今贤散公赋以施私惠，一家至受千金，往古以来，贵臣未尝有此，流闻四方，皆同怨之。里谚曰：'千人所指，无病而死。'臣常为之寒心。为，于伪翻。今太皇太后以永信太后遗诏诏丞相、御史，益贤户，赐三侯国，臣嘉窃惑。山崩、地动、日食于三朝，皆阴侵阳之戒也。前贤已再封，谓贤先封关内侯，继封高安侯也。晏、商再易邑，商先嗣爵崇祖侯，后改封汝昌侯。晏无所考。按表，晏先以皇后父封三千户，又益二千户，食邑于夏丘。业缘私横求，横，户孟翻。恩已过厚，求索自恣，不知厌足，甚伤尊尊之义，封三侯者，所以尊傅太后。今求滥恩，不知厌足，则伤尊尊之义矣。索，山客翻。厌，于盐翻。不可以示天下，为害痛矣！痛，甚也。臣骄侵罔，师古曰：罔，谓诬蔽也。阴阳失节，气感相动，害及身体。陛下寝疾久不平，继嗣未立，宜思正万事，顺天人之心，以求福佑，乃【章：甲十六行本"乃"作"奈"；乙十一行本同；孔本同；张校同。】何轻身肆意，师古曰：肆，放也。不念高祖之勤苦，垂立制度，欲传之于无穷哉！臣谨封上诏书，不敢露见；上，时掌翻。见，贤遍翻。非爱死而不自法，谓不以违拒诏指之法自劾也。恐天下闻之，故不敢自劾。"言自劾则天下知其事也。劾，户概翻。

初，廷尉梁相治东平王云狱时，冬月未尽二旬，而相心疑云冤狱，有饰辞，师古曰：假饰之辞，非其实也。治，直之翻。奏欲传之长安，师古曰：传，谓移其狱事也。传，知恋翻。更下公卿覆治。下，遐稼翻；下同。尚书令鞫谭，仆射宗伯凤以为可许。师古曰：鞫及宗伯，皆姓也。宗伯，以官为氏。鞫，音居六翻。天子以为相等皆见上体不平，外内顾望，操持两心，师古曰：操，音千高翻。幸云逾冬，无讨贼疾恶主雠之意，谓侥幸云狱逾冬，则云可以减死也。免相等皆为庶人。后数月，大赦，嘉荐"相等皆有材行，行，下孟翻。圣王有计功除过，臣窃为朝廷惜此三人。"按公卿表，建平元年，大司农梁相为廷尉；二年，贬为东海都尉。三年，左冯翊方赏为廷尉；四年，徙。本纪，东平王云有罪自杀，在建平四年；大赦天下，在今年正月。若以表为证，则当治东平时，廷尉乃方赏，非梁相。表言相贬，不言免为庶人。又今年大赦，上距建平三年十二月治东平狱时，已一期有馀，是大赦亦不在后数月也。通鉴书王嘉荐梁相等三人，全取汉书王嘉传；然传与纪、表岁月自相抵牾。系年之书，可谓难矣！为，于伪翻；下同。书奏，上不能平。师古曰：心怒也。后二十馀日，嘉封还益董贤户事，上乃发怒，召嘉诣尚书，责问以"相等前坐不忠，罪恶著闻，君时辄已自劾；今又称誉，云'为朝廷惜之'，何也？"劾，户概翻。誉，音余。嘉免冠谢罪。

事下将军朝者，朝者，当时见入朝之臣也。朝，直遥翻。光禄大夫孔光等劾"嘉迷国罔上，不道，请谒者召嘉诣廷尉诏狱。"议郎龚等以为"嘉言事前后相违，宜夺爵土，免为庶人。"永信少府猛等以为"嘉罪名虽应法，谓法当下吏也。大臣括发关械，裸躬就笞，师古曰：括，结也。关，贯也。裸，露也。非所以重国，褒宗庙也。"上不听，【章：甲十六行本"听"下有"三月"二字；乙十一行本同；孔本同；张校同。】诏"假谒者节，召丞相诣廷尉诏狱。"

使者既到，府掾、史涕泣，共和药进嘉，掾，俞绢翻。和，户卧翻。嘉不肯服。主簿曰："将相不对理陈冤，相踵以为故事，自周勃系狱，贾谊以为言，文帝自此待大臣有节，将相有罪皆自杀，不受刑。然景帝时周亚夫、武帝时公孙贺、刘屈氂犹下狱死。相踵为故事，言其概也。理，狱也。对理，对狱也。言大臣之体，纵有冤，不对狱而自陈也。师古曰：踵，犹蹑也。君侯宜引决！”师古曰：令自杀也。使者危坐府门上，师古曰：以逼促嘉也。主簿复前进药。嘉引药杯以击地，谓官属曰：官属，谓掾、史、主簿等。“丞相幸得备位三公，奉职负国，当伏刑都市，以示万众。丞相岂儿女子邪！何谓咀药而死！”师古曰：咀，嚼也，音材汝翻。嘉遂装，出见使者，再拜受诏；装出者，朝服而出。乘吏小车，去盖，不冠，去，羌吕翻。随使者诣廷尉。廷尉收嘉丞相、新甫侯印绶，恩泽侯表：新甫侯，国于南阳新野。缚嘉载致都船诏狱。百官表：执金吾属官，有中垒、寺互、武库、都船四令、丞。如淳曰：汉仪注有寺互、都船狱。上闻嘉生自诣吏，大怒，上欲嘉自裁，而嘉诣狱，故大怒。使将军以下与五二千石杂治。汉治大臣狱，率使五二千石，今又使将军同治之，怒之甚也。晋灼曰：大臣狱重，故使秩二千石者五人杂治之。吏诘问嘉，诘，去吉翻。嘉对曰：“案事者思得实。窃见相等前治东平王狱，不以云为不当死，欲关公卿，示重慎，关，会也。古者狱成命三公、六卿参听之，示明谨于用刑也。诚不见其外内顾望、阿附为云验，验，征验也。为，于伪翻；下同。复幸得蒙大赦。复，扶又翻。相等皆良善吏，臣窃为国惜贤，不私此三人。”狱吏曰：“苟如此，则君何以为罪，犹当有以负国，不空入狱矣？”吏欲文致以负国之罪，故云然。吏稍侵辱嘉，嘉喟然仰天叹曰：喟，丘愧翻；叹息之声。“幸得充备宰相，不能进贤、退不肖，以是负国，死有余责。”吏责其负国，故以此对。吏问贤、不肖主名。嘉曰：“贤故丞相孔光、故大司空何武，不能进；恶高安侯董贤父、子【章：甲十六行本“子”下有“佞邪”二字；乙十一行本同；孔本同；张校同。】乱朝，而不能退。恶，乌路翻。朝，直遥翻。罪当死，死无所恨！”嘉系狱二十馀日，不食，欧血而死。

已而上览其对，思嘉言，会御史大夫贾延免，夏，五月，乙卯，以孔光为御史大夫。秋，七月，丙午，以光为丞相，复故国博山侯；又以汜乡侯何武为御史大夫。上乃知孔光前免非其罪，以过近臣毁短光者，光免事见上卷建平二年。过，督过也；咎之也。曰："傅嘉前为侍中，毁谮仁贤，诬诉大臣，令俊艾者久失其位，师古曰：艾，读曰乂。其免嘉为庶人，归故郡。"傅氏本河内温人。

7 八月，何武徙为前将军。辛卯，光禄大夫彭宣为御史大夫。

8 司隶鲍宣坐摧辱丞相，拒闭使者，无人臣礼，减死髡钳。丞相孔光四时行园陵，官属行驰道中。宣使吏钩止丞相掾、史，没入其车马，摧辱丞相。事下御史中丞。侍御史至司隶官，欲捕从事，闭门不肯内，坐以拒闭使者罪。

9 大司马丁明素重王嘉，以其死而怜之；九月，乙卯，册免明，使就第。

10 冬，十一月，壬午，以故定陶太傅、光禄大夫韦赏为大司马、车骑将军。己丑，赏卒。成帝省王国太傅，更曰傅。此犹曰太傅者，习于旧称，未能顿从新称也。赏，韦贤之孙，弘之子也。

11 十二月，庚子，以侍中、驸马都尉董贤为大司马、卫将军，册曰："建尔于公，以为汉辅！往悉尔心，匡正庶事，允执其中！"是时贤年二十二，虽为三公，常给事中，领尚书事，给事禁中而领尚书事也。百官因贤奏事。审食其以丞相而侍禁中，吕后嬖之也。董贤以三公侍禁中，哀帝嬖之也。论道经邦之任安在哉！以父卫尉恭不宜在卿位，徙为光禄大夫、秩中二千石；弟宽信代贤为驸马都尉。董氏亲属皆侍中、诸曹、奉朝请，宠在丁、傅之右矣。朝，直遥翻。请，才性翻，又如字。

初，丞相孔光为御史大夫，贤父恭为御史，事光；及贤为大司马，与光并为三公。上故令贤私过光。令私往见之，观其所以接之者何如也。光雅恭谨，雅，素也。知上欲尊宠贤。及闻贤当来也，光警戒衣冠出门待，望见贤车乃却入，贤至中门，光入阁，既下车，乃出，拜谒、送迎甚谨，不敢以宾客钧敌之礼。此非恭而无礼者邪！光能卑事董贤，则必能曲徇王莽矣。上闻之，喜，立拜光两兄子为谏大夫、光有三兄，福、捷、喜。未知两兄子为谁。常侍。为谏大夫而加常侍官也。贤自是权与人主侔矣。师古曰：侔，等也。

是时，成帝外家王氏衰废，唯平阿侯谭子去疾为侍中，去，羌吕翻。弟闳为中常侍。闳妻父中郎将萧咸，前将军望之子也，贤父恭慕之，欲为子宽信求咸女为妇，为，于伪翻。使闳言之。咸惶恐不敢当，私谓闳曰："董公为大司马，册文言'允执其中'，此乃尧禅舜之文，论语：尧曰："咨，尔舜，天之历数在尔躬；允执其中，四海困穷，天禄永终！"舜亦以命禹。道统之传，此乎出也。非三公故事，言考之汉家故事，册三公者未尝有此语也。长老见者莫不心惧。长，知两翻。此岂家人子所能堪邪！"师古曰：家人，犹言庶人也。盖咸自谓。闳性有知略，知，读曰智。闻咸言，亦悟；乃还报恭，深达咸自谦薄之意。恭叹曰："我家何用负天下，而为人所畏如是！"意不说。说，读曰悦；下同。后上置酒麒麟殿，师古曰：在未央宫中。贤父子、亲属宴饮，侍中、中常侍皆在侧，上有酒所，师古曰：言酒在体中。从容视贤从，千容翻。笑曰："吾欲法尧禅舜，何如？"王闳进曰："天下乃高皇帝天下，非陛下【章：甲十六行本"下"下有"之"字；乙十一行本同；孔本同。】有也！陛下承宗庙，当传子孙于亡穷，统业至重，天子亡戏言！"周成王剪桐叶为珪，与小弱弟戏曰："以封汝。"周公入贺。王曰："戏也。"周公曰："王者不可戏！"乃封小弱弟于唐。古亡、无通。上默然不说，左右皆恐。于是遣闳出归郎署。三署郎各有署舍；遣出，不得侍禁中也。考异曰：董贤传但云"遣闳出不得复侍宴。"自"归郎署"以下，皆汉纪所载也。荀纪无汉书外事，不知此语荀悦何从得之。又云："闳归郎署二十日，长乐宫深为闳谢。又御史大夫彭宣上封事，言国安危继嗣事，上觉寤，召闳。"按太皇太后居长信宫；云长乐宫，误也。余按汉书注，长信宫以长乐宫中长信殿为称，亦可言长乐宫也。

久之，太皇太后为闳谢，复召闳还。为，于伪翻。复，扶又翻；下同。闳遂上书谏曰："臣闻王者立三公，法三光，三光，日、月、星也。上，时掌翻。居之者当得贤人。易曰：'鼎折足，覆公竦，'喻三公非其人也。易鼎之九四曰：鼎折足，覆公竦。竦，音送鹿翻。虞云：八珍之具也。马云：健也。健，音之然翻。郑云：菜也。折，而设翻。昔孝文皇帝幸邓通，不过中大夫，武帝幸韩嫣，赏赐而已，皆不在大位。武帝幸韩嫣，赏赐儗邓通，位不过上大夫，以罪赐死。嫣，于虔翻。今大司马、卫将军董贤，无功于汉朝，又无肺腑之连，复无名迹高行以矫世，行，户孟翻。升擢数年，列备鼎足，典卫禁兵，无功封爵，父子、兄弟横蒙拔擢，赏赐空竭帑藏，横，户孟翻。帑，它朗翻。藏，徂浪翻。万民喧哗，偶言道路，诚不当天心也！昔褒神蚖变化为人，实生褒姒，乱周国，国语曰：夏之衰也，有二龙降于夏庭，言曰："予褒之二君也。"夏后请其漦而藏之，历殷、周莫敢发也。至厉王之末，发而观之，漦流于庭，不可除也。王使妇人不帷而噪之，其神化为玄蚖，入于王府；府之童妾既龀而遭之，既笄而孕，惧而弃之。鬻檿弧者收以奔褒，是为褒姒。褒人有狱，以入于幽王。王嬖之，生伯服，遂黜申后而立褒姒，废太子而立伯服，以乱周国。蚖，音元，又吾官翻。漦，似甾翻。檿，于琰翻。恐陛下有过失之讥，贤有小人不知进退之祸，非所以垂法后世也！"上虽不从闳言，多其年少志强，少，诗照翻；下同。亦不罪也。

二年（庚申、前一）

1 春，正月，匈奴单于及乌孙大昆弥伊秩靡皆来朝，朝，直遥翻。汉以为荣。是时西域凡五十国，三十六国，分为五十馀国。自译长至将、相、侯、王皆佩汉印绶，凡三百七十六人；译长之官，西域诸国皆有之，所以通其国之语言于中国。长，知两翻。而康居、大月氏、安息、罽宾、乌弋之属，乌弋山离国去长安万二千二百里，不属都护，东与罽宾、西与犁靬、条支接。氏，音支。罽，音计。皆以绝远，不在数中，其来贡献，则相与报，不督录总领也。正谓不属都护也。自黄龙以来，单于每入朝，其赏赐锦绣、缯絮辄加厚于前，以慰接之。单于宴见，见，贤遍翻。群臣在前，单于怪董贤年少，以问译。师古曰：译，传语之人也。上令译报曰："大司马年少，以大贤居位。"单于乃起，拜贺汉得贤臣。是时上以太岁厌胜所在，是年太岁在申。师古曰：厌，音一涉翻。舍单于上林苑蒲陶宫，蒲陶，本出大宛。武帝伐大宛，采蒲陶种植之离宫，宫由此得名。师古曰：舍，止宿。告之以加敬于单于；单于知之，不悦。

2 夏，四月，壬辰晦，日有食之。

3 五月，甲子，正三公官分职。成帝绥和二年，置三公官。哀帝建平三年，罢。今复正三公官名。分职，谓大司马掌兵事，大司徒掌人民事，大司空掌水土事。分，扶问翻。大司马、卫将军董贤为大司马；丞相孔光为大司徒；彭【章：甲十六行本"彭"上有"御史大夫"四字；乙十一行本同；孔本同；张校同。】宣为大司空，封长平侯。恩泽侯表：长平侯，国于济南。

4 六月，戊午，帝崩于未央宫。臣瓒曰：帝年二十即位；即位六年，寿二十五。师古曰：即位明年乃改元，寿二十六。

帝睹孝成之世禄去王室，谓政在王氏也。及即位，屡诛大臣，谓杀朱博、王嘉等。欲强主威以则武、宣。师古曰：则，法也。然而宠信谗谄，谓赵昌、董贤、息夫躬等。憎疾忠直，谓师丹、傅喜、郑崇等。汉业由是遂衰。

太皇太后闻帝崩，即日驾之未央宫，之，往也。收取玺绶。玺，斯氏翻。绶，音受。太后召大司马贤，引见东箱，见，贤遍翻。问以丧事调度；师古曰：调，选发也。度，计料也。调，徒吊翻。贤内忧，不能对，免冠谢。太后曰："新都侯莽，前以大司马奉送先帝大行，谓成帝之丧也。晓习故事，吾令莽佐君。”贤顿首：“幸甚！”太后遣使者驰召莽，诏尚书，诸发兵符节、百官奏事、中黄门、期门兵皆属莽。中黄门，守禁门黄闼者也。期门兵，守卫殿门者也。莽以太后指，使尚书劾贤，帝病不亲医药，劾，户概翻。禁止贤不得入宫殿司马中；据汉书赵充国传：子卬，入莫府司马中乱屯兵。如淳注曰：司马中，律所谓营军司马中也。余谓此宫殿司马中，盖宫殿屯卫司马中也。贤不知所为，诣阙免冠徒跣谢。己未，莽使谒者以太后诏即阙下册贤师古曰：即，就也。曰：“贤年少，未更事理，少，诗照翻。师古曰：更，历也，音工衡翻。为大司马，不合众心，其收大司马印绶，罢归第！”即日，贤与妻皆自杀；家惶恐，夜葬。莽疑其诈死；有司奏请发贤棺，至狱诊视，师古曰：谓发冢取其棺柩也。诊，验也；音轸。因埋狱中。太皇太后诏“公卿举可大司马者”。莽故大司马，辞位避丁、傅，众庶称以为贤，事见三十三卷绥和二年。又太皇太后近亲，自大司徒孔光以下，举朝皆举莽。朝，直遥翻。独前将军何武、左将军公孙禄二人相与谋，以为“往时惠、昭之世，外戚吕、霍、上官持权，几危社稷；几，居希翻。今孝成、孝哀比世无嗣，比，频寐翻。方当选立近亲【张：“亲”下脱“辅”字。】幼主，不宜令外戚大臣持权；外戚大臣，谓王莽也。亲疏相错，亲，谓外戚。疏，谓异姓之为将军、公卿者。师古曰：错，间杂也。为国计便。”为国之计，唯此为便。于是武举公孙禄可大司马，而禄亦举武。庚申，太皇太后自用莽为大司马、领尚书事。

太皇太后与莽议立嗣。安阳侯王舜，莽之从弟，其人修饬，师古曰：饬，读与敕同。敕，整也。从，才用翻。太皇太后所信爱也，莽白以舜为车骑将军。秋，七月，遣舜与大鸿胪左咸使持节迎中山王箕子以为嗣。使持节者，奉使而持节也；魏、晋以下遂以为官称。胪，陵如翻。嗣，祥吏翻。

莽又白太皇太后，诏有司以皇太后【章：甲十六行本“后”下有“前”字；乙十一行本同；孔本同。】与女弟昭仪专宠锢寝，锢，塞也。杜塞后宫侍寝之路，不使进御也。残灭继嗣，详见上卷建平元年。贬为孝成皇后，徙居北宫；又以定陶共王太后与孔乡侯晏同心合谋，背恩忘本，专恣不轨，背，蒲妹翻。徙孝哀皇后退就桂宫，傅氏、丁氏皆免官爵归故郡，莽以积年闲退之久，一旦得权，无所不至。傅氏，河内人。丁氏，山阳人。傅晏将妻子徙合浦。独下诏褒扬傅喜曰：“高武侯喜，姿性端悫，师古曰：悫，谨也，音口角翻。论议忠直，虽与故定陶太后有属，终不顺指从邪，介然守节，以故斥逐就国。喜就国见上卷建平二年。传不云乎：‘岁寒然后知松柏之后凋也。’师古曰：论语载孔子之言，以喻有节操之人也。其还喜长安，位特进，奉朝请。”喜虽外见褒赏，孤立忧惧；后复遣就国，以寿终。复，扶又翻。莽又贬傅太后号为定陶共王母，丁太后号曰丁姬。莽又奏董贤父子骄恣奢僭，请收没入财物县官，诸以贤为官者皆免；父恭、弟宽信与家属徙合浦，母别归故郡钜鹿。长安中小民讙哗，乡其第哭，几获盗之。师古曰：阳往哭之，实欲窃盗也。讙，音许爰翻。乡，读曰向。几，读曰冀。县官斥卖董氏财，凡四十三万万。贤所厚吏沛朱诩自劾去大司马府，劾，户概翻。买棺衣，收贤尸葬之；莽闻之，以他罪击杀诩。莽以大司徒孔光名儒，相三主，成、哀及平帝为三主。太后所敬，天下信之，于是盛尊事光，引光女婿甄邯为侍中、奉车都尉。甄，之人翻，姓也。陈留风俗传曰：舜陶甄河滨，其后为氏。邯，户甘翻。诸素所不说者，说，读曰悦。莽皆傅致其罪，师古曰：傅，读曰附。附益而引致之，令入罪。为请奏草，令邯持与光，以太后指风光，师古曰：草，谓文书之槁草也。风，读曰讽。光素畏慎，不敢不上之；上，时掌翻。莽白太后，辄可其奏。于是劾奏何武、公孙禄互相称举，皆免官，武就国。又奏董宏子高昌侯武父为佞邪，夺爵。宏为佞邪，谓请立丁姬为帝太后也。又奏南郡太守毋将隆前为冀州牧，治中山冯太后狱，冤陷无辜，关内侯张由诬告骨肉，中太仆史立、泰山太守丁玄陷人入大辟，事并见三十三卷建平元年。辟，毗亦翻。河内太守赵昌谮害郑崇，事见上卷建平四年。幸逢赦令，皆不宜处位在中土，处，昌吕翻。免为庶人，徙合浦。中山之狱，本立、玄自典考之，但与隆连名奏事；莽少时慕与隆交，隆不甚附，故因事挤之。少，诗照翻。挤，子计翻，又笺西翻；排也。

红阳侯立，太后亲弟，虽不居位，莽以诸父内敬惮之，畏立从容言太后，令己不得肆意，复令光奏立罪恶：从，千容翻。复，扶又翻；下同。"前知定陵侯长犯大逆罪，【章：甲十六行本"罪"下有"多受其赂"四字；乙十一行本同；孔本同；张校同；退斋校同。】为言误朝；事见三十二卷成帝绥和元年。为，于伪翻。误朝，误朝廷也。朝，直遥翻。后白以官婢杨寄私子为皇子，众言曰：'吕氏少帝复出，'谓吕后名他人子为惠帝子也，事见十三卷。纷纷为天下所疑，难以示来世，成襁褓之功；谓难成辅立幼主之功。请遣立就国。"太后不听。莽曰："今汉家衰，比世无嗣，比，毗至翻。太后独代幼主统政，诚可畏惧。力用公正先天下，尚恐不从；师古曰：力，勉力。先，悉荐翻。今以私恩逆大臣议，如此，群下倾邪，乱从此起。宜可且遣就国，安后复征召之。"师古曰：安，犹徐也。余谓安，定也。安后，犹言事定后也。太后不得已，遣立就国。莽之所以胁持上下，皆此类也。

于是附顺莽者拔擢，忤恨者诛灭，忤，五故翻。以王舜、王邑为腹心，甄丰、甄邯主击断，断，丁乱翻。平晏领机事，晏，当之子也。刘秀典文章，孙建为爪牙。丰子寻、秀子棻、师古曰：棻，音扶云翻。涿郡崔发、姓谱：齐丁公之子，食采于崔，因以为氏。南阳陈崇皆以材能幸于莽。莽色厉而言方，师古曰：外示凛厉之色，而假为方直之言。欲有所为，微见风采，师古曰：见，音胡电翻。党与承其指意而显奏之；莽稽首涕泣，固推让，稽，音启。推，吐雷翻。上以惑太后，下用示信于众庶焉。

5 八月，莽复白太皇太后，废孝成皇后、孝哀皇后为庶人，就其园。就孝成、孝哀寝庙园也。复，扶又翻。是日，皆自杀。考异曰：汉春秋"八月，甲寅"，未知胡旦所据。

6 大司空彭宣以王莽专权，乃上书言："三公鼎足承君；一足不任，则覆乱美实。师古曰：美实，谓鼎中之实也。易鼎卦九四爻辞曰：鼎折足，覆公𫗧。𫗧，食也。故宣引以为言。任，音壬。臣资性浅薄，年齿老眊，师古曰：眊，与耄同。郑玄曰：耄，惛忘也。数伏疾病，数，所角翻。昏乱遗忘，忘，巫放翻。愿上大司空、长平侯印绶，上，时掌翻。乞骸骨归乡里，竢寘沟壑。"竢，古俟字。寘，与填同。莽白太后策免宣，使就国。莽恨宣求退，故不赐黄金、安车、驷马。宣居国数年，薨。

班固赞曰：薛广德保县车之荣，平当逡巡有耻，彭宣见险而止，异乎苟患失之者矣！薛广德县车，在元帝永光元年。平当不肯受封，在建平三年。通鉴因彭宣事以班赞系之于此。县，读曰悬。

7 戊午，右将军王崇为大司空，光禄勋东海马宫为右将军，按班书，马宫本姓马矢氏，宫仕学，称马氏。左曹、中郎将甄丰为光禄勋。以中郎将加左曹官。

8 九月，辛酉，中山王即皇帝位，贡父曰：辛酉，去哀帝崩六十四日。大赦天下。

平帝年九岁，太皇太后临朝，大司马莽秉政，百官总己以听于莽。援古者天子谅阴百官总己以听于冢宰之制，以盗权也。师古曰：聚束曰总；音揔。朱熹曰：谓各总摄己职。莽权日盛，孔光忧惧，不知所出，上书乞骸骨；莽白太后，帝幼少，宜置师傅，徙光为帝太傅，位四辅，记曰：虞、夏、商、周有师、保，有疑、丞，设四辅及三公。莽仿之以位置孔光，变更官名自此始矣。给事中，领宿卫、供养，行内师古曰：行内，行在所之内中，犹言禁中也。署门户，省服御食物。师古曰：省，视也。余谓行内署门户当为一句，此宿卫事也，省服御食物，则供养事也，文理甚明。师古误断其句，因曲为之说耳。行，下孟翻。省，悉井翻。以马宫为大司徒，甄丰为右将军。

9 冬，十月，壬寅，葬孝哀皇帝于义陵。臣瓒曰：自崩至葬凡百五日。义陵在扶风，去长安四十六里。考异曰：哀纪云："九月，壬寅，葬义陵。"按长历，是月辛酉朔，无壬寅；壬寅乃十月十二日。又臣瓒注曰："自崩至葬凡一百五日。"按帝以六月戊午崩，然则葬在十月审矣，盖本纪月误也。

孝平皇帝上

荀悦曰：讳"衎"之字曰"乐"。应劭曰：谥法：布纲治纪曰平。余按帝本名箕子，元始二年始更名衎。

元始元年（辛酉、一）

1 春，正月，王莽风益州，令塞外蛮夷自称越裳氏重译献白雉一、黑雉二。越裳注已见二十八卷元帝初元二年。参考诸家之说，越裳之地不在益州塞外。莽自以辅幼主，欲以致远人功德比周公惑众，故为此耳。师古曰：越裳，南方远国也。译，谓传言也。道路绝远，风俗殊隔，故累译而后乃通。风，读曰讽。莽白太后下诏，以白雉荐宗庙。于是群臣盛陈莽功德，"致周成白雉之瑞；周公及身在而托号于周，时群臣言，圣王之法，臣有大功则生有美号，因引周公事为征。莽宜赐号曰安汉公，益户畴爵邑。"张晏曰：汉律，非始封，十减二。畴者，等也；言不复减。贤曰：畴，等也；言功臣子孙袭封与先人等。余谓此言莽进号为公，宜益其邑户，使与爵等也。太后诏尚书具其事。莽上书言："臣与孔光、王舜、甄丰、甄邯共定策；今愿独条光等功赏，寝置臣莽，勿随辈列。"进，息也。寝，舍也。甄邯白太后下诏曰："'无偏无党，王道荡荡。'师古曰：尚书洪范之言也。荡荡，广平之貌也；故引之。

君有安宗庙之功，不可以骨肉故蔽隐不扬，君其勿辞！”莽复上书固让数四，复，扶又翻；下同。称疾不起；左右白太后，“宜勿夺莽意，但条孔光等，”莽乃肯起。二月，丙辰，太后下诏：“以太傅、博山侯光为太师，车骑将军、安阳侯舜为太保，皆益封万户；考异曰：平纪作正月事，而王子侯表、公卿表皆云“二月，丙辰”，今从之。余按考异所谓王子侯云二月丙辰封者，谓宣帝耳孙信等也。由今考之，不能无疑。注见下。左将军、光禄勋丰为少傅，封广阳侯；恩泽侯表：广阳侯，国于南阳。皆授四辅之职。侍中、奉车都尉邯封承阳侯。”恩泽侯表：承阳侯，国于汝南。师古曰：承，音烝。四人既受赏，莽尚未起。群臣复上言：“莽虽克让，朝所宜章，言朝廷所当章显也。朝，直遥翻。以时加赏，明重元功，无使百僚元元失望！”太后乃下诏：“以大司马、新都侯莽为太傅，干四辅之事，号曰安汉公，益封二万八千户。”于是莽为惶恐，不得已而起，受太傅、安汉公号，让还益封事，云：“愿须百姓家给，师古曰：给，足也。家给，家家自足。然后加赏。”群臣复争，太后诏曰：“公自期百姓家给，是以听之，其令公奉赐皆倍故。奉，读曰俸，所食之俸也。赐，岁时常赐，著诸令者也。师古曰：倍故，数多于故各一倍也。百姓家给人足，大司徒、大司空以闻。”言待家给人足，二府以其事闻也。莽复让不受，而建言褒赏宗室群臣，立故东平王云太子开明为王；哀帝建平二年，云死，国除，今复立其子。又以故东平思王孙成都为中山王，奉孝王后；东平思王，宣帝子宇也；帝入奉大宗，故立成都以奉孝王后。封宣帝耳孙信等三十六人皆为列侯；晋灼曰：耳，音仍。考异曰：平纪：“元始元年，封孝宣曾孙信等三十六人。”莽传在五年。按王子侯表皆以元年二月丙辰封，莽传误也。余按王子侯表，陶乡侯恢等十五人皆以二月丙辰封，不及三十六人之数，又无信名。按恢等皆宣帝曾孙也。太仆王恽等二十五人皆赐爵关内侯。恽等以前议定陶傅太后尊号，守经法，不阿指从邪赐爵。恽，于粉翻。又令诸侯王公、列侯、关内侯无子而有孙若同产子者，皆得以为嗣；同产子，同母兄弟之子。宗室属未尽而以罪绝者，复其属；谓袒免以上亲，以罪绝属籍者，复其属籍。免，音问。天下吏比二千石以上年老致仕者，参分故禄，以一与之，终其身。师古曰：参，三也。下及庶民鳏寡，恩泽之政，无所不施。

莽既媚说吏民，又欲专断；说，读曰悦。断，丁乱翻。知太后老，厌政，乃风公卿奏言："往者吏以功次迁至二千石，功者，以劳绩迁。次者，以资序迁。州【章：甲十六行本"州"上有"及"字；乙十一行本同；孔本同；张校同。】部所举茂材异等吏，州部，即部刺史也。率多不称，称，尺证翻。宜皆见安汉公。又，太后春秋高，不宜亲省小事，"省，悉井翻。令太后下诏曰："自今以来，唯封爵乃以闻，他事安汉公、四辅平决。州牧、二千石及茂材吏初除奏事者，辄引入，至近署对安汉公，考故官，问新职，以知其称否。"考故官者，考其前任有劳绩与否也。问新职者，问其新任当如何施设也。称，尺证翻。于是莽人人延问，密致恩意，厚加赠送，其不合指，显奏免之，权与人主侔矣。

2 置羲和官，秩二千石。羲和初置，自为一官。莽既篡，改大司农曰羲和。

3 夏，五月，丁巳朔，日有食之。大赦天下。公卿以下举敦厚能直言者各一人。

4 王莽恐帝外家卫氏夺其权，帝，中山卫姬所生也。白太后："前哀帝立，背恩义，背，蒲妹翻；下同。自贵外家丁、傅，挠乱国家，师古曰：挠，扰也；音火高翻。几危社稷。几，居希翻。今帝以幼年复奉大宗为成帝后，宜明一统之义，谓既奉大宗，则以子继父，一以正统相承，义不得顾私亲。以戒前事，为后代法。"六月，遣甄丰奉玺绶，即拜帝母卫姬为中山孝王后。赐帝舅卫宝、宝弟玄爵关内侯。赐帝女弟三人号曰君，谒臣号修义君，皮为承礼君，鬲子为尊德君。师古曰：鬲，音历。皆留中山，不得至京师。

扶风功曹申屠刚以直言对策曰："臣闻成王幼少，周公摄政，听言下贤，均权布宠，动顺天地，举措不失；然近则召公不说，远则四国流言。贤曰：尚书曰：周公为师，相成王，为左右，召公不悦。言周公既还政成王，宜自退，今复为相，故不悦也。四国，谓管、蔡、商、奄也。成王幼小，周公摄政，四国流言曰：公将不利于孺子。说，读曰悦。今圣主始免襁褓，即位以来，至亲分离，外戚杜隔，恩不得通。且汉家之制，虽任英贤，犹援姻戚，亲疏相错，杜塞间隙，援，于元翻。塞，悉则翻。间，古苋翻。诚所以安宗庙，重社稷也。宜亟遣使者征中山太后，置之别宫，令时朝见，朝，直遥翻。见，贤遍翻。又召冯、卫二族，裁与冗职，贤曰：冗，散也。使得执戟亲奉宿卫，以抑患祸之端，上安社稷，下全保傅。"此保傅，谓四辅也。莽令太后下诏曰："刚所言僻经妄说，违背大义！"背，布内翻。罢归田里。

5 丙午，封鲁顷公之八世孙公子宽为褒鲁侯，鲁顷公雠，秦孝文王元年为楚所灭。恩泽侯表：褒鲁侯，食邑于南阳郡。奉周公祀；封褒成君孔霸曾孙均为褒成侯，恩泽侯表：褒成侯，食邑于山阳瑕丘。奉孔子祀。

6 诏"天下女徒已论，归家，出雇山钱，月三百。如淳曰：已论，罪已定也。令甲，女子犯罪，作女徒六月，雇山遣归。说以为当于山伐木，听使入钱雇功直，故谓之雇山。应劭曰：旧刑：鬼薪，取薪于山，以给宗庙。今使女徒出钱雇薪，故曰雇山也。师古曰：如说近之。谓女徒论罪已定，并放归家，不亲役之，但令出钱月三百以雇人也。为此恩者，所以行太皇太后之德，施惠于妇人。复贞妇，乡一人。师古曰：复，方目翻。乡一人，取其尤最者。大司农部丞十三人，人部一州，劝农桑。"武帝时，桑弘羊置大司农部丞数十人，分部郡国，主均输盐铁。今以十三人部十三州。

7 秋，九月，赦天下徒。

二年（壬戌、二）

1 春，黄支国献犀牛。黄支在南海中，去京师三万里。应劭曰：黄支国，在日南之南。王莽欲耀威德，故厚遗其王，遗，于季翻。令遣使贡献。

2 越巂郡上黄龙游江中，上，时掌翻。太师光、大司徒宫等咸称"莽功德比周公，宜告祠宗庙。"大司农孙宝曰："周公上圣，召公大贤，尚犹有不相说，说，读曰悦。著于经典，两不相损。今风雨未时，百姓不足，每有一事，群臣同声，师古曰：言雷同阿附，妄说福祥。得无非其美者？"谓所美非美也。时大臣皆失色。甄邯即时承制罢议者。会宝遣吏迎母，母道病，留弟家，独遣妻子。司直陈崇劾奏宝，事下三公即讯。师古曰：就问之也。劾，户概翻。下，遐稼翻。宝对曰："年七十，悖眊，恩衰共养，营妻子，如章。"师古曰：悖，惑也。眊，与耄同。自言老耄，心志乱惑，供养之恩衰，具如所奏之章也。悖，音布内翻。共，读曰供，音居用翻。宝坐免，终于家。

3 帝更名衎。衎，空旱翻，又墟岸翻。

4 三月，癸酉，大司空王崇谢病免，以避王莽。

5 夏，四月，丁酉，左将军甄丰为大司空，右将军孙建为左将军，光禄勋甄邯为右将军。

6 立代孝王玄孙之子如意为广宗王，江都易王孙盱台侯宫为广川王，广川惠王曾孙伦为广德王。代孝王参孙义，改封清河；传国至孙年，宣帝地节四年以罪废；今封如意以奉孝王后。江都易王非传国子建，武帝元狩二年谋反，自杀；今立宫以奉易王后。广川惠王越，宣帝地节四年，以其孙文绍封；传子海阳，甘露四年以罪废；今立伦以奉惠王后。此皆王莽为政以继绝世惑众。盱台，音吁怡。绍封汉兴以来大功臣之后周共等皆为列侯及关内侯，共，绛侯周勃玄孙。师古曰：共，读曰恭。凡百一十七人。

7 郡国大旱、蝗，青州尤甚，青州部平原、千乘、济南、齐、北海、东莱等郡，甾川、胶东、高密等王国。民流亡。王莽白太后：宜衣缯练，师古曰：缯练，谓帛无文者。衣，于既翻。颇损膳，以示天下。莽因上书愿出钱百万，献田三十顷，付大司农助给贫民。于是公卿皆慕效焉，凡献田宅者二百三十人，以口赋贫民。师古曰：计口而给其田宅。又起五里于长安城中，如淳曰：民居之里。宅二百区，以居贫民。莽帅群臣奏太后帅，读曰率。言："幸赖陛下德泽，间者风雨时，甘露降，神芝生，蓂荚、朱草、嘉禾，休征同时并至。师古曰：休，美也。征，证也。愿陛下遵帝王之常服，复太官之法膳，使臣子各得尽欢心，备共养！"共，居用翻。养，羊尚翻。莽又令太后下诏，不许。每有水旱，莽辄素食，师古曰：素食，即菜食，无肉。左右以白太后。太后遣使者诏莽曰："闻公菜食，忧民深矣。今秋幸孰，孰，古熟字通。公以时食肉，爱身为国！"为，于伪翻。

8 六月，陨石于钜鹿二。

9 光禄大夫楚国龚胜、太中大夫琅邪邴汉邴，姓也；与丙同。以王莽专政，皆乞骸骨。莽令太后策诏之曰："朕愍以官职之事烦大夫，大夫其修身守道，以终高年。"皆加优礼而遣之。

10 梅福知王莽必篡汉祚，一朝弃妻子去，不知所之。其后，人有见福于会稽者，变姓名为吴市门卒云。会稽郡，时治吴县。会，工外翻。

11 秋，九月，戊申晦，日有食之，赦天下徒。

12 遣执金吾候陈茂晋灼曰：百官表：执金吾属官有两丞、候、司马。谕说江湖贼成重等二百馀人说，输芮翻。皆自出，送家在所收事。如淳曰：贼虽自出，得还其家而已，不得复除，尚当役作之也。师古曰：如说非也，言身既自出，又各送其家人诣本属县邑从赋役耳。贡父曰：贼二百馀人皆异县人，既自出，故送家在所收事也。余谓刘说是。重徙云阳，服虔曰：重，成重也；作贼长帅，故徙之也。赐公田宅。

13 王莽欲悦太后以威德至盛，异于前，乃风单于令遣王昭君女须卜居次云入侍太后，所以赏赐之甚厚。

14 车师后王国有新道通玉门关，车师后王国治务涂谷，去长安八千九百五十里。往来差近，戊己校尉徐普欲开之。车师后王姑句师古曰：句，音钩。以当道供给使者，心不便也。普欲分明其界，然后奏之，召姑句使证之；不肯，系之。其妻股紫陬师古曰：陬，音子侯翻。谓姑句曰："前车师前王为都护司马所杀，此言日前事也。车师前王治交河城，去长安八千一百五十里。今久系必死，不如降匈奴！"即驰突出高昌壁，入匈奴。拓拔魏时，阚爽始立国于高昌，盖因汉高昌壁为名。杜佑曰：高昌郡，盖因其地高敞，人物昌盛立名。或云：昔汉武帝遣兵西讨，师旅顿弊者因住焉，有汉时高昌垒故也。又去胡来王唐兜婼羌国王，号去胡来王，去阳关千八百里，去长安六千三百里。师古曰：言去胡戎来附汉也。婼，孟康音儿。师古曰：音而遮翻。与赤水羌数相寇，羌之居赤水者，大种也，与婼羌比近。唐有黑党项，居赤水西。数，所角翻。不胜，告急都护，都护但钦不以时救助。但钦，人姓名。姓书，但，平音；或上。唐兜困急，怨钦，东守玉门关；玉门关不内，即将妻子、人民千馀人亡降匈奴；降，户江翻；下同。单于受置左谷蠡地，左谷蠡王所居地也。谷，音鹿。蠡，卢奚翻。遣使上书言状曰："臣谨已受。"诏遣中郎将韩隆等使匈奴，责让单于；单于叩头谢罪，执二虏还付使者。二虏，姑句及唐兜也。诏使中郎将王萌待于西域恶都奴界上。服虔曰：恶都奴，西域之谷名也。单于遣使送，因请其罪；为二虏请于汉，求释其背叛之罪也。使者以闻。莽不听，诏会西域诸国王，陈军斩姑句、唐兜以示之；欲以惩后，使不敢叛。乃造设四条，师古曰：更新为此制也。中国人亡入匈奴者，乌孙亡降匈奴者，西域诸国佩中国印绶降匈奴者，乌桓降匈奴者，皆不得受。遣中郎将王骏、王昌、副校尉甄阜、王寻使匈奴，班四条与单于，杂函封，师古曰：与玺书同一函而封之。付单于，令奉行；因收故宣帝所为约束封函还。宣帝与匈奴约，长城以南汉有之，长城以北匈奴有之，有降者不得受。今莽以约束未明，故颁四条而收旧所为约束。时莽奏令中国不得有二名，公羊春秋传讥二名，故莽效之。因使使者以风单于，宜上书慕化，为一名，汉必加厚赏。单于从之，上书言："幸得备藩臣，窃乐太平圣制。臣故名囊知牙斯，今谨更名曰知。"莽大说，乐，音洛。更，工衡翻。说，读曰悦。白太后，遣使者答谕，厚赏赐焉。

15 莽欲以女配帝为皇后以固其权，奏言："皇帝即位三年，长秋宫未建，师古曰：秋者，收成之时；长者，恒久之义；故以为皇后宫名。掖庭媵未充。媵，以证翻；从嫁之女也。古者诸侯一国嫁女，九国媵之。乃者国家之难，本从无嗣，配取不正，请考论五经，定取后礼，难，乃旦翻。师古曰：取，皆读曰娶。正十二女之义，以广继嗣，古者天子一娶九女。公羊传曰：诸侯一聘九女，则周之天子固有十二女之礼。莽之进女也十一媵，盖通后为十二女也。博采二王后及周公、孔子世、列侯在长安者適子女。"二王后，殷、周之后。周公、孔子世，周、孔之后世，嫡相承者。师古曰：適，读曰嫡。嫡，谓妻所生也。事下有司，上众女名，下，遐稼翻。上，时掌翻；下同。王氏女多在选中者，莽恐其与己女争，即上言："身无德，子材下，不宜与众女并采。"太后以为至诚，乃下诏曰："王氏女，朕之外家，其勿采。"庶民、诸生、郎吏以上守阙上书者日千馀人，公卿大夫或诣廷中，或伏省户下，咸言："安汉公盛勋堂堂若此，今当立后，独奈何废公女，天下安所归命！愿得公女为天下母！"莽遣长史以下分部晓止公卿及诸生，师古曰：分，音扶问翻。晓止，开谕之使止也。而上书者愈甚。太后不得已，听公卿采莽女。莽复自白："宜博选众女。"公卿争曰："不宜采诸女以贰正统。"师古曰：言皇后之位当在莽女也。莽乃白："愿见女。"

容肇祖标点顾颉刚聂崇岐覆校

资治通鉴卷第三十六

翰林学士朝散大夫右谏议大夫知制诰兼侍讲
同提举万寿观公事兼判集贤院上护军 **司马光** 奉敕编集
河内郡开国侯食邑一千三百户赐紫金鱼袋臣

后学天台 **胡三省** 音注

汉纪二十八 起昭阳大渊献(癸亥),尽著雍执徐(戊辰),凡六年。

孝平皇帝下

元始三年(癸亥、三)

1 春,太后遣长乐少府夏侯藩、宗正刘宏、尚书令平晏纳采见女。婚有五礼,纳采、问名、纳吉、纳征、请期。陆德明曰:采,音七在翻,择也。师古曰:谓采择其可者。还,奏言:"公女浙渍德化,浙,音沾。有窈窕之容,窈窕,幽闲也。王肃曰:善心曰窈,善容曰窕。宜承天序,奉祭祀。"太师光、大司徒宫、大司空丰、左将军孙建、执金吾尹赏、行太常事、太中大夫刘秀及太卜、太史令服皮弁、素积,百官表:太常有太卜、太史等令。师古曰:皮弁,以鹿皮为冠,形如人手之弁合也。素积,谓素裳也。朱衣而素裳。积,谓襞绩,若今之襈为也。襈,音雏恋翻。贤曰:素积者,积以为裳也,言要中辟积也。贾公彦曰:皮弁之服,十五升白布衣,积素以为裳。以礼杂卜筮,皆曰:"兆遇金水王相,卦遇父母得位,兆,卜也。卦,筮也。孟康曰:金、水相生也。张晏曰:金王则水相也。遇父母则泰卦,乾下坤上,天下于地,是配享之卦。师古曰:王,音于放翻。原父曰:但言父母得位,安知是泰卦乎!相,息亮翻。

所谓康强之占，逢吉之符也。”洪范曰：汝则从、龟从、筮从、卿士从、庶民从，是之谓大同，身其康强，子孙其逢吉。又以太牢策告宗庙。有司奏：“故事：聘皇后，黄金二万斤，为钱二万万；”莽深辞让，受六千三百万，而以其四千三百万分予十一媵家及九族贫者。九族，上自高祖，下至玄孙之亲。按汉书王莽传：故事聘皇后黄金二万斤，为钱二万万。莽深辞让，受四千万，而以其三千三百万予十一媵家。群臣复言：“今皇后受聘，逾群妾亡几。”有诏，复益二千三百万，为三千万。莽复以其千万分予九族贫者。又按杜佑通典：聘后黄金二万斤，汉吕后为惠帝聘鲁元公主故事也。予，读曰与。

2 夏，安汉公奏车服制度，吏民养生、送终、嫁娶，奴婢、田宅、器械之品，立官稷，元始元年，莽号安汉公。至是始书以冠事，表其所从来者渐矣。通鉴凡书权臣例始此。如淳曰：郊祀志：已有官社，未有官稷，遂立官稷于官社之后。臣瓒曰：汉初，除秦社稷，立汉社稷；其后又立官社，配以夏禹，而不立官稷。师古曰：淳、瓒二说皆未尽也。初立官稷于官社之后，是为一处。今更创置建于别所，不相从也。及郡国、县邑、乡聚皆置学官。张晏曰：聚，邑落名也。师古曰：聚，音才喻翻。

3 大司徒司直陈崇使张敞孙竦草奏，师古曰：草，谓创立其文。盛称安汉公功德，以为：“宜恢公国令如周公，成王以周公有勋劳于天下，封以曲阜地方七百里。建立公子令如伯禽，鲁颂閟宫之诗曰：王曰叔父，建尔元子，俾侯于鲁。所赐之品亦皆如之，鲁公之封于鲁也，赐以附庸，殷民六族，大路，大旂，封父之繁弱，夏后氏之璜，祝、宗、卜、史，备物典策，官司彝器，白牡之牲，郊望之礼。诸子之封皆如六子。”周公六子，封于凡、蒋、邢、茅、胙、祭。师古曰：六子，伯禽之弟也。祭，侧界翻。太后以示群公。群公方议其事，会吕宽事起。

初，莽长子宇非莽隔绝卫氏，隔绝事见上卷元年。长，知两翻。恐久后受祸，即私与卫宝通书，教卫后上书谢恩，上，时掌翻；下同。因陈丁、傅旧恶，冀得至京师。莽白太皇太后，诏有司褒赏中山孝王后，益汤沐邑七千户。卫后日夜啼泣，思见帝面，而但益户邑；宇复教令上书求至京师。复，扶又翻。莽不听。宇与师吴章及妇兄吕宽议其故，章以【章：甲十六行本“以”下有“为”字；乙十一行本同。】莽不可谏而好鬼神，好，呼到翻。可为变怪以惊惧之，章因推类说令归政卫氏。推类者，因变怪而推言事类如洪范五行传，以说莽也。说，输芮翻。宇即使宽夜持血洒莽第，门吏发觉之；莽执宇送狱，饮药死。宇妻焉怀子，师古曰：焉，其名。系狱，须产子已，杀之。师古曰：须，待也。已，讫也。甄邯等白太后，下诏曰：“公居周公之位，辅成王之主，而行管、蔡之诛，不以亲亲害尊尊，朕甚嘉之！”莽尽灭卫氏支属，唯卫后在。吴章要斩，磔尸东市门。要，与腰同。磔，陟格翻，裂也，张也。

初，章为当世名儒，章治尚书经，为博士。教授尤盛，弟子千馀人。莽以为恶人党，皆当禁锢不得仕宦，门人尽更名他师。师古曰：更以他人为师，讳不言是章弟子。更，工衡翻。平陵云敞时为大司徒掾，姓谱：邳，出自祝融之后，为邳国；后去邑为云。自劾吴章弟子，劾，户概翻。收抱章尸归，棺敛葬之，师古曰：棺，音工唤翻。敛，音力赡翻。京师称焉。

莽于是因吕宽之狱，遂穷治党与，连引素所恶者悉诛之。治，直之翻；下同。恶，乌路翻。元帝女弟敬武长公主素附丁、傅，长，知两翻。及莽专政，复非议莽；复，扶又翻。红阳侯王立，莽之尊属；立，莽叔父也。平阿侯王仁，素刚直；仁，谭子也。莽皆以太皇太后诏，遣使迫守，令自杀。使，疏吏翻；下同。令，力丁翻。莽白太后，主暴病薨；主，言敬武公主。太后欲临其丧，莽固争而止。甄丰遣使者乘传案治卫氏党与，传，知恋翻。郡国豪桀及汉忠直臣不附莽，【章：甲十六行本“莽”下有“者”字；乙十一行本同；孔本同。】皆诬以罪法而杀之。何武、鲍宣及王商子乐昌侯安、涿郡王商，相成帝者也。辛庆忌三子护羌校尉通、函谷都尉遵、水衡都尉茂、南郡太守辛伯皆坐死。何武不举莽为大司马。鲍宣素有强项名。王商与王凤不协，为所挤陷，忿毒而死；其子安不附王氏；辛庆忌本王凤所成，莽见其三子皆能，欲亲厚之；辛茂自以名臣子孙，兄弟并显列，不宜附莽，又不甚诎事甄丰、甄邯；伯亦辛氏之族：故并及祸。凡死者数百人，海内震焉。北海逢萌谓友人曰："三纲绝矣，莽杀其叔父，又自杀其冢嫡，是灭其天性也；杀其君之祖姑，又尽除忠直之臣，是无君也；故曰三纲绝矣。逢，皮江翻。不去，祸将及人！"即解冠挂东都城门，萌时学于长安。贤曰：汉宫殿名：东都门，今名青门。注又见昭纪。归，将家属浮海，客于辽东。

莽召明礼少府宗伯凤宗伯，姓也。凤，名也。凤明于礼，官为少府。少，诗照翻。入说为人后之谊，白令公卿、将军、侍中、朝臣并听，说为人后者义不得顾私亲。师古曰：白令皆听之。朝，直遥翻。欲以内厉天子而外塞百姓之议。厉，讽厉也。厉者，磨错垢故以就新，取此义也。师古曰：塞，止也。塞，悉则翻。先是，秺侯金日磾子赏、都成侯金安上子常皆以无子国绝，先，悉荐翻。秺，音妒。磾，丁奚翻。莽以【章：甲十六行本"以"下有"日磾"二字；乙十一行本同；孔本同；张校同。】曾孙当及安上孙京兆尹钦绍其封。当，日磾曾孙也。钦谓"当宜为其父、祖立庙，晋灼曰：当是赏弟建之孙。此言当自为其父及祖父建立庙也。为，于伪翻。而使大夫主赏祭也。"【章：甲十六行本无"也"字；乙十一行本同；孔本"也"作"事"；张校同。】如淳曰：以赏故国君，使大夫掌其祭事。臣瓒曰：当是支庶，上继大宗，不得顾其私亲也。而钦令尊其父、祖以续日磾，不复为赏后，而令大夫主掌祭事。师古曰：瓒说是。甄邯时在旁，廷叱钦，因劾奏"钦诬祖不孝，大不敬；"下狱，自杀。劾，户概翻；下，遐稼翻。邯以纲纪国体，无所阿私，忠孝尤著，益封千户。更封安上曾孙汤为都成侯。汤受封日，不敢还归家，以明为人后之谊。

4 是岁，尚书令颍川钟元为大理。哀帝元寿二年，复改廷尉为大理。颍川太守陵阳严诩地理志，陵阳县属丹阳郡。本以孝行为官，行，下孟翻。谓掾、史为师友，掾，俞绢翻。有过辄闭閤自责，终不大言。郡中乱。史言世降俗薄，徒善不足以为政。王莽遣使征诩，官属数百人为设祖道，为，于伪翻。诩据地哭。掾、史曰："明府吉征，不宜若此！"诩曰："吾哀颍川士，身岂有忧哉！我以柔弱征，必选刚猛代；代到，将有僵仆者，师古曰：僵，偃也。仆，颠也。僵，音姜。仆，音赴。故相吊耳！"诩至，拜为美俗使者；文颖曰：宣美风化使者。徙陇西太守【章：甲十六行本"守"下有"平陵"二字；乙十一行本同；孔本同；张校同。】何并为颍川太守。并到郡，捕钟元弟威及阳翟轻侠赵季、李款，皆杀之；郡中震栗。地理志，阳翟县属颍川郡。翟，音直格翻。

四年（甲子、四）

1 春，正月，郊祀高祖以配天，宗祀孝文以配上帝。师古曰：郊祀，祀于郊也。宗，尊也，祀于明堂也。上帝，太微五帝也；一曰：昊天上帝也。王肃曰：上帝，天也。马融曰：上帝，泰一之神，在紫微宫，天之最尊者。杜佑曰：元气广大则称昊天；人之所尊莫过于帝，托之于天，故称上帝。

2 改殷绍嘉公曰宋公，周承休公曰郑公。成帝绥和元年，封殷绍嘉公，进周承休侯爵为公，为二王后。

3 诏："妇女非身犯法，及男子年八十以上、七岁已下，家非坐不道、诏所名捕，张晏曰：名捕，谓下诏所特捕也。他皆无得系；其当验者即验问。师古曰：就其所居而问。定著令！"

4 二月，丁未，遣大司徒宫、大司空丰等奉乘舆法驾迎皇后于安汉公第，授皇后玺绂，乘，绳证翻。续汉志：皇后绶，与乘舆同，四采黄、赤、缥、绀，长丈九尺九寸，五百首。玺，盖亦王玺也。师古曰：绂，所以系玺，音弗。考异曰：王莽传云"四月，丁未"，平纪云"二月，丁未，立皇后王氏"，下云"夏，皇后见于高庙"。外戚传云明年春，迎皇后于安汉公第。然则言四月者误也。入未央宫。大赦天下。

5 遣太仆王恽等八人各置副，假节，副，副使也。恽等持节，其副则假之以节。悍，于粉翻。分行天下，行，下孟翻。览观风俗。

6 夏，太保舜等及吏民上书者八千馀人，咸请“如陈崇言，加赏于安汉公。”章下有司，下，遐稼翻；下同。有司请“益封公以召陵、新息二县及黄邮聚、新野田；新息、召陵二县，属汝南郡。续汉志，南阳郡新野县有东乡，故新都，王莽所封也；又有黄邮聚。聚，才谕翻。采伊尹、周公称号，加公为宰衡，伊尹曰阿衡，周公位冢宰。称，尺证翻。位上公，三公言事称‘敢言之’；赐公太夫人号曰功显君；莽母也。封公子男二人安为褒新侯，临为赏都侯；莽封新都侯，析其国名二字，加“褒”、“赏”，以封其二子。加后聘三千七百万，合为一万万，以明大礼；太后临前殿亲封拜，安汉公拜前，二子拜后，如周公故事。”成王之侯伯禽于鲁也，周公拜前，鲁公拜后。莽稽首辞让，稽，音启。出奏封事：“愿独受母号，还安、临印韨及号位户邑。”韨，即绂；音弗。事下，下，遐稼翻。太师光等皆曰：“赏未足以直功；师古曰：直，当也。谦约退让，公之常节，终不可听。忠臣之节亦宜自屈，而伸主上之义。宜遣大司徒、大司空持节承制诏公亟入视事；诏尚书勿复受公之让奏。”复，扶又翻；下同。奏可。莽乃起视事，止减召陵、黄邮、新野之田而已。

莽复以所益纳征钱千万遗太后左右奉共养者。遗，于季翻；下同。白虎通曰：纳征用玄纁。共，居用翻。养，弋向翻。莽虽专权，然所以诳耀媚事太后，下至旁侧长御，方故万端，赂遗以千万数。白尊太后姊、妹号皆为君，食汤沐邑。姊君挟为广恩君，君力为广惠君，君弟为广施君。以故左右日夜共誉莽。誉，音余。莽又知太后妇人，厌居深宫中，莽欲虞乐以市其权，乐，音洛。乃令太后四时车驾巡狩四郊，张晏曰：市权者，以游观之乐易其权，若市贾然。师古曰：虞，与娱同。邑外谓之郊，近二十里也。仲冯曰：言郊，不必二十里也。存见孤、寡、贞妇，所至属县，辄施恩惠，赐民钱帛、牛酒，岁以为常。太后旁弄儿病，在外舍，服虔曰：官婢、侍史生儿，取以作弄儿也。莽自亲候之。其欲得太后意如此。

太保舜奏言："天下闻公不受千乘之土，古者诸公之国，地方百里，出兵车千乘。辞万金之币，谓聘后之币也。莫不乡化。乡，读曰向。蜀郡男子路建等辍讼，惭怍而退，虽文王却虞、芮何以加！师古曰：却，退也。虞、芮，二国名也，并在河之东。二国之君争田不平，闻文王之德，乃往断焉；入周之竟，则耕者让畔，行者让路，乃相谓曰："我小人也，不可以履君子之庭！"遂相让，以其所争为闲田而退。怍，才各翻。宜报告天下。"【章：甲十六行本"下"下有"奏可"二字；乙十一行本同；孔本同；张校同。】于是孔光愈恐，固称疾辞位。太后诏："太师毋朝，朝，直遥翻。十日一入省中，置几杖，赐餐十七物，然后归；官属按职如故。"师古曰：餐具有十七种物，言十日一入朝，受此宠礼，他日则常在家自养；而其属官依常各行职务。

7 莽奏起明堂、辟雍、灵台，应劭曰：明堂所以正四时，出教化。明堂上圆下方，八窗四达，布政之宫，在国之阳：上八窗法八风，四达法四时，九室法九州，十二重法十二月，三十六户法三十六雨，七十二牖法七十二风。黄帝曰合宫，有虞曰总章，殷曰阳馆，周曰明堂。辟雍者，象璧；圜之以水，象教化流行。大戴礼：明堂，以茅盖，上圆下方。天子曰灵台，诸侯曰观台，以望气，书云物。为学者筑舍万区，为，于伪翻。制度甚盛。立乐经；益博士员，经各五人。征天下通一艺、教授十一人以上，及有逸礼、古书、天文、图谶、张衡曰：图谶虚妄，非圣人之法。刘向父子领校秘书，阅定九流，亦无谶录；成、哀之后，乃始闻之。钟律、月令、兵法、史篇文字，孟康曰：史籀所作十五篇古文书也。师古曰：周宣王太史史籀所作大篆书也。籀，直救翻。通知其意者，皆诣公车。网罗天下异能之士，前后至者千数，皆令记说廷中，将令正乖谬，壹异说云。令各造廷中而记其说也。

又征能治河者以百数，治，直之翻。其大略异者，长水校尉平陵关并姓谱：关，夏大夫关龙逢之后。风俗通：关令尹喜之后。言："河决率常于平原、东郡左右，其地形下而土疏恶。疏，音疎。闻禹治河时，本空此地，以为水猥盛则放溢，少稍自索，少，诗沼翻。师古曰：猥，多也。索，尽也，音先各翻。虽时易处，犹不能离此。离，力智翻。上古难识。近察秦、汉以来，河决曹、卫之域，汉之济阴、定陶，故曹国也。东郡及魏郡黎阳，古卫地也。其南北不过百八十里。可空此地，勿以为官亭、民室而已。"御史临淮韩牧以为："可略于禹贡九河处穿之，纵不能为九，但为四、五，宜有益。"大司空掾王横言："河入勃海地，高于韩牧所欲穿处。往者天常连雨，东北风，海水溢，西南出，寖数百里，九河之地已为海所渐矣。师古曰：渐，寖也，读如本字，又音子廉翻。禹之行河水，本随西山下东北去。师古曰：行，谓通流也。周谱云：'定王五年，河徙，'如淳曰：谱，音补，世统谱谍也。则今所行非禹之所穿也。又秦攻魏，决河灌其都，事见七卷秦始皇二十二年。决处遂大，不可复补。复，扶又翻。宜却徙完平处更开空，空，音孔。师古曰：空，犹穿。使缘西山足，乘高地而东北入海，乃无水灾。"西山，谓黎阳以西诸山。司空掾沛国桓谭典其议，为甄丰言：为，于伪翻；下同。"凡此数者，必有一是；宜详考验，皆可豫见。计定然后举事，费不过数亿万，亦可以事诸浮食无产业民。师古曰：事，谓役使也。空居与行役，同当衣食，衣食县官而为之作，乃两便，师古曰：言无产业之人，端居无为及发行力役，俱须衣食耳。今县官给其衣食而使修治河水，是为公私两便也。可以上继禹功，下除民疾。"时莽但崇空语，无施行者。

8 群臣奏言："昔周公摄政七年，制度乃定。今安汉公辅政四年，营作二旬，大功毕成，宜升宰衡位在诸侯王上。"诏曰："可。"仍令议九锡之法。应劭曰：九锡：一曰车马，二曰衣服，三曰乐器，四曰朱户，五曰纳陛，六曰虎贲百人，七曰铁钺，八曰弓矢，九曰秬鬯。此皆天子制度，尊之，故事事锡与，但数少耳。张晏曰：九锡，经本无文；周礼以为九命，春秋说有之。臣瓒曰：九锡备物，霸者之盛礼，齐桓、晋文犹不能备。郑玄曰：按九锡之名，古无有也。王制：三公一命衮；若有加，则赐也不过九命。孔颖达曰：郑意以为九命之外，别加九赐。案礼纬含文嘉，上列九锡之差，下云四方所瞻之成，侯子所望。宋均注云：九赐者，乃四方所共见，公侯伯子男所希望。孔引含文嘉所谓九锡，与应劭同，独乐器曰乐则耳。宋均注云：进退有节，行步有度，赐之车马以代其步。言成文章，行成法则，赐之衣服以表其德。长于教训，内怀至仁，赐之乐则以化其民。居处修理，房内不渫，赐之朱户以明其别。动作有礼，赐之纳陛以安其体。勇猛劲疾，执义坚强，赐之虎贲以备非常。亢扬威武，志在宿卫，赐之斧钺使得专杀。内怀仁德，执义不倾，赐之弓矢使得专征。孝慈父母，赐之秬鬯以事先祖。

9 莽奏尊孝宣庙为中宗，孝元庙为高宗；又奏毁孝宣皇考庙勿修；宣帝元康元年尊悼园曰皇考。罢南陵、云陵为县。南陵，文帝母薄太后陵。云陵，昭帝母赵太后陵。奏可。

10 莽自以北化匈奴，东致海外，南怀黄支，莽自奏曰：越裳氏重译献白雉；黄支自三万里贡生犀；东夷王渡大海，奉国珍；匈奴单于顺制作，去二名。唯西方未有加，乃遣中郎将平宪等多持金币诱塞外羌，使献地愿内属。宪等奏言："羌豪良愿等种可万二千人，愿为内臣，种，章勇翻。献鲜水海、允谷、盐池，地理志，金城郡临羌县西北至塞外，有西海、盐池。阚骃云：西有卑禾羌海，即献三莽地为西海郡者也。郦道元曰：世谓之青海，东去西平二百五十里。平地美草，皆与汉民；自居险阻处为藩蔽。问良愿降意，降，户江翻。对曰：'太皇太后圣明，安汉公至仁，天下太平，五谷成孰，或禾长丈馀，长，直亮翻。或一粟三米，或不种自生，或茧不蚕自成；甘露从天下，醴泉自地出；凤皇来仪，神爵降集。从四岁以来，谓自莽辅政以来也。羌人无所疾苦，故思乐内属。'宜以时处业，处，谓度地以处之。业，谓使各有作业也。乐，音洛。处，昌吕翻。置属国领护。"事下莽，莽复奏：下，遐稼翻。"今已有东海、南海、北海郡，请受良愿等所献地为西海郡。分天下为十二州，应古制。”奏可。冬，置西海郡。考异曰：王莽传，置西海郡在明年秋；今从平纪。又增法五十条，犯者徙之西海。徙者以千万数，民始怨矣。

11 梁王立坐与卫氏交通，废，徙南郑；自杀。卫氏，帝外家也。

12 分京师置前辉光、后丞烈二郡。前辉光盖领长安以南诸县，后丞烈盖领长安以北诸县也。更公卿、大夫、八十一元士官名、位次及十二州名、分界。更，工衡翻。郡国所属，罢置改易，天下多事，吏不能纪矣。

五年（乙丑、五）

1 春，正月，祫祭明堂；应劭曰：礼，五年而再殷祭，壹禘壹祫。祫祭者，毁庙之主皆合食于太祖。师古曰：祫，音合。诸侯王二十八人，列侯百二十人，宗室子九百馀人，征助祭。礼毕，皆益户、赐爵及金帛、增秩、补吏各有差。已封者益户，未有爵者赐爵，已有爵者赐金帛，已有秩者增秩，未有官者补吏。

2 安汉公又奏复长安南、北郊。三十馀年间，天地之祠凡五徙焉。成帝建始元年罢甘泉泰畤、汾阴后土祠，作长安南、北郊；永始三年，复甘泉、汾阴；成帝崩，皇太后诏复长安南、北郊；哀帝建平三年，复甘泉、汾阴；今又复南、北郊：是五徙也。

3 诏曰：“宗室子自汉元至今十馀万人，其令郡国各置宗师以纠之，汉元，汉初也。师古曰：纠，谓禁察也。致教训焉。”

4 夏，四月，乙未，博山简烈侯孔光薨，赠赐、葬送甚盛，车万馀两。两，音亮。以马宫为太师。

5 吏民以莽不受新野田而上书者前后四十八万七千五百七十二人，及诸侯王公、列侯、宗室见者见，贤遍翻。皆叩头言：“宜亟加赏于安汉公。”于是莽上书言：“诸臣民所上章下议者，事【章：乙十一行本“事”作“愿”；孔本同。甲十六行本“事”作“以”。】皆寝勿上，上，时掌翻。下，遐稼翻。使臣莽得尽力毕制礼作乐；事成，愿赐骸骨归家，避贤者路。”言久处大位，妨贤者进用之路。避位，所以避贤者路也。甄邯等白太后，诏曰：“公每见辄流涕叩头言，愿不受赏；赏即加，不敢当位。方制作未定，事须公而决，故且听公制作；毕成，群公以闻，究于前议。师古曰：究，竟也。其九锡礼仪亟奏！”

五月，策命安汉公莽以九锡，莽稽首再拜，受绿韨，衮冕，衣裳，师古曰：此韨，谓蔽膝也。或谓韨韠。韨，音弗；韠，音毕。玚琫、玚珌，孟康曰：玚，玉名也。佩刀之饰，上曰琫，下曰珌。诗云，鞞琫有珌是也。毛传曰：鞞，容刀鞞也。琫，上饰；珌，下饰。天子玉琫而珧珌；诸侯璗琫而璆珌。陆云：鞞，刀室也。琫，佩刀削上饰；珌，佩刀下饰。尔雅云：黄金谓之璗。说文云：璗，金之美与玉同色者也。师古曰：玚，音荡。琫，音布孔翻。珌，音必。句履，孟康曰：今齐祀履头饰也，出履三寸。师古曰：其形岐头。句，音巨俱翻。鸾路，乘马，师古曰：鸾路，车之施鸾者也。四马曰乘，音食证翻。龙旂九旒，周礼：交龙为旂。尔雅：有铃曰旂。旒，旂之末垂也。皮弁、素积，戎路、乘马，师古曰：戎路，戎车也。彤弓矢、卢弓矢，师古曰：彤，赤色。卢，黑色。左建朱钺，右建金戚，师古曰：钺、戚，皆斧属。甲、胄一具，胄，兜鍪。秬鬯二卣，秬鬯，香酒也。周礼春官鬯人注云：酿秬为酒；秬如黑黍，一稃二米。陆佃埤雅曰：说文：鬯以秬酿，郁草芬芳，攸服以降神也。旧说：芬芳条畅，故谓之鬯；礼以郁合鬯，言郁于中而鬯于外也。又曰：先郑、小毛以为鬯，香草也，筑而煮之为鬯。秬者，百谷之华，鬯者，百草之英，故先王煮以合鬯。卣，中樽也。秬，音巨。卣，音攸，又音羊久翻。圭瓒二，九命青玉珪二，师古曰：圭瓒，以圭为勺末。上公九命，青者春色，东方生而长育万物也。朱户，纳陛，朱户以居，纳陛以登。孟康曰：纳，内也，谓凿殿基际为陛，不使露也。师古曰：孟说是也。尊者不欲露而升陛，故纳之于霤下也。署宗官、祝官、卜官、史官，放周公也。成王之命周公，祝、宗、卜、史。杜预曰：太祝、宗人、太卜、太史，凡四官。虎贲三百人。孔安国曰：虎贲，勇士称也。若虎贲战，言其猛也。贲，音奔。

6 王恽等八人使行风俗还，恽，于粉翻。行，下孟翻；下同。言天下风俗齐同，诈为郡国造歌谣、颂功德，凡三万言。闰月，丁酉，诏以羲和刘秀等四人使治明堂、辟雍，治，直之翻。令汉与文王灵台、周公作洛同符。诗曰：经始灵台，经之营之，庶民攻之，不日成之。周公营成周，曰：其作大邑，其自时配皇天中乂。太仆王恽等八人使行风俗，宣明德化，万国齐同，皆封为列侯。四人者，刘秀，红休侯；平晏，防乡侯；孔永，宁乡侯；孙迁，定乡侯。八人者，王恽，常乡侯；阎迁，望乡侯；陈崇，南乡侯；李翕，邑乡侯；郝党，亭乡侯；谢殷，章乡侯；逯普，蒙乡侯；陈凤，卢乡侯。考异曰：恩泽侯表，刘歆等十一侯皆云丁酉，独平晏云丁丑。按十二人同功俱封，是年闰五月甲午朔，无丁丑，表误。

时广平相班稚独不上嘉瑞及歌谣；班稚时相广平王。汉武帝征和二年，于广平置平干国。宣帝五凤二年，复曰广平。上，时掌翻；下同。琅邪太守公孙闳言灾害于公府。甄丰遣属驰至两郡，续汉志：大司空掾、属二十九人，掾比三百石，属比二百石。杜佑曰：正曰掾，副曰属。讽吏民，师古曰：遣言祥应而隐除灾害。而劾"闳空造不祥，稚绝嘉应，嫉害圣政，皆不道。"劾，户概翻。稚，班倢伃弟也。倢伃，音接予。太后曰："不宣德美，宜与言灾害者异罚。且班稚后宫贤家，我所哀也。"师古曰：班倢伃有贤德，故哀闵其家。闳独下狱，诛。下，遐稼翻。稚惧，上书陈恩谢罪，陈恩者，自陈述世受国恩。愿归相印，入补延陵园郎；园郎，掌守园寝门户。太后许焉。

7 莽又奏为市无二贾，师古曰：言纯质也。贾，读曰价。官无狱讼，邑无盗贼，野无饥民，道不拾遗，男女异路之制；犯者象刑。师古曰：白虎通云：象者，其衣服象五刑也。犯墨者蒙。犯劓者以赭著其衣。犯髌者以墨蒙其髌，象而画之。犯宫者屝。犯大辟者布衣无领。屝，草屦也。膑，音频忍翻。屝，音扶味翻。

8 莽复奏言："共王母、丁姬，前不臣妾，师古曰：言不遵臣妾之道。复，扶又翻。共，音恭。冢高与元帝山齐，贾公彦曰：尔雅"山顶，冢"，则山冢之冢；封土为丘垄曰冢，则冢墓之冢。冢，知陇翻。怀帝太后、皇太太后玺绶以葬。师古曰：怀，谓挟之以自随也。玺，斯氏翻。绶，音受。请发共王母及丁姬冢，取其玺绶；徙共王母归定陶，葬共王冢次。"太后以为既已之事，不须复发。复，扶又翻。莽固争之，太后诏因故棺改葬之。莽奏："共王母及丁姬棺皆名梓宫，珠玉之衣，谓之梓宫者，以香梓为之，言犹生时所居宫室也。珠玉之衣，珠襦玉匣也。非藩妾服。请更以木棺代，更，工衡翻；下同。去珠玉衣；去，羌吕翻。葬丁姬媵妾之次。"奏可。公卿在位皆阿莽指，入钱帛，遣子弟及诸生、四夷凡十馀万人，操持作具，作具，畚锸之类。操，七刀翻。助将作掘平共王母、丁姬故冢；二旬间，皆平。莽又周棘其处，以为世戒云。师古曰：以棘周绕也。又隳坏共皇庙，诸造议者泠褒、段犹【章：甲十六行本"犹"下有"等"字；乙十一行本同；孔本同。】皆徙合浦。褒、犹奏见三十三卷哀帝建平元年。考异曰：师丹传云："复免高昌侯宏为庶人。"按功臣表：建平四年，董宏已死；元寿二年，子武坐父为佞邪免：不得至今。丹传误也。

征师丹诣公车，赐爵关内侯，食故邑。数月，更封丹为义阳侯；丹，建平元年罢归故邑，高乐侯户邑也。恩泽侯表：义阳侯，国于南阳新野。考异曰：恩泽侯表："丹，元始三年，二月，癸巳，更为义阳侯。"胡旦因此并发傅太后陵、徙泠褒等事俱著之三年。按外戚传云："元始五年，莽发共王母及丁姬冢，改葬之。"马宫传："莽发傅太后陵，追诛前议者；宫惭惧，乃乞骸骨。"公卿表：宫以今年八月壬午免。然则褒等徙合浦及丹封侯，皆在今年明矣。按长历，二月丙申朔，无癸巳。日月必有误者。月馀，薨。

初，哀帝时，马宫为光禄勋，与丞相、御史杂议傅太后谥曰孝元傅皇后。及莽追诛前议者，宫为莽所厚，独不及。宫内惭惧，上书言："臣前议定陶共王母谥，希指雷同，诡经僻说，师古曰：诡，违也。以惑误主上，为臣不忠。幸蒙洒心自新，师古曰：洒，音先礼翻。诚无颜复望阙庭，无心复居官府，无宜复食国邑。宫封扶德侯，邑于琅邪赣榆。复，扶又翻。愿上太师、大司徒、扶德侯印绶，避贤者路。”上，时掌翻；下同。八月，壬午，莽以太后诏赐宫策曰：“四辅之职，为国维纲；三公之任，鼎足承君；不有鲜明固守，无以居位。鲜明，犹言精明也。君言至诚，不敢文过，朕甚多之。师古曰：多，犹重也。不夺君之爵邑，其上太师、大司徒印绶使者，上印绶于使者也。以侯就第。”

9 莽以皇后有子孙瑞，通子午道，张晏曰：时年十四，始有妇人之道也。子，水；午，火也。水以天一为牡，火以地二为牝，故火为水妃，今通子午以协之。案男八月生齿，八岁毁齿，二八十六阳道通，八八六十四阳道绝。女七月生齿，七岁毁齿，二七十四阴道通，七七四十九阴道绝。从杜陵直绝南山，径汉中。师古曰：子，北方也。午，南方也。言通南北道相当，故谓之子午耳。今京城直南山有谷通梁、汉道者名子午谷，又宜州西界、庆州东界有山名子午岭，计南北直相当，此则北山是子，南山是午，共为子午道。仲冯曰：史文自以从杜陵径汉中为子午道耳，颜说非史意也。三秦记：长安正南山名秦岭，谷名子午，一名樊川，一名御宿。

10 泉陵侯刘庆上书师古曰：众陵节侯贤，长沙定王子。本始四年，戴侯真定嗣；二十二年薨。黄龙元年，顷侯庆嗣，此则是也。莽传及翟义传并云“泉陵”。地理志，泉陵县属零陵郡，而表作“众陵”，表为误也。言：“周成王幼小，【章：甲十六行本“小”作“少”；“少”下有“称孺子”三字；乙十一行本同；孔本同；张校同。】周公居摄。今帝富于春秋，宜令安汉公行天子事，如周公。”群臣皆曰：“宜如庆言。”

11 时帝春秋益壮，以卫后故，怨不悦。谓卫后不得至京师，其族皆死徙，故不悦。冬，十二月，莽因腊日上椒酒，上，时掌翻。置毒酒中；帝有疾。莽作策，请命于泰畤，愿以身代，藏策金縢，置于前殿，敕诸公勿敢言。师古曰：诈依周公为武王请命作金縢也。书曰：周公纳策金縢之匮中。孔安国曰：为请命之书，藏之于匮，缄之以金，不欲人开之。孔颖达曰：縢，是缚约之名。丙午，帝崩于未央宫。臣瓒曰：

帝年九岁即位；即位五年，寿十四。大赦天下。莽令天下吏六百石以上皆服丧三年。奏尊孝成庙曰统宗；孝平庙曰元宗。敛孝平，加元服，敛，力赡翻。葬康陵。臣瓒曰：康陵，在长安北六十里。

班固赞曰：孝平之世，政自莽出，褒善显功，以自尊盛。观其文辞，方外百蛮，无思不服，休征嘉应，颂声并作；至于变异见于上，见，贤遍翻。民怨于下，莽亦不能文也。如淳曰：不可复文饰也。

12 以长乐少府平晏为大司徒。

13 太后与群臣议立嗣。时元帝世绝，而宣帝曾孙有见王五人，王之见在者五人，淮阳王縯、中山王成都、楚王纡、信都王景、东平王开明也。见，贤遍翻。列侯四十八人。广戚侯显、阳兴侯寄、陵阳侯嘉、高乐侯修、平邑侯闵、平纂侯况、合昌侯辅、伊乡侯开、就乡侯不害、胶乡侯武、宜乡侯恢、昌城侯丰、乐安侯禹、陶乡侯恢、釐乡侯褒、昌乡侯且、新乡侯鲤、鄗乡侯光、新城侯武、宜陵侯封、堂乡侯护，成陵侯由、成阳侯众、复昌侯休、安陆侯平、梧安侯誉、朝乡侯充、扶乡侯普、方城侯宣、当阳侯益、广城侯疌、春城侯允、吕乡侯尚、李乡侯殷、宛乡侯隆、寿泉侯承、杏山侯遵、严乡侯信、武平侯璜、陵乡侯曾、武安侯慢、富阳侯萌、西阳侯偃、桃乡侯立、栗乡侯玄成、金乡侯不害、平通侯且、西安侯汉、湖乡侯开、重乡侯少柏，凡五十人。而广戚侯显，孺子之父，栗乡侯玄成，先已免侯，止四十八人耳。师古曰：疌，音竹二翻。慢，音受。莽恶其长大，恶，乌路翻。长，知两翻；下同。曰："兄弟不得相为后。"乃悉征宣帝玄孙，选立之。

是月，前辉光谢嚣奏武功长孟通浚井得白石，武功县本属扶风，莽分属前辉光。师古曰：浚，抒治之也。嚣，音许骄翻。浚，音峻。抒，音直吕翻。上圆下方，有丹书著石，师古曰：著，音直略翻。文曰："告安汉公莽为皇帝"。符命之起，自此始矣。莽使群公以白太后，太后曰："此诬罔天下，不可施行！"太保舜谓太后曰："事已如此，无可奈何；沮之，力不能止。沮，慈吕翻。又莽非敢有他，但欲称摄以重其权，填服天下耳！"师古曰：填，音竹刃翻。太后心不以为可，然力不能制，乃听许。舜等即共令太后下诏曰：“孝平皇帝短命而崩，已使有司征孝宣皇帝玄孙二十三人，差度宜者，师古曰：差度，谓择也。度，音大各翻。以嗣孝平皇帝之后。玄孙年在襁褓，不得至德君子，孰能安之！安汉公莽，辅政三世，与周公异世同符。今前辉光嚣、武功长通上言丹石之符，朕深思厥意，云‘为皇帝’者，乃摄行皇帝之事也。其令安汉公居摄践祚，如周公故事，祚，位也。具礼仪奏！”于是群臣奏言：“太后圣德昭然，深见天意，诏令安汉公居摄。臣请安汉公践祚，服天子韨冕，背斧依立于户牖之间，背，蒲妹翻。郑氏曰：斧依，为斧文屏风。师古曰：依，读曰扆，音于岂翻。南面朝群臣，听政事；朝，直遥翻；下同。车服出入警跸，民臣称臣妾，皆如天子之制。郊祀天地，宗祀明堂，共祀宗庙，享祭群神，赞曰‘假皇帝’，师古曰：赞者，谓祭祝之辞。共，音恭。余谓此赞固主于祭祝，若朝会亦有赞者，所谓赞拜、赞谒是也。民臣谓之‘摄皇帝’，自称曰‘予’。平决朝事，朝，直遥翻。常以皇帝之诏称‘制’。以奉顺皇天之心，辅翼汉室，保安孝平皇帝之幼嗣，遂寄托之义，寄托，谓寄以天下，托以孤幼也。师古曰：遂，成也。隆治平之化。治，直吏翻。其朝见太皇太后、帝皇后皆复臣节。见，贤遍翻。帝皇后，谓平帝后也。复，如字，反也，还也。自施政教于【章：甲十六行本“于”下有“其”字；乙十一行本同；孔本同。】宫家国采，宫者，谓以安汉公第为宫也。家者，谓其家也。国者，谓其所封新都国也。采，谓以武功县为采地，名曰汉光邑也。师古曰：采，官也，以官受地，故谓之采。采，音七在翻，又音七代翻。如诸侯礼仪故事。”太后诏曰：“可。”

王莽上　字巨君，孝元皇后之弟子也。莽父曼，祖禁。禁，武帝绣衣御史贺之子也。

居摄元年（丙寅、六）莽既摄政，遂改元为居摄。

1 春，正月，王莽祀上帝于南郊，又行迎春、大射、养老之礼。上无天子，通鉴不得不以王莽系年。不书假皇帝而直书王莽者，不与其摄也。及其既篡也书莽，不与其篡也。吕后、武后书“太后”，其义亦然。

2 三月，己丑，立宣帝玄孙婴为皇太子，号曰孺子。亦因周公辅成王，二叔流言曰，“公将不利于孺子”，而为此号。婴，广戚侯显之子也。楚孝王子勋封广戚侯，显则勋之子也。地理志，沛郡有广戚侯国。年二岁；托以卜相最吉，立之。相，息亮翻。尊皇后曰皇太后。

3 以王舜为太傅、左辅，甄丰为太阿、右拂，师古曰：拂，读曰弼。甄邯为太保、后承；又置四少，秩皆二千石。四少，少师、少傅、少阿、少保也。少，诗照翻。

4 四月，安众侯刘崇师古曰：安众康侯丹，长沙定王子；崇即丹玄孙之子也，见王子侯表。地理志，安众，侯国，属南阳郡，故宛西乡也。与相张绍谋曰：“安汉公莽必危刘氏，天下非之，莫敢先举，此乃宗室之耻也。吾帅宗族为先，海内必和。”帅，读曰率。和，户卧翻。绍等从者百馀人遂进攻宛；宛，南阳郡治所。宛，於元翻。不得入而败。

绍从弟竦与崇族父嘉诣阙自归；莽赦弗罪。从，才用翻。竦因为嘉作奏，为，于伪翻。称莽德美，罪状刘崇：“愿为宗室倡始，师古曰：倡，音先向翻。父子兄弟负笼荷锸，师古曰：笼，所以盛土。锸，锹也。荷，下可翻；又音何。驰之南阳，猪崇宫室，令如古制；古者畔逆之国，既伏其罪，则猪其宫室以为污池。师古曰：猪，谓畜水也。及崇社宜如亳社，以赐诸侯，用永监戒！”武王胜殷，分亳社以班诸侯，四墙其社，覆上栈下，使不得通阴阳之气，所以著亡国之戒也。于是莽大说，说，读曰悦。封嘉为率礼侯，嘉子七人皆赐爵关内侯；后又封竦为淑德侯。长安为之语曰：“欲求封，过张伯松。师古曰：伯松，张竦之字。力战斗，不如巧为奏。”自后谋反【章：甲十六行本“反”下有“者”字；乙十一行本同；孔本同；张校同。】皆污池云。师古曰：污，下也，音乌。

群臣复白："刘崇等谋逆者，以莽权轻也；复，扶又翻。宜尊重以填海内。"填，竹刃翻。五月，甲辰，太后诏莽朝见太后称"假皇帝"。朝，直遥翻。见，贤遍翻。

5 冬，十月，丙辰朔，日有食之。

6 十二月，群臣奏请以安汉公庐为摄省，府为摄殿，第为摄宫。奏可。庐，殿中止宿之舍。府，治事之所。第，所居也。

7 是岁，西羌庞恬、傅幡等师古曰：幡，音敷元翻。怨莽夺其地，反攻西海太守程永；永奔走。莽诛永，遣护羌校尉窦况击之。

二年（丁卯、七）

1 春，窦况等击破西羌。

2 五月，更造货：更，工衡翻。错刀，一直五千；契刀，一直五百；大钱，一直五十；食货志：错刀，以黄金错，其文曰"一刀直五千"。契刀，其环如大钱，身形如刀，长二寸，文曰"契刀五百"。大钱径寸二分，重十二铢，文曰"大钱五十"。张晏曰：案今所见契刀、错刀，形质如大钱，而肉好轮厚，异于此。大钱形如大刀环矣。契刀，身形圆，不长二寸也；其文左曰"契"，右曰"刀"，无"五百"字也。错刀，则刻之作字也；以黄金填其文，上曰"一"，下曰"刀"。二刀泉，甚不与志相应也。似札单差错、文字磨灭故耳。师古曰：张说非也。王莽钱刀，今并尚在，形质及文与志相合，无差错也。索隐曰：钱，本名泉，以货之流布如泉。布者，言货流布。刀，以其利于人也。与五铢钱并行，民多盗铸者。禁列侯以下不得挟黄金，输御府受直；百官表：少府有御府令、丞。师古曰：御府，主天子衣服。然卒不与直。卒，子恤翻。

3 东郡太守翟义，方进之子也，翟，直格翻。与姊子上蔡陈丰谋曰：地理志，上蔡县属汝南郡。"新都侯摄天子位，号令天下，故择宗室幼稚者以为孺子，故意为之曰故。稚，直利翻。依托周公辅成王之义，且以观望，师古曰：言渐试天下人心。必代汉家，其渐可见。方今宗室衰弱，外无强蕃，天下倾首服从，莫能亢扞国难。亢，口浪翻；御也。扞，户干翻。难，乃旦翻。吾幸得备宰相子，身守大郡，父子受汉厚恩，义当为国讨贼，以安社稷；为，于伪翻。欲举兵西，诛不当摄者，选宗室子孙辅而立之。设令时命不成，死国埋名，师古曰：埋名，谓身埋而名立。犹可以不惭于先帝。今欲发之，汝肯从我乎？"丰年十八，勇壮，许诺。义遂与东郡都尉刘宇、严乡侯刘信、信弟武平侯刘璜结谋，信、璜皆东平炀王云子。严乡、武平二国，盖皆在东郡。璜，胡光翻。以九月都试日斩观令，地理志，观县属东郡，本曰畔观。应劭曰：夏有观扈；世祖改为卫公国，以封周后。师古曰：观，音工唤翻。因勒其车骑、材官士，募郡中勇敢，部署将帅。信子匡时为东平王，乃并东平兵，立信为天子；义自号大司马、柱天大将军；移檄郡国，言"莽鸩杀孝平皇帝，摄天子位，欲绝汉室。今天子已立，共行天罚！"师古曰：共，读曰恭。郡国皆震。比至山阳，众十馀万。比，必寐翻。

莽闻之，惶惧不能食。太皇太后谓左右曰："人心不相远也。师古曰：言所见者同。我虽妇人，亦知莽必以此自危。"莽乃拜其党、亲孙建、刘宏、窦况，莽之党也。王邑、王骏、王况、王昌，莽之亲也。轻车将军、成武侯孙建为奋武将军，光禄勋、成都侯王邑为虎牙将军，明义侯王骏为强弩将军，春王城门校尉王况为震威将军，师古曰：春王，长安城东出北头第一门也，本名宣平门，莽改名焉。余按汉城门校尉掌十二城门。观此，则莽改官名，十二城门各置城门校尉。宗伯、忠孝侯刘宏为奋冲将军，平帝元始四年，莽更名宗正为宗伯。中少府、建威侯王昌为中坚将军，莽更少府曰共工。此中少府，盖长乐少府也；以职在宫中，故曰中少府。中郎将、震羌侯窦况为奋威将军，凡七人，自择除关西人为校尉、军吏，将关东甲卒，发奔命以击义焉。校，户教翻。将，即亮翻。复以太仆武让为积弩将军，屯函谷关；复，扶又翻；下同。将作大匠蒙乡侯逯并为横壄将军，屯武关；师古曰：逯，姓也；并，名也。逯，音录；又音鹿；今东郡有逯姓，二音并得书。本"逯"字，或作"逮"，今河朔有逮姓，自呼音徒戴翻，其义两通。羲和、红休侯刘秀为扬武将军，屯宛。宛，於元翻。

三辅闻翟义起，自茂陵以西至汧地理志，汧县属右扶风，音口坚翻。贤曰：汧故城在陇州汧源县南。二十三县，盗贼并发。槐里男子赵朋、霍鸿等自称将军，攻烧官寺，杀右辅都尉及斄令，地理志，右辅都尉治郿，郿与斄县皆属扶风。斄，周后稷所封邑也。师古曰：斄，与邰同，音胎。相与谋曰："诸将精兵悉东，京师空，可攻长安！"众稍多至十馀万，火见未央宫前殿。见，贤遍翻。莽复拜卫尉王级为虎贲将军，贲，音奔。大鸿胪、望乡侯阎迁为折冲将军，西击朋等。以常乡侯王恽为车骑将军，屯平乐馆；乐，音洛。骑都尉王晏为建威将军，屯城北；城门校尉赵恢为城门将军；皆勒兵自备。以太保、后承、承阳侯甄邯为大将军，承阳之承，音烝。受钺高庙，领天下兵，左杖节，右把钺，屯城外。王舜、甄丰昼夜循行殿中。行，下孟翻。

莽日抱孺子祷郊庙，会群臣，称曰："昔成王幼，周公摄政，而管、蔡挟禄父以畔。师古曰：禄父，纣子也。父，读曰甫。今翟义亦挟刘信而作乱。自古大圣犹惧此，况臣莽之斗筲！"师古曰：斗筲，谕材器小也。群臣皆曰："不遭此变，不章圣德！"冬，十月，甲子，莽依周书作大诰师古曰：武王崩，周公相成王，而三监及淮夷叛，周公作大诰。莽自比周公，故依仿其事。曰："粤其闻日，孟康曰：翟义反书上闻日也。师古曰：粤，发语辞。宗室之俊有四百人，孟康曰：诸刘见在者。民献仪九万夫，孟康曰：民之表仪，谓贤者也。予敬以终于此谋继嗣图功。"师古曰：我用此宗室之俊及献仪者，共图谋国事，终成其功。遣大夫桓谭等班行谕告天下，以当反位孺子之意。

诸将东至陈留菑，孟康曰：菑，故戴国，在梁，后属陈留，今曰考城。陈留风俗传曰：菑县，秦之谷县也，遭汉兵起，邑多菑年，故改曰菑县。章帝东巡过县，诏曰：陈留菑县，其名不善，其改曰考城。与翟义会战，破之，斩刘璜首。莽大喜，复下诏先封车骑都尉孙贤等五十五人皆为列侯，即军中拜授。因大赦天下。于是吏士精锐遂攻围义于圉城，十二月，大破之。义与刘信弃军亡，至固始界中，捕得义，尸磔陈都市；卒不得信。地理志，圉、固始、陈，三县皆属淮阳国。贤曰：圉故城在今汴州雍丘县东南。卒，子恤翻。

始初元年（戊辰、八）是年十一月，莽始改元始初。

1 春，地震。大赦天下。

2 王邑等还京师，西与王级等合击赵朋、霍鸿。二月，朋等殄灭，诸县息平。还师振旅，莽乃置酒白虎殿，劳赐将帅。劳，力到翻。诏陈崇治校军功，第其高下，治，直之翻。校，古效翻。依周制爵五等，以封功臣为侯、伯、子、男，凡三百九十五人，曰"皆以奋怒，东指西击，羌寇、蛮盗，反虏、逆贼，不得旋踵，应时殄灭，天下咸服"之功封云。其当赐爵关内侯者，更名曰附城，又数百人。项安世家说曰：王莽封诸侯，置附城，汉人盖以城解墉也。古文庸，即墉字，后人加土以别之。不成国者谓之附城，犹今言支郡为属城也。余按王制，不能五十里者不达于天子，附于诸侯，曰附庸。郑注曰：小城曰附庸。附庸者，以国事附于大国。正义曰：庸，城也，谓小国之城不能自通，以其国事附于大国，故曰附庸。项说本诸此。更，工衡翻。莽发翟义父方进及先祖冢在汝南者，烧其棺柩；柩，音旧。夷灭三族，诛及种嗣，种，章勇翻。嗣，祥吏翻。至皆同坑，以棘五毒并葬之。如淳曰：五毒，野葛、狼毒之属。翟方进，本汝南上蔡人。又取义及赵朋、霍鸿党众之尸，聚之通路之旁，濮阳、无盐、圉、槐里、盩厔凡五所，濮阳、无盐、圉，义党之尸也。槐里、盩厔，朋、鸿党之尸也。盩厔，音舟窒。建表木于其上，师古曰：表者，所以标明也。书曰："反虏逆贼鳣鲵。"师古曰：鳣鲵，大鱼为害者也；以此比敌人之勇桀者。崔豹古今注：鲸，大者长千里，小者数丈，一生数万子，常以五六月就岸生子，至七八月导从其子还大海中，鼓浪成雷，喷沫成雨，水族惊畏，一皆逃匿，莫敢当。其雌曰鲵，大者亦长千里。盖鲸鲵有力，能驱食小鱼，故以喻夫强暴而凌弱者。而导从数万子，跋扈大海中，亦有渠魁之义。鱷，古鲸字，音其京翻。鲵，五奚翻。义等既败，莽于是自谓威德日盛，【章：甲十六行本“盛”下有“大获天人之助”六字；乙十一行本同；孔本同；张校同；退斋校同。】遂谋即真之事矣。

3 群臣复奏：进摄皇帝子安、临爵为公；复，扶又翻；下同。封兄子光为衍功侯。光，莽兄永之子。是时莽还归新都国；莽既居摄，故还归新都国。群臣复白以封莽孙宗为新都侯。宗，宇子也。

4 九月，莽母功显君死。莽自以居摄践阼，奉汉大宗之后，为功显君缌缞弁而加麻环绖，如天子吊诸侯服。周礼，王为诸侯缌缞弁而加环绖，同姓则麻，异姓则葛。师古曰：于弁上加环绖也。谓之环者，言其轻细如环之形。记曰：缌麻十五升去其半，有事其缕，无事其布，曰缌。贾公彦曰：凡五服之绖，皆两股绞之。言环绖，则与绞绖有异矣。谓以麻为体，又以一股麻为纠而横缠之，如环然，故谓之环绖。缞，仓回翻。凡壹吊再会；而令新都侯宗为主，服丧三年云。

5 司威陈崇莽置司威，以司察百官。奏：莽兄子衍功侯光私报执金吾窦况，令杀人；私报者，私属之也。霍显曰：少夫幸报我以事。况为收系，致其法。为，于伪翻。莽大怒，切责光。光母曰：“汝自视孰与长孙、中孙！”长孙、中孙者，宇及获之字也。获死见上卷哀帝元寿元年。宇死见上平帝元始三年。师古曰：中，读曰仲。遂母子自杀，及况皆死。初，莽以事母、养嫂、抚兄子为名，事见三十一卷成帝永始元年。及后悖虐，复以示公义焉。服虔曰：不舍光罪为公义。仲冯曰：莽不服母丧，亦以示公义。悖，蒲内翻，又蒲没翻。令光子嘉嗣爵为侯。

6 是岁，广饶侯刘京言齐郡新井，地理志，齐郡有广饶县。车骑将军千人扈云言巴郡石牛，师古曰：千人，官名，属车骑将军。扈，其姓；云，其名。余按百官表，千人在候、司马之下。太保属臧鸿言扶风雍石；汉公府有掾有属。姓谱：鲁孝公之子彄，食采于臧，子孙以为氏。雍县属扶风。雍，音于用翻。莽皆迎受。十一月，甲子，莽奏太后曰："陛下遇汉十二世三七之厄，三七二百一十年，汉元至是岁二百一十四年。承天威命，诏臣莽居摄。广饶侯刘京上书言：'七月中，齐郡临淄县昌兴亭长辛当一暮数梦，曰："吾，天公使也。使，疏吏翻。天公使我告亭长：【章：甲十六行本"长"下有"曰"字；乙十一行本同；孔本同。】'摄皇帝当为真。'即不信我，此亭中当有新井。"亭长晨起视亭中，诚有新井，师古曰：诚，实也。入地且百尺。'十一月，壬子，直建冬至，师古曰：壬子之日冬至，而其日当建。巴郡石牛，戊午，雍石文，皆到于未央宫之前殿。臣与太保安阳侯舜等视，天风起，尘冥，风止，得铜符帛图于石前，文曰：'天告帝符，献者封侯，'骑都尉崔发等视说。师古曰：视其文而说其意也。孔子曰：'畏天命，畏大人，畏圣人之言。'师古曰：论语所载孔子之言。臣莽敢不承用！臣请共事神祇、宗庙，师古曰：共，读曰恭。奏言太皇太后、孝平皇后，皆称'假皇帝'；其号令天下，天下奏言事，毋言'摄'；以居摄三年为始初元年；考异曰：莽传作"初始"。荀纪及韦庄美嘉号录、宋庠纪年通谱皆作"始初"。今从之。漏刻以百二十为度；用应天命。臣莽夙夜养育隆就孺子，师古曰：隆，长也。成就之，使其长大也。令与周之成王比德，宣明太皇太后威德于万方，期于富而教之。孺子加元服，复子明辟，如周公故事。"书洛诰：周公拜手稽首曰：朕复子明辟。孔安国注曰：周公尽礼致敬，言我复还明君之政于子。子，成王也。年二十成人，故必归政。奏可。众庶知其奉符命，指意群公【章：甲十六行本"公"作"臣"；乙十一行本同。】博议别奏，以示即真之渐矣。

7 期门郎张充等六人谋共劫莽，立楚王。楚王纡，宣帝之曾孙。发觉，诛死。

8 梓潼人哀章师古曰：梓潼，广汉之县也。潼，音童。哀姓，章名。姓谱曰：哀姓，以谥为氏。余按古人以哀为谥非一，孔子弟子传有公皙哀，烈士传有羊角哀，独不可以为出于其后乎！学问长安，素无行，好为大言，行，下孟翻。好，呼到翻。见莽居摄，即作铜匮，为两检，检，居掩翻。毛晃曰：检，书检，印窠封题也。署其一曰"天帝行玺金匮图"，其一署曰"赤帝玺某传予皇【张："皇"作"黄"。】帝金策书"。予，读曰与。某者，高皇帝名也。书言王莽为真天子，皇太后如天命。图书皆书莽大臣八人，又取令名王兴、王盛，章因自窜姓名，师古曰：窜，谓厕著也。凡十一人，皆署官爵，为辅佐。章闻齐井、石牛事下，下，遐稼翻。即日昏时，衣黄衣，时衣，于既翻。持匮至高庙，以付仆射。高庙有令、有仆射。仆射以闻。戊辰，莽至高庙拜受金匮神禅，师古曰：言有神命，使汉禅位于莽也。御王冠，王者之冠也。谒太后，还坐未央宫前殿，下书曰："予以不德，托于皇初祖考黄帝之后，皇始祖考虞帝之苗裔，详见下卷。而太皇太后之末属。皇天上帝隆显大佑，成命统序，符契、图文、金匮策书，神明诏告，属予以天下兆民。师古曰：属，委付也，音之欲翻。赤帝汉氏高皇帝之灵，承天命，传【章：甲十六行本"传"下有"国"字；乙十一行本同；孔本同。】金策之书，予甚祇畏，敢不钦受！以戊辰直定，师古曰：以建除之次，其日当定。御王冠，即真天子位，定有天下之号曰新。因新都国以定号也。其改正朔，易服色，变牺牲，殊徽帜，异器制。师古曰：徽帜，通谓旌旗之属也。帜，音式志翻。以十二月朔癸酉为始建国元年正月之朔；以鸡鸣为时。以十二月为正，以丑时为十二时之始也。服色配德上黄，牺牲应正用白，以土继火，故尚黄。万物纽牙于丑，其色白，故应正用白。使节之旄幡皆纯黄，其署曰'新使五威节'，以承皇天上帝威命也。"使，疏吏翻。

莽将即真，先奉诸符瑞以白太后，太后大惊。是时以孺子未立，玺臧长乐宫。玺，即传国玺。臧，古藏字通。及莽即位，请玺，太后不肯授莽。莽使安阳侯舜谕指。舜素谨敕，太后雅爱信之。舜既见太后，太后知其为莽求玺，为，于伪翻。怒骂之曰："而属父子宗族，师古曰：而，汝也。蒙汉家力，富贵累世，既无以报，受人孤寄，乘便利时夺取其国，师古曰：孤寄，言以孤寄托之。不复顾恩义。人如此者，狗猪不食其馀，师古曰：言恶贱。天下岂有而兄弟邪！言天下无此等人，谓其全无人心也。一曰：言天下将共诛之，不复有兄弟存也。且若自以金匮符命为新皇帝，师古曰：若，亦汝也。变更正朔、服制，更，工衡翻。亦当自更作玺，传之万世，何用此亡国不祥玺为，而欲求之！我汉家老寡妇，旦暮且死，欲与此玺俱葬，终不可得！"太后因涕泣而言，旁侧长御以下皆垂涕。长御，太后旁侧常侍者。舜亦悲不能自止，良久，乃仰谓太后："臣等已无可言者。师古曰：言不可谏止。莽必欲得传国玺，太后宁能终不与邪！"太后闻舜语切，恐莽欲胁之，乃出汉传国玺投之地，以授舜曰："我老已死，知【章：甲十六行本"知"作"如"；乙十一行本同。】而兄弟今族灭也！"舜既得传国玺，奏之；莽大说，乃为太后置酒未央宫渐台，说，读曰悦。为，于伪翻。师古曰：未央殿西南有苍池，池中有渐台。黄图曰：渐，浸也。言为池水所渐。渐，读曰沾。大纵众乐。

莽又欲改太后汉家旧号，易其玺绶，恐不见听；而莽疏属王谏欲谄莽，上书言："皇天废去汉而命立新室，去，羌吕翻。太皇太后不宜称尊号，当随汉废，以奉天命。"莽以其书白太后，太后曰："此言是也！"师古曰：恚忿之辞也。莽因曰："此悖德之臣也，师古曰：悖，乖也；音布内翻。罪当诛！"于是冠军张永献符命铜璧文，冠军，属南阳郡。服虔曰：铜璧，如璧形，以铜为之。冠，古玩翻。言太皇太后当为新室文母太皇太后；莽乃下诏从之。于是鸩杀王谏而封张永为贡符子。

班彪赞曰：三代以来，王公失世，稀不以女宠。及王莽之兴，由孝元后历汉四世为天下母，飨国六十馀载，群小【章：甲十六行本“小”作“弟”；乙十一行本同；退斋校同；张校同，云无注本亦作“小”。】世权，更持国柄；载，子亥翻。更，工衡翻。五将、十侯，师古曰：五将者，凤、音、商、根、莽皆为大司马。十侯者，阳平顷侯禁、禁子敬侯凤、安成侯崇、平阿侯谭、成都侯商、红阳侯立、曲阳侯根、高平侯逢时、安阳侯音、新都侯莽也。一曰：凤嗣禁为侯，不当重数，而十人者，淳于长即其一也。卒成新都。卒，子恤翻。位号已移于天下，而元后卷卷犹握一玺，师古曰：卷，音其圆翻。惓惓，忠谨之意。余谓此云卷卷，犹眷恋也。不欲以授莽，妇人之仁，悲夫！

容肇祖标点顾颉刚聂崇岐覆校

资治通鉴卷第三十七

翰林学士朝散大夫右谏议大夫知制诰兼侍讲
同提举万寿观公事兼判集贤院上护军 司马光 奉敕编集
河内郡开国侯食邑一千三百户赐紫金鱼袋臣

后学天台 胡三省 音注

汉纪二十九 起屠维大荒落(己巳),尽阏逢阉茂(甲戌),凡六年。

王莽中

始建国元年(己巳、九)

1 春,正月,朔,去年十二月莽改元,以十二月为岁首。通鉴不书,不与其改正朔也。莽帅公侯卿士奉皇太后玺韨师,读曰率。玺,斯氏翻。师古曰:韨,谓玺之组;音弗。上太皇太后,顺符命,去汉号焉。上,时掌翻。去,羌吕翻。

初,莽娶故丞相王䜣孙宜春侯咸女为妻,师古曰:王䜣为丞相,初封宜春侯,传爵至孙咸。恩泽侯表:宜春侯,国于汝南。立以为皇后;生四男,宇、获前诛死,安颇荒忽,师古曰:荒,音呼广翻。乃以临为皇太子,安为新嘉辟。师古曰:辟,君也。谓之辟者,取为国君之义。辟,音壁。封宇子六人皆为公。千为功隆公,寿为功明公,吉为功成公,宗为功崇公,世为功昭公,利为功著公。大赦天下。

莽乃策命孺子为定安公,封以万户,地方百里;立汉祖宗之庙于其国,与周后并行其正朔、服色;此皆空言耳。以孝平皇后为定安太后。读策毕，莽亲执孺子手，流涕歔欷师古曰：歔，音虚。欷，音许气翻，又音希。曰："昔周公摄位，终得复子明辟；今予独迫皇天威命，不得如意！"哀叹良久。中傅将孺子下殿，北面而称臣。汉诸侯王国，有太傅、中傅：太傅秩二千石，中傅则在宫中傅王者耳。贤曰：前书音义曰：中傅，宦者也。百僚陪位，莫不感动。

又按金匮封拜辅臣：哀章所献金匮图、金策书也。以太傅、左辅王舜为太师，封安新公；大司徒平晏为太傅，就新公；少阿、羲和刘秀为国师，嘉新公；广汉梓潼哀章为国将，美新公；梓潼县，时属广汉郡。将，即亮翻；下同。是为四辅，位上公。太保、后承甄邯为大司马，承新公；丕进侯王寻为大司徒，章新公；步兵将军王邑为大司空，隆新公；是为三公。太阿、右拂、大司空甄丰为更始将军，广新公；京兆王兴为卫将军，奉新公；轻车将军孙建为立国将军，成新公；京兆王盛为前将军，崇新公；是为四将。凡十一公。王兴者，故城门令史；城门令史，事城门校尉，掌文书。王盛者，卖饼；释名：饼，并也，溲麦使合并也。蒸饼、汤饼之属，随形而名之。莽按符命求得此姓名十馀人，两人容貌应卜相，相，息亮翻。径从布衣登用，以示神焉。

是日，封拜卿大夫、侍中、尚书官凡数百人，诸刘为郡守者皆徙为谏大夫。改明光宫为定安馆，定安太后居之；以大鸿胪府为定安公第；皆置门卫使者监领。胪，陵如翻。监，工衔翻。敕阿乳母不得与婴语，常在四壁中，孟康曰：令定安公居四壁中，不得有所见。汉官典职曰：省中皆胡粉壁，紫素界之，画古烈士。释名曰：壁，辟也，辟御风寒也。至于长大，不能名六畜；长，知两翻。六畜，牛、马、羊、犬、豕、鸡也。养之曰畜；用之曰牲。畜，音许救翻。后莽以女孙宇子妻之。莽长男宇之子，则女孙也。妻，七细翻。

莽策命群司各以其职，如典诰之文。置大司马司允、大司徒司直、大司空司若，位皆孤卿。师古曰：允，信也。若，顺也。余按古之三孤位六卿，爵秩同六卿曰孤卿。更名大司农曰羲和，后更为纳言；更，工衡翻；下同。大理曰作士；太常曰秩宗；大鸿胪曰典乐；少府曰共工；师古曰：共，音恭。水衡都尉曰予虞：皆放唐、虞建官也。与三公司卿分属三公。司卿，即司允、司直、司若。置二十七大夫，八十一元士，分主中都官诸职。又更光禄勋等名为六监，皆上卿。光禄勋曰司中，太仆曰太御，卫尉曰太卫，执金吾曰奋武，中尉曰军正。又置大赘官，主乘舆服御物；后又典兵。改郡太守曰大尹，都尉曰大尉，县令、长曰宰；守，式又翻。长，知两翻。长乐宫曰常乐室，乐，音洛。长安曰常安；其馀百官、宫室、郡县尽易其名，不可胜纪。胜，音升。

封王氏齐缞之属为侯，齐，音咨。缞裳而缏其下。缞，仓回翻。大功为伯，小功为子，缌麻为男；其女皆为任。师古曰：任，充也。男服之义，男亦任也；音壬。男以"睦"，女以"隆"为号焉。师古曰：睦、隆，皆其受封邑之号，取嘉名也。

又曰："汉氏诸侯或称王，至于四夷亦如之，违于古典，缪于一统。王大一统。王者，有天下之号也。诸侯及四夷称之，非古也。缪，戾也。其定诸侯王之号皆称公，及四夷僭号称王者皆更为侯。"于是汉诸侯王三【章：十二行本"三"作"二"；乙十一行本同；孔本同；退斋校同。】十二人皆降为公，王子侯者百八十一人皆降为子，其后皆夺爵焉。考异曰：诸侯王表，皆云"莽篡位，贬为公。明年，废。"王子侯表但云"绝"，或云"免"，皆在今年。按明年立国将军建奏诸刘为诸侯者以户多少就五等之差，亦不云夺爵也。后汉城阳王祉传云："刘氏侯者皆降为子，后夺爵。"不知夺在几年。

2 莽又封黄帝、少昊、颛顼、帝喾、尧、舜、夏、商、周及皋陶、伊尹之后皆为公、侯，使各奉其祭祀。姚恂为初睦侯，奉黄帝后。梁护为修远伯，奉少昊后。皇孙功隆公千，奉帝喾后。刘歆为初烈伯，奉颛顼后。国师刘歆子迭为伊休侯，奉尧后。妫昌为始睦侯，奉虞帝后。山遵为褒谋侯，奉皋陶后。伊玄为褒衡子，奉伊尹后。周后卫公姬党更封为章平公。殷后宋公孔弘更封为章昭侯。夏后辽西如丰封为章功侯。

3 莽因汉承平之业，府库百官之富，百蛮宾服，天下晏然，莽一朝有之，其心意未满，未满，未餍足也。陋小汉家制度，欲更为疏阔。欲变改制度以从古也。陋，与狭同。更，工衡翻。乃自谓黄帝、虞舜之后，至齐王建孙济北王安失国，齐人谓之王家，因以为氏；故以黄帝为初祖，虞帝为始祖。追尊陈胡公为【章：十二行本"为"作"曰"；乙十一行本同；孔本同。】陈胡王，田敬仲为田敬王，【章：十二行本"为田"二字作"曰齐"二字；乙十一行本同；孔本同。】济北王安为【章：十二行本"为"作"曰"；乙十一行本同；孔本同。】济北愍王。以黄帝之后分为有虞氏，有虞之后封于陈，田敬仲自陈奔齐，为田氏，田安之后为王家故也。济，子礼翻。立祖庙五，亲庙四。天下姚、妫、陈、田、王五姓皆为宗室，世世复，无所与。复，方目翻。与，读曰豫；下其复同。封陈崇、田丰为侯，以奉胡王、敬王后。

天下牧、守皆以前有翟义、赵朋等作乱，事见上卷居摄元年。守，式又翻；下同。领州郡，怀忠孝，封牧为男，守为附城。

以汉高庙为文祖庙。师古曰：欲法舜受终于文祖。汉氏园寝庙在京师者，勿罢，祠荐如故。诸刘勿解其复，复，方目翻。各终厥身；州牧数存问，数，所角翻。勿令有侵冤。

4 莽以刘之为字"卯、金、刀"也，诏正月刚卯、金刀之利皆不得行，服虔曰：刚卯，以正月卯日作，佩之，长三寸，广一寸，四方，或用玉，或用金，或用桃，着革带佩之。今有玉在者，铭其一面曰："正月刚卯。"金刀，莽所铸之钱也。晋灼曰：刚卯，长一寸，广五分，四方，当中央从穿作孔，以采丝茸，其底如冠缨头蕤，刻其上面作两行书，文曰："正月刚卯既央，灵殳四方，青赤白黄，四色是当。帝令祝融，以教夔、龙，庶疫刚瘅，莫我敢当！"其一铭曰："疾日严卯，帝令夔化，顺尔固伏，化兹灵殳，既正既直，既觚既方，庶疫刚瘅，莫我敢当！"师古曰：今往往有土中得玉刚卯者，案大小及文，服说是也。莽以刘字上有“卯”，下有“金”，旁有“刀”，故禁刚卯及金刀也。余按刘字上本从“丣”，莽以“丣”字近“卯”，故云尔。乃罢错刀、契刀孔颖达曰：古文有刀，刀有二种：一是契刀，一是错刀。契刀直五百；错刀直一千。契刀无镂而错刀用金镂之。刀形如钱而边作刀字形也，故世犹呼钱为钱刀。及五铢钱，更作小钱，更，工衡翻。径六分，重一铢，文曰“小钱直一”，与前“大钱五十”者为二品，并行。欲防民盗铸，乃禁不得挟铜、炭。

5 夏，四月，徐乡侯刘快结党数千人起兵于其国。师古曰：快，胶东恭王子也。而王子侯表作“炔”，从“火”，与此不同。疑表误也。快兄殷，故汉胶东王，时为扶崇公。快举兵攻即墨，即墨，胶东国都。殷，胶东康王寄玄孙之子也。殷闭城门，自系狱。吏民距快；快败走，至长广死。地理志，长广县，属琅邪郡。莽赦殷，益其国满万户，地方百里。

6 莽曰：“古者一夫田百亩，什一而税，孟子曰：周人百亩而彻。此言周制也。则国给民富而颂声作。秦坏圣制，废井田，见二卷周显王十九年。坏，音怪。是以兼并起，贪鄙生，强者规田以千数，弱者曾无立锥之居。又置奴婢之市，与牛马同阑，师古曰：阑，谓遮阑之，若牛马阑圈也。制于民臣，颛断其命，缪于‘天地之性人为贵’之义。孝经：孔子曰：天地之性人为贵。断，丁乱翻。减【章：十二行本“减”上有“汉氏”二字；乙十一行本同；孔本同；张校同；退斋校同。】轻田租，三十而税一，常有更赋，罢癃咸出；师古曰：更，音工衡翻。罢，读曰疲。癃，音隆。晋灼曰：虽老病者皆复出口算。而豪民侵陵，分田劫假。师古曰：分田，谓贫者无田而取富人田耕种，共分其所收也。假，亦谓贫人赁富人之田也。劫者，富人劫夺其税，侵欺之也。厥名三十税一，实什税五也。故富者犬马馀菽粟，骄而为邪；贫者不厌糟糠，穷而为奸；俱陷于辜，刑用不错。师古曰：错，置也；音千故翻。今更名天下田曰‘王田’，奴婢曰‘私属’，更，工衡翻；下同。皆不得卖买。其男口不盈八而田过一井者，分馀田予九族、邻里、乡党。予，读曰与。故无田、今当受田者，如制度。敢有非井田圣制、无法惑众者，投诸四裔，以御魑魅，师古曰：魑，山神也。魅，老物精也。魑，音螭。魅，音媚。如皇始祖考虞帝故事！”舜投四凶于四裔，以御魑魅。

7 秋，遣五威将王奇等十二人五威将，分左、右、前、后、中帅，衣冠、车服、驾马各如其方面色数。将，即亮翻。帅，所类翻；下同。班符命四十二篇于天下：德祥五事，符命二十五，福应十二。五威将奉符命，赍印绶，王侯以下及吏官名更者，师古曰：更，改也。外及匈奴、西域、徼外蛮夷，徼，吉吊翻；下同。皆即授新室印绶，因收故汉印绶。大赦天下。

五威将乘乾文车，郑氏曰：画天文于车也。驾坤六马，郑氏曰：坤，为牝马。六，地数。背负鷩鸟之毛，服饰甚伟。师古曰：鷩鸟，雉属，即鵔鸃也；今俗呼云山鸡，非也。鷩，音鳖。每一将各置五帅，将持节，帅持幢。帅，所类翻。幢，传江翻，旛也。其东出者至玄菟、乐浪、高句骊、夫馀；菟，音涂。乐浪，音洛琅。陆德明曰：句，俱付翻，又音驹。骊，力支翻。师古曰：夫，音扶。范晔曰：武帝灭朝鲜，开高句骊为县，使属玄菟；其人有五部，在辽东之东千里。夫馀在玄菟北千里，东明之后也。高句骊，朱蒙之后，以高为氏。南出者隃徼外，历益州，改句町王为侯；徼外，边徼之外。益州，武帝所置益州郡也。昭帝时，姑缯、叶榆夷反，句町侯亡波击反者有功，立为王。隃，与逾同。徼，工钓翻。句町，音劬挺。西出【章：十二行本“出”下均有“者”字；乙十一行本同；孔本同。】至西域，尽改其王为侯；北出至匈奴庭，授单于印，改汉印文，去玺言【章：十二行本“言”作“曰”；乙十一行本同。】章。印，符也，信也，亦因也，封物相因付。汉官仪曰：诸侯王，黄金橐驼钮，文曰玺。列侯，黄金龟钮，文曰章。御史大夫，金印；中二千石，银印，龟钮，文曰章。千石至四百石皆铜印，文曰印。为莽以更印绶挠乱四夷张本。去，羌吕翻。玺，斯氏翻。

8 冬，雷，桐华。

9 以统睦侯陈崇为司命，主司察上公以下。又以说符侯崔发等为中城、四关将军，主十二城门及绕霤、羊头、肴黾、汧陇之固，中城将军，主十二城门。四关将军，分主绕霤、羊头、肴黾、汧陇四处。三辅黄图：长安城东出南头第一门曰霸城门，莽改曰仁寿门；第二门曰清明门，莽曰宣德门；东出北头第一门曰宣平门，莽曰春王门；南出东头第一门曰覆盎城门，莽曰更清门；第二门曰安门，莽曰光礼门；第三门曰便门，莽曰信平门；西出南头第一门曰章城门，莽曰万秋门；第二门曰直城门，莽曰正道门；第三门曰雍门，莽曰章仪门；北出东头第一门曰洛门；第二门曰厨城门，莽曰建子城门；第三门曰横门。服虔曰：绕霤，隘险之道。师古曰：谓之绕霤者，言四面厄塞，其道屈曲，溪谷之水回绕而霤也；其处即今之商州界七盘、十二绕是也。霤，音力救翻。羊头，山名，在上党长子县。肴，肴山也；黾，黾池也：皆在陕县之东也。汧，扶风汧县，有吴山、汧水之阻。陇，谓陇坻也。汧、陇相连。黾，弥兖翻。汧，口坚翻。坻，丁礼翻。皆以五威冠其号。冠，古玩翻。

10 又遣谏大夫五十人分铸钱于郡国。

11 是岁，真定、常山大雨雹。雨，于具翻。

二年（庚午、一〇）

1 春，二月，赦天下。

2 五威将帅七十二人还奏事，汉诸侯王为公者悉上玺绶为民，上，时掌翻。无违命者。独故广阳王嘉以献符命，广阳王嘉，燕王旦之玄孙。鲁王闵以献神书，中山王成都以献书言莽德，皆封列侯。

班固论曰：昔周封国八百，同姓五十有馀，所以亲亲贤贤，关诸盛衰，深根固本，为不可拔者也。故盛则周、召相其治，致刑错；相，息亮翻。治，直吏翻。错，千故翻。衰则五伯扶其弱，与共守；师古曰：伯，读曰霸。此五霸，谓齐桓、宋襄、秦穆、晋文、吴子夫差也。天下谓之共主，如淳曰：虽至微弱，犹共以之为主。强大弗之敢倾。师古曰：言诸侯虽强大，不敢倾灭周也。历载八百馀年，数极德尽，降为庶人，用天年终。谓赧王也。秦讪笑三代，窃自号为皇帝，而子弟为匹夫，内无骨肉本根之辅，外无尺土藩翼之卫；陈、吴奋其白梃，应劭曰：白梃，大杖也。孟子曰：可使制梃以挞秦、楚，是也。师古曰：梃，音徒鼎翻。刘、项随而毙之。故曰，周过其历，秦不及期，国势然也。应劭曰：武王克商，卜世三十，卜年七百；今乃三十六世，八百六十七年，此谓过其历者也。秦以谥法少，恐后世相袭，自称始皇帝，子曰二世，欲以一迄万；今至子而亡，此之谓不及期也。

汉兴之初，惩戒亡秦孤立之败，于是尊王子弟，王，於况翻。大启九国。自雁门以东尽辽阳，为燕、代；师古曰：辽阳，辽水之阳也。常山以南，太行左转，渡河、济，渐于海，为齐、赵；师古曰：太行，山名也。左转，亦谓自太行而东也。渐，入也，一曰：浸也。济，子礼翻。渐，音子廉翻，亦读如字。谷、泗以往，奄有龟、蒙，为梁、楚；晋灼曰：水经云：泗水出鲁国卞县。臣瓒曰：谷，在彭城，泗之下流为谷水。师古曰：奄，覆也。龟、蒙，二山名。东带江、湖，薄会稽，为荆、吴；文颖曰：即今吴也。高祖六年为荆国，十六年更名吴。师古曰：荆、吴同是一国。薄，伯各翻。会，工外翻。北界淮濒，略庐、衡，为淮南；师古曰：濒，水厓也。庐、衡，二山名。波汉之阳，亘九嶷，为长沙。郑氏曰：波，音陂泽之陂。孟康曰：亘，竟也；音古赠翻。师古曰：波汉之阳者，循汉水而往也。水北曰阳。波，音彼皮翻，又音彼义翻。九嶷，山名，有九峰，在零陵营道。嶷，音疑。诸侯比境，周匝三垂，外接胡、越。师古曰：比，谓相次也。三垂，谓东、北、南也。比，音频寐翻，接连也。天子自有三河、东郡、颍川、南阳，自江陵以西至巴、蜀，北自云中至陇西，与京师、内史，凡十五郡；公主、列侯颇邑其中。师古曰：十五郡中，又往往有列侯、公主之邑。而藩国大者夸州兼郡，连城数十，宫室、百官同制京师，可谓矫枉过其正矣。师古曰：夸，音跨。枉，曲也。正曲曰矫，言矫秦孤立之败而大封子弟，过于强盛，以至失其中也。虽然，高祖创业，日不暇给，孝惠享国又浅，高后女主摄位，而海内晏如，亡狂狡之忧，卒折诸吕之难，亡，古无字通。卒，子恤翻。难，乃旦翻；下同。成太宗之业者，亦赖之于诸侯也。

然诸侯原本以大末，流滥以致溢，小者淫荒越法，大者睽孤横逆以害身丧国，师古曰：睽孤，乖剌之意。睽，音工携翻。横，户孟翻。丧，息浪翻。故文帝分齐、赵，事见十四卷文帝二年，又见十六年。景帝削吴、楚，事见十六卷景帝三年。武帝下推恩之令而藩国自析。事见十八卷武帝元朔二年。自此以来，齐分为七，师古曰：谓齐、城阳、济北、济南、甾川、胶西、胶东也。赵分为六，谓赵、平原、真定、中山、广川、河间也。梁分为五，师古曰：谓梁、济川、济东、山阳、济阴也。淮南分为三。师古曰：谓淮南、衡山、庐江。皇子始立者，大国不过十馀城。长沙、燕、代虽有旧名，皆亡南北边矣。如淳曰：长沙之南更置郡，燕、代以北更置缘边郡，其所有饶利、兵马、器械，三国皆失之也。亡，古无字通；下同。景遭七国之难，抑损诸侯，减黜其官。师古曰：谓改丞相曰相，省御史大夫、廷尉、少府、宗正、博士，损大夫、谒者、诸官长、丞员等也。武有衡山、淮南之谋，事见十九卷武帝元朔五年及元狩元年。作左官之律，服虔曰：仕于诸侯为左官，绝不使得仕于王侯也。应劭曰：人道尚右，今舍天子而仕诸侯，故谓之左官也。师古曰：左官，犹言左道也，盖僻左不正，应说是也。汉时依上古法，朝廷之列，以右为尊，故谓降秩者为左迁，仕诸侯者为左官。设附益之法；张晏曰：律郑氏说，封诸侯过限曰附益。或曰：阿媚王侯，有重法也。师古曰：附益者，盖取孔子云"求也为之聚敛而附益之"之义也，皆背正法而厚于私家也。诸侯惟得衣食税租，不与政事。与，读曰预。至于哀、平之际，皆继体苗裔，亲属疏远，师古曰：言非始封之君，皆其后裔也，故于天子益疏远矣。生于帷墙之中，不为士民所尊，势与富室亡异。而本朝短祚，【章：十二行本"祚"作"世"；乙十一行本同；孔本同。】国统三绝。师古曰：谓成、哀、平皆早崩，又无继嗣。亡，古无字通。是故王莽知汉中外殚微，师古曰：殚，尽也，音单。本末俱弱，无所忌惮，生其奸心，因母后之权，假伊、周之称，颛作威福庙堂之上，不降级序而运天下。师古曰：序，谓东西厢。诈谋既成，遂据南面之尊，分遣五威之吏，驰传天下，传，知恋翻。班行符命；汉诸侯王厥角稽首，应劭曰：厥者，顿也。角者，额角也。稽首，首至地也。言王莽渐渍威福日久，亦值汉之单弱，王侯见莽篡弑，莫敢怨望，皆厥角稽首至地而上其玺绶也。晋灼曰：厥，犹竖也。叩头则额角竖。师古曰：应说是也。奉上玺韨，惟恐在后，或乃称美颂德以求容媚，岂不哀哉！

3 国师公刘秀言："周有泉府之官，收不售，与欲得，师古曰：言卖不售者，官收取之；无而欲得者，官出与之。即易所谓'理财正辞，禁民为非'者也。"易下系辞曰：理财正辞，禁民为非，曰义。莽乃下诏曰："周礼有赊贷，师古曰：周礼泉府之职曰：凡赊者，祭祀无过旬日，丧纪无过三月。凡人之贷者，与其有司辨而授之，以国服为之息。谓以祭祀、丧纪故，从官赊买物，不过旬日及三月而偿之。其从官贷物者，以共其所属吏，定价而后与之，各以其国服事之税而输息。谓若受园廛之田而贷万钱者，一期之月，出息五百。贷，音土戴翻。乐语有五均，邓展曰：乐语，乐元语，河间献王所传，道五均事。臣瓒曰：其文云："天子取诸侯之土，以立五均，则市无二价，四民常均，强者不得困弱，富者不得要贫，则公家有馀，恩及小民矣。"传记各有筦焉。筦，古缓翻。今开赊贷、张五均、设诸筦者，所以齐众庶，抑并兼也。"遂于长安及洛阳、邯郸、临菑、宛、成都立五均司市、钱府官。司市常以四时仲月定物上中下之贾，邯郸，音寒丹。宛，於元翻。师古曰：贾，读曰价；下同。各为其市平。民卖五谷、布帛、丝绵之物不售者，均官考检厥实，用其本贾取之；物贵过平一钱，则以平贾卖与民；贱减平者，听民自相与市。又民有乏绝欲赊贷者，钱府予之；予，读曰与。每月百钱收息三钱。

又以周官税民，凡田不耕为不殖，出三夫之税；城郭中宅不树艺者为不毛，师古曰：树艺，谓种树果木及菜蔬。出三夫之布；民浮游无事，出夫布一匹；其不能出布者冗作，县官衣食之。师古曰：冗，散也，音人勇翻。衣，音于既翻。食，读曰饲。诸取金、银、连、锡、鸟、兽、鱼、鳖于山林、水泽孟康曰：连，锡之别名也。李奇曰：铅锡。应劭曰：连，似铜。师古曰：孟、李二说皆非也。许慎曰：链，铜属也；一曰：丱也。链，抽延翻，又陵延翻。及畜牧者，畜，许六翻。嫔妇桑蚕、织纴、纺绩、补缝，师古曰：机缕曰纴，音人禁翻。工匠、医、巫、卜、祝及他方技，商贩、贾人，皆各自占所为于其所之，技，渠绮翻。贾，音古。占，之赡翻；下同。之，往也。县官除其本，计其利十分之，而以其一为贡；敢不自占、自占不以实者，尽没入所采取而作县官一岁。

羲和鲁匡复奏请榷酒酤，复，扶又翻。榷，古岳翻。酤，音故。莽从之。又禁民不得挟弩、铠，犯者徙西海。

4 初，莽既班四条于匈奴，四条见三十五卷平帝元始二年。后护乌桓使者告乌桓民，毋得复与匈奴皮布税。匈奴遣使者责税，护乌桓使者，即护乌桓校尉。范晔曰：乌桓自为冒顿所破，常臣伏匈奴，岁输牛马羊皮；过时不具，辄没其妻子。武帝遣霍去病击破匈奴左地，因徙乌桓于上谷、渔阳、右北平、辽西、辽东五郡塞外；后置护乌桓校尉，秩二千石，拥节监领之。师古曰：故时常税，是以求之。收乌桓酋豪，缚，倒悬之。酋豪兄弟怒，共杀匈奴使。酋，慈由翻。单于闻之，发左贤王兵入乌桓，攻击之，颇杀人民，敺妇女弱小且千人去，置左地，敺，读曰驱。告乌桓曰："持马畜皮布来赎之！"乌桓持财畜往赎，匈奴受，留不遣。师古曰：受其财畜而留人不遣。

及五威将【章：十二行本"将"下有"帅"字；乙十一行本同；孔本同；退斋校同。】王骏等六人至匈奴，六人，一将、五帅也。重遗单于金帛，遗，于季翻；下同。谕晓以受命代汉状，因易单于故印。故印文曰"匈奴单于玺"；莽更曰"新匈奴单于章"。师古曰：新者，莽自系其国号。更，工衡翻。将率既至，率，读与帅同，所类翻。授单于印绂，绂，音弗。诏令上故印绶。上，时掌翻；下同。绶，音受。单于再拜受诏。译前，欲解取故印绂，译，通中国之语于匈奴者也。单于举掖授之。左姑夕侯苏从旁谓单于曰：苏者，姑夕侯之名。"未见新印文，宜且勿与。"单于止，不肯与。请使者坐穹庐，单于欲前为寿。奉酒为使者寿。五威将曰："故印绂当以时上。"单于曰："诺。"复举掖授译，复，扶又翻；下同。苏复曰："未见印文，且勿与。"单于曰："印文何由变更！"更，工衡翻。遂解故印绂奉上将帅，受着新绂，着，陟略翻。不解视印。饮食至夜，乃罢。右帅陈饶谓诸将帅曰："向者姑夕侯疑印文，几令单于不与人。几，居希翻。如令视印，见其变改，必求故印，此非辞说所能距也。既得而复失之，辱命莫大焉！不如椎破故印以绝祸根。"将帅犹与，莫有应者。师古曰：与，读曰豫。饶，燕士，果悍，师古曰：果，决也。悍，勇也。悍，音胡干翻；又下罕翻。即引斧椎坏之。坏，音怪；下同。明日，单于果遣右骨都侯当白将帅曰："汉单于印言'玺'不言'章'，又无'汉'字；诸王已下乃有'汉'，言'章'。言诸王已下印文有"汉"字，最下文言"章"字。今去'玺'加'新'，言去"玺"字为"章"字，又加"新"字也。去，羌吕翻。与臣下无别。言无所别异也。别，彼列翻。愿得故印。"将帅示以故印，谓曰："新室顺天制作，故印随将帅所自为破坏。单于宜承天命，奉新室之制！"当还白，单于知已无可奈何，又多得赂遗，即遣弟右贤王舆奉马牛随将帅入谢，因上书求故印。将帅还【章：十二行本"还"下有"到"字；乙十一行本同；孔本同；张校同。】左犁污王咸所居地，见乌桓民多，以问咸；咸具言状。具言前所以略乌桓民之状。将帅曰："前封四条，不得受乌桓降者。亟还之！"降，户江翻。咸曰："请密与单于相闻，得语，归之。"谓得单于遣归之语，然后归之也。单于使咸报曰："当从塞内还之邪，从塞外还之邪？"将帅不敢颛决，以闻。诏报："从塞外还之。"莽悉封五威将为子，帅为男；独陈饶以破玺之功，封威德子。饶，帅也，以功为子。

单于始用夏侯藩求地，有拒汉语，见三十二卷成帝绥和元年。后以求税乌桓不得，因寇掠其人民，衅由是生，重以印文改易，故怨恨；重，直用翻。乃遣右大且渠蒲呼卢訾等十馀人且，子余翻。訾，子斯翻。将兵众万骑，以护送乌桓为名，勒兵朔方塞下，师古曰：阳云护送乌桓人，实来为寇。朔方太守以闻。莽以广新公甄丰为右伯，莽以符命分陕，立二伯，丰为右伯，平晏为左伯。当出西域。车师后王须置离闻之，惮于供给烦费，谋亡入匈奴；都护但钦召置离，斩之。但姓，钦名。置离兄辅国侯狐兰支将置离众二千馀人，亡降匈奴；车师国有辅国侯，犹相也；言胡侯，犹将也。将，即亮翻。降，户江翻。单于受之，遣兵与狐兰支共入寇，击车师，杀后城长，后城，即车师后王城也。长，知两翻。伤都护司马，及狐兰兵复还入匈奴。匈奴兵既杀伤汉吏，复与狐兰支兵还入匈奴也。

时戊己校尉刁护病，姓谱：刁，齐大夫竖刁之后。余按竖刁，寺人，安得有后。史记货殖传有刁间。校，户校翻。史陈良、终带、司马丞韩玄、右曲候任商史，校尉之史也。司马丞，司马之丞也。右曲候，军分左右部，部下有曲，曲有候。相与谋曰："西域诸国颇背叛，背，蒲妹翻。匈奴大【章：十二行本“大”上有“欲”字；乙十一行本同；孔本同。】侵，要死，可杀校尉，帅人众降匈奴。”如淳曰：言匈奴来侵，会当死耳，可降匈奴也。师古曰：要，音一妙翻。言要之必死也。帅，读曰率。遂杀护及其子男、昆弟，尽胁略戊己校尉吏士男女二千馀人入匈奴。单于号良、带曰乌贲都尉。师古曰：贲，音奔。考异曰：匈奴传云“乌桓都将军”，西域传云“乌贲都尉”，今从之。

5冬，十一月，立国将军孙建奏：“九月，辛巳，陈良、终带自称废汉大将军，亡入匈奴。废汉，言汉氏已废灭也。孙建之言云尔。又今月癸酉，不知何一男子遮臣建车前，自称‘汉氏刘子舆，成帝下妻子也。师古曰：下妻，犹言小妻。刘氏当复，趣空宫！’师古曰：复，音扶福翻。趣，读曰促。收系男子，即常安姓武字仲。莽改长安曰常安。皆逆天违命，大逆无道。汉氏宗庙不当在常安城中，及诸刘当与汉俱废。陛下至仁，久未定，前故安众侯刘崇等更聚众谋反，刘崇事见上卷居摄元年。更反，谓崇败后刘信、刘快又起兵。师古曰：更，音工衡翻。令狂狡之虏复依托亡汉，复，扶又翻。至犯夷灭连未止者，此圣恩不蚤绝其萌芽故也。臣请汉氏诸庙在京师者皆罢；诸刘为吏者皆【章：十二行本“皆”下有“罢”字；乙十一行本同；孔本同；张校同；退斋校同。】待除于家。”师古曰：罢黜其职，各使退归，而言在家待迁除。莽曰：“可。嘉新公、国师以符命为予四辅，明德侯刘龚、率礼侯刘嘉等考异曰：燕王旦传：“广阳王嘉封扶美侯”，莽传云“率礼侯刘嘉”，未知其改封或别一人也。今从莽传。余按率礼侯刘嘉，安众侯刘崇之族父也，事见上卷居摄元年。凡三十二人，皆知天命，或献天符，或贡昌言，或捕告反虏，厥功茂焉。诸刘与三十二人同宗共祖者，勿罢，赐姓曰王。”唯国师公以女配莽子，故不赐姓。国师公秀女愔，配莽之子临。

6定安公太后自刘氏之废，常称疾不朝会。朝，直遥翻。时年未二十，莽敬惮伤哀，欲嫁之，乃更号曰黄皇室主，师古曰：莽自谓土德，故云黄皇室主，若汉之称公主。余谓室主，若言未嫁在室者也。更，工衡翻；下同。欲绝之于汉；令孙建世子盛饰，将医往问疾。后大怒，鞭笞其傍侍御，因发病，不肯起。莽遂不复强也。汉孝平王后、周天元杨后，犹有妇人内夫家、外父母家之意。然夷考二后本末，天元杨后不逮孝平后也。复，扶又翻。强，其两翻。

7 十二月，雷。

8 莽恃府库之富，欲立威匈奴，乃更名匈奴单于曰"降奴服于"，降，户江翻。下诏遣立国将军孙建等率十二将分道并出：五威将军苗䜣、姓谱引风俗通曰：楚大夫伯棼之后，贲皇奔晋，食采于苗，因而氏焉。䜣，音欣。虎贲将军王况出五原；厌难将军陈钦、震狄将军王巡出云中；师古曰：厌，音一涉翻。难，乃旦翻。振武将军王嘉、平狄将军王萌出代郡；相威将军李棽、镇远将军李翁出西河；相，息亮翻。师古曰：棽，音所林翻。诛貉将军阳俊、讨涉将军严尤出渔阳；貉，音陌，莫百翻。涉，音秽。奋武将军王骏、定胡将军王晏出张掖；及偏裨以下百八十人，募天下囚徒、丁男、甲卒三十万人，转输衣裘、兵器、粮食，自负海江、淮至北边，使者驰传督趣，以军兴法从事。言事诛斩也。传，知恋翻。趣，读曰促。先至者屯边郡，须毕具乃同时出；穷追匈奴，内之丁令。师古曰：逐之，遣入丁零也。令，音零。分其国土人民以为十五，立呼韩邪子孙十五人皆为单于。

9 莽以钱币讫不行，复下书曰："宝货皆重则小用不给，皆轻则僦载烦费；复，扶又翻；下同。师古曰：僦，送也，一曰：赁也，音子就翻。轻重大小各有差品，则用便而民乐。"乐，音洛。于是更作金、银、龟、贝、钱、布之品，名曰宝货。更，工衡翻。钱货六品，小钱径六分，重一铢，名曰小钱直一；次七分，三铢，曰幺钱一十；次八分，五铢，曰幼钱二十；次九分，七铢，曰中钱三十；次一寸，九铢，曰壮钱四十；因前大钱五十，为六品。师古曰：幺，音一遥翻。金货一品，黄金一斤，直钱万，是为一品。银货二品，朱提银重八两，为一流，直一千五百八十；他银一流，直千：是为二品。师古曰：朱，音殊。提，音上支翻。龟货四品，元龟，岠冉长尺二寸，直二千六百一十；公龟九寸，直五百；侯龟七寸以上，直三百；子龟五寸以上，直百：是为四品。孟康曰：冉，龟甲缘也。岠，至也。度背两边缘，尺二寸也。元者，大也。贝货五品，大贝，四寸八分以上，二枚为一朋，直二百一十六；壮贝，三寸六分以上，一朋直五十；幺贝，二寸四分以上，一朋直三十；小贝，寸二分以上，一朋直十；不盈寸二分漏度，不得为朋，率枚直钱三，是为五品。贝，紫贝也。布货十品，大布、次布、弟布、壮布、中布、差布、厚布、幼布、幺布、小布。小布长寸五分，重十五铢，文曰小布一百。自小布以上各相长一分，相重一铢，文各为其布名，直各加一百。上至大布，长二寸四分，重一两，而直千钱矣。师古曰：布亦钱耳；谓之布者，言其分布流行也。凡宝货五物、六名、二十八品。铸作钱布，皆用铜，殽以连、锡。百姓溃乱，"溃"，汉书作"愦"。【章：十二行本正作"愦"；孔本同。】其货不行。莽知民愁，乃但行小钱直一与大钱五十，二品并行；龟、贝、布属且寝。盗铸钱者不可禁，乃重其法，一家铸钱，五家坐之，没入为奴婢。吏民出入持钱，以副符传，不持者厨传勿舍，关津苛留。师古曰：旧法，行者持符传，即不稽留。今更令持钱，与符相副，乃得过也。厨，行道饮食处。传，置驿之舍也。苛，问也。传，音张恋翻。苛，音何。公卿皆持以入宫殿门，欲以重而行之。是时百姓便安汉五铢钱，以莽钱大小两行，难知，又数变改，不信，数，所角翻。皆私以五铢钱市买；讹言大钱当罢，莫肯挟。莽患之，复下书："诸挟五铢钱、言大钱当罢者，比非井田制，投四裔！"及坐卖买田宅、奴婢、铸钱，自诸侯、卿大夫至于庶民，抵罪者不可胜数。胜，音升。于是农商失业，食货俱废，民人至涕泣于市道。

10 莽之谋篡也，吏民争为符命，皆得封侯。其不为者相戏曰："独无天帝除书乎？"司命陈崇白莽曰："此开奸臣作福之路而乱天命，宜绝其原。"莽亦厌之，遂使尚书大夫赵并验治，莽分九卿，每一卿置三大夫。尚书大夫，盖属共工也。治，直之翻。非五威将帅所班，皆下狱。下，遐稼翻。

初，甄丰、刘秀、王舜为莽腹心，唱导在位，褒扬功德；安汉、宰衡之号及封莽母、两子、兄子，事并见上卷。皆丰等所共谋，而丰、舜、秀亦受其赐，并富贵矣，非复欲令莽居摄也。复，扶又翻；下同。居摄之萌，出于泉陵侯刘庆、前辉光谢嚣、事见上卷元始五年。周申伯邑于谢，其后子孙以谢为氏。长安令田终术。事不见于史。莽羽翼已成，意欲称摄，丰等承顺其意；莽辄复封舜、秀、丰等子孙以报之。丰等爵位已盛，心意既满，又实畏汉宗室、天下豪桀；而疏远欲进者并作符命，莽遂据以即真，谓哀章等也。疏，与疎同。舜、秀内惧而已。丰素刚强，莽觉其不说，故托符命文，徙丰为更始将军，说，读曰悦。更，工衡翻。与卖饼儿王盛同列；丰父子默默。时子寻为侍中、京兆大尹、茂德侯，即作符命：新室当分陕，立二伯，以丰为右伯，太傅平晏为左伯，如周、召故事。师古曰：自陕以东，周公主之；自陕以西，召公主之。陕，即今陕州，是其地也。伯，长也。陕，音式冉翻。召，读曰邵。莽即从之，拜丰为右伯。当述职西出，未行，寻复作符命，言故汉氏平帝后黄皇室主为寻之妻。莽以诈立，心疑大臣怨谤，欲震威以惧下，因是发怒曰："黄皇室主天下母，此何谓也！"收捕寻。寻亡，丰自杀。寻随方士入华山，华山，在华阴县南。华，户化翻。岁馀，捕得，辞连国师公秀子【章：十二行本"子"下有"侍中"二字；乙十一行本同；孔本同。】隆威侯棻、师古曰：棻，亦分字也；音扶云翻。棻弟右曹、长水校尉、伐虏侯泳、大司空邑弟左关将军、掌威侯奇莽置左关将军，主函谷。及秀门人侍中、骑都尉丁隆等，牵引公卿党、亲、列侯以下，死者数百人。乃流棻于幽州，放寻于三危，殛隆于羽山，师古曰：放舜之罚共工等也。皆驿车【章：十二行本"车"下有"载"字；乙十一行本同；孔本同。】传致其尸【章：十二行本作“其尸传致”；乙十一行本同；孔本同。】云。传，知恋翻。

11 是岁，莽始兴神仙事，以方士苏乐言，起八风台，台成万金；师古曰：费直万金也。又种五粱禾于殿中，师古曰：五色禾也。谷永所云耕耘五德者也。晋灼曰：翼氏风角：五德，东方甲，南方丙，西方庚，北方壬，中央戊。种五色禾于此地而耕耘也。氾胜之曰：粱，是秫粟。先以宝玉渍种，煮鹤髓、玳瑁、犀、玉二十馀物，取汁以渍种。种，章勇翻。计粟斛成一金。

三年（辛未、一一）

1 遣田禾将军赵并发戍卒屯田五原、北假，以助军粮。

2 莽遣中郎将蔺苞、副校尉戴级将兵万骑，多赍珍宝至云中塞下，招诱呼韩邪【章：十二行本“邪”下有“单于”二字；乙十一行本同；孔本同。】诸子，欲以次拜为十五单于。苞、级使译出塞，诱呼左【章：十二行本“左”作“右”；乙十一行本同；孔本同；退斋校同。】犁污王咸、咸子登、助三人至。诱，音酉。至则胁拜咸为孝单于，助为顺单于，皆厚加赏赐；传送助、登长安。传，张恋翻。莽封苞为宣威公，拜为虎牙将军；封级为扬威公，拜为虎贲将军。单于闻之，怒曰：“先单于受汉宣帝恩，不可负也。先单于，谓呼韩邪单于。今天子非宣帝子孙，何以得立！”遣左骨都侯、右伊秩訾王呼卢訾及左贤王乐将兵入云中益寿塞，大杀吏民。訾，子斯翻。是后，单于历告左右部都尉、即左右大都尉也。诸边王诸王庭近汉边者。入塞寇盗，大辈万馀，中辈数千，少者数百，杀雁门、朔方太守、都尉，略吏民畜产，不可胜数，胜，音升。缘边虚耗。

是时诸将在边，以大众未集，未敢出击匈奴。讨涉将军严尤谏曰：涉，音秽。“臣闻匈奴为害，所从来久矣，未闻上世有必征之者也。后世三家周、秦、汉征之，然皆未有得上策者也。周得中策，汉得下策，秦无策焉。当周宣王时，猃狁内侵，至于泾阳；地理志，安定郡有泾阳县。贤曰：泾阳故城，在今原州平凉县南。命将征之，尽境而还。其视戎狄之侵，譬犹蝱虻，敺之而已，蝱，古蚊字。虻，音盲。敺，与驱同。故天下称明，是为中策。汉武帝选将练兵，约赍轻粮，师古曰：约，少也。少赍衣装。深入远戍，虽有克获之功，胡辄报之。兵连祸结三十馀年，中国罢耗，匈奴亦创艾，师古曰：罢，读曰疲；耗，损也。创，音初向翻。艾，读曰乂。而天下称武，是为下策。秦始皇不忍小耻而轻民力，筑长城之固，延袤万里，师古曰：袤，长也，音茂。转输之行，起于负海；疆境既完，中国内竭，以丧社稷，是为无策。丧，息浪翻。今天下遭阳九之厄，比年饥馑，比，毗至翻。西北边尤甚。发三十万众，具三百日粮，东援海、代，师古曰：援，音爰，引也。余谓"代"，当作"岱"，岱山也。南取江、淮，然后乃备。计其道里，一年尚未集合，兵先至者聚居暴露，师老械弊，势不可用，此一难也。边既空虚，不能奉军粮，内调郡国，不相及属，此二难也。师古曰：调，发也，音徒钓翻。属，音之欲翻。计一人三百日食，用糒十八斛，糒，音备，干饭也。非牛力不能胜；胜，音升。牛又自当赍食，加二十斛，重矣；胡地沙卤，多乏水草，以往事揆之，军出未满百日，牛必物故且尽，馀粮尚多，人不能负，此三难也。胡地秋冬甚寒，春夏甚风，多赍釜鍑、薪炭，重不可胜，师古曰：鍑，釜之大口者也，音富。胜，音升。食糒饮水，以历四时，糒，音备。师有疾疫之忧，是故前世伐胡不过百日，非不欲久，势力不能，此四难也。辎重自随，则轻锐者少，不得疾行，虏徐遁逃，势不能及。幸而逢虏，又累辎重；谓幸而逢虏，得与之战，又为辎重所累也。重，直用翻。累，力瑞翻。如遇险阻，衔尾相随，师古曰：衔，马衔也。尾，马尾也。言前后单行，不得并驱。虏要遮前后，危殆不测，此五难也。要，读曰邀。大用民力，功不可必立，臣伏忧之！今既发兵，宜纵先至者，令臣尤等深入霆击，且以创艾胡虏。”师古曰：请率见到之兵且以击虏。艾，音乂。莽不听尤言，转兵谷如故，天下骚动。

咸既受莽孝单于之号，驰出塞归庭，具以见胁状白单于；单于更以为于栗置支侯，匈奴贱官也。汉书，“栗”作“粟”。后助病死，莽以登代助为顺单于。

吏士屯边者所在放纵，而内郡愁于征发，民弃城郭，始流亡为盗贼，并州、平州尤甚。并州部太原、上党、上郡、西河、朔方、五原、云中、定襄、雁门等郡。余按此时未有平州；汉末公孙度自号平州牧，魏始分幽州置平州。“平”字误也。莽令七公、六卿号皆兼称将军，七公，四辅及三公也。六卿，羲和、作士、秩宗、典乐、共工、予虞。遣著武将军逯并等镇名都，中郎将、绣衣执法各五十五人，分镇缘边大郡，督大奸猾擅弄兵者。皆乘便为奸于外，挠乱州郡，师古曰：挠，音火高翻；其字从手，下同。货赂为市，侵渔百姓。莽下书切责之曰：“自今以来，敢犯此者，辄捕系，以名闻！”然犹放纵自若。北边自宣帝以来，数世不见烟火之警，谓匈奴款塞之后也。人民炽盛，牛马布野；及莽挠乱匈奴，与之构难，难，乃旦翻。边民死亡系获，数年之间，北边虚空，野有暴骨矣。暴，步卜翻。

3 太师王舜自莽篡位后，病悸寖剧，死。师古曰：心动曰悸。寖，渐也。悸，音葵季翻。

4 莽为太子置师、友各四人，秩以大夫。以故大司徒马宫等为师疑、傅丞、阿辅、保拂，是为四师；马宫为师疑，宗伯凤为傅丞，袁圣为阿辅，王嘉为保拂也。师古曰：拂，读曰弼。故尚书令唐林等为胥附、奔走、先后、御侮，是为四友。唐林为胥附，李充为奔走，赵襄为先后，廉丹为御侮。走，读曰奏。先，悉荐翻。后，胡茂翻。又置师友、侍中、谏议、六经祭酒各一人，凡九祭酒，秩皆上卿。师友、侍中、谏议三祭酒，并六经六祭酒，为九祭酒。

遣使者奉玺书、印绶、安车、驷马迎龚胜，即拜为师友祭酒。师古曰：就家迎之，因拜官。玺，斯氏翻。使者与郡太守、县长吏、三老、官属、行义、诸生千人以上入胜里致诏。龚胜，楚人，史逸其所居县。百官表：县令、丞、尉为长吏。师古曰：行义，谓乡邑有行义之人。诸生，学徒也。行，下孟翻。使者欲令胜起迎，久立门外。胜称病笃，为床室中户西、南牖下，师古曰：牖，窗也。于户之西，室之南牖下也。东首加朝服拖绅。师古曰：拖，引也。卧着朝衣，故云加。引大带于体也。论语称孔子疾，君视之，东首加朝服拖绅，故放之也。首，守又翻。拖，音吐贺翻。使者付玺书，奉印绶，内安车、驷马，进谓胜曰："圣朝未尝忘君，制作未定，待君为政；思闻所欲施行，以安海内。"胜对曰："素愚，加以年老被病，命在朝夕，随使君上道，师古曰：示若尊敬使者，故谓之使君。被，皮义翻。必死道路，无益万分！"使者要说，师古曰：要，音一遥翻。说，音式芮翻。至以印绶就加胜身；胜辄推不受。推，吐雷翻。使者上言："方盛夏暑热，胜病少气，少，诗沼翻。可须秋凉乃发。"师古曰：须，待也。有诏许之。使者五日壹与太守俱问起居，为胜两子及门人高晖等言：为，于伪翻。"朝廷虚心待君以茅土之封，虽疾病，宜移动至传舍，传，知恋翻。示有行意；必为子孙遗大业。"大业，谓封邑也。晖等白使者语，胜自知不见听，即谓晖等："吾受汉家厚恩，无以报；今年老矣，旦暮入地，谊岂以一身事二姓，下见故主哉！"胜因敕以棺敛丧事：敕，诫也。师古曰：棺，音工唤翻。敛，音力赡翻。"衣周于身，棺周于衣。勿随俗动吾冢、种柏、作祠堂！"师古曰：若葬多设器备，则恐被掘，故云动吾冢也。亦不得种柏及作祠堂，皆不随俗。贡父曰：胜意谓一葬之后，更不随俗动冢二、种柏、作祠堂。语毕，遂不复开口饮食。复，扶又翻。积十四日死。死时，七十九矣。

是时清名之士，又有琅玡纪逡、齐薛方、太原郇越、郇相、师古曰：逡，音千旬翻。郇，音荀，又音胡顽翻。今郇、荀二姓并有之，俱称周武王之后也。沛唐林、唐尊，皆以明经饬行显名于世。师古曰：饬，谨也。行，下孟翻。纪逡、两唐皆仕莽，封侯，贵重，历公卿位。唐林数上疏谏正，有忠直节。唐尊衣敝、履空，师古曰：衣，音于既翻。着敝衣，蹑空履也。空，穿也。被虚伪名。师古曰：被，音皮义翻。郇相为莽太子四友，病死，莽太子遣使裞以衣衾，师古曰：赠丧衣服曰裞；音式芮翻；其字从衣。其子攀棺不听，曰："死父遗言：'师友之送，勿有所受！'今于皇太子得托友官，故不受也。"京师称之。莽以安车迎薛方，方因使者辞谢曰："尧、舜在上，下有巢、由。巢父、许由也。今明主方隆唐、虞之德，小臣欲守箕山之节。"张晏曰：许由隐于箕山，在阳城，有许由祠。使者以闻。莽说其言，说，读曰悦。不强致。强，其两翻。

初，隃麋郭钦为南郡太守，师古曰：隃麋，扶风之县也。隃，音逾。杜陵蒋诩为兖州刺史，姓谱：周公之子封于蒋，后以为氏。亦以廉直为名。莽居摄，钦、诩皆以病免官，归乡里，卧不出户，卒于家。哀、平之际，沛国陈咸以律令为尚书。中兴之后，沛方为国。此由范史以后来所见书之也。陈咸，后汉陈宠之曾祖也。莽辅政，多改汉制，咸心非之；及何武、鲍宣死，事见上卷平帝元始三年。咸叹曰："易称'见几而作，不俟终日。'易下系之辞也。几，居希翻。吾可以逝矣！"即乞骸骨去职。及莽篡位，召咸为掌寇大夫；掌寇大夫，当属作士。咸谢病不肯应。时三子参、钦、丰皆在位，咸悉令解官归乡里，闭门不出入，犹用汉家祖腊。人问其故，咸曰："我先人岂知王氏腊乎！"悉收敛其家律令、书文，壁藏之。按三十二卷成帝绥和元年，陈咸以淳于长事，废归故郡，以忧死。咸，沛郡相人也。此书沛国陈咸，本之后汉书陈宠传。光武始改沛郡为沛国，二陈咸虽同居沛，各是一人。又，齐栗融、北海禽庆、苏章、禽，姓也。墨子弟子有禽滑釐，又有碎首禽息。山阳曹竟，皆儒生，去官，不仕于莽。

班固赞曰：春秋列国卿大夫及至汉兴将相名臣，耽【章：十二行本“耽”上有“怀禄”二字；乙十一行本同；孔本同；张校同；退斋校同。】宠以失其世者多矣，师古曰：言不能去。是故清节之士，于是为贵；然大率多能自治而不能治人。治，直之翻。王、贡之材，优于龚、鲍。守死善道，胜实蹈焉。师古曰：论语孔子曰：守死善道。今龚胜不受莽官，蹈斯迹也。贞而不谅，薛方近之。师古曰：论语孔子曰：君子贞而不谅。谓君子之人，正其道耳，言不必信也。薛方引避乱朝，诡引巢、许为谕，近此义。近，其靳翻。郭钦、蒋诩，好遁不污，绝纪、唐矣。师古曰：钦、诩不仕于莽，遁逃浊乱，不污其节；殊于纪逡及两唐。好，呼到翻。通鉴书龚胜之死，遂及一时人士，又书班固之论，其为监也，不亦昭乎！

5 是岁，濒河郡蝗生。

6 河决魏郡，泛清河以东数郡。先是，莽恐河决为元城冢墓害；莽曾祖贺以下冢墓在魏郡元城。先，悉荐翻。及决东去，元城不忧水，故遂不堤塞。塞，悉则翻。

四年（壬申、一二）

1 春，二月，赦天下。

2 厌难将军陈钦、震狄将军王巡上言：“捕得虏生口验问，言虏犯边者皆孝单于咸子角所为。”莽乃会诸夷，斩咸子登于长安市。

3 大司马甄邯死。甄，之人翻。邯，户甘翻。

4 莽至明堂，下书：“以洛阳为东都，常安为西都。邦畿连体，各有采、任。男食邑于畿内曰采；女食邑于畿内曰任。师古曰：采，采服也。任，男服也。州从禹贡为九；爵从周氏为五。禹贡冀、兖、青、徐、扬、豫、荆、雍、梁，凡九州。周爵公、侯、伯、子、男，凡五等。诸侯之员千有八百，八州，州二百一十国，并畿内凡千七百七十三国。言千八百国，举成数也。附城之数亦如之，以俟有功。诸公一同，地方百里曰同。有众万户；其馀以是为差。今已受封者，公侯以下凡七百九十六人，附城千五百五【章：十二行本“五”作“一”；乙十一行本同；孔本同。】十一人；以图簿未定，未授国邑，且令受奉都内，奉，读曰俸。都内，积钱之府，属大司农。月钱数千。”诸侯皆困乏，至有佣作者。

5 莽性躁扰，不能无为，躁，则到翻。每有所兴造，动欲慕古，不度时宜，度，徒洛翻。制度又不定；吏缘为奸，天下謷謷，陷刑者众。师古曰：謷謷，众口愁声，音敖。莽知民愁怨，乃下诏：“诸食王田，皆得卖之，勿拘以法。犯私买卖庶人者，且一切勿治。”治，直之翻。然他政悖乱，刑罚深刻，赋敛重数，犹如故焉。悖，蒲内翻。数，所角翻。

6 初，五威将帅出西南夷，改句町王为侯，王邯怨怒不附。师古曰：邯，句町王之名也，音下甘翻。莽讽牂柯大尹周歆诈杀邯。牂柯，音臧哥。考异曰：西南夷传作“周钦”。莽传作“周歆”，今从之。邯弟承起兵杀歆，州郡击之，不能服。莽又发高句骊兵击匈奴；高句骊不欲行，郡强迫，皆亡出塞，因犯法为寇。强，其两翻。辽西大尹田谭追击之，为所杀。州郡归咎于高句骊侯驺，严尤奏言：“貉人犯法，不从驺起；貉，与貊同，莫百翻。后汉书，句骊，一名貊耳。正有他心，宜令州郡且尉安之。师古曰：假令驺有恶心，亦当且慰安。今猥被以大罪，师古曰：猥，多也，厚也。被，加也，音皮义翻。余谓猥，积也，曲也。恐其遂畔，夫馀之属必有和者。和，胡卧翻。匈奴未克，夫余、涉貉复起，此大忧也。”后汉书：涉与句骊同种，言语法俗大抵相类，各有部界。复，扶又翻。莽不尉安，涉貉遂反；诏尤击之。尤诱高句骊侯驺至而斩焉，传首长安。驺，侧尤翻。莽大说，更【章：十二行本"更"上有"下书"二字；乙十一行本同；孔本同；退斋校同。】名高句骊为下句骊。说，读曰悦。更，工衡翻；下同。于是貉人愈犯边，东、北与西南夷皆乱。东，涉貊；北，匈奴也。莽志方盛，以为四夷不足吞灭，专念稽古之事，复下书："以此年二月东巡狩，具礼仪调度。"复，扶又翻，调，徒吊翻。既而以文母太后体不安，且止待后。

7 初，莽为安汉公时，欲谄太皇太后，以斩郅支功奏尊元帝庙为高宗，事见上卷元始四年。太后晏驾后，当以礼配食云。及莽改号太后为新室文母，绝之于汉，不令得体元帝，堕坏孝元庙，师古曰：夫妇一体也。堕，毁也，音火规翻。坏，音怪。更为文母太后起庙；独置孝元庙故殿以为文母篹食堂，置，舍也，留也。孟康曰：篹，音撰。晋灼曰：篹，具也。既成，名曰长寿宫，以太后在，故未谓之庙。莽置酒长寿宫，请太后。既至，见孝元庙废彻涂地，太后惊泣曰："此汉家宗庙，皆有神灵，与何治而坏之！师古曰：与，读曰预。言此何罪于汝，无所干预，何为毁坏之！坏，音怪。且使鬼神无知，又何用庙为！如令有知，我乃人之妃妾，岂宜辱帝之堂以陈馈食哉！"释名：吴人谓祭为馈。私谓左右曰："此人慢神多矣，能久得佑乎！"佑，福也。神，助也。饮酒不乐而罢。乐，音洛。自莽篡位后，知太后怨恨，求所以媚太后者无不为，然愈不说。说，读曰悦。莽更汉家黑貂着黄貂；孟康曰：侍中所着貂也，莽改汉制服黄。更，音工衡翻。着，音陟略翻。又改汉正朔、伏腊日。太后令其官属黑貂；至汉家正、腊日，独与其左右相对饮食。

五年（癸酉、一三）

1 春，二月，文母皇太后崩，年八十四；葬渭陵，与元帝合，而沟绝之。如淳曰：葬于司马门内，作沟绝之。新室世世献祭其庙；元帝配食，坐于床下。莽为太后服丧三年。为，于伪翻。

2 乌孙大、小昆弥遣使贡献。莽以乌孙国人多亲附小昆弥，见匈奴诸边并侵，意欲得乌孙心，乃遣使者引小昆弥使坐大昆弥使上。使，疏吏翻；下同。师友祭酒满昌劾奏使者曰："夷狄以中国有礼谊，故诎而服从。劾，户概翻。诎，与屈同。大昆弥，君也。今序臣使于君使之上，非所以有夷狄也。奉使大不敬！"莽怒，免昌官。师友祭酒，龚胜不肯就而满昌为之。凤皇翻于千仞，乌鸢弹射不去，非虚言也。

3 西域诸国以莽积失恩信，焉耆先叛，焉耆国，治员渠城，去长安七千三百里。杀都护但钦；西域遂瓦解。

4 十一月，彗星出；二十馀日，不见。彗，祥岁翻，旋芮翻，又徐醉翻。见，贤遍翻。

5 是岁，以【章：十二行本"以"下有"犯"字；乙十一行本同；孔本同。】挟铜炭者多，除其法。

6 匈奴乌珠留单于死，用事大臣右骨都侯须卜当，史记正义：匈奴须卜氏，掌狱讼。即王昭君女伊墨居次云之壻也。云常欲与中国和亲，又素与伊【章：十二行本"伊"作"于"；乙十一行本同；退斋校同。】栗置支侯咸厚善，云于咸，咸季父也。见咸前后为莽所拜，故遂立咸为乌累若鞮单于。师古曰：累，音力追翻。乌累单于咸立，以弟舆为右【章：十二行本"右"作"左"；乙十一行本同。】谷蠡王。谷，音鹿。蠡，鹿奚翻。乌珠留单于子苏屠胡本为左贤王，后更谓之护于，乌珠留单于以左贤王数死，不祥，更易命左贤王为护于。欲传以国。咸怨乌珠留单于贬己号，乃贬护于为左屠耆王。

天凤元年（甲戌、一四）

1 春，正月，赦天下。

2 莽下诏："将以是岁四仲月遍行巡狩之礼，太官赍糒、乾肉，内者行张坐卧；乾，音干。内者令，时属共工。续汉志：内者令，掌布张诸衣物。师古曰：张坐卧者，谓帷帐茵席也。所过毋得有所给。师古曰：言自赍食及帷帐，以行在路所经过，不须供费也。俟毕北巡狩之礼，即于土中居洛阳之都。”群公奏言：“皇帝至孝，新遭文母之丧，颜色未复，饮食损少；今一岁四巡，道路万里，春秋尊，非糒、乾肉之所能堪。糒，音备。乾，音干。且无巡狩，须阕大服，以安圣体。”师古曰：阕，尽也；音口决翻。莽从之，要期以天凤七年巡狩；厥明年，即土之中，遣太傅平晏、大司空王邑之洛阳营相宅兆，相，息亮翻。宅，居也。坛域、茔界皆曰兆。图起宗庙、社稷、郊兆云。

3 三月，壬申晦，日有食之。大赦天下。以灾异策大司马逯并就侯氏朝位，免官，以侯爵就朝位。朝，直遥翻。太傅平晏勿领尚书事。以利苗男䜣为大司马。如淳曰：利苗，邑名。䜣，音欣。莽即真，尤备大臣，抑夺下权，朝臣有言其过失者，辄拔擢。孔仁、赵博、费兴等以敢击大臣，故见信任，洪氏隶释曰：余家所收姓氏文字粗备；以诸书参考，颇多牴牾不合。姓苑云：费氏，禹后，音父位翻。李利涉编古命氏云：费氏出自鲁桓公少子季友，受邑于费。元和姓纂：费氏，亦音秘。姓林云：费氏，音蜚；夏禹之后。余尝考之，此字有两姓，音读不同，源流亦异。其一音蜚，嬴姓，出于伯益之后，史记所载费昌、费中、楚费无极、汉费将军、费直、费长房、费祎之徒，是其后也。其一音秘，姬姓，出于鲁季友，姓苑所载琅邪费氏，是其后也。然则姓苑、姓林、姓纂皆云夏禹之后，姓纂又云亦音秘，及谓琅玡费氏为直之后，皆其差误；而编古命氏以费将军、费祎之徒出于鲁季友，亦非也。师古曰：费，音扶味翻。择名官而居之。国将哀章颇不清，莽为选置和叔，师古曰：特为置此官。余谓莽以国将主冬，故置和叔之官。将，即亮翻；下同。敕曰：“非但保国将闺门，当保亲属在西州者。”章，梓潼人，其亲属在西州。诸公皆轻贱，而章尤甚。言十一公皆为莽所轻贱，而章尤甚也。

4 夏，四月，陨霜杀草木，海濒尤甚。师古曰：边海之地也。六月，黄雾四塞。塞，悉则翻。秋，七月，大风拔树，飞北阙直城门屋瓦。直城门，长安城西出南头第二门。雨雹，杀牛羊。雨，于具翻。

5 莽以周官、王制之文，置卒正、连率、大尹，职如太守；王制：三十国为卒，卒有正。十国为连，连有率。率，所类翻。守，式又翻。又置州牧、部监二十五人。分长安城旁六乡，置帅各一人。分三辅为六尉郡；师古曰：三辅黄图云：渭城、安陵以西，北至栒邑、义渠十县，属京尉大夫府，居故长安寺；高陵以北十县，属师尉大夫府，居故廷尉府；新丰以东，至湖十县，属翊尉大夫府，居城东；霸陵、杜陵，东至蓝田，西至武功、郁夷十县，属光尉大夫府，居城南；茂陵、槐里，至汧十县，属扶尉大夫府，居城西；长陵、池阳以北，至云阳、祋祤十县，属烈尉大夫府，居城北。帅，所类翻。河内、河东、弘农、河南、颍川、南阳为六队郡。师古曰：队，音遂。仲冯曰：河南，当为荥阳，莽所分为六队之一也。下文自有河南大尹更为保忠信卿。河东兆队，河内后队，弘农右队，荥阳祈队，颍川左队，南阳前队。更名河南大尹曰保忠信卿。更，工衡翻；下同。益河南属县满三十，置六郊州长各一人，人主五县。及他官名悉改。大郡至分为五，合百二十有五郡。九州之内，县二千二百有三。又仿古六服为惟城、惟宁、惟翰、惟屏、惟垣、惟藩，各以其方为称，公作甸服，是为惟城；诸在侯服，是为惟宁；在采、任诸侯，是为惟翰；在宾服，是为惟屏；在揆文教、奋武卫，是为惟垣；在九州之外，是为惟藩。屏，必郢翻。称，尺证翻。总为万国焉。其后，岁复变更，一郡至五易名，而还复其故。吏民不能纪，每下诏书，辄系其故名云。按莽传：诏曰："祈队，故荥阳，"是也。

6 匈奴右骨都侯须卜当、伊墨居次云劝单于和亲，遣人之西虎猛制虏塞下，汉书作"西河虎猛制虏塞下。"师古曰：虎猛，县名。制虏塞，在其界。此逸"河"字。之，往也。告塞吏云："欲见和亲侯。"和亲侯者，王昭君兄子歙也。师古曰：歙，音翕。中部都尉以闻，汉边郡置五部都尉，分治属县。莽遣歙、歙弟骑都尉、展德侯飒使匈奴，师古曰：飒，音立。贺单于初立，赐黄金、衣被、缯帛；给言侍子登在，因购求陈良、终带等。单于尽收陈良等二十七人，皆械槛付使者，遣厨唯姑夕王富等四十人送歙、飒。莽作焚如之刑，烧杀陈良等。应劭曰：易有焚如、死如、弃如之言，莽依此作刑名也。如淳曰：焚如、死如、弃如者，谓不孝子也。不畜于父母，不容于朋友，故烧杀弃之。莽依此作刑名也。

7 缘边大饥，人相食。谏大夫如普行边兵还，言"军士久屯寒苦，边郡无以相赡。今单于新和，宜因是罢兵。"校尉韩威进曰："以新室之威而吞胡虏，无异口中蚤虱。臣愿得勇敢之士五千人，不赍斗粮，饥食虏肉，渴饮其血，可以横行！"莽壮其言，以威为将军。然采普言，征还诸将在边者，免陈钦等十八人，又罢四关镇都尉诸屯兵。莽置四关，各有镇都尉，领屯兵。

单于贪莽赂遗，遗，于季翻。故外不失汉故事，然内利寇掠；又使还，知子登前死，怨恨，使，疏吏翻。还，从宣翻；又如字。寇虏从左地入不绝。师古曰：入为寇而虏掠。使者问单于，辄曰："乌桓与匈奴无状黠民共为寇入塞，譬如中国有盗贼耳！黠，下八翻。咸初立持国，威信尚浅，尽力禁止，不敢有二心！"莽复发军屯。复，扶又翻；下同。

8 益州蛮夷愁扰，尽反，复杀益州大尹程降。【章：十二行本"降"作"隆"；乙十一行本同；孔本同。】武帝开滇国为益州郡，属益州；莽属梁州。莽遣平蛮将军冯茂发巴、蜀、犍为吏士，赋敛取足于民，以击之。犍，居言翻。敛，力赡翻。

9 莽复申下金、银、龟、贝之货，颇增减其贾直，贾，读曰价。而罢大、小钱，改作货布、货泉二品并行。货布，长三寸五分，广一寸；首长八分有奇，广八分；其圜好，径二分半；足枝长八分，间广二分；其文右曰"货"，左曰"布"，重二十五铢，直货泉二十五。货泉，径一寸，重五铢；文右曰“货”，左曰“泉”；文直一。孔颖达曰：案食货志，今世谓之“笇钱”，是也；边犹为货泉之字。大泉，即今四文钱也，四边并有文也。货布之形，今世难识；世人耕地犹有得者，古时一个准二十五钱也。余按古所谓泉布者，其藏曰泉，其行曰布，取名于水泉，其流行无不遍；无不遍则布之义也。王莽以为货二品，非古义。考异曰：食货志，改作货布在天凤元年。莽传在地皇元年，盖以大钱尽之年；至地皇元年乃绝不行耳，非其年始作货布也。又以大钱行久，罢之恐民挟不止，乃令民且独行大钱；尽六年，毋得复挟大钱矣。每一易钱，民用破业而大陷刑。

容肇祖标点顾颉刚聂崇岐覆校

资治通鉴卷第三十八

翰林学士朝散大夫右谏议大夫知制诰兼侍讲
同提举万寿观公事兼判集贤院上护军 **司马光** 奉敕编集
河内郡开国侯食邑一千三百户赐紫金鱼袋臣

后学天台 **胡三省** 音注

汉纪三十 起旃蒙大渊献(乙亥),尽玄黓敦牂(壬午),凡八年。

王莽下

天凤二年(乙亥、一五)

1 春,二月,大赦天下。

2 民讹言黄龙堕死黄山宫中,晋灼曰:黄山宫在槐里。黄图:黄山宫在兴平县西三十里。百姓奔走往观者有万数。莽恶之,师古曰:莽自谓黄德,故有此妖。恶,乌路翻。捕系,问【章:十二行本“问”下有“语”字;乙十一行本同;孔本同;张校同。】所从起;不能得。

3 单于咸既和亲,求其子登尸。莽欲遣使送致,恐咸怨恨,害使者,乃收前言当诛侍子者故将军陈钦,以他罪杀之。诛侍子事见上卷始建国三年。使,疏吏翻。莽选辩士济南王咸为大使。夏,五月,莽复遣和亲侯歙与咸等送右厨唯姑夕王,因奉归前所斩侍子登及诸贵人从者丧;济,子礼翻。歙,许及翻。复,扶又翻。从,才用翻。丧,息琅翻。单于遣云、当子男大且渠奢等至塞迎之。且,子余翻。咸到单于庭,陈莽威德,莽亦多遗单于金珍,因谕说改其号,遗,于季翻。说,输芮翻。号匈奴曰“恭奴”,单于曰“善于”，赐印绶，封骨都侯当为后安公，当子男奢为后安侯。单于贪莽金币，故曲听之；然寇盗如故。

4 莽意以为制定则天下自平，故锐思于地理，制礼，作乐，讲合六经之说。思，相吏翻。公卿旦入暮出，论议连年不决，不暇省狱讼冤结，省，悉井翻。民之急务。县宰缺者数年守兼，师古曰：不拜正官，权令人守兼。一切贪残日甚。中郎将、绣衣执法在郡国者，并乘权势，传相举奏。传，知恋翻。又十一公士分布劝农桑，班时令，按诸章，应劭曰：士，掾也。余按汉公府各有掾属，莽置十一公，改掾曰士。冠盖相望，交错道路，召会吏民，逮捕证左，左，音佐。郡县赋敛，敛，力赡翻。递相赇赂，白黑纷然，师古曰：白黑，谓清浊也；纷然，乱之意；言清浊不分也。余谓白黑，色之易别者，且纷然不能分，可谓缪乱之甚。守阙告诉者多。莽自见前颛权以得汉政，故务自揽众事，有司受成苟免。师古曰：莽事事自决，成熟乃以付吏，吏苟免罪责而已。诸宝物名、帑藏、钱谷官皆宦者领之；帑，他朗翻。藏，徂浪翻。吏民上封事，宦官、左右开发，尚书不得知，旧上封事者，先由尚书，乃奏御；莽恐尚书壅蔽，令宦官左右发其封，自省之。上，时掌翻。其畏备臣下如此。又好变改制度，好，呼到翻。政令烦多，当奉行者，辄质问乃以从事，前后相乘，愦眊不渫。师古曰：乘，积也，登也。愦眊，不明也。渫，散也，彻也。愦，音工内翻。眊，音莫报翻。余谓前者省决未了而后者复来，谓之相乘。渫，音泄，清也。莽常御灯火至明，犹不能胜。胜，音升。尚书因是为奸，寝事，上书者，尚书不以闻而窃寝其事。上书待报者连年不得去，拘系郡县者逢赦而后出，卫卒不交代者至三岁。谷籴常贵，边兵二十馀万人，仰衣食县官；师古曰：仰，音牛向翻。五原、代郡尤被其毒，被，皮义翻。起为盗贼，数千人为辈，转入旁郡。莽遣捕盗将军孔仁将兵与郡县合击，岁馀乃定。

5 邯郸以北大雨，水出，深者数丈，流杀数千人。邯郸，音寒丹。

三年（丙子、一六）

1 春，二月，乙酉，地震，大雨雪；雨，于具翻。关东尤甚，深者一丈，竹柏或枯。竹柏冬青，或至于枯。言常寒之咎。大司空王邑上书，以地震乞骸骨。莽不许，曰："夫地有动有震，震者有害，动者不害。春秋记地震，易系坤动；动静辟翕，万物生焉。"师古曰：辟，音闢。辟，开也。易上系之辞曰：夫坤，其动也辟，其静也翕，是以广生焉。故莽引之也。其好自诬饰，好，呼到翻。皆此类也。

2 先是，莽以制作未定，先，悉荐翻。上自公侯，下至小吏，皆不得俸禄。俸，扶用翻。夏，五月，莽下书曰："予遭阳九之厄，传曰：三统之元，有阴阳之九焉，天地之常数也。百六之会，国用不足，民人骚动，自公卿以下，一月之禄十緵布二匹，孟康曰：緵，八十缕也。师古曰：緵，音子公翻。或帛一匹。帛，缯也。予每念之，未尝不戚焉。今厄会已度，府帑虽未能充，帑，他朗翻。略颇稍给。其以六月朔庚寅始，赋吏禄皆如制度。"赋，布也，与也。四辅、公卿、大夫、士下至舆、僚，凡十五等。左传曰：人有十等：王臣公，公臣大夫，大夫臣士，士臣皂，皂臣舆，舆臣隶，隶臣僚，僚臣仆，仆臣台。今莽自四辅以下分为十五等。僚禄一岁六十六斛，稍以差称。【章：十二行本"称"作"增"；乙十一行本同；孔本同。】称，尺证翻。上至四辅而为万斛云。莽又曰："古者岁丰穰则充其礼，师古曰：穰，音人掌翻，又音如羊翻。有灾害则有所损，与百姓同忧喜也。其用上计时通计，上，时掌翻。天下幸无灾害者，太官膳羞备其品矣；即有灾害，以什率多少而损膳焉。以十为率，视灾害所减多少而制分数。自十一公、六司、六卿以下，六司，即前所置六监也。各分州郡、国邑保其灾害，东岳，太师、立国将军，保东方三州、一部、二十五郡；南岳，太傅、前将军，保南方二州、一部、二十五郡；西岳，国师、宁始将军，保西方二州、二部、三十五郡；北岳，国将、卫将军，保北方二州、一部、二十五郡；大司马，保纳卿、言卿、仕卿、作卿、京尉、扶尉、兆队、右队、中部左洎前七部；大司徒，保乐卿、典卿、宗卿、秩卿、翼尉、光尉、左队、前队、中部、右部，有五郡；大司空，保予卿、虞卿、共卿、工卿、师尉、烈尉、祈队、后队、中部洎后十郡；及六司、六卿，皆随所属之公，保其灾害。亦以十率多少而损其禄。郎、从官、中都官吏食禄都内之委者，从，才用翻。委，於伪翻。委，积也。以太官膳羞备损而为节。冀上下同心，劝进农业，安元元焉。"莽之制度烦碎如此，课计不可理，吏终不得禄，各因官职为奸，受取赇赂以自共给焉。师古曰：共，读曰供。

3 戊辰，长平馆西岸崩，壅泾水不流，毁而北行。长平馆，即长平观，在泾水之南原。泾水东南流入渭，为岸所壅，故毁而北行。群臣上寿，以为河图所谓"以土填水"，师古曰：填，读与镇同。匈奴灭亡之祥也。莽乃遣并州牧宋弘、游击都尉任萌等将兵击匈奴，任，音壬。将，即亮翻。至边止【章：十二行本"止"作"上"；乙十一行本同；孔本同；张校同；退斋校同。】屯。

4 秋，七月，辛酉，霸城门灾。黄图：霸城门，长安城东出南头第一门，亦曰青门。

5 戊子晦，日有食之。大赦天下。

6 平蛮将军冯茂击句町，句町，音劬挺。士卒疾疫死者什六七，赋敛民财什取五，敛，力赡翻；下同。益州虚耗而不克；征还，下狱死。下，遐稼翻。冬，更遣宁始将军廉丹与庸部牧史熊，孟康曰：莽改益州为庸部。余按莽置州牧、部监，州自是州，部自是部。今史熊为庸部牧，则又若州、部牧为一。大发天水、陇西骑士，广汉、巴、蜀、犍为吏民十万人、犍，居言翻。转输者合二十万人击之。始至，颇斩首数千；其后军粮前后不相及，士卒饥疫。莽征丹、熊，丹、熊愿益调度，必克乃还，复大赋敛。调，徒吊翻。复，扶又翻。下同。敛，力赡翻。就都大尹冯英不肯给，莽于蜀郡广都县置就都大尹。上言："自西南夷反叛以来，积且十年，郡县距击不已，上，时掌翻。续用冯茂，苟施一切之政；僰道以南，地理志，僰道县，属犍为郡。僰，音蒲北翻。山险高深茂，多敺众远居，敺，与驱同。费以亿计，吏士罹毒气死者什七。今丹、熊惧于自诡，期会调发诸郡兵谷，复訾民取其什四，师古曰：发人訾财，十取其四也。訾，与赀同。空破梁州，功终不遂。莽改益州曰梁州。师古曰：遂，成也。尔雅注：梁州，以西方金气刚强，强，梁也。宜罢兵屯田，明设购赏。"莽怒，免英官；后颇觉寤，曰："英亦未可厚非。"复以英为长沙连率。率，所类翻。越嶲蛮夷任贵亦杀太守枚根。【章：十二行本"根"下有"自立为邛谷王"六字；乙十一行本同；孔本同；张校同；退斋校同。】嶲，音髓。任，音壬。师古曰：枚根者，太守之姓名。

7 翟义党王孙庆捕得，莽使太医、尚方与巧屠共刳剥之，师古曰：刳，剖也，音口胡翻。量度五臧，五脏，心、肺、肝、脾、肾也。周礼有九藏。注曰：正藏五，又有胃、旁胱、大肠、小肠。疏曰：正藏五者，肺、脾、心、肝、肾。又有胃、旁胱、大肠、小肠者，此乃六府中取此四者以益五藏，为九藏也。六府：胃、小肠、大肠、旁胱、胆、三焦。以其受盛，故谓之为府；亦有藏称，故入九藏之数。然六府取此四者，按黄帝八十一难经说：胃为水谷之府，小肠为受盛之府，大肠为行道之府，旁胱为精液之府。气之所生，下气象天，故放写而不实，实不满，若然，则正府也，故入九藏。其馀，胆者清净之府，三焦为孤府，非正府，故不入九藏。师古曰：度，音大各翻。臧，读曰脏。以竹筳导其脉，知所终始，云可以治病。师古曰：筳，竹挺也，音庭。按医书，脉有三部、六经。心部在左手寸口，属手少阴经，与小肠、手太阳经合。肝部在左手关上，属足厥阴经，与胆、足少阳经合。肾部在左手尺中，属足少阴经，与膀胱、足太阳经合。肺部在右手寸口，属手太阴经，与大肠、手阳明经合。脾部在右手关上，属足太阴经，与胃、足阳明经合。右肾在右手尺中，属手厥阴心包经，与三焦、手少阳经合。手少阴之脉，起于心中，出属心系，下膈，络小肠；其支者从心系上侠咽系、目系，其直者复从心系却上肺，出腋下，下循臑内后廉，行太阴，心主之，后下肘内廉，循臂内后廉，抵掌后兑骨之端，入掌内廉，循小指之内，出其端。手太阳之脉，起于小指之端，循手外侧上腕，出踝中，直上，循臂骨下廉，出肩解，绕肩胛，交肩上，入缺盆，络心，循咽，下膈，抵胃，属小肠；其支别者，从缺盆循颈，上颊，至目，兑眦，却入耳中；其支者，别颊上䪼，抵鼻，至目内眦。足厥阴之脉，起于大指聚毛之际，上循足跗上廉，去内踝一寸，上踝八寸，交出太阴之后，上腘内廉，循股，入阴毛中，环阴器，抵小腹，侠胃，属肝，络胆，上贯膈，布胁、肋，循喉咙之后，上入颃颡，连目系，上出额，与督脉会于巅；其支从目系下颊里，环唇内；其支复从肝贯膈，上注肺。足少阳之脉，起于目兑眦上，抵头角下耳后，循颈行。手少阳之脉，前至肩上，却交出少阳之后，入缺盆；其支别者从耳中出，走耳前，至目兑眦后；其支别者，自兑眦下大迎，合手少阳，于䪼下，交颊车，下颈，合缺盆，下胸中，贯膈，络肝，属胆，循胁里，出气街，绕发际，横入髀厌中；直者从缺盆下腋，循胸过季胁下，合髀厌中，以下循髀太阳出膝外廉下，外辅骨之前，直下抵绝骨之端，下出外踝之前，循足跗上，入小指、次指之间；其支者从跗上入大指，循歧骨出其端，还贯入爪甲，出三毛。足少阴之脉，起于小指之下，斜趣足心，出然谷之下，循内踝之后，别入跟中，上腨内，出腘内廉，上股内后廉，贯脊，属肾，络膀胱；其直者从肾上贯肝、膈，入肺中，循喉咙，侠舌本；其支从肺出，络心，注胸中。足太阳之脉，起于目内眦，上额，交巅上；其支别者，从巅至耳上角，其直行者，从巅入络脑，还出，别下项，循肩髆内，侠脊，抵腰中，入循膂，络肾，属膀胱；其支别者，从腰中下贯臀，入腘中；其支别者，从髆左内右，别下贯胛，侠脊内，过髀枢，循髀外后廉，下合腘中，下贯腨内，出外踝之后，循京骨，至小指外端。手太阴之脉，起于中焦，下络大肠，还循胃口，上膈，属肺；从肺系横出腋下，下循臑肉，行少阴，心主之，前下肘中，循臂内上骨下廉，入寸口上鱼，循鱼际出大指之端；其支者从腕后直出次指内廉，出其端。手阳明之脉，起于大指、次指之端，循指上廉，出合谷、两肩之间，上入两筋之中，循臂上廉，入肘外廉，循臑内前廉，上肩，出髃肩之前廉，上出柱骨之会上，下入缺盆，络肺，下膈，属大肠；其支者从缺盆上颈，贯颊，下入齿缝中，还出，侠口，交人中左之右，右之左，上侠鼻孔。足太阴之脉，起于大指之端，循指内侧白肉际，过窍骨后，上内踝前廉，上臑肉，循胻骨后，交出厥阴之前，上循膝股内前廉，入腹，属脾，络肾，上膈，侠咽，连舌本，散舌下；其支复从胃别上膈，注心中。足阳明之脉，起于鼻交頞中，下循鼻外，入上齿中，还出，侠口，环唇，下交承浆，却循颐后下廉，出大迎，承颊车，上耳前，过客主，入循发际，至额颅；其支者，从人迎前，下人迎，循喉咙，入缺盆，下膈，属胃，络脾；其直行者，从缺盆下乳内廉下，侠脐，入气充中；其支者起胃下口，循腹裹，下至气充而合，以下髀关，抵伏兔下，入膝膑中，下循箭外廉，下足跗，入中指内间；其支者下膝三寸，而别以下入大指间，出其端。手厥阴之脉，起于胸中，出属心包，下膈，历络三焦；其支者循胸出胁，下腋三寸，上抵腋下，下循臑内，行太阴、少阴之间，入肘内，行两筋之间，入掌中，循中指，出其端。手少阴之脉，起于小指、次指之端，上出次指之间，循出表腕，出臂外两骨之间，上贯肘，循臑内，上肩，交出足少阳之后，入缺盆，交膻中，散络心包，下膈，遍属三焦；其支者从膻中上出缺盆，上项，侠耳后，直出，上耳上角以屈，下頬至䪼；其支者从耳后入耳中，却出，至目兑眦。师古曰：云可以治病者，以知血脉之原，则尽攻疗之道也。

8 是岁，遣大使五威将王骏、西域都护李崇、戊己校尉郭钦出西域；诸国皆郊迎，送兵谷。骏欲袭击之，焉耆诈降而聚兵自备，降，户江翻。骏等将莎车、龟兹兵七千馀人分为数部，将，即亮翻；下同。莎，素何翻。龟兹，音丘慈。命郭钦及佐帅何封别将居后。帅，所类翻。骏等入焉耆；焉耆伏兵要遮骏，及姑墨、封犁、危须国兵为反间，姑墨国王治南城，去长安八千一百五十里。"封犁"，汉书作"尉犁"。要，一遥翻。间，古苋翻。还共袭骏，【章：十二行本"骏"下有"等"字；乙十一行本同；孔本同；张校同。】皆杀之。钦【章：十二行本"钦"下有"封"字；乙十一行本同；孔本同。】后至焉耆，焉耆兵未还，钦袭击，杀其老弱，从车师还入塞。莽拜钦为填外将军，师古曰：填，音竹刃翻。封剿胡子；师古曰：剿，绝也，音子小翻。何封为集胡男。李崇收馀士，还保龟兹。龟兹，音丘慈。及莽败，崇没，西域遂绝。

四年（丁丑、一七）

1 夏，六月，莽更授诸侯王【章：十二行本无"王"字；乙十一行本同。】茅土于明堂；亲设文石之平，陈菁茅四色之土，师古曰：尚书禹贡，包匭菁茅，儒者以为菁，菜名也；茅，三脊茅也。而莽此言以菁茅为一物，则是谓善茅为菁茅也。土有五色，而此云四者，中央之土不以封也。春秋大传曰：天子之国有泰社，东方青，南方赤，西方白，北方黑，上方黄。故将封于东方者取青土，封于南者取赤土，封于西者取白土，封于北者取黑土，各取其方土，裹以白茅，封以为社，此始受封于天子者也。此之谓主土；主土者，立社以奉之也。菁，音精。告于岱宗、泰社、后土、先祖、先妣以班授之。莽好空言，好，呼到翻。慕古法，多封爵人；性实吝啬，托以地理未定，故且先赋茅土，用慰喜封者。

2 秋，八月，莽亲之南郊，铸作威斗，以五石铜为之，李奇曰：以五色药石及铜为之。苏林曰：以五色铜矿冶之。师古曰：李说是也，若今作鍮石之为。若北斗，长二尺五寸，长，直亮翻。欲以厌胜众兵。师古曰：厌，音一叶翻。既成，令司命负之，莽出在前，入在御旁。

3 莽置羲和命士，以督五均、六筦。盐，一也。酒，二也。铁，三也。名山、大泽，四也。五均、赊贷，五也。铁布、铜冶，六也。郡有数人，皆用富贾为之，贾，音古。乘传求利，传，知恋翻。交错天下；因与郡县通奸，多张空簿，师古曰：簿，计簿也，音步户翻。府藏不实，藏，徂浪翻。百姓愈病。是岁，莽复下诏申明六筦，下，遐稼翻。每一筦为设科条防禁，为，于伪翻。犯者罪至死。奸民猾吏并侵，众庶各不安生，又一切调上公以下诸有奴婢者，调，徒钓翻。率一口出【章：十二行本“出”下有“钱”字；乙十一行本同；孔本同。】三千六百，天下愈愁。纳言冯常以六筦谏，莽大怒，免常官。法令烦苛，民摇手触禁，不得耕桑，繇役烦剧，师古曰：繇，读曰傜。而枯旱、蝗虫相因，狱讼不决。吏用苛暴立威，旁缘莽禁，师古曰：旁，依也，音步浪翻。侵刻小民，富者不能【章：十二行本无“能”字；乙十一行本同；孔本同；张校同。】自别，【章：十二行本“别”作“保”；乙十一行本同；孔本同；张校同。】别，彼列翻。贫者无以自存，于是并起为盗贼，依阻山泽，吏不能禽而覆蔽之，浸淫日广。

覆，敷救翻。师古曰：浸淫，犹渐染也。余谓此以水为谕，渐浸而至于淫溢也。临淮瓜田仪【章：十二行本“仪”下有“等”字；乙十一行本同；孔本同；张校同。】依阻会稽长州；服虔曰：姓瓜田，名仪。师古曰：长州，即枚乘所云长州之苑。余谓今苏州长洲县即其地。会，工外翻。琅邪吕母聚党数千人，杀海曲宰，入海中为盗，莽改县令长曰宰。初，吕母子为县吏，为宰所冤杀；母散家财，以酤酒买弓弩，阴厚贫穷少年，得百馀人，遂攻海曲县，杀其宰以祭子墓。地理志，海曲县属琅邪郡。贤曰：故城在密州莒县东。其众浸多，至万数。荆州饥馑，民众入野泽，掘凫茈而食之，荆州部南阳、南郡、桂阳、武陵、零陵、江夏等郡。尔雅曰：芍，凫茈。郭璞曰：生下田中，苗似龙须而细，根如指；根黑色，可食。茈，音才支翻。芍，音胡了翻。更相侵夺。更，工衡翻。新市人王匡、王凤为平理诤讼，地理志，新市县属江夏郡。为，于伪翻。诤，与争同。晋王沈释时论，阘茸勇敢于饕诤，叶韵平声。古字多假借用也。遂推为渠帅，众数百人。孔安国曰：渠，大也。帅，所类翻。于是诸亡命者南阳马武、颍川王常、成丹等，皆往从之；共攻离乡聚，臧于绿林山中，贤曰：离乡聚，谓诸乡聚离散。去城郭远者，大曰乡，小曰聚。前书曰：收合离乡，置大城中，即其义也。绿林山，在今荆州当阳县东北。余按郡国志，新市侯国有离乡聚、绿林山。则以离乡为聚名。聚，才喻翻。臧，古藏字。数月间至七八千人。又有南郡张霸、江夏羊牧等与王匡俱起，众皆万人。莽遣使者即赦盗贼，即，就也；就其相聚为盗处而赦之也。还言：“盗贼解辄复合。复，扶又翻。问其故，皆曰：‘愁法禁烦苛，不得举手，力作所得，不足以给贡税；闭门自守，又坐邻伍铸钱挟铜，奸吏因以愁民。’民穷，悉起为盗贼。”莽大怒，免之。其或顺指言“民骄黠当诛”黠，下八翻。及言“时运适然，且灭不久”，莽说，辄迁官。说，读曰悦。

五年（戊寅、一八）

1 春，正月，朔，北军南门灾。北军垒门之南出者也。

2 以大司马司允费兴为荆州牧；见，问到部方略，引见而问其方略也。见，贤遍翻。兴对曰："荆、扬之民，率依阻山泽，以渔采为业。师古曰：渔，谓捕鱼也。采，谓采取蔬果之属。间者国张六筦，税山泽，妨夺民之利，连年久旱，百姓饥穷，故为盗贼。兴到部，欲令明晓告盗贼归田里，假贷犁牛、种食，种，章勇翻。阔其租赋，师古曰：阔，宽也。冀可以解释安集。"莽怒，免兴官。

3 天下吏以不得俸禄，俸，扶用翻。并为奸利，郡尹、县宰家累千金。莽乃考始建国二年胡虏猾夏以来诸军吏及缘边吏大夫以上为奸利增产致富者，收其家所有财产五分之四以助边急。助边费之急也。公府士驰传天下，传，知恋翻。考覆贪饕，师古曰：饕，音土高翻。开吏告其将、将，即亮翻。奴婢告其主，冀以禁奸，而奸愈甚。

4 莽孙功崇公宗坐自画容貌被服天子衣冠、刻三印，发觉，自杀。莽传：功崇公国于谷城郡。三印，一曰"维祉冠，存已夏，处南山，臧薄冰"，二曰"肃圣宝继"，三曰"德封昌图"。画，古畫通。被，皮义翻。宗姊妨为卫将军王兴夫人，坐祝诅姑，祝，职救翻。诅，庄助翻。杀婢以绝口，与兴皆自杀。

5 是岁，扬雄卒。初，成帝之世，雄为郎，给事黄门，与莽及刘秀并列；哀帝之初，又与董贤同官。莽、贤为三公，权倾人主，所荐莫不拔擢，而雄三世不徙官。及莽篡位，雄以耆老久次，转为大夫。恬于势利，师古曰：恬，安也。好古乐道，好，呼到翻。乐，音洛。欲以文章成名于后世，乃作太玄以综天、地、人之道；桓谭曰：扬雄作玄书，以为：玄者，天也，道也，言圣贤制法作事，皆引天道以为本统，而因附属万类，王政、人事、法度。故伏羲氏谓之易，老子谓之道，孔子谓之元，扬雄谓之玄。玄经三篇，以纪天、地、人之道，立三体，有上、中、下，如禹贡之陈三品，三三而九，因以九九八十一，故为八十一卦。以四为数，数从一至四，重累变易，竟八十一而遍，不可增损，以三十五蓍揲之。玄经五千馀言，而传十二篇。又见诸子各以其智舛驰，师古曰：舛，相背。大抵诋訾圣人，即为怪迂、析辩诡辞以挠世事，师古曰：大抵，大归也。诋，訾毁也。迂，远也。析，分也。诡，异也。言诸子之书，大归皆非毁周、孔之教，为巧辩异辞以挠乱时政也。訾，音紫。迂，音于。挠，音火高翻。虽小辩，终破大道而惑众，使溺于所闻而不自知其非也，故人时有问雄者，常用法应之，号曰法言。用心于内，不求于外，于时人皆忽之；师古曰：忽，谓轻也。唯刘秀及范逡敬焉，而桓谭以为绝伦，师古曰：无比类。钜鹿侯芭师事焉。服虔曰：芭，音葩。大司空王邑、纳言严尤闻雄死，谓桓谭曰："子常称扬雄书，岂能传于后世乎？"谭曰："必传，顾君与谭不及见也。凡人贱近而贵远，亲见扬子云禄位容貌不能动人，扬雄字子云。故轻其书。昔老聃著虚无之言两篇，师古曰：谓道德经也。薄仁义，非礼学，然后好之者尚以为过于五经，好，呼到翻。自汉文、景之君及司马迁皆有是言。今扬子之书文义至深，而论不诡于圣人，师古曰：诡，违也。圣人，谓周公、孔子。则必度越诸子矣！"

6 琅邪樊崇起兵于莒，莒县，班志属城阳国，续汉志属琅邪国。邪，音耶。众百馀人，转入太山。群盗以崇勇猛，皆附之，一岁间至万馀人。崇同郡人逄安、贤曰：逄，音庞。东海人徐宣、谢禄、杨音各起兵，合数万人，复引从崇；复，扶又翻。共还攻莒，不能下，转掠青、徐间。又有东海刁子都，"刁"，一作"力"。【章：作"刀"者刻误。十二行本正作"刁"；乙十一行本同；熊校同。按下二卷胡均有说。】姓谱：力，黄帝佐力牧之后。汉有力子都。亦起兵钞击徐、兖。钞，楚交翻。莽遣使者发郡国兵击之，不能克。

7 乌累单于死，累，力追翻。弟左贤王舆立，为呼都而尸道皋若鞮单于。鞮，丁奚翻。舆既立，贪利赏赐，遣大且渠奢与伊墨居次云女弟之子醯椟王且，子余翻。师古曰：椟，音读。俱奉献至长安。莽遣和亲侯歙与奢等俱至制虏塞下，与云及须卜当会；因以兵迫胁云、当，将至长安。云、当小男从塞下得脱，归匈奴。当至长安，莽拜为须卜单于，欲出大兵以辅立之，兵调度亦不合。调，徒吊翻。而匈奴愈怒，并入北边为寇。

六年（己卯、一九）

1 春，莽见盗贼多，乃令太史推三万六千岁历纪，六岁一改元，布天下；下书自言"己当如黄帝仙升天"，欲以诳耀百姓，销解盗贼。众皆笑之。

2 初献新乐于明堂、太庙。新乐，莽所作也。

3 更始将军廉丹击益州，不能克。丹盖自宁始将军迁更始将军。更，工衡翻。益州夷栋蚕、若豆等起兵杀郡守；越嶲夷人大牟亦叛，杀略吏人。按后汉书，栋蚕、若豆，益州夷两种也。大牟，越嶲姑复县夷人。嶲，音髓。莽召丹还，更遣大司马护军郭兴、庸部牧李晔击蛮夷若豆等、更，工衡翻。太傅羲叔士孙喜清洁江湖之盗贼。莽以太傅主夏，故置羲叔官。士孙，复姓。姓谱：汉平陵士孙张为博士，明梁丘易。而匈奴寇边甚，莽乃大募天下丁男及死罪囚、吏民奴，名曰猪突、豨勇，以为锐卒。服虔曰：猪性触突人，故以为谕。师古曰：东方人名豕曰豨；一曰：豨，豕走也；音许岂翻。一切税天下吏民，訾三十取一，訾，与赀同。缣帛皆输长安。令公卿以下至郡县黄绶皆保养军马，续汉志：四百石、三百石、二百石，黄绶。师古曰：保者，不许其死伤。多少各以秩为差；吏尽复以与民。师古曰：转令百姓养之。又博募有奇技术可以攻匈奴者，技，渠绮翻。将待以不次之位，言便宜者以万数：或言能渡水不用舟楫，师古曰：楫，所以刺舟也。连马接骑，济百万师；或言不持斗粮，服食药物，三军不饥；或言能飞，一日千里，可窥匈奴；莽辄试之，取大鸟翮为两翼，师古曰：羽本曰翮，音胡隔翻。头与身皆著毛，著，侧略翻。通引环纽，纽，女九翻。飞数百步堕。莽知其不可用，苟欲获其名，皆拜为理军，赐以车马，待发。

初，莽之欲诱迎须卜当也，大司马严尤谏曰："当在匈奴右部，兵不侵边，单于动静辄语中国，语，牛倨翻。此方面之大助也。于今迎当置长安槁街，一胡人耳，不如在匈奴有益。"莽不听。既得当，欲遣尤与廉丹击匈奴，皆赐姓征氏，号二征将军，令诛单于舆而立当代之。出车城西横厩，未发。尤素有智略，非莽攻伐四夷，数谏不从；数，所角翻。及当出，廷议，尤固言"匈奴可且以为后，先忧山东盗贼。"莽大怒，策免尤。

4 大司空议曹史代郡范升汉公府诸曹，有掾、有史、有属，皆公自辟置。奏记王邑曰："升闻子以人不间于其父母为孝，间，古苋翻。臣以下不非其君上为忠。贤曰：论语，孔子曰：孝哉闵子骞，人不间于其父母之言！间，非也。言子骞之孝化其父母，言人无非之者。忠臣事君，有过即谏，在下无有非其君者，是忠臣也。今众人咸称朝圣，朝，直遥翻；下同。皆曰公明；盖明者无不见，圣者无不闻。今天下之事，昭昭于日月，震震于雷霆，而朝云不见，公云不闻，则元元焉所呼天！元元，民也；良善之民。师古曰：元元，善意也。焉，于虔翻。公以为是而不言，则过小矣；知而从令，则过大矣；二者于公无可以免，宜乎天下归怨于公矣。朝以远者不服为至念，升以近者不悦为重忧。远者不服，谓四夷也。近者不悦，谓人心不便于莽之法令也。今动与时戾，事与道反，驰骛覆车之辙，踵循败事之后，后出益可怪，晚发愈可惧耳。方春岁首而动发远役，藜藿不充，田荒不耕，谷价腾跃，斛至数千，吏民陷于汤火之中，非国家之民也。如此，则胡、貊守阙，青、徐之寇在于帷帐矣。谓京辅之民亦将为变也。升有一言，可以解天下倒县，县，读曰悬。免元元之急；不可书传，愿蒙引见，极陈所怀。"邑不听。

5 翼平连率田况奏郡县訾民不实，地理志：北海寿光县，莽曰翼平。师古曰：言举百姓訾财，不以实数。率，所类翻。訾，与赀同。【章：十二行本正作"赀"；孔本同。】莽复三十取一；以况忠言忧国，进爵为伯，赐钱二百万，众庶皆詈之。青、徐民多弃乡里流亡，老弱死道路，壮者入贼中。

6 夙夜连率韩博地理志：东莱不夜县，莽曰夙夜。上言："有奇士，长丈，大十围，长，直亮翻。来至臣府，【章：十二行本"府"下有"曰"字；乙十一行本同；孔本同。】欲奋击胡虏，自谓巨毋霸，出于蓬莱东南五城西北昭如海濒，师古曰：昭如，海名。濒，厓也。神仙家言，蓬莱有五城、十二楼。轺车不能载，轺，音遥；小车。三马不能胜。胜，音升。即日以大车四马，建虎旗，载霸诣阙。霸卧则枕鼓，以铁箸食，枕，职任翻。箸，迟倨翻。此皇天所以辅新室也！愿陛下作大甲、高车、贲·育之衣，遣大将一人与虎贲百人贲，音奔。迎之于道，京师门户不容者，开高大之，以示百蛮，镇安天下。"博意欲以风莽；以莽字巨君，讽言毋得篡盗而霸。风，读曰讽。莽闻，恶之，恶，乌路翻。留霸在所新丰，师古曰：在所谓其见到之处。更其姓曰巨母氏，谓因文母太后而霸王符也。师古曰：莽字巨君，若言文母出此人，而使我致霸王。更，音古衡翻。征博，下狱，下，遐嫁翻。以非所宜言，弃市。

7 关东饥旱连年，刁子都等党众寖多，至六七万。

地皇元年（庚辰、二〇）

1 春，正月，乙未，赦天下；改元曰地皇，从三万六千岁历号也。

2 莽下书曰："方出军行师，敢有趋讙犯法者辄论斩，毋须时！"师古曰：趋讙，谓趋走而讙哗也。须，待也。讙，许元翻。于是春、夏斩人都市，百姓震惧，道路以目。韦昭曰：不敢发言，以目相眄而已。

3 莽见四方盗贼多，复欲厌之，复，扶又翻。师古曰：厌，音一叶翻。又下书曰："予之皇初祖考黄帝定天下，将兵为大将军，内设大将，外置大司马五人，大将军至士吏凡七十三万八千九百人，士千三百五十万人。予受符命之文，稽前人，将条备焉。"于是置前、后、左、右、中大司马之位，赐诸州牧至县宰皆有大将军、偏、裨、校尉之号焉。州牧为大将军；卒正、连率、大尹为偏将军；属令、长为裨将军；县宰为校尉。乘传使者经历郡国，日且十辈，仓无见谷以给；师古曰：见，谓见在也。传，知恋翻。见，贤遍翻。传车马不能足，赋取道中车马，师古曰：于道中行者，即执取之以充事也。取办于民。

4 秋，七月，大风毁王路堂。莽改未央宫前殿曰王路堂。服虔曰：如言路寝也。路，大也。莽下书曰："乃壬午餔时，有烈风雷雨发屋折木之变，餔，食也。餔时，食时也。或曰：餔，即晡时；日加申为晡。师古曰：烈风，烈暴之风。折，而设翻。予甚恐焉；伏念一旬，迷乃解矣。师古曰：先言烈风雷雨，后言迷乃解矣，盖取舜烈风雷雨弗迷以为言也。昔符命【章：十二行本"命"下有"文"字；乙十一行本同；孔本同；张校同；退斋校同。】立安为新迁王，临国洛阳，为统义阳王，议者皆曰：'临国洛阳为统，谓据土中为新室统也，宜为皇太子。'自此后，临久病，虽瘳不平。言疾虽有瘳，不能平复如其初也。临有兄而称太子，名不正。惟即位以来，阴阳未和，谷稼鲜耗，师古曰：鲜，少也。耗，减也。鲜，音先践翻。蛮夷猾夏，寇贼奸宄，夏，户雅翻。人民征营，无所错手足。师古曰：征营，惶恐不自安之意也。错，七故翻。深惟厥咎，在名不正焉。其立安为新迁王，服虔曰：安，莽第三子也。迁，音仙。莽改汝南新蔡曰新迁。师古曰：迁，犹仙耳，不劳假借音。临为统义阳王。"

5 莽又下书曰："宝黄厮赤。服虔曰：以黄为宝，自用其行气也。厮赤，厮役贱者皆衣赤，贱汉行也。厮，音斯。其令郎从官皆衣绛。"从，才用翻。衣，于既翻。

6 望气为数者多言有土功象；九月，甲申，莽起九庙于长安城南，九庙，祖庙五，亲庙四。黄帝庙方四十丈，高十七丈，高，居傲翻。馀庙半之，制度甚盛。博征天下工匠及吏民以义入钱谷助作者，骆驿道路；师古曰：骆驿，言不绝。穷极百工之巧；功费数百馀万，卒徒死者万数。

7 是月，大雨六十馀日。

8 钜鹿男子马适求等谋举燕、赵兵以诛莽。师古曰：马适，姓也。求，名也。大司空士王丹发觉，以闻。莽遣三公大夫逮治党与，连及郡国豪桀数千人，皆诛死。封丹为辅国侯。

9 莽以私铸钱死及非沮宝货投四裔，事见上卷始建国二年。沮，在吕翻。犯法者多，不可胜行；胜，音升。乃更轻其法，私铸作泉布者与妻子没入为官奴婢，吏及比伍知而不举告，与同罪；师古曰：比，音频寐翻；又频脂翻。非沮宝货，民罚作一岁，吏免官。

10 太傅平晏死；以予虞唐尊为太傅。尊曰："国虚民贫，咎在奢泰。"乃身短衣小褎，乘牝马、柴车，藉稿，以瓦器饮食，师古曰：柴车，即栈车。藉稿，去蒲蒻也。褎，古袖字。余按汉氏之盛，乘牸牝者禁不得会聚，至乡间阡陌皆然。朝市之间，从可知矣。尊为上公而乘牝，亦以矫世也。又以历遗公卿。遗，于季翻。出，见男女不异路者，尊自下车，以象刑赭幡污染其衣。师古曰：赭幡，以赭汁渍巾幡。污，乌故翻。莽闻而说之，说，读曰悦。下诏申敕公卿："思与厥齐；"师古曰：令与尊同此操行也。论语称孔子曰：见贤思齐，故莽云然。封尊为平化侯。

11 汝南郅恽明天文历数，以为汉必再受命，上书说莽曰：恽，于粉翻。说，输芮翻。"上天垂戒，欲悟陛下，令就臣位。取之以天，还之以天，可谓知命矣！"莽大怒，系恽诏狱，逾冬，会赦得出。

二年（辛巳、二一）

1 春，正月，莽妻死，谥曰孝睦皇后。初，莽妻以莽数杀其子，数，所角翻。莽杀子获见三十四卷哀帝建平二年，通鉴书于三十五卷元寿元年；杀子宇见三十六卷平帝元始三年。涕泣失明；莽令太子临居中养焉。养，余亮翻。莽妻旁侍者原碧，莽幸之，临亦通焉；恐事泄，谋共杀莽。临妻愔，国师公女，师古曰：愔，音一寻翻。能为星，语临宫中且有白衣会，晋书天文志：木与金合，为白衣之会。土与金合，亦为白衣之会。言宫中者，以所会之舍占而知之。语，牛倨翻。临喜，以为所谋且成；后贬为统义阳王，出在外第，愈忧恐。会莽妻病困，临予书曰：予，读曰与。"上于子孙至严，前长孙、中孙年俱三十而死。宇，字长孙；获，字中孙；获先死，安得俱年三十乎！长，知两翻。中，读曰仲。今臣临复适三十，诚恐一旦不保中室，则不知死命所在！"李奇曰：中室，临之母也。晋灼曰：长乐宫中殿也。师古曰：二说皆非也。临自言欲于室中自保全，不可得耳。复，扶又翻；下同。莽候妻疾，见其书，大怒，疑临有恶意，不令得会丧。既葬，收原碧等考问，具服奸、谋杀状。莽欲秘之，使杀案事使者司命从事，埋狱中，司命从事，司命之属官也。家不知所在。赐临药；临不肯饮，自刺死。刺，七亦翻。又诏国师公："临本不知星，事从愔起。"愔亦自杀。

2 是月，新迁王安病死。初，莽为侯就国时，哀帝初，莽就国；元寿元年，召还京师。幸侍者增秩、怀能，生子兴、匡，皆留新都国，以其不明故也。师古曰：言侍者或与外人私通，所生子不可分明也。及安死，莽乃以王车遣使者迎兴、匡，封兴为功修公，匡为功建公。

3 卜者王况谓魏成大尹李焉曰：莽改魏郡曰魏成。"汉家当复兴，李氏为辅。"因为焉作谶书，合十馀万言。因为，于伪翻。事发，莽皆杀之。

4 莽遣太师羲仲景尚、莽以太师主春，其属置羲仲官。更始将军护军王党诸将军皆置护军。将兵击青、徐贼，国师和仲曹放助郭兴击句町，莽以国师主秋，故置和仲。句町，音劬挺。皆不能克。军师放纵，百姓重困。重，直用翻。

5 莽又转天下谷帛诣西河、五原、朔方、渔阳，每一郡以百万数，欲以击匈奴。须卜当病死，莽以庶女妻其子后安公奢，莽女捷，侍者开明所生也，以妻奢。李奇曰：奢，本为侯，莽以女妻之，故进爵为公。妻，七细翻。所以尊宠之甚厚，终欲为出兵立之者。师古曰：言为此计意不止。为，于伪翻；下同。会莽败，云、奢亦死。

6 秋，陨霜杀菽，关东大饥，蝗。

7 莽既轻私铸钱之法，犯者愈众，及伍人相坐，没入为官奴婢；其男子槛车，女子步，以铁琐琅当其颈，传诣【章：十二行本"诣"下有"长安"二字；乙十一行本同；退斋校同。】钟官以十万数。师古曰：琅当，长琐也。钟官，主铸钱之官也。到者易其夫妇。师古曰：改相配匹，不依其旧也。愁苦死者什六七。

8 上谷储夏自请说瓜田仪降之；储夏，人姓名。战国时，齐有储子。仪未出而死。莽求其尸葬之，为起冢、祠室，谥曰瓜宁殇男。此殇，非未成人之殇，强死者也。楚辞所谓国殇者。

9 闰月，丙辰，大赦。

10 郎阳成修献符命，姓阳成，名修，而官为郎也。言继立民母；又曰："黄帝以百二十女致神仙。"汉儒言天子三夫人、九嫔、二十七世妇、八十一御妻，则亦百二十女。莽于是遣中散大夫、谒者各四十五人，百官志：中散大夫秩六百石。时属司中。分行天下，行，下孟翻。博采乡里所高有淑女者上名。上，时掌翻。

11 莽恶汉高庙神灵，恶，乌路翻。遣虎贲武士入高庙，四【章：十二行本"四"上有"拔剑"二字；乙十一行本同；孔本同；张校同；退斋校同。】面提击，师古曰：谓梦见谴责。提，掷也，音徒计翻。斧坏户牖，师古曰：以斧斫坏之。坏，音怪。桃汤、赭鞭鞭洒屋壁，师古曰：桃汤洒之，赭鞭鞭之也。赭，赤也。令轻车校尉居其中。汉以虎贲校尉主轻车。此轻车校尉，莽所置也。

12 是岁，南郡秦丰聚众且万人；平原女子迟昭平亦聚数千人在河阻中。姓谱：迟，姓也，樊迟之后，以王父字为氏。一曰：古贤人迟任之后。莽召问群臣禽贼方略，皆曰："此天囚行尸，命在漏刻。"言其得罪于天，死在须臾；其猖狂为盗，特尸行耳。故左将军公孙禄征来与议，师古曰：与，读曰豫。禄曰："太史令宗宣，宗姓，晋伯宗之后。伯宗本出于宋桓公。典星历，候气变，以凶为吉，乱天文，误朝廷；太傅平化侯尊，饰虚伪以偷名位，贼夫人之子；夫，音扶。国师嘉信公秀，"信"，当作"新"。颠倒五经，毁师法，令学士疑惑；明学男张邯、地理侯孙阳，造井田，使民弃土业；邯，下甘翻。羲和鲁匡，设六筦以穷工商；说符侯崔发，阿谀取容，令下情不上通；宜诛此数子以慰天下！"又言："匈奴不可攻，当与和亲。臣恐新室忧不在匈奴而在封域之中也。"莽怒，使虎贲扶禄出，禄之言则直矣，然以汉旧臣而与莽朝之议，出处语默，于义得乎！事君若龚胜者可也。然颇采其言，左迁鲁匡为五原卒正，以百姓怨诽故也；六筦非匡所独造，莽厌众意而出之。师古曰：厌，满也，音一艳翻。

初，四方皆以饥寒穷愁起为盗贼，稍【章：十二行本重"稍"字；乙十一行本同；孔本同。】群聚，常思岁熟得归乡里，众虽万数，不敢略有城邑，【章：十二行本"邑"下有"转掠求食"四字；乙十一行本同；孔本同；张校同；退斋校同。】日阕而已；师古曰：阕，尽也；随日而尽也。此言群盗攻剽所得，日给口体而已。阕，空穴翻。诸长吏牧守皆自乱斗中兵而死，师古曰：中，伤也，音竹仲翻。贼非敢欲杀之也，而莽终不谕其故。师古曰：不晓此意也。是岁，荆州牧发奔命二万人讨绿林贼；贼帅王匡等相率迎击于云杜，贤曰：云杜，县名，属江夏郡，故城在今复州沔阳县西北。杜佑曰：安州应城县，汉云杜县地。大破牧军，杀数千人，尽获辎重。重，直用翻。牧欲北归，马【章：十二行本“马”上有“贼”字；乙十一行本同；张校同；退斋校同。】武等复遮击之，复，扶又翻。钩牧车屏泥，屏泥，缇油饰之，在轼前。刺杀其骖乘，刺，七亦翻。乘，绳证翻。然终不敢杀牧。贼遂攻拔竟陵，贤曰：竟陵，县名，属江夏郡；故城在郢州长寿县南。转击云杜、安陆，贤曰：安陆县，属江夏郡；今安州县。多略妇女，还入绿林中，至有五万馀口，州郡不能制。又，大司马士按章豫州，师古曰：有上章相告者，就而按治之。豫州部颍川、汝南、沛郡、梁国、鲁国。为贼所获，贼送付县。士还，上书具言状。还，从宣翻；又如字。莽大怒，【章：十二行本“怒”下有“下狱”二字；乙十一行本同；孔本同。】以为诬罔，因下书责七公曰：七公，谓四辅、三公。“夫吏者，理也。宣德明恩，以牧养民，仁之道也。抑强督奸，师古曰：督，谓察视也。捕诛盗贼，义之节也。今则不然。盗发不辄得，至成群党遮略乘传宰士。传，知恋翻。士得脱者又妄自言：‘我责数贼：“何为如是？”数，所具翻。贼曰：“以贫穷故耳。”贼护出我。’今俗人议者率多若此。惟贫困饥寒犯法为非，大者群盗，小者偷穴，师古曰：穴，谓穿墙为盗也。不过二科；今乃结谋连党以千百数，是逆乱之大者，岂饥寒之谓邪！七公其严敕卿大夫、卒正、连率、庶尹，谨牧养善民，急捕殄盗贼！有不同心并力疾恶黠贼，恶，乌路翻。黠，下八翻。而妄曰饥寒所为，辄捕系，请其罪！”请治其罪也。于是群下愈恐，莫敢言贼情者，州郡又不得擅发兵，贼由是遂不制。言不可制也。

唯翼平连率田况素果敢，发民年十八以上四万馀人，授以库兵，与刻石为约；樊崇等闻之，不敢入界。况自劾奏；劾，户概翻。莽让况：“未赐虎符而擅发兵，此弄兵也，厥罪乏兴。师古曰：擅发之罪，与乏军兴同科也。以况自诡必禽灭贼，故且勿治。”治，直之翻；下同。后况自请出界击贼，所向皆破。莽以玺书令况领青、徐二州牧事，玺，斯氏翻。况上言：“盗贼始发，其原甚微，部吏、伍人所能禽也；部吏，部盗贼之吏，郡贼曹、县游徼、乡亭长之类是也。师古曰：伍人，同伍之人，若今伍保者也。咎在长吏不为意，县欺其郡，郡欺朝廷，实百言十，实千言百。朝廷忽略，不辄督责，遂至延蔓连州，师古曰：延，音弋战翻。乃遣将帅，多使者，传相监趣。传，知恋翻。监，古衔翻。师古曰：趣，读曰促。郡县力事上官，应塞诘对，师古曰：力，勤也。塞，当也。塞，悉则翻。诘，去吉翻。共酒食，具资用，以救断斩，师古曰：交惧斩死之刑也。共，读曰供。断，丁管翻，又丁乱翻。不暇复忧盗贼、治官事。复，扶又翻。治，直之翻。将帅又不能躬率吏士，战则为贼所破，吏气浸伤，徒费百姓。前幸蒙赦令，贼欲解散，或反遮击，恐入山谷，转相告语；语，牛倨翻。故郡县降贼皆更惊骇，恐见诈灭，因饥馑易动，降，户江翻。易，以豉翻。旬日之间更十馀万人，此盗贼所以多之故也。今洛阳以东，米石二千，窃见诏书欲遣太师、更始将军；二人爪牙重臣，多从人众，道上空竭，言牢禀不给也。少则无以威示远方。宜急选牧、尹以下，明其赏罚，收合离乡；小国无城郭者，小国，诸列侯国也。徙其老弱置大城中，积臧谷食，臧，读曰藏。并力固守。贼来攻城，则不能下；所过无食，势不得群聚；如此，招之必降，击之则灭。今空复多出将帅，复，扶又翻。郡县苦之，反甚于贼。宜尽征还乘传诸使者传，知恋翻。以休息郡县；委任臣况以二州盗贼，必平定之。”莽畏恶况，畏恶其能也。恶，乌路翻。阴为发代，为，于伪翻。遣使者赐况玺书。使者至，见况，因令代监其兵，监，古衔翻。遣况西诣长安，拜为师尉大夫。况去，齐地遂败。

三年（壬午、二二）

1 春，正月，九庙成，纳神主。木主也。莽谒见，大驾乘六马，以五采毛为龙文衣，著角，长三尺。师古曰：以被马上也。著，陟略翻。长，直亮翻。又造华盖九重，古今注曰：华盖，黄帝所作也。黄帝与蚩尤战于涿鹿之野，常有云气，金枝玉叶，因而作华盖。重，直龙翻。高八丈一尺，高，居傲翻。载以四轮车；挽者皆呼“登仙”，莽出，令在前。百官窃言：“此似辆车，辆，音而，丧车也。非仙物也。”

2 二月，樊崇等杀景尚。景尚，去年所遣。

3 关东人相食。

4 夏，四月，遣太师王匡、更始将军廉丹东讨众贼。更，工衡翻。初，樊崇等众既寖盛，乃相与为约：“杀人者死，伤人者偿创。”创，初良翻。其中最尊号三老，次从事，次卒史。师古曰：言不为大号。余谓三老、从事、卒史皆郡县史也。崇等起于民伍，所识止此耳。其后党众日盛，气势日张，则攻长安，立盆子，非其初不为大号也。及闻太师、更始将讨之，恐其众与莽兵乱，乃皆朱其眉以相识别，别，彼列翻。由是号曰赤眉。匡、丹合将锐士十馀万人，将，即亮翻；下遣将同。所过放纵。东方为之语曰：“宁逢赤眉，不逢太师！太师尚可，更始杀我！”卒如田况之言。卒，子恤翻。

5 莽又多遣大夫、谒者分教民煮草木为酪，服虔曰：煮木实。或曰，如今饵朮之属也。如淳曰：作杏酪之属也。师古曰：如说是也。酪不可食，重为烦费。师古曰：重，音直用翻。

6 绿林贼遇疾疫，死者且半，乃各分散引去。王常、成丹西入南郡，号“下江兵”；王凤、王匡、马武及其支党朱鲔、张卬等北入南阳，号“新市兵”；郡国志，新市县属江夏郡。水经注：新市县治杜城，属竟陵郡。杜佑曰：汉新市县故城，在郢州富水县东北。皆自称将军。莽遣司命大将军孔仁部豫州，纳言大将军严尤、秩宗大将军陈茂击荆州，莽赐司卿及六卿号皆大将军。各从吏士百馀人，乘传到部募士。传，知恋翻。尤谓茂曰："遣将不与兵符，必先请而后动，是犹绁韩卢而责之获也。"师古曰：绁，系也。韩卢，古韩国之名犬也。黑色曰卢。绁，音私列翻。

7 蝗从东方来，飞蔽天。

8 流民入关者数十万人，乃置养赡官禀食之，师古曰：禀，给也，音彼甚翻。食，读曰饲。使者监领，监，古衔翻。与小吏共盗其禀，师古曰：盗其禀者，盗所给之物。饥死者什七八。

先是，莽使中黄门王业领长安市买，先，悉荐翻。贱取于民；民甚患之。业以省费为功，赐爵附城。莽闻城中饥馑，以问业。业曰："皆流民也。"乃市所卖粱饭、肉羹，持入示莽曰："居民食咸如此。"莽信之。

9 秋，七月，新市贼王匡等进攻随；贤曰：随县，属南阳郡；今随州县。平林人陈牧、廖湛复聚众千馀人，号"平林兵"，以应之。姓谱：廖，周文王子伯廖之后。风俗通：古有廖叔安，左传作"飂"，盖其后也。水经注：章水南径随郡平林县故城西，俗谓之将陂城，与新市接界。贤曰：廖，音力吊翻。平林，地名，在今随州随县东北。复，扶又翻。

10 莽诏书让廉丹曰："仓廪尽矣，府库空矣，可以怒矣，可以战矣！将军受国重任，不捐身于中野，无以报恩塞责！"塞，悉则翻。丹惶恐，夜，召其掾冯衍，以书示之。掾，俞绢翻。衍因说丹曰："张良以五世相韩，椎秦始皇博浪之中。事见七卷秦始皇二十九年。说，输芮翻。相，息亮翻。将军之先，为汉信臣；贤曰：廉褒，襄武人，宣帝时为后将军，即丹之先。新室之兴，英俊不附。今海内溃乱，人怀汉德，甚于周【章：十二行本"周"作"诗"；乙十一行本同；孔本同。】人思召公也；召公之教，明于南国，周人思之，为赋甘棠。召，音邵。人所歌舞，天必从之。贤曰：诗小雅曰：虽无德与女，式歌且舞。言汉氏之德，人歌舞之也。书曰：人之所欲，天必从之。今方为将军计，莫若屯据大郡，镇抚吏士，砥厉其节，纳雄桀之士，询忠智之谋，兴社稷之利，除万人之害，则福禄流于无穷，功烈著于不灭；何与军覆于中原，身膏于草野，功败名丧，耻及先祖哉！”师古曰：与，犹如也，丧，息浪翻。丹不听。衍，左将军奉世曾孙也。

冬，无盐索卢恢等举兵，反城附贼，师古曰：索卢，姓也。恢，名也。吕氏春秋：禽滑釐有门人索卢参。反城，据城以反也。一曰：反，音幡，今语贼犹曰幡城。索，音先各翻。余谓一说是。贤曰：无盐县，属东平郡；故城在今郓州须昌县之东。廉丹、王匡攻拔之，斩首万馀级。莽遣中郎将奉玺书劳丹、匡，劳，力到翻。进爵为公；封吏士有功者十馀人。

赤眉别校董宪等众数万人在梁郡，校，户教翻；下同。梁国，时除为郡。王匡欲进击之；廉丹以为新拔城罢劳，罢，读曰疲。当且休士养威。匡不听，引兵独进，丹随之。合战成昌，师古曰：成昌，地名也。余据后汉书，亦当在无盐县界。兵败，匡走；丹使吏持其印、绂、节付匡绂，音弗。曰：“小儿可走，吾不可！”遂止，战死。校尉汝云、王隆等二十馀人别斗，汝，姓也。左传：晋大夫女齐。陆德明曰：女，音汝。闻之，皆曰：“廉公已死，吾谁为生！”为，于伪翻。驰奔贼，皆战死。

国将哀章自请愿平山东，将，即亮翻。莽遣章驰东与太师匡并力。又遣大将军阳浚守敖仓；司徒王寻将十馀万屯洛阳，镇南宫；大司马董忠养士习射中军北垒；恐当作“北军中垒。”大司空王邑兼三公之职。

11 初，【张：“初”下脱“景帝子”三字。】长沙定王发生舂陵节侯买，买生戴侯熊渠，熊渠生考侯仁。仁以南方卑湿，徙封南阳之白水乡，与宗族往家焉。贤曰：舂陵，乡名，本属零陵泠道县，在今永州唐兴县北；元帝时，徙南阳，仍号舂陵，故城在今随州枣阳县东。杜佑曰：枣阳，后汉蔡阳县；汉舂陵故城在今县东。仁卒，子敞嗣；值莽篡位，国除。节侯少子外为郁林太守，贤曰：郁林郡，今郴州县。余按唐郴州无郁林县，而唐之桂、柳、郁、邕、象、燕、浔、南、尹、乐、融、宾等州，皆汉郁林郡地。外生钜鹿都尉回，贤曰：钜鹿郡，今邢州县。余按唐邢州固有钜鹿县，而唐邢、赵二州皆汉钜鹿郡地。回生南顿令钦。贤曰：南顿县，属汝南郡；故城在今陈州项城县西。括地志：陈州南顿县，古顿子国；逼于陈，南徙，故曰南顿。钦娶湖阳樊重女，湖阳县，属南阳郡。宋白曰：湖阳县，古蓼国地。生三男：縯，仲，秀，縯，音衍。兄弟早孤，养于叔父良。縯性刚毅，慷慨有大节，自莽篡汉，常愤愤，怀复社稷之虑，不事家人居业，倾身破产，交结天下雄俊。秀隆准日角，贤曰：隆，高也。许负云：鼻头为准。郑玄尚书中侯注云：日角，谓庭中骨起状如日。性勤稼穑；贤曰：种曰稼，敛曰穑。縯常非笑之，比于高祖兄仲。贤曰：仲，郃阳侯喜也，能为产业。高祖为太上皇寿曰：始大人常以臣不能治产业，不如仲力；今其业所就，孰与仲多？秀姊元为新野邓晨妻，秀尝与晨俱过穰人蔡少公，少公颇学图谶，言"刘秀当为天子"；少，诗照翻。谶，楚谮翻。或曰："是国师公刘秀乎？"秀戏曰："何用知非仆邪！"坐者皆大笑。晨心独喜。

宛人李守，好星历、谶记，宛，於元翻。好，呼到翻。为莽宗卿师，贤曰：平帝五年，王莽摄政，郡国置宗师以主宗室。盖时尊之，故曰宗卿师也。余按莽置宗师，主汉宗室耳。此宗卿师，莽篡时所置也。尝谓其子通曰："刘氏当兴，李氏为辅。"及新市、平林兵起，南阳骚动，通从弟轶谓通曰：从，才用翻。轶，音逸，又徒结翻。"今四方扰乱，汉当复兴。复，扶又翻，又如字。南阳宗室，独刘伯升兄弟泛爱容众，可与谋大事。"縯，字伯升。通笑曰："吾意也！"会秀卖谷于宛，宛，於元翻。通遣轶往迎秀，与相见，因具言谶文事，与相约结，定计议。通欲以立秋材官都试骑士日，劫前队大夫甄阜及属正梁丘赐，莽改南阳曰前队，置大夫职如太守，属正职如都尉。师古曰：队，音遂。甄，之人翻。因以号令大众，使轶与秀归春陵举兵以相应。于是縯召诸豪桀计议曰："王莽暴虐，百姓分崩；今枯旱连年，兵革并起，此亦天亡之时，复高祖之业，定万世之秋也！"言定天下传之万世，此其时也。众皆然之。于是分遣亲客于诸县起兵，縯自发舂陵子弟。诸家子弟恐惧，皆亡匿，曰："伯升杀我！"及见秀绛衣大冠，董巴舆服志曰：大冠者，武官冠之。东观记：上时绛衣大冠、将军服也。皆惊曰："谨厚者亦复为之！"乃稍自安。凡得子弟七八千人，部署宾客，自称"柱天都部"。贤曰：柱天，若天之柱也。都部者，都统其众也。秀时年二十八。李通未发，事觉，亡走；父守及家属坐死者六十四人。

縯使族人嘉招说新市、平林兵，说，输芮翻。与其帅王凤、陈牧西击长聚；帅，所类翻。聚，才喻翻；下同。进屠唐子乡，贤曰：多所诛杀曰屠。唐子乡有唐子山，在今唐州湖阳县西南。又杀湖阳尉。军中分财物不均，众恚恨，欲反攻诸刘；恚，於避翻。刘秀敛宗人所得物，悉以与之，众乃悦。进拔棘阳，贤曰：棘阳，县名，属南阳郡，在棘水之阳，古谢国也；故城在今唐州湖阳县西北。棘，音纪力翻。李轶、邓晨皆将宾客来会。将，即亮翻。

12 严尤、陈茂破下江兵；成丹、王常、张卬等收散卒入蒌溪，略钟、龙间，贤曰：蒌，音力于翻。盛弘之荆州记曰：永阳县北有石龙山，在今安州应山县东北。又随州随县东北有三钟山。众复振；复，扶又翻；下同。引军与荆州牧战于上唐，贤曰：上唐，乡名，故城在今随州枣阳县东北。水经注：上唐本蔡阳县之上唐乡，春秋时唐国也。大破之。

13 十一月，有星孛于张。贤曰：张，南方宿。续汉志曰：张为周地。晋书天文志：张六星，在天庙北。孛，蒲内翻。

14 刘縯欲进攻宛，至小长安聚，贤曰：续汉书：淯阳县有小长安聚，故城在今邓州南阳县南。杜佑曰：南阳，汉宛县；县南三十七里有小长安。与甄阜、梁丘赐战；时天密雾，汉军大败。秀单马走，遇女弟伯姬，与共骑而奔；前行，复见姊元，趣令上马，骑，奇寄翻。

复，扶又翻；下同。趣，读曰促。上，时掌翻。元以手挥曰："行矣，不能相救，无为两没也！"会追兵至，元及三女皆死，縯弟仲及宗从死者数十人。从，才用翻。

縯复收会兵众，还保棘阳。阜、赐乘胜留辎重于蓝乡，贤曰：比阳县有蓝乡。重，直用翻。引精兵十万南渡潢淳，贤曰：郦道元水经注曰：诸水二湖流注，合为黄水；又南经棘阳县之潢淳聚，又谓之潢淳水。在今唐州湖阳县。临沘水，水经注：沘水出沘阳县东北大胡山，南与澧水会，谓之派水；昔汉光武破甄阜、梁丘赐于沘水西，斩之于斯水也。杜佑曰：汉舞阳故城在唐州泌阳县北；有泌水，在县南，光武破阜、赐处。阻两川间为营，绝后桥，示无还心。新市、平林见汉兵数败，数，所角翻。阜、赐军大至，各欲解去，縯甚患之。会下江兵五千馀人至宜秋，贤曰：宜秋，聚名，在沘阳县。余按续汉志，南阳平氏县有宜秋聚。縯即与秀及李通造其壁曰：造，七到翻。"愿见下江一贤将，议大事。"众推王常。縯见常，说以合从之利，贤曰：以利合曰从。说，输芮翻；下同。从，子容翻。常大悟曰："王莽残虐，百姓思汉。今刘氏复兴，复，扶又翻；下同。即真主也；诚思出身为用，辅成大功。"縯曰："如事成，岂敢独飨之哉！"遂与常深相结而去。常还，具为馀将成丹、张卬言之。常与縯会，馀二将在军。为，于伪翻。将，即亮翻。丹、卬负其众曰："大丈夫既起，当各自为主，何故受人制乎！"常乃徐晓说其将帅曰："王莽苛酷，积失百姓之心，民之讴吟思汉，非一日也，故使吾属因此得起。夫民所怨者，天所去也；民所思者，天所与也。举大事，必当下顺民心，上合天意，功乃可成；若负强恃勇，触情恣欲，虽得天下，必复失之。以秦、项之势，尚至夷覆，况今布衣相聚草泽，以此行之，灭亡之道也。今南阳诸刘举【章：十二行本"举"下有"宗起"二字；乙十一行本同；孔本同；张校同；退斋校同。】兵，观其来议者，皆有深计大虑，王公之才，与之并合，必成大功，此天所以佑吾属也!”下江诸将虽屈强少识，屈强，梗戾貌。屈，音居勿翻。强，音其两翻。少，诗沼翻。然素敬常，乃皆谢曰：“无王将军，吾属几陷于不义!”几，居希翻。即引兵与汉军、新市、平林合。于是诸部齐心同力，锐气益壮。縯大飨军士，设盟约，休卒三日，分为六部；十二月，晦，潜师夜起，袭取蓝乡，尽获其辎重。重，直用翻。

容肇祖标点顾颉刚聂崇岐覆校

资治通鉴卷第三十九

翰林学士兼侍读学士朝散大夫右谏议大夫
知制诰判尚书都省兼提举万寿观公事上护军 司马光 奉敕编集
河内郡开国侯食邑一千三百户赐紫金鱼袋臣

后　学　天　台 胡三省 音　注

汉纪三十一

起昭阳协洽（癸未），尽阏逢涒滩（甲申），凡二年。

淮阳王 讳玄，字圣公，光武族兄也。帝王世纪曰：春陵戴侯熊渠生苍梧太守利；利生子张；子张生玄。后败，降赤眉；光武诏封为淮阳王。

更始元年（癸未、二三）更，工衡翻。是年二月，即位，改元。

1春，正月，甲子朔，汉兵与下江兵共攻甄阜、梁丘赐，斩之，甄，之人翻。杀士卒二万馀人。王莽纳言将军严尤、秩宗将军陈茂引兵欲据宛，宛，於元翻。刘縯与战于淯阳下，续汉志，淯阳县属南阳郡。贤曰：故城在今邓州南阳县南淯水之阳，因名。淯，音育。大破之，遂围宛。先是，青、徐贼众虽数十万人，讫无文书、号令、旌旗、部曲；师古曰：文，谓文章。号，谓大位号也。一曰：号，谓号令也。先，悉荐翻。及汉兵起，皆称将军，攻城略地，移书称说。称说者，数莽之罪也。莽闻之，始惧。

春陵戴侯曾孙玄在平林兵中，号更始将军。更，工衡翻。时汉兵已十馀万，诸将议以兵多而无所统一，欲立刘氏以从人望。南阳豪桀及王常等皆欲立刘縯；而新市、平林将帅乐放纵，乐，音洛。惮縯威明，贪玄懦弱，先共定策立之，然后召縯示其议。縯曰："诸将军幸欲尊立宗室，甚厚！然今赤眉起青、徐，众数十万，闻南阳立宗室，恐赤眉复有所立，其后赤眉果立盆子。复，扶又翻。王莽未灭而宗室相攻，是疑天下而自损权，言宗室争立，则天下莫知所从，是疑天下之心而自损其权也。非所以破莽也。舂陵去宛三百里耳，遽自尊立，为天下准的，使后人得承吾敝，非计之善者也。不如且称王以号令，王势亦足以斩诸将。若赤眉所立者贤，相率而往从之，必不夺吾爵位；若无所立，破莽，降赤眉，降，户江翻。然后举尊号，亦未晚也。"诸将多曰："善！"张卬拔剑击地考异曰：司马彪续汉书"卬"作"印"，袁宏后汉纪作"斤"，皆误。今从范晔后汉书。曰："疑事无功，战国策，肥义对赵武灵王之言。今日之议，不得有二！"众皆从之。二月，辛巳朔，设坛场于淯水上沙中，水经注：淯水出弘农卢氏县攻离山，东南过南阳西鄂县西北，又东过宛县南；诸将立圣公于斯水之上。玄即皇帝位，南面立，朝群臣；朝，直遥翻。羞愧流汗，举手不能言。于是大赦，改元，以族父良为国三老，王匡为定国上公，王凤为成国上公，朱鲔为大司马，刘縯为大司徒，陈牧为大司空，馀皆九卿将军。匡、凤皆位上公而加定国、成国美号也。九卿将军，职为九卿，各带将军之号，仍王莽之制也。由是豪桀失望，多不服。豪桀欲立縯而今立玄，故失望。

2 王莽欲外示自安，乃染其须发，立杜陵史谌女为皇后；谌，时壬翻。置后宫，位号视公、卿、大夫、元士者凡百二十人。三夫人视三公，九嫔视九卿，二十七世妇视二十七大夫，八十一御妻视八十一元士。

3 莽赦天下，诏："王匡、哀章等讨青、徐盗贼，严尤、陈茂等讨前队丑虏，明告以生活、丹青之信；师古曰：生活，谓来降者不杀之也。丹青之信，言明著也。复迷惑不解散，复，扶又翻。将遣大司空、隆新公将百万之师剿绝之矣。”师古曰：剿，绝也，音子小翻。司空、隆新公，王邑。

4 三月，王凤与太常偏将军刘秀等徇昆阳、定陵、郾，皆下之。贤曰：昆阳、定陵、郾，皆县名，并属颍川郡。昆阳故城，在今许州叶县北二十五里。郾，今豫州郾城县也。定陵，在今郾城西北。郾，音于建翻。余按旧唐书，高宗咸亨二年冬，校猎于许州叶县昆水之阳。

5 王莽闻严尤、陈茂败，乃遣司空王邑驰传，传，知恋翻。与司徒王寻发兵平定山东；征诸明兵法六十三家以备军吏，以长人巨毋霸为垒尉，郑玄曰：军壁曰垒。贤曰：垒尉，主壁垒之事。又驱诸猛兽虎、豹、犀、象之属以助威武。邑至洛阳，州郡各选精兵，牧守自将，守，式又翻。将，即亮翻。定会者四十三【章：十二行本“三”作“二”；乙十一行本同；孔本同；退斋校同。】万人，号百万；馀在道者，旌旗、辎重，千里不绝。贤曰：周礼曰：析羽为旌，熊虎为旗。辎，车名。释名曰：辎，厕也，谓军粮什物杂厕载之；以其累重，故称辎重。重，音直用翻。夏，五月，寻、邑南出颍川，与严尤、陈茂合。

诸将见寻、邑兵盛，皆反走，入昆阳，惶怖，忧念妻孥，贤曰：孥，子也，音奴。欲散归诸城。刘秀曰：“今兵谷既少少，诗沼翻。而外寇强大，并力御之，功庶可立；如欲分散，势无俱全。且宛城未拔，贤曰：谓伯升围宛未拔也。不能相救；昆阳即拔，一日之间，诸部亦灭矣。今不同心胆，共举功名，反欲守妻子财物邪！”诸将怒曰：“刘将军何敢如是！”秀笑而起。会候骑还，言：“大兵且至城北，军陈数百里，不见其后。”陈，读曰阵。诸将素轻秀，及迫急，乃相谓曰：“更请刘将军计之。”秀复为图画成败，复，扶又翻。为，于伪翻。诸将皆曰：“诺。”时城中唯有八九千人，秀使王凤与廷尉大将军王常守昆阳，夜与五威将军李轶等十三骑贤曰：王莽置五威将军，其衣服依五方之色，以威天下。

李轶初起，犹假以为号。余谓如太常偏将军、廷尉大将军之类，亦犹莽之纳言大将军、秩宗大将军，是即前所云九卿将军也。出城南门，于外收兵。

时莽兵到城下者且十万，秀等几不得出。几，居希翻。寻、邑纵兵围昆阳，严尤说邑曰：说，输芮翻。“昆阳城小而坚，今假号者在宛，假号者，谓更始也。亟进大兵，彼必奔走；宛败，昆阳自服。”邑曰：“吾昔围翟义，坐不生得翟义事见三十六卷王莽居摄二年。贤曰：坐，才卧翻。以见责让，今将百万之众，遇城而不能下，非所以示威也。当先屠此城，蹀血而进，师古曰：蹀，音大颊翻。蹀，谓履涉之也。前歌后舞，顾不快邪！”遂围之数十重，列营百数，钲鼓之声闻数十里，重，直龙翻。闻，音问。或为地道、冲棚撞城；贤曰：冲，橦车也；诗曰：临冲闲闲。许慎曰：棚，楼车也。棚，音步耕翻。撞，丈江翻。积弩乱发，矢下如雨，城中负户而汲。王凤等乞降，不许。降，户江翻。寻、邑自以为功在漏刻，不以军事为忧。严尤曰：“兵法：‘围城为之阙’，师古曰：此兵法之言也。阙，不合也。孙子曰：围师必阙。曹操注云：司马法云：围其三面，阙其一面，所以示生路也。宜使得逸出以怖宛下。”怖，普布翻。邑又不听。

6 棘阳守长岑彭姓谱：岑，古岑子国之后。吕氏春秋：周文王封异母弟耀之子渠为岑子，其地梁国岑亭是也。彭，棘阳人，守本县长。长，知两翻。与前队贰严说贰，副也。莽使说为前队大夫甄阜之副也。共守宛城，汉兵攻之数月，城中人相食，乃举城降；更始入都之。诸将欲杀彭，刘縯曰：“彭，郡之大吏，执心固守，是其节也。今举大事，当表义士，不如封之。”更始乃封彭为归德侯。贤曰：归德，县名，属北地郡。宋白曰：庆州华池县，本汉归德县地。又，通远军西北有归德川。

7 刘秀至郾、定陵，悉发诸营兵；诸将贪惜财物，欲分兵守之。秀曰：“今若破敌，珍宝万倍，大功可成；如为所败，败，补迈翻。首领无馀，何财物之有！”乃悉发之。六月，己卯朔，秀与诸营俱进，自将步骑千馀为前锋，去大军四五里而陈；陈，读曰阵。寻、邑亦遣兵数千合战，秀奔之，斩首数十级。贤曰：秦法：斩首一，赐爵一级；因谓斩首为级。诸将喜曰：“刘将军平生见小敌怯，今见大敌勇，甚可怪也！且复居前，请助将军！”秀复进，寻、邑兵却，诸部共乘之，斩首数百、千级。自数百级以至千级也。复，扶又翻。连胜，遂前，诸将胆气益壮，无不一当百，秀乃与敢死者三千人从城西水上冲其中坚。贤曰：敢死，谓果敢而死者。凡军事，中军将军至尊，以坚锐自辅，故曰中坚也。余谓敢死者，敢于致死者也。寻、邑易之，易，以豉翻。自将万馀人行陈，师古曰：巡行军陈也。行，音下更翻。陈，读曰阵；下同。敕诸营皆按部毋得动，独迎与汉兵战，不利，大军不敢擅相救；寻、邑陈乱，汉兵乘锐崩之，遂杀王寻。城中亦鼓噪而出，中外合势，震呼动天地；呼，火故翻。莽兵大溃，走者相腾践，伏尸百馀里。会大雷、风，屋瓦皆飞，雨下如注，滍川盛溢，水经曰：滍水出南阳鲁阳县西尧山，东南经昆阳城北，东入汝。滍，音直理翻。虎豹皆股战，士卒赴水溺死者以万数，贤曰：数过于万，故以万为数。水为不流。为，于伪翻。王邑、严尤、陈茂轻骑乘死人渡水逃去，尽获其军实辎重，不可胜算，重，直用翻。胜，音升。举之连月不尽，或燔烧其馀。士卒奔走，各还其郡，王邑独与所将长安勇敢数千人还洛阳，关中闻之震恐。于是海内豪桀翕然响应，响应，若响之应声也。皆杀其牧守，自称将军，用汉年号以待诏命；旬月之间，遍于天下。

8 莽闻汉兵言莽鸩杀孝平皇帝，乃会公卿于王路堂，开所为平帝请命金縢之策，事见三十六卷平帝元始六年。为，于伪翻。泣以示群臣。

9 刘秀复徇颍川，攻父城不下，贤曰：父城，县名，故城在今许州叶县东北。汝州郏城县亦有父城。复，扶又翻；下同。屯兵巾车乡。贤曰：巾车，乡名也，在父城界。颍川郡掾冯异监五县，掾，俞绢翻。监，古衔翻。为汉兵所获。异曰："异有老母在父城，愿归，据五城以效功报德！"秀许之。异归，谓父城长苗萌曰："诸将多暴横，长，知两翻。横，户孟翻。独刘将军所到不虏略，观其言语举止，非庸人也！"遂与萌率五县以降。降，户江翻。

10 新市、平林诸将以刘縯兄弟威名益盛，阴劝更始除之。秀谓縯曰："事欲不善。"言更始欲相图也。縯笑曰："常如是耳。"更始大会诸将，取縯宝剑视之；绣衣御史申徒建随献玉玦；申徒，即申屠。贤曰：玦，决也，令早决断。更始不敢发。縯舅樊宏谓縯曰："建得无有范增之意乎？"范增事见九卷高帝元年。縯不应。李轶初与縯兄弟善，后更谄事新贵；新贵，谓朱鲔等。秀戒縯曰："此人不可复信！"复，扶又翻。縯不从。縯部将刘稷，勇冠三军，冠，古玩翻。闻更始立，怒曰："本起兵图大事者，伯升兄弟也。今更始何为者邪！"更始以稷为抗威将军，稷不肯拜；不肯拜受抗威之命也。更始乃与诸将陈兵数千人，先收稷，将诛之；縯固争。李轶、朱鲔因劝更始并执縯，即日杀之；以族兄光禄勋赐为大司徒。赐与更始同祖苍梧太守利。秀闻之，自父城驰诣宛谢。贤曰：以伯升见害，心不自安，故谢。司徒官属迎吊秀，縯之官属也。秀不与交私语，远嫌也。惟深引过而已，引过以归己。未尝自伐昆阳之功；又不敢为縯服丧，为，于伪翻。饮食言笑如平常。更始以是惭，拜秀为破虏大将军，封武信侯。

11 道士西门君惠谓王莽卫将军王涉曰："谶文刘氏当复兴，复，扶又翻；下同。国师公姓名是也。"涉遂与国师公刘秀、大司马董忠、司中大赘孙伋谋，以所部兵劫莽降汉，以全宗族。涉欲全王氏之族也。降，户江翻。秋，七月，伋以其谋告莽，莽召忠诘责，因格杀之，使虎贲以斩马剑剉忠，收其宗族，以醇醯、毒药、白刃、丛棘并一坎而埋之；秀、涉皆自杀。莽以其骨肉、旧臣，恶其内溃，故隐其诛。师古曰：王涉，骨肉；刘歆，旧臣。余按莽传，涉，曲阳侯根子也。恶，乌路翻。莽以军师外破，大臣内畔，左右亡所信，古亡、无字通。不能复远念郡国，乃召王邑还，为大司马，以大长秋张邯为大司徒，崔发为大司空，司中寿容苗䜣为国师。邯，下甘翻。䜣，音欣。莽忧懑不能食，懑，音闷，又音满。但饮酒，啖鳆鱼；师古曰：此鳆，海鱼也，音雹。郭璞注三苍曰：鳆，似蛤，偏着石。广志：曰：鳆，无鳞，有壳，一面附石，细孔杂杂，或七或九。本草曰：石决明，一名鳆鱼。读军书倦，因冯几寐。师古曰：冯，读曰凭。不复就枕矣。

12 成纪隗崔、隗义、成纪县，属天水郡。贤曰：故城在今秦州陇城县西北。隗姓，出于赤狄。上邽杨广、冀人周宗上邽县，属陇西郡。贤曰：故邽戎邑，今秦州县。冀县，属天水郡；秦武公伐冀戎，因县之。宋白曰：秦州治陇城县，即故冀城。同起兵以应汉，【章：十二行本“汉”下有“众数千人”四字；乙十一行本同；孔本同；张校同。】攻平襄，杀莽镇戎大尹李育。贤曰：平襄，县名，属天水郡，故城在今秦州伏羌县西北：王莽改天水郡曰镇戎。崔兄子嚣，素有名，好经书，好，呼到翻。崔等共推为上将军；崔为白虎将军，义为左将军。崔本自署右将军；白虎居右，又起兵于西方，白虎主之，因改右将军号白虎将军。嚣遣使聘平陵方望，以为军师。贤曰：平陵，昭帝陵，因以为县；故城在今咸阳县西北。武王伐纣，以太公为师尚父；田单守即墨，以一卒为神师；韩信既破赵，师事李左车；皆军师也。后遂以为官称。望说嚣立高庙于邑东；平襄邑之东也。说，输芮翻。己巳，祠高祖、太宗、世宗，嚣等皆称臣执事，杀马同盟，以兴辅刘宗；移檄郡国，数莽罪恶。数，所具翻。勒兵十万，击杀雍州牧陈庆、安定大尹王向。莽改汉凉州曰雍州。向，平阿侯王谭之子也。考异曰：王莽传作“卒正王旬”，袁纪作“太守王向”，今从范书。

分遣诸将徇陇西、武都、金城、武威、张掖、酒泉、敦煌，敦，徒门翻。皆下之。

18 初，茂陵公孙述为清水长，贤曰：清水，县名，属天水郡；今秦州县。有能名；迁导江卒正，治临邛。贤曰：王莽改蜀郡曰导江。临邛，今邛州县。班志，临邛县属蜀郡。邛，音渠容翻。汉兵起，南阳宗成、商人王岑起兵徇汉中以应汉，宗成，南阳人也。地理志，商县，属弘农郡。贤曰：今商州商雒县也。杀王莽庸部牧宋遵，众合数万人。述遣使迎成等，成等至成都，地理志，成都县，属蜀郡。虏掠暴横。横，户孟翻。述召郡中豪桀谓曰："天下同苦新室，思刘氏久矣，故闻汉将军到，驰迎道路。今百姓无辜而妇子系获，此寇贼，非义兵也。"乃使人诈称汉使者，假述辅汉将军、蜀郡太守兼益州牧印绶；选精兵西击成等，杀之，按临邛在成都西南。述兵自临邛迎击宗成等，非西向也。此承范史之误。并其众。

14 前钟武侯刘望起兵汝南，按王子侯表：钟武节侯度，长沙定王之孙，成帝元延二年，侯则绍封；其后不见。或者望其则之子欤？钟武在义阳郡界。水经注：师水过义阳郡城，东径钟武故城南。考异曰：王莽传作"刘圣"，今从范书刘玄传。严尤、陈茂往归之；八月，望即皇帝位，以尤为大司马，茂为丞相。

15 王莽使太师王匡、国将哀章守洛阳。将，即亮翻。考异曰：袁纪作"褒章"，今从范书。更始遣定国上公王匡攻洛阳，西屏大将军申屠建、丞相司直李松攻武关，李松，通之从弟。屏，必郢翻。三辅震动。析人邓晔、于匡起兵南乡以应汉，师古曰：析，南阳之县。南乡，析县之乡名也。宋白曰：邓州内乡县，古之析邑。析，音先历翻。攻武关都尉朱萌，萌降；降，户江翻。进攻右队大夫宋纲，杀之；莽改弘农郡曰右队。西拔湖。师古曰：湖，弘农之县也，本属京兆。莽愈忧，不知所出。崔发言："古者国有大灾，则哭以厌之。师古曰：周礼春官之属女巫之职曰：凡邦之大灾，歌哭以请。哭者，所以告哀也。春秋左氏传：宣十二年，楚子围郑，旬有七日，郑人大临，守陴者皆哭。故发引之以为言也。厌，音一叶翻。宜告天以求救！”莽乃率群臣至南郊，陈其符命本末，仰天大哭，气尽，伏而叩头。诸生、小民旦夕会哭，为设餐粥；为，于伪翻。师古曰：餐，音千安翻。甚悲哀者，除以为郎，郎至五千馀人。

莽拜将军九人，皆以虎为号，将北军精兵数万人以东，内其妻子宫中以为质。质，音致。时省中黄金尚六十馀万斤，他财物称是，称，尺证翻。莽愈爱之，赐九虎士人四千钱；众重怨，无斗意。师古曰：重，音直用翻。九虎至华阴回溪，贤曰：回溪，今俗所谓回坑，在洛州永宁县东北；其溪长四里，阔二丈，深二丈五尺。华，户化翻。距隘自守。于匡、邓晔击之，六虎败走；二虎诣阙归死，莽使使责死者安在，皆自杀；其四虎亡。二虎自杀者，史熊、王况也。四虎亡者，史逸其名。三虎收散卒保渭口京师仓。三虎，郭钦、陈翚、成重也。师古曰：京师仓，在华阴灌北渭口也。

邓晔开武关迎汉兵。李松将三千馀人至湖，与晔等共攻京师仓，未下。晔以弘农掾王宪为校尉，掾，俞绢翻。将数百人北渡渭，入左冯翊界。李松遣偏将军韩臣等径西至新丰击【章：十二行本“击”下有“破”字；乙十一行本同；孔本同；张校同；退斋校同。】莽波水将军，据窦融传，莽拜融为波水将军。前书音义曰：波水，在长安南。追奔至长门宫。王宪北至频阳，所过迎降。师古曰：所过之处，人皆来迎而降附也。诸县大姓各起兵称汉将军，【章：十二行本无“军”字；乙十一行本同；孔本同。】率众随宪。李松、邓晔引军至华阴，而长安旁兵四会城下；又闻天水隗氏方到，皆争欲【章：十二行本“欲”下有“先”字；乙十一行本同；孔本同；张校同。】入城，贪立大功、卤掠之利。言入城诛莽，既立大功，又得卤掠，贪二者之利也。莽赦城中囚徒，皆授兵，杀豨，饮其血，与誓曰：“有不为新室者，社鬼记之！”豨，许岂翻，又音希。为，于伪翻。使更始将军史谌将之。谌，氏壬翻。渡渭桥，皆散走；谌空还。众兵发掘莽妻、子、父、祖冢，烧其棺椁及九庙、明堂、辟雍，火照城中。

九月，戊申朔，兵从宣平城门入。师古曰：长安城东出北头第一门。张邯逢兵见杀；王邑、王林、王巡、𨻰恽等分将兵距击北阙下，𨻰，师古曰：音带，又音徒盖翻。𨻰姓，恽名。恽，于粉翻。会日暮，官府、邸第尽奔亡。己酉，城中少年朱弟、张鱼等恐见卤掠，趋讙并和，师古曰：众群行讙而自相和也。讙，许元翻。和，音乎卧翻。烧作室门，程大昌曰：作室者，未央宫西北织室、暴室之类，黄图谓为尚方工作之所者也。作室门，则工徒出入之门，盖未央宫之便门也。斧敬法闼，师古曰：敬法，殿名也。闼，小门也。谓斧斫之也。呼曰："反虏王莽，何不出降！"师古曰：呼，音火故翻。火及掖庭、承明，黄皇室主所居。黄皇室主曰："何面目以见汉家！"自投火中而死。

莽避火宣室前殿，火辄随之。莽绀袀服，师古曰：绀，深青而扬赤色也。袀，纯也，纯为绀服也。袀，音均，又音弋旬翻。持虞帝匕首；虞帝安得有匕首，盖莽自为之以愚夫人。天文郎按式于前，师古曰：式，所以占时日。天文郎，今之用式者也。莽旋席随斗柄而坐，曰："天生德于予，汉兵其如予何！"莽引孔子之言以自况。庚戌，且明，群臣扶掖莽自前殿之渐台，【章：十二行本"台"下有"欲阻池水"四字；乙十一行本同；孔本同；张校同；退斋校同。】此未央宫之渐台也。水经：未央渐台在沧池中。建章渐台在太液池中。程大昌曰：渐者，渍也，言台在水中受其渐渍也。凡台之环浸于水者，皆可名为渐台。渐，子廉翻。公卿从官尚千馀人随之。从，才用翻。王邑昼夜战，罢极，师古曰：罢，读曰疲。士死伤略尽；驰入宫，间关至渐台，师古曰：间关，犹言崎岖，展转也。见其子侍中睦解衣冠欲逃，邑叱之，令还，父子共守莽。军人入殿中，闻莽在渐台，众共围之数百重。重，直龙翻。台上犹与相射，射，而亦翻。矢尽，短兵接；王邑父子、𨻰恽、王巡战死，莽入室。下铺时，众兵上台，晡后，谓之下晡。按前书天文志：

旦至食时，食时至日昳，日昳至晡，晡至下晡，下晡至日入。茁䜣、唐尊、王盛等皆死。䜣，音欣。商人杜吴杀莽，校尉东海公宾就斩莽首；师古曰：公宾姓，就名也。风俗通曰：鲁大夫公宾庚之后。王莽五十一居摄，五十四即真，六十八诛死。军人分莽身，节解脔分，争相杀者数十人；公宾就持莽首诣王宪。宪自称汉大将军，城中兵数十万皆属焉；舍东宫，师古曰：舍，止宿也。妻莽后宫，乘其车服。癸丑，李松、邓晔入长安，将军赵萌、申屠建亦至；以王宪得玺绶不上，玺，斯氏翻。绶，音受。上，时掌翻。多挟宫女，建天子鼓旗，收斩之。传莽首诣宛，县于市；百姓共提击之，县，读曰悬。提，音徒计翻。或切食其舌。

班固赞曰：王莽始起外戚，折节力行以要名誉，折，而设翻。要，一遥翻。及居位辅政，勤劳国家，直道而行，岂所谓'色取仁而行违'者邪！师古曰：论语载孔子答子张之言也。不仁之人假仁者之色，而行则违之。行，下孟翻。莽既不仁而有佞邪之材，又乘四父历世之权，四父，谓王凤、王音、王商、王根相继秉政，皆莽诸父也。遭汉中微，国统三绝，成、哀、平皆绝。而太后寿考，为之宗主，故得肆其奸慝以成篡盗之祸。推是言之，亦天时，非人力之致矣！及其窃位南面，颠覆之势险于桀、纣，而莽晏然自以黄、虞复出也，黄帝、虞舜，莽祖之。复，扶又翻。乃始恣睢，奋其威诈，师古曰：睢，音呼季翻。毒流诸夏，乱延蛮貉，犹未足以逞其欲焉。是以四海之内，嚣然丧其乐生之心，师古曰：嚣然，众口愁貌也，音五高翻。丧，息浪翻。中外愤怨，远近俱发，城池不守，支体分裂，遂令天下城邑为虚，虚，读曰墟。害遍生民，自书传所载乱臣贼子，考其祸败，未有如莽之甚者也！昔秦燔诗、书以立私议，莽诵六艺以文奸言，师古曰：以六经之事文饰奸言。同归殊涂，俱用灭亡，皆圣王之驱除云尔。苏林曰：圣王，光武也，为光武驱除也。师古曰：言驱逐蠲除以待圣人也。

16 定国上公王匡拔洛阳，生缚莽太师王匡、哀章，皆斩之。冬，十月，奋威大将军刘信击杀刘望于汝南，信，大司徒赐兄显之子。并诛严尤、陈茂，郡县皆降。降，户江翻。

17 更始将都洛阳，以刘秀行司隶校尉，使前整修宫府。司隶校尉察三辅、三河、弘农，故使整修宫府。秀乃置僚属，作文移，东观记曰：文书移与属县也。从事司察，一如旧章。续汉书：司隶置从事史十二人，秩皆百石，主督促文书，察举非法。时三辅吏士东迎更始，见诸将过，皆冠帻而服妇人衣，汉官仪曰：帻者，古之卑贱不冠者之所服也。方言曰：覆髻谓之帻，或谓之承露。刘昭志曰：秦雄诸侯，乃加武将首饰，为绛袙以表贵贱；其后稍作颜题。汉兴，续其颜，却摞之，施巾，连题却覆之，名之曰帻。帻者，赜也，头首严赜也。至孝文，乃高颜题，崇其巾，为屋，合后，施收上下；群臣贵贱皆服之，文者长耳，武者短耳。莫不笑之；及见司隶僚属，皆欢喜不自胜，胜，音升。老吏或垂涕曰："不图今日复见汉官威仪！"复，扶又翻；下同。由是识者皆属心焉。皆属，音之欲翻。

更始北都洛阳，分遣使者徇郡国，曰："先降者复爵位！"降，户江翻；下同。使者至上谷，汉上谷郡，治沮阳。上谷太守扶风耿况迎，上印绶；上，时掌翻。使者纳之，一宿，无还意。功曹寇恂勒兵入见使者，请之，姓谱：苏忿生为周武王司寇，其后以官为寇氏。百官志：郡功曹，主选署功劳，在诸曹之上。使者不与，曰："天王使者，功曹欲胁之邪！"恂曰："非敢胁使君，窃伤计之不详也。今天下初定，使君建节衔命，郡国莫不延颈倾耳；今始至上谷而先堕大信，贤曰：堕，毁也，读曰隳。将复何以号令他郡乎！"使者不应。恂叱左右以使者命召况；况至，恂进取印绶带况。使者不得已，乃承制诏之，况受而归。

宛人彭宠、吴汉亡命在渔阳，乡人韩鸿为更始使，徇北州，承制拜宠偏将军，行渔阳太守事，为彭宠据渔阳张本。以汉为安乐令。贤曰：安乐，县名，属渔阳郡；故城在今幽州潞县西北。乐，音洛。

更始遣使降赤眉。遣使者招谕之，使降而释兵也；后以意推。降，户江翻。樊崇等闻汉室复兴，即留其兵，将【章：十二行本"将"上有"自"字；孔本同；张校同。】渠帅二十馀人随使者至洛阳，帅，所类翻。更始皆封为列侯。崇等既未有国邑，而留众稍有离叛者，乃复亡归其营。崇等时营在濮阳。为赤眉攻更始张本。

18 王莽庐江连率颍川李宪据郡自守，称淮南王。率，所类翻。

19 故梁王立之子永诣洛阳；立死见三十六卷平帝元始四年。更始封为梁王，都睢阳。为永据梁、连群盗张本。睢，音虽。

20 更始欲令亲近大将徇河北，大司徒赐言："诸家子独有文叔可用。"诸家子，谓南阳诸宗子也。光武讳秀，字文叔。朱鲔等以为不可，更始狐疑，赐深劝之；更始乃以刘秀行大司马事，持节北渡河，镇慰州郡。为光武自河北定天下张本。

21 以大司徒赐为丞相，令先入关修宗庙、宫室。将都长安也。

22 大司马秀至河北，所过郡县，考察官吏，黜陟能否，平遣囚徒，除王莽苛政，贤曰：说文：苛，小草也；言政令繁细。复汉官名；吏民喜悦，争持牛酒迎劳，劳，力到翻。秀皆不受。

南阳邓禹杖策追秀，及于邺。秀曰："我得专封拜，生远来，宁欲仕乎？"禹曰："不愿也。"秀曰："即如是，何欲为？"禹曰："但愿明公威德加于四海，禹得效其尺寸，垂功名于竹帛耳！"汉初未有纸，以竹简及缣素书，故言竹帛。秀笑，因留宿间语；贤曰：间，私也。禹进说曰：说，输芮翻；下同。"今山东未安，赤眉、青犊之属动以万数。更始既是常才而不自听断，断，丁乱翻。诸将皆庸人屈起，贤曰：屈，音求勿翻。志在财币，争用威力，朝夕自快而已，非有忠良明智、深虑远图，欲尊主安民者也。历观往古圣人之兴，二科而已，天时与人事也。今以天时观之，更始既立而灾变方兴；以人事观之，帝王大业非凡夫所任，任，音壬。分崩离析，形势可见。明公虽建藩辅之功，犹恐无所成立也。况明公素有盛德大功，为天下所向服，军政齐肃，赏罚明信。为今之计，莫如延揽英雄，务悦民心，立高祖之业，救万民之命，以公而虑，天下不足定也！”邓禹为中兴元功，实本诸此。秀大悦，因令禹【章：十二行本“禹”下有“常”字；乙十一行本同；孔本同；张校同。】宿止于中，与定计议；每任使诸将，多访于禹，皆当其才。

秀自兄缜之死，每独居辄不御酒肉，御，进也。枕席有涕泣处，主簿冯异独叩头宽譬；冯异自父城归光武，为司隶主簿；及渡河，为大司马主簿。宽，释也；譬，晓也；譬晓以宽释其哀戚之情。秀止之曰：“卿勿妄言！”异因进说曰：“更始政乱，百姓无所依戴。夫人久饥渴，易为充饱。孟子曰：饥者易为食，渴者易为饮。贤曰：犹言凋残之后，易流德泽。易，以豉翻。今公专命方面，宜分遣官属徇行郡县，行，下孟翻。宣布惠泽。”秀纳之。

骑都尉宋子耿纯谒秀于邯郸，先是李轶承制拜耿纯为骑都尉。贤曰：宋子县，属钜鹿郡；故城在今赵州平棘县北三十里。邯郸县，属赵国；今洺州县。退，见官属将兵法度不与他将同，遂自结纳。

23 故赵缪王子林贤曰：缪王，景帝七代孙，名元。前书曰：坐杀人，为大鸿胪所奏，谥曰缪；音谬。说秀决列人河水以灌赤眉，续汉书：林言于秀曰：“赤眉可破。”秀问其故，对曰：“赤眉今在河东，河水从列人北流，如决河水灌之，可令为鱼。”列人县，属钜鹿郡。贤曰：故城在今洺州肥乡县东北。秀不从；去之真定。贤曰：真定，县名，属真定国，今恒州县也。林素任侠于赵、魏间，王莽时，长安中有自称成帝子子舆者，莽杀之。如淳曰：相与信为任，同是非为侠；所谓权行州里，力折公侯者也。或曰：侠之为言挟也，以权力夹辅人者也。子舆事见三十七卷王莽始建国二年。邯郸卜者王郎缘是诈称真子舆，云"母故成帝讴者，尝见黄气从上下，遂任身；任，音壬。赵后欲害之，伪易他人子，以故得全。"林等信之，与赵国大豪李育、张参等谋共立郎。会民间传赤眉将渡河，林等因此宣言"赤眉当立刘子舆"，以观众心，百姓多信之。十二月，林等率车骑数百晨入邯郸城，止于王宫，贤曰：故赵王之宫也。邯郸，音寒丹。立郎为天子；分遣将帅徇下幽、冀，移檄州郡，赵国以北、辽东以西皆望风响应。

二年（甲申、二四）

1 春，正月，大司马秀以王郎新盛，乃北徇蓟。贤曰：蓟，县名，属涿郡；今幽州县也。蓟，音计。

2 申屠建、李松自长安迎更始迁都；二月，更始发洛阳。初，三辅豪桀假号诛莽者，谓假汉将军号也。人人皆望封侯；申屠建既斩王宪，又扬言"三辅儿大黠，黠，下八翻，桀黠也。共杀其主。"吏民惶恐，属县屯聚；建等不能下。更始至长安，乃下诏大赦，非王莽子，他皆除其罪，于是三辅悉平。

时长安唯未央宫被焚，其馀宫室、供帐、仓库、官府皆按堵如故，市里不改于旧。更始居长乐宫，乐，音洛。升前殿，郎吏以次列庭中；更始羞怍，俛首刮席，不敢视。贤曰：怍，颜色变也。俛，俯也。刮，爬也；怍，才各翻。俛，音免。诸将后至者，更始问："虏掠得几何？"左右侍官皆宫省久吏，惊愕相视。给事天子左右者，谓之侍官。

李松与棘阳赵萌说更始宜悉王诸功臣；说，输芮翻。王，于况翻。朱鲔争之，以为高祖约，非刘氏不王。鲔，于轨翻。更始乃先封诸宗室：祉为定陶王，班志：定陶县，属济阴郡。宋白曰：定陶故城在曹州东北三十七里。庆为燕王，燕，于贤翻。歙为元氏王，元氏县，属常山郡。阚骃曰：赵公子元之封邑，故曰元氏。嘉为汉中王，祉，春陵康侯敞之子，大宗也。庆，敞之弟。嘉，敞之弟子。歙，更始之叔父。歙，许及翻。赐为宛王，宛县，属南阳郡。宋白曰：邓州南阳县，汉之宛县。信为汝阴王；班志，汝阴县属汝南郡，故胡国；唐颍州治所。然后立王匡为泚阳王，“泚阳”，后汉书作“比阳”。比阳县，属南阳郡；唐属唐州。王凤为宜城王，班志，宜城县属南郡，故鄢。宋为大堤之地，立华山郡；后魏改宜城郡；唐为县，属襄州。朱鲔为胶东王，胶东，汉王国，都即墨。贤曰：故城在今莱州胶水县东南。王常为邓王，邓县，属南阳郡，故邓国；唐为邓城县，属襄州。申屠建为平氏王，班志，平氏县属南阳郡，有桐柏山；唐为桐柏县，属唐州。陈牧为阴平王，贤曰：阴平县，属广汉郡。宋白曰：唐文州曲水县，汉阴平道也。卫尉大将军张印为淮阳王，淮阳，本陈国；汉为淮阳国。贤曰：淮阳故城，在今陈州宛丘县东南。执金吾大将军廖湛为穰王，穰县，属南阳郡。师古曰：今邓州穰县是也。尚书胡殷为随王，随县，属南阳郡，古随国；唐为随州。柱天大将军李通为西平王，贤曰：西平县，属汝南郡；故城在今豫州郾城县南。五威中郎将李轶为舞阴王，舞阴县，属南阳郡。宋白曰：唐州泌阳县，本汉舞阴县地。舞阳故城在叶县东十里。水衡大将军成丹为襄邑王，襄邑县，属陈留郡。国〔圈〕称曰：襄邑，宋地，本承匡襄陵乡也。宋襄公所葬，故曰襄陵。秦始皇以承匡卑湿，徙县于襄陵，故曰襄邑。县西十里有承匡故城。贤曰：今襄邑县在宋州西。骠骑大将军宗佻为颍阴王，佻，他雕翻，又田聊翻。班志，颍阴县，属颍川郡。尹尊为郾王。班志，郾县，属颍川郡。宋白曰：七国时，魏之下邑，今许州郾城县是也。括地志：豫州褒信县，本汉郾县地。师古曰：郾，一战翻。唯朱鲔辞不受；乃以鲔为左大司马，宛王赐为前大司马，使与李轶等镇抚关东。又使李通镇荆州，王常行南阳太守事。以李松为丞相，赵萌为右大司马，共秉内任。内任，谓朝廷之内。

更始纳赵萌女为夫人，故委政于萌，日夜饮宴后庭；群臣欲言事，辄醉不能见，时不得已，乃令侍中坐帷中与语。

韩夫人尤嗜酒，每侍饮，见常侍奏事，中常侍，受外朝臣奏事而奏之天子。辄怒曰："帝方对我饮，正用此时持事来邪！"起，抵破书案。贤曰：抵，击也。赵萌专权，生杀自恣。郎吏有说萌放纵者，更始怒，拔剑斩之，自是无敢复言。复，扶又翻。以至群小、膳夫皆滥授官爵，长安为之语曰："灶下养，中郎将。公羊传曰：炊烹为养，音弋亮翻。烂羊胃，骑都尉。烂羊头，关内侯。"言以烹煮熟烂为功也。军师将军李淑上书谏曰："陛下定业，虽因下江、平林之势，斯盖临时济用，不可施之既安。唯名与器，圣人所重；孔子曰：唯名与器不可以假人。今加非其人，望其裨益万分，犹缘木求鱼，升山采珠。贤曰：言求之非所，不可得也。海内望此，有以窥度汉祚！"度，徒洛翻。更始怒，囚之。诸将在外者皆专行诛赏，各置牧守；州郡交错，不知所从。由是关中离心，四海怨叛。

3 更始征隗嚣及其叔父崔、义等。嚣将行，方望以更始成败未可知，固止之；嚣不听，望以书辞谢而去。嚣等至长安，更始以嚣为右将军，崔、义皆即旧号。就其旧号以授之。隗嚣违方望之言而从更始，违马援之言而叛光武，始则几至杀身，后则终于灭族，择木之难也。

4 耿况遣其子弇奉奏诣长安，弇时年二十一。弇，古含翻。行至宋子，会王郎起，弇从吏孙仓、卫包曰："刘子舆，成帝正统；舍此不归，远行安之！"弇按剑曰："子舆弊贼，卒为降虏耳！从，才用翻。卒，终也，音子恤翻。我至长安，与国家陈上谷、渔阳兵马，归发突骑，贤曰：突骑，言能冲突军陈。以辚乌合之众，如摧枯折腐耳。贤曰辚，轹也，音力刃翻。观公等不识去就，族灭不久也！"仓、包遂亡，降王郎。

弇闻大司马秀在卢奴，贤曰：卢奴，县名，属中山国；故城在今定州安喜县。水经注曰：县有黑水故池。水黑曰卢，不流曰奴，因以为名。乃驰北上谒；上，时掌翻；下异上同。秀留署长史，与俱北至蓟。蓟，故燕都；昭帝改燕为广阳国，亦治蓟。王郎移檄购秀十万户，秀令功曹令史颍川王霸至市中募人击王郎，汉旧注：公府令史，秩百石。霸时为大司马功曹令史。市人皆大笑，举手邪揄之，霸惭愫而反。贤曰：说文曰：歋廠，手相笑也。歋，音弋支翻。廠，音逾，或音由。此云邪揄，语轻重不同。愫，亦惭也，音遽。秀将南归，耿弇曰："今兵从南方来，不可南行。渔阳太守彭宠，公之邑人；彭宠，南阳宛人。上谷太守，即弇父也。发此两郡控弦万骑，邯郸不足虑也。"秀官属腹心皆不肯，曰："死尚南首，奈何北行入囊中！"贤曰：渔阳、上谷北接塞垣，至彼路穷，如入囊中也。首，音式救翻。秀指弇曰："是我北道主人也。"

会故广阳王子接起兵蓟中以应郎，贤曰：广阳王名嘉，武帝五代孙。城内扰乱，言邯郸使者方到，二千石以下皆出迎。于是秀趣驾而出，贤曰：趣，急也，音促。至南城门，门已闭；攻之，得出，遂晨夜南驰，不敢入城邑，舍食道傍。至芜蒌亭，贤曰：芜蒌，亭名，在今饶阳东北。蒌，音力于翻。时天寒烈，冯异上豆粥。至饶阳，贤曰：饶阳，县名，属安平国，在饶河之阳；故城在今瀛州饶阳县东北。官属皆乏食。秀乃自称邯郸使者，入传舍，贤曰：传舍，客馆也。传，音知恋翻；下同。传吏方进食，从者饥，争夺之。从，才用翻。传吏疑其伪，乃椎鼓数十通，绐言"邯郸将军至"；贤曰：椎，直追翻。绐，言欺诳也，音殆。官属皆失色。秀升车欲驰，既而惧不免，徐还坐，曰："请邯郸将军入。"久，乃驾去。晨夜兼行，蒙犯霜雪，面皆破裂。

至下曲阳，贤曰：下曲阳，县名，属钜鹿郡。常山郡有上曲阳，故此言下。刘昭曰：下曲阳有鼓聚，故翟鼓子国。宋白曰：镇州鼓城县，汉下曲阳县地。传闻王郎兵在后，从者皆恐。从，才用翻。至滹沱河，贤曰：山海经云：大戏之山，滹沱之水出焉。在今代州繁畤县，东流经定州深泽县东南，即光武所渡处；今俗犹谓之危渡口。臣贤按：滹沱河旧在饶阳南，至魏太祖曹操，因饶河故渎决令北注新沟水，所以今在饶阳县北。候吏还白“河水流澌，贤曰：澌，音斯，冰澌也。无船，不可济”。秀使王霸往视之。霸恐惊众，欲且前，阻水还，即诡曰：“冰坚可度。”官属皆喜。秀笑曰：“候吏果妄语也！”遂前。比至河，比，必寐翻，及也。河冰亦合，乃令王霸护渡，贤曰：监护渡也。未毕数骑而冰解。至南宫，贤曰：南宫，县名，属信都国，今冀州县也。遇大风雨，秀引车入道傍空舍，冯异抱薪，邓禹爇火，贤曰：爇，音而悦翻。秀对灶燎衣，贤曰：燎，炙也。冯异复进麦饭。复，扶又翻。

进至下博城西，贤曰：下博县，属信都国；在博水之下，故曰下博；故城在今冀州下博县南。惶惑不知所之。有白衣老父在道旁，贤曰：盖神人也。今下博县西有祠堂。指曰：“努力！信都郡为长安城守，贤曰：信都郡，今冀州。为，于伪翻。去此八十里。”秀即驰赴之。是时郡国皆已降王郎，独信都太守南阳任光、和戎太守信都邳彤不肯从。东观记曰：王莽分信都为和戎，居下曲阳。邳彤传作“和成”。成字为是。风俗通：奚仲为夏车正，封于邳，其后以为氏。彤，余中翻。光自以孤城独守，恐不能全，贤曰：独守无援，故恐。闻秀至，大喜；吏民皆称万岁。邳彤亦自和戎来会，议者多言可因信都兵自送，西还长安。邳彤曰：“吏民歌吟思汉久矣，故更始举尊号而天下响应，三辅清宫除道以迎之。今卜者王郎，假名因势，驱集乌合之众，遂振燕、赵之地，振，举也。无有根本之固。明公奋二郡之兵以讨之，二郡：信都、和成。何患不克！今释此而归，岂徒空失河北，必更惊动三辅，堕损威重，堕，读曰隳。非计之得者也。若明公无复征伐之意，复，扶又翻。则虽信都之兵，犹难会也。何者？明公既西，则邯郸势成，民不肯捐父母、背成主而千里送公，谓光武西归，则王郎之位号定，故曰成主。背，蒲妹翻。考异曰：范书邳彤传：“邯郸成民不肯背成主”，字皆作“城”。袁纪作

“邯郸和城，民不肯捐和城而千里送公”，汉春秋作“邯郸之民不能捐父母、背成主。”按文意，“城”皆当作“成”。邯郸成，谓邯郸势成也。成主，谓王郎为已成之主也。其离散亡逃可必也！”秀乃止。

秀以二郡兵弱，欲入城头子路、力子都军中；爰曾起兵卢城头，曾字子路，故号城头子路。考异曰：范书作“力子都”。同编修刘攽曰：“力”当作“刁”，音雕。任光以为不可。乃发傍县，得精兵四千人，拜任光为左大将军，信都都尉李忠为右大将军，邳彤为后大将军，和戎太守如故，信都令万修为偏将军，万，姓也。孟子弟子有万章。皆封列侯。留南阳宗广领信都太守事；使任光、李忠、万修将兵以从；从，才用翻；下使从同。邳彤将兵居前，任光乃多作檄文曰：“大司马刘公将城头子路、力子都兵百万众从东方来，击诸反虏！”遣骑驰至钜鹿界中。吏民得檄，传相告语。传，知恋翻。语，牛倨翻。秀投暮入堂阳界，贤曰：堂阳县，属钜鹿郡，在堂水之阳；故城在今冀州鹿城县南。多张骑火，弥满泽中，堂阳即降；又击贳县，降之。贤曰：贳县，属钜鹿郡；音时夜翻；师古音式制翻。城头子路者，东平爰曾也，寇掠河、济间，有众二十馀万，济，子礼翻。力子都有众六七万，故秀欲依之。昌城人刘植聚兵数千人据昌城，迎秀；贤曰：昌城县，属信都郡；故城在今冀州西北。杜佑曰：故城在冀州信都县北。水经注引应劭曰：在堂阳县北三十里。秀以植为骁骑将军。耿纯率宗族宾客二千馀人，老病者皆载木自随，贤曰：左传曰：又如是而嫁，将就木焉。木，谓棺也。老病者恐死，故载以从军。迎秀于育；贤曰：育，县名；故城在冀州。余考两汉志无育县，盖“贳”字之误。拜纯为前将军。进攻下曲阳，降之。众稍合，至数万人，复北击中山。贤曰：中山国，一名中人亭；故城在今定州唐县东北。张曜中山记曰：城中有山，故曰中山也。复，扶又翻。耿纯恐宗家怀异心，乃使从弟䜣宿归，烧庐舍以绝其反顾之望。

秀进拔卢奴，杜佑曰：定州安喜县，汉卢奴也。所过发奔命兵，移檄边郡共击邯郸；郡县还复响应。复，扶又翻；下同。时真定王杨起兵附王郎，众十馀万，秀遣刘植说杨，杨乃降。杨，常山宪王舜六世孙。舜，景帝子也。说，输芮翻。秀因留真定，纳杨甥郭氏为夫人以结之。进击元氏、防子，皆下之。贤曰：元氏、防子属常山郡；并今赵州县也。防与房，古字通用。至鄗，击斩王郎将李恽；鄗县，属常山郡。贤曰：今赵州高邑县也。鄗，音呼各翻。恽，于粉翻。至柏人，复破郎将李育。贤曰：柏人，县名，属赵国；今邢州县；故城在县之西北。育还保城；攻之，不下。

5 南郑人延岑起兵据汉中；延，姓；岑，名。汉中王嘉击降之，有众数十万。校尉南阳贾复见更始政乱，乃说嘉曰：说，输芮翻。“今天下未定，而大王安守所保，所保得无不可保乎？”所保，谓汉中也。嘉曰：“卿言大，非吾任也。大司马在河北，必能相用。”乃为书荐复及长史南阳陈俊于刘秀。复等见秀于柏人，秀以复为破虏将军，俊为安集掾。刘玄传：玄初从陈牧等为其军安集掾。贤曰：欲以安集军众，故权以为官名。余谓光武用俊之意，不特安集军众，盖为民也。掾，俞绢翻。

秀舍中儿犯法，军市令颍川祭遵格杀之，从军者非一处人，故于军中立市，使相贸易，置令以治之。姓谱：周公第五子祭伯，其后以为氏。贤曰：祭，音侧介翻。秀怒，命收遵。主簿陈副谏曰：“明公常欲众军整齐，今遵奉法不避，是教令所行也。”乃贳之，贤曰：贳，犹赦也。以为刺奸将军，王莽置左右刺奸，使督奸猾，光武因以为将军号。谓诸将曰：“当备祭遵！吾舍中儿犯法尚杀之，必不私诸卿也。”

6 初，王莽既杀鲍宣，事见三十六卷平帝元始三年。上党都尉路平欲杀其子永；太守苟谏保护之，永由是得全。更始征永为尚书仆射，行大将军事，将兵安集河东、并州，河东郡，本属司隶。令永安集河东及并州所部诸郡。得自置偏裨。永至河东，击青犊，大破之。以冯衍为立汉将军，屯太原，与上党太守田邑等缮甲养士以扞卫并土。

7 或说大司马秀以守柏人不如定钜鹿，说，输芮翻；下同。秀乃引兵东北拔广阿。贤曰：广阿，县名，属钜鹿郡；故城在今赵州象城县西北。杜佑曰：赵州昭庆县，汉广阿县。秀披舆地图，武帝时，群臣请王皇子，御史奏舆地图。索隐曰：谓地为舆者，天地有覆载之德，故谓天为盖，谓地为舆。故地图称舆地图，疑自古有此名，非始汉也。指示邓禹曰："天下郡国如是，今始乃得其一；子前言以吾虑天下不足定，何也？"禹曰："方今海内殽乱，人思明君，犹赤子之慕慈母。古之兴者在德薄厚，不以大小也！"

8 蓟中之乱，耿弇与刘秀相失，北走昌平，贤曰：昌平县，属上谷郡；今幽州县；故城在县东。就其父况，因说况击邯郸。说，输芮翻；下同。时王郎遣将徇渔阳、上谷，急发其兵，北州疑惑，多欲从之。上谷功曹寇恂、门下掾闵业闵，姓也。鲁有大夫闵马父；孔子弟子有闵子骞。说况曰："邯郸拔起，贤曰：拔，猝也。难可信向。大司马，刘伯升母弟，尊贤下士，可以归之。"下，遐稼翻。况曰："邯郸方盛，力不能独拒，如何？"对曰："今上谷完实，控弦万骑，可以详择去就。恂请东约渔阳，齐心合众，邯郸不足图也！"况然之，遣恂东约彭宠，欲各发突骑二千匹、步兵千人诣大司马秀。

安乐令吴汉、护军盖延、狐奴令王梁亦劝宠从秀，乐，音洛。盖，古盍翻。狐奴县，属渔阳郡。宠以为然；而官属皆欲附王郎，宠不能夺。汉出止外亭，外亭，城门外之亭也。遇一儒生，召而食之，食，读曰饲。问以所闻。生言："大司马刘公，所过为郡县所称，邯郸举尊号者，实非刘氏。"汉大喜，即诈为秀书，移檄渔阳，使生赍以诣宠，令具以所闻说之。说，输芮翻。会寇恂至，宠乃发步骑三千人，以吴汉行长史，与盖延、王梁将之，南攻蓟，杀王郎大将赵闳。

寇恂还，遂与上谷长史景丹及耿弇将兵俱南，与渔阳军合，所过击斩王郎大将、九卿、校尉以下，凡斩首三万级，定涿郡、中山、钜鹿、清河、河间凡二十二县。前及广阿，闻城中车骑甚众，丹等勒兵问曰："此何兵？"曰："大司马刘公也。"诸将喜，即进至城下。城下初传言二郡兵为邯郸来，为，于伪翻；下同。众皆恐。刘秀自登西城楼勒兵问之；耿弇拜于城下，即召入，具言发兵状。秀乃悉召景丹等入，笑曰："邯郸将帅数言我发渔阳、上谷兵，数，所角翻；下同。吾聊应言'我亦发之'，贤曰：王郎将帅数云欲发二郡兵以拒光武，光武聊亦应云然，犹今两军相戏弄也。孔颖达曰：聊，且略之辞。何意二郡良为吾来！考异曰：袁纪作"良牧为吾来"，今从景丹传。韵释：良，首也，信也。方与士大夫共此功名耳。"乃以景丹、寇恂、耿弇、盖延、吴汉、王梁皆为偏将军，使还领其兵，加耿况、彭宠大将军；封况、宠、丹、延皆为列侯。

吴汉为人，质厚少文，造次不能以辞自达，少，诗沼翻。朱子曰：造次，急遽苟且之时。造，七到翻。然沈厚【章：十二行本"厚"作"勇"；乙十一行本同；孔本同；张校同。】有智略，沈，持林翻。邓禹数荐之于秀，秀渐亲重之。

更始遣尚书令谢躬率六将军讨王郎，不能下；秀至，与之合军，东围钜鹿，月馀未下。王郎遣将攻信都，大姓马宠等开门内之。更始遣兵攻破信都，秀使李忠还，行太守事。王郎遣将倪宏、刘奉率数万人救钜鹿，秀逆战于南䜌，不利。贤曰：南䜌，县名，属钜鹿郡；故城在今邢州柏人县东北。左传：齐国夏伐晋，取栾，即其地也。其后南徙，故加"南"；今谓之伦城，声之转也。杜佑曰：唐钜鹿，汉南䜌地；汉钜鹿县，今平乡也。䜌，音力全翻。景丹等纵突骑击之，宏等大败。秀曰："吾闻突骑天下精兵，今见其战，乐可言邪！”乐，音洛。

耿纯言于秀曰：“久守钜鹿，士众疲弊；不如及大兵精锐，进攻邯郸，若王郎已诛，钜鹿不战自服矣。”秀从之。夏，四月，留将军邓满守钜鹿；进军邯郸，连战，破之，郎乃使其谏大夫杜威请降。威雅称郎实成帝遗体，秀曰：“设使成帝复生，复，扶又翻。天下不可得，况诈子舆者乎！”威请求万户侯，秀曰：“顾得全身可矣！”威怒而去。秀急攻之，二十馀日；五月，甲辰，郎少傅李立开门内汉兵，遂拔邯郸。郎夜亡走，王霸追斩之。秀收郎文书，得吏民与郎交关谤毁者数千章；关，通也。秀不省，省，悉井翻。会诸将军烧之，曰：“令反侧子自安！”贤曰：反侧不安。诗曰：展转反侧。

秀部分吏卒各隶诸军，句绝。士皆言愿属大树将军。大树将军者，偏将军冯异也，为人谦退不伐，敕吏士非交战受敌，常行诸营之后。每所止舍，诸将并坐论功，异常独屏树下，屏，必郢翻，蔽也。坐树下以自蔽也。故军中号曰“大树将军”。

护军宛人朱祜言【章：十二行本“言”上有“从容”二字；乙十一行本同；孔本同。】于秀曰：“长安政乱，公有日角之相，此天命也！”考异曰：范书、袁纪“朱祜”皆作“佑”。按东观记，“祜”皆作“福”，避安帝讳。许慎说文祜字无解，云上讳。然则祜名当作“示”旁古今之古，不当作左右之右也。【章：十二行本正作“祜”；乙十一行本同；孔本同；张校同；云廿九叶前三行同。】相，息亮翻。秀曰：“召刺奸收护军！”祜事伯升为大司徒护军；光武为大司马，复以为护军。百官表：护军都尉，秦官；平帝元始元年，更名护军。祜乃不敢复言。复，扶又翻；下同。

更始遣使立秀为萧王，贤曰：萧县，属沛郡；今徐州县也。悉令罢兵，与诸将有功者诣行在所；蔡邕独断曰：天子以四海为家，故谓所居为行在所。遣苗曾为幽州牧，韦顺为上谷太守，蔡充为渔阳太守，并北之部。

萧王居邯郸宫，昼卧温明殿，贤曰：赵王如意之殿也；故基在今洺州邯郸县内。水经注：温明殿在丛台西。耿弇入，造床下请间，造，七到翻。因说曰："吏士死伤者多，请归上谷益兵。"萧王曰："王郎已破，河北略平，复用兵何为？"复，扶又翻。弇曰："王郎虽破，天下兵革乃始耳。今使者从西方来，欲罢兵，不可听也。铜马、赤眉之属数十辈，辈数十百万人，所向无前，圣公不能办也，贤曰：办，犹成也；音蒲苋翻。余据史记，项梁曰："使公主某事不能办，"即此意。今人谓了事为办事。败必不久。"萧王起坐曰："卿失言，我斩卿！"弇曰："大王哀厚弇如父子，故敢披赤心。"萧王曰："我戏卿耳，何以言之？"弇曰："百姓患苦王莽，复思刘氏，闻汉兵起，莫不欢喜，如去虎口得归慈母。今更始为天子，而诸将擅命于山东，贵戚纵横于都内，横，户孟翻。都内，谓长安。虏掠自恣，元元叩心，更思莽朝，朝，直遥翻。是以知其必败也。公功名已著，以义征伐，天下可传檄而定也。天下至重，公可自取，毋令他姓得之！"萧王乃辞以河北未平，不就征，始贰于更始。贤曰：贰，离异也。

是时，诸贼铜马、大彤、高湖、重连、铁胫、大枪、尤来、上江、青犊、五校、五幡、五楼、富平、获索等各领部曲，众合数百万人，贤曰：诸贼或以山川土地为名，或以军容强盛为号。铜马贼帅东山荒秃、上淮况等，大彤渠帅樊重，尤来渠帅樊崇，五校贼帅高扈，檀乡贼帅董次仲，五楼贼帅张文，富平贼帅徐少，获索贼帅古师郎等，并见东观记。胫，形定翻。富平，县名，属平原郡；今棣州厌次县。所在寇掠。萧王欲击之，乃拜吴汉、耿弇俱为大将军，持节北发幽州十郡突骑；幽州十郡，涿郡、广阳、代郡、上谷、渔阳、辽西、辽东、玄菟、乐浪郡是也。苗曾闻之，阴敕诸郡不得应调。贤曰：调，发也。调，徒吊翻。吴汉将二十骑先驰至无终，贤曰：无终，本山戎国也，无终，山名，因以为国号；汉为县名，属右北平，故城在今幽州渔阳县。是时苗曾盖治无终。曾出迎于路，汉即收曾，斩之。耿弇到上谷，亦收韦顺、蔡充，斩之。北州震骇，于是悉发其兵。

秋，萧王击铜马于鄡，贤曰：鄡，县名，属钜鹿郡；故城在冀州鹿城县东。鄡，音苦尧翻。吴汉将突骑来会清阳，贤曰：清阳，县名，属清河郡；今贝州县；故城在州西北。士马甚盛，汉悉上兵簿于莫府，贤曰：莫，大也。兵簿，军士之名帐。上，时掌翻。请所付与，不敢自私，王益重之。王以偏将军沛国朱浮为大将军、幽州牧，使治蓟城。铜马食尽，夜遁，萧王追击于馆陶，大破之。贤曰：馆陶县，属魏郡；今魏州县。受降未尽，降，户江翻；下同。而高湖、重连从东南来，与铜马馀众合；萧王复与大战于蒲阳，悉破降之，贤曰：前书音义曰：蒲阳山，蒲水所出，在今定州北平县西北。余按此乃班书地理志中山曲逆县下分注，非音义也。复，扶又翻。封其渠帅为列侯。帅，所类翻。诸将未能信贼，降者亦不自安；王知其意，敕令降者各归营勒兵，自乘轻骑按行部陈。降者更相语曰："萧王推赤心置人腹中，安得不投死乎！"贤曰：投死，犹言致死。余谓投，托也，托以死也。行，下孟翻。陈，读曰阵。更，工衡翻。由是皆服，悉以降人分配诸将，众遂数十万。赤眉别帅与青犊、上江、大肜、铁胫、五幡十馀万众在射犬，贤曰：续汉志，野王有射犬聚；故城在今怀州武德县北。萧王引兵进击，大破之；南徇河内，河内太守韩歆降。

9初，谢躬与萧王共灭王郎，数与萧王违戾，数，所角翻。常欲袭萧王，畏其兵强而止；虽俱在邯郸，遂分城而处，处，昌吕翻。然萧王【章：十二行本"王"下有"每"字；乙十一行本同；孔本同。】有以慰安之。躬勤于吏职，萧王常称之曰："谢尚书，真吏也！"故不自疑。其妻知之，常戒之曰："君与刘公积不相能，而信其虚谈，终受制矣！"躬不纳。既而躬率其兵数万还屯于邺。邺县，属魏郡。及萧王南击青犊，使躬邀击尤来于隆虑山，地理志：

隆虑县，属河内郡。应劭曰：隆虑山，在县北；避殇帝名，改曰林虑。师古曰：虑，音庐。躬兵大败。萧王因躬在外，使吴汉与刺奸大将军岑彭袭据邺城。躬不知，轻骑还邺，汉等收斩之，其众悉降。

10 更始遣枉【章：十二行本"枉"作"柱"；乙十一行本同；孔本同。】功侯李宝、益州刺史李【章：十二行本"李"作"张"；乙十一行本同；张校同。】忠将兵万馀人徇蜀、汉；公孙述遣其弟恢击宝、忠于绵竹，贤曰：绵竹，县名，属广汉郡，今益州县也；故城今在县东。大破走之。述遂自立为蜀王，都成都，述先居临邛，今徙成都。民、夷皆附之。

11 冬，更始遣中郎将归德侯飒、大司马护军陈遵使匈奴，授单于汉旧制玺绶，王莽篡汉，易单于玺绶，事见三十七卷始建国二年。今复授之。飒，音立。玺，斯氏翻。绶，音受。因送云、当馀亲属、贵人、从者还匈奴。天凤五年，莽胁云、当至长安。莽败，云、当亦死，所馀亲属、贵人、从者，今送还匈奴。从，才用翻。单于舆骄，谓遵、飒曰："匈奴本与汉为兄弟；匈奴中乱，师古曰：言中间之时也，读如本字，又音竹仲翻。孝宣皇帝辅立呼韩邪单于，故称臣以尊汉。今汉亦大乱，为王莽所篡，匈奴亦出兵击莽，空其边境，令天下骚动思汉；莽卒以败而汉复兴，亦我力也，当复尊我！"遵与相掌拒，卒，子恤翻。复，扶又翻。师古曰：掌，谓支拄也，音人庚翻，又丑庚翻。单于终持此言。

12 赤眉樊崇等将兵入颍川，分其众为二部，崇与逄安为一部，东观记曰：逄，音庞。徐宣、谢禄、杨音为一部。赤眉虽数战胜，数，所角翻。而疲弊厌兵，皆日夜愁泣，思欲东归；崇等计议，虑众东向必散，不如西攻长安。于是崇、安自武关，宣等从陆浑关，贤曰：武关，在今商州上洛县东。文颖曰：弘农析县西百七十里有武关。前书曰：陆浑县有关，在今洛州伊阙县西南。地理志，陆浑县属弘农郡。师古曰：浑，音胡昆翻。两道俱入。更始使王匡、成丹与抗威将军刘均等分据河东、弘农以拒之。

13 萧王将北徇燕、赵，度赤眉必破长安，度，徒洛翻。又欲乘衅并关中，而未知所寄，乃拜邓禹为前将军，中分麾下精兵二万人，遣西入关，令自选偏裨以下可与俱者。时朱鲔、李轶、田立、陈侨将兵号三十万，侨，音乔。与河南太守武勃共守洛阳；鲍永、田邑在并州。萧王以河内险要富实，河内，北有太行之险，南据河津之要。欲择诸将守河内者而难其人，贤曰：非其人不可，故难之。问于邓禹。邓禹曰："寇恂文武备足，有牧人御众之才，非此子莫可使也！"乃拜恂河内太守，行大将军事。考异曰：袁纪："邓禹初见王于鄗，即言欲据河内"；至是又云："更始武阴王李轶据洛阳，尚书谢躬据邺，各十馀万众；王患焉，将取河内以迫之，谓邓禹曰：'卿言吾之有河内，犹高祖之有关中。关中非萧何，谁能使一方晏然，高祖无西顾之忧！吴汉之能，卿举之矣；复为吾举萧何。'禹曰：'寇恂才兼文武，有御众才，非恂莫可安河内也！'"按世祖既贰更始，先得河内、魏郡，因欲守之，以比关中，非本心造谋即欲指取河内也。今依范书为定。萧王谓恂曰："昔高祖留萧何关中，吾今委公以河内；当给足军粮，率厉士马，防遏他兵，勿令北渡而已！"拜冯异为孟津将军，贤曰：孟，地名，古今以为津；在河内郡河阳县南门。统魏郡、河内兵于河上，以拒洛阳。萧王亲送邓禹至野王，禹既西，萧王乃复引兵而北。寇恂调糇粮、复，扶又翻。调，徒吊翻。糇，音侯，干食也。治器械以供军；治，直之翻。军虽远征，未尝乏绝。

14 隗崔、隗义谋叛归天水；隗嚣恐并及祸，乃告之。更始诛崔、义，以嚣为御史大夫。武帝元鼎三年，置天水郡。秦州记云：郡前湖水，冬夏无增减，因以名焉。

15 梁王永据国起兵，招诸郡豪桀，沛人周建等并署为将帅，攻下济阴、山阳、沛、楚、淮阳、汝南，凡得二十八城。将，即亮翻。帅，所类翻。济，子礼翻。又遣使拜西防贼帅山阳佼彊为横行将军，贤曰：西防，县名；故城在今宋州单父县北。佼，音绞，姓也。周大夫原伯佼之后。姓谱曰：春秋绞国，即佼也，后改从"人"；汉有佼彊。杜佑曰：佼，音效。余考两汉志无西防县。东海贼帅董宪为翼汉大将军，琅邪贼帅张步为辅汉大将军，督青、徐二州，与之连兵，遂专据东方。

16 邔人秦丰起兵于黎丘，攻得邔、宜城等十馀县，有众万人，自号楚黎王。按王莽之末，秦丰已起兵矣。通鉴书于上卷地皇二年。邔、宜城二县，属南郡。孟康曰：邔，音忌。师古曰：邔，音其。刘昭曰：邔有黎丘城。贤曰：习凿齿襄阳记曰：秦丰，黎丘乡人。黎丘，楚地，故称楚黎王。黎丘故城，在今襄州率道县北。杜佑曰：襄州宜城县，旧率道也。水经注：黎丘在中庐县西北，沔水径其西。

17 汝南田戎攻陷夷陵，贤曰：夷陵，县名，属南郡；有夷山，故曰夷陵；今峡州县；故城在今县西北。水经注：吴改夷陵为西陵。自称扫地大将军；转寇郡县，众数万人。

容肇祖标点顾颉刚聂崇岐覆校

资治通鉴卷第四十

翰林学士兼侍读学士朝散大夫右谏议大夫
知制诰判尚书都省兼提举万寿观公事上护军 司马光 奉敕编集
河内郡开国侯食邑一千三百户赐紫金鱼袋臣
后学天台胡三省音注

汉纪三十二 起旃蒙作噩(乙酉),尽柔兆阉茂(丙戌),凡二年。

世祖光武皇帝上之上 讳秀,字文叔。贤曰:礼,祖有功而宗有德。光武中叶兴,故庙称世祖。谥法,能绍前业曰光;克定祸乱曰武。伏侯古今注曰:"秀"之字曰"茂"。伯、仲、叔、季,兄弟之次。长兄伯升,次仲,故字文叔焉。

建武元年(乙酉、二五)是年六月,即位,改元。

1 春,正月,方望与安陵人弓林姓谱:弓,鲁大夫叔弓之后;又孔子弟子有仲弓,又有馯臂子弓。共立前定安公婴为天子,聚党数千人,居临泾。临泾县,属安定郡。贤曰:今泾州县。更始遣丞相松等击破,皆斩之。

2 邓禹至箕关,贤曰:箕关,在今王屋县东。余据唐王屋县属怀州。水经注:箕关故城在垣县。击破河东都尉,进围安邑。县名,属河东郡。

3 赤眉二部俱会弘农。更始遣讨难将军苏茂拒之;难,乃旦翻。茂军大败。赤眉众遂大集,乃分万人为一营,凡三十营。三月,更始遣丞相松与赤眉战于蓩乡,贤曰:蓩,音莫老翻;字林曰:毒草也;因以为地名。续汉志,弘农有蓩乡。东观记曰:崇等入至弘农枯枞山下，与茂战。崇北至蓩乡，转至湖。湖即湖城县也。以此而言，其地盖在今虢州湖城县之间。松等大败，死者三万馀人；赤眉遂转北至湖。

4 蜀郡功曹李熊说公孙述宜称天子。说，输芮翻。夏，四月，述即帝位，号成家，贤曰：以起成都，故号成家。改元龙兴；时有龙出其府，因以纪元。李【章：十二行本“李”上有“以”字；乙十一行本同；孔本同；张校同。】熊为大司徒，述弟光为大司马，恢为大司空。越巂任贵据郡降述。王莽天凤三年，任贵据越巂。巂，音髓。任，音壬。

5 萧王北击尤来、大枪、五幡于元氏，地理志，元氏县属常山郡。阚骃曰：赵公子元之封邑，故曰元氏。追至北平，连破之；贤曰：北平县，属中山国，今易州永乐县也。又战于顺水北，贤曰：水经注云：徐水经北平县故城北，光武追铜马、五幡，破之于顺水，即徐水之别名也。今在易州。括地志：徐水过北平县界而东流，又东径清苑城。乘胜轻进，反为所败。败，补迈翻。王自投高岸，突【章：十二行本“突”上有“遇”字；乙十一行本同；孔本同；张校同；退斋校同。】骑王丰下马授王，骑，奇寄翻；下同。王仅而得免；散兵归保范阳。贤曰：县名，在范水之阳，属涿郡。范阳故城在今易州易县东南。军中不见王，或云已杀，【章：十二行本“杀”作“殁”；乙十一行本同；孔本同。】诸将不知所为，吴汉曰：“卿曹努力！王兄子在南阳，何忧无主！”兄子，谓伯升子章及兴也。众恐惧，数日乃定。贼虽战胜，而惮王威名，夜，遂引去。大军复进【章：十二行本“进”作“追”；乙十一行本同；张校同。】至安次，连战，破之。复，扶又翻。贤曰：安次，县名，属渤海郡，今幽州县也；故城在县东。按我朝霸州文安县，本汉安次县地。贼退入渔阳，所过虏掠。强弩将军陈俊言于王曰：“贼无辎重，重，直用翻。宜令轻骑出贼前，使百姓各自坚壁以绝其食，可不战而殄也。”王然之，遣俊将轻骑驰出贼前，视人保壁坚完者，敕令固守；放散在野者，因掠取之。贼至，无所得，遂散败。王谓俊曰：“困此虏者，将军策也。”

6 冯异遗李轶书，为陈祸福，遗，于季翻。为，于伪翻。劝令归附萧王；轶知长安已危，而以伯升之死，心不自安。事见上卷更始元年。乃报书曰："轶本与萧王首谋造汉，事见三十八卷王莽地皇三年。今轶守洛阳，将军镇孟津，俱据机轴，贤曰：机，弩牙也。轴，车轴也。皆在物之要，故取喻焉。千载一会，思成断金。易曰：二人同心，其义断金。陆德明曰：断，丁乱翻；王肃丁管翻。唯深达萧王，愿进愚策以佐国安民。"轶自通书之后，不复与异争锋，复，扶又翻。故异得北攻天井关，刘昭志曰：上党高都县有天井关。贤曰：在今泽州晋城县南，今太行山上，关南有天井泉三所。拔上党两城，又南下河南成皋以东十三县，降者十馀万。武勃将万馀人攻诸畔者，异与战于士乡下，刘昭志：河南雒阳县有士乡聚。续汉志曰：士乡，亭名，属河南郡。大破，斩勃；轶闭门不救。异见其信效，具以白王。王报异曰："季文多诈，李轶字季文。人不能得其要领。要，一遥翻。今【张："今"作"令"。】移其书告守、尉当警备者。"众皆怪王宣露轶书；朱鲔闻之，鲔，于轨翻。使人刺杀轶，刺，七亦翻。由是城中乖离，多有降者。降，户江翻。

朱鲔闻王北征而河内孤，乃遣其将苏茂、贾彊将兵三万馀人渡巩河，攻温；巩县属河南郡，周巩伯之国也。河水过巩县北，谓之巩河，即五社津也。温县，属河内郡，周大夫苏子邑。贤曰：巩、温，并今洛州县也。鲔自将数万人攻平阴以缀异。贤曰：平阴，县名，属河南郡。杜佑曰：汉平阴县城在今洛阳县北五十里。水经注：平阴，即晋之阴地，故阴戎所居；魏文帝改曰河阴。缀，谓连缀也。将，即亮翻。檄书至河内，寇恂即勒军驰出，并移告属县，发兵会温下。军吏皆谏曰："今洛阳兵渡河，前后不绝；宜待众军毕集，乃可出也。"恂曰："温，郡之藩蔽，失温则郡不可守。"遂驰赴之。旦日，合战，而冯异遣救及诸县兵适至，恂令士卒乘城鼓噪，大呼言曰："刘公兵到！"苏茂军闻之，陈动；呼，火故翻。陈，读曰阵。恂因奔击，大破之。冯异亦渡河击朱鲔，鲔走；异与恂追至洛阳，环城一帀而归。环，音宦。帀，作答翻，周回也。自是洛阳震恐，城门昼闭。

异、恂移檄上状，诸将入贺，因上尊号。上，时掌翻；下同。将军南阳马武先进曰："大王虽执谦退，奈宗庙社稷何！宜先即尊位，乃议征伐。今此谁贼而驰骛击之乎？"贤曰：谁，谓未有主也。前书音义曰：直驰曰驰，乱驰曰骛。余谓"谁贼"者，盖谓位号未正，指谁为贼也。王惊曰："何将军出此言？可斩也！"乃引军还蓟。复遣吴汉率耿弇、景丹等十三将军追尤来等，复，扶又翻；下除贾复外皆同。斩首万三千馀级，遂穷追至浚靡而还。贤曰：浚靡，县名，属右北平郡；故城在今渔阳县北。靡，音麻。贼散入辽西、辽东，为乌桓、貊人所钞击略尽。貊，莫白翻。钞，楚交翻。

都护将军贾复汉宣帝置西域都护，尽护南、北道诸国。甘延寿之击郅支也，自谓为都护将军；汉朝未以为将军号也，至光武，乃以命贾复。与五校战于真定，复伤创甚；校，户教翻。创，初良翻。王大惊曰："我所以不令贾复别将者，将，即亮翻。为其轻敌也。为，于伪翻。果然，失吾名将！闻其妇有孕，生女邪，我子娶之；生男邪，我女嫁之；不令其忧妻子也。"复病寻愈，追及王于蓟，相见甚欢。蓟，音计。

还至中山，诸将复上尊号；王又不听。行到南平棘，贤曰：县名，属常山郡，今赵州县；故城在县南。诸将复固请之；王不许。诸将且出，耿纯进曰："天下士大夫，捐亲戚，弃土壤，从大王于矢石之间者，其计固望攀龙鳞，附凤翼，以成其所志耳。今大王留时逆众，不正号位，纯恐士大夫望绝计穷，则有去归之思，无为久自苦也。大众一散，难可复合。"纯言甚诚切，王深感曰："吾将思之。"

行至鄗，续汉志：鄗县，属常山国，帝于此即位，改曰高邑。鄗，呼各翻。召冯异，【章：十二行本“异”下有“诣鄗”二字；乙十一行本同；孔本同；张校同。】问四方动静。异曰：“更始必败，宗庙之忧在于大王，宜从众议！”会儒生彊华自关中奉赤伏符来诣王曰：“刘秀发兵捕不道，四夷云集龙斗野，四七之际火为主。”贤曰：彊，音其两翻；姓谱，其良翻。风俗通作“疆华”，系之曰：晋有大夫疆剑。四七，二十八也。自高祖至光武初起，合二百二十八年，即四七之际也。汉火德，故火为主也。群臣因复奏请。六月，己未，王即皇帝位于鄗南；时设坛于鄗南千秋亭五城陌。贤曰：其地在今赵州柏乡县。考异曰：光武本纪，冯异破苏茂，诸将上尊号，光武还至蓟，皆在四月前。而冯异传，异与李轶书云：“长安坏乱，赤眉临郊，王侯构难，大臣乖离，纲纪已绝。”又劝光武称尊号，亦曰：“三王反叛，更始败亡。”按是年六月己未，光武即位，是月甲子，邓禹破王匡等于安邑，王匡、张卬等还奔长安，乃谋以立秋貙膢时，共劫更始。然则三王反叛，应在光武即位之后，夏秋之交，冯异安得于四月之前已言之也！或者史家润色其言，致此差互耳！改元，大赦。

7 邓禹围安邑，数月未下，更始大将军樊参将数万人渡大阳，贤曰：大阳县，属河东郡。前书音义曰：大河之阳。春秋秦伯伐晋，自茅津济。杜预曰：河东大阳县也。欲攻禹；禹逆击于解南，斩之。贤曰：解县，属河东郡；故城在今蒲州桑泉县东南也。师古曰：解，音蟹。王匡、成丹、刘均合军十馀万，复共击禹，禹军不利。明日，癸亥，匡等以六甲穷日，不出，禹因得更治兵。治，直之翻。甲子，匡悉军出攻禹；禹令军中毋得妄动，既至营下，因传发诸将，孟康曰：传令军中使发也。鼓而并进，大破之。匡等皆走，禹追斩均及河东太守杨宝，遂定河东，匡等奔还长安。考异曰：刘玄传：“王匡、张卬守河东，为邓禹所破，奔还长安。”邓禹传无张卬名。今从之。

张卬与诸将议曰：“赤眉旦暮且至，见灭不久，不如掠长安，东归南阳；事若不集，复入湖池中为盗耳！”乃共入，说更始；说，输芮翻。更始怒不应，莫敢复言。复，扶又翻。更始使王匡、陈牧、成丹、赵萌屯新丰，李松军掫，以拒赤眉。贤曰：

掫，音子侯翻。续汉志新丰有鸿门亭，掫城即此也。张卬、廖湛、胡殷、申屠建与隗嚣合谋，欲以立秋日貙膢时贤曰：前书音义曰：貙，兽，以立秋日祭兽，王者亦此日出猎，用祭宗庙。冀州北郡以八月朝作饮食为膢，其俗语曰膢、腊、社、伏。风俗通：尝新始杀食曰貙膢。汉仪：立秋日，郊礼毕，始扬威武，乃祠先虞，告以烹鲜。天子御戎辂，白马朱鬛，躬执弩射牲，牲以鹿、麛，斩牲于郊东门，载获，车驰驷，以荐陵庙，名貙刘。刘，杀也。貙，于时杀物，故以应之。又谓之貙膢。廖，力吊翻。貙，去于翻。膢，音娄。共劫更始，俱成前计。考异曰：袁纪云："申屠建等劝更始让帝位，更始不应；建等谋劫之。"今从范书。更始知之，托病不出，召张卬等入，将悉诛之；唯隗嚣称疾不入，会客王遵、周宗等勒兵自守。更始狐疑不决，卬、湛、殷疑有变，遂突出；独申屠建在，更始斩建，使执金吾邓晔将兵围隗嚣第。卬、湛、殷勒兵烧门，入战宫中，更始大败；嚣亦溃围，走归天水。明旦，更始东奔赵萌于新丰。更始复疑王匡、陈牧、成丹与张卬等同谋，乃并召入；牧、丹先至，即斩之。王匡惧，将兵入长安，与张卬等合。

8 赤眉进至华阴，华，户化翻。军中有齐巫，齐巫，齐国之巫。常鼓舞祠城阳景王，城阳景王章有诛诸吕之功，故齐人祠之以求福助。巫狂言："景王大怒曰：'当为县官，何故为贼！'"贤曰：县官，谓天子也。有笑巫者辄病，军中惊动。方望弟阳说樊崇等曰："今将军拥百万之众，西向帝城，而无称号，说，输芮翻。称，尺证翻。名为群贼，不可以久；不如立宗室，挟义诛伐，以此号令，谁敢不从！"崇等以为然，而巫言益甚。前至郑，郑县，属京兆。贤曰：今华州县。乃相与议曰："今迫近长安，而鬼神若此，当求刘氏共尊立之。"近，其靳翻。

先是，赤眉过式，地理志，式县，属泰山郡。先，悉荐翻。掠故式侯萌之子恭、茂、盆子三人自随。萌之父曰宪，城阳景王五世孙，荒王顺之子，元帝时封式侯。恭少习尚书，少，诗照翻。随樊崇等降更始于洛阳，樊崇等降，见上卷更始元年。降，户江翻。复封式侯，为侍中，在长安。茂与盆子留军中，属右校卒史刘侠卿，主牧牛。汉注：卒史，秩百石，九乡寺及诸郡及军行部校皆有之。校，户教翻。侠，户颊翻。及崇等欲立帝，求军中景王后，得七十馀人，唯茂、盆子及前西安侯孝最为近属。崇等曰："闻古者天子将兵称上将军，"乃书札为符曰"上将军"。又以两空札置笥中，贤曰：札，简也。笥，箧也。于郑北设坛场，祠城阳景王，诸三老、从事皆大会；赤眉诸帅最尊者号三老，次从事。列盆子等三人居中立，以年次探札，盆子最幼，后探，得符；探，吐南翻。诸将皆称臣，拜。盆子时年十五，被发徒跣，敝衣赭汗，见众拜，恐畏欲啼。被，皮义翻。茂谓曰："善臧符！"臧，读曰藏。盆子即啮折，弃之。折，而设翻。以徐宣为丞相，樊崇为御史大夫，逢安为左大司马，逢，皮江翻。谢禄为右大司马，其馀皆列卿、将军。盆子虽立，犹朝夕拜刘侠卿，时欲出从牧儿戏；侠卿怒止之，崇等亦不复候视也。复，扶又翻。

9 秋，七月，辛未，帝使使持节拜邓禹为大司徒，封酂侯、食邑万户；贤曰：酂县，属南阳郡，故城在今襄州谷城县东北。余谓盖以禹功比萧何，故封之酂。酂，音赞。禹时年二十四。又议选大司空，帝以赤伏符曰"王梁主卫作玄武"，丁丑，以野王令王梁为大司空。帝以野王卫之所徙，玄武水神之名，司空水土之官也，于是用梁。贤曰：玄武，北方之神，龟蛇合体。野王县，属河内郡。宋白曰：怀州河内县，古野王也。又欲以谶文用平狄将军孙咸行大司马，众咸不悦。谶，楚谮翻。壬午，以吴汉为大司马。

初，更始以琅邪伏湛为平原太守；姓谱：伏本自伏羲之后，汉初有济南伏生。守，式又翻。时天下兵起，湛独晏然，抚循百姓。门下督谋为湛起兵，湛收斩之；诸郡各有门下督，主兵卫。为，于伪翻。

于是吏民信向，平原一境赖湛以全。帝征湛为尚书，使典定旧制。又以邓禹西征，拜湛为司直，行大司徒事；东都之司徒，西都之丞相也；司直，即丞相司直。车驾每出征伐，常留镇守。

10 邓禹自汾阴渡河，入夏阳，汾阴县，属河东。夏阳县，属冯翊。更始左辅都尉公乘歙引其众十万与左冯翊兵共拒禹于衙；地理志，左辅都尉治高陵。贤曰：左辅，即左冯翊也。三辅皆有都尉。衙，县名，属左冯翊，故城在今同州白水县东北。左传：秦、晋战于彭衙，即此地。公乘，姓也，以秦爵为氏。乘，绳证翻。歙，许及翻。禹复破走之。复，扶又翻。

宗室刘茂聚众京、密间，茂，元氏王歙从父弟也。贤曰：京县，属河南郡，郑之京邑；故城在今郑州荥阳县东南。密县，属河南郡；故城在今密县东南。自称厌新将军，厌，一叶翻。厌，伏也。新，谓新室也。攻下颍川、汝南，众十馀万人。帝使骠骑大将军景丹、建威大将军耿弇、强弩将军陈俊攻之；茂来降，降，户江翻。封为中山王。

11 己亥，帝幸怀，怀故城在武陟县西南十馀里。贤曰：县名，属河内郡；故城在怀州武陟县西。余据河内郡治怀，在雒阳北百四十里。遣耿弇、陈俊军五社津，即巩河也。水经注：河水东过巩县北，于此有五社渡，为五社津。杜佑曰：一名五渡津。备荥阳以东；使吴汉率建议【章：十二行本“议”作“义”；乙十一行本同；孔本同。】大将军朱祐等十一将军围朱鲔于洛阳。八月，进幸河阳。地理志，河阳县属河内郡。

12 李松自掫引兵还，从更始与赵萌共攻王匡、张卬于长安。连战月馀，匡等败走，更始徙居长信宫。三辅黄图曰：从洛门至周庙门，有长信宫在其中。

赤眉至高陵，地理志，高陵县属冯翊。王匡、张卬等迎降之，遂共连兵进攻东都门。李松出战，赤眉生得松；松弟况为城门校尉，开门纳之。九月，赤眉入长安；更始单骑走。从厨城门出。三辅黄图曰：洛城门，王莽改曰建子门；其内有长安厨官，俗名之为厨城门，今长安故城北面之中门是也。骑，奇寄翻。式侯恭以赤眉立其弟，自系诏狱；闻更始败走，乃出，见定陶王祉，祉为之除械，为，于伪翻。相与从更始于渭滨。右辅都尉严本，恐失更始为赤眉所诛，即将更始至高陵，将，如字；领也，携也，挟也。本将兵宿卫，其实围之。右辅都尉治郿。高陵，左辅都尉治所也。右，恐当作左。更始将相皆降赤眉，独丞相曹竟不降，手剑格死。手，守又翻。

13 辛未，诏封更始为淮阳王；吏民敢有贼害者，罪同大逆；其送诣吏者封列侯。

14 初，宛人卓茂，卓，姓也。史记货殖传有蜀卓氏。宛，於元翻。宽仁恭爱，恬荡乐道，恬，安恬。荡，坦荡荡也。乐，音洛。雅实不为华貌，行己在于清浊之间，自束发至白首，未尝与人有争竞，乡党故旧，虽行能与茂不同，行，下孟翻。而皆爱慕欣欣焉。哀、平间为密令，宋白续通典曰：密县，古郐国、密国之地。左传：诸侯伐郑，围新密。汉为县，属河南郡。今县东南三十里有故密城，即汉理所。视民如子，举善而教，口无恶言，吏民亲爱，不忍欺之。民尝有言部亭长受其米肉遗者，贤曰：部，谓所部也。遗，于季翻；下同。茂曰："亭长为从汝求乎，为汝有事嘱之而受乎，嘱，之欲翻；托也，私请也。将平居自以恩意遗之乎？"民曰："往遗之耳。"茂曰："遗之而受，何故言邪？"民曰："窃闻贤明之君，使民不畏吏，吏不取民。今我畏吏，是以遗之；吏既卒受，卒，终也；音子恤翻。故来言耳。"茂曰："汝为敝民矣！凡人所以群居不乱，异于禽兽者，以有仁爱礼义，知相敬事也。汝独不欲修之，宁能高飞远走，不在人间邪！吏顾不当乘威力强请求耳。亭长素善吏，岁时遗之，礼也。"民曰："苟如此，律何故禁之？"茂笑曰："律设大法，礼顺人情。今我以礼教汝，汝必无怨恶；以律治汝，汝何所措其手足乎！治，直之翻；下同。一门之内，小者可论，大者可杀也。且归念之！”初，茂到县，有所废置，吏民笑之，邻城闻者皆蚩其不能。蚩，笑也。河南郡为置守令；茂不为嫌，治事自若。茂正为令，郡复置守令使与茂并居。郡为，于伪翻。数年，教化大行，道不拾遗；迁京部丞，王莽秉政，置大司农部丞十三人，劝课农桑。京部丞，主司隶所部。密人老少皆涕泣随送。及王莽居摄，以病免归。上即位，先访求茂，茂时年七十馀。甲申，诏曰：“夫名冠天下，冠，古玩翻。当受天下重赏。今以茂为太傅，东都之制，太傅位上公，绝席，在三公之右。封褒德侯。”

臣光曰：孔子称“举善而教不能则劝。”论语孔子答季康子之言。是以舜举皋陶，汤举伊尹，而不仁者远，论语子夏答樊迟之言。陶，音遥。有德故也。光武即位之初，群雄竞逐，四海鼎沸，彼摧坚陷敌之人，权略诡辩之士，方见重于世，而独能取忠厚之臣，旌循良之吏，拔于草莱之中，寘诸群公之首，宜其光复旧物，享祚久长，盖由知所先务而得其本原故也。

15 诸将围洛阳数月，朱鲔坚守不下。帝以廷尉岑彭尝为鲔校尉，朱鲔为大司马，以彭为校尉；后从邑人韩歆于河内，遂归光武。校，户教翻。令往说之。说，输芮翻。鲔在城上；彭在城下，为陈成败。为，于伪翻。鲔曰：“大司徒被害时，鲔与其谋，又谏更始无遣萧王北伐，事并见上卷更始元年。与，读曰预。诚自知罪深，不敢降！”彭还，具言于帝。还，从宣翻，又如字。帝曰：“举大事者不忌小怨。鲔今若降，官爵可保，况诛罚乎！河水在此，吾不食言！”贤曰：指河以为信，言其明白也。索隐曰：左传曰：食言多矣，能无肥乎！是谓食言为妄言。彭复往告鲔，鲔从城上下索复，扶又翻。下，遐稼翻。索，昔各翻。曰：“必信，可乘此上。”上，时掌翻；下同。彭趣索欲上，贤曰：趣，向也，春遇翻。鲔见其诚，即许降。辛卯，朱鲔面缚，与岑彭俱诣河阳。帝解其缚，召见之，复令彭夜送鲔归城。明旦，与苏茂等悉其众出降。拜鲔为平狄将军，封扶沟侯；地理志，扶沟县，属淮阳郡。陈留风俗传：小扶亭有洧水之沟，因以名县。后为少府，传封累世。

帝使侍御史河内杜诗安集洛阳。将军萧广纵兵士暴横，横，户孟翻。诗敕晓不改，敕，戒也。晓，开谕也。遂格杀广，还，以状闻。上召见，赐以棨戟，汉杂事曰：汉制，假棨戟以代斧钺。崔豹古今注曰：棨戟，前驱之器也，以木为之。后代刻伪，无复典刑，以赤油韬之，亦谓之油戟，亦曰棨戟，王公以下通用之以前驱。遂擢任之。

冬，十月，癸丑，车驾入洛阳，幸南宫，遂定都焉。蔡质汉仪曰：南宫至北宫，中央作大屋复道，三道行，天子从中道，从官夹左右，十步一卫；两宫相去七里。

16 赤眉下书曰："圣公降者，封为长沙王；过二十日，勿受。"更始遣刘恭请降，赤眉使其将谢禄往受之。更始随禄，肉袒，上玺绶于盆子。玺，斯氏翻。绶，音受。赤眉坐更始，置庭中，将杀之；刘恭、谢禄为请，不能得，为，于伪翻；下同。遂引更始出。刘恭追呼曰：呼，火故翻。"臣诚力极，请得先死！"拔剑欲自刎；刎，武粉翻。樊崇等遽共救止之。乃赦更始，封为畏威侯。刘恭复为固请，复，扶又翻。竟得封长沙王。更始常依谢禄居，刘恭亦拥护之。

17 刘盆子居长乐宫，乐，音洛。三辅郡县、营长遣使贡献，时三辅豪杰处处屯聚，各有营长。长，知两翻。兵士辄剽夺之，又数暴掠吏民，由是皆复固守。剽，匹妙翻。数，所角翻。复，扶又翻。

百姓不知所归，闻邓禹乘胜独克而师行有纪，贤曰：纪，纲纪也。言有条贯而不残暴。皆望风相携负以迎军，降者日以千数，众号百万。禹所止，辄停车拄节以劳来之，劳，力到翻。来，力代翻。父老、童稚，垂发、戴白满其车下，莫不感悦，贤曰：垂发，童幼也。戴白，父老也。稚，直利翻。于是名震关西。

诸将豪桀皆劝禹径攻长安，禹曰："不然。今吾众虽多，能战者少，前无可仰之积，贤曰：仰，鱼向翻。后无转馈之资；赤眉新拔长安，财谷充实，锋锐未可当也。夫盗贼群居无终日之计，财谷虽多，变故万端，宁能坚守者也！上郡、北地，安定三郡，土广人稀，饶谷多畜，畜，许救翻；谓六畜也。吾且休兵北道，就粮养士，以观其敝，乃可图也。"于是引军北至栒邑，贤曰：栒邑县，属右扶风；故城在今豳州三水县东北。宋白曰：三水县东北二十五里邠邑原上有栒邑故城。栒，音荀。考异曰：袁纪："禹曰：'玺书每至，辄曰无与穷赤眉争锋。'"按世祖赐禹书，责其不攻长安，不容有此语。二年，十一月，诏征禹还，乃曰"毋与穷寇争锋"。袁纪误也。所到，诸营保郡邑皆开门归附。

18 上遣岑彭击荆州群贼，下犨、叶等十馀城。地理志，犨、叶二县皆属南阳郡。贤曰：犨故城在今汝州鲁山县东南。叶，今许州叶县也。师古曰：犨，音昌牛翻。叶，音式涉翻。

19 十一月，甲午，上幸怀。

20 梁王永称帝于睢阳。睢，音虽。

21 十二月，丙戌，上还洛阳。

22 三辅苦赤眉暴虐，皆怜更始，欲盗出之；张印等深以为虑，印等攻更始，恐其得位而祸及己，故深以为虑。使谢禄缢杀之。刘恭夜往，收藏其尸；帝诏邓禹葬之于霸陵。中郎将宛人赵熹【章：十二行本"熹"作"憙"；乙十一行本同；孔本同。下均同。】将出武关，宛，於元翻。熹，许记翻，又许里翻。道遇更始亲属，皆裸跣饥困，裸，郎果翻。熹竭其资粮以与之，将护而前；将，送也。宛王赐闻之，迎还乡里。还，从宣翻，又如字。

23 隗嚣归天水，复招聚其众，复，扶又翻。兴修故业，自称西州上将军。三辅士大夫避乱者多归嚣，嚣倾身引接，为布衣交；以平陵范逡为师友，逡，七伦翻。前凉州刺史河内【章：十二行本“内”作“南”；乙十一行本同；孔本同。】郑兴为祭酒，前书音义曰：礼，饮酒必祭，示有先也，故称祭酒。祭祀时，唯长者以酒沃酹。茂陵申屠刚、杜林为治书，贤曰：治书，即治书侍御史。治，直之翻。马援为绥德将军，杨广、王遵、周宗及平襄行巡、阿阳王捷、地理志，平襄县、阿阳县属天水郡。行，姓；巡，名。姓谱：周有大行人之官，其后氏焉。长陵王元为大将军，安陵班彪之属为宾客，由此名震西州，闻于山东。闻，音问。马援少时，以家用不足辞其兄况，欲就边郡田牧。况曰："汝大才，当晚成；良工不示人以朴，且从所好。"贤曰：从其所请也。少，诗照翻。好，呼到翻；下同。遂之北地田牧。常谓宾客曰："丈夫为志，穷当益坚，老当益壮。"后有畜数千头，谷数万斛，畜，许救翻。既而叹曰："凡殖财产，贵其能赈施也，施，式豉翻。否则守钱虏耳！"乃尽散于亲旧。闻隗嚣好士，往从之。嚣甚敬重，与决筹策。班彪，稚之子也。班稚见三十六卷平帝元始元年。

24 初，平陵窦融累世仕宦河西，知其土俗，与更始右大司马赵萌善，私谓兄弟曰："天下安危未可知；河西殷富，带河为固，张掖属国精兵万骑，汉边郡皆置属国，有都尉以领之。一旦缓急，杜绝河津，足以自守，此遗种处也！"贤曰：遗，留也。可以保全，不畏绝灭。种，章勇翻。乃因萌求往河西。萌荐融于更始，以为张掖属国都尉。融既到，抚结雄桀，怀辑羌虏，辑，和也。甚得其欢心。是时，酒泉太守安定梁统、姓谱：梁姓，本自秦仲；周平王封其少子康于夏阳梁山，是为梁伯。后为秦所并，子孙以国为氏。金城太守库钧、贤曰：前书音义曰：库姓，即仓库吏后也。今羌中有姓库者，音舍，承钧之后也。张掖都尉茂陵史苞、酒泉都尉竺曾、姓谱：竺，孤竹君之后，本姓竹。后汉拟阳侯竺晏报怨有仇，以胄始名贤，不改其族，乃加“二”

字以存夷、齐。一曰：天竺国之后。敦煌都尉辛肜，敦，徒门翻。肜，余中翻。并州郡英俊，融皆与厚善。及更始败，融与梁统等计议曰："今天下扰乱，未知所归。河西斗绝在羌、胡中，贤曰：斗，峻绝也。余谓斗，僻绝也。不同心戮力，则不能自守，权钧力齐，复无以相率，复，扶又翻。当推一人为大将军，共全五郡，观时变动。"议既定，而各谦让。以位次，咸共推梁统；统固辞，乃推融行河西五郡大将军事。武威太守马期、张掖太守任仲任，音壬。并孤立无党，乃共移书告示之；二人即解印绶去。于是以梁统为武威太守，史苞为张掖太守，竺曾为酒泉太守，辛肜为敦煌太守。融居属国，领都尉职如故；置从事，监察五郡。监，古衔翻。河西民俗质朴，而融等政亦宽和，上下相亲，晏然富殖；修兵马，习战射，明烽燧，羌、胡犯塞，融辄自将与诸郡相救，皆如符要，贤曰：赴敌不失期契也。将，即亮翻。每辄破之。其后羌、胡皆震服亲附，内郡流民避凶饥者归之不绝。

25 王莽之世，天下咸思汉德，安定三水卢芳居左谷中，续汉志曰：三水县有左、右谷；故城在今泾州安定县南。水经注：肥水出高平西北牵条山，东北出峡，注于高平川；水东有山，山东有三水县。故城本属国都尉治。诈称武帝曾孙刘文伯，云"曾祖母，匈奴浑邪王之姊也；"常以是言诳惑安定间。王莽末，乃与三水属国羌、胡起兵。更始至长安，征芳为骑都尉，使镇抚安定以西。更始败，三水豪桀共立芳为上将军、西平王，贤曰：欲平定西方，故以为号。使使与西羌、匈奴结和亲。单于以为："汉氏中绝，刘氏来归，我亦当如呼韩邪立之，令尊事我。"乃使句林王将数千骑迎芳兄弟入匈奴，贤曰：句，古侯翻。立芳为汉帝，以芳弟程为中郎将，将胡骑还入安定。

26 帝以关中未定，而邓禹久不进兵，赐书责之曰："司徒，尧也；亡贼，桀也。长安吏民遑遑无所依归，宜以时进讨，镇慰西京，系百姓之心！”禹犹执前意，别攻上郡诸县，更征兵引谷，归至大要。贤曰：大要县，属北地郡。积弩将军冯愔、车骑将军宗歆守栒邑，二人争权相攻，愔遂杀歆，愔，于今翻。因反击禹，禹遣使以闻。帝问使人：使，疏吏翻。“愔所亲爱为谁？”对曰：“护军黄防。”帝度愔、防不能久和，势必相忤，度，徒洛翻。忤，五故翻。因报禹曰：“缚冯愔者，必黄防也。”乃遣尚书宗广持节往降之。降，户江翻。后月馀，防果执愔，将其众归罪。更始诸将王匡、胡殷、成丹等皆诣广降，广与东归；至安邑，道欲亡，广悉斩之。

愔之叛也，引兵西向天水；隗嚣逆击，破之于高平，地理志，高平县属安定郡。贤曰：今原州高平县。杜佑曰：原州他楼县，汉高平县地。又曰：原州平高县，即汉高平县地。考异曰：邓禹传，愔叛在建武元年；隗嚣传在二年。盖愔以元年冬末叛，延及二年；嚣拜官在二年也。尽获其辎重。重，直用翻。于是禹承制遣使持节命嚣为西州大将军，得专制凉州、朔方事。邓禹西征，任专方面，权宜命嚣，故曰承制，言承制诏而命之也。后之承制始此。

27 腊日，赤眉设乐大会，酒未行，群臣更相辩斗；更，工衡翻。而兵众遂各逾宫，斩关入，掠酒肉，互相杀伤。卫尉诸葛稚闻之，稚，直利翻。勒兵入，格杀百馀人，乃定。刘盆子惶恐，日夜啼泣；从官皆怜之。从，才用翻。

28 帝遣宗正刘延攻天井关，与田邑连战十馀合，延不得进。及更始败，邑遣使请降；即拜为上党太守。帝又遣谏议大夫储大伯持节征鲍永；永未知更始存亡，疑不肯从，收系大伯，遣使驰至长安，诇问虚实。诇，翾正翻。候伺也，又古迥翻。

29 初，帝从更始在宛，宛，於元翻。纳新野阴氏之女丽华。风俗通：管修自齐适楚，为阴大夫，其后氏焉。是岁，遣使迎丽华与帝姊湖阳公主、妹宁平公主俱到洛阳；贤曰：宁平县属淮阳，故城在今亳州谷阳县西南。以丽华为贵人。更始西平王李通先娶宁平公主，上征通为卫尉。

30 初，更始以王闳为琅邪太守，张步据郡拒之。闳谕降，得赣榆等六县；地理志，赣榆县，属琅邪郡。师古曰：赣，音绀。榆，音逾。贤曰：赣，音贡。今海州东海县也。余据今人皆从颜音。收兵与步战，不胜。步既受刘永官号，治兵于剧，地理志，剧县，属北海郡。贤曰：故城在今青州寿光县南，故纪国城也。治，直之翻。遣将徇泰山、东莱、城阳、胶东、北海、济南、齐郡，皆下之。闳力不敌，乃诣步相见。步大陈兵而见之，怒曰："步有何罪，君前见攻之甚！"闳按剑曰："太守奉朝命，朝，直遥翻。而文公拥兵相拒。张步字文公。闳攻贼耳，何谓甚邪！"步起跪谢，与之宴饮，待为上宾，令闳关掌郡事。贤曰：关，通也。

二年（丙戌、二六）

1 春，正月，甲子朔，日有食之。

2 刘恭知赤眉必败，密教弟盆子归玺绶，习为辞让之言。及正旦大会，恭先曰："诸君共立恭弟为帝，德诚深厚！立且一年，殽乱日甚，诚不足以相成，恐死而无益，愿得退为庶人，更求贤知，唯诸君省察！"知，读曰智。省，悉景翻。樊崇等谢曰："此皆崇等罪也。"恭复固请，复，扶又翻；下同。或曰："此宁式侯事邪！"贤曰：刘恭为式侯。言众立天子，非恭所预。恭惶恐起去。盆子乃下床解玺绶，叩头曰："今设置县官而为贼如故，四方怨恨，不复信向，此皆立非其人所致。愿乞骸骨，避贤圣路！必欲杀盆子以塞责者，无所离死！"贤曰：离，避也。塞，悉则翻。因涕泣嘘唏。贤曰：唏，与欷同。崇等及会者数百人，莫不哀怜之，乃皆避席顿首曰："臣无状，负陛下，无状，无善状也。

请自今已后，不敢复放纵！”因共抱持盆子，带以玺绶；盆子号呼，不得已。号，户刀翻。既罢出，各闭营自守。三辅翕然，称天子聪明，百姓争还长安，市里且满。后二十馀日，复出，大掠如故。

3 刀子都为其部曲所杀，馀党与诸贼会檀乡，号檀乡贼，“刀”，依考异当作“刁”。【章：乙十一行本正作“刁”；孔本同。十二行本误作“力”。】贤曰：今兖州瑕丘县东北有檀乡。寇魏郡、清河。魏郡大吏李熊弟陆谋反城迎檀乡，反，音翻。或以告魏郡太守颍川铫期，贤曰：铫，音姚；姓也。魏郡，秦置；故城在今相州安阳县东北。期召问熊，熊叩头首服，首，式救翻。愿与老母俱就死。期曰：“为吏傥不若为贼乐者，可归与老母往就陆也！”贤曰：必以在城中为吏不如为贼之乐，即任将母往就弟。乐，音洛。使吏送出城。熊行，求得陆，将诣邺城西门；魏郡治邺城。将，如字。陆不胜愧感，胜，音升。自杀以谢期。期嗟叹，以礼葬之，而还熊故职。于是郡中服其威信。

帝遣吴汉率王梁等九将军击檀乡于邺东漳水上，水经：漳水源出上党长子县西发鸠山；东过壶关、屯留、潞、武安等县；又东出山，过邺县。大破之，十馀万众皆降。又使梁与大将军杜茂将兵安辑魏郡、清河、东郡，悉平诸营保，保，与堡同。三郡清静，边路流通。自雒阳至渔阳、上谷，路出三郡；三郡既平，则边路流通矣。范史杜茂传“边”作“道”。

4 庚辰，悉封诸功臣为列侯；盘州洪氏曰：西京列侯，其传国皆有世次。东都枝叶不蕃，而史笔又简略。梁侯邓禹、禹始封酂，是年改封梁侯。地理志，梁县属河南郡；唐汝州治梁县。宋白曰：汉梁县故城，在汝水之南。广平侯吴汉贤曰：广平县，属广平郡；故城在今洺州永年县西北。皆食四县。博士丁恭议曰：“古者封诸侯不过百里，强干弱枝，所以为治也。治，直吏翻。今封四县，不合法制。”帝曰：“古之亡国皆以无道，未尝闻功臣地多而灭亡者也。”阴乡侯阴识，贵人之兄也，以军功当增封，识叩头让曰：“天下初定，将帅有功者众，臣托属掖廷，仍加爵邑，不可以示天下；此为亲戚受赏，国人计功也。”战国公孙龙告平原君之辞。帝从之。帝令诸将各言所乐，乐，音洛。皆占美县；占，之赡翻。河南太守颍川丁綝独求封本乡。或问其故，綝曰：“綝能薄功微，得乡亭厚矣！”帝从其志，封新安乡侯。綝，丑林翻。汉法，大县侯位视三公，小县侯位视上卿，乡亭侯位视中二千石。綝，颍川定陵人。新安乡盖在定陵。帝使郎中魏郡冯勤典诸侯封事；勤差量功次轻重，国土远近，地势丰薄，不相逾越，莫不厌服焉。量，音良。厌，于艳翻。帝以为能，尚书众事皆令总录之。故事：尚书郎以令史久次补之，帝始用孝廉为尚书郎。百官志：尚书令史十八人，秩二百石；侍郎三十六人，秩四百石，主作文书起草。蔡质汉仪曰：尚书郎，初从三署诣台试；初上台，称守尚书郎中；岁满，称尚书郎；三年，称侍郎。

5 起高庙于洛阳，考异曰：帝纪：“正月，壬子”。按正月甲子朔，不应有壬子，误。四时合祀高祖、太宗、世宗；建社稷于宗庙之右；立郊兆于城南。续汉志曰：立社稷于雒阳，在宗庙之右，皆方坛，四面及中各依方色；无屋，有墙门而已。白虎通曰：天子之坛方五丈，诸侯之坛半天子之坛。社者，土也。人非土不立，非谷不食，故封土立社，示有土也。稷者，五谷之长，得阴阳中和之气，故祭之也。沈约曰：礼云：共工氏之霸九州，其子句龙，曰后土，能平九土，故祀以为社。烈山氏之有天下，其子曰神农，能殖百谷，其裔曰柱，佐颛顼为稷官，主农事；周弃继之，法施于人，故祀以为稷。礼，王为群姓立社，曰太社；王自为立社，曰王社。故国有二社，而稷亦有二也。汉、魏则有官社，无稷，故常二社一稷也。傅咸曰：天子亲耕以供粢盛；亲耕自报，故自为立社，为籍而报也。国以人为本，人以国为命，故又为百姓立社而祈报也。此社之所以有二也。王肃论王社，谓春祈籍田，秋而报之也；其论太社，则曰王者布下圻内，为百姓立之，谓之太社，不自立之京师也。杜佑曰：社者，五土之神。五土者，山林、川泽、丘陵、坟衍、原隰等，各有所育，群生赖之，故特于吐生物处别立。其名为社稷者。于五土之中，特指原隰之祇；以五土虽各有所生，而山林、川泽、丘陵、坟衍，此四者杂出材用等物，于五谷之功则少。且生人所急者食，故于五土之中，别旌异原隰之祇以报之。以其能生五谷，名其神。但五谷不可遍言，以稷为五谷之长，春生秋成之主，稷者，原隰之中能生五谷之祇，是也。续汉书曰：制郊兆于雒阳城南七里，为坛八阶，中又为重坛，天地位皆在坛上，其外坛上为五帝位。青帝位在甲寅，赤帝位在丙巳，黄帝位在丁未，白帝位在庚申，黑帝位在壬亥。其外为壝，重营皆紫，以象紫宫。营有通道，以为门。日月在营内南道，日在东，月在西。北斗在北道之西。外营、中营凡千五百一十四神；高皇帝配食焉。

6 长安城中粮尽，赤眉收载珍宝，大纵火烧宫室、市里，恣行杀掠，长安城中无复人行；复，扶又翻。乃引兵而西，众号百万，自南山转掠城邑，遂入安定、北地。邓禹引兵南至长安，军昆明池，谒祠高庙，收十一帝神主，送诣洛阳；高、惠、文、景、武、昭、宣、元、成、哀、平，十一帝。贤曰：神主，以木为之，方尺二寸，穿中央，达四方。诸侯王长一尺。虞主用桑，练主用栗。卫宏汉旧仪曰：已葬，收主为木函，藏庙太室中西壁坎中，去地六尺一寸，祭则立主于坎下。因巡行园陵，为置吏士奉守焉。行，下孟翻。为，于伪翻。

7 真定王杨造谶记曰："赤九之后，瘿杨为主。"贤曰：汉以火德，故云赤也。光武于高祖九代孙，故云九。瘿，于郢翻。瘿生于颈而附于咽。杨病瘿，欲以惑众；与绵曼贼交通。贤曰：绵曼，县名，属真定国；故城在今恒州石邑县西北；俗音讹谓之人文故城也。帝遣骑都尉陈副、游击将军邓隆征之，杨闭城门不内。帝复遣前将军耿纯持节行幽、冀，所过劳慰王、侯，复，扶又翻。行，下孟翻。劳，力到翻。密敕收杨。纯至真定，止传舍，传，株恋翻。邀杨相见。纯，真定宗室之出也，故杨不以为疑，且自恃众强，而纯意安静，即从官属诣之；贤曰：男子谓姊妹之子为出。纯母盖真定宗室之女，故杨不疑而来见纯。杨兄弟并将轻兵在门外。将，即亮翻。杨入，见纯，纯接以礼敬，因延请其兄弟皆入；乃闭阁，悉诛之，因勒兵而出。真定震怖，无敢动者。怖，普布翻。帝怜杨谋未发而诛，复封其子为真定王。杨子德。

8 二月，己酉，车驾幸修武。贤曰：县名，属河内郡；本殷之宁邑。韩诗外传曰：武王伐纣，勒兵于宁，故曰修武。今怀州县也。

9 鲍永、冯衍审知更始已亡，乃发丧，出储大伯等，封上印绶，悉罢兵，幅巾诣河内。杜佑曰：按巾，六国时赵、魏之间通谓之承露，庶人及军旅皆服之。贤曰：幅巾，谓不着冠，但幅巾束首也。傅玄子曰：汉末，王公卿士多委王服，以幅巾为雅，是以袁绍、崔钧之徒虽为将帅，皆着缣巾。上，时掌翻。考异曰：鲍永传称"永等降于河内，时攻怀未拔，帝谓永曰：'我攻怀三日而城不下，关东畏服卿，可且将故人自往城下譬之。'即拜永谏议大夫。至怀，乃说更始河内太守，于是开城而降。"按光武未都洛阳以前屡幸怀，又祠高祖于怀宫，并无更始河内太守据怀事。本纪亦无攻怀一节。按田邑书称"主亡一岁，莫知定所。"则永、衍之降必在此年。而帝纪光武此年不曾幸河内，但有幸修武事。然则永、衍实降于修武。修武，亦河内县也。其称降怀等事，当是史误，故皆略之。帝见永，问曰："卿众安在？"永离席叩头曰：离，力智翻。"臣事更始，不能令全，诚惭以其众幸富贵，故悉罢之。"帝曰："卿言大，"而意不悦。帝虽谓永言大，而以其降晚，意怀不悦也。既而永以立功见用，贤曰：谓说下怀。余按考异不取下怀事，当以永讨平鲁郡为功也。按永传，时董宪裨将讨鲁，侵害百姓，乃拜永为鲁郡太守。永到，讨击，大破之。唯别帅彭丰、虞休、皮常等各千馀人称将军，不肯下。永以计诱，手格杀丰等，禽破党与，以功封关内侯，迁扬州牧。衍遂废弃。永谓衍曰："昔高祖赏季布之罪，诛丁固之功；事见十一卷高帝五年。丁固，即丁公。今遭明主，亦何忧哉！"衍曰："人有挑其邻人之妻者，其长者骂而少者报之。挑，徒了翻。长，知两翻。少，诗沼翻；下同。后其夫死，取其长者。或谓之曰：'夫非骂尔者邪！'夫非之夫，音扶。曰：'在人欲其报我，在我欲其骂人也！'贤曰：此并陈轸对秦王之辞，见战国策。引之者，言己为故主守节，亦冀新帝重之也。挑，徒了翻。夫天命难知，人道易守，易，以豉翻。

守道之臣，何患死亡！”

10 大司空王梁屡违诏命，梁与吴汉俱击檀乡，诏军事一属汉，而梁辄发野王兵。帝以其不奉诏，敕令止在所县，而梁复以便宜进军，是屡违诏命也。帝怒，遣尚书宗广持节即军中斩梁；广槛车送京师。既至，赦之，以为中郎将，北守箕关。水经注：瀵水出河东垣县王屋西山瀵溪，夹山东南流，径故城东，即瀵关也；光武遣王梁守之。

11 壬子，以太中大夫京兆宋弘为大司空。弘荐沛国桓谭，为议郎、给事中。帝以沛郡为沛国。帝令谭鼓琴，爱其繁声。弘闻之，不悦；伺谭内出，内出，从禁中出也。伺，相吏翻。正朝服坐府上，朝，直遥翻。遣吏召之。谭至，不与席而让之，且曰："能自改邪，将令相举以法乎？”谭顿首辞谢；良久，乃遣之。后大会群臣，帝使谭鼓琴；谭见弘，失其常度。帝怪而问之，弘乃离席免冠谢曰：离，力智翻。“臣所以荐桓谭者，望能以忠正导主；而令朝廷耽悦郑声，臣之罪也。”帝改容谢之。

湖阳公主新寡，帝与共论朝臣，微观其意。主曰：“宋公威容德器，群臣莫及。”帝曰：“方且图之。”后弘被引见，被，皮义翻。见，贤遍翻。帝令主坐屏风后，释名：屏风，障风也。因谓弘曰：“谚言‘贵易交，富易妻，’人情乎？”弘曰：“臣闻贫贱之知不可忘，糟糠之妻不下堂。”帝顾谓主曰：“事不谐矣！”

12 帝之讨王郎也，彭宠发突骑以助军，事见上卷二年。转粮食，前后不绝。及帝追铜马至蓟，宠自负其功，意望甚高；帝接之不能满，以此怀不平。贤曰：负，恃也。不能满其望，故心不平也。按宠传，先是吴汉北发兵，帝遗宠以所服剑，倚为北道主人。及追铜马北至蓟，宠来谒，谓当迎阁，握手交欢并坐。帝接之，不能满其意，所以失望。及即位，吴汉、王梁，宠之所遣，事见上卷更始二年。并为三公，而宠独无所加，愈怏怏不得志，怏，于两翻。叹曰：“如此，我当为王；但尔者，陛下忘我邪！”尔，犹言如此也。

是时北州破散，而渔阳差完，有旧铁官，地理志，渔阳郡渔阳有铁官。宠转以贸谷，积珍宝，益富强。贸，音茂。幽州牧朱浮，年少有俊才，欲厉风迹，贤曰：风化之迹也。少，诗照翻。收士心，辟召州中名宿有名耆宿之士。及王莽时故吏二千石，皆引置幕府，多发诸郡仓谷禀赡其妻子。宠以为天下未定，师旅方起，不宜多置官属以损军实，贤曰：谓甲兵、粮储也。左传曰：隳军实也。不从其令。浮性矜急自多，贤曰：矜，夸；多，自取也。宠亦狠强，嫌怨转积。浮数谮构之，密奏宠多聚兵谷，意计难量。狠，户垦翻。数，所角翻。量，音良。上辄漏泄令宠闻，以胁恐之。恐，欺用翻，又如字。至是，有诏征宠，宠上疏，愿与浮俱征；帝不许。宠益以自疑；其妻素刚，不堪抑屈，固劝无受征，曰："天下未定，四方各自为雄，渔阳大郡，兵马最精，何故为人所奏而弃此去乎！"宠又与所亲信吏计议，皆怀怨于浮，莫有劝行者。帝遣宠从弟子后兰卿喻之；宠因留子后兰卿，遂发兵反，拜署将帅，自将二万馀人，攻朱浮于蓟。又以与耿况俱有重功，而恩赏并薄，数遣使邀诱况；要，一遥翻。【章：作"邀"者刻误。十二行本正作"要"；乙十一行本同；孔本同。】况不受，斩其使。

13 延岑复反，围南郑。岑降嘉见上卷更始二年。复，扶又翻；下同。汉中王嘉兵败走，岑遂据汉中，进兵武都；地理志，武都县，属武都郡。为更始柱功侯李宝所破，岑走天水。走，音奏。公孙述遣将侯丹取南郑；嘉收散卒得数万人，以李宝为相，从武都南击侯丹，不利，还军河池、下辨，贤曰：河池县，属武都郡，一名仇池，今凤州县也。下辨道，亦属武都郡，今成州同谷县。师古曰：辨，音皮苋翻。复与延岑连战。岑引北，入散关，至陈仓；贤曰：散关故城，在今陈仓县南十里，有散谷水，因取名焉。地理志，陈仓县属右扶风；唐为宝鸡县，属岐州。嘉追击，破之。

公孙述又遣将军任满从阆中下江州，东据扞关，贤曰：阆中、江州，皆县名，并属巴郡。阆中，今隆州县也。江州故城，在渝州巴县西。宋白曰：今渝州江津县，本汉江州县。史记曰：楚肃王为扞关以拒蜀，故基在今峡州巴山县。于是尽有益州之地。汉益州部汉中、巴郡、广汉、蜀郡、犍为、牂柯、越巂、益州等郡。

14 辛卯，上还洛阳。

15 三月，乙未，大赦。

16 更始诸大将在南方未降者尚多。帝召诸将议兵事，以檄叩地曰："郾最强，宛为次，谁当击之？"叩，去后翻，又丘候翻。师古曰：郾，一战翻。宛，於元翻。贾复率然对曰：率然，轻遽之貌。"臣请击郾。"帝笑曰："执金吾击郾，吾复何忧！复，扶又翻。大司马当击宛。"遂遣复击郾，破之；尹尊降。又东击更始淮阳太守暴汜，汜降。贤曰：淮阳故城，在今陈州宛丘县东南。汜，音泛，又音凡。降，户江翻。

17 夏，四月，虎牙大将军盖延盖，古盍翻。督驸马都尉马武等四将军击刘永，破之；遂围永于睢阳。

故更始将苏茂反，茂随朱鲔降，今复反。杀淮阳太守潘蹇，姓谱：周文王之子季孙食采于潘，因氏焉。晋有潘父，楚有潘崇。据广乐而臣于永；贤曰：广乐，地阙。今宋州虞城县有长乐故城，盖避隋炀帝讳改。永以茂为大司马、淮阳王。

18 吴汉击宛，宛王赐奉更始妻子诣洛阳降；帝封赐为慎侯。贤曰：慎县，属汝南郡；故城在今颍州颍上县西北。叔父良、族父歙、族兄祉皆自长安来。甲午，封良为广阳王，祉为城阳王；宛王赐，于光武为族兄，更始近属也。歙，许及翻；亦更始近属，更始封为元氏王。祉，族兄舂陵康侯敞之子，光武之族侄，而舂陵节侯买之嫡曾孙也；更始封为定陶王。又封兄缜子章为太原王，兴为鲁王；更始三子求、歆、鲤皆为列侯。求为襄邑侯，歆为谷孰侯，鲤为寿光侯。

19 邓王王常降，帝见之甚欢，曰："吾见王廷尉，不忧南方矣！”更始以王常为廷尉，故帝称之，常降则得南阳一郡，故云不忧南方。拜为左曹，前书百官表：左、右曹，加官，受尚书事。此时盖为专官也。封山桑侯。贤曰：山桑县，属沛郡；今亳州县。

20 五月，庚辰，封族父歙为泗水王。

21 帝以阴贵人雅性宽仁，欲立以为后。贵人以郭贵人有子，西都后宫之号十四等，未有贵人。光武中兴，斫雕为朴，六宫称号，惟有皇后、贵人。贵人金印紫绶，奉不过数十斛。终不肯当。六月，戊戌，立贵人郭氏为皇后，以其子彊为皇太子；大赦。

22 丙午，封泗水王子终为淄川王。终，歙子也，与帝少相亲爱，故封为王。

23 秋，贾复南击召陵、新息，平之。召陵、新息二县，并属汝南郡。贤曰：新息故城在今豫州新息县西南。复部将杀人于颍川，颍川太守寇恂捕得，系狱。时尚草创，军营犯法，率多相容，恂戮之于市。复以为耻，还，过颍川，谓左右曰：“吾与寇恂并列将帅，而为其所陷，今见恂，必手剑之！”恂知其谋，不欲与相见。姊子谷崇曰：“崇，将也，得带剑侍侧；卒有变，足以相当。”卒，读曰猝。恂曰：“不然，昔蔺相如不畏秦王而屈于廉颇者，为国也。”事见四卷周赧王三十六年。为，于伪翻。乃敕属县盛供具，储酒醪；说文曰：醪，兼汁滓酒。执金吾军入界，一人皆兼二人之馔。贤曰：馔，具也，雏晥翻，又音雏恋翻。恂出迎于道，称疾而还。复勒兵欲追之，而吏士皆醉，遂过去。恂遣谷崇以状闻，帝乃征恂。恂至，引见；时贾复先在坐，坐，徂卧翻。欲起相避。帝曰：“天下未定，两虎安得私斗！今日朕分之。”分，犹解也。于是并坐极欢，遂共车同出，结友而去。

24 八月，帝自率诸将征五校；校，户教翻。丙辰，幸内黄，贤曰：内黄县，属魏郡；今相州县。大破五校于羛阳，降其众五万人。贤曰：羛阳，聚名，属魏郡；故城在今相州尧城县东。余据左传，晋荀盈如齐逆女，还，卒于戏阳。杜预注：内黄县北有戏阳城。尧城县本汉内黄县，隋开皇十八年更名；唐末，改永定县。戏，与羲同，许宜翻。降，户江翻；下同。

25 帝遣游击将军邓隆助朱浮讨彭宠；隆军潞南，浮军雍奴，遣吏奏状。潞、雍奴二县，皆属渔阳郡。水经曰：鲍丘水过潞县南，曰潞河。邓隆军于是水之南，为彭宠所破。宋白曰：幽州武清县，本汉雍奴县。水经注云：雍奴，薮泽之名；四面有水曰雍，水不流曰奴。帝读檄，怒，谓使吏曰：遣吏来使，故曰使吏。使，疏吏翻。"营相去百里，其势岂可得相及！比若还，若，汝也。比，必寐翻，及也。北军必败矣。"彭宠果遣轻兵击隆军，大破之；浮远，遂不能救。

26 盖延围睢阳数月，克之。盖，古盍翻。刘永走至虞，贤曰：虞县，属梁国；故城在今宋州虞城县。虞人反，杀其母、妻；永与麾下数十人奔谯。地理志，谯县，属沛郡。贤曰：今亳州县。苏茂、佼彊、周建合军三万馀人救永；延与战于沛西，地理志，沛县，属沛郡。贤曰：今徐州县。佼，音绞，又音效。大破之。永、彊、建走保湖陵，地理志，湖陵县，属山阳郡。茂奔还广乐；延遂定沛、楚、临淮。三郡也。

帝使太中大夫伏隆持节使青、徐二州，招降郡国。青、徐群盗闻刘永破败，皆惶怖请降。怖，普布翻。张步遣其掾孙昱随隆诣阙上书，献鳆鱼。鳆，步各翻。隆，湛之子也。

27 堵乡人董䜣反宛城，水经注曰：堵水南经小堵乡。贤曰：在今唐州方城县。堵，音者。宛，於元翻。执南阳太守刘驎。扬化将军坚镡攻宛，拔之；驎，离珍翻。镡，徒含翻。坚，姓；镡，名。䜣走还堵乡。

28 吴汉徇南阳诸县，所过多侵暴。破虏将军邓奉谒归新野，谒归，谒告而归也。怒汉掠其乡里，遂反，击破汉军，屯据淯阳，与诸贼合从。从，子容翻。

29 九月，壬戌，帝自内黄还。

30 陕贼苏况攻破弘农；陕，失冉翻。帝使景丹讨之。会丹薨，征虏将军祭遵击弘农、柏华、蛮中贼，皆平之。东观记曰：柏华，聚也。郦道元曰：河南郡新城县，故蛮子国也，县有鄤聚，今名蛮中。括地志：故麻城谓之蛮中，在汝州梁县界。祭，则介翻。

31 赤眉引兵欲西上陇，陇县，属天水郡；有大坂，名陇坻。三秦记曰：其坂九回，不知高几许，欲上者七日乃越；高处可容百馀家，清水四注下。郭仲产秦州记曰：陇山东西百八十里，登山岭，东望秦川，四五百里，极目泯然。山东人行役，升此而顾瞻者，莫不悲思，故歌曰："陇头流水，分离四下。念我行役，飘然旷野。登高远望，涕零双堕。"渡汧、陇，无蚕桑；八月乃麦，五月乃冻解。隗嚣遣将军杨广迎击，破之；又追败之于乌氏、泾阳间。乌氏、泾阳二县，属安定郡。贤曰：乌氏故城，在今泾州安定县东四十里。泾阳故城，在今原州平高县之南。败，补迈翻。氏，音支。赤眉至阳城番须中，郦道元曰：阳城在安民县。成帝永始二年，罢安定呼他苑以为安民县。贤曰：番须口与回中相近，并在汧。番，音盘。逢大雪，坑谷皆满，士多冻死；乃复还，发掘诸陵，复，扶又翻；下同。取其宝货。凡有玉匣殓者，率皆如生；殓，力赡翻。贼遂污辱吕后尸。污，乌故翻。关中记：吕后合葬长陵。高祖陵在西，吕后陵在东。邓禹遣兵击之于郁夷，地理志，郁夷县，属右扶风。反为所败；败，补迈翻。禹乃出之云阳。地理志，云阳县，属左冯翊。赤眉复入长安。延岑屯杜陵，贤曰：县名，属京兆，周之杜伯国；在今万年县东南。赤眉将逢安击之。邓禹以安精兵在外，引兵袭长安；会谢禄救至，禹兵败走。延岑击逢安，大破之，逢，音庞。死者十馀万人。

廖湛将赤眉十八万攻汉中王嘉；嘉与战于谷口，地理志，谷口县，属冯翊。贤曰：故城在今醴泉县东北四十里。水经注曰：泾水东经九嵕山东、中山西，谓之谷口。杜佑曰：谷口，今云阳县洛谷是。宋白曰：当泾水所出之处，故谓之谷口。廖，力吊翻，又力救翻。大破之，嘉手杀湛，遂到云阳就谷。嘉妻兄新野来歙，帝之姑子也，帝令邓禹招嘉，嘉因歙诣禹降。歙，许及翻。李宝倨慢，禹斩之。考异曰：更始柱功侯李宝时为刘嘉相。此盖别一人，同姓名。余参考范书，究其本末，汉中王嘉即以更始柱功侯李宝为相，禹诛之，非别一人也。

32 冬，十一月，以廷尉岑彭为征南大将军。帝于大会中指王常谓群臣曰："此家率下江诸将辅翼汉室，心如金石，真忠臣也！"此家，犹言此人也。即日，拜常为汉忠将军，使与岑彭率建义大将军朱祐等七将军讨邓奉、董䜣。彭等先击堵乡，堵，音者。邓奉救之。朱祐军败，为奉所获。

33 铜马、青犊、尤来馀贼共立孙登为天子。登将乐玄杀登，以其众五万馀人降。

34 邓禹自冯愔叛后，威名稍损，又乏粮食，战数不利，数，所角翻。归附者日益离散。赤眉、延岑暴乱三辅，郡县大姓各拥兵众，禹不能定。帝乃遣偏将军冯异代禹讨之，车驾送至河南，地理志，河南县，属河南郡；故郏、鄏地。周武王迁九鼎，周公营以为都，是为王城。雒阳，周公迁殷民，是为成周。晋地道记：河南城去雒城四十里。宋白曰：河南县，周平王徙居于此，至敬王乃徙居成周；汉为河南县；历魏、晋及后魏，皆理于唐苑城东北隅。敕异曰："三辅遭王莽、更始之乱，重以赤眉、延岑之丑，重，直用翻。元元涂炭，贤曰：涂炭者，若陷泥坠火，喻穷困之极也。无所依诉。将军今奉辞讨诸不轨，营保【章：十二行本"保"作"堡"；乙十一行本同；孔本同；张校同。】降者，遣其渠帅诣京师；帅，所类翻。散其小民，令就农桑；坏其营壁，无使复聚。坏，音怪。复，扶又翻。征伐非必略地、屠城，要在平定安集之耳。诸将非不健斗，然好虏掠。好，呼到翻。卿本能御吏士，念自修敕，无为郡县所苦！"异顿首受命，引而西；所至布威信，群盗多降。

臣光曰：昔周人颂武王之德曰："铺时绎思，我徂惟求定。"周颂赉之诗也。铺，布也。绎，陈也。徂，往也。求定，谓安天下也。言王者之兵志在布陈威德安民而已。观光武之所以取关中，用是道也。岂不美哉！

35 又诏征邓禹还，曰："慎毋与穷寇争锋！穷寇者，言其势已穷，势必致死也。兵法曰：穷寇勿追。赤眉无谷，自当来东；吾以饱待饥，以逸待劳，孙武子之言也。折箠笞之，箠，杖也。折杖笞之，言易也。非诸将忧也。无得复妄进兵！"复，扶又翻；下同。

帝以伏隆为光禄大夫，复使于张步，使，疏吏翻。拜步东莱太守，并与新除青州牧、守、都尉俱东。诏隆辄拜令、长以下。令，力政翻。长，知两翻。

36 十二月，戊午，诏宗室列侯为王莽所绝者，皆复故国。王莽始建国二年，免汉宗室列侯为民，事见三十七卷。复，如字。

37 三辅大饥，人相食，城郭皆空，白骨蔽野，遗民往往聚为营保，各坚壁清野。赤眉虏掠无所得，乃引而东归，众尚二十馀万，随道复散。复，扶又翻。帝遣破奸将军侯进等屯新安，建威大将军耿弇等屯宜阳，以要其还路，地理志，新安、宜阳二县，皆属弘农郡。要，与邀同。敕诸将曰："贼若东走，可引宜阳兵会新安；贼若南走，可引新安兵会宜阳。"冯异与赤眉遇于华阴，华，户化翻。相拒六十馀日，战数十合，降其将卒五千馀人。

容肇祖标点顾颉刚聂崇岐覆校

资治通鉴卷第四十一

翰林学士兼侍读学士朝散大夫右谏议大夫
知制诰判尚书都省兼提举万寿观公事上护军 司马光 奉敕编集
河内郡开国侯食邑一千三百户赐紫金鱼袋臣

后学天台胡三省音注

汉纪三十三 起强圉大渊献（丁亥），尽屠维赤奋若（己丑），凡三年。

世祖光武皇帝上之下

建武三年（丁亥、二七）

1 春，正月，甲子，以冯异为征西大将军。晋书职官志曰：四征起于汉代，谓此。邓禹惭于受任无功，数以饥卒徼赤眉战，辄不利；数，所角翻。徼，一遥翻。乃率车骑将军邓弘等自河北度至湖，地理志，河北县，属河东郡。湖县，属京兆。贤曰：湖县故城在今虢州湖城县西南。要冯异共攻赤眉。要，一遥翻；下同。异曰："异与贼相拒数十日，虽虏获雄将，馀众尚多，可稍以恩信倾诱，难卒用兵破也。卒，读曰猝；下猝起同。上今使诸将屯渑池，要其东，渑，弥兖翻。而异击其西，一举取之，此万成计也！"十事九成，犹有一不中。万事万成，言算无遗计也。要，一遥翻。禹、弘不从，弘遂大战移日。言日景移也。赤眉阳败，弃辎重走；重，直用翻。车皆载土，以豆覆其上，覆，敷救翻。兵士饥，争取之。赤眉引还，击弘，弘军溃乱；异与禹合兵救之，赤眉小却。异以士卒饥倦，可且休；禹不听，复战，大为所败，复，扶又翻。败，补迈翻。死伤者三千馀人，禹以二十四骑脱归宜阳。异弃马奔【章：十二行本"奔"作"步"；乙十一行本同；孔本同；张校同；退斋校同。】走，上回溪阪，杜佑通典曰：回溪在河南永宁县东北，俗名回坑，长四里，阔二丈，深二丈五尺，自汉以前，道皆由此。郦道元云：曹公西讨，恶南路之险，更开北道。与麾下数人归营，收其散卒，复坚壁自守。复，扶又翻。

2 辛巳，立四亲庙于雒阳，祀父南顿君以上至春陵节侯。礼，天子立亲庙四；今依以立春陵节侯、郁林太守、钜鹿都尉、南顿令庙。

3 壬午，大赦。

4 闰月，乙巳，邓禹上大司徒、梁侯印绶；上，时掌翻；下同。诏还梁侯印绶，以为右将军。

5 冯异与赤眉约期会战，使壮士变服与赤眉同，伏于道侧。旦日，赤眉使万人攻异前部，异少出兵以救之；所以示弱也。贼见势弱，遂悉众攻异，异乃纵兵大战。日昃，贼气衰，伏兵卒起，衣服相乱，赤眉不复识别，卒，读曰猝。复，扶又翻。别，彼列翻。众遂惊溃；追击，大破之于崤底，崤谷之底也。贤曰：即崤阪也，在今洛州永宁县西北。降男女八万人。降，户江翻。帝降玺书劳异曰：劳，力到翻。"始虽垂翅回溪，终能奋翼渑池，可谓失之东隅，收之桑榆。贤曰：淮南子曰：至于衡阳，是谓隅中。又前书谷永曰：太白出西方，六十日，法当参天；今已过期，尚在桑榆间。桑榆，谓晚也。余按淮南子曰：西日垂景在树端，谓之桑榆。方论功赏，以答大勋。"

赤眉馀众东向宜阳。甲辰，帝亲勒六军，严陈以待之。陈，读曰阵。赤眉忽遇大军，惊震不知所谓，乃遣刘恭乞降曰："盆子将百万众降陛下，何以待之？"帝曰："待汝以不死耳！"丙午，盆子及丞相徐宣以下三十馀人肉袒降，上所得传国玺绶。玺，斯氏翻。绶，音受。积兵甲宜阳城西，与熊耳山齐。贤曰：宜阳县故城，韩国城也，在今洛州福昌县东。水经注曰：洛水之北有熊耳山，双峦竞举，状同熊耳；在宜阳西。宋白曰：宜阳故城，在福昌县东十三里。赤眉众尚十馀万人，帝令县厨皆赐食。宜阳县厨也。明旦，大陈兵马临雒水，帝改"洛"为"雒"。令盆子君臣列而观之。帝谓樊崇等曰："得无悔降乎？朕今遣卿归营，勒兵鸣鼓相攻，决其胜负，不欲强相服也。"强，其两翻。徐宣等叩头曰："臣等出长安东都门，君臣计议，归命圣德。百姓可与乐成，难与图始，乐，音洛。故不告众耳。今日得降，犹去虎口归慈母，诚欢诚喜，无所恨也！"帝曰："卿所谓铁中铮铮，佣中佼佼者也！"贤曰：说文曰：铮铮，金也。铁之铮，言微有刚利也。铮，初耕翻。佼，古巧翻。诗，佼人僚兮。今相传胡巧翻。言佼佼者，凡庸之人稍为胜也。戊申，还自宜阳。帝令樊崇等各与妻子居雒阳，赐之田宅。其后樊崇、逢安反，诛；杨音、徐宣卒于乡里。帝怜盆子，以为赵王郎中；赵王良，帝叔父也。以盆子为其国郎中。后病失明，赐荥阳均输官地，使食其税终身。贤曰：均输，官名，属司农。桓宽盐铁论云：郡国诸侯各以其方物贡输往来，物多苦恶，不偿其费，故郡国置均输官以相给运，故曰均输。刘恭为更始报仇，杀谢禄，禄杀更始事见上卷元年。为，于伪翻。自系狱；帝赦不诛。

6 二月，刘永立董宪为海西王。贤曰：海西县，属琅邪郡。永闻伏隆至剧，地理志，剧县，属北海郡；春秋纪国之地。杜佑曰：汉剧县故城，在寿光县南。亦遣使立张步为齐王。步贪王爵，犹豫未决。隆晓譬曰："高祖与天下约，非刘氏不王；今可得为十万户侯耳！"步欲留隆，与共守二州；二州，青州、徐州也。隆不听，求得反命，步遂执隆而受永封。隆遣间使上书曰：间，古苋翻。使，疏吏翻。"臣隆奉使无状，贤曰：言罪大也。受执凶逆；虽在困厄，授命不顾。又，吏民知步反畔，心不附之，愿以时进兵，无以臣隆为念！臣隆得生到阙廷，受诛有司，此其大愿。若令没身寇手，以父母、昆弟长累陛下。贤曰：累，托也，音力伪翻。陛下与皇后、太子永享万国，与天无极！”帝得隆奏，召其父湛，流涕示之，曰：“恨不且许而遽求还也！”其后步遂杀之。帝方北忧渔阳，南事梁、楚，故张步得专集齐地，据郡十二焉。步据城阳、琅邪、高密、胶东、东莱、北海、齐、千乘、济南、平原、泰山、菑川十二郡。

7 帝幸怀。

8 吴汉率耿弇、盖延击青犊于轵西，大破降之。贤曰：轵县，属河内郡；故城在今洛州济源县东南。盖，古盍翻。

9 三月，壬寅，以司直伏湛为大司徒。

10 涿郡太守张丰反，郡国志：涿郡，在雒阳东北千八百里。自称无上大将军，与彭宠连兵。朱浮以帝不自征彭宠，上疏求救。诏报曰：“往年赤眉跋扈长安，贤曰：跋扈，犹言暴横也。吾策其无谷必东；果来归附。今度此反虏，度，徒洛翻。势无久全，其中必有内相斩者。今军资未充，故须后麦耳！”须，待也。浮城中粮尽，人相食，会耿况遣骑来救，浮乃得脱身走，蓟城遂降于彭宠。考异曰：朱浮传：“尚书令侯霸奏：‘浮败乱幽州，构成宠罪，徒劳军师，不能死节，罪当伏诛。’”按霸明年乃为尚书令，盖追劾之。宠自称燕王，攻拔右北平、上谷数县，赂遗匈奴，遗，于季翻。借兵为助；又南结张步及富平、获索诸贼，皆与交通。

11 帝自将征邓奉，至堵阳；堵阳县，属南阳郡。杜佑曰：唐州方城县，汉堵阳县。应劭曰：堵阳，景帝改为顺阳。二说不同。奉逃归淯阳，董䜣降。䜣，音欣。降，下江翻；下同。夏，四月，帝追奉至小长安，与战，大破之；奉肉袒因朱祜降。去年奉禽祜，今因祜而降。帝怜奉旧功臣，奉，邓晨之兄子也。且衅起吴汉，事见上卷上年。欲全宥之。岑彭、耿弇谏曰：“邓奉背恩反逆，背，蒲妹翻。暴师经年，陛下既至，不知悔善，而亲在行陈，陈，读曰阵。兵败乃降；若不诛奉，无以惩恶！”于是斩之。复朱祜位。

12 延岑既破赤眉，即拜置牧守，欲据关中。时关中众寇犹盛，岑据蓝田，王歆据下邽，贤曰：秦武公伐邽戎置，以陇西有上邽，故此云下。芳丹据新丰，芳，姓也。风俗通有汉幽州刺史芳乘。蒋震据霸陵，张邯据长安，公孙守据长陵，杨周据谷口，吕鲔据陈仓，角闳据汧，角，姓也，汉有角善叔。汧，苦坚翻。骆延据盩厔，盩厔，音舟窒。姓谱：齐太公之后有公子骆，子孙以为氏。史记，秦之先有大骆。任良据鄠，鄠，音户。汝章据槐里，汝，姓也。商有汝鸠、汝方。春秋，晋有汝齐、汝宽。各称将军，拥兵多者万馀人，少者数千人，转相攻击。冯异且战且行，屯军上林苑中。异自崤谷之败，引兵而西，且战且行，进屯上林苑中。延岑引张邯、任良共击【章：十二行本"击"作"攻"；乙十一行本同；孔本同。】异；异击，大破之，诸营保附岑者皆来降，保，与堡同。岑遂自武关走南阳。走，音奏。时百姓饥饿，黄金一斤易豆五升，道路断隔，委输不至，委，於伪翻。输，舂遇翻。冯异军士悉以果实为粮。诏拜南阳赵匡为右扶风，将兵助异，并送缣、谷。异兵谷渐盛，乃稍诛击豪杰不从令者，褒赏降附有功劳者，悉遣诸营渠帅诣京师，帅，所类翻。散其众归本业，威行关中。唯吕鲔、张邯、蒋震遣使降蜀，鲔，于轨翻。邯，下甘翻。其馀悉平。

13 吴汉率骠骑大将军杜茂等七将军围苏茂于广乐；周建招集得十余万人救之。周建，刘永将也。汉迎与之战，不利，堕马伤膝，还营；厀，与膝同。建等遂连兵入城。诸将谓汉曰："大敌在前，而公伤卧，众心惧矣！"三军之气，以将为主，故云然。汉乃勃然裹创而起，创，初良翻。椎牛飨士，慰勉之，士气自倍。旦日，苏茂、周建出兵围汉；汉奋击，大破之，茂走还湖陵。睢阳人反城迎刘永，盖延率诸将围之；反，音幡。盖，古盍翻。吴汉留杜茂、陈俊守广乐，自将兵助延围睢阳。睢，音虽。

14 车驾自小长安引还，令岑彭率傅俊、臧宫、刘宏等三万徐人南击秦丰。五月，己酉，车驾还宫。

15 乙卯晦，日有食之。

16 六月，壬戌，大赦。

17 延岑攻南阳，得数城；建威大将军耿弇与战于穰，地理志，穰县，属南阳郡。大破之。岑与数骑走东阳，与秦丰合；丰以女妻之。走，音奏。妻，七细翻。建义大将军朱祜率祭遵等与岑战于东阳，破之；贤曰：东阳，聚名也；故城在今邓州南。临淮郡复有东阳县，非此地也。余据郡国志，南阳淯阳县有东阳聚。岑走归秦丰。祜遂南与岑彭等军合。

延岑护军邓仲况拥兵据阴县，贤曰：阴县，属南阳郡；故城在今襄州谷城县界北。水经注：沔水南径谷城东，又南过阴县西。宋白曰：今光化军，本阴县地。而刘歆孙龚为其谋主。前侍中扶风苏竟以书说之，前此帝尝用竟为侍中。说，输芮翻。仲况与龚降。竟终不伐其功，隐身乐道，寿终于家。乐，音洛。

秦丰拒岑彭于邓，地理志，邓县，属南阳郡；春秋之邓国也。秋，七月，彭击破之。进围丰于黎丘，别遣积弩将军傅俊将兵徇江东，扬州悉定。

18 盖延围睢阳百日，刘永、苏茂、周建突出，将走酂；此沛郡之酂县也。贤曰：今亳州县；音在何翻。延追击之急，永将庆吾斩永首降。姓谱：齐大夫庆氏之后。苏茂、周建奔垂惠，郡国志：沛郡山桑县有垂惠聚。贤曰：在今亳州山桑县西北，一名礼城。杜佑通典曰：垂惠聚在亳州蒙城县西北。共立永子纡为梁王。佼彊奔保西防。佼，古巧翻，又音效。

19 冬，十月，壬申，上幸舂陵，祠园庙。舂陵节侯以下四世园庙也。

20 耿弇从容言于帝，从，千容翻。自请北收上谷兵未发者，定彭宠于渔阳，取张丰于涿郡，还收富平、获索，东攻张步，以平齐地。帝壮其意，许之。

21 十一月，乙未，帝还自舂陵。

22 是岁，李宪称帝，置百官，拥九城，众十馀万。庐江十二城，宪所得者九城耳。

23 帝谓太中大夫来歙曰：姓谱：郲，子姓，商之支孙，食采于郲，因以为氏；后避难去邑。汉功臣表有轪侯来苍。歙，许及翻。"今西州未附，西州，谓隗嚣也。子阳称帝，子阳，公孙述字。道里阻远，诸将方务关东，思西州方略，未知所在。"【章：十二行本"在"下有"奈何"二字；乙十一行本同；孔本同；张校同。】歙曰："臣尝与隗嚣相遇长安。其人始起，以汉为名。事见三十九卷更始元年。臣愿得奉威命，开以丹青之信，扬子曰：圣人之言，炳若丹青。嚣必束手自归；则述自亡之势，不足图也！"帝然之，始令歙使于嚣。使，疏吏翻；下同。嚣既有功于汉，又受邓禹爵署，事见上卷元年。其腹心议者多劝通使京师，嚣乃奉奏诣阙。帝报以殊礼，言称字，用敌国之仪，所以慰藉之甚厚。贤曰：慰，安也。藉，荐也。言安慰而荐藉之也。

四年（戊子、二八）

1 正月，甲申，大赦。

2 二月，壬子，上行幸怀；壬申，还雒阳。

3 延岑复寇顺阳；郡国志，顺阳县属南阳郡。顺水东南入蔡。括地志：顺阳故城，在邓州穰县西三十里，楚之郇邑也。复，扶又翻；下同。遣邓禹将兵击破之。岑奔汉中；公孙述以岑为大司马，封汝宁王。

4 田戎闻秦丰破，恐惧，欲降。降，户江翻；下同。其妻兄辛臣图彭宠、张步、董宪、公孙述等所得郡国以示戎曰："雒阳地如掌耳，如掌，喻其狭也。不如且按甲以观其变。"戎曰："以秦王之强，犹为征南所围，吾降决矣！"岑彭时为征南大将军，故戎云然。乃留辛臣使守夷陵，自将兵沿江溯沔上黎丘。自夷陵沿江而下，至沔口；自沔口溯沔而上，可至黎丘也。上，时掌翻。辛臣于后盗戎珍宝，从间道先降于岑彭，间，古苋翻。而以书招戎曰："宜以时降，无拘前计！"戎疑臣卖己，灼龟卜降，兆中坼，周礼菙氏：凡卜，以明火爇燋，吹其焌，契以授卜师。郑玄曰：燋焌，用荆菙之类。兆者，灼龟，发于火，其形可占者。菙，时髓翻。燋，哉约翻。焌，音俊，又子寸翻。遂复反，与秦丰合；岑彭击破之，戎亡归夷陵。

5 夏，四月，丁巳，上行幸邺；己巳，幸临平，贤曰：县名，属钜鹿郡，故城在今定州鼓城县东南。遣吴汉、陈俊、王梁击破五校于临平。鬲县五姓共逐守长，据城而反；贤曰：鬲县属平原郡，故城在今德州西北。五姓，盖当土强宗豪右。鬲，音革。余谓守长者，守鬲县长，非正官也。长，知两翻；下同。诸将争欲攻之。吴汉曰："使鬲反者，守长罪也。敢轻冒进兵者斩！"乃移檄告郡使收守长，而使人谢；城中五姓大喜，即相率降。诸将乃服，曰："不战而下城，非众所及也！"

6 五月，上幸元氏；辛巳，幸卢奴，将亲征彭宠。伏湛谏曰："今兖、豫、青、冀，中国之都，而寇贼从横，未及从化。从，子容翻。渔阳边外荒耗，边外者，边于外夷也。岂足先图！陛下舍近务远，弃易求难，易，以豉翻。诚臣之所惑也！"上乃还。

7 帝遣建议【章：十二行本"议"作"义"；乙十一行本同；孔本同。】大将军朱祐、建威大将军耿弇、征虏将军祭遵、祭，侧界翻。骁骑将军刘喜讨张丰于涿郡。祭遵先至，急攻丰；禽之。初，丰好方术，有道士言丰当为天子，西都有方士，东都因称为道士。好，呼到翻。以五彩囊裹石系丰肘，云"石中有玉玺"。丰信之，遂反。既执，当斩，犹曰"肘石有玉玺"。傍人为椎破之，为，于伪翻；下同。丰乃知被诈，仰天叹曰："当死无恨！"

上诏耿弇进击彭宠。弇以父况与宠同功，况与宠同有助汉之功，事见上卷、三十九卷更始二年。又兄弟无在京师者，不敢独进，求诣雒阳。诏报曰："将军举宗为国，功效尤著，何嫌何疑，而欲求征！"况闻之，更遣弇弟国入侍。时祭遵屯良乡，刘喜屯阳乡，贤曰：良乡、阳乡，皆县名，并属涿郡。阳乡故城，在今幽州故安县西北。宋白曰：良乡，在燕为中都，汉为良乡县。彭宠引匈奴兵欲击之；耿况使其子舒袭破匈奴兵，斩两王，宠乃退走。

8 六月，辛亥，车驾还宫。

9 秋，七月，丁亥，上幸谯，考异曰：袁纪，"六月幸谯"，今从范书。遣捕虏将军马武、骑都尉王霸围刘纡、周建于垂惠。

10 董宪将贲休以兰陵降；贤曰：前书贲赫，音肥。今姓作贲，音奔。兰陵县，属东海郡；故城在今沂州丞县东。宪闻之，自郯围之。贤曰：郯县，属东海郡；故城在今泗州下邳县东北。郯，音谈。盖延及平狄将军山阳庞萌在楚，楚，彭城也。请往救之。帝敕曰："可直往捣郯，贤曰：捣，击也。余谓捣，捣虚也；此兵法所谓攻其必救也。则兰陵自解。"延等以贲休城危，遂先赴之。宪逆战而阳败退，延等因拔围入城。明日，宪大出兵合围；延等惧，遽出突走，因往攻郯。帝让之曰："间欲先赴郯者，以其不意故耳！今既奔走，贼计已立，围岂可解乎！"延等至郯，果不能克；而董宪遂拔兰陵，杀贲休。

11 八月，戊午，上幸寿春，地理志，寿春县，属九江郡。贤曰：今寿州县。遣扬武将军南阳马成率诛虏将军南阳刘隆等三将军发会稽、丹阳、九江、六安四郡兵击李宪。九月，围宪于舒。地理志，庐江郡，治舒县。贤曰：故城在今庐州庐江县西。会，古外翻。

王莽末，天下乱，临淮大尹河南侯霸独能保全其郡。郡国志：临淮郡在雒阳东千四百里。帝征霸会寿春，拜尚书令。时朝廷无故典，又少旧臣，少，诗沼翻。霸明习故事，收录遗文，条奏前世善政法度，施行之。

冬，十月，甲寅，车驾还宫。

12 隗嚣使马援往观公孙述。援素与述同里闬，相善，援与述皆茂陵人。说文曰：闬，闾也，侯旰翻。以为既至，当握手欢如平生；而述盛陈陛卫以延援入，交拜礼毕，使出就馆。更为援制都布单衣、何承天纂文曰：都、致、错、履、无极，皆布名。方言曰：襌衣，江、淮、南楚之间谓之裸，关之东西谓之襌衣。为，于伪翻。交让冠，会百官于宗庙中，立旧交之位，述鸾旗、旄骑，鸾旗注见十三卷文帝元年。旄骑，旄头骑也。秦穆公伐南山大梓，有一青牛出走，入丰水中；其后牛出丰水中，使骑击之，不胜；有骑堕地复上，发解，牛畏之，入不出：故置旄头骑以前驱。警跸就车，磬折而入，贤曰：磬折，屈身如磬之曲折，敬也。孔颖达曰：磬折者，屈身如磬之折杀。按考工记云：磬氏为磬，倨句一矩有半。郑云：必先度一矩为句，一矩为股，而求其弦。既以一矩有半触其弦，则磬之倨句也。是磬之折杀，其形必曲，人之倚式亦当然也。礼飨官属甚盛，欲授援以封侯大将军位。宾客皆乐留，乐，音洛。援晓之曰："天下雌雄未定，公孙不吐哺走迎国士，周公一饭三吐哺以下天下之士。与图成败，反修饰边幅，贤曰：言若布帛修整其边幅也。如偶人形，此子何足久稽天下士乎！"稽，留也。因辞归，谓嚣曰："子阳，井底蛙耳，言志识褊狭，如坎井之蛙。而妄自尊大！不如专意东方。"东方，谓雒阳也。

嚣乃使援奉书雒阳。援初到，良久，中黄门引入。中黄门，宦者也；属少府。帝在宣德殿南庑下，庑，音武，堂下周屋也。但帻，坐，迎笑，董巴曰：古者有冠无帻，其戴也加首有頍，所以安物。诗曰：有頍者弁，谓此也。秦加武将首饰为绛袙，其后稍稍作颜题。汉兴，续其颜，却摞之，施巾连题，却覆之，今丧帻是其制也，名之曰帻。帻者，头首严赜也。至孝文，乃高颜题，续之为耳，崇其巾为屋，合后施收，贵贱皆服之。蔡邕曰：帻，古者卑贱执事不冠者之所服。元帝额有壮发，不欲使人见，始进帻服之。谓援曰："卿遨游二帝间；今见卿，使人大惭。"援顿首辞谢，因曰："当今之世，非但君择臣，臣亦择君矣！臣与公孙述同县，少相善；少，诗照翻。臣前至蜀，述陛戟而后进臣。陛戟，谓卫者持戟侠陛也。臣今远来，陛下何知非刺客奸人，而简易若是！”帝复笑曰：“卿非刺客，顾说客耳。”说，去声。援曰：“天下反覆，盗名字者不可胜数；盗名字，谓僭窃位号，称帝称王也。易，以豉翻。复，扶又翻。说，输芮翻。胜，音升。今见陛下恢廓大度，同符高祖，乃知帝王自有真也。”

13 太傅卓茂薨。

14 十一月，丙申，上行幸宛。宛，於元翻。岑彭攻秦丰三岁，斩首九万馀级；丰馀兵裁千人，食且尽。十二月，丙寅，帝幸黎丘，遣使招丰，丰不肯降；降，户江翻；下同。乃使朱祜等代岑彭围黎丘，使岑彭、傅俊南击田戎。

15 公孙述聚兵数十万人，积粮汉中；又造十层楼船，多刻天下牧守印章。守，式又翻。遣将军李育、程乌【张：“乌”作“焉”，下同。】将数万众出屯陈仓，就吕鲔，将徇三辅；冯异迎击，大破之，育、乌俱奔汉中。考异曰：公孙述传：“使李育、程乌与吕鲔徇三辅。三年，冯异击鲔、育于陈仓，大败之。”按本纪，“四年，冯异与述将程焉战陈仓，破之。”冯异传亦在今年。盖述传误以“四年”为“三年”，“焉”作“乌”耳。异还，击破吕鲔，营保降者甚众。

是时，隗嚣遣兵佐异有功，遣使上状，帝报以手书曰：“慕乐德义，思相结纳。乐，音洛。昔文王三分，犹服事殷，孔子曰：三分天下有其二，以服事殷，周之德可谓至德也已矣！但驽马、铅刀，不可强扶，贤曰：周礼：校人掌六马；驽马，最下者也。说文：铅，青金也，似锡而色青。言驽马、铅刀，不可强扶而用也。强，其两翻。数蒙伯乐一顾之价。战国策，苏代谓淳于髡曰：人有卖骏马者，比三旦立于市，市人莫之知；往见伯乐曰：臣有骏马，欲卖之，比三旦立市，市人莫与言，愿子还而视之，去而顾之。臣请献一朝之价。伯乐如其言，一旦而价十倍也。数，所角翻。乐，音洛。将军南拒公孙之兵，北御羌、胡之乱，御，读曰禦。是以冯异西征，得以数千百人踯躅三辅。贤曰：踯躅，犹踟蹰也。毛晃曰：踯躅，跳也。踯，直炙翻。躅，直录翻。微将军之助，则咸阳已为他人禽矣！如令子阳到汉中，三辅愿因将军兵马，鼓旗相当。傥肯如言，即智士计功割地之秋也！贤曰：秋，一岁中功成之时，故举以为言。管仲曰：‘生我者父母，成我者鲍子。’贤曰：事见史记。自今以后，手书相闻，勿用傍人间构之言。”间，古苋翻；下同。其后公孙述数遣将间出，嚣辄与冯异合势，共摧挫之。述遣使以大司空、扶安王印绶授嚣；扶安，谓相扶助而安也。嚣斩其使，出兵击之，以故蜀兵不复北出。复，扶又翻。

16 泰山豪杰多与张步连兵。吴汉荐强弩大将军陈俊为泰山太守，击破步兵，遂定泰山。郡国志：泰山郡在雒阳东千四百里。

五年（己丑、二九）

1 春，正月，癸巳，车驾还宫。

2 帝使来歙持节送马援归陇右。考异曰：袁纪曰：“援与拒蜀侯国游先俱奉使，游先至长安，为仇家所杀；其弟为嚣云旗将军。来歙恐其怨恨，与援俱还长安。”按嚣使被杀者，周游也，不在此时。隗嚣与援共卧起，问以东方事，曰：“前到朝廷，上引见数十，东观记曰：凡十四见。每接燕语，自夕至旦，才明勇略，非人敌也。且开心见诚，无所隐伏，阔达多大节，略与高帝同；经学博览，政事文辨，前世无比。”嚣曰：“卿谓何如高帝？”援曰：“不如也。高帝无可无不可；贤曰：此论语孔子自言己之所行也。今上好吏事，好，呼到翻。动如节度，又不喜饮酒。”喜，许记翻。嚣意不怿，曰：“如卿言，反复胜邪！”复，扶又翻。

3 二月，丙午，大赦。

4 苏茂将五校兵救周建于垂惠。校，户教翻。马武为茂、建所败，奔过王霸营，大呼求救。败，蒲迈翻。呼，火故翻。霸曰：“贼兵盛，出必两败，努力而已！”乃闭营坚壁。军吏皆争之，霸曰：“茂兵精锐，其众又多，吾吏士心恐，而捕虏与吾相恃，马武为捕虏将军。两军不一，此败道也。今闭营固守，示不相援，贼必乘胜轻进；捕虏无救，其战自倍。人各致死，则一人倍二人之力。如此，茂众疲劳，吾承其敝，乃可克也。"茂、建果悉出攻武，悉兵而出攻也。合战良久，霸军中壮士数十人断发请战，断，丁管翻。霸乃开营后，出精骑袭其背。茂、建前后受敌，惊乱败走，霸、武各归营。茂、建复聚兵挑战，复，扶又翻。挑，徒了翻；下同。霸坚卧不出，方飨士作倡乐；倡，音昌。茂雨射营中，射矢如雨也。射，而亦翻。中霸前酒樽，中，竹仲翻。霸安坐不动。军吏皆曰："茂前日已破，今易击也！"易，以豉翻。霸曰："不然，苏茂客兵远来，粮食不足，故数挑战，以徼一时之胜。数，所角翻。徼，坚尧翻，又一遥翻。今闭营休士，所谓'不战而屈人兵'者也。"孙子曰：百战百胜，非善之善者也；不战而屈人兵，善之善者也。霸盖引其言。茂、建既不得战，乃引还营。其夜，周建兄子诵反，闭城拒之；建于道死；茂奔下邳，地理志，下邳县，属东海郡。与董宪合；刘纡奔佼彊。

5 乙丑，上行幸魏郡。

6 彭宠妻数为恶梦，数，所角翻。又多见怪变；卜筮、望气者皆言兵当从中起。宠以子后兰卿质汉归，不信之，子后兰卿归，见上卷二年。质，音致。使将兵居外，无亲于中。宠斋在便室，贤曰：便坐之室，非正室也。苍头子密等三人贤曰：秦呼民为黔首；谓奴为苍头者，以别于良人也。因宠卧寐，共缚著床，著，直略翻。告外吏云："大王斋禁，皆使吏休。"伪称宠命，收缚奴婢，各置一处。又以宠命呼其妻，妻入，惊曰："奴反！"奴乃捽其头，击其颊。捽，昨没翻。宠急呼曰："趣为诸将军办装！"趣，读为促。贤曰：呼奴为将军者，欲其赦己也。呼，火故翻。为，于伪翻。于是两奴将妻入取宝物，留一奴守宠。宠谓守奴曰："若小儿，吾素所爱也。今为子密所迫劫耳！解我缚，当以女珠妻汝，妻，七细翻。家中财物皆以与若。”若，亦汝也。小奴意欲解之，视户外，见子密听其语，遂不敢解。于是收金玉衣物，至宠所装之，被马六匹，被，皮义翻。加马以鞍勒曰被马。使妻缝两缣囊。昏夜后，解宠手，令作记告城门将军云：“今遣子密等至子后兰卿所，【章：十二行本“所”下有“速开门出”四字；乙十一行本同；孔本同；张校同；退斋校同。】勿稽留之。”书成，斩宠及妻头置囊中，便持记驰出城，因以诣阙。明旦，阁门不开，官属逾墙而入，见宠尸，惊怖。怖，普布翻。其尚书韩立等共立宠子午为王，国师韩利斩午首诣祭遵降，国师，以宠所署置也，盖遵王莽之制。夷其宗族。帝封子密为不义侯。

权德舆议曰：伯通之叛命，伯通，彭宠字也。子密之戕君，同归于乱，罪不相蔽，宜各致于法，昭示王度；王度，犹言王法也。反乃爵于五等，又以‘不义’为名。且举以不义，莫可侯也；此而可侯，汉爵为不足劝矣。春秋书齐豹盗、三叛人名之义，卫司寇齐豹以私怨杀卫侯之兄孟縶，春秋书之曰盗。三叛人名，谓襄二十一年，邾庶其以漆、闾丘来奔；昭五年，莒牟夷以牟娄及防兹来奔；哀十四年，小邾射以句绎来奔。句，音钩。无乃异于是乎！

7 帝以扶风郭伋为渔阳太守。郡国志：渔阳郡，在雒阳东北二千里。伋承离乱之后，养民训兵，开示威信，盗贼销散，匈奴远迹；在职五年，户口增倍。

8 帝使光禄大夫樊宏持节迎耿况于上谷，郡国志：上谷郡，在雒阳东北二千里。曰：“边郡寒苦，不足久居。”况至京师，赐甲第，奉朝请，封牟平侯。地理志，牟平县，属东莱郡。唐、宋属登州。宋白曰：牟平县以在牟山之阳，其地平坦，故曰牟平。汉牟平故城，在今黄县东百三十里。朝，直遥翻。请，音才性翻，又如字。

吴汉率耿弇、王常击富平、获索贼于平原，郡国志：平原郡，在雒阳北一千三百里。大破之；追讨馀党，至勃海，郡国志：勃海郡在雒阳北一千六百里。降者四万馀人。上因诏弇进讨张步。

9 平敌将军庞萌，为人逊顺，前作"平狄将军"。帝信爱之，常称曰："可以托六尺之孤，寄百里之命者，论语孔子之言。吕与叔曰：托六尺之孤，谓辅幼主；寄百里之命，谓为诸侯。庞萌是也。"使与盖延共击董宪。时诏书独下延而不及萌，下，遐稼翻。萌以为延谮己，自疑，遂反袭延军，破之；考异曰：东观记、汉书皆云："萌攻延；延与战，破之。诏书劳延曰：'庞萌一夜反畔，相去不远，营壁不坚，殆令人齿欲相击；而将军有不可动之节，吾甚美之。'"延传言"仅而得免"，与彼不同，今从延传。与董宪连和，自号东平王，屯桃乡之北。东平国任城县有桃乡。贤曰：故城在今兖州龚丘县西北。帝闻之，大怒，自将讨萌，与诸将书曰："吾尝【章：十二行本"尝"作"常"；乙十一行本同；孔本同。】以庞萌为社稷之臣，将军得无笑其言乎！老贼当族，其各厉兵马，会睢阳！"睢阳，梁国都。郡国志：在雒阳东南八百五十里。

庞萌攻破彭城，将杀楚郡太守孙萌。郡国志：楚郡在雒阳东千二百二十里。考异曰：袁纪作"楚相孙萌"，今从范书。郡吏刘平伏太守身上，号泣请代其死，身被七创；号，户刀翻；下同。被，皮义翻。创，初良翻。庞萌义而舍之。太守已绝复苏，孔颖达曰：更息曰苏，言气绝而更息也。渴求饮，平倾创血以饮之。

10 岑彭攻拔夷陵，田戎亡入蜀，尽获其妻子、士众数万人。公孙述以戎为翼江王。

岑彭谋伐蜀，以夹川谷少，夹川，犹言夹江也。江，大川也。水险难漕，留威虏将军冯骏军江州，都尉田鸿军夷陵，领军李玄军夷道；地理志，夷道县属南郡。自引兵还屯津乡，郡国志，南郡江陵县有津乡。贤曰：所谓江津也。当荆州要会，喻告诸蛮夷降者，奏封其君长。

11 夏，四月，旱，蝗。

12 隗嚣问于班彪曰："往者周亡，战国并争，数世然后定。意者从横之事将复起于今乎，从，子容翻。复，扶又翻。将承运迭兴，在于一人也？"彪曰："周之废兴，与汉殊异。昔周爵五等，诸侯从政，师古曰：言诸侯之国各自为政。本根既微，枝叶强大，本根，谓王室。枝叶，谓诸侯。故其末流有从横之事，势数然也。汉承秦制，改立郡县，主有专己之威，臣无百年之柄。至于成帝，假借外家，师古曰：假，音工暇翻，又工雅翻。哀、平短祚，国嗣三绝，故王氏擅朝，能窃号位，危自上起，伤不及下，贤曰：成帝威权借于外家，是危自上起也。汉不得罪于百姓，是伤不及下也。朝，直遥翻。是以即真之后，天下莫不引领而叹。十馀年间，中外骚扰，远近俱发，假号云合，咸称刘氏，不谋同辞。方今雄桀带州域者，皆无六国世业之资，而百姓讴吟思仰，汉必复兴，已可知矣。"

嚣曰："生言周、汉之势可也，至于但见愚人习识刘氏姓号之故，而谓汉复兴，疏矣！昔秦失其鹿，刘季逐而掎之，师古曰：掎，偏持其足也；居蚁翻。时民复知汉乎？"彪乃为之著王命论以风切之为，于伪翻。风，读曰讽。曰："昔尧之禅舜曰：'天之历数在尔躬。'舜亦以命禹。论语所载。洎于稷、契，咸佐唐、虞，至汤、武而有天下。洎，其冀翻。契，息列翻。刘氏承尧之祚，尧据火德而汉绍之，有赤帝子之符，事见七卷秦二世元年。故为鬼神所福飨，天下所归往。由是言之，未见运世无本，功德不纪，师古曰：不纪，言不为人所记。而得屈起在此位者也！屈起，特起也。屈，求勿翻。俗见高祖兴于布衣，不达其故，至比天下于逐鹿，幸捷而得之。不知神器有命，不可以智力求也。刘德曰：神器，玺也。李奇曰：帝王赏罚之柄也。师古曰：李说是也。仲冯曰：神器，"圣人之大宝曰位"是也。悲夫，此世所以多乱臣贼子者也！夫饿馑流隶，师古曰：隶，贱隶。饥寒道路，所愿不过一金，然终转死沟壑，何则？贫穷亦有命也。况乎天子之贵，四海之富，神明之祚，可得而妄处哉！处，昌吕翻。故虽遭罹厄会，窃其权柄，勇如信、布，强如梁、籍，谓项梁、项籍也。成如王莽，然卒润镬伏质，师古曰：质，锧也。伏于锧上而斩之也。卒，子恤翻。亨醢分裂；亨，与烹同。又况幺么尚不及数子，师古曰：幺么，皆微小之称也。幺，音一尧翻。么，音莫可翻。而欲暗奸天位者虖！奸，音干。昔陈婴之母以婴家世贫贱，卒富贵不祥，止婴勿王；卒，读曰猝。事见八卷秦二世二年。王陵之母知汉王必得天下，伏剑而死，以固勉陵。事见九卷高祖元年。夫以匹妇之明，犹能推事理之致，探祸福之机，而全宗祀于无穷，垂策书于春秋，师古曰：凡言匹夫、匹妇，谓凡庶之人。春秋，史书记事之总称。而况大丈夫之事虖！是故穷达有命，吉凶由人，婴母知废，陵母知兴，审此二者，帝王之分决矣。分，扶问翻；下同。加之高祖宽明而仁恕，知人善任使，当食吐哺，纳子房之策；拔足挥洗，揖郦生之说；举韩信于行陈，洗，息典翻。行，户刚翻。陈，读曰阵。收陈平于亡命；事并见高帝纪。英雄陈力，群策毕举，此高祖之大略所以成帝业也。若乃灵瑞符应，其事甚众，故淮阴、留侯谓之天授、非人力也。英雄诚知觉寤，超然远览，渊然深识，收陵、婴之明分，绝信、布之觊觎，觊，音冀。觎，音俞。距逐鹿之瞽说，审神器之有授，毋贪不可冀，为二母之所笑，则福祚流于子孙，天禄其永终矣！”嚣不听。彪遂避地河西；窦融以为从事，汉制，将军府及司隶、刺史、郡守皆有从事。甚礼重之。彪遂为融画策，为，于伪翻。使之专意事汉焉。

13 初，窦融等闻帝威德，心欲东向，以河西隔远，未能自通，乃从隗嚣受建武正朔；嚣皆假其将军印绶。嚣外顺人望，内怀异心，使辩士张玄说融等曰："更始事已成，寻复亡灭，说，输芮翻。复，扶又翻。此一姓不再兴之效也！今即所有主，便相系属，一旦拘制，自令失柄，后有危败，虽悔无及。方今豪桀竞逐，雌雄未决，当各据土宇，与陇、蜀合从，从，子容翻。高可为六国，下不失尉佗。"尉佗事见十二卷高帝十一年。佗，徒何翻。融等召豪桀议之，其中识者皆曰："今皇帝姓名见于图书，见，贤遍翻。自前世博物道术之士谷子云、夏贺良等皆言汉有再受命之符，谷永书见三十一卷成帝永始二年。夏贺良事见三十三卷哀帝建元二年。故刘子骏改易名字，冀应其占。刘歆改名事见三十三卷成帝绥和二年。歆，字子骏，意在改名之后。及莽末，西门君惠谋立子骏，事觉被杀，出谓观者曰：'谶文不误，刘秀真汝主也！'事见三十九卷更始元年。谶，楚谮翻。此皆近事暴著，暴，步木翻。毛晃曰：显示也；又如字，义同。众所共见者也。况今称帝者数人，而雒阳土地最广，甲兵最强，号令最明，观符命而察人事，他姓殆未能当也！"众议或同或异。

融遂决策东向，遣长史刘钧等奉书诣雒阳。时众推融为大将军，故置长史。先是，帝亦发使遗融书以招之，先，悉荐翻。遗，于季翻。遇钧于道，即与俱还。帝见钧欢甚，礼飨毕，乃遣令还，赐融玺书曰："今益州有公孙子阳，天水有隗将军。方蜀、汉相攻，权在将军，举足左右，便有轻重。言左投则蜀重，右投则汉重也。以此言之，欲相厚岂有量哉！欲遂立桓、文，辅微国，当勉卒功业；欲三分鼎足，连衡合从，亦宜以时定。开两说以观融去就。量，音良。卒，子恤翻。衡，读曰横。从，子容翻。天下未并，吾与尔绝域，非相吞之国。今之议者，必有任嚣教尉佗制七郡之计。事见十二卷高帝十一年。贤曰：七郡，苍梧、郁林、合浦、交趾、九真、南海、日南也。余谓尉佗之时未置七郡，光武据后来置郡言之。王者有分土，无分民，分，扶问翻。自适己事而已。"因授融为凉州牧。玺书至河西，河西皆惊，以为天子明见万里之外。

14 朱祜急攻黎丘，六月，秦丰穷困出降；轞车送雒阳。吴汉劾祜废诏命，受丰降；上诛丰，不罪祜。

15 董宪与刘纡、苏茂、佼彊去下邳，还兰陵，使茂、彊助庞萌围桃城。桃城，即桃乡之城也。贤曰：在今兖州任城县北。帝时幸蒙，闻之，乃留辎重，重，直用翻。自将轻兵晨夜驰赴。至亢父，贤曰：蒙，县名，属梁国，故城在今宋州北。地理志，亢父县属东平国。师古曰：音抗甫。或言百官疲倦，可且止宿；上不听，复行十里，宿任城，复，扶又翻。任，音壬。欲度亢父之险，故进而宿任城。去桃城六十里。旦日，诸将请进，庞萌等亦勒兵挑战；挑，徒了翻。帝令诸将不得出，休士养锐以挫其锋。时吴汉等在东郡，郡国志：东郡，去雒阳八百里。驰使召之。萌等惊曰："数百里晨夜行，以为至当战，而坚坐任城，致人城下，真不可往也！"乃悉兵攻桃城。城中闻车驾至，众心益固；萌等攻二十馀日，众疲困，不能下。吴汉、王常、盖延、王梁、马武、王霸等皆至，帝乃率众军进救桃城，亲自搏战，大破之。庞萌、苏茂、佼彊夜走从董宪。

秋，七月，丁丑，帝幸沛，进幸湖陵。董宪与刘纡悉其兵数万人屯昌虑；地理志，昌虑县，属东海郡。宋白曰：徐州滕县，汉蕃、昌虑二县地。应劭注：蕃县，即小邾国。又有郳国滥城，在今县东南，即汉之昌虑县也。师古曰：虑，音庐。宪招诱五校馀贼，与之拒守建阳。贤曰：建阳县，属东海郡；故城在今沂州丞县北。丞，时证翻。帝至蕃，贤曰：蕃，音皮，又音婆。地理志，蕃县，属鲁国。应劭曰：小邾国也。师古曰：白裒云：陈蕃为鲁相，国人为讳，改曰皮。此说非也。郡县之名，土俗各有别称，不必皆依本字。杜佑通典：蕃，音反。余谓"皮"字乃传写"反"字之误，当从通典。反，音孚袁翻。去宪所百馀里，诸将请进；帝不听，知五校乏食当退，敕各坚壁以待其敝。顷之，五校果引去。帝乃亲临，四面攻宪，三日，大破之；佼彊将其众降，降，户江翻。苏茂奔张步，宪及庞萌走保郯。八月，己酉，帝幸郯，留吴汉攻之，车驾转徇彭城、下邳。吴汉拔郯，董宪、庞萌走保朐。贤曰：朐县，属东海郡；今海州朐山县西有故朐城。朐，音劬。宋白曰：朐故城，在朐山县西九十里。刘纡不知所归，其军士高扈斩之以降。吴汉进围朐。

16 冬，十月，帝幸鲁。鲁国本属徐州，帝改属豫州。

17 张步闻耿弇将至，使其大将军费邑军历下，贤曰：历下城在今齐州历城县。考异曰：袁纪作"济南王费邑"，今从耿弇传。又令兵屯祝阿，地理志，祝阿县，属平原郡。贤曰：今齐州县，故城在今山茌县东北。天宝元年改祝阿为禹城，以县西有禹息故城也。别于泰山、锺【章：十二行本"锺"作"钟"；乙十一行本同；孔本同。下均同。】城列营数十以待之。弇渡河，先击祝阿，自旦攻城，日未中而拔之；故开围一角，令其众得奔归锺城。锺城人闻祝阿已溃，大恐惧，遂空壁亡去。

费邑分遣弟敢守巨里。郡国志，济南历城有巨里聚。贤曰：一名巨合城，在今齐州全节县东南。弇进兵先胁巨里，严令军中趣修攻具，趣，读曰促。宣敕诸部，后三日当悉力攻巨里城；阴缓生口，令得亡归，以弇期告邑。邑至日，果自将精兵三万馀人来救之。弇喜，谓诸将曰："吾所以修攻具者，欲诱致之耳。诱，音酉。野兵不击，何以城为！"即分三千人守巨里；自引精兵上冈阪，尔雅曰：山脊曰冈，坡者曰坂。上，时掌翻。乘高合战，大破之，临陈斩邑；陈，读曰阵。既而收首级以示城中，城中凶惧。贤曰：凶，恐惧声，音呼勇翻。费敢悉众亡归张步。弇复收其积聚，复，扶又翻。积，子赐翻。聚，才喻翻。纵兵击诸未下者，平四十馀营，遂定济南。郡国志：济南郡，在雒阳东千八百里。济，子礼翻。

时张步都剧，使其弟蓝将精兵二万守西安，贤曰：西安，县名，属齐郡；故城在今青州临菑县西北。诸郡太守合万馀人守临菑，临菑县，属齐郡。相去四十里。弇进军画中，贤曰：画中，邑名也。画，音胡麦翻。故城在今西安城东南；有澅水，因名焉。水经注：澅水东去临菑城十八里。居二城之间。弇视西安城小而坚，且蓝兵又精，临菑名虽大而实易攻，易，以豉翻。乃敕诸校后五日会攻西安。校，户教翻。蓝闻之，晨夜警守。至期，夜半，弇敕诸将皆蓐食，前书音义曰：未起而床蓐中食也。会明，至临菑城。护军荀梁等争之，以为"攻临菑，西安必救之，攻西安，临菑不能救，不如攻西安。"弇曰："不然，西安闻吾欲攻之，日夜为备，方自忧，何暇救人！临菑出不意而至，必惊扰，吾攻之一日，必拔。拔临菑，即西安孤，与剧隔绝，必复亡去，复，扶又翻。所谓'击一而得二'者也。若先攻西安，不能卒下，卒，读曰猝。顿兵坚城，死伤必多。纵能拔之，蓝引军还奔临菑，并兵合势，观人虚实；吾深入敌地，后无转输，旬月之间，不战而困矣。"遂攻临菑；半日，拔之，入据其城。张蓝闻之，惧，遂将其众亡归剧。

弇乃令军中无得虏掠，须张步至乃取之，以激怒步。步闻，大笑曰："以尤来、大彤十馀万众，吾皆即其营而破之；今大耿兵少于彼，即，就也。贤曰：弇，况之长子，故呼为大耿。少，诗沼翻。又皆疲劳，何足惧乎！"乃与三弟蓝、弘、寿及故大彤渠帅重异等兵贤曰：重，姓；异，名。重，直龙翻。姓谱：南正重之后。号二十万，至临菑大城东，将攻弇。弇上书曰："臣据临菑，深堑高垒；张步从剧县来攻，疲劳饥渴。欲进，诱而攻之；欲去，随而击之。臣依营而战，精锐百倍，以逸待劳，以实击虚，旬日之间，步首可获。"于是弇先出菑水上，水经：淄水出泰山莱芜县原山东北，过临菑县东。与重异遇；突骑欲纵，弇恐挫其锋，令步不敢进，故示弱以盛其气，乃引归小城，陈兵于内，使都尉刘歆、泰山太守陈俊分陈于城下。陈，读曰阵；下同。步气盛，直攻弇营，与刘歆等合战。弇升王宫坏台望之，贤曰：临菑，本齐国所都，即齐王宫中有坏台也。视歆等锋交，乃自引精兵以横突步陈于东城下，大破之。飞矢中弇股，中，竹仲翻。以佩刀截之，左右无知者。至暮，罢；弇明旦复勒兵出。复，扶又翻；下同。

是时帝在鲁，闻弇为步所攻，自往救之。未至，陈俊谓弇曰："剧虏兵盛，可且闭营休士，以须上来。"弇曰："乘舆且到，乘，绳证翻。臣子当击牛、酾酒以待百官，酾，山宜翻。陆德明曰：以筐盪酒。贤曰：滤也。反欲以贼虏遗君父邪！"遗，于季翻。乃出兵大战。自旦及昏，复大破之；杀伤无数，沟堑皆满。弇知步困将退，豫置左右翼为伏以待之；两旁伏兵如鸟之舒翼。人定时，步果引去，昏后，谓之人定时。伏兵起纵击，追至巨昧水上，贤曰：钜昧，水名，一名巨洋水，在今青州寿光县西。水经注：巨洋水出朱虚县东泰山，袁宏谓之巨昧，王韶之以为巨蔑；北过临朐县东，又北过临朐县西，又东北过寿光县西。昧，音莫葛翻。八九十里，僵尸相属，属，之欲翻。收得辎重二千馀两。重，直用翻。两，音亮；下同。风俗通：车一乘为一两。箱、辕及轮两两而偶，故称两。步还剧，兄弟各分兵散去。

后数日，车驾至临菑，自劳军，劳，力到翻。群臣大会。帝谓弇曰："昔韩信破历下以开基，事见十卷高祖四年。今将军攻祝阿以发迹，此皆齐之西界，功足相方。而韩信袭击已降，将军独拔勍敌，其功又难于信也。勍，渠京翻。又，田横亨郦生，及田横降，高帝诏卫尉不听为仇；事见十一卷高帝五年。亨，与烹同。张步前亦杀伏隆，事见上三年。若步来归命，吾当诏大司徒释其怨，又事尤相类也。将军前在南阳，建此大策，谓三年冬弇从帝幸舂陵，自请平齐也。常以为落落难合，贤曰：落落，犹疏阔也。有志者事竟成也!”帝进幸剧。

耿弇复追张步,步奔平寿,贤曰:平寿,县名,属北海郡;故城在今青州北海县。复,扶又翻。苏茂将万馀人来救之。茂让步曰:“以南阳兵精,延岑善战,而耿弇走之,事见上三年。大王奈何就攻其营?既呼茂,不能待邪!”步曰:“负负,无可言者!”贤曰:负,愧也。再言负者,愧之甚也。帝遣使告步、茂,能相斩降者,封为列侯。降,户江翻。步遂斩茂,诣耿弇军门肉袒降;弇传诣行在所,传,直恋翻。而勒兵入据其城,平寿城也。树十二郡旗鼓,令步兵各以郡人诣旗下,众尚十馀万,辎重七千馀两,皆罢遣归乡里。张步三弟各自系所在狱,诏皆赦之,封步为安丘侯,地理志,安丘侯国,属琅邪郡;又北海郡有安丘县。宋白曰:密州有安丘县,古根牟国城,汉为安丘;县有渠丘亭,故莒渠丘公所居也。与妻子居雒阳。

于是琅邪未平,郡国志:琅邪郡,在雒阳东千五百里。上徙陈俊为琅邪太守;始入境,盗贼皆散。

耿弇复引兵至城阳,地理志,城阳国,都莒。贤曰:城阳故城,在今沂州临沂县南。降五校馀党,校,户教翻。齐地悉平,振旅还京师。弇为将,凡所平郡四十六,屠城三百,未尝挫折焉。

18 初起太学。车驾还宫,幸太学,陆机洛阳记曰:太学在洛阳城故开阳门外,去宫八里;讲堂长十丈,广三丈。稽式古典,修明礼乐,焕然文物可观矣!

19 十一月,大司徒伏湛免,以侯霸为大司徒。霸闻太原闵仲叔之名而辟之,既至,霸不及政事,徒劳苦而已。贤曰:劳其勤苦也。劳,音力到翻。仲叔恨曰:“始蒙嘉命,且喜且惧。今见明公,喜惧皆去。以仲叔为不足问邪?不当辟也。辟而不问,是失人也!”遂辞出,投劾而去。贤曰:按罪曰劾,自投其劾状而去也。投,犹下也。今有投辞、投牒之言也。劾,户概翻。

20 初，五原人李兴、随昱、姓谱：随侯之后。又杜伯之玄孙为晋大夫，食采于随，曰随会。朔方人田飒、飒，音立。代郡人石鲔、闵堪各起兵自称将军。匈奴单于遣使与兴等和亲，欲令卢芳还汉地为帝。兴等引兵至单于庭迎芳；十二月，与俱入塞，都九原县；贤曰：九原，县名，属五原郡；故城在今胜州银城县。掠有五原、朔方、云中、定襄、雁门五郡，并置守、令，与胡【章：十二行本“胡”下有“通”字；乙十一行本同；孔本同；张校同；退斋校同。】兵侵苦北边。

21 冯异治关中，出入三岁，上林成都。贤曰：成都，言归附之多也。史记曰：一年成邑，二年成都。治，直之翻。人有上章言：“异威权至重，百姓归心，号为咸阳王。”帝以章示异；异惶惧，上书陈谢。诏报曰：“将军之于国家，义为君臣，恩犹父子，何嫌何疑，而有惧意！”

22 隗嚣矜己饰智，每自比西伯，西伯，文王也。与诸将议欲称王。郑兴曰：“昔文王三分天下有其二，尚服事殷；论语载孔子之言。武王八百诸侯不谋同会，犹还兵待时；武王观兵孟津，诸侯不期而会者八百，皆曰：“纣可伐矣。”王曰：“汝未知天命。”乃还师。高帝征伐累年，犹以沛公行师。今令德虽明，世无宗周之祚；威略虽振，未有高祖之功；而欲举未可之事，昭速速，不速之速，明召也。祸患，昭，明也。无乃不可乎！”嚣乃止。后又广置职位以自尊高，郑兴曰：“夫中郎将、太中大夫、使持节官，皆王者之器，非人臣所当制也。无益于实，有损于名，非尊上之意也。”嚣病之而止。贤曰：病，犹难也。

时关中将帅数上书言蜀可击之状，数，所角翻；下同。帝以书示嚣，因使击蜀以效其信。效，验也。嚣上书，盛言三辅单弱，刘文伯在边，卢芳自称刘文伯。未宜谋蜀。帝知嚣欲持两端，不愿天下统一，于是稍黜其礼，正君臣之仪。帝与嚣书，初用敌国礼，今黜其礼。帝以嚣与马援、来歙相善，数使歙、援奉使往来，劝令入朝，朝，直遥翻。许以重爵。嚣连遣使，深持谦辞，言无功德，须四方平定，退伏闾里。帝复遣来歙说嚣遣子入侍，复，扶又翻。说，输芮翻；下同。嚣闻刘永、彭宠皆已破灭，乃遣长子恂随歙诣阙；帝以为胡骑校尉，封镌羌侯。胡骑校尉，武帝置，秩二千石。贤曰：镌，谓镌凿也。镌，子全翻。

郑兴因恂求归葬父母，嚣不听，而徙兴舍，益其秩礼。兴入见曰："今为父母未葬，乞骸骨；为，于伪翻。若以增秩徙舍，中更停留，是以亲为饵也，贤曰：犹钓饵也。无礼甚矣，将军焉用之！焉，于虔翻。愿留妻子独归葬，将军又何猜焉！"嚣乃令与妻子俱东。马援亦将家属随恂归雒阳，以所将宾客猥多，求屯田上林苑中；帝许之。将，如字。

嚣将王元以为天下成败未可知，不愿专心内事，说嚣曰："昔更始西都，四方响应，天下喁喁，贤曰：喁喁，鱼口向上也；音鱼容翻。谓之太平；一旦坏败，将军几无所厝。事见上卷元年。今南有子阳，北有文伯，江湖海岱，王公十数，而欲牵儒生之说，贤曰：儒生，谓马援说嚣归光武。余谓儒生，指郑兴、班彪等。弃千乘之基，列国之赋，兵车千乘。乘，绳证翻。羁旅危国以求万全，此循覆车之轨者也。今天水完富，士马最强，元请以一丸泥为大王东封函谷关，为，于伪翻。此万世一时也。若计不及此，且畜养士马，畜，许六翻。据隘自守，旷日持久，以待四方之变；图王不成，其敝犹足以霸。前书徐乐之言。要之，鱼不可脱于渊，神龙失势，与蚯蚓同！"老子曰：鱼不可脱于泉。脱，失也，失泉则涸矣。慎子曰：腾蛇游雾，飞龙乘云；云罢雾除，与蚯蚓同，失其所乘故也。嚣心然元计，虽遣子入质，质，音致。犹负其险阨，欲专制方面。

申屠刚谏曰："愚闻人所归者天所与，人所畔者天所去也。本朝诚天之所福，非人力也。贤曰：本朝，谓光武也。今玺书数到，数，所角翻。委国归信，欲与将军共同吉凶。布衣相与，尚有没身不负然诺之信，况于万乘者哉！今何畏何利，而久疑若是？贤曰：言从汉何畏，附蜀何利，而久疑不决。卒有非常之变，卒，读曰猝。上负忠孝，下愧当世。夫未至豫言，固常为虚；及其已至，又无所及；是以忠言至谏，希得为用，诚愿反覆愚老之言！”嚣不纳，于是游士长者稍稍去之。

23 王莽末，交趾诸郡闭境自守。贤曰：交趾郡，今交州县也，南滨大海。舆地志云：其夷足大指开析；两足并立则相交。应劭曰：始开北方，遂交于南方，为子孙基址也。余按武帝元鼎六年，置交趾州，治广信；时已开朔方，遂交于南方，为子孙基趾也。七郡，谓南海、苍梧、郁林、合浦、交趾、九真、日南，并属交州。余谓唐之交州、峰州皆汉交趾郡之地，固不可指唐交趾一县而言也。岑彭素与交趾牧邓让厚善，与让书，陈国家威德；又遣偏将军屈充移檄江南，班行诏命。屈，其勿翻。于是让与江夏太守侯登、武陵太守王堂、长沙相韩福、桂阳太守张隆、零陵太守田翕、苍梧太守杜穆、交趾太守锡光等相率遣使贡献；郡国志：江夏郡，在雒阳南千五百里。武陵郡，在雒阳南二千一百里。长沙郡，在雒阳南二千八百里。桂阳郡，在雒阳南三千九百里。零陵郡，在雒阳南三千三百里。苍梧郡，在雒阳南六千四百一十里。交趾郡，在雒阳南万一千里。夏，户雅翻。守，式又翻；下同。锡，姓；光，名。悉封为列侯。锡光者，汉中人，在交趾，教民夷以礼义；帝复以宛人任延为九真太守，郡国志：九真郡，在雒阳南万一千五百八十里。复，扶又翻。任，音壬。延教民耕种嫁娶；故岭南华风始于二守焉。

24 是岁，诏征处士太原周党、会稽严光等至京师。处，昌吕翻。会，古外翻。党入见，伏而不谒，凡朝谒者，必拜稽首，以姓名自言。见，贤遍翻。自陈愿守所志。博士范升奏曰：“伏见太原周党、东海王良、山阳王成等，蒙受厚恩，使者三聘，乃肯就车；及陛见帝廷，见，贤遍翻。党不以礼屈，伏而不谒，偃蹇骄悍，同时俱逝。党等文不能演义，武不能死君，钓采华名，庶几三公之位。几，居希翻。臣愿与坐云台之下，续汉志曰：云台，周家之所造，图书、术籍、珍玩、宝怪皆藏焉。考试图国之道。不如臣言，伏虚妄之罪；而敢私窃虚名，夸上求高，皆大不敬！”书奏，诏曰：“自古明王、圣主，必有不宾之士，伯夷、叔齐不食周粟，太原周党不受朕禄，亦各有志焉。其赐帛四十匹，罢之。”

帝少与严光同游学，少，诗沼翻。及即位，以物色访之，贤曰：以其形貌求之。得于齐国，累征乃至；拜谏议大夫，不肯受，去，耕钓于富春山中。地理志，富春县，属会稽郡。贤曰：今杭州富阳县，本汉富春县，避晋简文帝郑太后讳，改曰富阳。以寿终于家。

王良后历沛郡太守、大司徒司直，在位恭俭，布被瓦器，妻子不入官舍。后以病归，一岁复征；复，扶又翻。至荥阳，疾笃，不任进道，言以疾笃稽留道上，不进于行也。任，音壬。过其友人。友人不肯见，曰：“不有忠言奇谋而取大位，何其往来屑屑不惮烦也！”扬雄方言曰：屑屑，不安也；秦、晋曰屑屑。郭景纯曰：往来貌。遂拒之。良惭，自后连征不应，卒于家。卒，子恤翻。

25 元帝之世，莎车王延尝为侍子京师，慕乐中国。乐，音洛。及王莽之乱，匈奴略有西域，唯延不肯附属；常敕诸子：“当世奉汉家，不可负也！”延卒，子康立。康率旁国拒匈奴，旁国，犹邻国也。拥卫故都护吏士、妻子千馀口；王莽之乱，西域攻没都护，其吏士、妻子皆不得还。檄书河西，问中国动静。窦融乃承制立康为汉莎车建功怀德王、西域大都尉，五十五国皆属焉。

容肇祖标点顾颉刚聂崇岐覆校

资治通鉴卷第四十二

翰林学士兼侍读学士朝散大夫右谏议大夫
知制诰判尚书都省兼提举万寿观公事上护军 司马光 奉敕编集
河内郡开国侯食邑一千三百户赐紫金鱼袋臣

后学天台 胡三省 音注

汉纪三十四 起上章摄提格（庚寅），尽旃蒙协洽（乙未），凡六年。

世祖光武皇帝中之上

建武六年（庚寅、三〇）

1 春，正月，丙辰，以舂陵乡为章陵县，世世复傜役，比丰、沛。复，方目翻。

2 吴汉等拔朐，斩董宪、庞萌，江、淮、山东悉平。据范纪，是年马成等拔舒，获李宪；吴汉等拔朐，斩董宪、庞萌。盖获李宪则江、淮平，斩董宪、庞萌，则山东平也。拔朐之上，逸拔舒事。诸将还京师，置酒赏赐。还，从宣翻，又如字。

帝积苦兵间，以隗嚣遣子内侍，公孙述远据边垂，乃谓诸将曰："且当置此两子于度外耳。"因休诸将于雒阳，分军士于河内，数腾书陇、蜀，告示祸福。说文曰：䞕，传也。数，所角翻。

公孙述屡移书中国，自陈符命，冀以惑众。帝与述书曰："图谶言公孙，即宣帝也。宣帝有"公孙病已"之符。代汉者姓当涂，其名高；君岂高之身邪？乃复以掌文为瑞，述刻其掌文曰“公孙帝”，自言手文有奇。复，扶又翻。王莽何足效乎！王莽自陈符命，遣五威将帅班之天下。君非吾贼臣乱子，仓卒时人皆欲为君事耳。卒，读曰猝。君日月已逝，谓已老也。妻子弱小，当早为定计。天下神器，不可力争，宜留三思！”署曰“公孙皇帝”。述不答。

其骑都尉平陵荆邯说述曰：“汉高祖起于行陈之中，兵破身困者数矣；然军败复合，疮愈复战。邯，下甘翻。说，输芮翻。行，户刚翻。陈，读曰阵。数，所角翻。复，扶又翻；下同。何则？前死而成功，愈于却就于灭亡也！隗嚣遭遇运会，割有雍州，兵强士附，威加山东；贤曰：陇西、天水，皆雍州之地，故言割有。嚣传曰：名震西州，流闻山东，是威加也。雍，于用翻。遇更始政乱，复失天下，众庶引领，四方瓦解，嚣不及此时推危乘胜推，吐雷翻。以争天命，而退欲为西伯之事，尊师章句，宾友处士，处，昌吕翻。偃武息戈，卑辞事汉，喟然自以文王复出也！令汉帝释关、陇之忧，贤曰：以嚣居西，无东之意，故置之度外而不为忧。专精东伐，四分天下而有其三；发间使，召携贰，贤曰：间使，谓来歙、马援等也。携贰，谓王遵、郑兴、杜林、牛邯等相次而归光武。间，古苋翻。使西州豪杰咸居心于山东，则五分而有其四；若举兵天水，必至沮溃，沮，在吕翻。天水既定，则九分而有其八。陛下以梁州之地，益州，禹贡梁州之域也。内奉万乘，外给三军，百姓愁困，不堪上命，将有王氏自溃之变矣！贤曰：王氏，即王莽也。臣之愚计，以为宜及天下之望未绝，豪杰尚可招诱，诱，音酉。急以此时发国内精兵，令田戎据江陵，临江南之会，倚巫山之固，贤曰：巫山，在今夔州巫山县东。筑垒坚守，传檄吴、楚，长沙以南必随风而靡。令延岑出汉中，定三辅，天水、陇西拱手自服。如此，海内震摇，冀有大利。”述以问群臣，博士吴柱曰：“武王伐殷，八百诸侯不期同辞，然犹还师以待天命。武王伐纣，至于孟津，诸侯不期而会者八百，皆曰“纣可伐矣”。武王曰：“汝未知天命！”乃还。未闻无左右之助而欲出师千里之外者也！”邯曰：“今东帝无尺土之柄，东帝，谓光武。驱乌合之众，跨马陷敌，所向辄平，不亟乘时与之分功，而坐谈武王之说，是复效隗嚣欲为西伯也！”

述然邯言，欲悉发北军屯士及山东客兵，述仿汉制，亦置北军。山东之人侨寓于蜀者，述以为兵，故曰客兵。使延岑、田戎分出两道，与汉中诸将合兵并势。蜀人及其弟光以为不宜空国千里之外，决成败于一举，固争之，述乃止。延岑、田戎亦数请兵立功，述终疑不听，唯公孙氏得任事。

述废铜钱，置铁钱，货币不行，百姓苦之。为政苛细，察于小事，如为清水令时而已。好改易郡县官名。少尝为郎，哀帝时，述以父任为郎。好，呼到翻。少，诗照翻。习汉家故事，出入法驾，鸾旗旄骑。又立其两子为王，食犍为、广汉各数县。犍，居言翻。或谏曰：“成败未可知，戎士暴露而先王爱子，先王，于况翻。示无大志也！”述不从，由此大臣皆怨。为述亡国张本。

3 冯异自长安入朝，帝谓公卿曰：“是我起兵时主簿也，帝起兵，徇颍川，异降，以为主簿。为吾披荆棘，定关中。”为，于伪翻。既罢，赐珍宝、钱帛，诏曰：“仓卒芜蒌亭豆粥，虖沱河麦饭，事见三十九卷更始二年。卒，与猝同。厚意久不报。”异稽首谢曰：“臣闻管仲谓桓公曰：‘愿君无忘射钩，臣无忘槛车。’齐国赖之。史记：管仲射桓公中钩；后鲁桎梏管仲而送于齐，公以为相。说苑曰：管仲桎梏槛车中，非无愧也，自裁也。新序曰：齐桓公与管仲饮酣，管仲上寿曰：“愿君无忘出奔于莒也，臣亦无忘束缚于鲁也。”此云射钩、槛车，义亦通。射，而亦翻。臣今亦愿国家无忘河北之难，东都臣子率谓天子为国家。难，乃旦翻。小臣不敢忘巾车之恩。”事见三十九卷更始元年。留十馀日，令与妻子还西。

4 申屠刚、杜林自隗嚣所来，考异曰：本传云七年征刚。按明年嚣已臣公孙述，必不用诏书。当在此年。帝皆拜侍御史。以郑兴为太中大夫。

5 三月，公孙述使田戎出江关，地理志：江关都尉，治巴郡鱼复县。贤曰：华阳国志曰：巴、楚相攻，故置江关，旧在赤甲城，后移在江州南岸，对白帝城。故基在今夔州鱼复县南。招其故众，欲以取荆州，不克。

帝乃诏隗嚣，欲从天水伐蜀。嚣上言："白水险阻，栈阁败绝。贤曰：白水县有关，属广汉郡。栈阁者，山路悬险，栈木为阁道。又公孙述传注曰：白水关在汉阳西县。梁州记曰：关城西南有白水关。余据水经，白水出陇西临洮县西南西倾山，东南流入阴平，又东南经广汉白水县。临洮与西县接界，故天水之西县有白水关，而广汉之白水县亦有白水关，自源徂流，同一白水也。贤曰：梁州记曰：关城西南百八十里有白水关。故关城在今梁州金牛县西。述性严酷，上下相患，须其罪恶孰著而攻之，此大呼响应之势也。"须，待也。孰，古熟字通用。人大呼则响必应，言俟其上下乖离而攻之，必有为内应者。呼，火故翻。帝知其终不为用，乃谋讨之。

6 夏，四月，丙子，上行幸长安，郡国志：长安在雒阳西九百五十里。谒园陵；遣耿弇、盖延等七将军从陇道伐蜀，先使中郎将来歙奉玺书赐嚣谕旨。嚣复多设疑故，歙，许及翻。玺，斯氏翻。疑，疑难。故，事故也。复，扶又翻。事久冘豫不决。贤曰：冘豫，不定之意也。说文曰：冘冘，行貌也，音淫。余按冘读与犹同。毛晃曰：冘字，从犬曲其足，古与尤字同。唐史以冘豫之冘音淫者，误也。歙遂发愤质责嚣曰：贤曰：质，正也。"国家以君知臧否，晓废兴，否，音鄙。故以手书畅意。足下推忠诚，既遣伯春委质，嚣子恂，字伯春。质，职日翻。贤曰：委质，犹屈膝也，又音挚。而反欲用佞惑之言，为族灭之计邪！"因欲前刺嚣。刺，七亦翻。嚣起入，部勒兵将杀歙，歙徐杖节就车而去，嚣使牛邯将兵围守之。邯，下甘翻。嚣将王遵谏曰："君叔虽单车远使，而陛下之外兄也，来歙，字君叔。贤曰：光武之姑子，故曰外兄。使，疏吏翻。杀之无损于汉，而随以族灭。昔宋执楚使，遂有析骸易子之祸。左传：楚使申舟聘齐，不假道于宋。华元曰："过我而不假道，鄙我也！"乃杀之。楚子闻之，遂围宋；宋人易子而食，析骸而爨。小国犹不可辱，况于万乘之主，重以伯春之命哉！"重，直用翻。歙为人有信义，言行不违；及往来游说，皆可按覆；行，下孟翻。说，输芮翻。西州士大夫皆信重之，多为其言，为，于伪翻。故得免而东归。

五月，己未，车驾至自长安。

隗嚣遂发兵反，使王元据陇坻，师古曰：坻，音丁计翻，又音底。伐木塞道。塞，悉则翻。诸将因与嚣战，大败，各引兵下陇；嚣追之急，马武选精骑为后拒，杀数千人，诸军乃得还。还，从宣翻，又如字。

7 六月辛卯，诏曰："夫张官置吏，所以为民也。为，于伪翻。今百姓遭难，户口耗少，难，乃旦翻。少，诗沼翻。而县官吏职，所置尚繁；其令司隶、州牧各实所部，所部郡县各考核其实也。省减吏员，县国不足置长吏者并之。"于是并省四百馀县，吏职减损，十置其一。

8 九月，丙寅晦，日有食之。执金吾朱浮上疏曰："昔尧、舜之盛，犹加三考；贤曰：考，谓考其功最也。尚书舜典曰：三载考绩，三考黜陟幽明。大汉之兴，亦累功效，吏皆积久，至长子孙。如仓氏、库氏之类是也。长，知两翻；下同。当时吏职，何能悉治，论议之徒，岂不喧哗！盖以为天地之功不可仓卒，艰难之业当累日也。而间者守宰数见换易，卒，与猝同。数，所角翻。迎新相代，疲劳道路。寻其视事日浅，未足昭见其职，既加严切，人不自保，迫于举劾，劾，户概翻。惧于刺讥，故争饰诈伪以希虚誉，斯所以致日月失行之应也。夫物暴长者必夭折，功卒成者必亟坏；夭，于绍翻。卒，读曰猝。如摧长久之业而造速成之功，非陛下之福也。愿陛下游意于经年之外，望治于一世之后，孔子曰：如有王者，必世而后仁。三十年为一世。治，直吏翻。天下幸甚！”帝采其言，自是牧守代易颇简。

9 十二月，壬辰，大司空宋弘免。

10 癸巳，诏曰：“顷者师旅未解，用度不足，故行十一之税。谓十分而税其一也。今粮储差积，其令郡国收见田租，三十税一，如旧制。”贤曰：景帝二年，令田租三十而税一。今依景帝，故云旧制。见，贤遍翻。

11 诸将之下陇也，帝诏耿弇军漆，贤曰：漆，县名，属右扶风，故城在今豳州新平县，漆水在西。冯异军栒邑，祭遵军汧，贤曰：汧，水名，因以名县，属右扶风，故城在今陇州汧城县南。汧，苦坚翻。吴汉等还屯长安。冯异引军未至栒邑，隗嚣乘胜使王元、行巡将二万馀人下陇，行，姓也。姓谱：周有大行人之官，其后氏焉。分遣巡取栒邑，异即驰兵欲先据之。诸将曰：“虏兵盛而乘胜，不可与争锋，宜止军便地，徐思方略。”异曰：“虏兵临境，忸忕小利，贤曰：忸忕，犹惯习也，谓惯习前事而复为之。尔雅曰：忸，复也。郭景纯曰：谓惯忸复为之也。忸，尼丑翻。忕，音逝。遂欲深入；若得栒邑，三辅动摇。夫攻者不足，守者有馀。孙武子之言。今先据城，以逸待劳，非所以争也。”潜往，闭城，偃旗鼓。行巡不知，驰赴之。异乘其不意，卒击鼓、建旗而出。卒，读曰猝。巡军惊乱奔走，追击，大破之。祭遵亦破王元于汧。于是北地诸豪长耿定等悉畔隗嚣降。长，知两翻。诏异进军义渠，义渠县，属北地郡，古义渠戎地也。击破卢芳将贾览、匈奴奥鞬日逐王，北地、上郡、安定皆降。奥，音郁。鞬，居言翻。

12 窦融复遣其弟友上书曰：“臣幸得托先后末属，谓孝文窦皇后之亲属也。复，扶又翻。累世二千石，臣复假历将帅，守持一隅，复，扶又翻。故遣刘钧口陈肝胆，事见上卷上年。自以底里上露，长无纤介。贤曰：底里皆露，言无藏隐。而玺书盛称蜀、汉二主三分鼎足之权，任嚣、尉佗之谋；窃自痛伤。臣融虽无识无知，利害之际，顺逆之分，岂可背真旧之主，事奸伪之人，分，扶问翻。背，蒲妹翻。废忠贞之节，为倾覆之事，弃已成之基，求无冀之利！此三者，虽问狂夫，犹知去就，而臣独何以用心！谨遣弟友诣阙，口陈至诚。"友至高平，贤曰：高平县属安定，后改为平高，今原州县。会隗嚣反，道不通，乃遣司马席封间道通书。姓谱：席，其先姓籍，避项羽讳，改姓席氏。帝复遣封赐融、友书，所以尉藉之甚厚。尉，与慰同；尉，安也。藉，荐也。尉以安于身上，藉以安于身下。

融乃与隗嚣书曰："将军亲遇厄会之际，国家不利之时，贤曰：谓汉遭王莽篡夺也。守节不回，承事本朝；融等所以欣服高义，愿从役于将军者，良为此也！为，于伪翻。而忿悁之间，悁，恚也，吉县翻，躁急也。改节易图，委成功，造难就，委，弃也。就，成也。百年累之，一朝毁之，岂不惜乎！殆执事者贪功建谋，以至于此。言隗嚣执政事者，贪有其功而立此逆谋也。当今西州地势局迫，民兵离散，易以辅人，易，以豉翻；下同。难以自建。计若失路不反，闻道犹迷，不南合子阳，则北入文伯耳。夫负虚交而易强御，负，恃也。易，轻也。恃远救而轻近敌，未见其利也。自兵起以来，城郭皆为丘墟，生民转于沟壑。幸赖天运少还，而将军复重其难，复，扶又翻；下同。难，乃旦翻。是使积痾不得遂瘳，幼孤将复流离，言之可为酸鼻；庸人且犹不忍，况仁者乎！融闻为忠甚易，得宜实难。忧人太过，以德取怨，谓忧之之过而言之甚切，将以为德而反以取怨也。知且以言获罪也！"嚣不纳。

融乃与五郡太守共砥厉兵马，上疏请师期；帝深嘉美之。

融即与诸郡守将兵入金城，击嚣党先零羌封何等，大破之。更始时，先零羌封何诸种杀金城太守，据其郡。嚣赂遗封何，与结盟，欲发其众。零，音怜。因并河，扬威武，贤曰：并，蒲浪翻。伺候车驾。时大兵未进，融乃引还。

帝以融信效著明，益嘉之，修理融父坟墓，祠以太牢，融祖父坟墓在扶风。数驰轻使，致遗四方珍羞。遗以四方珍羞，既以厚融，且示四方来服，能致远物也。数，所角翻。遗，于季翻。

梁统犹恐众心疑惑，乃使人刺杀张玄，张玄，隗嚣使。刺，七亦翻。遂与隗嚣绝，皆解所假将军印绶。

13 先是，马援闻隗嚣欲贰于汉，先，悉荐翻。数以书责譬之，嚣得书增怒。及嚣发兵反，援乃上书曰："臣与隗嚣本实交友，初遣臣东，谓臣曰：'本欲为汉，为，于伪翻。愿足下往观之，于汝意可，即专心矣。'及臣还反，报以赤心，实欲导之于善，非敢谲以非义。而嚣自挟奸心，盗憎主人，左传：晋伯宗妻曰：盗憎主人，民恶其上。怨毒之情，遂归于臣。臣欲不言，则无以上闻，愿听诣行在所，极陈灭嚣之术。"帝乃召之。援具言谋画。

帝因使援将突骑五千，往来游说嚣将高峻、任禹之属，下及羌豪，为陈祸福，说，输芮翻。为，于伪翻。说客，单车往使足矣；光武遣马援将突骑五千，欲耀兵威以示陇右诸将，使谋而来。以离嚣支党。援又为书与嚣将杨广，使晓劝于嚣曰："援窃见四海已定，兆民同情，而季孟闭拒背畔，为天下表的，隗嚣，字季孟。贤曰：表，犹标也；言为标表。的，谓射的也；言背畔之罪，为天下所指射也。背，蒲妹翻。常惧海内切齿，思相屠裂，故遗书恋恋，以致恻隐之计。遗，于季翻。乃闻季孟归罪于援，而纳王游翁谄邪之说，贤曰：王元，字游翁。据隗嚣传，元，字惠孟，游翁盖其别字也。因自谓函谷以西，举足可定。所谓以丸泥封函谷关也。以今而观，竟何如邪！

援间至河内，间，古苋翻。过存伯春，存，存问也。时囚嚣子恂于河内。伯春，恂字也。见其奴吉从西方还，说伯春小弟仲舒望见吉，欲问伯春无他否，竟不能言，晓夕号泣。【章：十二行本“泣”下有“宛转尘中”四字；乙十一行本同；孔本同；张校同；退斋校同。】号，户刀翻。又说其家悲愁之状，不可言也。夫怨雠可刺不可毁，援闻之，不自知泣下也。援素知季孟孝爱，曾、闵不过。夫孝于其亲，岂不慈于其子！可有子抱三木而跳梁妄作，自同分羹之事乎！贤曰：三木者，谓桎梏及械也。分羹，谓乐羊也。余谓此正引高帝答项羽之事。

季孟平生自言所以拥兵众者，欲以保全父母之国而完坟墓也，又言苟厚士大夫而已；即其所常言以感人悟物者，而穷其本情。而今所欲全者将破亡之，所欲完者将伤毁之，所欲厚者将反薄之。季孟尝折愧子阳而不受其爵，事见上卷四年。贤曰：愧，犹辱也。今更共陆陆往【章：十二行本“往”上有“欲”字；乙十一行本同；孔本同，张校同。】附之，贤曰：陆陆，犹碌碌也。将难为颜乎！言将有惭色也。若复责以重质，当安从得子主给是哉！言蜀若复责质子，当何从得子以为质也。复，扶又翻。质，音致。往时子阳独欲以王相待而春卿拒之，今者归老，更欲低头与小儿曹共槽枥而食，并肩侧身于怨家之朝乎！归，入也，言其年已入老境也。字林曰：并，音卑正翻。朝，直遥翻。

今国家待春卿意深，宜使牛孺卿与诸耆老大人共说季孟，牛邯，字孺卿。说，输芮翻。若计划不从，真可引领去矣。前披舆地图，见天下郡国百有六所，奈何欲以区区二邦以当诸夏百有四乎！二邦，谓陇西、天水。夏，户雅翻。春卿事季孟，外有君臣之义，内有朋友之道。言君臣邪，固当谏争；语朋友邪，应有切磋。贤曰：骨曰切，象曰磋。言朋友之道，如切磋以成器也。岂有知其无成，而但萎腇咋舌，叉手从族乎！贤曰：萎腇，耎弱也。萎，音於罪翻。腇，音乃罪翻。咋，士格翻，啮也。及今成计，殊尚善也，过是，欲少味矣！贤曰：以食为喻。少，诗沼翻。且来君叔天下信士，朝廷重之，其意依依，常独为西州言。为，于伪翻。援商朝廷，尤欲立信于此，商，度也。必不负约。援不得久留，愿急赐报。”广竟不答。

诸将每有疑议，更请呼援，咸敬重焉。更，工衡翻。

14 隗嚣上疏谢曰：“吏民闻大兵卒至，卒，读曰猝。惊恐自救，臣嚣不能禁止。兵有大利，不敢废臣子之节，亲自追还。此因王元陇坻之捷而有嫚书也。昔虞舜事父，大杖则走，小杖则受。贤曰：家语孔子谓曾子之辞。臣虽不敏，敢忘斯义！今臣之事，在于本朝，赐死则死，加刑则刑；如更得洗心，死骨不朽。”有司以嚣言慢，请诛其子；帝不忍，复使来歙至汧，复，扶又翻。汧，苦坚翻。赐嚣书曰：“昔柴将军云：‘陛下宽仁，诸侯虽有亡叛而后归，辄复位号，不诛也。’高帝时，柴武与韩王信书之言。今若束手，复遣恂弟归阙庭者，则爵禄获全，有浩大之福矣！吾年垂四十，在兵中十岁，厌浮语虚辞。即不欲，勿报。”嚣知帝审其诈，遂遣使称臣于公孙述。使，疏吏翻。

15 匈奴与卢芳为寇不息，帝令归德侯飒使匈奴以修旧好。飒使匈奴，见三十九卷更始二年。飒，音立。好，呼到翻。单于骄倨，虽遣使报命，而寇暴如故。

七年（辛卯、三一）

1 春，三月，罢郡国轻车、骑士、材官，令还复民伍。汉官仪曰：高祖命天下郡国选能引关蹶张材力武猛者，以为轻车、骑士、材官。平地用车骑，山阻用材官。

2 公孙述立隗嚣为朔宁王，贤曰：欲其宁静北边也。遣兵往来，为之援势。张形势以为之援也。

3 癸亥晦，日有食之。诏百僚各上封事，其上书者不得言圣。上，时掌翻。太中大夫郑兴上疏曰："夫国无善政，则谪见日月；贤曰：谪，责也，音直革翻。见，贤遍翻。要在因人之心，择人处位。处，昌吕翻。今公卿大夫多举渔阳太守郭伋可大司空者，而不以时定；道路流言，咸曰'朝廷欲用功臣'，功臣用则人位谬矣。人不称其位，位不宜其人也。愿陛下屈己从众，以济群臣让善之功。贤曰：济，成也。顷年日食多【章：十二行本"多"上有"每"字；乙十一行本同；孔本同。】在晦，先时而合，皆月行疾也。日君象而月臣象；君亢急而臣下促迫，故月行疾。亢，苦浪翻。今陛下高明而群臣惶促，宜留思柔克之政，垂意洪范之法。"贤曰：克，能也；柔克，谓和柔而能立事也。尚书洪范曰：高明柔克。帝躬勤政事，颇伤严急，故兴奏及之。

4 夏，四月，壬午，大赦。

5 五月，戊戌，以前将军李通为大司空。

6 大司农江冯上言，"宜令司隶校尉督察三公"。司空掾陈元上疏曰："臣闻师臣者帝，宾臣者霸。元，王莽厌难将军陈钦之子。贤曰：言以臣为师，以臣为宾也。故武王以太公为师，齐桓以夷吾为仲父，近则高帝优相国之礼，太宗假宰辅之权。贤曰：萧何为相国，高祖赐剑履上殿，入朝不趋。太宗，孝文也。申屠嘉召责邓通，孝文令人谢嘉，故曰假权也。及亡新王莽，遭汉中衰，专操国柄以偷天下，操，千高翻。况己自喻，不信群臣，夺公辅之任，损宰相之威，以刺举为明，激讦为直，至乃陪仆告其君长，子弟变其父兄，王莽时，开吏告其将，奴婢告其主。变者，上变告之也。陪仆，犹左传所谓陪台也。毛晃曰：陪台，臣也，盖古者家臣谓之陪臣，故家之臣仆谓之陪仆。长，知两翻。罔密法峻，大臣无所措手足；然不能禁董忠之谋，事见三十九卷更始元年。身为世戮。方今四方尚扰，天下未一，百姓观听，咸张耳目。陛下宜修文、武之圣典，袭祖宗之遗德，劳心下士，屈节待贤，诚不宜使有司察公辅之名。"

帝从之。

7 酒泉太守竺曾以弟报怨杀人，东观记曰：曾弟婴报怨，杀属国侯王胤等。自免去郡；窦融承制拜曾武锋将军，更以辛肜为酒泉太守。更，工命翻。肜，余中翻。

8 秋，隗嚣将步骑三万侵安定，至阴槃，贤曰：阴槃，县名，属安定郡，今泾州县。宋白曰：滑〔渭〕州潘原县，汉阴盘县地。冯异率诸将拒之；嚣又令别将下陇攻祭遵于汧：并无利而还。考异曰：帝纪："六年冬，隗嚣将行巡寇扶风，冯异拒破之。"冯异传："六年夏，诸将上陇，为隗嚣所败，乃诏异军栒邑。未及至，嚣乘胜使王元、行巡将二万人下陇，分遣巡取栒邑。异即先据栒邑，破巡。"又云："祭遵亦破王元于汧。"隗嚣传，侵三辅事亦同。按此文势，缘诸将才败还，隗嚣即遣二将追之，故得云乘胜，又云"冯异未及至栒邑"也。然则冯异、祭遵之破王元、行巡，实在六年明矣。至七年八月，纪又有"隗嚣寇安定，冯异、祭遵击却之"，此即隗嚣传所书"秋，嚣侵安定，至阴槃，冯异拒之，又令别将攻祭遵于汧，兵并无利"者也。据此，是嚣两岁各尝攻冯异、祭遵矣，故遵传亦云"数挫隗嚣"也。而袁纪不载六年事，并在七年秋纪之，且传云"嚣乘胜"，若事已一年，安可云乘胜！又冯异何缘稽缓尔久不至栒邑！故知袁纪误矣。

帝将自征隗嚣，先戒窦融师期，会遇雨，道断，且嚣兵已退，乃止。

帝令来歙以书招王遵，遵来降，降，户江翻；下同。拜太中大夫，封向义侯。

9 冬，卢芳以事诛其五原太守李兴兄弟；其朔方太守田飒、飒，音立。守，式又翻；下同。云中太守乔扈各举郡降，前代录：匈奴贵姓乔氏，代为辅相。帝令领职如故。

10 帝好图谶，谶，楚谮翻。与郑兴议郊祀事，曰："吾欲以谶断之，好，呼到翻。断，丁乱翻。何如？"对曰："臣不为谶！"帝怒曰："卿不为谶，非之邪？"兴惶恐曰："臣于书有所未学，而无所非也。"帝意乃解。

11 南阳太守杜诗郡国志：南阳郡在雒阳南七百里。政治清平，治，直吏翻。兴利除害，百姓便之。又修治陂池，治，直之翻。广拓土田，郡内比室殷足，比，薄必翻，又毗至翻。时人方于召信臣。方，比也。召信臣事见二十九卷元帝竟宁元年。召，读曰邵。南阳为之语曰：“前有召父，后有杜母。”

八年（壬辰、三二）

1 春，来歙将二千馀人伐山开道，从番须、回中径袭略阳，贤曰：略阳，县名，属天水郡，故城在今秦州陇城县西北。番，音盘。宋白曰：略阳道在陇城县东六十里，即故冀城；魏黄初中，改为陇城。时隗嚣居冀。以地理考之，当从宋说。斩隗嚣守将金梁。姓谱：金，古金天氏之后。又，汉金日磾，本匈奴休屠王子，以祭天金人为金氏。嚣大惊曰：“何其神也！”帝闻得略阳，甚喜，曰：“略阳，嚣所依阻，心腹已坏，则制其支体易矣！”易，以豉翻。

吴汉等诸将闻歙据略阳，争驰赴之。上以为嚣失所恃，亡其要城，势必悉以精锐来攻；旷日久围而城不拔，士卒顿敝，乃可乘危而进。皆追汉等还。隗嚣果使王元拒陇坻，行巡守番须口，王孟塞鸡头道，贤曰：鸡头，山道也，一名崆峒山，在原州西。塞，悉则翻。牛邯军瓦亭。贤曰：安定乌氏县有瓦亭故关，有瓦亭川水，在今原州南。杜佑曰：瓦亭关在唐原州之萧关。萧关，汉朝那县地。邯，下甘翻。嚣自悉其大众数万人围略阳，公孙述遣将李育、田弇助之，斩山筑堤，激水灌城。来歙与将士固死坚守，矢尽，发屋断木以为兵。断，丁管翻；下同。嚣尽锐攻之，累月不能下。

夏，闰四月，帝自将征隗嚣，光禄勋汝南郭宪谏曰：“东方初定，车驾未可远征。”乃当车拔佩刀以断车靷。靷，在马胸；音胤。帝不从，西至漆。漆县，属右扶风，以漆水名县。杜佑曰：新平，汉漆县地。诸将多以王师之重，不宜远入险阻，计冘豫未决；冘，与犹同。帝召马援问之。援因说隗嚣将帅有土崩之势，兵进有必破之状；说，如字。又于帝前聚米为山谷，指画形势，开示众军所从道径，往来分析，昭然可晓。帝曰：“虏在吾目中矣！”明旦，遂进军，至高平第一。郡国志：高平县有第一城。

窦融率五郡太守及羌虏小月氏等步骑数万，月氏为匈奴所破，馀种西逾葱岭，其不能去者，保南山，号小月氏。氏，音支。辎重五千馀两，重，直用翻。两，音亮。与大军会。是时军旅草创，诸将朝会礼容多不肃，朝，直遥翻。融先遣从事问会见仪适。贤曰：犹言仪注。余谓适，当也，会见之仪各有当也。见，贤遍翻。帝闻而善之，以宣告百僚，乃置酒高会，待融等以殊礼。殊，异也，绝也；谓待之之礼异绝于群臣也。

遂共进军，数道上陇。上，时掌翻。使王遵以书招牛邯，下之，拜邯太中大夫。于是嚣大将十三人、属县十六、地理志：天水郡十六县。众十馀万皆降。嚣将妻子奔西城，从杨广，贤曰：西城，县名，属汉阳郡，一名始昌城，在今秦州上邽县西南。余据地理志，西县本属陇西郡，后乃改属汉阳。西城者，西县城也；以西城为县名，误矣。明帝永平十七年方改天水为汉阳。而田弇、李育保上邽。上邽县属天水郡。弇，古含翻。略阳围解。帝劳赐来歙，劳，力到翻。班坐绝席，在诸将之右，专席而坐于诸将之上，不与诸坐者并也。赐歙妻缣千匹。毛晃曰：缣，并丝缯；又绢也。

进幸上邽，诏告隗嚣曰：“若束手自诣，父子相见，保无他也。若遂欲为黥布者，亦自任也。”谓必不归降，如黥布云欲为帝，亦任之也。嚣终不降，于是诛其子恂。使吴汉、岑彭围西城，耿弇、盖延围上邽。

以四县封窦融为安丰侯，融封安丰、阳泉、蓼安、风四县，皆属庐江郡。弟友为显亲侯，郡国志：汉阳郡有显亲县。贤曰：故城在今秦州成纪县东南。帝置显亲县以封友，褒显窦氏有孝文皇后之亲也。及五郡太守皆封列侯，竺曾，助义侯；梁统，成义侯；史苞，褒义侯；库钧，辅义侯；辛彤，扶义侯。遣西还所镇。融以久专方面，惧不自安，数上书求代；数，所角翻；下同。诏报曰："吾与将军如左右手耳，数执谦退，何不晓人意！勉循士民，循，抚循也，顺也。无擅离部曲！"离，力智翻。

颍川盗贼群起，寇没属县，河东守兵亦叛，京师骚动。郡国志：颍川郡在雒阳东南五百里。河东郡在雒阳西北五百里。帝闻之曰："吾悔不用郭子横之言。"郭宪，字子横。秋，八月，帝自上邽晨夜东驰，赐岑彭等书曰："两城若下，便可将兵南击蜀虏。人苦不知足，既平陇，复望蜀。复，扶又翻；下同。每一发兵，头须为白！"言苦心于军事也，须，与鬚同，古字通用。

九月，乙卯，车驾还宫。帝谓执金吾寇恂曰："颍川迫近京师，近，其靳翻。当以时定。惟念独卿能平之耳，从九卿复出以忧国可也！"对曰："颍川闻陛下有事陇、蜀，故狂狡乘间相诖误耳。贤曰：狡，猾也。间，古苋翻。说文曰：诖，亦误也，音卦。如闻乘舆南向，乘，绳证翻。贼必惶怖归死，怖，普布翻。臣愿执锐前驱。"帝从之。庚申，车驾南征，颍川盗贼悉降。寇恂竟不拜郡，百姓遮道曰："愿从陛下复借寇君一年。"恂前为颍川太守，故云复借也。乃留恂长社，长社县，属颍川郡。应劭曰：宋人围长葛是也；其社中树暴长，更名长社。师古曰：长，读如字。镇抚吏民，受纳馀降。降，户江翻。

东郡、济阴盗贼亦起，郡国志：东郡去雒阳八百馀里。济阴郡在雒阳东八百里。济，子礼翻。帝遣李通、王常击之。以东光侯耿纯尝为东郡太守，东光县属勃海郡。贤曰：今沧州县。威信著于卫地，东郡，卫地也。遣使拜太中大夫，使与大兵会东郡。东郡闻纯入界，盗贼九千馀人皆诣纯降，大兵不战而还；玺书复以纯为东郡太守。玺，斯氏翻。戊寅，车驾还自颍川。

2 安丘侯张步将妻子逃奔临淮，与弟弘、蓝欲招其故众，乘船入海；琅邪太守陈俊追讨，斩之。

3 冬，十月，丙午，上行幸怀；十一月，乙丑，还雒阳。

4 杨广死，隗嚣穷困，其大将王捷别在戎丘，水经注：戎丘城在西城西北，戎溪水径其南。登城呼汉军曰："为隗王城守者，皆必死，无二心，为，于伪翻。愿诸军亟罢，请自杀以明之。"遂自刎死。刎，扶粉翻。

初，帝敕吴汉曰："诸郡甲卒但坐费粮食，若有逃亡，则沮败众心，沮，在吕翻。败，蒲迈翻。宜悉罢之。"汉等贪并力攻嚣，遂不能遣，粮食日少，吏士疲役，逃亡者多。岑彭壅谷水灌西城，城未没丈馀。会王元、行巡、周宗将蜀救兵五千馀人乘高卒至，卒，读曰猝。鼓噪大呼曰："百万之众方至！"汉军大惊，未及成陈，呼，火故翻。陈，读曰阵。元等决围殊死战，遂得入城，迎嚣归冀。吴汉军食尽，乃烧辎重，引兵下陇，盖延、耿弇亦相随而退。重，直用翻。盖，古盍翻。嚣出兵尾击诸营，尾击，谓寻其后而击之也。岑彭为后拒，诸将乃得全军东归；唯祭遵屯汧不退。汧，口坚翻。吴汉等复屯长安，岑彭还津乡。于是安定、北地、天水、陇西复反为嚣。为，于伪翻。

校尉太原温序为嚣将苟宇所获，姓谱：唐叔虞之子受封于河内温，因以命族。又郤至食采于温，号温季，因以为族。据序传，序为护羌校尉，行部至襄武，为苟宇所获。考异曰：按序传及袁纪皆称"序为护羌校尉"。检西羌传，九年方置此官，牛邯为之。又云："邯卒，职省"，则序无缘作"护羌"，今但云校尉。宇晓譬数四，欲降之。序大怒，叱宇等曰："虏何敢迫胁汉将！"因以节檛杀数人。檛，职瓜翻，击也。宇众争欲杀之，宇止之曰："此义士，死节，可赐以剑。"序受剑，衔须于口，顾左右曰："既为贼所杀，无令须污土！"污，乌故翻。遂伏剑而死。从事王忠持其丧归雒阳，诏赐以冢地，拜三子为郎。

5 十二月，高句丽王遣使朝贡，帝复其王号。王莽贬高句丽为侯，今复其王号。句，音如字，又音驹，又巨俱翻。

6 是岁，大水。

九年（癸巳、三三）

1 春，正月，颍阳成侯祭遵薨于军；颍阳县，属颍川郡。诏冯异并将其营。遵为人，廉约小心，克己奉公，赏赐尽与士卒；约束严整，所在吏民不知有军。取士皆用儒术，对酒设乐，必雅歌投壶。贤曰：雅歌，谓歌雅诗也。礼记投壶经曰：壶颈修七寸，腹修五寸，口径二寸半，容斗五升。壶中实小豆焉，为其矢之跃而出也。矢以柘若棘，长二尺八寸，无去其皮，取其坚而重。投之，胜者饮不胜者，以为优劣也。临终，遗戒薄葬；问以家事，终无所言。帝愍悼之尤甚，遵丧至河南，车驾素服临之，望哭哀恸；还，幸城门，阅过丧车，涕泣不能已；丧礼成，复亲祠以太牢。复，扶又翻；下同。诏大长秋、谒者、河南尹护丧事，大司农给费。皇后卿曰将行，秦官也，景帝中六年，更名大长秋。师古曰：秋者，收成之时，长者，恒久之义，故以为皇后官名。西都或用中人，或用士人，东都之后纯用阉人矣。至葬，车驾复临之；既葬，又临其坟，存见夫人、室家。其后朝会，帝每叹曰："安得忧国奉公如祭征虏者乎！"遵为征虏将军。卫尉铫期曰："陛下至仁，哀念祭遵不已，群臣各怀惭惧。"言帝念祭遵，屡以为言，群臣愧不如遵，各怀惧也。铫，音姚。帝乃止。

2 隗嚣病且饿，餐糗糒，郑康成曰：糗，熬大豆与米也。糒，干饭。糗，去久翻，又丘救翻。糒，音备。恚愤而卒。恚，於避翻。卒，子恤翻。王元、周宗立嚣少子纯为王，总兵据冀。公孙述遣将赵匡、田弇助纯。帝使冯异击之。

3 公孙述遣其翼江王田戎、大司徒任满、南郡太守程泛将数万人下江关，任，音壬。击破冯骏等军，遂拔巫及夷道、夷陵，五年，岑彭留冯骏军江州，分屯夷道、夷陵。巫县亦属南郡。因据荆门、虎牙，水经注曰：江水东历荆门、虎牙之间。荆门山在南，上合下开，其状似门。虎牙山在北，石壁色红，间有白文，类牙，故以名也。此二山，楚之西塞也。贤曰：在今峡州夷陵县东南，宜都县西北，今犹有故城基址在山上。横江水起浮桥、关楼，立欑柱以绝水道，“关楼”，范书作“斗楼”，犹今城上敌楼也。欑，徂官翻。丛木为柱曰欑柱，又作管翻。结营跨山以塞陆路，塞，悉则翻。拒汉兵。

4 夏，六月，丙戌，帝幸缑氏，登轘辕。缑氏县，属河南尹；县有缑氏山、轘辕山、轘辕坂，并在雒阳之东南。缑，工侯翻。轘，音环。

5 吴汉率王常等四将军兵五万馀人击卢芳将贾览、闵堪于高柳；高柳县，属代郡。贤曰：故城在今云州定襄县。水经注曰：高柳在代中，其山重峦叠巘，霞举云高，连山隐隐，东出辽塞。匈奴救之，汉军不利。于是匈奴转盛，钞暴日增。钞，楚交翻。诏朱祐屯常山，王常屯涿郡，破奸将军侯进屯渔阳，以讨虏将军王霸为上谷太守，以备匈奴。

6 帝使来歙悉监护诸将屯长安，监，古御翻。太中大夫马援为之副。歙上书曰：“公孙述以陇西、天水为藩蔽，故得延命假息；息，气息也。今二郡平荡，则述智计穷矣。宜益选兵马，储积资粮。今西州新破，兵人疲馑，若招以财谷，则其众可集。臣知国家所给非一，用度不足，然有不得已也！”帝然之。于是诏于汧积谷六万斛。秋八月，来歙率冯异等五将军讨隗纯于天水。

7 骠骑将军杜茂与贾览战于繁畤，贤曰：繁畤县，属雁门郡，今代州县。畤，音止。余按唐代州繁畤虽存汉县名，然非古繁畤也。茂军败绩。

8 诸羌自王莽末入居塞内，金城属县多为所有。隗嚣不能讨，因就慰纳，发其众与汉相拒。司徒掾班彪上言：续汉志：司徒掾属三十一人，掾比三百石，属比二百石。“今凉州部皆有降羌。降，户江翻。羌胡被发左衽，而与汉人杂处，习俗既异，言语不通，数为小吏黠人所见侵夺，穷恚无聊，故致反叛。夫蛮夷寇乱，皆为此也。被，皮义翻。处，昌吕翻。数，所角翻。黠，下八翻。为，于伪翻。旧制，益州部置蛮夷骑都尉，武帝开西南夷，置一都尉。幽州部置领乌桓校尉，凉州部置护羌校尉，皆持节领护，应劭曰：汉官，护乌桓、护羌校尉，比二千石，拥节；长史一人，司马二人，皆六百石。校，户教翻。治其怨结，治，直之翻。岁时巡行，行，下孟翻。问所疾苦。又数遣使译，通导动静，使塞外羌夷为吏耳目，州郡因此可得警备。今宜复如旧，以明威防。"帝从之。以牛邯为护羌校尉。

9 盗杀阴贵人母邓氏及弟䜣。䜣，许靳翻。帝甚伤之，封贵人弟就为宣恩侯。帝追爵贵人父陆为宣恩哀侯，以就嗣哀侯。后汉旧制，惟皇后父封侯。贵人未正位中宫而追爵其父，非旧也。复召就兄侍中兴，欲封之，置印绶于前。兴固让曰："臣未有先登陷陈之功，复，扶又翻。陈，读曰阵。而一家数人，并蒙爵土，令天下觖望，贤曰：觖，音羌志翻。前书音义曰：觖，犹冀也，一音决，犹望之也。诚所不愿！"帝嘉之，不夺其志。贵人问其故，兴曰："夫外戚家苦不知谦退，嫁女欲配侯王，取妇眄睨公主，取，读曰娶。愚心实不安也。富贵有极，人当知足，夸奢益为观听所讥。"贵人感其言，深自降挹，以器俯而取水曰挹，人之谦下者亦曰挹。卒不为宗亲求位。卒，子恤翻。为，于伪翻。

10 帝召寇恂还，以渔阳太守郭伋为颍川太守。伋招降山贼赵宏、召吴等数百人，皆遣归附农；附农者，附于农籍也。召，读曰邵。因自劾专命，贤曰：谓擅放降贼也。劾，户概翻。帝不以咎之。后宏、吴等党与闻伋威信，远自江南，或从幽、冀，不期俱降，骆驿不绝。

11 莎车王康卒，弟贤立，攻杀拘弥、西夜王，拘弥，即前汉之扞采。唐曰宁弥。西夜国，去雒阳万四千四百里。而使康两子王之。王，于况翻。

十年（甲午、三四）

1 春，正月，吴汉复率捕虏将军王霸等四将军六万人出高柳击贾览，复，扶又翻。匈奴数千骑救之，连战于平城下，平城县，属雁门郡。破走之。

2 夏阳节侯冯异等冯异传云：封异阳夏侯。贤曰：夏，音贾。马武传末列二十八将官位姓名，曰夏阳侯冯异。阳夏县属淮阳郡，夏阳县属左冯翊，未知孰是。夏阳之夏，户雅翻。与赵匡、田弇战且一年，皆斩之。隗纯未下，诸将欲且还休兵，异固持不动，共攻落门，天水冀县有落门聚，有落门山。贤曰：在今渭州陇西县东南。未拔。夏，异薨于军。

3 秋，八月，己亥，上幸长安。

4 初，隗嚣将安定高峻拥兵据高平第一，帝之上陇也，遣马援招降峻，及吴汉等军退，峻亡归故营，复助嚣拒陇坻。建威大将军耿弇等围之，一岁不拔。帝自将征之，寇恂谏曰："长安道里居中，贤曰：从雒阳至高平，长安为中。应接近便，安定、陇西必怀震惧；此从容一处，可以制四方也。从，千容翻。今士马疲倦，方履险阻，非万乘之固也。前年颍川，可为至戒。"帝不从，进【章：十二行本"进"上有"戊戌"二字；乙十一行本同；孔本同；张校同。】幸汧。峻犹不下，帝遣寇恂往降之。降，户江翻；下同。恂奉玺书至第一，峻遣军师皇甫文出谒，辞礼不屈；恂怒，将诛之。诸将谏曰："高峻精兵万人，率多强弩，西遮陇道，连年不下，今欲降之而反戮其使，使，疏吏翻。无乃不可乎？"恂不应，遂斩之，遣其副归告峻曰："军师无礼，已戮之矣！欲降，急降；不欲，固守！"峻惶恐，即日开城门降。诸将皆贺，因曰："敢问杀其使而降其城，何也？"恂曰："皇甫文，峻之腹心，其所取计者也。今来，辞意不屈，必无降心。全之则文得其计，杀之亡其胆，谓文死则峻亡其胆也。是以降耳。"诸将皆曰："非所及也！"

5 冬，十月，来歙与诸将攻破落门，周宗、行巡、苟宇、赵恢等将隗纯降，王元奔蜀。徙诸隗于京师以东。隗纯降而徙其族，以其西州强宗，恐其后复能为变也。后隗纯与宾客亡入胡，至武威，捕得，诛之。

6 先零羌与诸种寇金城、陇西，零，音怜。种，章勇翻。来歙率盖延等进击，大破之，盖，古盍翻。斩首虏数千人。于是开仓廪以赈饥乏，陇右遂安，而凉州流通焉。凉州诸郡至京师，皆须度陇。陇右安，则凉州之路流通。

7 庚寅，车驾还宫。

十一年（乙未、三五）

1 春，三月，己酉，帝幸南阳，考异曰：帝纪："己酉，幸南阳，庚午，车驾还宫。"上有"二月己卯"。袁纪："三月己酉，幸南阳。"以长历考之，二月壬申朔，己卯八日也。己酉、庚午，皆在三月。盖帝纪"己酉"上脱"三月"字。今从袁纪。还幸章陵；庚午，车驾还宫。

2 岑彭屯津乡，数攻田戎等，不克。数，所角翻。帝遣吴汉率诛虏将军刘隆等三将，发荆州兵凡六万馀人、骑五千匹，与彭会荆门。彭装战船数千【章：十二行本"千"作"十"；乙十一行本同。】艘，艘，苏遭翻。吴汉以诸郡棹卒多费粮谷，欲罢之；棹卒，持棹行船者也。彭以为蜀兵盛，不可遣，上书言状。帝报彭曰："大司马习用步骑，不晓水战，荆门之事，一由征南公为重而已。"彭为征南大将军，故称为征南公。

闰月，岑彭令军中募攻浮桥，先登者上赏。于是偏将军鲁奇应募而前，时东风狂急，鲁奇船逆流而上，直冲浮桥，上，时掌翻。而欑柱有反杷钩，反杷钩者，既钩住敌船，使不得退，又逆拒之使不得进也。奇船不得去；奇等乘势殊死战，因飞炬焚之，风怒火盛，桥楼崩烧。岑彭悉军顺风并进，所向无前，蜀兵大乱，溺死者数千人，斩任满，生获程泛，而田戎走保江州。

彭上刘隆为南郡太守；先以隆守南郡而上奏也。上，时掌翻。自率辅威将军臧宫、骁骑将军刘歆长驱入江关。华阳国志：巴、楚相攻，故置江关，旧在赤甲城，后移在江州南岸，对白帝城。故城在今夔州鱼复县南，即古捍关也。杜佑曰：巴山县，古扞关。如此则别是一处。令军中无得虏掠，所过百姓皆奉牛酒迎劳，彭复让不受；劳，力到翻。复，扶又翻。百姓大喜，争开门降。降，户江翻。诏彭守益州牧，所下郡辄行太守事，彭若出界，即以太守号付后将军。后将军者，将兵继彭后而进者也。选官属守州中长吏。

彭到江州，以其城固粮多，难卒拔，卒，读曰猝。留冯骏守之；自引兵乘利直指垫江，攻破平曲，贤曰：垫江，县名，属巴郡，今忠州县也。按宋白续通典：忠州垫江县本后汉临江县地，后魏恭帝分临江置垫江县。合州石镜县，本汉垫江县，凡合州管下诸县，皆汉垫江地也。垫，音徒协翻。平曲，地阙。收其米数十万石。吴汉留夷陵，装露桡继进。尔雅曰：楫谓之桡。露桡，谓露楫在外，人在船中。桡，音饶。

3 夏，先零羌寇临洮。临洮县，属陇西郡。零，音怜。洮，音韬。来歙荐马援为陇西太守，郡国志：陇西郡，在雒阳西二千二百二十里。击先零羌，大破之。

4 公孙述以王元为将军，使与领军环安拒河池。姓谱：环，姓也，楚环列尹之后；又楚有贤者环渊。河池县，属武都郡。六月，来歙与盖延等进攻元、安，大破之，遂克下辨，辨，皮苋翻。乘胜遂进。蜀人大惧，使刺客刺歙，未殊，未殊，谓未绝也。客刺，七亦翻。驰召盖延。延见歙，因伏悲哀，不能仰视。歙叱延曰："虎牙何敢然！延为虎牙大将军，故以虎牙称之。今使者中刺客，无以报国，中，竹仲翻；下同。故呼巨卿，欲相属以军事，盖延，字巨卿。属，之欲翻。而反效儿女子涕泣乎！刃虽在身，不能勒兵斩公邪！"延收泪强起，受所诫。强，其两翻。歙自书表曰："臣夜人定后，日入而群动息，故甲夜谓之人定。为何人所贼伤，中臣要害。何人，谓不知何人也。臣不敢自惜，诚恨奉职不称，以为朝廷羞。称，尺证翻。夫理国以得贤为本，太中大夫段襄，骨鲠可任，贤曰：骨鲠，谓正直也。说文曰：鲠，鱼骨也；食骨留咽中为鲠。愿陛下裁察。又臣兄弟不肖，终恐被罪，陛下哀怜，数赐教督。”被，皮义翻。数，所角翻。投笔抽刃而绝。凡为人所刺者，刃在身犹未死，抽刃则气绝矣。帝闻，大惊，省书揽涕；省，悉景翻。以扬武将军马成守中郎将代之。歙丧还洛阳，乘舆缟素临吊，送葬。乘，绳证翻。

5 赵王良从帝送歙丧还，入夏城门，雒阳十二城门，夏门位在亥。与中郎将张邯争道，叱邯旋车；又诘责门候，百官志：城门校尉掌雒阳十二城门，每门候一人。邯，户甘翻。使前走数十步。司隶校尉鲍永劾奏“良无藩臣礼，大不敬”。良尊戚贵重，而永劾之，劾，户概翻，又户得翻。朝廷肃然。永辟扶风鲍恢为都官从事，百官志：司隶校尉从事史十二人，都官从事，主察举百官犯法者。蔡质汉仪曰：都官主雒阳朝会，与三府掾同。恢亦抗直，不避强御。帝常曰：“贵戚且敛手以避二鲍。”

永行县到霸陵，司隶校尉，主三河、三辅、弘农。霸陵县，属京兆。行，下孟翻。路经更始墓，下拜，哭尽哀而去；西至扶风，椎牛上苟谏冢。苟谏保护鲍永事见三十六卷更始二年。上，时掌翻。帝闻之，意不平，问公卿曰：“奉使如此，何如？”武帝置十三州刺史，皆部使者也。司隶今出所部，故言奉使。使，疏吏翻。太中大夫张湛对曰：“仁者，行之宗，忠者，义之主也；仁不遗旧，忠不忘君，行之高者也。”行，下孟翻。帝意乃释。

6 帝自将征公孙述；秋七月，次长安。

7 公孙述使其将延岑、吕鲔、王元、公孙恢悉兵拒广汉及资中，广汉县，属广汉郡。贤曰：资中，县名，属犍为郡，其地在今资州资阳县。宋白曰：资州诸县，皆汉资中地；盘石县，资州治所，汉资中故城也。又遣将侯丹率二万馀人拒黄石。贤曰：即黄石滩也。水经注曰：江水自涪陵东出百里而届于黄石。在今涪州涪陵县。杜佑曰：今谓之横石滩。岑彭使臧宫将降卒五万，从涪水上平曲，拒延岑，涪，音浮，杜佑音符。水经：涪水出广汉属国刚氐道徼外，东南流径涪县北，又东南径绵竹县北，即臧宫溯涪至平阳乡之地。涪水又东南与建始水合。水发平洛郡西溪，西南流，屈而东西流。意此即平曲也。上，时掌翻。自分兵浮江下还江州，溯都江而上，贤曰：都江，成都江也。宋白曰：郫江，一名都江，一名成都江。袭击侯丹，大破之；因晨夜倍道兼行二千馀里，径拔武阳。贤曰：武阳县，属犍为郡，故城在今隆州隆山县东也；又曰：故城在今眉州。刘昫曰：唐陵州仁寿县，汉武阳县地；或曰：今眉州眉山彭山县，本汉武阳县地。杜佑曰：汉武阳县故城，在嘉州绥山县东。使精骑驰击广都，去成都数十里，贤曰：广都，县名，属蜀郡，故城在今益州成都县东南。宋白曰：蜀志，汉元朔二年置广都县；隋仁寿元年，避炀帝讳，改为双流；唐龙朔三年，析双流县，又置广都县于旧县南一十二里。势若风雨，所至皆奔散。初，述闻汉兵在平曲，故遣大兵逆之。及彭至武阳，绕出延岑军后，蜀地震骇。述大惊，以杖击地曰："是何神也！"

延岑盛兵于沅水。帝纪作"沈水"，此作"沅"，承臧宫传之误也。贤曰：水经注曰：沈水出广汉县，下入涪水。本或作"沉水"及"沅水"者，并非。余据今潼川府通泉县北有沈水。臧宫众多食少，转输不至，降者皆欲散畔郡邑，复更保聚，观望成败。复，扶又翻。宫欲引还，恐为音去声。所反；贤曰：反，音翻。会帝遣谒者将兵诣岑彭，有马七百匹，宫矫制取以自益，晨夜进兵，多张旗帜，登山鼓噪，右步左骑，帜，昌志翻。骑，奇寄翻。挟船而引，呼声动山谷。岑不意汉军卒至，呼，火故翻。卒，读曰猝。登山望之，大震恐；宫因纵击，大破之，斩首溺死者万馀人，水为之浊。为，于伪翻。延岑奔成都，其众悉降，降，户江翻。尽获其兵马珍宝。自是乘胜追北，贤曰：人好阳而恶阴，北方幽阴之地，故军败者皆谓之北。史记乐书曰：北者，败也，近代音北为背，失其指矣。降者以十万数。军至阳乡，臧宫传作“平阳乡”，此逸“平”字。水经注曰：臧宫溯涪至平阳，公孙述将王元降，遂拔绵竹。涪水经绵竹县北，则平阳乡当在绵竹县界。王元举众降。

帝与公孙述书，陈言祸福，示以丹青之信。述省书太息，以示所亲。太常常少、光禄勋张隆皆劝述降。述曰：“废兴，命也，岂有降天子哉！”左右莫敢复言。少、隆皆以忧死。省，悉景翻。少，诗照翻。复，扶又翻。

8 帝还自长安。

9 冬，十月，公孙述使刺客诈为亡奴，降岑彭，夜，刺杀彭；刺杀之刺，七亦翻。太中大夫监军郑兴领其营，以俟吴汉至而授之。彭持军整齐，秋豪无犯。邛谷王任贵闻彭威信，数千里遣使迎降；任贵降述事见四十卷元年。邛，渠恭翻。任，音壬。会彭已被害，被，皮义翻。帝尽以任贵所献赐彭妻子。蜀人为立庙祠之。为，于伪翻。

10 马成等破河池，遂平武都。郡国志：武都郡在雒阳西一千九百里。先零诸种羌数万人，屯聚寇钞，拒浩亹隘。零，音怜。种，章勇翻。钞，楚交翻。浩亹，音告门。成与马援深入讨击，大破之，徙降羌置天水、陇西、扶风。

是时，朝臣以金城破羌之西，破羌县属金城郡。贤曰：故城在今鄯州湟水县西。宋白曰：湟水县本汉破羌县地，后魏得羌地，于此置西都县；隋改为湟水。涂远多寇，议欲弃之。马援上言：“破羌以西，城多坚牢，易可依固；易，以豉翻。其田土肥壤，贤曰：无块曰壤。灌溉流通。如令羌在【张：“在”作“有”。】湟中，则为害不休，不可弃也。”帝从之。民归者三千馀口，援为置长吏，缮城郭，为，于伪翻。长，知两翻。起坞候，字林曰：坞，小障也，字或作“隖”，一古翻。开沟洫，洫，况域翻。劝以耕牧，郡中乐业。乐，音洛。又招抚塞外氐、羌，皆来降附，援奏复其侯王君长；帝悉从之。乃罢马成军。

11 十二月，吴汉自夷陵将三万人溯江而上，伐公孙述。上，时掌翻。

12 郭伋为并州牧，过京师，过，古禾翻。帝问以得失，伋曰："选补众职，当简天下贤俊，不宜专用南阳人。"是时在位多乡曲故旧，故伋言及之。

容肇祖标点顾颉刚聂崇岐覆校

资治通鉴卷第四十三

翰林学士兼侍读学士朝散大夫右谏议大夫
知制诰判尚书都省兼提举万寿观公事上护军 司马光 奉敕编集
河内郡开国侯食邑一千三百户赐紫金鱼袋臣

后学天台 胡三省 音注

汉纪三十五 起柔兆涒滩（丙申），尽柔兆敦牂（丙午），凡十一年。

世祖光武皇帝中之下

建武十二年（丙申、三六）

1春，正月，吴汉破公孙述将魏党、公孙永于鱼涪津，续汉书曰：犍为郡南安县有鱼涪津，在县北，临大江。南中志曰：鱼涪津广数百步。涪，音浮。遂围武阳。述遣子婿史兴救之，汉迎击，破之，因入；犍为界诸县皆城守。诏汉直取广都，据其心腹。汉乃进军攻广都，拔之，武帝元朔二年，置广都县，属蜀郡。遣轻骑烧成都市桥。贤曰：市桥，即七星桥之一桥也。李膺益州记：冲星桥，旧市桥也，在今成都县西南四里。水经注：成都中，两江有七桥，西南石牛门外曰市桥。公孙述将帅恐惧，日夜离叛，述虽诛灭其家，犹不能禁。将，即亮翻。帅，所类翻。帝必欲降之，降，户江翻；下同。又下诏谕述曰："勿以来歙、岑彭受害自疑，二人受害，见上卷上年。歙，许及翻。今以时自诣，则宗族完全。诏书手记，不可数得。"数，所角翻。述终无降意。

2 秋，七月，冯骏拔江州，获田戎。

3 帝戒吴汉曰："成都十馀万众，不可轻也。但坚据广都，待其来攻，勿与争锋。若不敢来，公转营迫之，须其力疲，乃可击也。"汉乘利，遂自将步骑二万进逼成都；去城十馀里，阻江北【张："北"下脱"为"字。】营，作浮桥，使副将武威将军刘尚将万馀人屯于江南，为营相去二十馀里。帝闻之大惊，让汉曰："比敕公千条万端，何意临事勃乱！比，毗至翻。千条万端，言详细也。勃，与悖同。既轻敌深入，又与尚别营，事有缓急，不复相及。复，扶又翻。贼若出兵缀公，以大众攻尚，尚破，公即败矣。幸无他者，言幸而无他虞，不至丧败也。急引兵还广都。"诏书未到，九月，述果使其大司徒谢丰、执金吾袁吉将众十许万，十许万者，约言之也。分为二十馀营，出攻汉，使别将将万余人劫刘尚，令不得相救。汉与大战一日，兵败，走入壁，丰因围之。汉乃召诸将厉之曰：厉，勉也。毛晃曰：勉厉之厉，有修饰振起之意。"吾与诸君逾越险阻，转战千里，遂深入敌地，至其城下。而今与刘尚二处受围，势既不接，其祸难量；量，音良。欲潜师就尚于江南，并兵御之。若能同心一力，人自为战，大功可立；如其不然，败必无馀。成败之机，在此一举。"诸将皆曰："诺。"于是飨士秣马，闭营三日不出，乃多树旛旗，使烟火不绝，夜，衔枚引兵与刘尚合军。丰等不觉，明日，乃分兵拒水北，自将攻江南。汉悉兵迎战，自旦至晡，日加申为晡；奔谟翻。遂大破之，斩丰、吉。于是引还广都，留刘尚拒述，具以状上，上，时掌翻。而深自谴责。帝报曰："公还广都，甚得其宜，述必不敢略尚而击公也。贤曰：略，犹过也。若先攻尚，公从广都五十里悉步骑赴之，适当值其危困，破之必矣！"自是汉与述战于广都、成都之间，八战八克，遂军于其郭中。成都郭中也。

臧宫拔绵竹，破涪城，涪县，属广汉郡。贤曰：涪城，今绵竹县。宋白曰：绵州巴西县本汉涪县。斩公孙恢；恢，述弟也。复攻拔繁、郫，与吴汉会于成都。贤曰：繁，县名，属蜀郡。繁，江名，因以为县名，故城在今益州新繁县北。郫，县名，属蜀郡，故城在今益州郫县北。郫，音皮。

4 李通欲避权势，乞骸骨；积二岁，帝乃听上大司空印绶，上，时掌翻。以特进奉朝请。后有司奏封皇子，帝感通首创大谋，事见三十八卷王莽地皇三年。即日，封通少子雄为召陵侯。召，读与邵同。

5 公孙述困急，谓延岑曰："事当奈何？"岑曰："男儿当死中求生，可坐穷乎！财物易聚耳，易，以豉翻。不宜有爱。"述乃悉散金帛，募敢死士五千馀人以配岑。岑于市桥伪建旗帜，鸣鼓挑战，帜，昌志翻。挑，徒了翻；下同。而潜遣奇兵出吴汉军后袭击破汉，汉堕水，缘马尾得出。汉军馀七日粮，阴具船，欲遁去；蜀郡太守南阳张堪闻之，时成都未破，先署蜀郡太守以招怀蜀人。驰往见汉，说述必败、不宜退师之策。说，如字。汉从之，乃示弱以挑敌。

冬，十一月，臧宫军咸阳门；臧宫传作"咸门"。贤曰：成都城北面东头门。此衍"阳"字。"东"，或作"西"。戊寅，述自将数万人攻汉，使延岑拒宫。大战，岑三合三胜，自旦及日中，军士不得食，并疲。汉因使护军高午、唐邯将锐卒数万击之，邯，户甘翻。述兵大乱；高午奔陈刺述，陈，读曰阵。刺，七亦翻。洞胸堕马，左右舆入城。述以兵属延岑，属，之欲翻。其夜，死；明旦，延岑以城降。降，户江翻。辛巳，吴汉夷述妻子，尽灭公孙氏，并族延岑，遂放兵大掠，焚述宫室。帝闻之怒，以谴汉。又让刘尚曰："城降三日，吏民从服，孩儿、老母，口以万数，一旦放兵纵火，闻之可为酸鼻。尚宗室子孙，更尝吏职，更，工衡翻。何忍行此！仰视天，俯视地，观放麑、啜羹，二者孰仁？韩子曰：孟孙猎得麑，使秦西巴持之。其母随而呼，秦西巴不忍，放而与其母。孟孙怒而逐西巴；既而复之，使傅其子。战国策曰：乐羊为将，为魏文侯攻中山。中山之君烹其子而遗之羹，乐羊坐于幕下而啜之，尽一杯。文侯谓睹师赞曰："乐羊以我故而食其子之肉。"答曰："子且食之，其谁不食！"既拔中山，文侯赏其功而疑其心。良失斩将吊民之义也！"将，即亮翻。

初，述征广汉李业为博士，业固称疾不起。业，平帝元始中除为郎，会王莽居摄，以病去官，杜门不应州郡之命。王莽以业为酒士，病不之官，遂隐藏山谷，绝匿名迹。夫既不仕于莽，其肯为述起乎！述羞不能致，使大鸿胪尹融奉诏命以劫业，"若起则受公侯之位，不起赐以毒酒"。融譬旨曰："方今天下分崩，孰知是非，而以区区之身试于不测之渊乎！朝廷贪慕名德，旷官缺位，于今七年，四时珍御，不以忘君；珍御，谓食珍之供进者。宜上奉知己，下为子孙，为，于伪翻；下同。身名俱全，不亦优乎！"业乃叹曰："古人危邦不入，乱邦不居，论语载孔子之言也。为此故也。君子见危授命，论语载子张之言也。何乃诱以高位重饵哉！"诱，音酉。融曰："宜呼室家计之。"业曰："丈夫断之于心久矣，断，丁乱翻。何妻子之为！"遂饮毒而死。述耻有杀贤之名，遣使吊祠，赙赠百匹，业子翚逃，辞不受。翚，音晖。述又聘巴郡谯玄，姓谱：曹大夫食采于谯，因氏焉。玄，平帝元始四年为绣衣使者，分行天下，观省风俗。会莽居摄，弃使者车，归家隐遁。玄不诣；亦遣使者以毒药劫之，太守自诣玄庐，劝之行，玄曰："保志全高，死亦奚恨！"遂受毒药。玄子瑛泣血叩头于太守，愿奉家钱千万以赎父死，太守为请，为，于伪翻。述许之。述又征蜀郡王皓、王嘉，平帝时，皓为美阳令，嘉为郎。王莽篡位，并弃官西归。恐其不至，先系其妻子，使者谓嘉曰："速装，妻子可全。"对曰："犬马犹识主，况于人乎！"言身为汉臣，岂不念故主乎！王皓先自刎，以首付使者。

刎，武粉翻。述怒，遂诛皓家属。王嘉闻而叹曰："后之哉！"乃对使者伏剑而死。犍为费贻不肯仕述，漆身为癞，阳狂以避之。犍，居言翻。费，音秘，又父沸翻。同郡任永、冯信皆托青盲以辞征命。青盲者，其瞳子不精明，不能睹物。任，音壬。帝既平蜀，诏赠常少为太常，张隆为光禄勋。少、隆死见上卷上年。谯玄已卒，祠以中牢，师古曰：中牢，即少牢，谓羊、豕也。敕所在还其家钱，而表李业之闾。征费贻、任永、冯信，会永、信病卒，独贻仕至合浦太守。郡国志：合浦郡，在雒阳南九千一百九十一里。上以述将程乌、李育有才干，皆擢用之。于是西土咸悦，莫不归心焉。

初，王莽以广汉文齐为益州太守，郡国志：益州郡，在雒阳西五千五百里。齐训农治兵，治，直之翻。降集群夷，甚得其和。降，户江翻；下同。公孙述时，齐固守拒险，述拘其妻子，许以封侯，齐不降。闻上即位，间道遣使自闻。间，古苋翻。使，疏吏翻。蜀平，征为镇远将军，封成义侯。

6 十二月，辛卯，扬武将军马成行大司空事。

7 是岁，参狼羌与诸种寇武都，参狼羌，无弋爰剑之后也。爰剑孙卬，将其种人南出赐支河曲之西数千里，其后子孙分别，各自为种：或为牦牛种，越嶲羌是也；或为白马种，广汉羌是也；或为参狼种，武都羌是也。爰剑曾孙忍及弟舞留湟中，是为湟中诸种羌。种，章勇翻。陇西太守马援击破之，降者万馀人，于是陇右清静。援务开恩信，宽以待下，任吏以职，但总大体，而宾客故人日满其门。诸曹时白外事，援辄曰："此丞、掾之任，何足相烦！百官志：郡守有丞一人，有诸曹掾、史。有功曹史，主选署功劳；有五官掾，署功曹及诸曹事；其馀有议曹、法曹、贼曹、决曹、金曹、仓曹等。掾，俞绢翻。颇哀老子，使得遨游，若大姓侵小民，黠吏不从令，黠，下八翻。此乃太守事耳。"傍县尝有报雠者，吏民惊言羌反，百姓奔入城，狄道长诣门，请闭城发兵。贤曰：狄道县，属陇西郡，今兰州县。余据陇西郡治狄道，故得诣门白太守。长，知两翻。援时与宾客饮，大笑曰："虏何敢复犯我！晓狄道长，归守寺舍。贤曰：晓，喻也。寺舍，官舍也。良怖急者，可床下伏！"怖，普布翻。后稍定，郡中服之。

8 诏："边吏力不足战则守，追虏料敌，不拘以逗留法。"贤曰：汉法，军行逗留畏愞者斩。追虏或近或远，量敌进退，不拘以军法，直取胜敌为务。

9 山桑节侯王常、牟平烈侯耿况、东光成侯耿纯皆薨。谥法：好廉自克曰节；有功安民曰烈。贺琛曰：佐相克终曰成；惇庞淳固曰成。况疾病，乘舆数自临幸，复以弇弟广、举并为中郎将。乘，绳证翻。数，所角翻。复，扶又翻。弇兄弟六人，弇、舒、国、广、举、霸，兄弟六人。皆垂青紫，省侍医药，省，悉景翻。当世以为荣。

10 卢芳与匈奴、乌桓连兵，数寇边。帝遣骠骑大将军杜茂等将兵镇守北边，治飞狐道，治飞狐道以通赵、魏应援北边之兵。筑亭障，修烽燧，凡与匈奴、乌桓大小数十百战，终不能克。

11 上诏窦融与五郡太守入朝。融等奉诏而行，官属宾客相随，驾乘千馀两，马牛羊被野。乘，绳证翻。两，音亮。被，皮义翻。既至，诣城门，上印绶。上，时掌翻。诏遣使者还侯印绶，引见，赏赐恩宠，倾动京师。寻拜融冀州牧。冀州部魏郡、钜鹿、常山、中山、信都、河间、清河、赵国、勃海。又以梁统为太中大夫，姑臧长孔奋为武都郡丞。姑臧在河西最为富饶，姑臧县，属武威郡。刘昫曰：姑臧县，秦月氏戎所处，匈奴名盖藏城，语讹为姑臧城。长，知两翻。天下未定，士多不修检操，居县者不盈数月，辄致丰积；奋在职四年，力行清洁，为众人所笑，以为身处脂膏不能自润。说文：戴角者脂，无角者膏。处，昌吕翻。及从融入朝，诸守、令财货连毂，弥竟川泽；毂，古谷翻。唯奋无资，单车就路，帝以是赏之。

帝以睢阳令任延为武威太守，睢，音虽。任，音壬。帝亲见，戒之曰："善事上官，无失名誉。"延对曰："臣闻忠臣不和，和臣不忠。考异曰：延传作"忠臣不私，私臣不忠"，按高峻小史作"忠臣不和，和臣不忠"，意思为长，又与上语相应。今从之。履正奉公，臣子之节；上下雷同，非陛下之福。曲礼曰：毋雷同。郑氏注曰：雷之发声，物无不同时应者；人之言当各由己，不当然也。善事上官，臣不敢奉诏。"帝叹息曰："卿言是也！"

十三年（丁酉、三七）

1 春，正月，庚申，大司徒侯霸薨。

2 戊子，诏曰："郡国献异味，其令太官勿复受！百官志：太官令一人，秩六百石，掌御膳饮食。复，扶又翻。远方口实所以荐宗庙，自如旧制。"汉官仪曰：口实，膳羞之事也。时异国有献名马者，日行千里，又进宝剑，价直百金。诏以剑赐骑士，马驾鼓车。舆服志：乘舆法驾后有金钲、黄钺、黄门鼓车。上雅不喜听音乐，喜，许既翻。手不持珠玉。尝出猎，车驾夜还，上东门候汝南郅恽拒关不开。贤曰：上东门，洛阳城东面北头门也。恽，于粉翻。上令从者见面于门间，见，贤遍翻。恽曰："火明辽远。"遂不受诏。上乃回，从东中门入，贤曰：东面中门也。明日，恽上书谏曰："昔文王不敢槃于游田，以万民惟正之供。尚书无逸之辞。槃，乐也。而陛下远猎山林，夜以继昼，其如社稷宗庙何！"书奏，赐恽布百匹，贬东中门候为参封尉。雒阳十二城门，每门候一人，秩六百石。参封县，属琅邪郡。

3 二月，遣捕虏将军马武屯虖沱河以备匈奴。虖，读曰呼。

4 卢芳攻云中，久不下。其将随昱留守九原，欲胁芳来降；芳知之，与十馀骑亡入匈奴，其众尽归随昱，昱乃诣阙降。诏拜昱五原太守，封镌胡侯。镌，子全翻。

5 朱祐奏："古者人臣受封，不加王爵。"丙辰，诏长沙王兴、真定王得、河间王邵、中山王茂皆降爵为侯：高帝封诸侯王，其子孙无有与汉俱存亡者。文帝封梁王、城阳、菑川，景帝封河间、长沙、中山、常山，昭帝封广阳、广陵、高密，此数国至王莽篡汉而废。但封长沙、真定、河间、中山者，与帝同出于景帝也。长沙，舂陵之大宗；真定，常山王宪之后改封者，今复降爵为侯，以服属已疏也。丁巳，以赵王良为赵公，太原王章为齐公，鲁王兴为鲁公。良，帝叔父；章、兴，帝兄子也。是时，宗室及绝国封侯者凡一百三十七人。富平侯张纯，安世之四世孙也，历王莽世，以敦谨守约保全前封；建武初，先来诣阙，为侯如故。于是有司奏："列侯非宗室不宜复国。"上曰："张纯宿卫十有馀年，其勿废！"更封武始侯，食富平之半。贤曰：武始县，属魏郡；富平县，属平原郡。

6 庚午，以绍嘉公孔安为宋公，承休公姬常为卫公。平帝元始四年，改绍嘉公曰宋公，承休公曰郑公，今又改郑曰卫。

7 三月，辛未，以沛郡太守韩歆为大司徒。郡国志，沛郡在雒阳东南一千二百里。

8 丙子，行大司空马成复为扬武将军。

9 吴汉自蜀振旅而还，至宛，宛，於元翻。诏过家上冢，赐谷二万斛；上，时掌翻。夏四月，至京师。于是大飨将士，功臣增邑更封更，工衡翻。凡三百六十五人，其外戚、恩泽封者四十五人。定封邓禹为高密侯，食四县；禹食昌安、夷安、淳于、高密四县。贤曰：高密，国名，今密州县。余据西汉以高密为王国，东汉为侯国，属北海国，贤所云盖侯国也。李通为固始侯，贾复为胶东侯，食六县；固始侯国，属汝南郡；故寝县也，帝更名。史记正义曰：孙叔敖以寝丘土寝薄，取为封邑。李通又慕叔敖受邑，光武嘉之，改名固始。胶东，西汉以为王国，帝以为侯国，并属北海，食郁秩、壮武、下密、即墨、挺胡、观阳，凡六县。馀各有差。已殁者益封其子孙，或更封支庶。

帝在兵间久，厌武事，且知天下疲耗，思乐息肩，自陇、蜀平后，非警急，未尝复言军旅。乐，音洛。复，扶又翻。皇太子尝问攻战之事，帝曰："昔卫灵公问陈，孔子不对。论语：卫灵公问陈于孔子，孔子曰："俎豆之事，则尝闻之矣；军旅之事，未之学也。"陈，读曰阵。此非尔所及。"邓禹、贾复知帝偃干戈，修文德，不欲功臣拥众京师，乃去甲兵，敦儒学。去，羌吕翻。帝亦思念，欲完功臣爵土，不令以吏职为过，恐其以职事有过而失爵邑也。遂罢左、右将军官。耿弇等亦上大将军、将军印绶，上，时掌翻。皆以列侯就第，加位特进，奉朝请。朝，直遥翻。请，才性翻，又如字。

邓禹内行淳备，行，下孟翻。有子十三人，各使守一艺，修整闺门，教养子孙，皆可以为后世法，资用国邑，不修产利。凡用度皆资于国邑，不事生产、作业及营利也。

贾复为人刚毅方直，多大节，既还私第，阖门养威重。朱祜等荐复宜为宰相，帝方以吏事责三公，故功臣并不用。是时，列侯唯高密、固始、胶东三侯与公卿参议国家大事，恩遇甚厚。帝虽制御功臣，而每能回容，回容，犹今言回护也。贤曰：回，曲也，曲法以容也。宥其小失。远方贡珍甘，必先遍赐诸侯，而太官无馀，故皆保其福禄，无诛谴者。

10 益州传送公孙述瞽师、郊庙乐器、葆车、舆辇，于是法物始备。贤曰：瞽，无目之人也，为乐师，取其无所见，于音审也。郊庙之器，樽彝之属也。乐器，钟磬之属也。葆车，谓上建羽葆也；合聚五采羽，名为葆。孔颖达曰：羽葆者，以鸟羽注于柄头如盖，谓之羽葆，谓盖也。舆者，车之总名也。辇者，驾人以行。法物，谓大驾卤簿仪式也。时草创未暇，今得之始备。余谓法物，即上乐器、葆车、舆辇之类。传，直恋翻。时兵革既息，天下少事，文书调役，调，徒吊翻。务从简寡，至乃十存一焉。

11 甲寅，以冀州牧窦融为大司空。融自以非旧臣，一旦入朝，朝，直遥翻；下同。在功臣之右，每朝【章：十二行本"朝"作"召"；乙十一行本同。】会进见，容貌辞气，卑恭已甚，帝以此愈亲厚之。融小心，久不自安，数辞爵位，数，所角翻。上疏曰："臣融有子，朝夕教导以经艺，不令观天文，见谶记，谶，楚谮翻。诚欲令恭肃畏事，恂恂守道，不愿其有才能，何况乃当传以连城广土，享故诸侯王国哉！”因复请间求见，复，扶又翻。间，古苋翻。见，贤遍翻；下以意推。帝不许。后朝罢，逡巡席后，逡巡，却退貌。帝知欲有让，遂使左右传出。传旨使融出也。他日会见，迎诏融曰：“日者知公欲让职还土，贤曰：日者，犹往日也。故命公暑热且自便；今相见，宜论他事，勿得复言。”融不【章：十二行本“不”上有“乃”字；孔本同。】敢重陈请。重，直用翻。

12 五月，匈奴寇河东。

十四年（戊戌、三八）

1 夏，邛谷王任贵遣使上三年计，即授越巂太守。郡国志：越巂郡，在雒阳西四千八百里。巂，音髓。邛，渠容翻。任，音壬。上，时掌翻。

2 秋，会稽大疫。郡国志：会稽郡，在雒阳东三千八百里。会，古外翻。

3 莎车王【张：“莎”上脱“冬”字。】贤、鄯善王安皆遣使奉献。莎，素禾翻。鄯，时战翻。西域苦匈奴重敛，敛，力赡翻。皆愿属汉，复置都护；上以中国新定，不许。

4 太中大夫梁统上疏曰：“臣窃见元帝初元五年，轻殊死刑三十四事，哀帝建平元年，轻殊死刑八十一事；其四十二事手杀人者，减死一等。自是之后，著为常准，故人轻犯法，吏易杀人。易，以豉翻。臣闻立君之道，仁义为主，仁者爱人，义者正理。爱人以除残为务，正理以去乱为心；去，羌吕翻。刑罚在衷，无取于轻。衷，中也；适也。高帝受命，约令定律，诚得其宜，高帝入关，约法三章，后萧何定律九章。文帝唯除省肉刑、相坐之法，文帝元年，除收孥相坐法；十三年，除肉刑。自馀皆率由旧章。至哀、平继体，即位日浅，听断尚寡。断，丁乱翻。丞相王嘉轻为穿凿，亏除先帝旧约成律，按嘉传及刑法志并无其事，统与嘉时代相接，所引固不妄矣，但班固略而不载也。数年之间百有馀事，或不便于理，或不厌民心，厌，于叶翻。谨表其尤害于体者，傅奏于左。体，政体也。傅，音附。愿陛下宣诏有司，详择其善，定不易之典！”事下公卿。下，遐嫁翻。光禄勋杜林奏曰：“大汉初兴，蠲除苛政，海内欢欣；及至其后，渐以滋章。老子曰：法令滋章，盗贼多有。果桃菜茹之馈，集以成赃，小事无妨于义，以为大戮。至于法不能禁，令不能止，上下相遁，为敝弥深。贤曰：遁，犹回避也。前书曰：上下相匿，以文避法焉。臣愚以为宜如旧制，不合翻移。”统复上言曰：复，扶又翻。“臣之所奏，非曰严刑。经曰：‘爰制百姓，于刑之衷。’尚书吕刑之言。衷之为言，不轻不重之谓也。自高祖至于孝宣，海内称治，治，直吏翻。至初元、建平而盗贼浸多，皆刑罚不衷，愚人易犯之所致也。易，以豉翻。由此观之，则刑轻之作，反生大患，惠加奸轨，而害及良善也！”事寝，不报。

十五年（己亥、三九）

1 春，正月，辛丑，大司徒韩歆免。歆好直好，呼到翻。言，无隐讳，帝每不能容。歆于上前证岁将饥凶，指天画地，言甚刚切，故坐免归田里。帝犹不释，复遣使宣诏责之；复，扶又翻。歆及子婴皆自杀。歆素有重名，死非其罪，众多不厌；厌，一叶翻。帝乃追赐钱谷，以成礼葬之。贤曰：成礼，具礼也；言不以非命而降其葬礼。

臣光曰：昔高宗命说曰：“若药弗瞑眩，厥疾弗瘳。”说，傅说也，音悦。孔安国曰：如服药必瞑眩极，其病乃除，欲其出切言以自警。陆德明音瞑，莫遍翻。眩，玄遍翻；徐：又呼县翻。瞑眩，困极也。夫切直之言，非人臣之利，乃国家之福也。是以人君日夜求之，唯惧弗得闻。惜乎，以光武之世而韩歆用直谏死，岂不为仁明之累哉！累，力瑞翻。

2 丁未，有星孛于昴。昴七星，西方之宿也，主狱事；又为旄头，胡星也。昴、毕间为天街，黄道之所经也。孛，蒲内翻。

3 以汝南太守欧阳歙为大司徒。郡国志：汝南郡，在雒阳南六百五十里。歙，许及翻。

4 匈奴寇钞日盛，钞，楚交翻。州郡不能禁。二月，遣吴汉率马成、马武等北击匈奴，徙雁门、代郡、上谷吏民六万馀口置居庸、常山关以东，以避胡寇。郡国志：雁门郡，在雒阳北一千五百里。代郡，在雒阳东北二千五百里。前书曰：代郡有常山关。上谷郡居庸县有关。匈奴左部遂复转居塞内，复，扶又翻。朝廷患之，增缘边兵，部数千人。每部各数千人也。

5 夏，四月，丁巳，封皇子辅为右翊公，英为楚公，阳为东海公，康为济南公，济，子礼翻。苍为东平公，延为淮阳公，荆为山阳公，衡为临淮公，焉为左翊公，京为琅邪公。邪，音耶。癸丑，追谥兄縯为齐武公，兄仲为鲁哀公。帝感縯功业不就，事见三十九卷更始元年。抚育二子章、兴，恩爱甚笃；以其少贵，少，诗照翻。欲令亲吏事，使章试守平阴令，兴缑氏令；平阴、缑氏二县，皆属河南尹。缑，工侯翻。其后章迁梁郡太守，梁郡，在雒阳东南八百五十里。兴迁弘农太守。郡国志：弘农郡，在雒阳西南四百五十里。

6 帝以天下垦田多不以实自占，占，之赡翻。又户口、年纪互有增减，乃诏下州郡检核。核者，考其实也。下，户稼翻。于是刺史、太守多为诈巧，苟以度田为名，聚民田中，并度庐屋、里落，民遮道啼呼；度，徒洛翻。呼，火故翻。或优饶豪右，侵刻羸弱。羸，伦为翻。

时诸郡各遣使奏事，帝见陈留吏牍上有书，视之云："颍川、弘农可问，河南、南阳不可问。"宋白曰：汉割秦南阳、河南二郡之西境置弘农郡，义取弘大农桑为名。帝诘吏由趣，由，从也，问是书之所从来也。趣，向也，问是书之意，其所向为何如也。吏不肯服，抵言"于长寿街上得之"。抵，欺也。贤曰：长寿街在雒阳城中。帝怒。时东海公阳年十二，在幄后言曰："吏受郡敕，敕，教戒也。当欲以垦田相方耳。"敕，教也，戒也。相方，求问其垦田之数以相比也。帝曰："即如此，何故言河南、南阳不可问？"对曰："河南帝城，多近臣；南阳帝乡，多近亲；田宅逾制，不可为准。"帝令虎贲将诘问吏，虎贲将，虎贲中郎将也。将，即亮翻。吏乃实首服，如东海公对。首，式救翻。上由是益奇爱阳。为立阳为太子张本。

遣谒者考实二千石长吏阿枉不平者。长，知两翻。冬，十一月，甲戌，大司徒歙坐前为汝南太守，度田不实，赃罪千馀万，下狱。下，遐稼翻。歙世授尚书，八世为博士，自欧阳生传伏生尚书，至歙八世，皆为博士。诸生守阙为歙求哀者千馀人，为，于伪翻。至有自髡剔者。毛晃曰：剃发曰髡，尽及身毛曰剔。平原礼震，年十七，礼，姓也。左传，卫有大夫礼孔。求代歙死；帝竟不赦，歙死狱中。

7 十二月，庚午，以关内侯戴涉为大司徒。

8 卢芳自匈奴复入居高柳。复，扶又翻。

9 是岁，骠骑大将军杜茂坐使军吏杀人，免。使扬武将军马成代茂，缮治障塞，十里一候，以备匈奴。治，直之翻。使骑都尉张堪领杜茂营，击破匈奴于高柳。杜佑曰：云州，治云中县，县界有高柳城。阚骃曰：高柳，在狋氏县北百三十里。郦道元曰：高柳县故城，旧代郡治。高柳在代中，其山重峦叠巘，霞举云高，连山隐隐，东出辽塞。拜堪渔阳太守。堪视事八年，匈奴不敢犯塞，劝民耕稼，以致殷富。百姓歌曰："桑无附枝，麦秀两岐。【章：十二行本"秀"作"穗"，"岐"从"止"；乙十一行本均同。】蚕月既采桑，斫去繁枝，留其特长者，则来年桑叶茂盛。麦率一茎一穗，罕有两岐者，故以为瑞。张君为政，乐不可支！"乐，音洛。

10 安平侯盖延薨。盖，古盍翻。

11 交趾麊泠县雒将女子徵侧，甚雄勇，师古曰：麊泠，音麋零。交州外域记曰：交趾昔未有郡县之时，土地有雒田，民垦食其田，因名为雒民，设雒王、雒侯，主诸郡县。县有雒将，铜印青绶。宋白曰：峰州，汉麊泠县地。交趾太守苏定以法绳之，徵侧忿怨。

十六年（庚子、四〇）

1 春，二月，徵侧与其妹徵贰反，九真、日南、合浦蛮俚皆应之，郡国志：日南郡，秦象郡地，在雒阳南万三千四百里。贤曰：俚，蛮之别号，今呼为俚人。宋白曰：爱州，汉九真郡，治胥浦县。驩州，汉日南郡，治朱吾县。凡略六十五城，自立为王，都麊泠。交趾刺史及诸太守仅得自守。

2 三月，辛丑晦，日有食之。

3 秋，九月，河南尹张伋及诸郡守十馀人皆坐度田不实，下狱死。后上从容谓虎贲中郎将马援曰：武帝置期门郎，掌执兵送从；平帝元始元年，更名虎贲郎，置中郎将。汉仪：虎贲骑，鹖冠、虎文单衣。度，徒洛翻。从，千容翻。贲，音奔。"吾甚恨前杀守、相多也！"守，式又翻。相，息亮翻。对曰："死得其罪，何多之有！但死者既往，不可复生也！"复，扶又翻。上大笑。

4 郡国群盗处处并起，郡县追讨，到则解散，去复屯结，青、徐、幽、冀四州尤甚。冬十月，遣使者下郡国，下，遐稼翻。听群盗自相纠擿，贤曰：擿，犹发也，他狄翻。五人共斩一人者，除其罪；吏虽逗留回避故纵者，皆勿问，听以禽讨为效。其牧守令长坐界内有盗贼而不收捕者，又以畏愞捐城委守者，皆不以为负，贤曰：委守，谓弃其所守也。负，罪负也。愞，而恋翻，又奴乱翻。但取获贼多少为殿最，殿，丁甸翻。唯蔽匿者乃罪之。于是更相追捕，更，工衡翻。贼并解散，徙其魁帅于他郡，赋田受禀，禀，给也。帅，所类翻。使安生业。自是牛马放牧不收，邑门不闭。

5 卢芳与闵堪使使请降，帝立芳为代王，堪为代相，赐缯二万匹，缯，慈陵翻。因使和集匈奴。芳上疏谢，自陈思望阙庭；诏报芳朝明年正月。朝，直遥翻；下同。

初，匈奴闻汉购求芳，贪得财帛，故遣芳还降。既而芳以自归为功，不称匈奴所遣，单于复耻言其计，复，扶又翻；下同。故赏遂不行。由是大恨，入寇尤深。

6 马援奏，宜如旧铸五铢钱，废五铢钱事见三十七卷王莽始建国元年。上从之；天下赖其便。

7 卢芳入朝，南及昌平，昌平县，属上谷郡。贤曰：故城在今幽州昌平县东南。有诏止，令更朝明岁。

十七年(辛丑、四一)

1 春，正月，赵孝公良薨。谥法：慈惠爱亲曰孝。初，怀县大姓李子春二孙杀人，怀令赵憙穷治其奸，憙，许记翻，又读曰熹。治，直之翻。二孙自杀，收系子春。京师贵戚为请者数十，为，于伪翻。憙终不听。及良病，上临视之，问所欲言，良曰："素与李子春厚，今犯罪，怀令赵憙欲杀之，愿乞其命。"帝曰："吏奉法律，不可枉也。更道他所欲。"良无复言。复，扶又翻。既薨，上追思良，乃贳出子春。贳，时夜翻，赦也。迁憙为平原太守。郡国志：平原郡，在雒阳北千三百里。

2 二月，乙未晦，日有食之。考异曰：帝纪："乙亥晦"，袁纪"乙未"。据长历，三月丙申朔。帝纪误。

3 夏，四月，乙卯，上行幸章陵；章陵，故舂陵，帝更名。五月，乙卯，还宫。

4 六月，癸巳，临淮怀公衡薨。

5 妖贼李广攻没皖城，贤曰：皖，县名，属庐江郡，故城在今舒州；有皖水。妖，于骄翻。皖，音下板翻。遣虎贲中郎将马援、骠骑将军段志讨之。秋，九月，破皖城，斩李广。

6 郭后宠衰，数怀怨怼，数，所角翻。怼，直类翻。上怒之。冬，十月，辛巳，废皇后郭氏，立贵人阴氏为皇后。诏曰："异常之事，非国休福，不得上寿称庆。"郅恽言于帝曰："臣闻夫妇之好，好，呼到翻。父不能得之于子，况臣能得之于君乎！贤曰：得，犹制御也。司马迁曰：妃匹之爱，君不能得之臣，父不能得之子，况卑下乎！是臣所不敢言。虽然，愿陛下念其可否之计，无令天下有议社稷而已。"帝曰："恽善恕己量主，量，音良。知我必不有所左右而轻天下也！"贤曰：左右，犹向背也；言其齐等。帝进郭后子右翊公辅为中山王，以常山郡益中山国，郡国志：中山国，在雒阳北一千四百里。郭后为中山太后；其馀九国公皆为王。

7 甲申，帝幸章陵，修园庙，祠旧宅，观田庐，置酒作乐，赏赐。时宗室诸母因酣悦相与语曰："文叔少时谨信，少，诗照翻。与人不款曲，唯直柔耳，今乃能如此！"帝闻之，大笑曰："吾治天下，亦欲以柔道行之。"治，直之翻。十二月，还自章陵。

8 是岁，莎车王贤复遣使奉献，请都护；复，扶又翻。帝赐贤西域都护印绶及车旗、黄金、锦绣。敦煌太守裴遵上言："夷狄不可假以大权；唐氏族志：伯益之后封于萉乡，因以为氏；后徙封解邑，乃去"邑"从"衣"。郡国志，敦煌郡，在雒阳西五千里。敦，徒门翻。又令诸国失望。"诏书收还都护印绶，更赐贤以汉大将军印绶；其使不肯易，遵迫夺之。贤由是始恨，而犹诈称大都护，移书诸国，诸国悉服属焉。

9 匈奴、鲜卑、赤山乌桓数连兵入塞，鲜卑，亦东胡也，别依鲜卑山，故因号焉。汉初为冒顿所破，远窜辽东塞外，与乌桓相接，未尝通中国，至是始入塞为寇。乌桓传：赤山在辽东西北数千里。数，所角翻；下同。杀略吏民；诏拜襄贲令祭肜为辽东太守。贤曰：襄贲，县名，属东海郡，故城在今沂州临沂县南。贲，音肥。郡国志：辽东郡，在雒阳东北三千六百里。

祭，则介翻。"肜"，当作"彤"。彤有勇力，虏每犯塞，常为士卒锋，数破走之。彤，遵之从弟也。从，才用翻。

10 徵侧等寇乱连年，诏长沙、合浦、交趾具车船，修道桥，通障溪，障，与嶂同，山也。山溪为阻，则治桥道以通之。储粮谷。拜马援为伏波将军，以扶乐侯刘隆为副，贤曰：扶乐，县名，属九真郡。余谓贤说误矣，九真郡未尝有扶乐县。隆初封亢父侯，以度田不实免，次年，封为扶乐乡侯。则扶乐乃乡名，非县名，贤考之不详也。水经注：扶乐城在扶沟县，砂水径其北。南击交趾。

十八年（壬寅、四二）

1 二月，【张："二月"上脱"春"字。】蜀郡守将史歆反，攻太守张穆，穆逾城走；宕渠杨伟等起兵以应歆。宕渠县，属巴郡。宕渠故城，在今渠州流江县东北七十里。贤曰：宕渠，山名，因以名县，故城在今渠州流江县东北，俗名车骑城是也。师古曰：宕，音徒浪翻。帝遣吴汉等将万馀人讨之。

2 甲寅，上行幸长安；三月，幸蒲坂，蒲坂县，属河东郡。祠后土。

3 马援缘海而进，随山刊道千馀里，至浪泊上，浪泊，在交趾封溪县界。按马援既平交趾，奏分西里置封溪、望海二县。水经曰：叶榆水过交趾麊泠县北，分为五水，络交趾郡中，其南水自麊泠县东，径封溪县北，又东径浪泊。马援以其地高，自西里进屯焉。宋白曰：马援自九真以南，随山刊木，至日南。与徵侧等战，大破之，追至禁溪，"禁溪"，水经注及越志皆作"金溪"。其地盖在麊泠县西南。水经注曰：徵侧走入金溪究，三岁乃得之。竺芝扶南记曰：山溪濑中谓之究。贤曰：其地今岑州新昌县也。余按唐志：新昌县属丰州，"岑"字误。贼遂散走。

4 夏，四月，甲戌，车驾还宫。

5 戊申，上行幸河内；戊子，还宫。

6 五月，旱。

7 卢芳自昌平还，内自疑惧，遂复反，复，扶又翻。与闵堪相攻连月。匈奴遣数百骑迎芳出塞。芳留匈奴中十馀年，病死。

8 吴汉发广汉、巴、蜀三郡兵，郡国志：广汉郡，在雒阳西三千里。巴郡，在雒阳西二千七百里。蜀郡，在雒阳西三千一百里。围成都百馀日，秋，七月，拔之，斩史歆等。汉乃乘桴编竹木以渡水，大曰筏，小曰桴。沿江下巴郡，杨伟等惶恐解散。汉诛其渠帅，徙其党与数百家于南郡、长沙而还。帅，所类翻。还，从宣翻，又如字。

9 冬，十月，庚辰，上幸宜城；贤曰：宜城县，属南郡，楚之鄢邑也，故城在今襄州率道县南。还，祠章陵；十二月，还宫。

10 是岁，罢州牧，置刺史。置州牧事始见三十二卷成帝绥和元年；至哀帝建平二年，复为刺史；元寿二年，复为牧。

11 五官中郎将张纯与太仆朱浮奏议："礼，为人子，事大宗，降其私亲。当除今亲庙四，以先帝四庙代之。"大司徒涉等奏"立元、成、哀、平四庙"。上自以昭穆次第，当为元帝后。昭，读为佋；音韶。

十九年（癸卯、四三）

1 春，正月，庚子，追尊宣帝曰中宗。始祠昭帝、元帝于太庙，贤曰：汉官仪曰：光武第虽十二，于父子之次，于成帝为兄弟，于哀帝为诸父，于平帝为祖父，皆不可为之后。上至元帝于光武为父，故上继元帝而为九代。故河图云：赤九会昌，谓光武也。然则宣帝为祖，昭帝为曾祖，故追尊及祠之。成帝、哀帝、平帝于长安，舂陵节侯以下于章陵；其长安、章陵，皆太守、令、长侍祠。祭祀志曰：时诏曰："宗庙处所未定，且祫祭高庙，其成、哀、平且祠祭长安故高庙。其南阳舂陵，岁时且各因故园庙祭祀。园庙去太守治所远者，在所令、长行太守事侍祠。"如淳曰：宗庙在章陵者，南阳太守称使者往祭；不使侯王祭者，诸侯不得祖天子。凡临祭宗庙，皆为侍祠。

2 马援斩徵侧、徵贰。

3 妖贼单臣、傅镇等相聚入原武城，妖，于骄翻。单，音善。原武县属河南尹。自称将军。诏太中大夫臧宫将兵围之，数攻不下，数，所角翻。士卒死伤。帝召公卿、诸侯王问方略，皆曰："宜重其购赏。"东海王阳独曰："妖巫相劫，势无久立，其中必有悔欲亡者，但外围急，不得走耳。宜小挺缓，令得逃亡，贤曰：挺，解也。余据礼记月令，挺重囚。挺，宽也，音待鼎翻。逃亡，则一亭长足以禽矣。"帝然之，即敕宫彻围缓贼，贼众分散。夏四月，拔原武，斩臣、镇等。

4 马援进击徵侧馀党都阳等，至居风，降之；贤曰：居风，县名，属九真郡，今爱州。交州记曰：居风有山，出金牛，往往夜见，光耀十里。山有风门，常有风。峤南悉平。贤曰：峤，岭峤也。尔雅曰：山锐而高曰峤；居庙翻。考异曰：援传作"都羊"，帝纪作"都阳"，今从纪。又帝纪："十八年四月，遣援击交趾。十九年四月，斩侧、贰等，因击都阳等，降之。"援传："十七年，拜伏波将军，讨侧、贰。十八年春，军至浪泊，明年正月，斩侧、贰。"盖纪之所书者，援奏破侧、贰及传侧、贰首至雒之时也。沈怀远南越志云："徵侧奔入金溪穴中，二年乃得之。"援传近是，今从之。援与越人申明旧制以约束之，自后骆越奉行马将军故事。贤曰：骆者，越别名。林邑记曰：日南、卢容、浦通、铜鼓外越。铜鼓即骆越也；有铜鼓，因得其名。马援取其鼓以铸铜马。

5 闰月，戊申，进赵、齐、鲁三公爵皆为王。

6 郭后既废，太子彊意不自安。郅恽说太子曰："久处疑位，上违孝道，下近危殆，说，输芮翻。处，昌吕翻。近，其靳翻。不如辞位以奉养母氏。"太子从之，数因左右及诸王陈其恳诚，愿备藩国。数，所角翻。上不忍，迟回者数岁。六月，戊申，诏曰："春秋之义，立子以贵。春秋公羊传曰：立嫡以长不以贤，立子以贵不以长。桓公何以贵？母贵也。母贵则子贵，子以母贵，母以子贵。东海王阳，皇后之子，宜承大统。皇太子彊，崇执谦退，愿备藩国，父子之情，重久违之。重，难也。其以彊为东海王，立阳为皇太子，改名庄。”

袁宏论曰：夫建太子，所以重宗统，一民心也，非有大恶于天下，不可移也。世祖中兴汉业，宜遵正道以为后法。今太子之德未亏于外，内宠既多，嫡子迁位，可谓失矣。然东海归藩，谦恭之心弥亮；明帝承统，友于之情愈笃；论语：孔子曰：惟孝友于兄弟。虽长幼易位，兴废不同，父子兄弟，至性无间。夫以三代之道处之，间，古苋翻。处，昌吕翻。亦何以过乎！

7 帝以太子舅阴识守执金吾，阴兴为卫尉，皆辅导太子。识性忠厚，入虽极言正议，及与宾客语，未尝及国事。帝敬重之，常指识以敕戒贵戚，激厉左右焉。兴虽礼贤好施，而门无游侠，西都之季，万章、楼护、陈遵等皆侠游于贵近之门，至于此时，亦有杜保、王磐之徒。好，呼到翻。施，式豉翻。侠，户颊翻。与同郡张宗、上谷鲜于裒不相好，姓谱：鲜于，本子姓，周武王封箕子于朝鲜，支子仲食采于于，因以鲜于为氏。裒，蒲侯翻。知其有用，犹称所长而达之；友人张汜、杜禽，与兴厚善，以为华而少实，俱【章：十二行本“俱”作“但”；乙十一行本同；孔本同。】私之以财，终不为言；少，诗沼翻。为，于伪翻。是以世称其忠。

上以沛国桓荣为议郎，沛国，即沛郡，建武二十年，中山王辅徙封沛，始为国。续汉志：凡郎官皆主更直执戟，宿卫诸殿门，出充车骑；惟议郎不在直中。议郎，秩六百石。使授太子经。车驾幸太学，会诸博士论难于前，难，乃旦翻。荣辨明经义，每以礼让相厌，厌，服也，一叶翻。不以辞长胜人，儒者莫之及，特加赏赐。又诏诸生雅歌击磬，尽日乃罢。帝使左中郎将汝南钟兴授皇太子及宗室诸侯春秋，钟兴为公羊春秋，严氏学也。赐兴爵关内侯。兴辞以无功，帝曰：“生教训太子及诸王侯，非大功耶？”兴曰：“臣师少府丁恭。”于是复封恭，复，扶又翻。而兴遂固辞不受。

8 陈留董宣为雒阳令。湖阳公主苍头白日杀人，因匿主家，吏不能得。及主出行，以奴骖乘，宣于夏门亭候之，雒阳十二城门，夏门位在亥。蔡质汉仪曰：雒阳十二城门，门一亭。贤曰：夏门，雒阳城北面西头门，门外有万寿亭。乘，绳证翻。驻车叩马，叩，近也。以刀画地，大言数主之失；数，所具翻。叱奴下车，因格杀之。主即还宫诉帝，帝大怒，召宣，欲箠杀之。箠，止蕊翻。宣叩头曰："愿乞一言而死。"帝曰："欲何言？"宣曰："陛下圣德中兴，而纵奴杀人，将何以治天下乎？治，直之翻。臣不须箠，请得自杀！"即以头击楹，楹，柱也。流血被面。被，皮义翻。帝令小黄门持之。小黄门，宦者也，属少府。使宣叩头谢主，宣不从；强使顿之，强，其两翻。宣两手据地，终不肯俯。主曰："文叔为白衣时，藏亡匿死，亡，谓亡命；死，谓犯死罪者。吏不敢至门；今为天子，威不能行一令乎？"帝笑曰："天子不与白衣同！"因敕："强项令出！"贤曰：强项，言不低屈也。赐钱三十万；宣悉以班诸吏。由是能搏击豪强，京师莫不震慄。"慄"，当作"栗"。慄，音匹妙翻。前书音义曰：慄，疾也；非此义。【章：十二行本正作"栗"；孔本同。】

9 九月，壬申，上行幸南阳；进幸汝南南顿县舍，置酒会，赐吏民，复南顿田租一岁。复，芳目翻；下同。父老前叩头言："皇考居此日久，陛下识知寺舍，贤曰：光武尝从皇考至南顿，故识知官府舍宇。风俗通曰：寺者，嗣也；理事之吏嗣续于其中也。又曰：寺，司也；诸官府所止皆曰寺。每来辄加厚恩，愿赐复十年。"帝曰："天下重器，常恐不任，任，音壬，胜也。日复一日，日复之复，扶又翻；下复增同。安敢远期十岁乎！"吏民又言："陛下实惜之，何言谦也！"帝大笑，复增一岁。进幸淮阳、梁、沛。

10 西南夷栋蚕反，杀长吏；诏武威将军刘尚讨之。路由越巂，巂，音髓。邛谷王任贵恐尚既定南边，威法必行，己不得自放纵；即聚兵起营，多酿毒酒，欲先劳军，劳，力到翻。因袭击尚。尚知其谋，即分兵先据邛都，越嶲郡治邛都，任贵所据。宋白曰：汉邛都县，唐为嶲州越嶲县。遂掩任贵，诛之。

二十年（甲辰、四四）

1 春，二月，戊子，车驾还宫。

2 夏，四月，庚辰，大司徒戴涉坐入故太仓令奚涉罪，下狱死。无罪加之以罪曰入。百官志：太仓令属大司农，主受郡国漕转谷，秩六百石。下，遐稼翻。帝以三公连职，策免大司空窦融。

3 广平忠侯吴汉病笃，车驾亲临，问所欲言，对曰："臣愚，无所知识，惟愿陛下慎无赦而已。"五月，辛亥，汉薨；诏送葬如大将军霍光故事。事见二十四卷宣帝地节二年。

汉性强力，每从征伐，帝未安，常侧足而立。诸将见战陈不利，陈，读曰阵。或多惶惧，失其常度，汉意气自若，方整厉器械，激扬吏士。帝时遣人观大司马何为，还言方修战攻之具，乃叹曰："吴公差强人意，隐若一敌国矣！"贤曰：隐，威重之貌，言其威重若敌国。每当出师，朝受诏，夕则引道，初无辨【章：十二行本"辨"作"办"；乙十一行本同。】严之日。辨，皮苋翻，具也。贤曰：严，即装也，避明帝讳改之。及在朝廷，斤斤谨质，形于体貌。尔雅曰：明明、斤斤，察也。李巡曰：斤斤，精详之察也。孙炎曰：谨慎之察也。斤，音靳。汉尝出征，妻子在后买田业，汉还，让之曰："军师在外，吏士不足，何多买田宅乎！"遂尽以分与昆弟、外家。故能任职以功名终。

4 匈奴寇上党、天水，遂至扶风。郡国志：上党郡，在雒阳北一千五百里；天水郡，在雒阳西二千里。

5 帝苦风眩，疾甚，以阴兴领侍中，受顾命于云台广室。贤曰：尚书曰：成王将崩，命召公作顾命。孔安国注云：临终之命曰顾命。顾，音古。雒阳南宫有云台、广德殿。余谓广室者，寝殿也。据晋书元帝纪有司奏太极殿广室施绛帐，帝令夏施青练帷，冬施青布，则广室之为寝殿明矣。会疾瘳，召见兴，见，贤遍翻。欲以代吴汉为大司马，兴叩头流涕固让，曰："臣不敢惜身，诚亏损圣德，不可苟冒！"至诚发中，感动左右，帝遂听之。太子太傅张湛，自郭后之废，称疾不朝，帝强起之，欲以为司徒，湛固辞疾笃，不能复任朝事，强，其两翻。复，扶又翻。任，音壬。朝，直遥翻。遂罢之。

六月，庚寅，以广汉太守河内蔡茂为大司徒，太仆朱浮为大司空。壬辰，以左中郎将刘隆为骠骑将军，行大司马事。

6 乙未，徙中山王辅为沛王。以郭况为大鸿胪，帝数幸其第，赏赐金帛，丰盛莫比，况，郭后弟也，数恩况者，以慰后心耳。数，所角翻。京师号况家为"金穴"。

7 秋，九月，马援自交趾还，平陵孟冀迎劳之。劳，力到翻。援曰："方今匈奴、乌桓尚扰北边，欲自请击之，男儿要当死于边野，以马革裹尸还葬耳，何能卧床上在儿女子手中邪！"冀曰："谅！为烈士当如是矣！"

8 冬，十月，甲午，上行幸鲁、东海、楚、沛国。皆诸皇子封国也，后东海王彊兼食鲁郡而都于鲁，时犹为鲁王兴国。

9 十二月，匈奴寇天水、扶风、上党。

10 壬寅，车驾还宫。

11 马援自请击匈奴，帝许之，使出屯襄国，贤曰：襄国，县名，属赵国，今邢州龙冈县。诏百官祖道。援谓黄门郎梁松、窦固曰："凡人富贵，当使可复贱也；如卿等欲不可复贱，复，扶又翻。居高坚自持。勉思鄙言！"松，统之子；固，友之子也。

12 刘尚进兵与栋蚕等连战，皆破之。

二十一年（乙巳、四五）

1 春，正月，追至不韦，孙盛蜀谱曰：初，秦徙吕不韦子弟宗族于蜀；汉武帝开西南夷，置郡县，徙吕氏以充之，因置不韦县。华阳国志曰：武帝通博南山，置不韦县，徙南越相吕嘉子孙、宗族实之，因名不韦，以章其先人恶行也。郡国志：本属益州郡，明帝永平二年，分置永昌郡，治不韦。史记正义：不韦县，北去叶榆六百里。斩栋蚕帅，西南诸夷悉平。帅，所类翻。

2 乌桓与匈奴、鲜卑连兵为寇，代郡以东尤被乌桓之害；被，皮义翻。其居止近塞，近，其靳翻。朝发穹庐，暮至城郭，五郡民庶，家受其辜，五郡，谓代郡、上谷、渔阳、右北平、辽西也。至于郡县损坏，百姓流亡，边陲萧条，无复人迹。秋，八月，帝遣马援与谒者分筑堡塞，稍兴立郡县，或空置太守、令、长，招还人民。乌桓居上谷塞外白山者最为强富，援将三千骑击之，无功而还。考异曰：刘昭注补后汉书志亦谓之续汉志，其郡国志注云"中郎将马援"，误也。帝纪"冬十月，遣援出塞击乌桓"，援传："十二月，出屯襄国，明年秋，将三千骑出高柳。"袁纪在八月祭肜事前。今从之。

3 鲜卑万馀骑寇辽东，太守祭肜率数千人迎击之，自被甲陷陈；被，皮义翻。陈，读曰阵。虏大奔，投水死者过半，遂穷追出塞；虏急，皆弃兵裸身散走。是后鲜卑震怖，畏肜，不敢复窥塞。裸，郎果翻。怖，普布翻。复，扶又翻。

4 冬，匈奴寇上谷、中山。

5 莎车王贤浸以骄横，欲兼并西域，数攻诸国，横，户孟翻。数，所角翻。重求赋税，诸国愁惧。车师前王、鄯善、焉耆等十八国俱遣子入侍，献其珍宝；及得见，皆流涕稽首，鄯，上扇翻。稽，音启。愿得都护。帝以中国初定，北边未服，皆还其侍子，史所谓量时度力也。厚赏赐之。诸国闻都护不出，而侍子皆还，大忧恐，乃与敦煌太守檄，敦，徒门翻。"愿留侍子以示莎车，言侍子见留，都护寻出，冀且息其兵。"裴遵以状闻，帝许之。

二十二年（丙午、四六）

1 春，闰正月，丙戌，上幸长安；二月，己巳，还雒阳。

2 夏，五月，乙未晦，日有食之。

3 秋，九月，戊辰，地震。

4 冬，十月，壬子，大司空朱浮免；癸丑，以光禄勋杜林为大司空。

初，陈留刘昆为江陵令，县有火灾，昆向火叩头，火寻灭；江陵县，属南郡。后为弘农太守，虎皆负子渡河。帝闻而异之，征昆代林为光禄勋。帝问昆曰："前在江陵，反风灭火，后守弘农，虎北渡河，行何德政而致是事？"对曰："偶然耳。"左右皆笑，帝叹曰："此乃长者之言也！"顾命书诸策。策，简策，编简为之。汉制：天子策书，长二尺。国史亦用简策。此书诸策，即史策也。尚书古文书以八寸策。

5 是岁，青州蝗。青州部济南、平原、乐安、北海、东莱、齐国。

6 匈奴单于舆死，子左贤王乌达鞮侯立；复死，鞮，丁奚翻。弟左贤王蒲奴立。匈奴中连年旱蝗，赤地数千里，赤地，言在地之物皆尽。人畜饥疫，死耗太半。贤曰：三分损二为太半。单于畏汉乘其敝，乃遣使诣渔阳求和亲；帝遣中郎将李茂报命。考异曰：帝纪："是岁匈奴日逐王比遣使诣渔阳请和亲，使茂报命。"按明年又有"比遣使诣西河内附。"然则茂所报者，非比也。今从南匈奴传。

7 乌桓乘匈奴之弱，击破之，匈奴北徙数千里，幕南地空。诏罢诸边郡亭候、吏卒，以币帛招降乌桓。降，户江翻。

8 西域诸国侍子久留敦煌，皆愁思亡归。莎车王贤知都护不至，击破鄯善，攻杀龟兹王。龟兹，前书音丘慈。贤曰：今龟，音丘勿翻；兹，音沮惟翻；盖急言耳。鄯善王安上书："愿复遣子入侍，复，扶又翻；下同。更请都护；都护不出，诚迫于匈奴。"帝报曰："今使者大兵未能得出，如诸国力不从心，东西南北自在也。"任其所从。于是鄯善、车师复附匈奴。

班固论曰：孝武之世，图制匈奴，患其兼从西国，结党南羌，南羌，即湟中诸羌。从，子容翻。乃表河曲列四郡，四郡：武威、张掖、酒泉、敦煌也。开玉门，通西域，以断匈奴右臂，隔绝南羌、月氏；断，丁管翻。氏，音支。单于失援，由是远遁，而幕南无王庭。遭值文、景玄默，养民五世，高、惠及吕后、文、景为五世。财力有馀，士马强盛，故能睹犀布、玳瑁，玳，音代。瑁，音妹。则建珠厓七郡；感蒟酱、竹杖，则开牂柯、越嶲；蒟，音矩。牂，音臧。嶲，音髓。闻天马、蒲陶，则通大宛、安息；自是殊方异物，四面而至。于是开苑囿，广宫室，盛帷帐，美服玩，设酒池肉林以飨四夷之客，作鱼龙角抵之戏以观视之；观，古玩翻。师古曰：视，读曰示，观视之者，示之令观也。及赂遗赠送，遗，于季翻。万里相奉，师旅之费，不可胜计。胜，音升。至于用度不足，乃榷酒酤，榷，古岳翻。酤，古暮翻。筦盐铁，铸白金，造皮币，算至车船，租及六畜。畜，许救翻。民力屈，屈，其勿翻。财用竭，因之以凶年，寇盗并起，道路不通，直指之使始出，衣绣杖斧，断斩于郡国，使，疏吏翻。衣，于既翻。断，丁乱翻。然后胜之。是以末年遂弃轮台之地而下哀痛之诏，岂非仁圣之所悔哉！事并见武帝纪。

且通西域，近有龙堆，远则葱岭，身热、头痛、悬度之阸，淮南、杜钦、扬雄之论，皆以为此天地所以界别区域，绝外内也。别，彼列翻。西域诸国，各有君长，兵众分弱，无所统一，虽属匈奴，不相亲附；匈奴能得其马畜、旃罽而不能统率，与之进退。畜，许救翻。与汉隔绝，道里又远，得之不为益，弃之不为损，盛德在我，无取于彼。故自建武以来，西域思汉威德，咸乐内属，数遣使置质于汉，乐，音洛。数，所角翻。质，音致，谓侍子也。

愿请都护。圣上远览古今，因时之宜，辞而未许；虽大禹之序西戎，周公之让白雉，太宗之却走马，义兼之矣！禹贡曰：西戎即序。即，就也；序，次也。禹就而序之，非尚威服，致其贡物也。师古曰：昔周公相成王，越裳氏重九译而献白雉。成王问周公，公曰："德不加焉，则君子不飨其质，政不施焉，则君子不臣其远；吾何以获此物也?"译曰："吾受命、国之黄耇曰：'久矣天之无烈风雷雨也，意者中国有圣人乎?'"然后归之王，称先王之神所致，以荐宗庙。却走马事见十三卷文帝元年。

王崇武标点容肇祖聂崇岐覆校

资治通鉴卷第四十四

翰林学士兼侍读学士朝散大夫右谏议大夫
知制诰判尚书都省兼提举万寿观公事上护军 司马光 奉敕编集
河内郡开国侯食邑一千三百户赐紫金鱼袋臣

后 学 天 台 胡三省 音 注

汉纪三十六 起强圉协洽（丁未），尽上章涒滩（庚申），凡十四年。

世祖光武皇帝下

建武二十三年（丁未、四七）

1 春，正月，南郡蛮叛；郡国志：南郡，在雒阳南一千五百里。蛮，即缘沔诸山蛮也。杜佑曰：时南郡潳山蛮反，刘尚讨破之，徙其种人七千馀口，置江夏界中，其后沔中蛮是也。遣武威将军刘尚讨破之。

2 夏，五月，丁卯，大司徒蔡茂薨。

3 秋，八月，丙戌，大司空杜林薨。

4 九月，辛未，以陈留【章：十二行本“留”下有“太守”二字；乙十一行本同；孔本同；张校同。】玉况为大司徒。贤曰：玉，音肃，姓也。

5 冬，十月，丙申，以太仆张纯为大司空。

6 武陵蛮精夫相单程等反，秦昭王使白起伐楚，略取蛮夷，始置黔中郡；汉兴，改为武陵。范书曰：长沙武陵蛮名渠帅曰精夫，槃瓠之后也。遣刘尚发兵万馀人溯沅水入武溪击之。贤曰：沅水出牂柯故且兰，东北经辰州、潭州、岳州，经洞庭湖入江。武溪，在今辰州卢溪县西百八十里，即五溪之一也。沅，音元。尚轻敌深入，蛮乘险邀之，尚一军悉没。

7 初，匈奴单于舆弟右谷蠡王知牙师以次当为左贤王，谷蠡，音鹿黎。左贤王次即当为单于。单于欲传其子，遂杀知牙师。乌珠留单于有子曰比，为右薁鞬日逐王，薁，音郁。鞬，居言翻。领南边八部。比见知牙师死，出怨言曰："以兄弟言之，右谷蠡王次当立；以子言之，我前单于长子，我当立！"呼韩邪单于约其诸子以兄弟次相传，单于舆杀其弟知牙师而立其子，乱呼韩邪之约，而比则乌珠留之长子也。比自谓若父子相传，则乌珠留死，比当立为单于，何待至舆而始传其子也。师古曰：谷，音鹿。蠡，卢奚翻。遂内怀猜惧，庭会稀阔。匈奴诸王岁正月会单于庭。单于疑之，乃遣两骨都侯监领比所部兵。监，古衔翻。及单于蒲奴立，比益恨望，密遣汉人郭衡奉匈奴地图诣西河太守求内附。郡国志：西河郡，在雒阳北千二百里。守，式又翻。两骨都侯颇觉其意，会五月龙祠，匈奴诸王每岁五月会龙城祠。南匈奴传曰：匈奴俗岁有三龙祠，常以正月、五月、九月戊日。劝单于诛比。比弟渐将王在单于帐下，南匈奴传：大臣贵者左贤王，次左谷蠡王，次右贤王，次右谷蠡王，谓之四角。次左、右日逐王，次左、右温禺鞮王，次左、右斩将王，是为六角。"渐"，当作"斩"，传写误加水旁耳。闻之，驰以报比。比遂聚八部兵四五万人，待两骨都侯还，欲杀之。骨都侯且到，知其谋，亡去。单于遣万骑击之，见比众盛，不敢进而还。

8 是岁，鬲侯朱祜卒。范书朱祜传：二十四年卒。祜为人质直，尚儒学；为将多受降，将，即亮翻。降，户江翻。以克定城邑为本，不存首级之功。又禁制士卒不得虏掠百姓，军人乐放纵，乐，音洛。多以此怨之。

二十四年（戊申、四八）

1 春，正月，乙亥，赦天下。

2 匈奴八部大人共议立日逐王比为呼韩邪单于，款五原塞，愿永为藩蔽，扞御北虏。事下公卿，下，遐稼翻。议者皆以为“天下初定，中国空虚，夷狄情伪难知，不可许。”五官中郎将耿国五官中郎将，掌五官郎。杜佑曰：汉制，三署郎，年五十以上属五官，其次分属左、右署。独以为“宜如孝宣故事，受之，事见二十七卷宣帝甘露、黄龙间。令东扞鲜卑，北拒匈奴，率厉四夷，完复边郡。”时边郡皆创残，有南匈奴为扞蔽，则可以完复矣。帝从之。

3 秋七月，武陵蛮寇临沅；贤曰：临沅，县名，属武陵郡，故城在今朗州武陵县。遣谒者李嵩、中山太守马成讨之，不克。马援请行，帝愍其老，未许，援曰：“臣尚能被甲上马。”被，皮义翻。帝令试之。援据鞍顾眄，以示可用，帝笑曰：“矍铄哉是翁！”贤曰：矍铄，勇貌也。遂遣援率中郎将马武、耿舒等将四万馀人征五溪。郦道元注水经云：武陵有五溪，谓雄溪、樠溪、酉溪、沅溪、辰溪，悉是蛮夷所居，故谓五溪，皆槃瓠之子孙也。土俗“雄”作“熊”，“樠”作“朗”，“沅”作“武”。贤曰：五溪在今辰州界。援谓友人杜愔曰：“吾受厚恩，年迫日索，索，尽也。愔，于今翻。索，昔各翻。常恐不得死国事；今获所愿，甘心瞑目，但畏长者家儿或在左右，或与从事，殊难得调，介介独恶是耳！”贤曰：长者家儿，谓权要子弟等。介介，犹耿耿也。余谓调，和也。援固已虑耿舒之难与共事，梁松、窦固之迩言矣。恶，乌路翻。

4 冬，十月，匈奴日逐王比自立为南单于，遣使诣阙奉藩称臣。上以问朗陵侯臧宫。贤曰：朗陵，县名，属汝南郡，故城在今豫州朗山县西南。宫曰：“匈奴饥疫分争，臣愿得五千骑以立功。”帝笑曰：“常胜之家，难与虑敌，吾方自思之。”

二十五年(己酉、四九)

1 春，正月，辽东徼外貊人寇边，徼，古吊翻。貊，莫百翻。太守祭肜招降之。降，户江翻。肜又以财利抚纳鲜卑大都护偏何，使招致异种，骆驿款塞。种，章勇翻。骆驿，相继也。款，叩也，至也。

肜曰："审欲立功，当归击匈奴，斩送头首，乃信耳。"偏何等即击匈奴，斩首二千馀级，持头诣郡。其后岁岁相攻，辄送首级，受赏赐。自是匈奴衰弱，边无寇警，鲜卑、乌桓并入朝贡。朝，直遥翻。肜为人质厚重毅，抚夷狄以恩信，故皆畏而爱之，得其死力。

2 南单于遣其弟左贤王莫莫者，左贤王之名。将兵万馀人击北单于弟薁鞬左贤王，生获之；北单于震怖，怖，普布翻。却地千馀里。北部薁鞬骨都侯与右骨都侯率众三万馀人归南单于。三月，南单于复遣使诣阙贡献，求使者监护，复，扶又翻。监，古衔翻。遣侍子，修旧约。旧约，宣帝旧约。

3 戊申晦，日有食之。

4 马援军至临乡，水经注：武陵郡沅南县，建武中所置县，在沅水之阴，因以沅南为名，县治故城，昔马援讨临乡所筑也。击破蛮兵，斩获二千馀人。

初，援尝有疾，虎贲中郎将梁松来候之，虎贲中郎将，掌虎贲郎。贲，音奔。独拜床下，援不答。松去后，诸子问曰："梁伯孙，帝婿，梁松，字伯孙，尚帝女舞阴公主。尔雅曰：女子之夫为婿。贵重朝廷，公卿已下莫不惮之，大人奈何独不为礼？"援曰："我乃松父友也，虽贵，何得失其序乎！"

援兄子严、敦并喜讥议，贤曰：喜，许吏翻。通轻侠，援前在交趾，还书诫之曰："吾欲汝曹闻人过失，如闻父母之名，耳可得闻，口不可得言也。好论议人长短，好，呼到翻；下同。妄是非政法，贤曰：谓讥刺时政也。此吾所大恶也；宁死，不愿闻子孙有此行也。恶，乌路翻。行，下孟翻；下同。龙伯高敦厚周慎，口无择言，谦约节俭，廉公有威，吾爱之重之，愿汝曹效之。杜季良豪侠好义，忧人之忧，乐人之乐，乐，音洛。父丧致客，数郡毕至，吾爱之重之，不愿汝曹效也。效伯高不得，犹为谨敕之士，所谓‘刻鹄不成尚类鹜’者也；贤曰：鹜，鸭也。鹜，莫卜翻。毛晃曰：舒凫，俗谓之鸭，可畜而不能高飞者曰鸭，野生而高飞者曰鹜。效季良不得，陷为天下轻薄子，所谓‘画虎不成反类狗’者也。”伯高者，山都长龙述也；龙，姓；述名。贤曰：山都，县名，属南阳郡，旧南阳之赤乡，秦以为县，故城在今襄州义清县东北。长，知两翻。季良者，越骑司马杜保也；百官志：越骑校尉，其属有司马，秩千石。皆京兆人。会保仇人上书，讼“保为行浮薄，乱群惑众，伏波将军万里还书以诫兄子，而梁松、窦固与之交结，将扇其轻伪，败乱诸夏。”败，补迈翻。书奏，帝召责松、固，以讼书及援诫书示之，松、固叩头流血，而得不罪。诏免保官，擢拜龙述为零陵太守。贤曰：零陵，今永州。守，式又翻。松由是恨援。

及援讨武陵蛮，军次下隽，贤曰：下隽，县名，属长沙国，故城在今辰州沅陵县。宋白曰：岳州巴陵县，汉地理志，下隽县，属长沙郡，在今鄂州蒲圻县界，即此地。按水经，江水东至长沙下隽县北，澧水、资水、沅水合，东流注之，则宋说为是，贤说非。隽，子兖翻。有两道可入，从壶头则路近而水崄，水经注：夷水南出夷山，北流注沅。夷山，东接壶头山，山下水际有马援停军处。贤曰：壶头山在今辰州沅陵东。从充则涂夷而运远。贤曰：充，县名，属武陵郡。充，昌容翻。耿舒欲从充道；援以为弃日费粮，不如进壶头，搤其喉咽，搤，持也。咽，音烟；喉咙也。充贼自破；以事上之，上，时掌翻；下同。帝从援策。进营壶头，贼乘高守隘，水疾，船不得上；会暑甚，士卒多疫死，援亦中病，乃穿岸为室以避炎气。武陵记曰：壶头山边有石窟，即援所穿室也。中，竹仲翻。贼每升险鼓噪，援辄曳足以观之，左右哀其壮意，莫不为之流涕。为，于伪翻。耿舒与兄好畤侯弇书曰：好畤县，属扶风。畤，音止。“前舒上书当先击充，粮虽难运而兵马得用，军人数万，争欲先奋。今壶头竟不得进，大众怫郁行死，师古曰：佛郁，忧不乐也。佛，符弗翻。佛郁，气蕴积而不得舒也。行死，谓行将疫死也。诚可痛惜！前到临乡，贼无故自致，若夜击之，即可殄灭，伏波类西域贾胡，到一处辄止，贤曰：言似商胡，所至之处辄停留也。贾，音古。以是失利。今果疾疫，皆如舒言。”弇得书奏之，帝乃使梁松乘驿责问援，因代监军。监，古衔翻。

会援卒，松因是构陷援。帝大怒，追收援新息侯印绶。郡国志：新息，侯国，属汝南郡。应劭曰：古息国，其后东徙，加“新”字。初，援在交趾，常饵薏苡实，能轻身，胜障气，神农本草经曰：薏苡味甘，微寒，主风湿痹，下气，除筋骨邪气，久服轻身益气。障，与瘴同。军还，载之一车。及卒后，有上书谮之者，以为前所载还皆明珠文犀。文犀，犀之有文彩者。帝益怒。

援妻孥惶惧，孥，音奴，子也。不敢以丧还旧茔，稿葬域西，贤曰：稿，草也，以不归旧茔，时权葬，故称稿。马援传作“城西”。【章：乙十一行本正作“城西”。张校云：“域”作“城”，误。】说文曰：茔，墓地。广雅曰：茔域，葬地也。宾客故人，莫敢吊会。不敢吊及会葬。严与援妻子草索相连，诣阙请罪。索，昔各翻。帝乃出松书以示之，方知所坐，上书诉冤，前后六上，辞甚哀切。上，时掌翻；下同。

前云阳令扶风朱勃云阳县，属左冯翊，有秦云阳宫。钩弋夫人葬云阳，昭帝为起云陵邑，后为县。诣阙上书曰：“窃见故伏波将军马援，拔自西州，钦慕圣义，间关险难，难，乃旦翻。触冒万死，经营陇、冀，谓征堤嚣时也。谋如涌泉，势如转规，规，圆也。兵动有功，师进辄克。诛锄先零，飞矢贯胫；零，音怜。建武十一年，援击破先零，飞矢贯胫。胫，形定翻。出征交趾，与妻子生诀。征交趾事见上卷十七年、十八年、十九年。间复南讨，复，扶又翻。立陷临乡，师已有业，业，绪也。未竟而死；吏士虽疫，援不独存。夫战或以久而立功，或以速而致败，深入未必为得，不进未必为非，人情岂乐久屯绝地不生归哉！乐，音洛。惟援得事朝廷二十二年，北出塞漠，谓讨乌桓。南渡江海，触冒害气，僵死军事，名灭爵绝，国土不传，海内不知其过，众庶未闻其毁，家属杜门，葬不归墓，怨隙并兴，宗亲怖栗，怖，普布翻。死者不能自列，生者莫为之讼，为，于伪翻。臣窃伤之！夫明主酞于用赏，约于用刑，高祖尝与陈平金四万斤以间楚军，不问出入所为，事见十卷高帝三年。间，古苋翻。岂复疑以钱谷间哉！复，扶又翻。愿下公卿，平援功罪，宜绝宜续，以厌海内之望。”下，遐稼翻。厌，一叶翻。帝意稍解。

初，勃年十二，能诵诗、书，常候援兄况，辞言娴雅，贤曰：娴，音闲。娴雅，犹言沈静也；余谓娴，习也。屈原传：娴于辞令。援裁知书，见之自失。况知其意，乃自酌酒慰援曰："朱勃小器速成，智尽此耳，卒当从汝禀学，卒，子恤翻；终也。贤曰：禀，受也。勿畏也。"勃未二十，右扶风请试守渭城宰。前书音义曰：试守者，试守一岁乃为真，食其全俸。贤曰：渭城，县名，故城在今咸阳县东北。及援为将军封侯，而勃位不过县令。援后虽贵，常待以旧恩而卑侮之，勃愈身自亲。及援遇谗，唯勃能终焉。

谒者南阳宗均监援军，"宗均"，列传作"宋均"。赵明诚金石录有汉司空宗俱碑。按后汉宋均传：均族子意，意孙俱，灵帝时为司空。余尝得宗资墓前碑龟膊上刻字，因以后汉帝纪及姓苑、姓纂诸书参考，以谓自均以下，其姓皆作"宗"，而列传转写为"宋"，误也。后得此碑，益知前言之不缪。援既卒，军士疫死者太半，蛮亦饥困。均乃与诸将议曰："今道远士病，不可以战，欲权承制降之，何如？"诸将皆伏地莫敢应。降，户江翻。均曰："夫忠臣出竟，有可以安国家，专之可也。"公羊传曰：聘礼，大夫受命不受辞，出境有可以安社稷，全国家者，则专之可也。竟，读曰境。乃矫制调伏波司马吕种守沅陵长，调，徒吊翻。命种奉诏书入虏营，告以恩信，因勒兵随其后。蛮夷震怖，冬十月，共斩其大帅而降。帅，所类翻。于是均入贼营，散其众，遣归本郡，为置长吏而还，为，于伪翻。还，从宣翻，又如字。群蛮遂平。均未至，先自劾矫制之罪；劾，户概翻，又户得翻。上嘉其功，迎，赐以金帛，令过家上冢。受命而出，未复命则不当先过家，今使过家上冢，所以示宠荣也。上，时掌翻。

5 是岁，辽西乌桓大人郝旦等率众内属，考异曰：帝纪今春既著乌桓来朝，岁末又纪是岁乌桓朝贡内属。盖始独大人来朝，后乃率种族内属耳。诏封乌桓渠帅为侯、王、君长者八十一人，帅，所类翻。长，知两翻。使居塞内，布于缘边诸郡，令招来种人，种，章勇翻。给其衣食，遂为汉侦候，侦，丑郑翻。助击匈奴、鲜卑。时司徒掾班彪上言："乌桓天性轻黠，好为寇贼，若久放纵而无总领者，必复掠居人，掾，俞绢翻。黠，下八翻。好，呼到翻。复，扶又翻。但委主降掾吏，贤曰：盖当时权置也。降，户江翻。恐非所能制。臣愚以为宜复置乌桓校尉，西都置护乌桓校尉，至王莽时，乌桓叛，校尉由是罢。阚骃十三州志曰：护乌桓，拥节，秩比二千石，武帝置以护内附乌桓，既而并于匈奴中郎将。余据匈奴中郎将，亦此时方置，未知并于匈奴中郎将果何时也！校，户教翻。诚有益于附集，省国家之边虑。"帝从之，于是始复置校尉于上谷甯城，贤曰：甯城，县名。前书"甯"作"寧"，"寧"、"甯"两字通也。杜佑曰：宁城，在妫州郡怀戎县西北，俗名西吐敦城。开营府，并领鲜卑赏赐、质子，岁时互市焉。质，音致。

二十六年（庚戌、五〇）

1 正月，诏增百官奉，百官志：大将军、三公奉，月三百五十斛；秩中二千石奉，月百八十斛；二千石，月百二十斛；比二千石，月百斛；千石，月九十斛；比千石，月八十斛；六百石，月七十斛；比六百石，月五十五斛；四百石，月五十斛；比四百石，月四十五斛；三百石，月四十斛；比三百石，月三十七斛；二百石，月三十斛；比二百石，月二十七斛；百石，月十六斛；斗食，月十一斛；佐史，月八斛。凡诸受奉，钱、谷各半。奉，音扶用翻。其千石已上，减于西京旧制，六百石已下，增于旧秩。

2 初作寿陵。贤曰：初作陵，未有名，故号寿陵，盖取久长之义也。帝曰："古者帝王之葬，皆陶人、瓦器、木车、茅马，使后世之人不知其处。太宗识终始之义，景帝能述遵孝道，遭天下反覆，而霸陵独完受其福，岂不美哉！谓赤眉入长安，惟霸陵不掘。今所制地不过二三顷，无【章：十二行本"无"下有"为"字；乙十一行本同；张校同。】山陵陂池，裁令流水而已。贤曰：言不起山陵，裁令封土陂池不停水而已。陂，音普何翻。池，音徒河翻。使迭兴之后，与丘陇同体。"迭兴，谓易姓而王者。

3 诏遣中郎将段彬、【章：十二行本"彬"作"郴"；乙十一行本同。】彬，丑林翻。副校尉王郁使南匈奴，立其庭，去五原西部塞八十里。地理志，五原西部都尉治田辟。师古曰：辟，读曰壁。使者令单于伏拜受诏，单于顾望有顷，乃伏称臣。拜讫，令译晓使者曰："单于新立，诚惭于左右，愿使者众中无相屈折也。"诏听南单于入居云中，贤曰：云中，郡名，在今胜州北。宋白曰：汉云中故城，在胜州东北四十里榆林县界，赵武侯所筑。始置使匈奴中郎将，将兵卫护之。

4 夏，南单于所获北虏薁鞬左贤王将其众及南部五骨都侯韩氏骨都侯、当于骨都侯、呼衍骨都侯、郎氏骨都侯、粟藉骨都侯，凡五。薁，音郁。鞬，居言翻。合三万馀人畔归，去北庭三百馀里，自立为单于。月馀，日更相攻击，更，工衡翻。五骨都侯皆死，左贤王自杀，诸骨都侯子各拥兵自守。

5 秋，南单于遣子入侍。诏赐单于冠带、玺绶、南匈奴传：黄金玺，盭䯄绶。贤曰：盭，音戾，草名；以戾草染绶，因以为名，别汉诸侯王制。戾，绿色。䯄，紫青色，音瓜。玺，斯氏翻。绶，音受。车马、金帛、甲兵、什器。贤曰：古之师行，二五为什，食器之类必供之，故曰什物、什具。今人通谓生生之具为什物。又转河东米糒二万五千斛，牛羊三万六千头以赡给之。糒，音备，糗也。令中郎将将弛刑五十人，随单于所处，参辞讼，察动静。弛刑者，弛刑徒也。说文：弓解曰弛。此谓解其罪而输作者。处，昌吕翻。考异曰：帝纪：今年春，使段彬赐玺绶，置使匈奴中郎将。据匈奴传，赐玺绶在秋，其置中郎将亦未知决在何时。或者今春置之，至是更为之约束制度耳。单于岁尽辄遣奉奏，送侍子入朝，汉遣谒者送前侍子还单于庭，赐单于及阏氏、左·右贤王以下缯彩合万匹，岁以为常。阏，音烟。氏，音支。于是云中、五原、朔方、北地、定襄、雁门、上谷、代八郡民归于本土。前此避匈奴内徙者，令皆归复本土。遣谒者分将弛刑，补治城郭，将，即亮翻；下同。治，直之翻。发遣边民在中国者布还诸县，皆赐以装钱，转给粮食。时城郭丘墟，扫地更为，上乃悔前徙之。徙民见上卷十五年。

6 冬，南匈奴五骨都侯子复将其众三千人归南部，北单于使骑追击，悉获其众。南单于遣兵拒之，逆战不利，于是复诏单于徙居西河美稷，复，扶又翻。因使段彬、王郁留西河拥护之，使匈奴中郎将自是亦屯西河美稷。杜佑曰：汾州隰城县有美稷乡，即汉美稷县也。隰城，汉之兹氏县也。令西河长史岁将骑二千、弛刑五百人助中郎将卫护单于，冬屯夏罢，自后以为常。南单于既居西河，亦列置诸部王，助汉扞戍北地、朔方、五原、云中、定襄、雁门、代郡，皆领部众，为郡县侦逻耳目。侦，丑郑翻。贤曰：逻，音力贺翻。北单于惶恐，颇还所掠汉民以示善意，钞兵每到南部下，钞，楚交翻。还过亭候，辄谢曰："自击亡虏薁鞬日逐耳，薁，于六翻。鞬，居言翻。非敢犯汉民也。"

二十七年（辛亥、五一）

1 夏，四月，戊午，大司徒玉况薨。

2 五月，丁丑，诏司徒、司空并去"大"名，去，羌吕翻。改大司马为太尉。骠骑大将军行大司马刘隆即日罢，以太仆赵憙为太尉，大司农冯勤为司徒。

3 北匈奴遣使诣武威求和亲，自北地以东、南部分居塞内，北使不敢至塞下，故诣武威求和。贤曰：武威郡故城，在今凉州姑臧县西北，故凉城是也。帝召公卿廷议，不决；皇太子言曰："南单于新附，北虏惧于见伐，故倾耳而听，争欲归义耳。今未能出兵而反交通北虏，臣恐南单于将有二心，北虏降者且不复来矣。"复，扶又翻；下同。帝然之，告武威太守勿受其使。

4 朗陵侯臧宫、扬虚侯马武上书曰：朗陵侯国，属汝南郡。水经注：扬虚县属平原，漯水径其东，商河发源于此。"匈奴贪利，无有礼信，穷则稽首，安则侵盗。稽，音启。虏今人畜疫死，旱蝗赤地，疲困乏力，不当中国一郡，万里死命，县在陛下；县，读曰悬；下同。福不再来，时或易失，岂宜固守文德而堕武事乎！左传曰：大福不再。蒯通曰：时难得而易失。易，以豉翻。堕，读曰隳。今命将临塞，厚县购赏，将，即亮翻。县，读曰悬。喻告高句骊、乌桓、鲜卑攻其左，句，如字，又音驹。骊，力知翻。发河西四郡、天水、陇西羌·胡击其右，如此，北虏之灭，不过数年。臣恐陛下仁恩不忍，谋臣狐疑，令万世刻石之功不立于圣世！"诏报曰："黄石公记曰：'柔能制刚，弱能制强。贤曰：黄石公即张良于下邳圯上所见老父，出一编书者。舍近谋远者，劳而无功；舍远谋近者，逸而有终。舍，读曰捨。故曰：务广地者荒，务广德者强，有其有者安，贪人有者残。残灭之政，虽成必败。'今国无善政，灾变不息，百姓惊惶，人不自保，而复欲远事边外乎！孔子曰：'吾恐季孙之忧不在颛臾。'见论语。且北狄尚强，而屯田警备，传闻之事，恒多失实。恒，户登翻。诚能举天下之半以灭大寇，岂非至愿！苟非其时，不如息民。"自是诸将莫敢复言兵事者。

5 上问赵熹以久长之计，熹请遣诸王就国。冬，上始遣鲁王兴、齐王石就国。兴，縯之次子。石，章之子，縯之嫡孙也。

6 是岁，帝舅寿张恭侯樊宏薨。寿张县，属东平国，春秋曰良，汉曰寿良，帝避叔父赵王良讳，改曰寿张。宏，帝舅也，谥敬侯；曰恭侯，温公避国讳也。考异曰：袁纪“宏”皆作“密”，今从范书。宏为人，谦柔畏慎，每当朝会，辄迎期先到，俯伏待事；所上便宜，朝，直遥翻；下同。上，时掌翻。手自书写，毁削草本；公朝访逮，逮，及也。不敢众对。宗族染其化，未尝犯法。帝甚重之。及病困，遗令薄葬，一无所用。以为棺柩一藏，不宜复见，复，扶又翻。如有腐败，伤孝子之心，使与夫人同坟异藏。古夫妇合葬，诗曰：穀则异室，死则同穴是也。同坟异藏自宏始。帝善其令，以书示百官，因曰：“今不顺寿张侯意，无以彰其德；且吾万岁之后，欲以为式。”

二十八年（壬子、五二）

1 春，正月，己巳，徙鲁王兴为北海王；以鲁益东海。帝以东海王彊去就有礼，谓以天下让。故优以大封，食二十九县，赐虎贲、旄头，设钟虡之乐，汉官仪曰：虎贲千五百人，戴鹖尾，属虎贲中郎将。旄头，注见前。尔雅：木谓之虡，所以悬钟磬也。说文曰：虡饰为猛兽。虡，音巨。拟于乘舆。乘，绳证翻。

2 夏，六月，丁卯，沛太后郭氏薨。

3 初，马援兄子婿王磐，平阿侯仁之子也。王莽败，磐拥富赀为游侠，侠，户颊翻。有名江、淮间。后游京师，与诸贵戚友善，援谓姊子曹训曰：“王氏，废姓也，子石当屏居自守，磐，字子石。屏，必郢翻。而反游京师长者，贤曰：长者，谓豪侠者也。余谓长者，正指诸贵戚耳，前所谓长者家儿，可以概推。用气自行，多所陵折，其败必也。”后岁馀，磐坐事死；磐子肃复出入王侯邸第。复，扶又翻。时禁罔尚疏，诸王皆在京师，竞修名誉，招游士。马援谓司马吕种曰：“建武之元，名为天下重开，种，持中翻。重，直龙翻。自今以往，海内日当安耳。但忧国家诸子并壮而旧防未立，若多通宾客，则大狱起矣。贤曰：旧防，诸侯王子不许交通宾客。卿曹戒慎之！”至是，有上书告肃等受诛之家，为诸王宾客，虑因事生乱。会更始之子寿光侯鲤得幸于沛王，贤曰：寿光县，属北海郡，今青州县。怨刘盆子，结客杀故式侯恭。帝怒，沛王坐系诏狱，三日乃得出。因诏郡县收捕诸王宾客，更相牵引，更，工衡翻。死者以千数；吕种亦与其祸，与，读曰豫。临命叹曰："马将军诚神人也！"

4 秋，八月，戊寅，东海王彊、沛王辅、楚王英、济南王康、淮阳王延始就国。济，子礼翻。

5 上大会群臣，问"谁可傅太子者？"群臣承望上意，皆言"太子舅执金吾原鹿侯阴识可。"原鹿县，属汝南郡，春秋之鹿上也。可，言可任也。博士张佚正色曰："今陛下立太子，为阴氏乎，为天下乎？即为阴氏，则阴侯可；为天下，则固宜用天下之贤才！"为，于伪翻。帝称善，曰："欲置傅者，以辅太子也；今博士不难正朕，况太子乎！"即拜佚为太子太傅，以博士桓荣为少傅，赐以辎车、乘马。乘，绳证翻。荣大会诸生，陈其车马、印绶，曰："今日所蒙，稽古之力也，可不勉哉！"

6 北匈奴遣使贡马及裘，更乞和亲，并请音乐，又求率西域诸国胡洛【章：十二行本"洛"作"客"；乙十一行本同；熊校同。】俱献见。帝下三府议酬答之宜，三府，太尉、司徒、司空府也。见，贤遍翻；下，遐稼翻。司徒掾班彪曰："臣闻孝宣皇帝敕边守尉曰：'匈奴大国，多变诈，交接得其情，则却敌折冲；应对入其数，则反为轻欺。'数，术数也；言入其术中也。今北单于【章：十二行本"单于"作"匈奴"；乙十一行本同；孔本同；退斋校同。】见南单于来附，惧谋其国，故数乞和亲，数，所角翻；下同。又远驱牛马与汉合市，合市，与汉和合为市也。重遣名王，多所贡献，斯皆外示富强以相欺诞也。臣见其献益重，知其国益虚；归亲愈数，为惧愈多。然今既未获助南，则亦不宜绝北，羁縻之义，礼无不答。谓可颇加赏赐，略与所献相当，报答之辞，令必有适。贤曰：适，犹所也，言报答之辞，必令得所也。余谓适，当也，言报答之辞必有当乎事情也。今立稿草并上，曰：‘单于不忘汉恩，追念先祖旧约，谓呼韩邪旧约也。上，时掌翻。欲修和亲，以辅身安国，计议甚高，为单于嘉之！为，于伪翻。往者匈奴数有乖乱，呼韩邪、郅支自相雠隙，并蒙孝宣帝【章：十二行本“帝”上有“皇”字；乙十一行本同。】垂恩救护，故各遣侍子称藩保塞。其后郅支忿戾，自绝皇泽，而呼韩附亲，忠孝弥著。及汉灭郅支，遂保国传嗣，子孙相继。事并见前纪。今南单于携众向南，款塞归命，自以呼韩嫡长，次第当立，而侵夺失职，猜疑相背，数请兵将，归扫北庭，长，知两翻。背，蒲妹翻。将，即亮翻。策谋纷纭，无所不至。惟念斯言不可独听，惟，思也。又以北单于比年贡献，比，毗至翻。欲修和亲，故拒而未许，将以成单于忠孝之义。汉秉威信，总率万国，日月所照，皆为臣妾，殊俗百蛮，义无亲疏，服顺者褒赏，畔逆者诛罚，善恶之效，呼韩、郅支是也。今单于欲修和亲，款诚已达，何嫌而欲率西域诸国俱来献见！西域国属匈奴与属汉何异！单于数连兵乱，国内虚耗，贡物裁以通礼，何必献马裘！今赍杂缯五百匹，弓鞬韇丸一，贤曰：鞬，音居言翻。方言曰：藏弓为鞬，藏箭为韇。丸，即箭箙也。韇，与韣同；徒谷翻。矢四发，遗单于；遗，于季翻。又赐献马左骨都侯、右谷蠡王谷，音鹿。蠡，音黎。杂缯各四百匹，斩马剑各一。单于前言“先帝时所赐呼韩邪竽、瑟、空侯皆败，竽管三十六簧。刘昫曰：女娲氏造匏，列管于匏上，内簧其中；尔雅谓之巢。大者曰竽，小者曰和。竽，煦也，立春之气，煦生万物也。竽管三十六宫，管在左，和管十三宫，管居中。今之竽笙，并以木代匏而漆之，无复八音矣。瑟，注见前。空侯，世本云：空国侯所造。刘昫曰：汉武帝使乐人侯调所作，以祠太庙。或曰：侯晖所作，其声坎坎应节，谓之坎侯，声讹为箜篌；或谓师贤靡靡乐，非也。旧说一依琴制，今按，其形似瑟而小，七弦，用拨弹之如琵琶。愿复裁赐。”贤曰：言更请裁赐也。余谓裁，量也，量多少以赐也。复，扶又翻。念单于国尚未安，方厉武节，以战攻为务，竽、瑟之用，不如良弓、利剑，故未以赍。朕不爱小物，于单于便宜所欲，遣驿以闻。’”帝悉纳从之。

二十九年（癸丑、五三）

1 春，二月，丁巳朔，日有食之。

三十年（甲寅、五四）

1 春，二月，车驾东巡。群臣上言：“即位三十年，宜封禅泰山。”诏曰：“即位三十年，百姓怨气满腹，‘吾谁欺，欺天乎！’‘曾谓泰山不如林放乎！’论语记孔子之言。何事污七十二代之编录！贤曰：庄子曰：易姓而王，封于泰山，禅于梁父者，七十有二代；其有形兆垠堮，勒石凡千八百馀处。许慎说文序曰：苍颉之初作书，盖依类象形，故谓之文；其有形声相益，即谓之字。字者，言孳乳而滋多也。著于竹帛，谓之书。书者，如也。以迄五帝、三王之世，改易殊体，封于泰山者，七十有二代，靡有同焉。污，乌故翻。若郡县远遣吏上寿，盛称虚美，必髡，令屯田。”于是群臣不敢复言。复，扶又翻。

甲子，上幸鲁济南；济，子礼翻。闰月，癸丑，还宫。

2 有星孛于紫宫。孛，蒲内翻。

3 夏，四月，戊子，徙左翊王焉为中山王。

4 五月，大水。

5 秋，七月，丁酉，上行幸鲁；冬，十一月，丁酉，还宫。

6 胶东刚侯贾复薨。谥法：能补前过曰刚。此直以贾复刚毅而谥之耳。考异曰：本传在三十一年。今从袁纪。复从征伐，未尝丧败，数与诸将溃围解急，身被十二创。丧，息浪翻。数，所角翻。被，皮义翻。创，初良翻。帝以复敢深入，希令远征，而壮其勇节，常自从之，常以复自从也。故复少方面之勋。少，诗沼翻。诸将每论功伐，复未尝有言。帝辄曰：“贾君之功，我自知之。”

三十一年（乙卯、五五）

1 夏，五月，大水。

2 癸酉晦，日有食之。

3 蝗。

4 京兆掾第五伦伦之先，齐诸田，徙长陵；诸田徙园陵者多，故以次第为氏。掾，俞绢翻。领长安市，公平廉介，市无奸枉。每读诏书，常叹息曰："此圣主也，一见决矣。"等辈笑之曰："尔说将尚不能下，贤曰：将谓州将。说，输芮翻。将，即亮翻。安能动万乘乎！"乘，绳证翻。伦曰："未遇知己，道不同故耳。"后举孝廉，补淮阳王医工长。百官志：王国官有礼乐长，主乐人；卫士长，主卫士；医工长，主医药；永巷长，主宫中婢使；祠祀长，主祠祀；皆比四百石。长，知两翻。

中元元年（丙辰、五六）洪氏隶释曰：成都有汉蜀郡太守何君造尊楗阁碑，其末云"建武中元二年六月"。按范史本纪，建武止三十一年，次年改为中元，直书为中元元年。观此所刻，乃是虽别为中元，犹冠以建武，如文、景中元、后元之类也。又祭祀志载封禅后赦天下诏，明言云"改建武三十二年为建武中元元年"。东夷倭国传，"建武中元二年，来奉贡，"证据甚明。宋莒公纪元通谱云："纪、志俱出范史，必传写脱误，学者失于精审，以意删去。梁武帝大同、大通俱有'中'字，是亦宪章于此。"司马公作通鉴，不取其说。余按考异，温公非不取宋说也，从袁、范书中元者，从简易耳。

1 春，正月，淮阳王入朝，伦随官属得会见。见，贤遍翻。帝问以政事，伦因此酬对，帝大悦；明日，复特召入，与语至夕。复，扶又翻。帝谓伦曰："闻卿为吏，篣妇公，篣，音彭。不过从兄饭，宁有之邪？"过，工禾翻。从，才用翻。饭，扶晚翻。对曰："臣三娶妻，皆无父。少遭饥乱，少，诗照翻。实不敢妄过人食。众人以臣愚蔽，故生是语耳。"帝大笑。以伦为扶夷长，贤曰：扶夷县，属零陵郡，故城在今邵州武冈县东北。水经注：夫夷县在邵陵西。未到官，追拜会稽太守；会，古外翻。守，式又翻。为政清而有惠，百姓爱之。

2 上读河图会昌符曰："赤刘之九，会命岱宗。"风俗通曰：岱，始也。泰山，山之尊者，一曰岱宗。岱，始也；宗，长也。万物之始，阴阳交代，故为五岳之长。上感此文，乃诏虎贲中郎将梁松等按察【章：十二行本"察"作"索"；乙十一行本同。】河、雒谶文，言九世当封禅者凡三十六事。谶，楚谮翻。于是张纯等复奏请封禅，复，扶又翻。史记集注曰：泰山上筑土为坛以祭天，报天之功，故曰封。泰山下、小山上除地，报地之功，故曰禅。上乃许焉。诏有司求元封故事，当用方石再累，玉检、金泥。元封故事，武帝封禅故事也。用方石再累，置坛中，皆方五尺，厚一尺。用玉牒书藏方石，牒厚五寸，长尺三寸，广五寸。有玉检，又有石检十枚，列于石旁，东西各三，南北各二，皆长五尺，广三尺，厚七寸。检中刻三处，深四寸，方五寸，有盖。检用金缕五周，以水银和金以为泥。上以石功难就，欲因孝武故封石，置玉牒其中；梁松等争以为不可，乃命石工取完青石，无必五色。旧制用石，盖各依方色也。

丁卯，车驾东巡，二月己卯，幸鲁，进幸泰山。辛卯，晨，燎，祭天于泰山下南方，群神皆从，从，从祀也。从，才用翻。用乐如南郊。事毕，至食时，天子御辇登山，日中后，到山上，郭璞注山海经曰：泰山从山下至头，四十八里二百步。更衣。易服，乃即事也。更，工衡翻。晡时，升坛北面，尚书令奉玉牒检，天子以寸二分玺亲封之，玺，斯氏翻。讫，太常命驺骑二千馀人驺，侧尤翻。发坛上方石，尚书令藏玉牒已，复石覆讫，覆，敷救翻。尚书令以五寸印封石检。事毕，天子再拜。群臣称万岁，乃复道下。谓复故道而下山也。夜半后，上乃到山下，百官明旦乃讫。甲午，禅祭地于梁阴，梁父之阴也。禅，时战翻。以高后配，山川群神从，从，从祀也。从，才用翻。如元始中北郊故事。

3 三月，戊辰，司空张纯薨。

4 夏，四月，癸酉，车驾还宫；己卯，赦天下，改元。考异曰：续汉志云："以建武三十二年为建武中元元年。"纪年通谱云：据纪、志俱出范氏，而所载不同，此必传写脱误。今官书累经校定，学者失于精审，但见纪元复有建武二字，辄以意删去，斯为缪矣。梁武帝大同、大通之号俱有"中"字，是亦宪章于此。今从袁纪、范书。

5 上行幸长安；五月，乙丑，还宫。

6 六月，辛卯，以太仆冯鲂为司空。鲂，符方翻。

7 乙未，司徒冯勤薨。

8 京师醴泉涌出，尔雅：甘雨时降，万物以嘉，谓之醴泉。又有赤草生于水崖，贤曰：赤草，朱草也。大戴礼曰：朱草日生一叶，至十五日以后，日落一叶，周而复始。郡国频上甘露。上，时掌翻；下同。群臣奏言："灵物仍降，宜令太史撰集，以传来世。"贤曰：太史，史官之长也。撰，雏免翻。帝不纳。帝【章：十二行本"帝"作"常"；乙十一行本同；孔本同。】自谦无德，于【章：十二行本"于"作"每"；乙十一行本同；孔本同；熊校同。】郡国所上，辄抑而不当，故史官罕得记焉。

9 秋，郡国三蝗。

10 冬，十月，辛未，以司隶校尉东莱李䜣为司徒。郡国志：东莱郡，在雒阳东三千一百二十八里。䜣，许斤翻。

11 甲申，使司空告祠高庙，上薄太后尊号曰高皇后，配食地祇。上，时掌翻。迁吕太后庙主于园，以吕太后几危刘氏也。贤曰：园，谓茔域也，于中置寝。四时上祭。上，时掌翻。

12 十一月，甲子晦，日有食之。

13 是岁，起明堂、灵台、辟雍，贤曰：汉官仪：明堂去平城门二里所，天子出从平城门，先历明堂，乃至郊祀。又曰：辟雍，去明堂三百步，车驾临辟雍，从北门入；三月、九月，皆于中行乡射礼。辟雍，以水周其外，以节观者。汉宫阙疏曰：灵台，高三丈，十二门。杨衒之雒阳记曰：平昌门直南，大道东是明堂，大道西是灵台。宣布图谶于天下。

初，上以赤伏符即帝位，见四十卷建武元年。由是信用谶文，多以决定嫌疑。给事中桓谭上疏谏曰："凡人情忽于见事而贵于异闻。见，贤遍翻。观先王之所记述，咸以仁义正道为本，非有奇怪虚诞之事。盖天道性命，圣人所难言也。自子贡以下，不得而闻，论语：子贡曰：夫子之言性与天道，不可得而闻也。况后世浅儒，能通之乎！今诸巧慧小才、伎数之人，增益图书，矫称谶记，伎，谓方伎，医方之家也。数，谓数术。明堂羲和、史卜之官也。图书，即谶纬符命之类是也。伎，渠绮翻。以欺惑贪邪，诖误人主，焉可不抑远之哉！诖，古卖翻，又户卦翻。焉，于虔翻。远，于愿翻。臣谭伏闻陛下穷折方士黄白之术，甚为明矣；黄白，谓以药化成金银也。方士，有方术之士也。而乃欲听纳谶记，又何误也！其事虽有时合，譬犹卜数只偶之类。贤曰：言偶中也。陛下宜垂明听，发圣意，屏群小之曲说，屏，必郢翻，又卑正翻。述五经之正义。"疏奏，帝不悦。会议灵台所处，处，昌吕翻。帝谓谭曰："吾欲以谶决之，何如?"谭默然，良久曰："臣不读谶。"帝问其故，谭复极言谶之非经。复，扶又翻。帝大怒曰："桓谭非圣无法，将下，斩之!"将，资良翻，持也，领也。谭叩头流血，良久，乃得解。出为六安郡丞，贤曰：六安郡故城，在今寿州安丰县南。余据郡国志，建武十六年，省六安国，以其县属庐江郡，谭出为郡丞，必不在是年，通鉴因灵台事，并书于此。道病卒。

范晔论曰：桓谭以不善谶流亡，郑兴以逊辞仅免；贾逵能傅会文致，最差贵显；郑兴事见四十二卷七年。明帝永平中，贾逵上言：左氏与图谶合，明刘氏为尧后。帝嘉之，历迁侍中，领骑都尉，甚见信用。傅，读曰附。世主以此论学，悲哉！逵，扶风人也。

14 南单于比死，弟左贤王莫立，为丘浮尤鞮单于。鞮，丁奚翻。帝遣使赍玺书拜授玺绶，赐以衣冠及缯彩，缯，慈陵翻。是后遂以为常。

二年（丁巳、五七）

1 春，正月，辛未，初立北郊，祀后土。

2 二月，戊戌，帝崩于南宫前殿，年六十二。帝每旦视朝，日昃乃罢，日过中则昃。朝，直遥翻。数引公卿、郎将数，所角翻。讲论经理，夜分乃寐。贤曰：分，犹半也。皇太子见帝勤劳不怠，承间谏曰：间，古苋翻。“陛下有禹、汤之明，而失黄、老养性之福，愿颐爱精神，优游自宁。”帝曰：“我自乐此，不为疲也！”乐，音洛。虽以征伐济大业，及天下既定，乃退功臣而进文吏，明慎政体，总揽权纲，量时度力，量，音良。度，徒洛翻。举无过事，故能恢复前烈，身致太平。

太尉赵熹典丧事。时经王莽之乱，旧典不存，皇太子与诸王杂止同席，藩国官属出入宫省，宫省，即宫禁也。与百僚无别。别，彼列翻。熹正色，横剑殿阶，扶下诸王以明尊卑；奏遣谒者将护官属分止他县，诸王并令就邸，诸王国各置邸洛阳。唯得朝晡入临；临，临哭也，力鸩翻；下同。整礼仪，严门卫，贾公彦曰：汉宫殿门每门皆使司马一人守门，比千石，皆号司马殿门。内外肃然。

3 太子即皇帝位，尊皇后曰皇太后。

4 山阳王荆哭临不哀，而作飞书，令苍头诈称大鸿胪郭况书与东海王彊，言其无罪被废，被，皮义翻。及郭后黜辱，劝令东归举兵以取天下，且曰：“高祖起亭长，陛下兴白水，谓光武起于南阳舂陵之白水乡也。长，知两翻。何况于王，陛下长子、故副主哉！故副主，谓旧为太子也。长，知两翻。当为秋霜，毋为槛羊。贤曰：秋霜，肃杀于物；槛羊，受制于人。人主崩亡，闾阎之伍尚为盗贼，欲有所望，何况王邪！”彊得书惶怖，怖，普故翻。即执其使，使，疏吏翻。封书上之。上，时掌翻。明帝以荆母弟，帝及荆皆阴后所生。秘其事，遣荆出止河南宫。宫在河南县。

5 三月，丁卯，葬光武皇帝于原陵。帝王纪曰：原陵，在临平亭东南，去雒阳十五里。水经注：光武葬临平亭南，西望平阴，大河径其北。

6夏，四月，丙辰，诏曰："方今上无天子，下无方伯，若涉渊水而无舟楫。夫万乘至重而壮者虑轻，实赖有德左右小子。帝谦言年尚少壮，思虑轻浅，故须贤人辅弼。赖，恃也。左右，助也。左右，音佐佑。高密侯禹，元功之首；东平王苍，宽博有谋；其以禹为太傅，苍为骠骑将军。"苍恳辞，帝不许。又诏骠骑将军置长史，掾史员四十人，位在三公上。贤曰：四府掾史，皆无四十人，今特置以优之也。骠，匹妙翻。掾，俞绢翻。苍尝荐西曹掾齐国吴良，百官志：西曹主府史署用。掾，秩比四百石。帝曰："荐贤助国，宰相之职也。萧何举韩信，设坛而拜，不复考试，复，扶又翻；下同。今以良为议郎。"

7初，烧当羌豪滇良击破先零，夺居其地；羌无弋爰剑玄孙研，居湟中，至豪健，羌中号其种为研种。至研十三世孙烧当复豪健，其子孙更以烧当为种号。滇良者，烧当之玄孙也。自烧当至滇良，世居河北大允谷，而先零卑湳，并皆强富。滇良集诸杂种，掩击先零卑湳，大破之，夺居大榆中地，繇是始强。滇，音颠。零，音怜。滇良卒，子滇吾立，附落转盛。秋，滇吾与弟滇岸率众寇陇西，败太守刘盱于允街，败，补迈翻。贤曰：允，音铅；街，音皆；属金城郡，故城在今凉州昌松县东南，城临丽水，一名丽水城。于是守塞诸羌皆叛。诏谒者张鸿领诸郡兵击之，战于允吾，贤曰：允吾，县名，属金城郡，故城在今兰州广武县西南。允，音铅。吾，音牙。杜佑曰：西平郡龙支县，汉允吾县地，后汉为龙耆县。鸿军败没。冬，十一月，复遣中郎将窦固监捕虏将军马武等二将军、四万人讨之。监，古衔翻。

8是岁，南单于莫死，弟汗立，为伊伐于虑鞮单于。鞮，丁奚翻。

显宗孝明皇帝上

幼名阳，后改名庄。伏侯古今注曰："庄"之字曰"严"。谥法：照临四方曰明。光武第四子也。

永平元年（戊午、五八）

1 春，正月，帝率公卿已下已下，即以下。孔颖达曰：已与以字本同。朝于原陵，如元会仪。朝陵如元会仪，事死如事生也。朝，直遥翻。乘舆拜神坐，乘，绳证翻。坐，徂卧翻。退，坐东厢；侍卫官皆在神坐后，太官上食，上，时掌翻；下同。太常奏乐；郡国上计吏以次前，当神轩占其郡谷价及民所疾苦。是后遂以为常。

2 夏，五月，高密元侯邓禹薨。谥法：行义说民曰元；主义行德曰元。此特以邓禹中兴元功而谥之耳，后世谥法始有茂德丕绩曰元。

3 东海恭王彊病，上遣使者太医乘驿视疾，骆驿不绝。驿，传递马也。左传谓之乘驲者，乘驿马也，西汉谓之置传、驰传。骆驿，往来不绝也。诏沛王辅、济南王康、淮阳王延诣鲁省疾。省，悉景翻。戊寅，彊薨，临终，上书谢恩，言："身既夭命，孤弱复为皇太后、陛下忧虑，言身既夭死，而子孙又贻上之人忧虑也。夭，于绍翻。复，扶又翻；下同。诚悲诚惭！息政，小人也，息，子也；政其名。猥当袭臣后，必非所以全利之也，愿还东海郡。今天下新罹大忧，谓光武崩也。惟陛下加供养皇太后，数进御餐。供，居用翻。养，羊亮翻。数，所角翻。臣彊困劣，言不能尽意，愿并谢诸王，不意永不复相见也！"帝览书悲恸，从太后出幸津门亭发哀，贤曰：津门，雒阳城南面西头门也，一名津阳门。每门皆有亭。李尤铭，津门位未。使大司空持节护丧事，百官志：司空掌水土事；大丧，掌将校复土。今使护藩王丧，殊礼也。赠送以殊礼，诏楚王英、赵王栩、北海王兴及京师亲戚皆会葬。栩，况羽翻。帝追惟彊深执谦俭，惟，思也。不欲厚葬以违其意，于是特诏："遣送之物，务从约省，衣足敛形，敛，力赡翻。茅车瓦器，物减于制，以彰王卓尔独行之志。"将作大匠留起陵庙。秦曰将作少府，景帝改为将作大匠；掌修作宗庙、路寝、宫室、陵园土木之工，并树桐梓之类，列于道侧。

4 秋，七月，马武等击烧当羌，大破之，馀皆降散。降，户江翻。

5 山阳王荆私迎能为星者，与谋议，冀天下有变；帝闻之，徙封荆广陵王，遣之国。郡国志，广陵，在雒阳东一千六百四十里。

6 辽东太守祭肜使偏何讨赤山偏氏，高辛后。急就章有偏、吕、何。乌桓，乌桓传：赤山，在辽东西北数千里。鲜卑传云：偏何击渔阳赤山乌桓钦〔歆〕志贲。盖歆志贲本赤山种而居渔阳塞外也。大破之，斩其魁帅。帅，所类翻。塞外震詟，詟，之涉翻。西自武威，东尽玄菟，郡国志：武威郡，在雒阳西三千五百里。玄菟郡，在雒阳东北四千里。菟，同都翻。皆来内附，野无风尘，乃悉罢缘边屯兵。

7 东平王苍以为中兴三十馀年，四方无虞，宜修礼乐，乃与公卿共议定南北郊冠冕、车服制度光武建武二年，立南郊。中元元年，立北郊于雒阳城北四里。今定其冠冕、车服制度。汉官仪曰：北郊坛在城西北角，去城一里所。及光武庙登歌、八佾舞数，上之。记曰：歌者，在上贵人声也，天子乐舞八佾，六十四人，八八六十四人也。佾，音逸，舞行列也。上，时掌翻。

8 好畤愍侯耿弇薨。畤，音止。谥法：在国遭忧曰愍。时国有大丧，故以谥弇，言与国同戚也。弇，古含翻。

二年(己未、五九)

1 春，正月，辛未，宗祀光武皇帝于明堂，宗，尊也，尊而祀之以配上帝。帝及公卿列侯，始服冠冕、玉佩以行事。汉官仪曰：天子冠通天，诸侯王冠远游，三公诸侯冠进贤三梁，卿大夫尚书二千石博士冠两梁，千石以下至小吏冠一梁。天子、公卿、特进、诸侯祀天地明堂，皆冠平冕，天子十二旒，三公、九卿、诸侯七；其缨各如其绶色，玄衣纁裳。周礼曰：王祀昊天上帝，则服大裘而冕，祀五帝亦如之。三礼图曰：冕以三十升布漆而为之，广八寸，长尺六寸，前圜后方，前下后高，有俛伏之形，故谓之冕。欲人之位弥高而志弥下，故以名焉。董巴舆服志曰：显宗初服冕衣裳以祀天地。衣裳以玄上纁下，乘舆备文日月星辰十二章，三公、诸侯用山龙九章，卿已下用华虫七章，皆五色采；乘舆刺绣，公卿已下皆织成，陈留、襄邑献之。徐广车服注曰：汉明帝按古礼备服章，天子郊庙衣，皂上绛下，前三幅，后四幅，衣画而裳绣。礼记：古之君子必佩玉，君子于玉比德焉。天子佩白玉，公侯佩山玄玉，大夫佩水苍玉，世子佩瑜玉。晋志曰：周礼弁师掌六冕，司服掌六服，自后王至庶人，各有等差。秦变古制，郊祭之服皆以袀玄，旧法扫地尽矣。汉承秦故，二百馀年，未能有所制立。及中兴后，明帝乃始采周官、礼记、尚书及诸儒记说，备衮冕之服。天子车乘冠服，从欧阳氏说；公卿已下，从大、小夏侯氏说。礼毕，登灵台，望云物。春秋左氏传曰：分至启闭，必书云物。杜预注曰：云物，气色灾变也，素察妖祥，逆为之备。前书天文志曰：岁正月旦，旦至食为麦，食至日昳为稷，昳至晡为黍，晡至下晡为菽，下晡至日入为麻，各以其时用云色，占种所宜。赦天下。

2 三月，临辟雍，初行大射礼。仪礼曰：大射之礼，王将祭射宫，择士以助祭也。张虎侯、熊侯、豹侯，其制若今之射的也。

冬，十月，壬子，上幸辟雍，初行养老礼；以李躬为三老，桓荣为五更。更，工衡翻。三老服都纻大袍，冠进贤，扶玉杖；纻，直吕翻。说文曰：纻，苘属。绩纻以为美布，故曰都纻。续汉志：进贤冠，古缁布冠也，文儒者之服也。前高七寸，后高三寸，长八寸。公侯三梁，中二千石至博士两梁，自博士以下至小史、私学弟子皆一梁。又，仲春之月，县道皆案户比民，民年始七十者授之以玉杖。玉杖，长七尺，端以鸠鸟为饰。鸠者，不噎之鸟也，欲老人不噎。尔雅翼曰：刻玉为鸠，置之杖端，谓之鸠杖，亦曰玉杖。五更亦如之，不杖。乘舆到辟雍礼殿，乘，绳证翻。御坐东厢，遣使者安车迎三老、五更于太学讲堂，天子迎于门屏，交礼；道自阼阶，道，读曰导。三老升自宾阶；至阶，天子揖如礼。三老升，东面，三公设几，九卿正履，天子亲袒割牲，执酱而馈，馈，进食也，酱，食味之主，故执之而馈。执爵而酳，酳，音胤，又士覲翻。祝鲠在前，祝饐在后。饐，一结翻，食窒气不通。五更南面，三公进供，礼亦如之。贤曰：宋均曰：三老，老人知天地人之事者；五更，老人知五行更代事者。郑康成曰：三老、五更，皆年老更事致仕者也；天子以父兄养之，示天下之孝弟也。名以三、五者，取象三辰、五星，天所以照明天下者。都布，布名。进贤冠，古缁布冠也，文儒者之服，前高七寸，后高三寸，长八寸。礼殿，先圣、先师也。阼阶，东阶，主阶也；宾阶，西阶也。贤曰：酱，醢也；酳，漱也，所以洁口也。陆德明曰：以酒曰酳，以水曰漱。音义隐云：饭毕荡口也，音胤。老人食多哽噎，故置人于前后祝之，令其不哽噎也。都，布之美者也。进贤冠，古缁布冠也。玉杖，长七尺，端以鸠鸟为饰，鸠者，不噎之鸟也，欲老人不噎。更，工衡翻。礼毕，引桓荣及弟子升堂，上自为下说，贤曰：下说，谓下语而讲说也。诸儒执经问难于前，难，乃旦翻。冠带缙绅之人圜桥门而观听者，盖亿万计。汉官仪曰：辟雍，四门外有水，以节观者，门外皆有桥，观者在水外，故云圜桥门也。圜，绕也。于是下诏赐荣爵关内侯；考异曰：帝纪载诏文，上言李躬而下独封荣，似脱"躬"字。荣传、袁纪，诏独言桓荣，不及李躬，今阙疑。三老五更皆以二千石禄养终厥身。赐天下三老酒，人一石，肉四十斤。

上自为太子，受尚书于桓荣，及即帝位，犹尊荣以师礼。尝幸太常府，令荣坐东面，设几杖，会百官及荣门生数百人，门生，受业于门者也。上亲自执业；执业，犹执经也。诸生或避位发难，发难，发疑难也。难，乃旦翻。上谦曰："太师在是。"既罢，悉以太官供具赐太常家。荣每疾病，帝辄遣使者存问，太官、太医相望于道。及笃，上疏谢恩，让还爵土。帝幸其家问起居，入街，下车，拥经而前，抚荣垂涕，赐以床茵、帷帐、刀剑、衣被，良久乃去。自是诸侯、将军、大夫问疾者，不敢复乘车到门，复，扶又翻。皆拜床下。荣卒，帝亲自变服临丧送葬，赐冢茔于首山之阳。贤曰：首阳山，在今偃师县西北。子郁当嗣，让其兄子泛；帝不许，郁乃受封，而悉以租入与之。帝以郁为侍中。

3 上以中山王焉，郭太后少子，太后尤爱之，故独留京师，至是始与诸王俱就国，赐以虎贲、官骑，贤曰：汉官仪：驺骑，王家名官骑。余据焉传，时赐以北军胡骑百人，便兵善射。驺，侧尤翻。恩宠尤厚，独得往来京师。帝礼待阴、郭，每事必均，数受赏赐，数，所角翻；下同。恩宠俱渥。

4 甲子，上行幸长安。十一月，甲申，遣使者以中牢祠萧何、霍光，帝过，式其墓。进幸河东；癸卯，还宫。

5 十二月，护羌校尉窦林坐欺罔及臧罪，下狱死。时羌滇吾叛，滇岸来降，林奏以滇岸为大豪。后滇吾复降，林又奏其为第一豪。帝怪其一种两豪，以诘林，穷验，知之，怒而免林官。凉州刺史又奏林臧罪，遂下狱死。下，遐稼翻。林者，融之从兄子也。从，才用翻。于是窦氏一公、两侯、三公主、四二千石相与并时，贤曰：一公：大司空也。两侯：安丰、显亲也。四二千石：卫尉、城门校尉、护羌校尉、中郎将也。余据融传，融子穆尚内黄公主，穆子勋尚东海王彊女沘阳公主，友子固尚光武女温阳公主。自祖及孙，官府邸第相望京邑，于亲戚功臣中莫与为比。及林诛，帝数下诏切责融，融惶恐乞骸骨，诏令归第养病。

6 是岁，初迎气于五郊。续汉书曰：迎气五郊之兆，四方之兆各依其位，中央之兆在未，坛皆三尺。立春之日，迎春于东郊，祭青帝、句芒，车服皆青，歌青阳，八佾舞云翘之舞。立夏之日，迎夏于南郊，祭赤帝、祝融，车服皆赤，歌朱明，舞如迎春。先立秋十八日，迎黄灵于中兆，祭黄帝、后土，车服皆黄，歌朱明，八佾舞云翘育命之舞。立秋之日，迎秋于西郊，祭白帝、蓐收，车服皆白，歌白藏，八佾舞育命之舞。立冬之日，迎冬于北郊，祭黑帝、玄冥，车服皆黑，歌玄冥，舞如迎秋。

7 新阳侯阴就子丰尚郦邑公主。公主骄妒，丰杀之，被诛，父母皆自杀。公主，光武女。贤曰：郦县，属南阳郡。郦，音栎。

8 南单于汗死，单于比之子适立，为醯僮尸逐侯鞮单于。贤曰：醯，火奚翻。

三年（庚申、六〇）

1 春，二月，甲寅，太尉赵憙、司徒李䜣免。丙辰，以左冯翊郭丹为司徒。己未，以南阳太守虞延为太尉。

2 甲子，立贵人马氏为皇后，皇子炟为太子。贤曰：炟，音丁达翻。

后，援之女也，光武时，以选入太子宫，能奉承阴后，傍接同列，礼则修备，上下安之，遂见宠异；及帝即位，为贵人。时后前母姊女贾氏亦以选入，生皇子炟；帝以后无子，命养之，谓曰："人未必当自生子，但患爱养不至耳！"后于是尽心抚育，劳悴过于所生。悴，秦醉翻。太子亦孝性淳笃，母子慈爱，始终无纤介之间。贤曰：纤介，犹细微也。间，隙也。间，古苋翻。后常以皇嗣未广，荐达左右，若恐不及。后宫有进见者，每加慰纳；若数所宠引，见，贤遍翻。数，所角翻；下同。辄加隆遇。

及有司奏立长秋宫，皇后宫谓之长秋宫。帝未有所言，皇太后曰："马贵人德冠后宫，冠，古玩翻。即其人也。"后既正位宫闱，愈自谦肃，好读书。常衣大练，贤曰：大练，大帛也。杜预注左传曰：大帛，厚缯也。好，呼到翻。衣，于既翻。裙不加缘；缘，俞绢翻。朔望诸姬主朝请，朝，直遥翻。望见后袍衣疏粗，以为绮縠，就视，乃笑。后曰："此缯特宜染色，故用之耳。"群臣奏事有难平者，平，决也。难平，难决者也。帝数以试后，后辄分解趣理，各得其情，然未尝以家私干政事。帝由是宠敬，始终无衰焉。

3 帝思中兴功臣，乃图画二十八将于南宫云台，以邓禹为首，次马成、吴汉、王梁、贾复、陈俊、耿弇、杜茂、寇恂、傅俊、岑彭、坚镡、冯异、王霸、朱祐、任光、祭遵、李忠、景丹、万修、盖延、邳彤、铫期、刘植、耿纯、臧宫、马武、刘隆；又益以王常、李通、窦融、卓茂，合三十二人。云台功臣之次，以邓禹、吴汉、贾复、耿弇、寇恂、岑彭、冯异、朱祐、祭遵、景丹、盖延、铫期、耿纯、臧宫、马武、刘隆为一列，马成、王梁、陈俊、杜茂、傅俊、坚镡、王霸、任光、李忠、万修、邳彤、刘植、王常、李通、窦融、卓茂为一列。此序其次，不与前史合。镡，音覃，又音寻。祭，则介翻。盖，古盍翻。铫，音姚。马援以椒房之亲，独不与焉。与，读曰预。

4 夏，四月，辛酉，封皇子建为千乘王，羡为广平王。郡国志：高帝以西平昌置千乘郡，在雒阳东千五百二十里。地理志：武帝征和元年，置为平干国，宣帝五凤二年，复为广平国。郡国志：光武建武十三年，省广平国，以其县属钜鹿郡。贤曰：广平县故城，在今洺州永年县北。千乘，今青州县，故城在今淄州高苑县北。乘，绳证翻。

5 六月，丁卯，有星孛于天船北。晋天文志，大陵八星在胃北，又北九星曰天船，一曰舟星，所以济不通也。天汉西南行，络大陵、天船、卷舌而南行。孛，蒲内翻。

6 帝大起北宫。时天旱，尚书仆射会稽钟离意会，古外翻。诣阙、免冠、上疏曰："昔成汤遭旱，以六事自责曰：'政不节邪？使民疾邪？宫室营"营"，范书作"荣"。【章：十二行本正作"荣"；乙十一行本同。】邪？女谒盛邪？苞苴行邪？谗夫昌邪？'帝王记曰：成汤大旱七年，斋戒，剪发断爪，以己为牺牲，祷于桑林之社，以六事自责。窃见北宫大作，民失农时；自古非苦宫室小狭，但患民不安宁，宜且罢止，以应天心。"帝策诏报曰："汤引六事，咎在一人，其冠、履，勿谢！"策诏者，书诏于策也。又敕大匠止作诸宫，减省不急。诏因谢公卿百僚，遂应时澍雨。说文曰：雨所以澍注万物，故曰澍，音注。

意荐全椒长刘平，全椒县，属九江郡。贤曰：今滁州县。诏征拜议郎。平在全椒，政有恩惠，民或增赀就赋，或减年从役。刺史、太守行部，行，户孟翻。狱无系囚，人自以得所，不知所问，唯班诏书而去。

帝性褊察，好以耳目隐发为明，贤曰：隐，犹私也。余谓隐者，人耳目之所不及，帝好以耳目窥其隐而发之。好，呼到翻。公卿大臣数被诋毁，数，所角翻；下同。近臣尚书以下至见提曳。提，读如"冒絮提文帝"之提，音大计翻；掷物以击之也。曳，读曰拽，音奚结翻，拖也，引也。

一说：提、曳，读皆如字。常以事怒郎药崧，药，姓；崧，名。以杖撞之；撞，直江翻。崧走入床下，帝怒甚，疾言曰：“郎出！”崧乃曰：“天子穆穆，诸侯皇皇，记曲礼之文。郑曰：皆行容止之貌也。贤曰：穆穆，美也。煌煌，盛也。未闻人君，自起撞郎。”帝乃赦之。

是时朝廷莫不悚栗，争为严切以避诛责，唯钟离意独敢谏争，争，读曰诤。数封还诏书，臣下过失，辄救解之。会连有变异，上疏曰：“陛下敬畏鬼神，忧恤黎元，而天气未和，寒暑违节者，咎在群臣不能宣化治职，治，直之翻。而以苛刻为俗，百官无相亲之心，吏民无雍雍之志，尔雅曰：雍雍，和也。至于感逆和气，以致天灾。百姓可以德胜，难以力服，鹿鸣之诗必言宴乐者，鹿鸣，诗小雅宴群臣也。其诗曰：呦呦鹿鸣，食野之苹；我有嘉宾，鼓瑟吹笙。又曰：我有旨酒，以宴乐嘉宾之心。乐，音洛。以人神之心洽，然后天气和也。愿陛下垂圣德，缓刑罚，顺时气以调阴阳。”帝虽不能时用，然知其至诚，终爱厚之。

7 秋，八月，戊辰，诏改太乐官曰太予，用谶文也。贤曰：尚书璇玑钤曰：有帝汉出，德洽作乐，名予。故据璇玑钤改之。汉官仪曰：太予乐令一人，秩六百石。蔡邕礼乐志曰：汉乐四品：一曰太予乐，典郊庙、上陵殿诸食举之乐；二曰周颂雅乐，典辟雍、飨射、六宗、社稷之乐；三曰黄门鼓吹，天子所以宴乐群臣；四曰短箫铙歌，军乐也。

8 壬申晦，日有食之。诏曰：“昔楚庄无灾，以致戒惧，说苑曰：楚庄王见天不见妖而地不出孽，则曰：天其忘予欤？此能求过于天，必不逆谏矣！鲁哀祸大，天不降谴。春秋感精符曰：鲁哀公时，政弥乱，绝不日食。政乱之类，当致日食之变；而不应者，谴之何益，告之不悞〔悟〕，故哀公之篇，绝无日食之异。今之动变，傥尚可救，有司勉思厥职，以匡无德！”

9 冬，十月，甲子，车驾从皇太后幸章陵。光武建武六年，改舂陵乡为章陵县。荆州刺史郭贺，官有殊政，荆州统南阳、南郡、江夏、零陵、桂阳、武陵、长沙等郡。上赐以三公之服，黼黻、冕旒；东汉之制，冕冠垂旒，前后邃延，三公、诸侯七旒，青玉为珠。敕行部去襜帷，尔雅曰：襜帷蔽前。襜帷者，车之前帷也。孔颖达曰：襜帷，山东谓之裳，或曰潼容，氓之诗曰：淇水汤汤，渐车帷裳。注：帷裳，潼容也。其上有盖，四方旁垂而下，谓之幨。行，下孟翻。去，羌吕翻。襜，蚩占翻。使百姓见其容服，以章有德。戊辰，还自章陵。

10 是岁，京师及郡国七大水。

11 莎车王贤以兵威逼夺于寘、大宛、妫塞王国，妫塞国，塞种，临妫水而居者，因以为国名。莎，素禾翻。寘，徒贤翻。宛，於元翻。妫，居为翻。塞，悉则翻。使其将守之。于寘人杀其将君德，立大人休莫霸为王，贤率诸国兵数万击之，大为休莫霸所败，脱身走还。休莫霸进围莎车，中流矢死，败，补迈翻。中，竹仲翻。于寘人复立其兄子广德为王，广德使其弟仁攻贤。广德父先拘在莎车，贤乃归其父，以女妻之，复，扶又翻。妻，七细翻。与之和亲。为广德杀贤张本。

王崇武标点容肇祖聂崇岐覆校

资治通鉴卷第四十五

翰林学士兼侍读学士朝散大夫右谏议大夫
知制诰判尚书都省兼提举万寿观公事上护军 司马光 奉敕编集
河内郡开国侯食邑一千三百户赐紫金鱼袋臣

后学天台胡三省音注

汉纪三十七 起重光作噩(辛酉),尽旃蒙大渊献(乙亥),凡十五年。

显宗孝明皇帝下

永平四年(辛酉、六一)

1 春,帝近出观览城第,城,雒阳城。第,宅也。贤曰:有甲乙之次,故曰第。欲遂校猎河内;河内郡,在雒阳北百二十里。东平王苍上书谏;帝览奏,即还宫。

2 秋,九月,戊寅,千乘哀王建薨,无子,国除。乘,绳证翻。

3 冬,十月,乙卯,司徒郭丹、司空冯鲂免,鲂,音房。以河南尹沛国范迁为司徒,太仆伏恭为司空。恭,湛之兄子也。

4 陵乡侯梁松坐怨望、县飞书诽谤,下狱死。松嗣父统爵为陵乡侯。县,读曰悬。下,遐稼翻。

初,上为太子,太中大夫郑兴子众以通经知名,知名者,有名于时,人皆知之也。太子及山阳王荆因梁松以缣帛请之,众曰:"太子储君,无外交之义;储,副也。汉有旧防,蕃王不宜私通宾客。”松曰：“长者意，不可逆。”众曰：“犯禁触罪，不如守正而死。”遂不往。及松败，宾客多坐之，唯众不染于辞。

5 于窴王广德将诸国兵三万人攻莎车，诱莎车王贤，杀之，窴，徒贤翻。莎，素禾翻。并其国。匈奴发诸国兵围于窴，广德请降。匈奴立贤质子不居征为莎车王，质，音致。广德又攻杀之，更立其弟齐黎为莎车王。更，工衡翻。

6 东平王苍自以至亲辅政，苍辅政，始上卷中元二年。声望日重，意不自安，前后累上疏称：“自汉兴以来，宗室子弟无得在公卿位者，乞上骠骑将军印绶，退就藩国。”辞甚恳切，帝乃许苍还国，而不听上将军印绶。上，时掌翻。

五年（壬戌、六二）

1 春，二月，【章：十二行本“月”下有“庚戌”二字；乙十一行本同。】苍罢归藩；东平国，在雒阳东六百七十二里。帝以骠骑长史为东平太傅，掾为中大夫，令史为王家郎，百官志：将军长史一人，秩千石；掾属二十九人，秩比四百石至比二百石；令史及御属三十一人，百石。帝特为苍置掾、史，员四十人。王国太傅秩二千石，中大夫比六百石，郎二百石。掾，俞绢翻。加赐钱五千万，布十万匹。

2 冬，十月，上行幸邺；是月，还宫。

3 十一月，北匈奴寇五原；十二月，寇云中，南单于击却之。

4 是岁，发遣边民在内郡者，赐装钱，人二万。赐钱为办装也。

5 安丰戴侯窦融年老，子孙纵诞，多不法。长子穆尚内黄公主，内黄县，属魏郡。矫称阴太后诏，令六安侯刘盱去妇，以女妻之。六安国，属庐江郡。贤曰：今之庐州。按前汉以六安为王国，后汉以六安为侯国，属庐江郡。贤以唐之庐州为汉之庐江郡可也，若汉之六安侯国实在唐寿州界。刘昫地理志：寿州安丰县，汉六国故城在县南，此为可据。此后章帝元和二年，徙江陵王恭为六安王，以庐江郡为国，却可以用贤注。妻，七细翻。盱妇家上书言状，帝大怒，尽免穆等官。诸窦为郎吏者，皆将家属归故郡，窦氏，故扶风平陵人。独留融京师；融寻薨。后数岁，穆等复坐事与子勋、宣皆下狱死。复，扶又翻。下，遐稼翻。久之，诏还融夫人与小孙一人居雒阳。

六年（癸亥、六三）

1 春，二月，王雒山出宝鼎，献之。据本纪，王雒山在庐江郡。夏四月，甲子，诏曰："祥瑞之降，以应有德；方今政化多僻，何以致兹！易曰：'鼎象三公，'三公鼎足承君，故云然。此盖易纬之辞。岂公卿奉职得其理邪！其赐三公帛五十匹，九卿、二千石半之。先帝诏书，禁人上事言'圣'，见四十二卷光武建武七年。上，时掌翻。而间者章奏颇多浮词；自今若有过称虚誉，尚书皆宜抑而不省，省，悉景翻。示不为谄子蚩也。"蚩，笑也。

2 冬，十月，上行幸鲁；十二月，还幸阳城；阳城县，属颍川。壬午，还宫。

3 是岁，南单于适死，单于莫之子苏立，为丘除车林鞮单于；鞮，丁奚翻；下同。数月，复死，复，扶又翻；下同。单于适之弟长立，为湖邪尸逐侯鞮单于。

七年（甲子、六四）

1 春，正月，癸卯，皇太后阴氏崩。二月，庚申，葬光烈皇后。西京诸后皆从帝谥，惟卫思后、许恭哀后不以寿终而别追谥之。从帝谥而又加一字，自阴后始。范晔曰：汉世皇后皆因帝谥为称，明帝始建光烈之称，其后并以德为配，至于贤愚优劣，混同一贯。贤曰：谥法：执德遵业曰烈。

2 北匈奴犹盛，数寇边，数，所角翻。遣使求合市；上冀其交通，不复为寇，许之。

3 以东海相宗均为尚书令。初，均为九江太守，九江郡，在雒阳东南一千五百里。五日一听事，悉省掾、史，闭督邮府内，属县无事，郡有五部督邮，监属县。闭之府内者，恐以司察为功能，侵扰属县，适以多事故也。百姓安业。九江旧多虎暴，常募设槛穽，贤曰：槛，为机以捕兽。穽，谓穿地陷之。而犹多伤害。均下记属县曰："夫江、淮之有猛兽，犹北土之有鸡豚也，今为民害，咎在残吏，而劳勤张捕，张，设也，设为机穽以伺鸟兽曰张。裴炎猩猩铭所谓"奴欲张我"是也。非忧恤之本也。其务退奸贪，思进忠善，可一去槛穽，去，羌吕翻。除削课制。"其后无复虎患。复，扶又翻。帝闻均名，故任以枢机。均谓人曰："国家喜文法、廉吏，以为足以止奸也；喜，许记翻。然文吏习为欺谩，而廉吏清在一己，谩，音慢，又莫连翻。无益百姓流亡、盗贼为害也。均欲叩头争之，时未可改也，久将自苦之，乃可言耳！"未及言，会迁司隶校尉。后上闻其言，追善之。

八年（乙丑、六五）

1 春，正月，己卯，司徒范迁薨。

2 三月，辛卯，以太尉虞延为司徒，卫尉赵熹行太尉事。

3 越骑司马郑众使北匈奴，越骑校尉司马一人，秩千石。单于欲令众拜，众不为屈。单于围守，闭之不与水火；众拔刀自誓，自誓以死，不为单于屈也。单于恐而止，乃更发使，随众还京师。

初，大司农耿国上言："宜置度辽将军屯五原，以防南匈奴逃亡，"朝廷不从。南匈奴须卜骨都侯等知汉与北虏交使，内怀嫌怨，欲畔，匈奴异姓大臣，左、右骨都侯也。又异姓有呼衍氏、须卜氏、立林氏、兰氏，皆匈奴国中名族，常与单于婚姻。密使人诣北虏，令遣兵迎之。郑众出塞，疑有异；伺候，果得须卜使人。伺，相吏翻。使，疏吏翻。乃上言："宜更置大将，以防二虏交通。"由是始置度辽营，以中郎将吴棠行度辽将军事，将黎阳虎牙营士屯五原曼柏。汉官仪曰：光武以幽、冀兵克定天下，故于黎阳立营，以谒者监领，兵骑千人。贤曰：昭帝拜范明友为度辽将军，至此复置焉。曼柏县，在今胜州银城县界。

4 秋，郡国十四大水。

5 冬，十月，北宫成。

6 丙子，募死罪系囚诣度辽营；有罪亡命者，令赎罪各有差。楚王英奉黄缣、白纨诣国相曰：汉成帝王国省内史，令相治民，职如太守，秩二千石。纨，今之绢也。师古曰：纨，素也；缣，并丝绢也。相，息亮翻。“托在藩辅，过恶累积，欢喜大恩，奉送缣帛，以赎愆罪。”国相以闻，诏报曰：“楚王诵黄、老之微言，尚浮屠之仁慈，洁齐三月，齐，读曰斋。与神为誓，何嫌何疑，当有悔吝！其还赎，以助伊蒲塞、桑门之盛馔。”塞，悉则翻。馔，雏恋翻，又雏皖翻。

初，帝闻西域有神，其名曰佛，因遣使之天竺求其道，得其书及沙门以来。其书大抵以虚无为宗，贵慈悲不杀；以为人死，精神不灭，随复受形；生时所行善恶，皆有报应，故所贵修炼精神，以至为佛。善为宏阔胜大之言，以劝诱愚俗。精于其道者，号曰沙门。于是中国始传其术，图其形像，而王公贵人，独楚王英最先好之。袁宏汉纪：浮屠，佛也。西域天竺国有佛道焉。佛者，汉言觉也，将以觉悟群生也。其教以修善慈心为主，不杀生，专务清静。其精者为沙门。沙门，汉言息也。盖息意去欲以归于无为。长丈六尺，黄金色。初，明帝梦见金人长大，以问群臣。或曰：“西方有神，其名曰佛，陛下所梦，得无是乎？”于是遣使天竺，问其道术而图其形像焉。贤曰：伊蒲塞，即优婆塞也，中国翻为近住，言受戒行堪近僧住也。桑门，即沙门，梵云沙门那，或曰桑门，唐言勤息，秦译云勤行，又云善觉。魏收曰：汉武帝遣霍去病讨匈奴，获休屠王金人，以为大神，列于甘泉宫，不祭祀，但烧香礼拜而已。此则佛道流通之渐也。张骞使大夏，传其旁有身毒国，一名天竺，始闻有浮屠之教。哀帝元寿元年，博士弟子秦景宪受大月氏王使伊存口授浮屠经，中国闻之，未信了也。后明帝夜梦金人，顶有白光，飞行殿庭，乃访群臣，傅毅始以佛对。帝遣郎中蔡愔等使天竺，写浮屠遗范，仍与沙门摄摩腾、竺法兰东还洛阳，中国有沙门跪拜之法自此始。愔之还，以白马负经而至，汉因立白马寺于洛城雍关西。好，呼到翻。

7 壬寅晦，日有食之，既。既，尽也。诏群司勉修职事，极言无讳。于是在位者皆上封事，各言得失；帝览章，深自引咎，以所上班示百官。上，时掌翻。诏曰："群僚所言，皆朕之过。民冤不能理，吏黠不能禁；黠，下八翻。而轻用民力，缮修宫宇，出入无节，喜怒过差。永览前戒，竦然兢惧；徒恐薄德，久而致怠耳！"人主能切己省察，然后能有是言。

8 北匈奴虽遣使入贡，而寇钞不息，钞，楚交翻。边城昼闭。帝议遣使报其使者，郑众上疏谏曰："臣闻北单于所以要致汉使者，要，一遥翻。欲以离南单于之众，坚三十六国之心也；贤曰：武帝开通西域，本三十六国，余谓坚其心者，欲使之专附匈奴。又当扬汉和亲，夸示邻敌，令西域欲归化者局足狐疑，怀土之人绝望中国耳。汉使既到，便偃蹇自信；信，音申。若复遣之，虏必自谓得谋，得谋，犹言得计。复，扶又翻；下同。其群臣驳议者不敢复言。贤曰：驳议，谓劝单于归汉。驳，北角翻。如是，南庭动摇，乌桓有离心矣。南单于庭在西河美稷。动摇，谓欲出塞北去。乌桓本附匈奴，汉置校尉领护，使不得与匈奴交通。离心，谓其心不亲附汉而贰于匈奴也。南单于久居汉地，具知形势，万分离析，旋为边害。今幸有度辽之众扬威北垂，虽勿报答，不敢为患。"帝不从。复遣众往，众因上言："臣前奉使，不为匈奴拜，为，于伪翻；下同。单于恚恨，遣兵围臣；恚，於避翻。今复衔命，必见陵折，臣诚不忍持大汉节对毡裘独拜。前书匈奴传曰：自君王以下，皆食畜肉，衣其皮革，被旃裘。旃，与毡同。如令匈奴遂能服臣，将有损大汉之强。"帝不听。众不得已，既行，在路连上书固争之；诏切责众，追还，系廷尉，会赦，归家。其后帝见匈奴来者，闻众与单于争礼之状，乃复召众为军司马。汉制：大将军营五部，部校尉一人，比二千石；军司马一人，比千石；其不置校尉部，但军司马一人。帝召众为军司马，使与马廖击车师。

九年（丙寅、六六）

1 夏，四月，甲辰，诏司隶校尉、部刺史岁上墨绶长吏视事三岁已上、治状尤异者各一人与计偕上，及尤不治者亦以闻。杜佑曰：后汉十三州部：司隶治河南，今府；豫治谯，今鄼县；兖治昌邑，今鲁郡金乡县；徐治郯，今临淮郡下邳县；青治临淄，今北海郡县；凉治陇，今天水郡陇城县；并治晋阳，今太原府；冀治鄗，今赵郡鄗县；幽治蓟，今范阳郡；扬治历阳，今郡县；荆治汉寿，今武陵郡武陵县；交治广信，今苍梧郡苍梧县。汉制：千石、六百石，墨绶，三采青、赤、绀，长丈六尺，八十首；四百石、三百石长同。此墨绶长吏，谓大县令以下。上，时掌翻。治，直吏翻。

2 是岁，大有年。穀梁传曰：五谷皆熟，书大有年。

3 赐皇子恭号曰灵寿王，党号曰重熹王，贤曰：取其美名也。未有国邑。

4 帝崇尚儒学，自皇太子诸王侯及大臣子弟、功臣子孙，莫不受经。又为外戚樊氏、郭氏、阴氏、马氏诸子立学于南宫，号"四姓小侯"。贤曰：以非列侯，故曰小侯。礼记曰"庶方小侯"，亦其义也。余据东平王苍传，送列侯印十九枚，诸王子年五岁以上能趋拜者，皆令带之。意四姓小侯亦犹是也。置五经师，搜选高能以授其业。自期门、羽林之士，悉令通孝经章句。匈奴亦遣子入学。

5 广陵王荆复呼相工谓曰："我貌类先帝，先帝三十得天下，我今亦三十，可起兵未？"相者诣吏告之，相，息亮翻。荆惶恐，自系狱，帝加恩，不考极其事，诏不得臣属吏民，唯食租如故，恐其复谋不轨，故不得臣属吏民，唯食国之租税。使相、中尉谨宿卫之。荆又使巫祭祀、祝诅。祝，职又翻。诅，庄助翻。诏长水校尉樊鯈等杂治其狱，鯈，直留翻。治，直之翻。事竟，奏请诛荆。帝怒曰："诸卿以我弟故，欲诛之；即我子，卿等敢尔邪？"鯈对曰："天下者高帝天下，非陛下之天下也。春秋之义，君亲无将，将而必诛。贤曰：春秋公羊传之文也。将者，将为弑逆之事也。臣等以荆属托母弟，帝与荆皆出于阴后。陛下留圣心，加恻隐，故敢请耳；如令陛下子，臣等专诛而已。”贤曰：专，谓不请也。帝叹息善之。鯈，宏之子也。

十年（丁卯、六七）

1 春，二月，广陵思王荆自杀，谥法：追悔前过曰思。国除。

2 夏，四月，戊子，赦天下。

3 闰月，甲午，上幸南阳，召校官弟子作雅乐，贤曰：校，学也，户教翻。雅乐，注见上。奏鹿鸣，帝自奏埙篪和之，以娱嘉宾。郑玄注周礼云：埙，烧土为之，大如雁子。郑众云：有六孔。世本曰：暴辛公作篪，以竹为之，长尺四寸，有八孔。孔颖达曰：土曰壎，竹曰篪。周礼小师职作“埙”，古今字异耳。释乐云：大埙谓之嘂，音叫。孙炎曰：音大如叫呼也。郭璞曰：埙，烧土为之，大如鹅子，锐上平底，形似称锤，六孔；小者如鸡子。释乐又云：大篪谓之沂。李巡曰：大篪，其声非一也。郭璞曰：篪以竹为之，长尺四寸，围三寸，一孔上出，径三分，横吹之，小者尺二寸。广雅云：八孔。郑司农小师注云：篪七孔，盖不数其上出者，故七也。世本云：暴辛公作埙，苏成公作篪。谯周古史考云：古有埙、篪，尚矣。周幽王时，暴辛公善埙，苏成公善篪，记者因以为作，缪矣。释名：埙，喧也，声浊喧然。埙，况袁翻。篪，音池。和，户卧翻。还，幸南顿。冬，十二月，甲午，还宫。

4 初，陵阳侯丁綝卒，陵阳县，属丹阳郡。綝，丑林翻。子鸿当袭封，上书称病，让国于弟盛，不报。既葬，乃挂衰绖于冢庐而逃去。衰，仓回翻。友人九江鲍骏遇鸿于东海，东海郡，在雒阳东一千五百里。让之曰：“昔伯夷、吴札，乱世权行，故得申其志耳。贤曰：伯夷，孤竹君之子，让其弟叔齐。季札，吴王寿梦之季子也，诸兄欲让以国，季子乃舍其室而耕。皆是权时所行，非常道也。伯夷当纣时，季札当周末，故言乱世也。春秋之义，不以家事废王事。春秋：卫灵公卒，孙辄立，父蒯聩与辄争国。公羊传曰：辄者，蒯聩之子。然则曷为不立蒯聩而立辄？蒯聩无道，灵公逐之而立辄。然则辄之义可以立乎？曰：可，不以父命辞于王〔父〕命，不以家事辞于王事。故骏引以为言。今子以兄弟私恩而绝父不灭之基，可乎？”鸿感悟垂涕，乃还就国。鲍骏因上书荐鸿经学至行，行，下孟翻。上征鸿为侍中。

十一年（戊寅、六八）

1 春，正月，东平王苍与诸王俱来朝，月馀，还国。帝临送归宫，凄然怀思，乃遣使手诏赐东平国中傅曰：“辞别之后，独坐不乐，乐，音洛；下同。因就车归，伏轼而吟，瞻望永怀，实劳我心。诵及采菽，以增叹息。采菽，诗小雅之章也。其诗曰：采菽采菽，筐之筥之；君子来朝，何锡予之。毛诗注云：菽，所以芼太牢而待君子，羊则苦，豕则薇。笺云：菽，大豆也，采其叶以为藿。三牲，牛、羊、豕，芼以藿。正义曰：传既言羊则苦，豕则薇，则菽不总芼三牲；而言菽所以芼太牢者，举牛之芼，则羊豕之苦、薇从可知矣。日者问东平王：‘处家何等最乐？’王言：‘为善最乐。’处，昌吕翻。乐，音洛。其言甚大，副是要腹矣。要，读曰腰。苍腰带十围。今送列侯印十九枚，诸王子年五岁已上能趋拜者，皆令带之。”

十二年（己巳、六九）

1 春，哀牢王柳貌率其民五万馀户内附，以其地置哀牢、博南二县。哀牢夷者，九隆种也，居牢山，绝域荒外，山川阻深，未尝通中国，西南去雒阳七千里。贤曰：在今匡州匡州县西。张柬之曰：姚州，哀牢国地。始通博南山，度兰仓水，华阳国志曰：博南县西山高三十里，越之，得兰仓水，有金沙，洗取融为金。行者苦之，歌曰：“汉德广，开不宾；度兰仓，为他人。”为，于伪翻。

2 初，平帝时，河、汴决坏，久而不修。建武十年，光武欲修之；浚仪令乐俊上言，民新被兵革，未宜兴役，乃止。浚仪县，属陈留郡。被，皮义翻。其后汴渠东侵，日月弥广，兖、豫百姓怨叹，以为县官恒兴他役，不先民急。会有荐乐浪王景能治水者，乐浪，在雒阳东北五千里。恒，户登翻。先，悉荐翻。乐浪，音洛琅。夏，四月，诏发卒数十万，遣景与将作谒者王吴修汴渠堤，自荥阳东至千乘海口千馀里，谒者，属光禄勋。王吴以谒者而将作，故谓之将作谒者。贤曰：汴渠，即莨荡渠也。汴自荥阳首受河，所谓石门，在荥阳山北一里，过汴以东，积石为堤，亦号金堤，成帝阳嘉中所作也。十里立一水门，令更相洄注，尔雅曰：逆流而上曰洄。郭璞注云：旋流也。更，工衡翻。无复溃漏之患。复，扶又翻。景虽简省役费，然犹以百亿计焉。十万曰亿。

3 秋，七月，乙亥，司空伏恭罢；乙未，以大司农牟融为司空。风俗通：牟子国，祝融之后，后因氏焉。

4 是时，天下安平，人无徭役，岁比登稔，百姓殷富，粟斛三十，牛羊被野。比，毗至翻。被，皮义翻。

十三年（庚午、七〇）

1 夏，四月，汴渠成；河、汴分流，复其旧迹。河、汴之堤决坏，则汴水东侵而与河合；今堤成，则河东北入海，而汴东南入泗，是分流复其旧迹也。辛巳，帝行幸荥阳，巡行河渠，行，下孟翻。遂渡河，登太行，幸上党；行，户刚翻。壬寅，还宫。

2 冬，十月，壬辰晦，日有食之。

3 楚王英与方士作金龟、玉鹤，刻文字为符瑞。男子燕广姓谱：燕召公之后，为秦所灭，子孙以国为氏。燕，于贤翻。告英与渔阳王平、颜忠等造作图书，有逆谋；事下案验。下，遐稼翻。有司奏"英大逆不道，请诛之。"帝以亲亲不忍。十一月，废英，徙丹阳泾县，贤曰：今宣州县。赐汤沐邑五百户；贤曰：汤沐者，取其赋税以供汤沐之具也。男女为侯、主者，食邑如故；许太后勿上玺绶，留住楚宫。许太后者，英母许氏。上，时掌翻。先是有私以英谋告司徒虞延者，先，悉荐翻。延以英藩戚至亲，不然其言。及英事觉，诏书切让延。

十四年（辛未、七一）

1 春，三月，甲戌，延自杀。以太常周泽行司徒事；顷之，复为太常。考异曰：泽传云“十二年”。按十二年不阙司徒，当是虞延免后、邢穆未至间，泽行司徒事尔，故云数月。夏，四月，丁巳，以钜鹿太守南阳邢穆为司徒。钜鹿郡在雒阳北一千一百里。邢本周公之胤，为卫所灭，子孙以国为氏。

2 楚王英至丹阳，自杀。诏以诸侯礼葬于泾。封燕广为折奸侯。

是时，穷治楚狱，遂至累年。治，直之翻；下同。其辞语相连，自京师亲戚、诸侯、州郡豪桀及考按吏，阿附坐死、徙者以千数，而系狱者尚数千人。

初，樊儵弟鲔，儵，除留翻。鲔，于轨翻。为其子赏求楚王英女，为，于伪翻。儵闻而止之曰：“建武中，吾家并受荣宠，一宗五侯。谓宏封长罗侯，弟丹射阳侯，兄子寻玄乡侯，族兄忠更父侯，宏又封寿张侯也。时特进一言，女可以配王，男可以尚主；贤曰：宏为特进。但以贵宠过盛，即为祸患，故不为也。且尔一子，奈何弃之于楚乎！”鲔不从。及楚事觉，儵已卒，上追念儵谨恪，故其诸子皆得不坐。

英阴疏天下名士，上得其录，有吴郡太守尹兴名，吴郡在雒阳东三千二百里。乃征兴及掾史五百馀人诣廷尉就考。掾，俞绢翻。诸吏不胜掠治，胜，音升。掠，音亮。治，直之翻。死者大半；惟门下掾陆续、主簿梁宏、功曹史驷勋，备受五毒，门下掾，在郡门下总录众事。功曹史，主选署功劳。五毒，四肢及身备受楚毒也；或云，鞭、箠、及灼及徽、纆为五毒。肌肉消烂，终无异辞。续母自吴来雒阳，作食以馈续。续虽见考，辞色未尝变，而对食悲泣不自胜。治狱使者问其故，续曰：“母来不得见，故悲耳。”问：“何以知之?”续曰：“母截肉未尝不方，断葱以寸为度，断，丁管翻。故知之。”使者以状闻，上乃赦兴等，禁锢终身。

颜忠、王平辞引隧乡侯耿建、朗陵侯臧信、濩泽侯邓鲤、曲成侯刘建。耿纯弟宿，封隧乡侯，建盖绍封者也。朗陵侯臧信，宫之子也。邓鲤、刘建皆无可考。濩泽，侯国，属河东郡。曲成，侯国，属东莱郡；贤曰：故城在今莱州掖县西北。师古曰：濩，音乌虢翻。建等辞未尝与忠、平相见。是时，上怒甚，吏皆惶恐，诸所连及，率一切陷入，无敢以情恕者。侍御史寒朗心伤其冤，考异曰：范书作"寒"，陆龟蒙离合诗云："初寒朗咏徘徊立"。袁纪作"寋"。按今有寋姓，音件，与袁纪合。今从之。余按姓谱有寒姓，以为夏诸侯后寒之后。又曰：周武王子寒侯之后。试以建等物色，独问忠、平，贤曰：物色，谓形状也。而二人错愕不能对。贤曰：错愕，犹仓卒也。错，音七故翻。愕，音五故翻。朗知其诈，乃上言："建等无奸，专为忠、平所诬；疑天下无辜，类多如此。"帝曰："即如是，忠、平何故引之？"对曰："忠、平自知所犯不道，汉法有大逆不道。故多有虚引，冀以自明。"帝曰："即如是，何不早奏？"对曰："臣恐海内别有发其奸者。"帝怒曰："吏持两端！"促提下捶之。捶，止蕊翻。左右方引去，朗曰："愿一言而死。"帝曰："谁与共为章？"对曰："臣独作之。"上曰："何以不与三府议？"三府，太尉、司徒、司空府也。对曰："臣自知当必族灭，不敢多污染人。"污，乌故翻。上曰："何故族灭？"对曰："臣考事一年，不能穷尽奸状，反为罪人讼冤，为，于伪翻；下同。故知当族灭。然臣所以言者，诚冀陛下一觉悟而已。臣见考囚在事者，咸共言妖恶大故，故，事也，因也。妖，于骄翻。臣子所宜同疾，今出之不如入之，言出其罪，不如入其罪也。可无后责。是以考一连十，考十连百。又公卿朝会，陛下问以得失，皆长跪言：'旧制，大罪祸及九族；陛下大恩，裁止于身，天下幸甚！'裁，与才同。及其归舍，口虽不言而仰屋窃叹，莫不知其多冤，无敢牾陛下言者。牾，五故翻，逆也。臣今所陈，诚死无悔！"帝意解，诏遣朗出。

后二日，车驾自【章：十二行本"自"作"因"。】幸洛阳狱录囚徒，师古曰：省录之，知其情状为冤滞为不也。今之虑区，本录声之去者耳，音力具翻；而近俗不晓其意，讹其文，遂为思虑之虑，失其源矣。理出千馀人。时天旱，即大雨。马后亦以楚狱多滥，乘间为帝言之，间，古苋翻。帝恻然感悟，夜起彷徨，彷徨，释徘徊也，庄子注：犹翱翔也。余谓彷徨，不自安之貌。由是多所降宥。

任城令汝南袁安迁楚郡太守，任城县，属东平国。任，音壬。到郡不入府，先往按楚王英狱事，理其无明验者，条上出之。上，时掌翻。府丞、掾史皆叩头争，以为"阿附反虏，法与同罪，不可。"安曰："如有不合，太守自当坐之，不以相及也。"遂分别具奏。别，彼列翻。帝感悟，即报许，得出者四百馀家。

3 夏，五月，封故广陵王荆子元寿为广陵侯，食六县。笃兄弟之恩也。又封窦融孙嘉为安丰侯。念功臣之世也。

4 初作寿陵，制："令流水而已，无得起坟。万年之后，扫地而祭，杅水脯糒而已。说文曰：杅，饮器，音于。方言曰：碗谓之盂。过百日，唯四时设奠。置吏卒数人，供给洒扫。洒，所卖翻；扫，悉报翻：又并如字。敢有所兴作者，以擅议宗庙法从事。"前书曰：擅议宗庙者，弃市。

十五年（壬申、七二）

1 春，二月，庚子，上东巡。癸亥，耕于下邳。下邳县，本属东海郡；是年，以临淮郡为下邳国，下邳县属焉，在雒阳东一千四百里。三月，至鲁，幸孔子宅，亲御讲堂，孔子宅，在阙里。讲堂，讲授之堂。鲁共王升孔子堂，闻金石丝竹之音，即此。命皇太子、诸王说经；又幸东平、大梁。浚仪县，本大梁。夏，四月，庚子，还宫。

2 封皇子恭为钜鹿王，党为乐成王，乐成国，本信都郡，帝更名，在雒阳北二千里。衍为下邳王，畅为汝南王，昞为常山王，长为济阴王；济，子礼翻。帝亲定其封域，裁令半楚、淮阳。马后曰："诸子数县，于制不亦【章：十二行本"亦"作"已"；乙十一行本同。】俭乎？”帝曰：“我子岂宜与先帝子等，岁给二千万足矣！”

3 乙巳，赦天下。

4 谒者仆射耿秉数上言请击匈奴，百官志：谒者仆射，秩比千石，为谒者台率，主谒者。古重习武，有主射以督录之，故曰仆射。数，所角翻。上以显亲侯窦固尝从其世父融在河西，尔雅曰：父之昆弟，先生为世父，后生为叔父。明习边事，乃使秉、固与太仆祭肜、虎贲中郎将马廖、廖，音聊。下博侯刘张、张，齐王縯之孙。好畤侯耿忠等共议之。畤，音止。耿秉曰：“昔者匈奴援引弓之类，援，于元翻。并左衽之属，故不可得而制。孝武既得河西四郡及居延、朔方，居延，武帝置县，属张掖郡。贤曰：故城在今甘州张掖县北。虏失其肥饶畜兵之地，羌、胡分离；唯有西域，俄复内属；复，扶又翻。故呼韩邪单于请事款塞，其势易乘也。易，以豉翻。今有南单于，形势相似；然西域尚未内属，北虏未有衅作。臣愚以为当先击白山，西河旧事曰：白山冬夏有雪，故曰白山，匈奴谓之天山，过之，皆下马拜焉，去蒲类海百里之内。得伊吾，贤曰：伊吾即伊吾卢地，本属匈奴，后取其地置宜禾都尉，以为屯田，今伊州纳职县伊吾故城是也。又曰：伊吾故城，在今瓜州晋昌县北。破车师，通使乌孙诸国以断其右臂；使，疏吏翻。断，丁管翻。伊吾亦有匈奴南呼衍一部，破此，复为折其左角，复，扶又翻。折，而设翻。然后匈奴可击也。”上善其言。议者或以为“今兵出白山，匈奴必并兵相助，又当分其东以离其众。”上从之。十二月，以秉为驸马都尉，固为奉车都尉；以骑都尉秦彭为秉副，三都尉皆武帝置，奉车都尉掌乘舆，驸马都尉掌天子之副马。师古曰：驸，副也；一曰：近也，疾也。耿忠为固副，皆置从事、司马，出屯凉州。秉，国之子；忠，弇之子；廖，援之子也。

十六年（癸酉、七三）

1 春，二月，遣肜与度辽将军吴棠将河东、西河羌、胡及南单于兵万一千骑出高阙塞，高阙，在朔方北。窦固、耿忠率酒泉、敦煌、张掖甲卒及卢水羌、胡万二千骑出酒泉塞，贤曰：按湟水东经临羌县故城北，又东卢溪水注之，水出西南，卢川即其地也。余据西南夷传，冉駹夷北有黄石、北地、卢水胡。敦，徒门翻。耿秉、秦彭率武威、陇西、天水募士及羌、胡万骑出张掖居延塞，骑都尉来苗、护乌桓校尉文穆将太原、雁门、代郡、上谷、渔阳、右北平、定襄郡兵及乌桓、鲜卑万一千骑出平城塞，伐北匈奴。窦固、耿忠至天山，贤曰：天山，即祁连山，一名雪山，今名折罗汉山，在伊州北。"汉"，一作"漫"。击呼衍王，斩首千馀级；追至蒲类海，贤曰：蒲类海，今名婆悉海，在今庭州蒲昌县东南。取伊吾卢地，置宜禾都尉，留吏士屯田伊吾卢城。耿秉、秦彭击匈林王，"匈林"，恐当作"句林"。建武时，匈奴尝遣句林王迎卢芳。句，音古侯翻。绝幕六百馀里，至三木楼山而还。来苗、文穆至匈河水上，据前书，匈河水去令居数千里。臣瓒曰：去令居千里。虏皆奔走，无所获。祭肜与南匈奴左贤王信不相得，出高阙塞九百馀里，得小山，信妄言以为涿邪山，北史曰：循弱水西行得涿邪山。不见虏而还。肜与吴棠坐逗留畏懦，下狱，免。下，遐稼翻。考异曰：袁纪"棠"，皆作"常"；今从范书。肜自恨无功，出狱数日，欧血死；临终，谓其子曰："吾蒙国厚恩，奉使不称，称，尺证翻。身死诚惭恨，义不可以无功受赏。死后，若悉簿上所得物，若，汝也，皆为文簿而上之。上，时掌翻。身自诣兵屯，效死前行，以副吾心。"既卒，行，户刚翻。卒，子恤翻。其子逢上疏，具陈遗言。帝雅重肜，方更任用，闻之，大惊，嗟叹良久。乌桓、鲜卑每朝贺京师，常过肜冢拜谒，仰天号泣；辽东吏民为立祠，四时奉祭焉。肜，先为辽东太守，威信行于乌桓、鲜卑。号，户刀翻。为，于伪翻。窦固独有功，加位特进。

固使假司马班超与从事郭恂俱使西域。百官志：大将军营五部，部有校尉一人，军司马一人；又有军假司马，为副贰。使，疏吏翻；下同。超行到鄯善，鄯，上扇翻。鄯善王广奉超礼敬甚备，后忽更疏懈。懈，古隘翻。超谓其官属曰："宁觉广礼意薄乎？"官属曰："胡人不能常久，无他故也。"超曰："此必有北虏使来，狐疑未知所从故也。明者睹未萌，况已著邪！"乃召侍胡，诈之曰："匈奴使来数日，今安在乎？"侍胡惶恐曰："到已三日，去此三十里。"超乃闭侍胡，侍胡，鄯善所遣侍超者。使，疏吏翻。悉会其吏士三十六人，与共饮，酒酣，因激怒之曰："卿曹与我俱在绝域，今虏使到裁数日，而王广礼敬即废。如令鄯善收吾属送匈奴，骸骨长为豺狼食矣，为之奈何？"官属皆曰："今在危亡之地，死生从司马！"超曰："不入虎穴，不得虎子。当今之计，独有因夜以火攻虏，使彼不知我多少，必大震怖，可殄尽也。怖，普布翻。灭此虏，则鄯善破胆，功成事立矣。"众曰："当与从事议之。"超怒曰："吉凶决于今日；从事文俗吏，闻此必恐而谋泄，死无所名，非壮士也。"众曰："善！"初夜，超遂将吏士往奔虏营。初夜，甲夜也。会天大风，超令十人持鼓藏虏舍后，约曰："见火然，皆当鸣鼓大呼。"呼，火故翻。馀人悉持兵弩，夹门而伏。超乃顺风纵火；前后鼓噪，虏众惊乱，超手格杀三人，吏兵斩其使及从士三十馀级，从，才用翻。馀众百许人悉烧死。明日乃还，告郭恂，还，从宣翻，又如字。恂大惊；既而色动，意欲分超功而不能自掩于外，故色动。超知其意，举手曰："掾虽不行，班超何心独擅之乎！"从事，掾也。掾，俞绢翻。恂乃悦。超于是召鄯善王广，以虏使首示之，一国震怖。超告以汉威德，"自今以后，勿复与北虏通。"复，扶又翻。广叩头，"愿属汉，无二心，"遂纳子为质。还白窦固，固大喜，具上超功效，质，音致。上，时掌翻。并求更选使使西域。帝曰："吏如班超，何故不遣，而更选乎！今以超为军司马，令遂前功。"

固复使超使于寘，复，扶又翻；下同。寘，徒贤翻。欲益其兵；超愿但将本所从三十六人，曰："于寘国大而远，今将数百人，无益于强；如有不虞，多益为累耳。"累，力瑞翻。是时于寘王广德雄张南道，贤曰：雄张，犹炽盛也。张，竹亮翻。予谓张者，自大之意。而匈奴遣使监护其国。监，古衔翻。超既至于寘，广德礼意甚疏。且其俗信巫，巫言："神怒，何故欲向汉？汉使有騧马，急求取以祠我！"贤曰：续汉及华峤书并作"䯄"。说文：马浅黑色也，音京媚翻。余谓騧，音瓜；黄马黑喙曰騧，读如本字。广德【章：十二行本"德"下有"乃"字；乙十一行本同。】遣国相私来比就超请马。相，息亮翻。超密知其状，报许之，而令巫自来取马。有顷，巫至，超即斩其首；收私来比，鞭笞数百。以巫首送广德，因责让之。广德素闻超在鄯善诛灭虏使，大惶恐，即杀匈奴使者而降。降，户江翻。超重赐其王以下，因镇抚焉。于是诸国皆遣子入侍，西域与汉绝六十五载，至是乃复通焉。王莽天凤三年，焉耆击杀王骏，西域遂绝，至此五十八载耳；此言与汉绝六十五载，盖自始建国元年数之，谓莽篡位而西域遂与汉绝也。复，扶又翻。载，子亥翻。超，彪之子也。

2 淮阳王延，性骄奢，而遇下严烈。有上书告"延与姬兄谢弇及姊婿韩光招奸猾，作图谶，祠祭祝诅。"事下按验。谶，楚谮翻。祝，职救翻。诅，庄助翻。下，遐稼翻。五月，癸丑，弇、光及司徒邢穆皆坐死，所连及死徙者甚众。

3 戊午晦，日有食之。

4 六月，丙寅，以大司农西河王敏为司徒。

5 有司奏请诛淮阳王延；上以延罪薄于楚王英，秋，七月，徙延为阜陵王，食二县。贤曰：阜陵，县名，属九江郡，故城在今滁州全椒县南。

6 是岁，北匈奴大入云中，云中太守廉范拒之；吏以众少，欲移书傍郡求救，范不许。会日暮，范令军士各交缚两炬，三头爇火，营中星列。贤曰：用两炬交缚如十字，爇其三头，手持一端，使敌人望之，疑兵士之多。爇，懦劣翻。虏谓汉兵救至，大惊，待旦将退。范令军中蓐食，晨，往赴之，贤曰：蓐食，早起食于寝蓐中也。斩首数百级，虏自相辚藉，死者千馀人，贤曰：辚，轹也。藉，相蹈藉也。辚，良刃翻。由此不敢复向云中。复，扶又翻。范，丹之孙也。廉丹为王莽将。

十七年(甲戌、七四)

1 春，正月，上当谒原陵，夜，梦先帝、太后如平生欢，既寤，悲不能寐；即案历，明旦日吉，遂率百官上陵。上，时掌翻。其日，降甘露于陵树，考异曰：帝纪云："甘露降甘陵。"皇后纪云："谒原陵，甘露降于树。"然则实降原陵也。帝纪误以"原"为"甘"。帝令百官采取以荐。会毕，帝从席前伏御床，视太后镜奁中物，奁，镜匣也，音廉。感动悲涕，令易脂泽装具；左右皆泣，莫能仰视。沈约曰：三代以前无墓祭，至秦，始出寝，起于墓侧。汉因秦上陵皆有园寝，故称寝殿。起居衣服，象生人之具，古寝之意也。

2 北海敬王睦薨。睦，北海靖王兴之子。睦少好学，少，诗照翻。好，呼到翻；下同。光武及上皆爱之。尝遣中大夫诣京师朝贺，贤曰：中大夫，王国官也，掌奉王使京师，奉璧贺正月。朝，直遥翻。召而谓之曰："朝廷设问寡人，贤曰：朝廷，谓天子也。大夫将何辞以对？"使者曰："大王忠孝慈仁，敬贤乐士，乐，音洛。臣敢不以实对！"睦曰："吁，子危我哉！贤曰：吁，音于。孔安国注尚书曰：吁者，疑怪之声。余按吁，匈于翻。此乃孤幼时进趣之行也。趣，读曰趋，又七喻翻。行，下孟翻。大夫其对以孤袭爵以来，志意衰惰，声色是娱，犬马是好，乃为相爱耳。"其智虑畏慎如此。时禁切藩王，法宪颇峻，故睦虑及此。

3 二月，乙巳，司徒王敏薨。

4 三月，癸丑，以汝南太守鲍昱为司徒。昱，永之子也。

5 益州刺史梁国朱辅益州部汉中、巴郡、广汉、蜀郡、犍为、牂柯、越嶲、益州、永昌等郡。益州刺史治广汉郡雒县。宣示汉德，威怀远夷，自汶山以西，汶山，在蜀郡湔氐道西徼外，江水所出。杜佑曰：茂州，汉汶山县。汶，晋书音读曰岷。湔，裴松之音剪。前世所不至，正朔所未加，白狼、槃木等百馀国，皆举种称臣奉贡。种，章勇翻。白狼王唐菆作诗三章，歌颂汉德，菆，侧鸠翻，又徂丸翻。辅使犍为郡掾由恭译而献之。犍为郡，在雒阳西三千二百七十里，夷言不与中国通，故译而后献。犍，居言翻。掾，俞绢翻。由，姓也。秦有由余；或曰：楚王孙由子之后。

6 初，龟兹王建为匈奴所立，龟兹，音见前。倚恃虏威，据有北道，攻杀疏勒王，立其臣兜题为疏勒王。班超从间道至疏勒，间，古苋翻。范史，疏勒国，去雒阳万三百里。去兜题所居槃橐城九十里，逆遣吏田虑先往降之，降，户江翻；下同。敕虑曰："兜题本非疏勒种，种，章勇翻。国人必不用命；若不即降，便可执之。"虑既到，兜题见虑轻弱，殊无降意。降，户江翻。虑因其无备，遂前劫缚兜题，左右出其不意，皆惊惧奔走。虑驰报超，超即赴之，悉召疏勒将吏，说以龟兹无道之状，因立其故王兄子忠为王，考异曰：袁纪云："求索故王近属，得兄榆勒立之，更名忠。"续汉书云："求得故王兄子榆勒立之，更名忠。"今从超传。国人大悦。超问忠及官属："当杀兜题邪，生遣之邪？"咸曰："当杀之。"超曰："杀之无益于事，当令龟兹知汉威德。"遂解遣之。

7 夏，五月，戊子，公卿百官以帝威德怀远，祥物显应，并集朝堂奉觞上寿。班固西都赋：左右廷中，朝堂百僚之位，萧、曹、丙、魏谋谟乎其上，盖在殿庭左右也。贤曰：寿者，人之所欲，故卑下奉觞进酒，皆言上寿。朝，直遥翻。制曰："天生神物，以应王者；远人慕化，实由有德；朕以虚薄，何以享斯！唯高祖、光武圣德所被，被，皮义翻。不敢有辞，其敬举觞，太常择吉日策告宗庙。”仍推恩赐民爵及粟有差。时赐天下男子爵人二级，三老、孝悌、力田人三级，流人无名数欲占者人一级，鳏、寡、孤、独、笃癃、贫不能自存者，粟人三斛。

8 冬，十一月，遣奉车都尉窦固、驸马都尉耿秉、骑都尉刘张出敦煌昆仑塞，击西域，贤曰：昆仑，山名，因以为塞，在今肃州酒泉县西南，山有昆仑之体，故名之。周穆王见西王母于此山，有石室、王母台。又曰：前书敦煌郡广至县有昆仑障，宜禾都尉居也。广至故城，在今瓜州常乐县东。敦，徒门翻。仑，卢昆翻。秉、张皆去符、传以属固，符、传，皆合之以为信。符，兵符也。张晏曰：传，若今过所也。如淳曰：两行书缯帛，分持其一，出入关，合之乃得过，谓之传。此传，盖亦行兵所用以为信，非度关所用之传也。专将则有符、传，今以兵属固，故去之。去，羌吕翻。传，株恋翻。合兵万四千骑，击破白山虏于蒲类海上，遂进击车师。车师前王，即后王之子也，其廷相去五百馀里。车师前王居交河城，后王居务涂谷。固以后王道远，山谷深，士卒寒苦，欲攻前王；秉以为先赴后王，并力根本，则前王自服。固计未决，秉奋身而起曰：“请行前。”乃上马引兵北入，众军不得已，并进，斩首数千级。后王安得震怖，走出门迎秉，脱帽，抱马足降，降，户江翻。秉将以诣固；其前王亦归命，遂定车师而还。还，从宣翻，又如字。于是固奏复置西域都护及戊、己校尉。宣帝置都护，元帝置戊、己校尉，自王莽之乱，西域与中国绝，不复置；今通西域，复置之。以陈睦为都护；考异曰：袁纪“睦”作“穆”，今从范书。司马耿恭为戊校尉，屯后王部金蒲城；贤曰：金蒲城，车师后王城廷也，今庭州蒲昌县城是也。杜佑曰：金蒲城，即车师后王所治务涂谷，今北庭府蒲类县也。谒者关宠为己校尉，屯前王部柳中城，贤曰：柳中，今西州县。考异曰：袁纪作“折中”，今从范书。屯各置数百人。恭，况之孙也。耿况以上谷归光武，子孙多著功名。

十八年（乙亥、七五）

1 春，二月，诏窦固等罢兵还京师。

2 北单于遣左鹿蠡王率二万骑击车师，蠡，卢奚翻。耿恭遣司马将兵三百人救之，皆为所没，匈奴遂破杀车师后王安得而攻金蒲城。恭以毒药傅矢，语匈奴曰："汉家箭神，其中疮者必有异。"虏中矢者，视疮皆沸，傅，音附。语，牛倨翻。中，竹仲翻。大惊。会天暴风雨，随雨击之，杀伤甚众；匈奴震怖，怖，普布翻。相谓曰："汉兵神，真可畏也！"遂解去。

3 夏，六月，己未，有星孛于太微。晋天文志：太微，天子廷也，十二诸侯府也。孛，蒲内翻。

4 耿恭以疏勒城傍有涧水可固，引兵据之。此疏勒城在车师后部，非疏勒国城也。据西域传，疏勒国去长史所居五千里，后部去长史所居五百里，耿恭自后部金蒲城移据疏勒城，其后范羌又自前部交河城从山北至疏勒迎恭。审观本末，则非疏勒国城明矣。秋，七月，匈奴复来攻，复，扶又翻。拥绝涧水；恭于城中穿井十五丈，不得水，吏士渴乏，至笮马粪汁而饮之。贤曰：笮，谓压笮也，音侧驾翻。恭身自率士挽笼，挽，音晚。师古曰：笼，所以盛土也；音卢红翻。郑氏周礼注：竃土之器曰笼。陆德明音力董翻。朱熹曰：蒉，土笼也。有顷，水泉奔出，众皆称万岁。乃令吏士扬水以示虏，虏出不意，以为神明，遂引去。

5 八月，壬子，帝崩于东宫前殿，年四十八。遗诏："无起寝庙，藏主于光烈皇后更衣别室。"贤曰：礼藏主于庙，既不起寝庙，故藏于后之易衣别室。更，易也。更，工衡翻；下同。

帝遵奉建武制度，无所变更，后妃之家不得封侯与政。馆陶公主为子求郎，馆陶公主，光武女红夫也，适驸马都尉韩光。与，读曰预。为，于伪翻。不许，而赐钱千万，谓群臣曰："郎官上应列宿，史记曰：太微宫后二十五星，郎位也。宿，音秀。出宰百里，苟非其人，则民受其殃，是以难之。”公车以反支日不受章奏，阴阳书曰：凡反支日，用月朔为正：戌、亥朔，一日反支；申、酉朔，二日反支；午、未朔，三日反支；辰、巳朔，四日反支；寅、卯朔，五日反支；子、丑朔，六日反支。帝闻而怪曰：“民废农桑，远来诣阙，而复拘以禁忌，复，扶又翻。岂为政之意乎！”于是遂蠲其制。尚书阎章二妹为贵人，章精力晓旧典，久次当迁重职，帝为后宫亲属，竟不用。是以吏得其人，民乐其业，乐，音洛。远近畏服，户口滋殖焉。

6 太子即位，年十八。尊皇后曰皇太后。

明帝初崩，马氏兄弟争欲入宫。北宫卫士令杨仁被甲持戟，严勒门卫，人莫敢轻进者。东都南、北宫皆有卫士令一人，秩六百石，各掌其宫卫士。汉官曰：北宫员吏七十二人，卫士四百七十一人，朱爵司马主南掖门，员吏四人，卫士百二十四人，东明司马主东门，员吏十三人，卫士百八十人；朔平司马主北门，员吏五人，卫士百一十七人：凡员吏皆队长佐。凡居宫中者，皆有口籍于门之所属宫名两字，为铁印文符，案省符乃内之。若外人以事当入本宫，长吏为封棨传；其有官位者，令御者言其官。胡广曰：符用木，长可二寸，铁印以符之。被，皮义翻。诸马乃共谮仁于章帝，言其峻刻，帝知其忠，愈善之，拜为什邡令。什邡县，属广汉郡，此即高帝封雍齿之什方也。邡，读曰方。

7 壬戌，葬孝明皇帝于显节陵。帝王纪曰：显节陵，故富寿亭也，西北去雒阳三十七里。

8 冬，十月，丁未，赦天下。

9 诏以行太尉事节乡侯熹为太傅，司空融为太尉，并录尚书事。光武不任三公，事归台阁，惟录尚书事者权任稍重，自是迄于齐、梁，谓之录公。贤曰：武帝初以张子孺领尚书事，录尚书事由此始。晋百官志曰：汉武时，左右曹、诸吏分平尚书奏事，知枢要者始领尚书事，张安世以车骑将军、霍光以大将军、王凤以大司马、师丹以左将军并领尚书事。后汉章帝以太傅赵熹、太尉牟融并录尚书事，尚书有录名，自此始，亦西京领尚书之任，犹唐、虞大麓之职也。沈约曰：汉东京每帝即位，辄置太傅、录尚书事，薨辄省。

10 十一月，戊戌，以蜀郡太守第五伦为司空。伦在郡公清，所举吏多得其人，故帝自远郡用之。续汉志：蜀郡，在雒阳西三千一百里。守，式又翻。

11 焉耆、龟兹攻没都护陈睦，北匈奴围关宠于柳中城。会中国有大丧，救兵不至，车师复叛，复，扶又翻；下同。与匈奴共攻耿恭。恭率厉士众御之，数月，食尽穷困，乃煮铠弩，食其筋革。铠，可亥翻。恭与士卒推诚同死生，故皆无二心，而稍稍死亡，馀数十人。单于知恭已困，欲必降之，遣使招恭曰："若降者，当封为白屋王，按李巡注尔雅，五狄有白屋一种。降，户江翻。妻以女子。"妻，七细翻。恭诱其使上城，手击杀之，炙诸城上。单于大怒，更益兵围恭，不能下。

关宠上书求救，诏公卿会议，司空伦以为不宜救；司徒鲍昱曰："今使人于危难之地，急而弃之，外则纵蛮夷之暴，内则伤死难之臣，难，乃旦翻。诚令权时，后无边事可也。匈奴如复犯塞为寇，陛下将何以使将！将，即亮翻。又二部兵人裁各数十，贤曰：二部谓关宠及恭也。匈奴围之，历旬不下，是其寡弱力尽之效也。力尽，犹言尽力也。可令敦煌、酒泉太守各将精骑二千，多其幡帜，倍道兼行以赴其急；帜，昌志翻。匈奴疲极之兵，必不敢当，四十日间足还入塞。"帝然之。乃遣征西将军耿秉屯酒泉，行太守事，遣酒泉太守段彭考异曰：耿恭传云"秦彭"，今从帝纪。与谒者王蒙、皇甫援姓谱：宋有皇甫充石，宋之公族也。汉初有皇甫鸾，自鲁徙居茂陵，改父为甫。余按诗，周亦有皇父卿士。发张掖、酒泉、敦煌三郡及鄯善兵合七千馀人以救之。鄯，上扇翻。

12 甲辰晦，日有食之。

13 太后兄弟虎贲中郎廖及黄门郎防、光百官志：给事黄门侍郎六百石，掌侍从左右。汉旧仪曰：黄门郎属黄门令，日暮，入对青琐门拜，名曰夕郎。终明帝世未尝改官。帝以廖为卫尉，防为中郎将，光为越骑校尉。廖等倾身交结，冠盖之士争赴趣之。趣，七喻翻。第五伦上疏曰："臣闻书曰：'臣无作威作福，其害于而家，凶于而国。'尚书洪范之言。近世光烈皇后虽友爱天至，而抑损阴氏，不假以权势。谓阴后不为宗亲求位也。其后梁、窦之家，互有非法，明帝即位，竟多诛之。谓梁松、窦穆等也。自是洛中【章：十二行本"洛"作"雒"；乙十一行本同；下均同。】无复权戚，书记请托，一皆断绝。复，扶又翻。断，丁管翻。又谕诸外戚曰：'苦身待士，不如为国。为，于伪翻。戴盆望天，事不两施。'司马迁书曰：戴盆何以望天。今之议者，复以马氏为言。窃闻卫尉廖以布三千匹，城门校尉防以钱三百万，私赡三辅衣冠，知与不知，莫不毕给。又闻腊日亦遗其在雒中者钱各五千。遗，于季翻。越骑校尉光，腊用羊三百头，米四百斛，肉五千斤。臣愚以为不应经义，惶恐，不敢不以闻。陛下情欲厚之，亦宜所以安之。臣今言此，诚欲上忠陛下，下全后家也。"

14 是岁，京师及兖、豫、徐州大旱。兖州部陈留、东郡、东平、泰山、济北、山阳、济阴等郡国。豫州部汝南、颍川二郡，梁、沛、陈、鲁等国。徐州部东海、琅邪、彭城、广陵、下邳等郡国。杜佑曰：兖州盖以沇水为名。又兖之为言端也，信也。端，言阳气端端，故其气纤杀也。徐州盖取舒缓之义，或云：因徐丘以为名。

王崇武标点容肇祖聂崇岐覆校

资治通鉴卷第四十六

翰林学士兼侍读学士朝散大夫右谏议大夫
知制诰判尚书都省兼提举万寿观公事上护军 司马光 奉敕编集
河内郡开国侯食邑一千三百户赐紫金鱼袋臣

后学天台 胡三省 音注

汉纪三十八 起柔兆困敦(丙子),尽阏逢涒滩(甲申),凡九年。

肃宗孝章皇帝上 讳炟,显宗第五子,母贾贵人,以马后母养为嫡,即位。谥法:温克令仪曰章。伏侯古今注:"炟"之字曰"著"。

建初元年(丙子、七六)

1 春,正月,诏兖、豫、徐三州禀赡饥民。上问司徒鲍昱:"何以消复旱灾?"消复者,消去灾异而复其常。对曰:"陛下始践天位,虽有失得,未能致异。臣前为汝南太守,典治楚事,贤曰:永平十三年,楚王英谋反,连坐者在汝南,昱时主劾之也。治,直之翻。系者千馀人,恐未能尽当其罪。夫大狱一起,冤者过半。又,诸徙者骨肉离分,孤魂不祀。宜一切还诸徙家,蠲除禁锢,使死生获所,则和气可致。"帝纳其言。

校书郎杨终上疏曰:"间者北征匈奴,西开三十六国,百姓频年服役,转输烦费;愁困之民足以感动天地,陛下宜留念省察!"汉兰台,藏书之室也;当时文学之士,使雠校于其中,故有校书之职,刘向、扬雄辈是也。东都于兰台置令史,典校秘书,以郎居其任者,谓之校书郎。终征诣兰台，拜校书郎。省，悉景翻。帝下其章，下，遐稼翻。第五伦亦同终议。牟融、鲍昱皆以为："孝子无改父之道，引论语孔子之言。征伐匈奴，屯戍西域，先帝所建，不宜回异。"终复上疏曰："秦筑长城，功役繁兴；胡亥不革，卒亡四海。事见秦纪。复，扶又翻。卒，子恤翻。故孝元弃珠厓之郡，事见二十八卷元帝初元二年。光武绝西域之国，事见四十三卷光武建武二十二年。不以介鳞易我衣裳。贤曰：介鳞，喻远夷，其人与鱼鳖无异也。衣裳，谓中国也。扬雄法言曰：珠厓之绝，捐之之力也；否则介鳞易我衣裳。鲁文公毁泉台，春秋讥之曰：'先祖为之而己毁之，不如勿居而已，'以其无妨害于民也；襄公作三军，昭公舍之，君子大其复古，以为不舍则有害于民也。舍，读曰捨。今伊吾之役，楼兰之屯兵窦固等取伊吾，见上卷永平十六年。楼兰，即鄯善，此兵盖谓班超所将吏士也。久而未还，非天意也。"帝从之。

2 丙寅，诏："二千石勉劝农桑；罪非殊死，须秋按验。有司明慎选举，进柔良，退贪猾，顺时令，理冤狱。"是时承永平故事，吏政尚严切，尚书决事，率近于重。近，其靳翻。尚书沛国陈宠以帝新即位，宜改前世苛俗，乃上疏曰："臣闻先王之政，赏不僭，刑不滥；与其不得已，宁僭无滥。左传蔡大夫声子之言。往者断狱严明，断，丁乱翻；下同。所以威惩奸慝；奸慝既平，必宜济之以宽。陛下即位，率由此义，数诏群僚，弘崇晏晏，贤曰：晏晏，温和也。尚书考灵耀曰：尧聪明文塞晏晏。数，所角翻。而有司未悉奉承，犹尚深刻；断狱者急于篣格酷烈之痛，贤曰：篣，即榜也，古字通用。声类曰：笞也。说文曰：格，击也。执宪者烦于诋欺放滥之文，或因公行私，逞纵威福。夫为政犹张琴瑟，大弦急者小弦绝。贤曰：新序：臧孙，鲁大夫，行猛政。子贡非之曰：夫政犹张琴瑟也，大弦急则小弦绝矣，故曰：罚得则奸邪止，赏得则下欢悦。陛下宜隆先王之道，荡涤烦苛之法，轻薄箠楚以济群生，箠，止橥翻。全广至德以奉天心！”帝深纳宠言，每事务于宽厚。

3 酒泉太守段彭等兵会柳中，击车师，攻交河城，贤曰：前书，车师前王居交河城，河水分流绕城下，故号交河，去长安八千一百里，故城在今西州交河县。斩首三千八百级，获生口三千馀人。北匈奴惊走，车师复降。复，扶又翻。会关宠已殁，谒者王蒙等欲引兵还；耿恭军吏范羌，时在军中，先是，恭遣羌至敦煌迎兵士寒服，因随王蒙军出塞。固请迎恭。诸将不敢前，乃分兵二千人与羌，从山北迎恭，遇大雪丈馀，军仅能至。城中夜闻兵马声，以为虏来，大惊。羌遥呼曰：呼，火故翻。“我范羌也，汉遣军迎校尉耳。”校，户教翻。城中皆称万岁。开门，共相持涕泣。明日，遂相随俱归。虏兵追之，且战且行。吏士素饥困，发疏勒时，尚有二十六人，随路死没，三月至玉门，贤曰：玉门，关名，属敦煌郡，在今沙州。臣贤按：酒泉郡又有玉门县，据东观记，巨至敦煌，明即玉门关也。唯馀十三人，衣屦穿决，形容枯槁。中郎将郑众为恭以下洗沐，易衣冠，众先以军司马与马廖击车师，至敦煌，拜为中郎将。为，于伪翻。上疏奏：“恭以单兵守孤城，当匈奴数万之众，连月逾年，心力困尽，凿山为井，煮弩为粮，前后杀伤丑虏数百千计，卒全忠勇，卒，子恤翻。不为大汉耻，宜蒙显爵，以厉将帅。”将，即亮翻。帅，所类翻。恭至雒阳，拜骑都尉。诏悉罢戊、己校尉及都护官，二官明帝永平十七年置。征还班超。

超将发还，疏勒举国忧恐；其都尉黎弇曰：“汉使弃我，使，疏吏翻；下同。我必复为龟兹所灭耳，诚不忍见汉使去。”因以刀自刭。前书，疏勒国官有疏勒侯，击胡侯，辅国侯，都尉。复，扶又翻；下同。龟兹，音丘慈。超还至于寘，王侯以下皆号泣，寘，徒贤翻。号，户刀翻。曰：“依汉使如父母，诚不可去！”使，疏吏翻。互抱超马脚不得行。超亦欲遂其本志，乃更还疏勒。疏勒两城已降龟兹，而与尉头连兵。前书，尉头国居尉头谷，去长安八千六百五十里，南与疏勒接。超捕斩反者，击破尉头，杀六百馀人，疏勒复安。

4 甲寅，山阳、东平地震。

5 东平王苍上便宜三事。上，时掌翻。帝报书曰："间吏民奏事亦有此言；但明智浅短，或谓傥是，复虑为非，不知所定。得王深策，恢然意解；恢然，犹廓然也。思惟嘉谋，以次奉行。特赐王钱五百万。"后帝欲为原陵、显节陵起县邑，为，于伪翻。苍上疏谏曰："窃见光武皇帝躬履俭约之行，深睹始终之分，行，下孟翻。分，扶问翻。勤勤恳恳，以葬制为言；事见四十四卷光武建武二十六年。孝明皇帝大孝无违，承奉遵行；事见上卷明帝永平十四年。谦德之美，于斯为盛。臣愚以园邑之兴，始自强秦。秦始皇葬于骊山，徙三万家，起骊邑；西汉因之，诸陵皆起陵邑，至元帝乃止。古者丘陇且不欲其著明，贤曰：礼记曰：古者墓而不坟，故言不欲其著明。岂况筑郭邑、建都郛哉！穀梁传曰：人之所聚曰都。杜预注左传曰：郛，郭也。上违先帝圣心，下造无益之功，虚费国用，动摇百姓，非所以致和气、祈丰年也。陛下履有虞之至性，虞舜孝于亲，故以为言。追祖祢之深思，臣苍诚伤二帝纯德之美不畅于无穷也！"帝乃止。自是朝廷每有疑政，辄驿使咨问，使，疏吏翻。苍悉心以对，皆见纳用。

6 秋，八月，庚寅，有星孛于天市。晋天文志：参十星，一曰天市；又危三星，亦为天市。又天市垣二十二星在房、心东北。史记曰：房为天驷；东北十二星曰旗，中四星曰天市。孛，蒲内翻。

7 初，益州西部都尉广汉郑纯，为政清洁，化行夷貊，君长感慕，皆奉珍内附；貊，莫百翻。长，知两翻。明帝为之置永昌郡，明帝永平十年，置益州西部都尉，居巂唐，领不韦、巂唐、比苏、楪榆、邪龙、云南六县。十二年，哀牢内属，置哀牢、博南二县，合为永昌郡。为，于伪翻。以纯为太守。纯在官十年而卒。守，式又翻。卒，子恤翻。后人不能抚循夷人，九月，哀牢王类牢杀守令反，攻博南。

8 阜陵王延数怀怨望，数，所角翻。有告延与子男鲂造逆谋者；鲂，音房。上不忍诛，冬十一月，贬延为阜陵侯，食一县，不得与吏民通。延徙王阜陵事见上卷明帝永平十六年。

9 北匈奴皋林温禺犊王将众还居涿邪山，南单于与边郡及乌桓共击破之。皋林温禺犊王本居涿邪山，永平十六年，祭肜等北伐，将众遁去，今复还。是岁，南部次【章：甲十六行本“次”作“大”；乙十一行本同；孔本同；熊校同。】饥，诏禀给之。

二年（丁丑、七七）

1 春，三月，甲辰，罢伊吾卢屯兵，匈奴复遣兵守其地。伊吾卢置屯兵事见上卷永平十六年。复，扶又翻。

2 永昌、越巂、益州三郡兵及昆明夷卤承等击哀牢王类牢于博南，大破，斩之。巂，音髓。

3 夏，四月，戊子，诏还坐楚、淮阳事徙者四百馀家。楚狱见上卷明帝永平十四年。淮阳狱，即阜陵王延徙封时也。

4 上欲封爵诸舅，太后不听。会大旱，言事者以为不封外戚之故，有司请依旧典。贤曰：汉制，外戚以恩泽封侯，故曰旧典。太后诏曰：“凡言事者，皆欲媚朕以要福耳。要，一遥翻。昔王氏五侯同日俱封，黄雾四塞，事见三十卷成帝建始元年。塞，悉则翻。不闻澍雨之应。澍，音注。夫外戚贵盛，鲜不倾覆；鲜，息浅翻。故先帝防慎舅氏，不令在枢机之位，又言‘我子不当与先帝子等’，事见上卷永平十五年。今有司奈何欲以马氏比阴氏乎！且阴卫尉，天下称之，省中御者至门，出不及履，比蘧伯玉之敬也；卫尉，兴也。省中，禁中也。御者，内人也。蘧伯玉，卫贤大夫。蘧，求于翻。新阳侯虽刚强，微失理，然有方略，据地谈论，一朝无双；新阳侯，就也。贤曰：新阳县属汝南郡，故城在今豫州真阳县西南。原鹿贞侯，勇猛诚信；原鹿侯，识也。原鹿县，属汝南郡。此三人者，天下选臣，岂可及哉！马氏不及阴氏远矣。吾不才，夙夜累息，息，气一出入之顷；屏气者累息乃一舒气。常恐亏先后之法，有毛发之罪吾不释，言之不舍昼夜，而亲属犯之不止，治丧起坟，又不时觉，治，直之翻。是吾言之不立而耳目之塞也。塞，悉则翻。

吾为天下母，而身服大练，贤曰：大练，大帛也。杜预注左传曰：大帛，厚缯也。食不求甘，左右但着帛布，无香熏之饰者，欲身率下也。着，侧略翻。以为外亲见之，当伤心自敕；但笑言'太后素好俭'。好，呼到翻。前过濯龙续汉志：濯龙，园名，近北宫。门上，见外家问起居者，车如流水，马如游龙，仓头衣绿褠，领袖正白，贤曰：褠，臂衣。今之臂鞲，以缚左右手，于事便也。余据字书，臂鞲之鞲从革，此褠从衣，释单衣也，皆音古侯翻。领袖正白，言其新洁无垢污也。衣，于既翻。顾视御者，不及远矣。故不加谴怒，但绝岁用而已，冀以默愧其心；犹懈怠无忧国忘家之虑。懈，古隘翻。知臣莫若君，况亲属乎！吾岂可上负先帝之旨，下亏先人之德，重袭西京败亡之祸哉！"贤曰：西京外戚，吕禄、吕产，窦婴，上官桀、安父子，霍禹等皆被诛。重，直龙翻。固不许。

帝省诏悲叹，复重请曰：省，悉景翻。复，扶又翻。重，直用翻。"汉兴，舅氏之封侯，犹皇子之为王也。太后诚存谦虚，奈何令臣独不加恩三舅乎！且卫尉年尊，两校尉有大病，卫尉，太后兄廖；两校尉，兄防、兄光也。校，户教翻。如令不讳，使臣长抱刻骨之恨。宜及吉时，不可稽留。"汉封爵群臣皆涓吉。太后报曰："吾反复念之，思令两善，两善，谓国家无滥恩，而外戚亦以安全也。岂徒欲获谦让之名而使帝受不外施之嫌哉！以恩泽封爵外家为外施也。施，式智翻。昔窦太后欲封王皇后之兄，丞相条侯言：'高祖约，无军功不侯。'事见十六卷景帝中三年。今马氏无功于国，岂得与阴、郭中兴之后等邪！常观富贵之家，禄位重迭，犹再实之木，其根必伤。文子曰：再实之木根必伤，掘臧之家后必殃。重，直龙翻。

且人所以愿封侯者，欲上奉祭祀，下求温饱耳；今祭祀则受太官之赐，衣食则蒙御府馀资，自西都以来，皇后家祀其父母，太官供具。御府令，掌中衣服及补浣之属；饮食则太官主之。此言衣食皆资于御府，概言之也。斯岂不可足，而必当得一县乎！吾计之孰矣，古字孰熟通。勿有疑也！

夫至孝之行，安亲为上。扬子曰：孝莫大于宁亲，宁亲莫大于四表之欢心。行，下孟翻。今数遭变异，数，所角翻。谷价数倍，忧惶昼夜，不安坐卧，而欲先营外家之封，违慈母之拳拳乎！贤曰：拳拳，犹勤勤也，音权。吾素刚急，有匈中气，不可不顺也。匈中气，今所谓上气之疾。匈，与胸同。子之未冠，由于父母，已冠成人，则行子之志。冠，古玩翻。念帝，人君也；吾以未逾三年之故，自吾家族，故得专之。若阴阳调和，边境清静，然后行子之志；吾但当含饴弄孙，方言曰：饴，饧也，宋、卫之间通语。不能复关政矣。”关，豫政也。复，扶又翻。上乃止。

太后尝诏三辅：诸马婚亲有属托郡县、干乱吏治者，以法闻。绳之以法而奏闻也。属，之欲翻。治，直吏翻。太夫人葬起坟微高，太夫人，太后母也。汉列侯坟高四丈，关内侯以下至庶人有差。太后以为言，兄卫尉廖等即时减削。其外亲有谦素义行者，行，下孟翻。辄假借温言，赏以财位；如有纤介，则先见严恪之色，见，贤遍翻。然后加谴。其美车服、不遵法度者，便绝属籍，遣归田里。绝外戚之属籍也。广平、钜鹿、乐成王，车骑朴素，无金银之饰，广平王羡，钜鹿王恭，乐成王党，皆明帝子。帝以白太后，即赐钱各五百万。于是内外从化，被服如一；被，皮义翻。诸家惶恐，倍于永平时。置织室，蚕于濯龙中，续汉志：濯龙监，属钩盾令。本注曰：濯龙，亦园名，近北宫。数往观视，以为娱乐。数，所角翻。乐，音洛。常与帝旦夕言道政事及教授小王论语经书，小王，诸王年尚幼，未就国者。述叙平生，雍和终日。

马廖虑美业难终，上疏劝成德政曰："昔元帝罢服官，事见二十八卷初元五年。成帝御浣衣，言服浣濯之衣也。哀帝去乐府，事见三十三卷绥和二年。去，羌吕翻。然而侈费不息，至于衰乱者，百姓从行不从言也。书曰：违上所命，从厥攸好。行，下孟翻。夫改政移风，必有其本。传曰：'吴王好剑客，百姓多创瘢，传，直恋翻。创，初良翻。瘢，蒲官翻，痕也。好剑客，盖指吴王阖闾也。楚王好细腰，宫中多饿死。'墨子曰：楚灵王好细腰，而国多饿人。长安语曰：贤曰：当时谚语。'城中好高结，四方高一尺；结，读曰髻。城中好广眉，四方且半额；城中好大袖，四方全匹帛。'斯言如戏，有切事实。前下制度未几，后稍不行；未几，言未几时也。几，居岂翻。虽或吏不奉法，良由慢起京师。今陛下素简所安，发自圣性，贤曰：言俭素简约，后之所安。诚令斯事一竟，竟，犹终也。则四海诵德，声薰天地，贤曰：薰，犹蒸也，言芳声薰天地也。神明可通，况于行令乎！"太后深纳之。

5 初，安夷县吏略妻卑湳种羌人妇，安夷县属金城郡。杜预曰：不以道取曰略。湳，乃感翻。种，章勇翻；下同。吏为其夫所杀，安夷长宗延追之出塞。长，知两翻。种人恐见诛，遂共杀延而与勒姐、吾良二种相结为寇。勒姐羌居勒姐溪，因以为种名。于是烧当羌豪滇吾之子迷吾率诸种俱反，姐，子也翻，又音紫。滇，音颠。败金城太守郝崇。败，补迈翻。郝，呼各翻；姓谱：殷帝乙有子期，封太原郝乡，后因氏焉。诏以武威太守北地傅育为护羌校尉，自安夷徙居临羌。临羌县，属金城郡。杜佑曰：临羌在今西平郡。水经注：湟水东合安夷川水，又东径安夷县，故城在汉西平亭东七十里。湟水又东合勒姐溪水。迷吾又与封养种豪布桥等五万馀人共寇陇西、汉阳。本天水郡，明帝永平十七年，改名汉阳。秋，八月，遣行车骑将军马防、长水校尉耿恭将北军五校兵武帝置北军八校，中垒、屯骑、越骑、长水、胡骑、射声、步兵、虎贲也；中兴，省中垒、胡骑、虎贲，惟越骑、屯骑、步兵、长水、射声五校。屯骑、越骑、步兵、射声各领士七百人，长水领乌桓胡骑七百三十六人，皆宿卫兵也。及诸郡射士三万人击之。马防传云：积射士。第五伦上疏曰："臣愚以为贵戚可封侯以富之，不当任以职事。何者？绳以法则伤恩，私以亲则违宪。伏闻马防今当西征，臣以太后恩仁，陛下至孝，恐卒有纤介，难为意爱。"贤曰：恐卒然有小过，爱而不罚，则废法也。卒，读曰猝。帝不从。

马防等军到冀，布桥等围南部都尉于临洮，前书，陇西南部都尉治临洮。贤曰：即今岷、洮二州地。防进击，破之，斩首虏四千馀人，遂解临洮围；其众皆降，唯布桥等二万馀人屯望曲谷不下。郦道元注水经云：望曲在临洮西南，去龙桑城二百里。

6 十二月，戊寅，有星孛于紫宫。晋天文志：中宫，北极五星，钩陈六星，皆在紫宫中。紫宫垣十五星，其西蕃七，东蕃八。孛，蒲内翻。

7 帝纳窦勋女为贵人，有宠。为后诸窦窃权张本。贵人母，即东海恭王女沘阳公主也。沘，音比。

8 第五伦上疏曰："光武承王莽之馀，颇以严猛为政，后代因之，遂成风化；郡国所举，类多办职俗吏，殊未有宽博之选以应上求者也。陈留令刘豫，冠军令驷协，陈留县，属陈留郡。冠军县，属南阳郡。冠，古玩翻。并以刻薄之姿，务为严苦，吏民愁怨，莫不疾之。而今之议者反以为能，违天心，失经义；非徒应坐豫、协，亦宜谴举者。务进仁贤以任时政，不过数人，则风俗自化矣。臣尝读书记，知秦以酷急亡国，又目见王莽亦以苛法自灭，故勤勤恳恳，实在于此。又闻诸王、主、贵戚，骄奢逾制，京师尚然，何以示远！故曰：'其身不正，虽令不行。'论语孔子之言。以身教者从，以言教者讼。"上善之。伦虽天性峭直，贤曰：峭，峻也，音七笑翻。然常疾俗吏苛刻，论议每依宽厚云。

三年（戊寅、七八）

1 春，正月，己酉，宗祀明堂，登灵台，赦天下。

2 马防击布桥，大破之，考异曰：帝纪，防破羌在四月。盖春破而京师四月始闻也。今从防传。布桥将种人万馀降，诏征防还。留耿恭击诸未服者，斩首虏千馀人，勒姐、烧何等十三种数万人，皆诣恭降。姐，音紫，又子也翻。种，章勇翻。恭尝以言事忤马防，初，恭出陇西，上言荐窦固镇抚凉部，由是大忤于防。忤，五故翻。监营谒者承旨，奏恭不忧军事，坐征下狱，免官。监，古衔翻。下，遐稼翻。

3 三月，癸巳，立贵人窦氏为皇后。

4 初，显宗之世，治虖沱、石臼河，从都虑至羊肠仓，贤曰：石臼河，在今定州唐县东北。郦道元注水经云：汾阳故城积粟所在，谓之羊肠仓，在晋阳西北；石隥萦纡，若羊肠焉，故以为名。今岚州界羊肠坂是也。唐岚州宜芳县，本汉汾阳县，隋置岚城县，唐更名宜芳。杜佑曰：宜芳县有古秀容城，汉羊肠仓。余考水经注云：按司马彪郡国志，常山南行唐县有石臼谷，盖欲乘呼沱之水，转山东之漕，自都虑至羊肠仓，凭汾水以漕太原。又考郡国志，常山蒲吾县注引古今注曰：永平十年，作常山呼沱河蒲吾渠通漕船。又考班固地理志，太原郡上艾县注曰：绵曼水东至蒲吾入呼沱水。又蒲吾县注曰：大白渠水首受绵曼水，东南至下曲阳入斯洨。则知此漕自大白渠入绵曼水，自绵曼水转入汾水以达羊肠仓也。虑，音闾。杜佑曰：石臼河，在定州唐昌县。唐昌，汉苦陉县也。欲令通漕。太原吏民苦役，连年无成，死者不可胜算。胜，音升。帝以郎中邓训为谒者，监领其事。训考量隐括，贤曰：隐审量括之也。孙卿子曰：钩木必待隐括蒸揉，然后直也。监，古衔翻。量，音良。知其难成，具以上言。上，时掌翻。夏，四月，己巳，诏罢其役，更用驴辇，更，工衡翻。岁省费亿万计，全活徒士数千人。训，禹之子也。

5 闰月，西域假司马班超率疏勒、康居、于窴、拘弥兵一万人攻姑墨石城，破之，前书，姑墨国治南城，去长安八千一百五十里。斩首七百级。

6 冬，十二月，丁酉，以马防为车骑将军。

7 武陵溇中蛮反。贤曰：溇，水名，源出今澧州崇义县西北。余据温公类篇。溇，郎侯翻。

8 是岁，有司奏遣广平王羡、钜鹿王恭、乐成王党俱就国；上性笃爱，不忍与诸王乖离，遂皆留京师。

四年（己卯、七九）

1 春，二月，庚寅，太尉牟融薨。

2 夏，四月，戊子，立皇子庆为太子。

3 己丑，徙钜鹿王恭为江陵王，汝南王畅为梁王，常山王昞为淮阳王。

4 辛卯，封皇子伉为千乘王，全为平春王。平春县，属江夏郡。伉，音抗。乘，绳证翻。

5 有司连据旧典，请封诸舅；帝以天下丰稔，方垂无事，癸卯，遂封卫尉廖为顺阳侯，顺阳侯国，属南阳郡。贤曰：故城在今邓州穰县西。车骑将军防为颍阳侯，颍阳县，属颍川郡。执金吾光为许侯。许县，属颍川郡。太后闻之曰："吾少壮时，但慕竹帛，志不顾命。贤曰：言慕古人书名竹帛，不顾命之长短。少，诗沼翻。今虽已老，犹戒之在得，论语：孔子曰：及其老也，戒之在得。故日夜惕厉，惕，惧也；厉，危也。思自降损，冀乘此道，不负先帝。所以化导兄弟，共同斯志，欲令瞑目之日，无所复恨，何意老志复不从哉！瞑，莫定翻。复，扶又翻。万年之日长恨矣！"廖等并辞让，愿就关内侯，考异曰：皇后纪称"廖等并辞让，愿就关内侯，太后闻之云云；廖等不得已受封爵。"按太后之辞，皆不欲封廖等之意，而史家文势，反似太后欲令廖等受封。今辄移廖等辞让于太后语下，使文势有序，读者易解。帝不许。廖等不得已受封爵而上书辞位，帝许之。五月，丙辰，防、廖、光皆以特进就第。

6 甲戌，以司徒鲍昱为太尉，南阳太守桓虞为司徒。

7 六月，癸丑，皇太后马氏崩。帝既为太后所养，专以马氏为外家，故贾贵人不登极位，贾氏亲族无受宠荣者。及太后崩，但加贵人王赤绶，汉制：贵人绿绶，三采绿、紫、绀，长二丈一尺，二百四十首；诸侯赤绶，四采赤、黄、缥、绀，长二丈一尺，三百首。安车一驷，永巷宫人二百，贤曰：永巷宫人，宫婢也。御府杂帛二万匹，大司农黄金千斤，钱二千万而已。

8 秋，七月，壬戌，葬明德皇后。贤曰：谥法：中和纯淑曰德。

9 校书郎杨终建言："宣帝博征群儒，论定五经于石渠阁。事见二十七卷甘露三年。方今天下少事，少，诗沼翻。学者得成其业，而章句之徒，破坏大体。坏，音怪。宜如石渠故事，永为后世则。"帝从之。冬，十一月，壬戌，诏太常：句断。"将、大夫、博士、郎官及诸儒会白虎观，议五经同异。"将，即亮翻。将，三署及虎贲、羽林中郎将也。大夫，光禄、太中、中散、谏议大夫也。博士，五经博士也。郎官，五署郎及尚书郎、兰台、东观校书郎也。白虎观在北宫。观，古玩翻。使五官中郎将魏应承制问，侍中淳于恭奏，帝亲称制临决，作白虎议奏，名儒丁鸿、楼望、成封、桓郁、班固、贾逵及广平王羡皆与焉。固，超之兄也。与，读曰预。

五年（庚辰、八〇）

1 春，二月，庚辰朔，日有食之；诏举直言极谏。

2 荆、豫诸郡兵讨溇中蛮，破之。溇，郎侯翻。

3 夏，五月，辛亥，诏曰："朕思迟直士，侧席异闻，贤曰：迟，犹希望也，音持二翻。侧席，谓不正坐，所以待贤良也。其先至者，各已发愤吐懑，懑，莫困翻，又莫旱翻。略闻子大夫之志矣。皆欲置于左右，顾问省纳。句断。省，悉景翻。建武诏书又曰：'尧试臣以职，不直以言语笔札。'今外官多旷，并可以补任。"

4 戊辰，太傅赵熹薨。

5 班超欲遂平西域，上疏请兵曰："臣窃见先帝欲开西域，故北击匈奴，西使外国，使，疏吏翻。鄯善、于寘即时向化，鄯，上扇翻。今拘弥、莎车、疏勒、月氏、乌孙、康居复愿归附，复，扶又翻。欲共并力，破灭龟兹，平通汉道。若得龟兹，则西域未服者百分之一耳。前世议者皆曰：'取三十六国，号为断匈奴右臂。'贤曰：前书曰：汉遣公主为乌孙夫人，结为昆弟，则是断匈奴右臂也。哀帝时，刘歆上议曰：武帝立五属国，起朔方，伐朝鲜，起玄菟、乐浪以断匈奴左臂也；西伐大宛，结乌孙，裂匈奴之右臂也。南面，以西为右。断，丁管翻。今西域诸国，自日之所入，莫不向化，西域传曰：自条支国乘水西行，可百馀日，近日所入也。大小欣欣，贡奉不绝，唯延【章：甲十六行本"延"作"焉"；乙十一行本同；孔本同；张校同。】耆、龟兹独未服从。臣前与官属三十六人奉使绝域，备遭艰厄，自孤守疏勒，于今五载，使，疏吏翻。载，子亥翻。胡夷情数，臣颇识之，问其城郭小大，皆言倚汉与依天等。谓城郭之国，若小若大，其言皆然。以是效之，贤曰：效犹验也。则葱领可通，古领、岭字通。龟兹可伐。今宜拜龟兹侍子白霸为其国王，以步骑数百送之，与诸国连兵，岁月之间，龟兹可禽。以夷狄攻夷狄，计之善者也！臣见莎车、疏勒田地肥广，草牧饶衍，不比敦煌、鄯善间也，敦，徒门翻。兵可不费中国而粮食自足。且姑墨、温宿二王，特为龟兹所置，前书，温宿国治温宿城，去长安八千三百五十里。既非其种，种，章勇翻。更相厌苦，其势必有降者；若二国来降，则龟兹自破。更，工衡翻。降，户江翻；下同。愿下臣章，参考行事，诚有万分，死复何恨！下，遐稼翻。复，扶又翻。臣超区区特蒙神灵，窃冀未便僵仆，目见西域平定，陛下举万年之觞，言西域平定，廷臣毕贺，天子为之举觞也。荐勋祖庙，布大喜于天下。"贤曰：荐，进也。勋，功也。左氏传曰：反行饮至，舍爵策勋也。余谓超盖言平西域，告成功于祖庙也。书奏，帝知其功可成，议欲给兵。平陵徐干上疏，愿奋身佐超，帝以干为假司马，将弛刑及义从千人就超。弛，刑徒也。义从，自奋愿从行者。或曰，义从胡也。从，才用翻。

先是莎车以为汉兵不出，先，悉荐翻。遂降于龟兹，而疏勒都尉番辰亦叛。贤曰：番，音潘。会徐干适至，超遂与干击番辰，大破之，斩首千馀级。欲进攻龟兹，以乌孙兵强，宜因其力，乃上言："乌孙大国，控弦十万，故武帝妻以公主，事见二十一卷元封六年。妻，七细翻。至孝宣帝卒得其用，事见二十四卷本始三年。卒，子恤翻。今可遣使招慰，与共合力。"帝纳之。

六年（辛巳、八一）

1 春，二月，辛卯，琅邪孝王京薨。

2 夏，六月，丙辰，太尉鲍昱薨。

3 辛未晦，日有食之。

4 秋，七月，癸巳，以大司农邓彪为太尉。

5 武都太守廉范迁蜀郡太守。成都民物丰盛，邑宇逼侧，旧制，禁民夜作以防火灾，而更相隐蔽，烧者日属。更，工衡翻。属，之欲翻；联也，联日有火也。范乃毁削先令，但严使储水而已。百姓以为便，歌之曰："廉叔度，来何暮！廉范，字叔度。不禁火，民安作。贤曰：作，协韵则护翻。昔无襦，今五绔。"襦，汝朱翻，短衣也。绔，五故翻，胫衣也。

6 帝以沛王等将入朝，遣谒者赐貂裘说文曰：貂鼠大而黄黑，出胡丁零国。及太官食物、珍果，又使大鸿胪窦固持节郊迎。胪，陵如翻。帝亲自循行邸第，行，下孟翻。豫设帷床，其钱帛、器物无不充备。

七年（壬午、八二）

春，正月，沛王辅、济南王康、东平王苍、中山王焉、东海王政、琅邪王宇来朝。政，东海王彊子。宇，琅邪王京子。济，子礼翻。诏沛、济南、东平、中山王赞拜不名；贤曰：谓赞者不唱其名。余谓四王，帝诸父也，故异其礼。升殿乃拜，上亲答之，所以宠光荣显，加于前古。每入宫，辄以辇迎，至省阁乃下，省阁，入禁中阁门也。上为之兴席改容，为，于伪翻；下同。皇后亲拜于内；皆鞠躬辞谢不自安。鞠，曲也。鞠躬，曲身也。三月，大鸿胪奏遣诸王归国，帝特留东平王苍于京师。

2 初，明德太后为帝纳扶风宋杨二女为贵人，大贵人生太子庆；梁松弟竦有二女，亦为贵人，小贵人生皇子肇。窦皇后无子，养肇为子。宋贵人有宠于马太后，太后崩，窦皇后宠盛，与母沘阳公主谋陷宋氏，沘，音比。外令兄弟求其纤过，内使御者侦伺得失。贤曰：侦，候也；音丑政翻。广雅曰：侦，问也。伺，相吏翻。宋贵人病，思生兔，兔，兽名。口有缺，尻有九孔，舐毫而孕，生子从口出。霜前猎取而食之，其味甚美。令家求之，因诬言欲为厌胜之术，厌，一叶翻，又于琰翻。由是太子出居承禄观。续汉志：中藏府有承禄署。夏六月，甲寅，诏曰："皇太子有失惑无常之性，不可以奉宗庙。大义灭亲，春秋左氏传之言。况降退乎！今废庆为清河王。皇子肇，保育皇后，承训怀衽，衽，衣襟，亦卧席也。今以肇为皇太子。"遂出宋贵人姊妹置丙舍，丙舍，宫中之室，以甲乙丙为次也。续汉志：南宫有丙署。使小黄门蔡伦案之。二贵人皆饮药自杀，父议郎杨免归本郡。庆时虽幼，亦知避嫌畏祸，言不敢及宋氏；帝更怜之，敕皇后令衣服与太子齐等。太子亦亲爱庆，入则共室，出则同舆。

3 己未，徙广平王羡为西平王。西平县，属汝南郡。贤曰：西平故柏子国，在今豫州吴房县西北。

4 秋，八月，饮酎毕，酎，直又翻。有司复奏遣东平王苍归国，复，扶又翻。帝乃许之，手诏赐苍曰："骨肉天性，诚不以远近为亲疏；然数见颜色，数，所角翻。情重昔时。念王久劳，思得还休，欲署大鸿胪奏，不忍下笔，顾授小黄门；贤曰：大鸿胪奏主归国，小黄门受诏者。胪，陵如翻。中心恋恋，恻然不能言。"于是车驾祖送，祖道供张以送之。流涕而诀；复赐乘舆服御、珍宝、舆马，钱布以亿万计。复，扶又翻。乘，绳证翻。

5 九月，甲戌，帝幸偃师，偃师县，属河南郡。东涉卷津，卷县，属河南郡，其北即河津。卷，丘权翻。至河内，下诏曰："车驾行秋稼，观收获，行，下孟翻。因涉郡界，皆精骑轻行，无他辎重。重，直用翻。不得辄修道桥，远离城郭，离，力智翻。遣吏逢迎，刺探起居，贤曰：刺探，谓候伺也。刺，七亦翻。探，音汤勘翻。出入前后，以为烦扰。动务省约，但患不能脱粟瓢饮耳。"贤曰：晏子相齐，食脱粟之饭。孔子曰：颜回一瓢饮。己酉，进幸邺；辛卯，还宫。

6 冬，十月，癸丑，帝行幸长安，封萧何末孙熊为酂侯。进幸槐里、岐山；槐里县，属扶风。杜佑曰：槐里，周曰犬丘，秦曰废丘，汉改曰槐里。岐山，在扶风美阳县。又幸长平，御池阳宫，东至高陵；十二月丁亥，还宫。

7 东平献王苍疾病，考异曰：范书作"宪"，今从袁纪。驰遣名医、小黄门侍疾，使者冠盖不绝于道。又置驿马，千里传问起居。传，直恋翻。

八年（癸未、八三）

1 春，正月，壬辰，王薨。诏告中傅"封上王自建武以来章奏，并集览焉。"遣大鸿胪持节监丧，上，时掌翻。监，古衔翻。令四姓小侯、诸国王、主悉会葬。

2 夏，六月，北匈奴三木楼訾大人稽留斯等率三万馀人款五原塞降。稽留斯等部落，盖居三木楼山。訾，子斯翻。

3 冬，十二月，甲午，上行幸陈留、梁国、淮阳、颍阳；戊申，还宫。

4 太子肇之立也，梁氏私相庆；诸窦闻而恶之。恶，乌露翻。皇后欲专名外家，忌梁贵人姊妹，数谮之于帝，数，所角翻。渐致疏嫌。是岁，窦氏作飞书，陷梁竦以恶逆，贤曰：飞书，若今匿名书也。竦遂死狱中，家属徙九真，贵人姊妹以忧死。辞语连及梁松妻舞阴公主，坐徙新城。新城县属河南郡。贤曰：今洛州伊阙县。

5 顺阳侯马廖，谨笃自守，而性宽缓，不能教勅子弟，皆骄奢不谨。校书郎杨终与廖书，戒之曰："君位地尊重，海内所望。黄门郎年幼，血气方盛，贤曰：廖弟防及光俱为黄门郎。既无长君退让之风，孝文窦皇后兄长君，退让不敢以富贵骄人。长，知两翻。而要结轻狡无行之客，要，一遥翻。行，下孟翻。纵而莫诲，视成任性，览【张："览"作"鉴"。】念前往，可为寒心！"廖不能从。防、光兄弟资产巨亿，大起第观，观，古玩翻。弥亘街路，食客常数百人。防又多牧马畜，赋敛羌、胡。帝不喜之，数加谴敕，敛，力赡翻。喜，许记翻。数，所角翻。所以禁遏甚备。由是权势稍损，宾客亦衰。

廖子豫为步兵校尉，投书怨诽。于是有司并奏防、光兄弟奢侈逾僭，浊乱圣化，悉免就国。临上路，上，时掌翻。诏曰："舅氏一门俱就国封，四时陵庙无助祭先后者，朕甚伤之。其令许侯思諐田庐，许侯，光也。贤曰：留之于京，守田庐而思愆过也。諐，与愆同。有司勿复请，复，扶又翻。以慰朕渭阳之情。"秦康公送舅晋文公于渭阳，念母之不见也。其诗曰：我见舅氏，如母存焉。光比防稍为谨密，故帝特留之，后复位特进。豫随廖归国，考击物故。谓死于考掠也。后复有诏还廖京师。复，扶又翻。

诸马既得罪，窦氏益贵盛。皇后兄宪为侍中、虎贲中郎将，弟笃为黄门侍郎，并侍宫省，赏赐累积；喜交通宾客。喜，许记翻。司空第五伦上疏曰："臣伏见虎贲中郎将窦宪，椒房之亲，典司禁兵，出入省闼，年盛志美，卑让乐善，此诚其好士交结之方。乐，音洛。好，呼到翻。然诸出入贵戚者，类多瑕衅禁锢之人，尤少守约安贫之节；士大夫无志之徒，更相贩卖，少，诗沼翻。更，工衡翻。云集其门，盖骄佚所从生也。三辅论议者至云，‘以贵戚废锢，当复以贵戚浣濯之，复，扶又翻。犹解酲当以酒也。’病酒曰酲。诐险趣势之徒，诚不可亲近。趣，七喻翻。近，其靳翻。臣愚愿陛下、中宫严敕宪等闭门自守，无妄交通士大夫，防其未萌，虑于无形，令宪永保福禄，君臣交欢，无纤介之隙，此臣之所至愿也！”

宪恃宫掖声势，自王、主及阴、马诸家，莫不畏惮。宪以贱直请夺沁水公主园田，沁水公主，明帝女。沁水县，属河内郡。师古曰：沁，音千浸翻。主逼畏不敢计。计，犹今言计较也。后帝出过园，过，工禾翻；下同。指以问宪，宪阴喝不得对。贤曰：阴喝，犹噎塞也。阴，音于禁翻。喝，音一介翻。余谓喝，诃也；许葛翻。阴，密也，潜也；当帝问之时，密诃左右不得对也。观帝以赵高指鹿为马责宪，则阴喝之义可知矣。后发觉，帝大怒，召宪切责曰：“深思前过夺主田园时，何用愈赵高指鹿为马！事见八卷秦二世三年。贤曰：愈，差也。久念使人惊怖。怖，普布翻。昔永平中，常令阴党、阴博、邓叠三人更相纠察，贤曰：以阴、邓皆外戚，恐其逾侈，故使更相纠察也。博，阴兴之子。更，工衡翻。故诸豪戚莫敢犯法者。今贵主尚见枉夺，何况小民哉！国家弃宪，如孤雏、腐鼠耳！”贤曰：鸟子生而啄曰雏。宪大惧，皇后为毁服深谢，良久乃得解，毁服，犹降服也。为，于伪翻。使以田还主。虽不绳其罪，然亦不授以重任。

臣光曰：人臣之罪，莫大于欺罔，是以明君疾之。孝章谓窦宪何异指鹿为马，善矣；然卒不能罪宪，卒，子恤翻。则奸臣安所惩哉！夫人主之于臣下，患在不知其奸，苟或知之而复赦之，复，扶又翻。则不若不知之为愈也。何以言之？彼或为奸而上不之知，犹有所畏；既知而不能讨，彼知其不足畏也，则放纵而无所顾矣！是故知善而不能用，知恶而不能去，去，羌吕翻。人主之深戒也。温公此论，用齐桓公、管仲论郭公所以亡国之意。为窦宪擅权张本。

6 下邳周纡为雒阳令，纡，邕具翻。下车，先问大姓主名；吏数闾里豪强以对数。数，所具翻。【章：甲十六行本无"数"字；乙十一行本同；孔本同。】纡厉声怒曰："本问贵戚若马、窦等辈，岂能知此卖菜佣乎！"于是部吏望风旨，争以激切为事，贵戚跼蹐，跼，音局。蹐，资昔翻。毛氏曰：跼，曲也；蹐，累足也。京师肃清。窦笃夜至止奸亭，亭长霍延拔剑拟笃，肆詈恣口。笃以表闻，诏召司隶校尉、河南尹诣尚书谴问；遣剑戟士收纡，送廷尉诏狱，剑戟士，左右都候掌之。数日，贳出之。贤曰：贳，赦也；市夜翻。余谓以贳之为是，则收之为非。

7 帝拜班超为将兵长史，大将军置长史、司马；其不置将军而长史特将者为将兵长史。以徐干为军司马，别遣卫候李邑护送乌孙使者。邑到于寘，值龟兹攻疏勒，恐惧不敢前，因上书陈西域之功不可成，又盛毁超："拥爱妻，抱爱子，安乐外国，无内顾心。"乐，音洛。超闻之叹曰："身非曾参而有三至之谗，事见三卷周赧王七年。参，疏簪翻。恐见疑于当时矣！"遂去其妻。去，羌吕翻。帝知超忠，乃切责邑曰："纵超拥爱妻，抱爱子，思归之士千馀人，何能尽与超同心乎！"令邑诣超受节度，诏："若邑任在外者，便留与从事。"任，音壬。超即遣邑将乌孙侍子还京师。徐干谓超曰："邑前亲毁君，欲败西域，败，补迈翻。今何不缘诏书留之，更遣他吏送侍子乎？"超曰："是何言之陋也！以邑毁超，故今遣之。内省不疚，何恤人言！贤曰：疚，病也；恤，忧也。论语，孔子曰：内省不疚，夫何忧何惧！左氏传曰：诗云：礼义不愆，何恤人之言！诗，谓逸诗也。省，悉景翻。快意留之，非忠臣也。"

8 帝以侍中会稽郑弘为大司农。会，工外翻。旧交趾七郡贡献转运，皆从东冶泛海而至，交趾州部南海、苍梧、郁林、合浦、交趾、九真、日南七郡。贤曰：东冶县，属会稽郡。太康地理志云：汉武帝名为东冶，后改为东候官，今泉州闽县是。风波艰阻，沉溺相系。沉，持林翻。溺，奴历翻。弘奏开零陵、桂阳峤道，自是夷通，遂为常路。贤曰：峤，岭也。夷，平也。余据武帝遣路博德伐南越，出桂阳，下湟水，则旧有是路，弘特开之使夷通。在职二年，所省息以亿万计。遭天下旱，边方有警，民食不足，而帑藏殷积。说文曰：帑，金帛所藏之府。帑，他朗翻。藏，祖浪翻。弘又奏宜省贡献，减傜费以利饥民；帝从之。

元和元年（甲申、八四）是年八月，方改元。

1 春，闰正月，辛丑，济阴悼王长薨。济，子礼翻。

2 夏，四月，己卯，分东平国，封献王子尚为任城王。任城国，在雒阳东千一百里。任，音壬。

3 六月，辛酉，沛献王辅薨。

4 陈事者多言"郡国贡举，率非功次，故守职益懈解，古隘翻。而吏事寖疏，疏，与踈同。咎在州郡。"有诏下公卿朝臣议。大鸿胪韦彪上议曰："夫国以简贤为务，贤以孝行为首，行，下孟翻；下同。是以求忠臣必于孝子之门。贤曰：孝经纬之文也。夫人才行少能相兼，少，诗沼翻。是以孟公绰优于赵、魏老，不可以为滕、薛大夫。论语孔子之言也。公绰，鲁大夫，赵、魏，晋卿之邑也。家臣称老。公绰性寡欲，赵、魏老优闲无事。滕、薛小国，大夫职繁，故不可为也。忠孝之人，持心近厚；锻炼之吏，持心近薄。苍颉篇曰：锻，椎也。锻炼，犹成熟，言深文之吏，入人之罪，犹工冶陶铸锻炼，使之成熟也。近，其靳翻。士宜以才行为先，不可纯以阀阅。史记曰：明其等曰阀。积功曰阅。行，下孟翻。然其要归，在于选二千石。二千石贤，则贡举皆得其人矣。"彪又上疏曰："天下枢要，在于尚书，贤曰：百官志曰：尚书，主知公卿、二千石吏官上书外国夷狄事，故曰枢要。尚书之选，岂可不重！而间者多从郎官超升此位，虽晓习文法，长于应对，然察察小慧，类无大能。宜鉴啬夫捷急之对，深思绛侯木讷之功也。”啬夫事见十四卷文帝三年。帝皆纳之。彪，贤之玄孙也。韦贤相元帝。

5 秋，七月，丁未，诏曰：“律云：‘掠者唯得榜、笞、立’；苍颉篇曰：掠，问也。广雅曰：榜，击也，音彭。说文曰：笞，击也。立，谓立而考讯之。掠，音亮。榜，音彭。又令丙，箠长短有数。贤曰：令丙为篇之次也，前书音义曰：令有先后，有令甲、令乙、令丙。又景帝定箠令，箠长五尺，本大一寸；其竹也末薄半寸，其平去节。故云长短有数。箠，止蕊翻。自往者大狱以来，掠考多酷，钻钻之属，惨苦无极。大狱，谓楚王英等狱也。钻，其廉翻。说文曰：钻，锻也。国语曰：中刑用钻凿，皆谓惨酷其肌肤也。念其痛毒，怵然动心！怵，敕律翻，悚惧也。宜及秋冬治狱，明为其禁。”治，直之翻。

6 八月，甲子，太尉邓彪罢，以大司农郑弘为太尉。

7 癸酉，诏改元。改元元和。丁酉，车驾南巡。诏：“所经道上州【章：甲十六行本“州”作“郡”；乙十一行本同；孔本同；张校同。】县，毋得设储跱。贤曰：储，积也；跱，具也；言不得豫有蓄备。跱，丈里翻。命司空自将徒支拄桥梁。司空掌水土，故使之。拄，竹柱翻。有遣使奉迎，探知起居，探，汤勘翻。二千石当坐。”

8 九月，辛丑，幸章陵；十月，己未，进幸江陵；还，幸宛。召前临淮太守宛人朱晖，拜尚书仆射。宛，於元翻。晖在临淮，有善政，民歌之曰：“强直自遂，南阳朱季，吏畏其威，民怀其惠。”时坐法免，家居，东观记曰：坐考长史，囚死狱中，州奏免官。故上召而用之。十一月，己丑，车驾还宫。尚书张林上言：“县官经用不足，宜自煮盐，及复修武帝均输之法。”煮盐、均输，皆始于武帝。贤曰：武帝作均输法，谓州郡所出租赋并雇运之直，官总取之，市其土地所出之物，官自转输于京，谓之均输。朱晖固执以为不可，曰：“均输之法，与贾贩无异，贾，音古。盐利归官，则下民穷怨，诚非明主所宜行。”帝因发怒切责诸尚书，晖等皆自系狱。三日，诏敕出之，曰："国家乐闻驳义，【章：甲十六行本"义"作"议"；乙十一行本同。】乐，音洛。驳，北角翻。黄发无愆；黄发，老称，谓朱晖也。诏书过耳，何故自系！"晖因称病笃，不肯复署议。复，扶又翻；下同。尚书令以下惶怖，谓晖曰："今临得谴让，谓谴让已临乎其前也。怖，普布翻。奈何称病，其祸不细！"晖曰："行年八十，蒙恩得在机密，当以死报。若心知不可，而顺旨雷同，负臣子之义！今耳目无所闻见，伏待死命。"遂闭口不复言。诸尚书不知所为，乃共劾奏晖。劾，户概翻，又户得翻。帝意解，寝其事。后数日，诏使直事郎问晖起居，贤曰：直事郎，谓署郎当次直者。太医视疾，太官赐食，晖乃起谢；上既加礼，乃起谢；所谓强直自遂也。复赐钱十万，布百匹，衣十领。

9鲁国孔僖、涿郡崔骃骃，音因。同游太学，相与论"孝武皇帝，始为天子，崇信圣道，五六年间，号胜文、景；及后恣己，忘其前善。"邻房生梁郁上书，告"骃、僖诽谤先帝，刺讥当世"，事下有司。骃诣吏受讯。受讯，谓受鞠问也。下，遐稼翻。僖以书自讼曰："凡言诽谤者，谓实无此事而虚加诬之也。至如孝武皇帝，政之美恶，显在汉史，坦如日月，是为直说书传实事，传，柱恋翻。非虚谤也。夫帝者，为善为恶，天下莫不知，斯皆有以致之，故不可以诛于人也。诛，责也。且陛下即位以来，政教未过贤曰：言政教未有过失也。而德泽有加，天下所具也，谓天下之人所具知也。【章：孔本"具"下正有"知"字。】臣等独何讥刺哉！假使所非实是，则固应悛改，悛，丑缘翻。傥其不当，当，丁浪翻。亦宜含容，又何罪焉！陛下不推原大数，深自为计，徒肆私忌以快其意，臣等受戮，死即死耳；顾天下之人，必回视易虑，以此事窥陛下心，自今以后，苟见不可之事，终莫复言者矣。复，扶又翻；下同。齐桓公亲扬其先君之恶以唱管仲，国语曰：鲁庄公束缚管仲以与齐桓公，公亲迎于郊而与之坐，问曰："昔吾先君筑台以为高位，田狩毕弋，不听国政，卑圣侮士而唯女是崇，九妃六嫔，陈妾数百，食必粱肉，衣必文绣，戎士冻馁，是以国家不日引，不月长，恐宗庙不扫除，社稷不血食，敢问为此若何？"管子对以致霸之术。然后群臣得尽其心。今陛下乃欲为十世之武帝远讳实事，此言十世，不以赤刘之九为数，直以武、昭、宣、元、成、哀、平、光、明及帝为数。为，于伪翻。岂不与桓公异哉！臣恐有司卒然见构，卒，读曰猝。衔恨蒙枉，不得自叙，使后世论者擅以陛下有所比方，宁可复使子孙追掩之乎！谨诣阙伏待重诛。"书奏，帝立诏勿问，拜僖兰台令史。百官志：兰台令史，六百石，掌奏及印工文书。

10 十二月，壬子，诏："前以妖恶禁锢三属者，一皆蠲除之，贤曰：三属，即三族也，谓父族、母族及妻族。左传曰：以重币锢之。杜预曰：禁锢勿令仕也。妖，于骄翻。但不得在宿卫而已。"

11 庐江毛义，东平郑均，皆以行义称于乡里。行，下孟翻。南阳张奉慕义名，往候之，坐定而府檄适至，以义守安阳令，贤曰：檄，召书也。东观记曰：义为安阳尉，府檄至。令，守令也。安阳县，属汝南郡。贤曰：安阳故城，在今豫州新息县西南。义捧檄而入，喜动颜色；奉心贱之，辞去。后义母死，征辟皆不至，奉乃叹曰："贤者固不可测。往日之喜，乃为亲屈也。"为，于伪翻。均兄为县吏，颇受礼遗，遗，于贵翻。均谏不听，乃脱身为佣，岁馀得钱帛，归以与兄曰："物尽可复得；复，扶又翻；下同。为吏坐臧，终身捐弃。"臧，与藏同。兄感其言，遂为廉洁。均仕为尚书，免归。帝下诏褒宠义、均，赐谷各千斛，常以八月长吏问起居，加赐羊酒。考异曰：义传云"建初中"，今从均传。

12 武威太守孟云上言："北匈奴复愿与吏民合市；"诏许之。北匈奴大且渠伊莫訾王等且，子闾翻。訾，子斯翻。驱牛马万馀头来与汉交易，南单于遣轻骑出上郡钞之，钞，楚交翻。大获而还。

13 帝复遣假司马和恭等姓谱：和本自羲和之后，一云卞和之后。将兵八百人诣班超。超因发疏勒、于窴兵击莎车。莎车以赂诱疏勒王忠，莎，素何翻。忠遂反，从之，西保乌即城。超乃更立其府丞成大为疏勒王，更，工衡翻。悉发其不反者以攻忠，使人说康居王执忠以归其国，超立忠为疏勒王，见上卷明帝永平十七年。说，输芮翻。乌即城遂降。降，户江翻。

王崇武标点容肇祖聂崇岐覆校

资治通鉴卷第四十七

翰林学士兼侍读学士朝散大夫右谏议大夫
知制诰判尚书都省兼提举万寿观公事上护军 司马光 奉敕编集
河内郡开国侯食邑一千三百户赐紫金鱼袋臣

后学天台胡三省 音注

汉纪三十九 起旃蒙作噩（乙酉），尽重光单阏（辛卯），凡七年。

肃宗孝章皇帝下

元和二年（乙酉、八五）

1春，正月，乙酉，诏曰："令云：'民有产子者，复勿算三岁。'复，方目翻；复其夫勿输算也。今诸怀妊者，贤曰：妊，孕也；音壬。赐胎养谷人三斛，复其夫勿算一岁。著以为令！"又诏三公曰：【章：甲十六行本"曰"下有"夫俗吏矫饰外貌，似是而非，朕甚餍之，甚苦之！"十八字；乙十一行本同；孔本同；张校同，"餍"作"厌"。】"安静之吏，悃愊无华，说文曰：悃愊，至诚也。悃，音苦本翻。愊，音孚逼翻。日计不足，月计有馀。庄子有是言，此谓以日计功，若不足者，然久而计之，则民安其生，家给人足，固有馀矣。如襄城令刘方，襄城县，属颍川郡。吏民同声谓之不烦，虽未有他异，斯亦殆近之矣！近，其靳翻。夫以苛为察，以刻为明，以轻为德，以重为威，四者或兴，则下有怨心。吾诏书数下，冠盖接道，冠盖接道，谓奉诏出使者相接于道也。数，所角翻。而吏不加治，民或失职，其咎安在？勉思旧令，称朕意焉！”旧令，谓故府之籍所疏载者。称，尺证翻。

2 北匈奴大人车利涿兵等车，昌遮翻。亡来入塞，凡七十三辈。时北虏衰耗，党众离畔，南部攻其前，丁零寇其后，鲜卑击其左，西域侵其右，不复自立，复，扶又翻。乃远引而去。

3 南单于长死，单于汗之子宣立，为伊屠于闾鞮单于。屠，直于翻。鞮，丁奚翻。

4 太初历施行百馀年，历稍后天。谓七曜之行，在历家所推步躔次之前，晦朔弦望不合也。上命治历编䜣、李梵等综校其状，治，直之翻。䜣，音欣。梵，扶中翻。作四分历；考异曰：按王莽初已废太初，用三统历。今云太初历失天益远，盖光武中兴，废莽历，复用太初也。续汉志又云："自太初元年始用三统历。"按三统历刘歆所造，云太初元年始用，误也。二月，甲寅，始施行之。

5 帝之为太子也，受尚书于东郡太守汝南张酺。续汉志：东郡，去雒阳八百馀里。酺，薄乎翻。丙辰，帝东巡，幸东郡，引酺及门生并郡县掾史并会庭中。东郡庭也。掾，俞绢翻。帝先备弟子之仪，使酺讲尚书一篇，然后修君臣之礼；赏赐殊特，莫不沾洽。行过任城，幸郑均舍，赐尚书禄以终其身，时人号为"白衣尚书"。先是，均事帝为尚书，数纳忠言，帝敬重之，谢病归任城，今禄以尚书。任，音壬。

6 乙丑，帝耕于定陶。辛未，幸泰山，柴告岱宗；书舜典：至于岱宗，柴。孔安国注曰：泰山为四岳所宗。燔柴祭天，告至。进幸奉高。壬申，宗祀五帝于汶上明堂；汶上明堂，武帝所作，在奉高县西南四里。汶，音问。丙子，赦天下。【章：甲十六行本"下"下有"戊寅"二字；乙十一行本同；孔本同；张校同；退斋校同。】进幸济南。济南国，在雒阳东千八百里。贤曰：济南故城，在淄州长山县西北。济，子礼翻。三月，己丑，幸鲁；庚寅，祠孔子于阙里，续汉志：鲁县古曲阜有阙里，孔子所居。及七十二弟子，自颜回以下七十馀人。作六代之乐，黄帝曰云门，尧曰咸池，舜曰大韶，禹曰大夏，汤曰大护，周曰大武。大会孔氏男子二十以上者六十二人。帝谓孔僖曰：“今日之会，宁于卿宗有光荣乎？”对曰：“臣闻明王圣主，莫不尊师贵道。今陛下亲屈万乘，辱临敝里，此乃崇礼先师，增辉圣德；先师，谓孔子。至于光荣，非所敢承！”帝大笑曰：“非圣者子孙焉有斯言乎！”焉，于虔翻。拜僖郎中。

7 壬辰，帝幸东平，追念献王，谓其诸子曰：“思其人，至其乡；其处在，其人亡。”因泣下沾襟。遂幸献王陵，贤曰：陵在今郓州巘山南。巘，音鱼委翻。祠以太牢，亲拜祠坐，坐，徂卧翻。哭泣尽哀。献王之归国也，事见四十二卷明帝永平四年。骠骑府吏丁牧、周栩以献王爱贤下士，不忍去之，遂为王家大夫数十年，事祖及孙。献王及子怀王忠及今王敞。栩，况羽翻。下，遐稼翻。帝闻之，皆引见，见，贤遍翻。既愍其淹滞，且欲扬献王德美，即皆擢为议郎。乙未，幸东阿，北登太行山，至天井关。行，户刚翻。夏，四月，乙卯，还宫。庚申，假于祖祢。虞书：一岁巡四岳，归格于艺祖。孔安国注曰：巡狩四岳，然后归，告至文祖之庙。贤曰：假，至也，音格。祢，父庙。

8 五月，徙江陵王恭为六安王。恭封六安王，以庐江郡为国，在雒阳东一千七百里。

9 秋，七月，庚子，诏曰：“春秋重三正，慎三微。贤曰：三正，谓天、地、人之正。所以有三者，由有三微之月，王者所当奉而成之。礼记曰：正朔三而改，文质再而复。三微者，三正之始；万物皆微，物色不同，故王者取法焉。十一月时，阳气始施于黄泉之下，色皆赤；赤者阳气，故周为天正，色尚赤。十二月，万物始牙而色白；白者阴气，故殷为地正，色尚白。十三月，万物莩甲而出，其色皆黑，人得加功展业；故夏为人正，色尚黑。尚书大传曰：夏以十三月为正，平旦为朔；殷以十二月为正，鸡鸣为朔；周以十一月为正，夜半为朔。必以三微之月为正者，当尔之时，物皆尚微，王者受命，当扶微理弱，奉承之义也。其定律无以十一月、十二月报囚，止用冬初十月而已。”

10冬，南单于遣兵与北虏温禺犊王战于涿邪山，斩获而还。武威太守孟云上言：“北虏以前既和亲，而南部复往抄掠，复，扶又翻。北单于谓汉欺之，谋欲犯塞，谓宜还南所掠生口以慰安其意。”诏百官议于朝堂。朝，直遥翻。太尉郑弘、司空第五伦以为不可许，司徒桓虞及太仆袁安以为当与之。弘因大言激厉虞曰：“诸言当还生口者，皆为不忠！”虞廷叱之，伦及大鸿胪韦彪皆作色变容。胪，陵如翻。司隶校尉举奏弘等，弘等皆上印绶谢。诏报曰：“久议沈滞，沈，持林翻。各有所志，盖事以议从，策由众定，訚訚衎衎，得礼之容，贤曰：訚訚，忠正貌。衎衎，和乐貌。訚，鱼巾翻。衎，音侃，又苦旦翻。寝嘿抑心，更非朝廷之福。寝，息也。君何尤而深谢！其各冠履！”帝乃下诏曰：“江海所以【章：甲十六行本“以”下有“能”字；乙十一行本同。】长百川者，以其下之也。老子曰：江海所以为百谷王者，以其善下也。长，知两翻。下，遐稼翻。少加屈下，尚何足病！况今与匈奴君臣分定，少，诗沼翻。分，扶问翻。辞顺约明，贡献累至，岂宜违信，自受其曲！其敕度辽及领中郎将庞奋倍雇南部所得生口以还北虏；领中郎将，领护匈奴中郎将也。贤曰：雇，赏报也。其南部斩首获生，计功受赏，如常科。”

三年（丙戌、八六）

1春，正月，丙申，帝北巡；辛丑，耕于怀；二月，乙丑，敕侍御史、司空曰：“方春所过，毋得有所伐杀；车可以引避，引避之，骓马可辍解，辍解之。”侍御史，掌举劾；司空，掌土功。车驾行幸，则侍御史掌举劾道路之不如法，司空帅工徒治道路，修桥梁，故皆敕之。贤曰：夹辕为服马，服马外为骓马。孔颖达曰：车有一辕，而四马驾之，中央两马夹辕者名服马，两边名骓马，亦曰骖马。骓，音非。戊辰，进幸中山，出长城；贤曰：史记，蒙恬为秦筑长城，西自临洮，东至海。

余谓此非秦长城，盖赵所筑长城也。癸酉，还，幸元氏；三月，己卯，进幸赵；赵国，在雒阳北一千一百里。辛卯，还宫。

2 太尉郑弘数陈侍中窦宪权势太盛，数，所角翻。言甚苦切，宪疾之。会弘奏宪党尚书张林、雒阳令杨光在官贪残。书奏，吏与光故旧，因以告之，光报宪。宪奏弘大臣，漏泄密事，帝诘让弘。诘，去吉翻。夏，四月，丙寅，收弘印绶。弘自诣廷尉，诏敕出之，因乞骸骨归，未许。病笃，上书陈谢曰："窦宪奸恶，贯天达地，海内疑惑，贤愚疾恶，恶，乌路翻。谓'宪何术以迷主上！近日王氏之祸，昞然可见。'谓王氏以戚属而成篡国之祸。昞，音炳。陛下处天子之尊，处，昌吕翻。保万世之祚，而信谗佞之臣，不计存亡之机；臣虽命在晷刻，死不忘忠，愿陛下诛四凶之罪，以厌人鬼愤结之望！"厌，一艳翻；满也。考异曰：袁纪云："弘为尚书仆射，乌孙王遣子入侍，上问弘：'当答其使否？'弘对曰：'乌孙前为大单于所攻，陛下使小单于往救之，尚未赏；今如答之，小单于不当怨乎！'上以弘议问侍中窦宪，对曰：'礼存往来。弘章句诸生，不达国体。'上遂答乌孙。小单于忿恚，攻金城郡，杀太守任昌。上谓弘曰：'朕前不从君议，果如此。'弘对曰：'窦宪，奸臣也，有少正卯之行，未被两观之诛，陛下前何为用其议！'"按肃宗时无小单于寇金城事，今不取。帝省章，遣医视弘病，比至，已薨。省，悉景翻。比，必寐翻。

3 以大司农宋由为太尉。

4 司空第五伦以老病乞身；委身以事君，则身非我有，故于其老而乞退也，谓之乞身，犹言乞骸骨也。五月，丙子，赐策罢，以二千石俸终其身。伦奉公尽节，言事无所依违。若依若违，两可不决之论也。性质悫，少文采，少，诗沼翻。在位以贞白称。或问伦曰："公有私乎？"对曰："昔人有与吾千里马者，吾虽不受，每三公有所选举，心不能忘，亦【章：甲十六行本"亦"上有"而"字；乙十一行本同；孔本同；张校同。】终不用也。若是者，岂可谓无私乎！"

以太仆袁安为司空。

5 秋，八月，乙丑，帝幸安邑，观盐池。安邑县，属河东郡；盐池在县西南。杨佺期洛阳记曰：河东盐池长七十里，广七里，水气紫色。许慎曰：河东盐池袤五十一里，广七里，周百一十六里。郦道元曰：安邑盐池，上承盐水，水出东南薄山，西北流径巫咸山北，又径安邑故城南，又西流，注于盐池。水出石盐，自然即成，朝取夕复，终无减损。唯山暴雨，澍甘泽，潢潦奔逸，则盐池用耗；故公私共堨水径，防其淫滥，故谓之盐水，亦为堨水也。池西又有一池，谓之女盐泽，东西二十五里，南北二十里，在猗氏故城南。土人乡俗引水裂沃麻，分灌川野，畦水耗竭，土自成盐，即所谓咸鹾也，而味苦。贤曰：在今蒲州虞乡县西。九月，还宫。

6 烧当羌迷吾复与弟号吾及诸种反。复，扶又翻。种，章勇翻。号吾先轻入，寇陇西界，督烽掾李章追之，督烽掾，郡掾之督烽燧者。生得号吾，将诣郡。号吾曰："独杀我，无损于羌；诚得生归，必悉罢兵，不复犯塞。"陇西太守张纡放遣之，羌即为解散，为，于伪翻。各归故地。迷吾退居河北归义城。河北，逢留大河之北也。归义城，本汉所筑，以招来诸羌之归义者。

7 疏勒王忠从康居王借兵，还据损中，忠叛见上卷元年。贤曰：损中，未详；东观记作"顿中"，续汉书及华峤书并作"损中"，本或作"桢"，未知孰是。余按西域传，灵帝建宁三年，凉州刺史孟佗，遣兵讨疏勒，攻桢中城。"桢中"是也。遣使诈降于班超；超知其奸而伪许之。忠从轻骑诣超，超斩之，因击破其众，南道遂通。

8 楚许太后薨。楚王英之徙也，许太后留楚宫。诏改葬楚王英，追爵谥曰楚厉侯。谥法：杀戮无辜曰厉。

9 帝以颍川郭躬为廷尉。决狱断刑，断，丁乱翻。多依矜恕，条诸重文可从轻者四十一，奏之，事皆施行。

10 博士鲁国曹褒上疏，以为"宜定文制，著成汉礼。"太常巢堪巢姓，有巢氏之后，春秋有巢牛臣。以为"一世大典，非褒所定，言非褒所能定。不可许。"帝知诸儒拘挛，挛，吕员翻。难与图始，贤曰：拘挛，犹拘束也。朝廷礼宪，宜以时立，乃拜褒侍中。玄武司马班固以为"宜广集诸儒，共议得失。"百官志：玄武司马，主南宫玄武门，秩比千石。帝曰："谚言：'作舍道边，三年不成。'会礼之家，名为聚讼，会礼，言会而议礼。贤曰：聚讼，言相争不定也。互生疑异，笔不得下。昔尧作大章，一夔足矣。"尧作乐曰大章。记曰：大章，章之也。贤曰：夔，尧乐官。吕氏春秋曰：鲁哀公问于孔子曰：乐正，夔一足矣。皇侃曰：章，明也。民乐尧德大明，故名乐曰大章。

章和元年（丁亥、八七）是年七月改元。

1 春，正月，帝召褒，受【章：甲十六行本"受"作"授"；乙十一行本同。】以叔孙通汉仪十二篇，通制汉仪，见十卷高帝六年、七年，其书与律令同藏于理官。曰："此制散略，多不合经，今宜依礼条正，使可施行。"

2 护羌校尉傅育欲伐烧当羌，为其新降，为，于伪翻。不欲出兵，乃募人斗诸羌、胡；募人间构诸羌，使之自斗也。羌、胡不肯，遂复叛出塞，复，扶又翻。更依迷吾。育请发诸郡兵数万人共击羌。未及会，三月，育独进军。迷吾闻之，徙庐落去。庐，穹庐；落，居也。育遣精骑三千穷追之，夜，至三兜谷，三兜谷，在建威南。不设备，迷吾袭击，大破之，杀育及吏士八百八十人。及诸郡兵到，羌遂引去。诏以陇西太守张纡为校尉，将万人屯临羌。纡，邕俱翻。

3 夏，六月，戊辰，司徒桓虞免。癸卯，以司空袁安为司徒，光禄勋任隗为司空。隗，光之子也。任，音壬。隗，五罪翻。

4 齐王晃及弟利侯刚，班志，利县，属齐郡。晃，齐武王縯之曾孙，殇王石之子。与母太姬更相诬告。更，工衡翻。秋，七月，癸卯，诏贬晃爵为芜湖侯，贤曰：芜湖，县名，属丹阳郡，其故城在今宣州当涂县东南。削刚户三千，收太姬玺绶。玺，斯氏翻。绶，音受。

5 壬子，淮阳顷王昞薨。昞，明帝子。

6 鲜卑入左地，匈奴左地也。击北匈奴，大破之，斩优留单于而还。还，从宣翻，又如字。

7 羌豪迷吾复与诸种寇金城塞，复，扶又翻。种，章勇翻；下同。张纡遣从事河内司马防，百官志：使匈奴中郎将，置从事二人；护羌校尉盖亦置二人也。与战于木乘谷；迷吾兵败走，因译使欲降，纡纳之。迷吾将人众诣临羌，纡设兵大会，译，通夷言，使之将命，因谓之译使。设兵，陈兵也。使，疏吏翻。降，户江翻。施毒酒中，伏兵杀其酋豪八百馀人，酋，慈由翻。斩迷吾头以祭傅育冢，复放兵击其馀众，斩获数千人。迷吾子迷唐，与诸种解仇，结婚交质，质，音致。据大、小榆谷以叛，水经：河水径西海郡南，又东径允川而历大榆谷、小榆谷北。二榆土地肥美，羌所依阻也。种众炽盛，张纡不能制。

8 壬戌，诏以瑞物仍集，改元章和。章，明也，明和气之致祥也。是时，京师四方屡有嘉瑞，前后数百千，言事者咸以为美。而太尉掾平陵何敞独恶之，恶，乌路翻。杜佑曰：汉武帝割槐里置茂陵邑，昭帝又割置平陵邑。谓宋由、袁安曰："夫瑞应依德而至，灾异缘政而生。今异鸟翔于殿屋，怪草生于庭际，不可不察！"由、安惧不敢答。

9 八月，癸酉，帝南巡。戊子，幸梁；乙未晦，幸沛。梁、沛二国。

10 日有食之。

11 九月，庚子，帝幸彭城。辛亥，幸寿春；寿春县属九江郡。复封阜陵侯延为阜陵王。延贬事见上卷建初元年。己未，幸汝阴。汝阴县，属汝南郡。贤曰：今颍州县。冬，十月，丙子，还宫。

12 北匈奴大乱，屈兰储等五十八部、口二十八万诣云中、五原、朔方、北地降。

13 曹褒依准旧典，杂以五经、谶记之文，撰次天子至于庶人冠、婚、吉、凶终始制度撰次制度，备其终始也。讖，楚谮翻。撰，雏免翻。冠，古玩翻。凡百五十篇，奏之。帝以众论难一，故但纳之，不复令有司平奏。平奏者，平其可行与否而奏之。复，扶又翻。

14 是岁，班超发于窴诸国兵共二万五千人击莎车，元和元年，超击莎车未克故也。窴，徒贤翻。莎，素禾翻。龟兹王发温宿、姑墨、尉头兵合五万人救之。龟兹，音丘慈。超召将校及于窴王议曰：将，即亮翻。校，户教翻。“今兵少不敌，其计莫若各散去；于窴从是而东，长史亦于此西归，班超时为将兵长史，盖西归疏勒也。可须夜鼓声而发。”须，待也。夜鼓声，鼓鼜之声也。周礼：军旅夜鼓鼜。注云：鼜，夜戒守鼓也。司马法曰：昏鼓四通为大鼜，夜半三通为晨戒，旦明五通为发昫，所谓三鼜也。此则待夜半鼓声也。鼜，千历翻。昫，休具翻，刘休武翻。阴缓所得生口。使生口得归，言将散去也。龟兹王闻之，大喜，自以万骑于西界遮超，温宿王将八千骑于东界徼于窴。徼，一遥翻。超知二虏已出，密召诸部勒兵，【章：甲十六行本“兵”下有“鸡鸣”二字；乙十一行本同；孔本同；张校同。】驰赴莎车营。胡大惊乱，奔走，追斩五千馀级；莎车遂降，降，户江翻。龟兹等因各退散。自是威震西域。

二年(戊子、八八)

1 春，正月，济南王康、阜陵王延、中山王焉来朝。上性宽仁，笃于亲亲，故叔父济南、中山二王，每数入朝，济，子礼翻。数，所角翻。朝，直遥翻。特加恩宠，及诸昆弟并留京师，不遣就国。汉制，诸藩王朝会之礼毕，各就国，不得留京师。又赏赐群臣，过于制度，仓帑为虚。帑，他朗翻。为，于伪翻。何敞奏记宋由曰：“比年水旱，民不收获；凉州缘边，家被凶害；贤曰：时西羌犯边为害也。比，毗至翻。被，皮义翻。中州内郡，公私屈竭；此实损膳节用之时。国恩覆载，言恩同天地也。覆，敷救翻。赏赉过度，但闻腊赐，自郎官以上，公卿、王侯以下，至于空竭帑藏，藏，徂浪翻。损耗国资。寻公家之用，皆百姓之力。明君赐赉，宜有品制；忠臣受赏，亦应有度。贤曰：汉官仪：腊，赐大将军、三公钱各二十万，牛肉二百斤，粳米二百斛；特进侯十五万，卿十万，校尉五万，尚书三万，侍中、将、大夫各二万，千石、六百石各七千，虎贲、羽林郎二人共三千，以为祀门户直。是以夏禹玄圭，书禹贡曰：禹锡玄圭。周公束帛。贤曰：尚书曰：召公出取币，入锡周公。今明公位尊任重，责深负大，上当匡正纲纪，下当济安元元，岂但空空无违而已哉！空，当作悾。悾悾，谨悫貌。宜先正己以率群下，还所得赐，因陈得失，奏王侯就国，除苑囿之禁，节省浮费，赈恤穷孤，则恩泽下畅，黎庶悦豫矣。"由不能用。考异曰：敞传，此事在肃宗崩后，云"窦氏专政，外戚奢侈，赏赐过制，敞奏记云云。"袁纪在元和三年。按敞记云："明公视事，出入再期"，又言腊赐，知在此时。

尚书南阳宋意上疏曰："陛下至孝烝烝，烝，进也。烝烝，进进也。恩爱隆深，礼宠诸王，同之家人，车入殿门，汉制，太子诸王至司马门，皆下车，故谓止车门。即席不拜，臣于君前拜而后就席。分甘损膳，赏赐优渥。损御膳以分甘也。康、焉幸以支庶，享食大国，陛下恩宠逾制，礼敬过度。春秋之义，诸父、昆弟，无所不臣，君君臣臣，不以亲厌杀，天地之大经也，春秋尊王，故以为春秋之义。所以尊尊卑卑，强干弱枝者也。陛下德业隆盛，当为万世典法，不宜以私恩损上下之序，失君臣之正。又西平王羡等六王，皆妻子成家，谓有妻有子，自成一家也。官属备具，谓王国官已具也。当早就蕃国，为子孙基址；而室第相望，久磐京邑，贤曰：磐谓磐桓不去。骄奢僭拟，宠禄隆过。宜割情不忍，以义断恩，贤曰：礼记曰：门内之政恩掩义，门外之政义断恩。断，丁乱翻。发遣康、焉，各归蕃国，令羡等速就便时，以塞众望。"贤曰：行日取便利之时也。塞，悉则翻。帝未及遣。

2 壬辰，帝崩于章德前殿，年三十一。遗诏："无起寝庙，一如先帝法制。”

范晔论曰：魏文帝称明帝察察，章帝长者。章帝素知人，厌明帝苛切，事从宽厚；奉承明德太后，尽心孝道；平徭简赋，而民赖其庆；又体之以忠恕，文之以礼乐。谓之长者，不亦宜乎！

3 太子即位，年十岁，尊皇后曰皇太后。

4 三月，【章：甲十六行本“月”下有“丁酉”二字；乙十一行本同；孔本同。】用遗诏徙西平王羡为陈王，六安王恭为彭城王。改淮阳为陈国，楚郡为彭城国，西平并汝南郡，六安复为庐江郡。

5 癸卯，葬孝章皇帝于敬陵。敬陵，在雒阳城东南三十九里。

6 南单于宣死，单于长之弟屯屠何立，为休兰尸逐侯鞮单于。鞮，丁兮翻。

7 太后临朝，蔡邕独断曰：少帝即位，太后即代摄政，临前殿，朝群臣，太后东面，少帝西面。群臣上书奏事，皆为两通，一诣太后，一诣少帝。窦宪以侍中内干机密，贤曰：干，主也，或曰：干，古管字也。出宣诰命；弟笃为虎贲中郎将，笃弟景、瓌并为中常侍，兄弟皆在亲要之地。宪客崔骃骃，音因。以书戒宪曰：“传曰：‘生而富者骄，生而贵者傲。’传，直恋翻。傲，五到翻。生富贵而能不骄傲者，未之有也。今宠禄初隆，百僚观行，行，下孟翻。岂可不‘庶几夙夜，以永终誉’乎！诗周颂振鹭之辞，言庶几于夙夜匪懈，以终保令名于有永也。昔冯野王以外戚居位，称为贤臣；冯野王妹为元帝昭仪，于九卿中，野王行能第一。近阴卫尉克己复礼，终受多福。阴卫尉，兴也，谓让侯爵，又让大司马也。外戚所以获讥于时，垂愆于后者，盖在满而不挹，位有馀而仁不足也。汉兴以后，迄于哀、平，外家二十，保族全身，四人而已。外家二十者，吕氏、张氏、薄氏、窦氏、王氏、陈氏、卫氏、李氏、赵氏、上官氏、史氏、许氏、霍氏、卬成王氏、元后王氏、赵氏、傅氏、丁氏、冯氏、卫氏也。唯文帝薄太后、窦后、景帝王后、印成王后四人，保族全家。武帝夫人李氏虽追配武帝，昌邑王立未几而废，非外家，当以史皇孙王夫人足二十之数。书曰：‘鉴于有殷，’书召诰曰：我不可不鉴于有夏，亦不可不鉴于有殷。可不慎哉！”

8 庚戌，皇太后诏：“以故太尉邓彪为太傅，赐爵关内侯，录尚书事，百官总己以听。”窦宪以彪有义让，先帝所敬，彪父邯，封鄳乡侯，父卒，彪让国于弟凤；显宗高其节。而仁厚委随，贤曰：委随，犹顺从也。故尊崇之。其所施为，辄外令彪奏，内白太后，事无不从。王莽用孔光之故智也。彪在位，修身而已，不能有所匡正。宪性果急，睚眦【章：甲十六行本“毗”作“眦”；乙十一行本同。】之怨，莫不报复。贤曰：睚，音语懈翻。毗〔眦〕，音仕懈翻。广雅曰：睚，裂也。或谓：裂毗〔眦〕，瞋目貌也。永平时，谒者韩纡考劾宪父勋狱，勋下狱死，事见四十五卷明帝永平五年。劾，户概翻，又户得翻。宪遂令客斩纡子，以首祭勋冢。

9 癸亥，陈王羡、彭城王恭、乐成王党、下邳王衍、梁王畅始就国。

10 夏，四月，戊寅，以遗诏罢郡国盐铁之禁，纵民煮铸。自武帝以来，盐铁有禁；光武中兴，收而未罢；今纵民得煮盐、铸铁。

11 五月，京师旱。

12 北匈奴饥乱，降南部者岁数千人。降，户江翻；下同。秋，七月，南单于上言：“宜及北虏分争，出兵讨伐，破北成南，共【章：甲十六行本“共”作“并”；乙十一行本同；孔本同。】为一国，考异曰：袁纪：“章和元年十月，南单于上书，求出兵破北成南。宋意谏，不听，师未出而帝寝疾。”范书南匈奴传，事并在此年七月。按单于书云：“孝章皇帝圣思远虑。”则范书是也。今从之。令汉家长无北念。谓北部既灭，南部保塞，则汉家无复北顾以为念也。臣等生长汉地，长，知两翻。开口仰食，仰，鱼向翻。岁时赏赐，动辄亿万，虽垂拱安枕，惭无报效之义，愿发国中及诸郡【章：甲十六行本“郡”作“部”；乙十一行本同；张校同。】

故胡新降精兵，故胡，南部旧众也。新降，新从北部来降者。分道并出，期十二月同会虏地。臣兵众单少，不足以防内外，少，诗沼翻。愿遣执金吾耿秉、度辽将军邓鸿及西河、云中、五原、朔方、上郡太守守，式又翻。并力而北，冀因圣帝威神，一举平定。臣国成败，要在今年，已敕诸部严兵马，唯裁哀省察！”省，悉景翻。太后以示耿秉。以南单于书示之也。秉上言：“昔武帝单极天下，单，与殚同。欲臣虏匈奴，未遇天时，事遂无成。谓不能使匈奴臣服也。今幸遭天授，北虏分争，以夷伐夷，谓以南部伐北部也。国家之利，宜可听许。”秉因自陈受恩，分当出命效用。分，扶问翻。太后议欲从之。尚书宋意上书曰：“夫戎狄简贱礼义，无有上下，强者为雄，弱即屈服。自汉兴以来，征伐数矣，数，所角翻。其所克获，曾不补害。光武皇帝躬服金革之难，深昭天地之明，因其来降，羁縻畜养，畜，许六翻。边民得生，劳役休息，于兹四十馀年矣。建武二十四年受南单于降，至是四十一年。今鲜卑奉顺，斩获万数，谓破杀优留单于也。中国坐享大功而百姓不知其劳，汉兴功烈，于斯为盛。所以然者，夷虏相攻，无损汉兵者也。臣察鲜卑侵伐匈奴，正【严：“正”改“止”。】是利其抄掠；及归功圣朝，实由贪得重赏。洞见鲜卑之情。抄，楚交翻。今若听南虏还都北庭，则不得不禁制鲜卑；鲜卑外失暴掠之愿，内无功劳之赏，豺狼贪婪，婪，卢含翻。方言：杀人而取其财曰婪。必为边患。今北虏西遁，请求和亲，宜因其归附，以为外扞，巍巍之业，无以过此。若引兵费赋，以顺南虏，则坐失上略，去安即危矣。诚不可许。”

会齐殇王子都乡侯畅来吊国忧，齐殇王石，齐武王縯之孙，哀王章之子。考异曰：袁纪作“郁乡侯畅”，今从范书。太后数召见之，范书曰：畅素行邪僻，因邓叠母元自通长乐宫，得幸太后。数，所角翻。窦宪惧畅分宫省之权，遣客刺杀畅于屯卫之中，何敞传曰：刺杀畅于城门屯卫之中。刺，七亦翻。而归罪于畅弟利侯刚，乃使侍御史与青州刺史杂考刚等。青州刺史部齐国。畅见杀于京师，而令青州刺史考竟，欲移狱以绝踪也。尚书颍川韩棱以为"贼在京师，不宜舍近问远，恐为奸臣所笑。"太后怒，以切责棱，棱固执其议。何敞说宋由曰：说，输芮翻。"畅宗室肺府，府，与腑同。茅土藩臣，来吊大忧，上书须报，贤曰：须，待也。亲在武卫，致此残酷。奉宪之吏，莫适讨捕，贤曰：適，音的；谓无指的讨捕也。踪迹不显，主名不立。敞备数股肱，职典贼曹，贤曰：股肱，谓手臂也，公府有贼曹，主知盗贼。余按字书，股，髀干；肱，臂干；股肱，言手足之要；以为手臂，误矣。欲亲至发所，以纠其变。发所，贼发之所。纠，督察也。而二府执事以为【章：甲十六行本"为"下有"故事"二字；乙十一行本同；孔本同；张校同；退斋校同。】三公不与贼盗，贤曰：敞在太尉府。二府：谓司徒、司空。邴吉为丞相不案事，遂以为故事。与，读曰预。公纵奸慝，莫以为咎。敞请独奏案之。"由乃许焉。二府闻敞行，皆遣主者随之。贤曰：主者，谓主知贼盗之曹也。于是推举，具得事实。太后怒，闭宪于内宫。宪惧诛，因自求击匈奴以赎死。

冬，十月，乙亥，以宪为车骑将军，伐北匈奴，以执金吾耿秉为副；发北军五校、黎阳、雍营、缘边十二郡骑士及羌、胡兵出塞。北军五校，屯骑、越骑、步兵、长水、射声五校尉所掌宿卫兵也。黎阳营，注见前。扶风校尉部在雍县，以凉州近羌，数犯三辅，将兵卫护园陵，故俗称雍营。缘边十二郡，上郡、西河、五原、云中、定襄、雁门、朔方、代郡、上谷、渔阳、安定、北地也。校，户教翻。雍，于用翻。

13 公卿举故张掖太守邓训代张纡为护羌校尉。迷唐率兵万骑来至塞下，未敢攻训，先欲胁小月氏胡。匈奴破月氏，月氏西徙；其馀众保南山不得去者，号小月氏。氏，音支。训拥卫小月氏胡，令不得战。议者咸以羌、胡相攻，县官之利，不宜禁护。训曰：

"张纡失信，众羌大动，凉州吏民，命县丝发。县，读曰悬。原诸胡所以难得意者，皆恩信不厚耳。今因其追急，以德怀之，庶能有用。"遂令开城及所居园门，护羌校尉所居寺舍后园之门也。悉驱群胡妻子内之，严兵守卫。羌掠无所得，又不敢逼诸胡，因即解去。由是湟中诸胡皆言："汉家常欲斗我曹；贤曰：湟中，月氏胡所居，今鄯州湟水县也。今邓使君待我以恩信，开门内我妻子，乃是得父母也！"咸欢喜叩头曰："唯使君所命！"训遂抚养教谕，大小莫不感悦。于是赏赂诸羌种，使相招诱，诱，音酉。迷唐叔父号吾将其种人八百户来降。种，章勇翻。训因发湟中秦、胡、羌兵四千人出塞，秦威服四夷，故夷人率渭中国人为秦人。掩击迷唐于写谷，破之，贤曰：东观记曰："写"作"雁"。迷唐乃去大、小榆，大、小榆谷。杜佑曰：大、小榆谷在汉榆中县，今在兰州五泉县界。按水经：大、小榆谷在汉金城郡塞外。河水过大、小榆谷北又东过河关县北，又东过允吾县北，又东过榆中县北。榆中县，与大、小榆相去甚远，杜佑说非。居颇岩谷，众悉离散。

孝和皇帝上 讳肇，肃宗第四子也。窦后养以为子，废长立之。谥法：不刚不柔曰和。伏侯古今注曰："肇"之字曰"始"，音兆。贤曰：按许慎说文：肇，音大可翻；上讳也。但伏侯、许慎并汉时人，而帝讳音不同，盖应别有所据。

永元元年(己丑、八九)

1 春，迷唐欲复归故地；邓训发湟中六千人，令长史任尚将之，将，即亮翻。缝革为船，置于箄上以渡河，贤曰：箄，木筏也；音步佳翻。掩击迷唐，大破之，斩首前后一千八百馀级，获生口二千人，马牛羊三万馀头，一种殆尽。贤曰：一种，谓迷唐也。种，章勇翻。考异曰：西羌传："永元元年，张纡坐征，以训代为校尉。"邓训传："章和二年，纡诱诛羌，羌谋报怨，公卿举训代纡，击破之。其春，迷唐复欲归，训又破之。”按训传，下云“永元二年”，则其春者，永元元年春也。今从训传。迷唐收其馀众西徙千馀里，诸附落小种皆畔之。附落，羌部落之附迷唐者。烧当豪帅东号，稽颡归死，归死，自归而请死也。帅，所类翻。馀皆款塞纳质。质，音致。于是训绥接归附，威信大行，遂罢屯兵，各令归郡，以羌反，发诸郡兵屯于塞上，今羌已破，罢令各归其郡。唯置弛刑徒二千馀人，分以屯田、修理坞壁而已。

2 窦宪将征匈奴，三公、九卿诣朝堂上书谏，以为：“匈奴不犯边塞，而无故劳师远涉，损费国用，徼功万里，徼，一遥翻。非社稷之计。”书连上，辄寝，上，时掌翻；下同。宋由惧，遂不敢复署议，复，扶又翻。而诸卿稍自引止；唯袁安、任隗守正不移，至免冠朝堂固争，前后且十上，众皆为之危惧，为，于伪翻；下同。安、隗正色自若。侍御史鲁恭上疏曰：“国家新遭大忧，陛下方在谅闇，闇，音阴。百姓阙然，三时不闻警跸之音，贤曰：三时，夏、秋、冬也。天子出警入跸。沈约曰：汉制曰：出称警，入称跸，而今则并称之。史臣以为警者，警戒也；跸者，止行也。今从乘舆而出者，并警戒以备非常也；从外而入，与乘舆相干者，跸而止之也。和帝章和二年二月即位，明年春议击匈奴，帝在谅闇不出，故三时不闻警跸之音。莫不怀思皇皇，若有求而不得。礼记，颜丁善居丧，始死，皇皇如有求而不得。此言百姓思慕之意。今乃以盛春之月兴发军役，扰动天下以事戎夷，诚非所以垂恩中国，改元正时，由内及外也。万民者，天之所生；天爱其所生，犹父母爱其子，一物有不得其所，则天气为之舛错，况于人乎！故爱民者必有天报。夫戎狄者，四方之异气，与鸟兽无别；别，彼列翻。若杂居中国，则错乱天气，污辱善人，污，乌故翻。是以圣王之制，羁縻不绝而已。字书曰：羁，马络头也。苍颉篇曰：縻，牛缰也。今匈奴为鲜卑所破，远藏于史侯河西，去塞数千里，而欲乘其虚耗，利其微弱，是非义之所出也。今始征发，而大司农调度不足，调，徒吊翻。贤曰：度，音大各翻。余据今人多读如本字。上下相迫，民间之急，亦已甚矣。群僚百姓咸曰不可，陛下【章：甲十六行本“下”下有“独”字；乙十一行本同；孔本同。】奈何以一人之计，弃万人之命，不恤其言乎！上观天心，下察人志，足以知事之得失。臣恐中国不为中国，岂徒匈奴而已哉！”尚书令韩棱、骑都尉朱晖、议郎京兆乐恢，皆上疏谏，太后不听。

又诏使者为宪弟笃、景并起邸第，劳役百姓。为，于伪翻；下同。侍御史何敞上疏曰：“臣闻匈奴之为桀逆久矣，平城之围，事见十一卷高帝七年。慢书之耻，事见十二卷惠帝三年。此二辱者，臣子所为捐躯而必死，高祖、吕后忍怒含忿，舍而不诛。舍，读曰捨。今匈奴无逆节之罪，汉朝无可惭之耻，蔪，直遥翻；下同。而盛春东作，贤曰：岁起于东，人始就耕，故曰东作。兴动大役，元元怨恨，咸怀不悦。又猥为卫尉笃、奉车都尉景缮修馆第，弥街绝里。笃、景亲近贵臣，当为百僚表仪。今众军在道，朝廷焦唇，百姓愁苦，县官无用，无财用也。而遽起大第，崇饰玩好，好，呼到翻。非所以垂令德、示无穷也。宜且罢工匠，专忧北边，恤民之困。”书奏，不省。省，悉景翻。

窦宪尝使门生赍书诣尚书仆射郅寿，有所请托，寿即送诏狱，前后上书，陈宪骄恣，引王莽以诫国家；又因朝会，刺讥宪等以伐匈奴、起第宅事，厉音正色，辞旨甚切。宪怒，陷寿以买公田、诽谤，下吏，当诛，下，遐稼翻。何敞上疏曰：“寿机密近臣，匡救为职，若怀默不言，其罪当诛。今寿违众正议以安宗庙，岂其私邪！臣所以触死瞽言，论语曰：侍于君子有三愆，未见颜色而言谓之瞽。非为寿也。忠臣尽节，以死为归；臣虽不知寿，度其甘心安之。度，徒洛翻。诚不欲圣朝行诽谤之诛，以伤晏晏之化，郑玄注尚书考灵曜曰：宽容覆载，谓之晏晏。杜塞忠直，塞，悉则翻。垂讥无穷。臣敞谬与机密，与，读曰预。言所不宜，罪名明白，当填牢狱，先寿僵仆，先，悉荐翻。万死有馀。”书奏，寿得减死论，徙合浦，未行，自杀。寿，恽之子也。郅恽事光武。恽，于粉翻。

夏六月，窦宪、耿秉出朔方鸡鹿塞，贤曰：今在朔方窳浑县北。阚骃十三州志曰：窳浑县有大道，西北出鸡鹿塞。窳，音羊主翻。南单于出满夷谷，贤曰：满夷谷，阙。余按南单于庭在西河美稷，满夷谷当在美稷县西北。后邓鸿讨逢侯，兵至美稷，逢侯乘冰度隘，向满夷谷，可以知矣。度辽将军邓鸿出稒阳塞，贤曰：稒阳县，属九原郡，故城在今胜州银城县界。稒，音固。皆会涿邪山。宪分遣副校尉阎盘、司马耿夔、耿谭将南匈奴精骑万馀，与北单于战于稽洛山，余按唐太宗以斛萨部地置稽落州，盖因山以名之。大破之，单于遁走；追击诸部，遂临私渠北鞮海，鞮，丁奚翻。斩名王已下万三千级，获生口甚众，杂畜百馀万头，诸裨小王率众降者，前后八十一部二十馀万人。宪、秉出塞三千馀里，登燕然山，唐太宗又以多滥葛部地置燕然州。又按北史，燕然山在菟园水北。燕，于贤翻。命中护军班固刻石勒功，西都有护军都尉，今始有中护军。纪汉威德而还。还，从宣翻，又如字；下同。遣军司马吴氾、梁讽奉金帛遗北单于，遗，于季翻。时虏中乖乱，氾、讽及北单于于西海上，宣国威信，以诏致赐，单于稽首拜受。稽，音启。讽因说令修呼韩邪故事，谓臣服于汉为北藩。说，输芮翻。单于喜悦，即将其众与讽俱还；到私渠海，闻汉军已入塞，乃遣弟右温禺鞮王奉贡入侍，随讽诣阙。宪以单于不自身到，奏还其侍弟。

3 秋，七月，乙未，会稽山崩。会，工外翻。

4 九月，庚申，以窦宪为大将军，中郎将刘尚为车骑将军，封宪武阳侯，郡国志，东郡有东武阳县，泰山郡有南武阳侯国。宪其封南武阳钦！食邑二万户；宪固辞封爵，诏许之。旧，大将军位在三公下，至是，诏宪位次太傅下、三公上；长史、司马秩中二千石。太傅位上公，则宪亦班于上公矣。大将军长史、司马秩千石；今秩中二千石，则亦比九卿矣。封耿秉为美阳侯。美阳县，属扶风。

窦氏兄弟骄纵，而执金吾景尤甚，奴客缇骑强夺人财货，篡取罪人，妻略妇女；贤曰：汉官仪，执金吾，缇骑二百人。说文曰：缇，丹黄色也。言奴客及缇骑并为纵横也。缇，杜兮翻，又他礼翻。商贾闭塞，贾，音古。塞，悉则翻。如避寇雠；又擅发缘边诸郡突骑有才力者。有司莫敢举奏，袁安劾景"擅发边民，【章：甲十六行本"民"作"兵"；乙十一行本同；张校同。】惊惑吏民；二千石不待符信符信，谓虎符以为信也。劾，户概翻，又户得翻；下同。而辄承景檄，当伏显诛。"又奏"司隶校尉河南尹阿附贵戚，不举劾，请免官案罪。"并寝不报。驸马都尉瓌，独好经书，节约自修。瓌，古回翻。好，呼到翻。

尚书何敞上封事曰："昔郑武姜之幸叔段，贤曰：郑武姜爱少子叔段。郑庄公立，武姜请以京封共叔段，谓之京城太叔。后武姜引以袭郑，庄公伐之，出奔共。卫庄公之宠州吁，贤曰：卫庄公宠庶子州吁，州吁好兵，公弗禁；石碏谏，不听。及桓公立，州吁乃弑桓公而篡。爱而不教，终至凶戾。由是观之，爱子若此，犹饥而食之以毒，食，读曰饲。适所以害之也。伏见大将军宪，始遭大忧，公卿比奏，贤曰：比，频也；音毗至翻。欲令典干国事；宪深执谦退，固辞盛位，恳恳勤勤，言之深至，天下闻之，莫不说喜。今逾年未几，说，读曰悦。几，居岂翻。入【章：甲十六行本"入"作"大"；乙十一行本同；孔本同；张校同。】礼未终，卒然中改，礼，事君，方丧三年。时遭国忧才逾年，故曰入礼未终，卒，读曰猝。兄弟专朝，朝，直遥翻。宪秉三军之重，笃、景总宫卫之权，而虐用百姓，奢侈僭偪，诛戮无罪，肆心自快。今者论议汹汹，汹，许容翻，又许勇翻。咸谓叔段、州吁复生于汉。复，扶又翻。臣观公卿怀持两端，不肯极言者，以为宪等若有匪懈之志，则已受吉甫褒申伯之功；贤曰：申伯，周宣王元舅，有令德，故尹吉甫作诗以美之。如宪等陷于罪辜，则自取陈平、周勃顺吕后之权，事见高后纪。终不以宪等吉凶为忧也！此言曲尽当时廷臣之情，呜呼，岂特当时哉！臣敞区区诚欲计策两安，绝其绵绵，塞其涓涓，周金人铭曰：涓涓不壅，终为江河；绵绵不绝，或成网罗。塞，悉则翻。涓，圭渊翻。上不欲令皇太后损文母之号、陛下有誓泉之讥，诗曰：思齐太任，文王之母。左传武姜启叔段袭郑，庄公寘姜氏于城颍而誓之曰：不及黄泉，无相见也。下使宪等得长保其福佑也。驸马都尉瓌，比请退身，愿抑家权，愿抑其家，不与之以权。比，毗至翻。可与参谋，听顺其意，汉之外戚，傅喜、窦瓌、邓康咸能履盛满而思谦挹，然终不能全其家门十分之一，盖一杯水不能救车薪之火也。诚宗庙至计，窦氏之福！"时济南王康尊贵骄甚，康，光武少子。宪乃白出敞为济南太傅。康有违失，敞辄谏争，争，侧进翻。康虽不能从，然素敬重敞，无所嫌牾焉。牾，五故翻，逆也。

5 冬，十月，庚子，阜陵质王延薨。谥法：名实不爽曰质。

6 是岁，郡国九大水。

二年（庚寅、九〇）

1 春，正月，丁丑，赦天下。

2 二月，壬午，日有食之。

3 夏，五月，丙辰，封皇弟寿为济北王，开为河间王，淑为城阳王；济北、河间、城阳，皆汉旧国也。光武省济北并泰山，省河间并信都，省城阳并琅邪。今复泰山为济北国，在雒阳东千一百五十里；分乐成、涿郡、勃海为河间国，在雒阳北二千五百里；分琅邪为城阳国。济，子礼翻。绍封故淮南顷王子侧为常山王。章和元年，淮阳顷王昞薨，未及立嗣，而国有大丧，今乃绍封。

4 窦宪遣副校尉阎砻将二千馀骑掩击北匈奴之守伊吾者，

复取其地。砻，卢红翻。复，扶又翻。考异曰：西域传作“阎槃”，今从帝纪。余谓副校尉阎槃，即前战于稽落山，恐当作“盘”。【章：乙十一行本正作“盘”。】西域传：章帝建初元年，罢伊吾屯田，北匈奴遣兵守其地，今复击取之。车师震慑，前、后王各遣子入侍。慑，之涉翻。

5 月氏求尚公主，班超拒还其使，氏，音支。使，疏吏翻。由是怨恨，遣其副王谢将兵七万攻超。超众少，皆大恐；超譬军士曰：譬，喻也。少，诗沼翻。“月氏兵虽多，然数千里逾葱岭来，非有运输，何足忧邪！言粮尽自当降也。但当收谷坚守，彼饥穷自降，不过数十日决矣！”谓胜负决也。降，户江翻。谢遂前攻超，不下，又钞掠无所得。超度其粮将尽，钞，楚交翻。度，大各翻。必从龟兹求食，乃遣兵数百于东界要之。要，一遥翻。谢果遣骑赍金银珠玉以赂龟兹，超伏兵遮击，尽杀之，持其使首以示谢。谢大惊，即遣使请罪，愿得生归，超纵遣之。月氏由是大震，岁奉贡献。

6 初，北海哀王无后，章帝元和三年，北海哀王基薨，无后。肃宗以齐武王首创大业而后嗣废绝，心常愍之，遗诏令复齐、北海二国。丁卯，封芜湖侯无忌为齐王，无忌，齐王晃子；章和元年，晃贬。北海敬王庶子威为北海王。北海敬王睦也。

7 六月，辛卯，中山简王焉薨。谥法：一德不懈曰简。焉，东海恭王之母弟，而窦太后，恭王之甥也；窦太后母沘阳公主，东海恭王彊女也。故加赙钱一亿，赙，音附。大为修冢茔，为，于伪翻。平夷吏民冢墓以千数，作者万馀人，凡征发摇动六州十八郡。

8 诏封窦宪为冠军侯，笃为郾侯，瓌为夏阳侯；冠军县，属南阳郡。郾县，属颍川郡。夏阳县，属冯翊郡。冠，古玩翻。夏，户雅翻。宪独不受封。

9 秋七月，乙卯，窦宪出屯凉州，凉州部陇西、汉阳、武都、金城、安定、北地、武威、张掖、敦煌、酒泉等郡。以侍中邓叠行征西将军事为副。

10 北单于以汉还其侍弟，九月，复遣使款塞称臣，欲入朝见。复，扶又翻；下同。朝，直遥翻。见，贤遍翻。冬十月，窦宪遣班固、梁讽迎之。会南单于复上书求灭北庭，于是遣左谷蠡王师子等将左右部八千骑出鸡鹿塞，谷，音鹿。蠡，卢奚翻。中郎将耿谭遣从事将护之，耿谭为使匈奴中郎将。将，领也；护，监也。袭击北单于。夜至，围之，北单于被创，被，皮义翻。创，初良翻。仅而得免，获阏氏及男女五人，氏，音支；下同。斩首八千级，生虏数千口。班固至私渠海而还。是时，南部党众益盛，领户三万四千，胜兵五万。胜，音升。

三年（辛卯、九一）

1 春，正月，甲子，帝用曹褒新礼，加元服；礼仪志：正月甲子若丙子为吉日，可加元服，仪从冠礼，乘舆初缁布进贤，次爵弁，次武弁，次通天，以据，皆于高祖庙如礼谒。贤曰：元，首也；谓加冠于首。擢褒监羽林左骑。百官志：羽林左监，秩六百石，主羽林左骑，属光禄勋。褒监，古衔翻。

2 窦宪以北匈奴微弱，欲遂灭之，二月，遣左校尉耿夔、司马任尚出居延塞，围北单于于金微山，贤曰：居延县，属张掖郡；居延泽在东北。武帝使路博德筑遮虏障于居延北。余按唐太宗以仆固部置金微都督府。大破之，获其母阏氏，【张：“氏”下脱“斩”字。】名王已下五千馀级，北单于逃走，不知所在。出塞五千馀里而还，自汉出师所未尝至也。封夔为粟邑侯。贤曰：粟邑，县名，属左冯翊，故城在今同州白水县西北。

3 窦宪既立大功，威名益盛，以耿夔、任尚等为爪牙，邓叠、郭璜为心腹，班固、傅毅之徒典文章，刺史、守、令，多出其门，赋【章：甲十六行本“赋”上有“竞”字；乙十一行本同；孔本同；张校同。】敛吏民，共为赂遗。敛，力赡翻。遗，于季翻。司徒袁安、司空任隗举奏诸二千石并所连及，贬秩免官【章：甲十六行本“官”下有“者”字；乙十一行本同；孔本同。】四十馀人，窦氏大恨；但安、隗素行高，亦未有以害之。行，下孟翻。尚书仆射乐恢，刺举无所回避，宪等疾之。恢上书曰：“陛下富于春秋，贤曰：春秋，谓年也；言年少，春秋尚多，故称富。纂承大业，诸舅不宜干正王室，以示天下之私。方今之宜，上以义自割，下以谦自引，四舅可长保爵土之荣，四舅，谓宪、笃、景、瓌。皇太后永无惭负宗庙之忧，诚策之上者也。”书奏，不省。省，悉景翻。恢称疾乞骸骨，归长陵；恢，京兆长陵人。宪风厉州郡，迫胁恢饮药死。于是朝臣震慑，慑，之涉翻。望风承旨，无敢违者。袁安以天子幼弱，外戚擅权，每朝会进见见，贤遍翻。及与公卿言国家事，未尝不喑呜流涕；范书作“噫呜”。贤曰：噫，音医，又一戒翻；呜，一故翻；叹伤之貌也。自天子及大臣，皆恃赖之。

4 冬，十月，癸未，上行幸长安，诏求萧、曹近亲宜为嗣者，绍其封邑。

5 诏窦宪与车驾会长安。宪至，尚书以下议欲拜之，伏称万岁，尚书韩棱正色曰：“夫上交不谄，下交不渎；易下系之辞。礼无人臣称万岁之制！”议者皆惭而止。尚书左丞王龙私奏记、上牛酒于宪，百官志：尚书左丞、右丞各一人，掌录文书期会，左丞主吏民章报及驺伯史，右丞假署印绶及纸笔墨诸财用库藏，秩皆四百石。蔡质汉仪曰：总典台中纲纪，无所不统。上，时掌翻。棱举奏龙，论为城旦。

6 龟兹、姑墨、温宿诸国皆降。降，户江翻。十二月，复置西域都护、骑都尉、戊己校尉官。章帝建初元年，罢西域都护及戊己校尉官，今复置。复，扶又翻。以班超为都护，徐干为长史。拜龟兹侍子白霸为龟兹王，遣司马姚光送之。超与光共胁龟兹，废其王尤利多而立白霸，使光将尤利多还诣京师。将，如字。超居龟兹它干城，徐干屯疏勒，惟焉耆、危须、尉犁以前没都护，事见四十五卷明帝永平十八年。犹怀二心，为班超诛焉耆、尉犁王张本。其馀悉定。言其馀诸国皆臣服于汉也。

7 初，【章：甲十六行本“初”上有“庚辰，上至自长安”七字；乙十一行本同；孔本同；张校同；退斋校同。】北单于既亡，其弟右谷蠡王於除鞬自立为单于，鞬，九言翻。将众数千人止蒲类海，遣使款塞。窦宪请遣使立於除鞬为单于，置中郎将领护，如南单于故事。事下公卿议，下，遐稼翻；下同。宋由等以为可许；袁安、任隗奏以为："光武招怀南虏，非谓可永安内地，正以权时之算，可得扞御北狄故也。今朔漠已定，宜令南单于反其北庭，并领降众，降，户江翻；下同。无缘更立於除鞬以增国费。"事奏，未以时定。言其议虽已奏上，而上意从否未定也。安惧宪计遂行，乃独上封事曰："南单于屯先父举众归德，屯，即屯屠何。自蒙恩以来四十馀年，三帝积累以遗陛下，遗，于季翻。陛下深宜追述先志，成就其业。况屯首创大谋，空尽北虏，辍而弗图，更立新降；以一朝之计，违三世之规，失信于所养，建立于无功。所养，谓南单于；无功，谓於除鞬。论语曰：'言忠信，行笃敬，虽蛮貊行焉。'孔子答子张之言。行，下孟翻。貊，莫北翻。今若失信于一屯，则百蛮不敢复保誓矣。誓，谓汉与夷人信誓之言。复，扶又翻。又，乌桓、鲜卑新杀北单于，谓章和元年，斩优留单于。凡人之情，咸畏仇雠，今立其弟，则二虏怀怨。且汉故事，供给南单于，费直岁一亿九十馀万，西域岁七千四百八十万；今北庭弥远，其费过倍，是乃空尽天下而非建策之要也。"诏下其议，安又与宪更相难折。难，乃旦翻。折，之舌翻。宪险急负势，言辞骄讦，贤曰：讦，谓发人之恶，音居谒翻。至诋毁安，称光武诛韩歆、戴涉故事，韩歆死见四十三卷建武十五年。戴涉死见同卷二十年。安终不移；

然上竟从宪策。考异曰：袁安传云："宪请立左鹿蠡王阿佟为北单于，安以为不可，宪竟立右鹿蠡王於除鞬。"据此，则阿佟与於除鞬是二人。袁纪作"阿修"，南匈奴传止有右谷蠡王於除鞬，无阿佟名。今从之。袁纪又云："宋由、丁鸿、尹睦以为阿修诛君之子，又与乌丸、鲜卑为父兄之雠，不可立。南单于先帝所置，今首破北虏，新建大功，宜令并领降众。"与范书不同。又云"卒从安议"，盖误。今从袁安传。

王崇武标点容肇祖聂崇岐覆校

资治通鉴卷第四十八

翰林学士兼侍读学士朝散大夫右谏议大夫
知制诰判尚书都省兼提举万寿观公事上护军 司马光 奉敕编集
河内郡开国侯食邑一千三百户赐紫金鱼袋臣

后学天台 胡三省 音注

汉纪四十 起玄黓执徐（壬辰），尽旃蒙大荒落（乙巳），凡十四年。

孝和皇帝下

永元四年（壬辰、九二）

1 春，正月，遣大将军左校尉耿夔授於除鞬印绶，校，户教翻。鞬，九言翻。使中郎将任尚持节卫护屯伊吾，如南单于故事。任，音壬。

初，庐江周荣辟袁安府，安举奏窦景事见上卷元年。及争立北单于事，见上卷上年。皆荣所具草，窦氏客太尉掾徐齮深恶之，掾，俞绢翻。齮，鱼倚翻。恶，乌路翻。胁荣曰："子为袁公腹心之谋，排奏窦氏，窦氏悍士、刺客满城中，谨备之矣！"悍，下罕翻，又侯旰翻。荣曰："荣，江淮孤生，得备宰士，贤曰：荣辟司徒府，故称宰士。纵为窦氏所害，诚所甘心！"因敕妻子：敕，戒也。"若卒遇飞祸，卒，读曰猝。贤曰：飞祸，言仓卒而死也。余谓飞祸者，言刺客窃发，不可得而备，若鸟之飞集也。无得殡敛，敛，力赡翻。冀以区区腐身觉悟朝廷。"

2 三月，癸丑，司徒袁安薨。

3 闰月，丁丑，以太常丁鸿为司徒。

4 夏，四月，丙辰，窦宪还至京师。还，从宣翻，又如字。

5 六月，戊戌朔，日有食之。丁鸿上疏曰："昔诸吕擅权，统嗣几移；事见高后纪。几，居希翻。哀、平之末，庙不血食。事见王莽纪，鸿引此事以指言外戚之祸。故虽有周公之亲而无其德，不得行其势也。贤曰：言亲贤兼重，方可执政。今大将军虽欲敕身自约，不敢僭差；然而天下远近，皆惶怖承旨。怖，普布翻。刺史、二千石初除，谒辞、求通待报，初除而谒，之官则辞。求通者，求通名也；待报者，得谒与不得谒，得辞与不得辞，皆待报也。虽奉符玺，受台敕，符玺所以为信，初除者诣尚书台受敕。玺，斯氏翻。不敢便去，久者至数十日，背王室，背，蒲妹翻。向私门，此乃上威损，下权盛也。人道悖于下，效验见于天，虽有隐谋，神照其情，垂象见戒，以告人君。悖，蒲内翻。见，贤遍翻。禁微则易，易，以豉翻。救末则难；人莫不忽于微细以致其大，恩不忍诲，义不忍割，去事之后，未然之明镜也。言祸伏于隐微，人多忽之，及发见之后，昭昭而不可掩，是为未然之明镜。夫天不可以不刚，不刚则三光不明；王不可以不强，不强则宰牧从横。从，子用翻，又子容翻。横，户孟翻，又如字。宜因大变，改政匡失，以塞天意！"塞，悉则翻。

6 丙辰，郡国十三地震。

7 旱，蝗。

8 窦氏父子兄弟并为卿、校，卿，九卿；校，诸校尉。校，户教翻。充满朝廷，穰侯邓叠、叠弟步兵校尉磊及母元、宪女婿射声校尉郭举、举父长乐少府璜共相交结；贤曰：太后居长乐宫，故有少府，秩二千石。乐，音洛。元、举并出入禁中，举得幸太后，遂共图为杀害，谋弑逆也。帝阴知其谋。是时，宪兄弟专权，帝与内外臣僚莫由亲接，所与居者阉宦而已。阉宦，周礼谓之奄。郑玄注曰：奄，精气蔽藏者；今谓之宦人。阉，衣廉翻，又衣检翻。帝以朝臣上下莫不附宪，独中常侍钩盾令郑众，谨敏有心几，百官志：钩盾令，秩六百石，宦者为之，典诸近池苑囿游观之处，属少府。几，事也；心几，谓心事也，今人谓人胸中有城府者为有心事。朝，直遥翻。盾，食尹翻。几，居希翻。不事豪党，遂与众定议诛宪，以宪在外，谓出屯凉州时也。虑其为乱，忍而未发；会宪与邓叠皆还京师。还，从宣翻，又如字。时清河王庆，恩遇尤渥，渥，厚渍也。常入省宿止；省，禁中也。帝将发其谋，欲得外戚传，贤曰：前书外戚传。传，直恋翻。惧左右，不敢使，令庆私从千乘王求，千乘王伉，帝长兄也。乘，绳证翻。夜，独内之；又令庆传语郑众，求索故事。贤曰：谓文帝诛薄昭，武帝诛窦婴故事。索，山客翻。庚申，帝幸北宫，诏执金吾、五校尉勒兵屯卫南、北宫，执金吾掌宫外戒司非常，北军五校尉主五营士，故令勒兵屯卫。闭城门，收捕郭璜、郭举、邓叠、邓磊，皆下狱死。下，遐稼翻。遣谒者仆射收宪大将军印绶，更封为冠军侯，宪先已封冠军侯，不受，今复封，以侯就国。更，居孟翻。与笃、景、瓌皆就国。瓌，古回翻。帝以太后故，不欲名诛宪，言不欲正名诛之。为选严能相督察之。为，于伪翻。宪、笃、景到国，皆迫令自杀。

初，河南尹张酺，数以正法绳治窦景，酺，薄乎翻。酺先为魏郡太守，郡人郑据奏窦景罪，景遣掾夏猛私谢酺，使罪据子；酺收猛系狱。及入为河南尹，景家人击伤市卒，吏捕得之；景怒，遣缇骑侯海殴伤市丞。酺部吏杨章穷究，正海罪，徙朔方。数，所角翻。治，直之翻。及窦氏败，酺上疏曰："方宪等宠贵，群臣阿附唯恐不及，皆言宪受顾命之托，怀伊、吕之忠，至乃复比邓夫人于文母，贤曰：按邓夫人，即穰侯邓叠母元。张酺论宪兼及其党，称邓夫人，犹如前书霍光妻称霍显，祁大伯母号祁夫人之类。复，扶又翻。今严威既行，皆言当死，不【章：甲十六行本"不"下有"复"字；张校同。】顾其前后，考折厥衷。折，之舌翻。

衷，竹仲翻。臣伏见夏阳侯瓌每存忠善，前与臣言，常有尽节之心，检敕宾客，未尝犯法。臣闻王政骨肉之刑，有三宥之义，礼记：公族有罪，狱成，有司谳于公曰："某之罪在大辟。"公曰："宥之。"有司又曰："在大辟。"公又曰："宥之。"有司又曰："在辟。"公又曰："宥之。"及三宥不对，走出，致刑于甸人。公又使人追之曰："必宥之。"有司对曰："无及也。"反命于公，公素服，如其伦之丧。过厚不过薄。今议者欲为瓌选严能相，为，于伪翻。相，息亮翻，侯国相也。恐其迫切，必不完免，宜裁加贷宥，以崇厚德。"帝感其言，由是瓌独得全。窦氏宗族宾客以宪为官者，皆免归故郡。

初，班固奴尝醉骂洛阳令种兢，姓谱：种本仲氏，避难改焉。兢因逮考窦氏宾客，收捕固，死狱中。固尝著汉书，尚未就，诏固女弟曹寿妻昭踵而成之。昭，即曹大家也。

华峤论曰：固之序事，不激诡，不抑抗，贤曰：激，扬也。诡，毁也。抑，退也。抗，进也。余谓激诡抑抗，皆指史家作意以为文之病。华，户化翻。赡而不秽，详而有体，使读之者亹亹而不厌，尔雅曰：亹亹，犹勉勉也；音无匪翻。信哉其能成名也！固讥司马迁是非颇谬于圣人，贤曰：言迁所是非与圣人乖谬，即崇黄、老而薄六经，轻仁义而贱守节是也。然其论议，常排死节，谓言龚胜竟夭天年之类。否正直，谓言王陵、汲黯之戆之类。而不叙杀身成仁之为美，谓不立忠义传。则轻仁义，贱守节甚矣！

9 初，窦宪纳妻，天下郡国皆有礼庆。汉中郡亦当遣吏，汉中郡，在洛阳西千九百九十里。户曹李郃郡有户曹，主民户、祠祀、农桑。郃，曷阁翻。谏曰："窦将军椒房之亲，不修德礼而专权骄恣，危亡之祸，可翘足而待；翘，举也。愿明府一心王室，勿与交通。"太守固遣之，郃不能止，请求自行，许之。郃遂所在迟留以观其变，行至扶风潘岳关中记曰：三辅旧治长安城中，长吏各居其县治民。东都之后，扶风出治槐里，冯翊出治高陵。而宪就国。凡交通者皆坐免官，汉中太守独不与焉。与，读曰预。

帝赐清河王庆奴婢、舆马、钱帛、珍宝，充牣其第。庆或时不安，帝朝夕问讯，进膳药，所以垂意甚备。庆亦小心恭孝，自以废黜，尤畏事慎法，故能保其宠禄焉。

10 帝除袁安子赏为郎，任隗子屯为步兵校尉，以安、隗守正不附窦氏也。任，音壬。隗，五罪翻。郑众迁大长秋。百官志：大长秋，秩二千石，承秦将行；景帝更为大长秋，或用士人，中兴常月宦者。职掌奉宣中宫命，凡给赐宗亲及宗亲当谒见者关通之，中宫出则从。张晏曰：皇后卿。师古曰：秋者，收成之时，长者，恒久之义，故以为皇后官名。帝策勋班赏，众每辞多受少，帝由是贤之，常与之议论政事，宦官用权自此始矣。

11 秋，七月，己丑，太尉宋由以窦氏党策免，自杀。

12 八月，辛亥，司空任隗薨。

13 癸丑，以大司农尹睦为太尉。太傅邓彪以老病上还枢机职，上，时掌翻。尚书，枢机之职。邓彪录尚书。诏许焉，以睦代彪录尚书事。

14 冬，十月，【章：甲十六行本“月”下有“己亥”二字；乙十一行本同；孔本同；退斋校同。】以宗正刘方为司空。

15 武陵、零陵、澧中蛮叛。

16 护羌校尉邓训卒，吏、民、羌、胡旦夕临者日数千人。临，力鸩翻，哭也。羌、胡或以刀自割，又刺杀其犬马牛羊，刺，七逆翻，又七四翻。曰：“邓使君已死，我曹亦俱死耳！”前乌桓吏士皆奔走道路，贤曰：训前任乌桓校尉时吏士也。至空城郭；吏执，不听，以状白校尉徐傿，傿，盖为乌桓校尉。傿，于建翻。傿叹息曰：“此为义也！”乃释之。遂家家为训立祠，为，于伪翻；下同。每有疾病，辄请祷求福。

蜀郡太守聂尚代训为护羌校尉，欲以恩怀诸羌，乃遣译使招呼迷唐，使还居大、小榆谷。迷唐去大、小榆谷，事见上卷章和二年。邓训驱逐迷唐，而聂尚招呼之，欲以反邓训之政也。聂，缺〔昵〕辄翻。使，疏吏翻。迷唐既还，遣祖母卑缺诣尚，卑缺，盖迷吾之母。尚自送至塞下，为设祖道，令译田汜等五人护送至庐落。迷唐遂反，与诸种共生屠裂汜等，以血盟诅，种，章勇翻。汜，详里翻。诅，庄助翻。复寇金城塞。复，扶又翻。尚坐免。

五年（癸巳、九三）

1 春，正月，乙亥，宗祀明堂，登灵台，赦天下。

2 戊子，千乘贞王伉薨。谥法：臣谥，直道不挠曰贞；事君无猜曰贞；清白守节曰贞；固节干事曰贞。伉，音抗。

3 辛卯，封皇弟万岁为广宗王。广宗县，属钜鹿郡。贤曰：今贝州宗城县。隋炀帝讳广，故改为宗城。

4 甲寅，太傅邓彪薨。

5 戊午，陇西地震。

6 夏，四月，壬子，绍封阜陵殇王兄鲂为阜陵王。谥法：未家短折曰殇。阜陵殇王冲，质王延之子，元年嗣封，三年薨，无嗣，今以鲂绍封。鲂，符方翻。

7 九月，辛酉，广宗殇王万岁薨，无子，国除。

8 初，窦宪既立於除鞬为北单于，欲辅归北庭，事见上卷三年。鞬，居言翻。会宪诛而止。於除鞬自畔还北，诏遣将兵长史王辅以千馀骑与任尚共追讨，斩之，破灭其众。

9 耿夔之破北匈奴也，事见上卷三年。鲜卑因此转徙据其地。拓拔氏自北荒南徙，盖此时也。匈奴馀种留者尚有十馀万落，种，章勇翻。皆自号鲜卑；鲜卑由此渐盛。

10 冬，十月，辛未，太尉尹睦薨。

11 十一月，乙丑，太仆张酺为太尉。酺与尚书张敏等奏“射声校尉曹褒，擅制汉礼，破乱圣术，宜加刑诛。”书凡五奏。

帝知酺守学不通，言守其家学也。虽寝其奏，而汉礼遂不行。褒制礼事，见上卷章帝章和元年。

12 是岁，武陵郡兵破叛蛮，降之。降，户江翻。

13 梁王畅与从官卞忌祠祭求福，姓谱：卞本自有周曹叔振铎之后，曹之支子封于卞，遂以建族。余按鲁有卞庄子，楚有卞和。忌等谄媚云："神言王当为天子。"畅与相应答，为有司所奏，请征诣诏狱。帝不许，但削成武、单父二县。成武、单父二县，本属山阳，后属济阴，章帝以益梁国。贤曰：成武，今曹州县；单父，今宋州县。单，音善。畅惭惧，上疏深自刻责曰："臣天性狂愚，不知防禁，自陷死罪，分伏显诛。分，扶问翻。陛下圣德，枉法曲平，贤曰：曲平，曲法申恩，平处其罪。横赦贷臣，为臣受污。横，胡孟翻。污，恶也，天下以赦畅为纳污，是为畅受污。为，于伪翻。臣知大贷不可再得，自誓束身约妻子，不敢复出入失绳墨，不敢复有所横费，横，户孟翻。复，扶又翻。租入有馀，乞裁食睢阳、谷熟、虞、蒙、宁陵五县，还馀所食四县。四县，下邑、尉氏、薄、鄢也。睢，音虽。臣畅小妻三十七人，凡非正室者，皆小妻也。其无子者，愿还本家，自选择谨敕奴婢二百人，其馀所受虎贲、官骑及诸工技、鼓吹、仓头、奴婢，兵弩、厩马，皆上还本署。虎贲士，属虎贲中郎将。官骑，驺骑也。汉官仪曰：驺骑，王家名官骑，与厩马皆属太仆。工技，属尚方。鼓吹，属黄门。仓头、奴婢，属永巷、御府、奚官等令。兵弩，属考工令。各有本署也。贲，音奔。技，渠绮翻。吹，昌瑞翻。上，时掌翻。臣畅以骨肉近亲，乱圣化，污清流，污，乌故翻。既得生活，诚无心面目以凶恶复居大宫，食大国，张官属，藏杂物，贤曰：古者师行，二五为什，食器之类必共之，故曰什物、食具。今人通谓生生之具为什物。复，扶又翻。愿陛下加恩开许。"上优诏不听。

14 护羌校尉贯友贯，姓也，汉初有赵相贯高。遣译使构离诸羌，诱以财货，由是解散。使，疏吏翻。诱，音酉。乃遣兵出塞，攻迷唐于大、小榆谷，获首虏八百馀人，收麦数万斛，遂夹逢留大河筑城坞，此大河即黄河。河水至此有逢留之名，在二榆谷北。作大航，造河桥，欲度兵击迷唐。郦道元水经注曰：于河狭作桥。航，户刚翻。迷唐率部落远徙，依赐支河曲。西羌传：赐支者，禹贡所谓析支者也。羌居河关之西南，滨于赐支，至于河首，绵地千里。司马彪曰：西羌自析支以西滨河首，在右居也。河水屈而东北流，径于析支之地，是为河曲矣。应劭曰：禹贡析支属雍州，在河关之西，东去河关千馀里，羌人所居，谓之河曲羌。

15 单于屯屠何死，单于宣弟安国立。安国初为左贤王，无称誉；及为单于，单于适之子右谷蠡王师子以次转为左贤王。谷，音鹿。蠡，卢奚翻。师子素勇黠多知，黠，下八翻。知，古智字通。前单于宣及屯屠何皆爱其气决，数遣将兵出塞，数，所角翻；下同。掩击北庭，还，受赏赐，天子亦加殊异。由是国中尽敬师子而不附安国，安国欲杀之；诸新降胡，初在塞外数为师子所驱掠，在塞外，谓先属北部时。降，户刚翻。多怨之。安国【章：甲十六行本“国”下有“因是”二字；乙十一行本同；孔本同；张校同。】委计降者，与同谋议。师子觉其谋，乃别居五原界，每龙庭会议，匈奴龙庭，本在塞外，是时南单于居塞内，亦谓所居为龙庭。师子辄称病不往。度辽将军皇甫棱知之，亦拥护不遣，单于怀愤益甚。

六年（甲午、九四）

1 春，正月，皇甫棱免，以执金吾朱徽行度辽将军。时单于与中郎将杜崇不相平，乃上书告崇；崇讽西河太守令断单于章，中郎将，使匈奴中郎将也。断，音短。单于居西河美稷，故讽令太守断其章，使不上闻。单于无由自闻。崇因与朱徽上言：“南单于安国，疏远故胡，亲近新降，远，于愿翻。近，其靳翻。降，户江翻。欲杀左贤王师子及左台且渠刘利等；又，右部降者，谋共迫胁安国起兵背畔，且，子余翻。背，蒲妹翻。请西河、上郡、安定为之儌备。”帝下公卿议，下，遐稼翻。皆以为：“蛮夷反覆，虽难测知，然大兵聚会，必未敢动摇。今宜遣有方略使者之单于庭，之，往也。使，疏吏翻。与杜崇、朱徽及西河太守并力，观其动静。如无他变，可令崇等就安国会其左右大臣，责其部众横暴为边害者，共平罪诛。相与平处其罪，当诛者则诛之。横，户孟翻。若不从命，令为权时方略，事毕之后，裁行赏赐，贤曰：裁量赐物，不多与也。亦足以威示百蛮。”【章：甲十六行本“蛮”下有“帝从之”三字；乙十一行本同；张校同。】于是徽、崇遂发兵造其庭。造，七到翻。安国夜闻汉军至，大惊，弃帐而去，帐，单于所居，即谓之穹庐，又谓之庐帐。因举兵欲诛师子。师子先知，乃悉将庐落入曼柏城；曼柏县，属五原郡。安国追到城下，门闭，不得入。朱徽遣吏譬【章：甲十六行本“譬”上有“晓”字；乙十一行本同；退斋校同。】和之，安国不听；城既不下，乃引兵屯五原。崇、徽因发诸郡骑追赴之急，众皆大恐，安国舅骨都侯喜为等虑并被诛，乃格杀安国，被，皮义翻。考异曰：帝纪在去年，误。今从南匈奴传。立师子为亭独尸逐侯鞮单于。鞮，丁奚翻。

2 己卯，司徒丁鸿薨。

3 二月，丁未，以司空刘方为司徒，太常张奋为司空。

4 夏，五月，城阳怀王淑薨，无子，国除。

5 秋，七月，京师旱。

6 西域都护班超发龟兹、鄯善等八国兵合七万馀人龟兹，音丘慈。鄯，上扇翻。讨焉耆，到其城下，诱焉耆王广、尉犁王泛等于陈睦故城，斩之，传首京师；诱，音酉。考异曰：袁纪“泛”作“沈”，今从超传。因纵兵钞掠，钞，楚交翻。斩首五千馀级，获生口万五千人，更立焉耆左侯元孟为焉耆王。焉耆国有左右将、左右侯。更，工衡翻。超留焉耆半岁，慰抚之。于是西域五十馀国悉纳质内属，至于海滨，西海之滨也，所谓条支、大秦、蒙奇、兜勒诸国也。质，音致。四万里外，皆重译贡献。重，直龙翻。班超所以成西域之功者，以匈奴衰困，力不能及西域也。

7 南单于师子立，降胡五六百人夜袭师子，降，户江翻。安集掾王恬将卫护士与战，破之。使匈奴中郎将置掾，随事为员，安集掾，以安集匈奴为称也。光武在河北，亦置安集掾，以天下未定，使之安集斯民也。建武二十六年，使匈奴中郎将置安集掾史，将弛刑五十人，持兵弩随单于所处，参辞讼，察动静。掾，俞绢翻。于是降胡遂相惊动，十五部二十馀万人皆反，胁立前单于屯屠何子薁鞮日逐王逢侯为单于，“鞮”，当作“鞬”。贤曰：前“鞮”、“鞬”两字通，今不改亦可，薁，于六翻。鞬，九言翻。遂杀略吏民，燔烧邮亭、庐帐，将车重向朔方，欲度幕北。邮，音尤。重，直用翻。九月，癸丑，以光禄勋邓鸿行车骑将军事，与越骑校尉冯柱、行度辽将军朱徽将左右羽林、北军五校士及郡国迹射、缘边兵，贤曰：汉有迹射士，言寻迹而射也。乌桓校尉任尚将乌桓、鲜卑，合四万人讨之。时南单于及中郎将杜崇屯牧师城，汉边郡有牧师菀以养马，此牧师菀城也，当在西河郡美稷县界。逢侯将万馀骑攻围之。冬，十一月，邓鸿等至美稷，逢侯乃解围去，向满夷谷。南单于遣子将万骑及杜崇所领四千骑，与邓鸿等追击逢侯于大城塞，大城县故属西河郡，郡国志属朔方郡。斩首四千馀级。任尚率鲜卑、乌桓要击逢侯于满夷谷，要，一遥翻。复大破之，复，扶又翻；下同。前后凡斩万七千馀级。逢侯遂率众出塞，汉兵不能追而还。还，从宣翻，又如字。

8 以大司农陈宠为廷尉。宠性仁矜，数议疑狱，数，所角翻。每附经典，务从宽恕，刻敝之风，于此少衰。少，诗沼翻。

9 帝以尚书令江夏黄香为东郡太守，香辞以：“典郡从政，才非所宜，乞留备冗官，冗，而陇翻，散也。赐以督责小职，任之宫台烦事。”宫，谓宫中；台，谓尚书台也。尚书出纳王命，故云宫台烦事。

帝乃复留香为尚书令，增秩二千石，按百官志，尚书令秩千石，今特增秩二千石，以香在尚书日久，又辞不拜郡，故复留为尚书令而禄以郡守禄。甚见亲重。香亦祗勤物务，忧公如家。

七年（乙未、九五）

1 春，正月，邓鸿等军还，冯柱将虎牙营留屯五原；鸿坐逗留失利，下狱死。后帝知朱徽、杜崇失胡和，又禁其上书，以致胡反，皆征，下狱死。下，遐稼翻。

2 夏，四月，辛亥朔，日有食之。

3 秋，七月，乙巳，易阳地裂。余按地理志及郡国志，易阳县属赵国。应劭曰：易水出涿郡故安；师古及贤皆曰县在易水之阳，此皆承应劭之误也。易水在燕南界，汉属河间郡界，此时赵国仅有唐邢、洺二州之地，安得有属县远在易水之阳邪！五代史志：洺州临洺县，旧曰易阳，后齐废，入襄国县；后周改为易阳县，别置襄国县；隋开皇六年，改易阳县为邯郸县，十年，改邯郸县为临洺而别置邯郸县。由是观之，汉易阳县当在邯郸、襄国二县之间。

4 九月，癸卯，京师地震。

5 乐成王党坐贼杀人，削东光、鄡二县。东光县，本属勃海郡；鄡县，本属钜鹿郡，章帝以益乐成国。鄡，音羌尧翻。旧禁宫人出嫁，不得适诸国。有故掖庭技人哀置嫁男子章初，党召入宫与通；初欲上书告之，党赂哀置姊昭杀初。

八年（丙申、九六）

1 春，二月，立贵人阴氏为皇后。后，识之曾孙也。

2 夏，四月，【章：甲十六行本"月"下有"癸亥"二字；乙十一行本同；退斋校同。】乐成靖王党薨。子哀王崇立，寻死，无子，国除。

3 五月，河内、陈留蝗。

4 南匈奴右温禺犊王乌居战畔出塞。贤曰：温禺犊王名乌居战。秋，七月，度辽将军庞奋、越骑校尉冯柱追击破之，徙其馀众及诸降胡二万馀人于安定、北地。安定郡，在雒阳西千七百里。北地郡，在雒阳西千一百里。

5 车师后部王涿鞮反，击前王尉毕大，获其妻子。“尉毕大”，西域传作“尉卑大”。时戊己校尉索頵欲废后部王涿鞮，涿鞮忿前王尉卑大卖己，因反，击尉卑大。鞮，丁奚翻。

6 九月，京师蝗。

7 冬，十月，乙丑，北海王威以非敬王子，又坐诽谤，自杀。

8 十二月，辛亥，陈敬王羡薨。

9 丁巳，南宫宣室殿火。

10 护羌校尉贯友卒，以汉阳太守史充代之。充至，遂发湟中羌、胡出塞击迷唐。迷唐迎败充兵，败，补迈翻。杀数百人。充坐征，以代郡太守吴祉代之。

九年（丁酉、九七）

1 春，三月，庚辰，陇西地震。

2 癸巳，济南安王康薨。谥法：好和不争曰安；宽裕和平曰安。济，子礼翻。

3 西域长史王林击车师后王，斩之。后王涿鞮。

4 夏，四月，丁卯，封乐成王党子巡为乐成王。

5 五月，封皇后父屯骑校尉阴纲为吴房侯，郡国志：吴房县，属汝南郡，有棠溪亭。左传，房国，楚灵王所灭，又，楚昭王封吴王夫概于棠溪。地道记有吴城。吴房盖合吴城、房国以名县也。以特进就第。

6 六月，旱，蝗。

7 秋，八月，鲜卑寇肥如，辽东太守祭参坐沮败，下狱死。贤曰：肥如县，属辽西郡。前书音义曰：肥子奔燕，封于此，今平州也。按祭肜传：参守辽东，鲜卑入郡界，参坐沮败，下狱死。盖寇辽西之肥如，遂入辽东郡界也。沮，在吕翻。

8 闰月，辛巳，皇太后窦氏崩。初，梁贵人既死，事见四十六卷章帝建初八年。宫省事秘，莫有知帝为梁氏出者。舞阴公主子梁扈遣从兄禅奏记三府，扈，梁松子也。帝母梁贵人，少失母，为伯母舞阴公主所养。从，才用翻。贤曰：禅，古禅字。以为"汉家旧典，崇贵母氏，而梁贵人亲育圣躬，不蒙尊号，求得申议。"贤曰：求申理而议之也。太尉张酺言状，帝感恸良久，曰：毛晃曰：良，颇也；良久，颇久也。或曰：良久，少久也。一曰：良，略也，声轻，故转略为良。恸，徒弄翻，大哭也，哀过也。"于君意若何？"酺请追上尊号，存录诸舅。录，采也，收拾也。帝从之。会贵人姊南阳樊调妻嫕嫕，音于计翻。考异曰：袁纪"嫕"皆作"凭"，今从皇后纪、梁竦传。上书自讼曰："妾父竦冤死牢狱，骸骨不掩；母氏年逾七十，及弟棠等远在绝域，不知死生。愿乞收竦朽骨，使母、弟得归本郡。"帝引见嫕，乃知贵人枉殁之状。三公上奏，"请依光武黜吕太后故事，事见四十五卷光武中元元年。按此事乃光武之失，而可引之为故典乎！贬窦太后尊号，不宜合葬先帝，"百官亦多上言者。帝手诏曰："窦氏虽不遵法度，而太后常自减损。朕奉事十年，自嗣位至是十年。深惟大义：惟，思也。礼，臣子无贬尊上之文，恩不忍离，义不忍亏。按前世，上官太后亦无降黜，谓上官桀父子诛，不累及上官后也。事见二十二卷昭帝元凤元年。其勿复议！"复，扶又翻。丙申，葬章德皇后。

9 烧唐【章：甲十六行本"唐"作"当"；乙十一行本同；熊校同。】羌迷唐率众八千人寇陇西，胁塞内诸种羌合步骑三万人击破陇西兵，杀大夏长。大夏县，属陇西郡。宋白曰：今大夏县属河州。夏，户雅翻。种，章勇翻。长，知两翻。诏遣行征西将军刘尚、越骑校尉赵世副之，以赵世副刘尚也。考异曰：西羌传作"赵代"，今从帝纪。余谓唐太宗讳世民，贤注范史，偶检点及此，遂改"世"为"代"耳。将汉兵、羌、胡共三万人讨之。尚屯狄道，世屯枹罕；狄道、枹罕二县，皆属陇西郡。宋白曰：狄道县，属兰州；枹罕县，河州治所。枹，音肤。尚遣司马寇盱监诸郡兵，四面并会。监，古衔翻。迷唐惧，弃老弱，奔入临洮南。奔入临洮南山也。尚等追至高山，大破之，斩虏千馀人。迷唐引去，汉兵死伤亦多，不能复追，复，扶又翻。乃还。

10 九月，庚申，司徒刘方策免，自杀。

11 甲子，追尊梁贵人为皇太后，谥曰恭怀，追复丧制。冬，十月，乙酉，改葬梁太后及其姊大贵人于西陵。西陵，盖以其地在敬陵之西，故称西陵，犹薄太后陵在霸陵南，因谓之南陵也。贤曰：初，后葬有阙，故改葬。擢樊调为羽林左监。追封谥皇太后父竦为褒亲愍侯，谥法：在国逢难曰愍。遣使迎其丧，葬于恭怀皇后陵旁。征还竦妻子；封子棠为乐平侯，乐平，侯国，属东郡，故清县也，章帝更名。棠弟雍为乘氏侯，乘氏，侯国，属济阴郡，春秋之乘丘也。乘，绳证翻。雍弟翟为单父侯，单父，音善甫。位皆特进，赏赐以巨万计，宠遇光于当世，梁氏自此盛矣。

清河王庆始敢求上母宋贵人冢，宋贵人冢，在雒阳城北樊濯聚。上，时掌翻。帝许之，诏太官四时给祭具。庆垂涕曰："生虽不获供养，供，俱用翻。养，羊尚翻。终得奉祭祀，私愿足矣！"欲求作祠堂，恐有自同恭怀梁后之嫌，遂不敢言，常泣向左右，以为没齿之恨。齿，年也。后上言："外祖母王年老，乞诣雒阳疗疾，"于是诏宋氏悉归京师，宋氏归故郡，事见四十六卷章帝建初七年。除庆舅衍、俊、盖、暹等皆为郎。

12 十一月，癸卯，以光禄勋河南吕盖为司徒。

13 十二月，丙寅，司空张奋罢。壬申，以太仆韩棱为司空。

14 西域都护定远侯班超遣掾甘英使大秦、条支，东观记曰：以汉中郡南郑县之西乡千户封超为定远侯。贤曰：定远故城，在今洋州西乡县南。西域传曰：自皮山西南经乌秅，涉悬度，历罽宾，六十馀日，行至乌弋山离国，复西南，马行百馀日，至条支。条支临西海，海水曲环其南及东北三面，路绝，唯西北隅通陆道。大秦国，西汉之犁靬也，在西海西，其人民长大平正，有类中国，故谓之大秦，今拂菻国是也。掾，俞绢翻。使，疏吏翻。穷西海，皆前世所不至，莫不备其风土，传其珍怪焉。及安息西界，自条支转北而东，马行六十馀日，至安息。临大海，欲渡，船人谓英曰：“海水广大，往来者逢善风，善风，谓顺风也。三月乃得渡，若遇迟风，亦有二岁者；故入海，人皆赍三岁粮，海中善使人思土恋慕，数有死亡者。”数，所角翻。英乃止。

十年（戊戌、九八）

1 夏，五月，京师大水。

2 秋，七月，己巳，司空韩棱薨。八月，丙子，以太常太山巢堪为司空。

3 冬，十月，五州雨水。

4 行征西将军刘尚、越骑校尉赵世坐畏懦征，下狱，免。谒者王信领尚营屯枹罕，谒者耿谭领世营屯白石。白石县，本属金城郡，时属陇西郡。水经注：白石川水南径白石城西而注漓水，水又径白石县故城南。阚骃曰：白石县，在狄道县西北二百八十五里。贤曰：白石山在今兰州；或曰：河州凤林县，本汉白石县，张骏改为永固，唐为乌州，后废州置安昌县，后又更名凤林。杜佑曰：直道县有白石山。谭乃设购赏，诸种颇来内附。迷唐恐，乃请降；信、谭遂受降罢兵。十二月，迷唐等帅种人诣阙贡献。帅，读曰率。种，章勇翻。

5 戊寅，梁节王畅薨。

6 初，居巢侯刘般薨，居巢县，属庐江郡。般，建初三年薨。子恺当嗣，称父遗意，让其弟宪，遁逃久之，有司奏绝恺国。肃宗美其义，特优假之，恺犹不出。积十馀岁，有司复奏之，复，扶又翻。侍中贾逵上书曰：“孔子称‘能以礼让为国乎何有’。见论语。有司不原乐善之心，乐，音洛。而绳以循常之法，惧非长克让之风，成含弘之化也。”长，知两翻。帝纳之，下诏曰：“王法崇善，成人之美，其听宪嗣爵；遭事之宜，后不得以为比。”乃征恺，拜为郎。

7 南单于师子死，单于长之子檀立，为万氏尸逐鞮单于。

十一年(己亥、九九)

1 夏，四月，丙寅，赦天下。

2 帝因朝会，召见诸儒，朝，直遥翻。见，贤遍翻。使中大夫鲁丕与侍中贾逵、尚书令黄香等相难数事，难，乃旦翻。以经疑相难也；下同。帝善丕说，罢朝，特赐衣冠。丕因上疏曰："臣闻说经者，传先师之言，非从己出，不得相让；相让则道不明，若规矩权衡之不可枉也。贤曰：规，圆也。矩，方也。权，秤锤。衡，秤衡也。难者必明其据，说者务立其义，汉儒专门名家，各守师说，故发难者必明其师之说以为据；答难者亦必务立大义以申其师之说。浮华无用之言，不陈于前，故精思不劳而道术愈章。章，明也。思，相吏翻。法异者各令自说师法，博观其义，无令刍荛以言得罪，自比于刍荛，谦也。荛，如招翻。幽远独有遗失也。"

十二年(庚子、一〇〇)

1 夏，四月，戊辰，秭归山崩。贤曰：秭归县，属南郡，古之夔国，今归州也。袁山松曰：屈原此县人，既被流放，忽然蹔归，其姊亦来，因名其地为秭归。秭，亦姊也，音蒋兕翻。

2 秋，七月，辛亥朔，日有食之。

3 九月，戊午，太尉张酺免。丙寅，以大司农张禹为太尉。

4 烧当羌豪迷唐既入朝，其馀种人不满二千，饥窘不立，不能自立也。种，章勇翻；下同。入居金城。帝令迷唐将其种人还大、小榆谷；迷唐以汉作河桥，即五年贯友所作之桥。兵来无常，故地不可复居，复，扶又翻；下同。辞以种人饥饿，不肯远出。护羌校尉吴祉等多赐迷唐金帛，令籴谷市畜，畜，许又翻。促使出塞，种人更怀猜惊。是岁，迷唐复叛，胁将湟中诸胡寇钞而去，钞，楚交翻。王信、耿谭、吴祉皆坐征。

十三年(辛丑、一〇一)

1 秋，八月，己亥，北宫盛馔门阁火。盛馔门阁，御厨门阁也。晋书天文志曰：紫宫垣西南角外二星，内二星曰内厨，主六宫之内饮食，后妃、夫人与太子宴饮。东北维外六星，曰天厨，主盛馔。皇居则象于天极，故北宫有盛馔门阁。

2 迷唐复还赐支河曲，将兵向塞。护羌校尉周鲔与金城太守侯霸金城郡在洛阳西二千八百里。鲔，于轨翻。及诸郡兵、属国羌、胡合三万人【章：甲十六行本“人”下有“出塞”二字；乙十一行本同；孔本同；张校同；退斋校同。】至允川。水经注曰：允川去赐支河曲数十里，在大、小榆谷之西。侯霸击破迷唐，种人瓦解，降者六千馀口，种，章勇翻。降，户江翻。分徙汉阳、安定、陇西。迷唐遂弱，远逾赐支河首，依发羌居。发羌，羌之别种，或曰：唐之吐蕃即其后也。久之，病死，其子来降，户不满数十。

3 荆州雨水。

4 冬，十一月，丙辰，诏曰：“幽、并、凉州户口率少，幽州部涿郡、广阳、代郡、上谷、渔阳、右北平、辽西、辽东、玄菟、乐浪等郡。并州部上党、太原、上郡、西河、五原、云中、定襄、雁门、朔方等郡。幽州大郡，户犹十万馀，唯玄菟户一千五百二十四。并州大郡三万馀，小郡不满二千。凉州大郡不满三万，敦煌七百四十八而已。少，诗沼翻。边役众剧，束修良吏进仕路狭。束修，谓束发自修者也。抚接夷狄，以人为本，其令缘边郡口十万以上，岁举孝廉一人，不满十万，二岁举一人，五万以下，三岁举一人。”

5 鲜卑寇右北平，右北平郡，在雒阳北二千三百里。遂入渔阳，渔阳太守击破之。

6 戊辰，司徒吕盖以老病致仕。

7 巫蛮许圣以郡收税不均，怨恨，遂反；贤曰：巫县，属南郡，故城在今夔州巫山县。辛卯，寇南郡。

十四年（壬寅、一〇二）

1 春，安定降羌烧何种反，烧当与烧何各是一种。种，章勇翻；下同。郡兵击灭之。时西海及大、小榆谷左右无复羌寇，水经：河水自东河曲径西海郡南，又东径允川而历大、小榆谷北。复，扶又翻。隃麋相曹凤上言：隃麋，侯国，属右扶风。隃，音逾。麋，音眉。贤曰：隃麋故城，在今陇州汧阳县东南。"自建武以来，西羌犯法者，常从烧当种起，所以然者，以其居大、小榆谷，土地肥美，有西海鱼盐之利，西海有允谷盐池。阻大河以为固。又，近塞诸种，易以为非，易，以豉翻。难以攻伐，故能强大，常雄诸种，恃其拳勇，诗云：无拳无勇。毛苌注云：拳，力也。招诱羌、胡。今者衰困，党援坏沮，诱，音酉。沮，在吕翻。亡逃栖窜，远依发羌。臣愚以为宜及此时建复西海郡县，建，立也。立策复置郡县也。置西海郡见三十六卷平帝元始四年。规固二榆，规，图也，谋也。广设屯田，隔塞羌、胡交关之路，塞，悉则翻。遏绝狂狡窥欲之源。又殖谷富边，省委输之役，委，于伪翻。输，春遇翻。国家可以无西方之忧。"上从之，缮修故西海郡，徙金城西部都尉以戍之，孟康曰：金城西部都尉府在金城县。拜凤为金城西部都尉，屯龙耆。贤曰：龙耆，即龙支也，今鄯州县。宋白曰：鄯州龙支县，本汉允吾县地，取县西龙支堆为名。后增广屯田，列屯夹河，合三十四部。其功垂立，会永初中，诸羌叛，乃罢。

2 三月，戊辰，临辟雍飨射，赦天下。

3 夏，四月，遣使者督荆州兵万馀人，分道讨巫蛮许圣等，大破之。圣等乞降，悉徙置江夏。晋、宋之荆州蛮，分居沔中西阳者，即巫蛮之馀种也。降，户江翻。

4 阴皇后多妒忌，宠遇浸衰，数怀恚恨。数，所角翻。恚，衣避翻。后外祖母邓朱，出入宫掖，有言后与朱共挟巫蛊道者；贤曰：巫师为蛊，故曰巫蛊。左传注曰：蛊，惑也。帝使中常侍张慎与尚书陈褒案之，劾以大逆无道，劾，户概翻，又户得翻。朱二子奉、毅，后弟辅皆考死狱中。六月，辛卯，后坐废，迁于桐宫，以忧死。父特进纲自杀，后弟轶、敞及朱家属徙日南比景。日南郡，秦象郡也，武帝更名，在雒阳南万三千四百里；比景县属焉。如淳曰：日中于头上，景在己下，故名之。师古曰：日南，言其在日之南，所谓“开北户以向日”者。轶，音逸。

5 秋，七月，壬子，常山殇王侧薨，无子，立其兄防子侯章为常山王。房子县属常山国。

6 三州大水。

7 班超久在绝域，超始出西域，见四十五卷明帝永平十六年。年老思土，上书乞归曰：“臣不敢望到酒泉郡，但愿生入玉门关。酒泉郡，在雒阳西四千七百里。贤曰：玉门关，属敦煌郡，今沙州也，去长安三千六百里，关在敦煌县西北。酒泉郡，今肃州也，去长安二千八百五十里。谨遣子勇随安息献物入塞，及臣生在，令勇目见中土。”朝廷久之未报，超妹曹大家超妹昭，嫁扶风曹寿，博学高才，有节行法度。帝数召入宫，令皇后诸贵人师事焉，号曰大家。家，今人相传读曰姑。又据皇后纪，冲帝母虞贵人，梁冀秉政，抑而不加爵号，但称大家而已。则大家者，宫中相尊之称也。上书曰：“蛮夷之性，悖逆侮老；悖，蒲内翻，又蒲没翻。而超旦暮入地，久不见代，恐开奸宄之原，生逆乱之心。而卿大夫咸怀一切，莫肯远虑，如有卒暴，卒，读曰猝；下同。超之气力不能从心，便为上损国家累世之功，下弃忠臣竭力之用，诚可痛也！故超万里归诚，自陈苦急，延颈逾望，贤曰：逾，遥也，高祖逾谓黥布曰：何苦而反？余按前书，当作“隃”，读曰遥，传写误作“逾”。三年于今，未蒙省录。省，悉景翻。妾窃闻古者十五受兵，六十还之，贤曰：周礼乡大夫职曰：国中七尺以及六十有五，皆征之。征，谓赋税从征役也。韩诗外传曰：二十行役，六十免役；与周礼国中同，即知一与周礼七尺同。礼，国中六十免役，野即六十有五，晚于国中五年。国中七尺从役，野六尺，即是野又早于国中五年。七尺，谓二十；六尺，即十五也。此言十五受兵，据野外为言；六十还之，据国中为说也。亦有休息，不任职也。任，音壬。故妾敢触死为超求哀，丐超馀年，为，于伪翻。贤曰：丐，乞也。一得生还，复见阙庭，使国家无劳远之虑，西域无仓卒之忧，超得长蒙文王葬骨之恩，新序曰：周文王作灵台，掘地得死人之骨，王曰："更葬之！"吏曰："此无主矣。"文王曰："有天下者，天下之主也，有一国者，一国之主也；寡人固其主，又安求之主！"遂更葬之。天下皆曰："文王贤矣，泽及朽骨，而况于人乎！"子方哀老之惠。"贤曰：田子方，魏文侯之师也，见君之老马弃之，曰："少尽其力，老而弃之，非仁也。"于是收而养之。帝感其言，乃征超还。八月，超至雒阳，拜为射声校尉；九月，卒。考异曰：本传称超十二年上疏，十四年至雒阳。而妹昭上书曰："延颈逾望，三年于今。"注引东观记曰："安息遣使献大雀、师子，超遣子勇随入塞。"按帝纪："十三年，安息国人贡"，袁纪载超书亦在十三年。今并置其书于此。袁纪又云"超到数月薨"，今从本传。

超之被征，被，皮义翻。以戊己校尉任尚代为都护。尚谓超曰："君侯在外国三十馀年，而小人猥承君后，任重虑浅，宜有以诲之！"超曰："年老失智。君数当大位，数，所角翻。岂班超所能及哉！必不得已，愿进愚言：塞外吏士，本非孝子顺孙，皆以罪过徙补边屯；而蛮夷怀鸟兽之心，难养易败。易，以豉翻。今君性严急，水清无大鱼，察政不得下和，家语：孔子曰：水至清则无鱼，人至察则无徒。宜荡佚简易，易，以豉翻。宽小过，总大纲而已。"超去，尚私谓所亲曰："我以班君当有奇策，今所言，平平耳。"尚后竟失边和，如超所言。为任尚征还、汉失西域张本。

8 初，太傅邓禹尝谓人曰："吾将百万之众，未尝妄杀一人，后世必有兴者。"其子护羌校尉训，有女曰绥，性孝友，好书传，好，呼到翻。传，柱恋翻。常昼修妇业，暮诵经典，家人号曰"诸生"。叔父陔曰："尝闻活千人者子孙有封。兄训为谒者，使修石臼河，岁活数千人，陔，柯开翻。石臼河事见四十六卷章帝建初三年。天道可信，家必蒙福。”绥后选入宫为贵人，恭肃小心，动有法度，承事阴后，接抚同列，常克己以下之，谓克去有己之私，不欲上人也。下，遐稼翻。虽宫人隶役，皆加恩借，既有以恩之，又假借以辞色。帝深嘉焉。尝有疾，帝特令其母、兄弟入亲医药，不限以日数，贵人辞曰：“宫禁至重，而使外舍久在内省，外舍，犹言外家；内省，犹言内禁也。上令陛下有私幸之讥，私幸，谓私于所幸者。下使贱妾获不知足之谤，上下交损，谓交有所损。诚不愿也！”帝曰：“人皆以数入为荣，数，所角翻；下同。贵人反以为忧邪！”每有燕会，诸姬竞自修饰，贵人独尚质素，其衣有与阴后同色者，即时解易，若并时进见，见，贤遍翻；下同。则不敢正坐离立，贤曰：离，并也。礼记曰：离坐离立。行则偻身自卑，偻，力主翻，俯也。帝每有所问，常逡巡后对，不敢先后言。先，悉荐翻。阴后短小，举指【章：甲十六行本“指”作“止”；乙十一行本同。】时失仪，左右掩口而笑，贵人独怆然不乐，为之隐讳，若己之失。乐，音洛。为，于伪翻。帝知贵人劳心曲体，叹曰：“修德之劳，乃如是乎！”后阴后宠衰，贵人每当御见，御，进也。见，贤遍翻。辄辞以疾。时帝数失皇子，贵人忧继嗣不广，数选进才人以博帝意。西汉宫中爵号，有美人、良人；若才人，盖东都所置也。博，广也。阴后见贵人德称日盛，称，尺证翻。深疾之；疾，与嫉同，妒也。帝尝寝病，危甚，阴后密言：“我得意，不令邓氏复有遗类！”复，扶又翻。贵人闻之，流涕言曰：“我竭诚尽心以事皇后，竟不为所佑。今我当从死，从，才用翻。上以报帝之恩，中以解宗族之祸，下不令阴氏有人豕之讥。”人豕，即人彘，事见十二卷惠帝元年。即欲饮药。宫人赵玉者固禁止之，因诈言“属有使来，属，之欲翻，会也。使，疏吏翻。上疾已愈”，贵人乃止。明日，上果瘳。瘳，丑留翻。及阴后之废，贵人请救，不能得；帝欲以贵人为皇后，贵人愈称疾笃，深自闭绝。冬，十月，辛卯，诏立贵人邓氏为皇后；后辞让，不得已，然后即位。郡国贡献，悉令禁绝，汉郡国贡献，进御之外，别上皇后宫。岁时但供纸墨而已。毛晃曰：楮籍不知所始，后汉蔡伦以鱼网、木皮为纸，俗以为纸始于伦，非也。按前书外戚传已有赫蹏纸矣。墨，胶煤以为之。帝每欲官爵邓氏，后辄哀请谦让，故兄骘终帝世不过虎贲中郎将。骘，职日翻。贤曰：东观记："骘"作"陟"。

9 丁酉，司空巢堪罢。

10 十一月，癸卯，以大司农沛国徐防为司空。防上疏，以为："汉立博士十有四家，汉官仪曰：光武中兴，恢弘稽古，易有施、孟、梁丘贺、京房，书有欧阳和伯、夏侯胜、建，诗有申公、辕固、韩婴，春秋有严彭祖、颜安乐，礼有戴德、戴圣，凡十四博士。设甲乙之科前书，博士弟子，岁课甲科四十人为郎中，乙科二十人为太子舍人，丙科四十人为文学掌故。以勉劝学者。伏见太学试博士弟子，皆以意说，不修家法，贤曰：诸经为业，各自名家。私相容隐，开生奸路。每有策试，策，编简也。策试，即射策也。汉书音义曰：作简策难问，列置案上，在试者意投射，取而答之，谓之射策。辄兴诤讼，诤，读与争同。论议纷错，互相是非。孔子称'述而不作'，见论语。贤曰：祖述先圣之言，不自制作。又曰'吾犹及史之阙文'。亦见论语。贤曰：古者史官于书有所不知，则阙以待能者。孔子言吾少时犹及见古史官之阙文，今则无之，疾时多穿凿也。今不依章句，妄生穿凿，以遵师为非义，意说为得理，意说者，创意而为之说。轻侮道术，浸以成俗，诚非诏书实选本意。改薄从忠，三代常道；贤曰：太史公曰：夏之政忠，忠之敝小人以野，故殷人承之以敬；敬之敝小人以鬼，故周人承之以文；文之敝小人以僿，故救僿莫若以忠。三王之道若循环，周而复始。僿，音西志翻。史记"僿"作"薄"。专精务本，儒学所先。先，悉荐翻。臣以为博士及甲乙策试，宜从其家章句，开五十难以试之，难，乃旦翻。解释多者为上第，引文明者为高说。若不依先师，义有相伐，贤曰：伐，谓相攻伐也。皆正以为非。”上从之。

11 是岁，初封大长秋郑众为鄛乡侯。赏诛窦宪功也，宦官封侯自此始。贤曰：说文曰：南阳郡棘阳县有鄛乡。鄛，音上交翻。

十五年(癸卯、一〇三)

1 夏，四月，甲子晦，日有食之。时帝遵肃宗故事，兄弟皆留京师，有司以日食阴盛，奏遣诸王就国。诏曰：“甲子之异，责由一人。诸王幼稚，早离顾复，诗小雅蓼莪之篇曰：父兮生我，母兮鞠我，顾我复我，出入腹我。郑氏笺曰：顾，旋视也；复，反复也。离，力智翻。弱冠相育，冠，古玩翻。常有蓼莪、凯风之哀。诗小雅曰：蓼蓼者莪，匪莪伊蒿，哀哀父母，生我劬劳。又国风曰：凯风自南，吹彼棘心。棘心夭夭，母氏劬劳。蓼，力竹翻。选懦之恩，知非国典，且复宿留。”贤曰：选懦，慈恋不决之意也。懦，音人兖翻。复，扶又翻。宿，音秀。留，音溜。

2 秋，九月，壬午，车驾南巡，清河、济北、河间三王并从。济，子礼翻。从，才用翻。

3 四州雨水。

4 冬，十月，戊申，帝幸章陵；戊午，进幸云梦。贤曰：云梦，今安州县也，即在云梦泽中。时太尉张禹留守，守，手又翻。闻车驾当幸江陵，以为不宜冒险远游，驿马上谏。上，时掌翻。诏报曰：“祠谒既讫，谓幸章陵，祠谒四亲陵庙。当南礼大江；会得君奏，临汉回舆而旋。”十一月，甲申，还宫。

5 岭南旧贡生龙眼、荔枝，十里一置，五里一候，贤曰：交州记曰：龙眼，树高五六丈，似荔支而小。广州记曰：子似荔支而圆，七月熟。荔支，树高五六丈，大如桂树，实如鸡子，甘而多汁，似安石榴；有甜醋者，至日禺中，翕然俱赤，即可食。置，谓驿也。候，即堠也，立之道旁。荔，立计翻。

昼夜传送。传，直恋翻。临武长汝南唐羌贤曰：临武县，属桂阳郡，今郴州县。岭南入献，道经临武。长，知两翻。上书曰："臣闻上不以滋味为德，下不以贡膳为功。伏见交趾七郡交趾州部南海、苍梧、郁林、合浦、交趾、九真、日南七郡。献生龙眼等，鸟惊风发；言其疾也。南州土地炎热，恶虫猛兽，不绝于路，至于触犯死亡之害。死者不可复生，来者犹可救也。复，扶又翻；下同。此二物升殿，未必延年益寿。"帝下诏曰："远国珍羞，本以荐奉宗庙，宗庙之荐，各以其土之所有而致之，贵远物也。苟有伤害，岂爱民之本，其敕太官勿复受献！"

6 是岁，初令郡国以日北至按薄刑。时有司奏以为夏至则微阴起，靡草死，可以决小事，遂令以日北至按薄刑。贤曰：礼记月令曰：孟夏之月，靡草死，麦秋至，断薄刑，决小罪。按五月一阴爻生，可以言微阴。今月令云孟夏，乃是纯阳之月。此言夏至者，与月令不同。余按安帝永初元年，鲁恭言自永元十五年，按薄刑改用孟夏，则夏至乃谓夏之初至。范史以日北至书之，其误后人甚矣。

十六年（甲辰、一〇四）

1 秋，七月，旱。

2 辛酉，司徒鲁恭免。

3 庚午，以光禄勋张酺为司徒；八月，己酉，酺薨。冬，十月，辛卯，以司空徐防为司徒，大鸿胪陈宠为司空。胪，陵如翻。

4 十一月，己丑，帝行幸缑氏，登百岯山。缑氏县，属河南尹。贤曰：即柏岯山也，在洛州缑氏县南。尔雅云：山一成曰岯。缑，工侯翻。岯，平眉翻。

5 北匈奴遣使称臣贡献，愿和亲，修呼韩邪故约。帝以其旧礼不备，未许；而厚加赏赐，不答其使。

元兴元年（乙巳、一〇五）

1 春，高句骊王宫入辽东塞，寇略六县。句骊至宫浸强，数犯边。句，如字，又音驹。骊，力知翻。

2 夏，四月，庚午，赦天下，改元。

3 秋，九月，辽东太守耿夔击高句骊，破之。

4 冬，十二月，辛未，帝崩于章德前殿。年二十七。初，帝失皇子，前后十数，后生者辄隐秘养于民间，群臣无知者。及帝崩，邓皇后乃收皇子于民间。长子胜，有痼疾；痼，音固。痼疾，坚久之疾也。长，知两翻。少子隆，生始百馀日，少，诗照翻。迎立以为皇太子，是夜，即皇帝位。废长立幼，卒以不终，为群臣疑胜疾非痼、周章有异谋张本。尊皇后曰皇太后，太后临朝。朝，直遥翻。是时新遭大忧，法禁未设，宫中亡大珠一箧；箧，诘协翻，竹笥也。太后念欲考问，必有不辜，考问则下之狱，辞所连及，必有无辜而被逮者。乃亲阅宫人，观察颜色，即时首服。首，式救翻。又，和帝幸人吉成御者共枉吉成以巫蛊事，下掖庭考讯，辞证明白。幸人，常见幸于和帝者也。御者，即侍者。辞，谓告者之辞。证，谓证佐也。下，遐稼翻。太后以吉成先帝左右，待之有恩，平日尚无恶言，今反若此，不合人情；谓妇人之情，有宠则上僭而生谮诉。吉成在先帝之时，后待之以恩，尚未尝挟宠而有恶言加于后，今帝已晏驾，太后临朝，不应反为巫蛊。更自呼见实核，果御者所为，实核者，审考其实也。莫不叹服以为圣明。

5 北匈奴重遣使诣敦煌贡献，重，直用翻。敦，音屯。辞以国贫未能备礼，愿请大使，当遣子入侍。贤曰：天子降大使至其国，即遣子随大使入侍。太后亦不答其使，加赐而已。

6 雒阳令广汉王涣，居身平正，能以明察发擿奸伏，擿，他狄翻。外行猛政，内怀慈仁。凡所平断，断，丁乱翻。人莫不悦服，京师以为有神，是岁卒官，卒于官也。卒，子恤翻。百姓市【张："市"作"市"。】道，莫不咨嗟流涕。涣丧西归，道经弘农，民庶皆设槃案于路，以祭涣也，槃以盛祭物，案以陈槃，今野人之祭犹然。吏问其故，咸言："平常持米到雒，为吏卒所钞，贤曰：钞，掠也。余谓此言钞者，非至如盗贼之钞掠，特不以道而侵取之，故曰钞；音楚交翻。恒亡其半，恒，户登翻。自王君在事，在事，谓在官当事也。不见侵枉，故来报恩。"雒阳民为立祠、作诗，每祭，辄弦歌而荐之。以所作诗被之弦歌也。为，于伪翻。太后诏曰："夫忠良之吏，国家之所以为治也，治，直之翻。求之甚勤，得之至寡，今以涣子石为郎中，以劝劳勤。"

王崇武标点容肇祖聂崇岐覆校

资治通鉴卷第四十九

翰林学士兼侍读学士朝散大夫右谏议大夫
知制诰判尚书都省兼提举万寿观公事上护军 司马光 奉敕编集
河内郡开国侯食邑一千三百户赐紫金鱼袋臣

后学天台胡三省音注

汉纪四十一 起柔兆敦牂(丙午),尽旃蒙单阏(乙卯),凡十年。

孝殇皇帝 讳隆,和帝少子也。谥法:短折不成曰殇。伏侯古今注曰:"隆"之字曰"盛"。

延平元年(丙午、一〇六)

1 春,正月,辛卯,以太尉张禹为太傅,司徒徐防为太尉,参录尚书事。太后以帝在襁褓,襁,居两翻。褓,音保。欲令重臣居禁内。乃诏禹舍宫中,五日一归府;每朝见,特赞,与三公绝席。特赞者,每朝见,赞拜者先独赞禹名,既乃赞太尉名以下,禹不与三公同赞也。绝席者,朝位独在百僚上,不与三公联席也。朝,直遥翻。见,贤遍翻。

2 封皇兄胜为平原王。

3 癸卯,以光禄勋梁鲔为司徒。鲔,于轨翻。

4 三月,甲申,葬孝和皇帝于慎陵,贤曰:慎陵,在雒阳东南三十里。庙曰穆宗。

5 丙戌,清河王庆、济北王寿、河间王开、常山王章始就国;济,子礼翻。太后特加庆以殊礼。殊,异也,其礼异于诸王也。庆子祜，年十三，太后以帝幼弱，远虑不虞，留祜与嫡母耿姬居清河邸。为帝崩立祜张本。耿姬，况之曾孙也；耿况以上谷从光武。祜母，犍为左姬也。犍，居言翻。

6 夏，四月，鲜卑寇渔阳，渔阳太守张显率数百人出塞追之。兵马掾严授谏曰："前道险阻，贼势难量，掾，俞绢翻。量，音良。宜且结营，先令轻骑侦视之。"显意甚锐，怒，欲斩之，遂进兵。遇虏伏发，士卒悉走，唯授力战，身被十创，手杀数人而死。缘边郡曹有兵马掾，掌兵马。侦，丑郑翻。创，初良翻。主簿卫福、功曹徐咸皆自投赴显，俱没于陈。陈，读曰阵。

7 丙寅，以虎贲中郎将邓骘为车骑将军、仪同三司。三司，三公也。晋职官志曰：仪同三司之名始此。骘，职日翻。骘弟黄门侍郎悝为虎贲中郎将，弘、阊皆侍中。悝，苦回翻。阊，齿良翻。

8 司空陈宠薨。

9 五月，辛卯，赦天下。

10 壬辰，河东垣山崩。贤曰：垣县，今绛州县也。

11 六月，丁未，以太常尹勤为司空。

12 郡国三十七雨水。

13 己未，太后诏减太官、导官、尚方、内署诸服御、珍膳、靡丽难成之物，贤曰：太官令，周官也，秩千石，典天子御膳。导官，掌择御米。导，择也。尚方，掌作御刀剑诸器物；内署，掌内府衣物：令秩皆六百石。自非供陵庙，稻粱米不得导择，朝夕一肉饭而已。旧太官、汤官经用岁且二万万，自是裁数千万。百官志：汤官丞，主酒，属太官令。及郡国所贡，皆减其过半；悉斥卖上林鹰犬；东都亦有上林苑，在雒阳西。斥，开也，弃也。离宫、别馆储峙米糒、薪炭，悉令省之。峙，丈里翻。糒，音备。

14 丁卯，诏免遣掖庭宫人及宗室没入者皆为庶民。

15 秋，七月，庚寅，敕司隶校尉、部刺史曰：司隶校尉及诸州部刺史也。“间者郡国或有水灾，妨害秋稼，朝廷惟咎，忧惶悼惧。惟，思也。咎，过也。而郡国欲获丰穰虚饰之誉，遂覆蔽灾害，覆，敷又翻。多张垦田，不揣流亡，揣，音初委翻。竞增户口，掩匿盗贼，令奸恶无惩，隐蔽盗贼，不以上闻，弗加诛讨，使奸恶无所惩艾。署用非次，选举乖宜，贪苛惨毒，延及平民。贤曰：平民，谓善人也。刺史垂头塞耳，阿私下比，塞，悉则翻。比，毗至翻。不畏于天，不愧于人。诗小雅何人斯之辞。假贷之恩，不可数恃，数，所角翻。自今以后，将纠其罚。二千石长吏其各实核所伤害，为除田租刍稿。”长，知两翻。为，于伪翻。

16 八月，辛卯，帝崩。年二岁。癸丑，殡于崇德前殿。贤曰：雒阳南宫有崇德殿。太后与兄车骑将军骘、虎贲中郎将悝等定策禁中，悝，苦回翻。其夜，使骘持节以王青盖车迎清河王子祜，贤曰：续汉志曰：皇太子、皇子，皆安车，朱班轮、青盖、金华蚤。皇子为王，锡以乘之，故曰王青盖车。皇孙则绿车。斋于殿中。皇太后御崇德殿，百官皆吉服陪位，贤曰：不可以凶事临朝，改吉服也。引拜祜为长安侯。贤曰：不即立为天子而封侯者，不欲从微即登皇位。余谓先封侯者，用立孝宣帝故事也。乃下诏，以祜为孝和皇帝嗣，又作策命。有司读策毕，太尉奉上玺绶，即皇帝位，上，时掌翻。玺，斯氏翻。绶，音受。太后犹临朝。公羊传曰：犹者，可止之辞。

17 诏告司隶校尉、河南尹、南阳太守曰：“每览前代，外戚宾客浊乱奉公，言其挟势恣横，奉公之吏为所浊乱也。为民患苦，咎在执法怠懈，不辄行其罚故也。懈，古隘翻。今车骑将军骘等虽怀敬顺之志，而宗门广大，姻戚不少，宾客奸猾，多干禁宪，贤曰：干，犯也。其明加检敕，勿相容护。”自是亲属犯罪，无所假贷。

18 九月，六州大水。

19 丙寅，葬孝殇皇帝于康陵。贤曰：康陵，在慎陵茔中庚地。以连遭大水，【章：甲十六行本“水”作“忧”；乙十一行本同；孔本同；退斋校同。】百姓苦役，方中秘藏贤曰：方中，陵中也；冢藏之中，故言秘也。孔颖达曰：凡天子之葬，掘地为方圹，汉书谓之方中。方中之内，先累椁于其方中，南面为羡道，以蜃车载柩至圹，说而载以龙輴，从羡道而入，至方中，乃属绋于棺之缄，从上而下棺，入于椁之中。方上，谓覆坑方石上。及诸工作事，减约十分居一。十分居一者，减其九分也。

20 乙亥，殒石于陈留。陈留郡，在雒阳东五百三十里。

21 诏以北地梁慬为西域副校尉。慬，音勤。校，户教翻。慬行至河西，会西域诸国反，攻都护任尚于疏勒；尚上书求救，诏慬将河西四郡羌、胡五千骑驰赴之。慬未至而尚已得解，诏征尚还，以骑都尉段禧为都护，西域长史赵博为骑都尉。禧、博守它干城，班超为都护，居龟兹它干城。城小，梁慬以为不可固，乃谲说龟兹王白霸，谲，古穴翻。说，输芮翻。龟兹，音丘慈。欲入共保其城；白霸许之，吏民固谏，白霸不听。慬既入，遣将急迎段禧、赵博，合军八九千人。龟兹吏民并叛其王，而与温宿、姑墨数万兵反，共围城，慬等出战，大破之。连兵数月，胡众败走，乘胜追击，凡斩首万馀级，获生口数千人，龟兹乃定。梁慬非不健斗，然终不能定西域者，徒勇而无策略也。

22 冬，十月，四州大水，雨雹。雨，于具翻。

23 清河孝王庆病笃，上书求葬樊濯宋贵人冢旁。欲从其母也。十二月，甲子，王薨。

24 乙酉，罢鱼龙曼延戏。武帝元封三年，作鱼龙曼延戏，今罢之。曼，音万。延，衍面翻。

25 尚书郎南阳樊准以儒风寖衰，上疏曰：“臣闻人君不可以不学。光武皇帝受命中兴，东西诛战，不遑启处，处，昌吕翻。然犹投戈讲艺，艺，六艺也。息马论道。孝明皇帝庶政万机，无不简心，朱子曰：简，阅也。而垂情古典，游意经艺，每飨射礼毕，正坐自讲，诸儒并听，四方欣欣。又多征名儒，布在廊庙，每宴会则论难衎衎，贤曰：衎衎，和乐貌也。难，乃旦翻。衎，苦旱翻，又苦汗翻。共求政化，期门、羽林介胄之士，悉通孝经，期门，即虎贲士。化自圣躬，流及蛮荒，是以议者每称盛时，咸言永平。今学者益少，少，诗沼翻。远方尤甚，博士倚席不讲，贤曰：礼记曰：凡侍坐于大司成者，远间三席。又曰：若非饮食之客，则布席，席间函丈。注云：谓讲问客也。倚席，言不施讲坐也。儒者竞论浮丽，忘蹇蹇之忠，习諓諓之辞。贤曰：諓諓，谄言也，音践。前书曰：昔秦穆公说諓諓之言。臣愚以为宜下明诏，博求幽隐，宠进儒雅，以俟圣上讲习之期。”时安帝始年十三，故请求儒雅以俟讲习。太后深纳其言，诏：“公、卿、中二千石各举隐士、大儒，务取高行，以劝后进，行，下孟翻。妙简博士，妙，精也。简，择也。必得其人。”

孝安皇帝上 讳祜，肃宗孙也，父曰清河孝王庆。谥法：宽容和平曰安。伏侯古今注曰：“祜”之字曰“福”。

永初元年（丁未、一〇七）

1 春，正月，癸酉朔，赦天下。

2 蜀郡徼外羌内属。徼，吉吊翻；下同。

3 二月，丁卯，分清河国封帝弟常保为广川王。广川县，属信都国。贤曰：故城在今冀州枣强县东北。

4 庚午，司徒梁鲔薨。

5 三月，癸酉，日有食之。

6 己卯，永昌徼外僬侥种夷陆类等举种内附。永昌郡，在雒阳西七千二百六十里。僬侥国，人长不过三尺。徼，吉吊翻。僬，兹消翻。侥，倪幺翻。种，章勇翻。

7 甲申，葬清河孝王于广丘，广丘在清河厝县，后更名甘陵。司空、宗正护丧事，仪比东海恭王。恭王葬见四十五卷明帝永平元年。

考异曰：帝纪书“车骑将军护葬”，今从传。

8 自和帝之丧，邓骘兄弟常居禁中。骘不欲久在内，连求还第，太后许之。夏，四月，封太傅张禹、太尉徐防、司空尹勤、车骑将军邓骘、城门校尉邓悝、虎贲中郎将邓弘、黄门郎邓阊皆为列侯，禹，安乡侯；防，龙乡侯；骘，上蔡侯；悝，叶侯；弘，西平侯；阊，西华侯。阊，音昌。考异曰：袁纪前作“阊”，后作“阎”，盖误。食邑各万户，骘以定策功增三千户；骘及诸弟辞让不获，遂逃避使者，间关诣阙，贤曰：间关，犹崎岖也。上疏自陈，至于五六，乃许之。

9 五月，甲戌，以长乐卫尉鲁恭为司徒。乐，音洛。恭上言：“旧制立秋乃行薄刑，自永元十五年以来，改用孟夏。事见上卷。而刺史、太守因以盛夏征召农民，拘对考验，连滞无已；连，谓狱辞相连及也。滞，谓留滞不决也。上逆时气，下伤农业。按月令‘孟夏断薄刑’者，谓其轻罪已正，谓已结正也。断，丁乱翻；下同。不欲令久系，故时断之也。臣愚以为今孟夏之制，可从此令；其决狱案考，皆以立秋为断。”又奏：“孝章皇帝欲助三正之微，定律著令，断狱皆以冬至之前。事见四十七卷章帝元和三年。小吏不与国同心者，率【章：甲十六行本“率”下有“人”字；乙十一行本同；孔本同。】十一月得死罪贼，不问曲直，便即格杀，虽有疑罪，不复谳正。复，扶又翻。谳，鱼列翻，又鱼战翻，又鱼蹇翻，议狱也。可令大辟之科，辟，毗亦翻。尽冬月乃断。”朝廷皆从之。

10 丁丑，诏封北海王睦孙寿光侯普为北海王。和帝永元八年，北海王威自杀，今复绍封。寿光县，本属北海，后属乐安国。

11 九真徼外、夜郎蛮夷，举土内属。

12 西域都护段禧等虽保龟兹，而道路隔塞，塞，悉则翻。檄书不通。公卿议者以为“西域阻远，数有背叛，数，所角翻。背，蒲妹翻。吏士屯田，其费无已。”六月，壬戌，罢西域都护，和帝永元三年，复置西域都护，今罢。遣骑都尉王弘发关中兵迎禧及梁慬、赵博，伊吾卢、柳中屯田吏士而还。

13 初，烧当羌豪东号之子麻奴随父来降，东号降见四十七卷和帝永元元年。降，户江翻。居于安定。时诸降羌布在郡县，皆为吏民豪右所傜役，傜，使也。积以愁怨。及王弘西迎段禧，发金城、陇西、汉阳羌数百千骑与俱，郡县迫促发遣。群羌惧远屯不还，行到酒泉，颇有散叛，诸郡各发兵邀遮，或覆其庐落；于是勒姐、当煎大豪东岸等愈惊，遂同时奔溃。姐，音紫且翻，又音紫。麻奴兄弟因此与种人俱西出塞，【章：甲十六行本“塞”下有“先零别种”四字；乙十一行本同；孔本同；张校同；退斋校同。】滇零与钟羌诸种大为寇掠，断陇道。零，音怜。续汉书曰：钟羌九千馀户，在陇西临洮谷。陇道，陇坻之道也。种，章勇翻。断，丁管翻。时羌归附既久，无复器甲，或持竹竿木枝以代戈矛，或负板案以为楯，楯，食尹翻。或执铜镜以象兵，铜镜映日，人遥望之以为兵也。郡县畏懦不能制。丁卯，赦除诸羌相连结谋叛逆者罪。

14 秋，九月，庚午，太尉徐防以灾异、寇贼策免。三公以灾异免，自防始。辛未，司空尹勤以水雨漂流策免。

仲长统昌言曰：仲，姓也。商汤左相仲虺，周有仲山甫，舜十六相有仲堪、仲熊，周八士有仲突、仲忽。光武皇帝愠数世之失权，忿强臣之窃命，贤曰：昌，当也。愠，犹恨也。数世，谓元、成、哀、平。强臣，谓王莽。矫枉过直，政不任下，虽置三公，事归台阁。贤曰：台阁，谓尚书。余谓三公失职，非至光武时始然也，自武帝游宴后庭，用宦者处枢机，至于宣帝，专任恭、显，而丞相、御史取充位。事归台阁，其所由来者渐矣。自此以来，三公之职，备员而已；然政有不治，犹加谴责。而权移外戚之家，宠被近习之竖，被，皮义翻。亲其党类，用其私人，内充京师，外布州【章：甲十六行本“州”作“列”；乙十一行本同；孔本同。】

郡，颠倒贤愚，贸易选举，贸，音茂。疲驽守境，驽，音奴。驽骀，马之下乘，以谕不才之吏。贪残牧民，挠扰百姓，挠，音火高翻。忿怒四夷，招致乖叛，乱离斯瘼，用诗语。贤曰：瘼，病也。怨气并作，阴阳失和，三光亏缺，怪异数至，数，所角翻。虫螟食稼，水旱为灾。此皆戚宦之臣所致然也，反以策让三公，至于死、免，乃足为叫呼苍天，号咷泣血者矣！放声而哭曰号咷。号，户刀翻。咷，徒刀翻。又，中世之选三公也，务于清悫谨慎，循常习故者，是乃妇女之检柙，贤曰：检柙，犹规矩也。扬子曰：蠢迪捡押。注云：捡押，犹隐括也。毛晃曰：捡押，检束也，辅也，俗作"检柙"，非。乡曲之常人耳，恶足以居斯位邪！恶，音乌；下同。势既如彼，选又如此，而欲望三公勋立于国家，绩加于生民，不亦远乎！昔文帝之于邓通，可谓至爱，而犹展申徒嘉之志。事见十四卷文帝后二年。夫见任如此，则何患于左右小臣哉！至如近世，外戚、宦竖，请托不行，意气不满，立能陷人于不测之祸，恶可得弹正者哉！曩者任之重而责之轻，今者任之轻而责之重。光武夺三公之重，至今而加甚；不假后党以权，数世而不行；盖亲疏之势异也！贤曰：言光武夺三公重任，今夺更甚。光武不假后党威权，数代遂不遵行，此为三公疏，后党亲故也。今人主诚专委三公，分任责成，而在位病民，病民，谓百姓受其害也。举用失贤，百姓不安，争讼不息，天地多变，人物多妖，妖，于骄翻。然后可以分此罪矣！

15 壬午，诏太仆、少府减黄门鼓吹以补羽林士；汉官仪曰：黄门鼓吹，百四十五人。羽林左监主羽林八百人，右监主九百人。杜佑曰：汉代有黄门鼓吹，享宴食举乐十三曲，与魏代鼓吹、长箫伎录，并云丝竹合作，执节者歌。又建初录云：务成、黄爵、玄云、远期，皆骑吹曲，非鼓吹曲。此则列于殿庭者为鼓吹，今之从行者为骑吹，二曲异也。孙权观魏武军作鼓吹而还，应是此鼓吹。魏、晋代给鼓吹甚轻，牙门督将五校，悉有鼓吹，齐、梁至陈则重矣。今代短箫铙歌，亦谓之鼓吹。蔡邕曰：鼓吹，军乐也，黄帝岐伯所作，以扬威武，劝士讽敌也。雍门周说孟尝君鼓吹于不测之渊。说者云，鼓自一物，吹自竽籁之属，非箫鼓合奏，别为一乐之名也。然则短箫铙歌，此时未名鼓吹矣。宋白曰：鼓吹，据崔豹古今注，张骞使西域得摩诃兜勒一曲，李延年增之，分为二十八曲。梁置清商鼓吹令二人，唐又有掆鼓、金钲、大鼓、长鸣歌、箫、笳、笛，合为鼓吹十二。按大享会，则设于县外。厩马非乘舆常所御者，皆减半食；贤曰：乘舆，所乘车舆也，不敢斥言尊者，故称乘舆。见蔡邕独断。乘，绳证翻。诸所造作，非供宗庙园陵之用，皆且止。

16 庚寅，以太傅张禹为太尉，太常周章为司空。

大长秋郑众、中常侍蔡伦等皆秉势豫政，周章数进直言，数，所角翻。太后不能用。初，太后以平原王胜有痼疾，而贪殇帝孩抱，养为己子，故立焉。及殇帝崩，群臣以胜疾非痼，意咸归之；太后以前不立胜，恐后为怨，乃迎帝而立之。周章以众心不附，密谋闭宫门，诛邓骘兄弟及郑众、蔡伦，劫尚书，废太后于南宫，封帝为远国王而立平原王。事觉，冬，十一月，丁亥，章自杀。

17 戊子，敕司隶校尉、冀、并二州刺史，“民讹言相惊，弃捐旧居，老弱相携，穷困道路。其各敕所部长吏躬亲晓喻：长，知两翻。若欲归本郡，在所为封长檄；不欲，勿强。”为，于伪翻。贤曰：封，谓印封之也。长檄，犹今长牒也。欲归者，皆给以长牒为验。强，音其两翻。

18 十二月，乙卯，以颍川太守张敏为司空。

19 诏车骑将军邓骘、征西校尉任尚将五营及诸郡兵五万人，五营，北军五校营也。屯汉阳以备羌。考异曰：帝纪在六月。今从西羌传。

20 是岁，郡国十八地震，四十一大水，二十八大风，雨雹。

21 鲜卑大人燕荔阳诣阙朝贺。太后赐燕荔阳王印绶、赤车、参驾，赤车者，帷裳衡轭皆赤。参驾者，驾三马。燕，于贤翻。荔，力计翻。

令止乌桓校尉所居宁城下，宁城，属上谷郡。通胡市，因筑南、北两部质馆。贤曰：筑馆以受降质。质，音致；下同。鲜卑邑落百二十部各遣入质。

二年（戊申、一〇八）

1 春，正月，邓骘至汉阳；诸郡兵未至，钟羌数千人击败骘军于冀西，冀县之西也。败，补迈翻。杀千馀人。梁慬还，至敦煌，自西域还也。敦，徒门翻。逆诏慬留为诸军援。逆，迎也。慬至张掖，张掖郡，在雒阳西四千二百里。应劭曰：张掖者，言为国张臂掖也。破诸羌万馀人，其能脱者十二三；进至姑臧，羌大豪三百馀人诣慬降，并慰譬，遣还故地。

2 御史中丞樊准以郡国连年水旱，民多饥困，上疏："请令太官、尚方、考功、上林池籞诸官，实减无事之物；贤曰：前书百官表：少府，掌山海、池泽之税，属官有太官、考工、尚方，上林中十池监。太官掌御膳饮食，考工主作器械，尚方主作刀剑。实减，谓实覆其数减之也。功，当作工。籞，偶许翻。五府调省中都官吏、京师作者。贤曰：五府，谓太傅、太尉、司徒、司空、大将军也。调，征发也。省，减也。中都官吏，在京师之官吏也。作，谓营作者也。余按是时不拜大将军，独邓骘为车骑将军耳。调，徒吊翻。又，被灾之郡，百姓凋残，恐非赈给所能胜赡，被，皮义翻。胜，音升。虽有其名，终无其实。可依征和元年故事，贤曰：武帝征和元年诏曰："当今务在禁苛暴，止擅赋，力本农桑，毋乏武备而已。"余据此乃征和四年诏也。征和元年，当有遣使慰安故事。遣使持节慰安，尤困乏者徙置荆、扬孰郡。孰，古熟字通。今虽有西屯之役，宜先东州之急。"西屯，谓讨羌之师。东州，谓雒阳以东冀、兖诸州被水旱也。先，悉荐翻。太后从之，悉以公田赋与贫民，赋，布也。即擢准与议郎吕仓并守光禄大夫。二月，乙丑，遣准使冀州、仓使兖州禀贷，流民咸得苏息。禀，给也。贷，施也。死而更生曰苏。气绝而复续曰息。

3 夏，旱。五月，丙寅，皇太后幸雒阳寺贤曰：寺，官舍也。风俗通曰：寺，嗣也，理事之吏，嗣续于其中。及若卢狱前汉有若卢狱，属少府。汉旧仪曰：主鞫将相大臣，东都初省，和帝永元九年复置。录囚徒。雒阳有囚，实不杀人而被考自诬，羸困舆见，舆，箯舆也。狱囚被掠委困者，以箯舆处之。师古曰：编竹木以为舆，形如今之食舆。见，贤遍翻。箯，音编。畏吏不敢言，将去，举头若欲自诉。太后察视觉之，即呼还问状，具得枉实。得其见枉之实也。即时收雒阳令下狱抵罪。下，遐稼翻。行未还宫，澍雨大降。澍，音注，又殊遇翻，时雨也。

4 六月，京师及郡国四十大水，大风，雨雹。东观记曰：雹大如芋魁、鸡子，风拔树发屋。雨，于具翻。

5 秋，七月，太白入北斗。晋书天文志：北斗七星，在太微北，七政之枢机，阴阳之元本也，故运乎中央而临制四方，所以建四时而均五行也。天文志曰：太白入斗中，为贵相凶。

6 闰月，【章：甲十六行本"月"下有"辛丑"二字；乙十一行本同；退斋校同。】广川王常保薨，无子，国除。

7 癸未，蜀郡徼外羌举土内属。东观记曰：徼外羌薄申等八种举众降。徼，吉吊翻。

8 冬，邓骘使任尚及从事中郎河内司马钧率诸郡兵与滇零等数万人战于平襄，平襄县，属汉阳郡。贤曰：故襄戎邑。零，音怜。尚军大败，死者八千馀人，羌众遂大盛，朝廷不能制。湟中诸县，粟石万钱，百姓死亡不可胜数，而转运难剧。剧，甚也。胜，音升。故左校令河南庞参将作大匠属官有左、右校令各一人，秩六百石；左校令掌左工徒，右校令掌右工徒。校，户教翻。庞，皮江翻。先坐法输作若卢，使其子俊上书曰："方今西州流民扰动，而征发不绝，水潦不休，地力不复，贤曰：言其耗损，不复于旧。重之以大军，重，直用翻。疲之以远戍，农功消于转运，资财竭于征发，田畴不得垦辟，禾稼不得收入，搏手困穷，贤曰：两手相搏，言无计也。

无望来秋，百姓力屈，不复堪命。复，扶又翻。臣愚以为万里运粮，远就羌戎，不若总兵养众，以待其疲。车骑将军骘宜且振旅，传曰：三年而治兵，入而振旅。书曰：班师振旅。振，整也，整众而还也。留征西校尉任尚，使督凉州士民转居三辅，参建弃凉州之议，发于此书。休徭役以助其时，止烦赋以益其财，令男得耕种，女得织纴，贤曰：纴，音如深翻。杜预注左传云：织纴，织缯布也。字释云：纴，机缕也，又如沁翻。然后畜精锐，乘懈沮，出其不意，攻其不备，则边民之仇报，奔北之耻雪矣。”懈，古隘翻。沮，在吕翻。书奏，会樊准上疏荐参，太后即擢参于徒中，召拜谒者，使西督三辅诸军屯。十一月，辛酉，诏邓骘还师，留任尚屯汉阳为诸军节度。遣使迎拜骘为大将军。既至，使大鸿胪亲迎，中常侍郊劳，胪，陵如翻。劳，力到翻。王、主以下候望于道，宠灵显赫，光震都鄙。王、主，诸王及诸公主也。邓骘西征，无功而还，当引罪求自贬以谢天下，据势持权，冒受荣宠，于心安乎！君子是以知其不终也。

9 滇零自称天子，于北地招集武都参狼、羌居武都者为参狼种。参，所簪翻。上郡、西河诸杂种羌断陇道，寇钞三辅，断，丁管翻。钞，楚交翻。南入益州，杀汉中太守董炳。梁慬受诏当屯金城，闻羌寇三辅，即引兵赴击，转战武功、美阳间，武功、美阳二县，属扶风。连破走之，羌稍退散。

10 十二月，广汉塞外参狼羌降。此与武都参狼同种，而分居广汉塞外者也。

11 是岁，郡国十二地震。

三年（己酉、一〇九）

1 春，正月，庚子，皇帝加元服，赦天下。

2 遣骑都尉任仁督诸郡屯兵救三辅。仁战数不利，数，所角翻。当煎、勒姐羌攻没破羌县，破羌县，属金城县〔郡〕。钟羌攻没临洮县，执陇西南部都尉。临洮县，陇西南部都尉治所。洮，土刀翻。

3 三月，京师大饥，民相食。壬辰，公卿诣阙谢；诏“务思变复，以助不逮。”变，改也；改过以复于善也。

4 壬寅，司徒鲁恭罢。恭再在公位，和帝永元十二年，恭代吕盖为司徒；永初元年，复代梁鲔为司徒。选辟高第至列卿、郡守者数十人，此谓恭府掾属之高第也。守，手又翻。而门下耆生耆，老也。或不蒙荐举，至有怨望者。恭闻之，曰：“学之不讲，是吾忧也，论语载孔子之言。诸生不有乡举者乎！”贤曰：言人患学之不习耳，若能究习，自有乡里之举，岂要待三公之辟乎！终无所言，亦不借之议论。学者受业，必穷核问难，难，乃旦翻。道成，然后谢遣之。学者曰：“鲁公谢与议论，不可虚得。”

5 夏，四月，丙寅，以大鸿胪九江夏勤为司徒。

6 三公以国用未足，奏令吏民入钱谷得为关内侯、虎贲、羽林郎、五官、大夫、官府吏、缇骑、营士各有差。五官，亦郎也。大夫，光禄、太中、中散、谏议大夫也。官府吏，给事诸官府者。贤曰：续汉志曰：执金吾，缇骑二百人。缇，赤黄色。营士，谓五校营士也。缇，丁礼翻，又丁奚翻。

7 甲申，清河愍王虎威薨，无子。五月，丙申，封乐安王宠子延平为清河王，奉孝王后。

8 六月，渔阳乌桓与右北平胡千馀寇代郡、上谷。考异曰：纪有涿郡，传无之。今从传。

9 汉人韩琮随匈奴南单于入朝，汉人与匈奴错居，韩琮因事南单于。琮，徂宗翻。既还，说南单于云：说，式芮翻。“关东水潦，人民饥饿死尽，可击也。”单于信其言，遂反。

10 秋，七月，海贼张伯路等寇滨海九郡，杀二千石、令、长；长，知两翻。遣侍御史巴郡庞雄督州郡兵击之，伯路等乞降，寻复屯聚。复，扶又翻。

11 九月，雁门乌桓率众王无何允与鲜卑大人丘伦等及南匈奴骨都【章：甲十六行本"都"下有"侯"字；乙十一行本同；孔本同；张校同；退斋校同。】合七千骑寇五原，与太守战于高渠谷，贤曰：东观记：战九原高梁谷。"渠"、"梁"相类，必有误。汉兵大败。

12 南单于围中郎将耿种于美稷。使匈奴中郎将也。种，音冲。冬十一月，以大司农陈国何熙行车骑将军事，中郎将庞雄为副，将五营及边郡兵二万馀人，又诏辽东太守耿夔率鲜卑及诸郡【章：甲十六行本"郡"下有"兵"字；乙十一行本同；孔本同；张校同；退斋校同。】共击之。以梁慬行度辽将军事。雄、夔击南匈奴薁鞬日逐王，破之。薁，于六翻。鞬，居言翻。

13 十二月，辛酉，郡国九地震。

14 乙亥，有星孛于天苑。晋书天文志：天苑十六星在昴、毕南，天子之苑囿，养兽之所也。孛，蒲内翻。

15 是岁，京师及郡国四十一雨水，并、凉二州大饥，人相食。

16 太后以阴阳不和，军旅数兴，数，所角翻。诏岁终飨遣卫士勿设戏作乐，西都之制，岁尽，卫卒交代，上临飨罢遣之。续汉志曰：飨遣故卫士仪：百官会，位定，谒者持节引故卫士入自端门，卫司马执幡钲护行。行定，侍御史持节慰劳，以诏恩问所疾苦，受其章奏所欲言。毕，飨赐作乐，观以角抵。乐阕，罢遣，劝以农桑。减逐疫侲子之半。贤曰：侲子，逐疫之人也，音振。薛综注西京赋云：侲之言善也，善，童幼子也。续汉书曰：大傩，选中黄门子弟年十岁以上、十二以下百二十人为侲子，皆赤帻皂制，执大鼗。

四年（庚戌、一一〇）

1 春，正月，元会，彻乐，不陈充庭车。贤曰：每大朝会，必陈乘舆法物车辇于庭，以年饥，故不陈。

2 邓骘在位，颇能推进贤士，荐何熙、李郃等列于朝廷，郃，曷阁翻。又辟弘农杨震、巴郡陈禅等置之幕府，天下称之。震孤贫好学，明欧阳尚书，通达博览，诸儒为之语曰："关西孔子杨伯起。”杨震，字伯起，居弘农，在函谷关之西。教授二十馀年，不答州郡礼命，礼，谓延聘之礼。命，谓辟置之命。众人谓之晚暮，谓岁月已老而出仕迟也。而震志愈笃。骘闻而辟之，时震年已五十馀，累迁荆州刺史、东莱太守。郡国志：东莱郡，在雒阳东三千一百二十八里。当之郡，道经昌邑，昌邑县，属山阳郡。贤曰：昌邑故城在今兖州金乡县西北。故所举荆州茂才王密为昌邑令，夜怀金十斤以遗震。遗，于季翻；下同。震曰：“故人知君，君不知故人，何也？”密曰：“暮夜无知者。”震曰：“天知，地知，我知，子知，何谓无知者！”密愧而出。后转涿郡太守。郡国志：涿郡，在雒阳东北千八百里。性公廉，子孙常蔬食、步行；食不鱼肉，行不车骑也。故旧或欲令为开产业，为，于伪翻。震不肯，曰：“使后世称为清白吏子孙，以此遗之，不亦厚乎！”

3 张伯路复攻郡县，杀守令。复，扶又翻；下同。党众浸盛；诏遣御史中丞王宗持节发幽、冀诸郡兵，合数万人，征宛陵令扶风法雄为青州刺史，宛陵县，属河南尹。法，姓也。齐襄王法章之后，秦灭齐，子孙不敢称田姓，故以法为氏。与宗并力讨之。

4 南单于围耿种数月，梁慬、耿夔击斩其别将于属国故城，班志：西河美稷县，属国都尉治，故城盖在美稷县界。将，即亮翻；下同。单于自将迎战，慬等复破之，单于遂引还虎泽。班志，西河郡谷罗县，虎泽在西北。师古避唐讳，以“虎”为“武”。

5 丙午，诏减百官及州郡县奉各有差。奉，读曰俸。

6 二月，南匈奴寇常山。

7 滇零遣兵寇褒中，褒中县，属汉中郡，古褒国也。贤曰：今梁州褒城县。汉中太守郑勤移屯褒中。

任尚军久出无功，民废农桑，乃诏尚将吏民，【章：甲十六行本“民”作“兵”；乙十一行本同。】还屯长安，罢遣南阳、颍川、汝南吏士。

乙丑，初置京兆虎牙都尉于长安，扶风都尉于雍，如西京三辅都尉故事。贤曰：汉官仪：京兆虎牙、扶风都尉，以凉州近羌，数犯三辅，将兵卫护园陵。扶风都尉居雍，故俗人称雍营。西京三辅，京兆有京辅都尉，冯翊有左辅都尉，扶风有右辅都尉。

谒者庞参说邓骘，说，输芮翻。"徙边郡不能自存者入居三辅"，骘然之，欲弃凉州，并力北边。乃会公卿集议，骘曰："譬若衣败坏，一以相补，犹有所完，坏，音怪。若不如此，将两无所保。"【章：甲十六行本"保"下有"公卿皆以为然"六字；乙十一行本同；孔本同；张校同；退斋校同。】郎中陈国虞诩言于太尉张禹曰："若大将军之策，不可者三：先帝开拓土宇，劬劳后定，而今惮小费，举而弃之，此不可一也。凉州既弃，即以三辅为塞，陇西、安定、北地，皆凉州所部。凉州既弃，则三辅为极边。则园陵单外，此不可二也。喭曰：'关西出将，关东出相。'贤曰：说文：喭，传言也。前书，秦、汉以来，山西出将，山东出相。秦时，郿白起，频阳王翦；汉兴，义渠公孙贺、傅介子，成纪李广、李蔡，上邽赵充国，狄道辛武贤，皆名将也。丞相则萧、曹、魏、邴、韦、平、孔、翟之类也。烈士武臣，多出凉州，土风壮猛，便习兵事。今羌、胡所以不敢入据三辅为心腹之害者，以凉州在后故也。凉州士民所以推锋执锐，蒙矢石于行陈，行，户刚翻。陈，读曰阵。父死于前，子战于后，无反顾之心者，为臣属于汉故也。为，于伪翻。今推而捐之，推，通回翻。割而弃之，民庶安土重迁，必引领而怨曰：'中国弃我于夷狄！'虽赴义从善之人，不能无恨。如卒然起谋，卒，读曰猝。因天下之饥敝，乘海内之虚弱，豪雄相聚，量材立帅，量，音良。帅，所类翻。驱氐、羌以为前锋，席卷而东，虽贲、育为卒，太公为将，贲，音奔。将，即亮翻。犹恐不足当御；如此，则函谷以西，园陵旧京非复汉有，复，扶又翻。此不可三也。是后北宫伯玉、王国、阎忠、马腾、韩遂之变，卒如诩言。贤曰：席卷，言无馀也。前书曰：云御席卷，后无馀灾也。余谓席卷者，言其势便易也。议者喻以补衣犹有所完，诩恐其疽食侵淫而无限极也！”贤曰：疽，痈疮也。余谓食者，言其侵食肌肉也。考异曰：庞参虞诩传皆云，“四年，羌转盛，故有弃凉州之画，又干说邓骘，”则是骘未以丧罢以前明矣。而虞诩传中言“诩辟太尉李修府为郎中，说李修，”修以五年正月方自光禄勋拜太尉。按袁纪，“四年春匈奴寇常山”下载“骘欲弃凉州，诩说太尉张禹”，又其言语小异于范书，此近得实，今从之。禹曰：“吾意不及此，微子之言，几败国事！”微，无也。几，居希翻。诩因说禹：“收罗凉土豪桀，说，输芮翻。引其牧守子弟于朝，守，式又翻。朝，直遥翻。令诸府各辟数人，外以劝厉答其功勤，内以拘致防其邪计。”禹善其言，更集四府，皆从诩议。于是辟西州豪桀为掾属，拜牧守、长吏子弟为郎，以安慰之。掾，俞绢翻。长，知两翻；下同。

邓骘由是恶诩，欲以吏法中伤之。恶，乌路翻。中，竹仲翻。会朝歌贼宁季等数千人攻杀长吏，屯聚连年，州郡不能禁，乃以诩为朝歌长。朝歌县，属河内郡。贤曰：朝歌故城，在今卫州卫县西。故旧皆吊之，谓其将得罪也。诩笑曰：“事不避难，臣之职也。不遇槃根错节，无以别利器，以斤斧自喻也。别，彼列翻。此乃吾立功之秋也！”始到，谒河内太守马棱。棱曰：“君儒者，当谋谟庙堂，乃在朝歌，甚为君忧之！”为，于伪翻。诩曰：“此贼犬羊相聚，以求温饱耳，愿明府不以为忧！”棱曰：“何以言之？”诩曰：“朝歌者，韩、魏之郊，贤曰：韩界上党，魏界河内，相接太行，故云郊也。背太行，背，蒲妹翻。行，户刚翻。临黄河，去敖仓不过百里，而青、冀之民流亡万数，贼不知开仓招众，劫库兵，守成皋，断天下右臂，贤曰：右臂，喻要便也。余谓右臂之说祖张仪，见三卷周赧王四年。断，丁管翻。此不足忧也。今其众新盛，难与争锋；兵不厌权，愿宽假辔策，勿令有所拘阂而已。”诩欲用度外之人以制群盗，恐郡守循常袭故，以文法绳之，故先以此言于棱。贤曰：阂，与碍同。及到官，设三科以募求壮士，自掾史以下各举所知，百官志：县有廷掾，犹郡之五官掾也，监乡部，春夏为劝农掾，秋冬为制度掾。史则有狱史、佐史、斗食、令史、掾史、干小史。其攻劫者为上，伤人偷盗者次之，不事家业者为下，收得百馀人。诩为飨会，悉贳其罪，此三等人皆恶少年负宿罪者也，悉贳之，使入贼为间。为，于伪翻。贳，始制翻。使入贼中诱令劫掠，乃伏兵以待之，遂杀贼数百人。诱贼出劫掠而伏兵杀之。诱，音酉。又潜遣贫人能缝者佣作贼衣，以采线缝其裾，有出市里者，吏辄禽之。贼由是骇散，咸称神明，县境皆平。

8 三月，何熙军到五原曼柏，暴疾，不能进；遣庞雄与梁慬、耿种将步骑万六千人攻虎泽，连营稍前。单于见诸军并进，大恐怖，怖，普布翻。顾让韩琮曰："汝言汉人死尽，今是何等人也！"贤曰：顾，反也。让，责也。反顾责韩琮也。乃遣使乞降，许之。单于脱帽徒跣，对庞雄等拜陈，道死罪。自陈谢罪，言当死也。于是赦之，遇待如初，乃还所钞汉民男女钞，楚交翻。及羌所略转卖入匈奴中者合万馀人。会熙卒，即拜梁慬为度辽将军。庞雄还，为大鸿胪。

9 先零羌复寇褒中，复，扶又翻；下同。郑勤欲击之，主簿段崇谏，以为"虏乘胜，锋不可当，宜坚守待之。"勤不从，出战，大败，死者三千馀人，段崇及门下史王宗、原展周原伯之后有原庄公。又晋卿先轸邑于原，子孙以为氏。又孔子弟子有原宪。以身扞刃，与勤俱死。郡门下有掾有史。徙【张："徙"上脱"于是"二字。】金城郡居襄武。襄武县，属陇西郡。贤曰：今渭州县。

10 戊子，杜陵园火。宣帝陵园也。

11 癸巳，郡国九地震。

12 夏，四月，六州蝗。东观记曰：司隶、豫、兖、徐、青、冀六州。

13 丁丑，赦天下。

14 王宗、法雄与张伯路连战，破走之。会赦到，赦书到也。贼以军未解甲，不敢归降。降，户江翻。王宗召刺史太守共议，刺史，青州刺史；太守，青州所部诸郡太守。皆以为当遂击之，法雄曰："不然。兵凶器，战危事，贤曰：史记范蠡之辞。勇不可恃，胜不可必。贼若乘船浮海，深入远岛，岛，都老翻。水中有山曰岛。攻之未易也。易，以豉翻。及有赦令，可且罢兵以慰诱其心，势必解散，然后图之，可不战而定也。"宗善其言，即罢兵。贼闻，大喜，乃还所略人；而东莱郡兵独未解甲，贼复惊恐，遁走辽东，止海岛上。果如法雄之言。

15 秋，七月，乙酉，三郡大水。

16 骑都尉任仁与羌战累败，而兵士放纵，槛车征诣廷尉，死。护羌校尉段禧卒，复以前校尉侯霸代之，移居张掖。永初二年，侯霸以众羌反叛免。护羌校尉时居狄道。按水经注，羌水出湟中西南山下，径护羌城东，故护羌校尉治，又东径临羌城西。护羌校尉盖治金城郡临羌县界也。然宣帝置护羌校尉，本治金城令居，东都定河、陇之后，护羌校尉治安夷县，既而自安夷徙临羌。侯霸先居陇西狄道，以羌叛而临羌不可居也；今移居张掖，以陇西残破，复渡河而西。

17 九月，甲申，益州郡地震。贤曰：益州郡故城，在今昆州晋宁县。

18 皇太后母新野君病，续汉志曰：妇人封君，仪比公主，油軿軿车，带绶，以采组为绲带，各如其绶色，黄金辟邪加其首为带。太后幸其第，连日宿止；三公上表固争，乃还宫。冬，十月，甲戌，新野君薨，使司空护丧事，仪比东海恭王。恭王，事见四十四卷明帝永平元年。邓骘等乞身行服，太后欲不许，以问曹大家，大家上疏曰："妾闻谦让之风，德莫大焉。今四舅深执忠孝，引身自退，贤曰：四舅，谓骘、悝、弘、阊也。而以方垂未静，拒而不许，如后有毫毛加于今日，诚恐推让之名不可再得。"贤曰：谓有纤微之过，则推让之美失也。太后乃许之。及服除，诏骘复还辅朝政，朝，直遥翻。更授前封，帝即阼之初，封骘、悝、弘、阊，皆辞不受。骘等叩头固让，乃止。于是并奉朝请，位次三公下，特进、侯上，贤曰：在特进及侯之上。请，才性翻，又如字。其有大议，乃诣朝堂，与公卿参谋。

19 太后诏阴后家属皆归故郡，阴后家南徙事见上卷和帝永元十四年。归故郡，归南阳也。还其资财五百馀万。

五年（辛亥、一一一）

1 春，正月，庚辰朔，日有食之。

2 丙戌，郡国十地震。

3 己丑，太尉张禹免。甲申，以光禄勋颍川李修为太尉。

4 先零羌寇河东，至河内，零，音怜。百姓相惊，多南奔渡河，使北军中候朱宠将五营士屯孟津，北军中候，掌监屯骑、越骑、步兵、长水、射声五营。续汉志曰：旧有中垒校尉，领北军营垒之事；中兴，省中垒，但置中候以监五营。洪氏隶释曰：按祝睦后碑书为"北军军中候"，则知此亦省文耳。诏魏郡、赵国、常山、中山缮作坞候六百一十六所。郡国四，皆属冀州。惧羌自河东、河内北入冀州界，故作坞候以备之。羌既转盛，而缘边二千石、令、长多内郡人，并无守战意，皆争上徙郡县以避寇难。长，知两翻。上，时掌翻。三月，诏陇西徙襄武，陇西郡，本治狄道。考异曰：上云"金城徙襄武"，此又云"陇西徙襄武"，纪传皆然。或者二郡皆寄治于襄武欤！安定徙美阳，北地徙池阳，上郡治【章：甲十六行本"治"作"徙"；乙十一行本同。】衙。贤曰：安定郡，今泾州也。美阳故城，在今武功县北。北地郡，今宁州。池阳县故城，在今泾阳县北。上郡，今绥州也。衙县故城，在今同州白水县东北。左传秦、晋战于彭衙，即此也。余按郡国志，美阳县，属扶风；池阳、衙二县，属冯翊。衙，音牙。百姓恋土，不乐去旧，乐，音洛。遂乃刈其禾稼，发彻室屋，夷营壁，破积聚。积，子赐翻。聚，慈喻翻。时连旱蝗饥荒，而驱蹙劫掠，流离分散，随道死亡，或弃捐老弱，或为人仆妾，丧其太半。贓，与蹙同。丧，息浪翻。复以任尚为侍御史，击羌于上党羊头山，破之；贤曰：羊头山，在上党郡谷远县。复，扶又翻；下同。乃罢孟津屯。

5 夫馀王寇乐浪。夫馀为寇始此。夫，音扶。乐浪，音洛琅。高句骊王宫与涉貊寇玄菟。句，如字，又音驹。骊，力知翻。涉，音秽。貊，莫百翻。菟，同都翻。

6 夏，闰四月，丁酉，赦凉州、河西四郡。

7 海贼张伯路复寇东莱，青州刺史法雄击破之；贼逃还辽东，辽东人李久等共斩之，张伯路永初三年作乱，至是始平。于是州界清静。

8 秋，九月，汉阳人杜琦及弟季贡、同郡王信等与羌通谋，聚众据上邽城。冬，十二月，汉阳太守赵博遣客杜习刺杀琦；刺，七亦翻。封习讨奸侯。杜季贡、王信等将其众据樗泉营。

9 是岁，九州蝗，郡国八雨水。

六年（壬子、一一二）

1 春，正月，甲寅，诏曰："凡供荐新味，多非其节，或郁养强孰，谓为土室蓄火，使土气蒸郁而养之，强使成熟也。前书召信臣传曰：太官园种冬生葱韭菜茹，覆以屋庑，昼夜然蕴火，待温气乃生。强，其两翻。或穿掘萌芽，味无所至而夭折生长，夭，于兆翻；短折曰夭。长，知两翻。岂所以顺时育物乎！传曰：'非其时不食。'贤曰：论语曰：不时不食。言非其时物，则不食之。前书，召信臣曰：不时之物，有伤于人，不宜以奉供养。自今当奉祠陵庙及给御者，皆须时乃上。"时熟乃上进也。上，时掌翻。凡所省二十三种。种，章勇翻。

2 三月，十州蝗。

3 夏，四月，乙丑，司空张敏罢。己卯，以太常刘恺为司空。

4 诏建武元功二十八将皆绍封。

5 五月，旱。

6 丙寅，诏令中二千石下至黄绶，一切复秩。董巴舆服志：中二千石，青绶；四百石、三百石、二百石，黄绶。四年，减百官奉，今复之。

7 六月，壬辰，豫章员溪原山崩。豫章郡，在雒阳南二千七百里，属扬州。

8 辛巳，赦天下。

9 侍御史唐喜讨汉阳贼王信，破斩之。杜季贡亡，从滇零。是岁，滇零死，子零昌立，年尚少，同种狼莫为其计策，滇，音颠。零，音怜。少，诗照翻。种，章勇翻。以季贡为将军，别居丁奚城。按东观记，丁奚城在北地郡灵州县。

七年（癸丑、一一三）

1 春，二月，丙午，郡国十八地震。

2 夏，四月，乙未，平原怀王胜薨，无子；太后立乐安夷王宠子得为平原王。

3 丙申晦，日有食之。

4 秋，护羌校尉侯霸、骑都尉马贤击先零别部牢羌于安定，零，音怜。获首虏千人。

5 蝗。

元初元年（甲寅、一一四）

1 春，正月，甲子，改元。

2 二月，乙卯，日南地坼，长百馀里。东观记曰：坼长百八十二里，广五十六里。长，直亮翻。

3 三月，癸亥，日有食之。考异曰：帝纪，“二月己卯，日南地坼。三月癸酉，日食。”本志及袁纪皆云“三月己卯，日南地坼。”按长历，是年二月壬辰朔，无己卯；三月壬戌朔，癸酉十二日，不应日食。二月当是乙卯，三月当是癸亥。

4 诏遣兵屯河内通谷冲要三十六【章：甲十六行本“六”作“三”；乙

十一行本同；孔本同。】所，皆作坞壁，设鸣鼓，以备羌寇。自太行北至恒山，限隔并、冀，其间多有谷道以相通，今于冲要之地作坞壁以备羌寇。

5 夏，四月，丁酉，赦天下。

6 京师及郡国五旱，蝗。

7 五月，先零羌寇雍城。右扶风雍县城也。雍，于用翻。

8 蜀【章：甲十六行本“蜀”上有“秋七月”三字；乙十一行本同；孔本同；张校同；退斋校同。】郡夷寇蚕陵，杀县令。蚕陵县，属蜀郡。贤曰：蚕陵故城在今翼州翼水县西，有蚕陵山，因以名焉。

9 九月，乙丑，太尉李修罢。

10 羌豪号多与诸种钞掠武都、汉中，巴郡板楯蛮救之，按范书，板楯蛮夷者，秦昭襄王时射杀白虎有功，昭王复夷人顷田不租，十妻不算，伤人者论，杀人者得以倓钱赎死。高祖为汉王，发夷人以定三秦，复其渠帅七姓不输租赋，馀户乃岁入賨钱，口四十。世号为板楯蛮夷。阆中有渝水，其人多居水左右，天性劲勇，数陷陈，喜歌舞，高祖为制巴渝舞。蛮盖挟板楯而战，因以为名。楯，食尹翻。倓，徒滥翻。賨，藏宗翻。汉中五官掾程信率郡兵与蛮共击破之。百官志：郡有五官掾，署功曹及诸曹事。掾，俞绢翻。号多走还，断陇道，与零昌合，断，丁管翻。零，音怜。侯霸、马贤与战于枹罕，破之。枹罕县，属陇西郡，唐之河州。枹，音肤。

11 辛未，以大司农山阳司马苞为太尉。

12 冬，十月，戊子朔，日有食之。

13 凉州刺史皮杨姓谱：皮，樊仲皮之后；又郑有上卿子皮，出于罕氏。击羌于狄道，大败，死者八百馀人。考异曰：纪作‘皮阳”，今从西羌传。余按陇西郡旧治狄道，去年徙襄武，则其地已弃而不有矣。

14 是岁，郡国十五地震。

二年（乙卯、一一五）

1 春，护羌校尉庞参以恩信招诱诸羌，号多等帅众降；帅，读曰率。降，户江翻。参遣诣阙，赐号多侯印，遣之。参始还治令居，自张掖徙还令居也。通河西道。

2 零昌分兵寇益州，遣中郎将尹就讨之。

3 夏，四月，丙午，立贵人荥阳阎氏为皇后。阎后之母，邓弘之妻之同产也，故得立。后性妒忌，后宫李氏生皇子保，后鸩杀李氏。为后废保张本。保后立，是为顺帝。

4 五月，京师旱，河南及郡国十九蝗。河南，即京师也。

5 六月，丙戌，太尉司马苞薨。

6 秋，七月，辛巳，以太仆泰山马英为太尉。

7 八月，辽东鲜卑围无虑；无虑县，属辽东郡。应劭曰：虑，音间。师古曰：即所谓医无闾。按郡国志：无虑县，时属辽东属国。九月，又攻夫犁营，杀县令。贤曰：夫犁县，属辽东属国，故城在今营州东南。余按两汉志，辽东郡及辽东属国皆无夫犁县，今言杀县令，则尝为县矣，未知贤所据者何书也。

8 壬午晦，日有食之。

9 尹就击羌党吕叔都等，蜀人陈省、罗横应募刺杀叔都，刺，七亦翻。皆封侯，赐钱。

10 诏屯骑校尉班雄屯三辅。雄，超之子也。以左冯翊司马钧行征西将军，督关中诸郡兵八千馀人。庞参将羌、胡兵七千馀人，与钧分道并击零昌。参兵至勇士东，贤曰：勇士县属天水郡。余按，天水时已改为汉阳郡。为杜季贡所败，引退。败，补迈翻。钧等独进，攻拔丁奚城，杜季贡率众伪逃。钧令右扶风仲光等收羌禾稼，考异曰：袁纪作"右扶风太守种暠"。今从范书。光等违钧节度，散兵深入，羌乃设伏要击之，要，一遥翻。钧在城中，怒而不救。冬十月，乙未，光等兵败，并没，死者三千馀人，钧乃遁还。庞参既失期，称病引还。皆坐征，下狱，下，遐稼翻。钧自杀。时度辽将军梁慬亦坐事抵罪。校书郎中扶风马融融以郎中校兰台书，故称校书郎中。上书称参、慬智能，宜宥过责效。诏赦参等，考异曰：慬传曰：“慬为度辽将军。明年，安定、北地、上郡皆被羌寇，不能自立，诏慬发边兵迎三郡吏民，徙扶风界。慬即遣南单于兄子优孤涂奴将兵迎之。既还，慬以涂奴接其家属有劳，辄授以羌侯印绶，坐专擅，征下狱抵罪。明年，校书郎马融上书讼慬与参。”按慬为度辽将军在永初四年，徙三郡民在五年，参下狱在今年，不得云明年融讼之也。疑传误。以马贤代参领护羌校尉，复以任尚为中郎将，代班雄屯三辅。考异曰：帝纪，“冬十月，遣任尚屯三辅。”按西羌传，司马钧庞参抵罪后，尚乃代雄屯三辅耳。复，扶又翻。

怀令虞诩说尚曰：说，输芮翻。“兵法：弱不攻强，走不逐飞，自然之势也。今虏皆马骑，日行数百里，来如风雨，去如绝弦，以步追之，势不相及，所以虽屯兵二十馀万，旷日而无功也。为使君计，莫如罢诸郡兵，各令出钱数千，二十人共市一马，以万骑之众，逐数千之虏，追尾掩截，贤曰：尾，犹寻也。余谓尾者，随其后而击之也。掩，袭也。截，邀也。其道自穷。言虏之路自穷，不能捷出而寇掠也。便民利事，大功立矣！”尚即上言，用其计，遣轻骑击杜季贡于丁奚城破之。

太后闻虞诩有将帅之略，以为武都太守。考异曰：诩传曰：“羌寇武都，太后以诩有将帅之略，迁武都太守。”又曰：“贼败散，南入益州。”本纪，“元初元年，羌寇武都汉中。”据此，似诩以元初元年为武都太守也。然按西羌传，“庞参抵罪后，任尚屯三辅，时诩犹为怀令，说尚用骑兵。”袁纪亦云怀令虞诩说尚，如范书所言。又云：“上问‘何从发此计?’尚表之，受于怀令虞诩，由是知名，迁武都太守。”以此验之，当在庞参抵罪后也。羌众数千遮诩于陈仓崤谷，此崤谷当在陈仓县界，即今之大散关，非弘农渑池县之崤山也。诩即停军不进，而宣言“上书请兵，须到当发。”羌闻之，乃分钞傍县。钞，楚交翻。诩因其兵散，日夜进道，兼行百馀里，令吏士各作两灶，日增倍之，羌不敢逼。或问曰：“孙膑减灶而君增之；减灶事见二卷周显王二十八年。膑，频忍翻。兵法日行不过三十里，以戒不虞，前书吉行五十里，师行三十里。而今日且二百里：

何也？”诩曰：“虏众多，吾兵少，徐行则易为所及，易，以豉翻。速进则彼所不测。虏见吾灶日增，必谓郡兵来迎，众多行速，必惮追我。孙膑见弱，见，贤遍翻。吾今示强，势有不同故也。”既到郡，兵不满三千，而羌众万馀，攻围赤亭数十日。贤曰：赤亭故城，在今渭州襄武县东南，有赤亭水。余按唐渭州，汉陇西郡地；汉武都，唐阶、成州地。此自是武都之赤亭，非渭州之赤亭也。又按郡国志，武都下辨县有赤亭，即此。诩乃令军中，强弩勿发，而潜发小弩；羌以为矢力弱，不能至，并兵急攻。诩于是使二十强弩共射一人，发无不中，射，而亦翻。中，竹仲翻。羌大震，退。诩因出城奋击，多所伤杀。明日，悉陈其兵众，令从东郭门出，北郭门入，贸易衣服，回转数周；羌不知其数，更相恐动。贸，音茂。更，工衡翻。诩计贼当退，乃潜遣五百馀人于浅水设伏，候其走路；诩知贼退，遇水必踏浅而渡，因于其处设伏以待之。虏果大奔，因掩击，大破之，斩获甚众，贼由是败散。诩乃占相地势，相，息亮翻。筑营壁百八十所，招还流亡，假赈贫民，开通水运。诩按行川谷，自沮至下辨数十里，烧石剪木，开漕船道。诩始到郡，谷石千，盐石八千，见户万三千；见存之户也。见，贤遍翻。视事三年，米石八十，盐石四百，民增至四万馀户，人足家给，一郡遂安。

11 十一月，庚申，郡国十地震。

12 十二月，武陵澧中蛮反，澧中，今澧州地。澧，音礼。州郡讨平之。

13 己酉，司徒夏勤罢。夏，户雅翻。

14 庚戌，以司空刘恺为司徒，光禄勋袁敞为司空。敞，安之子也。

15 前虎贲中郎将邓弘卒。弘自遭母丧去官，奉朝请，故曰前。弘性俭素，治欧阳尚书，汉千乘欧阳生传伏生尚书，由是尚书有欧阳氏学。治，立之翻。授帝禁中。有司奏赠弘骠骑将军，位特进，封西平侯。西平县，属汝南郡。太后追弘雅意，不加赠位、衣服，但赐钱千万，布万匹；兄骘等复辞不受。复，扶又翻；下同。诏封弘子广德为西平侯。将葬，有司复奏发五营轻车骑士，礼仪如霍光故事。贤曰：霍光薨，宣帝遣太中大夫、侍御史持节护丧事，中二千石修莫府冢，上赐玉、衣、梓宫、便房、黄肠题凑，辒辌车、黄屋左纛，轻车、材官、五校士以送葬也。太后皆不听，但白盖双骑，门生挽送。贤曰：白盖，车也。挽，音晚。骑，奇寄翻。后以帝师之重，分西平之都乡，封广德弟甫德为都乡侯。

王崇武标点容肇祖聂崇岐覆校

资治通鉴卷第五十

翰林学士兼侍读学士朝散大夫右谏议大夫
知制诰判尚书都省兼提举万寿观公事上护军　司马光　奉敕编集
河内郡开国侯食邑一千三百户赐紫金鱼袋臣

后学天台胡三省音注

汉纪四十二

起柔兆执徐（丙辰），尽阏逢困敦（甲子），凡九年。

孝安皇帝中

元初三年（丙辰、一一六）

1 春，正月，苍梧、郁林、合浦蛮夷反；三郡皆属交州。二月，遣侍御史任逴督州郡兵讨之。任，音壬。贤曰：逴，音丁角翻，又音卓。

2 郡国十地震。

3 三月，辛亥，日有食之。

4 夏，四月，京师旱。

5 五月，武陵蛮反，州郡讨破之。

6 癸酉，度辽将军邓遵率南单于击零昌于灵州，范书匈奴传曰：自置度辽将军以来，皆权行其事，独遵以皇太后从弟为真将军，此后更无行将军者。志云：度辽将军，银印青绶，秩二千石。灵州县，属北地郡。贤曰：在今庆州马岭县西北。零，音怜。斩首八百馀级。

7 越巂徼外夷举种内属。巂，音髓。徼，吉吊翻。种，章勇翻。

8 六月，中郎将任尚任，音壬。遣兵击破先零羌于丁奚城。

零，音怜。

9 秋，七月，武陵蛮复反，复，扶又翻。州郡讨平之。

10 九月，筑冯翊北界候坞五百所以备羌。冯翊北界，接安定北地。

11 冬，十一月，苍梧、郁林、合浦蛮夷降。降，户江翻。

12 旧制：公卿、二千石、刺史不得行三年丧，司徒刘恺以为"非所以师表百姓，宣美风俗。"丙戌，初听大臣行三年丧。贤曰：文帝遗诏以日易月，于后大臣，遂以为常；至此，复遵古制也。

13 癸卯，郡国九地震。

14 十二月，丁巳，任尚遣兵击零昌于北地，杀其妻子，烧其庐舍，【章：甲十六行本"舍"作"落"；乙十一行本同；孔本同；张校同。】斩首七百馀级。羌势自此衰矣。

四年（丁巳、一一七）

1 春，二月，乙巳朔，日有食之。

2 乙卯，赦天下。

3 壬戌，武库灾。

4 任尚遣当阗种羌榆鬼等刺杀杜季贡，阗，徒贤翻。种，章勇翻。刺，七亦翻；下同。封榆鬼为破羌侯。

5 司空袁敞，廉劲不阿权贵，失邓氏旨。尚书郎张俊有私书与敞子俊，怨家封上之。怨，于元翻。上，时掌翻。夏，四月，戊申，敞坐策免，自杀；俊等下狱当死。下，遐稼翻。俊上书自讼；临刑，太后诏以减死论。

6 己巳，辽西鲜卑连休等入寇，考异曰：范书鲜卑传上作"连休"，下作"休连"，今从上文。辽西郡，在雒阳东北三千三百里。贤曰：辽西郡故城，在今平州东阳乐城是。郡兵与乌桓大人於秩居等共击，大破之，斩首千三百级。

7 六月，戊辰，三郡雨雹。雨，于具翻。

8 尹就坐不能定益州，征抵罪；以益州刺史张乔领其军屯，招诱叛羌，稍稍降散。诱，音酉。降，户江翻。

9 秋，七月，京师及郡国十雨水。

10 九月，护羌校尉任尚复募效功种羌号封刺杀零昌；复，扶又翻。封号封为羌王。

11 冬，十一月，己卯，彭城靖王恭薨。

12 越巂夷以郡县赋敛烦数，巂，音髓。敛，力赡翻。数，所角翻。十二月，大牛种封离等反，杀遂久令。遂久县，属越巂郡。贤曰：遂久故县，在今靡州界。考异曰：西南夷传云"五年叛"，今从帝纪。

13 甲子，任尚与骑都尉马贤共击先零羌狼莫，追至北地，相持六十馀日，战于富平河上，大破之，范书帝纪作"富平上河"，西羌传作"河上"。贤曰：富平县，属北地郡，故城在今灵州回乐县西南。余按水经，河水东北径安定郡眗卷县故城西。注曰：地理志，河水别出为河沟，东至富平北入河，河水于此有上河之名。前汉冯参为上河典农都尉。则上河为是。宋白曰：唐灵州，即汉富平县之地。杜佑曰：汉富平，今灵州回乐县。应劭曰：眗，音旬日之旬。卷，音箘簬之箘。斩首五千级，狼莫逃去。于是西河虔人种羌万人诣邓遵降，陇右平。狼莫者，零昌之谋主，零昌既死而狼莫败逃，虔人羌失援而降，故陇右平。降，户江翻。

14 是岁，郡国十三地震。

五年（戊午、一一八）

1 春，三月，京师及郡国五旱。

2 夏，六月，高句骊与涉貊寇玄菟。句，如字，又音驹。骊，力知翻。涉，音秽。貊，莫百翻。菟，同都翻。

3 永昌、益州、蜀郡夷皆叛应封离，众至十馀万，破坏二十馀县，坏，音怪。杀长吏，焚掠百姓，骸骨委积，千里无人。

4 秋，八月，丙申朔，日有食之。

5 代郡鲜卑入寇，杀长吏；考异曰：独行传云："元初中，鲜卑数百馀骑寇渔阳，太守张显率吏士追出塞，遥望虏营烟火，急趣之。兵马掾严授虑有伏兵，苦谏止，不听。显蹴令进，授不获已前战，伏兵发，授身被十创，没于陈。显拔刃追散兵，不能制，虏射中显，主簿卫福、功曹徐咸遽趣之，显遂堕马，福以身拥蔽，虏并杀之。朝廷愍授等节，诏书褒叹，厚加赏赐。"按元初凡六年，鲜卑不曾犯渔阳，杀长吏；惟是入代郡曾杀长吏。今疑渔阳本是代郡，史之误也。余按张显事，通鉴已书于上卷殇帝延平元年，从范书帝纪也。发缘边甲卒、黎阳营兵屯上谷以备之。冬，十月，鲜卑寇上谷，攻居庸关，郡国志：居庸县，属上谷郡。新唐志：幽州昌平县西北三十五里，有纳款关，即居庸故关。复发缘边诸郡黎阳营兵、积射士步骑二万人复，扶又翻。屯列冲要。

6 邓遵募上郡全无种羌雕何刺杀狼莫；刺，七亦翻。封雕何为羌侯。自羌叛十馀年间，永初元年羌叛，至是年凡十二年。军旅之费，凡用二百四十馀亿，府帑空竭，边民及内郡死者不可胜数，帑，他朗翻。胜，音升。并、凉二州遂至虚耗。及零昌、狼莫死，零，音怜。诸羌瓦解，三辅、益州无复寇警。诏封邓遵为武阳侯，邑三千户。东郡有东武阳，泰山郡有南武阳，邓骘传又作"舞阳"。遵以太后从弟，故爵封优大。任尚与遵争功，又坐诈增首级、受赇枉法赃千万已上，十二月，槛车征尚，弃市，没入财物。邓骘子侍中凤尝受尚马，骘髡妻及凤以谢罪。骘，职日翻。

7 是岁，郡国十四地震。

8 太后弟悝、阊皆卒，封悝子广宗为叶侯，阊子忠为西华侯。叶县，属南阳郡；西华县，属汝南郡。悝，苦回翻。阊，音昌。叶，式涉翻。

六年（己未、一一九）

1 春，二月，乙巳，京师及郡国四十二地震。

2 夏，四月，沛国、勃海大风，雨雹。雨，于具翻。

3 五月，京师旱。

4 六月，丙戌，平原哀王得薨，无子。

5 秋，七月，鲜卑寇马城塞，杀长吏，马城县，属代郡。贤曰：搜神记：昔秦人筑城于武周塞以备胡，将成而崩者数矣。有马驰走周旋反复，父老异之，因依以筑城，城乃不崩，遂以名焉。其故城，则今之朔州也。余按续汉志，搜神记所云乃雁门郡之马邑，此乃代郡之马城，贤误。度辽将军邓遵及中郎将马续率南单于追击，大破之。

6 九月，癸巳，陈怀王竦薨，无子，国除。竦，陈王羡之孙。

7 冬，十二月，戊午朔，日有食之，既。

8 郡国八地震。

9 是岁，太后征和帝弟济北王寿、河间王开子男女年五岁以上四十馀人，济，子礼翻。及邓氏近亲子孙三十馀人，并为开邸第，贤曰：苍颉篇曰：邸，舍也。为，于伪翻。教学经书，躬自监试。监，古衔翻。诏从兄河南尹豹、越骑校尉康等曰："末世贵戚食禄之家，温衣美饭，乘坚驱良，贤曰：坚，谓好车，良，谓善马。余按此语出史记范蠡传。从，才用翻。而面墙术学，不识臧否，尚书曰：弗学墙面。言正墙面而立，无所见也。否，音鄙。斯故祸败之所从来也。"

10 豫章有芝草生，太守刘祗欲上之，上，时掌翻。以问郡人唐檀，檀曰："方今外戚豪盛，君道微弱，斯岂嘉瑞乎！"祗乃止。

11 益州刺史张乔遣从事杨竦将兵至楪榆，楪榆县，武帝开置，属益州郡，有叶榆泽在县东，因名；明帝分属永昌郡。楪，与叶同。击封离等，大破之，斩首三万馀级，获生口千五百人。封离等惶怖，斩其同谋渠帅，诣竦乞降。怖，普布翻。帅，所类翻。降，户江翻；下同。竦厚加慰纳，其馀三十六种皆来降附。种，章勇翻。竦因奏长吏奸猾，侵犯蛮夷者九十人，皆减死论。

12 初，西域诸国既绝于汉，事见上卷永初元年。北匈奴复以兵威役属之，役使而臣属之。复，扶又翻；下同。与共为边寇。敦煌太守曹宗患之，敦，徒门翻。乃上遣行长史索班将千馀人屯伊吾以招抚之。索姓出敦煌。又左传，商人七族有索氏。上，时掌翻。索，昔各翻。上遣者，上奏而遣之也。行长史者，行长史事，未为真也。于是车师前王及鄯善王复来降。鄯，上扇翻。

13 初，疏勒王安国死，无子，国人立其舅子遗腹为王；遗腹叔父臣磐在月氏，月氏纳而立之。西域传曰：元初中，安国以舅臣磐有罪，徙于月氏，月氏王亲爱之。遗腹既立，月氏遣兵送臣磐还疏勒。国人素敬爱臣磐，又畏惮月氏，即共夺遗腹印绶，迎臣磐，立以为王。氏，音支。后莎车畔于窴，属疏勒，自明帝永平四年，莎车属于窴。疏勒遂强，与龟兹、于窴为敌国焉。

永宁元年(庚申、一二〇)是年，夏，四月，改元。

1 春，三月，丁酉，济北惠王寿薨。济，子礼翻。

2 北匈奴率车师后王军就共杀后部司马及敦煌长史索班等，贤曰：司马，即属戊己校尉所统也；和帝时置戊己校尉，镇车师后部。考异曰：班勇传："元初六年，曹宗遣索班屯伊吾。后数月，北单于与车师后部共攻没索班。"按本纪，"永宁元年，车师后王叛，杀部司马。"车师传亦曰："永宁元年，后王军就及母沙麻反畔，杀后部司马及敦煌行事。"盖班以去年末屯伊吾，今春见杀，或今春奏事方到也。遂击走其前王，略有北道。鄯善逼急，求救于曹宗，鄯，上扇翻。宗因此请出兵五千人击匈奴，以报索班之耻，因复取西域；公卿多以为宜闭玉门关，绝西域。太后闻军司马班勇有父风，召诣朝堂问之。班固西都赋曰：左右廷中，朝堂百僚之位；朝堂盖在殿庭左右。朝，直遥翻。勇上议曰："昔孝武皇帝患匈奴强盛，于是开通西域，论者以为夺匈奴府藏，上，时掌翻。藏，徂浪翻。断其右臂。断，丁管翻。光武中兴，未遑外事，故匈奴负强，驱率诸国；及至永平，再攻敦煌，敦，徒门翻。河西诸郡，城门昼闭。孝明皇帝深惟庙策，惟，思也。贤曰：古者谋事必就祖，故言庙策也。余谓古者遣将必于庙，先定制胜之策，故谓之庙策。

乃命虎臣出征西域，虎臣，谓其父超也。故匈奴远遁，边境得安；及至永元，莫不内属。会间者羌乱，西域复绝。复，扶又翻。北虏遂遣责诸国，备其逋租，高其价直，严以期会，备，偿也。西域属汉之后，不复以马畜、旃罽输匈奴；及与汉绝，匈奴复遣使责其积年所逋。逋，欠也。鄯善、车师皆怀愤怨，思乐事汉，乐，音洛。其路无从；前所以时有叛者，皆由牧养失宜，还为其害故也。今曹宗徒耻于前负，欲报雪匈奴，负，败也。报雪，谓振伊吾之役，雪索班之耻也。而不寻出兵故事，未度当时之宜也。度，徒洛翻。夫要功荒外，万无一成，要，一遥翻。荒外，谓在荒服之外。若兵连祸结，悔无所及。况今府藏未充，藏，徂浪翻。师无后继，是示弱于远夷，暴短于海内，臣愚以为不可许也。旧敦煌郡有营兵三百人，今宜复之，复置护西域副校尉，居于敦煌，如永元故事，校，户教翻。又宜遣西域长史将五百人屯楼兰，楼兰，即鄯善。西当焉耆、龟兹径路，南强鄯善、于寘心胆，北扞匈奴，东近敦煌，如此诚便。”龟兹，音丘慈。寘，徒贤翻。

尚书复问勇：“利害云何？”勇既上议，尚书复问，使悉陈其利害。复，扶又翻。勇对曰：“昔永平之末，始通西域，初遣中郎将居敦煌，谓郑众也。后置副校尉于车师，谓耿恭、关宠也。既为胡虏节度，又禁汉人不得有所侵扰，故外夷归心，匈奴畏威。今鄯善王尤还，汉人外孙，若匈奴得志，则尤还必死。贤曰：尤还，鄯善王名。此等虽同鸟兽，亦知避害，若出屯楼兰，足以招附其心，愚以为便。”此勇所谓利也。

长乐卫尉镡显、类篇：镡，如心翻，姓也。贤曰：镡，音徒南翻。唐韵又音寻。廷尉綦毋参、綦毋，姓也，左传晋有綦毋张。司隶校尉崔据难曰：难，乃旦翻；下同。“朝廷前所以弃西域者，以其无益于中国而费难供也。今车师已属匈奴，鄯善不可保信，一旦反覆，班将能保北虏不为边害乎？”贤曰：以勇为军司马，故以将言之。将，音子亮翻。勇对曰："今中国置州牧者，以禁郡县奸猾盗贼也。若州牧能保盗贼不起者，臣亦愿以要斩保匈奴之不为边害也。要，读曰腰。今通西域则虏势必弱，虏势弱则为患微矣；孰与归其府藏，续其断臂哉？今置校尉以扞抚西域，设长史以招怀诸国，若弃而不立，则西域望绝，望绝之后，屈就北虏，缘边之郡将受困害，恐河西城门必须复有昼闭之儆矣！明帝永平中，北匈奴胁诸国共寇河西郡县，城门昼闭。复，扶又翻；下同。今不廓开朝廷之德而拘屯戍之费，若此，北虏遂炽，岂安边久长之策哉！"此勇所谓害也。炽，尺志翻。

太尉属毛轸难曰："今若置校尉，则西域骆驿遣使，求索无厌，索，山客翻。厌，于盐翻。百官志：太尉掾属二十四人；东、西曹掾比四百石，馀掾比三百石，属比二百石。与之则费难供，不与则失其心，一旦为匈奴所迫，当复求救，则为役大矣。"勇对曰："今设以西域归匈奴，而使其恩德大汉，不为钞盗，则可矣。钞，楚交翻。如其不然，则因西域租入之饶，兵马之众，以扰动缘边，是为富仇雠之财，增暴夷之势也。置校尉者，宣威布德，以系诸国内向之心而疑匈奴觊觎之情，觊，音冀。觎，音俞。而无费财耗国之虑也。且西域之人，无他求索，其来入者不过禀食而已；禀，笔锦翻，给也。食，读曰饮。今若拒绝，势归北属夷虏，言其事势所归，必至北属匈奴。并力以寇并、凉，则中国之费不止十亿。置之诚便。"

于是从勇议，复敦煌郡营兵三百人，置西域副校尉居敦煌，虽复羁縻西域，然亦未能出屯。谓未能如勇计出屯楼兰西也。然使尽行勇之计，亦未必能羁制西域，何者？武帝通西域，未能尽臣属西域也；及宣帝时，日逐降，呼韩邪内附，始尽得西域。明帝使班超通西域，未能尽臣属西域也；及窦宪破北匈奴，超始尽得西域。今汉内困于诸羌，而北匈奴游魂蒲类，安能以五百人成功哉！其后匈奴果数与车师共入寇钞，河西大被其害。数，所角翻。钞，楚交翻。被，皮义翻。

3 沈氏羌寇张掖。贤曰：沈氏，羌号也。续汉书曰：羌在上郡西河者，号沈氏。

4 夏，四月，丙寅，立皇子保为太子，改元，赦天下。

5 己巳，绍封陈敬王子崇为陈王，济北惠王子苌为乐成王，济，子礼翻。河间孝王子翼为平原王。

6 六月，护羌校尉马贤将万人讨沈氏羌于张掖，破之，斩首千八百级，获生口千馀人，馀虏悉降。降，户江翻。时当煎等【章：甲十六行本"等"作"种"；乙十一行本同；张校同。】大豪饥五等，以贤兵在张掖，乃乘虚寇金城，贤还军【章：甲十六行本"军"下有"追之"二字；乙十一行本同；孔本同；张校同；退斋校同。】出塞，斩首数千级而还。烧当、烧何种闻贤军还，复寇张掖，杀长吏。马贤于时为健斗。然观其往来奔命，羌人辄议其后，贤不思所以制之之术，重以不恤军事，宜其有射姑山之败也。还，从宣翻，又如字。种，章勇翻。复，扶又翻。长，知两翻。

7 秋，七月，乙酉朔，日有食之。

8 冬，十月，己巳，司空李郃免。郃，古合翻，又曷阁翻。癸酉，以卫尉庐江陈褒为司空。

9 京师及郡国三十三大水。

10 十二月，永昌徼外掸国王雍曲调遣使者献乐及幻人。西南夷传：幻人能变化、吐火、自支解、易牛马头，自言我海西人，海西即大秦也。今按大秦即武帝时犁靬国，今谓之拂菻。掸，音檀。范书"雍曲调"作"雍由调"，徼，吉吊翻。

11 戊辰，司徒刘恺请致仕；许之，以千石禄归养。

12 辽西鲜卑大人乌伦、其至鞬各以其众诣度辽将军邓遵降。乌伦、其至鞬，二人也。鞬，居言翻。

13 癸酉，以太常杨震为司徒。

14 是岁，郡国二十三地震。

15 太后从弟越骑校尉康，以太后久临朝政，宗门盛满，数上书太后，从，才用翻。上元初六年书从兄康，此书从弟；征诸范史，当从“兄”字。数，所角翻。上，时掌翻。以为宜崇公室，自损私权，言甚切至，太后不从。康谢病不朝，太后使内侍者问之；所使者乃康家先婢，先本康家婢，后入宫，在太后左右。自通“中大人”，时宫中耆宿皆称中大人。康闻而诟之。贤曰：诟，骂也；音许遘翻，又古候翻。婢怨恚，恚，於避翻。还，白康诈疾而言不逊。太后大怒，免康官，遣归国，康永初中绍封夷安侯。绝属籍。

16 初，当煎种饥五同种大豪卢忽、忍良等千馀户种，章勇翻；下同。别留允街，而首施两端。贤曰：首施，犹首鼠也。允，音铅。

建光元年（辛酉、一二一）是年七月改元。考异曰：陈禅传曰：“北匈奴入辽东，追拜禅辽东太守。胡惮其威强，退还数百里。禅不加兵，但遣吏卒往晓慰之。单于随使还郡，禅于学行礼，为说道义以感化之，单于怀服，遗以胡中珍货而去。”当在此年矣。又按北单于，汉朝所不能臣，未尝入朝天子，安肯见辽东太守！此事可疑，今不取。余按和帝以来，北匈奴益西徙，自代郡以东至辽东塞外之地，皆鲜卑、乌桓居之，北单于安能至辽东邪！不取，当也。

1 春，护羌校尉马贤召卢忽，斩之，因放兵击其种人，获首虏二千馀，忍良等皆亡出塞。

2 幽州刺史巴郡冯焕、玄菟太守姚光、辽东太守蔡讽等将兵击高句骊，高句丽王宫遣子遂成诈降而袭玄菟、辽东，杀伤二千馀人。菟，同都翻。句，如字，又音驹。丽，读曰骊，力知翻。降，户江翻。

3 二月，皇太后寝疾，癸亥，赦天下。三月，癸巳，皇太后邓氏崩。未及大敛，帝复申前命，敛，力赡翻。复，扶又翻；下同。封邓骘为上蔡侯，位特进。封骘事见上卷永初元年。

丙午，葬和熹皇后。范晔曰：汉世皇后无谥，皆因帝谥以为称，虽吕氏专政，上官临制，亦无殊号。中兴，明帝始建光烈之称，其后并以德为配，至于贤愚优劣，混同一贯，故马、窦二后，俱称德焉。其馀皇帝之庶母及蕃王承统，以追尊之重，特为其号，恭怀、孝崇之比是也。初平中，蔡邕始追正和熹之谥，其安思、顺烈以下，皆依而加焉。贤注云：蔡邕集谥议曰：汉世母后无谥，明帝始建光烈之称，是后转因帝号加之以德，上下优劣，混而为一，违礼"大行受大名、小行受小名"之制。谥法：有功安民曰熹，帝后一体，礼亦宜同，大行皇太后宜为和熹。

太后自临朝以来，水旱十载，载，子亥翻。四夷外侵，盗贼内起，每闻民饥，或达旦不寐，躬自减彻谓减膳彻乐之类。以救灾厄，故天下复平，岁还丰穰。和熹临朝之政，可谓牝鸡之晨，唯家之索矣。

上始亲政事，尚书陈忠荐隐逸及直道之士颍川杜根、平原成翊世之徒，上皆纳用之。忠，宠之子也。初，邓太后临朝，根为郎中，与同时郎上书言："帝年长，宜亲政事。"长，知两翻。太后大怒，皆令盛以缣囊，于殿上扑杀之，盛，时征翻。扑，普卜翻，蜀本弼角切。既而载出城外，根得苏；太后使人检视，根遂诈死，三日，目中生蛆，蛆，子余翻。凡蝇所集，其遗子之处生为蛆。因得逃窜，为宜城山中酒家保，积十五年。宜城县，属南郡。贤曰：宜城故城，在今襄州率道县南，其地出美酒。广雅云：保，使也，言为人佣力保任而使也。成翊世以郡吏亦坐谏太后不归政抵罪。帝皆征诣公车，拜根侍御史，翊世尚书郎。为诸邓得罪张本。或问根曰："往者遇祸，天下同义，天下之士以根直谏遇祸，同义之也。知故不少，少，诗沼翻。何至自苦如此？"根曰："周旋民间，非绝迹之处，邂逅发露，邂逅，不期而会，谓出于意料之外也。祸及亲知，故不为也。"申屠蟠绝迹梁、砀，祖根之故智也。

4 戊申，追尊清河孝王曰孝德皇，皇妣左氏曰孝德后，祖妣宋贵人曰敬隐后。尊其所自出也。谥法：执义行善曰德；绥柔士民曰德；不显尸国曰隐；见美坚长曰隐。初，长乐太仆蔡伦受窦后讽旨诬陷宋贵人，事见四十六卷章帝建初七年。乐，音洛。帝敕使自致廷尉，伦饮药死。自致廷尉者，使其自诣狱。

5 夏，四月，高句丽复与鲜卑入寇辽东，蔡讽追击于新昌，战殁。新昌县，属辽东郡。功曹掾龙端、兵马掾公孙酺以身扞讽，俱殁于陈。范书东夷传作“功曹耿耗、兵马掾龙端。”酺，音蒲。陈，读曰阵。

6 丁巳，尊帝嫡母耿姬为甘陵大贵人。郡国志：清河郡厝县，帝改名甘陵。贤曰：甘陵，孝德皇之陵也，因以为县，在今贝州清河县东。宋白曰：贝州清河县，本周甘泉氏之地，秦、汉为信城县，后汉为厝县，桓帝改为甘陵，故城在今县西北。清河王庆陵，在今清河郡东南三十里故厝城。

7 甲子，乐成王苌坐骄淫不法，贬为芜湖侯。范书纪、传皆作“临湖侯”。贤曰：临湖县属庐江郡。

8 己巳，令公卿下至郡国守相各举有道之士一人。尚书陈忠以诏书既开谏争，争，读曰诤。虑言事者必多激切，或致不能容，乃上疏豫通广帝意曰：“臣闻仁君广山薮之大，贤曰：左氏传曰：川泽纳污，山薮藏疾，瑾瑜匿瑕，国君含垢，天之道也。纳切直之谋，忠臣尽謇谔之节，不畏逆耳之害，易曰：王臣蹇蹇。晋王豹传作“謇”。史记赵简子曰：众人之唯唯，不如周舍之谔谔。家语：孔子曰：忠言逆耳而利于行也。是以高祖舍周昌桀、纣之譬，周昌尝燕入奏事，高祖方拥戚姬，昌还走，帝逐得，骑昌项，问曰：“我何如主？”昌仰曰：“陛下即桀、纣之主！”上笑，自是心惮昌。舍，读曰捨。孝文喜袁盎人豕之讥，事见十三卷文帝二年。武帝纳东方朔宣室之正，事见十八卷武帝元光五年。元帝容薛广德自刎之切。事见二十八卷元帝永光元年。刎，武粉翻。今明诏崇高宗之德，推宋景之诚，引咎克躬，咨访群吏。时诏公卿百僚各上封事。言事者见杜根、成翊世等新蒙表录，显列二台，贤曰：谓根为侍御史，翊世为尚书郎也。余按汉制，尚书、御史皆曰台。必承风响应，争为切直。若嘉谋异策，宜辄纳用；如其管穴，妄有讥刺，贤曰：管穴，言小也。史记：扁鹊曰：若以管窥天，以隙视文。隙，即穴也。虽苦口逆耳，不得事实，且优游宽容，以示圣朝无讳之美；若有道之士对问高者，宜垂省览，省，悉景翻。特迁一等，以广直言之路。”书御，御，进也。书御，书进而经览也。有诏，拜有道高第士沛国施延为侍中。有道高第，举有道，对问为上第也。姓谱：鲁大夫施伯，出于鲁惠公之子子尾字施父。

初，汝南薛包，少有至行，父娶后妻而憎包，分出之。包日夜号泣，不能去，少，诗照翻。行，下孟翻。号，户刀翻。至被驱扑，以敲扑驱之也。扑，普卜翻。不得已，庐于舍外，旦入洒扫。洒，所卖翻；扫，素报翻；又并如字。父怒，又逐之，乃庐于里门，晨昏不废。不废定省之礼也。积岁馀，父母惭而还之。及父母亡，弟子求分财异居；包不能止，乃中分其财，奴婢引其老者，曰："与我共事久，若不能使也。"若，汝也。田庐取其荒顿者，贤曰：顿，犹废也。曰："吾少时所治，意所恋也。"治，直之翻。器物取朽败者，曰："我素所服食，身口所安也。"弟子数破其产，辄复赈给。数，所角翻。复，扶又翻。帝闻其名，令公车特征，特，独也，独征之，当时无与并者。至，拜侍中。包以死自乞，有诏赐告归，加礼如毛义。毛义事见四十六卷章帝元和元年。

9 帝少号聪明，故邓太后立之。及长，多不德，少，诗照翻。长，知两翻。稍不可太后意；言意不以为可也。帝乳母王圣知之。太后征济北、河间王子诣京师；济，子礼翻。河间王子翼，美容仪，太后奇之，以为平原怀王后，留京师。王圣见太后久不归政，虑有废置，常与中黄门李闰、江京候伺左右，共毁短太后于帝，帝每怀忿惧。伺，相吏翻。及太后崩，宫人先有受罚者怀怨恚，恚，於避翻。因诬告太后兄弟悝、弘、阊先从尚书邓访取废帝故事，谋立平原王。帝闻，追怒，令有司奏悝等大逆无道，遂废西平侯广宗、叶侯广德、西华侯忠、阳安侯珍、都乡侯甫德皆为庶人，忠，阊之子。珍，悝兄京之子。西华、阳安二县，皆属汝南郡。悝，苦回翻。阊，音昌。叶，式涉翻。邓骘以不与谋，但免特进，遣就国；与，读曰豫。宗族免官归故郡，邓氏，故南阳人。没入骘等赀财田宅。徙邓访及家属于远郡，郡县迫逼，广宗及忠皆自杀。又徙封骘为罗侯；罗县，属长沙郡。五月，庚辰，骘与子凤并不食而死。骘从弟河南尹豹、度辽将军舞阳侯遵、将作大匠畅皆自杀；从，才用翻。唯广德兄弟以母与阎后同产，得留京师。复以耿夔为度辽将军，征乐安侯邓康为太仆。按范书邓禹传：明帝分禹国为三，封其三子，季子珍为夷安侯。康以珍之子绍封，"乐安"当作"夷安"。郡国志，夷安、高密二县，皆属北海国。贤曰：夷安故城，今高密县外城。丙申，贬平原王翼为都乡侯，遣归河间。翼谢绝宾客，闭门自守，由是得免。

初，邓后之立也，见四十八卷和帝永元十四年。太尉张禹、司徒徐防欲与司空陈宠共奏追封后父训，宠以先世无奏请故事，争之，连日不能夺；及训追加封谥，禹、防复约宠俱遣子奏【章：甲十六行本"奏"作"奉"；乙十一行本同。】礼于虎贲中郎将骘，宠不从；故宠子忠不得志于邓氏。骘等败，忠为尚书，数上疏陷成其恶。宠之所守是也，忠之所为非也。复，扶又翻。数，所角翻。

大司农京兆朱宠痛骘无罪遇祸，乃肉袒舆榇榇，初觐翻。贤曰：榇，亲身棺。上疏曰："伏惟和熹皇后圣善之德，为汉文母。贤曰：诗凯风曰：母氏圣善。文母，文王之母太任也。宠言太后有圣善之德，比于文母也。兄弟忠孝，同心忧国，【章：甲十六行本"国"下有"宗庙有主"四字；乙十一行本同；张校同；退斋校同。】社稷【章：甲十六行本"社稷"作"王室"；乙十一行本同；退斋校同。】是赖；贤曰：殇帝崩，太后与骘定立安帝，故曰是赖。功成身退，让国逊位，历世贵戚，无与为比，当享积善履谦之佑。贤曰：易曰：积善之家，必有馀庆。又曰：鬼神害盈而福谦。而横为宫人单辞所陷，两造不备又无征左者为单辞。横，户孟翻。利口倾险，反乱国家，论语曰：恶利口之覆邦家者。罪无申证，狱不讯鞫，贤曰：申，明白也；讯，问也；鞫，穷也。遂令骘等罹此酷陷，【章：甲十六行本“陷”作“滥”；乙十一行本同。】一门七人，并不以命，贤曰：七人，谓骘、从弟豹、遵、畅，骘子凤，凤从弟广宗、忠也。尸骸流离，冤魂不反，逆天感人，率土丧气。丧，息浪翻。宜收还冢次，宠树遗孤，奉承血祀，以谢亡灵。”贤曰：血祀，谓祭庙杀牲取血以降神也。宠知其言切，自致廷尉；陈忠复劾奏宠，诏免官归田里。劾，户概翻，又户得翻。众庶多为骘称枉者，复，扶又翻。为，于伪翻。帝意颇悟，乃谴让州郡，贤曰：以逼迫广宗等故也。还葬骘等于北芒，贤曰：北芒山，在雒阳城北。诸从兄弟皆得归京师。从，才用翻。

10 帝以耿贵人兄牟平侯宝监羽林左军车骑；羽林分左右监，各主左右骑。宝监，古衔翻。封宋杨四子皆为列侯，宋氏为卿、校、侍中大夫、谒者、郎吏十馀人；校，户教翻。阎皇后兄弟显、景、耀，并为卿、校，典禁兵。卿、校，九卿及诸校尉也。于是内宠始盛。

帝以江京尝迎帝于邸，谓延平元年迎帝于清河邸也。以为京功，封都乡侯，封李闰为雍乡侯，闰、京并迁中常侍。京兼大长秋，与中常侍樊丰、黄门令刘安、钩盾令陈达百官志：黄门令，主省中诸宦者，钩盾令，典诸近地苑囿游观之处，皆宦者为之。盾，食尹翻。及王圣、圣女伯荣扇动内外，竞为侈虐；伯荣出入宫掖，传通奸赂。司徒杨震上疏曰：“臣闻政以得贤为本，治以去秽为务；治，直吏翻。去，羌吕翻。是以唐、虞俊乂在官，四凶流放，见尚书。孔安国曰：俊乂，俊德能治之士。马融曰：千人曰俊，百人曰乂。天下咸服，以致雍熙。雍，和也。熙，亦和也。方今九德未事，贤曰：尚书皋陶谟曰：亦行有九德，宽而栗，柔而立，愿而恭，乱而敬，扰而毅，直而温，简而廉，刚而塞，强而义。又曰：九德咸事，俊乂在官。孔安国曰：使九德之人皆用事。嬖幸充庭。谥法：贱而得爱曰嬖。阿母王圣，出自贱微，得遭千载，载，子亥翻。奉养圣躬，虽有推燥居湿之勤，孝经援神契曰：母之于子也，鞠养殷勤，推燥居湿，绝少分甘也。推，吐雷翻。前后赏惠，过报劳苦，而无厌之心不知纪极，外交属托，厌，于盐翻。属，之欲翻。扰乱天下，损辱清朝，尘点日月。朝，直遥翻。夫女子、小人，近之喜，远之怨，实为难养。论语曰：唯女子与小人为难养也，近之则不逊，远之则怨。近，其靳翻。远，于愿翻。宜速出阿母，令居外舍，断绝伯荣，莫使往来；断，丁管翻。令恩德两隆，上下俱美。”奏御，帝以示阿母等，内幸皆怀忿恚。恚，於避翻。

而伯荣骄淫尤甚，通于故朝阳侯刘护从兄瓌，瓌遂以为妻，官至侍中，得袭护爵。贤曰：护，泗水王歙之从曾孙。朝阳县，属南郡，故城在今邓州穰县南，今谓之朝城。从，才用翻。瓌，古回翻。震上疏曰：“经制，父死子继，兄亡弟及，以防篡也。贤曰：公羊传曰：刘子、单子以王猛入于王城者何？西周也。其言入何？篡乱也。冬十月，王子猛卒。此未逾年之君，其称王子猛卒何？不予当也。不予当者，不予当父死子继，兄亡弟及也。伏见诏书，封故朝阳侯刘护再从兄瓌袭护爵为侯；从，才用翻。护同产弟威，今犹见在。见，贤遍翻。臣闻天子专封，封有功；诸侯专爵，爵有德。今瓌无他功行，行，下孟翻。但以配阿母女，一时之间，既位侍中，又至封侯，不稽旧制，不合经义，行人喧哗，百姓不安。陛下宜鉴镜既往，顺帝之则。”尚书广陵翟酺范书列传：酺，广汉雒人。“陵”，当作“汉”。广汉郡，属益州。翟，直格翻。酺，音蒲。上疏曰：“昔窦、邓之宠，倾动四方，兼官重绂，重，直龙翻。盈金积货，至使议弄神器，贤曰：神器，谓天位也。老子曰：天下神器不可为也。余谓威福人主之神器，此言弄威福耳。改更社稷，更，工衡翻。岂不以势尊威广以致斯患乎！及其破坏，头颡堕地，愿为孤豚，岂可得哉！夫致贵无渐，失必暴；受爵非道，殃必疾。今外戚宠幸，功均造化，汉元以来未有等比。汉元，汉初也。比，频寐翻。陛下诚仁恩周洽，以亲九族，然禄去公室，政移私门，覆车重寻，宁无摧折！重，直龙翻。折，而设翻。此最安危之极戒，社稷之深计也。昔文帝爱百金于露台，饰帷帐于皂囊，文帝集上书皂囊以为殿帷。或有讥其俭者，上曰：'朕为天下守财耳，为，于伪翻。岂得妄用之哉！'今自初政以来，日月未久，费用赏赐，已不可算。敛天下之财，积无功之家，帑藏单尽，帑，他朗翻。藏，徂浪翻。单，与殚同。民物凋伤，卒有不虞，卒，读曰猝。虞，度也；不虞，谓事变出于虞度之外者也。复当重赋，复，扶又翻。百姓怨叛既生，危乱可待也。愿陛下勉求忠贞之臣，诛远佞谄之党，割情欲之欢，罢宴私之好，远，于愿翻。好，呼到翻。心存亡国所以失之，鉴观兴王所以得之，庶灾害可息，丰年可招矣。"书奏，皆不省。省，悉景翻。

11 秋，七月，己卯，改元，赦天下。

12 壬寅，太尉马英薨。考异曰：传作"策罢"，误。今从纪。

13 烧当羌忍良等，以麻奴兄弟本烧当世嫡，烧当豪帅东号，和帝永元元年降。其子麻奴，永初元年叛出塞。而校尉马贤抚恤不至，常有怨心，遂相结，共胁将诸种寇湟中，攻金城诸县。八月，贤将先零种击之，战于牧苑，不利。汉边郡皆有牧苑以养马，此牧苑在金城界。将，即亮翻。零，音怜。种，章勇翻。麻奴等又败武威、张掖郡兵于令居，败，补迈翻。令，孟康音连，师古音零。因胁将先零、沈氐诸种四千馀户缘山西走，寇武威。贤追到鸾鸟，鸾鸟县，属武威郡。鸟，音雀。贤曰：鸾鸟故城在今凉州昌松县北。鸾，音藿，沽丸翻。刘昫曰：凉州神鸟县，汉鸾鸟县地，嘉麟县则鸾鸟古城也。招引之，诸种降者数千，降，户江翻。麻奴南还湟中。

14 甲子，以前司徒刘恺为太尉。初，清河相叔孙光坐臧抵罪，遂增禁锢二世。臧，古赃字通。贤曰：二世，谓父子俱禁锢。至是，居延都尉范邠复犯臧罪，朝廷欲依光比；帝置居延属国都尉，别领居延一城，属凉州。复，扶又翻。贤曰：比，类也。以郤类光，亦锢及其子也。比，音庇。刘恺独以【章：甲十六行本“以”下有“为”字；乙十一行本同。】“春秋之义，善善及子孙，恶恶止其身，所以进人于善也。公羊传曰：曹公孙会自鄸出奔宋，畔也。曷为不言畔？为公子喜时之后讳也；春秋为贤者讳也。何贤乎？公子喜时让国也。君子之善善也长，恶恶也短，恶恶止其身，善善及子孙。贤者子孙，故君子为其讳也。如今使臧吏禁锢子孙，以轻从重，惧及善人，非先王详刑之意也。”左传曰：刑滥则惧及善人。郑玄曰：详，审察也。陈【章：甲十六行本“陈”上有“尚书”二字；乙十一行本同；退斋校同。】忠亦以为然。有诏：“太尉议是。”

15 鲜卑其至鞬寇居庸关。九月，云中太守成严击之，兵败，居庸关在上谷界，盖鲜卑先寇居庸关，遂入云中界也。功曹杨穆以身扞严，与之俱殁；鲜卑于是围乌桓校尉徐常于马城。度辽将军耿夔与幽州刺史庞参发广阳、渔阳、涿郡甲卒救之，三郡皆属幽州。鲜卑解去。

16 戊子，帝幸卫尉冯石府，留饮十馀日，考异曰：袁纪曰：“十二月，丙申，乃还宫”，今从石传。赏赐甚厚，拜其子世为黄门侍郎，世弟二人皆为郎中。石，阳邑侯鲂之孙也，按范书，冯鲂封阳邑乡侯。鲂，音房。父柱尚显宗女获嘉公主，石袭公主爵，为获嘉侯，获嘉县，属河内郡，本汲之新中乡也。武帝行幸过此，闻获吕嘉，因以名县。能取悦当世，故为帝所宠。

17 京师及郡国二十七雨水。范书帝纪作“二十九”。

18 冬，十一月，己丑，郡国三十五地震。

19 鲜卑寇玄菟。菟，同都翻。

20 尚书令祋讽等奏，以为“孝文【章：甲十六行本“文”下有“皇帝”二字；乙十一行本同；孔本同。】定约礼之制，光武皇帝绝告宁之典，祋，丁外翻，又丁活翻，姓也。约礼，谓以日易月也。前书音义曰：告宁，休谒之名；吉曰告，凶曰宁。贻则万世，诚不可改，宜复断大臣行三年丧。”断，丁管翻；下同。尚书陈忠上疏曰：“高祖受命，萧何创制，大臣有宁告之科，合于致忧之义。论语曰：人未有自致者也，必也亲丧乎！建武之初，新承大乱，凡诸国政，多趣简易，趣，七喻翻。易，以豉翻。大臣既不得告宁而群司营禄念私，鲜循三年之丧鲜，息浅翻。以报顾复之恩者，诗蓼莪云：父母生兮〔我〕，顾我复我，欲报之德，昊天罔极。礼义之方，实为凋损。陛下听大臣终丧，圣功美业，靡以尚兹。孟子曰：‘老吾老以及人之老，幼吾幼以及人之幼，天下可运于掌。’贤曰：言敬吾老亦敬人之老，爱吾幼亦爱人之幼，有敬爱之心，则天下归顺之也。运掌，言易也。范氏曰：老吾老，以老者之礼养吾之老，则谓事亲也，使天下之老者皆得其养，故曰以及人之老。幼吾幼，以幼者之礼待吾之幼，谓爱其子也，使天下之幼者皆得其长，故曰以及人之幼。天下可运于掌，言其易也。臣愿陛下登高北望，以甘陵之思揆度臣子之心，则海内咸得其所。”贤曰：甘陵，帝父母陵，陵在清河，故北望也。度，徒洛翻。时宦官不便之，竟寝忠奏。庚子，复断二千石以上行三年丧。元初三年，听大臣行三年丧，今复断之。断，音短。

袁宏论曰：古之帝王所以笃化美俗，率民为善，因其自然而不夺其情，民犹有不及者，而况毁礼止哀，灭其天性乎！

21 十二月，高句骊王宫率马韩、涉貊数千骑围玄菟，韩有三种，一曰马韩，二曰辰韩，三曰弁辰。马韩在西，有五十四国。句，如字，又音驹。骊，力知翻。涉，音秽。貊，莫百翻。夫馀王遣子尉仇台将二万馀人与州郡并力讨破之。夫，音扶。是岁，宫死，子遂成立。玄菟太守姚光上言，欲因其丧，发兵击之，议者皆以为可许。陈忠曰：“宫前桀黠，黠，下八翻。光不能讨，死而击之，非义也。宜遣使吊问，因责让前罪，赦不加诛，取其后善。”帝从之。

延光元年(壬戌、一二二)

1 春，三月，丙午，改元，赦天下。

2 护羌校尉马贤追击麻奴，到湟中，破之，种众散遁。种，章勇翻。

3 夏，四月，京【章：甲十六行本“京”上有“癸未”二字；乙十一行本同；孔本同；退斋校同。】师、郡国四【章：甲十六行本“四”作“二”；乙十一行本同。】十一雨雹，雨，于具翻。河西雹大者如斗。

4 幽州刺史冯焕、玄菟太守姚光数纠发奸恶，数，所角翻。怨者诈作玺书，谴责焕、光，赐以欧刀，贤曰：欧刀，刑人之刀也。欧，音一口翻。余谓古欧冶子善作剑，故谓剑为欧刀；当音乌侯翻。又下辽东都尉庞奋，使速行刑。下，遐稼翻。奋即斩光，收焕。考异曰：帝纪：“建光元年，四月，甲戌，庞奋承伪玺书杀姚光。”冯绲传亦云“建光元年”。按帝纪，去年十二月，高骊围玄菟，而高骊传有姚光上言，盖光实以延光元年被杀，纪、传误以“延”为“建”。又今年四月无甲戌。焕欲自杀，其子绲疑诏文有异，绲，古本翻。止焕曰：“大人在州，志欲去恶，实无他故。必是凶人妄诈，规肆奸毒。愿以事自上，去，羌吕翻。上，时掌翻。甘罪无晚。”焕从其言，上书自讼，果诈者所为，征奋，抵罪。

5 癸巳，司空陈褒免。五月，庚戌，宗正彭城刘授为司空。

6 己巳，封河间孝王子德为安平王，嗣乐成靖王后。自是乐成国改曰安平。去年乐成王苌以罪废，今以德绍靖王后。谥法：柔德安众曰靖；恭己鲜言曰靖；宽乐令终曰靖。

7 六月，郡国蝗。

8 秋，七月，癸卯，京师及郡国十三地震。

9 高句骊王遂成还汉生口，诣玄菟降，降，户江翻；下同。其后涉貊率服，东垂少事。涉，音秽。少，诗沼翻。

10 虔人羌与上郡胡反，度辽将军耿夔击破之。

11 八月，阳陵园寝火。景帝陵园寝也。

12 九月，甲戌，郡国二十七地震。

13 鲜卑既累杀郡守，胆气转盛，控弦数万骑，冬，十月，复寇雁门、定襄；复，扶又翻。十一月，寇太原。

14 烧当羌麻奴饥困，将种众诣汉阳太守耿种降。种，章勇翻。种，音冲。

15 是岁，京师及郡国二十七雨水。

16 帝数遣黄门常侍及中使伯荣往来甘陵，数，所角翻。使，疏吏翻。尚书仆射陈忠上疏曰："今天心未得，隔并屡臻，贤曰：隔并，谓水旱不节也。尚书曰：一极备凶，一极无凶。并，音必姓翻。青、冀之域，淫雨漏河，贤曰：漏，溢也。余谓雨久不止，河堤为之决漏也。徐、岱之滨，海水盆溢，禹贡：海岱及淮为徐州。故曰徐、岱。盆，读与溢同，音蒲闷翻。兖、豫蝗蝝滋生，贤曰：蝝，螽子也，音余专翻。余按蝝，蝗子也；董仲舒云然。左传：宣十五年，冬，蝝生。刘歆曰：蚍蜉子。杜预曰：螽子以冬生，遇寒而死，故不成螽。尔雅曰：蝝、蝮、蜪，蝗也。陆玑草木疏云：螽，幽州人谓之舂箕，蝗类也。曰螽子者，犹蝗子也。荆、扬稻收俭薄，并、凉二州羌戎叛戾，加以百姓不足，府帑虚匮。帑，他朗翻。陛下以不得亲奉孝德皇园庙，比遣中使致敬甘陵，比，毗至翻。朱轩骈马，相望道路，贤曰：朱轩车，使者所乘也。骈，并也。可谓孝至矣。然臣窃闻使者所过，威权翕赫，震动郡县，王、侯、二千石至为伯荣独拜车下，为，于伪翻；下猥为、误为同。发民修道，缮理亭传，传，株恋翻。多设储偫，偫，大理翻，具也。征役无度，老弱相随，动有万计，赂遗仆从，人数百匹，谓缣帛也。遗，于季翻。从，才用翻。顿踣呼嗟，踣，蒲墨翻；僵也，毙也。莫不叩心。河间托叔父之属，清河有陵庙之尊，贤曰：河间王开，安帝叔也。清河王，延平也。陵庙所在，故曰尊。及剖符大臣，皆猥为伯荣屈节车下，陛下不问，必以为陛下欲其然也。伯荣之威，重于陛下，陛下之柄，在于臣妾，水灾之发，必起于此。昔韩嫣托副车之乘，受驰视之使，江都误为一拜，而嫣受欧刀之诛。

韩嫣有宠于武帝，常与帝共卧起。江都王入朝，从上猎上林中。天子车驾趕通，未行，先使嫣乘副车，从数十百骑驰视兽。江都王望见，以为天子，辟从者伏谒道旁，嫣驱不见。既过，江都王怒，为太后泣，请得归国人宿卫，比韩嫣；太后由此衔嫣，遂诛嫣。嫣，音偃。臣愿明主严天元之尊，正乾刚之位，贤曰：天元，犹乾元也。不宜复令女使干错万机。复，扶又翻。使，如字。重察左右，得无石显漏泄之奸？石显事见二十九卷元帝建昭二年。重，直用翻。尚书纳言，得无赵昌谮崇之诈？赵昌事见三十四卷哀帝建平四年。公卿大臣，得无朱博阿傅之援？朱博事见三十四卷建平二年。外属近戚，得无王凤害商之谋？王凤事见三十卷成帝河平四年。若国政一由帝命，王事每决于己，则下不得逼上，臣不得干君，常雨大水必当霁止，四方众异不能为害。”书奏，不省。省，悉景翻。

时三府任轻，机事专委尚书，而灾眚变咎，辄切免三公，贤曰：切，责也。陈忠上疏曰：“汉兴【章：乙十一行本“兴”作“典”；孔本同。】旧事，丞相所请，靡有不听。今之三公，虽当其名而无其实，选举诛赏，一由尚书，尚书见任，重于三公，陵迟以来，其渐久矣。臣忠心常独不安。近以地震，策免司空陈褒，今者灾异，复欲切让三公。复，扶又翻。昔孝成皇帝以妖星守心，移咎丞相，事见三十三卷绥和二年。卒不蒙上天之福，卒，子恤翻。徒乖宋景之诚；故知是非之分，较然有归矣。分，扶问翻。又尚书决事，多违故典，罪法无例，诋欺为先，文惨言丑，有乖章宪。宜责求其意，割而勿听，上顺国典，下防威福，置方员于规矩，审轻重于衡石，此言决事当依典法也。贤曰：衡，秤衡也，三十斤为钧，四钧为石。诚国家之典，万世之法也！”

17 汝南太守山阳王龚，政崇宽和，好才爱士。以袁阆为功曹，好，呼到翻。阆，音浪。引进郡人黄宪、陈蕃等；宪虽不屈，蕃遂就吏。就辟而为吏也。阆不修异操而致名当时，蕃性气高明，龚皆礼之，由是群士莫不归心。

宪世贫贱，父为牛医。颍川荀淑至慎阳，慎阳县，属汝南郡。宪，县人也。贤曰：在慎水之南，因以名县。应劭曰：慎水出东北入淮。师古曰："慎"字本作"滇"，音真，后误为"慎"耳，今犹有真丘、真阳县，知音不改也。阚骃曰：永平五年，失印更刻，遂误以"水"为"心"。余按水北为阳，贤既云县在水南，而名慎阳，何也？遇宪于逆旅，逆，迎也，设馆舍以迎客，故曰逆旅。贤曰：逆旅，客舍。时年十四；淑竦然异之，揖与语，移日不能去，移日，言日移晷也。谓宪曰："子，吾之师表也。"既而前至袁阆所，未及劳问，劳，力到翻。逆曰："子国有颜子，宁识之乎？"贤曰：颜子，颜回也。阆，汝南汝阳人。阆曰："见吾叔度耶？"黄宪，字叔度。是时同郡戴良，才高倨傲，而见宪未尝不正容，及归，罔然若有失也。其母问曰："汝复从牛医儿来邪？"复，扶又翻；下同。对曰："良不见叔度，自以为无不及；既睹其人，则瞻之在前，忽然在后，论语，颜回慕孔子之言。固难得而测矣。"陈蕃及同郡周举尝相谓曰："时月之间，不见黄生，则鄙吝之萌复存乎心矣。"自朔至晦为一月；三月为一时。贤曰：吝，贪也。余谓作事可卑贱者谓之鄙，作事可羞恨者谓之吝。太原郭泰，少游汝南，少，诗照翻。先过袁阆，不宿而退；进，往从宪，累日方还。或以问泰，曰："奉高之器，譬诸氿滥，虽清而易挹。贤曰：奉高，阆字也。尔雅：侧出氿泉，正出滥泉。氿，音轨。滥，音槛。易，以豉翻。叔度汪汪若千顷陂，澄之不清，淆之不浊，不可量也。"贤曰：淆，混也。量，音良。宪初举孝廉，又辟公府。友人劝其仕，宪亦不拒之，暂到京师，即还，竟无所就，年四十八终。

范晔论曰：黄宪言论风旨，无所传闻；然士君子见之者靡不服深远，去玼【章：甲十六行本"玼"作"玼"；乙十一行本同。】吝，远，于愿翻。贤曰：玼，音此。说文曰：鲜色也。据此，文当为"疵"，作"玼"者，古字通也。将以道周性全，无德而称乎！贤曰：道周备，性全一，无德而称，言其德大无能名焉。余曾祖穆侯贤曰：晋书曰：范汪，字玄平，安北将军。汪生宁，宁生泰，泰生晔。以为：“宪，隤然其处顺，贤曰：易系辞曰：夫坤，隤然示人简矣。隤，柔顺貌，音大回翻。处，昌吕翻。渊乎其似道，贤曰：老子曰：道冲而用之或不盈，渊乎似万物之宗。言深而不可测也。浅深莫臻其分，分，扶问翻。清浊未议其方，贤曰：方，所也。若及门于孔氏，其殆庶乎！”贤曰：易系辞曰：颜氏之子，其殆庶几乎！殆，近也。

二年（癸亥、一二三）

1 春，正月，旄牛夷反，前汉旄牛县，属蜀郡，后汉省。华阳国志：旄牛县在邛莱山表。益州刺史张乔击破之。

2 夏，四月，戊子，爵乳母王圣为野王君。

3 北匈奴连与车师入寇河西，议者欲复闭玉门、阳关以绝其患。贤曰：玉门、阳关，二关名也，在敦煌西界，皆在敦煌龙勒界。复，扶又翻；下同。敦煌太守张珰上书曰：敦，徒门翻。“臣在京师，亦以为西域宜弃，今亲践其土地，乃知弃西域则河西不能自存。谨陈西域三策：北虏呼衍王常展转蒲类、秦海之间，贤曰：大秦国在西海西，故曰秦海。余按蒲类海在唐庭州界。盖此时北匈奴虽微弱，然东畏鲜卑，不敢还故地，但结连车师、鄯善以扰河西，故呼衍一部常为河西患。若贤注以大秦海西之国为秦海，则约言之耳。西海广远，甘英之不能越，北匈奴兵威所未尝役属；言展转二海间，特当时上书者张言之耳。专制西域，共为寇钞。今以酒泉属国吏士二千馀人集昆仑塞，贤曰：前书，敦煌郡广至县有昆仑障，宜禾都尉居也。广至故城，在今瓜州常乐县东。注又见四十五卷明帝永平十七年，与此稍异。先击呼衍王，绝其根本，因发鄯善兵五千人胁车师后部，此上计也。若不能出兵，可置军司马，将士五百人，四郡供其犁牛、谷食，出据柳中，此中计也。四郡，武威、酒泉、张掖、敦煌。贤曰：柳中，今西州县。余按西域传：柳中在后部金蒲城之北，去交河城八十里。杜佑曰：唐平高昌，以田地城为柳中县。鄯，上扇翻。如又不能，则宜弃交河城，收鄯善等悉使入塞，此下计也。”朝廷下其议。鄯，上扇翻。下，遐稼翻。陈忠上疏曰：“西域内附日久，区区东望扣关者数矣，此其不乐匈奴、慕汉之效也。数，所角翻。乐，音洛。今北虏已破车师，势必南攻鄯善，弃而不救，则诸国从矣。言从北匈奴也。若然，则虏财贿益增，胆势益殖，贤曰：殖，生也。威临南羌，即湟中及南山诸羌。与之交通，如此，河西四郡危矣。河西既危，不可不救，则百倍之役兴，不訾之费发矣。毛晃曰：訾之为言量也，不訾，谓无量可比也。訾，子斯翻。议者但念西域绝远，恤之烦费，不见孝武苦心勤劳之意也。方今敦煌孤危，远来告急；复不辅助，内无以慰劳吏民，劳，力到翻。外无以威示百蛮，蹙国减土，非良计也。臣以为敦煌宜置校尉，按旧增四郡屯兵，以西抚诸国。”帝纳之，于是复以班勇为西域长史，贤曰：西域都护之长史也。余按班超未为都护，亦为将兵长史。敦，徒门翻。复，扶又翻；下同。将兵五百人出屯柳中。

4 秋，七月，丹阳山崩。丹阳郡，属扬州。

5 九月，郡国五雨水。

6 冬，十月，辛未，太尉刘恺罢；甲戌，以司徒杨震为太尉，光禄勋东莱刘熹为司徒。大鸿胪耿宝自候震，候，见也。荐中常侍李闰兄于震曰：“李常侍国家所重，欲令公辟其兄；宝唯传上意耳。”贤曰：言非己本心，传在上之意。震曰：“如朝廷欲令三府辟召，故宜有尚书敕。”宝大恨而去。执金吾阎显亦荐所亲于震，震又不从。司空刘授闻之，即辟此二人；由是震益见怨。时诏遣使者大为王圣修第；中常侍樊丰及侍中周广、谢恽等更相扇动，倾摇朝廷。为，于伪翻。恽，于粉翻。更，工衡翻。震上疏曰：“臣伏念方今灾害滋甚，百姓空虚，三边震扰，三边，东、西、北也。帑藏匮乏，帑，它朗翻。藏，徂浪翻。殆非社稷安宁之时。诏书为阿母兴起第舍，合两为一，连里竟街，贤曰：合两坊而为一宅；里，即坊也。雕修缮饰，穷极巧伎，伎，渠绮翻。攻山采石，转相迫促，为费巨亿。周广、谢恽兄弟，与国无肺府枝叶之属，府，与腑同。依倚近幸奸佞之人，与之分威共权，属托州郡，属，之欲翻。倾动大臣，宰司辟召，承望旨意，招来海内贪污之人，受其货赂，至有臧锢弃世之徒，贤曰：有赃贿禁锢之人。余谓弃世者，见弃于世也。复得显用；白黑浑淆，清浊同源，天下讙哗，为朝结讥。浑，户本翻。讙，许元翻。为，于伪翻。朝，直遥翻。臣闻师言，上之所取，师言，众言也。财尽则怨，力尽则叛，怨叛之人，不可复使，惟陛下度之！”复，扶又翻。度，徒洛翻。上不听。

7 鲜卑其至鞬自将万馀骑攻南匈奴于曼柏，薁鞬日逐王战死，杀千馀人。鞬，居言翻。薁，于六翻。

8 十二月，戊辰，京师及郡国三地震。

9 陈忠荐汝南周燮、南阳冯良学行深纯，行，下孟翻。隐居不仕，名重于世；帝以玄纁羔币聘之；玄，黑色。纁，浅绛色。周官考工记曰：三入为纁。尔雅：三染谓之纁。孔颖达曰：束帛，十端也。端则二丈。十端，六玄、四纁。五两，三玄、二纁。纁是地色，玄是天色。贤曰：礼，卿执羔。董仲舒春秋繁露曰：凡贽，卿用羔，羔有角而不用，执之不鸣，杀之不嗥，类死义者；羔饮其母必跪，类知礼者：故以为贽。纁，许云翻。燮宗族更劝之曰：“夫修德立行，所以为国，更，工衡翻。行，下孟翻。为，于伪翻。君独何为守东冈之陂乎？”燮居汝南安城，有先人草庐，结于冈畔，下有陂田，常肆勤以自给。燮曰：“夫修道者度其时而动，动而不时，焉得亨乎！”贤曰：亨，通也。书曰：虑善而动，动惟厥时。度，徒洛翻。焉，于虔翻。与良皆自载至近县，称病而还。

三年(甲子、一二四)

1 春，正月，班勇至楼兰，以鄯善归附，特加三绶，“三绶”，疑当作“王绶”。绶，音受。而龟兹王白英犹自疑未下；龟兹，音丘慈。勇开以恩信，白英乃率姑墨、温宿，自缚诣勇，因发其兵步骑万馀人到车师前王庭，击走匈奴伊蠡王于伊和谷，蠡，音黎。收得前部五千馀人，于是前部始复开通；复，扶又翻。还，屯田柳中。

2 二月，丙子，车驾东巡。辛卯，幸泰山。三月，戊戌，幸鲁；还，幸东平，至东郡，历魏郡、河内而还。还，从宣翻，又如字。

3 初，樊丰、周广、谢恽等见杨震连谏不从，无所顾忌，遂诈作诏书，调发司农钱谷、大匠见徒材木，调，徒吊翻。见，贤遍翻。各起冢舍、园池、庐观，役费无数。观，古玩翻。震复上疏曰：“臣备台辅，不能调和阴阳，去年十二月四日，京师地动，其日戊辰；三者皆土，位在中宫，贤曰：戊干、辰支，皆土也；并地动，故言三者。考异曰：震传作“十一月四日”。按下文“其日戊辰”，十一月丙申朔，戊辰乃十二月四日也。此中臣、近官持权用事之象也。臣伏惟陛下以边境未宁，躬自菲薄，宫殿垣屋倾倚，枝拄而已。贤曰：倚，邪也。拄，音竹柱翻。而亲近幸臣，未崇断金，贤曰：易系辞曰：二人同心，其利断金。言邪佞之人，不与上同心。近，其靳翻。断，丁乱翻，王肃丁管翻。骄溢逾法，多请徒士，盛修第舍，卖弄威福，道路讙哗，地动之变，殆为此发。讙，许元翻。为，于伪翻；下同。又，冬无宿雪，春节未雨，百僚焦心，而缮修不止，诚致旱之征也。惟陛下奋乾刚之德，弃骄奢之臣，以承皇天之戒！”震前后所言转切，帝既不平之，而樊丰等皆侧目愤怨，以其名儒，未敢加害。会河间男子赵腾上书指陈得失，帝发怒，遂收考诏狱，结以罔上不道。结者，结定其罪。震上疏救之曰：

"臣闻殷、周哲王，小人怨詈，则还自敬德。贤曰：尚书无逸之辞。还，反也。敬德加谨，以增修其德也。今赵腾所坐，激讦谤语，为罪与手刃犯法有差，乞为亏除，全腾之命，亏，减也。讦，居谒翻。以诱刍荛舆人之言。"贤曰：舆，众也。诗曰：询于刍荛。左氏传曰：听舆人之谋也。诱，音酉。帝不听，腾竟伏尸都市。及帝东巡，樊丰等因乘舆在外，竞修第宅，乘，绳证翻。太尉部掾高舒召大匠令史考校之，汉公府诸曹掾，各有分部。贤曰：史谓府史也。余按汉诸官府各有令史。得丰等所诈下诏书，具奏，须行还上之，须，待也。待车驾行还，上言其事。下，遐稼翻。上，时掌翻。丰等惶怖。怖，普布翻。会太史言星变逆行，遂共谮震云："自赵腾死后，深用怨怼；贤曰：怼，怨怒也，音直类翻。且邓氏故吏，有恚恨之心。"贤曰：震初邓骘辟之，故曰故吏。恚，於避翻；下同。壬戌，车驾还京师，便时太学，贤曰：且于太学待吉时而后入也，故曰便时。前书，便时上林延寿门。杜佑曰：便时，取日时之便。夜，遣使者策收震太尉印绶；震于是柴门绝宾客。柴，塞其门也。丰等复恶之，复，扶又翻。恶，乌路翻；下同。令大鸿胪耿宝奏："震大臣，不服罪，怀恚望。"有诏，遣归本郡。震，弘农华阴人。震行至城西夕【章：甲十六行本"夕"作"几"；乙十一行本同；孔本同；熊校同。】阳亭，雒阳城西也。乃慷慨谓其诸子、门人曰：贤曰：慷慨，悲叹。余谓慷慨，不得意而见于辞色也。"死者，士之常分。分，扶问翻。吾蒙恩居上司，疾奸臣狡猾而不能诛，恶嬖女倾乱而不能禁，嬖，卑义翻，又必计翻。何面目复见日月！复，扶又翻；下同。身死之日，以杂木为棺，布单被，裁足盖形，勿归冢次，勿设祭祀！"因饮鸩而卒。弘农太守移良风俗通曰：齐公子雍食邑于移，其后氏焉。承樊丰等旨，遣吏于陕县留停震丧，露棺道侧，谪震诸子代邮行书；说文曰：邮，境上行书舍也。广雅曰：邮，驿也。此言使震诸子代驿吏传行文书也。陕，失冉翻。道路皆为陨涕。为，于伪翻。

太仆征羌侯来历曰：征羌侯国，属汝南郡。光武以历曾祖歙有平羌、陇之功，改汝南当乡县为征羌国以封之。贤曰：征羌故城，在今豫州郾城县东南。“耿宝托元舅之亲，荣宠过厚，不念报国恩，而倾侧奸臣，伤害忠良，其天祸亦将至矣。”历，歙之曾孙也。歙，许及翻。

4 夏，四月，乙丑，车驾入宫。

5 戊辰，以光禄勋冯石为太尉。

6 南单于檀死，弟拔立，为乌稽侯尸逐鞮单于。鞮，丁奚翻。时鲜卑数寇边，数，所角翻；下同。度辽将军耿夔与温禺犊王呼尤徽将新降者连年出塞击之，还使屯列冲要。冲要者，当敌之冲，边之要地也。贤曰：还令新降者屯列冲要。降，户江翻。耿夔征发烦剧，新降者皆怨恨，大人阿族等遂反，阿族者，新降一部之大人也。胁呼尤徽欲与俱去。呼尤徽曰：“我老矣，受汉家恩，宁死，不能相随！”众欲杀之，有救者，得免。阿族等遂将其众亡去。中郎将马翼与胡骑追击，破之，斩获殆尽。贤曰：殆，近也，欲死尽，所馀无几。

7 日南徼外蛮夷内属。徼，吉吊翻。

8 六月，鲜卑寇玄菟。

9 庚午，阆中山崩。阆中县，属巴郡。贤曰：临阆中水，因以为名，今隆州县。宋白曰：阆水纡曲，经其三面，县居其中，取以名之。

10 秋，七【章：甲十六行本“七”作“八”；乙十一行本同；张校同，云无注本亦作“七”。】月，辛巳，以大鸿胪耿宝为大将军。

11 王圣、江京、樊丰等谮太子乳母王男、厨监邴吉等，杀之，厨监，主饮食。家属徙比景；太子思男、吉，数为叹息。为，于伪翻。京、丰惧有后害，乃与阎后妄造虚无，构谗太子及东宫官属。帝怒，召公卿以下，议废太子。耿宝等承旨，皆以为当废。太仆来历与太常桓焉、廷尉犍为张皓议曰：犍，居言翻。“经说，年未满十五，过恶不在其身；且男、吉之谋，太子容有不知；宜选忠良保傅，辅以礼义。废置事重，此诚圣恩所宜宿留！”贤曰：宿留，犹停留也；音秀溜。帝不从。焉，郁之子也。郁，桓荣之子。张皓退，复上书曰：“昔贼臣江充造构谗逆，倾覆戾园，孝武久乃觉寤，虽追前失，悔之何及。事见二十三卷武帝征和二年、三年。今皇太子方十岁，未习保傅之教，可遽责乎！”书奏，不省。省，悉景翻。九月，丁酉，废皇太子保为济阴王，居于德阳殿西钟下。汉官仪曰：崇玄门内德阳殿也。按帝纪：德阳殿在北宫掖庭中。蔡质汉仪曰：正月旦，天子幸德阳殿，临轩，公、卿、将、大夫、百官各陪朝贺，蛮、貊、胡、羌朝贡毕见，属郡计吏皆觐，宗室诸刘杂会。又曰：德阳殿，周旋容万人，陛高二丈，皆文石作坛，激沼水于殿下，天子正旦、节会朝百僚于此。济，子礼翻。来历乃要结光禄勋祋讽、宗正刘玮、将作大匠薛皓、侍中闾丘弘、闾丘，复姓；左传齐有闾丘婴。陈光、赵代、施延、太中大夫九江朱伥等十馀人，要，一遥翻。祋，丁外翻，又丁活翻。伥，丑羊翻。俱诣鸿都门证太子无过。帝与左右患之，左右，近习也。乃使中常侍奉诏胁群臣曰：“父子一体，天性自然；孟子曰：父子之道，天性也。以义割恩，为天下也。为，于伪翻。历、讽等不识大典，而与群小共为讙哗，外见忠直见，贤遍翻。而内希后福，饰邪违义，岂事君之礼！朝廷广开言【章：甲十六行本“言”下有“事之”二字；乙十一行本同；孔本同；张校同。】路，故且一切假贷；若怀迷不反，当显明刑书。”谏者莫不失色。薛皓先顿首曰：“固宜如明诏。”历怫然，贤曰：字林：怫，郁也，音扶勿翻。余谓怫然，愤郁之见于色者。廷诘皓曰：“属通谏何言，而今复背之？贤曰：属，近也。通，犹共也。近者共谏，何乃相背也？属，之欲翻。复，扶又翻。背，蒲妹翻。大臣乘朝车，处国事，固得辗转若此乎！”贤曰：辗转不定也。诗曰：辗转反侧。处，昌吕翻。辗，音展。乃各稍自引起。历独守阙，连日不肯去。帝大怒，尚书令陈忠与诸尚书遂共劾奏历等，帝乃免历兄弟官，削国租，削其征羌国租也。

劾，户概翻，又户得翻。黜历母武安公主不得会见。武安公主，显宗女也。武安县，属魏郡。见，贤遍翻。

12 陇西郡始还狄道。永初五年，陇西徙襄武。

13 烧当羌豪麻奴死，弟犀苦立。

14 庚申晦，日有食之。

15 冬，十月，上行幸长安；十一月，乙丑，还雒阳。

16 是岁，京师及诸郡国二十三地震，三十六大水、雨雹。雨，于具翻。

王崇武标点容肇祖聂崇岐覆校

中｜华｜国｜学｜文｜库

资治通鉴

三

〔宋〕司马光 编著

〔元〕胡三省 音注

中华书局

资治通鉴卷第五十一

翰林学士兼侍读学士朝散大夫右谏议大夫
知制诰判尚书都省兼提举万寿观公事上护军 司马光 奉敕编集
河内郡开国侯食邑一千三百户赐紫金鱼袋臣

后学天台 胡三省 音注

汉纪四十三 起旃蒙赤奋若(乙丑)，尽昭阳作噩(癸酉)，凡九年。

孝安皇帝下

延光四年(乙丑、一二五)

1 春，二月，乙亥，下邳惠王衍薨。

2 甲辰，车驾南巡。

3 三月，戊午朔，日有食之。

4 庚申，帝至宛，不豫。宛，於元翻。书金縢：王有疾，弗豫。孔安国注曰：不悦豫。乙丑，帝发自宛；丁卯，至叶，崩于乘舆。叶，式涉翻。乘，绳证翻。年三十二。

皇后与阎显兄弟、江京、樊丰等谋曰："今晏驾道次，贤曰：晏，晚也。臣下不敢斥言帝崩，犹言晚驾而出。道次，犹言路次也。济阴王在内，邂逅公卿立之，还为大害。"邂，下懈翻。逅，户茂翻。乃伪云"帝疾甚"，徙御卧车，所在上食、问起居如故。上，时掌翻。驱驰行四日，庚午，还宫。自叶至雒阳六百馀里。辛未，遣司徒刘熹诣郊庙、社稷，告天请命；武王有疾，周公为三坛同墠，因太王、王季、文王以请命于天；后世踵而行之。其夕，【章：甲十六行本“夕”下有“乃”字；孔本同。】发丧。尊皇后曰皇太后。太后临朝。以显为车骑将军、仪同三司。太后欲久专国政，贪立幼年，与显等定策禁中，迎济北惠王子北乡侯懿为嗣。贤曰：惠王，名寿，章帝子也。济，子礼翻。考异曰：东观记、续汉书作“北乡侯犊”，今从袁纪、范书。济阴王以废黜，不得上殿亲临梓宫，临，力鸩翻。悲号不食；号，户刀翻。内外群僚莫不哀之。

5 甲戌，济南孝王香薨，无子，国绝。香，济南安王康之孙。康，光武子也。

6 乙酉，北乡侯即皇帝位。

7 夏，四月，丁酉，太尉冯石为太傅，司徒刘熹为太尉，参录尚书事；前司空李郃为司徒。郃，古合翻，又曷阁翻。

8 阎显忌大将军耿宝位尊权重，威行前朝，朝，直遥翻。乃风有司奏“宝及其党与风，读曰讽。中常侍樊丰、虎贲中郎将谢恽、侍中周广、野王君王圣、圣女永等更相阿党，互作威福，皆大不道。”辛卯，丰、恽、广皆下狱，死；更，工衡翻。下，遐稼翻。家属徙比景。贬宝及弟子林虑侯承皆为亭侯，牟平侯耿舒子袭，尚显宗女隆虑公主。宝嗣，袭封，而弟子承绍公主封为林虑侯。林虑，即隆虑也，避殇帝讳，改“隆”为“林”。虑，音庐。遣就国；宝于道自杀。王圣母、子徙雁门。于是以阎景为卫尉，耀为城门校尉，晏为执金吾，兄弟并处权要，处，昌吕翻。威福自由。

9 己酉，葬孝安皇帝于恭陵，贤曰：恭陵，在今洛阳东北二十七里。庙曰恭宗。

10 九〔六〕月，乙巳，赦天下。

11 秋，七月，西域长史班勇发敦煌、张掖、酒泉六千骑及鄯善、疏勒、车师前部兵击后部王军就，大破之，敦，徒门翻。鄯，上扇翻。获首虏八千馀人，生得军就及匈奴持节使者，将至索班没处斩之，传首京师。索班事见上卷永宁元年。

12 冬，十月，丙午，越巂山崩。巂，音髓。

13 北乡侯病笃，中常侍孙程谓济阴王谒者长兴渠曰：贤曰：兴，姓；渠，名。余按百官志，王国谒者比四百石，其下有礼乐长、卫士长、医工长、永巷长、祠祀长，而无谒者长。窃意长兴，姓也。“王以嫡统，本无失德；先帝用谗，遂至废黜。若北乡侯不起，相与共断江京、阎显，事无不成者。”断，丁乱翻。渠然之。又中黄门南阳王康，先为太子府史，太子府史，掌东宫府藏。及长乐太官丞京兆王国等长乐太官丞，掌太后食膳。乐，音洛。并附同于程。附同者，既相党附，又与之同谋。江京谓阎显曰：“北乡侯病不解，解，散也。言病缠于身而不散也。国嗣宜以时定，何不早征诸王子，简所置乎！”简，择也。置，立也。显以为然。辛亥，北乡侯薨；显白太后，秘不发丧，更征诸王子，闭宫门，屯兵自守。

十一月，乙卯，孙程、王康、王国与中黄门黄龙、彭恺、孟叔、李建、王成、张贤、史泛、马国、王道、李元、杨佗、陈予、赵封、李刚、魏猛、苗光等聚谋于西钟下，皆截单衣为誓。丁巳，京师及郡国十六地震。是夜，程等共会崇德殿上，崇德殿在南宫。水经注：魏文帝于汉崇德殿故处起太极殿，盖南宫正殿也。因入章台门。时江京、刘安及李闰、陈达等俱坐省门下，省门，即禁门也。前书谓禁中为省中。程与王康共就斩京、安、达。以李闰权势积为省内所服，欲引为主，因举刃胁闰曰：“今当立济阴王，毋得摇动！”闰曰：“诺。”于是扶闰起，俱于西钟下迎济阴王即皇帝位，时年十一。召尚书令、仆射以下从辇幸南宫，程等留守省门，遮扞内外。帝登云台，召公卿、百僚，使虎贲、羽林士屯南、北宫诸门。

阎显时在禁中，忧迫不知所为，显盖在北宫。小黄门樊登劝显以太后诏召越骑校尉冯诗、虎贲中郎将阎崇将兵屯平朔门以御程等。考异曰：宦者传作"朔平门"。今从袁纪。余按百官志，朔平门，北宫北门也；恐当以宦者传为是。显诱诗入省，谓曰："济阴王立，非皇太后意，玺绶在此。诱，音酉。玺，斯氏翻。绶，音受。此谓天子玺绶也。苟尽力效功，封侯可得。"太后使授之印曰："能得济阴王者，封万户侯；得李闰者，五千户侯。"诗等皆许诺，辞以"卒被召，所将众少。"卒，读曰猝。显使与登迎吏士于左掖门外，诗因格杀登，归营屯守。

显弟卫尉景遽从省中还外府，外府，卫尉府也。收兵至盛德门。孙程传召诸尚书使收景。传召，传诏召之也。尚书郭镇时卧病，闻之，即率直宿羽林出南止车门，逢景从吏士拔白刃呼曰："无干兵！"镇即下车持节诏之，景曰："何等诏！"因斫镇，不中。呼，火故翻。中，竹仲翻。镇引剑击景堕车，左右以戟叉其胸，遂禽之，送廷尉狱，即夜死。

戊午，遣使者入省，夺得玺绶，帝乃幸嘉德殿，按帝纪，嘉德殿在南宫。遣侍御史持节收阎显及其弟城门校尉耀、执金吾晏，并下狱，诛；下，遐稼翻。家属皆徙比景。迁太后于离宫。己未，开门，罢屯兵。壬戌，诏司隶校尉："惟阎显、江京近亲，当伏辜诛，其馀务崇宽贷。"封孙程等皆为列侯：程食邑万户，王康、王国食九千户，黄龙食五千户，彭恺、孟叔、李建食四千二百户，王成、张贤、史泛、马国、王道、李元、杨佗、陈予、赵封、李刚食四千户，魏猛食二千户，苗光食千户：是为十九侯，孙程为浮阳侯，王康为华容侯，王国为郦侯，黄龙为湘南侯，彭恺为西平昌侯，孟宿为中庐侯，李建为复阳侯，王成为广宗侯，张贤为祝阿侯，史泛为临沮侯，马国为广平侯，王道为范县侯，李元为褒信侯，杨佗为山都侯，陈予为下巂侯，赵封为析县侯，李刚为枝江侯，魏猛为夷陵侯，苗光为东阿侯。加赐车马、金银、钱帛各有差；李闰以先不豫谋，故不封。擢孙程为骑都尉。初，程等入章台门，苗光独不入。诏书录功臣，令王康疏名，康诈疏光入章台门。光未受符策，汉初封王侯皆剖符；至武帝封齐、燕、广陵三王，始作策。心不自安，诣黄门令自告。黄门令，主省中诸宦者，故诣之自告。有司奏康、光欺诈主上；诏书勿问。以将作大匠来历为卫尉。祋讽、【章：甲十六行本"讽"下有"刘玮"二字；乙十一行本同；孔本同；张校同；退斋校同。】闾丘弘等先卒，皆拜其子为郎。朱伥、施延、陈光、赵代皆见拔用，后至公卿。以来历等鸿都门之谏也，事见上卷上年。祋，丁外翻，又丁活翻。伥，丑羊翻。征王男、邴吉家属还京师，厚加赏赐。男、吉家徙事见上卷上年。帝之见废也，监太子家小黄门籍建、傅高梵、监，古衔翻。贤曰：梵，音扶泛翻。余按来历传：傅，中傅也。梵，又房戎翻。长秋长赵熹、丞良贺、良，姓也。左传：郑良霄，穆公子子良之孙。药长夏珍皆坐徙朔方；长秋长，盖即大长秋；丞一人，六百石；中宫药长，四百石：皆皇后宫官。帝即位，并擢为中常侍。

初，阎显辟崔骃之子瑗为吏，骃，音因。瑗以北乡侯立不以正，知显将败，欲说令废立，而显日沈醉，说，输芮翻；下同。沈，持林翻。不能得见，乃谓长史陈禅曰："中常侍江京等惑蛊先帝，废黜正统，扶立疏孽。孔颖达曰：孽者，蘖也，树木斩而复生谓之蘖。以嫡子比根干，庶子比枝蘖，故孽子，枝庶也。中候曰：无易树子。注云：树子，適子。玉藻云：公子曰臣孽。注：孽，当为枿。文王曰：本支百世。是適子比树本，庶子比枝蘖也。少帝即位，发病庙中，周勃之征，于斯复见。贤曰：吕后立惠帝后宫子为少帝，周勃废之也。今欲与君共求见说将军，说，式芮翻。白太后，收京等，废少帝，引立济阴王，必上当天心，下合人望，伊、霍之功不下席而立，则将军兄弟传祚于无穷；若拒违天意，久旷神器，则将以无罪并辜元恶；元恶，大恶也。并辜，谓与之同获罪也。此所谓祸福之会，分功之时也。"史记：蔡泽说范睢曰："君独不见夫博者乎！或欲大投，或欲分功。今君相秦，坐制诸侯，使天下皆畏秦，此亦秦之分功之时也。"禅犹豫未敢从。会显败，瑗坐被斥；被，皮义翻。门生苏祇欲上书言状，瑗遽止之。时陈禅为司隶校尉，召瑗谓曰："弟听祇上书，贤曰：弟，但也。司马相如传曰：弟俱如临邛。弟，读如第。禅请为之证。"瑗曰："此譬犹儿妾屏语耳，屏，必郢翻。于隐屏之处相与私语也。愿使君勿复出口！"禅时为司隶校尉，故称之曰使君。司隶校尉部察三辅、三河、弘农，其职犹十三部使者。鲍永为司隶校尉，光武曰："奉使如此，何如？"复，扶又翻；下同。遂辞归，不复应州郡命。

14 己卯，以诸王礼葬北乡侯。

15 司空刘授以阿附恶逆，辟召非其人，策免。辟召非人事见上卷延光二年。十二月，甲申，以少府河南陶敦为司空。

16 杨震门生虞放、陈翼诣阙追讼震事；事见上卷上年。诏除震二子为郎，赠钱百万，以礼改葬于华阴潼亭，贤曰：墓在今潼关西大道之北，其碑尚存。华，户化翻。远近毕至。有大鸟高丈馀集震丧前；高，居号翻。郡以状上。上，时掌翻。帝感震忠，【章：甲十六行本"忠"下有"直"字；乙十一行本同；孔本同；张校同。】诏复以中牢具祠之。中牢，即少牢，羊、豕具也。复，扶又翻；下同。

17 议郎陈禅以为："阎太后与帝无母子恩，宜徙别馆，绝朝见，"朝，直遥翻。见，贤遍翻。群臣议者咸以为宜。司徒掾汝南周举谓李郃曰："昔瞽瞍常欲杀舜，舜事之逾谨；瞽瞍使舜涂廪，而自下焚廪；使浚井，既入，从而揜之。其欲杀者屡矣，而舜事瞽瞍弥谨。书曰：祇载见瞽瞍，夔夔斋栗。掾，俞绢翻。郃，曷阁翻，又古合翻。郑武姜谋杀庄公，庄公誓之黄泉，秦始皇怨母失行，行，下孟翻。久而隔绝，后感颍考叔、茅蕉【章：甲十六行本"蕉"作"焦"；乙十一行本同。】之言，复修子道；书传美之。郑武姜爱少子共叔段，谋袭庄公，公寘姜氏于城颍而誓之曰："不及黄泉，无相见也！"颍考叔以舍肉遗母感之，遂为母子如初。秦始皇事见六卷九年。今诸阎新诛，太后幽在离宫，若悲愁生疾，一旦不虞，主上将何以令于天下！如从禅议，后世归咎明公。宜密表朝廷，令奉太后，率群臣朝觐如旧，以厌天心，以答人望！”厌，如字，满也。郃即上疏陈之。

孝顺皇帝上

讳保，安帝之子也。谥法：慈和遍服曰顺。伏侯古今注曰：“保”之字曰“守”。

永建元年（丙寅、一二六）

1 春，正月，帝朝太后于东宫，太后意乃安。

2 甲寅，赦天下。

3 辛未，皇太后阎氏崩。

4 辛巳，太傅冯石、太尉刘熹以阿党权贵免。司徒李郃罢。

5 二月，甲申，葬安思皇后。贤曰：谥法：谋虑不愆曰思。

6 丙戌，以太常桓焉为太傅；大鸿胪朱【章：甲十六行本“朱”上有“京兆”二字；乙十一行本同；孔本同；张校同；退斋校同。】宠为太尉，参录尚书事；长乐少府朱伥为司徒。胪，陵如翻。乐，音洛。伥，丑羊翻。

7 封尚书郭镇为定颍侯。以禽阎景功也。定颍侯国，属汝南郡。

8 陇西钟羌反，校尉马贤击之，战于临洮，斩首千馀级，羌众皆降；由是凉州复安。洮，土刀翻。降，户江翻。复，扶又翻。

9 六月，己亥，封济南简王错子显为济南王。安帝延光四年，济南国绝，今绍封。谥法：一德不懈曰简；又臣谥：恭敬行善曰简。

10 秋，七月，庚午，以卫尉来历为车骑将军。

11 八月，鲜卑寇代郡，太守李超战殁。

12 司隶校尉虞诩到官数月，奏冯石、刘熹，免之，又劾奏中常侍程璜、陈秉、孟生、李闰等，劾，户概翻，又户得翻。百官侧目，号为苛刻。三公劾奏：“诩盛夏多拘系无辜，为吏民患。”三公欲致诩罪，言盛夏当顺天地长物之性，不当违法拘系无辜。劾，户概翻，又户得翻。诩上书自讼考异曰：诩传云：“帝省其章，乃为免司空陶敦。”按袁纪，孙程就国在九月，而敦免在十月，盖帝由此知敦不直，因事免之。不然，何三府共奏而独免敦也！曰：“法禁者，俗之堤防；刑罚者，民之衔辔。今州曰任郡，郡曰任县，更相委远，更，工衡翻。远，于愿翻。百姓怨穷；以苟容为贤，尽节为愚。臣所发举，臧罪非一。臧，古赃字通。三府恐为臣所奏，遂加诬罪。臣将从史鱼死，即以尸谏耳！”韩诗外传曰：卫大夫史鱼病且死，谓其子曰：“我数言蘧伯玉之贤而不能进，弥子瑕不肖而不能退；为人臣生不能进贤、退不肖，死不当治丧正堂，殡我于室足矣。”君问其故。子以父言闻。君乃立召蘧伯玉而贵之，斥弥子瑕而退之，徙殡于正堂，成礼而后去。帝省其章，乃不罪诩。省，悉景翻。

中常侍张防卖弄权势，请托受取；诩案之，屡寝不报。诩不胜其愤，胜，音升。乃自系廷尉，奏言：“昔孝安皇帝任用樊丰，交乱嫡统，几亡社稷。事见上卷安帝延光三年。几，居希翻。今者张防复弄威柄，复，扶又翻；下同。国家之祸将重至矣。重，直用翻。臣不忍与防同朝，谨自系以闻，无令臣袭杨震之迹！”杨震事见上卷延光三年。书奏，防流涕诉帝，诩坐论输左校；将作大匠有左校令，掌左工徒。输左校者，免官为徒，输作左校也。校，户教翻。防必欲害之，二日之中，传考四狱。狱吏劝诩自引，自引，谓引分自裁也。传，株恋翻。诩曰：“宁伏欧刀以示远近！谓宁受刑而死于市也。喑呜自杀，类篇曰：啼泣无声谓之喑，叹伤谓之呜。是非孰辨邪！”浮阳侯孙程、祝阿侯张贤相率乞见，浮阳侯国，属勃海郡。见，贤遍翻。程曰：“陛下始与臣等造事之时，贤曰：谓帝被废，程等谋立之时也。常疾奸臣，知其倾国。今者即位而复自为，何以非先帝乎！司隶校尉虞诩为陛下尽忠，为，于伪翻。而更被拘系；常侍张防臧罪明正，反构忠良。今客星守羽林，史记天官书：虚、危南有众星曰羽林。晋书天文志：羽林四十五星，在营室南。其占宫中有奸臣；宜急收防送狱，以塞天变。”塞，悉则翻。时防立在帝后，程叱防曰："奸臣张防，何不下殿！"防不得已，趋就东箱。贤曰：埤苍云：箱，序也，字或作"厢"。程曰："陛下急收防，无令从阿母求请！"贤曰：阿母，宋娥也。帝问诸尚书，尚书贾朗素与防善，证诩之罪；帝疑焉，谓程曰："且出，吾方思之！"于是诩子颉颉，鱼岂翻。与门生百馀人，举幡候中常侍高梵车，叩头流血，诉言枉状。梵入言之，梵，房戎翻，又房泛翻。防坐徙边，贾朗等六人或死或黜；即日赦出诩。程复上书陈诩有大功，语甚切激。复，扶又翻。帝感悟，复征拜议郎；数日，迁尚书仆射。

诩上疏荐议郎南阳左雄曰："臣见方今公卿以下，类多拱默，拱默，言拱手而默无一言。以树恩为贤，尽节为愚，至相戒曰，'白璧不可为，容容多后福。'贤曰：容容，犹和同也。言不可为白璧之清洁，常与众人和同也。伏见议郎左雄，有王臣蹇蹇之节，易曰：王臣蹇蹇，匪躬之故。宜擢在喉舌之官，东都谓尚书为喉舌之官，以其出纳王命也。必有匡弼之益。"由是拜雄尚书。

13 浮阳侯孙程等怀表上殿争功，帝怒；有司劾奏"程等干乱悖逆，劾，户概翻，又户得翻。悖，蒲没翻，又蒲内翻。王国等皆与程党，久留京都，益其骄恣。"帝乃免程等官，悉徙封远县；因遣十九侯就国，敕雒阳令促期发遣。

司徒掾周举说朱伥曰："朝廷在西钟下时，非孙程等岂立！东都谓天子为国家，又谓为朝廷。说，输芮翻。伥，丑羊翻。今忘其大德，录其小过；如道路夭折，夭，于绍翻。帝有杀功臣之讥。及今未去，宜急表之！"伥曰："今诏指方怒，吾独表此，必致罪谴。"举曰："明公年过八十，位为台辅，不于今时竭忠报国，惜身安宠，欲以何求！禄位虽全，必陷佞邪之讥；谏而获罪，犹有忠贞之名。若举言不足采，请从此辞！"伥乃表谏，帝果从之。

程徙封宜城侯；宜城县，属南郡，春秋之罗国也。考异曰：袁纪：“秋，七月，有司奏：‘浮阳侯孙程、祝阿侯张贤为司隶校尉虞诩诃叱左右，谤讪大臣，妄造不祥，干乱悖逆；王国等皆与程党，久留京师，益其骄溢。’诏免程等，徙为都梁侯。程怨恨，封还印绶；更封为宜城侯。”范书孙程传，亦云“坐讼虞诩，呵叱左右，就国。”按虞诩传，“程言见用，上不以为怒。”周举传云，“程坐争功就国”，今从之。到国，怨恨恚怼，恚，於避翻。怼，直类翻。封还印绶、符策，亡归京师，往来山中。诏书追求，复故爵土，赐车马、衣物，遣还国。

14 冬，十月，丁亥，司空陶敦免。

15 朔方以西，障塞多坏，鲜卑因此数侵南匈奴；数，所角翻。单于忧恐，上书乞修复障塞。庚寅，诏：“黎阳营兵出屯中山北界；贤曰：黎阳先置营兵；以南单于求复障塞，恐入侵扰乱，置屯兵于中山北界。旧中山郡，今之定州是也。余谓移黎阳营屯中山北界，不过为南部声援耳。令缘边郡增置步兵，列屯塞下，教习战射。”

16 以廷尉张皓为司空。

17 班勇更立车师后部故王子加特奴为王。更，工衡翻；下同。勇又使别校诛斩东且弥王，校，户教翻。且，子余翻。范书：东且弥国，去洛阳九千二百里。亦更立其种人为王；种，章勇翻。于是车师六国悉平。西域传：卑陆、蒲类、东且弥、移支、车师前、后王，是为六国。

勇遂发诸国兵击匈奴，呼衍王亡走，其众二万馀人皆降。生得单于从兄，勇使加特奴手斩之，以结车师、匈奴之隙。北单于自将万馀骑入后部，至金且谷；且，子余翻。勇使假司马曹俊救之，单于引去，俊追斩其贵人骨都侯。于是呼衍王遂徙居枯梧河上，是后车师无复虏迹。

二年（丁卯、一二七）

1 春，正月，中郎将张国以南单于兵击鲜卑其至鞬，破之。鞬，居言翻。

2 二月，辽东鲜卑寇辽东玄菟；菟，同都翻。乌桓校尉耿晔发缘边诸郡兵及乌桓出塞击之，斩获甚众；鲜卑三万人诣辽东降。降，户江翻；下同。

3 三月，旱。

4 初，帝母李氏瘗在雒阳北，李氏死见上卷安帝元初二年。瘗，于计翻。帝初不知；至是，左右白之，帝乃发哀，亲到瘗所，更以礼殡。殡用皇后礼。瘗，于计翻。六月，乙酉，追谥为恭愍皇后，葬于恭陵之北。

5 西域城郭诸国皆服于汉，唯焉耆王元孟未降，元孟，和帝永元六年班超所立也。班勇奏请攻之。于是遣敦煌太守张朗将河西四郡兵三千人配勇，敦，徒门翻。因发诸国兵四万馀人分为两道击之，勇从南道，朗从北道，约期俱至焉耆。而朗先有罪，欲徼功自赎，徼，一遥翻。遂先期至爵离关，释氏西域记：龟兹国北四十里山上有寺，名雀离大清净。先，悉荐翻。遣司马将兵前战，获首虏二千馀人，元孟惧诛，逆遣使乞降。张朗径入焉耆，受降而还。朗得免诛，勇以后期征，下狱，免。夏之政典曰，先时者杀无赦，不及时者杀无赦。张朗先期以徼功，法所必诛，则班勇非后期也。汉之用刑，不审厥衷，勇免之后，西域事去矣。下，遐稼翻。

6 秋，七月，甲戌朔，日有食之。

7 壬午，太尉朱宠、司徒朱伥免。庚子，以太常刘光为太尉、录尚书事，光禄勋汝南许敬为司徒。光，矩之弟也。敬仕于和、安之间，当窦、邓、阎氏之盛，无所屈桡；桡，奴教翻。三家既败，士大夫多染污者，污，乌故翻。独无谤言及于敬，当世以此贵之。

8 初，南阳樊英，少有学行，少，诗照翻。行，下孟翻。名著海内，隐于壶山之阳，贤曰：壶山，在今邓州新城县北，即张衡南都赋所云“天封、大狐”是也。州郡前后礼请，不应；公卿举贤良、方正、有道，皆不行；安帝赐策书征之，不赴。是岁，帝复以策书、玄纁，备礼征英，复，扶又翻。英固辞疾笃。诏切责郡县，驾载上道。英不得已，到京，称疾不肯起；强舆入殿，强，其两翻。犹不能屈。帝使出就太医养疾，太医令，属少府，掌诸医，有药丞、方丞。月致羊酒。其后帝乃为英设坛，为，于伪翻。令公车令导，尚书奉引，引，与靷同，音羊晋翻。赐几、杖，待以师傅之礼，考异曰：英传云："四年，三月，乃设坛场见英。"黄琼传，李固劝书，已云"樊英设坛席。及琼至，上疏荐英，称光禄大夫。"则是琼至之时，英已尝设坛见之，而为光禄大夫矣。至三年旱，琼复上疏。若四年方设坛场见英，则都与琼传异，知其必不在四年也。延问得失，拜五官中郎将。数月，英称疾笃；诏以为光禄大夫，赐告归，令在所送谷，以岁时致牛酒。英辞位不受，有诏譬旨，勿听。有诏书譬晓以上旨，不听其辞位也。

英初被诏命，被，皮义翻；下同。众皆以为必不降志。南郡王逸素与英善，因与其书，多引古譬谕，劝使就聘。英顺逸议而至；及后应对无奇谋深策，谈者以为失望。河南张楷与英俱征，谓英曰："天下有二道，出与处也。处，昌吕翻；下同。吾前以子之出，能辅是君也，济斯民也。而子始以不訾之身贤曰：訾，量也。言无量可比之，贵重之极也。訾，音资。怒万乘之主，按英传：英强舆入殿，犹不以礼屈。帝怒，谓英曰："朕能生君，能杀君；能贵君，能贱君；能富君，能贫君；君何以慢朕命?"英曰："臣受命于天，生尽其命，天也；死不得其命，亦天也。陛下焉能生臣，焉能杀臣！臣见暴君如见仇雠，立其朝犹不肯，可得而贵乎！虽在布衣之列，环堵之中，晏然自得，不易万乘之尊，又可得而贱乎！陛下焉能贵臣，焉得贱臣！非礼之禄，虽万钟不受也，申其志，虽箪食不厌也，陛下焉能富臣，焉能贫臣乎！"帝不能屈而敬其名，使出就太医养疾，月致羊酒。及其享受爵禄，又不闻匡救之术，进退无所据矣。"

臣光曰：古之君子，邦有道则仕，邦无道则隐。隐非君子之所欲也。人莫己知而道不得行，群邪共处处，昌吕翻。而害将及身，故深藏以避之。王者举逸民，扬仄陋，论语曰：举逸民，天下之民归心焉。尧典曰：明明扬侧陋。固为其有益于国家，为，于伪翻。非以徇世俗之耳目也。是故有道德足以尊主，智能足以庇民，被褐怀玉，深藏不市，圣人被褐怀玉；玉，至宝也，被褐而怀之，喻珍美不外见也。良贾深藏若虚；贾有善货，深藏若无所有者，不得善价则不售。此皆以喻抱道怀才之士。被，皮义翻。则王者当尽礼而致之，屈己以【章：甲十六行本“以”下有“下之，虚心以”五字；乙十一行本同；孔本同；张校同。】访之，克己以从之，然后能利泽施于四表，功烈格于上下。盖取其道不取其人，务其实不务其名也。

其或礼备而不至，意勤而不起，则姑内自循省而不敢强致其人，省，悉景翻。强，其两翻。曰：岂吾德之薄而不足慕乎？政之乱而不可辅乎？群小在朝而不敢进乎？诚心不至而忧其言之不用乎？何贤者之不我从也？苟其德已厚矣，政已治矣，群小远矣，治，直吏翻。远，于愿翻。诚心至矣，彼将扣阍而自售，又安有勤求而不至者哉！荀子曰：“耀蝉者，务在明其火，振其木而已；火不明，虽振其木，无益也。杨倞曰：南方人照蝉，取而食之，礼记有蜩范是也。今人主有能明其德，则天下归之，若蝉之归明火也。”或者人主耻不能致，乃至诱之以高位，胁之以严刑。公孙述之待李业诸人政如此。诱，音酉。使彼诚君子邪，则位非所贪，刑非所畏，终不可得而致也；可致者，皆贪位畏刑之人也，乌足贵哉！

若乃孝弟著于家庭，行谊隆于乡曲，弟，读曰悌。行，下孟翻。利不苟取，仕不苟进，洁己安分，优游卒岁，分，扶问翻。卒，子恤翻。虽不足以尊主庇民，是亦清修之吉士也；王者当褒优安养，俾遂其志。若孝昭之待韩福，昭帝元凤元年三月，赐郡国所选有行义者涿郡韩福等五人帛，人五十匹，遣归。诏曰："朕闵劳以官职之事，其务修孝弟以教乡里。"令郡县尝以正月赐羊酒；其有不幸者，赐衣一袭，祠以中牢。光武之遇周党，事见四十一卷建武五年。以励廉耻，美风俗，斯亦可矣，固不当如范升之诋毁，又不可如张楷之责望也。

至于饰伪以邀誉，钓奇以惊俗，不食君禄而争屠沽之利，不受小官而规卿相之位，名与实反，心与迹违，斯乃华士、少正卯之流，韩非子曰：太公封于齐，东海上有任矞、华士昆弟二人，太公杀之。周公急传而问曰："二子皆贤人，杀之何也？"太公曰："是昆弟立议曰：'不臣天子'，是望不得而臣也；'不友诸侯'，是望不得而友也；'耕而食之，掘而饮之，无求于人'，是望不得以赏罚劝禁也。且圣王所以使人，非爵赏则刑罚也；今四者不足以使之，则望谁为君乎！是以诛之也。"荀子曰：孔子为鲁相，七日而诛少正卯。门人进问曰："夫少正卯，鲁之闻人也，夫子为政而始诛之，得无失乎？"孔子曰："其有恶者五，而盗窃不与焉：一曰心达而险，二曰行僻而坚，三曰言伪而辩，四曰记丑而博，五曰顺非而泽。此五者，有一于人，则不得免于君子之诛，而少正卯兼有之。"其得免于圣王之诛幸矣，尚何聘召之有哉！

9 时又征广汉杨厚、江夏黄琼。琼，香之子也。厚既至，豫陈汉有三百五十年之厄以为戒，贤曰：春秋命历序曰：四百年之间，闭四门，听外难，群异并贼，官有孽臣，州有兵乱，五七弱暴渐之效也。宋均注云：五七，三百五十岁，当顺帝渐微，四方多逆贼也。拜议郎。琼将至，李固以书逆遗之曰：遗，于季翻。"君子谓伯夷隘，柳下惠不恭。不夷不惠，可否之间，孟子曰：伯夷隘，柳下惠不恭；隘与不恭，君子不由也。贤曰：论语，孔子曰：伯夷、叔齐不降其志，不辱其身。谓柳下惠、少连，降志辱身矣。我则异于是，无可无不可。郑玄注云：不为夷、齐之清，不为惠、连之屈，故曰异于是也。圣贤居身之所珍也。诚欲枕山栖谷，枕，之鸩翻。拟迹巢、由，斯则可矣；若当辅政济民，今其时也。自生民以来，善政少而乱俗多，必待尧、舜之君，此为士行其志终无时矣。尝闻语曰：'峣峣者易缺，皦皦者易污。'峣峣，山之高也。皦皦，玉石之白也。峣，倪幺翻。易，以豉翻。盛名之下，其实难副。近鲁阳樊君被征初至，被，皮义翻。朝廷设坛席，犹待神明，虽无大异，而言行所守，亦无所缺；行，下孟翻。而毁谤布流，应时折减者，言其名誉折减也。折，食列翻。岂非观听望深，声名太盛乎！言其声名之盛，素动人之观听，故所望者深也。是故俗论皆言'处士纯盗虚声'。处，昌吕翻。愿先生弘此远谟，令众人叹服，一雪此言耳！"琼至，拜议郎，稍迁尚书仆射。琼昔随父在台阁，琼父香，和帝时为尚书令。习见故事；及后居职，达练官曹，达，明也。练，习也。言明习尚书诸曹事也。争议朝堂，莫能抗夺。莫能抗言以夺其议也。朝，直遥翻。数上琉言事，数，所角翻。上颇采用之。

李固，郃之子，郃，曷阁翻，又古合翻。少好学，少，诗照翻。好，呼到翻。常改易姓名，杖策驱驴，策，马策也。负笈从师，不远千里，笈，极晔翻，书箱也。不远千里，不惮千里之远也。遂究览坟籍，为世大儒。每到太学，密入公府，定省父母，记曰：凡为人子，冬温而夏凊，昏定而晨省。孔颖达曰：安定其床衽也，省问其安否何如。省，悉景翻。不令同业诸生知其为郃子也。

三年（戊辰、一二八）

1 春，正月，丙子，京师地震。

2 夏，六月，旱。

3 秋，七月，茂【章：甲十六行本"茂"上有"丁酉"二字；乙十一行本同；退斋校同。】陵园寝灾。

4 九月，鲜卑寇渔阳。

5 冬，十二月，己亥，太傅桓焉免。

6 车骑将军来历罢。

7 南单于拔死，弟休利立，为去特若尸逐就单于。

8 帝悉召孙程等还京师。

四年（己巳、一二九）

1 春，正月，丙寅，赦天下。

2 丙子，帝加元服。

3 夏，五月，壬辰，诏曰："海内颇有灾异，朝廷修政，太官减膳，珍玩不御。御，进也。而桂阳太守文砻，郡国志：桂阳郡，在雒阳南三千九百里。砻，音力公翻。不惟竭忠宣畅本朝，言不思宣畅本朝遇灾修省之意也。朝，直遥翻。而远献大珠以求幸媚，今封以还之！"不罪砻而但封还其珠，非所以昭德塞违也。

4 五州雨水。

5 秋，八月，丁巳，太尉刘光、司空张皓免。

6 尚书仆射虞诩上言："安定、北地、上郡，山川险阨，沃野千里，土宜畜牧，水可溉漕。既可溉田，又可通漕也。畜，许六翻。顷遭元元之灾，洪氏隶释曰：东汉书邓骘传"元二之灾"，注云：元二，即元元也。古书字当再读者，于上字之下为小"二"字，当两度言之。后人不晓，遂读为元二，或同之阳九，或附之百六，良由不悟，致斯乖舛。岐州石鼓铭，凡重言者皆为"二"字，明验也。赵氏云：杨孟文石门碑，汉威宗建和二年立，其文有曰：中遭元二，桥梁断绝。若读为元元，则为不成文理。疑当时自有此语，汉注未必然也。予按汉刻如北海相景君及李翊夫人碑之类，凡重文皆以小"二"字赘其下。此碑有烝烝、明明、荡荡、世世、勤勤，亦不再出上一字，然非若元二，遂书为二大字也。又孔耽碑云：遭元二轗轲，人民相食。若作元元，则下文不应言人民。汉注之非明矣。王充论衡曰：今上嗣位，元二之间，嘉德布流；三年，零陵生芝草五本；四年，甘露降五县。则论衡所云元二者，盖谓即位之元年、二年也。邓君传云：永初元年夏，凉部叛羌摇荡西州，诏骘将羽林五校士击之。冬，征骘班师，迎拜为大将军。帝纪班师在二年十一月，传有脱字也。又云：时遭元二之灾，人士荒饥，盗贼群起，四夷侵叛。骘崇节俭，罢力役，进贤士，故天下复安。则此传所云元二者，亦谓元年、二年也。安帝纪书两年之间，万民饥流，羌、貊叛戾。又与传同。此碑所云西戎虐残，桥梁断绝，正是邓骘出师时，则史传、碑碣皆与论衡合。建初者，章帝之始年。永初者，安帝之始年。乃知东汉之文所谓元二者如此。众羌内溃，郡县兵荒，二十馀年。夫弃沃壤之饶，捐自然之财，不可谓利；离河山之阻，离，力智翻。守无险之处，难以为固。今三郡未复，园陵单外，贤曰：园陵，谓长安诸陵园也。单外，谓守固。余谓西汉诸陵园不皆在长安，单外，言无蔽障。而公卿选懦，容头过身，贤曰：前书音义曰：选懦，柔怯也。懦，音而掾翻。张解设难，张解者，开张其说以为解。设难者，铺设其辞以发难。难，乃旦翻。但计所费，不图其安。宜开圣听，考行所长。"九月，诏复安定、北地、上郡还旧土。安帝永初五年，三郡内徙。

7 癸酉，以大鸿胪庞参为太尉、录尚书事。胪，陵如翻。庞，皮江翻。太常王龚为司空。

8 冬，十一月，庚辰，司徒许敬免。

9 鲜卑寇朔方。

10 十二月，乙卯，以宗正弘农刘崎为司徒。崎，丘宜翻。

11 是岁，于寘王放前杀拘弥王兴，自立其子为拘弥王，拘弥王居宁弥城，去长史所居柳中城四千九百里。而遣使者贡献，敦煌太守徐由上求讨之。敦，徒门翻。上，时掌翻。帝赦于寘罪，令归拘弥国；放前不肯。

五年（庚午、一三〇）

1 夏，四月，京师旱。

2 京师及郡国十二蝗。

3 定远侯班超之孙始尚帝姑阴城公主。公主，清河孝王之女。阴县，属南阳郡。宋白曰：阴城县，在今谷城县北；宋乾德二年置光化军。主骄淫无道；始积忿怒，伏刃杀主。冬，十月，乙亥，始坐腰斩，同产皆弃市。

六年（辛未、一三一）

1 春，二月，庚午，河间孝王开薨；子政嗣。政慠很不奉法，很，下垦翻。帝以侍御史吴郡沈景有强能，擢为河间相。侍御史，秩六百石。擢为王国相，秩二千石。相，息亮翻。景到国，谒王，王不正服，箕踞殿上；侍郎赞拜，景峙不为礼，贤曰：峙，立也。问王所在。虎贲曰："是非王邪！"贲，音奔。景曰："王不正服，常人何别！今相谒王，岂谒无礼者邪！"王惭而更服，别，彼列翻。更，工衡翻。景然后拜；出，住宫门外，请王傅责之汉诸王国有太傅，至成帝时更曰傅。曰："前发京师，陛见受诏，见，贤遍翻。以王不恭，相使检督。诸君空受爵禄，曾无训导之义！"因奏治其罪，治，直之翻。诏书让政而诘责傅。景因捕诸奸人，奏案其罪，杀戮尤恶者数十人，出冤狱百馀人。政遂为改节，悔过自修。为，于伪翻。

2 帝以伊吾膏腴之地，傍近西域，匈奴资之以为钞暴；近，其靳翻。钞，楚交翻。三月，辛亥，复令开设屯田，如永元时事，见四十七卷和帝永元二年。置伊吾司马一人。

3 初，安帝薄于艺文，博士不复讲习，朋徒相视怠散，学舍颓敝，鞠为园蔬，颓，徒回翻。贤曰：诗小雅曰：鞠为茂草。注云：鞠，穷也。或牧儿、荛竖薪刈其下。荛竖，刈草者也。荛，如招翻。将作大匠翟酺上疏请修缮，诱进后学，帝从之。翟，直格翻。酺，薄乎翻。诱，音酉。秋，九月，缮起太学，凡所造构二百四十房，千八百五十室。

4 护乌桓校尉耿晔遣兵击鲜卑，破之。晔，与暴同。

5 护羌校尉韩皓转湟中屯田置两河间，以逼群羌。两河，谓赐支河及逢留大河也。皓坐事征，以张掖太守马续代为校尉。两河间羌以屯田近之，近，其靳翻。恐必见图，乃解仇诅盟，各自儆备；诅，庄助翻。续上移【章：甲十六行本“移”下有“屯”字；乙十一行本同；孔本同。】田还湟中，上，上奏也，音时掌翻。羌意乃安。

6 帝欲立皇后，而贵人有宠者四人，莫知所建，议欲探筹，以神定选。书四人姓氏于筹，祷之于神而探之，得之先入选。探，他南翻。尚书仆射南郡胡广与尚书冯翊郭虔、史敞上疏谏曰："窃见诏书，以立后事大，谦不自专，欲假之筹策，决疑灵神；篇籍所记，祖宗典故，未尝有也。恃神卜【章：甲十六行本“卜”作“任”；乙十一行本同；孔本同；张校同。】筮，既未必当贤；就值其人，犹非德选。夫岐嶷形于自然，贤曰：诗云：克岐克嶷。郑注云：岐岐然意有所知，其貌嶷嶷然有所识别也。嶷，鱼力翻。俔天必有异表，贤曰：俔，音苦见翻。说文曰：俔，譬谕也。诗云：文王嘉止，大邦有子，俔天之妹。文王闻太姒之贤则美之，言大邦有子女，譬天之有女弟，故求为配焉。宜参良家，简求有德，德同以年，年钧以貌；稽之典经，断之圣虑。"断，丁乱翻。帝从之。

恭怀皇后弟子乘氏侯商之女，恭怀皇后，和帝母梁贵人也。乘氏县，属济阴郡，春秋之乘丘也。乘，绳证翻。选入掖庭为贵人，常特被引御，从容辞曰："夫阳以博施为德，被，皮义翻。从，千容翻。施，式智翻。阴以不专为义。螽斯则百福所由兴也。言后妃不妒忌，若螽斯，则子孙众多而百福兴矣。愿陛下思云雨之均泽，小妾得免于罪。"帝由是贤之。

阳嘉元年（壬申、一三二）

1 春，正月，乙巳，立贵人梁氏为皇后。

2 京师旱。

3 三月，扬州六郡妖贼章河等寇四十九县，杀伤长吏。扬州部九江、丹杨、庐江、会稽、吴、豫章等六郡。妖，于骄翻。长，知两翻。

4 庚寅，赦天下，改元。

5 夏，四月，梁商加位特进；顷之，拜执金吾。

6 冬，耿晔遣乌桓戎末魔等钞击鲜卑，大获而还。范书鲜卑传作“戎末廆”。【章：乙十一行本正作“廆”；张校同。】贤曰：廆，音胡罪翻。钞，楚交翻。鲜卑复寇辽东属国，耿晔移屯辽东无虑城以拒之。复，扶又翻。郡国志：辽东属国，故邯乡西部都尉，安帝时以为属国都尉，领昌辽、宾徒、徒河、无虑、险渎、房六城；在雒阳东北三千二百六十里。无虑，因医无虑山以名县。虑，音庐。

7 尚书令左雄上疏曰：“昔宣帝以为吏数变易，则下不安业；久于其事，则民服教化；其有政治者，辄以玺书勉励，增秩赐金，公卿缺则以次用之。是以吏称其职，民安其业，汉世良吏，于兹为盛。谓尹翁归、韩延寿、朱邑、龚遂、黄霸之属也。事并见宣帝纪。数，所角翻。治，直吏翻。称，尺证翻。今典城百里，转动无常，各怀一切，莫虑长久。谓杀害不辜为威风，聚敛整办为贤能；敛，力赡翻。以治己安民为劣弱，治，直之翻。奉法循理为不治。髡钳之戮，生于睚眦；师古曰：睚眦，举目眦也，犹言顾瞻之顷也。睚，音厓。眦，音才赐翻。字书曰：睚，牛懈翻，怒视也。覆尸之祸，成于喜怒。视民如寇雠，税之如豺虎。监司项背相望，贤曰：项背相望，谓前后相顾也。监，古衔翻。背，音辈。与同疾疢，言同有此病也。疢，丑刃翻。见非不举，闻恶不察。观政于亭传，责成于期月；言郡县长吏，饰亭传以夸过，使客监司亦以是观政也。贤曰：期，匝也，谓一岁。传，株恋翻。言善不称德，论功不据实。虚诞者获誉，拘检者离毁；贤曰：离，遭也。誉，音余。或因罪而引高，或色斯而求名，因有罪而先自弃官以为高。论语曰：色斯举矣。此言见上之人颜色不善，则举而去之，以求见几之名也。州宰不覆，覆，审也。竞共辟召，踊跃升腾，超等逾匹。或考奏捕案，而亡不受罪，会赦行赂，复见洗涤，朱紫同色，清浊不分。故使奸猾枉滥，轻忽去就，拜除如流，缺动百数。乡官、部吏，职贱禄薄，车马衣服，一出于民，廉者取足，贪者充家；特选、横调，曰特、曰横，皆出于常赋之外者也。贤曰：调，征也，徒钓翻。纷纷不绝，送迎烦费，损政伤民。和气未洽，灾眚不消，咎皆在此。臣愚以为守相、长吏惠和有显效者，可就增秩，勿移徙；非父母丧，不得去官。守，式又翻。相，息浪翻。长，知两翻。其不从法禁，不式王命，贤曰：式，用也。锢之终身，虽会赦令，不得齿列。若被劾奏，亡不就法者，劾，户概翻，又户得翻。徙家边郡，以惩其后。其乡部亲民之吏，皆用儒生清白任从政者，贤曰：仨，堪也，音人林翻。宽其负算，贤曰：负，欠也。算，口钱也。儒生未有品秩，故宽之。增其秩禄；吏职满岁，宰府州郡乃得辟举。如此，威福之路塞，塞，悉则翻。虚伪之端绝，送迎之役损，赋敛之源息，循理之吏得成其化，率土之民各宁其所矣。"帝感其言，复申无故去官之禁，先已有此禁，今复申严之。复，扶又翻。又下有司考吏治真伪，详所施行；下，遐稼翻。治，直吏翻。而宦官不便，终不能行。

雄又上言："孔子曰'四十不惑'，见论语。礼称强仕。曲礼曰：四十曰强，而仕。请自今，孝廉年不满四十，不得察举，皆先诣公府，诸生试家法，贤曰：儒有一家之学，故称家沄也。文吏课笺奏，周成杂字曰：笺，表也。汉杂事曰：凡群臣之书，通于天子者四品：一曰章，二曰奏，三曰表，四曰驳议。章者需头，称"稽首上以闻"，谢恩陈事，诣阙通者也。奏者亦需头，其京师官但言"稽首言"，下言"稽首以闻"，其中有所请若罪法劾案，公府送御史台，卿校送谒者台也。表者不需头，上言"臣某言"，下言"诚惶诚恐、顿首顿首、死罪死罪"，左方下附曰："某官臣某甲、乙上"。副之端门，宫之正南门曰端门，尚书于此受天下章奏；令举者先诣公府课试，以副本纳之端门，尚书审核之。练其虚实，以观异能，以美风俗；有不承科令者，正其罪法。若有茂材异行，行，下孟翻。茂材，即秀才。贾公彦曰：汉光武讳秀，改为茂才。自可不拘年齿。"帝从之。

胡广、郭虔、史敞上书驳之曰："凡选举因才，无拘定制。六奇之策，不出经学；郑、阿之政，非必章奏；陈平六出奇计以佐高帝。子产相郑，择能而使之，内无国中之乱，外无诸侯之患。说苑曰：晏子化东阿三年，景公召而数之。晏子请改道易行。明年上计，景公迎而贺之。晏子对曰："臣前之化东阿也，属托不行，货赂不至，君反以罪臣；今则反是，而更蒙贺。"景公下席而谢。驳，北角翻。甘、奇显用，年乖强仕；终、贾扬声，亦在弱冠。史记曰：秦欲与燕伐赵，以广河间之地。甘罗年十二使于赵，赵王立割五城以广河间；秦乃封罗为上卿。说苑：子奇年十八，齐君使主东阿，东阿大化。前书：终军年十八，自请愿以长缨必羁南越王而致之阙下。武帝大悦，擢为谏大夫。贾谊年十八，扬声汉庭，文帝超迁之。前世以来，贡举之制，莫或回革。今以一臣之言，刬戾旧章，便利未明，众心不厌。回，转也，反也。贤曰：刬，削也。戾，乖也。厌，满也。刬，楚限翻。矫枉变常，政之所重，而不访台司，不谋卿士；若事下之后，议者剥异，下，遐稼翻；下同。剥，与驳同。异之则朝失其便，同之则王言已行。言若附同雄言而与驳议者异，则朝政为不重；若与驳议者同而以雄言为非，则上已从雄言而行之矣。朝，直遥翻。臣愚以为可宣下百官，参其同异，然后览择胜否，详采厥衷。"衷，陟仲翻；下同。帝不从。

辛卯，初令"郡国举孝廉，限年四十以上；诸生通章句，文吏能笺奏，乃得应选。其有茂才异行，若颜渊、子奇，不拘年齿。"

久之，广陵所举孝廉徐淑，年未四十；台郎诘之，台郎，尚书郎也。诘，去吉翻。对曰："诏书曰：'有如颜回、子奇，不拘年齿。'是故本郡以臣充选。"郎不能屈。左雄诘之曰："颜回闻一知十，孝廉闻一知几邪？"几，居岂翻。淑无以对；乃罢却之。郡守坐免。

袁宏论曰：夫谋事作制，以经世训物，必使可为也。古者四十而仕，非谓弹冠之会必将是年也，师古曰：弹冠，言入仕也。以为可仕之时在于强盛，故举其大限以为民衷。

且颜渊、子奇，旷代一有，而欲以斯为格，岂不偏乎！

然雄公直精明，能审核真伪，决志行之。顷之，胡广出为济阴太守，济，子礼翻。与诸郡守十馀人皆坐谬举免黜；唯汝南陈蕃、颍川李膺、下邳陈球等三十馀人得拜郎中。自是牧、守畏栗，莫敢轻举。迄于永嘉，察选清平，多得其人。

8 闰月，庚子，恭陵百丈庑灾。贤曰：庑，廊屋也。说文：堂下周屋曰庑。庑，音武。

9 上闻北海郎颉精于阴阳之学，姓谱：鲁懿公孙费伯城郎，因居之，子孙以为氏。颉，鱼岂翻。

二年(癸酉、一三三)

1 春，正月，诏公车征颉，问以灾异。颉上章曰："三公上应台阶，下同元首，贤曰：春秋元命包曰：魁下六星，两两而比，曰三台。前书音义曰：泰阶，三台也。又黄帝泰阶六符经曰：泰阶者，天之三阶也。上阶为天子，中阶为诸侯、公卿、大夫，下阶为士、庶人。三阶平则阴阳和、风雨时。尚书曰：君为元首，臣作股肱。言三公上象天之台阶，下与人君同体也。政失其道，则寒阴反节。今之在位，竞托高虚，纳累钟之奉，奉，与俸同，音扶用翻。亡天下之忧。亡，古无字。栖迟偃仰，小雅北山之诗曰：或栖迟偃仰。毛公曰：栖迟，游息也。偃仰，卧也。寝疾自逸，被策文，得赐钱，即复起矣，何疾之易而愈之速！被，皮义翻。复，扶又翻。易，以豉翻。以此消伏灾眚，兴致升平，其可得乎！今选牧、守，委任三府；长吏不良，既咎州、郡，守，式又翻。长，知两翻。州、郡有失，岂得不归责举者！而陛下崇之弥优，自下慢事愈甚，所谓'大网疏，小网数'。贤曰：谓缓于三公，切于州郡也。数，趋玉翻，密也。孟子曰：数罟不入污池。三公非臣之仇，臣非狂夫之作，所以发愤忘食，恳恳不已者，诚念朝廷，欲致兴平。臣书不择言，死不敢恨！"因条便宜七事："一，园陵火灾，宜念百姓之劳，罢缮修之役。二，立春以后阴寒失节，宜采纳良臣，以助圣化。三，今年少阳之岁，少，诗照翻。春当旱，夏必有水，宜遵前典，惟节惟约。四，去年八月，荧惑出入轩辕，晋书天文志：轩辕十七星，黄帝之神，黄龙之体也，后妃之主女职也。宜简出宫女，恣其姻嫁。五，去年闰十月，有白气从西方天苑趋参左足，入玉井，续汉志曰：时客星气白，广二尺，长五丈，起天苑西南。晋书天文志曰：天苑十六星在昴、毕南，天子之苑囿，养兽之所也。参十星，白虎之体；其中三星，横列三将也，东北曰左肩，主左将；西北曰右肩，主右将；东南曰左足，主后将军；西南曰右足，主偏将军。玉井四星在参左足下，主水浆以给厨。参，所今翻。恐立秋以后，将有羌寇畔戾之患，宜豫告诸郡，严为备御。六，今月十四日乙卯，白虹贯日，颉曰：凡日气色白而纯者，名为虹。贯日中者，侵太阳也。晋志曰：凡白虹者，百殃之本，众乱所基。宜令中外官司，并须立秋然后考事。七，汉兴以来三百三十九岁，于时三期，贤曰：谓以三期之法推之也。宜大蠲法令，有所变更。更，工衡翻。王者随天，譬犹自春徂夏，改青服绛也。春服青，夏服绛，各随时之色。自文帝省刑，适三百年，贤曰：自文帝十三年除肉刑，至顺帝阳嘉二年，合三百年也。而轻微之禁，渐已殷积。王者之法，譬犹江、河，当使易避而难犯也。"

二月，颉复上书荐黄琼、李固，以为宜加擢用。又言："自冬涉春，讫无嘉泽，数有西风，反逆时节，贤曰：春当东风也。复，扶又翻。数，所角翻。朝廷劳心，广为祷祈，荐祭山川，暴龙移市。董仲舒春秋繁露曰：春旱，以甲乙日为苍龙一，长八丈，居中央；为小龙，各长四丈，皆东向；其间相去八尺。小童八人，皆斋三日，服青衣而舞之。夏以丙丁日为赤龙，服赤衣。季夏以戊己日为黄龙，服黄衣。秋以庚辛日为白龙，服白衣；冬以壬癸日为黑龙，服黑衣。龙长与舞童各依其行数，牲各依其方色；皆燔雄鸡、煅豭猪尾于里北门及市中以祈焉。礼记：岁旱，鲁穆公问于县子。县子曰："为之徙市可也。"臣闻皇天感物，不为伪动；为，于伪翻。灾变应人，要在责己。若令雨可请降，水可攘止，则岁无隔并，太平可待。然而灾害不息者，患不在此也！”书奏，特拜郎中；辞病不就。

2 三月，使匈奴中郎将赵稠遣从事将南匈奴兵出塞击鲜卑，破之。

3 初，帝之立也，乳母宋娥与其谋，与，读曰豫。帝封娥为山阳君，又封执金吾梁商子冀为襄邑侯。襄邑县，属陈留郡。尚书令左雄上封事曰："高【章：甲十六行本"高"下有"皇"字；乙十一行本同；孔本同。】帝约，非刘氏不王，非有功不侯。孝安皇帝封江京、王圣等，遂致地震之异。事见上卷安帝建光元年。永建二年封阴谋之功，不见于史。又有日食之变。数术之士，咸归咎于封爵。今青州饥虚，盗贼未息，诚不宜追录小恩，亏失大典。"诏不听。

雄复谏曰："臣闻人君莫不好忠正而恶谗谀，然而历世之患，莫不以忠正得罪，谗谀蒙幸者，盖听忠难，从谀易也。复，扶又翻。好，呼到翻。恶，乌路翻；下同。易，以豉翻。夫刑罪，人情之所甚恶，贵宠，人情之所甚欲，是以时俗为忠者少而习谀者多；故令人主数闻其美，稀知其过，迷而不悟，以至于危亡。臣伏见诏书，顾念阿母旧德宿恩，欲特加显赏。按尚书故事，汉故事，皆尚书主之。无乳母爵邑之制，唯先帝时阿母王圣为野王君，圣造生谗贼废立之祸，事见上卷安帝延光三年。生为天下所咀嚼，咀，在吕翻。死为海内所欢快。桀、纣贵为天子，而庸仆羞与为比者，以其无义也；夷、齐贱为匹夫，而王侯争与为伍者，以其有德也。今阿母躬蹈俭约，以身率下，群僚蒸庶，莫不向风；蒸，众也。而与王圣并同爵号，惧违本操，失其常愿。臣愚以为凡人之心，理不相远，远，于愿翻。其所不安，古今一也。百姓深惩王圣倾覆之祸，民萌之命危于累卵，萌，与氓同。常惧时世复有此类，复，扶又翻；下同。怵惕之念未离于心，怵惕，悚惧也；上尺律翻，下他历翻。离，力智翻。恐惧之言未绝于口。乞如前议，岁以千万给奉阿母，盖雄先已有此议，今乞行之也。内足以尽恩爱之欢，外可不为吏民所怪。梁冀之封，事非机急，宜过灾厄之运，然后平议可否。"于是冀父商让还冀封；书十馀上，上，时掌翻。帝乃从之。

夏，四月，己亥，京师地震。五月，庚子，诏群公、卿士各直言厥咎，仍各举敦朴士一人。左雄复上疏曰："先帝封野王君，汉阳地震，安帝延光二年封王圣，是岁，京师及郡国三地震，汉阳盖其一也。今封山阳君而京城复震，专政在阴，其灾尤大。臣前后瞽言，封爵至重，王者可私人以财，不可以官，宜还阿母之封以塞灾异。塞，悉则翻。今冀已高让，山阳君亦宜崇其本节。"雄言切至，娥亦畏惧辞让；而帝恋恋不能已，卒封之。卒，子恤翻。

是时，大司农刘据以职事被谴，召诣尚书，传呼促步，促步，催使速行也。被，皮义翻。又加以捶扑。捶，止蕊翻。扑，普卜翻。雄上言："九卿位亚三事，班在大臣，行有佩玉之节，礼记曰：公、侯佩山玄玉而朱组绶；大夫佩水苍玉而缁组绶。诗曰：杂佩以赠之。毛氏注云：珩、璜、琚、瑀、冲牙之类。月令章句曰：佩上有双珩，下有双璜，琚、瑀以杂之，冲牙、蠙珠以纳其间。玉藻曰：左徵、角，右宫、羽，进则揖之，退则扬之，然后玉玱鸣也。至汉明帝乃为大佩，冲牙、双瑀、璜皆以白玉；乘舆落以白珠，公卿诸侯以采丝。孔颖达曰：凡佩玉必上系于衡，下垂三道，穿以蠙珠，下端前后以悬于璜，中央下端悬以冲牙，动则冲牙前后触璜而为声；所触之玉，其形似牙，故曰冲牙。动则【章：甲十六行本无"则"字；乙十一行本同。】有庠序之仪。庠序之仪，谓济济跄跄。孝明皇帝始有扑罚，皆非古典。"帝纳之，是后九卿无复捶扑者。扑，蒲卜翻，又弼角翻。捶，止蕊翻。

4 戊午，司空王龚免。六月，辛未，以太常鲁国孔扶为司空。

5丁丑，雒阳宣德亭地坼，长八十五丈；按续汉志，宣德亭，近郊地，光武立郊兆于雒阳城南，亭盖在平城门外。长，直亮翻。帝引公卿所举敦朴之士，使之对策，及特问以当世之敝，为政所宜。李固对曰："前孝安皇帝变乱旧典，封爵阿母，因造妖孽，妖，于骄翻。孽，鱼列翻。改乱嫡嗣，至令圣躬狼狈，亲遇其艰。既拔自困殆，龙兴即位，天下喁喁，喁，鱼容翻。师古曰：喁喁，众口向上貌。属望风政。属，之欲翻。积敝之后，易致中兴，易，以豉翻。诚当沛然，思惟善道，贤曰：沛然，宽广之意。而论者犹云'方今之事，复同于前'；复，扶又翻。臣伏在草泽，痛心伤臆！实以汉兴以来三百馀年，贤圣相继十有八主，高、惠、文、景、武、昭、宣、元、成、哀、平、光、明、章、和、殇、安至帝，凡十八主。岂无阿乳之恩，岂忘贵爵之宠？然上畏天威，俯案经典，知义不可，故不封也。今宋阿母虽有大功、勤谨之德，但加赏赐，足以酬其劳苦；至于裂土开国，实乖旧典。闻阿母体性谦虚，必有逊让，陛下宜许其辞国之高，使成万安之福。夫妃、后之家所以少完全者，少，诗沼翻。岂天性当然？但以爵位尊显，颛总权柄，天道恶盈，易曰：天道亏盈而益谦。恶，乌路翻。不知自损，故致颠仆。先帝宠遇阎氏，位号太疾，故其受祸曾不旋时，安帝建光元年，诸邓得罪，阎氏始盛。延光四年，阎氏诛，盖不能五稔也。老子曰：'其进锐者其退速也。'今梁氏戚为椒房，礼所不臣，礼，不臣妻之父母。尊以高爵，尚可然也；而子弟群从，荣显兼加，从，才用翻。永平、建初故事，殆不如此。宜令步兵校尉冀及诸侍中还居黄门之官，使权去外戚，政归国家，岂不休乎！休，美也。又，诏书所以禁侍中、尚书、中臣子弟不得为吏、察孝廉者，以其秉威权，容请托故也。而中常侍在日月之侧，声势振天下，子弟禄任，曾无限极，虽外托谦默，不干州郡，而谄伪之徒，望风进举。谓州郡阿私宦官，进举其子弟也。今可为设常禁，为，于伪翻；下同。同之中臣。此中臣，谓中朝臣也。昔馆陶公主为子求郎，明帝不许，赐钱千万，事见四十五卷永平十八年。为，于伪翻。所以轻厚赐，重薄位者，为官人失才，害及百姓也。窃闻长水司马武宣、百官志：北军五营校尉各有司马，秩千石。开阳城门候羊迪等，雒阳城十二门，每门候一人，秩六百石。开阳门位在巳。应劭汉官曰：开阳门始成，未有名，宿昔有一柱来楼上。琅邪开阳县上言：县南城门一柱飞去。光武皇帝使来识视，怆然，遂坚缚之，刻记其岁月，因以名焉。无他功德，初拜便真，汉制，初拜官称守，满岁为真。续汉书曰：中都官千石、六百石，故事，先守一岁，然后补真。此虽小失而渐坏旧章。坏，音怪。先圣法度，所宜坚守，故政教一跌，百年不复，跌，徒结翻。诗云：'上帝板板，下民卒瘅'，刺周王变祖法度，故使下民将尽病也。凡伯，刺周厉王之诗。贤曰：板，反也。卒，尽也，音子恤翻。瘅，病也。瘅，音当但翻。今陛下之有尚书，犹天之有北斗也。斗为天喉舌，尚书亦为陛下喉舌。斗斟酌元气，运乎四时；天文志曰：斗为帝车，运乎中央，临制四方；分阴阳，建四时，均五行，移节度，定诸纪，皆系于斗。尚书出纳王命，赋政四海，贤曰：赋，布也。权尊势重，责之所归，若不平心，灾眚必至，诚宜审择其人，以毗圣政。毗，辅也。今与陛下共天下者，外则公、卿、尚书，内则常侍、黄门，譬犹一门之内，一家之事，安则共其福庆，危则通其祸败。此等议论，发之嬖幸盈朝之时，谓之曲而当可也。犹以直而不见容，呜呼！刺史、二千石，外统职事，内受法则。夫表曲者景必邪，源清者流必洁，犹叩树本，百枝皆动也。由此言之，本朝号令，岂可蹉跌！蹉，仓何翻。天下之纪纲，当今之急务也。夫人君之有政，犹水之有堤防；堤防完全，虽遭雨水霖潦，不能为变；政教一立，蹔遭凶年，蹔，与暂同。不足为忧。

诚令堤防穿漏，万夫同力，不能复救；政教一坏，贤智驰骛，不能复还；复，扶又翻。今堤防虽坚，渐有孔穴。谕嬖幸之门也。当此之时，不可以言渐矣，固特婉其辞耳。譬之一人之身，本朝者，心腹也，州、郡者，四支也，心腹痛则四支不举。故臣之所忧，在腹心之疾，非四支之患也。苟坚堤防，务政教，先安心腹，整理本朝，虽有寇贼、水旱之变，不足介意也；诚令堤防坏漏，心腹有疾，虽无水旱之灾，天下固可以忧矣。又宜罢退宦官，去其权重，裁置常侍二人，方直有德者省事左右；小黄门五人，才智闲雅者给事殿中。范晔曰：汉承秦制，置中常侍官，然亦引用士人以参其选，皆银珰、左貂，给事殿省。及高后称制，乃以张卿为大谒者，出入卧内，受宣诏命。文帝时，有赵谈、北宫伯子，颇见亲幸。至于武帝，亦爱李延年。帝数宴后庭，或潜游离馆，故请奏机事，多以宦人主之。至元帝之世，史游为黄门令，勤身纳忠，有所补益。其后弘恭、石显以佞险自进，卒有萧、周之祸，损秽帝德焉。中兴之初，宦官悉用阉人，不复杂调他士。至永平中，始置员数，中常侍四人，小黄门十人。和帝即祚幼弱，窦宪兄弟专总威权，所与居者阉宦而已；故郑众得专谋禁中，终除大憝，遂享分土之封，超登公卿之位，于是中官始盛矣。自明帝之后，迄于延平，委用渐大，其员稍增，中常侍至有十人，小黄门二十人，改以金珰、右貂，兼领卿署之职。邓后以女主临政，万机殷远，朝臣国议，无由参断，不得不委用刑人，寄之国命；手握王爵，口衔天宪，非复掖庭永巷之职，闺牖房闼之任也。去，羌吕翻。省，悉景翻。如此，则论者厌塞，升平可致也！"塞，悉则翻。

扶风功曹马融对曰："今科条品制，四时禁令，所以承天顺民者，备矣，悉矣，不可加矣。然而天犹有不平之效，民犹有咨嗟之怨者，百姓屡闻恩泽之声而未见惠和之实也。古之足民者，非能家赡而人足之，量其财用，为之制度。量，音良。故嫁娶之礼俭，则婚者以时矣；丧祭之礼约，则终者掩藏矣；不夺其时，则农夫利矣。夫妻子以累其心，累，力瑞翻。产业以重其志，舍此而为非者，有必不多矣！"马融之对，不诡于圣人，盖有得于经学，故其辞气和平而切于政体也。舍，读曰捨。

太史令南阳张衡对曰：百官志：太史令，属太常，秩六百石；掌天时、星历。“自初举孝廉，迄今二百岁矣，武帝元光元年，初举孝廉，至是凡二百七年。皆先孝行；行有馀力，始学文法。辛卯诏书，以能章句、奏案为限；去年冬十一月辛卯诏书也。孝行，下孟翻。虽有至孝，犹不应科，此弃本而取末。曾子长于孝，然实鲁钝，文学不若游、夏，政事不若冉、季。今欲使一人兼之，苟外有可观，内必有阙，则违选举孝廉之志矣。且郡国守相，剖符宁境，为国大臣，一旦免黜十有馀人，谓济阴太守胡广等也。吏民罢于送迎之役，罢，读曰疲。新故交际，公私放滥，或临政为百姓所便而以小过免之，是为夺民父母使嗟号也。号，户刀翻。易不远复，论不惮改，易曰：不远复，无祇悔。论语曰：过则勿惮改。朋友交接且不宿过，况于帝王，承天理物，以天下为公者乎！中间以来，妖星见于上，古今注曰：是年四月壬寅，太白昼见；五月癸巳，又昼见。见，贤遍翻。震裂著于下，谓永建三年京师地震，今年宣德亭地裂也。天诫详矣，可为寒心！明者销祸于未萌，今既见矣，为，于伪翻。见，贤遍翻。修政恐惧，则祸转为福矣。”

上览众对，以李固为第一，即时出阿母还舍，诸常侍悉叩头谢罪，朝廷肃然。以固为议郎；而阿母、宦者皆疾之，诈为飞章以陷其罪。事从中下，从中下者，不经尚书。下，遐稼翻。大司农南郡黄尚等请之于梁商，仆射黄琼复救明其事。复，扶又翻。久乃得释，出为洛令，“洛”，当作“雒”。雒县属广汉郡。固弃官归汉中。融博通经籍，美文辞；对奏，亦拜议郎。衡善属文，属，之欲翻。通贯六艺，虽才高于世，而无骄尚之情；骄者，以才骄人也。尚者，以才尚人也。善机巧，尤致思于天文、阴阳、历算，致，极也。思，相吏翻。作浑天仪，著灵宪。蔡邕曰：言天体者三家：一曰周髀，二曰宣夜，三曰浑天。宣夜之学，绝无师法。周髀数术具存，考验天状，多所违失，故史官不用。唯浑天者，近得其情；今史官所用候台铜仪，则其法也。立八尺圆体之度，而具天地之象，以正黄道，以察发敛，以行日月，以步五纬，精微深妙，万世不易之道也。衡著灵宪曰：昔在先王，将步天路，用之灵轨，寻绪本元，先准之于浑体，是为正仪立度，而皇极有逌建也，枢运有逌稽也。乃建乃稽，斯经天常。圣人无心，因兹以生心，故灵宪作兴。王蕃曰：天地之体，状如鸡卵，天包地外，犹壳之裹黄也。周旋无端，其形浑浑然，故曰浑天。周天三百六十五度五百八十九分度之百四十五，半露地上，半在地下，其二端谓之南极、北极。北极出地三十六度，南极入地亦三十六度；两极相去一百八十二度半强。绕北极，径七十二度，常见不隐，谓之上规。绕南极，七十五度，常隐不见，谓之下规。赤道带天之纮，去两极各九十一度少强。黄道，日之所行也，半在赤道外，半在赤道内；与赤道东交于角五弱，西交于奎十四少强。其出赤道外极远者，去赤道二十四度，斗二十一度是也。其入赤道内极远者，亦二十四度，井二十五度是也。日南至，在斗二十一度，去极百一十五度少强是也。日最南，去极最远，故景最长。黄道斗二十一度，出辰入申，故日亦出辰入申。日昼行地上百四十六度强，故日短；夜行地下二百一十九度少弱，故夜长。自南至之后，日去极稍近，故景稍短。日昼行地上度稍多，故日稍长；夜行地下度稍少，故夜稍短。日所在度稍北，故日稍北。以至于夏至，日在井二十五度，去极六十七度稍强是也。日最北去极最近，景最短。黄道井二十五度，出寅入戌，故日亦出寅入戌。日昼行地上二百一十九度少弱，故日长；夜行地下百四十六度强，故夜短。自夏至之后，日去极稍远，故景稍长。日昼行地上度稍少，故日稍短；夜行地下度稍多，故夜稍长。日所在度稍南，故日出入稍南，以至于南至而复初焉。斗二十一，井二十五，南北相觉四十八度。春分日在奎十四稍强，秋分日在角五稍弱，此黄赤二道之交中也，去极俱九十一度少强，南北处斗二十一、井二十五之中，故景居二至短长之中。奎十四、角五，出卯入酉，故日亦出卯入酉。日昼行地上，夜行地下，俱百八十度半强，故日见之漏，昼五十刻，不见之漏五十刻，而昼夜同。夫天之昼夜以日出入为分，人之昼夜以昏明为限，日未出二刻半而明，日入二刻半而昏，故损夜五刻以益昼，是以春、秋之漏，昼五十五刻。洛书甄耀度曰：周天三百六十五度四分度之一。一度为千九百三十二里。性恬憺，憺，杜览翻。不慕当世；所居之官辄积年不徙。

6 太尉庞参，在三公中最名忠直，数为左右所毁。会所举用忤帝旨，数，所角翻。忤，五故翻。司隶承风案之。时当会茂才、孝廉，参以被奏，称疾不会。被，皮义翻。广汉上计掾段恭因会上疏曰：汉郡国岁举茂才、孝廉，与上计吏皆至京师。受计之日，公卿皆会于廷，茂、孝豫焉。“伏见道路行人、农夫、织妇皆曰：‘太尉参竭忠尽节，徒以直道不能曲心，孤立群邪之间，自处中伤之地。’处，昌吕翻。中，竹仲翻。夫以谗佞伤毁忠正，此天地之大禁，人臣【章：甲十六行本“臣”作“主”；乙十一行本同。】之至诫也！昔白起赐死，诸侯酌酒相贺；白起死事见五卷周赧王五十年。季子来归，鲁人喜其纾难。贤曰：纾，缓也。季子，鲁公子季友也。闵公之时，国家多难，以季子忠贤，故请齐侯复之。公羊传曰：季子来归。其言季子何？贤也。其言来归，喜之也。难，乃旦翻。夫国以贤治，君以忠安；治，直吏翻。今天下咸欣陛下有此忠贤，愿卒宠任以安社稷。”卒，子恤翻。书奏，诏即遣小黄门视参疾，太医致羊酒。后参夫人疾前妻子，投于井而杀之；雒阳令祝良奏参罪。秋，七月，己未，参竟以灾异免。

7 八月，己巳，以大鸿胪施延为太尉。

8 鲜卑寇马城，代郡太守击之，不克。顷之，其至鞬【章：甲十六行本“犍”作“鞬”；乙十一行本同。】死。鞬，居言翻。鲜卑由是抄盗差稀。抄，楚交翻。

容肇祖标点顾颉刚聂崇岐覆校

资治通鉴卷第五十二

翰林学士兼侍读学士朝散大夫右谏议大夫
知制诰判尚书都省兼提举万寿观公事上护军 司马光 奉敕编集
河内郡开国侯食邑一千三百户赐紫金鱼袋臣

后学天台胡三省音注

汉纪四十四

起阏逢阉茂(甲戌),尽旃蒙作噩(乙酉),凡十二年。

孝顺皇帝下

阳嘉三年(甲戌、一三四)

1 夏,四月,车师后部司马率后王加特奴【章:甲十六行本"奴"下有"等"字;乙十一行本同;孔本同。】掩击北匈奴于阊吾陆谷,阊,音昌。大破之;获单于母。

2 五月,戊戌,诏以春夏连旱,赦天下。上亲自露坐德阳殿东厢请雨。按范书桓帝纪:德阳殿在北宫掖庭中。以尚书周举才学优深,特加策问。举对曰:"臣闻阴阳闭隔,则二气否塞。否,皮鄙翻。塞,悉则翻。陛下废文帝、光武之法,而循亡秦奢侈之欲,内积怨女,外有旷夫。自枯旱以来,弥历年岁,未闻陛下改过之效,徒劳至尊暴露风尘,诚无益也,谓露坐无益。陛下但务其华,不寻其实,犹缘木希鱼,却行求前。贤曰:缘木求鱼,孟子之文。韩诗外传曰:夫明镜所以照形,往古所以知今。恶知往古之所以危亡,无异却行而求达于前人也。诚宜推信革政,崇道变惑,出后宫不御之女，除太官重膳之费。易传曰：‘阳感天不旋日。’易稽览图中孚传曰：阳感天不旋日，诸侯不旋时，大夫不过期。郑玄注云：阳者，天子。为善一日，天立应以善；为恶一日，天立应以恶。一说，不旋时立应之。重，直龙翻。传，直恋翻。惟陛下留神裁察！”帝复召举面问得失，举对以“宜慎官人，去贪污，远佞邪。”复，扶又翻。去，羌吕翻。远，于愿翻。帝曰：“官贪污、佞邪者为谁乎？”对曰：“臣从下州超备机密，举自冀州刺史征拜尚书。不足以别群臣。然公卿大臣数有直言者，忠贞也；别，彼列翻。数，所角翻。阿谀苟容者，佞邪也。”

太史令张衡亦上疏言：“前年京师地震土裂，裂者，威分；震者，民扰也。窃惧圣思厌倦，制不专己，恩不忍割，与众共威。威不可分；德不可共。愿陛下思惟所以稽古率旧，勿使刑德八柄不由天子，周礼：王以八柄驭群臣：一曰爵，以驭其贵；二曰禄，以驭其富；三曰予，以驭其幸；四曰置，以驭其行；五曰生，以驭其福；六曰夺，以驭其贫；七曰废，以驭其罪；八曰诛，以驭其过。然后神望允塞，塞，悉则翻。灾消不至矣！”

衡又以中兴之后，儒者争学图纬，纬，七纬也。七纬者，易纬，稽览图、乾凿度、坤灵图、通卦验、是类谋、辩终备也；书纬，璇玑钤、考灵耀、刑德放、帝命验、运期授也；诗纬，推度灾、氾历枢、含神雾也；礼纬，含文嘉、稽命征、斗威仪也；乐纬，动声仪、稽耀嘉、汁国征也；孝经纬，援神契、钩命决也；春秋纬，演孔图、元命包、文耀钩、运斗枢、感精符、合诚图、考异邮、保乾图、汉含孳、佑助期、握诚图、潜潭巴、说题辞也。上疏言：“春秋元命包有公输班与墨翟，事见战国；又言别有益州，益州之置在于汉世。贤曰：前书：武帝始置益州。又刘向父子领校秘书，阅定九流，亦无谶录。贤曰：成、哀时，刘向及子歆为秘书，校定经传、诸子等。九流，谓儒家、道家、阴阳家、法家、名家、墨家、纵横家、杂家、农家，见艺文志；并无谶说。谶，楚谮翻。则知图谶成于哀、平之际，皆虚伪之徒以要世取资，要，一遥翻。欺罔较然，莫之纠禁。且律历、卦候、九宫、风角，黄帝命伶伦吹律，大挠作甲子，容成造历，而律历之学传矣。京房分六十四卦，更直日用事，以风雨寒温为候。伏羲之时，龙马负图出于河，戴九履一，左三右七，二四为肩，六八为足，而五居中。伏羲观河图而画八卦。阴阳家谓之九宫，一、六、八为白，二黑、三绿、四碧、五黄、七赤、九紫，至今承用之。又易乾凿度曰：太一取其数而行九宫。郑玄注云：太一者，北辰神名也；下行八卦之宫，每四乃还于中央。中央者，地神之所居，故谓之九宫。天数大分以阳出，以阴入，阳起于子，阴起于午，是以太一下九宫从坎宫始。自此而从于坤宫，又自此而从于震宫，又自此而从于巽宫，所以从半矣，还息于中央之宫。既又自此而从于乾宫，又自此而从于兑宫，又自此而从于艮宫，又自此而从于离宫，行则周矣。上游息于太一之星，而反于紫宫。行起从坎宫始，终于离宫也。此虽纬书之说，而九宫定位则一也。贤曰：风角，谓候四方四隅之风，以占吉凶。数有征效，数，所角翻；下同。世莫肯学，而竞称不占之书，贤曰：谓竞称谶家也。譬犹画工恶图犬马而好作鬼魅，诚以实事难形而虚伪不穷也！恶，乌路翻。好，呼到翻。魅，音媚。韩子曰：客有为齐王画者，问："画孰难？"对曰："狗、马最难。""孰易？"曰："鬼、魅最易。狗、马，人所知也，故难；鬼、魅无形，故易也。"宜收藏图谶，一禁绝之，则朱紫无所眩，典籍无瑕玷矣！"

3 秋，七月，钟羌良封等复寇陇西、汉阳。复，扶又翻。诏拜前校尉马贤为谒者，镇抚诸种。种，章勇翻。冬，十月，护羌校尉马续遣兵击良封，破之。

4 十一月，壬寅，司徒刘崎、司空孔扶免，用周举之言也。崎，丘宜翻。乙巳，以大司农黄尚为司徒，光禄勋河东王卓为司空。

5 耿贵人数为耿氏请，为，于伪翻。帝乃绍封耿宝子箕为牟平侯。耿宝贬死事见上卷安帝延光四年。

四年（乙亥、一三五）

1 春，北匈奴呼衍王侵车师后部。帝令敦煌太守发兵救之，不利。敦，徒门翻。

2 二月，丙子，初听中官得以养子袭爵。曹操阶之，遂移汉祚，其所由来者渐矣。初，帝之复位，宦官之力也，事见上卷延光四年。由是有宠，参与政事。与，读曰预。御史张纲上书曰："窃寻文、明二帝，德化尤盛，中官常侍，不过两人，近幸赏赐，裁满数金，惜费重民，故家给人足。而顷者以来，无功小人，皆有官爵，非爱民重器、承天顺道者也。"书奏，不省。省，悉景翻。纲，皓之子也。张皓见五十卷安帝延光三年。

3 旱。

4 谒者马贤击钟羌，大破之。

5 夏，四月，甲子，太尉施延免。戊寅，以执金吾梁商为大将军，故太尉庞参为太尉。庞，皮江翻。

商称疾不起且一年；帝使太常桓焉奉策就第即拜，商乃诣阙受命。杜佑曰：后汉策拜诸王侯、三公之仪：百官会，位定，谒者引光禄勋前，谒者引当拜者前，伏殿下。光禄前一拜，举手曰："制诏，其以某为某。"读策书毕，拜者称臣，再拜。尚书郎以玺印绶付侍御史，前面立受印玺绶，当受策者再拜顿首，三赞。谒者曰："某王臣某新封，某公某初除，谢。"中谒者报，"谨谢。"赞者立曰："皇帝为公兴。"重坐。受策者拜谢，起，就位。礼毕。自汉以来惟卫青以有功即军中拜大将军，未闻有就第即拜者也，况以此异数加之后父乎！商少通经传，谦恭好士，少，诗沼翻。好，呼到翻；下同。辟汉阳巨览、巨，姓；览，名。上党陈龟为掾属，掾，余绢翻。李固为从事中郎，杨伦为长史。

李固以商柔和自守，不能有所整裁，乃奏记于商曰："数年以来，灾怪屡见。见，贤遍翻。孔子曰：'智者见变思形，愚者睹怪讳名。'范书李固传"形"作"刑"。此二语盖亦本之纬书。天道无亲，可为祗畏。贤曰：祗，敬也。言天无亲疏，惟善是与，可敬而畏也。诚令王纲一整，道行忠立，明公踵伯成之高，庄子曰：伯成子高，唐、虞时为诸侯；至禹，去而耕于野。全不朽之誉，岂与此外戚凡辈耽荣好位者同日而论哉!”商不能用。

6 秋，闰八月，丁亥朔，日有食之。

7 冬，十月，乌桓寇云中。度辽将军耿晔追击，不利。十一月，乌桓围晔于兰池城；续汉志：云中郡沙南县有兰池城。发兵数千人救之，乌桓乃退。

8 十二月，丙【章：甲十六行本“丙”作“甲”；乙十一行本同；张校同。】寅，京师地震。”

永和元年（丙子、一三六）

1 春，正月，己巳，改元，赦天下。

2 冬，十月，丁亥，承福殿火。

3 十一月，丙子，太尉庞参罢。

4 十二月，象林蛮夷反。象林县，属日南郡。晋、宋以下为林邑国。

5 乙巳，以前司空王龚为太尉。

龚疾宦官专权，上书极言其状。诸黄门使客诬奏龚罪；上命龚亟自实。李固奏记于梁商曰：“王公以坚贞之操，横为谗佞所构，横，户孟翻。众人闻知，莫不叹栗。夫三公尊重，无诣理诉冤之义，哀帝时，丞相王嘉召诣廷尉，主簿曰：“将相不对理陈冤，相踵以为故事，君侯宜引决。”纤微感概，辄引分决，是以旧典不有大罪，不至重问。贤曰：大臣狱重，故曰重问。成帝时，丞相薛宣、御史大夫翟方进有罪，上使五二千石杂问。音义云：大臣狱重，故以二千石五人同问之。王公卒有他变，卒，读曰猝。则朝廷获害贤之名，群臣无救护之节矣！语曰：‘善人在患，饥不及餐。’言当速救之也。斯其时也！”商即言之于帝，事乃得释。

6 是岁，以执金吾梁冀为河南尹。冀性嗜酒，逸游自恣，居职多纵暴非法。父商所亲客雒阳令吕放以告商，商以让冀。冀遣人于道刺杀放，刺，七亦翻。而恐商知之，乃推疑放之怨仇，推，吐雷翻。恶自冀出，欲嫁之他人，故托其辞，疑放之怨仇为之。请以放弟禹为雒阳令，使捕之；贤曰：安慰放家，欲以灭口。余谓贤说非也。冀请于商，以放弟为令，谓必急于捕贼，而阴使禹灭其兄之宗亲宾客以快己忿耳。尽灭其宗、亲、宾客百馀人。

7 武陵太守上书，以蛮夷率服，言相率而来服。可比汉人，增其租赋。议者皆以为可。尚书令虞诩曰："自古圣王，不臣异俗。先帝旧典，贡赋多少，所由来久矣；汉兴，令武陵诸蛮，大人岁输布一匹，小口二丈，是谓之賨布。今猥增之，必有怨叛。计其所得，不偿所费，必有后悔。"帝不从。澧中、溇中蛮各争贡布非旧约，溇，郎侯翻。遂杀乡吏，举种反。种，章勇翻。

二年（丁丑、一三七）

1 春，武陵蛮二万人围充城，八千人寇夷道。贤曰：充县，属武陵郡，故城在澧州崇义县东北。充，音冲。夷道，属南郡。

2 二月，广汉属国都尉击破白马羌。安帝改蜀郡北部都尉为广汉属国都尉，别领阴平、甸氐、刚氐三道，属益州。

3 帝遣武陵太守李进击叛蛮，破平之。进乃简选良吏，抚循蛮夷，郡境遂安。

4 三月，【章：甲十六行本"月"下有"乙卯"二字；乙十一行本同；张校同；退斋校同。】司空王卓薨。丁丑，以光禄勋郭虔为司空。考异曰：袁书作"乾"，今从范书。

5 夏，四月，丙申，京师地震。

6 五月，癸丑，山阳君宋娥坐构奸诬罔，收印绶，归里舍。黄龙、杨佗、孟叔、李建、张贤、史泛、王道、李元、李刚等九侯坐与宋娥更相赂遗，更，工衡翻。遗，于季翻。求高官增邑，并遣就国，减租四分之一。考异曰：孙程传云："龙等诬罔曹腾、孟贲"，按梁商传，诬罔腾、贲者张逵等，非龙等也。

7 象林蛮区怜等区，乌侯翻；今广中犹有此姓。姓谱云：今长沙有此姓，音岂俱翻。攻县寺，杀长吏。交趾刺史樊演发交趾、九真兵万馀人救之；兵士惮远役，秋，七月，二郡兵反，攻其府。府虽击破反者，而蛮势转盛。

8 冬，十月，甲申，上行幸长安。扶风田弱荐同郡法真博通内、外学，东都诸儒以七纬为内学，六经为外学。隐居不仕，宜就加衮职。贤曰：毛诗曰：衮职有阙。谓三公也。帝虚心欲致之，前后四征，终不屈。友人郭正称之曰："法真名可得闻，身难得而见。逃名而名我随，避名而名我追，可谓百世之师者矣！"真，雄之子也。法雄见四十九卷安帝永初四年。

9 丁卯，京师地震。

10 太尉王龚以中常侍张昉等专弄国权，欲奏诛之。宗亲有以杨震行事谏之者，杨震事见五十卷安帝延光三年。龚乃止。

11 十二月，乙亥，上还自长安。

三年（戊寅、一三八）

1 春，二月，乙亥，京师及金城、陇西地震，二郡山崩。

2 夏，闰四月，己酉，京师地震。

3 五月，吴郡丞羊珍反，攻郡府；太守王衡破斩之。

4 侍御史贾昌与州郡并力讨区怜，不克，为所攻围；岁馀，兵谷不继。帝召公卿百官及四府掾属大将军府掾属二十九人，太尉府二十四人，司徒府三十一人，司空府二十九人。问以方略；皆议遣大将，发荆、扬、兖、豫四万人赴之。李固驳曰："若荆、扬无事，发之可也。今二州盗贼磐结不散，二州，谓荆、扬也。武陵、南郡蛮夷未辑，长沙、桂阳数被征发，如复扰动，数，所角翻。被，皮义翻。复，扶又翻；下同。必更生患，其不可一也。又，兖、豫之人卒被征发，卒，读曰猝。远赴万里，无有还期，诏书迫促，必致叛亡，其不可二也。南州水土温暑，加有瘴气，瘴，之亮翻。度岭而南，瘴气甚重，炎热蒸郁之所生也，中之者辄死。致死亡者十必四五，其不可三也。远涉万里，士卒疲劳，比至岭南，比，必寐翻，及也。不复堪斗，其不可四也。军行三十里为程，而去日南九千馀里，三百日乃到，计人禀五升，贤曰：古升小，故曰五升也。禀，给也。用米六十万斛，不计将吏驴马之食，但负甲自致，费便若此，其不可五也。设军所在，死亡必众，既不足御敌，当复更发，此为刻割心腹以补四支，其不可六也。九真、日南相去千里，发其吏民犹尚不堪，何况乃苦四州之卒以赴万里之艰哉！其不可七也。前中郎将尹就讨益州叛羌，益州谚曰：'虏来尚可，尹来杀我。'后就征还，以兵付刺史张乔；乔因其将吏，旬月之间破殄寇虏。事见四十九卷安帝元初二年，止五十卷五年。此发将无益之效，将，即亮翻。州郡可任之验也。宜更选有勇略仁惠任将帅者，以为刺史、太守，悉使共住交趾。今日南兵单无谷，言孤军处叛蛮之中，又乏粮也。守既不足，战又不能，可一切徙其吏民，北依交趾，事静之后，乃命归本；还募蛮夷使自相攻，转输金帛以为其资；有能反间致头首者，间，古苋翻。头首，谓诸蛮渠帅也。许以封侯裂土之赏。故并州刺史长沙祝良，性多勇决，又南阳张乔，前在益州有破虏之功，皆可任用。昔太宗就加魏尚为云中守，魏尚见十四卷文帝十四年；就加事未见。守，式又翻；下同。哀帝即拜龚舍为泰山守；前书：龚舍，楚人，初征为谏大夫，病免；复征为博士，又病去。顷之，哀帝遣使即楚拜舍为泰山太守。宜即拜良等，便道之官。"四府悉从固议，即拜祝良为九真太守，张乔为交趾刺史。乔至，开示慰诱，并皆降散。良到九真，单车入贼中，设方略，招以威信，降者数万人，皆为良筑起府寺。由是岭外复平。为，于伪翻。复，扶又翻。

5 秋，八月，己未，司徒黄尚免。九月，己酉，以光禄勋长沙刘寿为司徒。

6 丙戌，令大将军、三公举刚毅、武猛、谋谟任将帅者各二人，特进、卿、校尉各一人。校，户教翻。

初，尚书令左雄荐冀州刺史周举为尚书；既而雄为司隶校尉，举故冀州刺史冯直任将帅。直尝坐臧受罪，臧，古赃字通。举以此劾奏雄。劾所举非其人也。劾，户概翻，又户得翻。雄曰："诏书使我选武猛，不使我选清高。"举曰："诏书使君选武猛，不使君选贪污也！"雄曰："进君，适所以自伐也。"举曰："昔赵宣子任韩厥为司马，厥以军法戮宣子仆，宣子谓诸大夫曰：'可贺我矣！吾选厥也任其事。'秦、晋战于河曲，赵宣子将中军，韩厥为司马。宣子使以其乘车干行，韩厥戮其仆。众曰："韩厥必不没矣，其主朝升之而暮戮其车。"宣子谓诸大夫曰："可贺我矣！吾举厥也任其事，吾今乃知免于戾矣！"任，音壬。今君不以举之不才误升诸朝，不敢阿君以为君羞；不寤君之意与宣子殊也。"雄悦，谢曰："吾尝事冯直之父，又与直善；今宣光以此奏吾，是吾之过也！"周举，字宣光。天下益以此贤之。闻过而服，天下以此益贤左雄。讳亡者为何如邪！

是时，宦官竞卖恩势，挟势市恩，以此自鬻也。唯大长秋良贺清俭退厚。春秋郑穆公子子良，后为良氏。贤曰：谦退而厚重也。余谓退厚者，不与侪辈争进趣，竞浮薄也。及诏举武猛，贺独无所荐。帝问其故，对曰："臣生自草茅，长于宫掖，长，知两翻。既无知人之明，又未尝交加士类。昔卫鞅因景监以见，有识知其不终。事见二卷周显王三十一年。今得臣举者，匪荣伊辱，言不足为荣，适以为辱也。考异曰：宦者传云："阳嘉中，诏举武猛，良贺独无所荐。"按此诏盖误以永和为阳嘉也。是以不敢！"帝由是赏之。

7 冬，十月，烧当羌那离等三千馀骑寇金城，校尉马贤击破之。

8 十二月，戊戌朔，日有食之。

9 大将军商以小黄门南阳曹节等用事于中，遣子冀、不疑与为交友；而宦官忌其宠，反欲陷之。中常侍张逵、蘧政、杨定等蘧，姓也。卫有大夫蘧伯玉。与左右连谋，共谮商及中常侍曹腾、孟贲，云“欲征诸王子，图议废立，请收商等案罪。”帝曰：“大将军父子，我所亲，腾、贲，我所爱，必无是，但汝曹共妒之耳。”妒，与妬同。逵等知言不用，惧迫，言既不用，惧祸且及也。遂出，矫诏收缚腾、贲于省中。帝闻，震怒，敕宦者李歙急呼腾、贲释之；收逵等下狱。歙，许及翻。下，遐稼翻。

四年（己卯、一三九）

1 春，正月，庚辰，逵等伏诛；事连弘农太守张凤、安平相杨皓，皆坐死；辞所连染，延及在位大臣。商惧多侵枉，乃上疏曰：“春秋之义，功在元帅，罪止首恶。春秋左氏传：晋郤克帅师败齐师于鞌；师归，范文子后入，曰：“师有功，国人喜以逆之；先入，必属耳目焉，是代帅受名也，故不敢。”虞师、晋师灭下阳，公羊传曰：虞，微国也，曷为序于大国之上？使虞首恶也。帅，所类翻。大狱一起，无辜者众，死囚久系，纤微成大，贤曰：言久系之，则细微之事牵引以成大也。非所以顺迎和气，平政成化也。宜早讫竟，以止逮捕之烦。”谓孟春之月，当行庆施惠，顺天地生物之心，以迎和气，不宜使狱事枝蔓。贤曰：逮，及也；辞所连及，即追捕之也。帝纳之，罪止坐者。

二月，帝以商少子虎贲中郎将不疑为步兵校尉。商上书辞曰：“不疑童孺，猥处成人之位。处，昌吕翻。昔晏平仲辞鄁殿以安【章：甲十六行本“安”作“守”；乙十一行本同；孔本同。】其富，左传：齐讨庆封，与晏子鄁殿，其鄙六十；弗受。子尾曰：“富，人之所欲也，何故弗受？”对曰：“庆氏之邑足欲，故亡。吾邑不足欲也，益之以鄁殿，乃足欲，亡无日矣！不受鄁殿，非恶富也，恐失富也。”鄁，蒲对翻。殿，多荐翻，又如字。公仪休不受鱼飧以定其位；公仪休为鲁相；客有遗相鱼者，相不受。客曰：“闻君嗜鱼，遗君鱼，何故不受也？”相曰：“以嗜鱼，故不受也。今为相能自给鱼；受鱼而免，谁复给我鱼者！故不受也。”臣虽不才，亦愿固福禄于圣世！”上乃以不疑为侍中、奉车都尉。梁商之让，通经、传之力也。

2 三月，乙亥，京师地震。

3 烧当羌那离等复反；复，扶又翻；下同。夏，四月，癸卯，护羌校尉马贤讨斩之，获首虏千二百馀级。

4 戊午，赦天下。

5 五月，戊辰，封故济北惠王寿子安为济北王。去年济北王多薨，无子；今以安绍封。范书列传作“安国”，此从帝纪。济，子礼翻。

6 秋，八月，太原旱。

五年（庚辰、一四〇）

1 春，二月，戊申，京师地震。

2 南匈奴句龙王吾斯、车纽等反，句，古侯翻。车，尺遮翻。寇西河；招诱右贤王合兵围美稷，杀朔方、代郡长吏。夏，五月，度辽将军马续与中郎将梁并等此护匈奴中郎将也。发边兵及羌、胡合二万馀人掩击，破之。吾斯等复更屯聚，攻没城邑。天子遣使责让单于；单于本不预谋，乃脱帽避帐，诣并谢罪。并以病征，五原太守陈龟代为中郎将。龟以单于不能制下，贤曰：吾斯等攻没城邑，单于虽不预谋，然不能制下，即是不堪其任。逼迫单于及其弟左贤王皆令自杀。龟又欲徙单于近亲于内郡，而降者遂更狐疑。龟坐下狱，免。降，户江翻；下同。龟所施行，必有未究其方略者，而遽坐免也。下，遐稼翻。

大将军商上表曰：“匈奴寇畔，自知罪极；穷鸟困兽，皆知救死，鸟穷则攫，兽困则搏。传曰：困兽犹斗。况种类繁炽，不可单尽。贤曰：单，亦尽也。种，章勇翻。今转运日增，三军疲苦，虚内给外，非中国之利。度辽将军马续，素有谋谟，且典边日久，深晓兵要；每得续书，与臣策合。宜令续深沟高垒，以恩信招降，宣示购赏，明为期约，如此，则丑类可服，贤曰：丑，等也。余谓丑类，言凶丑之党类也。国家无事矣！”帝从之，乃诏续招降畔虏。

商又移书续等曰："中国安宁，忘战日久。良骑夜【章：甲十六行本"夜"作"野"；乙十一行本同；孔本同；张校同。】合，交锋接矢，决胜当时，戎狄之所长而中国之所短也；强弩乘城，坚营固守，以待其衰，中国之所长而戎狄之所短也。宜务先所长而观其变，先，悉荐翻。设购开赏，宣示反悔，反，音幡。宣示招降之意以开其反悔之心。勿贪小功以乱大谋。"于是右贤王部抑鞮等万三千口皆诣续降。鞮，丁奚翻。

3 己丑晦，日有食之。

4 初，那离等既平，朝廷以来机为并州刺史，刘秉为凉州刺史。机等天性虐刻，多所扰发；且冻、傅难种羌遂反，贤曰：且，音子余翻。种，章勇翻；下同。攻金城，与杂种羌、胡大寇三辅，杀害长吏。机等并坐征。于是拜马贤为征西将军，以骑都尉耿叔为副，将左右羽林五校士及诸州郡兵十万人屯汉阳。

5 九月，令扶风、汉阳筑陇道坞三百所，置屯兵。

6 辛未，太尉王龚以老病罢。

7 且冻羌寇武都，烧陇关。贤曰：陇山之关也，今名大震关，在今陇州汧源县西。

8 壬午，以太常桓焉为太尉。

9 匈奴句龙王吾斯等立车纽为单于，东引乌桓，西收羌、胡等数万人攻破京兆虎牙营，杀上郡都尉及军司马，遂寇掠并、凉、幽、冀四州。乃徙西河治离石，贤曰：离石，即西河之属县也，在郡南五百九里。郡本都平定县；至此，徙于离石。上郡治夏阳，朔方治五原。十二月，遣使匈奴中郎将张耽将幽州、乌桓诸郡营兵击车纽等，战于马邑，斩首三千级，获生口甚众。车纽乞降，而吾斯犹率其部曲与乌桓寇钞。钞，楚交翻；下同。

10 初，上命马贤讨西羌，大将军商以为贤老，不如太中大夫宋汉；帝不从。汉，由之子也。宋由为公于章、和之间。贤到军，稽留不进。武都太守马融上疏曰："今杂种诸羌种，章勇翻。转相钞盗，宜及其未并，亟遣深入，破其支党；并，合也。及其势未合而攻其支党。而马贤等处处留滞。羌、胡百里望尘，千里听声，今逃匿避回，回，胡对翻；绕也，曲也。漏出其后，则必侵寇三辅，为民大害。臣愿请贤所不可，用关东兵五千，裁假部队之号，尽力率厉，埋根、行首以先吏士；贤曰：埋根，言不退也。行，户刚翻。先，悉荐翻。三旬之中，必克破之。臣又闻吴起为将，暑不张盖，寒不披裘；今贤野次垂幕，珍肴杂沓，儿子侍妾，事与古反。臣惧贤等专守一城，言攻于西而羌出于东，且其将士将不堪命，必有高克溃叛之变也。"郑高克好利而不顾其君，文公使克将兵而御狄于竟，陈其师旅，翱翔河上；众溃而归。安定人皇甫规亦见贤不恤军事，审其必败，审，悉也，察也。上书言状。朝廷皆不从。

六年（辛巳、一四一）

1 春，正月，丙子，征西将军马贤与且冻羌战于射姑山，且，子余翻。射，音夜。按续汉书天文志，射姑山在北地。贤军败；贤及二子皆没，东、西羌遂大合。羌居安定、北地、上郡、西河者，谓之东羌；居陇西、汉阳，延及金城塞外者，谓之西羌。闰月，巩唐羌寇陇西，遂及三辅，烧园陵，杀掠吏民。

2 二月，丁巳，有星孛于营室。晋书天文志：营室二星，天子之宫也，又为军粮之府及土功事。孛，蒲内翻。

3 三月，上巳，大将军商大会宾客，燕于雒水；司马彪曰：三月上巳，宫人皆洁于东流上，洗濯祓除，为大洁也。按古以三月上巳日为上巳，今以三月三日为上巳。酒阑，继以薤露之歌。纂文曰：薤露，今之挽歌也。崔豹古今注曰："薤上露，何易晞。露晞明朝还复落，人死一去何时归！"薤，下戒翻，一作"䪥"。从事中郎周举闻之，叹曰："此所谓哀乐失时，乐，音洛。非其所也，殃将及乎！"左传曰：哀乐失时，殃咎必至。

4 武都太守赵冲追击巩唐羌，考异曰：西羌传作“武威太守”，今从帝纪。皇甫规传云：“与护羌校尉赵冲”，按西羌传，冲时尚为太守，规传误也。斩首四百馀级，降二千馀人。诏冲督河西四郡兵为节度。余按冲以追羌之功，诏督河西四郡兵，则武威太守为是。武都西北接汉阳，东北接扶风，南接汉中，无缘远督河西四郡兵。

安定上计掾皇甫规上疏曰：“臣比年以来，数陈便宜：羌戎未动，策其将反；马贤始出，知其必败；误中之言，在可考校。比，毗至翻。数，所角翻。中，竹仲翻。臣每惟贤等拥众四年，未有成功，县师之费，且百亿计，贤曰：县，犹停也。余谓出师远征，其势县绝，不能相及，故曰县师。县，读曰悬。出于平民，平民，谓齐民也。回入奸吏，谓为奸吏所侵盗也。故江湖之人，群为盗贼，青、徐荒饥，襁负流散。襁，居两翻。夫羌戎溃叛，不由承平，皆因边将失于绥御，乘常守安则加侵暴，言前后相乘，以侵暴羌戎为常也。苟竞小利则致大害，微胜则虚张首级，军败则隐匿不言。军士劳怨，困于猾吏，进不得快战以徼功，徼，一遥翻。退不得温饱以全命，饿死沟渠，暴骨中原；徒见王师之出，不闻振旅之声。贤曰：振，整也。旅，众也。穀梁传曰：出曰治兵，入曰振旅。酋豪泣血，惊惧生变，酋，慈秋翻。是以安不能久，叛则经年，臣所以搏手扣心而增叹者也！愿假臣两营、二郡屯列坐食之兵五千，贤曰：两营，谓马贤及赵冲等。二郡，安定、陇西也。余谓两营者，扶风雍营及京兆虎牙营也。出其不意，与赵冲共相首尾。土地山谷，臣所晓习；兵势巧便，臣已更之；更，工衡翻，经也，历也。可不烦方寸之印，尺帛之赐，高可以涤患，下可以纳降。降，户江翻。若谓臣年少、官轻，不足用者，凡诸败将，非官爵之不高，年齿之不迈。贤曰：迈，往也。臣不胜至诚，没死自陈！”胜，音升。没死，犹言昧死也，冒死也。帝不能用。

5 庚子，司空郭虔免。丙午，以太仆赵戒为司空。

6 夏，使匈奴中郎将张耽、度辽将军马续率鲜卑到谷城，击乌桓于通天山，大破之。谷城，盖即西河郡之谷罗县城。通天山，盖即土军县之石楼山；以其高绝，故曰通天。

7 巩唐羌寇北地。考异曰：西羌传作"罕种羌"，今从帝纪。北地太守贾福与赵冲击之，不利。

8 秋，八月，乘氏忠侯梁商病笃，乘，绳证翻。敕子冀等曰："吾生无以辅益朝廷，死何可耗费帑藏！帑，他朗翻。藏，徂浪翻。衣衾、饭含、玉匣、珠贝之属，贤曰：含，口实也。白虎通曰：大夫饭以玉，含以贝；士饭以珠，含以贝也。饭，父远翻。含，户绀翻。何益朽骨！百僚劳扰，纷华道路，只增尘垢耳。宜皆辞之。"丙辰，薨；帝亲临丧。诸子欲从其诲，朝廷不听，赐以东园秘器、银镂、黄肠、玉匣。贤曰：棺以银镂之。以柏木黄心为椁，曰黄肠。孔颖达曰：丧服大记：君松椁，大夫柏椁，士杂木椁。郑注：椁，谓周棺者也。天子柏椁，以端长六尺。正义曰：君松椁。君，诸侯也。诸侯用松为椁材也。卢云：以松黄肠为椁。庾云：黄肠，松心也。大夫柏椁，以柏为椁，不用黄肠，下天子也。及葬，赐轻车、介士，贤曰：轻车，兵车也；介士，甲士也。中宫亲送。帝至宣阳亭，贤曰：每城门各有亭，即宣阳门之亭也。余按续汉志，雒阳城十二门，无宣阳门。魏、晋之间，洛城始有宣阳门，正南门也。汉雒城正南曰平城门。瞻望车骑。壬戌，以河南尹、乘氏侯梁冀为大将军，冀弟侍中不疑为河南尹。

臣光曰：成帝不能选任贤俊，委政舅家，可谓暗矣；犹知王立之不材，弃而不用。事见三十二卷元延元年。顺帝援大柄，授之后族，援，于元翻。梁冀顽嚚凶暴，著于平昔，而使之继父之位，终于悖逆，嚚，鱼巾翻。悖，蒲内翻，又蒲没翻。荡覆汉室；校于成帝，暗又甚焉！

9 初，梁商病笃，帝亲临幸，问以遗言。对曰："臣从事中郎周举，清高忠正，可重任也。”由是拜举谏议大夫。续汉志曰：武帝元狩五年，置谏大夫。世祖中兴，以为谏议大夫。

10 九月，诸羌寇武威。

11 辛亥晦，日有食之。

12 冬，十月，癸丑，以羌寇充斥，凉部震恐，复徙安定居扶风，北地居冯翊。永建四年，二郡还旧治，今复徙之。复，扶又翻。十一月，庚子，以执金吾张乔行车骑将军事，将兵万五千人屯三辅。

13 荆州盗贼起，弥年不定；以大将军从事中郎李固为荆州刺史。固到，遣吏劳问境内，赦寇盗前衅，与之更始。劳，力到翻。更，工衡翻。于是贼帅夏密等率其魁党六百馀人自缚归首，帅，所类翻。首，式救翻。固皆原之，遣还，【章：甲十六行本“还”下有“使”字；乙十一行本同；孔本同；张校同。】自相招集，开示威法；半岁间，馀类悉降，降，户江翻。州内清平。奏南阳太守高赐等臧秽；臧，古赃字通。赐等重赂大将军梁冀，冀为之千里移檄，贤曰：言移檄一日行千里，救之急也。为，于伪翻。而固持之愈急，冀遂徙固为泰山太守。时泰山盗贼屯聚历年，郡兵常千人追讨，不能制；固到，悉罢遣归农，但选留任战者百馀人，任，音壬。以恩信招诱之。未满岁，贼皆弭散。诱，音酉。弭，止也。散，逃溃而去也。

汉安元年（壬午、一四二）

1 春，正月，癸巳，赦天下，改元。

2 秋，八月，南匈奴句龙吾斯与薁鞬、台耆等复反，薁，音郁。鞬，居元翻。复，扶又翻。寇掠并部。

3 丁卯，遣侍中河内杜乔、周举、按范书纪、传，周举，汝南人，时为光禄大夫。守光禄大夫周栩、冯羡、魏郡栾巴、张纲、张纲，犍为武阳人。栩，况羽翻。郭遵、刘班分行州郡，行，下孟翻。表贤良，显忠勤；其贪污有罪者，刺史、二千石驿马上之，墨绶以下便辄收举。刺史、二千石，大吏，驿马上奏其罪，取旨黜免。驿马，欲速达京阙也。墨绶，县令、长也；令、长以下，便收案举劾其罪。上，时掌翻。乔等受命之部，张纲独埋其车轮于雒阳都亭，汉郡、国、县、道皆有都亭。曰："豺狼当路，安问狐狸！"前汉京兆督邮侯文对孙宝之辞。遂劾奏"大将军冀、河南尹不疑，以外戚蒙恩，居阿衡之任，而专肆贪叨，纵恣无极，【章：甲十六行本"极"下有"多树谄谀以害忠良，诚天威所不赦，大辟所宜加也。"二十字；乙十一行本同；孔本同；张校同；退斋校同。】谨条其无君之心十五事，斯皆臣子所切齿者也。"书御，贤曰：御，进也。京师震竦。时皇后宠方盛，诸梁姻戚满朝，朝，直遥翻。帝虽知纲言直，不能用也。杜乔至兖州，表奏泰山太守李固政为天下第一，上征固为将作大匠。八使所劾奏，多梁冀及宦者亲党；互为请救，事皆寝遏。劾，户概翻，又户得翻。寝者，已御其奏，寝而不行。遏者，其奏未达，遏而不上。侍御史河南种暠疾之，种，音冲。暠，古老翻。复行案举。复，扶又翻。廷尉吴雄、将作大匠李固亦上言："八使所纠，宜急诛罚。"帝乃更下八使奏章，令考正其罪。下，遐稼翻。

梁冀恨张纲，思有以中伤之。中，竹仲翻。时广陵贼张婴寇乱扬、徐间积十馀年，二千石不能制，冀乃以纲为广陵太守。前太守率多求兵马，纲独单车之职。既到，径诣婴垒门；婴大惊，遽走闭垒。纲于门【章：甲十六行本"门"下有"外"字；乙十一行本同；孔本同；张校同；退斋校同。】罢遣吏民，【章：甲十六行本"民"作"兵"；乙十一行本同；孔本同；张校同。】独留所亲者十馀人，以书喻婴，请与相见。婴见纲至诚，乃出拜谒。纲延置上坐，坐，才卧翻。譬之曰："前后二千石多肆贪暴，故致公等怀愤相聚；二千石信有罪矣，然为之者又非义也。今主上仁圣，欲以恩德服叛，故遣太守来，思以爵禄相荣，不愿以刑罚相加，今诚转祸为福之时也。若闻义不服，天子赫然震怒，荆、扬、兖、豫大兵云合，身首横分，血嗣俱绝。贤曰：凡祭皆用牲，故曰血嗣。或曰：父子气血相传，故曰血嗣。二者利害，公其深计之！”婴闻，泣下曰：“荒裔愚民，不能自通朝廷，不堪侵枉，遂复相聚偷生，复，扶又翻。若鱼游釜中，知其不可久，且以喘息须臾间耳！人以气一出入之顷为一息。喘者，息之疾，音尺兖翻。今闻明府之言，乃婴等更生之辰也！”乃辞还营。明日，将所部万馀人与妻子面缚归降。考异曰：帝纪：“九月，张婴寇郡县。”又云：“是岁，婴诣纲降。”按张纲传云“寇乱十馀年”，则非今年九月始寇郡县也。袁纪置婴降事于八月下、十月上。今从之。纲单车入婴垒，大会，置酒为乐，乐，音洛。散遣部众，任从所之；亲为卜居宅、相田畴；贤曰：相，视也。田并畔曰畴。为，于伪翻。相，息亮翻。子孙【章：甲十六行本“孙”作“弟”；乙十一行本同；孔本同；张校同。】欲为吏者，皆引召之。人情悦服，南州晏然。朝廷论功当封，梁冀遏之。在郡一岁，卒；卒，子恤翻。张婴等五百馀人为之制服行丧，为，于伪翻。送到犍为，犍，居言翻。负土成坟。诏拜其子续为郎中，赐钱百万。

是时，二千石长吏有能政者，有雒阳令【章：甲十六行本“令”下有“渤海”二字；乙十一行本同；孔本同；张校同。】任峻、任，音壬。冀州刺史京兆苏章、胶东相陈留吴佑。雒阳令自王涣之后，皆不称职；王涣，事见四十八卷和帝元兴元年。称，尺证翻。峻能选用文武吏，各尽其用，发奸不旋踵，民间不畏吏，其威禁猛于涣，而文理政教不如也。章为冀州刺史；有故人为清河太守，章行部，欲案其奸臧，行，下孟翻。臧，古赃字通用。乃请太守为设酒肴，陈平生之好甚欢。为，于伪翻。好，呼到翻。太守喜曰：“人皆有一天，我独有二天！”谓章必能覆盖其恶也。章曰：“今夕苏孺文与故人饮者，私恩也；苏章，字孺文。明日冀州刺史案事者，公法也。”遂举正其罪；州境肃然。后以摧折权豪忤旨，坐免。

时天下日敝，民多愁苦，论者日夜称章，朝廷遂不能复用也。复，扶又翻。佑为胶东相，续汉志：胶东，侯国，属北海国。政崇仁简，民不忍欺。啬夫孙性，私赋民钱，市衣以进其父，百官志：县置啬夫一人，主知民善恶，为役先后，知民贫富，为赋多少，平其差品。风俗通曰：啬，省也。夫，赋也。言消息百姓，均其役赋。啬，音色。父得而怒曰："有君如是，何忍欺之！"促归伏罪。性惭惧诣阁，持衣自首。首，式救翻。佑屏左右问其故，屏，必郢翻。性具谈父言。佑曰："掾以亲故受污秽之名，所谓'观过斯知仁矣。'"论语载孔子之言也。此言观性之过在于取民，则知其心主于奉父。使归谢其父，还以衣遗之。遗，于季翻。

4 冬，十月，辛未，太尉桓焉、司徒刘寿免。

5 罕羌邑落五千馀户诣赵冲降，唯烧何种据参䜌未下。种，章勇翻。参䜌县，属安定郡。䜌，音力全翻。甲戌，罢张乔军屯。

6 十一月，壬午，以司隶校尉下邳赵峻为太尉，大司农胡广为司徒。

二年(癸未、一四三)

1 夏，四月，庚戌，护羌校尉赵冲与汉阳太守张贡击烧当羌于参䜌，破之。"当"当作"何"，此承范纪之误。烧当、烧何，羌两种也。

2 六月，丙寅，立南匈奴守义王兜楼储为呼兰若尸逐就单于。自永和五年吾斯、车纽反，陈龟逼杀单于休利，南庭虚位，至是始立单于。考异曰：袁纪，去年六月立兜楼储为单于，今从范书。时兜楼储在京师，上亲临轩授玺绶，引上殿，赐车马、器服、金帛甚厚。玺，斯氏翻。绶，音受。引上，时掌翻。诏太常、大鸿胪与诸国侍子于广阳门外祖会，飨赐，作乐、角抵、百戏。太常掌乐，大鸿胪典四夷之客，故诏使祖单于。祖会，为祖道之会也。贤曰：广阳，城西面南头门。角抵之戏，则鱼龙爵马之属，言两两相当，亦角而为抵对，即今之斗用古之角抵也。

胪，陵如翻。

3 冬，闰十月，赵冲击烧当羌于阿阳，破之。贤曰：阿阳县，属汉阳郡；故城在今秦州陇城县西北。

4 十一月，使匈奴中郎将扶风马寔遣人刺杀句龙吾斯。刺，七亦翻。句，古侯翻。

5 凉州自九月以来，地百八十震，山谷坼裂，坏败城寺，坏，音怪。败，补迈翻。民压死者甚众。

6 尚书令黄琼以前左雄所上孝廉之选，专用儒学、文吏，事见上卷阳嘉元年。上，时掌翻。于取士之义犹有所遗，乃奏增孝悌及能从政【章：甲十六行本“政”下有“者”字；乙十一行本同；孔本同。】为四科；帝从之。

建康元年（甲申、一四四）是年四月改元。

1 春，护羌从事马玄为诸羌所诱，将羌众亡出塞，诱，音酉。将，如字；领也。领护羌校尉卫琚追击玄等，斩首八百馀级。琚，音居。赵冲复追叛羌到建威鹯阴河；贤曰：续汉书，“建威”作“武威”。鹯阴，县名，属安定郡。又曰：凉州姑臧县东南有鹯阴县故城，县因水以为名。宋白曰：会州会宁县，汉鹯阴县地。黄河西南自兰州金城县界流注。水经云：河水又东过勇士县北，东流，即此处。复，扶又翻。军渡竟，所将降胡六百馀人叛走；降，户江翻。冲将数百人追之，遇羌伏兵，与战而殁。冲虽死，而前后多所斩获，羌遂衰耗。诏封冲子为义阳亭侯。

2 夏，四月，使匈奴中郎将马寔击南匈奴左部，破之。左部，即句龙吾斯之党。于是胡、羌、乌桓悉诣寔降。

3 辛巳，立皇子炳为太子，炳，虞贵人之子也。改元，赦天下。太子居承光宫，帝使侍御史种暠监太子家。监，古衔翻。中常侍高梵从中单驾出迎太子，暠，工老翻。梵，房戎翻，又房泛翻。时太傅杜乔等疑不欲从而未决，暠乃手剑当车曰：手，守又翻。“太子，国之储副，人命所系。今常侍来，无诏信，何以知非奸邪？今日有死而已！”梵辞屈，不敢对，驰还奏之。诏报，太子乃得去。乔退而叹息，愧暠临事不惑；愧者，愧己之不能然也。帝亦嘉其持重，称善者良久。

4 扬、徐盗贼群起，盘互连岁。秋，八月，九江范容、周生等寇掠城邑，屯据历阳，历阳县，属九江郡。贤曰：今和州县。为江、淮巨患；遣御史中丞冯绲督州兵讨之。绲，古本翻。考异曰：帝纪作“冯赦”，袁纪作“冯放”，皆误。今据绲传。

5 庚午，帝崩于玉堂前殿。年三十。太子即皇帝位，年二岁。尊皇后曰皇太后。太后临朝。丁丑，以太尉赵峻为太傅，大司农李固为太尉，参录尚书事。

6 九月，丙午，葬孝顺皇帝于宪陵，贤曰：宪陵在雒阳西十五里。庙曰敬宗。

7 是日，京师及太原、雁门地震。

8 庚戌，诏举贤良方正之士，策问之。皇甫规对曰：“伏惟孝顺皇帝初勤王政，纪纲四方，几以获安；几，读曰冀。后遭奸伪，威分近习，贤曰：近习，谓佞幸、亲近小人也。受赂卖爵，宾客交错，天下扰扰，从乱如归，官民并竭，上下穷虚。陛下体兼乾坤，以坤母临朝，以君天下，行乾之德，故曰体兼乾坤。聪哲纯茂，摄政之初，拔用忠贞，其馀维纲，多所改正，远近翕然望见太平，而灾异不息，寇贼纵横，纵，子容翻。殆以奸臣权重之所致也。其常侍尤无状者，贤曰：无状，谓无善状。宜亟黜遣，披扫凶党，披，开也；扫，除也。收入财贿，以塞痛怨，塞，悉则翻。以答天诫。大将军冀、河南尹不疑，亦宜增修谦节，辅以儒术，省去游娱不急之务，去，羌吕翻。割减庐第无益之饰。夫君者，舟也；民者，水也；家语：孔子曰，君者，舟也；民者，水也。水可载舟，亦以覆舟。君以此思危，则危可知也。群臣，乘舟者也；将军兄弟，操檝者也。操，千高翻。檝，与楫同。若能平志毕力，以度元元，所谓福也；如其怠弛，将沦波涛，可不慎乎！夫德不称禄，犹凿墉之趾以益其高，岂量力审功，安固之道哉！称，尺证翻。量，音良。凡诸宿猾、酒徒、戏客，皆宜贬斥，以惩不轨；令冀等深思得贤之福，失人之累。”累，良瑞翻。梁冀忿之，以规为下第，拜郎中；托疾，免归，州郡承冀旨，几陷死者再三，遂沈废于家，积十馀年。几，居希翻。沈，持林翻。考异曰：规传云：“冲、质之间，规对策免归，积十四年。”检帝纪，此后别无举贤良事，或者此时规举贤良，其至对策时已在质帝世也，故云冲、质之间。自明年数至梁冀诛，亦整十四年也。

9 扬州刺史尹耀、九江太守邓显讨范容等于历阳，败殁。

10 冬，十月，日南蛮夷复反，复，扶又翻。攻烧县邑。交趾刺史九江夏方招诱降之。夏，户雅翻。

11 十一月，九江盗贼徐凤、马勉攻烧城邑；凤称无上将军，勉称皇帝，考异曰：帝纪：“永嘉元年三月，勉称皇帝”，今据滕抚传。筑营于当涂山中，贤曰：当涂县之山，在今宣州。余按两汉志，当涂县，属九江郡。续志曰：县有马丘聚，徐凤反于此。又有涂山，禹会诸侯处也。又有芍陂，陂在寿州安丰县东。涂山，在濠州钟离县西九十五里。以此证之，汉当涂县地，当在唐濠、寿二州界。晋氏南渡，淮民避乱渡江，晋成帝乃侨立当涂县于于胡，于唐属宣州。今当涂县，非汉旧当涂县地。建年号，置百官。

12 十二月，九江贼黄虎等攻合肥。合肥县，属九江郡。贤曰：故城在今庐州北。应劭曰：夏水出父城东南，至此与淮合，故曰合肥。

13 是岁，群盗发宪陵。

孝冲皇帝

讳炳。谥法：幼少在位曰冲。司马彪曰：冲幼早夭，故谥曰冲。伏侯古今注曰：“炳”之字曰“明”。

永嘉元年（乙酉、一四五）考异曰：袁纪作“元嘉”，误。

1 春，正月，戊戌，帝崩于玉堂前殿。年三岁。梁太后以扬、徐盗贼方盛，欲须所征诸王侯到乃发丧。太尉李固曰："帝虽幼少，犹天下之父。今日崩亡，人神感动，岂有人子反共掩匿乎！人子，当作臣子。昔秦皇沙丘之谋及近日北乡之事，皆秘不发丧，沙丘事见七卷秦始皇三十七年。北乡事见上卷安帝延光四年。此天下大忌，不可之甚者也！"太后从之，即暮发丧。

征清河王蒜及渤海孝王鸿之子缵皆至京师。蒜父曰清河恭王延平；延平及鸿皆乐安夷王宠之子，千乘贞王伉之孙也。千乘贞王伉，章帝建初四年封；薨，子宠嗣。和帝永元七年，改千乘国曰乐安。薨，子鸿嗣，是生质帝。帝既立，梁太后以乐安国土卑湿，租委鲜薄，改封鸿渤海王。清河王庆子虎威嗣国，三年而薨，无子；邓太后立延平为清河王。谥法：安心好静曰夷。蒜，苏贯翻。伉，音抗。清河王为人严重，动止有法度，公卿皆归心焉。李固谓大将军冀曰："今当立帝，宜择长年，高明有德，任亲政事者，长，知两翻。任，如林翻，堪也。愿将军审详大计，察周、霍之立文、宣，戒邓、阎之利幼弱！"周勃事见十三卷高后八年。霍光事见二十四卷昭帝元平元年。邓氏事见四十八卷和帝元兴元年、四十九卷殇帝延平元年。阎氏事见上卷安帝延光四年。冀不从，与太后定策禁中。丙辰，冀持节以王青盖车迎缵入南宫。丁巳，封为建平侯。其日，即皇帝位，年八岁。蒜罢归国。

2 将卜山陵，李固曰："今处处寇贼，军兴费广，新创宪陵，赋发非一；帝尚幼小，可起陵于建【章：甲十六行本"建"作"宪"；乙十一行本同；张校同，云无注本亦作"建"。】陵茔内，依康陵制度。"康陵，殇帝陵，亦在慎陵茔内。茔，音营。太后从之。己未，葬孝冲皇帝于怀陵。

3 太后委政宰辅，李固所言，太后多从之，宦【章：甲十六行本"宦"上有"黄门"二字；乙十一行本同；孔本同。】官为恶者一皆斥遣，天下咸望治平；治，直吏翻。而梁冀深忌疾之。

初，顺帝时所除官多不以次；及固在事，奏免百馀人。

此等既怨，又希望冀旨，遂共作飞章诬奏固曰："太尉李固，因公假私，依正行邪，离间近戚，间，永苋翻。自隆支党。大行在殡，路人掩涕，掩涕者，掩面而泣也。固独胡粉饰貌，烧铅汞成粉以傅面。北史曰：胡粉，出龟兹国。搔头弄姿，西京杂记曰：武帝遇李夫人，就取玉簪搔头，自此宫人搔头皆用玉。盘旋偃仰，从容冶步，从，七容翻。从容，舒缓也。冶步，言修冶容仪，行步中规矩也。冶，直之翻。曾无惨怛伤悴之心。悴，秦醉翻。山陵未成，违矫旧政，善则称己，过则归君；斥逐近臣，不得侍送。作威作福，莫固之甚矣！夫子罪莫大于累父，累，力瑞翻。臣恶莫深于毁君，固之过衅，事合诛辟。"辟，毗亦翻。书奏，冀以白太后，使下其书；下，遐稼翻。太后不听。

4 广陵贼张婴复聚众数千人反，据广陵。复，扶又翻；下同。

5 二月，乙酉，赦天下。

6 西羌叛乱积年，费用八十馀亿。诸将多断盗牢禀，前书音义曰：牢，价直也。禀，给也。贤曰：牢，廪食也；古者名廪为牢。断，割也；减割牢廪而盗之。断，丁管翻。私自润入，皆以珍宝货赂左右。上下放纵，不恤军事，士卒不得其死者，白骨相望于野。左冯翊梁并以恩信招诱叛羌；离湳、狐奴等五万馀户皆诣并降，诱，音酉。湳，乃感翻。降，户江翻。陇右复平。

7 太后以徐、扬盗贼益炽，博求将帅。三公举涿令北海滕抚有文武才；姓谱：滕侯之后，以国为氏。诏拜抚九江都尉，与中郎将赵序助冯绲，合州郡兵数万人共讨之。绲，古本翻。又广开赏募，钱、邑各有差。谓立赏格，钱、邑，以功之高下为差。钱，赐钱也。邑，封邑也。又议遣太尉李固，未及行。三月，抚等进击众贼，大破之，斩马勉、范容、周生等千五百级。徐凤以馀众烧东城县。东城县，属九江郡。贤曰：在今濠州定远县南。夏，五月，下邳人谢安应募，率其宗亲设伏击凤，斩之。封安为平乡侯。

拜滕抚中郎将，督扬、徐二州事。

8 丙辰，诏曰："孝殇皇帝即位逾年，君臣礼成。孝安皇帝承袭统业，而前世遂令恭陵在康陵之上，先后相逾，失其次序。今其正之！"

9 六月，鲜卑寇代郡。

10 秋，庐江盗贼攻寻阳，寻阳县，属庐江郡。班志注云：禹贡九江在南，皆东合为大江。余按寻阳县本在大江之北，寻水之阳。吴立蕲春郡，寻阳县属焉。蕲春县，汉属江夏郡，唐蕲州之地。元丰九域志：蕲州东南至江州二百四十里。江州得寻阳之名，由司马氏置寻阳太守于柴桑，于是江南之寻阳著于此，江北之寻阳晦矣。又攻盱台。盱台县，属下邳国，音吁怡。滕抚遣司马王章击破之。

11 九月，庚戌，太傅赵峻薨。

12 滕抚进击张婴；冬，十一月，丙午，破婴，斩获千馀人。丁未，中郎将赵序坐畏懦、诈增首级，弃市。考异曰：东观记曰："取钱缣三百七十五万"，今从滕抚传。

13 历阳贼华孟自称黑帝，华，户化翻。攻杀九江太守杨岑。滕抚进击，破之，斩孟等三千八百级，虏获七百馀人。于是东南悉平，振旅而还。还，从宣翻，又如字。以抚为左冯翊。

14 永昌太守刘君世，铸黄金为文蛇，以献大将军冀；益州刺史种暠纠发逮捕，驰传上言。传，株恋翻；下传逮同。上，时掌翻。冀由是恨暠。会巴郡人服直姓谱：服，周内史叔服之后。汉有江夏太守服彻。聚党数百人，自称天王，暠与太守应承讨捕，不克，吏民多被伤害；被，皮义翻。冀因此陷之，传逮暠、承。逮暠、承，传诣京师也。李固上疏曰："臣伏闻讨捕所伤，本非暠、承之意，实由县吏惧法畏罪，迫逐深苦，致此不详。详，审也。言不能审知贼势，驱民赴战，以致死伤也。比盗贼群起，比，毗至翻。处处未绝。暠、承以首举大奸而相随受罪，臣恐沮伤州县纠发之意，更共饰匿，贤曰：言各饰伪辞，隐匿真状也。莫复尽心！”太后省奏，复，扶又翻。省，悉景翻。乃赦暠、承罪，免官而已。金蛇输司农，大司农，掌诸钱谷金帛，故金蛇输司农。考异曰：种暠传云：“二府畏愞，不敢按之。”今从杜乔传。冀从大司农杜乔借观之，乔不肯与；冀小女死，令公卿会丧，乔独不往；冀由是衔之。为冀杀乔张本。

容肇祖标点顾颉刚聂崇岐覆校

资治通鉴卷第五十三

翰林学士兼侍读学士朝散大夫右谏议大夫
知制诰判尚书都省兼提举万寿观公事上护军 **司马光** 奉敕编集
河内郡开国侯食邑一千三百户赐紫金鱼袋臣

后学天台 **胡三省** 音注

汉纪四十五

起柔兆阉茂（丙戌），尽柔兆涒滩（丙申），凡十一年。

孝质皇帝 讳缵，章帝曾孙，勃海孝王鸿之子也。谥法：忠正无邪曰质。伏侯古今注曰："缵"之字曰"继"。

本初元年（丙戌、一四六）

1 夏，四月，庚辰，令郡、国举明经诣太学，自大将军以下皆遣子受业；岁满课试，拜官有差。又千石、六百石、四府掾属、三署郎、三署郎，五官署郎及左、右署郎也。属光禄勋。掾，俞绢翻。四姓小侯先能通经者，各令随家法，其高第者上名牒，此时盖以梁氏入四姓；阴、窦诸后族衰废者未必得预也。名牒者，书名于牒上之。上，时掌翻。当以次赏进。自是游学增盛，至三万馀生。此邓后临朝之故智，梁后踵而行之耳。游学增盛，亦干名蹈利之徒，何足尚也！或问曰：太学诸生三万人，汉末互相标榜，清议此乎出，子尽以为干名蹈利之徒，可乎？答曰：积水成渊，蛟龙生焉，谓其间无其人则不可；然互相标榜者，实干名蹈利之徒所为也。祸李膺诸人者，非太学诸生，诸生见其立节，从而标榜，以重清议耳。不然，则郭泰、仇香亦游太学，泰且拜香而欲师之，泰为八顾之首，仇香曾不预标榜之列，岂清议不足尚欤？抑香隐德无能名欤？

2 五月，庚寅，徙乐安王鸿为勃海王。

3 海水溢，漂没民居。

4 六月，丁巳，赦天下。

5 帝少而聪慧，少，诗照翻。尝因朝会，目梁冀曰：目者，眨目而注视之。朝，直遥翻。“此跋扈将军也！”贤曰：跋扈，犹强梁也。余按尔雅，山卑而大，扈。跋者，不由蹊隧而行。言强梁之人行不由正路，山卑而大，且欲跋而逾之，故曰跋扈。蜀本注甚鄙浅，兹不复录，详见辨误。冀闻，深恶之。恶，乌路翻；下同。闰月，甲申，冀使左右置毒于煮饼而进之；煮饼，今汤饼也。释名：饼，并也，溲麦面使合并也。束晳曰：礼，仲春之月，天子食麦；而朝事之笾，煮麦为面。内则诸馔不说䴵。䴵之作也，其来近矣。汤䴵，煮面也。黄庭坚文：煮麦深注汤。帝苦烦盛，【章：乙十六行本“盛”作“甚”；乙十一行本同；张校同。】使促召太尉李固。固入前，问帝得患所由；帝尚能言，曰：“食煮饼。今腹中闷，得水尚可活。”时冀亦在侧，曰：“恐吐，不可饮水。”吐，土故翻，呕也。语未绝而崩。年九岁。固伏尸号哭，言伏地而号哭，其状如尸也。号，户高翻。推举侍医；冀虑其事泄，大恶之。推举者，劾举其侍疾无状，而推究其奸也。设于此时固能穷冀弑君之罪，傥不能正其诛，以身死之，岂不忠壮！既不能然，又且俛首于其间，欲以立长之议矫而正之，卒死于凶竖之手，可谓忠有馀而才不足矣。恶，乌路翻。

将议立嗣，固与司徒胡广、司空赵戒先与冀书曰：“天下不幸，频年之间，国祚三绝。贤曰：顺帝崩，冲帝立，一年崩。质帝立，一年崩。凡三绝。今当立帝，天下重器，诚知太后垂心，将军劳虑，详择其人，务存圣明；然愚情眷眷，窃独有怀。远寻先世废立旧仪，近见国家践祚前事，未尝不询访公卿，广求群议，令上应天心，下合众望。传曰：‘以天下与人易，为天下得人难。’孟子之言。为，于伪翻。昔昌邑之立，昏乱日滋；霍光忧愧发愤，悔之折骨。折，而设翻。自非博陆忠勇，延年奋发，大汉之祀，几将倾矣。事见二十四卷昭帝元平元年。几，居希翻。至忧至重，可不熟虑！悠悠万事，唯此为大；就冀而言，万事皆可付之悠悠，至于立嗣，关天下国家之大。国之兴衰，在此一举。”冀得书，乃召三公、中二千石、列侯，大议所立。固、广、戒及大鸿胪杜乔皆以为清河王蒜明德著闻，又属最尊亲，蒜于质帝为兄，尊也。同出乐安王宠，亲也。胪，陵如翻。宜立为嗣，朝廷【章：乙十六行本“廷”作“臣”；乙十一行本同；孔本同；张校同。】莫不归心。而中常侍曹腾尝谒蒜，蒜不为礼，宦者由此恶之。恶，乌露翻。初，平原王翼既贬归河间，事见五十卷安帝建光元年。其父请分蠡吾县以侯之；蠡吾县，前汉属涿郡，时属河间国。贤曰：蠡吾故城在今瀛州博野县西。蠡，音礼。翼父，河间孝王开也。顺帝许之。翼卒，子志嗣；梁太后欲以女弟妻志，妻，七细翻。征到夏门亭。会帝崩，梁冀欲立志。众论既异，愤愤不得意，而未有以相夺。贤曰：未有别理而易夺之。曹腾等闻之，夜往说冀曰：“将军累世有椒房之亲，说，输芮翻；下同。累世椒房，谓恭怀后及太后也。秉摄万机，宾客纵横，横，户孟翻。多有过差。清河王严明，若果立，则将军受祸不久矣！不如立蠡吾侯，富贵可长保也。”冀然其言，明日，重会公卿，重，直用翻，再也。冀意气凶凶，凶凶，言意气恶暴也。言辞激切，自胡广、赵戒以下莫不慑惮，慑，之舌翻。皆曰：“惟大将军令！”独李固、杜乔坚守本议。冀厉声曰：“罢会！”固犹望众心可立，以众心属于清河王，犹望可立也。复以书劝冀，复，扶又翻。冀愈激怒。丁亥，冀说太后，先策免固。为杀李固、杜乔张本。戊子，以司徒胡广为太尉；司空赵戒为司徒，与大将军冀参录尚书事；太仆袁汤为司空。汤，安之孙也。庚寅，使大将军冀持节以王青盖车迎蠡吾侯志入南宫；其日，即皇帝位，时年十五。太后犹临朝政。

6秋，七月，乙卯，葬孝质皇帝于静陵。贤曰：静陵，在雒阳东南三十里。

7大将军掾朱穆奏记劝戒梁冀曰："明年丁亥之岁，刑德合于乾位，贤曰：历法，太岁在丁、壬，岁德在北宫；太岁在亥、卯，岁刑亦在北宫；故曰合于乾位。掾，俞绢翻。易经龙战之会，易坤卦上六，龙战于野，阴疑于阳也。阳道将胜，阴道将负。愿将军专心公朝，朝，直遥翻。割除私欲，广求贤能，斥远佞恶，为皇帝置师傅，远，于愿翻。为，于伪翻。得小心忠笃敦礼之士，将军与之俱入，参劝讲授，师贤法古，此犹倚南山、坐平原也，喻其安而无倾。谁能倾之！议郎大夫之位，本以式序儒术高行之士，式，用也。今多非其人，九卿之中亦有乖其任者，惟将军察焉！"又荐种暠、栾巴等，冀不能用。穆，晖之孙也。朱晖事章帝。

8九月，戊戌，追尊河间孝王为孝穆皇，夫人赵氏曰孝穆后，谥法：布德执义曰穆；中情见貌曰穆。庙曰清庙，陵曰乐成陵；乐成县，属河间国。蠡吾先侯曰孝崇皇，沈约曰：谥法所不载者，如孝崇皇之类是也。庙曰烈庙，陵曰博陵；贤曰：博陵，本蠡吾县之地也；陵在今瀛州博野县西。皆置令、丞，使司徒持节奉策书玺绶，祠以太牢。玺，斯氏翻。绶，音受。

9冬，十月，甲午，尊帝母匽氏为博园贵人。匽，音偃。史记：匽姓，咎繇之后。贵人讳明，本蠡吾侯之媵妾。博园，博陵寝园。

10滕抚性方直，不交权势，为宦官所恶；论讨贼功当封，讨扬、徐贼之功也。恶，乌路翻。太尉胡广承旨奏黜之；卒于家。

孝桓皇帝上之上

讳志，章帝曾孙，蠡吾侯翼之子。谥法：克敌服远曰桓。伏侯古今注："志"之字曰"意"。

建和元年（丁亥、一四七）

1春，正月，辛亥朔，日有食之。

2 戊午，赦天下。

3 三月，龙见谯。谯县，属沛国。见，贤遍翻。

4 夏，四月，庚寅，京师地震。

5 立阜陵王代兄勃遒亭侯便为阜陵王。阜陵王延传国五世，至代；代薨，无子，国绝。今以便绍封。遒，才由翻。

6 六月，太尉胡广罢，光禄勋杜乔为太尉。考异曰：帝纪云："大司农杜乔"，乔传：乔自司农累迁为大鸿胪、光禄勋，乃为太尉。袁纪亦然。荀淑传云："光禄勋杜乔举淑方正。"今从之。自李固之废，朝野丧气，丧，息浪翻。群臣侧足而立；唯乔正色无所回桡，贤曰：回，邪也。桡，曲也。桡，音奴高翻。由是朝野皆倚望焉。

7 秋，七月，渤海孝王鸿薨，无子；太后立帝弟蠡吾侯悝为渤海王，以奉鸿祀。悝，苦回翻。

8 诏以定策功，益封梁冀万三千户，封冀弟不疑为颍阳侯，颍阳县，属颍川郡。蒙为西平侯，冀子胤为襄邑侯，胡广为安乐侯，按广传，封淯阳县之安乐乡。乐，音洛。赵戒为厨亭侯，袁汤为安国侯。安国亦亭侯。又封中常侍刘广等皆为列侯。按曹腾传：广、腾及州辅等七人皆封亭侯。

杜乔谏曰："古之明君，皆以用贤、赏罚为务。失国之主，其朝岂无贞干之臣，贞，与桢同；干，与榦同。筑垣墙必须桢干，以喻立国必须贤才。朝，直遥翻。典诰之篇哉？谓封爵之典策诏诰，以授有功，具有故事。患得贤不用其谋，韬书不施其教，闻善不信其义，听谗不审其理也。陛下自藩臣即位，天人属心，属，之欲翻；下冀属同。不急忠贤之礼而先左右之封，先，悉荐翻。梁氏一门，宦者微孽，并带无功之绂，裂劳臣之土，孽，鱼列翻。绂，音弗。其为乖滥，胡可胜言！胜，音升。夫有功不赏，为善失其望；奸回不诘，为恶肆其凶。诘，去吉翻。故陈资斧而人靡畏，前书音义曰：资，利也。班爵位而物无劝。苟遂斯道，岂伊伤政为乱而已，丧身亡国，可不慎哉!”书奏，不省。丧，息浪翻。省，悉景翻。考异曰：乔传此章在为太尉前，袁纪在为太尉后。今从袁纪。

9 八月，乙未，立皇后梁氏。考异曰：皇后纪、袁纪皆云八月而无日，帝纪云“七月，乙未”。以长历考之，七月戊申朔，无乙未。乙未，八月十八日也。盖帝纪脱“八月”字。梁冀欲以厚礼迎之，杜乔据执旧典，不听。汉书旧仪：聘皇后，黄金万斤。吕后为惠帝娶鲁元公主女，特优其礼，为二万斤。仪礼：纳采用雁。郑玄注云：纳其采择之礼，用雁，取顺阴阳往来也。周礼：王者谷圭以聘女。郑玄曰：士大夫以上乃以玄纁、束帛；天子加以谷圭；诸侯加以大璋。礼言以圭，而汉用璧，形制虽异，为玉同也。时依孝惠纳后故事，聘黄金二万斤，纳采雁、璧、乘马、束帛，一依旧典。乘马，马四匹也。杂记曰：纳币一束，束五两，两五寻。盖每端二丈也。冀属乔举氾宫为尚书，属，之欲翻。氾，符咸翻，姓也。皇甫谧曰：本姓凡氏，遭秦乱，避地于氾水，因氏焉。乔以宫为臧罪，不用。臧，古赃字通。由是日忤于冀。忤，五故翻。九月，丁卯，京师地震。乔以灾异策免。冬，十月，以司徒赵戒为太尉，司空袁汤为司徒，前太尉胡广为司空。

10 宦者唐衡、左悺共谮杜乔于帝贤曰：悺，音工唤翻，又音绾。曰：“陛下前当即位，乔与李固抗议，以为不堪奉汉宗祀。”贤曰：抗，举也。宗祀，大宗之祀也。帝亦怨之。

十一月，清河刘文与南郡妖贼刘鲔交通，鲔，于轨翻。妄言“清河王当统天下”，欲共立蒜。事觉，文等遂劫清河相谢暠曰：“当立王为天子，以暠为公。”暠骂之，文刺杀暠。于是捕文、鲔，诛之。有司劾奏蒜；暠，工老翻。刺，七亦翻。劾，户概翻，又户得翻。坐贬爵为尉氏侯，尉氏县，属陈留郡。应劭曰：古狱官曰尉氏，郑之别狱也。臣瓒曰：郑大夫尉氏之邑，故以为邑名。徙桂阳，自杀。

梁冀因诬李固、杜乔，云与文、鲔等交通，请逮按罪；太后素知乔忠，不许。考异曰：乔传云“策免而已”。乔前已免官，传误也。冀遂收固下狱；下，遐稼翻。门生渤海王调贯械上书，证固之枉，河内赵承等数十人亦要鈇锧诣阙通诉；要，读曰腰。鈇，斧也。锧，音质，椹也。太后诏赦之。及出狱，京师市里皆称万岁。冀闻之，大惊，畏固名德终为己害，乃更据奏前事。前事，即文、鲔事也。大将军长史吴佑伤固之枉，与冀争之；冀怒，不从。从事中郎马融主为冀作章表，融时在坐，为，于伪翻。坐，左卧翻。佑谓融曰："李公之罪，成于卿手。李公若诛，卿何面目视天下人！"言为冀诬陷忠良，将无颜以见人也。冀怒，起，入室；佑亦径去。固遂死于狱中；临命，与胡广、赵戒书曰："固受国厚恩，是以竭其股肱，不顾死亡，志欲扶持王室，比隆文、宣。贤曰：文帝、宣帝皆群臣迎立，能兴汉祚。何图一朝梁氏迷谬，公等曲从，以吉为凶，成事为败乎！汉家衰微，从此始矣。公等受主厚禄，颠而不扶，倾覆大事，后之良史岂有所私！固身已矣，于义得矣，夫复何言！"复，扶又翻。广、戒得书悲惭，皆长叹流涕而已。

冀使人胁杜乔曰："早从宜，贤曰：从宜，令其自尽也。妻子可得全。"乔不肯。明日，冀遣骑至其门，骑，奇寄翻。不闻哭者，遂白太后收系之；亦死狱中。

冀暴固、乔尸于城北四衢，令："有敢临者加其罪。"尔雅曰：四达谓之衢。城北，即夏门亭也。临，力鸩翻，哭也。固弟子汝南郭亮尚未冠，左提章、钺，冠，古玩翻。贤曰：章，谓所上章也。钺，斧也。右秉鈇锧，诣阙上书，乞收固尸，不报；与南阳董班俱往临哭，守丧不去。夏门亭长呵之曰："卿曹何等腐生！贤曰：腐生，犹言腐儒也。公犯诏书，欲干试有司乎！"亮曰："义之所动，岂知性命！何为以死相惧邪！"太后闻之，皆赦不诛。杜乔故掾陈留杨匡，号泣星行，掾，俞绢翻。号，户刀翻。星行者，见星而行，见星而舍。或曰星行者，言戴星而行，夜不遑息也。到雒阳，着故赤帻，托为夏门亭吏，吏，着赤帻。着，则略翻。守护尸丧，积十二日；都官从事执之以闻，都官从事，司隶校尉之属官也，掌举中都官非法者。太后赦之。匡因诣阙上书，并乞李、杜二公骸骨，使得归葬，太后许之。匡送乔丧还家，乔家河内。葬讫，行服，遂与郭亮、董班皆隐匿，终身不仕。

梁冀出吴佑为河间相，佑自免归，卒于家。卒，子恤翻。

冀以刘鲔之乱，思朱穆之言，于是请种暠为从事中郎，荐栾巴为议郎，举穆高第，为侍御史。穆于大将军府掾为高第也。

11 是岁，南单于兜楼储死，伊陵尸逐就单于车儿立。车，音尺遮翻。

二年（戊子、一四八）

1 春，正月，甲子，帝加元服。庚午，赦天下。

2 三月，戊辰，帝从皇太后幸大将军冀府。

3 白马羌寇广汉属国，安帝以蜀郡北部都尉为广汉属国都尉。杀长吏。益州刺史率板楯蛮讨破之。楯，食尹翻。

4 夏，四月，丙子，封帝弟顾为平原王，奉孝崇皇祀；尊孝崇皇夫人为【章：乙十六行本“为”上有“马氏”二字；乙十一行本同；孔本同；退斋校同。】孝崇园贵人。

5 五月，癸丑，北宫掖庭中德阳殿及左掖门火，车驾移幸南宫。

6 六月，改清河为甘陵。以孝德皇陵为国名。立安平孝王得子经侯理为甘陵王，经县，属安平国。贤曰：今贝州经城县。奉孝德皇祀。

7 秋，七月，京师大水。

三年（己丑、一四九）

1 夏，四月，丁卯晦，日有食之。

2 秋，八月，乙丑，有星孛于天市。前书天文志：旗星中四星曰天市。又晋书天文志：天市垣二十二星，在房、心东，彗星除之，为徙市易都。孛，蒲内翻。

3 京师大水。

4 九月，己卯，地震。庚寅，地又震。

5 郡、国五山崩。

6 冬，十月，太尉赵戒免；以司徒袁汤为太尉，大司农河内张歆为司徒。

7 是岁，前朗陵侯相荀淑卒。朗陵侯国，属汝南郡。淑少博学有高行，少，诗照翻。行，下孟翻。当世名贤李固、李膺皆师宗之。在朗陵，莅事明治，治，直吏翻。称为神君。有子八人：俭、绲、靖、焘、汪、爽、肃、专，贤曰：绲，音昆。焘，音导。汪，乌光翻。"专"，本或作"尃"，音敷。并有名称，时人谓之八龙。称，尺证翻。所居里旧名西豪，颍阴令渤海苑康以为昔高阳氏有才子八人，更命其里曰高阳里。杜佑曰：颍川郡城西南有荀淑故宅，相传云即西豪里。更，工衡翻。颍阴县，属汝南郡。淑，县人也。姓谱：商武丁子子文受封于苑，因以为氏。左传有齐大夫苑何忌。赵明诚金石录有汉荆州从事苑镇碑曰：其先苑柏何为晋乐正，世掌朝礼；又有苑子园，实能掌阴阳之理：皆其胄也。按姓氏志皆以为出于齐大夫苑何忌之后。今此碑所谓苑柏何与子园，左传、国语皆无其人；故录之以待知者。左传曰：昔高阳氏有才子八人：苍舒、隤敳、梼戭、大临、尨降、庭坚、仲容、叔达。隤，徒回翻。敳，五才翻，一音五回翻；韦昭音瑰。梼，直由翻；韦昭音桃。戭，以善翻；韦昭以震翻。尨，莫江翻。降，下江翻。

膺性简亢，亢，口浪翻，高也。无所交接，唯以淑为师，以同郡陈寔为友。荀爽尝就谒膺，因为其御；既还，喜曰："今日乃得御李君矣！"其见慕如此。

陈寔出于单微，单，独也，孤也，薄也。为郡西门亭长。同郡钟皓以笃行称，行，下孟翻。前后九辟公府，年辈远在寔前，引与为友。皓为郡功曹，辟司徒府；临辞，太守问：“谁可代卿者？”皓曰：“明府欲必得其人，西门亭长陈寔可。”寔闻之曰：“钟君似不察人，不知何独识我！”太守遂以寔为功曹。时中常侍【章：乙十六行本“侍”下有“山阳”二字；乙十一行本同；孔本同；张校同；退斋校同。】侯览托太守高伦用吏，伦教署为文学掾，郡守所出命曰教。百官志注：郡有文学、守助掾六十人。掾，俞绢翻。寔知非其人，怀檄请见，贤曰：檄，板书。以高伦之教书之于檄，而怀之者，惧泄事也。言曰：“此人不宜用，而侯常侍不可违，寔乞从外署，功曹主选署。寔乞从外自署用，若不出于伦者。贤曰：不欲陷伦于请托也。不足以尘明德。”伦从之。于是乡论怪其非举，寔终无所言。伦后被征为尚书，郡中士大夫送至纶氏，贤曰：纶氏县，属颍川郡，今嵩阳县是。伦谓众人曰：“吾前为侯常侍用吏，为，于伪翻。陈君密持教还而于外白署，比闻议者以此少之，比，毗至翻。少，诗沼翻。此咎由故人畏惮强御，故人，伦自谓也。汉人于门生故吏之前，率自称故人。杨震谓王密曰：“故人知君，君不知故人，”是也。诗曰：不畏强御。陈君可谓‘善则称君，过则称己’者也。”礼记坊记曰：善则称君，过则称己，则民作忠。坊，音防。寔固自引愆，闻者方叹息，由是天下服其德。后为太丘长，贤曰：太丘县，属沛国，故城在今亳州永城县西北。修德清静，百姓以安。邻县民归附者，寔辄训导譬解发遣，各令还本。司官行部，贤曰：司官，谓主司之官也。行，下孟翻。吏虑民有讼者，白欲禁之；寔曰：“讼以求直，禁之，理将何申！其勿有所拘。”司官闻而叹息曰：“陈君所言若是，岂有冤于人乎！”亦竟无讼者。以沛相赋敛违法，解印绶去；相，息亮翻。敛，力赡翻。吏民追思之。

钟皓素与荀淑齐名，李膺常叹曰：“荀君清识难尚；钟君至德可师。”皓兄子瑾母，膺之姑也。瑾好学慕古，有退让风，好，呼到翻。与膺同年，俱有声名。膺祖太尉修常言："瑾似我家性，瑾，李氏之出，而退让，故修云然。'邦有道，不废；邦无道，免于刑戮。'"论语，孔子以此言与南容。复以膺妹妻之。妻，子细翻。膺谓瑾曰："孟子以为'人无是非之心，非人也'，弟于是何太无皂白邪！"皂白易分；无皂白，言无分别也。瑾尝以膺言白皓。皓曰："元礼祖、父在位，李膺，字元礼。膺祖修为太尉，父益为赵相。诸宗并盛，故得然乎！昔国子好招人过，以致怨恶，国语：齐国佐见单襄公，其语尽。单子曰："立于淫乱之国而好尽言以招人过，怨之本也。"其后齐杀国武子。招，音翘。今岂其时邪！必欲保身全家，尔道为贵。"

和平元年（庚寅、一五〇）

1 春，正月，甲子，赦天下，改元。

2 乙丑，太后诏归政于帝，始罢称制。二月，甲寅，太后梁氏崩。

3 三月，车驾徙幸北宫。

4 甲午，葬顺烈皇后。增封大将军冀万户，并前合三万户；封冀妻孙寿为襄城君，兼食阳翟租，襄城、阳翟二县皆属颍川郡。岁入五千万，加赐赤绂，比长公主。汉制，公主仪服同公侯，紫绂；长公主仪服同诸王，赤绂；四采赤、黄、缥、绀，长二丈一尺，三百首。绂，音弗。长，知两翻。寿善为妖态以蛊惑冀，冀甚宠惮之。寿作愁眉、啼妆、堕马髻、折腰步、龋齿笑。妖，于骄翻。冀爱监奴秦宫，官至太仓令，太仓令，秩六百石，主受郡国传漕谷，属大司农。得出入寿所，威权大震，刺史、二千石皆谒辞之。冀与寿对街为宅，殚极土木，互相夸竞，金玉珍怪，充积藏室；藏，徂浪翻；下守藏同。又广开园圃，采土筑山，十里九阪，深林绝涧，有若自然，冀传云：筑山以象二崤，十里九阪。阪，音反。奇禽驯兽飞走其间。冀、寿共乘辇车，游观第内，晋志曰：羊车，一名辇车。毛晃曰：辇，步挽车也。汉书：主驾人以行曰辇。多从倡伎，倡，音昌。伎，渠绮翻。酣讴竟路，或连日继夜以骋娱恣。客到门不得通，皆请谢门者；门者累千金。又多拓林苑，周遍近县，起兔苑于河南城西，经亘数十里，移檄所在调发生兔，刻其毛以为识，调，徒吊翻。识，职吏翻。人有犯者，罪至死刑。尝有西域贾胡贾，音古。不知禁忌，误杀一兔，转相告言，坐死者十馀人。又起别第于城西，以纳奸亡；谓奸民及亡命者。或取良人悉为奴婢，至数千口，名曰自卖人。冀用寿言，多斥夺诸梁在位者，外以示谦让，而实崇孙氏。孙氏宗亲冒名为侍中、卿、校、郡守、长吏者十馀人，皆贪饕凶淫，校，户教翻。饕，土刀翻。各使私客籍属县富人，贤曰：籍，谓疏录之也。被以他罪，被，皮义翻。闭狱掠拷，掠，音亮。拷，音考。使出钱自赎，赀物少者至于死。又【章：乙十六行本“又”作“徙”；乙十一行本同；孔本同；熊校同。】扶风人士孙奋，居富而性吝，士孙，姓也；奋，名也。冀以马乘遗之，乘，绳证翻。遗，于季翻。从贷钱五千万，奋以三千万与之。冀大怒，乃告郡县，认奋母为其守藏婢，藏，徂浪翻。云盗白珠十斛、紫金千斤以叛，紫金，紫磨金也，亦谓之镠。遂收考奋兄弟死于狱中，悉没其赀财亿七千馀万。挚虞三辅决录曰：士孙奋家赀一亿七千馀万。余按此以万万为亿也。冀又遣客周流四方，远至塞外，广求异物，而使人复乘势横暴，妻略妇女，殴击吏卒；使，疏吏翻。复，扶又翻。妻者，私他人之妇女若己妻然。不以道取之曰略。横，户孟翻。殴，乌口翻。所在怨毒。毒，痛也。

侍御史朱穆自以冀故吏，奏记谏曰：“明将军地有申伯之尊，贤曰：申国之伯，周宣王之元舅。位为群公之首，贤曰：冀绝席于三公。一日行善，天下归仁；终朝为恶，四海倾覆。顷者官民俱匮，加以水虫为害，贤曰：水灾及蝗虫也。京师诸官费用增多，诏书发调，或至十倍，调，徒吊翻。各言官无见财，见，贤遍翻。皆当出民，搒掠割剥，强令充足。搒，音彭。掠，音亮。强，其两翻。公赋既重，私敛又深，敛，力赡翻。牧守长吏多非德选，贪聚无厌，厌，于盐翻。遇民如虏，或绝命于箠楚之下，或自贼于迫切之求。贤曰：贼，杀也。箠，止橤翻。又掠夺百姓，皆托之尊府，尊府，指大将军府。遂令将军结怨天下，吏民酸毒，道路叹嗟。昔永和之末，纲纪少弛，颇失人望，四五岁耳，而财空户散，下有离心，马勉之徒乘敝而起，荆、扬之间几成大患；事见上卷。几，居希翻。幸赖顺烈皇后初政清静，内外同力，仅乃讨定。今百姓戚戚，困于永和，内非仁爱之心可得容忍，外非守国之计所宜久安也。夫将相大臣，均体元首，共舆而驰，同舟而济，舆倾舟覆，患实共之。岂可以去明即昧，贤曰：即，就也。履危自安，主孤时困而莫之恤乎！宜时易宰守非其人者，减省第宅园池之费，拒绝郡国诸所奉送，内以自明，外解人惑；使挟奸之吏无所依托，司察之臣得尽耳目。宪度既张，远迩清壹，则将军身尊事显，德耀无穷矣！”冀不纳。冀虽专朝纵横，朝，直遥翻。横，户孟翻。而犹交结左右宦官，任其子弟、宾客为州郡要职，欲以自固恩宠。穆又奏记极谏，冀终不悟，报书云：“如此，仆亦无一可邪！”然素重穆，亦不甚罪也。

冀遣书诣乐安太守陈蕃，乐安郡，本千乘郡，和帝永元七年改为乐安国，属青州。有所请托，不得通。使者诈称他客求谒蕃；蕃怒，笞杀之。坐左转修武令。修武县，属河内郡。

时皇子有疾，下郡县市珍药；下，遐稼翻。而冀遣客赍书诣京兆，并货牛黄。吴普本草曰：牛黄，牛出入呻者有之。夜有光，走角中；牛死，入胆中，如鸡子黄。神农本草曰：疗惊痫，除邪、逐鬼。陶弘景曰：旧云神牛出入鸣吼者有之，伺其出角上，以盆水盛而吐之，即堕落水中；今人多就胆中得之。药中之贵，莫复过此。本草图经曰：伺其吐出，乃喝迫，即落水中。既得之，阴干百日。一云：子如鸡子黄，其重叠可揭，轻虚而氛香为佳。又云：

此有四种；喝迫而得者名生黄；其杀死而在角中得者名角中黄；心中剥得者名心黄；肝胆中得之者名肝黄：大抵不及喝迫得者最胜。京兆尹南阳延笃发书收客，曰："大将军椒房外家，而皇子有疾，必应陈进医方，岂当使客千里求利乎！"遂杀之。冀惭而不得言。有司承旨求其事，笃以病免。

5 夏，五月，庚辰，尊博园匽贵人曰孝崇后，宫曰永乐，续汉志曰：德阳前殿西北，入门内，有永乐宫。乐，音洛；下长乐同。置太仆、少府以下，皆如长乐宫故事。分钜鹿九县为后汤沐邑。

6 秋，七月，梓潼山崩。梓潼县，属广汉郡。贤曰：今始州县也，有梓潼水。

元嘉元年（辛卯、一五一）

1 春，正月朔，群臣朝会，大将军冀带剑入省。省，即禁中也。尚书蜀郡张陵呵叱令出，敕虎贲、羽林夺剑。冀跪谢，陵不应，即劾奏冀，请廷尉论罪。劾，户概翻，又户得翻。有诏，以一岁俸赎；百僚肃然。河南尹不疑尝举陵孝廉，乃谓陵曰："昔举君，适所以自罚也！"陵曰："明府不以陵不肖，误见擢序，今申公宪以报私恩！"不疑有愧色。

2 癸酉，赦天下，改元。

3 梁不疑好经书，喜待士，好，呼到翻。喜，许记翻。梁冀疾之，转不疑为光禄勋；以其子胤为河南尹。胤年十六，容貌甚陋，不胜冠带；胜，音升。道路见者莫不蚩笑。不疑自耻兄弟有隙，遂让位归第，与弟蒙闭门自守。冀不欲令与宾客交通，阴使人变服至门，记往来者。南郡太守马融、江夏太守田明初除，过谒不疑；言过其门，因而谒之，礼不专也。夏，户雅翻。冀讽有司奏融在郡贪浊，及以他事陷明，皆髡笞徙朔方。融自刺不殊，刺，七亦翻。明遂死于路。

4 夏，四月，己丑，上微行，幸河南尹梁胤府舍。考异曰：袁纪作“梁不疑府”，今从范书。是日，大风拔树，昼昏。尚书杨秉上疏曰：“臣闻天不言语，以灾异谴告。王者至尊，出入有常，警跸而行，静室而止，贤曰：跸，止行人也。静室，谓先使清宫也。前书音义曰：汉有静室令。自非郊庙之事，则銮旗不驾。汉官仪曰：前驱有云罕、皮轩、銮旗车。故诸侯入诸臣之家，春秋尚列其诫；左传：陈灵公如夏征舒之家，为征舒所弑。齐庄公如崔杼之家，亦为杼所弑。况于以先王法服而私出槃游，降乱尊卑，等威无序，贤曰：等威，谓威仪有等差也。左氏传曰：贵有常尊，贱有等威。侍卫守空宫，玺绂委女妾！玺，斯氏翻。绂，音弗。设有非常之变，任章之谋，宣帝时，任宣坐谋反诛。宣子章亡在渭城界，中夜玄服入庙，居廊间，执戟立于庙门，待上至，欲为逆；发觉，伏诛。任，音壬。上负先帝，下悔靡及！”帝不纳。秉，震之子也。

5 京师旱，任城、梁国饥，民相食。任，音壬。

6 司徒张歆罢，以光禄勋吴雄为司徒。

7 北匈奴呼衍王寇伊吾，败伊吾司马毛恺，败，蒲迈翻。攻伊吾屯城。诏敦煌太守马达将兵救之；敦，徒门翻。至蒲类海，呼衍王引去。

8 秋，七月，武陵蛮反。

9 冬，十月，司空胡广致仕。

10 十一月，辛巳，京师地震。诏百官举独行之士。涿郡举崔寔，诣公车，称病，不对策；退而论世事，名曰政论。其辞曰：“凡天下所以不治者，常由人主承平日久，俗渐敝而不悟，政寖衰而不改，习乱安危，怢不自睹。贤曰：怢，音他没翻。怢，忽忘也。或荒耽耆欲，耆，读曰嗜。不恤万机；或耳蔽箴诲，厌伪忽真；贤曰：厌饫奸伪，轻忽至真。或犹豫岐路，莫适所从；尔雅：路二达谓之岐。郭璞曰：岐，道旁出也。此言人主见道不明，于人之邪正、事之是非，莫知所适从也。适，丁历翻。或见信之佐，括囊守禄；贤曰：

易曰：括囊，无咎无誉。括，结也。结囊不言，持禄而已。或疏远之臣，言以贱废；是以王纲纵弛于上，智士郁伊于下。贤曰：郁伊，不申之貌。楚辞曰：独伊郁而谁语。悲夫！

自汉兴以来，三百五十馀岁矣，政令垢玩，上下怠懈，懈，古隘翻。百姓嚣然，咸复思中兴之救矣！复，扶又翻。且济时拯世之术，在于补绽决坏，枝拄邪倾，贤曰：绽，音直苋翻。礼记：衣裳绽裂，纫箴请补缀。余谓绽裂之绽，非此义。此绽，释补缝也。韩诗云：破袄请来绽，是其义也。拄，陟柱翻。随形裁割，要措斯世于安宁之域而已。故圣人执权，遭时定制，贤曰：权，谓变也。遭遇其时而定法制，不循于旧也。余谓权，秤锤也。执权者，随物之轻重，为权之进退以取平也。步骤之差，各有云设，不强人以不能，背急切而慕所闻也。贤曰：背当时之急切而慕所闻之事，则非济时之要。强，其两翻。背，蒲妹翻。盖孔子对叶公以来远，哀公以临人，景公以节礼，贤曰：韩子曰：叶公问政于孔子，孔子曰：政在悦近而来远。鲁哀公问政于孔子，孔子曰：政在选贤。齐景公问政于孔子，孔子曰：政在节财。此云临人、节礼，文不同也。叶，式涉翻。非其不同，所急异务也。俗人拘文牵古，不达权制，奇伟所闻，简忽所见，乌可与论国家之大事哉！故言事者虽合圣听，辄见掎夺。贤曰：掎，居蚁翻。贾逵注国语曰：从后牵曰掎。何者？其顽士暗于时权，安习所见，不知乐成，乐，音洛。况可虑始，苟云率由旧章而已；其达者或矜名妒能，妒，与妬同。耻策非己，舞笔奋辞以破其义。寡不胜众，遂见摈弃，虽稷、契复存，犹将困焉。契，息列翻。复，扶又翻。斯贤智之论所以常愤郁而不伸者也。

凡为天下者，自非上德，严之则治，宽之则乱。治，直吏翻。何以明其然也？近孝宣皇帝明于君人之道，审于为政之理，故严刑峻法，破奸轨之胆，左传曰：乱在外为奸，在内为轨。海内清肃，天下密如，贤曰：密，静也。算计见效，优于孝文。见，贤遍翻。及元帝即位，多行宽政，卒以堕损，卒，子恤翻。堕，读曰隳。威权始夺，遂为汉室基祸之主。政道得失，于斯可鉴。昔孔子作春秋，褒齐桓，懿晋文，叹管仲之功；懿，美也。夫岂不美文、武之道哉？诚达权救敝之理也。圣【章：乙十六行本“圣”上有“故”字；乙十一行本同；孔本同；张校同。】人能与世推移，楚辞：圣人不凝滞于物而能与世推移。而俗士苦不知变，以为结绳之约，可复治乱秦之绪，干戚之舞，足以解平城之围。上古结绳而治，后世圣人易之以书契。乱秦之后，俗益浇薄，非结绳之约所能理也。干，盾也。戚，钺也。记曰：朱干玉戚，冕而舞大武，所以象武王之伐功也。书：禹舞干羽于两阶而有苗格。高帝为匈奴围于平城，用陈平秘计得出，非舞干戚所能解也。治，直之翻；下治乱同，治平亦同。夫熊经鸟伸，虽延历之术，非伤寒之理；呼吸吐纳，虽度纪之道，非续骨之膏。贤曰：庄子曰：吹呴呼吸，吐故纳新，熊经鸟伸，此道引之士，养形之人也。黄帝素问曰：人伤于寒而转为热，何也？夫寒盛则生热也。度纪，犹延年也。言鸟伸不能疗伤寒，吸气不能续断骨也。成公英庄子疏曰：如熊县木而自经，鸟飞空而伸足。尔雅翼曰：熊类大豕，人足，黑色，好缘高木，见人自投而下，亦以革厚而筋驽，用此自快，故称熊经。盖为国之法，有似理身，平则致养，疾则攻焉。夫刑罚者，治乱之药石也；德教者，兴平之粱肉也。夫以德教除残，是以粱肉养疾也；以刑罚治平，是以药石供养也。供，音恭。养，余两翻。方今承百王之敝，值厄运之会，自数世以来，政多恩贷，驭委其辔，马骀其衔，说文曰：骀，马钝也，音达来翻。毛晃曰：骀，脱也。四牡横奔，皇路险倾，贤曰：皇路，天路也。方将拑勒鞬辀以救之，岂暇鸣和銮，调节奏哉！贤曰：何休注公羊传曰：拑，以木衔其口也。拑，音巨炎翻。勒，马辔。辀，车辕。鞬，犹束也。说苑曰：銮设于镳，和设于轼。马动銮鸣，銮鸣则和应也。昔文帝虽除肉刑，当斩右趾者弃市，笞者往往至死。见十五卷文帝十三年、景帝元年。是文帝以严致平，非以宽致平也。”寔，瑗之子也。崔瑗见五十一卷安帝延光四年。瑗，于眷翻。山阳仲长统尝见其书，叹曰：

“凡为人主，宜写一通，置之坐侧。”坐，才卧翻。

臣光曰：汉家之法已严矣，而崔寔犹病其宽，何哉？盖衰世之君，率多柔懦，凡愚之佐，唯知姑息，姑，且也。息，安也。且苟目前之安也。是以权幸之臣有罪不坐，豪猾之民犯法不诛；仁恩所施，止于目前；奸宄得志，纪纲不立。故崔寔之论，以矫一时之枉，非百世之通义也。孔子曰：“政宽则民慢，慢则纠之以猛；猛则民残，残则施之以宽。宽以济猛，猛以济宽，政是以和。”左传载孔子善子太叔之辞。杜预曰：纠，摄也。斯不易之常道矣。

11 闰月，庚午，任城节王崇薨；无子，国绝。章帝元和元年，分东平国为任城国，以封东平王苍之少子尚。崇，尚之侄也。谥法：好廉自克曰节。

12 以太常黄琼为司空。

13 帝欲褒崇梁冀，使中朝二千石以上会议其礼。西都中世以后，以三公、九卿为外朝官。东都无中、外朝之别也。此中朝，直谓朝廷。朝，直遥翻。特进胡广、太常羊溥、司隶校尉祝恬、太中大夫边韶等咸称冀之勋德宜比周公，锡之山川、土田、附庸。此西都诸臣所以尊王莽者，今广复欲以崇冀。微黄琼之言，殆哉！黄琼独曰：“冀前以亲迎之劳，增邑万三千户；又其子胤亦加封赏。今诸侯以户邑为制，不以里数为限，冀可比邓禹，合食四县。”朝廷从之。于是有司奏：“冀入朝不趋，剑履上殿，谒赞不名，礼仪比萧何；萧何唯剑履上殿，入朝不趋，何尝谒赞不名也！君前臣名，礼也。冀何如人，而宠秩之至此乎！赞，与摈赞之赞同。悉以定陶、阳成馀户增封为四县，比邓禹；贤曰：冀初封襄邑县，袭封乘氏，更增以定陶、阳城，是为四县。余谓“阳成”当作“成阳”，与定陶、乘氏皆属济阴郡。赏赐金钱、奴婢、彩帛、车马、衣服、甲第，比霍光；以殊元勋。每朝会，与三公绝席。贤曰：绝席，别也。十日一入，平尚书事。

宣布天下，为万世法。”冀犹以所奏礼薄，意不悦。

二年(壬辰、一五二)

1 春，正月，西域长史王敬为于窴所杀。初，西域长史赵评在于窴，病痈死。按西域传，评，元嘉元年死。窴，徒贤翻。评子迎丧，道经拘弥。拘弥王成国与于窴王建素有隙，谓评子曰：“于窴王令胡医持毒药着创中，着，陟略翻。创，初良翻。故致死耳！”评子信之，还，以告敦煌太守马达。敦，徒门翻。考异曰：车师传作“司马达”，今从于窴传。会敬代为长史，马达令敬隐核于窴事。隐，度也。核，考也，实也。敬先过拘弥，成国复说云：复，扶又翻。说，输芮翻。“于窴国人欲以我为王；今可因此罪诛建，谓以评死为建罪也。于窴必服矣。”敬贪立功名，前到于窴，设供具，请建而阴图之。供具，宴飨之具也。或以敬谋告建，建不信，曰：“我无罪，王长史何为欲杀我？”旦日，建从官属数十人诣敬，坐定，建起行酒，敬叱左右执之。吏士并无杀建意，官属悉得突走。时成国主簿秦牧随敬在会，持刀出，曰：“大事已定，何为复疑！”即前斩建。于窴侯、将输僰等遂会兵攻敬，按前书，西域诸国各置辅国侯、左右将。复，扶又翻。僰，蒲北翻。敬持建头上楼宣告曰：“天子使我诛建耳！”输僰不听，上楼斩敬，县首于市。县，读曰悬。输僰自立为王；国人杀之，而立建子安国。马达闻王敬死，欲将诸郡兵出塞击于窴；帝不听，征达还，而以宋亮代为敦煌太守。亮到，开募于窴，令自斩输僰；开于窴国人自新之路，仍募使斩输僰也。僰，蒲北翻。时输僰死已经月，乃断死人头送敦煌而不言其状，断，丁管翻。亮后知其诈，而竟不能讨也。史言汉之威令不复行于西域。

2 丙辰，京师地震。

3 夏，四月，甲辰，孝崇皇后匽氏崩；以帝弟平原王石为丧主，敛送制度比恭怀皇后。恭怀皇后，和帝母梁氏。敛，力赡翻。五月，辛卯，葬于博陵。

4 秋，七月，庚辰，日有食之。

5 冬，十月，乙亥，京师地震。

6 十一月，司空黄琼免。十二月，以特进赵戒为司空。

永兴元年（癸巳、一五三）

1 春，三月，丁亥，帝幸鸿池。百官志注：鸿池在雒阳东二十里。水经注：谷水东注鸿池陂；池，东西千步，南北千一百步。

2 夏，四【张："四"作"五"。】月，丙申，赦天下，改元。

3 丁酉，济南悼王广薨；无子，国除。广，济南王显之子也。绍封见五十一卷顺帝永建元年。济，子礼翻。

4 秋，七月，郡、国三十二蝗，河水溢。百姓饥穷流冗者数十万户，冗，散也，而陇翻。冀州尤甚。诏以侍御史朱穆为冀州刺史。冀部令长闻穆济河，解印绶去者四十馀人。及到，奏劾诸郡贪污者，劾，户概翻，又户得翻。有至自杀，或死狱中。宦者赵忠丧父，归葬安平，安平国，属冀州。丧，息浪翻。僭为玉匣；穆下郡案验，下，遐稼翻。吏畏其严，遂发墓剖棺，陈尸出之。帝闻，大怒，征穆诣廷尉，输作左校。不以赵忠玉匣为僭，而以朱穆发墓为罪，昏暗之君岂有真是非哉！贤曰：左校，署名，属将作，掌左工徒。校，户教翻。太学书生颍川刘陶等数千人诣阙上书讼穆曰："伏见弛刑徒朱穆，处公忧国，处，昌吕翻。拜州之日，志清奸恶。诚以常侍贵宠，父子兄弟布在州郡，竞为虎狼，噬食小民，故穆张理天纲，补缀漏目，罗取残祸，以塞天意。塞，悉则翻。由是内官咸共恚疾，内官，即中官。恚，於避翻。谤讟烦兴，谗隙仍作，极其刑谪，输作左校。天下有识，皆以穆同勤禹、稷而被共、鲧之戾，共，音恭。若死者有知，则唐帝怒于崇山，重华忿于苍墓矣！贤曰：尚书：放驩兜于崇山。孔安国注曰：崇山，南裔也。

山海经曰：有驩头之国，帝尧葬焉。郭璞注曰：驩头，驩兜也。礼记曰：舜葬苍梧之野。当今中官近习，窃持国柄，手握王爵，口衔天宪，天宪，王法也；谓刑戮出于其口也。运赏则使饿隶富于季孙，贤曰：运，行也。论语曰：季氏富于周公。呼噏则令伊、颜化为桀、跖；噏，与吸同。而穆独亢然不顾身害，亢，音抗。非恶荣而好辱，恶生而好死也，恶，乌路翻。好，呼到翻。徒感王纲之不摄，贤曰：摄，接也。余谓摄，饬整也。惧天纲之久失，故竭心怀忧，为上深计。臣愿黥首系趾，贤曰：黥首，谓凿额涅墨也。系趾，谓钛其足也。以铁著足曰钛。代穆输【章：乙十六行本"输"作"校"；乙十一行本同。】作。"帝览其奏，乃赦之。

5 冬，十月，太尉袁汤免，以太常胡广为太尉。司徒吴雄、司空赵戒免，以太仆黄琼为司徒，光禄勋房植为司空。

6 武陵蛮詹山等反，武陵太守汝南应奉招降之。

7 车师后部王阿罗多与戊部候严皓不相得，戊、己两部各置校尉，各有部候。西域传曰：和帝置戊部候，居车师后部候城。忿戾而反，攻围屯田，杀伤吏士。后部侯炭遮领馀民畔阿罗多，诣汉吏降。前书，车师后国有击胡侯，汉赐印绶。降，户江翻；下同。阿罗多迫急，从百馀骑亡入北匈奴。敦煌太守宋亮上立后〔后部〕故王军就质子卑君为王。上，时掌翻。上奏而立之。安帝延光四年，班勇斩后部王军就；其质子在敦煌。质，音致。后阿罗多复从匈奴中还，与卑君争国，复，扶又翻。颇收其国人。戊校尉严【章：乙十六行本"严"作"阎"；乙十一行本同；退斋校同。】详虑其招引北虏，将乱西域，乃开信告示，开信者，开以丹青之信。许复为王；阿罗多乃诣详降。降，户江翻。于是更立阿罗多为王，将卑君还敦煌，以后部人三百帐与之。西域传曰：帐者，犹中国之户数也。将，如字。

二年（甲午、一五四）

1 春，正月，甲午，赦天下。

2 二月，辛丑，复听刺史、二千石行三年丧。安帝建光元年，断行三年丧，事见四十九卷。

3 癸卯，京师地震。

4 夏，蝗。

5 东海朐山崩。贤曰：朐山在今海州朐山县南。

6 乙卯，封乳母马惠子初为列侯。

7 秋，九月，丁卯朔，日有食之。

8 太尉胡广免；以司徒黄琼为太尉。闰月，以光禄勋尹颂为司徒。

9 冬，十一月，甲辰，帝校猎上林苑，遂至函谷关。校，户孝翻；阑校也。所以遮兽而猎取之，谓之校猎。东汉开上林苑于雒阳西。函谷关，在河南谷城县。

10 泰山、琅邪贼公孙举、东郭窦等反，杀长吏。

永寿元年（乙未、一五五）

1 春，正月，戊申，赦天下，改元。

2 二月，司隶、冀州饥，人相食。

3 太学生刘陶上疏陈事曰："夫天之与帝，帝之与民，犹头之与足，相须而行也。陛下目不视鸣条之事，耳不闻檀车之声，贤曰：鸣条，地名，在安邑之西。汤与桀战于鸣条之野。檀车，兵车也。诗曰：檀车啴啴。余按大雅大明之诗曰：牧野洋洋，檀车煌煌。维师尚父，时维鹰扬，凉彼武王，肆伐大商。陶盖用此檀车事，言桀、纣贵为天子，得罪于天，流毒于民，而汤、武伐之；亡国之事不接于帝之耳目，帝不知以为戒也。毛氏诗传曰：檀，强韧之木。陆玑疏：檀木皮正青，滑泽，与檕迷相似。又似驳马。驳马，梓榆。故里语：斫檀不谛得檕迷，檕迷尚可得驳马。檕迷，一名挈榼，故齐人谚曰：上山伐檀，挈榼先殚。盖檀木强韧，可为兵车。啴，吐丹翻。凉，力尚翻。天灾不有痛于肌肤，震食不即损于圣体，震食，谓地震、日食也。故蔑三光之谬，轻上天之怒。伏念高祖之起，始自布衣，合散扶伤，克成帝业，勤亦至矣；流福遗祚，至于陛下。陛下既不能增明烈考之轨，而忽高祖之勤，妄假利器，委授国柄，使群丑刑隶，芟刈小民，芟，所衔翻。虎豹窟于麑场，贤曰：鹿子曰麑，音研奚翻。豺狼乳于春囿，乳，人喻翻，产也。货殖者为穷冤之魂，贫馁者作饥寒之鬼，言无贫富皆不得其死。死者悲于窀穸，杜预曰：窀，厚也。穸，夜也。厚夜，犹长夜也。窀，株伦翻。生者戚于朝野，是愚臣所为咨嗟长怀叹息者也！朝，直遥翻。为，于伪翻。且秦之将亡，正谏者诛，谀进者赏，嘉言结于忠舌，国命出于谗口，擅阎乐于咸阳，授赵高以车府，阎乐为咸阳令，赵高为中车府令。权去己而不知，威离身而不顾。离，力智翻。古今一揆，成败同势；愿陛下远览强秦之倾，近察哀、平之变，得失昭然，祸福可见。臣又闻危非仁不扶，乱非智不救；窃见故冀州刺史南阳朱穆、前乌桓校尉臣同郡李膺，皆履正清平，贞高绝俗，斯实中兴之良佐，国家之柱臣也，宜还本朝，夹辅王室。前年朱穆得罪，李膺时亦免居纶氏。臣敢吐不时之义于讳言之朝，贤曰：不时，谓不合于时也。犹冰霜见日，必至消灭；臣始悲天下之可悲，今天下亦悲臣之愚惑也。"书奏，不省。省，悉景翻。

4 夏，南阳大水。

5 司空房植免；以太常韩缜为司空。缜，以浅翻。

6 巴郡、益州郡山崩。

7 秋，南匈奴左薁鞬台耆、且渠伯德等反，薁，于六翻。鞬，居言翻。且，子余翻。考异曰：帝纪作"左台、且渠伯德等叛"，今从张奂传。寇美稷；东羌复举种应之。复，扶又翻。种，章勇翻。安定属国都尉敦煌张奂初到职，贤曰：属国都尉，其秩比二千石。水经注：安定属国都尉治三水县。壁中唯有二百许人，闻之，即勒兵而出；军吏以为力不敌，叩头争止之。奂不听，遂进屯长城，此即秦蒙恬所筑长城，在上郡界。收集兵士，遣将王卫招诱东羌，因据龟兹县，前书，上郡龟兹县，上郡属国都尉治所。师古曰：龟兹国人来降附者处之于此，故以名云。使南匈奴不得交通。东羌诸豪遂相率与奂共击薁鞬等，破之。伯德惶恐，将其众降，郡界以宁。羌豪遗奂马二十匹，金鐻八枚。遗，于季翻。贤曰：郭璞注山海经云：鐻，音渠，金食器名，未详形制也。韵书曰：鐻，戎夷贯耳。奂于诸羌前以酒酹地贤曰：以酒沃地谓之酹，音力外翻。余谓盖自誓也。曰："使马如羊，不以入厩；使金如粟，不以入怀。"悉以还之。前此八都尉率好财货，好，呼到翻。为羌所患苦；及奂正身洁己，无不悦服，威化大行。

二年（丙申、一五六）

1 春，三月，蜀郡属国夷反。延光元年，以蜀郡西部都尉为属国都尉。

2 初，鲜卑檀石槐，勇健有智略，部落畏服，乃施法禁，平曲直，无敢犯者，遂推以为大人。檀石槐立庭于弹污山、歠仇水上，"污"，范书作"汙"。【章：乙十一行本正作"汙"。】歠，音昌悦翻。去高柳北三百馀里，兵马甚盛；东、西部大人皆归焉。因南抄缘边，北拒丁零，东却夫馀，抄，楚交翻。夫，音扶。西击乌孙，尽据匈奴故地，东西万四千馀里。

秋，七月，檀石槐寇云中。以故乌桓校尉李膺为度辽将军。膺到边，羌、胡皆望风畏服，先所掠男女，悉诣塞下送还之。考异曰：袁纪："延熹二年六月，鲜卑寇辽东，度辽将军李膺击破之。"今从范书。

3 公孙举、东郭窦等聚众至三万人，寇青、兖、徐三州，破坏郡县。坏，音怪。连年讨之，不能克。尚书选能治剧者，以司徒掾颍川韩韶为嬴长。嬴县，属泰山郡。贤曰：故城在今兖州博城县东北。治，直之翻。掾，俞绢翻。长，知两翻。贼闻其贤，相戒不入嬴境。馀县流民万馀户入县界；韶开仓赈之，主者争谓不可。主者，主仓粟之吏也。韶曰："长活沟壑之人，而以此伏罪，含笑入地矣。"太守素知韶名德，竟无所坐。韶与同郡荀淑、钟皓、陈寔皆尝为县长，所至以德政称，时人谓之"颍川四长"。贤曰：谓荀淑为当涂长，韩韶为嬴长，陈寔为太丘长，钟皓为林虑长也。长，知两翻。

4 初，鲜卑寇辽东，属国都尉段【章：乙十六行本"段"上有"武威"二字；乙十一行本同；孔本同；张校同。】颎率所领驰赴之。颎，古迥翻。既而恐贼惊去，乃使驿骑诈赍玺书召颎，颎于道伪退，潜于还路设伏；虏以为信然，乃入追颎，颎因大纵兵，悉斩获之。坐诈为玺书，当伏重刑；以有功，论司寇；刑竟，拜议郎。司寇，二岁刑。玺，斯氏翻。至是，诏以东方盗贼昌炽，炽，尺志翻。令公卿选将帅有文武材者。司徒尹颂荐颎，段颎传作"讼"，帝纪作"颂"；作"颂"为是。拜中郎将，击举、窦等，大破斩之，获首万余级，余党降散。降，户江翻。封颎为列侯。

5 冬，十二月，地【章：乙十六行本"地"上有"京师"二字；乙十一行本同。】震。

6 封梁不疑子马为颍阴侯，梁胤子桃为城父侯。城父县，属汝南郡。考异曰：袁纪：马、桃封在建和元年；"马"作"焉"，"桃"作"祧"。今从范书。

容肇祖标点顾颉刚聂崇岐覆校

资治通鉴卷第五十四

翰林学士兼侍读学士朝散大夫右谏议大夫
知制诰判尚书都省兼提举万寿观公事上护军 司马光 奉敕编集
河内郡开国侯食邑一千三百户赐紫金鱼袋臣

后学天台 胡三省 音注

汉纪四十六 起强圉作噩（丁酉），尽昭阳单阏（癸卯），凡七年。

孝桓皇帝上之下

永寿三年（丁酉、一五七）

1 春，正月，己未，赦天下。

2 居风令贪暴无度，居风县，属九真郡。交州记曰：山有风门，常有风。县人朱达等与蛮夷同反，攻杀令，聚众至四五千人。夏，四月，进攻九真，九真太守兒式战死。守，式又翻。兒，五兮翻。诏九真都尉魏朗讨破之。

3 闰月，庚辰晦，日有食之。

4 京师蝗。

5 或上言："民之贫困以货轻钱薄，宜改铸大钱。"事下四府下，遐稼翻。四府，三公府及大将军府。群僚及太学能言之士议之。太学生刘陶上议曰："当今之忧，不在于货，在乎民饥。窃见比年已来，比，毗至翻。良苗尽于蝗螟之口，杼轴空于公私之求。民所患者，岂谓钱货之厚薄，铢两之轻重哉！就使当今沙砾化为南金，瓦石变为和玉，贤曰：诗曰：大赂南金。和玉，卞和之玉。砾，郎狄翻。使百姓渴无所饮，饥无所食，虽皇、羲之纯德，天地初立，有天皇氏，澹泊无所施为而民自化。伏羲氏始画八卦，造书契以代结绳之政。去洪荒之世未远，故其风朴略。唐、虞之文明，犹不能以保萧墙之内也。郑氏曰：萧，肃也。墙，谓屏也。君臣相见之礼，至屏而加肃敬焉，是以谓之萧墙。盖民可百年无货，不可一朝有饥，故食为至急也。议者不达农殖之本，多言铸冶之便。盖万人铸之，一人夺之，犹不能给；况今一人铸之，则万人夺之乎！虽以阴阳为炭，万物为铜，贾谊服赋之言。役不食之民，使不饥之士，犹不能足无厌之求也。厌，于盐翻；下同。夫欲民殷财阜，扬子曰：君人者务在殷民阜财。要在止役禁夺，则百姓不劳而足。陛下愍海内之忧戚，欲铸钱齐货以救其弊，犹养鱼沸鼎之中，栖鸟烈火之上；水、木，本鱼鸟之所生也，用之不时，必至焦烂。愿陛下宽锲薄之禁，贤曰：锲，刻也，音口结翻。后冶铸之议，听民庶之谣吟，问路叟之所忧，通下情也。贤曰：列子曰：昔尧理天下五十年，不知天下理乱，尧乃微服游于康衢，儿童谣曰："立我蒸民，莫匪尔极，不识不知，顺帝之则。"说苑曰：孔子行游中路，闻哭者其音甚悲。孔子避车而问之曰："夫子非有丧也，何哭之悲？"虞丘子对曰："吾有三失：吾少好学，周遍天下，还，后吾亲丧，是一失也。事君骄奢不遂，是二失也。厚交友而后绝，是三失也。"瞰三光之文耀，视山河之分流，瞰，苦鉴翻，视也。贤曰：三光，日、月、星也。分，谓山。流，谓河。言日、月有谪食之变，星、辰有错行之异，故视其文耀也。山崩、川竭，皆亡之征，不可不察。天下之心，国家大事，粲然皆见，无有遗惑者矣。伏念当今地广而不得耕，民众而无所食，群小竞进，秉国之位，鹰扬天下，乌钞求饱，钞，楚交翻。吞肌及骨，并噬无厌。诚恐卒有役夫、穷匠起于版筑之间，卒，读曰猝。贤曰：役夫，谓如陈涉起蕲也。穷匠，谓如骊山之徒也。余谓陈涉、黥布皆可以言役夫，穷匠则山阳铁官徒苏令等是也。投斤攘臂，登高远呼，呼，火故翻。使愁怨之民响应云合，虽方尺之钱，何有能救其危也！”言虽钱大方尺，亦不能救天下之乱也。遂不改钱。

6 冬，十一月，司徒尹颂薨。考异曰：袁纪在六月。今从范书。

7 长沙蛮反，寇益阳。益阳县属长沙郡。贤曰：县在益水之阳，今潭州县，故城在县东。

8 以司空韩缜为司徒；缜，以善翻。以太常北海孙朗为司空。

延熹元年(戊戌、一五八)

1 夏，五月，甲戌晦，日有食之。太史令陈授因小黄门徐璜陈“日食之变咎在大将军冀”。冀闻之，讽雒阳收考授，讽雒阳令收考之也。死于狱。帝由是怒冀。考异曰：袁纪曰：“冀以私憾专杀议郎邴尊，上益怒。”今从范书。

2 京师蝗。

3 六月，戊寅，赦天下，改元。

4 大雩。公羊传曰：大雩，旱祭也。何休注曰：君亲之南郊，以六事谢过，自责曰：政不善欤？民失职欤？宫室崇欤？妇谒盛欤？苞苴行欤？谗夫昌欤？使童男女各八人舞而呼雩，故谓之雩。郑玄曰：雩，吁嗟求雨之祭也。服虔曰：雩，远也，远为百谷祈膏雨也。陆佃曰：雩，雨不雨未定也。

5 秋，七月，甲子，太尉黄琼免；以太常胡广为太尉。

6 冬，十月，帝校猎广成，广成苑在河南新城县。遂幸上林苑。此上林苑在雒阳西。

7 十二月，南匈奴诸部并叛，与乌桓、鲜卑寇缘边九郡。帝以京兆尹陈龟为度辽将军。考异曰：按匈奴传，每除度辽将军辄书之，此陈龟及前李膺、后种暠皆不记，一时既不当有两官，今约其事，分著前后。龟临行，上疏曰：“臣闻三辰不轨，言三辰之行不顺轨也。擢士为相；蛮夷不恭，拔卒为将。臣无文武之材而忝鹰扬之任，诗曰：维师尚父，时维鹰扬。尔雅翼：鹰好扬，隼好翔，故以比尚父之武。虽殁躯体，无所云补。今西州边鄙，土地塉埆，塉，秦昔翻。贤曰：埆，音觉，又音确，土薄也。民数更寇虏，数，所角翻。更，工衡翻；下租更同。室家残破，虽含生气，实同枯朽。往岁并州水雨，灾螟互生，稼穑荒耗，租更空阙。贤曰：更，谓卒更钱也。陛下以百姓为子，焉可不垂抚循之恩哉！焉，于虔翻。古公、西伯天下归仁，古公亶父避狄，去邠居岐，从之者如归市。帝王世纪曰：西伯至仁，百姓襁负而至。岂复舆金辇宝以为民惠乎！复，扶又翻。陛下继中兴之统，承光武之业，临朝听政而未留圣意。且牧守不良，或出中官，谓牧守出于中官之所引用也。惧逆上旨，取过目前。过，度也。呼嗟之声，招致灾害，胡虏凶悍，悍，下罕翻，又侯旰翻。因衰缘隙；而令仓库单于豺狼之口，单，与殚同，尽也。功业无铢两之效，十絫为铢，二十四铢为两。皆由将帅不忠，聚奸所致。前凉州刺史祝良，初除到州，多所纠罚，太守令长，贬黜将半，长，知两翻。政未逾时，功效卓然，实应赏异，以劝功能；改任牧守，去斥奸残；去，羌吕翻。又宜更选匈奴、乌桓护羌中郎将、校尉，护匈奴中郎将，护乌桓、护羌校尉。更，工衡翻。校，户教翻。简练文武，授之法令；除并、凉二州今年租、更，租，赋也。更，役也。更，工衡翻；下同。宽赦罪隶，扫除更始；则善吏知奉公之佑，恶者觉营私之祸，胡马可不窥长城，塞下无候望之患矣。”帝乃更选幽、并刺史，自营、郡太守、都尉以下，多所革易。京兆虎牙营、扶风雍营，皆都尉领之。诸郡各有太守、都尉。下诏为陈将军除并、凉一年租赋，以赐吏民。为，于伪翻。龟到职，州郡重足震栗，言重足而立也。重，音直龙翻。省息经用，岁以亿计。

诏拜安定属国都尉张奂为北中郎将，按奂传，即护匈奴中郎将。以讨匈奴、乌桓等。匈奴、乌桓烧度辽将军门，贤曰：时度辽将军屯五原。引屯赤坑，烟火相望，兵众大恐，各欲亡去。奂安坐帷中，与弟子讲诵自若，军士稍安。乃潜诱乌桓，阴与和通，诱，音酉。遂使斩匈奴、屠各渠帅，屠各，匈奴别种也。屠，直於翻。帅，所类翻。袭破其众，诸胡悉降。奂以南单于车儿不能统理国事，乃拘之，奏立左谷蠡王为单于。谷蠡，音鹿黎。诏曰："春秋大居正；车儿一心向化，何罪而黜！其遣还庭！"言春秋之义大居正。贤曰：春秋法五始之要，故经曰：元年，春，正月。言王者即位之年宜大开恩，宥其居正。车儿即是桓帝即位之建和元年立，自立以来一心向化，宜宽宥之。考异曰：袁纪："元康元年，四月，中郎将张奂以车儿不能治国事，上言更立左鹿蠡王都绀为单于；诏不许。"范书匈奴传在延熹元年，今从之。

8 大将军冀与陈龟素有隙，谮其沮毁国威，挑取功誉，沮，在吕翻。贤曰：挑，犹取也，独取其名，如挑战之义，音徒了翻。不为胡虏所畏，坐征还，以种暠为度辽将军。种，音冲。暠，工老翻。龟遂乞骸骨归田里，复征为尚书。复，扶又翻。冀暴虐日甚，龟上疏言其罪状，请诛之，帝不省。省，悉景翻。龟自知必为冀所害，不食七日而死。东都之臣以死攻外戚者，郑弘、陈龟二人而已。种暠到营所，先宣恩信，诱降诸胡，其有不服，然后加讨；羌虏先时有生见获质于郡县者，质，音致。悉遣还之；诚心怀抚，信赏分明，由是羌、胡皆来顺服。暠乃去烽燧，除候望，去，羌吕翻。边方晏然无警；入为大司农。

二年（己亥、一五九）

1 春，二月，鲜卑寇雁门。

2 蜀郡夷寇蚕陵。贤曰：蚕陵县属蜀郡，故城在今翼州翼水县西；有蚕陵山，因以名焉。宋白曰：翼州卫山县，本汉蚕陵县地。故城在县西，有蚕陵山。

3 三月，复断刺史、二千石行三年丧。永兴二年，听行三年丧。断，丁管翻。

4 夏，京师大水。

5 六月，鲜卑寇辽东。

6 梁皇后恃姊、兄荫势，姊顺烈皇后，兄大将军冀也。荫，庇也。今人谓凭借世资得官者为荫官，盖取木为喻，言能荫庇其本根也。恣极奢靡，兼倍前世，专宠妒忌，六宫莫得进见。及太后崩，恩宠顿衰。后既无嗣，每宫人孕育，鲜得全者。鲜，息浅翻。帝虽迫畏梁冀，不敢谴怒，然进御转希，按周礼注：郑众云：六宫后五前一。王之妃百二十人：后一人，夫人三人，嫔九人，世妇二十七人，女御八十一人。郑玄曰：六宫，谓后也。妇人称寝曰宫，宫，隐蔽之言。后象王，立六宫而居之，亦正寝一，燕寝五，夫人以下，分居后之六宫。每宫九嫔一人，世妇三人，女御九人；其馀九嫔三人，世妇九人，女御二十七人，从后唯所燕息焉。从后者，五日而沐浴，其次又上，十五日而遍云。夫人如三公，从容论妇礼，此礼所谓"以时御叙于王所"者也。郑玄又曰：凡群妃御见之法，月与后妃其象也，卑者宜先，尊者宜后。女御八十一人当九夕，世妇二十七人当三夕，九嫔九人当一夕，三夫人当一夕，后当一夕，十五日而遍。自望后反之。按二郑所云，汉之宫中，贯鱼无序，专房之宴，蔽固后宫，宁复有此制乎！后益忧恚。恚，於避翻。秋，七月，丙午，皇后梁氏崩。乙丑，葬懿献皇后于懿陵。贤曰：谥法：温和圣善曰懿；聪明睿知曰献。

梁冀一门，前后七侯，三皇后，冀祖雍封乘氏侯，冀封襄邑侯；及嗣乘氏侯，又封其子胤襄邑侯，弟不疑颍阳侯，蒙西平侯，不疑子马颍阴侯，胤子桃城父侯，是七封侯也。恭怀、顺烈、懿献三皇后。六贵人，二大将军，夫人、女食邑称君者七人，尚公主者三人，其馀卿、将、尹、校五十七人。卿，九卿也。将，中郎将也。尹，河南、京兆尹也。校，诸校尉也。校，户教翻。冀专擅威柄，凶恣日积，宫卫近侍，并树所亲，贤曰：树，置也。禁省起居，纤微必知。其四方调发，调，徒吊翻。岁时贡献，皆先输上第于冀，贤曰：上第，第一也。乘舆乃其次焉。乘，绳证翻。吏民赍货求官、请罪者，道路相望。请罪，谓请求以脱罪也。百官迁召，皆先到冀门笺檄谢恩，字书：笺，表也，识也，书也。左雄传，文吏课笺奏。自后世言之，奏者达之天子，笺者用之中宫、东宫、将相大臣，檄者征召传令用之，非所以谢恩也。窃意自蔡伦造纸之后，用纸书者曰笺，用木书者曰檄，故言笺檄谢恩也。然后敢诣尚书。下邳吴树为宛令，宛，於元翻。之官辞冀，冀宾客布在县界，以情托树，树曰："小人奸蠹，比屋可诛。明将军处上将之位，宜崇贤善以补朝阙。比，部必翻，又毗寐翻，连次也。补朝阙，谓补朝政之阙也。处，昌吕翻。朝，直遥翻。自侍坐以来，坐，徂卧翻。未闻称一长者，而多托非人，诚非敢闻！"冀默然不悦。树到县，遂诛杀冀客为人害者数十人。树后为荆州刺史，辞冀，冀鸩之，出，死车上。辽东太守侯猛初拜，不谒冀，冀托以他事腰斩之。郎中汝南袁著，年十九，诣阙上书曰："夫四时之运，功成则退，蔡泽之言。高爵厚宠，鲜不致灾。鲜，息浅翻。今大将军位极功成，可为至戒；宜遵县车之礼，县，读曰悬。高枕颐神。传曰：'木实繁者披枝害心。'范睢曰：木殖繁者披其枝，披其枝者伤其心。若不抑损盛权，将无以全其身矣！"冀闻而密遣掩捕，著乃变易姓名，托病伪死，结蒲为人，市棺殡送；冀知其诈，求得，笞杀之。太原郝絜、胡武，好危言高论，好，呼到翻。与著友善，絜、武尝连名奏记三府，荐海内高士，而不诣冀；冀追怒之，敕中都官移檄禽捕，司隶校尉领中都官徒千二百人，冀盖敕都官从事使移檄禽捕也。遂诛武家，死者六十馀人。絜初逃亡，知不得免，因舆榇奏书冀门，书入，仰药而死，家乃得全。安帝嫡母耿贵人薨，冀从贵人从子林虑侯承求贵人珍玩，不能得，冀怒，并族其家十馀人。人从，才用翻。涿郡崔琦以文章为冀所善，琦作外戚箴、白鹄赋以风；外戚箴曰："赫赫外戚，华宠煌煌。昔在帝舜，德隆英、皇；周兴三母，有莘崇汤；宣王晏起，姜后脱簪；齐桓好乐，卫姬不音。皆辅主以礼，扶君以仁，达才进善，以义济身。爰暨末叶，渐已颓亏，贯鱼不序，九御差池。晋国之难，祸起于丽。惟家之索，牝鸡之晨，专权擅爱，显己蔽人，陵长间旧，圮剥至亲，并后匹嫡，淫女毙陈。匪贤是上，番为司徒，荷爵负乘，采食名都，诗人是刺，德用不怃。暴辛惑妇，拒谏自孤，蝮蛇其心，纵毒不辜，诸父是杀，孕子是刳，天怒地忿，人谋鬼图，甲子昧爽，身首分离。初为天子，后为人螭，非但耽色，母后尤然；不相率以礼，而竞奖以权，先笑后号，卒以辱残，家国泯绝，宗庙烧燔。末嬉丧夏，褒姒毙周，妲己亡殷，赵灵沙丘。戚姬人豕，吕宗以败；陈后作巫，卒死于外；霍欲鸩子，身乃罹废。故曰，无谓我贵，天将尔摧；无恃常好，色有歇微；无怙常幸，爱有陵迟；无曰我能，天人尔违。患生不德，福有慎机，日不常中，月盈有亏，履道者固，仗势者危。微臣司戚，敢告在斯。”箴言外戚之祸深切，故具载之。怃，音呼。风，读曰讽。冀怒。琦曰：“昔管仲相齐，乐闻讥谏之言；乐，音洛。萧何佐汉，乃设书过之吏。今将军累世台辅，任齐伊、周，而德政未闻，黎元涂炭，不能结纳贞良以救祸败，反欲钳塞士口，塞，悉则翻。杜蔽主听，将使玄黄改色、鹿马易形乎！”玄黄者，天地之色也，使之改色，言将使天地颠倒也。鹿马易形，指赵高、秦二世之事。琦之论可谓深切矣。冀无以对，因遣琦归。琦惧而亡匿，冀捕得，杀之。

冀秉政几二十年，顺帝永和六年，冀为大将军。至是岁凡十九年。几，居希翻。威行内外，天子拱手，不得有所亲与，与，读曰豫。帝既不平之；及陈授死，帝愈怒。和熹皇后从兄子郎中邓香妻宣，生女猛，从，才用翻。香卒，宣更适梁纪；纪，孙寿之舅也。寿以猛色美，引入掖庭，为贵人，冀欲认猛为其女，易猛姓为梁。冀恐猛姊婿议郎邴尊沮败宣意，贤曰：沮，坏也，恐尊害败宣意，不从其改梁姓也。败，补迈翻。遣客刺杀之。刺，七亦翻。又欲杀宣，宣家与中常侍袁赦相比，贤曰：相邻比也。比，音毗至翻，又音毗。冀客登赦屋，欲入宣家，赦觉之，鸣鼓会众以告宣。宣驰入白帝，帝大怒，因如厕，独呼小黄门史唐衡，小黄门史，小黄门之掌书者也。问：“左右与外舍不相得者，谁乎？”左右，谓宦官也。贤曰：外舍，谓皇后家也。衡对：“中常侍单超、单，音善。小黄门史左悺与梁不疑有隙；悺，工唤翻，又音绾。中常侍徐璜、黄门令具瑗具，姓也；左传有具丙。瑗，于眷翻。考异曰：宦者传作“中常侍贝瑗”，今从梁冀传。常私忿疾外舍放横，横，户孟翻。口不敢道。”于是帝呼超、悺入室，谓曰：“梁将军兄弟专朝，朝，直遥翻。迫胁内外，公卿以下，从其风旨，今欲诛之，于常侍意如何？”超等对曰：“诚国奸贼，当诛日久；臣等弱劣，未知圣意如何耳。”帝曰：“审然者，常侍密图之。”对曰：“图之不难，但恐陛下腹中狐疑。”帝曰：“奸臣胁国，当伏其罪，何疑乎！”于是召璜、瑗五人共定其议，帝啮超臂出血为盟。啮，倪结翻，噬也。超等曰：“陛下今计已决，勿复更言，复，扶又翻。恐为人所疑。”

冀心疑超等，八月，丁丑，使中黄门张恽入省宿，以防其变。使恽入禁中直宿，以防超等；而无上旨，径使恽入，自恃威行宫省，故敢然。恽，于粉翻。具瑗敕吏收恽，以“辄从外入，欲图不轨。”言欲谋逆，不由轨道也。帝御前殿，召诸尚书入，发其事，使尚书令尹勋持节勒丞、郎以下皆操兵守省阁，丞、郎，尚书左、右丞及尚书郎也。操，七刀翻。敛诸符节送省中，使具瑗将左右厩驺、贤曰：驺，骑士也。余按续汉志：太仆旧有六厩，中兴省约，但置一厩，曰未央厩，主乘舆及厩中诸马。后又置左骏令厩，别主乘舆御马。未央厩卒驺二十人，右骏厩从可知也。虎贲、羽林、都候剑戟士续汉志：左右都候各一人，秩六百石，主剑戟士，徼循宫中及天子有所收考，属卫尉。合千馀人，与司隶校尉张彪共围冀第，使光禄勋袁盱持节收冀大将军印绶，盱，音吁。徙封比景都乡侯。冀及妻寿即日皆自杀；不疑、蒙先卒。悉收梁氏、孙氏中外宗亲送诏狱，无少长皆弃市；少，诗照翻。长，知两翻。他所连及公卿、列校、刺史、二千石，死者数十人。校，户教翻。太尉胡广、司徒韩缜、司空孙朗皆坐阿附梁冀，不卫宫，止长寿亭，减死一等，免为庶人。故吏、宾客免黜者三百馀人，朝廷为空。为，于伪翻。是时，事猝从中发，使者交驰，公卿失其度，官府市里鼎沸，数日乃定；百姓莫不称庆。收冀财货，县官斥卖，合三十馀万万，以充王府用，减天下税租之半，散其苑囿，以业穷民。

7 壬午，立梁贵人为皇后，追废懿陵为贵人冢。帝恶梁氏，恶，乌路翻。改皇后姓为薄氏，以文帝薄太后家谨良也。久之，知为邓香女，乃复姓邓氏。

8 诏赏诛梁冀之功，封单超、徐璜、具瑗、左悺、唐衡皆为县侯，超食二万户，璜等各万馀户，世谓之五侯。单超新丰侯，徐璜武原侯，具瑗东武阳侯，左悺上蔡侯，唐衡汝阳侯也。仍以悺、衡为中常侍。又封尚书令尹勋等七人皆为亭侯。贤曰：尹勋宜阳都乡，霍谞邺都亭，张敬山阳曲乡，欧阳参修武仁亭，李玮宜阳金门，虞放冤句吕都亭，周永下邳高迁乡。

9 以大司农黄琼为太尉，光禄大夫中山祝恬为司徒，大鸿胪梁国盛允为司空。胪，陵如翻。按西羌传有北海太守盛苞，其先姓奭，避元帝讳，改姓盛。按战国时，秦有盛桥，则先自有盛姓。

是时，新诛梁冀，天下想望异政，黄琼首居公位，乃举奏州郡素行暴污，至死徙者十馀人，行，下孟翻。海内翕然称之。

琼辟汝南范滂。滂少厉清节，为州里所服。滂，普郎翻。少，诗照翻。尝为清诏使，风俗通曰：汝南周勃，辟太尉清诏使。范史，第五种以司徒清诏使冀州。贤注云：盖三公府有清诏员以承诏使也。使，疏吏翻。案察冀州，滂传曰：时冀州饥荒，盗贼群起，以滂为清诏使案察之。滂登车揽辔，慨然有澄清天下之志。守令臧污者，皆望风解印绶去；其所举奏，莫不厌塞众议。塞，悉则翻。会诏三户【章：乙十六行本“户”作“府”；乙十一行本同；孔本同；熊校同。】掾属举谣言，汉官仪曰：三公听采长吏臧否，民所疾苦，还条奏之，是为举谣言也。顷者举谣言，掾、属、令史都会殿上，主者大言州郡行状云何，善者同声称之，不善者默尔衔枚。

滂奏刺史、二千石权豪之党二十馀人。尚书责滂所劾猥多，劾，户概翻，又户得翻。疑有私故；滂对曰："臣之所举，自非叨秽奸暴，深为民害，岂以污简札哉！污，乌故翻。闲以会日迫促，会日，谓三府掾、属会于朝堂之日也。故先举所急，其未审者，方更参实。参考以究其实也。臣闻农夫去草，去，羌吕翻。嘉谷必茂；忠臣除奸，王道以清。若臣言有贰，甘受显戮！"尚书不能诘。诘，去吉翻。

10 尚书令陈蕃上疏荐五处士，处，昌吕翻。豫章徐稚、彭城姜肱、姓谱：本自炎帝，居于姜水，因以为氏。汝南袁闳、京兆韦著、颍川李昙；昙，徒含翻。考异曰：范书徐稚传云："延熹二年，尚书令陈蕃、仆射胡广等上书荐稚。"袁纪："五年，尚书令陈蕃荐五处士。"按二年，胡广已为太尉，五年，蕃已为光禄勋。今置在二年，从范书；去广名，从袁纪。帝悉以安车、玄纁备礼征之，皆不至。

稚家贫，常自耕稼，非其力不食，恭俭义让，所居服其德；屡辟公府，不起。陈蕃为豫章太守，以礼请署功曹；稚不之免，不辞免也。既谒而退。蕃性方峻，不接宾客，唯稚来，特设一榻，去则县之。榻，坐榻也，亦谓之床。县，读曰悬。后举有道，有道举，见五十卷安帝建光元年。家拜太原太守，贤曰：就家而拜之也。皆不就。稚虽不应诸公之辟，然闻其死丧，辄负笈赴吊。笈，极晔翻。常于家豫炙鸡一只，以一两绵絮渍酒中暴乾，暴，步木翻，日晒也。乾，音干。以裹鸡，径到所赴冢隧外，以水渍绵，使有酒气，斗米饭，白茅为藉，以鸡置前，醊酒毕，醊，株卫翻，酹酒也。留谒则去，谒，犹刺也。不见丧主。

肱与二弟仲海、季江俱以孝友著闻，闻，音问。常同被而寝，不应征聘。肱尝与弟季江俱诣郡，夜于道为盗所劫，欲杀之，肱曰："弟年幼，父母所怜，又未聘娶，愿杀身济弟。"季江曰："兄年德在前，家之珍宝，国之英俊，乞自受戮，以代兄命。”盗遂两释焉，但掠夺衣资而已。既至，郡中见肱无衣服，怪问其故，肱托以他辞，终不言盗。盗闻而感悔，就精庐求见征君，贤曰：精庐，即精舍也。以其尝蒙征聘，故称为征君。叩头谢罪，还所略物。肱不受，劳以酒食而遣之。劳，力到翻。帝既征肱不至，乃下彭城，下，遐稼翻。使画工图其形状。肱卧于幽暗，以被韬面，贤曰：韬，藏也。言患眩疾，不欲出风，工竟不得见之。

闳，安之玄孙也，袁安历事明、章、和，以忠笃称。苦身修节，不应辟召。

著隐居讲授，不修世务。

昙继母苦【章：乙十六行本“苦”作“酷”；乙十一行本同；孔本同；退斋校同。】烈，昙奉之逾谨，得四时珍玩，未尝不先拜而后进，乡里以为法。

帝又征安阳魏桓，安阳县，属汝南郡。其乡人劝之行，桓曰：“夫干禄求进，所以行其志也。今后宫千数，其可损乎？厩马万匹，其可减乎？左右权豪，其可去乎？”去，羌吕翻。皆对曰：“不可。”桓乃慨然叹曰：“使桓生行死归，于诸子何有哉！”贤曰：若忤时强谏，死而后归，于诸劝行者复何益也。遂隐身不出。

11 帝既诛梁冀，故旧恩私，多受封爵：追赠皇后父邓香为车骑将军，封安阳侯；更封后母宣为昆阳君，兄子康、秉皆为列侯，宗族皆列校、郎将，列校，谓北军五校尉。郎将，即三署中郎将。校，户教翻。赏赐以巨万计。中常侍侯览上缣五千匹，上，时掌翻；下同。帝赐爵关内侯，又托以与议诛冀，与，读曰豫。进封高乡侯；又封小黄门刘普、赵忠等八人为乡侯，自是权势专归宦官矣；五侯尤贪纵，倾动内外。时灾异数见，数，所角翻。见，贤遍翻。白马令甘陵李云露布上书，移副三府白马县，属东郡。

贤曰：露布，谓不封之也，并以副本上三公府也。曰："梁冀虽恃【章：乙十六行本"恃"作"持"；乙十一行本同。】权专擅，虐流天下，今以罪行诛，犹召家臣搤杀之耳，家臣，谓犹古之家相也。搤，乙革翻。而猥封谋臣万户以上；谓单超等五侯也。高祖闻之，得无见非！谓高祖之约，非有功不侯。西北列将，得无解体！贤曰：列将，谓皇甫规、段颎等。孔子曰：'帝者，谛也。'春秋运斗枢曰：五帝修名立功，修德成化，统调阴阳，招类使神，故称帝。帝之为言谛也。郑玄注云：审谛于物色也。今官位错乱，小人谄进，财货公行，政化日损；尺一拜用，贤曰：尺一之板，谓诏策也，见汉官仪。又曰：尺一，谓板长尺一，以写诏书也。不经御省，御，进也。省，悉井翻，犹今言省审也。是帝欲不谛乎！"帝得奏震怒，下有司逮云，下，遐稼翻；下同。诏尚书都护剑戟送黄门北寺狱，都，总也。护，监也。诏尚书总监左右都候剑戟士，防送云诣狱也。或曰："都护"当作"都候"。贤曰：前书音义曰：北寺狱，即若卢狱。使中常侍管霸与御史、廷尉杂考之。时弘农五官掾杜众伤云以忠谏获罪，续汉志：郡有五官掾，署功曹及诸曹事。上书"愿与云同日死"，帝愈怒，遂并下廷尉。大鸿胪陈蕃上疏曰："李云所言，虽不识禁忌，干上逆旨，其意归于忠国而已。昔高祖忍周昌不讳之谏，谓周昌比高祖于桀、纣也。成帝赦朱云腰领之诛，事见三十二卷成帝元延元年。今日杀云，臣恐剖心之讥，复议于世矣！"谓暴如商受，剖贤人之心也。复，扶又翻；下同。太常杨秉、雒阳市长沐茂、汉官曰：雒阳市长秩四百石，属大司农。沐，音木。集韵曰：姓也。风俗通，汉有东平太守沐宠。郎中上官资并上疏请云。帝恚甚，恚，於避翻。有司奏以为大不敬；盖三公及尚书奏也。诏切责蕃、秉，免归田里，茂、资贬秩二等。时帝在濯龙池，濯龙池，在濯龙园中，近北宫。管霸奏云等事，霸跪言曰："李云草泽愚儒，杜众郡中小吏，出于狂戆，不足加罪。"戆，陟降翻。帝谓霸曰："'帝欲不谛’，是何等语，而常侍欲原之邪！”顾使小黄门可其奏，云、众皆死狱中，霸跪奏若为云等言，而狱辞则致之死也。于是嬖宠益横。太尉琼自度力不能制，横，户孟翻。度，徒洛翻。乃称疾不起，上疏曰：“陛下即位以来，未有胜政，言政事未有以胜于前朝也。诸梁秉权，竖宦充朝，朝，直遥翻。李固、杜乔既以忠言横见残灭，而李云、杜众复以直道继踵受诛，横，户孟翻。复，扶又翻。海内伤惧，益以怨结，朝野之人，以忠为讳。尚书周永，素事梁冀，假其威势，见冀将衰，乃阳毁示忠，阳毁梁氏以示忠于帝室。遂因奸计，亦取封侯。周永与尹勋同封侯，注见上。又，黄门挟邪，群辈相党，自冀兴盛，腹背相亲，朝夕图谋，共构奸轨；临冀当诛，无可设巧，复托其恶以要爵赏。要，一遥翻。陛下不加清征，范书黄琼传，“征”作“澂”。澂，与澄同。譬之水也，若清澄则尘翳在上，滓浊在下，不可得而混矣。审别真伪，别，彼列翻。复与忠臣并时显封，【章：乙十六行本“封”下有“使朱紫共色”五字；乙十一行本同；孔本同；张校同；退斋校同。】粉墨杂糅，糅，汝救翻。所谓抵金玉于砂砾，贤曰：抵，投也，音纸。碎珪璧于泥涂，四方闻之，莫不愤叹。臣世荷国恩，琼父香为尚书令，甚为和帝所亲重。荷，下可翻。身轻位重，敢以垂绝之日，陈不讳之言。”书奏，不纳。

12 冬，十月，壬申，上行幸长安。

13 中常侍单超疾病；壬寅，以超为车骑将军。孙程之死，追赠车骑将军，今及超之生存授之。

14 十二月，己巳，上还自长安。

15 烧当、烧何、当煎、勒姐等八种羌寇陇西金城塞，姐，音紫，又音且也翻。种，章勇翻。护羌校尉段颎击破之，追至罗亭，贤曰：东观记曰：追到积石山。即与罗亭相近，在今鄯州。斩其酋豪以下二千级，获生口万馀人。酋，慈由翻。

16 诏复以陈蕃为光禄勋，杨秉为河南尹。单超兄子匡为济阴太守，济，子礼翻。负势贪放。兖州刺史第五种使从事卫羽案之，百官志：十二州刺史皆有从事史，员职略与司隶同，无都官从事；其功曹从事为治中从事；其部郡国从事，每郡国各一人，主督促文书，察举非法：皆州自辟除，通为百石。得臧五六千万，种即奏匡，并以劾超。匡窘迫，赂客任方刺羽。劾，户概翻，又户得翻。羽觉其奸，捕方，囚系雒阳。匡虑杨秉穷竟其事，密令方等突狱亡走。尚书召秉诘责，秉对曰："方等无状，衅由单匡，乞槛车征匡，考核其事，则奸慝踪绪，必可立得。"秉竟坐论作左校。校，户教翻。时泰山贼叔孙无忌寇暴徐、兖，州郡不能讨，单超以是陷第五种，坐徙朔方；考异曰：杨秉传作"超弟"，宦者传作"弟子"，今从第五种传。范书，李云死在延熹三年春，袁纪在二年秋。按杨秉传："三年，坐救云免归田里，其年冬，复征拜河南尹，坐单匡使客任方刺卫羽，系狱亡走，论作左校。"第五种传："匡遣客刺羽，超积忿，以事陷种。"若如范书，则云死时单超已卒，何得更能陷种！又云书所论者立邓后与封五侯事，皆在二年；袁纪似近之。种传又云："卫羽为种说叔孙无忌，无忌率其党与三十馀人降。"按帝纪："延熹三年十一月，无忌攻杀都尉侯章。"又臧旻讼种书，称"种所坐盗贼公负，筋力未就。"然则种必不能降无忌，此说妄也。超外孙董援为朔方太守，稸怒以待之。稸，与蓄同。种故吏孙斌知种必死，斌，与彬同。结客追种，及于太原，劫之以归，亡命数年，会赦得免。种，伦之曾孙也。第五伦历事光、明。

是时，封赏逾制，内宠猥盛。陈蕃上疏曰："夫诸侯上象四七，贤曰：上象四七，谓二十八宿，各主诸侯之分野。藩屏上国；屏，必郢翻。高祖之约，非功臣不侯。而闻追录河南尹邓万世父遵之微功，帝以邓后故，录遵破羌之功，绍封万世为南乡侯。更爵尚书令黄隽先人之绍【章：乙十六行本"绍"作"绝"；乙十一行本同；孔本同；退斋校同。】封，近习以非义授邑，左右以无功传赏，至乃一门之内，侯者数人，故纬象失度，阴阳谬序。纬，于贵翻。臣知封事已行，封事，谓封爵之事也。言之无及，诚欲陛下从是而止。又，采女数千，皇后纪曰：光武中兴，六宫称号，唯皇后、贵人。贵人金印紫绶，奉不过粟数十斛。又置美人、宫人、采女三等，并无爵，岁时赏赐充给。今采女数千，女宠盛矣。食肉衣绮，脂油粉黛，不可赀计。贤曰：赀，量也。衣，于既翻。鄙谚言'盗不过五女门'，以女贫家也；今后宫之女，岂不贫国乎！"帝颇采其言，为出宫女五百馀人，为，于伪翻。但赐隽爵关内侯，而封万世南乡侯。

帝从容问侍中陈留爰延："朕何如主也？"从，千容翻。对曰："陛下为汉中主。"中主，为中材之主，言可以上可以下，顾辅佐者何如耳。帝曰："何以言之？"对曰："尚书令陈蕃任事则治，中常侍黄门与政则乱：与，读曰豫。是以【章：乙十六行本"以"下有"知"字；乙十一行本同；孔本同。】陛下可与为善，可与为非。"前书曰：齐桓公，管仲相之则霸，竖刁辅之则乱。可与为善，可与为恶，是谓中人。帝曰："昔朱云廷折栏槛，折，而设翻。今侍中面称朕违，敬闻阙矣。"拜五官中郎将，累迁大鸿胪。胪，陵如翻。会客星经帝坐，帝坐一星，在太微宫中。坐，徂卧翻。帝密以问延，延上封事曰："陛下以河南尹邓万世有龙潜之旧，封为通侯，恩重公卿，惠丰宗室；加顷引见，与之对博，博塞之戏也。上下媟黩，有亏尊严。媟，私列翻。臣闻之，帝左右者，所以咨政德也。善人同处，则日闻嘉训；处，昌吕翻。恶人从游，则日生邪情。惟陛下远谗谀之人，远，于愿翻。纳謇謇之士，则灾变可除。"帝不能用。延称病，免归。

三年（庚子、一六〇）

1 春，正月，丙申，赦天下，诏求李固后嗣。初，固既策罢，事见上卷质帝本初元年。知不免祸，乃遣三子基、兹、燮皆归乡里。时燮年十三，姊文姬为同郡赵伯英妻，见二兄归，具知事本，事本，谓事之所由生也。默然独悲曰："李氏灭矣！自太公已来，贤曰：太公，谓祖父郃也。积德累仁，何以遇此！"密与二兄谋，豫藏匿燮，先事而图之曰豫。托言还京师，人咸信之。有顷，难作，难，乃旦翻。州郡收基、兹，皆死狱中。文姬乃告父门生王成曰："君执义先公，有古人之节；今委君以六尺之孤，贤曰：六尺，谓年十五以下。李氏存灭，其在君矣！"成乃将燮乘江东下，入徐州界，变姓名为酒家佣，而成卖卜于市，各为异人，阴相往来。积十馀年，梁冀既诛，燮乃以本末告酒家，酒家具车重厚遣之，重，直用翻；下重至同。燮皆不受。遂还乡里，追行丧服，姊弟相见，悲感傍人。姊戒燮曰："吾家血食将绝，弟幸而得济，岂非天邪！宜杜绝众人，勿妄往来，慎无一言加于梁氏！加梁氏则连主上，祸重至矣，唯引咎而已。"妇人之识，丈夫有所不及焉。燮谨从其诲。后王成卒，燮以礼葬之，每四节为设上宾之位而祠焉。四节之祠，谓四时之祭也。为，于伪翻。

2 丙午，新丰侯单超卒，赐东园秘器，棺中玉具；玉具，即玉匣也。及葬，发五营骑士、将作大匠起冢茔。其后四侯转横，横，户孟翻。天下为之语曰："左回天，具独坐，回天，言权力能回天也。贤曰：独坐，言骄贵无偶也。徐卧虎，唐雨堕。"卧虎，言无人敢撄之也。雨之所堕，无不沾湿，言其流毒遍于天下也。考异曰：太子贤注范书，"雨堕"作"两堕"，云"随意所为不定"也。诸本"两"或作"雨"。按雨堕者，谓其性急暴如雨之堕，无有常处也。皆竞起第宅，以华侈相尚，其仆从皆乘牛车而从列骑，仆从，才用翻。兄弟姻戚，宰州临郡，辜较百姓，与盗无异，较，与榷同，音角。虐遍天下；民不堪命，故多为盗贼焉。

中常侍侯览，小黄门段珪，皆有田业近济北界，近，其靳翻。济，子礼翻。仆从宾客，劫掠行旅。济北相滕延，一切收捕，杀数十人，陈尸路衢。览、珪以事诉帝，延坐征诣廷尉，免。

左悺兄胜为河东太守，皮氏长京兆赵岐耻之，皮氏县，属河东郡。贤曰：故城在今绛州龙门县西。长，知两翻。即日弃官西归。唐衡兄玹为京兆尹，玹，音玄。素与岐有隙，收岐家属宗亲，陷以重法，尽杀之。岐逃难四方，难，乃旦翻。靡所不历，自匿姓名，卖饼北海市中；安丘孙嵩见而异之，安丘县，属北海郡。载与俱归，藏于复壁中。及诸唐死，遇赦，乃敢出。今孟子古注，岐所注也，其发题辞亦叙逃难之事。

3 闰月，西羌馀众复与烧何大豪寇张掖，复，扶又翻。晨，薄校尉段颎军。颎下马大战，至日中，刀折矢尽，折，而设翻。虏亦引退。颎追之，且斗且行，昼夜相攻，割肉食雪，四十馀日，遂至积石山，郡国志：积石山，在陇西郡河关县西南。贤曰：积石山，在今鄯州龙支县南。禹贡云：导河积石，即此是也。出塞二千馀里，斩烧何大帅，降其馀众而还。帅，师类翻。降，户江翻；下同。

4 夏，五月，甲戌，汉中山崩。

5 六月，辛丑，司徒祝恬薨。

6 秋，七月，以司空盛允为司徒，太常虞放为司空。

7 长沙蛮反，屯益阳，【张：“阳”下脱“与”字。】零陵蛮寇长沙。

8 九真馀贼屯据日南，众转强盛；诏复拜桂阳太守夏方为交趾刺史。复，扶又翻。夏，户雅翻。方威惠素著，冬十一月，日南贼二万馀人相率诣方降。

9 勒姐、零吾种羌围允街；姐，音紫，又且也翻。零，音怜。种，章勇翻。允，音铅。段颎击破之。

10 泰山贼叔孙无忌攻杀都尉侯章；遣中郎将宗资讨破之。诏征皇甫规，拜泰山太守。规到官，广设方略，寇虏悉平。

四年（辛丑、一六一）

1 春，正月，辛酉，南宫嘉德殿火；戊子，丙署火。百官志：丙署长七人，秩四百石，黄绶，宦者为之。主中宫别处。

2 大疫。

3 二月，壬辰，武库火。

4 司徒盛允免，以大司农种暠为司徒。考异曰：袁纪在去年。按祝恬薨后有盛允，允免，暠为司徒，相去半年，袁纪误也。今从范书。

5 三月，太尉黄琼免；夏，四月，以太常沛国刘矩为太尉。

初，矩为雍丘令，雍丘，属陈留郡，故杞国也。以礼让化民；有讼者，常引之于前，提耳训告，以为忿恚可忍，恚，於避翻。县官不可入，使归更思。讼者感之，辄各罢去。

6 甲寅，封河间孝王子参户亭侯博为任城王，奉孝王后。贤曰：杜预注左传曰：今丹水县北有三户亭，故城在今邓州内乡县西南。元嘉元年，任城王崇薨，无子，国绝，今以博绍封。河间孝王，开也。任城孝王，尚也。

7 五月，辛酉，有星孛于心。晋书天文志：心三星：中星曰明堂，天子位；前星为太子；后星为庶子。孛，蒲内翻。

8 丁卯，原陵长寿门火。原陵，光武陵。

9 己卯，京师雨雹。雨，于具翻。

10 六月，京兆、扶风及凉州地震。

11 庚子，岱山及博尤来山并颓裂。岱山在博县西北。贤曰：徂来山，一名尤来山。博，今博城县。余据二山并在博县界，而先书岱山；以尤来山系之博者，岱宗人皆知之，而尤来山则容有不知其在博县界者，故书法如此。

12 己酉，赦天下。

13 司空虞放免，以前太尉黄琼为司空。

14 犍为属国夷寇钞百姓。永初元年，以犍为南部都尉为犍为属国都尉，领朱提、汉阳二县。犍，居言翻。益州刺史山昱击破之。姓谱：山，古烈山氏之后，一曰：周有山师，掌山林，后以官为氏。

15 零吾羌与先零诸种反，寇三辅。种，章勇翻。

16 秋，七月，京师雩。公羊传曰：雩，旱祭也。

17 减公卿已下奉，贷王侯半租，孔颖达曰："已"与"以"字本同。洪氏隶释曰：济阴太守孟郁修尧庙碑，其文有曰"非所以表神圣"，曰"以一太牢春秋秩祠"，曰"是以好道之徒自远方集"，其字皆作"以"。曰"已章圣德"，曰"敦我已德，厉我已仁"，字皆作"已"。已、以义同，而字构异体，足以知自汉至唐，已、以二字通用矣。奉，扶用翻。贳，吐得翻，假借也。占卖关内侯、占，之赡翻。虎贲、羽林缇骑、营士、五大夫钱各有差。缇，他弟翻，又音啼。

18 九月，司空黄琼免，以大鸿胪东莱刘宠为司空。

宠尝为会稽太守，会，工外翻。守，式又翻。简除烦苛，禁察非法，郡中大治；治，直吏翻。征为将作大匠。山阴县有五六老叟，自若邪山谷间出，贤曰：若邪，在今越州会稽县东南。邪，读曰耶。人赍百钱以送宠曰："山谷鄙生，未尝识郡朝，朝，直遥翻。郡听事曰郡朝，公府听事曰府朝。他守时，吏发求民间，至夜不绝，或狗吠竟夕，民不得安。自明府下车以来，狗不夜吠，民不见吏；年老遭值圣明，今闻当见弃去，故自扶奉送。"宠曰："吾政何能及公言邪！勤苦父老！"为人选一大钱受之。今越州城西四十五里钱清镇，即父老送宠处。为，于伪翻。

19 冬，先零、沈氐羌与诸种羌寇并、凉二州，种，章勇翻；下同。校尉段颎将湟中义从讨之。湟中有义从胡，即小月氏胡也。从，才用翻。凉州刺史郭闳贪共其功，稽固颎军，贤曰：稽固，犹停留也。使不得进；义从役久恋乡旧，皆悉叛归。郭闳归罪于颎，颎坐征下狱，输作左校，下，遐稼翻。以济南相胡闳代为校尉。胡闳无威略，羌遂陆梁，覆没营坞，贤曰：说文曰：坞，小障也，一曰：庳城也；音乌古翻。转相招结，唐突诸郡，寇患转盛。泰山太守皇甫规上疏曰："今猾贼就灭，泰山略平，复闻群羌并皆反逆。复，扶又翻。臣生长邠岐，年五十有九，长，知两翻。邠，悲巾翻。昔为郡吏，再更叛羌，豫筹其事，有误中之言。谓知马贤必败也，事见五十二卷顺帝永和五年。更，工衡翻。中，竹仲翻。臣素有痼疾，恐犬马齿穷，不报大恩，愿乞冗官，冗，而陇翻。备单车一介之使，劳来三辅，使，疏吏翻。劳，力到翻。来，力代翻。宣国威泽，以所习地形兵势佐助诸军。臣穷居孤危之中，坐观郡将已数十年，自鸟鼠至于东岱，其病一也。贤曰：郡将，郡守也。鸟鼠，山名，在今渭州西，即先零羌寇钞处也。东岱为泰山，叔孙无忌反处也。皆由郡守不加绥抚，致使反叛，其病一也。尔雅翼：鸟鼠同穴之中，渭水出焉；其鸟为鵌，其鼠为鼵。鼵如人家鼠而短尾，鵌似鵽而小，黄黑色，入地三四尺，鼠在内，鸟在外。在陇西首阳县。沙州记云：寒岭去太阳川三十里，有鸟鼠同穴之山。将，即亮翻。力求猛敌，不如清平；勤明孙、吴，未若奉法。贤曰：言若求猛敌，不如抚以清平之政；明习兵书，不如郡守奉法，使之无反也。前变未远，臣诚戚之，贤曰：戚，忧也。前变，谓羌反。是以越职尽其区区。”诏以规为中郎将，持节监关西兵讨零吾等。监，古衔翻。十一月，规击羌，破之，斩首八百级。先零诸种羌慕规威信，相劝降者十馀万。降，户江翻；下同。

五年（壬寅、一六二）

1 春，正月，壬午，南宫丙署火。

2 三月，沈氐羌寇张掖、酒泉。皇甫规发先零诸种羌，共讨陇右，零，音怜。而道路隔绝，军中大疫，死者十三四。规亲入庵庐，庵，草屋。庐，寄舍也。毛晃曰：结草木曰庵，在野曰庐。巡视将士，三军感悦。东羌遂遣使乞降，凉州复通。复，扶又翻；下同。

先是安定太守孙隽受取狼藉，属国都尉李翕、督军御史张禀多杀降羌，李翕，盖安定属国都尉，然志无安定属国。以御史督军，故曰督军御史。先，悉荐翻。尔雅翼：狼，贪猛之兽；聚物而不整，故称狼藉。凉州刺史郭闳、汉阳太守赵熹并老弱不任职，任，音壬。而皆倚恃权贵，不遵法度。规到，悉条奏其罪，或免或诛；羌人闻之，翕然反善，沈氐大豪滇昌、饥恬等十馀万口复诣规降。滇，音颠。复，扶又翻。

3 夏，四月，长沙贼起，寇桂阳、苍梧。

4 乙丑，恭陵东阙火。恭陵，安帝陵。戊辰，虎贲掖门火。贲，音奔。五月，康陵园寝火。康陵，殇帝陵。

5 长沙、零陵贼入桂阳、苍梧、南海，交趾刺史及苍梧太守望风逃奔，遣御史中丞盛修督州郡募兵讨之，不能克。

6 乙亥，京师地震。

7 甲申，中藏府丞禄署火。百官志：中藏府，掌中币帛金银诸货物。秋七月，己未，南宫承善闼火。

8 鸟吾羌寇汉阳，陇西、金城诸郡兵讨破之。

9 艾县贼攻长沙郡县，艾县，属豫章郡。贤曰：故城在今洪州建昌县。按今洪州分宁，本汉艾县。又按宋白续通典：分宁县本武宁县，武宁县本汉西安县。西安县，后汉建安中分海昏县立；而建昌县乃永元中分海昏立，在建安之前。当是时，艾县故在，宋元嘉二年，废海昏移建昌居焉。艾故城在建昌界，贤注是也。杀益阳令，众至万馀人；谒者马睦督荆州刺史刘度击之，军败，睦、度奔走。零陵蛮亦反。冬十月，武陵蛮反，寇江陵，南郡太守李肃奔走，主簿胡爽扣马首谏曰："蛮夷见郡无儆备，故敢乘间而进。间，古苋翻。明府为国大臣，连城千里，举旗鸣鼓，应声十万，奈何委符守之重，而为逋逃之人乎！"肃拔刃向爽曰："掾促去！掾，俞绢翻。太守今急，何暇此计！"爽抱马固谏，肃遂杀爽而走。帝闻之，征肃，弃市；度、睦减死一等；复爽门闾，复，方目翻，除其赋役也。拜家一人为郎。

尚书朱穆举右校令山阳度尚为荆州刺史。右校令，掌右工徒，秩六百石，属将作大匠。赵明诚金石录有荆州刺史度尚碑云：其先出自颛顼，与楚同姓，熊缺之后。又曰：统国法度。按元和姓纂：古掌度之官，因以命氏，不言其与楚同姓也。辛丑，以太常冯绲为车骑将军，将兵十馀万讨武陵蛮。绲，古本翻。考异曰：帝纪："三年十二月，武陵蛮寇江陵，车骑将军冯绲讨，皆降散。荆州刺史度尚讨长沙蛮，平之。"此事当在今年三月，重出，误也。先是，所遣将帅，宦官多陷以折耗军资，往往抵罪，先，悉荐翻。折，而设翻。绲愿请中常侍一人监军财费。尚书朱穆奏"绲以财自嫌，失大臣之节；"有诏勿劾。监，古衔翻。劾，户概翻，又户得翻。绲请前武陵太守应奉与俱，拜从事中郎。将军出征，从事中郎职参谋议。十一月，绲军至长沙，贼闻之，悉诣营乞降。进击武陵蛮夷，斩首四千馀级，受降十馀万人，荆州平定。降，户江翻。诏书赐钱一亿，固让不受，振旅还京师，推功于应奉，荐以为司隶校尉；而上书乞骸骨，朝廷不许。

10 滇那羌寇武威、张掖、酒泉。滇，音颠。

11 太尉刘矩免，以太常杨秉为太尉。

12 皇甫规持节为将，还督乡里，既无他私惠，而多所举奏，又恶绝宦官，不与交通。恶，乌路翻。于是中外并怨，遂共诬规货赂群羌，令其文降，贤曰：谓以文簿虚降，非真心也。降，户江翻。帝玺书诮让相属。属，之欲翻。

规上书自讼曰："四年之秋，戎丑蠢戾，贤曰：蠢，动也。戾，乖也。旧都惧骇，旧都，谓长安。朝廷西顾。臣振国威灵，羌戎稽首，稽，音启。所省之费一亿以上。以为忠臣之义不敢告劳，诗小雅曰：密勿从事，不敢告劳，无罪无辜，谗口嚣嚣。故耻以片言自及微效，然比方先事，贤曰：先事，谓前辈败将也。庶免罪悔。前践州界，先奏孙隽、李翕、张禀；旋师南征，又上郭闳、赵熹，陈其过恶，执据大辟。上，时党翻。辟，毗亦翻。凡比五臣，支党半国，其馀墨绶下至小吏，所连及者复有百馀。吏托报将之怨，郡守谓之郡将。复，扶又翻。将，即亮翻。子思复父之耻，载赀驰车，怀粮步走，交构豪门，竞流谤讟，云臣私报诸羌，雠以钱货。雠，是周翻，偿也。若臣以私财，则家无担石；担，都滥翻。如物出于官，则文簿易考。易，以豉翻。就臣愚惑，信如言者，前世尚遗匈奴以宫姬，谓元帝以王昭君赐呼韩邪单于也。遗，于季翻。镇乌孙以公主；谓武帝以江都王建女细君妻乌孙王昆莫也。今臣但费千万以怀叛羌，则良臣之才略，兵家之所贵，将有何罪负义违理乎！自永初以来，将出不少，将出，即亮翻。少，诗沼翻。覆军有五，谓邓骘败于冀西，任尚败于平襄，司马钧败于丁奚城，马贤败于射姑山，赵冲败于鹯阴河。动资巨亿，有旋车完封，贤曰：言覆军之将，旋师之日，多载珍宝，封印完全，便入权门。余谓此言以朝廷供军之金币，不发封识而输之权门也。写之权门，而名成功立，厚加爵封。今臣还本土，纠举诸郡，绝交离亲，戮辱旧故，众谤阴害，固其宜也！"

帝乃征规还，拜议郎，论功当封；而中常侍徐璜、左悺欲从求货，数遣宾客就问功状，数，所角翻。规终不答。璜等忿怒，陷以前事，前事，即诬毁之事也。下之于吏。官属欲赋敛请谢，下，遐稼翻。敛，力赡翻。规誓而不听，遂以馀寇不绝，坐系廷尉，论输左校。校，户教翻。诸公及太学生张凤等三百馀人诣阙讼之，会赦，归家。

六年（癸卯、一六三）

1 春，二月，戊午，司徒种暠薨。

2 三月，戊戌，赦天下。

3 以卫尉颍川许栩为司徒。

4 夏，四月，辛亥，康陵东署火。

5 五月，鲜卑寇辽东属国。

6 秋，七月，甲申，平陵园寝火。平陵，昭帝陵。

7 桂阳贼李研等寇郡界，武陵蛮复反；太守陈举【章：乙十六行本"举"作"奉"；乙十一行本同；孔本同；退斋校同；熊校同。】讨平之。宦官素恶冯绲，复，扶又翻。恶，乌路翻。八月，绲坐军还，盗贼复发，免。

8冬，十月，丙辰，上校猎广成，遂幸函谷关、上林苑。光禄勋陈蕃上疏谏曰："安平之时，游畋宜有节，况今有三空之厄哉！田野空，朝廷空，仓库空。加之兵戎未戢，四方离散，是陛下焦心毁颜，坐以待旦之时也，毁颜，谓面有忧色，临于臣民之上，无以为颜也。岂宜扬旗曜武，骋心舆马之观乎！又前秋多雨，民始种麦，今失其劝种之时，而令给驱禽除路之役，非贤圣恤民之意也。"书奏，不纳。

9十一月，司空刘宠免。十二月，以卫尉周景为司空。景，荣之孙也。

时宦官方炽，景与太尉杨秉上言："内外吏职，多非其人。旧典，中臣子弟，不得居位秉势；而今枝叶宾客，枝叶，谓中臣族亲也。布列职署，署，官舍也。或年少庸人，典据守宰；上下忿患，四方愁毒。可遵用旧章，退贪残，塞灾谤。塞，悉则翻。请下司隶校尉、中二千石、城门、五营校尉、北军中候，各实核所部；司隶校尉部三辅、三河、弘农。中二千石，列卿也，各率其属。城门校尉部十二城门司马、门候。五营校尉，屯骑、越骑、步兵、长水、射声也，各有司马员吏。北军中候，掌监五营。下，遐稼翻。应当斥罢，自以状言三府，廉察有遗漏，续上。"言各官实核所部，以当斥罢者言之公府，更察其遗漏者续上状，使无有佚罚者。上，时掌翻。帝从之。于是秉条奏牧、守青州刺史羊亮等五十馀人，或死或免，天下莫不肃然。

10诏征皇甫规为度辽将军。初，张奂坐梁冀故吏，免官禁锢，凡诸交旧，莫敢为言；唯规荐举，前后七上，为，于伪翻。上，时掌翻。由是拜武威太守。及规为度辽，到营数月，上书荐奂，"才略兼优，宜正元帅，元帅，谓度辽将军也。以从众望。若犹谓愚臣宜充举【张："举"作"军"。】事者，愿乞冗官，以为奂副。"朝廷从之。以奂代规为度辽将军，以规为使匈奴中郎将。

使，疏吏翻。

11 西州吏民守阙为前护羌校尉段颎讼冤者甚众；会滇那等诸种羌益炽，凉州几亡，滇，音颠。种，章勇翻。几，居希翻。乃复以颎为护羌校尉。

12 尚书朱穆疾宦官恣横，横，户孟翻。上疏曰：“按汉故事，中常侍参选士人，建武以后，乃悉用宦者。自延平以来，浸益贵盛，假貂珰之饰，处常伯之任，贤曰：珰以金为之，当冠前附以金蝉也。汉官仪曰：中常侍，秦官也，汉兴，或用士人，银珰左貂，光武以后，专任宦者，右貂金珰。常伯，侍中。处，昌吕翻。天朝政事，一更其手；朝，直遥翻。更，工衡翻。权倾海内，宠贵无极，子弟亲戚，并荷荣任，荷，下可翻。放滥骄溢，莫能禁御，穷破天下，空竭小民。愚臣以为可悉罢省，遵复往初，更选海内清淳之士明达国体者，以补其处，即兆庶黎萌，蒙被圣化矣！”被，皮义翻。帝不纳。后穆因进见，见，贤遍翻。复口陈曰：“臣闻汉家旧典，置侍中、中常侍各一人，省尚书事；复，扶又翻。贤曰：省，览也。省，悉井翻。黄门侍郎一人，传发书奏；贤曰：传，通也。皆用姓族。贤曰：引用士人有族望者。自和熹太后以女主称制，不接公卿，乃以阉人为常侍，小黄门通命两宫。自此以来，权倾人主，穷困天下，宜皆罢遣，博选耆儒宿德，与参政事。”帝怒，不应。穆伏不肯起，左右传“出”！贤曰：传声令出。良久，乃趋而去。自此中官数因事称诏诋毁之。数，所角翻。穆素刚，不得意，居无几，愤懑发疽卒。几，居岂翻。

王崇武标点容肇祖聂崇岐覆校

资治通鉴卷第五十五

翰林学士兼侍读学士朝散大夫右谏议大夫
知制诰判尚书都省兼提举万寿观公事上护军 司马光 奉敕编集
河内郡开国侯食邑一千三百户赐紫金鱼袋臣

后　　学　　天　　台 胡三省 音　注

汉纪四十七 起阏逢执徐(甲辰)，尽柔兆敦牂(丙午)，凡三年。

孝桓皇帝中

延熹七年(甲辰、一六四)

1 春，二月，丙戌，邟乡忠侯黄琼薨。贤曰：说文云：邟，颍川县也。汉颍川有周承休侯国，元始二年，更名曰邟，音亢。考异曰：范书："四年，琼免司空，至七年，卒。"袁纪："七年，琼以太尉薨。"范书，杨秉五年代刘矩为太尉。袁纪，此年琼卒，秉乃为太尉。今从范书。将葬，四方远近名士会者六七千人。

初，琼之教授于家，徐稚从之咨访大义，及琼贵，稚绝不复交。至是，稚往吊之，进酹，哀哭而去，稚，直利翻。复，扶又翻。酹，卢对翻。醊祭以酒沃地曰酹。人莫知者。诸名士推问丧宰，丧宰，典丧者也。宰曰："先时有一书生来，衣粗薄而哭之哀，不记姓字。"众曰："必徐孺子也。"徐稚，字孺子。疒，悉荐翻。衣，于既翻。于是选能言者陈留茅容轻骑追之，及于涂。容为沽酒市肉，稚为饮食。为，于伪翻；下同。容问国家之事，稚不答。更问稼穑之事，稚乃答之。容还，以语诸人，语，牛倨翻。或曰："孔子云：'可与言而不与言，失人。'论语载孔子之言。然则孺子其失人乎？"太原郭泰曰："不然。孺子之为人，清洁高廉，饥不可得食，寒不可得衣，食，读曰饲。衣，于既翻。而为季伟饮酒食肉，此为已知季伟之贤故也！茅容，字季伟。此为，如字。所以不答国事者，是其智可及，其愚不可及也！"亦以孔子之言语诸人，盖以宁武子况徐孺子。

泰博学，善谈论。初游雒阳，时人莫识，陈留符融符，姓也。此符从"竹"、从"付"，非草付之"苻"。一见嗟异，因以介于河南尹李膺。古者主有傧，客有介，孔丛子曰：士无介不见。介，因也。膺与相见，曰："吾见士多矣，未有如郭林宗者也。郭泰，字林宗。其聪识通朗，高雅密博，今之华夏，鲜见其俦。"夏，户雅翻。鲜，息浅翻。遂与为友，于是名震京师。后归乡里，衣冠诸儒送至河上，车数千两，两，音亮。膺唯与泰同舟而济，众宾望之，以为神仙焉。自雒阳归太原，渡河而西北。

泰性明知人，好奖训士类，好，呼到翻。周游郡国。茅容，年四十馀，耕于野，与等辈避雨树下，众皆夷踞相对，贤曰：夷，平也。说文曰：踞，蹲也。论语曰：原壤夷俟。言平坐踞傲也。容独危坐愈恭；危坐，正襟尽前而坐。泰见而异之，因请寓宿。旦日，容杀鸡为馔，馔，雏皖翻，又雏恋翻。泰谓为己设；容分半食母，馀半庋置，食，读曰饲。毛晃曰：板为阁以藏物曰庋，举绮翻。自以草蔬与客同饭。贤曰：草，粗也。饭，父远翻。泰曰："卿贤哉远矣！既言贤哉，又言远矣，言其贤去常人甚远。郭林宗犹减三牲之具以供宾旅，三牲之具，谓养亲之具也。孝经曰：日用三牲之养。宾旅，犹言宾客也。而卿如此，乃我友也。"起，对之揖，劝令从学，卒为盛德。卒，子恤翻。钜鹿孟敏，客居太原，荷甑堕地，不顾而去。荷，下可翻。甑，子孕翻。谯周古史考曰：黄帝始作甑。周官考工记，甑实二鬴。注云：六斗四升曰鬴。古者陶而为甑。释器云：䰝谓之鬵，鬵，鉹也。孙炎曰：关东人谓甑为鬵，凉州人谓甑为鉹。䰝，即甑字。泰见而问其意，对曰："甑已破矣，视之何益！"泰以为有分决，与之言，知其德性，因劝令游学，遂知名当世。陈留申屠蟠，家贫，佣为漆工；鄢陵庾乘，少给事县廷为门士；鄢陵县，属颍川郡。师古曰：鄢，音偃。陆德明曰：鄢，谒晚翻，又于建翻。贤曰：门士，即门卒。少，诗照翻。泰见而奇之，其后皆为名士。自馀或出于屠沽、卒伍，因泰奖进成名者甚众。

陈国童子魏昭请于泰曰："经师易遇，人师难遭，经师，谓专门名家，教授有师法者。人师，谓谨身修行，足以范俗者。易，以豉翻。愿在左右，供给洒扫。"洒，所卖翻，又山寄翻。扫，悉报翻。泰许之。泰尝不佳，谓体中有不节适也，语曰不佳，微有疾也。命昭作粥，粥成，进泰，泰呵之曰：呵，责怒也，音虎何翻。"为长者作粥，不加意敬，使不可食！"以杯掷地。昭更为粥重进，泰复呵之。为，于伪翻。重，直龙翻。复，扶又翻。如此者三，昭姿容无变。泰乃曰："吾始见子之面，而今而后，知卿心耳！"遂友而善之。

陈留左原，为郡学生，犯法见斥，泰遇诸路，为设酒肴以慰之。谓曰："昔颜涿聚，梁甫之巨盗，段干木，晋国之大驵，卒为齐之忠臣，魏之名贤；吕氏春秋曰：颜涿聚，梁父大盗也，学于孔子。左传，晋伐齐，战于黎丘，齐师败绩，知伯亲禽颜庚。杜预注曰：黎丘，隰也。颜庚，齐大夫颜涿聚也。又曰：晋荀瑶伐郑，郑请救于齐。齐师将兴，陈成子设乘车、两马，系五邑焉，召颜涿聚之子晋曰："隰之役，而父死焉。今君命汝是邑，服车而朝，毋废前劳。"吕氏春秋曰：段干木晋国之驵。说文曰：驵，会也，谓合两家之买卖，如今之度市也。新序曰：魏文侯过段干木之闾而轼之，国人诵之曰："吾君好正，段干木之敬；吾君好忠，段干木之隆。"秦欲攻魏，司马唐谏曰："段干木，贤者也，而魏礼之，天下莫不闻，毋乃不可加兵乎！"驵，子朗翻。卒，子恤翻。蘧瑗、颜回尚不能无过，论语曰：蘧伯玉使人于孔子，子问之曰："夫子何为？"对曰："夫子欲寡其过而未能也。"

又语曰：“颜回好学，不贰过。”蘧，求于翻。瑗，于眷翻。况其馀乎！慎勿恚恨，责躬而已！”恚，於避翻。原纳其言而去。或有讥泰不绝恶人者，泰曰：“人而不仁，疾之已甚，乱也。”贤曰：论语孔子之言也。郑玄注云：不仁之人，当以风化之，若疾之甚，是益使为乱也。原后忽更怀忿结客，欲报诸生。其日，泰在学，原愧负前言，因遂罢去。后事露，众人咸谢服焉。

或问范滂曰：“郭林宗何如人？”滂曰：“隐不违亲，贤曰：介推之类。贞不绝俗，贤曰：柳下惠之类。天子不得臣，诸侯不得友，吾不知其他。”

泰尝举有道，不就，举有道事，始五十卷安帝建光元年。同郡宋冲素服其德，以为自汉元以来，未见其匹，尝劝之仕。汉元，谓汉初也。匹，俦也，等也，偶也。泰曰：“吾夜观乾象，昼察人事，天之所废，不可支也，吾将优游卒岁而已。”卒，子恤翻。然犹周旋京师，诲诱不息。诱，音酉。徐稚以书戒之曰：“大木将颠，非一绳所维，何为栖栖不遑宁处！”贤曰：颠，仆也，维，系也，喻时将衰季，非一人所能救也。尹焞曰：栖栖，犹皇皇也。处，昌吕翻。泰感寤曰：“谨拜斯言，以为师表。”

济阴黄允，以隽才知名，济，子礼翻。泰见而谓曰：“卿高才绝人，足成伟器，年过四十，声名著矣。然至于此际，当深自匡持，不然，将失之矣！”后司徒袁隗欲为从女求姻，为，于伪翻。从，才用翻。见允，叹曰：“得婿如是，足矣。”允闻而黜遣其妻。允妻夏侯氏。允黜其妻，欲婿于袁也。妻请大会宗亲为别，因于众中攘袂数允隐慝十五事而去，允以此废于时。当时清议为何如哉！数，所具翻。慝，吐得翻。

初，允与汉中晋文经并恃其才智，曜名远近，征辟不就。托言疗病京师，不通宾客，公卿大夫遣门生旦暮问疾，郎吏杂坐其门，犹不得见；三公所辟召者，辄以询访之，随所臧否，否，音鄙。以为与夺。符融谓李膺曰："二子行业无闻，行，下孟翻；下同。以豪桀自置，遂使公卿问疾，王臣坐门，融恐其小道破义，空誉违实，特宜察焉。"膺然之。二人自是名论渐衰，宾徒稍省，旬日之间，惭叹逃去，后并以罪废弃。

陈留仇香，至行纯嘿，姓谱：仇姓，宋大夫仇牧之后。行，下孟翻；下同。乡党无知者。年四十，为蒲亭长。蒲亭，属陈留郡考城县。民有陈元，独与母居，母诣香告元不孝，香惊曰："吾近日过元舍，庐落整顿，贤曰：落，居也，今人谓院为落。耕耘以时，此非恶人，当是教化未至耳。母守寡养孤，苦身投老，奈何以一旦之忿，弃历年之勤乎！且母养人遗孤，不能成济，若死者有知，百岁之后，当何以见亡者！"母涕泣而起。香乃亲到元家，为陈人伦孝行，譬以祸福之言，元感悟，卒为孝子。为，于伪翻。卒，子恤翻。考城令河内王奂署香主簿，考城县，属陈留郡；故菑县，章帝恶其名，改曰考城。谓之曰："闻在蒲亭，陈元不罚而化之，得无少鹰鹯之志邪？"鹰鹯，以鸷击为事。左传：见无礼者诛之，如鹰鹯之逐鸟雀也。少，诗沼翻。香曰："以为鹰鹯不若鸾凤，故不为也。"奂曰："枳棘之林非鸾凤所集，百里非大贤之路。"贤曰：时奂为县令，故自称百里也。乃以一月奉资香，奉，读曰俸。使入太学。郭泰、符融赍刺谒之，书姓名以自通求见曰刺，秦、汉之间谓之谒。因留宿；明旦，泰起，下床拜之曰："君，泰之师，非泰之友也。"香学毕归乡里，虽在宴居，贤曰：宴，安也。朱子曰：宴居，闲暇无事之时。必正衣服，妻子事之若严君；妻子有过，免冠自责，妻子庭谢思过，香冠，妻子乃敢升堂，终不见其喜怒声色之异。不应征辟，卒于家。

2 三月，癸亥，陨石于鄠。鄠县，属扶风。鄠，音户。

3 夏，五月，己丑，京师雨雹。

4 荆州刺史度尚募诸蛮夷击艾县贼，大破之，降者数万人。桂阳宿贼卜阳、潘鸿等逃入深山，宿贼，言积久为贼者。尚穷追数百里，破其三屯，多获珍宝。阳、鸿党众犹盛，尚欲击之，而士卒骄富，莫有斗志。尚计缓之则不战，逼之必逃亡，乃宣言："卜阳、潘鸿作贼十年，习于攻守，今兵寡少，未易可进，易，以豉翻。当须诸郡所发悉至，乃并力攻之。"申令军中恣听射猎，申令者，既下令而申言之。申，重也。兵士喜悦，大小皆出。尚乃密使所亲客潜焚其营，珍积皆尽；猎者来还，莫不泣涕。尚人人慰劳，深自咎责，以失火自咎责也。劳，力到翻。因曰："卜阳等财宝足富数世，诸卿但不并力耳，所亡少少，少，诗沼翻。何足介意！"众咸愤踊。尚敕令秣马蓐食，明旦，径赴贼屯，阳、鸿等自以深固，不复设备，复，扶又翻。吏士乘锐，遂破平之。尚出兵三年，延熹五年，尚刺荆州，至是三年矣。群寇悉定，封右乡侯。

5 冬，十月，壬寅，帝南巡；庚申，幸章陵；戊辰，幸云梦，临汉水，还，幸新野。时公卿、贵戚车骑万计，征求费役，不可胜极。胜，音升。护驾从事桂阳胡腾上言：护驾从事，盖荆州刺史所遣护车驾者也。"天子无外，春秋公羊传曰：王者无外。乘舆所幸，即为京师。臣请以荆州刺史比司隶校尉，臣自同都官从事。"帝从之。自是肃然，莫敢妄干扰郡县。荆州刺史得察举所部郡县而不可得察举扈从之臣，若比司隶校尉，则得察举其奸，故肃然也。帝在南阳，左右并通奸利，诏书多除人为郎，太尉杨秉上疏曰："太微积星，名为郎位，贤曰：史记天官书曰：太微宫五帝坐后，聚二十五星蔚然，曰郎位。积，聚也。入奉宿卫，出牧百姓，宜割不忍之恩，以断求欲之路。"断，丁管翻。于是诏除乃止。

6 护羌校尉段颎击当煎羌，破之。

7 十二月，辛丑，车驾还宫。

8 中常侍汝阳侯唐衡、武原侯徐璜皆卒。汝阳县，属汝南郡。武原县，属彭城国。

9 初，侍中寇荣，恂之曾孙也，性矜洁，少所与，少，诗沼翻。以此为权宠所疾。荣从兄子尚帝妹益阳长公主，帝又纳其从孙女于后宫。从，才用翻。长，知两翻。左右益忌之，遂共陷以罪，与宗族免归故郡，寇氏本上谷昌平人。吏承望风旨，持之浸急。荣恐不免，诣阙自讼。未至，刺史张敬追劾荣以擅去边，刺史，盖幽州刺史也。劾，户概翻，又户得翻。有诏捕之。荣逃窜数年，会赦，不得除，积穷困，乃自亡命中上书曰："陛下统天理物，作民父母，自生齿以上，咸蒙德泽；大戴礼曰：男子八月生齿，女子七月生齿。而臣兄弟独以无辜，为专权之臣所见批抵，贤曰：说文曰：抵，侧击也。批，音片支翻。余按前书音义：批，音蒲结翻。抵，诸氏翻。青蝇之人所共构会，诗曰：营营青蝇，止于樊。岂弟君子，无信谗言。青蝇能污白使黑，污黑使白，喻佞人变乱善恶也。令陛下忽慈母之仁，发投杼之怒。事见三卷周赧王七年。残谄之吏，张设机网，并驱争先，若赴仇敌，罚及死没，髡剔坟墓，谓剪伐松柏，如人之髡剔也。欲使严朝必加滥罚；朝，直遥翻。是以不敢触突天威而自窜山林，以俟陛下发神圣之听，启独睹之明，救可济之人，援没溺之命。不意滞怒不为春夏息，贤曰：春夏生长万物，故不宜怒。为，于伪翻；下同。淹恚不为岁时怠，滞怒淹恚，言怒恚积蓄，久而不化也。恚，於避翻。遂驰使邮驿，布告远近，严文克剥，痛于霜雪，逐臣者穷人途，【张："途"作"迹"。】追臣者极车轨，虽楚购伍员，史记：楚人伍奢为平王太子建太傅。费无极谮杀奢，奢子员字子胥奔吴，楚购之，得伍员者赐粟五万石，爵执珪。员，音云。汉求季布，事见十卷高祖五年。无以过也。臣遇罚以来，三赦再赎，无验之罪，足以蠲除；贤曰：无验，谓无罪状可案验也。而陛下疾臣愈深，有司咎臣甫力，贤曰：甫，始也。力，甚也。止则见扫灭，行则为亡虏，苟生则为穷人，极死则为冤鬼，天广而无以自覆，覆，敷救翻。地厚而无以自载，蹈陆土而有沈沦之忧，远岩墙而有镇压之患。远，于愿翻。如臣犯元恶大憝，贤曰：憝、恶，言元恶之人，大为人之所恶也。憝，徒对翻。足以陈原野，备刀锯，贤曰：锯，刖刑也。国语曰：刑有五，大者陈诸原野。陛下当班布臣之所坐，以解众论之疑。臣思入国门，坐于肺石之上，使三槐九棘平臣之罪，周礼秋官曰：左九棘，孤、卿、大夫位焉；右九棘，公、侯、伯、子、男位焉；面三槐，三公位焉。左嘉石，平罢民，右肺石，达穷民。注：肺石，赤石也。槐取其怀来，棘取其赤心外刺。而阊阖九重，贤曰：阊阖，天门也。重，直龙翻。陷穽步设，举趾触罘罝，贤曰：穽，坑穽也。说文：罘，兔网也；罝，亦兔网也；音浮嗟。动行絓罗网，絓，古卖翻，罥也。无缘至万乘之前，乘，绳证翻。永无见信之期。悲夫，久生亦复何聊！复，扶又翻。盖忠臣杀身以解君怒，孝子殒命以宁亲怨，故大舜不避涂廪、浚井之难，史记：舜父瞽叟，常欲杀舜，使舜涂廪，从下焚廪，舜乃以两笠自扞而下。又使穿井，舜为匿空旁出。舜既入深，父乃下土实之，舜从旁空出去。难，乃旦翻。申生不辞姬氏谗邪之谤；左传：骊姬嬖于晋献公，欲杀太子申生，谓申生曰："君梦齐姜，必速祭之。"太子祭于曲沃，归胙于公。公田，姬寘诸宫，六日。公至，毒而献之。公祭之地，地坟；与犬，犬毙；与小臣，小臣毙。姬泣曰："贼由太子。"太子奔新城。或谓太子："子辞，君必辨焉。"太子曰："我辞，姬必有罪。"遂缢而死。臣敢忘斯义，不自毙以解明朝之忿哉！乞以身塞责，朝，直遥翻。塞，悉则翻。愿陛下丐兄弟死命，贤曰：丐，乞也，音盖。使臣一门颇有遗类，以崇陛下宽饶之惠。先死陈情，临章泣血！"帝省章愈怒，先，悉荐翻。省，悉井翻。遂诛荣，寇氏由是衰废。考异曰：袁纪置此事于延熹元年。按范书荣传云"延熹中被罪"，荣书又云："遇罚以来，三赦再赎"，不知荣死果在何年。按襄楷、窦武上书，皆言梁、孙、寇、邓之诛。今置于此。

八年（乙巳、一六五）

1 春，正月，帝遣中常侍左悺之苦县祠老子。贤曰：史记曰：老子者，楚苦县厉乡曲仁里人也，名耳，字聃，姓李，为周守藏吏。有神庙，故就祠之。苦县，属陈国，故城在今亳州谷阳县。苦，音户，又如字。

2 勃海王悝，素行险僻，悝，苦回翻。行，下孟翻。多僭傲不法。北军中候陈留史弼上封事曰："臣闻帝王之于亲戚，爱虽隆必示之以威，体虽贵必禁之以度，如是，和睦之道兴，骨肉之恩遂矣。窃闻勃海王悝，外聚剽轻不逞之徒，贤曰：剽，悍也。逞，快也。谓被侵枉不快之人也。左传曰：率群不逞之人。余谓不逞，谓包藏祸心而不得逞者。剽，匹妙翻。内荒酒乐，出入无常，所与群居，皆家之弃子，朝之斥臣，朝，直遥翻；下同。必有羊胜、伍被之变。羊胜事见十六卷景帝中二年。伍被事见十九卷武帝元狩元年。州司不敢弹纠，州司，谓州刺史之属。傅相不能匡辅，陛下隆于友于，书曰：惟孝友于兄弟。不忍遏绝，恐遂滋蔓，滋，长也。蔓，延也。左传曰：无使滋蔓，蔓难图也。为害弥大。乞露臣奏，宣示百僚，平处其法。处，昌吕翻。法决罪定，乃下不忍之诏；臣下固执，然后少有所许：少，诗沼翻。如是，则圣朝无伤亲之讥，勃海有享国之庆；不然，惧大狱将兴矣。"上不听。悝果谋为不道，帝纪曰：悝谋反。有司请废之，诏贬为瘿陶王，食一县。贤曰：瘿陶县，属钜鹿郡，故城在今赵州瘿陶县西南。瘿，于郢翻。

3 丙申晦，日有食之。诏公、卿、校尉举贤良方正。校，户教翻。

4 千秋万岁殿火。

5 中常侍侯览兄【张："兄"作"弟"。】参为益州刺史，残暴贪婪，婪，卢含翻。累臧亿计。太尉杨秉奏槛车征参，参于道自杀，阅其车重三百馀两，皆金银锦帛。重，直用翻。秉因奏曰："臣案旧典，宦者本在给使省闼，司昏守夜；而今猥受过宠，执政操权，操，七刀翻。附会者因公褒举，违忤者求事中伤，忤，五故翻。中，竹仲翻。居法王公，富拟国家，饮食极肴膳，仆妾盈纨素。中常侍侯览弟参，贪残元恶，自取祸灭；览顾知衅重，必有自疑之意，臣愚以为不宜复见亲近。复，扶又翻。近，其靳翻。昔懿公刑邴歜之父，夺阎职之妻，而使二人参乘，卒有竹中之难。左氏传：齐懿公之为公子也，与邴歜之父争田，弗胜。及即位，乃掘而刖之，而使歜仆；纳阎职之妻，而使职参乘。公游于申池，二人浴于池，歜以鞭抶职，职怒，歜曰："人夺汝妻而不怒，一抶汝，庸何伤！"职曰："与刖其父而不能病者何如！"乃谋弑公，纳诸竹中。邴，音丙，又彼病翻。"歜"，左传作"歜"，昌欲翻。卒，子恤翻。难，乃旦翻。览宜急屏斥，投畀有虎，畀，与也。诗曰：取彼谗人，投畀豺虎。屏，必郢翻。若斯之人，非恩所宥，请免官送归本郡。"书奏，尚书召对秉掾属，诘之曰：贤曰：召秉掾属问之。诘，去吉翻。"设官分职，各有司存。三公统外，御史察内；今越奏近官，经典、汉制，何所依据？其开公具对！"秉使对曰："春秋传曰：'除君之恶，唯力是视。'左传载寺人披之言。此经典也。邓通懈慢，申屠嘉召通诘责，文帝从而请之。事见十五卷文帝后二年。此汉制也。汉世故事，三公之职，无所不统。"尚书不能诘，帝不得已，竟免览官。司隶校尉韩缜因奏左悺罪恶，及其兄太仆南乡侯称请托州郡，聚敛为奸，敛，力赡翻。宾客放纵，侵犯吏民。悺、称皆自杀。缜又奏中常侍具瑗兄沛相恭臧罪，征诣廷尉。瑗诣狱谢，上还东武侯印绶，东武城，属清河郡。据宦者传，瑗封东武阳侯。东武阳，属东郡。上，时掌翻。诏贬为都乡侯。超及璜、衡袭封者，并降为乡侯，考异曰：杨秉传："南巡之明年，秉劾侯览"，则是在此年矣。宦者传："韩缜奏具瑗，瑗坐夺国为乡侯"，与秉传所云削瑗国共是一时事明矣。而袁纪载在去年春，与范不同。今从范书。子弟分封者，悉夺爵土。刘普等贬为关内侯，尹勋等亦皆夺爵。

6 帝多内宠，宫女至五六千人，及驱役从使复兼倍于此，驱役者，嬖幸挟势驱掠良人，以供掖庭私役者也。从使者，趋势附力，乐从而为之使者也。复，扶又翻。而邓后恃尊骄忌，与帝所幸郭贵人更相谮诉。更，工衡翻。癸亥，废皇后邓氏，送暴室，以忧死。汉官仪曰：暴室，在掖庭内，丞一人，主宫中妇人疾病者；其皇后、贵人有罪者，亦就此室。河南尹邓万世、虎贲中郎将邓会皆下狱诛。下，遐稼翻。

7 护羌校尉段颎击罕【张："罕"作"勒"。】姐羌，破之。姐，且也翻，又音紫。

8 三月，辛巳，赦天下。

9 宛陵大姓羊元群罢北海郡，宛陵县，属河南尹。臧污狼籍；郡舍溷轩有奇巧，贤曰：溷轩，厕屋。亦载之以归。河南尹李膺表按其罪；元群行赂宦官，膺竟反坐。反坐，按其罪而不得行，反自坐罪。单超弟迁为山阳太守，以罪系狱，廷尉冯绲考致其死；考鞫而致其死罪也。绲，古本翻。中官相党，共飞章诬绲以罪。中常侍苏康、管霸，固天下良田美业，固，障固也。州郡不敢诘，大司农刘佑移书所在，依科品没入之；帝大怒，与膺、绲俱输作左校。

10 夏，四月，甲寅，安陵园寝火。安陵，惠帝陵也。

11 丁巳，诏坏郡国诸淫祀，坏，音怪。特留雒阳王涣、密县卓茂二祠。

12 五月，丙戌，太尉杨秉薨。秉为人，清白寡欲，尝称"我有三不惑：酒、色、财也。"

秉既没，所举贤良广陵刘瑜乃至京师上书言："中官不当比肩裂土，竞立胤嗣，继体传爵。顺帝阳嘉四年，著令听中官以养子袭爵。又，嬖女充积，冗食空宫，无事而食，谓之冗食。冗，而陇翻。伤生费国。又，第舍增多，穷极奇巧，掘山攻石，促以严刑。州郡官府，各自考事，奸情赇赂，皆为吏饵。民愁郁结，起入贼党，官辄兴兵诛讨其罪，贫困之民，或有卖其首级以要酬赏，要，一遥翻。父兄相代残身，妻孥相视分裂。又，陛下好微行近习之家，好，呼到翻。私幸宦者之舍，宾客市买，熏灼道路，因此暴纵，无所不容。惟陛下开广谏道，谏道，谓言路也。博观前古，远佞邪之人，远，于愿翻。放郑、卫之声，则政致和平，德感祥风矣。”孝经援神契曰：德至八方，则祥风至。诏特召瑜问灾咎之征。执政者欲令瑜依违其辞，乃更策以他事，瑜复悉心对八千馀言，有切于前。复，扶又翻；下同。拜为议郎。

13 荆州兵朱盖等叛，与桂阳贼胡兰等复攻桂阳，太守任胤弃城走，任，音壬。贼众遂至数万。转攻零陵，太守下邳陈球固守拒之。零陵下湿，编木为城，零陵郡，武帝置。宋白曰：郡古理在今全州清湘县南七十八里，古城存焉。郡中惶恐。掾史白球遣家避难，难，乃旦翻。球怒曰：“太守分国虎符，受任一邦，岂顾妻孥而沮国威乎！孥，音奴。沮，在吕翻。复言者斩！”乃弦大木为弓，羽矛为矢，引机发之，多所杀伤。此则今划车弩之类。贼激流灌城，球辄于内因地势，反决水淹贼，相拒十馀日不能下。时度尚征还京师，诏以尚为中郎将，率步骑二万馀人救球，发诸郡兵并势讨击，大破之，斩兰等首三千馀级，复以尚为荆州刺史。苍梧太守张叙为贼所执，及任胤皆征弃市。胡兰馀党南走苍梧，交趾刺史张磐击破之，贼复还入荆州界。度尚惧为己负，负，罪负也，惧以不能尽灭群贼为罪。乃伪上言苍梧贼入荆州界，于是征磐下廷尉。上，时掌翻。下，遐稼翻。辞状未正，会赦见原，磐不肯出狱，方更牢持械节。竹约为节。械节，亦械之刻约处也。考异曰：按张磐会赦得原。检帝纪，此后未有赦，不知会何赦也？六年三月赦，前此二年；永康元年六月赦，后此二年。今从帝纪。狱吏谓磐曰：“天恩旷然，而君不出，可乎？”磐曰：“磐备位方伯，古者，八州八伯。汉州刺史，古方伯之任也。为尚所枉，受罪牢狱。夫事有虚实，法有是非，磐实不辜，赦无所除；如忍以苟免，永受侵辱之耻，生为恶吏，死为敝鬼。乞传尚诣廷尉，以传车召致廷尉也。传，株恋翻，又直恋翻。面对曲直，足明真伪。尚不征者，磐埋骨牢槛，终不虚出，望尘受枉！”廷尉以其状上，上，时掌翻。诏书征尚，到廷尉，辞穷，受罪，以先有功得原。

14 闰月，甲午，南宫朔平署火。此朔平司马署也。百官志：朔平司马，主北宫北门。

15 段颎击破西羌，进兵穷追，展转山谷间，自春及秋，无日不战，虏遂败散，凡斩首二万三千级，获生口数万人，降者万馀落。降，户江翻。封颎都乡侯。

16 秋，七月，以太中大夫陈蕃为太尉。蕃让于太常胡广、议郎王畅、弛刑徒李膺，帝不许。

畅，龚之子也；王龚事安帝为公。尝为南阳太守，疾其多贵戚豪族，下车，奋厉威猛，大姓有犯，或使吏发屋伐树，堙井夷灶。破其家业也。功曹张敞奏记谏曰：“文翁、召父、卓茂之徒，召，读曰邵。皆以温厚为政，流闻后世。发屋伐树，将为严烈，虽欲惩恶，难以闻远。闻，音问。郡为旧都，侯甸之国，古者天子之制，规方千里，以为甸服；又其外五百里，为侯服。光武起于南阳，其后谓之南都，又于雒阳在侯甸之内，故云然。园庙出于章陵，三后生自新野，贤曰：南顿君以上四庙在章陵，光烈皇后、和帝阴后、邓后并新野人。自中兴以来，功臣将相，继世而隆。愚以为恳恳用刑，不如行恩；孳孳求奸，孳孳，犹汲汲也。未若礼贤。舜举皋陶，不仁者远，论语载子夏之言。陶，音遥。化人在德，不在用刑。”畅深纳其言，更崇宽政，教化大行。

17 八月，戊辰，初令郡国有田者亩敛税钱。贤曰：亩十钱也。余据宦者传：张让等说灵帝敛天下田，亩税十钱，非此时事也，盖汉田租三十税一，而计亩敛钱，则自此始。

18 九月，丁未，京师地震。

19 冬，十月，司空周景免；以太常刘茂为司空。茂，恺之子也。刘恺以让国重于时，位至公。

20 郎中窦武，融之玄孙也，有女为贵人。采女田圣有宠于帝，帝将立之为后。司隶校尉应奉上书曰："母后之重，兴废所因；汉立飞燕，胤祀泯绝。事见三十三卷哀帝建平元年。宜思关雎之所求，关雎乐得淑女以配君子。远五禁之所忌。"韩诗外传曰：妇人有五不娶：丧妇之长女不娶，为其不受命也；世有恶疾不娶，弃于天也；世有刑人不娶，弃于人也；乱家女不娶，类不正也；逆家女不娶，废人伦也。远，于愿翻。太尉陈蕃亦以田氏卑微，窦族良家，争之甚固。帝不得已，辛巳，立窦贵人为皇后，拜武为特进、城门校尉，封槐里侯。

21 十一月，壬子，黄门北寺火。

22 陈蕃数言李膺、冯绲、刘佑之枉，数，所角翻；下同。请加原宥，升之爵任，言及反覆，诚辞恳切，以至流涕；帝不听。应奉上疏曰："夫忠贤武将，国之心膂。将，即亮翻。窃见左校弛刑徒冯绲、刘佑、李膺等，诛举邪臣，肆之以法；贤曰：肆，陈也。陛下既不听察，而猥受谮诉，遂令忠臣同愆元恶，自春迄冬，不蒙降恕，遐迩观听，为之叹息。为，于伪翻。夫立政之要，记功忘失；是以武帝舍【张："舍"作"拔"。】安国于徒中，贤曰：景帝时，韩安国为梁大夫，坐法抵罪；后梁内史缺，起徒中为二千石。此言武帝，误也。宣帝征张敞于亡命。事见二十七卷宣帝甘露元年。绲前讨蛮荆，均吉甫之功；诗曰：显允方叔，征伐猃狁，蛮荆来威。郑玄注云：方叔先与吉甫征伐猃狁，今特征伐蛮荆，皆使来服宣王之威。绲以顺帝时讨武陵、长沙蛮夷有功，故以吉甫比之。佑数临督司，有不吐茹之节；贤曰：谓佑奏梁冀弟旻，又为司隶校尉，权豪畏之也。诗曰：柔亦不茹，刚亦不吐。数，所角翻。膺著威幽、并，遗爱度辽。膺为渔阳太守，为乌桓校尉，皆幽部也，度辽将军，则屯并部，是其著威、遗爱之地。今三垂蠢动，王旅未振，乞原膺等，以备不虞。”书奏，乃悉免其刑。久之，李膺复拜司隶校尉。复，扶又翻；下同。时小黄门张让弟朔为野王令，贪残无道，畏膺威严，逃还京师，野王县属河内郡，而河内郡属司部，畏膺察举其罪，故逃还京师也。匿于兄家合柱中。合木为柱，安足以容人。合柱，谓两柱相直，两屋相合处也。膺知其状，率吏卒破柱取朔，付雒阳狱，受辞毕，即杀之。让诉冤于帝，帝召膺，诘以不先请便加诛之意。对曰：“昔仲尼为鲁司寇，七日而诛少正卯。今臣到官已积一旬，私惧以稽留为愆，不意获速疾之罪。诚自知衅责，死不旋踵，特乞留五日，克殄元恶，退就鼎镬，始生之愿也。”帝无复言，顾谓让曰：“此汝弟之罪，司隶何愆!”乃遣出。自此诸黄门、常侍皆鞠躬屏气，屏，必郢翻。休沐不敢出宫省。帝怪问其故，并叩头泣曰：“畏李校尉。”时朝廷日乱，纲纪颓阤，【章：乙十一行本“阤”作“弛”。】阤，丈尔翻，坏也。而膺独持风裁，贤曰：裁，音才代翻。以声名自高，士有被其容接者，名为登龙门云。贤曰：以鱼为喻也。龙门，河水所下之口，在今绛州龙门县。辛氏三秦记曰：河津，一名龙门，水险不通，鱼鳖之属莫能上，江海大鱼数千，薄集龙门下，不得上，上则为龙。被，皮义翻。

23 征东海相刘宽为尚书令。宽，崎之子也，刘崎事顺帝，为司徒。崎，丘宜翻。历典三郡，贤曰：东海王彊曾孙臻之相也。按宽传云：是年自东海相征为尚书令，迁南阳太守，典历三郡。温仁多恕，虽在仓卒，卒，读曰猝。未尝疾言遽色。吏民有过，但用蒲鞭罚之，古者鞭用生皮为之。示辱而已，终不加苦。每见父老，慰以农里之言，少年，勉以孝悌之训，人皆悦而化之。

九年（丙午、一六六）

1 春，正月，辛卯朔，日有食之。诏公卿、郡国举至孝。太常赵典所举荀爽对策曰：“昔者圣人建天地之中而谓之礼，众礼之中，昏礼为首。阳性纯而能施，阴体顺而能化，以礼济乐，节宣其气，爽言正指帝多内宠也。左传：晋侯有疾，医和视之，曰："疾不可为也！是谓疾如蛊，非鬼非食，惑以丧志。"公曰："女不可近乎？"对曰："节之。先王之乐，所以节百事也。天有六气，过则为灾，于是乎节宣其气也。"施，式智翻。故能丰子孙之祥，致老寿之福。及三代之季，淫而无节，阳竭于上，阴隔于下，故周公之戒曰：'时亦罔或克寿。'尚书无逸之辞。传曰：'截趾适屦，孰云其愚，何与斯人，追欲丧躯。'诚可痛也。贤曰：适，犹从也，言丧身之愚，甚于截趾也。丧，息浪翻。臣窃闻后宫采女五六千人，从官、侍使复在其外，从，才用翻。从官，谓后宫有爵秩而常从者。侍使，则侍后妃、贵人左右而给使令，未有爵秩者也。复，扶又翻；下同。空赋不辜之民，以供无用之女，百姓穷困于外，阴阳隔塞于内，塞，悉则翻。故感动和气，灾异屡臻。臣愚以为诸未幸御者，一皆遣出，使成妃合，妃，读曰配。此诚国家之大福也。"诏拜郎中。

2 司隶、豫州饥，死者什四五，至有灭户者。户，谓著户籍于官者也。灭户，则无老无弱，皆死于饥，无复遗种也。

3 诏征张奂为大司农，复以皇甫规代为度辽将军。规自以为连在大位，欲求退避，数上病，不见听。数，所角翻。上，时掌翻。会友人丧至，规越界迎之，因令客密告并州刺史胡芳，言规擅远军营，远，于愿翻。当急举奏。芳曰："威明欲避第仕涂，度辽将军屯西河界，并州刺史所部也。皇甫规，字威明。贤曰：言欲归第，避仕宦之途也。故激发我耳。吾当为朝廷爱才，为，于伪翻。何能申此子计邪！"遂无所问。

4 夏，四月，济阴、东郡、济北、平原河水清。济，子礼翻。

5 司徒许栩免；五月，以太常胡广为司徒。

6 庚午，上亲祠老子于濯龙宫，以文罽为坛饰，罽，居例翻。西夷织毛为布曰罽。淳金钔器，钔，去厚翻。说文：金饰器口。设华盖之坐，用郊天乐。史言其非礼。坐，徂卧翻。

7鲜卑闻张奂去，招结南匈奴及乌桓同叛。六月，南匈奴、乌桓、鲜卑数道入塞，寇掠缘边九郡。秋七月，鲜卑复入塞，诱引东羌与共盟诅。诅，庄助翻。于是上郡沈氐、安定先零诸种种，章勇翻。共寇武威、张掖，缘边大被其毒。被，皮义翻。诏复以张奂为护匈奴中郎将，以九卿秩护匈奴中郎将，秩比二千石。九卿，秩中二千石。督幽、并、凉三州及度辽、乌桓二营，度辽将军及护乌桓校尉营也。兼察刺史、二千石能否。

8初，帝为蠡吾侯，受学于甘陵周福，及即位，擢福为尚书。时同郡河南尹房植有名当朝，朝，直遥翻。乡人为之谣曰："天下规矩，房伯武；因师获印，周仲进。"房植，字伯武。周福，字仲进。二家宾客，互相讥揣，揣，初委翻。揣，度也，量也；度量其轻重长短而为讥议也。遂各树朋徒，渐成尤隙。由是甘陵有南北部，党人之议自此始矣。

汝南太守宗资以范滂为功曹，南阳太守成瑨以岑晊为功曹，瑨，即刃翻。晊，音质。皆委心听任，使之褒善纠违，肃清朝府。朝，郡朝也。公卿牧守所居皆曰府。朝，直遥翻。滂尤刚劲，疾恶如雠。滂甥李颂，素无行，中常侍唐衡【张："衡"作"俭"。】以属资，行，下孟翻。属，之欲翻。资用为吏；滂寝而不召。资迁怒，捶书佐朱零，百官志：郡阁下及诸曹各有书佐，干主文书。零仰曰："范滂清裁，贤曰：裁，音才代翻。裁，制也；言其清而有制也。今日宁受笞而死，滂不可违。"资乃止。郡中中人以下，莫不怨之。于是二郡为谣曰："汝南太守范孟博，南阳宗资主画诺；孟博，范滂字也。诺者，随言而应，无所违也。画诺，犹画可也。南阳太守岑公孝，弘农成瑨但坐啸。"公孝，岑晊字也。啸，吟也，言但坐而吟啸，于郡事无所豫也。

太学诸生三万馀人，郭泰及颍川贾彪为其冠，冠，古玩翻。与李膺、陈蕃、王畅更相褒重。更，工衡翻。学中语曰："天下模楷，李元礼；不畏强御，陈仲举；天下俊秀，王叔茂。”李膺，字元礼，陈蕃，字仲举，王畅，字叔茂。于是中外承风，竞以臧否相尚，否，音鄙。自公卿以下，莫不畏其贬议，屣履到门。屣履者，履不躡跟也。

宛有富贾张泛者，宛，於元翻。贾，音古。考异曰：陈蕃传作“张汜”，谢承书作“张子禁”，今从岑晊传。与后宫有亲，又善雕镂玩好之物，颇以赂遗中官，以此得显位，用势纵横。镂，郎豆翻。好，呼到翻。遗，于季翻。横，户孟翻。岑晊与贼曹史张牧贼曹，主盗贼事。劝成瑨收捕泛等；既而遇赦，瑨竟诛之，并收其宗族宾客，杀二百馀人，后乃奏闻。小黄门晋阳赵津，贪暴放恣，为一县巨患。太原太守平原刘瓆丁度集韵：瓆，职日翻。使郡吏王允讨捕，亦于赦后杀之。于是中常侍侯览使张泛妻上书讼冤，宦者因缘谮诉瑨、瓆。帝大怒，征瑨、瓆，皆下狱。下，遐稼翻。有司承旨，奏瑨、瓆罪当弃市。

山阳太守翟超翟，苌伯翻。以郡人张俭为东部督邮。侯览家在防东，百官志：郡有五部督邮，监属县。郡国志：防东县，属山阳郡。贤曰：故城在今兖州金乡县南。残暴百姓；览丧母还家，丧，息浪翻。大起茔冢。茔，音营。俭举奏览罪，而览伺候遮截，截，昨结翻。后乃作截。章竟不上。上，时掌翻。俭遂破览冢宅，藉没资财，具奏其状，复不得御。复，扶又翻。御，进也，谓其奏不得进也。考异曰：袁纪：“俭行部下平陵，逢览母。俭按剑怒曰：‘何等女子干督邮，此非贼邪！’使吏卒收览母，杀之，追擒览家属、宾客，死者百馀人，皆僵尸道路，伐其园宅，井堙木刊，鸡犬器物，悉无〔馀〕类。”苑康传亦云：“张俭杀侯览母，按其宗党，或有迸匿太山界者。康穷相收掩，无得遗脱。览大怨之，征诣廷尉，坐徙日南。”按侯览传云：“览丧母还家。”陈蕃传云：“翟超没入侯览财产、坐髡钳。”皆不云俭杀其母。若果杀之，则苑康不止徙日南也。侯览传又云：“建宁二年丧母”，盖以诛党人在其年，致此误耳。徐璜兄子宣为下邳令，暴虐尤甚。尝求故汝南太守李暠女不能得，暠，古老翻。遂将吏卒至暠家，载其女归，戏射杀之。将，即亮翻。射，而亦翻。东海相汝南黄浮闻之，收宣家属，无少长，悉考之。少，诗照翻。长，知两翻。掾史以下固争，浮曰："徐宣国贼，今日杀之，明日坐死，足以瞑目矣！"即案宣罪弃市，暴其尸。暴，步木翻。于是宦官诉冤于帝，帝大怒，超、浮并坐髡钳，输作左校。校，户教翻。

太尉陈蕃、司空刘茂共谏，请瓆、瓆、超、浮等罪；考异曰：陈蕃传又有司徒刘矩，按时胡广为司徒，非矩也。帝不悦。有司劾奏之，茂不敢复言。劾，户概翻，又户得翻。复，扶又翻；下同。蕃乃独上疏曰："今寇贼在外，四支之疾；内政不理，心腹之患。臣寝不能寐，食不能饱，实忧左右日亲，忠言日疏，内患渐积，外难方深。难，乃旦翻。陛下超从列侯，继承天位，贤曰：言帝以蠡吾侯即位。小家畜产百万之资，子孙尚耻愧失其先业，况乃产兼天下，受之先帝，而欲懈怠以自轻忽乎！诚不爱己，不当念先帝得之勤苦邪！前梁氏五侯，毒遍海内，天启圣意，收而戮之。贤曰：五侯，谓胤、让、淑、忠、戟，与冀同时诛，事见冀传。天下之议，冀当小平；明鉴未远，覆车如昨，而近习之权，复相扇结。小黄门赵津、大猾张泛等，肆行贪虐，奸媚左右。前太原太守刘瓆、南阳太守成瑨纠而戮之，虽言赦后不当诛杀，原其诚心，在乎去恶，去，羌吕翻。至于陛下，有何悁悁！说文曰：悁悁，恚忿也。悁，萦年翻。而小人道长，荧惑圣听，遂使天威为之发怒，长，知两翻。为，于伪翻。必加刑谴，已为过甚，况乃重罚令伏欧刀乎！又，前山阳太守翟超、东海相黄浮，奉公不桡，疾恶如雠，超没侯览财物，浮诛徐宣之罪，并蒙刑坐，不逢赦恕。览之从横，从，子用翻。横，户孟翻。没财已幸；宣犯衅过，死有馀辜。昔丞相申屠嘉召责邓通，雒阳令董宣折辱公主，而文帝从而请之，光武加以重赏，申屠嘉事见十四卷文帝后二年，董宣事见四十三卷光武建武十九年。未闻二臣有专命之诛。而今左右群竖，恶伤党类，恶，乌路翻。妄相交构，致此刑谴，闻臣是言，当复嗁诉。陛下深宜割塞近习与政之源，嗁，与啼同。塞，悉则翻。与，读曰豫。引纳尚书朝省之士，朝，直遥翻。简练清高，斥黜佞邪。如是天和于上，地洽于下，休祯符瑞，岂远乎哉！"帝不纳。宦官由此疾蕃弥甚，选举奏议，辄以中诏谴却，长史以下多至抵罪，犹以蕃名臣，不敢加害。

平原襄楷诣阙上疏曰："臣闻皇天不言，以文象设教。臣窃见太微，天廷五帝之坐，而金、火罚星扬光其中，天文志：太微，天子庭也，五帝之坐也。贤曰：太白，金也；荧惑，火也。天文志曰：逆夏令，伤火气，罚见荧惑；逆秋令，伤金气，罚见太白；故金火并为罚星也。坐，徂卧翻。于占，天子凶；又俱入房、心，天文志：房四星为明堂，天子布政之宫也。心三星，天王正位也：中星曰明堂，天子位焉；前星为太子，后星为庶子。法无继嗣。前年冬大寒，杀鸟兽，害鱼鳖，城傍竹柏之叶有伤枯者。续汉志曰：延熹七年，雒阳城旁竹柏叶有伤枯者。考异曰：帝纪此年十二月书"雒城傍竹柏枯伤"，误也。臣闻于师曰：'柏伤竹枯，不出二年，天子当之。'今自春夏以来，连有霜雹及大雨雷电，臣作威作福，刑罚急刻之所感也。太原太守刘瓆，南阳太守成瑨，志除奸邪，其所诛剪，皆合人望。而陛下受阉竖之谮，乃远加考逮。三公上书乞哀瓆等，不见采察而严被谴让，忧国之臣，将遂杜口矣。臣闻杀无罪，诛贤者，祸及三世。黄石公三略曰：伤贤者，殃及三世。蔽贤者，身当其害。达贤者，福流子孙。疾贤者，名不全。自陛下即位以来，频行诛罚，梁、寇、孙、邓并见族灭，贤曰：梁冀、寇荣、孙寿、邓万世等也。其从坐者又非其数。李云上书，明主所不当讳；杜众乞死，谅以感悟圣朝；曾无赦宥而并被残戮，天下之人咸知其冤，事见上卷二年。

被，皮义翻。汉兴以来，未有拒谏诛贤，用刑太深如今者也！昔文王一妻，诞致十子；史记：太姒，文王正妃也，其长子伯邑考，次武王发，次管叔鲜，次周公旦，次蔡叔度，次曹叔振铎，次成叔武，次霍叔处，次康叔封，次聃季载，同母兄弟十人。今宫女数千，未闻庆育，宜修德省刑以广螽斯之祚。螽斯，言后妃不妒忌，子孙众多也。按春秋以来，及古帝王，未有河清。臣以为河者，诸侯位也。孝经援神契曰：五岳视三公，四渎视诸侯。清者，属阳；浊者，属阴。河当浊而反清者，阴欲为阳，诸侯欲为帝也。京房易传曰：'河水清，天下平。'今天垂异，地吐妖，人疠疫，三者并时而有河清，犹春秋麟不当见而见，孔子书之以为异也。公羊传：西狩获麟，有以告者，孔子曰："孰为来哉，孰为来哉！"盖以为异也。见，贤遍翻。愿赐清閒，极尽所言。"书奏，不省。閒，读曰闲。省，悉井翻。

十馀日，复上书曰："臣闻殷纣好色，妲己是出；好，呼到翻；下同。殷纣冒色，有苏氏以妲己女之。妲，当割翻。叶公好龙，真龙游廷。叶公子高好龙，天龙闻而降之，窥头于牖。今黄门、常侍，天刑之人，谓已受熏腐之刑，得罪于天者也。陛下爱待，兼倍常宠，系【张："系"作"继"。】嗣未兆，岂不为此！为，于伪翻。又闻宫中立黄、老、浮屠之祠，贤曰：浮屠，即佛陀，声之转耳，谓佛也。此道清虚，贵尚无为，好生恶杀，省欲去奢。恶，乌路翻。去，羌吕翻。今陛下耆欲不去，耆，读曰嗜。杀罚过理，既乖其道，岂获其祚哉！浮屠不三宿桑下，不欲久生恩爱，精之至也；贤曰：言浮屠之人，寄桑下者，不经三宿，便即移去，示无爱恋之心也。其守一如此，乃能成道。今陛下淫女艳妇，极天下之丽，甘肥饮美，单天下之味，单，与殚同。奈何欲如黄、老乎！"书上，即召入，诏尚书问状。楷言："古者本无宦臣，武帝末数游后宫，始置之耳。"数，所角翻。尚书承旨，承旨，谓承宦官风指也。奏："楷不正辞理，而违背经艺，假借星宿，背，蒲妹翻。宿，音秀。造合私意，合，音阁，牵合也。诬上罔事，请下司隶正楷罪法，下，遐稼翻。收送雒阳狱。”帝以楷言虽激切，然皆天文恒象之数，故不诛；犹司寇论刑。司寇二岁刑也。自永平以来，臣民虽有习浮屠术者，而天子未之好；至帝，始笃好之，好，呼到翻。常躬自祷祠，由是其法浸盛，故楷言及之。

符节令汝南蔡衍、百官志：符节令，秩六百石，为符节台率，主符节事，属少府。议郎刘瑜表救成瑨、刘瓆，言甚切厉，亦坐免官。瑨、瓆竟死狱中。瑨、瓆素刚直，有经术，知名当时，故天下惜之。岑晊、张牧逃窜获免。

晊之亡也，亲友竞匿之；贾彪独闭门不纳，时人望之。贤曰：望，怨也；余谓望，责望也。彪曰：“传言‘相时而动，无累后人。’左传之文。相，息亮翻。累，力瑞翻。公孝以要君致衅，要，一遥翻。自遗其咎，遗，于季翻。吾已不能奋戈相待，反可容隐之乎！”于是咸服其裁正。彪尝为新息长，新息县，属汝南郡。贤曰：今豫州县。长，知两翻。小民困贫，多不养子；彪严为其制，与杀人同罪。城南有盗劫害人者，北有妇人杀子者，彪出按验，掾吏欲引南；引南者，引车南行者。彪怒曰：“贼寇害人，此则常理；母子相残，逆天违道！”遂驱车北行，按致其罪。城南贼闻之，亦面缚自首。首，式救翻。数年间，人养子者以千数。曰：“此贾父所生也。”皆名之为贾。

9 河南【章：乙十六行本“南”作“内”；乙十一行本同；孔本同；张校同。】张成，善风角，贤曰：风角，谓候四方四隅之风，以占吉凶也。推占当赦，教子杀人。司隶李膺督促收捕，既而逢宥获免；膺愈怀愤疾，竟按杀之。考异曰：党锢传云“膺为河南尹”，按膺此事非作尹时也。成素以方伎交通宦官，伎，渠绮翻。帝亦颇讯其占；讯，问也。宦官教成弟子牢修上书，告“膺等养太学游士，交结诸郡生徒，更相驱驰，共为部党，诽讪朝廷，更，工衡翻。说文曰：诽，谤也。苍颉篇：诽，非也。疑乱风俗。”考异曰：袁纪作“牢顺”，今从范书。于是天子震怒，班下郡国，下，遐稼翻；下同。逮捕党人，布告天下，使同忿疾。案经三府，案，文案也，以考验为义。太尉陈蕃却之曰：“今所按者，皆海内人誉，忧国忠公之臣，此等犹将十世宥也，左传：晋范宣子囚叔向。祁奚见宣子曰：“谋而鲜过，惠训不倦者，叔向有焉，犹将十世宥之，以劝能者。”岂有罪名不章而致收掠者乎！”掠，音亮。不肯平署。贤曰：平署，犹联署也。帝愈怒，遂下膺等于黄门北寺狱，时宦官专权，置黄门北寺狱，自武帝以来，中都官诏狱所未有也。下，遐嫁翻。其辞所连及，太仆颍川杜密、御史中丞陈翔及陈寔、范滂之徒二百馀人。或逃遁不获，皆悬金购募，使者四出相望。陈寔曰：“吾不就狱，众无所恃。”乃自往请囚。范滂至狱，狱吏谓曰：“凡坐系者，皆祭皋陶。”滂曰：“皋陶，古之直臣，知滂无罪，将理之于帝；贤曰：帝，谓天也。陶，音遥。如其有罪，祭之何益！”众人由此亦止。陈蕃复上书极谏，复，扶又翻。帝讳其言切，托以蕃辟召非其人，策免之。考异曰：袁纪，李膺下狱在九月。范书，蕃免在七月。蕃传：“上书极谏曰：‘膺等或禁锢闭隔，或死徙非所’云云。”按膺等赦出在明年六月。再下狱死徙在建宁二年十月。蕃既以此年七月免，则蕃传所云，疑非蕃书也。又袁纪无陈蕃免事。灵帝即位，以太尉陈蕃为太傅。按蕃免后有太尉周景。盖袁纪误也。

时党人狱所染逮者，皆天下名贤，染，谓狱辞所污染也。逮，谓连及也。度辽将军皇甫规，自以西州豪桀，耻不得与，与，读曰预。乃自上言：“臣前荐故大司农张奂，是附党也。又，臣昔论输左校时，太学生张凤等上书讼臣，是为党人所附也，荐张奂事见上卷六年。张凤上书事见五年。臣宜坐之。”朝廷知而不问。

杜密素与李膺名行相次，行，下孟翻；下同。时人谓之李、杜，故同时被系。密尝为北海相，行春，到高密，百官志：凡郡国守相，常以春行所主县，劝民农桑，振救乏绝。高密县，属北海国。见郑玄为乡啬夫，知其异器，即召署郡职，遂遣就学，卒成大儒。卒，子恤翻。后密去官还家，每谒守令，多所陈托。同郡刘胜，亦自蜀郡告归乡里，闭门扫轨，贤曰：轨，车迹也，言绝人事。无所干及。太守王昱谓密曰："刘季陵清高士，刘胜，字季陵。公卿多举之者。"密知昱以激己，对曰："刘胜位为大夫，见礼上宾，位为大夫，谓在朝列也；见礼上宾，谓郡守接遇之也。而知善不荐，闻恶无言，隐情惜己，自同寒蝉，贤曰：寒蝉，谓寂默也。楚辞曰：悲哉秋之为气也，蝉寂漠而无声。此罪人也。今志义力行之贤而密达之，违道失节之士而密纠之，使明府赏刑得中，令问休扬，不亦万分之一乎！"昱惭服，待之弥厚。

10 九月，以光禄勋周景为太尉。

11 司空刘茂免；冬，十二月，以光禄勋汝南宣酆为司空。姓谱：宣以谥为氏。

12 以越骑校尉窦武为城门校尉。武在位，多辟名士，清身疾恶，礼赂不通；妻子衣食裁充足而已，得两宫赏赐，两宫，谓天子及皇后。悉散与太学诸生及丐施贫民，丐，居太翻，与也。施，式豉翻。由是众誉归之。

13 匈奴乌桓闻张奂至，皆相率还降，降，户江翻。凡二十万口；奂但诛其首恶，馀皆慰纳之，唯鲜卑出塞去。朝廷患檀石槐不能制，遣使持印绶封为王，欲与和亲。檀石槐不肯受，而寇抄滋甚；抄，楚交翻。自分其地为三部：从右北平以东至辽东，接夫馀、涉貊二十馀邑，为东部；夫，音扶。涉，音秽。貊，莫百翻。从右北平以西，至上谷十馀邑，为中部；从上谷以西至敦煌、乌孙二十馀邑，为西部：各置大人领之。观此，则夷狄亦有邑居矣。檀石槐盖尽有匈奴故地。敦，徒门翻。

王崇武标点容肇祖聂崇岐覆校

资治通鉴卷第五十六

翰林学士兼侍读学士朝散大夫右谏议大夫
知制诰判尚书都省兼提举万寿观公事上护军 司马光 奉敕编集
河内郡开国侯食邑一千三百户赐紫金鱼袋臣

后　学　天　台 胡三省 音　注

汉纪四十八　起强圉协洽（丁未），尽重光大渊献（辛亥），凡五年。

孝桓皇帝下

永康元年（丁未、一六七）是年六月，始改元。

1 春，正月，东羌先零围祋祤，掠云阳，二县皆属左冯翊。宋白曰：耀州华原、同官县，本汉祋祤县地，云阳故城在今县西北六十里。零，音怜。祋，音丁活翻，又音丁外翻。祤，音诩。当煎诸种复反。种，章勇翻。复，扶又翻；下同。段颎击之于鸾鸟，颎，高迥翻。鸾，音藿。鸟，读曰雀。大破之，西羌遂定。

2 夫馀王夫台寇玄菟；夫，音扶。菟，同都翻。玄菟太守公孙域击破之。守，式又翻。

3 夏，四月，先零羌寇三辅，攻没两营，两营，京兆虎牙营，扶风雍营。零，音怜。杀千馀人。

4 五月，壬子晦，日有食之。

5 陈蕃既免，朝臣震栗，莫敢复为党人言者。复，扶又翻。朝，直遥翻；下同。为，于伪翻。贾彪曰："吾不西行，大祸不解。"贾彪，颍川定陵人。自颍川至雒阳为西行。乃入雒阳，说城门校尉窦武、尚书魏郡霍谞等，说，输芮翻。谞，私吕翻。使讼之。武上疏曰："陛下即位以来，未闻善政，常侍、黄门，竞行谲诈，妄爵非人。伏寻西京，佞臣执政，终丧天下。谲，古穴翻。丧，息浪翻。今不虑前事之失，复循覆车之轨，臣恐二世之难，难，乃旦翻。必将复及，赵高之变，不朝则夕。谓望夷宫之事也。近者奸臣牢修造设党议，遂收前司隶校尉李膺等逮考，连及数百人，旷年拘录，事无效验。谓自去年兴狱至今年，事终无其实也。校，户教翻。臣惟膺等建忠抗节，志经王室，此诚陛下稷、卨、伊、吕之佐；卨，古契字，音息列翻。而虚为奸臣贼子之所诬枉，天下寒心，海内失望。惟陛下留神澄省，澄，清也。省，察也。省，悉井翻。时见理出，贤曰：时，谓即时也。以厌神【章：乙十六行本"神"作"人"；乙十一行本同；孔本同；退斋校同。】鬼喁喁之心。喁，鱼恭翻。今台阁近臣，尚书朱寓、荀绲、刘佑、魏朗、刘矩、尹勋等，皆国之贞士，朝之良佐；绲，古本翻。考异曰：武传：武上疏曰："今台阁近臣，尚书令陈蕃、仆射胡广、尚书朱寓等。"按蕃、广时不为令仆，故去之。尚书郎张陵、妫皓、妫，俱为翻。姓谱：妫，帝舜之后。苑康、姓谱：苑姓，商武丁之子受封于苑，因以为氏。左传：齐有大夫苑何忌。杨乔、边韶、陈留风俗传：边祖于宋平公子戌，字子边。又左传，周有大夫边伯。戴恢等，文质彬彬，明达国典，内外之职，群才并列。而陛下委任近习，专树饕餮，饕，吐刀翻。餮，他结翻。外典州郡，内干心膂，宜以次贬黜，案罪纠罚；信任忠良，平决臧否，使邪正毁誉，各得其所，否，音鄙。誉，音余。宝爱天官，唯善是授，天官，言天命有德，人君不可以私授。如此，咎征可消，天应可待。间者有嘉禾、芝草、黄龙之见。是年，魏郡言嘉禾生，巴郡言黄龙见。见，贤遍翻。夫瑞生必于嘉士，福至实由善人，在德为瑞，无德为灾。陛下所行不合天意，不宜称庆。”书奏，因以病上还城门校尉、槐里侯印绶。霍谞亦为表请。上，时掌翻。为，于伪翻；下同。帝意稍解，使中常侍王甫就狱讯党人范滂等，皆三木囊头，暴于阶下，贤曰：三木，头及手、足皆有械，更以物蒙覆其头也。甫以次辩诘曰：“卿等更相拔举，更，工衡翻。迭为唇齿，其意如何？”滂曰：“仲尼之言，‘见善如不及，见恶如探汤，’贤曰：探汤，喻去之疾也，见论语。探，吐南翻。滂欲使善善同其清，恶恶同其污，谓王政之所愿闻，不悟更以为党。古之修善，自求多福。今之修善，身陷大戮。身死之日，愿埋滂于首阳山侧，上不负皇天，下不愧夷、齐。”贤曰：伯夷、叔齐饿死首阳山，事见史记。首阳山，在雒阳东北。杜佑曰：偃师县有首阳山。甫愍然为之改容，乃得并解桎梏。郑玄注周礼曰：木在手曰桎，在足曰梏。桎，之日翻。梏，工沃翻。李膺等又多引宦官子弟，宦官惧，请帝以天时宜赦。六月，庚申，赦天下，改元；党人二百馀人皆归田里，书名三府，禁锢终身。考异曰：帝纪于去年冬书“李膺等二百馀人受诬为党人，并坐下狱，书名三府。”按陈蕃以讼李膺，免。即膺等下狱已在前，后遇赦，方得书名三府。则帝纪所纪为两，无所用，故去之。又故书“三府”为“王府”，刘攽曰：当为“三府”。

范滂往候霍谞而不谢。或让之，滂曰：“昔叔向不见祁奚，晋范宣子囚叔向，祁奚请而免之，不见叔向而归，叔向亦不告免焉而朝。吾何谢焉！”滂南归汝南，南阳士大夫迎之者，车数千两，两，音亮。乡人殷陶、黄穆侍卫于旁，应对宾客。滂谓陶等曰：“今子相随，是重吾祸也！”遂遁还乡里。

初，诏书下举钩党，贤曰：钩，谓相连也。下，遐稼翻。郡国所奏相连及者，多至百数，唯平原相史弼独无所上。上，时掌翻。诏书前后迫切州郡，髡笞掾史。从事坐传舍责曰：掾，俞绢翻。贤曰：续汉志：每州有从事史及诸曹掾史。传，客舍也；音知恋翻。坐传舍召弼而责。余谓"髡笞掾史"句绝，言诏书督迫州郡至于髡笞掾史，青州从事则坐平原传舍而责史弼也。"诏书疾恶党人，恶，乌路翻。旨意恳恻。青州六郡，其五有党，平原何治而得独无？"弼曰："先王疆理天下，贤曰：疆，界也。理，正也。画界分境，水土异齐，风俗不同。记王制曰：凡居民财，必因天地，寒暖燥湿，广谷大川异制，民生其间者异俗，刚柔、轻重、迟速异齐。齐，才细翻。前书曰：凡民函五常之性，而其刚柔缓急，音声不同，系水土之风气，故谓之风；好恶取舍动静无常，随君上之情欲，故谓之俗。他郡自有，平原自无，胡可相比！若承望上司，诬陷良善，淫刑滥罚，以逞非理，则平原之人，户可为党。相有死而已，相，息亮翻。所不能也！"从事大怒，即收郡僚职送狱，郡僚职，谓郡诸曹掾史也。遂举奏弼。会党禁中解，弼以俸赎罪。所脱者甚众。

窦武所荐：朱寓，沛人；苑康，勃海人；杨乔，会稽人；会，工外翻。边韶，陈留人。乔容仪伟丽，数上言政事，数，所角翻。帝爱其才貌，欲妻以公主，妻，七细翻。乔固辞，不听，遂闭口不食，七日而死。

6秋，八月，巴郡言黄龙见。见，贤遍翻。初，郡人欲就池浴，见池水浊，因戏相恐，"此中有黄龙，"语遂行民间，太守欲以为美，故上之。上，时掌翻。郡吏傅坚谏曰："此走卒戏语耳。"太守不听。

7六月，【张："月"作"州"。】大水，勃海【张："海"下脱"海"字。】溢。

8冬，十月，先零羌寇三辅，零，音怜。张奂遣司马尹端、董卓拒击，大破之，斩其酋豪，首虏万馀人，酋，慈由翻。三州清定。时奂督幽、并、凉三州。奂论功当封，以不事宦官故不果封，唯赐钱二十万，除家一人为郎。奂辞不受，请徙属弘农。旧制，边人不得内徙，诏以奂有功，特许之。奂，敦煌渊泉人。拜董卓为郎中。卓，陇西人，性粗猛有谋，羌胡畏之。董卓事始此。

9 十二月，壬申，复瘿陶王悝为勃海王。悝贬事见上卷延熹八年。瘿，于郢翻。悝，苦回翻。

10 丁丑，帝崩于德阳前殿。年三十六。戊寅，尊皇后曰皇太后。太后临朝。初，窦后既立，御见甚稀，见，贤遍翻。唯采女田圣等有宠。后素忌忍，帝梓宫尚在前殿，遂杀田圣。城门校尉窦武议立嗣，召侍御史河间刘鯈，鯈，式竹翻。问以国中宗室之贤者，鯈称解渎亭侯宏。贤曰：解渎亭在今定州义丰县东北。杜佑曰：义丰，汉之安国县也。宏者，河间孝王之曾孙也，祖淑，父苌，世封解渎亭侯。武乃入白太后，定策禁中，以鯈守光禄大夫，与中常侍曹节并持节将中黄门、虎贲、羽林千人，将，即亮翻。奉迎宏，时年十二。考异曰：范书云："即帝位，年十三"，袁纪，初立为嗣诏书云，"年十有二"；建宁二年诛党人时，云年十四。袁纪是也。

孝灵皇帝上之上

讳宏。谥法：乱而不损曰灵。伏侯古今注："宏"之字曰"大"。

建宁元年（戊申、一六八）

1 春，正月，壬午，以城门校尉窦武为大将军。考异曰：袁纪："延熹九年，四月，戊寅，特进窦武为大将军。武移病固让，至于数十；不许。"范书在今年正月，壬午，武传，为大将军亦在迎立灵帝后。今从之。前太尉陈蕃为太傅，考异曰：帝纪，拜蕃太傅在即位后；传在前。缘有蕃责尚书等语，故知从传是也。与武及司徒胡广参录尚书事。三人謂之参。

时新遭大丧，国嗣未立，诸尚书畏惧，多托病不朝。陈蕃移书责之曰："古人立节，事亡如存。贤曰：言人主虽亡，法度尚在，当行之与不亡时同，故曰如存。余谓"事死如事生，事亡如事存，"中庸之文，言人主虽死亡，事之如生存也。今帝祚未立，政事日蹙，诸君奈何委荼蓼之苦，息偃在床，诗国风曰：谁谓荼苦，其甘如荠。周颂曰：

未堪家多难，予又集于蓼。小雅曰：或息偃在床。于义安乎！”诸尚书惶怖，怖，普布翻。皆起视事。

2 己亥，解渎亭侯至夏门亭，使窦武持节，以王青盖车迎入殿中；庚子，即皇帝位，改元。

3 二月，辛酉，葬孝桓皇帝于宣陵，贤曰：宣陵，在雒阳东南三十里。庙曰威宗。

4 辛未，赦天下。

5 初，护羌校尉段颎既定西羌，去年颎定西羌。而东羌先零等种犹未服，度辽将军皇甫规、中郎将张奂招之连年，既降又叛。桓帝延熹四年，皇甫规招降东羌。六年，规荐张奂。至永康元年，七年之间，羌之叛服无常。降，户江翻；下同。桓帝诏问颎曰：“先零东羌造恶反逆，而皇甫规、张奂各拥强众，不时辑定，欲令颎移兵东讨，未识其宜，可参思术略。”颎上言曰：“臣伏见先零东羌虽数叛逆，数，所角翻。而降于皇甫规者，已二万许落；善恶既分，馀寇无几。今张奂踌躇久不进者，踌躇，犹豫也，又住足也。当虑外离内合，兵往必惊。且自冬践春，屯结不散，人畜疲羸，有自亡之势，欲更招降，坐制强敌耳。臣以为狼子野心，难以恩纳，势穷虽服，兵去复动；复，扶又翻。唯当长矛挟胁，白刃加颈耳！计东种所馀三万馀落，种，章勇翻；下同。近居塞内，路无险折，非有燕、齐、秦、赵从横之势，从，子容翻。而久乱并、凉，累侵三辅，西河、上郡，已各内徙，事见五十二卷顺帝永和五年。安定、北地，复至单危；复，扶又翻；下同。自云中、五原，西至汉阳二千馀里，匈奴、诸羌，并擅其地，是为痈疽伏疾，留滞胁下，如不加诛，转就滋大。若以骑五千、步万人、车三千两，两，音亮。三冬二夏，足以破定，无虑用费为钱五十四亿，贤曰：无虑，都凡也。毛晃曰：总计曰无虑，犹言多少如是无疑也。如此，则可令群羌破尽，匈奴长服，内徙郡县，得反本土。伏计永初中，诸羌反叛，十有四年，用二百四十亿；事见五十卷安帝元初五年。永和之末，复经七年，用八十馀亿。事见五十二卷冲帝永嘉元年。费耗若此，犹不诛尽，馀孽复起，于兹作害。今不暂疲民，则永宁无期。臣庶竭驽劣，伏待节度。"驽，音奴。帝许之，悉听如所上。上，时掌翻。颎于是将兵万馀人，赍十五日粮，从彭阳直指高平，贤曰：彭阳、高平，并县名，属安定郡。彭阳县，即今原州彭原县也。高平县，今原州也。与先零诸种战于逢义山。贤曰：山在今原州平高县。杜佑曰：平高县，即汉之高平也。虏兵盛，颎众皆恐。颎乃令军中长镞利刃，范书段颎传作"张镞利刃"。长矛三重，重，直龙翻。挟以强弩，列轻骑为左右翼，谓将士曰："今去家数千里，进则事成，走必尽死，努力共功名！"因大呼，呼，火故翻。众皆应声腾赴，【张："赴"下脱"颎"字。】驰骑于傍，突而击之，虏众大溃，斩首八千馀级。太后赐诏书褒美曰："须东羌尽定，当并录功勤；今且赐颎钱二十万，以家一人为郎中。"敕中藏府调金钱、彩物增助军费，百官志：中藏府令，属少府，掌中币帛金银诸货物。调，徒吊翻。藏，徂浪翻。拜颎破羌将军。

6 闰月，甲午，追尊皇祖为孝元皇，沈约曰：孝元皇，谥法所不载。今按周公谥法：能思辨众曰元；行义说民曰元；主义行德曰元；靖民则法曰元。夫人夏氏为孝元后，夏，户雅翻。考为孝仁皇，谥法：贵贤亲亲曰仁。尊帝母董氏为慎园贵人。皇祖，解渎亭侯淑也。皇考，侯苌也。贤曰：慎园，在今瀛州乐寿县东南，俗呼为二皇陵。

7 夏，四月，戊辰，太尉周景薨，司空宣酆免；以长乐卫尉王畅为司空。乐，音洛。

8 五月，丁未朔，日有食之。

9 以太中大夫刘矩为太尉。

10 六月，京师大水。

11 癸巳，录定策功，封窦武为闻喜侯，武子机为渭阳侯，考两汉志无渭阳县，盖因舅氏之亲而为封国之名。兄子绍为鄠侯，鄠，音户。靖为西乡侯，中常侍曹节为长安乡侯，侯者凡十一人。

涿郡卢植上书说武曰：说，输芮翻。“足下之于汉朝，犹旦、奭之在周室，建立圣主，四海有系，论者以为吾子之功，于斯为重。今同宗相后，披图案牒，以次建之，何勋之有！自和帝无嗣，安帝以肃宗之孙入立。冲、质短祚，桓帝以肃宗曾孙入立。桓帝无嗣，又以肃宗玄孙入立。是同宗相后，以次建之也。图，以族属之远近写为图也。牒，谱第之也。岂可横叨天功以为己力乎！横，户孟翻。宜辞大赏，以全身名。”武不能用。植身长八尺二寸，长，直亮翻。音声如钟，性刚毅，有大节。少事马融，少，诗照翻。融性豪侈，多列女倡歌舞于前，倡，音昌。植侍讲积年，未尝转盼，融以是敬之。

太后以陈蕃旧德，特封高阳乡侯。蕃上疏让曰：“臣闻割地之封，功德是为。为，于伪翻。臣虽无素洁之行，行，下孟翻。窃慕君子‘不以其道得之，不居也’。孔子曰：富与贵，是人之所欲也，不以其道得之，不处也。若受爵不让，掩面就之，诗云：受爵不让，至于己斯亡。使皇天震怒，灾流下民，于臣之身，亦何所寄！”太后不许。蕃固让，章前后十上，上，时掌翻。竟不受封。

12 段颎将轻兵追羌，出桥门，据东观记，桥门，谷名。水经注云：桥门，即桥山之长城门也。晨夜兼行，与战于奢延泽、落川、令鲜水上，贤曰：即上郡奢延县界也。水经注：奢延水出奢延县西南赤沙阜，东流入于河。落川，在奢延水南。贤曰：令鲜，水名，在今甘州张掖县界，一名合黎水，一名羌谷水。余考鲜水既捷，乃追战于灵武谷，此鲜水非甘州之鲜水明矣，当在上郡北地界。连破之；又战于灵武谷，贤曰：灵武，县名，有谷，在今灵州怀远县西北。余据前书地理志，北地郡有灵武县，灵武谷当在此县界，非唐灵州之灵武县也。羌遂大败。秋，七月，颎至泾阳，泾阳县，属安定郡。贤曰：故城在今原州平凉县南。馀寇四千落，悉散入汉阳山谷间。

护匈奴中郎将张奂上言："东羌虽破，馀种难尽，种，章勇翻。段颎性轻果，虑负败难常，宜且以恩降，可无后悔。"诏书下颎，下，遐稼翻。颎复上言："臣本知东羌虽众，而软弱易制，复，扶又翻；下同。软，乳兖翻，柔也。所以比陈愚虑，比，毗至翻。思为永宁之算；而中郎将张奂说虏强难破，宜用招降。降，户江翻。圣朝明监，信纳瞽言，故臣谋得行，奂计不用。事势相反，遂怀猜恨，信叛羌之诉，饰润辞意，云臣兵'累见折衄'，贤曰：伤败曰衄，音女六翻。又言'羌一气所生，不可诛尽，贤曰：言羌亦禀天之一气所生，诛之不可尽也。山谷广大，不可空静，血流污野，伤和致灾。'污，乌故翻。臣伏念周、秦之际，戎狄为害，中兴以来，羌寇最盛，诛之不尽，虽降复叛。今先零杂种，累以反覆，攻没县邑，剽略人物，剽，匹妙翻。发冢露尸，祸及生死，上天震怒，假手行诛。昔邢为无道，卫国伐之，师兴而雨；左传曰：卫大旱，卜有事于山川，不吉。宁庄子曰："昔周饥，克殷而年丰。今邢方无道，天其欲卫讨邢乎！"从之，师兴而雨。臣动兵涉夏，连获甘澍，澍，音树，又音注，时雨也。岁时丰稔，人无疵疫。上占天心，不为灾伤；下察人事，众和师克。自桥门以西、落川以东，故宫县邑，更相通属，杜佑曰：桥门以西，落川以东，今金城、会宁、平凉郡地。属，之欲翻。非为深险绝域之地，车骑安行，无应折衄。案奂为汉吏，身当武职，驻军二年，不能平寇，桓帝延熹九年，奂督三州二营。虚欲修文戢戈，招降犷敌，贤曰：犷，恶貌也，音各猛翻。诞辞空说，僭而无征。左传：臧会卜为信与僭。杜预注曰：僭，不信也。何以言之？昔先零作寇，赵充国徙令居内，宣帝时，赵充国击西羌，降者三万馀人，徙之金城，置金城属国以处之。令，使也，音零。煎当乱边，马援迁之三辅，始服终叛，至今为鲠，贤曰：

鲠，与梗同。梗，病也。大雅云：至今为梗。故远识之士，以为深忧。今傍郡户口单少，数为羌所创毒，数，所角翻；下同。创，初良翻，伤也。而欲令降徒与之杂居，降，户江翻。是犹种枳棘于良田，养蛇虺于室内也。故臣奉大汉之威，建长久之策，欲绝其本根，不使能殖。贤曰：殖，生也。左传曰：见恶如农夫之务去草焉，绝其本根，勿使能殖。本规三岁之费，用五十四亿；今适期年，所耗未半，而馀寇残烬，杜预曰：烬，火馀木也。将向殄灭。臣每奉诏书，军不内御，贤曰：御，制御也。淮南子曰：国不可从外理，军不可从中御。愿卒斯言，卒，子恤翻，终也。一以任臣，临时量宜，量，音亮。不失权便。"

13 八月，司空王畅免，宗正刘宠为司空。

14 初，窦太后之立也，陈蕃有力焉。事见五十五卷桓帝延熹八年。及临朝，政无大小，皆委于蕃。蕃与窦武同心戮力，以奖王室，征天下名贤李膺、杜密、尹勋、刘瑜等，皆列于朝廷，与共参政事。于是天下之士，莫不延颈想望太平。而帝乳母赵娆及诸女尚书，贤曰：女尚书，内官也。娆，音乃了翻。旦夕在太后侧，中常侍曹节、王甫等共相朋结，谄事太后，太后信之，数出诏命，有所封拜。蕃、武疾之，尝共会朝堂，数，所角翻。朝，直遥翻。蕃私谓武曰："曹节、王甫等，自先帝时操弄国权，操，千高翻。浊乱海内，今不诛之，后必难图。"武深然之。蕃大喜，以手推【章：乙十六行本"推"作"椎"；乙十一行本同；孔本同；熊校同。】席而起。武于是引同志尚书令尹勋等共定计策。

会有日食之变，蕃谓武曰："昔萧望之困一石显，事见二十八卷元帝初元二年。况今石显数十辈乎！蕃以八十之年，欲为将军除害，今可因日食斥罢宦官，以塞天变。"为，于伪翻。塞，悉则翻。武乃白太后曰："故事，黄门、常侍但当给事省内【张："内"

下脱"典"字。】门户，主近署财物耳；省内，谓禁中也。近署财物，谓少府所掌中藏府、尚方、内者诸署也。今乃使与政事，任重权，与，读曰预。子弟布列，专为贪暴。天下匈匈，正以此故，宜悉诛废以清朝廷。"太后曰："汉元以来故事，汉元，汉初也。世有宦官，但当诛其有罪者，岂可尽废邪！"时中常侍管霸，颇有才略，专制省内，武先白收霸及中常侍苏康等，皆坐死。武复数白诛曹节等，复，扶又翻。数，所角翻。太后冘豫未忍，冘，音淫。故事久不发。蕃上疏曰："今京师嚣嚣，道路喧哗，言侯览、曹节、公乘昕、王甫、郑飒等，与赵夫人、诸尚书并乱天下，公乘，秦爵也。此以爵为氏。乘，绳证翻。昕，许斤翻。赵夫人即赵娆。飒，音立。附从者升进，忤逆者中伤，忤，五故翻。中，竹仲翻。一朝群臣如河中木耳，朝，直遥翻，谓举朝之臣也。泛泛东西，耽禄畏害。陛下今不急诛此曹，必生变乱，倾危社稷，其祸难量。量，音良。愿出臣章宣示左右，并令天下诸奸知臣疾之。"太后不纳。

是月，太白犯房之上将，入太微。晋书天文志：房四星为明堂，天子布政之宫也，亦四辅也。第一星，上将也；次，次将也；次，次相也；上星，上相也。太微，天子庭也。侍中刘瑜素善天官，天官，即天文也。史记天官书犹后之天文志。恶之，恶，乌路翻。上书皇太后曰："案占书：宫门当闭，将相不利，奸人在主傍；愿急防之。"又与武、蕃书，以星辰错缪，不利大臣，宜速断大计。断，丁乱翻。于是武、蕃以朱寓为司隶校尉，刘佑为河南尹，虞祁为雒阳令。武奏免黄门令魏彪，以所亲小黄门山冰代之。姓谱：周有山师之官，子孙以为氏。或云：烈山氏之后。使冰奏收长乐尚书郑飒，长乐尚书，盖以太后临朝置之，以掌奏下外朝文书众事也。乐，音洛；下同。送北寺狱。蕃谓武曰："此曹子便当收杀，何复考为！"复，扶又翻；下同。武不从，令冰与尹勋、侍御史祝瑨杂考飒，辞连及曹节、王甫。勋、冰即奏收节等，使刘瑜内奏。

九月，辛亥，武出宿归府。典中书者先以告长乐五官史朱瑀，瑀盗发武奏，长乐，太后宫也。太后宫有女尚书五人，五官史主之。考异曰：范书帝纪作“丁亥”，袁纪作“辛亥”。按长历，是年，九月，乙巳朔，无丁亥。今从袁纪。骂曰：“中官放纵者，自可诛耳，我曹何罪，而当尽见族灭！”因大呼曰：呼，火故翻，下同。“陈蕃、窦武奏白太后废帝，为大逆！”乃夜召素所亲壮健者长乐从官史共普、张亮等十七人，长乐从官史，掌太后宫从官。从，才用翻。共，音龚。唶血共盟，唶，色洽翻。谋诛武等。曹节白帝曰：“外间切切，切切，犹言迫急也。请出御德阳前殿。”令帝拔剑踊跃，使乳母赵娆等拥卫左右，取棨信，闭诸禁门，贤曰：棨，有衣戟也。汉官仪曰：凡居宫中，皆施籍于掖门。按姓名当入者，本官为封棨，传审印信，然后受也。召尚书官属，胁以白刃，使作诏板，拜王甫为黄门令，诏板，所谓尺一也。持节至北寺狱，收尹勋、山冰。冰疑，不受诏，甫格杀之，并杀勋；出郑飒，还兵劫太后，夺玺绶。玺，斯氏翻。绶，音受。令中谒者守南宫，闭门绝复道。谒者掌守门户；文帝自代邸入立，有谒者十人，持戟卫端门是也。雒阳南、北宫有复道相通。使郑飒等持节及侍御史谒者捕收武等。武不受诏，驰入步兵营，与其兄子步兵校尉绍共射杀使者。射，而亦翻。召会北军五校士数千人屯都亭，雒阳都亭也。校，户教翻。下令军士曰：“黄门、常侍反，尽力者封侯重赏。”陈蕃闻难，将官属诸生八十馀人，并拔刃突入承明门，难，乃旦翻。考异曰：袁纪：“蕃到承明门，使者不内，曰：‘公未被诏召，何得勒兵入宫！’蕃曰：‘赵鞅专兵向宫，以逐君侧之恶，春秋义之。’有使者出开门，蕃到尚书门，正色云云。”今从范书。到尚书门，攘臂呼曰：呼，火故翻。“大将军忠以卫国，黄门反逆，何云窦氏不道邪！”王甫时出与蕃相遇，适闻其言，而让蕃曰：“先帝新弃天下，山陵未成，武有何功，兄弟父子并封三侯！谓武子机封渭阳侯，兄子绍封鄠侯，绍弟靖封西乡侯。又设乐饮宴，多取掖庭宫人，旬日之间，赀财巨万，大臣若此，为是道邪！谓此非不道而何。公为宰辅，苟相阿党，复何求贼！”复，扶又翻。使剑士收蕃，蕃拔剑叱甫，辞色逾厉。遂执蕃，送北寺狱。考异曰：范书蕃传曰：“蕃拔剑叱甫，甫兵不敢近。乃益人围之数十重，遂执蕃送狱。”今据袁纪。黄门从官驺蹋踧蕃曰：从，才用翻。驺，侧尤翻。贤曰：驺，骑士也。踧，子六翻。“死老魅！魅，明秘翻。物老而能为精怪，曰魅。复能损我曹员数、夺我曹禀假不！”禀，给也。假，借也。不，俯九翻。即日，杀之。时护匈奴中郎将张奂征还京师，曹节等以奂新至，不知本谋，矫制以少府周靖行车骑将军、加节，与奂率五营士讨武。夜漏尽，天且明也。王甫将虎贲、羽林等合千馀人，出屯朱雀掖门，北宫南掖门曰朱雀门。将，即亮翻。与奂等合，已而悉军阙下，与武对陈。陈，读曰阵。甫兵渐盛，使其士大呼武军曰：“窦武反，汝皆禁兵，当宿卫宫省，何故随反者乎！先降有赏！”营府兵素畏服中官，营府，谓五营校尉府也。于是武军稍稍归甫，自旦至食时，兵降略尽。降，户江翻。武、绍走，诸军追围之，皆自杀，枭首雒阳都亭；枭，工尧翻。收捕宗亲宾客姻属，悉诛之，及侍中刘瑜、屯骑校尉冯述，皆夷其族。宦官又谮虎贲中郎将河间刘淑、故尚书会稽魏朗，云与武等通谋，皆自杀。会，工外翻。迁皇太后于南宫，徙武家属于日南；自公卿以下尝为蕃、武所举者及门生故吏，皆免官禁锢。议郎勃海巴肃，姓谱：巴，巴国之后，后汉又有扬州刺史巴祗。始与武等同谋，曹节等不知，但坐禁锢，后乃知而收之。肃自载诣县，肃，勃海高城县人。县令见肃，入阁，解印绶，欲与俱去。肃曰：“为人臣者，有谋不敢隐，有罪不逃刑，既不隐其谋矣，又敢逃其刑乎！”遂被诛。被，皮义翻。

曹节迁长乐卫尉，封育阳侯。育阳县，属南阳郡。王甫迁中常侍，黄门令如故。朱瑀、共普、张亮等六人皆为列侯，共，音龚。姓谱：共，商诸侯之国，晋有左行共华。又云，郑共叔段之后。十一人为关内侯。于是群小得志，士大夫皆丧气。丧，息浪翻。

蕃友人陈留朱震收葬蕃尸，匿其子逸，事觉，系狱，合门桎梏。震受考掠，桎，之日翻。梏，工沃翻。掠，音亮。誓死不言，逸由是得免。武府掾桂阳胡腾殡敛武尸，行丧，掾，俞绢翻。敛，力赡翻。坐以禁锢。武孙辅，年二岁，腾诈以为己子，与令史南阳张敞百官志：大将军府，令史及御属三十一人。共匿之于零陵界中，亦得免。

张奂迁大司农，以功封侯。奂深病为曹节等所卖，固辞不受。

15 以司徒胡广为太傅，录尚书事，司空刘宠为司徒，大鸿胪许栩为司空。胪，陵如翻。栩，况羽翻。

16 冬，十月，甲辰晦，日有食之。

17 十一月，太尉刘矩免，以太仆沛国闻人袭为太尉。闻人，姓也，风俗通曰：少正卯鲁之闻人，其后氏焉。

18 十二月，鲜卑及涉貊寇幽、并二州。涉，音秽。貊，莫百翻。

19 是岁，疏勒王季父和得杀其王自立。

20 乌桓大人上谷难楼有众九千馀落，辽西丘力居有众五千馀落，【张：“落”下脱“皆”字。】自称王。辽东苏仆延有众千馀落，自称峭王。峭，音七笑翻。右北平乌延有众八百馀落，自称汗鲁王。史言乌桓强盛。

二年（己酉、一六九）

1 春，正月，丁丑，赦天下。

2 帝迎董贵人于河间。三月，乙巳，尊为孝仁皇后，居永乐宫；乐，音洛。拜其兄宠为执金吾，兄子重为五官中郎将。

3 夏，四月，壬辰，有青蛇见于御坐上。见，贤遍翻。坐，徂卧翻。癸巳，大风，雨雹，霹雳，霹雳，震霆也。考异曰：帝纪：“建宁二年，四月癸巳，大风雨雹。”杨赐传：“熹平元年，青蛇见御坐。”续汉志：“熹平元年，四月，甲午，青蛇见御坐。”袁纪：“建宁二年，四月，壬辰，青蛇见；癸巳，大风。”按张奂传，论陈、窦，荐王、李，与袁纪相应。今从之。拔大木百馀。诏公卿以下各上封事。大司农张奂上疏曰：“昔周公葬不如礼，天乃动威。尚书大传曰：周公薨，成王欲葬之成周。天乃雷电以风，禾则尽偃，大木斯拔，邦人大恐。王葬周公于毕，示不敢臣也。今窦武、陈蕃忠贞，未被明宥，被，皮义翻。妖眚之来，皆为此也，为，于伪翻。宜急为收葬，为，于伪翻。徙还家属，其从坐禁锢，一切蠲除。蠲，吉玄翻。又，皇太后虽居南宫，而恩礼不接，朝臣莫言，远近失望。宜思大义顾复之报。”贤曰：顾，旋视也。复，反复也。小雅曰：父兮生我，母兮鞠我，顾我复我，出入腹我。上深嘉奂言，以问诸常侍，左右皆恶之，恶，乌路翻。帝不得自从。奂又与尚书刘猛等共荐王畅、李膺可参三公之选，曹节等弥疾其言，遂下诏切责之。奂等皆自囚廷尉，数日，乃得出，并以三月俸赎罪。俸，扶用翻。

郎中东郡谢弼上封事曰：“臣闻‘惟虺惟蛇，女子之祥’。诗小雅无羊之辞。郑玄注云：虺、蛇穴处，阴之祥也。伏惟皇太后定策宫闼，援立圣明，书曰：‘父子兄弟，罪不相及’，左传：胥臣曰：康诰曰：“父不慈，子不祗，兄不友，弟不恭，不相及也。”今尚书康诰无此语。窦氏之诛，岂宜咎延太后！幽隔空宫，愁感天心，如有雾露之疾，陛下当何面目以见天下！孝和皇帝不绝窦氏之恩，事见四十七卷永元九年。前世以为美谈。礼，‘为人后者为之子’，今以桓帝为父，岂得不以太后为母哉！愿陛下仰慕有虞蒸蒸之化，凯【章：乙十六行本“凯”上有“俯思”二字；乙十一行本同；孔本同；张校同。】风慰母之念。书舜典曰：烝烝乂，不格奸。孔安国注云：烝烝，犹进进也。言舜进于善道。诗凯风曰：有子七人，莫慰母心。臣又闻‘开国承家，小人勿用’，易师卦上六爻辞。今功臣久外，未蒙爵秩，阿母宠私，乃享大封，大风雨雹，亦由于兹。雨，于具翻。又，故太傅陈蕃，勤身王室，而见陷群邪，一旦诛灭，其为酷滥，骇动天下；而门生故吏，并离徙锢。离，遭也。蕃身已往，人百何赎！诗国风黄鸟曰：如可赎兮，人百其身。宜还其家属，解除禁网。夫台宰重器，国命所系，今之四公，唯司空刘宠断断守善，馀皆素餐致寇之人，必有折足覆餗之凶，贤曰：四公，谓刘矩为太尉，许训为司徒，胡广为太傅及宠也。书曰：如有一介臣，断断猗无他技。孔安国注云：断断猗然，专一之臣也。素，空也；无德而食其禄曰素餐。易曰：负且乘，致寇至。又曰：鼎折足，覆公餗。鼎以喻三公；餗，鼎实也；折足覆餗，言不胜其任。据是年闻人袭已代刘矩为太尉，馀三公亦不与贤注合。断，丁乱翻。折，而设翻。餗，音速。可因灾异，并加罢黜，征故司空王畅、长乐少府李膺并居政事，庶灾变可消，国祚惟永。”左右恶其言，恶，乌路翻。出为广陵府丞，府丞，即郡丞也。去官，归家。曹节从子绍为东郡太守，以他罪收弼，掠死于狱。掠，音亮。

帝以蛇妖问光禄勋杨赐，赐上封事曰：“夫善不妄来，灾不空发。王者心有所想，虽未形颜色，而五星以之推移，阴阳为其变度。夫皇极不建，则有龙蛇之孽，贤曰：洪范五行传曰：皇，大也；极，中也；建，立也；孽，灾也。君不合大中，是谓不立。蛇、龙，阴类也。诗云：‘惟虺惟蛇，女子之祥。’惟陛下思乾刚之道，别内外之宜，抑皇甫之权，割艳妻之爱，贤曰：艳妻，周幽王后褒姒也。皇甫卿士，皆后之党，用后嬖宠而居位也。诗云：皇甫卿士，艳妻煽方处。别，彼列翻。则蛇变可消，祯祥立应。”赐，秉之子也。

4 五月，太尉闻人袭、司空许栩免；六月，以司徒刘宠为太尉，太常汝南许训为司徒，太仆长沙刘嚣为司空。嚣素附诸常侍，故致位公辅。

5 诏遣谒者冯禅说降汉阳散羌。说，输芮翻。降，户江翻。段颎以春农，百姓布野，羌虽暂降，而县官无廪，必当复为盗贼，复，扶又翻。不如乘虚放兵，放兵，谓纵兵击羌也。势必殄灭。颎于是自进营，去羌所屯凡亭山四五十里，魏收地形志 安定鹑阴县有凡亭。杜佑作瓦亭山。注云：瓦亭山，在今平凉郡萧关县。遣骑司马田晏、假司马夏育将五千人先进，击破之。夏，户雅翻。羌众溃东奔，复聚射虎谷，复，扶又翻；下同。分兵守谷上下门，颎规一举灭之，不欲复令散走。秋七月，颎遣千人于西县结木为栅，西县，前汉属陇西郡，后汉属汉阳郡。参据二志，皆云县有嶓冢山，西汉水所出。是则禹贡所谓"嶓冢导漾，东流为汉"，其发源之地也。段颎讨羌起于安定高平；羌败，则追至上郡奢延，及大败于灵武谷，乃追至安定泾阳。诸羌散入汉阳山谷间，聚屯凡亭山；凡亭既破，复聚射虎谷，颎乃于西县结栅以遮之。以羌奔溃所趋考之，射虎谷在西县东北，凡亭山当在射虎谷东北。盖东羌为颎兵所追，复欲西奔出塞，归其旧来巢穴，而歼于是谷也。贤曰：西县故城，在今秦州上邽县西南。广二十步，长四十里遮之。广，古旷翻。长，直亮翻。分遣晏、育等将七千人衔枚夜上西山，结营穿堑，去虏一里许，又遣司马张恺等将三千人上东山，上，时掌翻。虏乃觉之。颎因与恺等挟东、西山，纵兵奋击，破之，追至谷上下门，穷山深谷之中，处处破之，斩其渠帅以下万九千级。帅，所类翻。冯禅等所招降四千人，分置安定、汉阳、陇西三郡。于是东羌悉平。颎凡百八十战，斩三万八千馀级，获杂畜四十二万七千馀头，畜，许又翻。费用四十四亿，军士死者四百馀人；更封新丰县侯，邑万户。

臣光曰：书称"天地，万物父母。惟人万物之灵，亶聪明，作元后，元后作民父母。"周书泰誓之辞。亶，诚也。夫蛮夷戎狄，气类虽殊，其就利避害，乐生恶死，乐，音洛。恶，乌路翻。亦与人同耳。御之得其道则附顺服从，失其道则离叛侵扰，固其宜也。是以先王之政，叛则讨之，服则怀之，处之四裔，裔，边也。处，昌吕翻。不使乱礼义之邦而已。若乃视之如草木禽兽，不分臧否，不辨去来，悉艾杀之，否，音鄙。艾，读曰刈。岂作民父母之意哉！且夫羌之所以叛者，为郡县所侵冤故也；侵冤者，为所侵刻而衔冤。叛而不即诛者，将帅非其人故也。苟使良将驱而出之塞外，择良吏而牧之，则疆埸之臣也，岂得专以多杀为快邪！夫御之不得其道，虽华夏之民，亦将蜂起而为寇，又可尽诛邪！然则段纪明之为将，段颎，字纪明，犯太宗嫌讳，故称字。虽克捷有功，君子所不与也。

6 九月，江夏蛮反，夏，户雅翻。州郡讨平之。

7 丹杨山越围太守陈夤，夤击破之。山越本亦越人，依阻山险，不纳王租，故曰山越。寇扰郡县，盖自此始。其后孙吴悉取其地，以民为兵，遂为王土。

8 初，李膺等虽废锢，事见上卷桓帝延熹九年。天下士大夫皆高尚其道而污秽朝廷，希之者唯恐不及，更共相标榜，为之称号：贤曰：标榜，犹相称扬也。余谓立表以示人曰标，揭书以示人曰榜；标榜，犹言表揭也。更，工衡翻。以窦武、陈蕃、刘淑为三君，君者，言一世之所宗也；李膺、荀翌、“翌”，范书作“昱”。杜密、王畅、刘佑、魏朗、赵典、朱寓为八俊，俊者，言人之英也；郭泰、范滂、尹勋、巴肃及南阳宗慈、陈留夏馥、汝南蔡衍、泰山羊陟为八顾，顾者，言能以德行引人者也；行，下孟翻。张俭、翟超、岑晊、苑康翟，苌伯翻。晊，之日翻。及山阳刘表、汝南陈翔、鲁国孔昱、山阳檀敷为八及，及者，言其能导人追宗者也；贤曰：导，引也。言谓所宗仰者。度尚及东平张邈、王孝、东郡刘儒、泰山胡母班、风俗通曰：胡母姓，本陈胡公之后也，公子完奔齐，遂有齐国。齐宣王母弟别封母乡，远取胡公，近取母邑，故曰胡母氏。陈留秦周、鲁国蕃向、贤曰：蕃，姓也，音皮。东莱王章为八厨，厨者，言能以财救人者也。及陈、窦用事，复举拔膺等；陈、窦诛，膺等复废。

宦官疾恶膺等，每下诏书，辄申党人之禁。复，扶又翻。恶，乌路翻。下，遐稼翻。侯览怨张俭尤甚，以破其冢宅也，事见上卷桓帝延熹九年。览乡人朱并素佞邪，为俭所弃，承览意指，上书告俭与同乡二十四人别相署号，共为部党，图危社稷，而俭为之魁。诏刊章捕俭等。刊章者，刊去并姓名而下其章也。冬，十月，大长秋曹节因此讽有司奏“诸钩党者故司空虞放及李膺、杜密、朱寓、荀翌、翟超、刘儒、范滂等，贤曰：钩，谓相牵引也。请下州郡考治。”下，遐稼翻。治，直之翻。是时上年十四，问节等曰：“何以为钩党？”对曰：“钩党者，即党人也。”上曰：“党人何用为恶而欲诛之邪？”对曰：“皆相举群辈，欲为不轨。”上曰：“不轨欲如何？”对曰：“欲图社稷。”上乃可其奏。轨，法度也。君君、臣臣，所谓法也。为人臣而欲图危社稷，谓之不法，诚是也。而诸阉以此罪加之君子，帝不之悟，视元帝之不省召致廷尉为下狱者，暗又甚焉！悲夫！

或谓李膺曰：“可去矣！”对曰：“事不辞难，罪不逃刑，臣之节也。左传：羊舌赤之言曰：事君不辟难，有罪不逃刑。吾年已六十，死生有命，去将安之！”乃诣诏狱，考死；门生故吏并被禁锢。被，皮义翻。侍御史蜀郡景毅子顾为膺门徒，未有录牒，不及于谴，录，记也。牒，籍也。时聚徒教授，多者以千计，各录记其姓名于谱牒。毅慨然曰：“本谓膺贤，遣子师之，岂可以漏脱名籍，苟安而已！”遂自表免归。

汝南督邮吴导受诏捕范滂，至征羌，抱诏书闭传舍，征羌县，属汝南郡，本当乡县，光武以来歙有平羌之功，改为征羌侯国以封之，因名焉。滂，县人也。贤曰：传，驿舍也，音知恋翻。征羌故城在今豫州郾陵县东南。伏床而泣，一县不知所为。滂闻之曰：“必为我也。”为，于伪翻。即自诣狱。县令郭揖大惊，出，解印绶，引与俱亡，曰：“天下大矣，子何为在此！”滂曰：“滂死则祸塞，何敢以罪累君。蹇，悉则翻。累，力瑞翻。又令老母流离乎！”其母就与之诀，滂白母曰：“仲博孝敬，足以供养。仲博，滂弟字也。供，俱用翻。养，羊尚翻。滂从龙舒君归黄泉，存亡各得其所。惟大人割不可忍之恩，勿增感戚！”仲博者，滂弟也。龙舒君者，滂父龙舒侯相显也。相，息亮翻。母曰：“汝今得与李、杜齐名，死亦何恨！李、杜谓李膺、杜密。既有令名，复求寿考，可兼得乎！”复，扶又翻。滂跪受教，再拜而辞。顾其子曰：“吾欲使汝为恶，恶不可为；使汝为善，则我不为恶。”行路闻之，莫不流涕。

凡党人死者百馀人，妻子皆徙边，天下豪桀及儒学有行义者，行，下孟翻。宦官一切指为党人；有怨隙者，因相陷害，睚眦之忿，滥入党中。睚，牛懈翻。眦，士懈翻。州郡承旨，或有未尝交关，亦离祸毒，离，与罹同，遭也。其死、徙、废、禁者又六七百人。废禁，谓废弃而禁锢。

郭泰闻党人之死，私为之恸曰：“诗云：‘人之云亡，邦国殄瘁。’为，于伪翻。诗大雅瞻卬之辞。毛氏曰：殄，尽也。瘁，病也。瘁，似醉翻。汉室灭矣，但未知‘瞻乌爰止，于谁之屋’耳！”诗小雅正月之辞。毛氏注曰：富人之屋，乌所集也。郑氏曰：视乌集于富人之屋，以言今民亦当求明君而归之。考异曰：范书以泰此语为哭陈、窦。袁纪以为哭三君、八俊，今从之。泰虽好臧否人伦，好，呼到翻。否，音鄙。而不为危言核论，核，谓深探其实也，刻核也。故能处浊世而怨祸不及焉。处，昌吕翻。

张俭亡命困迫，望门投止，望门而投之，以求止舍，困急之甚也。莫不重其名行，行，下孟翻。破家相容。后流转东莱，止李笃家。外黄令毛钦操兵到门，考两汉志，外黄县属陈留郡，黄县属东莱郡。毛钦盖为黄县令，“外”字衍。操，千高翻。笃引钦就席曰：“张俭负罪亡命，笃岂得藏之！若审在此，此人名士，明廷宁宜执之乎？”钦因起抚笃曰：“蘧伯玉耻独为君子，足下如何专取仁义！”笃曰：“今欲分之，明廷载半去矣。”贤曰：明廷，犹言明府，言不执俭，得义之半也。钦叹息而去。笃导俭经北海戏子然家，戏，许宜翻。姓谱：伏戏氏之后。遂入渔阳出塞。其所经万，伏重诛者以十数，连引收考者布遍天下，宗亲并皆殄灭，郡县为之残破。为，于伪翻。俭与鲁国孔褒有旧，亡抵褒，不遇，贤曰：抵，归也。褒弟融，年十六，匿之。后事泄，俭得亡走，国相收褒、融送狱，相，息亮翻。未知所坐。融曰：“保纳舍藏者，融也，当坐。”谓自保无他而纳俭，因舍止而藏匿之。褒曰：“彼来求我，非弟之过。”吏问其母，母曰：“家事任长，任，音壬。长，知两翻。妾当其辜。”一门争死，郡县疑不能决，乃上谳之，贤曰：前书音义曰：谳，请也。上，时掌翻。谳，音宜桀翻。诏书竟坐褒。及党禁解，俭乃还乡里，后为卫尉，卒，年八十四。俭传云：建安初，征为卫尉，不得已而起。俭见曹氏世德已萌，乃阖门县车，不豫政事，岁馀，卒于许下。夏馥闻张俭亡命，叹曰：“孽自己作，空污良善，污，乌路翻。一人逃死，祸及万家，何以生为！”乃自剪须变形，须，与鬚同。入林虑山中，虑，音庐。隐姓名，为冶家佣，亲突烟炭，形貌毁瘁，瘁，似醉翻。积二三年，人无知者。馥弟静载缣帛追求饷之，馥不受曰：“弟奈何载祸相饷乎！”党禁未解而卒。

初，中常侍张让父死，归葬颍川，虽一郡毕至，而名士无往者，让甚耻之，陈寔独吊焉。及诛党人，让以寔故，多所全宥。南阳何颙，素与陈蕃、李膺善，亦被收捕，颙，鱼容翻。被，皮义翻。乃变名姓匿汝南间，与袁绍为奔走之交，常私入雒阳，从绍计议，为诸名士罹党事者求救援，设权计，使得逃隐，所全免甚众。

初，太尉袁汤三子，成、逢、隗，成生绍，逢生术。据术字公路，当读如月令“审端径术”之术，音遂。又据说文：术，邑中道，读从入声。则二音皆通。隗，五罪翻。逢、隗皆有名称，少历显官。称，尺证翻。少，诗照翻。时中常侍袁赦考异曰：袁纪作“袁朗”，今从范书袁隗传。以逢、隗宰相家，与之同姓，推崇以为外援，故袁氏贵宠于世，富奢甚，不与他公族同。绍壮健有威容，爱士养名，宾客辐凑归之，辎軿、柴毂，填接街陌。贤曰：说文曰：軿车，衣车也。郑玄注周礼曰：軿，犹屏也，取其自蔽隐。柴毂，贱者之车。袁绍事始此。党锢既死，而诛宦官者二袁也。人不为善而欲去害己者，天其许之乎！术亦以侠气闻。逢从兄子闳，少有操行，侠，户颊翻。从，才用翻。少，诗照翻。行，下孟翻。以耕学为业，逢、隗数馈之，无所受。数，所角翻。闳见时方险乱，而家门富盛，常对兄弟叹曰：“吾先公福祚，后世不能以德守之，而竞为骄奢，与乱世争权，此即晋之三郤矣。”先公，谓袁安也。三郤，谓晋大夫郤锜、郤犨、郤至也。郤氏世为晋卿，三子者凭借世资，骄奢侵权，为厉公所杀。及党事起，闳欲投迹深林，以母老，不宜远遁，乃筑土室四周于庭，不为户，自牖纳饮食。母思闳时，往就视，母去，便自掩闭，兄弟妻子莫得见也。潜身十八年，卒于土室。

初，范滂等非讦朝政，贤曰：讦，谓横议是非也。讦，居谒翻。朝，直遥翻。自公卿以下皆折节下之，折，而设翻。下，遐稼翻。太学生争慕其风，以为文学将兴，处士复用。申屠蟠独叹曰：“昔战国之世，处士横议，列国之王至为拥篲先驱，史记：邹衍如燕，昭王拥篲先驱，请列弟子之座而受业，筑碣石宫，身亲往师之。处，昌吕翻。复，扶又翻。横，户孟翻。为，于伪翻。篲，祥岁翻。卒有坑儒烧书之祸，事见七卷秦始皇三十四年、三十五年。卒，子恤翻。今之谓矣。”乃绝迹于梁、砀之间，砀，音唐。因树为屋，自同佣人。居二年，滂等果罹党锢之祸，唯蟠超然免于评论。

臣光曰：天下有道，君子扬于王庭以正小人之罪，而莫敢不服。天下无道，君子囊括不言以避小人之祸，而犹或不免。坤之六四，居近五之位而无相得之义，乃上下闭隔之时，群阴既盛，故当括囊以避祸。夬以五阳决一阴，小人衰微，君子道盛，故可扬于王庭以声小人之罪。党人生昏乱之世，不在其位，四海横流，而欲以口舌救之，臧否人物，横，户孟翻。否，音鄙。激浊扬清，撩虺蛇之头，撩，连条翻。跷【章：乙十六行本“跷”作“践”；乙十一行本同；孔本同；退斋校同；熊校同。】虎狼之尾，以至身被淫刑，被，皮义翻。祸及朋友，士类歼灭而国随以亡，不亦悲乎！歼，息廉翻。夫唯郭泰既明且哲，以保其身，以尹吉甫美仲山甫者美郭泰。申屠蟠见几而作，不俟终日，谓申屠蟠得豫之六二。几，居希翻。卓乎其不可及已！

9 庚子晦，日有食之。

10 十一月，太尉刘宠免；太仆扶沟郭禧为太尉。

11 鲜卑寇并州。

12 长乐太仆曹节病困，诏拜车骑将军。有顷，疾瘳，上印绶，上，时掌翻。复为中常侍，位特进，秩中二千石。

13 高句骊王伯固寇辽东，玄菟太守耿临讨降之。句，如字，又音驹。骊，力知翻。

三年（庚戌、一七〇）

1 春，三月，丙寅晦，日有食之。

2 征段颎还京师，拜侍中。颎在边十馀年，未尝一日蓐寝，颎，古迥翻。郭璞曰：蓐，席也。与将士同甘苦，故皆乐为死战，乐，音洛。所向有功。

3 夏，四月，太尉郭禧罢；以太中大夫闻人袭为太尉。

4 秋，七月，司空刘嚣罢；八月，以大鸿胪梁国桥玄为司空。姓谱：黄帝葬桥山，子孙守冢，因氏焉。

5 九月，执金吾董宠坐矫永乐太后属请，下狱死。属，之欲翻。下，遐稼翻。

6 冬，郁林太守谷永以恩信招降乌浒人十馀万，万震曰：乌浒之地，在广州之南，交州之北。贤曰：乌浒，南方夷号也。广州记曰：其俗食人，以鼻饮酒，口中进啖如故。刘昫曰：贵州郁平县，汉郁林广郁县地，古西瓯骆越所居，谷永招降乌浒，开置七县，即此也。杜佑曰：乌浒地在今南海郡之西南，安南府北朔宁郡管。浒，呼古翻。皆内属，受冠带，开置七县。

7 凉州刺史扶风孟佗贤曰：佗，音驰。遣从事任涉将敦煌兵五百人，与戊己校尉【章：乙十六行本“校尉”作“司马”；乙十一行本同。】曹宽、西域长史张宴将焉耆、龟兹、车师前、后部，合三万馀人讨疏勒，以元年疏勒弑其王也。任，音壬。敦，徒门翻。校，户孝翻。龟兹，音丘慈。攻桢中城，四十馀日，不能下，引去。其后疏勒王连相杀害，朝廷亦不能复治。复，扶又翻。治，直之翻。

初，中常侍张让有监奴，典任家事，威形喧赫。喧，况远翻。孟佗资产饶赡，赡，而艳翻。与奴朋结，倾竭馈问，无所遗爱。言其泛爱无有遗者。奴咸德之，问其所欲。佗曰：“吾望汝曹为我一拜耳！”为，于伪翻。时宾客求谒让者，车常数百千两，两，音亮。佗诣让，后至，不得进，监奴乃率诸仓头迎拜于路，遂共轝车入门，轝，羊茹翻。宾客咸惊，谓佗善于让，皆争以珍玩赂之。佗分以遗让，遗，于季翻。让大喜，由是以佗为凉州刺史。

四年（辛亥、一七一）

1 春，正月，甲子，帝加元服，赦天下，唯党人不赦。

2 二月，癸卯，地震。

3 三月，辛酉朔，日有食之。

4 太尉闻人袭免；以太仆汝南李咸为太尉。

5 大疫。司徒许训免；以司空桥玄为司徒；夏，四月，以太常南阳来艳为司空。

6 秋，七月，司空来艳免。

7 癸丑，立贵人宋氏为皇后。后，执金吾酆之女也。

8 司徒桥玄免；以太常南阳宗俱为司空，前司空许栩为司徒。

9 帝以窦太后有援立之功，冬，十月，戊子朔，率群臣朝太后于南宫，亲馈上寿。朝，直遥翻。馈，进食也。黄门令董萌因此数为太后诉冤，数，所角翻。为，于伪翻。帝深纳之，供养资奉，有加于前。共，居用翻。养，羊尚翻。曹节、王甫疾之，诬萌以谤讪永乐宫，帝母孝仁董太后所居也。乐，音洛。下狱死。下，遐稼翻。

10 鲜卑寇并州。

王崇武标点容肇祖聂崇岐覆校

资治通鉴卷第五十七

翰林学士兼侍读学士朝散大夫右谏议大夫
知制诰判尚书都省兼提举万寿观公事上护军　司马光　奉敕编集
河内郡开国侯食邑一千三百户赐紫金鱼袋臣
后学天台　胡三省　音注

汉纪四十九

起玄黓困敦（壬子），尽上章涒滩（庚申），凡九年。

孝灵皇帝上之下

熹平元年（壬子、一七二）

1 春，正月，车驾上原陵。司徒掾陈留蔡邕曰："吾闻古不墓祭。朝廷有上陵之礼，始谓可损；今见威仪，察其本意，乃知孝明皇帝至孝恻隐，不易夺也。据礼仪志，西都旧有上陵，至东都则其仪文愈备，其略见四十四卷永平元年。上，时掌翻。掾，俞绢翻。易，以豉翻。礼有烦而不可省者，此之谓也。"

2 三月，壬戌，太傅胡广薨，年八十二。广周流四公，太傅、太尉、司徒、司空。三十馀年，贤曰：广以顺帝汉安元年为司空，至熹平元年薨，三十一年也。历事六帝，安、顺、冲、质、桓、灵。礼任极优，罢免未尝满岁，辄复升进。复，扶又翻。所辟多天下名士，与故吏陈蕃、李咸并为三司。三司，即三公。练达故事，明解朝章，解，户买翻，晓也。朝，直遥翻。故京师谚曰："万事不理，问伯始；天下中庸，有胡公。"胡广，字伯始。夫既曰"万事不理问伯始"，则当时之责望亦重矣，岂可以三十馀年周流四公为荣哉！贤曰：中，和也。庸，常也。中和可常行之德也。然温柔谨悫，常逊言恭色以取媚于时，无忠直之风，天下以此薄之。

3 五月，己巳，赦天下，改元。

4 长乐太仆侯览坐专权骄奢，策收印绶，自杀。长乐太仆，太后宫官也；主驭，宦者为之，秩二千石。乐，音洛。

5 六月，京师大水。

6 窦太后母卒于比景，太后忧思感疾，癸巳，崩于云台。宦者积怨窦氏，以衣车载太后尸置城南市舍，数日，曹节、王甫欲用贵人礼殡。帝曰："太后亲立朕躬，统承大业，岂宜以贵人终乎！"于是发丧成礼。

节等欲别葬太后，而以冯贵人配祔。贤曰：祔，谓新死之主祔于先死者之庙，妇祔于其夫，所祔之妃妾祔于妾祖姑也。诏公卿大会朝堂，朝，直遥翻。令中常侍赵忠监议。监，古衔翻。太尉李咸时病，扶舆而起，捣椒自随，孔颖达曰：释木云：椴，大椒。郭璞曰：今椒树丛生，实大者名为椴。陆玑疏云：椒树如茱萸，有针刺，叶坚而滑泽，蜀人作茶，吴人作茗，皆合煮其叶以为香。今成皋山间有椒，谓之竹叶椒，其树亦如蜀椒，少毒热，不中合药也，可着饮食中；又用烝鸡豚，最佳香。东海诸岛亦有椒树，枝叶皆相似，子长而不圆，甚香，其味似橘皮。本草亦云：椒，大热，有毒。按李咸捣椒自随，齐明帝将杀高武诸孙，敕太官煮椒二斛，盖其毒能杀人也。谓妻子曰："若皇太后不得配食桓帝，吾不生还矣！"欲以死争之也。既议，坐者数百人，各瞻望良久，莫肯先言。赵忠曰："议当时定！"廷尉陈球曰："皇太后以盛德良家，母临天下，宜配先帝，是无所疑。"忠笑而言曰："陈廷尉宜便操笔。"操，千高翻。球即下议曰："皇太后自在椒房，有聪明母仪之德；遭时不造，援立圣明承继宗庙，功烈至重。先帝晏驾，因遇大狱，迁居空宫，不幸早世，家虽获罪，事非太后，今若别葬，诚失天下之望。且冯贵人冢尝被发掘，骸骨暴露，与贼并尸，魂灵污染，贤曰：段颎为河南尹，坐盗发冯贵人冢，左迁谏议大夫。余据颎以延熹三年入为侍中，转执金吾、河南尹，则发冢之事于是年近耳。被，皮义翻。且无功于国，何宜上配至尊！"忠省球议，省，悉井翻；下同。作色俛仰，蚩球曰："陈廷尉建此议甚健！"蚩，笑也。球曰："陈、窦既冤，皇太后无故幽闭，臣常痛心，天下愤叹！今日言之，退而受罪，宿昔之愿也！"李咸曰："臣本谓宜尔，诚与意合。"于是公卿以下皆从球议。曹节、王甫犹争，以为："梁后家犯恶逆，别葬懿陵，梁后先桓帝崩，葬懿陵。梁冀诛，始废陵为贵人冢。武帝黜废卫后，而以李夫人配食，戾太子之乱，武帝策废其母卫后，后自杀。武帝崩，霍光缘帝雅意，以李夫人配食。今窦氏罪深，岂得合葬先帝！"李咸复上疏曰："臣伏惟章德窦后虐害恭怀，安思阎后家犯恶逆，窦后事见四十六卷章帝建初八年。阎后事见五十卷、五十一卷安帝延光三年、四年。复，扶又翻。而和帝无异葬之议，顺朝无贬降之文。朝，直遥翻。至于卫后，孝武皇帝身所废弃，不可以为比。今长乐太后尊号在身，亲尝称制，且援立圣明，光隆皇祚。太后以陛下为子，陛下岂得不以太后为母！子无黜母，臣无贬君，宜合葬宣陵，一如旧制。"帝省奏，从之。省，悉景翻。考异曰：袁纪云："河南尹李咸执药上书曰：'昔秦始皇幽闭母后，感茅焦之言，立驾迎母，供养如初。夫以秦后之恶，始皇之悖，尚纳直臣之语，不失母子之恩，岂况皇太后不以罪殁，陛下之过有重始皇！臣谨左手赍章，右手执药，诣阙自闻。如遂不省，臣当饮鸩自裁，下觐先帝，具陈得失。'章省，上感其言，使公卿更议。廷尉陈球乃下议。"与范不同，今从范书。

秋，七月，甲寅，葬桓思皇后于宣陵。

7 有人书朱雀阙，古今注：永平二年十一月，初作北宫，朱爵，南司马门阙，在宫门之外。言："天下大乱，曹节、王甫幽杀太后，考异曰：旧云"常侍侯览多杀党人"。按时览已死，恐误。今去之。公卿皆尸禄，无忠言者。”诏司隶校尉刘猛逐捕，十日一会。猛以诽书言直，不肯急捕。月馀，主名不立；贤曰：不得书阙主名。猛坐左转谏议大夫，以御史中丞段颎代之。颎乃四出逐捕，及太学游生系者千馀人。节等又使颎以他事奏猛，论输左校。校，户教翻。

初，司隶校尉王寓依倚宦官，求荐于太常张奂，奂拒之，寓遂陷奂以党罪禁锢。奂尝与段颎争击羌，不相平，事见上卷建宁元年。颎为司隶，欲逐奂归敦煌而害之；奂徙属弘农事见上卷桓帝永康元年。敦，徒门翻。奂奏记哀请于颎，乃得免。

初，魏郡李暠为司隶校尉，暠，古老翻。以旧怨杀扶风苏谦；谦子不韦瘗而不葬，瘗，于计翻。变姓名，结客报仇。暠迁大司农，不韦匿于庴中，凿地旁达暠之寝室，说文曰：庴，刍稿藏，音工外翻。杀其妾并小儿。暠大惧，以板藉地，一夕九徙。又掘暠父冢，断取其头，断，丁管翻。标之于市。暠求捕不获，愤恚，呕血死。恚，於避翻。不韦遇赦还家，乃葬父行丧。张奂素睦于苏氏，而段颎与暠善，颎辟不韦为司隶从事，不韦惧，称病不诣。颎怒，使从事张贤就家杀之，先以鸩与贤父曰：“若贤不得不韦，便可饮此！”贤遂收不韦，并其一门六十馀人，尽诛之。

8 勃海王悝之贬瘿陶也，悝，苦回翻。瘿，于郢翻。因中常侍王甫求复国，许谢钱五千万；既而桓帝遗诏复悝国，悝复国事见上卷永康元年。悝知非甫功，不肯还谢钱。中常侍郑飒、中黄门董腾数与悝交通，飒，音立。数，所角翻。甫密司察以告段颎。司，读曰伺。冬，十月，收飒送北寺狱，使尚书令廉忠诬奏“飒等谋迎立悝，大逆不道”，遂诏冀州刺史收悝考实，迫责悝，令自杀；妃妾十一人、子女七十人、伎女二十四人皆死狱中，伎，渠绮翻。傅、相以下悉伏诛。甫等十二人皆以功封列侯。

9 十一月，会稽妖贼许生起句章，句章县，属会稽郡。贤曰：故城在今越州鄮县西。十三州志曰：句践之地，南至句无，其后并吴，因大城之，章霸功，以示子孙，故曰句章。妖，于骄翻。句，音章句之句。自称阳明皇帝，众以万数；遣扬州刺史臧旻、丹阳太守陈寅讨之。

10 十二月，司徒许栩罢；以大鸿胪袁隗为司徒。隗，五罪翻。考异曰：袁纪在四年。今从范书。

11 鲜卑寇并州。

12 是岁，单于车儿死，子屠特若尸逐就单于立。车，昌遮翻。

二年（癸丑、一七三）

1 春，正月，大疫。

2 丁丑，司空宗俱薨。

3 二月，壬午，赦天下。

4 以光禄勋杨赐为司空。

5 三月，太尉李咸免。

6 夏，五月，以司隶校尉段颎为太尉。

7 六月，北海地震。

8 秋，七月，司空杨赐免；以太常颍川唐珍为司空。珍，衡之弟也。

9 冬，十二月，太尉段颎罢。

10 鲜卑寇幽、并二州。

11 癸酉晦，日有食之。

三年（甲寅、一七四）

1 春，二月，己巳，赦天下。

2 以太常东海陈耽为太尉。

3 三月，中山穆王畅薨，无子，国除。畅，中山简王焉之曾孙。焉，光武子。考异曰：本传云："子节王稚嗣，无子，国除。"与帝纪异，未知孰是，又不知稚薨在何年，今且从帝纪。

4 夏，六月，封河间王利子康为济南王，奉孝仁皇祀。帝入继大宗，故以康奉孝仁皇祀。利，帝从兄弟也。济，子礼翻。

5 吴郡司马富春孙坚召募精勇，得千馀人，助州郡讨许生。百官志，郡有丞、长史，而无司马。盖是时以盗起，置司马以主兵也。富春县，属吴郡。贤曰：今杭州富阳县也，避晋简文帝母郑太后讳，改曰富阳。冬，十一月，【张："月"下脱"坚从"二字。】臧旻、陈寅大破生于会稽，斩之。会，工外翻。

6 任城王博薨，无子，国绝。桓帝延熹四年，博绍封任城国。

7 十二月，鲜卑入北地，太守夏育率屠各追击，破之。守，式又翻。夏，户雅翻。屠，直于翻。迁育为护乌桓校尉。鲜卑又寇并州。

8 司空唐珍罢，以永乐少府许训为司空。永乐少府，董太后宫官也。乐，音洛。

四年（乙卯、一七五）

1 春，三月，诏诸儒正五经文字，命议郎蔡邕为古文、篆、隶三体书之，刻石，立于太学门外。雒阳记曰：太学在雒阳城南开阳门外，讲堂长十丈，广二丈，堂前石经四部，本碑凡四十六枚。西行，尚书、周易、公羊传十六碑存，十二碑毁。南行，礼记十五碑悉崩坏。东行，论语三碑毁。礼记碑上有谏议大夫马日磾、议郎蔡邕名。古文，科斗书也。篆，大篆也。隶，今谓之八分书。后魏江式曰：伏羲氏作而八卦形其画，轩辕氏兴而灵龟彰其采。古史苍颉览二象之爻，观鸟兽之迹，别创文字，以代结绳。迄于三代，厥体颇异。虽依类取制，未能殊苍氏矣。周礼：保氏教国子以六书：一曰指事，二曰象形，三曰形声，四曰会意，五曰转注，六曰假借。盖是史颉之遗法。及宣王太史史籀著大篆十五篇，与古文或同或异，时人即谓之籀书。孔子修六经，左丘明述春秋，皆以古文。七国殊轨，文字乖别；秦兼天下，李斯奏罢不合秦文者。斯作苍颉篇，车府令赵高作爰历篇，太史令胡母敬作博学篇，皆取史籀，或颇有省改，所谓小篆者也。秦烧经书，涤除旧典，官狱繁多，以趣约易，始用隶书，古文由此息矣。隶书者，始皇使下杜人程邈附于小篆所作也。世人以邈徒隶，即谓之隶书。故秦有八体：一曰大篆，二曰小篆，三曰符书，四曰虫书，五曰摹印，六曰署书，七曰殳书，八曰隶书。汉兴有尉律学，教以籀书，又习八体。又有草书，莫知谁始，其书形虽无厥谊，亦是一时之变通也。孝宣时，召通苍颉读者，独张敞从受之。凉州刺史杜业、沛人爰礼、讲学大夫秦近亦能言之。孝平时，征礼等百馀人说文字于未央宫中，黄门侍郎扬雄采以作训纂。亡新居摄，使大司马甄丰校文字之部，颇改定古文，时有六书：一曰古文，孔子壁中书也；二曰奇字，即古文而异者；三曰篆书，云小篆也；四曰佐书，秦隶书也；五曰缪篆，所以摹印也；六曰鸟虫，所以书幡信也。壁中书者，鲁恭王坏孔子宅，而得尚书、春秋、论语、孝经也。又北平侯张苍献春秋左氏传，书体与孔氏相类，即前代之古文矣。后汉，郎中扶风曹喜号曰工篆，小异斯法，而甚精巧，自是后学，皆其法也。又诏侍中贾逵修理旧文，殊艺异术，王教一端，苟有可以加于国者，靡不悉集。逵，即汝南许慎古学之师也。慎嗟时人之好奇，叹俗儒之穿凿，撰说文解字十五篇，类聚群分，杂而不越，最可得而论也。左中郎将陈留蔡邕采李斯、曹喜之法，为古今杂形。诏于太学立石碑，刊载五经，题书楷法，多是邕书。后开鸿都，书画奇能莫不云集。时诸方献篆，无出邕者。魏初，博士清河张揖著埤苍、广雅、古今字诂，缀拾遗漏，增长事类，抑于文为益，然其字诂方之许篇，古今体用，或得或失。陈留邯郸淳亦与揖同时，善仓、雅、许氏字指，八体六书，精究闲理，有名于揖，又建三字石经于汉碑西，较之说文篆隶大同，而古字小异。又有京兆韦诞、河东卫觊二家，并号能篆，当时台观榜题、宝器之铭，悉是诞书，咸传之子孙，世称其妙。晋世，义阳王典祠令吕忱表上字林六卷，寻其况趣，附托许慎说文；而按偶章句，隐别古籀奇惑之字，文得正隶，不差篆意也。忱弟静别放故左校令李登声类之法，作韵集五卷，使宫商龣徵羽各为一篇，而文字与兄便是鲁、卫，音读楚、夏，时有不同。皇魏承百王之季，世易风移，文字改变，篆形缪错，隶体失真，俗学鄙习，复加虚造，巧谈辩士，以意为疑，炫惑于时，难以厘改，乃曰"追来为归，巧言为辩，小兔为䨲，神虫为蚕，"如斯甚众，皆不合孔氏古书、史籀大篆、许氏说文、石经三字也。式言字学，本末颇详，故备著之。赵明诚金石录曰：石经，盖汉灵帝熹平四年所立，其字则蔡邕小字八分书也；后汉书儒林传叙云"为古文、篆、隶三体"者，非也，盖邕所书乃八分，而三体石经乃魏时所建也。洪氏隶续曰：石经见于范史帝纪及儒林、宦者传，皆云五经。蔡邕、张驯传则曰六经。惟儒林传云：为古文、篆、隶三体书法。郦氏水经云：汉立石经于太学。魏正始中，又刻古文、篆、隶三字石经。唐志有三字石经古篆两种，曰尚书，曰左传。独隋志所书异同，其目有一字石经七种，三字石经三种。既以七经为蔡邕书矣，又云魏立一字石经，乃其误也。范蔚宗时，三体石经与熹平所镌并列于学官，故史笔误书其事，后人袭其讹错，或不见石刻，无以考正。赵氏虽以一字为中郎所书，而未见三体者。欧阳氏以三体为汉碑，而未尝见一字者。近世方勺作泊宅编，载其弟匋所跋石经，亦为范史、隋志所惑，指三体为汉字。至公羊碑有马日磾等名，乃云世用其所正定之本，因存其名。可谓谬论。北史江式云：魏邯郸淳以书教皇子，建三字石经于汉碑西。按此碑以正始年中立。汉书云：元嘉元年，度尚命邯郸淳作曹娥碑。时淳已弱冠，自元嘉至正始亦九十馀年。式以三字为魏碑则是；谓之邯郸淳所书，非也。使后儒晚学咸取正焉。碑始立，其观视及摹写者车乘日千馀两，填塞街陌。乘，绳证翻。两，音亮。塞，悉则翻。

2 初，朝议以州郡相党，人情比周，比，毗至翻；下同。乃制昏姻之家及两州人士不得对相监临，监，古衔翻。至是复有三互法，贤曰：三互，谓婚姻之家及两州人不得交互为官也。复，扶又翻；下同。禁忌转密，选用艰难，幽、冀二州久缺不补。蔡邕上疏曰："伏见幽、冀旧壤，铠、马所出，贤曰：铠，甲也。周礼考工记曰：燕无函。函，亦甲也。言幽、燕之地，家家皆能为函，故无函匠也。左传曰：冀之北土，马之所生。比年兵饥，渐至空耗。今者阙职经时，吏民延属，比，毗至翻。延属者，延颈而属望也。属，之欲翻。而三府选举，逾月不定。臣怪问其故，云避三互。十一州有禁，当取二州而已。又，二州之士或复限以岁月，复，扶又翻；下同。狐疑迟淹，两州悬空，万里萧条，无所管系。愚以为三互之禁，禁之薄者。今但申以威灵，明其宪令，对相部主，冀州之人刺幽州，幽州之人刺冀州，是为对相部主。尚畏惧不敢营私；况乃三互，何足为嫌！昔韩安国起自徒中，韩安国，梁人，坐法抵罪，梁内史缺，天子遣使拜为梁内史，起徒中为二千石。朱买臣出于幽贱，朱买臣，吴人，家贫，卖薪以自给，后随计吏至长安，拜会稽太守。并以才宜，还守本邦，岂复顾循三互，系以末制乎！臣愿陛下上则先帝，蠲除近禁，其诸州刺史器用可换者，无拘日月、三互，以差厥中。”朝廷不从。

臣光曰：叔向有言：“国将亡，必多制。”左传叔向诒子产书之言也。明王之政，谨择忠贤而任之，凡中外之臣，有功则赏，有罪则诛，无所阿私，法制不烦而天下大治。治，直吏翻。所以然者何哉？执其本故也。及其衰也，百官之任不能择人，而禁令益多，防闲益密，有功者以阂文不赏，阂，与碍同。为奸者以巧法免诛，上下劳扰而天下大乱。所以然者何哉？逐其末故也。孝灵之时，刺史、二千石贪如豺虎，暴殄烝民，而朝廷方守三互之禁。以今视之，岂不适足为笑而深可为戒哉！

3 封河间王建孙佗为任城王。佗，帝从兄弟之子也。佗，徒河翻。任，音壬。

4 夏，四月，郡、国七大水。

5 五月，丁卯，赦天下。

6 延陵园灾。延陵，成帝陵也。

7 鲜卑寇幽州。

8 六月，弘农、三辅螟。

9 于寘王安国攻拘弥，大破之，杀其王。寘，徒贤翻。戊己校尉、西域长史各发兵辅立拘弥侍子定兴为王，人众裁千口。

五年(丙辰、一七六)

1 夏，四月，癸亥，赦天下。

2 益州郡夷反，太守李颙讨平之。颙，鱼容翻。

3 大雩。

4 五月，太尉陈耽罢；以司空许训为太尉。

5 闰月，永昌太守曹鸾上书曰：“夫党人者，或耆年渊德，或衣冠英贤，皆宜股肱王室，左右大猷者也；而久被禁锢，辱在涂泥。被，皮义翻。谋反大逆尚蒙赦宥，党人何罪，独不开恕乎！所以灾异屡见，见，贤遍翻。水旱荐臻，皆由于斯。宜加沛然，以副天心。”帝省奏，大怒，省，悉井翻。即诏司隶、益州槛车收鸾，送槐里狱，掠杀之。永昌郡，属益州刺史。而扶风槐里县，属司隶。盖诏益州收鸾，而司隶送槐里狱。掠，音亮。于是诏州郡更考党人门生、故吏、父子、兄弟在位者，悉免官禁锢，爰及五属。贤曰：谓斩衰、齐衰、小功、大功、缌麻也。

6 六月，壬戌，以太常南阳刘逸为司空。

7 秋，七月，太尉许训罢；以光禄勋刘宽为太尉。

8 冬，十月，司徒袁隗罢；十一月，丙戌，以光禄大夫杨赐为司徒。

9 是岁，鲜卑寇幽州。

六年（丁巳、一七七）

1 春，正月，辛丑，赦天下。

2 夏，四月，大旱，七州蝗。

令三公条奏长吏苛酷贪污者，罢免之。平原相渔阳阳球坐严酷，征诣廷尉。姓谱：齐人迁阳，子孙以国为氏。一曰：周景王封少子于阳樊，因邑命氏。考异曰：本传：司空张颢条奏。按颢，光和元年为太尉，未尝为司空。球，光和元年陷蔡邕时，已为将作大匠，不知被征果在何年，唯熹平五年、六年大旱，故附于此。帝以球前为九江太守讨贼有功，球传云：九江山贼起，三府上球有理奸才，拜九江太守。球到，设方略，凶贼殄破。特赦之，拜议郎。

3 鲜卑寇三边。鲜卑强盛，东西北三边皆被寇也。

4 市贾小民相聚为宣陵孝子者数十人，诏皆除太子舍人。宣陵，桓帝陵。百官志：太子舍人秩二百石，更直宿卫，如三署郎中。贾，音古。

5 秋，七月，司空刘逸免；以卫尉陈球为司空。

6 初，帝好文学，好，呼到翻。自造皇羲篇五十章，因引诸生能为文赋者并待制鸿都门下；后诸为尺牍及工书鸟篆者，贤曰：说文曰：牍，书板也，长二尺。艺文志曰：六体者，古文、奇字、篆书、隶书、缪篆、虫书。音义曰：古文，谓孔子壁中书也。奇字，即古文而异者也。篆书，谓小篆，盖秦始皇使程邈所作也。隶书亦程邈所献，主于徒隶，从简易也。缪篆，谓其文屈曲缠绕，所以摹印章。虫书，谓为虫鸟之形，所以书旛信也。皆加引召，遂至数十人。侍中祭酒乐松、贾护多引无行趣势之徒置其间，百官志：侍中有仆射一人，中兴转为祭酒。行，下孟翻。趣，七喻翻。憙陈闾里小事；憙，许记翻。帝甚悦之，待以不次之位；又久不亲行郊庙之礼。会诏群臣各陈政要，蔡邕上封事曰："夫迎气五郊，清庙祭祀、养老辟雍，迎气五郊及养老辟雍，注并见四十四卷明帝永平二年。汉宗庙一岁五祀，春以正月，夏以四月，秋以七月，冬以十月及腊。皆帝者之大业，祖宗所祗奉也。而有司数以蕃国疏丧、宫内产生及吏卒小污，疏丧，谓疏属之丧也。贤曰：小污，谓病及死也。数，所角翻。废阙不行，忘礼敬之大，任禁忌之书，拘信小故，以亏大典。自今斋制宜如故典，汉制：凡斋，天地七日，宗庙、山川五日，小祀三日。斋日内有污染解斋，副倅行礼；先斋一日有污秽灾变，斋祀如仪。庶答风霆、灾妖之异。妖，于骄翻。又，古者取士必使诸侯岁贡，尚书大传曰：古者诸侯之于天子，三岁一贡士。孝武之世，郡举孝廉，又有贤良、文学之选，于是名臣辈出，文武并兴。汉之得人，数路而已。贤曰：数路，谓孝廉、贤良、文学之类也。夫书画辞赋，才之小者；匡国治政，未有其能。治，直之翻；下同。陛下即位之初，先涉经术，听政馀日，观省篇章，省，悉井翻。聊以游意当代博奕，非以为教化取士之本。而诸生竞利，作者鼎沸，其高者颇引经训风喻之言，下则连偶俗语，有类俳优，或窃成文，虚冒名氏。臣每受诏于盛化门，差次录第，其未及者，亦复随辈皆见拜擢。既加之恩，难复收改，但守奉禄，于义已弘，不可复使治民复，扶又翻。及在州郡。昔孝宣会诸儒于石渠，事见二十七卷甘露三年。章帝集学士于白虎，事见四十六卷建初四年。通经释义，其事优大，文武之道，所宜从之。若乃小能小善，虽有可观，孔子以为致远则泥，君子固当志其大者。贤曰：子夏曰：虽小道，必有可观者焉，致远恐泥。郑玄注云：小道，如今诸子书也。泥，谓滞陷不通。邕以为孔子之言，当别有所据也。泥，乃计翻。又，前一切以宣陵孝子为太子舍人，臣闻孝文皇帝制丧服三十六日，事见十四卷文帝后七年。虽继体之君，父子至亲，公卿列臣受恩之重，皆屈情从制，不敢逾越。今虚伪小人，本非骨肉，既无幸私之恩，又无禄仕之实，恻隐之心，义无所依。至有奸轨之人通容其中；桓思皇后祖载之时，郑玄曰：祖，谓将葬，祖祭于庭。载，谓升柩于车也。东郡有盗人妻者，亡在孝中，本县追捕，乃伏其辜。虚伪杂秽，难得胜言。胜，音升。太子官属，宜搜选令德，岂有但取丘墓凶丑之人！其为不祥，莫与大焉，言虽他有不祥，莫与比并大也。宜遣归田里，以明诈伪。"书奏，帝乃亲迎气北郊及行辟雍之礼。又诏宣陵孝子为舍人者悉改为丞、尉焉。汉县置丞、尉。丞，署文书，典知仓狱。尉，主盗贼。

7 护乌桓校尉夏育上言：校，户教翻。夏，户雅翻。上，时掌翻。"鲜卑寇边，自春以来三十馀发，请征幽州诸郡兵出塞击之，一冬、二春，必能禽灭。"先是护羌校尉田晏坐事论刑，先，悉荐翻。被原，被，皮义翻。欲立功自效，乃请中常侍王甫求得为将。甫因此议遣兵与育并力讨贼，帝乃拜晏为破鲜卑中郎将；大臣多有不同；乃召百官议于朝堂。蔡邕议曰："征讨殊类，所由尚矣。然而时有同异，势有可否，故谋有得失，事有成败，不可齐也。夫以世宗神武，将帅良猛，财赋充实，所括广远，数十年间，官民俱匮，犹有悔焉。谓轮台哀痛之诏也。况今人财并乏，事劣昔时乎！自匈奴遁逃，鲜卑强盛，据其故地，事见四十七卷和帝永元五年。称兵十万，才力劲健，意智益生；加以关塞不严，禁网多漏，精金良铁，皆为贼有，汉人逋逃为之谋主，兵利马疾，过于匈奴。昔段颎良将，习兵善战，有事西羌，犹十馀年。段颎自桓帝延熹二年击西羌，至建宁二年始成功，凡十一年。今育、晏才策未必过颎，鲜卑种众不弱曩时，种，章勇翻。而虚计二载，载，子亥翻。自许有成，若祸结兵连，岂得中休，当复征发众人，转运无已，复，扶又翻。是为耗竭诸夏，并力蛮夷。夫边垂之患，手足之疥搔，中国之困，胸背之瘭疽，贤曰：疥，音介。搔，新到翻。埤苍曰：瘭，必烧翻。杜预注左传曰：疽，恶疮也。方今郡县盗贼尚不能禁，况此丑虏而可伏乎！昔高祖忍平城之耻，吕后弃慢书之诟，诟，古候翻，耻也。方之于今，何者为盛？天设山河，秦筑长城，汉起塞垣，所以别内外，异殊俗也。别，彼列翻。苟无蹙国内侮之患则可矣，蹙，与蹩同。岂与虫螘之虏螘，与蚁同。校往来之数哉！虽或破之，岂可殄尽，而方令本朝为之旰食乎！为，于伪翻；下同。旰，晚也，音古按翻。昔淮南王安谏伐越曰：'如使越人蒙死以逆执事，厮舆之卒有一不备而归者，前书音义曰：厮，微也。舆，众也。虽得越王之首，犹为大汉羞之。'而欲以齐民易丑虏，皇威辱外夷，就如其言，犹已危矣，况乎得失不可量邪！"量，音良。帝不从。八月，遣夏育出高柳，田晏出云中，匈奴中郎将臧旻率南单于出雁门，各将万骑，三道出塞二千馀里。檀石槐命三部大人各帅众逆战，檀石槐分其国为三部，见五十五卷桓帝延熹九年。帅，读曰率。育等大败，丧其节传辎重，丧，息浪翻。传，株恋翻。重，直用翻。各将数十骑奔还，死者什七八。三将槛车征下狱，下，遐稼翻。赎为庶人。

8 冬，十月，癸丑朔，日有食之。

9 太尉刘宽免。

10 辛丑，京师地震。

11 十一月，司空陈球免。

12 十二月，甲寅，以太常河南孟彧为太尉。彧，音乙六翻。

13 庚辰，司徒杨赐免。

14 以太常陈耽为司空。

15 辽西太守甘陵赵苞到官，遣使迎母及妻子，垂当到郡；道经柳城，杜佑曰：汉辽西郡故城在卢龙城东。柳城县，属辽西郡；贤曰：故城在今营州南。值鲜卑万馀人入塞寇钞，钞，楚交翻。苞母及妻子遂为所劫质，质，音致，劫以为质也。载以击郡。苞率骑二万与贼对陈，陈，读曰阵。贼出母以示苞，苞悲号，谓母曰："为子无状，欲以微禄奉养朝夕，不图为母作祸。号，户刀翻。养，羊亮翻。为，于伪翻。昔为母子，今为王臣，义不得顾私恩，毁忠节，唯当万死，无以塞罪。"塞，悉则翻。母遥谓曰："威豪，赵苞，字威豪。人各有命，何得相顾以亏忠义，尔其勉之！"苞即时进战，贼悉摧破，其母妻皆为所害。苞自上归葬，自上奏乞归葬也。上，时掌翻。帝遣使吊慰，封鄃侯。鄃，音输。苞葬讫，谓乡人曰："食禄而避难，非忠也；难，乃旦翻。杀母以全义，非孝也。如是，有何面目立于天下！"遂欧血而死。

光和元年（戊午、一七八）是年三月改元。

1 春，正月，合浦、交趾乌浒蛮反，浒，呼古翻。招引九真、日南民攻没郡县。

2 太尉孟彧罢。

3 二月，辛亥朔，日有食之。

4 癸丑，以光禄勋陈国袁滂为司徒。

5 己未，地震。

6 置鸿都门学，其诸生皆敕州郡、三公举用辟召，或出为刺史、太守，入为尚书、侍中，有封侯、赐爵者；赐爵关内侯以下也。士君子皆耻与为列焉。

7 三月，辛丑，赦天下，改元。

8 以太常常山张颢为太尉。颢，中常侍奉之弟也。

9 夏，四月，丙辰，地震。

10 侍中寺雌鸡化为雄。

11 司空陈耽免；以太常来艳为司空。

12 六月，丁丑，有黑气堕帝所御温德殿东庭中，长十馀丈，似龙。长，直亮翻。

13 秋，七月，壬子，青虹见玉堂后殿庭中。洛阳宫殿名，南宫有玉堂前后殿。见，贤遍翻。诏召光禄大夫杨赐等诣金商门，洛阳记曰：南宫有崇德殿、太极殿，殿西有金商门。问以灾异及消复之术。消复者，消变而复其常也。赐对曰："春秋谶曰：'天投蜺，天下怨，海内乱。'春秋演孔图曰：霓者，斗之乱精也，失度投蜺见。郭璞注尔雅曰：双出，色鲜盛者为雄，曰虹；暗者为雌，曰蜺。加四百之期，亦复垂及。春秋演孔图曰：刘四百岁之际，褒汉王辅，皇王以期，有名不就。宋均注曰：虽褒族人为汉王以自辅，以当有应期，名见摄录者，故名不就也。复，扶又翻。今妾媵、阉尹之徒共专国朝，媵，以证翻。朝，直遥翻。欺罔日月；又，鸿都门下招会群小，造作赋说，见宠于时，更相荐说，更，工衡翻。旬月之间，并各拔擢。乐松处常伯，任芝居纳言，常伯，侍中。纳言，尚书。处，昌吕翻。郤俭、梁鹄各受丰爵不次之宠，姓谱：郤，晋卿郤氏之后。而令搢绅之徒委伏畎畮，畮，古亩字。口诵尧、舜之言，身蹈绝俗之行，行，下孟翻。弃捐沟壑，不见逮及。冠履倒易，陵谷代处，幸赖皇天垂象谴告。周书曰：'天子见怪则修德，诸侯见怪则修政，卿大夫见怪则修职，士庶人见怪则修身。'此逸书也。唯陛下斥远佞巧之臣，远，于愿翻。速征鹤鸣之士，易曰：鹤鸣在阴，其子和之；我有好爵，吾与尔靡之。系辞曰：君子居室，言善，则千里之外应之。鹤鸣之士，言士之修身践言，为时所称者也。断绝尺一，断，丁管翻。抑止槃游，冀上天还威，众变可弭。”

议郎蔡邕对曰：“臣伏思诸异，皆亡国之怪也。天于大汉殷勤不已，故屡出祆变以当谴责，祆，与妖同，于骄翻。欲令人君感悟，改危即安。今蜺堕、鸡化，皆妇人干政之所致也。前者乳母赵娆，贵重天下，娆，奴鸟翻。谗谀骄溢，续以永乐门史霍玉，永乐门史，董太后宫官。乐，音洛。依阻城社，又为奸邪。今道路纷纷，复云有程大人者，宫中耆宿，皆称中大人。复，扶又翻。察其风声，将为国患；宜高为堤防，明设禁令，深惟赵、霍，以为至戒。今太尉张颢，为玉所进；光禄勋伟璋，有名贪浊；伟，姓；璋，名。又长水校尉赵玹，玹，音玄。屯骑校尉盖升，盖，古合翻。并叨时幸，荣富优足；宜念小人在位之咎，退思引身避贤之福。伏见廷尉郭禧，纯厚老成；光禄大夫桥玄，聪达方直；故太尉刘宠，忠实守正；并宜为谋主，数见访问。数，所角翻。夫宰相大臣，君之四体，委任责成，优劣已分，不宜听纳小吏，雕琢大臣也。贤曰：雕琢，谓镌削以成其罪也。又，尚方工技之作，续汉志：尚方，掌上手工，作御刀剑诸好器物。技，巨绮翻。鸿都篇赋之文，可且消息，以示惟忧。惟，思也。宰府孝廉，士之高选，近者以辟召不慎，切责三公，而今并以小文超取选举，开请托之门，违明王之典，众心不厌，贤曰：厌，伏也，音一叶翻。莫之敢言；臣愿陛下忍而绝之，思惟万机，以答天望。圣朝既自约厉，左右近臣亦宜从化，人自抑损，以塞咎戒，塞，悉则翻。则天道亏满，鬼神福谦矣。易曰：天道亏盈而益谦，鬼神害盈而福谦。以盈为满者，避惠帝讳也。夫君臣不密，上有漏言之戒，下有失身之祸，易曰：君不密则失臣，臣不密则失身。愿寝臣表，无使尽忠之吏受怨奸仇。”章奏，帝览而叹息；因起更衣，更，工衡翻。

曹节于后窃视之，悉宣语左右，语，牛倨翻。事遂漏露。其为邕所裁黜者，侧目思报。

初，邕与大鸿胪刘郃素不相平，胪，陵如翻。郃，古合翻，又曷阁翻。叔父卫尉质又与将作大匠阳球有隙。球即中常侍程璜女夫也。璜遂使人飞章言"邕、质数以私事请托于郃，郃不听。邕含隐切，志欲相中。"贤曰：中，伤也。郃，古合翻。数，所角翻。中，竹仲翻。于是诏下尚书召邕诘状。下，遐稼翻；下是下同。诘，去吉翻。邕上书曰："臣实愚戆，戆，陟降翻。不顾后害，陛下不念忠臣直言，宜加掩蔽，诽谤卒至，卒，读曰猝。便用疑怪。臣年四十有六，孤特一身，得托名忠臣，死有馀荣，恐陛下于此不复闻至言矣！"复，扶又翻。于是下邕、质于雒阳狱，劾以"仇怨奉公，议害大臣，大不敬，弃市。"诬邕以请托不听，志欲中伤，为仇怨奉公之吏。三公、九卿皆大臣也。劾，户概翻，又户得翻。事奏，中常侍河南吕强愍邕无罪，力为伸请，为，于伪翻。帝亦更思其章，有诏："减死一等，与家属髡钳徙朔方，不得以赦令除。"阳球使客追路刺邕，刺，七亦翻。客感其义，皆莫为用。球又赂其部主，部主，州牧、郡守也。使加毒害，所赂者反以其情戒邕，由是得免。

14 八月，有星孛于天市。孛，蒲内翻。

15 九月，太尉张颢罢；以太常陈球为太尉。

16 司空来艳薨。考异曰：袁纪云："艳以久病罢。"今从范书。冬，十月，以屯骑校尉袁逢为司空。

17 宋皇后无宠，后宫幸姬众共谮毁。勃海王悝妃宋氏，即后之姑也，中常侍王甫恐后怨之，悝被诛，事见上熹平元年。悝，苦回翻。因谮后挟左道祝诅；祝，职救翻。诅，庄助翻。帝信之，遂策收玺绶。玺，斯氏翻。绶，音受。后自致暴室，以忧死。父不其乡侯鄚及兄弟并被诛。不其县，前汉属琅邪郡，后汉并省为乡。贤曰：故城在今莱州即墨县西南，盖其县之乡也。其，音基。被，皮义翻；下同。

18 丙子晦，日有食之。

尚书卢植上言："凡诸党锢多非其罪，可加赦恕，申宥回枉。又，宋后家属并以无辜委骸横尸，不得敛葬，敛，力赡翻。宜敕收拾，以安游魂。又，郡守、刺史一月数迁，宜依黜陟以章能否，纵不九载，可满三岁。贤曰：书曰：三载考绩，三考黜陟幽明。孔安国注曰：三年考功。三考，九年。能否幽明有别，升进其明者，黜退其幽者，此皆唐尧之法也。载，子亥翻。又，请谒希求，一宜禁塞，塞，悉则翻。选举之事，责成主者。又，天子之体，理无私积，宜弘大务，蠲略细微。"帝不省。省，悉井翻。

19 十一月，太尉陈球免；十二月，丁巳，以光禄大夫桥玄为太尉。

20 鲜卑寇酒泉；种众日多，种，章勇翻。缘边莫不被毒。被，皮义翻。

21 诏中尚方即尚方也，属少府。为鸿都文学乐松、江览等三十二人图象立赞，以劝学者。为，于伪翻。尚书令阳球谏曰："臣案松、览等皆出于微蔑，蔑者，微之甚，几于无也。斗筲小人，筲，竹器，容斗二升，音所交翻。依凭世戚，附托权豪，俛眉承睫，睫，即涉翻，目毛也。徼进明时。徼，一遥翻。或献赋一篇，或鸟篆盈简，贤曰：八体书有鸟篆，象形以为字也。而位升郎中，形图丹青。亦有笔不点牍，辞不辨心，假手请字，妖伪百品，莫不蒙被殊恩，蝉蜕滓浊。贤曰：说文曰：蜕，蝉蛇所解皮也，音式锐翻，或音他外翻。是以有识掩口，谓掩口而笑也。天下嗟叹。臣闻图象之设，以昭劝戒，欲令人君动鉴得失，未闻竖子小人诈作文颂，而可妄窃天官，垂象图素者也。今太学、东观东观，在南宫。观，古玩翻。足以宣明圣化，愿罢鸿都之选，以销天下之谤。"书奏，不省。省，悉井翻。

22 是岁，初开西邸卖官，开邸舍于西园，因谓之西邸。入钱各有差：二千石二千万；四百石四百万；其以德次应选者半之，或三分之一；于西园立库以贮之。贮，丁吕翻。或诣阙上书占令长，随县好丑，丰约有贾。占，章赡翻。长，知两翻。贾，读曰价。富者则先入钱，贫者到官然后倍输。又私令左右卖公卿，公千万，卿五百万。初，帝为侯时常苦贫，及即位，每叹桓帝不能作家居，居，积也。曾无私钱，故卖官聚钱以为私藏。藏，徂浪翻。

帝尝问侍中杨奇曰："朕何如桓帝？"对曰："陛下之于桓帝，亦犹虞舜比德唐尧。"帝不悦曰："卿强项，贤曰：强项，言不低屈也。真杨震子孙，死后必复致大鸟矣。"大鸟事见五十一卷安帝延光四年。复，扶又翻。奇，震之曾孙也。

23 南匈奴屠特若尸逐就单于死，子呼征立。

二年（己未、一七九）

1 春，大疫。

2 三月，司徒袁滂免，以大鸿胪刘郃为司徒。考异曰：袁纪："二月，丁巳，滂免。""刘郃"作"刘邵"。今从范书。

3 乙丑，太尉桥玄罢，拜太中大夫；以太中大夫段颎为太尉。玄幼子游门次，为人所劫，登楼求货；所谓劫质也。玄不与。司隶校尉、河南尹围守玄家，不敢迫。玄瞋目呼曰：瞋，七人翻。呼，火故翻。"奸人无状，玄岂以一子之命而纵国贼乎！"促令攻之，玄子亦死。玄因上言："天下凡有劫质，皆并杀之，不得赎以财宝，开张奸路。"由是劫质遂绝。质，音致。

4 京兆地震。

5 司空袁逢罢；以太常张济为司空。

6 夏，四月，甲戌朔，日有食之。

7 王甫、曹节等奸虐弄权，扇动内外，太尉段颎阿附之。节、甫父兄子弟为卿、校、牧、守、令、长者布满天下，所在贪暴。校，户教翻。守，式又翻。长，知两翻。甫养子吉为沛相，尤残酷，凡杀人，皆磔尸车上，随其罪目，宣示属县，贤曰：罪目，罪名也。磔，陟格翻。夏月腐烂，则以绳连其骨，周遍一郡乃止，见者骇惧。视事五年，凡杀万馀人。尚书令阳球常拊髀发愤曰："若阳球作司隶，此曹子安得容乎！"既而球果迁司隶。

甫使门生于京兆界辜榷官财物七千馀万，前书音义曰：辜，障也；榷，专也；谓障馀人买卖而自取其利。榷，古岳翻。京兆尹杨彪发其奸，言之司隶。京兆，属司隶所部。彪，赐之子也。时甫休沐里舍，里舍，私第也。颎方以日食自劾。球诣阙谢恩，因奏甫、颎及中常侍淳于登、袁赦、封旸等罪恶，姓谱：封，夏封父之后。旸，音吐嗑翻。辛巳，悉收甫、颎等送雒阳狱，及甫子永乐少府萌、沛相吉。乐，音洛。球自临考甫等，五毒备极；萌先尝为司隶，乃谓球曰："父子既当伏诛，亦以先后之义，少以楚毒假借老父。"少，诗沼翻。球曰："尔罪恶无状，死不灭责，乃欲论先后求假借邪！"萌乃骂曰："尔前奉事吾父子如奴，奴敢反汝主乎！今日临厄相挤，挤，子细翻，又则兮翻。行自及也！"球使以土窒萌口，箠扑交至，箠，止橤翻。扑，普卜翻。父子悉死于杖下；颎亦自杀。乃僵磔甫尸于夏城门，大署榜曰："贼臣王甫。"尽没入其财产，妻子皆徙比景。

球既诛甫，欲以次表曹节等，乃敕中都官从事曰：中都官从事，即都官从事，主察举百官犯法者。中兴以后，专令掊击贵戚。"且先去权贵大猾，去，羌吕翻。乃议其馀耳。公卿豪右若袁氏儿辈，时诸袁以与袁赦同宗，贵宠于世。从事自办之，何须校尉邪！"权门闻之，莫不屏气。屏，必郢翻。曹节等皆不敢出沐。会顺帝虞贵人葬，虞贵人，顺帝母。百官会丧还，曹节见磔甫尸道次，慨然抆泪曰：贤曰：抆，拭也，音亡粉翻。“我曹可自相食，何宜使犬舐其汁乎！”舐，池尔翻。考异曰：袁纪云：“球会虞贵人葬，还入夏城门，曹节见谒于道旁。球大骂曰：‘贼臣曹节。’”节收泪于车中，而有是语。今从范书。语诸常侍：“今且俱入，勿过里舍也。”语，牛倨翻。节直入省，白帝曰：“阳球故酷暴吏，前三府奏当免官，以九江微功，复见擢用。事见上熹平六年。复，扶又翻；下同。愆过之人，好为妄作，好，呼到翻。不宜使在司隶，以骋毒虐。”帝乃徙球为卫尉。时球出谒陵，诸陵皆在司部，故司隶出谒陵。节敕尚书令召拜，不得稽留尺一。球被召急，因求见帝，【章：甲十一行本“帝”下有“叩头”二字；乙十一行本同；张校同；退斋校同。】曰：“臣无清高之行，横蒙鹰犬之任，谓司隶主搏噬奸非，犹鹰犬也。行，下孟翻。横，户孟翻。前虽诛王甫、段颎，盖狐狸小丑，未足宣示天下。愿假臣一月，必令豺狼鸱枭各服其辜。”枭，坚尧翻。叩头流血。殿上呵叱曰：“卫尉扞诏邪！”至于再三，乃受拜。

于是曹节、朱瑀等权势复盛。节领尚书令。郎中梁人审忠上书曰：审，姓也。汉初有审食其。“陛下即位之初，未能万机，皇太后念在抚育，权时摄政，故中常侍苏康、管霸应时诛殄。太傅陈蕃、大将军窦武考其党与，志清朝政。朝，直遥翻。华容侯朱瑀知事觉露，祸及其身，遂兴造逆谋，作乱王室，撞蹹省闼，撞，直江翻。蹹，与踏同。执夺玺绶，迫胁陛下，聚会群臣，离间骨肉母子之恩，间，古苋翻。遂诛蕃、武及尹勋等。因共割裂城社，自相封赏，事见上卷建宁元年。父子兄弟，被蒙尊荣，被，皮义翻。素所亲厚，布在州郡，或登九列，或据三司。九列，九卿也。三司，三公也。不惟禄重位尊之责，惟，思也。而苟营私门，多蓄财货，缮修第舍，连里竟巷，盗取御水，以作渔钓，贤曰：水入宫苑为御水。车马服玩，拟于天家。天家，犹王家也。君，天也，故谓之天家。群公卿士，杜口吞声，莫敢有言，州牧郡守，承顺风旨，辟召选举，释贤取愚。故虫蝗为之生，夷寇为之起。为，于伪翻。天意愤盈，积十馀年；故频岁日食于上，地震于下，所以谴戒人主，欲令觉悟，诛锄无状。昔高宗以雉雊之变，故获中兴之功；高宗肜日：有飞雉升鼎耳而雊，惧而修德，殷以中兴。近者神祇启悟陛下，发赫斯之怒，诗云：王赫斯怒。故王甫父子应时馘戮，路人士女莫不称善，若除父母之雠。诚怪陛下复忍孽臣之类，不悉殄灭。忍，谓含忍也，隐忍也。孽，鱼列翻。昔秦信赵高，以危其国；事见八卷秦二世纪。吴使刑臣，身遘其祸。左传：吴伐越，获俘焉，以为阍，使守舟。吴子馀祭观舟，阍以刀弑之。今以不忍之恩，赦夷族之罪，奸谋一成，悔亦何及！臣为郎十五年，皆耳目闻见，瑀之所为，诚皇天所不复赦。愿陛下留漏刻之听，漏之度，昼夜百刻。留漏刻之听，言少须臾留听也。裁省臣表，省，悉井翻。扫灭丑类，以答天怒。与瑀考验，有不如言，愿受汤镬之诛，妻子并徙，以绝妄言之路。"章寝不报。

中常侍吕强清忠奉公，帝以众例封为都乡侯，强固辞不受，因上疏陈事曰："臣闻高祖重约，非功臣不侯，所以重天爵、明劝戒也。中常侍曹节等，宦官佑薄，品卑人贱，谗谄媚主，佞邪徼宠，徼，一遥翻，又古尧翻。有赵高之祸，未被轘裂之诛。贤曰：轘裂，以车裂也。陛下不悟，妄授茅土，开国承家，小人是用，易曰：开国承家，小人勿用。又并及家人，重金兼紫，贤曰：金印紫绶；重兼，言累积也。重，直龙翻。交结邪党，下比群佞。比，毗至翻。阴阳乖剌，剌，卢达翻。稼穑荒芜，人用不康，罔不由兹。臣诚知封事已行，言之无逮，封事，谓封爵之事也。所以冒死干触陈愚忠者，实愿陛下损改既谬，从此一止。臣又闻后宫采女数千馀人，衣食之费日数百金，比谷虽贱而户有饥色，比，频寐翻，言近者也。按法当贵而今更贱者，由赋发繁数，以解县官，数，所角翻。贤曰：县官调发既多，故贱粜谷以供之。解，居隘翻，发也。寒不敢衣，饥不敢食，民有斯厄而莫之恤。宫女无用，填积后庭，天下虽复尽力耕桑，犹不能供。复，扶又翻；下同。又，前召议郎蔡邕对问于金商门，邕不敢怀道迷国，盖引论语迷邦之言。不曰邦者，避高帝讳。而切言极对，毁刺贵臣，讥呵宦官。陛下不密其言，至令宣露，群邪项领，膏唇拭舌，贤曰：诗曰：驾彼四牡，四牡项领。注云：项，大也。四牡者，人所驾，今但养大其领，不肯为用，谕大臣自恣，王不能使也。膏唇拭舌，谓欲谗毁故也。竞欲咀嚼，造作飞条。贤曰：飞条，飞书也。陛下回受诽谤，致邕刑罪，室家徙放，老幼流离，岂不负忠臣哉！今群臣皆以邕为戒，上畏不测之难，下惧剑客之害，贤曰：谓阳球使客追刺邕也。难，乃旦翻。臣知朝廷不复得闻忠言矣！故太尉段颎，武勇冠世，冠，古玩翻。习于边事，垂发服戎，贤曰：垂发，谓童子也。功成皓首，历事二主，二主，灵帝、桓帝。勋烈独昭。陛下既已式序，式，用也。式序者，用叙其功也。位登台司，而为司隶校尉阳球所见诬胁，一身既毙，而妻子远播，播，迁也。天下惆怅，惆，丑鸠翻。功臣失望。宜征邕更加授任，反颎家属，则忠贞路开，众怨以弭矣。”帝知其忠而不能用。

8 丁酉，赦天下。

9 上禄长和海贤曰：上禄县，属武都郡，今成州县。姓谱：和，本自羲和之后；一云卞和之后。上言：“礼，从祖兄弟别居异财，恩义已轻，服属疏末。而今党人锢及五族，既乖典训之文，有谬经常之法。”帝览之而悟，于是党锢自从祖以下皆得解释。从祖，缌麻服。从，才用翻。

10 五月，以卫尉刘宽为太尉。

11 护匈奴中郎将张修与南单于呼征不相能，修擅斩之，更立右贤王羌渠为单于。更，工衡翻。秋，七月，修坐不先请而擅诛杀，槛车征诣廷尉，死。

12 初，司徒刘郃兄侍中儵与窦武同谋，俱死，儵，直留翻；桓纪作“刘儵”。永乐少府陈球说郃曰：贤曰：桓帝母孝崇皇后宫曰永乐，置太仆、少府。余据此时帝母孝仁董太后居永乐宫，非孝崇后也。说，输芮翻。“公出自宗室，位登台鼎，天下瞻望，社稷镇卫，岂得雷同，容容无违而已。今曹节等放纵为害，而久在左右，又公兄侍中受害节等，今可表徙卫尉阳球为司隶校尉，以次收节等诛之，政出圣主，天下太平，可翘足而待也！”郃曰：“凶竖多耳目，恐事未会，先受其祸。”尚书刘纳曰：“为国栋梁，倾危不持，焉用彼相邪！”论语：孔子曰：“危而不扶，颠而不持，则将焉用彼相矣！”焉，于虔翻。郃许诺，亦与阳球结谋。球小妻，程璜之女，由是节等颇得闻知，乃重赂璜，且胁之。璜惧迫，以球谋告节，节因共白帝曰：“郃与刘纳、陈球、阳球交通书疏，谋议不轨。”帝大怒。冬，十月，甲申，刘郃、陈球、刘纳、阳球皆下狱，死。下，遐稼翻。

13 巴郡板楯蛮反，楯，食尹翻。遣御史中丞萧瑗督益州刺史讨之，不克。瑗，于眷翻。

14 十二月，以光禄勋杨赐为司徒。

15 鲜卑寇幽、并二州。

三年（庚申、一八〇）

1 春，正月，癸酉，赦天下。

2 夏，四月，江夏蛮反。夏，户雅翻。

3 秋，酒泉地震。

4 冬，有星孛于狼、弧。晋书天文志：狼，一星，在东井东南。弧，九星，在狼东南。孛，蒲内翻。

5 鲜卑寇幽、并二州。

6 十二月，己巳，立贵人何氏为皇后。考异曰：袁纪在十一月。今从范书。征后兄颍川太守进为侍中。后本南阳屠家，以选入掖庭，生皇子辨，故立之。为何进谋诛宦官、败国亡家张本。

7 是岁作罼圭、灵昆苑。贤曰：罼圭苑有二，东罼圭苑，周一千五百步，中有鱼梁台，西罼圭苑周三千三百步，并在雒阳宣平门外。司徒杨赐谏曰："先帝之制，左开鸿池，右作上林，不奢不约，以合礼中。今猥规郊城之地以为苑囿，坏沃衍，杜预注左传曰：衍沃，平美之地也。坏，音怪。废田园，驱居民，畜禽兽，畜，许六翻。殆非所谓若保赤子之义。书曰：若保赤子，惟民其康乂。今城外之苑已有五六，贤曰：阳嘉元年，起西苑。延熹二年，造显阳苑。雒阳宫殿名有平乐苑、上林苑。桓帝延熹元年置鸿德苑。可以逞情意，顺四节也。贤曰：逞，快也。四节，谓春蒐、夏苗、秋狝、冬狩。宜惟夏禹卑宫、太宗露台之意，惟，思也。以尉下民之劳。"书奏，帝欲止，以问侍中任芝、乐松；任，音壬。考异曰：范书云"中常侍乐松"。松本鸿都文学，必非中常侍。袁纪云"侍中"，今从之。对曰："昔文王之囿百里，人以为小；齐宣五里，人以为大。齐宣王问于孟子曰：'文王之囿，方七十里，人犹以为小；寡人之囿，方四十里，人以为大，何也？"对曰："文王之囿方七十里，刍荛者往焉，雉兔者往焉，与人同之；人以为小，不亦宜乎！今王之囿，杀其麋鹿者如杀人之罪；人以为大，不亦宜乎！"此云五里，微与孟子异。今与百姓共之，无害于政也。"帝悦，遂为之。

8 巴郡板楯蛮反。

9 苍梧、桂阳贼攻郡县，零陵太守杨琁制马车数十乘，以排囊盛石灰于车上，贤曰：排囊，即今囊袋也。排，音蒲拜翻。盛，时征翻。系布索于马尾；索，昔各翻。又为兵车，专彀弓弩。及战，令马车居前，顺风鼓灰，贼不得视，因以火烧布然，马惊，奔突贼阵，因使后车弓弩乱发，钲鼓鸣震，群盗波骇破散，波骇者，盖喻以物击水，一波动，万波随而骇动。追逐伤斩无数，枭其渠帅，枭者，斩首而枭之木上也。枭，坚尧翻。帅，所类翻。郡境以清。荆州刺史赵凯诬奏琁实非身亲破贼，而妄有其功；琁与相章奏。凯有党助，遂槛车征琁，防禁严密，无由自讼；乃噬臂出血，书衣为章，具陈破贼形势，及言凯所诬状，潜令亲属诣阙通之。诏书原琁，拜议郎；凯受诬人之罪。琁，乔之弟也。杨乔，见上卷桓帝永康元年。

容肇祖标点王崇武聂崇岐覆校

资治通鉴卷第五十八

翰林学士兼侍读学士朝散大夫右谏议大夫
知制诰判尚书都省兼提举万寿观公事上护军　司马光　奉敕编集
河内郡开国侯食邑一千三百户赐紫金鱼袋臣

后学天台　胡三省　音注

汉纪五十　起重光作噩（辛酉），尽强圉单阏（丁卯），凡七年。

孝灵皇帝中

光和四年（辛酉、一八一）

1 春，正月，初置騄骥厩丞，领受郡国调马。贤曰：騄骥，善马也。调，谓征发也。调，徒钓翻；下同。豪右辜榷，前书音义曰：辜，障也。榷，专也。谓障馀人买卖而自取其利。榷，古岳翻。马一匹至二百万。

2 夏，四月，庚子，赦天下。

3 交趾乌浒蛮久为乱，乌浒蛮反事始上卷光和元年。浒，呼古翻。牧守不能禁。交趾人梁龙等复反，攻破郡县。复，扶又翻。诏拜兰陵令会稽朱俊为交趾刺史，兰陵县，属东海郡。会，古外翻。击斩梁龙，降者数万人，降，户江翻。旬月尽定；以功封都亭侯，征为谏议大夫。

4 六月，庚辰，雨雹如鸡子。雨，于具翻。

5 秋，九月，庚寅朔，日有食之。

6 太尉刘宽免；卫尉许馘为太尉。馘，于六翻。考异曰：袁纪："十月，许郁坐辟召错缪，免。杨赐为太尉。"今从范书。

7闰月，辛酉，北宫东掖庭永巷署灾。

8司徒杨赐罢；冬，十月，太常陈耽为司徒。考异曰：袁纪："三年闰月，杨赐久病罢。十月，陈耽为司徒。"盖误置闰于去年。按长历，此年闰十月，以袁纪考之，闰九月为是，恐长历差一月。今从范书帝纪。

9鲜卑寇幽、并二州。檀石槐死，子和连代立。和连才力不及父而贪淫，后出攻北地，北地人射杀之。射，而亦翻。其子骞曼尚幼，兄子魁头立。后骞曼长大，长，知两翻。与魁头争国，众遂离散。魁头死，弟步度根立。

10是岁，帝作列肆于后宫，使诸采女贩卖，更相盗窃争斗；更，工衡翻。帝着商贾服，着，陟略翻；下同。贾，音古。从之饮宴为乐。乐，音洛。又于西园弄狗，着进贤冠，带绶。贤曰：三礼图曰：进贤冠，文官服之，前高七寸，后高三寸，长八寸。续汉志曰：灵帝宠用便嬖子弟，转相汲引，卖关内侯，直五百万。强者贪如豺狼，弱者略不类物，真狗而冠也。绶，音受。又驾四驴，帝躬自操辔，驱驰周旋；续汉志曰：驴者，乃服重致远，上下山谷，野人之所用耳，何有帝王君子而骖驾之乎！天意若曰，国且大乱，贤愚倒植，凡执政者皆如驴也。操，千高翻。京师转相仿效，驴价遂与马齐。

帝好为私稸，好，呼倒翻。稸，与蓄同。收天下之珍货，每郡国贡献，先输中署，名为"导行费"。贤曰：中署，内署也。导，引也。贡献外别有所入，以为所献希之导引也。中常侍吕强上疏谏曰："天下之财，莫不生之阴阳，贤曰：万物禀阴阳而生。归之陛下，岂有公私！而今中尚方敛诸郡之宝，中御府积天下之缯，中尚方、中御府，皆属少府，天子私藏也。缯，慈陵翻。西园引司农之藏，中厩聚太仆之马，中厩，即騄骥厩。而所输之府，辄有导行之财，调广民困，费多献少，调，徒吊翻。少，诗沼翻。奸吏因其利，百姓受其敝。又，阿媚之臣，好献其私，好，呼到翻。容谄姑息，自此而进。旧典：选举委任三府，尚书受奏御而已；三府选其人而举之；尚书受其奏以进御。受试任用，责以成功，功无可察，然后付之尚书举劾，请下廷尉覆按虚实，行其罪罚；劾，户概翻，又户得翻。下，遐稼翻。于是三公每有所选，参议掾属，咨其行状，度其器能；掾，俞绢翻。行，下孟翻。度，徒洛翻。然犹有旷职废官，荒秽不治。治，直之翻。今但任尚书，或有诏用，诏用者，不由三公、尚书，径以诏书用之也。如是，三公得免选举之负，尚书亦复不坐，责赏无归，岂肯空自劳苦乎！”书奏，不省。复，扶又翻。省，悉井翻。

11 何皇后性强忌，后宫王美人生皇子协，后鸩杀美人。帝大怒，欲废后；诸中官固请，得止。

12 大长秋华容侯曹节卒；华容县，属南郡。中常侍赵忠代领大长秋。

五年（壬戌、一八二）

1 春，正月，辛未，赦天下。

2 诏公卿以谣言举刺史、二千石为民蠹害者。太尉许馘、司空张济承望内官，受取货赂，馘，许六翻。其宦者子弟、宾客，虽贪污秽浊，皆不敢问，而虚纠边远小郡清修有惠化者二十六人，吏民诣阙陈诉。司徒陈耽上言：“公卿所举，率党其私，所谓放鸱枭而囚鸾凤。”考异曰：刘陶传：“光和五年，以谣言举二千石。耽与议郎曹操上言。”按耽已为司徒，不应与议郎同上言。王沈魏书曰：“是岁以灾异博问得失，太祖因此上书切谏”，不云与耽同上言也。今但云陈耽。帝以让馘、济，由是诸坐谣言征者，悉拜议郎。

3 二月，大疫。

4 三月，司徒陈耽免。

5 夏，四月，旱。

6 以太常袁隗为司徒。

7 五月，庚申，永乐宫署灾。乐，音洛。

8 秋，七月，有星孛于太微。孛，蒲内翻。

9 板楯蛮寇乱巴郡，连年讨之，不能克。帝欲大发兵，以问益州计吏汉中程包，对曰："板楯七姓，板楯七姓，罗、朴、督、鄂、度、夕、龚，皆渠帅也。楯，食尹翻。自秦世立功，复其租赋。复，方目翻。其人勇猛善战。昔永初中，羌入汉川，郡县破坏，得板楯救之，羌死败殆尽，事见四十九卷安帝元初元年，注亦见是年。羌人号为神兵，传语种辈，勿复南行。语，牛倨翻。种，章勇翻。复，扶又翻；下同。至建和二年，羌复大入，实赖板楯连摧破之。前车骑将军冯绲南征武陵，亦倚板楯以成其功。近益州郡乱，太守李颙亦以板楯讨而平之。绲，古本翻，又音昆。颙，鱼容翻。忠功如此，本无恶心。长吏乡亭更赋至重，长，知两翻。更，工衡翻。仆役箠楚，过于奴虏，箠，止橤翻。亦有嫁妻卖子，或乃至自刭割，虽陈冤州郡，而牧守不为通理，为，于伪翻。阙庭悠远，不能自闻，含怨呼天，无所叩诉，故邑落相聚以【章：甲十一行本"以"下有"致"字；乙十一行本同；退斋校同。】叛戾，非有谋主僭号以图不轨。今但选明能牧守，守，式又翻。自然安集，不烦征伐也！"帝从其言，选用太守曹谦，宣诏赦之，即时皆降。降，户江翻。

10 八月，起四百尺观于阿亭道。观，古玩翻。

11 冬，十月，太尉许馘罢；以太常杨赐为太尉。

12 帝校猎上林苑，历函谷关，遂狩于广成苑。十二月，还，幸太学。

13 桓典为侍御史，宦官畏之。典常乘骢马，京师为之语曰："行行且止，避骢马御史！"骢马，青白杂色。典，焉之孙也。顺帝永建初，焉为太傅。焉，荣之孙也。

六年（癸亥、一八三）

1 春，三月，辛未，赦天下。

2 夏，大旱。

3 爵号皇后母为舞阳君。

4 秋，金城河水溢出二十馀里。

5 五原山岸崩。考异曰：本纪云："大有年。"按今夏大旱，纵使秋成，亦不得为大有年。今不取。

6 初，巨鹿张角奉事黄、老，以妖术教授，号"太平道"。咒符水以疗病，妖，于骄翻。咒，职救翻。令病者跪拜首过，首，式救翻。今道家所施符水，祖张道陵，盖同此术也。或时病愈，众共神而信之。角分遣弟子周行四方，转相诳诱，诳，居况翻。诱，音酉。十馀年间，徒众数十万，自青、徐、幽、冀、荆、扬、兖、豫八州之人，莫不毕应。或弃卖财产，流移奔赴，填塞道路，塞，悉则翻。未至病死者亦以万数。郡县不解其意，解，户买翻。反言角以善道教化，为民所归。

太尉杨赐时为司徒，赐为司徒，熹平五年也。上书言："角诳曜百姓，遭赦不悔，稍益滋蔓。蔓，音万。今若下州郡捕讨，恐更骚扰，速成其患。宜切敕刺史、二千石，简别流民，下，遐稼翻。别，彼列翻。各护归本郡，以孤弱其党，然后诛其渠帅，可不劳而定。"会赐去位，事遂留中。贤曰：谓所论事留在禁中，未施用之。余据赐以熹平六年免。帅，所类翻。司徒掾刘陶复上疏申赐前议，掾，俞绢翻。复，扶又翻。言："角等阴谋益甚，四方私言，云角等窃入京师，觇视朝政。觇，丑廉翻。朝，直遥翻。鸟声兽心，私共鸣呼；州郡忌讳，不欲闻之，但更相告语，更，工衡翻。莫肯公文。宜下明诏，重募角等，赏以国土，有敢回避，与之同罪。"帝殊不为意，方诏陶次第春秋条例。陶明春秋，为之训诂，故诏之次第条例。

角遂置三十六方；方，犹将军也，大方万馀人，小方六七千，考异曰：袁纪作"坊"，今从范书。各立渠帅；帅，所类翻。讹言"苍天已死，黄天当立，岁在甲子，天下大吉。"以白土书京城寺门寺门，在京城诸官寺舍之门。及州郡官府，皆作“甲子”字。大方马元义等先收荆、扬数万人，期会发于邺。元义数往来京师，数，所角翻。以中常侍封谞、徐奉等为内应，谞，私吕翻。约以三月五日内外俱起。

中平元年（甲子、一八四）是年十二月改元。

1 春，角弟子济南唐周上书告之。济，子礼翻。考异曰：袁纪云“济阴人唐客”，今从范书。于是收马元义，车裂于雒阳。考异曰：袁纪曰：“五月乙卯，马元义等于京都谋反，伏诛。”今从范书。诏三公、司隶按验宫省直卫及百姓有事角道者，诛杀千馀人；下冀州逐捕角等。下，遐稼翻。角等知事已露，晨夜驰敕诸方，一时俱起，皆着黄巾以为标帜，着，陟略翻。帜，尺志翻，又音志。故时人谓之“黄巾贼”。二月，角自称天公将军，角弟宝称地公将军，宝弟梁称人公将军，考异曰：司马彪九州春秋云：“角弟梁，梁弟宝”，袁纪云“角弟良、宝”，今从范书。所在燔烧官府，劫略聚邑，聚，才喻翻。州郡失据，长吏多逃亡；长，知两翻。旬月之间，天下响应，京师震动。安平、甘陵人各执其王应贼。

三月，戊申，以河南尹何进为大将军，封慎侯，慎县，属汝南郡。率左右羽林、五营营士屯都亭，修理器械，以镇京师；置函谷、太谷、广成、伊阙、轘辕、旋门、孟津、小平津八关都尉。函谷关，在河南谷城县。贤曰：太谷，在雒阳东。广成，在河南新城县。京相璠曰：伊阙，在雒阳西南五十里。轘辕关，在缑氏县东南。水经注曰：旋门坂，在成皋县西南十里。孟津，在河内河阳县南。小平津，在河南平县北。贤曰：在今巩县西北。杜佑曰：洛州新安县东北有汉八关城。

帝召群臣会议。北地太守皇甫嵩以为宜解党禁，益出中藏钱、西园厩马以班军士。中藏府令，属少府，宦者为之。中藏钱，汉所谓禁钱也。西园厩马，即騄骥厩马。藏，徂浪翻。嵩，规之兄子也。上问计于中常侍吕强，对曰：“党锢久积，人情怨愤，若不赦宥，轻与张角合谋，为变滋大，悔之无救。今请先诛左右贪浊者，大赦党人，料简刺史、二千石能否，料，音聊，量也，度也。则盗无不平矣。"帝惧而从之。壬子，赦天下党人，还诸徙者；谓党人妻子徙边者也。唯张角不赦。发天下精兵，遣北中郎将卢植讨张角，汉有三署中郎将，五官及左、右署。又有使匈奴中郎将。北中郎将则创置于此时，盖以讨河北黄巾也。左中郎将皇甫嵩、右中郎将朱俊讨颍川黄巾。

是时中常侍赵忠、张让、夏恽、郭胜、段珪、宋典等皆封侯贵宠，夏，户雅翻。恽，于粉翻。上常言："张常侍是我公，赵常侍是我母。"由是宦官无所惮畏，并起第宅，拟则宫室。上尝欲登永安候台，据续汉志：永安宫在北宫东北，宫中有候台。洛阳宫殿名曰：永安宫，周回六百九十八丈，故基在洛阳故城中。宦官恐望见其居处，乃使中大人尚但谏曰：贤曰：尚，姓；但，名。姓谱：师尚父之后。后汉有尚士、尚子平。"天子不当登高，登高则百姓虚散。"上自是不敢复升台榭。观灵帝以尚但之言不敢复升台榭，诚恐百姓虚散也，谓无爱民之心可乎！使其以信尚但者信诸君子之言，则汉之为汉，未可知也。贤曰：春秋潜潭巴曰：天子毋高台榭，高台榭则下叛之。盖因此以诳帝也。复，扶又翻；下同。及封谞、徐奉事发，上诘责诸常侍曰：诘，去吉翻。"汝曹常言党人欲为不轨，皆令禁锢，或有伏诛者。今党人更为国用，汝曹反与张角通，为可斩未？"皆叩头曰："此王甫、侯览所为也！"于是诸常侍人人求退，各自征还宗亲、子弟在州郡者。

赵忠、夏恽等遂共谮吕强，云与党人共议朝廷，数读霍光传。言其欲谋废立也。数，所角翻。强兄弟所在并皆贪秽。帝使中黄门持兵召强。强闻帝召，怒曰："吾死，乱起矣！丈夫欲尽忠国家，岂能对狱吏乎！"遂自杀。忠、恽复谮曰："强见召，未知所问而就外自屏，贤曰：自屏，谓自杀也。屏，必郢翻。有奸明审。”遂收捕其宗亲，没入财产。

侍中河内向栩上便宜，讥刺左右。栩，况羽翻。上，时掌翻；下同。张让诬栩与张角同心，欲为内应，收送黄门北寺狱，杀之。郎中中山张钧上书曰：“窃惟张角所以能兴兵作乱，万民所以乐附之者，乐，音洛。其源皆由十常侍多放父兄、子弟、婚亲、宾客典据州郡，辜榷财利，榷，古岳翻。侵掠百姓，百姓之冤，无所告诉，故谋议不轨，聚为盗贼。宜斩十常侍，县头南郊，以谢百姓，据宦者传，是时张让、赵忠、夏恽、郭胜、孙璋、毕岚、栗嵩、段珪、高望、张恭、韩悝、宋典十二人，皆为中常侍。言十常侍，举大数也。县，读曰悬。考异曰：范书宦者传上列常侍十二人名，而下云十常侍。未详。遣使者布告天下，可不须师旅而大寇自消。”帝以钧章示诸常侍，皆免冠徒跣顿首，乞自致雒阳诏狱，并出家财以助军费。有诏，皆冠履视事如故。帝怒钧曰：“此真狂子也！十常侍固当有一人善者不！”不，俯九翻。御史承旨，遂诬奏钧学黄巾道，收掠，死狱中。掠，音亮。

2 庚子，南阳黄巾张曼成攻杀太守褚贡。

3 帝问太尉杨赐以黄巾事，赐所对切直，帝不悦。夏，四月，赐坐寇贼免。以太仆弘农邓盛为太尉。已而帝阅录故事，得赐与刘陶所上张角奏，乃封赐为临晋侯，临晋县，属冯翊。贤曰：故城在今同州朝邑县西南。上，时掌翻。陶为中陵乡侯。

4 司空张济罢；以大司农张温为司空。

5 皇甫嵩、朱俊合将四万馀人将，即亮翻。共讨颍川，【张：“川”下脱“黄巾”二字。】嵩、俊各统一军。俊与贼波才战，败；嵩进保长社。长社县，属颍川郡。贤曰：今许州县，故城在长葛县西。

6 汝南黄巾败太守赵谦于邵陵。邵陵县，属汝南郡。贤曰：故城在今豫州郾陵县东。败，补迈翻。广阳黄巾杀幽州刺史郭勋及太守刘卫。

7 波才围皇甫嵩于长社。嵩兵少，少，诗沼翻。军中皆恐。贼依草结营，会大风，嵩约敕军士皆束苣乘城，贤曰：苣，音巨。说文云：束苇烧之。使锐士间出围外，纵火大呼，间，古苋翻。呼，火故翻。城上举燎应之，嵩从城中鼓噪而出，奔击贼陈，陈，读曰阵。贼惊，乱走。会骑都尉沛国曹操将兵适至，五月，嵩、操与朱俊合军，更与贼战，大破之，斩首数万级。封嵩都乡侯。

操父嵩，为中常侍曹腾养子，不能审其生出本末，或云夏侯氏子也。吴人作曹瞒传及郭颁世语，并云嵩，夏侯氏之子，夏侯惇之叔父，操于惇为从父兄弟。操少机警，有权数，而任侠放荡，不治行业；少，诗照翻。行，下孟翻；下同。世人未之奇也，唯太尉桥玄及南阳何颙异焉。颙，鱼容翻。玄谓操曰："天下将乱，非命世之才，不能济也。能安之者，其在君乎！"颙见操，叹曰："汉家将亡，安天下者，必此人也。"玄谓操曰："君未有名，可交许子将。"子将者，训之从子劭也，许劭，字子将。许训为公，见上卷熹平三年、四年。从，才用翻。好人伦，多所赏识，与从兄靖俱有高名，好共核论乡党人物，每月辄更其品题，故汝南俗有月旦评焉。后置州郡中正本于此。好，呼到翻。更，工衡翻。尝为郡功曹，府中闻之，莫不改操饰行。曹操往造劭而问之造，七到翻。曰："我何如人？"劭鄙其为人，不答。操乃劫之，劭曰："子，治世之能臣，乱世之奸雄。"言其才绝世也。天下治则尽其能为世用，天下乱则逞其智为时雄。操大喜而去。曹操事始此。

朱俊之击黄巾也，其护军司马北地傅燮上疏曰：护军司马，官为司马，而使监护一军。"臣闻天下之祸不由于外，皆兴于内。是故虞舜先除四凶，然后用十六相，尚书：舜流共工于幽州，放驩兜于崇山，窜三苗于三危，殛鲧于羽山，四罪而天下咸服。左传曰：高阳氏有才子八人，苍舒、隤敳、梼戭、大临、尨降、庭坚、仲容、叔达，谓之八元。高辛氏有才子八人，伯奋、仲堪、叔献、季仲、伯虎、仲熊、叔豹、季狸，谓之八恺。舜臣尧，流四凶族，举十六相。明恶人不去，则善人无由进也。今张角起于赵、魏，黄巾乱于六州，此皆衅发萧墙而祸延四海者也。臣受戎任，奉辞伐罪，始到颍川，战无不克；黄巾虽盛，不足为庙堂忧也。臣之所惧，在于治水不自其源，末流弥增其广耳。治，直之翻。陛下仁德宽容，多所不忍，故阉竖弄权，忠臣不进。诚使张角枭夷，黄巾变服，谓其党归顺，去其黄巾而复服时人之服也。枭，坚尧翻。枭夷，谓枭斩而诛夷之。臣之所忧，甫益深耳。何者？夫邪正之人不宜共国，亦犹冰炭不可同器。彼知正人之功显而危亡之兆见，皆将巧辞饰说，共长虚伪。见，贤遍翻。长，知两翻。夫孝子疑于屡至，即曾母投杼，事见三卷周赧王七年。市虎成于三夫，韩子：庞共与魏太子质于邯郸。共谓魏王曰："今一人言市有虎，王信乎？"王曰："否。""二人言，信乎？"王曰："否。""三人言，信乎？"王曰："寡人信矣。"共曰："夫市无虎明矣，然三人言诚市有虎。今邯郸去魏远于市，谤臣者过三人，愿王熟察之！"若不详察真伪，忠臣将复有杜邮之戮矣！白起事见五卷周赧王五十八年。复，扶又翻。邮，音尤。陛下宜思虞舜四罪之举，速行谗佞之诛，则善人思进，奸凶自息。"赵忠见其疏而恶之。恶，乌路翻。燮击黄巾，功多当封，忠谮诉之；帝识燮言，贤曰：识，记也，音志。得不加罪，竟亦不封。

8 张曼成屯宛下百馀日；宛，於元翻。六月，南阳太守秦颉击曼成，斩之。

9 交趾土多珍货，前后刺史多无清行，行，下孟翻。财计盈给，辄求迁代，故吏民怨叛，执刺史及合浦太守来达，自称柱天将军。三府选京令东郡贾琮为交趾刺史。京县，属河南尹。琮，祖宗翻。琮到部，讯其反状，咸言"赋敛过重，敛，力赡翻。百姓莫不空单。京师遥远，告冤无所，民不聊生，故聚为盗贼。"琮即移书告示，各使安其资业，招抚荒散，蠲复傜役，蠲，吉玄翻。复，音方目翻，除也。诛斩渠帅为大害者，帅，所类翻。

简选良吏试守诸县，岁间荡定，百姓以安。巷路为之歌曰："贾父来晚，使我先反；今见清平，吏不敢饭！"言吏不敢过民家而饭也。饭，扶晚翻。

10 皇甫嵩、朱俊乘胜进讨汝南、陈国黄巾，追波才于阳翟，击彭脱于西华，姓谱：波，姓也。其先事王莽为波水将军，子孙以为氏。阳翟县，属颍川郡。西华县，属汝南郡。贤曰：西华故城，在今陈州项城县西；又曰，在今溵水县西北。并破之，馀贼降散，降，户江翻。三郡悉平。嵩乃上言其状，以功归俊，于是进封俊西乡侯，迁镇贼中郎将。此因欲镇安黄巾馀贼而置官。诏嵩讨东郡，俊讨南阳。

北中郎将卢植连战破张角，斩获万馀人，角等走保广宗。广宗县，属巨鹿郡。贤曰：今贝州宗城县。植筑围凿堑，造作云梯，垂当拔之。垂，几也。堑，七艳翻。帝遣小黄门左丰视军，或劝植以赂送丰，植不肯。丰还，言于帝曰："广宗贼易破耳，易，以豉翻。卢中郎固垒息军，以待天诛。"帝怒，槛车征植，减死一等；遣东中郎将陇西董卓代之。卢植先为北中郎将，卓为东中郎将。四中郎将始于此。

11 巴郡张修以妖术为人疗病，为，于伪翻。其法略与张角同，令病家出五斗米，号"五斗米师"。秋，七月，修聚众反，寇郡县；时人谓之"米贼"。考异曰：范书灵帝纪有此张修。陈寿魏志张鲁传有"刘焉司马张修"，刘艾典略有"汉中张修"，裴松之以为"张修"应是"张衡"，非典略之失，则传写之误。案鲁传云："祖父陵，父衡，皆为五斗米道。衡死，鲁复行之。"刘焉司马张修与鲁同击汉中，鲁袭杀修，非其父也。今此据范书。

12 八月，皇甫嵩与黄巾战于苍亭，苍亭，在东郡范县界。获其帅卜巳。帅，所类翻。董卓攻张角无功，抵罪。乙巳，诏嵩讨角。

13 九月，安平王续坐不道，诛，安帝延光元年，改乐成国曰安平，以孝王得绍封。续，得子也。国除。

初，续为黄巾所虏，国人赎之得还，朝廷议复其国。议郎李燮曰："续守藩不称，称，尺证翻。损辱圣朝，不宜复国。"朝廷不从。燮坐谤毁宗室，输作左校；校，户教翻。未满岁，王坐诛，乃复拜议郎。京师为之语曰："父不肯立帝，谓李固不肯立质、桓二帝也。子不肯立王。"

14 冬，十月，皇甫嵩与张角弟梁战于广宗，梁众精勇，嵩不能克；明日，乃闭营休士以观其变，知贼意稍懈，懈，居隘翻。乃潜夜勒兵，鸡鸣，驰赴其陈，陈，读曰阵。战至晡时，大破之，斩梁，获首三万级，赴河死者五万许人。角先已病死，剖棺戮尸，传首京师。十一月，嵩复攻角弟宝于下曲阳，斩之，下曲阳县，属钜鹿郡；以常山有上曲阳，故此称下。复，扶又翻。斩获十馀万人。即拜嵩为左车骑将军，领冀州牧，封槐里侯。嵩能温恤士卒，每军行顿止，须营幔修立，然后就舍，军士皆食，尔乃尝饭，尔，如此也。故所向有功。

15 北地先零羌及枹罕、河关群盗反，河关、枹罕二县，皆属陇西郡。零，音怜。枹，音肤。共立湟中义从胡北宫伯玉、李文侯为将军，北宫，以所居为氏。左传有卫大夫北宫文子。孟子有北宫黝。从，才用翻。杀护羌校尉泠征。贤曰：泠，姓也，周有泠州鸠，音零。金城人边章、韩遂素著名西州，群盗诱而劫之，使专任军政，诱，音酉。任，音壬。杀金城太守陈懿，攻烧州郡。

初，武威太守倚恃权贵，恣行贪暴，武威太守，史失其姓名。凉州从事武都苏正和案致其罪。刺史梁鹄惧，欲杀正和以免其负，访于汉阳长史敦煌盖勋。续汉志：郡太守置丞一人；郡当边戍者，丞为长史。敦，徒门翻。盖，徒盍翻。勋素与正和有仇，或劝勋因此报之，勋曰："谋事杀良，非忠也；乘人之危，非仁也。"乃谏鹄曰："夫绁食鹰隼，欲其鸷也。贤曰：绁，系也。广雅曰：鸷，执也。取其能服执众鸟。隼，笋尹翻。食，读曰饮。鸷而亨之，亨，读作烹。将何用哉！”鹄乃止。正和诣勋求谢，勋不见，曰：“吾为梁使君谋，不为苏正和也。”为，于伪翻。怨之如初。

后刺史左昌盗军谷数万，勋谏之。昌怒，使勋与从事辛曾、孔常别屯阿阳以拒贼，阿阳县，属汉阳郡。欲因军事罪之；而勋数有战功。数，所角翻。及北宫伯玉之攻金城也，勋劝昌救之，昌不从。陈懿既死，边章等进围昌于冀，昌召勋等自救，辛曾等疑不肯赴，勋怒曰：“昔庄贾后期，穰苴奋剑。齐景公时，燕、晋侵齐，景公以司马穰苴为将，御之，令宠臣庄贾监军。穰苴与期旦日会。贾素骄贵，夕时乃至。穰苴召军正问曰：“军法，期而后者云何?”对曰：“当斩。”遂斩贾以徇于三军。今之从事岂重于古之监军乎！”监，古衔翻。曾等惧而从之。勋至冀，诮让章等以背叛之罪；诮，才笑翻。背，蒲妹翻。皆曰：“左使君若早从君言，以兵临我，庶可自改；今罪已重，不得降也。”乃解围去。

叛羌围校尉夏育于畜官，前书尹翁归传有论罪输掌畜官。音义曰：右扶风，畜牧所在，有苑师之属，故曰畜官。畜，音许救翻。勋与州郡合兵救育，至狐槃，晋时，秦苻生葬姚弋仲于狐槃。载记曰：在天水冀县。为羌所败。勋馀众不及百人，身被三创，败，补迈翻。被，皮义翻。创，初良翻。坚坐不动，指木表曰：“尸我于此！”句就种羌滇吾以兵扞众曰：贤曰：句就，羌别种。句，音古侯翻。种，章勇翻。滇，音颠。“盖长史贤人，汝曹杀之者为负天。”勋仰骂曰：“死反虏！汝何知，促来杀我！”众相视而惊。滇吾下马与勋，勋不肯上，上，时掌翻。遂为羌所执。羌服其义勇，不敢加害，送还汉阳。后刺史杨雍表勋领汉阳太守。

16 张曼成馀党更以赵弘为帅，众复盛，帅，所类翻；下同。复，扶又翻；下同。至十馀万，据宛城。朱俊与荆州刺史徐璆等合兵围之，宛，於元翻。璆，渠尤翻。自六月至八月不拔；有司奏征俊。

司空张温上疏曰："昔秦用白起，燕任乐毅，皆旷年历载，乃能克敌。史记：白起事秦昭王为大良造，攻魏，破之。后五年，攻赵，拔光狼城。后七年，攻楚，拔鄢、邓五城。明年，拔郢，烧夷陵，遂东至竟陵。乐毅事燕昭王，为上将军，伐齐，入临菑，徇齐五岁，下七十馀城。儁讨颍川已有功效，引师南指，方略已设；临军易将，将，即亮翻。兵家所忌，宜假日月，责其成功。"帝乃止。儁击弘，斩之。

贼帅韩忠复据宛拒儁，儁鸣鼓攻其西南，贼悉众赴之；儁自将精卒掩其东北，乘城而入。忠乃退保小城，惶惧乞降；将，即亮翻；降，户江翻；并下同。诸将皆欲听之，儁曰："兵固有形同而势异者。昔秦、项之际，民无定主，故赏附以劝来耳。今海内一统，唯黄巾造逆。纳降无以劝善，讨之足以惩恶。今若受之，更开逆意，贼利则进战，钝则乞降，纵敌长寇，长，知两翻。非良计也！"因急攻，连战不克。儁登土山望之，顾谓司马张超曰："吾知之矣。贼今外围周固，内营逼急，乞降不受，欲出不得，所以死战也。万人一心，犹不可当，况十万乎！不如彻围，并兵入城，忠见围解，势必自出，自出则意散，破【章：甲十一行本"破"上有"易"字；乙十一行本同；孔本同；张校同。】之道也。"既而解围，忠果出战，儁因击，大破之，斩首万馀级。

南阳太守秦颉杀忠，馀众复奉孙夏为帅，还屯宛。儁急攻之，司马孙坚率众先登；癸巳，拔宛城。孙夏走，儁追至西鄂精山，西鄂县，属南阳郡。贤曰：故城在今邓州向城县南；精山在其南。复破之，斩万馀级。于是黄巾破散，其馀州郡所诛，一郡数千人。

17 十二月，己巳，赦天下，改元。

18 豫州刺史太原王允破黄巾，得张让宾客书，与黄巾交通，上之。上，时掌翻。上责怒让；让叩头陈谢，竟亦不能罪也。让由是以事中允，中，竹仲翻，中伤也。遂传下狱，贤曰：传，逮也。传，株恋翻。下，遐稼翻。会赦，还为刺史；旬日间，复以他罪被捕。被，皮义翻。杨赐不欲使更楚辱，贤曰：更，经也。楚，苦痛。更，工衡翻。遣客谢之曰："君以张让之事，故一月再征，凶慝难量，量，音良。幸为深计！"贤曰：深计，谓令自死。诸从事好气决者，好，呼到翻。共流涕奉药而进之。允厉声曰："吾为人臣，获罪于君，当伏大辟以谢天下，辟，毗亦翻。岂有乳药求死乎！"前书王嘉传：何谓咀药而死。乳，当作咀。投杯而起，出就槛车。既至，【章：甲十一行本"至"下有"廷尉"二字；乙十一行本同；孔本同；张校同；退斋校同。】大将军进与杨赐、袁隗共上疏请之，得减死论。考异曰：允传云"太尉袁隗、司徒杨赐"。按隗、赐时皆不为此官，恐误。

二年（乙丑、一八五）

1 春，正月，大疫。

2 二月，己酉，南宫云台灾。庚戌，乐城门灾。据续汉志：盖乐成殿门也。"城"，当作"成"。五行志作"乐城门"。刘昭曰：南宫中门也。

中常侍张让、赵忠说帝敛天下田，畮十钱，说，输芮翻。敛，力赡翻。畮，古亩字。以修宫室，铸铜人。乐安太守陆康上疏谏曰："昔鲁宣税亩而蝝灾自生，公羊传曰：初税亩者何？履亩而税也。何休注云：宣公无恩信于人，人不肯尽力于公田，起履践案行其亩，谷好者税取之。蝝，螽子也。传曰：冬，蝝生。此其言蝝生何？上变古易常也。注云：上，公上。谓宣公变易公田旧制而税亩也。蝝，余专翻。哀公增赋而孔子非之，左传：季孙欲以田赋，使冉有访诸仲尼，仲尼私于冉有曰：子季孙若欲行而法，则周公之典在；若欲苟而行，又何访焉！岂有聚夺民物以营无用之铜人，捐舍圣戒，自蹈亡王之法哉！"内幸谮康援引亡国以譬圣明，援，于元翻。大不敬，槛车征诣廷尉。侍御史刘岱表陈解释，得免归田里。康，续之孙也。陆续，事见四十五卷明帝永平十四年。

又诏发州郡材木文石，部送京师。黄门常侍辄令谴呵不中者，因强折贱买，仅得本贾十分之一，中，竹仲翻。贾，读曰价。因复货之，宦官【张："宦官"作"中者"。】复不为即受，材木遂至腐积，宫室连年不成。刺史、太守复增私调，复，扶又翻。调，徒吊翻。百姓呼嗟。又令西园驺分道督趣，驺，侧尤翻。趣，读曰促。恐动州郡，多受赇赂。刺史、二千石及茂才、孝廉迁除，皆责助军、修宫钱，大郡至二三千万，馀各有差。当之官者，皆先至西园谐价，然后得去；贤曰：谐，谓平定其价也。其守清者乞不之官，皆迫遣之。时巨鹿太守河内司马直新除，以有清名，减责三百万。直被诏，怅然曰："为民父母而反割剥百姓以称时求，被，皮义翻。称，尺证翻。吾不忍也。"辞疾；不听。行至孟津，上书极陈当世之失，即吞药自杀。书奏，帝为暂绝修宫钱。为，于伪翻。

3 以朱俊为右车骑将军。

4 自张角之乱，所在盗贼并起，博陵张牛角、常山褚飞燕及黄龙、左校、于氐根、张白骑、刘石、左髭文八、【张："文"作"丈"。】平汉大计、司隶缘城、雷公、浮云、白雀、杨凤、于毒、五鹿、李大目、白绕、眭固、苦蝤之徒，不可胜数，朱俊传曰：轻便者言飞燕。于氐根，贤注曰：左传曰：于思于思。杜预云：于思，多须之貌。骑白马者为张白骑。大声者称雷公。大眼者为大目。"左髭文八"作"左髭丈八"。校，户教翻。骑，奇寄翻。眭，息随翻。蝤，才由翻。胜，音升。大者二三万，小者六七千人。

张牛角、褚飞燕合军攻瘿陶，瘿，于郢翻。牛角中流矢，中，竹仲翻。且死，令其众奉飞燕为帅，帅，所类翻。改姓张。飞燕名燕，轻勇趫捷，故军中号曰"飞燕"。趫，丘妖翻。山谷寇贼多附之，部众寖广，殆至百万，号黑山贼，杜佑曰：卫州卫县，汉朝歌县也。纣都朝歌，在今县西。县西北有黑山。河北诸郡县并被其害，被，皮义翻。朝廷不能讨。燕乃遣使至京师，奏书乞降；降，户江翻。遂拜燕平难中郎将，难，乃旦翻。使领河北诸山谷事，岁得举孝廉、计吏。

5 司徒袁隗免。隗，五罪翻。三月，以廷尉崔烈为司徒。烈，寔之从兄也。崔寔作政论。从，才用翻。

是时，三公往往因常侍、阿保入钱西园而得之，贤曰：阿保，谓傅母也。余谓阿母，保母也。段颎、张温等虽有功勤名誉，颎，古迥翻。然皆先输货财，乃登公位。烈因傅母入钱五百万，故得为司徒。及拜日，天子临轩，百僚毕会，帝顾谓亲幸者曰："悔不少靳，可至千万！"贤曰：靳，固之也，居焮翻。程夫人于傍应曰："崔公，冀州名士，岂肯买官！赖我得是，反不知姝邪！"贤曰：姝，美也。言反不知斯事之美也。姝，春朱翻。烈由是声誉顿衰。

6 北宫伯玉等寇三辅，诏左车骑将军皇甫嵩镇长安以讨之。

时凉州兵乱不止，征发天下役赋无已，崔烈以为宜弃凉州。诏会公卿百官议之，议郎傅燮厉言曰："斩司徒，天下乃安！"尚书奏燮廷辱大臣。帝以问燮，对曰："樊哙以冒顿悖逆，愤激思奋，未失人臣之节，季布犹曰'哙可斩也'。事见十二卷惠帝三年。今凉州天下要冲，国家藩卫。高祖初兴，使郦商别定陇右；高祖以将军郦商为陇西都尉，别定北地郡。世宗拓境，列置四郡，武帝元狩二年，匈奴浑邪王降。太初元年，置酒泉、张掖郡。四年，以休屠王地为武威郡。后元年，分酒泉郡置敦煌郡。议者以为断匈奴右臂。断，丁管翻。今牧御失和，使一州叛逆；烈为宰相，不念为国思所以弭之之策，为，于伪翻。乃欲割弃一方万里之土，臣窃惑之！若使左衽之虏得居此地，说文曰：衽，衣衿。夷狄之人左衽。士劲甲坚，因以为乱，此天下之至虑，社稷之深忧也。若烈不知，是极蔽也；知而故言，是不忠也。"帝善而从之。

7 夏，四月，庚戌，大雨雹。雨，于具翻。

8 五月，太尉邓盛罢；以太仆河南张延为太尉。

9 六月，以讨张角功，封中常侍张让等十二人为列侯。

10 秋，七月，三辅螟。说文曰：螟，虫食谷叶者。

11 皇甫嵩之讨张角也，过邺，见中常侍赵忠舍宅逾制，奏没入之。又中常侍张让私求钱五千万，嵩不与。二人由是奏嵩连战无功，所费者多，征嵩还，收左车骑将军印绶，削户六千。绶，音受。八月，以司空张温为车骑将军，执金吾袁滂为副，以讨北宫伯玉；拜中郎将董卓为破虏将军，与荡寇将军周慎并统于温。

12 九月，以特进杨赐为司空。冬，十月，庚寅，临晋文烈侯杨赐薨。以光禄大夫许相为司空。相，训之子也。建宁二年，许训为司徒。

13 谏议大夫刘陶上言："天下前遇张角之乱，后遭边章之寇，今西羌逆类已攻河东，恐遂转盛，豕突上京。河东东南至雒阳五百里耳。民有百走退死之心，而无一前斗生之计，西寇浸前，车骑孤危，车骑，谓张温也。假令失利，其败不救。臣自知言数见厌，数，所角翻。而言不自裁者，以为国安则臣蒙其庆，国危则臣亦先亡也。谨复陈当今要急八事。"复，扶又翻。大较言天下大乱，皆由宦官。宦官共谗陶曰："前张角事发，诏书示以威恩，自此以来，各各改悔。今者四方安静，而陶疾害圣政，专言妖孽。妖，于骄翻。孽，鱼列翻。州郡不上，上，时掌翻。陶何缘知？疑陶与贼通情。"于是收陶下黄门北寺狱，掠按日急。下，遐稼翻。掠，音亮。陶谓使者曰："臣恨不与伊、吕同畴，而以三仁为辈。孔子曰：殷有三仁焉：微子去之，箕子为之奴，比干谏而死。今上杀忠謇之臣，下有憔悴之民，悴，秦醉翻。亦在不久，后悔何及！"遂闭气而死。前司徒陈耽为人忠正，宦官怨之，亦诬陷，死狱中。

14 张温将诸郡兵步骑十馀万屯美阳，美阳县，属扶风。贤曰：在今雍州武功县北。杜佑曰：美阳本前汉频阳县。边章、韩遂亦进兵美阳，温与战，辄不利。十一月，董卓与右扶风鲍鸿等并兵攻章、遂，大破之，章、遂走榆中。榆中县，属金城郡。贤曰：故城在今兰州金城县东。杜佑曰：兰州治五泉县，汉榆中故城在今县东。

温遣周慎将三万人追之。参军事孙坚说慎曰："贼城中无谷，当外转粮食，坚愿得万人断其运道，参军事之官，始见于此。杜佑曰：汉灵帝时，陶谦，幽州刺史，参司空、车骑将军张温军事。时孙坚亦为参军。晋时，军府乃置为官员。说，输芮翻。断，丁管翻；下同。将军以大兵继后，贼必困乏而不敢战，走入羌中，并力讨之，则凉州可定也！"慎不从，引军围榆中城，而章、遂分屯葵园峡，反断慎运道，慎惧，弃车重而退。重，直用翻。

温又使董卓将兵三万讨先零羌，零，音怜。羌、胡围卓于望垣北，望垣县，属汉阳郡。陈寿三国志曰：望垣，峡名。粮食乏绝，乃于所渡水中立【章：甲十一行本"立"上有"伪"字；乙十一行本同。】隝以捕鱼，而潜从隝下过军。贤曰：续汉书，"隝"字作"堰"，其字义则同，但异体耳。比贼追之，比，必寐翻。决水已深，不得渡，遂还屯扶风。

张温以诏书召卓，卓良久乃诣温；温责让卓，卓应对不顺。孙坚前耳语谓温曰：耳语，附耳而语也。"卓不怖罪怖，普布翻。而鸱张大语，宜以召不时至，陈军法斩之。"温曰："卓素著威名于河、陇之间，今日杀之，西行无依。"坚曰："明公亲率王师，威震天下，何赖于卓！观卓所言，不假明公，轻上无礼，一罪也；章、遂跋扈经年，当以时进讨，而卓云未可，沮军疑众，二罪也；沮，在吕翻。卓受任无功，应召稽留，而轩昂自高，三罪也。古之名将仗钺临众，未有不断斩以成功者也。

今明公垂意于卓，垂意，犹言降意也。断，丁乱翻。不即加诛，亏损威刑，于是在矣。”温不忍发，乃曰：“君且还，卓将疑人。”坚遂出。

15 是岁，帝造万金堂于西园，引司农金钱、缯帛牣积堂中，贤曰：牣，满也。复藏寄小黄门、常侍家钱各数千万，复，扶又翻。又于河间买田宅，起第观。帝故封河间解渎亭侯。观，古玩翻。

三年（丙寅、一八六）

1 春，二月，江夏兵赵慈反，夏，户雅翻。杀南阳太守秦颉。

2 庚戌，赦天下。

3 太尉张延罢。遣使者持节就长安拜张温为太尉。三公在外始于温。

4 以中常侍赵忠为车骑将军。帝使忠论讨黄巾之功，执金吾甄举谓忠曰：甄，之人翻。“傅南容前在东军，有功不侯，傅燮，字南容。不侯事见上年。天下失望。今将军亲当重任，宜进贤理屈，以副众心。”忠纳其言，遣弟城门校尉延致殷勤于傅燮。延谓燮曰：“南容少答我常侍，少，诗沼翻。万户侯不足得也！”燮正色拒之曰：“有功不论，命也。傅燮岂求私赏哉！”忠愈怀恨，然惮其名，不敢害，出为汉阳太守。考异曰：袁纪在明年九月。今从范书。

5 帝使钩盾令宋典修南宫玉堂，南宫有玉堂殿。又使掖庭令毕岚铸四铜人，又铸四钟，皆受二千斛。贤曰：铜人列于仓龙、玄武阙外。钟悬于云台及玉堂殿前。又铸天禄、虾蟆吐水于平门外桥东，转水入宫。贤曰：天禄，兽也。按今邓州南阳县北有宗资碑，旁有两石兽，镌其膊，一曰天禄，一曰辟邪；此即天禄、辟邪，并兽名也。汉有天禄阁，亦因兽以立名。又作翻车、渴乌，施于桥西，用洒南北郊路，贤曰：翻车，设机车以引水。渴乌，为曲桶，以气引水上也。车，尺遮翻。以为可省百姓洒道之费。

6 五月，壬辰晦，日有食之。

7 六月，荆州刺史王敏讨赵慈，斩之。

8 车骑将军赵忠罢。

9 冬，十月，武陵蛮反，郡兵讨破之。

10 前太尉张延为宦官所谮，下狱死。

11 十二月，鲜卑寇幽、并二州。

12 征张温还京师。

四年（丁卯、一八七）

1 春，正月，己卯，赦天下。

2 二月，荥阳贼杀中牟令。中牟县，属河南尹。贤曰：今郑州县。三月，河南尹何苗讨荥阳贼，破之；拜苗为车骑将军。

3 韩遂杀边章及北宫伯玉、李文侯，拥兵十馀万，进围陇西，太守李相如叛，与遂连和。

凉州刺史耿鄙率六郡兵讨遂。鄙任治中程球，百官志：州刺史置从事史，员职略与司隶同，无都官从事；其功曹从事为治中从事，主州选署及众事。球通奸利，士民怨之。汉阳太守傅燮谓鄙曰："使君统政日浅，民未知教。贼闻大军将至，必万人一心，边兵多勇，其锋难当；而新合之众，上下未和，万一内变，虽悔无及。不若息军养德，明赏必罚，贼得宽挺，贤曰：挺，解也，又缓也。必谓我怯，群恶争势，其离可必。然后率已教之民，讨成离之贼，其功可坐而待也！"鄙不从。夏，四月，鄙行至狄道，州别驾反应贼，别驾从事，刺史行部，则奉引录众事。先杀程球，次害鄙，贼遂进围汉阳。城中兵少粮尽，燮犹固守。

时北地胡骑数千随贼攻郡，皆夙怀燮恩，共于城外叩头，求送燮归乡里。傅燮，北地灵州人。燮子幹，年十三，言于燮曰："国家昏乱，遂令大人不容于朝。朝，直遥翻。今兵不足以自守，宜听羌、胡之请，还乡里，徐俟有道而辅之。"言未终，燮慨然叹曰："汝知吾必死邪！圣达节，次守节。左传：曹公子臧曰："圣达节，次守节，下失节。"殷纣暴虐，伯夷不食周粟而死。吾遭世乱，不能养浩然之志，食禄，又欲避其难乎！难，乃旦翻。吾行何之，必死于此！汝有才智，勉之勉之！主簿杨会，吾之程婴也。"史记：赵朔娶晋成公姊为夫人。晋景公三年，屠岸贾杀赵朔，灭其族。朔妻有遗腹，走公宫。朔客公孙杵臼谓客程婴曰："胡不死？"婴曰："朔之妇有遗腹，即幸而生男，吾奉之；即女也，吾徐死耳！"居无何，朔妻生男。屠岸贾闻之，乃索于公宫。朔妻置儿于绔中，祝曰："赵宗灭乎，若啼；即不灭，若无声。"及索儿，竟无声。程婴曰："今一索不得，后必复索之。"杵臼乃取他婴儿，负之匿山中。诸将攻杀杵臼并儿，然赵孤儿乃在程婴所，即赵武也。居十五年，景公乃立赵武为卿，而复其田邑。

狄道人王国使故酒泉太守黄衍说燮曰："天下已非复汉有，府君宁有意为吾属帅乎？"帅，所类翻。燮按剑叱衍曰："若剖符之臣，反为贼说邪！"遂麾左右进兵，临陈战殁。说，输芮翻。为，于伪翻。陈，读曰阵。考异曰：袁纪在明年五月。今从范书。耿鄙司马扶风马腾亦拥兵反，与韩遂合，共推王国为主，寇掠三辅。

4 太尉张温以寇贼未平，免；以司徒崔烈为太尉。五月，以司空许相为司徒；光禄勋沛国丁宫为司空。

5 初，张温发幽州乌桓突骑三千以讨凉州，故中山相渔阳张纯请将之，温不听，而使涿令辽西公孙瓒将之。涿郡，治涿县。瓒，藏旱翻。军到蓟中，乌桓以牢禀逋县，县，读曰悬。牢，价直也。禀，给也。贤曰：前书音义：牢，廪食也。古者名廪为牢。多叛还本国。张纯忿不得将，将，即亮翻。乃与同郡故泰山太守张举及乌桓大人丘力居等连盟，劫略蓟中，蓟，音计。杀护乌桓校尉公綦稠、公綦，复姓。右北平太守刘政、辽东太守阳终等，众至十馀万，屯肥如。肥如县，属辽西郡。应劭曰：肥子奔燕，燕封于此。贤曰：故城今平州。举称天子，纯称弥天将军、安定王，移书州郡，云举当代汉，告天子避位，敕公卿奉迎。

6 冬，十月，长沙贼区星自称将军，区，乌侯翻，姓也；又如字。考异曰：范书作“观鹄”，今从陈寿吴志。众万馀人；诏以议郎孙坚为长沙太守，讨击平之，封坚乌程侯。乌程县，属吴郡。为坚以长沙兵讨董卓张本。

7 十一月，太尉崔烈罢；以大司农曹嵩为太尉。

8 十二月，屠各胡反。屠各胡，即匈奴也。屠，直于翻。

9 是岁，卖关内侯，直五百万钱。

10 前太丘长陈寔卒，长，知两翻。海内赴吊者三万馀人。寔在乡闾，平心率物，其有争讼，辄求判正，判，分也，剖也。剖析而见正理也。晓譬曲直，退无怨者；至乃叹曰：“宁为刑罚所加，不为陈君所短！”杨赐、陈耽，每拜公卿，群僚毕贺，辄叹寔大位未登，愧于先之。先，悉荐翻。

容肇祖标点王崇武聂崇岐覆校

资治通鉴卷第五十九

翰林学士兼侍读学士朝散大夫右谏议大夫
知制诰判尚书都省兼提举万寿观公事上护军 司马光 奉敕编集
河内郡开国侯食邑一千三百户赐紫金鱼袋臣
后学天台胡三省音注

汉纪五十一 起著雍执徐（戊辰），尽上章敦牂（庚午），凡三年。

孝灵皇帝下

中平五年（戊辰、一八八）

1 春，正月，丁酉，赦天下。

2 二月，有星孛于紫宫。紫宫，即太微也。匡卫十二星之内，皆曰紫宫，天子之宫也。孛，蒲内翻。

3 黄巾馀贼郭大等起于河西白波谷，帝纪作“西河”，当从之。又按宋白续通典，河南府河清县，今理白波镇，无以此谷于孟津为河西欤！寇太原、河东。

4 三月，屠各胡攻杀并州刺史张懿。屠，直于翻。

5 太常江夏刘焉见王室多故，建议以为：“四方兵寇，由刺史威轻，既不能禁，且用非其人，以致离叛。宜改置牧伯，选清名重臣以居其任。”焉内欲求交趾牧。以交趾僻远，可以避祸也。侍中广汉董扶扶学图谶，何进荐之，征拜侍中。私谓焉曰：“京师将乱，益州分野有天子气。”蔡邕月令章句：自危十度至壁八度，谓之豕韦之次，卫之分野。自壁八度至胃一度，谓之降娄之次，鲁之分野。自胃一度至毕六度，谓之大梁之次，赵之分野。自毕六度至井十度，谓之实沈之次，晋之分野。自井十度至柳三度，谓之鹑首之次，秦之分野。自柳三度至张十二度，谓之鹑火之次，周之分野。自张十二度至轸六度，谓之鹑尾之次，楚之分野。自轸六度至亢八度，谓之寿星之次，郑之分野。自亢八度至尾四度，谓之大火之次，宋之分野，自尾四度至斗六度，谓之析木之次，燕之分野。自斗六度至须女二度，谓之星纪之次，越之分野。自须女二度至危十度，谓之玄枵之次，齐之分野。晋书天文志用后魏太史令陈卓所言郡国所入宿度，今亦载之：自轸十二度至氐四度为寿星，于辰在辰，郑分，属兖州。自氐五度至尾九度为大火，于辰在卯，宋分，属豫州。自尾十度至南斗十一度为析木，于辰在寅，燕分，属幽州。自南斗十二度至须女七度为星纪，于辰在丑，吴、越分，属杨州。自须女八度至危十五度为玄枵，于辰在子，齐分，属青州。自危十六度至奎四度为诹訾，于辰在亥，卫分，属并州。自奎五度至胃六度为降娄，于辰在戌，鲁分，属徐州。自胃七度至毕十一度为大梁，于辰在酉，赵分，属冀州。自毕十二度至东井十五度为实沈，于辰在申，魏分，属益州。自东井十六度至柳八度为鹑首，于辰在未，秦分，属雍州。自柳九度至张十六度为鹑火，于辰在午，周分，属三河。自张十七度至轸十一度为鹑尾，于辰在巳，楚分，属荆州。分，扶问翻。焉乃更求益州。会益州刺史郤俭赋敛烦扰，谣言远闻，郤，乞逆翻。春秋晋大夫郤氏。考异曰：范书作"郗俭"，今从陈寿蜀志。敛，力赡翻。闻，音问。而耿鄙、张懿皆为盗所杀，朝廷遂从焉议，选列卿、尚书为州牧，各以本秩居任。列卿，秩中二千石；尚书，秩六百石耳。东都以后，尚书职任重于列卿。以焉为益州牧，太仆黄琬为豫州牧，宗正东海刘虞为幽州牧。州任之重，自此而始。焉，鲁恭王之后；虞，东海恭王之五世孙也。虞尝为幽州刺史，民夷怀其恩信，故用之。董扶及太仓令赵韪百官志：太仓令，秩六百石，主受郡国传漕谷，属大司农。韪，羽鬼翻。皆弃官，随焉入蜀。

6 诏发南匈奴兵配刘虞讨张纯，单于羌渠遣左贤王将骑诣幽州。国人恐发兵无已，于是右部䤈落反，建武中，右部薁鞬日逐王比来降，立为䤈落尸逐鞮单于。右部䤈落者，盖其支庶，分居右部，因以为种落之号。醓，馨兮翻。与屠各胡合，屠，直于翻。凡十馀万人，攻杀羌渠。考异曰：帝纪："屠各胡攻杀并州刺史张懿，遂与南匈奴左部胡合，杀其单于。"今从匈奴传。国人立其子右贤王於扶罗为持至尸逐侯单于。贤曰：于扶罗，即前赵刘渊之祖也，是为乱晋之首。

7 夏，四月，太尉曹嵩罢。

8 五月，以永乐少府南阳樊陵为太尉；乐，音洛。六月，罢。

9 益州贼马相、赵祗等起兵绵竹，绵竹县，属广汉郡。贤曰：故城在今益州绵竹县东。自号黄巾，杀刺史郤俭，进击巴郡、犍为，旬月之间，破坏三郡，犍，居言翻。坏，音怪。有众数万，自【章：甲十一行本"自"上有"相"字；乙十一行本同；张校同。】称天子。州从事贾龙率吏民攻相等，数日破走，州界清静。龙乃选吏卒迎刘焉。

焉徙治绵竹，抚纳离叛，务行宽惠，以收人心。为刘焉专制益州张本。

10 郡国七大水。

11 故太傅陈蕃子逸与术士襄楷会于冀州刺史王芬坐，坐，才卧翻。楷曰："天文不利宦者，黄门、常侍真族灭矣。"逸喜。芬曰："若然者，芬愿驱除！"因与豪杰转相招合，上书言黑山贼攻劫郡县，欲因以起兵。会帝欲北巡河间旧宅，帝先为解渎亭侯，有旧宅在河间。芬等谋以兵徼劫，徼，读曰邀。诛诸常侍、黄门，因废帝，立合肥侯，以其谋告议郎曹操。以此谋告操，盖亦知操之为时雄矣。操曰："夫废立之事，天下之至不祥也。古人有权成败、计轻重而行之者，伊、霍是也。此等语，岂常人所能及哉！伊、霍皆怀至忠之诚，据宰辅之势，因秉政之重，同众人之欲，故能计从事立。今诸君徒见曩者之易，易，以豉翻。未睹当今之难，而造作非常，欲望必克，不以危乎！"芬又呼平原华歆、陶丘洪共定计。华，户化翻。姓谱：尧子丹朱，居陶丘，其后氏焉。洪欲行，歆止之曰："夫废立大事，伊、霍之所难。芬性疏而不武，此必无成。”洪乃止。会北方夜半有赤气，东西竟天，太史上言：“北方有阴谋，上，时掌翻。不宜北行。”帝乃止。敕芬罢兵，俄而征之。芬惧，解印绶亡走，至平原，自杀。绶，音受。

12 秋，七月，以射声校尉马日磾为太尉。日磾，融之族孙也。磾，丁奚翻。

13 八月，初置西园八校尉，校，户教翻。以小黄门蹇硕为上军校尉，姓谱：蹇，姓也。左传有秦大夫蹇叔。虎贲中郎将袁绍为中军校尉，屯骑校尉鲍鸿为下军校尉，议郎曹操为典军校尉，赵融为助军左校尉，冯芳为助军右校尉，谏议大夫夏牟为左校尉，淳于琼为右校尉；皆统于蹇硕。考异曰：范书袁绍传，“绍为佐军校尉”，何进传，“淳于琼为佐军校尉”。今从乐资山阳公载记。帝自黄巾之起，留心戎事；硕壮健有武略，帝亲任之，虽大将军亦领属焉。

14 九月，司徒许相罢；以司空丁宫为司徒，光禄勋南阳刘弘为司空。

15 以卫尉条侯董重为票骑将军。重，永乐太后兄子也。票，匹妙翻。乐，音洛。

16 冬，十月，青、徐黄巾复起，复，扶又翻。寇郡县。

17 望气者以为京师当有大兵，两宫流血。帝欲厌之，厌，一叶翻。乃大发四方兵，讲武于平乐观下，水经注：谷水自白马寺东南径平乐观，在上西门外。乐，音洛。观，古玩翻。起大坛，上建十二重华盖，盖高十丈；坛东北为小坛，复建九重华盖，高九丈。列步骑数万人，结营为陈。重，直龙翻。高，居傲翻。陈，读曰阵；下同。甲子，帝亲出临军，驻大华盖下，大将军进驻小华盖下。帝躬擐甲、介马，贤曰：擐，贯也，音宦。介，亦甲也。称“无上将军”，行陈三帀而还，行，下孟翻。帀，作答翻。以兵授进。帝问讨虏校尉盖勋曰：盖，古盍翻。“吾讲武如是，何如？”对曰：“臣闻先王曜德不观兵。国语载祭公谋父之言。今寇在远而设近陈，不足以昭果毅，左传曰：戎昭果毅以听之谓武。杀敌为果，致果为毅。只黩武耳！”帝曰：“善！恨见君晚，群臣初无是言也。”勋谓袁绍曰：“上甚聪明，但蔽于左右耳。”与绍谋共诛嬖幸，嬖，卑义翻，又必计翻。考异曰：勋传云：“勋时与宗正刘虞、佐军校尉袁绍同典禁兵。勋谓虞、绍云云。”按虞于匈奴未叛之前已为幽州牧，又宗正非典兵之官。今除之。蹇硕惧，出勋为京兆尹。

18 十一月，王国围陈仓。诏复拜皇甫嵩为左将军，复，扶又翻。督前将军董卓，合兵四万人以拒之。

19 张纯与丘力居钞略青、徐、幽、冀四州；钞，楚交翻。诏骑都尉公孙瓒讨之。瓒与战于属国石门，属国，辽东属国也。贤曰：石门，山名，在今营州柳城县西南。瓒，藏旱翻。纯等大败，弃妻子，逾塞走；悉得所略男女。瓒深入无继，反为丘力居等所围于辽西管子城，二百馀日，粮尽众溃，士卒死者什五六。

20 董卓谓皇甫嵩曰：“陈仓危急，请速救之。”嵩曰：“不然，百战百胜，不如不战而屈人兵。陈仓虽小，城守固备，未易可拔。易，以豉翻。王国虽强，攻陈仓不下，其众必疲，疲而击之，全胜之道也，将何救焉！”国攻陈仓八十馀日，不拔。

六年（己巳、一八九）

1 春，二月，国众疲敝，解围去，皇甫嵩进兵击之。董卓曰：“不可！兵法，穷寇勿迫，归众勿追。”贤曰：司马兵法之言。嵩曰：“不然。前吾不击，避其锐也；今而击之，待其衰也；所击疲师，非归众也；国众且走，莫有斗志，以整击乱，非穷寇也。”遂独进击之，使卓为后拒，连战，大破之，斩首万馀级。卓大惭恨，由是与嵩有隙。为后献帝初平二年卓怖嵩张本。

韩遂等共废王国，而劫故信都令汉阳阎忠使督统诸部。

忠病死，遂等稍争权利，更相杀害，更，工衡翻。由是寖衰。

2 幽州牧刘虞到部，遣使至鲜卑中，告以利害，责使送张举、张纯首，厚加购赏。丘力居等闻虞至，喜，各遣译自归。举、纯走出塞，馀皆降散。虞上罢诸屯兵，上，时掌翻，奏也。但留降虏校尉公孙瓒，将步骑万人屯右北平。瓒以石门之捷，自骑都尉拜降虏校尉。降，户江翻。校，户教翻。三月，张纯客王政杀纯，送首诣虞。公孙瓒志欲扫灭乌桓，而虞欲以恩信招降，由是与瓒有隙。为后初平四年瓒杀虞张本。

3 夏，四月，丙子朔，日有食之。

4 太尉马日磾免；遣使即拜幽州牧刘虞为太尉，封容丘侯。容丘县，属东海郡。考异曰：袁纪："三月己丑，光禄刘虞为司马，领幽州牧。"今从范书。

5 蹇硕忌大将军进，与诸常侍共说帝遣进西击韩遂；说，输芮翻。帝从之。进阴知其谋，奏遣袁绍收徐、兖二州兵，须绍还而西，以稽行期。

6 初，帝数失皇子，数，所角翻。何皇后生子辩，养于道人史子眇家，号曰"史侯"。贤曰：道人，谓有道术之人。王美人生子协，董太后自养之，号曰"董侯"。群臣请立太子。帝以辩轻佻无威仪，佻，初雕翻，轻薄也。欲立协，犹豫未决。会疾笃，属协于蹇硕。属，之欲翻，托也。丙辰，帝崩于嘉德殿。年三十四。嘉德殿在南宫九龙门内。硕时在内，欲先诛何进而立协，使人迎进，欲与计事；进即驾往。硕司马潘隐与进早旧，迎而目之。进惊，驰从儳道归营，广雅曰：儳，疾也；仕鉴翻。引兵入屯百郡邸，天下郡国百馀，皆置邸京师。谓之百郡邸者，百郡总为一邸也。因称疾不入。

戊午，皇子辩即皇帝位，年十四。考异曰：帝纪云"年十七"，张璠汉纪曰"帝年十四"，今从之。尊皇后曰皇太后。太后临朝。朝，直遥翻；下同。赦天下，改元为光熹。封皇弟协为勃海王。协年九岁。以后将军袁隗为太傅，与大将军何进参录尚书事。

进既秉朝政，忿蹇硕图己，阴规诛之。袁绍因进亲客张津，劝进悉诛诸宦官。进以袁氏累世贵宠，袁安为司空、司徒，子敞为司空，孙汤为司空、司徒、太尉，汤子逢为司空，少子隗亦为三公，是累世贵宠也。而绍与从弟虎贲中郎将术皆为豪桀所归，信而用之。从，才用翻；下同。复博征智谋之士复，扶又翻。何颙、荀攸及河南郑泰等二十馀人，以颙为北军中候，攸为黄门侍郎，百官志：给事黄门侍郎，六百石，掌侍从左右，给事中，关通内外。献帝起居注曰：帝初即位，令侍中、给事黄门侍郎员各六人，出入禁中，近侍帷幄，省尚书事。盖前无定员，至帝始定员数也。颙，鱼容翻。泰为尚书，与同腹心。攸，爽之从孙也。

蹇硕疑不自安，与中常侍赵忠、宋典等书曰："大将军兄弟秉国专朝，今与天下党人谋诛先帝左右，扫灭我曹，但以硕典禁兵，故且沈吟。今宜共闭上阁，上阁，省阁也。沈，持林翻。急捕诛之。"中常侍郭胜，进同郡人也，太后及进之贵幸，胜有力焉，考异曰：袁纪作"郭脉"，九州春秋作"郎胜"，今从何进传。故亲信何氏；与赵忠等议，不从硕计，而以其书示进。庚午，进使黄门令收硕，诛之，因悉领其屯兵。

票骑将军董重，票，匹妙翻。与何进权势相害，中官挟重以为党助。董太后每欲参干政事，何太后辄相禁塞，塞，犹遏也。塞，悉则翻。董后忿恚，詈曰："汝今辀张，怙汝兄耶！恚，於避翻。贤曰：辀张，犹强梁也。兄，谓进也。辀，音舟。吾敕票骑断何进头，如反手耳！"断，丁管翻。何太后闻之，以告进。五月，进与三公共奏："孝仁皇后使故中常侍夏恽等交通州郡，辜较财利，悉入西省。夏，户雅翻。恽，于粉翻。较，读曰榷。西省，即谓永乐宫司。故事，蕃后不得留京师；贤曰：蕃后，谓平帝母卫姬。王莽摄政，恐其专权，后不得留在京师，故以为故事也。请迁宫本国。"奏可。辛巳，进举兵围票骑府，收董重，免官，自杀。六月，辛亥，董太后忧怖，暴崩。怖，普布翻。考异曰：九州春秋曰："太后忧惧，自杀。"今从皇后纪。民间由是不附何氏。

7 辛酉，葬孝灵皇帝于文陵。贤曰：在雒阳西北二十里。何进惩蹇硕之谋，称疾，不入陪丧，又不送山陵。

8 大水。

9 秋，七月，徙勃海王协为陈留王。

10 司徒丁宫罢。

11 袁绍复说何进曰：复，扶又翻。说，输芮翻。"前窦武欲诛内宠而反为所害者，但坐言语漏泄；五营兵士皆畏服中人，而窦氏反用之，自取祸灭。事见五十六卷建宁元年。今将军兄弟并领劲兵，谓进及弟苗也。部曲将吏皆英俊名士，乐尽力命，乐，音洛。事在掌握，此天赞之时也。将军宜一为天下除患，以垂名后世，不可失也！"为，于伪翻；下同。进乃白太后，请尽罢中常侍以下，以三署郎补其处。太后不听，曰："中官统领禁省，自古及今，汉家故事，不可废也。且先帝新弃天下，我奈何楚楚与士人共对事乎！"楚词注曰：楚楚，鲜明貌。诗曰：衣裳楚楚。进难违太后意，且欲诛其放纵者。绍以为中官亲近至尊，近，其靳翻。出纳号令，今不悉废，后必为患。而太后母舞阳君及何苗数受诸宦官赂遗，数，所角翻；下同。遗，于季翻。知进欲诛之，数白太后为其障蔽；又言："大将军专杀左右，擅权以弱社稷。"太后疑以为然。进新贵，素敬惮中官，虽外慕大名而内不能断，断，丁乱翻；下同。故事久不决。

绍等又为画策，多召四方猛将及诸豪杰，使并引兵向京城，以胁太后；进然之。主簿广陵陈琳谏曰："谚称'掩目捕雀'，夫微物尚不可欺以得志，况国之大事，其可以诈立乎！

今将军总皇威，握兵要，龙骧虎步，高下在心，此犹鼓洪炉燎毛发耳。但当速发雷霆，行权立断，则天人顺之。而反委释利器，利器，谓兵柄也。更征外助，大兵聚会，强者为雄，所谓倒持干戈，授人以柄，功必不成，只为乱阶耳！”进不听。典军校尉曹操闻而笑曰：“宦者之官，古今宜有，但世主不当假之权宠，使至于此。既治其罪，治，直之翻。当诛元恶，一狱吏足矣，何至纷纷召外兵乎！欲尽诛之，事必宣露，吾见其败也。”

初，灵帝征董卓为少府，据卓传，中平六年征卓为少府。盖即是年也。卓上书言：“所将湟中义从及秦、胡兵将，即亮翻。从，才用翻。皆诣臣言：‘牢直不毕，禀赐断绝，妻子饥冻。’牵挽臣车，使不得行。羌、胡憋肠狗态，贤曰：言羌、胡心肠憋恶，情态如狗也。方言云：憋，恶也。郭璞云：憋怤，急性也。憋，音芳列翻。怤，音芳于翻。臣不能禁止，辄将顺安慰。增异复上。”贤曰：如其更增异志，当复闻上。洪氏隶释曰：汉灵帝建宁二年，鲁相史晨祠孔庙奏后云“增异辄上”，光和二年，樊毅复华下民租口算奏后云“增异复上”。此盖当时奏文结末之常语。盖言继今事有增于此者，异于此者，将复上奏也。复，扶又翻。上，时掌翻。朝廷不能制。及帝寝疾，玺书拜卓并州牧，玺，斯氏翻。令以兵属皇甫嵩。卓复上书言：“臣误蒙天恩，掌戎十年，士卒大小，相狎弥久，恋臣畜养之恩，为臣奋一旦之命，畜，许六翻。为，于伪翻。乞将之北州，效力边垂。”将，如字，又即亮翻。之，往也。嵩从子郦说嵩曰：从，才用翻。郦，音历。考异曰：袁纪作“从子逦”，今从范书。“天下兵柄，在大人与董卓耳。今怨隙已结，势不俱存。卓被诏委兵而上书自请，此逆命也。彼度京师政乱，被，皮义翻。度，徒洛翻。故敢踌躇不进，此怀奸也。二者，刑所不赦。且其凶戾无亲，将士不附。大人今为元帅，嵩讨王国时为督，故曰元帅。杖国威以讨之，上显忠义，下除凶害，无不济也。”嵩曰：“违命虽罪，专诛亦有责也。卓不释兵为违命，嵩擅讨卓为专诛。不如显奏其事，使朝廷裁之。”乃上书以闻。帝以让卓。卓亦不奉诏，驻兵河东以观时变。

何进召卓使将兵诣京师。考异曰：进传曰：“召卓屯关中上林苑。”按时卓已驻河东，若屯上林，则更为西去，非所以胁太后也。今从卓传。侍御史郑泰谏曰：“董卓强忍寡义，志欲无厌，厌，于盐翻。若借之朝政，借，子夜翻。授以大事，将恣凶欲，必危朝廷。明公以亲德之重，据阿衡之权，秉意独断，断，丁乱翻。诛除有罪，诚不宜假卓以为资援也！且事留变生，殷鉴不远，谓窦武之事，可为殷鉴也。宜在速决。”尚书卢植亦言不宜召卓，进皆不从。泰乃弃官去，谓荀攸曰：“何公未易辅也。”易，以豉翻。

进府掾王匡，骑都尉鲍信，皆泰山人，进使还乡里募兵；并召东郡太守桥瑁屯成皋，瑁，音冒。使武猛都尉丁原将数千人寇河内，烧孟津，火照城中，贤曰：武猛，谓其有武艺而勇猛，取其嘉名，因以名官。皆以诛宦官为言。

董卓闻召，即时就道，并上书曰：“中常侍张让等，窃幸承宠，浊乱海内。臣闻扬汤止沸，莫若去薪；去，羌吕翻。前书：枚乘谏吴王曰：欲汤之沧，一人炊之，百人扬之，无益也，不如绝薪止火而已。沧，音则亮翻，寒也。溃痈虽痛，胜于内食。言痈疽蕴结，破之虽痛，胜于内食肌肉，浸淫滋大也。昔赵鞅兴晋阳之甲以逐君侧之恶，公羊传曰：晋赵鞅取晋阳之甲以逐荀寅与士吉射者曷为？君侧之恶人也。此逐君侧之恶人，曷为以叛言之？无君命也。今臣辄鸣钟鼓如雒阳，贤曰鸣钟鼓者，声其罪也。请收让等以清奸秽！”太后犹不从。何苗谓进曰：“始共从南阳来，俱以贫贱依省内以致富贵，言何后因宦官得进，进兄弟以此致富贵也。国家之事，亦何容易。易，以豉翻。覆水不收，宜深思之，水覆于地，不可复收，言事发则不可收拾。且与省内和也。”卓至渑池，渑，弥兖翻。而进更狐疑，使谏议大夫种卲宣诏止之。

卓不受诏，遂前至河南；河南，周之王城，去雒阳不远。种，音冲。劭迎劳之，劳，力到翻。因譬令还军。卓疑有变，使其军士以兵胁劭。劭怒，称诏叱之，军士皆披，披，芳靡翻。遂前质责卓；卓辞屈，乃还军夕阳亭。贤曰：夕阳亭在河南城西。劭，嚣之孙也。

袁绍惧进变计，因胁之曰："交构已成，形势已露，将军复欲何待而不早决之乎？事久变生，复为窦氏矣！"复，扶又翻。进于是以绍为司隶校尉，假节，专命击断；汉司隶校尉本持节，至元帝时，诸葛丰为司隶，始去节。今假绍节，重其权也。断，丁乱翻。从事中郎王允为河南尹。绍使雒阳方略武吏司察宦者，而促董卓等使驰驿上奏，欲进兵平乐观。上，时掌翻。乐，音洛。观，古玩翻。太后乃恐，悉罢中常侍、小黄门使还里舍，唯留进所私人以守省中。诸常侍、小黄门皆诣进谢罪，唯所措置。进谓曰："天下匈匈，正患诸君耳。今董卓垂至，诸君何不早各就国！"袁绍劝进便于此决之，劝进于此时悉诛之也。至于再三；进不许。绍又为书告诸州郡，诈宣进意，使捕按中官亲属。

进谋积日，颇泄，中官惧而思变。张让子妇，太后之妹也，让向子妇叩头曰："老臣得罪，当与新妇俱归私门。唯受恩累世，贤曰：唯，思念也。今当远离宫殿，离，力智翻。情怀恋恋，愿复一入直，复，扶又翻；下同。得暂奉望太后陛下颜色，然后退就沟壑，死不恨矣！"子妇言于舞阳君，入白太后；乃诏诸常侍皆复入直。

八月，戊辰，进入长乐宫，乐，音洛。白太后，请尽诛诸常侍。中常侍张让、段珪相谓曰："大将军称疾，不临丧，不送葬，今欻入省，贤曰：欻，音许勿翻。此意何为？窦氏事竟复起邪？"使潜听，具闻其语。乃率其党数十人持兵窃自侧闼入，伏省户下，进出，因诈以太后诏召进，入坐省阁。让等诘进曰："天下愦愦，诘，去吉翻。说文曰：愦愦，乱也，古对翻。亦非独我曹罪也。先帝尝与太后不快，几至成败，事见上卷光和四年。几，居希翻。我曹涕泣救解，各出家财千万为礼，和悦上意，但欲托卿门户耳。今乃欲灭我曹种族，不亦大甚乎！"种，章勇翻。于是尚方监渠穆拔剑斩进于嘉德殿前。按百官志，尚方有令、丞而无监，桓、灵之世，诸署令悉以宦者为之，尚方监必亦置于是时也。渠，姓也。左传：天王使宰渠伯纠来聘。又卫有渠孔御戎。让、珪等为诏，以故太尉樊陵为司隶校尉，少府许相为河南尹。尚书得诏版，疑之，曰："请大将军出共议。"中黄门以进头掷与尚书曰："何进谋反，已伏诛矣！"

进部曲将吴匡、张璋在外，闻进被害，被，皮义翻。欲引兵入宫，宫门闭。虎贲中郎将袁术与匡共斫攻之，中黄门持兵守阁。会日暮，术因烧南宫青琐门，卫瓘曰：青琐，门边青镂也。一曰天子门内有眉格再重，里青画曰琐。考异曰：何进传作"九龙门"。今从袁纪。欲以胁出让等。让等入白太后，言大将军兵反，烧宫，攻尚书闼，尚书闼，即尚书门。因将太后、少帝及陈留王，劫省内官属，从复道走北宫。将，如字，携也，挟也。尚书卢植执戈于阁道窗下，仰数段珪；数，所具翻。珪惧，乃释太后，太后投阁，乃【章：甲十一行本"乃"作"得"；乙十一行本同；孔本同。】免。袁绍与叔父隗矫诏召樊陵、许相，斩之。绍及何苗引兵屯朱雀阙下，捕得赵忠等，斩之。吴匡等素怨苗不与进同心，而又疑其与宦官通谋，乃令军中曰："杀大将军即【章：甲十一行本"即"上有"者"字；乙十一行本同；孔本同；张校同。】车骑也，时苗为车骑将军。吏士能为报雠乎？"为，于伪翻。皆流涕曰："愿致死！"匡遂引兵与董卓弟奉车都尉旻攻杀苗，弃其尸于苑中。绍遂闭北宫门，勒兵捕诸宦者，无少长皆杀之，少，诗照翻。长，知两翻。凡二千馀人，或有无须而误死者。须，古鬚字通。绍因进兵排宫，或上端门屋，以攻省内。宫之正南门曰端门，省禁也。

庚午，张让、段珪等困迫，遂将帝与陈留王数十人步出谷门，谷门，位在子，雒城正北门也。夜，至小平津，贤曰：小平津在今巩县西北。杜佑曰：巩县西北有小平县故城，又北有津，曰小平津。六玺不自随，公卿无得从者，从，才用翻。唯尚书卢植、河南中部掾闵贡夜至河上。汉官仪：诸郡置五部督邮以监属县；河南尹置四部督邮，中部为掾。掾，俞绢翻。贡厉声质责让等，且曰："今不速死，吾将杀汝！"因手剑斩数人。手，式又翻。让等惶怖，怖，普布翻；下同。叉手再拜，叩头向帝辞曰："臣等死，陛下自爱！"遂投河而死。

贡扶帝与陈留王夜步逐荧光南行，欲还宫，行数里，得民家露车，露车者，上无巾盖，四旁无帷裳，盖民家以载物者耳。共乘之，至雒舍止。雒舍，地名，在北芒之北。辛未，帝独乘一马，陈留王与贡共乘一马，从雒舍南行，公卿稍有至者。董卓至显阳苑，显阳苑，桓帝延熹二年所造，在雒阳西。远见火起，知有变，引兵急进；未明，到城西，闻帝在北，因与公卿往奉迎于北芒阪下。帝见卓将兵卒至，将，即亮翻。卒，读曰猝。恐怖涕泣。群公谓卓曰："有诏却兵。"卓曰："公诸人为国大臣，不能匡正王室，至使国家播荡，东都群臣谓天子为国家。何却兵之有！"卓与帝语，语不可了；了，晓解也。乃更与陈留王语，问祸乱由起，王答，自初至终，无所遗失。卓大喜，以王为贤，且为董太后所养，卓自以与太后同族，遂有废立之意。

是日，帝还宫，赦天下，改光熹为昭宁。失传国玺，为下献帝初平二年孙坚得玺张本。玺，斯氏翻。馀玺皆得之。以丁原为执金吾。骑都尉鲍信自泰山募兵适至，说袁绍曰：说，输芮翻。"董卓拥强兵，将有异志，今不早图，必为所制；及其新至疲劳，袭之，可禽也！"绍畏卓，不敢发。信乃引兵还泰山。

董卓之入也，步骑不过三千，自嫌兵少，恐不为远近所服，率四五日辄夜潜出军近营，明旦，乃大陈旌鼓而还，以为西兵复至，复，扶又翻。雒中无知者。俄而进及弟苗部曲皆归于卓，卓又阴使丁原部曲司马五原吕布杀原而并其众，卓兵于是大盛。乃讽朝廷，以久雨，策免司空刘弘而代之。

初，蔡邕徙朔方，事见五十七卷光和元年。会赦得还。五原太守王智，甫之弟也，奏邕谤讪朝廷；邕遂亡命江海，积十二年。董卓闻其名而辟之，称疾不就。卓怒，詈曰："我能族人！"邕惧而应命，到，署祭酒，甚见敬重，举高第，三日之间，周历三台，邕举高第，补侍御史，又转治书御史，迁尚书，三日之间，周历三台。迁为侍中。

12 董卓谓袁绍曰："天下之主，宜得贤明，每念灵帝，令人愤毒！贤曰：毒，恨也。董侯似可，今欲立之，为能胜史侯否？人有小智大痴，亦知复何如？为当且尔，刘氏种不足复遗！"且尔，犹言且如此也。卓意欲废汉自立。绍曰："汉家君天下四百许年，恩泽深渥，兆民戴之。今上富于春秋，未有不善宣于天下。公欲废嫡立庶，恐众不从公议也！"卓按剑叱绍曰："竖子敢然！敢然，犹言敢如此也。天下之事，岂不在我！我欲为之，谁敢不从！尔谓董卓刀为不利乎！"绍勃然曰："天下健者岂惟董公！"引佩刀，横揖，径出。卓以新至，见绍大家，故不敢害。绍县节于上东门，县所假司隶节也。上东门，位在寅。贤曰：雒阳城东面北头门也。县，读曰悬。逃奔冀州。

九月，癸酉，卓大会百僚，奋首而言曰："皇帝暗弱，不可以奉宗庙，为天下主。今欲依伊尹、霍光故事，更立陈留王，何如？"更，工衡翻。公卿以下皆惶恐，莫敢对。卓又抗言曰：贤曰：抗，高也。"昔霍光定策，延年按剑。事见二十四卷昭帝元平元年。有敢沮大议，皆以军法从事!"沮，在吕翻。坐者震动。尚书卢植独曰："昔太甲既立不明，昌邑罪过千馀，故有废立之事。今上富于春秋，行无失德，非前事之比也。"卓大怒，罢坐。将杀植，蔡邕为之请，坐，徂卧翻。为，于伪翻。议郎彭伯亦谏卓曰："卢尚书海内大儒，人之望也；今先害之，天下震怖。"怖，普布翻。卓乃止，但免植官，植遂逃隐于上谷。卓以废立议示太傅袁隗，隗报如议。

甲戌，卓复会群僚于崇德前殿，复，扶又翻。遂胁太后策废少帝，曰："皇帝在丧，无人子之心，威仪不类人君，今废为弘农王，立陈留王协为帝。"袁隗解帝玺绶，以奉陈留王，扶弘农王下殿，北面称臣。太后鲠涕，言不敢出声，但鲠咽而流涕也。群臣含悲，莫敢言者。

卓又议："太后踧迫永乐宫，踧，子六翻。至令忧死，逆妇姑之礼。"左传曰：妇，养姑者也；亏姑以成妇，逆莫大焉。乃迁太后于永安宫。赦天下，改昭宁为永汉。丙子，卓鸩杀何太后，公卿以下不布服，会葬，素衣而已。卓又发何苗棺，出其尸，支解节断，弃于道边，杀苗母舞阳君，弃尸于苑枳落中。落，篱落也。枳，似棘，多刺，江南为橘，江北为枳，人以树篱。

13 诏除公卿以下子弟为郎，以补宦官之职，侍于殿上。

14 乙酉，以太尉刘虞为大司马，封襄贲侯。襄贲县，属东海郡。应劭曰：贲，音肥。董卓自为太尉，领前将军事，加节传、斧钺、虎贲，更封郿侯。传，知恋翻。郿县，属扶风。贤曰：今岐州县。师古曰：郿，音媚。

15 丙戌，以太中大夫杨彪为司空。

16 甲午，以豫州牧黄琬为司徒。

17 董卓率诸公上书，追理陈蕃、窦武及诸党人，悉复其爵位，遣使吊祠，擢用其子孙。

18 自六月雨至于是月。

19 冬，十月，乙巳，葬灵思皇后。

20 白波贼寇河东，考异曰：帝纪："五年九月，南单于叛，与白波贼寇河东。"按匈奴传，帝崩之后，於扶罗乃与白波贼为寇。纪误，今从传。董卓遣其将牛辅击之。

初，南单于於扶罗既立，国人杀其父者遂叛，单于羌渠被杀，事见上卷中平五年。共立须卜骨都侯为单于。於扶罗诣阙自讼。会灵帝崩，天下大乱，於扶罗将数千骑与白波贼合兵寇郡县。时民皆保聚，钞掠无利，钞，楚交翻。而兵遂挫伤。复欲归国，国人不受，乃止河东平阳。须卜骨都侯为单于一年而死，南庭遂虚其位，以老王行国事。

21 十一月，以董卓为相国，汉自萧何为相国后，不复除拜。赞拜不名，入朝不趋，剑履上殿。

22 十二月，戊戌，以司徒黄琬为太尉，司空杨彪为司徒，光禄勋荀爽为司空。

初，尚书武威周毖，城门校尉汝南伍琼，说董卓矫桓、灵之政，擢用天下名士以收众望，卓从之，毖，兵媚翻。说，输芮翻。考异曰：范书云："吏部尚书汉阳周珌、侍中汝南伍琼"，袁纪作"侍中周毖"，今从魏志及英雄记。命毖、琼与尚书郑泰、长史何颙等沙汰秽恶，显拔幽滞。于是征处士荀爽、陈纪、韩融、申屠蟠。处，昌吕翻。复就拜爽平原相，复，扶又翻。行至宛陵，宛陵县属河南尹，在雒阳东。迁光禄勋，视事三日，进拜司空。自被征命及登台司，凡九十三日。又以纪为五官中郎将，融为大鸿胪。纪，寔之子；融，韶之子也。爽等皆畏卓之暴，无敢不至。独申屠蟠得征书，人劝之行，蟠笑而不答，卓终不能屈，年七十馀，以寿终。卓又以尚书韩馥为冀州牧，侍中刘岱为兖州刺史，陈留孔伷为豫州刺史，伷，音胄。考异曰：九州春秋作"孔胄"，今从董卓传。东平张邈为陈留太守，颍川张咨为南阳太守。卓所亲爱，并不处显职，但将校而已。将校，谓中郎将、校尉。处，昌吕翻。

23 诏除光熹、昭宁、永汉三号。除三号，复称中平六年。

24 董卓性残忍，一旦专政，据有国家甲兵、珍宝，威震天下，所愿无极，语宾客曰："我相，贵无上也！"自言非人臣之相，其悖逆如此。语，牛倨翻。相，息亮翻。侍御史扰龙宗诣卓白事，不解剑，扰龙，姓也，盖古扰龙氏之后。立挝杀之。挝，侧瓜翻。是时，雒中贵戚，室第相望，金帛财产，家家充积，卓纵放兵士，突其庐舍，剽虏资物，剽，匹妙翻。妻略妇女，不避贵戚；【章：甲十一行本"戚"作"贱"；乙十一行本同；孔本同；张校同。】人情崩恐，不保朝夕。

卓购求袁绍急，周毖、伍琼说卓曰："夫废立大事，非常人所及。袁绍不达大体，恐惧出奔，非有他志。今急购之，势必为变。袁氏树恩四世，袁安四世至绍。门生故吏遍于天下，若收豪桀以聚徒众，英雄因之而起，则山东非公之有也。不如赦之，拜一郡守，绍喜于免罪，必无患矣。"卓以为然，乃即拜绍勃海太守，封邟乡侯。邟，苦浪翻。又以袁术为后将军，曹操为骁骑校尉。

术畏卓，出奔南阳。操变易姓名，间行东归，过中牟，中牟县，属河南尹。间，古苋翻。为亭长所疑，执诣县。时县已被卓书，被，皮义翻。唯功曹心知是操，以世方乱，不宜拘天下雄隽，因白令释之。白中牟令也。操至陈留，散家财，合兵得五千人。

是时，豪杰多欲起兵讨卓者，袁绍在勃海，冀州牧韩馥遣数部从事守之，不得动摇。部从事，部郡国从事也。勃海一郡，遣部从事数人守之，恐绍起兵也。东郡太守桥瑁瑁，莫报翻。诈作京师三公移书与州郡，陈卓罪恶，云“见逼迫，无以自救，企望义兵，解国患难。”企，欺冀翻。难，乃旦翻。馥得移，请诸从事问曰：“今当助袁氏邪，助董氏邪？”治中从事刘子惠曰：“今兴兵为国，为，于伪翻。何谓袁、董！”馥有惭色。子惠复言：“兵者凶事，不可为首；今宜往视他州，有发动者，然后和之。复，扶又翻。和，户卧翻。冀州于他州不为弱也，他人功未有在冀州之右者也。”馥然之。馥乃作书与绍，道卓之恶，听其举兵。考异曰：范书、魏志俱有此事。范书在举兵之后，魏志在举兵之前。若在举兵后，时绍已为盟主，馥何敢禁其发兵？若在举兵前，则近是也。今从魏志。

孝献皇帝甲

讳协。谥法：聪明叡智曰献。古今注：“协”之字曰“合”。张璠记曰：灵帝以帝似己，故名曰协。帝王纪曰：协，字伯和。蜀谥帝曰愍，魏谥帝曰献，此从魏谥者，以魏受汉禅为正也。

初平元年（庚午、一九〇）

1 春，正月，关东州郡皆起兵以讨董卓，推勃海太守袁绍为盟主；绍自号车骑将军，诸将皆板授官号。时卓挟天子，绍等罔攸禀命，故权宜板授官号。绍与河内太守王匡屯河内，冀州牧韩馥留邺，给其军粮。豫州刺史孔伷屯颍川，兖州刺史刘岱、陈留太守张邈、邈弟广陵太守超、东郡太守桥瑁、山阳太守袁遗、济北相鲍信与曹操俱屯酸枣，酸枣县属陈留郡。瑁，音冒。后将军袁术屯鲁阳，鲁阳县，属南阳郡。众各数万。豪桀多归心袁绍者；鲍信独谓曹操曰：“夫略不世出，能拨乱反正者，君也。苟非其人，虽强必毙。君殆天之所启乎！”

2 辛亥，赦天下。

3 癸酉，董卓使郎中令李儒鸩杀弘农王辩。

4 卓议大发兵以讨山东。尚书郑泰曰：“夫政在德，不在众也。”卓不悦曰：“如卿此言，兵为无用邪！”泰曰：“非谓其然也，以为山东不足加大兵耳。明公出自西州，少为将帅，闲习军事。少，诗照翻。袁本初公卿子弟，生处京师；张孟卓东平长者，坐不窥堂；处，昌吕翻。长，知两翻。张邈，字孟卓。贤曰：坐不窥堂，言不妄视也。孔公绪清谈高论，嘘枯吹生；孔伷，字公绪。贤曰：枯者嘘之使生，生者吹之使枯，言谈论有所抑扬也。并无军旅之才，临锋决敌，非公之俦也。谓临兵锋而与敌人决胜负也。况王爵不加，尊卑无序，若恃众怙力，将各棋峙以观成败，不肯同心共胆，与齐进退也。此数语，公业虽以释言于卓，然关东诸将情态实不过如此。且山东承平日久，民不习战；关西顷遭羌寇，妇女皆能挟弓而斗，天下所畏者，无若并、凉之人与羌、胡义从；从，才用翻。而明公拥之以为爪牙，譬犹驱虎兕以赴犬羊，兕，序姊翻；似牛一角而青色，身重千斤，角重百斤。鼓烈风以扫枯叶，谁敢御之！无事征兵以惊天下，使患役之民相聚为非，弃德恃众，自亏威重也。"卓乃悦。

5 董卓以山东兵盛，欲迁都以避之，公卿皆不欲而莫敢言。畏其暴也。卓表河南尹朱儁为太仆以为己副，使者召拜，儁辞，不肯受；因曰："国家西迁，必孤天下之望，孤，负也。以成山东之衅，臣不知其可也。"使者曰："召君受拜而君拒之，不问徙事而君陈之，何也？"儁曰："副相国，非臣所堪也；迁都非计，事所急也。辞所不堪，言其所急，臣之宜也。"由是止不为副。

卓大会公卿议，曰："高祖都关中，十有一世，光武宫雒阳，于今亦十一世矣。按石包谶，当时纬书之外，又有石包室谶，盖时人附益为之，如孔子闭房记之类。宜徙都长安，以应天人之意。"百官皆默然。司徒杨彪曰："移都改制，天下大事，故盘庚迁亳，殷民胥怨。书序曰：盘庚五迁，将治亳，殷民咨胥怨。昔关中遭王莽残破，故光武更都雒邑，更，工衡翻。历年已久，百姓安乐，乐，音洛；下同。今无故捐宗庙，弃园陵，恐百姓惊动，必有糜沸之乱。贤曰：如糜粥之沸也。诗云：如沸如羹。石包谶，妖邪之书，岂可信用！"卓曰："关中肥饶，故秦得并吞六国。且陇右材木自出，杜陵有武帝陶灶，并功营之，可使一朝而办。百姓何足与议！若有前却，我以大兵驱之，可令诣沧海。"贤曰：言不敢避险难也。彪曰："天下动之至易，易，以豉翻。安之甚难，惟明公虑焉！"卓作色曰："公欲沮国计邪！"太尉黄琬曰："此国之大事，杨公之言，得无可思！"卓不答。司空荀爽见卓意壮，恐害彪等，因从容言曰：从，千容翻。"相国岂乐此邪！乐，音洛。山东兵起，非一日可禁，故当迁以图之，此秦、汉之势也。"谓秦、汉都关中，因山河形势以制天下。卓意小解。琬退，又为驳议。驳，北角翻。二月，乙亥，卓以灾异奏免琬、彪等，以光禄勋赵谦为太尉，太仆王允为司徒。城门校尉伍琼、督军校尉周毖固谏迁都，卓大怒曰："卓初入朝，二君劝用善士，故卓相从，而诸君到官，举兵相图，此二君卖卓，卓何用相负！"庚辰，收琼、毖，斩之。杨彪、黄琬恐惧，诣卓谢，卓亦悔杀琼、毖，乃复表彪、琬为光禄大夫。复，扶又翻。

6 卓征京兆尹盖勋为议郎；盖，古盍翻。时左将军皇甫嵩将兵三万屯扶风，潘岳关中记曰：三辅旧治长安城中，长吏各在其县治民；光武东都之后，扶风出治槐里，冯翊出治高陵。勋密与嵩谋讨卓。会卓亦征嵩为城门校尉，嵩长史梁衍说嵩曰："董卓寇掠京邑，废立从意，今征将军，大则危祸，小则困辱。今及卓在雒阳，天子来西，以将军之众迎接至尊，奉令讨逆，征兵群帅，说，输芮翻。帅，所类翻。袁氏逼其东，将军迫其西，此成禽也！"嵩不从，遂就征。嵩前不能从兄子郦之言，今又不从衍之策，自揣其才不足以制卓故也。勋以众弱不能独立，亦还京师。卓以勋为越骑校尉。河南尹朱俊为卓陈军事，卓折俊曰："我百战百胜，决之于心，卿勿妄说，且污我刀！"为，于伪翻。折，之舌翻。污，乌故翻。盖勋曰："昔武丁之明，犹求箴谏，贤曰：武丁，殷王高宗也，谓傅说曰："启乃心，沃朕心。"说复于王曰："惟木从绳则正，后从谏则圣。"余谓盖勋忠直之士，时卓方谋僭逆，不应以武丁之事为言。据国语，楚左史倚相曰：昔卫武公年数九十有五矣，犹箴儆于国曰："毋谓我老耄而舍我，必恭恪于朝，朝夕以交戒我。闻一二之言，必诵志而纳之，以训道我。"及其没也，谓之睿圣武公。勋盖以卫武公之事责卓也。史书传写误以"公"为"丁"耳。况如卿者，而欲杜人之口乎！"卓乃谢之。

7 卓遣军至阳城，值民会于社下，此二月事也。阳城县属颍川郡。悉就斩之，驾其车重，重，直用翻。载其妇女，以头系车辕，歌呼还雒，云攻贼大获。卓焚烧其头，以妇女与甲兵为婢妾。甲兵，谓甲兵之士。

8 丁亥，车驾西迁，董卓收诸富室，以罪恶诛之，没入其财物，死者不可胜计；胜，音升。悉驱徙其馀民数百万口于长安，步骑驱蹙，更相蹈藉，藉，慈夜翻。饥饿寇掠，积尸盈路。卓自留屯毕圭苑中，悉烧宫庙、官府、居家，二百里内，室屋荡尽，无复鸡犬。又使吕布发诸帝陵及公卿以下冢墓，收其珍宝。卓获山东兵，以猪膏涂布十馀匹，用缠其身，然后烧之，先从足起。

9 三月，乙巳，车驾入长安，考异曰：袁纪作"己巳"，今从范书。居京兆府舍，师古曰：三辅黄图曰：京兆府在尚冠前街，东入故中尉府。后乃稍葺宫室而居之。时董卓未至，朝政大小皆委之王允。允外相弥缝，内谋王室，甚有大臣之度，自天子及朝中皆倚允；允屈意承卓，卓亦雅信焉。朝，直遥翻。

10 董卓以袁绍之故，戊午，杀太傅袁隗、太仆袁基，及其家尺口以上五十馀人。尺口，谓婴孩也。

11 初，荆州刺史王睿裴松之曰：睿，晋太保祥伯父也。与长沙太守孙坚共击零、桂贼，零、桂，零陵、桂阳也。以坚武官，言颇轻之。及州郡举兵讨董卓，睿与坚亦皆起兵。睿素与武陵太守曹寅不相能，扬言当先杀寅。寅惧，诈作按行使者檄移坚，说睿罪过，令收，行刑讫，以状上。上，时掌翻。坚承檄，即勒兵袭睿。睿闻兵至，登楼望之，遣问"欲何为?"坚前部答曰："兵久战劳苦，欲诣使君求资直耳。"据吴录，资直者，衣资之直也。睿见坚惊曰："兵自求赏，孙府君何以在其中?"坚曰："被使者檄诛君!"被，皮义翻。睿曰："我何罪?"坚曰："坐无所知!"叡穷迫，刮金饮之而死。陶弘景曰：生金有毒，不炼，服之杀人。坚前至南阳，众已数万人。南阳太守张咨不肯给军粮，坚诱而斩之；陈寿志曰：坚以牛酒诱之。吴历曰：坚诈疾以诱之。郡中震栗，无求不获。前到鲁阳，鲁阳县属南阳郡。与袁术合兵。术由是得据南阳，考异曰：范书术传云："刘表上术为南阳太守。"表传云："术阻兵屯鲁阳，表不得至荆州。"魏志术传："孙坚杀张咨，术得据南阳。"魏武帝纪，此年二月已云术屯南阳。盖术初奔鲁阳，此春孙坚取南阳，术乃据之，犹以鲁阳为治所也。表坚行破虏将军、领豫州刺史。

诏以北军中候刘表为荆州刺史。时寇贼纵横，道路梗塞，纵，子容翻。塞，悉则翻。表单马入宜城，贤曰：宜城县属南郡，本鄢，惠帝三年改名宜城。请南郡名士蒯良、蒯越，与之谋曰："今江南宗贼甚盛，贤曰：宗党共为贼。各拥众不附，若袁术因之，祸必至矣。吾欲征兵，恐不能集，其策焉出?"焉，于虔翻。蒯良曰："众不附者，仁不足也；附而不治者，义不足也。苟仁义之道行，百姓归之如水之趣下，趣，七喻翻。何患征兵之不集乎!"蒯越曰："袁术骄而无谋，宗贼帅多贪暴，为下所患，帅，所类翻；下同。若使人示之以利，必以众来。使君诛其无道，抚而用之，一州之人有乐存之心，乐，音洛。闻君威德，必襁负而至矣。襁，居两翻。兵集众附，南据江陵，北守襄阳，荆州八郡可传檄而定，郡国志：荆州部南阳、南郡、江夏、零陵、桂阳、长沙、武陵七郡。汉官仪以章陵足为八郡。公路虽至，无能为也。”袁术，字公路。表曰：“善！”乃使越诱宗贼帅，至者五十五人，皆斩之而取其众。诱，音酉。帅，所类翻。遂徙治襄阳，荆州刺史本治武陵汉寿。襄阳县，属南郡。镇抚郡县，江南悉平。荆部在江南者，长沙、武陵、零陵、桂阳四郡也。为刘表专制荆州张本。

12 董卓在雒阳，袁绍等诸军皆畏其强，莫敢先进。曹操曰：“举义兵以诛暴乱，大众已合，诸君何疑！向使董卓倚王室，据旧京，东向以临天下，虽以无道行之，犹足为患。今焚烧宫室，劫迁天子，海内震动，不知所归，此天亡之时也，一战而天下定矣。”遂引兵西，将据成皋，张邈遣将卫兹分兵随之。进至荥阳汴水，班志：汴水在荥阳西南。遇卓将玄菟徐荣，菟，同都翻。与战，操兵败，为流矢所中，所乘马被创。中，竹仲翻。被，皮义翻。创，初良翻。从弟洪以马与操，操不受。从，才用翻。洪曰：“天下可无洪，不可无君！”遂步从操，夜遁去。荣见操所将兵少，力战尽日，谓酸枣未易攻也，易，以豉翻。亦引兵还。

操到酸枣，诸军十馀万，日置酒高会，不图进取，操责让之，因为谋曰：为，于伪翻；下同。“诸君能听吾计，使勃海引河内之众临孟津，勃海，谓袁绍也。酸枣诸将守成皋，据敖仓，塞轘辕、太谷，全制其险，塞，悉则翻。轘，音环。使袁将军率南阳之军军丹、析，入武关，此谓袁术也。丹水及析县皆属弘农郡。以震三辅，皆高垒深壁，勿与战，益为疑兵，示天下形势，以顺诛逆，可立定也。观操之计，但欲形格势禁，待其变起于下耳，非主于战也。今兵以义动，持疑不进，失天下望，窃为诸君耻之！”邈等不能用。操乃与司马沛国夏侯惇等诣扬州，募兵，得千馀人，还屯河内。从袁绍也。

顷之，酸枣诸军食尽，众散。刘岱与桥瑁相恶，岱杀瑁，以王肱领东郡太守。青州刺史焦和亦起兵讨董卓，姓谱：周武王封神农之后于焦，后以国为氏。务及诸将西行，务进兵与酸枣诸将相及也。不为民人保障，兵始济河，黄巾已入其境。青州素殷实，甲兵甚盛，和每望寇奔北，未尝接风尘、交旗鼓也。性好卜筮，信鬼神，好，呼到翻。入见其人，清谈干云，出观其政，赏罚淆乱，州遂萧条，悉为丘墟。顷之，和病卒，袁绍使广陵臧洪领青州以抚之。

13 夏，四月，以幽州牧刘虞为太傅，道路壅塞，塞，悉则翻。信命竟不得通。先是，幽部应接荒外，荒外，言荒服之外也。先，悉荐翻。资费甚广，岁常割青、冀赋调二亿有馀以足之。调，徒吊翻。时处处断绝，委输不至，委，於伪翻。输，舂遇翻。而虞敝衣绳屦，食无兼肉，务存宽政，劝督农桑，开上谷胡市之利，通渔阳盐铁之饶，上谷旧有关市，与胡人贸易。渔阳旧有盐官、铁官。民悦年登，谷石三十，青、徐士庶避难归虞者百馀万口，虞皆收视温恤，为安立生业，难，乃旦翻。为，于伪翻。流民皆忘其迁徙焉。

14 五月，司空荀爽薨。六月，辛丑，以光禄大夫种拂为司空。拂，邵之父也。

15 董卓遣大鸿胪韩融、少府阴修、执金吾胡毋班、将作大匠吴修、越骑校尉王瓌安集关东，解譬袁绍等。胡毋班、吴修、王瓌至河内，袁绍使王匡悉收击【章：甲十一行本“击”作“系”；乙十一行本同；退斋校同。】杀之。瓌，工回翻。考异曰：谢承后传（衍）汉书曰：“班，王匡之妹夫。班与匡书云：‘仆与太傅马公、太仆赵岐、少府阴修俱受诏命。关东诸郡，虽实嫉卓，犹以衔奉王命，不敢玷辱。而足下独囚仆于狱，欲以衅鼓，此悖暴无道之甚者也！’”按范书此年六月，遣韩融等安集关东，袁术、王匡各执而杀之。三年八月，遣马日磾及赵岐慰抚天下。袁纪，遣马、赵亦在三年八月，时董卓已死。而此书云与马、赵俱受诏，又云恚卓迁怒，自相乖迕。疑非班书。今不取。袁术亦杀阴修；惟韩融以名德免。

16 董卓坏五铢钱，贤曰：光武中兴，除王莽货泉，更用五铢钱。孔颖达曰：五铢者，其重五铢，凡十黍为一絫，十絫为一铢，二十四铢为一两。钱边作五铢字。坏，音怪。更铸小钱，更，工衡翻。悉取雒阳及长安铜人、钟虡、飞廉、铜马之属以铸之，铜人，秦始皇所铸也。贤曰：钟虡，以铜为之。前书音义曰：虡，鹿头龙身，神兽也。说文：钟鼓之跗，以猛兽为饰也。武帝置飞廉馆。音义曰：飞廉，神禽，身似鹿，头如爵，有角，蛇尾，文如豹文。明帝永平五年，迎取长安飞廉、铜马置上西门外，名平乐馆。铜马则东门京所作，置于金马门外者也。余据马援亦进铜马。虡，音巨。由是货贱物贵，谷石至数万钱。

17 冬，孙坚与官属会饮于鲁阳城东，董卓步骑数万猝至，坚方行酒，谈笑，整顿部曲，无得妄动。后骑渐益，坚徐罢坐，坐，才卧翻。导引入城，乃曰：“向坚所以不即起者，恐兵相蹈藉，诸君不得入耳。”卓兵见其整，不敢攻而还。

18 王匡屯河阳津，河阳津，即孟津。董卓袭击，大破之。

19 左中郎将蔡邕议：“孝和以下庙号称宗者，皆宜省去，以遵先典。”从之。礼，祖有功而宗有德。和帝以下无德可宗，故去之。去，羌吕翻。考异曰：袁纪在明年。今从范书。

20 中郎将徐荣荐同郡故冀州刺史公孙度于董卓，卓以为辽东太守。度到官，以法诛灭郡中名豪大姓百馀家，郡中震栗，乃东伐高句骊，句，如字，又音驹。骊，力知翻。西击乌桓，语所亲吏柳毅、阳仪等曰：语，牛倨翻。姓谱：柳，本自鲁孝公子子展之孙，以王父字为氏。至展禽，食采于柳下，因为氏。“汉祚将绝，当与诸卿图正【章：甲十一行本“正”作“王”；乙十一行本同；孔本同；熊校同。】耳。”于是分辽东为辽西、中辽郡，各置太守，越海收东莱诸县，置营州刺史。自立为辽东侯、平州牧，立汉二祖庙，承制，郊祀天地，藉田，杜佑曰：藉，借也，谓借人力以理之，劝率天下，使务农也。春秋传曰：郊而后耕，遂藉人力以成岁功，故谓之帝藉。臣瓒曰：亲耕以躬亲为义，不得以假借为称。藉，谓蹈藉也。师古曰：瓒说是。说文，帝藉千亩。藉，秦昔翻。乘鸾路，设旄头、羽骑。羽骑，羽林骑也。

容肇祖标点王崇武聂崇岐覆校

资治通鉴卷第六十

翰林学士兼侍读学士朝散大夫右谏议大夫
知制诰判尚书都省兼提举万寿观公事上护军　司马光　奉敕编集
河内郡开国侯食邑一千三百户赐紫金鱼袋臣

后学天台胡三省音注

汉纪五十二

起重光协洽（辛未），尽昭阳作噩（癸酉），凡三年。

孝献皇帝乙

初平二年（辛未、一九一）

1 春，正月，辛丑，赦天下。

2 关东诸将议：以朝廷幼冲，迫于董卓，远隔关塞，关塞，谓函谷关、桃林塞也。不知存否，幽州牧刘虞，宗室贤俊，欲共立为主。曹操曰："吾等所以举兵而远近莫不响应者，以义动故也。今幼主微弱，制于奸臣，非有昌邑亡国之衅，昌邑，谓昌邑王贺也。而一旦改易，天下其孰安之！诸君北面，我自西向。"幽州在北，长安在西，故操云然。韩馥、袁绍以书与袁术曰："帝非孝灵子，欲依绛、灌诛废少主、迎立代王故事，少，诗照翻。奉大司马虞为帝。"术阴有不臣之心，不利国家有长君，长，知两翻。乃外托公义以拒之。绍复与术书曰："今西名有幼君，无血脉之属，谓帝非灵帝子也。复，扶又翻；下同。公卿以下皆媚事卓，安可复信！复，扶又翻；下同。但当使兵往屯关要，皆自蹙死；东立圣君，太平可冀，如何有疑！又室家见戮，不念子胥，谓子胥能报父兄之雠也。可复北面乎？”以杀袁隗等为出于帝。术答曰：“圣主聪睿，有周成之质，贼卓因危乱之际，威服百寮，此乃汉家小厄之会，乃云今上‘无血脉之属’，岂不诬乎！又曰‘室家见戮，可复北面’，此卓所为，岂国家哉！悽悽赤心，悽，力侯翻。志在灭卓，不识其他！”馥、绍竟遣故乐浪太守张岐等赍议上虞尊号。乐浪，音洛琅。上，时掌翻。虞见岐等，厉色叱之曰：“今天下崩乱，主上蒙尘，吾被重恩，被，皮义翻。未能清雪国耻；诸君各据州郡，宜共戮力尽心王室，而反造逆谋以相垢污邪！”污，乌故翻。固拒之。馥等又请虞领尚书事，承制封拜，复不听，欲奔匈奴以自绝；绍等乃止。

3 二月，丁丑，以董卓为太师，位在诸侯王上。

4 孙坚移屯梁东，为卓将徐荣所败，败，补迈翻。复收散卒进屯阳人。贤曰：梁县，属河南郡，今汝州县。阳人聚故城，在梁县西。卓遣东郡太守胡轸督步骑五千击之，以吕布为骑督。轸与布不相得，坚出击，大破之，枭其都督华雄。枭，古尧翻。华，户化翻。

或谓袁术曰：“坚若得雒，不可复制，此为除狼而得虎也。”术疑之，不运军粮。坚夜驰见术，阳人去鲁阳百馀里。画地计校曰：“所以出身不顾者，上为国家讨贼，为，于伪翻。下慰将军家门之私雠。坚与卓非有骨肉之怨也，而将军受浸润之言，浸润之谮，出论语。还相嫌疑，何也？”术踧踖，踧，子六翻。踖，资昔翻。踧踖，不自安貌。即调发军粮。调，徒钓翻。

坚还屯，卓遣将军李傕说坚，傕，克角翻。说，输芮翻；后同。欲与和亲，令坚疏子弟任刺史、郡守者，许表用之。坚曰：“卓逆天无道，今不夷汝三族，县示四海，县，读曰悬。则吾死不瞑目，瞑，莫定翻。岂将与乃和亲邪！”乃，汝也。复进军大谷，距雒九十里。贤曰：大谷口，在故嵩阳西北八十五里，北出对鮀阳故城，张衡东京赋云“盟津达其后，大谷通其前”是也。距，至也。卓自出，与坚战于诸陵间，卓败走，却屯渑池，聚兵于陕。渑，弥兖翻。陕，式冉翻。坚进至雒阳，击吕布，复破走。坚乃扫除宗庙，祠以太牢，得传国玺于城南甄官井中；甄官署之井中也。晋职官志少府之属有甄官令，而续汉志无之，盖属于他署，未置专官也。甄官，掌琢石、陶土之事。为后建安元年袁术夺玺张本。玺，斯氏翻。分兵出新安、渑池间以要卓。要，一遥翻。

卓谓长史刘艾曰：“关东军败数矣，数，所角翻。皆畏孤，无能为也。惟孙坚小戆，说文曰：戆，愚也。音都降翻。颇能用人，当语诸将，使知忌之。语，牛倨翻；下同。孤昔与周慎西征边、韩于金城，孤语张温，求引所将兵为慎作后驻，温不听。温又使孤讨先零叛羌，零，音怜。孤知其不克而不得止，遂行，留别部司马刘靖将步骑四千屯安定以为声势。叛羌欲截归道，截，即截字。孤小击辄开，畏安定有兵故也。虏谓安定当数万人，不知但靖也。而孙坚随周慎行，谓慎求先将万兵造金城，将，即亮翻。造，七到翻。使慎以二万作后驻。边、韩畏慎大兵，不敢轻与坚战，而坚兵足以断其运道。断，丁管翻。儿曹用其言，凉州或能定也。温既不能用孤，慎又不能用坚，卒用败走。事见五十八卷灵帝中平二年。卒，子恤翻。坚以佐军司马，所见略与人同，固自为可；言其才可用也。但无故从诸袁儿，终亦死耳！”乃使东中郎将董越屯渑池，中郎将段煨屯华阴，煨，乌回翻。华，户化翻。中郎将牛辅屯安邑，姓谱：牛本自殷，周封微子于宋，其裔司寇牛父败狄于长丘，死之，其子孙以王父字为氏。其馀诸将布在诸县，以御山东。辅，卓之婿也。卓引还长安。孙坚修塞诸陵，塞，悉则翻。引军还鲁阳。

5 夏，四月，董卓至长安，公卿皆迎拜车下。卓抵手谓御史中丞皇甫嵩曰：“义真，怖未乎？”皇甫嵩，字义真。怖，普布翻。嵩曰：“明公以德辅朝廷，大庆方至，何怖之有！若淫刑以逞，将天下皆惧，岂独嵩乎！”考异曰：范书嵩传及山阳公载记记嵩语与此不同，今从张璠汉纪。卓党欲尊卓比太公，称尚父，卓以问蔡邕，邕曰：“明公威德，诚为巍巍，然比之太公，愚意以为未可，宜须关东平定，车驾还反旧京，然后议之。”卓乃止。

卓使司隶校尉刘嚣籍吏民有为子不孝、为臣不忠、为吏不清、为弟不顺者，皆身诛，财物没官。于是更相诬引，更，工衡翻。冤死者以千数。百姓嚣嚣，道路以目。嚣，五羔翻。韦昭曰：“不敢发言，以目相眄而已。”

6 六月，丙戌，地震。

7 秋，七月，司空种拂免；以光禄大夫济南淳于嘉为司空。济，子礼翻。太尉赵谦罢；以太常马日磾为太尉。磾，丁奚翻。

8 初，何进遣云中张杨还并州募兵，会进败，杨留上党，有众数千人。袁绍在河内，杨往归之，与南单于於扶罗屯漳水。浊漳水出上党长子而东过邺，邺则韩馥所居也。韩馥以豪杰多归心袁绍，忌之；阴贬节其军粮，欲使其众离散。会馥将麴义叛，姓谱：汉有平原鞫谭，其子闳避难，改曰麴氏，后遂为西平著姓。馥与战而败，绍因与义相结。

绍客逢纪谓绍曰：逢，蒲江翻。“将军举大事而仰人资给，仰，牛向翻。不据一州，无以自全。”绍曰：“冀州兵强，吾士饥乏，设不能办，无所容立。”纪曰：“韩馥庸才，可密要公孙瓒要，读曰邀。使取冀州，馥必骇惧，因遣辩士为陈祸福，为，于伪翻。馥迫于仓卒，卒，读曰猝。必肯逊让。”绍然之，即以书与瓒。瓒遂引兵而至，外托讨董卓而阴谋袭馥，馥与战不利。会董卓入关，绍还军延津，续汉志，酸枣县北有延津。使外甥陈留高干及馥所亲颍川辛评、荀谌、郭图等说馥曰：谌，时壬翻。说，输芮翻。“公孙瓒将燕、代之卒乘胜来南，而诸郡应之，其锋不可当。袁车骑引军东向，自河内至延津，为东向。其意未可量也，量，音良。窃为将军危之！”为，于伪翻。馥惧，曰：“然则为之奈何？”谌曰：“君自料宽仁容众为天下所附，孰与袁氏？”馥曰：“不如也。”“临危吐决，吐决谓吐奇决策也。智勇过人，又孰与袁氏？”馥曰：“不如也。”“世布恩德，天下家受其惠，又孰与袁氏？”馥曰：“不如也。”谌曰：“袁氏一时之杰，将军资三不如之势，久处其上，处，昌吕翻。彼必不为将军下也。夫冀州，天下之重资也，彼若与公孙瓒并力取之，危亡可立而待也。夫袁氏，将军之旧，且为同盟，谓同盟讨董卓。当今之计，若举冀州以让袁氏，彼必厚德将军，瓒亦不能与之争矣。是将军有让贤之名，而身安于泰山也。”馥性恇怯，因然其计。恇，去王翻。馥长史耿武、别驾闵纯、治中李历闻而谏曰：考异曰：九州春秋作“耿彧”，今从范书、魏志、袁纪。又范书，骑都尉沮授谏，无李历。今从魏志、袁纪。“冀州带甲百万，谷支十年。袁绍孤客穷军，仰我鼻息，鼻息，气一出入之顷也。鼻气嘘之则温，吸之则寒，故云然。医书云：血为脉，气为息，脉息之名自是而分。呼吸者，气之橐籥；动应者，血之波澜。其经以身寸度之，计十六丈二尺。一呼脉再动，一吸脉再动，呼吸定息脉五动，闰以大息则六动。一动一寸，故一息脉行六寸，十息六尺，百息六丈，二百息十二丈，七十息四丈二尺。计二百七十息，漏水下二刻尽十六丈二尺，营周一身；百刻之中得五十营。故曰脉行阳二十五度、行阴二十五度也。息者以呼吸定之，一日计一万三千五百息。呼吸进退既迟于脉，故一日一夜方行尽十六丈二尺经络，而气周于一身，大会于风府。脉属阴，阴行速，犹太阴一月一周天。息属阳，阳行迟，犹太阳一岁一周天。如是则应天常度。“闰”，当作“间”。譬如婴儿在股掌之上，绝其哺乳，立可饿杀，奈何欲以州与之！”馥曰：“吾袁氏故吏，且才不如本初，度德而让，度，徒洛翻。古人所贵，诸君独何病焉！”先是，馥从事赵浮、程涣将强弩万张屯孟津，先，悉荐翻。将，即亮翻。闻之，率兵驰还。时绍在朝歌清水，据水经，清水出河内修武县，径获嘉、汲县而入于河，不至朝歌；惟淇水则径朝歌耳。盖俗亦呼淇水为清水。据九州春秋，绍时在朝歌清水口，浮等自孟津东下，则两军皆舟行大河而向邺也。清水口即淇口，南岸即延津。浮等从后来，船数百艘，众万馀人，整兵鼓，夜过绍营，绍甚恶之。恶，乌路翻。浮等到，谓馥曰："袁本初军无斗粮，各已离散，虽有张杨、於扶罗新附，未肯为用，不足敌也。小从事等请以见兵拒之，见，贤遍翻。旬日之间，必土崩瓦解；明将军但当开阁高枕，枕，职任翻。何忧何惧！"馥又不听，乃避位，出居中常侍赵忠故舍，遣子送印绶以让绍。绍将至，从事十人争弃馥去，独耿武、闵纯杖刀拒之，不能禁，乃止；绍皆杀之。绍遂领冀州牧，承制以馥为奋威将军，而无所将御，将，即亮翻。将御，犹言统御也。亦无官属。绍以广平沮授为奋武将军，广平县属钜鹿郡。沮，千余翻，又音诸，姓也，黄帝史官沮诵之后。使监护诸将，宠遇甚厚。监，古衔翻。魏郡审配、巨鹿田丰并以正直不得志于韩馥，绍以丰为别驾，配为治中，及南阳许攸、逢纪、颍川荀谌皆为谋主。

绍以河内朱汉为都官从事。绍置都官从事，则犹领司隶校尉也。汉先为韩馥所不礼，且欲徼迎绍意，徼，一遥翻。擅发兵围守馥第，拔刃登屋，馥走上楼，上，时掌翻。收得馥大儿，槌折两脚；折，而设翻。绍立收汉，杀之。馥犹忧怖，从绍索去，怖，普布翻。索，山客翻。往依张邈。后绍遣使诣邈，有所计议，与邈耳语；耳语，附耳而语也。馥在坐上，坐，徂卧翻。谓为见图，无何，起至溷，以书刀自杀。溷，户困翻；圊也，厕也。时虽已有纸，犹多用刀笔书，故有书刀。

鲍信谓曹操曰："袁绍为盟主，因权专利，将自生乱，是复有一卓也。复，扶又翻。若抑之，则力不能制，只以遘难。遘，与构同。难，乃旦翻。且可规大河之南以待其变。"操善之。会黑山、于毒、白绕、眭固等十馀万众略东郡，王肱不能御。曹操引兵入东郡，击白绕于濮阳，破之。眭，息为翻。濮，博木翻。袁绍因表操为东郡太守，治东武阳。东武阳县，属东郡。应劭曰：县在武水之阳。水经注曰：武水即漯水。贤曰：故城在今魏州莘县南。守，式又翻。

9 南单于劫张杨以叛袁绍，屯于黎阳。董卓以杨为建义将军、河内太守。

10 太史望气，言当有大臣戮死者；董卓使人诬卫尉张温与袁术交通，冬，十月，壬戌，笞杀温于市以应之。张温不能斩卓于西征之时，反死于卓手，可哀也已。

11 青州黄巾寇勃海，众三十万，欲与黑山合。公孙瓒率步骑二万人逆击于东光南，大破之，东光县，属勃海。贤曰：今沧州县。斩首三万馀级。贼弃其辎重，重，直用翻。奔走渡河；瓒因其半济薄之，贼复大破，复，扶又翻；下同。死者数万，流血丹水，言水为之丹也。收得生口七万馀人，车甲财物不可胜算，胜，音升。威名大震。

12 刘虞子和为侍中，帝思东归，使和伪逃董卓，潜出武关诣虞，令将兵来迎。考异曰：范书刘虞传，"虞使田畴使长安，时和为侍中，因遣从武关出。"按魏志公孙瓒传，但云天子思归，不云因畴至也。若尔，当令和与畴俱还，不应出武关。又畴未还，刘虞已死。虞死在初平四年冬，界桥战在三年春。范书误也。和至南阳，袁术利虞为援，留和不遣，许兵至俱西，令和为书与虞。虞得书，遣数千骑诣和。公孙瓒知术有异志，止之，虞不听。瓒恐术闻而怨之，亦遣其从弟越将千骑诣术，从，才用翻；下同。而阴教术执和，夺其兵，由是虞、瓒有隙。虞先与瓒有隙，至是而隙愈深。和逃术来北，复为袁绍所留。

是时关东州、郡务相兼并以自强大，袁绍、袁术亦自离

【章：甲十一行本“离”上有“相”字；乙十一行本同；孔本同。】贰。术遣孙坚击董卓未返，绍以会稽周昂为豫州刺史，袭夺坚阳城。阳城县，属颍川郡。坚领豫州刺史，屯阳城。坚叹曰：“同举义兵，将救社稷，逆贼垂破而各若此，吾当谁与戮力乎！”引兵击昂，走之。袁术遣公孙越助坚攻昂，越为流矢所中死。中，竹仲翻。公孙瓒怒曰：“余弟死，祸起于绍。”遂出军屯磐河，水经：大河故渎东北径西平昌县故城北，分派东入般县，为般河。余据贤注：般，音卜满翻。此作“磐”，读当如字。贤又曰：般，即尔雅九河钩磐河也。其枯河在今沧州乐陵县东南。魏收地形志，安德郡般县有故般河。上书数绍罪恶，数，所具翻。进兵攻绍。冀州诸城多叛绍从瓒，绍惧，以所佩勃海太守印绶授瓒从弟范，遣之郡，而范遂背绍，领勃海兵以助瓒。背，蒲妹翻。瓒乃自署其将帅严纲为冀州刺史，田楷为青州刺史，单经为兖州刺史，单，音善，姓也。姓谱：周卿士单襄公之后。又悉改置郡、县守、令。

初，涿郡刘备，中山靖王之后也，蜀书云：备，中山靖王胜子陆城亭侯贞之后；然自祖父以上，世系不可考。少孤贫，与母以贩履为业，少，诗照翻。长七尺五寸，垂手下厀，顾自见其耳；长，直亮翻。厀，与膝同。言其有异相也。有大志，少语言，喜怒不形于色。少，诗沼翻。尝与公孙瓒同师事卢植，由是往依瓒。瓒使备与田楷徇青州有功，因以为平原相。备少与河东关羽、涿郡张飞相友善；少，诗照翻。以羽、飞为别部司马，分统部曲。备与二人寝则同床，恩若兄弟，而稠人广坐，坐，徂卧翻。侍立终日，随备周旋，不避艰险。常山赵云为本郡将吏兵诣公孙瓒，为，于伪翻。将，即亮翻。瓒曰：“闻贵州人皆愿袁氏，愿下当有从字。君何独迷而能反乎？”云曰：“天下讻讻，讻，许容翻；众语喧哓之貌。未知孰是，民有倒县之厄，县，读曰悬。鄙州论议，从仁政所在，不为忽袁公，私明将军也。”为，于伪翻；下同。刘备见而奇之，深加接纳，云遂从备至平原，为备主骑兵。刘备事始此。

13 初，袁术之得南阳，户口数百万，而术奢淫肆欲，征敛无度，敛，力赡翻。百姓苦之，稍稍离散。既与袁绍有隙，各立党援以相图谋。术结公孙瓒而绍连刘表，豪杰多附于绍。术怒曰："群竖不吾从而从吾家奴乎！"据袁山松书，绍，司空逢之孽子，出后伯父成，故术云然。又与公孙瓒书曰："绍非袁氏子。"绍闻大怒。

术使孙坚击刘表，表遣其将黄祖逆战于樊、邓之间，邓县，属南阳郡。樊城，周仲山甫之邑，在汉水北。杜佑曰：樊城，今襄州安养县。刘昫曰：邓城县，汉之邓县，古樊城也：宋改安养县；天宝元年改为临汉县；贞元二十一年移县古邓城，乃改为邓城县。坚击破之，遂围襄阳。表夜遣黄祖潜出发兵，祖将兵欲还，坚逆与战，祖败走，窜岘山中。岘山去襄阳十里。岘，户典翻。坚乘胜，夜追祖，祖部曲【章：甲十一行本无"曲"字；乙十一行本同。】兵从竹木间暗射坚，杀之。射，而亦翻。考异曰：范书，"初平三年春，坚死。"吴志孙坚传亦云初平三年。英雄记曰，"初平四年正月七日死。"袁纪，"初平三年五月。"山阳公载记载策表曰："臣年十七，丧失所怙。"裴松之按策以建安五年卒，时年二十六，计坚之亡，策应十八，而此表云十七，则为不符。张璠汉纪及胡冲吴历并以坚初平二年死，此为是而本传误也。今从之。坚所举孝廉长沙桓阶诣表请坚丧，表义而许之。坚兄子贲率其士众就袁术，术复表贲为豫州刺史。复，扶又翻；下同。术由是不能胜表。

14 初，董卓入关，留朱儁守雒阳，而儁潜与山东诸将通谋，惧为卓所袭，出奔荆州。卓以弘农杨懿为河南尹；儁复引兵还雒，击懿，走之。儁以河南残破无所资，乃东屯中牟，移书州郡，请师讨卓。徐州刺史陶谦上儁行车骑将军，上，时掌翻。遣精兵三千助之，馀州郡亦有所给。谦，丹阳人。丹阳县，属丹阳郡，今润州县。朝廷以黄巾寇乱徐州，用谦为刺史。谦至，击黄巾，大破走之，州境晏然。

15 刘焉在益州阴图异计。沛人张鲁，自祖父陵以来世为五斗米道，陵即今所谓天师者也。后魏寇谦之祖其道。客居于蜀。鲁母以鬼道常往来焉家，焉乃以鲁为督义司马，洪氏隶释曰：刘焉在蜀，创置督义司马，助义、褒义校尉。刘表在荆州，亦置绥民校尉。汉衰，诸侯擅命，率意各置官属。以张修为别部司马，与合兵掩杀汉中太守苏固，断绝斜谷阁，斜谷，在汉中西北，今兴元府西北入斜谷路，至凤州界百五十里，有栈阁二千九百八十九间，板阁二千八百九十二间。郡国志曰：褒城县北有褒谷，北口曰斜，南口曰褒，长四百七十里，同为一谷。两山高峻，中间谷道，褒水所流，曹操谓斜谷道为五百里石穴者此也。余据班志，斜水出衙岭山，北至郿入渭；褒水亦出衙岭，南至南郑入沔，则褒、斜虽同为一谷，而衙岭乃其分水处也。断，丁管翻。斜，音余奢翻。谷，音縠，又音浴。杀害汉使。焉上书言“米贼断道，不得复通”。断，丁管翻。又托他事杀州中豪强王咸、李权等十馀人，以立威刑。犍为太守任岐及校尉贾龙由此起兵攻焉，焉击杀岐、龙。焉意渐盛，作乘舆车具千馀乘，乘，绳证翻。刘表上“焉有似子夏在西河疑圣人”之论。礼记檀弓：曾子责子夏曰：吾与子事夫子于洙、泗之间，退归老于西河之上，使西河之人疑汝于夫子，而罪一也。表盖言焉在蜀僭拟，使蜀人疑为天子也。上，时掌翻。时焉子范为左中郎将，诞为治书御史，续汉志曰：治书侍御史二人，秩六百石，掌选明法律者为之；凡天下诸谳疑事，掌以法律当其是非。蔡质曰：选御史高第补之。胡广曰：宣帝幸宣室，斋居而决事，令御史二人治书，治书御史起此。治，直之翻。璋为奉车都尉，皆从帝在长安，惟小子别部司马瑁素随焉；帝使璋晓喻焉，焉留璋不遣。

16 公孙度威行海外，中国人士避乱者多归之，北海管宁、邴原、王烈皆往依焉。宁少时与华歆为友，少，诗照翻。华，户化翻。尝与歆共锄菜，见地有金，宁挥锄不顾，与瓦石无异，歆捉而掷之，人以是知其优劣。邴原远行游学，八九年而归，师友以原不饮酒，会米肉送之；原曰："本能饮酒，但以荒思废业，故断之耳。思，相吏翻。断，音短。今当远别，可一饮燕。"于是共坐饮酒，终日不醉。宁、原俱以操尚称，度虚馆以候之。操，七到翻。候者，伺其至也。宁既见度，乃庐于山谷，时避难者多居郡南，难，乃旦翻。而宁独居北，示无还志，后渐来从之，旬月而成邑。宁每见度，语唯经典，不及世事；还山，专讲诗、书，习俎豆，非学者无见也。由是度安其贤，民化其德。邴原性刚直，清议以格物，格，正也。度以下心不安之。宁谓原曰："潜龙以不见成德。乾：初九，潜龙勿用。孔子曰：君子以成德为行，潜之为言也，隐而未见，行而未成，是以君子弗用。见，贤遍翻。言非其时，皆招祸之道也。"密遣原逃归，度闻之，亦不复追也。复，扶又翻。王烈器业过人，少时名闻在原、宁之右。少，诗照翻。闻，文运翻；名声所至曰闻。善于教诱，乡里有盗牛者，主得之，盗请罪，曰："刑戮是甘，乞不使王彦方知也！"王烈，字彦方。烈闻而使人谢之，遗布一端。布帛六丈曰端，一曰八丈曰端。按古以二丈为端。遗，于贵翻。或问其故，烈曰："盗惧吾闻其过，是有耻恶之心，既知耻恶，则善心将生，故与布以劝为善也。"后有老父遗剑于路，行道一人见而守之，至暮，老父还，寻得剑，怪之，以事告烈，烈使推求，推，寻也。乃先盗牛者也。诸有争讼曲直将质之于烈，质，正也。或至涂而反，或望庐而还，还，旬缘翻。皆相推以直，推，移也。前书韩延寿传，以田相移。即此义也。不敢使烈闻之。度欲以为长史，烈辞之，为商贾以自秽，乃免。贾，音古。

三年（壬申、一九二）

1 春，正月，丁丑，赦天下。

2 董卓遣牛辅将兵屯陕，辅分遣校尉北地李傕、张掖郭汜、武威张济将步骑数万击破朱儁于中牟，傕，古岳翻。汜，音祀，又孚梵翻。因掠陈留、颍川诸县，所过杀虏无遗。

初，荀淑有孙曰彧，少有才名，少，诗照翻。何颙见而异之，曰："王佐才也！"及天下乱，彧谓父老曰："颍川四战之地，言其地平，四面受敌。宜亟避之。"乡人多怀土不能去，彧独率宗族去依韩馥。会袁绍已夺馥位，待彧以上宾之礼。彧度绍终不能定大业，度，徒洛翻。闻曹操有雄略，乃去绍从操。操与语，大悦，曰："吾子房也！"比之张良。以为奋武司马。操初起兵为奋武将军，故以彧为奋武司马。其乡人留者，多为傕、汜等所杀。

3 袁绍自出拒公孙瓒，与瓒战于界桥南二十里。水经：大河右渎东北径巨鹿郡广宗县故城南，又东北径界城亭北，又东北径信都郡武强县故城东。此盖于河渎上作桥。注又云：清河东北径界城亭东，水上有大梁，谓之界城桥。贤曰：今贝州宗城县侧有古界城，此城近枯漳水，界桥当在此水上。杜佑曰：界桥在贝州宗城县东。瓒兵三万，其锋甚锐。绍令麴义领精兵八百先登，强弩千张夹承之。瓒轻其兵少，纵骑腾之。义兵伏楯下不动，未至十数步，一时同发，讙呼动地，讙，许元翻。瓒军大败。斩其所置冀州刺史严纲，考异曰：九州春秋作"刘纲"。今从范书、魏志。获甲首千馀级。追至界桥，瓒敛兵还战，义复破之，复，扶又翻。遂到瓒营，拔其牙门，贤曰：真人水镜经曰：凡军始出，必令完坚；若有折，将军不利。牙门旗竿，军之精也，即周礼司职云"军旅会同置旌门"是也。馀众皆走。

初，兖州刺史刘岱与绍、瓒连和，绍令妻子居岱所，瓒亦遣从事范方将骑助岱。及瓒击破绍军，语岱令遣绍妻子，语，牛倨翻。别敕范方："若岱不遣绍家，将骑还！吾定绍，将加兵于岱。"岱与官属议，连日不决，闻东郡程昱有智谋，召而问之。昱曰："若弃绍近援而求瓒远助，此假人于越以救溺子之说也。言势不能相及也。越人习水，故以为能救溺。溺，奴历翻。夫公孙瓒非袁绍之敌也，今虽坏绍军，坏，音怪。然终为绍所禽。”岱从之。范方将其骑归，未至而瓒败。

4 曹操军顿丘，顿丘县，属东郡。师古曰：以丘名县也。丘一成为顿丘，谓一顿而成也。或曰：成，重也，一重之丘也。于毒等攻东武阳。操引兵西入山，攻毒等本屯。毒等时掠魏郡，屯于西山。诸将皆请救武阳。操曰：“使贼闻我西而还，武阳自解也；不还，我能败其本屯，虏不能拔武阳必矣。”败，蒲迈翻。遂行。毒闻之，弃武阳还。操遂击眭固及匈奴於扶罗于内黄，内黄县属魏郡；陈留有外黄，故加内。眭，息随翻。皆大破之。

5 董卓以其弟旻为左将军，兄子璜为中军校尉，皆典兵事，宗族内外并列朝廷。卓侍妾怀抱中子皆封侯，弄以金紫。卓车服僭拟天子，召呼三台，三台：尚书台、御史台、符节台也。晋书曰：汉官：尚书为中台，御史为宪台，谒者为外台，是谓三台。尚书以下皆自诣卓府启事。又筑坞于郿，英雄记曰：郿去长安二百六十里。汉书，郿，音媚，地名。高厚皆七丈，积谷为三十年储，自云：“事成，雄据天下；不成，守此足以毕老。”

卓忍于诛杀，诸将言语有蹉跌者，蹉，仓何翻。跌，徒结翻。便戮于前，人不聊生。司徒王允与司隶校尉黄琬、仆射士孙瑞、尚书杨瓒密谋诛卓。中郎将吕布，便弓马，膂力过人，膂，脊骨也。卓自以遇人无礼，行止常以布自卫，甚爱信之，誓为父子。然卓性刚褊，尝小失卓意，卓拔手戟掷布，手戟，小戟，便于击刺者。布拳捷勇力为拳，迅疾为捷。避之，而改容顾谢，卓意亦解。布由是阴怨于卓。卓又使布守中阁，而私于傅婢，益不自安。王允素善待布，布见允，自陈卓几见杀之状，几，居希翻。允因以诛卓之谋告布，使为内应。布曰：“如父子何？”曰：“君自姓吕，本非骨肉。今忧死不暇，何谓父子？掷戟之时，岂有父子情邪！”布遂许之。

夏，四月，丁巳，帝有疾新愈，大会未央殿。卓朝服乘车而入，魏秘书监秦静曰：汉氏承秦改六冕之制，朝服俱玄冠、绛衣而已。晋名曰五时朝服。有四时朝服，又有朝服。陈兵夹道，自营至宫，左步右骑，屯卫周帀，帀，作答翻。令吕布等扞卫前后。王允使士孙瑞自书诏以授布，使尚书仆射自书诏者，惧其泄也。布令同郡骑都尉李肃考异曰：袁纪作"李顺"，今从范书、魏志。与勇士秦谊、陈卫等十馀人伪着卫士服，着，陟略翻。守北掖门内以待卓。卓入门，肃以戟刺之；刺，七亦翻；下同。卓衷甲，不入，衷甲者，被甲于内，而加衣甲上。伤臂，堕车，顾大呼曰：呼，火故翻。"吕布何在！"布曰："有诏讨贼臣！"卓大骂曰："庸狗，敢如是邪！"布应声持矛刺卓，趣兵斩之。趣，读曰促。主簿田仪及卓仓头前赴其尸，布又杀之，凡所杀三人。布即出怀中诏版以令吏士曰："诏讨卓耳，馀皆不问。"吏士皆正立不动，大称万岁。百姓歌舞于道，长安中士女卖其珠玉衣装市酒肉相庆者，填满街肆。弟旻、璜等及宗族老弱在郿，皆为其群下所斫射死。射，而亦翻，暴卓尸于市，暴，薄木翻，又薄报翻。天时始热，卓素充肥，脂流于地，守尸吏为大炷，炷，灯也。炧所著者。置卓脐中然之，光明达曙，如是积日。诸袁门生聚董氏之尸，焚灰扬之于路。坞中有金二三万斤，银八九万斤，锦绮奇玩积如丘山。以王允录尚书事，吕布为奋威将军、假节、仪比三司，奋威将军始于汉元帝用任千秋为之。沈约曰：吕布为奋武将军、仪比三司，犹仪同三司也。封温侯，温县，属河内郡，周大夫苏忿生之邑。共秉朝政。朝，直遥翻。

卓之死也，左中郎将高阳侯蔡邕在王允坐，高阳县，属涿郡；又陈留圉县有高阳亭。坐，徂卧翻。闻之惊叹。允勃然，叱之曰："董卓国之大贼，几亡汉室，几，居希翻。君为王臣，所宜同疾，而怀其私遇，反相伤痛，岂不共为逆哉！"即收付廷尉。邕谢曰："身虽不忠，古今大义，耳所厌闻，口所常玩，岂当背国而向卓也！背，蒲妹翻。愿黥首刖足，继成汉史。"初，邕徙朔方，自徒中上书，乞续汉书诸志，盖其所学所志者在此。士大夫多矜救之，不能得。太尉马日磾谓允曰："伯喈旷世逸才，蔡邕，字伯喈。多识汉事，当续成后史，为一代大典；而所坐至微，诛之，无乃失人望乎！"允曰："昔武帝不杀司马迁，使作谤书流于后世。贤曰：凡史官记事，善恶必书。谓迁所记但是汉家不善之事，皆为谤也，非独指武帝之身，即高祖善家令之言、武帝算缗榷酤之类是也。班固集云：史迁著书成一家之言，至以身陷刑。故微文讥刺，贬损当世，非义士也。方今国祚中衰，中，竹仲翻。戎马在郊，不可令佞臣执笔在幼主左右，既无益圣德，复使吾党蒙其讪议。"复，扶又翻。日磾退而告人曰："王公其无后乎！善人，国之纪也；制作，国之典也；灭纪废典，其能久乎！"邕遂死狱中。

初，黄门侍郎荀攸与尚书郑泰、侍中种辑等谋曰："董卓骄忍无亲，虽资强兵，实一匹夫耳，可直刺杀也。"刺，七亦翻。考异曰：魏志云，"攸与何颙、伍琼同谋。"按颙、琼死已久，恐误。事垂就而觉，收攸系狱，泰逃奔袁术。攸言语饮食自若，会卓死，得免。

6 青州黄巾寇兖州，刘岱欲击之，济北相鲍信谏曰："今贼众百万，百姓皆震恐，士卒无斗志，不可敌也。然贼军无辎重，唯以钞略为资，重，直用翻。今不若畜士众之力，先为固守；彼欲战不得，攻又不能，其势必离散，然后选精锐，据要害，击之可破也。"岱不从，遂与战，果为所杀。

曹操部将东郡陈宫谓操曰："州今无主，而王命断绝，宫请说州中纲纪，纲纪，即谓州别驾及治中诸从事也。说，输芮翻；下同。明府寻往牧之，牧之，谓为州牧。资之以收天下，此霸王之业也。"宫因往说别驾、治中曰："今天下分裂而州无主；曹东郡，命世之才也，若迎以牧州，必宁生民。”鲍信等亦以为然，乃与州吏万潜等至东郡，迎操领兖州刺史。操遂进兵击黄巾于寿张东，不利。贼众精悍，悍，下罕翻，又侯旰翻。操兵寡弱，操抚循激励，明设赏罚，承间设奇，间，古苋翻。昼夜会战，战辄禽获，贼遂退走。鲍信战死，操购求其丧不得，乃刻木如信状，祭而哭焉。诏以京兆金尚为兖州刺史，将之部，操逆击之，尚奔袁术。为后建安二年尚不屈于术张本。

7 五月，考异曰：范书，“丁酉，大赦”，袁纪，“丁未，大赦”。按是年正月，丁丑，大赦；及李傕求赦，王允曰：“一岁不再赦。”然则五月必无赦也。以征西将军皇甫嵩为车骑将军。

8 初，吕布劝王允尽杀董卓部曲，允曰：“此辈无罪，不可。”布欲以卓财物班赐公卿、将校，允又不从。允素以剑客遇布，布负其功劳，多自夸伐，既失意望，渐不相平。允性刚棱疾恶，贤曰：棱，威棱也，音力登翻。余谓棱，方棱也；刚棱，犹言刚方。初惧董卓，故折节下之。下，遐稼翻。卓既歼灭，自谓无复患难，歼，息廉翻。复，扶又翻。难，乃旦翻。颇自骄傲，以是群下不甚附之。

允始与士孙瑞议，特下诏赦卓部曲，既而疑曰：“部曲从其主耳。今若名之恶逆而赦之，恐适使深自疑，非所以安之也。”乃止。又议悉罢其军，或说允曰：“凉州人素惮袁氏而畏关东，今若一旦解兵开关，必人人自危。可以皇甫义真为将军，就领其众，因使留陕以安抚之。”允曰：“不然。关东举义兵者，皆吾徒也，今若距险屯陕，虽安凉州，而疑关东之心，不可也。”陕，失冉翻。

时百姓讹言当悉诛凉州人，卓故将校遂转相恐动，皆拥兵自守，将，即亮翻。校，户教翻。更相谓曰：“蔡伯喈但以董公亲厚尚从坐；今既不赦我曹而欲使解兵，今日解兵，明日当复为鱼肉矣。”更，工衡翻。复，扶又翻。吕布使李肃至陕，以诏命诛牛辅，辅等逆与肃战，肃败，走弘农，布诛杀之。辅恇怯失守，恇，去王翻。会营中无故自惊，辅欲走，为左右所杀。李傕等还，傕等自陈留、颍川还也。辅已死，傕等无所依，遣使诣长安求赦。王允曰：“一岁不可再赦。”不许。傕等益惧，不知所为，欲各解散，间行归乡里，间，古苋翻。讨虏校尉武威贾诩曰：“诸君若弃军单行，则一亭长能束君矣；长，知两翻。不如相率而西，以攻长安，为董公报仇，为，于伪翻。事济，奉国家以正天下；若其不合，不合，谓事不济，不与本计合也。走未晚也。”傕等然之，乃相与结盟，率军数千，晨夜西行。王允以胡文才、杨整修皆凉州大人，贤曰：大人，谓大家豪右。又曰：大人，长老之称，言尊事之也。召使东，解释之，不假借以温颜，谓曰：“关东鼠子，欲何为邪？卿往呼之！”于是二人往，实召兵而还。

傕随道收兵，比至长安，比，必寐翻，及也。已十馀万，与卓故部曲樊稠、李蒙等合围长安城，城峻不可攻，守之八日。考异曰：魏志云十日，今从范书。吕布军有叟兵内反，贤曰：叟兵即蜀兵也；汉代谓蜀为叟。六月，戊午，引傕众入城，放兵虏掠。布与战城中，不胜，将数百骑以卓头系马鞍出走，驻马青琐门外，卫瓘曰：青琐，户边青镂也。一曰：天子门内有眉格再重，里青画曰琐。招王允同去。允曰：“若蒙社稷之灵，上安国家，吾之愿也；如其不获，则奉身以死之。朝廷幼少，朝廷，谓天子也。恃我而已，临难苟免，吾不忍也。难，乃旦翻。努力谢关东诸公，勤以国家为念！”太常种拂曰：“为国大臣，不能禁暴御侮，使白刃向宫，去将安之！”遂战而死。

傕、汜屯南宫掖门，杀太仆鲁馗、馗，音逵。大鸿胪周奂、胪，陵如翻。城门校尉崔烈、越骑校尉王颀，颀，音祈。吏民死者万馀人，狼籍满道。王允扶帝上宣平门避兵，三辅黄图曰：长安城东面北头门号宣平门。上，时掌翻。傕等于城门下伏地叩头，帝谓傕等曰："卿等放兵纵横，欲何为乎？"横，户孟翻。傕等曰："董卓忠于陛下，而无故为吕布所杀，臣等为卓报雠，为，于伪翻。非敢为逆也。请事毕诣廷尉受罪。"傕等围门楼，共表请司徒王允出，问"太师何罪？"允穷蹙，乃下见之。己未，赦天下，以李傕为扬武将军，郭汜为扬烈将军，扬武将军始于建武之初，马成为之。扬烈将军盖始于是时。樊稠等皆为中郎将。傕等收司隶校尉黄琬，杀【章：甲十一行本"杀"上有"下狱"二字；乙十一行本同。】之。

初，王允以同郡宋翼为左冯翊，王宏为右扶风，允，太原人。傕等欲杀允，恐二郡为患，乃先征翼、宏。宏遣使谓翼曰："郭汜、李傕以我二人在外，故未危王公，危，谓杀也。今日就征，明日俱族，计将安出？"翼曰："虽祸福难量，量，音良。然王命，所不得避也！"宏曰："关东义兵鼎沸，欲诛董卓，今卓已死，其党与易制耳。易，以豉翻。若举兵共讨傕等，与山东相应，此转祸为福之计也。"翼不从，宏不能独立，遂俱就征。甲子，傕收允及翼、宏，并杀之；允妻子皆死。宏临命诟曰：诟，许候翻，又古候翻，怒骂也。"宋翼竖儒，不足议大计！"贤曰：竖者，言贱劣如僮竖。傕尸王允于市，莫敢收者，故吏平陵令京兆赵戬弃官收而葬之。戬，子践翻。始，允自专讨卓之劳，士孙瑞归功不侯，故得免于难。难，乃旦翻。

臣光曰：易称"劳谦君子有终吉"，易系辞曰：劳而不伐，有功而不德，厚之至也。语以其功下人者也。德言盛，礼言恭。谦也者，致恭以存其位者也。程颐注曰：有劳而能谦，又须君子行之，有终则吉。夫乐高喜胜，人之常情。平时能谦，固已鲜矣，况有功劳可尊乎！虽使知谦之善，勉而为之，若矜负之心不忘，则不能常久，欲其有终不可得也。惟君子安履谦顺，故久而不变，乃所谓有终则吉也。士孙瑞有功不伐，以保其身，可不谓之智乎！

9 傕等以贾诩为左冯翊，欲侯之，诩曰："此救命之计，何功之有！"固辞不受。又以为尚书仆射，诩曰："尚书仆射，官之师长，长，知两翻。天下所望，诩名不素重，非所以服人也。"乃以为尚书。

10 吕布自武关奔南阳，袁术待之甚厚。布自恃有功于袁氏，谓杀董卓为袁氏报仇也。恣兵钞掠。钞，楚交翻。术患之，布不自安，去从张杨于河内。李傕等购求布急，布又逃归袁绍。

11 丙子，以前将军赵谦为司徒。

12 秋，七月，庚子，以太尉马日磾为太傅，录尚书事；磾，丁奚翻。八月，以车骑将军皇甫嵩为太尉。

13 诏太傅马日磾、太仆赵岐杖节镇抚关东。

14 九月，以李傕为车骑将军、领司隶校尉、假节；郭汜为后将军，樊稠为右将军，张济为骠骑将军，皆封侯。骠，匹妙翻。傕、汜、稠筦朝政，筦，与管同。济出屯弘农。

15 司徒赵谦罢。

16 甲申，以司空淳于嘉为司徒，光禄大夫杨彪为司空，录尚书事。

17 初，董卓入关，说韩遂、马腾与共图山东。说，输芮翻。遂、腾率众诣长安。会卓死，李傕等以遂为镇西将军，遣还金城；腾为征西将军，遣屯郿。晋书职官志曰：四征起于汉代，四镇通于柔远。

18 冬，十月，荆州刺史刘表遣使贡献。以表为镇南将军荆州牧，封成武侯。成武县，前汉属山阳郡，后汉属济阴郡。

19 十二月，太尉皇甫嵩免，以光禄大夫周忠为太尉，参录尚书事。

20 曹操追黄巾至济北，悉降之，济，子礼翻。降，户江翻。得戎卒三十馀万，男女百馀万口，收其精锐者，号青州兵。所降者青州黄巾也，故号青州兵。

操辟陈留毛玠为治中从事，玠言于操曰："今天下分崩，乘舆播荡，生民废业，饥馑流亡，公家无经岁之储，百姓无安固之志，难以持久。夫兵义者胜，魏相尝引是言。守位以财，易大传曰：何以聚人，曰财；何以守位，曰仁。宜奉天子以令不臣，修耕植以畜军资，操之所以芟群雄者，在迎天子都许、屯田积谷而已；二事乃玠发其谋也。如此，则霸王之业可成也。"操纳其言，遣使诣河内太守张杨，欲假涂西至长安；杨不听。

定陶董昭说杨曰：说，输芮翻。"袁、曹虽为一家，势不久群。曹今虽弱，然实天下之英雄也，当故结之。故者，结交之因也，谓因事而结之。况今有缘，宜通其上事，上，时掌翻；下同。并表荐之，若事有成，永为深分。"分，扶问翻，契分也。杨于是通操上事，仍表荐操。昭为操作书与李傕、郭汜等，为，于伪翻。各随轻重致殷勤。

傕、汜见操使，以为关东欲自立天子，今曹操虽有使命，非其诚实，使，疏吏翻。议留操使。黄门侍郎钟繇说傕、汜曰："方今英雄并起，各矫命专制，唯曹兖州乃心王室，而逆其忠款，非所以副将来之望也！"傕、汜乃厚加报答。当是时，董昭在河内，钟繇在长安，操不能使也，而各为操道地，盖闻其雄略，先为效用以自结也。繇，皓之曾孙也。钟皓见五十三卷桓帝建和三年。

21 徐州刺史陶谦与诸守相共奏记，推朱俊为太师，守，式又翻。相，悉亮翻。因移檄牧伯，欲以同讨李傕等，奉迎天子。会李傕用太尉周忠、尚书贾诩策，征俊入朝，俊乃辞谦议而就征，复为太仆。

22 公孙瓒复遣兵击袁绍，至龙凑，龙凑，地名，在平原界。汉晋春秋载绍与瓒书曰："龙河之师，羸兵前诱，大兵未济，而足下胆破众散，不鼓而败。”则龙凑盖河津也。详味绍书，龙凑宜在勃海界。又袁谭军龙凑，曹操攻之，拔平原，走保南皮，盖在平原界也。复，扶又翻；下同。绍击破之。瓒遂还幽州，不敢复出。

23 扬州刺史汝南陈温卒，袁绍使袁遗领扬州；袁术击破之，遗走至沛，为兵所杀。术以下邳陈瑀为扬州刺史。考异曰：献帝纪，“四年，三月，袁术杀陈温，据淮南。”魏志术传云：“术杀温，领其州。”裴松之按：英雄记，温自病死，不为术所杀。九州春秋曰：“初平三年，扬州刺史陈祎死，术以瑀领扬州。”盖陈祎当为陈温，实以三年卒，今从之。

四年（癸酉、一九三）

1 春，正月，甲寅朔，日有食之。

2 丁卯，赦天下。考异曰：袁纪，五月丁卯赦。今从范书。

3 曹操军甄城。甄城县，属济阴郡。贤曰：今濮州县也。甄，音绢，蜀本作“鄄”，为是。【章：甲十一行本正作“鄄”；乙十一行本同；张校同。】袁术为刘表所逼，引兵屯封丘，黑山别部及匈奴於扶罗皆附之。曹操击破术军，遂围封丘；术走襄邑，又走宁陵。封丘、襄邑二县属陈留郡；宁陵县属梁国。宋白曰：封丘，古封国之地，左传所谓“封父之繁弱”是也，汉为封丘县。宁陵县，古宁城，汉高祖改为宁陵县。操追击，连破之。术走九江，扬州刺史陈瑀拒术不纳。术退保阴陵，集兵于淮北，复进向寿春；阴陵、寿春二县，皆属九江郡。寿春，扬州刺史治所。复，扶又翻。瑀惧，走归下邳，术遂领其州，兼称徐州伯。李傕欲结术为援，以术为左将军，封阳翟侯，阳翟县，属颍川郡。假节。

4 袁绍与公孙瓒所置青州刺史田楷连战二年，士卒疲困，粮食并尽，互掠百姓，野无青草。绍以其子谭为青州刺史，楷与战，不胜。会赵岐来和解关东，瓒乃与绍和亲，各引兵去。

5 三月，袁绍在薄落津。续汉志，安平国经县西有漳水津，名薄落津。巨鹿郡廮陶县有薄落亭。水经注，漳水径钜鹿县故城西，水有故津，谓之薄落津。魏郡兵反，与黑山贼于毒等数万人共覆邺城，杀其太守。绍还屯斥丘。斥丘县，属巨鹿郡。贤曰：故城在今相州成安县东南。十三州志云：土地斥卤，故云斥丘。

6 夏，曹操还军定陶。

7 徐州治中东海王朗及别驾琅邪赵昱说刺史陶谦曰："求诸侯莫如勤王，左传晋大夫狐偃之言。说，输芮翻。今天子越在西京，宜遣使奉贡。"谦乃遣昱奉章至长安。诏拜谦徐州牧，加安东将军，封溧阳侯。溧阳县属丹阳郡。以昱为广陵太守，朗为会稽太守。

是时，徐方百姓殷盛，古语多谓州为方，故八州八伯谓之方伯。书曰"惟此陶唐，有此冀方"，诗曰"徐方不庭"是也。谷实差丰，流民多归之。而谦信用谗邪，疏远忠直，远，于愿翻。刑政不治，由是徐州渐乱。许劭避地广陵，谦礼之甚厚，劭告其徒曰："陶恭祖外慕声名，内非真正，陶谦，字恭祖。待吾虽厚，其势必薄。"遂去之。后谦果捕诸寓士，人乃服其先识。

8 六月，扶风大雨雹。雨，于具翻。

9 华山崩裂。华，户化翻。

10 太尉周忠免，以太仆朱俊为太尉，录尚书事。

11 下邳阙宣聚众数千人，贤曰：风俗通曰：阙，姓也，承阙党童子之后；纵横家有阙子著书。自称天子；陶谦击杀之。考异曰：范书谦传作"阎宣"。今从魏志武纪及谦传。魏武纪又曰："谦与宣共举兵，取泰山华、费，掠任城。"谦传亦云："谦始与合从，后遂杀之，并其众。"按谦据有徐州，托义勤王，何借宣数千之众而与之合从！盖谦别将与宣共袭曹嵩，故曹操以此为谦罪而伐之耳。

12 大雨，昼夜二十馀日，漂没民居。

13 袁绍出军入朝歌鹿肠山，朝歌县，属河内郡。贤曰：朝歌故城在今卫县西。续汉志曰：朝歌有鹿肠山。讨于毒，围攻五日，破之，斩毒及其众万馀级。绍遂寻山北行，进击诸贼左髭丈八等，皆斩之。又击刘石、青牛角、黄龙左校、郭大贤、李大目、于氐根等，复斩数万级，皆屠其屯壁。遂与黑山贼张燕及四营屠各、雁门乌桓战于常山。复，扶又翻。屠，直于翻。屠各，匈奴种。燕精兵数万，骑数千匹。绍与吕布共击燕，连战十馀日，燕兵死伤虽多，绍军亦疲，遂俱退。

吕布将士多暴横，横，户孟翻。绍患之，布因求还雒阳。绍承制以布领司隶校尉，遣壮士送布，而阴图之。布使人鼓筝于帐中，说文：筝，乐也，鼓弦竹身。十三弦，蒙恬所造。一说：秦人薄义，父子争瑟而分之，因以为名。按筝制与瑟同，瑟二十五弦而筝十三弦，故云然。风俗通：筝，秦声，五弦、筑身。筝者，上圆象天，下平象地，中空准六合，弦柱十二拟十二月，乃仁智之器也。今并、凉二州筝形如瑟，不知谁改也。释名：筝，施弦高，筝筝然，音争。密亡去，送者夜起，斫帐被皆坏。明旦，绍闻布尚在，惧，闭城自守。布引军复归张杨。

14 前太尉曹嵩避难在琅邪，难，乃旦翻。其子操令泰山太守应劭迎之。嵩辎重百馀两，重，直用翻。两，音亮。陶谦别将守阴平，阴平县，属东海郡。贤曰：故城在今沂州承县西南。士卒利嵩财宝，掩袭嵩于华、费间，杀之，前汉志，华、费二县皆属泰山郡。续汉志，泰山有费县，无华县，盖并省也。水经：时水南过华县东，又南过费县东，入沂。贤曰：费县故城，在费县东北。费，音秘。并少子德。秋，操引兵击谦，攻拔十馀城，至彭城，大战，谦兵败，走保郯。郯县，属东海郡，徐州刺史治所。

初，京、雒遭董卓之乱，民流移东出，多依徐土，遇操至，坑杀男女数十万口于泗水，水为不流。为，于伪翻。

操攻郯不能克，乃去，攻取虑、睢陵、夏丘，三县皆属下邳国。杜佑曰：泗州下邳县北有汉武原故城，又北有郯县故城。睢陵故城在下邳东南。夏丘，尧封禹为夏伯，邑于此，汉为夏丘县。师古曰：取，音趋，又音秋。虑，音庐。睢，音虽。夏，户雅翻。皆屠之，鸡犬亦尽，墟邑无复行人。

15 冬，十月，辛丑，京师地震。

16 有星孛于天市。孛，蒲内翻。

17 司空杨彪免。丙午，以太常赵温为司空，录尚书事。

18 刘虞与公孙瓒积不相能，瓒数与袁绍相攻，数，所角翻；下同。虞禁之，不可，而稍节其禀假。瓒怒，屡违节度，又复侵犯百姓。虞不能制，乃遣驿使奉章陈其暴掠之罪，瓒亦上虞禀粮不周。上，时掌翻。二奏交驰，互相非毁，朝廷依违而已。依违，言甲奏上则依甲而违乙，乙奏上则依乙而违甲，无决然之是非也。瓒乃筑小城于蓟城东南以居之，蓟县，属广阳国，幽州牧所治也。蓟，音计。虞数请会，瓒辄称病不应；虞恐其终为乱，乃率所部兵合十万人以讨之。时瓒部曲放散在外，仓卒掘东城欲走。卒，与猝同。虞兵无部伍，不习战，又爱民庐舍，敕不听焚烧，戒军士曰："无伤馀人，杀一伯珪而已。"公孙瓒，字伯珪。攻围不下。瓒乃简募锐士数百人，因风纵火，直冲突之，虞众大溃。虞与官属北奔居庸，居庸县，属上谷郡。胡峤曰：自幽州西北入居庸关。宋祁曰：唐妫州怀戎县东南五十里有居庸塞，东连卢龙、碣石，西属太行、常山，实天下之险。瓒追攻之，三日，城陷，执虞并妻子还蓟，犹使领州文书。会诏遣使者段训增虞封邑，督六州事；拜瓒前将军，封易侯。易县，前汉属涿郡，后汉省。瓒乃诬虞前与袁绍等谋称尊号，胁训斩虞及妻子于蓟市。故常山相孙瑾、掾张逸、张瓒等相与就虞，骂瓒极口，然后同死。掾，俞绢翻。瓒传虞首于京师，故吏尾敦于路劫虞首，归葬之。贤曰：尾，姓；敦，名。余按古有尾生。虞以恩厚得众心，北州百姓流旧莫不痛惜。流者，他州人流入幽州者也；旧者，旧著籍幽州者也。

初，虞欲遣使奉章诣长安，而难其人，众咸曰："右北平田畴，年二十二，年虽少，少，诗照翻。然有奇材。"虞乃备礼，请以为掾。具车骑将行，畴曰："今道路阻绝，寇虏纵横，称官奉使，为众所指。愿以私行，期于得达而已。"虞从之。畴乃自选家客二十骑，俱上西关，出塞，傍北山，傍，步浪翻。西关，即居庸关。北山，即阴山。直趣朔方，循间道至长安致命。趣，七喻翻。间，古苋翻。

诏拜畴为骑都尉。畴以天子方蒙尘未安，不可以荷佩荣宠，荷，下可翻。固辞不受。得报，驰还，比至，虞已死，比，必寐翻。畴谒祭虞墓，陈发章表，章表，当依下文作章报。哭泣而去。公孙瓒怒，购求获畴，谓曰："汝不送章报我，何也？"畴曰："汉室衰颓，人怀异心，唯刘公不失忠节。章报所言，于将军未美，恐非所乐闻，乐，音洛。故不进也。且将军既灭无罪之君，又雠守义之臣，畴恐燕、赵之士皆将蹈东海而死，莫有从将军者也。"瓒乃释之。

畴北归无终，无终县，属右北平郡，春秋无终子之国，畴盖其县人。宋白曰：无终，唐为蓟州玉田县。率宗族及他附从者数百人，扫地而盟曰："君仇不报，吾不可以立于世！"遂入徐无山中，徐无县，属右北平郡，有徐无山。营深险平敞地而居，躬耕以养父母，养，羊亮翻。百姓归之，数年间至五千馀家。畴谓其父老曰："今众成都邑，而莫相统一，又无法制以治之，治，直之翻。恐非久安之道。畴有愚计，愿与诸君共施之，可乎？"皆曰："可！"畴乃为约束，相杀伤、犯盗、诤讼者，诤，读曰争。晋王沈释时论：阘茸勇敢于饕诤。叶韵平声。随轻重抵罪，重者至死，凡一十馀条。又制为婚姻嫁娶之礼，与学校讲授之业，校，户教翻。班行于众，众皆便之，至道不拾遗。北边翕然服其威信，乌桓、鲜卑各遣使致馈，畤悉抚纳，令不为寇。

19 十二月，辛丑，地震。

20 司空赵温免。乙巳，以卫尉张喜为司空。

张政烺标点容肇祖聂崇岐覆校

资治通鉴卷第六十一

翰林学士兼侍读学士朝散大夫右谏议大夫
知制诰判尚书都省兼提举万寿观公事上护军 司马光 奉敕编集
河内郡开国侯食邑一千三百户赐紫金鱼袋臣
后学天台胡三省音注

汉纪五十三 起阏逢阉茂(甲戌),尽旃蒙大渊献(乙亥),凡二年。

孝献皇帝丙

兴平元年(甲戌、一九四)

1春,正月,辛酉,赦天下。

2甲子,帝加元服。

3二月,戊寅,有司奏立长秋宫。诏曰:"皇妣宅兆未卜,孝经:卜其宅兆而安厝之。兆,茔域也。何忍言后宫之选乎!"壬午,三公奏改葬皇妣王夫人,追上尊号曰灵怀皇后。王夫人死,见五十八卷灵帝光和四年。皇后纪曰:改葬文昭陵。上,时掌翻。

4陶谦告急于田楷,楷与平原相刘备救之。备自有兵数千人,谦益以丹阳兵四千,备遂去楷归谦,谦表为豫州刺史,屯小沛。沛国,治相县,而沛自为县,属沛国,时人谓沛县为小沛。由此时呼备为刘豫州。豫州刺史本治谯,备领刺史而屯小沛。按此时又有豫州刺史郭贡,朝命不行,私相署置者也。曹操军食亦尽,引兵还。

5马腾私有求于李傕,傕,古岳翻。不获而怒,欲举兵相攻;

帝遣使者和解之，不从。韩遂率众来和腾、傕，既而复与腾合。遂知傕之不足与也。复，扶又翻。谏议大夫种邵、种，音冲。侍中马宇、左中郎将刘范谋使腾袭长安，己为内应，以诛傕等。壬申，腾、遂勒兵屯长平观。观，古玩翻。邵等谋泄，出奔槐里。傕使樊稠、郭汜及兄子利击之，腾、遂败走，还凉州。又攻槐里，邵等皆死。庚申，诏赦腾等。傕等力不能制腾、遂，因下诏赦之。夏，四月。以腾为安狄将军，遂为安降将军。二将军号，一时暂置耳，后世不复置。降，户江翻。

6 曹操使司马荀彧、寿张令程昱守甄城，甄城县，属济阴郡。水经注曰：沇州旧治。魏武创业始于此。河上之邑，最为峻固。甄，当作"鄄"。续汉志：兖州刺史治昌邑。宋白曰：汉献帝于鄄城置兖州。盖曹操以刺史始治此。复往攻陶谦，复，扶又翻。遂略地至琅邪、东海，所过残灭。还，击破刘备于郯东。谦恐，欲走归丹阳。谦，丹阳人也。会陈留太守张邈叛操迎吕布，操乃引军还。还，从宣翻，又如字。

初，张邈少时，好游侠，少，诗照翻。好，呼到翻。侠，户颊翻。袁绍、曹操皆与之善。及绍为盟主，有骄色，盟主，事见五十九卷初平元年。邈正议责绍；绍怒，使操杀之。操不听，曰："孟卓，亲友也，是非当容之。今天下未定，奈何自相危也！"操之前攻陶谦，见上卷上年。志在必死，敕家曰："我若不还，往依孟卓。"后还见邈，垂泣相对。泣，垂泪也。

陈留高柔谓乡人曰："曹将军虽据兖州，本有四方之图，未得安坐守也。而张府君恃陈留之资，将乘间为变，间，古苋翻。欲与诸君避之，何如？"众人皆以曹、张相亲，柔又年少，不然其言。柔从兄干自河北呼柔，柔举宗从之。高干从袁绍在河北。

吕布之舍袁绍从张杨也，事见上卷上年。过邈，过，工禾翻。临别，把手共誓；绍闻之，大恨。邈畏操终为绍杀己也，为，于伪翻。心不自安。前九江太守陈留边让尝讥议操，操闻而杀之，并其妻子。让素有才名，由是兖州士大夫皆恐惧。陈宫性刚直壮烈，内亦自疑，乃与从事中郎许汜、王楷及邈弟超共谋叛操。宫说邈曰：说，输芮翻；下同。"今天下分崩，雄杰并起，君以千里之众，当四战之地，抚剑顾盼，亦足以为人豪，而反受制于人，不亦鄙乎！今州军东征，谓操兵征徐州也。其处空虚，吕布壮士，善战无前，若权迎之，共牧兖州，观天下形势，俟时事之变，此亦纵横之一时也。"纵，子容翻。邈从之。

时操使宫将兵留屯东郡，遂以其众潜迎布为兖州牧。布至，邈乃使其党刘翊告荀彧曰："吕将军来助曹使君击陶谦，宜亟供其军食。"众疑惑，彧知邈为乱，即勒兵设备，急召东郡太守夏侯惇于濮阳；惇来，布遂据濮阳。濮，博木翻。时操悉军攻陶谦，留守兵少，少，诗沼翻。而督将、大吏多与邈、宫通谋，督将，领兵；大吏，通掌州郡事者。将，即亮翻。惇至，其夜，诛谋叛者数十人，众乃定。

豫州刺史郭贡率众数万来至城下，或言与吕布同谋，众甚惧。贡求见荀彧，彧将往，惇等曰："君一州镇也，谓一州倚之为重也。往必危，不可。"彧曰："贡与邈等，分非素结也，分，扶问翻。今来速，计必未定，及其未定说之，纵不为用，可使中立。贤曰：不令其有所去就也。说，输芮翻；下同。若先疑之，彼将怒而成计。"贡见彧无惧意，谓鄄城未易攻，易，以豉翻。遂引兵去。

是时，兖州郡县皆应布，唯鄄城、范、东阿不动。贤曰：范县属东郡，今濮阳县。东阿县属东郡，今济州县也。布军降者言："陈宫欲自将兵取东阿，又使氾嶷取范。"降，户江翻。氾，符咸翻。皇甫谧云：本姓凡氏，遭秦乱，避地于氾水，因氏焉。嶷，鄂力翻。吏民皆恐。

程昱本东阿人，或谓昱曰："今举州皆叛，唯有此三城，宫等以重兵临之，非有以深结其心，三城必动。君，民之望也，宜往抚之。"昱乃归过范，说其令靳允曰：过，工禾翻。说，输芮翻。靳，居焮翻，姓也。战国楚有幸臣靳尚。"闻吕布执君母、弟、妻子，孝子诚不可为心。今天下大乱，英雄并起，必有命世能息天下之乱者，此智者所宜详择也。得主者昌，失主者亡。陈宫叛迎吕布而百城皆应，似能有为；然以君观之，布何如人哉？夫布粗中少亲，刚而无礼，匹夫之雄耳。宫等以势假合，不能相君也；相，如字。言不能相与定君臣之分也。兵虽众，终必无成。曹使君智略不世出，殆天所授；君必固范，我守东阿，则田单之功可立也。田单，事见五卷周赧王三十六年。孰与违忠从恶而母子俱亡乎？唯君详虑之！"允流涕曰："不敢有贰心。"时氾嶷已在县，允乃见嶷，伏兵刺杀之，刺，七亦翻。归，勒兵自守。

徐众评曰：允于曹公未成君臣；母至亲也，于义应去。卫公子开方仕齐，积年不返，管仲以为不怀其亲，安能爱君！齐桓公问管仲曰："开方何如？"对曰："弃亲以适君，非人情，难亲。"是以求忠臣必于孝子之门；允宜先救至亲。徐庶母为曹公所得，刘备遣庶归北，欲为天下者恕人子之情也；事见后六十五卷建安十三年。曹公亦宜遣允。

7 昱又遣别骑绝仓亭津，水经注：河水过东阿县北。河水于范县东北流，为仓亭津。述征记曰：仓亭津在范县界，去东阿六十里。陈宫至，不得渡。昱至东阿，东阿令颍川枣祗已率厉吏民拒城坚守，颍川文士传：枣氏本姓棘，避难改焉。卒完三城以待操。卒，子恤翻。操还，执昱手曰："微子之力，吾无所归矣。"表昱为东平相，屯范。吕布攻鄄城不能下，西屯濮阳。曹操曰："布一旦得一州，不能据东平，断亢父、泰山之道，乘险要我，东平国，当亢父、泰山之道。亢父本属东平，章帝元和元年，分属任城。贤曰：亢父故城在今兖州任城县。断，丁管翻。亢父，音抗甫。要，一遥翻。而乃屯濮阳，吾知其无能为也。”乃进攻之。

8 五月，以扬武将军郭汜为后将军，安集将军樊稠为右将军，安集将军，亦一时暂置。并开府如三公，合为六府，时太傅马日磾出使，李傕以车骑将军开府，汜、稠又开府，与三公合为六府。皆参选举。李傕等各欲用其所举，若一违之，便忿愤喜怒，主者患之，乃以次第用其所举。主者，盖尚书也。先从傕起，汜次之，稠次之，三公所举，终不见用。

9 河西四郡以去凉州治远，隔以河寇，凉州刺史本治汉阳郡冀县，时寇贼繁兴，遂与河西隔绝。河寇盖群盗阻河为寇者。上书求别置州。六月，丙子，诏以陈留邯郸商为雍州刺史，典治之。风俗通：邯郸以国为姓。余谓邯郸非国也，盖以邑为姓。左传，晋有邯郸午。时置雍州，治武威。治，直之翻。

10 丁丑，京师地震；戊寅，又震。

11 乙酉晦，日有食之。

12 秋，七月，壬子，太尉朱俊免。

13 戊午，以太常杨彪为太尉，录尚书事。

14 甲子，以镇南将军杨定为安西将军，开府如三公。

15 自四月不雨至于是月，谷一斛直钱五十万，长安中人相食。帝令侍御史侯汶出太仓米豆为贫人作糜，汶，音闻。糜，粥也。为，于伪翻。饿死者如故。帝疑禀赋不实，禀，给也。赋，与也。取米豆各五升于御前作糜，得二盆。乃杖汶五十，于是悉得全济。观此，则献帝非昏蔽而无知也，然终以失天下者，威权去己而小惠不足以得民也。

16 八月，冯翊羌寇属县，郭汜、樊稠等率众破之。

17 吕布有别屯在濮阳西，曹操夜袭破之，未及还；会布至，身自搏战，自旦至日昳，昳，徒结翻，日昃也。数十合，相持甚急。操募人陷陈，陈，读曰阵。司马陈留典韦将应募者进当之，典姓，韦名。布弓弩乱发，矢至如雨，韦不视，谓等人曰：等人者，立等以募人，及等者，谓之等人。或曰：等人，一等应募之人也。“虏来十步，乃白之。”等人曰：“十步矣。”又曰：“五步乃白。”等人惧，疾言“虏至矣！”韦持戟大呼而起，呼，火故翻。所抵无不应手倒者，布众退。会日暮，操乃得引去；拜韦都尉，令常将亲兵数百人，绕大帐左右。

濮阳大姓田氏为反间，间，古苋翻。操得入城，烧其东门，示无反意。及战，军败，布骑得操而不识，问曰：“曹操何在？”操曰：“乘黄马走者是也。”布骑乃释操而追黄马者。操突火而出，至营，自力劳军，令军中促为攻具，进，复攻之，既自力劳军，又促军进攻者，恐既败之后，士气衰沮也。劳，力到翻。复，扶又翻。与布相守百馀日。蝗虫起，百姓大饿，布粮食亦尽，各引去。九月，操还鄄城。布到乘氏，乘氏县，属济阴郡。应劭曰：春秋，鲁败宋师于乘丘，即其地。宋白曰：今济州巨野县西南五十七里乘氏故城是也。乘，绳证翻。为其县人李进所破，东屯山阳。

冬，十月，操至东阿。袁绍使人说操，欲使操遣家居邺；说，输芮翻。操新失兖州，军食尽，将许之。程昱曰：“意者将军殆临事而惧，不然，何虑之不深也！夫袁绍有并天下之心，而智不能济也；将军自度能为之下乎？度，徒洛翻。将军以龙虎之威，可为之韩、彭邪！今兖州虽残，尚有三城，能战之士，不下万人，以将军之神武，与文若、昱等收而用之，荀彧，字文若。霸王之业可成也，愿将军更虑之！”操乃止。

18 十二月，司徒淳于嘉罢，以卫尉赵温为司徒，录尚书事。

19 马腾之攻李傕也，刘焉二子范、诞皆死。议郎河南庞羲，素与焉善，乃募将焉诸孙入蜀。庞，皮江翻。将，如字，领也，携也，挟也。会天火烧城，焉徙治成都，刘焉初居绵竹。疽发背而卒。说文曰：疸，久痫。州大吏赵韪等贪焉子璋温仁，共上璋为益州刺史，韪，羽鬼翻。上，时掌翻。诏拜颍川扈瑁为刺史。瑁，音冒。璋将沈弥、娄发、甘宁反，击璋，不胜，走入荆州；诏乃以璋为益州牧。璋以韪为征东中郎将，率众击刘表，屯朐䏰。朐䏰县，属巴郡。师古曰：朐，音劬。晋书音义：朐，音蠢。䏰，如允翻。贤曰：朐䏰故城，在今夔州云安县西，万户故城是也。䏰，音闰。刘昫曰：开州盛山县，汉朐䏰地。余据今云安军，汉朐䏰县地，土地下湿，多朐䏰虫，故名。刘禹锡曰：朐䏰，蚯蚓也。裴松之曰：䏰，如振翻。

20 徐州牧陶谦疾笃，谓别驾东海麋竺曰：姓谱：楚大夫受封于南郡麋亭，因以为氏。或言工尹麋之后，以名为氏。"非刘备不能安此州也。"谦卒，竺率州人迎备。备未敢当，曰："袁公路近在寿春，袁术，字公路。君可以州与之。"典农校尉下邳陈登曰：据裴松之注三国志云：陶谦表登为典农校尉。魏志曰：曹公置典农校尉，秩比二千石。盖先已有此官，曹公增其秩耳。"公路骄豪，非治乱之主，治，直之翻。今欲为使君合步骑十万，为，于伪翻。上可以匡主济民，下可以割地守境；观登此言，固未易才也。若使君不见听许，登亦未敢听使君也。"北海相孔融谓备曰："袁公路岂忧国忘家者邪！冢中枯骨，何足介意！据陈寿志，备谓竺等曰："袁公路近在寿春。此君四世五公，君可以州归之。"融言："冢中枯骨，何足介意。"正为四世五公发也。今日之事，百姓与能；天与不取，悔不可追。"易曰：人谋鬼谋，百姓与能。言百姓惟能者是与也。前书曰：天与不取，反受其咎。备遂领徐州。

21 初，太傅马日磾与赵岐俱奉使至寿春，磾，丁奚翻。岐守志不桡，桡，奴教翻。袁术惮之。日磾颇有求于术，术侵侮之，从日磾借节视之，因夺不还，条军中十馀人，使促辟之。日磾从术求去，术留不遣，又欲逼为军师；日磾病其失节，呕血而死。杜预曰：病者，以为己病也。

22 初，孙坚娶钱唐吴氏，生四男策、权、翊、匡及一女。

坚从军于外，留家寿春。策年十馀岁，已交结知名。舒人周瑜与策同年，亦英达夙成，夙，早也。闻策声问，自舒来造焉，便推结分好，造，七到翻。分，扶问翻。推分而结好也。好，呼到翻；下同。劝策徙居舒；策从之。瑜乃推道旁大宅与策，推，吐雷翻。升堂拜母，有无通共。及坚死，策年十七，还葬曲阿；曲阿县，属吴郡。贤曰：今润州县。余据曲阿，古云阳县也。秦时言其地有天子气，始皇凿北坑以败其势，截直道使阿曲，故谓之曲阿。杜佑曰：曲阿，今丹阳郡丹阳县。已乃渡江，居江都，结纳豪俊，有复雠之志。以父坚为黄祖所杀也。

丹阳太守会稽周昕与袁术相恶，会，工外翻。术上策舅吴景领丹阳太守，上，时掌翻。攻昕，夺其郡，以策从兄贲为丹阳都尉。从，才用翻。下贤从同。策以母弟托广陵张纮，径到寿春见袁术，涕泣言曰："亡父昔从长沙入讨董卓，与明使君会于南阳，同盟结好，不幸遇难，勋业不终。事见五十九卷初平元年、二年。难，乃旦翻。策感惟先人旧恩，欲自凭结，愿明使君垂察其诚！"术甚奇之，然未肯还其父兵，谓策曰："孤用贵舅为丹阳太守，贤从伯阳为都尉，舅，谓吴景。孙贲，字伯阳。彼精兵之地，丹阳号为天下精兵处。可还依召募。"策遂与汝南吕范及族人孙河迎其母诣曲阿，依舅氏，因缘召募，得数百人；而为泾县大帅祖郎所袭，泾县，属丹阳郡。贤曰：今宣州县。姓谱：祖，商祖己之后。帅，所类翻。几至危殆，于是复往见术。几，居希翻。复，扶又翻；下同。术以坚馀兵千馀人还策，表拜怀义校尉。策骑士有罪，逃入术营，隐于内厩，策指使人就斩之，讫，诣术谢。谢入术营专杀也。术曰："兵人好叛，当共疾之，好，呼到翻。何为谢也！"由是军中益畏惮之。术初许以策为九江太守，已而更用丹阳陈纪。更，工衡翻。后术欲攻徐州，从庐江太守陆康求米三万斛；康不与。术大怒，遣策攻康，谓曰："前错用陈纪，错，误也。

每恨本意不遂，今若得康，庐江真卿有也。”策攻康，拔之，术复用其故吏刘勋为太守；复，扶又翻。策益失望。

侍御史刘繇，岱之弟也，素有盛名，诏书用为扬州刺史；州旧治寿春，续汉志：扬州本治历阳。盖中世以后徙治寿春也。术已据之，繇欲南渡江，吴景、孙贲迎置曲阿。及策攻庐江，繇闻之，以景、贲本术所置，惧为袁、孙所并，遂构嫌隙，迫逐景、贲；景、贲退屯历阳，历阳县属九江郡，今和州。繇遣将樊能、于麋屯横江，张英屯当利口以拒之。横江渡在今和州，正对江南之采石，即今之杨林渡口。当利浦，在今和州东十二里。术乃自用故吏惠衢为扬州刺史，惠，姓也。战国时梁有惠施。以景为督军中郎将，与贲共将兵击英等。

二年（乙亥、一九五）

1 春，正月，癸丑，赦天下。考异曰：袁纪作“癸酉”。按长历，是月癸卯朔，无癸酉，今从范书。

2 曹操败吕布于定陶。败，补迈翻。

3 诏即拜袁绍为右将军。即拜者，就拜之也。时绍在邺，就邺拜之。考异曰：袁纪作“后将军”。今从范书。

4 董卓初死，三辅民尚数十万户，李傕等放兵劫掠，加以饥馑，二年间，民相食略尽。李傕、郭汜、樊稠各相与矜功争权，欲斗者数矣，数，所角翻。贾诩每以大体责之，虽内不能善，外相含容。

樊稠之击马腾、韩遂也，李利战不甚力，稠叱之曰：“人欲截汝父头，利，傕兄子也，故云然。何敢如此，我不能斩卿邪！”及腾、遂败走，稠追至陈仓，遂语稠曰：语，牛倨翻。“本所争者非私怨，王家事耳。与足下州里人，韩遂，金城人，与樊稠皆凉州人也。欲相与善语而别。”乃俱却骑，前接马，交臂相加，共语良久而别。军还，李利告傕，“韩、樊交马语，不知所道，意爱甚密，”傕亦以稠勇而得众，忌之。稠欲将兵东出关，从傕索益兵。索，山客翻。二月，傕请稠会议，便于坐杀稠。坐，徂卧翻。由是诸将转相疑贰。

傕数设酒请郭汜，数，所角翻。或留汜止宿。汜妻恐汜爱傕婢妾，思有以间之。间，工苋翻。会傕送馈，饷食，曰馈。妻以豉为药，擿以示汜曰：豉，是义翻。擿，他历翻，挑也。“一栖不两雄，我固疑将军信李公也。”以鸡为喻也，一栖而两雄，必斗。他日，傕复请汜，饮大醉，复，扶又翻；下同。汜疑其有毒，绞粪汁饮之，粪汁解众毒。于是各治兵相攻矣。治，直之翻。

帝使侍中、尚书和傕、汜，傕、汜不从。汜谋迎帝幸其营，夜有亡者，告傕。三月，丙寅，傕使兄子暹将数千兵围宫，以车三乘迎帝。暹，息廉翻。将，即亮翻。乘，绳证翻；下同。太尉杨彪曰：“自古帝王无在人家者，诸君举事，奈何如是！”暹曰：“将军计定矣。”于是群臣步从乘舆以出，兵即入殿中，掠宫人、御物。帝至傕营，傕又徙御府金帛置其营，遂放火烧宫殿、官府、民居悉尽。帝复使公卿和傕、汜，汜留杨彪及司空张喜、尚书王隆、光禄勋刘渊、卫尉士孙瑞、太仆韩融、廷尉宣璠、璠，孚袁翻。大鸿胪荣郃、荣，姓也。前书有男子荣畜。姓谱：周荣公之后。郃，曷阁翻，又古合翻。大司农朱儁、将作大匠梁邵、屯骑校尉姜宣等于其营以为质。质，音致；下同。朱儁愤懑发病死。懑，音闷，又音满。

5 夏，四月，甲子，立贵人琅邪伏氏为皇后；以后父侍中完为执金吾。

6 郭汜飨公卿，议攻李傕。杨彪曰：“群臣共斗，一人劫天子，一人质公卿，可行乎！”质，音致。汜怒，欲手刃之。彪曰：“卿尚不奉国家，吾岂求生邪！”中郎将杨密固谏，汜乃止。傕召羌、胡数千人，先以御物缯彩与之，缯，慈陵翻。许以宫人、妇女，欲令攻郭汜。汜阴与傕党中郎将张苞等谋攻傕。丙申，汜将兵夜攻傕门，矢及帝帘帷中，又贯傕左耳。苞等烧屋，火不然。杨奉于外拒汜，汜兵退，苞等因将所领兵归汜。

是日，傕复移乘舆幸北坞，据傕、汜和后，然后帝得出长安宣平门，则此坞盖在长安城中；傕、汜于城中各筑坞而居也。复，扶又翻。使校尉监坞门，监，工衔翻。内外隔绝，侍臣皆有饥色。帝求米五斗、牛骨五具以赐左右。傕曰："朝晡上餅，上，时掌翻。餅，与饭同。何用米为？"乃以臭牛骨与之。帝大怒，欲诘责之。侍中杨琦谏曰："傕自知所犯悖逆，欲转车驾幸池阳黄白城，池阳县，属冯翊。贤曰：故城在今泾阳县西北。水经注曰：黄白城，本曲梁宫也。诘，去吉翻。悖，蒲妹翻，又蒲没翻。臣愿陛下忍之。"帝乃止。司徒赵温与傕书曰："公前屠陷王城，杀戮大臣，今争睚眦之隙，睚，牛懈翻，怒视也。眦，疾智翻，目际也。毛晃曰：厓眦，举目相忤貌，亦作眦，士懈翻。以成千钧之雠，千钧，言重也。朝廷欲令和解，诏命不行，而复欲转乘舆于黄白城，此诚老夫所不解也。乘，绳证翻。解，胡买翻，晓也。于易，一为过，再为涉，三而弗改，灭其顶，凶。易大过上六曰：过，涉，灭顶，凶。温依此而分一再三之义。不如早共和解。"傕大怒，欲杀温，其弟应谏之，数日乃止。据献帝起居注，应，温故掾也。

傕信巫觋厌胜之术，觋，刑狄翻。国语：在女曰巫，在男曰觋。厌，益涉翻。常以三牲祠董卓于省门外；每对帝或言"明陛下"，或言"明帝"，为帝说郭汜无状，为，于伪翻。帝亦随其意应答之。傕喜，自谓良得天子欢心也。良，信也。

闰月，己卯，帝使谒者仆射皇甫郦和傕、汜。考异曰：袁纪"郦"作"丽"。今从范书。郦先诣汜，汜从命；又诣傕，傕不肯，曰："郭多，盗马虏耳，英雄记曰：郭汜，一名多。何敢欲与吾等邪，必诛之！君观吾方略士众，足办郭多否邪？郭多又劫质公卿，质，音致；下同。所为如是，而君苟欲左右之邪！”左右，助也，音佐佑。郦曰：“近者董公之强，将军所知也；吕布受恩而反图之，斯须之间，身首异处，此有勇而无谋也。今将军身为上将，荷国宠荣，荷，下可翻。汜质公卿而将军胁主，谁轻重乎！张济与汜有谋，杨奉，白波贼帅耳，帅，所类翻。犹知将军所为非是，将军虽宠之，犹不为用也。”傕呵之令出。郦出，诣省门，白“傕不肯奉诏，辞语不顺。”天子所居曰禁中，亦曰省中；省门，即禁门也。帝恐傕闻之，亟令郦去。傕遣虎贲王昌呼，欲杀之，昌知郦忠直，纵令去，还答傕，言“追之不及”。

辛巳，以车骑将军李傕为大司马，在三公之右。

7 吕布将薛兰、李封屯巨野，巨野县，属山阳郡，郭周于此置济州。曹操攻之，布救兰等，不胜而走，操遂斩兰等。操军乘氏，乘，绳证翻。以陶谦已死，欲遂取徐州，还乃定布。荀彧曰：“昔高祖保关中，光武据河内，高祖取天下，令萧何守关中；光武经营河北，令寇恂守河内：皆以为王业根本。皆深根固本以制天下，进足以胜敌，退足以坚守，故虽有困败而终济大业。将军本以兖州首事，平山东之难，贤曰：曹操初从东郡守鲍信等迎，领兖州牧，遂进兵破黄巾等，故能平定山东也。余据此时山东犹未尽平，彧夸之耳。难，乃旦翻。百姓无不归心悦服。且河、济，天下之要地也，禹贡：兖州之域。孔安国曰：东南据济，西北距河。济，子礼翻。今虽残坏，犹易以自保，易，以豉翻。是亦将军之关中、河内也，不可以不先定。今已破李封、薛兰，若分兵东击陈宫，宫必不敢西顾，以其间【章：甲十一行本“间”下有“勒兵”二字；乙十一行本同；孔本同；张校同。】收熟麦，约食畜谷，一举而布可破也。破布，然后南结扬州，谓结刘繇也。共讨袁术，以临淮、泗。若舍布而东，舍，读作捨。多留兵则不足用，少留兵则民皆保城，不得樵采，布乘虚寇暴，民心益危，唯甄城、范、卫可全，卫，谓濮阳。杜预曰：濮阳古卫地。“甄”，当作“鄄”。其馀非己之有，是无兖州也。若徐州不定，将军当安所归乎！且陶谦虽死，徐州未易亡也。易，以豉翻。彼惩往年之败，将惧而结亲，结亲，犹言亲结也。相为表里。今东方皆已收麦，必坚壁清野以待将军，攻之不拔，略之无获，不出十日，则十万之众，未战而先自困耳。前讨徐州，威罚实行，谓多所屠戮也。其子弟念父兄之耻，必人自为守，无降心，就能破之，尚不可有也。徐州子弟，既有父兄之雠，必不心服于操，纵破其兵，犹不能有其地也。降，户江翻。夫事故【章：甲十一行本“故”作“固”；乙十一行本同；孔本同。】有弃此取彼者，以大易小可也，以安易危可也，权一时之势，不患本之不固可也。今三者莫利，惟将军熟虑之。”操乃止。

布复从东缗东缗县，属山阳郡，春秋之缗邑也。宋白曰：今济州金乡县，本汉东缗县。复，扶又翻；下同。缗，眉巾翻。与陈宫将万馀人来战，操兵皆出收麦，在者不能千人，屯营不固。屯西有大堤，其南树木幽深，操隐兵堤里，出半兵堤外；布益进，乃令轻兵挑战，挑，徒了翻。既合，伏兵乃悉乘堤，前书音义曰：乘，登也。步骑并追，【章：甲十一行本“追”作“进”；乙十一行本同；孔本同；熊校同。】大破之，追至其营而还。布夜走，操复攻拔定陶，分兵平诸县。布东奔刘备，张邈从布，使其弟超将家属保雍丘。雍丘县，属陈留郡，故杞国也。

布初见备，甚尊敬之，谓备曰：“我与卿同边地人也！布，五原人，备，涿郡人；五原、涿郡皆边地。布见关东起兵，欲诛董卓。布杀卓东出，关东诸将无安布者，皆欲杀布尔。”请备于帐中，坐妇床上，令妇向拜，酌酒饮食，名备为弟。备见布语言无常，外然之而内不悦。

8 李傕、郭汜相攻连月，死者以万数。六月，傕将杨奉谋杀傕，事泄，遂将兵叛傕，傕众稍衰。果如皇甫郦之言。庚午，镇东将军张济自陕至，陕县，属弘农，张济初平三年出戍焉。陕，式冉翻。欲和傕、汜，迁乘舆权幸弘农。乘，绳证翻；下同。帝亦思旧京，谓雒阳也。遣使宣谕，十反，汜、傕许和，欲质其爱子。质，音致；下同。傕妻爱其男，和计未定，而羌、胡数来窥省门，数，所角翻。曰："天子在此中邪！李将军许我宫人，今皆何在？"帝患之，使侍中刘艾谓宣义将军贾诩曰：宣义将军，亦一时暂置。"卿前奉职公忠，故仍升荣宠；今羌、胡满路，宜思方略。"诩乃召羌、胡大帅饮食之，帅，所类翻。饮，于禁翻。食，读曰饲。许以封赏，羌、胡皆引去，傕由此单弱。于是复有言和解之计者，复，扶又翻。傕乃从之，各以女为质。

秋，七月，甲子，车驾出宣平门，宣平门，长安城东出北头第一门。当渡桥，汜兵数百人遮桥曰："此天子非也？"车不得前。傕兵数百人，皆持大戟在乘舆车前，兵欲交，侍中刘艾大呼曰："是天子也！"使侍中杨琦高举车帷，帝曰："诸君【章：甲十一行本"君"作"兵"；乙十一行本同。】何敢迫近至尊邪？"呼，火故翻。近，其靳翻。汜兵乃却。既渡桥，士众皆称万岁。夜到霸陵，从者皆饥，从，才用翻。张济赋给各有差。傕出屯池阳。

丙寅，以张济为票骑将军，开府如三公；票，匹妙翻。郭汜为车骑将军，杨定为后将军，杨奉为兴义将军：皆封列侯。以杨奉自白波贼帅勤王，故以兴义宠之。又以故牛辅部曲董承为安集将军。蜀志曰：承，献帝舅也。裴松之曰：承，灵帝母董太后之侄，于献帝为丈人；盖古无丈人之名，故谓之舅也。

郭汜欲令车驾幸高陵，高陵县，属冯翊。公卿及济以为宜幸弘农，大会议之，不决。帝遣使谕汜曰："弘农近郊庙，近，其靳翻。勿有疑也！"汜不从。帝遂终日不食。汜闻之曰："可且幸近县。"八月，甲辰，车驾幸新丰。丙子，郭汜复谋胁帝还都鄠，复，扶又翻；下同。侍中种辑知之，密告杨定、董承、杨奉令会新丰。郭汜自知谋泄，乃弃军入南山。自新丰骊山西接终南，谓之南山。

9 曹操围雍丘，张邈诣袁术求救，未至，为其下所杀。

10 冬，十月，以曹操为兖州牧。

11 戊戌，郭汜党夏育、高硕等谋胁乘舆西行。夏，户雅翻。侍中刘艾见火起不止，请帝出幸一营以避火。时郭汜、杨定、董承、杨奉各自为营，艾不敢指言，故请幸一将营，惟帝意所向也。杨定、董承将兵迎天子幸杨奉营，夏育等勒兵欲止乘舆，杨定、杨奉力战，破之，乃得出。壬寅，行幸华阴。华，户化翻。

宁辑将军段煨具服御及公卿已下资储，欲上幸其营。宁辑之号，犹安集，亦一时暂置也。煨，乌回翻。煨与杨定有隙，定党种辑、左灵言煨欲反，太尉杨彪、司徒赵温、侍中刘艾、尚书梁绍皆曰："段煨不反，臣等敢以死保。"董承、杨定胁弘农督邮令言郭汜来在煨营，帝疑之，乃露次于道南。野宿无庐舍，谓之露次。

丁未，杨奉、董承、杨定将攻煨，使种辑、左灵请帝为诏，帝曰："煨罪未著，奉等攻之，而欲令朕有诏邪！"辑固请，至夜半，犹弗听。奉等乃辄攻煨营，十馀日不下。煨供给御膳，禀赡百官，无有二意。赡，而艳翻。诏使侍中、尚书告谕定等，令与煨和解，定等奉诏还营。

李傕、郭汜悔令车驾东，闻定攻煨，相招共救之，因欲劫帝而西。杨定闻傕、汜至，欲还蓝田，为汜所遮，单骑亡走荆州。张济与杨奉、董承不相平，乃复与傕、汜合。十二月，帝幸弘农，张济、李傕、郭汜共追乘舆，大战于弘农东涧，承、奉军败，百官士卒死者，不可胜数，弃御物、符策、典籍，略无所遗。凡乘舆服御之物，皆为御物。符，铜虎符、竹使符之类。

符之为言扶也，两相扶合而不差也。又曰：符，辅也，所以辅信；又合也，验也。策，编简为之。古者诰命皆书之策。汉制，天子策书长二尺。典籍，内府图籍及尚书中故事之类。胜，音升。射声校尉沮俊被创坠马，沮，子余翻。创，初良翻。傕谓左右曰："尚可活否？"俊骂之曰："汝等凶逆，逼劫天子，使公卿被害，被，皮义翻。宫人流离，乱臣贼子，未有如此也！"傕乃杀之。

壬申，帝露次曹阳。贤曰：曹阳，涧名，在今陕州西南七里，俗谓之七里涧。崔浩云：自南山北通于河。魏武帝改曰好阳。杜佑曰：陕郡西四十五里有曹阳涧。以下文观之，杜佑说是。承、奉乃谲傕等与连和，而密遣间使至河东，谲，古穴翻。间，古苋翻。使，疏吏翻。招故白波帅李乐、韩暹、胡才帅，所类翻。暹，息廉翻。及南匈奴右贤王去卑；并率其众数千骑来，与承、奉共击傕等，大破之，斩首数千级。

于是董承等以新破傕等，可复东引。庚申，车驾发东，自曹阳发而东行也。董承、李乐卫乘舆，胡才、杨奉、韩暹、匈奴右贤王于后为拒。傕等复来战，奉等大败，死者甚于东涧。光禄【章：甲十一行本"禄"下有"勋"字；乙十一行本同；孔本同；退斋校同。】邓渊、廷尉宣播、播，孚袁翻。少府田芬、大司农张义皆死。司徒赵温、太常王绛、卫尉周忠、司隶校尉管郃为傕所遮，欲杀之，郃，古合翻，又曷阁翻。贾诩曰："此皆大臣，卿奈何害之！"乃止。李乐曰："事急矣，陛下宜御马。"上曰："不可舍百官而去，此何辜哉！"观帝此言，发于临危之时，岂可以亡国之君待之哉，特为强臣所制耳。舍，读曰捨。兵相连缀四十里，方得至陕，杜佑曰：陕，春秋虢国之地，所谓北虢也。乃结营自守。

时残破之馀，虎贲、羽林不满百人，傕、汜兵绕营叫呼，呼，火故翻。吏士失色，各有分散之意。李乐惧，欲令车驾御船过砥柱，出孟津，水经注：河水径大阳县南，又东过底柱间。底柱，山名也。昔禹治洪水，山陵当水者凿之，故破山以通河。河水分流，包山而过，山见水中，若柱然，故曰底柱。三穿既决，水势疏分，指状表目，亦曰三门山；在虢城东北，大阳城东。自底柱而下至五户滩，其间一百二十里，有一十九滩，水流浚急，破舟船，自古所患。河水又东过平阴县北，又东过河阳县南，则孟津也。杨彪以为河道险难，非万乘所宜乘；万乘，绳证翻；下乘舆同。乃使李乐夜渡，潜具船，举火为应。上与公卿步出营，皇后兄伏德扶后，一手挟绢十匹。董承使符节令孙徽从人间斫之，百官志：符节令，属少府，秩六百石，为符节台率，主符节事，凡遣使，掌授节。杀旁侍者，血溅后衣。溅，子贱翻。河岸高十馀丈，高，居傲翻。不得下，乃以绢为辇，使人居前负帝，馀皆匍匐而下，或从上自投，冠帻皆坏。既至河边，士卒争赴舟，董承、李乐以戈击之，手指于舟中可掬。左传，晋荀林父帅师战于邲而败，中军与下军争舟，舟中之指可掬也。帝乃御船，同济者，皇后及杨彪以下才数十人，其宫女及吏民不得渡者，皆为兵所掠夺，衣服俱尽，发亦被截，冻死者不可胜计。胜，音升。卫尉士孙瑞为傕所杀。

傕见河北有火，遣骑候之，适见上渡河，呼曰："汝等将天子去邪！"董承惧射之，以被为幔。惧傕兵射之，故以被为幔，以御箭。幔，莫半翻，幕也。射，而亦翻。既到大阳，贤曰：大阳县，属河东郡。前书音义曰：在大河之阳，即今陕州河北县是也。幸李乐营。河内太守张杨使数千人负米来贡饷。乙亥，帝御牛车，幸安邑，安邑县，属河东郡。河东太守王邑奉献绵帛，悉赋公卿以下，赋，给与也，分界也。封邑为列侯，拜胡才为征东将军，张杨为安国将军，安国将军之号，盖始于此。皆假节开府。其垒壁群帅竞求拜职，帅，所类翻。刻印不给，至乃以锥画之。

乘舆居棘篱中，门户无关闭，天子与群臣会，兵士伏篱上观，互相镇压以为笑。镇，侧人翻。

帝又遣太仆韩融至弘农与傕、汜等连和，傕乃放遣公卿百官，颇归所掠宫人及乘舆器服。已而粮谷尽，宫人皆食菜果。

乙卯，张杨自野王来朝，野王县，属河内郡，隋、唐为河内县。谋以乘舆还雒阳；诸将不听，杨复还野王。

是时，长安城空四十馀日，强者四散，羸者相食，羸，伦为翻。二三年间，关中无复人迹。

沮授说袁绍曰："将军累叶台辅，世济忠义。今朝廷播越，播，流也，迁也。越，颠坠也，走也。贤曰：播，迁也；越，逸也；言失其所居。说，输芮翻；下同。宗庙残毁，观诸州郡虽外托义兵，内实相图，未有忧存社稷恤民之意。今州域粗定，州域，谓冀州之域也。粗，坐五翻。兵强士附，西迎大驾，即宫邺都，即，就也。挟天子而令诸侯，畜士马以讨不庭，不庭，谓不朝者。杜预曰：下之事上，皆成礼于庭中。一曰：庭，直也；不庭，谓不直者。谁能御之！"颍川郭图、淳于琼曰："汉室陵迟，为日久矣，王肃注家语曰：言若丘陵之渐逶迟。今欲兴之，不亦难乎！且英雄并起，各据州郡，连徒聚众，动有万计，所谓秦失其鹿，先得者王。今迎天子自近，近，其靳翻。动辄表闻，从之则权轻，违之则拒命，非计之善者也。"授曰："今迎朝廷，于义为得，于时为宜，若不早定，必有先之者矣。"绍不从。绍不能从授之言，果为曹操所先。帝既都许，乃欲移以自近，不亦晚乎！先，悉荐翻。考异曰：魏志绍传曰："天子在河东，绍遣郭图使焉。图还说绍迎天子都邺，绍不从。"今从范书。

12 初，丹阳朱治尝为孙坚校尉，治从坚讨长沙、零、桂贼，表行都尉；又从破董卓于阳人，表行督军校尉。见袁术政德不立，劝孙策归取江东。时吴景攻樊能、张英等，岁馀不克。策说术曰："家有旧恩在东，愿助舅讨横江；横江拔，因投本土召募，可得三万兵，以佐明使君定天下。"策本江东人，故谓之本土。术知其恨，谓许以九江、庐江而不用也。而以刘繇据曲阿，王朗在会稽，会，工外翻。谓策未必能定，乃许之，表策为折冲校尉。将兵千馀人、骑数十匹，校，户教翻。将，即亮翻。骑，奇寄翻。行收兵，比至历阳，比，必寐翻。众五六千。时周瑜从父尚为丹阳太守，从，才用翻。瑜将兵迎之，仍助以资粮，策大喜，曰："吾得卿，谐也！"谐，偶也，合也。史言推结分好，正当于此观之，又当于此别分好二字。英雄相遇于草泽，一见之顷，靡然为之服役，此岂声音笑貌所能为哉！进攻横江、当利，皆拔之，樊能、张英败走。

策渡江转斗，所向皆破，莫敢当其锋者。百姓闻孙郎至，皆失魂魄。江表传曰：策年少，虽有位号，而吴人皆谓之孙郎。长吏委城郭，窜伏山草。山草，言深山茂草之中也。李固对策曰："臣伏从山草，痛心伤臆，"则山草二字，当时常谈也。长，知两翻。及策至，军士奉令，不敢虏略，鸡犬菜茹，一无所犯，茹，亦菜也。民乃大悦，竞以牛酒劳军。策为人，美姿颜，能笑语，阔【章：甲十一行本"阔"上有"性"字；乙十一行本同；孔本同；张校同。】达听受，善于用人，是以士民见者莫不尽心，乐为致死。劳，力到翻。乐，音洛。为，于伪翻。考异曰：魏志、袁纪皆云，"初平四年，策受袁术使渡江。"汉献帝纪、吴志孙策传皆云"兴平元年"，虞溥江表传云"策兴平二年渡江"。按术初平四年，始得寿春。策传云术欲攻徐州，从陆康求米，事必在刘备得徐州后也。刘繇传称吴景攻繇，岁馀不克，则策渡江不应在兴平元年已前。今依江表传为定。

策攻刘繇牛渚营，郡国志：丹阳郡秣陵县南，有牛渚。杜佑曰：牛渚圻，即宣城郡当涂县采石，今太平州当涂县北三十里有牛渚山是也。尽得邸阁粮谷、战具。邸，至也，言所归至也。阁，庋置也。邸阁，谓转输之归至而庋置之也。时彭城相薛礼、下邳相丹阳笮融依繇为盟主，礼据秣陵城，沈约曰：秣陵，其地本名金陵，本治去京邑六十里，今故治村是也。元丰九域志：江宁府江宁县有秣陵镇。丁度集韵：笮，侧格切，姓也。风俗通：楚有笮伦。融屯县南，策皆击破之。又破繇别将于梅陵，唐书地理志，宣州南陵县有梅根镇，今有梅根港。转攻湖孰、江乘，皆下之，郡国志，丹阳郡有湖孰、江乘二县。元丰九域志，江宁府上元县有湖孰镇。进击繇于曲阿。

繇同郡太史慈时自东莱来省繇。太史，以官为氏。繇与慈皆东莱人也。省，悉景翻。会策至，或劝繇可以慈为大将。繇曰："我若用子义，太史慈，字子义。许子将不当笑我邪！"以其核论人品也。但使慈侦视轻重。侦，丑正翻，候视也。时独与一骑卒遇策于神亭，神亭，在今镇江府丹阳县界。卒，读曰猝。策从骑十三，从，才用翻。皆坚旧将辽西韩当、零陵黄盖辈也。慈便前斗，正与策对，策刺慈马，刺，七亦翻。而擥得慈项上手戟，擥，与揽同。慈亦得策兜鍪。会两家兵骑并各来赴，于是解散。若隆技击，则慈、策适相当耳。然慈终困于策，何也？

繇与策战，兵败，走丹徒。考异曰：帝纪，繇败走在兴平元年。今从江表传。策入曲阿，劳赐将士，劳，力到翻。发恩布令，告谕诸县："其刘繇、笮融等故乡部曲来降首者，一无所问；首，式救翻。乐从军者，一身行，乐，音洛；下同。复除门户；复，方目翻。一人以身行，除其门户赋役也。不乐者不强。"强，其两翻。旬日之间，四面云集，得见兵二万馀人，见，贤遍翻。马千馀匹，威震江东。

丙辰，袁术表策行殄寇将军。殄寇将军号，盖始于此。策将吕范言于策曰："今将军事业日大，士众日盛，而纲纪犹有不整者，范愿暂领都督，佐将军部分之。"分，扶问翻。策曰："子衡既士大夫，吕范，字子衡。加手下已有大众，立功于外，范先领宛陵令，破丹阳贼而还。岂宜复屈小职，知军中细事乎！"范曰："不然。今舍本土而托将军者，非为妻子也，吕范，汝南人。复，扶又翻。为，于伪翻。欲济世务也。譬犹同舟涉海，一事不牢，即俱受其败。此亦范计，非但将军也。"策笑，无以答。范出，便释褠，着袴褶，褠，居侯翻，单衣也。着，陟略翻。褶，席入翻。袴褶，骑服也。执鞭诣阁下启事，自称领都督，策乃授传，传，株恋翻，符传也。委以众事；由是军中肃睦，威禁大行。老子曰：盗亦有道；傥无其道，安能为盗哉！

策以张纮为正议校尉，彭城张昭为长史，常令一人居守，守，手又翻。一人从征讨，及广陵秦松、陈端等亦参与谋谟。与，读曰预。策待昭以师友之礼，文武之事，一以委昭。昭每得北方士大夫书疏，专归美于昭，策闻之，欢笑曰："昔管子相齐，一则仲父，二则仲父，而桓公为霸者宗。新序曰：有司请吏于齐桓公，公曰："以告仲父。"有司又请，公曰："以告仲父。"在侧者曰："一则告仲父，二则告仲父；易哉为君！"公曰："吾未得仲父则难；已得仲父，曷为其不易！"故王者劳于求贤，佚于得人。今子布贤，我能用之，张昭，字子布。其功名独不在我乎！"策任张昭，昭何足以当管仲。策之斯言，盖因北方人士书疏，从而归重耳。英雄胸次，可易测邪！

袁术以从弟胤为丹阳太守。从，才用翻。周尚、周瑜皆还寿春。

刘繇自丹徒将奔会稽，会，工外翻。许劭曰："会稽富实，策之所贪，且穷在海隅，不可往也。不如豫章，北连豫壤，西接荆州；若收合吏民，遣使贡献，与曹兖州相闻，虽有袁公路隔在其间，其人豺狼，不能久也。豫章在大江东南，豫、兖之壤在淮北。袁术时据九江、庐江之间，故云隔在其中。足下受王命，孟德、景升必相救济。"曹操，字孟德；刘表，字景升。繇从之。

13 初，陶谦以笮融为下邳相，使督广陵、下邳、彭城粮运。融遂断三郡委输以自入，断，读曰短。委，于伪翻。流所聚曰委。毛晃曰：凡以物送之曰输，则音平声；指所送之物曰输，则音去声；委输之委，亦音去声。大起浮屠祠，课人诵读佛经，招致旁郡好佛者至五千馀户。好，呼到翻。每浴佛，释氏谓佛以四月八日生，事佛者以是日为浴佛会。辄多设饮食，布席于路，经数十里，费以巨亿计。巨亿计，言以亿亿计也。及曹操击破陶谦，徐土不安，融乃将男女万口走广陵，将，即亮翻。广陵太守赵昱待以宾礼。先是彭城相薛礼为陶谦所逼，屯秣陵，融利广陵资货，遂乘酒酣杀昱，放兵大掠，因过江依礼，既而复杀之。先，悉荐翻。复，扶又翻。

刘繇使豫章太守朱皓攻袁术所用太守诸葛玄，玄退保西城。西城，在豫章南昌县西。考异曰：袁晔献帝春秋云刘表上玄领豫章太守，范书陶谦传亦云刘表所用，而陈志诸葛亮传云术所用；按许劭劝繇依表，必不攻其所用矣，今从亮传。及繇溯江西上，驻于彭泽，彭泽县，属豫章郡，彭蠡泽在西。上，时掌翻。使融助皓攻玄。许劭谓繇曰："笮融出军，不顾名义者也。朱文明喜推诚以信人。朱皓，字文明。喜，许记翻。更【章：甲十一行本"更"作"宜"；乙十一行本同；孔本同；退斋校同。】使密防之。"融到，果诈杀皓，代领郡事。繇进讨融，融败走，入山，为民所杀。诏以前太傅掾华歆为豫章太守。掾，于绢翻。

丹阳都尉朱治逐吴郡太守许贡而据其郡，贡南依山贼严白虎。严白虎有众万馀人，阻山屯聚，在吴郡之南。

14 张超在雍丘，曹操围之急，超曰："惟臧洪当来救吾。"张超先为广陵太守，请臧洪为功曹，委之以政。众曰："袁、曹方睦，洪为袁所表用，洪为超使刘虞，路梗，因寓于袁绍；绍表为东郡太守，治东武阳。必不败好以招祸。"败，补迈翻。好，呼到翻。招，音翘，又如字，召也。超曰："子源天下义士，臧洪，字子源。终不背本；背，蒲妹翻。但恐见制强力，强力，谓强有力也。不相及耳。"洪时为东郡太守，徒跣号泣，从绍请兵，将赴其难，号，户刀翻。难，乃旦翻。绍不与；请自率所领以行，亦不许。雍丘遂溃，张超自杀，操夷其三族。

洪由是怨绍，绝不与通。绍兴兵围之，历年不下。绍令洪邑人陈琳以书喻之，洪复书曰："仆小人也，本乏志用；中因行役，蒙主人倾盖，家语：孔子之郯，遇程子于涂，倾盖而语。恩深分厚，遂窃大州，宁乐今日自还接刃乎！分，扶问翻。乐，音洛。当受任之初，自谓究竟大事，共尊王室。岂悟本州被侵，郡将遘厄，郡将，谓张超也。将，即亮翻。请师见拒，辞行被拘，使洪故君遂至沦灭，区区微节，无所获申，岂得复全交友之道、重亏忠孝之名乎！复，扶又翻。重，直用翻。斯所以忍悲挥戈，收泪告绝。行矣孔璋，足下徼利于境外，陈琳，字孔璋。徼，一遥翻。臧洪投命于君亲；吾子托身于盟主，盟主，谓袁绍也。臧洪策名于长安；帝在长安。子谓余身死而名灭，仆亦笑子生而无闻焉！”

绍见洪书，知无降意，降，户江翻。增兵急攻。城中粮谷已尽，外无强救，洪自度必不免，度，徒洛翻。呼将吏士民谓曰：“袁氏无道，所图不轨，且不救洪郡将，洪于大义，不得不死；念诸君无事空与此祸，与，读曰预。可先城未败，将妻子出。”先，悉荐翻。将，如字，领也。皆垂泣曰：“明府与袁氏本无怨隙，今为本朝郡将之故，自致残困；吏民何忍当舍明府去也！”初尚掘鼠煮筋角，后无可复食者。舍，读曰捨。复，扶又翻；下同。主簿启内厨米三升，请稍以为饘粥，杜预曰：饘，糜也，之连翻。洪叹曰：“何能独甘此邪！”使作薄糜，遍班士众，又杀其爱妾以食将士。食，读曰饲。将士咸流涕，无能仰视者。男女七八千人，相枕而死，枕，职任翻。莫有离叛者。城陷，生执洪。绍大会诸将见洪，谓曰：“臧洪，何相负若此！今日服未？”洪据地瞋目曰：“诸袁事汉，四世五公，自袁安至袁隗四世，安为司徒，子敞为司空，孙汤为司空，曾孙逢为司空，隗为太傅，凡五公。瞋，昌真翻。可谓受恩。今王室衰弱，无扶翼之意，欲因际会，希冀非望，多杀忠良以立奸威。洪亲见呼张陈留为兄，张陈留为超兄邈也。则洪府君亦宜为弟，同共戮力，为国除害，为，于伪翻；下刃为、欲为、举为同。奈何拥众观人屠灭！洪惜力劣，劣，弱也。不能推刃为天下报仇，公羊传曰：事君犹事父也，父受诛，子复雠，推刃之道。推，吐雷翻。何谓服乎！”绍本爱洪，意欲令屈服，原之；见洪辞切，知终不为己用，乃杀之。

洪邑人陈容少亲慕洪，时在绍坐，少，诗照翻。坐，徂卧翻；下同。起谓绍曰：“将军举大事，欲为天下除暴，而先诛忠义，岂合天意！臧洪发举为郡将，奈何杀之！”绍惭，使人牵出，谓曰：“汝非臧洪俦，空复尔为！”尔为，犹如此也。容顾曰：“仁义岂有常，蹈之则君子，背之则小人。背，蒲妹翻。今日宁与臧洪同日而死，不与将军同日而生也！”遂复见杀，复，扶又翻。在坐无不叹息，窃相谓曰：“如何一日杀二烈士！”

15 公孙瓒既杀刘虞，事见上卷初平四年。尽有幽州之地，志气益盛，恃其才力，不恤百姓，记过忘善，睚眦必报。睚，牛懈翻。眦，士懈翻。衣冠善士，名在其右者，必以法害之，有材秀者，必抑困使在穷苦之地。或问其故，瓒曰：“衣冠皆自以职分当贵，不谢人惠。”分，扶问翻。故所宠爱，类多商贩、庸儿，与为兄弟，或结婚姻，所在侵暴，百姓怨之。

刘虞从事渔阳鲜于辅等，姓谱：鲜于，子姓，周武王封箕子于朝鲜，支子仲食采于于，因以鲜于为氏。合率州兵欲共报仇，以燕国阎柔素有恩信，推为乌桓司马。应劭汉官曰：护乌桓校尉，有司马二人，秩六百石。燕，于贤翻。柔招诱胡、汉数万人，与瓒所置渔阳太守邹丹战于潞北，诱，音酉。潞县属渔阳郡。斩丹等四千馀级。乌桓峭王亦率种人峭，七肖翻。种，章勇翻。及鲜卑七千馀骑，随辅南迎虞子和与袁绍将麹义合兵十万共攻瓒，破瓒于鲍丘，鲍丘，水名。水经注：鲍丘水从塞外来，南过渔阳县东，和等破瓒处也。又南过潞县西。贤曰：鲍丘水又谓之潞水，俗又谓之大榆河，在今幽州渔阳县。斩首二万馀级。于是代郡、广阳、上谷、右北平各杀瓒所置长吏，复与鲜于辅、刘和兵合，瓒军屡败。

先是有童谣曰：长，知两翻。复，扶又翻。先，悉荐翻。“燕南垂，赵北际，中央不合大如砺，唯有此中可避世。”瓒自谓易地当之，遂徙镇易，为围堑十重，于堑里筑京，皆高五六丈，为楼其上；中堑为京，特高十丈，水经注：易京，在易城西四五里，易水径其南。贤曰：前书，易县属涿郡。续汉志曰：属河间。瓒所居易京故城，在今幽州归义县南十八里。尔雅曰：绝高谓之京，非人力谓之丘。重，直龙翻；下同。高，居傲翻。堑，七艳翻。自居焉。以铁为门，斥去左右，去，羌吕翻。男人七岁以上不得入门，专与姬妾居。其文簿、书记皆汲而上之。以绳索引之而上，若汲水然。上，时掌翻。令妇人习为大声，使闻数百步，闻，音问。以传宣教令。疏远宾客，无所亲信，远，于愿翻。谋臣猛将，稍稍乖散。自此之后，希复攻战。复，扶又翻。或问其故。瓒曰：“我昔驱畔胡于塞表，事见五十九卷灵帝中平五年。扫黄巾于孟津，事见上卷初平二年。当此之时，谓天下指麾可定。至于今日，兵革方始，观此，非我所决，不如休兵力耕，以救凶年。兵法，百楼不攻。今吾诸营楼樐数十重，贤曰：樐，即橹字，见说文。释名曰：橹，露也。上无覆屋。积谷三百万斛，食尽此谷，足以待天下之事矣。”

16 南单于於扶罗死，弟呼厨泉立，居于平阳。平阳县，属河东郡。

王崇武标点容肇祖聂崇岐覆校

资治通鉴卷第六十二

翰林学士兼侍读学士朝散大夫右谏议大夫
知制诰判尚书都省兼提举万寿观公事上护军 司马光 奉敕编集
河内郡开国侯食邑一千三百户赐紫金鱼袋臣

后学天台胡三省音注

汉纪五十四

起柔兆困敦（丙子），尽著雍摄提格（戊寅），凡三年。

孝献皇帝丁

建安元年（丙子、一九六）

1 春，正月，癸酉，大赦，改元。

2 董承、张杨欲以天子还雒阳，杨奉、李乐不欲，由是诸将更相疑贰。更，工衡翻；下更有同。二月，韩暹攻董承，承奔野王。野王，张杨所屯也。暹，息廉翻。韩暹屯闻喜，胡才、杨奉之坞乡。郡国志：河南缑氏县西南有坞聚。胡才欲攻韩暹，上使人喻止之。

3 汝南、颍川黄巾何仪等拥众附袁术，曹操击破之。

4 张杨使董承先缮修雒阳宫。太仆赵岐为承说刘表，使遣兵诣雒阳，助修宫室；军资委输，前后不绝。为，于伪翻。说，输芮翻。委，于伪翻。流所聚曰委。毛晃曰：凡以物送之曰输，则音平声；指所送之物曰输，则音去声。委输之委，亦音去声。夏，五月，丙寅，帝遣使至杨奉、李乐、韩暹营，求送至雒阳，奉等从诏。六月乙未，车驾幸闻喜。

5 袁术攻刘备以争徐州，备使司马张飞守下邳，自将拒术于盱眙、淮阴，郡国志：盱眙、淮阴二县属下邳国。盱眙，音吁怡。相持经月，更有胜负。更，工衡翻。下邳相曹豹，陶谦故将也，与张飞相失，飞杀之，城中乖乱。袁术与吕布书，劝令袭下邳，许助以军粮。布大喜，引军水陆东下。布去年奔备，盖屯于下邳之西。备中郎将丹阳许耽开门迎之。张飞败走，布虏备妻子及将吏家口。备闻之，引还，比至下邳，比，必寐翻。下比明同。兵溃。备收馀兵东取广陵，与袁术战，又败，屯于海西，前汉志，海西县，属东海郡；续汉志，属广陵郡。考异曰：蜀志备传于此云，"杨奉、韩暹寇徐、扬间，备邀击，尽斩之。"按暹、奉后与吕布同破袁术，于时未死也；备传为误。饥饿困踧，踧，子六翻。吏士相食，从事东海麋竺以家财助军。备请降于布，降，户江翻。布亦忿袁术运粮不继，乃召备，复以为豫州刺史，与并势击术，使屯小沛。贤曰：高祖本泗水郡沛县人，及得天下，改泗水为沛郡，小沛即沛县。宋白曰：郡国志云：古偪阳国，汉为沛县，而沛郡理相城，以沛县为小沛。考异曰：备传云："遣关羽守下邳"，此在布败后；备传误也。布自称徐州牧。

布将河内郝萌夜攻布，布科头袒衣，走诣都督高顺营。科头，不冠露髻也。今江东人犹谓露髻为科头。顺即严兵入府讨之，萌败走；比明，萌将曹性击斩萌。

6 庚子，杨奉、韩暹奉帝东还，张杨以粮迎道路。秋，七月，甲子，车驾至雒阳，幸故中常侍赵忠宅。丁丑，大赦。八月，辛丑，幸南宫杨安殿。张杨以为己功，故名其殿曰杨安。杨谓诸将曰："天子当与天下共之，朝廷自有公卿大臣，杨当出扞外难。"难，乃旦翻。遂还野王，杨奉亦出屯梁，郡国志：梁县，属河南尹，春秋之梁国也。韩暹、董承并留宿卫。癸卯，以安国将军张杨为大司马，杨奉为车骑将军，韩暹为大将军、领司隶校尉，皆假节钺。

是时，宫室烧尽，百官披荆棘，依墙壁间，州郡各拥强兵，委输不至；群僚饥乏，尚书郎以下自出采稆，续汉志：尚书侍郎三十六人，四百石。本注曰：一曹有六人，主作文书起草。蔡质汉仪曰：尚书郎初从三署诣台试，初上台称守尚书郎中，满岁称尚书郎，三年称侍郎。贤曰：稆，音吕。埤苍曰：穭，自生也。稆，与穭同。或饥死墙壁间，或为兵士所杀。

7 袁术以谶言"代汉者当涂高"，自云名字应之。贤曰："当涂高"者，魏也。然术自以"术"及"路"皆是涂，故云应之。又以袁氏出陈，为舜后，以黄代赤，德运之次，贤曰：陈大夫辕涛涂，袁氏其后也，五行火生土，故云以黄代赤。遂有僭逆之谋。闻孙坚得传国玺，事见五十九卷初平元年。拘坚妻而夺之。及闻天子败于曹阳，事见上卷兴平二年。乃会群下议称尊号；众莫敢对。主簿阎象进曰："昔周自后稷至于文王，积德累功，参分天下有其二，犹服事殷。国语曰：后稷勤周，十五代而王。毛诗国风序曰：国君积行累功以致爵位。论语，孔子曰：三分天下有其二，以服事殷。明公虽奕世克昌，未若有周之盛；汉室虽微，未若殷纣之暴也！"术默然。

术聘处士张范；处，昌吕翻。范不往，使其弟承谢之。术谓承曰："孤以土地之广，士民之众，欲徼福齐桓，拟迹高祖，何如？"徼，一遥翻。承曰："在德不在强。夫用德以同天下之欲，虽由匹夫之资而兴霸王之功，不足为难。若苟欲僭拟，干时而动，众之所弃，谁能兴之！"术不悦。

孙策闻之，与术书曰："成汤讨桀称'有夏多罪'，尚书汤誓曰：有夏多罪，天命殛之。夏，户雅翻。武王伐纣曰'殷有重罚'，史记：武王遍告诸侯曰：殷有重罚，不可不伐。此二主者，虽有圣德，假使时无失道之过，无由逼而取也。今主上非有恶于天下，徒以幼小，胁于强臣，异于汤、武之时也。且董卓贪淫骄陵，志无纪极，至于废主自兴，亦犹未也，而天下同心疾之，况效尤而甚焉者乎！左传曰：尤而效之，罪又甚焉。又闻幼主明智聪敏，有夙成之德，夙，早也。天下虽未被其恩，咸归心焉。使君五世相承，贤曰：安生京，京生阳，阳生逢，逢生术，凡五代。被，皮义翻。为汉宰辅，荣宠之盛，莫与为比，宜效忠守节，以报王室，则旦、奭之美，率土所望也。时人多惑图纬之言，妄牵非类之文，苟以悦主为美，不顾成败之计，古今所慎，可不孰虑！孰，与熟通。忠言逆耳，前书：张良曰：忠言逆耳，利于行。驳议致憎，贤曰：驳，杂也，议不同也；言以持异议致憎疾也。驳，北角翻。苟有益于尊明，无所敢辞。”术始自以为有淮南之众，料策必与己合，及得其书，愁沮发疾。沮，在吕翻。既不纳其言，策遂与之绝。

8 曹操在许，郡国志，许县，属颍川郡，帝既徙都，改曰许昌。杜佑曰：汉许昌故城，在今县南三十里。宋白曰：在今县西南四十里。谋迎天子。众以为“山东未定，韩暹、杨奉，负功恣睢，未可卒制。”睢，香萃翻。恣睢，暴戾之貌。卒，读曰猝。荀彧曰：“昔晋文公纳周襄王而诸侯景从，贤曰：左传：狐偃言于晋侯曰：“求诸侯莫如勤王，诸侯信之，且大义也。”晋侯以左师逆王，王入于王城，取太叔于温，杀之于隰城，遂定霸业，天下服从。师古曰：景从，言如景之从形也。汉高祖为义帝缟素而天下归心。事见九卷高祖三年。为，于伪翻。自天子蒙尘，蒙，冒也，言播越在草莽，蒙冒尘埃也。将军首唱义兵，徒以山东扰乱，未遑远赴。今銮驾旋轸，郑玄注周礼曰：轸，车后横木也。东京榛芜，义士有存本之思，兆民怀感旧之哀。诚因此时，奉主上以从人望，大顺也；秉至公以服天下，大略也；扶弘义以致英俊，大德也。四方虽有逆节，其何能为？韩暹、杨奉，安足恤哉！若不时定，使豪杰生心，后虽为虑，亦无及矣。”操乃遣扬武中郎将曹洪将兵西迎天子，西汉有中郎将，东汉分置三署、虎贲、羽林中郎将，建安之后，群雄兵争，自相署置，始有名号中郎将。董承等据险拒之，洪不得进。考异曰：魏志此事在正月，而荀彧传迎天子在都雒后。今从传。

议郎董昭，以杨奉兵马最强而少党援，少，诗沼翻。作操书与奉曰："吾与将军闻名慕义，便推赤心。今将军拔万乘之艰难，反之旧都，乘，绳证翻。翼佐之功，超世无畴，何其休哉！方今群凶猾夏，孔安国曰：猾，乱也。夏，华夏。夏，户雅翻。四海未宁，神器至重，事在维辅；必须众贤，以清王轨，诚非一人所能独建，心腹四支，实相恃赖，一物不备，则有阙焉。将军当为内主，吾为外援，今吾有粮，将军有兵，有无相通，足以相济，死生契阔，相与共之。"毛苌曰：契阔，勤苦也；此盖谓死也，生也，处勤苦之中，相与共之也。契，苦结翻。奉得书喜悦，语诸将军曰："兖州诸军近在许耳，有兵有粮，国家所当依仰也。"语，牛倨翻。仰，牛向翻。遂共表操为镇东将军，袭父爵费亭侯。操祖曹腾封费亭侯，养子嵩袭爵，今以操袭嵩爵也。郡国志：沛国酂县有费亭，曹腾所封也。应劭曰：酂，音嵯。师古曰：王莽改酂曰赞治，则此县亦有赞音。晋地道记：山阳郡湖陆县西有费亭城，魏武帝初所封。考异曰：魏志在六月，而董昭传在都雒后。今从传。

韩暹矜功专恣，董承患之，因潜召操；操乃将兵诣雒阳。既至，奏韩暹、张杨之罪。暹惧诛，单骑奔杨奉。帝以暹、杨有翼车驾之功，诏一切勿问。辛亥，以曹操领司隶校尉、录尚书事。操于是诛尚书冯硕等三人，讨有罪也；袁宏纪曰：诛硕及议郎侯祈、侍中壶崇。封卫将军董承等十三人为列侯，赏有功也；宏纪曰：封卫将军董承、辅国将军伏完、侍中丁□、和辅〔辑〕、尚书仆射钟繇、尚书郭溥、御史中丞董芬、彭城相刘艾、冯翊韩斌、东郡太守杨众、议郎罗邵、伏德、赵蕤为列侯。赠射声校尉沮俊为弘农太守，矜死节也。沮俊死，事见上卷兴平二年。沮，子余翻。

操引董昭并坐，问曰："今孤来此，当施何计？"昭曰："将军兴义兵以诛暴乱，入朝天子，辅翼王室，此五霸之功也。此下诸将，人殊意异，未必服从，今留匡弼，事势不便，惟有移驾幸许耳。然朝廷播越，新还旧京，远近跂望，跂，渠宜翻，举足也。冀一朝获安，今复徙驾，不厌众心。复，扶又翻。厌，于叶翻，又如字。夫行非常之事，乃有非常之功，愿将军算其多者。”凡举事有利亦有害，惟算其利多而害少者行之。操曰：“此孤本志也。杨奉近在梁耳，闻其兵精，得无为孤累乎？”累，力伪翻；下同。昭曰：“奉少党援，心相凭结，镇东、费亭之事，皆奉所定，宜时遣使厚遗答谢，以安其意。少，诗沼翻。遗，于季翻。说‘京都无粮，欲车驾暂幸鲁阳，鲁阳县，属南阳郡。鲁阳近许，转运稍易，近，其靳翻。易，以豉翻。可无县乏之忧。’县，读曰悬。奉为人勇而寡虑，必不见疑，比使往来，比，必寐翻。使，疏吏翻。足以定计，奉何能为累！”操曰：“善！”即遣使诣奉。庚申，车驾出轘辕而东，河南缑氏县有轘辕关。轘，音环。遂迁都许。己巳，幸曹操营，以操为大将军，封武平侯。武平县，属陈国。此取其以神武平祸乱也。宋白曰：亳州鹿邑县，后汉于今县东北置武平县，隋改为鹿邑，取故鹿邑城为名，其古鹿邑城在县西十三里，春秋鹿鸣地也。始立宗庙社稷于许。

9 孙策将取会稽。会，工外翻。吴人严白虎等众各万馀人，处处屯聚，诸将欲先击白虎等。策曰：“白虎等群盗，非有大志，此成禽耳。”遂引兵渡浙江。浙，之舌翻。会稽功曹虞翻说太守王朗曰：“策善用兵，不如避之。”朗不从。发兵拒策于固陵。

策数渡水战，不能克。策叔父静说策曰：“朗负阻城守，难可卒拔。查渎南去此数十里，宜从彼据其内，说，输芮翻。数，所角翻。卒，读曰猝。水经注：浙江东径固陵城北。昔范蠡筑城于浙江之滨，言可以固守，谓之固陵，今之西陵也。浙江又东径柤塘，谓之柤渎，孙策袭王朗所从出之道也。裴松之曰：查，音祖加翻。所谓攻其无备，出其不意者也。”策从之，夜，多然火为疑兵，分军投查渎道，袭高迁屯。裴松之曰：按今永兴县有高迁桥。沈约曰：永兴本汉馀暨县，吴更名。蔡邕尝经会稽高迁亭，取椽竹以为笛，即其处也。朗大惊，遣故丹阳太守周昕等帅兵逆战，帅，读曰率。策破昕等，斩之。朗遁走，虞翻追随营护朗，浮海至东治，前汉志：冶县，属会稽郡。师古曰：故闽越地；光武改曰章安。晋志曰：建安郡故秦闽中郡，汉高祖五年，以立闽越王；及武帝灭之，徙其人，名为东冶；后汉改为候官都尉；及吴，置建安郡。洪氏隶释据西汉志曰：会稽西部都尉治钱唐，南部都尉治回浦。李宗谔图经曰：文帝时，以山阴为都尉治；元狩中，徙治钱唐，为西部；元鼎中，又立东部都尉，治冶；光武改回浦为章安，以冶立东候官。吴孙亮传曰：五凤中，以会稽东部为临海郡。孙休传：永安中，以会稽南部为建安郡。沈约宋志曰：东阳太守本会稽西部都尉。又曰：临海太守本会稽东部都尉。前汉都尉治鄞，后汉分会稽为吴郡，疑是都尉徙治章安。续汉志：章安故冶，光武更名。晋太康记：本鄞县南之回浦乡，章帝立。未详孰是。又曰：司马彪云：章安是故冶。然则临海亦冶地也。张勃吴录曰：是句践冶铸之所，后分为会稽东、南二部都尉：东部，临海是也；南部，建安是也。杜佑通典曰：后汉改冶县为候官都尉，后分冶县为会稽东南二都尉，今福州是南部，台州是东部。又曰：二汉会稽西部都尉理婺州。数说异同，各有脱误，尝参订之。自秦置会稽郡，其治在今吴门；至顺帝分置吴郡，而会稽徙郡于山阴。以浙江为两郡之境，故钱唐在西汉时属会稽，所以为西部治所；及会稽移于浙东，则西部亦移于婺女。回浦后改章安，乃会稽之东部，今台州盖其地。冶县则是南部，在吴属建安郡，至唐遂为福州。太康记尝云：回浦本鄞之南乡，或云东部治鄞，因致休文之疑。然鄞及回浦皆西汉县名，谓西汉割鄞而置县，或未可知。至章帝时，回浦已非乡矣。太康所纪，亦误也。前志注会稽之冶县云：本闽越地。续志曰：章安，故冶，闽越地，光武更名。因脱其中数字，故刘昭补注惑于太康记，而休文复不能剖判也。当云章安故回浦，章帝更名；东候官，故冶，闽越地，光武更名：于文乃足。此郡之末有“东部侯国”四字，却是衍文，侯与候相近，而南部所治，故文有错乱。班史注回浦为南部。司马彪谓章安是故冶，张勃谓分冶为东、南二都尉，杜佑谓二汉西部皆在婺女，图经以冶为东部，皆误也。余按洪说甚详，其言钱唐，西汉时属会稽，所以为西部治所，此语亦恐有未安处。策追击，大破之，朗乃诣策降。降，户江翻。

策自领会稽太守，复命虞翻为功曹，待以交友之礼。策好游猎，好，呼到翻。翻谏曰："明府喜轻出微行，从官不暇严，喜，许记翻。从，才用翻。吏卒常苦之。夫君人者不重则不威，重，尊重。威，威严。言不尊重，则无威严。故白龙鱼服，困于豫且；张衡东京赋之辞，注云：说苑曰：吴王欲从民饮酒，伍子胥谏曰："不可。昔白龙下清泠之渊，化为鱼，渔者豫且射中其目。白龙上诉天帝。曰：'当是之时，若安置而形？'白龙对曰：'我下清泠之渊，化为鱼。'天帝曰：'鱼固人之所射也，豫且何罪！'夫白龙，天帝贵畜也；豫且，宋国之贱臣也。白龙不化，豫且不射。今弃万乘之位而从布衣之士饮酒，臣恐其有豫且之患矣。"王乃止。且，子余翻。白蛇自放，刘季害之。事见七卷秦二世元年。愿少留意！"少，诗沼翻。策曰："君言是也。"然不能改。为策死于轻出张本。

10 九月，司徒淳于嘉、太尉杨彪、司空张喜皆罢。

11 车驾之东迁也，杨奉自梁欲邀之，不及。冬，十月，曹操征奉，奉南奔袁术，遂攻其梁屯，拔之。

12 诏书下袁绍，责以"地广兵多，而专自树党，下，遐稼翻；下之下同。树党，谓以子谭为青州刺史，熙为幽州刺史，外甥高干为并州刺史。不闻勤王之师，但擅相讨伐。"谓与公孙瓒相攻也。绍上书深自陈诉。戊辰，以绍为太尉，封邺侯。绍耻班在曹操下，怒曰："曹操当死数矣，数，所角翻；下同。我辄救存之，操自荥阳汴水之败，收兵从绍于河内，绍表为东郡太守；吕布袭取兖州，绍复与操连和，欲令其遣家居邺也。今乃挟天子以令我乎！"表辞不受。操惧，请以大将军让绍。丙戌，以操为司空，行车骑将军事。

操以荀彧为侍中，守尚书令。操问彧以策谋之士，彧荐其从子蜀郡太守攸攸既免董卓之祸，复辟公府，举高第，迁任城相，不行；以蜀险固，人民殷盛，求为蜀郡太守，道绝，不得至，驻荆州。从，才用翻；下同。及颍川郭嘉。操征攸为尚书，与语，大悦，曰："公达，非常人也。荀攸，字公达。吾得与之计事，天下当何忧哉！"以为军师。

初，郭嘉往见袁绍，绍甚敬礼之，居数十日，谓绍谋臣辛评、郭图曰："夫智者审于量主，量，音良。故百全而功名可立。袁公徒欲效周公之下士，而不知用人之机，多端寡要，好谋无决，欲与共济天下大难，定霸王之业，难矣。好，呼到翻。大难，乃旦翻。吾将更举而求主，更，工衡翻，改也。子盍去乎！"二人曰："袁氏有恩德于天下，人多归之，且今最强；去将何之！"嘉知其不寤，不复言，复，扶又翻。遂去之。操召见，与论天下事，喜曰："使孤成大业者，必此人也！"嘉出，亦喜曰："真吾主也！"操表嘉为司空祭酒。陈寿三国志作"司空军祭酒"，此逸"军"字。晋志曰：当涂得志，克平诸夏，初置军师祭酒，参掌戎律。

操以山阳满宠为许令，操从弟洪，有宾客在许界数犯法，宠收治之，洪书报宠，报，告也。前书，霍显曰："少夫幸报我以事。"数，所角翻。治，直之翻。宠不听。洪以白操，操召许主者，主者，许县主史也。宠知将欲原客，乃速杀之。操喜曰："当事不当尔邪！"

13 北海太守孔融，负其高气，志在靖难，而才疏意广，讫无成功。讫，竟也，终也。难，乃旦翻。高谈清教，盈溢官曹，辞气清【章：甲十一行本"清"作"温"；乙十一行本同；孔本同；熊校同。】雅，可玩而诵，论事考实，难可悉行。但能张磔网罗，磔，陟格翻，开也。而目理甚疏；造次能得人心，造，七到翻。久久亦不愿附也。其所任用，好奇取异，多剽轻小才。好，呼到翻。剽，匹妙翻。轻，墟正翻。至于尊事名儒郑玄，执子孙礼，易其乡名曰郑公乡，玄传曰：融深敬玄，告高密县为玄特立一乡，曰："昔齐置士乡，越有君子军，皆异贤之意也。太史公、廷尉吴公、谒者仆射邓公，皆汉之名臣。又南山四皓，有园公、夏黄公，世嘉其高，皆悉称公。然则公者，仁德之正号，不必皆三事大夫也。今郑君乡宜曰郑公乡。"及清俊之士左承祖、刘义逊等，皆备在座席而已，不与论政事，曰："此民望，不可失也！"

黄巾来寇，融战败，走保都昌。贤曰：都昌县，属北海郡，故城在今青州临朐县东北。时袁、曹、公孙首尾相连，融兵弱粮寡，孤立一隅，不与相通。左承祖劝融宜自托强国，融不听而杀之，刘义逊弃去。青州刺史袁谭攻融，自春至夏，战士所馀才数百人，流矢交集，而融犹隐几读书，谈笑自若。隐，于靳翻。贤曰：隐，凭也。城夜陷，乃奔东山，都昌县之东山也。妻子为谭所虏。曹操与融有旧，征为将作大匠。

袁谭初至青州，其土自河而西，不过平原。谭北排田楷，田楷，公孙瓒用为青州刺史。东破孔融，威惠甚著；其后信任群小，肆志奢淫，声望遂衰。

14 中平以来，天下乱离，民弃农业，诸军并起，率乏粮谷，无终岁之计，饥则寇掠，饱则弃馀，瓦解流离，无敌自破者，不可胜数。胜，音升。袁绍在河北，军人仰食桑椹，仰，牛向翻。椹，桑实也；其始生也，色青，熟则色黑，可食。椹，音甚。袁术在江淮，取给蒲蠃，蠃，蚌属，卢戈翻。民多相食，州里萧条。羽林监枣祗请建置屯田，颍川文士传：枣氏，本姓棘，避难改焉。汉官：羽林有左右监，秩六百石，属光禄勋。曹操从之，以祗为屯田都尉，以骑都尉任峻为典农中郎将。魏志曰：曹公置典农中郎将，秩二千石；典农都尉，秩六百石或四百石。典农校尉，秩比二千石，所主如中郎；所主部分别而少为校尉。募民屯田许下，得谷百万斛。于是州郡例置田官，所在积谷，仓廪皆满。故操征伐四方，无运粮之劳，遂能兼并群雄。军国之饶，起于祗而成于峻。

15 袁术畏吕布为己害，乃为子求婚，布复许之。乃为，于伪翻。复，扶又翻。术遣将纪灵等步骑三万攻刘备，备求救于布。诸将谓布曰："将军常欲杀刘备，今可假手于术。"布曰："不然。术若破备，则北连泰山诸将，泰山诸将谓臧霸、孙观、吴敦、尹礼辈。吾为在术围中，不得不救也。”便率步骑千馀驰往赴之。灵等闻布至，皆敛兵而止。布屯沛城西南，遣铃下请灵等，铃下，卒也，在铃阁之下，有警至则掣铃以呼之，因以为名。续汉志曰：五百、铃下，侍阁、门阑部署、街里走卒，皆有程品，多少随所典领。程大昌续演繁露曰：铃下威仪，殆今典客之吏。灵等亦请布，布往就之，与备共饮食。布谓灵等曰：“玄德，布弟也，刘备，字玄德。为诸君所困，故来救之。布性不喜合斗，喜解斗耳。”言不喜合人之斗，喜解人之斗也。喜，许记翻。乃令军候植戟于营门，布弯弓顾曰：“诸君观布射戟小支，贤曰：周礼考工记曰：为戟，博二寸，内倍之，胡参之，援四之。郑注云：援直刃，胡其孑也。小支，谓胡也，即今之戟旁曲支。植，直吏翻，立也。射，而亦翻。中者当各解兵，不中可留决斗。”布即一发，正中戟支。中，竹仲翻；下同。灵等皆惊，言：“将军天威也！”明日复欢会，然后各罢。

备合兵得万馀人，布恶之，复，扶又翻。恶，乌路翻。自出兵攻备；备败走，归曹操，操厚遇之，以为豫州牧。或谓操曰：“备有英雄之志，今不早图，后必为患。”操以问郭嘉，嘉曰：“有是。然公起义兵，为百姓除暴，为，于伪翻。推诚杖信以招俊杰，犹惧其未也。今备有英雄名，以穷归己而害之，是以害贤为名也。如此，则智士将自疑，回心择主，公谁与定天下乎！夫除一人之患以沮四海之望，安危之机也，不可不察。”沮，在吕翻。考异曰：傅子以为程昱、郭嘉劝操杀备。今从魏书。操笑曰：“君得之矣！”遂益其兵，给粮食，使东至沛，收散兵以图吕布。

初，备在豫州，举陈郡袁涣为茂才。武帝元封六年，诏州郡举茂才。茂才，即秀才也，避光武讳，史遂书为茂才。涣为吕布所留，布欲使涣作书骂辱备，涣不可，再三强之，不许。强，其两翻。布大怒，以兵胁涣曰：“为之则生，不为则死！”涣颜色不变，笑而应之曰："涣闻唯德可以辱人，不闻以骂！使彼固君子邪，且不耻将军之言；彼诚小人邪，将复将军之意，言布以书骂备，备君子邪，固不以骂为耻；其小人邪，将复以书骂布也。则辱在此不在于彼。且涣他日之事刘将军，犹今日之事将军也，如一旦去此，复骂将军，可乎？"复，扶又翻。布惭而止。

16 张济自关中引兵入荆州界，攻穰城，穰县，属南阳郡。为流矢所中死。中，竹仲翻。荆州官属皆贺，刘表曰："济以穷来，主人无礼，言无郊劳授馆之礼也。至于交锋，此非牧意，牧受吊，不受贺也。"使人纳其众；众闻之喜，皆归心焉。济族子建忠将军绣代领其众，屯宛。宛，於元翻。

初，帝既出长安，宣威将军贾诩上还印绶，上，时掌翻。往依段煨于华阴。华，户化翻。诩素知名，为煨军所望，煨礼奉甚备。诩潜谋归张绣，或曰："煨待君厚矣，君去安之！"诩曰："煨性多疑，有忌诩意，礼虽厚，不可恃久，将为所图。诩既为煨军所望，则必为煨所忌矣。久留则煨惧诩夺其军，必将图杀之。我去必喜，又望吾结大援于外，必厚吾妻子；绣无谋主，亦愿得诩：则家与身必俱全矣。"诩遂往，绣执子孙礼，煨果善视其家。诩说绣附于刘表，说，输芮翻。绣从之。诩往见表，表以客礼待之。诩曰："表，平世三公才也，不见事变，多疑无决，无能为也！"

刘表爱民养士，从容自保，从，千容翻。境内无事，关西、兖、豫学士归之者以千数。表乃起立学校，讲明经术，校，户教翻。命故雅乐郎河南杜夔作雅乐。蔡邕曰：汉乐四品：一曰太予乐，典郊庙上陵殿举之乐；二曰周颂雅乐，典辟雍飨射六宗社稷之乐；三曰黄门鼓吹，天子所以宴乐群臣；四曰短箫铙歌，军乐也。乐备，表欲庭观之。夔曰："今将军号不为天子，合乐而庭作之，无乃不可乎！"表乃止。

平原祢衡，少有才辩，而尚气刚傲，祢，乃礼翻，姓也。少，诗照翻。孔融荐之于曹操。衡骂辱操，操召衡为鼓吏，故为衡所骂辱。操怒，谓融曰："祢衡竖子，孤杀之，犹雀鼠耳！顾此人素有虚名，远近将谓孤不能容之。"乃送与刘表，表延礼以为上宾。衡称表之美盈口，而好讥贬其左右，好，呼到翻。于是左右因形而谮之曰："衡称将军之仁，西伯不过也，唯以为不能断，断，丁乱翻。终不济者，必由此也。"其言实指表短，而非衡所言也。表由是怒，以江夏太守黄祖性急，送衡与之，祖亦善待焉。后衡众辱祖，祖杀之。操怒衡而送与表，犹以表为宽和爱士，观其能容与否也。表怒衡而送与祖，知祖性急，必不能容衡，是直欲寘之死地耳。二人皆挟数用术，表则浅矣。

二年（丁丑、一九七）

1 春，正月，曹操讨张绣，军于淯水，水经注：淯水出弘农卢氏县攻离山，东径宛县南，操军败处也。淯，音育。绣举众降。操纳张济之妻，绣恨之；又以金与绣骁将胡车儿，绣闻而疑惧，袭击操军，杀操长子昂。操中流矢，败走，降，户江翻。骁，坚尧翻。车，尺遮翻。长，知两翻。中，竹仲翻。校尉典韦与绣力战，左右死伤略尽，韦被数十创。被，皮义翻。创，初良翻。绣兵前搏之，韦双挟两人击杀之，瞋目大骂而死。瞋，七人翻。操收散兵，还住舞阴。舞阴县，属南阳郡。绣率骑来追，操击破之，绣走还穰，复与刘表合。复，扶又翻。

是时，诸军大乱，平虏校尉泰山于禁独整众而还，道逢青州兵劫掠人，禁数其罪而击之；数，所具翻。青州兵走，诣操。禁既至，先立营垒，不时谒操。或谓禁："青州兵已诉君矣，宜促诣公辨之。"禁曰："今贼在后，追至无时，不先为备，何以待敌！且公聪明，谮诉何缘得行！"徐凿堑安营讫，堑，七艳翻。乃入谒，具陈其状。操悦，谓禁曰："淯水之难，难，乃旦翻。吾犹狼狈，将军在乱能整，讨暴坚垒，讨暴，谓击劫掠者。坚垒，谓先凿堑安营也。有不可动之节，虽古名将，何以加之！”于是录禁前后功，封益寿亭侯。操引军还许。

2 袁绍与操书，辞语骄慢。操谓荀彧、郭嘉曰：“今将讨不义而力不敌，何如？”对曰：“刘、项之不敌，公所知也。汉祖惟智胜项羽，故羽虽强，终为所禽。今绍有十败，公有十胜，绍虽强，无能为也。绍繁礼多仪，公体任自然，此道胜也。绍以逆动，公奉顺以率天下，谓奉天子以率天下，于理为顺。此义胜也。桓、灵以来，政失于宽，绍以宽济宽，故不摄，摄，整也。左传曰：书于伐秦，摄也。杜预注曰：能自摄整。公纠之以猛，【章：甲十一行本“猛”下有“以”字；乙十一行本“猛”下有“而”字。】上下知制，此治胜也。治，直吏翻。绍外宽内忌，用人而疑之，所任唯亲戚子弟，公外易简而内机明，易，以豉翻。用人无疑，唯才所宜，不间远近，此度胜也。间，古苋翻。绍多谋少决，失在后事，公得策辄行，应变无穷，此谋胜也。绍高议揖让以收名誉，士之好言饰外者多归之，好，呼到翻；下同。公以至心待人，不为虚美，士之忠正远见而有实者皆愿为用，此德胜也。绍见人饥寒，恤念之，形于颜色，其所不见，虑或不及，公于目前小事，时有所忽，至于大事，与四海接，恩之所加，皆过其望，虽所不见，虑无不周，此仁胜也。绍大臣争权，谗言惑乱，公御下以道，浸润不行，此明胜也。论语：浸润之谮不行焉，可谓明也已矣。言谮人者如水之浸润以渐而入也。绍是非不可知，公所是进之以礼，所不是正之以法，此文胜也。绍好为虚势，不知兵要，荀子与临武君议兵于赵孝成王前，王曰：“请问兵要。”公以少克众，少，诗沼翻。用兵如神，军人恃之，敌人畏之，此武胜也。”操笑曰：“如卿所言，孤何德以堪之！”嘉又曰：“绍方北击公孙瓒，瓒，藏旱翻。可因其远征，东取吕布；若绍为寇，布为之援，此深害也。”彧曰：“不先取吕布，河北未易图也。”绍攻公孙瓒，而操乘间东取吕布。操击刘备，而绍不能袭许，此其所以败也。易，以豉翻。操曰：“然，吾所惑者，又恐绍侵扰关中，西乱羌、胡，南诱蜀、汉，诱，音酉。是我独以兖、豫抗天下六分之五也，为将奈何?”彧曰：“关中将帅以十数，将，即亮翻。帅，所类翻。莫能相一，唯韩遂、马腾最强，彼见山东方争，必各拥众自保，今若抚以恩德，遣使连和，虽不能久安，比公安定山东，足以不动。遂、腾之叛服，卒如荀彧所料。比，必寐翻。侍中、尚书仆射钟繇有智谋，若属以西事，属，之欲翻。公无忧矣。”操乃表繇以侍中守司隶校尉，持节督关中诸军，特使不拘科制。繇至长安，移书腾、遂等，移，犹遗也。为陈祸福，为，于伪翻。腾、遂各遣子入侍。

3 袁术称帝于寿春，自称仲家，以九江太守为淮南尹，置公卿百官，郊祀天地。沛相陈珪，球弟子也，少与术游；术以书召珪，又劫质其子，少，诗照翻。质，音致。期必致珪。珪答书曰：“曹将军兴复典刑，将拨平凶慝，以为足下当戮力同心，匡翼汉室；而阴谋不轨，以身试祸，欲吾营私阿附，有死不能也。”术欲以故兖州刺史金尚为太尉，尚不许而逃去，术杀之。金尚奔术见六十卷初平三年。

4 三月，诏将作大匠孔融持节拜袁绍大将军，兼督冀、青、幽、并四州。

5 夏，五月，蝗。

6 袁术遣使者韩胤以称帝事告吕布，因求迎妇，布遣女随之。陈珪恐徐、扬合从，为难未已，术领扬州，布领徐州。从，子容翻。难，乃旦翻。往说布曰：说，输芮翻。“曹公奉迎天子，辅赞国政，将军宜与协同策谋，共存大计。今与袁术结昏，必受不义之名，将有累卵之危矣！”布亦怨术初不己受也，事见六十卷初平三年。女已在涂，乃追还绝昏，械送韩胤，枭首许市。枭，坚尧翻。

陈珪欲使子登诣曹操，布固不肯。会诏以布为左将军，操复遗布手书，深加尉纳。复，扶又翻。遗，于季翻。尉，与慰同，安之也。汉书车千秋传：尉安黎庶。颜师古曰：尉安之字本无“心”。布大喜，即遣登奉章谢恩，并答操书。登见操，因陈布勇而无谋，轻于去就，宜早图之。操曰：“布狼子野心，诚难久养，非卿莫究其情伪。”即增珪秩中二千石，汉制：王国相秩二千石。增秩中二千石，则秩视九卿。拜登广陵太守。临别，操执登手曰：“东方之事，便以相付。”令阴合部众以为内应。

始，布因登求徐州牧不得，登还，布怒，拔戟斫几曰：“卿父劝吾协同曹操，绝婚公路；今吾所求无获，而卿父子并显重，但为卿所卖耳！”登不为动容，为，于伪翻。徐对之曰：“登见曹公言：‘养将军譬如养虎，当饱其肉，不饱则将噬人。’公曰：‘不如卿言。譬如养鹰，饥即为用，饱则飏去。’其言如此。”布意乃解。

袁术遣其大将张勋、桥蕤等与韩暹、杨奉连势，步骑数万趣下邳，趣，七喻翻。七道攻布。布时有兵三千，马四百匹，惧其不敌，谓陈珪曰：“今致术军，卿之由也，为之奈何？”珪曰：“暹、奉与术，卒合之师耳，卒，读曰猝。谋无素定，不能相维，子登策之，比于连鸡，势不俱栖，战国策：秦惠王曰：“诸侯之不可一，犹连鸡之不能俱上于栖。”立可离也。”布用珪策，与暹、奉书曰：“二将军亲拔大驾，而布手杀董卓，俱立功名，今奈何与袁术同为贼乎！不如相与并力破术，为国除害。”为，于伪翻。且许悉以术军资与之。暹、奉大喜，即回计从布。布进军，去勋营百步，暹、奉兵同时叫呼，呼，火故翻。并到勋营，勋等散走，布兵追击，斩其将十人首，所杀伤堕水死者殆尽。布因与暹、奉合军向寿春，水陆并进，到钟离，钟离县，属九江郡，距寿春二百馀里。所过虏掠，还渡淮北，留书辱术。术自将步骑五千扬兵淮上，布骑皆于水北大咍笑之而还。咍，呼来翻。楚人谓相啁笑曰咍。

泰山贼帅臧霸袭琅邪相萧建于莒，前汉莒县，属城阳国，后汉属琅邪国。帅，所类翻。破之。霸得建资实，许以赂布而未送，布自往求之。其督将高顺谏曰：将，即亮翻；下所将、顺将同。"将军威名宣播，远近所畏，何求不得，而自行求赂！万一不克，岂不损邪！"布不从。既至莒，霸等不测往意，固守拒之，无获而还。

顺为人清白有威严，少言辞，所将七百馀兵，号令整齐，每战必克，名"陷陈营"。少，诗沼翻。陈，读曰阵。布后疏顺，以魏续有内外之亲，夺其兵以与续，及当攻战，则复令顺将，顺亦终无恨意。布疏顺而亲续，其后执顺以败布者续也。将，即亮翻。布性决易，易，以豉翻。所为无常，顺每谏曰："将军举动，不肯详思，忽有失得，动辄言误，误岂可数乎！"数，所角翻。布知其忠而不能从。

7 曹操遣议郎王誧誧，滂古翻，又匹布翻。以诏书拜孙策为骑都尉，袭爵乌程侯，策父坚，以讨贼功封乌程侯。乌程县，属吴郡，今安吉州县。考异曰：江表传曰："建安二年夏，王誧奉戊辰诏书赐策。"不知其何月也。领会稽太守，会，工外翻。使与吕布及吴郡太守陈瑀共讨袁术。策欲得将军号以自重，誧便承制假策明汉将军。明汉将军，亦权宜置此号，言明于逆顺，知尊汉室也。下辅汉同。

策治严，严，装也。行到钱唐。钱唐县，前汉属会稽郡，后汉省其地，当属吴郡界。钱唐记曰：昔郡议曹华信议立此塘以防海，募有能致一斛土者，与钱一千，旬月之间，来者云集。塘未成而不复取，于是载土石者，皆委之而去，塘以之成，故名钱塘。瑀阴图袭策，潜结祖郎、严白虎等，使为内应。策觉之，遣其将吕范、徐逸攻瑀于海西；瑀败，单骑奔袁绍。

8 初，陈王宠有勇，善弩射。宠，明帝子陈敬王羡之曾孙也。黄巾贼起，宠治兵自守，治，直之翻。国人畏之，不敢离叛。国相会稽骆俊素有维恩，是时王侯无复租禄，而数见虏夺，数，所角翻。或并日而食，转死沟壑，而陈独富强，邻郡人多归之，有众十馀万。及州郡兵起，宠率众屯阳夏，贤曰：阳夏县，属淮阳国。夏，音工雅翻。自称辅汉大将军。袁术求粮于陈，骆俊拒绝之，术忿恚，恚，於避翻。遣客诈杀俊及宠，陈由是破败。

9 秋，九月，司空曹操东征袁术。术闻操来，弃军走，留其将桥蕤等于蕲阳以拒操；贤曰：蕲水出江夏蕲春县北山。水经注云：即蕲山也，西南流径蕲山，又南对蕲阳，注于大江，亦谓之蕲阳口。余据三国志，术时侵陈，操东征之，术留蕤等拒操，蕤等败死，术乃走渡淮。则盖战于淮外也，安得至江夏之蕲阳哉！此盖沛国之蕲县，范史衍阳字，而通鉴因之耳。操击破蕤等，皆斩之。考异曰：范书吕布传云："布破张勋于下邳，生擒桥蕤。"此又一桥蕤，将蕤被获又还也？然魏志吕布传无桥蕤事，当是范书误。术走渡淮，时天旱岁荒，士民冻馁，术由是遂衰。

操辟陈国何夔为掾，掾，俞绢翻。问以袁术何如，对曰："天之所助者顺，人之所助者信。术无信顺之实而望天人之助，其可得乎！"操曰："为国失贤则亡，君不为术所用，亡，不亦宜乎！"操性严，掾属公事往往加杖；夔常蓄毒药，誓死无辱，是以终不见及。

沛国许褚，勇力绝人，聚少年及宗族数千家，坚壁以御外寇，淮、汝、陈、梁间皆畏惮之，操徇淮、汝，褚以众归操，操曰："此吾樊哙也！"即日拜都尉，引入宿卫，诸从褚侠客，皆以为虎士焉。侠，户颊翻。

10 故太尉杨彪与袁术昏姻，据彪传，彪子修，袁术之甥。彪盖娶于袁氏也。曹操恶之，恶，乌路翻。诬云欲图废立，奏收下狱，劾以大逆。下，遐稼翻。劾，户概翻，又户得翻。将作大匠孔融闻之，不及朝服，朝，直遥翻。往见操曰："杨公四世清德，震、秉、赐、彪，四世以清白称。海内所瞻。周书，父子兄弟，罪不相及，况以袁氏归罪杨公乎！"操曰："此国家之意。"国家，谓帝也。融曰："假使成王杀召公，周公可得言不知邪！"操使许令满宠按彪狱，融与尚书令荀彧皆属宠曰："但当受辞，勿加考掠。"属，之欲翻。掠，音亮。宠一无所报，考讯如法。数日，求见操，言之曰："杨彪考讯，无他辞语。此人有名海内，若罪不明白，必大失民望；窃为明公惜之。"为，于伪翻。操即日赦出彪。初，彧、融闻宠考掠彪，皆怒；及因此得出，乃更善宠。彪见汉室衰微，政在曹氏，遂称脚挛，挛，闾缘翻，牵缩也。积十馀年不行，由是得免于祸。

11 马日磾丧至京师，日磾死，见六十一卷兴平元年。磾，丁奚翻。朝廷议欲加礼，孔融曰："日磾以上公之尊，秉髦节之使，使，疏吏翻。而曲媚奸臣，为所牵率，王室大臣，岂得以见胁为辞！圣上哀矜旧臣，未忍追按，不宜加礼。"朝廷从之。金尚丧至京师，诏百官吊祭，拜其子玮为郎中。

12 冬，十一月，曹操复攻张绣，复，扶又翻，又如字。拔湖阳，湖阳县，属南阳郡。禽刘表将邓济；又攻舞阴，下之。

13 韩暹、杨奉在下邳，寇掠徐、扬间，军饥饿，辞吕布，欲诣荆州；布不听。奉知刘备与布有宿憾，私与备相闻，欲共击布；备阳许之。奉引军诣沛，备请奉入城，饮食未半，于座上缚奉，斩之。暹失奉，孤特，与十馀骑归并州，为杼秋令张宣所杀。杼秋县，前汉属梁国，后汉属沛国。师古曰：杼，音食汝翻。胡才、李乐留河东，才为怨家所杀，怨，于元翻。乐自病死。郭汜为其将伍习所杀。

14 颍川杜袭、赵俨、繁钦避乱荆州，繁，音婆。左传：殷民七族，有繁氏。西汉有御史大夫繁延寿。刘表俱待以宾礼。钦数见奇于表，数，所角翻。见，贤遍翻；下见能同。袭喻之曰："吾所以与子俱来者，徒欲全身以待时耳，岂谓刘牧当为拨乱之主而规长者委身哉！长，知两翻。子若见能不已，非吾徒也，吾与子绝矣！"钦慨然曰："请敬受命！"及曹操迎天子都许，俨谓钦曰："曹镇东必能匡济华夏，夏，户雅翻；下同。吾知归矣！"遂还诣操，操以俨为朗陵长。朗陵县，属汝南郡。长，知两翻。

阳安都尉江夏李通妻伯父犯法，操分汝南二县置阳安都尉。俨收治，致之大辟。治，直之翻。辟，毗亦翻。时杀生之柄，决于牧守，守，式又翻。通妻子号泣以请其命。号，户刀翻。通曰："方与曹公戮力，义不以私废公！"嘉俨执宪不阿，与为亲交。

三年（戊寅、一九八）

1 春，正月，曹操还许。攻张绣而还也。三月，将复击张绣。复，扶又翻。荀攸曰："绣与刘表相恃为强；然绣以游军仰食于表，仰，牛向翻。表不能供也，势必乖离。不如缓军以待之，可诱而致也；诱，音酉。若急之，其势必相救。"操不从，围绣于穰。

2 夏，四月，使谒者仆射裴茂，姓谱：伯益之后，封䝿乡，因以为氏，后徙封解邑，乃去"邑"从"衣"。诏关中诸将段煨等讨李傕，夷其三族。董卓之党，于是尽矣。煨，乌回翻。傕，古岳翻。以煨为安南将军，封闅乡侯。闅，音旻。

3 初，袁绍每得诏书，患其有不便于己者，欲移天子自近，使说曹操以许下埤湿，近，其靳翻。说，输芮翻；下同。埤，皮弭翻，又读与卑同。雒阳残破，宜徙都鄄城以就全实；鄄，音绢。操拒之。田丰说绍曰："徙都之计，既不克从，宜早图许，奉迎天子，动托诏书，号令海内，此算之上者。不尔，终为人所禽，虽悔无益也。"绍不从。

会绍亡卒诣操，云田丰劝绍袭许，操解穰围而还，还，从宣翻，又如字。张绣率众追之。五月，刘表遣兵救绣，屯于安众，守险以绝军后。水经注：梅溪水出南阳宛县北紫山，南径杜衍县东，土地垫下，湍溪是注，古人于安众堨之，令游水是潴，谓之安众港。郡国志，南阳郡有安众侯国。操与荀彧书曰："吾到安众，破绣必矣。"及到安众，操军前后受敌，操乃夜凿险伪遁。表、绣悉军来追，操纵奇兵步骑夹攻，大破之。他日，彧问操："前策贼必破，何也？"操曰："虏遏吾归师，而与吾死地，兵法曰：归师勿遏。又曰：置之死地而后生。吾是以知胜矣。"

绣之追操也，贾诩止之曰："不可追也，追必败。"绣不听，进兵交战，大败而还。诩登城谓绣曰："促更追之，更战必胜。"绣谢曰："不用公言，以至于此，今已败，奈何复追？"复，扶又翻；下同。诩曰："兵势有变，促追之！"言兵势无常，审知其变，则因败而为胜。绣素信诩言，遂收散卒更追，合战，果以胜还。此亦小胜耳。乃问诩曰："绣以精兵追退军而公曰必败，以败卒击胜兵而公曰必克，悉如公言，何也？"诩曰："此易知耳。易，以豉翻。将军虽善用兵，非曹公敌也。曹公军新退，必自断后，断，丁管翻；下同。故知必败。曹公攻将军，既无失策，力未尽而一朝引退，必国内有故也。有故，谓有变也。已破将军，必轻军速进，留诸将断后，诸将虽勇，非将军敌，故虽用败兵而战必胜也。"绣乃服。

4 吕布复与袁术通，遣其中郎将高顺及北地太守雁门张辽攻刘备；布以辽遥领北地太守耳。曹操遣将军夏侯惇救之，为顺等所败。败，补迈翻。秋，九月，顺等破沛城，虏备妻子，备单身走。

曹操欲自击布，诸将皆曰："刘表、张绣在后，而远袭吕布，其危必也。"荀攸曰："表、绣新破，势不敢动。布骁猛，又恃袁术，若从横淮、泗间，骁，坚尧翻。从，子容翻。豪杰必应之。今乘其初叛，众心未一，往可破也。"操曰："善！"比行，泰山屯帅臧霸、孙观、吴敦、尹礼、昌豨等皆附于布。比，必寐翻。帅，所类翻。豨，许岂翻，又音希。史言攸料敌之审。姓谱：昌姓，昌意之后。操与刘备遇于梁，进至彭城。陈宫谓布："宜逆击之，以逸待劳，无不克也。"布曰："不如待其来，蹙着泗水中。"着，直略翻。冬，十月，操屠彭城。广陵太守陈登率郡兵为操先驱，进至下邳。布自将屡与操战，皆大败，将，即亮翻。还保城，不敢出。

操遗布书，为陈祸福；遗，于季翻。为，于伪翻。布惧，欲降。降，户江翻。陈宫曰："曹操远来，势不能久。将军若以步骑出屯于外，宫将馀众闭守于内，若向将军，宫引兵而攻其背；若但攻城，则将军救于外。不过旬月，操军食尽，击之，可破也。"布然之，欲使宫与高顺守城，自将骑断操粮道。断，丁管翻。布妻谓布曰："宫、顺素不和，将军一出，宫、顺必不同心共城守也，如有蹉跌，蹉，昌何翻。跌，徒结翻。将军当于何自立乎！且曹氏待公台如赤子，犹舍而归我。陈宫字公台；归布事，见上卷兴平元年。舍，读曰捨。今将军厚公台不过曹氏，而欲委全城，捐妻子，孤军远出，若一旦有变，妾岂得复为将军妻哉！"复，扶又翻；下同。布乃止；潜遣其官属许汜、王楷求救于袁术。汜，音祀。术曰："布不与我女，理自当败，何为复来？"汜、楷曰："明上今不救布，为自败耳；布破，明上亦破也。"

术时僭号，故称之为明上。术乃严兵为布作声援。布恐术为女不至，故不遣救兵，以绵缠女身缚着马上，夜自送女出，与操守兵相触，格射不得过，复还城。为，于伪翻。着，直略翻。射，而亦翻。

河内太守张杨素与布善，欲救之，不能，乃出兵东市，野王县东市也。遥为之势。十一月，杨将杨丑杀杨以应操，别将眭固复杀丑，眭，息随翻。将其众北合袁绍。杨性仁和，无威刑，下人谋反发觉，对之涕泣，辄原不问，故及于难。难，乃旦翻。

操掘堑围下邳，积久，士卒疲敝，欲还。荀攸、郭嘉曰："吕布勇而无谋，今屡战皆北，锐气衰矣。三军以将为主，将，即亮翻。主衰则军无奋意。陈宫有智而迟，今及布气之未复，宫谋之未定，急攻之，布可拔也。"乃引沂、泗灌城，泗水东南流，过下邳县西，沂水南流，亦至下邳县西，而南入于泗，故并引二水以灌城。水经注：沂水于下邳县北，西流分为二水：一水于城北西南入泗，一水径城东屈从县南，亦注泗，谓之小沂水，水上有桥，张良遇黄石公处也。操于此处引沂、泗灌城。月馀，布益困迫，考异曰：范书布传云"灌其城三月"，魏志传亦曰"围之三月"。按操以十月至下邳，及杀布，共在一季，不可言三月。今从魏志武纪。临城谓操军士曰："卿曹无相困我，我当自首于明公。"首，式救翻。陈宫曰："逆贼曹操，何等明公！今日降之，降，户江翻；下同。若卵投石，岂可得全也！"

布将侯成亡其名马，已而复得之，诸将合礼以贺成，成分酒肉先入献布。布怒曰："布禁酒而卿等酝酿，为欲因酒共谋布邪！"成忿惧，十二月，癸酉，成与诸将宋宪、魏续等共执陈宫、高顺，率其众降。布与麾下登白门楼。水经注：下邳城南门名白门。宋武北征记曰：下邳城有三重，大城周四里，吕布所守也。魏武禽布于白门，大城之门也。宋白曰：下邳中城，南临白楼门。兵围之急，布令左右取其首诣操，左右不忍，乃下降。

布见操曰："今日已往，天下定矣。"操曰："何以言之？"

布曰："明公之所患不过于布，今已服矣。若令布将骑，明公将步，天下不足定也。"将，即亮翻。骑，奇寄翻。顾谓刘备曰："玄德，卿为坐上客，坐，徂卧翻。我为降虏，绳缚我急，独不可一言邪？"操笑曰："缚虎不得不急。"乃命缓布缚，刘备曰："不可。考异曰：献帝春秋曰："太祖意欲活布，命使宽缚，主簿王必趋进曰：'布，勍虏也，其众近在外，不可宽也。'太祖曰：'本欲相缓，主簿复不听，如之何？'今从范书、陈志。明公不见吕布事丁建阳、董太师乎！"丁原，字建阳，董卓，官至太师，布皆杀之，事见五十九卷灵帝中平六年及六十卷初平三年。操颔之。颔之者，微动颐颔以应之。布目备曰："大耳儿，最叵信！"备顾自见其耳，故云然。叵，普火翻，不可也。洪迈曰：叵为不可，此以切脚称也。

操谓陈宫曰："公台平生自谓智有馀，今竟何如！"宫指布曰："是子不用宫言，以至于此。若其见从，亦未必为禽也。"操曰："奈卿老母何？"宫曰："宫闻以孝治天下者不害人之亲，治，直之翻。老母存否，在明公，不在宫也。"操曰："奈卿妻子何？"宫曰："宫闻施仁政于天下者不绝人之祀，妻子存否，在明公，不在宫也。"操未复言。宫请就刑，遂出，不顾，操为之泣涕，复，扶又翻。为，于伪翻。并布、顺皆缢杀之，传首许市。操召陈宫之母，养之终其身，嫁宫女，抚视其家，皆厚于初。操厚陈宫之家而不肯存孔融之嗣，必陈宫之妻子，可保其无能为也。

前尚书令陈纪、纪子群在布军中，操皆礼用之。张辽将其众降，拜中郎将。臧霸自亡匿，操募索得之，索，山客翻。使霸招吴敦、尹礼、孙观等，皆诣操降。操乃分琅邪、东海为城阳、利城、昌虑郡，城阳，西汉王国，光武省，并入琅邪。利城、昌虑二县，皆属东海。此盖因诸屯帅所居，而分为郡也。虑，师古音庐。悉以霸等为守、相。

初，操在兖州，以徐翕、毛晖为将。及兖州乱，翕、晖皆叛。兖州既定，翕、晖亡命投霸。操语刘备，语，牛倨翻。令霸送二首，霸谓备曰："霸所以能自立者，以不为此也。霸受主公生全之恩，不敢违命；然王霸之君，可以义告，愿将军为之辞。"备以霸言白操，操叹息谓霸曰："此古人之事，而君能行之，孤之愿也。"皆以翕、晖为郡守。守，式又翻。陈登以功加伏波将军。

5 刘表与袁绍深相结约。治中邓羲谏表，表曰："内不失贡职，外不背盟主，背，蒲妹翻。此天下之达义也。治中独何怪乎？"羲乃辞疾而退。

长沙太守张羡，性屈强，屈，渠勿翻。强，巨两翻。屈强，梗戾不顺从貌。表不礼焉。郡人桓阶说羡举长沙、零陵、桂阳三郡以拒表，遣使附于曹操，羡从之。说，输芮翻。考异曰：魏志桓阶传，袁、曹相拒官渡而阶说羡。按范书刘表传，建安三年，羡拒表，在官渡前也。

6 孙策遣其正议校尉张纮献方物，正议校尉，亦孙策私所署置。曹操欲抚纳之，表策为讨逆将军，讨逆将军，亦创置也。封吴侯；由乌程徙封吴，进其封也。考异曰：江表传曰："倍于元年所献。其年，制书拜讨逆，封吴侯。"按策贡献在二年，非元年也。又陈志纮传曰："建安四年，遣纮奉章诣许。"按吴书纮述策材略、忠款，曹公乃优文褒崇，改号加封。然则纮来在策封吴侯前，本传误也。以弟女配策弟匡，又为子彰取孙贲女；为，于伪翻。取，读曰娶。礼辟策弟权、翊；操礼辟权、翊，欲其至以为质耳。以张纮为侍御史。

袁术以周瑜为居巢长，以临淮鲁肃为东城长。居巢县，属庐江郡。东城县，前汉属九江郡，后汉省，当是术复置也。长，知两翻。瑜、肃知术终无所成，皆弃官渡江从孙策，策以瑜为建威中郎将。肃因家于曲阿。

曹操表征王朗，策遣朗还。操以朗为谏议大夫，参司空军事。参军事昉于魏、晋之间，位望颇重，孙楚谓石苞曰："天子命我参卿军事”是也。自是以后，位望轻矣。

袁术遣间使间，古苋翻。使，疏吏翻。赍印绶与丹阳宗帅祖郎等，帅，所类翻。使激动山越，共图孙策。刘繇之奔豫章也，太史慈遁于芜湖山中，自称丹阳太守。策已定宣城以东，惟泾以西六县未服，慈因进住泾县，大为山越所附。芜湖、泾县皆属丹阳郡。宣城县前汉亦属丹阳，后汉省。晋太康元年，分丹阳立宣城郡，复置县属焉。山越，越民依阻山险而居者。于是策自将讨祖郎于陵阳，禽之。陵阳县，属丹阳郡。陵阳子明得仙于此，县山因名。策谓郎曰：“尔昔袭孤，事见上卷兴平元年。斫孤马鞍，今创军立事，除弃宿恨，惟取能用，与天下通耳，非但汝，汝勿恐怖。”怖，普布翻。郎叩头谢罪，即破械，署门下贼曹。又讨太史慈于勇里，勇里，在泾县。禽之，解缚，捉其手捉，执也。曰：“宁识神亭时邪？若卿尔时得我云何？”神亭事见上卷兴平二年。慈曰：“未可量也。”量，音良。策大笑曰：“今日之事，当与卿共之，闻卿有烈义，天下智士也，慈，东莱人，少为郡奏曹史。时郡与州有隙，交章以闻，而州章先到雒，慈劫取坏之，由是知名。后赴孔融之急，诣刘备求救，此策所谓烈义也。但所托未得其人耳。谓刘繇也。孤是卿知己，勿忧不如意也。”即署门下督。军还，祖郎、太史慈俱在前导，军人以为荣。

会刘繇卒于豫章，士众万馀人，欲奉豫章太守华歆为主；歆以为“因时擅命，非人臣所宜”，众守之连月，卒谢遣之，卒，子恤翻。华，户化翻。其众未有所附。策命太史慈往抚安之，谓慈曰：“刘牧往责吾为袁氏攻庐江，刘繇奉王命牧扬州，故以称之。攻庐江事见上卷兴平元年。为，于伪翻。吾先君兵数千人，尽在公路许。吾志在立事，安得不屈意于公路而求之乎！其后不遵臣节，谏之不从，事见上建安元年。丈夫义交，苟有大故，不得不离，吾交求公路及绝之本末如此，恨不及其生时与共论辩也。今儿子在豫章，卿往视之，并宣孤意于其部曲，部曲乐来者与俱来，不乐来者且安慰之。乐，音洛。并观华子鱼所以牧御方规何如。华歆，字子鱼。卿须几兵，多少随意。”慈曰：“慈有不赦之罪，将军量同桓、文，当尽死以报德。今并息兵，兵不宜多，将数十人足矣。”左右皆曰：“慈必北去不还。”策曰：“子义舍我，当复从谁！”复，扶又翻。饯送昌门，孙权记注曰：吴西郭门曰阊门，夫差作，以天门通阊阖，故名之。后春申君改曰昌门。把腕别曰：腕，乌贯翻。“何时能还？”答曰：“不过六十日。”慈行，议者犹纷纭言遣之非计。策曰：“诸君勿复言，孤断之详矣。断，丁乱翻。太史子义虽气勇有胆烈，然非纵横之人，纵，子容翻。其心秉道义，重然诺，然，是也，决辞也。诺，应也，许辞也。重，不轻也。一以意许知己，死亡不相负，诸君勿忧也。”慈果如期而反，谓策曰：“华子鱼，良德也，然无他方规，自守而已。又，丹阳僮芝，自擅庐陵，僮，姓也。风俗通：汉有交趾刺史僮尹。一曰：僮，即童也，颛顼子老童之后，或从“人”。庐陵县，属豫章郡。番阳民帅别立宗部，言‘我已别立郡海昏上缭，不受发召’，番阳县，属豫章郡。宗部，即所谓江南宗贼也。帅，所类翻。海昏县属豫章郡。时县民数千家，自相结聚，作宗伍，壁于上缭。水经注：僚水导源建昌县，汉元帝永光二年，分海昏立。僚水又东径新吴县，汉中平中立。僚水又径海昏县，谓之上僚水。缭，读曰僚。子鱼但睹视之而已。”策拊掌大笑，遂有兼并之志。

7 袁绍连年攻公孙瓒，不能克，以书谕之，欲相与释憾连和；瓒不答，而增修守备，谓长史太原关靖曰：“当今四方虎争，无有能坐吾城下相守经年者明矣，袁本初其若我何！”绍于是大兴兵以攻瓒。先是瓒别将有为敌所围者，瓒不救，先，悉荐翻。曰：“救一人，使后将恃救，不肯力战。”及绍来攻，瓒南界别营，自度守则不能自固，度，徒洛翻。又知必不见救，或降或溃。降，户江翻。绍军径至其门，易京之门也。瓒遣子续请救于黑山诸帅，黑山诸帅，张燕等也。帅，所类翻。而欲自将突骑出傍西山，自易京西抵故安阎乡以西，诸山连接中山之界，山谷深广，皆黑山诸贼所依阻也。傍，步浪翻。拥黑山之众侵掠冀州，横断绍后。断，丁管翻。关靖谏曰："今将军将士莫不怀瓦解之心，所以犹能相守者，顾恋其居处老少，处，昌吕翻。而恃将军为主故耳。坚守旷日，或可使绍自退；若舍之而出，舍，读曰捨。后无镇重，易京之危，可立待也。"瓒乃止。绍渐相攻逼，瓒众日蹙。蹙，子六翻。

王崇武标点容肇祖聂崇岐覆校

资治通鉴卷第六十三

翰林学士兼侍读学士朝散大夫右谏议大夫
知制诰判尚书都省兼提举万寿观公事上护军 司马光 奉敕编集
河内郡开国侯食邑一千三百户赐紫金鱼袋臣

后学天台胡三省音注

汉纪五十五

起屠维单阏(己卯),尽上章执徐(庚辰),凡二年。

孝献皇帝戊

建安四年(己卯、一九九)

1 春,【章:甲十一行本“春”下有“三月”二字;乙十一行本同;张校同。】黑山贼帅张燕与公孙续率兵十万,三道救之。帅,所类翻。未至,瓒密使行人赍书告续,使引五千铁骑于北隰之中,贤曰:下湿曰隰。孔颖达曰:下湿,谓土地窊下,常沮洳,名为隰也。起火为应,瓒欲自内出战。绍候得其书,如期举火。瓒以为救至,遂出战。绍设伏击之,瓒大败,复还自守。复,扶又翻。绍为地道,穿其楼下,施木柱之,度足达半,便烧之,楼辄倾倒,稍至京中。柱,拄也。易之中京,瓒所居也。度,徒洛翻。瓒自计必无全,乃悉缢其姊妹、妻子,然后引火自焚。绍趣兵登台,斩之。缢,于赐翻,又于计翻。趣,读曰促。田楷战死。关靖叹曰:“前若不止将军自行,未必不济。吾闻君子陷人危,必同其难,难,乃旦翻。岂可以独生乎!”策马赴绍军而死。公孙瓒之计与陈宫之计,一也。陈宫之计，吕布不能用；公孙瓒之计，关靖止之：是知不惟决计之难，赞决者亦难也。续为屠各所杀。屠各，胡也。屠，直于翻。

渔阳田豫说太守鲜于辅曰：辅既斩邹丹，遂领渔阳太守。说，输芮翻。守，式又翻。“曹氏奉天子以令诸侯，终能定天下，宜早从之。”辅乃率其众以奉王命。诏以辅为建忠将军，都督幽州六郡。

初，乌桓王丘力居死，子楼班年少，从子蹋顿有武略，代立，少，诗照翻。从，才用翻；下同。贤曰：蹋，音大蜡翻。杨正衡晋书音义：蹋，徒合翻。总摄上谷大人难楼、辽东大人苏仆延、右北平大人乌延等。袁绍攻公孙瓒，蹋顿以乌桓助之。瓒灭，绍承制皆赐蹋顿、难楼、苏仆延、乌延等单于印绶；又以阎柔得乌桓心，因加宠慰以安北边。其后难楼、苏仆延奉楼班为单于，以蹋顿为王，然蹋顿犹秉计策。

2 眭固屯射犬，郡国志：河内野王县有射犬聚。唐怀州河内县有汉射犬故城。眭，息随翻。夏，四月，曹操进军临河，使将军史涣、曹仁渡河击之。仁，操从弟也。固自将兵北诣袁绍求救，与涣、仁遇于犬城，涣、仁击斩之。操遂济河，围射犬；射犬降，降，户江翻。操还军敖仓。

初，操在兖州举魏种孝廉。种，音冲。兖州叛，张邈举兖州附吕布事见六十一卷兴平元年。操曰：“唯魏种且不弃孤。”及闻种走，操怒曰：“种不南走越、北走胡，不置汝也！”既下射犬，生禽种，操曰：“唯其才也！”释其缚而用之，以为河内太守，属以河北事。属，之欲翻。

3 以卫将军董承为车骑将军。

4 袁术既称帝，淫侈滋甚，媵御数百，媵，以证翻。无不兼罗纨，厌粱肉，自下饥困，莫之收恤。既而资实空尽，不能自立，乃烧宫室，奔其部曲陈简、雷薄于灊山，灊县，属庐江郡，有天柱山。贤曰：灊县之山也。灊，今寿州霍山县也。灊，音潜。复为简等所拒，遂大穷，士卒散走，忧懑不知所为。复，扶又翻。懑，音闷。乃遣使归帝号于从兄绍绍与术同祖袁汤，以亲则从，以年则兄也。曰："禄去汉室久矣，袁氏受命当王，符瑞炳然。今君拥有四州，贤曰：青，冀、幽、并。人户百万，谨归大命，君其兴之！"袁谭自青州迎术，欲从下邳北过。曹操遣刘备及将军清河朱灵邀之，术不得过，复走寿春。六月，至江亭，坐箦床而叹曰："袁术乃至是乎！"贤曰：箦，第也；谓无茵席也。因愤慨结病，欧血死。术从弟胤畏曹操，不敢居寿春，率其部曲奉术柩及妻子奔庐江太守刘勋于皖城。皖县，属庐江郡，今舒州也。师古曰：皖，胡管翻；杜佑曰：音患。考异曰：吴志孙策传曰："术死、长史杨弘、大将张勋等将其众，欲就策，庐江太守刘勋邀击，悉虏之，收其珍宝以归。"与诸书不同。今从范书、陈志术传及江表传。故广陵太守徐璆得传国玺，献之。璆，渠尤翻。传国玺，术拘孙坚妻所夺者。玺，斯氏翻。

5 袁绍既克公孙瓒，心益骄，贡御稀简。主簿耿包密白绍，宜应天人，称尊号。绍以包白事示军府。白事，斥白之事也。僚属皆言包妖妄，宜诛，妖，于骄翻。绍不得已，杀包以自解。

绍简精兵十万、骑万匹，欲以攻许。沮授谏曰："近讨公孙瓒，师出历年，百姓疲敝，仓库无积，未可动也。宜务农息民，先遣使献捷天子；若不得通，乃表曹操隔我王路，沮，子余翻。王路，谓尊王之路也。然后进屯黎阳，渐营河南，益作舟船，缮修器械，分遣精骑抄其边鄙，令彼不得安，我取其逸，如此，可坐定也。"使绍能用授言，曹其殆乎！抄，楚交翻。郭图、审配曰："以明公之神武，引河朔之强众，以伐曹操，易如覆手，易，以豉翻。何必乃尔！"授曰："夫救乱诛暴，谓之义兵；恃众凭强，谓之骄兵；义者无敌，骄者先灭。前汉魏相上书曰：兵义者王，兵骄者灭。曹操奉天子以令天下，今举师南向，于义则违。且庙胜之策，不在强弱。曹操法令既行，士卒精练，非公孙瓒坐而受攻者也。今弃万安之术而兴无名之师，前汉董公曰：兵出无名，事故不成。窃为公惧之！”为，于伪翻；下为之同。图、配曰：“武王伐纣，不为不义；况兵加曹操，而云无名！且以公今日之强，将士思奋，不及时以定大业，所谓‘天与不取，反受其咎’，史记范蠡之言。此越之所以霸，吴之所以灭也。监军之计在于持牢，绍使授监护诸将，故称为监军。持牢，犹今南人言把稳也。监，古衔翻。而非见时知几之变也。”几，居衣翻。绍纳图言。图等因是谮授曰：“授监统内外，监，古衔翻。威震三军，若其寖盛，何以制之！夫臣与主同者亡，此黄石之所忌也。臣与主同，言作威作福与主无别也。黄石，即张良于下邳圯上所得之书也。且御众于外，不宜知内。”绍乃分授所统为三都督，使授及郭图、淳于琼各典一军。骑都尉清河崔琰谏曰：“天子在许，民望助顺，不可攻也！”绍不从。

许下诸将闻绍将攻许，皆惧，曹操曰：“吾知绍之为人，志大而智小，色厉而胆薄，忌克而少威，少，诗沼翻；下以少同。兵多而分画不明，将骄而政令不壹，将，即亮翻。土地虽广，粮食虽丰，适足以为吾奉也。”孔融谓荀彧曰：“绍地广兵强，田丰、许攸智士也为之谋，审配、逢纪忠臣也逢，皮江翻。任其事，任，音壬。颜良、文丑勇将也统其兵，殆难克乎！”彧曰：“绍兵虽多而法不整，田丰刚而犯上，许攸贪而不治，审配专而无谋，逢纪果而自用；此数人者，势不相容，必生内变。颜良、文丑，一夫之勇耳，可一战而禽也。”

秋，八月，操进军黎阳，使臧霸等将精兵入青州以扞东方，臧霸起于泰山，称雄于东方者也，故使之为扞；袁氏虽欲自平原而东，无能为矣。留于禁屯河上。九月，操还许，分兵守官渡。贤曰：裴松之北征记曰：中牟台，下临汴水，是为官渡，袁绍、曹操垒尚存焉。在今郑州中牟县北。据水经注，汴水即莨荡渠也。杜佑曰：郑州中牟县北十二里，有中牟台，是为官渡城，袁、曹相持之所。

袁绍遣人招张绣，并与贾诩书结好。绣欲许之，诩于绣坐上好，呼到翻。坐，徂卧翻。显谓绍使曰："归谢袁本初，兄弟不能相容，谓与袁术有隙，各结党与以相图也。显者，明言之于稠人中也。而能容天下国士乎！"绣惊惧曰："何至于此！"窃谓诩曰："若此，当何归？"诩曰："不如从曹公。"绣曰："袁强曹弱，又先与曹为雠，谓淯水之战，杀其子也。从之如何？"诩曰："此乃所以宜从也。夫曹公奉天子以令天下，其宜从一也；绍强盛，我以少众从之，少，诗沼翻；下同。必不以我为重，曹公众弱，其得我必喜，其宜从二也；夫有霸王之志者，固将释私怨以明德于四海，其宜从三也。愿将军无疑！"冬，十一月，绣率众降曹操，降，户江翻。操执绣手，与欢宴，为子均取绣女，为，于伪翻。取，读曰娶。拜扬武将军；表诩为执金吾，封都亭侯。凡郡、国、县、道治所，皆有都亭。

关中诸将以袁、曹方争，皆中立顾望。凉州牧韦端使从事天水杨阜诣许，阜还，关右诸将问："袁、曹胜败孰在？"阜曰："袁公宽而不断，好谋而少决；不断则无威，断，丁乱翻；下同。少决则后事，今虽强，终不能成大业。曹公有雄才远略，决机无疑，法一而兵精，能用度外之人，所任各尽其力，必能济大事者也。"

曹操使治书侍御史河东卫觊镇抚关中，治，直之翻。觊，音冀。时四方大有还民，关中诸将多引为部曲。觊书与荀彧曰："关中膏腴之地，顷遭荒乱，人民流入荆州者十万馀家，闻本土安宁，皆企望思归；企，去智翻，举踵也。而归者无以自业，诸将各竞招怀以为部曲，郡县贫弱，不能与争，兵家遂强，一旦变动，必有后忧。夫盐，国之大宝也，乱来放散，宜如旧置使者监卖，监，古衔翻；下同。以其直益市犁牛，若有归民，以供给之，勤耕积粟以丰殖关中，远民闻之，必日夜竞还。又使司隶校尉留治关中以为之主，治，直之翻。则诸将日削，官民日盛，此强本弱敌之利也。”或以白操，操从之。始遣谒者仆射监盐官，河东安邑盐池，旧有盐官。盐之为利厚矣，齐用管子鬻策而霸；晋之定都，诸大夫必欲其近盐；至汉武之世，斡之以佐军兴；及唐安、史之乱，第五琦榷盐以赡国用；自此遂为经赋，其利居天下岁入之半。监，工衔翻。司隶校尉治弘农。时以钟繇为司隶校尉。据魏略及三国志，繇实治洛阳，盖暂治弘农，以招抚关中也。关中由是服从。

袁绍使人求助于刘表，表许之而竟不至，亦不援曹操。从事中郎南阳韩嵩、汉制，惟司隶校尉有从事中郎，至汉末，则州牧亦有从事中郎矣。别驾零陵刘先说表曰：说，输芮翻。“今两雄相持，天下之重在于将军。若欲有为，起乘其敝可也；如其不然，固将择所宜从。岂可拥甲十万，坐观成败，求援而不能助，见贤而不肯归！此两怨必集于将军，恐不得中立矣。曹操善用兵，贤俊多归之，其势必举袁绍，然后移兵以向江、汉，恐将军不能御也。今之胜计，胜计，谓诸计之中，此计为胜也。莫若举荆州以附曹操，操必重德将军；长享福祚，垂之后嗣，此万全之策也。”蒯越亦劝之，蒯，苦怪翻。表狐疑不断，乃遣嵩诣许曰：“今天下未知所定，而曹操拥天子都许，君为我观其衅。”为，于伪翻；下同。嵩曰：“圣达节；次守节。左传，曹公子欣时之言。嵩，守节者也。夫君臣名定，以死守之；今策名委质，质，如字。唯将军所命，虽赴汤蹈火，死无辞也。以嵩观之，曹公必得志于天下。将军能上顺天子，下归曹公，使嵩可也；如其犹豫，嵩至京师，天子假嵩一职，不获辞命，则成天子之臣，将军之故吏耳。在君为君，则嵩守天子之命，义不得复为将军死也。惟加重思，为，于伪翻。重，除用翻。重思，犹言三思也。无为负嵩！”表以为惮使，强之。以其惮于使许，强之使行。使，疏吏翻。至许，诏拜嵩侍中、零陵太守。及还，盛称朝廷、曹公之德，劝表遣子入侍。表大怒，以为怀贰，大会寮属，陈兵，持节，将斩之，持节，以示将斩，犹不敢专杀，存汉制也。数曰：“韩嵩敢怀贰邪！”众皆恐，欲令嵩谢。嵩不为动容，数，所具翻。为，于伪翻。徐谓表曰：“将军负嵩，嵩不负将军！”且陈前言。表妻蔡氏谏曰：“韩嵩，楚国之望也；且其言直，诛之无辞。”表犹怒，考杀从行者，从，才用翻；下同。知无他意，乃弗诛而囚之。

6 扬州贼帅郑宝欲略居民以赴江表，帅，所类翻；下同。以淮南刘晔，高族名人，晔出于汉之宗室，与蒋济、胡质俱为扬州名士。欲劫之使唱此谋，晔患之。会曹操遣使诣州，有所案问，晔要与归家。要，读曰邀。宝来候使者，晔留与宴饮，手刃杀之，斩其首以令宝军曰：“曹公有令，敢有动者，与宝同罪！”其众数千人皆詟服，詟，即涉翻，失气也。推晔为主。晔以其众与庐江太守刘勋，勋怪其故，晔曰：“宝无法制，其众素以钞略为利；仆宿无资，谓先无名位为之资也。钞，楚交翻。而整齐之，必怀怨难久，故以相与耳！”天下殽乱之时，设有不幸为众推，当以刘晔为法。勋以袁术部曲众多，不能赡，遣从弟偕求米于上缭诸宗帅，不能满数，不满其所求之数也。缭，读曰僚。偕召勋使袭之。

孙策恶勋兵强，伪卑辞以事勋曰：“上缭宗民数欺鄙郡，恶，乌路翻。数，所角翻。欲击之，路不便。上缭甚富实，愿君伐之，请出兵以为外援。”且以珠宝、葛越赂勋。文选注曰：葛越，草布也。今葛布谓之葛越，白布谓之白越。勋大喜，外内尽贺，刘晔独否，勋问其故，对曰：“上缭虽小，城坚池深，攻难守易，易，以豉翻。不可旬日而举也。兵疲于外而国内虚，策乘虚袭我，则后不能独守。是将军进屈于敌，退无所归，若军必出，祸今至矣。”勋不听，遂伐上缭；至海昏，宗帅知之，皆空壁逃迁，勋了无所得。时策引兵西击黄祖，行及石城，海昏县，属豫章郡，当豫章大江之口，有地名慨口。永元中，分海昏置建昌县。上缭，在建昌界。石城县，属丹杨郡。贤曰：在今苏州西南。余据水经：石城县在牛渚东。郦道元注又云：牛渚在石城东减五百里。未知孰是。又据五代志，宣城秋浦县，旧曰石城。宋白曰：池州贵池、石埭二县，皆汉石城县之地。闻勋在海昏，策乃分遣从兄贲、辅将八千人屯彭泽，宋白曰：彭泽县，取彭蠡泽为名，汉属豫章郡，今江州彭泽县、南康军都昌县皆汉彭泽县地。自与领江夏太守周瑜将二万人袭皖城，克之，夏，户雅翻。皖，户版翻。得术、勋妻子及部曲三万馀人；表汝南李术为庐江太守，给兵三千人以守皖城，为李术不附孙氏张本。皆徙所得民东诣吴。勋还至彭泽，孙贲、孙辅邀击，破之。勋走保流沂，流沂，地名，近西塞。西塞山，在今寿昌军东北三十里。求救于黄祖，祖遣其子射率船军五千人助勋。船军，即舟师也。策复就攻勋，复，扶又翻；下同。大破之。勋北归曹操，射亦遁走。

策收得勋兵二千馀人，船千艘，遂进击黄祖。十二月，辛亥，策军至沙羡，沙羡县，属江夏郡。晋灼曰：羡，音夷。水经注：蒲圻，江中有沙阳洲，沙阳县治。县本江夏之沙羡，晋太康中，改曰沙阳县。刘表遣从子虎及南阳韩晞，将长矛五千来救祖。从，才用翻。将，即亮翻。甲寅，策与战，大破之，斩晞。祖脱身走，获其妻子及船六千艘，艘，苏刀翻。士卒杀溺死者数万人。

策盛兵将徇豫章，屯于椒丘，椒丘，去豫章南昌县数十里。谓功曹虞翻曰：“华子鱼自有名字，华歆，字子鱼。自有名字，言其名闻当时也。然非吾敌也。若不开门让城，金鼓一震，不得无所伤害。卿便在前，具宣孤意。”翻乃往见华歆曰：“窃闻明府与鄙郡故王府君齐名中州，海内所宗，虽在东垂，常怀瞻仰。”歆曰："孤不如王会稽。"王朗为会稽太守，为策所破。会，工外翻。翻复曰："不审豫章资粮器仗，士民勇果，孰与鄙郡？"复，扶又翻。歆曰："大不如也。"翻曰："明府言不如王会稽，谦光之谭耳；易曰：谦尊而光。谭，与谈同。精兵不如会稽，实如尊教。孙讨逆智略超世，用兵如神，前走刘扬州，君所亲见；刘扬州，谓刘繇。南定鄙郡，亦君所闻也。鄙郡，即谓会稽。今欲守孤城，自料资粮，已知不足，不早为计，悔无及也。今大军已次椒丘，仆便还去，明日日中迎檄不到者，与君辞矣。"歆曰："久在江表，常欲北归；孙会稽来，吾便去也。"乃夜作檄，明旦，遣吏赍迎。策便进军，歆葛巾迎策。考异曰：华峤谱叙曰："孙策略有扬州，盛兵徇豫章，一郡大恐，官属请出郊迎。歆曰：'无然。'贲稍进，复白发兵。又不听。及策至，一府皆造阁，请出避之，乃笑曰：'今将自来，何遽避之！'有顷，门下白曰：'孙将军至'，请见，乃前与歆共坐，谈议良久，夜乃别去。义士闻之，皆长叹而心自服也。"此说太不近人情，今不取。策谓歆曰："府君年德名望，远近所归；策年幼稚，稚，直利翻。宜修子弟之礼。"便向歆拜，礼为上宾。

孙盛曰：歆既无夷、皓韬邈之风，又失王臣匪躬之操，夷、皓，谓伯夷、四皓也。易曰："王臣蹇蹇，匪躬之故。"言华歆不能高尚其志，又失蹇蹇匪躬之节也。桡心于邪儒之说，交臂于陵肆之徒，位夺节堕，咎孰大焉！邪儒，谓虞翻；陵肆，谓孙策也。桡，奴教翻。堕，读曰隳。

7 策分豫章为庐陵郡，以孙贲为豫章太守，孙辅为庐陵太守。会僮芝病，辅遂进取庐陵，僮芝据庐陵事见上卷上年。留周瑜镇巴丘。裴松之曰：按孙策于时始得豫章、庐陵，尚未能得定江夏。瑜之所镇，应在今巴丘县也，与后所屯巴丘处不同。余据晋地理志，庐陵郡有巴丘县。沈约曰：晋立。今抚州崇仁县即其地。梁改巴丘曰巴山。

孙策之克皖城也，抚视袁术妻子；及入豫章，收载刘繇丧，善遇其家。士大夫以是称之。

会稽功曹魏腾尝迕策意，迕，五故翻。策将杀之，众忧恐，计无所出。策母吴夫人倚大井谓策曰："汝新造江南，其事未集，方当优贤礼士，舍过录功。魏功曹在公尽规，汝今日杀之，则明日人皆叛汝。吾不忍见祸之及，当先投此井中耳！"策大惊，遽释腾。

初，吴郡太守会稽盛宪举高岱孝廉，许贡来领郡，岱将宪避难于营帅许昭家。乌程邹佗、钱铜及嘉兴王晟等难，乃旦翻。帅，所类翻。姓谱：彭祖裔孙孚，为周钱府上士，因官命氏。佗，徒河翻。沈约曰：嘉兴县，本名长水，秦改曰由拳；吴孙权黄龙四年，由拳县生嘉禾，改曰禾兴，孙皓避父名，改曰嘉兴县，属吴郡。晟，承正翻。各聚众万馀或数千人，不附孙策。策引兵扑讨，皆破之，扑，普卜翻。进攻严白虎。白虎兵败，奔馀杭，馀杭县，前汉属会稽郡，后汉分属吴郡。投许昭。程普请击昭，策曰："许昭有义于旧君，有诚于故友，此丈夫之志也。"裴松之曰：许昭有义于旧君，谓济盛宪也；有诚于故友，则受严白虎也。乃舍之。舍，读曰捨。

8 曹操复屯官渡。复，扶又翻。操常从士徐他等谋杀操，常从士，常随从在左右者也。从，才用翻。他，徒何翻。入操帐，见校尉许褚，色变，褚觉而杀之。

9 初，车骑将军董承称受帝衣带中密诏，与刘备谋诛曹操。操从容谓备曰：从，千容翻。"今天下英雄，惟使君与操耳，本初之徒，不足数也！"备方食，失匕箸；备以操知其英雄，惧将图己，故惊失匕筯也。匕，匙也；箸，挟也。箸，迟助翻。值天雷震，备因曰："圣人云'迅雷风烈必变'，论语记孔子之容。良有以也。"遂与承及长水校尉种辑、将军吴子兰、王服等同谋。会操遣备与朱灵邀袁术，程昱、郭嘉、董昭皆谏曰："备不可遣也！"操悔，追之，不及。术既南走，朱灵等还。备遂杀徐州刺史车胄，留关羽守下邳，行太守事，身还小沛。车，尺遮翻。考异曰：蜀志先叙董承谋泄诛死，备乃杀车胄。魏志，备杀车胄后，明年，董承乃死。袁纪，备据下邳亦在承死前。蜀志误也。东海贼昌豨及郡县多叛操为备。据蜀志，昌豨即昌霸。豨，许岂翻，又音希。吕布之败，太山诸屯帅皆降于曹操，独豨反侧于其间，盖自恃其才略过于臧霸之徒也。备众数万人，遣使与袁绍连兵，操遣司空长史沛国刘岱、中郎将扶风王忠击之，不克。备谓岱等曰："使汝百人来，无如我何；曹公自来，未可知耳！"

五年（庚辰、二〇〇）

1 春，正月，董承谋泄；壬子，曹操杀承及王服、种辑，皆夷三族。

操欲自讨刘备，诸将皆曰："与公争天下者，袁绍也。今绍方来而弃之东，言绍方来寇，乃弃而不顾而东征备也。绍乘人后，若何?"操曰："刘备，人杰也，今不击，必为后患。"郭嘉曰："绍性迟而多疑，来必不速。备新起，众心未附，急击之，必败。"操师遂东。冀州别驾田丰说袁绍曰："曹操与刘备连兵，未可卒解。说，输芮翻。卒，读曰猝。公举军而袭其后，可一往而定。"绍辞以子疾，未得行。丰举杖击地曰："嗟乎！遭难遇之时，而以婴儿病失其会，惜哉，事去矣！"

曹操击刘备，破之，考异曰：魏书曰："备谓操与大敌连，不得东；而候骑卒至，言曹公来，备大惊，然犹未信。自将数十骑出望公军，见麾旌，便弃众而走。"计备必不至此，魏书多妄。获其妻子；进拔下邳，禽关羽；又击昌豨，破之。备奔青州，因袁谭以归袁绍。绍闻备至，去邺二百里迎之；绍远出迎备，重敬之也。驻月馀，所亡士卒稍稍归之。

曹操还军官渡，绍乃议攻许，田丰曰："曹操既破刘备，则许下非复空虚。复，扶又翻。且操善用兵，变化无方，众虽少，少，诗沼翻；下同。未可轻也，今不如以久持之。将军据山河之固，拥四州之众，外结英雄，内修农战，然后简其精锐，分为奇兵，孙子兵法曰：凡战，以正合，以奇胜。注曰：正者，当敌；奇者，击其不备。乘虚迭出以扰河南，救右则击其左，救左则击其右，使敌疲于奔命，民不得安业，我未劳而彼已困，不及三年，可坐克也。今释庙胜之策定策于庙堂之上而决胜于千里之外，谓之庙胜。孙子曰：未战而庙胜，得算多也；未战而庙不胜，得算少也。而决成败于一战，若不如志，悔无及也。"绍不从。丰强谏忤绍，绍以为沮众，械系之。忤，五故翻。沮，在吕翻。于是移檄州郡，数操罪恶。数，所具翻。二月，进军黎阳。

沮授临行，会其宗族，散资财以与之沮，子余翻。曰："势存则威无不加，势亡则不保一身，哀哉！"其弟宗曰："曹操士马不敌，君何惧焉！"授曰："以曹操之明略，又挟天子以为资，我虽克伯珪，公孙瓒，字伯珪。众实疲敝，而主骄将忲，将，即亮翻。忲，他盖翻，侈也。军之破败，在此举矣。扬雄有言：'六国蚩蚩，为嬴弱姬。'其今之谓乎！"贤曰：法言之文也。嬴，秦姓；姬，周姓。方言曰：蚩，悖也。六国悖惑，侵弱周室，终为秦所并也。为，于伪翻。

振威将军程昱沈约曰：振威将军，始于后汉初，宋登为之。以七百兵守鄄城。鄄，音绢。曹操欲益昱兵二千，昱不肯，曰："袁绍拥十万众，自以所向无前，今见昱少兵，必轻易，少，诗沼翻；下同。易，以豉翻。不来攻。若益昱兵，过则不可不攻，攻之必克，徒两损其势，愿公无疑。"绍闻昱兵少，果不往。操谓贾诩曰："程昱之胆，过于贲、育矣！"贲，音奔。

袁绍遣其将颜良攻东郡太守刘延于白马。贤曰：白马县，属东郡，今滑州县也，故城在今县东。沮授曰："良性促狭，虽骁勇，不可独任。"绍不听。骁，坚尧翻。夏，四月，曹操北救刘延。荀攸曰：“今兵少不敌，必分其势乃可。公到延津，杜预曰：陈留酸枣县北，有延津。唐卫州新乡县有延津关。关盖在延津北岸，曹操所向，乃延津南岸。若将渡兵向其后者，绍必西应之，然后轻兵袭白马，掩其不备，颜良可禽也。”操从之。绍闻兵渡，即分兵西邀之。操乃引军兼行趣白马，趣，七喻翻。未至十馀里，良大惊，来逆战。操使张辽、关羽先登击之。羽望见良麾盖，戎车，大将所乘者，设幢麾，张盖。策马刺良于万众之中，刺，七亦翻。斩其首而还，还，从宣翻，又如字。绍军莫能当者。遂解白马之围，徙其民，循河而西。

绍渡河追之，沮授谏曰：“胜负变化，不可不详。今宜留屯延津，分兵官渡，若其克获，还迎不晚，还迎留屯大军也。设其有难，难，乃旦翻。众弗可还。”绍弗从。授临济叹曰：“上盈其志，下务其功，悠悠黄河，吾其济乎！”遂以疾辞。绍不许而意恨之，复省其所部，并属郭图。

绍军至延津南，操勒兵驻营南阪下，水经注：白马县有神马亭，实中层峙，南北二百步，东西五十馀步。自外耕耘垦斫，削落平尽。正南有陟躔，陛下方轨，西去白马津可二十里，南距白马县故城可五十里，即开山图所谓白马山也。南陂其在山之南欤！此时操兵循河已入酸枣界，当考。使登垒望之，曰：“可五六百骑。”有顷，复白：“骑稍多，步兵不可胜数。”复，扶又翻；下同。胜，音升。数，所具翻。操曰：“勿复白。”令骑解鞍放马。是时，白马辎重就道。诸将以为敌骑多，不如还保营。荀攸曰：“此所以饵敌，如何去之！”操顾攸而笑。绍骑将文丑与刘备将五六千骑前后至。诸将复白“可上马。”操曰：“未也。”有顷，骑至稍多，或分趣辎重。趣，七喻翻。重，直用翻。操曰：“可矣。”乃皆上马。时骑不满六百，遂纵兵击，大破之，斩丑。丑与颜良，皆绍名将也，再战，悉禽之，绍军夺气。三军以气为主，气夺则其军不振。

初，操壮关羽之为人，而察其心神无久留之意，使张辽以其情问之，羽叹曰："吾极知曹公待我厚；然吾受刘将军恩，誓以共死，不可背之。背，蒲妹翻。吾终不留，要当立效以报曹公乃去耳。"辽以羽言报操，操义之。及羽杀颜良，操知其必去，重加赏赐。羽尽封其所赐，拜书告辞，而奔刘备于袁军。袁绍军也。左右欲追之，操曰："彼各为其主，为，于伪翻。勿追也。"

操还军官渡，阎柔遣使诣操，操以柔为乌桓校尉。鲜于辅身见操于官渡，操以辅为右度辽将军，还镇幽土。当是时，幽州为绍所统，与许隔远，而柔、辅已归心于操矣。汉度辽将军，始于范明友；中兴之后，置度辽将军以护南匈奴，屯于西河。今使鲜于辅还镇幽土，故以为右度辽将军。自中国而北，向以西河为左，幽土为右也。

2 广陵太守陈登治射阳，射阳县，前汉属临淮郡，后汉属广陵郡。应劭曰：在射水之阳。今楚州山阳县有射阳湖，即其地。贤曰：射阳在今楚州安宜县东。孙策西击黄祖，登诱严白虎馀党，图为后害。策还击登，军到丹徒，丹徒县，前汉属会稽郡，后汉分属吴郡，春秋之朱方也。秦时望气者云，其地有天子气。始皇使赭徒二千人凿城以败其势，改曰丹徒。考异曰：此事出江表传。据策传云："策谋袭许，未发而死。"陈矫传云："登为孙权所围于匡奇。登令矫求救于太祖，太祖遣赴救。吴军既退，登设伏追奔，大破之。"先贤行状云："登有吞灭江南之志，孙策遣军攻登于匡奇城，登大破之，斩虏以万数。贼忿丧军，寻复大兴兵向登。登使功曹陈矫求救于太祖。"此数者，参差不同。孙盛异同评云："按袁绍以建安五年至黎阳，策以四月遇害。而志云：策闻曹公与绍相拒于官渡，谬矣。伐登之言为有证也。"今从之。须待运粮。初，策杀吴郡太守许贡，考异曰：江表传曰："初，贡上表于汉帝，言策骁雄，宜召还京邑，若放于外，必作世患。候吏得表以示策，策以让贡，贡辞无表，策令武士绞杀之。"按贡先为朱治所迫，已去郡依严白虎，安能复尔，盖策破白虎时杀贡耳。贡奴客潜民间，欲为贡报雠。策性好猎，数出驱驰，为，于伪翻。好，呼到翻。数，所角翻。所乘马精骏，从骑绝不能及，从，才用翻。卒遇贡客三人，卒，读曰猝。射策中颊，后骑寻至，皆刺杀之。策创甚，射，而亦翻。中，竹仲翻。刺，七亦翻。创，初良翻。召张昭等谓曰："中国方乱，以吴、越之众，三江之固，韦昭曰：三江，谓吴松江、钱塘江、浦阳江也。吴地记云：松江东北行七十里，得三江口，东北入海为娄江，东南入海为东江，并松江为三江。足以观成败，公等善相吾弟！"相，息亮翻。呼权，佩以印绶，谓曰："举江东之众，决机于两陈之间，陈，读曰阵，与天下争衡，衡，所以平轻重也；争衡，言分争之世，兵力所加，天下大势为之轻重也。卿不如我；举贤任能，各尽其心以保江东，我不如卿。"丙午，策卒，考异曰：虞喜志林云策以四月四日死，故置此。陈志策传："策阴欲袭许，迎汉帝，密治兵。部署未发，为许贡客所杀。"郭嘉传曰："策渡江，北袭许，众闻皆惧。嘉料之曰：'策轻而无备，必死于匹夫之手。'果为贡客所杀。"嘉虽先见，安能知策死于未袭许之前乎！盖时人见策临江治兵，疑其袭许，嘉料其不能为耳。时年二十六。

权悲号，未视事，号，户刀翻。张昭曰："孝廉！此宁哭时邪！"孙权先为阳羡长，郡察孝廉，故以称之。乃改易权服，扶令上马，使出巡军。昭率僚属，上表朝廷，下移属城，中外将校，各令奉职。周瑜自巴丘将兵赴丧，遂留吴，以中护军与张昭共掌众事。秦置护军都尉，汉因之。高祖以陈平为护军中尉。武帝复以为护军都尉，属大司马。三国虎争，始有中护军之官。东观记曰：汉大将军出征，置中护军一人。魏、晋以后，资轻者为中护军，资重者为护军将军。然吴又有左右护军，则吴制自是分中、左、右为三部。时策虽有会稽、吴郡、丹阳、豫章、庐江、庐陵，然深险之地，犹未尽从，流寓之士，皆以安危去就为意，未有君臣之固，而张昭、周瑜等谓权可与共成大业，遂委心而服事焉。

3 秋，七月，立皇子冯为南阳王；壬午，冯薨。

4 汝南黄巾刘辟等叛曹操应袁绍，绍遣刘备将兵助辟，郡县多应之。绍遣使拜阳安都尉李通为征南将军，刘表亦阴招之，通皆拒焉。或劝通从绍，通按剑叱之曰："曹公明哲，必定天下；绍虽强盛，终为之虏耳。吾以死不贰。"即斩绍使，使，疏吏翻。送印绶诣操。

通急录户调，调，徒钓翻；下同。户出绵绢谓之调。录，收拾也。朗陵长赵俨见通曰："方今诸郡并叛，独阳安怀附，复趣收其绵绢，复，扶又翻。趣，读曰促。小人乐乱，乐，音洛。无乃不可乎？"通曰："公与袁绍相持甚急，左右郡县背叛乃尔，背，蒲妹翻；下同。若绵绢不调送，观听者必谓我顾望，有所须待也。"俨曰："诚亦如君虑，然当权其轻重。小缓调，当为君释此患。"为，于伪翻。乃书与荀彧曰："今阳安郡百姓困穷，邻城并叛，易用倾荡，易，以豉翻。乃一方安危之机也。且此郡人执守忠节，在险不贰，以为国家宜垂慰抚；而更急敛绵绢，敛，力赡翻。何以劝善！"彧即白操，悉以绵绢还民，上下欢喜，郡内遂安。通击群贼瞿恭等，皆破之，瞿，姓也；王僧孺百家谱有苍梧瞿宝。遂定淮、汝之地。

时操制新科，下州郡，颇增严峻，而调绵绢方急。长广太守何夔长广县，前汉属琅邪郡，后汉属东莱郡。此盖操遣乐进入青州，新收以为郡。言于操曰："先王辨九服之赋以殊远近；周官职方氏辨九服之邦国：方千里曰王畿，其外方五百里曰侯服，又其外方五百里曰甸服，又其外方五百里曰男服，又其外方五百里曰采服，又其外方五百里曰卫服，又其外方五百里曰蛮服，又其外方五百里曰夷服，又其外方五百里曰镇服，又其外方五百里曰藩服。制三典之刑以平治乱。周官大司寇：掌建邦之三典，以佐王刑邦国：一曰刑新国用轻典，二曰刑平国用中典，三曰刑乱国用重典。治，直吏翻。愚以为此郡宜依远域新邦之典，其民间小事，使长吏临时随宜，上不背正法，下以顺百姓之心。背，蒲妹翻；下同。比及三年，比，必寐翻。民安其业，然后乃可齐之以法也。"操从之。

刘备略汝、颍之间，自许以南，吏民不安，曹操患之。曹仁曰："南方以大将【章：甲十一行本无"将"字；乙十一行本同。】军方有目前急，其势不能相救，刘备以强兵临之，其背叛故宜也。备新将绍兵，未能得其用，击之，可破也。"操乃使仁将骑击备，破走之，将，即亮翻。尽复收诸叛县而还。

备还至绍军，阴欲离绍，还，从宣翻，又如字。离，力智翻，去也。乃说绍南连刘表。绍遣备将本兵复至汝南，说，输芮翻。复，扶又翻；下同。与贼龚都等合，众数千人。曹操遣将蔡杨击之，为备所杀。

袁绍军阳武，阳武县，属河南尹，在官渡水北。沮授说绍曰："北兵虽众而劲果不及南，南军谷少而资储不如北；南幸于急战，北利在缓师。宜徐持久，旷以日月。"绍不从。八月，绍进营稍前，依沙埴为屯，埴，都回翻。东西数十里。操亦分营与相当。

5 九月，庚午朔，日有食之。

6 曹操出兵与袁绍战，不胜，复还，坚壁。绍为高橹，贤曰：释名曰：橹者，露上无覆屋也。起土山，射营中，射，而亦翻。营中皆蒙楯而行。楯，食尹翻。贤曰：今之旁排也。操乃为霹雳车，贤曰：以其发石声烈震，呼之为霹雳，即今之炮车也。张晏曰：范蠡兵法，飞石重十二斤，为机发，行三百步。操盖祖其遗法耳。魏氏春秋曰：以古有矢石。又传云：旝动而鼓。说曰：旝，发石也，于是造发石车。车，尺遮翻。发石以击绍楼，皆破；绍复为地道攻操，操辄于内为长堑以拒之。操众少粮尽，少，诗沼翻；下同。士卒疲乏，百姓困于征赋，多叛归绍者。操患之，与荀彧书，议欲还许，以致绍师。贤曰：致，犹至也。兵法：善战者，致人，不致于人。彧报曰："绍悉众聚官渡，欲与公决胜败。公以至弱当至强，若不能制，必为所乘，是天下之大机也。且绍，布衣之雄耳，能聚人而不能用。以公之神武明哲而辅以大顺，何向而不济！今谷食虽少，未若楚、汉在荥阳、成皋间也。是时刘、项莫肯先退者，以为先退则势屈也。公以十分居一之众，贤曰：言与绍众相悬也。画地而守之，贤曰：言画地作限隔也。扼其喉而不得进，已半年矣。搤，於革翻。情见势竭，必将有变。见，贤遍翻。此用奇之时，不可失也。”操从之，乃坚壁持之。

操见运者，抚之曰：“却十五日却，后也；晋人帖中多用“少却”字，其意犹言“少退”也。为汝破绍，不复劳汝矣。”为，于伪翻。复，扶又翻；下同。绍运谷车数千乘至官渡。乘，绳证翻；下同。荀攸言于操曰：“绍运车旦暮至，其将韩猛锐而轻敌，击，可破也！”操曰：“谁可使者？”攸曰：“徐晃可。”乃遣偏将军河东徐晃按沈约志，曹魏置将军四十号，偏将军、裨将军居其末。与史涣邀击猛，破走之，烧其辎重。重，直用翻；下同。

冬，十月，绍复遣车运谷，使其将淳于琼等将兵万馀人送之，宿绍营北四十里。沮授说绍：“可遣蒋奇别为支军于表，说，输芮翻。支，别也；表，外也。以绝曹操之钞。”钞，楚交翻。绍不从。

许攸曰：“曹操兵少而悉师拒我，许下馀守，势必空弱。若分遣轻军，星行掩袭，星行，戴星而行也。许可拔也。许拔，则奉迎天子以讨操，操成禽矣。如其未溃，可令首尾奔命，破之必也。”绍不从，曰：“吾要当先取操。”会攸家犯法，审配收系之，攸怒，遂奔操。考异曰：魏志武纪曰：“攸贪财，袁绍不能足，来奔。”今从范书绍传。

操闻攸来，跣出迎之，抚掌笑曰：“子卿远来，吾事济矣！”许攸，字子远，今呼为子卿，贵之也。或曰：操字攸曰：“子远，卿来，吾事济矣。”于文为顺。既入坐，坐，徂卧翻。谓操曰：“袁氏军盛，何以待之？今有几粮乎？”操曰：“尚可支一岁。”攸曰：“无是，更言之！”又曰：“可支半岁。”攸曰：“足下不欲破袁氏邪，何言之不实也！”操曰：“向言戏之耳。其实可一月，为之奈何？”攸曰：“公孤军独守，外无救援而粮谷已尽，此危急之日也。袁氏辎重万馀乘，在故市、乌巢，据水经，乌巢泽，在陈留酸枣县东南。乘，绳证翻。屯军无严备，若以轻兵袭之，不意而至，燔其积聚，积，七赐翻。聚，慈喻翻。不过三日，袁氏自败也。”操大喜，乃留曹洪、荀攸守营，自将步骑五千人，皆用袁军旗帜，帜，赤志翻。衔枚缚马口，夜从间道出，间，古苋翻。人抱束薪，所历道有问者，语之曰：语，牛倨翻。“袁公恐曹操钞略后军，遣兵以益备。”闻者信以为然，皆自若。既至，围屯，大放火，营中惊乱。会明，琼等望见操兵少，出陈门外，陈，读曰阵。操急击之，琼退保营，操遂攻之。

绍闻操击琼，谓其子谭曰：“就操破琼，吾拔其营，彼固无所归矣！”就，即也；言即使操破淳于琼，而我攻拔其营，将无所归也。乃使其将高览、张郃等攻操营。郃，曷阁翻，又古盍翻。郃曰：“曹公精兵往，必破琼等，琼等破，则事去矣，请先往救之。”郭图固请攻操营。郃曰：“曹公营固，攻之必不拔。若琼等见禽，吾属尽为虏矣。”绍但遣轻骑救琼，而以重兵攻操营，不能下。

绍骑至乌巢，操左右或言“贼骑稍近，请分兵拒之。”操怒曰：“贼在背后，乃白！”士卒皆殊死战，遂大破之，斩琼等，尽燔其粮谷，士【章：甲十一行本“士”上有“杀”字；乙十一行本同；孔本同；张校同。】卒千馀人，皆取其鼻，牛马割唇舌，以示绍军。绍军将士皆恟惧。恟，许勇翻。郭图惭其计之失，复谮张郃于绍曰：复，扶又翻。“郃快军败。”郃忿惧，遂与高览焚攻具，诣操营降。降，户江翻；下同。曹洪疑不敢受，荀攸曰："郃计画不用，怒而来奔，君有何疑！"乃受之。

于是绍军惊扰，大溃。绍及谭等幅巾乘马，傅子曰：汉末，王公多委正服，以幅巾为雅，是以袁绍、崔豹之徒，虽为将帅，皆着缣巾。魏太祖以天下凶荒，资财乏匮，拟古皮弁，裁缣帛以为帢，合乎简易随时之义，以色别其贵贱，于今施行。可谓军容，非国容也。与八百骑渡河。操追之不及，尽收其辎重、图书、珍宝。馀众降者，操尽坑之，前后所杀七万馀人。考异曰：范书绍传曰："所杀八万人。"按献帝起居注：曹公上言，凡斩首七万馀级。

沮授不及绍渡，为操军所执，乃大呼曰：呼，火故翻。"授不降也，为所执耳！"操与之有旧，迎谓曰："分野殊异，遂用圮绝，二十八宿布列于天，各有躔度。周天三百六十五度四分度之一，分为十二次。班固取三统历十二次配十二野，而分野之说行焉。费直说周易、蔡邕月令章句所言颇有先后，魏太史令陈卓更言郡国所入宿度，而分野之说详矣。皇甫谧曰：黄帝推分星次以定律度，天有十二次，日月之所躔也；地有十二分，王侯之所国也。分，扶问翻。"圮"，当作"否"；否，隔也。不图今日乃相禽也！"授曰："冀州失策，自取奔北。绍牧冀州，故称之，犹刘备以牧豫州，称之为刘豫州。授知力俱困，宜其见禽。"操曰："本初无谋，不相用计，今丧乱未定，知，读曰智。丧，息浪翻。方当与君图之。"授曰："叔父、母弟，县命袁氏，县，读曰悬。若蒙公灵，速死为福。"操叹曰："孤早相得，天下不足虑也。"遂赦而厚遇焉。授寻谋归袁氏，操乃杀之。

操收绍书中，得许下及军中人书，皆焚之，曰："当绍之强，孤犹不能自保，况众人乎！"此光武安反侧之意。英雄处事，世虽相远，若合符节。

冀州城邑多降于操。降，户江翻。袁绍走至黎阳北岸，入其将军蒋义渠营，把其手曰："孤以首领相付矣！"义渠避帐而处之，处，昌吕翻。使宣号令。众闻绍在，稍复归之。

或谓田丰曰："君必见重矣。"丰曰："公貌宽而内忌，不亮吾忠，亮，信也，明也。而吾数以至言迕之，数，所角翻。迕，五故翻。若胜而喜，犹能救【章：乙十一行本"救"作"赦"；孔本同；张校同。】我，今战败而恚，恚，於避翻。内忌将发，吾不望生。"绍军士皆拊膺泣曰："向令田丰在此，必不至于败。"绍谓逢纪曰：逢，皮江翻。"冀州诸人闻吾军败，皆当念吾，惟田别驾前谏止吾，与众不同，吾亦惭之。"纪曰："丰闻将军之退，拊手大笑，喜其言之中也。"中，竹仲翻。绍于是谓僚属曰："吾不用田丰言，果为所笑。"遂杀之。初，曹操闻丰不从戎，谓绍囚之，不使从军也。喜曰："绍必败矣。"及绍奔遁，复曰：复，扶又翻；下同。"向使绍用其别驾计，尚未可知也。"

审配二子为操所禽，绍将孟岱言于绍曰："配在位专政，族大兵强，且二子在南，必怀反计。"郭图、辛评亦以为然。绍遂以岱为监军，代配守邺。监，古衔翻。护军逢纪素与配不睦，绍以问之，纪曰："配天性烈直，每慕古人之节，必不以二子在南为不义也。愿公勿疑。"绍曰："君不恶之邪?"恶，乌路翻。纪曰："先所争者，私情也；今所陈者，国事也。"绍曰："善!"乃不废配，配由是更与纪亲。逢纪能为审配言，而不肯救田丰之死，果为国事乎！冀州城邑叛绍者，绍稍复击定之。

绍为人宽雅，有局度，喜怒不形于色，而性矜愎自高，愎，平逼翻；戾也，狠也。短于从善，故至于败。

7 冬，十月，辛亥，有星孛于大梁。贤曰：大梁，西之分。蔡邕曰：自胃一度至毕六度，谓之大梁之次。皇甫谧曰：自胃七度至毕十度曰大梁之次。晋书天文志从谧。孛，蒲内翻。

8 庐江太守李术攻杀扬州刺史严象，庐江梅乾、雷绪、陈兰等各聚众数万在江淮间，曹操表沛国刘馥为扬州刺史。时扬州独有九江，时庐江、丹阳、会稽、吴郡、豫章，皆属孙氏；馥刺扬州，独有九江耳。馥单马造合肥空城，建立州治，郡国志：汉扬州刺史治历阳。今馥移合肥，后又移治寿春，而江左扬州治建业，扬州分矣。造，七到翻。招怀乾、绪等，皆贡献相继。数年中，恩化大行，流民归者以万数。于是广屯田，兴陂堨；堨，於葛翻。以土壅水曰堨。官民有畜，乃聚诸生，立学校；又高为城垒，多积木石，以修战守之备。为孙权攻合肥不能下张本。

9 曹操闻孙策死，欲因丧伐之。侍御史张纮谏曰：三年，策遣纮献方物至许，拜侍御史。"乘人之丧，既非古义，古不伐丧。若其不克，成雠弃好，好，呼到翻。不如因而厚之。"操即表权为讨虏将军，讨虏将军之号，创置于此。领会稽太守。会，工外翻。

操欲令纮辅权内附，乃以纮为会稽东部都尉。沈约曰：临海太守，本会稽东部都尉治。前汉都尉治鄞，后汉分会稽为吴郡，疑是都尉徙治章安也。纮至吴，太夫人以权年少，少，诗照翻。委纮与张昭共辅之。纮思惟补察，知无不为。太夫人问扬武都尉会稽董袭曰："江东可保不？"不，读曰否。袭曰："江东有山川之固，而讨逆明府恩德在民，讨虏承基，大小用命，讨逆，策也；讨虏，权也。张昭秉众事，袭等为爪牙，此地利人和之时也，万无所忧。"权遣张纮之部，或以纮本受北任，嫌其志趣不止于此，权不以介意。介，间也，纤微也；言其意不以纤微嫌间也。

鲁肃将北还，肃从孙策事，见上卷三年。周瑜止之，考异曰：肃传曰："刘子扬招肃往依郑宝，肃将从之。瑜以权可辅，止肃。"按刘晔杀郑宝，以其众与刘勋，勋为策所灭，宝安得及权时也。因荐肃于权曰："肃才宜佐时，当广求其比以成功业。"权即见肃，与语，悦之。宾退，独引肃合榻对饮，榻，床也。有坐榻，有卧榻。今江南又呼几案之属为卓床。卓，高也；以其比坐榻、卧榻为高也。合榻，犹言合卓也。曰："今汉室倾危，孤思有桓、文之功，君何以佐之？"肃曰："昔高帝欲尊事义帝而不获者，以项羽为害也。今之曹操，犹昔项羽，将军何由得为桓、文乎！肃窃料之，汉室不可复兴，曹操不可卒除，复，扶又翻。卒，读曰猝。为将军计，惟有保守江东以观天下之衅耳。若因北方多务，剿除黄祖，进伐刘表，竟长江所极，据而有之，此王业也。”江东君臣上下，本谋不过此耳。权曰：“今尽力一方，冀以辅汉耳，此言非所及也。”张昭毁肃年少粗疏，少，诗照翻。权益贵重之，赏赐储偫，富拟其旧。鲁肃家本饶富，先尝指囷以资周瑜矣。偫，直里翻。

权料诸小将兵少而用薄者，并合之。料，力条翻，量也；又力吊翻。别部司马汝南吕蒙，续汉志：大将军营五部，部各有校尉一人，军司马一人，其别营领属为别部司马，其兵多少，各随时宜。军容鲜整，士卒练习。权大悦，增其兵，宠任之。

功曹骆统劝权尊贤接士，勤求损益，飨赐之日，人人别进，问其燥湿，人之居处，避湿就燥。问其燥湿者，问其居处何如也。加以密意，诱谕使言，察其志趣。权纳用焉。统，俊之子也。骆俊见上卷二年。诱，音酉。

庐陵太守孙辅恐权不能保江东，阴遣人赍书呼曹操。行人以告，权悉斩辅亲近，分其部曲，徙辅置东。置之吴东也。

曹操表征华歆为议郎、参司空军事。庐江太守李术不肯事权，而多纳其亡叛。术本权兄策所树置也。权以状白曹操曰：“严刺史昔为公所用，而李术害之，肆其无道，宜速诛灭。今术必复诡说求救。明公居阿衡之任，以伊尹况操。复，扶又翻；下同。海内所瞻，愿敕执事，勿复听受。”因举兵攻术于皖城。皖，户板翻。术求救于操，操不救。遂屠其城，枭术首，枭，坚尧翻。徙其部曲二万馀人。

10 刘表攻张羡，连年不下。羡叛表事始上卷三年。曹操方与袁绍相拒，未暇救之。羡病死，长沙复立其子怿。表攻怿及零、桂，皆平之。于是表地方数千里，带甲十馀万，遂不供职贡，郊祀天地，居处服用，僭拟乘舆焉。处，昌吕翻。

11 张鲁以刘璋暗懦，不复承顺，袭别部司马张修，杀之而并其众。鲁初与修取汉中，事见六十卷初平二年。璋怒，杀鲁母及弟，鲁遂据汉中，与璋为敌。璋遣中郎将庞羲击之，不克。璋以羲为巴郡太守，屯阆中以御鲁。阆中县，属巴郡。羲辄召汉昌賨民为兵，谯周巴记曰：和帝永元中，分宕渠之地置汉昌县，属巴郡。夷人岁入賨钱，口四十，谓之賨民。賨，徂宗翻。或构羲于璋，璋疑之。赵韪数谏不从，亦恚恨。数，所角翻。

初，南阳、三辅民流入益州者数万家，刘焉悉收以为兵，名曰东州兵。璋性宽柔，无威略，东州人侵暴旧民，璋不能禁。赵韪素得人心，赵韪从焉入蜀，璋又韪所立，益州之大吏也。因益州士民之怨，遂作乱，引兵数万攻璋；厚赂荆州，荆州刘表也。与之连和；蜀郡、广汉、犍为皆应之。犍，居言翻。

何兹全标点容肇祖聂崇岐覆校

资治通鉴卷第六十四

翰林学士兼侍读学士朝散大夫右谏议大夫
知制诰判尚书都省兼提举万寿观公事上护军 司马光 奉敕编集
河内郡开国侯食邑一千三百户赐紫金鱼袋臣

后学天台胡三省音注

汉纪五十六

起重光大荒落(辛巳),尽旃蒙作噩(乙酉),凡五年。

孝献皇帝己

建安六年(辛巳、二〇一)

1 春,三月,丁卯朔,日有食之。

2 曹操就谷于安民。据水经,东平寿张县西界,有安民亭。亭在济水东,亭北对安民山。洪氏隶释曰:济水径须句城西,水西有安民山。赵明诚金石录曰:按地里志,须句城,即今中都县。以袁绍新破,欲以其间击刘表。间,古苋翻。荀彧曰:“绍既新败,其众离心,宜乘其困,遂定之;而欲远师江、汉,若绍收其馀烬,乘虚以出人后,则公事去矣。”操乃止。夏,四月,操扬兵河上,击袁绍仓亭军,破之。绍盖遣军屯仓亭津。秋,九月,操还许。

3 操自击刘备于汝南,备奔刘表,龚都等皆散。备合龚都事见上卷上年。表闻备至,自出郊迎,以上宾礼待之,益其兵,使屯新野。水经注,新野县,在安众县东南。备在荆州数年,尝于表坐起至厕,慨然流涕。表怪,问备,备曰:“平常身不离鞍,坐,徂卧翻。离，力智翻。髀肉皆消。今不复骑，髀里肉生。日月如流，老将至矣，而功业不建，是以悲耳。”史言备志气不衰，所以能成三分之业。复，扶又翻。

4 曹操遣夏侯渊、张辽围昌豨于东海，豨叛操事见上卷三年。豨，许岂翻，又音希。数月，粮尽，议引军还。辽谓渊曰：“数日已来，每行诸围，豨辄属目视辽，行，下孟翻。属，之欲翻。又其射矢更稀；此必豨计犹豫，故不力战。辽欲挑与语，射，而亦翻。挑，徒了翻。傥可诱也。”傥，或然之辞。诱，音酉。乃使谓豨曰：“公有命，使辽传之。”豨果下与辽语。辽为说操神武，方以德怀四方，先附者受大赏。为，于伪翻。豨乃许降。降，户江翻。辽遂单身上三公山，上，时掌翻。入豨家，拜妻子。豨欢喜，随辽诣操；操遣豨还。

5 赵韪围刘璋于成都。东州人恐见诛灭，相与力战，韪遂败退，追至江州，贤曰：江州县，属巴郡。今渝州巴县。杀之。赵韪随刘焉入蜀，将以图富贵，而卒以杀身。行险以徼幸，不如居易以俟命也。庞羲惧，遣吏程祁宣旨于其父汉昌令畿，汉昌县，属巴郡；汉末分宕渠置。索賨兵。索，山客翻。賨，徂宗翻。畿曰：“郡合部曲，本不为乱，纵有谗谀，要在尽诚，若遂怀异志，不敢闻命。”羲更使祁说之，畿曰：“我受牧恩，当为尽节，说，输芮翻。为，于伪翻；下为之同。汝为郡吏，自宜效力。谓父子当各尽节于所事也。不义之事，有死不为。”羲怒，使人谓畿曰：“不从太守，祸将及家！”畿曰：“乐羊食子，非无父子之恩，大义然也。乐羊，注见四十三卷光武建武十二年。今虽羹祁以赐畿，畿啜之矣。”羲乃厚谢于璋。璋擢畿为江阳太守。刘璋分犍为为江阳郡。宋白曰：泸州之泸川江安县，本江阳地。

朝廷闻益州乱，以五官中郎将牛亶为益州刺史；征璋为卿，不至。卿，九卿也。

6 张鲁以鬼道教民，使病者自首其过，首，式救翻。为之请祷；实无益于治病，然小人昏愚，竞共事之。犯法者，三原，然后乃行刑；治，直之翻。原，赦也。不置长吏，皆以祭酒为治。鲁以鬼道教民，其来学者，初名为鬼卒，后号祭酒。祭酒各领部众。长，知两翻。治，直吏翻。民、夷便乐之，乐，音洛。流移寄在其地者，不敢不奉其道。后遂袭取巴郡。朝廷力不能征，遂就宠鲁为镇民中郎将，领汉宁太守，袁山松书曰：建安二十年，分汉中之安阳置汉宁郡。通贡献而已。

民有地中得玉印者，群下欲尊鲁为汉宁王。功曹巴西阎圃谏曰：谯周巴记曰：初平六年，赵韪分巴为二郡，欲得巴旧名，以垫江为治，安汉以下为永宁郡。建安六年，刘璋分巴，以永宁为巴东郡，垫江为巴郡，阆中为巴西郡。"汉川之民，户出十万，财富土沃，四面险固；上匡天子，则为桓、文，次及窦融，不失富贵。今承制署置，势足斩断，断，丁乱翻。不烦于王。愿且不称，勿为祸先。"鲁从之。

七年（壬申、二〇二）

1 春，正月，曹操军谯，谯县，属沛国，操之乡里。遂至浚仪，治睢阳渠。浚仪县，属陈留郡。睢水于此县首受莨荡渠水，东过睢阳县，故谓之睢阳渠。睢，音虽。治，直之翻。遣使以太牢祀桥玄。玄识操于微时，故祀之。进军官渡。

2 袁绍自军败，惭愤，发病呕血；夏，五月，薨。

初，绍有三子，谭、熙、尚。绍后妻刘氏爱尚，数称于绍，数，所角翻。绍欲以为后而未显言之。乃以谭继兄后，绍本司空逢之孽子，出后伯父成。成盖先有子，死，而绍后之。绍欲废谭立尚，故以谭继兄后。出为青州刺史。沮授谏曰：沮，子余翻。"世称万人逐兔，一人获之，贪者悉止，分定故也。慎子曰：兔走于街，百人逐之，贪心俱存，人莫之非者，以兔为未定分也。积兔在市，过而不顾，非不欲兔也，分定之后，虽鄙不争。分，扶问翻。谭长子，当为嗣，而斥使居外，祸其始此矣。”谭、尚之争，沮授固知之矣。长，知两翻；下同。绍曰：“吾欲令诸子各据一州，以视其能。”于是以中子熙为幽州刺史，中，读曰仲。外甥高干为并州刺史。此皆前事，史因绍死而谭、尚争，书之以先事。

逢纪、审配素为谭所疾，逢，皮江翻。辛评、郭图皆附于谭，而与配、纪有隙。及绍薨，众以谭长，欲立之。配等恐谭立而评等为害，遂矫绍遗命，奉尚为嗣。谭至，不得立，自称车骑将军，袁绍初起兵，自称车骑将军，故谭亦称之。屯黎阳。尚少与之兵，少，诗沼翻。而使逢纪随之。谭求益兵，审配等又议不与。谭怒，杀逢纪。秋，九月，曹操渡河攻谭。谭告急于尚，尚留审配守邺，自将助谭，与操相拒。连战，谭、尚数败，退而固守。数，所角翻。

尚遣所置河东太守郭援，与高干、匈奴南单于共攻河东，发使与关中诸将马腾等连兵，使，疏吏翻。腾等阴许之，援所经城邑皆下。河东郡吏贾逵守绛，绛县，属河东郡，春秋晋所都也。援攻之急；城将溃，父老与援约，不害逵，乃降，降，户江翻。援许之。援欲使逵为将，将，即亮翻。以兵劫之，逵不动。左右引逵使叩头，逵叱之曰：“安有国家长吏为贼叩头！”逵，郡吏，非长吏也。以守绛故，自谓县长吏。为，于伪翻。援怒，将斩之，或伏其上以救之。绛吏民闻将杀逵，皆乘城呼曰：呼，火故翻。“负约杀我贤君，宁俱死耳！”乃囚于壶关，着土窖中，壶关县，属上党郡。着，陟略翻。窖，居效翻；掘地以藏粟之所。盖以车轮。逵谓守者曰：“此间无健儿邪，而使义士死此中乎？”有祝公道者，适闻其言，乃夜往，盗引出逵，折械遣去，不语其姓名。语，牛倨翻。

曹操使司隶校尉钟繇围南单于于平阳，平阳县，属河东郡。时南单于呼厨泉居之。未拔而救【章：甲十一行本“救”作“援”；乙十一行本同；孔本同；熊校同。】至。繇使新丰令冯翊张既说马腾，新丰县，属京兆太守。说，输芮翻。为言利害。为，于伪翻。腾疑未决。傅干说腾曰：“古人有言：‘顺德【章：甲十一行本“德”作“道”；乙十一行本同；孔本同；熊校同。】者昌，逆德者亡。’新城三老董公之言。曹公奉天子诛暴乱，法明政治，上下用命，可谓顺道矣。治，直吏翻。袁氏恃其强大，背弃王命，背，蒲妹翻。驱胡虏以陵中国，可谓逆德矣。今将军既事有道，【章：甲十一行本“道”下有“不尽其力”四字；乙十一行本同；孔本同；张校同；退斋校同。】阴怀两端，谓既附曹公，又与袁氏通也。欲以坐观成败；吾恐成败既定，奉辞责罪，将军先为诛首矣！”于是腾惧。干因曰：“智者转祸为福。今曹公与袁氏相持，而高干、郭援合攻河东，曹公虽有万全之计，不能禁河东之不危也。将军诚能引兵讨援，内外击之，谓河东之兵，击之于内，而马腾之兵，击之于外也。其势必举。是将军一举，断袁氏之臂，断，丁管翻。解一方之急，曹公必重德将军，将军功名无与比矣。”腾乃遣子超将兵万馀人与繇会。

初，诸将以郭援众盛，欲释平阳去。钟繇曰：“袁氏方强，援之来，关中阴与之通，所以未悉叛者，顾吾威名故耳。若弃而去，示之以弱，所在之民，谁非寇雠，纵吾欲归，其得至乎！此为未战先自败也。言若退师避援，则关中诸将必叛，虽欲归司隶治所，亦不得而至也。且援刚愎好胜，必易吾军，易，轻也。愎，平逼翻。好，呼到翻。易，以豉翻。若渡汾为营，水经注：汾水南过平阳县东。及其未济击之，可大克也。”援至，果径前渡汾，众止之，不从。济水未半，繇击，大破之。战罢，众人皆言援死而不得其首。援，繇之甥也。晚后，马超校尉南安庞德，于鞬中出一头，秦川记曰：灵帝中平五年，分汉阳置南安郡，领獂道、新兴、中陶三县。鞬，居言翻；盛弓矢器。繇见之而哭。德谢繇，繇曰："援虽我甥，乃国贼也，卿何谢之有！"南单于遂降。降，户江翻。考异曰：魏志张既传曰："高干及单于皆降。"非也。

3 刘表使刘备北侵，至叶，叶县，属南阳郡。春秋楚叶公子高之邑也。叶，之涉翻。曹操遣夏侯惇、于禁等拒之。备一旦烧屯去，惇等追之。裨将军巨鹿李典曰：裨将军，在偏将军之下。裨，频弥翻。"贼无故退，疑必有伏。南道窄狭，窄，侧格翻。草木深，不可追也。"惇等不听，使典留守而追之，果入伏里，兵大败。典往救之，备乃退。

4 曹操下书责孙权任子，任，质任也。操盖以此觇孙权，而观其所以应之。权召群僚会议，张昭、秦松等犹豫不决。权引周瑜诣吴夫人前定议，吴夫人，权母也。瑜曰："昔楚国初封，不满百里之地。继嗣贤能，广土开境，遂据荆、扬，【章：甲十一行本"扬"下有"至于南海"四字；乙十一行本同；孔本同；退斋校同。】传业延祚，九百馀年。周成王封熊绎于楚以子男之田，国于丹阳，汉南郡枝江县是也。其后浸强，至若敖、蚡冒封畛于汝，武王、文王奄有江、汉之间，庄王以后，与中国争盟，威王破越至于南海，及秦而灭，凡九百馀年。今将军承父兄馀资，兼六郡之众，父，谓孙坚；兄，谓孙策。六郡，会稽、吴、丹阳、豫章、庐陵、庐江也。兵精粮多，将士用命，铸山为铜，煮海为盐，境内富饶，人不思乱，有何逼迫而欲送质？质，音致；下同。质一入，不得不与曹氏相首尾，与相首尾，则命召不得不往，如此，便见制于人也。极不过一侯印，仆从十馀人，车数乘，马数匹，岂与南面称孤同哉！建安十三年，操自荆州东下约孙权会猎，时周瑜未至，鲁肃说权，其意亦与此同。从，才用翻。乘，绳证翻。不如勿遣，徐观其变。若曹氏能率义以正天下，将军事之未晚；若图为暴乱，彼自亡之不暇，焉能害人！"此数语，所谓相时而动也。然瑜之言不悖于大义，鲁肃、吕蒙辈不能及也。焉，于虔翻。吴夫人曰："公瑾议是也。公瑾与伯符同年，小一月耳，周瑜，字公瑾。孙策，字伯符。瑾，渠吝翻。我视之如子也，汝其兄事之。”遂不送质。

八年(癸未、二〇三)

1 春，二月，曹操攻黎阳，考异曰：魏志武纪作三月。今从范书袁绍传。又魏志绍传云："谭、尚与太祖相拒黎阳，自二月至九月。"当云自九月至二月。与袁谭、袁尚战于城下，谭、尚败走，还邺。夏，四月，操追至邺，收其麦；考异曰：范书绍传曰："尚逆击，破操军。"今从魏志绍传。余谓此诸葛孔明所谓逼于黎阳时也，必有破操军事，魏人讳而不书耳。诸将欲乘胜遂攻之，郭嘉曰："袁绍爱此二子，莫適立也。適，丁历翻，主也。今权力相侔，各有党与，谓辛评、郭图等附谭，审配等附尚也。急之则相保，缓之则争心生。不如南向荆州荆州，刘表。以待其变；变成而后击之，可一举定也。"操曰："善！"五月，操还许，留其将贾信屯黎阳。

谭谓尚曰："我铠甲不精，故前为曹操所败。铠，可亥翻。败，补迈翻。今操军退，人怀归志，及其未济，出兵掩之，可令大溃，此策不可失也。"尚疑之，既不益兵，又不易甲。谭大怒，郭图、辛评因谓谭曰："使先公出将军为兄后者，皆审配之谋也。"谭遂引兵攻尚，战于门外。邺城门外也。谭败，引兵还南皮。南皮县，属勃海郡。贤曰：今沧州县；章武有北皮亭，故此曰南皮。宋白曰：县道记云：景州之南皮，在郡东六十里。南皮县北有迎河，河之北有故皮城，是后汉勃海郡所理，与郡理城南北非远，中隔迎河故渎。

别驾北海王修，率吏民自青州往救谭。汉青州刺史治临菑。谭欲更还攻尚，修曰："兄弟者，左右手也。譬人将斗而断其右手，断，丁管翻。曰'我必胜'，其可乎？天弃兄弟而不亲，天下其谁亲之！彼谗人离间骨肉以求一朝之利，愿塞耳勿听也。间，古苋翻。塞，悉则翻。若斩佞臣数人，复相亲睦，以御四方，可横行于天下。"谭不从。谭将刘询起兵漯阴以叛谭，漯阴县，属平原郡。应劭曰：漯水，出东武阳，东北入海。贤曰：县在漯水之南，故城在今齐州临邑县西。师古曰：漯，音他答翻。诸城皆应之。谭叹曰："今举州皆叛，岂孤之不德邪！"王修曰："东莱太守管统，虽在海表，此人不反，必来。"后十馀日，统果弃其妻子来赴谭，妻子为贼所杀。谭更以统为乐安太守。汉末，乐安国除为郡。

2 秋，八月，操击刘表，军于西平。西平县，属汝南郡。从郭嘉之谋也。

3 袁尚自将攻袁谭，大破之，将，即亮翻。谭奔平原，婴城固守。前书音义曰：婴，谓以城自绕也。尚围之急，谭遣辛评弟毗诣曹操请救。

刘表以书谏谭曰："君子违难不适雠国，左传公山不狃之言。难，乃旦翻。交绝不出恶声，史记乐毅答燕惠王书之言。况忘先人之雠，弃亲戚之好，而为万世之戒，遗同盟之耻哉！表与袁绍同盟。好，呼到翻。遗，于季翻；下同。若冀州有不弟之傲，左传曰：段不弟。书曰：象傲。尚据冀州，故称之。仁君当降志辱身，以济事为务，事定之后，使天下平其曲直，不亦为高义邪！"又与尚书曰："金、木、水、火以刚柔相济，然后克得其和，能为民用。金能胜木，然执柯伐柯，非木无以成金斫削之利；水能胜火，然水在火上，非火无以成水烹饪之功。此类非一，可以概推也。青【章：甲十一行本，"青"上有"今"字；乙十一行本同；孔本同；张校同。】州天性峭急，峭，七笑翻。谭据青州，故称之。迷于曲直。仁君度数弘广，绰然有馀，当以大包小，以优容劣，先除曹操以卒先公之恨，卒，子恤翻。事定之后，乃议曲直之计，不亦善乎！若迷而不反，则胡夷将有讥诮之言，诮，才笑翻。况我同盟，复能戮力为君之役哉！此韩卢、东郭自困于前而遗田父之获者也。"淳于髡说齐威王曰：韩卢者，天下之俊犬也；东郭逡者，天下之狡兔也。韩卢逐东郭逡，腾山者五，环山者三，兔极于前，犬疲于后，犬兔俱疲，各死其处，田父见而获之，无劳苦而擅其功。今齐、魏相持，顿兵敝众，恐秦、楚乘其后而有田父之功也。谭、尚皆不从。

辛毗至西平见曹操，致谭意，群下多以为刘表强，宜先平之，谭、尚不足忧也。荀攸曰："天下方有事，而刘表坐保江、汉之间，其无四方之志可知矣。袁氏据四州之地，带甲数十万，绍以宽厚得众心；使二子和睦以守其成业，则天下之难未息也。谓能为曹操患也。难，乃旦翻。今兄弟遘恶，"遘"，当作"构"。或曰：遘，遇也；谓以恶相遇也。其势不两全，若有所并则力专，力专则难图也；谓谭、尚若并于一，则能专力以御操，其势难图。及其乱而取之，天下定矣，此时不可失也。"操从之。

后数日，操更欲先平荆州，使谭、尚自相敝，辛毗望操色，知有变，以语郭嘉。语，牛倨翻。嘉白操，操谓毗曰："谭必可信，尚必可克不?"不，读曰否。毗对曰："明公无问信与诈也，直当论其势耳。袁氏本兄弟相伐，非谓他人能间其间，乃谓天下可定于己也。能间，工苋翻。言袁氏兄弟相攻，其初计不谓他人能乘其间，乃谓并青、冀为一，则可乘势以定天下耳。今一旦求救于明公，此可知也。言其势穷。显甫见显思困而不能取，谭，字显思，尚，字显甫。此力竭也。兵革败于外，谋臣诛于内，谓逢纪、田丰等死也。兄弟谗阋，阋，馨激翻；斗也，很也，戾也。国分为二，连年战伐，介胄生虮虱，加以旱蝗，饥馑并臻；天灾应于上，人事困于下，民无愚智，皆知土崩瓦解，此乃天亡尚之时也。今往攻邺，尚不还救，即不能自守；还救，即谭踵其后。以明公之威，应困穷之敌，击疲敝之寇，无异迅风之振秋叶矣。秋叶易陨，况遇迅风乎。天以尚与明公，明公不取而伐荆州；荆州丰乐，乐，音洛。国未有衅。仲虺有言，'取乱侮亡'。见尚书。孔安国注曰：乱则取之，有亡形则侮之。方今二袁不务远略而内相图，可谓乱矣；居者无食，行者无粮，可谓亡矣。朝不谋夕，民命靡继，而不绥之，欲待他年；他年或登，岁熟曰登。又自知亡而改修厥德，失所以用兵之要矣。今因其请救而抚之，利莫大焉。且四方之寇，莫大于河北，河北平，则六军盛而天下震矣。”观毗之言，非为谭请救也，劝操以取河北也。操曰：“善！”乃许谭平。

冬，十月，操至黎阳。尚闻操渡河，乃释平原还邺。尚将吕旷、高翔畔归曹操，谭复阴刻将军印以假旷、翔。操知谭诈，乃为子整聘谭女以安之，而引军还。操本有伐尚因而取谭之心，况复有诱旷、翔之事乎！聘其女为子妇以安之，所谓将欲取之，必姑与之也。复，扶又翻；下同。为，于伪翻。

4 孙权西伐黄祖，破其舟军，惟城未克，而山寇复动。丹阳、豫章、庐陵，皆有山越。权还，过豫章，使征虏中郎将吕范平鄱阳、会稽，吕范传止云鄱阳，孙权传则有“会稽”二字，以地里考之，“会稽”二字衍。荡寇中郎将程普讨乐安，晋志及宋志，鄱阳郡有乐安县，吴立。建安十五年，孙权始分豫章立鄱阳郡。荡寇中郎将，权所置也。建昌都尉太史慈领海昏，和帝永元十六年，分海昏立建昌县，属豫章郡。孙策分海昏、建昌六县，以太史慈为建昌都尉，治海昏。以别部司马黄盖、韩当、周泰、吕蒙等守剧县令长，剧，艰也，甚也，言其地当山越之要，最为艰剧之甚者也。讨山越，悉平之。建安、汉兴、南平民作乱，聚众各万馀人，建安，本冶县地，会稽南部都尉治焉。建安中，分东侯官置建安县，用汉年号也，今建宁府地。汉兴县，沈约曰：汉末立，吴更名吴兴。南平县亦汉末立，晋武平吴，改曰延平，今南剑州地。时皆属南部都尉。权使南部都尉会稽贺齐进讨，皆平之，复立县邑，料出兵万人；拜齐平东校尉。会，工外翻。复，如字。料，音聊。校，户教翻。

九年（甲申、二〇四）

1 春，正月，曹操济河，遏淇水入白沟以通粮道。袁尚在邺，操将攻之，故通粮道。班志曰：淇水至黎阳入河。曹操于水口下大枋木以成堰，遏淇水东入白沟。水经注曰：淇水东过内黄县南，为白沟。

二月，袁尚复攻袁谭于平原，复，扶又翻。留其将审配、苏由守邺。曹操进军至洹水，水经：洹水出上党泫氏县，东过隆虑县北，又东北出山，径邺县南。洹，于元翻，又音桓。苏由欲为内应，谋泄，出奔操。操进至邺，为土山、地道以攻之。尚武安长尹楷屯毛城，以通上党粮道。武安县，属魏郡，唐洺州地。长，知两翻；下同。夏，四月，操留曹洪攻邺，自将击楷，破之而还；又击尚将沮鹄于邯郸，拔之。裴松之曰：沮，音菹。河朔间，今犹有此姓。鹄，沮授子也。沮，子余翻。邯郸，音寒丹。

易阳令韩范、涉长梁岐皆举县降。易阳县，属赵国。涉县，盖汉末分上党之潞县置。魏后置广平郡，二县皆属焉。北齐废涉县入刘陵县；隋、唐复置涉县。宋白曰：涉县，因县南涉河为名。磁州昭义县理故涉城，永泰元年改名昭义。徐晃言于操曰："二袁未破，诸城未下者倾耳而听，宜旌赏二县以示诸城。"操从之，范、岐皆赐爵关内侯。黑山贼帅张燕遣使求助，操拜平北将军。晋志曰：四平止于丧乱时。以河北未平，授以此号。及晋以后，征、镇、安、平，以次进号。帅，所类翻。

五月，操毁土山、地道，凿堑围城，周回四十里，土山、地道，急攻也；知非急攻可拔，故凿堑围城，绝其内外以久囚之。堑，七艳翻。初令浅，示若可越。配望见，笑之，不出争利。操一夜浚之，广深二丈，广，古旷翻；深，悉禁翻；度之广深也。后放此。引漳水以灌之；水经注：漳水过邺县西，魏武堨以围邺。城中饿死者过半。

秋，七月，尚将兵万馀人还救邺；未到，欲令审配知外动止，先使主簿巨鹿李孚入城。孚斫问事杖，系着马边，问事，卒也，主行杖，犹伍伯之类。问事杖，问事所执杖也。着，直略翻。自着平上帻，帻有颜、题，其颜却摞施巾，连题却覆之。平上帻者，其上平也。晋志引汉注曰：冠惠文者宜短耳，今平上帻也；冠进贤者宜长耳。今介帻也。文吏服介帻，武吏服平上帻。着，陟略翻。将三骑，投暮诣邺下；自称都督，历北围，循表而东，表，围城所立标表也。骑，奇寄翻。步步呵责守围将士，随轻重行其罚。遂历操营前，至南围，当章门，邺城有七门，正南曰章门，亦曰中阳门。复责怒守围者，收缚之。因开其围，驰到城下，呼城上人，城上人以绳引，孚得入。不先经操营前，则守围者必疑，不可得而收缚，围亦不可开矣。孚之来也，其定计固指从章门入也。复，扶又翻；下同。配等见孚，悲喜，鼓噪称万岁。守围者以状闻，操笑曰："此非徒得入也，方且复出。"操知其复出，非不欲严为之防也，审孚所以得入之由，服其多智，有不可得而防者也。孚知外围益急，不可复冒，乃请配悉出城中老弱以省谷，夜，简别数千人，皆使持白幡，从三门并出降。邺城南面三门曰：凤阳门、中阳门、广阳门。简别，彼列翻。降，户江翻；下同。孚复将三骑作降人服，随辈夜出，突围得去。

尚兵既至，诸将皆以为："此归师，人自为战，不如避之。"兵法曰：归师勿遏。操曰："尚从大道来，当避之；若循西山来者，此成禽耳。"从大道来则人怀救根本，不顾胜败，有必死之志；循山而来，则其战可前可却，人有依险自全之心，无同力致命之意。操所以料尚者如此，兵法所谓"观敌之动"者也。尚果循西山来，东至阳平亭，去邺十七里，临滏水为营。郡国志：邺有滏水。左思魏都赋曰：北临漳、滏，则冬夏异沼。注云：邺北有滏水，水热，故名滏口。夜，举火以示城中，城中亦举火相应。配出兵城北，欲与尚对决围。操逆击之，败还，尚亦破走，依曲漳为营，贤曰：漳水之曲也。操遂围之。未合，尚惧，遣使求降；操不听，围之益急。尚夜遁，保祁山，陈寿魏武纪作"祁山"，袁绍传作"滥口"，范史袁绍传作"蓝口"。贤注曰：相州安阳县界有蓝嵯山，与邺相近，盖蓝山之口。考异曰：魏志绍传云，"还走滥口"，范书作"蓝口"。今从魏武纪。操复进围之；复，扶又翻。尚将马延、张颛等，临陈降，众大溃，尚奔中山。尽收其辎重，陈，读曰阵。重，直用翻。得尚印绶、节钺及衣物，以示城中，城中崩沮。沮，在吕翻。审配令士卒曰："坚守死战！操军疲矣，幽州方至，幽州，谓袁熙也。何忧无主！"配以此安众心，可谓忠勇矣。操出行围，巡行长围也。行，下更翻。配伏弩射之，几中。射，而亦翻。几，居希翻。中，竹仲翻。

配兄子荣为东门校尉，邺城东门曰建春门。七门之名，盖皆石氏所命也。八月，戊寅，荣夜开门内操兵。内，读曰纳。配拒战城中，操兵生获之。辛评家系邺狱，辛毗驰往，欲解之，已悉为配所杀。操兵缚配诣帐下，毗逆以马鞭击其头，骂之曰："奴，汝今日真死矣！"配顾曰："狗辈，正由汝曹，破我冀州，恨不得杀汝也；且汝今日能杀生我邪！"言杀生由曹操，不由辛毗。有顷，操引见，谓配曰："曩日孤之行围，何弩之多也！"配曰："犹恨其少！"谓射操不中也。少，诗沼翻。操曰："卿忠于袁氏，亦自不得不尔。"意欲活之。配意气壮烈，终无桡辞，桡，奴教翻，曲也。而辛毗等号哭不已，号，户刀翻。遂斩之。冀州人张子谦先降，素与配不善，笑谓配曰："正南，审配字正南。卿竟何如我？"配厉声曰："汝为降虏，审配为忠臣，虽死，岂羡汝生邪！"临行刑，叱持兵者令北向，曰："我君在北也。"袁绍下士，能尽死以效节者，审配一人而已。我君在北，谓袁尚已北奔也。操乃临祀绍墓，哭之流涕；慰劳绍妻，还其家人宝物，赐杂缯絮，禀食之。劳，力到翻。缯，慈陵翻。食，读曰饲。

初，袁绍与操共起兵，绍问操曰："若事不辑，则方面何所可据？"辑，犹集也；集，成也。观绍此言，则起兵之时，固无勤王之心而有割据之志矣。操曰："足下意以为何如？"绍曰："吾南据河，北阻燕、代，兼戎狄之众，南向以争天下，庶可以济乎！"操曰："吾任天下之智力，以道御之，无所不可。"

九月，诏以操领冀州牧；操让还兖州。当时政自操出，领则真领，而让非真让也。

初，袁尚遣从事安平牵招至上党督军粮，牵，姓；招，名。未还，尚走中山，招说高干以并州迎尚，并力观变，说，输芮翻。干不从。招乃东诣曹操，操复以为冀州从事；又辟崔琰为别驾，操谓琰曰："昨按户籍，可得三十万众，故为大州也。"琰对曰："今九州幅裂，二袁兄弟亲寻干戈，左传，子产曰：昔高辛氏有二子，伯曰阏伯，季曰实沈，居于旷林，不相能也，日寻干戈以相征讨。杜预注曰：寻，用也。冀方蒸庶，暴骨原野，未闻王师存问风俗，救其涂炭，而校计甲兵，唯此为先，斯岂鄙州士女所望于明公哉！"操改容谢之。此操之所以重崔琰而亦不能不害崔琰也。

许攸恃功骄嫚，乌巢之捷，计出于攸，故恃其功。尝于众坐呼操小字曰："某甲，裴松之曰：操一名吉利，小字阿瞒。曰某甲者，史隐其辞。坐，徂卧翻。卿非我，不得冀州也！"操笑曰："汝言是也。"然内不乐，乐，音洛。后竟杀之。

2 冬，十月，有星孛于东井。晋天文志：南方东井八星，天之南门，黄道所经，天之亭候，主水衡事，法令所取平也。孛，蒲内翻。

3 高干以并州降，操复以干为并州刺史。为干复叛张本。降，户江翻。复，扶又翻。

4 曹操之围邺也，袁谭复背之，复，扶又翻；下同。略取甘陵、安平、勃海、河间。攻袁尚于中山，尚败，走故安，故安县，属涿郡。贤曰：故城在今易州易县南。从袁熙；谭悉收其众，还屯龙凑。操与谭书，责以负约，与之绝婚，女还，然后进讨。袁尚破走，操于是始讨谭。十二月，操军其门，谭拔平原，走保南皮，临清河而屯。水经：清河过南皮县西。操入平原，略定诸县。

5 曹操表公孙度为武威将军，封永宁乡侯。度曰："我王辽东，何永宁也！"王，于况翻。藏印绶于武库。辽东郡之武库也。是岁，度卒，子康嗣位，以永宁乡侯封其弟恭。

操以牵招尝为袁氏领乌桓，牵，姓；招，名。袁绍先尝辟招为督军从事，兼领乌桓突骑。遣诣柳城，抚慰乌桓。值峭王严五千骑欲助袁谭，又，公孙康遣使韩忠假峭王单于印绶。峭王大会群长，乌桓部落，各有君长。峭，七笑翻。使，疏吏翻。长，知两翻。忠亦在坐。坐，才卧翻；下同。峭王问招："昔袁公言受天子之命，假我为单于；今曹公复言当更白天子，假我真单于；辽东复持印绶来。复，扶又翻。如此，谁当为正？"招答曰："昔袁公承制，得有所拜假；中间违错天子命，违，异也，背也。错，乖也。曹公代之，言当白天子，更假真单于；【章：甲十一行本"于"下有"是也"二字；乙十一行本同。】辽东下郡，何得擅称拜假也！"忠曰："我辽东在沧海之东，拥兵百馀万，又有扶馀、涉貊之用，涉，音秽。貊，莫百翻。当今之势，强者为右，曹操何得独为是也！"招呵忠曰："曹公允恭明哲，孔安国尚书注曰：允，信也。翼戴天子，伐叛柔服，宁静四海。汝君臣顽嚚，嚚，鱼巾翻。左传曰：不道忠信之言为嚚。今恃险远，背违王命，背，蒲妹翻。欲擅拜假，侮弄神器；威福，帝王之神器。方当屠戮，何敢慢易咎毁大人！"大人，谓曹公。易，以豉翻。便捉忠头顿筑，拔刀欲斩之。峭王惊怖，怖，普布翻。徒跣抱招，以救请忠，左右失色。招乃还坐，为峭王等说成败之效，祸福所归；皆下席跪伏，敬受敕教，敕，戒也。为，于伪翻。便辞辽东之使，罢所严骑。

6 丹阳大都督妫览、郡丞戴员杀太守孙翊。将军孙河屯京城，驰赴宛陵，京城，即汉吴郡丹徒县也。孙权自吴徙居之，命曰京城，亦曰京口。余谓此"京"，取尔雅"丘绝高曰京"之义。宛陵，丹阳郡治所。妫览、戴员，盛宪之党也。妫，俱为翻；姓也。舜居妫汭，其后因以为氏。员，音云。览、员复杀之；复，扶又翻。遣人迎扬州刺史刘馥，馥，曹操所用也。令住历阳，以丹阳应之。历阳与丹阳隔江，使馥来屯，以为声援。

览入居军府中，欲逼取翊妻徐氏。徐氏绐之曰："乞须晦日，月终为晦，阴之尽也。绐，荡亥翻。设祭除服，然后听命。"览许之。徐氏潜使所亲语翊亲近旧将孙高、傅婴等与共图览，语，牛倨翻。高、婴涕泣许诺，密呼翊时侍养者二十馀人与盟誓合谋。侍养，谓侍翊左右，而厚蒙给养者。到晦日，设祭。徐氏哭泣尽哀，毕，乃除服，薰香沐浴，言笑欢悦。大小凄怆，凄，悲也，痛也。怆，伤也，音初亮翻。怪其如此。览密觇，无复疑意。觇，丑廉翻，又丑艳翻。复，扶又翻。徐氏呼高、婴置户内，使人召览入。徐氏出户拜览，适得一拜，徐大呼："二君可起！"呼，火故翻。高、婴俱出，共杀览，馀人即就外杀员。徐氏乃还缞绖，复着缞绖也。缞，仓回翻。奉览、员首以祭翊墓，举军震骇。

孙权闻乱，从椒丘还。椒丘，在豫章。至丹阳，悉族诛览、员馀党，擢高、婴为牙门，牙门，将也。其馀赏赐有差。

河子韶，年十七，收河馀众屯京城。权引军归吴，夜至京城下营，试攻惊之；兵皆乘城，传檄备警，讙声动地，讙，许元翻。颇射外人。权使晓喻，乃止。明日见韶，拜承烈校尉，统河部曲。史言孙权能用人以保江东。射，而亦翻。

十年（乙酉、二〇五）

1 春，正月，曹操攻南皮，袁谭出战，士卒多死。操欲缓之，议郎曹纯曰："今县师深入，纯，仁之弟也。县，读曰悬。难以持久，若进不能克，退必丧威。"丧，息浪翻。乃自执桴鼓以率攻者，桴，音肤。遂克之。谭出走，追斩之。

李孚自称冀州主簿，求见操曰："今城中强弱相陵，人心扰乱，以为宜令新降为内所识信者宣传明教。"降，户江翻。操即使孚往入城，告谕吏民，使各安故业，不得相侵，城中乃安。李孚，小才也，挟才以求知，非怀才以待聘者也。操于是斩郭图等及其妻子。郭图、审配各有党附，交斗谭、尚，使寻干戈，以贻曹氏之驱除。谭、尚既败，二人亦诛，祸福之报为不爽矣。

袁谭使王修运粮于乐安，闻谭急，将所领兵往赴之，至高密，闻谭死，下马号哭曰："无君焉归！"号，户刀翻。焉，于虔翻。遂诣曹操，乞收葬谭尸，操许之，复使修还乐安，督军粮。谭所部诸城皆服，唯乐安太守管统不下。操命修取统首，使还运粮，就取统首也。修以统亡国忠臣，解其缚，使诣操，操悦而赦之，辟修为司空掾。

郭嘉说操多辟青、冀、幽、并名士以为掾属，使人心归附，操从之。官渡之战，袁绍使陈琳为檄书，数操罪恶，连及家世，极其丑诋。及袁氏败，琳归操，操曰："卿昔为本初移书，说，输芮翻；下同。数，所具翻。为，于伪翻；下同。但可罪状孤身，何乃上及父祖邪！"按文选，琳为绍檄豫州。盖帝都许，许属颍川郡，豫州部属也，故选专以檄豫州为言。琳檄略曰："操祖父腾，与左悺、徐璜并作妖孽，饕餮放横，伤化害人。父嵩，乞丐携养，因臧买位，窃盗鼎司。操奸阉遗丑，僄狡锋侠，好乱乐祸。"又数其残贤害善，专制朝政，发掘坟陵之罪。文多不载。琳谢罪，操释之，使与陈留阮瑀俱管记室。汉公府有记室令史，主上章表报书记。

先是渔阳王松据涿郡，先，悉荐翻。郡人刘放说松以地归操，操辟放参司空军事。为刘放因此管魏机密以乱魏张本。

袁熙为其将焦触、张南所攻，与尚俱奔辽西乌桓。辽西乌桓，其酋曰蹋顿。触自号幽州刺史，驱率诸郡太守令长，背袁向曹，长，知两翻。背，蒲妹翻。陈兵数万，杀白马而盟，令曰："敢违者斩！"众莫敢仰视，各以次歃。歃，色洽翻。别驾代郡韩珩曰：珩，音行。"吾受袁公父子厚恩，今其破亡，智不能救，勇不能死，于义阙矣；若乃北面曹氏，所不能为也。"一坐为珩失色。坐，徂卧翻。触曰："夫举大事，当立大义，事之济否，不待一人，可卒珩志，以厉事君。"卒，子恤翻。乃舍之。触等遂降曹操，皆封为列侯。降，户江翻。

2 夏，四月，黑山贼帅张燕率其众十馀万降，帅，所类翻。封安国亭侯。

3故安赵犊、霍奴等杀幽州刺史及涿郡太守，三郡乌桓攻鲜于辅于犷平。三郡乌桓，辽西蹋顿、辽东苏仆延、右北平乌延也。犷平县，属渔阳郡。服虔曰：犷，音巩。师古曰：音九勇翻，又音矿。秋，八月，操讨犊等，斩之；乃渡潞水救犷平，乌桓走出塞。

4冬，十月，高干闻操讨乌桓，复以并州叛，复，扶又翻。执上党太守，举兵守壶关口。贤曰：潞州上党县有壶山口，因其险而置关焉。二汉志，壶关县，属上党郡。操遣其将乐进、李典击之。河内张晟，众万馀人，寇崤、渑间，晟，成正翻。渑，弥兖翻。弘农张琰起兵以应之。

河东太守王邑被征，被，皮义翻。郡掾卫固及中郎将范先等诣司隶校尉钟繇，请留之。掾，俞绢翻。繇不许。固等外以请邑为名，而内实与高干通谋。曹操谓荀彧曰："关西诸将，外服内贰，张晟寇乱殽、渑，南通刘表，固等因之，将为深害。当今河东，天下之要地也，高干据并州，马腾、韩遂等据关中，往来交通，皆由河东，故曰要地。君为我举贤才以镇之。"为，于伪翻。彧曰："西平太守京兆杜畿，汉末分金城置西平郡。勇足以当难，难，乃旦翻；下同。智足以应变。"操乃以畿为河东太守。钟繇促王邑交符，交郡符也。邑佩印绶，径从河北诣许自归。河北县，属河东郡。宋白曰：陕州平陆县，本汉大阳县地，后汉改为河北县。

卫固等使兵数千人绝陕津，水经注：河水东过陕县北，河北对茅城，谓之茅津，亦谓之陕津。陕，式冉翻。杜畿至，数月不得渡。操遣夏侯惇讨固等，未至，畿曰："河东有三万户，非皆欲为乱也。今兵迫之急，欲为善者无主，必惧而听于固。固等势专，【章：甲十一行本"专"下有"必以死战"四字；乙十一行本同；孔本同；张校同。】讨之不胜，为难未已；讨之而胜，是残一郡之民也。且固等未显绝王命，外以请故君为名，必不害新君，吾单车直往，出其不意，固为人多计而无断，断，丁乱翻。必伪受吾，吾得居郡一月，以计縻之，足矣。”遂诡道从郖津渡。水经注：河水东径湖县故城北，又东合柏谷水，又东右合门水。河水于此有郖津之名。郖，音窦。

范先欲杀畿以威众，且观畿去就，于门下斩杀主簿以下三十馀人，畿举动自若。于是固曰：“杀之无损，徒有恶名；且制之在我。”遂奉之。畿谓固、先曰：“卫、范，河东之望也，吾仰成而已。仰，牛向翻。然君臣有定义，成败同之，大事当共平议。”以固为都督，行丞事，领功曹；既以为都督，又令行郡丞事，又领功曹也。都督掌兵，丞贰太守，于郡事无所不关，功曹掌选署功劳，阳以郡权悉与之也。将校吏兵三千馀人，皆范先督之。将，即亮翻。校，户教翻。固等喜，虽阳事畿，不以为意。固欲大发兵，畿患之，说固曰：“今大发兵，众情必扰，不如徐以赀募兵。”固以为然，从之，得兵甚少。以赀募兵，则郡计不足以继，故得兵甚少。畿又喻固等曰：“人情顾家，诸将掾史，可分遣休息，掾，于绢翻。急缓召之不难。”固等恶逆众心，恶，乌路翻。又从之。于是善人在外，阴为己援；恶人分散，各还其家。

会白骑攻东垣，白骑，张白骑之众相聚为贼者也。垣县，属河东郡，“东”字衍。续汉志，垣县，注云：山在东，状如垣。盖此时已有东垣之名。骑，奇寄翻。高干入濩泽。濩泽县，属河东郡。贤曰：今泽州县。师古曰：濩，音乌号翻。畿知诸县附己，乃出，单将数十骑，赴坚壁而守之，将，即亮翻。坚壁，壁垒之最坚者。吏民多举城助畿者，举城，谓举属县城也。比数十日，比，必寐翻。得四千馀人。固等与高干、张晟共攻畿，不下，略诸县，无所得。曹操使议郎张既西征关中诸将马腾等，皆引兵会击晟等，破之，斩固、琰等首，其馀党与皆赦之。

于是杜畿治河东，务崇宽惠。治，直之翻。民有辞讼，畿为陈义理，遣归谛思之，为，于伪翻。谛，丁计翻；审也。父老皆自相责怒，不敢讼；劝耕桑，课畜牧，百姓家家丰实；然后兴学校，校，户教翻。举孝弟，弟，读曰悌。修戎事，讲武备，河东遂安。畿在河东十六年，常为天下最。为曹操因河东资实以平关中张本。杜畿之子为杜恕，恕之子为杜预。其守河东，观其方略，固未易才也。余窃谓杜氏仕于魏、晋，累世贵盛，必有家传，史因而书之，固有过其实者。

5 秘书监、侍中荀悦桓帝延熹二年，置秘书监，秩六百石。作申鉴五篇，奏之。悦，爽之兄子也。时政在曹氏，天子恭己，言恭己南面而已，政事无所预也。孔子曰：无为而治者，其舜也欤！夫何为哉，恭己正南面而已。后世遂以政在强臣、己无所预为恭己。舜之恭己，果如是哉！悦志在献替，献可替否。而谋无所用，故作是书。其大略曰："为政之术，先屏四患，屏，必郢翻。乃崇五政。伪乱俗，私坏法，放越轨，奢败制：坏，音怪。败，补迈翻。四者不除，则政末由行矣，是谓四患。兴农桑以养其生，审好恶以正其俗，好，呼到翻。恶，乌路翻。宣文教以章其化，立武备以秉其威，明赏罚以统其法，是谓五政。人不畏死，不可惧以罪；人不乐生，不可劝以善。故在上者，先丰民财以定其志，是谓养生。此说，万世不可易也。乐，音洛。善恶要乎功罪，毁誉效于准验，书云：无稽之言勿听。听言责事，举名察实，无或诈伪以荡众心。荡，谓动之也。以诈伪动之，则人之心亦必动于诈伪，以应其上。故俗无奸怪，民无淫风，是谓正俗。荣辱者，赏罚之精华也，故礼教荣辱以加君子，化其情也；桎梏鞭扑以加小人，化其形也。桎，之日翻。梏，工沃翻。扑，普卜翻。若教化之废，推中人而坠于小人之域，推，吐雷翻。教化之行，引中人而纳于君子之涂，是谓章化。在上者必有武备以戒不虞，安居则寄之内政，国语：管仲相齐桓公，作内政以寄军令。有事则用之军旅，是谓秉威。赏罚，政之柄也。人主不妄赏，非爱其财也，赏妄行，则善不劝矣；不妄罚，非矜其人也，罚妄行，则恶不惩矣。赏不劝，谓之止善，罚不惩，谓之纵恶。在上者能不止下为善，不纵下为恶，则国法立矣。是谓统法。四患既独，【章：甲十一行本“独”作“蠲”；乙十一行本同；孔本同；熊校同。】五政又立，行之以诚，守之以固，简而不怠，疏而不失，垂拱揖让，而海内平矣。”荀悦申鉴，其立论精切，关于国家兴亡之大致，过于彧、攸；至于揣摩天下之势，应敌设变，以制一时之胜，悦未必能也。曹操奸雄，亲信彧、攸，而悦乃在天子左右。悦非比于彧、攸，而操不之忌，盖知悦但能持论，其才必不能办也。呜呼！东都之季，荀淑以名德称，而彧、攸以智略济，荀悦盖得其祖父之仿佛耳！其才不足以用世，其言仅见于此书。后之有天下国家者，尚论其世，深味其言，则知悦之忠于汉室，而有补于天下国家也。蠲，吉玄翻。

何兹全标点容肇祖聂崇岐覆校

资治通鉴卷第六十五

翰林学士兼侍读学士朝散大夫右谏议大夫
知制诰判尚书都省兼提举万寿观公事上护军 司马光 奉敕编集
河内郡开国侯食邑一千三百户赐紫金鱼袋臣

后学天台胡三省音注

汉纪五十七 起柔兆阉茂（丙戌），尽著雍困敦（戊子），凡三年。

孝献皇帝庚

建安十一年（丙戌、二〇六）

1 春，正月，有星孛于北斗。晋天文志：北斗七星，在太微北：一曰天枢，二曰璇，三曰玑，四曰权，五曰玉衡，六曰开阳，七曰摇光；一至四为魁，五至七为杓。孛，蒲内翻。

2 曹操自将击高干，将，即亮翻。留其世子丕守邺，使别驾从事崔琰傅之。操围壶关，三月，壶关降。降，户江翻。高干自入匈奴求救，单于不受；干独与数骑亡，欲南奔荆州，骑，奇寄翻。欲奔刘表也。上洛都尉王琰捕斩之，上洛县，前汉属弘农，后汉属京兆。峣关在县西北，故置都尉。刘昫曰：言县在洛水之上，故以为名。并州悉平。

曹操使陈郡梁习以别部司马领并州刺史。时荒乱之馀，胡、狄雄张，张，知亮翻。吏民亡叛入其部落，南匈奴部落皆在并州界。兵家拥众，各为寇害。谓诸豪右拥众自保者。习到官，诱喻招纳，诱，音酉。皆礼召其豪右，稍稍荐举，使诣幕府；豪右已尽，次发诸丁强以为义从；言其以义从军也。从，才用翻。又因大军出征，令诸将分请以为勇力。吏兵已去之后，稍移其家，前后送邺，凡数万口；其不从命者，兴兵致讨，斩首千数，降附者万计。单于恭顺，名王稽颡，名王，即匈奴诸部王也。降，户江翻。稽，音启。服事供职，同于编户。编，联次也；编于民籍，故曰编户。边境肃清，百姓布野，勤劝农桑，令行禁止。令之则行，禁之则止。长老称咏，以为自所闻识，刺史未有如习者。长，知两翻。习乃贡达名士避地州界者河内常林、杨俊、王象、荀纬及太原王凌之徒，操悉以为县长，纬，于贵翻。长，知两翻。后皆显名于世。

初，山阳仲长统游学至并州，过高干，仲长，复姓。过，工禾翻。干善遇之，访以世事。统谓干曰："君有雄志而无雄材，好士而不能择人，好，呼到翻。所以为君深戒也。"干雅自多，自以为多才也。不悦统言，统遂去之。干死，荀彧举统为尚书郎。百官志：尚书侍郎三十六人，四百石；一曹六人，主作文书起草。蔡质汉仪曰：尚书郎，初从三署诣台试，初上台，称守尚书郎中；岁满，称尚书郎；三年，称侍郎。著论曰昌言，孔安国曰：昌，当也。当理之言。其言治乱，略曰："豪杰之当天命者，未始有天下之分者也，治，直吏翻。分，扶问翻。无天下之分，故战争者竞起焉。角智者皆穷，角力者皆负，角，竞也，校也。形不堪复伉，复，扶又翻；下同。伉，口浪翻，敌也。势不足复校，乃始羁首系颈，就我之衔绁耳。贤曰：衔，勒也。绁，羁也。绁，音息列翻。及继体之时，豪杰之心既绝，士民之志已定，贵有常家，尊在一人。当此之时，虽下愚之才居之，犹能使恩同天地，威侔鬼神，周、孔数千无所复角其圣，贲、育百万无所复奋其勇矣。贲，音奔。彼后嗣之愚主，见天下莫敢与之违，自谓若天地之不可亡也，乃奔其私嗜，骋其邪欲，君臣宣淫，左传，泄冶曰："公卿宣淫，民无效焉。"杜预曰：宣，示也。上下同恶，荒废庶政，弃忘人物。信任亲爱者，尽佞谄容说之人也；说，读曰悦。宠贵隆丰者，尽后妃姬妾之家也。遂至熬天下之脂膏，斫生民之骨髓，怨毒无聊，祸乱并起，中国扰攘，四夷侵叛，土崩瓦解，一朝而去，昔之为我哺乳之子孙者，今尽是我饮血之寇雠也。至于运徙势去，犹不觉悟者，岂非富贵生不仁，沈溺致愚疾邪！沈，持林翻。存亡以之迭代，治乱从此周复，左传：美、恶周必复，天之道也。天道常然之大数也。"

3 秋，七月，武威太守张猛杀雍州刺史邯郸商；兴平元年，分凉州河西四郡置雍州。雍，于用翻。州兵讨诛之。猛，奂之子也。

4 八月，曹操东讨海贼管承，至淳于，淳于县，属北海国。贤曰：故城在今密州安丘县东北。遣将乐进、李典击破之，承走入海岛。

5 昌豨复叛，操遣于禁讨斩之。豨，许岂翻，又音希。豨降见上卷建安六年。复，扶又翻。

6 是岁，立故琅邪王容子熙为琅邪王，齐、北海、阜陵、下邳、常山、甘陵、济阴、平原八国皆除。容，光武子琅邪孝王京之云孙也。容薨，国绝，今复立其子。齐，光武兄武王縯之后。北海，縯少子靖王兴之后。阜陵，光武子质王延之后。下邳，明帝子惠王衍之后。常山，明帝子顷王昞之后。甘陵，章帝子清河孝王庆之后。济阴，明帝子悼王长薨而无子，国除久矣；据范史，当是济北，章帝子惠王寿之后，亦以是年国除。平原，和帝子怀王胜始封，薨而无子，以河间王开子翼继之；翼废为蠡吾侯，子志立为桓帝，复以帝兄硕为平原王，奉翼后，至是国亦除。八国皆除，而独立熙继琅邪者，容先遣弟邈至长安贡献，操时在东郡，邈盛称其忠诚，操以此德容，故为容立后。除八国者，渐以弱汉宗室也。济，子礼翻。

7 乌桓乘天下乱，略有汉民十馀万户，袁绍皆立其酋豪为单于，酋，慈由翻。以家人子为己女妻焉。妻，七细翻。辽西乌桓蹋顿尤强，蹋，徒腊翻。为绍所厚，故尚兄弟归之，数入塞为寇，数，所角翻。欲助尚复故地。曹操将击之，凿平虏渠、泉州渠以通运。操纪云：凿渠，自呼沱入泒水，名平虏渠；又从泃河口，凿入潞河，名泉州渠，以通海。泒，音孤。泃，音句。贤曰：呼沱河，旧在饶阳南，至曹操因饶河故渎，决令北注新沟水，所以今在饶阳县北。说文：泒水，出雁门葰人成夫山，东北入海。水经注：泃水，出右北平无终县西山，西北流，过平谷县而东南流，又南流入于潞河，又东合泉州渠口，曹操所凿也。渠东至海阳县乐安亭南与濡水合，而入于海。泉州、平谷二县，皆属渔阳郡。贤曰：泉州故城，在今幽州雍奴县南。海阳县，属辽西郡。葰，相维翻。

8 孙权击山贼麻、保二屯，平之。水经注：江水过陆口而东，左得麻屯口，南直蒲圻洲，水北入百有馀里，吴所屯也。

十二年（丁亥、二〇七）

1 春，二月，曹操自淳于还邺。丁酉，操奏封大功臣二十馀人，皆为列侯；因表万岁亭侯荀彧功状，九域志：郑州有万岁亭，彧所封也。三月，增封彧千户。又欲授以三公，彧使荀攸深自陈让，至于十数，乃止。

2 曹操将击乌桓。诸将皆曰："袁尚亡虏耳，夷狄贪而无亲，岂能为尚用。今深入征之，刘备必说刘表以袭许，说，输芮翻。万一为变，事不可悔。"郭嘉曰："公虽威震天下，胡恃其远，必不设备，因其无备，卒破【章：甲十一行本"破"作"然"；乙十一行本同；孔本同；张校同。】击之，可破灭也。卒，读曰猝。且袁绍有恩于民夷，而尚兄弟生存。今四州之民，徒以威附，德施未加，施，式豉翻。舍而南征，舍，读曰捨。尚因乌桓之资，招其死主之臣，言欲为其主致死，而留滞不得逞者。胡人一动，民夷俱应，以生蹋顿之心，成觊觎之计，觊，音冀。觎，音俞。恐青、冀非己之有也。表坐谈客耳，自知才不足以御备，重任之则恐不能制，轻任之则备不为用，虽虚国远征，公无忧矣。"操从之。行至易，易县，前汉属涿郡，后汉省。宋白曰：汉易县故城，在今涿州归义县东南十五里，大易故城是。郭嘉曰："兵贵神速。今千里袭人，辎重多，难以趋利，重，直用翻；下同。趋，七喻翻。且彼闻之，必为备；不如留辎重，轻兵兼道以出，掩其不意。”

初，袁绍数遣使召田畴于无终，畴保无终，见六十卷初元四年。数，所角翻。又即授将军印，使安辑所统，畴皆拒之。及曹操定冀州，河间邢颙谓畴曰：“黄巾起来，二十馀年，海内鼎沸，百姓流离。今闻曹公法令严。民厌乱矣，乱极则平，请以身先。”遂装还乡里。颙，鱼容翻。颙从畴游，积五年乃归。先，悉荐翻。畴曰：“邢颙，天民之先觉者也。”伊尹曰：予，天民之先觉者也。此以道自任者也。若邢颙之先觉，特见几耳。操以颙为冀州从事。畴忿乌桓多杀其本郡冠盖，谓郡中名胜之士。意欲讨之而力未能。操遣使辟畴，畴戒其门下趣治严。趣，读曰促。严即装也。自东都避明帝讳，改装曰严，后遂因之。门人曰：“昔袁公慕君，礼命五至，君义不屈；今曹公使一来而君若恐弗及者，何也?”使，疏吏翻；下同。畴笑曰：“此非君所识也。”遂随使者到军，拜为蓨令，蓨县，前汉属信都，后汉属勃海。师古曰：蓨，音条。随军次无终。

时方夏水雨，而滨海洿下，洿，汪胡翻。泞滞不通，虏亦遮守蹊要，蹊，径路也；蹊要，径路要处也。泞，乃定翻。军不得进。操患之，以问田畴。畴曰：“此道，秋夏每常有水，浅不通车马，深不载舟船，为难久矣。旧北平郡治在平冈，道出卢龙，达于柳城；前汉右北平郡治平冈县，后汉省平冈县，改治土垠县。垠，音银。贤曰：土垠故城，在今平州西南。水经注曰：自无终东出卢龙塞，又东越青陉至凡城二百许里。自凡城东北出，趣平冈，可百八十里，向黄龙则五百里。故田畴引军出卢龙塞，堑山堙谷，五百馀里，径白檀，历平冈，登白狼山，望柳城也。自建武以来，陷坏断绝，垂二百载，载，子亥翻。而尚有微径可从。今虏将以大军当由无终，不得进而退，懈弛无备。若嘿回军，从卢龙口越白檀之险，出空虚之地，路近而便，掩其不备，蹋顿可不战而禽也。”操曰：“善!”乃引军还，而署大木表于水侧路傍曰："方今夏暑，道路不通，且俟秋冬，乃复进军。"复，扶又翻。虏候骑见之，诚以为大军去也。骑，奇寄翻。

操令畴将其众为乡导，将，即亮翻。乡，读曰向。上徐无山，史记正义：徐无山，在右北平徐无县西北。徐无山，即田畴所保聚处。堑山堙谷，五百馀里，经白檀，历平冈，涉鲜卑庭，白檀县，属右北平郡。宋白曰：白檀故城，在檀州燕乐县界。此时鲜卑庭已在右北平郡界，盖慕容廆之先也。堑，七艳翻。东指柳城。未至二百里，虏乃知之。尚、熙与蹋顿及辽西单于楼班、楼班，丘力居之子也。右北平单于能臣抵之等右北平单于曰乌延。能臣抵之，或者乌延之异名欤！将数万骑逆军。八月，操登白狼山，水经注：白狼山，在右北平石城县西。乌丸传：逆战于凡城，则白狼山盖在凡城。卒与虏遇，卒，读曰猝。众甚盛。操车重在后，车重，即辎重。重，直用翻。被甲者少，左右皆惧。被，皮义翻。少，诗沼翻。操登高，望虏阵不整，乃纵兵击之，使张辽为前锋，虏众大崩，斩蹋顿及名王已下，胡、汉降者二十馀万口。降，户江翻。

辽东单于速仆丸速仆丸，即苏仆延，语有轻重耳。与尚、熙奔辽东太守公孙康，其众尚有数千骑。或劝操遂击之，操曰："吾方使康斩送尚、熙首，不烦兵矣。"九月，操引兵自柳城还。公孙康欲取尚、熙以为功，乃先置精勇于厩中，然后请尚、熙入，未及坐，康叱伏兵禽之，遂斩尚、熙，并速仆丸首送之。诸将或问操："公还而康斩尚、熙，何也？"操曰："彼素畏尚、熙，吾急之则并力，缓之则自相图，其势然也。"操枭尚首，枭，古尧翻。令三军："敢有哭之者斩！"牵招独设祭悲哭，牵招先为袁氏从事，故祭哭之。操义之，举为茂才。

时天寒且旱，二百里无水，军又乏食，杀马数千匹以为粮，凿地入三十馀丈方得水。既还，科问前谏者，科，条也。问前谏者，科具其姓名也。众莫知其故，人人皆惧。操皆厚赏之，曰："孤前行，乘危以徼幸，徼，坚尧翻。虽得之，天所佐也，顾不可以为常。诸君之谏，万安之计，是以相赏，后勿难言之。"

3冬，十月，辛卯，有星孛于鹑尾。蔡邕曰：自张十二度至轸六度，谓之鹑尾之次。陈卓曰：自张十七度至轸十一度，谓之鹑尾；于辰在巳。

4乙巳，黄巾杀济南王赟。贤曰：赟，河间孝王开五代孙。灵帝立其父康为济南王，以奉孝仁皇祀。济，子礼翻。赟，于伦翻。

5十一月，曹操至易水，乌桓单于代郡普富卢、上郡那楼皆来贺。

师还，论功行赏，还，从宣翻，又如字。以五百户封田畴为亭侯。畴曰："吾始为刘公报仇，率众遁逃，事见六十卷初平四年。为，于伪翻。志义不立，反以为利，非本志也。"固让不受。操知其至心，许而不夺。不夺其志也。孔子曰：匹夫不可夺志。

操之北伐也，刘备说刘表袭许，说，输芮翻。表不能用。及闻操还，表谓备曰："不用君言，故为失此大会。"犹言大机会也。备曰："今天下分裂，日寻干戈，事会之来，岂有终极乎！若能应之于后者，则此未足为恨也。"豪桀之言，故自与常人不同。

6是岁，孙权西击黄祖，虏其人民而还。

7权母吴氏疾笃，引见张昭等，属以后事而卒。属，之欲翻。卒，子恤翻。

8初，琅邪诸葛亮寓居襄阳隆中，亮从父玄，为豫章太守，将亮之官。会汉朝以朱皓代玄，玄与亮往依刘表。汉晋春秋曰：亮家于南阳之邓县，在襄阳城西二十里，号曰隆中。按东坡诗万山西北古隆中也。故其万山诗云："回头望西北，隐隐龟背起；传云古隆中，万树桑柘美。"每自比管仲、乐毅；时人莫之许也，惟颍川徐庶与崔州平谓为信然。州平，烈之子也。崔烈事灵帝，以入钱为公。

刘备在荆州，访士于襄阳司马徽。徽曰："儒生俗士，岂识时务，识时务者在乎俊杰。此间自有伏龙、凤雏。”备问为谁，曰：“诸葛孔明、庞士元也。”诸葛亮，字孔明。庞统，字士元。庞，皮江翻。徐庶见备于新野，备器之。物之有用者谓之器；器之者，器重之也；重其才之足以用世也。庶谓备曰：“诸葛孔明，卧龙也，将军岂愿见之乎？”备曰：“君与俱来。”庶曰：“此人可就见，不可屈致也，将军宜枉驾顾之。”

备由是诣亮，备以枭雄之才，闻徐庶一言，三枉驾以见孔明，此必庶之材器有以取重于备，备遂信之也。庶自辞备归操之后，寂无所闻，今观其舍旧从新之言，质天地而无愧，则其人从可知矣。凡三往，乃见。因屏人曰：“汉室倾颓，奸臣窃命，孤不度德量力，欲信大义于天下，屏，必郢翻。度，徒洛翻。量，音良。信，读曰申。而智术浅短，遂用猖蹶，猖，披猖。蹶，颠蹶。至于今日。然志犹未已，君谓计将安出？”亮曰：“今曹操已拥百万之众，挟天子而令诸侯，此诚不可与争锋。孙权据有江东，已历三世，国险而民附，贤能为之用，此可与为援而不可图也。荆州北据汉、沔，利尽南海，谓自桂阳、苍梧跨有交州，则利尽南海也。东连吴会，吴会者，言吴为东南一都会也。西通巴、蜀，此用武之国，而其主不能守，此殆天所以资将军也。益州险塞，沃野千里，天府之土；刘璋暗弱，张鲁在北，民殷国富而不知存恤，智能之士思得明君。张松、法正之徒虽未与亮交际，亮固逆知之矣。将军既帝室之胄，胄，裔也。信义著于四海，若跨有荆、益，保其岩阻，抚和戎、越，结好孙权，好，呼到翻；下同。内修政治，外观时变，则霸业可成，汉室可兴矣。”所谓俊杰者，量时审势，规画定于胸中，傥非其人，未易与之言也。治，直吏翻。备曰：“善！”于是与亮情好日密。好，呼到翻。关羽、张飞不悦，备解之曰：“孤之有孔明，犹鱼之有水也。鱼有水则生，无水则死。愿诸君勿复言。”复，扶又翻。羽、飞乃止。

司马徽，清雅有知人之鉴。同县庞德公素有重名，徽兄事之。诸葛亮每至德公家，独拜床下，德公初不令止。观孔明独拜德公于床下，孔明所以事德公者为何如邪！德公初不令止，德公所以自居者为何如邪！德公于是不可及矣。德公从子统，少时朴钝，未有识者，从，才用翻。少，诗照翻。惟德公与徽重之。德公尝谓孔明为卧龙，士元为凤雏，德操为水鉴；故德操与刘备语而称之。司马徽，字德操。

十三年（戊子、二〇八）

1 春，正月，司徒赵温辟曹操子丕。操表"温辟臣子弟，选举故不以实"；策免之。操以温辟其子，怒而免之，驾言选举不以实耳！考异曰：献帝起居注在十五年，范书帝纪在十三年。按是年罢三公官，温不至十五年也。

2 曹操还邺，作玄武池以肄舟师。邺城有玄武苑，操凿池其中。肄，以四翻，习也。

3 初，巴郡甘宁将僮客八百人归刘表，宁走荆州事见六十一卷兴平元年。表儒人，不习军事，宁观表事势终必无成，恐一朝众散，并受其祸，聚而不用，其祸必至。欲东入吴。黄祖在夏口，应劭曰：沔水自江夏别至南郡华容为夏水，过江夏郡而入于江。盖指夏水入江之地为夏口。庾仲雍曰：夏口，一曰沔口，或曰鲁口。水经注曰：沔水南至江夏沙羡县北，南入于江。然则曰夏口，以夏水得名；曰沔口，以沔水得名；曰鲁口，以鲁山得名；实一处也。其地在江北。自孙权置夏口督，屯江南，今鄂州治是也。故何尚之云：夏口在荆江之中，正对沔口。贤注亦谓夏口戍在今鄂州。于是相承以鄂州为夏口，而江北之夏口晦矣。军不得过，乃留，依祖三年，祖以凡人畜之。畜，许六翻，养也。孙权击祖，祖军败走，权校尉凌操将兵急追之。姓谱：卫康叔支子，为周凌人，子孙以为氏。宁善射，将兵在后，射杀操，射杀之射，而亦翻。祖由是得免。军罢，还营，待宁如初。祖都督苏飞数荐宁，数，所角翻。祖不用；宁欲去，恐不免；飞乃白祖，以宁为邾长。邾县，属江夏郡。地道记曰：楚灭邾，徙其君于此。贤曰：邾故城在今复州竟陵县东。飞盖开其奔吴之路也。长，知两翻。宋白曰：黄州，汉邾县也。宁遂亡奔孙权，考异曰：吴志孙权传，建安八年、十二年，皆尝讨黄祖。凌统传，父操死时，统年十五，摄父兵。后击麻、保屯，刺杀陈勤。按周瑜、孙瑜传，以十一年击麻、保屯，则操死似在八年，然后五年宁乃奔权，似晚。今无年月可据，追言之。周瑜、吕蒙共荐达之，权礼异，同于旧臣。

宁献策于权曰："今汉祚日微，曹操终为篡盗。南荆之地，山川形便，诚国之西势也。谓在吴之西，据上流之形势。宁观刘表，虑既不远，儿子又劣，言又弱于表也。非能承业传基者也。至尊当早图之，不可后操。言若不先图刘表，必为操所图也。后，户遘翻。图之之计，宜先取黄祖。祖今昏耄已甚，财谷并乏，左右贪纵，吏士心怨，舟船战具，顿废不修，顿，坏也。左传：甲兵不顿。顿，读曰钝。怠于耕农，军无法伍，至尊今往，其破可必。一破祖军，鼓行而西，据楚关，楚关，扞关也。蜀伐楚，楚为扞关以拒之，故曰楚关。大势弥广，即可渐规巴、蜀矣。"权深纳之。张昭时在坐，难曰："今吴下业业，坐，徂卧翻。难，乃旦翻。业业，危惧之意。若军果行，恐必致乱。"宁谓昭曰："国家以萧何之任付君，君居守而忧乱，奚以希慕古人乎！"言固有攸当者，张昭不得以强辞距也。守，式又翻。权举酒属宁曰："兴霸，甘宁，字兴霸。属，之欲翻。今年行讨，如此酒矣，决以付卿。卿但当勉建方略，令必克祖，则卿之功，何嫌张长史之言乎！"昭为权长史。权之此言，既以奖甘宁之气，又以全张昭之体。不有居者，谁守社稷；不有行者，谁扞牧圉。长，知两翻。

权遂西击黄祖。祖横两蒙冲释名曰：船狭而长曰蒙冲，以冲突敌船。挟守沔口，以栟闾大绁系石为矴，栟闾，椶榈也。郭璞曰：落获也，中作器索。栟，卑盈翻。绁，音薛，长绳也。矴，丁定翻，锤舟石。上有千人，以弩交射，飞矢雨下，军不得前。偏将军董袭与别部司马凌统俱为前部，各将敢死百人，人被两铠，乘大舸，将，即亮翻。被，皮义翻。方言，南楚江、湘，凡船大者谓之舸，小者谓之艖。舸，嘉我翻。突入蒙冲里。袭身以刀断两绁，断，丁管翻。蒙冲乃横流，大兵遂进。祖令都督陈就以水军逆战。平北都尉吕蒙蒙自别部司马，以功为平北都尉。勒前锋，亲枭就首。枭，坚尧翻。于是将士乘胜，水陆并进，傅其城，傅，读曰附。尽锐攻之，遂屠其城。祖挺身走，追斩之，挺，拔也。虏其男女数万口。

权先作两函，欲以盛祖及苏飞首。盛，时征翻。权为诸将置酒，甘宁下席叩头，血涕交流，为权言飞畴昔旧恩，旧恩，谓荐而不用，又开之使奔吴也。为，于伪翻；下同。"宁不值飞，固已损骸于沟壑，不得致命于麾下。今飞罪当夷戮，特从将军乞其首领。"权感其言，谓曰："今为君置之。若走去何？"宁曰："飞免分裂之祸，受更生之恩，逐之尚必不走，岂当图亡哉！亡，谓亡走。若尔，尔，犹言如此也。宁头当代入函。"权乃赦之。凌统怨宁杀其父操，常欲杀宁；权命统不得雠之，令宁将兵屯于他所。

4 夏，六月，罢三公官，复置丞相、御史大夫。汉初，以丞相、御史大夫、太尉为三公，哀帝元寿二年，以大司马、大司徒、大司空为三公，中兴以来，以太尉、司徒、司空为三公。今虽复置丞相、御史，而操自为丞相，事权出于一矣。癸巳，以曹操为丞相。操以冀州别驾从事崔琰为丞相西曹掾，司空东曹掾陈留毛玠为丞相东曹掾，元城令河内司马朗为主簿，弟懿为文学掾，冀州主簿卢毓为法曹议令史。别驾从事，州牧行部，则奉引，录众事。汉制，公府西曹掾主府史署用，东曹掾主二千石、长吏迁除及军吏，黄阁主簿录省众事。文学掾，汉郡曹有之，操于公府创置也。法曹主邮驿科程事。时公府诸曹，皆置议令史。元城县，属魏郡。毓，植之子也。

琰、玠并典选举，其所举用皆清正之士，虽于时有盛名而行不由本者，终莫得进。拔敦实，斥华伪，进冲逊，抑阿党。行，下孟翻。冲，谦虚也，和也。由是天下之士莫不以廉节自励，虽贵宠之臣，舆服不敢过度，至乃长吏还者，垢面羸衣，独乘柴车，军吏入府，朝服徒行，长，知两翻。朝，直遥翻。吏洁于上，俗移于下。操闻之，叹曰："用人如此，使天下人自治，吾复何为哉！"复，扶又翻。

司马懿，少聪达，多大略。少，诗照翻。崔琰谓其兄朗曰："君弟聪亮明允，刚断英特，断，丁乱翻。非子所及也！"操闻而辟之，懿辞以风痹。痹，必至翻，湿病也。操怒，欲收之，懿惧，就职。司马懿始此。

5 操使张辽屯长社，临发，军中有谋反者，夜，惊乱起火，一军尽扰。辽谓左右曰："勿动！是不一营尽反，必有造变者，欲以惊动人耳。"乃令军中："其不反者安坐。"辽将亲兵数十人中陈而立，将，即亮翻。陈，读曰阵。有顷，皆定，即得首谋者，杀之。

辽在长社，于禁屯颍阴，乐进屯阳翟，三将任气，多共不协。共，相与也。操使司空主簿赵俨并参三军，每事训谕，遂相亲睦。

6 初，前将军马腾与镇西将军韩遂结为异姓兄弟，晋职官志曰：四镇通于柔远。盖汉末始置也。后以部曲相侵，更为雠敌。朝廷使司隶校尉钟繇、凉州刺史韦端和解之，征腾入屯槐里。曹操将征荆州，使张既说腾，令释部曲还朝，说，输芮翻。腾许之。已而更犹豫，既恐其为变，乃移诸县促储偫，偫，直里翻。二千石郊迎，腾不得已，发东。发而东入朝也。操表腾为卫尉，考异曰：典略曰："建安十五年，征腾为卫尉。"按张既传，"曹公将征荆州，令既说腾入朝。"盖"三"字误为"五"耳。以其子超为偏将军，统其众，悉徙其家属诣邺。为后十七年族腾张本。

7 秋，七月，曹操南击刘表。

8 八月，丁未，以光禄勋山阳郗虑为御史大夫。郗，丑脂翻。姓谱：郗为高平望姓。

9 壬子，太中大夫孔融弃市。融恃其才望，数戏侮曹操，数，所角翻。发辞偏宕，贤曰：偏邪跌宕，不拘正理。余谓此偏，非邪之谓，言其论议抑扬，有所偏重也。宕，徒浪翻，过也。多致乖忤。忤，五故翻。操以融名重天下，外相容忍而内甚嫌之。融又上书，"宜准古王畿之制，千里寰内不以封建诸侯。"操疑融所论建渐广，益惮之。周礼，方千里曰国畿，其外方五百里曰侯畿。郑玄曰：畿，限也。千里寰内不以封建，则操不可以居邺矣，故惮之。融与郗虑有隙，虑承操风旨，构成其罪，令丞相军谋祭酒路粹军师祭酒、军谋祭酒，皆操所置。奏："融昔在北海，建安初，融为北海相。见王室不静，而招合徒众，欲规不轨。及与孙权使语，谤讪朝廷。使，疏吏翻。又，前与白衣祢衡跌荡放言，贤曰：跌荡，无仪检也。放，纵也。祢，乃礼翻。更相赞扬。更，工衡翻。衡谓融曰'仲尼不死'，融答'颜回复生'，复，扶又翻。大逆不道，宜极重诛。"操遂收融，并其妻子皆杀之。

初，京兆脂习与融善，脂，姓也。魏略：脂习，字元升，后为中大夫。每戒融刚直太过，必罹世患。及融死，许下莫敢收者。习往抚尸曰："文举舍我死，孔融，字文举。舍，读曰捨。吾何用生为！"操收习，欲杀之，既而赦之。

10 初，刘表二子，琦、琮。琦，渠宜翻。琮，徂宗翻。表为琮娶其后妻蔡氏之侄，蔡氏遂爱琮而恶琦，为，于伪翻。恶，乌路翻。表妻弟蔡瑁、瑁，莫报翻。外甥张允并得幸于表，日相与毁琦而誉琮。誉，音余。琦不自宁，与诸葛亮谋自安之术，亮不对。后乃共升高楼，因令去梯。去，羌吕翻。谓亮曰："今日上不至天，下不至地，言出子口，而入吾耳，可以言未？"亮曰："君不见申生在内而危，重耳居外而安乎？"申生，晋献公之太子，为骊姬所谮，自缢而死。重耳，申生之弟，惧骊姬之谗，出奔。献公卒后，重耳入，是为文公，遂为霸主。重，直龙翻。琦意感悟，阴规出计。会黄祖死，琦求代其任，表乃以琦为江夏太守。夏，户雅翻。表病甚，琦归省疾。省，悉景翻。瑁、允恐其见表而父子相感，更有托后之意，乃谓琦曰："将军命君抚临江夏，其任至重；今释众擅来，必见谴怒。伤亲之欢，重增其疾，重，直用翻。非孝敬之道也。"遂遏于户外，使不得见，琦流涕而去。表卒，瑁、允等遂以琮为嗣。琮以侯印授琦，琦怒，投之地，将因奔丧作难。难，乃旦翻。会曹操军至，琦奔江南。按刘备败于当阳，济沔与琦会，然后俱到夏口。琦奔江南，在刘琮降后。史究其终言之。

章陵太守蒯越四亲园庙在章陵，时以为郡，置守。及东曹掾傅巽等劝刘琮降操，降，户江翻；下同。曰："逆顺有大体，强弱有定势。以人臣而拒人主，逆道也；以新造之楚而御中国，必危也；以刘备而敌曹公，不当也。当，如字，言不敌也。三者皆短，将何以待敌？且将军自料何如刘备？若备不足御曹公，则虽全楚不能以自存也；若足御曹公，则备不为将军下也。"琮从之。考异曰：范书、陈志表传皆云韩嵩亦说琮降。按嵩时被囚，必不预谋。九月，操至新野，琮遂举州降，以节迎操。节，汉节也。琮父表受之于汉。诸将皆疑其诈，娄圭曰："天下扰扰，【章：甲十一行本下"扰"字作"攘"；乙十一行本同。】各贪王命以自重，今以节来，是必至诚。"操遂进兵。

时刘备屯樊，樊城，在襄阳东，北临汉水，周大夫樊仲山甫之邑也；唐为襄州安养县。琮不敢告备。备久之乃觉，遣所亲问琮，琮令官属宋忠诣备宣旨。时曹操已在宛，备乃大惊骇，谓忠曰："卿诸人作事如此，不早相语，语，牛倨翻。今祸至方告我，不亦太剧乎！"剧，甚也。引刀向忠曰："今断卿头，断，丁管反。不足以解忿，亦耻丈夫临别复杀卿辈！"复，扶又翻。遣忠去。乃呼部曲共议，或劝备攻琮，荆州可得。备曰："刘荆州临亡托我以孤遗，无父曰孤。遗，弃也；言父母弃之而去，故曰孤遗。今人谓孤独无所依仰者为孤遗。背信自济，背，蒲妹翻。吾所不为，死何面目以见刘荆州乎！"备将其众去，过襄阳，将，即亮翻。过，工禾翻；下同。驻马呼琮；琮惧，不能起。琮左右及荆州人多归备。备过辞表墓，涕泣而去。比到当阳，比，必寐翻。当阳县，属南郡。众十馀万人，辎重数千两，重，直用翻。两，音亮。日行十馀里，别遣关羽乘船数百艘，艘，苏刀翻。使会江陵。或谓备曰："宜速行保江陵，江陵，南郡治所。今虽拥大众，被甲者少，被，皮义翻。少，诗沼翻。若曹公兵至，何以拒之！"备曰："夫济大事必以人为本，今人归吾，吾何忍弃去！"

习凿齿论曰：刘玄德虽颠沛险难而信义愈明，颠沛，犹言颠仆。难，乃旦翻。势逼事危而言不失道。追景升之顾，则情感三军；恋赴义之士，则甘与同败。终济大业，不亦宜乎！

11 刘琮将王威说琮曰：说，输芮翻。"曹操闻将军既降，刘备已走，必懈弛无备，轻行单进。若给威奇兵数千，徼之于险，操可获也。徼，一遥翻。获操，即威震四海，非徒保守今日而已。"琮不纳。使琮用威言，操其殆哉！

操以江陵有军实，军实，粮储、器械之类。恐刘备据之，乃释辎重，重，直用翻。轻军到襄阳。闻备已过，操将精骑五千急追之，一日一夜行三百馀里，及于当阳之长坂。当阳长坂，在今荆门军当阳县东南百二十里。盛弘之荆州记云：当阳县东有栎林长坂。宋白曰：汉当阳旧城，在今县北。春秋传：楚伐麇。颖容释例曰：麇，当阳也。孔颖达曰：陂者曰坂。陂，彼寄翻，又普罗翻。李巡曰：陂者，谓高峰山陂。备弃妻子，与诸葛亮、张飞、赵云等数十骑走，操大获其人众辎重。

徐庶母为操所获，庶辞备，指其心曰："本欲与将军共图王霸之业者，以此方寸之地也。今已失老母，方寸乱矣，无益于事，请从此别。”遂诣操。

张飞将二十骑拒后，拒后，即古之殿也。飞据水断桥，断，丁管翻。瞋目横矛曰：“身是张益德也，瞋，七人翻。自此迄于梁、陈，士大夫率自谓曰“身”。张飞，字益德。可来共决死！”操兵无敢近者。近，其靳翻；下同。

或谓备：“赵云已北走。”备以手戟擿之曰：“子龙不弃我走也。”擿，读与掷同。赵云，字子龙。顷之，云身抱备子禅，与关羽船会，得济沔，遇刘琦众万馀人，与俱到夏口。

曹操进军江陵，以刘琮为青州刺史，封列侯，并蒯越等，侯者凡十五人。释韩嵩之囚，囚韩嵩，事见六十三卷建安四年。待以交友之礼，使条品州人优劣，皆擢而用之。以嵩为大鸿胪，蒯越为光禄勋，刘先为尚书，邓羲为侍中。

荆州大将南阳文聘别屯在外，琮之降也，呼聘，欲与俱。聘曰：“聘不能全州，当待罪而已！”操济汉，汉，即沔也。汉书地理志注曰：东汉水受氐道水，一名沔，过江夏谓之夏水，入江。如淳曰：汉中人谓汉水为沔水。师古曰：汉上曰沔。祝穆曰：天下之大川，以汉名者二，班固谓之东汉、西汉，而黎州之汉水源于飞越岭者，不与焉。固之所谓东汉，则禹贡之漾汉；其源出于今兴元之西县嶓冢山，径洋、金、房、均、襄、郢，复至汉阳入江者是也。西汉则苏代所谓：“汉中之甲，轻舟出于巴，乘夏水下汉，四日而至五渚”者。其源出于西和州徼外，径阶、沔州与嘉陵水会，俗谓之西汉，又径大安军、利、剑、阆、果、合，与涪水会，至渝州入江。聘乃诣操。操曰：“来何迟邪？”聘曰：“先日不能辅弼刘荆州以奉国家；荆州虽没，常愿据守汉川，保全土境。生不负于孤弱，死无愧于地下，而计不在己，以至于此，实怀悲惭，无颜早见耳！”遂歔欷流涕。歔，音虚。欷，许既翻，又音希。操为之怆然，为，于伪翻。怆，七亮翻。字谓之曰：“仲业，文聘，字仲业。卿真忠臣也。”

厚礼待之，使统本兵，为江夏太守。

初，袁绍在冀州，遣使迎汝南士大夫。西平和洽，姓谱：和，本羲和之后，一云卞和之后。以为冀州土平民强，英杰所利，【章：甲十一行本"利"下有"四战之地"四字；乙十一行本同。】不如荆州土险民弱，易依倚也，易，以豉翻。遂从刘表。表以上客待之。洽曰："所以不从本初，辟争地也。辟，读曰避。昏世之主，不可黩近，近，其靳翻。久而不去，谗慝将兴。"遂南之武陵。表辟南阳刘望之为从事，而其友二人皆以谗毁为表所诛，望之又以正谏不合，投传告归。传，株恋翻。望之弟廙谓望之曰：廙，逸职翻，又羊至翻。"赵杀鸣犊，仲尼回轮。史记：孔子将西见赵简子，至河而闻窦鸣犊、舜华之死，临河而叹曰："丘之不济，命也夫！"子贡进曰："何谓也？"孔子曰："窦鸣犊、舜华，晋之贤大夫也。赵简子未得志之时，须此两人而后从政。丘闻之：刳胎杀夭，则麒麟不至；竭泽而渔，则蛟龙不合阴阳；覆巢毁卵，则凤凰不翔。何则？君子讳伤其类。夫鸟兽之于不义也，尚知避之，而况乎丘哉！"乃还。今兄既不能法柳下惠和光同尘于内，柳下惠为士师，三黜而不去。孟子曰：柳下惠不羞污君，不卑小官，遗佚而不怨，厄穷而不悯。故曰：尔为尔，我为我，虽袒裼裸裎于我侧，尔焉能浼我哉！故由由然与之偕而不自失焉。所谓和光同尘也。则宜模范蠡迁化于外，谓范蠡去越而扁舟五湖，卒居于陶，随其所迁而自为变化也。坐而自绝于时，殆不可也。"望之不从，寻复见害，复，扶又翻。廙奔扬州。南阳韩暨避袁术之命，徙居山都山。刘表又辟之，遂遁居孱陵。山都山，在南阳郡山都县。孱陵县，属武陵郡，后刘备改曰公安。贤曰：孱陵故城，在今荆州公安县西南。孱，音士颜翻。表深恨之，暨惧，应命，除宜城长。河东裴潜亦为表所礼重，潜私谓王畅之子【张："子"作"孙"。】粲及河内司马芝曰："刘牧非霸王之才，王，于况翻。乃欲西伯自处，处，昌吕翻。其败无日矣！"遂南适长沙。于是操以暨为丞相士曹属，丞相府有户曹、贼曹、兵曹、铠曹、士曹掾、属各一人；

兵、铠、士三曹，盖操所置也。潜参丞相军事，时方用兵，故丞相府置参军事。职官分纪，汉三公府有参军事。盖亦谓此时所置耳。洽、廙、粲皆为掾属，汉公府并有掾、属，东西曹掾比四百石，馀曹比三百石，其属比二百石。三公为天子之股肱，掾、属则三公之喉舌，魏、晋置，多者或数十人。芝为菅令，菅县，属济南郡。应劭曰：菅，音奸。考异曰：粲传曰：太祖置酒汉滨，粲奉觞贺云云。按操恐刘备据江陵，至襄阳即过，日行三百里，引用名士，皆至江陵后所为，不得更置酒汉滨，恐误。从人望也。

12 冬，十月，癸未朔，日有食之。

13 初，鲁肃闻刘表卒，言于孙权曰："荆州与国邻接，江山险固，沃野万里，士民殷富，若据而有之，此帝王之资也。今刘表新亡，二子不协，军中诸将，各有彼此。谓有附琦者，有附琮者。刘备天下枭雄，与操有隙，枭，坚尧翻。前书张良曰："九江王布，楚枭将。"师古曰：枭，言最勇健也。有隙，谓备欲杀操不遂也。寄寓于表，表恶其能而不能用也。恶，乌路翻。若备与彼协心，上下齐同，则宜抚安，与结盟好；好，呼到翻。如有离违，离违，言人有离心，互相违异也。宜别图之，以济大事。肃请得奉命吊表二子，并慰劳其军中用事者，及说备使抚表众，劳，力到翻。说，输芮翻，下同。同心一意，共治曹操，治，直之翻。备必喜而从命。如其克谐，天下可定也。今不速往，恐为操所先。"权即遣肃行。

到夏口，闻操已向荆州，晨夜兼道，比至南郡，比，必寐翻。而琮已降，备南走，肃径迎之，与备会于当阳长坂。肃宣权旨，论天下事势，致殷勤之意。且问备曰："豫州今欲何至？"备先为豫州牧，故以称之。备曰："与苍梧太守吴巨有旧，欲往投之。"肃曰："孙讨虏聪明仁惠，敬贤礼士，江表英豪，咸归附之，曹操表权为讨虏将军，故称之。已据有六郡，兵精粮多，足以立事。今为君计，莫若遣腹心自结于东，以共济世业。荆州在西，吴在东。世业，犹言世事也。而欲投吴巨，巨是凡人，偏在远郡，行将为人所并，岂足托乎！”备甚悦。肃又谓诸葛亮曰："我，子瑜友也。”即共定交。子瑜者，亮兄瑾也，诸葛瑾，字子瑜。瑾，渠吝翻。避乱江东，为孙权长史。备用肃计，进住鄂县之樊口。住，止军也。水经注：江水过鄂县北而东流，右得樊口；樊山下寒溪水所注也。陆游曰：黄州与樊口正相对。郡国志，鄂县，属江夏郡。孙策破黄祖于此，改曰武昌。今寿昌军是也。通鉴以为孙权所改。

曹操自江陵将顺江东下。诸葛亮谓刘备曰："事急矣，请奉命求救于孙将军。”遂与鲁肃俱诣孙权。亮见权于柴桑，柴桑县，属豫章郡。晋置寻阳郡于江南，即此柴桑县地也。今江州德化县西南九十里有柴桑山。说权曰：说，式芮翻。"海内大乱，将军起兵江东，刘豫州收众汉南，与曹操共争天下。今操芟夷大难，略已平矣，杜预曰：芟，刈也；夷，杀也。芟，所衔翻。难，乃旦翻；下同。遂破荆州，威震四海。英雄无用武之地，故豫州遁逃至此，愿将军量力而处之！量，音良。处，昌吕翻。若能以吴、越之众与中国抗衡，衡以取平。上下相当无所卑屈曰抗。不如早与之绝；若不能，何不按兵束甲，北面而事之！今将军外托服从之名而内怀犹豫之计，事急而不断，断，丁乱翻。祸至无日矣。”权曰："苟如君言，刘豫州何不遂事之乎？”亮曰："田横，齐之壮士耳，犹守义不辱；事见十一卷汉高帝五年。况刘豫州王室之胄，胄，系也。英才盖世，众士慕仰，若水之归海。若事之不济，此乃天也，安能复为之下乎！”复，扶又翻。权勃然曰：勃然，作色愠怒也。"吾不能举全吴之地，十万之众，受制于人。吾计决矣！非刘豫州莫可以当曹操者；然豫州新败之后，安能抗此难乎？”难，乃旦翻。亮曰："豫州军虽败于长坂，今战士还者及关羽水军精甲万人，刘琦合江夏战士亦不下万人。曹操之众，远来疲敝，闻追豫州，轻骑一日一夜行三百馀里，此所谓‘强弩之末势不能穿鲁缟'者也。前书韩安国曰：冲风之衰，不能起毛羽；强弩之末，力不能入鲁缟。师古注曰：缟，素也。曲阜之地，俗善作之，尤为轻细，故以取喻也。故兵法忌之，曰'必蹶上将军'。兵法：百里而趋利者，蹶上将。且北方之人，不习水战；又，荆州之民附操者，逼兵势耳，非心服也。今将军诚能命猛将统兵数万，与豫州协规同力，破操军必矣。操军破，必北还；如此，则荆、吴之势强，鼎足之形成矣。荆，谓备；吴，谓权。鼎足之形，谓三分天下也。成败之机，在于今日！"权大悦，与其群下谋之。

是时，曹操遗权书曰：遗，于季翻。"近者奉辞伐罪，旌麾南指，刘琮束手。今治水军八十万众，方与将军会猎于吴。"治，直之翻。权以示臣【章：甲十一行本"臣"作"群"；乙十一行本同；孔本同。】下，莫不响震失色。长史张昭等曰："曹公，豺虎也，挟天子以征四方，动以朝廷为辞；今日拒之，事更不顺。且将军大势可以拒操者，长江也；今操得荆州，奄有其地，刘表治水军，蒙冲斗舰乃以千数，杜佑曰：蒙冲，以生牛皮蒙船覆背，两厢开掣棹孔，左右有弩窗、矛穴，敌不得近，矢石不能败。此不用大船，务于速疾，乘人之所不及，非战之船也。斗舰，船上设女墙，可高三尺，墙下开掣棹孔。船内五尺，又建棚，与女墙齐。棚上又建女墙，重列战敌。上无覆背，前后左右树牙旗、帜旛、金鼓，此战船也。舰，户黯翻。操悉浮以沿江，兼有步兵，水陆俱下，此为长江之险已与我共之矣，而势力众寡又不可论。愚谓大计不如迎之。"鲁肃独不言。权起更衣，更，工衡翻。肃追于宇下。韩诗曰：屋霤为宇。陆德明曰：屋四垂为宇；又隤下曰宇。考工记曰：宇欲卑。权知其意，执肃手曰："卿欲何言？"肃曰："向察众人之议，专欲误将军，不足与图大事。今肃可迎操耳，如将军不可也。何以言之？今肃迎操，操当以肃还付乡党，品其名位，犹不失下曹从事，下曹从事，诸曹从事之最下者。乘犊车，晋志曰：犊车，牛车也。古之贵者不乘牛车。汉武帝推恩之末，诸侯寡弱，贫者至乘牛车。其后稍贵之。自灵、献以来，天子至士，遂为常乘。从吏卒，交游士林，士林，多士之林；谓京邑大都，四方贤士所聚也。累官故不失州郡也。将军迎操，欲安所归乎？愿早定大计，莫用众人之议也！”权叹息曰：“诸人持议，甚失孤望。今卿廓开大计，正与孤同。”

时周瑜受使至番阳，肃劝权召瑜还。瑜已受命出使，盖行未远也。使，疏吏翻。番，蒲何翻。瑜至，谓权曰：“操虽托名汉相，其实汉贼也。相，息亮翻。将军以神武雄才，兼仗父兄之烈，割据江东，地方数千里，兵精足用，英雄乐业，英雄之士犹乐其业，言无他志也。乐，音洛。当横行天下，为汉家除残去秽；为，于伪翻。去，羌吕翻。况操自送死，而可迎之邪！请为将军筹之：为，于伪翻；下保为同。今北土未平，马超、韩遂尚在关西，为操后患；而操舍鞍马，仗舟楫，与吴、越争衡；舍，读曰捨。北人便于鞍马，南人便于舟楫；言操舍而就所短。今又盛寒，马无藁草；说文曰：禾茎为藁，音工老翻。驱中国士众远涉江湖之间，不习水土，必生疾病。此数者用兵之患也，而操皆冒行之，将军禽操，宜在今日。瑜请得精兵数万人，进住夏口，前书地理志曰：夏水过江夏郡入江水。水经注曰：黄鹄山，东北对夏口城，亦沙羡县治。盖齐、梁之鲁山城，今之汉阳军，即其地；所谓汉口也。祝穆曰：夏口，一名鲁口。似指汉水之口。然何尚之云：夏口，在荆江之中，正对沔口。而章怀太子亦谓夏口戍在鄂州。故唐史皆指鄂州为夏口。盖本在江北，自孙权取对岸夏口之名以名之，而江北之名始晦。保为将军破之！”权曰：“老贼欲废汉自立久矣，徒忌二袁、吕布、刘表与孤耳；今数雄已灭，惟孤尚存。孤与老贼势不两立，君言当击，甚与孤合，此天以君授孤也。”因拔刀斫前奏案曰：“诸将吏敢复有言当迎操者，与此案同！”言欲斩之也。复，扶又翻。乃罢会。

是夜，瑜复见权曰：“诸人徒见操书言水步八十万而各恐慑，不复料其虚实，便开此议，甚无谓也。谓迎操之议也。慑，之涉翻。今以实校之，彼所将中国人不过十五六万，且已久疲；将，即亮翻。所得表众亦极七八万耳，尚怀狐疑。夫以疲病之卒御狐疑之众，言新附之人，心怀狐疑，未能出死命而为之力战也。众数虽多，甚未足畏。瑜得精兵五万，自足制之，愿将军勿虑！”权抚其背曰：“公瑾，卿言至此，甚合孤心。子布、元表诸人，秦松，字文表，元，恐当作“文”。各顾妻子，挟持私虑，深失所望；独卿与子敬与孤同耳，鲁肃，字子敬。此天以卿二人赞孤也。五万兵难卒合，卒，读曰猝。已选三万人，船粮战具俱办。卿与子敬、程公程公，程普也；时江东诸将，普年最长，人皆呼程公。便在前发，孤当续发人众，多载资粮，为卿后援。卿能办之者诚决，谓能办操，则诚为能决胜也。邂逅不如意，不期而会曰邂逅，谓兵之胜负，或有不如本心之所期者也。便还就孤，孤当与孟德决之。”遂以周瑜、程普为左右督，将兵与备并力逆操；将，即亮翻。以鲁肃为赞军校尉，使之赞军谋，因以为官称。助画方略。

刘备在樊口，日遣逻吏于水次候望权军。逻，郎佐翻，巡也。吏望见瑜船，驰往白备，备遣人慰劳之。劳，力到翻。瑜曰：“有军任，不可得委署；委，弃也。署，置也。傥能屈威，谓能自屈其威而来见。诚副其所望。”备乃乘单舸往见瑜曰：“今拒曹公，深为得计。战卒有几？”舸，古我翻。几，居岂翻。瑜曰：“三万人。”备曰：“恨少。”少，诗沼翻。瑜曰：“此自足用，豫州但观瑜破之。”备欲呼鲁肃等共会语，瑜曰：“受命不得妄委署；若欲见子敬，可别过之。”过，音戈。诗云：不我过。杜甫诗：吟诗许见过。皆从平声。备深愧喜。愧者，自愧呼肃之非；喜者，喜瑜之整也。

进，与操遇于赤壁。水经注：江水自沙羡而东，右径赤壁山北。郡县志：赤壁山，在蒲圻西百三十里，北岸乌林，与赤壁相对，即周瑜用黄盖策焚曹公船处。杜佑曰：赤壁，在鄂州蒲圻县。武昌志曰：曹操自江陵追刘备至巴丘，遂至赤壁，遇周瑜兵，大败，取华容道归。赤壁山，在今嘉鱼县，对江北之乌林。巴丘，今巴陵；华容，今石首也。黄州赤壁非是。今之华容县，则晋之安南县也。

时操军众，已有疾疫。初一交战，操军不利，引次江北。瑜等在南岸，瑜部将黄盖曰："今寇众我寡，难与持久。操军方连船舰，首尾相接，可烧而走也。"乃取蒙冲斗舰十艘，艘，苏曹翻，船之总名。载燥荻、枯柴，灌油其中，裹以帷幕，上建旌旗，豫备走舸，系于其尾。杜佑曰：走舸，舷上立女墙，置棹夫多，战卒少，皆选勇力精锐者，往返如飞鸥，乘人之所不及。金鼓旗帜，列之于上，此战船也。先以书遗操，遗，于季翻。诈云欲降。降，户江翻；下同。时东南风急，盖以十舰最著前，著，直略翻。中江举帆，馀船以次俱进。操军吏士皆出营立观，指言盖降。去北军二里馀，同时发火，火烈风猛，船往如箭，烧尽北船，延及岸上营落。顷之，烟炎张天，炎，与焰同，以赡翻。张，知亮翻。人马烧溺死者甚众。瑜等率轻锐继其后，雷鼓大震，【章：甲十一行本"震"作"进"；乙十一行本同；孔本同。】雷，卢对翻，疾击鼓也。北军大坏。操引军从华容道步走，华容县，属南郡；从此道可至华容县也。杜佑曰：古华容，在竟陵郡监利县。遇泥泞，道不通，泞，乃定翻。天又大风，悉使羸兵负草填之，骑乃得过。羸兵为人马所蹈藉，陷泥中，死者甚众。羸，伦为翻。刘备、周瑜水陆并进，追操至南郡。时操军兼以饥疫，死者太半。操乃留征南将军曹仁、横野将军徐晃守江陵，横野大将军，光武以命王常。折冲将军乐进守襄阳，折冲将军始此。引军北还。

周瑜、程普将数万众，与曹仁隔江未战。甘宁请先径进取夷陵，往，即得其城，因入守之。益州将袭肃举军降，先取夷陵，则与益州为邻，故袭肃举军以降。袭，姓；肃，名。周瑜表以肃兵益横野中郎将吕蒙。横野，本将军号，以资序未至，故为中郎将。蒙盛称“肃有胆用，且慕化远来，于义宜益，不宜夺也。”权善其言，还肃兵。曹仁遣兵围甘宁，宁困急，求救于周瑜，诸将以为兵少不足分，吕蒙谓周瑜、程普曰：“留凌公绩于江陵，凌统，字公绩。蒙与君行，解围释急，势亦不久。蒙保公绩能十日守也。”瑜从之，大破仁兵于夷陵，获马三百匹而还。于是将士形势自倍，瑜乃渡江，屯北岸，与仁相拒。十二月，孙权自将围合肥，合肥，曹操置，扬州刺史治焉。时刺史已移治寿春。考异曰：魏志武纪，“十二月，权为备攻合肥。公自江陵征备，至巴丘，遣张喜救合肥。权闻喜至，乃走。公至赤壁与备战，不利。”孙盛异同评曰：“按吴志，备先破公军，然后权攻合肥，而此纪云，先攻合肥，后有赤壁之事，二者不同，吴志为是。”又陈矫传云：“陈登为权所围于匡奇，令矫求救于曹操。”而先贤行状云：“登为策所围。”按策始欲攻登，未济江，已为许贡客所杀。吴书云：“权征合肥，命张昭别讨匡奇。”于时陈矫已为曹仁长史。又陈登年三十六而卒，必已不在。不知登之被围果在何时也。使张昭攻九江之当涂，不克。此古当涂县也。

刘备表刘琦为荆州刺史，引兵南徇四郡，武陵太守金旋、长沙太守韩玄、桂阳太守赵范、零陵太守刘度皆降。庐江营帅雷绪率部曲数万口归备。帅，所类翻。备以诸葛亮为军师中郎将，军师，亦古将军号。曹操初置军师祭酒，而备置军师中郎将，皆以一时军事创置官名也。然军师祭酒止决军谋，中郎将则有兵柄。亮后又进军师将军。使督零陵、桂阳、长沙三郡，调其赋税以充军实；调，徒吊翻。以偏将军赵云领桂阳太守。

14 益州牧刘璋闻曹操克荆州，遣别驾张松致敬于操。松为人短小放荡，然识达精果。操时已定荆州，走刘备，不复存录松。复，扶又翻。主簿杨修白操辟松，操不纳；松以此怨，归，劝刘璋绝操，与刘备相结，璋从之。为后十六年璋迎备张本。

习凿齿论曰：昔齐桓一矜其功而叛者九国；公羊传曰：葵丘之会，桓公震而矜之，叛者九国。曹操暂自骄伐而天下三分。

皆勤之于数十年之内而弃之于俯仰之顷，岂不惜乎！

15 曹操追念田畴功，恨前听其让，事见上十二年。曰："是成一人之志而亏王法大制也。"乃复以前爵封畴。复，扶又翻；下同。畴上疏陈诚，以死自誓。操不听，欲引拜之，至于数四，终不受。有司劾畴："狷介违道，苟立小节，宜免官加刑。"操下世子及大臣博议。劾，户概翻，又户得翻。狷，吉县翻。下，遐稼翻。世子丕以"畴同于子文辞禄，国语，鬭且曰：楚成王闻子文之朝不及夕也，以令尹秩之。成王每出子文之禄，必逃，王止而又复。人谓子文曰："人生求富，而子逃之，何也?"对曰："夫从政者，以庇民也。民多旷者，而我取富焉，是勤民以自封也，死无日矣。我逃死，非逃富也。"申胥逃赏，左传，吴破楚入郢，申包胥如秦乞师，立依庭墙而哭，日夜不绝声，勺饮不入口者七日，秦师乃出，大败吴师。楚子入于郢，赏申包胥。包胥曰："吾为君也，非为身也，君既定矣，又何求！"遂逃赏。宜勿夺以优其节。"尚书荀彧、司隶校尉钟繇，亦以为可听。操犹欲侯之，畴素与夏侯惇善，操使惇自以其情喻之。惇就畴宿而劝之，畴揣知其指，揣，初委翻。不复发言。惇临去，固邀畴，畴曰："畴，负义逃窜之人耳；谓不能为刘虞报雠，自窜于徐无山也。蒙恩全活，为幸多矣，岂可卖卢龙之塞以易赏禄哉！纵国私畴，畴独不愧于心乎！将军雅知畴者，犹复如此，若必不得已，请愿效死，刎首于前。"言未卒，刎，武粉翻。卒，子恤翻。涕泣横流。惇具以答操，操喟然，知不可屈，乃拜为议郎。

16 操幼子仓舒卒，操伤惜之甚。司空掾邴原女早亡，操欲求与仓舒合葬，原辞曰："嫁殇，非礼也。未成人而死曰殇。生未为配偶而死合葬，故曰非礼。原之所以自容于明公，公之所以待原者，以能守训典而不易也。若听明公之命，则是凡庸也，明公焉以为哉！"焉，于虔翻。操乃止。

17 孙权使威武中郎将贺齐虞预曰：贺氏，本姓庆氏。齐伯父纯，安帝时为侍中，避帝父孝德皇帝讳，改为贺氏。讨丹阳黟、歙贼。黟帅陈仆、祖山等二万户屯林历山，魏氏春秋曰：丹阳郡黟县，有林历山。歙县亦属丹阳郡。师古曰：黟，音伊。歙，音摄。帅，所类翻。四面壁立，不可得攻，军住经月。齐阴募轻捷士，于隐险处，夜以铁戈拓山潜上，上，时掌翻；下同。县布以援下人。县，读曰悬。援，于元翻，引也。得上者百馀人，令分布四面，鸣鼓角；贼大惊，守路者皆逆走，还依众，大军因是得上，大破之。权乃分其地为新都郡，权分歙县为徙新、新定、休阳、黎阳，并黟为六县，置新都郡；晋武帝太康元年，更名新安郡；唐睦州是也；皇宋改徽州。以齐为太守。

何兹全标点容肇祖聂崇岐覆校

资治通鉴卷第六十六

翰林学士兼侍读学士朝散大夫右谏议大夫
知制诰判尚书都省兼提举万寿观公事上护军 司马光 奉敕编集
河内郡开国侯食邑一千三百户赐紫金鱼袋臣

后学天台胡三省音注

汉纪五十八 起屠维赤奋若(己丑)，尽昭阳大荒落(癸巳)，凡五年。

孝献皇帝辛

建安十四年(己丑、二〇九)

1 春，三月，曹操军至谯。自赤壁还也。

2 孙权围合肥，久不下。权率轻骑欲身往突敌，长史张纮谏曰："夫兵者凶器，战者危事也。兵凶器、战危事，前书鼌错之言。今麾下恃盛壮之气，忽强暴之虏，以权在军中，故称麾下。三军之众，莫不寒心。虽斩将搴旗，威震敌场，此乃偏将之任，非主将之宜也。将，即亮翻。愿抑贲、育之勇，贲，音奔。怀霸王之计。"权乃止。

曹操遣将军张喜将兵解围，久而未至。扬州别驾楚国蒋济密白刺史，伪得喜书，云步骑四万已到雩娄。雩娄县，属庐江郡。师古曰：雩，音许于翻。娄，音力于翻。晋地道记，雩娄在安丰县西南。遣主簿迎喜。三部使赍书语城中守将，语，牛倨翻。一部得入城，二部为权兵所得。权信之，遽烧围走。考异曰：魏志武纪：

"十二月，权围合肥。"刘馥传云"攻围百馀日"。孙权传云"逾月不能下"。由此言之，权退必在今年，明矣。

3 秋，七月，曹操引水军自涡入淮，班志：淮阳扶沟县，涡水首受狼汤渠，东至向入淮；过郡三，行千里。水经注曰：至下邳睢陵县入淮。师古曰：涡，音戈，又音瓜。狼，音浪。汤，音徒浪翻。出肥水，军合肥，开芍陂屯田。水经注：肥水，出九江成德县广阳乡西，西北入芍陂。陂周一百二十许里，在寿春县南八十里，楚相孙叔敖所造也。自芍陂上施水，则至合肥。肥水又北过寿春县北，入于淮。师古曰：芍，音鹊。

4 冬，十月，荆州地震。

5 十二月，操军还谯。

6 庐江人陈兰、梅成据灊、六叛，灊、六二县，皆属庐江郡。贤曰：灊，今寿州霍山县。灊，音潜。操遣荡寇将军张辽讨斩之；荡，徒朗翻。考异曰：辽传无年。按繁钦征天山赋云："建安十四年十二月甲辰，丞相武平侯曹公东征，临川未济，群舒蠢动，割有灊、六，乃俾上将荡寇将军张辽治兵南岳之阳。"又云："陟天柱而南徂。"故置于此。因使辽与乐进、李典等将七千馀人屯合肥。

7 周瑜攻曹仁岁馀，所杀伤甚众，仁委城走。权以瑜领南郡太守，屯据江陵；守，式又翻。程普领江夏太守，治沙羡；夏，户雅翻。羡，音夷。吕范领彭泽太守；范传云：范领彭泽太守，以彭泽、柴桑、历阳为奉邑。吕蒙领寻阳令。刘备表权行车骑将军，领徐州牧。会刘琦卒，权以备领荆州牧，周瑜分南岸地以给备。荆江之南岸，则零陵、桂阳、武陵、长沙四郡地也。备立营于油口，改名公安。水经：南平郡孱陵县有油水，西北注于江，曰油口。即刘备立营之处也。

权以妹妻备。妻，七细翻。妹才捷刚猛，有诸兄风，侍婢百馀人，皆执刀侍立，备每入，心常凛凛。恐为所图也。

曹操密遣九江蒋干往说周瑜。说，输芮翻；下同。干以才辨独步于江、淮之间，言江、淮人士，无能敌其才辩者。乃布衣葛巾，自托私行诣瑜。瑜出迎之，立谓干曰："子翼良苦，远涉江湖，蒋干，字子翼。为曹氏作说客邪！"为，于伪翻。因延干，与周观营中，行视仓库、军资、器仗讫，还饮宴，示之侍者服饰珍玩之物。因谓干曰："丈夫处世，处，昌吕翻；下同。遇知己之主，外托君臣之义，内结骨肉之恩，言行计从，祸福共之，假使苏、张更生，谓苏秦、张仪也。能移其意乎！"干但笑，终无所言。还白操，称瑜雅量高致，非言辞所能间也。间，古苋翻。

8 丞相掾和洽言于曹操曰："天下之人，材德各殊，不可以一节取也。俭素过中，自以处身则可，以此格物，所失或多。格，正也。掾，俞绢翻。今朝廷之议，吏有着新衣、着，陟略翻。乘好车者，谓之不清；形容不饰、衣裘敝坏者，谓之廉洁。至令士大夫故污辱其衣，藏其舆服；朝府大吏，或自挈壶飧以入官寺。朝，直遥翻。飧，苏昆翻，熟食曰飧。夫立教观俗，贵处中庸，为可继也。中者，正道；庸者，常道。程子曰：不偏之谓中，不易之谓庸。今崇一概难堪之行以检殊涂，检，束也，检柙也。概，与槩同。行，下孟翻；下同。勉而为之，必有疲瘁。瘁，秦醉翻。古之大教，务在通人情而已；凡激诡之行，则容隐伪矣。"操善之。

十五年(庚寅、二一〇)

1 春，下令曰："孟公绰为赵、魏老则优，不可以为滕、薛大夫。论语载孔子之言。朱子曰：公绰，鲁大夫。赵、魏，晋卿之家。老，家臣之长。大家势重而无诸侯之事，家老望尊而无官守之责。优，有余也。滕、薛，二国名；大夫，任国政者。滕、薛国小政繁，大夫位高责重。然则公绰盖廉静寡欲，而短于才者。若必廉士而后可用，则齐桓其何以霸世！管仲富拟公室，筑三归之台，塞门反坫，镂簋朱纮，桓公用之而霸。二三子其佐我明扬仄陋，书尧典曰：明明扬仄陋。扬，举也。唯才是举，吾得而用之！"

2 二月，乙巳朔，日有食之。

3冬，曹操作铜爵台于邺。水经注：铜爵台，在邺城西北，因城为之，高十丈，有屋百馀间。

4十二月，己亥，操下令曰："孤始举孝廉，操年二十，举孝廉，为郎。自以本非岩穴知名之士，恐为世人之所凡愚，恐时人以凡愚待之也。欲好作政教以立名誉，故在济南，除残去秽，操为济南相，国有十馀县，长吏多阿附贵戚，赃污狼籍。于是奏免其八，奸宄逃窜，境内肃然。济，子礼翻。去，羌吕翻。平心选举。以是为强豪所忿，恐致家祸，故以病还乡里。时年纪尚少，少，诗照翻。乃于谯东五十里筑精舍，欲秋夏读书，冬春射猎，为二十年规，待天下清乃出仕耳。然不能得如意，征为典军校尉，见五十九卷灵帝中平五年。意遂更欲为国家讨贼立功，为，于伪翻。使题墓道言'汉故征西将军曹侯之墓'，此其志也。而遭值董卓之难，兴举义兵。见五十九卷初平元年。难，乃旦翻。后领兖州，破降黄巾三十万众；见六十卷初平三年。降，户江翻。又讨击袁术，使穷沮而死；见六十三卷建安四年。沮，在吕翻。摧破袁绍，见六十三卷建安五年。枭其二子；斩谭见六十四卷十年；斩尚见上卷十二年。枭，坚尧翻。复定刘表，见上卷上年。复，扶又翻。遂平天下。身为宰相，人臣之贵已极，意望已过矣。设使国家无有孤，不知当几人称帝，几人称王。或者人见孤强盛，又性不信天命，恐妄相忖度，言有不逊之志，言其将篡也。度，徒洛翻。每用耿耿，耿，古幸翻。毛公曰：耿耿，犹儆儆也，又忧也。故为诸君陈道此言，为，于伪翻。皆肝鬲之要也。鬲，胸鬲也。然欲孤便尔委捐所典兵众以还执事，归就武平侯国，实不可也。何者？诚恐已离兵为人所祸，离，力智翻。既为子孙计，又己败则国家倾危，是以不得慕虚名而处实祸也！处，昌吕翻。然兼封四县，食户三万，何德堪之！江湖未静，谓孙、刘也。不可让位；至于邑土，可得而辞。今上还阳夏、柘、苦三县，户二万，但食武平万户，上，时掌翻。武平、阳夏、柘、苦四县皆属陈国。夏，音贾。且以分损谤议，少减孤之责也！”少，诗沼翻；下同。

5 刘表故吏士多归刘备，备以周瑜所给地少，不足以容其众，乃自诣京见孙权，京，京口城也。权时居京，故刘备、周瑜皆诣京见之。后都秣陵，于京口置京督，又曰徐陵督。尔雅：绝高曰京。其城因山为垒，缘江为境，因谓之京口。求都督荆州。荆州八郡，瑜既以江南四郡给备，备又欲兼得江、汉间四郡也。瑜上疏于权曰：“刘备以枭雄之姿，枭，坚尧翻。而有关羽、张飞熊虎之将，必非久屈为人用者。愚谓大计，宜徙备置吴，盛为筑宫室，多其美女玩好，以娱其耳目；好，呼到翻。分此二人各置一方，使如瑜者得挟与攻战，大事可定也。今猥割土地以资业之，谓资之土地，使成霸业。聚此三人俱在疆埸，埸，音亦。恐蛟龙得云雨，终非池中物也！”吕范亦劝留之。权以曹操在北，方当广擥英雄，擥，鲁敢翻，手取也。不从。不从瑜、范之言也。备还公安，久乃闻之，叹曰：“天下智谋之士，所见略同。时孔明谏孤莫行，其意亦虑此也。孤方危急，不得不往，此诚险涂，殆不免周瑜之手！”

周瑜诣京见权曰：“今曹操新败，忧在腹心，谓操以赤壁之败，威望顿损，中国之人或欲因其败而图之，是忧在腹心。未能与将军连兵相事也。相事，谓相与从事于战攻也。乞与奋威俱进，取蜀而并张鲁，因留奋威固守其地，与马超结援，瑜还与将军据襄阳以蹙操，蹙，子六翻。北方可图也。”权许之。奋威者，孙坚弟子奋威将军、丹阳太守瑜也。

周瑜还江陵为行装，于道病困，与权笺曰：“修短命矣，诚不足惜；但恨微志未展，不复奉教命耳。复，扶又翻；下同。方今曹操在北，疆埸未静；刘备寄寓，有似养虎；言养虎将自遗患。天下之事，未知终始，此朝士旰食之秋，旰，古旦翻，晚也。朝，直遥翻。至尊垂虑之日也。鲁肃忠烈，临事不苟，可以代瑜。

傥所言可采，瑜死不朽矣！”卒于巴丘。裴松之曰：瑜欲取蜀，还江陵治严，所卒之处，应在今之巴陵，与前所镇巴江，名同处异也。据水经注，巴丘山在湘水右岸，晋武帝太康元年立巴陵县，宋文帝元嘉十六年置巴陵郡；今岳州也。考异曰：按江表传，瑜与策同年，策以建安五年死，年二十六，瑜死时年三十六，故知在今年也。权闻之哀恸，曰：“公瑾有王佐之资，今忽短命，孤何赖哉！”自迎其丧于芜湖。芜湖县，属丹阳郡。瑜有一女、二男，权为长子登娶其女；为，于伪翻。长，知两翻。以其男循为骑都尉，妻以女；胤为兴业都尉，妻以宗女。妻，七细翻。

初，瑜见友于孙策，太夫人又使权以兄奉之。是时权位为将军，诸将、宾客为礼尚简，而瑜独先尽敬，便执臣节。程普颇以年长，数陵侮瑜，瑜折节下之，长，知两翻。数，所角翻。折，而设翻。下，遐稼翻。终不与校。普后自敬服而亲重之，乃告人曰：“与周公瑾交，若饮醇醪，不觉自醉。”酒不浇为醇。醪，滓汁酒。

权以鲁肃为奋武校尉，代瑜领兵，令程普领南郡太守。鲁肃劝权以荆州借刘备，与共拒曹操，权从之。为孙、刘争荆州张本。考异曰：肃传曰：“曹公闻权以土地业备，方作书，落笔于地。”恐操不至于是，今不取。乃分豫章为番阳郡，番，蒲何翻。分长沙为汉昌郡；鄱阳，今饶州地。沈约志，长沙郡有吴昌县，汉末之汉昌也，吴更名。至隋，废吴昌入罗县；唐武德八年，又省罗县入湘阴。则知吴立汉昌郡，在唐岳州湘阴县界。复以程普领江夏太守，复，扶又翻。鲁肃为汉昌太守，屯陆口。水经，江水左径乌林南，又东，右岸得蒲矶口，即陆口也。水出下隽县西三山溪，入蒲圻县北，径吕蒙城西；孙权征长沙、零、桂所镇也。

初，权谓吕蒙曰：“卿今当涂掌事，当涂，犹言当路也。不可不学！”蒙辞以军中多务。权曰：“孤岂欲卿治经为博士邪！但当涉猎，见往事耳。师古曰：涉，若涉水；猎，若猎兽。言历览之，不专精也。治，直之翻。卿言多务，孰若孤？孤常读书，自以为大有所益。”蒙乃始就学。及鲁肃过寻阳，与蒙论议，大惊曰：“卿今者才略，非复吴下阿蒙！”蒙曰：“士别三日，即更刮目相待，大兄何见事之晚乎！”肃遂拜蒙母，结友而别。

刘备以从事庞统守耒阳令，耒阳县，属桂阳郡。宋白曰：郡国志云：鳌山口，即耒阳县。耒，卢对翻。在县不治，免官。鲁肃遗备书曰：“庞士元非百里才也，使处治中、别驾之任，始当展其骥足耳！”遗，于季翻。处，昌吕翻。百官志：司隶校尉，从事史十二人：功曹从事，主选署及众事；别驾从事，校部、行部则奉引，录众事。州牧则改功曹从事为治中从事。杜佑曰：别驾从事史，从刺史行部，别乘一乘传车，故谓之别驾。治中从事史，居中治事，主众曹。功曹，主选用。诸葛亮亦言之。备见统，与善谭，大器之，善谭者，剧论当世事也。谭，与谈同。遂用统为治中，亲待亚于诸葛亮，与亮并为军师中郎将。

6 初，苍梧士燮为交趾太守。交州刺史朱符为夷贼所杀，州郡扰乱，燮表其弟壹领合浦太守，䵋领九真太守，䵋，胡悔翻，又于鄙翻。武领南海太守。燮体器宽厚，中国士人多往依之。雄长一州，偏在万里，威尊无上，天下殽乱，燮雄据偏州，人但知威尊，无复知有天子也。长，知两翻。出入仪卫甚盛，震服百蛮。

朝廷遣南阳张津为交州刺史。津好鬼神事，常着绛帕头，好，呼到翻。着，陟略翻。帕，莫白翻。项安世家说：头巾，一名帞，音坞；一名帕。陆游曰：袹头者，巾帻之类，犹今言幞头。韩文公云“以红袹首”，已为失之，东坡云“绛袹蒙头读道书”，增一“蒙”字，其误尤甚。鼓琴、烧香，读道书，云可以助化，为其将区景所杀，区，乌侯翻，姓也，又亏于翻。据史，自贾琮以前，皆为交趾刺史，未得为交州。晋志，永和九年，交趾太守周敞求立为州，朝议不许，即拜敞为交趾刺史。建安八年，张津为刺史，士燮为交趾太守，共表立为州，乃拜津为交州牧。十五年，移居番禺。刘表遣零陵赖恭代津为刺史。姓谱：赖为楚所灭，子孙以国为氏。风俗通：汉有交趾太守赖先。是时苍梧太守史璜死，表又遣吴巨代之。朝廷赐燮玺书，以燮为绥南中郎将，董督七郡，领交趾太守如故。【章：甲十一行本“故”下有“后”字；乙十一行本同；孔本，“后”字作空格。】巨与恭相失，巨举兵逐恭，恭走还零陵。

孙权以番阳太守临淮步骘为交州刺史，姓谱：晋有步扬，食采于步，因氏焉。番，蒲荷翻。骘，职日翻。士燮率兄弟奉承节度。吴巨外附内违，骘诱而斩之，诱，音酉。威声大震。权加燮左将军，燮遣子入质。质，音致。由是岭南始服属于权。

十六年（辛卯、二一一）

1春，正月，以曹操世子丕为五官中郎将，置官属，为丞相副。汉五官中郎将，主五官郎而已，未尝置官属也；领属光禄勋，未尝为丞相副也。

2三月，操遣司隶校尉钟繇讨张鲁，使征西护军夏侯渊等将兵出河东，与繇会。渊之族，操所自出也；付以西征先驱之任，以资序未得为征西将军，故以护军为名。仓曹属高柔谏曰：公府仓曹，主仓谷事；有掾，有属。“大兵西出，韩遂、马超疑为袭己，必相扇动。宜先招集三辅，三辅苟平，汉中可传檄而定也。”操不从。

关中诸将果疑之，操舍关中而远征张鲁，伐虢取虞之计也。盖欲讨超、遂而无名，先张讨鲁之势以速其反，然后加兵耳。马超、韩遂、侯选、程银、杨秋、李堪、张横、梁兴、成宜、马玩等十部皆反，其众十万，屯据潼关；潼关，在弘农华阴县。水经注曰：河在关内南流，潼激关山，因谓之潼关；晋所谓桃林之塞，秦所谓阳华是也。操遣安西将军曹仁督诸将拒之，晋百官志曰：四安起于魏初。谓安东、安西、安南、安北四将军也。敕令坚壁勿与战。命五官将丕留守邺，以奋武将军程昱参丕军事，沈约曰：奋武将军，始于汉末。门下督广陵徐宣为左护军，门下督，督将之居门下者。留统诸军，乐安国渊为居府长史，统留事。姓谱：齐有国氏，世为上卿。又郑七穆子国之后，为国氏。秋，七月，操自将击超等。将，即亮翻；下同。议者多言：

"关西兵习长矛，非精选前锋，不可当也。"操曰："战在我，非在贼也。贼虽习长矛，将使不得以刺，诸君但观之。"在我而不在敌，故可以制胜，此未易与常人言也。刺，七亦翻；下同。

八月，操至潼关，与超等夹关而军。操急持之，而潜遣徐晃、朱灵以步骑四千人渡蒲阪津，据河西为营，蒲阪津，在蒲阪县西。河西即唐之蒲津关。考异曰：晃传曰："太祖至潼关，恐不得渡，召问晃。晃曰：'公盛兵于此，而贼不复别守蒲阪，知其无谋也。今假臣精兵渡蒲阪津，为军先置以截其里，贼可禽也。'太祖曰：'善。'"按武帝纪，潜遣二将渡蒲阪，皆太祖之谋，而晃传云皆晃之策。盖陈氏各欲称其功美，不相顾耳。闰月，操自潼关北渡河。兵众先渡，操独与虎士百馀人留南岸断后。断，丁管翻。马超将步骑万馀人攻之，矢下如雨，操犹据胡床不动。许褚扶操上船，船工中流矢死，中，竹仲翻。褚左手举马鞍以蔽操，右手刺船。校尉丁斐，放牛马以饵贼，贼乱，取牛马，操乃得渡；遂自蒲阪渡西河，循河为甬道而南。超等退拒渭口，前书，渭水至船司空入河。后汉省船司空，属华阴县。渭口之东，即潼关也。操乃多设疑兵，潜以舟载兵入渭，为浮桥，夜，分兵结营于渭南。超等夜攻营，伏兵击破之。超等屯渭南，遣使求割河以西请和，操不许。九月，操进军，悉渡渭。超等数挑战，又不许；固请割地，求送任子，贾诩以为可伪许之。操复问计策，数，所角翻。挑，徒了翻。复，扶又翻。诩曰："离之而已。"操曰："解！"解，户买翻，晓也。

韩遂请与操相见，操与遂有旧，于是交马语移时，遂与樊稠交马语，而得以毙稠；与曹操交马语，乃以自毙。然后知遂之所以遇稠者，非用数也。若马超等之疑遂，则犹李傕之疑稠耳。不及军事，但说京都旧故，拊手欢笑。时秦、胡观者，前后重沓，重，直龙翻。操笑谓之曰："尔欲观曹公邪？亦犹人也，非有四目两口，但多智耳！"既罢，超等问遂，"公何言？"遂曰："无所言也。"超等疑之。他日，操又与遂书，多所点窜，如遂改定者；超等愈疑遂。二者皆所以离之也。考异曰：许褚传曰："太祖与韩遂、马超等会语，左右皆不得从，唯将褚。超负其力，阴欲前突太祖，素闻褚勇，疑从骑是褚，乃问曰：'公有虎侯者安在？'太祖顾指褚，褚瞋目眄之，超不敢动。"按时超不与遂同在彼，故疑此说妄也。操乃与克日会战，克日者，克定其日也。先以轻兵挑之，挑，徒了翻。战良久，乃纵虎骑夹击，大破之，斩成宜、李堪等。遂、超奔凉州，杨秋奔安定。

诸将问操曰："初，贼守潼关，渭北道缺，缺，谓缺而不备。不从河东击冯翊而反守潼关，引日而后北渡，何也？"操曰："贼守潼关，若吾入河东，贼必引守诸津，则西河未可渡，吾故盛兵向潼关；贼悉众南守，西河之备虚，故二将得擅取西河；然后引军北渡，贼不能与吾争西河者，以二将之军也。二将，徐晃、朱灵也。将，即亮翻。连车树栅，为甬道而南，既为不可胜，兵法：先为不可胜以待敌之可胜。且以示弱。渡渭为坚垒，虏至不出，所以骄之也；故贼不为营垒而求割地。吾顺言许之，所以从其意，使自安而不为备，因畜士卒之力，一旦击之，所谓疾雷不及掩耳。淮南子之言。兵之变化，固非一道也。"

始，关中诸将每一部到，操辄有喜色。诸将问其故，操曰："关中长远，若贼各依险阻，征之，不一二年不可定也。今皆来集，其众虽多，莫相归服，军无适主，适，丁历翻。一举可灭，为功差易，吾是以喜。"当此之时，关西之兵最为精强，而破于操者，法制不一也。易，以豉翻。

冬，十月，操自长安北征杨秋，围安定。秋降，降，户江翻。复其爵位，使留抚其民。

十二月，操自安定还，留夏侯渊屯长安。以议郎张既为京兆尹。既招怀流民，兴复县邑，百姓怀之。

遂、超之叛也，弘农、冯翊县邑多应之，河东民独无异心；操与超等夹渭为军，军食一仰河东。仰，牛向翻。及超等破，馀畜尚二十馀万斛，畜，读曰蓄。操乃增河东太守杜畿秩中二千石。

3 扶风法正为刘璋军议校尉，军议校尉，使之议军事。盖时议必推正之善谋，璋能官之而不能用耳。璋不能用，又为其州里俱侨客者所鄙，正邑邑不得志。侨，寄也，寓也。鄙，薄也。邑邑，不乐之意。益州别驾张松与正善，自负其才，忖璋不足与有为，忖，度也，思也。忖，寸本翻。常窃叹息。松劝璋结刘备，璋曰："谁可使者？"松乃举正。璋使正往，正辞谢，佯为不得已而行。还，为松说备有雄略，为，于伪翻。密谋奉戴以为州主。

会曹操遣钟繇向汉中，璋闻之，内怀恐惧。松因说璋曰：说，输芮翻。"曹公兵无敌于天下，若因张鲁之资以取蜀土，谁能御之！刘豫州，使君之宗室而曹公之深雠也，使，疏吏翻。善用兵；若使之讨鲁，鲁必破矣。鲁破，则益州强，曹公虽来，无能为也！今州【章：甲十一行本"州"下有"中"字；乙十一行本同；孔本同；张校同。】诸将庞羲、李异等，皆恃功骄豪，据裴松之注，庞羲免璋诸子于难，而李异杀赵韪，故各恃功。欲有外意。谓其意欲附外也。不得豫州，则敌攻其外，民攻其内，必败之道也！"璋然之，遣法正将四千人迎备。主簿巴西黄权谏曰：谯周巴记曰：刘璋分巴郡垫江已上为巴西郡。"刘左将军有骁名，曹操表备为左将军，故称之。骁，坚尧翻。今请到，欲以部曲遇之，则不满其心；欲以宾客礼待，则一国不容二君，若客有泰山之安，则主有累卵之危。不若闭境以待时清。"璋不听，出权为广汉长。广汉县，属广汉郡。长，知两翻。从事广汉王累，自倒悬于州门以谏，璋一无所纳。

法正至荆州，阴献策于刘备曰："以明将军之英才，乘刘牧之懦弱；张松，州之股肱，别驾，州之上佐，故曰股肱。响应于内；以取益州，犹反掌也。”考异曰：韦曜吴书曰：“备前见张松，后得法正，皆厚以恩德接纳，尽其殷勤之欢。因问蜀中阔狭，兵器府库，人马众寡，及诸要害道里远近；松等具言之。”按刘璋、刘备传，松未尝先见备，吴书误也。备疑未决。庞统言于备曰：“荆州荒残，人物殚尽，东有孙车骑，备表权为车骑将军，故以称之。北有曹操，难以得志。今益州户口百万，土沃财富，诚得以为资，大业可成也！”备曰：“今指与吾为水火者，曹操也。言水火者，以其性相反也。操以急，吾以宽；操以暴，吾以仁；操以谲，吾以忠：谲，古穴翻。每与操反，事乃可成耳。今以小利而失信义于天下，奈何？”统曰：“乱离之时，固非一道所能定也。且兼弱攻昧，尚书仲虺之言。逆取顺守，前书陆贾曰：“汤、武逆取而顺守之。”古人所贵。若事定之后，封以大国，何负于信！今日不取，终为人利耳。”备以为然。乃留诸葛亮、关羽等守荆州，以赵云领留营司马，留营司马，掌留营军事也。备将步卒数万人入益州。

孙权闻备西上，上，时掌翻。遣舟船迎妹；而夫人欲将备子禅还吴，张飞、赵云勒兵截江，乃得禅还。

刘璋敕在所供奉备，备入境如归，前后赠遗以巨亿计。遗，于季翻。备至巴郡，巴郡太守严颜拊心叹曰：“此所谓‘独坐穷山，放虎自卫’者也。”备自江州北由垫江水诣涪。巴郡，治江州。垫江县，属巴郡。涪县，属广汉郡。垫江水，盖即涪内水也。庾仲雍曰：江州县对二水口，右则涪内水，左则蜀外水。垫，音叠。涪，音浮。贤曰：涪县故城，今绵州城。垫江县，唐之合州。璋率步骑三万馀人，车乘帐幔，乘，绳证翻。幔，莫半翻，幕也。精光耀日，往会之。张松令法正白备，便于会袭璋。备曰：“此事不可仓卒！”卒，读曰猝。庞统曰：“今因会执之，则将军无用兵之劳而坐定一州也。”备曰：“初入他国，恩信未著，此不可也。”璋推备行大司马，领司隶校尉；备亦推璋行镇西大将军，领益州牧。晋百官志曰：四镇通于柔远。谓镇东、镇西、镇南、镇北四将军也。所将吏士，更相之适，之，往也。更，工衡翻。欢饮百馀日。璋增备兵，厚加资给，使击张鲁，又令督白水军。白水关，在广汉白水县，刘璋置军屯守，即杨怀、高沛之军也。杜佑曰：梁州金牛县，汉葭萌县地，县南有故白水关。备并军三万馀人，车甲、器械、资货甚盛。璋还成都，备北到葭萌，葭萌县，属广汉郡。贤曰：葭萌，今利州益昌县。应劭曰：葭，音家。师古曰：萌，音氓。蜀王封其弟葭萌于此，因以名邑。先主改曰汉寿。未即讨鲁，厚树恩德以收众心。

十七年（壬辰、二一二）

1 春，正月，曹操还邺。诏操赞拜不名，入朝不趋，剑履上殿，如萧何故事。

2 操之西征也，河间民田银、苏伯反，扇动幽、冀。五官将丕欲自讨之，功曹常林曰：据林传，时为五官将功曹。"北方吏民，乐安厌乱，乐，音洛。服化已久，守善者多；银、伯犬羊相聚，不能为害。方今大军在远，外有强敌，将军为天下之镇，谓留守邺也。轻动远举，虽克不武。"乃遣将军贾信讨之，应时克灭。馀贼千馀人请降，议者皆曰："公有旧法，围而后降者不赦。"降，户江翻。程昱曰："此乃扰攘之际，权时之宜。今天下略定，不可诛之；纵诛之，宜先启闻。"议者皆曰："军事有专无请。"昱曰："凡专命者，谓有临时之急耳。今此贼制在贾信之手，故老臣不愿将军行之也。"丕曰："善。"即白操，操果不诛。既而闻昱之谋，甚悦，曰："君非徒明于军计，又善处人父子之间。"以劝丕不专杀也。处，昌吕翻。

故事：破贼文书，以一为十；国渊上首级，皆如其实数，国渊时统留事。上，时掌翻。操问其故，渊曰："夫征讨外寇，多其斩获之数者，欲以大武功，耸民听也。河间在封域之内，银等叛逆，虽克捷有功，渊窃耻之。"操大悦。

3 夏，五月，癸未，诛卫尉马腾，夷三族。腾诣邺见上卷十三年。

4 六月，庚寅晦，日有食之。

5 秋，七月，螟。

6 马超等馀众屯蓝田，夏侯渊击平之。

鄜贼梁兴鄜县，前汉属左冯翊，后汉省。师古曰：鄜，音敷。寇略冯翊，诸县恐惧，皆寄治郡下，议者以为当移就险阻。左冯翊郑浑曰：“兴等破散，藏窜山谷，虽有随者，率胁从耳。今当广开降路，降，户江翻；下同。宣谕威信，而保险自守，此示弱也。”乃聚吏民，治城郭，为守备，治，直之翻。募民逐贼，得其财物妇女，十以七赏。民大悦，皆愿捕贼；贼之失妻子者皆还，求降，浑责其得他妇女，然后还之。于是转相寇盗，党与离散。又遣吏民有恩信者分布山谷告谕之，出者相继；乃使诸县长吏各还本治，以安集之。长，知两翻。兴等惧，将馀众聚鄜城，操使夏侯渊助浑讨之，遂斩兴，馀党悉平。浑，泰之弟也。郑泰，见用于董卓而欲图卓者也。

7 九月，庚戌，立皇子熙为济阴王，懿为山阳王，邈为济北王，敦为东海王。时许靖在蜀，闻立诸王，曰：“将欲翕之，必姑张之；将欲夺之，必姑与之。其孟德之谓乎。”济，子礼翻。

8 初，张纮以秣陵山川形胜，劝孙权以为治所；及刘备东过秣陵，亦劝权居之。权于是作石头城，徙治秣陵，改秣陵为建业。秣陵，属丹阳郡，本金陵也，秦始皇改；孙权改曰建业；后避晋愍帝讳，改曰建康。石头城，在今建康城西二里。金陵志：石头城去台城九里，南合秦淮水。张舜民曰：石头城者，天生城壁，有如城然，在清凉寺北覆舟山上。江行自北来者，循石头城，转入秦淮。陆游曰：龙湾望石头山，不甚高，然峭立江中，缭绕如垣墙。清凉寺距石头里馀，西望宣化渡及历阳诸山。宋白曰：晋平吴，分为二邑，自淮水南为秣陵，北为建业。江表传：纮谓权曰：“秣陵，楚武王所置，名为金陵；地势冈阜连石头。昔秦始皇东巡，经此县，望气者云，金陵地形，有王者都邑之气，故掘断连冈，改名秣陵。今处所具存，宜为都邑。”献帝春秋又载权曰：“秣陵有小江百馀里，可以安大船，吾方理水军，当移据之。”又据晋书郗隆传，隆为扬州刺史，镇秣陵。齐王冏檄令赴讨赵王伦，隆停檄不下。时王邃镇石头，隆军西赴邃者甚众。隆遣从事于牛渚禁之，不得止。将士奉邃攻杀隆。则石头在牛渚西。详考是事，秣陵军将赴邃，欲自牛渚而西勤王也；石头自在牛渚东。

9 吕蒙闻曹操欲东兵，说孙权夹濡须水口立坞。说，输芮翻。贤曰：濡须，水名，在今和州历阳县西南。孙权夹水立坞，状如偃月。杜佑曰：濡须水，在历阳西南百八十里。余据濡须水出巢湖，在今无为军北二十五里，濡须坞在今巢县东南四十里。诸将皆曰：“上岸击贼，上，时掌翻。洗足入船，何用坞为！”蒙曰：“兵有利钝，战无百胜，如有邂逅，敌步骑蹙人，不暇及水，其得入船乎？”权曰：“善！”遂作濡须坞。

10 冬，十月，曹操东击孙权。董昭言于曹操曰：“自古以来，人臣匡世，未有今日之功；有今日之功，未有久处人臣之势者也。处，昌吕翻；下同。今明公耻有惭德，乐保名节；乐，音洛。然处大臣之势，使人以大事疑己，诚不可不重虑也。”重，直用翻。乃与列侯诸将议，以丞相宜进爵国公，九锡备物，以彰殊勋。贤曰：礼含文嘉曰：九锡，一曰车马，二曰衣服，三曰乐器，四曰朱户，五曰纳陛，六曰虎贲百人，七曰斧钺，八曰弓矢，九曰秬鬯。谓之九锡，锡，予也；九锡皆如其德。左传曰：分鲁公以大路、大旂、夏后氏之璜、封父之繁弱、祝宗、卜史、备物典策。荀彧以为：“曹公本兴义兵以匡朝宁国，朝，直遥翻。秉忠贞之诚，守退让之实；君子爱人以德，记檀弓，曾子曰：君子之爱人也以德，细人之爱人也以姑息。不宜如此。”操由是不悦。及击孙权，表请彧劳军于谯，劳，力到翻。因辄留彧，以侍中、光禄大夫、持节、参丞相军事。辄，言专辄也。操军向濡须，彧以疾留寿春，饮药而卒。彧传云：操馈之食，发视，乃空器也，于是饮药而卒。考异曰：陈志彧传曰：“以忧薨。”范书彧传曰：“操馈之食，发视，乃空器也，于是饮药而卒。”孙盛魏氏春秋亦同。按彧之死，操隐其诛。陈寿云以忧卒，盖阙疑也。今不正言其饮药，恐后世为人上者，谓隐诛可得而行也。彧行义修整而有智谋，好推贤进士，故时人皆惜之。行，下孟翻。好，呼到翻。

臣光曰：孔子之言仁也重矣，自子路、冉求、公西赤门人之高第，令尹子文、陈文子诸侯之贤大夫，皆不足以当之，而独称管仲之仁，岂非以其辅佐齐桓，大济生民乎！论语：孟武伯问：“子路仁乎？”子曰：“不知也。”又问。子曰：“由也，千乘之国，可使治其赋也，不知其仁也。”“求也何如？”曰：“求也，千室之邑，百乘之家，可使为之宰也，不知其仁也。”“赤也何如？”曰：“赤也，束带立于朝，可使与宾客言也，不知其仁也。”子张问曰：“令尹子文，三仕为令尹，无喜色；三已之，无愠色。旧令尹之政，必以告新令尹。何如？”子曰：“忠矣。”曰：“仁矣乎？”曰：“未知，焉得仁？”“崔子弑齐君，陈文子有马十乘，弃而违之，至于他邦，则曰犹吾大夫崔子也，违之，之一邦，则又曰犹吾大夫崔子也，违之。何如？”子曰：“清矣。”曰：“仁矣乎？”曰：“未知，焉得仁？”子贡曰：“管仲非仁者与？桓公杀公子纠，不能死，又相之。”子曰：“管仲相桓公，霸诸侯，一匡天下，民到于今受其赐；微管仲，吾其被发左衽矣！岂若匹夫匹妇之为谅也，自经于沟渎而莫之知也！”子路曰：“桓公杀公子纠，召忽死之，管仲不死。曰：未仁乎？”子曰：“桓公九合诸侯，不以兵车，管仲之力也！如其仁！如其仁！”齐桓之行若狗彘，管仲不羞而相之，行，下孟翻。相，息亮翻。其志盖以非桓公则生民不可得而济也。汉末大乱，群生涂炭，自非高世之才不能济也。然则荀彧舍魏武将谁事哉！

齐桓之时，周室虽衰，未若建安之初也。建安之初，四海荡覆，尺土一民，皆非汉有。荀彧佐魏武而兴之，举贤用能，训卒厉兵，决机发策，征伐四克，遂能以弱为强，化乱为治，治，直吏翻。十分天下而有其八，其功岂在管仲之后乎！管仲不死子纠而荀彧死汉室，其仁复居管仲之先矣！复，扶又翻。

而杜牧乃以为"彧之劝魏武取兖州则比之高、光，官渡不令还许则比之楚、汉，及事就功毕，乃欲邀名于汉代，譬之教盗穴墙发匮而不与同挈，得不为盗乎！"臣以为孔子称"文胜质则史"，见论语。凡为史者记人之言，必有以文之。然则比魏武于高、光、楚、汉者，史氏之文也，岂皆彧口所言邪！用是贬彧，非其罪矣。且使魏武为帝，则彧为佐命元功，与萧何同赏矣；彧不利此而利于杀身以邀名，岂人情乎！

11 十二月，有星孛于五诸侯。晋天文志曰：五诸侯五星，在东井北。又太微南蕃，左执法东北一星曰谒者，谒者东北三星曰三公　三公北三星曰九卿，九卿西五星曰内五诸侯，内侍天子，不之国也。孛，蒲内翻。

12 刘备在葭萌，庞统言于备曰："今阴选精兵，昼夜兼道，径袭成都，刘璋既不武，又素无豫备，大军卒至，卒，读曰猝。一举便定，此上计也。杨怀、高沛，璋之名将，各杖强兵，据守关头，即白水关头也。闻数有笺谏璋，数，所角翻。使发遣将军还荆州。将军遣与相闻，说荆州有急，欲还救之，并使装束，外作归形，此二子既服将军英名，又喜将军之去，计必乘轻骑来见将军，因此执之，进取其兵，乃向成都，此中计也。退还白帝，白帝，即巴东鱼复县城也。公孙述据成都，自称白帝，改鱼复曰白帝城。连引荆州，徐还图之，此下计也。若沈吟不去，沈，持林翻。将致大困，不可久矣。"备然其中计。

及曹操攻孙权，权呼备自救。备贻璋书曰："孙氏与孤本为唇齿，而关羽兵弱，今不往救，则曹操必取荆州，转侵州界，州界，谓益州界。其忧甚于张鲁。鲁自守之贼，不足虑也。"因求益万兵及资粮，璋但许兵四千，其馀皆给半。备因激怒其众曰："吾为益州征强敌，师徒勤瘁，瘁，秦醉翻。而积财吝赏，何以使士大夫死战乎！”张松书与备及法正曰：“今大事垂立，如何释此去乎！”松兄广汉太守肃，恐祸及己，因发其谋。于是璋收斩松，敕关戍诸将文书皆勿复得与备关通。复，扶又翻。备大怒，召璋白水军督杨怀、高沛，责以无礼，斩之；责其无客主之礼也。勒兵径至关头，并其兵，进据涪城。此用庞统之中计也。

十八年（癸巳、二一三）

1 春，正月，曹操进军濡须口，号步骑四十万，攻破孙权江西营，大江东北流，故自历阳至濡须口皆谓之江西，而建业谓之江东。获其都督公孙阳。权率众七万御之，相守月馀。操见其舟船器仗军伍整肃，叹曰：“生子当如孙仲谋；孙权，字仲谋。如刘景升儿子，豚犬耳！”权为笺与操，说：“春水方生，公宜速去。”别纸言：“足下不死，孤不得安。”操语诸将曰：语，牛倨翻。“孙权不欺孤。”乃彻军还。

2 庚寅，诏并十四州，复为九州。十四州，司、豫、冀、兖、徐、青、荆、扬、益、梁、雍、并、幽、交也。复为九州者，割司州之河东、河内、冯翊、扶风及幽、并二州皆入冀州；凉州所统，悉入雍州，又以司州之京兆入焉；又以司州之弘农、河南入豫州，交州并入荆州，则省司、凉、幽、并而复禹贡之九州矣。此曹操自领冀州牧，欲广其所统以制天下耳。

3 夏，四月，曹操至邺。

4 初，曹操在谯，恐滨江郡县为孙权所略，欲徙令近内，近，其靳翻。以问扬州别驾蒋济，曰：“昔孤与袁本初对军官渡，徙燕、白马民，民不得走，贼亦不敢钞。事见六十三卷建安五年。燕县、白马县，皆属东郡。燕，春秋之南燕国也。贤曰：燕故城今滑州胙城县。钞，楚交翻。燕，于贤翻。今欲徙淮南民，何如？”对曰：“是时兵弱贼强，不徙必失之。自破袁绍以来，明公威震天下，民无他志，人情怀土，实不乐徙，乐，音洛。惧必不安。”操不从。既而民转相惊，自庐江、九江、蕲春、广陵，户十馀万皆东渡江，蕲春县，本属江夏郡。沈约曰：吴立蕲春郡。此据吴志书之也。蕲，音祁。江西遂虚，合淝以南，惟有皖城。皖县，属庐江郡。贤曰：今舒州怀宁县。师古曰：皖，音胡管翻。济后奉使诣邺，使，疏吏翻。操迎见，大笑曰："本但欲使避贼，乃更驱尽之！"拜济丹阳太守。丹阳郡已属孙权，济不得之郡也。

5 五月，丙申，以冀州十郡封曹操为魏公，时以冀州之河东、河内、魏郡、赵国、中山、常山、钜鹿、安平、甘陵、平原凡十郡为魏国。以丞相领冀州牧如故。又加九锡：大辂、戎辂各一，玄牡二驷；衮冕之服，赤舄副焉；毛苌曰：赤舄，人君之盛屦也；释舄，复履也。郑玄曰：复下曰舄。郑众曰：舄有三等，赤舄为上，冕服之舄。轩县之乐，六佾之舞；周礼：乐县之位，王宫县，诸侯轩县。郑众曰：宫县，四面县；轩县，去其一面。县，读曰悬。舞佾之数，天子八，诸侯六。杜预曰：八佾，八八六十四人；六佾，六六三十六人。服虔曰：天子八八，诸侯六八，大夫四八，士二八。宋傅隆曰：郑伯纳晋悼公女乐二八，晋以一八赐魏绛。此乐以八人为列之证也。佾，音逸。朱户以居；纳陛以登；虎贲之士三百人；鈇、钺各一；彤弓一，彤矢百，玈弓十，玈矢千；玈与卢同，黑色也。秬鬯一卣，珪、瓒副焉。

6 大雨水。

7 益州从事广汉郑度闻刘备举兵，谓刘璋曰："左将军悬军袭我，兵不满万，士众未附，军无辎重，重，直用翻。野谷是资，其计莫若尽驱巴西、梓潼民内、涪水以西，梓潼县，属广汉郡，汉武帝元鼎元年置，以县倚梓林而枕潼水为名；建安二十二年，刘备分立梓潼郡。班志，梓潼有五妇山，驰水所出，南入涪。应劭曰：涪水出广汉，南入汉。水经曰：涪水出广汉涪县西北，东至广汉与梓潼水合，又西南流，又南入于垫江。注云：涪水出广汉属国刚氐道徼外；梓潼水即五妇水也，同入于垫江，即所谓内水也。其仓廪野谷，一皆烧除，高垒深沟，静以待之。彼至，请战，勿许，久无所资，不过百日，必将自走，走而击之，此必禽耳。”刘备闻而恶之，恶，乌路翻。以问法正。正曰：“璋终不能用，无忧也。”璋果谓其群下曰：“吾闻拒敌以安民，未闻动民以避敌也。”不用度计。

璋遣其将刘璝、泠苞、张任、邓贤、吴懿等拒备，皆败，退保绵竹；璝，姑回翻，又胡隈翻。泠，鲁杏翻，姓也。按本或作“泠”，泠，音鲁经翻。绵竹县，属广汉郡；唐属汉州；九域志，在州东北九十三里。懿诣军降。降，户江翻；下同。璋复遣护军南阳李严、江夏费观督绵竹诸军，复，扶又翻；下同。夏，户雅翻。费，父沸翻。严、观亦率其众降于备。备军益强，分遣诸将平下属县。刘璝、张任与璋子循退守雒城，雒县，属广汉郡，雒水所出；唐为汉州治所。备进军围之。任勒兵出战于雁桥，雁江，在雒县南，曾有金雁，故名为雁桥。军败，任死。

8 秋，七月，魏始建社稷、宗庙。

9 魏公操纳三女为贵人。自此以后，曹操不书姓而冠以国。操三女，长宪，次节，次华；节后立为皇后。

10 初，魏公操追马超至安定，闻田银、苏伯反，引军还。参凉州军事杨阜言于操曰：“超有信、布之勇，甚得羌、胡心；若大军还，不设备，陇上诸郡非国家之有也。”陇西、南安、汉阳、永阳，皆陇上诸郡也。献帝起居注，初平四年，分汉阳、上郡为永阳。操还，超果率羌、胡击陇上诸郡县，郡县皆应之，惟冀城奉州郡以固守。冀县，属汉阳郡，郡及凉州刺史治焉。

超尽兼陇右之众，张鲁复遣大将杨昂助之，复，扶又翻。凡万馀人，攻冀城，自正月至八月，救兵不至。刺史韦康遣别驾阎温出，告急于夏侯渊，夏侯渊时屯长安。外围数重，重，直龙翻。温夜从水中潜出。明日，超兵见其迹，遣追获之。超载温诣城下，使告城中云：“东方无救。”陇右在西方，操在关东，故曰东方。温向城大呼曰：呼，火故翻。“大军不过三日至，勉之！”城中皆泣，称万岁。超虽怒，犹以攻城久不下，徐徐更诱温，冀其改意。诱，音酉。温曰：“事君有死无二，而卿乃欲令长者出不义之言乎！”超遂杀之。

已而外救不至，韦康及太守欲降。降，户江翻。杨阜号哭谏曰：“阜等率父兄子弟以义相励，有死无二，以为使君守此城，号，户刀翻。为，于伪翻。今奈何弃垂成之功，陷不义之名乎！”刺史、太守不听，开城门迎超。超入，遂杀刺史、太守，自称征西将军、领并州牧、督凉州军事。

魏公操使夏侯渊救冀，未到而冀败。渊去冀二百馀里，超来逆战，渊军不利。氐王千万反应超，屯兴国，氐王千万，略阳清水氐种也，其后是为仇池之杨。兴国，城名。渊引军还。

会杨阜丧妻，就超求假以葬之。丧，息浪翻。假，居讶翻，休假也。求假，犹古之请告请急也。阜外兄天水姜叙为抚夷将军，拥兵屯历城。水经注，历城在西县，去仇池一百二十里，后改为建安城。杜佑曰：历城，在今同谷郡西七里，去仇池九十里。宋白曰：晋置仇池郡于历城。今为成州。阜见叙及其母，歔欷悲甚。歔，音虚；欷，许既翻，又音希，泣馀声也。叙曰：“何为乃尔？”阜曰：“守城不能完，君亡不能死，亦何面目以视息于天下！目之视物，一出入息之顷，则一瞬。马超背父叛君，虐杀州将，背，蒲妹翻。将，即亮翻。岂独阜之忧责，一州士大夫皆蒙其耻。君拥兵专制而无讨贼心，此赵盾所以书弑君也。赵盾，晋卿赵宣子也。左传，赵穿攻灵公于桃园，宣子未出山而复，太史书曰：“赵盾弑其君。”以示于朝。宣子曰：“不然。”对曰：“子为正卿，亡不越境，反不讨贼，非子而谁！”超强而无义，多衅，易图耳。”易，以豉翻。叙母慨然曰：“咄！伯奕，韦使君遇难，亦汝之负，岂独义山哉！咄，当没翻。姜叙，字伯奕；杨阜，字义山。负，罪负也。难，乃旦翻。人谁不死，死于忠义，得其所也。但当速发，勿复顾我；我自为汝当之，复，扶又翻。为，于伪翻。不以馀年累汝也。”累，力瑞翻。叙乃与同郡赵昂、尹奉、武都李俊等合谋讨超，又使人至冀，结安定梁宽、南安赵衢使为内应。超取赵昂子月为质，质，音致。昂谓妻异曰：据皇甫谧列女传，异，士氏女也。"吾谋如是，事必万全，当奈月何？"异厉声应曰："雪君父之大耻，丧元不足为重，丧，息浪翻。况一子哉！"

九月，阜与叙进兵，入卤城，卤城，当在西县、冀县之间。昂、奉据祁山，以讨超。水经注：祁山，在嶓冢之西七十许里，山上有城，极为险固，汉水径其南。又曰：祁山，在上邽西南二百四十里。杜佑曰：祁山，在今同谷郡长道县东十里。余据今西和州长道县南十里有祁山，古来南北二岈，有万馀家。诸葛亮表言"祁山去沮五百里，有人万户"者，此也。超闻之，大怒，赵衢因谲说超，使自出击之。谲，古穴翻。说，输芮翻。超出，衢与梁宽闭冀城门，尽杀超妻子。超进退失据，乃袭历城，得叙母。叙母骂之曰："汝背父之逆子，杀君之桀贼，背父，谓马腾在邺，不顾而反；杀君，谓杀韦康也。背，蒲妹翻。天地岂久容汝，而不早死，敢以面目视人乎！"超杀之，又杀赵昂之子月。杨阜与超战，身被五创。超兵败，遂南奔张鲁。被，皮义翻。创，初良翻。考异曰：杨阜传云"十七年九月"，武帝纪，"十八年超在汉阳，复因羌、胡为害。十九年正月，赵衢等讨超，超奔汉中。"按姜叙九月起兵，超即应出讨，超出，衢等即应闭门，不应至来年正月。盖魏史书捷音到邺之月耳。杨阜传误也。鲁以超为都讲祭酒，鲁为五斗米道，自号师君。其来学者，初名鬼卒，后号祭酒，各领部众。都讲祭酒者，鲁使学者都习老子五千文，置都讲祭酒，位次师君。欲妻之以女。妻，七细翻。或谓鲁曰："有人若此，不爱其亲，焉能爱人！"焉，于虔翻。鲁乃止。操封讨超之功，侯者十一人，赐杨阜爵关内侯。

11冬，十一月，魏初置尚书、侍中、六卿；以荀攸为尚书令，凉茂为仆射，凉，姓；茂，名。毛玠、崔琰、常林、徐奕、何夔为尚书，魏置五曹尚书，吏部、左民、客曹、五兵、度支。王粲、杜袭、卫觊、和洽为侍中，自是以后，侍中遂以四人为定员。钟繇为大理，大理，汉廷尉之职。王修为大司农，袁涣为郎中令，行御史大夫事，郎中令，汉光禄勋之职。陈群为御史中丞。时以御史大夫为三公，以中丞为御史台主。

袁涣得赏赐，皆散之，家无所储，乏则取之于人，不为皦察之行，皦，吉了翻。行，下孟翻。然时人皆服其清。时有传刘备死者，群臣皆贺，惟涣独否。

魏公操欲复肉刑，令曰："昔陈鸿胪以为死刑有可加于仁恩者，胪，陵如翻。御史中丞能申其父之论乎?"陈群父纪为汉大鸿胪。陈群对曰："臣父纪以为汉除肉刑而增加于笞，事见十五卷文帝十三年。本兴仁恻而死者更众，所谓名轻而实重者也。名轻则易犯，易，以豉翻。实重则伤民。且杀人偿死，合于古制；至于伤人，或残毁其体，而裁剪毛发，非其理也。若用古刑，使淫者下蚕室，盗者刖其足，则永无淫放穿逾之奸矣。下，遐稼翻。刖，音月。穿者，穿穴隙；逾者，逾垣墙。夫三千之属，周穆王作甫刑，墨罚之属千，劓罚之属千，剕罚之属五百，宫罚之属三百，大辟之罚其属二百，五刑之属三千。虽未可悉复，若斯数者，时之所患，宜先施用。汉律所杀殊死之罪，仁所不及也，其馀逮死者，可易以肉刑。如此，则所刑之与所生足以相贸矣。贸，易也。今以笞死之法易不杀之刑，是重人支体而轻人躯命也。"当时议者，唯钟繇与群议同，馀皆以为未可行。操以军事未罢，顾众议而止。

何兹全标点容肇祖聂崇岐覆校

资治通鉴卷第六十七

翰林学士兼侍读学士朝散大夫右谏议大夫
知制诰判尚书都省兼提举万寿观公事上护军 司马光 奉敕编集
河内郡开国侯食邑一千三百户赐紫金鱼袋臣

后 学 天 台 胡三省 音 注

汉纪五十九 起阏逢敦牂(甲午)，尽柔兆涒滩(丙申)，凡三年。

孝献皇帝壬

建安十九年(甲午、二一四)

1 春，马超从张鲁求兵，北取凉州，鲁遣超还围祁山。姜叙【章：甲十一行本"叙"下有"等"字；乙十一行本同；孔本同。】告急于夏侯渊，诸将议欲须魏公操节度。渊曰："公在邺，反复四千里，比报，叙等必败，非救急也。"比，必寐翻。遂行，使张郃督步骑五千为前军。郃，古合翻，又曷阁翻。超败走。

韩遂在显亲，显亲县属汉阳郡，班志无之，盖光武所置，以封窦友。贤曰：显亲故城，在今秦州成纪县东。渊欲袭取之，遂走。渊追至略阳城，去遂三十馀里，诸将欲攻之，或言当攻兴国氐。魏略曰：建安中，兴国氐王阿贵，百顷氐王千万，各有部落万馀，从马超为乱。超破之后，阿贵为夏侯渊所攻灭，千万南入蜀。渊以为："遂兵精，兴国城固，攻不可卒拔，不如击长离诸羌。水经注：瓦亭水，南径陇西成纪县，东历长离川，谓之长离水；烧当等羌居之。卒，读曰猝。长离诸羌多在遂军，必归救其家。若舍羌独守则孤，谓遂若舍羌而不救，独拥兵自守，则其势孤。救长离则官兵得与野战，必可虏也。”渊乃留督将守辎重，重，直用翻。自将轻兵到长离，攻烧羌屯，遂果救长离。诸将见遂兵众，欲结营作堑乃与战。堑，七艳翻。渊曰：“我转斗千里，今复作营堑，则士众罢敝，不可复用。复，扶又翻。罢，读曰疲。贼虽众，易与耳。”易，以豉翻。乃鼓之，大破遂军，进围兴国。氐王千万奔马超，馀众悉降。转击高平、屠各，皆破之。屠，直如翻。

2 三月，诏魏公操位在诸侯王上，改授金玺、赤绂、远游冠。汉制：诸侯王金印、赤绂、远游冠。董巴曰：远游冠，制如通天，高九寸，正竖、顶少邪，乃直下为铁卷梁，有展筒横之于前，无山述。

3 夏，四月，旱。五月，雨水。

4 初，魏公操遣庐江太守朱光屯皖，皖，户板翻。大开稻田。吕蒙言于孙权曰：“皖田肥美，若一收孰，彼众必增；收孰，谓稻成熟而收之也。有粮则可以增众。孰，古熟字通。宜早除之。”闰月，权亲攻皖城。诸将欲作土山，添攻具，吕蒙曰：“治攻具及土山，必历日乃成；治，直之翻。城备既修，外救必至，不可图也。且吾乘雨水以入，若留经日，水必向尽，还道艰难，蒙窃危之。今观此城，不能甚固，以三军锐气，四面并攻，不移时可拔；及水以归，全胜之道也。”权从之。蒙荐甘宁为升城督，宁手持练，身缘城，为士卒先；蒙以精锐继之，手执枹鼓，枹，音肤。士卒皆腾踊。侵晨进攻，食时破之，获朱光及男女数万口。既而张辽至夹石，夹石在今安庆府桐城县北四十七里，今名西峡山。闻城已拔，乃退。权拜吕蒙为庐江太守，守，式又翻。还屯寻阳。

5 诸葛亮留关羽守荆州，与张飞、赵云将兵溯流克巴东。谯周巴记曰：初平六年，赵韪分巴郡安汉以下为永宁郡。建安六年，刘璋以永宁为巴东郡。唐夔州、开州之地也。至江州，破巴郡太守严颜，生获之。飞呵颜曰：呵，虎何翻。“大军既至，何以不降，而敢拒战！”颜曰：“卿等无状，侵夺我州。我州但有断头将军，无降将军也！”降，户江翻；下同。我州，谓益州也。飞怒，令左右牵去斫头。颜容止不变，曰：“斫头便斫头，何为怒邪！”飞壮而释之，引为宾客。分遣赵云从外水定江阳、犍为，江阳县，本属犍为郡，刘璋分立江阳郡；唐为泸州。犍为郡，唐为资、简、嘉、眉之地。今渝州亦汉巴郡地也，对二水口，右则涪内水，左则蜀外水。自渝上合州至绵州者，谓之内水；自渝上戎、泸至蜀者，谓之外水。犍，居言翻。飞定巴西、德阳。谯周巴记：建安六年，刘璋分巴郡垫江以上为巴西。德阳县属广汉郡，唐遂州地。

刘备围雒城且一年，庞统为流矢所中，卒。法正笺与刘璋，为陈形势强弱，中，竹仲翻。卒，子恤翻。为，于伪翻。且曰：“左将军从举兵以来，旧心依依，实无薄意。盖时人以璋倚备为用，备反袭璋，议备之薄也。愚以为可图变化，以保尊门。”尊门，谓璋家门。璋不答。雒城溃，备进围成都。诸葛亮、张飞、赵云引兵来会。

马超知张鲁不足与计事，又鲁将杨昂等数害其能，超内怀於邑。数，所角翻。师古曰：於邑，短气貌，读并如字。又，於，音乌；邑，音乌合翻。备使建宁督邮李恢往说之，蜀志：后主建兴三年，改益州郡为建宁郡。恢此时盖为益州郡督邮，史因后改郡名而书之耳。说，输芮翻；下同。超遂从武都逃入氐中，密书请降于备。备使人止超，而潜以兵资之。超到，令引军屯城北，城中震怖。怖，普布翻。

备围城数十日，使从事中郎涿郡简雍入说刘璋。简，姓也。鲁有大夫简叔。蜀志曰：简雍姓耿，后音讹为简。时城中尚有精兵三万人，谷帛支一年，吏民咸欲死战。璋言：“父子在州二十馀年，灵帝中平五年，刘焉牧益州，至是二十七年。无恩德以加百姓。百姓攻战三年，肌膏草野者，以璋故也，膏，古报翻。何心能安！”遂开城，与简雍同舆出降，降，户江翻。群下莫不流涕。备迁璋于公安，尽归其财物，佩振威将军印绶。曹公先加璋振威将军，故仍佩其印绶。

备入成都，置酒，大飨士卒。取蜀城中金银，分赐将士，还其谷帛。凡城中公私所有金银，悉取以分赐将士，至于谷帛，则各还所主也。备领益州牧，以军师中郎将诸葛亮为军师将军，益州太守此益州太守非汉武帝所开置之益州郡也。武帝所置之益州郡，刘蜀为南中地宅。盖刘璋置益州太守与蜀郡太守并治成都郭下。南郡董和为掌军中郎将，并署左将军府事，署府事者，总录军府事也。偏将军马超为平西将军，晋百官志：四平，立于丧乱。谓平东、平西、平南、平北四将军也。军议校尉法正为蜀郡太守、扬武将军，裨将军南阳黄忠为讨虏将军，从事中郎麋竺为安汉将军，汉大将军府有从事中郎，职参谋议。简雍为昭德将军，北海孙乾为秉忠将军，安汉、昭德、秉忠，皆备所置将军号也。广汉长黄权为偏将军，长，知两翻。汝南许靖为左将军长史，庞羲为司马，庞，皮江翻。李严为犍为太守，犍，居言翻。费观为巴郡太守，费，父沸翻。山阳伊籍为从事中郎，零陵刘巴为西曹掾，掾，俞绢翻。广汉彭羕为益州治中从事。羕，馀亮翻。

初，董和在郡，清俭公直，为民夷所爱信，蜀中推为循吏，故备举而用之。备之自新野奔江南也，事见六十五卷十三年。荆楚群士从之如云，而刘巴独北诣魏公操。操辟为掾，遣招纳长沙、零陵、桂阳。会备略有三郡，巴事不成，欲由交州道还京师。时诸葛亮在临蒸，沈约曰：吴立衡阳郡，临蒸县属焉。盖吴所置也。水经注：蒸水出衡阳重安县西邵陵县界耶姜山，东北流过临蒸县北，东注于湘，谓之蒸口。以书招之，巴不从，备深以为恨。巴遂自交趾入蜀依刘璋。及璋迎备，巴谏曰：“备，雄人也，入必为害。”既入，巴复谏曰：复，扶又翻。“若使备讨张鲁，是放虎于山林也。”璋不听，巴闭门称疾。备攻成都，令军中曰：“有害巴者，诛及三族。”及得巴，甚喜。是时益州郡县皆望风景附，独黄权闭城坚守，须璋稽服，乃降。稽，音启；言稽颡服从也。降，户江翻；下同。于是董和、黄权、李严等，本璋之所授用也；璋以和为益州太守，权为府主簿，严为护军。吴懿、费观等，璋之婚亲也；璋兄瑁娶吴懿妹，璋母费氏。彭羕，璋之所摈弃也；羕仕益州不过书佐，人毁之于璋，髡钳为徒隶。刘巴，宿昔之所忌恨也；备皆处之显任，处，昌吕翻。尽其器能，有志之士，无不竞劝，益州之民，是以大和。初，刘璋以许靖为蜀郡太守。成都将溃，靖谋逾城降备，备以此薄靖，不用也。法正曰：“天下有获虚誉而无其实者，许靖是也。许靖与弟劭并有高名，汝南月旦评，二人者为之也。然今主公始创大业，主公之称，始于东都。改明公称主公，尊事之为主也。天下之人，不可户说，不可户户而说之也。说，如字。宜加敬重，以慰远近之望。”备乃礼而用之。

成都之围也，备与士众约：“若事定，府库百物，孤无预焉。”及拔成都，士众皆舍干戈赴诸藏，藏，徂浪翻。竞取宝物。军用不足，备甚忧之，刘巴曰：“此易耳。易，以豉翻。但当铸直百钱，直百钱，一钱直百也。杜佑曰：蜀铸直百钱，文曰“直百”。亦有勒为五铢者，大小称两如一焉，并径七分，重四铢。平诸物价，令吏为官市。”备从之。数月之间，府库充实。

时议者欲以成都名田宅分赐诸将。赵云曰：“霍去病以匈奴未灭，无用家为。事见十九卷武帝元狩四年。今国贼非但匈奴，未可求安也。须天下都定，各反桑梓，都定，犹言皆定也。桑梓，谓其故乡祖父之所树者。诗云：维桑与梓，必恭敬止。归耕本土，乃其宜耳。益州人民，初罹兵革，田宅皆可归还，令安居复业，然后可役调，调，徒吊翻。得其欢心；不宜夺之，以私所爱也。”备从之。

备之袭刘璋也，留中郎将南郡霍峻守葭萌城。张鲁遣杨昂诱峻求共守城。峻曰："小人头可得，城不可得！"昂乃退。后璋将扶禁、向存等帅万馀人由阆水上，扶，姓；禁，名。帅，读曰率。阆水即西汉水，禹贡所谓"嶓冢导漾，东流为汉"者也。水经注：漾水出陇西氐道县嶓冢山，谓之西汉水；东南至广汉白水县西，又东南至葭萌县，又东南过巴郡阆中县与阆水会。水出阆阳县而东，径其县南，又东注汉水。昔刘璋攻霍峻于葭萌也，自此水上。又东南入汉州江津县东南入于江。余据此水，今谓之嘉陵江。攻围峻，且一年。峻城中兵才数百人，伺其怠隙，选精锐出击，大破之，斩存。伺，相吏翻。备既定蜀，乃分广汉为梓潼郡，唐梓州之地。宋白曰：绵州巴西县，本汉涪县，属广汉郡。华阳国志：汉元初二年，广汉自绳乡移治涪，后治雒；刘备立梓潼郡，以县属焉。隋改为巴西县。唐梓州治郪，天宝方改为梓潼郡。以峻为梓潼太守。

法正外统都畿，备都成都，以蜀郡为都畿。内为谋主，一餐之德、睚眦之怨，无不报复，餐，千安翻。睚，五懈翻。眦，士懈翻。擅杀毁伤己者数人。或谓诸葛亮曰："法正太纵横，横，户孟翻。将军宜启主公，抑其威福。"亮曰："主公之在公安也，北畏曹操之强，东惮孙权之逼，近则惧孙夫人生变于肘腋。事见上卷十四年。法孝直为之辅翼，令翻然翱翔，不可复制。谓迎备入益州也。复，扶又翻。如何禁止孝直，使不得少行其意邪！"法正，字孝直。少，诗沼翻。

诸葛亮佐备治蜀，颇尚严峻，人多怨叹者。治，直之翻。法正谓亮曰："昔高祖入关，约法三章，秦民知德。事见九卷高帝元年。今君假借威力，跨据一州，初有其国，未垂惠抚；且客主之义，宜相降下，下，遐稼翻。愿缓刑弛禁以慰其望。"以亮等初至为客，益州人士则主也。亮曰："君知其一，未知其二。秦以无道，政苛民怨，匹夫大呼，呼，火故翻。天下土崩；高祖因之，可以弘济。弘，大也。刘璋暗弱，自焉以来，焉，璋父也。有累世之恩，文法羁縻，互相承奉，德政不举，威刑不肃。蜀土人士，专权自恣，君臣之道，渐以陵替。宠之以位，位极则贱；顺之以恩，恩竭则慢。所以致敝，实由于此。吾今威之以法，法行则知恩；限之以爵，爵加则知荣。荣恩并济，上下有节，为治之要，于斯而著矣。”孔子曰：政宽则济之以猛，孔明其知之。治，直吏翻。

刘备以零陵蒋琬为广都长。长，知两翻。备尝因游观，奄至广都，见琬众事不治，时又沈醉。沈，持林翻。沈醉，言为酒所沈滞也。备大怒，将加罪戮。诸葛亮请曰：“蒋琬社稷之器，非百里之才也。其为政以安民为本，不以修饰为先，愿主公重加察之。”重，直用翻，言再三加察也。备雅敬亮，乃不加罪，仓卒但免官而已。

6 秋，七月，魏公操击孙权，留少子临菑侯植守邺。少，诗照翻。考异曰：植传云：“太祖戒之曰：‘吾昔为顿丘令，年二十三，思此时所行，无悔于今。今汝年亦二十三矣。’”又云：“植，太和六年薨，年三十一。”按植今年年二十三，则死时当年四十一矣。本传误也。操为诸子高选官属，为，于伪翻。以邢颙为植家丞；颙防闲以礼，无所屈挠，颙，鱼容翻。防，堤也。闲，阑也。防以制水，闲以制兽，皆禁止之义也。挠，奴教翻。由是不合。庶子刘桢美文辞，植亲爱之。汉制：列侯置家丞、庶子各一人，主侍侯，使理家事。桢，音贞。桢以书谏植曰：“君侯采庶子之春华，忘家丞之秋实，为上招谤，其罪不小，愚实惧焉。”

7 魏尚书令荀攸卒。攸深密有智防，智以料事，防以保身。自从魏公操攻讨，常谋谟帷幄，时人及子弟莫知其所言。操尝称，“荀文若之进善，不进不休；荀公达之去恶，不去不止。”去恶之去，羌吕翻。荀彧，字文若；荀攸，字公达。又称：“二荀令之论人，久而益信，吾没世不忘。”彧为汉尚书令，攸为魏尚书令。

8初，枹罕宋建因凉州乱，自号河首平汉王，枹罕县，前汉属金城郡，后汉属陇西郡。枹，音肤。赐支河首在金城河关之西，建自以居河上流，故以为号。改元，置百官，三十馀年。冬，十月，魏公操使夏侯渊自兴国讨建，围枹罕，拔之，斩建。渊别遣张郃等渡河，入小湟中，湟水源出西海盐池之西北，东至金城允吾县入河。夹湟两岸之地，通谓之湟中。又有湟中城，在西平、张掖之间，小月氏之地也，故谓之小湟中。河西诸羌皆降，降，户江翻。陇右平。

9帝自都许以来，守位而已，左右侍卫莫非曹氏之人者。议郎赵彦常为帝陈言时策，魏公操恶而杀之。为，于伪翻。恶，乌路翻。操后以事入见殿中，帝不任其惧，见，贤遍翻；下同。任，音壬，胜也；不任，犹言不胜也。因曰："君若能相辅，则厚；不尔，幸垂恩相舍。"操失色，俛仰求出。旧仪：三公领兵，朝见，令虎贲执刃挟之。以其领兵，惧其为变，故防之也。朝，直遥翻，下同。见，贤遍翻。操出，顾左右，汗流浃背；浃，即协翻。自后不复朝请。复，扶又翻。

董承女为贵人，操诛承，求贵人杀之。帝以贵人有妊，妊，如林翻，孕也。累为请，不能得。为，于伪翻。伏皇后由是怀惧，乃与父完书，言曹操残逼之状，贼人者谓之残。逼，言其逼上也。令密图之，完不敢发。至是，事乃泄，董承诛事见六十三卷五年。操大怒，十一月，使御史大夫郗虑持节策收皇后玺绶，郗，丑之翻。玺，斯氏翻。绶，音受。以尚书令华歆为副，勒兵入宫，收后。后闭户，藏壁中。歆坏户发壁，就牵后出。华子鱼有名称于时，与邴原、管宁号三人为一龙，歆为龙头，原为龙腹，宁为龙尾。歆所为乃尔；邴原亦为操爵所縻；高尚其事，独管宁耳。当时头尾之论，盖以名位言也。呜呼！坏，音怪。时帝在外殿，引虑于坐，坐，徂卧翻。后被发、徒跣、行泣，过诀曰："不能复相活邪？"被，皮义翻。复，扶又翻。帝曰："我亦不知命在何时！"顾谓虑曰："郗公，汉御史大夫，三公也，故以呼之。天下宁有是邪！”遂将后下暴室，以幽死；下，遐稼翻。所生二皇子，皆鸩杀之，兄弟及宗族死者百馀人。

10 十二月，魏公操至孟津。

11 操以尚书郎高柔为理曹掾。理曹，汉公府无之，盖操所置。掾，俞绢翻。旧法：军征士亡，考竟其妻子。考核而穷竟之也。而亡者犹不息。操欲更重其刑，并及父母、兄弟，柔启曰：“士卒亡军，诚在可疾，疾，恶也。书曰：尔毋忿疾于顽。然窃闻其中时有悔者。愚谓乃宜贷其妻子，一可使诱其还心。诱，音酉。正如前科，固已绝其意望；而猥复重之，复，扶又翻，下同。柔恐自今在军之士，见一人亡逃，诛将及己，亦且相随而走，不可复得杀也。此重刑非所以止亡，乃所以益走耳！”操曰：“善！”即止不杀。

二十年（乙未、二一五）

1 春，正月，甲子，立贵人曹氏为皇后；魏公操之女【张：“女”上脱“中”字。】也。

2 三月，魏公操自将击张鲁，将自武都入氐，武都，本白马氐所居之地，武帝开以为郡。氐人塞道，塞，悉则翻。遣张郃、朱灵等攻破之。郃，古合翻，又曷阁翻。夏，四月，操自陈仓出散关至河池，陈仓县，属右扶风，唐岐州，宝鸡县是。大散关，在其西南。河池县，属武都郡。余据大散关在今凤州梁泉县。氐王窦茂众万馀人，恃险不服，五月，攻屠之。西平、金城诸将麹演、蒋石等共斩送韩遂首。汉末分金城为西平郡。

3 初，刘备在荆州，周瑜、甘宁等数劝孙权取蜀。数，所角翻。权遣使谓备曰：使，疏吏翻。“刘璋不武，不能自守，若使曹操得蜀，则荆州危矣。今欲先攻取璋，次取张鲁，一统南方，虽有十操，无所忧也。”备报曰：“益州民富地险，刘璋虽弱，足以自守。今暴师于蜀、汉，转运于万里，欲使战克攻取，举不失利，此孙、吴所难也。孙、吴，谓孙武、吴起也。议者见曹操失利于赤壁，谓其力屈，无复远念；复，扶又翻。今操三分天下已有其二，将欲饮马于沧海，观兵于吴会，吴会，谓吴地为一都会。会，读如字。一说，吴、会，谓吴、会稽二郡之地。会，音工外翻。何肯守此坐须老乎！而同盟无故自相攻伐，借枢于操，枢者，门户所由以运动也。言操欲摇动吴、蜀而未得其枢，若自相攻伐，是借之以可动之枢也。使敌乘其隙，非长计也。且备与璋托为宗室，冀凭威灵以匡汉朝。朝，直遥翻。今璋得罪于左右，备独悚惧，非所敢闻，愿加宽贷。"权不听，遣孙瑜率水军住夏口。备不听军过，谓瑜曰："汝欲取蜀，吾当被发入山，不失信于天下也。"言宗室被攻而不能救，无面目以立于天下也。被，皮义翻。使关羽屯江陵，张飞屯秭归，秭归县，属南郡，唐之归州。诸葛亮据南郡，南郡，本治江陵，吴得荆州，置南郡于江南；晋平吴，以江陵为南郡，以江南之南郡为南平郡。亮所据盖江南之南郡也。备自住孱陵，孱，应劭音践；师古士连翻。权不得已召瑜还。及备西攻刘璋，权曰："猾虏，乃敢挟诈如此！"备留关羽守江陵，鲁肃与羽邻界；羽数生疑贰，肃常以欢好抚之。数，所角翻。好，呼到翻。

及备已得益州，权令中司马诸葛瑾从备求荆州诸郡。时权署置诸将有别部司马；则中司马者，盖中军司马也。瑾自长史转中司马，位任盖不轻矣。瑾，渠吝翻。备不许，曰："吾方图凉州，凉州定，乃尽以荆州相与耳。"权曰："此假而不反，乃欲以虚辞引岁也。"谓延引岁时也。孟子曰：久假而不归，焉知其非有也。遂置长沙、零陵、桂阳三郡长吏。长，知两翻。关羽尽逐之。权大怒，遣吕蒙督兵二万以取三郡。

蒙移书长沙、桂阳，皆望风归服，惟零陵太守郝普城守不降。降，户江翻；下同。刘备闻之，自蜀亲至公安，遣关羽争三郡。孙权进住陆口，为诸军节度；使鲁肃将万人屯益阳以拒羽；益阳县属长沙郡。应劭曰：在益水之阳。舆地志：今潭州安化县，本汉益阳县。杜佑曰：潭州益阳县，汉故城在今县东。宋白曰：益阳故城在今益阳县东八十里，其城鲁肃所筑。飞书召吕蒙，使舍零陵急还助肃。蒙得书，秘之，夜，召诸将授以方略；晨，当攻零陵，顾谓郝普故人南阳邓玄之曰："郝子太闻世间有忠义事，亦欲为之，而不知时也。郝普，字子太。郝，呼各翻。今左将军在汉中为夏侯渊所围，关羽在南郡，至尊身自临之。彼方首尾倒县，县，读曰悬。救死不给，岂有馀力复营此哉！今吾计力度虑而以攻此，复，扶又翻。度，徒洛翻；下同。曾不移日而城必破，城破之后，身死，何益于事，而令百岁老母戴白受诛，岂不痛哉！度此家不得外问，此家，谓郝普也。谓援可恃，故至于此耳。君可见之，为陈祸福。"为，于伪翻。玄之见普，具宣蒙意；普惧而出降。蒙迎，执其手与俱下船，语毕，出书示之，因拊手大笑。普见书，知备在公安而羽在益阳，惭恨入地。蒙留孙河，委以后事，考异曰：按孙河已死，或他人同姓名耳。即日引军赴益阳。

鲁肃欲与关羽会语，诸将疑恐有变，议不可往。肃曰："今日之事，宜相开譬。刘备负国，是非未决，羽亦何敢重欲干命！"乃邀羽相见，各驻兵马百步上，但诸将军单刀俱会。肃因责数羽以不返三郡，数，所具翻。羽曰："乌林之役，左将军身在行间，戮力破敌，即谓赤壁之战也。行，户刚翻。岂得徒劳，无一块土，而足下来欲收地邪！"块，苦溃翻。肃曰："不然。始与豫州觐于长阪，事并见六十五卷十三年。豫州之众不当一校，校，户教翻。计穷虑极，志势摧弱，图欲远窜，谓欲投吴巨也。望不及此。主上矜愍豫州之身无有处所，不爱土地士民之力，使有所庇荫以济其患；而豫州私独饰情，愆德隳好。私独，谓私其一己之所独也。隳，读曰隳。好，呼到翻；下同。今已藉手于西州矣，谓得益州，有以藉手也。又欲翦并荆州之土，斯盖凡夫所不忍行，而况整领人物之主乎！”羽无以答。会闻魏公操将攻汉中，考异曰：备传云“曹公定汉中”，孙权传云“入汉中”，按操以七月入汉中，备未应即闻之，而八月权已攻合肥，盖闻曹公兵始欲向汉中，即引兵还耳。刘备惧失益州，使使求和于权。权令诸葛瑾报命，更寻盟好。遂分荆州，以湘水为界：长沙、江夏、桂阳以东属权，南郡、零陵、武陵以西属备。班志，湘水出零陵阳海山，至酃入江，过郡二，行二千五百三十里。吴、蜀分荆州，长沙、桂阳、零陵、武陵以湘水为界耳；南郡、江夏各自依其郡界。夏，户雅翻。诸葛瑾每奉使至蜀，使，疏吏翻。与其弟亮但公会相见，退无私面。

4 秋，七月，魏公操至阳平。水经注：浕水发武都氐中，南径张鲁城东。城因峭岭，周回五里；东临峻谷，杳然百寻；西、北二面，连峰接崖，莫究其极；从南为盘道，登陟二里有馀。庾仲雍谓山为白马塞，东对白马城，一名阳平关。浕水南流入沔，谓之浕口。或曰：阳平关，即今兴元百牢关是也。杜佑曰：阳平关，在汉中褒城县西北。张鲁欲举汉中降，降，户江翻；下同。其弟卫不肯，率众数万人拒关坚守，横山筑城十馀里。初，操承凉州从事及武都降人之辞，说“张鲁易攻，易，以豉翻。阳平城下南北山相远，远，于愿翻。不可守也”，信以为然。及往临履，不如所闻，乃叹曰：“他人商度，度，徒洛翻。少如人意。”少，诗沼翻。攻阳平山上诸屯，山峻难登，既不时拔，士卒伤夷者多，军食且尽，操意沮，便欲拔军截山而还，沮，在吕翻。截山者，防其追尾也。还，从宣翻，又如字；下同。遣大将军夏侯惇、将军许褚呼山上兵还。会前军夜迷惑，误入张卫别营，营中大惊退散。侍中辛毗、主簿刘晔等在兵后，语惇、褚，语，牛倨翻。言“官兵已据得贼要屯，贼已散走”，犹不信之。惇前自见，乃还白操，进兵攻卫，卫等夜遁。考异曰：武帝纪曰：“公至阳平，张鲁使弟卫等据关，攻之不拔，乃引还。贼守备解散，公乃密遣解㯳等乘险夜袭，大破之。”刘晔传曰：“太祖欲还，令晔督后诸军。晔策鲁可克，驰白太祖，不如致攻，遂进兵，鲁乃奔走。”郭颁世语：“鲁遣五官掾降，弟卫拒王师不得进。鲁走巴中。军粮尽，太祖将还。西曹掾郭谌曰：'鲁已降，留使既未反，卫虽不同，偏携可攻。县军深入以进必克，退必不免。'太祖疑之。夜有野麋数千，突坏卫营，军大惊，高祚等误与卫众遇，卫以为大军见掩，遂降。"魏名臣奏载杨暨表曰："武皇帝征张鲁，以十万之众，身亲临履。张卫之守，盖不足言。地险守易，虽有精兵虎将，势不能施。对兵三日，欲抽军还。天祚大魏，鲁守自坏，因以定之。"又载董昭表。其"承凉州"以下，皆昭表所述，必得实。今从之。

张鲁闻阳平已陷，欲降，阎圃曰："今以迫往，功必轻；不如依杜濩赴朴胡，杜濩，賨邑侯也。朴胡，巴七姓夷王也。余据板楯蛮渠帅有罗、朴、督、鄂、度、夕、龚七姓，不输租赋，此所谓七姓夷王也。其馀户岁入賨钱，口四十，故有賨侯。孙盛曰：朴，音浮；濩，音户。与相拒，然后委质，质，如字。功必多。"乃奔南山入巴中。今兴元府，古汉中之地也。兴元之南有大行路，通于巴州。其路险峻，三日而达于山顶。其绝高处谓之"孤云、两角，去天一握。"孤云、两角，二山名也；今巴州汉巴郡宕渠县之北界也。三巴之地，此居其中，谓之中巴。巴之北境有米仓山，下视兴元，实孔道也。左右欲悉烧宝货仓库，鲁曰："本欲归命国家，而意未得达。今之走避锐锋，非有恶意。宝货仓库，国家之有。"遂封藏而去。操入南郑，南郑县，汉中郡治所。甚嘉之。又以鲁本有善意，遣人慰喻之。

丞相主簿司马懿言于操曰："刘备以诈力虏刘璋，蜀人未附，而远争江陵，此机不可失也。今克汉中，益州震动，进兵临之，势必瓦解。圣人不能违时，亦不可失时也。"操曰："人苦无足，既得陇，复望蜀邪！"光武诏岑彭等曰："人苦不知足，既得陇，复望蜀。"刘晔曰："刘备，人杰也，有度而迟；得蜀日浅，蜀人未恃也。今破汉中，蜀人震恐，其势自倾。以公之神明，因其倾而压之，无不克也。若少缓之，诸葛亮明于治国而为相，关羽、张飞勇冠三军而为将，少，诗沼翻。治，直之翻。相，息亮翻。冠，古玩翻。将，即亮翻；下同。蜀民既定，据险守要，则不可犯矣。今不取，必为后忧。”操不从。居七日，蜀降者说“蜀中一日数十惊，守将虽斩之而不能安也。”考异曰：刘晔传云“备虽斩之”，按备传云：“备下公安，闻曹公定汉中，乃还。”如此，则备时犹在公安也。操问晔曰：“今尚可击不？”不，读曰否。晔曰：“今已小定，未可击也。”七日之间，何以遽谓之小定？晔盖窥觇备之守蜀有不可犯者，故为此言以对操焉耳。乃还。以夏侯渊为都护将军，都护将军，以尽护诸将而立号；光武始以命贾复。督张郃、徐晃等守汉中；以丞相长史杜袭为驸马都尉，留督汉中事。袭绥怀开导，百姓自乐出徙洛、邺者八万馀口。乐，音洛。

5 八月，孙权率众十万围合肥。时张辽、李典、乐进将七千馀人屯合肥；魏公操之征张鲁也，为教与合肥护军薛悌，署函边曰：“贼至，乃发。”及权至，发教，教曰：“若孙权至者，张、李将军出战，乐将军守，护军勿得与战。”操以辽、典勇锐，使之战；乐进持重，使之守；薛悌文吏也，使勿得与战。诸将以众寡不敌，疑之。张辽曰：“公远征在外，比救至，彼破我必矣。比，必寐翻。是以教指及其未合逆击之，折其盛势，以安众心，然后可守也。”进等莫对。辽怒曰：“成败之机，在此一战。诸君若疑，辽将独决之。”欲独出战也。李典素与辽不睦，慨然曰：“此国家大事，顾君计何如耳，吾可以私憾而忘公义乎！请从君而出。”于是辽夜募敢从之士，得八百人，椎牛犒飨。犒，苦到翻。明旦，辽被甲持戟，先登陷陈，杀数十人，斩二大将，大呼自名，陈，读曰阵。呼，火故翻。冲垒入至权麾下。权大惊，不知所为，走登高冢，以长戟自守。辽叱权下战，权不敢动，望见辽所将众少，乃聚围辽数重。少，诗沼翻。重，直龙翻。辽急击围开，将麾下数十人得出。馀众号呼曰：“将军弃我乎？”号，户高翻。辽复前【章：甲十一行本“前”作“还”；乙十一行本同；退斋校同。】突围，拔出馀众。复，扶又翻；下同。权人马皆披靡，无敢当者。

拔，普靡翻。自旦战至日中，吴人夺气。乃还修守备，众心遂安。

权守合肥十馀日，城不可拔，彻军还。兵皆就路，权与诸将在逍遥津北，水经注：合肥东有逍遥津，水上旧有梁。张辽觇望知之，觇，丑廉翻，又丑艳翻。即将步骑奄至。甘宁与吕蒙等力战扞敌，凌统率亲近扶权出围，复还与辽战，左右尽死，身亦被创，度权已免，乃还。被，皮义翻。创，初良翻。度，徒洛翻。权乘骏马上津桥，上，时掌翻。桥南已彻，丈馀无板；亲近监谷利在马后，亲近监，官也。谷，姓也；利，名也。江表传曰：谷利者，本左右给使也，以谨直为亲近监。使权持鞍缓控，控，即马鞚。利于后着鞭以助马势，着，陟略翻。遂得超渡。贺齐率三千人在津南迎权，权由是得免。

权入大船宴饮，贺齐下席涕泣曰："至尊人主，常当持重，今日之事，几致祸败。群下震怖，几，居希翻。怖，普布翻。若无天地，愿以此为终身之诫！"权自前收其泪曰："大惭，权惭谢贺齐也。谨已刻心，非但书绅也。"论语：子张问于孔子，以孔子之言书诸绅。故以答贺齐。

6 九月，巴、赍夷帅朴胡、杜濩、任约，各举其众来附。赍，臧宗翻。帅，所类翻。于是分巴郡，以胡为巴东太守，濩为巴西太守，约为巴郡太守，皆封列侯。后三人皆为刘备所破。

7 冬，十月，始置名号侯以赏军功。魏书曰：置名号爵十八级，关中侯爵十七级，皆金印、紫绶。又置关内外侯十六级，铜印、龟纽、墨绶。皆不食租。裴松之曰：今之虚封，盖自此始。

8 十一月，张鲁将家属出降。降，户江翻；下同。魏公操逆拜鲁镇南将军，待以客礼，封阆中侯，贤曰：阆中县，属巴郡，今隆州。余据隆州后避唐玄宗讳改为阆州。杜佑曰：阆中，今阆州城。阆，音浪。邑万户。封鲁五子及阎圃等皆为列侯。

习凿齿论曰：阎圃谏鲁勿王，事见六十四卷建安六年。而曹公追封之，将来之人，孰不思顺！塞其本源而末流自止，塞，悉则翻。其此之谓欤！若乃不明于此而重焦烂之功，此引前书徐福焦头烂额事，见二十五卷汉宣帝地节四年。丰爵厚赏止于死战之士，则民利于有乱，俗竞于杀伐，阻兵杖力，杖，除两翻。干戈不戢矣。曹公之此封，可谓知赏罚之本矣。

9 程银、侯选、庞悳皆随鲁降。程银、侯选，关中部帅也；庞悳，马超将也：渭南、冀城之败，皆奔张鲁。悳，古德字。魏公操复银、选官爵，拜悳立义将军。

10 张鲁之走巴中也，黄权言于刘备曰："若失汉中，则三巴不振，此为割蜀之股臂也。"三巴，巴东、巴西、巴郡也。备乃以权为护军，率诸将迎鲁；鲁已降，权遂击朴胡、杜濩、任约，破之。魏公操使张郃督诸军徇三巴，欲徙其民于汉中，进军宕渠。宕渠县，本属巴郡，时属巴西郡。贤曰：宕渠故城，在今渠州流江县东北。杜佑曰：俗号车骑城是也。宋白曰：宕渠城，汉车骑将军冯绲增修，俗名车骑城。师古曰：宕，音徒浪翻。刘备使巴西太守张飞与郃相拒，五十馀日，飞袭击郃，大破之。郃走还南郑，备亦还成都。

操徙出故韩遂、马超等兵五千馀人，使平难将军殷署等督领，平难将军，曹氏所置。难，乃旦翻。以扶风太守赵俨为关中护军。操使俨发千二百兵助汉中守御，殷署督送之，行者不乐。乐，音洛。俨护送至斜谷口，斜，余遮翻。谷，音浴，又古禄翻。还，未至营，署军叛乱。俨自随步骑百五十人，皆叛者亲党也，闻之，各惊，被甲持兵，被，皮义翻。不复自安。复，扶又翻。俨徐喻以成败，慰励恳切，皆慷慨曰："死生当随护军，不敢有二！"前到诸营，各召料简诸奸结叛者料，音聊，量度也，理也。八百馀人，散在原野。俨下令：惟取其造谋魁率治之，率，读曰帅，所类翻。治，直之翻。馀一不问；郡县所收送皆放遣，乃即相率还降。俨密白："宜遣将诣大营，大营，谓操营也。将，读如字，送也。请旧兵镇守关中。"魏公操遣将军刘柱将二千人往，当须到乃发遣。俄而事露，诸营大骇，不可安谕。不可以言语谕之使安帖也。俨遂宣言："当差留新兵之温厚者千人，镇守关中，差，初皆翻，择也。其馀悉遣东。"遣之东赴操营。便见主者内诸营兵名籍，立差别之。主者，主兵籍者也。差，初皆翻，择也，又初加翻，言以等差别异之也。别，彼列翻，分也，异也。留者意定，与俨同心，其当去者亦不敢动。俨一日尽遣上道，上，时掌翻。因使所留千人分布罗落之。分布于行者之间，罗列而遮落之也。东兵寻至，东兵，刘柱所将之兵也。乃复胁谕，复，扶又翻。并徙千人，令相及共东。凡所全致二万馀口。

二十一年（丙申、二一六）

1 春，二月，魏公操还邺。

2 夏，五月，进魏公操爵为王。

初，中尉崔琰荐钜鹿杨训于操，中尉，秦官，汉因之，至武帝改为执金吾。今操复置中尉，实则汉执金吾之职也。操礼辟之。及操进爵，训发表称颂功德。或笑训希世浮伪，谓琰为失所举。琰从训取表草视之，与训书曰："省表，事佳耳。省，悉景翻。时乎，时乎！会当有变时。"琰本意，讥论者好谴呵而不寻情理也。好，呼到翻。时有与琰宿不平者，白琰"傲世怨谤，意旨不逊"，以"会当有变"为意旨不逊。操怒，收琰付狱，髡为徒隶。前白琰者复白之云："琰为徒，对宾客虬须直视，虬须，卷须也；直视者，目不他瞩也。复，扶又翻，下同。若有所瞋。"瞋，昌真翻，怒目也。遂赐琰死。

尚书仆射毛玠伤琰无辜，心不悦。人复白玠怨谤，操收玠付狱，侍中桓阶、和洽皆为之陈理，为，于伪翻。操不听。阶求按实其事。王曰："言事者白，玠不但谤吾也，乃复为崔琰觖望。觖有二音：音窥瑞翻者，望也，言有所觊望也；音古穴翻者，怨望也。此当从入声。此捐君臣恩义，妄为死友怨叹，死友，言其背公而相为死也。为，于伪翻。殆不可忍也。"洽曰："如言事者言，玠罪过深重，非天地所覆载。覆，敷又翻。臣非敢曲理玠以枉大伦也，孟子曰：内则父子，外则君臣，人之大伦也。以玠历年荷宠，荷，下可翻。刚直忠公，为众所惮，不宜有此。然人情难保，要宜考核，两验其实。今圣恩不忍致之于理，更使曲直之分不明。"分，扶问翻。操曰："所以不考，欲两全玠及言事者耳。"洽对曰："玠信有谤主之言，当肆之市朝；论语：子服景伯曰：吾力犹能肆诸市朝。应劭曰：大夫以上尸诸朝，士以下尸诸市。朝，直遥翻。若玠无此言，言事者加诬大臣以误主听，不加检核，臣窃不安。"操卒不穷治，卒，子恤翻。治，直之翻；下同。玠遂免黜，终于家。

是时西曹掾沛国丁仪用事，玠之获罪，仪有力焉；群下畏之侧目。尚书仆射何夔及东曹属东莞徐奕东莞县属琅琊国，春秋之郓邑也；晋置东莞郡；唐密州莒县即其地也。莞，姑丸翻。独不事仪，仪谮奕，出为魏郡太守，操既居邺，建安十七年，割河内之荡阴、朝歌、林虑，东郡之卫国、顿丘、东武阳、发干，巨鹿之瘿陶、曲阳、南和，广平之广平、任，赵国之襄国、邯郸、易阳，以益魏郡。十八年，分置东、西都尉。此以自相府掾属补郡为出。赖桓阶左右之得免。左右，读曰佐佑。尚书傅选谓何夔曰："仪已害毛玠，子宜少下之。"夔曰："为不义，适足害其身，焉能害人！少，诗沼翻。下，遐稼翻。焉，于虔翻。且怀奸佞之心，立于明朝，其得久乎！"为丁仪被诛张本。朝，直遥翻。

崔琰从弟林，从，才用翻。尝与陈群共论冀州人士，称琰为首，群以智不存身贬之。林曰："大丈夫为有邂逅耳，邂，下懈翻。逅，户茂翻。即如卿诸人，良足贵乎！"

3 五月，己亥朔，日有食之。

4 代郡乌桓三大人皆称单于，代郡乌桓单于：其一曰普富，其二曰无臣氐，其三则未之闻也。恃力骄恣，太守不能治。魏王操以丞相仓曹属裴潜为太守，汉公府有仓曹，有掾，有属，主仓谷事。欲授以精兵。潜曰："单于自知放横日久，横，户孟翻。今多将兵往，必惧而拒境，少将则不见惮，宜以计谋图之。"遂单车之郡，单于惊喜。潜抚以恩威，单于詟服。詟，质涉翻。

5 初，南匈奴久居塞内，南匈奴自光武建武二十六年即入居塞内。与编户大同而不输贡赋。议者恐其户口滋蔓，浸难禁制，宜豫为之防。秋，七月，南单于呼厨泉入朝于魏，朝，直遥翻。魏王操因留之于邺，使右贤王去卑监其国。监，古衔翻；下同。单于岁给绵、绢、钱、谷如列侯，子孙传袭其号。分其众为五部，各立其贵人为帅，分为左、右、前、后、中五部，分居并州诸郡，而监国者居平阳。帅，所类翻。选汉人为司马以监督之。

6 八月，魏以大理钟繇为相国。

7 冬，十月，魏王操治兵击孙权；十一月，至谯。

何兹全标点容肇祖聂崇岐覆校

资治通鉴卷第六十八

翰林学士兼侍读学士朝散大夫右谏议大夫
知制诰判尚书都省兼提举万寿观公事上护军　司马光　奉敕编集
河内郡开国侯食邑一千三百户赐紫金鱼袋臣

后　学　天　台　胡三省　音　注

汉纪六十　起强圉作噩（丁酉），尽屠维大渊献（己亥），凡三年。

孝献皇帝癸

建安二十二年（丁酉、二一七）

1 春，正月，魏王操军居巢，居巢县，属庐江郡，春秋之巢国。宋白曰：今无为军，本巢县之无为镇，曹操攻吴，筑城于此，无功而退，因号无为城。临濡须水上壖地，秦、汉为居巢，春秋但名巢，辞有详略耳。考异曰：孙权传，曹公次居巢，攻濡须，并在去冬。今从魏武纪。孙权保濡须，二月，操进攻之。孙权所保者，十七年所筑濡须坞也。

初，右护军蒋钦屯宣城，宣城县，属丹阳郡。贤曰：故城在今宣州南陵县东。芜湖令徐盛收钦屯吏，表斩之。芜湖县，属丹阳郡，春秋吴鸠兹之地。宋白曰：以其地卑，畜水非深，而生芜藻，故曰芜湖。及权在濡须，钦与吕蒙持诸军节度，钦每称徐盛之善。权问之，钦曰："盛忠而勤强，有胆略器用，好万人督也。今大事未定，臣当助国求才，岂敢挟私恨以蔽贤乎？"权善之。

三月，操引军还，留伏波将军夏侯惇都督曹仁、张辽等二十六军屯居巢。晋志曰：光武建武初，征伐四方，始置督军御史，事竟，罢。建安中，魏武为相，始遣大将军督之，二十一年，命夏侯惇督二十六军是也。萧子显曰：汉顺帝时，御史中丞冯赦讨九江贼，督扬、徐二州军事。何、徐宋志云起魏武，王珪之职仪云起光武，并非也。权令都尉徐详诣操请降，操报使修好，誓重结婚。降，户江翻。使，疏吏翻。好，呼到翻。重，直龙翻。权留平虏将军周泰督濡须；平虏将军，盖孙氏创置。朱然、徐盛等皆在所部，以泰寒门，不服。寒门，言所出微也。权会诸将，大为酣乐，命泰解衣，权手自指其创痕，乐，音洛。创，初良翻。问以所起，泰辄记昔战斗处以对。毕，使复服；权把其臂流涕曰："幼平，周泰，字幼平。卿为孤兄弟，为，于伪翻。战如熊虎，不惜躯命，被创数十，被，皮义翻。肤如刻画，孤亦何心不待卿以骨肉之恩，委卿以兵马之重乎！"周泰传：权住宣城，忽略不治围落。山贼卒至，权始上马，贼锋刃已交。泰投身卫权，身被十二创。是日，微泰，权几危。又从讨黄祖，拒曹公，攻曹仁，皆有功，故委之。坐罢，住驾，使泰以兵马道从，坐，才卧翻。道，读曰导。从，才用翻。鸣鼓角作鼓吹而出；乐纂曰：司马法：军中之乐，鼓笛为上，使闻之者壮勇而乐和；细丝、高竹不可用也，虑悲声感人，士卒思归之故也。唐绍曰：鼓吹之乐，以为军容。昔黄帝涿鹿有功，以为警卫。刘昫曰：鼓吹，本军旅之音，马上奏之。自汉以来，北狄之乐，总归鼓吹署。余按汉制，万人将军给鼓吹。吹，昌瑞翻。于是盛等乃服。

2 夏，四月，诏魏王操设天子旌旗，出入称警跸。

3 六月，魏以军师华歆为御史大夫。华，户化翻。

4 冬，十月，命魏王操冕十有二旒，乘金根车，驾六马，设五时副车。董巴舆服志曰：金根车：轮皆朱班重牙，贰毂两辖。金薄缪龙，为舆倚较，文虎伏轼。龙首衔轭，左右吉阳筒，鸾雀立衡。橾文画辀，羽盖华蚤。建大旂十二斿，画日月升龙。驾六马，象镳镂锡，金鍐、方釳，插翟尾，朱兼樊缨，赤罽易茸，金就十有二。左纛，以牦牛尾为之，在左骓马轭上，大如斗。是为德车。五时车，安、立亦皆如之，各如方色。白马者，朱其髦尾为朱鬣云。所御驾六；馀皆驾四。后从为副车。晋志：五时安、立车，亦建旗十二，各随车色。立车则正竖其旗，安车则邪注。镂，亡范〔祖丛〕翻。鋄，许乙翻，铁孔也。镂，马首饰。

5 魏以五官中郎将丕为太子。

初，魏王操娶丁夫人，无子；妾刘氏，生子昂；卞氏生四子，丕、彰、植、熊。王使丁夫人母养昂；昂死于穰，事见六十二卷建安二年。丁夫人哭泣无节，操怒而出之，以卞氏为继室。植性机警、多艺能，才藻敏赡，操爱之。操欲以女妻丁仪，妻，七细翻。丕以仪目眇，眇者，一目小。谏止之。仪由是怨丕，与弟黄门侍郎廙晋百官志：给事黄门侍郎，秦官也，汉以后并因之，与侍中俱管门下众事，无员；及晋，置员四人。廙，逸职翻，又羊至翻。及丞相主簿杨修，数称临菑侯植之才，数，所角翻。劝操立以为嗣。修，彪之子也。操以函密访于外，尚书崔琰露版答曰：露板，不封也。"春秋之义，立子以长。春秋公羊传曰：立嫡以长不以贤，立子以贵不以长。长，知两翻。加五官将仁孝聪明，宜承正统，将，即亮翻。琰以死守之。"植，琰之兄女婿也。尚书仆射毛玠曰："近者袁绍以嫡庶不分，覆宗灭国。废立大事，非所宜闻。"东曹掾邢颙曰："以庶代宗，先世之戒也，愿殿下深察之。"掾，俞绢翻。颙，鱼容翻。丕使人问太中大夫贾诩以自固之术。诩曰："愿将军恢崇德度，躬素士之业，朝夕孜孜，不违子道，如此而已。"丕从之，深自砥砺。他日，操屏人问诩。屏，必郢翻。诩嘿然不对。操曰："与卿言，而不答，何也？"诩曰："属有所思，属，之欲翻；下右属同。故不即对耳。"操曰："何思？"诩曰："思袁本初、刘景升父子也。"袁绍父子事见六十四卷六年、七年；刘表父子事见六十五卷十三年。操大笑。

操尝出征，丕、植并送路侧，植称述功德，发言有章，左右属目，操亦悦焉。丕怅然自失，济阴吴质耳语曰："王当行，流涕可也。"及辞，丕涕泣而拜，操及左右咸歔欷，济，子礼翻。歔，音虚。欷，音希，又许既翻。于是皆以植多华辞而诚心不及也。植既任性而行，不自雕饰，五官将御之以术，矫情自饰，宫人左右并为之称说，为，于伪翻。故遂定为太子。

左右长御贺卞夫人曰：汉皇后宫有旁侧长御。"将军拜太子，丕为五官将，故称之为将军。天下莫不喜，夫人当倾府藏以赏赐。"藏，徂浪翻。夫人曰："王自以丕年大，故用为嗣。我但当以免无教导之过为幸耳，亦何为当重赐遗乎！"遗，于季翻。长御还，具以语操，语，牛倨翻。操悦，曰："怒不变容，喜不失节，故最为难。"

太子抱议郎辛毗颈而言曰："辛君知我喜不？"不，读曰否。毗以告其女宪英，宪英叹曰："太子，代君主宗庙、社稷者也。代君，不可以不戚；主国，不可以不惧。宜戚而【章：甲十一行本"而"作"宜"；乙十一行本同。】惧，而反以为喜，何以能久！魏其不昌乎！"女子之智识，有男子不能及者。

久之，临菑侯植乘车行驰道中，开司马门出。汉令乙：骑乘车马行驰道中，已论者没入车马改具。又宫卫令：出入司马门者皆下。是司马门犹可得而出入也。若魏制，则司马门惟车驾出乃开耳。操大怒，公车令坐死。由是重诸侯科禁，而植宠日衰。植妻衣绣，操登台见之，以违制命，还家赐死。以违制命罪植妻，则当时盖禁衣锦绣也。衣，于既翻。

6 法正说刘备曰：说，输芮翻。"曹操一举而降张鲁，定汉中，降，户江翻。不因此势以图巴、蜀，而留夏侯渊、张郃屯守，郃，古合翻，又曷阁翻。身遽北还，此非其智不逮，而力不足也，必将内有忧逼故耳。今策渊、郃才略，不胜国之将帅，举众往讨，必可克之。克之之日，广农积谷，观衅伺隙，上可以倾覆寇敌，尊奖王室；中可以蚕食雍、凉，广拓境土；晋志曰：汉改周之雍州为凉州，以地处西方，常寒凉也。地势西北邪出，在南山之间，南隔西羌，西通西域，于时号为断匈奴右臂。献帝时，凉州数乱，河西五郡，去州隔远，乃别立雍州。末又依古典为九州，乃令关右尽为雍州。魏时复分以为凉州。雍，于用翻。下可以固守要害，为持久之计。此盖天以与我，时不可失也。”备善其策，乃率诸将进兵汉中，遣张飞、马超、吴兰等屯下辨。下辨县，属武都郡。贤曰：今成州同谷县。师古曰：辨，音步见翻，又步苋翻。魏王操遣都护将军曹洪拒之。

7 鲁肃卒，孙权以从事中郎彭城严畯代肃，畯，音俊。督兵万人镇陆口。众人皆为畯喜，为，于伪翻。畯固辞以“朴素书生，不闲军事”，闲，习也。发言恳恻，至于流涕。权乃以左护军虎威将军吕蒙兼汉昌太守以代之。虎威将军，盖孙权置。沈约志，曹魏置四十号将军，虎威第三十四。众嘉严畯能以实让。

8 定威校尉吴郡陆逊定威校尉，亦权创置。言于孙权曰：“方今克敌宁乱，非众不济；而山寇旧恶，依阻深地。旧恶，谓自旧为恶者。夫腹心未平，难以图远，可大部伍，取其精锐。”言可大为部伍，择取精锐也。权从之，以为帐下右部督。会丹阳贼帅费栈作乱，费，父沸翻，姓也。栈，士限翻。扇动山越。权命逊讨栈，破之。遂部伍东三郡，东三郡，丹阳、新都、会稽也。强者为兵，羸者补户，羸，伦为翻。得精卒数万人；宿恶荡除，荡，徒朗翻。所过肃清，还屯芜湖。会稽太守淳于式表“逊枉取民人，愁扰所在。”言逊之所在，民人皆愁扰也。会，工外翻。逊后诣都，言次，称式佳吏，孙权时都秣陵。言次，谓言论之次，犹今云语次。权曰：“式白君，而君荐之，何也？”逊对曰：“式意欲养民，是以白逊；若逊复毁式以乱圣听，不可长也。”权曰：“此诚长者之事，顾人不能为耳。”复，扶又翻。长，知两翻。

9 魏王操使丞相长史王必典兵督许中事。魏王操犹领汉丞相而居邺，故以必为长史典兵督许。时关羽强盛，京兆金祎睹汉祚将移，乃与少府耿纪、司直韦晃、司直，即丞相司直。祎，吁韦翻。太医令吉本、风俗通：吉，周尹吉甫之后。汉有汉中太守吉恪。本子邈、邈弟穆等谋杀必，挟天子以攻魏，南引关羽为援。

二十三年（戊戌、二一八）

1 春，正月，吉邈等率其党千馀人，夜攻王必，烧其门，射必中肩，射，食亦翻。中，竹仲翻。帐下督扶必奔南城。许昌之南城也。会天明，邈等众溃，必与颍川典农中郎将严匡共讨斩之。颍川典农中郎将屯田许下。

2 三月，有星孛于东方。孛，蒲内翻。

3 曹洪将击吴兰，张飞屯固山，声言欲断军后，断，丁管翻；下同。众议狐疑。骑都尉曹休曰：汉武帝置三都尉，骑都尉其一也。"贼实断道者，当伏兵潜行；今乃先张声势，此其不能，明矣。宜及其未集，促击兰，兰破，飞自走矣。"洪从之，进，击破兰，斩之。三月，张飞、马超走。情见势屈，宜其走也。休，魏王族子也。

4 夏，四月，代郡、上谷乌桓无臣氐等反。先是，魏王操召代郡太守裴潜为丞相理曹掾，先，悉荐翻。掾，于绢翻。操美潜治代之功，治，直之翻。潜曰："潜于百姓虽宽，于诸胡为峻。今继者必以潜为治过严而事加宽惠。治，直吏翻。彼素骄恣，过宽必弛；既弛，【章：甲十一行本"弛"下有"又"字；乙十一行本同；张校同。】将摄之以法，摄，持也，整也。此怨叛所由生也。以势料之，代必复叛。"后魏陆俟治高车，与潜异世而同辙。复，扶又翻。于是操深悔还潜之速。后数十日，三单于反问果至。操以其子鄢陵侯彰行骁骑将军，鄢陵县，属颍川郡。骁骑将军，始于汉武帝，以命李广。陆德明曰：鄢，谒晚翻，又于建翻。汉书作"傿"。师古曰：音偃。使讨之。彰少善射御，膂力过人。少，诗照翻。操戒彰曰："居家为父子，受事为君臣，动以王法从事，尔其戒之！"

5 刘备屯阳平关，夏侯渊、张郃、徐晃等与之相拒。备遣其将陈式等绝马鸣阁道，马鸣阁，在今利州昭化县。徐晃击破之。张郃屯广石，广石，当在巴、汉之间。备攻之不能克，急书发益州兵。诸葛亮以问从事犍为杨洪，洪曰："汉中，益州咽喉，犍，居言翻。咽，音烟。存亡之机会，若无汉中，则无蜀矣。此家门之祸也，发兵何疑。"时法正从备北行，亮于是表洪领蜀郡太守；众事皆办，遂使即真。遂使之代法正。

初，犍为太守李严辟洪为功曹，严未去犍为而洪已为蜀郡；洪举门下书佐何祗有才策，汉制：郡阁下及诸曹各有书佐，干主文书。灵帝光和二年樊毅复华下民租口算碑载其上尚书奏牍，前书年、月、朔日，弘农太守臣毅顿首死罪上尚书，后书臣毅诚惶诚恐、顿首顿首、死罪死罪上尚书，后系掾臣条，属臣淮，书佐臣谋。洪尚在蜀郡，而祗已为广汉太守。是以西土咸服诸葛亮能尽时人之器用也。

秋，七月，魏王操自将击刘备；九月，至长安。

6 曹彰击代郡乌桓，身自搏战，铠中数箭，铠，可亥翻。中，竹仲翻。意气益厉；乘胜逐北，至桑乾之北，桑乾县，属代郡。宋白曰：今云州东至桑干督帐一百五十里。孟康曰：乾，音干。大破之，斩首、获生以千数。时鲜卑大人轲比能轲比能本小种鲜卑，以勇健不贪，断法平端，众推之为大人。将数万骑观望强弱，见彰力战，所向皆破，乃请服，北方悉平。

7 南阳吏民苦繇役，繇，读曰傜。苦于供给曹仁之军也。冬，十月，宛守将侯音反。宛，於元翻。南阳太守东里衮郑子产居东里，支子以为氏。与功曹应余迸窜得出；音遣骑追之，飞矢交流，余以身蔽衮，被七创而死，被，皮义翻。创，初良翻。音骑执衮以归。时征南将军曹仁屯樊以镇荆州，魏王操命仁还讨音。功曹宗子卿说音曰：说，输芮翻。"足下顺民心，举大事，远近莫不望风；然执郡将，将，即亮翻。逆而无益，何不遣之！"音从之。子卿因夜逾城从太守收馀民围音，会曹仁军至，共攻之。

二十四年(己亥、二一九)

1 春，正月，曹仁屠宛，斩侯音，复屯樊。复，扶又翻。

2 初，夏侯渊战虽数胜，数，所角翻。魏王操常戒之曰："为将当有怯弱时，不可但恃勇也。将当以勇为本，行之以智计；但知任勇，一匹夫敌耳。"及渊与刘备相拒逾年，备自阳平南渡沔水，缘山稍前，营于定军山。华阳国志曰：汉中沔阳县有定军山，北临沔水。据法正传：于定军、兴势作营，则定军山正在兴势也。今按兴势山在洋州兴道县西北二十里，去沔阳地里相远，当从华阳国志。考异曰：备传云："于定军山势作营"，法正传作"定军、兴势"。今从黄忠传。渊引兵争之。法正曰："可击矣。"备使讨虏将军黄忠乘高鼓噪攻之，渊军大败，斩渊考异曰：渊传曰："备夜烧围鹿角。渊使张郃护东围，自将轻兵护南围。备挑郃战，郃军不利。渊分兵半助郃，为备所袭，战死。"张郃传曰："备于走马谷烧都围，渊救火，从他道与备相遇，交战，短兵接刃，渊遂没。"今从刘备、黄忠、法正传。及益州刺史赵颙。颙刺益州，操所命也。渊军既败，颙亦死。颙，鱼容翻。张郃引兵还阳平。自广石还阳平。是时新失元帅，军中扰扰，不知所为。督军杜袭初，操东还，留袭督汉中军事。帅，所类翻。与渊司马太原郭淮收敛散卒，号令诸军曰："张将军国家名将，刘备所惮；今日事急，非张将军不能安也。"遂权宜推郃为军主。郃出，勒兵按陈，陈，读曰阵，下同。诸将皆受郃节度，众心乃定。明日，备欲渡汉水来攻；诸将以众寡不敌，欲依水为陈以拒之。郭淮曰："此示弱而不足挫敌，非算也。不如远水为陈，引而致之，半济而后击之，备可破也。"既陈，备疑，不渡。淮遂坚守，示无还心。以状闻于魏王操，操善之，遣使假郃节，复以淮为司马。

3 二月，壬子晦，日有食之。

4 三月，魏王操自长安出斜谷，军遮要以临汉中。斜谷道险，操恐为备所邀截，先以军遮要害之处，乃进临汉中。或云：遮要，地名。刘备曰："曹公虽来，无能为也，我必有汉川矣。"乃敛众拒险，终不交锋。操运米北山下，黄忠引兵欲取之，过期不还。翊军将军赵云将数十骑出营视之，翊军将军，备所创置也。值操扬兵大出，云猝与相遇，遂前突其陈，且斗且却。魏兵散而复合，追至营下，云入营，更大开门，偃旗息鼓。魏兵疑云有伏，引去；云雷鼓震天，雷，卢对翻。惟以劲弩于后射魏兵。射，而亦翻。魏兵惊骇，自相蹂践，堕汉水中死者甚多。蹂，人九翻。备明旦自来，至云营，视昨战处，曰："子龙一身都为胆也！"言其胆大，能以孤军亢操大兵。

操与备相守积月，魏军士多亡。亡，逃亡也。夏，五月，操悉引出汉中诸军还长安，刘备遂有汉中。

操恐刘备北取武都氐以逼关中，武都，本白马氐地。问雍州刺史张既，既曰："可劝使北出就谷以避贼，前至者厚其宠赏，则先者知利，后必慕之。"操从之，使既之武都，徙氐五万馀落出居扶风、天水界。操盖已弃武都而不有矣。诸氐散居秦川，苻氏乱华自此始。

5 武威颜俊、张掖和鸾、酒泉黄华、西平麹演等，各据其郡，自号将军，更相攻击。俊遣使送母及子诣魏王操为质以求助。更，工衡翻。质，音致。操问张既，既曰："俊等外假国威，内生傲悖，悖，蒲内翻，又蒲没翻。计定势足，后即反耳。今方事定蜀，且宜两存而斗之，犹卞庄子之刺虎，坐收其毙也。"战国策曰：卞庄子刺虎，管竖子止之曰："两虎方食牛，牛甘必争斗，则大者伤，小者亡。从伤刺之，一举必有两获。"庄子然之，果获二虎。刺，七亦翻。王曰："善！"岁馀，鸾遂杀俊，武威王秘又杀鸾。

6 刘备遣宜都太守扶风孟达从秭归北攻房陵，杀房陵太守蒯祺。张勃吴录曰：刘备分南郡立宜都郡，领夷道、狠山、夷陵三县。房陵县，本属汉中郡。此郡疑刘表所置，使蒯祺守之；否则祺自立也。蒯，苦怪翻。又遣养子副军中郎将刘封自汉中乘沔水下，统达军，刘封，本罗侯寇氏之子，长沙刘氏之甥。备至荆州，以未有继嗣，养之为子。与达会攻上庸，上庸太守申耽举郡降。上庸县，属汉中郡。贤曰：故城在今房州清水县西。魏略曰：申耽初在西城、上庸间，聚众数千家，与张鲁通；又遣使诣曹公，公加其号为将军，使领上庸都尉。降，户江翻。备加耽征北将军，领上庸太守，以耽弟仪为建信将军、西城太守。西城县，属汉中郡，备亦分为郡以授仪；唐为金州。

7秋，七月，刘备自称汉中王，设坛场于沔阳，沔阳县，属汉中郡。陈兵列众，群臣陪位，读奏讫，乃拜受玺绶，御王冠。玺，斯氏翻。绶，音受。王冠，远游冠也。因驿拜章，上还所假左将军、宜城亭侯印绶。左将军及宜城亭侯，皆操所表授也。上，时掌翻。立子禅为王太子。拔牙门将军义阳魏延为镇远将军，牙门、镇远，皆刘备创置将军号。领汉中太守，以镇汉川。魏文帝分南阳郡立义阳郡，又立义阳县属焉；此在延入蜀之后，史追书也。镇远将军，盖备所创置。宋白曰：义阳，唐为申州，宋为信阳军。备还治成都，以许靖为太傅，法正为尚书令，关羽为前将军，张飞为右将军，马超为左将军，黄忠为后将军，前、后、左、右将军皆汉官。馀皆进位有差。

遣益州前部司马犍为费诗即授关羽印绶，犍，居言翻。费，父沸翻。羽闻黄忠位与己并，怒曰："大丈夫终不与老兵同列！"不肯受拜。诗谓羽曰："夫立王业者，所用非一。昔萧、曹与高祖少小亲旧，少，诗照翻。而陈、韩亡命后至；论其班列，韩最居上，谓陈平、韩信自楚而来，韩信王而萧、曹侯，故曰韩最居上。未闻萧、曹以此为怨。今汉中王以一时之功隆崇汉升；然意之轻重，宁当与君侯齐乎！言备以一时使忠与羽班，而意之轻重则不在此。曹操尝表羽为汉寿亭侯，故称之为君侯。且王与君侯譬犹一体，同休等戚，祸福共之；愚谓君侯不宜计官号之高下、爵禄之多少为意也。仆一介之使，使，疏吏翻。衔命之人，君侯不受拜，如是便还，但相为惜此举动，为，于伪翻。恐有后悔耳。”羽大感悟，遽即受拜。

8 诏以魏王操夫人卞氏为王后。

9 孙权攻合肥。时诸州兵戍淮南。魏改汉九江郡为淮南郡。扬州刺史温恢谓兖州刺史裴潜曰：“此间虽有贼，然不足忧。今水潦方生，而子孝县军，无有远备，曹仁，字子孝，时为征南将军。县，读曰悬。关羽骁猾，政恐征南有变耳。”骁，坚尧翻。已而关羽果使南郡太守麋芳守江陵，将军傅〔衍〕士仁守公安，羽自率众攻曹仁于樊。仁使左将军于禁、立义将军庞德等屯樊北。操以庞德自汉中来归，故进号立义将军。八月，大霖雨，汉水溢，平地数丈，于禁等七军皆没。禁与诸将登高避水，羽乘大船就攻之，禁等穷迫，遂降。降，户江翻；下同。庞德在堤上，被甲持弓，箭不虚发，射必中也。庞，皮江翻。被，皮义翻。自平旦力战，至日过中，羽攻益急；矢尽，短兵接，德战益怒，气愈壮，而水浸盛，吏士尽降。降，户江翻；下同。德乘小船欲还仁营，水盛船覆，失弓矢，独抱船覆水中，为羽所得，立而不跪。示不屈伏。羽谓曰：“卿兄在汉中，魏略曰：德从兄柔在蜀。我欲以卿为将，不早降何为！”德骂羽曰：“竖子，何谓降也！魏王带甲百万，威振天下；汝刘备庸才耳，岂能敌邪！我宁为国家鬼，不为贼将也！”羽杀之。将，即亮翻。魏王操闻之【章：甲十一行本“之”下有“流涕”二字；乙十一行本同；孔本同。】曰：“吾知于禁三十年，操收兵兖州，禁即为将。何意临危处难，处，昌吕翻。难，乃旦翻。反不及庞德邪！”封德二子为列侯。

羽急攻樊城，城得水，往往崩坏，众皆恟惧。恟，许勇翻。或谓曹仁曰：“今日之危，非力所支，可及羽围未合，乘轻船夜走。”汝南太守满宠曰：“山水速疾，冀其不久。闻羽遣别将已在郏下，宠为汝南太守，操令助曹仁屯樊城。郏县，属颍川郡。师古曰：郏，音夹。晋地理志，襄城郡复有郏县，盖东汉省而魏、晋复置县也。自许以南，百姓扰扰，羽所以不敢遂进者，恐吾军掎其后耳。掎，居蚁翻。今若遁去，洪河以南，非复国家有也，洪河，大河也。君宜待之。”仁曰：“善！”乃沈白马与军人盟誓，沈，持林翻。同心固守。城中人马才数千人，城不没者数板。城高二尺为一板。羽乘船临城，立围数重，重，直龙翻。外内断绝。羽又遣别将围将军吕常于襄阳。荆州刺史胡修、南乡太守傅方皆降于羽。水经注：汉建安中，割南阳右壤为南乡郡，属荆州。

10 初，沛国魏讽有惑众才，倾动邺都，魏相国钟繇辟以为西曹掾。此魏相国府之西曹掾也。荥阳任览，与讽友善；同郡郑袤，袤，音茂。泰之子也，每谓览曰：“讽奸雄，终必为乱。”九月，讽潜结徒党，与长乐卫尉陈祎谋袭邺；乐，音洛。祎，吁韦翻。未及期，祎惧而告之。太子丕诛讽，连坐死者数千人，钟繇坐免官。

11 初，丞相主簿杨修与丁仪兄弟谋立曹植为魏嗣，修为汉丞相主簿，操官属也。五官将丕患之，以车载废簏内朝歌长吴质，与之谋。长，知两翻。修以白魏王操，操未及推验。丕惧，告质，质曰：“无害也。”明日，复以簏载绢以入，修复白之，推验，无人；推，按也。复，扶又翻。操由是疑焉。其后植以骄纵见疏，植乘车行驰道中，私开司马门出，既得罪矣；曹仁为关羽所围，操欲遣植救仁，而植醉不能受命，于是益见疏。而植故连缀修不止，修亦不敢自绝。每当就植，虑事有阙，忖度操意，忖，寸本翻。度，徒洛翻。豫作答教十馀条，敕门下，“教出，随所问答之”，于是教裁出，答已入；操怪其捷，推问，始泄。操亦以修袁术之甥，恶之，恶，乌路翻。乃发修前后漏泄言教，交关诸侯，以修豫作答教，谓之漏泄；与植往来，谓之交关诸侯。收杀之。

12 魏王操以杜袭为留府长史，驻关中。置留府于关中者，以备蜀也。关中营帅许攸帅，所类翻。此又一许攸，非自袁绍来奔之许攸也。拥部曲不归附，而有慢言，操大怒，先欲伐之。群臣多谏"宜招怀攸，共讨强敌；"操横刀于膝，膝，与膝同。作色不听。袭入欲谏，操逆谓之曰："吾计已定，卿勿复言！"复，扶又翻。袭曰："若殿下计是邪，臣方助殿下成之；若殿下计非邪，虽成，宜改之。殿下逆臣令勿言，何待下之不阐乎！"阐，开也，大也，明也。操曰："许攸慢吾，如何可置！"置，舍也。袭曰："殿下谓许攸何如人邪？"操曰："凡人也。"袭曰："夫惟贤知贤，惟圣知圣，凡人安能知非凡人邪！方今豺狼当路而狐狸是先，人将谓殿下避强攻弱；进不为勇，退不为仁。臣闻千钧之弩，不为鼷鼠发机；万石之钟，不以莛撞起音。三十斤为钧。千钧之弩，言其重也。鼷鼠，小鼠也。说文曰：有螫毒者。或谓之甘鼠。陆佃埤雅曰：鼷鼠者，甘口，啮人及鸟兽皆不痛。博物志云：鼠之最小者。本草说鼷鼠极细，不可卒见。四斤〔钧〕为石，石，百二十斤也。莛，草茎也。东方朔曰：以莛撞钟。是皆言力势重者，不以轻触而发动也。鼷，音奚。莛，音廷。撞，直江翻。今区区之许攸，何足以劳神武哉！"操曰："善！"遂厚抚攸，攸即归服。

13 冬，十月，魏王操至洛阳。

14 陆浑民孙狼等作乱，陆浑县，属弘农郡，秦、晋迁陆浑之戎于此。宋白曰：陆浑，河南府伊阳县地。师古曰：浑，音胡昆翻。杀县主簿，南附关羽。羽授狼印，给兵，还为寇贼，自许以南，往往遥应羽，羽威震华夏。夏，户雅翻。魏王操议徙许都以避其锐，丞相军司马司马懿、西曹属蒋济言于操曰："于禁等为水所没，非战攻之失，于国家大计未足有损。刘备、孙权，外亲内疏，关羽得志，权必不愿也。可遣人劝权蹑其后，许割江南以封权，则樊围自解。”操从之。

初，鲁肃尝劝孙权以曹操尚存，宜且抚辑关羽，与之同仇，不可失也。及吕蒙代肃屯陆口，以为羽素骁雄，有兼并之心，骁，坚尧翻。且居国上流，其势难久，密言于权曰：“今令征虏守南郡，孙皎时为征虏将军。潘璋住白帝，此即甘宁据楚关之计也。蒋钦将游兵万人循江上下，应敌所在，蒙为国家前据襄阳，为，于伪翻。如此，何忧于操，何赖于羽！且羽君臣矜其诈力，所在反覆，不可以腹心待也。今羽所以未便东向者，以至尊圣明，蒙等尚存也。今不于强壮时图之，一旦僵仆，欲复陈力，其可得邪！”僵仆，谓死也。复，扶又翻。权曰：“今欲先取徐州，自广陵以北，皆徐州之地。然后取羽，何如？”对曰：“今操远在河北，抚集幽、冀，未暇东顾，馀【章：甲十一行本“馀”作“徐”；乙十一行本同。】土守兵，闻不足言，曹操审知天下之势，虑此熟矣。此兵法所谓“城有所不守”也。往自可克。然地势陆通，骁骑所骋，骋，丑郢翻。至尊今日取徐州，操后旬必来争，虽以七八万人守之，犹当怀忧。吕蒙自量吴国之兵力不足北向以争中原者，知车骑之地，非南兵之所便也。不如取羽，全据长江，形势益张，易为守也。”权善之。易，以豉翻。

权尝为其子求昏于羽，为，于伪翻。羽骂其使，不许昏；使，疏吏翻。权由是怒。及羽攻樊，吕蒙上疏曰：“羽讨樊而多留备兵，必恐蒙图其后故也。蒙常有病，乞分士众还建业，以治疾为名，治，直之翻。羽闻之，必撤备兵，尽赴襄阳。大军浮江昼夜驰上，上，时掌翻。袭其空虚，则南郡可下而羽可禽也。”此南郡，谓江陵。遂称病笃。权乃露檄召蒙还，露檄，欲使羽知之。阴与图计。蒙下至芜湖，定威校尉陆逊谓蒙曰：“关羽接境，如何远下，后不当可忧也？”蒙曰：“诚如来言，然我病笃。”逊曰："羽矜其骁气，陵轹于人，轹，郎狄翻。始有大功，意骄志逸，但务北进，未嫌于我；有相闻病，必益无备。今出其不意，自可禽制。下见至尊，宜好为计。"英雄之士所见略同，蒙所以知其意思深长也。蒙曰："羽素勇猛，既难为敌，且已据荆州，恩信大行，兼始有功，胆势益盛，未易图也。"兵事尚密，逊之言虽当蒙之心，蒙未敢容易为逊言之。易，以豉翻。蒙至都，权问："谁可代卿者？"蒙对曰："陆逊意思深长，思，相吏翻。才堪负重，观其规虑，终可大任；而未有远名，非羽所忌，无复是过也。复，扶又翻；下同。若用之，当令外自韬隐，内察形便，然后可克。"权乃召逊，拜偏将军、右部督，以代蒙。逊至陆口，为书与羽，称其功美，深自谦抑，为尽忠自托之意。羽意大安，无复所嫌，稍撤兵以赴樊。果堕蒙计。逊具启形状，陈其可禽之要。

羽得于禁等人马数万，粮食乏绝，擅取权湘关米；吴与蜀分荆州，以湘水为界，故置关。权闻之，遂发兵袭羽。权欲令征虏将军孙皎与吕蒙为左右部大督，征虏将军，始于光武以命祭遵。蒙曰："若至尊以征虏能，宜用之；以蒙能，宜用蒙。昔周瑜、程普为左右部督，督兵攻江陵，虽事决于瑜，普自恃久将，将，即亮翻。且俱是督，遂共不睦，几败国事，此目前之戒也。"事见六十六卷建安十五年。几，居希翻。败，补迈翻。权寤，谢蒙曰："以卿为大督，命皎为后继可也。"

魏王操之出汉中也，使平寇将军徐晃屯宛以助曹仁；平寇将军，盖亦曹操所置，考沈约志，不在四十号之数。及于禁陷没，晃前至阳陵陂。关羽遣兵屯偃城，括地志：偃城，在襄州安养县北三里，古鄾子之国。晃既到，诡道作都堑，示欲截其后，羽兵烧屯走。诡道出偃城之后，通为长堑，故曰都堑。晃得偃城，连营稍前。操使赵俨以议郎参曹仁军事，与徐晃俱前，馀救兵未到；晃所督不足解围，而诸将呼责晃，促救仁。俨谓诸将曰："今贼围素固，水潦犹盛，我徒卒单少，少，诗沼翻。而仁隔绝，不得同力，此举适所以敝内外耳。当今不若前军逼围，遣谍通仁，使知外救，以励将士。计北军不过十日，尚足坚守，然后表里俱发，破贼必矣。如有缓救之戮，余为诸君当之。"为，于伪翻。诸将皆喜。晃营距羽围三丈所，作地道及箭飞书与仁，消息数通。消者，浸微浸灭之意；息者，渐生渐长之意。消息数通，则城内城外各知安否也。晃营迫羽围如此而不能制，使吕蒙不袭取江陵，羽亦必为操所破，而操假手于蒙者，欲使两寇自敝，而坐收渔人、田父之功也。数，所角翻。

孙权为笺与魏王操，请以讨羽自效，及乞不漏，令羽有备。操问群臣，群臣咸言宜密之。董昭曰："军事尚权，期于合宜。宜应权以密，而内露之。羽闻权上，若还自护，围则速解，便获其利。可使两贼相对衔持，以马为喻也。两马欲相踶啮，既加之衔勒，两不能动矣，而欲斗之气未衰，相对衔持，则两虽跳梁，力必自敝。上，时掌翻。坐待其敝。秘而不露，使权得志，非计之上。又，围中将吏不知有救，计粮怖惧。计城中之粮不足以持久，则心怀怖惧也。怖，普布翻。傥有他意，为难不小。难，乃旦翻。露之为便。且羽为人强梁，自恃二城守固，必不速退。"操曰："善！"即敕徐晃以权书射著围里及羽屯中，射，而亦翻。著，直略翻。围里闻之，志气百倍；羽果犹豫不能去。羽虽见权书，自恃江陵、公安守固，非权旦夕可拔；又因水势结围以临樊城，有必破之势，释之而去，必丧前功，此其所以犹豫也。

魏王操自雒阳南救曹仁，群下皆谓："王不亟行，今败矣。"侍中桓阶独曰："大王以仁等为足以料事势不也？"不，读曰否。曰："能。""大王恐二人遗力邪？"二人，谓曹仁、吕常也。曰："不然。""然则何为自往？"曰："吾恐虏众多，而徐晃等势不便耳。”阶曰：“今仁等处重围之中重，直龙翻，下同。而守死无贰者，诚以大王远为之势也。夫居万死之地，必有死争之心。内怀死争，外有强救，大王按六军以示馀力，何忧于败而欲自往？”操善其言，乃驻军摩陂，据水经，摩陂在颍川郏县，纵广可一十五里。魏青龙元年，有龙见于陂，于是改曰龙陂。前后遣殷署、朱盖等凡十二营诣晃。

关羽围头有屯，又别屯四冢，晃乃扬声当攻围头屯而密攻四冢。【章：乙十一行本“冢”下有“羽见四冢”四字。】欲坏，自将步骑五千出战；“自将”之上，有“羽”字文意乃明。晃击之，退走。羽围堑鹿角十重，重，直龙翻。晃追羽，与俱入围中，破之，傅方、胡修皆死，羽遂撤围退，然舟船犹据沔水，襄阳隔绝不通。

吕蒙至寻阳，尽伏其精兵𦨴䑨中，𦨴，居侯翻。䑨，卢谷翻。博雅曰：𦨴䑨，舟也。使白衣摇橹，作商贾人服，贾，音古。昼夜兼行，羽所置江边屯候，尽收缚之，是故羽不闻知。屯候虽被收缚，使麋、傅无叛心，羽犹可得闻知也。麋芳、士仁素皆嫌羽轻己，羽之出军，芳、仁供给军资不悉相及，羽言“还，当治之”，治，直之翻。芳、仁咸惧。于是蒙令故骑都尉虞翻权以翻为骑都尉，以谤徙丹阳。蒙请以自随，时无官爵，故称故官。为书说仁，为陈成败，说，输芮翻。为，于伪翻。仁得书即降。降，户江翻；下同。翻谓蒙曰：“此谲兵也，谓蒙以谲计行兵也。谲，古穴翻。当将仁行，留兵备城。”遂将仁至南郡。将，如字。麋芳城守，蒙以仁示之，芳遂开门出降。蒙入江陵，释于禁之囚，得关羽及将士家属，皆抚慰之，约令军中：“不得干历人家，有所求取。”蒙麾下士，与蒙同郡人，取民家一笠以覆官铠；覆，敷救翻。官铠虽公，蒙犹以为犯军令，不可以乡里故而废法，遂垂涕斩之。于是军中震栗，道不拾遗。蒙旦暮使亲近存恤耆老，问所不足，疾病者给医药，饥寒者赐衣粮。羽府藏财宝，皆封闭以待权至。藏，徂浪翻。

关羽闻南郡破，即走南还。还，从宣翻，又如字。曹仁会诸将议，咸曰："今因羽危惧，可追禽也。"赵俨曰："权邀羽连兵之难，邀，当作徼，徼幸也。难，乃旦翻。谓与曹仁连兵。欲掩制其后，顾羽还救，恐我乘其两疲，故顺辞求效，求效，犹言求自效也。或曰：巽顺其辞以求成效。乘衅因变以观利钝耳。今羽已孤迸，言羽失根本，而势孤奔迸也。更宜存之以为权害。若深入追北，权则改虞于彼，将生患于我矣，虞，度也，防也；谓度羽不能为害，则改其防羽之心而防操，则必为操之患矣。王必以此为深虑。"仁乃解严。赵俨之计，此战国策士所谓两利而俱存之之计也。解严，解所严兵，不复追羽也。是后陆逊败刘备于峡中，收兵而还，不复追备，计亦出此。魏王操闻羽走，恐诸将追之，果疾敕仁如俨所策。

关羽数使人与吕蒙相闻，数，所角翻。蒙辄厚遇其使，使，疏吏翻。周游城中，家家致问，或手书示信。羽人还，私相参讯，讯，问也。咸知家门无恙，见待过于平时，故羽吏士无斗心。吕蒙所以禽关羽者，携之而已。恙，金亮翻。

会权至江陵，荆州将吏悉皆归附；独治中从事武陵潘浚称疾不见，权遣人以床就家舆致之，浚伏面着床席不起，涕泣交横，哀哽不能自胜。着，直略翻。胜，音升。权呼其字与语，潘浚字承明。慰谕恳恻，使亲近以手巾拭其面。浚起，下地拜谢，即以为治中，荆州军事，一以咨之。郝普、麋芳、傅士仁之在吴，未有所闻也，而潘浚所以自见者，与陆逊、诸葛瑾班，识者当于此而观人。武陵部从事樊伷诱导诸夷，图以武陵附汉中王备。汉制：州牧、刺史部诸郡，各郡置部从事。伷，与胄同。诱，音酉。外白差督督万人往讨之，差，初佳翻，择也。督，将也。权不听；特召问浚，浚答："以五千兵往，足以擒伷。"权曰："卿何以轻之？"浚曰："伷是南阳旧姓，南阳之樊，光武之母党，故谓之旧姓。颇能弄唇吻，而实无才略。今人以辨给观人才，何其谬也！吻，武粉翻。口边曰吻。臣所以知之者，伷昔尝为州人设馔，为，于伪翻。馔，雏恋翻，又雏皖翻。比至日中，比，必寐翻。食不可得，而十馀自起，此亦侏儒观一节之验也。”侏儒，优人，以能谐笑取宠。观其一节，足以验其技。权大笑，即遣浚将五千人往，果斩平之。权以吕蒙为南郡太守，封孱陵侯，孱，仕连翻。赐钱一亿，黄金五百斤；以陆逊领宜都太守。吴录曰：蜀昭烈帝立宜都郡于西陵。即夷陵也；唐为峡州夷陵郡。

十一月，汉中王备所置宜都太守樊友委郡走，诸城长吏及蛮夷君长皆降于逊。长，知两翻。逊请金、银、铜印以假授初附，击蜀将詹晏等詹，姓也；周有詹父，楚有詹尹。及秭归大姓拥兵者，皆破降之，前后斩获、招纳凡数万计。权以逊为右护军、镇西将军，进封娄侯，屯夷陵，守峡口。娄县，前汉属会稽郡，后汉属吴郡。范成大吴郡志：娄县，今谓之昆山县，东北三里有村落，名娄县，盖古娄县治所也。峡口，西陵峡口也。宜都记曰：自黄牛滩东入西陵界，至峡口一百许里。山水纡曲，两岸高山重嶂，非日中夜半，不见日月。

关羽自知孤穷，乃西保麦城。荆州记曰：南郡当阳县东南有麦城。孙权使诱之，羽伪降，诱，音酉。降，户江翻。立幡旗为象人于城上，因遁走，兵皆解散，才十馀骑。权先使朱然、潘璋断其径路，断，丁管翻。十二月，璋司马马忠获羽及其子平于章乡，水经注：漳水出临沮县东荆山，南径临沮县之漳乡南，潘璋禽关羽于此。漳水又南径当阳县，又南径麦城东。斩之，遂定荆州。

初，偏将军吴郡全琮全，姓；琮，名。上疏陈关羽可取之计，权恐事泄，寝而不答；及已禽羽，权置酒公安，顾谓琮曰：“君前陈此，孤虽不相答，今日之捷，抑亦君之功也。”于是封琮阳华亭侯。权复以刘璋为益州牧，驻秭归，未几，璋卒。刘备入益州，迁璋于公安，今为权所得。几，居岂翻。

吕蒙未及受封而疾发，权迎置于所馆之侧，所以治护者万方。时有加针，权为之惨戚。治，直之翻。为，于伪翻。欲数见其颜色，数，所角翻。又恐劳动，常穿壁瞻之，见小能下食，则喜顾左右，【章：甲十一行本“右”下有“言笑”二字；乙十一行本同；孔本同；张校同；退斋校同。】不然则咄唶，咄，当没翻，咨也。唶，子夜翻，叹也。夜不能寐。病中瘳，为下赦令，为，于伪翻；下同。群臣毕贺，已而，竟卒，年四十二。权哀痛殊甚，为置守冢三百家。

权后与陆逊论周瑜、鲁肃及蒙曰：“公瑾雄烈，胆略兼人，遂破孟德，开拓荆州，邈焉寡俦。子敬因公瑾致达于孤，孤与宴语，便及大略帝王之业，此一快也。事见六十三卷五年。后孟德因获刘琮之势，张言方率数十万众水步俱下，张言者，张大而言之。孤普请诸将，咨问所宜，无适先对；无适先对，犹言莫适先对也。适，音的。至张子布、秦文表秦松，字文表。俱言宜遣使修檄迎之，子敬即驳言不可，驳，异也；立异议以纠驳众议之非。驳，北角翻。劝孤急呼公瑾，付任以众，逆而击之，此二快也。事见六十五卷十三年。后虽劝吾借玄德地，事见六十六卷十五年。是其一短，不足以损其二长也。周公不求备于一人，论语载周公语鲁公之言。故孤忘其短而贵其长，常以比方邓禹也。邓禹建策以开光武中兴之业，而其后不能定赤眉，故以肃比之。子明少时，吕蒙，字子明。少，诗照翻。孤谓不辞剧易，剧，艰也。易，以豉翻。果敢有胆而已；及身长大，长，知两翻。学问开益，筹略奇至，可以次于公瑾，但言议英发不及之耳。图取关羽，胜于子敬。子敬答孤书云：‘帝王之起，皆有驱除，羽不足忌。’谓关羽之强，适足为吴之驱除也。此子敬内不能办，外为大言耳，孤亦恕之，不苟责也。然其作军屯营，不失令行禁止，部界无废负，谓部界之内，无有废职以为罪负也。路无拾遗，其法亦美矣。”

孙权与于禁乘马并行，并，读曰併。虞翻呵禁曰："汝降虏，降，户江翻。何敢与吾君齐马首乎！"抗鞭欲击禁，抗，举也。权呵止之。

15 孙权之称藩也，魏王操召张辽等诸军悉还救樊，未至而围解。徐晃振旅还摩陂，操迎晃七里，置酒大会；王举酒谓晃曰："全樊、襄阳，将军之功也。"亦厚赐桓阶，以为尚书。操嫌荆州残民及其屯田在汉川者，此汉川，谓襄、樊上下，汉水左右之地也。皆欲徙之。司马懿曰："荆楚轻脆易动，易，以豉翻。关羽新破，诸为恶者，藏窜观望，徙其善者，既伤其意，将令去者不敢复还。"操曰："是也。"是后诸亡者悉还出。

16 魏王操表孙权为票骑将军，假节，领荆州牧，封南昌侯。南昌县，属豫章郡。票，匹妙翻。权遣校尉梁寓入贡，又遣朱光等归，朱光为权所获，见上卷十九年。上书称臣于操，称说天命。操以权书示外曰："是儿欲踞吾着炉火上邪！"着，直略翻。盖言汉以火德王，权欲使操加其上也。然操必以权书示外者，正欲以观众心耳。侍中陈群等皆曰："汉祚已终，非适今日。殿下功德巍巍，群生注望，注，犹属望。故孙权在远称臣。此天人之应，异气齐声，殿下宜正大位，复何疑哉！"复，扶又翻。操曰："若天命在吾，吾为周文王矣。"文王三分天下有其二，以服事殷。

臣光曰：教化，国家之急务也，而俗吏慢之；风俗，天下之大事也，而庸君忽之。夫惟明智君子，深识长虑，然后知其为益之大而收功之远也。光武遭汉中衰，群雄糜沸，奋起布衣，绍恢前绪，征伐四方，日不暇给，乃能敦尚经术，宾延儒雅，开广学校，校，户教翻。修明礼乐，武功既成，文德亦洽。继以孝明、孝章，遹追先志，遹，述也，遵也。遹，音聿。临雍拜老，横经问道。自公卿、大夫至于郡县之吏，咸选用经明行修之人，行，下孟翻。虎贲卫士皆习孝经，贲，音奔。匈奴子弟亦游大学，是以教立于上，俗成于下。其忠厚清修之士，岂惟取重于搢绅，搢绅，谓搢笏、垂绅，在朝公卿、大夫也。亦见慕于众庶；愚鄙污秽之人，岂惟不容于朝廷，【章：甲十一行本“延”作“廷”；乙十一行本同；熊校同。】亦见弃于乡里。自三代既亡，风化之美，未有若东汉之盛者也。及孝和以降，贵戚擅权，嬖幸用事，嬖，卑义翻，又必计翻。赏罚无章，贿赂公行，贤愚浑殽，是非颠倒，可谓乱矣。然犹绵绵不至于亡者，上则有公卿、大夫袁安、杨震、李固、杜乔、陈蕃、李膺之徒面引廷争，争，读曰诤。用公义以扶其危，下则有布衣之士符融、郭泰、范滂、许劭之流，立私论以救其败，私论者，谓其不得预议于朝，而私立论于下，以矫朝议之失也。是以政治虽浊而风俗不衰，治，直吏翻。至有触冒斧钺，僵仆于前，而忠义奋发，继起于后，随踵就戮，视死如归。夫岂特数子之贤哉？亦光武、明、章之遗化也。当是之时，苟有明君作而振之，则汉氏之祚犹未可量也。量，音良。不幸承陵夷颓敝之馀，重以桓、灵之昏虐，保养奸回，孔安国曰：回，邪也。重，直用翻。过于骨肉；殄灭忠良，甚于寇雠；积多士之愤，蓄四海之怒。于是何进召戎，董卓乘衅，袁绍之徒从而构难，难，乃旦翻。遂使乘舆播越，乘，绳证翻。宗庙丘墟，王室荡覆，烝民涂炭，大命陨绝，不可复救。复，扶又翻。然州郡拥兵专地者，虽互相吞噬，犹未尝不以尊汉为辞。以魏武之暴戾强伉，伉，口浪翻。加有大功于天下，其蓄无君之心久矣，乃至没身不敢废汉而自立，岂其志之不欲哉？犹畏名义而自抑也。由是观之，教化安可慢，风俗安可忽哉！

何兹全标点容肇祖聂崇岐覆校

资治通鉴卷第六十九

翰林学士兼侍读学士朝散大夫右谏议大夫
知制诰判尚书都省兼提举万寿观公事上护军 司马光 奉敕编集
河内郡开国侯食邑一千三百户赐紫金鱼袋臣
后学天台胡三省音注

魏纪一

起上章困敦（庚子），尽玄黓摄提格（壬寅），凡三年。操破袁尚，得冀州，遂居于邺。邺，汉之魏郡治所。魏，大名也；遂封为魏公。又谶云：“代汉者当涂高。”当涂高者，魏也。文帝受汉禅，国遂号魏。

世祖文皇帝上 讳丕，字子桓，武王操长子也。谥法：学勤好问曰文。世祖，庙号也。礼，祖有功而宗有德。谥法：景物四方曰世；承命不迁曰世。靖民则法曰皇；明一德者曰皇；明一合道曰皇。德象天地曰帝；按道无为曰帝。

黄初元年（庚子、二二〇）魏受汉禅，推五德之运，以土继火。土色黄，故纪元曰黄初。是年十月受禅，方改元。

1 春，正月，武王至洛阳；庚子，薨。魏王操谥曰武。王知人善察，难眩以伪。眩者，目无常主；难眩以伪，谓人不能乱其明。识拔奇才，不拘微贱，随能任使，皆获其用。与敌对陈，陈，读曰阵。意思安闲，思，相吏翻。如不欲战然；及至决机乘胜，气势盈溢。勋劳宜赏，不吝千金；无功望施，施，式豉翻。分豪不与。豪，即毫字。用法峻急，有犯必戮，或对之流涕，然终无所赦。雅性节俭，不好华丽。好，呼到翻。故能芟刈群雄，几乎海内。曰“几”者，以不能并吴、蜀也。芰，所衔翻。几，居希翻。

是时太子在邺，军中骚动。群僚欲秘不发丧。谏议大夫贾逵以为事不可秘，乃发丧。或言宜易诸城守，悉用谯、沛人。曹氏，沛国谯人，小见者以乡人为可信也。守，式又翻；下同。魏郡太守广陵徐宣厉声曰：“今者远近一统，人怀效节，何必专任谯、沛，以沮宿卫者之心！”乃止。沮，在吕翻。青州兵擅击鼓相引去；青州兵，献帝初平三年操破黄巾所降者。众人以为宜禁止之，不从者讨之。贾逵曰：“不可。”为作长檄，令所在给其禀食。为，于伪翻；下上为、下为同。禀，读曰廪。食，如字。长檄，犹今军行所至帮券也。鄢陵侯彰从长安来赴，操自汉中还师而东，彰定代而西迎操，因留彰长安。鄢，陆德明谒晚翻，又于建翻；师古音偃。问逵先王玺绶所在。玺，斯氏翻。绶，音受。逵正色曰：“国有储副，先王玺绶，非君侯所宜问也。”凶问至邺，太子号哭不已。号，户刀翻。中庶子司马孚谏曰：续汉志：太子中庶子，秩六百石，职如侍中。“君王晏驾，天下恃殿下为命；当上为宗庙，下为万国，奈何效匹夫孝也！”太子良久乃止，曰：“卿言是也。”时群臣初闻王薨，相聚哭，无复行列。行，户刚翻。孚厉声于朝曰：朝，直遥翻。“今君王违世，天下震动，当早拜嗣君，以镇万国，而但哭邪！”乃罢群臣，备禁卫，治丧事。孚，懿之弟也。治，直之翻。群臣以为太子即位，当须诏命。谓须待汉帝诏命也。尚书陈矫曰：“王薨于外，天下惶惧。太子宜割哀即位，以系远近之望。且又爱子在侧，爱子，谓鄢陵侯彰也。彼此生变，则社稷危矣。”即具官备礼，一日皆辨。辨，与办同，蜀本作“办”。明旦，以王后令，策太子即王位，大赦。汉帝寻遣御史大夫华歆奉策诏，授太子丞相印、绶，魏王玺、绶，领冀州牧。华，户化翻。于是尊王后曰王太后。

2 改元延康。此汉改元，魏志也。

3 二月，丁未朔，日有食之。

4 壬戌，以太中大夫贾诩为太尉，御史大夫华歆为相国，大理王朗为御史大夫。

5 丁卯，葬武王于高陵。高陵，在邺城西。操遗令曰：汝等时时登铜雀台，望吾西陵墓田。魏纪载操令曰：规西门豹祠西原上为陵。

6 王弟鄢陵侯彰等皆就国。临菑监国谒者灌均，希指奏"临菑侯植醉酒悖慢，劫胁使者。"时禁切藩侯，使谒者监其国；监，古衔翻。悖，蒲内翻，又蒲没翻。王贬植为安乡侯，诛右刺奸掾沛国丁仪王莽置左右刺奸以督奸猾。光武中兴，亦置刺奸将军；然公府掾无其员也。魏、晋公府始有营军、刺奸等员。掾，俞绢翻。及弟黄门侍郎廙并其男口，并男口诛之，绝其世也。廙，逸职翻，又羊至翻。皆植之党也。

鱼豢论曰：谚言："贫不学俭，卑不学恭。"非人性分殊也，分，扶问翻。势使然耳。假令太祖防遏植等在于畴昔，此贤之心，何缘有窥望乎！彰之挟恨，尚无所至；至于植者，岂能兴难！难，乃旦翻。乃令杨修以倚注遇害，丁仪以希意族灭，哀夫！

7 初置散骑常侍、侍郎各四人，散骑常侍，秦官也。秦置散骑，又置中常侍。散骑，骑从乘舆车后；中常侍得入禁中：皆以为加官。汉东京初省散骑，而中常侍用宦者。至是初置散骑，合之于中常侍为一官，曰散骑常侍，掌规谏，不典事；貂珰插右，骑而散从，后遂为显职。散骑侍郎，自魏至晋与散骑常侍、侍中、黄门侍郎共平尚书奏事，江左乃罢。其宦人为官者不得过诸署令；谓左·右·中尚方、中黄、左·右藏、左校、甄官、奚官、黄门、掖庭、永巷、御府、钩盾、中藏府、内者等署也。为金策，藏之石室。时当选侍中、常侍，王左右旧人讽主者，便欲就用，不调馀人。调，徒吊翻。司马孚曰："今嗣王新立，当进用海内英贤，如何欲因际会，自相荐举邪！官失其任，得者亦不足贵也。"遂他选。

8 尚书陈群，以天朝选用不尽人才，天朝，谓汉朝也。朝，直遥翻。乃立九品官人之法；州、郡皆置中正以定其选，择州郡之贤有识鉴者为之，区别人物，第其高下。九品中正自此始。九品，上上、上中、上下、中上、中中、中下、下上、下中、下下也。别，彼列翻。

9 夏，五月，戊寅，汉帝追尊王祖太尉曰太王，王祖，汉太尉曹嵩也。夫人丁氏曰太王后。

10 王以安定太守邹岐为凉州刺史。西平麴演结旁郡作乱以拒岐；张掖张进执太守杜通，酒泉黄华不受太守辛机，皆自称太守以应演；诛韩遂者麴演也；盖威行凉部久矣，故进等皆应之。武威三种胡复叛。种，章勇翻。复，扶又翻。武威太守毌丘兴毌丘，复姓也。告急于金城太守、护羌校尉扶风苏则，则将救之，郡人皆以为贼势方盛，宜须大军。时将军郝昭、魏平先屯金城，受诏不得西渡。金城与武威、张掖、酒泉隔河。则乃见郡中大吏及昭等谋曰："今贼虽盛，然皆新合，或有胁从，未必同心；因衅击之，善恶必离，离而归我，我增而彼损矣。既获益众之实，且有倍气之势，率以进讨，破之必矣。若待大军，旷日弥久，善人无归，必合于恶，善恶既合，势难卒离。卒，读曰猝。虽有诏命，违而合权，专之可也。"昭等从之，乃发兵救武威，降其三种胡，降，户江翻；下同。与毌丘兴击张进于张掖。麴演闻之，将步骑三千迎则，辞来助军，实欲为变，则诱而斩之，诱，音酉。出以徇军，其党皆散走。则遂与诸军围张掖，破之，斩进；黄华惧，乞降。据裴松之注，华即后为兖州刺史奏王凌者也。事见七十五卷邵陵厉公嘉平三年。河西平。

初，敦煌太守马艾卒官，敦，徒门翻。卒，子恤翻；下同。郡人推功曹张恭行长史事；恭遣其子就诣朝廷请太守。会黄华、张进叛，欲与敦煌并势，执就，劫以白刃；就终不回，私与恭疏曰："大人率厉敦煌，忠义显然，岂以就在困厄之中而替之哉！今大军垂至，但当促兵以掎之耳。掎，举绮翻。从后牵曰掎，又云，偏引曰掎。愿不以下流之爱，使就有恨于黄壤也。”论语曰：君子恶居下流，天下之恶皆归焉。谓下流当恶居而不当爱也。一曰：流，辈也；牵于父子之爱，而废君臣之义，是常人之流下一等见识，故曰下流之爱。恭即引兵攻酒泉，别遣铁骑二百及官属，缘酒泉北塞，东迎太守尹奉。黄华欲救张进，而西顾恭兵，恐击其后，故不得往而降。就卒平安，奉得之郡，诏赐恭爵关内侯。

11 六月，庚午，王引军南巡。

12 秋，七月，孙权遣使奉献。

13 蜀将军孟达屯上庸，与副军中郎将刘封不协；封侵陵之，达率部曲四千馀家来降。达有容止才观，观，工玩翻。王甚器爱之，引与同辇，以达为散骑常侍、建武将军，封平阳亭侯。合房陵、上庸、西城三郡为新城，蜀分三郡见上卷汉献帝建安二十四年。以达领新城太守，委以西南之任。行军长史刘晔曰：时魏王引军南巡，以晔为长史。“达有苟得之心，而恃才好术，好，呼到翻。必不能感恩怀义。新城与孙、刘接连，蜀之汉中，吴之宜都，皆与新城接连。若有变态，为国生患。”王不听。为孟达叛魏张本。为，于伪翻。遣征南将军夏侯尚、右将军徐晃与达共袭刘封。上庸太守申耽叛封来降，封破，走还成都。

初，封本罗侯寇氏之子，汉中王初至荆州，以未有继嗣，养之为子。诸葛亮虑封刚猛，易世之后，终难制御，劝汉中王因此际除之；遂赐封死。

14 武都氐王杨仆率种人内附。种，章勇翻。

15 甲午，王次于谯，大飨六军及谯父老于邑东，设伎乐百戏，伎，巨绮翻。吏民上寿，日夕而罢。

孙盛曰：三年之丧，自天子达于庶人。故虽三季之末，谓三代之季也。七雄之敝，秦、赵、韩、魏、齐、楚、燕为战国七雄。犹未有废衰斩于旬朔之间，释麻杖于反哭之日者也。麻，绖也。居父丧苴杖。礼：既葬而反哭。檀弓曰：反哭升堂，反诸其所作也。反哭之吊也，哀之至也；反而亡焉，失之矣，于是为甚。衰，仓回翻。逮于汉文，变易古制，事见十五卷文帝后七年。人道之纪，一旦而废，固已道薄于当年，风颓于百代矣。魏王既追汉制，替其大礼，处莫重之哀处，昌吕翻。而设飨宴之乐，居贻厥之始而堕王化之基，夏书曰：有典有则，贻厥子孙。堕，读曰隳。及至受禅，显纳二女，献帝之禅也，册诏魏王曰：汉承尧运，有传圣之义；厘降二女以嫔于魏。是以知王龄之不遐，卜世之期促也。

16 王以丞相祭酒贾逵为豫州刺史。豫州，统颍川、汝阴、汝南、梁国、沛郡、谯郡、鲁郡、弋阳、安丰等郡。晋地理志曰：魏武分沛郡立谯郡，分汝南立汝阴郡，合陈郡于梁国。沈约志曰：弋阳县，本属汝南，魏文帝分立郡，又分庐江为安丰郡。是时天下初定，刺史多不能摄郡。摄，总录也。逵曰："州本以六条诏书察二千石以下，举汉制也。故其状皆言严能鹰扬，有督察之才，不言安静宽仁，有恺悌之德也。今长吏慢法，盗贼公行，州知而不纠，天下复何取正乎！"复，扶又翻。其二千石以下，阿纵不如法者，皆举奏免之。外修军旅，内治民事，治，直之翻。兴陂田，通运渠，吏民称之。王曰："逵真刺史矣。"布告天下，当以豫州为法；赐逵爵关内侯。

17 左中郎将李伏、太史丞许芝表言："魏当代汉，见于图纬，其事众甚。据献帝传，李伏引孔子玉板，许芝引春秋汉含孳、玉板谶、佐助期、孝经中黄谶、易运期谶。群臣因上表劝王顺天人之望，时劝进者，辛毗、刘晔、傅巽、卫臻、桓阶、陈矫、陈群、苏林、董巴；继之者，司马懿、郑浑、羊秘、鲍勋。王不许。

冬，十月，乙卯，汉帝告祠高庙，使行御史大夫张音持节奉玺绶诏册，禅位于魏。王三上书辞让，乃为坛于繁阳，时南巡至颍川颍阴县，筑坛于曲蠡之繁阳亭。述征记曰：其地在许南七十里。东有台，高七丈，方五十步；南有坛，高二丈，方三十步，即受终之坛也。是年以繁阳为繁昌县。辛未，升坛受玺绶，即皇帝位，考异曰：陈志云："丙午，行至曲蠡，汉帝禅位。庚午，升坛即祚。"袁纪亦云："庚午魏王即位。"按献帝纪，乙卯始发禅册，二十九日登坛受命。又文帝受禅碑至今尚在，亦云辛未受禅。陈志、袁纪误也。范书云："魏遣使求玺绶，曹皇后不与，如此数辈，后乃呼使者，以玺抵轩下，因涕泣横流曰：'天不祚尔！'左右皆莫能仰视。"按此乃前汉元后事，且玺绶无容在曹后之所，此说妄也。燎祭天地、岳渎，改元，大赦。

十一月，癸酉，奉汉帝为山阳公，山阳县，属河内郡。行汉正朔，用天子礼乐；封公四子为列侯。追尊太王曰太皇帝；武王曰武皇帝，庙号太祖；尊王太后曰皇太后。以汉诸侯王为崇德侯，列侯为关中侯。群臣封爵、增位各有差。改相国为司徒，御史大夫为司空。汉献帝建安十三年罢三公官，今复旧。山阳公奉二女以嫔于魏。

帝欲改正朔，侍中辛毗曰："魏氏遵舜、禹之统，应天顺民；至于汤、武，以战伐定天下，乃改正朔。孔子曰：'行夏之时，'左氏传曰：'夏数为得天正，'何必期于相反！"帝善而从之。自是之后，遂皆以建寅为正。传，直恋翻。时群臣并颂魏德，多抑损前朝；朝，直遥翻。散骑常侍卫臻独明禅授之义，称扬汉美。帝数目臻曰：数，所角翻。"天下之珍，当与山阳共之。"帝欲追封太后父、母，尚书陈群奏曰："陛下以圣德应运受命，创业革制，当永为后式。按典籍之文，无妇人分土命爵之制。在礼典，妇因夫爵。礼记：妇人无爵，从夫之爵。秦违古法，汉氏因之，非先王之令典也。"帝曰："此议是也，其勿施行。"仍著定制，藏之台阁。台阁，尚书中藏故事之处。

18 十二月，初营洛阳宫。戊午，帝如洛阳。裴松之曰：按诸书记，是时帝居北宫，以建始殿朝群臣，门曰承明。陈思王植诗“谒帝承明庐”是也。至明帝时，始于汉南宫崇德殿处起太极、昭阳诸殿。魏略曰：汉火行也。火忌水，故“洛”去“水”而加“隹”。魏于行次为土。土，水之牡也；水得土而流，土得水而柔。故除“隹”加“水”，变“雒”为“洛”。

19 帝谓侍中苏则曰：“前破酒泉、张掖，西域通使敦煌，使，疏吏翻。敦，徒门翻。献径寸大珠，可复求市益得不？”复，扶又翻。不，读曰否。则对曰：“若陛下化洽中国，德流沙幕，即不求自至。求而得之，不足贵也。”帝嘿然。

20 帝召东中郎将蒋济为散骑常侍。时有诏赐征南将军夏侯尚曰：“卿腹心重将，重将，即亮翻。特当任使，作威作福，杀人活人。”尚以示济。济至，帝问以所闻见，对曰：“未有他善，但见亡国之语耳。”帝忿然作色而问其故，济具以答，因曰：“夫‘作威作福’，书之明诫。书洪范曰：臣无有作威作福，臣而有作威作福，其害于而家，凶于而国。天子无戏言，古人所慎；惟陛下察之！”帝即遣追取前诏。

21 帝欲徙冀州士卒家十万户实河南。时营洛阳，故欲徙冀州士卒家以实之。时天旱蝗，民饥，群司以为不可，而帝意甚盛。侍中辛毗与朝臣俱求见，见，贤遍翻。帝知其欲谏，作色以待之，皆莫敢言。毗曰：“陛下欲徙士家，其计安出？”帝曰：“卿谓我徙之非邪？”毗曰：“诚以为非也。”帝曰：“吾不与卿议也。”毗曰：“陛下不以臣不肖，置之左右，厕之谋议之官，侍中，于周为常伯之任，在天子左右，备切问近对，拾遗补阙。安能不与臣议邪！臣所言非私也，乃社稷之虑也，安得怒臣！”帝不答，起入内；毗随而引其裾，帝遂奋衣不还，良久乃出，曰：“佐治，卿持我何太急邪！”辛毗，字佐治。治，直吏翻。毗曰：“今徙，既失民心，又无以食也，故臣不敢不力争。”帝乃徙其半。帝尝出射雉，顾群臣曰：“射雉乐哉！”毗对曰：“于陛下甚乐，于群下甚苦。”帝默然，后遂为之稀出。射，而亦翻。乐，音洛。为，于伪翻。

二年（辛丑、二二一）考异曰：陈志，“正月，乙亥，朝日于东郊。”裴松之以为朝日在二月，按二月辛丑朔，无乙亥。

1 春，正月，以议郎孔羡为宗圣侯，奉孔子祀。汉平帝元始元年，封褒成君孔霸曾孙均为褒成侯，奉孔子祀；王莽败，失国。光武建武十三年，复封均子志为褒成侯。志子损，和帝永元四年徙封褒亭侯，世世相传，至献帝初国绝。魏封孔子二十一世孙羡为宗圣侯，邑百户。晋封二十三世孙震为奉圣亭侯。后魏封二十七世孙乘为崇圣大夫；孝文太和十九年幸鲁，又改封二十八世孙珍为崇圣侯。北齐改封三十一世孙□为恭圣侯。周武帝平齐，改封邹国公。隋文帝仍旧封邹国公；炀帝改封为绍圣侯。唐太宗贞观十一年，封孔子裔孙伦为褒圣侯。

2 三月，加辽东太守公孙恭车骑将军。恭，公孙度次子，康之弟也。

3 初复五铢钱。汉献帝初平元年，董卓坏五铢钱，今复之。

4 蜀中传言汉帝已遇害，于是汉中王发丧制服，谥曰孝愍皇帝。群下竞言符瑞，劝汉中王称尊号。前部司马费诗上疏曰：时费诗为益州前部司马。费，父沸翻。“殿下以曹操父子逼主篡位，故乃羁旅万里，纠合士众，将以讨贼。今大敌未克而先自立，恐人心疑惑。昔高祖与楚约，先破秦者王之。王，于况翻。及屠咸阳，获子婴，犹怀推让；推，吐雷翻。况今殿下未出门庭，便欲自立邪！愚臣诚不为殿下取也。”为，于伪翻。王不悦，左迁诗为部永昌从事。为益州刺史部从事，部永昌郡。夏，四月，丙午，汉中王即皇帝位于武担之南，蜀本纪曰：武都有丈夫化为女子，颜色美好，盖山精也。蜀王娶以为妻，不习水土，疾病欲归国。蜀王留之，无几物故。蜀王发卒之武都担土，于成都郭中葬，盖地数亩，高十丈，号曰武担也。裴松之曰：按武担山在成都西北，盖以乾位在西北，故就之以即祚。杜佑曰：武担山在蜀郡西。大赦，改元章武。以诸葛亮为丞相，许靖为司徒。

臣光曰：天生烝民，其势不能自治，必相与戴君以治之。治，直之翻。苟能禁暴除害以保全其生；赏善罚恶使不至于乱，斯可谓之君矣。温公之说，正祖周书所谓“抚我则后，虐我则雠”之意。白虎通曰：君者，群也；群下之所归心也。是以三代之前，海内诸侯，何啻万国，黄帝置左右大监，监于万国。禹会诸侯于涂山，执玉帛者万国。有民人、社稷者，通谓之君。合万国而君之，立法度，班号令，而天下莫敢违者，乃谓之王。王德既衰，强大之国能帅诸侯以尊天子者，则谓之霸。帅，读曰率。故自古天下无道，诸侯力争，或旷世无王者，固亦多矣。如共工氏在伏羲、神农之间，秦在周、汉之间，皆谓之霸而不王，所谓旷世无王也；又如有穷之于夏，共和之于周，亦旷世而无王也。秦焚书坑儒，汉兴，学者始推五德生、胜，以秦为闰位，在木火之间，霸而不王，于是正闰之论兴矣。孟康曰：秦推五胜，以周为火，用水胜之。汉儒以庖牺继天而王，为百王首，德始于木。共工氏霸九域，虽有水德，在木火之间，非其序也，故霸而不王。神农氏以火承木，故为炎帝。神农氏没，黄帝氏作，火生土，故为土德。少昊，黄帝之子，土生金，故为金德。少昊之衰，颛顼受之，金生水，故为水德。颛顼之所建，帝喾受之，水生木，故为木德。高辛氏衰，天下归尧，木生火，故为火德。尧嬗舜，火生土，故为土德。舜嬗禹，土生金，故为金德。汤伐桀缵禹，金生水，故为水德。周伐商，水生木，故为木德。汉伐秦继周，木生火，故为火德。共工及秦不在五德相生之正运，故曰闰位。及汉室颠覆，三国鼎跱。晋氏失驭，五胡云扰。宋、魏以降，南、北分治，各有国史，互相排黜，南谓北为索虏，北为【章：甲十六行本“为”作“谓”；乙十一行本同；熊校同。】南为岛夷。索虏者，以北人辫发，谓之索头也。岛夷者，以东南际海，土地卑下，谓之岛中也。朱氏代唐，四方幅裂，朱邪入汴，比之穷、新，唐庄宗自以为继唐，比朱梁于有穷篡夏、新室篡汉。运历年纪，皆弃而不数，此皆私己之偏辞，非大公之通论也。臣愚诚不足以识前代之正闰，窃以为苟不能使九州合为一统，皆有天子之名而无其实者也。虽华夏【章：甲十六行本“夏”作“夷”；乙十一行本同；张校同。】仁暴，大小强弱，或时不同，夏，户雅翻。要皆与古之列国无异，岂得独尊奖一国谓之正统，而其馀皆为僭伪哉！若以自上相授受者为正邪，则陈氏何所受？【章：甲十六行本“受”作“授”；乙十一行本同。】拓跋氏何所受？若以居中夏者为正邪，夏，户雅翻。则刘、石、慕容、苻、姚、赫连所得之土，皆五帝、三王之旧都也。若以有道德者为正邪，则蕞尔之国，必有令主，蕞，徂外翻，小貌。三代之季，岂无僻王！是以正闰之论，自古及今，未有能通其义，确然使人不可移夺者也。臣今所述，止欲叙国家之兴衰，著生民之休戚，使观者自择其善恶得失，以为劝戒，非若春秋立褒贬之法，拨乱世反诸正也。正闰之际，非所敢知，但据其功业之实而言之。周、秦、汉、晋、隋、唐，皆尝混壹九州，传祚于后，子孙虽微弱播迁，犹承祖宗之业，有绍复之望，四方与之争衡者，皆其故臣也，故全用天子之制以临之。其馀地丑德齐，丑，类也；言地之广狭相类也。莫能相壹，名号不异，本非君臣者，皆以列国之制处之，处，昌吕翻。彼此均敌，无所抑扬，庶几不诬事实，近于至公。近，其靳翻。然天下离析之际，不可无岁、时、月、日以识事之先后。识，音志。据汉传于魏而晋受之，晋传于宋以至于陈而隋取之，唐传于梁以至于周而大宋承之，故不得不取魏、宋、齐、梁、陈、后梁、后唐、后晋、后汉、后周年号，以纪诸国之事，“魏”下当有“晋”字。非尊此而卑彼，有正闰之辨也。昭烈之于汉，虽云中山靖王之后，而族属疏远，不能纪其世数名位，亦犹宋高祖称楚元王后，宋高祖，彭城人，自谓汉楚元王交二十一世孙；盖以彭城楚都，故其苗裔家于此地也。南唐烈祖称吴王恪后，南唐初欲祖吴王恪，或请祖郑王元懿。唐主命考二王苗裔，以吴王孙祎有功，祎子岘为丞相，遂祖吴王。是非难辨，故不敢以光武及晋元帝为比，使得绍汉氏之遗统也。温公纪年之意，具于此论。

5 孙权自公安徙都鄂，更名鄂曰武昌。更，工衡翻。

6 五月，辛巳，汉主立夫人吴氏为皇后。后，偏将军懿之妹，故刘璋兄瑁之妻也。瑁，莫报翻。立子禅为皇太子。娶车骑将军张飞女为皇太子妃。

7 太祖之入邺也，入邺见六十四卷汉建安十年。帝为五官中郎将，见袁熙妻中山甄氏美而悦之，甄，之人翻。太祖为之聘焉，为，于伪翻。生子睿。及即皇帝位，安平郭贵嫔有宠，据陈寿志，郭嫔，安平广宗人。汉广宗县属巨鹿郡。晋志：广宗始属安平。盖魏氏割度也。六宫置贵嫔始此。孔颖达曰：嫔，妇人之美称，可宾敬也。嫔，毗宾翻。甄夫人留邺不得见，失意，有怨言，郭贵嫔谮之，帝大怒，六月，丁卯，遣使赐夫人死。为明帝立、郭太后以忧崩张本。

8 帝以宗庙在邺，武王之封魏王，建宗庙于邺。祀太祖于洛阳建始殿，如家人礼。建始殿，帝所起，以建国之始命名。父为士，子为天子，祭以天子；安有用家人礼者哉！

9 戊辰晦，日有食之。有司奏免太尉，仍东汉中世之制也。诏曰："灾异之作，以谴元首，而归过股肱，岂禹、汤罪己之义乎！左传，臧文仲曰：禹、汤罪己，其兴也勃焉。其令百官各虔厥职。后有天地之眚，勿复劾三公。"复，扶又翻。

10 汉主立其子永为鲁王，理为梁王。晋书地理志：刘备以郡国封建诸王，或遥采嘉名，不由检其土地所出，孙权亦取中州嘉号封建诸王。自此迄于南北朝，大率类此。

11 汉主耻关羽之没，将击孙权。翊军将军赵云曰："国贼，曹操，非孙权也。若先灭魏，则权自服。今操身虽毙，子丕篡盗，当因众心，早图关中，居河、渭上流以讨凶逆，关东义士必裹粮策马以迎王师。不应置魏，先与吴战。兵势一交，不得卒解，非策之上也。"赵云之言，可谓知所先后矣。卒，读曰猝。群臣谏者甚众，汉主皆不听。广汉处士秦宓处，昌吕翻。宓，莫必翻，通作密。不应州郡辟命，故曰处士。陈天时必无利，坐下狱幽闭，然后贷出。贷，原也，赦也。下，遐稼翻。

初，车骑将军张飞，雄壮威猛亚于关羽；羽善待卒伍而骄于士大夫，飞爱礼君子而不恤军人。汉主常戒飞曰："卿刑杀既过差，差，次也。过差，犹今人言过次也。又日鞭挝健儿而令在左右，挝，陟加翻，箠也。此取祸之道也。"飞犹不悛。悛，丑缘翻，改也。汉主将伐孙权，飞当率兵万人自阆中会江州。阆中县，属巴西郡。此亦由内水下江州也。杜佑曰：汉江州县故城在巴县西。临发，其帐下将张达、范彊杀飞，以其首顺流奔孙权。汉主闻飞营都督有表，曰："噫，飞死矣！"表当自飞上，而都督越次上之，故知其必死也。凡用兵，必观人事，既失关羽，又丧张飞，兵可以无出矣。

陈寿评曰：关羽、张飞皆称万人之敌，为世虎臣。羽报效曹公，事见六十三卷献帝建安五年。飞义释严颜，事见六十七卷建安十九年。并有国士之风。然羽刚而自矜，飞暴而无恩，以短取败，理数之常也。

12 秋，七月，汉主自率诸军击孙权，权遣使求和于汉。南郡太守诸葛瑾遗汉主笺曰：遗，于季翻。"陛下以关羽之亲，何如先帝？时蜀人传汉帝已遇害，因称之为先帝。荆州大小，孰与海内？俱应仇疾，谁当先后？若审此数，易于反掌矣。"汉主不听。诸葛瑾之言，天下之公也。使汉主因此与吴解仇继好，魏氏其旰食乎！易，以豉翻。时或言瑾别遣亲人与汉主相闻者，权曰："孤与子瑜，有死生不易之誓，子瑜之不负孤，犹孤之不负子瑜也。”然谤言流闻于外，陆逊表明瑾必无此，宜有以散其意。权报曰：“子瑜与孤从事积年，恩如骨肉，深相明究。其为人，非道不行，非义不言。玄德昔遣孔明至吴，盖谓亮至吴求救时也。孤尝语子瑜曰：语，牛倨翻。‘卿与孔明同产，且弟随兄，于义为顺，何以不留孔明？孔明若留从卿者，孤当以书解玄德，意自随人耳。’意，料度也。权自言料度备意，必当相从。子瑜答孤言：‘弟亮已失身于人。委质定分，质，如字。分，扶问翻。义无二心。弟之不留，犹瑾之不往也。’其言足贯神明，今岂当有此乎！前得妄语文疏，即封示子瑜，并手笔与之。孤与子瑜，可谓神交，非外言所间。间，古苋翻。知卿意至，辄封来表以示子瑜，使知卿意。”观孙权君臣之间，推诚相与，谗间不行于其间，所以能保有江东也。

汉主遣将军吴班、冯习攻破权将李异、刘阿等于巫，巫县，汉属南郡；吴初属宜都郡，后孙休分立建平郡，巫属焉。贤曰：巫故城在今夔州巫山县北。杜佑曰：巫，归州巴东县是。又曰：巫山县，楚之巫郡，汉为巫县，故城在今县北，晋置建平郡于此。进兵秭归，兵四万馀人。武陵蛮夷皆遣使往请兵。权以镇西将军陆逊为大都督、假节，督将军朱然、潘璋、宋谦、韩当、徐盛、鲜于丹、孙桓等五万人拒之。孙权始命吕蒙为大督以取关羽，今又复命陆逊为大都督以拒刘备。大都督之号盖昉此。

13 皇弟鄢陵侯彰、宛侯据、鲁阳侯宇、谯侯林、赞侯衮、襄邑侯峻、弘农侯干、寿春侯彪、历城侯徽、平舆侯茂皆进爵为公；鄢，谒晚翻，又于建翻，又音偃。宛，於元翻。鲁阳县，属南阳郡。谯县、酂县，属谯郡。襄邑，属陈留郡。寿春，属淮南郡。历城，属济南郡。平舆，属汝南郡。应劭曰：舆，音预。安乡侯植改封甄城侯。植以见忌贬侯，今乃改封县侯。甄城属东郡。蜀本作“鄄城”，当从之。鄄，音绢。

14 筑陵云台。据水经注，陵云台在洛阳城中，金市之东。

15 初，帝诏群臣令料刘备当为关羽出报孙权否，为，于伪翻；下同。众议咸云："蜀小国耳，名将唯羽；羽死军破，国内忧惧，无缘复出。"复，扶又翻。侍中刘晔独曰："蜀虽陿弱，陿，即狭字。而备之谋欲以威武自强，势必用众以示有馀。且关羽与备，义为君臣，恩犹父子；羽死，不能为兴军报敌，于终始之分不足矣。"分，扶问翻。

八月，孙权遣使称臣，卑辞奉章，并送于禁等还。权破南郡得于禁事，见上卷献帝建安二十四年。朝臣皆贺，朝，直遥翻。刘晔独曰："权无故求降，降，户江翻；下同。必内有急。权前袭杀关羽，刘备必大兴师伐之。外有强寇，众心不安，又恐中国往乘其衅，故委地求降，一以却中国之兵，二假中国之援，以强其众而疑敌人耳。刘晔之言，曲尽权之情伪。天下三分，中国十有其八。吴、蜀各保一州，约而言之，谓吴保扬，蜀保益也。阻山依水，有急相救，此小国之利也；今还自相攻，天亡之也，宜大兴师，径渡江袭之。蜀攻其外，我袭其内，吴之亡不出旬日【章：甲十六行本"日"作"月"；乙十一行本同；孔本同；张校同。】矣。吴亡则蜀孤，若割吴之半以与蜀，蜀固不能久存，况蜀得其外，我得其内乎！"帝曰："人称臣降而伐之，疑天下欲来者心，不若且受吴降而袭蜀之后也。"对曰："蜀远吴近，又闻中国伐之，便还军，不能止也。今备已怒，兴兵击吴，闻我伐吴，知吴必亡，将喜而进与我争割吴地，必不改计抑怒救吴也。"抑，按止也。帝不听，遂受吴降。若魏用刘晔之言，吴其殆矣。

于禁须发皓白，形容憔顇，顇，与悴同，秦醉翻。见帝，泣涕顿首。帝慰谕以荀林父、孟明视故事，晋大夫荀林父与楚战，败于邲，晋景公复用之以取赤狄。秦大夫孟明为晋禽于殽，秦穆公复用之以霸西戎。父，音甫。拜安远将军，安远将军号，亦前此未有也。令北诣邺谒高陵。帝使豫于陵屋画关羽战克、庞德愤怒、禁降伏之状。画，古畫字通。禁见，惭恚发病死。恚，於避翻。

臣光曰：于禁将数万众，败不能死，生降于敌，既而复归；文帝废之可也，杀之可也，乃画陵屋以辱之，斯为不君矣！赏庆刑威曰君。

16 丁巳，遣太常邢贞奉策即拜孙权为吴王，加九锡。即，就也。刘晔曰："不可。先帝征伐天下，十兼其八，威震海内；陛下受禅即真，德合天地，声暨四远。权虽有雄才，故汉骠骑将军、南昌侯耳，骠骑、南昌，操挟汉而命之也，事见上卷汉建安二十四年。官轻势卑；士民有畏中国心，不可强迫与成所谋也。强，其两翻。不得已受其降，可进其将军号，封十万户侯，不可即以为王也。夫王位去天子一阶耳，其礼秩服御相乱也。汉自景、武以后，裁削藩王，不使与京师同制。自曹操为魏王，加九锡，礼秩服御与天子相乱矣。彼直为侯，江南士民未有君臣之分。分，扶问翻。我信其伪降，就封殖之，封，增土以培之。殖，养之使蕃茂也。崇其位号，定其君臣，是为虎傅翼也。傅，读曰附。权既受王位，却蜀兵之后，外尽礼以事中国，使其国内皆闻，内为无礼以怒陛下；陛下赫然发怒，兴兵讨之，乃徐告其民曰：'我委身事中国，不爱珍货重宝，随时贡献，不敢失臣礼，而无故伐我，必欲残我国家，俘我人民、以为仆妾。'吴民无缘不信其言也。信其言而感怒，上下同心，战加十倍矣。"又不听。史言帝再不听刘晔之言，为后伐吴无功张本。诸将以吴内附，意皆纵缓，独征南大将军夏侯尚益修攻守之备。山阳曹伟，素有才名，此山阳郡也，属兖州。闻吴称藩，以白衣与吴王交书求赂，欲以交结京师，帝闻而诛之。

17 吴又城武昌。既城石头，又城武昌，此吴人保江之根本也。

18 初，帝欲以杨彪为太尉，彪辞曰："尝为汉朝三公，朝，直遥翻。值世衰乱，不能立尺寸之益，若复为魏臣，复，扶又翻。

于国之选，亦不为荣也。”帝乃止。冬，十月，己亥，公卿朝朔旦，并引彪，待以客礼；赐延年杖、诗：其柽其椐。传云：椐，樻。孙炎云：樻，肿节，可以作杖。陆玑疏云：节中肿，以扶老；今人以为马鞭及杖，弘农共北山甚有之。陆曰：即今灵寿杖是也。师古曰：木似竹，有枝节，长不过八九尺，围三四寸，自然有合杖制，不烦削治。陈藏器云：生剑南山谷，圆长皮紫，作杖，令人延年益寿。冯几，使着布单衣、皮弁以见；冯，读曰凭。着，直略翻。见，贤遍翻。拜光禄大夫，秩中二千石；汉制：光禄大夫比二千石。晋志曰：光禄大夫，汉置，无定员，多以为拜假赗赠之使及监护丧事。魏氏以来，转复优重，不复以为使命之官。其诸公告老者，皆家拜此位；及在朝显职，复用加之。朝见，位次三公；朝，直遥翻。见，贤遍翻。又令门施行马，魏、晋之制，三公及位从公，门施行马。程大昌曰：行马者，一木横中，两木互穿，以施四角，施之于门，以为约禁也。周礼谓之梐枑，今官府前叉子是也。置吏卒，以优崇之。年八十四而卒。杨彪有愧于龚胜多矣。

19 以谷贵，罢五铢钱。复五铢钱无几何而罢。

20 凉州卢水胡治元多等反，河西大扰。帝召邹岐还，以京兆尹张既为凉州刺史，遣护军夏侯儒、将军费曜等继其后。费，父沸翻。胡七千馀骑逆拒既于鹯阴口，鹯阴县，前汉属安定郡，后汉属武威郡。鹯阴口，鹯阴河口也。既扬声军从鹯阴，乃潜由且次出武威。二汉志，武威有揟次县。孟康曰：揟，音子如翻。次，音咨。即且次也。胡以为神，引还显美。显美县，前汉属张掖郡；后汉及魏、晋属武威郡。既已据武威，曜乃至，儒等犹未达。既劳赐将士，劳，力到翻。欲进军击胡，诸将皆曰：“士卒疲倦，虏众气锐，难与争锋。”既曰：“今军无见粮，见，贤遍翻。当因敌为资。若虏见兵合，退依深山，追之则道险穷饿，兵还则出候寇钞，钞，楚交翻。如此，兵不得解，所谓一日纵敌，患在数世也。”左传，先轸曰：“一日纵敌，数世之患也。”遂前军显美。十一月，胡骑数千，因大风欲放火烧营，将士皆恐。既夜藏精卒三千人为伏，使参军成公英督千馀骑挑战，姓谱：卫成公之后为成公氏，余不敢谓之传信。敕使阳退；胡果争奔之，因发伏截其后，首尾进击，大破之，斩首获生以万数，河西悉平。

后西平麴光反，杀其郡守。诸将欲击之，既曰："唯光等造反，郡人未必悉同；若便以军临之，吏民、羌、胡必谓国家不别是非，别，彼列翻。更使皆相持着，着，直略翻。此为虎傅翼也。为，于伪翻。傅，读曰附。光等欲以羌、胡为援，今先使羌、胡钞击，钞，楚交翻。重其赏募，所虏获者，皆以畀之。外沮其势，沮，在吕翻。内离其交，必不战而定。"乃移檄告谕诸羌，为光等所诖误者原之；诖，古卖翻。能斩贼帅送首者当加封赏。帅，所类翻。于是光部党斩送光首，其馀皆安堵如故。

21 邢贞至吴，吴人以为宜称上将军，九州伯，王制九州，其一州为天子之县内，八州八伯。不当受魏封。吴王曰："九州伯，于古未闻也。昔沛公亦受项羽封为汉王，事见九卷汉高帝元年。盖时宜耳，复何损邪！"复，扶又翻；后同。遂受之。吴王出都亭候贞，贞入门，不下车。张昭谓贞曰："夫礼无不敬，法无不行。而君敢自尊大，岂以江南寡弱，无方寸之刃故乎！"贞即遽下车。中郎将琅邪徐盛忿愤，顾谓同列曰："盛等不能奋身出命，为国家并许、洛，吞巴、蜀，为，于伪翻。而令吾君与贞盟，不亦辱乎！"因涕泣横流。贞闻之，谓其徒曰："江东将相如此，非久下人者也。"观贞此言，善觇国者也。使还之日，尝以复于魏主否？然观贞以张昭之言而下车，则其气已夺矣。

吴主【章：甲十六行本"主"作"王"；乙十一行本同；下均同。】遣中大夫南阳赵咨入谢。帝问曰："吴主何等主也？"对曰："聪明、仁智、雄略之主也。"帝问其状，对曰："纳鲁肃于凡品，是其聪也；拔吕蒙于行陈，是其明也；行，户刚翻。陈，读曰阵。获于禁而不害，是其仁也；取荆州兵不血刃，是其智也；据三州虎视于天下，三州：荆、扬、交也。是其雄也；屈身于陛下，是其略也。”帝曰：“吴王颇知学乎？”咨曰：“吴王浮江万艘，艘，苏刀翻。带甲百万，任贤使能，志存经略，虽有馀闲，博览书传，传，直恋翻。历史籍，采奇异，【张：“奇异”作“微奥”。】不效书生寻章摘句而已。”帝好文章，故赵咨以此言讥之。“摘”，蜀本作“擿”。帝曰：“吴可征否？”对曰：“大国有征伐之兵，小国有备御之固。”此二语本之管子。帝曰：“吴难魏乎？”对曰：“带甲百万，江、汉为池，何难之有！”帝曰：“吴如大夫者几人？”对曰：“聪明特达者，八九十人；如臣之比，车载斗量，不可胜数。”量，音良。胜，音升。

帝遣使求雀头香、大贝、明珠、象牙、犀角、玳瑁、孔雀、翡翠、斗鸭、长鸣鸡于吴。本草以香附子为雀头香。此物处处有之，非珍也，恐别是一物。贝，质白如玉，紫点为文，皆行列相当。明珠，出合浦，大者径寸。象出交趾，雄者有两长牙，长丈馀。犀亦出交趾，惟通天犀最贵，角有白理如线，置米群鸡中，鸡往啄米，见犀辄惊却，南人呼为骇鸡犀。玳瑁状如龟，腹背甲有烘点，其大者如盘盂。诸蕃志：玳瑁形如龟、鼋，背甲十三片，黑白斑文间错，边栏缺啮如锯。无足而有四鬣，前长后短，以鬣棹水而行。鬣与首斑文如甲。老者甲厚而黑白分明，少者甲薄而花字模糊。世传鞭血成斑者，妄也。孔雀，生罗州，雄者尾金翠色，光耀可爱。埤雅曰：博物志云：孔雀尾多变色，或红或黄，谕如云霞，其色不定。人拍其尾则舞。尾有金翠，五年而后成。始生三年，金翠尚小。初春乃生，三四月后复凋，与花萼俱衰荣。人采其尾以饰扇拂，生取则金翠之色不减。南人取其尾者，握刀蔽于丛竹潜隐之处，伺过，急斩其尾，若不即断，回首一顾，金翠无复光彩。每欲小栖，先择置尾之地。故欲生捕，候雨甚则往擒之，尾沾而重，不能高翔，人虽至，且爱其尾，不复骞扬也。翡翠，大小一如雀，雄赤曰翡，雌青曰翠，羽可为饰。鸭驯狎，能斗者难得。长鸣鸡者，其鸣声长也。吴群臣曰：“荆、扬二州，贡有常典。禹别九州，任土作贡，此常典也。魏所求珍玩之物，非礼也，宜勿与。”吴王曰：“方有事于西北，谓与蜀相距，复须备魏也。江表元元，恃主为命。彼所求者，于我瓦石耳，孤何惜焉！且彼在谅闇之中闇，音阴。而所求若此，宁可与言礼哉！”皆具以与之。史言帝为敌国所窥。

22 吴王以其子登为太子，妙选师友：以南郡太守诸葛瑾之子恪、绥远将军张昭之子休、沈约志，四十号将军，绥远第十四。大理吴郡顾雍之子谭、偏将军庐江陈武之子表皆为中庶子，入讲诗书，出从骑射，骑，奇寄翻。谓之四友。登接待僚属，略用布衣之礼。

23 十二月，帝行东巡。

24 帝欲封吴王子登为万户侯，吴王以登年幼，上书辞不受；复遣西曹掾吴兴【章：甲十六行本“兴”作“郡”；乙十一行本同；孔本同。】沈珩入谢，姓谱：沈姓出吴兴，本自周文王第十子聃季，食采于沈，即汝南平舆沈亭是也，子孙以国为氏。及楚庄王之子公子真封于沈鹿，其后有沈尹戌、沈诸梁。珩，音行。并献方物。帝问曰：“吴嫌魏东向乎？”珩曰：“不嫌。”曰：“何以？”曰：“信恃旧盟，言归于好，好，呼到翻。是以不嫌；若魏渝盟，自有豫备。”又问：“闻太子当来，宁然乎？”珩曰：“臣在东朝，朝不坐，宴不与，吴在江东，故曰东朝。“朝不坐宴不与”，记檀弓记尹商阳之言。朝，直遥翻。若此之议，无所闻也。”帝善之。

吴王于武昌临钓台水经，武昌有樊山，北背大江，江上有钓台。饮酒，大醉，使人以水洒群臣醉者，以水洒之醒，然后能饮。曰：“今日酣饮，惟醉堕台中，乃当止耳！”张昭正色不言，出外，车中坐。王遣人呼昭还入，谓曰：“为共作乐耳，乐，音洛；下同。公何为怒乎？”昭对曰：“昔纣为糟丘酒池，长夜之饮，纣以酒为池，糟丘足以望七里，一鼓而牛饮者三千人。悬肉为林，使男女倮逐于其间，为长夜之饮。当时亦以为乐，不以为恶也。”王默然惭，遂罢酒。

吴王与群臣饮，自起行酒，虞翻伏地，阳醉不持；王去，翻起坐。翻为是者，所以谏也。王大怒，手剑欲击之，手剑，手援剑也。记曰：子手弓。手，守又翻。侍坐者莫不惶遽。坐，徂卧翻。惟大司农刘基起抱王，谏曰："大王以三爵之后，手杀善士，虽翻有罪，天下孰知之！古者，臣侍君宴，不过三爵，惧其失节也。且大王以能容贤蓄众，故海内望风；今一朝弃之，可乎！"王曰："曹孟德尚杀孔文举，事见六十五卷汉献帝建安十三年。孤于虞翻何有哉！"基曰："孟德轻害士人，天下非之。大王躬行德义，欲与尧、舜比隆，何得自喻于彼乎？"翻由是得免。王因敕左右："自今酒后言杀，皆不得杀。"基，繇之子也。刘繇为孙策所袭，走死。

25 初，太祖既克蹋顿，事见六十五卷汉献帝建安十二年。蹋，徒腊翻。而乌桓浸衰，鲜卑大人步度根、轲比能、素利、弥加、厥机等因阎柔上贡献，求通市，通关市，以其土物与中国互市也。上，时掌翻。太祖皆表宠以为王。轲比能本小种鲜卑，种，章勇翻。以勇健廉平为众所服，由是能威制诸部，最为强盛。徒勇健而不廉平，未必能制诸部也。自云中、五原以东抵辽水，皆为鲜卑庭，轲比能与素利、弥加割地统御，各有分界。分，扶问翻。轲比能部落近塞，近，其靳翻。中国人多亡叛归之；素利等在辽西、右北平、渔阳塞外，道远，故不为边患。帝以平虏校尉牵招为护鲜卑校尉，南阳太守田豫为护乌桓校尉，使镇抚之。

三年（壬寅、二二二）

1 春，正月，丙寅朔，日有食之。

2 庚午，帝行如许昌。晋志曰：汉献帝都许，魏受禅，徙都洛阳。许宫室、武库存焉，改为许昌。

3 诏曰："今之计、孝，计、孝，上计吏及孝廉也。古之贡士也；若限年然后取士，是吕尚、周晋不显于前世也。吕尚，年八十馀，文王以为师。周太子晋，少有令名。其令郡国所选，勿拘老幼；儒通经术，吏达文法，到皆试用。有司纠故不以实者。”故不以实，谓用意为奸欺者。

4 二月，鄯善、龟兹、于阗王各遣使奉献。鄯，上扇翻。龟兹，音丘慈。阗，徒贤翻，又徒见翻。是后西域复通，置戊己校尉。汉自安帝以后，未尝不欲通西域，讫不能通。今虽置戊己校尉，亦不能如汉之屯田车师也。复，扶又翻。

5 汉主自秭归将进击吴，治中从事黄权谏曰：“吴人悍战，而水军沿流，进易退难。悍，下罕翻，下盱翻。易，以豉翻。臣请为先驱以当寇，陛下宜为后镇。”汉主不从，以权为镇北将军，使督江北诸军；为汉主兵败、权不能自反张本。自率诸将，自江南缘山截领，领，古岭字通。军于夷道猇亭。裴松之曰：猇，许交翻。夷道县，汉属南郡，吴属宜都郡。吴将皆欲迎击之。将，即亮翻。陆逊曰：“备举军东下，锐气始盛；且乘高守险，难可卒攻。卒，读曰猝。攻之纵下，犹难尽克，若有不利，损我大势，非小故也。今但且奖厉将士，广施方略，以观其变。若此间是平原旷野，当恐有颠沛交逐之忧；今缘山行军，势不得展，自当罢于木石之间，徐制其敝耳。”罢，读曰疲。魏人言陆议见兵势，正由此耳。诸将不解，解，古买翻，晓也。以为逊畏之，各怀愤恨。

汉人自佷山通武陵，佷山县，前汉属武陵郡；后汉属南郡；吴属宜都郡。孟康曰：佷，音桓。唐峡州辰阳县有佷山。佷，音银。杜佑曰：峡州长杨县，汉佷山县。余按：唐志“辰阳”，误也，当作“长阳”。使侍中襄阳马良以金锦赐五溪诸蛮夷，授以官爵。为马良不得还蜀张本。

6 三月，乙丑，立皇子齐公叡为平原王、皇弟鄢陵公彰等皆进爵为王。甲戌，立皇子霖为河东王。

7 甲午，帝行如襄邑。

8 夏，四月，戊申，立鄄城侯植为鄄城王。鄄，音绢。是时，诸侯王皆寄地空名而无其实；王国各有老兵百馀人以为守卫，隔绝千里之外，不听朝聘，为设防辅监国之官以伺察之；防辅者，言防其为非而辅之以正也。监国，即监国谒者也。朝，直遥翻。为，于伪翻。虽有王侯之号而侪于匹夫，侪，士皆翻。皆思为布衣而不能得。法既峻切，诸侯王过恶日闻；独北海王衮谨慎好学，好，呼到翻。未尝有失。文学、防辅相与言曰：晋百官志：王国置师友、文学各一人。防辅不书者，魏氏防制藩国过差，晋武帝惩其失而不置也。"受诏察王举措，有过当奏，有善亦宜以闻。"遂共表称陈衮美。衮闻之，大惊惧，责让文学曰："修身自守，常人之行耳，行，下孟翻。而诸君乃以上闻，是适所以增其负累也。累，力瑞翻。且如有善，何患不闻，而遽共如是，是非所以为益也。"衮之言，汉北海王睦之故智也。

9 癸亥，帝还许昌。

10 五月，以江南八郡为荆州，江北诸郡为郢州。既以孙权为荆州牧，统江南八郡，故以江北诸郡置郢州。吴自立，则郢州废矣。

11 汉人自巫峡建平连营至夷陵界，水经注，巫峡首尾一百六十里。巫县属建平郡，则巫峡正在建平郡界，至夷陵则为宜都郡界。然孙休永安三年始分宜都立建平郡，此时未有建平也，史追书耳。杜佑曰：吴建平，今巴东郡。立数十屯，以冯习为大督，张南为前部督，自正月与吴相拒，至六月不决。汉主遣吴班将数千人于平地立营，吴将帅皆欲击之，陆逊曰："此必有谲，且观之。"谲，古穴翻。汉主知其计不行，乃引伏兵八千从谷中出，逊曰："所以不听诸君击班者，揣之必有巧故也。"揣，初委翻。逊上疏于吴王曰："夷陵要害，国之关限，自三峡下夷陵，连山叠嶂，江行其中，回旋湍激。至西陵峡口，始漫为平流。夷陵正当峡口，故以为吴之关限。虽为易得，亦复易失。易，以豉翻。复，扶又翻；下同。失之，非徒损一郡之地，荆州可忧，今日争之，当令必谐。备干天常，不守窟穴而敢自送，臣虽不材，凭奉威灵，以顺讨逆，破坏在近，无可忧者。臣初嫌之水陆俱进，今反舍船就步，处处结营，察其布置，必无他变。伏愿至尊高枕，不以为念也。”枕，职任翻。

闰月，逊将进攻汉军，诸将并曰：“攻备当在初，今乃令入五六百里，相守经七八月，其诸要害皆已固守，击之必无利矣。”逊曰：“备是猾虏，更尝事多，更，工衡翻。其军始集，思虑精专，未可干也。今住已久，不得我便，兵疲意沮，计不复生。掎角此寇，左传：晋人角之，诸戎掎之。角者，当前与之角；掎者，从后掎其足也。沮，在吕翻。掎，居蚁翻。正在今日。”乃先攻一营，不利，诸将皆曰：“空杀兵耳！”逊曰：“吾已晓破之之术。”乃敕各持一把茅，以火攻，拔之；一尔势成，言一拔营之顷，而兵之胜势成也。一尔，犹言一如此也。通率诸军，同时俱攻，斩张南、冯习及胡王沙摩柯等首，破其四十馀营。汉将杜路、刘宁等穷逼请降。降，户江翻；下同。

汉主升马鞍山，今峡州夷陵县有马鞍山。陈兵自绕，逊督促诸军，四面蹙之，土崩瓦解，死者万数。汉主夜遁，驿人自担烧铙铠断后，仅得入白帝城，汉主初连兵入夷陵界，沿路置驿，以达于白帝。及兵败，诸军溃散，惟驿人自担所弃铙铠，烧之于隘以断后，仅得脱也。据水经注：烧铠断道处，地名石门，在秭归县西。杜佑曰：归州巴东县有石门山，刘备断道处。铙，尼交翻，如铃，无舌而有秉。周礼，以金铙止鼓。军中所用也。断，丁管翻。其舟船、器械，水、步军资，一时略尽，尸骸塞江而下。塞，悉则翻。汉主大惭恚曰：“吾乃为陆逊所折辱，岂非天耶！”依险行兵，敌扼其冲，情见势屈；敌乘其懈，至于失师，此非天也。将军义阳傅彤为后殿，魏文帝分南阳郡立义阳郡，又立义阳县属焉。此在彤入蜀之后，史追书也。彤，余中翻。殿，丁练翻。兵众尽死，彤气益烈。吴人谕之使降，彤骂曰：“吴狗，安有汉将军而降者！”遂死之。从事祭酒程畿溯江而退，从事祭酒，诸从事之长也。众曰：

"后追将至，宜解舫轻行。"舫，甫妄翻。方舟曰舫；又，并两舟曰舫。畿曰："吾在军，未习为敌之走也。"亦死之。言擐甲执兵以临敌，固欲就死，未尝习走也。

初，吴安东中郎将孙桓别击汉前锋于夷道，夷道县，汉属南郡，吴属宜都郡。为汉所围，求救于陆逊，逊曰："未可。"诸将曰："孙安东，公族，见围已困，奈何不救？"逊曰："安东得士众心，城牢粮足，无可忧也。待吾计展，欲不救安东，安东自解。"及方略大施，汉果奔溃。桓后见逊曰："前实怨不见救；定至今日，言至今日而事始定。乃知调度自有方耳！"调，徒吊翻。

初，逊为大都督，诸将或讨逆时旧将，讨逆，谓孙策也。或公室贵戚，各自矜持，【章：甲十六行本"持"作"恃"；乙十一行本同；张校同。】不相听从。逊按剑曰："刘备天下知名，曹操所惮，今在疆界，此强对也。强对，犹言强敌。诸君并荷国恩，荷，下可翻。当相辑睦，共翦此虏，上报所受，高爵厚禄，受恩多矣；总兵扞敌，受任重矣；皆当有以上报。而不相顺，何也？仆虽书生，受命主上，国家所以屈诸君使相承望者，以仆尺寸可称，能忍辱负重故也。忍辱，言能容诸将；负重，则自任也。各在其事，岂复得辞！复，扶又翻。军令有常，不可犯也！"言将行军法也。及至破备，计多出逊，诸将乃服。吴王闻之曰："公何以初不启诸将违节度者邪？"对曰："受恩深重，此诸将或任腹心，或堪爪牙，或是功臣，皆国家所当与共克定大事者，臣窃慕相如、寇恂相下之义以济国事。"相如事见四卷周赧王三十六年。寇恂事见四十卷汉光武建武二年。王大笑称善，加逊辅国将军，晋职官志：辅国大将军，位从公，其号盖始于汉献帝以命伏完，然犹未加大。领荆州牧，改封江陵侯。

初，诸葛亮与尚书令法正好尚不同，好，呼到翻。而以公义相取，亮每奇正智术。及汉主伐吴而败，时正已卒，亮叹曰：

"孝直若在，必能制主上东行；就使东行，必不倾危矣。"观孔明此言，不以汉主伐吴为可，然而不谏者，以汉主怒盛而不可阻，且得上流，可以胜也。兵势无常，在于观变出奇，故曰孝直在必不倾危。汉主在白帝，徐盛、潘璋、宋谦等各竞表言"备必可禽，乞复攻之。"复，扶又翻。吴王以问陆逊。逊与朱然、骆统上言曰："曹丕大合士众，外托助国讨备，内实有奸心，谨决计辄还。"曹公不追关羽，陆逊不再攻刘备，其所见固同也。以智遇智，三国所以鼎立欤！

初，帝闻汉兵树栅连营七百馀里，谓群臣曰："备不晓兵，岂有七百里营可以拒敌者乎！'苞原隰险阻而为军者为敌所禽'，此兵忌也。孙权上事今至矣。"上事，谓上奏言兵事也。上，时掌翻。后七日，吴破汉书到。

12 秋，七月，冀州大蝗，饥。

13 汉主既败走，黄权在江北，道绝，不得还，八月，率其众来降。降，户江翻；下同。汉有司请收权妻子，汉主曰："孤负黄权，权不负孤也。"以不能用权言也。待之如初。帝谓权曰："君舍逆效顺，欲追踪陈、韩邪？"陈、韩谓韩信、陈平去楚归汉。对曰："臣过受刘主殊遇，降吴不可，还蜀无路，是以归命。且败军之将，免死为幸，何古人之可慕也！"帝善之，拜为镇南将军，封育阳侯，自此以后，皆名号侯，不复注其国邑；其地名难知者，犹为之注。加侍中，使陪乘。陪乘，犹骖乘也。乘，绳证翻。蜀降人或云汉诛权妻子，帝诏权发丧。权曰："臣与刘、葛推诚相信，葛，谓诸葛孔明。明臣本志。窃疑未实，请须。"须，待也。后得审问，果如所言。马良亦死于五溪。

14 九月，甲午，诏曰："夫妇人与政，乱之本也。与，读曰豫。自今以后，群臣不得奏事太后，后族之家不得当辅政之任，又不得横受茅土之爵。横，户孟翻。以此诏传之后世，若有背违，背，蒲妹翻。天下共诛之。”卞太后每见外亲，不假以颜色，常言：“居处当节俭，处，昌吕翻。不当望赏、念自佚也。外舍当怪吾遇之太薄，后妃谓其外家为外舍。吾自有常度故也。吾事武帝四五十年，行俭日久，不能自变为奢。有犯科禁者，吾且能加罪一等耳，言罪加于常人犯法者一等也。莫望钱米恩贷也。”

15 帝将立郭贵嫔为后，中郎栈潜上疏曰：汉三署中郎及虎贲、羽林中郎，皆秩比六百石。魏文帝自五官中郎将登极，省五官将，惟左·右中郎及虎贲、羽林中郎。栈，仕限翻。丁度曰：姓也。何氏姓苑：栈姓出任城。栈潜，任城人也；盖自潜始著。栈，士限翻。“夫后妃之德，盛衰治乱所由生也。是以圣哲慎立元妃，必取先代世族之家，择其令淑，以统六宫，虔奉宗庙。易曰：‘家道正而天下定。’易家人曰：夫夫妇妇而家道正，家道正而天下定矣。由内及外，先王之令典也。春秋书宗人衅夏云：‘无以妾为夫人之礼。’贾公彦曰：襄二十四年，公子荆之母嬖，将以为夫人，使宗人衅夏献其立夫人之礼。对曰：“无之。”公怒曰：“汝为宗司，立夫人，国之大礼也，何故无之?”对曰：“周公、武公娶于薛，孝公、惠公娶于商，自桓以下娶于齐，此礼也则有；若以妾为夫人，则固无其礼也。”公卒立之。齐桓誓命于葵丘，亦曰‘无以妾为妻’。见孟子。令后宫嬖宠，常亚乘舆。嬖，卑义翻，又博计翻。乘，绳证翻。若因爱登后，使贱人暴贵，臣恐后世下陵上替，开张非度，非度，犹言非法。乱自上起也。”帝不从。庚子，立皇后郭氏。

16 初，吴王遣于禁护军浩周、浩，姓也。姓谱：汉有青州刺史浩赏。军司马东里衮东里之先，以居里为氏。诣帝，自陈诚款，辞甚恭悫。帝问周等，“权可信乎?”周以为权必臣服，而衮谓其不可必服。帝悦周言，以为有以知之，故立为吴王，复使周至吴。复，扶又翻。周谓吴王曰：“陛下未信王遣子入侍，周以阖门百口明之。”吴王为之流涕沾襟，为，于伪翻。指天为誓。周还而侍子不至，但多设虚辞。帝欲遣侍中辛毗、尚书桓阶往与盟誓，并责任子，吴王辞让不受。帝怒，欲伐之，刘晔曰："彼新得志，上下齐心，而阻带江湖，不可仓卒制也。"卒，读曰猝。帝不从。

九月，命征东大将军曹休、前将军张辽、镇东将军臧霸出洞口，据张辽传，帝遣辽与曹休至海陵，临江与诸将破吕范。又据贺齐传，齐督扶州以上至皖。黄武初，魏使曹休来伐，齐住新市，会洞口诸军遭风流溺，赖齐未济，诸将倚以为势，休等惮之，遂引军还。又据王凌传，辽等至广陵临江。盖广陵即海陵也。萧子显曰：南兖州刺史每以秋月出海陵观涛；与京口对岸。又据晋书谯王尚之传，桓玄攻尚之于历阳，使冯该断洞浦，焚舟舰。则洞口在历阳江边明矣。大将军曹仁出濡须，上军大将军曹真、征南大将军夏侯尚、左将军张郃、右将军徐晃围南郡。郃，古合翻。吴建威将军吕范督五军，以舟军拒休等，左将军诸葛瑾、平北将军潘璋、将军杨粲救南郡，裨将军朱桓以濡须督拒曹仁。

17 冬，十月，甲子，表首阳山东为寿陵，首阳山在洛阳东北。作终制，务从俭薄，不臧金玉，臧，读曰藏。一用瓦器。令以此诏藏之宗庙，副在尚书、秘书、三府。其副本在尚书及秘书及三公府也。前"臧"字因旧史，后"藏"字用今字。

18 吴王以扬越蛮夷多未平集，乃卑辞上书，求自改厉；"若罪在难除，必不见置，当奉还土地民人，寄命交州以终馀年。"又与浩周书云："欲为子登求昏宗室；"为，于伪翻。又云："以登年弱，欲遣孙长绪、张子布随登俱来。"孙邵，字长绪，吴王称尊号，以邵为丞相。帝报曰："朕之与君，大义已定。岂乐劳师远临江、汉。乐，音洛。若登身朝到，夕召兵还耳。"于是吴王改元黄武，吴改元黄武，亦以五德之运，承汉为土德也。临江拒守。

帝自许昌南征，复郢州为荆州。是年二月置郢州，吴畔，复为荆州。十一月，辛丑，帝如宛。宛，於元翻。曹休在洞口，自陈："愿将锐卒将，即亮翻。虎步江南，因敌取资，事必克捷，若其无臣，不须为念。”帝恐休便渡江，驿马止之。侍中董昭侍侧，曰：“窃见陛下有忧色，独以休济江故乎？今者渡江，人情所难，就休有此志，势不独行，当须诸将。臧霸等既富且贵，无复他望，复，扶又翻。但欲终其天年，保守禄祚而已，何肯乘危自投死地，以求徼幸！徼，坚尧翻。苟霸等不进，休意自沮。沮，在吕翻。臣恐陛下虽有敕渡之诏，犹必沈吟，未便从命也。”沈，持林翻。顷之，会暴风吹吴吕范等船，绠缆悉断。绠，古杏翻；缆，卢瞰翻；皆索也，所以维舟者也。直诣休等营下，斩首获生以千数，吴兵迸散。迸，北孟翻。帝闻之，敕诸军促渡。军未时进，吴救船遂至，收军还江南。曹休使臧霸追之，不利，将军尹卢战死。

19 庚申晦，日有食之。

20 吴王使太中大夫郑泉聘于汉，汉太中大夫宗玮报之，吴、汉复通。

21 汉主闻魏师大出，遗陆逊书曰：“贼今已在江、汉，吾将复东，遗，于季翻。复，扶又翻；下同。将军谓其能然否？”逊答曰：“但恐军新破，创夷未复，始求通亲；通亲，谓通使而交亲也。创，初良翻。复，如字。且当自补，未暇穷兵耳。若不推算，欲复以倾覆之馀远送以来者，无所逃命。”

22 汉汉嘉太守黄元叛。汉嘉郡，本前汉青衣县地，属蜀郡；后汉顺帝阳嘉二年，改为汉嘉县，属蜀郡属国，蜀分为汉嘉郡。

23 吴将孙盛督万人据江陵中洲，据潘璋传，则江陵中洲即百里洲也。其洲自枝江县西至上明，东及江津。江津北岸，即江陵故城。以为南郡外援。

何兹全标点容肇祖聂崇岐覆校

资治通鉴卷第七十

翰林学士兼侍读学士朝散大夫右谏议大夫
知制诰判尚书都省兼提举万寿观公事上护军 司马光 奉敕编集
河内郡开国侯食邑一千三百户赐紫金鱼袋臣

后学天台胡三省音注

魏纪二 起昭阳单阏(癸卯)，尽强圉协洽(丁未)，凡五年。

世祖文皇帝下

黄初四年(癸卯、二二三)

1 春，正月，曹真使张郃击破吴兵，遂夺据江陵中洲。去年吴将孙盛据中洲。合，古合翻，又曷阁翻。

2 二月，诸葛亮至永安。水经注；蜀先主为吴所败，退屯白帝，改白帝为永安，巴东郡治也。

3 曹仁以步骑数万向濡须，先扬声欲东攻羡溪，羡溪在濡须东，而蜀本注以为沙羡，误矣。杜佑曰：羡溪在濡须东三十里。朱桓分兵赴之；去年吴王以朱桓为濡须督。既行，仁以大军径进，桓闻之，追还羡溪兵，兵未到而仁奄至。时桓手下及所部兵在者才五千人，诸将业业各有惧心，孔安国曰：业业，危惧意。桓谕之曰："凡两军交对，胜负在将，将，即亮翻。不在众寡。诸君闻曹仁用兵行师，孰与桓邪？兵法所以称'客倍而主人半'者，谓俱在平原无城隍之守，又谓士卒勇怯齐等故耳。今仁既非智勇，加其士卒甚怯，又千里步涉，人马罢困。罢，读曰疲。桓与诸君共据高城，南临大江，北背山陵，背，蒲妹翻。以逸待劳，为主制客，此百战百胜之势，虽曹丕自来，尚不足忧，况仁等邪！”桓乃偃旗鼓，外示虚弱以诱致仁。诱，音酉。仁遣其子泰攻濡须城，分遣将军常雕、王双等乘油船别袭中洲。油船，盖以牛皮为之，外施油以扞水。中洲者，桓部曲妻子所在也。蒋济曰：“贼据西岸，列船上流，而兵入洲中，是为自内地狱，内，与纳同。危亡之道也。”仁不从，自将万人留橐皋，橐皋，在庐江居巢县，春秋会吴于橐皋，即其地。今曰柘皋，在濡须北。余按班志，橐皋县属九江郡。孟康音拓姑。杜预曰：橐皋在淮南逡遒县东南。陆德明曰：橐，章夜翻，又音托。为泰等后援。桓遣别将击雕等而身自拒泰，泰烧营退；桓遂斩常雕，生虏王双，临陈杀溺死者千馀人。陈，读曰阵。

初，吕蒙病笃，吴王问曰：“卿如不起，谁可代者？”蒙对曰：“朱然胆守有馀，愚以为可任。”朱然者，九真太守朱治姊子也；本姓施氏，治养以为子，时为昭武将军。昭武将军，吴所置也。蒙卒，吴王假然节，镇江陵。及曹真等围江陵，破孙盛，吴王遣诸葛瑾等将兵往解围，瑾，渠吝翻。夏侯尚击却之。江陵中外断绝，城中兵多肿病，堪战者裁五千人。真等起土山，凿地道，立楼橹临城，弓矢雨注，将士皆失色；然晏如无恐意，吕蒙所谓胆守，于此见之。方厉吏士，伺间隙，伺，相吏翻。间，古苋翻。攻破魏两屯。魏兵围然凡六月，江陵令姚泰领兵备城北门，见外兵盛，城中人少，少，诗沼翻。谷食且尽，惧不济，谋为内应，然觉而杀之。

时江水浅陿，陿，与狭同。夏侯尚欲乘船将步骑入渚中安屯，渚，洲也，即江陵之中洲也。作浮桥，南北往来，议者多以为城必可拔。董昭上疏曰：“武皇帝智勇过人，而用兵畏敌，不敢轻之若此也。言行兵不敢履危道。夫兵好进恶退，好，呼到翻。恶，乌路翻。常然之数。平地无险，犹尚艰难，就当深入，还道宜利，兵有进退，不可如意。今屯渚中，至深也；浮桥而济，至危也；一道而行，至陿也。三者，兵家所忌，而今行之。贼频攻桥，误有漏失，谓桥或为敌所断也。渚中精锐非魏之有，将转化为吴矣。臣私戚之，忘寝与食，戚，忧也。而议者怡然不以为忧，岂不惑哉！加江水向长，长，知两翻。一旦暴增，何以防御！就不破贼，尚当自完，奈何乘危，不以为惧！惟陛下察之。"帝即诏尚等促出。吴人两头并前，魏兵一道引去，不时得泄，泄，去也。仅而获济。吴将潘璋已作荻筏，欲以烧浮桥，会尚退而止。后旬日，江水大涨，帝谓董昭曰："君论此事，何其审也！"会天大疫，帝悉召诸军还。

三月，丙申，车驾还洛阳。

初，帝问贾诩曰："吾欲伐不从命以一天下，吴、蜀何先？"对曰："攻取者先兵权，建本者尚德化。陛下应期受禅，抚临率土，若绥之以文德而俟其变，则平之不难矣。吴、蜀虽蕞尔小国，依山阻水。刘备有雄才，诸葛亮善治国；蕞，徂外翻。治，直之翻。孙权识虚实，陆议见兵势；陆议，即陆逊。逊传云：逊本名议。据险守要，泛舟江湖，皆难卒谋也。据险守要谓蜀，泛舟江湖谓吴。卒，读曰猝。用兵之道，先胜后战，量敌论将，量，音良。将，即亮翻。故举无遗策。臣窃料群臣无备、权对，虽以天威临之，未见万全之势也。昔舜舞干戚而有苗服，舜诞敷文德，舞干羽于两阶，七旬有苗格。臣以为当今宜先文后武。"帝不纳，军竟无功。

4 丁未，陈忠侯曹仁卒。

5 初，黄元为诸葛亮所不善，闻汉主疾病，惧有后患，故举郡反，烧临邛城。临邛县，汉属蜀郡。蜀既分置汉嘉郡，则此时当属汉嘉。邛，渠容翻。时亮东行省疾，省，悉景翻。成都单虚，元益无所惮。益州治中从事杨洪，启太子遣将军陈曶、郑绰讨元。曶，呼骨翻。众议以为元若不能围成都，当由越嶲据南中。南中，汉益州、永昌二郡之地。洪曰："元素性凶暴，无他恩信，何能办此！不过乘水东下，冀主上平安，面缚归死；如其有异，奔吴求活耳。但敕曶、绰于南安峡口邀遮，即便得矣。"元军败，果顺江东下，曶、绰生获，斩之。此顺蜀青衣水东下也。水经注：青衣水出青衣县西蒙山，东至蜀郡临邛县与沫水合，又东至犍为南安县入于江，所谓南安峡口也。

6 汉主病笃，命丞相亮辅太子，以尚书令李严为副。汉主谓亮曰："君才十倍曹丕，必能安国，终定大事。若嗣子可辅，辅之；如其不才，君可自取。"自古托孤之主，无如昭烈之明白洞达者。亮涕泣曰："臣敢不竭股肱之力，效忠贞之节，继之以死！"用晋荀息答献公语意。汉主又为诏敕太子曰："人五十不称夭，夭，于兆翻；短折曰夭。吾年已六十有馀，何所复恨，复，扶又翻。但以卿兄弟为念耳。勉之，勉之！勿以恶小而为之，勿以善小而不为！惟贤惟德，可以服人。汝父德薄，不足效也。自汉以下，所以诏敕嗣君者，能有此言否？汝与丞相从事，事之如父。"夏，四月，癸巳，汉主殂于永安，年六十三。谥曰昭烈。谥法：昭德有劳曰昭，有功安民曰烈。

丞相亮奉丧还成都，以李严为中都护，留镇永安。

五月，太子禅即位，时年十七。蜀后主讳禅，字公嗣。尊皇后曰皇太后，大赦，改元建兴。封丞相亮为武乡侯，领益州牧，政事无巨细，咸决于亮。亮乃约官职，修法制，以先主、孔明君臣之相得，而约官职修法制乃行于辅后主之时，此易之戒浚恒也。发教与群下曰："夫参署者，集众思，广忠益也。参署，谓所行之事，参其同异，署而行之也。若远小嫌，难相违覆，旷阙损矣。违，异也；覆，审也。难于违异，难于覆审，则事有旷阙损矣。远，于愿翻。违覆而得中，犹弃敝蹻而获珠玉。蹻，讫约翻，屐也，草履也。然人心苦不能尽，惟徐元直处兹不惑。又，董幼宰参署七年，徐庶，字符直。董和，字幼宰。处，昌吕翻。事有不至，至于十反，来相启告。此所谓相违覆也。苟能慕元直之十一，幼宰之勤渠，有忠于国，则亮可以少过矣。”少，诗沼翻。又曰：“昔初交州平，亮躬耕陇亩，与崔州平、徐庶等友善。州平，崔烈子，均之弟也。屡闻得失；后交元直，勤见启诲；前参事于幼宰，每言则尽；后从事于伟度，数有谏止。数，所角翻。虽资性鄙暗，不能悉纳，然与此四子终始好合，好，呼到翻。亦足以明其不疑于直言也。”伟度者，亮主簿义阳胡济也。

亮尝自校簿书，主簿杨颙直入，颙，鱼容翻。谏曰：“为治有体，治，直吏翻。上下不可相侵。请为明公以作家譬之：为，于伪翻。今有人，使奴执耕稼，婢典炊爨，鸡主司晨，犬主吠盗，牛负重载，载，才再翻。马涉远路；私业无旷，所求皆足，雍容高枕，枕，职任翻。饮食而已。忽一旦尽欲以身亲其役，不复付任，复，扶又翻。劳其体力，为此碎务，形疲神困，终无一成。岂其智之不如奴婢鸡狗哉？失为家主之法也。是故古人称‘坐而论道，谓之王公；作而行之，谓之士大夫。’周官考工记之言。故丙吉不问横道死人而忧牛喘，丙吉相汉宣帝，尝出逢清道，群斗者死伤横道，吉过之不问。前行逢人逐牛，牛喘吐舌。吉使骑吏问：“逐牛行几里矣？”掾史谓丞相前后失问。吉曰：“民斗相杀伤，长安令、京兆尹职也。方春少阳用事，未可大热，恐牛近行，用暑故喘，此时气失节，有所伤害。三公调和阴阳，职当忧，是以问之。”掾史乃服，以吉知大体。陈平不肯知钱谷之数，云‘自有主者’，事见十三卷汉文帝元年。彼诚达于位分之体也。分，扶问翻。今明公为治，乃躬自校簿书，流汗终日，不亦劳乎！”亮谢之。及颙卒，亮垂泣三日。

7 六月，甲戌，任城威王彰卒。谥法：猛以强果曰威；服叛定功曰威。

8 甲申，魏寿肃侯贾诩卒。魏寿，亭名。谥法：刚德克就曰肃；执心决断曰肃。

9 大水。

10 吴贺齐袭蕲春，虏太守晋宗以归。蕲春县，汉属江夏郡；吴分立蕲春郡，即蕲阳也，东晋避讳改焉。水经：蕲水出江夏蕲春县北山。注云：即蕲山也，西南流径蕲山，又南对蕲阳，会于大江，亦谓之蕲河口。据贺齐传：晋宗，吴将也，叛降魏，还为蕲春太守，齐袭而虏之。

11 初，益州郡耆帅雍闿杀太守正昂，因士燮以求附于吴，耆，渠伊翻，长也，老也。今嵊、剡之间，犹谓闾里之长曰耆。帅，所类翻。雍，于用翻，姓也。闿，音开，又可亥翻。闿自交州道求附于吴。正，姓也。秦有正先。又执太守成都张裔以与吴，吴以闿为永昌太守。永昌功曹吕凯、府丞王伉伉，口浪翻。率吏士闭境拒守，闿不能进，使郡人孟获诱扇诸夷，诱，音酉。诸夷皆从之；牂柯太守朱褒、越巂夷王高定皆叛应闿。牂柯，音臧哥。巂，音髓。诸葛亮以新遭大丧，皆抚而不讨，务农殖谷，闭关息民，闭越巂之灵关也。民安食足而后用之。

12 秋，八月，丁卯，以廷尉钟繇为太尉，治书执法高柔代为廷尉。汉宣帝幸宣室，斋居决事，令侍御史二人治书侍侧，后因别置，谓之治书侍御史。及魏又置治书执法，掌奏劾，而治书侍御史掌律令，二官俱置。及晋唯置治书侍御史四人。治，直之翻。是时三公无事，又希与朝政，与，读曰预。柔上疏曰："公辅之臣，皆国之栋梁，民所具瞻；诗曰：赫赫师尹，民具尔瞻。而置之三事，不使知政，古者谓三公为三事。诗曰：三事大夫。谓三公也。遂各偃息养高，偃息，言偃卧以自安也。鲜有进纳，鲜，息浅翻。诚非朝廷崇用大臣之义，大臣献可替否之谓也。左传：齐晏子曰：君所谓可而有否焉，臣献其否以成其可；君所谓否而有可焉，臣献其可而去其否。古者刑政有疑，辄议于槐、棘之下。周礼：朝士掌外朝之法，面三槐，三公位焉；左九棘，孤卿大夫位焉。郑注云：树棘以为位者，取其赤心而外刺，象以赤心三刺也。槐之言怀也；怀来人于此，欲与之谋。王制曰：成狱辞，史以狱成告于正，正听之；正以狱成告于大司寇，大司寇听之于棘木之下；大司寇以狱之成告于王，三命三公参听之。自今之后，朝有疑议及刑狱大事，宜数以咨访三公。朝，直遥翻；下同。数，所角翻。三公朝朔、望之日，又可特延入讲论得失，博尽事情，庶有补起天听，光益大化。"帝嘉纳焉。

13 辛未，帝校猎于荥阳，遂东巡。九月，甲辰，如许昌。

14 汉尚书义阳邓芝言于诸葛亮曰："今主上幼弱，初即尊位，宜遣大使重申吴好。"使，疏吏翻；下同。申，亦重也；所以申固盟约也。重，直用翻。好，呼到翻；下同。亮曰："吾思之久矣，未得其人耳，今日始得之。"芝问："其人为谁？"亮曰："即使君也。"乃遣芝以中郎将修好于吴。冬，十月，芝至吴，时吴王犹未与魏绝，狐疑，不时见芝。芝乃自表请见曰："臣今来，亦欲为吴，非但为蜀也。"为，于伪翻。吴王见之，曰："孤诚愿与蜀和亲，然恐蜀主幼弱，国小势逼，为魏所乘，不自保全耳。"芝对曰："吴、蜀二国，四州之地。四州，荆、扬、梁、益也。大王命世之英，诸葛亮亦一时之杰也。蜀有重险之固，重险，谓外有斜、骆、子午之险，内有剑阁之险也。重，直龙翻。吴有三江之阻。韦昭曰：三江，吴松江、钱塘江、浦阳江也。吴地记云：松江东北行七十里得三江口，东北入海为娄江，东南入海为东江，并松江为三江。合此二长，共为唇齿，进可并兼天下，退可鼎足而立，此理之自然也。大王今若委质于魏，质，如字。魏必上望大王之入朝，朝，直遥翻。下求太子之内侍，若不从命，则奉辞伐叛，蜀亦顺流见可而进，如此，江南之地非复大王之有也。"吴王默然良久曰："君言是也。"遂绝魏，专与汉连和。

15 是岁，汉主立妃张氏为皇后。后，张飞之女也。

五年（甲辰、二二四）

1 春，二【章：甲十六行本“二”作“三”；乙十一行本同。】月，帝自许昌还洛阳。

2 初平以来，学道废坠。夏，四月，初立太学；置博士，依汉制设五经课试之法。博士课试之法，始于汉武帝，事见十九卷元朔五年。平帝时，岁课甲科四十人为郎中，乙科二十人为太子舍人，丙科四十人补文学掌故。东都五经立十四博士，皆以家法教授。古文尚书、毛诗、穀梁、左氏春秋虽不立学官，然皆擢高第为讲郎，给事近署。顺帝增甲乙之科，员各十人。

3 吴王使辅义中郎将吴郡张温聘于汉，自是吴、蜀信使不绝。使，疏吏翻。时事所宜，吴主常令陆逊语诸葛亮；语，牛倨翻。又刻印置逊所，王每与汉主及诸葛亮书，常过示逊，过，工禾翻。轻重、可否有所不安，每令改定，以印封之。释名曰：印，信也，所以封物以为验也；亦曰因也，封物相因付也。

汉复遣邓芝聘于吴，复，扶又翻。吴主谓之曰：“若天下太平，二主分治，不亦乐乎？”乐，音洛。芝对曰：“天无二日，土无二王。孟子载孔子之言。如并魏之后，大王未深识天命，君各茂其德，臣各尽其忠，将提枹鼓，则战争方始耳。”枹，音肤。吴王大笑曰：“君之诚款乃当尔邪！”

4 秋，七月，帝东巡，如许昌。帝欲大兴军伐吴，侍中辛毗谏曰：“方今天下新定，土广民稀，而欲用之，臣诚未见其利也。先帝屡起锐师，临江而旋。今六军不增于故，而复修之，此未易也。修之，谓修怨也。左传曰：将修先君之怨。复，扶又翻。易，以豉翻。今日之计，莫若养民屯田，十年然后用之，则役不再举矣。”帝曰：“如卿意，更当以虏遗子孙邪？”遗，于季翻；下同。对曰：“昔周文王以纣遗武王，惟知时也。”帝不从，留尚书仆射司马懿镇许昌。八月，为水军，亲御龙舟，循蔡、颍，浮淮如寿春。魏收地形志：陈留扶沟县有蔡河。水经：蔡河自陈留浚仪东南流而入于颍。颍水出颍川阳城县少室山，东南流至新阳，与蔡河今，又东南至慎县东南，入于淮。九月，至广陵。

吴安东将军徐盛建计，植木衣苇，为疑城假楼，自石头至于江乘，植木于内，以芦蘼遮其外，为疑城假楼。今淮甸诸郡城敌楼，皆以芦蘼遮护之。江乘县属丹阳郡，吴省为典农都尉治，其地在建业东北。衣，于既翻。联绵相接数百里，一夕而成；又大浮舟舰于江。舰，户黯翻。

时江水盛长，长，知两翻。帝临望，叹曰："魏虽有武骑千群，无所用之，未可图也。"骑，奇寄翻。帝御龙舟，会暴风漂荡，几至覆没。几，居希翻。帝问群臣："权当自来否？"咸曰："陛下亲征，权恐怖，必举国而应。怖，普布翻。又不敢以大众委之臣下，必当自来。"刘晔曰："彼谓陛下欲以万乘之重牵己，而超越江湖者在于别将，乘，绳证翻。将，即亮翻；下同。必勒兵待事，未有进退也。"大驾停住积日，吴王不至，帝乃旋师。是时，曹休表得降贼辞："孙权已在濡须口。"降，户江翻；下同。中领军卫臻曰：晋百官志曰：汉建安四年，魏武丞相府置中领军。文帝践阼，始置领军将军，置长史、司马；江左以后，资重者为领军将军，资轻者为中领军。沈约志曰：领军掌内军，汉武帝置中垒校尉，掌北军营。光武省，置北军中候，监五校营。魏武为丞相，相府自置领军，非汉官也。文帝以领军主五校、中垒、武卫三营。晋武帝初，省；使中军将军羊祜统二卫、前、后、左、右、骁骑七军，即领军之任也。祜迁，复置北军中候。怀帝永嘉中，又改曰中领军。"权恃长江，未敢亢衡，亢，与抗同。此必畏怖伪辞耳！"考核降者，果守将所作也。

5 吴张温少以俊才有盛名，少，诗照翻。顾雍以为当今无辈，诸葛亮亦重之。温荐引同郡暨艳为选部尚书。暨，居乙翻，姓也。叶梦得石林燕语曰：元丰五年，黄冕仲榜，唱名，有暨陶者，主司初以洎音呼之，三呼不应。苏子容时为试官，神宗顾苏，苏曰："当以入声呼之。"果出应。上曰："何以知为入声？"苏言："三国志，吴有暨艳。陶恐其后。"遂问陶乡贯。

曰："崇安人。"上喜曰："果吴人也。"汉置四曹尚书，其一曰常侍曹，主丞相、御史、公卿事。光武改常侍为吏部曹，主选举祠祀。灵帝以梁鹄为选部尚书，魏复改选部为吏部。吴盖循东都之制。艳好为清议，好，呼到翻。弹射百僚，核奏三署，三署，谓五官、左、右三署郎也。射，食亦翻。率皆贬高就下，降损数等，其守故者，十未能一；其居位贪鄙，志节污卑者，皆以为军吏，置营府以处之；处，昌吕翻。多扬人暗昧之失以显其谪。谪，罚也。同郡陆逊、逊弟瑁及侍御史朱据皆谏止之。瑁与艳书曰："夫圣人嘉善矜愚，论语，子游曰：君子嘉善而矜不能。瑁，音冒。忘过记功，以成美化。加今王业始建，将一大统，此乃汉高弃瑕录用之时也。谓弃其瑕玷而录其材用。若令善恶异流，贵汝、颍月旦之评，汉末，汝南许劭与从兄靖，俱有高名，好共核论乡党人物，每月辄更其品题，故汝南俗有月旦评。诚可以厉俗明教，然恐未易行也。易，以豉翻。宜远模仲尼之泛爱，论语载孔子之言曰：泛爱众，而亲仁。近则郭泰之容济，郭泰善人伦，而不为危言核论。奖拔士人，成名者甚众，而不绝左原、贾淑之险恶，所谓容济也。庶有益于大道也。"据谓艳曰："天下未定，举清厉浊，足以沮劝；沮，在吕翻。若一时贬黜，惧有后咎。"艳皆不听。于是怨愤盈路，争言艳及选曹郎徐彪专用私情，憎爱不由公理；艳、彪皆坐自杀。坐自杀，谓赐死也。温素与艳、彪同意，亦坐斥还本郡以给厮吏，厮，音斯，贱也。卒于家。始，温方盛用事，馀姚虞俊叹曰："张惠恕才多智少，馀姚县，属会稽郡，在今越州上虞县东。张温，字惠恕。华而不实，怨之所聚，有覆家之祸；吾见其兆矣。"无几何而败。几，居岂翻。

6冬，十月，帝还许昌。

7十一月，戊申晦，日有食之。

8鲜卑轲比能诱步度根兄扶罗韩杀之，诱，音酉。步度根由是怨轲比能，更相攻击。更，工衡翻。步度根部众稍弱，将其众万徐落保太原、雁门；是岁，诣阙贡献。步度根，檀石槐之孙也。而轲比能众遂强盛，出击东部大人素利，护乌丸校尉田豫乘虚掎其后；掎，鱼岂翻。轲比能使别帅琐奴拒豫，帅，所类翻。豫击破之。轲比能由是携贰，数为边寇，幽、并苦之。数，所角翻。

六年（乙巳、二二五）

1 春，二月，诏以陈群为镇军大将军，随车驾董督众军，录行尚书事；司马懿为抚军大将军，留许昌，督后台文书。魏、晋之制，大将军不开府者，品秩第二，其禄与特进同，置长史、司马、主簿、诸曹官属。行尚书，谓尚书之随驾者；后台，谓尚书台之留许昌者也。三月，帝行如召陵，通讨虏渠；召陵县，汉属汝南郡；晋志属颍川郡。贤曰：召陵故城在今豫州郾城县东，通讨虏渠以伐吴也。召，读曰邵。乙巳，还许昌。

2 并州刺史梁习讨轲比能，大破之。

3 汉诸葛亮率众讨雍闿，参军马谡送之数十里。谡，所六翻。亮曰："虽共谋之历年，今可更惠良规。"谡曰："南中恃其险远，不服久矣；虽今日破之，明日复反耳。复，扶又翻；下同。今公方倾国北伐以事强贼，彼知官势内虚，汉俗谓天子为县官，亦谓为国家。官势，犹言国势也。其叛亦速。若殄尽遗类以除后患，既非仁者之情，且又不可仓卒也。卒，读曰猝。夫用兵之道，攻心为上，攻城为下，心战为上，兵战为下，愿公服其心而已。"此马谡所以为善论军计也。亮纳其言。谡，良之弟也。

4 辛未，帝以舟师复征吴，群臣大议。宫正鲍勋谏曰：据勋传，宫正，即御史中丞也。"王师屡征而未有所克者，盖以吴、蜀唇齿相依，凭阻山水，有难拔之势故也。往年龙舟飘荡，隔在南岸，事见上。圣躬蹈危，臣下破胆，此时宗庙几至倾覆，几，居希翻。为百世之戒。今又劳兵袭远，日费千金，兵法曰：兴师十万，日费千金。中国虚耗，今【章：甲十六行本"今"作"令"；乙十一行本同；退斋校同。】黠虏玩威，国语，祭公谋父曰：先王耀德不观兵。夫兵戢而时动，动则威，观则玩，玩则无震。黠，下八翻。臣窃以为不可。”帝怒，左迁勋为治书执法。勋，信之子也。鲍信从武帝战死。夏，五月，戊申，帝如谯。

5 吴丞相北海孙劭卒。初，吴当置丞相，众议归张昭，吴王曰：“方今多事，职大者责重，非所以优之也。”及劭卒，百僚复举昭，吴王曰：“孤岂为子布有爱乎！为，于伪翻。领丞相事烦，而此公性刚，所言不从，怨咎将兴，非所以益之也。”六月，以太常顾雍为丞相、平尚书事。雍为人寡言，举动时当，当，丁浪翻。吴王尝叹曰：“顾君不言，言必有中。”至饮宴欢乐之际，中，竹仲翻。乐，音洛；下同。左右恐有酒失，而雍必见之，是以不敢肆情。吴王亦曰：“顾公在坐，坐，徂卧翻。使人不乐。”其见惮如此。初领尚书令，封阳遂乡侯；拜侯还寺，寺，官舍也。而家人不知，后闻，乃惊。及为相，其所选用文武将吏，各随能所任，心无适莫。适，音的。心之所主为适，心之所否为莫。时访逮民间及政职所宜，辄密以闻，若见纳用，则归之于上；不用，终不宣泄；宣，明也，布也。泄，漏也。吴王以此重之。然于公朝有所陈及，辞色虽顺而所执者正；军国得失，自非面见，口未尝言。王常令中书郎中书郎，魏曰通事郎，晋为中书侍郎。诣雍有所咨访，若合雍意，事可施行，即相与反复究而论之，为设酒食；为，于伪翻；下同。如不合意，雍即正色改容，默然不言，无所施设。郎退告王，王曰：“顾公欢悦，是事合宜也；其不言者，是事未平也。孤当重思之。”重，直用翻。江边诸将，各欲立功自效，多陈便宜，有所掩袭。王以访雍。雍曰：“臣闻兵法戒于小利，此等所陈，欲邀功名而为其身，非为国也。为，于伪翻。陛下宜禁制，苟不足以曜威损敌，所不宜听也。"王从之。

6 利成郡兵蔡方等反，利成县，汉属东海郡，魏武始分置利成郡。杀太守徐质，推郡人唐咨为主，诏屯骑校尉任福等讨平之。任，音壬。咨自海道亡入吴，吴人以为将军。

7 秋，七月，立皇子鉴为东武阳王。

8 汉诸葛亮至南中，所在战捷。亮由越嶲入，嶲，音髓。斩雍闿及高定。使庲降督益州李恢由益州入，裴松之曰：讯之蜀人云：庲降，地名，去蜀三千馀里。时未有宁州，号为南中，立此职以总摄之；晋泰始中，始分为宁州平夷县，属牂柯郡。余据蜀志，庲降督住平夷，盖侨治，非庲降之本地也。至马忠为庲降督，乃自平夷移住建宁味县，后遂为宁州治所。门下督巴西马忠由牂柯入，击破诸县，复与亮合。牂柯，音臧哥。复，如字，又扶又翻。孟获收闿馀众以拒亮。获素为夷、汉所服，亮募生致之，既得，使观于营陈之间，陈，读曰阵；下同。问曰："此军何如？"获曰："向者不知虚实，故败。今蒙赐观营陈，若只如此，即定易胜耳。"易，以豉翻；下同。亮笑，纵使更战。七纵七禽而亮犹遣获，获止不去，曰："公，天威也，南人不复反矣！"复，扶又翻。亮遂至滇池。滇池县属益州郡。池周回二百馀里，水源深广，而末更浅狭，有似倒流，故谓之滇池。滇，音颠。

益州、永昌、牂柯、越嶲四郡皆平，亮即其渠率而用之。即，就也。渠，大也。渠率，大率也。率，与帅同，音所类翻。或以谏亮，亮曰："若留外人，则当留兵，兵留则无所食，一不易也；加夷新伤破，父兄死丧，留外人而无兵者，必成祸患，二不易也；又，夷累有废杀之罪，丧，息浪翻。易，以豉翻；下同。杀，读曰弑；杀其郡将，是亦弑也。自嫌衅重，若留外人，终不相信，三不易也。今吾欲使不留兵，不运粮，而纲纪粗定，夷、汉粗安故耳。"粗，坐五翻。亮于是悉收其俊杰孟获等以为官属，出其金、银、丹、漆、耕牛、战马以给军国之用。自是终亮之世，夷不复反。复，扶又翻。

9 八月，帝以舟师自谯循涡入淮。水经：阴沟水，出河南阳武县蒗蔼渠，东南至沛为涡水，涡水东径谯郡，又东南至下邳淮阴县入于淮。杜佑曰：亳州治谯县，有涡水。涡音戈。尚书蒋济表言水道难通，帝不从。冬，十月，如广陵故城，广陵故城谓之芜城，今其处不可考。临江观兵，戎卒十馀万，旌旗数百里，有渡江之志。吴人严兵固守。时天寒，冰，舟不得入江。帝见波涛汹涌，汹，许拱翻。叹曰："嗟乎，固天所以限南北也！"遂归。孙韶遣将高寿等率敢死之士五百人，于径路夜要帝，要，一遥翻。帝大惊。寿等获副车、羽盖以还。还，从宣翻，又如字；下同。于是战船数千皆滞不得行，议者欲就留兵屯田，蒋济以为："东近湖，北临淮，若水盛时，贼易为寇，不可安屯。"近，其靳翻。易，以豉翻。帝从之，车驾即发。还，到精湖，据蒋济传，精湖在山阳；山阳在下邳淮阴县界，今楚州山阳县。水稍尽，尽留船付济。船连延在数百里中，济更凿地作四五道，蹴船令聚；豫作土豚目录作"土塍"；广韵作"土埨"，注云：以草裹土筑城及镇水也。遏断湖水，断，丁管翻。皆引后船，一时开遏入淮中，乃得还。

10 十一月，东武阳王鉴薨。

11 十二月，吴番阳贼彭绮攻没郡县，众数万人。番，蒲河翻。

七年（丙午、二二六）

1 春，正月，壬子，帝还洛阳，谓蒋济曰："事不可不晓。吾前决谓分半烧船于山阳湖中，谓到精湖，水尽，船不得过，欲分半船也。宋白曰：楚州山阳县本射阳县地，晋义熙置山阳郡及山阳县，以境内有地名山阳，因以为名。戴延之西征记：山阳，津名。卿于后致之，略与吾俱至谯。又每得所陈，实入吾意。自今讨贼计画，善思论之。"

2 汉丞相亮欲出军汉中，前将军李严当知后事，移屯江州，留护军陈到驻永安，而统属于严。

3 吴陆逊以所在少谷，少，诗沼翻。表令诸将增广农亩。吴王报曰：“甚善！令孤父子亲受田，车中八牛，以为四耦，耒广五寸为伐，二伐为耦。汉制，后稷始甽田，以二耜为耦。注云：并两耜而耕也。虽未及古人，亦欲令与众均等其劳也。”

4 帝之为太子也，郭夫人弟有罪，魏郡西部都尉鲍勋治之；汉献帝建安十八年，魏武分魏郡置东、西部都尉；后以东部都尉立阳平郡，西部都尉立广平郡，谓之三魏，皆属司州。治，直之翻；下同。太子请，不能得，由是恨勋。及即位，勋数直谏，数，所角翻。帝益忿之。帝伐吴还，屯陈留界。勋为治书执法，太守孙邕见出，过勋；见，贤遍翻。过，古禾翻。时营垒未成，但立标埒，标，表也。埒，说文曰，庳垣也；又封道曰埒。埒，龙辍翻。邕邪行，不从正道，军营令史刘曜欲推之，勋以堑垒未成，解止不举。堑，七艳翻。帝闻之，诏曰：“勋指鹿作马，用赵高事。收付廷尉。”廷尉法议，“正刑五岁”，法议，引法而议也。正，结正也。五岁刑，髡钳为城旦舂。三官驳，“依律，罚金二斤”，三官，廷尉正、监、平也。驳，北角翻。帝大怒曰：“勋无活分，分，扶问翻。而汝等欲纵之！收三官已下付刺奸，当令十鼠同穴！”钟繇、华歆、陈群、辛毗、高柔、卫臻等并表勋父信有功于太祖，事见五十九卷汉献帝初平元年，六十卷二年、三年。华，户化翻。求请勋罪，帝不许。高柔固执不从诏命，帝怒甚，召柔诣台，召诣尚书台也。遣使者承指至廷尉诛勋。勋死，乃遣柔还寺。

票骑将军都阳侯曹洪，家富而性吝啬，票，匹妙翻。帝在东宫，尝从洪贷绢百匹，不称意，恨之；遂以舍客犯法，下狱当死，称，尺证翻。下，遐稼翻。群臣并救，莫能得。卞太后责怒帝曰：“梁、沛之间，非子廉无有今日。”曹洪，字子廉。洪脱武帝事见五十九卷初平元年。又谓郭后曰：“令曹洪今日死，吾明日敕帝废后矣!”于是郭后泣涕屡请，乃得免官，削爵土。

5 初，郭后无子，帝使母养平原王叡；以叡母甄夫人被诛，事见上卷元年。故未建为嗣。叡事后甚谨，后亦爱之。帝与叡猎，见子母鹿，帝亲射杀其母，命叡射其子；射，而亦翻。叡泣曰：“陛下已杀其母，臣不忍复杀其子。”复，扶又翻。帝即放弓矢，为之恻然。为，于伪翻。夏，五月，帝疾笃，乃立叡为太子。丙辰，召中军大将军曹真、镇军大将军陈群、抚军大将军司马懿，沈约志曰：中军将军，汉武帝以公孙敖为之，时为杂号。镇军、抚军，皆始于此。中、镇、抚三号，比四镇。晋志，诸大将军开府位从公者，为武官公，皆着武冠，平上黑帻。并受遗诏辅政。丁巳，帝殂。年四十。通鉴书法，天子奄有四海者书“崩”，分治者书“殂”。惟东晋诸帝，以先尝混一，书“崩”。说文曰：殂，往死也。

陈寿评曰：文帝天资文藻，下笔成章，博闻强识，才艺兼该。若加之旷大之度，励以公平之诚，迈志存道，克广德心，则古之贤主，何远之有哉!

6 太子即皇帝位，尊皇太后曰太皇太后，皇后曰皇太后。

初，明帝在东宫，不交朝臣，不问政事，惟潜思书籍；思，相吏翻。即位之后，群下想闻风采。居数日，独见侍中刘晔，语尽日，众人侧听，晔既出，问：“何如?”曰：“秦始皇、汉孝武之俦，才具微不及耳。”

帝初莅政，陈群上疏曰：“夫臣下雷同，是非相蔽，国之大患也。若不和睦则有雠党，左传：晋郤芮曰：有党必有雠。有雠党则毁誉无端，毁誉无端则真伪失实，誉，音余。此皆不可不深察也。”

7 癸未，追谥甄夫人曰文昭皇后。甄，之人翻。

8 壬辰，立皇弟蕤为阳平王。蕤，如佳翻。

9 六月，戊寅，葬文帝于首阳陵。葬于洛阳东北首阳山，因以名陵。

10 吴王闻魏有大丧，秋，八月，自将攻江夏郡，太守文聘坚守。文聘时屯石阳。祝穆曰：魏初定荆州，屯沔阳为重镇。晋立沔阳县，江夏郡自上昶移理焉。今临嶂山在汉阳军西六十里，晋沔阳县治也，意石阳即此地。夏，户雅翻。朝议欲发兵救之。朝，直遥翻。帝曰："权习水战，所以敢下船陆攻者，冀掩不备也。今已与聘相拒；夫攻守势倍，终不敢久也。"先是，朝廷遣治书侍御史荀禹慰劳边方，先，悉荐翻。治，直之翻。劳，力到翻。禹到江夏，发所经县兵及所从步骑千人乘山举火，乘，登也。吴王遁走。

11 辛巳，立皇子冏为清河王。

12 吴左将军诸葛瑾等寇襄阳，司马懿击破之，斩其部将张霸；曹真又破其别将于寻阳。此江北之寻阳，汉故县地。

13 吴丹阳、吴、会山民复为寇，吴、会，吴郡、会稽也。会，工外翻。复，扶又翻。攻没属县。吴王分三郡险地为东安郡，三郡，豫章、丹阳、新都也。吴录曰：东安郡治富春。或曰：三郡，丹阳、吴、会稽也。项安世家说曰：丹杨，以多赤柳，在丹杨山。晋书、南史并用"杨"字。若丹阳则今江陵府枝江县，楚之始封。余按二汉志，丹阳郡，本秦鄣郡，汉武帝更名丹阳郡。若丹阳县，班志注误，诚如项氏所云。晋、宋以后，以丹阳郡为丹阳尹，治秣陵。二汉之丹杨郡，治宛陵。宛陵，晋、宋属宣城郡。治所既异汉、魏之时，自当依二汉志为丹阳郡。以绥南将军全琮领太守。绥南将军，吴所创置。琮至，明赏罚，招诱降附，诱，音酉。降，户江翻。数年，得万馀人。吴王召琮还牛渚，罢东安郡。

14 冬，十月，清河王冏卒。

15 吴陆逊陈便宜，劝吴王以施德缓刑，宽赋息调。调，徒吊翻。又云："忠谠之言，谠，音党，善言也。不能极陈；求容小臣，数以利闻。"求，犹乞也。数，所角翻。王报曰："书载'予违汝弼'，而云不敢极陈，何得为忠谠哉！"舜曰：予违汝弼，汝无面从，退有后言。说，音党。于是令有司尽写科条，使郎中褚逢赍以就逊及诸葛瑾，意所不安，令损益之。

16 十二月，以钟繇为太傅，曹休为大司马，都督扬州如故，晋志曰：黄初三年，始置都督诸州军事。曹真为大将军，华歆为太尉，王朗为司徒，陈群为司空，司马懿为票骑大将军。华，户化翻。票，匹妙翻。歆让位于管宁，帝不许。征宁为光禄大夫，敕青州给安车吏从，以礼发遣，宁，北海朱虚人，青州所部。从，才用翻。宁复不至。复，扶又翻。

17 是岁，吴交趾太守士燮卒，吴王以燮子徽为安远将军，领九真太守，以校尉陈时代燮。交州刺史吕岱以交趾绝远，表分海南三郡为交州，以将军戴良为刺史；海东四郡为广州，岱自为刺史；海南三郡，交趾、九真、日南也。海东四郡，苍梧、南海、郁林、合浦也。遣良与时南入。而徽自署交趾太守，发宗兵拒良，自汉末之乱，南方之人率宗党相聚为兵以自卫。良留合浦。交趾桓邻，【章：甲十六行本“栢”作“桓”；乙十一行本同；孔本同；熊校同；下同。】燮举吏也，叩头谏徽，使迎良。徽怒，笞杀邻，邻兄治合宗兵击，不克。吕岱上疏请讨徽，督兵三千人，晨夜浮海而往。或谓岱曰：“徽借累世之恩，为一州所附，未易轻也。”易，以豉翻。岱曰：“今徽虽怀逆计，未知吾之卒至；卒，读曰猝。若我潜军轻举，掩其无备，破之必也。稽留不速，使得生心，婴城固守，七郡百蛮，云合响应，虽有智者，谁能图之！”遂行，过合浦，过，工禾翻。与良俱进。岱以燮弟子辅为师友从事，师友从事者，署为从事，而待以师友之礼。遣往说徽。说，输芮翻。徽率其兄弟六人出降，降，户江翻。岱皆斩之。

孙盛论曰：夫柔远能迩，莫善于信。吕岱师友士辅，使通信誓；徽兄弟肉袒，推心委命，岱因灭之以要功利，要，读曰邀。君子是以知吕氏之祚不延者也。吕岱子孙无闻。

18 徼大将甘醴及桓治率吏民共攻岱，岱奋击，破之。于是除广州，复为交州如故。岱进讨九真，斩获以万数；又遣从事南宣威命，暨徼外扶南、林邑、堂明诸王，各遣使入贡于吴。扶南在海大湾中，北距日南七千里。林邑国本汉象林县地，直交趾海行三千里。堂明即道明国，在真腊北。徼，吉吊翻。

烈祖明皇帝上之上 讳睿，字元仲，文帝长子也。谥法：照临四方曰明。

太和元年（丁未、二二七）

1 春，吴解烦督胡综、据综传，刘备下白帝，权以见兵少，使综料诸县，得六千人，立解烦两部督。督，督将也。番阳太守周鲂击彭绮，生获之。番，蒲何翻。鲂，音房。

初，绮自言举义兵，为魏讨吴，为，于伪翻。议者以为因此伐吴，必有所克。帝以问中书令太原孙资，沈约志：魏武帝为王，置秘书令，典尚书奏事。文帝黄初初，改为中书令，置监。资曰："番阳宗人，前后数有举义者，数，所角翻。众弱谋浅，旋辄乖散。昔文皇帝尝密论贼形势，言洞浦杀万人，得船千数，数日间，船人复会；事见上卷文帝黄初三年。江陵被围历月，被，皮义翻。权裁以千数百兵住东门，而其土地无崩解者；是其法禁上下相维之明验也。以此推绮，惧未能为权腹心大疾也。"至是，绮果败亡。

2 二月，立文昭皇后寝园于邺。甄后赐死于邺，因葬焉。王朗往视园陵，见百姓多贫困，而帝方营修宫室，朗上疏谏曰："昔大禹欲拯天下之大患，故先卑其宫室，俭其衣食；论语：孔子曰：禹卑宫室，菲饮食，而尽力乎沟洫。句践欲广其御儿之疆，亦约其身以及家，俭其家以施国；句，音钩。国语：句践既获成于吴，其地北至于御儿。非其身之所种则不食；非其夫人之所织则不衣。十年不收于国，卒以报吴。御儿，吴、越分界之所，今嘉兴府即其地，今有语儿乡。施，弋智翻。汉之文、景欲恢弘祖业，故割意于百金之台，昭俭于弋绨之服；事见十五卷汉文帝后七年。霍去病中才之将，犹以匈奴未灭，不治第宅。事见十九卷汉武帝元狩四年。治，直之翻。明恤远者略近，事外者简内也。今建始之前，足用列朝会；崇华之后，足用序内官；华林、天渊，足用展游宴。建始、崇华二殿，皆在洛阳北宫。水经注：谷水径洛阳故城北，东历大夏门下，枝分渠水，东入华林园，又东为天渊池。世语曰：魏武自汉中还洛阳，起建始殿，近汉濯龙祠。朝，直遥翻。华，如字。若且先成象魏，象魏，观阙也。象者，法象也；魏者，高巍也。修城池，其馀一切须丰年，专以勤耕农为务，习戎备为事，则民充兵强而寇戎宾服矣。”

3 三月，蜀丞相亮率诸军北驻汉中，使长史张裔、参军蒋琬统留府事。临发，上疏曰：“先帝创业未半而中道崩殂，今天下三分，益州疲敝，此诚危急存亡之秋也。然侍卫之臣不懈于内，忠志之士忘身于外者，盖追先帝之殊遇，欲报之于陛下也。诚宜开张圣听，以光先帝遗德，恢弘志士之气；不宜妄自菲薄，引喻失义，以塞忠谏之路也。塞，悉则翻。

宫中、府中，俱为一体，蜀后主建兴元年命亮开府治事。所谓府中，盖丞相府也。陟罚臧否，不宜异同。否，皮鄙翻。若有作奸犯科科，律条也。及为忠善者，宜付有司论其刑赏，以昭陛下平明之理，不宜偏私，使内外异法也。观孔明所谓两不宜，则后主之为君可知矣。

侍中、侍郎郭攸之、费祎、董允等，时攸之、祎为侍中，允为黄门侍郎。费，父沸翻。祎，吁韦翻。此皆良实，志虑忠纯，是以先帝简拔以遗陛下。遗，于季翻。愚以为宫中之事，事无大小，悉以咨之，然后施行，必能裨补阙漏，有所广益。将军向宠，向，式亮翻，姓也。性行淑均，行，下孟翻。晓畅军事，试用于昔日，先帝称之曰能，是以众议举宠为督。愚以为营中之事，悉以咨之，必能使行陈和睦，优劣得所。行，户刚翻。陈，读曰阵。

亲贤臣，远小人，此先汉所以兴隆也；亲小人，远贤臣，此后汉所以倾颓也。远，于愿翻。先帝在时，每与臣论此事，未尝不叹息痛恨于桓、灵也。侍中、尚书、长史、参军，此悉端良、死节之臣，愿陛下亲之，信之，则汉室之隆，可计日而待也。

臣本布衣，躬耕南阳，苟全性命于乱世，不求闻达于诸侯。先帝不以臣卑鄙，猥自枉屈，三顾臣于草庐之中，咨臣以当世之事；事见六十五卷汉献帝建安十二年。由是感激，遂许先帝以驱驰。后值倾覆，受任于败军之际，奉命于危难之间，事见上卷文帝黄初四年。难，乃旦翻。尔来二十有一年矣。自建安十二年至是年，凡二十一年。先帝知臣谨慎，故临崩寄臣以大事也。

受命以来，夙夜忧叹，恐托付不效，以伤先帝之明。故五月渡泸，水经注：犍为朱提县西八十里，有泸津水，广六七百步，深十数丈，多瘴气，鲜有行者。益州记曰：泸水两峰有杀气，暑月旧不行，故武侯以夏渡为难。贤曰：泸水，一名若水，出旄牛徼外，经朱提至僰道入江，在今巂州南。特有瘴气，三月、四月经之必死，五月以后行者得无害。故诸葛亮表云"五月渡泸"，言其艰苦也。深入不毛。地不生草木为不毛。今南方已定，甲兵已足，当奖率三军，北定中原，庶竭驽钝，驽，音奴。攘除奸凶，兴复汉室，还于旧都，此臣所以报先帝，而忠陛下之职分也。分，扶问翻。至于斟酌损益，进尽忠言，则攸之、祎、允之任也。愿陛下托臣以讨贼兴复之效，不效，则治臣之罪以告先帝之灵，治，直之翻。责攸之、祎、允等之慢以章其咎。陛下亦宜自谋，以咨诹善道，诹，遵须翻。咨事为诹。察纳雅言，雅，正也。深追先帝遗诏，臣不胜受恩感激。今当远离，胜，音升。离，力智翻。临表涕零，不知所言。”遂行，屯于沔北阳平石马。水经注：沔水径白马戍南，谓之白马城，一名阳平关。又有白马山，山石似马，望之逼真。后魏分沔阳置嶓冢县，属华阳郡；隋罢郡，置白马镇于古诸葛城，县治不改；大业二年，改嶓冢为西县；县，唐属梁州。

亮辟广汉太守姚伷为掾，伷，音胄。掾，丞相掾也，音于绢翻。伷并进文武之士，亮称之曰：“忠益者莫大于进人，进人者各务其所尚。今姚掾并存刚柔以广文武之用，可谓博雅矣。愿诸掾各希此事以属其望。”希，慕也。郑氏周礼注：属，合也。

帝闻诸葛亮在汉中，欲大发兵就攻之，以问散骑常侍孙资，资曰：“昔武皇帝征南郑，取张鲁，阳平之役，危而后济，事见六十七卷建安二十年。又自往拔出夏侯渊军。事见六十八卷建安二十四年。数言‘南郑直为天狱，中斜谷道为五百里石穴耳，’言其深险，喜出渊军之辞也。又，武皇帝圣于用兵，察蜀贼栖于山岩，视吴虏窜于江湖，皆桡而避之，数，所角翻。斜，余遮翻。谷，音浴。桡，奴教翻，曲也，屈也。不责将士之力，不争一朝之忿，诚所谓见胜而战，知难而退也。今若进军就南郑讨亮，道既险阻，计用精兵及转运、镇守南方四州，遏御水贼，凡用十五六万人，四州，荆、徐、扬、豫也。必当复更有所发兴，复，扶又翻。天下骚动，费力广大，此诚陛下所宜深虑。夫守战之力，力役参倍。但以今日见兵见，贤遍翻。分命大将据诸要险，威足以震摄强寇，镇静疆埸，埸，音亦。将士虎睡，百姓无事。数年之间，中国日盛，吴、蜀二虏必自罢敝。”罢，读曰疲。帝乃止。

4 初，文帝罢五铢钱，事见六十九卷黄初元年。使以谷帛为用，人间巧伪渐多，竞湿谷以要利，薄绢以为市，虽处以严刑，不能禁也。要，一遥翻。处，昌吕翻。司马芝等举朝大议，朝，直遥翻。以为：“用钱非徒丰国，亦所以省刑，今不若更铸五铢为便。”夏，四月，乙亥，复行五铢钱。

5甲申，初营宗庙于洛阳。

6六月，以司马懿都督荆、豫州诸军事，率所领镇宛。宛，於元翻。

7冬，十二月，立贵嫔河内毛氏为皇后。后，典虞工卒毛嘉之女也。初，帝为平原王，纳河内虞氏为妃；及即位，虞氏不得立为后，太皇卞太后慰勉焉。虞氏曰：“曹氏自好立贱，未有能以义举者也。武帝立卞后，文帝立郭后，皆非正室。好，呼到翻。然后职内事，君听外政，礼记昏义：古者，天子后立六宫、三夫人、九嫔、二十七世妇、八十一御妻，以听天下之内治，以明章妇顺，故天下内和而家理。天子立六官、三公、九卿、二十七大夫、八十一元士，以听天下之外治，以明章天下之男教，故外和而国治。其道相由而成；苟不能以善始，未有能令终者也，殆必由此亡国丧祀矣！”丧，息浪翻。虞氏遂绌还邺宫。绌，敕律翻。

8初，太祖、世祖皆议复肉刑，以军事不果。太祖议复肉刑事见六十六卷汉献帝建安十八年。其后文帝临飨群臣，诏谓大理欲复肉刑，此诚圣王之法，公卿当共善议。议未定，会有军事，复寝。及帝即位，太傅钟繇上言：“宜如孝景之令，其当弃市欲斩右趾者，许之；其黥、劓、左趾、宫刑者，劓，鱼器翻。自如孝文易以髡笞，可以岁生三千人。”诏公卿已下议，司徒朗以为：“肉刑不用已来，历年数百；今复行之，恐所减之文未彰于万民之目，而肉刑之问已宣于寇雠之耳，非所以来远人也。今可按繇所欲轻之死罪，使减死髡刑，嫌其轻者，可倍其居作之岁数，魏制，髡刑居作五岁。内有以生易死不訾之恩，外无以刖易钛骇耳之声。”訾，津私翻。钛，大计翻。在颈曰钳，在足曰钛。臣瓒曰：汉文帝除肉刑，以完易髡，以笞代劓，以钛左右趾代刖。议者百馀人，与朗同者多。帝以吴、蜀未平，且寝。

是岁，吴昭武将军韩当卒，其子综淫乱不轨，惧得罪，闰月，将其家属、部曲来奔。为韩综为吴所禽张本。

10 初，孟达既为文帝所宠，又与桓阶、夏侯尚亲善；及文帝殂，阶、尚皆卒，卒，子恤翻。达心不自安。诸葛亮闻而诱之，诱，音酉。达数与通书，阴许归蜀；数，所角翻。达与魏兴太守申仪有隙，魏兴，蜀之西城郡也，文帝改曰魏兴。仪密表告之。达闻之，惶惧，欲举兵叛；司马懿以书慰解之，达犹豫未决，懿乃潜军进讨。诸将言："达与吴、汉交通，宜观望而后动。"懿曰："达无信义，此其相疑之时也。当及其未定促决之。"乃倍道兼行，八日到其城下。吴、汉各遣偏将向西城安桥、木阑塞以救达，水经注：魏兴安阳县西北，有高桥溪口，文水入汉之口也。汉水又东径西城县故城南，又东径木兰塞南，右岸有城，名陵城，周回数里；左岸垒石数十行，重垒数十里，中谓之木兰塞。盖吴兵向安桥而蜀兵向木兰塞也。晏类要云：伎陵城，在金州洵阳县。庾雍汉水记：即木兰塞，蜀军救孟达之所。懿分诸将以距之。初，达与亮书曰："宛去洛八百里，司马懿时屯宛。去吾一千二百里。闻吾举事，当表上天子，比相反覆，一月间也，上，时掌翻。比，必寐翻。则吾城已固，诸军足办。吾所在深险，司马公必不自来；诸将来，吾无患矣。"及兵到，达又告亮曰："吾举事八日而兵至城下，何其神速也！"

何兹全标点容肇祖聂崇岐覆校

资治通鉴卷第七十一

翰林学士兼侍读学士朝散大夫右谏议大夫知制诰
判尚书都省兼提举万寿观公事柱国河内郡开国侯　司马光　奉敕编集
食邑一千三百户食实封二百户赐紫金鱼袋臣
后　学　天　台　胡三省　音　注

魏纪三 起著雍涒滩（戊申），尽上章阉茂（庚戌），凡三年。

烈祖明皇帝上之下

太和二年（戊申、二二八）

1 春，正月，司马懿攻新城，旬有六日，拔之，斩孟达。申仪久在魏兴，擅承制刻印，多所假授；懿召而执之，归于洛阳。归仪于京师也。

2 初，征西将军夏侯渊之子楙尚太祖女清河公主，此女欲以妻丁仪，文帝止之，以妻楙。楙，音茂。文帝少与之亲善，少，诗照翻。及即位，以为安西将军，都督关中，镇长安，使承渊处。渊镇长安见六十六卷汉献帝建安十六年。

诸葛亮将入寇，与群下谋之。丞相司马魏延曰：汉丞相有长史而无司马，是时用兵，故置司马。"闻夏侯楙，主婿也，怯而无谋。今假延精兵五千，负粮五千，直从褒中出，循秦岭而东，当子午而北，褒中县，属汉中郡。子午道，王莽所通，事见三十六卷平帝元始五年。安帝延光四年，顺帝罢子午道，通褒斜路。三秦记曰：子午，长安正南山名。秦岭谷，一名樊川。余按今洋州东百六十里有子午谷。郡县志曰：旧子午道在金州安康县界，梁将军王神念以缘山避水，桥梁百数，多有毁坏，乃别开干路，更名子午道，则今路是也。不过十日，可到长安。楙闻延奄至，必弃城逃走。长安中惟御史、京兆太守耳。时遣督军御史与京兆太守共守长安。晋志曰：文帝受禅，改汉京兆尹为太守。守，式又翻。横门邸阁与散民之谷，足周食也。魏置邸阁于横门以积粟。民闻兵至必逃散，可收其谷以周食。横，音光。比东方相合聚，尚二十许日，比，必寐翻。而公从斜谷来，斜，余遮翻。谷，音浴，又古禄翻。亦足以达。如此，则一举而咸阳以西可定矣。"亮以为此危计，不如安从坦道，可以平取陇右，十全必克而无虞，故不用延计。由今观之，皆以亮不用延计为怯。凡兵之动，知敌之主，知敌之将。亮之不用延计者，知魏主之明略，而司马懿辈不可轻也。亮欲平取陇右，且不获如志，况欲乘险侥幸，尽定咸阳以西邪！

亮扬声由斜谷道取郿，班志：斜水出衙岭山北，至郿入渭，脉水沿山，则斜谷之路可知矣。郿，师古音媚。郿故城，陈仓县东北十五里故郿城是。使镇东将军赵云、扬武将军邓芝为疑兵，据箕谷；今兴元府褒县北十五里有箕山，郑子真隐于此，赵云、邓芝所据，即此谷也。又据后汉书冯异传：箕谷当在陈仓之南，汉中之北。帝遣曹真都督关右诸军军郿。亮身率大军攻祁山，戎陈整齐，陈，读曰阵。号令明肃。始，魏以汉昭烈既死，数岁寂然无闻，是以略无备豫；谓不豫为之备也。而卒闻亮出，卒，读曰猝。朝野恐惧，于是天水、南安、安定皆叛应亮，魏分陇右置秦州，天水南安属焉。汉灵帝中平四年，分汉阳之豲道立南安郡。汉阳郡至晋方改为天水，史追书也。安定郡，属雍州。杜佑曰：南安今陇西郡陇西县。关中响震，朝臣未知计所出，帝曰："亮阻山为固，今者自来，正合兵书致人之术，兵法曰：善战者致人。帝姑以此言安朝野之心耳。破亮必也。"乃勒兵马步骑五万，遣右将军张合督之，西拒亮。郃，古合翻，又曷阁翻。丁未，帝行如长安。亲帅师继郃之后以张声势。如，往也。

初，越巂太守马谡，才器过人，好论军计，好，呼到翻。诸葛亮深加器异；汉昭烈临终，谓亮曰："马谡言过其实，不可大用，君其察之！"亮犹谓不然，以谡为参军，每引见谈论，自昼达夜。以孔明之明略，所以待谡者如此，亦足以见其善论军计矣。观孔明南征之时，谡陈攻心之论，岂悠悠坐谈者所能及哉！及出军祁山，亮不用旧将魏延、吴懿等为先锋，而以谡督诸军在前，与张郃战于街亭。续汉志：汉阳略阳县有街泉亭，前汉之街泉县也，省入略阳。杜佑曰：街泉亭在陇县。又曰：平凉郡界有街泉亭，马谡为张郃所败处。又考五代史志，汉川郡西县有街亭山、嶓冢山、汉水，则隋之西县，盖兼得陇西之豲道、汉阳之西县矣。又按郡国县道记：梁州之西县，本名白马城，又曰浕口城，后魏正始中，立嶓冢县，隋始改曰西县。此非续汉志汉阳之西县也。

谡违亮节度，举措烦扰，舍水上山，不下据城。郃传言谡依阻南山。舍，读曰捨。上，时掌翻。张郃绝其汲道，击，大破之，士卒离散。亮进无所据，乃拔西县千馀家还汉中。续汉志：西县，前汉属陇西郡，后汉属汉阳郡，有嶓冢山、西汉水。收谡下狱，杀之。亮自临祭，为之流涕，下，遐稼翻。为，于伪翻。抚其遗孤，恩若平生。杀之者，王法也，恩之者，故人之情不忘也。蒋琬谓亮曰："昔楚杀得臣，文公喜可知也。左传：晋文公及楚子玉得臣战于城濮，楚师败绩。晋人楚军三日谷，文公犹有忧色，曰："得臣犹在，忧未歇也。"及楚杀得臣，然后喜可知也。杜预曰：谓喜见于颜色。天下未定而戮智计之士，岂不惜乎！"观此，则蒋琬亦重谡矣。亮流涕曰："孙武所以能制胜于天下者，用法明也；孙子始计篇曰：法令孰行。言法令行者必胜也，故其教吴宫美人兵，必杀吴王宠姬二人以明其法。是以扬干乱法，魏绛戮其仆。左传：晋悼公合诸侯，其弟扬干乱行，魏绛戮其仆。悼公谓魏绛能以刑佐民，使佐新军。四海分裂，兵交方始，若复废法，何用讨贼邪！"

谡之未败也，裨将军巴西王平连规谏谡，谡不能用；及败，众尽星散，惟平所领千人鸣鼓自守，张郃疑其有伏兵，不往逼也，于是平徐徐收合诸营遗迸，率将士而还。据王平传：平所识不过十字。观其收马谡败散之兵，拒曹爽猝至之师，则用兵方略，固不在于多识字也。迸，北孟翻。还，从宣翻，又如字。亮既诛马谡及将军李盛，夺将军黄袭等兵，平特见崇显，加拜参军，统五部兼当营事，既总统五部兵，时亮屯汉中，又使之兼当营屯之事。进位讨寇将军，封亭侯。后汉之制，列侯有县侯、乡侯、亭侯。亮上疏请自贬三等，汉主以亮为右将军，行丞相事。

是时赵云、邓芝兵亦败于箕谷，云敛众固守，故不大伤，云亦坐贬为镇军将军。据晋书职官志：镇军将军在四征、四镇将军之上。今赵云自镇东将军贬镇军将军，盖蜀汉之制，以镇东为专镇方面，而以镇军为散号，故为贬也。亮问邓芝曰："街亭军退，兵将不复相录，录，收拾也。将，即亮翻；下同。复，扶又翻。箕谷军退，兵将初不相失，何故?"芝曰："赵云身自断后，断，丁管翻。军资什物，略无所弃，兵将无缘相失。"云有军资馀绢，亮使分赐将士，云曰："军事无利，何为有赐，其物请悉入赤岸库，水经注：褒水西北出衙岭山，东南径大石门，历故栈道下谷，俗谓"千梁无柱"也。诸葛亮与兄瑾书曰："前赵子龙退军，烧坏赤崖阁道缘谷一百馀里，其阁梁一头入山腹，一头立柱于水中。今水大而急，不得安柱。"又云："顷大水暴出，赤崖以南，桥阁悉坏。"时赵子龙与邓伯苗一戍赤崖屯田，一戍赤崖口，但得缘崖与伯苗相闻而已。后亮死于五丈原，魏延先退而焚之，即是道也。赤崖即赤岸，蜀置库于此，以储军资。须十月为冬赐。"须，待也。亮大善之。

或劝亮更发兵者，亮曰："大军在祁山、箕谷，皆多于贼，而不破贼，乃为贼所破，此病不在兵少也，在一人耳。谓兵之胜败在将也。少，诗沼翻。今欲减兵省将，将，即亮翻。明罚思过，校变通之道于将来；若不能然者，虽兵多何益！自今已后，诸有忠虑于国者，但勤攻吾之阙，则事可定，贼可死，功可跷足而待矣。"跷，巨娇翻。于是考微劳，甄壮烈，甄，稽延翻，察也，别也。引咎责躬，布所失于境内，厉兵讲武，以为后图，戎士简练，民忘其败矣。善败者不亡，此之谓也。姜维之败，则不可复振矣。

亮之出祁山也，天水参军姜维诣亮降。降，户江翻。亮美维胆智，辟为仓曹掾，续汉志：丞相仓曹掾，主仓谷事。使典军事。考异曰：孙盛杂语曰："维诣诸葛亮，与母相失。后得母书，令求当归。维曰：'良田百顷，不在一亩，但有远志，不在当归也。'"按维粗知学术，恐不至此。今不取。

曹真讨安定等三郡，皆平。真以诸葛亮惩于祁山，后必出从陈仓，乃使将军郝昭等守陈仓，治其城。杜佑曰：汉陈仓故城，在今县东二十里。治，直之翻。

3 夏，四月，丁酉，帝还洛阳。

4 帝以燕国徐邈为凉州刺史。晋志曰：凉州，盖以其地处西方，常寒凉也。地势西北邪出在南山之间，南隔西羌，西通西域，统金城、西平、武威、张掖、西郡、酒泉、敦煌、西海等郡。邈务农积谷，立学明训，进善黜恶，与羌、胡从事，不问小过；若犯大罪，先告都【章：甲十六行本"都"作"部"；乙十一行本同；孔本同；熊校同。】帅，使知应死者，乃斩以徇。帅，所类翻。由是服其威信，州界肃清。

5 五月，大旱。

6 吴王使鄱阳太守周鲂密求山中旧族名帅为北方所闻知者，所谓山越宗帅也。鲂，符方翻。帅，所类翻。令谲挑扬州牧曹休。魏扬州止得汉之九江、庐江二郡地，而江津要害之地，多为吴所据。谲，古穴翻。挑，徒了翻。鲂曰："民帅小丑，不足杖任，事或漏泄，不能致休。乞遣亲人赍笺以诱休，言被谴惧诛，欲以郡降北，诱，音酉。降，户江翻。求兵应接。"吴王许之。时频有郎官诣鲂诘问诸事，郎官，尚书郎也。诘，去吉翻。鲂因诣郡门下，鄱阳郡门下。下发谢。吴王之诘，周鲂之谢，皆所以谲曹休也。休闻之，率步骑十万向皖以应魴；皖，户板翻；下同。帝又使司马懿向江陵，懿督诸军屯宛，使向江陵。贾逵向东关，东关，即濡须口，亦谓之栅江口，有东、西关；东关之南岸，吴筑城，西关之北岸，魏置栅。后诸葛恪于东关作大堤以遏巢湖，谓之东兴堤，即其地也。三道俱进。

秋，八月，吴王至皖，以陆逊为大都督，假黄钺，亲执鞭以见之；此犹古之王者遣将跪而推毂之意也。以朱桓、全琮为左右督，琮，徂宗翻。各督三万人以击休。休知见欺，而恃其众，欲遂与吴战。朱桓言于吴王曰："休本以亲戚见任，非智勇名将也。今战必败，败必走，走当由夹石、挂车。元丰九域志：舒州桐城县北有挂车镇，有挂车岭，镇因岭而得名。此两道皆险阸，若以万兵柴路，柴路，谓以柴塞路也。则彼众可尽，休可生虏。臣请将所部以断之，断，丁管翻。若蒙天威，得以休自效，便可乘胜长驱，进取寿春，割有淮南，以规许、洛，汉末都许，有许昌宫；魏时都洛。魏略曰：文帝改长安、谯、许昌、邺、洛阳为五都，立石表，西界宜阳，北循太行，东北界阳平，南循鲁阳，东界郯，为中都之地。此万世一时，不可失也！"言历万世，惟有此一时机会可乘耳。权以问陆逊，逊以为不可，乃止。

尚书蒋济上疏曰："休深入虏地，与权精兵对，而朱然等在上流，乘休后，臣未见其利也。"前将军满宠上疏曰："曹休虽明果而希用兵，今所从道，背湖旁江，易进难退，背，蒲妹翻。旁，步浪翻。易，以豉翻。此兵之絓地也。絓，古卖翻，罥也。言其地险，师行由之，为所罥挂，进退不可也。孙子地形篇曰：地形有通者，有挂者。我可以往，彼可以来曰通。可以往，难以返曰挂。若入无彊口，无彊口，在夹石东南。宜深为之备！"宠表未报，休与陆逊战于石亭。时吴王在皖口，遣逊等与休战于石亭，则其地当在今舒州怀宁、桐城二县之间。逊自为中部，令朱桓、全琮为左右翼，三道并进，冲休伏兵，因驱走之，追亡逐北，径至夹石，斩获万馀，牛马骡驴车乘万两，军资器械略尽。休盖未尝整陈交战而败也。两，音亮。乘，绳证翻。

初，休表求深入以应周鲂，帝命贾逵引兵东与休合。按逵传，逵自豫州进兵，取西阳以向东关，休自寿春向皖。西阳在皖之西，而东关又在皖之东，今与休合，盖使合兵向东关也。逵曰："贼无东关之备，必并军于皖，休深入与贼战，必败。"乃部署诸将，水陆并进，行二百里，获吴人，言休战败，吴遣兵断夹石，断，丁管翻；下同。诸将不知所出；或欲待后军，逵曰："休兵败于外，路绝于内，进不能战，退不得还，安危之机，不及终日。贼以军无后继，故至此，今疾进，出其不意，此所谓'先人以夺其心'也，左传：军志曰：先人有夺人之心。先，悉荐翻。贼见吾兵必走。若待后军，贼已断险，兵虽多何益！"乃兼道进军，多设旗鼓为疑兵。吴人望见逵军，惊走，惊走者，断夹石之军耳。休乃得还。逵据夹石，以兵粮给休，休军乃振。初，逵与休不善，逵与休不善。文帝黄初中，欲假逵节，休曰："逵性刚，易侮诸将，不可为督。"遂止。及休败，赖逵以免。

7 九月，乙酉，立皇子穆为繁阳王。

8 长平壮侯曹休上书谢罪，帝以宗室不问。败军者必诛，焉可以宗室而不问邪！休惭愤，疽发于背，庚子，卒。帝以满宠都督扬州以代之。

9 护乌桓校尉田豫击鲜卑郁筑鞬，郁筑鞬妻父轲比能救之，以三万骑围豫于马城。马城县，汉属代郡，魏、晋省，盖城邑残破，已弃为荒外之地矣。鞬，居言翻。上谷太守阎志，柔之弟也，素为鲜卑所信，自汉建安时，阎柔已护乌桓，故其兄弟为二虏所信。往解谕之，乃解围去。

10 冬，十一月，兰陵成侯王朗卒。

11 汉诸葛亮闻曹休败，魏兵东下，关中虚弱，欲出兵击魏，群臣多以为疑。因祁山之败，疑魏不可伐。亮上言于汉主曰："先帝深虑以汉、贼不两立，王业不偏安，故托臣以讨贼。以先帝之明，量臣之才，固当知臣伐贼，才弱敌强；然不伐贼，王业亦亡，惟坐而待亡，孰与伐之！是故托臣而弗疑也。臣受命之日，寝不安席，食不甘味，思惟北征，宜先入南，故五月渡泸，深入不毛。泸，鲁都翻。臣非不自惜也，顾王业不可偏全于蜀都，故冒危难以奉先帝之遗意也，难，乃旦翻；下同。而议者以为非计。今贼适疲于西，又务于东，疲于西，谓郿县、祁山之师；务于东，谓江陵东关、石亭之师也。兵法乘劳，此进趋之时也。谨陈其事如左：高帝明并日月，谋臣渊深，然涉险被创，被，皮义翻。创，初良翻。危然后安。今陛下未及高帝，谋臣不如良、平，而欲以长计取胜，坐定天下，此臣之未解一也。解，读曰懈，言未敢懈怠也；后皆同。刘繇、王朗各据州郡，论安言计，动引圣人，群疑满腹，众难塞胸，今岁不战，明年不征，使孙策坐大，遂并江东。此臣之未解二也。难，乃旦翻。坐大，言坐致强大也。策破刘繇事见六十一卷汉献帝兴平二年。破王朗事见六十二卷建安元年。曹操智计殊绝于人，其用兵也，髣髴孙、吴；以操之善用兵，亮谓之髣髴孙、吴，孙、吴固未易才也。然困于南阳，险于乌巢，危于祁连，逼于黎阳，几败伯山，殆死潼关，然后伪定一时耳；困于南阳，谓攻穰为张绣所败也。险于乌巢，谓攻袁绍将淳于琼时也。逼于黎阳，谓攻袁谭兄弟时也。几败伯山，谓与乌桓战于白狼山时也。殆死潼关，谓与马超战时也。危于祁连，当考；或曰围袁尚于祁山时也。伪定者，言虽定一时之功，而有心于篡汉，故曰伪。几，居希翻。况臣才弱，而欲以不危定之，此臣之未解三也。曹操五攻昌霸不下，四越巢湖不成，任用李服而李服图之，委夏侯而夏侯败亡；昌霸，昌狶也。操累攻不下，后命于禁击斩之。四越巢湖不成，谓攻孙权也。李服，盖王服也，与董承谋杀操被诛。夏侯，谓夏侯渊守汉中为先主所败也。先帝每称操为能，犹有此失，况臣驽下，何能必胜！此臣之未解四也。驽下者，自谦以马为喻，若驽骀下乘也。自臣到汉中，中间期年耳，然丧赵云、阳群、马玉、阎芝、丁立、白寿、刘郃、邓铜等及曲长、屯将七十馀人，丧，息浪翻。郃，古合翻，又曷阁翻。曲长，一曲之长也。军行有部，部下有曲，曲各有长。长，丁丈翻。屯将，将屯者也。将，即亮翻。突将、无前、将，即亮翻。賨叟、青羌、散骑、武骑一千馀人，蜀兵谓之叟，賨叟，巴賨之兵也。青羌，亦羌之一种。散骑、武骑，当时骑兵分部之名。賨，藏宗翻。骑，奇寄翻。皆数十年之内，纠合四方之精锐，非一州之所有；若复数年，则损三分之二，复，扶又翻。当何以图敌！此臣之未解五也。言不战而将士耗损已如此也。今民穷兵疲，而事不可息，事不可息，则住与行，劳费正等，而不及虚图之，亮意欲及魏与吴连兵未解，乘虚而图之也。欲以一州之地与贼支久，此臣之未解六也。支，持也；支久，犹言持久也。夫难平者事也，昔先帝败军于楚，当此时，曹操拊手，谓天下已定。然后先帝东连吴、越，事见六十五卷汉献帝建安十三年。拊手，乘快之意发见于外者也。西取巴、蜀，事见六十七卷建安十九年。举兵北征，夏侯授首，事见六十八卷建安二十四年。此操之失计而汉事将成也。然后吴更违盟，关羽毁败，事见六十八卷建安二十四年。此两然后之然，转语之辞，与他文然后之义不同。秭归蹉跌，曹丕称帝。事见六十九卷黄初元年、三年。凡事如是，难可逆见。臣鞠躬尽力，死而后已，至于成败利钝，非臣之明所能逆睹也。”自祁山之败，亮益知魏人情伪，故其所言如此。

十二月，亮引兵出散关，围陈仓，陈仓已有备，亮不能克。曹真使郝昭先守，故亮不能克。此下申言昭守亮攻，客主相持之事，通鉴书法类如此。亮使郝昭乡人靳详于城外遥说昭，靳，居焮翻。说，输芮翻；下同。昭于楼上应之曰：“魏家科法，卿所练也；科，条也。练，习也。我之为人，卿所知也。我受国恩多而门户重，卿无可言者，但有必死耳。卿还谢诸葛，便可攻也。”详以昭语告亮，亮又使详重说昭，重，直用翻。言“人兵不敌，空【章：甲十六行本“空”上有“无为”二字；乙十一行本同；孔本同；张校同。】自破灭。”昭谓详曰：“前言已定矣，我识卿耳，箭不识也。”详乃去。亮自以有众数万，而昭兵才千馀人，又度东救未能便到，魏兵救陈仓者自东来，故曰东救。度，徒洛翻。乃进兵攻昭，起云梯冲车以临城，昭于是以火箭逆射其梯，射，而亦翻；下同。梯然，梯上人皆烧死；昭又以绳连石磨压其冲车，磨，莫卧翻，石硙也。冲车折。折，而设翻。亮乃更为井阑百尺以射城中，以木交构若井阑状。以土丸填壍，壍，七艳翻。欲直攀城，昭又于内筑重墙。重，直用翻。亮又为地突，地突，地道也。欲踊出于城里，昭又于城内穿地横截之。昼夜相攻拒二十馀日。

曹真遣将军费耀等救之。帝召张郃于方城，时郃将兵伐吴，屯于方城。续汉志曰：叶县南有长山曰方城，屈完所谓“楚国方城以为城”者，即此也。使击亮。帝自幸河南城，置酒送郃，河南城在洛阳城西。问郃曰：“迟将军到，迟，直利翻，待也。亮得无已得陈仓乎！”郃知亮深入无谷，屈指计曰：“比臣到，亮已走矣。”比，必寐翻。郃晨夜进道，未至，亮粮尽，引去；将军王双追之，亮击斩双。诏赐昭爵关内侯。攻者不足，守者有馀。尚论其才，则全城却敌者，其才非优于攻者也，客主之势异耳。故曰用兵之术，攻城最下。

12 初，公孙康卒，子晃、渊等皆幼，官属立其弟恭。恭劣弱，不能治国，渊既长，治，直之翻。长，知两翻。胁夺恭位，上书言状。侍中刘晔曰：“公孙氏汉时所用，公孙度守辽东，见五十九卷献帝初平元年。遂世官相承，古者世爵不世官；爵，谓公侯伯子男，官，谓卿大夫也。今谓之世官者，以公孙氏所据之地，汉辽东太守之职守耳，子孙相袭，是世官也。水则由海，陆则阻山，外连胡夷，绝远难制，而世权日久；今若不诛，后必生患。若怀贰阻兵，然后致诛，于事为难；不如因其新立，有党有仇，有党故能夺恭位，与之为仇者，则恭之党也。先其不意，以兵临之，先，悉荐翻。开设赏募，可不劳师而定也。”帝不从，拜渊扬烈将军、辽东太守。为公孙渊叛魏张本。

13 吴王以扬州牧吕范为大司马，印绶未下而卒。下，遐稼翻。初，孙策使范典财计，时吴王年少，少，诗照翻。私从有求，范必关白，不敢专许，当时以此见望。望，责望也，怨望也。吴王守阳羡长，阳羡县，前汉属会稽郡，后汉属吴郡。贤曰：故城在今常州义兴县南。长，知两翻。有所私用，策或料覆，料，音聊。覆，审救也。功曹周谷辄为傅著簿书，为，于伪翻。傅，读曰附。著，直略翻。使无谴问，王临时悦之。及后统事，以范忠诚，厚见信任，以谷能欺更簿书，不用也。周世宗之待周美，我朝太祖之重窦仪，事亦类此。更，工衡翻。

三年（己酉、二二九）

1 春，汉诸葛亮遣其将陈戒攻武都、阴平二郡，阴平道，前汉属广汉郡，后汉属广汉属国都尉，魏分置阴平郡，唐为文州。雍州刺史郭淮引兵救之。禹贡：黑水西河为雍州。以其四山之地，故以雍名焉；亦谓西北之位，阳所不及，阴阳雍阏。周都丰、镐，雍州为王畿；平王东迁，雍州为秦地。汉武置十三州，以雍州之西偏为凉州，其馀并属司隶。光武都洛，关中复置雍州，寻罢，复以司隶统三辅。献帝兴平元年，河西为河寇所隔，置雍州以统河西诸郡。至魏，以河西置凉州，以陇右为雍州。及晋，以陇右置秦州，而雍州统京兆、冯翊、扶风、安定、北地、新平、武都、阴平。雍，于用翻。亮自出至建威，水经注：汉水西南径祁山军南，西流与建安川水合。建安水导源建威西北山，东径建威城南，又东径西县、历城南。祝穆曰：天下之大川，以汉名者二，班固谓之东汉、西汉，而黎州之汉水源于飞越岭者不与焉。固之所谓东汉，则禹贡之漾汉，其源出于今兴元之西县嶓冢山，径洋、金、房、均、襄、郢复至汉阳入江者是也。西汉则苏代所谓“汉中之甲，轻舟出于巴，乘夏水下汉四日而至五渚”者，其源出于西和州徼外，径阶沔川与嘉陵水会，俗谓之西汉；又径大安军、利、剑、阆、果、合与涪水会，至渝州入江。淮退，亮遂拔二郡以归；汉主复策拜亮为丞相。

2 夏，四月，丙申，吴王即皇帝位，大赦，改元黄龙。时夏口、武昌并言黄龙见，权遂以改元。百官毕会，吴主归功周瑜。绥远将军张昭，举笏欲褒赞功德，未及言，沈约志：魏置将军四十号，绥远第十四。吴主曰："如张公之计，今已乞食矣。"归功周瑜，以能拒曹公而成三分之业也。乞食，谓张昭欲迎曹公也。事见六十五卷汉献帝建安十三年。昭大惭，伏地流汗。吴主追尊父坚为武烈皇帝，兄策为长沙桓王，立子登为皇太子，封长沙桓王子绍为吴侯。

以诸葛恪为太子左辅，张休为右弼，顾谭为辅正，陈表为翼正都尉，辅正及翼正都尉皆吴自创置之。而谢景、范慎、羊衜等皆为宾客，衜，古道字。于是东宫号为多士。太子使侍中胡综作宾友目目者，因其人之才品为之品题也。曰："英才卓越，超逾伦匹，则诸葛恪；精识时机，达幽究微，则顾谭；凝辩宏达，言能释结，则谢景；凝，坚定也。宏，阔远也。达，明通也。好辩者每不能坚定其所守，故以能凝辩而证据宏远。明通者可以释难疑之纠结也。究学甄微，游夏同科，则范慎。"究，穷竟也。甄，察别也。夏，户雅翻。羊衜私驳综曰："元逊才而疏，子嘿精而狠，叔发辩而浮，孝敬深而陿。"诸葛恪，字元逊；顾谭，字子嘿；谢景，字叔发；范慎，字孝敬。狠，户垦翻。陿，与狭同。衜卒以此言为恪等所恶，卒，子恤翻。恶，乌路翻。其后四人皆败，如衜所言。

吴主使以并尊二帝之议往告于汉。汉人以为交之无益而名体弗顺，宜显明正义，绝其盟好。天无二日，土无二王，古今之正义也。好，呼到翻。丞相亮曰："权有僭逆之心久矣，国家所以略其衅情者，求掎角之援也。衅，隙也。情，欲也。左传：戎子驹支对范宣子曰："殽之师，晋御其上，戎亢其下，秦师不复，我诸戎实然，譬如捕鹿，晋人角之，诸戎掎之，与晋踣之。"杜预注曰：掎其足也。今若加显绝，雠我必深。当更移兵东戍，与之角力，须并其土，乃议中原。彼贤才尚多，将相辑穆，未可一朝定也。顿兵相守，坐而须老，须，待也。使北贼得计，非算之上者。北贼，谓魏也。昔孝文卑辞匈奴，先帝优与吴盟，事并见前。优，饶也，今人犹谓宽假为优饶。皆应权通变，深思远益，非若匹夫之忿者也。言所计者大也。今议者咸以权利在鼎足，不能并力，且志望已满，无上岸之情，谓孙权之志在保江，不能上岸而北向也。上，时掌翻。推此，皆似是而非也。何者？其智力不侔，故限江自保；权之不能越江，犹魏贼之不能渡汉，言魏不能渡汉而图江陵也，此汉，班志所谓东汉水也。非力有馀，而利不取也。若大军致讨，彼高当分裂其地以为后规，下当略民广境，示武于内，非端坐者也。言蜀若破魏，吴亦将分功。若就其不动而睦于我，我之北伐，无东顾忧，河南之众不得尽西，此之为利，亦已深矣。言蜀与吴和，则虽倾国北伐，不须东顾以备吴，而魏河南之众，欲留备吴，不得尽西以抗蜀兵也。权僭逆之罪，未宜明也。"乃遣卫尉陈震使于吴，贺称尊号。吴主与汉人盟，约中分天下，以豫、青、徐、幽属吴，兖、冀、并、凉属汉，其司州之土，以函谷关为界。汉武帝置司隶校尉，所部三辅、三河诸郡，其界西得雍州之京兆、扶风、冯翊三郡，北得冀州之河东、河内二郡，东得豫州之河南、弘农二郡，位望隆乎牧伯，银印青绶，在十三部刺史之上。后汉省朔方刺史以隶并州，合司隶于十三部之数。魏以司隶所部河东、河南、河内、弘农并冀州之平阳，合五郡置司州，以三辅还属雍州。此言司州以函谷关为界，以汉司隶所部分之也。

张昭以老病上还官位及所统领，上，时掌翻。更拜辅吴将军，更，工衡翻。班亚三司，改封娄侯，娄，古县也，前汉属会稽郡，东汉分属吴郡，今苏州昆山县地。吴以封昭，非真国于娄而君国子民也。食邑万户。昭每朝见，见，贤遍翻；下同。辞气壮厉，义形于色，曾已直言逆旨，"已"，当作"以"，古已、以字通。中不进见。后汉使来，使，疏吏翻；下同。称汉德美，而群臣莫能屈，吴主叹曰："使张公在坐，坐，徂卧翻。彼不折则废，安复自夸乎！"折，屈也。李奇曰：废，失气也。晋灼曰：废，不收也。复，扶又翻；下同。明日，遣中使劳问，劳，力到翻。因请见昭，昭避席谢，吴主跪止之。昭坐定，仰曰："昔太后、桓王不以老臣属陛下，而以陛下属老臣，太后，谓权母吴氏也。属，之欲翻。是以思尽臣节以报厚恩，而意虑浅短，违逆盛旨。然臣愚心所以事国，志在忠益毕命而已；若乃变心易虑以偷荣取容，此臣所不能也！"吴主辞谢焉。

3 元城哀王礼卒。

4 六月，癸卯，繁阳王穆卒。

5 戊申，追尊高祖大长秋曰高皇帝，大长秋，汉宦者曹腾也。夫人吴氏曰高皇后。

6 秋，七月，诏曰："礼，王后无嗣，择建支子以继大宗，嫡子之出相承为宗子，庶子之出为支子。支，岐出也。则当纂正统而奉公义，何得复顾私亲哉！汉宣继昭帝后，加悼考以皇号；事见二十五卷元康元年。哀帝以外藩援立，而董宏等称引亡秦，惑误时朝，朝，直遥翻。既尊恭皇，立庙京都，又宠藩妾，使比长信，叙昭穆于前殿，昭，读曰佋，如遥翻。并四位于东宫，僭差无度，人神弗佑，而非罪师丹忠正之谏，用致丁、傅焚如之祸。序昭穆于前殿，谓定陶恭皇与元帝序昭穆也。东宫，谓太后宫。四位，谓丁、傅、赵后与元后并称太后，事具见三十四卷、三十五卷。自是之后，相踵行之。谓汉安帝尊父清河孝王为孝德皇，桓帝尊祖河间孝王为孝穆皇，父蠡吾侯志为孝崇皇，灵帝尊祖河间王淑为孝元皇，父解渎亭侯苌为孝仁皇，其妃皆尊为后也。昔鲁文逆祀，罪由夏父；宋国非度，讥在华元。春秋：文公二年，大事于太庙，跻僖公；逆祀也。于是夏父弗忌为宗伯，且明见曰："吾见新鬼大，旧鬼小，先大后小，顺也。跻圣贤，明也。"君子以为失礼。礼无不顺。祀，国之大事也，而逆之，可谓礼乎！成公二年，宋文公卒，始厚葬，用蜃炭，益车马，始用殉，重器备。君子谓华元于是乎不臣。华，户化翻。其令公卿有司，深以前世行事为戒，后嗣万一有由诸侯入奉大统，则当明为人后之义；敢为佞邪导谀时君，妄建非正之号，以干正统，谓考为皇，称妣为后，则股肱大臣，诛之无赦。其书之金策，藏之宗庙，著于令典！”帝无子，知必以支庶为后，故豫下此诏，以约饬为人子为人臣者。

7 九月，吴主迁都建业，皆因故府，不复增改，复，扶又翻。留太子登及尚书九官于武昌，九官，九卿也。使上大将军陆逊辅太子，并掌荆州及豫章三郡事，董督军国。吴于大将军之上复置上大将军。三郡，豫章、鄱阳、庐陵也。三郡本属扬州，而地接荆州，又有山越，易相扇动，故使逊兼掌之。

南阳刘廙尝著先刑后礼论，廙，羊职翻，又羊至翻。同郡谢景称之于逊，逊呵之曰："礼之长于刑久矣；长，知两翻。廙以细辩而诡先圣之教，诡，异也，戾也。君今侍东宫，宜遵仁义以彰德音，若彼之谈，不须讲也！"

太子与西陵都督步骘书，吴保江南，凡边要之地皆置督，独西陵置都督，以国之西门统摄要重也。杜佑曰：西陵，今夷陵郡。骘，之日翻。求见启诲，骘于是条于时事业在荆州界者及诸僚吏行能以报之，行，下孟翻。因上疏奖劝曰："臣闻人君不亲小事，使百官有司各任其职，故舜命九贤，则无所用心，不下庙堂而天下治也。舜命九官：禹作司空，宅百揆，契作司徒，弃后稷，皋陶作士，益作朕虞，垂共工，夷作秩宗，龙作纳言，夔典乐。治，直吏翻。故贤人所在，折冲万里，晏子春秋曰：晋平公欲攻齐，使范昭观焉，景公觞之。范昭曰："愿请君之弃爵。"景公曰："诺。"已饮，晏子命彻尊更之。范昭归，以报晋平公曰："齐未可伐也，吾欲耻其君而晏子知之。"仲尼闻之曰："起于尊俎之间，而折冲千里之外。"汉何武上封事曰："虞有宫之奇，晋献不寐；卫青在位，淮南寝谋。故贤人立朝，折冲厌难，胜于无形。"信国家之利器，崇替之所由也。愿明太子重以经意，则天下幸甚！”

张纮还吴迎家，道病卒。临困，授子【章：甲十六行本“子”下有“靖”字；乙十一行本同；孔本同；张校同；退斋校同。】留笺留笺，犹今遗表也。曰：“自古有国有家者，咸欲修德政以比隆盛世，至于其治，多不馨香，书君陈曰：至治馨香，感于神明。治，直吏翻；下同。非无忠臣贤佐也，由主不胜其情，弗能用耳。夫人情惮难而趋易，好同而恶异，易，以豉翻。好，呼到翻。恶，乌路翻。与治道相反。传曰：‘从善如登，从恶如崩’，言善之难也。人君承奕世之基，据自然之势，操八柄之威，周礼天官：太宰以八柄诏王驭群臣：一曰爵以驭其贵，二曰禄以驭其富，三曰予以驭其幸，四曰置以驭其行，五曰生以驭其福，六曰夺以驭其贫，七曰废以驭其罪，八曰诛以驭其过。操，千高翻。甘易同之欢，易，以豉翻。无假取于人，而忠臣挟难进之术，吐逆耳之言，其不合也，不亦宜乎！离则有衅，言纳忠而不合于上，则上下之情离，衅隙由此而生也。巧辩缘间，间，古苋翻。眩于小忠，恋于恩爱，贤愚杂错，黜陟失序，其所由来，情乱之也。故明君寤之，求贤如饥渴，受谏而不厌，抑情损欲，以义割恩，则上无偏谬之授，下无希冀之望矣！”吴主省书，为之流涕。省，悉景翻。为，于伪翻。

8 冬，十月，改平望观曰听讼观。水经注：平望观在华林园东南，天渊池水径观南。观，古玩翻。帝常言：“狱者，天下之性命也。”每断大狱，常诣观临听之。断，丁乱翻。初，魏文侯师李悝著法经六篇，悝，苦回翻。汉艺文志：法家者流，李子三十二篇。注云：李悝相魏，富国强兵。今言法经六篇，盖其书有经有解，若韩非子也。商君受之以相秦。萧何定汉律，益为九篇，后稍增至六十篇。又有令三百馀篇，决事比九百六卷，师古曰：比，以例相比况也。程大昌曰：古书皆卷，至唐始为页子，今书册也。世有增损，错糅无常，糅，女救翻，杂也。后人各为章句，马、郑诸儒十有馀家，马、郑，马融、郑玄也。

以至于魏，所当用者合二万六千二百七十二条，七百七十三万馀言，览者益难。帝乃诏但用郑氏章句。尚书卫觊奏曰：觊，音冀。“刑法者，国家之所贵重而私议之所轻贱；狱吏者，百姓之所县命县，读曰悬。而选用者之所卑下。王政之敝，未必不由此也；请置律博士。”帝从之。晋职官志：律博士，属廷尉。又诏司空陈群、散骑常侍刘卲等删约汉法，制新律十八篇，州郡令四十五篇，尚书官令、军中令合百八十馀篇，州郡令，用之刺史、太守；尚书令，用之于国；军中令，用之于军。于正律九篇为增，于旁章科令为省矣。

9 十一月，洛阳庙成，元年，初营宗庙，至是而成。迎高、太、武、文四神主于邺。高帝，汉大长秋曹腾；太帝，汉太尉曹嵩。裴松之曰：魏初唯立亲庙，四祀四室而已，至景初元年，始定七庙之制。

10 十二月，雍丘王植徙封东阿。

11 汉丞相亮徙府营于南山下原上，筑汉城于沔阳，筑乐城于成固。沔阳、成固二县，皆属汉中郡。水经注：沔水径白马戍城南，城即阳平关也。又东径武侯垒南，诸葛武侯所居也。又东径沔阳故城南，城南对定军山。又东过南郑县，又东过成固县南。如此，则汉城在南郑西，乐城在南郑东也。又南郑县东南百八十里有梁州山，与孤云两角山相接，大山四围，其中三十里许，甚平。或云：古梁州治也。杜佑曰：乐城在梁州西县西南。杜佑曰：洋州兴道县，汉城固县地，蜀之兴势。宋白曰：兴势，山名，在兴道县西北二十里洋州管下。西乡县，本成固县地。

四年(庚戌、二三〇)

1 春，吴主使将军卫温、诸葛直将甲士万人，浮海求夷洲、亶洲，后汉书东夷传曰：会稽海外有夷洲及亶洲，传言秦始皇使徐福将童男女数千人入海，求蓬莱神仙不得，福惧诛，不敢还，遂止此洲，世世相承，有数万家，人民时至会稽市。会稽东冶县人有入海行，遭风流移至亶洲者，所在绝远，不可往来。沈莹临海水土志曰：夷洲在临海东，去郡二千里。土地无霜雪，草木不死，四面是山溪，地有铜铁，唯用鹿骼为矛以战斗，摩厉青石以作弓矢。

取生鱼肉杂贮大瓦器中，以盐卤之，历月馀日，仍啖食之，以为上肴也。今人相传，倭人即徐福止王之地，其国中至今庙祀徐福。欲俘其民以益众，陆逊、全琮皆谏，以为："桓王创基，兵不一旅。今江东见众，见，贤遍翻。自足图事，不当远涉不毛，万里袭人，风波难测。又民易水土，必致疾疫，欲益更损，欲利反害。且其民犹禽兽，得之不足济事，无之不足亏众。"吴主不听。

2 尚书琅邪诸葛诞、中书郎南阳邓飏等中书郎，即通事郎。晋志曰：魏黄初初，中书既置监、令，又置通事郎，次黄门郎。黄门郎已署事过，通事乃署名，已署，奏以入，为帝省读，书可。及晋，改曰中书侍郎。飏，余章翻，又余亮翻。相与结为党友，更相题表，更，工衡翻。以散骑常侍夏侯玄等四人为四聪，诞辈八人为八达。玄，尚之子也。中书监刘放子熙，中书令孙资子密，吏部尚书卫臻子烈三人咸不及比，以其父居势位，容之为三豫。晋职官志曰：汉武帝游宴后庭，始使宦者典事尚书，谓之中书谒者，置令、仆射。成帝改中书谒者令曰中谒者令，罢仆射。汉东京省中谒者令，而有中官谒者令，非其职也。魏武帝为魏王，置秘书令，典尚书奏事；文帝黄初初，改为中书，置监、令，以秘书左丞刘放为中书监，右丞孙资为中书令，监、令自此始。魏又改汉选部尚书曰吏部尚书。比，等比也，音毗寐翻。三豫者，容三人得豫于题品之中也。

行司徒事董昭资望轻未可为公者为行事。上疏曰："凡有天下者，莫不贵尚敦朴忠信之士，深疾虚伪不真之人者，以其毁教乱治，败俗伤化也。治，直吏翻。败，补迈翻。近魏讽伏诛建安之末，曹伟斩戮黄初之始。魏讽事见六十八卷建安二十四年。曹伟事见六十九卷黄初二年。伏惟前后圣诏，深疾浮伪，欲以破散邪党，常用切齿；而执法之吏，皆畏其权势，莫能纠擿，擿，他狄翻。毁坏风俗，坏，音怪。侵欲滋甚。窃见当今年少不复以学问为本，少，诗照翻。专更以交游为业；国士不以孝悌清修为首，乃以趋势游利为先。趋，七喻翻。合党连群，互相褒叹，以毁訾为罚戮，訾，将此翻。用党誉为爵赏，附己者则叹之盈言，叹者，嗟叹而称其美也。盈，溢也。叹美之过，溢于言辞，则为溢美之言。不附者则为作瑕衅。玉之病曰瑕，器之隙曰衅。至乃相谓：'今世何忧不度邪，但求人道不勤，罗之不博耳；言广布党友，则互为羽翼，身安而无患，可以度世也。人何患其不己知，但当吞之以药而柔调耳。'谓毁誉所加，彼诚好誉而恶毁，则其心柔服调顺，于我无忤，如吞之以药也。又闻或有使奴客名作在职家人，冒之出入，往来禁奥，交通书疏，有所探问。谓如职在尚书，出入禁省，则有令史，有主书，有苍头、庐儿为之给使。今使奴客冒其名，以出入往来为奸。凡此诸事，皆法之所不取，刑之所不赦，虽讽、伟之罪，无以加也！"帝善其言。二月，壬午，诏曰："世之质文，随教而变。谓殷尚质，周尚文，各随教而变也。兵乱以来，经学废绝，后生进趣，不由典谟。二典、三谟也。岂训导未洽，将进用者不以德显乎？其郎吏学通一经，才任牧民，博士课试，擢其高第者，亟用；其浮华不务道本者，罢退之！"郎吏，谓尚书郎也。于是免诞、飏等官。

3 夏，四月，定陵成侯钟繇卒。

4 六月，戊子，太皇太后卞氏殂。秋七月，葬武宣皇后。

5 大司马曹真以"汉人数入寇，数，所角翻。请由斜谷伐之；斜，余遮翻。谷，音浴。诸将数道并进，可以大克。"帝从之，诏大将军司马懿溯汉水由西城入，与真会汉中，诸将或由子午谷、或由武威入。"武威"恐当作"武都"，否则"建威"也。司空陈群谏曰："太祖昔到阳平攻张鲁，事见六十七卷汉献帝建安二十年。多收豆麦以益军粮，鲁未下而食犹乏。今既无所因，且斜谷阻险，难以进退，转运必见钞截，钞，楚交翻。多留兵守要，则损战士，不可不熟虑也！"帝从群议。真复表从子午道；复，扶又翻。群又陈其不便，并言军事用度之计。诏以群议下真，真据之遂行。诏以议下真，将与之商度可否也。真锐于出师，遂以诏为据而行。下，遐稼翻。

6 八月，辛巳，帝行东巡；乙未，如许昌。

7 汉丞相亮闻魏兵至，次于成固赤坂以待之。赤坂在今洋州东二十里龙亭山，坂色正赤。魏兵溯汉水及从子午道入者，皆会于成固，故于此待之。召李严使将二万人赴汉中，表严子丰为江州都督，督军典严后事。李严本都督江州，今赴汉中，令其子为督军以典后事。

会天大雨三十馀日，栈道断绝，太尉华歆上疏曰：华，户化翻。上，时掌翻。“陛下以圣德当成、康之隆，愿先留心于治道，治，直吏翻。以征伐为后事。为国者以民为基，民以衣食为本。使中国无饥寒之患，百姓无离上之心，则二贼之衅可坐而待也！”魏以吴、蜀为二贼。帝报曰：“贼凭恃山川，二祖劳于前世，犹不克平，二祖，谓太祖武皇帝、世祖文皇帝也。朕岂敢自多，谓必灭之哉！诸将以为不一探取，探，他含翻。无由自敝，是以观兵以窥其衅。若天时未至，周武还师，乃前事之鉴，朕敬不忘所戒。”

少府杨阜上疏曰：“昔武王白鱼入舟，君臣变色，史记：周文王崩，武王奉文王木主东观兵于孟津。武王渡河，中流，白鱼跃入王舟。是时诸侯不期而会者八百，皆曰：“纣可伐矣。”武王曰：“汝未知天命，未可也。”乃还师。动得吉瑞，犹尚忧惧，况有灾异而不战竦者哉！今吴、蜀未平，而天屡降变，诸军始进，便有天雨之患，稽阂山险，阂，与碍同。已积日矣。转运之劳，担负之苦，所费已多，若有不继，必违本图。传曰：‘见可而进，知难而退，左传：随武子之言。军之善政也。’徒使六军困于山谷之间，进无所略，退又不得，非王兵之道也。”王兵，王者之兵也。

散骑常侍王肃上疏曰：“前志有之：‘千里馈粮，士有饥色，樵苏后爨，师不宿饱，’前书李左车说陈馀之言，盖前乎左车，已有是言矣。此谓平涂之行军者也；又况于深入阻险，凿路而前，则其为劳必相百也。今又加之以霖雨，山坂峻滑，众迫而不展，粮远而难继，实行军者之大忌也。闻曹真发已逾月而行裁半谷，谓子午谷之路，行才及半也。治道功夫，战士悉作。治，直之翻。是贼偏得以逸待劳，乃兵家之所惮也。言之前代，则武王伐纣，出关而复还；复，扶又翻。论之近事，则武、文征权，临江而不济；事见汉献帝纪及魏文帝纪。岂非所谓顺天知时，通于权变者哉！兆民知上圣以水雨艰剧之故，休而息之，后日有衅，乘而用之，则所谓悦以犯难，民忘其死者矣。"易兑卦彖辞。难，乃旦翻。肃，朗之子也。王朗为公于黄初之初。

九月，诏曹真等班师。班，还也。

8 冬，十月，乙卯，帝还洛阳。时左仆射徐宣总统留事，汉成帝罢中书宦者，置尚书五人，一人为仆射，四人分为四曹，一曰常侍曹，二曰二千石曹，三曰民曹，四曰主客曹；后又置三公曹，是为五曹。光武改常侍曹为吏部曹，又置中都官曹，合为六曹，并令仆二人，谓之八坐。后改吏部为选部，魏又改选部为吏部，又有左民、客曹、五兵、度支，凡五曹尚书、左右二仆射、一令为八坐。帝还，主者奏呈文书。尚书诸曹，各有主者。还，从宣翻，又如字；下同。帝曰："吾省与仆射省何异！"省，悉景翻。竟不视。

9 十二月，【章：甲十六行本"月"下有"辛未"二字；乙十一行本同；孔本同；张校同。】改葬文昭皇后于朝阳陵。帝以旧陵庳下改葬，朝阳陵亦在邺。

10 吴主扬声欲至合肥，征东将军满宠表召兖、豫诸军皆集，吴寻退还，诏罢其兵。宠以为："今贼大举而还，非本意也；此必欲伪退以罢吾兵，而倒还乘虚，掩不备也。"表不罢兵。上表言敌情，请不罢兵也。后十馀日，吴果更到合肥城，不克而还。

11 汉丞相亮以蒋琬为长史。亮数外出，数，所角翻。琬常足食足兵，以相供给。亮每言："公琰托志忠雅，蒋琬，字公琰。当与吾共赞王业者也。"

12 青州人隐蕃姓谱：隐，以谥为氏。逃奔入吴，上书于吴主曰：

"臣闻纣为无道，微子先出；商纣无道，微子抱祭器而奔周。高祖宽明，陈平先入。事见九卷汉高帝二年。臣年二十二，委弃封域，归命有道，赖蒙天灵，得自全致。言蒙天之灵，得自全而致身于吴也。臣至止有日，而主者同之降人，未见精别，此主者，谓主客之官。降，户江翻。别，彼列翻。使臣微言妙旨，不得上达，於邑三叹，於邑，短气貌，读如本字。或曰：於，音乌。邑，乌合翻。曷惟其已！用诗人语。谨诣阙拜章，乞蒙引见。"见，贤遍翻。吴主即召入，蕃进谢，答问及陈时务，甚有辞观。言其敏于言辞，美于仪观也。观，古玩翻。侍中右领军胡综侍坐，吴置中领军及左右领军。坐，徂卧翻。吴主问何如？综对曰："蕃上书大语有似东方朔，巧捷诡辩有似祢衡，祢，乃礼翻。而才皆不及。"吴主又问："可堪何官？"综对曰："未可以治民，治，直之翻。且试都辇小职。"国郡在辇毂下，故曰都辇。吴主以蕃盛语刑狱，用为廷尉监。自汉以来，廷尉有正，有监，有平。左将军朱据、廷尉郝普数称蕃有王佐之才，数，所角翻。普尤与之亲善，常怨叹其屈。于是蕃门车马云集，宾客盈堂，自卫将军全琮等皆倾心接待；惟羊衜及宣诏郎豫章杨迪吴置宣诏郎，掌宣传诏命。拒绝不与通。潘濬子翥，亦与蕃周旋，翥，章庶翻。杜预曰：周旋，相追逐也。馈饷之。濬闻，大怒，疏责翥曰："吾受国厚恩，志报以命，言志在致命以报国恩。尔辈在都，当念恭顺，亲贤慕善。何故与降虏交，以粮饷之！降，户江翻。在远闻此，心震面热，惆怅累旬。惆，丑鸠翻。疏到，急就往使受杖一百，促责所饷！"濬欲布其子之罪于国中以绝后祸也。使，疏吏翻。当时人咸怪之。顷之，蕃谋作乱于吴，事觉，亡走，捕得，伏诛。吴主切责郝普，普惶惧，自杀。朱据禁止，禁止者，虽未下之狱，使人守之，禁其不得出入，止不得与亲党交通也。郑樵通志曰：禁止，谓禁入殿省也，符所属行之。盘洲洪氏曰：魏、晋以来，三台奏劾，则符光禄勋加禁止；解禁止亦如之。禁止者，身不得入殿省，光禄勋主殿门故也。历时乃解。

13 武陵五溪蛮夷叛吴，吴主以南土清定，召交州刺史吕岱还屯长沙沤口。吕岱讨交州，见上卷文帝黄初七年。

王崇武标点容肇祖聂崇岐覆校

资治通鉴卷第七十二

翰林学士兼侍读学士朝散大夫右谏议大夫知制诰
判尚书都省兼提举万寿观公事柱国河内郡开国侯　司马光　奉敕编集
食邑一千三百户食实封二百户赐紫金鱼袋臣

后学天台　胡三省　音注

魏纪四

起重光大渊献（辛亥），尽阏逢摄提格（甲寅），凡四年。

烈祖明皇帝中之上

太和五年（辛亥、二三一）

1 春，二月，吴主假太常潘浚节，使与吕岱督军五万人讨五溪蛮。浚姨兄蒋琬为诸葛亮长史，同出为姨，母之姊妹曰姨，妻之姊妹亦曰姨。若母之兄弟则当呼为舅，此盖妻之兄弟也。长，知两翻。武陵太守卫旍奏浚遣密使与琬相闻，旍，与旌同。使，疏吏翻。欲有自托之计。吴主曰："承明不为此也。"潘浚，字承明。即封旍表以示浚，而召旍还，免官。

2 卫温、诸葛直军行经岁，士卒疾疫死者什八九，亶洲绝远，卒不可得至，卒，子恤翻。得夷洲数千人还。温、直坐无功，诛。吴遣温、直，见上卷上年。

3 汉丞相亮命李严以中都护署府事。蜀置左、右、中三都护。署府事，署汉中留府事也。严更名平。更，工衡翻。亮帅诸军入寇，围祁山，以木牛运。亮集曰：木牛者，方腹曲头，一脚四足。头入领中，舌着于腹，载多而行少，宜可大用，不可少使。特行者数十里，群行者二十里也。

曲者为牛头，双者为牛脚，横者为牛领，转者为牛足，覆者为牛背，方者为牛腹，垂者为牛舌，曲者为牛肋，刻者为牛齿，立者为牛角，细者为牛鞅，摄者为牛鞦鞧。牛仰双辕，人行六尺，牛行四步，载一岁粮，日行二十里，而人不大劳。帅，读曰率。于是大司马曹真有疾，帝命司马懿西屯长安，督将军张郃、费曜、戴陵、郭淮等以御之。郃，古合翻，又曷阁翻。费，父沸翻。

4 三月，邵陵元侯曹真卒。

5 自十月不雨，至于是月。

6 司马懿使费曜、戴陵留精兵四千守上邽，上邽县，前汉属陇西郡，后汉以来属汉阳郡。馀众悉出，西救祁山。张郃欲分兵驻雍、郿，雍、郿二县皆属扶风郡。雍，于用翻。郿，音媚，又音眉。懿曰："料前军能独当之者，将军言是也。若不能当而分为前后，此楚之三军所以为黥布禽也。"事见十二卷汉高帝十一年。观懿此言，盖自知其才不足以敌亮矣。遂进。亮分兵留攻祁山，自逆懿于上邽。郭淮、费曜等徼亮，徼，读曰邀。亮破之，因大芟刈其麦，芟，所衔翻。与懿遇于上邽之东。懿敛军依险，兵不得交，亮引还。

懿等寻亮后至于卤城。张郃曰："彼远来逆我，请战不得，谓我利在不战，欲以长计制之也。且祁山知大军已在近，人情自固，可止屯于此，分为奇兵，示出其后，不宜进前而不敢逼，坐失民望也。今亮孤军食少，少，诗沼翻。亦行去矣。"懿不从，故寻亮。有意为之曰故。寻者，随而蹑其后。既至，又登山掘营，不肯战。贾栩、魏平数请战，数，所角翻。因曰："公畏蜀如虎，奈天下笑何！"懿病之。懿实畏亮，又以张郃尝再拒亮，名著关右，不欲从其计，及进而不敢战，情见势屈，为诸将所笑。栩，况羽翻。诸将咸请战。夏，五月，辛巳，懿乃使张郃攻无当监何平于南围，无当，盖蜀军部之号，言其军精勇，敌人无能当者；使平监护之，故名官曰无当监。南围，蜀兵围祁山之南屯。监，古暂翻。自按中道向亮。按，据也。懿分道进兵，欲以解祁山之围，自据中道，与亮旗鼓相向也。亮使魏延、高翔、吴班逆战，魏兵大败，汉人获甲首三千，懿还保营。

六月，亮以粮尽退军，司马懿遣张郃追之。郃进至木门，木门去今天水军天水县十里。水经注：籍水出上邽当亭西山，东历当亭川，又东入上邽县，左佩五水，右带五水；木门谷之水其一也。导源南山，北流入籍水。与亮战，蜀人乘高布伏，弓弩乱发，飞矢中郃右膝而卒。中，竹仲翻。膝，与膝同。卒，子恤翻。

7 秋，七月，乙酉，皇子殷生，大赦。

8 黄初以来，诸侯王法禁严切，【章：甲十六行本“切”下有“吏察之急”四字；乙十一行本同；孔本同。】至于亲姻皆不敢相通问。东阿王植上疏曰：“尧之为教，先亲后疏，自近及远。尧亲九族，九族既睦，平章百姓；百姓昭明，协和万邦。周文王刑于寡妻，至于兄弟，以御于家邦。诗大雅思齐之辞。毛氏注曰：刑，法也，寡妻，嫡妻也。御，迎也。郑氏曰：寡妻，寡有之妻，言贤也。御，治也。文王以礼法接待其妻，至于宗族，以此又能为政治于家邦也。伏惟陛下资帝唐钦明之德，体文王翼翼之仁，惠洽椒房，恩昭九族，群后百寮，番休递上，上，时掌翻。李周翰曰：递，迭也。言百寮宿卫以次休息，更递上直。执政不废于公朝，朝，直遥翻；下同。下情得展于私室，亲姻之路通，庆吊之情展，诚可谓恕己治人，推惠施恩者矣。治，直之翻。至于臣者，人道绝绪，禁锢明时，臣窃自伤也。不敢乃望交气类，易曰：同声相应，同气相求。此言志同道合者，谓畴昔文会之友也。修人事，叙人伦，近且婚媾不通，兄弟乖绝，吉凶之问塞，塞，悉则翻。庆吊之礼废，恩纪之违，甚于路人；隔阂之异，殊于胡、越。殊，绝也。阂，五慨翻。今臣以一切之制，一切，谓权宜也。一说：一切，谓不问可否，一切整齐之也。永无朝觐之望，至于注心皇极，皇极，宅中之位，人君居之。结情紫闼，神明知之矣。然天实为之，谓之何哉！诗邶风北门之诗也。郑氏曰：诗人事君无二志，故归之于天。余谓植之意，盖谓君者天也，天可违乎！退惟诸王常有戚戚具尔之心，诗曰：戚戚兄弟，莫远具尔。尔，义与迩同。愿陛下沛然垂诏，使诸国庆问，四节得展，四节，谓四时之节。展，舒也。以叙骨肉之欢恩，全怡怡之笃义。论语，孔子曰：兄弟怡怡。妃妾之家，膏沐之遗，岁得再通，吕延济曰：膏，脂也。沐，甘浆之属也。遗，于季翻。齐义于贵宗，等惠于百司，贵宗，谓贵戚及公卿之族也。百司，谓百官也。如此，则古人之所叹，风雅之所咏，复存于圣世矣！臣伏自惟省，无锥刀之用；思，惟也。省，悉景翻。及观陛下之所拔授，若以臣为异姓，窃自料度，不后于朝士矣。度，徒洛翻。若得辞远游，戴武弁，解朱组，佩青绂，诸王冠远游冠，佩朱绂。三都尉、诸侍中、常侍皆戴武弁，佩青绂。驸马、奉车，趣得一号，安宅京室，驸马、奉车都尉及骑都尉为三都尉，皆汉武帝置，魏、晋以下多以宗室及外戚为之。执鞭珥笔，出从华盖，入侍辇毂，承答圣问，拾遗左右，珥，仍吏翻。珥笔，插笔也。古者侍臣持橐簪笔。华盖，乘舆车上施之。魏、晋之制，侍中与散骑常侍，或乘舆御殿及出游幸、祭祀、治兵，侍中居左，常侍居右，备切问近对，拾遗补阙。乃臣丹诚之至愿，不离于梦想者也。离，力智翻。远慕鹿鸣君臣之宴，中咏常棣匪他之诫，诗鹿鸣，宴群臣、嘉宾；常棣，燕兄弟也。其诗曰：凡今之人，莫如兄弟。所谓匪他也；又頍弁诗：岂伊异人，兄弟匪他。下思伐木友生之义，终怀蓼莪罔极之哀，伐木，燕朋友故旧，其诗曰：相彼鸟矣，犹求友声，矧伊人矣，不求友生。蓼莪之诗曰：哀哀父母，生我劬劳。欲报之德，昊天罔极。知念其父母，必念其同气矣。蓼，音六。每四节之会，块然独处，处，昌吕翻。左右惟仆隶，所对惟妻子，高谈无所与陈，精义无所与展，未尝不闻乐而拊心，临觞而叹息也。臣伏以犬马之诚不能动人，譬人之诚不能动天，崩城、陨霜，齐大夫杞梁战死于莒城，其妻向城而哭，城为之崩。邹衍尽忠于君，燕惠王信谗而系之，邹子仰天而哭，正夏而天降霜。臣初信之，以臣心况，徒虚语耳！况，譬也。若葵藿之倾太阳，虽不为回光，然向之者诚也。言葵藿草也，倾叶于日，日虽不为回光，终是诚心向日也。为，于伪翻。窃自比葵藿，若降天地之施，垂三光之明者，实在陛下。施，式智翻；下同。臣闻文子曰：'不为福始，不为祸先。'文子九篇。班固曰：文子，老子弟子。李周翰曰：福始祸先，谓诸王皆不表，植独先表也。今之否隔，友于同忧，否隔，不通也。友于，兄弟也。否，皮鄙翻。而臣独倡言者，实不愿于圣世有不蒙施之物，欲陛下崇光被时雍之美，宣缉熙章明之德也！"光被时雍，言帝尧睦族之效。诗周颂曰：维清缉熙，文王之典。郑氏笺曰：缉熙，光明也。故植以言文王之治。被，皮义翻。诏报曰："盖教化所由，各有隆敝，非皆善始而恶终也，事使之然。隆，崇也，谓立教之始，各有所崇，其流之敝，则事势使之然也。恶，如字。今令诸国兄弟情礼简怠，妃妾之家膏沐疏略，本无禁锢诸国通问之诏也；矫枉过正，下吏惧谴，以至于此耳。已敕有司，如王所诉。"

植复上疏曰："昔汉文发代，疑朝有变，复，扶又翻。朝，直遥翻。宋昌曰：'内有朱虚、东牟之亲，外有齐、楚、淮南、琅邪，此则磐石之宗，愿王勿疑。'事见十三卷汉高后八年。臣伏惟陛下远览姬文二虢之援，虢仲虢叔，文王之母弟，文王咨于二虢，以成王业。中虑周成召、毕之辅，召公、毕公，周同姓也。二伯分治，辅成王以成太平之功。召，读曰邵；下同。下存宋昌磐石之固。臣闻羊质虎皮，见草则悦，见豺则战，忘其皮之虎也。扬子之言。今置将不良，有似于此。将，即亮翻。故语曰：'患为之者不知，知之者不得为也。'昔管、蔡放诛，周、召作弼；成王幼，管叔、蔡叔以武庚畔。成王诛管叔，放蔡叔，以周公为师，召公为保，而相左右。叔鱼陷刑，叔向赞国。左传：晋邢侯与雍子争田，久而无成。韩宣子使叔鱼断旧狱，罪在雍子。雍子纳其女于叔鱼，叔鱼蔽罪于邢侯。邢侯怒，杀叔鱼及雍子于朝。

宣子问其罪于叔向，不以叔向为私其亲而从之决平也。三监之衅，臣自当之；二南之辅，求必不远。华宗贵族藩王之中，必有应斯举者。夫能使天下倾耳注目者，当权者是也，故谋能移主，威能慑下，慑，之涉翻。豪右执政，不在亲戚，权之所在，虽疏必重，势之所去，虽亲必轻。盖取齐者田族，非吕宗也；分晋者赵、魏，非姬姓也。齐太公姓吕；其后为田成子所取，非吕族也。晋唐叔，姬姓；其后为赵籍、魏斯、韩虔所分，此不言韩，以韩亦姬姓。惟陛下察之。苟吉专其位，凶离其患者，异姓之臣也。离，力智翻；下得离同。欲国之安，祈家之贵，存共其荣，殁同其祸者，公族之臣也。今反公族疏而异姓亲，臣窃惑焉。今臣与陛下践冰履炭，登山浮涧，寒温燥湿，高下共之，岂得离陛下哉！不胜愤懑，胜，音升。懑，音闷。拜表陈情。若有不合，乞且藏之书府，不便灭弃，臣死之后，事或可思。若有毫厘少挂圣意者，乞出之朝堂，朝，直遥翻；下同。使夫博古之士，纠臣表之不合义者，如是则臣愿足矣。"帝但以优文答报而已。植求自试，而但以优诏答之，终疑之也。

八月，诏曰："先帝著令，不欲使诸王在京都者，谓幼主在位，母后摄政，防微以渐，关诸盛衰也。朕惟不见诸王十有二载，自文帝黄初元年遣植等就国，至是十二年。惟，思也。载，子亥翻。悠悠之怀，能不兴思！其令诸王及宗室公侯各将適子一人朝明年正月，適，读曰嫡。后有少主、母后在宫者，自如先帝令。"

9 汉丞相亮之攻祁山也，李平留后，主督运事。李平即李严，改名曰平。会天霖雨，平恐运粮不继，遣参军狐忠、狐忠，即马忠也，少养外家，姓狐，名笃，后复姓马，改名忠。此姓从先，名从后。姓谱：狐，周王子狐之后；又晋有狐突。督军成藩喻指，呼亮来还；喻以后主指言运粮不继。亮承以退军。平闻军退，乃更阳惊，说"军粮饶足，何以便归！"又欲杀督运岑述以解己不办之责。又表汉主，说"军伪退，欲以诱贼。"【章：甲十六行本"贼"下有"与战"二字；乙十一行本同；孔本同；张校同；退斋校同。】此又欲解以上指喻亮之罪也。诱，音酉。亮具出其前后手笔书疏，本末违错。平辞穷情竭，首谢罪负。首，式救翻。于是亮表平前后过恶，免官，削爵土，徙梓潼郡。平盖尝封侯也。复以平子丰为中郎将、参军事，出教敕之曰：敕，戒也。"吾与君父子戮力以奖汉室，表都护典汉中，委君于东关，东关谓江州。谓至心感动，终始可保，何图中乖乎！若都护思负一意，思负，谓思其罪负也。一意，谓一意于为国，无复诡变以自营也。君与公琰推心从事，否可复通，否，皮鄙翻。逝可复还也。详思斯戒，明吾用心！"

亮又与蒋琬、董允书曰："孝起前为吾说正方腹中有鳞甲，李严，字正方。为，于伪翻；下同。乡党以为不可近。近，其靳翻。吾以为鳞甲但不当犯之耳，不图复有苏、张之事出于不意，谓苏秦、张仪捭阖其说，以反覆诸侯之间，今李平复为之。复，扶又翻。可使孝起知之。"孝起者，卫尉南阳陈震也。

10 冬，十月，吴主使中郎将孙布诈降以诱扬州刺史王凌，吴主伏兵于阜陵以俟之。阜陵县，汉属九江郡；魏改九江为淮南郡。晋志曰：阜陵县，汉明帝时沦为麻湖。麻湖在今和州历阳县西三十里。杜佑曰：汉阜陵县在滁州全椒县南。布遣人告凌云："道远不能自致，乞兵见迎。"凌腾布书，腾，传也，上也。请兵马迎之。征东将军满宠以为必诈，不与兵，而为凌作报书曰："知识邪正，欲避祸就顺，去暴归道，甚相嘉尚。今欲遣兵相迎，然计兵少则不足相卫，多则事必远闻。闻，音问。且先密计以成本志，临时节度其宜。"会宠被书入朝，被，皮义翻。朝，直遥翻。敕留府长史，"若凌欲往迎，勿与兵也。"凌于后索兵不得，索，山客翻。乃单遣一督将步骑七百人往迎之，布夜掩击，督将迸走，死伤过半。迸，北孟翻。孙权自量其国之力，不足以毙魏，不过时于疆埸之间，设诈用奇，以诱敌人之来而陷之耳，非如孔明真有用蜀以争天下之心也。凌，允之兄子也。王允，献帝时诛董卓。

先是凌表宠年过耽酒，不可居方任。方任，方面之任也。先，悉荐翻。帝将召宠，给事中郭谋曰：“宠为汝南太守、豫州刺史汉建安中，武王操以宠为汝南太守，太和三年，刺豫州，是年都督扬州。二十馀年，有勋方岳；自魏以下，以督州为方岳之任，谓其职犹古之方伯、岳牧也。及镇淮南，吴人惮之。若不如所表，将为所窥，可令还朝，朝，直遥翻。问以东方事以察之。”帝从之。既至，体气康强，帝慰劳遣还。劳，力到翻。

11 十一月，戊戌晦，日有食之。

12 十二月，戊午，博平敬侯华歆卒。谥法：夙夜警戒曰敬；合善典法曰敬。华，户化翻。

13 丁卯，吴大赦，改明年元曰嘉禾。会稽南始平言嘉禾生，故以改元。

六年（壬子、二三二）

1 春，正月，吴主少子建昌侯虑卒。太子登自武昌入省吴主，因自陈久离定省，子道有阙；记曲礼曰：凡为人子之礼，冬温而夏清，昏定而晨省。省，悉景翻。离，力智翻。又陈陆逊忠勤，无所顾忧。乃留建业。

2 二月，诏改封诸侯王，皆以郡为国。

3 帝爱女淑卒，帝痛之甚，追谥平原懿公主，立庙洛阳，葬于南陵，取甄后从孙黄与之合葬，甄，之人翻。从，才用翻。追封黄为列侯，为之置后，袭爵。为，于伪翻；下同。帝欲自临送葬，又欲幸许。司空陈群谏曰：“八岁下殇，礼所不备，记檀弓曰：周人以殷人之棺椁葬长殇，以夏后氏之塈周葬中殇、下殇，以有虞氏之瓦棺葬无服之殇。郑玄注云：略未成人。陆德明曰：十六至十九为长殇，十二至十五为中殇，八岁至十一为下殇，七岁以下为无服之殇，生未三月不为殇。况未期月，而以成人礼送之，加为制服，举朝素衣，朝夕哭临，自古以来，未有此比。朝，直遥翻；下同。临，力鸩翻。比，毗寐翻。而乃复自往视陵，复，扶又翻。亲临祖载。愿陛下抑割无益有损之事，此万国之至望也。又闻车驾欲幸许昌，二宫上下，皆悉居东，举朝大小，莫不惊怪。或言欲以避衰，或言欲以便移殿舍，避衰，谓五行之气，有王有衰，徙舍以避之也。今人谓之避灾。便移殿舍，谓欲营缮宫室，故出幸许以便移殿舍也。或不知何故。臣以为吉凶有命，祸福由人，移走求安，则亦无益。若必当移避，缮治金墉城西宫水经注：金墉城在洛阳城西北角。治，直之翻。及孟津别宫，皆可权时分止，何为举宫暴露野次，公私烦费，不可计量。量，音良。且吉士贤人，犹不妄徙其家，以宁乡邑，使无恐惧之心，子思居于卫，有齐寇。或曰："寇至，盍去诸？"子思曰："如伋去，君谁与守！"况乃帝王万国之主，行止动静，岂可轻脱哉！"少府杨阜曰："文皇帝、武宣皇后崩，陛下皆不送葬，所以重社稷，备不虞也；何至孩抱之赤子而送葬也哉！"帝皆不听。三月，癸酉，行东巡。

4 吴主遣将军周贺、校尉裴潜乘海之辽东，从公孙渊求马。

初，虞翻性疏直，数有酒失，又好抵忤人，抵，触也。数，所角翻。好，呼到翻。忤，五故翻。多见谤毁。吴主尝与张昭论及神仙，翻指昭曰："彼皆死人而语神仙，世岂有仙人也！"吴主积怒非一，遂徙翻交州。及周贺等之辽东，翻闻之，以为五溪宜讨；辽东绝远，听使来属，尚不足取，今去人财以求马，去，犹弃也。去，羌吕翻。既非国利，又恐无获。欲谏不敢，作表以示吕岱，岱不报。为爱憎所白，谗佞之人，有爱有憎，而无公是非，故谓之爱憎。白，陈奏也。复徙苍梧猛陵。猛陵县属苍梧郡。刘昫曰：唐梧州孟陵县、藤州镡津县、龚州南平·武林·隋建三县，皆汉猛陵县地。复，扶又翻。

5 夏，四月，壬寅，帝如许昌。

6 五月，皇子殷卒。

7 秋，七月，以卫尉董昭为司徒。

8 九月，帝行如摩陂，治许昌宫，起景福、承光殿。治，直之翻。

9 公孙渊阴怀贰心，数与吴通。数，所角翻。帝使汝南太守田豫督青州诸军自海道，幽州刺史王雄自陆道讨之。海道自东莱浮海，陆道自辽西渡辽水。散骑常侍蒋济谏曰："凡非相吞之国，不侵叛之臣，光武报窦融书曰：吾与尔，非相吞之国。左传：戎子驹支对范宣子曰：为不侵不叛之臣。不宜轻伐。伐之而不能制，是驱使为贼也。故曰：'虎狼当路，不治狐狸。'治，直之翻。先除大害，小害自已。今海表之地，累世委质，质，如字。岁选计、孝，计、孝，谓每岁上计及举孝廉也。不乏职贡，议者先之。先，悉荐翻。正使一举便克，得其民不足益国，得其财不足为富；傥不如意，是为结怨失信也。"帝不听。豫等往皆无功，诏令罢军。

豫以吴使周贺等垂还，岁晚风急，必畏漂浪，东道无岸，当赴成山，成山无藏船之处，遂辄以兵屯据成山。贺等还至成山，班志：成山在东莱郡不夜县；后汉省不夜县。括地志：成山在莱州文登县西北百九十里。遇风，豫勒兵击贺等，斩之。吴主闻之，始思虞翻之言，乃召翻于交州。会翻已卒，以其丧还。还，从宣翻，又如字。

10 十一月，庚寅，陈思王植卒。谥法：追悔前过曰思。

11 十二月，帝还许昌宫。

12 侍中刘晔为帝所亲重。帝将伐蜀，朝臣内外皆曰"不可"。朝，直遥翻。晔入与帝议，则曰"可伐"；出与朝臣言，则曰"不可"。晔有胆智，言之皆有形。谓言蜀之可伐与不可伐，皆有胜负之形，可以动人之听。中领军杨暨，中领军，主中垒、五校、武卫等三营。汉建安四年，魏武丞相府，自置中领军；文帝践阼，始置领军将军。其后以资重者为领军将军，资轻者则为中领军。帝之亲臣，又重晔，执不可伐之议最坚，每从内出，辄过晔，过，工禾翻。晔讲不可之意。后暨与帝论伐蜀事，暨切谏，帝曰："卿书生，焉知兵事！"焉，于虔翻；下同。暨谢曰："臣言诚不足采，侍中刘晔，先帝谋臣，常曰蜀不可伐。"帝曰："晔与吾言蜀可伐。"暨曰："晔可召质也。"质，证也，验也，对问也。诏召晔至，帝问晔，终不言。后独见，见，贤遍翻；下同。晔责帝曰："伐国，大谋也，臣得与闻大谋，与，读曰预。常恐眯梦漏泄以益臣罪，眯，毋礼翻，一作"寐"。说文曰：寐而眯，厌。厌，读曰魇。焉敢向人言之！夫兵诡道也，军事未发，不厌其密。陛下显然露之，臣恐敌国已闻之矣。"于是帝谢之。晔见出，责暨曰："夫钓者中大鱼，见，贤遍翻。中，竹仲翻。则纵而随之，须可制而后牵，则无不得也。人主之威，岂徒大鱼而已！子诚直臣，然计不足采，不可不精思也。"暨亦谢之。

或谓帝曰："晔不尽忠，善伺上意所趋而合之，伺，相吏翻。趋，七喻翻。陛下试与晔言，皆反意而问之，若皆与所问反者，是晔常与圣意合也。每问皆同者，晔之情必无所逃矣。"言者谓晔善迎合上意，上若有所问，试反上意而问之，晔之对必与上所问者反，而与上意所向者合，每问皆然，则可以见晔迎合之情矣。帝如言以验之，果得其情，从此疏焉。疏，与疎同。晔遂发狂，出为大鸿胪，以忧死。侍中，在天子左右。大鸿胪，外朝官也。胪，陵如翻。

傅子曰：巧诈不如拙诚，信矣。晋傅玄著书，号傅子。以晔之明智权计，若居之以德义，行之以忠信，古之上贤，何以加诸！独任才智，不敦诚悫，敦，厚也，崇尚也。内失君心，外困于俗，卒以自危，卒，子恤翻。岂不惜哉！

13 晔尝谮尚书令陈矫专权，矫惧，以告其子骞。骞曰："主上明圣，大人大臣，今若不合，不过不作公耳。”后数日，帝意果解。

尚书郎乐安廉昭以才能得幸，好抉擿群臣细过以求媚于上。好，呼到翻。抉，一决翻，挑也。擿，他历翻，发动也。黄门侍郎杜恕上疏曰：“伏见廉昭奏左丞曹璠以罚当关不依诏，坐判问。续汉志：尚书左右丞各一人，掌录文书期会；左丞主吏民章报及驺伯史，右丞主假署印绶及纸笔墨诸财用库藏。蔡质汉仪曰：左丞总典台中纲纪，无所不统。魏、晋之制，左丞主台内禁令，宗庙祠祀，朝仪礼制，选用署吏急假；右丞掌台内库藏、庐舍，凡诸器用之物及廪振人租布、刑狱、兵器，督录远道文书章表奏事。罚，罪罚也。关，白也。言有罪罚当关白，而不依诏书，故坐以判问。判，剖也，析也；问，责问也；剖析其事而责问之也。璠，孚袁翻。又云：‘诸当坐者别奏。’廉昭又云诸当坐者，别奏，意欲并奏令仆坐之。尚书令陈矫自奏不敢辞罚，亦不敢陈理，志意恳恻。臣窃愍然为朝廷惜之！为，于伪翻。古之帝王所以能辅世长民者，长，知两翻。莫不远得百姓之欢心，近尽群臣之智力。今陛下忧劳万机，或亲灯火，而庶事不康，刑禁日弛。原其所由，非独臣不尽忠，亦其主不能使也。百里奚愚于虞而智于秦，韩信之言，见十卷汉高帝三年。豫让苟容中行而著节智伯，豫让事范、中行氏，智伯伐而灭之，移事智伯。后赵襄子灭智伯，豫让漆身吞炭，必报襄子，五起而不中。人问豫让，豫让曰：“范、中行众人遇我，我故众人报之；智伯国士遇我，我故国士报之。”行，户刚翻。斯则古人之明验矣。若陛下以为今世无良才，朝廷乏贤佐，岂可追望稷、契之遐踪，契，息列翻。坐待来世之俊乂乎！今之所谓贤者，尽有大官而享厚禄矣，然而奉上之节未立，向公之心不一者，委任之责不专，而俗多忌讳故也。臣以为忠臣不必亲，亲臣不必忠。今有疏者毁人而陛下疑其私报所憎，誉人而陛下疑其私爱所亲，左右或因之以进憎爱之说，遂使疏者不敢毁誉，此言帝信其所亲而疑其所疏，遂使在远之臣不敢言，以至是非失其真也。疏，与疎同。誉，音余。以至政事损益，亦皆有嫌。陛下当思所以阐广朝臣之心，笃厉有道之节，有道，谓有道之士也。使之自同古人，垂名竹帛，反使如廉昭者扰乱其间，臣惧大臣将遂容身保位，坐观得失，为来世戒也。昔周公戒鲁侯曰：'无使大臣怨乎不以。'以，用也；见论语。言不贤则不可为大臣，为大臣则不可不用也。书数舜之功，称去四凶，共工、驩兜、鲧、三苗，世济其恶，然后去之。数，所具翻。去，羌吕翻。不言有罪无问大小则去也。言小过当略而不问。今者朝臣不自以为不能，以陛下为不任也；不自以为不知，以陛下为不问也。知，读曰智。陛下何不遵周公之所以用，大舜之所以去，使侍中、尚书坐则侍帷幄，行则从华辇，亲对诏问，各陈所有，则群臣之行皆可得而知，行，下孟翻。忠能者进，暗劣者退，谁敢依违而不自尽。以陛下之圣明，亲与群臣论议政事，使群臣人得自尽，贤愚能否，在陛下之所用。以此治事，何事不办；治，直之翻；下同。以此建功，何功不成！每有军事，谓二边有警急之时也。诏书常曰：'谁当忧此者邪？吾当自忧耳。'近诏又曰：'忧公忘私者必不然，但先公后私即自办也。'近诏，谓近日所下诏也。先，悉荐翻。后，户遘翻。伏读明诏，乃知圣思究尽下情，然亦怪陛下不治其本而忧其末也。为治之本在于任贤，事之治不治，乃其末也。人之能否，实有本性，虽臣亦以为朝臣不尽称职也。称，尺证翻。明主之用人也，使能者不敢遗其力，而不能者不得处非其任。处，昌吕翻。选举非其人，未必为有罪也；举朝共容非其人，乃为怪耳。朝，直遥翻。陛下知其不尽力而代之忧其职，知其不能也而教之治其事，岂徒主劳而臣逸哉，虽圣贤并世，终不能以此为治也。为治，直吏翻。陛下又患台阁禁令之不密，人事请属之不绝，属，之欲翻；下同。作迎客出入之制，以恶吏守寺门，寺门，官寺之门也。斯实未得为禁之本也。昔汉安帝时，少府窦嘉辟廷尉郭躬无罪之兄子，犹见举奏，章劾纷纷。按范书：郭躬，章帝元和三年拜廷尉，和帝永元六年卒，不及安帝时。盖躬死后，窦嘉方辟其兄子也。劾，户概翻，又户得翻。近司隶校尉孔羡辟大将军狂悖之弟，裴松之曰：按大将军，司马宣王也；晋书云：宣帝第五弟名通，为司隶从事，疑恕所云狂悖者。悖，蒲内翻，又蒲没翻。而有司嘿尔，望风希指，甚于受属，属，之欲翻。选举不以实者也。嘉有亲戚之宠，躬非社稷重臣，犹尚如此；以今况古，陛下自不督必行之罚以绝阿党之原耳。出入之制，与恶吏守门，非治世之具也。治，直之翻。使臣之言少蒙察纳，少，诗沼翻。何患于奸不削灭，而养若廉昭等乎！夫纠擿奸宄，忠事也；擿，他狄翻。然而世憎小人行之者，以其不顾道理而苟求容进也。若陛下不复考其终始，复，扶又翻。必以违众迕世为奉公，迕，五故翻。密行白人为尽节；谓潜伺人之过失以白上，乃以为尽节也。焉有通人大才而更不能为此邪？焉，于虔翻。诚顾道理而弗为耳。使天下皆背道而趋利，则人主之所最病者也，陛下将何乐焉！"背，蒲妹翻。趋，七喻翻；下同。乐，音洛。恕，畿之子也。建安中，畿守河东，有能名。

帝尝卒至尚书门，卒，读曰猝。尚书门，尚书台门也。陈矫跪问帝曰："陛下欲何之？"帝曰："欲按行文书耳。"矫曰："此自臣职分，非陛下所宜临也。若臣不称其职，则请就黜退，行，下孟翻。分，扶问翻。称，尺证翻。陛下宜还。"帝惭，回车而反。帝尝问矫："司马公忠贞，可谓社稷之臣乎？"矫曰："朝廷之望也；社稷则未知也。"陈矫、贾逵皆忠于魏，而二人之子皆为晋初佐命；岂但利禄之移人哉？非故家乔木而教忠不先也。

14 吴陆逊引兵向庐江；论者以为宜速救之。满宠曰："庐江虽小，将劲兵精，将，即亮翻。守则经时。谓陆逊若以兵围守，必经时而不能拔。又，贼舍船二百里来，句绝。舍，读曰捨。后尾空绝，不来尚欲诱致，今宜听其遂进，但恐走不可及耳。”乃整军趋杨宜口，魏庐江郡治阳泉县。续汉志：阳泉县有阳泉湖，故阳臬乡也，汉灵帝封黄琬为侯国。水经注：阳泉水受决水，东北流，径阳泉县故城东，又西北入决水，谓之阳泉口。趋，七喻翻。吴人闻之，夜遁。

是时，吴人岁有来计。满宠上疏曰：“合肥城南临江湖，北远寿春，魏扬州治寿春，距合肥二百馀里。远，于愿翻　下同。贼攻围之，得据水为势；官兵救之，当先破贼大辈，然后围乃得解。贼往甚易，易，以豉翻。而兵往救之甚难，宜移城内之兵，其西三十里，有奇险可依，更立城以固守，此为引贼平地而掎其归路，掎，居蚁翻。于计为便。”护军将军蒋济议以为：“既示天下以弱，且望贼烟火而坏城，坏，音怪。此为未攻而自拔；一至于此，劫略无限，必淮北为守。”济言望风移戍，吴必劫掠无限，将限淮以自守也。帝未许。宠重表曰：重，直用翻。“孙子言‘兵者，诡道也，故能而示之不能，骄之以利，示之以慑，’慑，惧也。慑，之涉翻。此为形实不必相应也。又曰：‘善动敌者形之。’今贼未至而移城却内，所谓形而诱之也。引贼远水，远，于愿翻。择利而动，举得于外，则福生于内矣！”尚书赵咨以宠策为长，赵咨盖必黄初初自吴使于魏者也。文帝重其辩给，遂臣于魏。诏遂报听。

青龙元年（癸丑、二三三）

1 春，正月，甲申，青龙见摩陂井中。二月，帝如摩陂观龙，改元。自是改摩陂曰龙陂。

2 公孙渊遣校尉宿舒、姓谱：宿本风姓，伏羲之后，封于宿。风俗通：汉有雁门太守宿详。郎中令孙综晋志：王国置郎中令，渊未封王，僭置之也。奉表称臣于吴；吴主大悦，为之大赦。为，于伪翻。三月，吴主遣太常张弥、执金吾许晏、将军贺达将兵万人，金宝珍货，九锡备物，乘海授渊，封渊为燕王。举朝大臣自顾雍以下皆谏，以为“渊未可信而宠待太厚，但可遣吏兵护送舒、综而已；”吴主不听。张昭曰：“渊背魏惧讨，背，蒲妹翻。远来求援，非本志也。若渊改图，欲自明于魏，两使不反，使，疏吏翻。不亦取笑于天下乎！”吴主反复难昭，难，乃旦翻。昭意弥切。吴主不能堪，按剑【章：甲十六行本“剑”作“刀”；乙十一行本同。】而怒曰：“吴国士人入宫则拜孤，出宫则拜君，孤之敬君亦为至矣，而数于众中折孤，数，所角翻。折，之舌翻。孤常恐失计。”失计，谓不能容昭而杀之也。昭孰视吴主古孰、熟字通。曰：“臣虽知言不用，每竭愚忠者，诚以太后临崩，呼老臣于床下，遗诏顾命之言故在耳。”事见六十五卷汉献帝建安十二年。因涕泣横流；吴主掷刀于地，与之对泣。然卒遣弥、晏往。卒，子恤翻。昭忿言之不用，称疾不朝；朝，直遥翻。吴主恨之，土塞其门，塞，悉则翻。昭又于内以土封之。张昭事吴，有古大臣之节。

3 夏，五月，戊寅，北海王蕤卒。

4 闰月，庚寅朔，日有食之。

5 六月，洛阳宫鞠室灾。鞠室者，画地为域以蹴鞠，因以名室。

6 鲜卑轲比能诱保塞鲜卑步度根与深结和亲，步度根保塞，见七十卷文帝黄初五年。诱，音酉。自勒万骑迎其累重于陉北。累，力瑞翻。重，直用翻。陉，音刑。陉北，陉岭之北也，唐代州雁门县有东陉关、西陉关。荆【章：甲十六行本“荆”作“并”；乙十一行本同；孔本同。】州刺史毕轨表辄出军，以外威比能，内镇步度根。帝省表曰：省，悉景翻。“步度根已为比能所诱，有自疑心。今轨出军，慎勿越塞过句注也。”汉灵帝末，羌胡大扰定襄、云中、五原、朔方、上郡，并流徙分散。建安二十年，集塞下荒地，置新兴郡，自陉岭以北并弃之，故以句注为塞。比诏书到，比，必寐翻。轨已进军屯阴馆，应劭曰：句注，山名，在雁门阴馆县。杜佑曰：句注山，即雁门县西陉岭。句，伏俨音俱，包恺音钩。遣将军苏尚、董弼追鲜卑。轲比能遣子将千馀骑迎步度根部落，与尚、弼相遇，战于楼烦，阴馆、楼烦二县，汉皆属雁门郡，而晋志无之，盖已弃之荒外矣。二将没，步度根与泄归泥部落皆叛出塞，泄归泥，扶罗韩之子。与轲比能合寇边。帝遣骁骑将军秦朗将中军讨之，晋职官志：骁骑将军、游击将军，并汉杂号将军也，魏置为中军。轲比能乃走幕北，泄归泥将其部众来降。步度根寻为轲比能所杀。

7 公孙渊知吴远难恃，乃斩张弥、许晏等首，传送京师，悉没其兵资珍宝。卒如张昭之言。传，直恋翻。冬，十二月，诏拜渊大司马，封乐浪公。乐浪，音洛琅。

吴主闻之，大怒曰："朕年六十，世事难易，靡所不尝。尝，试也。易，以豉翻。近为鼠子所前却，谓称臣以诱吴使同前，既又斩其使以却之也。令人气踊如山。不自截鼠子头以掷于海，无颜复临万国，复，扶又翻。就令颠沛，不以为恨！"知其不可，而欲兴忿兵也。

陆逊上疏曰："陛下以神武之资，诞膺期运，破操乌林，事见六十五卷汉献帝建安十三年。败备西陵，事见六十九卷文帝黄初三年。败，补迈翻。禽羽荆州；事见六十八卷建安二十四年。斯三虏者，当世雄杰，皆摧其锋。圣化所绥，万里草偃，言如风行而草偃也。方荡平华夏，总一大猷。猷，道也，谋也。夏，户雅翻。今不忍小忿而发雷霆之怒，违垂堂之戒，千金之子，坐不垂堂，以喻权不当自越海而加兵于辽东。轻万乘之重，乘，绳证翻。此臣之所惑也。臣闻之，行万里者不中道而辍足，图四海者不怀细而害大。强寇在境，荒服未庭，陛下乘桴远征，桴，芳无翻。编竹木渡水，大者曰栰，小者曰桴。必致窥阚，戚至而忧，悔之无及。若使大事时捷，则渊不讨自服。今乃远惜辽东众之与马，谓权所以远惜辽东而不忍弃绝之者，以其民众与其地产马也。奈何独欲捐江东万安之本业而不惜乎！"

尚书仆射薛综上疏曰："昔汉元帝欲御楼船，薛广德请刎颈以血染车。事见二十八卷永光元年。刎，武粉翻。何则？水火之险至危，非帝王所宜涉也。今辽东戎貊小国，貊，莫百翻。无城隍之固，备御之术，器械铢钝，铢者，十分黍之重，言其轻也。犬羊无政，往必禽克，诚如明诏。然其方土寒埆，埆，克角翻，墝瘠也。谷稼不殖，民习鞍马，转徙无常，卒闻大军之至，自度不敌，卒，读曰猝。度，徒洛翻。鸟惊兽骇，长驱奔窜，一人匹马，不可得见，虽获空地，守之无益，此不可一也。加又洪流滉瀁，滉瀁，水深广貌。滉，户广翻。瀁，以两翻，又余亮翻。有成山之难，海行无常，风波难免，倏忽之间，人船异势，虽有尧、舜之德，智无所施，贲、育之勇，力不得设，此不可二也。贲，音奔。加以郁雾冥其上，咸水蒸其下，善生流肿，转相洿染，洿，乌故翻。流肿者，谓毒气下流，足为之肿，古人谓之重膇，今人谓之脚气。凡行海者，稀无此患，此不可三也。天生神圣，当乘时平乱，康此民物。今逆虏将灭，海内垂定，乃违必然之图，寻至危之阻，忽九州之固，肆一朝之忿，既非社稷之重计，又开辟以来所未尝有，斯诚群僚所以倾身侧息，谓倾身而卧，侧鼻而息，不得展布四体，安于偃仰也。食不甘味，寝不安席者也。"

选曹尚书陆瑁上疏曰：吴选曹尚书，即魏选部尚书。瑁，音冒。"北寇与国，壤地连接，苟有间隙，间，古苋翻；下同。应机而至。夫所以为越海求马，曲意于渊者，为赴目前之急，除腹心之疾也。为，于伪翻。而更弃本追末，捐近治远，治，直之翻。忿以改规，激以动众，斯乃猾虏所愿闻，非大吴之至计也。北寇、猾虏，皆谓魏也。又兵家之术，以功役相疲，劳逸相待，得失之间，所觉辄多。兵法：以逸待劳，又曰：逸则能劳之。言敌人用智以疲我，苦不自觉，比我觉知，则得失之间相去多矣。且沓渚去渊，道里尚远，辽东郡有沓氏县，西南临海渚。应劭曰：沓，长答翻。又据陈寿志：景初三年，以辽东东沓县吏民渡海，居齐郡界为新沓县，即沓渚之民也。今到其岸，兵势三分，使强者进取，次当守船，又次运粮，行人虽多，难得悉用。加以单步负粮，经远深入，贼地多马，邀截无常。若渊狙诈，与北未绝，动众之日，唇齿相济；此虑魏乘吴伐辽之间而南侵也。狙，千余翻。若实了然无所凭赖，了然，犹言晓然也。蜀本作"孑然"，文义尤长。孑，孤孑也，谓渊孤立孑然无援也。其畏怖远迸，或难卒灭，怖，普布翻。迸，北孟翻。卒，读曰猝。使天诛稽于朔野，山虏乘间而起，山虏，谓丹杨、豫章、鄱阳、庐陵、新都等郡山越也。"乘"，蜀本作"承"。间，古苋翻。恐非万安之长虑也！"吴主未许。

瑁重上疏曰：重，直龙翻。"夫兵革者，固前代所以诛暴乱、威四夷也。然其役皆在奸雄已除，天下无事，从容庙堂之上，从，千容翻。以馀议议之耳。至于中夏鼎沸，九域盘互之时，盘互，谓各盘据而互为敌也。夏，户雅翻。率须深根固本，爱力惜费，未有正于此时舍近治远，以疲军旅者也。舍，读曰捨。治，直之翻。昔尉佗叛逆，僭号称帝，于时天下乂安，百姓康阜，然汉文犹以远征不易，告喻而已。佗，徒河翻。事见十三卷汉文帝元年。易，以豉翻。今凶桀未殄，疆埸犹警，埸，音亦。未宜以渊为先。愿陛下抑威任计，暂宁六师，潜神嘿规，以为后图，天下幸甚！"吴主乃止。

吴主数遣人慰谢张昭，数，所角翻。昭固不起。吴主因出，过其门呼昭，过，工禾翻。昭辞疾笃。吴主烧其门，欲以恐之，恐，丘共翻。昭亦不出。吴主使人灭火，住门良久，昭诸子共扶昭起，吴主载以还宫，深自克责，昭不得已，然后朝会。朝，直遥翻。

初，张弥、许晏等至襄平，襄平县，辽东郡治所，渊所都也。公孙渊欲图之，乃先分散其吏兵，中使秦旦、张群、杜德、黄强等及吏兵六十人置玄菟。中使，中节人使也。使，疏吏翻。陈寿曰：汉武帝开玄菟郡，治沃沮城；后为夷貊所侵，徙郡句骊西北。菟，同都翻。玄菟在辽东北二百里，此非玄菟郡旧治也。太守王赞，领户二百，旦等皆舍于民家，仰其饮食，仰，牛向翻。积四十许日。旦与群等议曰："吾人远辱国命，自弃于此，与死无异。今观此郡，形势甚弱，若一旦同心，焚烧城郭，杀其长吏，为国报耻，长，知两翻。为，于伪翻。然后伏死，足以无恨。孰与偷生苟活，长为囚虏乎！"群等然之。于是阴相结约，当用八月十九日夜发，其日中时，为郡中张松所告，赞便会士众，闭城门，旦、群、德、强皆逾城得走。时群病疽疮着膝，疽，千余翻。着，直略翻。膝，与膝同。不及辈旅，德常扶接与俱，崎岖山谷，崎，丘宜翻。岖，音区。行六七百里，创益困，不复能前，创，初良翻；下同。卧草中，相守悲泣。群曰："吾不幸创甚，死亡无日，卿诸人宜速进道，冀有所达，空相守俱死于穷谷之中，何益也！"德曰："万里流离，死生共之，不忍相委。"委，弃也。于是推旦、强使前，推，吐雷翻。德独留守群，采菜果食之。食，读曰饲。旦、强别数日，得达句丽，因宣吴主诏于句丽王位宫及其主簿，高句丽国，在辽东之东千里。位宫，汉高句丽王宫之曾孙也。宫生而开目能视，及长，勇壮，数犯汉边。位宫生堕地，亦能开目视人。句丽呼相似为"位"，以似其祖，故名曰位宫。句丽有相加、对卢、沛者、古邹大加、主簿、优台、使者、帛衣、先人。"帛衣"，三国志作"皂衣"。句，音如字，又音驹。骊，力知翻。给言有赐，为辽东所劫夺。给，徒亥翻。位宫等大喜，即受诏，命使人随旦还迎群，【章：甲十六行本"群"下有"德"字；乙十一行本同。】遣皂衣二十五人，送旦等还吴，奉表称臣，贡貂皮千枚，鹖鸡皮十具。郭璞注山海经曰：鹖鸡似雉而大，青色，有毛角，斗敌死乃止。鹖，何葛翻。旦等见吴主，悲喜不能自胜。胜，音升。吴主壮之，皆拜校尉。

8 是岁，吴主出兵欲围新城，合肥新城也。以其远水，积二十馀日，不敢下船。大船向岸，船高岸卑，故谓舍船就岸曰下船，以自船而下也。远，于愿翻。满宠谓诸将曰："孙权得吾移城，必于其众中有自大之言，今大举来，欲要一切之功，要，一遥翻。虽不敢至，必当上岸耀兵以示有馀。"上，时掌翻。乃潜遣步骑六千，伏肥水隐处以待之。吴主果上岸耀兵，宠伏兵卒起击之，卒，读曰猝。斩首数百，或有赴水死者。吴主又使全琮攻六安，亦不克。

9 蜀庲降都督张翼水经注：宁州建宁县，故庲降都督屯，蜀后主建兴三年，分益州郡置之。用法严峻，南夷豪帅刘胄叛。帅，所类翻。丞相亮以参军巴西马忠代翼，召翼令还。其人谓翼宜速归即罪。其人，谓召翼者也。即，就也。翼曰："不然，吾以蛮夷蠢动，不称职，故还耳。称，尺证翻。然代人未至，吾方临战场，当运粮积谷，为灭贼之资，岂可以黜退之故而废公家之务乎！"于是统摄不懈，懈，古隘翻。代到乃发。马忠因其成基，破胄，斩之。

10 诸葛亮劝农讲武，作木牛、流马，亮集曰：流马尺寸之数，肋长三尺五寸，广三寸，厚二寸二分，左右同。前轴孔分墨去头四寸，径中二寸。前脚孔分墨去前轴孔四寸五分，广一寸。前杠孔分墨去前脚孔分墨三寸七分，孔长二寸，广一寸。后轴孔去前杠孔分墨一尺五分，大小与前同。后脚孔分墨去后轴孔三寸五分，大小与前同。后杠孔去后脚孔分墨二寸七分，后载克去后杠孔分墨四寸五分。前杠长一尺八寸，广二寸，厚一寸五分；后杠与等。板方，囊一板厚八分，长二尺七寸，高一尺六寸五分，广一尺六寸。每枚受米二斛三斗，从上杠孔去肋下七寸，前后同。上杠孔去下杠孔分墨一尺三寸，孔长一寸五分，广七分，八孔同。前后四脚广二寸，厚一寸五分。形制如象靬，长四寸，径面四寸三分，孔径中二脚杠长二尺一寸，广二寸五分，厚一寸四分，同杠耳。运米集斜谷口，治斜谷邸阁；息民休士，三年而后用之。按明年亮即出斜谷，所谓"息民休士，三年而后用之"，通自再攻祁山之后，至是凡三年也。斜，昌遮翻。谷，音浴，又古禄翻。

二年（甲寅、二三四）考异曰：唐太宗晋书景怀夏侯后传，后以此年死。云“宣帝居上将之重，诸子并有雄才大略，后知帝非魏之纯臣，而后既魏氏之甥，帝深忌之，遂以鸩崩。”按是时司马懿方信任于明帝，未有不臣之迹，况其诸子乎！徒以魏甥之故，猥鸩其妻，都非事实，盖甚之之辞。不然，师自以他故鸩之也。今不取。

1 春，二月，亮悉大众十万由斜谷入寇，遣使约吴同时大举。

2 三月，庚寅，山阳公卒，献帝自禅位至卒，十有四年，年五十四。帝素服发丧。

3 己酉，大赦。

4 夏，四月，大疫。

5 崇华殿灾。是岁，复修改崇华曰九龙殿，引谷水过九龙前，为玉井绮栏，蟾蜍含受，神龙吐出。

6 诸葛亮至郿，郿，音媚，又音眉。军于渭水之南。司马懿引军渡渭，背水为垒拒之，背，蒲妹翻。谓诸将曰：“亮若出武功，依山而东，诚为可忧；若西上五丈原，水经注：五丈原在郿县西，渭水径其北。又亮与步骘书曰：原在武功西十里。上，时掌翻。诸将无事矣。”亮果屯五丈原。

雍州刺史郭淮言于懿曰：雍，于用翻。“亮必争北原，宜先据之。”议者多谓不然，淮曰：“若亮跨渭登原，连兵北山，隔绝陇道，摇荡民夷，荡，徒朗翻。此非国之利也。”懿乃使淮屯北原。堑垒未成，堑，七艳翻。汉兵大至，淮逆击却之。

亮以前者数出，数，所角翻。皆以运粮不继，使己志不伸，乃分兵屯田为久驻之基，耕者杂于渭滨居民之间，而百姓安堵，军无私焉。

7 五月，吴主入居巢湖口，巢湖口即今栅江口也，在和州历阳县西南百五十里，水导源巢湖。裴松之曰：巢，祖了翻。今巢湖与焦湖通，焦、勦音近，故有勦音，今读如字。向合肥新城，即太和六年满宠所筑新城也。华夷对境图：魏合肥新城，今为庐州谢步镇。众号十万；又遣陆逊、诸葛瑾将万馀人入江夏、沔口，向襄阳；瑾，渠吝翻。沔，弥兖翻。将军孙韶、张承入淮，向广陵、淮阴。六月，满宠欲率诸军救新城，殄夷将军田豫曰：殄夷将军，盖魏所置，然不在沈约志所谓四十号将军之数。"贼悉众大举，非图小利，欲质新城以致大军耳。质，音致。宜听使攻城，挫其锐气，不当与争锋也。城不可拔，众必罢怠；罢怠然后击之，可大克也。罢，读曰疲。若贼见计，言窥见吾所以待敌之计也。必不攻城，势将自走。若便进兵，适入其计矣。"

时东方吏士皆分休，宠表请召中军兵，并召所休将士，分休，犹番休也。须集击之。散骑常侍广平刘劭议以为："贼众新至，心专气锐，宠以少人自战其地，少，诗沼翻。若便进击，必不能制。宠请待兵，未有所失也，以为可先遣步兵五千，精骑三千，先军前发，先，悉荐翻。扬声进道，震曜形势。骑到合肥，疏其行队，疏，读曰疎。行，户刚翻。多其旌鼓，曜兵城下，引出贼后，拟其归路，要其粮道。贼闻大军来，骑断其后，必震怖遁走，要，一遥翻。断，丁管翻。怖，普布翻。不战自破矣。"帝从之。

宠欲拔新城守，致贼寿春，帝不听，曰："昔汉光武遣兵据略阳，终以破隗嚣，事见四十二卷建武八年。先帝东置合肥，南守襄阳，西固祁山，贼来辄破于三城之下者，地有所必争也。合肥、襄阳以备吴，祁山以备蜀也。纵权攻新城，必不能拔。敕诸将坚守，吾将自往征之，比至，恐权走也。"比，必寐翻。乃使征蜀护军秦朗督步骑二万助司马懿御诸葛亮，敕懿："但坚壁拒守以挫其锋，彼进不得志，退无与战，久停则粮尽，虏略无所获，则必走；走而追之，全胜之道也。"秋，七月，【章：甲十六行本"月"下有"壬寅"二字；乙十一行本同。】帝御龙舟东征。

满宠募壮士焚吴攻具，射杀吴主之弟子泰；射，而亦翻。又吴吏士多疾病。帝未至数百里，疑兵先至。吴主始谓帝不能出，闻大军至，遂遁，孙韶亦退。

陆逊遣亲人韩扁奉表诣吴主，逻者得之。扁，补典翻，又音篇。逻，郎佐翻。诸葛瑾闻之甚惧，书与逊云："大驾已还，贼得韩扁，具知吾阔狭，且水乾，宜当急去。"乾，音干。逊未答，方催人种葑、豆，葑，菜也；谓之蔓菁。豆，菽也。与诸将弈棋、射戏如常。瑾曰："伯言多智略，陆逊，一名议，字伯言。其必当有以。"乃自来见逊。逊曰："贼知大驾已还，无所复忧，得专力于吾。又已守要害之处，兵将意动，谓敌既知权还，料逊兵当退，已分守要害之处，欲以遮截逊所部兵，既无进取之气，而有遮截之虑，则其意恐动，将至于或降或溃也。复，扶又翻。且当自定以安之，施设变术，然后出耳。今便示退，贼当谓吾怖，怖，普布翻。仍来相蹙，必败之势也。"乃密与瑾立计，令瑾督舟船，逊悉上兵马以向襄阳城；上，时掌翻。魏人素惮逊名，遽还赴城。瑾便引船出，逊徐整部伍，张拓声势，步趣船，趣，七喻翻。魏人不敢逼。行到白围，盖立围屯于白河口，因以为名。托言住猎，潜遣将军周峻、张梁等击江夏、新市、安陆、石阳，新市、安陆二县，皆属江夏郡。魏初以文聘为江夏太守，屯石阳，舟车凑焉，颇为繁富。沈约曰：江夏曲陵县本名石阳，晋武帝太康元年，改曰曲陵；宋明帝泰始六年，并曲陵入安陆县。斩获千馀人而还。

群臣以为司马懿方与诸葛亮相守未解，车驾可西幸长安。帝曰："权走，亮胆破，大军足以制之，吾无忧矣。"遂进军至寿春，录诸将功，封赏各有差。

8 八月，壬申，葬汉孝献皇帝于禅陵。帝王纪曰：禅陵在浊鹿城西北十里。贤曰：在今怀州修武县北二十五里。刘澄之地记曰：以汉禅魏，因以名焉。

9 辛巳，帝还许昌。

10 司马懿与诸葛亮相守百馀日，亮数挑战，数，所角翻。挑，徒了翻。懿不出。亮乃遗懿巾帼妇人之服；字书：帼，古获翻，妇人丧冠也；又古对翻。据刘昭注补舆服志，公卿、列侯夫人绀缯帼。盖妇人首饰之称，不特丧冠也。遗，于季翻。懿怒，上表请战，帝使卫尉辛毗杖节为军师以制之。护军姜维谓亮曰："辛佐治杖节而到，贼不复出矣。"治，直吏翻。复，扶又翻。亮曰："彼本无战情，所以固请战者，以示武于其众耳。将在军，君命有所不受，孙武子及司马穰苴之言也。将，即亮翻。苟能制吾，岂千里而请战邪！"

亮遣使者至懿军，懿问其寝食及事之烦简，不问戎事。懿所惮者亮也，问其寝食及事之烦简，以觇寿命之久近耳，戎事何必问邪！使者对曰："诸葛公夙兴夜寐，罚二十以上，皆亲览焉；所啖食不至数升。"懿告人曰："诸葛孔明食少事烦，其能久乎！"啖，徒滥翻。少，诗沼翻。

亮病笃，汉【章：甲十六行本"汉"下有"主"字；乙十一行本同。】使尚书仆射李福省侍，省，悉景翻。因咨以国家大计。福至，与亮语已，别去，已，竟也，语竟而别也。数日复还。复，扶又翻；下同。亮曰："孤知君还意，近日言语虽弥日，有所不尽，更来求决耳。公所问者，公琰其宜也。"福谢："前实失不咨请，如公百年后，谁可任大事者，故辄还耳。乞复请蒋琬之后，谁可任者？"亮曰："文伟可以继之。"又问其次，亮不答。费祎，字文伟。亮不答继祎之人，非高帝"此后亦非乃所知"之意，盖亦见蜀之人士无足以继祎者矣。呜呼！

是月，亮卒于军中。长史杨仪整军而出。百姓奔告司马懿，懿追之。姜维令仪反旗鸣鼓，若将向懿者，懿敛军退，不敢逼。犹恐亮未死也。于是仪结陈而去，陈，读曰阵。入谷然后发丧。入斜谷也。百姓为之谚曰：“死诸葛走生仲达。”司马懿，字仲达。以当时百姓之谚观之，时人之于孔明何如也！懿闻之，笑曰：“吾能料生，不能料死故也。”懿按行亮之营垒处所，叹曰：“天下奇才也！”方亮之出也，懿以为若西上五丈原，诸将无事矣。及亮既死退军，懿按行其营垒处所，以为天下奇才。观此，则知懿已料亮之必屯五丈原，而力不能制，姑为此言以安诸将之心耳。行，下孟翻。追至赤岸，不及而还。还，从宣翻，又如字。

初，汉前军师魏延，蜀置中军师、前军师、后军师。勇猛过人，善养士卒。每随亮出，辄欲请兵万人，与亮异道会于潼关，如韩信故事，韩信请兵故事，见九卷汉高帝二年。亮制而不许。延常谓亮为怯，叹恨己才用之不尽。杨仪为人干敏，亮每出军，仪常规画分部，筹度粮谷，不稽思虑，斯须便了，斯，此也；须，待也；言即此待之，便可办事。分，扶问翻。度，徒洛翻。军戎节度，取办于仪。延性矜高，当时皆避下之，下，遐稼翻。唯仪不假借延，延以为至忿，有如水火。言不可同处也。亮深惜二人之才，不忍有所偏废也。

费祎使吴，费，父沸翻。使，疏吏翻。吴主醉，问祎曰：“杨仪、魏延，牧竖小人也，虽尝有鸣吠之益于时务，然既已任之，势不得轻。若一朝无诸葛亮，必为祸乱矣，诸君愦愦，愦，古对翻；释云：心乱也。不知防虑于此，岂所谓贻厥孙谋乎！”祎对曰：“仪、延之不协，起于私忿耳，而无黥、韩难御之心也。黥布、韩信也。今方扫除强贼，混一函夏，夏，户雅翻。功以才成，业由才广，若舍此不任，防其后患，是犹备有风波而逆废舟楫，非长计也。”楫，与楫同。

亮病困，与仪及司马费祎等作身殁之后退军节度，令延断后，断，读曰短。姜维次之；若延不从命，军便自发。亮固知延非仪所能令矣。亮卒，仪秘不发丧，令祎往揣延意指。揣，初委翻。延曰："丞相虽亡，吾自见在。此魏延矜高之语也。见，贤遍翻。府亲官属，便可将丧还葬，府亲官属，谓长史以下也。吾当自率诸军击贼；云何以一人死废天下之事邪！且魏延何人，当为杨仪之所部勒，作断后将乎！"将，即亮翻。自与祎共作行留部分，分，扶问翻。令祎手书与己连名，告下诸将。时祎为亮司马，延知仪必不己从，故因祎来，劫与共作行留处分。行，谓当从亮丧还者，留，谓当留拒敌者，延欲令祎手书处分之语，告其下诸将也。祎绐延曰："当为君还解杨长史，长史文吏，稀更军事，绐，徒亥翻。为，于伪翻。更，工衡翻。必不违命也。"祎出，奔马而去。延寻悔之，已不及矣。寻，继也，言继时而悔也。

延遣人觇仪等，欲按亮成规，诸营相次引军还，觇，丑廉翻。还，从宣翻，又如字；下同。延大怒，搀仪未发，搀，初衔翻。自后争前曰搀，今人犹言搀先。率所领径先南归，所过烧绝阁道。延、仪各相表叛逆，一日之中，羽檄交至。汉主以问侍中董允、留府长史蒋琬，琬、允咸保仪而疑延。仪等令槎山通道，槎，仕下翻，邪斫木也。昼夜兼行，亦继延后。延先至，据南谷口，南谷，即褒谷也。南谷曰褒，北谷曰斜，长四百七十里，同为一谷。遣兵逆击仪等，仪等令将军何平于前御延。何平，即王平也，本养外家何氏，后复姓王，此从其初姓。平叱先登曰："公亡，身尚未寒，汝辈何敢乃尔！"延士众知曲在延，莫为用命，为，于伪翻。皆散。延独与其子数人逃亡，奔汉中，仪遣将马岱追斩之，遂夷延三族。蒋琬率宿卫诸营北行赴难，难，乃旦翻。行数十里，延死问至，乃还。问，音讯也。始，延欲杀仪等，冀时论以己代诸葛辅政，故不降魏而南还击仪，实无反意也。延虽无反意，使其辅政，是速蜀之亡也。降，户江翻。

诸军还成都，大赦，谥诸葛亮曰忠武侯。初，亮表于汉主曰：“成都有桑八百株，薄田十五顷，子弟衣食，自有馀饶，臣不别治生以长尺寸。治，直之翻。长，知两翻。若臣死之日，不使内有馀帛，外有赢财，以负陛下。”卒如其所言。卒，子恤翻。

丞相长史张裔常称亮曰：“公赏不遗远，罚不阿近，爵不可以无功取，刑不可以贵势免，此贤愚所以佥忘其身者也！”

陈寿评曰：诸葛亮之为相国也，抚百姓，示仪轨，仪，度也。轨，法也。约官职，从权制，开诚心，布公道；尽忠益时者，虽雠必赏，犯法怠慢者，虽亲必罚，服罪输情者，虽重必释，游辞巧饰者，虽轻必戮，善无微而不赏，恶无纤而不贬；庶事精练，物理其本，言事事物物必从其本而治之。循名责实，虚伪不齿；终于邦域之内，咸畏而爱之，刑政虽峻而无怨者，以其用心平而劝戒明也。可谓识治之良才，管、萧之亚匹矣。治，直吏翻。亚，次也。匹，偶也。

11 初，长水校尉廖立，廖，力吊翻，姓也。裴松之音理救翻。姓谱：廖姓，周文王子伯廖之后，后汉有廖湛。风俗通曰：古有廖叔安，左传作飂，盖其后也。自谓才名宜为诸葛亮之副，常以职位游散，散，悉亶翻。怏怏怨谤无已，亮废立为民，徙之汶山。据立传，废徙汶山，后主初立之时也。汶山，汉武帝开为郡，宣帝地节三年，合于蜀郡，蜀又分置汶山郡；唐为茂州汶山县。汶，音岷。及亮卒，立垂泣曰：“吾终为左衽矣！”李平闻之，亦发病死。平废徙，见上太和五年。平常冀亮复收己，得自补复，策后人不能故也。复，扶又翻。

习凿齿论曰：昔管仲夺伯氏骈邑三百，没齿而无怨言，圣人以为难。见论语。郑氏曰：小国之下大夫，采地方一成，其定税三百家，故三百户也。其实大国下大夫亦三百户，故论语云：管仲夺伯氏骈邑三百。一成所以三百家者，一成九百夫，宫室、涂巷、山泽，三分去一，馀有六百夫，又不易再易，通率一家受二夫之田。是定税三百家也。诸葛亮之使廖立垂泣，李严致死，岂徒无怨言而已哉！夫水至平而邪者取法，鉴至明而丑者忘怒；水鉴之所以能穷物而无怨者，以其无私也。水鉴无私，犹以免谤；况大人君子怀乐生之心，乐，音洛。流矜恕之德，法行于不可不用，刑加乎自犯之罪，爵之而非私，诛之而不怒，天下有不服者乎！

12 蜀人所在求为诸葛亮立庙，汉主不听；为，于伪翻。百姓遂因时节私祭之于道陌上。步兵校尉习隆等姓谱：习，国名，后以为姓。风俗通：汉有习响，为陈相。上言：请近其墓，立一庙于沔阳，近，其靳翻。断其私祀。断，音短。汉主从之。

汉主以左将军吴懿为车骑将军，假节，督汉中，代魏延也。以丞相长史蒋琬为尚书令，总统国事，寻加琬行都护，假节，领益州刺史。时新丧元帅，丧，息浪翻。远近危悚，琬出类拔萃，类，伦也。萃，聚也。处群僚之右，处，昌吕翻。既无戚容，又无喜色，神守举止，有如平日，由是众望渐服。

吴人闻诸葛亮卒，恐魏承衰取蜀，增巴丘守兵万人，此巴丘即巴陵也。今岳州巴陵县有天岳山，临大江，一名幕阜，前有培塿，谓之巴蛇冢，相传以为羿屠巴蛇于洞庭，其骨若陵，因谓之巴陵。一欲以为救援，二欲以事分割。汉人闻之，亦增永安之守以防非常。汉主使右中郎将宗预使吴，使，疏吏翻。吴主问曰："东之与西，譬犹一家，而闻西更增白帝之守，何也？"对曰："臣以为东益巴丘之戍，西增白帝之守，皆事势宜然，俱不足以相问也。"吴主大笑，嘉其抗尽。谓抗言不为吴屈，又尽情无所隐也。礼之亚于邓芝。蜀先主殂，诸葛亮当国，始遣邓芝使吴。

13 吴诸葛恪以丹阳山险，民多果劲，虽前发兵，徒得外县平民而已，陆逊先尝部伍山越为兵，事见六十八卷汉献帝建安二十四年。其馀深远，莫能禽尽，屡自求为官出之，为，于伪翻。三年可得甲士四万。众议咸以为："丹阳地势险阻，与吴郡、会稽、新都、番阳四郡邻接，会，工外翻。番，蒲何翻。周旋数千里，山谷万重。重，直龙翻。其幽邃人民，未尝入城邑，对长吏，长，知两翻。皆仗兵野逸，白首于林莽；莽，莫补翻，又母党翻；草深曰莽。逋亡宿恶，咸共逃窜。山出铜铁，自铸甲兵。俗好武习战，好，呼到翻。高尚气力；其升山越险，抵突丛棘，若鱼之走渊，猿狖之腾木也。走，音奏。狖，余救翻。说文曰：狖，鼠属，善旋。时观间隙，间，古苋翻。出为寇盗，每致兵征伐，寻其窟藏。其战则蜂至，败则鸟窜，自前世以来，不能羁也。"皆以为难。恪父瑾闻之，亦以事终不逮，逮，及也；谓恪所出山民终不能及四万之数也。叹曰："恪不大兴吾家，将赤吾族也！"恪盛陈其必捷，吴主乃拜恪抚越将军，以招抚山越为将军号。领丹阳太守，使行其策。

14 冬，十一月，洛阳地震。

15 吴潘浚讨武陵蛮，数年，斩获数万。自是群蛮衰弱，一方宁静。十一月，浚还武昌。太和五年，吴遣潘浚讨武陵蛮。

王崇武标点容肇祖聂崇岐覆校

资治通鉴卷第七十三

翰林学士兼侍读学士朝散大夫右谏议大夫知制诰
判尚书都省兼提举万寿观公事柱国河内郡开国侯 司马光 奉敕编集
食邑一千三百户食实封二百户赐紫金鱼袋臣
后学天台 胡三省 音注

魏纪五 起旃蒙单阏(乙卯)，尽强圉大荒落(丁巳)，凡三年。

烈祖明皇帝中之下

青龙三年(乙卯、二三五)

1 春，正月，戊子，以大将军司马懿为太尉。

2 丁巳，皇太后郭氏殂。帝数问甄后死状于太后，甄后死见六十九卷文帝之黄初二年。数，所角翻。甄，之人翻。由是太后以忧殂。

3 汉杨仪既杀魏延，事见上卷上年。自以为有大功，宜代诸葛亮秉政；而亮平生密指，以仪狷狭，密指，盖亮密以语诸僚佐，特仪不知耳。狷，吉掾翻。意在蒋琬。仪至成都，拜中军师，无所统领，从容而已。从，千容翻。初，仪事昭烈帝为尚书，琬时为尚书郎。后虽俱为丞相参军、长史，仪每从行，当其劳剧；自谓年宦先琬，才能逾之，先，悉荐翻。于是怨愤形于声色，叹咤之音发于五内，咤，叱稼翻，喷也。叱怒也。五内，五藏之内也。时人畏其言语不节，莫敢从也。惟后军师费祎往慰省之，费，父沸翻。省，悉景翻。仪对祎恨望，前后云云。云云，师古曰：犹言如此如此也。又语祎曰："往者丞相亡没之际，吾若举军以就魏氏，处世宁当落度如此邪！语，牛倨翻。处，昌吕翻。度，徒洛翻。落度，失意也。令人追悔，不可复及！”复，扶又翻；下同。祎密表其言。汉主废仪为民，徙汉嘉郡。汉嘉县，故青衣也；汉顺帝阳嘉二年，改为汉嘉，属蜀郡属国都尉。蜀郡属国，安帝延光元年所置，蜀分为汉嘉郡。仪至徙所，复上书诽谤，辞指激切；遂下郡收仪，上，时掌翻。下，遐稼翻。仪自杀。

4 三月，庚寅，葬文德皇后文德，郭后也。郭后谥曰德，甄后谥曰昭。

5 夏，四月，汉主以蒋琬为大将军、录尚书事；费祎代琬为尚书令。

6 帝好土功，好，呼到翻。既作许昌宫，事见上卷太和六年。又治洛阳宫，诸葛亮死，帝乃大兴宫室。晋士燮所谓“释楚为外惧”者，此也。治，直之翻。起昭阳太极殿，水经注：明帝上法太极，于洛阳南宫起太极殿，即汉崇德殿之故处。筑总章观，高十馀丈，舜有总章之访，相传以为总章即明堂也。观，阙也，总章观盖在太极殿前。观，古玩翻。高，居傲翻。力役不已，农桑失业。司空陈群上疏曰：“昔禹承唐、虞之盛，犹卑宫室而恶衣服。况今丧乱之后，人民至少，丧，息浪翻。少，诗沼翻。比汉文、景之时，不过汉一大郡。汉自秦、项之争，民死于兵者多矣，虽文、景与民休息，户口蕃息，重以武帝穷奢极欲，又减其半。平帝元始之初，民户一千三百二十三万三千六百一十二，以班志考之，汝南一郡，户四十六万一千五百八十七。光武兴于南阳，至永和元年，户五十馀万。三国虎争，人众之损，万有一存，景元四年，与蜀通计民户九十四万三千二百四十三耳。当此之时，谓不过汉文、景时一大郡，非虚语也。加以边境有事，将士劳苦，将，即亮翻。若有水旱之患，国家之深忧也。昔刘备自成都至白水，多作传舍，典略曰：备镇成都，拔魏延督汉中，于是起馆舍，筑亭障，从成都至白水关四百馀区。传，株恋翻。兴费人役，太祖知其疲民也。今中国劳力，亦吴、蜀之所愿；此安危之机也，惟陛下虑之!”帝答曰：“王业、宫室，亦宜并立，灭贼之后，但当罢守御耳，岂可复兴役邪！复，扶又翻；下同。是固君之职，萧何之大略也。”此指萧何治未央宫事为言。群曰：“昔汉祖惟与项羽争天下，羽已灭，宫室烧焚，是以萧何建武库、太仓，皆是要急，然高祖犹非其壮丽。群因帝萧何之言以陈善闭邪。萧何事见十一卷高帝七年。今二虏未平，诚不宜与古同也。夫人之所欲，莫不有辞，况乃天王，莫之敢违。前欲坏武库，谓不可不坏也；后欲置之，谓不可不置也。此皆指帝拒谏实事。坏，音怪。若必作之，固非臣下辞言所屈；若少留神，少，诗沼翻；下同。卓然回意，亦非臣下之所及也。汉明帝欲起德阳殿，钟离意谏，即用其言，后乃复作之；殿成，谓群臣曰：‘钟离尚书在，不得成此殿也。’夫王者岂惮一人，盖为百姓也。为，于伪翻；下同。今臣曾不能少凝圣听，凝，定也，停也；言帝不为之留听也。不及意远矣。”帝乃为之少有减省。

帝耽于内宠，妇官秩石拟百官之数，西汉妇官十四等，秩石视内外百官之数。魏武建国，始命王后其下五等，曰夫人、昭仪、倢伃、容华、美人。文帝增贵嫔、淑媛、修容、顺成、良人。明帝增淑妃、昭华、修仪，除顺成官。太和中，始复命夫人，登其位于淑妃之上。自夫人以下，爵凡十二等，贵嫔、夫人位次皇后，爵无所视；淑妃位视相国，爵比诸侯王；淑媛位视御史大夫，爵比县公；昭仪比县侯；昭华比乡侯；修容比亭侯；修仪比关内侯；倢伃视中二千石；容华视真二千石；美人视比二千石；良人视千石。自贵人以下至掖庭洒扫，凡数千人，洒，所卖翻；扫，素报翻；又并如字。选女子知书可付信者六人，以为女尚书，使典省外奏事，处当画可。汉东都之末，宫中有女尚书。处当，奏事有不合上意，区处其当而下之也。画可，画从其所奏。省，悉景翻。处，昌吕翻。廷尉高柔上疏曰：“昔汉文惜十家之资，不营小台之娱；去病虑匈奴之害，不遑治第之事。治，直之翻。况今所损者非惟百金之费，所忧者非徒北狄之患乎！可粗成见所营立以充朝宴之仪，粗，坐五翻。见，贤遍翻。朝，直遥翻。讫罢作者，使得就农；二方平定，复可徐兴。周礼，天子后妃以下百二十人，王立后，三夫人，九嫔，二十七世妇，八十一御妻，是为百二十人。嫔嫱之仪，既已盛矣；窃闻后庭之数，或复过之，嫔，毗宾翻。嫱，慈良翻。复，扶又翻；下同。圣嗣不昌，殆能由此。臣愚以为可妙简淑媛以备内官之数，媛，美女也。淑，善也。媛，于绢翻。其馀尽遣还家，且以育精养神，专静为宝。如此，则螽斯之征可庶而致矣。”诗螽斯，后妃子孙众多也。帝报曰：“辄克昌言，他复以闻。”辄以昌言自克也。扬子曰：胜己之私之谓克。

是时猎法严峻，杀禁地鹿者身死，财产没官，有能觉告者，厚加赏赐。柔复上疏曰：“中间以来，百姓供给众役，亲田者既减；亲田，谓躬亲田亩者。加顷复有猎禁，群鹿犯暴，残食生苗，处处为害，所伤不訾，不訾，言不可计量也。民虽障防，力不能御。至如荥阳左右，周数百里，岁略不收。方今天下生财者甚少，而麋鹿之损者甚多，卒有兵戎之役，凶年之灾，卒，读曰猝。将无以待之。惟陛下宽放民间，使得捕鹿，遂除其禁，则众庶永济，莫不悦豫矣。”

帝又欲平北芒，令于其上作台观，望见孟津。黄图曰：登之可以远观，故曰观。观，古玩翻。卫尉辛毗谏曰：“天地之性，高高下下。国语：周太子晋曰：天地成而聚于高，归物于下。四岳佐禹，高高下下，封崇九山，决汩九川。今而反之，既非其理；加以损费人功，民不堪役。且若九河盈溢，洪水为害，而丘陵皆夷，将何以御之！”帝乃止。

少府杨阜上疏曰：“陛下奉武皇帝开拓之大业，守文皇帝克终之元绪，元，始也；绪，丝端也。言文帝克终武帝之志，受禅易制，此丝端所从始也。诚宜思齐往古圣贤之善治，治，直吏翻。总观季世放荡之恶政。曩使桓、灵不废高祖之法度，文、景之恭俭，太祖虽有神武，于何所施，而陛下何由处斯尊哉！处，昌吕翻。今吴、蜀未定，军旅在外，诸所缮治，惟陛下务从约节。”治，直之翻。帝优诏答之。

阜复上疏曰：“尧尚茅茨而万国安其居，尧土阶三尺，茅茨不翦。禹卑宫室而天下乐其业；乐，音洛。及至殷、周，或堂崇三尺，度以九筵耳。周官考工记曰：殷人重屋，堂修七寻，堂崇三尺。周人明堂，度九尺之筵，东西九筵，南北七筵，堂崇一筵。五室，凡室二筵。桀作璇室象廊，史记龟策传曰：桀为瓦室，纣为象廊，与此稍异。纣为倾宫鹿台，新序曰：鹿台其大三里，高千仞。臣瓒曰：今在朝歌城中。以丧其社稷，丧，息浪翻。楚灵以筑章华而身受祸，楚灵王为章华之台，民不堪命，从乱如归，王走而死于芈尹氏。秦始皇作阿房，二世而灭。事见七卷三十五年。夫不度万民之力以从耳目之欲，度，徒洛翻。未有不亡者也。陛下当以尧、舜、禹、汤、文、武为法则，夏桀、殷纣、楚灵、秦皇为深诫，而乃自暇自逸，惟宫台是饰，必有颠覆危亡之祸矣。君作元首，臣为股肱，存亡一体，得失同之。臣虽驽怯，敢忘争臣之义！驽，音奴。争，读曰诤。言不切至，不足以感悟陛下；陛下不察臣言，恐皇祖、烈考之祚坠于地。使臣身死有补万一，则死之日犹生之年也，谨叩棺沐浴，伏俟重诛！”奏御，叩，近也。御，进也。帝感其忠言，手笔诏答。

帝尝着帽，被缥绫半袖。着，陟略翻。说文曰：帽，小儿蛮夷头衣。缥，普沼翻，青白色。绫，纹帛，或谓之绮，或谓之纹缯。半袖，半臂也。晋志曰：帽名犹冠也，义取于蒙覆其首，其本纚也。古者冠无帻，冠下有纚，以缯为之。后世施帻于冠，因或裁纚为帽，自乘舆宴居，下至庶人无爵者，皆服之。被，皮义翻。阜问帝曰：“此于礼何法服也？”帝默不答。自是不法服不以见阜。

阜又上疏欲省宫人诸不见幸者，乃召御府吏问后宫人数。少府属官有御府令，典官婢，员吏七十人，吏从官三十人。吏守旧令，对曰："禁密，不得宣露！"阜怒，杖吏一百，数之曰：数，所具翻。"国家不与九卿为密，反与小吏为密乎！"帝愈严惮之。

散骑常侍蒋济上疏曰："昔句践养胎以待用，国语：越王句践困于会稽，既反国，命壮者无取老妇，老者无取壮妻；女子十七不嫁，丈夫二十不娶，其父母有罪；将免乳者以告公，令医守之；生丈夫，二壶酒、一犬；生女子，二壶酒、一豚；生三人，公与之母；生二人，公与之饩。散，悉亶翻。骑，奇寄翻。昭王恤病以雪仇，燕昭王于破燕之后，吊死问疾，欲以报齐，雪先王之耻。故能以弱燕服强齐，羸越灭劲吴。今二敌强盛，当身不除，百世之责也。谓当帝之身，不能灭吴、蜀，后世之责，必归于帝。以陛下圣明神武之略，舍其缓者，舍，读曰捨。专心讨贼，臣以为无难矣。"

中书侍郎东莱王基上疏曰：按此则魏已改通事郎为中书侍郎矣。"臣闻古人以水喻民曰，'水所以载舟，亦所以覆舟。'家语载孔子之言。颜渊曰：'东野子之御，马力尽矣，而求进不已，殆将败矣。'荀子：鲁定公问于颜渊曰："东野子善御乎？"颜渊曰："善则善矣，虽然，其马将失。"定公曰："何以知之？"颜渊曰："臣以政知之。昔舜巧于使民，造父巧于使马。舜不穷其民力，造父不穷其马力，是舜无失民，造父无失马也。今东野毕之御，上车执辔，御体正矣；步骤驰骋，朝礼毕矣；历险致远，马力尽矣；然犹求进不已，是以知之也。"今事役劳苦，男女离旷，愿陛下深察东野之敝，留意舟水之喻，息奔驷于未尽，节力役于未困。昔汉有天下，至孝文时唯有同姓诸侯，而贾谊忧之曰：'置火积薪之下而寝其上，因谓之安。'见十四卷汉文帝六年。今寇贼未殄，猛将拥兵，检之则无以应敌，久之则难以遗后，谓五大在边，尾大不掉，非善计以诒后人也。遗，于季翻。当盛明之世，不务以除患，若子孙不竞，竞，强也。社稷之忧也。使贾谊复起，必深切于曩时矣。”言不特痛哭流涕、长太息而已。复，扶又翻；下同。帝皆不听。

殿中监督役，擅收兰台令史；此殿中监，以其时营造宫室，使监作殿中耳，非唐殿中监之官也；观后所谓校事可知矣。又据晋书舆服志，大驾卤簿，左殿中御史，右殿中监。则魏时殿中监已有定官。兰台令史，属御史台。会要曰：汉谓御史台为兰台。右仆射卫臻奏按之。诏曰：“殿舍不成，吾所留心，卿推之，何也？”推，考鞫也。臻曰：“古制侵官之法，古者，百官不相逾越。左传：栾针曰：侵官，冒也。非恶其勤事也，恶，乌路翻。诚以所益者小，所堕者大也。堕，读曰隳。臣每察校事，类皆如此，魏武建国，置校事，使察群下。若又纵之，惧群司将遂越职，以至陵夷矣。”

尚书涿郡孙礼固请罢役，帝诏曰：“钦纳谠言。”谠，音党。促遣民作；监作者复奏留一月，有所成讫。成讫，言欲成殿舍以讫事也。监，古衔翻。礼径至作所，不复重奏，重，直龙翻。称诏罢民，帝奇其意而不责。帝虽不能尽用群臣直谏之言，然皆优容之。

秋，七月，洛阳崇华殿灾。帝问侍中领太史令泰山高堂隆太史令，属太常，隆以侍中领之。汉儒有高堂生，鲁人；隆其后也。姓谱：齐公族有高堂氏。风俗通：齐卿高恭仲食采于高堂。曰：“此何咎也？于礼宁有祈禳之义乎？”对曰：“易传曰：‘上不俭，下不节，孽火烧其室。’又曰：‘君高其台，天火为灾。’京房易传之辞。传，直恋翻。孽，鱼列翻。此人君务饰宫室，不知百姓空竭，故天应之以旱，火从高殿起也。”诏问隆：“吾闻汉武之时柏梁灾，而大起宫殿以厌之，事见二十一卷汉武帝太初元年。厌，益涉翻；下同。其义云何？”对曰：“夷越之巫所为，非圣贤之明训也。五行志曰：‘柏梁灾，其后有江充巫蛊事。’如志之言，越巫建章无所厌也；今宜罢散民役。宫室之制，务从约节，清扫所灾之处，不敢于此有所立作，则蓮莆、嘉禾必生此地，蓮，山辄翻，又色洽翻。莆，音蒲。说文：蓮莆，瑞草也。尧时生于庖厨，扇暑而凉。若乃疲民之力，竭民之财，非所以致符瑞而怀远人也。”

7 八月，庚午，立皇子芳为齐王，询为秦王。帝无子，养二王为子，宫省事秘，莫有知其所由来者。或云：芳，任城王楷之子也。楷，任城王彰之子。任，音壬。

8 丁巳，帝还洛阳。

9 诏复立崇华殿，复，扶又翻。更名曰九龙。据高堂隆传，时郡国有九龙见，因以名殿。更，工衡翻。通引谷水过九龙殿前，水经注：谷渠东历故金市南，直千秋门，枝流入石逗，伏流注灵芝九龙池。为玉井绮栏，蟾蜍含受，神龙吐出。使博士扶风马钧作司南车，司南车，即指南车也。崔豹古今注曰：黄帝与蚩尤战于涿鹿，蚩尤作大雾，士皆迷路，乃作指南车以正四方。述征记曰：指南车上有木仙人，持信旛，车转而人常指南。水转百戏。傅玄曰：人有上百戏而不能动，帝问钧：“可动否？”对曰：“可动。”“其巧可益否？”对曰：“可益。”受诏作之，以大木雕构，使其形若轮，平地施之，潜以水发焉。设为女乐舞象，至令木人击鼓吹箫。作山岳，使木人跳缅掷剑，缘缅倒立，出入自在，百官行署，舂磨斗鸡，变巧百端。

陵霄阙始构，有鹊巢其上，帝以问高堂隆，对曰：“诗曰：‘惟鹊有巢，惟鸠居之。’诗召南鹊巢之辞也。今兴宫室，起陵霄阙，而鹊巢之，此宫未成身不得居之象也。天意若曰：‘宫室未成，将有他姓制御之’，斯乃上天之戒也。夫天道无亲，惟与善人，太戊、武丁睹灾悚惧，故天降之福。太戊桑谷生朝，武丁飞雉雊鼎，皆能戒惧，转灾为福。今若罢休百役，增崇德政，则三王可四，五帝可六，岂惟商宗转祸为福而已哉！”帝为之动容。为，于伪翻；下同。

帝性严急，其督修宫室有稽限者，立为期限，以必其成，及期而不成，为稽限。帝亲召问，言犹在口，身首已分。散骑常侍领秘书监王肃汉桓帝延熹二年，置秘书监，秩四百石。上疏曰：“今宫室未就，见作者三四万人。见，贤遍翻。九龙可以安圣体，其内足以列六宫；惟泰极已前，功夫尚大。泰极，谓太极殿。愿陛下取常食禀之士，非急要者之用，选其丁壮，择留万人，使一期而更之。更，工衡翻。咸知息代有日，则莫不悦以即事，劳而不怨矣。易曰：说以使民，民忘其劳。计一岁有三百六十万夫，亦不为少。当一岁成者，听且三年，分遣其馀，使皆即农，无穷之计也。夫信之于民，国家大宝也。前车驾当幸洛阳，发民为营，有司命以营成而罢；此营垒之营。既成，又利其功力，不以时遣；有司徒营目前之利，此营求之营。不顾经国之体。臣愚以为自今已后，傥复使民，复，扶又翻。宜明其令，使必如期；以次有事，宁使更发，无或失信。谓始焉于甲处营造，发民就役，次焉于乙处营造，不可仍用甲处就役之民，宁使更发民以供乙处之役也。凡陛下临时之所行刑，皆有罪之吏、宜死之人也；然众庶不知，谓为仓卒。故愿陛下下之于吏，【章：甲十六行本“吏”下有“而暴其罪”四字；乙十一行本同；孔本同；张校同；退斋校同。】卒，读曰猝。下之之下，音户稼翻；下同。钧其死也，无使污于宫掖钧，与均同。汙，乌故翻。而为远近所疑。且人命至重，难生易杀，易，以豉翻。气绝而不续者也，是以圣贤重之。昔汉文帝欲杀犯跸者，廷尉张释之曰：‘方其时，上使诛之则已，今下廷尉，廷尉，天下之平，不可倾也。’事见十四卷汉文帝三年。下，遐稼翻。臣以为大失其义，非忠臣所宜陈也。廷尉者，天子之吏也，犹不可以失平，而天子之身反可以惑谬乎！斯论诚足以矫张释之之失言。斯重于为己而轻于为君，为，于伪翻。不忠之甚者也，不可不察。”

10 中山恭王衮疾病，令官属曰：“男子不死于妇人之手，丧大记之言。亟以时营东堂。”堂成，舆疾往居之。又令世子曰：“汝幼为人君，知乐不知苦，必将以骄奢为失者也。兄弟有不良之行，乐，音洛。行，下孟翻。当造膝谏之，造膝，诣膝前也。造，七到翻。膝，与膝同。谏之不从，流涕喻之，喻之不改，乃白其母，犹不改，当以奏闻，并辞国土。与其守宠罹祸，不若贫贱全身也。此亦谓大罪恶耳，其微过细故，当掩覆之。”覆，敷救翻。冬，十月，己酉，衮卒。

11 十一月，丁酉，帝行如许昌。

12 是岁，幽州刺史王雄使勇士韩龙刺杀鲜卑轲比能；自是种落离散，刺，七亦翻。种，章勇翻。互相侵伐，强者远遁，弱者请服，边陲遂安。

13 张掖柳谷口水溢涌，魏氏春秋曰：张掖删丹县金山玄川溢。汉晋春秋曰：氐池县大柳谷口，夜，激波涌溢。删丹、氐池二县，汉志皆属张掖，晋志无之，当是并省也。五代志：甘州张掖县有大柳谷。又后周废金山县入删丹县。盖历代废置无常，疆土有离合也。宝石负图，状象灵龟，立于川西，有石马七及凤凰、麒麟、白虎、牺牛、璜玦、八卦、列宿、孛彗之象，宿，音秀。孛，蒲内翻。彗，徐芮翻，又徐醉翻，又祥岁翻。又有文曰“大讨曹”。石图之文，天意盖昭昭矣。诏书班天下，以为嘉瑞。任令于绰连赍以问钜鹿张臶，任县，前汉属广平国，后汉属巨鹿郡，魏复属广平郡。师古曰：任，本晋邑也；郑皇颉奔晋，为任大夫。刘昫曰：唐邢州任县，汉巨鹿南䜌县地，晋置任县，治苑乡城。连赍者，连诏书及班下石图，赍以问张臶也。张臶兼内外学，故以问之。臶，徂闷翻，又在甸翻，祖闷翻。臶密谓绰曰：“夫神以知来，不追既往，祥兆先见而后废兴从之。见，贤遍翻。今汉已久亡，魏已得之，何所追兴祥兆乎！此石，当今之变异而将来之符瑞也。”后人以此为晋继魏之征；牛继马，又以为元帝本牛氏继司马之征。

14 帝使人以马易珠玑、翡翠、玳瑁于吴，珠不圆者为玑，又曰粗𤥭为玑。玳，徒耐翻。瑁，蒲佩翻。吴主曰：“此皆孤所不用，而可以得马，孤何爱焉。”尽以与之。

四年（丙辰、二三六）

1 春，吴人铸大钱，一当五百。杜佑曰：孙权嘉平五年，铸大泉，一当五百，文曰“大泉五百”，径一寸三分，重十二铢。

2 三月，吴张昭卒，年八十一。昭容貌矜严，有威风，吴主以下，举邦惮之。

3 夏，四月，汉主至湔，登观阪，观汶水之流，湔，即汉之湔氐道，属蜀郡。汶水，即嶓江水也。嶓江出氐道西徼外嶓山，东流历都安县。沈约曰：县，蜀所立。水经注曰：都安县有桃关，蜀守李冰作大堰于此，谓之湔堋，亦曰湔堰；观阪在其上。裴松之曰：湔，音翦。晋书音义：汶，读与嶓同。诸葛亮既没，汉主游观，莫之敢止。旬日而还。还，从宣翻，又如字。

4 武都氐【章：甲十六行本“氐”下有“王”字；乙十一行本同；张校同；退斋校同。】苻健请降于汉；以此观之，诸氐固先有苻姓矣，不待蒲坚以背文“草付”之祥乃姓苻也。杜佑曰：氐者，西戎别种，汉武帝开武都郡，排其种人，分窜山谷，或在上禄，或在河、陇左右。魏武令夏侯渊讨叛氐阿贵、千万等，后因拔弃汉中，遂徙武都之种于秦川，是曰杨氐。苻坚之先，是曰苻氐。杨氐、苻氐同出略阳，世为婚姻。降，户江翻。其弟不从，将四百户来降。

5 五月，乙卯，乐平定侯董昭卒。谥法：大虑静民曰定；纯行不爽曰定。

6 冬，十月，己卯，帝还洛阳宫。

7 甲申，有星孛于大辰，公羊传曰：大辰者何？大火也。何休注曰：大火与伐，天之所以示民时早晚，天下之所以取正，故谓之大辰。蔡邕曰：自亢八度至尾四度，谓之大火。陈卓曰：自氐五度至尾九度曰大火之次，于辰在卯。孛，蒲内翻。又孛于东方。高堂隆上疏曰：“凡帝王徙都立邑，皆先定天地、社稷之位，所谓圜丘、方泽、南北郊及社稷神位也。敬恭以奉之。将营宫室，则宗庙为先，厩库为次，居室为后。记曲礼之言。今圜丘、方泽、南北郊、明堂、社稷，神位未定，宗庙之制又未如礼，而崇饰居室，士民失业。外人咸云‘宫人之用与军国之费略齐’，民不堪命，皆有怨怒。书曰：‘天聪明自我民聪明，天明畏自我民明威。'书皋陶谟之言。孔安国注曰：言天因民而降之福，民所归者天命之，天视听人君之行，用民为聪明，天明可畏，亦用民成其威。民所叛者天讨之，是天明可畏之效也。言天之赏罚，随民言，顺民心也。夫采椽、卑宫，唐、虞、大禹之所以垂皇风也；采椽，即采来之木为椽，不加斫削也。玉台、琼室，夏癸、商辛之所以犯昊天也。张蕴古曰：彼昏不知，瑶其台而琼其室。文选东都赋注曰：纣为琼室，以琼瑶饰之。今宫室过盛，天彗章灼，彗，祥岁翻，音又见上。斯乃慈父恳切之训。当崇孝子祗耸之礼，不宜有忽，以重天怒。"隆数切谏，数，所角翻；下同。帝颇不悦。侍中卢毓进曰："臣闻君明则臣直，古之圣王惟恐不闻其过，此乃臣等所以不及隆也。"帝乃解。毓，植之子也。

8 十二月，癸巳，颍阴靖侯陈群卒。谥法：恭己鲜言曰靖；宽乐令终曰靖。群前后数陈得失，数，所角翻。每上封事，辄削其草，时人及其子弟莫能知也。论者或讥群居位拱默；言拱手而已，默无一言。正始中，诏撰群臣上书以为名臣奏议，撰，雏免翻。朝士乃见群谏事，皆叹息焉。

袁子论曰：或云："少府杨阜岂非忠臣哉？见人主之非则勃然触之，与人言未尝不道。"道者，言之也。答曰："夫仁者爱人，施之君谓之忠，施于亲谓之孝。今为人臣，见人主失道，力诋其非而播扬其恶，可谓直士，未为忠臣也。故司空陈群则不然，谈论终日，未尝言人主之非；书数十上，上，时掌翻。外人不知。君子谓群于是乎长者矣。"

9 乙未，帝行如许昌。

10 诏公卿举才德兼备者各一人，司马懿以兖州刺史太原王昶应选。兖州统陈留、东郡、济阴、任城、东平、济北、泰山。昶，丑两翻。昶为人谨厚，名其兄子曰默，曰沈，沈，时林翻。名其子曰浑，曰深，为书戒之曰："吾以四者为名，欲使汝曹顾名思义，不敢违越也。夫物速成则疾亡，晚就而善终，朝华之草，夕而零落，松柏之茂，隆寒不衰，是以君子戒于阙党也。论语：阙党童子将命，或问之曰："益者欤?"孔子曰："吾见其居于位也，见其与先生并行也，非求益者也，欲速成者也。"夫能屈以为伸，让以为得，弱以为强，鲜不遂矣。鲜，息浅翻。夫毁誉者，爱恶之原而祸福之机也。誉，音余。恶，乌路翻。孔子曰：'吾之于人，谁毁谁誉。'见论语。以圣人之德犹尚如此，况庸庸之徒而轻毁誉哉！人或毁己，当退而求之于身。若己有可毁之行，则彼言当矣；若己无可毁之行，则彼言妄矣。当则无怨于彼，当，丁浪翻。妄则无害于身，又何反报焉！谚曰：'救寒莫如重裘，重，直龙翻。止谤莫如自修'，斯言信矣。"昶之所以戒子侄如此。然高贵乡公之难，王沈陷于不忠；平吴之役，王浑与王濬争功。马伏波万里还书以戒兄子，固无益于兄子也。

景初元年（丁巳、二三七）以改历，纪元景初。

1 春，正月，壬辰，山茌县言黄龙见。山茌，前汉曰茌县，后汉及魏晋曰山茌，属泰山郡。师古曰：茌，士疑翻；应劭音淄；裴松之音仕狸翻。见，贤遍翻。高堂隆以为："魏得土德，故其瑞黄龙见，宜改正朔，易服色，以神明其政，变民耳目。"帝从其议。三月，下诏改元，以是月为孟夏四月，服色尚黄，牺牲用白，从地正也。是月，春三月也。殷为地正，以建丑，十二月为岁首。服色尚黄，以土代火之次。牺牲用白，从殷也。更名太和历曰景初历。太和历，注见目录七卷太和元年。更，工衡翻。

2 五月，己巳，帝还洛阳。

3 己丑，大赦。

4 六月，戊申，京都地震。

5 己亥，以尚书令陈矫为司徒，左仆射卫臻为司空。晋志曰：

尚书仆射，汉本置一人，献帝建安四年，以执金吾荣郃为尚书左仆射，仆射分置左右盖自此始。自晋迄于江左，省置无恒，置二则为左右仆射；或不两置但曰尚书仆射。令阙则左为省主，若左右并阙，则置尚书仆射以主左事。

6 有司奏以武皇帝为魏太祖，文皇帝为魏高祖，帝为魏烈祖；三祖之庙，万世不毁。沈约曰：时群公有司始奏更定七庙之制曰：武皇帝肇建洪基，拨乱夷险，为魏太祖。文皇帝继天革命，应期受禅，为魏高祖。上集成大命，清定华夏，兴制礼乐，为魏烈祖。明帝在阼而其下先拟定庙号，非礼也。谥法：有功安民曰烈；秉德尊业曰烈。

孙盛论曰：夫谥以表行，行，下孟翻。庙以存容。未有当年而逆制祖宗，未终而豫自尊显。魏之群司于是乎失正矣。群司，百执事之臣也。

7 秋，七月，丁卯，东乡贞公【章：甲十六行本"公"作"侯"；乙十一行本同；退斋校同。】陈矫卒。谥法：不隐无屈曰贞；清白守节曰贞。

8 公孙渊数对国中宾客出恶言，数，所角翻。帝欲讨之，以荆州刺史【章：甲十六行本"史"下有"河东"二字；乙十一行本同；张校同。】毌丘俭为幽州刺史。毌丘，复姓。毌，音无。俭上疏曰："陛下即位以来，未有可书。吴、蜀恃险，未可卒平，卒，读曰猝。聊可以此方无用之士克定辽东。"郑玄曰：聊，且略之辞。光禄大夫卫臻曰："俭所陈皆战国细术，非王者之事也。吴频岁称兵，称，举也。寇乱边境，而犹按甲养士，未果致讨者，诚以百姓疲劳故也。渊生长海表，相承三世，度、康、渊，凡三世。长，知两翻。外抚戎夷，内修战射，而俭欲以偏军长驱，朝至夕卷，卷，读曰捲。知其妄矣。"帝不听，使俭帅诸军及鲜卑、乌桓屯辽东南界，帅，读曰率。玺书征渊。渊遂发兵反，逆俭于辽隧。辽隧县，二汉属辽东郡；晋志无其地，盖在辽水东岸。水经注：玄菟郡高句丽县有辽山，小辽水所出，西南至辽隧县，入于大辽水。玺，斯氏翻。会天雨十馀日，辽水大涨，俭与战不利，引军还右北平。渊因自立为燕王，改元绍汉，置百官，遣使假鲜卑单于玺，封拜边民，诱呼鲜卑以侵扰北方。诱，音酉。

9 汉张后殂。

10 九月，冀、兖、徐、豫大水。冀州统赵、巨鹿、安平、平原、乐陵、勃海、河间、博陵、清河、中山、常山。徐州统彭城、下邳、东海、琅邪、广陵、临淮。豫州统颍川、汝南、汝阴、梁、沛、谯、鲁、弋阳、安丰。

11 西平郭夫人有宠于帝，夫人河右大族，黄初中，以本郡反叛，没入宫。毛后爱弛。帝游后园，曲宴极乐。曲宴，禁中之宴，犹言私宴也。乐，音洛；下同。郭夫人请延皇后，帝不许，因禁左右使不得宣。宣，布也，露其事也。后知之，明日，谓帝曰："昨日游宴北园，乐乎？"后园在洛城北隅。帝以左右泄之，所杀十馀人。庚辰，赐后死，然犹加谥曰悼。谥法：中年早夭曰悼；肆行无礼曰悼。癸丑，葬愍陵。迁其弟曾为散骑常侍。

12 冬，十月，帝用高堂隆之议，营洛阳南委粟山为圜丘，魏氏春秋曰：洛阳有委粟山，在阴乡，魏时营为圜丘。孔颖达曰：委粟山在洛阳南二十里。诏曰："昔汉氏之初，承秦灭学之后，采摭残缺，以备郊祀，四百馀年，废无禘礼。摭，之石翻。礼，五年一禘，禘其祖之所自出，以其祖配之，审谛昭穆而祭于太祖也。禘所以异于祫者，毁庙之主，陈于太祖庙，与祫同，未毁庙之主，则各就其庙以祭，此其异也。春秋：吉禘于庄公。左传：晋人曰：寡君之未禘祀。杜预注曰：禘祀，三年之吉祭也。僖八年，禘于太庙。杜预曰：三年大祭之名。二者不同，礼有禘、有大禘。以下文观之，则此乃礼记祭法所谓郊禘之禘。郑氏注曰：禘郊祖宗，谓祭祀以配食也。此禘谓祭昊天于圜丘也。曹氏世系出自有虞，今祀皇皇帝天于圜丘，以始祖虞舜配；祭皇皇后地于方丘，以舜妃伊氏配；舜妃，尧女也。尧，伊祁氏。祀皇天之神于南郊，以武帝配；祭皇地之祇于北郊，以武宣皇后配。"

13 庐江主簿吕习密使人请兵于吴，欲开门为内应；吴主使卫将军全琮督前将军朱桓等赴之，既至，事露，吴军还。琮，徂宗翻。还，从宣翻，又如字。

14 诸葛恪至丹阳，移书四部属城长吏，“四部”，当作“四郡”，谓吴郡、会稽、新都、鄱阳，皆与丹阳邻接，山越依阻出没，故令各保其疆界也。或曰：四部，谓东、西、南、北四部都尉也。令各保其疆界，明立部伍；其从化平民，悉令屯居。乃内诸将，罗兵幽阻，使诸将入扼幽阻之地，故谓之内。内，读曰纳。但缮藩篱，不与交锋，俟其谷稼将熟，辄纵兵芟刈，使无遗种。芟，所衔翻。种，章勇翻。旧谷既尽，新谷不收，平民屯居，略无所入。于是山民饥穷，渐出降首。降，户江翻。首，式救翻。恪乃复敕下曰：复，扶又翻。敕下者，出教令约敕其下也。“山民去恶从化，皆当抚慰，徙出外县，不得嫌疑，有所拘执！”臼阳长胡伉得降民周遗；臼阳既置长，必以为县，其地当在丹阳郡，而今无所考。遗旧恶民，困迫暂出，伉缚送言〔诸〕府。恪以伉违教，遂斩以徇。民闻伉坐执人被戮，伉，胡朗翻，又去浪翻。知官惟欲出之而已，于是老幼相携而出，岁期人数，皆如本规；岁期人数见上卷青龙二年。恪自领万人，馀分给诸将。吴主嘉其功，拜恪威北将军，威北将军，亦孙氏所创置。封都乡侯，徙屯庐江皖口。皖水自霍山县东南流三百四十里入大江，谓之皖口。皖，户版翻。

15 是岁，徙长安钟簴、橐佗、铜人、承露盘于洛阳。盘折，簴，音巨。佗，徒河翻。折，而设翻。声闻数十里。闻，音问。铜人重，不可致，留于霸城。霸城，即汉京兆霸陵县故城也。大发铜铸铜人二，号曰翁仲，列坐于司马门外。又铸黄龙、凤皇各一，龙高四丈，凤高三丈馀，高，古号翻。置内殿前。起土山于芳林园西北陬，水经注：大夏门内东侧际城有景阳山，即芳林园之西北陬也。裴松之曰：芳林园即今华林园，齐王芳即位，改曰华林园。陬，将侯翻。使公卿群僚皆负土，树松、竹、杂木善草于其上，捕山禽杂兽置其中。司徒军议掾董寻上疏谏曰：汉公府无军议掾，此官魏置也。掾，俞绢翻。"臣闻古之直士，尽言于国，不避死亡。故周昌比高祖于桀、纣，刘辅譬赵后于人婢，周昌，注已见前。刘辅事见三十一卷汉成帝永始元年。天生忠直，虽白刃沸汤，往而不顾者，诚为时主爱惜天下也。为，于伪翻。建安以来，野战死亡，或门殚户尽，虽有存者，遗孤老弱。若今宫室狭小，当广大之，犹宜随时，不妨农务，况乃作无益之物，黄龙、凤皇、九龙、承露盘，此皆圣明之所不兴也，其功三倍于殿舍。陛下既尊群臣，显以冠冕，被以文绣，被，皮义翻。载以华舆，所以异于小人；而使穿方举土，方，穴土为方也。汉书所谓方中，亦此义。面目垢黑，【章：甲十六行本"黑"下有"沾体涂足"四字；乙十一行本同；孔本同；退斋校同。】衣冠了鸟，了鸟，衣冠摧敝之貌。毁国之光以崇无益，甚非谓也。孔子曰：'君使臣以礼，臣事君以忠。'见论语孔子对鲁定公之辞。无忠无礼，国何以立！臣知言出必死，而臣自比于牛之一毛，生既无益，死亦何损！司马迁答任安书曰：假令仆伏法受诛，若九牛亡一毛，与蝼蚁何异！秉笔流涕，心与世辞。臣有八子，臣死之后，累陛下矣！"累，力瑞翻。将奏，沐浴以待命。帝曰："董寻不畏死邪！"主者奏收寻，有诏勿问。

高堂隆上疏曰："今世之小人，好说秦、汉之奢靡以荡圣心；好，呼到翻。求取亡国不度之器，不度之器，谓长安钟簴、橐佗、铜人、承露盘也。劳役费损以伤德政：非所以兴礼乐之和，保神明之休也。"帝不听。

隆又上疏曰："昔洪水滔天二十二载，隆之比言，盖取鲧九载绩用弗成，禹治兖州作十有三载，乃同合以为二十二载之数。载，子亥翻。尧、舜君臣南面而已。今无若时之急，而使公卿大夫并与厮徒共供事役，闻之四夷，非嘉声也，垂之竹帛，非令名也。今吴、蜀二贼，非徒白地、小虏、聚邑之寇，白地，谓大幕不生草木，多白沙也。小虏，谓乌桓，鲜卑也。聚邑之寇，谓盗贼窃发，屯据乡邑聚落者。乃僭号称帝，欲与中国争衡。衡，所以称轻重。争衡者，言吴、蜀自谓国势与中国钧，无所轻重也。今若有人来告，‘权、禅并修德政，轻省租赋，动咨耆贤，事遵礼度，’陛下闻之，岂不惕然恶其如此，恶，乌路翻。以为难卒讨灭卒，读曰猝。而为国忧乎！若使告者曰：‘彼二贼并为无道，崇侈无度，役其士民，重其赋敛，敛，力赡翻。下不堪命，吁嗟日甚，’陛下闻之，岂不幸彼疲敝而取之不难乎！苟如此，则可易心而度，事义之数亦不远矣！度，徒洛翻。义，礼也，高堂隆之论谏，可谓深切著明矣。亡国之主自谓不亡，然后至于亡；贤圣之君自谓亡，然后至于不亡。今天下凋敝，民无儋石之储，儋，丁滥翻。国无终年之蓄，外有强敌，六军暴边，内兴土功，州郡骚动，若有寇警，则臣惧版筑之士不能投命虏庭矣。又，将吏奉禄，稍见折减，将，子亮翻。奉，扶用翻。方之于昔，五分居一，诸受休者又绝禀赐，禀，笔锦翻，给也。不应输者今皆出半，此为官入兼多于旧，其所出与参少于昔。参，三分也。而度支经用，更每不足，牛肉小赋，前后相继。此盖犒飨工徒，度支经用不足以给，故赋牛肉以供之。度，徒洛翻。反而推之，凡此诸费，必有所在。指言诸费皆在于营缮也。且夫禄赐谷帛，人主所以惠养吏民而为之司命者也，若今有废，是夺其命矣。既得之而又失之，此生怨之府也。”帝览之，谓中书监、令曰：“观隆此奏，使朕惧哉！”中书监、令，典奏事，因观隆奏，遂以语之。

尚书卫觊上疏曰：“今议者多好悦耳：觊，音冀。好，呼到翻。其言政治，则比陛下于尧、舜；治，直吏翻。其言征伐，则比二虏于狸鼠。臣以为不然。四海之内，分而为三，群士陈力，各为其主，为，于伪翻。是与六国分治无以为异也。当今千里无烟，遗民困苦；陛下不善留意，将遂凋敝，难可复振。复，扶又翻。武皇帝之时，后宫食不过一肉，衣不用锦绣，茵蓐不缘饰，缘，俞绢翻。茵蓐之字从草，盖古人用草为之，后世鞇字有旁从革者，用皮为之也。裀褥二字有旁从衣者，用帛为之也。古朴散而文饰盛，又从而加缘饰焉。观书顾命，敷席有黼纯、缀纯，画纯、玄粉纯之别，则成周之时已然矣。纯，之尹翻，缘也。器物无丹漆，古者朴素，舜造漆器而群臣谏者不止，况加丹乎！用能平定天下，遗福子孙，此皆陛下之所览也。当今之务，宜君臣上下，计校府库，量入为出，犹恐不及；量，音良。而工役不辍，侈靡日崇，帑藏日竭。帑，徒朗翻。藏，徂浪翻。昔汉武信神仙之道，谓当得云表之露以餐玉屑，故立仙掌以承高露，陛下通明，每所非笑。汉武有求于露而犹尚见非，陛下无求于露而空设之，不益于好而糜费功夫，诚皆圣虑所宜裁制也！"

时有诏录夺士女录，收也。前已嫁为吏民妻者，还以配士，听以生口自赎，又简选其有姿首者内之掖庭。姿，谓有色者；首，谓鬒发者。太子舍人沛国张茂上书谏曰："陛下，天之子也，百姓吏民，亦陛下子也，今夺彼以与此，亦无以异于夺兄之妻妻弟也，妻妻，下七细翻。于父母之恩偏矣。又，诏书得以生口年纪、颜色与妻相当者自代，故富者则倾家尽产，贫者举假贷贳，贵买生口以赎其妻；县官以配士为名而实内之掖庭，其丑恶乃出与士。得妇者未必喜而失妻者必有忧，或穷或愁，皆不得志。夫君有天下而不得万姓之欢心者，鲜不危殆。鲜，息浅翻。且军师在外数十万人，一日之费非徒千金，举天下之赋以奉此役，犹将不给，况复有掖庭非员无录之女，非员，谓出于员数之外者。无录，谓宫中录籍无其名者。复，扶又翻。椒房母后之家，赏赐横与，横，户孟翻。内外交引，其费半军。谓其费与给军之费相半也。昔汉武帝掘地为海，封土为山，掘地为海，谓开昆明池；封土为山，谓作三神山渐台也。赖是时天下为一，莫敢与争者耳。自衰乱以来，四五十载，载，子亥翻；下同。马不舍鞍，士不释甲，强寇在疆，图危魏室。陛下不战战业业，念崇节约，而乃奢靡是务，中尚方作玩弄之物，晋志：少府统中、左、右三尚方。后园建承露之盘，斯诚快耳目之观，然亦足以骋寇雠之心矣！骋，丑郢翻。惜乎，舍尧、舜之节俭而为汉武帝之侈事，臣窃为陛下不取也。”帝不听。舍，读曰捨。窃为，于伪翻。

高堂隆疾笃，口占上疏曰：疾笃不能自书，故口占而使人书之。“曾子有言曰：‘人之将死，其言也善。’见论语。臣寝疾有增无损，常恐奄忽，忠款不昭，臣之丹诚，愿陛下少垂省览！省，悉景翻。臣观三代之有天下，圣贤相承，历数百载，尺土莫非其有，一民莫非其臣。然癸、辛之徒，纵心极欲，皇天震怒，宗国为墟，纣枭白旗，武王斩纣首，悬之太白之旗。枭，坚尧翻。桀放鸣条，商汤破桀于鸣条，遂放之于南巢。孔安国曰：鸣条地在安邑之西。天子之尊，汤、武有之；岂伊异人？皆明王之胄也。黄初之际，天兆其戒，异类之鸟，育长燕巢，口爪胸赤，此魏室之大异也。晋书五行志：黄初元年，未央宫中有燕生鹰，口爪俱赤。长，知两翻。宜防鹰扬之臣于萧墙之内；司马氏之事，隆固逆知之矣。可选诸王，使君国典兵，往往棋跱，镇抚皇畿，翼亮帝室。夫皇天无亲，惟德是辅。书蔡仲之命之辞。民咏德政，则延期过历；下有怨叹，则辍录授能。录，图录也。由此观之，天下乃天下之天下，非独陛下之天下也！”帝手诏深慰劳之。未几而卒。劳，力到翻。几，居岂翻。

陈寿评曰：高堂隆学业修明，志存匡君，因变陈戒，发于恳诚，忠矣哉！及至必改正朔，俾魏祖虞，所谓意过其通者欤！谓是年黄龙见之议也。意过其通，谓意料之说，执之甚坚，反过其学之所通习者也。

16 帝深疾浮华之士，诏吏部尚书卢毓曰：毓，余六翻。“选举莫取有名，名如画地作饼，不可啖也。”啖，徒览翻；噍也，食也，又徒滥翻。毓对曰："名不足以致异人而可以得常士；常士畏教慕善，然后有名，非所当疾也。愚臣既不足以识异人，又主者正以循名按常为职，但当有以验其后耳。古者敷奏以言，明试以功；言唐、虞之治也。今考绩之法废，而以毁誉相进退，故真伪浑杂，虚实相蒙。"帝纳其言。浑，胡本翻。诏散骑常侍刘劭作考课法。劭作都官考课法七十二条，又作说略一篇，说略者，说考课之大略也。诏下百官议。下，遐稼翻。

司隶校尉崔林曰："按周官考课，其文备矣。周冢宰总百官，岁终则令百官府各正其治，受其会，听其政事，而诏王废置；三岁，则大计群吏之治而诛赏之。其详见于周礼。自康王以下，遂以陵夷，此即考课之法存乎其人也。及汉之季，其失岂在乎佐吏之职不密哉！方今军旅或猥或卒，猥，积也；卒，仓猝也，读曰猝。增减无常，固难一矣。且万目不张，举其纲，以网为譬也。众毛不整，振其领，以裘为譬也。皋陶仕虞，伊尹臣殷，不仁者远。用论语子夏答樊迟之言。陶，音遥。若大臣能任其职，式是百辟，诗烝民曰：王命仲山甫，式是百辟。注云：汝施行法度于是百君。则孰敢不肃，乌在考课哉！"

黄门侍郎杜恕曰："明试以功，三载考绩，诚帝王之盛制也。然历六代而考绩之法不著，关七圣而课试之文不垂，六代：唐、虞、夏、商、周、汉。七圣：尧、舜、禹、汤、文、武、周公。关，通也。臣诚以为其法可粗依，其详难备举故也。粗，坐五翻。语曰：'世有乱人而无乱法'，若使法可专任，则唐、虞可不须稷、契之佐，殷、周无贵伊、吕之辅矣。契，息列翻。今奏考功者，陈周、汉之云为，缀京房之本旨，汉京房有考功课吏法。可谓明考课之要矣。于以崇揖让之风，兴济济之治，臣以为未尽善也。济，子礼翻。治，直吏翻。其欲使州郡考士，必由四科，四科，即汉左雄所上，黄琼所增者也。见五十二卷顺帝汉安二年。皆有事效，然后察举，试辟公府，为亲民长吏，长，知两翻。转以功次补郡守者，或就增秩赐爵，此最考课之急务也。臣以为便当显其身，用其言，使具为课州郡之法，法具施行，立必信之赏，施必行之罚。至于公卿及内职大臣，亦当俱以其职考课之。古之三公，坐而论道；周官考工记曰：坐而论道，谓之三公。内职大臣，纳言补阙，无善不纪，无过不举。且天下至大，万机至众，诚非一明所能遍照；故君为元首，臣作股肱，明其一体相须而成也。是以古人称廊庙之材，非一木之支，帝王之业，非一士之略。师古曰：此语出于慎子，班固引以赞娄敬、叔孙通。由是言之，焉有大臣守职办课可以致雍熙者哉！焉，于虔翻。诚使容身保位，无放退之辜，而尽节在公，抱见疑之势，公义不修而私议成俗，虽仲尼为课，犹不能尽一才，又况于世俗之人乎！”

司空掾北地傅嘏曰：“夫建官均职，清理民物，所以立本也。循名责实，纠励成规，所以治末也。治，直之翻。本纲未举而造制末程，纲，维纮绳，网总也；举纲则众目张矣，言所系者大也。十发为程，一程为分，言其细也。又曰：程，品式也。国略不崇而考课是先，国略，国经也。先，心荐翻。惧不足以料贤愚之分，精幽明之理也。”料，音聊。议久之不决，事竟不行。

臣光曰：为治之要，莫先于用人，治，直吏翻。而知人之道，圣贤所难也。书皋陶曰：在知人，在安民。禹曰：吁！咸若时，惟帝其难之。是故求之于毁誉，则爱憎竞进而善恶浑殽；誉，音余。浑，户本翻。考之于功状，则巧诈横生而真伪相冒。要之，其本在于至公至明而已矣。为人上者至公至明，则群下之能否焯然形于目中，无所复逃矣。焯，职略翻，明也。复，扶又翻。苟为不公不明，则考课之法，适足为曲私欺罔之资也。

何以言之？公明者，心也，功状者，迹也。己之心不能治，治，直之翻；下同。而以考人之迹，不亦难乎！为人上者，诚能不以亲疏贵贱异其心，喜怒好恶乱其志，好，呼到翻。恶，乌路翻。欲知治经之士，则视其记览博洽，博，广也，大也，通也。洽，遍也。讲论精通，斯为善治经矣；欲知治狱之士，则视其曲尽情伪，无所冤抑，斯为善治狱矣；欲知治财之士，则视其仓库盈实，百姓富给，斯为善治财矣；欲知治兵之士，则视其战胜攻取，敌人畏服，斯为善治兵矣。至于百官，莫不皆然。虽询谋于人而决之在己，虽考求于迹而察之在心，研核其实而斟酌其宜，至精至微，不可以口述，不可以书传也，安得豫为之法而悉委有司哉！温公之论善矣，然必英明之君，然后能行之。自汉以下，循名责实，莫孝宣若也。宣帝之政，非由师傅之谕教，公辅之启沃也。公所谓不可以口述，不可以书传，其万世之名言也欤！

或者亲贵虽不能而任职，疏贱虽贤才而见遗；所喜所好者败官而不去，所怒所恶者有功而不录；喜，许记翻。好，呼到翻。败，补迈翻。恶，乌路翻。询谋于人，则毁誉相半而不能决，考求其迹，则文具实亡而不能察。虽复为之善法，复，扶又翻。繁其条目，谨其簿书，安能得其真哉！

或曰：人君之治，治，直吏翻。大者天下，小者一国，内外之官以千万数，考察黜陟，安得不委有司而独任其事哉？曰：非谓其然也。凡为人上者，不特人君而已；太守居一郡之上，刺史居一州之上，九卿居属官之上，三公居百执事之上，皆用此道以考察黜陟在下之人，为人君者亦用此道以考察黜陟公卿【章：甲十六行本“卿”下有“刺史”二字；乙十一行本同。】太守，奚烦劳之有哉！古人有言曰：举一纲，众目张。又曰：正其本，万事理，此之谓也。而所谓本者，岂易言哉！

或曰：考绩之法，唐、虞所为，京房、刘邵述而修之耳，乌可废哉？曰：唐、虞之官，其居位也久，其受任也专，其立法也宽，其责成也远。是故鲧之治水，九载绩用弗成，然后治其罪；事见尚书。治其罪，谓殛鲧于羽山也。治，直之翻；下同。禹之治水，九州攸同，四隩既宅，然后赏其功；隩，于六翻。事亦见尚书，赏其功，谓锡禹以玄珪也。非若京房、刘邵之法，校其米盐之课，责其旦夕之效也。事固有名同而实异者，不可不察也。考绩非可行于唐、虞而不可行于汉、魏，由京房、刘邵不得其本而奔趋其末故也。趋，七喻翻。

17 初，右仆射卫臻典选举，中护军蒋济遗臻书曰：蒋济已自中护军迁护军将军，此复书中护军，盖先时事也。遗，于季翻。“汉主【章：甲十六行本“主”作“祖”；乙十一行本同。】遇亡虏为上将，谓韩信。周武拔渔父为太师；谓吕望。布衣厮养，厮，音斯。养，羊尚翻。可登王公，何必守文，试而后用！”臻曰：“不然。子欲同牧野于成、康，喻断蛇于文、景，谓草创之规略，不可用于承平之时也。好不经之举，好，呼到翻。经，常也。开拔奇之津，津，江河济渡之要，故以为喻。将使天下驰骋而起矣！”

卢毓论人及选举，皆先性行而后言才，先，悉荐翻。行，下孟翻。黄门郎冯翊李丰尝以问毓，毓曰：“才所以为善也，故大才成大善，小才成小善；今称之有才而不能为善，是才不中器也！”丰服其言。中，竹仲翻。

王崇武标点容肇祖聂崇岐覆校

资治通鉴卷第七十四

翰林学士兼侍读学士朝散大夫右谏议大夫知制诰
判尚书都省兼提举万寿观公事柱国河内郡开国侯 司马光 奉敕编集
食邑一千三百户食实封二百户赐紫金鱼袋臣

后学天台 胡三省 音注

魏纪六 起著雍敦牂(戊午)，尽旃蒙赤奋若(乙丑)，凡八年。

烈祖明皇帝下

景初二年(戊午、二三八)

1 春，正月，帝召司马懿于长安，使将兵四万讨辽东。讨公孙渊也。留司马懿于长安，以备蜀也。诸葛亮死，乃敢召之远略。将，即亮翻。议臣或以为四万兵多，役费难供。议臣，当时谋议之臣也。帝曰："四千里征伐，续汉志：辽东郡在洛阳东北三千六百里。虽云用奇，亦当任力，不当稍计役费也。"帝谓懿曰："公孙渊将何计以待君?"对曰："渊弃城豫走，上计也；据辽东拒大军，其次也；"辽东"当作"辽水"。坐守襄平，此成禽耳。"襄平县，汉辽东郡治所，公孙渊所都。帝曰："然则三者何出?"对曰："唯明智能审量彼我，量，音良。乃豫有所割弃。此既非渊所及，又谓今往孤远，言孤军远征也。不能支久，必先拒辽水，后守襄平也。"帝曰："还往几日?"对曰："往百日，攻百日，还百日，以六十日为休息，如此，一年足矣。"

公孙渊闻之，复遣使称臣，求救于吴。吴人欲戮其使，欲报张弥、许晏之忿也。事见七十二卷青龙元年。复，扶又翻。使，疏吏翻。羊衜曰：衜，古道字。“不可，是肆匹夫之怒而捐霸王之计也，不如因而厚之，遣奇兵潜往以要其成。要，一遥翻。若魏伐不克，而我军远赴，是恩结遐夷，义形万里；若兵连不解，首尾离隔，则我虏其傍郡，驱略而归，亦足以致天之罚，报雪曩事矣。”吴主曰：“善！”乃大勒兵谓渊使曰：“请俟后问，当从简书，左传：狄伐邢，管敬仲言于齐侯曰：诗云：“岂不怀归，畏此简书。”简书，同恶相恤之谓也；请救邢以从简书。必与弟同休戚。”渊遣使谢吴，自称燕王，求为兄弟之国，故权因而称之为弟。又曰：“司马懿所向无前，深为弟忧之。”此晋史臣为此语耳，权必无此言。为，于伪翻。

帝问于护军将军蒋济曰：“孙权其救辽东乎？”济曰：“彼知官备已固，魏、晋之间，谓国家为官。利不可得，深入则非力所及，浅入则劳而无获；权虽子弟在危，犹将不动，况异域之人，兼以往者之辱乎！亦谓斩张弥、许晏也。今所以外扬此声者，谲其行人，谲，古穴翻，诈也。疑之于我，我之不克，冀其折节事己耳。然沓渚之间，去渊尚远，若大军相守，事不速决，则权之浅规，或得轻兵掩袭，未可测也。”浅规，谓规图浅攻，不敢深入；吴君臣之为谋，已不逃蒋济所料矣。

2 帝问吏部尚书卢毓：“谁可为司徒者？”毓荐处士管宁。处，昌吕翻。帝不能用，更问其次，对曰：“敦笃至行，则太中大夫韩暨；行，下孟翻。亮直清方，则司隶校尉崔林；贞固纯粹，则太常常林。”二月，癸卯，以韩暨为司徒。

3 汉主立皇后张氏，前后之妹也。立王贵人子璇为皇太子，璇，旬缘翻。瑶为安定王。

大司农河南孟光问太子读书及情性好尚于秘书郎郤正，东汉以马融为秘书郎，诣东观典校书；秘书郎盖自融始。好，呼到翻；下同。郤，绮戟翻。正曰：“奉亲虔恭，夙夜匪懈，有古世子之风；懈，古隘翻。接待群僚，举动出于仁恕。”光曰：“如君所道，皆家户所有耳；谓其才行不逾中人也。吾今所问，欲知其权略智谋【章：甲十六行本“谋”作“调”；乙十一行本同；孔本同；张校同；下同。】何如也。”正曰：“世子之道，在于承志竭欢，承志，谓承君父之志；竭欢，谓左右就养，承颜顺色，以尽亲之欢。既不得妄有施为；智谋藏于胸怀，权略应时而发，此之有无，焉可豫知也！”焉，于虔翻。光知正慎宜，慎宜者，谨言语，择其所宜言乃言也。不为放谈，乃曰：“吾好直言，无所回避。今天下未定，智意为先，智意自然，不可力强致也。强，其两翻。储君读书，宁当效吾等竭力博识以待访问，如博士探策讲试以求爵位邪！按汉书音义，作简策难问例置案上，在试者意投射，取而答之，谓之射策，即探策也；若录政化得失，显而问之，谓之对策。探，吐南翻。当务其急者。”正深谓光言为然。正，俭之孙也。俭为益州刺史，汉灵帝中平五年，为盗贼所杀。

4 吴人铸当千大钱。杜佑曰：孙权赤乌元年铸一当千大钱，径一寸四分，重十六铢。

5 夏，四月，庚子，南乡恭侯韩暨卒。

6 庚戌，大赦。

7 六月，司马懿军至辽东，公孙渊使大将军卑衍、杨祚姓谱：卑，卑耳国之后，或云鲜卑之后。蔡邕胡太傅碑有太傅掾雁门卑登。将步骑数万屯辽隧，围堑二十馀里。考异曰：晋宣纪云“南北六七十里”，今从渊传。诸将欲击之，懿曰：“贼所以坚壁，欲老吾兵也，今攻之，正堕其计。且贼大众在此，其巢窟空虚；直指襄平，破之必矣。”乃多张旗帜，欲出其南，帜，昌志翻。衍等尽锐趣之。懿潜济水，出其北，直趣襄平；趣，七喻翻。衍等恐，引兵夜走。诸军进至首山，首山在襄平西南。渊复使衍等逆战，复，扶又翻；下同。懿击，大破之，遂进围襄平。

秋，七月，大霖雨，辽水暴涨，运船自辽口径至城下。辽口，辽水津渡之口也。雨月馀不止，平地水数尺；三军恐，欲移营，懿令军中："敢有言徙者斩!"都督令史张静犯令，斩之，晋职官志：魏制，诸公加兵者置都督令史一人。军中乃定。贼恃水，樵牧自若，诸将欲取之，懿皆不听。司马陈珪曰："昔攻上庸，八部俱进，昼夜不息，故能一旬之半，拔坚城，斩孟达。事见七十一卷太和二年。今者远来而更安缓，愚窃惑焉。"懿曰："孟达众少而食支一年，将士四倍于达而粮不淹月；淹，留也；言所留之粮不支一月也。以一月图一年，安可不速！以四击一，正令失半而克，犹当为之，是以不计死伤，与粮竞也。竞，争也。懿之语珪，犹有廋辞，盖其急攻孟达，岂特与粮竞哉？惧吴、蜀救兵至耳。今贼众我寡，贼饥我饱，水雨乃尔，尔，如此也。功力不设，虽当促之，亦何所为！自发京师，不忧贼攻，但恐贼走。今贼粮垂尽而围落未合，掠其牛马，抄其樵采，抄，楚交翻。此故驱之走也。夫兵者诡道，善因事变。言善兵者，能因事而变化也。贼凭众恃雨，故虽饥困，未肯束手，当示无能以安之。取小利以惊之，非计也。"懿知渊可禽，欲以全取之。朝廷闻师遇雨，咸欲罢兵。帝曰："司马懿临危制变，禽渊可计日待也。"

雨霁，懿乃合围，作土山地道，楯橹钩冲，楯，干也，攻城之士以扞蔽其身。橹，楼车，登之以望城中。钩，钩梯也，所以钩引上城者。冲，冲车也，以冲城。昼夜攻之，矢石如雨。渊窘急，窘，巨陨翻。粮尽，人相食，死者甚多，其将杨祚等降。八月，渊使相国王建、御史大夫柳甫请解围却兵，当君臣面缚。懿命斩之，檄告渊曰："楚、郑列国，而郑伯犹肉袒牵羊迎之。左传：楚庄王围郑，克之，入自皇门，至于逵路，郑伯肉袒牵羊以逆。孤天子上公，汉太傅，位上公。懿时为太尉而自谓上公，以太尉于三公为上也。而建等欲孤解围退舍，岂得礼邪！二人老耄，传言失指，已相为斩之。为，于伪翻。若意有未已，可更遣年少有明决者来!"少，诗照翻。

渊复遣侍中卫演乞克日送任，送任，谓送质子也。复，扶又翻。懿谓演曰："军事大要有五：能战当战，不能战当守，不能守当走；馀二事，但有降与死耳。降，户江翻。汝不肯面缚，此为决就死也，不须送任！"壬午，襄平溃，渊与子修将数百骑突围东南走，大兵急击之，斩渊父子于梁水之上。班志：辽东郡辽阳县，注云：大梁水西南至辽阳，入辽水。水经注：小辽水出玄菟高句丽县辽山，西南流径襄平县，入大梁水；水出北塞外，西南流而入于辽水。懿既入城，诛其公卿以下及兵民七千馀人，筑为京观。杜预曰：积尸封土于其上，谓之京观。观，古玩翻。辽东、带方、乐浪、玄菟四郡皆平。汉带方县，属乐浪郡，公孙氏分立郡。陈寿曰：建安中，公孙康分屯有以南荒地为带方郡，倭、韩诸国羁属焉。乐浪，音洛琅。菟，同都翻。

渊之将反也，将军纶直、贾范等苦谏，纶，姓；直，名；其先以邑为姓。渊皆杀之，懿乃封直等之墓，显其遗嗣，释渊叔父恭之囚。渊囚恭事见七十一卷太和二年。中国人欲还旧乡者，恣听之。遂班师。司马懿与诸葛亮相守闭壁，若无能为者；及讨公孙渊，智计横出。鄙语有云："棋逢敌手难藏行，"其是之谓乎！

初，渊兄晃为恭任子在洛阳，先渊未反时，数陈其变，先，悉荐翻。数，所角翻；下同。欲令国家讨渊；及渊谋逆，帝不忍市斩，欲就狱杀之。晃数陈渊之必反，非同逆者也；帝欲杀之以绝其类，刑之于市则无名，故欲就狱杀之。廷尉高柔上疏曰："臣窃闻晃先数自归，陈渊祸萌，虽为凶族，原心可恕。夫仲尼亮司马牛之忧，司马牛，宋司马桓魋之弟也。魋凶恶，牛忧之，曰："人皆有兄弟，我独亡。"谓魋之积恶，将死亡无日。祁奚明叔向之过，左传：晋人逐栾盈，杀羊舌虎，囚虎兄叔向。祁奚见范宣子曰："管、蔡为戮，周公右王；若之何以虎也弃社稷！"宣子言诸公而免之。在昔之美义也。臣以为晃信有言，宜贷其死；苟自无言，便当市斩。今进不赦其命，退不彰其罪，闭着囹圄，使自引分，着，直略翻。引分，即引决也。四方观国，或疑此举也。”帝不听，竟遣使赍金屑饮晃及其妻子，饮，于鸩翻。赐以棺衣，殡敛于宅。宅，晃所居者。敛，力赡翻。

8 九月，吴改元赤乌。权以赤乌集于殿前改元。

9 吴步夫人卒。

初，吴主为讨虏将军，在吴，娶吴郡徐氏；太子登所生庶贱，吴主令徐氏母养之。徐氏妒，故无宠。及吴主西徙，谓自吴而西徙都武昌也。徐氏留处吴；而临淮步夫人宠冠后庭，步夫人，骘之族也。处，昌吕翻。冠，古玩翻。吴主欲立为皇后，而群臣议在徐氏，吴主依违者十馀年。依违，不决也。会步氏卒，群臣奏追赠皇后印绶。绶，音受。徐氏竟废，卒于吴。

10 吴主使中书郎吕壹典校诸官府及州郡文书，壹因此渐作威福，深文巧诋，排陷无辜，毁短大臣，纤介必闻。太子登数谏，数，所角翻；下同。吴主不听，群臣莫敢复言，复，扶又翻。皆畏之侧目。

壹诬白故江夏太守刁嘉谤讪国政，讪，山谏翻。吴主怒，收嘉，系狱验问。时同坐人皆畏怖壹，其时与嘉同坐者。坐，徂卧翻。并言闻之。侍中北海是仪独云无闻，是，姓；仪，名。仪本姓氏，孔融嘲仪以氏字为民上无头，遂改姓是。遂见穷诘累日，诏旨转厉，群臣为之屏息。为，于伪翻。屏，必郢翻；屏息，不敢舒气也。仪曰：“今刀锯已在臣颈，臣何敢为嘉隐讳，自取夷灭，为不忠之鬼！顾以闻知当有本末。”据实答问，辞不倾移，吴主遂舍之；舍，读曰捨。嘉亦得免。

上大将军陆逊、太常潘浚忧壹乱国，每言之，辄流涕。壹白丞相顾雍过失，吴主怒，诘责雍。诘，去吉翻。黄门侍郎谢厷语次问壹：厷，与宏同；乎萌翻。“顾公事何如？”壹曰：“不能佳。”厷又问：“若此公免退，谁当代之？”壹未答。厷曰：“得无潘太常得之乎？”壹【章：甲十六行本“壹”下有“良久”二字；乙十一行本同；孔本同；退斋校同。】曰：“君语近之也。”近，其靳翻。厷曰：“潘太常常切齿于君，但道无因耳。谓欲奏举其罪而非太常之职，故其道无因也。今日代顾公，恐明日便击君矣！”汉制，丞相、御史举奏百官有罪者。壹大惧，遂解散雍事。潘浚求朝，诣建业，浚本留武昌。朝，直遥翻。欲尽辞极谏，至，闻太子登已数言之至建业而知太子数言壹事。而不见从；浚乃大请百寮，欲因会手刃杀壹，以身当之，以身当擅杀之罪。为国除患。为，于伪翻；下同。壹密闻知，称疾不行。

西陵督步骘上疏曰：“顾雍、陆逊、潘浚，志在竭诚，寝食不宁，念欲安国利民，建久长之计，可谓心膂股肱社稷之臣矣。宜各委任，不使他官监其所司，课其殿最。监，古衔翻。殿，丁甸翻。贤曰：殿，军后也；课居后也。最，凡要之先也；课居先也。此三臣思虑不到则已，岂敢欺负所天乎！”君，天也。

左将军朱据部曲应受三万缗，工王遂诈而受之。壹疑据实取，考问主者，主者，据军吏也。死于杖下；据哀其无辜，厚棺敛之，棺，古玩翻。敛，力验翻。壹又表据吏为据隐，故厚其殡。吴主数责问据，据无以自明，藉草待罪；数日，典军吏刘助觉，言王遂所取。刘助觉其事而言之。吴主大感悟，曰：“朱据见枉，况吏民乎！”乃穷治壹罪，治，直之翻。赏助百万。

丞相雍至廷尉断狱，断，丁乱翻。壹以囚见。雍和颜色问其辞状，临出，又谓壹曰：“君意得无欲有所道乎？”道，言也。壹叩头无言。时尚书郎怀叙怀，姓；叙，名。姓谱：无怀氏之后。面詈辱壹，雍责叙曰：“官有正法，何至于此！”有司奏壹大辟，辟，毗亦翻。或以为宜加焚裂，用彰元恶。殷纣用炮烙之刑，项羽烧杀纪信，汉武帝焚苏文于横桥，然未以为刑名也。王莽作焚如之刑，后世不复遵用。裂，谓车裂，古之轘刑。吴主以访中书令会稽阚泽，会，古外翻。阚，姓也。左传齐有大夫阚止。泽曰："盛明之世，不宜复有此刑。"复，扶又翻；下同。吴主从之。

壹既伏诛，吴主使中书郎袁礼告谢诸大将，因问时事所当损益。礼还，复有诏责诸葛瑾、步骘、朱然、吕岱等曰："袁礼还云：'与子瑜、子山、义封、定公相见，诸葛瑾，字子瑜。步骘，字子山。朱然，字义封。吕岱，字定公。瑾，渠吝翻。骘，职日翻。并咨以时事当有所先后，谓时事所当行何者为先，何者为后也。各自以不掌民事，不肯便有所陈，悉推之伯言、承明。推，吐雷翻。陆逊，字伯言。潘浚，字承明。伯言、承明见礼，泣涕恳恻，辞旨辛苦，至乃怀执危怖，有不自安之心。'怖，普布翻。闻之怅然，深自刻怪！刻，怪也。何者？夫惟圣人能无过行，行，下孟翻。明者能自见耳。人之举厝，何能悉中！中，竹仲翻。独当己有以伤拒众意，忽不自觉，故诸君有嫌难耳。不尔，何缘乃至于此乎？与诸君从事，自少至长，发有二色，二色，谓班白也。少，诗照翻。长，知两翻。以谓表里足以明露，公私分计足用相保，分，扶问翻。义虽君臣，恩犹骨肉，荣福喜戚，相与共之。忠不匿情，智无遗计，事统是非，言行事是，则君臣同其是；非，则同其非也。诸君岂得从容而已哉！从，千容翻。同船济水，将谁与易！易，如字。齐桓有善，管子未尝不叹，有过未尝不谏，谏而不得，终谏不止。今孤自省无桓公之德，省，悉景翻。而诸君谏诤未出于口，仍执嫌难；以此言之，孤于齐桓良优，未知诸君于管子何如耳！"下之于上，不从其令而从其意。孙权自谓优于齐桓，而责其臣以管子。使吴诚有管子，亦不敢尽言于权，观诸陆逊可见矣。

11 冬，十一月，壬午，以司空卫臻为司徒，司隶校尉崔林为司空。

12 十二月，汉蒋琬出屯汉中。

13 乙丑，帝不豫。

14 辛巳，立郭夫人为皇后。

15 初，太祖为魏公，以赞令刘放、酂县，汉属沛郡，王莽改曰赞治，魏分属谯郡。或曰赞，相也，凡出令使之赞相，因以为官名。盖魏武霸府所置也。参军事孙资皆为秘书郎。文帝即位，更名秘书曰中书，以放为监，资为令，遂掌机密。汉桓帝延熹二年，置秘书监；魏武为魏王，置秘书令、丞，典尚书奏事，黄初初，改为中书，置监、令，中书有监、令自此始。自魏及晋，遂为要官，荀勖所谓凤凰池也。更，工衡翻。帝即位，尤见宠任，皆加侍中、光禄大夫，封本县侯。放，涿郡方城人。资，太原中都人。是时，帝亲览万机，数兴军旅，数，所角翻。腹心之任，皆二人管之；每有大事，朝臣会议，常令决其是非，择而行之。中护军蒋济上疏曰：此疏亦是济为中护军时所上，通鉴因叙放、资事而书之于此。"臣闻大臣太重者国危，左右太亲者身蔽，古之至戒也。往者大臣秉事，外内扇动；盖谓文帝时也。或曰：谓受遗大臣也。陛下卓然自览万机，莫不祗肃。夫大臣非不忠也，然威权在下，则众心慢上，势之常也。陛下既已察之于大臣，愿无忘之于左右，左右忠正远虑，未必贤于大臣，至于便辟取合，或能工之。便，毗连翻。辟，读曰僻。今外所言，辄云'中书'，虽使恭慎，不敢外交，但有此名，犹惑世俗。况实握事要，日在目前，傥因疲倦之间，有所割制，谓因人主疲倦之时，有所剖割而制断也。众臣见其能推移于事，即亦因时而向之。一有此端，私招朋援，臧否毁誉，必有所兴，否，音鄙。誉，音余。功负赏罚，必有所易，负，罪也；易则赏罚不当乎功罪。直道而上者或壅，曲附左右者反达，因微而入，缘形而出，意所狎信，不复猜觉。此宜圣智所当早闻，外以经意，则形际自见；言放、资日在左右，狎而信之，不复觉其为奸；非若早闻忠言，自览万机，外以示经意国事，则放、资之形际必呈露而不可掩矣。复，扶又翻。见，贤遍翻。或恐朝臣畏言不合而受左右之怨，莫适以闻。适，丁历翻。臣窃亮陛下潜神默思，公听并观，若事有未尽于理而物有未周于用，将改曲易调，调，徒钓翻。以琴瑟为喻也。远与黄、唐角功，角者，两两相当也。黄、唐，黄帝、唐尧。近昭武、文之绩，岂牵近习而已哉！然人君不可悉任天下之事，必当有所付；若委之一臣，自非周公旦之忠，管夷吾之公，则有弄权【章：甲十六行本“权”作“机”；乙十一行本同；孔本同。】败官之敝。败，补迈翻。当今柱石之士虽少，至于行称一州，少，诗沼翻。行，户孟翻。智效一官，忠信竭命，各奉其职，可并驱策，不使圣明之朝有专吏之名也！”专吏，谓专任放、资。帝不听。自此以前皆非此年事。通鉴因放、资患失之心以误帝托孤之事，遂书之于此以先事。

及寝疾，深念后事，乃以武帝子燕王宇为大将军，与领军将军夏侯献、武卫将军曹爽、魏制：领军将军主中垒、五校、武卫等三营。武卫将军，盖领武卫营也。太祖以许褚典宿卫，迁武卫中郎将，武卫之号自此始。后又迁武卫将军，于是武卫始有将军之号。晋泰始初，罢武卫将军官。屯骑校尉曹肇、骁骑将军秦朗等对辅政。爽，真之子；肇，休之子也。帝少与燕王宇善，故以后事属之。少，诗照翻。属，之欲翻。

刘放、孙资久典机任，献、肇心内不平；殿中有鸡栖树，二人相谓曰：“此亦久矣，其能复几！”殿中畜鸡以司晨，栖于树上，因谓之鸡栖树。献、肇指以喻放、资。一言而发司马氏篡魏之机，言之不可不谨也如是夫！以此观献、肇之轻脱，又何足以托孤哉！复，扶又翻。几，居岂翻。放、资惧有后害，阴图间之。间，古苋翻。燕王性恭良，陈诚固辞。帝引放、资入卧内，问曰：“燕王正尔为？”言其性恭良，为事正如此也。对曰：“燕王实自知不堪大任故耳。”帝曰：“谁可任者？”时惟曹爽独在侧，放、资因荐爽，且言：“宜召司马懿与相参。”帝曰：“爽堪其事不？”不，读曰否。爽流汗不能对。放蹑其足，耳之曰：附耳语之也。“臣以死奉社稷。”帝从放、资言，欲用爽、懿，既而中变，敕停前命；放、资复入见说帝，复，扶又翻。见，贤遍翻。说，输芮翻。帝又从之。放曰："宜为手诏。"帝曰："我困笃，不能。"放即上床，执帝手强作之。强，其两翻。遂赍出，大言曰："有诏免燕王宇等官，不得停省中。"皆流涕而出。考异曰：放传曰："宇性恭良，陈诚固辞。帝引见放、资入卧内，问曰：'燕王正尔为？'放、资对曰：'燕王实自知不堪大任故耳。'帝曰：'曹爽可代宇否？'放、资因赞成之。又深陈宜速召太尉司马宣王，帝纳其言。放、资既出，帝意复变，诏止宣王勿来。寻更见放、资曰：'我自召太尉，而曹肇等反使吾止之。'命更为诏，帝独召爽与放、资俱受诏命，遂免宇、献、肇、朗官。"按陈寿当晋世作魏志，若言放、资本情，则于时非美，故迁就而为之讳也。今依习凿齿汉晋春秋、郭颁世语，似得其实。甲申，以曹爽为大将军。帝嫌爽才弱，复拜尚书孙礼为大将军长史以佐之。为下爽出孙礼张本。复，扶又翻。

是时，司马懿在汲，时自辽东还师，次于汲也。汲县自汉以来属河内郡。帝令给使辟邪辟邪，给使之名，犹汉丞相仓头呼为宜禄也。赍手诏召之。先是，燕王为帝画计，先，悉荐翻。为，于伪翻。以为关中事重，宜遣懿便道自轵关西还长安，关中事重，谓备蜀及抚安氐、羌也。轵县，属河内郡。贤曰：轵故城在洛州济源县东南。五代志：轵关，在河内郡王屋县。杜佑曰：轵关在河南府济源县界。事已施行。懿斯须得二诏，前后相违，疑京师有变，乃疾驱入朝。朝，直遥翻。

三年(己未、二三九)

1春，正月，懿至，入见，见，贤遍翻。帝执其手曰："吾以后事属君，见，贤遍翻。属，之欲翻。君与曹爽辅少子。少，诗照翻。死乃可忍，吾忍死待君，得相见，无所复恨矣！"复，扶又翻。乃召齐、秦二王以示懿，别指齐王芳谓懿曰："此是也，君谛视之，勿误也！"谛，丁计翻，审也。又教齐王令前抱懿颈。懿顿首流涕。是日，立齐王为皇太子。帝寻殂。陈寿曰：年三十六。裴松之曰：按魏武以建安九年八月定邺，文帝始纳甄后，明帝应以十年生，计至此年正月，整三十四年耳。时改正朔，以故年十二月为今年正月，可强名三十五年，不得三十六也。

帝沈毅明敏，沈，持林翻。任心而行，料简功能，料，音聊。屏绝浮伪。屏，必郢翻。行师动众，论决大事，谋臣将相，咸服帝之大略。性特强识，虽左右小臣，官簿性行，名迹所履，行，户孟翻。及其父兄子弟，一经耳目，终不遗忘。忘，巫放翻。

孙盛论曰：闻之长老，魏明帝天姿秀出，立发垂地，口吃少言，吃，居乞翻；言蹇也。而沈毅好断。沈，持林翻。好，呼到翻。断，丁乱翻。初，诸公受遗辅导，帝皆以方任处之，谓使曹休镇淮南、曹真镇关中、司马懿屯宛也。处，昌吕翻。政自己出。优礼大臣，开容善直，虽犯颜极谏，无所摧戮，其君人之量如此其伟也。然不思建德垂风，不固维城之基，诗曰：宗子维城。此言帝猜忌宗室，以亡魏。至使大权偏据，社稷无卫，悲夫！

2 太子即位，年八岁；大赦。尊皇后曰皇太后，加曹爽、司马懿侍中，假节钺，都督中外诸军、录尚书事。晋职官志曰：持节都督无定员。前汉遣使始有持节。光武建武初，征伐四方，始权时置督军御史，事竟罢。建安中，魏武为相，始遣大将军督之，二十一年，征孙权还，遣夏侯惇督二十六军是也。文帝黄初三年，始置都督诸州军事，或领刺史。又上军大将军曹真都督中外诸军事，假黄钺，则总统内外诸军矣。录尚书事，汉东都诸公之重任也，今爽、懿既督中外诸军，又录尚书事，则文武大权，尽归之矣。自此讫于六朝，凡权臣壹是专制国命。诸所兴作宫室之役，皆以遗诏罢之。曰以者，非遗诏真有此指也。

爽、懿各领兵三千人更宿殿内，更，工衡翻。爽以懿年位素高，常父事之，每事咨访，不敢专行。或问使爽能守此而不变，可以免魏室之祸否？曰：猫鼠不可以同穴，使爽能率此而行之，亦终为懿所啖食耳。

初，并州刺史东平毕轨姓谱：毕本毕公高之后。及邓飏、李胜、何晏、丁谧飏，余章翻，又余亮翻。皆有才名，而急于富贵，趋时附势，明帝恶其浮华，趋，七喻翻。恶，乌路翻。皆抑而不用。曹爽素与亲善，及辅政，骤加引擢，以为腹心。晏，进之孙；谧，斐之子也。何进见汉灵帝纪。丁斐事见六十六卷献帝建安十六年。晏等咸共推戴爽，以为重权不可委之于人。丁谧为爽画策，为，于伪翻。使爽白天子发诏，转司马懿为太傅，外以名号尊之，内欲令尚书奏事，先来由己，得制其轻重也。爽从之。为下懿族爽等张本。二月，丁丑，以司马懿为太傅，以爽弟羲为中领军、训为武卫将军、彦为散骑常侍、侍讲，以在少帝左右，令侍讲说。侍讲之官，起乎此也。其馀诸弟皆以列侯侍从，从，才用翻。出入禁闼，贵宠莫盛焉。

爽事太傅，礼貌虽存，而诸所兴造，希复由之。复，扶又翻；下同。爽徙吏部尚书卢毓为仆射，毓，余六翻。而以何晏代之，以邓飏、丁谧为尚书，毕轨为司隶校尉。晏等依势用事，附会者升进，违忤者罢退，内外望风，莫敢忤旨。忤，五故翻。黄门侍郎傅嘏谓爽弟羲曰："何平叔外静而内躁，铦巧好利，不念务本，何晏，字平叔。铦，思廉翻，利也。好，呼到翻。吾恐必先惑子兄弟，仁人将远而朝政废矣！"远，于愿翻。晏等遂与嘏不平，因微事免嘏官。又出卢毓为廷尉，尚书内朝官，九卿外朝官，故云出。毕轨又枉奏毓免官，众论多讼之，乃复以为光禄勋。孙礼亮直不挠，爽心不便，出为扬州刺史。傅嘏、卢毓、孙礼所以不合于曹爽者，其心未背曹氏也；及其合于司马懿，则事不可言矣。三子者，岂本心所欲哉？势有必至，事有固然也。挠，奴教翻。

3 三月，以征东将军满宠为太尉。

4 夏，四月，吴督军使者羊衜击辽东守将，俘人民而去。果如蒋济所料。督军使者，汉官也，魏黄初二年，罢督军官，而吴犹仍汉制。

5 汉蒋琬为大司马，东曹掾犍为杨戏，素性简略，琬与言论，时不应答。或谓琬曰："公与戏言而不应，其慢甚矣！"琬曰："人心不同，各如其面，左传：郑子产谓子皮曰：人心不同，各如其面；吾岂敢谓子面如吾面乎！面从后言，古人所诫。尚书：舜、禹君臣之相告戒，其言曰：汝无面从，退有后言。戏欲赞吾是邪，则非其本心；欲反吾言，则显吾之非，是以默然，是戏之快也。"又督农杨敏尝毁琬曰："作事愦愦，督农，犹魏、吴之典农也。愦，古悔翻，闷闷也。诚不及前人。"或以白琬，主者请推治敏，治，直之翻。琬曰："吾实不如前人，无可推也。"主者乞问其愦愦之状，琬曰："苟其不如，则事不理，事不理，则愦愦矣。"后敏坐事系狱，众人犹惧其必死，琬心无适莫，论语，孔子曰：君子之于天下也，无适也，无莫也，义之与比。谢显道曰：适，可也；莫，不可也。适，丁历翻。敏得免重罪。此诸葛孔明所以属琬也。

6 秋，七月，帝始亲临朝。朝，直遥翻。

7 八月，大赦。

8 冬，十月，吴太常潘濬卒。吴主以镇南将军吕岱代濬，与陆逊共领荆州文书。岱时年已八十，体素精勤，躬亲王事，与逊同心协规，有善相让，南土称之。

十二月，吴将廖式杀临贺太守严纲等，临贺县，汉属苍梧郡，县临贺水，因以为名；吴分立为临贺郡；唐为贺州。廖，力救翻。今力吊翻。自称平南将军，攻零陵、桂阳，摇动交州诸郡，众数万人。吕岱自表辄行，星夜兼路，吴主遣使追拜交州牧，及遣诸将唐咨等络绎相继，攻讨一年，破之，斩式及其支党，郡县悉平。当方面者当如吕岱；委人以方面者当如孙权。岱复还武昌。

9 吴都乡侯周胤将兵千人屯公安，有罪，徙庐陵；诸葛瑾、步骘为之请。吴主曰："昔胤年少，初无功劳，横受精兵，为，于伪翻。少，诗照翻。横，户孟翻。爵以侯将，谓既受侯爵，又将兵也。将，即亮翻。盖念公瑾以及于胤也。而胤恃此，酗淫自恣，酗，吁句翻。前后告谕，曾无悛改。悛，丑缘翻。孤于公瑾，义犹二君，二君，谓诸葛瑾、步骘也。乐胤成就，岂有已哉！乐，音洛。迫胤罪恶，未宜便还，且欲苦之，使自知耳。以公瑾之子，而二君在中间，苟使能改，亦何患乎！”

瑜兄子偏将军峻卒，全琮请使峻子护领其兵。吴主曰：“昔走曹操，拓有荆州，皆是公瑾，事见六十五卷汉献帝建安十三年。常不忘之。初闻峻亡，仍欲用护。闻护性行危险，用之适为作祸，行，下孟翻。为，于伪翻。故更止之。孤念公瑾，岂有已哉！”

10 十二月，诏复以建寅之月为正。用地正事见上卷景初元年。是时仍用景初历，但不以十一月为正耳。

邵陵厉公上

讳芳，字兰卿；明帝无子，养以为子。谥法：杀戮无辜曰厉。帝后以失权，为司马氏所废，以其不终，加以恶谥。陈寿志三少帝纪皆书本爵，此书见废后之爵，自此以后，例如此，惟高贵乡公书本爵，盖见弑之后，不复有他号也。帝之废也，归藩于齐。魏世谱曰：晋受禅，封齐王为邵陵县公，泰始十年薨，谥曰厉。扈蒙曰：暴慢无亲曰厉。

正始元年(庚申、二四〇)

1 春，旱。

2 越嶲蛮夷数叛汉，杀太守，自诸葛亮平高定之后，越嶲夷数反，杀太守龚禄、焦璜。嶲，音髓。数，所角翻。是后太守不敢之郡，寄治安定县，去郡八百馀里。安定县不见于志，当是因越嶲移治而暂立也。汉主以巴西张嶷为越嶲太守，嶷招慰新附，诛讨强猾，蛮夷畏服，郡界悉平，复还旧治。汉越嶲郡治邛都县。嶷，鱼力翻。

3 冬，吴饥。

二年(辛酉、二四一)

1 春，吴人将伐魏。零陵太守殷札言于吴主曰：“今天弃曹氏，丧诛累见，“殷札”，一作“殷礼”。丧诛，谓魏累有大丧，盖天诛也。

见，贤遍翻。虎争之际而幼童莅事。陛下身自御戎，取乱侮亡，书仲虺之诰之辞。宜涤荆、扬之地，涤，洗也，言举国兴师，后无留者，其地如洗也。举强羸之数，使强者执戟，羸者转运。羸，伦为翻。西命益州，军于陇右，益州，谓蜀也。授诸葛瑾、朱然大众，直指襄阳，陆逊、朱桓别征寿春，大驾入淮阳，历青、徐。前汉之淮阳，后汉章帝改曰陈郡；此直谓淮水之阳耳。襄阳、寿春，困于受敌，长安以西，务御蜀军，许、洛之众，势必分离，掎角并进，民必内应。将帅对向，或失便宜，一军败绩，则三军离心；便当秣马脂车，陵蹈城邑，乘胜逐北，以定华夏。若不悉军动众，循前轻举，则不足大用，易于屡退，易，以豉翻。民疲威消，时往力竭，非上策也。"吴主不能用。倾国出师，决胜负于一战，苻坚之所以亡也，吴主非不能用殷札之计，不肯用也。

夏，四月，吴全琮略淮南，决芍陂，贤曰：芍陂今在寿州安丰县东，陂径百里，灌田万顷。华夷对境图：芍陂周回三百二十四里，与阳泉、大业并孙叔敖所作，开沟引淠水为子午渠，开六门，灌田万顷。芍，音鹊。诸葛恪攻六安，朱然围樊，诸葛瑾攻柤中。襄阳记曰：柤，读如租税之租。柤中在上黄界，去襄阳一百五十里。魏时夷正〔王〕权〔梅〕敷兄弟三人、部曲万馀家屯此，分布在中庐、宜城西山鄢、沔二谷中，土地平敞，宜桑麻，有水陆良田。沔南之膏腴沃壤，谓之柤中。杜佑曰：柤中在襄州南漳县界。杨正衡曰：柤，侧瓜翻。征东将军王凌、扬州刺史孙礼与全琮战于芍陂，琮败走。荆州刺史胡质以轻兵救樊，魏荆州统江夏、襄阳、南阳、新城、魏兴、上庸。或曰："贼盛，不可迫。"质曰："樊城卑兵少，故当进军为之外援，不然，危矣。"遂勒兵临围，城中乃安。

2 五月，吴太子登卒。

3 吴兵犹在荆州，太傅懿曰："柤中民夷十万，隔在水南，流离无主，樊城被攻，历月不解，此危事也，请自讨之。"六月，太傅懿督诸军救樊；吴军闻之，夜遁，追至三州口，三州口，谓荆、豫、扬三州之口。魏荆州之地，东至江夏，豫州之地，南至弋阳，扬州之地，西至六安，三州口当在其间。又按王昶传：昶督荆、豫诸军事，自宛徙屯新野，习水军于三州，则三州盖地名。口，水口。大获而还。

4 闰月，吴大将军诸葛瑾卒。瑾太【章：甲十六行本"太"作"长"；乙十一行本同；孔本同。】子恪先已封侯，恪以适当为世子；曰太子，误也。恪以出山民功封侯，事见上卷景初元年。吴主以恪弟融袭爵，摄兵业，摄，领也，承也，领父之兵，承父之业也。驻公安。

5 汉大司马蒋琬以诸葛亮数出秦川，关中之地，沃野千里，秦之故国，谓之秦川。数，所角翻。道险、运粮难，卒无成功，卒，子恤翻。乃多作舟船，欲乘汉、沔东下，袭魏兴、上庸。汉、沔之水，自汉中东历魏兴、上庸以达于襄阳。欲争天下，则当出兵秦川，魏兴、上庸，非其地也。会旧疾连动，未时得行。汉人咸以为事有不捷，还路甚难，非长策也；汉主遣尚书令费祎、费，父沸翻。中监军姜维等喻指。中监军，即中护军之任也。蜀置前监军、后监军、中监军，位三军师之下。琬乃上言："今魏跨带九州，根蒂滋蔓，平除未易。易，以豉翻。若东西并力，首尾掎角，掎，居蚁翻。虽未能速得如志，且当分裂蚕食，先摧其支党。然吴期二三，连不克果。克，能也；果，决也；言不能决然进兵也。辄与费祎等议，以凉州胡塞之要，进退有资，且羌、胡乃心思汉如渴，宜以姜维为凉州刺史。凉州之地，蜀惟得武都、阴平二郡而已。若维征行，御制河右，臣当帅军为维镇继。帅，读曰率。今涪水陆四通，惟急是应，若东西【章：甲十六行本"西"作"北"；乙十一行本同；张校同。】有虞，赴之不难，请徙屯涪。"涪县，汉属广汉郡，蜀属梓潼郡。涪，音浮。汉主从之。

6 朝廷欲广田畜谷于扬、豫之间，使尚书郎汝南邓艾行陈、项以东至寿春。陈县，汉属陈国。项县，汉属汝南郡。晋志，二县并属梁国。行，下孟翻。艾以为："昔太祖破黄巾，因为屯田，积谷许都以制四方。事见六十二卷汉献帝建安元年。今三隅已定，事在淮南，每大军出征，运兵过半，功费巨亿。陈、蔡之间，土下田良，可省许昌左右诸稻田，并水东下，汝水、颍水、蒗荡渠水、涡水皆经陈、蔡之间而东入淮。令淮北二万人，淮南三万人，什二分休，常有四万人且田且守；五万人分一万，番休迭戍，周而复始，是常有四万人屯田。益开河渠以增溉灌，通漕运。计除众费，岁完五百万斛以为军资，六、七年间，可积二【章：甲十六行本"二"作"三"；乙十一行本同；孔本同；熊校同。】千万斛于淮上，此则十万之众五年食也。以此乘吴，无不克矣。"太傅懿善之。是岁，始开广漕渠，每东南有事，大兴军众，泛舟而下，达于江、淮，资食有馀而无水害。史究言邓艾兴屯田之利。

7 管宁卒。宁名行高洁，人望之者，邈然若不可及，即之熙熙和易。行，下孟翻。易，以豉翻。能因事导人于善，人无不化服。及卒，天下知与不知，无【章：甲十六行本"无"上有"闻之"二字；乙十一行本同；孔本同；张校同。】不嗟叹。

三年（壬戌、二四二）

1 春，正月，汉姜维率偏军自汉中还住涪。蜀诸军时皆属蒋琬，姜维所领偏军耳。

2 吴主立其子和为太子，大赦。

3 三月，昌邑景侯满宠卒。秋，七月，乙酉，以领军将军蒋济为太尉。

4 吴主遣将军聂友，校尉陆凯将兵三万击儋耳，珠崖。儋耳、珠崖，汉武帝开以为郡，属交趾州，元帝以后弃之。聂，尼辄翻。儋，都甘翻。

5 八月，吴主封子霸为鲁王。霸，和母弟也，宠爱崇特，与和无殊。为后吴废和诛霸张本。尚书仆射是仪领鲁王傅，上疏谏曰："臣窃以为鲁王天挺懿德，兼资文武，当今之宜，宜镇四方，为国藩辅，宣扬德美，广耀威灵，乃国家之良规，海内所瞻望。且二宫宜有降杀，杀，所戒翻。以正上下之序，明教化之本。”书三、四上，吴主不听。四上，时掌翻。

四年(癸亥、二四三)

1 春，正月，帝加元服。

2 吴诸葛恪袭六安，汉六安国都六县；后汉为六安侯国，属庐江郡；晋为六县，属庐江郡。掩其人民而去。

3 夏，四月，立皇后甄氏，甄，之人翻。大赦。后，文昭皇后兄俨之孙也。

4 五月，朔，日有食之，既。

5 冬，十月，汉蒋琬自汉中还住涪，疾益甚，以汉中太守王平为前监军、镇北大将军，督汉中。监，古衔翻。

6 十一月，汉主以尚书令费祎为大将军、录尚书事。

7 吴丞相顾雍卒。

8 吴诸葛恪远遣谍人观相径要，谍，达协翻。相，息亮翻。欲图寿春。太傅懿将兵入舒，舒县，属庐江郡，春秋之故国也，时在吴、魏境上，弃而不耕，去皖口甚近。欲以攻恪，吴主徙恪屯于柴桑。柴桑县，汉属豫章郡，吴属武昌郡，有柴桑山；在今江州德化西九十里。杜佑曰：江州寻阳县南楚城驿，即古之柴桑县。宋白曰：江州瑞昌县，盖柴桑之旧城。

9 步骘、朱然各上疏于吴主曰：“自蜀还者，咸言蜀欲背盟，骘，职日翻。上，时掌翻。背，蒲妹翻。与魏交通，多作舟船，缮治城郭；治，直之翻。又，蒋琬守汉中，闻司马懿南向不出兵，乘虚以掎角之，掎，居蚁翻。反委汉中，还近成都。事已彰灼，无所复疑，近，其靳翻。复，扶又翻。宜为之备。”吴主答曰：“吾待蜀不薄，聘享盟誓，无所负之，何以致此！司马懿前来入舒，旬日便退。蜀在万里，何知缓急而便出兵乎！昔魏欲入汉川，曹真欲入汉中，事见七十一卷明帝太和四年。此间始严，亦未举动，谓严兵而未发也。会闻魏还而止；还，从宣翻，又如字。蜀宁可复以此有疑邪！人言苦不可信，朕为诸君破家保之。”复，扶又翻。为，于伪翻。

10 征东将军、都督扬·豫诸军事王昶据王昶传，扬，当作“荆”。上言：“地有常险，守无常势。今屯宛去襄阳三百馀里，有急不足相赴。”遂徙屯新野。新野县，属南阳郡。

11 宗室曹冏裴松之曰：冏，中常侍兄叔兴之后，少帝之族祖也。上书曰：“古之王者，必建同姓以明亲亲，必树异姓以明贤贤。亲亲之道专用，则其渐也微弱；贤贤之道偏任，则其敝也劫夺。谓威权陵逼，劫其君而夺之也。先圣知其然也，故博求亲疏而并用之，故能保其社稷，历纪长久。纪，年纪也。今魏尊尊之法虽明，亲亲之道未备，或任而不重，或释而不任。臣窃惟此，惟，思也。寝不安席，谨撰合所闻，论其成败撰，具也，述也，音雏免翻。曰：昔夏、商、周历世数十，而秦二世而亡。何则？三代之君与天下共其民，故天下同其忧；吕延济曰：与天下共其民，谓建立诸侯与之共理，同有其利也。故天下有难，则诸侯同忧。秦王独制其民，故倾危而莫救也。秦观周之敝，以为小弱见夺，于是废五等之爵，立郡县之官，吕向曰：秦皇观周所以敝者，乃以势弱而诸侯夺其国也，遂废五等之爵而立郡县之吏。五等，公、侯、伯、子、男也。内无宗子以自毗辅，毗，亦辅也。外无诸侯以为藩卫；譬犹芟刈股肱，独任胸腹，观者为之寒心，芟，所衔翻。为，于伪翻。而始皇晏然自以为子孙帝王万世之业也，岂不悖哉！悖，蒲内翻。故汉祖奋三尺之剑，驱乌合之众，五年之中，遂成帝业。何则？伐深根者难为功，摧枯朽者易为力，理势然也。用班固汉宗室诸侯王表文意。易，以豉翻。汉监秦之失，封殖子弟；及诸吕擅权，图危刘氏，而天下所以不倾动者，徒以诸侯强大，盘石胶固【章：甲十六行本“固”下有“故”字；乙十一行本同；孔本同；张校同。】也。然高祖封建，地过古制，故贾谊以为欲天下之治安，莫若众建诸侯而少其力；贾谊治安策之言，见十四卷文帝六年。少，诗沼翻。治，直吏翻。文帝不从。至于孝景，猥用鼌错之计，削黜诸侯，遂有七国之患。事见十六卷汉景帝三年。盖兆发高帝，衅钟文、景，钟，聚也。由宽之过制，急之不渐故也。所谓‘末大必折，尾大难掉’，左传田无宇之言。折，而设翻。掉，徒吊翻。尾同于体，犹或不从，况乎非体之尾，其可掉哉！武帝从主父之策，下推恩之令，事见十八卷汉武帝元朔二年。自是之后，遂以陵夷，子孙微弱，衣食租税，不预政事。至于哀、平，王氏秉权，假周公之事而为田常之乱，宗室诸侯，或乃为之符命，颂莽恩德，事见三十六卷王莽初始元年。岂不哀哉！由斯言之，非宗子独忠孝于惠、文之间而叛逆于哀、平之际也，徒权轻势弱，不能有定耳。赖光武皇帝挺不世之姿，擒王莽于已成，绍汉嗣于既绝，斯岂非宗子之力也！嗣，祥使翻。而曾不监秦之失策，袭周之旧制，至于桓、灵，阉宦用事，君孤立于上，臣弄权于下；由是天下鼎沸，奸宄并争，宗庙焚为灰烬，宫室变为榛薮。谓董卓之乱也。

太祖皇帝龙飞凤翔，扫除凶逆。大魏之兴，于今二十有四年矣；自黄初受禅至是二十四年。观五代之存亡而不用其长策，五代：夏、商、周、秦、汉。睹前车之倾覆而不改于辙迹。子弟王空虚之地，君有不使之民；空虚，谓有封国之名，实不能有其地也。君不使之民，谓抗藩王之尊于国民之上，不得而臣使也。王，于况翻。宗室窜于闾阎，不闻邦国之政；权均匹夫，势齐凡庶。内无深根不拔之固，外无盘石宗盟之助，吕延济曰：盘石，大石也，以其坚重不可转易也。宗盟，谓同姓诸侯盟会者也。非所以安社稷，为万世之业也。且今之州牧、郡守，守，式又翻。古之方伯、诸侯，皆跨有千里之土，兼军武之任，或比国数人，比，毗必翻，又毗至翻。或兄弟并据；而宗室子弟曾无一人间厕其间，人间，古苋翻。与相维制，非所以强干弱枝，备万一之虞也。今之用贤，或超为名都之主，或为偏师之帅；帅，所类翻。而宗室有文者必限小县之宰，有武者必置百人之上，张铣曰：言宗室位卑也。百人之上，百夫长也。非所以劝进贤能、褒异宗室之礼也。语曰：'百足之虫，至死不僵'，马蚿百足。僵，居良翻。以其扶之者众也。此言虽小，可以譬大。是以圣王安不忘危，存不忘亡，故天下有变而无倾危之患矣。"冏冀以此论感悟曹爽，爽不能用。以明帝之明，且不能用陈思王之言，况曹爽之愚暗哉！

五年（甲子、二四四）

1 春，正月，吴主以上大将军陆逊为丞相，其州牧、都护、领武昌事如故。逊先为荆州牧、右都护，领武昌事。

2 征西将军、都督雍、凉诸军事夏侯玄，雍，于用翻。大将军爽之姑子也。玄辟李胜为长史，胜及尚书邓飏欲令爽立威名于天下，劝使伐蜀；太傅懿止之，不能得。三月，爽西至长安，发卒十馀万人，与玄自骆口入汉中。骆口，骆谷口也。骆谷在汉中成固县东北，北达扶风郿县。

汉中守兵不满三万，诸将皆恐，欲守城不出以待涪兵。自蒋琬屯涪，蜀之重兵在焉。王平曰："汉中去涪垂千里，贼若得关，便为深祸，垂，几及也。关，关城也。杜佑曰：关城，俗名张鲁城，在西县西四十里。呜呼！王侯设险以守其国。其后关城失守，钟会遂平行至汉中；王平谓贼若得关，遂为深祸，斯言验矣。今宜先遣刘护军据兴势，水经注：小成固城北百二十二里有兴势坂。寰宇记：兴势山在洋州兴道县北四十三里，今郡城所枕，形如一盆，外险而内有大谷，为盘道上数里，方及四门，因名兴势。东坡指掌图以为在兴元，恐非也。杜佑曰：兴势即洋州兴道县。寰宇记与通典合矣。宋白曰：兴势山在今兴道县西北二十里。刘护军，刘敏也。平为后拒；若贼分向黄金，黄金谷在兴道县，山有黄金峭。黄金谷有黄金戍，傍山依峭，险折七里。杜佑曰：黄金戍在洋州黄金县西北八十里，张鲁所筑，南接汉川，北枕古道，险固之极。平帅千人下自临之，帅，读曰率；下同。比尔间涪军亦至，比，必寐翻。此计之上也。”诸将皆疑，惟护军刘敏与平意同，遂帅所领据兴势，多张旗帜，弥亘百馀里。帜，昌志翻。

闰月，汉主遣大将军费祎督诸军救汉中，将行，光禄大夫来敏诣祎别，求共围棋；于时羽檄交至，人马擐甲，严驾已讫，擐，胡惯翻，贯甲也。祎与敏对戏，色无厌倦。敏曰："向聊观试君耳；君信可人，必能辨贼者也。"

3 夏，四月，丙辰朔，日有食之。

4 大将军爽兵距兴势不得进，关中及氐、羌转输不能供，牛马骡驴多死，民夷号泣道路，骡，卢戈翻。号，户高翻。涪军及费祎兵继至。参军杨伟为爽陈形势，为，于伪翻。宜急还，不然，将败。邓飏、李胜与伟争于爽前。伟曰："飏、胜将败国家事，可斩也！"后将败，补迈翻。爽不悦。

太傅懿与夏侯玄书曰："春秋责大德重。责，责望也。德，恩德也。言责望之甚大者，其恩之为甚重也。昔武皇帝再入汉中，几至大败，事见六十七卷汉献帝建安二十年及六十八卷建安二十四年。几，居希翻。君所知也。今兴势至险，蜀已先据，若进不获战，退见邀绝，覆军必矣，将何以任其责！"任，音壬。玄惧，言于爽；五月，引军还。费祎进据三岭以截爽，自骆谷出扶风，隔以中南山，其间有三岭：一曰沈岭，近芒水；一曰衙岭；一曰分水岭。爽争险苦战，仅乃得过，失亡甚众，关中为之虚耗。为，于伪翻。

5 秋，八月，秦王询卒。

6 冬，十二月，安阳孝侯崔林卒。谥法：大虑行节曰孝；五宗安之曰孝；慈惠爱亲曰孝。

7 是岁，汉大司马琬以病固让州职于大将军祎，汉主乃以祎为益州刺史，以侍中董允守尚书令，为祎之副。

时战【严：“战”改“军”。】国多事，战国者，谓国日有战争也。公务烦猥；猥，杂也。祎为尚书令，识悟过人，每省读文书，省，悉景翻。举目暂视，已究其意旨，其速数倍于人，终亦不忘。常以朝晡听事，其间接纳宾客，饮食嬉戏，加之博弈，每尽人之欢，事亦不废。及董允代祎，欲斅祎之所行，旬日之中，事多愆滞。愆，违也。允乃叹曰：“人才力相远若此，非吾之所及也！”乃听事终日而犹有不暇焉。

六年（乙丑、二四五）

1 春，正月，以票骑将军赵俨为司空。票，匹妙翻。

2 吴太子和与鲁王同宫，礼秩如一，群臣多以为言，是仪之谏，见于是卷三年。盖谏者不特是仪也。吴主乃命分宫别僚；二子由是有隙。史言和、霸之隙，亦两宫僚属交构以成之。别，彼列翻。

卫将军全琮遣其子寄事鲁王，以书告丞相陆逊，逊报曰：“子弟苟有才，不忧不用，不宜私出以要荣利；私出，谓出私门也。要，一遥翻。若其不佳，终为取祸。且闻二宫势敌，必有彼此，此古人之厚忌也。”寄果阿附鲁王，轻为交构。逊书与琮曰：“卿不师日磾而宿留阿寄，日磾事，见二十二卷汉武帝后元二年。宿，音秀。留，音溜。阿，相传从安入声。终为足下家门致祸矣。”琮既不答逊言，更以致隙。

鲁王曲意交结当时名士。偏将军朱绩以胆力称，王自至其廨，廨，居隘翻，公宇也。就之坐，欲与结好；好，呼到翻。绩下地住立，辞而不当。绩，然之子也。

于是自侍御、宾客，造为二端，仇党疑贰，滋延大臣，举国中分。吴主闻之，假以精学，禁断宾客往来。断，读曰短。督军使者羊衜上疏曰：“闻明诏省夺二宫备卫，抑绝宾客，使四方礼敬不复得通，复，扶又翻。远近悚然，大小失望。或谓二宫不遵典式；就如所嫌，犹且补察，密加斟酌，不使远近得容异言。臣惧积疑成谤，久将宣流，而西北二隅，蜀在西，魏在北。去国不远，将谓二宫有不顺之愆，不审陛下何以解之！”

吴主长女鲁班适左护军全琮，少女小虎适骠骑将军朱据。二女，步夫人所生也。全公主与太子母王夫人有隙，吴主欲立王夫人为后，公主阻之；恐太子立怨己，心不自安，数谮毁太子。吴主寝疾，遣太子祷于长沙桓王庙，孙策追谥长沙桓王。杜佑曰：孙权都建业，立兄长沙桓王庙于朱雀桥南。太子妃叔父张休居近庙，邀太子过所居。全公主使人觇视，近，其靳翻。过，工禾翻。觇，丑廉翻，窥也。因言“太子不在庙中，专就妃家计议”，又言“王夫人见上寝疾，有喜色”，吴主由是发怒；夫人以忧死，太子宠益衰。

鲁王之党杨竺、全寄、吴安、孙奇等共谮毁太子，吴主惑焉。陆逊上疏谏曰：“太子正统，宜有盘石之固，鲁王藩臣，当使宠秩有差，彼此得所，上下获安。”书三四上，四上，时掌翻。辞情危切；论语：孔子曰：邦有道，危言危行。程颢曰：危，独也。与众异而不安之谓。余按此所谓危者，谓嫡庶无别，则亡国之祸随之，人不敢言，而逊独言之，所谓危也。又欲诣都，口陈嫡庶之义。吴主不悦。考异曰：吴录曰：“权时见杨竺，辟左右而论霸之才，竺深述霸有文武英姿，宜为嫡嗣，于是权乃许立焉。既而逊有表极谏，权疑竺泄之，乃斩竺。”按竺死在太子废后，吴录所述妄也。

太常顾谭，逊之甥也，亦上疏曰：“臣闻有国有家者，必明嫡庶之端，异尊卑之礼，使高下有差，等级逾邈；如此，则骨肉之恩全，觊觎之望绝。觊，音冀。觎，音俞。昔贾谊陈治安之计，论诸侯之势，以为势重虽亲，必有逆节之累，治，直吏翻。累，力瑞翻。势轻虽疏，必有保全之祚。故淮南亲弟，不终飨国，失之于势重也；吴芮疏臣，传祚长沙，得之于势轻也。昔汉文帝使慎夫人与皇后同席，袁盎退夫人之位，帝有怒色；及盎辨上下之义，陈人彘之戒，帝既悦怿，夫人亦悟。事见十三卷汉文帝二年。今臣所陈，非有所偏，诚欲以安太子而便鲁王也。”由是鲁王与谭有隙。

芍陂之役，二年，全琮与魏战于芍陂。谭弟承及张休皆有功；全琮子端、绪与之争功，端、绪，琮之二子。谮承、休于吴主，吴主徙谭、承、休于交州，又追赐休死。

太子太傅吾粲请使鲁王出镇夏口，姓谱：吾，本己姓，夏昆吾氏之后。夏，户雅翻。出杨竺等不得令在京师，又数以消息语陆逊；数，所角翻；下同。语，牛倨翻。鲁王与杨竺共谮之，吴主怒，收粲下狱，诛。下，遐稼翻。数遣中使责问陆逊，逊愤恚而卒。恚，於避翻。其子抗为建武校尉，代领逊众，送葬东还，自荆州东还葬吴。还，从宣翻，又如字。吴主以杨竺所白逊二十事问抗，抗事事条答，吴主意乃稍解。

3 夏，六月，都乡穆侯赵俨卒。谥法：中情见貌曰穆。

4 秋，七月，吴将军马茂谋杀吴主及大臣以应魏，事泄，并党与皆伏【章：甲十六行本“伏”作“族”；乙十一行本同；孔本同。】诛。吴历曰：茂本魏淮南钟离长，叛降吴。

5 八月，以太常高柔为司空。

6 汉甘太后殂。甘太后，后主之母，据陈寿志，先已卒于南郡。此吴太后也，吴懿之妹，先主入蜀，始纳焉。证以蜀志，其殂在是年。

7 吴主遣校尉陈勋将屯田及作士三万人凿句容中道，自小其至云阳西城，通会市，作邸阁。沈约曰：句容，汉旧县，属丹阳郡，今在建康府南九十里；有茅山，亦谓之句曲山。班固曰：会稽曲阿县本秦云阳县也，后汉属吴郡。沈约曰：曲阿，本曰云阳，秦始皇改曰曲阿；吴嘉禾三年复曰云阳。今相传秦时或言其地有天子气，始皇凿坑以败其势，截直道使阿曲，故谓之曲阿。刘昫曰：润州金坛县，本曲阿县地。会市者，作市以会商旅。句，如字。

8 冬，十一月，汉大司马琬卒。

9 十二月，汉费祎至汉中，行围守。魏延镇汉中，实兵诸围以御敌，所谓围守也。行，下孟翻。

10 汉尚书令董允卒；以尚书吕乂为尚书令。

董允秉心公亮，献可替否，备尽忠益，汉主甚严惮之。宦人黄皓，便僻佞慧，便，毗连翻。汉主爱之。允上则正色规主，下则数责于皓；数，所具翻。皓畏允，不敢为非，终允之世，皓位不过黄门丞。续汉志：黄门令丞一人，以宦者为之。

费祎以选曹郎汝南陈祗代允为侍中，汉六曹尚书，一曹有郎六人。选曹郎，属选部。选，须绢翻。祗矜厉有威容，多技艺，挟智数，故祎以为贤，越次而用之。祗与皓相表里，皓始预政，累迁至中常侍，操弄威柄，终以覆国。自陈祗有宠，而汉主追怨董允日深，谓为自轻，谓允为轻己也。由祗阿意迎合而皓浸润构间故也。间，古苋翻。

王崇武标点容肇祖聂崇岐覆校

资治通鉴卷第七十五

翰林学士兼侍读学士朝散大夫右谏议大夫知制诰
判尚书都省兼提举万寿观公事柱国河内郡开国侯　司马光　奉敕编集
食邑一千三百户食实封二百户赐紫金鱼袋臣
后学天台　胡三省　音注

魏纪七　起柔兆摄提格（丙寅），尽玄黓涒滩（壬申），凡七年。

邵陵厉公中

正始七年（丙寅、二四六）

1 春，二月，吴车骑将军朱然寇柤中，柤，读如祖；杨正衡侧瓜翻。杀略数千人而去。

2 幽州刺史毌丘俭以高句骊王位宫数为侵叛，句，如字，又音驹。骊，力知翻。数，所角翻；下同。督诸军讨之；位宫败走，俭遂屠丸都，高句骊都于丸都之下，多大山深谷，毌丘俭传谓悬车束马以上丸都，可知矣。唐志：自鸭渌江口舟行百馀里，乃小舫溯流东北行，凡五百三十里而至丸都城。斩获首虏以千数。句骊之臣得来数谏位宫，位宫不从；得来叹曰："立见此地将生蓬蒿。"遂不食而死。俭令诸军不坏其墓，坏，音怪。不伐其树，得其妻子，皆放遣之。位宫单将妻子逃窜，俭引军还；未几，复击之，几，居岂翻。复，扶又翻。位宫遂奔买沟。后汉书东夷传：买沟娄，北沃沮之地，去南沃沮八百馀里，句骊名城为沟娄。杜佑曰：北沃沮一名买沟娄。又曰：高句丽居纥升骨城，汉为县，属玄菟郡，赐以衣帻、朝服、鼓吹，常从郡受之；后稍骄恣，不复诣郡，但于东界筑小城以受之，遂名此城为帻沟溇。沟溇者，高丽名城也。建安中，其王伊夷模更作新国都于丸都山下，在沸流水西。魏正始中，毌丘俭屠丸都，铭不耐城而还。又曰：东沃沮在盖马大山之东。北沃沮一名买沟溇，去南沃沮八百馀里，与挹娄接。俭遣玄菟太守王颀追之，过沃沮千有馀里，沃沮之地，在盖马大山之东。汉武帝灭朝鲜，开置玄菟郡，治沃沮城。后玄菟内徙，沃沮更属乐浪。光武废省，就以其渠帅为县侯。其国小，迫于句骊，遂臣属焉。菟，同都翻。颀，渠希翻。沮，千余翻。至肃慎氏南界，魏东夷挹娄之国，即古肃慎氏也。刻石纪功而还，所诛纳八千馀口。言诛杀者及纳降者，总八千馀口。还，从宣翻，又如字。论功受赏，侯者百馀人。

3 秋，九月，吴主以骠骑将军步骘为丞相，骠，匹妙翻。车骑将军朱然为左大司马，卫将军全琮为右大司马。分荆州为二部：以镇南将军吕岱为上大将军，督右部，自武昌以西至蒲圻；水经注：陆水出长沙下隽县，西径蒲圻县北，又径蒲巇山北入大江，谓之陆口。江水又径蒲巇山北对蒲巇洲，洲头即蒲圻县治。武昌志曰：蒲巇山今在嘉鱼县境，盖蒲圻县初置于此。宋白曰：蒲圻县，汉沙羡县地，吴黄武二年，于沙羡县置蒲圻县，在荆江口，因湖以称，故曰蒲圻。以威北将军诸葛恪为大将军，督左部，代陆逊镇武昌。

4 汉大赦。大司农河南孟光光，河南洛阳人，汉末逃入蜀。于众中责费祎曰："夫赦者，偏枯之物，木之一边硕茂一边焦槁者，谓之偏枯。赦者，赦有罪也。有罪者赦，则奸恶之人抵法而获免于罪，良善之人受抑而不获伸，故谓之偏枯之物。非明世所宜有也。衰敝穷极，必不得已，然后乃可权而行之耳。今主上仁贤，百僚称职，何有旦夕之急而数施非常之恩，称，尺证翻。数，所角翻。以惠奸宄之恶乎！"祎但顾谢，踧踖而已。踧，子六翻。踖，资息翻。

初，丞相亮时，有言公惜赦者，亮答曰："治世以大德，不以小惠，治，直之翻。故匡衡、吴汉不愿为赦。匡衡疏见三十八卷元帝永光二年。吴汉言见四十三卷光武建武二十年。先帝亦言：'吾周旋陈元方、郑康成间，陈纪，字元方。郑玄，字康成。每见启告治乱之道悉矣，曾不语赦也。治，直吏翻。若刘景升、季玉父子，刘琮，字季玉。岁岁赦宥，何益于治！’”治，直吏翻。由是蜀人称亮之贤，知祎不及焉。蜀人贤孔明而劣费祎，固不特惜赦一事而已。

陈寿评曰：诸葛亮为政，军旅数兴而赦不妄下，数，所角翻；下同。下，遐稼翻。不亦卓乎！

5 吴人不便大钱，乃罢之。青龙四年，吴铸大钱，一当五百。景初二年，吴又铸大钱，一当千。

6 汉主以凉州刺史姜维为卫将军，与大将军费祎并录尚书事。费，父沸翻。汶山平康夷反，维讨平之。汉武帝元封二年，分蜀郡北部置汶山郡；宣帝地节三年，合蜀郡；蜀又分为汶山郡，又立平康县属焉。杜佑曰：汶山郡今蜀郡西北通化郡地，冉駹所居也。宋白曰：茂州通化郡，古汶山郡。刘昫曰：维州薛城县，蜀将姜维讨汶山叛羌，即此地也，今州城即姜维故垒。汶，读曰岷。

汉主数出游观，增广声乐。太子家令巴西谯周上疏谏曰："昔王莽之败，豪桀并起以争神器，才智之士思望所归，未必以其势之广陿，惟其德之厚薄也。于时更始、公孙述等多已广大，更，工衡翻。然莫不快情恣欲，怠于为善。世祖初入河北，冯异等劝之曰：‘当行人所不能为者。’遂务理冤狱，崇节俭，北州歌叹，声布四远。于是邓禹自南阳追之，事见三十九卷汉更始元年。吴汉、寇恂素未之识，举兵助之；其馀望风慕德，邳彤、耿纯、刘植之徒，至于舆病赍棺，襁负而至，不可胜数；事并见更始二年。彤，余中翻。胜，音升。故能以弱为强而成帝业。及在洛阳，尝欲小出，铫期进谏，即时还车。铫期传曰：光武尝与期门近出，期顿首车前曰：臣闻古今之诫，变生不意，诚不愿陛下微行数出。帝为之回舆而还。铫，音姚。及颍川盗起，寇恂请世祖身往临贼，闻言即行。事见四十二卷建武八年。故非急务，欲小出不敢；

至于急务，欲自安不为；帝者之欲善如此！故传曰：‘百姓不徒附’，诚以德先之也。传，直恋翻。先，悉荐翻。今汉遭厄运，天下三分，雄哲之士思望之时也，言思望贤主混一。臣愿陛下复行人所不能为者以副人望！复，扶又翻。且承事宗庙，所以率民尊上也；今四时之祀或有不临，而池苑之观或有仍出，臣之愚滞，私不自安。夫忧责在身者，不暇尽乐，乐，音洛；下同。先帝之志，堂构未成，书大诰曰：若考作室，既底法；厥子乃弗肯堂，矧肯构。诚非尽乐之时。愿省减乐官、后宫，凡所增造，但奉修先帝所施，施，式支翻，设也。下为子孙节俭之教。”汉主不听。

八年（丁卯、二四七）

1 春，正月，吴全琮卒。

2 二月，日有食之。

时尚书何晏等朋附曹爽，好变改法度。太尉蒋济上疏曰：“昔大舜佐治，戒在比周；舜之佐尧也，驩兜、共工自相称引则流放之，谗说殄行则塈之，戒比周也。好，呼到翻。治，直吏翻；下同。比，毗至翻。周公辅政，慎于其朋。书洛诰：周公戒成王曰：孺子其朋，孺子其朋，其往。孔安国注曰：少子慎其朋党，少子慎其朋党，戒其自今已往。夫为国法度，惟命世大才，乃能张其纲维以垂于后，岂中下之吏所宜改易哉！终无益于治，适足伤民。宜使文武之臣，各守其职，率以清平，则和气祥瑞可感而致也！”

3 吴主诏徙武昌宫材瓦缮修建业宫。有司奏言：“武昌宫已二十八岁，吴以汉献帝建安二十四年都武昌，至是已二十八年。恐不堪用，宜下所在，下，遐稼翻。通更伐致。”伐致，谓伐材木而致之。通者，凡吴境内悉然也。吴主曰：“大禹以卑宫为美。今军事未已，所在赋敛，敛，力赡翻。若更通伐，妨损农桑，徙武昌材瓦，自可用也。”乃徙居南宫。三月，改作太初宫，晋太康地记曰：吴有太初宫，方三百丈。令诸将及州郡皆义作。以下奉上，义当助作宫室。

4 大将军爽用何晏、邓飏、丁谧之谋，迁太后于永宁宫，据后魏起永宁寺于铜驼街西，意即前魏永宁殿故处也。又据陈寿志，太后称永宁宫，非徙也。意者晋诸臣欲增曹爽之恶，以迁字加之耳。晋书五行志曰：爽迁太后于永宁宫，太后与帝相泣而别。盖亦承晋诸臣所记也。专擅朝政，朝，直遥翻。多树亲党，屡改制度。太傅懿不能禁，与爽有隙。五月，懿始称疾，不与政事。为司马懿诛曹爽等张本。与，读曰预。

5 吴丞相步骘卒。

6 帝好亵近群小，近，其靳翻。游宴后园。秋，七月，尚书何晏上言："自今御幸式乾殿参考魏、晋所记，式乾殿当在皇后宫。坤为母，乾为父，言皇后为天下母，以乾为式，从夫之义也。及游豫后园，宜皆从大臣，询谋政事，讲论经义，为万世法。"冬，十二月，散骑常侍、谏议大夫孔乂上言：秦置谏大夫，掌论议；后汉增为谏议大夫。"今天下已平，陛下可绝后园习骑乘马，骑，奇寄翻。出必御辇乘车，天下之福，臣子之愿也。"帝皆不听。

7 吴主大发众集建业，扬声欲入寇，扬州刺史诸葛诞使安丰太守王基策之。安丰县，汉属六安国，后汉属庐江郡，魏分置安丰郡，属豫州。策之者，计之也。基曰："今陆逊等已死，孙权年老，内无贤嗣，中无谋主。权自出则惧内衅卒起，卒，读曰猝。痈疽发溃；遣将则旧将已尽，新将未信。疽，千余翻。将，即亮翻。此不过欲补绽支党，绽，丈涧翻，缝也。还自保护耳。"已而吴果不出。

8 是岁，雍、凉羌胡叛降汉，雍，于用翻。降，户江翻。汉姜维将兵出陇右以应之，与雍州刺史郭淮、讨蜀护军夏侯霸战于洮西。水经注：洮水与蜀白水俱出西倾山，山南即白水源，山东即洮水源。洮水东流径吐谷浑中，又东径临洮、安故、狄道，又北至枹罕，入于河。诸县皆在洮东，若洮西则羌虏所居也。洮，土刀翻。胡王白虎文、治无戴等率部落降维，维徙之入蜀。蜀志曰：居于繁县。据姜维传，则白虎文与治无戴二人也。又魏志，曹真讨破叛胡治元多，盖诸胡有治姓也。淮进击羌胡馀党，皆平之。

九年(戊辰、二四八)

1 春，二月，中书令孙资，癸巳，中书监刘放，三月，甲午，司徒卫臻各逊位，以侯就第，位特进。鸡栖树之言固中，而三马食一槽矣。

2 夏，四月，以司空高柔为司徒，光禄大夫徐邈为司空。邈叹曰："三公论道之官，无其人则缺，书曰：三公论道经邦，燮理阴阳，官不必备，惟其人。岂可以老病忝之哉！"忝，辱也。遂固辞不受。

3 五月，汉费祎出屯汉中。自蒋琬及祎，虽身居于外，庆赏刑威，皆遥先咨断，断，丁乱翻。咨断者，咨之使断决也。然后乃行。祎雅性谦素，当国功名，略与琬比。

4 秋，九月，以车骑将军王凌为司空。

5 涪陵夷反，涪陵县，汉属巴郡，蜀分置涪陵郡，唐之涪州。宋白曰：涪州涪陵郡，汉为涪陵县地；蜀先主以地控江源，于此立涪陵郡，领汉平、汉葭二县。四夷县道记云：故城在蜀江之南，涪江之西。其涪江南自黔中来，由城之西溯蜀江十五里，有鸡鸣峡，上有枳城，即汉枳县也。李雄据蜀后，枳县荒废；桓温定蜀，别立枳县于今郡东北十里。周武帝保定四年，涪陵首领田思鹤归化，于故枳城立涪陵镇；隋开皇三年，移汉平县于镇城，仍改汉平为涪陵县，因镇为名。唐为涪州，元和三年，以涪州疆理与黔中接近，敕隶黔中。按华阳国志云：涪陵，巴之南鄙。从枳县入，溯涪水，秦司马错由之取楚黔中地，汉兴常为都尉理。山险水滩，人多獽、蜑，唯出丹漆蜜枳；县即涪州所理。汉建安中，涪陵谢本以涪陵广大，白州牧刘璋分置丹兴、汉葭二县以为郡。璋乃分涪陵，立永宁，兼丹兴、汉葭，合四县置属国都尉，理涪陵。蜀先主改为郡，改永宁曰万宁，又增立汉复县。后主又立汉平县。晋太康地志省丹兴县，郡移理汉复。又言万宁在郡南，水道九百里，其万宁盖今费州是。蜀后主延熙中，涪陵大姓徐巨反，邓芝讨平之。汉涪陵盖在今涪州东南三百三十里，黔州是其故理，在江之东。又言：汉复县北至涪陵九十里，盖今黔州所管洪杜县是其故理。又言：汉葭在郡东百里，沣源出界，盖今州东九十里故黔州城是。其丹兴县盖在今黔州东二百里黔江县是。又按汉平县，在今涪州东百二十里，罗浮山之北，岷江之南，白水入江处侧近。又按十三州志，枳在郡东北，涪陵在郡东。按今黔州亦与巴郡东南相抵。据谢本所论，晋志所云，今夷、费、思、播及黔府等五州，悉是涪陵故地。又隋图经，黔中是武陵郡酉阳县地。按汉酉阳在今溪州大乡县界，与黔州约相去千馀里，今三亭县西北九百馀里别有酉阳城，乃刘蜀所置，非汉之酉阳。隋图经及贞观地志并言蜀所置酉阳为汉酉阳，盖误认汉涪陵之地也。自永嘉后，没于夷獠。元魏后图记不传，至后周田思鹤归化，初于其地立奉州，续改黔州；大业中，又改黔安郡；因问循州郡名，遂与秦、汉黔中郡交互难辨。其秦黔中郡理，在今辰州西二十里黔中故城是。汉改黔中为武陵郡，移治义陵，即今辰州溆浦县是。后汉移理临沅，即今朗州所理是。今辰、锦、叙、奖、溪、澧、朗、施八州，是秦、汉黔中郡地，与今黔州及夷、费、思、播隔越峻岭，东有沅江水及诸溪并合，而东注洞庭湖，岭西有巴江水，一名涪陵江，自牂柯北历播、费、思、黔等州，北注岷江。以山川言之，巴郡之涪陵与黔中故地，炳然自分矣。汉车骑将军邓芝讨平之。

6 大将军爽，骄奢无度，饮食衣服，拟于乘舆；乘，绳证翻。尚方珍玩，充牣其家；又私取先帝才人以为伎乐。伎，渠绮翻。作窟室，绮疏四周，窟室，掘地为室也。贤曰：绮疏，谓镂为绮文。数与其党何晏等纵酒其中。弟羲深以为忧，数涕泣谏止之，爽不听。爽兄弟数俱出游，数，所角翻。司农沛国桓范谓曰："总万机，典禁兵，不宜并出，若有闭城门，谁复内入【章：甲十六行本"入"作"人"；乙十一行本同；孔本同。】者？"复，扶又翻；下同。爽曰："谁敢尔邪！"

初，清河、平原争界，八年不能决。冀州刺史孙礼请天府所藏烈祖封平原时图以决之；烈祖，明帝也，封平原王。画壤分国，有地图在天府。周礼有天府，郑玄注云：掌祖庙之宝藏，又贤能之书及功书皆藏于天府。爽信清河之诉，云图不可用，礼上疏自辨，辞颇刚切。爽大怒，劾礼怨望，结刑五岁。结刑五岁者，但结以徒作五岁之罪而不使之输作也。劾，户概翻，又户得翻。久而【章：甲十六行本"而"作

"之"；乙十一行本同；孔本同；张校同；退齐校同。】复为并州刺史，往见太傅懿，有忿色而无言。懿曰："卿得并州少邪？恚理分界失分乎？"魏并州统太原、上党、西河、雁门、新兴。冀州大于诸州，并州远接荒外，故意其觖望。懿多权数，以此言擿发礼耳。少，诗沼翻。恚，於避翻。分，扶问翻。礼曰："何明公言之乖也！礼虽不德，岂以官位往事为意邪！本谓明公齐踪伊、吕，匡辅魏室，上报明帝之托，下建万世之勋。今社稷将危，天下凶凶，凶，许拱翻。此礼之所以不悦也！"因涕泣横流。懿曰："且止，忍不可忍！"至此，礼入懿数中矣。

冬，河南尹李胜出为荆州刺史，过辞太傅懿。懿令两婢侍。持衣，衣落；指口言渴，婢进粥，懿不持杯而饮，粥皆流出沾胸。胜曰："众情谓明公旧风发动，魏武之辟懿也，懿辞以风痹，故胜以为旧风发动。何意尊体乃尔！"懿使声气才属，诈为羸惙之状也。属，之欲翻。说："年老枕疾，死在旦夕。枕，之鸩翻。君当屈并州，并州近胡，近，其靳翻。好为之备！恐不复相见，以子师、昭兄弟为托。"胜曰："当还忝本州，李胜，南阳人，故谓荆州为本州岛。非并州。"懿乃错乱其辞曰："君方到并州？"胜复曰："当忝荆州。"懿曰："年老意荒，不解君言。解，户买翻，晓也。今还为本州，盛德壮烈，好建功勋！"胜退，告爽曰："司马公尸居馀气，形神已离，不足虑矣。"言其形神已离，惟尸在而馀残喘耳。他日，又向爽等垂泣曰：无声而出涕，曰垂泣。"太傅病不可复济，令人怆然！"故爽等不复设备。

何晏闻平原管辂明于术数，请与相见。十二月，丙戌，辂往诣晏，晏与之论易。时邓飏在坐，坐，徂卧翻。谓辂曰："君自谓善易，而语初不及易中辞义，何也？"辂曰："夫善易者不言易也。"晏含笑赞之曰："可谓要言不烦也！"因谓辂曰："试为作一卦，为，于伪翻。知位当至三公不？"不，读曰否。又问：

"连梦见青蝇数十，来集鼻上，驱之不去，何也？"辂曰："昔元、凯辅舜，左传：高阳氏有才子八人，苍舒、隤敳、梼戭、大临、尨降、庭坚、仲容、叔达，齐圣广渊，明允笃诚，天下之民谓之"八恺"。高辛氏有才子八人，伯奋、仲堪、叔献、季仲、伯虎、仲熊、叔豹、季狸，忠肃共懿，宣慈惠和，天下之民谓之"八元"。周公佐周，皆以和惠谦恭，享有多福，此非卜筮所能明也。今君侯位尊势重，而怀德者鲜，鲜，息浅翻。畏威者众，殆非小心求福之道也。又，鼻者天中之山，相书以鼻为天中，自唇以上为人中。裴松之曰：相书谓鼻之所在为天中，鼻有山象，故曰天中之山。'高而不危，所以长守贵。'今青蝇臭恶，而集之，位峻者颠，轻豪者亡，不可不深思也！愿君侯裒多益寡，裒，蒲侯翻，与掊同，取也。尔雅：裒、鸠、楼，聚也。徐云：楼敛也。此言晏据权势，掊分为多，当思自减损也。非礼勿履，然后三公可至，青蝇可驱也。"飏曰："此老生之常谭。"辂曰："夫老生者见不生，常谭者见不谭。"言必见其死也。谭，与谈同。辂还邑舍，邑舍，平原邑邸也。具以语其舅；语，牛倨翻。舅责辂言太切至。辂曰："与死人语，何所畏邪！"舅大怒，以辂为狂。

7 吴交趾、九真夷贼攻没城邑，交部骚动。吴主以衡阳督军都尉陆胤为交州刺史、安南校尉。胤入境，喻以恩信，降者五万馀家，州境复清。

8 太傅懿阴与其子中护军师、散骑常侍昭谋诛曹爽。懿虽称疾，先已置二子于要地矣。

嘉平元年（己巳、二四九）是年四月方改元。

1 春，正月，甲午，帝谒高平陵，高平陵，明帝陵也。水经注：大石山在洛阳南，山阿有魏明帝高平陵。孙盛曰：高平陵去洛城九十里。大将军爽与弟中领军羲、武卫将军训、散骑常侍彦皆从。从，才用翻。太傅懿以皇太后令，闭诸城门，勒兵据武库，授兵出屯洛水浮桥；水经注：洛城南出西头第二门曰宣阳门，汉之小苑门也，对阊阖，南直洛水浮桁。召司徒高柔假节行大将军事，据爽营；太仆王观行中领军事，据羲营。因奏爽罪恶于帝曰："臣昔从辽东还，先帝诏陛下、秦王及臣升御床，把臣臂，深以后事为念。事见上卷明帝景初三年。臣言'太祖、高祖亦属臣以后事，属，之欲翻。按晋纪，懿自为文帝所信重，太祖未尝以后事属之也，若文帝则以明帝属懿。此自陛下所见，无所忧苦。万一有不如意，臣当以死奉明诏。'今大将军爽，背弃顾命，背，蒲妹翻。陆德明曰：顾，音古。败乱国典，内则僭拟，外则专权，破坏诸营，败，补迈翻。坏，音怪。尽据禁兵，群官要职，皆置所亲，殿中宿卫，易以私人，根据盘互，纵恣日甚。又以黄门张当为都监，监，古衔翻。伺察至尊，离间二宫，伺，相吏翻。间，古苋翻。伤害骨肉，天下汹汹，人怀危惧。陛下便为寄坐，寄坐，谓虽处天子之位，犹寄寓也。岂得久安！此非先帝诏陛下及臣升御床之本意也。臣虽朽迈，朽迈，谓年老衰朽，日月已过也。敢忘往言！太尉臣济等皆以爽为有无君之心，兄弟不宜典兵宿卫，奏永宁宫，皇太后令敕臣如奏施行。臣辄敕主者及黄门令'罢爽、羲、训吏兵，以侯就第，不得逗留，以稽车驾；敢有稽留，便以军法从事！'臣辄力疾将兵屯洛水浮桥，伺察非常。"辄，专也。懿虽挟太后以临爽，而其奏自言辄者至再，以天子在爽所也。爽得懿奏事，不通；迫窘不知所为，留车驾宿伊水南，水经注：来儒之水，出于半石之山，西南流径大石山，又西至高都城东，西入伊水。伊水又东北过伊阙中，又东北至洛阳县南，北入于洛。伐木为鹿角，发屯田兵数千人以为卫。魏武创业，令州郡例置田官，故洛阳亦有屯田兵。

懿使侍中高阳许允及尚书陈泰说爽，宜早自归罪，说，输芮翻。又使爽所信殿中校尉尹大目谓爽，唯免官而已，魏、晋之制，有殿中将军、中郎、校尉、司马。尹大目说爽，犹未疑司马氏也，至其追语文钦乃觉耳。以洛水为誓。泰，群之子也。

初，爽以桓范乡里老宿，范，沛国人，谯、沛乡里也。老，耆也。宿，旧也。于九卿中特礼之，然不甚亲也。及懿起兵，以太后令召范，欲使行中领军。范欲应命，其子止之曰："车驾在外，不如南出。"范乃出。至平昌城门，水经注：平昌门，故平门也，洛城南出西头第三门。城门已闭。门候司蕃，故范举吏也，司，姓也。左传郑有司臣。范举手中版示之，矫曰："有诏召我，卿促开门！"蕃欲求见诏书，以此观之，此时犹用版诏，至晋时则有青纸诏矣。范呵之曰："卿非我故吏邪，何以敢尔？"乃开之。范出城，顾谓蕃曰："太傅图逆，卿从我去！"蕃徒行不能及，遂避侧。避于道旁也。懿谓蒋济曰："智囊往矣！"济曰："范则智矣；然驽马恋栈豆，爽必不能用也。"驽，音奴。言爽顾恋室家而虑不及远，必不能用范计。栈，士限翻。

范至，劝爽兄弟以天子诣许昌，发四方兵以自辅。爽疑未决，范谓羲曰："此事昭然，卿用读书何为邪！于今日卿等门户，求贫贱复可得乎！复，扶又翻。且匹夫质一人，尚欲望活；此谓汉末劫质也。质，音致。卿与天子相随，令于天下，谁敢不应也！"俱不言。范又谓羲曰："卿别营近在阙南，中领军营，懿已遣王观据之，惟别营在耳。洛阳典农治在城外，洛阳典农中郎将、典农都尉所治也。呼召如意。今诣许昌，不过中宿，中宿，次宿也。左传曰：命汝三宿，汝中宿至。陆德明曰：中，丁仲翻。许昌别库，足相被假；许昌别库贮兵甲；洛阳有武库，故曰别库。被假，谓授兵也。被，皮义翻。所忧当在谷食，而大司农印章在我身。"羲兄弟默然不从，自甲夜至五鼓，甲夜，初夜也。夜有五更：一更为甲夜，二更为乙夜，三更为丙夜，四更为丁夜，五更为戊夜。爽乃投刀于地曰："我亦不失作富家翁！"范哭曰："曹子丹佳人，生汝兄弟，豚犊耳！曹真，字子丹。豘，与豚同。小豕曰豘，小牛曰犊。何图今日坐汝等族灭也！"

爽乃通懿奏事，白帝下诏免己官，奉帝还宫。爽兄弟归家，懿发洛阳吏卒围守之；洛阳令所主吏卒也。四角作高楼，令人在楼上察视爽兄弟举动。爽挟弹到后园中，弹，徒案翻。楼上便唱言："故大将军东南行！"爽愁闷不知为计。

戊戌，有司奏"黄门张当私以所择才人与爽，疑有奸。"收当付廷尉考实，辞云："爽与尚书何晏、邓飏、丁谧、司隶校尉毕轨、荆州刺史李胜等阴谋反逆，须三月中发。"于是收爽、羲、训、晏、飏、谧、轨、胜并桓范皆下狱，劾以大逆不道，下，遐稼翻。劾，户概翻，又户得翻。与张当俱夷三族。考异曰：魏氏春秋曰："宣王使晏典治爽等狱，晏穷治党与，冀以获宥。宣王曰：'凡有八族，'晏疏丁、邓等七姓。宣王曰：'未也。'晏穷急，乃曰：'岂谓晏乎？'宣王曰：'是也。'乃收晏。"按宣王方治爽党，安肯使晏典其狱！就令有之，晏岂不自知与爽最亲而冀独免乎！此殆孙盛承说者之妄耳。

初，爽之出也，司马鲁芝留在府，闻有变，将营骑斫津门出赴爽。营骑，大将军营骑士也。津门，洛城南出西头第一门也，亦曰建城门。骑，奇寄翻。及爽解印绶，绶，音受。将出，主簿杨综止之曰："公挟主握权，舍此以至东市乎？"言必将见诛于市也。有司奏收芝、综治罪，治，直之翻。太傅懿曰："彼各为其主也，为，于伪翻。宥之。"顷之，以芝为御史中丞，综为尚书郎。

鲁芝将出，呼参军辛敞欲与俱去。敞，毗之子也，其姊宪英为太常羊耽妻，敞与之谋曰："天子在外，太傅闭城门，人云将不利国家，于事可得尔乎？"尔，犹云如此也。宪英曰："以吾度之，度，徒洛翻。太傅此举，不过以诛曹爽耳。"敞曰："然则事就乎？"宪英曰："得无殆就！殆，近也。爽之才非太傅之偶也。"偶，匹也。敞曰："然则敞可以无出乎？"宪英曰："安可以不出！职守，人之大义也。凡人在难，难，乃旦翻。犹或恤之；为人执鞭而弃其事，不祥莫大焉。且为人任，为人死，亲昵之职也，昵，尼质翻。左传：晏子曰：君为社稷死则死之，若为己死，非其私昵，谁敢任之！昵，私爱也。此言亲者则可为质任，爱昵者则可为之死。从众而已。”敞遂出。事定之后，敞叹曰：“吾不谋于姊，几不获于义！”几，居希翻。

先是，爽辟王沈及太山羊祜，沈劝祜应命。祜曰：“委质事人，复何容易！”先，悉荐翻。沈，持林翻；下同。质，如字。复，扶又翻。易，以豉翻。沈遂行。及爽败，沈以故吏免，乃谓祜曰：“吾不忘卿前语。”祜曰：“此非始虑所及也！”言始虑亦不料爽至此，不欲受知几之名也。

爽从弟文叔妻夏侯令女，夏侯氏之女名令女。夏，户雅翻。早寡而无子，其父文宁欲嫁之；令女刀截两耳以自誓，居常依爽。爽诛，其家上书绝昏，强迎以归，复将嫁之；强，其两翻。复，扶又翻；下同。令女窃入寝室，引刀自断其鼻，断，丁管翻。其家惊惋，惋，乌贯翻，惊叹也。谓之曰：“人生世间，如轻尘栖弱草耳，何至自苦乃尔！且夫家夷灭已尽，守此欲谁为哉！”为，于伪翻。令女曰：“吾闻仁者不以盛衰改节，义者不以存亡易心。曹氏前盛之时，尚欲保终，况今衰亡，何忍弃之！此禽兽之【章：甲十六行本“之”作“不”；乙十一行本同；孔本同；熊校同。】行，吾岂为乎！”司马懿闻而贤之，听使乞子字养为曹氏后。

何晏等方用事，自以为一时才杰，人莫能及。晏尝为名士品目曰：“‘唯深也故能通天下之志’，夏侯泰初是也。‘唯几也故能成天下之务’，司马子元是也。‘唯神也不疾而速，不行而至’，吾闻其语，未见其人。”盖欲以神况诸己也。夏侯玄，字泰初。司马师，字子元。晏引易大传之辞以为品目。几，居希翻。

选部郎刘陶，晔之子也，少有口辩，少，诗照翻。邓飏之徒称之以为伊、吕。陶尝谓傅玄曰：“仲尼不圣。何以知之？智者于群愚，如弄一丸于掌中；而不能得天下，何以为圣！”玄不复难，难，乃旦翻。但语之曰：语，牛倨翻。“天下之变无常也，今见卿穷。”及曹爽败，陶退居里舍，乃谢其言之过。

管辂之舅谓辂曰：“尔前何以知何、邓之败？”辂曰：“邓之行步，筋不束骨，脉不制肉，起立倾倚，若无手足，此为鬼躁；何之视候则魂不守宅，血不华色，精爽烟浮，容若槁木，此为鬼幽；二者皆非遐福之象也。”管辂之与何、邓言也，其陈义近于古人；至答其舅论何、邓之所以败，则相者之说耳，何前后之相戾也！

何晏性自喜，喜，许记翻。粉白不去手，以自涂泽也。行步顾影。尤好老、庄之书，好，呼到翻。与夏侯玄、荀粲及山阳王弼之徒，竞为清谈，祖尚虚无，谓六经为圣人糟粕。庄子曰：桓公读书于堂上，轮扁斫轮于堂下，释椎凿而上，问桓公曰：“敢问公所读者何言邪？”公曰：“圣人之言也。”曰：“圣人在乎？”公曰：“已死矣。”曰：“然则君之所读者，古人之糟粕已矣，古之人与其不可传者死矣。”糟，酒滓也。司马云：烂食曰粕。又云：糟烂为粕。许慎曰：粕，已漉粗糟也。音匹各翻，又普白翻。由是天下士大夫争慕效之，遂成风流，不可复制焉。清谈之祸始此。粲，彧之子也。

2 丙午，大赦。

3 丁未，以太傅懿为丞相，加九锡；懿固辞不受。

4 初，右将军夏侯霸为曹爽所厚，以其父渊死于蜀，事见六十八卷汉献帝建安二十四年。常切齿有报仇之志，为讨蜀护军，屯于陇西，统属征西。属征西将军府所统。征西将军夏侯玄，霸之从子，爽之外弟也。曹氏，夏侯氏之出也，玄父尚又娶于曹氏，故玄于爽为外弟。爽既诛，司马懿召玄诣京师，为后司马师杀玄张本。以雍州刺史郭淮代之。霸素与淮不叶，以为祸必相及，大惧，遂奔汉。汉主谓曰：“卿父自遇害于行间耳，行，户刚翻。非我先人之手刃也。”遇之甚厚。姜维问于霸曰：“司马懿既得彼政，当复有征伐之志不？”复，扶又翻。不，读曰否。霸曰：“彼方营立家门，未遑外事。有钟士季者，其人虽少，少，诗照翻。若管朝政，吴、蜀之忧也。”朝，直遥翻。士季者，钟繇之子尚书郎会也。为司马昭用会以伐蜀张本。

5 三月，吴左大司马朱然卒。然长不盈七尺，气候分明，内行修洁。行，下孟翻。终日钦钦，若【章：甲十六行本“若”上有“常”字；乙十一行本同。】在战场，毛苌曰：钦钦，言使人乐进也。临急胆定，过绝于人。虽世无事，每朝夕严鼓，严鼓，疾击鼓也，今人谓之擂鼓。兵在营者，咸行装就队。以此玩敌，使不知所备，故出辄有功。虽不出兵，而常为行备，敌人之觇者玩以为常，则不知所以备豫矣。然寝疾增笃，吴主昼为减膳，夜为不寐，为，于伪翻；下同，中使医药口食之物，相望于道。然每遣使表疾病消息，吴主辄召见，口自问讯，入赐酒食，出赐布帛。及卒，吴主为之哀恸。

6 夏，四月，乙丑，改元。曹爽诛后，方改元嘉平。

7 曹爽之在伊南也，昌陵景侯蒋济与之书，谥法：由义而济曰景；耆意大虑曰景。言太傅之旨，不过免官而已。爽诛，济进封都乡侯，上疏固辞，不许。济病其言之失，以失言于爽为己病也。遂发病，丙子，卒。

8 秋，汉卫将军姜维寇雍州，依麴山筑二城，麴山，盖在羌中，魏雍州西南界。据郭淮传，麴山在翅上。翅，为翅也，为翅，要地也，魏屯兵守之。使牙门将句安、李歆等守之，句，音钩，又古候翻；姓也。姓谱：句芒氏之后。史记有句彊，今蜀中犹有句姓。聚羌胡质任，侵逼诸郡；质，音致。征西将军郭淮与雍州刺史陈泰御之。泰曰：“麴城虽固，去蜀险远，当须运粮；羌夷患维劳役，必未肯附。今围而取之，可不血刃而拔其城；虽其有救，山道阻险，非行兵之地也。”淮乃使泰率讨蜀护军徐质、南安太守邓艾进兵围麴城，断其运道及城外流水。安等挑战，不许。断，丁管翻。挑，徒了翻。将士困窘，分粮聚雪以引日月。窘，巨陨翻。维引兵救之，出自牛头山，牛头山盖在洮水之南，以形名山。魏收地形志：后魏真君四年，置仇池郡，治阶陵县，县有牛头山。五代志：牛头山在成州上禄县界。与泰相对。泰曰："兵法贵在不战而屈人。孙子曰：百战百胜，非善之善者也；不战而屈人，善之善者也。今绝牛头，维无反道，则我之禽也。"敕诸军各坚垒勿与战，遣使白淮，使淮趣牛头截其还路。趣，七喻翻。淮从之，进军洮水。洮，土刀翻。维惧，遁走，安等孤绝，遂降。淮因西击诸羌。

邓艾曰："贼去未远，或能复还，复，扶又翻。宜分诸军以备不虞。"于是留艾屯白水北。水经注：白水出陇西临洮县西南西倾山，东南流径邓至城南，即艾所屯地，以邓艾至此，故以名城。三日，维遣其将廖化自白水南向艾结营。廖，力救翻，今力吊翻。艾谓诸将："维今卒还，卒，读曰猝。吾军人少，少，诗照翻。法当来渡；而不作桥，此维使化持吾令不得还，维必自东袭取洮城。"洮城在水北，去艾屯六十里，艾即夜潜军径到；维果来渡，而艾先至据城，得以不败。汉军遂还。

9 兖州刺史令狐愚，姓谱：周文王之子高封于毕，其后有毕万。万子犨封于魏，为魏氏。犨子颗封于令狐，为令狐氏。令，力呈翻。司空王凌之甥也，屯于平阿，水经注：淮水过当涂县北，又北沙水注之，淮之西有平阿县故城。晋志，平阿县属淮南郡，有涂山。甥舅并典重兵，专淮南之任。凌与愚阴谋，以帝暗弱，制于强臣，闻楚王彪有智勇，欲共立之，迎都许昌。九月，愚遣其将张式至白马，与彪相闻。楚王彪，武帝子，黄初三年，徙王白马。白马县属东郡。凌又遣舍人劳精诣洛阳，劳，姓也；精，名也。姓谱：其先居东海劳山，因氏焉。后汉有琅邪劳丙。语其子广，语，牛倨翻。广曰："凡举大事，应本人情。曹爽以骄奢失民，何平叔虚华不治，何晏，字平叔。丁、毕、桓、邓虽并有宿望，皆专竞于世。加变易朝典，朝，直遥翻；下同。政令数改，数，所角翻。所存虽高而事不下接，言虽存心于高旷而不切事情，与下不接也。民习于旧，众莫之从，故虽势倾四海，声震天下，同日斩戮，名士减半，而百姓安之，莫之或哀，失民故也。今司马懿情虽难量，量，音良。事未有逆，而擢用贤能，广树胜己，谓蒋济、高柔、孙礼、陈泰、郭淮、邓艾等。修先朝之政令，朝，直遥翻。副众心之所求。爽之所以为恶者，彼莫不必改，"必"，当作"毕"。夙夜匪懈，以恤民为先，懈，古隘翻。父子兄弟，并握兵要，未易亡也。"易，以豉翻。凌不从。

冬，十一月，令狐愚复遣张式诣楚王，复，扶又翻。未还，会愚病卒。

10 十二月，辛卯，即拜王凌为太尉。即拜者就寿春拜为太尉。庚子，以司隶校尉孙礼为司空。

11 光禄大夫徐邈卒。邈以清节著名。卢钦尝著书称邈曰："徐公志高行洁，行，下孟翻。才博气猛，其施之也，高而不狷，狷，吉掾翻。洁而不介，博而守约，猛而能宽。圣人以清为难，而徐公之所易也！"易，以豉翻。或问钦："徐公当武帝之时，人以为通；自为凉州刺史，明帝太和初，邈为凉州刺史。及还京师，人以为介，何也？"钦答曰："往者毛孝先、崔季珪用事，贵清素之士，于时皆变易车服以求名高，事见六十五卷汉献帝建安十三年。毛玠，字孝先。崔琰，字季珪。而徐公不改其常，故人以为通。比来天下奢靡，转相仿效，比，毗寐翻，近也。比来，犹言近来也。而徐公雅尚自若，不与俗同。故前日之通，乃今日之介也；是世人之无常而徐公之有常也。"钦，毓之子也。毓，余六翻。

二年（庚午、二五〇）

1 夏，五月，以征西将军郭淮为车骑将军。

2 初，会稽潘夫人有宠于吴主，会，古外翻。生少子亮，少，诗照翻。吴主爱之。全公主既与太子和有隙，事见上卷正始六年。欲豫自结，数称亮美，以其夫之兄子尚女妻之。为后孙綝杀尚废亮迁全公主张本。数，所角翻。妻，七细翻。吴主以鲁王霸结朋党以害其兄，心亦恶之，恶，乌路翻。谓侍中孙峻曰："子弟不睦，臣下分部，分部，谓各分部党，若汉甘陵南北部。将有袁氏之败，事见六十四卷建安七年。为天下笑。若使一人立者，安得不乱乎！"遂有废和立亮之意，然犹沈吟者历年。沈吟者，欲决而未决之意，今人犹有此语。沈，持林翻。峻，静之曾孙也。孙静，坚之季弟，见六十二卷建安元年。

秋，吴主遂幽太子和。骠骑将军朱据谏曰："太子，国之本根；加以雅性仁孝，天下归心。昔晋献用骊姬而申生不存，注已见前。汉武信江充而戾太子冤死，事见二十二卷汉武帝征和二年。臣窃惧太子不堪其忧，虽立思子之宫，无所复及矣！"吴主不听。据与尚书仆射屈晃屈，居勿翻。率诸将吏泥头自缚，连日诣阙请和；吴主登白爵观，见，甚恶之，白爵观在建业宫中。观，古玩翻。敕据、晃等"无事忽忽！"忽忽，急遽不谛细也。无难督陈正、五营督陈象各上书切谏，吴主置左右无难营兵，又置五营营兵，各置督领之。据、晃亦固谏不已；吴主大怒，族诛正、象。牵据、晃入殿，据、晃犹口谏，叩头流血，辞气不挠；挠，奴教翻。吴主杖之各一百，左迁据为新都郡丞，晃斥归田里，群司坐谏诛放者以十数。遂废太子和为庶人，徙故鄣，故鄣县属丹阳郡。贤曰：秦鄣郡所治也，在今湖州安吉县界。师古曰：鄣，音章。赐鲁王霸死。杀杨竺，流其尸于江，又诛全寄、吴安、孙奇，皆以其党霸谮和故也。党霸谮和事，见上卷正始六年。初，杨竺少获声名，少，诗照翻。而陆逊谓之终败，劝竺兄穆令与之别族。别，彼列翻，分也。及竺败，穆以数谏戒竺得免死。数，所角翻。朱据未至官，中书令孙弘以诏书追赐死。

3 冬，十月，庐江太守文【章：甲十六行本"文"上有"谯郡"二字；乙十一行本同；孔本同；张校同。】钦伪叛，以诱吴偏将军朱异，诱，音酉。欲使异自将兵迎己。异知其诈，表吴主，以为钦不可迎。吴主曰："方今北土未一，钦欲归命，宜且迎之。若嫌其有谲者，谲，古穴翻。但当设计网以罗之，盛重兵以防之耳。"乃遣偏将军吕据督二万人与异并力至北界，北界，谓魏、吴分界之地，在魏庐江郡南，于吴为北。钦果不降。降，户江翻。异，桓之子；据，范之子也。

4 十一月，大利景侯孙礼卒。据孙礼传，礼封大利亭侯。

5 吴主立子亮为太子。

6 吴主遣军十万作堂邑涂塘以淹北道。堂邑县，前汉属临淮郡，后汉属广陵郡，魏、吴在两界之间为弃地。贤曰：堂邑，今扬州六合县。杜佑曰：扬州六合县，春秋楚之棠邑，汉为堂邑。淹北道以绝魏兵之窥建业，吴主老矣，良将多死，为自保之规摹而已。"塗"，当作"涂"；读曰滁。

7 十二月，甲辰，东海定王霖卒。谥法：纯行不爽曰定；安民法古曰定。

8 征南将军王昶上言："孙权流放良臣，良臣，谓朱据等。昶，丑两翻。適庶分争，適，读曰嫡。可乘衅击吴。"朝廷从之，遣新城太守南阳州泰袭巫、秭归，州，姓也；泰，名也。晋有州绰。风俗通云：其先食采于州，因氏焉。荆州刺史王基向夷陵。魏荆州刺史与征南府并屯宛，时已徙屯新野。昶向江陵，引竹絙为桥，渡水击之。絙，居登翻，大索也。吴引沮漳之水浸江陵以北之地，以限魏兵，故昶为桥以渡水。吴大将施绩，夜遁入江陵，绩，朱然之子也。然本施氏，朱治以为子，魏人本其所自出之姓称之。昶欲引致平地与战，乃先遣五军按大道发还，使吴望见而喜，又以所获铠马甲首环城以怒之，铠，可亥翻。环，音宦。设伏兵以待之。绩果来追，昶与战，大破之，斩其将钟离茂、许旻。

9 汉姜维复寇西平，不克。复，扶又翻。

三年（辛未、二五一）

1 春，正月，王基、州泰击吴兵，皆破之，降者数千口。

2 二【章：乙十一行本“二”作“三”；张校同；退斋校同。】月，以尚书令司马孚为司空。

3 夏，四月，甲申，以王昶为征南大将军。以破吴兵进律也。

4 壬辰，大赦。

5 太尉王凌闻吴人塞涂水，即前所作堂邑涂塘也。杨正衡曰：涂，音滁。据今滁河，自滁州至真州。塞，悉则翻。欲因此发兵，大严诸军，表求讨贼；诏报不听。凌遣将军杨弘以废立事告兖州刺史黄华，华、弘连名以白司马懿，懿将中军乘水道讨凌，先下赦赦凌罪，又为书谕凌，已而大军掩至百尺。水经注：沙水东南过陈县，又东南流注于颍，谓之交口。水次有大堰，即古百尺堰；司马宣王讨王凌，大军掩至百尺，即此地。杜佑曰：百尺在陈州宛丘县。不意其至而至曰掩至；掩者，掩其不备也。我朝析汝阴之百尺镇置万寿县。凌自知势穷，乃乘船单出迎懿，遣掾王彧谢罪，送印绶、节钺。掾，俞绢翻。懿军到丘头，水经：颍水过南顿县，又东径丘头，丘头南枕水。魏书郡国志曰：王凌面缚于此，故号武丘。杜佑曰：即今颍州沈丘县。凌面缚水次，懿承诏遣主簿解其缚。

凌既蒙赦，加恃旧好，不复自疑，好，呼到翻。复，扶又翻。径乘小船欲趋懿。趋，逡遇翻。懿使人逆止之，住船淮中，水经注：颍水自丘头东南至慎县，又东南入于淮。懿盖进军已近淮。相去十馀丈。凌知见外，凌与懿同为公，初以为蒙赦而欲趋懿；懿逆拒之，乃知以罪而见外。乃遥谓懿曰：“卿直以折简召我，我当敢不至邪，而乃引军来乎！”懿曰：“以卿非肯逐折简者故也。”古者简长二尺四寸，短者半之。汉制，简长二尺，短者半之。盖单执一札谓之简；折简者，折半之简，言其礼轻也。又按南史，孔闓为孔珪草表，珪以示谢朓，朓嗟吟良久，手自折简写之。凌曰：“卿负我！”懿曰：“我宁负卿，不负国家！”

遂遣步骑六百送凌西诣京师，自颍河溯流而西，诣洛阳。凌试索棺钉以观懿意，懿命给之。给棺钉者，示之以必死。索，山客翻。钉，音丁。五月，甲寅，凌行到项，遂饮药死。

懿进至寿春，张式等皆自首。首，式救翻。懿穷治其事，治，直之翻。诸相连者悉夷三族。发凌、愚冢，剖棺暴尸于所近市三日，近，其靳翻。烧其印绶、章服，亲土埋之。孟子曰：比化者毋使土亲肤。亲土者，裸葬也。绶，音受。

初，令狐愚为白衣时，常有高志，众人谓愚必兴令狐氏。令，力呈翻。族父弘农太守邵独以为："愚性倜傥，倜，他历翻。倜傥，卓异也。不修德而愿大，必灭我宗。"愚闻之，心甚不平。及邵为虎贲中郎将，而愚仕进已多所更历，更，工衡翻。所在有名称。称，昌孕翻。凡名号谓之称。孟子题辞曰：子者，男子之通称。愚从容谓邵曰：从，千容翻。"先时闻大人谓愚为不继，先，悉荐翻。今竟云何邪？"邵熟视而不答，私谓妻子曰："公治性度，犹如故也。令狐愚，字公治。以吾观之，终当败灭，但不知我久当坐之不邪，不，读曰否。将逮汝曹耳。"邵没后十馀年而愚族灭。此晋人作魏史所书云尔。

愚在兖州，辟山阳单固为别驾，单，音善。与治中杨康并为愚腹心。及愚卒，康应司徒辟，至洛阳，露愚阴事，愚由是败。懿至寿春，见单固，问曰："令狐反乎？"曰："无有。"杨康白事，事与固连，康所白愚阴事，事与固连也。遂收捕固及家属皆系廷尉，考实数十，固固云无有。上固，其名；下固，固执也。懿录杨康，录，收也。与固对相诘，诘，去吉翻。固辞穷，乃骂康曰："老佣！佣，雇也。奴仆受雇者曰佣。老佣，犹言老奴也。既负使君，又灭我族，使君，谓令狐愚也。顾汝当活邪！"康初自冀封侯，后以辞颇参错，言狱辞与单固参杂也。亦并斩之。临刑，俱出狱，固又骂康曰："老奴！汝死自分耳。分，扶问翻。若令死者有知，汝何面目以行地下乎！”

诏以扬州刺史诸葛诞为镇东将军，都督扬州诸军事。王凌死而用诸葛诞，诞亦终于为魏。以司马懿之明达，岂不知诞之乃心魏氏哉！大敌在境，帅难其才也。

6 吴主立潘夫人为皇后，大赦，改元太元。

7 六月，赐楚王彪死。尽录诸王公置邺，使有司察之，不得与人交关。虑复如楚王彪为变也。

8 秋，七月，壬戌，皇后甄氏殂。甄，之人翻。

9 辛未，以司马孚为太尉。

10 八月，戊寅，舞阳宣文侯司马懿卒。史以懿死为王凌之祟，信乎？傥其果能然，固忠勇之鬼也。通鉴不语怪，今著之，以示为人臣者。诏以其子卫将军师为抚军大将军，录尚书事。魏、晋之制，骠骑、车骑、卫将军，伏波、抚军、都护、镇军、中军、四征、四镇、龙骧、典军、上军、辅国等大将军，位皆从公；至录尚书事，则专制朝政矣。

11 初，南匈奴自谓其先本汉室之甥，因冒姓刘氏。太祖留单于呼厨泉于邺，分其众为五部，居并州境内。事见六十七卷汉献帝建安二十一年。左贤王豹，单于於扶罗之子也，为左部帅，部族最强。帅，所类翻。城阳太守邓艾前汉置城阳国，后汉省入琅邪国，魏武帝平青州，复置城阳郡。上言：“单于在内，羌夷失统，合散无主。今单于之尊日疏而外土之威日重，谓南单于留邺，虽有尊名，日与部落疏；而左贤王豹居外，部族最强，其威日重也。则胡虏不可不深备也。闻刘豹部有叛胡，可因叛割为二国，以分其势。去卑功显前朝谓去卑侍卫汉献帝东还也，事见六十一卷兴平元年。朝，直遥翻。而子不继业，宜加其子显号，使居雁门。离国弱寇，离国者，离匈奴刘豹之国为二也。追录旧勋，此御边长计也。”又陈“羌胡与民同处者，处，昌吕翻。宜以渐出之，使居民表，表，外也。使居编民之外也。以崇廉耻之教，塞奸宄之路。”塞，悉则翻。司马师皆从之。

邓艾所陈，先于徙戎论。司马师既从之矣，然卒不能杜其乱华之渐，抑所谓“渐出之”者行之而不究邪？岂天将启胡、羯、氐、羌，非人之所能支也！

12 吴立节中郎将陆抗屯柴桑，诣建业治病。病差，差，楚懈翻，病瘳也。当还，吴主涕泣与别，谓曰：“吾前听用谗言，与汝父大义不笃，以此负汝；前后所问，一焚灭之，莫令人见也。”一焚灭之，言一切悉焚灭之也。责问陆逊事，见上卷正始六年。

是时，吴主颇寤太子和之无罪，冬，十一月，吴主祀南郊还，得风疾，欲召和还；全公主及侍中孙峻、中书令孙弘固争之，争者，恐和复立，为己患也。乃止。

吴主以太子亮幼少，议所付托，孙峻荐大将军诸葛恪可付大事。此时通吴国上下皆以恪为才，而峻荐之。峻本无杀恪之心也，恪死于峻手，其罪在恪。峻既窃权，授之弟綝以乱吴国，其罪在峻。读史者其审诸！吴主嫌恪刚很自用，很，户恳翻。峻曰：“当今朝臣之才，无及恪者。”乃召恪于武昌。恪将行，上大将军吕岱戒之曰：“世方多难，难，乃旦翻。子每事必十思。”恪曰：“昔季文子三思而后行，夫子曰：‘再思可矣。’见论语。季文子，鲁大夫季孙行父也。今君令恪十思，明恪之劣也！”岱无以答，时咸谓之失言。

虞喜论曰：夫托以天下，至重也；以人臣行主威，至难也；兼二至而管万机，能胜之者鲜矣。胜，音升。鲜，息浅翻。吕侯，国之元耆，元耆，犹言元老也。志度经远，甫以十思戒之，而便以示劣见拒；此元逊之疏，机神不俱者也！诸葛恪，字元逊。疏，读曰疎。机者，逢事会而发；神者，人之灵明；逢事会而灵明无以应之，则为不俱矣。若因十思之义，广咨当世之务，闻善速于雷动，从谏急于风移，岂得陨身殿堂，死于凶竖之刃！谓恪后为孙峻所杀也。世人奇其英辩，造次可观，造，七到翻。而哂吕侯无对为陋，哂，矢忍翻。不思安危终始之虑；是乐春藻之繁华，乐，音洛。忘秋实之甘口也。昔魏人伐蜀，蜀人御之，精严垂发，而费祎方与来敏对棋，意无厌倦。敏以为必能办贼，事见上卷正始五年。言其明略内定，貌无忧色也。况长宁以为君子临事而惧，好谋而成，临事而惧，好谋而成，论语记孔子之言，而所谓长宁者，未知其为谁也。蜀为蕞尔之国，蕞，祖外翻。而方向大敌，所规所图，唯守与战，何可矜己有馀，晏然无戚！斯乃祎性之宽简，不防细微，卒为降人郭循【章：甲十六行本作“循”；乙十一行本同；下均同。】所害，“循”，当作“修”，注见后。卒，子恤翻。岂非兆见于彼而祸成于此哉！见，贤遍翻。往闻长宁之甄文伟，甄，别也。今睹元逊之逆吕侯，二事体同，皆足以为世鉴也。

13 恪至建业，见吴主于卧内，受诏床下，以大将军领太子太傅，孙弘领少傅；诏有司诸事一统于恪，惟杀生大事，然后以闻。为制群官百司拜揖之仪，各有品序。诸葛恪本盛气者也；吴主既任之，又为制百司拜揖之仪品，是其气愈盛矣。使无东关之捷、合肥之败，恪亦不能济吴之国事也。为，于伪翻。又以会稽太守北海滕胤为太常。胤，吴主婿也。为恪、胤皆败张本。会，古外翻。

14 十二月，以光禄勋荥阳郑冲为司空。

15 汉费祎还成都，费，父沸翻。望气者云：“都邑无宰相位。”乃复北屯汉寿。以祎之才识，乃复信望气者之说邪！葭萌县，汉属广汉郡，蜀先主改曰汉寿县，属梓潼郡。

16 是岁，汉尚书令吕乂卒，以侍中陈祗守尚书令。祗为尚书令，黄皓自此愈用事矣。

四年（壬申、二五二）

1 春，正月，癸卯，以司马师为大将军。

2 吴主立故太子和为南阳王，使居长沙；仲姬子奋为齐王，居武昌；王夫人子休为琅邪王，居虎林。虎林滨大江，吴置督守之。

其后孙綝遣朱异自虎林袭夏口，兵至武昌，而夏口督孙壹奔魏，则虎林又在武昌之下。

3 二月，立皇后张氏，大赦。后，故凉州刺史既之孙，东莞太守缉之女也。东莞县，汉属琅邪郡，魏分为郡。沈约曰：晋武帝泰始元年，分琅邪立东莞郡，当是魏既分而复合于琅邪，晋又分也。莞，音官。召缉拜光禄大夫。为下司马师杀缉张本。

4 吴改元神凤，大赦。

5 吴潘后性刚戾，吴主疾病，后使人问孙弘以吕后称制故事。左右不胜其虐，胜，音升。伺其昏睡，缢杀之，托言中恶，缢，于赐翻，又于计翻。中恶，暴病而死也。中，竹仲翻。后事泄，坐死者六七人。斯事也，实吴用事之臣所为也。潘后欲求称制，左右小人正当相与从臾为之，安有不胜其虐而缢杀之之理！吴史缘饰，后人遂因而书之云尔。孟子曰：尽信书，不如无书。诚哉！

吴主病困，召诸葛恪、孙弘、滕胤及将军吕据、侍中孙峻入卧内，属以后事。属，之欲翻。夏，四月，吴主殂。年七十一。孙弘素与诸葛恪不平，惧为恪所治，治，直之翻。秘不发丧，欲矫诏诛恪；孙峻以告恪。恪请弘咨事，谋事曰咨。于坐中杀之。坐，徂卧翻。乃发丧，谥吴主曰大皇帝。沈约曰：谥大，谥法所不载。太子亮即位。孙亮，字子明，权少子也，即位时，年十岁。大赦，改元建兴。闰月，以诸葛恪为太傅，滕胤为卫将军，吕岱为大司马。恪乃命罢视听，息校官，吴主权置校官，典校诸官府及州郡文书，专任以为耳目。今息校官，即所谓罢视听也。原逋责，除关税，古者关讥而不征，后世始征之，关之有税，非古也，除之是也。崇恩泽，众莫不悦。恪每出入，百姓延颈思见其状。

恪不欲诸王处滨江兵马之地，处，昌吕翻。乃徙齐王奋于豫章，琅邪王休于丹阳。奋、休，皆吴主亮之兄也。奋不肯徙，恪【章：甲十六行本“恪”上有“又数越法度”五字；乙十一行本同；退斋校同；张校同，云无注本亦无此五字。】为笺以遗奋曰：遗，于季翻。“帝王之尊，与天同位，是以家天下，臣父兄；仇雠有善，不得不举，亲戚有恶，不得不诛，所以承天理物，先国后家，先、后，皆去声。盖圣人立制，百代不易之道也。昔汉初兴，多王子弟，至于大强，辄为不轨，上则几危社稷，谓吴、楚七国，淮南、济北、燕、广陵也。王，于况翻。几，居希翻。下则骨肉相残，谓如广川王去之类。其后惩戒以为大讳。自光武以来，诸王有制，惟得自娱于宫内，不得临民，干与政事，其与交通，皆有重禁，光武设科禁，藩王不得交通宾客。干与，读曰预。遂以全安，各保福祚，此则前世得失之验也。大行皇帝览古戒今，防牙遏萌，牙，与芽同。虑于千载，载，于亥翻。是以寝疾之日，分遣诸王各早就国，诏策勤渠，科禁严峻，其所戒敕，无所不至。诚欲上安宗庙，下全诸王，各早就国，承【章：甲十六行本作“使百世相承”五字；乙十一行本同；孔本同；熊校同。】无凶国害家之悔也。书洪范曰：凶于而国，害于而家。“承”，当作“永”。大王宜上惟太伯顺父之志，周太王三子，长曰太伯，次曰仲雍，次曰季历。季历之子曰昌，有圣德，太王欲传国季历以及昌，太伯、仲雍遂逃之荆蛮，让国季历以成父之志。惟，思也。中念河间献王、东海王彊恭顺之节，汉河间献王德，于武帝兄也；东海王彊，于明帝异母兄也。二王之事二帝，极为恭顺；事并见汉纪。下存前世骄恣荒乱之王以为警戒。而闻顷至武昌以来，多违诏敕，不拘制度，擅发诸将兵治护宫室。治，直之翻。又左右常从有罪过者，当以表闻，公付有司；而擅私杀，事不明白。吴诸王有常从吏兵，置常从督以领之。明，显也；白，奏也；谓不显奏其罪而擅杀之也。从，才用翻。中书杨融，亲受诏敕，所当恭肃，乃云‘正自不听禁，谓不听禁约也。当如我何！’闻此之日，小大惊怪，莫不寒心。里语曰：‘明鉴所以照形，古事所以知今。’大王宜深以鲁王为戒，谓鲁王霸也。改易其行，行，下孟翻。战战兢兢，尽礼朝廷，如此，则无求不得。若弃忘先帝法教，怀轻慢之心，臣下宁负大王，不敢负先帝遗诏；宁为大王所怨疾，岂敢忘尊主之威而令诏敕不行于藩臣邪！向使鲁王早纳忠直之言，怀惊惧之虑，惊，当作兢。则享祚无穷，岂有灭亡之祸哉！夫良药苦口，唯病者能甘之；忠言逆耳，唯达者能受之。今者恪等偻偻，偻，卢侯翻。偻偻，恭谨貌。欲为大王除危殆于萌牙，为，于伪翻。广福庆之基原，是以不自知言至，至，极也，切也。愿蒙三思！"王得笺，惧，遂移南昌。南昌县，豫章郡治所。

6 初，吴大帝筑东兴堤以遏巢湖，吴主权黄龙二年筑东兴堤。其后入寇淮南，败，以内船，遂废不复治。谓正始二年芍陂之败也。遏巢湖所以利舟师，而反为湖内之船所败，故废而不治。复，扶又翻。治，直之翻。冬，十月，太傅恪会众于东兴，更作大堤，左右结山，侠筑两城，今栅江口有两山，濡须山在和州界，谓之东关；七宝山在无为军界，谓之西关。两山对峙，中为石梁，凿石通水。唐志：庐州巢县东南四十里，有故东关。侠，读曰夹；古者侠、夹二字通。汉灵帝光和二年华山亭碑，其文有云"吏卒侠路"，晋、宋书诸王有侠毂队，皆以夹为侠。各留千人，使将军全端守西城，都尉留略守东城，留，姓也。汉功臣表有强园〔圉〕侯留肦。姓谱曰：卫大夫留封人之后，汉末避地会稽，遂居东阳，为郡豪族。引军而还。

镇东将军诸葛诞言于大将军师曰："今因吴内侵，使文舒逼江陵，仲恭向武昌，王昶，字文舒，毌丘俭，字仲恭。以羁吴之上流；然后简精卒攻其两城，比救至，可大获也。"比，必寐翻。是时征南大将军王昶、征东将军胡遵、镇南将军毌丘俭等各献征吴之计。朝廷以三征计异，汉置四征将军，谓征东、征西、征南、征北也。其后又置四镇将军，有功进号，则自镇为征。毌丘俭方为镇南，而曰三征，史概言之。诏问尚书傅嘏。嘏对曰："议者或欲泛舟径济，横行江表；或欲四道并进，攻其城垒；或欲大佃疆埸，佃，读曰田。观衅而动；诚皆取贼之常计也。然自治兵以来，出入三载，非掩袭之军也。治，直之翻。贼之为寇，几六十年矣，自汉建安十三年赤壁之战，吴、魏始为寇敌；至是年凡五十五年，吴、魏通者三年耳。几，居希翻。君臣相保，吉凶共患，又丧其元帅，丧，息浪翻。上下忧危，设令列船津要，坚城据险，横行之计，其殆难捷。今边壤之守，与贼相远，贼设罗落，又特重密，谓设烽燧，远候望，以罗落边面也。罗，布也。落，与络同，联络也。庄子曰：牛马四足，是谓天。落马首，穿牛鼻，是谓人。用此落字。重，直龙翻。间谍不行，间，古苋翻；下同。谍，达协翻。耳目无闻。夫军无耳目，校察未详，而举大众以临巨险，此为希幸徼功，徼，一遥翻。先战而后求胜，非全军之长策也。唯有进军大佃，最差完牢；可诏昶、遵等择地居险，审所错置，错，仓故翻。及令三方一时前守。夺其肥壤，使还堉土，一也；堉，秦昔翻。兵出民表，寇钞不犯，二也；钞，楚交翻。招怀近路，降附日至，三也；降，户江翻。罗落远设，间构不来，四也；贼退其守，罗落必浅，佃作易立，五也；易，以豉翻。坐食积谷，士不运输，六也；衅隙时闻，讨袭速决，七也；凡此七者，军事之急务也。不据则贼擅便资，据之则利归于国，不可不察也。夫屯垒相逼，形势已交，智勇得陈，巧拙得用，策之而知得失之计，角之而知有馀不足，虏之情伪，将焉所逃！焉，于虔翻。夫以小敌大，则役烦力竭；以贫敌富，则敛重财匮。敛，力赡翻。故曰：'敌逸能劳之，饱能饥之'，孙武子兵法之言也。此之谓也。"司马师不从。

十一月，诏王昶等三道击吴。十二月，王昶攻南郡，毌丘俭向武昌，胡遵、诸葛诞率众七万攻东兴。甲寅，吴太傅恪将兵四万，晨夜兼行，救东兴。胡遵等敕诸军作浮桥以渡，陈于堤上，陈，读曰阵。分兵攻两城；城在高峻，不可卒拔。卒，读曰猝。诸葛恪使冠军将军丁奉与吕据、留赞、唐咨为前部，从山西上。上，时掌翻；下同。奉谓诸将曰："今诸军行缓，若贼据便地，则难以争锋，我请趋之。"趋，七喻翻。乃辟诸军使下道，辟，读如闢。辟诸军使避路而己军前进也。奉自率麾下三千人径进。时北风，奉举帆二日，即至东关，遂据徐塘。徐塘，盖近东关。时天雪，寒，胡遵等方置酒高会。奉见其前部兵少，谓其下曰："取封侯爵赏，正在今日！"乃使兵皆解铠，去矛戟，去，羌吕翻。但兜鍪刀楯，倮身缘堨。兜鍪，首铠。鍪，莫侯翻。楯，食尹翻。倮，鲁果翻。堨，阿葛翻。魏人望见，大笑之，不即严兵。吴兵得上，便鼓噪，斫破魏前屯，吕据等继至；魏军惊扰散走，争渡浮桥，桥坏绝，自投于水，更相蹈藉。更，工衡翻。前部督韩综、乐安太守桓嘉等皆没，死者数万。综故吴叛将，综叛吴事见七十卷明帝太和元年。数为吴害，数，所角翻。吴大帝常切齿恨之，诸葛恪命送其首以白大帝庙。获车乘、牛马、骡驴各以千数，乘，绳证翻。骡，卢戈翻。资器山积，振旅而归。

7 初，汉姜维寇西平，见上卷嘉平二年。获中郎将郭循，循，徧考字书无其字。又考三国志三少帝纪作"郭脩"，蜀志张嶷传亦作"郭脩"，裴松之注亦云：脩，字孝先。费祎传作"郭循"，后主传亦然。今三国志旧本，凡书"循"者多从"循"，余谓此"循"即"修"字之误也，后人以"循"字无所出，又改"亻"为"彳"，遂为"循"字耳。盘洲洪氏曰：自东汉以来，凡"盾"字皆作"循"字。又曰：汉隶"循"、"脩"颇相近，隶法"循"、"脩"只争一画。汉人以为左将军。循欲刺汉主，不得亲近，每因上寿，且拜且前，刺，七亦翻。近，其靳翻。上，时掌翻。为左右所遏，事辄不果。为下循杀费祎张本。

王崇武标点容肇祖聂崇岐覆校

资治通鉴卷第七十六

翰林学士兼侍读学士朝散大夫右谏议大夫知制诰
判尚书都省兼提举万寿观公事柱国河内郡开国侯 司马光 奉敕编集
食邑一千三百户食实封二百户赐紫金鱼袋臣
后学天台胡三省音注

魏纪八 起昭阳作噩(癸酉)，尽旃蒙大渊献(乙亥)，凡三年。

邵陵厉公下

嘉平五年(癸酉、二五三)

1 春，正月，朔，蜀大将军费祎与诸将大会于汉寿，郭循在坐；费，父沸翻。坐，徂卧翻。"循"当作"脩"；下同。蜀先主改葭萌为汉寿。祎欢饮沈醉，沈，持林翻。循起刺祎，杀之。刺，七亦翻。祎资性泛爱，泛，孚梵翻；广也，言无所不爱也。不疑于人。越巂太守张嶷巂，音髓。嶷，鱼力翻。尝以书戒之曰："昔岑彭率师，来歙杖节，咸见害于刺客。岑彭、来歙事见四十二卷汉光武建武十一年。歙，许及翻。今明将军位尊权重，待信新附太过，宜鉴前事，少以为警。"少，诗沼翻。祎不从，故及祸。

2 诏追封郭循为长乐乡侯，乐，音洛。使其子袭爵。

3 王昶、毌丘俭闻东军败，时三道伐吴，东关最在东，故曰东军。昶，丑两翻。各烧屯走。朝议欲贬黜诸将，朝，直遥翻；下同。大将军师曰："我不听公休，诸葛诞，字公休。以至于此。此我过也，诸将何罪！"悉宥之。师弟安东将军昭时为监军，唯削昭爵而已。监，工衔翻。以诸葛诞为镇南将军，都督豫州；毌丘俭为镇东将军，都督扬州。

是岁，雍州刺史陈泰求敕并州并力讨胡，雍，于用翻。师从之。未集，而新兴、雁门二郡胡以远役，遂惊反。雍州在并州西南，而雁门、新兴二郡，并州北鄙也，其道里相去远。汉末，曹公集塞下荒地为新兴郡。宋白曰：曹公立新兴郡于楼烦郡，唐为岚州，汉为汾阳县地。师又谢朝士曰："此我过也，非陈雍州之责！"是以人皆愧悦。司马师承父懿之后，大臣未附，引咎责躬，所以愧服天下之心而固其权耳。盗亦有道，况盗国乎！

习凿齿论曰：司马大将军引二败以为己过，二败，谓东关师败及并州胡反也。过消而业隆，可谓智矣。若乃讳败推过，推，吐雷翻。归咎万物，常执其功而隐其丧，丧，息浪翻。上下离心，贤愚解体，谬之甚矣！呜呼，此贾相国之所以败也！君人者，苟统斯理以御国，行失而名扬，行，下孟翻。兵挫而战胜，虽百败可也，况于再乎！

4 光禄大夫张缉言于师曰："恪虽克捷，见诛不久。"师曰："何故？"缉曰："威震其主，功盖一国，求不死，得乎！"缉料恪虽中，缉亦卒为师所杀。师方专政，忌才智而疾异己，况以缉而耀明于师乎！

5 二月，吴军还自东兴。进封太傅恪阳都侯，加荆、扬州牧，督中外诸军事。恪遂有轻敌之心，复欲出军，复，扶又翻。诸大臣以为数出罢劳，数，所角翻。罢，读曰疲。同辞谏恪；恪不听。中散大夫蒋延固争，汉制，大夫、议郎皆掌顾问应对，无常事。中散大夫秩六百石，在谏议大夫上。按中散大夫，王莽所置，后汉因之。散，悉亶翻。恪命扶出。因著论以谕众曰："凡敌国欲相吞，即仇雠欲相除也。有雠而长之，长，知两翻。左传：晋先轸曰：堕军实而长寇雠。祸不在己，则在后人，不可不为远虑也。昔秦但得关西耳，谓函谷关以西也。尚以并吞六国。今以魏比古之秦，土地数倍；以吴与蜀，比古六国，不能半也。然今所以能敌之者，但以操时兵众，于今适尽，而后生者未及长大，正是贼衰少未盛之时。是时，魏兴三十馀年，生聚教训，精兵良将，分镇方面。诸葛、蒋、费、陆逊、朱然相继凋谢，吴、蜀盖小懦矣。恪不能兢惧以保胜，恃一战之捷，遽谓魏人为衰少未盛之时，其轻敌甚矣。长，知两翻。少，诗沼翻。加司马懿先诛王凌，续自陨毙，事见上卷嘉平三年。其子幼弱而专彼大任，虽有智计之士，未得施用。当今伐之，是其厄会；既以司马师为幼弱，又谓其未能用人，兹可谓不善料敌者矣。圣人急于趋时，趋，七喻翻。诚谓今日。若顺众人之情，怀偷安之计，以为长江之险可以传世，不论魏之终始而以今日遂轻其后，此吾所以长叹息者也！恪自谓其才足以办魏，不欲以贼遗后人；吾不知其自视与叔父亮果何如也！孔明累出师以攻魏，每言一州之地不足以与贼支久，卒无成功，赍志以没。恪无孔明之才而轻用其民，不唯不足以强吴，适足以灭其身，灭其家而已。今闻众人或以百姓尚贫，欲务闲息，此不知虑其大危而爱其小勤者也。昔汉祖幸已自有三秦之地，何不闭关守险以自娱乐，空出攻楚，身被创痍，事见汉高帝纪。乐，音洛。被，皮义翻。创，初良翻。介胄生虮虱，虮，居岂翻。将士厌困苦，岂甘锋刃而忘安宁哉？虑于长久不得两存者耳。每鉴荆邯说公孙述以进取之图，事见四十二卷汉光武建武六年。邯，下甘翻。说，输芮翻。近见家叔父表陈与贼争竞之计，家叔父，谓诸葛亮。亮表见七十一卷明帝太和二年。未尝不喟然叹息也！夙夜反侧，所虑如此，故聊疏愚言，以达一二【章：甲十一行本作“二三”；乙十一行本同；孔本同。】君子之末。若一朝陨没，志画不立，贵令来世知我所忧，可思于后耳。”众人虽皆心以为不可，然莫敢复难。复，扶又翻；下同。难，乃旦翻。

丹阳太守聂友素与恪善，以书谏恪曰：“大行皇帝本有遏东关之计，吴主之丧未逾年，故称之为大行皇帝。聂，尼辄翻。计未施行；【章：甲十一行本“行”下有“今公辅赞大业成先帝之志”十一字；乙十一行本同；张校同；退斋校同；孔本同，“成”字作“承”。】寇远自送，谓魏兵远来而自送死也。将士凭赖威德，出身用命，一旦有非常之功，岂非宗庙神灵社稷之福邪！聂友此言，所以抑恪之盛气者，婉而当，有古朋友切偲之义焉。宜且按兵养锐，按，抑也。观衅而动。今乘此势欲复大出，复，扶又翻。天时未可而苟任盛意，私心以为不安。”恪题论后，为书答友曰：即前所著以喻众之论也。“足下虽有自然之理，然未见大数，谓胜负存亡之大数也。熟省此论，可以开悟矣。”恪之所以待旧友者，骄倨如此；吴主权嫌其刚狠自用，盖已见之矣。省，悉景翻。

滕胤谓恪曰：“君受伊、霍之托，入安本朝，朝，直遥翻。出摧强敌，名声振于海内，天下莫不震动，万姓之心，冀得蒙君而息。今猥以劳役之后，劳役，谓内有山陵营作，外有东关之师也。兴师出征，民疲力屈，远主有备。左传：秦大夫蹇叔谏穆公曰：劳师以袭远，师劳力屈，远主备之，无乃不可乎！若攻城不克，野略无获，是丧前劳而招后责也。丧，息浪翻。不如按甲息师，观隙而动。且兵者大事，左传曰：国之大事，在祀与戎。事以众济，众苟不悦，君独安之！”胤之言，可谓深切矣。恪曰：“诸云不可，皆不见计算，怀居苟安者也；而子复以为然，复，扶又翻；下同。吾何望乎！夫以曹芳暗劣，劣，弱也。而政在私门，私门，谓司马氏。彼之民臣，固有离心。今吾因国家之资，借战胜之威，则何往而不克哉！”谈何容易！三月，恪大发州郡二十万众复入寇，复，扶又翻。以滕胤为都下督，掌统留事。

6 夏，四月，大赦。

7 汉姜维自以练西方风俗，姜维本天水冀人，故自以为练西方风俗。练，习也。兼负其才武，欲诱诸羌、胡以为羽翼，诱，音酉。谓自陇以西，可断而有。断，丁管翻。每欲兴军大举，费祎常裁制不从，与其兵不过万人，曰：“吾等不如丞相亦已远矣；丞相，谓诸葛亮。丞相犹不能定中夏，况吾等乎！不如且保国治民，谨守社稷，治，直之翻。如其功业，以俟能者，无为希冀徼幸，徼，坚尧翻。决成败于一举；若不如志，悔之无及。”及祎死，维得行其志，费祎死，蜀诸臣皆出维下，故不能裁制之。及将数万人出石营，围狄道。石营在董亭西南，维盖自武都出石营也。狄道县属陇西郡，为维以劳民亡蜀张本。

8 吴诸葛恪入寇淮南，驱略民人。诸将或谓恪曰："今引军深入，疆埸之民，必相率远遁，恐兵劳而功少；埸，音亦。少，诗沼翻。不如止围新城，合肥新城也。新城困，救必至，至而图之，乃可大获。"此即诸葛诞言于司马师之计也。见上卷上年。恪从其计，五月，还军围新城。

诏太尉司马孚督军二十万往赴之。大将军师问于虞松曰："今东西有事，二方皆急，谓吴攻淮南，蜀攻陇西也。而诸将意沮，若之何？"沮，在吕翻。松曰："昔周亚夫坚壁昌邑而吴、楚自败，事见十六卷汉景帝三年。事有似弱而强，不可不察也。今恪悉其锐众，足以肆暴，而坐守新城，欲以致一战耳。致者，犹古所谓致师也。若攻城不拔，请战不可，师老众疲，势将自走，诸将之不径进，乃公之利也。姜维有重兵而县军应恪，县，读曰悬。投食我麦，谓维军后无转饷，投兵魏地，拟其麦以为食耳。非深根之寇也。且谓我并力于东，西方必虚，是以径进。今若使关中诸军倍道急赴，出其不意，殆将走矣。"师曰："善！"乃使郭淮、陈泰悉关中之众，解狄道之围；敕毌丘俭按兵自守，以新城委吴。毌，音无。陈泰进至洛门，即天水冀县落门聚。姜维粮尽，退还。果如虞松所料。

扬州牙门将涿郡张特守新城，吴人攻之连月，城中兵合三千人，疾病战死者过半，而恪起土山急攻，城将陷，不可护。特乃谓吴人曰："今我无心复战也。复，扶又翻。然魏法，被攻过百日而救不至者，虽降，家不坐；言虽身降而其家不坐罪也。被，皮义翻。降，户江翻。自受敌以来，已九十馀日矣，此城中本有四千馀人，战死者已过半，城虽陷，尚有半人不欲降，我当还为相语，条别善恶，为，于伪翻。语，牛倨翻。别，彼列翻。明日早送名，且以我印绶去为信。”乃投其印绶与之。吴人听其辞而不取印绶。绶，音受。特乃投夜彻诸屋材栅，补其缺为二重，重，直龙翻。明日，谓吴人曰：“我但有斗死耳！”吴人大怒，进攻之，不能拔。

会大暑，吴士疲劳，饮水，泄下、流肿，病者太半，死伤涂地。诸营吏日白病者多，恪以为诈，欲斩之，自是莫敢言。恪内惟失计，惟，思也。而耻城不下，忿形于色。将军朱异以军事迕恪，迕，五故翻，逆也。恪立夺其兵，斥还建业。都尉蔡林数陈军计，数，所角翻。恪不能用，策马来奔。诸将伺知吴兵已疲，乃进救兵。伺，相吏翻。秋，七月，恪引军去，士卒伤病，流曳道路，或顿仆坑壑，流者，放而不能自收也。曳者，羸困不能自扶，相牵引而行。颠仆，颠顿而僵仆也。壑，沟也。或见略获，存亡哀痛，大小嗟呼。而恪晏然自若，出住江渚一月，渚，水中洲也。图起田于浔阳；汉寻阳故县地也，在大江之北。寻阳记曰：寻阳，春秋为吴之西境，楚之东境，本在大江之北，今蕲州界古兰城是也。诏召相衔，言召命相继也。舟行以舳舻不绝为相衔，陆行以马首尾相接为相衔。徐乃旋师。由是众庶失望，怨讟兴矣。痛怨而谤曰讟。讟，徒木翻。

汝南太守邓艾言于司马师曰：“孙权已没，大臣未附，吴名宗大族皆有部曲，阻兵仗势，足以违命。诸葛恪新秉国政，而内无其主，不念抚恤上下以立根基，竞于外事，虚【章：甲十一行本“虚”作“虐”，虐下空一格；乙十一行本均同。】用其民，悉国之众，顿于坚城，死者万数，载祸而归，此恪获罪之日也。昔子胥、吴起、商鞅、乐毅皆见任时君，主没犹败，伍子胥见任于吴王阖闾，阖闾死，夫差不能用其言而杀之。吴起事见一卷周安王二十一年。商鞅事见二卷显王三十一年。乐毅事见四卷赧王三十六年。况恪才非四贤，而不虑大患，其亡可待也。"张缉、邓艾皆料诸葛恪必诛，缉死而艾存者，缉附李丰而艾为师用也。然艾不死于师而死于昭者，功名之际难居，重以钟会之构间也。

八月，吴军还建业，诸葛恪陈兵导从，从，才用翻。归入府馆，府馆，即府舍也。即召中书令孙嘿，厉声谓曰："卿等何敢数妄作诏！"怒其数作诏召之也。数，所角翻。嘿惶惧辞出，因病还家。

恪征行之后，曹所奏署令长职司，一更罢选，曹，选曹也。罢选者，罢而更选也。长，知两翻。愈治威严，多所罪责，当进见者无不竦息。治，直之翻。又改易宿卫，用其亲近；复敕兵严，欲向青、徐。凡此者，皆恪所以速死。复敕兵严者，戒兵士使严装也。复，扶又翻。

孙峻因民之多怨，众之所嫌，构恪于吴主，云欲为变。冬，十月，孙峻与吴主谋置酒请恪。恪将入之夜，精爽扰动，左传：郑子产曰：人生始化曰魄，既生魄，阳曰魂。用物精多，则魂魄强，是以有精爽至于神明。杜预曰：爽，明也。扰动，言不安也。通夕不寐；死期将至，故然。又，家数有妖怪，数，所角翻。恪疑之。旦日，驻车宫门，峻已伏兵于帷中，恐恪不时入，事泄，乃自出见恪曰："使君若尊体不安，自可须后，须，待也。峻当具白主上。"欲以尝知恪意，尝，试也。恪曰："当自力入。"言当自力疾而入见吴主也。散骑常侍张约、朱恩等密书与恪曰："今日张设非常，张，竹亮翻。疑有他故。"恪以书示滕胤，胤劝恪还。恪曰："儿辈何能为！正恐因酒食中人耳。"中，竹仲翻。考异曰：恪传曰："恪省张约等书而去，未出路门，逢太常滕胤。恪曰：'卒腹痛，不任入。'胤不知峻阴计，谓恪曰：'君自行旋未见上，今上置酒请君，君已至门，宜当力进。'恪踌躇而还。"

孙盛以为不然。今从吴历。恪入，剑履上殿，进谢还坐。设酒，恪疑未饮。孙峻曰："使君病未善平，言病未良已也。有常服药酒，可取之。"恪意乃安。别饮所赍酒，数行，吴主还内；峻起如厕，解长衣，着短服，着，陟略翻。出曰："有诏收诸葛恪。"恪惊起，拔剑未得，而峻刀交下，张约从旁斫峻，裁伤左手，峻应手斫约，断右臂。断，丁管翻。武卫之士皆趋上殿，武卫之士，武卫将军领之。峻曰："所取者恪也，今已死！"悉令复刃，令内刃于鞘也。乃除地更饮。恪二子竦、建闻难，难，乃旦翻。载其母欲来奔，峻使人追杀之。以苇席裹恪尸，篾束腰，投之石子冈。恪传曰：建业南有长陵，名石子冈，葬者依焉。按今高座寺后即石子冈，寺在建康城南门外。宋白曰：石子冈在台城南四十里，盖今建康城，非台城也。又遣无难督施宽就将军施绩、孙壹军，施绩，时在江陵；孙壹，时在夏口。杀恪弟奋威将军融于公安，及其三子。恪外甥都乡侯张震、常侍朱恩，皆夷三族。

临淮臧均表乞收葬恪曰："震雷电激，不崇一朝；郑康成曰：崇，终也；言不终朝也。大风冲发，希有极日；然犹继之以云雨，因以润物。是则天地之威，不可经日浃辰；浃，即协翻，周也。辰，十二辰也。十二日辰一周，曰浃辰。帝王之怒，不宜讫情尽意。讫，亦尽也，音居乞翻。臣以狂愚，不知忌讳，敢冒破灭之罪谓破家灭身之罪。以邀风雨之会。伏念故太傅诸葛恪，罪积恶盈，自致夷灭，父子三首，枭市积日，枭，坚尧翻。观者数万，詈声成风；国之大刑，无所不震，长老孩幼，无不毕见。长，知两翻。人情之于品物，品，众也，庶也。乐极则哀生，乐，音洛。见恪贵盛，世莫与贰，身处台辅，处，昌吕翻。中间历年，今之诛夷，无异禽兽，观讫情反，能不憯然！憯，七感翻，痛也。且已死之人，与土壤同域，凿掘斫刺，无所复加。刺，七亦翻。复，扶又翻；下同。愿圣朝稽则乾坤，稽，考也；法，则也。怒不极旬，使其乡邑若故吏民收以士伍之服，秦、汉之制，夺官爵者为士伍。惠以三寸之棺。礼记曰：夫子制于中都，四寸之棺，五寸之椁。郑康成注云：此庶人之制也。按礼，上大夫棺八寸，椁六寸，下大夫棺六寸，椁四寸，无三寸棺制也。孟子曰：中古棺七寸，椁称之。墨子尚俭，桐棺三寸。左传赵简子曰：桐棺三寸，不设属辟，下卿之罚也。昔项籍受殡葬之施，韩信获收敛之恩，斯则汉高发神明之誉也。葬项籍事，见十一卷汉高帝五年。敛韩信事，今史无所考，史云："帝闻信死，且喜且怜之"，是必收敛之也。施，式智翻。敛，力赡翻。惟陛下敦三皇之仁，上古送死，弃之中野，后世圣人易之以棺椁，此所谓三皇之仁也。垂哀矜之心，使国泽加于辜戮之骸，复受不已之恩，于以扬声遐方，沮劝天下，岂不大哉！沮，在吕翻。昔栾布矫命彭越，事见十二卷汉高帝十一年。臣窃恨之，不先请主上而专名以肆情，其得不诛，实为幸耳。今臣不敢章宣愚情以露天恩，谨伏手书，冒昧陈闻，古之人臣进言于君，率曰冒死，曰昧死，谓人君之威难犯，冒昧其死罪而言也。乞圣明哀察。"于是吴主及孙峻听恪故吏敛葬。敛，力赡翻。

初，恪少有盛名，少，诗照翻。大帝深器重之，而恪父瑾常以为戚，曰："非保家之主也。"戚，忧也。瑾，渠吝翻。父友奋威将军张承亦以为恪必败诸葛氏。败，补迈翻。陆逊尝谓恪曰："在我前者吾必奉之同升，在我下者则扶接之；今观君气陵其上，意蔑乎下，蔑者，视之若无。非安德之基也。"汉侍中诸葛瞻，亮之子也。恪再攻淮南，越巂太守张嶷与瞻书曰："东主初崩，吴在蜀东，故谓其君为东主。巂，音髓。嶷，鱼力翻。帝实幼弱，帝谓吴主亮。太傅受寄托之重，诸葛恪为吴太傅，故称之。亦何容易！易，以豉翻。亲有周公之才，犹有管、蔡流言之变，谓周公之才，而有叔父之亲，且不能免于管、蔡之流言。霍光受任，亦有燕、盖、上官逆乱之谋，事见二十三卷汉昭帝元凤元年。赖成、昭之明以免斯难耳。难，乃旦翻。昔每闻东主杀生赏罚，不任下人，又今以垂没之命，卒召太傅，属以后事，卒，读曰猝。属，之欲翻。诚实可虑。加吴、楚剽急，乃昔所记，周亚夫曰：吴、楚剽轻。太史公曰：楚俗剽轻易发怒，自汉以来，皆有是言。剽，匹妙翻。而太傅离少主，离，力智翻。少，诗照翻。履敌庭，恐非良计长算也。虽云东家纲纪肃然，上下辑睦，东家，亦谓吴立国于东也。百有一失，非明者之虑也。取古则今，今则古也，则，子德翻。则，刌劘也，样也，言取古事以刌劘今之事，今犹古也。自非郎君进忠言于太傅，自汉以来，门生故吏，率称恩门子弟为郎君。谁复有尽言者邪！复，扶又翻。旋军广农，务行德惠，数年之中，东西并举，实为不晚，愿深采察！"恪果以此败。

吴群臣共议上奏，推孙峻为太尉，滕胤为司徒。上，时掌翻。有媚峻者言曰："万机宜在公族，若承嗣为亚公，滕胤字承嗣。司徒位亚太尉，故曰亚公。声名素重，众心所附，不可量也。"量，音良。乃表峻为丞相、大将军，督中外诸军事，又不置御史大夫；由是士人失望。汉承秦制，置御史大夫以副丞相理众事；今峻为丞相而不置御史大夫，则专吴国之政，故国人失望。滕胤女为恪子竦妻，胤以此辞位。孙峻曰："鲧、禹罪不相及，舜之罪也，殛鲧；其举也，兴禹。滕侯何为！"峻与胤虽内不沾洽，言其情不浃洽也。而外相苞容，进胤爵高密侯，共事如前。

齐王奋闻诸葛恪诛，下住芜湖，欲至建业观变。傅相谢慈等谏，奋杀之，坐废为庶人，徙章安。章安，前汉冶县也，故闽越地，光武更名章安，属会稽郡。沈约宋志曰：临海太守，本会稽东部都尉，前汉治鄞，后汉分会稽为吴郡，疑是都尉徙治章安也。晋太康记曰：章安本鄞县南之回浦乡。余谓太康志所云，即吴临海郡之章安县地，今台州黄岩县章安镇是也。奋徙章安，即临海之章安也。

南阳王和妃张氏，诸葛恪之甥也。先是恪有迁都之意，先，悉荐翻。使治武昌宫，治，直之翻。民间或言恪欲迎和立之。

及愔被诛，丞相峻因此夺和玺绶，南阳王玺绶也。玺，斯氏翻。绶，音受。徙新都，又遣使者追赐死。初，和妾何氏生子皓，诸姬子德、谦、俊。和将死，与张妃别，妃曰："吉凶当相随，终不独生。"亦自杀。何姬曰："若皆从死，谁当字孤！"从，才用翻。说文曰：字，乳也，爱也。遂抚育皓及其三弟，皆赖以获全。为后吴人立皓张本。

高贵乡公上 讳髦，字彦士，文帝孙，东海定王霖子也。正始五年，封高贵乡公。高贵乡，属郯县。

正元元年（甲戌、二五四）是年，嘉平六年也，冬，十月，高贵乡公方改元正元，通鉴以是年系之高贵乡公，因书正元元年。

1 春，二月，杀中书令李丰。初，丰年十七、八，已有清名，海内翕然称之。其父太仆恢不愿其然，敕使闭门断客。断，读曰短。曹爽专政，司马懿称疾不出，事见上卷邵陵厉公正始八年、九年。丰为尚书仆射，依违二公间，故不与爽同诛。丰子韬，以选尚齐长公主。帝之姊妹曰长公主；齐主盖明帝女。长，知两翻。司马师秉政，以丰为中书令。是时，太常夏侯玄有天下重名，以曹爽亲，【章：甲十一行本"亲"下有"故"字；乙十一行本同；孔本同；张校同。】不得在势任，居常怏怏；邵陵厉公嘉平元年，玄自关右召诣京师。势任，权势之任也。怏，于两翻。张缉以后父去郡家居，缉自东莞召，见上卷嘉平四年。亦不得意：丰皆与之亲善。师虽擢用丰，丰私心常在玄。丰在中书二岁，帝数召丰与语，数，所角翻。不知所说。师知其议己，请丰相见以诘丰，诘，去吉翻。丰不以实告；师怒，以刀镮筑杀之，镮，户关翻。刀把上有镮；筑，捣也。送尸付廷尉，遂收丰子韬及夏侯玄、张缉等皆下廷尉，下，遐稼翻；下及下同。钟毓按治，云："丰与黄门监苏铄、永宁署令乐敦，汉有黄门令，宦者为之。黄门监，盖魏置也。永宁宫，魏太后宫名。永宁署令，太后宫官也，亦宦者为之。治，直之翻。冗从仆射刘贤等汉制，中宫冗从仆射，宦者为之，主黄门冗从，秩六百石。沈约志曰：汉东京有中黄门冗从仆射，魏世因其名而置冗从仆射。冗，而陇翻，散也。谋曰：'拜贵人日，诸营兵皆屯门，屯宫城门也。陛下临轩，檐宇之末曰轩。促御坐前临殿陛曰临轩。因此同奉陛下，将群僚人兵，就诛大将军；下将，即亮翻。陛下傥不从人，便当劫将去耳。'"又云："谋以玄为大将军，缉为车【章：甲十一行本"车"作"骠"；乙十一行本同；张校同；孔本作"票"。】骑将军；玄、辑【章：甲十一行本"辑"作"缉"；乙十一行本同。】皆知其谋。"此上皆狱辞也。庚戌，诛韬、玄、缉、铄、敦、贤，皆夷三族。

夏侯霸之入蜀也，见上卷嘉平四年。邀玄欲与之俱，玄不从。及司马懿薨，中领军高阳许允谓玄曰："无复忧矣！"复，扶又翻。玄叹曰："士宗，卿何不见事乎！许允字士宗。不见事，犹今人言不晓事也。此人犹能以通家年少遇我，少，诗照翻。子元、子上不吾容也。"司马师，字子元。司马昭，字子上。及下狱，玄不肯下辞，钟毓自临治之。治，直之翻。玄正色责毓曰："吾当何罪！卿为令史责人也，自汉以来，公府有令史，廷尉则有狱史耳。玄盖责毓以身为九卿，乃承公府指，自临治我，是为公府令史而责人也。卿便为吾作！"为，于伪翻；下同。毓以玄名士，节高，不可屈，而狱当竟，竟，结竟也。夜为作辞，令与事相附，为作狱辞，使与所按之事相附合也。流涕以示玄；玄视，颔之而已。及就东市，颜色不变，举动自若。

李丰弟翼，为兖州刺史，司马师遣使收之。翼妻荀氏谓翼曰："中书事发，可及诏书未至赴吴，何为坐取死亡！左右可同赴水火者为谁？"赴水火者，入必焦没，自非誓同生死，安肯相从，故以为言。翼思未答，妻曰："君在大州，不知可与同死生者，虽去亦不免！"翼曰："二儿小，吾不去，今但从坐身死耳，谓从兄坐罪止一身，若奔吴不达，祸及妻子也。二儿必免。"乃止，死。

初，李恢与尚书仆射杜畿及东安太守郭智善，东安县，前汉属城阳国，后汉属琅邪国，魏分为郡。沈约曰：晋惠帝分东莞为东安郡；盖魏既分而又省并，既省并而晋又分属东莞，又自东莞分为郡也。智子冲，有内实而无外观，州里弗称也。冲尝与李丰俱见畿，既退，畿叹曰："孝懿无子；非徒无子，殆将无家。君谋为不死也，其子足继其业。"李恢，字孝懿。郭智，字君谋。时人皆以畿为误，及丰死，冲为代郡太守，卒继父业。卒，子恤翻。

正始中，夏侯玄、何晏、邓飏俱有盛名，欲交尚书郎傅嘏，嘏不受。嘏友人荀粲怪而问之，嘏曰："太初志大其量，能合虚声而无实才。夏侯玄，字太初。何平叔言远而情近，好辩而无诚，所谓利口覆邦国之人也。论语：孔子曰：恶利口之覆邦家者。何晏，字平叔。好，呼到翻。邓玄茂有为而无终，外要名利，内无关钥，贵同恶异，多言而妒前；多言多衅，妒前无亲。邓飏字玄茂。妒前者，忌前也。人忌胜己，则无亲之者。要，一遥翻。恶，乌路翻。以吾观此三人者，皆将败家；远之犹恐祸及，败，补迈翻。远，于愿翻。况昵之乎！"昵，尼质翻，近也，比也。嘏又与李丰不善，谓同志曰："丰饰伪而多疑，矜小智而昧于权利，若任机事，其死必矣！"

2 辛亥，大赦。

3 三月，废皇后张氏；曹操杀汉后伏氏，而司马师杀魏后张氏；此不惟天道，亦操之有以教之也。夏，四月，立皇后王氏，奉车都尉夔之之女也。

4 狄道长李简密书请降于汉。长，知两翻。降，户江翻。六月，姜维寇陇西。

5 中领军许允素与李丰、夏侯玄善。秋，允为镇北将军、假节、都督河北诸军事。晋有假节都督者，与四征镇加大将军不开府为都督者同。四征、镇、安、平，加大将军不开府持节都督者，品秩第二。帝以允当出，诏会群臣，帝特引允以自近；近，其靳翻。允当与帝别，涕泣歔欷。君臣不密，遂并蹈失臣、失身之祸。歔，音虚。欷，音希，又许既翻。允未发，有司奏允前放散官物，收付廷尉，徙乐浪，乐浪，音洛琅。未至，道死。

6 吴孙峻骄矜淫暴，国人侧目。司马桓虑谋杀峻，立太子登之子吴侯英；不克，皆死。

7 帝以李丰之死，意殊不平。安东将军司马昭镇许昌，诏召之使击姜维。九月，昭领兵入见，帝幸平乐观以临军过。见，贤遍翻。乐，音洛。观，古玩翻。左右劝帝因昭辞，杀之，勒兵以退大将军；已书诏于前，帝惧，不敢发。

昭引兵入城，大将军师乃谋废帝。平乐观在洛阳城西，昭已过军，复引入城，帝事去矣。甲戌，师以皇太后令召群臣会议，矫太后令以召群臣。以帝荒淫无度，亵近倡优，倡，齿良翻。倡优，女乐也。近，其靳翻。不可以承天绪；群臣皆莫敢违。乃奏收帝玺绶，归藩于齐。玺，斯氏翻。绶，音受。使郭芝入白太后，太后方与帝对坐，芝谓帝曰："大将军欲废陛下，立彭城王据！"彭城王据，文帝子。此何等语！芝，太后之从父也，故使之入胁太后。帝乃起去。太后不悦。芝曰："太后有子不能教，今大将军意已成，又勒兵于外以备非常，但当顺旨，将复何言！"复，扶又翻。太后曰："我欲见大将军，口有所说。"芝曰："何可见邪！但当速取玺绶！"王莽篡汉，遣王舜求玺于元后，其辞气何至如此！太后意折，折，屈也；音之列翻。乃遣傍侍御取玺绶着坐侧。太后侍御非止一人，傍侍御，谓当时侍御之在傍侧者。着，直略翻。坐，徂卧翻。芝出报师，师甚喜。王莽、司马师、萧鸾，同是心也。国之奸贼，必有羽翼，有天下者其戒之哉！又遣使者授帝齐王印绶，出就西宫。帝与太后垂涕而别，人【章：甲十一行本"人"作"遂"；乙十一行本同；孔本同；熊校同。】乘王车，从太极殿南出，王车，诸王所乘青盖车也。群臣送者数十人，司马孚悲不自胜，胜，音升。馀多流涕。废帝时年二十一。

师又使使者请玺绶于太后。太后曰："彭城王，我之季叔也，今来立，我当何之！之，往也。且明皇帝当永绝嗣乎？高贵乡公，文【章：甲十一行本"文"下有"皇"字；乙十一行本同。】帝之长孙，明皇帝之弟子，太后谓明帝绝嗣，盖谓以据为后，则兄死弟及；又礼兄弟不得相入庙也。文帝黄初三年，初制封王之庶子为乡公，嗣王之庶子为侯，公、侯之庶子为亭伯。于礼，小宗有后大宗之义，其详议之。"世嫡为大宗支子之子，各宗其父为小宗。礼，王后无嗣，择建支子以继大宗。丁丑，师更召群臣，以太后令示之，乃定迎高贵乡公髦于元城。定迎者，议始定而迎之也。元城县，汉属魏郡，魏属阳平郡；时魏王公皆录置邺，故出髦而就元城迎之。髦者，东海定王霖之子也，时年十四，使太常王肃持节迎之。师又使请玺绶，太后曰："我见高贵乡公，小时识之，太后欲立高贵乡公，必见其小时意气异于诸王子，故欲立之，岂知禄去帝室，而终无益乎！我自欲以玺绶手授之。"冬，十月，癸【章：甲十一行本"癸"作"己"；乙十一行本同；张校同；云无注本作"癸"，误。】丑，高贵乡公至玄武馆，郦道元曰：魏氏立玄武馆于芒垂。盖馆在芒山之尾，其地直洛城北。群臣奏请舍前殿，玄武馆之前殿也。公以先帝旧处，避止西厢；群臣又请以法驾迎，公不听。庚寅，公入于洛阳，群臣迎拜西掖门南，公下舆答拜，傧者请曰："仪不拜。"傧，必刃翻；赞导者也。仪不拜者，谓于仪不当答拜也。公曰："吾人臣也。"遂答拜。至止车门下舆，左右曰："旧乘舆入。"公曰："吾被皇太后征，未知所为。"言唯天子可乘舆入止车门，吾方被征，未知何如，不可以天子自居也。以余观高贵乡公，盖小慧而知书，故能为此。若以为习于礼，则余以为犹鲁昭公也。被，皮义翻。遂步至太极东堂，见太后。其日，即皇帝位于太极前殿，百僚陪位者皆欣欣焉。谓公之足与有为也，而卒死于权臣之手。呜呼！余观汉文帝入立之后，夜拜宋昌为卫将军，领南北军，张武为郎中令，行殿中，周勃、陈平、朱虚、东牟虽有大功，其权去矣，夫然后能自固。魏朝百官皆欣欣者，果何所见邪！大赦，改元。自此，方是正元元年。为齐王筑宫于河内。为，于伪翻。

8 汉姜维自狄道进拔河间、临洮。"河间"，当作"河关"。河关县，前汉属金城郡，后汉属陇西郡。以地里考之，河关、临洮在狄道西，姜维自狄道西拔河关、临洮，意欲收魏之边县以自广耳。将军徐质与战，杀其荡寇将军张嶷，沈约志：四十号将军，荡寇第二十二。嶷，鱼力翻。汉兵乃还。

9 初，扬州刺史文钦，骁果绝人，曹爽以其乡里故爱之。钦，爽邑人也。骁，坚尧翻。钦恃爽势，多所陵傲。及爽诛，【章：甲十一行本"诛"下有"钦已内惧"四字；乙十一行本同；孔本同；张校同；退斋校同。】爽诛见上卷嘉平元年。又好增虏级以邀功赏，好，呼到翻。司马师常抑之，由是怨望。镇东将军毌丘俭素与夏侯玄、李丰善，玄等死，俭亦不自安，乃以计厚待钦。俭子治书侍御史甸谓俭曰："大人居方岳重任，古者，天子巡狩四方，其方之诸侯，各会朝于方岳之下。尧、舜有四岳之官。孔安国曰：尧命羲和四子分掌四方之诸侯，故曰四岳。魏、晋之时，征、镇、安、平，总督诸军，任专方面，时因谓之方岳重任。国家倾覆而晏然自守，将受四海之责矣！"俭然之。

二年（乙亥、二五五）

1 春，正月，俭、钦矫太后诏，起兵于寿春，移檄州郡以讨司马师，乃表言："相国懿，忠正，有大勋于社稷，宜宥及后世，请废师，以侯就第，以弟昭代之。太尉孚，忠孝小心，护军望，忠公亲事，皆宜亲宠，授以要任。"望，孚之子也。俭又遣使邀镇南将军诸葛诞，诞斩其使。时诞都督豫州。俭、钦将五六万众渡淮，西至项；俭坚守，使钦在外为游兵。

司马师问计于河南尹王肃，肃曰："昔关羽虏于禁于汉滨，有北向争天下之志，后孙权袭取其将士家属，羽士众一旦瓦解。事见六十八卷汉献帝建安二十四年。今淮南将士父母妻子皆在内州，魏制，诸将出征及镇守方面，皆留质任。时淮南将士皆自内州出戍，故家属皆留内。但急往御卫，御俭、钦之众，使不得进；又卫其家属。使不得前，必有关羽土崩之势矣。"时师新割目瘤，创甚，瘤，音留，肬也。肉起疾肿曰瘤。创，初良翻。或以为大将军不宜自行，不如遣太尉孚拒之。唯王肃与尚书傅嘏、中书侍郎钟会魏初中书既置监、令，又置通事郎，次黄门郎；黄门郎已署事过，通事郎乃署名；已署，奏以入，为帝省读，书可。后改曰中书侍郎。劝师自行，师疑未决。嘏曰："淮、楚兵劲，寿春，故楚都，时为淮南重镇以南备吴，劲兵聚焉。而俭等负力远斗，其锋未易当也。易，以豉翻。若诸将战有利钝，大势一失，则公事败矣。"师蹶然起曰："我请舆疾而东。"蹶然，急遽而起之貌。蹶，音厥，又音姑卫翻。戊午，师率中外诸军以讨俭、钦，中，谓中军；外，谓城外诸营兵。以弟昭兼中领军，留镇洛阳，召三方兵会于陈、许。三方，东、西、北也。

师问计于光禄勋郑袤，袤，莫候翻。袤曰："毌丘俭好谋而不达事情，好，呼到翻。文钦勇而无算。今大军出其不意，江、淮之卒，锐而不能固，宜深沟高垒以挫其气，此亚夫之长策也。"汉周亚夫坚壁以破吴、楚。师称善。

师以荆州刺史王基为行监军，假节，统许昌军。魏、晋之制，使持节都督诸军为上，假节都督次之，假节监诸军又次之，假节行监军又次之。魏受汉禅，以许昌为别宫，屯重兵，以为东、南二方根本。监，古衔翻。基言于师曰："淮南之逆，非吏民思乱也，俭等诳诱迫胁，畏目下之戮，是以尚屯聚耳。诳，居况翻。诱，音酉。若大兵一临，必土崩瓦解，俭、钦之首不终朝而致于军门矣。"师从之。以基为前军，既而复敕基停驻。复，扶又翻。基以为："俭等举军足以深入，而久不进者，是其诈伪已露，众心疑沮也。沮，在吕翻。今不张示威形以副民望，而停军高垒，有似畏懦，非用兵之势也。若俭、钦虏略民人以自益，又州郡兵家为贼所得者，更怀离心，言州郡兵其家有为贼所得者，必怀反顾，而有离散之心也。俭等所迫胁者，自顾罪重，不敢复还，此为错兵无用之地错，仓故翻，置也。停军不进，是置之于无用之地。而成奸宄之源，吴寇因之，则淮南非国家之有，谯、沛、汝、豫危而不安，豫，即颍川也，豫州时治颍川，故曰谯、沛、汝、豫四郡，皆属豫州。此计之大失也。军宜速进据南顿，南顿县，属汝南郡，故顿子国。应劭曰：顿迫于陈，其后南徙，故号南顿。南顿有大邸阁，计足军人四十日粮。保坚城，因积谷，先人有夺人之心，左传，楚令尹孙叔敖之言也。杜预注曰：夺敌战心。先，悉荐翻。此平贼之要也。”基屡请，乃听，进据㶏水。水经注：汝水东南过定陵县，又东南径奇雒城，枝分别出，世谓之大㶏水。㶏水东流至南顿县北，入于颍。师古曰：㶏，于谨翻，又音殷。

闰月，甲申，师次于㶏桥，俭将史招、李续相次来降。王基复言于师曰：复，扶又翻。“兵闻拙速，未睹为巧之久也。孙子之言。方今外有强寇，内有叛臣，若不时决，则事之深浅未可测也。言俭、钦之变若不以时定，恐吴寇乘之而来，则祸之深浅有未可测者。议者多言将军持重。将军持重，是也；停军不进，非也。持重，非不行之谓也，进而不可犯耳。今保壁垒以积实资虏而远运军粮，甚非计也。”师犹未许。基曰：“将在军，君令有所不受。孙子及司马穰苴皆有是言。彼得亦利，我得亦利，是谓争地，孙子之言，所谓九地，争地其一也。南顿是也。”遂辄进据南顿，俭等从项亦欲往争，发十馀里，发兵而行十馀里。闻基先到，乃复还保项。

2 癸未，征西将军郭淮卒，以雍州刺史陈泰代之。雍，于用翻。

3 吴丞相峻率骠骑将军吕据、左将军会稽留赞袭寿春，骠，匹妙翻。会，工外翻。司马师命诸军皆深壁高垒，以待东军之集。

东军，青、徐、兖之军也。诸将请进军攻项，师曰："诸军【张："军"作"君"。】知其一，未知其二。"诸军"，当作"诸君"。淮南将士本无反志，俭、钦说诱与之举事，说，输芮翻。谓远近必应；而事起之日，淮北不从，淮北，谓豫、兖也。史招、李续前后瓦解，内乖外叛，自知必败。困兽思斗，左传：吴夫概王曰：困兽犹斗。速战更合其志，虽云必克，伤人亦多。且俭等欺诳将士，诡变万端，小与持久，诈情自露，此不战而克之术也。"乃遣诸葛诞督豫州诸军自安风向寿春；安风县，前汉属六安国，后汉并属庐江郡；魏分安风等五县置安丰郡，属豫州。征东将军胡遵督青、徐诸军出谯、宋之间，宋，谓梁国之地，梁国都睢阳，故宋都也。绝其归路；师屯汝阳。汝阳县，属汝南郡，在汝水之北。毌丘俭、文钦进不得斗，退恐寿春见袭，计穷不知所为；淮南将士家皆在北，众心沮散，降者相属，果如王肃之计。属，之欲翻。惟淮南新附农民为之用。

俭之初起，遣健步赍书至兖州，健步，能疾走者；今谓之急脚子，又谓之快行子。兖州刺史邓艾斩之，将兵万馀人，兼道前进，先趋乐嘉城，水经注：颍水过汝阳县北，又东南过南顿县，滍水注之，又南径博阳故城东；城在南顿县北四十里，汉宣帝封丙吉为侯国，王莽更名乐嘉。趋，七喻翻。作浮桥以待师。俭使文钦将兵袭之。师自汝阳潜兵就艾于乐嘉，钦猝见大军，惊愕未知所为。钦子鸯，年十八，勇力绝人，谓钦曰："及其未定，击之可破也。"于是分为二队，夜夹攻军，鸯帅壮士先至鼓噪，帅，读曰率。军中震扰。师惊骇，所病目突出，恐众知之，啮被皆破。啮啮以忍疼。啮，鱼结翻。钦失期不应，会明，鸯见兵盛，乃引还。还，从宣翻，又如字。师与诸将曰："贼走矣，可追之！"诸将曰："钦父子骁猛，未有所屈，何苦而走？"师曰："夫一鼓作气，再而衰。左传鲁曹刿之言。鸯鼓噪失应，其势已屈，不走何待！"钦将引而东，鸯曰："不先折其势，不得去也。"乃与骁骑十馀摧锋陷陈，陈，读曰阵。所向皆披靡，披，普彼翻。遂引去。师使左长史司马班率骁骑八千翼而追之，魏公府及诸大将军位从公者，各置长史一人，惟大将军府及司徒府加置左右长史各一人。翼者，张左右翼而追之。鸯以匹马入数千骑中，辄杀伤百馀人，乃出，如此者六七，追骑莫敢逼。

殿中人尹大目小为曹氏家奴，常在天子左右，大目时为殿中校尉。师将与俱行，将，读如凤将雏、鸡冠距鸣将之将，音如字。大目知师一目已出，启云："文钦本是明公腹心，但为人所误耳；又天子乡里，文钦，谯人，故曰天子乡里。素与大目相信，乞为公追解语之，谓追钦而为师自解释言之也。为，于伪翻。语，牛倨翻。令还与公复好。"复，还也，反也。好，善也。谓还复相善也。好，读如字。师许之。大目单身乘大马，被铠胄，被，皮义翻。追钦，遥相与语，大目心实欲为曹氏，为，于伪翻。谬言："君侯何苦不可复忍数日中也！"盖谓文钦何不坚忍数日，与师相持，师病已笃，必当有变也。复，扶又翻。欲使钦解其旨。解，胡买翻；喻也，晓也。钦殊不悟，乃更厉声骂大目曰："汝先帝家人，不念报恩，反与司马师作逆，不顾上天，天不佑汝！"张弓傅矢欲射大目，傅，读曰附。射，而亦翻。大目涕泣曰："世事败矣，善自努力！"

是日，毌丘俭闻钦退，恐惧夜走，众遂大溃。钦还至项，以孤军无继，不能自立，欲还寿春，寿春已溃，遂奔吴。吴孙峻至东兴，闻俭等败，壬寅，进至橐皋，春秋：会吴于橐皋。杜预曰：在九江逡遒县东南，今其地在巢县界，亦谓之柘皋。橐，音托，又读为柘。文钦父子诣军降。降，户江翻。毌丘俭走，北至慎县，慎县，汉属汝南郡，魏分属汝阴郡。贤曰：慎县故城在今颍州颍上县西北。余按俭自项走至慎，慎在项南，非北也；"北"乃"比"字之误。比，必寐翻。左右人兵稍弃俭去，俭藏水边草中。甲辰，安风津民张属就杀俭，水经注：淮水东过安丰县东北，又东为安丰津，水南有城，故安丰都尉治，后立霍丘戍。杜佑曰：安风津，在寿州霍丘城北。传首京师，封属为侯。诸葛诞至寿春，寿春城中十馀万口，惧诛，或流迸山泽，或散走入吴。迸，北孟翻。诏以诞为镇东大将军、仪同三司，都督扬州诸军事。

夷毌丘俭三族。俭党七百馀人系狱，侍御史杜友治之，治，直之翻。惟诛首事者十馀人，馀皆奏免之。俭孙女适刘氏，当死，以孕系廷尉。司隶主簿程咸议曰：魏、晋之制，列卿各置丞、功曹、主簿、五官等员。"女适人者，若已产育，则成他家之母，于防不足以惩奸乱之源，防，谓禁防也。于情则伤孝子之恩。男不遇罪于他族，而女独婴戮于二门，婴，当也。二门，谓父母之家及夫家也。非所以哀矜女弱，女，阴类，禀气柔弱，在室从父母，既嫁从夫，故曰女弱。均法制之大分也，分，扶问翻。臣以为在室之女，可从父母之刑，既醮之妇，使从夫家之戮。"毛晃曰：醮，冠娶祭名，酌而无酬酢曰醮。礼记曰：醮于客位，冠礼也。父亲醮子而命之，迎婚礼也。晋志曰：古者昏冠皆有醮。郑氏醮文三首具存。醮，子肖翻。朝廷从之，仍著于律令。

4 舞阳忠武侯司马师疾笃，还许昌，留中郎将参军事贾充监诸军事。充，逵之子也。贾逵事武帝、文帝。监，古衔翻。卫将军昭自洛阳往省师，魏制，卫将军，班车骑将军下，位从公。省，悉景翻。师令昭总统诸军。辛亥，师卒于许昌。卒，子恤翻。中书侍郎钟会从师典知密事，中诏敕尚书傅嘏，诏自中出，上意也。是时诏命皆以司马氏之意行之，此诏出于禁中之意，故曰中诏。以东南新定，权留卫将军昭屯许昌为内外之援，令嘏率诸军还。会与嘏谋，使嘏表上，上，时掌翻。辄与昭俱发，还到洛水南屯住。二月，丁巳，诏以司马昭为大将军、录尚书事。会由是常有自矜之色，嘏戒之曰："子志大其量，而勋业难为也，可不慎哉！"为后钟会作乱张本。

5 吴孙峻闻诸葛诞已据寿春，乃引兵还。以文钦为都护、镇北大将军、幽州牧。汉置都护于西域，于西域称都护将军，然未尝以为将军号；至光武遂有都护将军之官，三国位从公，晋制在抚军下、镇军上。吴置左右都护，亦不以为将军号；今以钦为都护，盖又在左右都护之上矣。

6 三月，立皇后卞氏，大赦。后，武宣皇后弟秉之曾孙女也。

7 秋，七月，吴将军孙仪、张怡、林恂谋杀孙峻，不克，死者数十人。全公主谮朱公主于峻，曰"与仪同谋"。峻遂杀朱公主。朱公主，吴主权之女，适朱据者也。

峻使卫尉冯朝城广陵，魏之广陵郡治淮阴，汉之广陵故城废弃不治。功费甚众，举朝莫敢言，唯滕胤谏止之，峻不从，功卒不成。卒，子恤翻。

8 汉姜维复议出军，复，扶又翻；下同。征西大将军张翼廷争，争，读曰诤。以为："国小民劳，不宜黩武。"维不听，率车骑将军夏侯霸及翼同进。八月，维将数万人至枹罕，枹罕县，前汉属金城郡，后汉属陇西郡，魏时废省。枹，音肤。趋狄道。趋，七喻翻。

征西将军陈泰敕雍州刺史王经进屯狄道，须泰军到，东西合势乃进。泰军陈仓，经所统诸军于故关与汉人战不利，故关，谓汉时故边关也，在洮水西。经辄渡洮水。泰以经不坚据狄道，必有他变，率诸军以继之。经已与维战于洮西，大败，洮，土刀翻。以万馀人还保狄道城，馀皆奔散，死者万计。张翼请维曰："可以止矣，不宜复进，或毁此大功，为蛇画足。"战国策曰：昭阳为楚伐魏，覆军杀将，移师攻齐。陈轸为齐王使，见昭阳曰：楚有祠者赐其舍人酒一卮，舍人相谓曰："数人饮之不足，一人饮之有馀，请各画地为蛇，先成者饮酒。"一人先成，引酒饮之，乃左手持卮，右手画蛇曰："吾能为之足。"为足未成，一人之蛇后成，夺其卮曰："蛇固无足，子安能为之足！"遂饮酒。今君攻魏既胜，复移师攻齐，是为蛇足者也。昭阳悟，乃还军。维大怒，遂进围狄道。

辛未，诏长水校尉邓艾行安西将军，与陈泰并力拒维，晋志曰：四安起于魏初。在四镇之下。戊辰，复以太尉孚为后继。泰进军陇西，诸将皆曰："王经新败，贼众大盛，将军以乌合之众，继败军之后，当乘胜之锋，殆必不可。古人有言：'蝮蛇螫手，壮士解腕。'汉书田荣传曰：蝮蠚手则斩手，蠚足则斩足。应劭曰：蝮，一名虺，螫人手足，则割去其肉；不然则死。师古曰：尔雅及说文皆以为蝮即虺也，博三寸，首大如擘，而郭璞云各自一种蛇，其蝮蛇细颈大头焦尾，色如绶文，文间有毛，如猪鬣，鼻上有针，大者长七八尺，一名反鼻，非虺之类也。今以俗名证之，郭说得矣。虺若土色，所在有之。蝮蛇唯出南方。蝮，芳六翻。螫，式亦翻。腕，乌贯翻。陆佃埤雅：蝮蛇怒时，毒在头尾，螫手则手断，螫足则足断，蛇之尤毒烈者也。孙子曰：'兵有所不击，地有所不守。'盖小有所失而大有所全故也。不如据险自保，观衅待敝，然后进救，此计之得者也。"泰曰："姜维提轻兵深入，正欲与我争锋原野，求一战之利。王经当高壁深垒，挫其锐气，今乃与战，使贼得计。经既破走，维若以战克之威，进兵东向，据栎阳积谷之实，栎阳县，前汉属左冯翊，后汉、魏省。余谓栎阳在长安东北，维兵方至狄道，安得便可东据栎阳！泰盖言略阳耳。栎，音药，药、略声相近，因语讹而致传写字讹耳。放兵收降，降，户江翻。招纳羌、胡，东争关、陇，传檄四郡，四郡，谓陇西、南安、天水、略阳。略阳时为广魏郡，及晋乃更名略阳。此我之所恶也。恶，乌路翻。而乃以乘胜之兵，挫峻城之下，锐气之卒，屈力致命，攻守势殊，客主不同。兵书曰：'修橹轒辒，三月乃成，拒堙三月而后已。'此孙子之言也。孙子之说，以攻城为不得已。魏武注曰：修，治也；橹，大楯也。轒辒者，轒床也。轒床其下四轮，从中推之至城下也。杜佑曰：攻城战具，作四轮车，车上以绳为脊，生牛皮蒙之，下可藏十人，填隍推之，直抵城下，可以攻掘，金火木石所不能败，谓之轒辒车。注又曰：距堙者，踊土稍高而前以附其城也。杜佑曰：土山，即孙子所谓距闉也。应劭曰：轒辒，匈奴车，非也，盖攻城之车耳。师古曰：轒，扶云翻。辒，於云翻。诚非轻军远入之利也。今维孤军远侨，侨，音乔，寄也，客也。粮谷不继，是我速进破贼之时，所谓疾雷不及掩耳，文子之言，淮南子亦有是言。自然之势也。洮水带其表，维等在其内，今乘高据势，临其项领，不战必走。寇不可纵，围不可久，君等何言如是!”遂进军度高城岭，水经注曰：陇西首阳县有高城岭，岭上有城曰渭源城。潜行，夜至狄道东南高山上，多举烽火，鸣鼓角。狄道城中将士见救至，皆愤踊。维不意救兵卒至，卒，读曰猝。缘山急来攻之，泰与交战，维退。泰引兵扬言欲向其还路，维惧，九月，甲辰，维遁走，城中将士乃得出。王经叹曰：“粮不至旬，向非救兵速至，举城屠裂，覆丧一州矣!”陇西、略阳、天水、南安，秦州也。丧，息浪翻。泰慰劳将士，前后遣还，更差军守，差，择也，遣还王经所统将士，更择军以守狄道。劳，力到翻。差，初佳翻。并治城垒，治，直之翻。还屯上邽。

泰每以一方有事，辄以虚声扰动天下，故希简上事，上，时掌翻。驿书不过六百里。狄道东至洛阳二千二百馀里，而驿书不过六百里，盖传入近里郡县，使如常邮筒以达洛阳也。大将军昭曰：“陈征西沈勇能断，沈，持林翻。荷方伯之重。荷，下可翻。救将陷之城，而不求益兵，又希简上事，必能办贼者也。都督大将不当尔邪!”

姜维退驻钟提。钟提当在羌中，蜀之凉州界也。

9 初，吴大帝不立太庙，以武烈尝为长沙太守，立庙于临湘，吴大帝谥其父坚曰武烈皇帝。长沙郡治临湘县。使太守奉祠而已。冬，十【章：甲十一行本“十”下有“二”字；乙十一行本同；退斋校同；熊校同。】月，始作太庙于建业，尊大帝为太祖。考异曰：吴历：“太平元年正月，立太祖庙。”沈约宋书：“孙亮立，明年正月，立权庙。”今从吴志。

王崇武标点容肇祖聂崇岐覆校

资治通鉴卷第七十七

翰林学士兼侍读学士朝散大夫右谏议大夫知制诰
判尚书都省兼提举万寿观公事柱国河内郡开国侯 司马光 奉敕编集
食邑一千三百户食实封二百户赐紫金鱼袋臣

后学天台胡三省音注

魏纪九 起柔兆困敦(丙子),尽重光大荒落(辛巳),凡六年。

高贵乡公下

甘露元年(丙子、二五六)是年六月,改元。

1 春,正月,汉姜维进位大将军。

2 二月,丙辰,帝宴群臣于太极东堂,与诸儒论夏少康、汉高祖优劣,以少康为优。帝谓少康生于灭亡之后,降为诸侯之隶,能布其德而兆其谋,卒灭过、戈,克复禹绩,祀夏配天,不失旧物,非至德弘仁,岂济斯勋!汉祖因土崩之势,杖一时之权,专任智力以成功业,行事动静多违圣检。为人子则数危其亲,为人君则囚系贤相,为人父则不能卫子,身没之后,社稷几倾,若与少康易时而处,未必能复大禹之绩。呜呼!帝固有志于少康矣,然而不能歼浇、豷而身死人手者,不能布其德而兆其谋也。余观帝之所以论二君优劣,书生之谭耳,未能如石勒辞气之雄爽也。夏,户雅翻。少,诗照翻。

3 夏,四月,【章:甲十一行本"月"下有"庚戌"二字;乙十一行本同;孔本同;张校同。】赐大将军昭衮冕之服,赤舄副焉。九锡之渐也。

4 丙辰,帝幸太学,与诸儒论书、易及礼,诸儒莫能及。时帝与博士淳于俊论易,庾峻论书,马照论礼记,考其难疑答问,不过擿抉经义及王、郑之异同耳,非人君之学也。帝尝与中护军司马望、侍中王沈、散骑常侍裴秀、黄门侍郎钟会等讲宴于东堂，并属文论，沈，持林翻。散，悉亶翻。骑，奇寄翻。属，之欲翻。特加礼异，谓秀为儒林丈人，沈为文籍先生。帝性急，请召欲速，以望职在外，特给追锋车、虎贲五人，望为中护军，其职在外。傅子曰：追锋车，施通幰，遽则乘之，令虎贲五人舁之也。晋志曰：追锋车去小平盖，加通幰，如轺车，驾二马。追锋之名，取其迅速也。施于戎陈之间，是为传乘。贲，音奔。每有集会，辄奔驰而至。秀，潜之子也。裴潜事武帝，守代郡著名。

5 六月，丙午，改元。盖以甘露降而改元也。

6 姜维在钟提，议者多以为维力已竭，未能更出。安西将军邓艾曰："洮西之败，见上卷上年。非小失也，士卒凋残，仓廪空虚，百姓流离。今以策言之，彼有乘胜之势，我有虚弱之实，一也。彼上下相习，五兵犀利，管子曰：蚩尤受卢山之金而作五兵。孔颖达曰：步卒之五兵，谓弓矢一，殳二，矛三，戈四，戟五也；郑司农所谓戈、矛、戟、酋矛、夷矛，车之五兵也。犀，坚也，古以犀兕为甲，故谓坚为犀。我将易兵新，器仗未复，二也。将易，艾自谓初代王经也。兵新，谓遣还洮西败卒，更差军守也。将，即亮翻。彼以船行，吾以陆军，劳逸不同，三也。言蜀船自涪戍白水，可以上沮水，由沮水入武都下辨，自此而西北，水路渐峻陿，小舟犹可入也，魏军度陇而西，皆陆行。狄道、陇西、南安、祁山各当有守，彼专为一，我分为四，四也。从南安、陇西因食羌谷，若趣祁山，趣，七喻翻；下同。熟麦千顷，为之外仓。【章：甲十一行本"仓"下有"五也"二字；乙十一行本同；孔本同；张校同；退斋校同。】贼有黠计，其来必矣。"黠，下八翻，桀黠也。

秋，七月，姜维复率众出祁山，复，扶又翻。闻邓艾已有备，乃回，从董亭趣南安；水经注：董亭在南安郡西南，谷水历其下，东北注于渭。艾据武城山以拒之。水经注：渭水过獂道南。獂道，南安郡治也。又东，径武城县西，武城川水入焉。盖以山名县也。郦道元，后魏人，武城县必后魏所立，而魏收地形志无之，盖废省也。维与艾争险不克，其夜，渡渭东行，缘山趣上邽，艾与战于段谷，水经注：上邽之南有段溪水，水出西南马门溪，东北流，合籍水。杜佑曰：秦州上邽县有段谷水。趣，七喻翻。大破之。以艾为镇西将军、都督陇右诸军事。维与其镇西大将军胡济期会上邽，济失期不至，故败，士卒星散，死者甚众，言士卒迸散如星，不能收拾成队伍。蜀人由是怨维。维上书谢，求自贬黜，乃以卫将军行大将军事。

7 八月，庚午，诏司马昭加号大都督，奏事不名，假黄钺。癸酉，以太尉司马孚为太傅。九月，以司徒高柔为太尉。

8 文钦说吴人以伐魏之利，说，输芮翻。孙峻使钦与骠骑将军吕据骠，匹妙翻。及车骑将军刘纂、镇南将军朱异、前将军唐咨自江都入淮、泗，江都县属广陵郡。此自邗沟入淮，自淮入泗也。以图青、徐。魏青州统齐、济南、乐安、城阳、东莱，徐州统下邳、彭城、东海、琅邪、东莞、东安、广陵、临淮。晋志曰：周礼曰：正东曰青州，盖取土居少阳，其色为青。徐州取舒缓之义。或云，因徐丘以立名。峻饯之于石头，遇暴疾，以后事付从父弟偏将军綝。从，才用翻。綝，丑林翻。丁亥，峻卒。吴人以綝为侍中、武卫将军、都督中外诸军事，召吕据等还。还，从宣翻，又如字。

9 己丑，吴大司马吕岱卒，年九十六。始，岱亲近吴郡徐原，慷慨有才志，岱知其可成，赐巾褠，释名：巾，谨也。二十成人，士冠、庶人巾，言当自谨修于四教。褠，单衣，汉、魏以来，士庶以为礼服。褠，古侯翻。与共言论，后遂荐拔，官至侍御史。原性忠壮，好直言，好，呼到翻。岱时有得失，原辄谏争，争，读曰诤。又公论之；公然于众中论其得失。人或以告岱，岱叹曰："是我所以贵德渊者也！"徐原，字德渊。及原死，岱哭之甚哀，曰："徐德渊，吕岱之益友，论语：孔子曰：益者三友：友直，友谅，友多闻。今不幸，论语曰：不幸短命死矣。岱复于何闻过！"复，扶又翻。谈者美之。

10 吕据闻孙綝代孙峻辅政，大怒，与诸督将连名共表荐滕胤为丞相；将，即亮翻。綝更以胤为大司马，代吕岱驻武昌。据引兵还，使人报胤，欲共废綝。冬，十月，綝【章：甲十一行本“綝”上有“丁未”二字；乙十一行本同；孔本同；退斋校同。】遣从兄宪将兵逆据于江都，使中使敕文钦、刘纂、唐咨等共击取据，又遣侍中左将军华融、中书丞丁晏魏、晋之制，中书无丞，此吴所置。华，户化翻。告喻胤宜速去意。言宜速往武昌，否则且有诛罚。胤自以祸及，因留融、晏勒兵自卫，召典军杨崇、将军孙咨杨崇，盖胤帐下典军。告以綝为乱，迫融等使有【章：乙十一行本“有”作“作”。】书难綝，有者，对无之称，于此则文义不为通。通鉴既因三国志旧文，今亦不欲轻改。难，乃旦翻。綝不听，表言胤反，许将军刘丞以封爵，使率兵骑攻围胤。胤又劫融等使诈为诏发兵，融等不从，皆杀之。或劝胤引兵至苍龙门，苍龙门，吴建业宫之东门也。将士见公出，必委綝就公。委，弃也。时夜已半，胤恃与据期，又难举兵向宫，乃约令部曲，约，勒而号令之。说吕侯兵已在近道，故皆为胤尽死，无离散者。为，于伪翻。胤颜色不变，谈笑如常。时大风，比晓，据不至，比，必寐翻。綝兵大会，遂杀胤及将士数十人，夷胤三族。己酉，大赦，改元太平。或劝吕据奔魏者，据曰：“吾耻为叛臣。”遂自杀。据父范，佐孙策以造吴，故耻为叛臣，自杀以明节。

11 以司空郑冲为司徒，左仆射卢毓为司空。晋志曰：尚书仆射，汉本置一人；至汉献帝建安四年，以执金吾荣合为尚书左仆射，仆射分置左右盖自此始。经魏至晋，迄于江左，省置无常，置二则为左右仆射，或不两置，但曰尚书仆射，令阙则左为省主，若左右并阙，则置尚书仆射以主省事。毓，余六翻。毓固让骠骑将军王昶、光禄大夫王观、司隶校尉琅邪王祥，诏不许。

祥性至孝，继母朱氏遇之无道，祥愈恭谨。朱氏子览，年数岁，每见祥被楚挞，楚，荆也；挞，击也。被，皮义翻。辄涕泣抱持母；母以非理使祥，览辄与祥俱往。及长，娶妻，长，知两翻。母虐使祥妻，览妻亦趋而共之，母患之，为之少止。为，于伪翻。祥渐有时誉，母深疾之，密使鸩祥。览知之，径起取酒，祥争而不与，母遽夺反之。汉书齐悼惠王传：夺反孝惠卮。师古曰：反，音幡。自后，母赐祥馔，馔，雏恋翻，又雏晥翻。览辄先尝，母惧览致毙，遂止。汉末遭乱，祥隐居三十馀年，不应州郡之命，母终，毁瘁，瘁，秦醉翻，病劳也。杖而后起。徐州刺史吕虔檄为别驾，委以州事，州界清静，政化大行，时人歌之曰："海沂之康，实赖王祥；徐州之地，东际海，西北距泗、沂，故曰海沂。邦国不空，别驾之功！"

12 十一月，吴孙綝迁大将军。綝负贵倨傲，多行无礼。峻从弟宪尝与诛诸葛恪，与，读曰预。峻厚遇之，官至右将军、无难督，平九官事。九官，即九卿也。魏明帝太和二年，吴主还建业，留尚书九官于武昌。綝遇宪薄于峻时，宪怒，与将军王惇谋杀綝，事泄，綝杀惇，宪服药死。

二年（丁丑、二五七）

1 春，三月，大梁成侯卢毓卒。

2 夏，四月，吴主临正殿，大赦，始亲政事。孙綝表奏，多见难问，难，乃旦翻。又科兵子弟十八已下、十五以上三千馀人，科，程也；程其长短小大也。或曰："科"，当作"料"，音聊，量度也。选大将子弟年少有勇力者，使将之，少，诗照翻。将，即亮翻。日于苑中教习，曰："吾立此军，欲与之俱长。"长，丁丈翻；今知两翻。又数出中书视大帝时旧事，问左右侍臣曰："先帝数有特制，特制，谓特出上意，以手诏宣行也。数，所角翻。今大将军问事，问事，犹言奏事；不言奏者，自卑挹之意。但令我书可邪？"书可，画可也。

尝食生梅，使黄门至中藏取蜜，中藏，中藏府也，掌币帛金银诸货物。蜜，蜂糖也。藏，徂浪翻；下同。蜜中有鼠矢；召问藏吏，藏吏叩头。吴主曰："黄门从尔求蜜邪？"吏曰："向求，谓向者尝求蜜也。实不敢与。"黄门不服。吴主令破鼠矢，矢中燥，因大笑谓左右曰："若矢先在蜜中，中外当俱湿；今外湿里燥，此必黄门所为也。"诘之，果服；诘，去吉翻。左右莫不惊悚。

3征东大将军诸葛诞素与夏侯玄、邓飏等友善，玄等死，玄死见上卷正元元年。飏死见七十五卷邵陵厉公嘉平元年。飏，余章翻，又余亮翻。王凌、毌丘俭相继诛灭，王凌死见七十五卷嘉平三年。毌丘俭死见上卷正元二年。诞内不自安，乃倾帑藏振施，帑，他朗翻。施，式智翻。曲赦有罪以收众心，畜养扬州轻侠数千人以为死士。畜，许六翻。因吴人欲向徐堨，徐堨，即徐塘，在东关之东。堨，乌葛翻。请十万众以守寿春，又求临淮筑城以备吴寇。司马昭初秉政，长史贾充请遣参佐慰劳四征，魏置征东将军屯淮南，征南将军屯襄、沔以备吴；征西将军屯关、陇以备蜀；征北将军屯幽、并以备鲜卑；皆授以重兵。司马昭初当国，故充请慰劳以观其志趣。劳，力到翻。且观其志。昭遣充至淮南，充见诞，论说时事，因曰："洛中诸贤，皆愿禅代，君以为如何？"诞厉声曰："卿非贾豫州子乎？充父逵，先为豫州而卒，故称之。世受魏恩，岂可欲以社稷输人乎！若洛中有难，难，乃旦翻。吾当死之。"充默然；还，言于昭曰："诸葛诞再在扬州，诞先督扬州，东关之败，改督豫州，毌丘俭既死，复督扬州。得士众心。今召之，必不来，然反疾而祸小；不召，则反迟而祸大，不如召之。"昭从之。甲子，诏以诞为司空，召赴京师。诞得诏书，愈恐，疑扬州刺史乐綝间己，遂杀綝，征东将军与扬州刺史同治寿春。魏四征之任，率以其州刺史为储帅，故诞疑綝间己。间，古苋翻。敛淮南及淮北郡县屯田口十馀万官兵，魏郡县皆置屯田，凡屯田口悉官兵也。扬州新附胜兵者四五万人，胜，音升。聚谷足一年食，为闭门自守之计。遣长史吴纲将少子靓至吴，将，如字。少，诗照翻。靓，疾郢翻，又疾正翻。称臣请救，并请以牙门子弟为质。牙门，诸将之子弟也。质，音致。

4 吴滕胤、吕据之妻，皆夏口督孙壹之妹也。壹，孙奂庶子也。夏，户雅翻。六月，孙綝使镇南将军朱异自虎林将兵袭壹。异至武昌，壹将部曲来奔。乙巳，诏拜壹车骑将军、交州牧，封吴侯，开府辟召，仪同三司，衮冕赤舄，事从丰厚。崇异孙壹者，以招携贰也。

5 司马昭奉帝及太后讨诸葛诞。昭若自行，恐后有挟两宫为变者，故奉之以讨诞。

吴纲至吴，吴人大喜，使将军全怿、全端、唐咨、王祚将三万众，与文钦同救诞；以诞为左都护，假节、大司徒、骠骑将军、青州牧，封寿春侯。怿，琮之子；端，其从子也。

六月，甲子，车驾次项，司马昭督诸军二十六万进屯丘头，是役也，司马昭改丘头曰武丘，以旌武功。武丘，唐为沈丘县。以镇南将军王基行镇东将军、都督扬·豫诸军事，与安东将军陈骞等围寿春。基始至，围城未合，文钦、全怿等从城东北，因山乘险，得将其众突入城。寿春城外他无山，唯城北有八公山耳。昭敕基敛军坚壁。基累求进讨，会吴朱异率三万人进屯安丰，为文钦外势，安丰县，汉属庐江郡，魏分属安丰郡。今安丰县在寿春南八十里。诏基引诸军转据北山。基谓诸将曰："今围垒转固，兵马向集，但当精修守备以待越逸，而更移兵守险，使得放纵，虽有智者，不能善其后矣！"遂守便宜，上疏曰："今与贼家对敌，当不动如山，若迁移依险，人心摇荡，于势大损。诸军并据深沟高垒，众心皆定，不可倾动，此御兵之要也。"书奏，报听。报基听行其策。时帝在军，故诸军节度皆禀诏指，而裁其可否者实司马昭也。于是基等四面合围，表里再重，重，直龙翻。堑垒甚峻。

文钦等数出犯围，数，所角翻。逆击，走之。司马昭又使奋武将军监青州诸军事石苞监，古衔翻。督兖州刺史州泰、徐州刺史胡质简锐卒为游军，以备外寇。泰击破朱异于阳渊，水经注：决水出庐江雩娄县北，过安丰县东，又北，右会阳泉水。水西有阳泉县故城，故阳泉乡也，汉灵帝封黄琬为侯国。决水又北入于淮。异走，泰追之，杀伤二千人。

秋，七月，吴大将军𬘭大发兵出屯镬里，后吴王责孙𬘭以留湖中不上岸一步，则镬里当在巢县界。复遣朱异帅将军丁奉、黎斐等五人前解寿春之围。复，扶又翻。帅，读曰率。异留辎重于都陆，水经注：博乡县，王莽改曰杨陆，泄水出焉，北过芍陂，又西北入于淮。意者都陆即杨陆欤？又据晋纪，都陆在黎浆南。重，直用翻。进屯黎浆，水经注：芍陂渎水东注黎浆水，水东径黎浆亭南，又东注肥水，谓之黎浆水口也。石苞、州泰又击破之。太山太守胡烈以奇兵五千袭都陆，尽焚异资粮，异将馀兵食葛叶，走归孙𬘭；𬘭使异更死战，异以士卒乏食，不从𬘭命。𬘭怒，九月，己巳，𬘭斩异于镬里。辛未，引兵还建业。寿春之围已固，虽使周瑜、吕蒙、陆逊复生，不能解也。若孙𬘭能举荆、扬之众出襄阳以向宛、洛，寿春城下之兵必分归以自救，诸葛诞、文钦等于此时决围力战，犹庶几焉。𬘭既不能拔出诸葛诞，而丧败士众，丧，息浪翻。败，补迈翻。自戮名将，由是吴人莫不怨之。为后吴诛孙𬘭张本。

司马昭曰："异不得至寿春，而吴人杀之，非其罪也，【章：甲十一行本作"非其罪也，而吴人杀之"；乙十一行本同；退斋校同；张校同，云无注本亦同，下"非其罪也"四字衍。】欲以谢寿春而坚诞意，使其犹望救耳。今当坚围，备其越逸，而多方以误之。"乃纵反间，间，古苋翻。扬言"吴救方至，大军乏食，分遣羸疾就谷淮北，势不能久。"诞等益宽恣食，俄而城中乏粮，外救不至。将军蒋班、焦彝，皆诞腹心谋主也，言于诞曰："朱异等以大众来而不能进，孙綝杀异而归江东，外以发兵为名，内实坐须成败。须，待也。今宜及众心尚固，士卒思用，并力决死，攻其一面，虽不能尽克，犹有可全者，空坐守死，无为也。”言不若决死而求生，无为坐守而待毙。文钦曰：“公今举十馀万之众归命于吴，而钦与全端等皆同居死地，父兄子弟尽在江表，就孙綝不欲来，主上及其亲戚岂肯听乎！且中国无岁无事，军民并疲，今守我一年，内变将起，奈何舍此，舍，读曰捨。欲乘危徼幸乎！”徼，坚尧翻。班、彝固劝之，钦怒。诞欲杀班、彝，二人惧，十一月，弃诞逾城来降。全怿兄子辉、仪在建业，辉、仪，怿兄全绪之二子；“辉”，一作“祎”。与其家内争讼，携其母将部曲数十家来奔。于是怿与兄子靖及全端弟翩、缉皆将兵在寿春城中，司马昭用黄门侍郎钟会策，密为辉、仪作书，为，于伪翻。使辉、仪所亲信赍入城告怿等，说“吴中怒怿等不能拔寿春，言不能拔寿春之众于重围也。欲尽诛诸将家，故逃来归命。”十二月，怿等帅其众数千人开门出降，帅，读曰率。降，户江翻。城中震惧，不知所为。诏拜怿平东将军，封临湘侯，端等封拜各有差。

6 汉姜维闻魏分关中兵以赴淮南，欲乘虚向秦川，秦地四塞以为固，渭水贯其中。渭川左右，沃壤千里，世谓之秦川。率数万人出骆谷，至沈岭。时长城积谷甚多，而守兵少，征西将军都督雍、凉诸军事司马望雍，于用翻。及安西将军邓艾进兵据之，以拒维。维壁于芒水，水经注：骆谷水出鄠坞东南山骆谷，北流径长城西，又北流注于渭，渭水又东，芒水从南来注之；水出南山芒谷，北径盩厔县竹圃中，又北流注于渭。余按骆谷在今洋州真符县，屈回八十里，凡八十四盘。数挑战，数，所角翻。挑，徒了翻。望、艾不应。

是时，维数出兵，蜀人愁苦，中散大夫谯周作仇国论以讽之续汉志曰：中散大夫，秩六百石；汉官曰：秩比二千石。胡广曰：光禄大夫，本为中大夫，武帝元狩五年，置谏大夫为光禄大夫，世祖中兴，以为谏议大夫。又有太中、中散大夫。此四等于古者为天子之下大夫，视列国之上卿。曰："或问往古能以弱胜强者，其术如何？曰：吾闻之，处大无患者常多慢，处小有忧者常思善；处，昌吕翻。多慢则生乱，思善则生治，理之常也。故周文养民，以少取多，句践恤众，以弱毙强，此其术也。文王治岐，由方百里起，三分天下有其二，所谓以少取多也。句践归越，吊死问疾，十年生聚，十年教训，以弱越毙强吴。或曰：曩者，项强汉弱，相与战争，项羽与汉约分鸿沟，各归息民，张良以为民志已定，则难动也，率兵追羽，终毙项氏。事见十卷汉高帝四年。岂必由文王之事乎？曰：当商、周之际，王侯世尊，言世世居尊位也。君臣久固，民习所专；民习见君臣之分明，故专于戴上。深根者难拔，据固者难迁。当此之时，虽汉祖安能杖剑鞭马而取天下乎！及秦罢侯置守之后，谓罢列国诸侯分置三十六郡，郡置守也。民疲秦役，天下土崩，或岁易主，或月易公，鸟惊兽骇，莫知所从，于是豪强并争，虎裂狼分，疾搏者获多，迟后者见吞。今我与彼皆传国易世矣，既非秦末鼎沸之时，实有六国并据之势，故可为文王，难为汉祖。夫民之疲劳，则骚扰之兆生，上慢下暴，则瓦解之形起。谚曰：'射幸数跌，不如审发。'跌，差也，射数差而不中，不如审而后发也。书曰：若虞机张，往省括于度则释。是故智者不为小利移目，不为意似改步，孔颖达曰：举足谓之步。为，于伪翻。时可而后动，数合而后举，故汤、武之师不再战而克，汤伐桀，鸣条一战，而革夏命；武王伐纣，一戎衣而天下大定。诚重民劳而度时审也。度，徒洛翻。如遂极武黩征，征伐不欲数，数则黩。土崩势生，不幸遇难，难，乃旦翻。虽有智者将不能谋之矣。"姜维以数战亡蜀，卒如谯周之言。

三年(戊寅、二五八)

1 春，正月，文钦谓诸葛诞曰："蒋班、焦彝谓我不能出而走，全端、全怿又率众逆降，逆，迎也。降，户江翻。此敌无备之时也，可以战矣。”诞及唐咨等皆以为然，遂大为攻具，昼夜五六日攻南围，欲决围而出。围上诸军临高发石车火箭，石车，即炮车也。车，昌遮翻。逆烧破其攻具，矢石雨下，死伤蔽地，血流盈堑，堑，七艳翻。复还城。城内食转竭，出降者数万口。钦欲尽出北方人省食，与吴人坚守，诞不听，由是争恨。钦素与诞有隙，徒以计合，事急愈相疑。言诞、钦初以诡计苟合，事急愈相猜疑。钦见诞计事，诞遂杀钦。钦子鸯、虎将兵在小城中，鸯、虎，钦二子也；时寿春盖别有小城。闻钦死，勒兵赴之，众不为用，遂单走逾城出，自归于司马昭。军吏请诛之，昭曰：“钦之罪不容诛，其子固应就戮；然鸯、虎以穷归命，且城未拔，杀之是坚其心也。”乃赦鸯，虎，使将数百骑巡城，呼曰：呼，火故翻。“文钦之子犹不见杀，其馀何惧！”又表鸯、虎皆为将军，赐爵关内侯。城内皆喜，且日益饥困。司马昭身自临围，见城上持弓者不发，曰：“可攻矣！”知其众无拒守之心也。乃四面进军，同时鼓噪登城。二月，乙酉，克之。诞窘急，单马将其麾下突小城欲出，司马胡奋部兵击斩之，夷其三族。诞麾下数百人，皆拱手为列，不降，每斩一人，辄降之，降，户江翻，下同。卒不变，以至于尽。史言诸葛诞得人心，人蒙其恩而为之死。卒，子恤翻。吴将于诠曰：诠，且缘翻。“大丈夫受命其主，以兵救人，既不能克，又束手于敌，吾弗取也。”乃免胄冒陈而死。陈，读曰阵。唐咨、王祚等皆降。唐咨本魏人降吴，见七十卷文帝黄初六年。吴兵万众，器仗山积。

司马昭初围寿春，王基、石苞等皆欲急攻之，昭以为“寿春城固而众多，攻之必力屈；若有外寇，表里受敌，此危道也。今三叛相聚于孤城之中，三叛，谓诸葛诞、文钦、唐咨也。天其或者使同就戮，吾当以全策縻之。但坚守三面，若吴贼陆道而来，军粮必少；吾以游兵轻骑绝其转输，可不战而破也。吴贼破，钦等必成禽矣！”乃命诸军按甲而守之，卒不烦攻而破。卒，子恤翻。议者又以为“淮南仍为叛逆，仍，相因也。吴兵室家在江南，不可纵，宜悉坑之。”昭曰：“古之用兵，全国为上，戮其元恶而已。言全其国之人民，止戮其君；所谓诛其君而吊其民也。吴兵就得亡还，适可以示中国之大度耳。”一无所杀，分布三河近郡以安处之。河南，都也；河东、河内皆近京师。处，昌吕翻。拜唐咨安远将军，其馀裨将，咸假位号，众皆悦服。其淮南将士吏民为诞所胁略者，皆赦之。听文鸯兄弟收敛父丧，给其车牛，致葬旧墓。文钦，谯人也，旧墓在焉。敛，力赡翻。

昭遗王基书曰：遗，于季翻。“初议者云云，求移者甚众，谓前诏诸军转据北山。时未临履，亦谓宜然。临履，谓亲临其地而履行营垒处所也。将军深算利害，独秉固志，上违诏命，下拒众议，终至制敌禽贼，虽古人所述，不是过也。”昭欲遣诸军轻兵深入，招迎唐咨等子弟，因衅有灭吴之势。王基谏曰：“昔诸葛恪乘东关之胜，竭江表之兵以围新城，城既不拔，而众死者大半。事见上卷邵陵厉公嘉平五年。姜维因洮西之利，轻兵深入，粮饷不继，军覆上邽。谓段谷之败也。夫大捷之后，上下轻敌，轻敌则虑难不深。难，乃旦翻。今贼新败于外，又内患未弭，谓孙綝君臣相猜。是其修备设虑之时也。且兵出逾年，人有归志，今俘馘十万，罪人斯得，谓禽诸葛诞也。书曰：周公居东二年，则罪人斯得。自历代征伐，未有全兵独克如今之盛者也。武皇帝克袁绍于官渡，自以所获已多，不复追奔，复，扶又翻。惧挫威也。”事见六十三卷汉献帝建安五年。昭乃止。以基为征东将军、都督扬州诸军事，进封东武侯。

习凿齿曰：君子谓司马大将军于是役也，可谓能以德攻矣。左传：晋文公城濮之胜，君子谓晋于是役也能以德攻。夫建业者异道，各有所尚而不能兼并也。故穷武之雄，毙于不仁；如夫差、智伯是也。存义之国，丧于懦退。如宋襄公是也。丧，息浪翻。今一征而禽三叛，大虏吴众，席卷淮浦，俘馘十万，生虏为俘，截耳为馘。古者战胜，馘所格之左耳而献之。可谓壮矣。而未及安坐，赏王基之功；种惠吴人，结异类之情；书曰：皋陶迈种德。孔安国注曰：种，布也。言种则有获，种惠于吴人，使归心中国，以成他日混一之功，如种艺之有秋也。宠鸯葬钦，忘畴昔之隙；不咎诞众，使扬土怀愧。功高而人乐其成，业广而敌怀其德。乐，音洛翻。武昭既敷，文算又洽，推是道也，天下其孰能当之哉！凿齿，晋人，其辞盖有溢美者。

2 司马昭之克寿春，钟会谋画居多；昭亲待日隆，委以腹心之任，时人比之子房。比之张良也。

3 汉姜维闻诸葛诞死，复还成都，复拜大将军。维以段谷之败，贬行大将军事。

4 夏，五月，诏以司马昭为相国，汉书百官表曰：相国、丞相，皆秦官。又按萧何传，何自丞相拜相国；则相国尊于丞相。封晋公，食邑八郡，晋书帝纪曰：以并州之太原、上党、西河、乐平、新兴、雁门，司州之河东、平阳，凡八郡，封为晋公。加九锡；昭前后九让，乃止。

5 秋，七月，吴主封故齐王奋为章安侯。奋徙章安，见上卷邵陵厉公嘉平五年。

6 八月，以骠骑将军王昶为司空。昶，丑两翻。

7 诏以关内侯王祥为三老，郑小同为五更，帝率群臣诣太学，行养老乞言之礼。记曰：凡养老，五帝宪，三王又乞言。五帝宪，养气体而不乞言，有善则记之，以为惇史。三王亦宪，既养老而后乞言，亦微其礼，皆有惇史。郑玄注曰：宪，法也；养之为法其德行，三王又从之求善言可施行也。惇史，惇厚者也。微其礼者，依违言之。更，工衡翻。小同，玄之孙也。郑玄别传曰：玄有子为孔融吏，举孝廉，融之被围，往赴，为贼所害；有遗腹子，以丁卯日生，而玄以丁卯岁生，故名曰小同。

8 吴孙𬘭以吴主亲览政事，多所难问，难，乃旦翻。甚惧；返自镬里，遂称疾不朝，朝，直遥翻。使弟威远将军据入仓龙门宿卫，古仓、苍字通用。武卫将军恩、偏将军干、长水校尉闿闿，音开，又苦亥翻。分屯诸营，欲以自固。吴主恶之，恶，乌路翻。乃推朱公主死意，朱公主死见上卷正元二年。推，寻也，寻问公主所以见杀之意。全公主惧曰："我实不知，皆朱据二子熊、损所白。"是时熊为虎林督，损为外部督，吴外部督建业外营兵。吴主皆杀之。损妻，即孙峻妹也。𬘭谏，不从，由是益惧。

吴主阴与全公主及将军刘丞谋诛𬘭。全后父尚为太常、卫将军，吴主谓尚子黄门侍郎纪曰："孙𬘭专势，轻小于孤。谓轻视之以为幼小也。孤前敕之使速上岸，为唐咨等作援，而留湖中不上岸一步；上，时掌翻。又委罪于朱异，擅杀功臣，不先表闻；筑第桥南，𬘭盖筑第于朱雀桥南。不复朝见。此为自在，无所复畏，自在，谓居处自如，不复知有君上。复，扶又翻。见，贤遍翻。不可久忍，今规取之。规，图也。卿父作中军都督，卫将军督中军。使密严整士马，孤当自出临桥，率宿卫虎骑、左右无难一时围之，吴有左右无难督，督无难营兵。作版诏敕𬘭所领皆解散，不得举手。正尔，自当得之；正尔，犹言正如此也。卿去，但当使密耳！卿宣诏卿父，勿令卿母知之；女人既不晓大事，且𬘭同堂姊，邂逅漏泄，误孤非小也！"解，户解翻。逅，户茂翻。纪承诏以告尚。尚无远虑，以语纪母，母使人密语𬘭。语，牛倨翻。

九月，戊午，𬘭夜以兵袭尚，执之，遣弟恩杀刘承于苍龙门外，刘承，即刘丞。比明，遂围宫。比，必寐翻。吴主大怒，上马带鞬执弓欲出，鞬，居言翻。韔，弓矢器。曰："孤大皇帝適子，適，读曰嫡。在位已五年，谁敢不从者！"侍中近臣及乳母共牵攀止之，不得出，叹咤不食，咤，陟驾翻。骂全后曰："尔父愦愦，愦，乌外翻。类篇曰：闷也。败我大事！"败，补迈翻。又遣呼纪，纪曰："臣父奉诏不谨，负上，无面目复见。"复，扶又翻，下同。因自杀。綝使光禄勋孟宗告太庙，废吴主为会稽王。吴主亮时年十六。会，丁外翻。召群臣议曰："少帝荒病昏乱，不可以处大位，承宗庙，少，诗昭翻。处，昌吕翻，下同。已告先帝废之。诸君若有不同者，下异议。"皆震怖，怖，普布翻。曰："唯将军令！"綝遣中书郎李崇夺吴主玺绶，玺，斯氏翻。绶，音受。以吴主罪班告远近。尚书桓彝不肯署名，綝怒，杀之。典军施正劝綝迎立琅邪王休，綝从之。吴制，中营置左右典军。己未，綝使宗正楷与中书郎董朝楷以吴同姓为宗正。中书郎，即晋中书侍郎之职。迎琅邪王于会稽。吴建兴元年。休徙丹阳，既又徙会稽。会，工外翻。遣将军孙耽送会稽王亮之国，亮时年十六。徙全尚于零陵，寻追杀之；迁全公主于豫章。

冬，十月，戊午，琅邪王行至曲阿，杜佑曰：曲阿，今丹阳郡丹阳县。有老公遮王叩头曰："事久变生，天下喁喁。"喁，鱼容翻。师古曰：喁喁，众口向上也，又相应和声。是日，进及布塞亭。孙綝以琅邪王未至，欲入居宫中，召百官会议，皆惶怖失色，徒唯唯而已。唯，以水翻，诺也。选曹郎虞汜曰："明公为国伊、周，处将相之任，汜，音祀。处，昌吕翻。擅废立之威，将上安宗庙，下惠百姓，大小踊跃，自以伊、霍复见。今迎王未至而欲入宫，如是，群下摇荡，众听疑惑，非所以永终忠孝，扬名后世也。"綝不怿而止。汜，翻之子也。

綝命弟恩行丞相事，率百僚以乘舆法驾迎琅邪王于永昌亭。【章：甲十一行本"亭"下有"筑宫，以武帐为便殿，设御坐。己卯，王至便殿，止东厢"二十字；乙十一行本同；张校同；退斋校同。】孙恩奉上玺符，乘，绳证翻。上，时掌翻。王三让，乃受。群臣以次奉引，引，读曰靷。王就乘舆，百官陪位。綝以兵千人迎于半野，拜于道侧；王下车答拜。即日，御正殿，大赦，改元永安。吴主休，字子烈，吴主权第六子。孙綝称"草莽臣"，诣阙上书，上印绶、节钺，求避贤路。谓他有贤者进用，恐妨其路，求引身避之。吴主引见慰谕，见，贤遍翻。下诏以綝为丞相、荆州牧，增邑五县；綝迁大将军，封永宁侯，今休以援立之功，增其封邑。以恩为御史大夫、卫将军、中军督，封县侯。孙据、干、闿皆拜将军，封侯。又以长水校尉张布为辅义将军，封永康侯。初，休为王时，布为左右督，素见信爱，及即位，遂宠任之。为布擅吴立孙晧以亡国丧身张本。宋白曰：吴赤乌八年，分乌伤之上浦，立永康县，属东阳郡。

先是，丹阳太守李衡数以事侵琅邪王，休徙丹阳，见七十五卷邵陵厉公嘉平四年。先，悉荐翻。数，所角翻，下同。其妻习氏谏之，习，姓。按风俗通：汉有外黄令习一。衡不听。琅邪王上书乞徙他郡，诏徙会稽。及琅邪王即位，李衡忧惧，谓妻曰："不用卿言，以至于此。吾欲奔魏，何如？"妻曰："不可。君本庶民耳，先帝相拔过重，既数作无礼，而复逆自猜嫌，复，扶又翻。逃叛求活，以此北归，何面目见中国人乎！【章：甲十一行本"乎"下有"衡曰：'计何所出？'妻曰"八字；乙，十一行本同；张校同；退斋校同。】琅邪王素好善慕名，好，呼到翻。方欲自显于天下，终不以私嫌杀君明矣。可自囚诣狱，表列前失，显求受罪。如此，乃当逆见优饶，逆，迎也，言将优加其官以饶益之。非但直活而已。"衡从之。吴主诏曰："丹阳太守李衡，以往事之嫌，自拘司败。左传：楚箴尹克黄，自拘于司败。司败，即司寇也。夫射钩、斩袪，在君为君，齐桓公与公子纠争国，管仲射桓公，中带钩。子纠死，桓公以管仲为相，遂霸诸侯。晋献公使寺人披伐蒲，公子重耳逾垣而走，披斩其袪。及重耳反国，与披谋国事，发吕、郤之谋，荐赵衰守原。为，于伪翻。其遣衡还郡，勿令自疑。"又加威远将军，授以棨戟。果如习氏所料。

己丑，吴主封故南阳王和子皓为乌程侯。和死、皓全，见上卷邵陵厉公嘉平五年。

群臣奏立皇后、太子，吴主曰："朕以寡德，奉承洪业，莅事日浅，恩泽未敷，后妃之号，嗣子之位，非所急也。"有司固请，吴主不许。

孙綝奉牛酒诣吴主，吴主不受，赍诣左将军张布；酒酣，出怨言曰："初废少主时，多劝吾自为之者；吾以陛下贤明，故迎之。帝非我不立，今上礼见拒，是与凡臣无异，当复改图耳。"上，时掌翻。复，扶又翻。布以告吴主，綝以布为吴主所信倚，故诣之，酒酣失言，遂以贾祸。綝之凶愚，其赤族宜矣。吴主衔之，恐其有变，数加赏赐。数，所角翻。戊戌，吴主诏曰："大将军掌中外诸军事，事统烦多，其加卫将军、御史大夫恩侍中，与大将军分省诸事。"分綝之权也。或有告綝怀怨侮上，欲图反者，吴主执以付綝，綝杀之，由是益惧，因孟宗求出屯武昌，吴主许之。綝尽敕所督中营精兵万馀人，皆令装载；中营兵，即中军也。吴人谓装船为装载。綝欲以此兵自随，上武昌。载，才再翻。车船装物皆曰载，诗云：载输尔载。又取武库兵器，吴主咸令给与。綝求中书两郎典知荆州诸军事，主者奏中书不应外出，吴主特听之。其所请求，一无违者。

将军魏邈说吴主曰："綝居外，必有变。"说，输芮翻。武卫士施朔又告綝谋反。武卫士，武卫之士也。吴主将讨綝，密问辅义将军张布，布曰："左将军丁奉，虽不能吏书，而计略过人，能断大事。"断，丁乱翻。吴主召奉告之，且问以计划，奉曰："丞相兄弟支党甚盛，恐人心不同，不可卒制；卒，读曰猝。可因腊会有陛兵以诛之。"陛兵，宿卫之兵夹殿陛者，所谓"陛戟之士"。吴主从之。

十二月，丁卯，建业中谣言明会有变，明会，明日腊会也。吴以土德王，用辰腊。綝闻之，不悦。夜，大风，发屋扬沙，綝益惧。戊辰，腊会，綝称疾不至；吴主强起之，强，其两翻。使者十馀辈，綝不得已，将入，众止焉。綝曰："国家屡有命，不可辞。可豫整兵，令府内起火，因是可得速还。"遂入，寻而火起，寻，继时也。綝求出，吴主曰："外兵自多，不足烦丞相也。"綝起离席，离，力智翻。奉、布目左右缚之。綝叩头曰："愿徙交州。"吴主曰："卿何不徙滕胤、吕据于交州乎！"綝复曰：复，扶又翻。"愿没为官奴。"吴主曰："卿何不以胤、据为奴乎！"胤、据死，见上甘露元年。遂斩之。以綝首令其众曰："诸与綝同谋者，皆赦之。"放仗者五千人。孙闿乘船欲降北，追杀之。闿，音开，又可亥翻。綝之诸弟据、恩、干盖已就诛，独闿走，欲投北。降，户工翻。夷綝三族，发孙峻棺，取其印绶，斲其木而埋之。古者棺椁厚薄皆有度，斲而薄之以示贬。

己巳，吴主以张布为中军督。改葬诸葛恪、滕胤、吕据等，其罹恪等事远徙【章：甲十一行本"徒"作"徙"；乙十一行本同；张校同。】者，一切召还。朝臣有乞为诸葛恪立碑者，为，于伪翻。吴主诏曰："盛夏出军，士卒伤损，无尺寸之功，不可谓能；受托孤之任，死于竖子之手，不可谓智。"遂寝。恪死见上卷嘉平五年。

9 初，汉昭烈留魏延镇汉中，事见六十八卷汉献帝建安二十四年。皆实兵诸围以御外敌，敌若来攻，使不得入。及兴势之役，王平捍拒曹爽，事见七十四卷邵陵厉公正始五年。皆承此制。及姜维用事，建议以为"错守诸围，错，仓故翻。适可御敌，不获大利。不若使敌至，诸围皆敛兵聚谷，退就汉、乐二城，诸葛亮筑汉、乐二城，见七十一卷明帝太和三年。听敌入平，谓纵敌使入平地也。重关头镇守以捍之，令游军旁出以伺其虚。敌攻关不克，野无散谷，千里运粮，自然疲乏；引退之日，然后诸城并出，与游军并力搏之，此殄敌之术也。”于是汉主令督汉中胡济却住汉寿，监军王含守乐城，乐城，在沔阳东山上，周三十里，甚崄固，诸葛亮所筑。沔水径其北，又北径西乐城东，而北流注于汉。护军蒋斌守汉城。姜维自弃险要以开狡焉启疆之心，书此为亡蜀张本。斌，音彬。

四年（己卯、二五九）

1 春，正月，黄龙二见宁陵井中。见，贤遍翻，下同。先是，顿丘、冠军、阳夏井中屡有龙见，陈寿志曰：去年青龙仍见顿丘、冠军、阳夏县界井中。宁陵县，前汉属陈留郡，后汉、魏属梁国。顿丘县，汉属东郡，魏属魏郡。冠军县，属南阳郡。阳夏县，汉属陈国，魏属梁国。先，悉荐翻。夏，音贾。群臣以为吉祥，帝曰：“龙者，君德也。上不在天，下不在田，而数屈于井，数，所角翻。非嘉兆也。”作潜龙诗以自讽，司马昭见而恶之。帝有诛昭之志，不务养晦，而愤郁之气见于辞而不能自揜，盖亦浅矣，此其所以死于权臣之手乎！恶，乌路翻。

2 夏，六月，京陵穆侯王昶卒。

3 汉主封其子谌为北地王，谌，时壬翻。恂为新兴王，虔为上党王。尚书令陈祗以巧佞有宠于汉主，姜维虽位在祗上，而多率众在外，希亲朝政，权任不及祗。秋，八月，丙子，祗卒；汉主以仆射义阳董厥为尚书令，尚书诸葛瞻为仆射。

4 冬，十一月，车骑将军孙壹为婢所杀。二年，孙壹来降。

5 是岁，以王基为征南将军，都督荆州诸军事。据晋书文帝纪，时分荆州为二都督，基镇新野，州泰镇襄阳。

元皇帝上 讳奂，字景明，武帝之孙，燕王宇之子也。甘露二年，封安次县常道乡公。谥法：行义说民曰元。帝本名璜，即位，改名奂。

景元元年（庚辰、二六〇）是年六月，方改元。

1 春，正月，朔，日有食之。

2 夏，四月，诏有司率遵前命，复进大将军昭位相国，封晋公，加九锡。遵前年之命也。复，扶又翻。

3 帝见威权日去，不胜其忿。胜，音升。五月，己丑，召侍中王沈、沈，持林翻，下同。尚书王经、散骑常侍王业，谓曰："司马昭之心，路人所知也。言路人亦知其将篡。吾不能坐受废辱，今日当与卿自出讨之。"卿下当有等字。王经曰："昔鲁昭公不忍季氏，败走失国，为天下笑。鲁季氏世执鲁国之政。至昭公时，伐之，不胜，公孙于齐，次于阳州，死于乾侯。事见左传。今权在其门，为日久矣，朝廷四方皆为之致死，为，于伪翻。不顾逆顺之理，非一日也。且宿卫空阙，兵甲寡弱，陛下何所资用；而一旦如此，无乃欲除疾而更深之邪！祸殆不测，宜见重详。"重，直用翻。重，再也。详，审也。帝乃出怀中黄素诏投地说文曰：素，白致缯也。此黄素诏者，盖以白致缯染为黄色以书诏。曰："行之决矣！正使死何惧，况不必死邪！"于是入白太后。沈、业奔走告昭，呼经欲与俱，经不从。帝礼遇王沈，呼为文籍先生，而临变乃尔，吁！考异曰：世语曰：经因沈、业申意。今从晋诸公赞。帝遂拔剑升辇，率殿中宿卫苍头官僮鼓噪而出。昭弟屯骑校尉伷遇帝于东止车门，左右呵之，伷众奔走。伷，读曰胄。中护军贾充自外入，逆与帝战于南阙下，帝自用剑。众欲退，骑督成倅弟太子舍人济问充曰："事急矣，当云何？"充曰："司马公畜养汝等，畜，许六翻。骑督，督骑兵。晋志：太子舍人职比散骑、中书等侍郎。时未立太子，不应置东宫官属；济本昭之私人，授以是官耳。骑，奇寄翻。倅，七内翻。正为今日。为，于伪翻。今日之事，无所问也！"济即抽戈前刺帝，殒于车下。时年二十。刺，七亦翻。昭闻之，大惊，自投于地。太傅孚奔往，枕帝股而哭甚哀，枕帝于股也。左传：齐崔杼弑其君光，晏子枕尸股而哭之，三踊而出。枕，职任翻。曰："杀陛下者，臣之罪也！"

昭入殿中，召群臣会议。尚书左仆射陈泰不至，昭使其舅尚书荀𫖮召之，泰曰：“世之论者以泰方于舅，方，比也。今舅不如泰也。”言𫖮阿附司马氏，而己忠于魏室。子弟内外咸共逼之，乃入，见昭，悲恸，昭亦对之泣曰：“玄伯，陈泰，字玄伯。卿何以处我？”处，昌吕翻。泰曰：“独有斩贾充，少可以谢天下耳。”少，诗沼翻。考异曰：魏氏春秋曰：“帝之崩也，太傅司马孚、尚书右仆射陈泰枕帝尸于股，号哭尽哀。大将军入禁中，泰见之悲恸，大将军亦对之泣，谓曰：‘玄伯其如我何？’泰曰：‘独有斩贾充，少可以谢天下耳。’大将军久之曰：‘卿更思其他。’泰曰：‘岂可使泰复发后言！’遂欧血薨。”裴松之以为违实。今从干宝晋纪。昭久之曰：“卿更思其次。”泰曰：“泰言惟有进于此，言当以弑君之罪罪昭。不知其次。”昭乃不复更言。复，扶又翻。𫖮，彧之子也。彧，于六翻。

太后下令，罪状高贵乡公，废为庶人，葬以民礼。收王经及其家属付廷尉。经谢其母，母颜色不变，笑而应曰：“人谁不死，正恐不得其所；以此并命，何恨之有！”非此母不生此子。及就诛，故吏向雄哭之，哀动一市。向，姓也，音式亮翻。王沈以功封安平侯。庚寅，太傅孚等上言，请以王礼葬高贵乡公，太后许之。

使中护军司马炎迎燕王宇之子常道乡公璜于邺，水经注曰：白祀沟水出广阳县之娄城东，东南径常道城西，故乡亭也，西去良乡城四十里，魏少帝璜所封也。广阳，故燕国。以为明帝嗣。炎，昭之子也。

4 辛卯，群公奏太后自今令书皆称诏制。群公，自上公、三公至诸从公也。

5 癸卯，司马昭固让相国、晋公、九锡之命，太后诏许之。

6 戊申，昭上言：“成济兄弟大逆不道，夷其族。”

7 六月，癸丑，太后诏常道乡公更名奂。更，工衡翻。甲寅，常道乡公入洛阳，是日，即皇帝位，年十五，大赦，改元。

8 丙辰，诏进司马昭爵位九锡如前，昭固让，乃止。

9 癸亥，以尚书右仆射王观为司空。

10 吴都尉严密建议作浦里塘，据范书方术传：浦里塘在丹阳郡宛陵县界。陈志濮阳兴传亦云：严密建丹阳湖田，作浦里塘。群臣皆以为难；唯卫将军陈留濮阳兴以为可成，濮阳，以邑为姓。陈留风俗传，汉有长沙太守濮阳逸。吴主休居会稽时，兴为太守，深与相结，及即位，遂与张布并见信用。遂会诸军民就作，功费不可胜数。胜，音升。士卒多死亡，民大愁怨。

11 会稽郡谣言王亮当还为天子，而亮宫人告亮使巫祷祠，有恶言，有司以闻。吴主黜亮为候官侯，遣之国；晋志曰：建安郡，故秦闽中郡，汉高祖以封闽越王。及武帝灭之，徙其人，名为东冶，后汉改为候官都尉。吴置建安郡，以候官为县属焉。宋白曰：汉武帝元鼎六年，立都尉，居候官以御两越，所谓南北一候也。亮自杀，卫送者皆伏罪。

12 冬，十月，阳乡肃侯王观卒。谥法：刚德克就曰肃。

13 十一月，诏尊燕王，待以殊礼。

14 十二月，甲午，以司隶校尉王祥为司空。

15 尚书王沈为豫州刺史。初到，下教敕属城及士民曰：“若有能陈长吏可否，长，知两翻。说百姓所患者，给谷五百斛。若说刺史得失，朝政宽猛者，给谷千斛。”主簿陈廞、褚䂮廞，许今翻，䂮，力灼翻。入白曰：“教旨思闻苦言，示以劝赏。窃恐拘介之士或惮赏而不言，贪昧之人将慕利而妄举。苟不合宜，赏不虚行，则远听者未知当否之所在，当，丁浪翻。徒见言之不用，因谓设而不行。愚以为告下之事，可少须后。”须，待也。沈又教曰：“夫兴益于上，受分于下，兴益，谓进言有益于上也。受分，谓受赏也。斯乃君子之操，何不言之有！”褚䂮复白曰：复，扶又翻。下同。“尧、舜、周公所以能致忠谏者，以其款诚之心著也。冰炭不言而冷热之质自明者，以其有实也。若好忠直，好，呼到翻。如冰炭之自然，则谔谔之言将不求而自至。若德不足以配唐、虞，配，合也。明不足以并周公，实不可以同冰炭，虽悬重赏，忠谏之言未可致也。”沈乃止。

二年（辛巳、二六一）

1 春，三月，襄阳太守胡烈襄阳县，汉属南郡。沈约曰：魏武平荆州，分南郡编以北及南阳之山都立襄阳郡。表言：“吴将邓由、李光等十八屯同谋归化，遣使送质任，质，音致。欲令郡兵临江迎拔。”诏王基部分诸军径造沮水以迎之。造，七到翻。应劭曰：沮水出汉中房陵东入江。师古曰：沮，千余翻。南郡临沮县以临沮水得名。水经注曰：自临沮界东南过枝江县，又东南入于江。“若由等如期到者，便当因此震荡江表。”基驰驿遗司马昭书，遗，于季翻，下同。说由等可疑之状，“且当清澄，谓事之虚实未定，如水之混浊，莫测其浅深，且当清澄以俟之；盖亦当时常语也。未宜便举重兵深入应之。”又曰：“夷陵东西皆险陿，陿，与狭同。竹木丛蔚，卒有要害，弩马不陈。蔚，音尉，又纡勿翻。卒，读曰猝。谓猝然敌人于要害之地设伏邀击，弩马不得陈其力也。今者筋角濡弱，考工记：弓人为弓，冬析干，春液角，夏治筋，秋合三材。春液角，夏治筋，以阳煦而筋角濡滑也。冬析干，秋合三材，以阴凝而坚致也。春夏之交，阳气蒸润，筋角濡弱，则弓弩之力不劲。水潦方降，废盛农之务，要难必之利，此事之危者也。要，一遥翻。姜维之趣上邽，趣，七喻翻。文钦之据寿春，皆深入求利，以取覆没，此近事之鉴戒也。嘉平已来，累有内难，谓曹爽兄弟既死，累有废立之事，毌丘俭、诸葛诞相继而举兵也。难，乃旦翻。当今之宜，当务镇安社稷，抚宁上下，力农务本，怀柔百姓，未宜动众以求外利也。”昭累得基书，意狐疑，敕诸军已上道者，且权停住所在，令各就其所至之地而住军也。须候节度。须，待也。基复遗昭书曰：“昔汉祖纳郦生之说，欲封六国，寤张良之谋而趣销印。事见十卷汉高帝三年。复，扶又翻；下同。趣，读曰促。基谋虑浅短，诚不及留侯，亦惧襄阳有食其之谬。”食其，音异基。昭于是罢兵，报基书曰："凡处事者多曲相从顺，鲜能确然共尽理实，处，昌吕翻。鲜，息浅翻。诚感忠爱，每见规示，辄依来旨，已罢军严。"既而由等果不降。降，户江翻。烈，奋之弟也。

2 秋，八月，甲寅，复命司马昭进爵位如前，不受。

3 冬，十月，汉主以董厥为辅国大将军，诸葛瞻为都护、卫将军，共平尚书事，以侍中樊建为尚书令。时中常侍黄皓用事，厥、瞻皆不能矫正，揉曲使直曰矫。士大夫多附之，唯建不与皓往来。秘书令郤正久在内职，与皓比屋，比，毗至翻，近也，并也，联也；又簿必翻，相次也。周旋三十馀年，澹然自守，以书自娱，既不为皓所爱，亦不为皓所憎，故官不过六百石，秘书令，秩六百石。而亦不罹其祸。汉主弟甘陵王永憎皓，皓谮之，使十年不得朝见。朝，直遥翻。见，贤遍翻。

吴主使五官中郎将薛珝聘于汉，珝，况羽翻。及还，吴主问汉政得失，对曰："主暗而不知其过，臣下容身以求免罪，入其朝不闻直言，经其野民皆菜色。臣闻燕雀处堂，子母相乐，以为至安也，突决栋焚，而燕雀怡然不知祸之将及，其是之谓乎！"魏相子顺引先人之言也。呜呼！蜀之亡形成矣，薛珝见而知之。濮阳兴、张布用事，浦里塘之役，吴民愁怨，韦昭、盛冲以切直而不得居王所，珝亦知之否邪？知而不言，无亦容身而求免罪邪？处，昌吕翻。乐，音洛。珝，综之子也。薛综见七十二卷明帝青龙元年。

4 是岁，鲜卑索头部大人拓跋力微始遣其子沙漠汗入贡，因留为质。索，昔各翻。汗，音寒。质，音致。力微之先，世居北荒，不交南夏。魏收曰：魏之先出自黄帝，黄帝子曰昌意，昌意少子受封北国，有大鲜卑山，因以为号。黄帝以土德王，北人谓土为"托"，谓后为"拔"，故以为氏。或曰：自谓托天而生，拔地而长，故为托拔氏。萧子显曰：匈奴女名托跋，妻李陵，胡俗以母为姓，故为李陵之后而甚讳之，有言其是陵后者，辄见杀。夏，户雅翻。至可汗毛，始强大，可汗，北方之尊称，犹汉时之单于也。宋白曰：虏俗呼天为汗。可，读如渴。汗，何干翻。**统国三十六，大姓九十九；后五世至可汗推寅，**魏书曰：汉桓帝时，鲜卑檀石槐分其地为东西三部，其大人曰置鞬落罗，曰律推演、宴荔游等，皆为大帅。推演，盖即推寅也。按魏收魏书帝纪：毛死，贷立；贷死，观立；观死，楼立；楼死，越立；越死，推寅立。推寅，盖俗云钻研之义。**南迁大泽；又七世至可汗邻，**推寅死，利立；利死，俟立；俟死，肆立；肆死，机立；机死，盖立；盖死，侩立；侩死，邻立。**使其兄弟七人及族人乙旃氏、车惃氏**车，昌遮翻。惃，胡昆翻，又公浑翻，又古本翻。**分统部众为十族，**按魏书官氏志：毛统国有九十九姓，至邻，七分国人，使诸兄弟各摄领之。乃分其民，以兄为纥骨氏，后改为胡氏；次兄为普氏，后改为周氏；次兄为拔拔氏，后改为长孙氏。弟为达奚氏，后改为奚氏；次弟为伊娄氏，后改为伊氏；次弟为丘敦氏，后改为丘氏；次弟为侯氏，后改亥氏。七族之兴，自此始也。又命叔父之胤曰乙旃氏，后改为叔孙氏。又命疏族为车惃氏，后改为车氏。凡与托拔氏为十姓，百世不通婚。**邻老，以位授其子诘汾，使南迁，遂居匈奴故地。诘汾卒，力微立，复徙居定襄之盛乐，**汉定襄郡有成乐县，后汉属云中郡。建安二十年，并云中、定襄、五原、朔方为新兴郡，郡止置一县，以属新兴；而盛乐故县弃之荒外，故力微得居之。后魏既盛，南都平城，置盛乐宫于其地，永熙中，又置盛乐郡。复，扶又翻。**部众浸盛，诸部皆畏服之。**拓跋氏始见于此。鲜卑轲比能与魏为敌者也。轲比能死，北边差安，而拓跋氏盛矣，为后魏张本。

王崇武标点容肇祖聂崇岐覆校

中华国学文库

资治通鉴

四

〔宋〕司马光 编著

〔元〕胡三省 音注

中华书局

资治通鉴卷第七十八

翰林学士兼侍读学士朝散大夫右谏议大夫知制诰
判尚书都省兼提举万寿观公事柱国河内郡开国侯 司马光 奉敕编集
食邑一千三百户食实封二百户赐紫金鱼袋臣
后学天台胡三省音注

魏纪十 起玄黓敦牂（壬午），尽阏逢涒滩（甲申），凡三年。涒，音暾。

元皇帝下

景元三年（壬午、二六二）

1 秋，八月，乙酉，吴主立皇后朱氏，朱公主之女也。戊子，立子𩅦为太子。𩅦，乌关翻。据吴志，吴主休为四子作名字，𩅦，音湖水湾澳之湾，非先有此音也。

2 汉大将军姜维将出军，右车骑将军廖化曰："兵不戢，必自焚，伯约之谓也。左传，鲁众仲曰：兵，犹火也，不戢，将自焚。姜维，字伯约。廖，力救翻，今力吊翻。智不出敌而力小于寇，用之无厌，将何以存！"谓较智则不出于敌人之上，而较力则又弱小也。厌，于盐翻。冬，十月，维入寇洮阳，洮阳，洮水之阳也。洮水之阴，魏不置郡县，维渡洮而攻之也。沙州记曰：强城东北三百里有曾城，临洮水，曰洮阳城。杜佑曰：临洮郡城本洮阳城，临洮水。洮，土刀翻。邓艾与战于侯和，破之，维退住沓中。水经注：洮水径洮阳城，又东径共和山南，城在四山中，又东径迷和城北。意侯和即此地也。沓中在诸羌中，即沙漒之地。晋张骏据河西，因前赵之乱，收河南地，至于狄道，置武街、石门、侯和、漒川、甘松五屯护军，与后赵分境。乞伏炽盘攻漒川，师次沓中。则侯和之地在塞内，沓中之地在羌中明矣。初，维以羁旅依汉，维降汉见七十一卷明帝太和元年。身受重任，兴兵累年，功绩不立。黄皓用事于中，与右大将军阎宇亲善，阴欲废维树宇。维知之，言于汉主曰："皓奸巧专恣，将败国家，请杀之！"败，补迈翻。汉主曰："皓趋走小臣耳，往董允每切齿，事见七十四卷邵陵厉公正始六年。吾常恨之，君何足介意！"维见皓枝附叶连，惧于失言，逊辞而出。汉主敕皓诣维陈谢。维由是自疑惧，此维未出洮阳以前事也。返自洮阳，因求种麦沓中，不敢归成都。司马昭因是决计绊维于沓中而伐蜀。

3 吴主以濮阳兴为丞相，廷尉丁密、光禄勋孟宗为左右御史大夫。汉成帝绥和元年，罢御史大夫，置大司空，世祖中兴因之。献帝建安十三年，罢司空，复置御史大夫，未尝分左右也，盖吴分之。初，兴为会稽太守，会，工外翻。守，式又翻。吴主在会稽，兴遇之厚；左将军张布尝为会稽王左右督将，吴主休先封琅邪王，徙居会稽，自会稽入立，未尝封会稽王也。"会稽"，当作"琅邪"。将，即亮翻。故吴主即位，二人皆贵宠用事；布典宫省，兴关军国，以佞巧更相表里，更，工衡翻。吴人失望。

吴主喜读书，喜，许记翻。欲与博士祭酒韦昭、博士盛冲讲论，前汉五经博士有仆射一人，东汉转为祭酒。胡广曰：官名祭酒，皆一位之元长也。古礼宾客得主人馔，老者一人举酒以祭于地，旧说以为示有先。沈约志曰：吴王濞为刘氏祭酒。夫祭祀以酒为本，长者主之，故以祭酒为称。汉侍中、魏散骑常侍高功者并为祭酒。公府祭酒，汉末有之。张布以昭、冲切直，恐其入侍，言己阴过，固谏止之。吴主曰："孤之涉学，群书略遍，但欲与昭等讲习旧闻，亦何所损！君特当恐昭等道臣下奸慝，故不欲令入耳。如此之事，孤已自备之，不须昭等然后乃解也。"布皇恐陈谢，且言惧妨政事，吴主曰："王务、学业，其流各异，不相妨也，王务，犹言王事也。此无所为非，而君以为不宜，是以孤有所及耳。不图君今日在事更行此于孤也，良甚不取！”布拜表叩头。据陈寿志，自孤之涉学已下，皆诏答之语，布得诏惶恐，以表陈谢，重自序述，吴主又面答之。自王务学业以下，皆面答之语也。所谓今日在事更行此于孤，盖比之孙綝，以綝擅权之时，不使吴主亲近儒生也。于是布拜叩头，未尝再上表也。此“表”字衍。在事者，在官任事也。吴主曰：“聊相开悟耳，何至叩头乎！如君之忠诚，远近所知，吾今日之巍巍，皆君之功也。诗云：‘靡不有初，鲜克有终。’诗大雅荡之辞。鲜，息浅翻。终之实难，君其终之。”然吴主恐布疑惧，卒如布意，卒，子恤翻。废其讲业，不复使昭等入。复，扶又翻。

4 谯郡嵇康，晋书曰：康之先姓奚，会稽上虞人，以避怨徙谯郡铚县，铚有嵇山，家于其侧，因以命氏。文辞壮丽，好言老、庄而尚奇任侠，侠，户颊翻。与陈留阮籍、籍兄子咸、姓谱：殷有阮国，在岐、渭之间。周诗有侵阮徂共之辞，子孙以国为姓。后汉有已吾令阮敦。河内山涛、河南向秀、向，式亮翻。琅邪王戎、沛国刘伶特相友善，号竹林七贤。皆崇尚虚无，轻蔑礼法，纵酒昏酣，遗落世事。

阮籍为步兵校尉，其母卒，籍方与人围棋，对者求止，籍留与决赌。与决胜负也。既而饮酒二斗，举声一号，吐血数升，毁瘠骨立。骨立者，言其瘠甚，身肉俱消，唯骨立也。号，户刀翻。吐，土故翻。居丧，饮酒无异平日。司隶校尉何曾恶之，恶，乌路翻。面质籍于司马昭座质，正也，面以正义责之也。曰：“卿，纵情、背礼、败俗之人，今忠贤执政，综核名实，若卿之曹，不可长也！”背，蒲妹翻。败，补迈翻。长，知两翻。因谓昭曰：“公方以孝治天下，治，直之翻。而听阮籍以重哀饮酒食肉于公座，何以训人！宜摈之四裔，无令污染华夏。”污，乌故翻。昭爱籍才，常拥护之。昭之让九锡也，籍为公卿为劝进笺，辞甚清壮，故昭爱其才。曾，夔之子也。何夔见六十三卷汉献帝建安五年。

阮咸素幸姑婢；姑将婢去，咸方对客，遽借客马追之，累骑而还。累，重也，两人共马，谓之累骑。还，音旋，又如字。

刘伶嗜酒，常乘鹿车，贤曰：鹿车，言其小仅可容鹿也。携一壶酒，使人荷锸随之，荷，下可翻。锸，侧洽翻，锹也。曰：“死便埋我。”当时士大夫皆以为贤，争慕效之，谓之放达。

钟会方有宠于司马昭，闻嵇康名而造之，造，七到翻。康箕踞而锻，康性巧而好锻。锻，都玩翻。小冶也。不为之礼。会将去，康曰：“何所闻而来，何所见而去？”会曰：“闻所闻而来，见所见而去！”遂深衔之。

山涛为吏部郎，魏尚书郎有二十三员，吏部其一也。举康自代；康与涛书，自说不堪流俗，而非薄汤、武。昭闻而怒之。汤、武革命，而康非薄之，故昭闻而怒。康与东平吕安亲善，安兄巽诬安不孝，康为证其不然。为，于伪翻。会因谮“康尝欲助毌丘俭，言毌丘俭反，而康欲助之。毌，音无。且安、康有盛名于世，而言论放荡，害时乱教，宜因此除之。”昭遂杀安及康。康尝诣隐者汲郡孙登，晋泰始二年，始分河内为汲郡，史追书也。登曰：“子才多识寡，难乎免于今之世矣！”

5 司马昭患姜维数为寇，官骑路遗求为刺客入蜀，官骑，驺骑也。数，所角翻。骑，奇寄翻。从事中郎荀勖曰：“明公为天下宰，宜杖正义以伐违贰，违，离也，背也。贰，携贰也，两属也。而以刺客除贼，非所以刑于四海也。”毛苌曰：刑，法也。韩婴曰：刑，正也。昭善之。勖，爽之曾孙也。荀爽，淑之子也，汉末为公。

昭欲大举伐汉，朝臣多以为不可，独司隶校尉钟会劝之。昭谕众曰：“自定寿春以来，息役六年，治兵缮甲以拟二虏。治，直之翻。今吴地广大而下湿，攻之用功差难，不如先定巴蜀，三年之后，因顺流之势，水陆并进，此灭虢取虞之势也。

春秋，晋献公灭虢，因以灭虞，此言灭蜀乘势可以灭吴也。计蜀战士九万，居守成都及备他境不下四万，然则馀众不过五万。今绊姜维于沓中，绊，博漫翻。系足曰绊。使不得东顾，直指骆谷，出其空虚之地以袭汉中，以刘禅之暗，而边城外破，士女内震，其亡可知也。"乃以钟会为镇西将军，都督关中。征西将军邓艾以为蜀未有衅，屡陈异议；善用兵者，观衅而动，此艾所以陈异议也。昭使主簿师纂为艾司马以谕之，姓谱：师，古者掌乐之官，因以为氏。艾乃奉命。

姜维表汉主："闻钟会治兵关中，欲规进取，宜并遣左右车骑张翼、廖化，时张翼为左车骑将军，廖化为右车骑将军。督诸军分护阳安关口阳安关口，意即阳平关也。及阴平之桥头，杜佑曰：阴平桥头在文州界。以防未然。"黄皓信巫鬼，谓敌终不自致，致，至也，又诣也，送也。启汉主寝其事，群臣莫知。

四年(癸未、二六三)

1 春，正【章：甲十一行本"正"作"二"；乙十一行本同；孔本同；张校同；退斋校同。】月，复命司马昭进爵位如前；如元年之诏也。复，扶又翻。又辞不受。

2 吴交趾太守孙谞贪暴，谞，私吕翻。为百姓所患；会吴主遣察战邓荀至交趾，裴松之曰：察战，吴官号，今扬都有察战巷。荀擅调孔爵三十头送建业，调，徒吊翻。民惮远役，因谋作乱。夏，五月，郡吏吕兴等杀谞及荀，遣使来请太守及兵，九真、日南皆应之。

3 诏诸军大举伐汉，遣征西将军邓艾督三万馀人自狄道趣甘松、沓中，甘松，本生羌之地，张骏置甘松护军，乞伏国仁置甘松郡。后魏时，白水羌朝贡，置甘松县，太和六年，改置扶州。隋改甘松为嘉诚县，属同昌郡。唐武德初，置松州，取甘松岭为名，且其地产甘松也。杜佑曰：甘松岭，江水发源之地，甘松山在今交川郡境，今临洮和政郡之南及合川郡之地。

新唐书曰：甘松山在洮水之西，吐谷浑居山之阳。以连缀姜维；雍州刺史诸葛绪督三万馀人自祁山趣武街桥头，绝维归路。贤曰：下辨县属武都郡，今城州同谷县，旧名武街城。水经注：浊水径武街城南。又曰：白水出临洮县西倾山东南，径阴平故城南，又东北径桥头。雍，于用翻。钟会统十馀万众分从斜谷、骆谷、子午谷趣汉中。斜，余遮翻。谷，音浴。趣，七喻翻。以廷尉卫瓘持节监艾、会军事，行镇西军司。钟会时为镇西将军，瓘既监艾、会军，又行会军司。监，古衔翻。瓘，觊之子也。卫觊历事武帝、文帝、明帝。觊，音冀。

会过幽州刺史王雄之孙戎，王雄刺幽州，遣勇士刺杀轲比能。问："计将安出？"戎曰："道家有言，'为而不恃。'老子道经之言。非成功难，保之难也。"或以问参相国军事平原刘寔曰："钟、邓其平蜀乎？"寔曰："破蜀必矣，而皆不还。"客问其故，寔笑而不答。钟、邓之祸，识者固知之矣。

秋，八月，军发洛阳，大赉将士，赉，来代翻，赐也。陈师誓众。将军邓敦谓蜀未可讨，司马昭斩以徇。

汉人闻魏兵且至，乃遣廖化将兵诣沓中为姜维继援，张翼、董厥等诣阳安关口为诸围外助。大赦，改元炎兴。敕诸围皆不得战，退保汉、乐二城，用姜维之言也。城中各有兵五千人。翼、厥北至阴平，闻诸葛绪将向建威，留住月馀待之。钟会率诸军平行至汉中。九月，钟会使前将军李辅统万人围王含于乐城，护军荀恺围蒋斌于汉城。斌，音彬。考异曰：晋书文纪作"部将易恺"，今从魏志。会径过西趣阳安口，遣人祭诸葛亮墓。诸葛亮葬沔阳。

初，汉武兴督蒋舒在事无称，宋白曰：武兴，汉武都沮县地。元和郡国志曰：兴州城即古武兴城也，蜀以处当冲要，置武兴督以守之。无称，言其庸庸无可称者。汉朝令人代之，朝，直遥翻。使助将军傅佥守关口，舒由是恨。钟会使护军胡烈为前锋，攻关口。舒诡谓佥曰："今贼至不击而闭城自守，非良图也。"佥曰："受命保城，惟全为功；今违命出战，若丧师负国，丧，息浪翻。死无益矣。"舒曰："子以保城获全为功，我以出战克敌为功，请各行其志。"遂率其众出；佥谓其战也，不设备。使舒果迎战，亦未可保其必胜，佥何为不设备邪？关城失守，佥亦有罪焉。舒率其众迎降胡烈，降，户江翻。烈乘虚袭城，佥格斗而死。佥，彤之子也。傅彤死事见六十九卷文帝黄初三年。彤，余中翻。钟会闻关口已下，长驱而前，大得库藏积谷。藏，徂浪翻。

邓艾遣天水太守王颀直攻姜维营，前汉天水郡，后汉改曰汉阳郡，魏复曰天水。颀，渠希翻。陇西太守牵弘邀其前，金城太守杨欣趣甘松。维闻钟会诸军已入汉中，引兵还，欣等追蹑于强川口，大战，强川口，在蕴台山南。蕴台山，即临洮之西倾山。阚骃曰：强水出阴平西北强山，一曰强川。姜维之还也，邓艾遣王颀追败之于强口，即是地也。维败走。闻诸葛绪已塞道屯桥头，塞，悉则翻。乃从孔函谷入北道，欲出绪后；绪闻之，却还三十里。维入北道三十馀里，闻绪军却，寻还，从桥头过，绪趣截维，较一日不及。言较迟一日，遂不及维也。维遂还至阴平，合集士众，欲赴关城；【章：甲十一行本"城"下有"未到"二字；乙十一行本同；孔本同；张校同；退斋校同。】闻其已破，退趣白水，遇廖化、张翼、董厥等，合兵守剑阁以拒会。水经注：小剑戍西去大剑山三十里，连山绝险，飞阁通衢，故谓之剑阁。华阳国志曰：广汉郡德阳县有剑阁道三十里，至险。祝穆曰：剑门，汉属广汉郡，为葭萌县地，蜀先主以霍峻为梓潼太守，有剑阁县。苻秦使徐成寇蜀，攻二剑，克之，始有二剑之号。

4 安国元侯高柔卒。

5 冬，十月，汉人告急于吴。甲申，吴主使大将军丁奉督诸军向寿春；将军留平就施绩于南郡，议兵所向；将军丁封、孙异如沔中以救汉。沔中，时为魏境，吴兵未能至也，拟其所向耳。吴之巫、秭归等县，皆在江北，与魏之新城接境，自此行兵，亦可以发沔中，然亦犹激西江之水以救涸辙之鱼耳。

6 诏以征蜀诸将献捷交至，复命大将军昭进位，爵赐一如前诏，复，扶又翻。昭乃受命。始受相国、晋公、九锡之命。

昭辟任城魏舒为相国参军。任，音壬。初，舒少时迟钝，【章：甲十一行本"钝"下有"质朴"二字；乙十一行本同；孔本同；张校同。】不为乡亲所重，乡里、亲戚也。少，诗照翻。从叔父吏部郎衡，有名当世，从，才用翻。亦不知之，使守水碓，为碓水侧，置轮碓后，以横木贯轮，横木之两头，复以木长二尺许，交午贯之，正直碓尾。木激水灌轮，轮转则交午木戛击碓尾木而自舂，不烦人力，谓之水碓。碓，都内翻。每叹曰："舒堪数百户长，谓小邑长也。长，知两翻。我愿毕矣！"舒亦不以介意，不为皎厉之事。皎者，求以暴白于世。厉，危行也。唯太原王乂谓舒曰："卿终当为台辅。"常振其匮乏，舒受而不辞。年四十馀，郡举上计掾，上，时掌翻。掾，于绢翻。察孝廉。宗党以舒无学业，劝令不就，可以为高。舒曰："若试而不中，中，竹仲翻。其负在我，安可虚窃不就之高以为己荣乎！"于是自课，百日习一经，因而对策升第，累迁后将军钟毓长史。毓每与参佐射，参佐，参军及诸佐吏也。毓，余六翻。舒常为画筹而已；射之画筹，犹投壶之释算也。为，于伪翻；下徐为同。后遇朋人不足，以舒满数，射以两人为朋。射之有朋，犹古射仪之有耦也。周礼：王以六耦射三侯，诸侯以四耦射二侯，卿大夫以三耦射一侯，士以三耦射豻侯。左传：鲁襄公享范献子，射者三耦，公臣不足，取于家臣。杜预注云：二人为耦。舒容范闲雅，发无不中；中，竹仲翻。举坐愕然，莫有敌者。坐，徂卧翻。毓叹而谢曰："吾之不足以尽卿才，有如此射矣，岂一事哉！"及为相国参军，府朝碎务，未尝见是非；府朝，犹言府庭也。朝，直遥翻。见，贤遍翻。至于废兴大事，众人莫能断者，断，丁乱翻。舒徐为筹之，多出众议之表。昭深器重之。

7 癸卯，立皇后卞氏，昭烈将军秉之孙也。

8 邓艾进至阴平，简选精锐，欲与诸葛绪自江油趣成都。水经注：涪水出广汉属国刚氐道徼外，东南流，径绵竹县北，又东南径江油戍北。邓艾自阴平、景谷步道悬兵束马入蜀，径江油、广汉者也。宋白曰：龙州江油郡北逾山至文州三百三十里。文州，汉阴平地也。邓艾自阴平行无人之地七百里至江油，即此。九域志：龙州北至文州四百三十里。元丰九域志：龙州治江油县，南至绵州二百馀里。绪以本受节度邀姜维，西行非本诏，遂引军向白水，此白水关也。贤曰：在今梁州金牛县西，东北至关城百八十里。与钟会合。会欲专军势，密白绪畏懦不进，槛车征还，军悉属会。

姜维列营守险，会攻之不能克，粮道险远，军食乏，欲引还。邓艾上言："贼已摧折，宜遂乘之，若从阴平由邪径经汉德阳亭按前汉无德阳县。后汉志：广汉郡始有德阳县，盖因汉故亭而置县也。自蜀分广汉置梓潼郡之后，剑阁县属梓潼，德阳县属广汉。续汉志以为德阳县有剑阁。今姜维守剑阁拒钟会，而邓艾欲从德阳亭趣涪，则此时分为两县明矣。然德阳亭亦非此时德阳县治，盖前汉德阳亭故处也。此道即所谓阴平、景谷道。趣涪，趣，七喻翻。涪，音浮。出剑阁西百里，去成都三百馀里，奇兵冲其腹心，出其不意，剑阁之守必还赴涪，则会方轨而进，剑阁之军不还，则应涪之兵寡矣。"趣，七喻翻。涪，音浮。遂自阴平行无人之地七百馀里，凿山通道，造作桥阁。今隆庆府阴平县北六十里有马阁山，峻峭崚嶒，极为艰险。邓艾军行至此，路不得通，乃悬车束马，造作栈阁，始通江油，因名马阁。又自文州青塘岭至龙州百五十里，自北而南者，右肩不得易所负，谓之左担路，亦艾伐蜀路也。据钟会传，艾自汉德阳亭入江油左担道，则德阳亭盖当马阁山之路。山谷高深，至为艰险，又粮运将匮，濒于危殆。艾以毡自裹，推转而下。推，吐雷翻。将士皆攀木缘崖，鱼贯而进。山崖险陿，单行相继而进，如贯鱼然。先登至江油，江油，今龙州江油县地，南至绵州二百馀里。绵州，古涪城也。蜀守将马邈降。降，户江翻；下同。诸葛瞻督诸军拒艾，至涪，停住不进。陈寿曰：涪去成都三百六十里。尚书郎黄崇，权之子也，黄权，刘璋所用，先主伐吴而败，权隔在江北，遂降魏。屡劝瞻宜速行据险，无令敌得入平地，瞻犹豫未纳；崇再三言之，至于流涕，瞻不能从。艾遂长驱而前，击破瞻前锋，瞻退住绵竹。绵竹县，属广汉郡。今绵竹县东北至绵州百馀里。艾以书诱瞻曰："若降者，必表为琅邪王。诸葛氏，本琅邪人，故以此诱之。诱，音酉。瞻怒，斩艾使，列陈以待艾。使，疏吏翻。陈，读曰阵；下同。艾遣子惠唐亭侯忠出其右，司马师纂等出其左。忠、纂战不利，并引还，曰："贼未可击！"艾怒曰："存亡之分，在此一举，何不可之有！"叱忠、纂等，将斩之。忠、纂驰还更战，大破，斩瞻及黄崇。瞻子尚叹曰："父子荷国重恩，荷，下可翻。不早斩黄皓，使败国殄民，用生何为！"策马冒陈而死。杜佑曰：汉州德阳县，邓艾破诸葛瞻于此，因为京观。败，补迈翻。

汉人不意魏兵卒至，不为城守调度；卒，读曰猝。调，徒吊翻。闻艾已入平土，百姓扰扰，皆迸山泽，不可禁制。迸，比孟翻。汉主使群臣会议，或以蜀之与吴，本为与国，宜可奔吴；或以为南中七郡，南中七郡：越巂、朱提、牂柯、云南、兴古、建宁、永昌也。阻险斗绝，易以自守，易，以豉翻。宜可奔南。光禄大夫谯周以为："自古以来，无寄他国为天子者，若入吴国，亦当臣服。且治政不殊，则大能吞小，此数之自然也。治，直吏翻。由此言之，则魏能并吴，吴不能并魏明矣。等为称臣，为小孰与为大，为，于伪翻。再辱之耻何与一辱！谓今降魏，一辱而已。若奔吴称臣，是一辱矣；与吴俱亡，又将臣服于魏，是为再辱。且若欲奔南，则当早为之计，然后可果；果，决也，克也。今大敌已近，祸败将及，群小之心，无一可保，恐发足之日，其变不测，何至南之有乎！"谓众心已离，既行之后，中道溃散，必不能至南中。或曰："今艾已不远，恐不受降，如之何？"降，户江翻；下同。周曰：

“方今东吴未宾，事势不得不受，受之不得不礼。若陛下降魏，魏不裂土以封陛下者，周请身诣京都，京都，谓洛阳，魏都。晋景王讳师，晋人避之，率谓京师为京都。蜀方议降，谯周已为晋人讳矣，吁！以古【张：“古”作“大”。】义争之。”众人皆从周议。汉主犹欲入南，狐疑未决。周上疏曰：“南方远夷之地，平常无所供为，言其民既不出税租以供上用，又不出力为上有所施为。犹数反叛，自丞相亮以兵威逼之，穷乃率从。事见七十卷文帝黄初六年，数，所角翻。今若至南，外当拒敌，内供服御，费用张广，他无所取，耗损诸夷，其叛必矣！”汉主乃遣侍中张绍等奉玺绶以降于艾。玺，斯氏翻。绶，音受。北地王谌怒曰：“若理穷力屈，祸败将及，便当父子君臣背城一战，同死社稷，以见先帝可也，谌，时壬翻。背，蒲妹翻。奈何降乎！”汉主不听。是日，谌哭于昭烈之庙，先杀妻子而后自杀。曾谓庸禅有子如此乎！

张绍等见邓艾于雒，雒县属广汉郡，西南至成都八十馀里。艾大喜，报书褒纳。汉主遣太仆蒋显别敕姜维使降钟会，又遣尚书郎李虎送士民簿于艾，户二十八万，口九十四万，甲士十万二千，吏四万人。艾至成都城北，汉主率太子诸王及群臣六十馀人，面缚舆榇诣军门。杜预曰：面缚，缚手于后，唯见其面也。榇，棺也，示将受死。榇，初覲翻。后主时年四十八。艾持节解缚焚榇，延请相见；检御将士，无得虏略，绥纳降附，使复旧业；辄依邓禹故事，承制拜汉王禅行骠骑将军，太子奉车、诸王驸马都尉，汉群司各随高下拜为王官，或领艾官属；依邓禹承制授隗嚣故事也，后艾由此得罪。骠，匹妙翻。以师纂领益州刺史，陇西太守牵弘等领蜀中诸郡。艾闻黄皓奸险，收闭，将杀之，皓赂艾左右，卒以得免。卒，子恤翻。

姜维等闻诸葛瞻败，未知汉主所向，乃引军东入于巴。巴，即巴中也。钟会进军至涪，遣胡烈等追维。维至郪，郪县属广汉郡。刘昫曰：梓州飞乌县，汉郪县地，隋取飞乌山以名县。师古曰：郪，音妻，又音千私翻。得汉主敕命，乃令兵悉放仗，送节传于胡烈，传，株恋翻。自从东道与廖化、张翼、董厥等同诣会降。将士咸怒，拔刀斫石。观此，则蜀之将士岂肯下人哉，其主不能用之耳！于是诸郡县围守皆被汉主敕罢兵降。围守，即魏延所置汉中诸围之守兵也。钟会厚待姜维等，皆权还其印绶节盖。汉先主以献帝建安十九年得蜀，魏文帝黄初二年即帝位，传二世、四十三年而亡。

9 吴人闻蜀已亡，乃罢丁奉等兵。吴中书丞吴郡华核魏有中书监、令，无中书丞，此官盖吴置也。华，户化翻。核，户革翻。诣宫门上表曰："伏闻成都不守，臣主播越，社稷倾覆，失委附之土，弃贡献之国。臣以草芥，窃怀不宁，陛下圣仁，恩泽远抚，卒闻如此，必垂哀悼。臣不胜忡怅之情，卒，读曰猝。胜，音升。忡，丑中翻，忧也。谨拜表以闻！"左传：楚人灭江，秦伯为之降服，出次不举过，数大夫谏，公曰："同盟灭，敢不矜乎！吾自惧也！"蜀，吴之与国；蜀亡，岌岌乎为吴矣。吴之君臣不知惧，故华核拜表以儆之。

魏之伐蜀也，吴人或谓襄阳张悌曰："司马氏得政以来，大难屡作，难，乃旦翻。谓王凌、毌丘俭、诸葛诞举兵也。百姓未服，今又劳力远征，败于不暇，何以能克！"悌曰："不然。曹操虽功盖中夏，夏，户雅翻。民畏其威而不怀其德也。丕、叡承之，刑繁役重，东西驱驰，无有宁岁。司马懿父子累有大功，除其烦苛而布其平惠，为之谋主而救其疾苦，民心归之亦已久矣。故淮南三叛，而腹心不扰；邵陵厉公嘉平元年，王凌叛；高贵乡公正元元年，毌丘俭叛；甘露二年，诸葛诞叛。曹髦之死，四方不动。任贤使能，各尽其心，其本根固矣，奸计立矣。今蜀阉宦专朝，朝，直遥翻。国无政令，而玩戎黩武，民劳卒敝，竞于外利，不修守备。彼强弱不同，智算亦胜，因危而伐，殆无不克。噫！彼之得志，我之忧也。"吴人笑其言，至是乃服。

10 吴人以武陵五溪夷与蜀接界，蜀亡，惧其叛乱，乃以越骑校尉钟离牧领武陵太守。魏已遣汉葭县长郭纯试守武陵太守，率涪陵民入迁陵界，沈约曰：汉献帝建安六年，刘璋以涪陵县分立丹兴、汉葭二县，立巴东属国都尉，后为涪陵郡。迁陵县，属武陵郡，吴境也。长，知两翻。屯于赤沙，诱动诸夷进攻酉阳，赤沙，盖在迁陵、酉阳之间。酉阳县属武陵郡，县在酉溪之阳。刘昫曰：黔州彭水县，汉酉阳县地，吴分酉阳置黔阳郡，隋于郡置彭水县，寻为黔州。九域志曰：汉武陵郡酉阳县古城，在今辰州界。杜佑曰：思州治务川县，亦汉酉阳地。郡中震惧。牧问朝吏曰：朝，郡朝也。朝，直遥翻。"西蜀倾覆，边境见侵，何以御之?"皆对曰："今二县山险，诸夷阻兵，不可以军惊扰，惊扰则诸夷盘结；宜以渐安，可遣恩信吏宣教慰劳。"劳，力到翻。牧曰：【章：甲十一行本"曰"下有"不然"二字；乙十一行本同；孔本同；张校同。】"外境内侵，诳诱人民，诳，居况翻。当及其根柢未深而扑取之，柢，典礼翻，又丁计翻。扑，普卜翻。此救火贵速之势也。"敕外趣严。趣，读曰促，严装也。抚夷将军高尚谓牧曰："昔潘太常督兵五万，然后讨五溪夷。事见七十二卷明帝太和五年。是时刘氏连和，诸夷率化。今既无往日之援，而郭纯已据迁陵，而明府欲以三千兵深入，尚未见其利也。"牧曰："非常之事，何得循旧!"即帅所领，晨夜进道，帅，读曰率。缘山险行垂二千里，斩恶民怀异心者魁帅百馀人，帅，所类翻。及其支党凡千馀级。纯等散走，五溪皆平。

11 十二月，庚戌，以司徒郑冲为太保。

12 壬子，分益州为梁州。益州统蜀、犍为、汶山、汉嘉、江阳、朱提、越嶲、牂柯。梁州统汉中、梓潼、广汉、涪陵、巴、巴西、巴东。梁，古州也。言西方金刚之气强梁，故因名焉。

13 癸丑，特赦益州士民，复除租税之半五年。复，方目翻。

14 乙卯，以邓艾为太尉，增邑二万户；钟会为司徒，增邑万户。赏平蜀之功也。

15 皇太后郭氏殂。

16 邓艾在成都，颇自矜伐，谓蜀士大夫：“诸君赖遭艾，故得有今日耳，如遇吴汉之徒，已殄灭矣。”吴汉屠成都事见四十二卷汉光武建武十二年。艾以书言于晋公昭曰：“兵有先声而后实者，汉初，李左车以是说韩信，艾祖其说以言于晋公。司马昭既受封锡，遂书其爵。今因平蜀之势以乘吴，吴人震恐，席卷之时也。然大举之后，将士疲劳，不可便用，且徐缓之。留陇右兵二万人、蜀兵二万人，煮盐兴冶，为军农要用。蜀有盐井，朱提出银，严道、邛都出铜，武阳、南安、临邛、沔阳皆出铁，汉置盐官、铁官，艾欲复其利。并作舟船，豫为顺流之事。然后发使告以利害，吴必归化，可不征而定也。使，疏吏翻。今宜厚刘禅以致孙休，封禅为扶风王，锡其资财，供其左右。郡有董卓坞，董卓筑坞于扶风郿县。为之宫舍，爵其子为公侯，食郡内县，以显归命之宠；开广陵、城阳以待吴人，开广陵、城阳为王国以待孙休也。广陵属徐州，城阳属青州，盖魏广陵郡治淮阴故城，城阳郡治莒，二郡壤界实相接也。则畏威怀德，望风而从矣！”昭使监军卫瓘喻艾：“事当须报，不宜辄行。”艾重言曰：重，直用翻。“衔命征行，奉指授之策，元恶既服，至于承制拜假，以安初附，谓合权宜。今蜀举众归命，地尽南海，南中之地，东南带海，接于交趾。东接吴、会，宜早镇定。若待国命，往复道途，延引日月。春秋之义，‘大夫出疆，有可以安社稷、利国家，专之可也。’春秋公羊传之言。今吴未宾，势与蜀连，不可拘常，以失事机。兵法：‘进不求名，退不避罪。’孙子曰：将之至任，不可不察也，进不求名，退不避罪。唯人是保，而利于主，国之宝也。艾虽无古人之节，终不自嫌以损国家计也！”

钟会内有异志，姜维知之，欲构成扰乱，乃说会曰：“闻君自淮南已来，算无遗策，谓平诸葛诞也。说，输芮翻。晋道克昌，皆君之力。今复定蜀，复，扶又翻。威德振世，民高其功，主畏其谋，欲以此安归乎！何不法陶朱公泛舟绝迹，全功保身邪！”越大夫范蠡既与越王句践灭吴以雪会稽之耻，乃扁舟五湖，泛海而止于陶，欲绝其迹，乃号曰陶朱公。会曰：“君言远矣，我不能行。且为今之道，或未尽于此也。”维曰：“其他则君智力之所能，无烦于老夫矣。”言为乱也。维之智固足以玩弄钟会于掌股之上，迫于时，制于命，奈之何哉！由是情好欢甚，好，呼到翻。出则同轝，坐则同席。会因邓艾承制专事，乃与卫瓘密白艾有反状。会善效人书，于剑阁要艾章表、白事，要，一遥翻。章表，上之魏朝；白事，白之晋公。皆易其言，令辞指悖傲，多自矜伐；悖，蒲内翻，又蒲没翻。又毁晋公昭报书，手作以疑之。既以怒昭，又以疑艾。

咸熙元年（甲申、二六四）是年五月，始改元咸熙，此犹是景元五年。

1 春，正月，壬辰，诏以槛车征邓艾。晋公昭恐艾不从命，敕钟会进军成都，又遣贾充将兵入斜谷。斜，昌遮翻。谷，音浴，又古禄翻。昭自将大军从帝幸长安，将，即亮翻。以诸王公皆在邺，乃以山涛为行军司马，镇邺。楚王彪之死，尽录诸王公置邺，事见七十五卷邵陵厉公嘉平三年。行军司马之号始此。

初，钟会以才能见任，昭夫人王氏言于昭曰：昭夫人王氏，肃之女也，生晋武帝、齐王攸，后谥文明皇后。“会见利忘义，好为事端，好，呼到翻。宠过必乱，不可大任。”及会将伐汉，西曹属邵悌言于晋公曰：自汉以来，丞相有东、西曹掾属。“今遣钟会率十馀万众伐蜀，愚谓会单身无任，魏制，凡遣将帅，皆留其家以为质任。会单身无子弟，故曰单身无任。不若使馀人行也。”晋公笑曰：“我宁不知此邪！蜀数为边寇，师老民疲，我今伐之，如指掌耳，指掌，言易也。数，所角翻。而众言蜀不可伐。夫人心豫怯则智勇并竭，智勇并竭而强使之，强，其两翻。适所以为敌禽耳。惟钟会与人意同，今遣会伐蜀，蜀必可灭。灭蜀之后，就如卿虑，何忧其不能办邪！言会若为乱，自能办之也。夫蜀已破亡，遗民震恐，不足与共图事；中国将士各自思归，不肯与同也。会若作恶，作，为也。恶，不善也。作恶，作乱也，所为不善也。只自灭族耳。卿不须忧此，慎勿使人闻也！”及晋公将之长安，悌复曰：“钟会所统兵，五六倍于邓艾，但可敕会取艾，不须自行。”晋公曰：“卿忘前言邪，忘，巫放翻。而云不须行乎？虽然，所言不可宣也。我要自当以信意待人，但人不当负我耳，我岂可先人生心哉！先，悉荐翻。近日贾护军问我‘颇疑钟会不？’贾护军，贾充也，时为中护军。不，读曰否。我答言：‘如今遣卿行，宁可复疑卿邪？’复，扶又翻。贾亦无以易我语也。我到长安，则自了矣。”了，办也，决也。

钟会遣卫瓘先至成都收邓艾，会以瓘兵少，欲令艾杀瓘，因以为艾罪。瓘知其意，然不可得距，瓘监艾、会军，遣之收艾，是以职分使之，故不可得而距。乃夜至成都，檄艾所统诸将，称：“奉诏收艾，其馀一无所问；若来赴官军，爵赏如先；谓复加爵赏，如先平蜀时也。敢有不出，诛及三族！”比至鸡鸣，比，必寐翻。悉来赴瓘，唯艾帐内在焉。平旦，开门，瓘乘使者车，续汉志，有大使车、小使车、诸使车。大使车，立乘，驾驷，赤帷，持节者重导，从贼曹车、斧车、督车、功曹车皆两大车，伍伯，璅弩十二人，辟车四人，从车四乘，无节，单导，从者减半。小使车，不立乘，有骓，赤屏泥，油，重绛帷，导无斧车。近小使车，兰舆、赤毂，白盖、赤帷，从驺骑四十人。此谓追捕考案，有所敕取者之所乘也。诸使车，皆朱班轮，四辐，赤衡轭。径入至艾所；艾尚卧未起，遂执艾父子，置艾于槛车。诸将图欲劫艾，整仗趣瓘营；趣，七喻翻。瓘轻出迎之，伪作表草，将申明艾事，诡言将申明艾无反心。诸将信之而止。

丙子，会至成都，送艾赴京师。会所惮惟艾，艾父子既禽，会独统大众，威震西土，遂决意谋反。会欲使姜维将五万人出斜谷为前驱，会自将大众随其后。既至长安，令骑士从陆道、步兵从水道，顺流浮渭入河，以为五日可到孟津，与骑兵会洛阳，一旦天下可定也。谈何容易！会得晋公书云："恐邓艾或不就征，今遣中护军贾充将步骑万人径入斜谷，屯乐城，诸葛亮所筑成固之乐城也。吾自将十万屯长安，相见在近。"会得书惊，呼所亲语之曰："但取邓艾，相国知我独办之；谓昭知会之足以办取艾之事。语，牛倨翻。今来大重，大，读曰太。必觉我异矣，异，变也。便当速发。事成，可得天下；不成，退保蜀、汉，不失作刘备也！"蜀、汉，谓汉蜀郡、汉中郡之地。丁丑，会悉请护军、郡守、牙门骑督以上此皆从会军在成都者也。及蜀之故官，为太后发哀于蜀朝堂，明元郭太后去年殂。蜀都成都有朝堂。朝，直遥翻。矫太后遗诏，使会起兵废司马昭，皆班示坐上人，坐，徂卧翻。使下议讫，书版署置，更使所亲信代领诸军；所请群官，悉闭着益州诸曹屋中，着，直略翻。城门宫门皆闭，严兵围守。卫瓘诈称疾笃，出就外廨。廨，古隘翻，舍也。会信之，无所复惮。

姜维欲使会尽杀北来诸将，己因杀会，尽坑魏兵，复立汉主，密书与刘禅曰："愿陛下忍数日之辱，臣欲使社稷危而复安，日月幽而复明。"姜维之心，始终为汉，千载之下，炳炳如丹。陈寿、孙盛、干宝之讥贬皆非也。会欲从维言诛诸将，犹豫未决。

会帐下督丘建风俗通：丘，鲁左丘明之后。又云：齐太公封于营丘，支孙以地为氏。本属胡烈，会爱信之。建愍烈独坐，启会，使听内一亲兵出取饮食，诸牙门随例各内一人。烈绐语亲兵及疏与子渊曰："丘建密说消息，会已作大坑，白棓数千，绐，徒亥翻。语，牛倨翻。棓，步项翻。欲悉呼外兵入，人赐白帢，帢，魏武帝所制，状如弁，缺四角。帢，苦洽翻。拜散将，将，即亮翻。以次棓杀，内坑中。”诸牙门亲兵亦咸说此语，一夜，转相告，皆遍。己卯，日中，胡渊率其父兵雷鼓出门，雷，卢对翻。诸军不期皆鼓噪而出，曾无督促之者，而争先赴城。时会方给姜维铠杖，杖，与仗同，直亮翻。白外有匈匈声，似失火者，匈，许容翻，又许勇翻。毛晃曰：匈匈，喧扰之声。有顷，白兵走向城。会惊，谓维曰："兵来似欲作恶，当云何?”维曰：“但当击之耳!”会遣兵悉杀所闭诸牙门郡守，内人共举机以拄门，内人，谓会所闭在屋内者。机，举绮翻，机案也。兵斫门，不能破。斯须，城外倚梯登城，斯，此也；须，待也；言其间无多时，于此可待也。或烧城屋，蚁附乱进，矢下如雨，牙门郡守各缘屋出，与其军士相得。姜维率会左右战，手杀五六人，众格斩维，争前杀会。考异曰：卫瓘传曰："会留瓘谋议，乃书版云：‘欲杀胡烈等’，举以示瓘，不许，因相疑贰。瓘如厕，见胡烈故给使，使宣语三军，言会反。会逼瓘定议，经宿不眠，各横刀膝上。在外诸军已潜欲攻会，瓘既不出，未敢先发。会使瓘慰劳诸军，瓘便下殿。会悔遣之，使呼瓘；瓘辞眩疾动，诈仆地；比出阁，数十信追之。瓘至外廨，服盐汤，大吐。会遣所亲人及医视之，皆言不起，会由是无所惮。及暮，门闭，瓘作檄，宣告诸军并已唱义。陵旦，共攻会，杀之。”常璩华阳国志曰：“会命诸将发丧，因欲诛之；诸将半入，而南安太守胡烈等知其谋，烧成都东门以袭杀会及维。”今从魏志。又世语曰：“维死时见剖，胆如斗大。”如斗非身所能容，恐当作“升”。会将士死者数百人，杀汉太子璇及姜维妻子，军众钞略，死丧狼籍。璇，从宣翻。钞，楚交翻。卫瓘部分诸将，数日乃定。分，扶问翻。

邓艾本营将士追出艾于槛车，迎还。卫瓘自以与会共陷艾，恐其为变，乃遣护军田续等将兵袭艾，遇于绵竹西，斩艾父子。艾之入江油也，田续不进，艾欲斩续，既而舍之，及瓘遣续，谓曰：“可以报江油之辱矣。”镇西长史杜预言于众曰：“伯玉其不免乎！卫瓘行镇西军司，而杜预为镇西长史，则为同僚，而军事则瓘任之也。瓘，字伯玉。身为名士，位望已高，既无德音，又不御下以正，谓激田续使报邓艾而行其私也。将何以堪其责乎！”瓘闻之，不候驾而谢预。预，恕之子也。杜恕见七十三卷明帝景初元年。邓艾馀子在洛阳者悉伏诛，徙其妻及孙于西城。西城县属魏兴郡。为晋武帝叙艾孙灼张本。

钟会兄毓尝密言于晋公曰：“会挟术难保，不可专任。”及会反，毓已卒，卒，子恤翻。晋公思钟繇之勋与毓之贤，钟繇有定关中之功。特原毓子峻、辿，官爵如故。裴松之曰：辿，敕连翻。会功曹向雄收葬会尸，晋公召而责之曰：“往者王经之死，卿哭于东市而我不问，事见上卷景元元年。钟会躬为叛逆，又辄收葬，若复相容，当如王法何！”复，扶又翻。雄曰：“昔先王掩骼埋胔，仁流朽骨，记月令：孟春之月，掩骼埋胔。郑玄注曰：骨枯曰骼，肉腐曰胔。陆德明曰：露骨曰骼，有肉曰胔。骼，江百翻。胔，才赐翻。周文王泽及朽骨。当时岂先卜其功罪而后收葬哉！今王诛既加，于法已备，雄感义收葬，教亦无阙。法立于上，教弘于下，以此训物，不亦可乎，何必使雄背死违生，以立于世！背，蒲妹翻。明公雠对枯骨，言会已诛，晋公复以枯骨为雠对，不令收葬。捐之中野，岂仁贤之度哉！”晋公悦，与宴谈而遣之。

2 二月，丙辰，车驾还洛阳。

3 庚申，葬明元皇后。

4 初，刘禅使巴东太守襄阳罗宪将兵二千人守永安，姓谱：罗本颛顼末胤，受封于罗国，今房州也，为楚所灭，子孙以为氏。谯周巴记曰：汉献帝初平六年，益州司马赵韪建议分巴郡诸县汉安以下为永宁郡。建安六年，刘璋改永宁为巴东郡，治鱼复县；蜀先主章武二年，改鱼复曰永安。闻成都败，吏民惊扰，宪斩称成都乱者一人，百姓乃定。及得禅手敕，乃帅所统临于都亭三日。帅，读曰率。都亭，永安之都亭也。临，力鸩翻。吴闻蜀败，起兵西上，上，时掌翻。外托救援，内欲袭宪。宪曰：“本朝倾覆，朝，直遥翻。吴为唇齿，不恤我难而背盟徼利，难，乃旦翻。徼，一遥翻。不义甚矣。且汉已亡，吴何得久，我宁能为吴降虏乎！”降，户江翻。保城缮甲，告誓将士，厉以节义，莫不愤激。吴人闻钟、邓败，百城无主，有兼蜀之志，而巴东固守，兵不得过，乃使抚军步协率众而西。协，步骘子，吴以为抚军将军。宪力弱不能御，遣参军杨宗突围北出，告急于安东将军陈骞，又送文武印绶、任子诣晋公。协攻永安，宪与战，大破之。吴主怒，复遣镇军陆抗等帅众三万人增宪之围。时吴以陆抗为镇军将军，都督西陵。帅，读曰率。

5 三月，丁丑，以司空王祥为太尉，征北将军何曾为司徒，左仆射荀顗为司空。顗，鱼岂翻。

6 己卯，进晋公爵为王，增封十郡。高贵乡公甘露三年，晋公始封八郡；帝景元之三年，加封同州之弘农，雍州之冯翊，凡十郡；今又增封十郡，凡二十郡。王祥、何曾、荀顗共诣晋王，顗，鱼岂翻。顗谓祥曰：“相王尊重，何侯与一朝之臣何侯，谓何曾。一朝之臣，谓举魏朝之臣也。朝，直遥翻；下同。皆已尽敬，今日便当相率而拜，无所疑也。”祥曰：“相国虽尊，要是魏之宰相，吾等魏之三公；王、公相去一阶而已，安有天子三公可辄拜人者！损魏朝之望，亏晋王之德，君子爱人以礼，我不为也。”及入，顗遂拜，而祥独长揖。王谓祥曰：“今日然后知君见顾之重也！”

7 刘禅举家东迁洛阳，时扰攘仓猝，禅之大臣无从行者，姜维既死，张翼、廖化、董厥必亦死于乱兵矣。惟秘书令郤正及殿中督汝南张通舍妻子单身随禅，禅赖正相导宜适，举动无阙，宜，当也；适，亦当也。禅初入洛，见魏君臣，其礼各有所当。呜呼！使正束带立于朝，上而摈赞汉主，下而与宾客言，事事合宜而无阙失，岂非人臣之至愿哉！乃慨然叹息，恨知正之晚。

初，汉建宁太守霍弋都督南中，建宁，汉益州郡也，蜀后主建兴元年，改建宁郡，治味县。闻魏兵至，欲赴成都，刘禅以备敌既定，不听。成都不守，弋素服大临三日。临，力鸩翻。诸将咸劝弋宜速降，降，户江翻；下同。弋曰："今道路隔塞，塞，悉则翻。未详主之安危，去就大故，不可苟也。若魏以礼遇主上，则保境而降不晚也。若万一危辱，吾将以死拒之，何论迟速邪！"得禅东迁之问，始率六郡将守上表曰：南中七郡，而此言六郡者，盖越巂已降魏也。将，即亮翻。守，式又翻。"臣闻人生在三，事之如一，惟难所在，则致其命。无父母乌生，无君乌以为生，所谓人生在三也。难，乃旦翻。今臣国败主附，守死无所，是以委质，不敢有贰。"质，如字。晋王善之，拜南中都尉，委以本任。

丁亥，封刘禅为安乐公，晋志：安乐，属燕国。乐，音洛；下同乐同。子孙及群臣封侯者五十馀人。晋王与禅宴，为之作故蜀技，蜀技，蜀乐也，如巴渝舞之类也。为，于伪翻；下同。技，与伎同，渠绮翻。旁人皆为之感怆，而禅喜笑自若。王谓贾充曰："人之无情，乃至于此；虽使诸葛亮在，不能辅之久全，况姜维邪！"他日，王问禅曰："颇思蜀否？"禅曰："此间乐，不思蜀也。"郤正闻之，谓禅曰："若王后问，宜泣而答曰：'先人坟墓，远在岷、蜀，乃心西悲，无日不思。'西悲，用诗东山语，此儒生之搜章摘句也。因闭其目。"会王复问，复，扶又翻。禅对如前，王曰："何乃似郤正语邪！"禅惊视曰："诚如尊命。"左右皆笑。

8 夏，四月，新附督王稚浮海入吴句章，新附督，盖以吴人新附者别为一部，置督以领之。句章县属会稽郡。贤曰：句章故城在今鄮县西。略其长吏及男女二百馀口而还。长，知两翻。

9 五月，庚申，晋王奏复五等爵，封骑督以上六百馀人。赏平蜀之功也。周制，列爵五等：公、侯地方百里；伯七十里；子、男五十里。秦废五等爵。汉列侯以户为差。献帝建安二十年，魏王操置名号侯以赏军功，虚封自此始矣。今虽复五等爵，亦虚封也。骑，奇寄翻。

10 甲戌，改元。始改元咸熙。

11 癸未，追命舞阳文宣侯懿为晋宣王，忠武侯师为景王。

12 罗宪被攻凡六月，被，皮义翻。救援不到，城中疾病太半。或说宪弃城走，说，输芮翻；下布说同。宪曰："吾为城主，百姓所仰；危不能安，急而弃之，君子不为也，毕命于此矣！"陈骞言于晋王，遣荆州刺史胡烈将步骑二万攻西陵以救宪，秋，七月，吴师退。晋王使宪因仍旧任，加陵江将军，沈约志：魏置陵江将军，为四十号之首，言欲陵驾江流，以荡平吴、会也。封万年亭侯。

13 晋王奏使司空荀𫖮定礼仪，中护军贾充正法律，尚书仆射裴秀议官制，太保郑冲总而裁焉。

14 吴分交州置广州。汉武帝元鼎六年，开百越，置交趾州刺史，治龙编。献帝建安八年，改曰交州，治苍梧广信县。十六年，徙治南海番禺县。至是分为二州，广州治番禺，交州还治龙编。

15 吴主寝疾，口不能言，乃手书呼丞相濮阳兴入，令子𩅦出拜之。𩅦，读如弯。休把兴臂，指𩅦以托之。癸未，吴主殂，谥曰景帝。年三十。群臣尊朱皇后为皇太后。

吴人以蜀初亡，交趾携叛，谓吕兴反也。国内恐惧，欲得长君。长，知两翻。左典军万彧尝为乌程令，与乌程侯皓相善，称"皓之才识明断，长沙桓王之俦也；孙策谥长沙桓王。断，丁乱翻。又加之好学，奉遵法度。"好，呼到翻。屡言之于丞相兴、左将军布，兴、布说朱太后，欲以皓为嗣。朱后曰："我寡妇人，安知社稷之虑，苟吴国无陨，宗庙有赖，可矣。"赖，恃也，利也。于是遂迎立皓，改元元兴，大赦。皓，字元宗，孙和之子。

16 八月，庚寅，命中抚军司马炎副贰相国事。依五官将故事也。

17 初，钟会之伐汉也，辛宪英谓其夫之从子羊祜曰："会在事纵恣，非持久处下之道，从，才用翻。处，昌吕翻。吾畏其有他志也。"会请其子郎中琇为参军，琇，息救翻。宪英忧曰："他日吾为国忧，今日难至吾家矣。"为，于伪翻。难，乃旦翻。琇固请于晋王，王不听。宪英谓琇曰：“行矣，戒之，军旅之间，可以济者，其惟仁恕乎！”琇竟以全归。诏【章：甲十一行本“诏”上有“癸巳”二字；乙十一行本同；孔本同；张校同；退斋校同。】以琇尝谏会反，赐爵关内侯。琇，司马师夫人之从父弟，故以谏会为功而得封。

18 九月，戊午，以司马炎为抚军大将军。晋志：抚军大将军位从公，班骠骑、车骑、卫、伏波等将军下。

19 辛未，诏以吕兴为安南将军，都督交州诸军事，以南中监军霍弋遥领交州刺史，得以便宜选用长吏。弋表遣建宁爨谷为交趾太守，爨氏，建宁之大姓，世为酋帅，至隋、唐为东爨、西爨蛮。杜佑曰：昆明在越巂西南，诸爨所居。率牙门董元、毛炅、炅，古迥翻，又古惠翻。孟干、孟通、爨能、李松、王素等将兵助兴，未至，兴为其功曹王【章：甲十一行本“王”作“李”；乙十一行本同；孔本同；张校同。】统所杀。

20 吴主贬朱太后为景皇后，贬其号从夫，而自父其父，母其母。追谥父和曰文皇帝，尊母何氏为太后。

21 冬，十月，丁亥，诏以寿春所获吴相国参军事徐绍为散骑常侍，水曹掾孙彧为给事黄门侍郎，水曹掾，吴相府所置。吴未尝置相国，魏人以晋王为相国，因亦称吴丞相参军为相国参军。掾，于绢翻。以使于吴，使，疏吏翻。其家人在此者悉听自随，不必使还，以开广大信。言吴不必使还，以广中国之信，携吴人之心。晋王因致书吴主，谕以祸福。

22 初，晋王娶王肃之女，生炎及攸，以攸继景王后。司马师，谥景王。攸性孝友，多才艺，清和平允，名闻过于炎，闻，音问。晋王爱之，常曰：“天下者，景王之天下也，吾摄居相位，百年之后，大业宜归攸。”炎立发委地，手垂过膝，膝，与膝同。尝从容问裴秀曰：“人有相否？”因以异相示之。从，千容翻。相，息亮翻。秀由是归心。羊琇与炎善，为炎画策，察时政所宜损益，为，于伪翻。皆令炎豫记之，以备晋王访问。晋王欲以攸为世子，山涛曰："废长立少，违礼不祥。"长，知两翻。少，诗照翻。贾充曰："中抚军有君人之德，不可易也。"何曾、裴秀曰："中抚军聪明神武，有超世之才，人望既茂，天表如此，固非人臣之相也。"相，息亮翻。晋王由是意定，丙午，立炎为世子。为晋武帝不能容齐王攸张本。

23 吴主封太子𩅦及其三弟皆为王，𩅦弟名𩇕，𩇕音如兕觥之觥。次名𩅫，𩅫音如草莽之莽。次名𠅈。𠅈音如褒衣下宽大之褒。皆吴主休自作名字。立妃滕氏为皇后。

24 初，吴主之立，发优诏，恤士民，开仓廪，振贫乏，科出宫女以配无妻者，科，条也。禽兽养于苑中者皆放之。当时翕然称为明主。及既得志，粗暴骄盈，多忌讳，好酒色，好，呼到翻。大小失望，濮阳兴、张布窃悔之。或谮诸吴主，十一月，朔，兴、布入朝，朝，直遥翻。吴主执之，徙于广州，道杀之，夷三族。以后父滕牧为卫将军，录尚书事。牧，胤之族人也。滕胤为孙綝所杀。

25 是岁，罢屯田官。置屯田官，事见六十二卷汉献帝建安元年。

王崇武标点容肇祖聂崇岐覆校

资治通鉴卷第七十九

端明殿学士兼翰林侍读学士朝散大夫右谏议大夫
充集贤殿修撰权判西京留司御史台上柱国河内郡 司马光 奉敕编集
开国侯食邑一千三百户食实封四百户赐紫金鱼袋臣

后 学 天 台 胡三省 音 注

晋纪一 起旃蒙作噩(乙酉)，尽玄黓执徐(壬辰)，凡八年。

司马氏，河内温县人。宣王懿得魏政，传景王师，至文王昭，始封晋公，以温县本晋地，故以为国号。

世祖武皇帝上之上 讳炎，字安世，姓司马氏，宣王懿之孙，文王昭之长子。文王庙号太祖，故帝庙号世祖。谥法：克定祸乱曰武。

泰始元年(乙酉、二六五)是年十二月，方受禅改元，此犹是魏咸熙二年。

1 春，三月，吴主使光禄大夫纪陟、五官中郎将洪璆璆，渠尤翻。与徐绍、孙彧偕来报聘。绍、彧聘吴见上卷上年。绍行至濡须，有言绍誉中国之美者，誉，音余。吴主怒，追还，杀之。

2 夏，四月，吴改元甘露。时因蒋陵言甘露降改元。

3 五月，魏帝加文王殊礼，谓旌旗、车马、乐舞、冕服，皆如帝者之仪。进王妃曰后；世子曰太子。

4 癸未，大赦。

5 秋，七月，吴主逼杀景皇后，迁景帝四子于吴；寻又杀其长者二人。吴主贬景后，封四弟，事见上卷上年。长，知两翻。

6 八月，辛卯，文王卒，太子嗣为相国、晋王。

7 九月，乙未，大赦。

8 戊子，以魏司徒何曾为晋丞相；癸亥，以票骑将军司马望为司徒。票，匹妙翻。骑，奇寄翻。

9 乙亥，葬文王于崇阳陵。考异曰：晋书文纪作"癸酉"，今从魏志陈留王纪。

10 冬，吴西陵督步阐西陵，即夷陵。吴主权黄武元年改夷陵曰西陵，宜都郡治焉。表请吴主徙都武昌；吴主从之，使御史大夫丁固、右将军诸葛靓守建业。靓，疾正翻。阐，骘之子也。吴主权时，骘为西陵督。骘，之日翻。

11 十二【张："十二"作"十一"。】月，壬戌，魏帝禅位于晋；魏元帝时年二十，困敦上章，魏文帝始受汉禅，传五世，历四十六年而亡。甲子，出舍于金墉城。金墉城在洛阳城西北角。太傅司马孚拜辞，执帝手，流涕歔欷不自胜，歔，音虚。欷，音希，又许既翻。胜，音升。曰："臣死之日，固大魏之纯臣也。"丙寅，王即皇帝位，大赦，改元。至是方改元泰始。丁卯，奉魏帝为陈留王，即宫于邺。即，就也。优崇之礼，皆仿魏初故事。见六十九卷魏文帝黄初元年。魏氏诸王皆降为侯。追尊宣王为宣皇帝，景王为景皇帝，文王为文皇帝；尊王太后曰皇太后。封皇叔祖孚为安平王，叔父干为平原王、亮为扶风王、伷为东莞王、骏为汝阴王、肜为梁王、伦为琅邪王，弟攸为齐王、鉴为乐安王、机为燕王；又封群从司徒望等十七人皆为王。望，孚之子也。帝封诸王，以郡为国。邑二万户为大国，置上、中、下三军，兵五千人；万户为次国，置上军、下军，兵三千人；五千户为小国，置一军，兵五百人。王不之国，官于京师。伷，音胄。从，才用翻。莞，音官。肜，余中翻。燕，于贤翻。以石苞为大司马，郑冲为太傅，王祥为太保，何曾为太尉，贾充为车骑将军，王沈为骠骑将军；骑，奇寄翻。沈，持林翻。骠，匹妙翻。其馀文武增位进爵有差。乙亥，以安平王孚为太宰，都督中外诸军事。晋志曰：太宰、太傅、太保，周之三公官也。晋初以景帝讳故，又采周官官名，置太宰以代太师之任，秩增三司，与太傅、太保皆为上公。大司马，古官也，汉制以冠大将军、骠骑将军之上，以代太尉之职，故恒与太尉迭置，不并列。及魏有太尉，而大司马、大将军各自为官，位在三司上。晋因其制，以太宰、太傅、太保、司徒、司空为文官公，左右光禄大夫、光禄大夫开府者，位从公，冠进贤、三梁，黑介帻。大司马、大将军、太尉为武官公。骠骑、车骑、卫将军、伏波、抚军、都护、镇军、中军、四征、四镇、龙骧、典军、上军、辅国等大将军开府者，位从公，皆着武冠，平上黑帻。未几，几，居岂翻。又以车骑将军陈骞为大将军，与司徒义阳王望、司空荀𫖮，凡八公，同时并置。帝惩魏氏孤立之敝，故大封宗室，授以职任。又诏诸王皆得自选国中长吏；长，知两翻。卫将军齐王攸独不敢，皆令上请。上，时掌翻。

12 诏除魏宗室禁锢，罢部曲将及长吏纳质任。魏防禁宗室甚峻，又锢不得仕进，今除之。又诸将征戍及长吏仕州郡者，皆留质任于京师，今亦罢之。将，即亮翻。质，音致。

13 帝承魏氏刻薄奢侈之后，矫以仁俭。太常丞许奇，允之子也。晋太常、光禄勋、卫尉、太仆、廷尉、大鸿胪、宗正、大司农、少府、将作大匠、太后三卿、大长秋，皆为列卿，各置丞、功曹、主簿、五官等员。帝将有事于太庙，朝议以奇父受诛，奇父允诛，事见七十六卷高贵乡公正元元年。朝，直遥翻。不宜接近左右，近，其靳翻。请出为外官；帝乃追述允之宿望，称奇之才，擢为祠部郎。魏尚书曹有祠部郎，晋因之。有司言御牛青丝纼断，纼，直忍翻，索也，牛系也。礼迎牲，君执纼。周礼封人，祭祀，饰其牛牲，置其絼。注曰：絼，著牛鼻绳，所以牵牛者，今人谓之雉。疏曰：自汉以前，皆谓之絼。按礼记少仪：牛则执纼。纼则絼之别名，今亦谓之为纼。陆德明曰：絼，与纼同，又以忍翻；又周礼释音羊晋翻。诏以青麻代之。

14 初置谏官，以散骑常侍傅玄、皇甫陶为之。秦、汉以来有谏大夫，郑昌所谓“官以谏为名”者也。东汉有谏议大夫。魏不复置。晋以散骑常侍拾遗补阙，即谏官职也。玄，干之子也。傅干，汉傅燮之子。玄以魏末士风颓敝，上疏曰："臣闻先王之御天下，教化隆于上，清议行于下。近者魏武好法术而天下贵刑名，好，呼到翻。魏文慕通达而天下贱守节，其后纲维不摄，摄，整也。放诞盈朝，谓何晏、阮籍辈也。朝，直遥翻。遂使天下无复清议。陛下龙兴受禅，弘尧、舜之化，惟未举清远有礼之臣以敦风节，未退虚鄙之士以惩不恪，臣是以犹敢有言。"上嘉纳其言，使玄草诏进之，然亦不能革也。

15 初，汉征西将军司马钧钧事见五十卷汉安帝元初二年。生豫章太守量，量生颍川太守隽，隽生京兆尹防，防生宣帝。序司马氏之世，为下立庙张本。

二年（丙戌、二六六）

1 春，正月，丁亥，即用魏庙祭征西府君以下，并景帝凡七室。沈约志曰：晋初祭征西将军、豫章府君、颍川府君、京兆府君，与宣皇帝、景皇帝、文皇帝为三昭三穆。是时，宣皇未升，太祖虚位，所以祠六世，与景帝为七庙。其礼则据王肃说也。

2 尊【章：甲十一行本"尊"上有"辛丑"二字；乙十一行本同；孔本同；张校同。】景帝夫人羊氏曰景皇后，居弘训宫。

3 丙午，立皇后弘农杨氏；后，魏通事郎文宗之女也。魏黄初初，中书既置监、令，又置通事郎。

4 群臣奏："五帝，即天帝也，王气时异，故名号有五。自今明堂、南郊宜除五帝座。"从之。帝，王肃外孙也，故郊祀之礼，有司多从肃议。周礼曰：祀昊天上帝，则服大裘而冕；祀五帝亦如之。郑玄以为昊天上帝者，天皇大帝，北辰耀魄宝也。五帝者，五行精气之神也，曰青帝灵威仰，曰赤帝赤熛怒，曰黄帝含枢纽，曰白帝白招矩，曰黑帝汁光纪。由是有六天之说。六天者，指其尊极清虚之体，其实是一；论其五时生育之功，其别有五，故为六天。据其在上之体，谓之天；天为体称，故说文云，天，颠也。因其生育之功，谓之帝；帝为德称，故毛诗传云：审谛如帝。王肃驳之，以为五帝非天，唯用家语之文，谓太皞、炎帝、黄帝、少皞、颛顼五帝，为五人帝。晋群臣祖肃之说，以为五帝即天帝，王气时异，故殊其号虽五，其实一神。明堂、南郊，宜除五帝之座，五郊改五精之号，同称昊天上帝，从之。王，于况翻。

5 二月，除汉宗室禁锢。魏既代汉，禁锢诸刘，今除之。

6 三月，【章：甲十一行本“月”下有“戊戌”二字；乙十一行本同；孔本同；张校同；退斋校同。】吴遣大鸿胪张俨、五官中郎将丁忠来吊祭。以文王之丧也。胪，陵如翻。

7 吴散骑常侍王【章：甲十一行本“王”上有“庐江”二字；乙十一行本同；孔本同；张校同；退斋校同。】蕃，体气高亮，不能承颜顺指，吴主不悦。散骑常侍万彧、中书丞陈声从而谮之。散，悉亶翻。骑，奇寄翻。丁忠使还，使，疏吏翻。还，从宣翻，又如字。吴主大会群臣，蕃沈醉顿伏。沈，持林翻；下王沈同。吴主疑其诈，轝蕃出外。轝，羊茹翻。顷之，召还。蕃好治威仪，好，呼到翻。治，直之翻。行止自若。吴主大怒，呵左右于殿下斩之，出，登来山，水经注：武昌城南有来山，即樊山也。吴孙皓登之，使亲近掷王蕃首而虎争之。使亲近掷蕃首，作虎跳狼争咋啮之，跳，他吊翻。咋，侧革翻，啖也。啮，鱼结翻，噬也。首皆碎坏。

丁忠说吴主曰：“北方无守战之备，弋阳可袭而取。”弋阳县，汉属汝南郡，魏文帝分立弋阳郡。说，输芮翻。吴主以问群臣，镇西大将军陆凯曰：“北方新并巴、蜀，遣使求和，非求援于我也，欲蓄力以俟时耳。敌势方强，而欲徼幸求胜，未见其利也。”徼，工尧翻。吴主虽不出兵，然遂与晋绝。凯，逊之族子也。

8 夏，五月，壬子，博陵元公王沈卒。沈，持林翻。

9 六月，丙午晦，日有食之。

10 文帝之丧，臣民皆从权制，三日除服。既葬，帝亦除之；

然犹素冠疏食，食，祥吏翻。哀毁如居丧者。秋，八月，帝将谒崇阳陵，群臣奏言，秋暑未平，恐帝悲感摧伤。帝曰："朕得奉瞻山陵，体气自佳耳。"又诏曰："汉文不使天下尽哀，亦帝王至谦之志。汉文帝遗诏见十五卷后七年。真德秀曰：文帝此诏，乃短丧之始也。然本文盖为吏民设耳，景帝嗣君也，可缘此而短其丧乎！当见山陵，何心无服！其议以衰绖从行。衰，七回翻。群臣自依旧制。"尚书令裴秀奏曰："陛下既除而复服，义无所依；若君服而臣不服，亦未之敢安也。"诏曰："患情不能跂及耳，衣服何在！言患哀慕之情不至耳，不在乎衣服也。跂，去智翻，举踵也。诸君勤勤之至，岂苟相违。"遂止。

中军将军羊祜谓傅玄曰："三年之丧，虽贵遂服，礼也。三年之丧，自天子达于庶人，言虽以天子之贵，亦得以遂其孝思为三年之服。今【章：甲十一行本"今"上有"而汉文除之，毁伤礼义"九字；乙十一行本同；张校同；"义"下有"常以叹息"四字。】主上至孝，虽夺其服，实行丧礼。若因此复先王之法，不亦善乎！"玄曰："以日易月，已数百年，以日易月，汉儒之谬说也；注见十五卷汉文帝后七年。一旦复古，难行也。"祜曰："不能使天下如礼，且使主上遂服，不犹愈乎！"玄曰："主上不除而天下除之，此为但有父子，无复君臣也。"乃止。

戊辰，群臣奏请易服复膳，诏曰："每感念幽冥，而不得终苴绖之礼，左传：齐晏桓子卒，晏婴粗缞苴绖带。杜预注云：苴，麻之有子者，取其粗也。苴，七余翻。以为沈痛。沈，持林翻，深也。况当食稻衣锦乎！衣，于既翻。适足激切其心，非所以相解也。朕本诸生家，传礼来久，何至一旦便易此情于所天！相从已多，可试省孔子答宰我之言，论语：宰我问："三年之丧，期已久矣。君子三年不为礼，礼必坏；三年不为乐，乐必崩。旧谷既没，新谷既升，期可已矣。"孔子曰："食夫稻，衣夫锦，于女安乎？"曰："安。"孔子曰："女安，则为之。"宰我出，孔子曰："予之不仁也！子生三年，然后免于父母之怀。夫三年之丧，天下之通丧也。"仪礼曰：父者，子之天。省，悉景翻。无事纷纭也！"遂以疏素终三年。

臣光曰：三年之丧，自天子达于庶人，此先王礼经，百世不易者也。汉文师心不学，变古坏礼，坏，音怪。绝父子之恩，亏君臣之义；后世帝王不能笃于哀戚之情，而群臣谄谀，莫肯厘正。厘，力之翻，理也。至于晋武独以天性矫而行之，可谓不世之贤君；而裴、傅之徒，固陋庸臣，习常玩故，而不能将顺其美，惜哉！孝经曰：君子之事上也，将顺其美，匡救其恶。注云：将，奉也。

11 吴改元宝鼎。以所在得大鼎改元。

12 吴主以陆凯为左丞相，万彧为右丞相。吴主恶人视己，群臣侍见，莫敢举目。恶，乌路翻。见，贤遍翻。陆凯曰："君臣无不相识之道，若猝有不虞，不知所赴。"吴主乃听凯自视，而他人如故。唯凯得视之，他人仍旧不得视也。

吴主居武昌，扬州之民溯流供给，甚苦之，吴武昌属荆州，而丹阳、宣城、毗陵、吴、吴兴、会稽、东阳、新都、临海、建安、豫章、临川、鄱阳、庐陵皆属扬州，故苦于西上，溯流以供给。又奢侈无度，公私穷匮。凯上疏曰："今四边无事，当务养民丰财，而更穷奢极欲；无灾而民命尽，无为而国财空，臣窃忧之。昔汉室既衰，三家鼎立；今曹、刘失道，皆为晋有，此目前之明验也。臣愚但为陛下惜国家耳。武昌土地危险塉确，塉，秦昔翻，土薄也。确，克角翻，山多大石也。非王者之都；且童谣云：'宁饮建业水，不食武昌鱼；宁还建业死，不止武昌居。'此苦于溯流供给而为是谣也。以此观之，足明人心与天意矣。今国无一年之蓄，礼记王制：国无六年之蓄曰急，无三年之蓄曰国非其国也。况无一年之蓄乎！民有离散之怨，国有露根之渐，以木为喻也。木之所以能生殖者，以有根本也，根渐露，则其本将拨。而官吏务为苛急，莫之或恤。大帝时，后宫列女及诸织络数不满百，景帝以来，乃有千数，此耗财之甚也。又左右之臣，率非其人，群党相扶，害忠隐贤，此皆蠹政病民者也。臣愿陛下省息百役，罢去苛扰，料出宫女，去，羌吕翻。料，音聊。清选百官，则天悦民附，国家永安矣。”吴主虽不悦，以其宿望，特优容之。考异曰：陈寿曰：“予连从荆、扬来者，得凯所谏皓二十事，博问吴人，多云不闻凯有此表。又按其文殊甚切直，恐非皓之所能容忍也。或以为凯藏之箧笥，未敢宣行，病困，皓遣董朝省问欲言，因以付之。虚实难明，故不著于篇；然爱其指擿皓事，足为后戒，故钞列于凯传左。”今不取。

13 九月，诏：“自今虽诏有所欲，及已奏得可，而于事不便者，皆不可隐情。”既不可希指迎合，又不可以遂事而不谏也。

14 戊戌，有司奏：“大晋受禅于魏，宜一用前代正朔、服色，如虞遵唐故事。”从之。家语：季康子问于孔子曰：“唐、虞二帝其所尚何色？”孔子曰：“尧以火德王，色尚黄；舜以土德王，色尚青。”董仲舒策引孔子曰：“无为而治者，其舜乎！改正朔，易服色，以顺天命而已，其馀尽循尧道，何更为哉！”如二说，则舜之承尧，固改正朔，易服色矣。然考之古文尚书：尧命羲和，历象日月星辰，敬授人时。舜正月上日，受终于文祖。协时月正日而已，不言改正朔也。易大传曰：黄帝、尧、舜垂衣裳而天下治。书益稷，帝曰：“予欲观古人之象，以五采彰施于五色，”作服而已，不言易服色也。汉兴六历，有黄帝历、颛顼历、夏历、殷历、周历、鲁历，无尧舜历，岂尧、舜时用颛顼历邪？孔颖达以为古之真历，至战国及秦而亡，汉初所存六历，后人托而为之。此固无从考正也。

15 冬，十月，丙午朔，日有食之。考异曰：宋书志无此食。今从晋书。

16 永安山贼施但，吴录曰：永安，今武康县也。沈约曰：吴分乌程、馀杭立永安县，晋武帝太康元年，更名武康，属吴兴郡。宋白曰：永安县，本汉乌程县之馀不乡。因民劳怨，聚众数千人，劫吴主庶弟永安侯谦作乱，北至建业，众万馀人，未至三十里住，择吉日入城。

遣使以谦命召丁固、诸葛靓，固、靓斩其使，发兵逆战于牛屯。据吴历，牛屯去建业城二十一里。靓，疾正翻。但兵皆无甲胄，即时败散。谦独坐车中，生获之。固不敢杀，以状白吴主，吴主并其母及弟俊皆杀之。初，望气者云：荆州有王气，当破扬州。王，于况翻。故吴主徙都武昌。及但反，自以为得计，遣数百人鼓噪入建业，杀但妻子，云"天子使荆州兵来破扬州贼"。

17 十一月，初并圜丘、方丘之祀于南北郊。郑氏注礼记：为高必因丘陵，谓冬至祭天于圜丘之上；为下必因川泽，谓夏至祭地于方泽之中。而四郊之祭，又在圜丘方泽之外。魏景初元年，始营洛阳南委粟山为圜丘，以冬至祭皇皇帝天于圜丘，夏至祭皇皇后地于方丘；而天郊所祭曰皇天之神，地郊所祭曰皇地之祇。今以二至之祀合于二郊，是后圜丘、方泽不别立。

18 罢山阳国督军，除其禁制。魏奉汉献帝为山阳公，国于河内山阳县之浊鹿城，置督军以防卫之。至晋时，帝孙康嗣立，人心去汉久矣，故罢其卫兵，除其禁制。

19 十二月，吴主还都建业，考异曰：吴志陆凯传：或曰："宝鼎元年十二月，凯与丁奉、丁固谋因晧谒庙，欲废晧，立孙休子。时左将军留平领兵先驱，故密语平，平拒而不许，誓以不泄，是以不果。"按凯尽忠执义，必不为此事。况晧残酷猜忌，留平庸人，若闻凯谋，必不能不泄，殆虚语耳。今不取。使后父卫将军、录尚书事滕牧留镇武昌。朝士以牧尊戚，颇推令谏争，争，读曰诤。滕后之宠由是渐衰，更遣牧居苍梧，虽爵位不夺，其实迁也，在道以忧死。何太后常保佑滕后，太史又言中宫不可易，吴主信巫觋，在女曰巫，在男曰觋。觋，刑狄翻。故得不废，常供养升平宫，晧尊其母何太后宫曰升平宫。供，居用翻。养，羊尚翻。不复进见；见，贤遍翻。诸姬佩皇后玺绂者甚众，滕后受朝贺表疏而已。玺，斯氏翻。绂，音弗。朝，直遥翻。吴主使黄门遍行州郡，料取将吏家女，行，户孟翻。料，音聊。其二千石大臣子女，岁岁言名，年十五、六一简阅，简阅不中，乃得出嫁。中，竹仲翻。后宫以千数，而采择无已。

三年(丁亥、二六七)

1 春，正月，丁卯，立子衷为皇太子。为惠帝亡晋张本。诏以“近世每立太子必有赦。汉高帝为汉王，立太子，赦有罪。文、景、武立太子，赐民爵。至宣帝立太子，始大赦天下。元帝立太子，复赐民爵。光武立太子彊，赦天下；其后立太子阳及明、章立太子，皆不赦。魏文、明率病笃然后立太子，寻而践阼有赦，故革之。今世运将平，当示之以好恶，好，呼到翻。恶，乌路翻。使百姓绝多幸之望。曲惠小人，【严：“人”改“仁”。】朕无取焉！”遂不赦。

2 司隶校尉上党李憙憙，许记翻，又读曰熹。劾故立进令刘友、前尚书山涛、中山王睦、尚书仆射武陔各占官稻田，劾，户概翻，又户得翻。陔，柯开翻。占，之赡翻。请免涛、睦等官，陔已亡，请贬其谥。诏曰：“友侵剥百姓以缪惑朝士，其考竟以惩邪佞。涛等不贰其过，皆勿有所问。憙亢志在公，当官而行，憙，与喜同，又音熹。亢，与抗同，口浪翻。可谓邦之司直矣。诗郑国风羔裘之辞。光武有云：‘贵戚且敛手以避二鲍。’事见四十二卷建武十一年。其申敕群僚，各慎所司，宽宥之恩，不可数遇也！”数，所角翻。睦，宣帝之弟子也。

臣光曰：政之大本，在于刑赏，刑赏不明，政何以成！晋武帝赦山涛而褒李憙，其于刑赏两失之。使憙所言为是，则涛不可赦；所言为非，则憙不足褒。褒之使言，言而不用，怨结于下，威玩于上，将安用之！且四臣同罪，刘友伏诛而涛等不问，避贵施贱，可谓政乎！创业之初而政本不立，将以垂统后世，不亦难乎！

3 帝以李憙为太子太傅，征犍为李密为太子洗马。犍，居言翻。洗马，自汉以来有之。晋职官志：太子洗马，职为〔如〕谒者、秘书，掌图书，释奠讲经则掌其事；出则直者前驱，导威仪。“洗”，汉书作“先”。如淳曰：

先，前驱也。国语，越王句践亲为夫差先马。“先”，一作“洗”，音悉荐翻。密以祖母老，固辞，许之。密所以辞者，以旁无兼侍，祖母与孙相依为命故也。密与人交，每公议其得失而切责之，常言：“吾独立于世，顾影无俦；然而不惧者，以无彼此于人故也。”

4 吴大赦，以右丞相万彧镇巴丘。

5 夏，六月，吴主作昭明宫，晋太康地记曰：昭明宫方五百丈。吴历曰：昭明宫在太初宫之东。二千石以下，皆自入山督伐木。大开苑囿，起土山、楼观，穷极伎巧，观，古玩翻。伎，渠绮翻。功役之费以亿万计。陆凯谏，不听。中书丞华核上疏曰：华，户化翻。核，户革翻。上，时掌翻。“汉文之世，九州晏然，贾谊独以为如抱火厝于积薪之下而寝其上。事见十四卷汉文帝六年。今大敌据九州之地，有太半之众，欲与国家为相吞之计，非徒汉之淮南、济北而已也，济，子礼翻。比于贾谊之世，孰为缓急！今仓库空匮，编户失业，而北方积谷养民，专心东向。自洛进师而造江滨，自蜀下兵而临荆、楚，皆东向也。又，交阯沦没，岭表动摇，事见上卷魏元帝咸熙元年。胸背有嫌，首尾多难，乃国朝之厄会也。若舍此急务，尽力功作，卒有风尘不虞之变，难，乃旦翻。舍，读曰捨。卒，读曰猝。当委版筑而应烽燧，驱怨民而赴白刃，此乃大敌所因以为资者也。”时吴俗奢侈，核又上疏曰：“今事多而役繁，民贫而俗奢，百工作无用之器，妇人为绮靡之饰，转相仿效，耻独无有。兵民之家，犹复逐俗，言下至兵民之家，亦随俗好而事奢侈也。复，扶又翻。内无甔石之储应劭曰：齐人名小瓮曰甔，受二斛。晋灼曰：石，斗石也。师古曰：甔，音都滥翻。而出有绫绮之服，上无尊卑等级之差，下有耗财费力之损，求其富给，庸可得乎！”吴主皆不听。

6 秋，七月，王祥以睢陵公罢。睢，音虽。

7 九月，甲申，诏增吏俸。俸，扶用翻。

8 以何曾为太保，义阳王望为太尉，荀顗为司徒。顗，鱼岂翻。

9 禁星气、谶纬之学。星，为星者。气，望气者。东汉以来有谶纬之学。

10 吴主以孟仁守丞相，奉法驾东迎其父文帝神于明陵，明陵，在吴兴乌程县。沈约曰：孙晧改葬其父于乌程西山，曰明陵。中使相继，奉问起居。巫觋言见文帝被服颜色如平生。觋，刑狄翻。被，皮义翻。吴主悲喜，迎拜于东门之外。建业城东门也。既入庙，比七日三祭，设诸倡伎，昼夜娱乐。比，毗寐翻。倡，音昌。乐，音洛。

11 是岁，遣鲜卑拓跋沙漠汗归其国。沙漠汗入质，见七十七卷魏元帝景元二年。汗，音寒。

四年（戊子、二六八）

1 春，正月，丙戌，贾充等上所刊修律令。充等所刊修，就汉律九章增十一篇，合二十篇，六百二十条。其不入律者，悉以为令施行。凡律令合二千九百二十六条。上，时掌翻。帝亲自临讲，使尚书郎裴楷执读。考异曰：刑法志云："泰始三年事毕，表上。"今从武纪。裴楷传云："文帝时，诏楷于御前执读。"今从刑法志。楷，秀之从弟也。从，才用翻。侍中卢珽、珽，他鼎翻。中书侍郎范阳张华请抄新律死罪条目，抄，楚交翻，眷写也。悬之亭传以示民；从之。传，株恋翻。

又诏河南尹杜预为黜陟之课，预奏："古者黜陟，拟议于心，不泥于法；泥，乃计翻。末世不能纪远而专求密微，疑心而信耳目，疑耳目而信简书，简书愈繁，官方愈伪。方，术也；言为官之方术也。魏氏考课，即京房之遗意，刘劭考课法，其略见七十三卷魏明帝景初元年。其文可谓至密；然失于苛细以违本体，故历代不能通也。岂若申唐尧之旧制，取大舍小，去密就简，俾之易从也！易，以豉翻；下难易同。夫曲尽物理，神而明之，存乎其人；去人而任法，则以文伤理。莫若委任达官，各考所统，达官，显官也。居一官之长，其事得专达于上。岁第其人，言其优劣。如此六载，载，子亥翻，年也。主者总集，采按其言，六优者超擢，六劣者废免，六优，谓六载俱优。六劣，谓六载俱劣。优多劣少者平叙，劣多优少者左迁。其间所对不钧，品有难易，主者固当准量轻重，微加降杀，量，音良。杀，所戒翻。不足曲以法尽也。其有优劣徇情，不叶公论者，当委监司随而弹之。监，古衔翻。监司，御史、司隶，又诸州刺史也。弹，唐干翻，劾也，抨也。若令上下公相容过，此为清议大颓，虽有考课之法，亦无益也。”事竟不行。

2 丁亥，帝耕籍田于洛水之北。

3 戊子，大赦。

4 二月，吴主以左御史大夫丁固为司徒，右御史大夫孟仁为司空。吴录曰：孟仁本名宗，避晧字易焉。

5 三月，戊子，皇太后王氏殂。帝居丧之制，一遵古礼。

6 夏，四月，戊戌，睢陵元公王祥卒，门无杂吊之宾。其族孙戎叹曰：“太保当正始之世，不在能言之流；及间与之言，理致清远，岂非以德掩其言乎！”正始所谓能言者，何平叔数人也。魏转而为晋，何益于世哉！王祥所以可尚者，孝于后母与不拜晋王耳，君子犹谓其任人柱石而倾人栋梁也。理致清远，言乎？德乎？清谈之祸，迄乎永嘉，流及江左，犹未已也。

7 己亥，葬文明皇后。有司又奏：“既虞，除衰服。”葬日虞，遇柔日再虞，而三虞用刚日。三虞必反而行之。郑氏曰：虞，安神之祭也。骨肉归于土，魂气则无所不之，孝子为其彷徨，故三祭以安之。诏曰：“受终身之爱而无数年之报，情所不忍也。”有司固请，诏曰：“患在不能笃孝，勿以毁伤为忧。前代礼典，质文不同，何必限以近制，使达丧阙然乎！”达丧，犹通丧也。群臣请不已，乃许之；

然犹素冠疏食以终三年，如文帝之丧。

8 秋，七月，众星西流如雨而陨。

9 己卯，帝谒崇阳陵。

10 九月，青、徐、兖、豫四州大水。青州统齐国、济南、乐安、城阳、东莱，徐州统彭城、下邳、东海、琅邪、广陵、临淮，兖州统陈留、濮阳、济阴、高平、任城、东平、济北、泰山，豫州统颍川、汝南、襄城、汝阴、梁国、沛、谯、鲁、弋阳、安丰。晋志曰：青州取土居少阳其色青为名。徐州取舒缓之义。兖，端也，信也；又云：取兖水以名州。豫者，舒也，言禀中和之气，性理安舒也。

11 大司马石苞久在淮南，威惠甚著。魏高贵乡公甘露三年，平诸葛诞，苞代镇淮南，至是凡十一年。淮北监军王琛恶之，监，古衔翻。恶，乌路翻。密表苞与吴人交通。会吴人将入寇，苞筑垒遏水以自固，帝疑之。羊祜深为帝言："苞必不然。"为，于伪翻。帝不信，乃下诏以苞不料贼势，筑垒遏水，劳扰百姓，策免其官，考异曰：晋书武纪及苞传皆无苞免官年月，萧方等三十国春秋、杜延业晋春秋置在此，今从之。苞传又云："敕琅邪王伷自下邳会寿春。"按武纪：伷明年二月乃镇下邳，恐传误。萧方等，梁元帝子也。遣义阳王望帅大军以征之。帅，读曰率。苞辟河内孙铄为掾，掾，俞绢翻。铄先与汝阴王骏善，骏时镇许昌，铄过见之。骏知台已遣军袭苞，私告之曰："无与于祸！"与，读曰预。铄既出，驰诣寿春，劝苞放兵，步出都亭待罪；寿春都亭也。苞从之。帝闻之，意解，苞诣阙，以乐陵公还第。

12 吴主出东关；冬，十月，使其将施绩入江夏，万彧寇襄阳。夏，户雅翻。彧，于六翻。考异曰：晋帝纪作"郁"，今从吴志。诏义阳王望统中军步骑二万屯龙陂，龙陂，即摩陂更名，见七十二卷魏明帝青龙元年。为二方声援。会荆州刺史胡烈拒绩，破之，望引兵还。

13 吴交州刺史刘俊、大都督修则、姓谱：元冥之佐有修氏。汉有屯骑校尉修炳。将军顾容前后三攻交趾，交趾太守杨稷皆拒破之；郁林、九真皆附于稷。稷遣将军毛炅、董元攻合浦，战于古城，古城，盖合浦郡古城也。炅，古迥翻，又古惠翻。大破吴兵，杀刘俊、修则，馀兵散还合浦。稷表炅为郁林太守，元为九真太守。

14 十一月，吴丁奉、诸葛靓出芍陂，攻合肥；靓，疾正翻。芍，音鹊。安东将军汝阴王骏拒却之。

15 以义阳王望为大司马，荀𫖮为太尉，𫖮，鱼岂翻。石苞为司徒。

五年（己丑、二六九）

1 春，正月，吴主立子瑾为皇太子。

2 二月，分雍、凉、梁州置秦州。晋志曰：雍州以其四山之地，故以雍名焉；亦谓西北之位，阳所不及，阴阳气雍阏也，统京兆、冯翊、扶风、安定、北地、新平、始平。凉州以其地处西方，当寒凉也；统金城、西平、武威、张掖，西郡、燉煌、酒泉、西海。梁州以西方金刚之气强梁也；统汉中、梓潼、广汉、新都、涪陵、巴西、巴东。秦州统陇西、南安、天水、略阳、武都、阴平等郡。以胡烈为刺史。先是，邓艾纳鲜卑降者数万，先，悉荐翻。降，户江翻；下同。置于雍、凉之间，与民杂居，朝廷恐其久而为患，以烈素著名于西方，故使镇抚之。此河西鲜卑也。

3 青、徐、兖三州大水。

4 帝有灭吴之志。壬寅，以尚书左仆射羊祜都督荆州诸军事，镇襄阳；征东大将军卫瓘都督青州诸军事，镇临菑；镇东大将军东莞王伷都督徐州诸军事，镇下邳。

祜绥怀远近，甚得江、汉之心，与吴人开布大信，降者欲去，皆听之，降，户江翻。减戍逻之卒，逻，郎佐翻。以垦田八百馀顷。其始至也，军无百日之粮；及其季年，乃有十年之积。祜在军，常轻裘缓带，身不被甲，被，皮义翻。铃阁之下，侍卫不过十数人。铃下卒及阁下威仪也。铃下者，有使令则掣铃以呼之，因以为名。阁下威仪，掌出入赞导及纳谒受事。

5 济阴太守巴西文立济，子礼翻。守，式又翻。上言："故蜀之名臣子孙流徙中国者，宜量才叙用，量，音良。以慰巴、蜀之心，以倾吴人之望。"帝从之。考异曰：立传载此表在迁太子中庶子后。按泰始七年，立举郤诜时，犹为济阴太守，于今未为庶子也。若诸葛京署吏，不因立表，则京先已署吏，立不当更云宜量材叙用也。己未，诏曰："诸葛亮在蜀，尽其心力，其子瞻临难而死义，事见七十八卷魏元帝景元四年。难，乃旦翻。其孙京宜随才署吏。"又诏曰："蜀将傅佥父子，死于其主。傅肜死见六十九卷魏文帝黄初三年。傅佥死与诸葛瞻同年。天下之善一也，岂由彼此以为异哉！佥息著、募没入奚官，息，子也。著与募，二子之名也。少府有奚官令，凡男女没入者属焉。魏以来，邺都又有奚官督。宜免为庶人。"

6 帝以文立为散骑常侍。汉故尚书犍为程琼，雅有德业，犍，居言翻。与立深交，帝闻其名，以问立，对曰："臣至知其人，但年垂八十，禀性谦退，无复当时之望，言其意望不求闻达于当时也。故不以上闻耳。"琼闻之，曰："广休可谓不党矣，文立字广休。论语曰：君子不党。此吾所以善夫人也。"

7 秋，九月，有星孛于紫宫。孛，蒲内翻。

8 冬，十月，吴大赦，改元建衡。

9 封皇子景度为城阳王。

10 初，汝南何定尝为吴大帝给使，及吴主即位，自表先帝旧人，求还内侍。吴主以为楼下都尉，典知酤籴事，遂专为威福；吴主信任之，委以众事。左丞相陆凯面责定曰："卿见前后事主不忠，倾乱国政，宁有得以寿终者邪！何以专为奸邪，尘秽天听，宜自改厉。不然，方见卿有不测之祸。"定大恨之。凯竭心公家，忠恳内发，表疏皆指事不饰。皆指实事，不为文饰也。及疾病，吴主遣中书令董朝问所欲言，凯陈“何定不可信用，宜授以外任。奚熙小吏，建起浦里塘，【章：甲十一行本“塘”作“田”；乙十一行本同；孔本同；退斋校同。】亦不可听。吴主休之时，严密尝建此议，熙盖祖其说。姚信、楼玄、贺卲、张悌、郭逴、逴，敕角翻，又敕略翻。薛莹、滕修及族弟喜、抗，或清白忠勤，或资才卓茂，皆社稷之良辅，愿陛下重留神思，思，相吏翻。访以时务，使各尽其忠，拾遗万一。”卲，齐之孙；贺齐为吴主权将。莹，综之子；玄，沛人；修，南阳人也。凯寻卒，吴主素衔其切直，有所恨怒，蓄而不发者为衔。且日闻何定之谮，久之，竟徙凯家于建安。

11 吴主遣监军虞汜、汜，音祀。威南将军薛珝、珝，况羽翻。苍梧太守丹阳陶璜从荆州道，监军李勖、督军徐存从建安海道，从荆州道，逾岭而入交、广也。从建安海道，泛海而南也。沈约曰：建安本闽越，秦立为闽中郡，汉虚其地，后立为冶县，属会稽郡，后分冶地为会稽东南二部都尉；东部，临海是也，南部，建安是也。吴主休永安三年，分南部立为建安郡。宋白曰：孙策于建安十二年，分东候官之地立建安县，即以年号为名。皆会于合浦以击交趾。

12 十二月，有司奏东宫施敬二傅，其仪不同。晋制：太子太傅中二千石，少傅二千石。太子先拜，诸傅然后答之。时未置詹事，宫事大小，皆由二傅。帝曰：“夫崇敬师傅，所以尊道重教也，何言臣不臣乎！臣不臣，盖有司所奏之言。其令太子申拜礼。”

六年（庚寅、二七〇）

1 春，正月，吴丁奉入涡口，水经：涡水首受河南阳武县蒗荡渠，东南至下邳淮陵县入淮，谓之涡口。涡，音戈。考异曰：吴志丁奉传：“建衡元年，攻晋谷阳。”晋帝纪不载，奉传不言入涡口，疑是一事。扬州刺史牵弘击走之。

2 吴万彧自巴丘还建业。

3 夏，四月，吴左大司马施绩卒。以镇军大将军陆抗都督信陵、西陵、夷道、乐乡、公安诸军事，治乐乡。水经注：乐乡城在南平郡之孱陵县，江水径其北，江水又东径公安县北。宋白曰：乐乡者，春秋都国之地，其城陆抗所筑，在松滋县界。晋地理志：信陵县属建平郡。沈约曰：疑是吴立。水经注曰：江水自夔城而东，径信陵县南，又东过夷陵县南。夷陵，即西陵也。乐乡城在今江陵府松滋县东，乐乡城北，江中有沙碛，对岸踏浅可渡，江津要害之地也。

抗以吴主政事多阙，上疏曰："臣闻德均则众者胜寡，力侔则安者制危，此六国所以并于秦，西楚所以屈于汉也。今敌之所据，非特关右之地，鸿沟以西，而国家外无连衡之援，内非西楚之强，庶政陵迟，黎民未乂。议者所恃，徒以长江、峻山限带封域，此乃守国之末事，非智者之所先也。臣每念及此，中夜抚枕，临餐忘食。夫事君之义，犯而勿欺，谨陈时宜十七条以闻。"抗传云：十七条失本不载。吴主不纳。

李勖以建安道不利，杀导将冯斐，引军还。将，即亮翻。初，何定尝为子求婚于勖，勖不许，乃白勖枉杀冯斐，擅彻军还，诛勖及徐存并其家属，仍焚勖尸。定又使诸将各上御犬，上，时掌翻。一犬至直缣数十匹，缨绁直钱一万，绁，私列翻，系也。以捕兔供厨；吴人皆归罪于定，而吴主以为忠勤，赐爵列侯。陆抗上疏曰："小人不明理道，所见既浅，虽使竭情尽节，犹不足任，况其奸心素笃而憎爱移易哉！"吴主不从。

4 六月，戊午，胡烈讨鲜卑秃发树机能于万斛堆，树机能祖寿阗之在孕也，其母相掖氏，因寝而产于被中，鲜卑谓被为秃发，因而氏焉。至南凉秃发乌孤，则树机能之五世孙也。万斛堆在温围水东北安定郡高平县界。兵败，被杀。都督雍、凉州诸军事扶风王亮遣将军刘旂救之，旂观望不进。亮坐贬为平西将军，旂当斩。亮上言："节度之咎，由亮而出，乞丐其死。"丐，居太翻，贷其死命也。诏曰："若罪不在旃，当有所在。”乃免亮官。

遣尚书乐陵石鉴行安西将军，都督秦州诸军事，乐陵县，汉属平原郡，后分属乐陵国。讨树机能。树机能兵盛，鉴使秦州刺史杜预出兵击之。预以虏乘胜马肥，而官军县乏，县，读曰悬。宜并力大运刍粮，须春进讨。鉴奏预稽乏军兴，槛车征诣廷尉，以赎论。时预以尚主，在八议，以侯赎论。既而鉴讨树机能，卒不能克。卒，子恤翻。

5 秋，七月，乙巳，城阳王景度卒。

6 丁未，以汝阴王骏为镇西大将军，都督雍、凉等州诸军事，镇关中。

7 冬，十一月，立皇子东【章：甲十一行本“东”作“柬”；乙十一行本同；退斋校同。】为汝南王。

8 吴主从弟前将军秀为夏口督，吴主恶之，民间皆言秀当见图。秀，吴主权弟匡之孙。从，才用翻。恶，乌路翻。会吴主遣何定将兵五千人猎夏口，秀惊，夜将妻子亲兵数百人来奔。十二月，拜秀票骑将军、开府仪同三司，封会稽公。厚其封赏以携吴人。票，匹妙翻。会，工外翻。

9 是岁，吴大赦。

10 初，魏人居南匈奴五部于并州诸郡，与中国民杂居，南匈奴自东汉以来，分居并州诸郡，魏但分其众为五部耳。事见六十七卷汉献帝建安二十一年。时左部所统可万馀落，居太原故兹氏县；右部可六千馀落，居祁县；南部可三千馀落，居蒲子县；北部可四千馀落，居新兴县；中部可六千馀落，居大陵县。自谓其先汉氏外孙，因改姓刘氏。初，汉高帝以女妻单于，故自谓汉氏外孙，冒姓刘氏。

七年(辛卯、二七一)

1 春，正月，匈奴右贤王刘猛叛出塞。

2 豫州刺史石鉴坐击吴军虚张首级，诏曰：“鉴备大臣，吾所取信；而乃下同为诈，义得尔乎！尔，犹言如此也。今遣归田里，终身不得复用。”复，扶又翻。

3 吴人刁玄诈增谶文曰：“黄旗紫盖，见于东南，终有天下者，荆、扬之君。”姓谱：刁姓，齐大夫竖刁之后。余按：竖刁安得有后！汉书货殖传有刁间。江表传曰：玄使蜀，得司马徽论运命历数事，因诈增其文以诳吴人。见，贤遍翻。吴主信之。是月晦，大举兵出华里，华里在建业西。载太后、皇后及后宫数千人，从牛渚西上。水经注：牛渚在姑孰、乌江两县界中，今太平州当涂县北三十里有牛渚山，山下有牛渚矶，与和州横江渡相对。杜佑曰：牛渚圻即今当涂县采石。东观令华核等固谏，不听。东观令，典校图书及记述。观，古玩翻。华，户化翻。核，户革翻。行遇大雪，道涂陷坏，兵士被甲持仗，被，皮义翻。百人共引一车，寒冻殆死，皆曰：“若遇敌，便当倒戈。”纣发兵与周武王会战于牧野，前徒倒戈攻其后，以北。吴主闻之，乃还。还，从宣翻，又如字。帝遣义阳王望统中军二万、骑三千屯寿春以备之。闻吴师退，乃罢。

4 三月，丙戌，钜鹿元公裴秀卒。

5 夏，四月，吴交州刺史陶璜袭九真太守董元，杀之；杨稷以其将王素代之。考异曰：璜传云：“出其不意，径至交趾。”按元乃九真太守，非交趾也。华阳国志云：“元病亡，杨稷更以王素代之。”按武帝纪，“四月，九真太守董元为吴将虞汜所攻，军败，死之。”则元非病亡，盖稷虽以素代元，未至郡而元死也。

6 北地胡寇金城，凉州刺史牵弘讨之。众胡皆内叛，与树机能共围弘于青山，续汉志：青山在北地郡参䜌县界。贤曰：青山在今庆州，有青山水。弘军败而死。考异曰：崔鸿十六国春秋秃发乌孤传云：“其先树机能本河西鲜卑，泰始中，杀秦州刺史胡烈，斩凉州刺史牵弘。”晋帝纪：“叛虏杀胡烈，北地胡杀牵弘，”皆不言鲜卑。盖言群虏内叛，则鲜卑亦在其中矣。或北地胡即树机能也。

初，大司马陈骞言于帝曰：“胡烈、牵弘皆勇而无谋，强于自用，非绥边之材也，将为国耻。”时弘为扬州刺史，多不承顺骞命，时骞以大司马都督扬州诸军，镇寿春。帝以为骞与弘不协而毁之。于是征弘，既至，寻复以为凉州刺史。骞窃叹息，以为必败。二人果失羌戎之和，兵败身没，征讨连年，仅而能定，帝乃悔之。

7 五月，立皇子宪为城阳王。

8 辛丑，义阳成王望卒。

9 侍中、尚书令、车骑将军贾充，自文帝时宠任用事，帝之为太子，充颇有力，事见七十七卷、七十八卷魏纪。故益有宠于帝。充为人巧谄，与太尉、行太子太傅荀顗、晋志曰：帝以储副体尊，命诸公居二傅职，以本位尊，故或行或领。顗，鱼岂翻。侍中、中书监荀勖、越骑校尉安平冯紞安平县，前汉属涿郡，后汉属安平国，晋属博陵郡。紞，都感翻。相为党友，朝野恶之。恶，乌路翻。帝问侍中裴楷以方今得失，对曰：“陛下受命，四海承风，所以未比德于尧、舜者，但以贾充之徒尚在朝耳。朝，直遥翻。宜引天下贤人，与弘政道，不宜示人以私。”侍中乐安任恺、河南尹颍川庾纯皆与充不协，充欲解其近职，近职，谓侍中。任，音壬。乃荐恺忠贞，宜在东宫；帝以恺为太子少傅，而侍中如故。晋志曰：侍中任恺，帝所亲敬，使领少傅，盖一时之制也。观此，则充欲以计疏恺。会树机能寇乱秦、雍，雍，于用翻。帝以为忧，恺曰：“宜得威望重臣有智略者以镇抚之。”帝曰：“谁可者？”恺因荐充，纯亦称之。秋，七月，癸酉，以充为都督秦、凉二州诸军事，侍中、车骑将军如故；考异曰：三十国春秋、晋春秋，充出并在八年二月。按武帝纪，充出在此月。盖二春秋以太子纳妃在八年二月，致此误也。充患之。

10 吴大都督薛珝珝，况羽翻。与陶璜等兵十万，共攻交趾，城中粮尽援绝，为吴所陷，虏杨稷、毛炅等。璜爱炅勇健，欲活之；炅谋杀璜，璜乃杀之。修则之子允，生剖其腹，割其肝，曰："复能作贼不？"不，读曰否。炅犹骂曰："恨不杀汝孙皓，汝父何死狗也！"允父则为炅所杀，见上四年。考异曰：汉晋春秋曰："初，霍弋遣杨稷、毛炅等戍交趾，与之誓曰：'若贼围城未百日而降者，家属诛；若过百日，救兵不至而城没者，吾受其罪。'稷等守未百日，粮尽，乞降于璜，不许，而给粮使守。诸将并谏，璜曰：'霍弋已死，不能救稷等必矣，可须其日满，然后受降，使彼得无罪，而我取有义，内训吾民，外怀邻国，不亦可乎！'稷等期讫粮尽，救兵不至，乃纳之。"华阳国志则云："稷等城破被囚，稷欧血死，炅骂贼死。"二者相戾，不可得合。而晋书陶璜传兼载之。按孙皓猜暴，恐璜不敢以粮资敌。今从华阳国志。王素欲逃归南中，吴人获之，九真、日南皆降于吴。降，户江翻。吴大赦，以陶璜为交州牧。璜讨降夷獠，獠，鲁皓翻。州境皆平。

11 八月，丙申，城阳王宪卒。

12 分益州南中四郡置宁州。宁州以建宁郡名州，统建宁、兴古、云南、永昌四郡。

13 九月，吴司空孟仁卒。

14 冬，十月，丁丑朔，日有食之。考异曰：宋书五行志有五月庚辰食，无十月丁丑食。晋书纪及天文志有十月丁丑食，无五月庚辰食。今从晋书。

15 十一月，刘猛寇并州，并州刺史刘钦击破之。晋志：并州不以卫水为号，又不以恒为称，而云并者，以其在两谷之间也。统太原、上党、西河、乐平、雁门、新兴。按晋志所云，以周礼并州镇曰恒山。春秋元命包曰：营室流为并州，分为卫国也。

16 贾充将之镇，公卿饯于夕阳亭。贤曰：夕阳亭在河南城西。充私问计于荀勖，勖曰："公为宰相，乃为一夫所制，不亦鄙乎！然是行也，辞之实难，独有结婚太子，可不辞而自留矣。"充曰："然则孰可寄怀？"勖曰："勖请言之。"因谓冯𬘘曰："贾公远出，吾等失势；太子婚尚未定，何不劝帝纳贾公之女乎！"𬘘亦然之。初，帝将纳卫瓘女为太子妃，充妻郭槐赂杨后左右，使后说帝求纳其女。帝曰："卫公女有五可，贾公女有五不可：卫氏种贤而多子，美而长、白；五可：种贤，一也；多子，二也；美，三也；长，四也；白，五也。五不可，可以类推。说，输芮翻。种，章勇翻；下同。贾氏种妒而少子，丑而短、黑。"后固以为请，荀𫖮、荀勖、冯𬘘皆称充女绝美，且有才德，帝遂从之。留充复居旧任。为贾氏乱晋张本。

17 十二月，以光禄大夫郑袤为司空，袤固辞不受。袤，音茂。

18 是岁，安乐思公刘禅卒。乐，音洛。考异曰：晋春秋云："禅谥惠公"，今从王隐蜀记。

19 吴以武昌都督广陵范慎为太尉。右将军司马丁奉卒。据丁奉传，以救寿春之功拜左将军；诛孙𬘭，拜大将军，加左右都护；共迎吴主晧，迁右大司马、左军师。当书右大司马、左军师。

20 吴改明年元曰凤凰。以西苑言凤凰集改元。

八年（壬辰、二七二）

1 春，正月，监军何桢讨刘猛，屡破之，潜以利诱其左部帅李恪，左部，五部之一也。帅，所类翻。恪杀猛以降。降，户江翻。

2 二月，辛卯，皇太子纳贾妃。妃年十五，长于太子二岁，长，知两翻。妒忌多权诈，太子嬖而畏之。嬖，卑义翻，又博计翻。

3 壬辰，安平献王孚卒，年九十三。孚性忠慎，宣帝执政，孚常自退损。后逢废立之际，未尝预谋；景、文二帝以孚属尊，亦不敢逼。孚于废立之际，柔而能正。事见七十六卷正元元年、七十七卷景元元年。及帝即位，恩礼尤重。元会，诏孚乘舆上殿，帝于阼阶迎拜。阼阶，东阶，主阶也。上，时掌翻；下同。既坐，亲奉觞上寿，如家人礼。帝每拜，孚跪而止之。孚虽见尊宠，不以为荣，常有忧色。临终，遗令曰："有魏贞士河内司马孚字叔达，不伊不周，不夷不惠，立身行道，终始若一。当衣以时服，敛以素棺。"衣，于既翻。敛，力赡翻。诏赐东园温明秘器，服虔曰：东园温明，形如方漆桶，开一面，漆画之，以镜置其中，以悬尸上，大敛并盖之。师古曰：东园，署名也，属少府，其署主作此器。秘器，梓棺，以凶器，故秘之。诸所施行，皆依汉东平献王故事；见四十六卷汉章帝建初八年。其家遵孚遗旨，所给器物，一不施用。

4 帝与右将军皇甫陶论事，泰始五年，罢镇军将军，复置左右将军。姓谱：左传宋有皇父充石，公族也。汉初有皇父鸾，自鲁徙居茂陵，改“父”为“甫”。陶与帝争言，散骑常侍郑徽表请罪之。帝曰：“忠谠之言，谠，多曩翻，善言也。唯患不闻，徽越职妄奏，岂朕之意。”遂免徽官。

5 夏，汶山白马胡侵掠诸种，汉武帝诛冉駹，开汶山郡，宣帝地节三年，合于蜀郡；蜀汉刘氏又立汶山郡。白马胡即白马夷也。汶，读与岷同。种，章勇翻。益州刺史皇甫晏欲讨之。益州，统蜀犍为、汶山、汉嘉、江阳、朱提、越巂、牂柯。晋志曰：益之为言阨，言所在之地险阨也；亦曰，疆壤益大，故以名焉。典学从事蜀郡何旅等典学从事，典学校及部诸郡文学掾。汉诸州刺史有孝经师，主监试经；月令师，主时节祭祀；魏、晋合其职为典学从事。谏曰：“胡夷相残，固其常性，未为大患。今盛夏出军，水潦将降，必有疾疫，宜须秋、冬图之。”晏不听。胡康木子烧香言军出必败；康木子烧香，胡人之名。晏以为沮众，斩之。军至观阪，水经注：观阪，在都安县。晋书地理志：都安县属汶山郡。沈约曰：都安县，蜀立。宋白曰：永康军导江县，蜀都安县地。沮，在吕翻。牙门张弘等以汶山道险，且畏胡众，因夜作乱，杀晏，军中惊扰，兵曹从事犍为杨仓勒兵力战而死。自汉以来，诸州有军事，则置兵曹从事。犍，居言翻。弘遂诬晏，云“率己共反”，故杀之，传首京师。晏主簿蜀郡何攀，州主簿，录阁下事，省文书；郡主簿，所职略同。方居母丧，闻之，诣洛证晏不反。弘等纵兵抄掠。抄，楚交翻。广汉主簿李毅言于太守弘农王濬曰：“皇甫侯起自诸生，何求而反！且广汉与成都密迩，而统于梁州者，朝廷欲以制益州之衿领，汉广汉郡，治雒；泰始二年，分新都郡治雒，而广汉郡治广汉县，与成都相近。衿，衣系。领，衣要衽著项颔处也。正防今日之变也。今益州有乱，乃此郡之忧也。张弘小竖，众所不与，宜即时赴讨，不可失也。”濬欲先上请，上，时掌翻；下先上同。毅曰：“杀主之贼，为恶尤大，当不拘常制，何请之有！”濬乃发兵讨弘。诏以濬为益州刺史。濬击弘，斩之，夷三族。考异曰：华阳国志，弘杀晏在十年五月。武帝纪在今年六月。按王濬请伐吴表云：“臣作船七年，日有朽败。”濬再为益州刺史，方受诏作船。咸宁五年，下诏伐吴，借使浚以其年上表，则再为益州亦在泰始九年之前矣。今从晋纪为定。封濬关内侯。

初，濬为羊祜参军，晋制，诸位从公为持节都督，参军六人。祜深知之。祜兄子暨白：“濬为人志大奢侈，不可专任，宜有以裁之。”祜曰：“濬有大才，将以济其所欲，必可用也。”更转为车骑从事中郎。祜为车骑将军，其属有从事中郎，秩比千石。濬在益州，明立威信，蛮夷多归附之；俄迁大司农。时帝与羊祜阴谋伐吴，祜以为伐吴宜借上流之势，密表留濬复为益州刺史，使治水军。治，直之翻。寻加龙骧将军，监益、梁诸军事。龙骧将军之号始此。骧，思将翻。监，工衔翻。晋制，方面之任，资重者为都督诸军事，资望轻者为监军事。考异曰：羊祜传曰：“表留浚监益州诸军事，加龙骧将军。”按浚传，“祜密表留浚，重拜益州刺史。”又曰，“寻以谣言拜龙骧将军，监梁、益诸军事。”然则作刺史与监军，自是二事也。华阳国志又云：“咸宁四年，浚迁大司农，五年，拜龙骧，监梁、益二州。”按时羊祜已卒，尤不可据。

诏濬罢屯田军，大作舟舰。舰，户黯翻。别驾何攀以为“屯田兵不过五六百人，作船不能猝办，后者未成，前者已腐。宜召诸郡兵合万馀人造之，岁终可成。”濬欲先上须报，上，时掌翻。攀曰：“朝廷猝闻召万兵，必不听；不如辄召，辄，专也。设当见却，功夫已成，势不得止。”浚从之，令攀典造舟舰器仗。于是作大舰，长百二十步，长，直亮翻。受二千馀人，以木为城，起楼橹，开四出门，其上皆得驰马往来。考异曰：华阳国志云："咸宁二年三月，濬受诏作船。"按濬表云"作船七年"，则国志不可据也。

时作船木柹，蔽江而下，柹，芳废翻。说文曰：削木札朴也。字本作"柿"，详见辨误。吴建平太守吴郡吾彦建平郡，汉南郡之巫县，吴主权分置宜都郡；吴主休永安三年，分宜都立建平郡，领信陵、兴山、秭归、沙渠四县。杜佑曰：建平今巴东郡，吴置建平郡于秭归。姓谱：吾，本己姓，夏昆吾氏之后。取流柹以白吴主曰："晋必有攻吴之计，宜增建平兵以塞其冲要。"塞，悉则翻。吴主不从。彦乃为铁锁横断江路。断，丁管翻。为后王濬烧断铁锁张本。

王濬虽受中制募兵，而无虎符；广汉太守敦煌张敩收濬从事列上。敦，徒门翻。敩，胡教翻。上，时掌翻。帝召敩还，责曰："何不密启而便收从事？"敩曰："蜀、汉绝远，刘备尝用之矣。辄收，臣犹以为轻。"帝善之。

6 壬辰，大赦。

7 秋，七月，以贾充为司空，侍中、尚书令、领兵如故。充自文帝时统城外诸军。充与侍中任恺皆为帝所宠任，充欲专名势而忌恺，于是朝士各有所附，朝，直遥翻。朋党纷然。帝知之，召充、恺宴于式乾殿而谓之曰："朝廷宜壹，大臣当和。"充、恺等各拜谢。既而充、恺以帝已知而不责，愈无所惮，外相崇重，内怨益深。充乃荐恺为吏部尚书，恺侍觐转希；既不为侍中，则侍觐希矣。充因与荀勖、冯纮承间共谮之，间，古苋翻。恺由是得罪，废于家。

8 八月，吴主征昭武将军、西陵督步阐。阐世在西陵，自吴主权用步骘督西陵，骘卒，子协继之。阐，协弟也。猝被征，自以失职，且惧有谗，九月，据城来降，遣兄子玑、璇诣洛阳为任。玑、璇皆协子。降，户江翻。璇，如缘翻。诏以阐为都督西陵诸军事、卫将军、开府仪同三司、侍中，领交州牧，封宜都公。

9 冬，十月，辛未朔，日有食之。

10 敦煌太守尹璩卒。敦，徒门翻。璩，求于翻。凉州刺史杨欣表敦煌令梁澄领太守。功曹宋质辄废澄，表议郎令狐丰为太守。考异曰：晋春秋"璩"作"据"，今从武纪。武纪云："令狐丰废澄，自领郡事。"今从晋春秋。杨欣遣兵击之，为质所败。败，补迈翻。

11 吴陆抗闻步阐叛，亟遣将军左奕、吾彦等讨之。帝遣荆州刺史杨肇迎阐于西陵，车骑将军羊祜帅步军出江陵，巴东监军徐胤帅水军击建平以救阐。帅，读曰率。陆抗敕西陵诸军筑严围，自赤溪至于故市，水经注：江水出西陵峡，东南流，径故城洲。洲北附岸洲头曰郭洲，长二里，广一里，上有步阐故城，方圆称洲，周回略满，故城洲上城周里，阐父骘所筑也。又东径陆抗故城。今峡州远安县在江北，有孤山，有陆抗故城，有舟山，时有赤气，意赤溪当出于舟山，故市即步骘故城，所居成市，而阐别筑城，故曰故市。内以围阐，外以御晋兵，昼夜催切，切，迫也。如敌已至，众甚苦之。诸将谏曰："今宜及三军之锐，急攻阐，比晋救至，必可拔也，比，必寐翻。何事于围，以敝士民之力！"抗曰："此城处势既固，处，昌吕翻。粮谷又足，且凡备御之具，皆抗所宿规，抗先尝督西陵。今反攻之，不可猝拔。北兵至而无备，表里受难，难，乃旦翻。何以御之！"诸将皆欲攻阐，抗欲服众心，听令一攻，果无利。围备始合，而羊祜兵五万至江陵。诸将咸以抗不宜上，自乐乡而西赴西陵为上。上，时掌翻。抗曰："江陵城固兵足，无可忧者。假令敌得江陵，必不能守，所损者小。若晋据西陵，则南山群夷皆当扰动，其患不可量也！"乃自帅众赴西陵。南山，谓江南诸山，群夷所依阻。量，音良。帅，读曰率。

初，抗以江陵之北，道路平易，易，以豉翻。敕江陵督张咸作大堰遏水，渐渍平土以绝寇叛。堰，于扇翻。今江陵有三海八柜，引诸湖及沮、漳之水注之，弥漫数百里，即作堰之故智也。渐，将廉翻。羊祜欲因所遏水以船运粮，扬声将破堰以通步军。抗闻之，使咸亟破之。诸将皆惑，屡谏不听。祜至当阳，闻堰败，乃改船以车运粮，大费功力。

十一月，杨肇至西陵。陆抗令公安督孙遵循南岸拒羊祜，防托南岸，使祜军不得渡而已。水军督留虑拒徐胤，恐胤顺流东下，故以水军拒之。抗自将大军凭围对肇。凭长围以对之，则彼为客，我为主。将军朱乔营都督俞赞亡诣肇。姓谱：俞，古善医俞跗之后。抗曰："赞军中旧吏，知吾虚实。吾常虑夷兵素不简练，若敌攻围，必先此处。"先，悉荐翻。即夜易夷兵，皆以精兵守之。明日，肇果攻故夷兵处，抗命击之，矢石雨下，肇众死【章：甲十一行本"死"上有"伤"字；乙十一行本同；孔本同。】者相属。属，之欲翻。十二月，肇计屈，夜遁。抗欲追之，而虑步阐畜力伺间，间，古苋翻。兵不足分，于是但鸣鼓戒众，若将追者。肇众凶惧，悉解甲挺走，凶，许拱翻，恐惧声。挺，待鼎翻，拔也。挺走，拔身而走也。抗使轻兵蹑之，肇兵大败，蹑，尼辄翻。祜等皆引军还。抗遂拔西陵，诛阐及同谋将佐数十人，皆夷三族，自余所请赦者数万口。元非同谋而胁从者，请而赦之。东还乐乡，貌无矜色，谦冲如常。吴主加抗都护。吴官有左右都护，今加都护，尽护诸将也。羊祜坐贬平南将军，征、镇、安、平，四平最下。车骑位次骠骑，自此而下，六等至四征。祜自车骑贬平南，凡降十四号。杨肇免为庶人。

吴主既克西陵，自谓得天助，志益张大，使术士尚广筮取天下，姓谱：尚姓，师尚父之后，后汉有高士尚子平。对曰："吉。庚子岁，青盖当入洛阳。"其后吴亡，皓入洛，岁在庚子。吴主喜，不修德政，专为兼并之计。

12 贾充与朝士宴饮，朝，直遥翻。考异曰：三十国春秋在十一月，晋春秋在十月己巳，恐皆非实，故附于冬末。河南尹庾纯醉，与充争言。充曰："父老，不归供养，供，居用翻。养，羊尚翻。卿为无天地！"纯曰："高贵乡公何在？"斥其弑君也。充惭怒，上表解职；纯亦上表自劾。诏免纯官，仍下五府正其臧否。当时除贾充之外，居公位者有五，故下五府。下，遐稼翻。否，音鄙。石苞以为纯荣官忘亲，当除名；齐王攸等以为纯于礼律未有违；诏从攸议，复以纯为国子祭酒。帝初立国子学，定置国子祭酒、博士各一人，助教十五人，以教生徒。

13 吴主之游华里也，事见上七年。右丞相万彧与右大司马丁奉、左将军留平密谋曰："若至华里不归，社稷事重，不得不自还。"吴主颇闻之，以彧等旧臣，隐忍不发。是岁，吴主因会，以毒酒饮彧，传酒人私减之。又饮留平，饮，于鸩翻。平觉之，服他药以解，得不死。彧自杀；考异曰：吴志孙晧传云：彧被谴忧死，今从江表传。平忧懑，月馀亦死。懑，音闷，又音满。徙彧子弟于庐陵。

初，彧请选忠清之士以补近职，吴主以大司农楼玄为宫下镇，主殿中事。吴旧事，禁中主者自用亲近人。晧以彧言，用玄主殿中事。玄正身帅众，帅，读曰率。奉法而行，应对切直，吴主浸不悦。

中书令领太子太傅贺邵上疏谏曰："自顷年以来，朝列纷错，朝，直遥翻。真伪相贸，贸，音茂。忠良排坠，信臣被害。被，皮义翻。是以正士摧方摧方，言刓棱角而为圆也。而庸臣苟媚，先意承指，各希时趣。先，悉荐翻。人执反理之评，士吐诡道之论，诡，违也，异也。遂使清流变浊，忠臣结舌。陛下处九天之上，隐百里之室，管子曰：堂上远于百里。处，昌吕翻。言出风靡，令行景从；亲洽宠媚之臣，日闻顺意之辞，将谓此辈实贤而天下已平也。臣闻兴国之君乐闻其过，荒乱之主乐闻其誉；乐，音洛。誉，音余，或音如字。闻其过者过日消而福臻，闻其誉者誉日损而祸至。陛下严刑法以禁直辞，黜善士以逆谏口，杯酒造次，死生不保，造，七到翻。仕者以退为幸，居者以出为福，诚非所以保光洪绪，熙隆道化也。何定本仆隶小人，身无行能，行，下孟翻。而陛下爱其佞媚，假以威福。夫小人求入，必进奸利。定间者妄兴事役，发江边戍兵以驱麋鹿，老弱饥冻，大小怨叹。传曰：'国之兴也，视民如赤子；其亡也，以民为草芥。'左传曰：陈逢滑曰：国之兴也，视民如伤；其亡也，以民为土芥。今法禁转苛，赋调益繁，调，徒钓翻。中官、近臣所在兴事，而长吏畏罪，苦民求办。是以人力不堪，家户离散，呼嗟之声，感伤和气。今国无一年之储，家无经月之蓄，而后宫之中坐食者万有馀人。又，北敌注目，伺国盛衰，伺，相吏翻。长江之限，不可久恃，苟我不能守，一苇可杭也。诗云：谁谓河广，一苇杭之。毛氏曰：杭，渡也。郑玄曰：言一苇加之，则可以渡也。愿陛下丰基强本，割情从道，则成、康之治兴，圣祖之祚隆矣！"治，直吏翻。圣祖，谓孙权。吴主深恨之。

于是左右共诬楼玄、贺邵相逢，驻共耳语大笑，驻，驻车也。谤讪政事，俱被诘责；讪，山谏翻。诘，去吉翻。送玄付广州，邵原复职；既而复徙玄于交趾，竟杀之。久之，何定奸秽发闻，亦伏诛。闻，音问。

14 羊祜归自江陵，务修德信以怀吴人。每交兵，刻日方战，不为掩袭之计。将帅有欲进谲计者，辄饮以醇酒，使不得言。谲，古穴翻。饮，于鸩翻。祜出军行吴境，刈谷为粮，皆计所侵，送绢偿之。每会众江、沔游猎，常止晋地，若禽兽先为吴人所伤而为晋兵所得者，皆送还之。于是吴边人皆悦服。成伐吴之计者，祜也，凡其所为，皆豢吴也。正以陆抗对境，无间可乘，故为是耳。若曰务修德信，则吾不知也。祜与陆抗对境，使命常通：抗遗祜酒，祜饮之不疑；使，疏吏翻。遗，于季翻。抗疾，求药于祜，祜以成药与之，抗即服之。人多谏抗，抗曰："岂有鸩人羊叔子哉！"羊祜，字叔子。抗告其边戍曰："彼专为德，我专为暴，是不战而自服也。各保分界而已，分，扶问翻。无求细利。"吴主闻二境交和，以诘抗，抗曰："一邑一乡不可以无信义，况大国乎！臣不如此，正是彰其德，于祜无伤也。"

吴主用诸将之谋，数侵盗晋边。数，所角翻。陆抗上疏曰："昔有夏多罪而殷汤用师，纣作淫虐而周武授钺，汤数夏之罪曰：有夏多罪，天命殛之。武王数纣之罪曰：淫酗肆虐，秽德彰闻，戎商必克。上，时掌翻。苟无其时，虽复大圣，亦宜养威自保，不可轻动也。今不务力农富国，审官任能，明黜陟，任【章：甲十一行本"任"作"慎"；乙十一行本同；孔本同；张校同。】刑赏，训诸司以德，诸司，谓百执事之人有司存者。抚百姓以仁，而听诸将徇名，穷兵黩武，动费万计，士卒凋瘁，瘁，秦醉翻。寇不为衰而我已大病矣。今争帝王之资而昧十百之利，此人臣之奸便，非国家之良策也！昔齐、鲁三战，鲁人再克，而亡不旋踵。何则？大小之势异也。祖张仪说齐湣王之言而略变其文。况今师所克获，不补所丧乎！"吴主不从。丧，息浪翻。

羊祜不附结中朝权贵，朝，直遥翻。荀勖、冯紞之徒皆恶之。从甥王衍尝诣祜陈事，紞，都感翻。恶，乌路翻。从，才用翻；下同。辞甚清辩；祜不然之，衍拂衣去。祜顾谓宾客曰："王夷甫方当以盛名处大位，然败俗伤化，必此人也。"史言羊祜知人之鉴，为怀帝时王衍误国亡身张本。夷甫，衍字也。败，补内翻。处，昌吕翻。及攻江陵，祜以军法将斩王戎。衍，戎之从弟也，故二人皆憾之，言论多毁祜。时人为之语曰：“二王当国，羊公无德。”

王崇武标点容肇祖聂崇岐覆校

资治通鉴卷第八十

端明殿学士兼翰林侍读学士朝散大夫右谏议大夫
充集贤殿修撰权判西京留司御史台上柱国河内郡 司马光 奉敕编集
开国侯食邑一千三百户食实封四百户赐紫金鱼袋臣

后　学　天　台 胡三省 音　注

晋纪二 起昭阳大荒落（癸巳），尽屠维大渊献（己亥），凡七年。

世祖武皇帝上之下

泰始九年（癸巳、二七三）

1 春，正月，辛酉，密陵元侯郑袤卒。考异曰：按本传："袤为司空，固辞。久之，见许，以侯就第，拜仪同三司。"而帝纪云"司空郑袤薨"，误也。

2 二月，癸巳，乐陵武公石苞卒。

3 三月，立皇子祗为东海王。

4 吴以陆抗为大司马、荆州牧。

5 夏，四月，戊辰朔，日有食之。

6 初，邓艾之死，事见七十八卷魏元帝咸熙元年。人皆冤之，而朝廷无为之辨者。为，于伪翻。及帝即位，议郎敦煌段灼上疏曰：敦，徒门翻。"邓艾心怀至忠而荷反逆之名，荷，下可翻。平定巴、蜀而受三族之诛；艾性刚急，矜功伐善，不能协同朋类，故莫肯理之。臣窃以为艾本屯田掌犊人，邓艾本义阳棘阳人，魏太祖破荆州，徙汝南，为农民养犊。宠位已极，功名已成，七十老公，复何所求。复，扶又翻。正以刘禅初降，降，户江翻。远郡未附，矫令承制，权安社稷。钟会有悖逆之心，悖，蒲内翻，又蒲没翻。畏艾威名，因其疑似，构成其事。艾被诏书，即遣强兵，束身就缚，不敢顾望，被，皮义翻。诚知奉见先帝，必无当死之理也。会受诛之后，艾官属将吏，愚戆相聚，自共追艾，破坏槛车，解其囚执；戆，直降翻。坏，音怪。艾在困地，狼狈失据，狼前则跋其胡，退则疐其尾。狈，狼属也。生子或欠一足，二足相附而后能行，离则颠蹶。故猝遽谓之狼狈。狈，博盖翻。未尝与腹心之人有平素之谋，独受腹背之诛，腹在前，背在后，谓前后皆不免于诛。岂不哀哉！陛下龙兴，阐弘大度，谓可听艾归葬旧墓，还其田宅，以平蜀之功继封其后，使艾阖棺定谥，死无所恨，谥，神至翻。则天下徇名之士，思立功之臣，必投汤火，乐为陛下死矣！”乐，音洛。为，于伪翻。帝善其言而未能从。会帝问给事中樊建以诸葛亮之治蜀，樊建故蜀臣。治，直之翻。曰：“吾独不得如亮者而臣之乎？”建稽首曰：“陛下知邓艾之冤而不能直，稽，音启。虽得亮，得无如冯唐之言乎！”言不能用也。冯唐事见十四卷汉文帝十四年。帝笑曰：“卿言起我意。”乃以艾孙朗为郎中。

7 吴人多言祥瑞者，吴主以问侍中韦昭，昭曰：“此家人筐箧中物耳！”言祥瑞而谓之家人筐箧中物者，盖称引图纬以言祥瑞之应，故谓其书为家人筐箧中物也。昭领左国史，吴有左、右国史，皆掌记述。吴主欲为其父作纪，为，于伪翻。昭曰：“文皇不登极位，当为传，不当为纪。”吴主谥其父和曰文皇帝。传，直恋翻。吴主不悦，渐见责怒。昭忧惧，自陈衰老，求去侍、史二官，侍、史，侍中及左国史也。不听。时有疾病，医药监护，持之益急。监，工衔翻。吴主饮群臣酒，饮，于禁翻。不问能否，率以七升为限。至昭，独以茶代之，后更见逼强。强，其两翻。又酒后常使侍臣嘲弄公卿，发摘私短以为欢；摘，当作擿。时有愆失，辄见收缚，至于诛戮。昭以为外相毁伤，内长尤恨，长，丁丈翻，今知两翻。使群臣不睦，不为佳事，故但难问经义而已。难，乃旦翻。吴主以为不奉诏命，意不忠尽，积前后嫌忿，遂收昭付狱。昭因狱【章：甲十一行本“狱”下有“吏”字；乙十一行本同；孔本同；张校同；退斋校同。】上辞，辞，狱辞也。上，时掌翻。献所著书，冀以此求免。而吴主怪其书垢故，垢，尘也。故，旧也。更被诘责；被，皮义翻。诘，去吉翻。遂诛昭，徙其家于零陵。

8 五月，以何曾领司徒。

9 六月，乙未，东海王祗卒。

10 秋，七月，丁酉朔，日有食之。考异曰：宋志无此食，今从晋书。

11 诏选公卿以下女备六宫，有蔽匿者以不敬论；以律不敬论罪也。采择未毕，权禁天下嫁娶。帝使杨后择之，后惟取洁白长大而舍其美者。帝爱卞氏女，欲留之。后曰：“卞氏三世后族，魏武帝卞后谥曰宣后，弟秉生兰及琳，兰孙女为高贵乡公后，琳女又为陈留王后，凡三世。不可屈以卑位。”帝怒，乃自择之，中选者以绛纱系臂，中，竹仲翻。公卿之女为三夫人、孔颖达曰：夫，扶也。言扶侍于王也。九嫔，句断。二千石、将、校女补良人以下。汉制，后宫之号十有四等，良人视八百石，爵比庶长。师古曰：良，善也。将，即亮翻。校，户教翻。

12 九月，吴主悉封其子弟为十一王，王给三千兵，大赦。十一王，史逸其名。

13 是岁，郑冲以寿光公罢。

14 吴主爱姬遣人至市夺民物。司市中郎将陈声素有宠于吴主，绳之以法。姬愬于吴主，愬，与诉同。吴主怒，假他事烧锯断声头，投其身于四望之下。据晋书温峤传：峤讨苏峻于石头，结垒于四望矶。又据南史，石头有四望山，盖山下有矶也。断，丁管翻。

十年（甲午、二七四）

1 春，正月，乙未，日有食之。

2 闰月，癸酉，寿光成公郑冲卒。

3 丁亥，诏曰："近世以来，多由内宠以登后妃，谓魏三祖立卞、郭、毛为后。乱尊卑之序；自今不得以妾媵为正嫡。"媵，以证翻。

4 分幽州置平州。幽州，言北方太阴幽冥也。杜佑曰：因幽都山为名。山海经有幽都山。今列北荒，统范阳、燕、北平、上谷、代、辽西。汉末，公孙度自号平州牧，今分昌黎、辽东、乐浪、玄菟、带方五郡，置平州。

5 三月，癸亥，日有食之。

6 诏又取良家及小将吏女五千人入宫选之，母子号哭于宫中，声闻于外。将，即亮翻。号，户刀翻。闻，音问。

7 夏，四月，己未，临淮康公荀颉卒。谥法：温柔好乐曰康。颉，鱼岂翻。

8 吴左夫人王氏卒。吴主哀念，数月不出，葬送甚盛。时何氏以太后故，宗族骄横。横，户孟翻。吴主舅子何都貌类吴主，民间讹言："吴主已死，立者何都也。"会稽又讹言："章安侯奋当为天子。"奋母仲姬墓在豫章，豫章太守张俊为之扫除。扫，粪扫也。除，芟除荆棘。会，古外翻。为，于伪翻。临海太守奚熙吴主休永安三年，分会稽东部都尉为临海郡。与会稽太守郭诞书，会，工外翻。非议国政；诞但白熙书，不白妖言。妖言，即前讹言。妖，于骄翻。吴主怒，收诞系狱，诞惧，功曹邵畴曰："畴在，明府何忧！"遂诣吏自列曰：自列，犹自陈也。"畴厕身本郡，位极朝右，郡功曹，位居郡朝之右。朝，直遥翻。以噂喈之语，噂，祖本翻。喈，达合翻。噂喈，聚语也。本非事实，疾其丑声，不忍闻见，欲含垢藏疾，左传曰：川泽纳污，山薮藏疾，国君含垢。不彰之翰墨，镇躁归静，使之自息。故诞屈其所是，默以见从。谓诞从畴之说，默而不白妖言也。此之为愆，实由于畴，不敢逃死，归罪有司。”因自杀。吴主乃免诞死，送付建安作船。宋白曰：吴分候官之地立建安县。又立曲郍都尉，主谪徙之人作舟船。遣其舅三郡督何植收奚熙。江表传作“备海督”，盖督临海、建安、会稽三郡也。熙发兵自守，其部曲杀熙，送首建业。又车裂张俊，皆夷三族；并诛章安侯奋及其五子。考异曰：江表传曰：“张布女有宠于皓而死，皓厚葬之。国人见葬太奢丽，皆谓皓已死，所葬者是也。皓舅子何都，颜状似皓，故民间讹言都代立。临海太守奚熙信讹言，举兵欲还秣陵诛都。都叔父植时为备海督，击杀熙，夷三族，讹言乃息。”又云：“奋本在章安，徙还吴城禁锢，使男女不得通婚，或年三十、四十，不得嫁娶。奋上表乞自比禽兽，使男女自相配偶。皓大怒，遣察战赍药赐奋父子，皆饮药死。”裴松之按，“建衡二年至奋之死，孙皓即位尚未久，若奋未被疑之前，儿女年二十左右，至奋死时，不得年三十、四十也。若先已长大，自失时未婚娶，不由皓之禁锢矣。此虽欲增皓之恶，然非实理。”又吴志孙皓传：“凤凰三年，会稽妖言奋为天子，遂诛奚熙。”不言诛奋。孙奋传：“建衡二年，左夫人王氏卒，民间讹言，遂诛奋及五子。”三十国、晋春秋，自皓纳张布女至杀奋，皆在天册元年。按奋若以建衡二年死，不容至凤凰三年会稽方有讹言。不知奋死果在何年，今因奚熙之死终言之。

9 秋，七月，丙寅，皇后杨氏殂。初，帝以太子不慧，恐不堪为嗣，常密以访后；常，当作尝。后曰：“立子以长不以贤，春秋公羊传之言。长，知两翻。岂可动也！”镇军大将军胡奋女为贵嫔，晋制：贵人、夫人、贵嫔，是为三夫人，皆金章紫绶。嫔，毗宾翻。有宠于帝，后疾笃，恐帝立贵嫔为后，致太子不安，枕帝膝泣曰：枕，职任翻。“叔父骏女芷有德色，言有德有色也。愿陛下以备六宫。”帝流涕许之。

10 以前太常山涛为吏部尚书。涛典选十馀年，帝受禅，涛自吏部郎迁尚书，居母丧，复夺情起典选。选，息绢翻。每一官缺，辄择才资可为者启拟数人，才，谓其才足以任；资，谓其资序当为者。得诏旨有所向，然后显奏之。帝之所用，或非举首，众情不察，以涛轻重任意，言之于帝。帝益亲爱之。涛甄拔人物，各为题目而奏之，时称“山公启事”。甄，稽延翻，明也，察也，别也。

涛荐嵇绍于帝，请以为秘书郎；晋制，秘书监属官有丞、有郎。帝发诏征之。绍以父康德罪，事见七十八卷魏元帝景元三年。屏居私门，欲辞不就。屏，必郢翻。涛谓之曰：“为君思之久矣，天地四时，犹有消息，况于人乎！”为，于伪翻；下树为、人为同，又密为同。绍乃应命，帝以为秘书丞。

初，东关之败，事见七十五卷魏邵陵厉公嘉平四年。文帝问僚属曰：“近日之事，谁任其咎？”任，音壬。安东司马王仪，修之子也，王修见六十四卷汉献帝建安八年。对曰：“责在元帅。”文帝时为安东将军，监诸军。文帝怒曰：“司马欲委罪孤邪！”引出斩之。仪子裒痛父非命，隐居教授，三征七辟，皆不就。征，诏召也。辟，公府及州郡辟也。裒，薄侯翻。未尝西向而坐，裒居城阳，晋朝在洛阳，故未尝西向。庐于墓侧，旦夕攀柏悲号，涕泪着树，号，户刀翻。着，直略翻。树为之枯。读诗至“哀哀父母，生我劬劳”，诗蓼莪之辞。未尝不三复流涕，门人为之废蓼莪。以裒悲惨，故废蓼莪之篇不敢讲习。三，息暂翻。复，扶又翻。蓼，力竹翻。家贫，计口而田，度身而蚕；度，徒洛翻。人或馈之，不受，助之，不听。诸生密为刈麦，裒辄弃之，遂不仕而终。

臣光曰：昔舜诛鲧而禹事舜，不敢废至公也。嵇康、王仪，死皆不以其罪，二子不仕晋室可也；嵇绍苟无荡阴之忠，荡阴事见后八十五卷惠帝永兴元年。余谓荡阴之难，君子以嵇绍为忠于所事可也，然未足以塞天性之伤也。荡，音汤。殆不免于君子之讥乎！

11 吴大司马陆抗疾病，疾有加而无瘳，曰病。上疏曰：“西陵、建平，国之蕃表，蕃，篱也；表，外也。谓二郡为藩篱于外也。既处上流，受敌二境。谓二郡之境，西距巴、夔，北接魏兴、上庸，二面皆受敌也。处，昌吕翻。若敌泛舟顺流，星奔电迈，非可恃援他部以救倒县也。县，读曰悬。此乃社稷安危之机，非徒封疆侵陵小害也。臣父逊，昔在西垂上言，'西陵国之西门，虽云易守，亦复易失。易，弋豉翻。若有不守，非但失一郡，荆州非吴有也。如其有虞，当倾国争之。'臣前乞屯精兵三万，而主者循常，未肯差赴。主者，谓居本兵之职者也。差，初皆翻。自步阐以后，步阐反见上卷八年。益更损耗。今臣所统千里，外御强对，强对，犹言强敌也。内怀百蛮，而上下见兵，财有数万，见，贤遍翻。财，与才同。羸敝日久，难以待变。羸，伦为翻。臣愚以为诸王幼冲，无用兵马以妨要务，谓十一王各给三千兵也。又，黄门宦官开立占募，兵民避役，逋逃入占。占，章艳翻。乞特诏简阅，一切料出，料，音聊。以补疆埸受敌常处，使臣所部足满八万，省息众务，并力备御，庶几无虞。几，居希翻。若其不然，深可忧也！臣死之后，乞以西方为属。"陆抗固知吴之将亡，特就职分上言之耳。属，之欲翻；下属文同。及卒，吴主使其子晏、景、玄、机、云分将其兵。将，即亮翻。机、云皆善属文，名重于世。

初，周鲂之子处，膂力绝人，不修细行，乡里患之。鲂，符方翻。行，下孟翻。处尝问父老曰："今时和岁丰而人不乐，何邪?"父老叹曰："三害不除，何乐之有!"乐，音洛。处曰："何谓也?"父老曰："南山白额虎，长桥蛟，南山，今湖、秀以南诸山也。长桥，在今常州宜兴县。并子为三矣。"子，谓周处。处曰："若所患止此，吾能除之。"乃入山求虎，射杀之，因没水，搏杀蛟；遂从机、云受学，笃志读书，砥节砺行，比及期年，州府交辟。射，而亦翻。行，下孟翻。比，必寐翻。

12 八月，戊申，葬元皇后于峻阳陵。帝及群臣除丧即吉，博士陈逵议，以为“今时所行，汉帝权制；太子无有国事，自宜终服。”尚书杜预以为“古者天子、诸侯三年之丧，始同齐、斩，谓齐衰、斩衰之服，其始自天子达于庶人，无以异也。齐，津夷翻。既葬除服，谅闇以居，心丧终制。故周公不言高宗服丧三年而云谅闇，此服心丧之文也；周公作无逸曰：其在高宗作其即位，乃或亮阴三年。杜预遂引此言以为不服丧之证。闇，与阴同。孔安国曰：谅，信也；阴，默也。叔向不讥景王除丧而讥其宴乐已早，明既葬应除，而违谅闇之节也。左传：晋荀跞如周葬穆后，既葬，除丧，以文伯宴。叔向曰：“王其不终乎！吾闻之，所乐必卒焉。今王乐忧，若卒以忧，不可谓终。王一岁而有三年之丧二焉，于是乎以丧宾宴，乐忧甚矣。三年之丧，虽贵遂服，礼也。王虽弗遂，宴乐以早，亦非礼也。”乐，音洛。子【章：甲十一行本“子”上有“君”字；乙十一行本同；孔本同；张校同。】之于礼，存诸内而已；礼非玉帛之谓，论语：孔子曰：“礼云礼云，玉帛云乎哉！”丧岂衰麻之谓乎！衰，七回翻；下同。太子出则抚军，守则监国，左传：晋大夫里克之言。监，古衔翻。不为无事，宜卒哭除衰麻，卒，子恤翻。而以谅闇终三年。”帝从之。

臣光曰：规矩主于方圆，然庸工无规矩则方圆不可得而制也；衰麻主于哀戚，然庸人无衰麻则哀戚不可得而勉也。素冠之诗，正为是矣。衰，仓回翻。诗素冠，刺不能三年也。为，于伪翻。杜预巧饰经、传以附人情，辩则辩矣，传，直恋翻。臣谓不若陈逵之言质略而敦实也。

13 九月，癸亥，以大将军陈骞为太尉。

14 杜预以孟津渡险，请建河桥于富平津。水经注：孟津又曰富平津。杜佑曰：富平津在河阳县南。议者以为“殷、周所都，历圣贤而不作者，必不可立故也。”殷都河内，周都洛，二代夹河建都，不立河桥，故以为言。预固请为之。及桥成，帝从百寮临会，举觞属预曰：属，之欲翻。“非君，此桥不立。”对曰：“非陛下之明，臣亦无所施其巧。”

15 是岁，邵陵厉公曹芳卒。初，芳之废迁金墉也，芳之废也，筑宫于河内重门。今言迁金墉，盖始废之时，自禁中迁于金墉，后乃居于河内也。太宰中郎陈留范粲素服拜送，晋既受禅，避景帝讳，采周官名置太宰以代太师。魏因汉制，上公惟有太傅。据粲传，自太宰从事中郎迁太宰中郎。时未置太宰，“宰”，当作“傅”。哀动左右；遂称疾不出，阳狂不言，阳发见于外，阴蔽伏于中。凡人之作事，外为是形而内无其实者，皆阳为之外；若无所营，而内潜经画，皆阴为之。寝所乘车，足不履地。子孙有婚宦大事，辄密咨焉，合者则色无变，不合则眠寝不安，妻子以此知其旨。子乔等三人，并弃学业，绝人事，按晋书，乔年二岁，祖馨临终抚其首曰：“恨不见汝成人！”因以所用砚与之。至五岁，祖母以告乔，乔便执砚涕泣。九岁请学，在同辈之中，言无媟辞。李铨常论扬雄才学优于刘向，乔以为向定一代之书，正群籍之篇，使雄当之，故非所长，遂著刘扬优劣论。前后辟举，皆不就。邑人腊日盗斫其树，人有告者，乔阳不闻，邑人愧而归之。乔曰：“卿节日取柴，欲与父母相欢娱耳，何以愧为！”呜呼！观乔之学行如此，则弃学业绝人事，殆庶几乎夷、齐饿于首阳之下之意。侍疾家庭，足不出邑里。及帝即位，诏以二千石禄养病，加赐帛百匹，乔以父疾笃，辞不敢受。粲不言凡三十六年，年八十四，终于所寝之车。自邵陵厉公之废，至是方二十一年，史因公卒而究言之。

16 吴比三年大疫。比，毗至翻。

咸宁元年（乙未、二七五）

1 春，正月，戊午朔，大赦，改元。

2 吴掘地得银尺，上有刻文；吴志曰：银长一尺，广三分，刻上有年月字。吴主大赦，改元天册。

3 吴中书令贺邵中风不能言，中，竹仲翻。去职数月。吴主疑其诈，收付酒藏，掠考千数，藏，徂浪翻。掠，音亮。卒无一言，乃烧锯断其头，卒，子恤翻。断，丁管翻。徙其家属于临海。又诛楼玄子孙。杀楼玄见上卷泰始八年。

4 夏，六月，鲜卑拓跋力微复遣其子沙漠汗入贡，沙漠汗初入贡，见七十八卷元帝景元二年。汗，音寒。将还，幽州刺史卫瓘表请留之，又密以金赂其诸部大人离间之。为力微信谮杀沙漠汗张本。间，古苋翻。

5 秋，七月，甲申晦，日有食之。

6 冬，十二月，丁亥，追尊宣帝庙曰高祖，景帝曰世宗，文帝曰太祖。

7 大疫，洛阳死者以万数。

二年（丙申、二七六）

1 春，令狐丰卒，弟宏继立，杨欣讨斩之。丰自为敦煌太守，见上卷泰始八年。

2 帝得疾甚剧，及愈，群臣上寿。诏曰："每念疫气死亡者，为之怆然。岂以一身之休息，忘百姓之艰难邪！"诸上礼者，皆绝之。为，于伪翻。上，时掌翻。

初，齐王攸有宠于文帝，每见攸，辄抚床呼其小字曰："此桃符座也！"几为太子者数矣。事见七十八卷魏元帝咸熙元年。几，居依翻。数，所角翻。临终，为帝叙汉淮南王、魏陈思王事而泣，汉文帝诛淮南厉王长，魏文帝不能容陈思王植，引此二事以戒切帝也。执攸手以授帝。太后临终，亦流涕谓帝曰："桃符性急，而汝为兄不慈，我若不起，必恐汝不能相容，以是属汝，勿忘我言！"及帝疾甚，朝野皆属意于攸。属，之欲翻。朝，直遥翻。攸妃，贾充之长女也。充先娶李氏，丰女也，生二女，长曰荃，为齐王攸妃。长，知两翻。河南尹夏侯和谓充曰："卿二婿，亲疏等耳。二婿，谓攸及太子也。立人当立德。"充不答。攸素恶荀勖及左卫将军冯𬘘倾谄，勖乃使𬘘说帝曰：恶，乌路翻。𬘘，都感翻。说，输芮翻。"陛下前日疾若不愈，齐王为公卿百姓所归，太子虽欲高让，其得免乎！宜遣还藩，以安社稷。"帝阴纳之，乃徙和为光禄勋，夺充兵权，充自文帝时领兵。而位遇无替。

3 吴施但之乱，事见上卷泰始二年。或谮京下督孙楷于吴主曰："楷不时赴讨，怀两端。"吴主数诘让之，征为宫下镇、骠骑将军。京下督镇京口。宫下镇在建业。楷，孙韶之子。数，所角翻。骠，匹妙翻。骑，奇寄翻。楷自疑惧，夏，六月，将妻子来奔，拜车骑将军，封丹阳侯。

秋，七月，吴人或言于吴主曰："临平湖自汉末薉塞，临平湖，今在临安府仁和县界，有临平镇，在临安府城西北四十八里。薉，荒芜也，音乌废翻。塞，悉则翻；下同。长老言：'此湖塞，天下乱；此湖开，天下平。'近无故忽更开通，此天下当太平，青盖入洛之祥也。"青盖之占，见上卷泰始八年。吴主以问奉禁都尉历阳陈训，吴置奉禁都尉，盖以侍奉宫禁为称。对曰："臣止能望气，不能达湖之开塞。"退而告其友曰："青盖入洛者，将有衔璧之事，非吉祥也。"

或献小石刻"皇帝"字，云得于湖边；吴主大赦，改元天玺。玺，斯氏翻。

湘东太守张咏不出算缗，吴主亮太平二年，分长沙东部都尉立湘东郡。吴主就在所斩之，徇首诸郡。会稽太守车浚公清有政绩，会，工外翻。车姓，出于田千秋。车，昌遮翻。值郡旱饥，表求振贷，吴主以为收私恩，遣使枭首。枭，坚尧翻。尚书熊睦微有所谏，黄帝有熊氏，姓谱：楚鬻熊之后。此以名为氏者也。吴主以刀镮撞杀之，身无完肌。史详言吴主之昏虐。撞，直江翻。

4 八月，己亥，以何曾为太傅，陈骞为大司马，贾充为太尉，齐王攸为司空。

5 吴历阳山有七穿骈罗，穿中黄赤，俗谓之石印，云："石印封发，天下当太平。"历阳长上言石印发，据吴志：鄱阳上言：历阳山石文理成字。又江表传曰：历阳县有石山，临水高百丈，其三十丈所有七穿骈罗。今考晋志，鄱阳郡无历阳县，有历陵县。"阳"，当作"陵"。今饶州图经亦载鄱阳历陵县有石印山。长，知两翻。吴主遣使者以太牢祠之。使，疏吏翻。使者作高梯登其上，以朱书石曰："楚九州渚，吴九州都。扬州士，作天子，四世治，太平始。"还以闻。吴主大喜，封其山神为王，大赦，改明年元曰天纪。

6冬，十月，以汝阴王骏为征西大将军，羊祜为征南大将军，皆开府辟召，仪同三司。此位从公也。

祜上疏请伐吴陆抗没，羊祜始抗疏请伐吴。上，时掌翻。曰："先帝西平巴、蜀，见七十八卷魏元帝景元四年。南和吴、会，见七十八卷魏元帝咸熙元年。庶几海内得以休息；而吴复背信，事见上卷泰始元年。几，居希翻。背，蒲妹翻。使边事更兴。夫期运虽天所授，而功业必因人而成，不一大举扫灭，则兵役无时得息也。蜀平之时，天下皆谓吴当并亡，自是以来，十有三年矣。景元四年蜀亡，至是十三年。夫谋之虽多，决之欲独。凡以险阻得全者，谓其势均力敌耳。若轻重不齐，强弱异势，虽有险阻，不可保也。蜀之为国，非不险也，皆云一夫荷戟，千人莫当。荷，下可翻。及进兵之日，曾无藩篱之限，乘胜席卷，径至成都，汉中诸城，皆鸟栖而不敢出，谓汉、乐诸城也。非无战心，诚力不足以相抗也。及刘禅请降，诸营堡索然俱散。索，昔各翻。今江、淮之险不如剑阁，孙晧之暴过于刘禅，吴人之困甚于巴、蜀，而大晋兵力盛于往时，不于此际平壹四海，而更阻兵相守，使天下困于征戍，经历盛衰，不可长久也。谓兵将以盛壮之年出戍，经历营陈，至于衰老也。今若引梁、益之兵水陆俱下，王浚，唐彬统梁、益兵。荆、楚之众进临江陵，荆、楚，祜所统也。平南、豫州直指夏口，胡奋为平南将军；王戎为豫州刺史。夏，户雅翻。徐、扬、青、兖并会秣陵；徐、扬，王浑所统；青、兖，琅邪王伷所统。以一隅之吴当天下之众，势分形散，所备皆急。巴、汉奇兵出其空虚，一处倾坏，则上下震荡，虽有智者不能为吴谋矣。其后平吴皆如祜所规。吴缘江为国，东西数千里，所敌者大，无有宁息。孙皓恣情任意，与下多忌，将疑于朝，将，即亮翻。朝，直遥翻。士困于野，无有保世之计，一定之心；平常之日，犹怀去就，兵临之际，必有应者，终不能齐力致死，已可知也。其俗急速不能持久，弓弩戟楯不如中国；唯有水战是其所便，一入其境，则长江非复所保，还趣城池，趣，七喻翻。去长入短，非吾敌也。官军县进，县，读曰悬。人有致死之志，吴人内顾，各有离散之心，如此，军不逾时，克可必矣。"帝深纳之。而朝议方以秦、凉为忧，谓树机能未平也。朝，直遥翻。祜复表曰：复，扶又翻。"吴平则胡自定，但当速济大功耳。"议者多有不同，贾充、荀勖、冯紞尤以伐吴为不可。祜叹曰："天下不如意事十常居七、八。天与不取，岂非更事者恨于后时哉！"言吴可取而不取，机会一失，经见其事者，岂不有后时之恨！更，工衡翻。唯度支尚书杜预、魏置度支尚书。度，徒洛翻。中书令张华与帝意合，赞成其计。

7 丁卯，立皇后杨氏，大赦。后，元皇后之从妹也，从，才用翻。美而有妇德。帝初聘后，后叔父珧珧，余招翻。上表曰："自古一门二后，未有能全其宗者，乞藏此表于宗庙，异日如臣之言，得以免祸。"帝许之。珧虽有此表，终不能以免祸。

十二月，以后父镇军将军骏为车骑将军，封临晋侯。国号晋而封后父为临晋侯，不祥之征也。尚书褚䂮、郭奕皆表骏小器，不可任社稷之重。䂮，离灼翻。任，音壬。帝不从。骏骄傲自得，胡奋谓骏曰："卿恃女更益豪邪！历观前世，与天家婚，未有不灭门者，但早晚事耳。"骏曰："卿女不在天家乎？"天子尊无二上，故曰天家，言其尊如天也。奋曰："我女与卿女作婢耳，何能为损益乎！”

三年（丁酉、二七七）

1 春，正月，丙子朔，日有食之。

2 立皇子裕为始平王；庚寅，裕卒。

3 三月，平虏护军文鸯督凉、秦、雍州诸军讨树机能，破之，诸胡二十万口来降。雍，于用翻。降，户江翻。

4 夏，五月，吴将邵颛、颛，鱼岂翻。考异曰：武纪作邵凯，今从羊祜传。夏祥帅众七千馀人来降。夏，户雅翻。帅，读曰率。降，户江翻。

5 秋，七月，中山王睦坐招诱逋亡，贬为丹水县侯。诱，音酉。

6 有星孛于紫宫。孛，蒲内翻。

7 卫将军杨珧等建议，以为“古者封建诸侯，所以藩卫王室；今诸王公皆在京师，非扞城之义。又，异姓诸将居边，宜参以亲戚。”考异曰：职官志以为珧与荀勖以齐王攸有时望，惧太子有后难，故建此议，使诸王之国。帝初未之察，于是下诏议其制。按勖传有异议，又，时齐王不之国，疑此说非实。今不取。帝乃诏诸王各以户邑多少为三等，大国置三军五千人，次国二军三千人，小国一军一千一百人；时以平原、汝南、琅邪、扶风、齐为大国，梁、赵、乐安、燕、安平、义阳为次国，馀国为小国。诸王为都督者，各徙其国使相近。八月，癸亥，徙扶风王亮为汝南王，出为镇南大将军，都督豫州诸军事；琅邪王伦为赵王，督邺城守事；勃海王辅为太原王，监并州诸军事；以东莞王伷在徐州，徙封琅邪王；莞，音官。伷，音胄。汝阴王骏在关中，徙封扶风王；又徙太原王颙为河间王；汝南王柬为南阳王。辅，孚之子；颙，孚之孙也。颙，鱼容翻。其无官者，皆遣就国。诸王公恋京师，皆涕泣而去。又封皇子玮为始平王，允为濮阳王，该为新都王，遐为清河王。

其异姓之臣有大功者，皆封郡公、郡侯。封贾充为鲁郡公。追封王沈为博陵郡公。沈，持林翻。

徙封巨平侯羊祜为南城郡侯，时诏以泰山之南武阳、牟、南城、梁父、平阳五县为南城郡。羊祜本泰山南城人也。帝制公侯邑万户以上为大国，五千户以上为次国，不满五千户为小国。祜固辞不受。祜每拜官爵，常多避让，至心素著，故特见申于分列之外。见申，谓许之辞爵，其志获申也。分列，谓分封列爵也。祜历事二世，谓事文帝及帝也。职典枢要，凡谋议损益，皆焚其草，世莫得闻；所进达之人皆不知所由。谓人由祜荐引而进达，不知其所由来也。常曰："拜官公朝，谢恩私门，吾所不敢也。"朝，直遥翻。

8 兖、豫、徐、青、荆、益、梁七州大水。

9 冬，十二月，吴夏口督孙慎入江夏、汝南，江夏郡属荆州，汝南郡属豫州，相去甚远。沈约宋志：江夏太守治汝南县，本沙羡土，晋末汝南郡民流寓夏口，因立为汝南，则此江夏郡未有汝南县也，无亦史追书乎！夏，户雅翻。略千馀家而去。诏遣侍臣诘羊祜不追讨之意，诘，去吉翻。并欲移荆州。祜曰："江夏去襄阳八百里，比知贼问，比，必寐翻。贼已去经日，步军安能追之！劳师以免责，非臣志也。昔魏武帝置都督，类皆与州相近，如扬州刺史治寿春，都督扬州诸军事亦治寿春之类。近，其靳翻。以兵势好合恶离故也。好，呼到翻。恶，乌路翻。疆埸之间，一彼一此，慎守而已。左传鲁桓公曰："疆埸之间，慎守其一，而备其不虞。"若辄徙州，贼出无常，亦未知州之所宜据也。"

10 是岁，大司马陈骞自扬州入朝，朝，直遥翻。以高平公罢。

11 吴主以会稽张俶多所谮白，会，工外翻。俶，昌六翻。甚见宠任，累迁司直中郎将，封侯。其父为山阴县卒，山阴县属会稽郡。知俶不良，上表曰："若用俶为司直，有罪乞不从坐。"吴主许之。俶表置弹曲二十人，专纠司不法，弹，徒干翻。于是吏民各以爱憎互相告讦，狱犴盈溢，讦，居谒翻。犴，音岸。犴，野犬也。野犬所以守，故为狱，又胡地谓犬为犴。上下嚣然。俶大为奸利，骄奢暴横，横，户孟翻。事发，父子皆车裂。

12 卫瓘遣拓跋沙漠汗归国。前年瓘表留沙漠汗，谗间既行，乃遣归。自沙漠汗入质，入质见七十七卷魏元帝景元二年。质，音致。力微可汗诸子在侧者多有宠。及沙漠汗归，诸部大人共谮而杀之。既而力微疾笃，乌桓王库贤亲近用事，受卫瓘赂，欲扰动诸部，乃砺斧于庭，谓诸大人曰："可汗恨汝曹谗杀太子，此时鲜卑君长已有可汗之称。可，今读从刊入声。汗，音寒。欲尽收汝曹长子杀之。"长，知两翻。诸大人惧，皆散走。力微以忧卒，时年一百四。子悉禄立，"悉禄"，魏收魏书作"悉鹿"。其国遂衰。

初，幽、并二州皆与鲜卑接，东有务桓，西有力微，多为边患。卫瓘密以计间之，间，古苋翻。务桓降而力微死。考异曰：魏收后魏书："铁弗刘虎，匈奴去卑之孙，昭成四年死，子务桓立。"按昭成四年，晋成帝咸康七年也，务桓不应与瓘同时，盖二人皆名务桓耳。朝廷嘉瓘功，封其弟为亭侯。

四年（戊戌、二七八）

1 春，正月，庚午朔，日有食之。

2 司马督东平马隆晋制：二卫，前驱、由基、强弩为三部司马，各置督。沈约曰：殿中司马督，晋武帝时殿内宿卫，号曰三部司马，与殿中将军分隶左右二卫。上言："凉州刺史杨欣失羌戎之和，必败。"隆言欣必败，犹汉皇甫规之言马贤，盖怀才欲用，故以此自显耳。夏，六月，欣与树机能之党若罗拔能等战于武威，败死。

3 弘训皇后羊氏殂。景皇后，居弘训宫。

4 羊祜以病求入朝，朝，直遥翻。既至，帝命乘辇入殿，不拜而坐。祜面陈伐吴之计，帝善之。以祜病，不宜数入，数，所角翻。更遣张华就问筹策，祜曰："孙晧暴虐已甚，于今可不战而克。若皓不幸而没，吴人更立令主，虽有百万之众，长江未可窥也，将为后患矣！”华深然之。祜曰：“成吾志者，子也。”帝欲使祜卧护诸将，祜曰：“取吴不必臣行，但既平之后，当劳圣虑耳。功名之际，臣不敢居；若事了，当有所付授，愿审择其人也。”以东南壤界阔远，当得人以镇抚之。

5 秋，七月，己丑，葬景献皇后于峻平陵。即弘训后也。

6 司、冀、兖、豫、荆、扬州大水，司州，即汉司隶校尉所部也。汉司隶部察郡县与州刺史同，晋遂定名司州，统河南、荥阳、弘农、上洛、平阳、河东、汲郡、河内、广平、阳平、魏郡、顿丘。冀州者，乱则冀安，弱则冀强，荒则冀丰，统赵国、钜鹿、安平、平原、乐陵、勃海、河间、高阳、博陵、清河、中山、常山等郡国。螟伤稼。螟，食苗心之虫。诏问主者：“何以佐百姓？”主者，谓左民及度支二曹也。度支尚书杜预上疏，度，徒洛翻。上，时掌翻。以为：“今者水灾东南尤剧，宜敕兖、豫等诸州留汉氏旧陂，缮以蓄水，馀皆决沥，令饥者尽得鱼菜螺蚌之饶，螺，卢戈翻。蚌，步项翻。此目下日给之益也。水去之后，滇淤之田，淤，依据翻。亩收数钟，此又明年之益也。典牧种牛有四万五千馀头，晋志：典牧令，属太仆。种，章勇翻。不供耕驾，至有老不穿鼻者，可分以给民，使及春耕种，谷登之后，责其租税，此又数年以后之益也。”帝从之，民赖其利。考异曰：食货志云“咸宁三年”，杜预传云“四年”。按五行志，三年大水，无虫灾，四年螟。今从预传。预在尚书七年，泰始六年，预自秦州刺史得罪归，拜度支尚书，至是七年矣。损益庶政，不可胜数，胜，音升。时人谓之“杜武库”，言其无所不有也。

7 九月，以何曾为太宰；辛巳，以侍中、尚书令李胤为司徒。

8 吴主忌胜己者，侍中、中书令张尚，纮之孙也，张纮事孙策、孙权，见汉献帝纪。为人辩捷，谈论每出其表，吴主积以致恨。后问："孤饮酒可以方谁?"方，比也。尚曰："陛下有百觚之量。"吴主曰："尚知孔丘不王，而以孤方之。"孔丛子曰：赵平原君与孔子高饮，强子高酒，曰："谚云，尧饮千钟，孔子百觚，子路嗑嗑，尚饮十榼。古之圣贤，无不能饮，子何辞焉。"觚，饮器也，受二升。王，于况翻。因发怒，收尚。公卿已下百馀人，诣宫叩头，请尚罪，得减死，送建安作船，寻就杀之。考异曰：三十国春秋云："岑昏等泥头请代尚死，尚得免死，徙广州。"今从尚传，参取环氏吴纪。余观尚之为人，盖以辩给得亲近于孙晧，而亦以辩给取怒，请其死者必岑昏之徒。三十国春秋所书，盖得其实。

9 冬，十月，征征北大将军卫瓘为尚书令。是时，朝野咸知太子昏愚，不堪为嗣，瓘每欲陈启而未敢发；会侍宴陵云台，陵云台，魏文帝所筑。瓘阳醉，跪帝床前曰："臣欲有所启。"帝曰"公所言何邪?"瓘欲言而止者三，因以手抚床曰："此座可惜!"帝意悟，因谬曰："公真大醉邪?"瓘于此不复有言。帝悉召东宫官属，为设宴会，复，扶又翻。为，于伪翻；下便为同。而密封尚书疑事，令太子决之。贾妃大惧，倩外人代对，倩，七正翻。假手于人也。多引古义。给使张泓曰："太子不学，陛下所知，而答诏多引古义，必责作草主，言将责问作对草之主名也。更益谴负，不如直以意对。"妃大喜，谓泓曰："便为我好答，富贵与汝共之。"给使，给东宫使令。张泓盖庸中之佼佼者，后为赵王伦拒齐王冏于阳翟者，必是人也。泓即具草，令太子自写，帝省之甚悦。省，悉景翻。先以示瓘，瓘大踧踖，踧，子六翻。踖，子昔翻。踧踖，不自安貌。众人乃知瓘尝有言也。贾充密遣人语妃云："卫瓘老奴，几破汝家!"为贾妃怨卫瓘张本。语，牛倨翻。考异曰：三十国春秋在泰始八年。按瓘传，"泰始初，为青州刺史，徙幽州，八年不得在京师。"瓘传在迁司空后。按帝纪："太康三年，贾充卒，十二月，瓘为司空"，故移在入为尚书令下。

10 吴人大佃皖城，佃，亭年翻，治田也。皖，户板翻。欲谋入寇。

都督扬州诸军事王浑遣扬州刺史应绰攻破之，斩首五千级，焚其积谷百八十馀万斛，践稻田四千馀顷，毁船六百馀艘。艘，苏刀翻。

11 十一月，辛巳，太医司马程据献雉头裘，晋志：太医，属宗正。雉头毛采炫耀，集以为裘。帝焚之于殿前。甲申，敕内外敢有献奇技异服者，罪之。记王制：作淫声异服奇技奇器以疑众，杀。技，渠绮翻。

12 羊祜疾笃，举杜预自代。辛卯，以预为镇南大将军、都督荆州诸军事。祜卒，卒，子恤翻；下同。帝哭之甚哀。是日，大寒，涕泪沾须鬓皆为冰。祜遗令不得以南城侯印入柩。柩，音旧。帝曰："祜固让历年，身没让存，谓身没而遗令让侯印也。今听复本封，以彰高美。"祜本封巨平侯。南州民闻祜卒，为之罢市，巷哭声相接。南州，谓荆州也。为，于伪翻；下同。吴守边将士亦为之泣。祜好游岘山，好，呼到翻。岘，户典翻。襄阳人建碑立庙于其地，岁时祭祀，望其碑者无不流涕，因谓之堕泪碑。

杜预至镇，简精锐，袭吴西陵督张政，大破之。政，吴之名将也，耻以无备取败，不以实告吴主。预欲间之，间，古苋翻。乃表还其所获。吴主果召政还，遣武昌监留宪代之。吴之边镇有督、有监，督者，督诸军事之职，监者，监诸军事之职。

13 十二月，丁未，朗陵公何曾卒。曾厚自奉养，过于人主。司隶校尉东莱刘毅数劾奏曾侈汰无度，数，所角翻。帝以其重臣，不问。及卒，博士新兴秦秀议曰：秀，新兴云中人，朗之子也。"曾骄奢过度，名被九域。九域，九州之域。被，皮义翻。宰相大臣，人之表仪，若生极其情，死又无贬，王公贵人复何畏哉！谨按谥法，谥法始于周公，以行为谥。复，扶又翻。'名与实爽曰缪，怙乱肆行曰丑，'宜谥丑缪公。"帝策谥曰孝。策谥者，不用博士议，以诏策赐谥。

14 前司隶校尉傅玄卒。考异曰：玄传曰："五年，迁太仆，转司隶，景献皇后崩，坐争位骂尚书免，寻卒。"按景献后崩在四年，玄传误也。玄性峻急，每有奏劾，或值日暮，捧白简，整簪带，文选：任昉弹曹景宗曰：谨奉白简以闻。吕向注云：简，略状也。晋志曰：古者执笏，有事则书之，故常簪笔；今之白笔，是其遗意。三台、五省二品文官簪之。带，革带也，古之鞶带。劾，户概翻，又户得翻。竦踊不寐，坐而待旦；由是贵游震慑，周官师氏，凡国之贵游子弟学焉。注云：贵游子弟，王公之子弟，游无官司者。慑，之涉翻。台阁生风。玄与尚书左丞博陵崔洪善，汉安帝分安平，置博陵国。洪亦清厉骨鲠，好面折人过，好，呼到翻。折，之舌翻。而退无后言，人以是重之。

15 鲜卑树机能久为边患，泰始六年树机能为寇，至是九年矣。仆射李憙请发兵讨之，朝议皆以为出兵重事，虏不足忧。朝，直遥翻；下同。

五年（己亥、二七九）

1 春，正月，树机能攻陷凉州。凉州治武威。帝甚悔之，临朝而叹曰："谁能为我讨此虏者？"为，于伪翻。司马督马隆进曰："陛下能任臣，臣能平之。"帝曰："必能平贼，何为不任，顾方略何如耳！"隆曰："臣愿募勇士三千人，无问所从来，应募者，或出于农亩，或出于营伍，或出于逋逃，或出于奴隶，皆不问其所从来也。帅之以西，虏不足平也。"帅，读曰率。帝许之。乙丑，以隆为讨虏护军、武威太守。公卿皆曰："见兵已多，不宜横设赏募，见，贤遍翻。横，户孟翻。隆小将妄言，将，即亮翻。不足信也。"帝不听。隆募能引弓四钧、挽弩九石者取之，三十斤为钧，四钧为石，石百二十斤。立标简试，标，表也。自旦至日中，得三千五百人。隆曰："足矣。"又请自至武库选仗，武库令与隆忿争，晋志：武库令，属卫尉。御史中丞劾奏隆。自东汉至魏、晋，以中丞为御史台主。劾，户概翻，又户得翻。隆曰："臣当毕命战场，武库令乃给以魏时朽仗，非陛下所以使臣之意也。”帝命惟隆所取，仍给三年军资而遣之。

2初，南单于呼厨泉以兄于扶罗子豹为左贤王，及魏武帝分匈奴为五部，五部见上卷泰始六年。以豹为左部帅。帅，所类翻。豹子渊，幼而隽异，师事上党崔游，博习经史。尝谓同门生上党朱纪、雁门范隆曰：“吾常耻随、陆无武，绛、灌无文；随、陆遇高帝而不能建封侯之业，绛、灌遇文帝而不能兴庠序之教，岂不惜哉！”随、陆，随何、陆贾。绛、灌，绛侯周勃、灌将军婴。于是兼学武事。及长，长，知两翻。猿臂善射，膂力过人，姿貌魁伟。为任子在洛阳，王浑及子济皆重之，屡荐于帝，帝召与语，悦之。济曰：“渊有文武长才，陛下任以东南之事，吴不足平也。”孔恂、杨珧曰：“非我族类，其心必异。左传，鲁季文子曰：“史佚之志有之：非我族类，其心必异。”珧，余招翻。渊才器诚少比，然不可重任也。”少，诗沼翻。及凉州覆没，帝问将于李憙，对曰：“陛下诚能发匈奴五部之众，假刘渊一将军之号，使将之而西，树机能之首可指日而枭也。”使将，即亮翻。枭，坚尧翻。孔恂曰：“渊果枭树机能，则凉州之患方更深耳。”帝乃止。

东莱王弥家世二千石，世语曰：弥，魏玄菟太守王颀之孙。弥有学术勇略，善骑射，青州人谓之“飞豹”。【章：甲十一行本“豹”下有“然喜任侠”四字；乙十一行本同；孔本同；张校同；退斋校同。】处士陈留董养见而谓之曰：“君好乱乐祸，若天下有事，不作士大夫矣。”言将为贼也。处，昌吕翻。好，呼到翻。乐，音洛。渊与弥友善，谓弥曰：“王、李以乡曲见知，王浑，太原人，李憙，上党人，与渊同州里。每相称荐，适足为吾患耳。”因歔欷流涕。歔，音虚。欷，音希，又吁既翻。齐王攸闻之，言于帝曰：“陛下不除刘渊，臣恐并州不得久安。”王浑曰：“大晋方以信怀殊俗，奈何以无形之疑杀人侍子乎？何德度之不弘也！”帝曰：“浑言是也。”会豹卒，以渊代为左部帅。刘渊事始此。史言晋将有乱。帅，所类翻。

3 夏，四月，大赦。

4 除部曲督以下质任。帝受禅之初，除部曲将质任，今又除部曲督质任。质，音致。

5 吴桂林太守修允卒，桂林，汉县，属郁林郡。吴主晧凤凰三年，分立桂林郡。其部曲应分给诸将。督将郭马、何典、王族等累世旧军，不乐离别，会吴主料实广州户口，将，即亮翻。乐，音洛。料，音聊。马等因民心不安，聚众攻杀广州督虞授，马自号都督交、广二州诸军事，使典攻苍梧，族攻始兴。吴主晧甘露元年，分桂阳南部都尉立始兴郡。秋，八月，吴以军师张悌为丞相，牛渚都督何植为司徒，执金吾滕修为司空；未拜，更以修为广州牧，帅万人从东道讨郭马。帅，读曰率。马杀南海太守刘略，逐广州刺史徐旗。吴主又遣徐陵督陶浚将七千人，徐陵与洞浦对岸。吴主权时，吕范洞浦之败，魏臧霸渡江攻徐陵，全琮、徐盛击却之。又华核封徐陵亭侯，则徐陵盖亭名。吴以其临江津，置督守之。南徐州记曰：京口先为徐陵，其地盖丹徒县之西乡京口里也。从西道与交州牧陶璜共击马。

6 吴有鬼目菜，生工人黄耇家；有买菜，生工人吴平家。吴志曰：鬼目菜，依缘枣树，长丈馀，茎广四寸，厚三分。买菜，高四尺、厚二分，如枇杷形，茎广尺八寸，下茎广五寸，两边生叶，绿色。东观案图书，吴有东观令。观，古玩翻。名鬼目曰芝草，买菜曰平虑草。吴主以耇为侍芝郎，平为平虑郎，皆银印青绶。以汉制言之，银印青绶，中二千石服之。

吴主每宴群臣，咸令沈醉。沈，持林翻。又置黄门郎十人为司过，宴罢之后，各奏其阙失，迕视谬言，罔有不举，沈，持林翻。迕，五故翻，逆也。大者即加刑戮，小者记录为罪，或剥人面，或凿人眼。由是上下离心，莫为尽力。为，于伪翻。

益州刺史王濬上疏曰："孙皓荒淫凶逆，宜速征伐。若一旦皓死，更立贤主，则强敌也。更，工衡翻。臣作船七年，泰始八年，濬始作船，至是盖七期年矣。日有朽败；臣年七十，死亡无日。三者一乖，则难图也。诚愿陛下无失事机。"帝于是决意伐吴。会安东将军王浑表孙皓欲北上，上，时掌翻。边戍皆戒严，朝廷乃更议明年出师。王濬参军何攀奉使在洛，上疏称："皓必不敢出，宜因戒严，掩取甚易。"易，以豉翻。

杜预上表曰："自闰月以来，是年闰七月。贼但敕严，下无兵上。吴自建业寇淮、襄，皆自下溯江而上。上，时掌翻。以理势推之，贼之穷计，力不两完，必保夏口以东以延视息，凡人目不能视，气不能息，则赫然死人矣。无缘多兵西上，空其国都。而陛下过听，便用委弃大计，纵敌患生，诚可惜也。向使举而有败，勿举可也。今事为之制，务从完牢，若或有成，则开太平之基，不成不过费损日月之间，何惜而不一试之！若当须后年，须，待也。天时人事，不得如常，臣恐其更难也。今有万安之举，无倾败之虑，臣心实了，了，决也。不敢以暧昧之见自取后累，暧昧，不明也。累，力瑞翻。惟陛下察之。"旬月未报，预复上表曰：复，扶又翻。"羊祜不先博谋于朝臣，朝，直遥翻。而密与陛下共施此计，故益令朝臣多异同之议。凡事当以利害相校，今此举之利十有八、九，而其害一、二，止于无功耳。必使朝臣言破败之形，亦不可得，直是计不出己，功不在身，各耻其前言之失而固守之也。此言指出贾充、荀勖、冯𬘡等肺肝。自顷朝廷事无大小，异意锋起，虽人心不同，亦由恃恩不虑后患，故轻相同异也。自秋已来，讨贼之形颇露，今若中止，孙皓或怖而生计，怖，普布翻。徙都武昌，更完修江南诸城，远其居民，城不可攻，野无所掠，则明年之计或无所及矣！”帝方与张华围棋，博物志曰：尧造围棋，以教子丹朱。或曰：舜以子商均愚，故作围棋以教之，其法非智莫能也。预表适至，华推枰敛手曰：推，吐雷翻。枰，音平，棋局也。“陛下圣武，国富兵强，吴主淫虐，诛杀贤能，当今讨之，可不劳而定，愿勿以为疑！”帝乃许之。以华为度支尚书，量计运漕。度，徒洛翻。量，音良。贾充、荀勖、冯𬘘固争之，𬘘，吐感翻。帝大怒，充免冠谢罪。仆射山涛退而告人曰：“自非圣人，外宁必有内忧，左传：晋大夫范文子之言。今释吴为外惧，岂非算乎！”山涛身为大臣，不昌言于朝而退以告人，盖求合于贾充者也。

冬，十一月，大举伐吴，遣镇军将军琅邪王伷出涂中，伷，音胄。吴主权作堂邑涂塘即其地。盖从今滁州取真州路。涂，读曰滁。安东将军王浑出江西，今和州出横江渡路。建威将军王戎出武昌，平南将军胡奋出夏口，镇南大将军杜预出江陵，龙骧将军王濬、巴东监军鲁国唐彬下巴、蜀，监，古衔翻。东西凡二十馀万。命贾充为使持节、假黄钺、大都督，魏文帝以曹真都督中外诸军事，假黄钺。明帝大和四年，司马懿征蜀，加号大都督。此仍魏制也。武王伐纣，左杖黄钺。黄钺，天子之器，非人臣所得专用，故曰假。使，疏吏翻。以冠军将军杨济副之；冠，古玩翻。充固陈伐吴不利，且自言衰老，不堪元帅之任。帅，读从所类翻。诏曰：“君若不行，吾便自出。”充不得已，乃受节钺，将中军南屯襄阳，为诸军节度。

7 马隆西渡温水，武威之东有温围水。树机能等以众数万据险拒之。隆以山路陿隘，乃作扁箱车，陿，与狭同。车箱扁，则可行狭路。扁，补典翻。为木屋，施于车上，木屋，所以蔽风雨，捍矢石。转战而前，行千馀里，杀伤甚众。考异曰：隆传曰：“或夹道累磁石，贼被铁铠，行不得前，隆卒悉被犀甲，无所留碍，贼以为神。”按此说太诞，恐不可信。余谓磁石胁铁铠，诚有此理。自隆之西，音问断绝，朝廷忧之，或谓已没。后隆使夜到，使，疏吏翻。帝抚掌欢笑，诘朝，召群臣谓曰："若从诸卿言，无凉州矣。"诘，去吉翻。朝，如字。乃诏假隆节，拜宣威将军。沈约志：魏置将军四十号，宣威第二。隆至武威，鲜卑大人猝跋韩且万能帅万馀落来降。且，子间翻。帅，读曰率。降，户江翻。十二月，隆与树机能大战，斩之；凉州遂平。

8 诏问朝臣以政之损益，司徒左长史傅咸上书，晋志：司徒加置左、右长史各一人。朝，直遥翻。以为："公私不足，由设官太多。旧都督有四，今并监军乃盈于十；魏初置都督诸军，东南以备吴，西以备蜀，北以备胡，随其资望轻重而加以征、镇、安、平之号，有四而已。其后增置，有都督邺城守诸军，都督秦、雍、凉诸军，都督梁、益诸军，都督荆州诸军，都督扬州诸军，都督徐州诸军，都督淮北诸军，都督豫州诸军，都督幽州诸军，都督并州诸军，凡十。其资轻者，为监军。禹分九州，今之刺史几向一倍；时有司、豫、徐、兖、荆、扬、梁、益、宁、交、秦、雍、凉、冀、幽、并、青十八州刺史。几，居希翻。户口比汉十分之一，汉元始之初，民户千三百二十三万三千六百一十二，口五千九百一十九万四千九百七十八。汉之极盛也。桓帝之初，户二千六百七万九百六，口五千六万六千八百五十六。魏既并蜀，景元四年，与蜀通计，民户九十四万三千四百二十三，口五百三十七万二千八百九十一。盖口犹及汉十分之一，而户则未几及也。而置郡县更多；虚立军府，动有百数，而无益宿卫；五等诸侯，坐置官属；军府，谓骠骑、车骑、卫、伏波、抚军、都护、镇军、中军、典军、上军、抚国、领军、护军、左·右卫、骁骑、游击、左·右·前·后军及杂号将军也。五等诸侯官属，王置傅、友、文学、郎中令、中尉、大农、左·右常侍、侍郎、典书·典祠·典卫·学官等令、典书丞、治书、中尉司马、世子、庶子、陵庙牧长、谒者、中大夫、舍人、典府。公侯以下置官属，随国小大，无定制。诸所廪给，皆出百姓，此其所以困乏者也。当今之急，在于并官息役，上下务农而已。"咸，玄之子也。时又议省州、郡、县半吏以赴农功，中书监荀勖以为"省吏不如省官，省官不如省事，省事不如清心。昔萧、曹相汉，载其清静，民以宁壹，事见十二卷汉惠帝二年。所谓清心也。抑浮说，简文案，略细苛，宥小失，有好变常以徼利者，必行其诛，所谓省事也。好，呼到翻。徼，一遥翻。以九寺并尚书，兰台付三府，所谓省官也。九寺，谓九卿寺也。汉初九卿各有所掌，东都以后，尚书诸曹分掌众事，九卿殆为具官，故欲并之尚书。兰台，御史台也。三府，三公府也。汉丞相有长史、司直，御史大夫有中丞、侍御史，掌察举非法，故勖欲以兰台付之三府。若直作大例，凡天下之吏皆减其半，恐文武众官，郡国职业，剧易不同，易，以豉翻。不可以一概施之。若有旷阙，皆须更复，或激而滋繁，亦不可不重也。"

王崇武标点容肇祖聂崇岐覆校

资治通鉴卷第八十一

端明殿学士兼翰林侍读学士朝散大夫右谏议大夫
充集贤殿修撰权判西京留司御史台上柱国河内郡 司马光 奉敕编集
开国侯食邑一千三百户食实封四百户赐紫金鱼袋臣
后学天台胡三省音注

晋纪三 起上章困敦(庚子)，尽著雍涒滩(戊申)，凡九年。

世祖武皇帝中

太康元年(庚子、二八〇)是年四月，改元。

1春，正月，吴大赦。

2杜预向江陵，王浑出横江，攻吴镇、戍，所向皆克。二月，戊午，王浚、唐彬击破丹阳监盛纪。丹阳城在秭归县东八里，昔周武王封熊绎于荆丹阳之地，即此，今谓之屈沱楚王城。吴人于江碛要害之处，碛，七逆翻。水渚有沙石曰碛。并以铁锁横截之；又作铁锥，长丈馀，暗置江中，以逆拒舟舰。长，直亮翻。舰，户黯翻。浚作大筏数十，方百馀步，缚草为人，被甲持仗，令善水者以筏先行，遇铁锥，锥辄着筏而去。筏，音伐。被，皮义翻。着，陟略翻；后着手同。又作大炬，长十馀丈，长，直亮翻。大数十围，灌以麻油，在船前，遇锁，然炬烧之，须臾，融液断绝，于是船无所碍。以人力设险，而不以人力守之，无益也。庚申，浚克西陵，杀吴都督留宪等。壬戌，克荆门、夷道二城，荆门，在西陵之东，夷道之西。杀夷道监陆晏。杜预遣牙门周旨等帅奇兵八百泛舟夜渡江，袭乐乡，帅。读曰率。多张旗帜，起火巴山。巴山在今江陵府松滋县，有巴复村。帜，昌志翻。吴都督孙歆惧，与江陵督伍延书曰："北来诸军，乃飞渡江也。"旨等伏兵乐乡城外，歆遣军出拒王濬，大败而还。旨等发伏兵随歆军而入，歆不觉，直至帐下，虏歆而还。乙丑，王濬击杀吴水军都督陆景。考异曰：武纪："壬戌，濬克夷道、乐乡城，杀陆景。"陆抗传："壬戌，杀晏；癸亥，杀景。"王濬传："壬戌，克夷道，获晏；乙丑，克乐乡，获景。"今从濬传。杜预进攻江陵，甲戌，克之，斩伍延。于是沅、湘以南，接于交、广，州郡皆望风送印绶。水经：沅水出牂柯且兰县东北，过临沅县，又东至长沙下隽县西北入于江。湘水出零陵始安县阳海山，东北过洮阳、泉陵、重安、酃、阴山、澧陵、临湘、罗、下隽等县，又北至巴丘山，入于江。沅，音元。预杖节称诏而绥抚之。凡所斩获吴都督、监军十四，牙门、郡守百二十馀人。胡奋克江安。江安，即公安，吴南郡治焉。杜预既定江南，改曰江安县，为南平郡治所。

乙亥，诏："王濬、唐彬既定巴丘，与胡奋、王戎共平夏口、武昌，顺流长骛，直造秣陵。夏，户雅翻。造，七到翻；下径造同。杜预当镇静零、桂，怀辑衡阳。零陵、桂阳，汉古郡。衡阳，吴主亮太平二年分长沙西部都尉立。大兵既过，荆州南境固当传檄而定。谓重镇既破，其馀当望风而靡也。预等各分兵以益濬、彬，太尉充移屯项。"以荆州已定，不复使贾充南屯襄阳，移屯项为诸军节度。

王戎遣参军襄阳罗尚、南阳刘乔将兵与王濬合攻武昌，吴江夏太守刘朗、督武昌诸军虞昺皆降。夏，户雅翻。降，户江翻。昺，翻之子也。

杜预与众军会议，或曰："百年之寇，未可尽克，方春水生，难于久驻，考异曰：杜预传曰："今向暑，水潦方降，疾疫将起"。按时未暑，今依三十国春秋。宜俟来冬，更为大举。"预曰："昔乐毅借济西一战以并强齐，事见四卷周赧王三十一年。今兵威已振，譬如破竹，数节之后，皆迎刃而解，无复着手处也。”复，扶又翻；下可复、所复同。着，陟略翻。遂指授群帅方略，径造建业。帅，所类翻。

吴主闻王浑南下，使丞相张悌督丹阳太守沈莹、护军孙震、副军师诸葛靓帅众三万渡江逆战。靓，疾正翻。帅，读曰率；下同。至牛渚，沈莹曰：“晋治水军于蜀久矣，治，直之翻。上流诸军，素无戒备，名将皆死，幼少当任，谓陆晏、陆景、留宪、孙歆等。恐不能御也。晋之水军必至于此，宜畜众力以待其来，与之一战，若幸而胜之，江西自清。大江北流，自建业言之，历阳、皖城皆为江西。今渡江与晋大军战，不幸而败，则大事去矣！”悌曰：“吴之将亡，贤愚所知，非今日也。吾恐蜀兵至此，众心骇惧，不可复整。复，扶又翻；下同。及今渡江，犹可决战。若其败丧，丧，息浪翻。同死社稷，无所复恨。若其克捷，北敌奔走，兵势万倍，便当乘胜南上，上，时掌翻。逆之中道，不忧不破也。若如子计，恐士众散尽，坐待敌到，君臣俱降，无一人死难者，不亦辱乎！”如悌之言，吴人至此，为计穷矣。然悌之志节，亦可怜也。难，乃旦翻。

三月，悌等济江，围浑部将城阳都尉张乔于杨荷；水经注：淮水自江夏平春县北，东北流径汝南城阳县故城南。汉高帝十二年，封定侯奚竟为侯国，王莽之新利也；魏置城阳郡。按干宝晋纪，杨荷，桥名。今按水经注之城阳郡，乃元魏所置，张乔盖以浑部将领青州之城阳都尉也。乔众才七千，闭栅请降。诸葛靓欲屠之，悌曰：“强敌在前，不宜先事其小；且杀降不祥。”靓曰：“此属以救兵未至，力少不敌，故且伪降以缓我，非真伏也。降，户江翻。伏，屈伏也。或曰：“伏”，当作“服”。若舍之而前，必为后患。”悌不从，抚之而进。悌与扬州刺史汝南周浚，结陈相对，陈，读曰阵。沈莹帅丹阳锐卒、刀楯五千，三冲晋兵，不动。楯，食尹翻。莹引退，其众乱，将军薛胜、蒋班因其乱而乘之，吴兵以次奔溃，将帅不能止，张乔自后击之，大败吴兵于版桥。败，补迈翻。诸葛靓帅数百人遁去，使过迎张悌，悌不肯去，靓自往牵之曰："存亡自有大数，非卿一人所支，奈何故自取死！"悌垂涕曰："仲思，诸葛靓，字仲思。今日是我死日也！且我为儿童时，便为卿家丞相所识拔，丞相，谓诸葛亮也。或曰：谓诸葛瑾。余谓张悌襄阳人，盖亮在荆州，识之于童幼也。常恐不得其死，负名贤知顾。今以身徇社稷，复何道邪！"道，言也。复，扶又翻。靓再三牵之，不动，乃流泪放去，行百馀步，顾之，已为晋兵所杀，并斩孙震、沈莹等七千八百级，吴人大震。

初，诏书使王浚下建平，受杜预节度，至建业，受王浑节度。预至江陵，谓诸将曰："若浚得建平，则顺流长驱，威名已著，不宜令受制于我；若不能克，则无缘得施节度。"浚至西陵，预与之书曰："足下既摧其西藩，便当径取建业，讨累世之逋寇，释吴人于涂炭，振旅还都，亦旷世一事也！"言历世所旷见之事。浚大悦，表陈预书。及张悌败死，扬州别驾何恽恽，委粉翻。谓周浚曰："张悌举全吴精兵殄灭于此，吴之朝野莫不震慑。朝，直遥翻。慑，之涉翻。今王龙骧既破武昌，王浚为龙骧将军。骧，思将翻。乘胜东下，所向辄克，土崩之势见矣。见，贤遍翻。谓宜速引兵渡江，直指建业，大军猝至，夺其胆气，可不战禽也！"浚善其谋，使白王浑。恽曰："浑暗于事机，而欲慎己免咎，必不我从。"浚固使白之，浑果曰："受诏但令屯江北以抗吴军，不使轻进，贵州虽武，岂能独平江东乎！今者违命，胜不【张："不"作"固"。】足多，若其不胜，为罪已重。且诏令龙骧受我节度，但当具君舟楫，一时俱济耳。"恽曰："龙骧克万里之寇，以既成之功来受节度，未之闻也。且明公为上将，将，即亮翻。见可而进，岂得一一须诏令乎！须，待也。今乘此渡江，十全必克，何疑何虑而淹留不进！此鄙州上下所以恨恨也。”此所谓恨恨，怅望不满之意。浑不听。

王濬自武昌顺流径趣建业；趣，七喻翻。吴主遣游击将军张象帅舟师万人御之，象众望旗而降。濬兵甲满江，旌旗烛天，威势甚盛，吴人大惧。

吴主之嬖臣岑昏，以倾险谀佞，致位九列，九列，九卿也。好兴功役，好，呼到翻。为众患苦。及晋兵将至，殿中亲近数百人叩头请于吴主曰：“北军日近而兵不举刃，陛下将如之何？”吴主曰：“何故？”对曰：“正坐岑昏耳。”吴主独言：“若尔，当以奴谢百姓！”独言，谓其言止此耳。众因曰：“唯！”唯，于癸翻，诺也。遂并起收昏；吴主骆驿追止，骆驿，言相继遣人不绝也。已屠之矣。

陶濬将讨郭马，至武昌，闻晋兵大入，引兵东还。至建业，吴主引见，问水军消息，见，贤遍翻。对曰：“蜀船皆小，陶濬盖以寻常蜀船言之，谍候不明，亦可见矣。今得二万兵，乘大船以战，自足破之。”于是合众，授濬节钺。明日当发，其夜，众悉逃溃。

时王浑、王濬及琅邪王伷皆临近境，伷，音胄。吴司徒何植、建威将军孙晏汉光武命耿弇为建威大将军，建威之号自此始。悉送印节诣浑降。吴主用光禄勋薛莹、中书令胡冲等计，分遣使者奉书于浑、濬、伷以请降。又遗其群臣书，遗，于季翻。深自咎责，且曰：“今大晋平治四海，是英俊展节之秋，勿以移朝改朔，用损厥志。”治，直之翻。朝，直遥翻。使者先送玺绶于琅邪王伷。壬寅，王濬舟师过三山，三山，在今建康府上元县西南四十五里，又西即江宁夹。陆游曰：三山矶在烈洲下。凡山临江皆曰矶，三山，距金陵财五十馀里。王浑遣信要濬暂过论事，信，即信使。要，读曰邀。暂，与暂同。浚举帆直指建业，报曰："风利，不得泊也。"是日，浚戎卒八万，方舟百里，诗云：就其深矣，方之舟之。注：方，泭也。舟，船也。尔雅：方木置水曰泭，音夫。鼓噪入于石头，吴主皓面缚舆榇，诣军门降。浚解缚焚榇，延请相见。榇，初覲翻。收其图籍，克州四，郡四十三，户五十二万三千，兵二十三万。吴有荆、扬、交、广四州。汉献帝兴平二年，孙策始取江东，魏文帝黄初三年，吴王孙权始称帝，传四主，五十七年而亡。

朝廷闻吴已平，群臣皆贺上寿，帝执爵流涕曰："此羊太傅之功也。"异义：韩诗，一升曰爵，爵，尽也，足也。羊祜，赠太傅。票骑将军孙秀不贺，孙秀来奔，见七十九卷泰始六年。票，匹妙翻。南向流涕曰："昔讨逆弱冠以一校尉创业，讨逆，孙策也，起兵之初，袁术表为怀义校尉。冠，古玩翻。今后主举江南而弃之，宗庙山陵，于此为墟，悠悠苍天，此何人哉！"诗黍离之辞。

吴之未下也，大臣皆以为未可轻进，独张华坚执以为必克。贾充上表称："吴地未可悉定，方夏，江、淮下湿，疾疫必起，宜召诸军还，以为后图。虽腰斩张华不足以谢天下。"帝曰："此是吾意，华但与吾同耳。"荀勖复奏，宜如充表。帝不从。复，扶又翻。杜预闻充奏乞罢兵，驰表固争，使至轘辕而吴已降。使，疏吏翻。轘，音环。充惭惧，诣阙请罪，帝抚而不问。

夏，四月，甲申，诏赐孙皓爵归命侯。

乙酉，大赦，改元。改元太康，自此以前，系咸宁六年事。大酺五日。酺，薄乎翻。遣使者分诣荆、扬抚慰，吴牧、守已下皆不更易；守，式又翻。更，工衡翻。除其苛政，悉从简易。【章：甲十一行本"易"下有"吴人大悦"四字；乙十一行本同；孔本同；张校同；退斋校同。】易，以豉翻。

滕修讨郭马未克，去年吴主皓遣滕修讨郭马。闻晋伐吴，帅众赴难，帅，读曰率。难，乃旦翻。至巴丘，闻吴亡，缟素流涕，还，与广州刺史闾丰、闾，姓；丰，名。此与后魏闾大肥不同所自出，闾大肥出于柔然郁久闾氏；左传，楚平王之子启，字子闾，其后以为氏。苍梧太守王毅各送印绶请降。孙皓遣陶璜之子融持手书谕璜，璜流涕数日，亦送印绶降。帝皆复其本职。绶，音受。

王浚之东下也，吴城戍皆望风款附，独建平太守吾彦婴城不下，闻吴亡，乃降。帝以彦为金城太守。

初，朝廷尊宠孙秀、孙楷，楷降见上卷咸宁二年。欲以招来吴人。及吴亡，降秀为伏波将军，楷为度辽将军。

琅邪王伷遣使送孙皓及其宗族诣洛阳。五月，丁亥朔，皓至，考异曰：吴志皓传："天纪四年，三月，丙寅，杀岑昏。戊辰，陶浚从武昌还。壬申，王浚到，受皓降。五月丁亥，集于京邑。四月甲申，封归命侯。"晋武纪："太康元年，二月，王浚等破武昌，王浑斩张悌。三月，壬申，浚下石头，皓降。乙酉，大赦，改元。四月，遣朱震等慰抚。五月，辛亥，封归命侯。丙寅，引皓升殿。庚午，诏士卒六十归家。庚辰，以浚为辅国将军。"王浚传："二月，庚申，克西陵，"又云："壬寅，浚入石头，"而无月。又上书曰："臣十四日至牛渚，十五日至秣陵。"亦无月。又曰："去二月武昌失守，皓左右皆得宝散走。"三十国春秋："四月，甲子，王浑斩张悌。丙寅，杀岑昏，与何桢书。庚午，送降书。壬申，浚入石头。甲申，封归命侯。五月，丁亥，至洛阳。"晋春秋略与之同。按长历，去年闰七月，今年二月戊午朔，三月戊子朔，四月丁巳朔，五月丁亥朔，六月丙辰朔。然则三月无戊辰、丙寅、壬申，五月无庚午、庚辰，与吴志、晋书不合。若依三十国春秋，月日虽合，然二月武昌失守，皓左右离散，不容四月十六日王浚乃至秣陵而皓降。又，皓以四月十六日降，举家西上，至五月一日未能至洛。今事之先后并依吴志、晋书，但削去其日之不与历合者。与其太子瑾等泥头面缚，诣东阳门。晋志：洛阳城东有建春、东阳、清明三门。泥头者，以泥涂其首也。瑾，渠吝翻。诏遣谒者解其缚，赐衣服、车乘、田三十顷，岁给钱谷、绵绢甚厚。武王伐纣，斩其首，悬于太白之旗。如孙皓之凶暴，斩之以谢吴人可也。乘，绳证翻。拜瑾为中郎，诸子为王者皆为郎中。吴之旧望，随才擢叙。

孙氏将吏渡江者复十年，百姓复二十年。将，即亮翻。复，方目翻。

庚寅，帝临轩，大会文武有位及四方使者，国子学生皆预焉。引见归命侯皓及吴降人。皓登殿稽颡。见，贤遍翻。稽颡，周之丧拜。颡，额也。稽颡，额触地无容。稽，音启。帝谓皓曰："朕设此座以待卿久矣。"皓曰："臣于南方，亦设此座以待陛下。"贾充谓皓曰："闻君在南方凿人目，剥人面皮，此何等刑也？"皓曰："人臣有弑其君及奸回不忠者，则加此刑耳。"斥充世受魏恩而奸回附晋，弑高贵乡公也。充默然甚愧，而皓颜色无怍。怍，疾各翻，惭也。

帝从容问散骑常侍薛莹，孙皓所以亡，对曰："皓昵近小人，从，千容翻。近，其靳翻。刑罚放滥，大臣诸将，人不自保，此其所以亡也。"他日，又问吾彦，对曰："吴主英俊，宰辅贤明。"帝笑曰："若是，何故亡？"彦曰："天禄永终，历数有属，故为陛下禽耳。"帝善之。有学而无识，此薛莹所以不及吾彦也。属，之欲翻。

王濬之入建业也，其明日，王浑乃济江，以濬不待己至，先受孙皓降，意甚愧忿，将攻濬。何攀劝濬送皓与浑，由是事得解。何恽以浑与濬争功，与周浚笺曰："书贵克让，易大谦光。书曰：允恭克让。易曰：谦尊而光。前破张悌，吴人失气，龙骧因之，陷其区宇。论其前后，我实缓师，既失机会，不及于事，而今方竞其功；竞，争也。彼既不吞声，将亏雍穆之弘，兴矜争之鄙，雍穆，和也。书曰：汝惟不矜，天下莫与汝争能。斯实愚情之所不取也。"浚得笺，即谏止浑。浑不纳，表濬违诏不受节度，诬以罪状。浑子济，尚常山公主，公主，帝女也。宗党强盛。有司奏请槛车征濬，帝弗许，但以诏书责让濬以不从浑命，违制昧利。濬上书自理曰："前被诏书，令臣直造秣陵，被，皮义翻；下同。造，七到翻；下同。又令受太尉充节度。臣以十五日至三山，见浑军在北岸，遣书邀臣；臣水军风发，【章：甲十一行本“发”下有“乘势”二字；乙十一行本同；孔本同；张校同；退斋校同。】径造贼城，无缘回船过浑。过，工禾翻。臣以日中至秣陵，暮乃被浑所下当受节度之符，被，皮义翻。下，遐稼翻。欲令臣明十六日悉将所领还围石头，十六日者，十五之明日，故曰明十六日。将，即亮翻。又索蜀兵及镇南诸军人名定见。镇南诸军，杜预所统，盖分以随浚东下者也。定见，谓军人在行定数。索，山客翻。臣以为皓已来降，无缘空围石头；又，兵人定见，不可仓猝得就，皆非当今之急，不可承用，非敢忽弃明制也。皓众叛亲离，匹夫独坐，雀鼠贪生，苟乞一活耳；而江北诸军不知虚实，不早缚取，自为小误。臣至便得，更见怨恚，恚，於避翻。并云守贼百日，而令他人得之。臣愚以为事君之道，苟利社稷，死生以之。若其顾嫌疑以避咎责，此是人臣不忠之利，实非明主社稷之福也！”浑又腾周浚书云：“浚军得吴宝物。”腾其书，使上闻。又云：“浚牙门将李高放火烧皓伪宫。”浚复表曰：复，扶又翻。“臣孤根独立，结恨强宗。夫犯上干主，其罪可救；乖忤贵臣，祸在不测。忤，五故翻。伪中郎将孔摅说：去二月武昌失守，水军行至，二月已过，故云去二月。行至，犹言行将至也。摅，抽居翻。皓按行石头还，行，下孟翻。左右人皆跳刀大呼杨正衡曰：跳，大么翻。呼，火故翻。云：‘要当为陛下一死战决之，’为，于伪翻。皓意大喜，意必能然，便尽出金宝以赐与之。小人无状，得便驰走。皓惧，乃图降首。首，式救翻。降使适去，降，户江翻。使，疏吏翻。左右劫夺财物，略取妻妾，放火烧宫。皓逃身窜首，恐不脱死。臣至，遣参军主者救断其火耳。断，丁管翻。周浚先入皓宫，浑又先登皓舟，臣之入观，皆在其后。皓宫之中，乃无席可坐，若有遗宝，则浚与浑先得之矣。浚等云臣屯聚蜀人，不时送皓，欲有反状。又恐动吴人，言臣皆当诛杀，取其妻子，冀其作乱，得骋私忿。骋，丑郢翻。谋反大逆，尚以见加，其馀谤嗜，嗜，语相恶也，音达合翻。故其宜耳。今年平吴，诚为大庆；于臣之身，更受咎累。”累，力瑞翻。濬至京师，有司奏濬违诏，大不敬，请付廷尉科罪。诏不许。科，断也。又奏濬赦后烧贼船百三十五艘，辄敕付廷尉禁推。此皆王浑亲党使为之。艘，苏刀翻。诏勿推。

浑、濬争功不已，帝命守廷尉广陵刘颂校其事，以浑为上功，濬为中功。帝以颂折法失理，折法，犹折狱之折。折，断也。左迁京兆太守。魏文帝受禅，改京兆尹为太守，夷于列郡。

庚辰，增贾充邑八千户；以王濬为辅国大将军，封襄阳县侯；杜预为当阳县侯；王戎为安丰县侯；封琅邪王伷二子为亭侯；增京陵侯王浑邑八千户，进爵为公；尚书关内侯张华进封广武县侯，增邑万户；王浑除京陵旧食邑之外，增八千户，张华则增广武侯邑为万户。荀勖以专典诏命功，封一子为亭侯；勖为中书监，专典诏命。其馀诸将及公卿以下，赏赐各有差。帝以平吴功，策告羊祜庙，乃封其夫人夏侯氏为万岁乡君，食邑五千户。夏，户雅翻。

王濬自以功大，而为浑父子及党与所挫抑，每进见，见，贤遍翻。陈其攻伐之劳及见枉之状，或不胜忿愤，径出不辞；帝每容恕之。晋武之量，弘于隋文。胜，音升。益州护军范通谓濬曰：“卿功则美矣，然恨所以居美者未尽善也。卿旋旆之日，角巾私第，晋志曰：巾以葛为之，形如帢而横着之，古者尊卑共服之。余谓幅巾以横幅为之，角巾则巾之有角者。郭林宗遇雨，巾一角垫，则角巾也。口不言平吴之事；若有问者，则曰：‘圣人【张：“人”作“主”。】之德，群帅之力，老夫何力之有！’此蔺生所以屈廉颇也，事见四卷周赧王三十六年。帅，所类翻。王浑能无愧乎！”浚曰：“吾始惩邓艾之事，邓艾之死，以钟会所蔽，艾情不得上通也。惧祸及身，不得无言；其终不能遣诸胸中，是吾褊也。”自知数陈其功及为浑所枉为褊。褊，补辨翻。时人咸以浚功重报轻，为之愤邑；为，于伪翻。博士秦秀等并上表讼浚之屈，帝乃迁浚镇军大将军。考异曰：浚传云：“领步兵校尉，旧校唯五，置此营自浚始也。”按职官志：“屯骑、步兵、长水、越骑、射声校尉，是为五校，并汉官也。”然则步兵之名，非自浚始。武帝纪：“是年六月，丁丑，初置翊军校尉官，”疑浚所领者翊军也。王浑尝诣浚，浚严设备卫，然后见之。周勃就国，绛及河东吏至，常令家人被甲持兵以见之，亦犹王浚之严设备卫以见王浑也。此二人者，力足以定天下之难，智足以取一国，而其所以包周身之防乃尔，可笑也哉！

杜预还襄阳，以为天下虽安，忘战必危，乃勤于讲武，申严戍守。又引滍、淯水以浸田万馀顷，水经注：滍水出南阳鲁山县西尧山，东径犨县，又东南径昆阳县，又东北径颍川定陵县，东入于汝。淯水出弘农卢氏县攻离山，东南径南阳西鄂县、宛县而屈，南过淯阳县，又南过新野县，西过邓县，南入于沔。滍，音丈几翻。淯，音育。开扬口通零、桂之漕，水经注：扬水上承江陵县赤湖，东北流径郢城南，又东北与三湖水会。三湖者，合为一水，东通荒谷，东岸有冶父城。春秋传曰：“莫敖缢于荒谷，群帅囚于冶父，”谓此处也。春夏水盛，则南通大江，否则南迄江堤。扬水又东入华容县，又东北与柞溪水合；又北径竟陵县，又北注于沔，谓之扬口。预传曰：旧水道惟沔、汉达江陵千数百里，北无通路，预乃开扬口，起夏水，达巴陵千余里，内泻长江之险，外通零、桂之漕。杜佑曰：夏水、扬口，在今江陵郡江陵县界。公私赖之。预身不跨马，射不穿札，札，甲札也。左传：潘尫之党与养由基蹲甲而射之，彻七札焉。而用兵制胜，诸将莫及。预在镇，数饷遗洛中贵要，数，所角翻。遗，于季翻。或问其故，预曰：“吾但恐为害，不求益也。”

王浑迁征东大将军，复镇寿阳。

诸葛靓逃窜不出。靓入吴见七十七卷魏高贵乡公甘露二年。帝与靓有旧，靓姊为琅邪王妃，琅邪王伷。帝知靓在姊间，因就见焉。靓逃于厕，帝又逼见之，谓曰："不谓今日复得相见！"靓流涕曰："臣不能漆身皮面，自谓不能如豫让、聂政也。复睹圣颜，诚为惭恨！"诏以为侍中；固辞不拜，归于乡里，终身不向朝廷而坐。诸葛氏之子皆有志节。

3 六月，复封丹水侯睦为高阳王。睦贬爵见上卷咸宁三年。

4 秋，八月，己未，封皇弟延祚为乐平王，寻薨。

5 九月，庚寅，贾充等以天下一统，屡请封禅；帝不许。

6 冬，十月，前将军青州刺史淮南胡威卒。帝以左、右、前、后四将军为四军。威为尚书，尝谏时政之宽。帝曰："尚书郎以下，吾无所假借。"威曰："臣之所陈，岂在丞、郎、令史，正谓如臣等辈，始可以肃化明法耳！"威，质之子也。

7 是岁，以司隶所统郡置司州，凡州十九，考异曰：宋书州郡志云："太康元年，天下一统，凡十六州，后又分雍、梁为秦，分荆、扬为江，分益为宁，分幽为平，而为二十矣。"按杜佑通典："平吴，分十九州：司、兖、豫、冀、并、青、徐、荆、扬、凉、雍、秦、益、梁、宁、幽、平、交、广。"今从之。杜佑曰：司州治洛阳。兖治廪丘，今濮阳郡雷泽县。豫治项，今淮阳郡项城县。冀治房子，今赵郡县。并治晋阳。青治临菑。徐治彭城。荆初治襄阳，后治江陵。扬治寿春，后治建业。凉治武威。分三辅为雍，治京兆。分陇山之西为秦，治上邽。益治成都。分巴、汉之地为梁，治南郑。分云南为宁，治云南。幽治涿。分辽东为平，治昌黎。交治龙编。分合浦之北为广，治番禺。郡国一百七十三，户二百四十五万九千八百四十。

8 诏曰："昔自汉末，四海分崩，刺史内亲民事，外领兵马。今天下为一，当韬戢干戈，刺史分职，皆如汉氏故事；察举郡县长吏而已。悉去州郡兵，大郡置武吏百人，小郡五十人。"交州牧陶璜上言："交、广东西数千里，交州统合浦、交趾、新昌、武平、九真、九德、日南。广州统南海、临贺、始安、始兴、苍梧、郁林、桂林、高凉、高兴、宁浦郡。去，羌吕翻；下宜去同。不宾属者六万馀户，至于服从官役，才五千馀家。二州唇齿，唯兵是镇。又，宁州诸夷，接据上流，水陆并通，仆水、叶榆水、劳水、桥水皆出宁州界，入交、广界。又霍弋自宁州遣杨稷等经略交、广，是水陆并通也。州兵未宜约损，以示单虚。”仆射山涛亦言“不宜去州郡武备”；考异曰：涛传云“与卢钦论之”。按钦，咸宁四年三月已卒。帝不听。及永宁以后，盗贼群起，州郡无备，不能禽制，天下遂大乱，如涛所言。然其后刺史复兼兵民之政，州镇愈重矣。

9 汉、魏以来，羌、胡、鲜卑降者，降，户江翻。多处之塞内诸郡。其后数因忿恨，杀害长吏，渐为民患。侍御史西河郭钦上疏曰：“戎狄强犷，处，昌吕翻。数，所角翻。犷，古猛翻，粗恶貌。历古为患。魏初民少，少，诗沼翻。西北诸郡，皆为戎居，内及京兆、魏郡、弘农，往往有之。今虽服从，若百年之后有风尘之警，胡骑自平阳、上党不三日而至孟津，北地、西河、太原、冯翊、安定、上郡尽为狄庭矣。宜及平吴之威，谋臣猛将之略，渐徙内郡杂胡于边地，峻四夷出入之防，明先王荒服之制，禹贡：五服相距方五千里，荒服内距甸服二千里。此万世之长策也。”帝不听。为后诸胡乱华张本。

二年（辛丑、二八一）

1 春，三月，诏选孙皓宫人五千人入宫。帝既平吴，颇事游宴，怠于政事，掖庭殆将万人。常乘羊车，晋志曰：羊车，一名辇车，上如轺，伏兔箱，漆画轮軏。恣其所之，至便宴寝；宫人竞以竹叶插户，盐汁洒地，以引帝车。羊嗜竹叶而喜咸，故以二者引帝车。而后父杨骏及弟珧、济始用事，珧，余招翻。交通请谒，势倾内外，时人谓之三杨，旧臣多被疏退。山涛数有规讽，数，所角翻；下同。帝虽知而不能改。

2 初，鲜卑莫护跋始自塞外入居辽西棘城之北，棘城在昌黎县界，是后慕容氏置棘城县。拓跋魏太武真君八年，并棘城入昌黎郡龙城县。载记曰：莫护跋从宣帝伐公孙氏有功，拜率义王，始建国于棘城之北。号曰慕容部。魏书曰：汉桓帝时，鲜卑檀石槐分其地为东、中、西三部，中部大人曰柯最、阙居、慕容等，为大帅，是则慕容部之始也。载记曰：莫护跋国于棘城之北，时燕、代多冠步摇冠，莫护跋见而好之，乃敛发袭冠，诸部因呼之为"步摇"，其后音讹，遂为慕容。或云：慕二仪之德，继三光之容，遂以慕容为氏。余谓步摇之说诞；或云之说，慕容氏既得中国，其臣子从而为之辞。莫护跋生木延，木延生涉归，迁于辽东之北，世附中国，数从征讨有功，拜大单于。单，音蝉。冬十月，涉归始寇昌黎。昌黎，汉之交黎县，属辽西郡，东汉属辽东属国都尉。魏正始五年，鲜卑内附，复置辽东属国，立昌黎县以居之，后立昌黎郡。慕容氏始此。考异曰：帝纪云"慕容廆"，按范亨燕书武宣纪："廆，泰始五年生，年十五，父单于涉归卒，"太康四年也。此年入寇，当是涉归。

3 十一月，壬寅，高平武公陈骞薨。考异曰：帝纪云"大司马"。按骞以咸宁三年辞位，以高平公还第。

4 是岁，扬州刺史周浚移镇秣陵。魏扬州治寿春，晋平吴，乃移治秣陵。扬者，江南之气躁劲，厥性轻扬。亦曰：州界多水，水波扬也。统丹杨、宣城、淮南、庐陵、庐江、毗陵、吴、吴兴、会稽、东阳、新安、临海、建安、晋安、豫章、临川、鄱阳、南康，凡十八郡。吴民之未服者，屡为寇乱，浚皆讨平之；宾礼故老，搜求俊乂，威惠并行，吴人悦服。

三年（壬寅、二八二）

1 春，正月，丁丑朔，帝亲祀南郊。礼毕，喟然问司隶校尉刘毅曰："朕可方汉之何帝？"对曰："桓、灵。"帝曰："何至于此？"对曰："桓、灵卖官钱入官库，陛下卖官钱入私门，以此言之，殆不如也。"帝大笑曰："桓、灵之世，不闻此言，今朕有直臣，固为胜之。"考异曰：地理志："太康元年，省司隶，置司州"。毅传："毅为司隶校尉，帝尝南郊，礼毕，问毅，"而无年月。晋春秋问毅在此月，而不言毅官。按毅传，"六年，自司隶迁左仆射，"或者此年尚未改为司州也，今从毅传。

毅为司隶，纠绳豪贵，无所顾忌。绳，弹正也。纠，督也。皇太子鼓吹入东掖门，臣子至宫掖门，屏仪导，下车而入。太子鼓吹入掖门为不敬。吹，昌瑞翻。毅劾奏之。劾，户概翻，又户得翻。中护军、散骑常侍羊琇，与帝有旧恩，事见七十八卷魏元帝咸熙元年。琇，音秀。典禁兵，豫机密十馀年，恃宠骄侈，数犯法。数，所角翻。毅劾奏琇罪当死；帝遣齐王攸私请琇于毅，毅许之。都官从事广平程卫径驰入护军营，收琇属吏，属，之欲翻。考问阴私，先奏琇所犯狼籍，然后言于毅。帝不得已，免琇官。未几，复使以白衣领职。几，居岂翻。

琇，景献皇后之从父弟也；后将军王恺，文明皇后之弟也；景帝羊后谥景献。文帝王后谥文明。从，才用翻。散骑常侍石【章：甲十一行本“石”上有“侍中”二字；乙十一行本同；孔本同；张校同。】崇，苞之子也。三人皆富于财，竞以奢侈相高：恺以粭澳釜，粭，盈之翻，饧也；说文曰：米糵煎也；一曰：濡弱者为粭。澳，於到翻；今台、明谓以水沃釜为澳镬；又乙六翻。崇以蜡代薪；蜡，蜜滓也。恺作紫丝步障四十里，崇作锦步障五十里；步障，夹道设之以障蔽，若今之罣罳。崇涂屋以椒，椒性温而芬馥。恺用赤石脂。本草图经曰：赤石脂，出济南射阳及太山之阴。苏恭云：济南、太山不闻出者；惟虢州卢氏县、泽州陵川县、慈州昌乡县并有，及宜州诸山亦出，今出潞州，以色理鲜腻者为胜。帝每助恺，尝以珊瑚树赐之，本草：珊瑚，生海底，柯枝明润如红玉。高二尺许。恺以示石崇，崇便以铁如意碎之；铁如意，手挝也，以铁为之，若今之骨朵子。恺怒，以为疾己之宝。崇曰：“不足多恨，今还卿！”乃命左右悉取其家珊瑚树，高三、四尺者六、七株，如恺比者甚众，恺怳然自失。怳，虎晃翻。自失，不得意貌。

车骑司马傅咸上书曰：晋志曰：骠骑以下及诸大将军不开府、非持节都督者，置长史、司马各一人。“先王之治天下，治，直之翻。食肉衣帛，皆有其制，古者黎民五十而后食肉，六十而后衣帛。衣，于既翻。窃谓奢侈之费，甚于天灾。古者人稠地狭，而有储蓄，由于节也。今者土广人稀，而患不足，由于奢也。欲人崇俭，当诘其奢，奢不见诘，转相高尚，无有穷极矣！”诘，去吉翻。

2 尚书张华，以文学才识，名重一时，论者皆谓华宜为三公；中书监荀勖、侍中冯紞以伐吴之谋深疾之。紞，都感翻。会帝问华：“谁可托后事者？”华对以“明德至亲，莫如齐王。”由是忤旨，忤，五故翻。勖因而谮之。甲午，以华都督幽州诸军事。华至镇，抚循夷夏，夏，户雅翻。誉望益振，帝复欲征之。冯紞侍帝，从容语及钟会，从，千容翻。紞曰：“会之反，颇由太祖。”会反见七十八卷魏元帝咸熙元年。文帝，庙号太祖。帝变色曰：“卿是何言邪！”紞免冠谢曰：“臣闻善御者必知六辔缓急之宜，故孔子以仲由兼人而退之，冉求退弱而进之。事见论语。汉高祖尊宠五王而夷灭，事并见汉高帝纪。五王，两韩信、彭越、英布、卢绾。光武抑损诸将而克终。光武不使功臣预政事，故皆保其福禄，无诛谴者。非上有仁暴之殊，下有愚智之异也，盖抑扬与夺，使之然耳。钟会才智有限，而太祖夸奖无极，居以重势，委以大兵，使会自谓算无遗策，功在不赏，遂构凶逆耳。向令太祖录其小能，节以大礼，抑之以威权，纳之以轨则，则乱心无由生矣。”帝曰：“然。”紞稽首曰：“陛下既然臣之言，宜思坚冰之渐，稽，音启。易坤之初六曰：履霜坚冰至。象曰：履霜坚冰，阴始凝也。驯致其道，至坚冰也。勿使如会之徒复致倾覆。”复，扶又翻。帝曰：“当今岂复有如会者邪？”紞因屏左右而言曰：屏，必郢翻。“陛下谋画之臣，著大功于天下，据方镇，总戎马者，皆在陛下圣虑矣。”帝默然，由是止不征华。

3 三月，安北将军严询败慕容涉归于昌黎，斩获万计。败，补迈翻。

4鲁公贾充老病，上遣皇太子省视起居。省，悉景翻。充自忧谥传，充自知奸回弑逆，后当加恶谥，且不能逃良史之笔诛。传，柱恋翻。从子模曰：“是非久自见，不可掩也！”从，才用翻。见，贤遍翻。夏，四月，庚午，充薨，世子黎民早卒，无嗣，妻郭槐欲以充外孙韩谧为世孙，韩谧，充婿韩寿之子。世孙，谓嫡孙承祖父之世者。郎中令韩咸、中尉曹轸谏曰：晋制，诸王及诸郡公国有郎中令、中尉、大农为三卿。“礼无异姓为后之文，今而行之，是使先公受讥于后世而怀愧于地下也。”槐不听。咸等上书，求改立嗣，事寝不报。槐遂表陈之，云充遗意。帝许之，仍诏“自非功如太宰，始封、无后者，皆不得以为比。”及太常议谥，博士秦秀曰：“充悖礼溺情，以乱大伦。悖，蒲内翻。昔鄫养外孙莒公子为后，春秋书‘莒人灭鄫’。春秋：襄六年，莒人灭鄫。公羊传曰：取后于莒也。莒女有为鄫夫人者，立其出也。穀梁传曰：莒人灭鄫，非灭也，立异姓以莅祭祀，灭亡之道也。绝父祖之血食，开朝廷之乱原。按谥法：‘昏乱纪度曰荒’，请谥荒公。”帝不从，更谥曰武。

5闰月，丙子，广陆成侯李胤薨。

6齐王攸德望日隆，荀勖、冯紞、杨珧皆恶之。恶，乌路翻。紞言于帝曰：“陛下诏诸侯之国，宜从亲者始。亲者莫如齐王，今独留京师，可乎？”勖曰：“百僚内外皆归心齐王，陛下万岁后，太子不得立矣。陛下试诏齐王之国，必举朝以为不可，则臣言验矣。”帝以为然。冬，十二月，甲申，诏曰：“古者九命作伯，或入毗朝政，或出御方岳，朝，直遥翻。周礼九命作伯。郑玄曰：上公有功德者，加命为二伯，得征五侯、九伯者也。郑司农云：长诸侯为方伯。其揆一也。侍中、司空、齐王攸，佐命立勋，劬劳王室，其以为大司马、都督青州诸军事，侍中如故，仍加崇典礼，主者详按旧制施行。”以汝南王亮为太尉、录尚书事、领太子太傅，光禄大夫山涛为司徒，尚书令卫瓘为司空。

征东大将军王浑上书，以为：“攸至亲盛德，侔于周公，宜赞皇朝，与闻政事。与，读曰预。今出攸之国，假以都督虚号，而无典戎干方之实，典戎，典兵也。诗韩奕曰：干不庭方。言为桢干也。亏友于款笃之义，惧非陛下追述先帝、文明太后待攸之宿意也。待攸事见上卷咸宁二年。若以同姓宠之太厚，则有吴、楚逆乱之谋，汉之吕、霍、王氏，皆何人也！浑之意，盖谓齐王不当疑，三杨不当信也。历观古今，苟事之轻重所在，无不为害，唯当任正道而求忠良耳。若以智计猜物，虽亲见疑，至于疏者，庸可保乎！愚以为太子太保缺，宜留攸居之，与汝南王亮、杨珧共干朝事。三人齐位，足相持正，既无偏重相倾之势，又不失亲亲仁覆之恩，计之尽善者也。”覆，敷又翻。于是扶风王骏、光禄大夫李憙、中护军羊琇、侍中王济、甄德皆切谏；憙，许记翻，又音熹。甄，之人翻。帝并不从。济使其妻常山公主及德妻长广公主俱入，稽颡涕泣，请帝留攸。稽，音启。帝怒，谓侍中王戎曰：“兄弟至亲，今出齐王，自是朕家事，而甄德、王济连遣妇来生哭人邪！”乃出济为国子祭酒，德为大鸿胪。自侍中出为外朝官。羊琇与北军中候成粲谋见杨珧，手刃杀之；北军中候，汉官，掌北军五营；魏省。泰始四年，罢中军将军，置北军中候；七年，又罢中领军并焉。珧知之，辞疾不出，讽有司奏琇，左迁太仆，琇愤怨，发病卒。李憙亦以年老逊位，卒于家。憙在朝，朝，直遥翻；下同。姻亲故人，与之分衣共食，而未尝私以王官，人以此称之。

7 是岁，散骑常侍薛莹卒。或谓吴郡陆喜曰：“莹于吴士当为第一乎？”喜曰：“莹在四五之间，安得为第一！夫以孙晧无道，吴国之士，沉默其体，潜而勿用者，第一也；沉，持林翻。避尊居卑，禄以代耕者，第二也；侃然体国，执正不惧者，第三也；斟酌时宜，时献微益者，第四也；温恭修慎，不为谄首者，第五也；过此以往，不足复数。复，扶又翻。故彼上士多沦没而远悔吝，中士有声位而近祸殃。观莹之处身本末，又安得为第一乎！”远，于愿翻。近，其靳翻。处，昌吕翻。

四年（癸卯、二八三）

1 春，正月，甲申，以尚书右仆射魏舒为左仆射，下邳王晃为右仆射。晃，孚之子也。

2 戊午，新沓康伯山涛薨。魏明帝景初三年，以辽东东沓县吏民过海居齐郡界者，立为新沓县。

3 帝命太常议崇锡齐王之物。博士庾旉、太叔广、刘暾、旉，读曰敷。太叔，复姓。郑庄公之弟段封于京，谓之京城太叔，其后以为氏。又卫有太叔仪。暾，他昆翻。缪蔚、郭颐、秦秀、傅珍上表曰：缪，靡幼翻，又莫六翻，姓也。蔚，纡勿翻。“昔周选建明德以左右王室，周公、康叔、聃季，皆入为三公，左传：卫太祝子鱼曰：武王之母弟八人，周公为太宰，康叔为司寇，聃季为司空。左右，读如佐佑。聃，乃甘翻。明股肱之任重，守地之位轻也。汉诸侯王，位在丞相、三公上，其入赞朝政者，乃有兼官，其出之国，亦不复假台司虚名为隆宠也。汉诸侯王赞朝政者，惟东平王苍耳。今使齐王贤邪，则不宜以母弟之亲尊居鲁、卫之常职；不贤邪，不宜大启土宇，表建东海也。古礼，三公无职，坐而论道，不闻以方任婴之。婴，萦也。惟宣王救急朝夕，然后命召穆公征淮夷，故其诗曰：‘徐方不回，王曰旋归。’见诗江汉、常武篇。宰相不得久在外也。今天下已定，六合为家，将数延三事，与论太平之基，数，色角翻。而更出之，去王城二千里，违旧章矣。”司马彪郡国志：齐国在洛阳东千八百里。旉，纯之子；暾，毅之子也。旉既具草，先以呈纯，纯不禁。

事过太常郑默、博士祭酒曹志，续汉志：博士祭酒一人；本仆射，中兴转为祭酒。胡广曰：官名祭酒，皆一位之元长也。志怆然叹曰：

"安有如此之才，如此之亲，不得树本助化，而远出海隅！晋室之隆，其殆矣乎！"乃奏议曰："古之夹辅王室，同姓则周公，异姓则太公，皆身居朝廷，五世反葬。礼记檀弓曰：太公封于营丘，比及五世，皆反葬于周。古人曰："狐死正丘首，仁也。"及其衰也，虽有五霸代兴，岂与周、召之治同日而论哉！言五霸代兴以尊周室，不可与周、召夹辅之治同日而论也。治，直吏翻。自羲皇以来，岂一姓所能独有！当推至公之心，与天下共其利害，乃能享国久长。是以秦、魏欲独擅其权而才得没身，周、汉能分其利而亲疏为用，此前事之明验也。志以为当如博士等议。"帝览之，大怒曰："曹志尚不明吾心，况四海乎！"谓曹志本魏陈思王植之子，植于魏文帝，兄弟也。文帝之禁制植者为何如，今尚不能明吾之心乎！且谓："博士不答所问而答所不问，所问者，崇锡齐王礼物而已，不问齐王当出与不当出也。横造异论。"下有司策免郑默。横，下孟翻。下，户嫁翻。于是尚书朱整、褚䂮奏："志等侵官离局，䂮，离灼翻。离，力智翻。迷罔朝廷，崇饰恶言，假托无讳，请收志等付廷尉科罪。"诏免志官，以公还第；志在魏嗣爵陈王，晋受禅，降为鄄城县公。其馀皆付廷尉科罪。

庾纯诣廷尉自首："旉以议草见示，愚浅听之。"诏免纯罪。首，式又翻。廷尉刘颂奏旉等大不敬，当弃市。尚书奏请报听廷尉行刑。尚书夏侯骏曰："官立八座，正为此时。"六曹尚书并令、仆为八座。为，于伪翻。乃独为驳议。驳，北角翻。左仆射下邳王晃亦从骏议。奏留中七日，乃诏曰："旉是议主，应为戮首；但旉家人自首，宜并广等七人皆丐其死命，丐，贷也。并除名。"

二月，诏以济南郡益齐国。济，子礼翻。己丑，立齐王攸子长乐亭侯寔为北海王。乐，音洛。命攸备物典策，设轩县之乐，乐，天子宫县，诸侯轩县。轩县者，缺其一面。县，读曰悬。六佾之舞，黄钺朝车，乘舆之副从焉。朝，直遥翻。乘，绳证翻。

4 三月，辛丑朔，日有食之。

5 齐献王攸愤怨发病，乞守先后陵。先后，谓文明皇后也。帝不许，遣御医诊视，诊，止忍翻，候脉也。诸医希旨，皆言无疾。河南尹向雄谏曰："陛下子弟虽多，然有德望者少；齐王卧居京邑，所益实深，不可不思也。"帝不纳，雄愤恚而卒。恚，於避翻。攸疾转笃，帝犹催上道。上，时掌翻。攸自强入辞，素持容仪，疾虽困，尚自整厉，举止如常，帝益疑其无疾；辞出数日，欧血而薨。帝往临丧，攸子冏号踊，号，户刀翻。诉父病为医所诬。诏即诛医，以冏为嗣。冏，俱永翻。

初，帝爱攸甚笃，为荀勖、冯统等所构，欲为身后之虑，故出之。及薨，帝哀恸不已。冯统侍侧，曰："齐王名过其实，天下归之，今自薨殒，社稷之福也，陛下何哀之过！"帝收泪而止。诏攸丧礼依安平献王故事。事见七十九卷泰始八年。

攸举动以礼，鲜有过事，虽帝亦敬惮之。每引之同处，必择言而后发。鲜，息善翻。处，昌吕翻。

6 夏，五月，己亥，琅邪武王伷薨。

7 冬，十一月，以尚书左仆射魏舒为司徒。

8 河南及荆、扬等六州大水。荆，强也，言其气躁强；亦曰警也，言南蛮数为寇逆，其人有道后服，无道先强，常警备也；又云，取荆山以名州。统江夏、南郡、襄阳、南阳、顺阳、义阳、新城、魏兴、上庸、建平、宜都、南平、武陵、天门、长沙、衡阳、湘东、零陵、邵陵、桂阳、武昌、安成。

9 归命侯孙皓卒。

10 是岁，鲜卑慕容涉归卒。弟删篡立，考异曰：载记"删"作"耐"。今从燕书。将杀涉归子廆，廆亡匿于辽东徐郁家。廆，户贿翻，又五罪翻。载记曰：廆，字弈洛瓌。杜佑曰：本名若洛廆。

五年（甲辰、二八四）

1 春，正月，己亥，有青龙二，见武库井中。见，贤遍翻。考异曰：五行志作“癸卯”。今从帝纪。帝观之，有喜色。百官将贺，尚书左仆射刘毅表曰：“昔龙降夏庭，卒为周祸。国语曰：夏之衰也，褒人之神化为二龙以同于夏庭。夏后卜杀之与去之与止之，莫吉；卜请其漦而藏之，吉。乃布币而策告之。龙亡而漦在，椟而藏之，及殷、周，莫之发也。及厉王之末，发而观之，漦流于庭，不可除也。王使妇人不帏而噪之，化为玄蚖以入于王府。府之童妾未既龀而遭之，既笄而孕，当宣王而生。不夫而育，故惧而弃之，鬻弧服者取之，以逃于褒。褒人有狱，以入于幽王，王遂嬖之，使为后，生伯服。欲杀太子，以成伯服，太子奔申。申侯与犬戎伐王，杀之骊山下。夏，户雅翻。卒，子恤翻。易称‘潜龙勿用，阳在下也。’易乾之初九爻辞。寻案旧典，无贺龙之礼。”帝从之。

2 初，陈群以吏部不能审核天下之士，故令郡国各置中正，州置大中正，皆取本土之人任朝廷官、德充才盛者为之，使铨次等级以为九品，事见六十九卷魏文帝黄初元年。有言行修著则升之，行，下孟翻。道义亏缺则降之，吏部凭之以补授百官。行之浸久，中正或非其人，奸敝日滋。刘毅上疏曰：“今立中正，定九品，高下任意，荣辱在手，操人主之威福，夺天朝之权势，操，千高翻。朝，直遥翻。公无考校之负，私无告讦之忌，谓铨次高下或有不当，而在公不以考校失实为罪负，发人隐慝，无所不至，而在私不以告讦为避忌。用心百态，营求万端，廉让之风灭，争讼之俗成，臣窃为圣朝耻之！为，于伪翻。盖中正之设，于损政之道有八：高下逐强弱，是非随兴衰，一人之身，旬日异状，上品无寒门，下品无势族，一也。置州都者，州都，谓中正。本取州里清议咸所归服，将以镇异同，一言议也。今重其任而轻其人，使驳违之论横于州里，驳，北角翻。横，户孟翻。嫌雠之隙结于大臣，二也。本立格之体，为九品者，谓才德有优劣，伦辈有首尾也。今乃使优劣易地，首尾倒错，三也。错，千故翻。陛下赏善罚恶，无不裁之以法，独置中正，委以一国之重，曾无赏罚之防，又禁人不得诉讼，使之纵横任意，纵，子容翻。无所顾惮，诸受枉者，抱怨积直，不获上闻，四也。一国之士，多者千数，或流徙异邦，或取给殊方，谓衣食有不给者，客于殊方以取给也。面犹不识，况尽其才！而中正知与不知，皆当品状，采誉于台府，誉，音余。纳毁于流言，任己则有不识之蔽，听受则有彼此之偏，五也。凡求人才，欲以治民也，治，直之翻。今当官著效者或附卑品，在官无绩者更获高叙，是为抑功实而隆空名，长浮华而废考绩，六也。长，知两翻。凡官不同人，事不同能。今不状其才之所宜而但第为九品，以品取人，或非才能之所长，以状取人，则为本品之所限，徒结白论白，素也。释素餐者以为空餐，白论，犹空言也。而品状相妨，七也。九品所下不彰其罪，所上不列其善，各任爱憎，以植其私，天下之人焉得不懈德行而锐人事，八也。焉，于虔翻。懈，古隘翻。由此论之，职名中正，实为奸府；事名九品，而有八损；古今之失，莫大于此！愚臣以为宜罢中正，除九品，弃魏氏之敝法，更立一代之美制。”太尉、汝南王亮、司空卫瓘亦上疏曰：“魏氏承丧乱之后，丧，息浪翻。人士流移，考详无地，故立九品之制，粗且为一时选用之本耳。粗，坐五翻。今九域同规，大化方始，臣等以为宜皆荡除末法，咸用土断，以土著为断也。断，丁乱翻。自公卿以下，以所居为正，无复县客，县，读曰悬。远属异土，尽除中正九品之制，使举善进才，各由乡论，则华竞自息，各求于己矣。”始平王文学江夏李重上疏：自魏以来，王国置师友、文学各一人。夏，户雅翻。上，时掌翻。以为：“九品既除，宜先开移徙，听相并就，则土断之实行矣。”帝虽善其言而终不能改也。

3 冬，十二月，庚午，大赦。

4 闰月，当阳成侯杜预卒。

5 是岁，塞外匈奴胡太阿厚帅部落二万九千三百人来降；帅，读曰率。降，户江翻。帝处之塞内西河。处，昌吕翻。

6 罢宁州入益州，置南夷校尉以护之。置宁州，见七十九卷泰始七年。考异曰：地理志："太康三年，废宁州，置南夷校尉。"今从华阳国志。

六年（乙巳、二八五）

1 春，正月，尚书左仆射刘毅致仕，寻卒。考异曰：晋春秋在七年十月，今从本传。

2 戊辰，以王浑为尚书左仆射，浑子济为侍中。浑主者处事不当，尚书主者也。处，昌吕翻。当，丁浪翻。济明法绳之。侍中管门下诸事，故得绳以法。济从兄佑，素与济不协，从，才用翻。因毁济不能容其父，帝由是疏济，后坐事免官。济性豪侈，帝谓侍中和峤曰："我将骂济而后官之，如何？"峤曰："济俊爽，恐不可屈。"帝召济，切让之，既而曰："颇知愧不？"不，读曰否。济曰："尺布、斗粟之谣，常为陛下愧之。谓帝不能容齐王攸也。为，于伪翻。他人能令亲者疏，臣不能令亲者亲，谓谏而不听也。以此愧陛下耳。"帝默然。峤，洽之孙也。和洽见六十六卷汉献帝建安十四年。

3 青、梁、幽、冀州旱。

4 秋，八月，丙戌朔，日有食之。

5 冬，十二月，庚子，襄阳武侯王浚卒。

6 是岁，慕容删为其下所杀，部众复迎涉归子廆而立之。涉归与宇文部素有隙，宇文部亦鲜卑种，其先有大人曰普回，因狩得玉玺三纽，文曰"皇帝玺"。普回以为天授，其俗谓天子曰"宇文"，故国号宇文，并以为氏。何氏姓苑曰：宇文氏出自炎帝，其后以尝草之功，鲜卑呼草为俟汾，遂号为俟汾氏，后世通称俟汾，盖音讹也。代为鲜卑单于。廆请讨之，朝廷弗许。廆怒，入寇辽西，杀略甚众。帝遣幽州军讨廆，战于肥如，肥如县属辽西郡。应劭曰：肥子奔燕、燕封于此。贤曰：肥如，今平州。廆众大败。自是每岁犯边，又东击扶馀，扶馀王依虑自杀，虑，音间。子弟走保沃沮。沮，千余翻。廆夷其国城，驱万馀人而归。

七年（丙午、二八六）

1春，正月，甲寅朔，日有食之。魏舒称疾，固请逊位，以剧阳子罢。舒所为，必先行而后言，逊位之际，莫有知者。考异曰：舒逊位，纪、传皆无年月。本传曰："以灾异逊位，帝不听；后因正旦朝罢还第，表送章绶。"按本传又曰。"逊位之际，人莫知者。"若今年正旦日食逊位，至他年正旦乃送章绶，不得云"人无知者"。盖止因今者正旦朝罢，遂以灾异逊位，不复起耳。卫瓘与舒书曰："每与足下共论此事，日日未果，瓘言亦欲逊位，与共论此事，日复一日，未果如言。可谓'瞻之在前，忽焉在后'矣。"用论语颜渊之言。

2夏，慕容廆寇辽东，故扶馀王依虑子依罗求帅见人还复旧国，请援于东夷校尉何龛，帅，读曰率；下同。见，贤遍翻。见人，谓见存之人也。龛，口含翻。晋志曰：武帝置南蛮校尉于襄阳，西戎校尉于长安，南夷校尉于宁州；东夷校尉，盖亦帝所置，治辽东。龛遣督护贾沈将兵送之。魏、晋之间，方镇各置督护，领兵之官也。沈，持林翻。廆遣其将孙丁帅骑邀之于路，骑，奇寄翻。沈力战，斩丁，遂复扶馀。

3秋，匈奴胡都大博及萎莎胡各帅种落十万馀口诣雍州降。杨正衡曰：莎，素和翻。帅，读曰率。据晋书，萎莎胡，北狄种，盖亦匈奴类也。杜佑曰：晋史云：北狄各以部落为类，其人居塞内者，有屠各、萎莎、羌渠、贺赖等种。种，章勇翻。雍，于用翻。

4九月，戊寅，扶风武王骏薨。

5冬，十一月，壬子，以陇西王泰都督关中诸军事。泰，宣帝弟馗之子也。馗，渠龟翻。

6 是岁，鲜卑拓跋悉鹿卒，“鹿”，一作“禄”。弟绰立。自泰始以来，鲜卑慕容、拓跋二部日以强盛，故史著其世。

八年（丁未、二八七）

1 春，正月，戊申朔，日有食之。

2 太庙殿陷，九【章：甲十一行本“九”上有“秋”字；乙十一行本同；孔本同。】月，改营太庙，作者六万人。

3 是岁，匈奴都督大豆得一育鞠等复帅种落万一千五百口来降。魏既分塞内匈奴为五部矣，自去年来，匈奴帅种落来降者十有馀万口，史不言所以处之之地，此必自塞外来，北匈奴之种落也。复，扶又翻。

九年（戊申、二八八）

1 春，正月，壬申朔，日有食之。比三年正旦日食，帝寻晏驾，晋以大乱；天之示戒，盖昭昭矣。

2 夏，六月，庚子朔，日有食之。

3 郡国三十三大旱。

4 秋，八月，壬子，星陨如雨。

5 地震。

王崇武标点容肇祖聂崇岐覆校

资治通鉴卷第八十二

端明殿学士兼翰林侍读学士朝散大夫右谏议大夫
充集贤殿修撰权判西京留司御史台上柱国河内郡 司马光 奉敕编集
开国侯食邑一千三百户食实封四百户赐紫金鱼袋臣

后学天台 胡三省 音注

晋纪四 起屠维作噩（己酉），尽著雍敦牂（戊午），凡十年。

世祖武皇帝下

太康十年（己酉、二八九）

1 夏，四月，太庙成；乙巳，祫祭；祫，大合祭也。公羊传曰：大祫者何？合祭也。其合祭奈何？毁庙之主陈于太祖，未毁庙之主皆升，合食于太祖。祫，胡夹翻。大赦。

2 慕容廆遣使请降；降，户江翻。五月，诏拜廆鲜卑都督。廆谒见何龛，以士大夫礼，巾衣到门；魏、晋间，士大夫谒见尊贵，以巾褠为礼。褠，单衣也。龛，口含翻。龛严兵以见之，廆乃改服戎衣而入。人问其故，廆曰："主人不以礼待客，客何为哉！"龛闻之，甚惭，深敬异之。受降如受敌，居边之帅，严兵以见四夷之客，未为过也，何必以为惭乎！时鲜卑宇文氏、段氏方强，段氏，东部鲜卑也。杜佑曰：宇文莫槐出于辽东塞外，代为鲜卑东部大人。徒河段疾六眷出辽西，因乱，被卖为渔阳乌桓大人库傉家奴。库傉以其健，使将人众，诣辽西逐食，遂招诱亡叛，以至强盛。余按晋书王浚传：段疾六眷，务勿尘之世子。段氏自务勿尘以来，强盛久矣，疾六眷因乱被掠，容或有之；务勿尘既能为部落之帅，恐不待其子招诱而后能强盛也。数侵掠廆，廆卑辞厚币以事之。段国单于阶以女妻廆，生皝、仁、昭。慕容、段氏遂为婚姻之国。数，所角翻。单，音蝉。妻，七细翻。廆以辽东僻远，徙居徒河之青山。徒河县，前汉属辽西，后汉属辽东属国，魏、晋省，并入昌黎郡界。后慕容氏复置徒河县，拓跋魏太平真君八年，并徒河入昌黎郡广兴县。杜佑曰：徒河青山，在营州郡城东百九十里。

3 冬，十月，复明堂及南郊五帝位。明堂、南郊除五帝座，见七十九卷泰始二年。

4 十一月，丙辰，尚书令济北成侯荀勖卒。济，子礼翻。勖有才思，思，相吏翻。善伺人主意，伺，相吏翻。以是能固其宠。久在中书，专管机事。及迁尚书，甚罔怅。罔，与惘同。惘儆失志之貌。怅，亦恨望失志之貌。人有贺之者，勖曰："夺我凤皇池，诸君何贺邪！"

5 帝极意声色，遂至成疾。杨骏忌汝南王亮，排出之。甲申，以亮为侍中、大司马、假黄钺、大都督、督豫州诸军事，治【章：甲十一行本"治"作"镇"；乙十一行本同；孔本同；张校同。】许昌；徙南阳王柬为秦王，都督关中诸军事；始平王玮为楚王，都督荆州诸军事；濮阳王允为淮南王，都督扬、江二州诸军事；按惠帝元康元年，有司奏荆、扬二州，疆土旷远，统理尤难，于是割扬州之豫章、鄱阳、庐陵、临川、南康、建安、晋安，荆州之桂阳、安成、武昌，合十郡，置江州。则此时未有江州也。疑"江二"二字衍，更俟博考。濮，博木翻。并假节之国。晋制：都督诸军事有使持节，有持节，有假节；使持节得杀二千石以下；持节杀无官位人，若军事与使持节同；假节惟军事得杀犯军令者。立皇子乂为长沙王，颖为成都王，晏为吴王，炽为豫章王，演为代王；皇孙遹为广陵王。炽，昌志翻。遹，以律翻。又封淮南王子迪为汉王，楚王子仪为毗陵王，徙扶风王畅为顺阳王，畅弟歆为新野公。畅，骏之子也。畅嗣骏爵，而不居关中之任，故徙封。琅邪王觐弟澹为东武公，繇为东安公。觐，伷之子也。晋制：宗室封郡公者，制度如小国王。澹，徒览翻，又徒滥翻。伷，音胄。

初，帝以才人谢玖赐太子，才人，位次美人。李延寿曰：晋武帝采汉、魏之制，三夫人、九嫔之下，有美人、才人、中才人，爵视千石以下。玖，举有翻。生皇孙遹。宫中尝夜失火，帝登楼望之，遹年五岁，牵帝裾入暗中曰："暮夜仓猝，宜备非常，不可令照见人主。"帝由是奇之。尝对群臣称遹似宣帝，故天下咸归仰之。帝知太子不才，然恃遹明慧，故无废立之心。复用王佑之谋，佑，王济从兄也，与羊祜等并事文帝，帝宠信之。复，扶又翻；下复以同。以太子母弟柬、玮、允分镇要害。要害，谓雍、荆、扬之地。又恐杨氏之逼，复以佑为北军中候，典禁兵。帝为皇孙遹高选僚佐，为，于伪翻。以散骑常侍刘寔志行清素，命为广陵王傅。自魏以来，王国置师、友，晋避景帝讳，改师为傅。行，下孟翻。

寔以时俗喜进趣，喜，许记翻。趣，读曰趋。少廉让，少，诗沼翻。欲【章：甲十一行本"欲"上有"尝著崇让论"五字；乙十一行本同；孔本同，退斋校同。】令初除官通谢章者，必推贤让能，乃得通之。一官缺则择为人所让最多者用之。以为："人情争则欲毁己所不如，让则竞推于胜己。故世争则优劣难分，时让则贤智显出。当此时也，能退身修己，则让之者多矣；虽欲守贫贱，不可得也。驰骛进趋而欲人见让，犹却行而求前也。"

淮南相刘颂王国置相，汉制也；晋后改为内史。上疏曰："陛下以法禁宽纵，积之有素，未可一旦以直绳御下，此诚时宜也。然至于矫世救弊，自宜渐就清肃；譬犹行舟，虽不横截迅流，然当渐靡而往，稍向所趋，然后得济也。此引济川为譬也。济大川者，虽曰横绝大川，乱流而渡，然必因水势渐靡，而行舟向其所趋，以登陆之路，然后汔济，否则为水势所使，不能制舟以向所趋，不得登岸矣。

自泰始以来，将三十年，帝受禅，改元泰始，至是二十五年。凡诸事业，不茂既往。言立事造业，不加茂于往时也。以陛下明圣，犹未反叔世之敝，以成始初之隆，传之后世，不无虑乎！使夫异时大业，或有不安，其忧责犹在陛下也。

臣闻为社稷计，莫若封建亲贤。然宜审量事势，量，音良。使诸侯率义而动者，其力足以维带京邑；若包藏祸心，其势不足独以有为。其齐此甚难，陛下宜与达古今之士，深共筹之。帝之使诸王分镇而内不足以齐之，此刘颂所为深虑也。周之诸侯，有罪诛放其身，而国祚不泯；如周烹齐哀公而立其弟静，宣王诛鲁侯伯御而立孝公之类。汉之诸侯，有罪或无子者，国随以亡。见前、后汉纪。今宜反汉之敝，循周之旧，则下固而上安矣。余谓晋之所以待藩王者，其宜不在此也。

天下至大，万事至众，人君至少，少，始绍翻。同于天日，是以圣王之化，执要于己，委务于下，非恶劳而好逸，好，呼到翻。诚以政体宜然也。夫居事始以别能否，甚难察也；别，彼列翻。因成败以分功罪，甚易识也。易，以豉翻；下居易同。今陛下每精于造始而略于考终，此政功所以未善也。人主诚能居易执要，考功罪于成败之后，则群下无所逃其诛赏矣。

古者六卿分职，冢宰为师；周礼：天官冢宰，地官司徒，春官宗伯，夏官司马，秋官司寇，冬官司空，是为六卿，而冢宰总之。秦、汉已来，九列执事，丞相都总。此西都以前制也。今尚书制断，诸卿奉成，自汉光武以来，以吏事责尚书，事归台阁，诸卿奉成而已。断，丁乱翻。于古制为太重。可出众事付外寺，外寺，谓诸卿寺。使得专之；尚书统领大纲，若丞相之为，岁终课功，校簿赏罚而已，斯亦可矣。今动皆受成于上，上之所失，不得复以罪下，复，扶又翻。岁终事功不建，不知所责也。

夫细过谬妄，人情之所必有，而悉纠以法，则朝野无立人矣。近世以来为监司者，类大纲不振而微过必举，御史台官及诸州刺史，皆监司也。朝，直遥翻。监，工衔翻。盖由畏避豪强而又惧职事之旷，则谨密网以罗微罪，使奏劾相接，状似尽公，而挠法在其中矣。劾，户概翻，又户得翻。挠，奴教翻。是以圣王不善碎密之案，必责凶猾之奏，则害政之奸，自然禽矣。夫创业之勋，在于立教定制，使遗风系人心，馀烈匡幼弱，后世凭之，虽昏犹明，虽愚若智，乃足尚也。言法制修明，虽后嗣昏愚，有所据依，则其治犹若明智之为也。此言盖指太子不能克隆堂构，而帝又无典则以贻子孙也。然苟非其人，道不虚行，以刘禅之庸而辅之以诸葛亮，则昭烈虽死，犹不死也。孔明死，则孔明治蜀之法制虽存，禅不能守之矣。

至夫修饰官署，凡诸作役，恒伤太过，恒，户登翻。不患不举，此将来所不须于陛下而自能者也。今勤所不须以伤所凭，窃以为过矣。"帝皆不能用。

6 诏以刘渊为匈奴北部都尉。时改匈奴五部帅为五部都尉。渊轻财好施，好，呼到翻。施，式智翻。倾心接物，五部豪桀，幽、冀名儒，多往归之。为刘渊得众以移晋祚张本。

7 奚轲男女十万口来降。奚轲，亦夷种也。

孝惠皇帝上之上 讳衷，字正度，武帝第二子也。谥法：柔质慈民曰惠。

永熙元年（庚戌、二九〇）

1 春，正月，辛酉朔，改元太熙。太熙，武帝所改。至四月己酉，太子即位，改元永熙。未逾年改元，犹为非礼，安有先帝初弃群臣，太子即位，而遽以是日改元乎！

2 己巳，以王浑为司徒。

3 司空、侍中、尚书令卫瓘子宣，尚繁昌公主。宣嗜酒，多过失，杨骏恶瓘，欲逐之，恶，乌路翻。乃与黄门谋共毁宣，劝武帝夺公主。瓘惭惧，告老逊位。诏进瓘位太保，以公就第。瓘封菑阳公。

4 剧阳康子魏舒薨。

5 三月，甲子，以右光禄大夫石鉴为司空。晋志：左、右光禄大夫假金章紫绶及光禄大夫加金章紫绶者，品秩第二。

6 帝疾笃，未有顾命。勋旧之臣多已物故，侍中、车骑将军杨骏独侍疾禁中。大臣皆不得在左右，骏因辄以私意改易要近，树其心腹。会帝小间，间，如字。间者，病小差也。见其新所用者，正色谓骏曰："何得便尔！"时汝南王亮尚未发，去年，遣亮出督豫州。乃令中书作诏，以亮与骏同辅政，又欲择朝士有闻望者数人佐之。朝，直遥翻。闻，音问。骏从中书借诏观之，得便藏去，中书监华廙恐惧，华，户化翻。廙，逸职翻，又羊至翻。自往索之，终不与。会帝复迷乱，索，山客翻。复，扶又翻。皇后奏以骏辅政，帝颔之。夏，四月，辛丑，皇后召华廙及中书令何劭，口宣帝旨作诏，以骏为太尉、太子太傅、都督中外诸军事、侍中、录尚书事。诏成，后对廙、劭以呈帝，帝视而无言。廙，歆之孙；劭，曾之子也。华歆仕汉、魏之间，何曾仕魏、晋之间，位皆至公，二人身名相似也。遂趣汝南王亮赴镇。趣，读曰促。帝寻小间，问："汝南王来未？"左右言未至，帝遂困笃。己酉，崩于含章殿。年五十五。坤之六三曰：含章可贞。坤以含弘为德，后道也。含章殿必在皇后宫中。春秋书"公薨于小寝"，即安也。帝宇量弘厚，明达好谋，好，呼到翻。容纳直言，未尝失色于人。

太子即皇帝位，大赦，改元，改太熙为永熙。尊皇后曰皇太后，立妃贾氏为皇后。

杨骏入居太极殿，前殿也。梓宫将殡，六宫出辞，而骏不下殿，时梓宫盖自含章殿徙殡太极殿。以虎贲百人自卫。贲，音奔。

诏石鉴与中护军张劭监作山陵。监，工衔翻。

汝南王亮畏骏，不敢临丧，哭于大司马门外。亮自大司马出镇，未行，尚居府中，不敢入宫临丧，而哭于大司马府门外。君父之丧，哭于门外，非礼也。出营城外，表求过葬而行。或告亮欲举兵讨骏者，骏大惧，白太后，令帝为手诏与石鉴、张劭，使帅陵兵讨亮。劭，骏甥也，即帅所领趣鉴速发；帅，读曰率。趣，读曰促。鉴以为不然，保持之。保亮不举兵，而持讨亮之兵不发也。亮问计于廷尉何勖，勖曰："今朝野皆归心于公，朝，直遥翻；下同。公不讨人而畏人讨邪！"亮不敢发，夜，驰赴许昌，乃得免。骏弟济及甥河南尹李斌皆劝骏留亮，骏不从。济谓尚书左丞傅咸曰："家兄若征大司马，退身避之，门户庶几可全。"几，居希翻。咸曰："宗室外戚，相恃为安。但召大司马还，共崇至公以辅政，无为避也。"济又使侍中石崇见骏言之，骏不从。

五月，辛未，葬武帝于峻阳陵。

杨骏自知素无美望，欲依魏明帝即位故事，普进封爵以求媚于众。左军将军傅祗晋志曰：按魏明帝时有左军，则左军魏官也。与骏书曰："未有帝王始崩，臣下论功者也。"骏不从。祗，嘏之子也。傅嘏仕魏，显于嘉平、正元之间。丙子，诏中外群臣皆增位一等，预丧事者增二等，二千石已上皆封关中侯，汉献帝建安二十年，魏武王置关中侯。据晋书帝纪，关中侯又在关内侯之下。复租调一年。复，方目翻。调，徒吊翻。散骑常侍石崇、前书"侍中石崇"，此作"散骑常侍"，必有一误，盖因旧史成文也。散骑侍郎何攀共上奏，上，时掌翻。以为："帝正位东宫二十馀年，今承大业，而班赏行爵，优于泰始革命之初及诸将平吴之功，轻重不称。称，尺证翻。且大晋卜世无穷，今之开制，当垂于后，若有爵必进，则数世之后，莫非公侯矣。"不从。

诏以太尉骏为太傅、大都督、假黄钺，录朝政，百官总己以听。傅咸谓骏曰："谅闇不行久矣。自汉文短丧之诏，嗣君即吉听政，谅闇三年之制，不行久矣。闇，音阴。今圣上谦冲，委政于公，而天下不以为善，惧明公未易当也。易，以豉翻；下同。周公大圣，犹致流言，周成王幼冲，周公摄政而四国流言。况圣上春秋非成王之年乎！武帝泰始二年，帝为皇太子，时年九岁，至是三十二岁矣。窃谓山陵既毕，明公当审思进退之宜，苟有以察其忠款，言岂在多！"骏不从。咸数谏，骏渐不平，欲出咸为郡守。李斌曰："斥逐正人，将失人望。"乃止。杨济遗咸书曰：数，所角翻。遗，于季翻。"谚云：'生子痴，了官事。'官事未易了也。想虑破头，故具有白。"虑咸以直言致祸也。咸复书曰："卫公有言：'酒色杀人，甚于作直。'坐酒色死，人不为悔，而逆畏以直致祸，此由心不能正，欲以苟且为明哲耳。诗曰：既明且哲，以保其身。此言世人不能直言，特以苟且为保身之计耳。自古以直致祸者，当由矫枉过正，或不忠笃，欲以亢厉为声，亢，口浪翻。故致忿耳，安有悾悾忠益而返见怨疾乎！"悾，苦红翻。悾悾，信也；包咸曰：悫也。

杨骏以贾后险悍，多权略，忌之，悍，下罕翻，又侯旰翻。故以其甥段广为散骑常侍，管机密；张劭为中护军，典禁兵。凡有诏命，帝省讫，省，悉景翻。入呈太后，然后行之。

骏为政，严碎专愎，愎，弼力翻，很也。中外多恶之。恶，乌路翻。冯翊太守孙楚谓骏曰："公以外戚居伊、霍之任，当以至公、诚信、谦顺处之。守，式又翻。处，昌吕翻。今宗室强盛，而公不与共参万机，内怀猜忌，外树私昵，祸至无日矣！"昵，尼质翻。骏不从。楚，资之孙也。孙资事魏三祖，掌机密。

弘训少府蒯钦，骏之姑子也，数以直言犯骏，他人皆为之惧，景皇后居弘训宫，置少府。数，所角翻。为，于伪翻。钦曰："杨文长虽暗，犹知人之无罪不可妄杀，杨骏，字文长。不过疏我，我得疏，乃可以免；不然，与之俱族矣。"

骏辟匈奴东部人王彰为司马，匈奴东部即匈奴左部也，居太原兹氏县。彰逃避不受。其友新兴张宣子怪而问之，汉献帝建安二十年，省云中、定襄、五原、朔方郡，郡置一县，领其民，合为新兴郡，属并州。彰曰："自古一姓二后，未有不败。况杨太傅昵近小人，疏远君子，近，其靳翻。远，于愿翻。专权自恣，败无日矣。吾逾海出塞以避之，犹惧及祸，奈何应其辟乎！且武帝不惟社稷大计，惟，思也。嗣子既不克负荷，荷，下可翻。受遗者复非其人，天下之乱，可立待也。"杨骏之败，人皆知之，独骏不知耳。凶人吉其凶，其谓是乎！复，扶又翻。

7 秋，八月，壬午，立广陵王遹为皇太子。以中书监何劭为太子太师，卫尉裴楷为少师，吏部尚书王戎为太傅，前太常张华为少傅，卫将军杨济为太保，尚书和峤为少保。晋东宫六傅，惟此时具官。拜太子母谢氏为淑媛。媛，于眷翻。晋志：淑妃、淑媛、淑仪、修华、修容、修仪、婕妤、容华、充华，是为九嫔，银印，青绶。贾后常置谢氏于别室，不听与太子相见。初，和峤尝从容言于武帝曰：从，千容翻。"皇太子有淳古之风，而末世多伪，恐不了陛下家事。"武帝默然。后与荀勖等同侍武帝，武帝曰："太子近入朝差长进，朝，直遥翻。长，丁丈翻，今知两翻。卿可俱诣之，粗及世事。"粗，坐五翻，略也。既还，勖等并称太子明识雅度，诚如明诏。峤曰："圣质如初。"武帝不悦而起。及帝即位，峤从太子遹入朝，贾后使帝问曰："卿昔谓我不了家事，今日定如何？"峤曰："臣昔事先帝，曾有斯言；言之不效，国之福也。"

8 冬，十月，辛酉，以石鉴为太尉，陇西王泰为司空。

9 以刘渊为建威将军、匈奴五部大都督。渊为五部大都督，则左国城大单于之权舆也。

元康元年（辛亥、二九一）

1 春，正月，乙酉朔，改元永平。永平，杨骏执政所改元也。骏诛，改元元康。

2 初，贾后之为太子妃也，尝以妒，手杀数人，又以戟掷孕妾，子随刃堕；孕，以证翻。武帝大怒，修金墉城，将废之。荀勖、冯𬘘、杨珧𬘘，丁感翻。珧，余招翻。及充华赵粲共营救之，曰：“贾妃年少；妒者妇人常情，长自当差。”少，诗诏翻。长，知两翻。差，楚懈翻。杨后曰：“贾公闾有大勋于社稷，贾充，字公闾。晋之代魏，充力居多。妃亲其女，正复妒忌，岂可遽忘其先德邪！”复，扶目翻。妃由是得不废。

后数诫厉妃，数，所角翻。妃不知后之助己，返以后为构己于武帝，更恨之。及帝即位，贾后不肯以妇道事太后，又欲干预政事，而为太傅骏所抑。殿中中郎渤海孟观、李肇，皆骏所不礼也，晋制：二卫置殿中将军、中郎、校尉、司马。观，如字。阴构骏，云将危社稷。黄门董猛，素给事东宫，为寺人监，寺人监，主东宫诸阉。陆德明曰：寺，如字，又音侍。贾后密使猛与观、肇谋诛骏，废太后。又使肇报汝南王亮，使举兵讨骏，亮不可。肇报都督荆州诸军事楚王玮，玮欣然许之，乃求入朝。骏素惮玮勇锐，欲召之而未敢，因其求朝，遂听之。二月，癸酉，玮及都督扬州诸军事、淮南王允来朝。朝，直遥翻。

三月，辛卯，孟观、李肇启帝，夜作诏，诬骏谋反，中外戒严，遣使奉诏废骏，以侯就第。骏封临晋侯。命东安公繇帅殿中四百人讨骏，帅，读曰率。楚王玮屯司马门，以淮南相刘颂为三公尚书，汉成帝置三公尚书，主断狱；光武以三公曹主岁尽考课诸州郡事。屯卫殿中。段广跪言于帝曰：“杨骏孤公无子，岂有反理，愿陛下审之！”广，骏甥也，使为近侍，以防左右间己；然终无益也。帝不答。

时骏居曹爽故府，在武库南，闻内有变，召众官议之。太傅主簿朱振说骏曰：“今内有变，其趣可知，必是阉竖为贾后设谋，不利于公，宜烧云龙门以胁之，索造事者首，开万春门，云龙门，洛阳宫城正南门；万春门，东门也。说，输芮翻。为，于伪翻。索，山客翻。引东宫及外营兵拥皇太子入宫，取奸人，殿内震惧，必斩送之。不然，无以免难。"难，乃旦翻。骏素怯懦，不决，乃曰："云龙门，魏明帝所造，功费甚大，奈何烧之！"侍中傅祗白骏，请与尚书武茂入宫观察事势，因谓群僚曰："宫中不宜空。"遂揖而下阶。众皆走，茂犹坐。祗顾曰："君非天子臣邪？今内外隔绝，不知国家所在，国家，谓天子也。自东汉以来，皆然。何得安坐！"茂乃惊起。骏党左军将军刘豫陈兵在门，遇右军将军裴頠，魏有左军，武帝又置前军、右军，泰始八年，又置后军，是为四军。頠，鱼毁翻。问太傅所在，頠绐之曰：绐，徒亥翻。"向于西掖门遇公乘素车，从二人西出矣。"豫曰："吾何之？"頠曰："宜至廷尉。"豫从頠言，遂委而去。委兵而去也。寻诏頠代豫领左军将军，屯万春门。頠，秀之子也。裴秀见七十八卷魏元帝咸熙元年。皇太后题帛为书，射之城外射，而亦翻；下同。曰："救太傅者有赏。"贾后因宣言太后同反。寻而殿中兵出，烧骏府，又令弩手于阁上临骏府而射之，骏兵皆不得出。骏逃于马厩，就杀之。孟观等遂收骏弟珧、济，张劭、李斌、段广、刘豫、武茂及散骑常侍杨邈、中书令蒋俊、东夷校尉文鸯，皆夷三族，死者数千人。

珧临刑，告东安公繇曰："表在石函，珧表见八十卷武帝咸宁三年，作石函藏之宗庙。挚虞云：庙主藏于户之外，西墉之中，有石函，名曰宗祏，函中笥以盛主。可问张华。"众谓宜依钟毓例为之申理。钟毓例见七十八卷魏元帝咸熙元年。为，于伪翻。繇不听，而贾氏族党趣使行刑。趣，读曰促。珧号叫不已，号，户刀翻。刑者以刀破其头。繇，诸葛诞之外孙也，故忌文鸯，以为骏党而诛之。诸葛诞、文鸯事见七十七卷魏高贵乡公甘露三年。是夜，诛赏皆自繇出，威振内外。王戎谓繇曰："大事之后，宜深远权势。"繇不从。远，于愿翻。

壬辰，赦天下，改元。改元元康。

贾后矫诏，使后军将军荀悝送太后于永宁宫，魏建永宁宫，太后居之。悝，苦回翻。特全太后母高都君庞氏之命，听就太后居。庞，皮江翻。寻复讽群公有司奏曰："皇太后阴渐奸谋，履霜者，坚冰之渐，言阴始凝而至于坚冰也。此诬杨太后以为与骏为奸谋，非一日之积也。复，扶又翻；下可复、司复同。渐，如字。图危社稷，飞箭系书，要募将士，要，读曰邀。将，即亮翻。同恶相济，自绝于天。鲁侯绝文姜，春秋所许。文姜，鲁桓公之夫人也。齐襄公杀桓公，文姜与焉。鲁庄公既立，夫人孙于齐。穀梁传曰：不言氏姓，贬之也。人之于天也，以道受命；于人也，以言受命。不若于道者，天绝之也；不若于人者，人绝之也。盖奉祖宗，任至公于天下，陛下虽怀无已之情，臣下不敢奉诏。"诏曰："此大事，更详之。"有司又奏："宜废太后曰峻阳庶人。"武帝陵曰峻阳。中书监张华议："太后非得罪于先帝，今党其所亲，为不母于圣世，宜依汉废赵太后为孝成后故事，事见三十五卷汉哀帝元寿元年。贬皇太后之号，还称武皇后，居异宫，以全始终之恩。"左仆射荀恺与太子少师下邳王晃等议曰："皇太后谋危社稷，不可复配先帝，宜贬尊号，废诣金墉城。"于是有司奏从晃等议，废太后为庶人；诏可。又奏："杨骏造乱，家属应诛，诏原其妻庞命，以尉太后之心。今太后废为庶人，请以庞付廷尉行刑。"诏不许；有司复固请，乃从之。庞临刑，太后抱持号叫，截发稽颡，上表诣贾后称妾，请全母命；不见省。号，户刀翻。稽，音启。省，悉景翻。董养游太学，董养，浚仪隐者也。升堂叹曰："朝廷建斯堂，将以何为乎！言庠序所以申孝弟之义，今灭母子之大伦，则建学果何为也。每览国家赦书，谋反大逆皆赦，至于杀祖父母、父母不赦者，以为王法所不容故也。奈何公卿处议，文饰礼典，乃至此乎！处，昌吕翻。天人之理既灭，大乱将作矣。”养后与妻荷担入蜀，不知所终。

有司收骏官属，欲诛之。侍中傅祗启曰：“昔鲁芝为曹爽司马，斩关赴爽，事见七十五卷魏邵陵厉公嘉平元年。宣帝用为青州刺史。骏之僚佐，不可悉加罪。”诏赦之。

壬寅，征汝南王亮为太宰，与太保卫瓘皆录尚书事，辅政。以秦王柬为大将军，东平王楙为抚军大将军，楚王玮为卫将军、领北军中候，下邳王晃为尚书令，东安公繇为尚书左仆射，进爵为王。楙，望之子也。封董猛为武安侯，三兄皆为亭侯。

亮欲取悦众心，论诛杨骏之功，督将侯者千八十一人。将，即亮翻。御史中丞傅咸遗亮书曰：“今封赏熏赫，震动天地，自古以来，未之有也。无功而获赏，则人莫不乐国之有祸，是祸原无穷也。滥赏所以开觊幸之心，其祸诚如此。遗，于季翻。乐，音洛。凡作此者，由东安公。人谓殿下既至，当有以正之，正之以道，众亦何怒！众之所怒者，在于不平耳；而今皆更倍论，言亮论功行赏，又倍于东安公之时也。莫不失望。”亮颇专权势，咸复谏曰：“杨骏有震主之威，委任亲戚，此天下所以喧哗。今之处重，宜反此失，静默颐神，有大得失，乃维持之，自非大事，一皆抑遣。比过尊门，冠盖车马，填塞街衢，此之翕习，既宜弭息。翕，众也，合也。习，重也，因也，仍也。言众人翕合，相因而至也。复，扶又翻。处，昌吕翻。比，毗至翻。塞，悉则翻，又夏侯长容无功而暴擢为少府，论者谓长容，公之姻家，夏侯骏，字长容。婿家女之所因，故曰姻。郑玄曰：婿父曰姻。夏，户雅翻。故至于此，流闻四方，非所以为益也。”亮皆不从。

贾后族兄车骑司马模、从舅右卫将军郭彰、晋文帝置中卫及卫将军，武帝受命，分为左右卫将军。从，才用翻。女弟之子贾谧贾后女弟贾午适韩寿，生谧。贾充无后，以谧为后。与楚王玮、东安王繇，并预国政。贾后暴戾日甚，繇密谋废后，贾氏惮之。繇兄东武公澹，素恶繇，恶，乌路翻。屡谮之于太宰亮曰："繇专行诛赏，欲擅朝政。"庚戌，诏免繇官；又坐有悖言，废徙带方。带方县，汉属乐浪郡，公孙度置带方郡。杜佑曰：建安中，公孙康分屯有、有盐县以南荒地，置带方郡。

于是贾谧、郭彰权势愈盛，宾客盈门。谧虽骄奢而好学，喜延士大夫，好，呼到翻。喜，许记翻。郭彰、石崇、陆机、机弟云、和郁及荥阳潘岳、武帝泰始二年，分河南置荥阳郡。清河崔基、齐大夫崔氏之后。勃海欧阳建、姓谱：越王句践之后封于乌程欧阳，子孙因以为氏。兰陵缪徵、是年，分东海置兰陵郡。京兆杜斌、挚虞、按毛诗传，挚国出于任姓，子孙以国为氏。琅邪诸葛诠、诠，且缘翻。弘农王粹、襄城杜育、武帝泰始二年，分汝南置襄城郡。南阳邹捷、齐国左思、沛国刘瓌、周恢、安平牵秀、颍川陈眕、高阳许猛、泰始元年，分河间涿郡置高阳国。瓌，姑回翻。眕，止忍翻。彭城刘讷、中山刘舆、舆弟琨皆附于谧，号曰二十四友。郁，峤之弟也。崇与岳尤谄事谧，每候谧及广城君郭槐出，皆降车路左，望尘而拜。

3 太宰亮、太保瓘以楚王玮刚愎好杀，恶之，愎，蒲逼翻。好，呼到翻。恶，乌路翻；下同。欲夺其兵权，以临海侯裴楷代玮为北军中候，玮怒；楷闻之，不敢拜。不敢拜受中候之职。亮复与瓘谋，复，扶又翻；下复矫同。遣玮与诸王之国，玮益忿怨。玮长史公孙宏、舍人岐盛，姓谱：古有岐伯为黄帝师。又周太王居岐山，文王迁丰，其支庶留岐者，为岐氏。皆有宠于玮，劝玮自昵于贾后；昵，尼质翻。后留玮领太子少傅。盛素善于杨骏，卫瓘恶其反覆，将收之。盛乃与宏谋，因积弩将军李肇武帝泰始四年，罢振威、扬威护军，置左、右积弩将军。一说：晋太康中，置积射、积弩营，营二千五百人，并以将军领之。矫称玮命，谮亮、瓘于贾后，云将谋废立。后素怨瓘，以瓘抚床事也，见八十卷武帝咸康四年。且患二公执政，己不得专恣，夏，六月，后使帝作手诏赐玮曰：“太宰、太保欲为伊、霍之事，王宜宣诏，令淮南、长沙、成都王屯诸宫门，免亮及瓘官。”夜，使黄门赍以授玮。玮欲覆奏，黄门曰：“事恐漏泄，非密诏本意也。”玮亦欲因此复私怨，遂勒本军，本军，玮所掌北军也。复矫诏召三十六军，晋洛城内外三十六军。告以“二公潜图不轨，吾今受诏都督中外诸军，诸在直卫者，皆严加警备；其在外营，便相帅径诣行府，助顺讨逆。”帅，读曰率。又矫诏“亮、瓘官属，一无所问，皆罢遣之；若不奉诏，便军法从事。”遣公孙宏、李肇以兵围亮府，侍中清河王遐收瓘。

亮帐下督李龙，白“外有变，请拒之”；晋制：诸公及诸大将军皆置帐下督及门下督。亮不听。俄而兵登墙大呼，呼，火故翻。亮惊曰：“吾无贰心，何故至此！诏书其可见乎？”宏等不许，趣兵攻之。趣，读曰促。长史刘准谓亮曰：“观此必是奸谋。府中俊乂如林，犹可力战。”又不听，遂为肇所执，叹曰：“我之赤心，可破示天下也。”与世子矩俱死。

卫瓘左右亦疑遐矫诏，请拒之，须自表得报，就戮未晚；瓘不听。初，瓘为司空，武帝太康三年，瓘为司空，永熙元年免。帐下督荣晦有罪，姓谱：荣姓，周荣公之后。庄子有荣启期。斥遣之。至是，晦从遐收瓘，辄杀瓘及子孙共九人，遐不能禁。

岐盛说玮：说，输芮翻；下同。“宜因兵势，遂诛贾、郭以正王室，安天下。”玮犹豫未决。会天明，太子少傅张华使董猛说贾后曰：“楚王既诛二公，则天下威权尽归之矣，人主何以自安！宜以玮专杀之罪诛之。”贾后亦欲因此除玮，深然之。是时内外扰乱，朝廷恟惧，不知所出。恟，许勇翻。张华白帝，遣殿中将军王宫赍驺虞幡出麾众曰："楚王矫诏，勿听也！"晋制，有白虎幡、驺虞幡。白虎威猛主杀，故以督战；驺虞仁兽，故以解兵。众皆释仗而走。玮左右无复一人，窘迫不知所为，遂执之，下廷尉；下，遐稼翻。乙丑，斩之。玮出怀中青纸诏，流涕以示监刑尚书刘颂监，工衔翻。曰："幸托体先帝，而受枉乃如此乎！"公孙宏、岐盛并夷三族。

玮之起兵也，陇西王泰严兵将助玮，泰，宣帝弟子。祭酒丁绥谏曰："公为宰相，泰时为司空。晋公府有西东阁祭酒。不可轻动。且夜中仓猝，宜遣人参审定问。"问，音问也。定问，犹言实音问也。泰乃止。

卫瓘女与国臣书曰："先公名谥未显，每怪一国蔑然无言，春秋之失，其咎安在？"春秋公羊传曰：春秋，君弑，贼不讨，以为无臣子也。子沈子曰：君弑，臣不讨贼，非臣也；子不复雠，非子也。谥，神至翻。于是太保主簿刘繇等执黄幡，挝登闻鼓，古者，设谏鼓、立谤木，所以通下情也。周礼，太仆建路鼓于大寝之门外，以待达穷者。郑司农注云：穷，谓穷冤失职者，来击此鼓，以达于王，若今时上变事击鼓矣。此则登闻鼓之始也。登闻鼓之名，盖始于魏、晋之间。挝，陟加翻，击也。上言曰："初，矫诏者至，公即奉送章绶，单车从命。绶，音受。如矫诏之文唯免公官，而故给使荣晦，辄收公父子及孙，一时斩戮。乞验尽情伪，加以明刑。"乃诏族诛荣晦，追复亮爵位，谥曰文成。封瓘为兰陵郡公，谥曰成。

于是贾后专朝，朝，直遥翻；下同。委任亲党，以贾模为散骑常侍，加侍中。贾谧与后谋，以张华庶姓，无逼上之嫌，据杜预左传注，庶姓，非同姓。而儒雅有筹略，为众望所依，欲委以朝政。疑未决，以问裴頠，頠赞成之。广城君郭槐，頠从母也，故贾氏亲信頠。乃以华为侍中、中书监，頠为侍中，又以安南将军裴楷为中书令，加侍中，与右仆射王戎并管机要。华尽忠帝室，弥缝遗阙，贾后虽凶险，犹知敬重华；贾模与华、頠同心辅政，故数年之间，虽暗主在上而朝野安静，华等之功也。

4 秋，七月，分荆、扬十郡为江州。是时，方因江水之名，置江州。

5 八月，辛未，立陇西王泰世子越为东海王。

6 九月，甲午，秦献王柬薨。

7 辛丑，征征西大将军梁王肜为卫将军、录尚书事。肜，余中翻。

二年（壬子、二九二）

1 春，二月，己酉，故杨太后卒于金墉城。是时，太后尚有侍御十馀人，贾后悉夺之，绝膳八日而卒。卒，子恤翻。贾后恐太后有灵，或诉冤于先帝，乃覆而殡之，仍施诸厌劾符书、药物等。厌，益涉翻，伏也。劾，胡得翻。治鬼曰劾。

2 秋，八月，壬子，赦天下。

三年（癸丑、二九三）

1 夏，六月，弘农雨雹，深三尺。雨，于具翻。度深曰深，音式禁翻。

2 鲜卑宇文莫槐为其下所杀，弟普拨立。

3 拓拔【退："拔"作"跋"。】绰卒，子【章：甲十一行本"子"上有"弟"字；乙十一行本同；孔本同；退斋校同。】弗立。

四年（甲寅、二九四）

1 春，正月，丁酉，安昌元公石鉴薨。考异曰：本传，"鉴封昌安县侯"，今从帝纪。

2 夏，五月。匈奴郝散反，攻上党，杀长吏。秋，八月，郝散帅众降，冯翊都尉杀之。郝，呼各翻。郝散若自上党帅众向洛阳归降，当入河内界。今为冯翊都尉所杀，盖自谷远历河东界，渡河至冯翊界而被杀也。帅，读曰率。降，户江翻。

3 是岁，大饥。

4 司隶校尉傅咸卒。考异曰：三十国、晋春秋："元康四年七月，傅咸为司隶，五年五月，始亲职，十月卒。"二书附年月多差舛，故以本传为定。咸性刚简，风格峻整，初为司隶校尉，上言："货赂流行，所宜深绝。"时朝政宽弛，权豪放恣，咸奏免河南尹澹等官，澹，河南尹之名，音徒滥翻，又徒览翻。京师肃然。

5 慕容廆徙居大棘城。廆自徒河之青山徙大棘城。杜佑曰：棘城，即帝颛顼之墟，在营州郡城东南一百七十里。

6 拓跋弗卒，叔父禄官立。

五年（乙卯、二九五）

1 夏，六月，东海雨雹，深五寸。雨，于具翻。深，式浸翻。

2 荆、扬、兖、豫、青、徐六州大水。

3 冬，十月，武库火，考异曰：三十国、晋春秋云"闰月"；宋、晋五行志云"闰月庚寅"，今从晋书帝纪。焚累代之宝华传曰：赵王伦、孙秀与华有隙，疾华如雠。武库火，华惧因此变作，列兵固守，然后救之，故累代之宝及汉高祖斩白蛇剑、王莽头、孔子履等尽焚焉。据通鉴，则伦、秀之隙，开于明年。盖数诛大臣，祸皆从中起，故华惧有变而列兵固守也。及二百万人器械。十二月，丙戌，新作武库，大调兵器。调，徒钓翻。

4 拓跋禄官分其国为三部：一居上谷之北，濡源之西，自统之；水经注：濡水出御夷镇东南；镇，拓跋魏太武时所置也。师古曰：濡，音乃官翻。一居代郡参合陂之北，参合陂，在代郡参合县。后汉、晋省参合县，拓跋魏复置县，属梁城郡。使兄沙漠汗之子猗㐌统之；一居定襄之盛乐故城，定襄之盛乐，二汉志曰"成乐"；后汉志属云中郡，魏、晋省，拓跋魏后置盛乐郡。汗，音寒。㐌，徒河翻。使猗㐌弟猗卢统之。猗卢善用兵，西击匈奴、乌桓诸部，皆破之。代人卫操与从子雄及同郡箕澹姓谱：箕商，箕子之后。又晋有大夫箕郑父。从，才用翻。往依拓跋氏，说猗㐌、猗卢招纳晋人。猗㐌悦之，任以国事，晋人附者稍众。史言拓跋氏益强。当是时，晋朝大臣、宗室虽已自相屠，而四方未为变也，卫操、箕澹辈何为去华就夷如是其早计也！中国之人可为凛凛矣。汉严边关之禁，惧有罪者亡命出塞耳。若无威刑之迫乎其后，一旦去桑梓而逐水草，是必有见也。边关不之诘，朝廷不之虞，晋之无政，亦可知矣。说，输芮翻；下之说同。

六年（丙辰、二九六）

1 春，正月，赦天下。

2 下邳献王晃薨。以中书监张华为司空。太尉陇西王泰行尚书令，徙封高密王。

3 夏，郝散弟度元与冯翊、北地马兰羌、卢水胡俱反，北地有马兰山，羌居其中，因为种落之名。又按，马兰山，唐时属同州界，时盖属冯翊、北地二郡界也。卢水胡居安定界。杀北地太守张损，败冯翊太守欧阳建。败，补迈翻。

征西大将军赵王伦信用嬖人琅邪孙秀，与雍州刺史济南解系争军事，更相表奏，嬖，卑义翻，又博计翻。济，子礼翻。解，户买翻，姓也。春秋晋有大夫解扬。更，工衡翻。欧阳建亦表伦罪恶。朝廷以伦挠乱关右，挠，火高翻，搅也，扰也；又音扰，又女巧翻，又尼交翻，又女教翻。征伦为车骑将军，以梁王肜为征西大将军、都督雍、凉二州诸军事。系与其弟御史中丞结，皆表请诛秀以谢氐、羌；张华以告梁王肜，使诛之，肜许诺。秀友人辛冉为之说肜曰：为，于伪翻。“氐、羌自反，非秀之罪。”秀由是得免。伦至洛阳，用秀计，深交贾、郭，贾后大爱信之，张华使梁王肜杀秀而不遂，既至洛阳，独不能明正其罪而诛之邪！伦因求录尚书事，又求尚书令；张华、裴頠固执以为不可，伦、秀由是怨之。为伦、秀杀华、頠、系张本。

秋，八月，解系为郝度元所败，败，补迈翻。秦、雍氐、羌悉反，立氐帅齐万年为帝，围泾阳。泾阳县，前汉属安定郡，后汉、晋省。贤曰：泾阳故城，在今原州平凉县南。帅，所类翻。御史中丞周处，弹劾不避权戚，梁王肜尝违法，处按劾之。劾，户概翻，又户得翻。冬，十【章：甲十一行本“十”下有“一”字；乙十一行本同；孔本同；张校同；退斋校同。】月，诏以处为建威将军，与振威将军卢播沈约志：振威将军，始于东汉之时，宋登为之。俱隶安西将军夏侯骏，以讨齐万年。中书令陈准言于朝曰：“骏及梁王皆贵戚，非将帅之才，景怀皇后，夏侯氏也，故骏为外戚。夏，户雅翻。朝，直遥翻。进不求名，退不畏罪。周处吴人，忠直勇果，有仇无援。宜诏积弩将军孟观，以精兵万人为处前锋，必能殄寇；不然，梁王当使处先驱，以不救而陷之，其败必也。”朝廷不从。齐万年闻处来，曰：“周府君尝为新平太守，袁山松曰：汉献帝兴平元年，分安定之鹑觚、右扶风之漆置新平郡，唐为邠州。有文武才，若专断而来，断，丁乱翻。不可当也；或受制于人，此成禽耳！”

4 关中饥、疫。

5 初，略阳清水氐杨驹略阳县，汉属天水郡；后汉改天水郡为汉阳郡，献帝初平四年，分汉阳、上郡置永阳郡，魏改为广魏郡；武帝泰始中，更名略阳郡。清水县，前汉属天水郡；后汉志省，晋志复见。始居仇池。仇池方百顷，其旁平地二十馀里，四面斗绝而高，为羊肠蟠道三十六回而上。仇池，汉书地理志所谓天池大泽，在武都郡武都县西，水经注所谓瞿塘者也。贤曰：仇池山，在今成州上禄县南。三秦记曰：仇池山，在仓、洛二谷之间，常为水所冲激，故下石而上土，形似覆壶。仇池记曰：仇池百顷，周回九千四十步。天形四方，壁立千仞，自然楼橹却敌，分置调均，竦起数丈，有逾人力。东西二门。盘道下至上凡有七里。上则冈阜低昂，泉流交灌，煮土成盐。至其孙千万附魏，封为百顷王。千万孙飞龙浸强盛，徙居略阳。飞龙以其甥令狐茂搜为子，茂搜避齐万年之乱，十二月，自略阳帅部落四千家还保仇池，自号辅国将军、右贤王。关中人士避乱者多依之，茂搜迎接抚纳；欲去者，卫护资送之。是后杨氏遂世据仇池。帅，读曰率。

6 是岁，以扬烈将军巴西赵廞为益州刺史，发梁、益兵粮助雍州讨氐、羌。廞，许今翻；为赵廞乱蜀杀耿滕、陈总以启巴氐张本。

七年（丁巳、二九七）

1 春，正月，齐万年屯梁山，有众七万；前汉志：扶风好畤县有梁山。梁王肜、夏侯骏使周处以五千兵击之。处曰："军无后继，必败，不徒亡身，为国取耻。"肜、骏不听，逼遣之。癸丑，处与卢播、解系攻万年于六陌。六陌，在马嵬山西。处军士未食，肜促令速进，自旦战至暮，斩获甚众，弦绝矢尽，救兵不至。左右劝处退，处按剑曰："是吾效节致命之日也！"遂力战而死。朝廷虽以尤肜，而亦不能罪也。尤，过也。

2 秋，七月，雍、秦二州大旱，疾疫，米斛万钱。

3 丁丑，京陵元公王浑薨。九月，以尚书右仆射王戎为司徒，太子太师何劭为尚书左仆射。

戎为三公，与时浮沈，无所匡救，委事僚寀，寀，此宰翻。说文曰：同官为僚，同地为寀。尔雅曰：寀，僚官。轻出游放。性复贪吝，园田遍天下，每自执牙筹，昼夜会计，常若不足。复，扶又翻。会，古外翻。家有好李，卖之恐人得种，种，章勇翻。常钻其核。凡所赏拔，专事虚名。阮咸之子瞻尝见戎，戎问曰："圣人贵名教，老、庄明自然，其旨同异？"瞻曰："将无同！"程大昌曰：不直云"同"而云"将无同"者，晋人语度自尔也。庾亮辟孟嘉为从事，正旦大会，褚裒问嘉何在。亮曰："但自觅之。"裒历观，指嘉曰："将无是乎？"将无者，犹言殆是此人也，意以为是而未敢自主也。阮瞻指孔、老为同，亦此意。戎咨嗟良久，遂辟之。时人谓之"三语掾"。掾，于绢翻。

是时，王衍为尚书令，南阳乐广为河南尹，皆善清谈，宅心事外，宅，居也。名重当世，朝野之人，争慕效之。衍与弟澄，好题品人物，举世以为仪准。朝，直遥翻。好，呼到翻。衍神情明秀，少时，山涛见之，嗟叹良久，曰："何物老妪，生寧馨儿！少，诗照翻。杨正衡晋书音义：妪，纡遇翻。馨，呼刑翻。妪，老妇之称。今人传读"寧"如甯武子之"甯"。洪迈随笔曰：今吴中人语，尚多用"寧馨"字为言，犹言若何也。刘梦得诗，"为问中华学道者，几人雄猛得寧馨？"盖得其义。以寧字作平声读。然误天下苍生者，未必非此人也！"乐广性冲约，【章：甲十一行本"约"下有"清远"二字；乙十一行本同；孔本同；张校同。】与物无竞。每谈论，以约言析理，厌人之心，而其所不知，默如也。凡论人，必先称其所长，则所短不言自见。厌，于叶翻，伏也。见，贤遍翻。王澄及阮咸、咸从子修、泰山胡毋辅之、毋，音无。姓谱：齐宣王封母弟于毋乡，其乡本胡国，因曰胡毋氏。汉有太史胡毋恭。陈国谢鲲、城阳王尼、"尼"，晋书作"尼"。按尼，古仁字，又音夷。王尼，字孝孙，或者当读为仁字乎？然永嘉三年，书河内王尼，即此王尼也。晋书曰：尼，城阳人，或云河内人。若作尼，则当音女夷翻。新蔡毕卓，皆以任放为达，帝分汝阴置新蔡郡。任者，任物之自然；放者，纵其心而不制。至于醉狂裸体，不以为非。胡毋辅之尝酣饮，其子谦之窥而厉声呼其父字曰："彦国！年老，不得为尔！"辅之欢笑，呼入共饮。毕卓尝为吏部郎，比舍郎酿熟，比，毗寐翻，近也。卓因醉，夜至瓮间盗饮之，为掌酒者所缚，明旦视之，乃毕吏部也。乐广闻而笑之曰："名教内自有乐地，乐，音洛。何必乃尔！"

初，何晏等祖述老、庄，立论以为："天地万物，皆以无为本。无也者，开物成务，易系辞曰：夫易开物成务。韩康伯注曰：言易通万物之志，成天下之务。张氏曰：物，凡物也；务，事也。开，明之也；成，处之也。事无大小，不能明则何由处矣。杨万里曰：开达物理，成就世务。

余谓何晏之旨，以为事事物物，自无而有。无者，物之未生，事之未形见者也。故曰无者开物成务，与诸儒说易之旨不同。无往而不存者也。阴阳恃以化生，贤者恃以成德。故无之为用，无爵而贵矣！”王衍之徒皆爱重之。由是朝廷士大夫皆以浮诞为美，弛废职业。裴頠著崇有论以释其蔽曰：“夫利欲可损而未可绝有也，事务可节而未可全无也。盖有饰为高谈之具者，深列有形之累，盛陈空无之美。形器之累有征，累，力瑞翻。空无之义难检；辩巧之文可悦，似象之言足惑；众听眩焉，溺其成说。虽颇有异此心者，辞不获济，屈于所习，济，通也。谓虚无习以成俗，崇有者辞不能通其意，遂为所屈也。因谓虚无之理诚不可盖。盖，掩也。一唱百和，和，户卧翻。往而不反，遂薄综世之务，贱功利【严：“利”改“烈”。】之用，高浮游之业，卑经实之贤。经实，谓有经世之实用者。人情所徇，名利从之，于是文者衍其辞，讷者赞其旨。立言藉于虚无，谓之玄妙；处官不亲所职，谓之雅远；处，昌吕翻。奉身散其廉操，谓之旷达；故砥砺之风，弥以陵迟。砥砺，谓砥节砺行也。放者因斯，或悖吉凶之礼，悖，蒲内翻。忽容止之表，渎长幼之序，混贵贱之级，甚者至于裸裎亵慢，无所不至，裸裎，露体也。裸，郎果翻。裎，驰成翻。士行又亏矣。行，下孟翻。

夫万物之有形者，虽生于无，然生以有为已分，物之未生，则有无未分，既生而有，则与无为已分矣。则无是有之所遗者也。遗，弃也。故养既化之有，非无用之所能全也；治既有之众，非无为之所能修也。治，直之翻。心非事也，而制事必由于心，然不可谓心为无也；匠非器也，而制器必须于匠，然不可谓匠非有也。是以欲收重渊之鳞，非偃息之所能获也；重，直龙翻。陨高墉之禽，非静拱之所能捷也。由此而观，济有者皆有也，虚无奚益于已有之群生哉！”然习俗已成，頠论亦不能救也。

4 拓跋猗㐌度漠北巡，因西略诸国，既度漠北，遂西行略取诸国。积五岁，降附者三十馀国。降，户江翻。

八年（戊午、二九八）

1 春，三月，壬戌，赦天下。

2 秋，九月，荆、豫、徐、扬、冀五州大水。

3 初，张鲁在汉中，賨人李氏自巴西宕渠往依之。宕渠县，汉属巴郡；蜀先主分置宕渠郡；晋属巴西郡；唐为渠州。今渠州流江县东北七十里有古賨国城。李氏之先，廪君之苗裔也，世居巴中。秦并天下，以为黔中郡，薄赋敛之，口岁出钱四十。巴人呼赋为賨，因谓之賨人焉。又按晋志：刘璋分巴郡垫江置巴西郡。刘备割巴郡之宕渠、宣汉、汉昌三县，置宕渠郡，寻省，以县并属巴西郡。则宕渠之属巴西，盖晋时也。賨，徂宗翻。宕，徒浪翻。魏武帝克汉中，事见六十八卷汉献帝建安二十年。李氏将五百馀家归之，拜为将军，迁于略阳北土，号曰巴氐。魏分临渭、平襄、略阳、清水四县，置广魏郡；晋泰始中，更名略阳郡。其孙特、庠、流，皆有材武，善骑射，性任侠，州党多附之。侠，户颊翻。

及齐万年反，关中荐饥，荐，才甸翻。尔雅：仍饥为荐。略阳、天水六郡民流移就谷入汉川者数万家，道路有疾病穷乏者，特兄弟常营护振救之，由是得众心。流民至汉中，上书求寄食巴、蜀，朝议不许，遣侍御史李苾持节慰劳，朝，直遥翻。苾，蒲必翻，又蒲蔑翻。劳，力到翻。且监察之，监，古衔翻。不令入剑阁。苾至汉中，受流民赂，表言：“流民十万馀口，非汉中一郡所能振赡；蜀有仓储，人复丰稔，复，扶又翻。宜令就食。”朝廷从之。由是散在梁、益，不可禁止。李特至剑阁，太息曰：“刘禅有如此地，面缚于人，岂非庸才邪！”闻者异之。李特事始此。考异曰：帝纪：“元康七年，关中饥；八年，雍州有年。”而华阳国志、三十国、晋春秋，皆云“八年，特就谷入蜀。”今从之。

4 张华、陈准以赵王、梁王，相继在关中，皆雍容骄贵，师老无功，雍容，和缓自得之貌。骄贵，以贵而自骄也。师久不决，坐自困敝为老。言二王不任军事。乃荐孟观沈毅有文武才用，沈，持林翻。使讨齐万年。观身当矢石，大战十数，皆破之。

王崇武标点容肇祖聂崇岐覆校

资治通鉴卷第八十三

端明殿学士兼翰林侍读学士朝散大夫右谏议大夫
充集贤殿修撰权判西京留司御史台上柱国河内郡 司马光 奉敕编集
开国侯食邑一千三百户食实封四百户赐紫金鱼袋臣

后　学　天　台 胡三省 音　注

晋纪五 起屠维协洽（己未），尽上章涒滩（庚申），凡二年。

孝惠皇帝上之下

元康九年（己未、二九九）

1 春，正月，孟观大破氐众于中亭，水经注：扶风美阳县有中亭水，亦谓之中亭川，在美阳县西。获齐万年。

2 太子洗马陈留江统洗，悉荐翻。以为戎、狄乱华，宜早绝其原，乃作徙戎论以警朝廷曰："夫夷、蛮、戎、狄，地在要荒，周礼：九州之外，谓之蕃国，谓东夷、南蛮、西戎、北狄也。国语曰：蛮、夷要服，戎、狄荒服。韦昭注曰：要者，要结好信而服从之。荒者，言荒忽无常也。要，一遥翻。禹平九土而西戎即叙。孔安国曰：言荒服之外，流沙之内，皆就次叙。班固曰：即叙者，言就而叙之。其性气贪婪，婪，卢含翻。凶悍不仁。悍，侯罕翻，又下罕翻。四夷之中，戎、狄为甚，弱则畏服，强则侵叛。当其强也，以汉高祖困于白登、孝文军于霸上。及其弱也，以元、成之微而单于入朝。此其已然之效也。单，音禅。朝，直遥翻。是以有道之君牧夷、狄也，惟以待之有备，御之有常，虽稽颡执贽周礼：蕃国世一见，各以其所贵宝为贽。

稽，音启。而边城不弛固守，汉元帝时，匈奴单于请罢边塞守备，侯应以为不可。所谓不弛固守也。强暴为寇而兵甲不加远征，周宣王薄伐猃狁，至于太原，尽境而返，比于蚊虻，驱之而已，所谓不加远征也。期令境内获安，疆埸不侵而已。

及至周室失统，诸侯专征，封疆不固，利害异心，戎、狄乘间，得入中国，如戎伐鲁济西，山戎病燕，狄伐卫、邢，长狄入三国之类。间，古苋翻。或招诱安抚以为己用，如申、缯以西戎攻杀周幽王，晋迁陆浑之戎于伊川，与之掎角，以败秦师于殽，楚以蛮军与晋战于鄢陵。诱，音酉。自是四夷交侵，与中国错居。如徐夷在齐、晋、鲁、宋之间，鲜虞介燕、晋之境，赤狄居上党之地，陆浑戎居伊、洛之间，义渠、大荔居秦、晋之域，戎蛮子居梁、霍之地。及秦始皇并天下，兵威旁达，攘胡，走越，当是时，中国无复四夷也。事见秦纪。

汉建武中，马援领陇西太守，讨叛羌，徙其馀种于关中，种，章勇翻。居冯翊、河东空地。数岁之后，族类蕃息，蕃，扶元翻。既恃其肥强，且苦汉人侵之；永初之元，群羌叛乱，覆没将守，屠破城邑，邓骘败北，侵及河内，十年之中，夷、夏俱敝，任尚、马贤，仅乃克之。事并见汉纪。按汉光武建武十一年，马援讨羌，降之。安帝永初元年，羌反。自建武十一年至永初元年，凡七十三年。“数岁之后”，当作“数十岁之后”。将，即亮翻。守，式又翻。骘，之日翻。夏，户雅翻。任，音壬。自此之后，馀烬不尽，小有际会，辄复侵叛，复，扶又翻。中世之寇，惟此为大。魏兴之初，与蜀分隔，疆埸之戎，一彼一此。武帝徙武都氐于秦川，事见六十八卷汉献帝建安廿三年。欲以弱寇强国，扞御蜀虏，此盖权宜之计，非万世之利也。今者当之，已受其敝矣。

夫关中土沃物丰，帝王所居，周都丰、镐，秦都咸阳，汉都长安，皆关中之地。未闻戎、狄宜在此土也。非我族类，其心必异。而因其衰敝，迁之畿服，畿服，谓邦畿千里之内。士庶玩习，侮其轻弱，使其怨恨之气毒于骨髓；至于蕃育众盛，蕃，扶袁翻。则坐生其心。以贪悍之性，挟愤怒之情，候隙乘便，辄为横逆；横，户孟翻。而居封域之内，无障塞之隔，掩不备之人，收散野之积，积，子赐翻，聚也。故能为祸滋蔓，暴害不测，此必然之势，已验之事也。当今之宜，宜及兵威方盛，众事未罢，徙冯翊、北地、新平、安定界内诸羌，着先零、罕开、析支之地，徙扶风、始平、京兆之氐，出还陇右，着阴平、武都之界，先零、罕开、析支之地，自湟中西至赐支河首。阴平、武都，旧白马氐地也。着，直略翻。零，音怜。开，苦坚翻。廪其道路之粮，令足自致，“廪”当作“禀”，给也；下廪粮同。各附本种，种，章勇翻。反其旧土，使属国、抚夷就安集之。属国都尉及抚夷护军也。戎、晋不杂，并得其所，纵有猾夏之心，孔安国曰：猾，乱也；夏，华夏也。夏，户雅翻。风尘之警，则绝远中国，隔阂山河，远，于愿翻。阂，与碍同。虽有寇暴，所害不广矣。

难者曰：氐寇新平，关中饥疫，百姓愁苦，咸望宁息；而欲使疲悴之众，徙自猜之寇，恐势尽力屈，绪业不卒，难，乃旦翻。悴，秦醉翻。卒，子恤翻，终也。前害未及弭而后变复横出矣。复，扶又翻。答曰：子以今者群氐为尚挟馀资，悔恶反善，怀我德惠而来柔附乎？将势穷道尽，智力俱困，惧我兵诛以至于此乎？曰：无有馀力，势穷道尽故也。然则我能制其短长之命而令其进退由己矣。夫乐其业者不易事，乐，音洛。安其居者无迁志。方其自疑危惧，畏怖促遽，怖，普布翻。故可制以兵威，使之左右无违也。迨其死亡流散，离逷未鸠，逷，他历翻。尔雅曰：逷，远也。鸠，集也。与关中之人，户皆为雠，谓氐、羌之反，暴掠平民，关中之人怨毒之，户皆为雠敌。故可遐迁远处，令其心不怀土也。夫圣贤之谋事也，为之于未有，治之于未乱，治，直之翻。道不著而平，德不显而成。其次则能转祸为福，因败为功，值困必济，遇否能通。否，皮鄙翻。今子遭敝事之终而不图更制之始，更，工衡翻。爱易辙之勤而遵覆车之轨，何哉！车覆于前，不可遵其辙，当易路而行；若遵覆车之迹，则后车又将覆矣。且关中之人百馀万口，率其少多，率，列恤翻，约数也。少，诗沼翻。戎、狄居半，处之与迁，必须口实。口实，谓粮食也。处，昌吕翻。若有穷乏，糁粒不继者，糁，桑颔翻。以米和羹也。故当倾关中之谷以全其生生之计，必无挤于沟壑而不为侵掠之害也。氐、羌穷乏，势必聚而侵掠，晋朝欲弭其害，故当倾谷以给之。挤，子西翻，又子细翻。今我迁之，传食而至，谓所过郡县递给其食也。传，直恋翻。附其种族，自使相赡，而秦地之人得其半谷，言关中居人，戎、狄居半，今迁使归其旧地，则秦中百姓将食其所积之谷，以约率之，正得常居之半谷也。种，章勇翻；下馀种同。此为济行者以廪粮，遗居者以积仓，遗，于季翻。宽关中之逼，去盗贼之原，去，羌吕翻。除旦夕之损，建终年之益。若惮蹔举之小劳蹔，与暂同。而忘永逸之弘策，惜日月之烦苦而遗累世之寇敌，非所谓能创业垂统，谋及子孙者也。

并州之胡，本实匈奴桀恶之寇也，建安中，使右贤王去卑诱质呼厨泉，听其部落散居六郡。谓并州所统六郡也。晋书匈奴传曰：匈奴与晋人杂居，平阳、西河、太原、新兴、上党、乐平，莫不有焉。质呼厨泉事见六十七卷汉献帝建安二十一年。质，音致。咸熙之际，以一部太强，分为三率，率，读曰帅，音所类翻。泰始之初，又增为四；于是刘猛内叛，连结外虏，事见七十九卷武帝泰始七年、八年。近者郝散之变，发于谷远。谷远县，汉属上党郡，晋省，盖其地犹存旧县名也。刘昫曰：谷远，今沁源县。宋白曰：汉谷远故县，在沁源县南百五十步，孤远故城是也。晋地记云：谷远，今名孤远，后代语讹耳。郝散事见上卷四年。今五部之众，户至数万，人口之盛，过于西戎；其天性骁勇，弓马便利，倍于氐、羌。骁，坚尧翻。若有不虞风尘之虑，则并州之域可为寒心。刘渊之祸，江统固逆知之矣。

正始中，毌丘俭讨句骊，事见七十五卷魏邵陵厉公正始七年。句，如字，又音驹。骊，力知翻。徙其馀种于荥阳。种，章勇翻。始徙之时，户落百数；子孙孳息，孳，津之翻，生也。今以千计；数世之后，必至殷炽。炽，昌志翻。今百姓失职，民不得安于耕凿，是失职也。犹或亡叛，犬马肥充，则有噬啮，况于夷、狄，能不为变！但顾其微弱，势力不逮耳。顾，内顾也。

夫为邦者，忧不在寡而在不安，论语：孔子曰：丘闻有国有家者，不患寡而患不均，不患贫而患不安。以四海之广，士民之富，岂须夷虏在内然后取足哉！此等皆可申谕发遣，还其本域，慰彼羁旅怀土之思，释我华夏纤介之忧，夏，户雅翻。'惠此中国，以绥四方，'诗大雅民劳之辞。德施永世，于计为长也！"朝廷不能用。

3 散骑常侍贾谧侍讲东宫，对太子倨傲，成都王颖见而叱之；谧怒，言于贾后，出颖为平北将军，镇邺。考异曰：帝纪云："以颖为镇北大将军。"今从本传。征梁王肜为大将军、录尚书事；以河间王颙为镇西将军，镇关中。肜，余中翻。颙，鱼容翻。初，武帝作石函之制，非至亲不得镇关中，颙轻财爱士，朝廷以为贤，故用之。颙，安平献王孚之孙，太原烈王瓌之子也，初袭父爵，咸宁三年，改封河间。为颖、颙各据方镇以阻兵张本。

4 夏，六月，【章：甲十一行本"月"下有"戊戌"二字；乙十一行本同；孔本同。】高密文献王泰薨。考异曰：帝纪云"陇西王"，本传云："泰为尚书令，改封高密。"纪误。

5 贾后淫虐日甚，私于太医令程据等；晋志：太医令，属宗正。又以簏箱载道上年少入宫，簏，卢谷翻。说文：竹高箧也。少，诗照翻。复恐其漏泄，往往杀之。复，扶又翻。贾模恐祸及己，甚忧之。裴頠与模及张华议废后，更立谢淑妃。谢淑妃，太子之母也。頠，鱼毁翻。更，工衡翻。考异曰：贾后传曰："模与裴頠、王衍谋废之，衍后悔而止。"今从頠传。模、华皆曰："主上自无废黜之意，而吾等专行之，傥上心不以为然，将若之何！且诸王方强，朋党各异，恐一旦祸起，身死国危，无益社稷。"頠曰："诚如公言。然宫中逞其昏虐，乱可立待也。"华曰："卿二人于中宫皆亲戚，言或见信，宜数为陈祸福之戒，庶无大悖，则天下尚未至于乱，吾曹得以优游卒岁而已。"张华处昏乱之朝，位冠群后，而持心如此，天殆假手于赵王伦而诛之也。数，所角翻。为，于伪翻。卒，子恤翻。悖，蒲内翻。頠旦夕说其从母广城君，说，输芮翻。从，才用翻。令戒谕贾后以亲厚太子，贾模亦数为后言祸福；后不能用，反以模为毁己而疏之；模不得志，忧愤而卒。

秋，八月，以裴頠为尚书仆射。頠虽贾后亲属，然雅望素隆，四海惟恐其不居权位。寻诏頠专任门下事，晋制：侍中与给事黄门侍郎同管门下事。頠为侍中，专任门下事，贾后之意也。頠上表固辞，以"贾模适亡，复以臣代之，复，扶又翻。崇外戚之望，彰偏私之举，为圣朝累。"累，力瑞翻。不听。或谓頠曰："君可以言，当尽言于中宫；言而不从，当远引而去。傥二者不立，虽有十表，难以免矣。"頠慨然久之，竟不能从。史言华、頠顾恋禄位以殒首亡家。

帝为人戆騃，戆，陟降翻，愚也。騃，语骇翻，痴也。尝在华林园闻虾蟆，虾，何加翻。蟆，谟加翻。谓左右曰："此鸣者，为官乎，为私乎？"为，于伪翻。时天下荒馑，百姓饿死，帝闻之曰："何不食肉糜？"糜，忙皮翻，粥也。由是权在群下，政出多门，势位之家，更相荐托，有如互市。更，工衡翻。贾、郭恣横，横，户孟翻。货赂公行。南阳鲁褒作钱神论以讥之曰："钱之为体，有乾、坤之象，亲之如兄，字曰孔方。钱圜函方，天圜而地方，故曰有乾、坤之象。孔方，亦以钱体言。无德而尊，无势而热，排金门，入紫闼，危可使安，死可使活，贵可使贱，生可使杀。是故忿争非钱不胜，幽滞非钱不拔，怨雠非钱不解，令闻非钱不发。闻，音问。洛中朱衣、当涂之士，晋制：诸王朱衣、绛纱襮。当涂之士，谓当路柄用者。爱我家兄，皆无已已，执我之手，抱我终始。凡今之人，惟钱而已！”

又，朝臣务以苛察相高，每有疑议，群下各立私意，刑法不壹，狱讼繁滋。裴頠上表曰：“先王刑赏相称，称，尺证翻。轻重无二，故下听有常，群吏安业。去元康四年大风，庙阙屋瓦有数枚倾落，免太常荀寓；事轻责重，有违常典。五年二月有大风，兰台主者惩惧前事，求索阿栋之间，得瓦小邪十五处，兰台主者，御史台主者也，即令史之类。阿，屋之隈曲。栋，屋檼也。索，山客翻。遂禁止太常，复兴刑狱。复，扶又翻；下颂复、史复同。今年八月，陵上荆一枝围七寸二分者被斫；司徒、太常奔走道路，说文：荆，楚木也。司徒，汉丞相之职。汉制：丞相与太常掌园陵。被，皮义翻。虽知事小，而按劾难测，劾，户概翻，又户得翻。搔扰驱驰，各竞免负，负，罪负也。于今太常禁止未解。夫刑书之文有限而舛违之故无方，故有临时议处之制，言法有一定之文，而罪有故、误，情有轻、重，故制令临时随事情议处其罪。处，昌吕翻。诚不能皆得循常也。至于此等，皆为过当，当，丁浪翻。恐奸吏因缘，得为浅深也。”既而曲议犹不止，曲议，谓曲法而议，自为浅深。三公尚书刘颂复上疏曰：晋志：汉成帝置三公尚书，主断狱；光武以三公曹主岁尽考课州郡事。“自近世以来，法渐多门，令甚不一，吏不知所守，下不知所避，奸伪者因以售其情，居上者难以检其下，检校，检束也。事同议异，狱犴不平。犴，鱼旰翻。野狱曰犴。夫君臣之分，各有所司。法欲必奉，故令主者守文；理有穷塞，故使大臣释滞；事有时宜，故人主权断。塞，悉则翻。断，丁乱翻；下弘断同。主者守文，若释之执犯跸之平也；事见十四卷汉文帝三年。大臣释滞，若公孙弘断郭解之狱也；事见十八卷汉武帝元朔二年。人主权断，若汉祖戮丁公之为也。事见十一卷汉高祖五年。天下万事，自非此类，不得出意妄议，皆以律令从事。然后法信于下，人听不惑，吏不容奸，可以言政矣。"考异曰：刑法志叙颂奏，续頠表之下，而云"侍中太宰汝南王亮"。按頠表引元康八年事，时亮死已久，盖志误也。乃下诏，"郎、令史复出法驳案者，随事以闻，"然亦不能革也。郎、令史，尚书郎及尚书、兰台令史也。出法驳案者，谓出于法之外而为驳议也。驳，北角翻。

颂迁吏部尚书，建九班之制，欲令百官居职希迁，考课能否，明其赏罚。贾、郭用权，仕者欲速，事竟不行。

裴頠荐平阳韦忠于张华，魏邵陵厉公正始八年，分河东郡之汾北为平阳郡。华辟之，忠辞疾不起。人问其故，忠曰："张茂先华而不实，裴逸民欲而无厌，张华，字茂先；裴頠，字逸民。厌，于盐翻。弃典礼而附贼后，此岂大丈夫之所为哉！逸民每有心托我，我常恐其溺于深渊而馀波及我，况可褰裳而就之哉！"溺，奴狄翻。

关内侯敦煌索靖，知天下将乱，敦，徒门翻。索，苏各翻。指洛阳宫门铜驼叹曰："会见汝在荆棘中耳！"铜驼，魏明帝景初元年自长安徙之洛阳。

6 冬，十一月，甲子朔，日有食之。

7 初，广城君郭槐，以贾后无子，常劝后使慈爱太子。贾谧骄纵，数无礼于太子，数，所角翻。广城君恒切责之。恒，户登翻。广城君欲以韩寿女为太子妃，太子亦欲婚韩氏以自固；寿妻贾午及后皆不听，而为太子聘王衍少女。太子闻衍长女美，而后为贾谧聘之，为，于伪翻。少，诗照翻。长，知两翻。心不能平，颇以为言。及广城君病，临终，执后手，令尽心于太子，言甚切至。又曰："赵粲、贾午，必乱汝家事；我死后，勿复听入。深记吾言！"郭槐妒狠，而垂没之时，所以告戒其女者如此，盖多权数，故其智虑能及此耳。复，扶又翻；下同。后不从，更与粲、午谋害太子。

太子幼有令名，事见上卷武帝太康十年。及长，不好学，长，知两翻。好，呼报翻；下同。惟与左右嬉戏，贾后复使黄门辈诱之为奢靡威虐。诱，音酉。由是名誉浸减，骄慢益彰，或废朝侍而纵游逸，朝，直遥翻。于宫中为市，使人屠酤，手揣斤两，揣，初委翻。轻重不差。其母，本屠家女也，故太子好之。古者择女必求之名门，取其幽闲令淑者，良有以也。好，呼到翻。东宫月俸钱五十万，俸，扶用翻。太子常探取二月，用之犹不足。探，吐南翻，又他绀翻。探取，预取也。又令西园卖葵菜、蓝子、鸡、面等物而收其利。葵，亦菜也。鲁相公仪休拔园葵，漆室氏女曰"晋客马践吾葵，使吾终岁不食葵"是也。蓝，卢甘翻，草可以染青者也。本草图经曰：蓝实，人家蔬圃中作畦种莳，三月、四月生，苗高三四尺许，叶似水蓼，花红白色，实亦若蓼子而大，黑色。五月、六月采实。面，屑麦为之。又好阴阳小数，多所拘忌。班固曰：阴阳家盖出于羲和之官，敬顺昊天历象日月星辰，敬授人时，此其所长也。及拘者为之，则牵于禁忌，泥于小数，舍人事而任鬼神。洗马江统上书陈五事："一曰虽有微苦，宜力疾朝侍。苦，亦疾也。朝，直遥翻。二曰宜勤见保傅，咨询善道。三曰画室之功，可宜【章：甲十一行本"宜"作"且"；乙十一行本同；孔本同。】减省，画室，以五采绘画。室，屋也。画，与畫同。后园刻镂杂作，一皆罢遣。镂，郎豆翻。四曰西园卖葵、蓝之属，亏败国体，贬损令闻。败，补迈翻。闻，音问。五曰缮墙正瓦，不必拘挛小忌。"挛，闾缘翻。太子皆不从。中舍人杜锡，晋志：太子中舍人四人，咸宁四年置，以舍人才学美者为之，与中庶子共掌文翰，职如黄门侍郎，在中庶子下，洗马上。恐太子不得安其位，每尽忠谏，劝太子修德业，保令名，言辞恳切。太子患之，置针着锡常所坐毡中，着，陟略翻。刺之流血。刺，七亦翻。锡，预之子也。杜预，武帝时建平吴之功。

太子性刚，知贾谧恃中宫骄贵，不能假借之。谧时为侍中，至东宫，或舍之，于后庭游戏。詹事裴权谏曰：詹事，秦官，掌太子家。晋初未置詹事，宫事无大小皆由二傅。咸宁元年，置詹事，掌宫事，二傅不复领官属。“谧，后所亲昵，昵，尼质翻。一旦交构，则事危矣。”不从。谧谮太子于后曰：“太子多畜私财以结小人者，为贾氏故也。为，于伪翻。若宫车晏驾，彼居大位，依杨氏故事，诛臣等，废后于金墉，如反手耳。贾后杀杨骏，废太后，天地之所不容也。观其姑侄之间所言若此，则其心固不能一息安也。不如早图之，更立慈顺者，可以自安。”更，工衡翻。后纳其言，乃宣扬太子之短，布于远近。又诈为有娠，娠，升人翻，孕也。内藁物、产具，取妹夫韩寿子慰祖养之，欲以代太子。

于时朝野咸知贾后有害太子之意，中护军赵俊请太子废后，太子不听。左卫率东平刘卞，以贾后之谋问张华，帝在东宫置卫率，初曰中卫率，泰始五年，分为左右，各领一军，愍怀在东宫，又加前后二率，谓之四率。率，所律翻。华曰：“不闻。”卞曰：“卞自须昌小吏，受公成拔以至今日。须昌县，属东平国。卞自县小吏从令入洛，历官至左卫率。士感知己，是以尽言；而公更有疑于卞邪！”华曰：“假令有此，君欲如何？”卞曰：“东宫俊乂如林，时江统、潘滔、王敦等皆为东宫官属。马融曰：才过千人曰俊，百人曰乂。四率精兵万人；公居阿衡之任，若得公命，皇太子因朝入录尚书事，朝，直遥翻；下同。废贾后于金墉城，两黄门力耳。”华曰：“今天子当阳，太子，人子也，吾又不受阿衡之命，华自言事任不可以伊尹自居。忽相与行此，是无君父而以不孝示天下也。【章：甲十一行本“也”下有“虽能有成犹不免罪”八字；乙十一行本同；孔本同；张校同；退斋校同。】况权戚满朝，威柄不一，成可必乎！”贾后常使亲党微服听察于外，颇闻卞言，乃迁卞为雍州刺史。雍，于用翻。卞知言泄，饮药而死。贾后刚悍，使闻卞言而张华不以告，则华必死于贾后之手，意卞言实华泄之也。

十二月，太子长子虨病，长，知两翻。虨，甫斤翻，又方闲翻。太子为虨求王爵，不许。虨疾笃，太子为之祷祀求福。为，于伪翻。贾后闻之，乃诈称帝不豫，召太子入朝。既至，后不见，置于别室，遣婢陈舞以帝命赐太子酒三升，使尽饮之。太子辞以不能饮三升，舞逼之曰："不孝邪！天赐汝酒而不饮，臣子以君父为天，故以君父之赐为天赐。酒中有恶物邪！"太子不得已，强饮至尽，强，其两翻。遂大醉。后使黄门侍郎潘岳作书草，潘岳此事自当赤族，其后天假手于孙秀耳。令小婢承福，以纸笔及草，因太子醉，称诏使书之，文曰："陛下宜自了，不自了，吾当入了之。中宫又宜速自了，不自了，吾当手了之。并与谢妃共要，刻期两发，勿疑犹豫，以致后患。茹毛饮血于三辰之下，皇天许当扫除患害，立道文为王，蒋氏为内主。愿成，当以三牲祠北君。"太子醉迷不觉，遂依而写之。谢妃，太子母也。要，约也，言并以书与谢妃约，刻期内外俱发也。茹毛饮血，谓盟誓也。虨字道文。蒋氏，虨母蒋保林也。内主，言将立为后也。三牲，牛、羊、豕也。北君，北帝也。按此书不惟无征左，使常人观之，亦知其伪为而不可信。晋朝王、公、卿、尚书、黄、散视而不敢言。张华之谏，实亦不敢发贾氏之奸，姑引古义，依违而言之耳。裴頠请检校传书者，贾氏之奸无所逃矣，而亦不敢竟其说。上下相蒙，宜其大乱也。其字半不成，后补成之，以呈帝。

壬戌：帝幸式乾殿，召公卿入，使黄门令董猛以太子书及青纸诏示之曰："遹书如此，今赐死。"遍示诸公王，莫有言者。诸公王，宗室诸王之为公者。张华曰："此国之大祸，自古以来，常因废黜正嫡以致丧乱。丧，息浪翻。且国家有天下日浅，愿陛下详之！"裴頠以为宜先检校传书者；又请比校太子手书，不然，恐有诈妄。贾后乃出太子启事十馀纸，众人比视，亦无敢言非者。贾后使董猛矫以长广公主辞白帝曰：长广公主，武帝女，下嫁甄德。“事宜速决，而群臣各不同，其不从诏者，宜以军法从事。”欲以此言胁群臣也。议至日西，不决。后见华等意坚，惧事变，乃表免太子为庶人，诏许之。于是使尚书和郁等持节诣东宫，废太子为庶人。太子改服出，拜受诏，步出承华门，承华门，东宫门也。陆机诗所谓“振缨承华”是也。乘粗犊车，东武公澹以兵仗送太子及妃王氏、三子虨、臧、尚同幽于金墉城。王衍自表离婚，许之，妃恸哭而归。清谈之祸，起于何晏。何晏犹与曹爽同祸福，若王衍者，又不逮何晏矣。杀太子母谢淑媛及虨母保林蒋俊。保林、良娣，汉六宫十四等之数，魏、晋以下为东宫女官品秩。师古曰：保林，言其可安众如林也。

永康元年（庚申、三〇〇）

1 春，正月，癸亥朔，考异曰：帝纪、天文志皆有“己卯日食”，宋志无之。按长历，己卯，十七日，安得日食。赦天下，改元。

2 西戎校尉司马阎缵武帝置南蛮校尉于襄阳，西戎校尉于长安，南夷校尉于宁州，各有长史、司马。舆棺诣阙上书，以为：“汉戾太子称兵拒命，言者犹曰罪当笞耳。事见二十二卷汉武帝征和二年、三年。今遹受罪之日，不敢失道，犹为轻于戾太子。宜重选师傅，重，再也。重，直龙翻。先加严诲，若不悛改，弃之未晚也。”悛，丑缘翻。书奏，不省。省，悉景翻。缵，圃之孙也。阎圃见六十七卷汉献帝建安二十年。

贾后使黄门自首首，式救翻；下同。欲与太子为逆。诏以黄门首辞班示公卿，遣东武公澹以千兵防卫太子，幽于许昌宫，令持【张：“持”作“治”。】书御史刘振持节守之，持书御史，即治书侍御史。诏宫臣不得辞送。洗马江统、潘滔、舍人王敦、杜蕤、鲁瑶等冒禁至伊水，拜辞涕泣。晋志：太子舍人十六人，职比散骑、中书等侍郎。水经注：伊水过伊阙中，东北至洛阳县南，北入于洛。司隶校尉满奋收缚统等送狱。其系河南狱者，乐广悉解遣之；乐广时为河南尹。系洛阳县狱者，犹未释。付郡者，河南尹得解遣之；系洛阳狱者，尹不得与，故未释。都官从事孙琰说贾谧曰："所以废徙太子，以其为恶故耳。今宫臣冒罪拜辞，而加以重辟；流闻四方，乃更彰太子之德也，说，输芮翻。辟，毗亦翻。闻，音问。不如释之。"谧乃语洛汤令曹摅使释之；摅，抽居翻。语，牛倨翻。广亦不坐。敦，览之孙；王览见七十七卷魏高贵乡公甘露元年。摅，肇之孙也。曹肇见七十四卷魏明帝景初二年。太子至许，遗王妃书，遗，于季翻。自陈诬枉，妃父衍不敢以闻。

3 丙子，皇孙彪卒。非疾也。考异曰：帝纪"彪"作"霖"。按彪，字道文，不当作"霖"，今从传。

4 三月，尉氏雨血，尉氏县，自汉以来属陈留郡。应劭曰：古狱官曰尉氏，郑之别狱也。臣瓒曰：郑大夫尉氏之邑，故以为邑名。师古曰：郑大夫尉氏亦以掌狱之官故为族耳，应说是也。雨，于具翻。妖星见南方，星见妖而不知其名，故但曰妖星。妖，于骄翻。见，贤遍翻；下同。太白昼见，晋天文志曰：太白昼见，与日争明，强国弱，小国强，女主昌。中台星拆。史记天官书曰：魁下六星，两两而比者曰三台。三台色齐，君臣和；不齐，君臣乖戾。汉天文志曰：三台曰泰阶：上阶，上星为天子，下星为女主；中阶，上星为诸侯、三公，下星为卿、大夫；下阶，上星为士，下星为庶人。拆者，两星不相比也。张华少子韪劝华逊位，少，诗照翻。韪，羽委翻。华不从，曰："天道幽远，不如静以待之。"华所谓静以待之者，欲何所待也！

5 太子既废，众情愤怒。右卫督司马雅、常从督许超，皆尝给事东宫，与殿中中郎士猗等右卫督、常从督、殿中中郎，皆属二卫。武帝甚重兵官，殿中军校，多选朝廷清望之士居之。司马雅，宗室之疏属也。从，才用翻。谋废贾后，复太子。以张华、裴頠安常保位，难与行权，右军将军赵王伦执兵柄，性贪冒，冒，密北翻。可假以济事。乃说孙秀曰：说，输芮翻。“中宫凶妒无道，与贾谧等共诬废太子。今国无嫡嗣，社稷将危，大臣将起大事，而公名奉事中宫，与贾、郭亲善，太子之废，皆云豫知，言伦、秀豫知废太子之谋。一朝事起，祸必相及，何不先谋之乎！”秀许诺，言于伦，伦纳焉，遂告通事令史张林通事令史，中书令史也。中书侍郎本通事郎，官名虽改，令史犹以通事冠之。陆机惠帝起居注曰：张林者，黑山贼张燕之曾孙。及省事张衡等，省事，亦吏职也。贾充为尚书令，以目疾表置省事吏四员，省事盖自此始。省，悉景翻。使为内应。

事将起，孙秀言于伦曰：“太子聪明刚猛，若还东宫，必不受制于人。明公素党于贾后，道路皆知之，今虽建大功于太子，太子谓公特逼于百姓之望，翻覆以免罪耳，言百姓望太子复，伦等畏逼，故背贾氏复太子以求自免罪。虽含忍宿忿，必不能深德明公，若有瑕衅，犹不免诛。不若迁延缓期，迟其事而迁延未发也。贾后必害太子，然后废贾后，为太子报雠，为，于伪翻。非徒免祸而已，乃更可以得志。”伦然之。

秀因使人行反间，间，古苋翻。言殿中人欲废皇后，立太子，司马雅、许超、士猗皆殿中人也。贾后数遣宫婢微服于民间听察，数，所角翻。闻之甚惧。伦、秀因劝谧等早除太子以绝众望。癸未，贾后使太医令程据和毒药，和，户卧翻。矫诏使黄门孙虑至许昌毒太子。太子自废黜，恐被毒，常自煮食于前；被，皮义翻。虑以告刘振，振乃徙太子于小坊中，绝其食，宫人犹窃于墙上过食与之。虑逼太子以药，太子不肯服，虑以药杵椎杀之。椎，传追翻。有司请以庶人礼葬，贾后表请以广陵王礼葬之。

6 夏，四月，辛卯朔，日有食之。

7 赵王伦、孙秀将讨贾后，告右卫佽飞督闾和，晋制：右卫有佽飞、虎贲二督。佽飞，荆人，赴江斩蛟，古勇士也；自汉以来以为卫士之号。

佽，日四翻。和从之，期以癸巳丙夜一筹，以鼓声为应。丙夜，夜三鼓；丙夜一筹，三更一点也。癸巳，秀使司马雅告张华曰："赵王欲与公共匡社稷，为天下除害，为，于伪翻。使雅以告。"华拒之。雅怒曰："刃将在颈，犹为是言邪！"不顾而出。华素有筹略，雅辞气之悖如此而无以处之，盖亦知众怒不可遏，而已为贾后用心，不敢背之，搏手无策，待死而已。

及期，伦矫诏敕三部司马曰：晋二卫有前驱、由基、强弩三部司马。"中宫与贾谧等杀吾太子，今使车骑入废中宫，时赵王伦以车骑将军领右军将军。汝等皆当从命，事毕，赐爵关中侯，不从者诛三族。"众皆从之。又矫诏开门，夜入，陈兵道南，御道之南也。遣翊军校尉齐王冏武帝太康元年，置翊军校尉。冏，居永翻。将百人排阁而入，华林令骆休为内应，华林令，华林园令也。魏起芳林园，后避齐王芳讳，改曰华林园。有天渊池，池中有魏文帝九花丛殿。晋志：华林令属大鸿胪。姓谱：齐太公之后，有公子骆，子孙以为氏。又秦之先有大骆。迎帝幸东堂，以诏召贾谧于殿前，将诛之。谧走入西钟下，呼曰："阿后救我！"呼，火故翻。阿，今相传从安入声。就斩之。贾后见齐王冏，惊曰："卿何为来？"冏曰："有诏收后。"后曰："诏当从我出，何诏也！"后至上阁，遥呼帝曰："陛下有妇，使人废之，亦行自废矣。"是时，梁王肜亦预其谋，后问冏曰："起事者谁？"冏曰："梁、赵。"后曰："系狗当系颈，反系其尾，何得不然！"恨不先诛梁、赵也。遂废后为庶人，幽之于建始殿。收赵粲、贾午等付暴室考竟。晋志：暴室令，属光禄勋。诏尚书收捕贾氏亲党，召中书监、侍中、黄门侍郎、八座皆夜入殿。尚书始疑诏有诈，郎师景露版奏请手诏，郎，尚书郎也。师，姓；景，名。伦等斩之以徇。

伦阴与秀谋篡位，欲先除朝望，朝，直遥翻。且报宿怨，乃执张华、裴頠、解系、解结等于殿前。伦、秀怨华、頠、系，事见上卷元康六年。结，系弟也。秀乱关中，结议秀罪应诛，故亦怨之。华谓张林曰："卿欲害忠臣邪？"林称诏诘之曰：诘，去吉翻。"卿为宰相，太子之废，不能死节，何也？"华曰："式乾之议，臣谏事具存，可覆按也。"林曰："谏而不从，何不去位？"华无以对。遂皆斩之，仍夷三族。解结女适裴氏，明日当嫁而祸起，裴氏欲认活之，女曰："家既如此，我何以活为！"亦坐死。朝廷由是议革旧制，女不从死。不从父母家坐死也。甲午，伦坐端门，宫门正南门曰端门。遣尚书和郁持节送贾庶人于金墉；杨太后、太子遹之废，史皆不书为庶人，此独书贾庶人者，正其罪也。诛刘振、董猛、孙虑、程据等；司徒王戎及内外官坐张、裴亲党黜免者甚众。阎缵抚张华尸恸哭曰："早语君逊位而不肯，今果不免，命也！"语，牛倨翻。

于是赵王伦称诏赦天下，自为使持节、都督中外诸军事、相国、侍中，一依宣、文辅魏故事，晋志曰：丞相、相国，秦官也，晋受魏禅，并不置。自惠帝之后，省置无恒，为之者赵王伦、梁王肜、成都王颖、南阳王保、王敦、王导之徒，非复人臣之职也。今按宣王懿以丞相辅魏，文王昭以相国辅魏，皆非人臣之职。置府兵万人，以其世子散骑常侍荂领冗从仆射，荂，枯花翻；杨正衡音孚。晋志：冗从仆射，属光禄勋。从，才用翻。子馥为前将军，封济阳王；济，子礼翻。虔为黄门郎，封汝阴王；诩为散骑侍郎，封霸城侯。黄门郎，即黄门侍郎。散骑侍郎，魏初与散骑常侍同置。自魏至晋，散骑常侍、侍郎与侍中、黄门侍郎共平尚书奏事，皆要官也。孙秀等皆封大郡，并据兵权，文武官封侯者数千人，百官总己以听于伦。朱氏曰：总己，谓总摄己职。伦素庸愚，复受制于孙秀。复，扶又翻。秀为中书令，威权振朝廷，天下皆事秀而无求于伦。

诏追复故太子遹位号，使尚书和郁帅东宫官属迎太子丧于许昌，帅，读曰率。追封遹子虨为南阳王，封虨弟臧为临淮王，尚为襄阳王。

有司奏："尚书令王衍备位大臣，太子被诬，志在苟免，谓太子遗王妃书，自陈诬枉，衍不敢以闻也。请禁锢终身。"从之。

相国伦欲收人望，选用海内名德之士，以前平阳太守李重、荥阳太守荀组为左、右长史，东平王堪、沛国刘谟为左、右司马，尚书郎阳平束皙为记室，魏文帝黄初二年，分魏郡置阳平郡。记室，主文翰。束皙，汉太子太傅疏广之后。广曾孙避难，因去疏字之"足"，改姓为束。续汉志曰：记室，主上章表报书记。淮南王文学荀崧、殿中郎陆机为参军。殿中郎，尚书郎也，主殿中曹。组，勖之子；勖为晋初佐命之臣。崧，彧之玄孙也。荀彧为魏初佐命之官。李重知伦有异志，辞疾不就，伦逼之不已，忧愤成疾，扶曳受拜，数日而卒。

8 丁酉，以梁王肜为太宰，左光禄大夫何劭为司徒，右光禄大夫刘寔为司空。晋志：左、右光禄大夫，假金章紫绶，品秩第二，禄赐、班位、冠帻、车服、佩玉，置吏卒羽林。后之金紫光禄大夫，盖魏、晋之左、右光禄大夫也。但魏、晋之大夫皆为专官，后世则为寄禄官耳。杜佑曰：魏、晋以来，左右光禄三大夫皆银印青绶，其重者，诏加金章紫绶者，则谓之金紫光禄大夫。重者既有金紫之号，故谓本光禄为银青光禄大夫。

9 太子遹之废也，将立淮南王允为太弟，议者不合。言有持异议者也。会赵王伦废贾后，乃以允为骠骑将军、开府仪同三司，领中护军。

10 己亥，相国伦矫诏遣尚书刘弘赍金屑酒赐贾后死于金墉城。

11 五月，己巳，诏立临海【章：甲十一行本"海"作"淮"；乙十一行本同；孔本同。】王臧为皇太孙，还妃王氏以母之；太子之废也，归王妃于父母家。太子官属即转为太孙官属，相国伦行太孙太傅。

12 己卯，谥故太子曰愍怀；六月，壬寅，葬于显平陵。

13 清河康王遐薨。

14 中护军淮南王允，性沈毅，沈，持林翻。宿卫将士皆畏服之。允知相国伦及孙秀有异志，阴养死士，谋讨之。伦、秀深惮之。秋，八月，转允为太尉，外示优崇，实夺其兵权。中护军掌兵，转太尉则兵权去矣。允称疾不拜。秀遣御史刘机逼允，收其官属以下，劾以拒诏，大逆不敬。劾，户概翻，又户得翻。允视诏，乃秀手书也。大怒，收御史，将斩之，御史走免，斩其令史二人。此兰台令史也。厉色谓左右曰："赵王欲破我家！"遂帅国兵及帐下七百人直出，国兵，淮南国兵也。帐下，中护军帐下也。帅，读曰率。大呼曰：呼，火故翻。"赵王反，我将讨之，从我者左袒。"于是归之者甚众。允将赴宫，尚书左丞王舆闭掖门，宫门端门之左曰左掖门，右曰右掖门。允不得入，遂围相府。时伦以东宫为相府。允所将兵皆精锐，将，即亮翻。伦与战屡败，死者千馀人。太子左率陈徽勒东宫兵鼓噪于内以应允。左率，即左卫率。允结陈于承华门前，弓弩齐发，射伦，飞矢雨下。陈，读曰阵。射，而亦翻。主书司马眭秘以身蔽伦，续汉志：尚书三十六曹郎，曹有三主书。此主书司马，盖相国府官属，伦所自署置。眭，息随翻，姓也。箭中其背而死。中，竹仲翻；下同。伦官属皆隐树而立，每树辄中数百箭，自辰至未。中书令陈淮，前有中书令陈准，"淮"，盖"准"字之误也。徽之兄也，欲应允，言于帝曰："宜遣白虎幡以解斗。"白虎幡以麾军进战，非以解斗也。陈准盖以帝庸愚，故请以白虎幡麾军，欲伦兵见之，以为允之攻伦，出于帝命，将自溃也。否则何以应允。乃使司马督护伏胤将骑四百持幡从宫中出，司马督护，亦殿中将校，属二卫。侍中汝阴王虔在门下省，阴与胤誓曰："富贵当与卿共之。"胤乃怀空版出，空版，不书诏之版，本无诏书，而别取空版怀之以出也。诈言有诏助淮南王。允不之觉，开阵内之，下车受诏，胤因杀之，并杀允子秦王郁、汉王迪，坐允夷灭者数千人。曲赦洛阳。不普赦天下，而独赦洛阳，故曰曲赦。

初，孙秀尝为小吏，事黄门郎潘岳，岳屡挞之。孙秀，琅邪人。潘岳为琅邪内史，秀为小吏，给岳，狡黠自喜。岳恶其为人，数挞辱之。卫尉石崇之甥欧阳建素与相国伦有隙，建表伦罪恶，见上卷元康六年。崇有爱妾曰绿珠，绿珠善吹笛。太平广记曰：今白州双角山下有绿珠井。昔梁氏之女有容貌，石崇使交州，以真珠三斛买之。梁氏之居，旧井存焉，汲饮者必诞美女。里闾以美女无益，遂以石填之。孙秀使求之，崇不与。及淮南王允败，秀因称石崇、潘岳、欧阳建奉允为乱，收之。考异曰：崇传曰："崇、建潜知其计，阴劝淮南王允、齐王冏图赵王伦。"若崇果与允同谋，允败，崇应惶惧，不应被收时，方宴于楼上。盖伦、秀以旧怨诬杀之耳。今按石崇传："孙秀索绿珠，崇不许，秀怒，乃劝伦诛崇。崇正宴于楼上，介士到门，崇谓绿珠曰：'我今为尔得罪。'绿珠泣曰：'当效死于君前。'因自投于楼下而死。"崇叹曰："奴辈利吾财尔！"收者曰："知财为祸，何不早散之！"崇不能答。初，潘岳母常诮责岳曰："汝当知足，而乾没不已乎！"盖戒岳乘时射利，不知止也。服虔曰：乾没，射成败也。如淳曰：得利为乾，失利为没。乾，音干。一说：以水为喻也，言其视利而趋，虽乾而在陆，没而灭顶，皆所不顾也。及败，岳谢母曰："负阿母。"阿，从安入声。遂与崇、建皆族诛，籍没崇家。相国伦收淮南王母弟吴王晏，欲杀之。光禄大夫傅祗争之于朝堂，朝，直遥翻。众皆谏止，伦乃贬晏为宾徒县王。宾徒县，前汉属辽西郡，后汉属辽东属国都尉，晋属昌黎郡。

齐王冏以功迁游击将军，晋志：骁骑将军、游击将军，并汉杂号将军也，魏置为中军。及晋，以领、护、左·右卫、骁骑、游击为六军。冏意不满，有恨色，孙秀觉之，且惮其在内，乃出为平东将军，镇许昌。为冏自许昌起兵讨伦张本。

15 以光禄大夫陈准为太尉，录尚书事；未几，薨。

16 孙秀议加相国伦九锡，百官莫敢异议。吏部尚书刘颂曰："昔汉之锡魏，魏之锡晋，皆一时之用，非可通行。谓禅代然后有九锡，非常典也。周勃、霍光，其功至大，皆不闻有九锡之命也。”谓周勃、霍光定策以安汉室，且不闻有九锡之命，所以折伦、秀之奸谋也。张林积忿不已，以颂为张华之党，将杀之。孙秀曰：“杀张、裴已伤时望，不可复杀颂。”林乃止。复，扶又翻；下同。以颂为光禄大夫。晋志：光禄大夫与卿同，秩中二千石，着进贤两梁冠，黑介帻，五时朝服，佩水苍玉。考异曰：三十国春秋云：“伦党大怒，谋害颂，颂惧，自杀。”颂传云：“颂为光禄，寻病卒。”今从传。遂下诏加伦九锡，复加其子荂抚军将军，抚军将军，文帝以授武帝，遂以代魏。伦以加其世子，意趣为何？虔中军将军，武帝受禅，置中军将军，统宿卫七军，寻罢，已而复置。诩为侍中。又加孙秀侍中、辅国将军，相国司马、右率如故。右率，右卫率也。不解此官者，欲握东宫兵。张林等并居显要。增相府兵为二万人，与宿卫同，并所隐匿之兵，数逾三万。

九月，改司徒为丞相，以梁王肜为之，肜固辞不受。

伦及诸子皆顽鄙无识，秀狡黠贪淫，黠，下八翻。所与共事者，皆邪佞之士，惟竞荣利，无远谋深略，志趣乖异，互相憎嫉。秀子会为射声校尉，形貌短陋，如奴仆之下者，秀使尚帝女河东公主。史言伦、秀兵已在颈，乃图非望。

17 冬，十一月，甲子，立皇后羊氏，赦天下。后，尚书郎泰山羊玄之之女也。外祖平南将军乐安孙旂，与孙秀善，故秀立之。拜玄之光禄大夫、特进、散骑常侍，封兴晋侯。晋志：光禄大夫，假银章青绶者，品秩第三；加特进，则品秩与左右光禄大夫同矣。晋置兴晋郡，在唐河州界。

18 诏征益州刺史赵廞为大长秋，廞，许今翻。以成都内史中山耿滕为益州刺史。晋诸王国置内史，犹汉王国相也。武帝太康九年，改诸王国相为内史。考异曰：帝纪作“耿胜”，载记、华阳国志作“滕”。今从之。廞，贾后之姻亲也。闻征，甚惧，惧以贾后亲党连坐。且以晋室衰乱，阴有据蜀之志，乃倾仓廪，赈流民，以收众心。以李特兄弟材武，其党类皆巴西人，与廞同郡，李特党类本巴氐，赵廞亦巴西人也。厚遇之以为爪牙。特等凭恃廞势，专聚众为盗，蜀人患之。特等入蜀事，始上卷元康八年。滕数密表："流民刚剽，蜀人愞弱，数，所角翻。剽，匹妙翻。愞，奴乱翻。主不能制客，必为乱阶，宜使还本居。若留之险地，蜀地阻险。恐秦、雍之祸更移于梁、益矣。"流民本居秦、雍。雍，于用翻。廞闻而恶之。恶，乌路翻。

州被诏书，遣文武千馀人迎滕。是时，成都治少城，益州治太城，二城皆秦张仪所筑。仪既筑太城，后一年又筑少城。太城今成都府子城也，少城唯西南北三壁，东即太城之西墉也。少，诗照翻。廞犹在太城，未去。滕欲入州，功曹陈恂谏曰："今州、郡构怨日深，州，谓益州；郡，谓成都。此言廞、滕构怨也。入城必有大祸，不如留少城以观其变，檄诸县合村保以备秦氐，李特等本巴氐，蜀人以其徙居秦州界，因谓之秦氐。陈西夷行至，陈西夷，谓西夷校尉陈总也。行至，言总来领西夷校尉之职，行且至成都也。晋置西夷校尉于汶山，平越中郎将于广州，南蛮校尉于襄阳，南夷校尉于宁州。且当待之。不然，退保犍为，西渡江源，以防非常。"江源县，汉属蜀郡，后李雄分立江源郡，晋改为多融县，又改为晋原县。唐蜀州之晋原、青城、唐安三县，皆汉江源县地。犍，居言翻。滕不从。是日，帅众入州，帅，读曰率；下同。廞遣兵逆之，战于西门，滕败死，考异曰：华阳国志曰："战于广汉宣化亭，杀传诏。"按州郡俱治成都，不容战于广汉。又赵廞若已与滕战，不应欲直入州。今从载记。郡吏皆窜走，惟陈恂面缚诣廞，请滕死；【章：甲十一行本"死"作"丧"；乙十一行本同；孔本同。】请其尸而葬之。死，读曰尸。廞义而许之。

廞又遣兵逆西夷校尉陈总。总至江阳，江阳县，汉属犍为郡，刘璋分江阳郡；唐泸州泸川、绵水二县，汉江阳之地也。闻廞有异志，主簿蜀郡赵模曰："今州郡不协，必生大变，当速行赴之。府是兵要，助顺讨逆，言西夷府总蜀兵之要，顺，谓耿滕，逆，谓赵廞，使总助滕讨廞也。谁敢动者！”总更缘道停留，比至南安鱼涪津，南安县，属犍为郡，有鱼涪津。唐眉州青神县，汉南安县地。宋白曰：荣州应灵县、资官县、嘉州龙游，皆汉南安县。比，必寐翻。涪，音浮。已遇廞军，模白总：“散财募士以拒战，若克州军，则州可得；言破廞军则益州可取，罪人斯得矣。不克，顺流而退，必无害也。”言顺流而退，廞军势不能追，必无所害。总曰：“赵益州忿耿侯，故杀之；与吾无嫌，何为如此！”兵临其前，犹发是言，陈总特庸人耳。模曰：“今州起事，必当杀君以立威，虽不战，无益也。”言至垂涕，总不听，众遂自溃。总逃草中，模着总服格战；着，陟略翻。廞兵杀模，见其非是，更搜求得总，杀之。搜，寻也。考异曰：帝纪：“廞又杀犍为太守李密、汶山太守霍固。”按华阳国志，犍为太守李苾、汶山太守杨邠，非密、固也。载记亦作“李苾”。盖纪误。

廞自称大都督、大将军、益州牧，考异曰：晋春秋云“建号太平元年”，他书无之，今不取。署置僚属，改易守令，王官被召，无敢不往。王官，谓晋朝所命者。被，皮义翻。李庠帅妹婿李含、天水任回、上官晶、扶风李攀、始平费他、帅，读曰率。杨正衡曰：晶，音精。武帝泰始二年，分扶风置始平郡。费，扶沸翻。他，徒河翻。氐苻成、隗伯等四千骑归廞。廞以庠为威寇将军，沈约志：威寇将军，四十号之第七。封阳泉亭侯，委以心膂，使招合六郡壮勇至万馀人，以断北道。六郡，即天水、略阳等六郡。壮勇，流民之壮勇者。北道，自关中入蜀之道。断，丁管翻。

王崇武标点容肇祖聂崇岐覆校

资治通鉴卷第八十四

端明殿学士兼翰林侍读学士朝散大夫右谏议大夫充集贤殿修撰权判西京留司御史台上柱国河内郡开国侯食邑一千三百户食实封四百户赐紫金鱼袋臣 司马光 奉敕编集
后学天台 胡三省 音注

晋纪六 起重光作噩（辛酉），尽玄黓阉茂（壬戌），凡二年。

孝惠皇帝中之上

永宁元年（辛酉、三〇一）此犹是永康二年；正月乙丑，赵王伦改元建始；四月，帝反正，始改元永宁。

1 春，正月，以散骑常侍安定张轨为凉州刺史。散，悉亶翻。骑，奇寄翻。轨以时方多难，阴有保据河西之志，故求为凉州。时州境盗贼纵横，难，乃旦翻。纵，子容翻。鲜卑为寇；轨至，以宋配、氾瑗为谋主，杨正衡曰：氾，音凡，姓也。瑗，于眷翻。悉讨破之，威著西土。张氏保据凉土始此。呜呼！世乱则人思自全，然求全而不能自全者亦多矣。窦融、张轨之求出河西，此求全而得全者也。谢晦、袁颢之求镇荆、襄，此求全而不能自全者也。盖窦融、张轨，始终一心以奉汉、晋，此固宜永终福禄、诒及子孙者也。谢晦、袁颢，志在据地险以全身，其用心非矣，天所不与也。然刘焉求牧益州，袁绍志图冀部，石敬瑭心欲河东，皆以之潜规非望；至其成败久速，则有非智虑所及者。

2 相国伦与孙秀使牙门赵奉诈传宣帝神语云："伦宜早入西宫。"司马懿，追谥宣皇帝。时伦以东宫为相国府，谓禁中为西宫。散骑常侍义阳王威，望之孙也，素谄事伦，伦以威兼侍中，使威逼夺帝玺绶，作禅诏，又使尚书令满奋持节、奉玺绶玺，斯氏翻。绶，音受。禅位于伦。左卫将军王舆、前军将军司马雅等帅甲士入殿，帅，读曰率。晓谕三部司马，示以威赏，无敢违者。张林等屯守诸门。屯守宫城诸门也。乙丑，伦备法驾入宫，即帝位。考异曰：三十国春秋云："伦将篡位，义阳王威执诏示嵇绍曰：'圣上法尧、舜之举，卿其然乎？'绍厉声曰：'有死而已，终不有二！'威怒，拔剑而出。及惠帝迁于金墉城，唯绍固志不从，直于金墉，绝不通伦，时人皆为之惧。"晋书忠义传云："伦篡位，绍为侍中，惠帝复祚，遂居其职。"二说不同，今皆不取。"复祚"之"祚"，当作"阼"。赦天下，改元建始。帝自华林西门出居金墉城，华林西门，华林园西门也。伦使张衡将兵守之。将，即亮翻。

丙寅，尊帝为太上皇，改金墉曰永昌宫，废皇太孙为濮阳王。濮，博木翻。立世子荂为皇太子，荂，枯花翻；杨正衡音孚。封子馥为京兆王，虔为广平王，诩为霸城王，皆侍中将兵。以梁王肜为宰衡，肜，余中翻。何劭为太宰，孙秀为侍中、中书监、票骑将军、仪同三司，票，匹妙翻。义阳王威为中书令，张林为卫将军，其馀党与，皆为卿、将，卿、将，列卿及诸中郎将也。将，即亮翻。超阶越次，不可胜纪；胜，音升。下至奴卒，亦加爵位。每朝会，貂蝉盈座，武冠，一曰武弁，诸武官冠之。侍中、中常侍加黄金珰，附蝉为文，貂尾为饰，谓之"赵惠文冠"。胡广说曰：赵武灵王效胡服，以金珰饰首，前插貂尾，为贵职；秦灭赵，以其冠赐近臣。应劭汉官曰：说者以金取坚刚，百炼不耗，蝉居高饮洁，口在腋下；貂内劲悍而外温润，此因物生义也。徐广曰：赵武灵王胡服有此，秦、汉即而用之。说者蝉取其清高饮露而不食，貂紫蔚采润而毛采不彰，故于义亦取。胡广又曰：意谓北方寒凉，本以貂皮暖额，附施于冠，因遂变成首饰。沈约曰：貂蝉之说，因物生义，非其实也。其实赵武灵王变胡服，秦灭赵，以其君冠赐侍臣，故秦、汉以来，侍臣有貂蝉也。朝，直遥翻。时人为之谚曰："貂不足，狗尾续。"史记曰：狐裘虽敝，不可补以黄狗之皮，亦此意。是岁，天下所举贤良、秀才、孝廉皆不试；旧制，贤良、秀、孝皆策试而后补官。郡国计吏及太学生年十六以上皆署吏；守令赦日在职者皆封侯；守，式又翻。郡纲纪并为孝廉，县纲纪并为廉吏。郡纲纪，功曹之属；县纲纪，主簿、录事史之属。廉吏，亦选举之一科。史言伦、秀欲以滥恩收众心。府库之储，不足以供赐与。应侯者多，铸印不给，或以白板封之。

初，平南将军孙旂之子弼、弟子髦、辅、琰皆附会孙秀，与之合族，旬月间致位通显。及伦称帝，四子皆为将军，封郡侯，以旂为车骑将军、开府。旂以弼等受伦官爵过差，必为家祸，遣幼子回责之，弼等不从，旂不能制，恸哭而已。据晋书，孙旂四子，并以吏才称于当世。附丽非人，至于灭族，择木之难也。然孙旂先与孙秀亲善，故诸子从而附会之。择交之不审，何以诏其子哉！虽恸哭，无益也。孙族之赤，旂实为之。

3 癸酉，杀濮阳哀王臧。

孙秀专执朝政，伦所出诏令，秀辄改更与夺，朝，直遥翻。更，工衡翻。自书青纸为诏，或朝行夕改，百官转易如流。张林素与秀不相能，且怨不得开府，潜与太子荂笺，言："秀专权不合众心，而功臣皆小人，挠乱朝廷，挠，火高翻，又奴巧翻。可悉诛之。"荂以书白伦，伦以示秀。秀劝伦收林，杀之，夷其三族。秀以齐王冏、成都王颖、河间王颙，各拥强兵，据方面，恶之，冏镇许昌，颖镇邺，颙镇关中。恶，乌路翻。颙，鱼容翻。乃尽用其亲党为三王参佐，加冏镇东大将军、颖征北大将军，皆开府仪同三司，以宠安之。

4 李庠骁勇得众心，赵廞浸忌之而未言。骁，坚尧翻。廞，许今翻。长史蜀郡杜淑、张粲说廞曰："将军起兵始尔，而遽遣李庠握强兵于外。谓廞使庠招合壮勇以断北道也。说，输芮翻。非我族类，其心必异，此倒戈授人也，宜早图之。"会庠劝廞称尊号，淑、粲因白廞以庠大逆不道，引斩之，并其子侄十馀人。考异曰：载记曰："及其子侄宗族三十馀人。"今从华阳国志。又国志，庠死在去年冬，晋春秋在今年春。今从之。时李特、李流皆将兵在外，廞遣人慰抚之曰："庠非所宜言，罪应死。兄弟罪不相及。"复以特、流为督将。将，即亮翻。特、流怨廞，引兵归绵竹。

廞牙门将涪陵许弇求为巴东监军，涪陵县，汉属巴郡，蜀分为涪陵郡。涪，音浮。监，音工衔翻。杜淑、张粲固执不许，弇怒，手杀淑、粲于廞阁下，淑、粲左右复杀弇。复，扶又翻。三人，皆廞之腹心也，廞由是遂衰。腹心既死，廞无所倚，故其势衰。

廞遣长史犍为费远、犍，居言翻。费，扶沸翻。蜀郡太守李苾、督护常俊督万馀人断北道，屯绵竹之石亭。苾，毗必翻。绵竹县，汉属广汉郡，晋属新都郡，唐属汉州。断，丁管翻。李特密收兵得七千馀人，夜袭远等军，烧之，死者十八九，遂进攻成都。费远、李苾及军【张："军"下脱"谘"字。】祭酒张微，夜斩关走，文武尽散。廞独与妻【章：甲十一行本"妻"下有"子"字；乙十一行本同；孔本同；张校同。】乘小船走，至广都，为从者所杀。从，才用翻。特入成都，纵兵大掠，遣使诣洛阳，陈廞罪状。

初，梁州刺史罗尚，闻赵廞反，表："廞非雄才，蜀人不附，败亡可计日而待。"诏拜尚平西将军、益州刺史，督牙门将王敦、此别一王敦。蜀郡太守徐俭、广汉太守辛冉等七千馀人入蜀。特等闻尚来，甚惧，使其弟骧于道奉迎，并献珍玩。尚悦，以骧为骑督。骧，斯将翻。骑，奇寄翻。骑督，督骑兵。特、流复以牛酒劳尚于绵竹，王敦、辛冉说尚曰：复，扶又翻。劳，力到翻。说，输芮翻。"特等专为盗贼，宜因会斩之；不然，必为后患。"尚不从。冉与特有旧，谓特曰："故人相逢，不吉当凶矣。"特深自猜惧。

三月，尚至成都。汶山羌反，尚遣王敦讨之，为羌所杀。汶，音岷。考异曰：帝纪在八月，疑是洛阳始知。今从华阳国志。

5 齐王冏谋讨赵王伦，未发，会离狐王盛、离狐县，前汉属东郡，后汉、晋属济阴郡，唐天宝元年，改为南华县，属郓州。颍川处穆晋书作"王处穆"。【章：孔本"处"上正有"王"字；张校同。】聚众于浊泽，浊泽在颍川长社县。百姓从之，日以万数。伦以其将管袭为齐王军司，讨盛、穆，斩之。冏因收袭，杀之，考异曰：齐王冏传曰："冏潜与盛、穆谋起兵诛伦，未发，恐事泄，乃与袭杀穆，送首于伦，以安其意。"今从三十国春秋。与豫州刺史何勖、龙骧将军董艾等起兵，遣使告成都王颖、河间王颙、常山王乂及南中郎将新野公歆，晋志曰：四中郎将，并后汉置；武帝以来，四中郎将或领刺史，或持节为之。歆，扶风王骏之子也。移檄征、镇、州、郡、县、国，征、镇，四征、四镇，居方面者。称："逆臣孙秀，迷误赵王，当共诛讨。有不从命者，诛及三族。"

使者至邺，成都王颖召邺令卢志谋之。志曰："赵王篡逆，人神共愤，殿下收英俊以从人望，杖大顺以讨之，百姓必不召自至，攘臂争进，蔑不克矣。"蔑，无也。颖从之，以志为谘议参军，谘议参军，晋公府皆置之，盖取谘询谋议军事也，其位在诸参军之上。仍补左长史。志，毓之孙也。卢毓见七十三卷魏明帝景初元年。颖以兖州刺史王彦、冀州刺史李毅、督护赵骧、石超等为前锋，远近响应；至朝歌，朝歌县，前汉属河内郡；晋分属汲郡；隋大业二年，改朝歌县为卫县，属卫州；有纣所都朝歌城，在县西。众二十馀万。超，苞之孙也。石苞事文帝、武帝，功参佐命。

常山王乂在其国，与太原内史刘暾各帅众为颖后继。暾，他昆翻。帅，读曰率。

新野公歆得冏檄，未知所从。嬖人王绥曰："赵亲而强，齐疏而弱，歆父扶风王骏，与赵王伦皆宣帝子，歆于伦为叔侄，其属亲；冏于歆为从子，其属视伦为疏。嬖，卑义翻，又博计翻。公宜从赵。"参军孙询大言于众曰："赵王凶逆，天下当共诛之，何亲疏强弱之有!”歆乃从冏。

前安西参军夏侯奭在始平，合众数千人以应冏，遣使邀河间王颙。颙用长史李【章：甲十一行本“李”上有“陇西”二字；乙十一行本同；孔本同。】含谋，遣振武将军河间张方讨擒奭及其党，腰斩之。沈约志：振武将军，始于西汉之末，王莽以命王况。冏檄至，颙执冏使送于伦，使，疏吏翻。遣张方将兵助伦。方至华阴，华，户化翻。颙闻二王兵盛，复召方还，更附二王。二王，谓齐王冏，成都王颖。

冏檄至扬州，州人皆欲应冏。刺史郗隆，虑之玄孙也，郗，丑之翻。郗虑，汉献帝时为御史大夫。以兄子鉴及诸子悉在洛阳，疑未决，悉召僚吏谋之。主簿淮南赵诱、前秀才虞潭皆曰：“赵王篡逆，海内所疾；今义兵四起，其败必矣。为明使君计，莫若自将精兵，径赴许昌，上策也；齐王冏时镇许昌。遣将将兵会之，中策也；量遣小军，随形助胜，下策也。”将，息亮翻。量，音良。隆退，密与别驾顾彦谋之，彦曰：“诱等下策，乃上计也。”治中留宝、主簿张褒、西曹留承闻之，请见，曰：“不审明使君今当何施?”隆曰：“我俱受二帝恩，二帝，谓宣帝、武帝。或曰：二帝，谓惠帝及赵王伦，非也。无所偏助，欲守州而已。”承曰：“天下，世祖之天下也；文帝庙号世祖。文帝平诸葛诞，灭蜀，始弘晋业。太上承代已久，太上，谓惠帝，时号太上皇。今上取之，不平，今上，谓赵王伦。齐王顺时举事，成败可见。言齐王冏举事必成，赵王伦必败也。使君不早发兵应之，狐疑迁延，变难将生，难，乃旦翻。此州岂可保也!”隆不应。潭，翻之孙也。虞翻事吴主权，以直闻。隆停檄六日不下，停冏檄不下曹。下，遐嫁翻。将士愤怨。参军王邃镇石头，将士争往归之，隆遣从事于牛渚禁之，不能止。平吴之后，扬州移镇秣陵。今于牛渚禁将士往石头，疑此时扬州又还治淮南也。将士遂奉邃攻隆，隆父子及顾彦皆死，传首于冏。

安南将军、监沔北诸军事孟观，以为紫宫帝座无他变，晋志：北极五星，钩陈六星，皆在紫宫中。钩陈中一星曰天皇大帝，大帝上九星曰华盖，所以覆蔽大帝之座也。观徒占天象而不察诸人事，此其所以死也。监，古衔翻。沔，迷兖翻。伦必不败，乃为之固守。为，于伪翻。

伦、秀闻三王兵起，大惧，三王，谓齐王冏、成都王颖、河间王颙也。诈为冏表曰："不知何贼猝见攻围，臣懦弱不能自固，乞中军见救，魏、晋以禁兵为中军。庶得归死。"以其表宣示内外；遣上军将军孙辅、折冲将军李严上军将军，盖当时所置。沈约志：折冲将军，始于建安中，曹公以乐进为之。帅兵七千自延寿关出，晋志，河南缑氏县有延寿城。帅，读曰率；下同。征虏将军张泓、左军将军蔡璜、前军将军闾和帅兵九千自崿阪关出，晋志，河南阳城县有崿阪关。杜佑曰：崿岭在河南登封县，登封，故嵩阳也。崿，五各翻。阪，音反。镇军将军司马雅、扬威将军莫原沈约志：扬威将军，魏置。姓谱：莫姓，楚莫敖之后。帅兵八千自成皋关出，晋志，河南成皋县有成皋关。以拒冏。三路出兵以拒冏。遣孙秀子会督将军士猗、许超帅宿卫兵三万以拒颖。召东平王楙为卫将军，都督诸军；又遣京兆王馥、广平王虔帅兵八千为三军继援。孙会、士猗、许超三人所将之军，为三军。伦、秀日夜祷祈、厌胜以求福；厌，益叶翻。使巫觋选战日；觋，刑狄翻。又使人于嵩山着羽衣，诈称仙人王乔，作书述伦祚长久，欲以惑众。嵩山，中岳，在颍川阳城县；汉武帝分置密高县，以奉中岳，东汉省，并入阳城县。晋阳城县，属河南郡。着，陟略翻。刘向列仙传曰：王子乔，周灵王太子晋也，好吹笙，作凤鸣。游伊、洛间，道士浮丘公接上嵩山，三十馀年。后来于山上告桓良曰："告我家，七月七日，待我于缑氏山头。"果乘白鹤驻山巅，望之不得到，举手谢时人而去。故伦、秀诈以惑众。着，陟略翻。

6 闰月，丙戌朔，日有食之。自正月至于是月，五星互经天，纵横无常。志曰：传曰：日阳，君道也；星阴，臣道也。日出则星亡，臣不得专也。昼而星见午上为经天，其占为不臣，为更王。今五星悉经天，天变所未有也。纵，子容翻。

7 张泓等进据阳翟，阳翟县，汉属颍川郡，晋属河南郡。与齐王冏战，屡破之。冏军颍阴，颍阴县，在颍川郡，颍阴去阳翟四十里。夏，四月，泓乘胜逼之，冏遣兵逆战。诸军不动，而孙辅、徐建军夜乱，径归洛自首曰：首，式救翻。“齐王兵盛，不可当，泓等已没矣！”赵王伦大恐，秘之，而召其子虔及许超还。欲召河北之军还以自卫。会泓破冏露布至，伦乃复遣之。复，扶又翻。泓等悉帅诸军济颍攻冏营，颍水出颍川阳城县少室，东南流，过阳翟县之北。帅，读曰率；下同。冏出兵击其别将孙髦、司马谭等，破之，泓等乃退。孙秀诈称已破冏营，擒得冏，令百官皆贺。

成都王颖前锋至黄桥，朝歌西有黄泽，泽水右入荡水，谓之黄雀沟。桥当在沟上。为孙会、士猗、许超所败，败，补迈翻。杀伤万馀人，士众震骇。颖欲退保朝歌，卢志、王彦曰：“今我军失利，敌新得志，有轻我之心。我若退缩，士气沮衄，不可复用。沮，在吕翻。衄，女六翻。复，扶又翻。且战何能无胜负！不若更选精兵，星行倍道，出敌不意，此用兵之奇也。”星行者，夜行戴星而行也。颖从之。伦赏黄桥之功，士猗、许超与孙会皆持节。由是各不相从，军政不一，且恃胜轻颖而不设备。颖帅诸军击之，大战于溴水，溴水出河内轵县东南，至温入河。溴，古阒翻。考异曰：赵王伦传作“激水”。今从帝纪。会等大败，弃军南走。颖乘胜长驱济河。

自冏等起兵，百官将士皆欲诛伦、秀，秀惧，不敢出中书省；及闻河北军败，忧懑不知所为。懑，母本翻，又莫困翻。孙会、许超、士猗等至，与秀谋，或欲收馀卒出战；或欲焚宫室，诛不附己者，挟伦南就孙旂、孟观；孙旂在荆州，孟观在宛。或欲乘船东走入海；计未决。辛酉，左卫将军王舆与尚书广陵公漼漼，取猥翻。帅营兵七百馀人自南掖门入宫，三部司马为应于内，攻孙秀、许超、士猗于中书省，皆斩之，遂杀孙奇、孙弼及前将军谢惔等。惔，徒甘翻。灌，伷之子也。伷，音胄。王舆屯云龙门，召八坐皆入殿中，坐，徂卧翻。使伦为诏曰："吾为孙秀所误，以怒三王；今已诛秀。其迎太上皇复位，吾归老于农亩。"传诏以驺虞幡敕将士解兵。传诏者，使之宣传诏命，因以为官名。黄门将伦自华林东门出，及太子荂皆还汶阳里第，将，如字，引也。荂，枯花翻；杨士衡音孚。洛阳城中有汶阳里，伦私第在焉。杨正衡曰：汶，音问。遣甲士数千迎帝于金墉城。百姓咸称万岁。帝自端门入，升殿，群臣顿首谢罪。诏送伦、荂等赴金墉城。广平王虔自河北还，至九曲，水经注：九曲渎，在河南巩县西。闻变，弃军，将数十人归里第。

癸亥，赦天下，改元，改元永宁。大酺五日。酺，薄乎翻。分遣使者慰劳三王。劳，力到翻。梁王肜等表："赵王伦父子凶逆，宜伏诛。"丁卯，遣尚书袁敞持节赐伦死，收其子荂、馥、虔、诩，皆诛之。凡百官为伦所用者皆斥免，台、省、府、卫，仅有存者。尚书、御史、谒者，台；门下、中书、秘书，省；府，诸公府也；卫，二卫及六军也。是日，成都王颖至。己巳，河间王颙至。颖使赵骧、石超助齐王冏讨张泓等于阳翟，泓等皆降。降，户江翻。自兵兴六十馀日，战斗死者近十万人。近，其靳翻。斩张衡、闾和、孙髦于东市，蔡璜自杀。五月，诛义阳王威。襄阳太守宗岱承冏檄斩孙旂，沈约曰：魏武帝分南郡编县以北及南阳之山都立襄阳郡。鱼豢曰：魏文帝立。永饶冶令空桐机斩孟观，永饶冶当在南阳宛县。空桐，姓；机，名。姓谱曰：汉复姓有空桐、空相二氏。世本云：空同，子姓，盖因崆峒山也。皆传首洛阳，夷三族。

8 立襄阳王尚为皇太孙。

9 六月，乙卯，齐王冏帅众入洛阳，帅，读曰率。顿军通章署，甲士数十万，威震京都。晋避景帝讳，谓京师曰京都。

10 戊辰，赦天下。

11 复封宾徒王晏为吴王。晏贬见上卷永康元年。考异曰：晏传："自宾徒徙封代王。伦诛，复本封。"今从帝纪。

12 甲戌，诏以齐王冏为大司马，加九锡，备物典策，如宣、景、文、武辅魏故事；成都王颖为大将军，都督中外诸军事，假黄钺，录尚书事，加九锡，入朝不趋，剑履上殿；考异曰：颖传曰："至邺，诏王粹加九锡，进位大将军，都督中外；颖拜受徽号，让殊礼。"按颖在洛，卢志已谓颖曰："今当与齐王共辅朝政，"明已有录尚书之命，但颖不受归邺，故朝廷使粹追命之耳。且颖功大于冏，不应独赏冏而颖未赏也。今从帝纪。河间王颙为侍中、太尉，加三赐之礼；记王制：诸侯，赐弓矢然后征，赐铁钺然后杀，赐圭瓒然后为鬯。常山王乂为抚军大将军，领左军；左军，即左军将军所统。进广陵公漼爵为王，领尚书，加侍中；进新野公歆爵为王，都督荆州诸军事，加镇南大将军。歆自南中郎将加镇南。齐、成都、河间三府，各置掾属四十人，武号森列，自东汉以来，公府皆有掾、有属，但不带武号耳。掾，以绢翻。文官备员而已，识者知兵之未戢也。己卯，以梁王肜为太宰，领司徒。肜以太师领丞相之职。

光禄大夫刘蕃女为赵世子荂妻，故蕃及二子散骑侍郎舆、冠军将军琨皆为赵王伦所委任。冠，古玩翻。大司马冏以琨父子有才望，特宥之，以舆为中书郎，中书郎，即中书侍郎。琨为尚书左丞。又以前司徒王戎为尚书令，刘暾为御史中丞，暾，他昆翻。王衍为河南尹。

新野王歆将之镇，将出镇荆州也。与冏同乘谒陵，乘，绳正翻。因说冏曰："成都王至亲，帝弟之亲，故曰至亲。说，输芮翻。同建大勋，今宜留之与辅政；若不能尔，当夺其兵权。"常山王乂与成都王颖俱拜陵，乂谓颖曰："天下者，先帝之业，王宜维正之。"闻其言者莫不忧惧。忧惧者，以冏与乂、颖必阻兵相图，将罹其祸也。卢志谓颖曰："齐王众号百万，与张泓等相持不能决；大王径前济河，功无与贰。今齐王欲与大王共辅朝政。志闻两雄不俱立，宜因太妃微疾，求还定省，颖母程才人册为成都太妃。记曲礼：凡为人子者，冬温而夏凊，昏定而晨省。省，悉景翻。委重齐王，以收四海之心，委朝政之重于齐王，则四海之人谓颖功大不居，将归心于颖。此计之上也。"颖从之。帝见颖于东堂，慰劳之。劳，力到翻。颖拜谢曰："此大司马冏之勋，臣无豫焉。"因表称冏功德，宜委以万机，自陈母疾，请归藩。即辞出，不复还营，便谒太庙，出自东阳城门，洛阳城东面北头第二门曰东阳门。遂归邺。遣信与冏别，冏大惊，驰出送颖，至七里涧，及之。水经注：鸿台陂在洛阳东北二十里，其水东流，左合七里涧。武帝泰始十年，立城东七里涧石桥。颖住车言别，流涕滂沱，滂沱，泪下如雨也。惟以太妃疾苦为忧，不及时事。由是士民之誉皆归颖。

冏辟新兴刘殷为军谘祭酒，洛阳令曹摅为记室督，汉建安三年，曹公置军谋祭酒。晋制：文武官公及诸方面征镇府，皆置军谘祭酒。汉三公及大将军府，皆有记室令史，主上章表奏报书记。曹公辅汉，以陈琳、阮瑀管记室。晋诸公府皆有记室督。摅，抽居翻。尚书郎江统、阳平太守河内苟晞参军事，晋诸公、诸从公为持节都督，增参军为六员。吴国张翰为东曹掾，孙惠为户曹掾，前廷尉正顾荣及顺阳王豹为主簿。晋制：东曹在仓曹之上，户曹在仓曹之下。廷尉属官有正、监、平。魏分南阳立南乡郡，武帝太康中，更名顺阳郡。掾，俞绢翻。豹，补教翻。惠，贲之曾孙；孙贲，吴主权从兄。荣，雍之孙也。顾雍，吴相也。殷幼孤贫，养曾祖母以孝闻，养，羊亮翻。人以谷帛遗之，遗，于季翻。殷受而不谢，直云："待后贵当相酬耳。"及长，博通经史，性倜傥有大志，长，知两翻。倜，他历翻。倜傥，卓异也。刘殷后事刘聪贵显，女充聪后宫，何足尚也！俭而不陋，清而不介，望之颓然而不可侵也。冏以何勖为中领军，董艾典枢机，又封其将佐有功者葛旟、路秀、卫毅、刘真、韩泰皆为县公，委以心膂，号曰“五公”。葛旟，牟平公。路秀，小黄公。卫毅，阴平公。刘真，安乡公。韩泰，封丘公。旟，音舆。考异曰：“路秀”，帝纪作“路季”，今从齐王冏传。

成都王颖至邺，诏遣使者就申前命；颖受大将军，让九锡殊礼。表论兴义功臣，皆封公侯。颖亦表封卢志、和演、董洪、王彦、赵骧等。又表称：“大司马前在阳翟，与贼相持既久，百姓困敝，乞运河北邸阁米十五万斛，以赈阳翟饥民。”造棺八千馀枚，以成都国秩为衣服，敛祭黄桥战士，敛，力赡翻。旌显其家，加常战亡二等。又命温县瘗赵王伦战士万四千馀人。此湨水之战也。温县属河内郡；周司寇苏忿生之国也。瘗，于计翻。皆卢志之谋也。颖貌美而神昏，不知书，然气性敦厚，委事于志，故得成其美焉。诏复遣使谕颖入辅，并使受九锡。复，扶又翻。颖嬖人孟玖不欲还洛，嬖，卑义翻，又博计翻。又，程太妃爱恋邺都，故颖终辞不拜。

初，大司马冏疑中书郎陆机为赵王伦撰禅诏，收，欲杀之；大将军颖为之辩理，得免死，为，于伪翻。因表为平原内史，以其弟云为清河内史。机友人顾荣及广陵戴渊，以中国多难，难，乃旦翻。劝机还吴；机以受颖全济之恩，且谓颖有时望，可与立功，遂留不去。为陆机、陆云为颖所杀张本。

13 秋，七月，复封常山王乂为长沙王，武帝太康十年，封乂为长沙王；楚王玮之诛，乂以同母贬为常山王；今复旧封。迁开府、骠骑将军。

14 东莱王蕤，凶暴使酒，数陵侮大司马冏，数，所角翻。又从冏求开府不得而怨之，密表冏专权，与左卫将军王舆谋废冏。事觉，八月，诏废蕤为庶人，诛舆三族，徙蕤于上庸，上庸内史陈钟承冏旨潜杀之。考异曰：帝纪：“六月庚午，蕤与王舆谋废冏，事觉得罪。甲戌，冏为大司马。”按诛舆诏已称冏为大司马，则舆事觉不应在冏为大司马前。今从三十国春秋在八月。

15 赦天下。

16 东武公澹坐不孝徙辽东。九月，征其弟东安王繇复旧爵，繇废徙，见八十二卷元康元年。拜尚书左仆射。繇举东平王楙为【章：甲十一行本“为”下有“平东将军”四字；乙十一行本同；孔本同；张校同；退斋校同。】都督徐州诸军事，镇下邳。考异曰：帝纪：“八月，楙为平东，督徐州；九月，繇复爵。”按楙传，“繇为仆射，举楙为平东”，故移在繇还后。

17 初，朝廷符下秦、雍州，使召还流民入蜀者，下，遐嫁翻。雍，于用翻。又遣御史冯该、张昌督之。李特兄辅自略阳至蜀，言中国方乱，不足复还。特然之，累遣天水阎式诣罗尚求权停至秋，又纳赂于尚及冯该；尚、该许之。朝廷论讨赵廞功，拜特宣威将军，弟流奋武将军，皆封侯。玺书下益州，条列六郡流民与特同讨廞者，将加封赏。广汉太守辛冉欲以灭廞为己功，寝朝命，寝封拜特、流之命也。下，遐嫁翻。朝，直遥翻。不以实上；所条列者，不以实上。上，时掌翻；下同。众咸怨之。六郡之众也。

罗尚遣从事督遣流民，限七月上道。上，时掌翻。时流民布在梁、益，为人佣力，闻州郡逼遣，人人愁怨，不知所为；且水潦方盛，年谷未登，无以为行资。特复遣阎式诣尚，求停至冬；复，扶又翻；下日复、复值同。辛冉及犍为太守李苾以为不可。犍，居言翻。苾，毗必翻。尚举别驾杜【章：甲十一行本“杜”上有“蜀都”二字；乙十一行本同；孔本同；张校同。】弢秀才，式为弢说逼移利害，弢亦欲宽流民一年；弢，他刀翻。为，于伪翻；下数为同。尚用冉、苾之谋，不从；弢乃致秀才板，出还家。送至为致。冉性贪暴，欲杀流民首领，取其资货，乃与苾白尚，言：“流民前因赵廞之乱，多所剽掠，宜因移设关以夺取之。”剽，匹妙翻。移，即移书也。流民安于蜀土，虽以朝命驱使还本，犹恐其不去，况欲设关以夺取其资财，是速之为乱也。尚移书梓潼太守张演，于诸要施关，搜索宝货。蜀刘氏分广汉立梓潼郡。诸要者，凡路所通，其地当往来之津要者。施关者，先未尝立关，今特设之。

特数为流民请留，数，所角翻。流民皆感而恃之，多相帅归特。特乃结大营于绵竹以处流民，帅，读曰率。处，昌吕翻。移辛冉求自宽。冉大怒，遣人分牓通衢，购募特兄弟，许以重赏。特见之，悉取以归，与弟骧改其购云："能送六郡酋【章：甲十一行本"酋"作"之"；乙十一行本同；孔本同。】豪李、任、阎、赵、上【章：甲十一行本"上"上有"杨"字；乙十一行本同；孔本同；张校同。】官及氐、叟侯王一首，赏百匹。"蜀叟自是一种。酋，慈由翻。任，音壬。于是流民大惧，归特者愈众，旬月间过二万人。流亦聚众数千人。

特又遣阎式诣罗尚求申期，申，重也；求重为期限，使流民得自宽也。式见营栅冲要，谋揜流民，叹曰："民心方危，今而速之，乱将作矣。"又知辛冉、李苾意不可回，乃辞尚还绵竹。尚谓式曰："子且以吾意告诸流民，今听宽矣。"式曰："明公惑于奸说，恐无宽理。弱而不可轻者民也，今趣之不以理，趣，读曰促。众怒难犯，左传郑子产之言。恐为祸不浅。"尚曰："然。吾不欺子，子其行矣！"式至绵竹，言于特曰："尚虽云尔，然未可信也。何者？尚威刑不立，冉等各拥强兵，一旦为变，亦非尚所能制，深宜为备。"特从之。阎式已觇知冉等之情。冬，十月，特分为二营，特居北营，流居东营，缮甲厉兵，戒严以待之。

冉、苾相与谋曰："罗侯贪而无断，断，丁乱翻。日复一日，令流民得展奸计。李特兄弟并有雄才，吾属将为所虏矣！宜为决计，欲一战以决之也。罗侯不足复问也。"复，扶又翻。乃遣广汉都尉曾元、牙门张显、刘并等潜帅步骑三万袭特营；帅，读曰率。罗尚闻之，亦遣督护田佐助元。元等至，特安卧不动，待其众半入，发伏击之，死者甚众。杀田佐、曾元、张显，传首以示尚、冉。尚谓将佐曰："此虏成去矣，谓特虽求申行期，而去计已成也。而广汉不用吾言以张贼势，辛冉为广汉太守，故称之。尚言冉轻用兵，为特所败，使其势愈张也。张，知亮翻。今若之何！"

于是六郡流民【章：甲十一行本"民"下有"李含等"三字；乙十一行本同；孔本同；张校同；退斋校同。】共推特行镇北大将军，承制封拜；以其弟流行镇东大将军，号东督护，以相镇统；又以兄辅为骠骑将军，弟骧为骁骑将军，骠，匹妙翻。骁，坚尧翻。进兵攻冉于广汉。广汉郡治广汉县，后宋置遂宁郡，齐、梁加"东"字。后魏改广汉县为方义县；后周改东遂宁为遂州，方义为遂州治所。尚遣李苾、费远帅众救冉，费，扶沸翻。畏特，不敢进。冉出战屡败，溃围奔德阳。德阳县，后汉置，属广汉郡；至唐，属剑州。特入据广汉，以李超为太守，进兵攻尚于成都。尚以书谕阎式，式复书曰："辛冉倾巧，曾元小竖，李叔平非将帅之才。李苾，字叔平。将，即亮翻。帅，所类翻。式前为节下及杜景文论留、徙之宜。晋人称方面专征之将率曰节下。杜弢，字景文。为，于伪翻。人怀桑梓，桑梓，祖父之所树以遗子孙者；故谓怀故乡者为怀桑梓。孰不愿之！但往日初至，随谷庸赁，谓往日流民初至蜀之时，无以自给，随所往逐粮，出力为人佣作。赁，女禁翻，亦佣也。一室五分，复值秋潦，潦，鲁皓翻，雨水大貌。复，扶又翻。乞须冬熟，而终不见听。绳之太过，穷鹿抵虎，流民不肯延颈受刀，以致为变。即听式言，宽使治严，即，就也。治严，犹云治装也。治，直之翻。不过去九月尽集，日月已过者为去。十月进道，令达乡里，何有如此也！"

特以兄辅、弟骧、子始、荡、雄及李含、含子国、离、任回、李攀、攀弟恭、上官晶、任臧、杨褒、上官惇等为将帅，阎式、李远等为僚佐。罗尚素贪残，为百姓患。特与蜀民约法三章，施舍赈贷，杜预曰：施恩惠，舍劳役。礼贤拔滞，军政肃然，蜀民大悦。尚频为特所败，败，补迈翻。乃阻长围，缘郫水作营，连延七百里，水经注：绵水西出绵竹县，又与湔水合，亦谓之郫江。载记曰：尚缘水作营，自都安至犍为七百里。师古曰：郫，音疲。与特相拒，求救于梁州及南夷校尉。南夷校尉统南中诸郡。

18 十二月，颍昌康公何劭薨。

19 封大司马冏子冰为乐安王，英为济阳王，超为淮南王。

太安元年（壬戌、三〇二）是年十二月，齐王冏死，方改元太安；此犹是永宁二年。

1 春，三月，冲太孙尚薨。冲，谥也。

2 夏，五月，己【章：甲十一行本“己”作“乙”；乙十一行本同；孔本同。】酉，梁孝王肜薨。

3 以右光禄大夫刘寔为太傅，寻以老病罢。

4 河间王颙遣督护衙博讨李特，姓谱：秦穆公子食采于衙，因氏焉。衙县，汉属冯翊。军于梓潼；梓潼县，汉属广汉郡；刘蜀分广汉置梓潼郡。唐剑州之梓潼、普安、黄安、永归、武连、临津、剑门皆汉梓潼县地。潼，音同。朝廷复以张微为广汉太守，军于德阳；复，扶又翻；下同。罗尚遣督护张龟军于繁城。繁县，属蜀郡。刘昫曰：唐彭州九陇县，汉繁县地。宋白曰：益州新繁县，本汉繁县。特使其子镇军将军荡等袭博；而自将击龟，破之。荡败博兵于阳沔，败，补迈翻；下所败同。梓潼太守张演委城走，巴西丞毛植以郡降。荡进攻博于葭萌，巴西郡，唐为阆、果二州之地。刘蜀改汉葭萌县为汉寿县，晋又改为晋寿。此本之汉旧县名而书之。唐为利州之绵谷、葭萌二县地。博走，其众尽降。降，户江翻。河间王颙更以许雄为梁州刺史。特自称大将军、益州牧、都督梁·益二州诸军事。

5 大司马冏欲久专大政，以帝子孙俱尽，太子遹死，帝无子矣；彪、臧、尚死，帝无孙矣。大将军颖有次立之势；颖于帝诸弟之次当及。清河王覃，遐之子也，方八岁，乃上表请立之。癸卯，立覃为皇太子，以冏为太子太师，东海王越为司空，领中书监。

6 秋，八月，李特攻张微，微击破之，遂进攻特营。李荡引兵救之，山道险陿，陿，与狭同。荡力战而前，遂破微兵。特欲还涪，荡及司马王幸谏曰："微军已败，智勇俱竭，宜乘锐气遂禽之。"特复进攻微，杀之，生禽微子存，以微丧还之。

特以其将蹇硕守德阳。蹇，九件翻，姓也。李骧军毗桥，今怀安军西北有中江，源从汉州弥牟、雒水、毗桥水三水会为一江。怀安军，汉广汉新都县之地。罗尚遣军击之，屡为骧所败。骧遂进攻成都，烧其门。李流军成都之北。尚遣精勇万人攻骧，骧与流合击，大破之，还者什一二。许雄数遣军攻特，不胜，数，所角翻。特势益盛。

建宁大姓李睿、毛诜逐太守许【章：甲十一行本"许"作"杜"；乙十一行本同；孔本同；退斋校同。】俊，建宁，古滇王国之地，汉开置益州郡，刘蜀更名建宁郡，唐为昆州之地。朱提大姓李猛逐太守雍约以应特，朱提县，前汉属犍为郡，后汉属犍为属国都尉，刘蜀分置朱提郡，唐为曲州之地。朱提，苏林音铢时。雍，于用翻。众各数万。南夷校尉李毅讨破之，斩诜；李猛奉笺降，而辞意不逊，毅诱而杀之。冬，十一月，丙戌，复置宁州，罢宁州见八十一卷武帝太康五年。以毅为刺史。

7 齐武闵王冏既得志，颇骄奢擅权，大起府第，坏公私庐舍以百数，坏，音怪。制与西宫等，中外失望。侍中嵇绍上疏曰："存不忘亡，易之善戒也。易大传：子曰：危者有其安者也，亡者保其存者也，乱者有其治者也。君子安而不忘危，存而不忘亡，治而不忘乱，然后身安而国家可保也。易曰：其亡其亡，系于苞桑。臣愿陛下无忘金墉，大司马无忘颍上，大将军无忘黄桥，则祸乱之萌无由而兆矣。"齐桓公与鲍叔牙、管夷吾、宁戚饮酒酣，叔牙为寿曰："愿君无忘在莒时，愿管子无忘束缚于鲁时，宁子无忘饭牛车下时。"嵇绍之言祖其意。又与冏书，以为："唐、虞茅茨，夏禹卑宫。唐、虞采椽不斲，茅茨不翦。禹卑宫室。今大兴第舍及为三王立宅，为，于伪翻。岂今日之急邪！"冏逊辞谢之，然不能从。

冏耽于宴乐，不入朝见；乐，音洛。朝，直遥翻。见，贤遍翻。坐拜百官，坐受百官之拜也。一说天子用三公、九卿、诸将军，犹引而拜之；今冏安坐府第，拜授百官也。符敕三台；选用不均，以私意选用，符敕三台使奉行，不均之大者也。嬖宠用事。凡史书其人将败，必先叙其致败之由，此左氏传例。殿中御史桓豹奏事，不先经冏府，即加考竟。魏制：兰台遣二御史居殿中，伺察非法；及晋，置四人。史言冏但欲专权，考竟殿中御史，不知无君之迹愈著。南阳处士郑方处，昌吕翻。上书谏冏曰："今大王安不虑危，宴乐过度，一失也。乐，音洛。宗室骨肉，当无纤介，今则不然，二失也。蛮夷不静，大王谓功业已隆，不以为念，三失也。蛮夷不静，谓李特等寇乱梁、益也。兵革之后，百姓穷困，不闻赈救，四失也。此一失盖指成都王颖运米以收河南人心，而不敢察察言之耳。大王与义兵盟约，事定之后，赏不逾时，而今犹有【章：甲十一行本"有"上重"有"字；乙十一行本同；张校同。】功未论者，五失也。"兵法曰：赏不逾时，欲民速得为善之利也。此言颖上之功犹有未叙者。冏谢曰："非子，孤不闻过。"

孙惠上书曰："天下有五难、四不可，而明公皆居之：冒犯锋刃，一难也；冒，莫北翻。聚致英豪，二难也；与将士均劳苦，三难也；将，即亮翻。以弱胜强，四难也；兴复皇业，五难也。大名不可久荷，荷，下可翻。大功不可久任，大权不可久执，大威不可久居。大王行其难而不以为难，谓在颍上时也。处其不可而谓之可，惠之此言，婉而切。处，昌吕翻。惠窃所不安也。明公宜思功成身退之道，老子曰：功成、名遂、身退，天之道。崇亲推近，委重长沙、成都二王，长揖归藩，则太伯、子臧不专美于前矣。吴太伯以天下让，曹子臧以国让。今乃忘高亢之可危，亢，口浪翻；高极为亢。贪权势以受疑，虽遨游高台之上，逍遥重墉之内，重，直龙翻。愚窃谓危亡之忧，过于在颍、翟之时也。”颍、翟，谓颍川、阳翟也。冏不能用，惠辞疾去。冏谓曹摅曰：“或劝吾委权还国，何如?”摅曰：“物禁太盛，大王诚能居高虑危，褰裳去之，斯善之善者也。”冏不听。

张翰、顾荣皆虑及祸，翰因秋风起，思菰菜、莼羹、鲈鱼鲙，菰，一名蒋。本草曰：菰，又谓之茭，岁久，中心生白台，谓之菰米，其台中有黑者，谓之茭，至后结实，乃雕胡黑米也。莼生水中，叶似凫茨，春夏细长肥滑，三月至八月为丝莼，九月至十一月为猪莼。鲈鱼出吴松江者佳，吴人以为鲙，甚美。莼，殊伦翻。叹曰：“人生贵适志耳，富贵何为!”即引去。荣故酣饮，不省府事，省，悉景翻。长史葛旟以其废职，白冏徙荣为中书侍郎。颍川处士庾衮姓谱：庾姓，尧时为掌庾大夫，因氏焉。处，昌吕翻；下处要同。闻冏期年不朝，叹曰：“晋室卑矣，祸乱将兴!”帅妻子逃于林虑山中。帅，读曰率。虑，音庐。

王豹致笺于冏曰：“伏思元康以来，宰相在位，未有一人获终者，元康元年，杨骏诛，继而汝南王亮死。永康元年，张华、裴頠死。乃事势使然，非皆为不善也。今公克平祸乱，安国定家，乃复寻覆车之轨，复，扶又翻。欲冀长存，不亦难乎！今河间树根于关右，成都盘桓于旧魏，曹魏以邺都基王业，故谓之旧魏。新野大封于江、汉，三王方以方刚强盛之年，并典戎马，处要害之地，而明公以难赏之功，挟震主之威，独据京都，专执大权，进则亢龙有悔，易乾上九爻辞。象曰：亢龙有悔，盈不可久也。退则据于蒺藜，易困六三爻辞。陶弘景曰：蒺藜多生道上，而叶布地，子有刺，状若菱而小，有三角。长安最饶，人以故多着木屐。今军家乃铸铁作之，以布敌路，亦呼为蒺藜。易云：据于蒺藜，言其凶伤也。尔雅翼：茨，蒺藜。诗曰：墙有茨。蒺，昨失翻。藜，力脂翻，又力兮翻。冀此求安，未见其福也。”

因请悉遣王侯之国，豹因此语掇长沙王乂之怒，以杀其身。依周、召之法，召，读曰邵。以成都王为北州伯，治邺；冏自为南州伯，治宛；分河为界，各统王侯，以夹辅天子。周之时，周、召分陕而治，为二伯，以夹辅王室，故王豹欲依以为法。宛，於元翻。冏优令答之。长沙王乂见豹笺，谓冏曰："小子离间骨肉，何不铜驼下打杀！"冏乃奏豹谗内间外，间，古苋翻。坐生猜嫌，不忠不义，鞭杀之。豹将死，曰："县吾头大司马门，见兵之攻齐也！"县，读曰悬。昔伍子胥为吴王夫差所杀，将死，曰："县吾目于吴东门，见越之入吴也。"豹仿此语。

冏以河间王颙本附赵王伦，心常恨之。梁州刺史安定皇甫商，与颙长史李含不平。含被征为翊军校尉，时商参冏军事，夏侯奭兄亦在冏府。含心不自安，颙附赵王伦，奭为颙所杀，事并见上永宁元年。又与冏右司马赵骧有隙，遂单马奔颙，诈称受密诏，使颙诛冏，因说颙曰：说，输芮翻。"成都王至亲，有大功，推让还藩，甚得众心。推，吐雷翻。齐王越亲而专政，朝廷侧目。今檄长沙王使讨齐，齐王必诛长沙，吾因以为齐罪而讨之，必可禽也。去齐立成都，去，羌吕翻。除逼建亲，以安社稷，大勋也。"颙从之。是时，武帝族弟范阳王虓都督豫州诸军事。虓，宣帝弟东武城侯馗之少子。虓，虚交翻。颙上表陈冏罪状，且言："勒兵十万，欲与成都王颖、新野王歆、范阳王虓共会洛阳，请长沙王乂废冏还第，以颖代冏辅政。"颙遂举兵，以李含为都督，帅张方等趋洛阳；复遣使邀颖，帅，读曰率。趋，七喻翻。复，扶又翻。颖将应之，卢志谏，不听。

十二月，丁卯，颙表至；冏大惧，会百官议之，曰："孤首唱义兵，臣子之节，信著神明。今二王信谗作难，将若之何？"二王，谓河间王颙、成都王颖。难，乃旦翻。尚书令王戎曰："公勋业诚大；然赏不及劳，故人怀贰心。今二王兵盛，不可当也。若以王就第，委权崇让，庶可求安。”冏从事中郎葛旟怒曰：“三台纳言，不恤王事。谓尚书也。赏报稽缓，赏以报功，故曰赏报。稽，留也；缓，迟也。责不在府。自谓过不在齐府也。谗言逆乱，当共诛讨，奈何虚承伪书，遽令公就第乎！汉、魏以来，王侯就第，宁有得保妻子者邪！议者可斩！”百官震悚失色，戎伪药发堕厕，得免。

李含屯阴盘，魏收地形志：阴盘县，汉属安定郡，晋属京兆郡；鸿门、戏水皆在县界。余按汉京兆与冯翊以渭水为界。安定在冯翊之北，晋安得割安定之阴盘以属京兆邪！此魏收之误也。水经注：泠水径阴盘、新丰两原之间，北流注于渭。汉灵帝建宁三年，改新丰为都乡，封段颎为侯国。后立阴盘城，其水际城北出，谓是水为阴盘水。又北绝漕盘沟，注于渭，是则李含所屯之阴盘也。五代史志：隋废后魏平凉郡，入阴盘县。地形志，泾州有平凉郡，治阴盘县。一志之间，两阴盘并载而不觉其误，以是见史学之难精也。刘昫曰：唐泾州良原县，隋阴盘县，是即汉安定之阴盘县。宋白曰：京兆昭应县东十三里，有汉新丰县故城，亦谓之阴盘城。后汉灵帝末，移安定阴盘县寄理于此，是即京兆之阴盘也。张方帅兵二万军新安，新安县，汉属弘农郡，晋属河南郡。帅，读曰率。檄长沙王乂使讨冏。冏遣董艾袭乂，乂将左右百馀人驰入宫，闭诸门，奉天子攻大司马府，董艾陈兵宫西，纵火烧千秋神武门。千秋神武门，宫西门也。东汉曰神虎，晋及南、北诸史，皆唐群臣所定，唐太祖讳虎，避之，改为“武”。冏使人执驺虞幡唱云：“长沙王乂【章：甲十一行本无“乂”字；乙十一行本同；孔本同。】矫诏。”乂又称“大司马谋反”。是夕，城内大战，飞矢雨集，火光属天。属，之欲翻。帝幸上东门，此上东门非洛城之上东门，宫城之上东门也。矢集御前，群臣死者相枕。枕，职鸩翻。连战三日，冏众大败，大司马长史赵渊杀何勖，因执冏以降。何勖与冏同起兵，时为中领军。降，户江翻。冏至殿前，帝恻然，欲活之。乂叱左右趣牵出，趣，读曰促。斩于阊阖门外，水经注曰：按礼，王有五门，谓皋门、库门、雉门、应门、路门。魏明帝上法太极，于洛阳南宫起太极殿于汉崇德殿之故处，改雉门曰阊阖门。余按天门曰阊阖，法以名门。又按晋志，洛阳城西有广阳、西明、阊阖三门，未知孰是。此时怱怱，奚暇牵冏出都城西门乎！此必宫城之阊阖门也。徇首六军，同党皆夷三族，死者二千馀人。囚冏子超、冰、英于金墉城，废冏弟北海王寔。赦天下，改元。改元太安。李含等闻冏死，引兵还长安。

长沙王乂虽在朝廷，事无巨细，皆就邺谘大将军颖。颖以孙惠为参军，陆云为右司马。

8 是岁，陈留王薨，谥曰魏元皇帝。晋受魏禅，奉魏帝为陈留王。

9 鲜卑宇文单于莫圭部众强盛，遣其弟屈云攻慕容廆，廆击其别帅素怒延，破之。单，音禅。帅，所类翻。素怒延耻之，复发兵十万，围廆于棘城。复，扶又翻。廆众皆惧，廆曰："素怒延兵虽多而无法制，已在吾算中矣，诸君但为力战，为，于伪翻。无所忧也！"遂出击，大破之，追奔百里，俘斩万计。考异曰：载记作"素延"，下云"素延怒，率众围棘城"。按燕书纪传皆谓之"素怒延"，然则怒延是其名也。辽东孟晖，先没于宇文部，帅其众数千家降于廆，帅，读曰率。降，户江翻。廆以为建威将军。廆以其臣慕舆句勤恪廉靖，使掌府库；句心计默识，识，音志，记也。不按簿书，始终无漏。以慕舆河明敏精审，使典狱讼，覆讯清允。慕舆盖亦鲜卑之种，别为一姓。史言慕容廆善用人。

王崇武标点容肇祖聂崇岐覆校

资治通鉴卷第八十五

端明殿学士兼翰林侍读学士朝散大夫右谏议大夫
充集贤殿修撰权判西京留司御史台上柱国河内郡 司马光 奉敕编集
开国侯食邑一千三百户食实封四百户赐紫金鱼袋臣
后学天台胡三省音注

晋纪七 起昭阳大渊献(癸亥),尽阏逢困敦(甲子),凡二年。

孝惠皇帝中之下

太【章:甲十一行本"大"作"太";乙十一行本同;熊校同。】**安二年**(癸亥、三〇三)

1 春,正月,李特潜渡江击罗尚,水上军皆散走。郫水上军也。蜀郡太守徐俭以少城降,少,诗照翻。降,户江翻;下同。特入据之,惟取马以供军,馀无侵掠;赦其境内,改元建初。考异曰:帝纪:"太安元年五月,特自号大将军。"载记:"太安元年,特称大将军,改元。"后魏书李雄传云:"昭帝七年,特称大将军,号年建初。"昭帝七年,太安元年也。祖孝征修文殿御览云:"太安二年,特大赦,改年建初元年。特见杀。"三十国、晋春秋云:"太安二年正月,特僭位改年。"今从御览等书。罗尚保太城,遣使求和于特。蜀民相聚为坞者,皆送款于特,特遣使就抚之;使,疏吏翻。以军中粮少,少,诗沼翻。乃分六郡流民于诸坞就食。李流言于特曰:"诸坞新附,人心未固,宜质其大姓子弟,质,音致。聚兵自守,以备不虞。"又与特司马上官惇书曰:"纳降如受敌,不可易也。"恐其诈降,当严为之备,如待敌然。易,以豉翻。前将军雄亦以为言。特怒曰:"大事已定,但当安民，何为更逆加疑忌，使之离叛乎！”

朝廷遣荆州刺史宗岱、建平太守孙阜帅水军三万以救罗尚。朝，直遥翻。守，式又翻。帅，读曰率；下同。岱以阜为前锋，进逼德阳；特遣李荡及蜀郡太守李璜就德阳太守任臧共拒之。李特盖又分广汉立德阳郡。任，音壬；下同。岱、阜军势甚盛，诸坞皆有贰志。益州兵曹从事蜀郡任睿言于尚曰：“李特散众就食，骄怠无备，此天亡之时也。宜密约诸坞，刻期同发，内外击之，破之必矣！”尚使睿夜缒出城，任，音壬。缒，驰伪翻。宣旨于诸坞，期以二月十日同击特。睿因诣特诈降，特问城中虚实，睿曰：“粮储将尽，但馀货帛耳。”睿求出省家，特许之，遂还报尚。考异曰：载记作“任明”。罗尚传作“任锐”。今从华阳国志。省，悉景翻。二月，尚遣兵掩袭特营，诸坞皆应之，特兵大败，斩特及李辅、李远，皆焚尸，传首洛阳，流民大惧。李【章：甲十一行本“李”上有“李流”二字；乙十一行本同；退斋校同；张校同，云无注本亦无。】荡、李雄收馀众还保赤祖。赤祖，地名，当在绵竹东。祖，子邪翻。流自称大将军、大都督、益州牧，保东营，荡、雄保北营。孙阜破德阳，获骞硕，骞，姓也；与蹇同。任臧退屯涪陵。此涪陵，乃汉广汉郡之涪县，晋梓潼郡之涪城县，非涪陵郡之涪陵。广汉梓潼之涪，今绵州，今人犹谓绵州为涪陵，涪陵郡之涪陵，则今涪州涪陵县也。

三月，罗尚遣督护何冲、常深攻李流，涪陵民药绅亦起兵攻流。流与李骧拒【章：甲十一行本“拒”下有“深使李荡李雄拒”七字；乙十一行本同；退斋校同；张校同，云无注本亦脱此八字。按“八”当为“七”字之误。】绅，何冲乘虚攻北营，氐苻成、隗伯在营中，叛应之。荡母罗氏擐甲拒战，擐，音宦。伯手刃伤其目，罗氏气益壮；【章：甲十一行本“壮”下有“营垂破”三字；乙十一行本同；张校同；退斋校同。】会流等破深、绅，引兵还，与冲战，大破之。成、伯率其党突出诣尚。流等乘胜进抵成都，尚复闭城自守。复，扶又翻。

荡驰马逐北，中矛而死。中，竹仲翻。

朝廷遣侍中刘【章：甲十一行本“刘”上有“燕国”二字；乙十一行本同；张校同；退斋校同。】沈假节统罗尚、许雄等军，罗尚帅益州兵，许雄帅梁州兵。沈，持林翻。讨李流。行至长安，河间王颙留沈为军师，遣席薳代之。薳，羽委翻。

李流以李特、李荡继死，宗岱、孙阜将至，甚惧。李含劝流降，流从之；李骧、李雄迭谏，不纳。夏，五月，流遣其子世及含子胡为质于阜军；质，音致。胡兄离为梓潼太守，闻之，自郡驰还，欲谏不及。退，与雄谋袭阜军，雄曰：“为今计，当如是；而二翁不从，奈何？”二翁，谓李流、李含也。离曰：“当劫之耳！”雄大喜，乃共说流民曰：说，输芮翻。“吾属前已残暴蜀民，今一旦束手，便为鱼肉，惟有同心袭阜以取富贵耳！”众皆从之。雄遂与离袭击阜军，大破之。会宗岱卒于垫江，垫，音叠。垫江县自汉来属巴郡，唐为合州之地。荆州军遂退。流甚惭，由是奇雄才，军事悉以任之。

2 新野庄王歆，为政严急，失蛮夷心，义阳蛮张昌聚党数千人，欲为乱。刘昫曰：义阳本汉平氏县之义阳乡。魏文帝黄初中，分立义阳县，盖治石城；后分南阳郡立义阳郡，治安昌城，领安昌、平林、平氏、义阳、平春五县，唐为〔申州义阳县〕。荆州以壬午诏书发武勇赴益州讨李流，号“壬午兵”。民惮远征，皆不欲行。诏书督遣严急，所经之界停留五日者，二千石免官。由是郡县官长皆亲出驱逐；长，知两翻。展转不远，辄复屯聚为群盗。复，扶又翻；下同。时江夏大稔，民就食者数千口。张昌因之诳惑百姓，夏，户雅翻。诳，居况翻。更姓名曰李辰，更，工衡翻。募众于安陆石岩山，晋书张昌传云：石岩山去安陆郡八十里。水经注：涢水过江夏安陆县西，又南径石岩山北。今德安府南十里有石岩山。诸流民及避戍役者多从之。太守弓钦遣兵讨之，不胜。姓谱：弓姓，鲁大夫叔弓之后。余按孔子弟子有仲弓，又有犴臂子弓，而独以鲁叔弓后，殊为未通。昌遂攻郡，钦兵败，与部将朱伺奔武昌。伺，相吏翻。歆遣骑督靳满讨之，满复败走。骑，奇寄翻。靳，居焮翻。

昌遂据江夏，杜佑曰：汉江夏郡故城，在安州云梦县东南。造妖言云："当有圣人出为民主。"得山都县吏丘沈，山都县，汉属南阳郡，晋属襄阳郡，其地属唐襄州谷城县界。杜佑曰：山都县故城，在襄州义清县东南。沈，持林翻。更其姓名曰刘尼，诈云汉后，奉以为天子，曰："此圣人也。"昌自为相国，诈作凤皇、玉玺之瑞，玺，斯氏翻。建元神凤；郊祀、服色，悉依汉故事。有不应募者，族诛之，士民莫敢不从。又流言："江、淮已南皆反，官军大起，当悉诛之。"互相扇动，人情惶惧，江、沔间所在起兵以应昌，沔，弥兖翻。旬月间众至三万，皆着绛帽，着，陟略翻。以马尾作髯。诏遣监军华宏讨之，败于障山。今安陆县东四十里有章山。监，工衔翻。华，户化翻。

歆上言："妖贼犬羊万计，绛头毛面，挑刀走戟，其锋不可当。挑，徒了翻。挑刀，舞刀也。今乡落悍民，两手运双刀，坐作进退，为击刺之势，掷刀空中，高一二丈，以手接之。又善舞戟，左奔右赴，为刺敌之势；又环身盘戟，回转如萦，又以戟矜柱地，跳过矜上，特为儇捷，此所谓走戟也。妖，于娇翻。请台敕诸军三道救助。"朝廷以屯骑校尉刘乔为豫州刺史，宁朔将军沛国刘弘为荆州刺史。宁朔将军始见于此。又诏河间王颙遣雍州刺史刘沈将州兵万人并征西府五千人出蓝田关以讨昌。蓝田关在京兆蓝田县，即秦之峣关也。雍，于用翻。沈，持林翻。颙不奉诏；沈自领州兵至蓝田，颙又逼夺其众。于是刘乔屯汝南，刘弘及前将军赵骧、平南将军羊伊屯宛。宛，於元翻。昌遣其将黄林帅二万人向豫州，刘乔击却之。帅，读曰率。

初，歆与齐王冏善，事见上卷永宁元年。冏败，歆惧，自结于大将军颖。及张昌作乱，歆表请讨之。时长沙王乂已与颖有隙，疑歆与颖连谋，不听歆出兵，昌众日盛。从事中郎孙洵谓歆曰："公为岳牧，古有四岳、十二牧，各统其方诸侯之国，故后人谓专方面者为岳牧。受阃外之托，拜表辄行，有何不可！而使奸凶滋蔓，祸衅不测，岂藩翰王室、镇静方夏之义乎！"毛苌曰：藩，樊也，篱也。翰，干也。夏，户雅翻。歆将出兵，王绥曰："昌等小贼，偏裨自足制之，何必违诏命，亲矢石也！"昌至樊城，歆乃出拒之，众溃，为昌所杀。诏以刘弘代歆为镇南将军，都督荆州诸军事。六月，弘以南蛮长史陶【章：甲十一行本"陶"上有"庐江"二字；乙十一行本同。】侃为大都护，南蛮校尉有长史、司马。参军蒯恒为义军督护，义军，盖民兵也。督护之官，盖创置于此时。蒯，苦怪翻。牙门将皮初为都战帅，进据襄阳。杜佑曰：襄阳，汉中庐县也。张昌并军围宛，败赵骧军，杀羊伊。刘弘退屯梁。梁县属汝南郡，唐为汝州治所。败，补迈翻。昌进攻襄阳，不克。

3 李雄攻杀汶山太守陈图，汶，音民。考异曰：华阳国志作"陈旹"，今从载记。遂取郫城。郫县属蜀郡。李膺益州记：郫县故城在今县北。刘昫曰：唐益州温江县，汉郫县地。郫，音疲。

秋，七月，李流徙屯郫。蜀民皆保险结坞，或南入宁州，或东下荆州，城邑皆空，野无烟火，流虏掠无所得，士众饥乏。唯涪陵千馀家，依青城山处士范长生；青城山，在汶山郡都安县，今在永康军青城县北三十二里。杜光庭作青城山记曰：岷山连峰接岫，千里不绝，青城乃第一峰也。范长生，涪陵人，率众保之。处，昌吕翻。考异曰：华阳国志作"范贤"。今从载记。平西参军涪陵徐轝说罗尚，求为汶山太守，邀结长生，与共讨流。尚为平西将军，以徐轝为参军。考异曰：华阳国志作"徐舆"。今从载记。尚不许，轝怒，出降于流，降，户江翻。流以轝为安西将军。轝说长生，使资给流军粮，说，输芮翻；下含说同。长生从之；流军由是复振。

4 初，李含以长沙王乂微弱，必为齐王冏所杀，因欲以为冏罪而讨之，遂废帝，立大将军颖，以河间王颙为宰相，己得用事。既而冏为乂所杀，事见上卷上年。颖、颙犹守藩，不如所谋。颖恃功骄奢，百度弛废，甚于冏时；犹嫌乂在内，不得逞其欲，欲去之。去，羌吕翻。时皇甫商复为乂参军，商兄重为秦州刺史。含说颙曰："商为乂所任，重终不为人用，宜早除之。商、含不平事见上卷元年。可表迁重为内职，因其过长安执之。"重知之，露檄上尚书，上，时掌翻。发陇上兵以讨含。自陇以西六郡统于秦州。乂以兵方少息，遣使诏重罢兵，征含为河南尹。考异曰：含传云："河间王颙表含为河南尹。"今从皇甫重传。含就征而重不奉诏，颙遣金城太守游楷、陇西太守韩稚等合四郡兵攻之。秦州刺史镇冀城。颙密使含与侍中冯荪、中书令卞粹谋杀乂；皇甫商以告乂，收含、荪、粹，杀之。荪，音孙。骠骑从事琅邪诸葛玫、前司徒长史武邑牵秀皆出奔邺。骠，匹妙翻。从事，从事中郎也。玫，莫杯翻。武邑县，前汉属信都郡，后汉、晋属安平国，武帝分立武邑郡，唐为县，属冀州。

5 张昌党石冰寇扬州，败刺史陈徽，败，补迈翻。诸郡尽没；又攻破江州，别将陈贞攻武陵、零陵、豫章、武昌、长沙，皆陷之，临淮人封云起兵寇徐州以应冰。江州时治豫章。汉置临淮郡，章帝以合下邳国，晋太康元年，复置临淮郡。姓谱：封姓，夏封父之后。将，即亮翻。于是荆、江、徐、扬、豫五州之境，多为昌所据。昌更置牧守，更，工衡翻。守，式又翻。皆桀盗小人，专以劫掠为务。

刘弘遣陶侃等攻昌于竟陵，竟陵县属江夏郡。孙宗鉴曰：自蔡州南至信阳军，始有山路，迤逦至安陆；又两驿至复州，皆平地，南至大江，并无丘陵之阻。渡江至石首，始有浅山。谓之竟陵者，陵至此而竟；谓之石首，石至此而首也。古竟陵，今复州。刘乔遣其将李杨等向江夏。侃等屡与昌战，大破之，前后斩首数万级，昌逃于下儁山，其众悉降。长沙下儁县之山也。师古曰：儁，字兖翻，又辞兖翻。考异曰：帝纪："八月庚申，刘弘及张昌战于清水，斩之。"昌传云："昌败，窜于下儁山。明年秋，禽斩之。"按弘斩张奕表云："张昌奸党初平，昌未枭首。"故从昌本传。

初，陶侃少孤贫，少，诗照翻。为郡督邮，长沙太守万嗣过庐江，见而异之，命其子结友而去。后察孝廉，至洛阳，豫章国郎中令杨晫荐之于顾荣，帝弟炽，封豫章王。晫，丁角翻。侃由是知名。既克张昌，刘弘谓侃曰："吾昔为羊公参军，羊公，谓羊祜也。谓吾后当居身处。晋人多自谓为身。今观卿，必继老夫矣。"

弘之退屯于梁也，征南将军范阳王虓遣前长水校尉张奕领荆州。范阳王虓镇豫州。弘至，奕不受代，举兵拒弘；弘讨奕，斩之。时荆部守宰多缺，守，式又翻；下同。弘请补选，诏许之。弘叙功铨德，铨，量也，选也。随才授任，人皆服其公当。当，丁浪翻。弘表皮初补襄阳太守，姓谱：皮姓，樊仲皮之后。朝廷以初虽有功而望浅，更以弘婿前东平太守夏侯陟为襄阳太守。弘下教曰："夫治一国者，宜以一国为心，必若亲姻然后可用，则荆州十郡，按晋志，荆州统二十二郡，时已分桂阳、武昌、安成三郡属江州，尚统十九郡。又分新城、魏兴、上庸三郡属梁州，尚统十六郡。至怀帝，分长沙、衡阳、湘东、零陵、邵陵、桂阳六郡属湘州，此时荆州犹统十一郡。此盖言当时缺守者十郡也。治，直之翻。安得十女婿然后为政哉！"乃表："陟姻亲，旧制不得相监；监，古衔翻。皮初之勋，宜见酬报。"诏听之。弘于是劝课农桑，宽刑省赋，公私给足，百姓爱悦。

6 河间王颙闻李含等死，即起兵讨长沙王乂。大将军颖上表请讨张昌，许之；闻昌已平，因欲与颙共攻乂。卢志谏曰："公前有大功而委权辞宠，时望美矣。事见上卷永宁元年。今若【章：甲十一行本"若"作"宜"；乙十一行本同。】顿军关外，关外，谓郊关之外。文服入朝，此霸主之事也。"朝，直遥翻。参军魏郡邵续曰：

“人之有兄弟，如左右手。明公欲当天下之敌而先去其一手，可乎！”去，羌吕翻。颖皆不从。八月，颙、颖共表：“乂论功不平，与右仆射羊玄之、左将军皇甫商专擅朝政，杀害忠良，谓杀李含等。朝，直遥翻。请诛玄之、商，遣乂还国。”诏曰：“颙敢举大兵，内向京辇，吾当亲率六军以诛奸逆。其以乂为太尉、都督中外诸军事以御之。”考异曰：帝纪：“太安元年十二月，乂诛齐王冏，即以乂为太尉、都督中外。”晋春秋：“二年七月，颙、颖起兵，乃以乂为太尉、都督以讨之。”按齐王死后，颖悬执朝政，乂未应都督中外。又颙见为太尉，乂不应更为太尉。今从晋春秋。

颙以张方为都督，将精兵七万，自函谷东趋洛阳。将，即亮翻。趋，七喻翻。颖引兵屯朝歌，以平原内史陆机为前将军、前锋都督，督北中郎将王粹、冠军将军牵秀、沈约曰：楚怀王以宋义为卿子冠军，冠军之号自此始。魏以文钦为冠军将军。冠，古玩翻。中护军石超等军二十馀万，南向洛阳。机以羁旅事颖，一旦顿居诸将之右，王粹等心皆不服。白沙督孙惠白沙，在邺城东南。与机亲厚，劝机让都督于粹。机曰：“彼将谓吾首鼠两端，首鼠两端，汉田蚡语。服虔曰：首鼠，一前一却也。陆佃埤雅曰：旧说，鼠性疑，出穴多不果，故持两端谓之首鼠。适所以速祸也。”遂行。颖列军自朝歌至河桥，鼓声闻数百里。河桥，即富平津河桥。闻，音问。

乙丑，帝如十三里桥。桥在洛城西，去城十三里，因以为名。太尉乂使皇甫商将万馀人拒张方于宜阳。己巳，帝还军宣武场。水经注：大夏门东宣武观，凭城结构，南望天渊池，北瞩宣武场；场西故贾充宅。庚午，舍于石楼。九月，丁丑，屯于河桥。壬子，【严：“子”改“午”。】张方袭皇甫商，败之。败，补迈翻；下败牵同。甲申，帝军于芒山。丁亥，帝幸偃师；偃师县，汉属河南郡，晋省，隋复置，在洛城东北。辛卯，舍于豆田。据晋书五行志，洛阳城东有豆田壁。大将军颖进屯河南，阻清水为垒。此河南，谓黄河之南，非河南县也。

清水，盖清济之水。癸巳，羊玄之忧惧而卒，帝旋军城东；丙申，幸缑氏，击牵秀，走之。缑，工侯翻。大赦。张方入京城，大掠，死者万计。

7 李流疾笃，谓诸将曰："骁骑仁明，固足以济大事；然前军英武，殆天所相，可共受事于前军。"李特以弟骧为骁骑将军，少子雄为前将军。相，息亮翻。骁，坚尧翻。流卒，众推李雄为大都督、大将军、益州牧，治郫城。郫，音皮。雄使武都朴泰绐罗尚，朴，姓也，板楯七姓蛮之一也。孙盛曰：朴，音浮。使袭郫城，云己为内应。尚使隗伯将兵攻郫，泰约举火为应，李骧伏兵于道，泰出长梯于外。隗伯兵见火起，争缘梯上，隗，五罪翻。上，时掌翻。骧纵兵击，大破之。追奔夜至城下，诈称万岁，曰："已得郫城矣！"入少城，尚乃觉之，退保太城。隗伯创甚，雄生获之，赦不杀。隗伯本亦流民之豪帅，叛归罗尚。创，刃良翻。李骧攻犍为，断尚运道。犍，居言翻。断，丁管翻。获太守龚恢，杀之。

8 石超进逼缑氏。缑，工侯翻。冬，十月，壬寅，帝还宫。丁未，败牵秀于东阳门外。水经注曰：东阳门，汉洛阳城之中东门也。败，补迈翻。大将军颖遣将军马咸助陆机。戊申，太尉乂奉帝与机战于建春门。水经注：建春门，汉雒城之上东门也。谷水径其前，水上有石桥。考异曰：陆机传云"战于鹿苑"，今从帝纪。乂司马王瑚使数千骑系戟于马，以突咸陈，骑，奇计翻。陈，读曰阵。咸军乱，执而斩之。机军大败，赴七里涧，死者如积，水为之不流。为，于伪翻。斩其大将贾崇等十六人，石超遁去。

初，宦人孟玖有宠于大将军颖，玖欲用其父为邯郸令，邯郸县，汉属赵国，魏、晋属广平郡、隋、唐属磁州。邯郸，音寒丹。左长史卢志等皆不敢违，右司马陆云固执不许，曰："此县，公府掾资，言历此县者，其资级可得公府掾。掾，以绢翻。岂有黄门父居之邪！”玖深怨之。玖弟超，领万人为小督，机为都督，与黄门之弟共事，可以辞去矣。未战，纵兵大掠，陆机录其主者；录，收也。超将铁骑百馀人直入机麾下，夺之，顾谓机曰：“貉奴，能作督不！”杨正衡曰：貉，音鹤，兽名，善睡，似狐。余谓超盖詈机为貉奴。不，读曰否。机司马吴郡孙拯劝机杀之，机不能用。使机能用孙拯之言斩孟超，是穰苴之戮庄贾也，由此为颖所杀，岂不光明俊伟哉！超宣言于众曰：“陆机将反。”又还书与玖，言机持两端，故军不速决。及战，超不受机节度，轻兵独进，败没。玖疑机杀之，谮之于颖曰：“机有二心于长沙。”牵秀素谄事玖，将军王阐、郝昌、帐下督阳平公师藩诸王公领兵及任方面者，皆有帐下督，统帐下兵。魏文帝黄初二年，分魏郡置阳平郡。公师，复姓也。皆玖所引用，相与共证之。颖大怒，使秀将兵收机。参军事王彰谏曰：“今日之举，强弱异势，庸人犹知必克，况机之明达乎！但机吴人，殿下用之太过，北土旧将皆疾之耳。”颖不从。机闻秀至，释戎服，着白帢，着，陟略翻。帢，苦洽翻，帽也。弁缺四隅谓之帢。晋志曰：魏武以天下凶荒，资财乏匮，拟古皮弁，裁缣帛以为帢，以色辨其贵贱。本施军饰，非为国容。徐爰曰：俗说帢本未有岐，荀文若巾之行，触树枝成岐，谓之为善。今通为庆吊服。与秀相见，为笺辞颖，既而叹曰：“华亭鹤唳，可复闻乎！”机发此言，有咸阳市上叹黄犬之意。华亭时属吴郡。嘉兴县界有华亭谷、华亭水，至唐始分嘉兴县为华亭县。今县东七十里，其地出鹤，土人谓之曰鹤窠。复，扶又翻。秀遂杀之。颖又收机弟清河内史云、平东祭酒耽及孙拯，皆下狱。按晋书陆云传：云自清河内史转大将军右司马。此当书右司马云。下，户嫁翻。考异曰：“孙拯”，晋春秋作“孙承”。今从晋书传。

记室江统、陈留蔡克、颍川枣嵩等上疏，以为：“陆机浅谋致败，杀之可也。至于反逆，则众共知其不然。宜先检校机反状，若有征验，诛云等未晚也。”统等恳请不已，颖迟回者三日。蔡克入，至颖前，叩头流血曰：“云为孟玖所怨，远近莫不闻；今果见杀，窃为明公惜之！”窃为，于伪翻；下为陈同。僚属随克入者数十人，流涕固请，颖恻然，有宥云色。孟玖扶颖入，催令杀云、耽，夷机三族。狱吏考掠孙拯数百，两踝骨见，掠，音亮。踝，户瓦翻。腿两旁曰内外踝。见，贤遍翻。终言机冤。吏知拯义烈，谓拯曰：“二陆之枉，谁不知之！君可不爱身乎？”拯仰天叹曰：“陆君兄弟，世之奇士，吾蒙知爱。今既不能救其死，忍复从而诬之乎！”复，扶又翻。玖等知拯不可屈，乃令狱吏诈为拯辞。颖既杀机，意常悔之，及见拯辞，大喜，谓玖等曰：“非卿之忠，不能穷此奸。”遂夷拯三族。拯门人费慈、宰意二人诣狱明拯冤，费，扶沸翻。宰，以官为氏，春秋周有宰咺，孔子弟子有宰予。拯譬遣之譬，喻也。曰：“吾义不负二陆，死自吾分；分，扶问翻。卿何为尔邪！”曰：“君既不负二陆，仆又安可负君！”固言拯冤，玖又杀之。

太尉乂奉帝攻张方，方兵望见乘舆，皆退走，乘，绳证翻。方遂大败，死者五千馀人。方退屯十三里桥，考异曰：河间王颙传云“驶水桥”。今从帝纪。众惧，欲夜遁，方曰：“胜负兵家之常，善用兵者能因败为成。今我更前作垒，出其不意，此奇策也。”乃夜潜逼洛城七里，筑垒数重，重，直龙翻。外引廪谷以足军食。乂既战胜，以为方不足忧。闻方垒成，十一月，引兵攻之，不利。朝议以为乂、颖兄弟，可辞说而释，朝，直遥翻。乃使中书令王衍等往说颖，令与乂分陕而居，周公、召公分陕为二伯。陕在弘农。此言分陕，引周、召事，欲令颖、乂为二伯耳，非分陕地而居也。往说，输芮翻。陕，式冉翻。颖不从。乂因致书于颖，为陈利害，欲与之和解。颖复书，“请斩皇甫商等首，则引兵还邺，”乂不可。

颖进兵逼京师，张方决千金堨，水经注：河南县城东十五里有千金堨。洛阳记曰：千金堨旧堰谷水，魏时更修此堰，谓之千金堨。堨，阿葛翻。水碓皆涸。碓，都内翻。乃发王公奴婢手舂给兵，一品已下不从征者，男子十三以上皆从役，又发奴助兵；公私穷踧，踧，与蹙同，子六翻。米石万钱。诏命所行，一城而已。京师危蹙如此，乂虽战胜，安得久邪！骠骑主簿范阳祖逖乂为骠骑将军，以逖为主簿。骠，匹妙翻。言于乂曰："刘沈忠义果毅，雍州兵力足制河间，雍，于用翻。宜启上为诏与沈，使发兵袭颙。颙窘急，必召张方以自救，此良策也。"窘，渠陨翻。乂从之。沈奉诏驰檄四境，诸郡多起兵应之。沈合七郡之众凡万馀人，趣长安。雍州统七郡，治安定；或曰，时治新平。沈，持林翻。趣，七喻翻。

乂又使皇甫商间行，赍帝手诏，命游楷等罢兵，敕皇甫重进军讨颙。商间行至新平，遇其从甥；从甥素憎商，以告颙，间，古苋翻。从，才用翻。颙，鱼容翻。颙捕商，杀之。

9 十二月，议郎周玘、前南平内史长沙王矩吴置南郡于江南，晋平吴，改曰南平，以别江北之南郡。玘，口纪翻。起兵江东以讨石冰，推前吴兴太守吴郡顾秘都督扬州九郡诸军事，扬州统郡十八；帝割豫章、鄱阳、庐陵、临川、建安、南康、晋安属江州，扬州统十一郡。今止推秘督丹阳、宣城、毗陵、吴、吴兴、会稽、东阳、新安、临海九郡；淮南、庐江在江北，不与也。传檄州郡，杀冰所署将吏。将，即亮翻。于是前侍御史贺循起兵于会稽，会，工外翻。庐江内史广陵华谭及丹阳葛洪、甘卓皆起兵以应秘。华，户化翻。玘，处之子；循，邵之子；卓，宁之曾孙也。周处见八十二卷元康六年、七年。贺邵事吴主皓，为皓所杀。甘宁事吴主权，为将以勇闻。三家皆吴之强宗也。

冰遣其将羌毒姓谱：羌，姓也。帅兵数万拒玘，玘击斩之。冰自临淮趋寿春。帅，读曰率。趋，七喻翻。征东将军刘准闻冰至，惶惧不知所为。广陵度支庐江陈敏统众在寿春，陈敏自尚书令史出为合肥度支，漕运南方米谷以济中州，迁广陵度支。度，徒洛翻。谓准曰：

"此等本不乐远戍，逼迫成贼，乌合之众，其势易离，敏请督运兵为公破之。"乐，音洛。易，以豉翻。为，于伪翻；下为睿同。准乃益敏兵，使击之。

10 闰月，李雄急攻罗尚。尚军无食，留牙门张罗守城，考异曰：载记作"罗特"，今从华阳国志。夜，由牛鞞水东走，水经曰：牛鞞水在犍为牛鞞县。刘昫曰：洛水，一名牛鞞水。杜佑曰：简州阳安县，汉牛鞞县地。孟康曰：鞞，音髀。师古曰：音必尔翻。罗开门降。降，户江翻。雄入成都，军士饥甚，乃帅众就谷于郪，帅，读曰率。郪县，汉属广汉郡，晋省立。五代史志：郪县旧曰伍城，隋大业改曰郪县，唐为梓州治所。宋白曰：汉旧郪县城在今县南九十里，临江，郪王城基址见在，以郪江为县名。郪，音妻，又千私翻。掘野芋而食之。芋，羊遇翻。所谓岷山之下有蹲鸱也。许雄坐讨贼不进，征即罪。许雄刺梁州，见上卷太安元年。即，就也。

11 安北将军、都督幽州诸军事王浚，以天下方乱，欲结援夷狄，乃以一女妻鲜卑段务勿尘，一女妻素怒延，妻，七细翻。宇文国有别帅曰素奴延。又表以辽西郡封务勿尘为辽西公。为王浚用段氏以攻成都王颖及石勒张本。浚，沈之子也。王沈比晋以弑魏高贵乡公。

12 毛诜之死也，事见上卷太安元年。李睿奔五苓夷帅于陵丞，于陵丞诣李毅为睿请命，五苓夷，宁州附塞部落之名。帅，所类翻。为，于伪翻。毅许之。睿至，毅杀之。于陵丞怒，帅诸夷反攻毅。

13 尚书令乐广女为成都王妃，或谮诸太尉乂；乂问广，广神色不动，徐曰："广岂以五男易一女哉！"谓附颖则五男被诛。乂犹疑之。

永兴元年（甲子、三〇四）长沙王乂之死，改元永安；西迁长安，方改元永兴。

1 春，正月，丙午，乐广以忧卒。

2 长沙厉王乂屡与大将军颖战，破之，长沙王乂不得其死，颖、颙之党加以恶谥耳。前后斩获六、七万人。而乂未尝亏奉上之礼；

城中粮食日窘，而士卒无离心。窘，渠陨翻。张方以为洛阳未可克，欲还长安。而东海王越虑事不济，癸亥，潜与殿中诸将夜收乂送别省。考异曰：越传云："殿中诸将及三部司马，疲于战守，密与左卫将军朱默夜收乂别省，逼越为主。"今从乂传。甲子，越启帝，下诏免乂官，置金墉城。大赦，改元。改元永安。考异曰：帝纪："太安二年十二月甲子，大赦。""永兴元年正月，大赦改元。"疑是一事。城既开，殿中将士见外兵不盛，悔之，更谋劫出乂以拒颖。越惧，欲杀乂以绝众心。黄门侍郎潘滔曰："不可，将自有静之者。"乃遣人密告张方。丙寅，方取乂于金墉城，至营，炙而杀之，方军士亦为之流涕。为，于伪翻。考异曰：帝纪、三十国、晋春秋云："太安二年十二月，杀乂。"乂传曰："初，乂执权之始，洛下谣曰：'草木萌芽，杀长沙。'乂以正月二十五日废，二十七日死，如谣言焉。"乐广传云："成都王颖，广之婿也，及与长沙王乂遘难，而广既处朝望，群小谗谤之，广以忧卒。"惠帝纪："永兴元年，正月，丙午，乐广卒。"若广卒时乂未死，即乂传正月二十五日废为是，合移在永兴元年正月。而晋春秋："太安二年，八月，乐广自裁。"按帝纪，今年正月，以颖为丞相，遣兵屯城门代宿卫者，疑此皆乂初死时事。又今年正月末，亦有甲子、丙寅。今从乂传。

公卿皆诣邺谢罪；大将军颖入京师，复还镇于邺。诏以颖为丞相；加东海王越守尚书令。颖遣奋武将军石超等率兵五万屯十二城门，洛阳城东有建春、东阳、清明三门，南有开阳、津阳、平昌、宣阳四门，西有广阳、西明、阊阖三门，北有大夏、广莫二门，凡十二门。帅，读曰率。殿中宿所忌者，颖皆杀之；悉代去宿卫兵。去，羌吕翻。表卢志为中书监，留邺，参署丞相府事。

河间王颙顿军于郑，郑县，属京兆郡，周宣王弟郑桓公封邑；唐属华州。为东军声援，闻刘沈兵起，还镇渭城，渭城县，故秦咸阳也；前汉属扶风，后汉省，而地名犹在；石勒置石安县；唐复为咸阳县，属京兆。遣督护虞夔逆战于好畤。好畤县，前汉属扶风，后汉、晋省；唐武德二年，复分醴泉置好畤县，属京兆。夔兵败，颙惧，退入长安，急召张方。方掠洛中官私奴婢万馀人而西。军中乏食，杀人杂牛马肉食之。

刘沈渡渭而军，与颙战，颙屡败。沈使安定太守衙【张："衙"作"卫"。】博、功曹皇甫澹以精甲五千袭长安，入其门，力战至颙帐下。沈兵来迟，冯翊太守张辅见其无继，引兵横击之，杀博及澹，澹，徒览翻，又徒滥翻。兵【章：甲十一行本"兵"上有"沈"字；乙十一行本同；孔本同；张校同；退斋校同。】遂败，收馀卒而退。张方遣其将敦伟夜击之，敦，徒浑翻，姓也。沈军惊溃，沈与麾下南走，追获之。沈谓颙曰："知己之惠轻，颙留沈为军师，遂为雍州刺史。君臣之义重，沈不可以违天子之诏，量强弱以苟全。量，音良。投袂之日，期之必死，左传：宋杀楚使，楚子闻之，投袂而起。葅醢之戮，其甘如荠。"诗云：谁谓荼苦，其甘如荠。荠，在礼翻。颙怒，鞭之而后腰斩。新平太守江夏张光数为沈画计，夏，户雅翻。数，所角翻。为，于伪翻。颙执而诘之，光曰："刘雍州不用鄙计，故令大王得有今日！"颙壮之，引与欢宴，表为右卫司马。

3 罗尚逃至江阳，华阳国志曰：泸州泸川县，本汉江阳县。又江安县，亦汉江阳县也。遣使表状；诏尚权统巴东、巴郡、涪陵以供军赋。三郡，本属梁州，尚权统之。涪，音浮。尚遣别驾李兴诣镇南将军刘弘求粮，弘纲纪以运道阻远，纲纪，谓弘参佐操持一府之纲纪者。且荆州自空乏，欲以零陵米五千斛与尚。弘曰："天下一家，彼此无异，吾今给之，则无西顾之忧矣。"谓尚在巴、涪，则为荆州屏蔽，无西顾之忧。遂以三万斛给之，尚赖以自存。李兴愿留为弘参军，弘夺其手版而遣之。手版，即古笏也。参佐施敬府公，故持手版。今夺兴手版遣之，不许其去尚而事己也。又遣治中何松领兵屯巴东为尚后继。于时流民在荆州者十馀万户，羁旅贫乏，多为盗贼，弘大给其田及种粮，种，章勇翻。擢其贤才，随资叙用，流民遂安。

4 三【章：甲十一行本“三”作“二”；乙十一行本同；孔本同；张校同。】月，乙酉，丞相颖表废皇后羊氏，幽于金墉城；废皇太子覃为清河王。羊后立见八十三卷永康元年。覃立见上卷太安元年。

5 陈敏与石冰战数十合，冰众十倍于敏，敏击之，所向皆捷，遂与周玘合攻冰于建康。三月，冰北走，投封云，封云，徐州贼应冰者。云司马张统斩冰及云以降，扬、徐二州平。周玘、贺循皆散众还家，不言功赏。朝廷以陈敏为广陵相。

6 河间王颙表请立丞相颖为太弟。戊申，诏以颖为皇太弟，都督中外诸军事，丞相如故。大赦。乘舆服御皆迁于邺，天子在洛而建储于邺，则既非矣；乘舆服御亦迁而就之，何居！乘，绳正翻。制度一如魏武帝故事。以颙为太宰、大都督、雍州牧；雍，于用翻。前太傅刘寔为太尉。寔以老，固让不拜。

7 太弟颖僭侈日甚，嬖幸用事，大失众望。时人望颖以匡辅帝室，今乃若此，故大失众望。嬖，卑义翻，又博计翻。司空东海王越，与右卫将军陈眕杨正衡曰：眕，止忍翻，又音真。及长沙故将上官巳等谋讨之。秋，七月，丙申朔，陈眕勒兵入云龙门，以诏召三公百僚及殿中，殿中者，三部诸将也。戒严讨颖。石超奔邺。戊戌，大赦，复皇后羊氏及太子覃。己亥，越奉帝北征。以越为大都督。征前侍中嵇绍诣行在。长沙王乂当国，以绍为侍中；乂死，绍黜免为庶人。今讨颖，故复征诣行在。侍中秦准谓绍曰：“今往，安危难测，卿有佳马乎？”绍正色曰：“臣子扈卫乘舆，死生以之，佳马何为！”

越檄召四方兵，赴者云集，比至安阳，晋志：安阳县，属魏郡。魏土地记曰：邺城南四十里有安阳城。乘，绳证翻。比，必寐翻。众十徐万，邺中震恐。颖会群僚问计，东安王繇曰："天子亲征，宜释甲缟素出迎请罪。"颖不从，遣石超帅众五万拒战。帅，读曰率。折冲将军乔智明劝颖奉迎乘舆，颖怒曰："卿名晓事，投身事孤；今主上为群小所逼，卿奈何欲使孤束手就刑邪！"

陈眕二弟匡、规自邺赴行在，云邺中皆已离散，由是不甚设备。己未，石超军奄至，乘舆败绩于荡阴，荡阴县，汉属河内郡，晋属魏郡，唐为相州荡阴县。按水经注：汤阴县因汤水为名。宋白曰：古汤阴县在汤水南，汉初废安阳县入汤阴，隋又废汤阴入安阳，则安阳、汤阴二县接境也。师古曰：荡，音汤。帝伤颊，中三矢，中，竹仲翻。百官侍御皆散。嵇绍朝服，下马登辇，以身卫帝，兵人引绍于辕中斫之。辕，辀也。方言曰：楚、卫谓之辀。朝，直遥翻。帝曰："忠臣也，勿杀！"对曰："奉太弟令，惟不犯陛下一人耳。"遂杀绍，血溅帝衣。溅，子贱翻。帝堕于草中，亡六玺。石超奉帝幸其营，帝馁甚，超进水，左右奉秋桃。桃以夏熟者进御；秋桃非所以奉至尊，而奉之，恤所无也。颖遣卢志迎帝；庚申，入邺。大赦，改元曰建武。左右欲浣帝衣，浣，户管翻，濯也。帝曰："嵇侍中血，勿浣也！"孰谓帝为戆愚哉！

陈眕、上官巳等奉太子覃守洛阳。司空越奔下邳，徐州都督东平王楙不纳，越径还东海。太弟颖以越兄弟宗室之望，越、腾、略、模，皆有声称于诸宗室中。下令招之，越不应命。前奋威将军孙惠上书劝越要结藩方，要，一遥翻。同奖王室，越以惠为记室参军，与参谋议。北军中候苟晞奔范阳王虓，虓承制以晞行兖州刺史。范阳王虓时镇许昌。虓，许交翻。

8 初，三王之起兵讨赵王伦也，事见上卷永宁元年。王浚拥众挟两端，禁所部士民不得赴三王召募。太弟颖欲讨之而未能，使颖兄弟不自内相图，声浚之罪而讨之，固有馀力矣，何未能邪！浚心亦欲图颖。颖以右司马和演为幽州刺史，和演与颖谋起兵讨赵王伦，颖之腹心也。密使杀浚。演与乌桓单于审登谋与浚游蓟城南清泉，因而图之。单，音蝉。会天暴雨，兵器沾湿，不果而还。还，从宣翻，又如字；下同。审登以为浚得天助，乃以演谋告浚。浚与审登密严兵，约并州刺史东嬴公腾共围演，杀之，自领幽州营兵。幽州刺史营兵也。腾，越之弟也。太弟颖称诏征浚，浚与鲜卑段务勿尘、乌桓羯朱及东嬴公腾同起兵讨颖，羯，居谒翻。颖遣北中郎将王斌及石超击之。斌，音彬。

9 太弟颖怨东安王繇前议，怨其使己缟素迎天子请罪也。八月，戊辰，收繇，杀之。初，繇兄琅邪恭王觐薨，子睿嗣。睿沈敏有度量，沈，持林翻。为左将军，与东海参军王导善。导参东海王越军事。导，敦之从父弟也；从，才用翻；下从者之从同。识量清远，以朝廷多故，每劝睿之国。及繇死，睿从帝在邺，恐及祸，将逃归。颖先敕关津，无得出贵人，关立于经涂要会处，以讥出入。津者，济渡江河所必由之处。睿至河阳，为津吏所止。从者宋典自后来，以鞭拂睿而笑曰："舍长，舍长，守舍之长也。长，丁丈翻。今知两翻。官禁贵人，汝亦被拘邪？"被，皮义翻。吏乃听过。至洛阳，迎太妃夏侯氏俱归国。元帝中兴事始此。夏，户雅翻。

10 丞相从事中郎王澄发孟玖奸利事，劝太弟颖诛之，颖从之。

11 上官巳在洛阳，残暴纵横。横，户孟翻。守河南尹周馥，浚之从父弟也，周浚从王浑伐吴有战功。与司隶满奋等谋诛之，事泄，奋等死，馥走，得免。司空越之讨太弟颖也，太宰颙遣右将军、冯翊太守张方将兵二万救之，闻帝已入邺，因命方镇洛阳。巳与别将苗愿拒之，大败而还。太子覃夜袭巳、愿，巳、愿出走；方入洛阳。覃于广阳门迎方而拜，洛城西面南头第一门曰广阳门。方下车扶止之，复废覃及羊后。

12 初，太弟颖表匈奴左贤王刘渊为冠军将军，监五部军事，杨骏辅政，以刘渊为五部大都督；元康末，坐部人叛出塞，免官；颖镇邺，表监五部军事。冠，古玩翻。监，工衔翻。使将兵在邺。渊子聪，骁勇绝人，博涉经史，善属文，骁，坚尧翻。属，之欲翻。弯弓三百斤；弱冠游京师，记曲礼曰：人生十年曰幼学，二十曰弱冠。冠，古玩翻。名士莫不与交。颖以聪为积弩将军。

渊从祖右贤王宣谓其族人曰："自汉亡以来，我单于徒有虚号，无复尺土；事见六十七卷汉献帝建安二十一年。从，才用翻。单，音蝉。自馀王侯，降同编户。编，相联次也。民谓之编民，亦谓之编户者，言比屋联次而居，编于民籍，无高下之差。今吾众虽衰，犹不减二万，奈何敛首就【章：甲十一行本作"手受"二字；乙十一行本同；孔本同。】役，奄过百年！奄，忽也，遽也。左贤王英武超世，天苟不欲兴匈奴，必不虚生此人也。今司马氏骨肉相残，四海鼎沸，复呼韩邪之业，此其时矣！"汉宣帝时，稽侯狦来朝，称呼韩邪单于；光武时日逐王比内附，亦称呼韩邪单于。乃相与谋，推渊为大单于，使其党呼延攸诣邺告之。师古曰：汉书匈奴中贵种有呼衍氏，即今之呼延氏。

渊白颖，请归会葬，颖弗许。渊令攸先归，告宣等使招集五部及杂胡，声言助颖，实欲叛之。及王浚、东嬴公腾起兵，渊说颖曰："今二镇跋扈，众十馀万，二镇，谓幽、并。说，输芮翻；下同。恐非宿卫及近郡士众所能御也，请为殿下还说五部以赴国难。"为，于伪翻。说，输芮翻。难，乃旦翻。颖曰："五部之众，果可发否？就能发之，鲜卑、乌桓，未易当也。易，以豉翻。吾欲奉乘舆还洛阳以避其锋，乘，绳证翻。徐传檄天下，以逆顺制之，言见力不足以制二镇，欲檄征天下兵，杖顺制逆。君意何如？"渊曰："殿下武皇帝之子，有大勋于王室，威恩远著，四海之内，孰不愿为殿下尽死力者！为，于伪翻；下请为同。何难发之有！王浚竖子，东嬴疏属，东嬴公腾、宣帝弟东武侯馗之孙，故云疏属。岂能与殿下争衡邪！殿下一发邺宫，示弱于人，洛阳不可得而至；虽至洛阳，威权不复在殿下也。颖奔败而失权，卒如渊之言。愿殿下抚勉士众，靖以镇之，渊请为殿下以二部摧东嬴，三部枭王浚，枭，坚尧翻。二竖之首，可指日而悬也。”颖悦，拜渊为北单于、参丞相军事。

渊至左国城，左国城，盖匈奴左部所居城也。据晋书载记，光武建武之初，南单于入居西河之美稷，今离石左国城，单于所徙庭也。水经注曰：左国城在汾州之右，介休县西南。杜佑曰：左国城在石州离石县。宋白曰：离石县东北有离石水，因以为名。刘宣等上大单于之号，上，时掌翻。二旬之间，有众五万，都于离石，离石县自汉以来属西河郡。以聪为鹿蠡王。师古曰：蠡，音卢奚翻。鹿蠡王，即仍汉时谷蠡王号也。谷、鹿字虽不同，而音则同耳。遣左於陆王宏帅精骑五千，帅，读曰率。骑，奇寄翻；下同。会颖将王粹拒东嬴公腾。粹已为腾所败，败，补迈翻；下败石同。宏无及而归。

王浚、东嬴公腾合兵击王斌，大破之。浚以主簿祁弘为前锋，姓谱：祁姓，黄帝二十五子之一也；又晋献侯四世孙奚食邑于祁，曰祁奚。败石超于平棘，平棘县，汉属常山郡，晋属赵国。刘昫曰：汉平棘县在今赵州平棘县南。乘胜进军。候骑至邺，邺中大震，百僚奔走，士卒分散。卢志劝颖奉帝还洛阳。时甲士尚有万五千人，志夜部分，分，扶问翻。至晓将发，而程太妃恋邺不欲去，颖狐疑未决。俄而众溃，颖遂将帐下数十骑与志奉帝御犊车晋制：皂轮犊车，诸公乘之。南奔洛阳。仓猝上下无赍，中黄门被囊中赍私钱三千，诏贷之，贷，惕德翻，又敌德翻，又他代翻，假借也。于道中买饭，夜则御中黄门布被，食以瓦盆。至温，将谒陵，帝之先，河内温县孝敬里人，自京兆尹防以上，皆葬于温。帝丧履，纳从者之履，丧，息浪翻。从，才用翻。下拜流涕。及济河，张方自洛阳遣其子罴帅骑三千，以所乘车奉迎帝。至芒山下，方自帅万馀骑迎帝。帅，读曰率。方将拜谒，帝下车自止之。甚于夷王下堂而见诸侯矣。帝还宫，奔散者稍还，百官粗备。粗，坐五翻。辛巳，大赦。

王浚入邺，士众暴掠，死者甚众。使乌桓羯朱追太弟颖，至朝歌，不及。浚还蓟，以鲜卑多掠人妇女，命："敢有挟藏者斩！"于是沈于易水者八千人。王浚进不成勤王，而纵鲜卑、乌桓猾夏乱华，其死于石勒之手，晚矣。沈，持林翻。

13 东嬴公腾乞师于拓跋猗㐌以击刘渊，猗㐌与弟猗卢合兵击渊于西河，破之，与腾盟于汾东而还。自此拓跋氏屡以兵助并州。㐌，徒河翻。还，从宣翻，又如字。

刘渊闻太弟颖去邺，叹曰："不用吾言，逆自奔溃，真奴才也！然吾与之有言矣，不可以不救。"将发兵击鲜卑、乌桓，刘宣等谏曰："晋人奴隶御我，今其骨肉相残，是天弃彼而使我复呼韩邪之业也。鲜卑、乌桓，我之气类，鲜卑、乌桓，东胡之种，与匈奴同禀北方刚强之气，又同类也。可以为援，奈何击之！"渊曰："善！大丈夫当为汉高、魏武，呼韩邪何足效哉！"宣等稽首曰："非所及也！"稽，音启。

14 荆州兵擒斩张昌，同党皆夷三族。去年昌逃于下儁山，至是方禽灭。

15 李雄以范长生有名德，为蜀人所重，欲迎以为君而臣之，长生不可。诸将固请雄即尊位，冬，十月，雄即成都王位，大赦，改元建兴。除晋法，约法七章。以其叔父骧为太傅，兄始为太保，李离为太尉，李云为司徒，李璜为司空，李国为太宰，阎式为尚书令，杨褒为仆射。尊母罗氏为王太后，追尊父特为成都景王。雄以李国、李离有智谋，凡事必咨而后行，然国、离事雄弥谨。史言诸李守君臣之分以相保固，所谓盗亦有道也。

16 刘渊迁都左国城。考异曰：下云"离石大饥，迁于黎亭"，则是渊犹在离石也。按杜佑通典：离石有南单于庭左国城。然则渊虽迁左国，犹在离石县境内也。胡、晋归之者愈众。渊谓群臣曰："昔汉有天下久长，恩结于民。吾，汉氏之甥，约为兄弟；兄亡弟绍，不亦可乎！"乃建国号曰汉。刘宣等请上尊号，上，时掌翻。渊曰："今四方未定，且可依高祖称汉王。"于是即汉王位，刘渊，字元海。考异曰：帝纪，李雄、刘渊称王，皆在十一月惠帝入长安后。华阳国志，李雄十月称王，一本作十二月。三十国、晋春秋、十六国钞皆在十月。今从之。大赦，改元曰元熙。追尊安乐公禅为孝怀皇帝，乐，音洛。作汉三祖、五宗神主而祭之。渊以汉高祖、世祖、昭烈为三祖，太宗、世宗、中宗、显宗、肃宗为五宗。立其妻呼延氏为王后。以右贤王宣为丞相，崔游为御史大夫，左於陆王宏为太尉，范隆为大鸿胪，胪，陵如翻。朱纪为太常，上党崔懿之、后部人陈元达皆为黄门郎，刘渊皆用汉官制。后部，即匈奴北部也，居新兴。族子曜为建武将军；游固辞不就。崔游，渊之师也；范隆、朱纪，同门生。崔游既能以师道不为渊屈，且又得不变于夷之义。沈约志，魏置建武将军。

元达少有志操，少，诗照翻。渊尝招之，元达不答。及渊为汉王，或谓元达曰："君其惧乎？"元达笑曰："吾知其人久矣，彼亦亮吾之心；但恐不过三、二日，驿书必至。"其暮，渊果征元达。元达事渊，屡进忠言，退而削草，虽子弟莫得知也。草，奏藁也。

曜生而眉白，目有赤光，幼聪慧，有胆量，早孤，养于渊。及长，仪观魁伟，性拓落高亮，拓，恢拓也。落，磊落也。长，知两翻。观，古玩翻。与众不群，好读书，善属文，好，呼报翻。属，之欲翻。铁厚一寸，射而洞之。厚，胡茂翻。射，而亦翻。洞，贯也。常自比乐毅及萧、曹，时人莫之许也；惟刘聪重之，曰："永明，汉世祖、魏武之流，数公何足道哉！"刘曜，字永明。数公，谓乐毅、萧、曹。

17 帝既还洛阳，张方拥兵专制朝政，朝，直遥翻；下同。太弟颖不得复豫事。复，扶又翻。豫州都督范阳王虓、徐州都督东平王楙等上言："颖弗克负荷，宜降封一邑，特全其命。荷，下可翻，又如字。考异曰：虓传云："与镇东将军周馥同上言。"按馥传："帝自长安还，馥出为平东将军，都督扬州，代刘准为镇东。"据此表，张方犹存，盖自邺还洛阳时也。太宰宜委以关右之任，河间王颙时为太宰，故称之。自州郡以下，选举授任，一皆仰成；朝之大事，废兴损益，每辄畴咨。言关右州郡，听颙选举，朝政亦咨而后行。仰，牛向翻。孔安国曰：畴，谁也。颜师古曰：畴，谁也。咨，谋也。言谋于众人，谁可为事也。余按此所谓畴咨，恐非孔、颜注义。盖畴，类也。咨，问也。言朝之大事，类以问颙。朝，直遥翻。张方为国效节，而不达变通，未即西还，宜遣还郡，方本为冯翊太守。为，于伪翻。所加方官，请悉如旧。司徒戎、司空越，并忠国小心，宜干机事，委以朝政。干，读曰管，又如字。王浚有定社稷之勋，谓举兵讨颖也。宜特崇重，遂抚幽朔，长为北藩。臣等竭力扞城，藩屏皇家，屏，必郢翻。则陛下垂拱，四海自正矣。"

张方在洛既久，兵士剽掠殆竭，众情喧喧，无复留意，剽，匹妙翻。众情，谓方之军情也。议欲奉帝迁都长安；恐帝及公卿不从，欲须帝出而劫之。须，待也。乃请帝谒庙，帝不许。十一月，乙未，方引兵入殿，以所乘车迎帝，帝驰避后园竹中。军人引帝出，逼使上车，上，时掌翻。帝垂泣从之。方于马上稽首曰："今寇贼纵横，宿卫单少，稽，音启。纵，子容翻。少，诗沼翻。愿陛下幸臣垒，臣尽死力以备不虞。"时群臣皆逃匿，唯中书监卢志侍侧，曰："陛下今日之事，当一从右将军。"张方时为右将军。帝遂幸方垒，令方具车载宫人、宝物。军人因妻略后宫，分争府藏，藏，徂浪翻。割流苏、武帐为马帴，毛晃曰：流苏，盘线绘绣之球，五采错为之，同心而下垂者是也。苏，犹须也；又散貌，以其橤下垂，故曰苏。今人谓绦头橤为苏。孟康曰：今御武帐置兵，阑五兵于帐中。帓，将先翻，马藉也。魏、晋以来蓄积，扫地无遗。方将焚宗庙、宫室以绝人返顾之心，卢志曰："董卓无道，焚烧洛阳，事见五十九卷汉献帝初平元年。怨毒之声，百年犹存，何为袭之！"乃止。

帝停方垒三日，方拥帝及太弟颖、豫章王炽等趋长安，趋，七喻翻。王戎出奔郏。郏县，前汉属颍川郡，后汉省，晋属襄城郡，隋、唐为汝州郏城县。郏，音夹。太宰颙帅官属步骑三万迎于霸上，帅，读曰率。颙前拜谒，帝下车止之。帝入长安，以征西府为宫。征西府，征西将军府，颙所居也。唯尚书仆射荀藩、司隶刘暾、河南尹周馥在洛阳为留台，承制行事，号东、西台。洛阳为东台，长安为西台。暾，他昆翻。藩，勖之子也。荀勖朋比贾充，贵显于晋初。丙午，留台大赦，改元复为永安。辛丑，复皇后羊氏。

18 罗尚移屯巴郡，遣兵掠蜀中，获李骧妻昝氏及子寿。昝，子感翻，姓也。

19 十二月，丁亥，诏太弟颖以成都王还第；更立豫章王炽为皇太弟。更，工衡翻。帝兄弟二十五人，时存者惟颖、炽及吴王晏。晏材资庸下，炽冲素好学，好，呼报翻。故太宰颙立之。诏以司空越为太傅，与颙夹辅帝室，王戎参录朝政。朝，直遥翻。又以光禄大夫王衍为尚书左仆射。高密王略为镇南将军，领司隶校尉，权镇洛阳。考异曰：惠纪作"高密王简"。按宗室传，高密孝王略，字元简，时都督青州，后迁都督荆州，未尝镇洛阳。盖简即略也，时虽有朝命而略不至，或尝镇洛阳而本传遗脱耳。以余观之，时朝廷命令不行于方镇，略盖未尝赴洛也。东中郎将模为宁北将军，都督冀州诸军事，镇邺。晋书帝纪作"东中郎将"，模传作"北中郎将"。又按晋制，方面之任，有四征、四镇、四安、四平，无四宁也。"宁"，恐当作"安"。百官各还本职。令州郡蠲除苛政，爱民务本，清通之后，当还东京。谓阻兵者解兵，道路清通之后也。帝时在长安，故谓洛阳为东京。大赦，改元。改元永兴。略、模，皆越之弟也。王浚既去邺，越使模镇之。颙以四方乖离，祸难不已，故下此诏和解之，冀获少安。颙欲和解兄弟，当在乂、颖构隙之时，及事不可为，而颙亦不免矣。难，乃旦翻。越辞太傅不受。又诏以太宰颙都督中外诸军事。张方为中领军、录尚书事，领京兆太守。时帝在长安，京兆太守实掌辇毂下。张方握兵，颙所亲倚，故使领京兆。

20 东嬴公腾遣将军聂玄击汉王渊，战于大陵。大陵县，自汉以来属太原郡。魏收地形志：太原郡统内受阳县有大陵城，其地盖在唐辽、并二州界。杜佑曰：文水县，汉大陵县。聂，尼辄翻。玄兵大败。

渊遣刘曜寇太原，取泫氏、屯留、长子、中都。泫氏、屯留、长子属上党郡；中都属太原郡。贤曰：泫氏，今泽州高平县。刘昫曰：泽州陵川县，汉泫氏县。高平，汉泫氏县地。屯留、长子，唐皆属潞州。师古曰：泫，音工玄翻。屯，音纯。长，读如长短之长，陆德明读如长幼之长。又遣冠军将军乔晞寇西河，取介休。介休令贾浑不降，晞杀之；介休县，汉属太原郡，晋属西河郡，唐属汾州。冠，古玩翻。降，户江翻。将纳其妻宗氏，宗氏骂晞而哭，晞又杀之。渊闻之，大怒曰："使天道有知，乔晞望有种乎！"种，章勇翻。追还，降秩四等，收浑尸，葬之。

王崇武标点容肇祖聂崇岐覆校

资治通鉴卷第八十六

端明殿学士兼翰林侍读学士朝散大夫右谏议大夫
充集贤殿修撰权判西京留司御史台上柱国河内郡 司马光 奉敕编集
开国侯食邑一千三百户食实封四百户赐紫金鱼袋臣

后学天台胡三省音注

晋纪八 起旃蒙赤奋若（乙丑），尽著雍执徐（戊辰），凡四年。

孝惠皇帝下

永兴二年（乙丑、三〇五）

1 夏，四月，张方废羊后。

2 游楷等攻皇甫重，累年不能克，游楷等自太安二年攻皇甫重，至是，首尾三年。重遣其养子昌求救于外。昌诣司空越，越以太宰颙新与山东连和，事见上卷上年。不肯出兵。昌乃与故殿中人杨篇故殿中人，旧属二卫部曲者。诈称越命，迎羊后于金墉城。入宫，以后令发兵讨张方，奉迎大驾。是年四月，张方废羊后。其时方已奉帝入关，盖以威令遥胁留台百官，使废羊后耳。今皇甫昌迎后入宫，欲发兵讨方，特以是起兵，非因方在洛而讨之也。事起仓猝，百官初皆从之；俄知其诈，相与诛昌。颙请遣御史宣诏喻重令降。降，户江翻；下同。重不奉诏。先是城中不知长沙厉王及皇甫商已死，长沙厉王死，见上卷上年。皇甫商死，见上卷太安二年。先，悉荐翻。重获御史驺人，因御史来宣诏，获其驺人。驺，侧鸠翻，厩御也。晋制，诸公给驺八人，下至御史，各有差。齐王融曰："车前无八驺，何得称丈夫！"则驺盖辟车之卒。

问曰："我弟将兵来，欲至未？"驺人曰："已为河间王所害。"重失色，立杀驺人。于是城中知无外救，共杀重以降。颙以冯翊太守张辅为秦州刺史。颙以破刘沈之功用张辅。

3 六月，甲子，安丰元侯王戎薨于郏。王戎奔郏，见上卷上年。郏，音夹。

4 张辅至秦州，杀天水太守封尚，欲以立威；又召陇西太守韩稚，守，式又翻。稚子朴勒兵击辅，辅军败，死。凉州司马杨胤言于张轨曰："韩稚擅杀刺史，明公杖钺一方，不可不讨。"轨从之，遣中督护氾瑗帅众二万讨稚，稚诣轨降。中督护，中军督护也。氾，音凡。瑗，于眷翻。帅，读曰率；下同。未几，几，居岂翻。鲜卑若罗拔能寇凉州，轨遣司马宋配击之，斩拔能，俘十馀万口，威名大振。史言张轨能尊主攘夷以致强盛。

5 汉王渊攻东嬴公腾，腾复乞师于拓跋猗㐌，复，扶又翻。㐌，徒河翻。卫操劝猗㐌助之。猗㐌帅轻骑数千救腾，斩汉将綦毋豚。毋，音无。綦毋，复姓。北狄传：匈奴国人有綦毋氏、勒氏，皆勇健，好反叛。考异曰：后魏书桓帝纪及刘渊传，皆云"渊南走蒲子"。按晋载记，渊无走蒲子事，下云"自离石迁黎亭"，盖后魏书夸诞妄言耳。诏假猗㐌大单于，单，音蝉。加操右将军。甲申，猗㐌卒，子普根代立。

6 东海中尉刘洽以张方劫迁车驾，晋诸王国有郎中令、中尉、大农为三卿。张方劫迁车驾事见上卷上年。劝司空越起兵讨之。秋，七月，越传檄山东征、镇、州、郡云："欲纠帅义旅，奉迎天子，还复旧都。"旧都，谓洛阳。东平王楙闻之，惧；长史王修说楙曰："东海，宗室重望；今兴义兵，公宜举徐州以授之，则免于难，说，输芮翻。难，乃旦翻。且有克让之美矣。"楙从之。越乃以司空领徐州都督，楙自为兖州刺史；诏即遣使者刘虔授之。楙督徐州，始八十四卷永宁元年。去年，范阳王虓以苟晞行兖州，晞留许昌，未及至州，而楙自领之。是时，越兄弟并据方任，越弟略都督青州，模都督冀州。于是范阳王虓虓，虚交翻。及王浚等共推越为盟主，越辄选置刺史以下，辄，专也。朝士多赴之。朝士赴越者，不从帝在长安者也。朝，直遥翻。

7 成都王颖既废，颖废见上卷上年。河北人多怜之。颖镇邺，初有时誉；后虽以骄侈致祸，河北之人厌乱而思旧，故多怜之。颖故将公师藩等自称将军，起兵于赵、魏，众至数万。初，上党武乡羯人石勒，有胆力，善骑射。武乡县，晋置，属上党郡；后石勒分置武乡郡。刘昫曰：唐潞州武乡县，汉河东之垣县也。唐辽州榆社县，分晋武乡县置。载记曰：勒，匈奴别部羌渠之胄。又匈奴传曰：北狄入居塞内者，有十九种，羯其一也。羯，居谒翻。并州大饥，建威将军阎粹说东嬴公腾说，输芮翻。执诸胡于山东，卖充军实。勒亦被掠，卖为茌平人师欢奴，茌平县，前汉属东郡，后汉属济北国，晋属平原国。应劭曰：在茌山之平地者也。意其地当在唐齐州、博州界。刘昫曰：茌平县并入唐博州聊城县。被，皮义翻。师古曰：茌，音仕疑翻。欢奇其状貌而免之。欢家邻于马牧，勒乃与牧帅汲桑结壮士为群盗。帅，所类翻。及公师藩起，桑与勒帅数百骑赴之。帅，读曰率。桑始命勒以石为姓，勒为名。石勒始此。藩攻陷郡县，杀二千石、长吏，长，知两翻。转前，攻邺。平昌公模甚惧；范阳王虓遣其将苟晞救邺，与广平太守谯国丁绍共击藩，走之。汉武帝置平干国，宣帝改为广平国；后汉光武省属钜鹿郡；魏文帝黄初二年复置广平郡；唐为洺州之地。

8 八月，辛丑，大赦。

9 司空越以琅邪王睿为平东将军，监徐州诸军事，留守下邳。监，工衔翻。睿请王导为司马，委以军事。考异曰：导传曰："元帝镇下邳，请导为安东司马。"按元帝时为平东，及徙扬州，乃为安东耳。或者"平"字误为"安"，或后为安东司马，故但云司马。越帅甲士三万，西屯萧县；萧县，自汉以来属沛郡，唐属徐州。范阳王虓自许屯于荥阳。许，即许昌。越承制以豫州刺史刘乔为冀州刺史，以范阳王虓领豫州刺史；乔以虓非天子命，发兵拒之。虓以刘琨为司马，越以刘蕃为淮北护军，刘舆为颍川太守。舆、琨，蕃之子也。乔上尚书，列舆兄弟罪恶，因引兵攻许，豫州刺史时治项。上，时掌翻。遣长子佑将兵拒越于萧县之灵壁，长，知两翻。越兵不能进。东平王楙在兖州，征求不已，郡县不堪命。范阳王虓遣苟晞还兖州，虓用苟晞为兖州刺史，见上卷上年。徙楙都督青州。楙不受命，背山东诸侯，与刘乔合。背，蒲妹翻。

10 太宰颙闻山东兵起，甚惧。以公师藩为成都王颖起兵，壬午，表颖为镇军大将军、都督河北诸军事，给兵千人；以卢志为魏郡太守，随颖镇邺，欲以抚安之。又遣建武将军吕朗屯洛阳。

颙发诏，令东海王越等各就国，越等不从。会得刘乔上事，上事者，言东海王越等起兵及乔攻许拒越之事。上，时掌翻。冬，十月，丙子，下诏称："刘舆迫胁范阳王虓，造构凶逆。其令镇南大将军刘弘、刘弘都督荆州。平南将军彭城王释、彭城王释盖代羊伊屯宛。征东大将军刘准，刘准都督扬州。各勒所统，与刘乔并力；以张方为大都督，统精卒十万，与吕朗共会许昌，诛舆兄弟。"释，宣帝弟子穆王权之孙也。权，宣帝弟东武城侯馗之子。考异曰：刘乔传"释"作"绎"。帝纪、宗室传皆作"释"，盖乔传误。帝纪："八月，车骑大将军刘弘逐平南将军彭城王释于宛。"弘、释传及众书皆无之。弘传但云彭城前东奔有不善之言。按弘，晋室纯臣，刘乔与范阳构难，弘犹以书和解之，以安天下，尊王室。释受王命镇宛，而弘肯更自逐之乎！据此诏，令弘、释共讨刘舆，疑无弘逐释事。帝纪必误。丁丑，颙使成都王颖领将军刘【章：甲十一行本"刘"作"楼"；乙十一行本同；孔本同；退斋校同。】褒等，前车骑将军石超领北中郎将王阐等据河桥，为刘乔继援；进乔镇东将军，假节。

刘弘遗乔及司空越书，遗，于季翻。欲使之解怨释兵，同奖王室，皆不听。弘又上表曰："自顷兵戈纷乱，猜祸锋生，疑隙构于群王，灾难延于宗子。难，乃旦翻。今日为忠，明日为逆，翩其反而，言是非反覆之易，冏、乂、颖、颙之事诚如此。互为戎首。言迭为兴戎之首也。载籍以来，骨肉之祸未有如今者也，臣窃悲之！今边陲无备豫之储，中华有杼轴之困，诗曰：小东大东，杼轴其空。杼，持纬器。"轴"，亦作"柚"。皆织具也。而股肱之臣，不惟国体，职竞寻常，惟，思也。职，主也。竞，争也。八尺曰寻，倍寻曰常。言所争者寻丈之间，不足为长短也。左传曰：争寻常以尽其民。自相楚剥。楚，痛也。万一四夷乘虚为变，此亦猛虎交斗自效于卞庄者矣。刘、石之祸，刘弘盖知之矣。臣以为宜速发明诏诏越等，令两释猜嫌，各保分局。分，扶问翻。自今以后，其有不被诏书，擅兴兵马者，天下共伐之。"被，皮义翻；下同。时太宰颙方拒关东，倚乔为助，不纳其言。

乔乘虚袭许，破之。刘琨将兵救许，不及，遂与兄舆及范阳王虓俱奔河北；琨父母为乔所执。刘弘以张方残暴，知颙必败，乃遣参军刘盘为都护，尽护行营诸将为都护，督护则止督一军耳。帅诸军受司空越节度。帅，读曰率。

时天下大乱，弘专督江、汉，威行南服。南服，南方也；谓之服者，责以服事天子为职。谋事有成者，则曰"某人之功"，如有负败，则曰"老子之罪"。每有兴发，兴发，谓兴师动众，调发财赋。手书守相，守，手又翻。相，息亮翻。丁宁款密。所以人皆感悦，争赴之，咸曰："得刘公一纸书，贤于十部从事。"州有部从事，部管内诸郡。前广汉太守辛冉说弘以从横之事，弘怒，斩之。益州之破，辛冉去罗尚从刘弘，冉以事尚者事弘，犹将不免于诛，况以从横说之邪！史言刘弘忠纯。说，输芮翻。从，子容翻。

11 有星孛于北斗。孛，蒲内翻。

12 平昌公模遣将军宋胄趣河桥。模自邺遣胄进兵。趣，七喻翻。

13 十一月，立节将军周权，诈被檄，诈，言被司空越檄也。自称平西将军，复立羊后。洛阳令何乔攻权，杀之，复废羊后。复，扶又翻。太宰颙矫诏，以羊后屡为奸人所立，遣尚书田淑敕留台赐后死。时荀藩、刘暾、周馥居留台。诏书屡至，司隶校尉刘暾等上奏，暾，他昆翻。上，时掌翻。固执以为："羊庶人门户残破，废放空宫，门禁峻密，无缘得与奸人构乱；众无愚智，皆谓其冤。今杀一枯穷之人，而令天下伤惨，何益于治！"治，直吏翻。颙怒，遣吕朗收暾；考异曰：暾传云："颙遣陈颜、吕朗帅骑五千收暾。"按暾匹夫，安用五千骑！盖朗时在洛，颙敕使收暾耳。说者欲大其事，故云尔。暾奔青州，依高密王略。然羊后亦以是得免。

14 十二月，吕朗等东屯荥阳，成都王颖进据洛阳。

15 刘琨说冀州刺史太原温羡，使让位于范阳王虓。魏收曰：袁绍、曹操为冀州，治邺；魏、晋治信都。杜佑曰：治房子。说，输芮翻。虓领冀州，遣琨诣幽州乞师于王浚；浚以突骑资之，突骑，天下精兵。燕人致枭骑，助汉高祖以破项羽。光武得渔阳、上谷突骑以平河北。考异曰：琨传曰："得突骑八百人。"按刘乔传云："琨率突骑五千济河攻乔。"疑八百太少，或因下文迎东海王之数，致有此误。今阙疑。击王阐于河上，杀之。琨遂与虓引兵济河，斩石超于荥阳。刘乔自考城引退。考城县属陈留郡，前汉梁国之菑县也，章帝更名；晋省。后魏置考阳县及北梁郡；北齐郡县并废，为城安县；隋改曰考城县，属梁郡；至唐，属曹州。虓遣琨及督护田徽东击东平王楙于廪丘，廪丘县，前汉属东郡，后汉属济阴，晋属濮阳郡，为兖州刺史治所。贤曰：廪丘故城在今濮州雷泽县北。楙走还国。琨、徽引兵东迎越，击刘佑于谯；佑败死，乔众遂溃，乔奔平氏。考异曰：帝纪云："乔奔南阳。"按地理志：南阳无平氏县。武帝分南阳置义阳郡，有西平氏县。或者南阳有东平氏而非县与！今按前汉书地理志：平氏县属南阳郡。晋书地理志，平氏县属义阳郡。平氏之上有厥西县。沈约宋书地理志：南义阳太守领厥西、平氏二县。且曰：厥西令，二汉无；晋太康地志属义阳。以此证之，盖后人传写晋书者，误以厥西之"西"字联平氏而书之。其实晋义阳之平氏，即汉南阳之平氏也。帝纪所谓"乔奔南阳"，以汉古郡大界书之也。刘昫曰：唐申州义阳县，汉南阳郡平氏县之义阳乡与唐州之桐柏、平氏二县，皆汉南阳平氏县地。司空越进屯阳武，阳武县，汉属河南郡，晋属荥阳郡，唐属郑州。王浚遣其将祁弘帅突骑鲜卑、乌桓为越先驱。帅，读曰率；下同。

16 初，陈敏既克石冰，事见上卷太安二年。自谓勇略无敌，有割据江东之志。其父怒曰："灭我门者，必此儿也！"遂以忧卒。敏以丧去职。司空越起敏为右将军、前锋都督。越为刘佑所败，败，补迈翻。敏请东归收兵，遂据历阳叛。历阳县，汉属九江郡，魏改九江曰淮南，晋因之。今和州，即历阳县之地。宋白曰：县南有历水，故曰历阳。吴王常侍甘卓，弃官东归，晋诸王国，大国置左、右常侍各一人。考异曰：卓传云："州举秀才，为吴王常侍。讨石冰，以功赐爵都亭侯。东海王越引为参军，出补离狐令。弃官东归，遇陈敏。"敏传云："吴王常侍甘卓自洛至。"按卓为常侍，不应讨石冰；为离狐令，不应自洛至。今从敏传。至历阳，敏为子景娶卓女，为，于伪翻。使卓假称皇太弟令，拜敏扬州刺史。敏使弟恢及别将钱端等南略江州，弟斌东略诸郡，斌，音彬。扬【章：甲十一行本"扬"上有"江州刺史应邈"六字；乙十一行本同；孔本同，张校同；退斋校同。】州刺史刘机、丹杨太守王旷皆弃城走。时扬州刺史盖与丹杨太守同治秣陵。

敏遂据有江东，以顾荣为右将军，贺循为丹杨内史，周玘为安丰太守，安丰县，后汉属庐江郡。魏分庐江为安丰郡，其地为唐之寿州安丰、霍丘县。玘，墟里翻。凡江东豪杰、名士，咸加收礼，为将军、郡守者四十馀人；或有老疾，就加秩命。循诈为狂疾，得免；乃以荣领丹杨内史。玘亦称疾，不之郡。敏疑诸名士终不为己用，欲尽诛之。荣说敏曰："中国丧乱，胡夷内侮，观今日之势，不能复振，百姓将无遗种。说，输芮翻。丧，息浪翻。种，章勇翻。江南虽经石冰之乱，人物尚全，荣常忧无孙、刘之主孙、刘，谓孙权、刘备。有以存之。今将军神武不世，勋效已著，带甲数万，舳舻山积，汉武帝纪：舳舻千里。注云：舳、船后持柂处。舻，船前刺棹处。又汉律名船方长为舳舻。此言山积，盖取汉律之义。若能委信君子，使各尽怀，散蒂芥之嫌，张晏曰：蒂芥，刺鲠也。师古曰：蔕，音丑介翻。塞谗谄之口，则上方数州，可传檄而定；上方数州，谓扬州以西荆、江、豫、梁、益等州也。塞，悉则翻。不然，终不济也。”【章：甲十一行本“也”下有“敏乃止”三字；乙十一行本同；孔本同；张校同；退斋校同。】敏命僚佐推己为都督江东诸军事、大司马、楚公，加九锡，列上尚书，上，时掌翻。称被中诏，被，皮义翻。自江入沔、汉，奉迎銮驾。

太宰颙以张光为顺阳太守，顺阳县，前汉曰博山，后汉明帝更名顺阳，属南阳郡；至建安中，割南阳右壤为南乡郡；晋太康中，立顺阳郡，以南乡为县；唐邓州之临湍、菊潭县，皆顺阳郡地。帅步骑五千诣荆州讨敏。刘弘遣江夏太守陶侃、武陵太守苗光屯夏口，夏，户雅翻。又遣南平太守汝南应詹督水军以继之。

侃与敏同郡，侃与敏皆庐江人。又同岁举吏。同岁举赴京师。随郡内史扈怀随县，汉属南阳郡，春秋之随国也。晋武帝分南阳立义阳国，后又分义阳立随郡，隋为汉东郡，唐为隋州。言于弘曰：“侃居大郡，统强兵，脱有异志，则荆州无东门矣！”弘曰：“侃之忠能，吾得之已久，必无是也。”侃闻之，遣子洪及兄子臻诣弘以自固，弘引为参军，资而遣之。既引为参军，又以货物资送而遣其归。曰：“贤叔征行，君祖母年高，便可归也。匹夫之交，尚不负心，况大丈夫乎！”

敏以陈恢为荆州刺史，寇武昌，弘加侃前锋督护以御之。侃以运船为战舰，舰，户黯翻。或以为不可。侃曰：“用官船击官贼，何为不可！”侃与恢战，屡破之；又与皮初、张光、苗光共破钱端于长岐。据张光传，长岐之战，光设伏于步路，苗光为水军，藏舟船于沔水，则长岐当在江夏郡界。

南阳太守卫展说弘曰："张光，太宰腹心，公既与东海，宜斩光以明向背。"背，蒲妹翻。弘曰："宰辅得失，岂张光之罪！危人自安，君子弗为也。"乃表光殊勋，乞加迁擢。

17 是岁，离石大饥，汉王渊徙屯黎亭，续汉志：上党郡壶关县有黎亭，书西伯戡黎即此。就邸阁谷；留太尉宏守离石，使大司农卜豫运粮以给之。

光熙元年（丙寅、三〇六）六月，帝还洛阳，始改元；此犹是永兴三年。

1 春，正月，戊子朔，日有食之。

2 初，太弟中庶子兰陵缪播缪，靡幼翻，又莫六翻，姓也。有宠于司空越；播从弟右卫率胤，太宰颙前妃之弟也。越之起兵，遣播、胤诣长安说颙，令奉帝还洛，说，输芮翻；下因说、复说、迎说同。约与颙分陕为伯。陕，失冉翻。颙素信重播兄弟，即欲从之。张方自以罪重，恐为诛首，以剽掠洛都，劫天子西迁也。谓颙曰："今据形胜之地，国富兵强，奉天子以号令，谁敢不从，奈何拱手受制于人！"颙乃止。及刘乔败，颙惧，欲罢兵，与山东和解，恐张方不从，犹豫未决。

方素与长安富人郅辅亲善，以为帐下督。方传云：初，方从山东来，甚微贱，郅辅厚相供给；及贵，甚亲昵之。颙参军河间毕垣，尝为方所侮，因说颙曰："张方久屯霸上，闻山东兵盛，盘桓不进，颙遣方与吕朗会刘乔攻许，方屯霸上未进而刘乔败。马融曰：盘桓，旋也。宜防其未萌。其亲信郅辅具知其谋。"缪播、缪胤复说颙："宜急斩方以谢，山东可不劳而定。"复，扶又翻。颙使人召辅，垣迎说辅曰："张方欲反，人谓卿知之。王若问卿，何辞以对？"辅惊曰："实不闻方反，为之奈何？"垣曰："王若问卿，但言尔尔；尔尔，犹言如此如此也。不然，必不免祸。"辅入，颙问之曰："张方反，卿知之乎？"辅曰："尔。"颙曰："遣卿取之，可乎?”又曰：“尔。”颙于是使辅送书于方，因杀之。辅既昵于方，昵，尼质翻。持刀而入，守阁者不疑。方火下发函，辅斩其头。还报，颙以辅为安定太守。送方头于【章：甲十一行本“于”下有“司空”二字；乙十一行本同；孔本同；张校同；退斋校同。】越以请和；越不许。

宋胄袭河桥，楼褒西走。平昌公模遣前锋督护冯嵩会宋胄逼洛阳。成都王颖西奔长安，至华阴，华阴县，前汉属京兆，后汉、晋属弘农郡，唐属华州。华，户化翻。闻颙已与山东和亲，留不敢进。吕朗屯荥阳，刘琨以张方首示之，遂降。降，户江翻。司【章：甲十一行本“司”上有“甲子”二字；乙十一行本同；孔本同；张校同。】空越遣祁弘、宋胄、司马纂帅鲜卑西迎车驾，帅，读曰率。以周馥为司隶校尉、假节，都督诸军，屯渑池。渑，弥兖翻。

3 三月，惤令刘伯【章：甲十一行本“伯”作“柏”；乙十一行本同；孔本同；张校同。】根反，惤县，自汉以来属东莱郡，拓跋魏省。魏收地形志：东牟郡黄县有惤城。师古曰：惤，音坚。众以万数，自称惤公。王弥帅家僮从之，帅，读曰率。柏根以弥为长史，弥从父弟桑为东中郎将。从，才用翻。柏根寇临淄，青州都督治所。青州都督高密王略使刘暾将兵拒之；暾兵败，奔洛阳，暾，他昆翻。略走保聊城。聊城县，汉属东郡，晋属平原郡，唐为博州治所。王浚遣将讨柏根，斩之。将，即亮翻。王弥亡入长广山为群盗。长广县，前汉属琅邪郡，后汉属东莱郡。晋武帝咸宁三年，置长广郡，长广县属焉。隋废长广郡及县，更名胶水县；唐属莱州。

4 宁州频岁饥疫，死者以十万计。五苓夷强盛，州兵屡败。五苓夷反，事始上卷太安二年。苓，力丁翻。吏民流入交州者甚众，夷遂围州城。李毅疾病，救援路绝，乃上疏上，时掌翻。言：“不能式遏寇虐，坐待殄毙。若不垂矜恤，乞降大使，及臣尚存，加臣重辟；使，疏吏翻。辟，毗亦翻。若臣已死，陈尸为戮。”朝廷不报。积数年，子钊自洛往省之，省，悉景翻。未至，毅卒。毅女秀，明达有父风，众推秀领宁州事。秀奖厉战士，婴城固守。城中粮尽，炙鼠拔草而食之。伺夷稍怠，辄出兵掩击，破之。伺，相吏翻。考异曰：怀帝纪："永嘉元年五月，建宁郡夷攻陷宁州，死者三千馀人。"李雄载记曰："南夷李毅固守不降，雄诱建宁夷使讨之。毅病卒，城陷，杀壮士三千馀人，送妇女千口于成都。"王逊传云："李毅卒，城中奉毅女固守经年。"华阳国志有毅卒年月及女秀守城事，今从之。

5 范长生诣成都，自青城山诣成都也。成都王雄门迎，执版，拜为丞相，尊之曰范贤。

6 夏，四月，己巳，司空越引兵屯温。初，太宰颙以为张方死，东方兵必可解。既而东方兵闻方死，争入关，颙悔之，乃斩郅辅，遣弘农太守彭随、北地太守刁默将兵拒祁弘等于湖。五月，壬辰，弘等击随、默，大破之，遂西入关，又败颙将马瞻、郭伟于霸水，败，补迈翻。颙单马逃入太白山。三秦记：太白山，在武功县南，去长安三百里。俗云"武功太白，去天三百。"新唐书地理志：太白山在凤翔府郿县。弘等入长安，所部鲜卑大掠，杀二万馀人，百官奔散，入山中，拾橡实食之。橡，似两翻，栩实也。尔雅曰：柞实谓之橡。贤曰：橡，栎实也。己亥，弘等奉帝乘牛车东还。晋志曰：古之贵者不乘牛车。汉武帝推恩之后，诸侯寡弱，至乘牛车，其后稍见贵重，自灵帝以来，天子至士，遂以为常乘。夫天子出入有大驾、法驾、卤簿，帝自邺奔洛，则乘犊车，自长安还洛，则乘牛车，无复出警入跸之制矣。以太弟太保梁柳为镇西将军，守关中。六月，丙辰朔，帝至洛阳，复羊后。考异曰：后传曰："张方首至洛阳，即日复后位。"按方传首已久，不至今日。今从帝纪。辛未，大赦，改元。改元光熙。

7 马瞻等入长安，杀梁柳，与始平太守梁迈共迎太宰颙于南山。武帝泰始二年，分扶风，置始平郡，领槐里、始平、武功、鄠、蒯城等县。南山即太白山。中南、太白，本一山也。弘农太守裴廙、廙，羊至翻，又逸职翻。秦国内史贾龛、安定太守贾疋等起兵击颙，斩马瞻、梁迈。疋，诩之曾孙也。帝即位，改扶风为秦国，以封秦王柬。龛，苦含翻。疋，音雅。贾诩生于汉末，始从李傕、郭汜，中从张绣，后归魏。司空越遣督护麋晃将兵击颙，考异曰：牵秀传云："颙密遣使就东海王越求迎，越遣将麋晃等迎颙。"今从颙传。至郑，颙使平北将军牵秀屯冯翊。颙长史杨腾，诈称颙命，使秀罢兵，腾遂杀秀，关中皆服于越，颙保城而已。颙仅保长安城。

8 成都王雄即皇帝位，雄，字仲儁，特第三子。大赦，改元曰晏平，国号大成。考异曰：晋帝纪、三十国、晋春秋，皆云："永兴二年六月，雄即帝位。"华阳国志："光熙元年，雄即帝位。"后魏书序纪及李雄传，皆云"昭帝十二年，雄称帝，"即光熙元年也。十六国春秋钞："晏平元年六月，雄即帝位。"十六国春秋目录，雄年号，建兴二，晏平五，与华阳国志同，今从之。诸书，雄改元晏平，无大武年号；惟晋载记改元大武，无晏平年号。按雄国号大成。魏书雄传云："雄称帝，号大成，改元晏平。"故三十国春秋误云"改年大成"，载记转写，误为"大武"。今从诸书去"大武"之号。追尊父特曰景皇帝，庙号始祖；尊王太后曰皇太后。雄母罗氏，尊为王太后，见上卷永兴元年。以范长生为天地太师；太师乃有天地之号，侯景未足多怪也。群盗私立名字以相署置，可胜言哉！考异曰：华阳国志："尊长生曰四时八节天地太师。"今从晋载记。复其部曲，皆不豫征税。复，方目翻。诸将恃恩，互争班位，将，即亮翻。尚书令阎式上疏，请考汉、晋故事，立百官制度；从之。

9 秋，七月，乙酉朔，日有食之。

10 八月，以司空越为太傅，录尚书事；范阳王虓为司空，镇邺；考异曰：虓传"为司徒"，今从帝纪。平昌公模为镇东大将军，镇许昌；王浚为骠骑大将军、都督东夷、河北诸军事，领幽州刺史。浚恃鲜卑、乌桓以为羽翼，故使并督东夷诸军。骠，匹妙翻。越以吏部郎庾【章：甲十一行本"庾"上有"颍川"二字；乙十一行本同；孔本同；

张校同；退斋校同。】𢾺为军谘祭酒，𢾺，鱼开翻。汉、魏之间，兵兴，始置军谘祭酒。前太弟中庶子胡母辅之为从事中郎，黄门侍郎郭【章：甲十一行本“郭”上有“河南”二字；乙十一行本同；孔本同；张校同；退斋校同。】象为主簿，鸿胪丞阮修为行参军，胪，陵如翻。晋列卿各置丞。行参军，在参军事之下。沈约志：晋太傅司马越府有行参军、兼行参军，后加“长兼”字。除拜则为参军事，府版则为行参军。行参军始于蜀丞相诸葛亮府。谢鲲为掾。掾，以绢翻。辅之荐乐安光逸于越，姓谱：光姓，燕人田光之后，秦末，子孙避地，因以为氏。越亦辟之。𢾺等皆尚虚玄，不以世务婴心，纵酒放诞；𢾺殖货无厌，厌，于盐翻。象薄行，好招权；越皆以其名重于世，故辟之。史言越所辟置，采虚名而无实用。行，下孟翻。好，呼到翻。

11 祁弘之入关也，成都王颖自武关奔新野。新野县，汉属南阳郡，晋属义阳郡。会新城元公刘弘卒，司马郭劢作乱，欲迎颖为主；郭【章：甲十一行本“郭”上有“治中顺阳”四字；乙十一行本同；孔本同；张校同；退斋校同。】舒奉弘子璠以讨劢，斩之。璠，孚袁翻。劢，莫败翻。诏南中郎将刘陶收颖。颖北渡河，奔朝歌，收故将士，得数百人，欲赴公师藩，顿【章：甲十一行本“顿”上有“九月”二字；乙十一行本同；孔本同；张校同。】丘太守冯嵩执之，送邺；顿丘县，汉属东郡；武帝泰始元年，分置郡。范阳王虓不忍杀而幽之。公师藩自白马南渡河，白马县，汉属东郡，晋属濮阳国，唐为滑州治所。兖州刺史苟晞讨斩之。

12 进东嬴公腾爵为东燕王，燕，于贤翻。平昌公模为南阳王。

13 冬，十月，范阳王虓薨。长史刘舆以【章：甲十一行本“以”下有“成都王”三字；乙十一行本同；孔本同；张校同；退斋校同。】颖素为邺人所附，秘不发丧，伪令人为台使称诏，夜，赐颖死，使，疏吏翻。并杀其二子。颖官属先皆逃散，惟卢志随从，至死不怠，收而殡之。从，才用翻。太傅越召志为军谘祭酒。

越将召刘舆，或曰："舆犹腻也，近则污人。"腻，女利翻。皮肤之垢，其肥滑者为腻。污，乌故翻。及至，越疏之。舆密视天下兵簿及仓库、牛马、器械、水陆之形，皆默识之。识，音志，记也。时军国多事，每会议，自长史潘滔以下，莫知所对，舆应机辨画，辨者，辨析事宜；画者，为之区画也。越倾膝酬接，即以为左长史，军国之务，悉以委之。舆说越遣其弟琨镇并州，以为北面之重；说，输芮翻。越表琨为并州刺史，以东燕王腾为车骑将军、都督邺城诸军事，镇邺。

14 十一月，己巳，夜，帝食𪎊中毒，𪎊，必郢翻，面餈也。释名：𪎊，并也，溲面使合并也。蒸𪎊、汤𪎊之属，随形而名。食𪎊中毒，或云越鸩之也。中，竹仲翻。庚午，崩于显阳殿。年四十八。羊后自以于太弟炽为嫂，恐不得为太后，将立清河王覃。侍中华混谏曰："太弟在东宫已久，炽立为皇太弟，见上卷永兴元年。华，户化翻。民望素定，今日宁可易乎！"即露版驰召太傅越，召太弟入宫。后已召覃至尚书阁，疑变，托疾而返。癸酉，太弟即皇帝位，大赦，尊皇后曰惠皇后，居弘训宫；追尊母王才人曰皇太后；立妃梁氏为皇后。

怀帝始遵旧制，于东堂听政。东堂，太极殿东堂也。每至宴会，辄与群官论众务，考经籍。黄门侍郎傅宣叹曰："今日复见武帝之世矣！"复，扶又翻。

15 十二月，壬午朔，日有食之。

16 太傅越以诏书征河间王颙为司徒，颙乃就征。南阳王模遣其将梁臣邀之于新安，车上扼杀之，并杀其三子。模，越之弟也。意谓杀颙父子则兄弟身安而无患矣，而不知石勒、赵染之祸已伏于冥冥之中矣。新安县，汉属弘农郡，晋属河南郡。考异曰：三十国、晋春秋云"东海王越杀颙"，今从颙传。

17 辛丑，以中书监温羡为左光禄大夫，领司徒；尚书左仆射王衍为司空。

18 己酉，葬惠帝于太阳陵。

19 刘琨至上党，东燕王腾即自井陉东下。时并州饥馑，数为胡寇所掠，胡寇，谓刘渊之党也。数，所角翻。郡县莫能自保。州将田甄、甄弟兰、任祉、祁济、李恽、薄盛等州将，谓并州诸将也。将，即亮翻。甄，稽延翻。任，音壬。恽，于粉翻。及吏民万馀人，悉随腾就谷冀州，号为“乞活”，所馀之户不满二万；寇贼纵横，道路断塞。纵，于容翻。塞，悉则翻。琨募兵上党，得五百人，转斗而前。至晋阳，府寺焚毁，府寺，府舍也。邑野萧条，聚居城市为邑。散居在外为野。琨抚循劳徕，流民稍集。劳，力到翻。徕，力代翻。

孝怀皇帝上 讳炽，字丰度，武帝第二十五子也。谥法：慈仁短折曰怀。

永嘉元年（丁卯、三〇七）

1 春，正月，癸丑，大赦，改元。

2 吏部郎周穆，太傅越之姑子也，与其妹夫御史中丞诸葛玫玫，谟杯翻。说越曰：“主上之为太弟，张方意也。成都王颖之废，河间王颙立帝为皇太弟，故以为张方之意。清河王本太子，清河王，齐王冏立为太子，经废者数矣。公宜立之。”越不许。重言之，重，直用翻。越怒，斩之。

3 二月，【张：“月”下脱“东莱”二字。】王弥寇青、徐二州，自称征东大将军，攻杀二千石。太傅越以公车令东莱鞠羡为本郡太守，晋志，公车令，属卫尉。以讨弥，弥击杀之。

4 陈敏刑政无章，不为英俊所附；子弟凶暴，所在为患；顾荣、周玘等忧之。庐江内史华谭遗荣等书曰：“陈敏盗据吴、会，命危朝露。言若朝露之栖草上，见日即晞，不得久也。华，户化翻。遗，于季翻。诸君或剖符名郡，或列为近臣，而更辱身奸人之朝，朝，直遥翻；下同。降节叛逆之党，不亦羞乎！吴武烈父子皆以英杰之才，继承大业。吴谥孙坚曰武烈皇帝。今以陈敏凶狡，七弟顽冗，欲蹑桓王之高踪，蹈大皇之绝轨，孙策追谥长沙桓王，孙权谥大皇帝。冗，而陇翻。蹑，尼辄翻。远度诸贤，犹当未许也。度，徒洛翻。皇舆东返，谓自长安还洛阳也。俊彦盈朝，才过千人曰俊。彦，美士也。将举六师以清建业，诸贤何颜复见中州之士邪！"复，扶又翻。荣等素有图敏之心，及得书，甚惭，密遣使报征东大将军刘准，使，疏吏翻。使发兵临江，己为内应，剪发为信。准遣扬州刺史刘机等出历阳讨敏。

敏使其弟广武将军昶将兵数万屯乌江，沈约志：广武将军，晋江左置。盖始于此时。晋置乌江县，属淮南郡，即乌江亭长舣船待项羽之地以名县。宋白曰：乌江县，汉东城县地，晋太康六年，始于东城界置乌江县。昶，丑两翻。历阳太守宏屯牛渚。敏弟处知顾荣等有贰心，劝敏杀之，敏不从。考异曰：敏传云："弟昶劝杀荣。"按晋春秋："敏临死谓处曰：'我负卿！'"时昶已先死。今从晋春秋。

昶司马钱广，周玘同郡人也，玘密使广杀昶，宣言州下已杀敏，扬州刺史治建业，故谓建业为州下。敢动者诛三族。广勒兵朱雀桥南；朱雀桥在建业宫城之南，跨秦淮水。世传晋孝武建朱雀门，上有两铜雀，故桥亦以此得名。余谓朱雀桥自吴以来有之，盖取前朱雀之义，非晋孝武之时始有此名也。朱雀桥，亦曰大桁。敏遣甘卓讨广，坚甲精兵悉委之。顾荣虑敏之疑，故往就敏。敏曰："卿当四出镇卫，谓镇安人心，乃所以卫敏也。岂得就我邪！"荣乃出，与周玘共说甘卓曰：说，输芮翻。"若江东之事可济，当共成之。然卿观兹事势，当有济理不？不，读曰否。敏既常才，政令反覆，计无所定，其子弟各已骄矜，其败必矣。而吾等安然坐受其官禄，事败之日，使江西诸军函首送洛，江西诸军谓刘准所遣临江者也。题曰'逆贼顾荣、甘卓之首'，此万世之辱也！”卓遂诈称疾，迎女，断桥，收船南岸，桥，即朱雀桥也。建业城在秦淮水北，故卓收船傍南岸。断，丁管翻。与玘、荣及前松滋侯相丹杨纪瞻共攻敏。松滋县，属庐江郡，后汉省；晋属安丰郡。刘昫曰：唐寿州霍山县，汉松滋县地。今江陵府松滋县，乃是吴乐乡之地，晋氏南渡后，以松滋流民侨立松滋县，非古松滋也。

敏自帅万馀人讨卓，军人隔水语敏众曰：“本所以戮力陈公者，正以顾丹杨、周安丰耳；敏以顾荣为丹杨太守，周玘为安丰太守，故以称之。帅，读曰率。语，牛倨翻。今皆异矣，汝等何为！”敏众狐疑未决，荣以白羽扇挥之，白羽扇，编白羽为之。众皆溃去。敏单骑北走，骑，奇寄翻。追获之于江乘，叹曰：“诸人误我，以至今日！”谓弟处曰：“我负卿，卿不负我！”谓不用处言杀顾荣等也。遂斩敏于建业，夷三族。于是会稽等郡尽杀敏诸弟。会，工外翻。

时平东将军周馥代刘准镇寿春。三月，己未朔，馥传敏首至京师。诏征顾荣为侍中，纪瞻为尚书郎。太傅越辟周玘为参军，陆玩为掾。玩，机之从弟也。掾，以绢翻。从，才用翻。荣等至徐州，闻北方愈乱，疑不进，越与徐州刺史裴盾书曰：“若荣等顾望，以军礼发遣！”荣等惧，逃归。盾，楷之兄子，越妃兄也。杨正衡曰：盾，徒损翻。

5 西阳夷寇江夏，西阳县，春秋弦子之国，汉为县，属江夏郡，晋属弋阳郡。汉和帝永元末，巫蛮反，讨降之，徙置江夏，西阳诸蛮是也。沈约曰：晋惠帝分弋阳为西阳国。刘昫曰：吴分江夏，置蕲春郡，晋改为西阳郡，唐蕲州即其地。宋白曰：光州光山县，本汉西阳县。夏，户雅翻。太守杨珉请督将议之。诸将争献方略，骑督朱伺独不言。将，即亮翻。骑，奇寄翻。伺，相吏翻。珉曰：“朱将军何以不言？”伺曰：“诸人以舌击贼，伺惟以力耳。”珉又问：“将军前后击贼，何以常胜？”伺曰："两敌共对，惟当忍之；彼不能忍，我能忍，是以胜耳。"珉善之。凡战非有智巧以出奇取胜，而以力角力者，莫过于朱伺之说矣。

6 诏追复杨太后尊号；丁卯，改葬之，谥曰武悼。杨后遇祸，见八十二卷惠帝元康元年。

7 庚午，立清河王覃弟豫章王诠为皇太子。诠，且缘翻。辛未，大赦。

8 帝观【章：甲十一行本"观"作"亲"；乙十一行本同；张校同。】览大政，留心庶事；太傅越不悦，固求出藩。庚辰，越出镇许昌。为越杀缪播等张本。

9 以高密王略为征南大将军，都督荆州诸军事，镇襄阳；南阳王模为征西大将军，都督秦、雍、梁、益诸【章：甲十一行本"诸"上有"四州"二字；乙十一行本同；孔本同；张校同。】军事，镇长安；东燕王腾为新蔡王，都督司、冀二州诸军事，仍镇邺。去年腾自并州徙镇邺。

10 公师藩既死，汲桑逃还苑中，在平牧苑也，桑于此起兵赴公师藩，藩死，逃还。更聚众劫掠郡县，自称大将军，声言为成都王报仇；为，于伪翻；下燕为同。以石勒为前驱，所向辄克，署勒讨【章：甲十一行本"讨"作"扫"；乙十一行本同；孔本同；张校同。】虏将军，遂进攻邺。时邺中府库空竭，而新蔡武哀王腾资用甚饶。腾性吝啬，无所振惠，临急，乃赐将士米各数升，帛各丈尺，以是人不为用。夏，五月，桑大破魏郡太守冯嵩，长驱入邺，腾轻骑出奔，为桑将李丰所杀。桑出成都王颖棺，颖之死也，卢志收殡之，今桑出而载之。载之车中，每事启而后行。遂烧邺宫，火旬日不灭；袁绍据邺，始营宫室，魏武帝又增而广之，至是悉为灰烬矣。杀士民万馀人，大掠而去。济自延津，南击兖州。太傅越大惧，使苟晞及将军王赞讨之。

11 秦州流民邓定、訇氐等据成固，杨正衡曰：訇，呼宏翻；余谓訇姓，氏名。寇掠汉中，梁州刺史张殷遣巴西太守张燕讨之。邓定等饥窘，诈降于燕，且赂之，燕为之缓师。窘，渠陨翻。降，户江翻。为，于伪翻。定密遣訇氐求救于成，成主雄遣太尉离、司徒云、司空璜将兵二万救定，与燕战，大破之，张殷及汉中太守杜孟治弃城走。积十馀日，离等引还，尽徙汉中民于蜀。汉中人句方、白落帅吏民还守南郑。句，古侯翻，姓也。梁州刺史、汉中太守俱治南郑。杜佑曰：汉汉中郡故城，在唐梁州南郑县东北。

12 石勒与苟晞等相持于平原、阳平间数月，大小三十馀战，互有胜负。秋，七月，己酉朔，太傅越屯官渡，为晞声援。

13 己未，以琅邪王睿为安东将军、都督扬州江南诸军事、假节，镇建业。时周馥镇寿春，督扬州之江北，故睿督扬州之江南。考异曰：元帝纪曰："东海王越之收兵下邳，以帝都督扬州；越西迎大驾，留帝居守。永嘉初，用王导计，始镇建业。"按既都督扬州，不当犹镇下邳。又怀帝纪，明言"七月己未，睿都督扬州，镇建业"，今从之。

14 八月，己卯朔，苟晞击汲桑于东武阳，东武阳县，汉属东郡，魏、晋属阳平郡，后魏去"东"字为武阳县。唐贞观初，废武阳入魏州莘县，开元七年，复置，改为朝城县。杜佑曰：魏郡莘县南有东武阳城。大破之。桑退保清渊。清渊县，汉属魏郡。应劭曰：清河在县西北。晋属阳平郡，后魏分置临清县；后齐废临清县入清渊。唐避高祖讳，改清渊为临清，属贝州。

15 分荆州、江州八郡为湘州。晋志：帝分荆州之衡阳、长沙、湘东、零陵、邵阳、桂阳及广州之始安、始兴、临贺九郡，置湘州。帝纪曰：分荆、江八郡为湘州。纪、志自相抵牾。此从纪。沈约亦曰：分荆州之长沙、衡阳、湘东、邵陵、零陵、营阳、建昌，江州之桂阳八郡，立湘州。

16 九月，戊申，琅邪王睿至建业。睿以安东司马王导为谋主，推心亲信，每事咨焉。睿名论素轻，吴人不附，居久之，士大夫莫有至者，导患之。会睿出观禊，导使睿乘肩舆，具威仪，禊，胡计翻，祓除不祥也。汉仪：季春上巳，官及百姓皆禊于东流水上。应劭风俗通曰：按周礼，女巫掌岁时以祓除疾病。禊者，洁也，于水上盥洁之也。肩舆，平肩舆也，人以肩举之而行。导与诸名胜皆骑从，骑，奇寄翻。从，才用翻。纪瞻、顾荣等见之惊异，相帅拜于道左。帅，读曰率。导因说睿曰："顾荣、贺循，此土之望，宜引之以结人心；二子既至，则无不来矣。"睿乃使导躬造循、荣，二人皆应命而至。说，输芮翻。造，七到翻。考异曰：导传曰："元帝镇建康，居月馀，士庶莫有至者。会从兄敦来朝，导谓之曰：'琅邪王仁德虽厚，而名论犹轻；兄威风已振，宜有以匡济者。'会三月上巳，帝观禊，敦、导皆骑从。"王敦传："东海王越诛缪播后，乃以敦为扬州刺史，其后征拜尚书，不就。"周玘传："钱璯闻刘聪逼洛阳，不敢进，乃谋反。时王敦迁尚书，与璯俱西，欲杀敦，敦奔告元帝。"怀帝纪："永嘉元年七月，琅邪王睿镇建业。三年三月，杀缪播。四年二月，钱璯反。"是时睿在建业已三年矣，安得言月馀！又睿名论虽轻，安有为都督数年而士庶莫有至者！陈敏得江东，犹首用周、顾以收人望；导为睿佐，岂得待数年然后荐之乎！然则导传所云，难以尽信，今删去导语及敦名而已。以循为吴国内史；荣为军司，军司，军司马也。加散骑常侍，职为军司，此加官也。凡军府政事，皆与之谋议。又以纪瞻为军【张："军"下脱"谘"字。】祭酒，卞壶为从事中郎，壶，苦本翻。周玘为仓曹属，琅邪刘超为舍人，晋诸王国有谒者四人，中大夫六人，舍人十人。张闿及鲁国孔衍为参军。闿，可亥翻，又音开。壶，粹之子；卞粹见上卷惠帝太安二年。闿，昭之曾孙也。张昭辅吴为元臣。王导说睿："谦以接士，俭以足用，以清静为政，抚绥新旧；"新，谓自中原来者；旧，谓江东人。说，输芮翻。故江东归心焉。睿初至，颇以酒废事；导以为言。睿命酌，引觞覆之，于此遂绝。史言元帝能用王导所以兴于江左。

17 苟晞追击汲桑，破其八垒，死者万馀人。桑与石勒收馀众，将奔汉，冀州刺史谯国丁绍邀之于赤桥，又破之。桑奔马牧，在平马牧也。勒奔乐平。晋志，阳平郡有乐平县，前汉东郡之清县也，后汉章帝改曰乐平。但石勒欲奔汉，则非此乐平也。又并州有乐平郡，武帝泰始中置，唐之辽州也；勒奔于此。太傅越还许昌，加苟晞抚军将军、都督青、兖诸军事，丁绍宁北将军、监冀州诸军事，皆假节。

晞屡破强寇，威名甚盛，善治繁剧，治，直之翻。用法严峻。其从母依之，晞奉养甚厚。从母子求为将，晞不许，曰："吾不以王法贷人，从才用翻。将，子亮翻。贷，他代翻。将无后悔邪！"固求之，晞乃以为督护；后犯法，晞杖节斩之，从母叩头救之，不听。既而素服哭之曰："杀卿者，兖州刺史，哭弟者，苟道将也。"苟晞，字道将。

18 胡部大张訇督、冯莫突等，胡人一部之长，呼为部大。杨正衡曰：訇，音背。拥众数千，壁于上党，石勒往从之，因说訇督等曰："刘单于举兵击晋，刘单于，谓刘渊也。说，输芮翻。单，音蝉。部大拒而不从，自度终能独立乎？"度，徒洛翻。曰："不能。"勒曰："然则安可不早有所属！今部落皆已受单于赏募，往往聚议，欲叛部大而归单于矣。"訇督等以为然。冬，十月，訇督等随勒单骑归汉，骑，奇寄翻。汉王渊署訇督为亲汉王，莫突为都督部大，以勒为辅汉将军、平晋王，以统之。

乌桓张伏利度有众二千，壁于乐平，渊屡招，不能致。勒伪获罪于渊，往奔伏利度，伏利度喜，结为兄弟，使勒帅诸胡寇掠，帅，读曰率；下同。所向无前，诸胡畏服。勒知众心之附己，乃因会执伏利度，谓诸胡曰："今起大事，我与伏利度谁堪为主？"诸胡咸推勒。勒于是释伏利度，帅其众归汉。渊加勒督山东征讨诸军事，以伏利度之众配之。史言石勒之众浸盛。

19 十一月，戊申朔，日有食之。

20 甲寅，以尚书右仆射和郁为征北将军，镇邺。

21 乙亥，以王衍为司徒。衍说太傅越曰：说，输芮翻；下同。"朝廷危乱，当赖方伯，宜得文武兼资以任之。"乃以弟澄为荆州都督，族弟敦为青州刺史，考异曰：晋春秋：“王衍言于太傅越，以王澄为荆州，敦为扬州，据吴、楚以为形援，越从之。于是澄、敦同发，越饯之。”敦传，自青州入为中书监，东海王越诛缪播后，始出为扬州。播死在永嘉三年三月，此年越在许昌，不在洛，故以晋书为定。语之曰：“荆州有江、汉之固，青州有负海之险，卿二人在外而吾居中，足以为三窟矣。”战国策：冯煖谓孟尝君曰：“狡兔有三窟，仅得免其死耳。”其后敦、澄自相鱼肉，衍亦死于石勒，三窟安在哉！是以忠臣国尔忘家，盖国安则家亦安也。陆佃埤雅曰：俗云兔营窟，必背丘相通，所谓狡兔三窟。语，牛倨翻。澄至镇，以郭舒为别驾，委以府事。澄日夜纵酒，不亲庶务，虽寇戎交急，不以为怀。舒常切谏，以为宜爱民养兵，保全州境，澄不从。为王澄不能保荆州张本。

22 十二月，戊寅，乞活田甄、田兰、薄盛等起兵，为新蔡王腾报雠，斩汲桑于乐陵。乐陵县，汉属平原郡，晋分为乐陵国，唐为县。宋白曰：棣州阳信县，魏属乐陵国，晋斩汲桑于此，属沧州。为，于伪翻。弃成都王颖棺于故井中，颖故臣收葬之。

23 甲午，以前太傅刘寔为太尉，寔以老固辞；不许。庚子，以光禄大夫高光为尚书令。

24 前北军中候吕雍、度支校尉陈颜等度支校尉，盖当时所置，以督漕运者也。度，徒洛翻。谋立清河王覃为太子；事觉，太傅越矫诏囚覃于金墉城。

25 初太傅越与苟晞亲善，引升堂，结为兄弟。司马潘滔说越曰：“兖州冲要，魏武以之创业。事见六十卷、六十一卷。苟晞有大志，非纯臣也，久令处之，则患生心腹矣。处，昌吕翻。若迁于青州，厚其名号，晞必悦。公自牧兖州，经纬诸夏，藩卫本朝，此所谓为之于未乱者也。”老子曰：其安易持，其未兆易谋，其脆易破，其微易散；为之于未有，治之于未乱。纬，于贵翻。夏，户雅翻。朝，直遥翻。越以为然。癸卯，越自为丞相，领兖州牧，都督兖、豫、司、冀、幽、并诸军事。杜佑曰：晋司徒与丞相通职，更置迭废，未尝并立，至永嘉元年始两置焉，王衍为司徒，东海王越为丞相。以晞为征东大将军、开府仪同三司，加侍中、假节、都督青州诸军事，领青州刺史，封东平郡公。越、晞由是有隙。为后晞驰檄罪状越张本。

晞至青州，以严刻立威，日行斩戮，州人谓之"屠伯"。邓展曰：言杀人若屠儿之杀六畜。伯，长也。顿丘太守魏植为流民所逼，众五六万，大掠兖州，晞出屯无盐以讨之。无盐县，属东平国，唐属济州界。以弟纯领青州，刑杀更甚于晞。晞讨植，破之。

初，阳平刘灵，少贫贱，少，诗照翻。力制奔牛，走及奔马，时人虽异之，莫能举也。灵抚膺叹曰：膺，胸也。"天乎，何当乱也！"及公师藩起，灵自称将军，寇掠赵、魏。会王弥为苟纯所败，灵亦为王赞所败，遂俱遣使降汉。败，补迈翻。考异曰：弥传曰："弥逼洛阳，败于七里涧，乃与其党刘灵谋归汉。"按十六国春秋：灵为王赞所逐，弥为苟纯所败，乃谋降汉。今年春，灵已在渊所，五月，弥乃如平阳。然则二人先降汉已久矣，弥传误也。汉拜弥镇东大将军、青·徐二州牧、都督缘海诸军事，封东莱公；以灵为平北将军。

26 李钊至宁州，光熙元年，李毅卒，钊今乃至宁州。钊，音昭。州人奉钊领州事。治中毛孟诣京师，求刺史，屡上奏，不见省。上，时掌翻。省，悉景翻。孟曰："君亡亲丧，幽闭穷城，谓李毅已死，宁州受围不解也。丧，息浪翻。万里诉哀，精诚无感，生不如死！"欲自刎，刎，扶粉翻。朝廷怜之，以魏兴太守王逊为宁州刺史，考异曰：华阳国志以广汉太守王逊为宁州。按时广汉已为李雄所陷。今从逊传。仍诏交州出兵救李钊。交州刺史吾彦遣其子咨将兵救之。将，即亮翻。

27 慕容廆自称鲜卑大单于。廆，乎罪翻。

28 拓跋禄官卒，弟猗卢总摄三部，与廆通好。禄官分国为三部，事见上八十二卷惠帝元康五年。好，呼到翻。

二年(戊辰、三〇八)

1 春，正月，丙午朔，日有食之。考异曰：帝纪、天文志云"丙子朔"。误。今从长历。

2 丁未，大赦。

3 汉王渊遣抚军将军聪等十将南据太行，行，户刚翻。辅汉将军石勒等十将东下赵、魏。考异曰：石勒载记曰："元海使刘聪攻壶关，命勒帅所统七千为前锋都督。刘琨遣护军黄秀等救壶关，勒败秀于白田，杀之，遂陷壶关。"事在明年。今从十六国春秋。

4 二月，辛卯，太傅越杀清河王覃。

5 庚子，石勒寇常山，王浚击破之。

6 凉州刺史张轨病风，口不能言，使其子茂摄州事。陇西内史晋昌张越，凉州大族，惠帝分敦煌、酒泉置晋昌郡。杜佑曰：晋昌，汉冥安县地。欲逐轨而代之，与其兄酒泉太守镇及西平太守曹祛祛，丘于翻。考异曰：晋春秋作"曹祗"。今从张轨传。谋遣使诣长安使，疏吏翻。告南阳王模，称轨废疾，请以秦州刺史贾龛代之。龛将受之，其兄让龛曰："张凉州一时名士，威著西州，汝何德以代之！"龛乃止。龛，口含翻。镇、祛上疏，更请刺史，未报；遂移檄废轨，以军司杜耽摄州事，使耽表越为刺史。

轨下教，欲避位，归老宜阳。轨少隐于宜阳女几山，故下教欲归老于宜阳。长史王融、参军孟畅蹋折镇檄，蹋，徒腊翻。折，而设翻。排阁入言曰："晋室多故，明公抚宁西夏，此西夏，谓河西之地。夏，户雅翻。张镇兄弟敢肆凶逆，当鸣鼓诛之。"遂出，戒严。会轨长子寔自京师还，乃以寔为中督护，将兵讨镇。遣镇甥太府主簿令狐亚按张轨传，有太府司马、主簿，又有少府主簿。盖以都督府为太府，凉州府为少府也。先往说镇，为陈利害，说，输芮翻。为，于伪翻。镇流涕曰："人误我！"乃诣寔归罪。寔南击曹祛，走之。

朝廷得镇、祛疏，以侍中袁瑜为凉州刺史。治中杨澹驰诣长安，考异曰：晋春秋作"张澹"，今从张轨传，澹，徒览翻，又徒滥翻。割耳盘上，诉轨之被诬。被，皮义翻。南阳王模表请停瑜，武威太守张琠亦上表留轨；字林：琠，他殄翻。诏依模所表，且命诛曹祛。轨于是命寔帅步骑三万讨祛，斩之。帅，读曰率；下同。张越奔邺，凉州乃定。

7 三月，太傅越自许昌徙镇鄄城。鄄，音绢。

8 王弥收集亡散，兵复大振。复，扶又翻。分遣诸将攻掠青、徐、兖、豫四州，所过攻陷郡县，多杀守令，有众数万；苟晞与之连战，不能克。夏，四月，丁亥，弥入许昌。

太傅越遣司马王斌帅甲士五千人入卫京师，张轨亦遣督护北宫纯将兵卫京师。五月，弥入自轘辕，轘，音环。败官军于伊北，伊水之北也。败，必迈翻；下同。京师大震，宫城门昼闭。壬戌，弥至洛阳，屯于津阳门。津阳门洛阳城南面东头第二门。诏以王衍都督征讨诸军事。北【章：甲十一行本"北"上有"甲子，衍与王斌等出战。"九字；乙十一行本同；孔本同；张校同；退斋校同。】宫纯募勇士百馀人突陈，陈，读曰阵。弥兵大败。乙丑，弥烧建春门而东，衍遣左卫将军王秉追之，战于七里涧，又败之。

弥走渡河，与王桑自轵关如平阳。轵关在河内轵县。轵，音只。汉王渊遣侍中兼御史大夫郊迎，令曰："孤亲行将军之馆，行，下孟翻。拂席洗爵，敬待将军。"及至，拜司隶校尉，加侍中、特进；以桑为散骑侍郎。

北宫纯等与汉刘聪战于河东，败之。

9 诏封张轨西平郡公，轨辞不受。时州郡之使，莫有至者，轨独遣使贡献，岁时不绝。使，疏吏翻。

10 秋，七月，甲辰，汉王渊寇平阳，太守宋抽弃郡走，河东太守路述战死；渊徙都蒲子。蒲子县，即晋公子重耳所居蒲城也；汉属河东郡，晋属平阳郡。刘昫曰：唐隰州治隰川县，汉蒲子县地。杜佑曰：隰州隰川、蒲县，汉蒲子县地。考异曰：刘琨答太傅府书曰："潜遣使驿离间其部落，渊遂怖惧，南奔蒲子，杂虏归降，万有馀落。"琨传亦然。按时渊强琨弱，岂因畏琨而徙都！盖琨为自大之辞，史因承以为实耳。上郡鲜卑陆逐延、氐酋单徵并降于汉。酋，慈由翻。单，上演翻。降，户江翻。考异曰：载记作"氐酋大单于徵"。按当时戎狄酋长，皆谓之"大"。徵，即光文单后之父。"于"衍字也。

11 八月，丁亥，太傅越自鄄城徙屯濮阳；濮阳，卫墟，汉属东郡，晋初分置濮阳国，唐鄄城、濮阳二县，皆属濮州。鄄，音绢。濮，音卜。未几，又徙屯荥阳。几，居岂翻。

12 九月，汉王弥、石勒寇邺，和郁弃城走。诏豫州刺史裴宪屯白马以拒弥，车骑将军王堪屯东燕以拒勒，汉东郡燕县，古南燕国，晋省，而故城犹在，曰东燕城；后魏立东燕县，属陈留郡。刘昫曰：唐滑州胙城县，汉南燕县。燕，于贤翻。平北将军曹武屯大阳以备蒲子。大阳县，属河东郡。地理志曰：北虢也。应劭曰：在大河之阳，唐并入陕州河北县界。宪，楷之子也。裴楷仕武帝、惠帝时。

13 冬，十月，甲戌，汉王渊即皇帝位，大赦，改元永凤。十一月，以其子和为大将军，聪为车骑大将军，族子曜为龙骧大将军。骧，思将翻。

14 壬寅，并州刺史刘琨使上党太守刘惇帅鲜卑攻壶关，杜佑曰：唐潞州治上党。汉壶关县，后魏移壶关县当羊肠阪羊头之阨。帅，读曰率；下同。汉镇东将军綦毋达战败亡归。

15 丙午，汉都督中外诸军事、【章：甲十一行本"事"下有"大司马"三字；乙十一行本同；孔本同；退斋校同。】领丞相、右贤王宣卒。

16 石勒、刘灵帅众三万寇魏郡、汲郡、顿丘，汲县，汉属河内郡，武帝泰始二年，分置汲郡；唐之卫州即其地。百姓望风降附者五十馀垒；降，户江翻。皆假垒主将军、都尉印绶，绶，音受。简其强壮五万为军士，老弱安堵如故。己酉，勒执魏郡太守王粹于三台，杀之。三台注见后八十八卷永嘉六年。

17 十二月，辛未朔，大赦。

18 乙亥，汉主渊以大将军和为大司马，封梁王；尚书令欢乐为大司徒，封陈留王；乐，音洛。后父御史大夫呼延翼为大司空，封雁门郡公；宗室以亲疏悉封郡县王，异姓以功伐悉封郡县公侯。

19 成尚书令杨褒卒。考异曰：载记云"丞相杨褒"。今从晋春秋。褒好直言，好，呼到翻。成主雄初得蜀，用度不足，诸将有以献金银得官者，褒谏曰："陛下设官爵，当网罗天下英豪，何有以官买金邪！"雄谢之。雄尝醉，推中书令杖太官令，褒进曰："天子穆穆，诸侯皇皇。礼记曲礼言。安有天子而为酗也！"陆德明曰：酗，况具翻。以酒为凶曰酗。雄惭而止。

20 成平寇将军李凤屯晋寿，葭萌县，汉属广汉郡，蜀改为汉寿县，属梓潼郡；晋又改汉寿曰晋寿。屡寇汉中，汉中民东走荆沔。沔水自梁州入荆州界为荆沔。诏以张光为梁州刺史。荆州寇盗不禁，诏起刘璠为顺阳内史，江、汉间翕然归之。璠父弘之丧未终，起之于苫块；荆州之民怀其父，故翕然归其子。璠，扶元翻。

王崇武标点容肇祖聂崇岐覆校

资治通鉴卷第八十七

端明殿学士兼翰林侍读学士朝散大夫右谏议大夫
充集贤殿修撰权判西京留司御史台上柱国河内郡　司马光　奉敕编集
开国侯食邑一千三百户食实封四百户赐紫金鱼袋臣

后学天台胡三省音注

晋纪九　起屠维大荒落（己巳），尽重光协洽（辛未），凡三年。

孝怀皇帝中

永嘉三年（己巳、三〇九）

1 春，正月，辛丑朔，荧惑犯紫微。紫微，即紫宫也。汉太史令宣于修之，考异曰：晋春秋作"鲜于修之"。今从载记、十六国春秋。余按姓氏诸书，有鲜于而无宣于。言于汉主渊曰："不出三年，必克洛阳。蒲子崎岖，难以久安；崎，丘奇翻。岖，丘于翻。平阳气象方昌，请徙都之。"渊从之。大赦，改元河瑞。时汾水得玉玺，渊因改元河瑞。

2 三月，戊申，高密孝王略薨。以尚书左仆射山简为征南将军、都督荆、湘、交、广四州诸军事，镇襄阳。代略也。简，涛之子也，嗜酒，不恤政事；表"顺阳内史刘璠得众心，恐百姓劫璠为主"。诏征璠为越骑校尉。璠，扶元翻。南州由是遂乱，父老莫不追思刘弘。史言刘弘父子得江、汉间民心。

3 丁巳，太傅越自荥阳入京师。越自去年徙屯荥阳。中书监王敦谓所亲曰："太傅专执威权，而选用表请，尚书犹以旧制裁之，今日之来，必有所诛。”

帝之为太弟也，与中庶子缪播亲善，及即位，以播为中书监，缪胤为太仆卿，太仆，九卿也；但晋官未有“卿”字，“卿”字衍。委以心膂；帝舅散骑常侍王延、尚书何绥、太史令高堂冲，并参机密。越疑朝臣贰于己，散，悉亶翻。骑，奇寄翻。朝，直遥翻。刘舆、潘滔劝越悉诛播等。越乃诬播等欲为乱，乙丑，遣平东将军王秉，帅甲士三千入宫，执播等十馀人于帝侧，付廷尉，杀之。越因缪播兄弟以克河间，今又杀之，权势之争可畏哉！帅，读曰率。帝叹息流涕而已。

绥，曾之孙也。初，何曾侍武帝宴，退，谓诸子曰：“主上开创大业，吾每宴见，见，贤遍翻。未尝闻经国远图，惟说平生常事，非贻厥孙谋之道也；及身而已，后嗣其殆乎！嗣，祥吏翻。汝辈犹可以免；”指诸孙曰：“此属必及于难。”难，乃旦翻。及绥死，兄嵩哭之曰：“我祖其殆圣乎！”曾日食万钱，犹云无下箸处。箸，迟据翻，梜也。子劭，日食二万。绥及弟机、羡，汰侈尤甚；与人书疏，词礼简傲。河内王尼见绥书，谓人曰：“伯蔚居乱世而矜豪乃尔，其能免乎！”人曰：“伯蔚闻卿言，必相危害。”尼曰：“伯蔚比闻我言，自已死矣！”何绥，字伯蔚。比，必寐翻，及也。蔚，纡勿翻。及永嘉之末，何氏无遗种。种，章勇翻。

臣光曰：何曾议【章：甲十行本“议”作“讥”；乙十一行本同；孔本同。】武帝偷惰，取过目前，不为远虑；知天下将乱，子孙必与其忧；与，读曰预。何其明也！然身为僭侈，使子孙承流，卒以骄奢亡族，卒，子恤翻。其明安在哉！且身为宰相，知其君之过，不以告而私语于家，非忠臣也。

4 太傅越以王敦为扬州刺史。为敦乱东晋张本。

5 刘寔连年请老，朝廷不许。尚书左丞刘坦上言：“古之养老，以不事为优，不事，谓不使任事也。不以吏之为重，谓宜听寔所守。”丁卯，诏寔以侯就第。以王衍为太尉。

太傅越解兖州牧，领司徒。越以顷来兴事，多由殿省，谓诛杨骏，废贾后，诛赵王伦、齐王冏及讨成都王颖，及羊后、太子覃屡废屡立，皆殿中人为之。乃奏宿卫有侯爵者皆罢之。时殿中武官并封侯，由是出者略尽，皆泣涕而去。更使右卫将军何伦、左卫将军王秉领东海国兵数百人宿卫。自是帝左右皆越私人。

6 左积弩将军朱诞奔汉，武帝泰始四年，罢振威、扬威护军，置左右积弩将军。具陈洛阳孤弱，劝汉主渊攻之。渊以诞为前锋都督，以灭晋大将军刘景为大都督，将兵攻黎阳，克之；又败王堪于延津，沈男女三万馀人于河。败，补迈翻。沈，持林翻。渊闻之，怒曰：“景何面复见朕！复，扶又翻。且天道岂能容之！吾所欲除者，司马氏耳，细民何罪！”黜景为平虏将军。刘渊之识略，非聪、曜所能及也。

7 夏，大旱，江、汉、河、洛皆竭，可涉。川竭，亡国之征。

8 汉安东大将军石勒寇钜鹿、常山，众至十馀万，集衣冠人物，别为君子营。石勒起于胡羯饿隶而能如此，此其所以能跨有中原也。以赵郡张宾为谋主，刁膺为股肱，夔安、孔苌、支雄、桃豹、逯明为爪牙。姓谱：夔子之后，以国为姓。后赵支雄传云，其先，月支胡人也。桃，春秋鲁邑，以邑为姓；一曰古高士左伯桃之后。逯，卢谷翻。并州诸胡羯多从之。羯，居谒翻。

初，张宾好读书，好，呼到翻。阔达有大志，常自比张子房。及石勒徇山东，宾谓所亲曰：“吾历观诸将，无如此胡将军者，勒，本胡也，故谓之胡将军。可与共成大业！”乃提剑诣军门，大呼请见，勒亦未之奇也。宾数以策干勒，呼，火故翻。数，所角翻。已而皆如所言；勒由是奇之，署为军功曹，动静咨之。

9 汉主渊以王弥为侍中、都督青·徐·兖·豫·荆·扬六州诸军事、征东大将军、青州牧，与楚王聪共攻壶关，以石勒为前锋都督。刘琨遣护军黄肃、韩述救之，聪败述于西涧，勒败肃于封田，皆杀之。西涧、封田，皆当在壶关东南。败，补迈翻。考异曰：石勒载记"肃"作"秀"，"封"作"白"。今从十六国春秋及刘琨集。

太傅越遣淮南内史王旷、考异曰：十六国春秋作"王广"，今从帝纪。将军施融、曹超将兵拒聪等。旷济河，欲长驱而前，融曰："彼乘险间出，间，古苋翻。我虽有数万之众，犹是一军独受敌也。且当阻水为固以量形势，量，音良。然后图之。"旷怒曰："君欲沮众邪！"沮，在吕翻。融退曰："彼善用兵，旷暗于事势，吾属今必死矣！"旷等于【章：甲十一行本"于"作"逾"；乙十一行本同；孔本同；张校同；退斋校同。】太行行，户刚翻。与聪遇，战于长平之间，旷兵大败，融、超皆死。

聪遂破屯留、长子，屯，音纯。凡斩获万九千级。上党太守庞淳以壶关降汉。降，户江翻。考异曰：十六国春秋作"刘惇"，刘琨传作"袭醇"。今从帝纪。刘琨以都尉张倚领上党太守，据襄垣。襄垣县，属上党郡。宋白曰：襄垣，赵襄子所筑，因以为名。

初，匈奴刘猛死，见七十九卷武帝泰始八年。右贤王去卑之子诰升爰代领其众。诰升爰卒，子虎立，居新兴，号铁弗氏，铁弗氏之后为赫连勃勃。与白部鲜卑皆附于汉。考异曰：刘琨集作"百部"，今从后魏书、晋书。刘琨自将击虎，将，即亮翻。考异曰：帝纪："七月，刘聪及王弥围壶关，琨使兵救之，为聪所败。王广等及聪战，又败。庞惇以郡降贼。"十六国春秋："渊五月，遣聪攻壶关，败韩述、黄肃。六月，晋遣王广等来讨。七月，战于长平，晋师败，刘惇以壶关降。"按刘琨集载六月癸巳，琨答太傅府书曰："聪、弥入上党，庞惇不能御。"又曰："安居失利，韩述授首，封田之败，黄肃不还，浃辰之间，名将仍殄。"又曰："即重遣江陶都尉张倚领上党太守，疾据襄垣；续遣鹰扬将军赵拟、梁余都尉李茂与倚并力，轻行夜袭。贼捐弃辎车，宵遁而退，追寻讨截，获三分之二。当聪、弥之未走，乌丸、刘虎构为变逆，西招白部，遣使致任，称臣于渊，残州困弱，内外受敌，辄背聪而讨虎，自四月八日攻围。”然则琨讨虎以上事，皆在四月以前也。盖晋、汉二史，皆据奏报，事毕而言之；今依琨集为定。刘聪遣兵袭晋阳，不克。

10 五月，汉主渊封子裕为齐王，隆为鲁王。

11 秋，八月，汉主渊命楚王聪等进攻洛阳；诏平北将军曹武等拒之，皆为聪所败。败，补迈翻。聪长驱至宜阳，自恃骤胜，怠不设备。九月，弘农太守垣延诈降，垣，姓；延，名。降，户江翻。夜袭聪军，聪大败而还。

王浚遣祁弘与鲜卑段务勿尘击石勒于飞龙山，隋地理志，恒山郡石邑县有飞龙山。括地志：封龙山，一名飞龙山，在恒山鹿泉县南四十五里。大破之，勒退屯黎阳。

12 冬，十月，汉主渊复遣楚王聪、王弥、始安王曜、汝阴王景帅精骑五万寇洛阳，复，扶又翻。帅，读曰率。骑，奇寄翻。大司空雁门刚穆公呼延翼帅步卒继之。北狄传，匈奴四姓，有呼延氏、卜氏、兰氏、乔氏，而呼延氏最贵。丙辰，聪等至宜阳。朝廷以汉兵新败，不意其复至，大惧。辛酉，聪屯西明门。西明门，洛城西面南头第二门也。北宫纯等夜帅勇士千馀人出攻汉壁，斩其征虏将军呼延颢。壬戌，聪南屯洛水。洛水，过洛城南。乙丑，呼延翼为其下所杀，其众自大阳溃归。渊敕聪等还师；聪表称晋兵微弱，不可以翼、颢死故还师，固请留攻洛阳，渊许之。太傅越婴城自守。戊寅，聪亲祈嵩山，嵩山，在河南阳城县。留平晋将军安阳哀王厉、冠军将军呼延朗督摄留军；冠，古玩翻。太傅参军孙询说越乘虚出击朗，斩之，说，输芮翻。厉赴水死。王弥谓聪曰：“今军既失利，洛阳守备犹固，运车在陕，粮食不支数日。聪自宜阳而东，又南进，屯于洛水，既为晋所败，运车在陕，粮道隔绝。陕，失冉翻。殿下不如与龙骧还平阳，渊以族子曜为龙骧大将军。骧，思将翻。裹粮发卒，更为后举；下官亦收兵谷，待命于兖、豫，不亦可乎！”聪自以请留，未敢还。宣于修之言于渊曰：“岁在辛未，乃得洛阳。今晋气犹盛，大军不归，必败。”渊乃召聪等还。

13 天水人訇琦等訇，呼宏翻。杀成太尉李离、尚书令阎式，以梓潼降罗尚；降，户江翻。成主雄遣太傅骧、司徒云、司空璜攻之，不克，云、璜战死。

初，谯周有子居巴西，成巴西太守马脱杀之，其子登诣刘弘请兵以复雠。弘表登为梓潼内史，使自募巴、蜀流民，得二千人；西上，上，时掌翻。至巴郡，从罗尚求益兵，不得。登进攻宕渠，宕渠县，汉属巴郡，自蜀以来，属巴西郡。贤曰：宕渠故城，在今渠州流江县东北。宕，徒浪翻。斩马脱，食其肝。会梓潼降，登进据涪城；涪，音浮。雄自攻之，为登所败。败，补迈翻。

14 十一月，甲申，汉楚王聪、始安王曜归于平阳。王弥南出轘辕，轘，音环。流民之在颍川、襄城、汝南、南阳、河南者数万家，襄阳县，汉属颍川郡，武帝泰始二年分立襄城郡。素为居民所苦，皆烧城邑，杀二千石、长吏以应弥。长，知两翻。

15 石勒寇信都，信都县，汉属信都国，后汉属安平国，晋同。杀冀州刺史王斌。斌，音彬。王浚自领冀州。诏车骑将军王堪、北中郎将裴宪将兵讨勒，勒引兵还，拒之；魏郡太守刘矩以郡降勒。降，户江翻。勒至黎阳，裴宪弃军奔淮南，王堪退保仓垣。仓垣城，在陈留浚仪县。水经：汴水出浚仪县北，东径仓垣城南，即大梁县之仓垣亭也，城临汴水。

16 十二月，汉主渊以陈留王欢乐为太傅，乐，音洛。楚王聪为大司徒，江都王延年为大司空。遣都护大将军曲阳王贤与征北大将军刘灵、安北将军赵固、平北将军王桑，东屯内黄。内黄县，属魏郡。应劭曰：陈留有外黄，故加“内”云。王弥表左长史曹嶷行安东将军，东徇青州，且迎其家；渊许之。嶷，鱼力翻。为曹嶷据青州张本。王弥家在东莱。

17 初，东夷校尉勃海李臻，与王浚约共辅晋室，浚内有异志，臻恨之。和演之死也，见八十五卷惠帝永兴元年。别驾昌黎王诞亡归李臻，说臻举兵讨浚。臻遣其子成将兵击浚。考异曰：燕书王诞传，"成"作"咸"，今从李洪传。说，输芮翻。辽东太守庞本，素与臻有隙，乘虚袭杀臻，遣人杀成于无虑。无虑县，前汉属辽东，后汉属辽东属国，晋省。应劭曰：虑，音闾，周礼所谓"其山医巫闾"是也。诞亡归慕容廆。诏以勃海封释代臻为东夷校尉，庞本复谋杀之；廆，乎罪翻。复，扶又翻。释子悛劝释伏兵请本，收斩之，悉诛其家。悛，七伦翻，又且缘翻。

四年（庚午、三一〇）

1 春，正月，乙丑朔，大赦。

2 汉主渊立单徵女为皇后，单徵，氐酋也，归汉见上卷二年。单，音善。梁王和为皇太子，大赦；封子义为北海王；以长乐王洋为大司马。乐，音洛。

3 汉镇东大将军石勒济河，拔白马，王弥以三万众会之，共寇徐、豫、兖州。二月，勒袭鄄城，鄄，音绢。杀兖州刺史袁孚，遂拔仓垣，杀王堪。复北济河，攻冀州诸郡，复，扶又翻。民从之者九万馀口。

4 成太尉李国镇巴西，帐下文石杀国，以巴西降罗尚。降，户江翻。

5 太傅越征建威将军吴兴钱璯吴分吴郡、丹阳置吴兴郡，以自乌程兴故也。璯，黄外翻。及扬州刺史王敦。璯谋杀敦以反，敦奔建业，告琅邪王睿。璯遂反，进寇阳羡，阳羡县，前汉属会稽郡，后汉属吴郡，自吴以来，分属吴兴郡。贤曰：阳羡故城，在今常州义兴县南。睿遣将军郭逸等讨之；周玘纠合乡里，与逸等共讨璯，斩之。玘三定江南，惠帝永兴元年讨石冰，永嘉元年讨陈敏，今又诛璯，是三定江南。睿以玘为吴兴太守，于其乡里置义兴郡以旌之。时分吴兴之阳羡及长城县之西乡、丹阳之永世为义兴郡。

6 曹嶷自大梁引兵而东，所至皆下，遂克东平，进攻琅邪。

7 夏，四月，王浚将祁弘败汉冀州刺史刘灵于广宗，杀之。将，即亮翻，下同。广宗县，汉属钜鹿郡，晋属安平国。败，补迈翻。

8 成主雄谓其将张宝曰："汝能得梓潼，吾以李离之官赏汝。"宝乃先杀人而亡奔梓潼，訇琦等信之，委以心腹。会罗尚遣使至梓潼，使，疏吏翻。琦等出送【严："送"改"迎"。】之；宝从后闭门，琦等奔巴西。雄以宝为太尉。

9 幽、并、司、冀、秦、雍六州大蝗，食草木、牛马毛皆尽。雍，于用翻。

10 秋，七月，汉楚王聪、始安王曜、石勒及安北大将军赵国【严："国"改"固"。】围河内太守裴整于怀，诏征虏将军宋抽救怀。勒与平北大将军王桑逆击抽，杀之；河内人执整以降，降，户江翻。汉主渊以整为尚书左丞。河内督将郭默收整馀众，自为坞主，城之小者曰坞。天下兵争，聚众筑坞以自守；未有朝命，故自为坞主。将，即亮翻。刘琨以默为河内太守。

11 罗尚卒于巴郡，诏以长沙太守下邳皮素代之。姓谱：皮姓，樊仲皮之后。

12 庚午，汉主渊寝疾；辛未，以陈留王欢乐为太宰，长乐王洋为太傅，乐，音洛。江都王延年为太保，楚王聪为大司马、大单于，并录尚书事。置单于台于平阳西。单，音蝉。以齐王裕为大司徒，鲁王隆为尚书令，北海王义为抚军大将军、领司隶校尉，始安王曜为征讨大都督、领单于左辅，廷尉乔智明为冠军大将军、领单于右辅，光禄大夫刘殷为左仆射，王育为右仆射，任颢为吏部尚书，任，音壬。颢，鱼岂翻。朱纪为中书监，护军马景领左卫将军，永安王安国领右卫将军，安昌王盛、安邑王钦、西阳王璇皆领武卫将军，分典禁兵。璇，旬缘翻。初，盛少时，不好读书，少，诗照翻。好，呼到翻。只读孝经、论语，曰：“诵此能行，足矣，安用多诵而不行乎！”李熹见之，叹曰：“望之如可易，易，弋豉翻，慢易也。及至，肃如严君，可谓君子矣！”渊以其忠笃，故临终委以要任。丁丑，渊召太宰欢乐等入禁中，受遗诏辅政。己卯，渊卒；考异曰：十六国春秋：“八月丁丑，渊召太宰欢乐等受遗诏，己卯卒，辛未葬。”按长历，七月壬戌朔，十六日丁丑，十八日己卯，八月辛卯朔，无丁丑、己卯及辛未。辛未乃九月十一日。盖渊以七月卒，九月葬。十六国春秋误也。太子和即位。和，字玄泰，渊之嫡子。

和性猜忌无恩。宗正呼延攸，翼之子也，渊以其无才行，终身不迁官；侍中刘乘，素恶楚王聪；卫尉西昌王锐，耻不预顾命；乃相与谋，说和曰：“先帝不惟轻重之势，使三王总强兵于内，惟，思也。三王，谓安昌王盛，安邑王钦，西阳王璇也；或曰：三王，谓齐王裕，鲁王隆，北海王义。行，下孟翻。恶，乌路翻。说，输芮翻。大司马拥十万众屯于近郊，谓聪屯平阳西也。陛下便为寄坐耳。言大权非己出，托位于臣民之上，势同寄寓也。坐，徂卧翻。宜早为之计。”和，攸之甥也，深信之。辛巳夜，召安昌王盛、安邑王钦等告之。盛曰：“先帝梓宫在殡，四王未有逆节，聪，渊之第四子，故曰四王。或曰：谓聪、裕、隆、义也。一旦自相鱼肉，天下谓陛下何！且大业甫尔，陛下勿信谗夫之言以疑兄弟；兄弟尚不可信，他人谁足信哉！”攸、锐怒之曰：“今日之议，理无有二，领军是何言乎！”命左右刃之。盛既死，钦惧曰：“惟陛下命。”壬午，锐帅马景攻楚王聪于单于台，单，音蝉。攸帅永安王安国攻齐王裕于司徒府，乘帅安邑王钦攻鲁王隆，使尚书田密、武卫将军刘璇攻北海王义。密、璇挟义斩关归于聪，聪命贯甲以待之。贯甲，擐甲也。帅，读曰率。锐知聪有备，驰还，与攸、乘共攻隆、裕。攸、乘疑安国、钦有异志，杀之；是日，斩裕，癸未，斩隆。甲申，聪攻西明门，克之；刘渊都平阳，诸城门皆用洛阳诸城门名。锐等走入南宫，前锋随之。乙酉，杀和于光极西室，刘渊起光极殿于平阳。收锐、攸、乘，枭首通衢。枭，坚尧翻。

群臣请聪即帝位；聪以北海王乂，单后之子也，以位让之。考异曰：载记作“义”。按十六国春秋作“乂”，今从之。乂涕泣固请，聪久而许之，曰：“乂及群公正以祸难尚殷，贪孤年长故耳。难，乃旦翻。长，知两翻。此家国之事，孤何敢辞！俟乂年长，当以大业归之。”遂即位。聪，字玄明，渊第四子。大赦，改元光兴。尊单氏曰皇太后，其母张氏曰帝太后。以乂为皇太弟、领大单于、大司徒。立其妻呼延氏为皇后。呼延氏，渊后之从父妹也。从，才用翻。封其子粲为河内王，易为河间王，翼为彭城王，悝为高平王；悝，苦回翻。仍以粲为抚军大将军、都督中外诸军事。以石勒为并州刺史，封汲郡公。

13 略阳临渭氐酋蒲洪，骁勇多权略，群氐畏服之。晋志，略阳郡有临渭县，盖魏所置也。载记曰：氐之先，盖有扈氏之苗裔，世为西戎酋长。洪家池中生蒲，长五丈五，节如竹形，时咸谓之“蒲家”，因以为氏。其后，洪以谶文有“草付应王”，又其孙坚背文有“艸付”字，遂改姓苻氏。汉主聪遣使拜洪平远将军，洪不受，自称护氐校尉、秦州刺史、略阳公。蒲洪事始此。

14 九月，辛未，葬汉主渊于永光陵，谥曰光文皇帝，庙号高祖。

15 雍州流民多在南阳，诏书遣还乡里。流民以关中荒残，皆不愿归；征南将军山简、南中郎将杜蕤各遣兵送之，促期令发。京兆王如遂潜结壮士，夜袭二军，破之。二军，山简及杜蕤所遣之军也。于是冯翊严嶷、嶷，鱼力翻。京兆侯脱各聚众攻城镇，杀令长以应之，长，知两翻。未几，众至四五万，几，居岂翻。

自号大将军、领司·雍二州牧，雍，于用翻。称藩于汉。

16 冬，十月，汉河内王粲、始安王曜及王弥帅众四万寇洛阳，石勒帅骑二万会粲于大阳，败监军裴邈于渑池，帅，读曰率。败，补迈翻；下同。渑，弥兖翻。遂长驱入洛川。粲出轘辕，掠梁、陈、汝、颍间。轘，音还。勒出成皋关，晋志，河南成皋县有关。壬寅，围陈留太守王赞于仓垣，为赞所败，退屯文石津。据帝纪，文石津在河北。又据永嘉六年，勒自葛陂北行，至东燕，使孔苌自文石津潜渡枋头，取向水船，则文石津在东燕之东北，枋头之东南。

17 刘琨自将讨刘虎及白部，白部，鲜卑也。琨以刘虎及白部皆附汉，故讨之。遣使卑辞厚礼说鲜卑拓拔猗卢以请兵。说，输芮翻。猗卢使其弟弗之子郁律帅骑二万助之，遂破刘虎、白部，屠其营。琨与猗卢结为兄弟，表猗卢为大单于，以代郡封之为代公。时代郡属幽州，王浚不许，遣兵击猗卢，猗卢拒破之。浚由是与琨有隙。

猗卢以封邑去国悬远，民不相接，乃帅部落万馀家自云中入雁门，从琨求陉北之地。陉北，石陉关之北也。陉，音刑。琨不能制，且欲倚之为援，乃徙楼烦、马邑、阴馆、繁畤、崞五县民于陉南，楼烦，匈奴之所居，其地在北河之南；今岚州楼烦郡，非古楼烦也。汉马邑县，唐之大同军是其地。汉阴馆县，在句注西北。繁畤县，在武州川。崞县，为北齐北显州平寇县。今五县虽存，皆非古县地矣。陉，谓陉岭。陉，音刑。以其地与猗卢；考异曰：怀帝纪："永嘉五年，十一月，猗卢寇太原，刘琨徙五县居之。六年，八月，辛亥，刘琨乞师于猗卢，表卢为代公。"宋书索虏传在永嘉三年。晋春秋在永嘉四年，且云："猗卢率万馀家避难，自云中入雁门。"后魏序纪在穆帝三年，即永嘉四年也。琨集，永嘉四年，六月，癸巳，上太傅府笺，云"卢感封代之恩"，故知在四年六月之前。又琨与丞相笺曰："昔车骑感猗㐌救州之勋，表以代郡封㐌为代公，见听。时大驾在长安，会值戎事，道路不通，竟未施行。卢以封事见托，琨实为表上，追述车骑前意，即蒙听许，遣兼谒者仆射拜卢，赐印及符册，浚以此见责。戎狄封华郡，诚为失礼；

然盖以救弊耳，亦犹浚先以辽西封务勿尘。此礼之失，浚实启之。浚遂与卢争代郡，举兵击卢，为所破，纷错之由，始结于此。雁门郡有五县在陉北，卢新并尘官，国甚强盛，从琨求陉北地，以并遣三万馀家，散在五县间，既非所制；又于琨残弱之计，得相聚集，未为失宜，即徙陉北五县著陉南。卢因移，颇侵逼浚西陲围塞诸军营，浚不复见恕危弱而见罪责。"以此观之，卢非避难而来也。由是猗卢益盛。

琨遣使言于太傅越，请出兵共讨刘聪、石勒；越忌苟晞及豫州刺史冯嵩，越、晞有隙，事见上卷二年。嵩盖亦不心附越者。恐为后患，不许。琨乃谢猗卢之兵，遣归国。考异曰：后魏序纪曰："刘琨乞师救洛，穆帝遣步骑二万助之，东海王越以洛阳饥荒，不许。"按琨与丞相笺曰："琨倾身竭辞，北和猗卢，遂引大众，躬启戎行。即具白太傅，切陈愚见，取贼之计，聪宜时讨，勒不可纵。而宰相意异，所虑不同；更忧苟晞、冯嵩之徒而稽二寇之诛，遣使节抑，挫臣锐气。臣即解甲，遣卢众归国。"若猗卢果遣众赴洛，琨笺安得不言也！

刘虎收馀众，西渡河，居朔方肆卢川，肆卢川，在朔方塞内，后拓跋氏于其地置肆卢郡，真君七年，并入秀容郡。魏收地形志，秀容郡秀容县有肆卢城。汉主聪以虎宗室，封楼烦公。

18 壬子，以刘琨为平北大将军，王浚为司空，进鲜卑段务勿尘为大单于。单，音蝉。

19 京师饥困日甚，太傅越遣使以羽檄征天下兵，使入援京师。帝谓使者曰："为我语诸征、镇，今日尚可救，后则无及矣！"既而卒无至者。为，于伪翻。语，牛倨翻。卒，子恤翻。征南将军山简遣督护王万将兵入援，军于涅阳，涅阳县，属南阳郡。应劭曰：在涅水之阳。师古曰：涅，音乃结翻。为王如所败。败，补迈翻。如遂大掠沔、汉，进逼襄阳，简婴城自守。荆州刺史王澄澄时治江陵。自将，欲援京师，至沶口，水经注：零水上通梁州沔阳县，东径新城郡之沶乡县，谓之沶水；又东历宜城西山，谓之沶溪；东流合于夷水，谓之沶口。杨正衡曰：沶，音怡。闻简败，众散而还。还，从宣翻，又如字。朝议多欲迁都以避难，朝，直遥翻。难，乃旦翻。王衍以为不可，卖车牛以安众心。山简为严嶷所逼，自襄阳徙屯夏口。夏，户雅翻。

20 石勒引兵济河，将趣南阳，趣，七喻翻。王如、侯脱、严嶷等闻之，遣众一万屯襄城以拒勒。勒击之，尽俘其众，进屯宛北。是时，侯脱据宛，宛，於元翻。王如据穰。穰县，汉属南阳郡，晋属义阳郡。如素与脱不协，遣使重赂勒，结为兄弟，说勒使攻脱。说，输芮翻。勒攻宛，克之；严嶷引兵救宛，不及而降。降，户江翻。勒斩脱；囚嶷，送于平阳，尽并其众。遂南寇襄阳，攻拔江西垒壁三十馀所。勒既南寇襄阳，循汉而下，攻掠江西。还，趣襄城，王如遣弟璃袭勒；勒迎击，灭之，复屯江西。复，扶又翻。江西，大江之西也。趣，七喻翻。

21 太傅越既杀王延等，见上永嘉三年。大失众望；又以胡寇益盛，内不自安，乃戎服入见，见，贤遍翻。请讨石勒，且镇集兖、豫。帝曰："今胡虏侵逼郊畿，人无固志，朝廷社稷，倚赖于公，岂可远出以孤根本！"对曰："臣出，幸而破贼，则国威可振，犹愈于坐待困穷也。"十一月，甲戌，越帅甲士四万向许昌，留妃裴氏、世子毗及龙骧将军李恽、右卫将军何伦守卫京师，帅，读曰率。恽，于粉翻。防察宫省；以潘滔为河南尹，总留事。越表以行台自随，用太尉衍为军司，朝贤素望，悉为佐吏，名将劲卒，咸入其府。朝，直遥翻。将，即亮翻。于是宫省无复守卫，荒馑日甚，殿内死人交横；盗贼公行，府寺营署，并掘堑自守。堑，七艳翻。越东屯项，以冯嵩为左司马，自领豫州牧。

竟陵王楙白帝遣兵袭何伦，不克；帝委罪于楙，楙逃窜，得免。楙，即东平王楙；帝践阼，改封竟陵王。

22 扬州都督周馥以洛阳孤危，上书请迁都寿春。太傅越以馥不先白己而直上书，大怒，召馥及淮南太守裴硕。馥不肯行，令硕帅兵先进。帅，读曰率。硕诈称受越密旨，袭馥，为馥所败，败，补迈翻。退保东城。东城县，汉属九江郡，后汉属下邳国，晋属淮南郡。宋白曰：濠州定远县，汉东城县地。

23 诏加张轨镇西将军、都督陇右诸军事。考异曰：帝纪云“安西”。按惠帝永兴二年，已加轨安西将军。今从本传。光禄大夫傅祗、太常挚虞遗轨书，遗，于季翻。告以京师饥匮。轨遣参军杜勋献马五百匹，毯布三万匹。毯布，织毳为布也。毯，吐敢翻。

24 成太傅骧攻谯登于涪城。罗尚子宇及参佐素恶登，不给其粮。涪，音浮。恶，乌路翻。益州刺史皮素怒，欲治其罪；治，直之翻。十二月，素至巴郡，罗宇使人夜杀素，建平都尉暴重杀宇，巴郡乱。骧知登食尽援绝，攻涪愈急。士民皆熏鼠食之，饿死甚众，无一人离叛者。骧子寿先在登所，登乃归之。永兴元年，罗尚掠得骧妻及其子寿，因在登所。三府官属表巴东监军南阳韩松为益州刺史，三府，平西将军府、益州刺史府、西戎校尉府，皆罗尚兼领者也。监，古衔翻。治巴东。

25 初，帝以王弥、石勒侵逼京畿，诏苟晞督帅州郡讨之。帅，读曰率。会曹嶷破琅邪，嶷，鱼力翻。北收齐地，兵势甚盛，苟纯闭城自守。晞还救青州，与嶷连战，破之。永嘉元年，苟晞讨魏植，留弟纯守青州。

26 是岁，宁州刺史王逊到官，表李钊为朱提太守。朱提，音铢时。时宁州外逼于成，内有夷寇，城邑丘墟。逊恶衣菜食，招集离散，劳来不倦，劳，力到翻。来，力代翻。数年之间，州境复安。诛豪右不奉法者十馀家；以五苓夷昔为乱首，见八十五卷惠帝太安二年。苓，力丁翻。击灭之，内外震服。

27 汉主聪自以越次而立，忌其嫡兄恭；因恭寝，穴其壁间，刺而杀之。刺，七亦翻。

28 汉太后单氏卒；单，音善。汉主聪尊母张氏为皇太后。单氏年少美色，聪烝焉。下淫上曰烝，上淫下曰报。少，诗照翻。太弟义屡以为言，单氏惭恚而死。恚，於避翻。义宠由是渐衰，然以单氏故，尚未之废也。呼延后言于聪曰："父死子继，古今常道。陛下承高祖之业，刘渊，庙号高祖。太弟何为者哉！陛下百年后，粲兄弟必无种矣。"种，章勇翻。聪曰："然，吾当徐思之。"呼延氏曰："事留变生。太弟见粲兄弟浸长，长，知两翻，下齿长同。必有不安之志；万一有小人交构其间，未必不祸发于今日也。"言义将杀聪。聪心然之。为元帝建武元年聪杀义张本。义舅光禄大夫单冲泣谓义曰："疏不间亲。主上有意于河内王矣，殿下何不避之！"义曰："河瑞之末，主上自惟嫡庶之分，间，古苋翻。分，扶问翻。惟，思也。以大位让义。义以主上齿长，故相推奉。天下者，高祖之天下，兄终弟及，何为不可！粲兄弟既壮，犹今日也。且子弟之间，亲疏讵几，主上宁可有此意乎！"聪让义事见上。义此言必不发于是年，通鉴因呼延氏之言，遂连书之。几，居岂翻。

五年(辛未、三一一)

1 春，正月，壬申，苟晞为曹嶷所败，败，补迈翻。弃城奔高平。高平县，旧属梁国，晋为高平国。泗水径其西，有高平山。山东西十里，南北五里，高四里。其山最高，顶上方平，故谓之高平山，县亦取名焉。

2 石勒谋保据江、汉，参军都尉张宾以为不可。会军中饥疫，死者太半，乃渡沔，寇江夏，夏，户雅翻。癸酉，拔之。

3 乙亥，成太傅骧拔涪城，涪，音浮。获谯登；太保始拔巴西，杀文石。于是成主雄大赦，改元玉衡。谯登至成都，雄欲宥之；登词气不屈，雄杀之。

4 巴蜀流民布在荆、湘间，数为土民所侵苦，数，所角翻。蜀人李骧聚众据乐乡反，此又一李骧也，非成太傅之李骧。南平太守应詹与醴陵令杜弢共击破之。醴陵县，属长沙郡。弢，土刀翻。王澄使成都内史王机讨骧，惠帝时蜀乱，割南郡之华容、州陵、监利三县，别立丰都一县，置成都郡为成都王颖国。骧请降，降，户江翻。澄伪许而袭杀之，以其妻子为赏，沈八千馀人于江；流民益怨忿。沈，持林翻。

蜀人杜畴等复反，复，扶又翻。湘州参军冯素与蜀人汝班有隙，汝，姓也。商有汝鸠、汝方，晋有汝宽、汝齐。言于刺史荀眺曰："巴、蜀流民皆欲反。"眺信之，眺，他吊翻。欲尽诛流民。流民大惧，四五万家一时俱反，以杜弢州里重望，弢，蜀郡人，以才学著称于西州。弢，他刀翻。共推为主。弢自称梁·益二州牧、领湘州刺史。

5 裴硕求救于琅邪王睿，睿使扬威将军甘卓等攻周馥于寿春。馥众溃，奔项，考异曰：帝纪："戊寅，睿使卓攻馥于寿春，馥众溃。"未知其为命卓之日与攻日、溃日，故阙之。豫州都督、新蔡王确执之，馥忧愤而卒。确，腾之子也。

6 扬州刺史刘陶卒。琅邪王睿复以安东军谘祭酒王敦为扬州刺史，寻加都督征讨诸军事。去年敦奔建业。

7 庚辰，平原王干薨。

8 二月，石勒攻新蔡，杀新蔡庄王确于南顿；进拔许昌，杀平东将军王康。

9 氐苻成、隗文复叛，苻成等归罗尚，见八十五卷惠帝太安二年。复，扶又翻。自宜都趣巴东；趣，七喻翻。建平都尉暴重讨之。重因杀韩松，自领三府事。

10 东海孝献王越既与荀晞有隙，事始上卷永嘉二年。河南尹潘滔、尚书刘望等复从而谮之。复，扶又翻。晞怒，表求滔等首，扬言："司马元超为宰相不平，东海王越，字元超。使天下淆乱，荀道将岂可以不义使之！"乃移檄诸州，自称功伐，陈越罪状。帝亦恶越专权，多违诏命；所留将士何伦等，抄掠公卿，逼辱公主；抄，楚交翻。密赐晞手诏，使讨之。晞数与帝文书往来，恶，乌路翻。数，所角翻。越疑之，使游骑于成皋间伺之，骑，奇寄翻；下同。伺，相吏翻。果获晞使及诏书。使，疏吏翻。乃下檄罪状晞，以从事中郎杨瑁为兖州刺史，瑁，莫报翻。使与徐州刺史裴盾共讨晞。盾，徒损翻。晞遣骑收潘滔，滔夜遁，得免；执尚书刘曾、侍中程延，斩之。越忧愤成疾，以后事付王衍；三月，丙子，薨于项，考异曰：帝纪："五年正月，帝密诏苟晞讨越。乙未，越遣杨瑁、裴盾共击晞。三月，戊午，诏下越罪状，告方镇讨之，以晞为大将军。丙子，越薨。"晞传："晞移告诸州，陈越罪状。帝恶越专权，乃诏晞施檄六州，协同大举。晞移诸征镇，帝又密诏晞讨越。晞复上表称李初至，奉被手诏，卷甲长驱，次于仓垣。五年，帝复诏晞，陈越罪恶，诏至之日，宣告天下，率齐大举。晞表称，辄遣王赞将兵诣项。越使骑于成皋间获晞使，遂大构嫌隙。"晋春秋："五年，正月，上遣李初诏晞讨越。"按：越若已得晞使，则帝亦不能自安，潘滔、何伦等不容晏然在洛。且滔等未去，则帝亦不敢明言使晞讨越。年月事迹，既前后参差如此，今并置于越薨之时，庶为不失。秘不发丧。众共推衍为元帅，帅，所类翻。衍不敢当；以让襄阳王范，范亦不受。范，玮之子也。于是衍等相与奉越丧还葬东海。何伦、李恽等闻越薨，奉裴妃及世子毗自洛阳东走，城中士民争随之。帝追贬越为县王，以苟晞为大将军、大都督，督青、徐、兖、豫、荆、扬六州诸军事。

11 益州将吏共杀暴重，表巴郡太守张罗行三府事。罗与隗文等战死，文等驱掠吏民，西降于成。降，户江翻。三府文武共表平西司马蜀郡王异行三府事，益州残兵自不足以进取，未及期年而五易帅，适为秦氏兼并之资耳。领巴郡太守。

12 初，梁州刺史张光会诸郡守于魏兴，共谋进取。张燕唱言："汉中荒败，迫近大贼，近，其靳翻。克复之事，当俟英雄。"光以燕受邓定赂，致失汉中，事见上卷永嘉元年。今复沮众，复，扶又翻。沮，在吕翻。呵出，斩之。治兵进战，呵，虎何翻。治，直之翻。累年乃得至汉中，绥抚荒残，百姓悦服。光为梁州刺史，见上卷二年。

13 夏，四月，石勒率轻骑追太傅越之丧，及于苦县宁平城，苦县，属陈郡。水经注：宁平城在沙水北，本前汉淮阳国之宁平县也；后汉改淮阳为陈国。晋省宁平县，而故城犹在。贤曰：宁平故城，在今亳州谷阳县西南。骑，奇寄翻；下同。大败晋兵，纵骑围而射之，败，补迈翻。射，而亦翻。将士十馀万人相践如山，无一人得免者。执太尉衍、襄阳王范、任城王济、武陵庄王澹、任，音壬。澹，徒览翻，又徒滥翻。西河王喜、梁怀王禧、齐王超、西河王喜，宣帝弟西河缪王斌之后。超，齐王冏之子。吏部尚书刘望、廷尉诸葛铨、豫州刺史刘乔、太傅长史庾敳等，敳，鱼开翻。坐之幕下，问以晋故。衍具陈祸败之由，云计不在己；且自言少无宦情，不豫世事；因劝勒称尊号，冀以自免。勒曰："君少壮登朝，名盖四海，身居重任，何得言无宦情邪！破坏天下，非君而谁！"少，诗照翻。坏，音怪。命左右扶出。众人畏死，多自陈述。独襄阳王范神色俨然，顾呵之曰："今日之事，何复纷纭！"复，扶又翻。勒谓孔苌曰："吾行天下多矣，未尝见此辈人，当可存乎？"勒欲存之，以诸人仪观之清楚耳。苌曰："彼皆晋之王公，终不为吾用。"勒曰："虽然，要不可加以锋刃。"夜，使人排墙杀之。济，宣帝弟子景王陵之子；禧，澹之子也。剖越柩，焚其尸，曰："乱天下者此人也，吾为天下报之，故焚其骨以告天地。"

何伦等至洧仓，水经，洧水，东南过颍川长社县，分一枝东流过许昌县，又东入汶仓城内。俗以是水为汶水，故有汶仓之名，盖洧水之邸阁耳。遇勒，战败，东海世子及宗室四十八王皆没于勒，考异曰：东海王越传云"三十六王"。今从帝纪。何伦奔下邳，李恽奔广宗。恽，于粉翻。裴妃为人所掠卖，久之，渡江。初，琅邪王睿之镇建业，裴妃意也，故睿德之，厚加存抚，以其子冲继越后。

14 汉赵固、王桑攻裴盾，杀之。盾时在彭城。盾，徒损翻。

15 杜弢攻长沙。五月，荀眺弃城奔广州，弢追擒之。于是弢南破零、桂，东掠武昌，杀二千石长吏甚众。弢，土刀翻。

16 以太子太傅傅祗为司徒，尚书令荀藩为司空，加王浚大司马、侍中、大都督，督幽、冀诸军事，南阳王模为太尉、大都督，张轨为车骑大将军，琅邪王睿为镇东大将军，兼督扬、江、湘、交、广五州诸军事。

初，太傅越以南阳王模不能绥抚关中，时关中饥荒疾疠，盗贼公行，模不能制。表征为司空。将军淳于定说模使不就征，说，输芮翻。模从之；表遣世子保为平西中郎将，镇上邽，秦州刺史裴苞拒之。模使帐下都尉陈安攻苞，苞奔安定，太守贾疋纳之。疋，音雅。

17 荀晞表请迁都仓垣，使从事中郎刘会将船数十艘、艘，苏刀翻。宿卫五百人、谷千斛迎帝。帝将从之，公卿犹豫，左右恋资财，遂不果行。既而洛阳饥困，人相食，百官流亡者什八九。帝召公卿议，将行而卫从不备。从，才用翻，下导从同。帝抚手叹曰："如何曾无车舆！"乃使傅祗出诣河阴，治舟楫，河阴，本汉平阴县，魏文帝改曰河阴，在洛阳东北，属河南郡。治，直之翻。朝士数十人导从。从，才用翻。帝步出西掖门，至铜驼街，水经注：洛阳城中太尉、司徒两坊间，谓之铜驼街，魏明帝置铜驼于阊阖南街，即此。陆机洛阳记曰：洛阳有铜驼街，汉铸铜驼二枚，在宫南四会道相对。俗语曰："金马门外集众贤，铜驼陌上集少年。"为盗所掠，不得进而还。借使帝得至仓垣，亦遭石勒禽矣。度支校尉东郡魏浚率流民数百家保河阴之峡石，水经注：河南新安县东有千秋亭，亭东有雍谷溪，回岫萦纡，石路阻峡，故亦有峡石之称。时劫掠得谷麦，献之，帝以为扬威将军、平阳太守，度支如故。度，徒洛翻。

18 汉主聪使前军大将军呼延晏将兵二万七千寇洛阳，比及河南，河南县，属河南尹，周东都王城郏鄏也。比，必寐翻。晋兵前后十二败，死者三万馀人。始安王曜、王弥、石勒皆引兵会之，未至，晏留辎重于张方故垒，张方故垒在洛阳西七里。重，直用翻。癸未，先至洛阳，甲申，攻平昌门，平昌门，洛城南面东头第一门。丙戌，克之，遂焚东阳门及诸府寺。六月，丁亥朔，晏以外继不至，俘掠而去。帝具舟于洛水，将东走，晏尽焚之。庚寅，荀藩及弟光禄大夫组奔轘辕。轘，音环。辛卯，王弥至宣阳门；宣阳门，洛城南面东来第四门，亦谓之谬门。壬辰，始安王曜至西明门；丁酉，王弥、呼延晏克宣阳门，入南宫，升太极前殿，纵兵大掠，悉收宫人、珍宝。帝出华林园门，欲奔长安，汉兵追执之，幽于端门。曜自西明门入屯武库。戊戌，曜杀太子诠、吴孝王晏、竟陵王楙、右仆射曹馥、尚书闾丘冲、河南尹刘默等，士民死者三万馀人。遂发掘诸陵，焚宫庙、官府皆尽。曜纳惠帝羊皇后，迁帝及六玺于平阳。玺，斯氏翻。石勒引兵出轘辕，屯许昌。光禄大夫刘蕃、尚书卢志奔并州。从刘琨也。蕃，琨之父也。

丁未，汉主聪大赦，改元嘉平。以帝为特进左光禄大夫，封平阿公，考异曰：帝纪："聪以帝为会稽公"。载记、三十国春秋云"平阿公"。晋春秋云"平河公"。"河"字盖误。十六国、三十国、晋春秋："明年二月，乃封帝会稽公。"盖先封平阿，后进会稽。帝纪阙略，今从诸书。以侍中庾珉、王儁为光禄大夫。珉，敳之兄也。敳，鱼开翻。

初，始安王曜以王弥不待己至，先入洛阳，怨之。弥说曜曰：说，输芮翻，下暾说同。"洛阳天下之中，山河四塞，城池、宫室不假修营，宜白主上自平阳徙都之。"曜以天下未定，洛阳四面受敌，不可守，不用弥策而焚之。弥骂曰："屠各子，岂有帝王之意邪！"晋书曰：北狄以部落为类，其入居塞内者，有屠各等十九种，皆有部落，不相杂错。屠各最豪贵，故得为单于，统理诸种。屠，直于翻。杜佑曰：头曼、冒顿，即屠各种也。遂与曜有隙，引兵东屯项关。陈郡项县有项关。前司隶校尉刘暾说弥曰：暾，他昆翻。“今九州糜沸，群雄竞逐，将军于汉建不世之功，又与始安王相失，将何以自容！不如东据本州，弥，青州东莱人。徐观天下之势，上可以混壹四海，下不失鼎峙之业，策之上者也。”弥心然之。

19 司徒傅祗建行台于河阴，司空荀藩在阳城，阳城县，汉属颍川郡，晋属河南郡。河南尹华荟在成皋，汝阴太守平阳李矩为之立屋，输谷以给之。荟，歆之曾孙也。华，户化翻。汝阴县，汉属汝南郡，魏分置汝阴郡，后废，武帝泰始二年复为郡。荟，乌外翻。为，于伪翻。

藩与弟组、族子中护军崧，荟与弟中领军恒建行台于密，密县，汉属河南郡，晋属荥阳郡。传檄四方，推琅邪王睿为盟主。藩承制以崧为襄城太守，矩为荥阳太守，前冠军将军河南褚翜为梁国内史。冠，古玩翻。翜，山立翻，又所甲翻。扬威将军魏浚屯洛北石梁坞，刘琨承制假浚河南尹。浚诣荀藩谘谋军事，藩邀李矩同会，矩夜赴之。矩官属皆曰：“浚不可信，不宜夜往。”矩曰：“忠臣同心，何所疑乎！”遂往，相与结欢而去。浚族子该，聚众据一泉坞，水经注：洛水过卢氏县南，又东径一合坞南。城在川北原上，高二十丈，南北东三箱，天险峭绝，惟筑西面，即为全固，一合之名，起于是矣。刘曜之攻河南也，晋将军魏该奔于此。该传曰，一泉坞在宜阳。藩以为武威将军。沈约志，魏置将军四十号，威武第十，无武威。

豫章王端，太子诠之弟也，诠，且缘翻。东奔仓垣，荀晞率群官奉以为皇太子，置行台。端承制以晞领太子太傅、都督中外诸军、录尚书事，自仓垣徙屯蒙城。蒙县，属梁国。

抚军将军秦王业，吴孝王之子，荀藩之甥也，年十二，南奔密，考异曰：晋书，愍帝讳邺，又改建邺为建康。按三十国、晋春秋，愍帝，名子业，或作“邺”。又吴志，孙权改秣陵为建业，取兴建基业为名，皆不为“邺”字。今从之。藩等奉之，南趣许昌。趣，七喻翻。前豫州刺史天水阎鼎，聚西州流民数千人于密，欲还乡里。荀藩以鼎有才而拥众，用鼎为豫州刺史，以中书令李絙、絙，居登翻。考异曰：阎鼎传作“李恒”。今从王浚传。司徒左长史彭城刘畴、镇军长史周顗、东海王越子毗，为镇军将军，以顗为长史。顗，鱼岂翻。司马李述等为之参佐。顗，浚之子也。

时海内大乱，独江东差安，中国士民避乱者多南渡江。镇东司马王导说琅邪王睿，收其贤俊，与之共事。睿从之，辟掾属百馀人，自汉以来，公府有掾，有属。职官分纪曰：掾属常敦明信义，肃清风俗，非礼不言，非法不行，以训群吏。说，输芮翻。掾，以绢翻；下同。时人谓之百六掾。以前颍川太守勃海刁协为军谘祭酒，前东海太守王承、广陵相卞壶为从事中郎，江宁令诸葛恢、壶，苦本翻。吴孙权改秣陵为建业，晋平吴，复曰秣陵。武帝太康二年，分秣陵立江宁县。历阳参军陈国陈頵为行参军，頵，居筠翻。前太傅掾庾亮为西曹掾。承，浑之弟子；恢，靓之子；靓，疾正翻。亮，衮【章：甲十一行本“衮”作“衮”；乙十一行本同；张校同。】之弟子也。

20 江州刺史华轶，华，户化翻。轶，音逸。歆之曾孙也，自以受朝廷之命轶，永嘉中除江州。而为琅邪王睿所督，多不受其教令。郡县多谏之，轶曰：“吾欲见诏书耳。”及睿承荀藩檄，承制署置官司，改易长吏，长，知两翻。轶与豫州刺史裴宪皆不从命。睿遣扬州刺史王敦、历阳内史甘卓与扬烈将军庐江周访合兵击轶。轶兵败，奔安成，吴孙皓宝鼎二年，分豫章、庐陵、长沙立安成郡。宋白曰；吉州安福县，本汉安成县，今县西六十里有安成故城。访追斩之，及其五子。裴宪奔幽州。睿以甘卓为湘州刺史，周访为寻阳太守，又以扬武将军陶侃为武昌太守。吴孙权改鄂曰武昌；晋武帝太康元年，复立鄂县，而武昌如故；改吴之江夏曰武昌郡。汉寻阳县，属庐江郡，其地在江北。惠帝永兴元年，分庐江武昌立寻阳郡，治豫章之柴桑，寻阳遂在江南。

21 秋，七月，王浚设坛告类，告类，祭也，以事类告天及五帝也。立皇太子，考异曰：晋书初无其名，刘琨与丞相笺曰："浚设坛场，有所建立，称皇太子，"不知为谁。布告天下，称受中诏承制封拜，备置百官，列署征、镇，以荀藩为太尉，琅邪王睿为大将军。浚自领尚书令，以裴宪及其婿枣嵩为尚书，以田徽为兖州刺史，李恽为青州刺史。恽，于粉翻。

22 南阳王模使牙门赵染戍蒲坂，刘聪在平阳，欲窥关中；蒲坂，兵冲也。坂，音反。染求冯翊太守不得而怒，帅众降汉，帅，读曰率。降，户江翻。汉主聪以染为平西将军。八月，聪遣染与安西将军刘雅帅骑二万攻模于长安，河内王粲、始安王曜帅大众继之。染败模兵于潼关，长驱至下邽。败，补迈翻。下邽县，前汉属京兆；后汉省，并入郑县；桓帝复置；晋属冯翊郡。应劭曰：有上邽，故称下，秦武公伐邽戎置。宋白曰：四夷县道记：下邽县东南二十五里有下邽故城，在渭水北。师古曰：邽音圭。凉州将北宫纯自长安帅其众降汉。将，即亮翻。汉兵围长安，模遣淳于定出战而败。模仓库虚竭，士卒离散，遂降于汉。赵染送模于河内王粲；九月，粲杀模。考异曰：帝纪："八月，模遇害。"按：刘琨上丞相笺曰："平昌以九月遇祸，世子时镇陇右，故得无恙。"今以为据。关西饥馑，白骨蔽野，士民存者百无一二。聪以始安王曜为车骑大将军、雍州牧，更封中山王，镇长安。雍，于用翻。以王弥为大将军，封齐公。

23 荀晞骄奢苛暴，前辽西太守阎亨，缵之子也，数谏晞，晞杀之。数，所角翻。从事中郎明预有疾，姓谱：玥，秦大夫孟明之后，为平原望姓。自轝入谏。晞怒曰："我杀阎亨，何关人事，而轝病骂我！"轝，羊茹翻。预曰："明公以礼待预，故预以礼自尽。今明公怒预，其如远近怒明公何！桀为天子，犹以骄暴而亡，况人臣乎！愿明公且置是怒，思预之言。"晞不从。由是众心离怨，加以疾疫、饥馑。石勒攻王赞于阳夏，擒之；阳夏县，属陈郡，夏，音贾。遂袭蒙城，执晞及豫章王端，锁晞颈，以为左司马。汉主聪拜勒幽州牧。

王弥与勒，外相亲而内相忌，刘暾说弥使召曹嶷之兵以图勒。说，输芮翻。弥为书，使暾召嶷，且邀勒共向青州。暾至东阿，东阿县，汉属东郡，晋属济北国。勒游骑获之，勒潜杀暾而弥不知。会弥将徐邈、高梁辄引所部兵去，弥兵渐衰。将，即亮翻。弥闻勒擒苟晞，心恶之，恶，乌路翻。以书贺勒曰："公获苟晞而用之，何其神也！使晞为公左，弥为公右，天下不足定也。"勒谓张宾曰："王公位重而言卑，其图我必矣。"宾因劝勒乘弥小衰，诱而取之。诱，音酉。时勒方与乞活陈午相攻于蓬关，蓬关，在陈留浚仪县。班志曰：蓬泽在河南开封县东北。臣瓒曰：今浚仪有蓬陂是也。弥亦与刘瑞相持甚急。弥请救于勒，勒未之许。张宾曰："公常恐不得王公之便，今天以王公授我矣。陈午小竖，不足忧；王公人杰，当早除之。"勒乃引兵击瑞，斩之。弥大喜，谓勒实亲己，不复疑也。冬，十月，勒请弥燕于己吾。己吾县，后汉属陈留郡，魏、晋省。陈留风俗传曰：县，故宋地，杂以陈、楚之地，故梁国宁陵县之徙种龙乡也。以成、哀之世，户至八九千，冠带之士求置县。永元十一年，陈王削地，以大棘乡、直阳乡自隔隶之，命以嘉名曰己吾，犹有陈、楚之俗焉。弥将往，长史张嵩谏，不听。酒酣，勒手斩弥而并其众，表汉主聪，称弥叛逆。聪大怒，遣使让勒"专害公辅，有无君之心"；然犹加勒镇东大将军、督并·幽二州诸军事、领并州刺史，以慰其心。苟晞、王赞潜谋叛勒，勒杀之，并晞弟纯。

勒引兵掠豫州诸郡，临江而还，还，从宣翻，又如字。屯于葛陂。续汉书郡国志，汝南郡鲖阳县有葛陂。贤曰：葛陂，在今豫州新蔡县西北。

初，勒之为人所掠卖也，事见上卷惠帝永兴二年。与其母王氏相失。刘琨得之，【章：甲十一行本"之"下有"遣使"二字；乙十一行本同；

孔本同；张校同。】并其从子虎送于勒，因遗勒书曰：从，才用翻。遗，于季翻；下同。“将军用兵如神，所向无敌，所以周流天下而无容足之地，百战百胜而无尺寸之功者，盖得主则为义兵，附逆则为贼众故也。成败之数，有似呼吸，吹之则寒，嘘之则温。今相授侍中、车骑大将军、领护匈奴中郎将、襄城郡公，将军其受之！”勒报书曰：“事功殊途，非腐儒所知。君当逞节本朝，吾自夷难为效。”勒书意度雄爽，此必张宾为之。难，乃旦翻。遗琨名马、珍宝，厚礼其使，谢而绝之。

时虎年十七，残忍无度，为军中患。勒白母曰：“此儿凶暴无赖，应劭曰：赖者，恃也。晋灼曰：许慎曰，赖，利也，无利入于家也。或曰：江、淮之间，谓小儿多诈狡狯为无赖。师古曰：晋说是也。使军人杀之，声名可惜，不若自除之。”母曰：“快牛为犊，多能破车，汝小忍之！”及长，便弓马，勇冠当时。勒以为征虏将军，每屠城邑，鲜有遗类。长，知两翻。冠，古玩翻。鲜，息浅翻。然御众严而不烦，莫敢犯者，指授攻讨，所向无前，勒遂宠任之。石虎始此。为虎诛夷勒诸子张本。勒攻荥阳太守李矩，矩击却之。

24 初，南阳王模以从事中郎索綝为冯翊太守。綝，靖之子也。模死，綝与安夷护军金城麴允、频阳令梁肃，俱奔安定。索，昔各翻，姓也。綝，丑林翻。频阳县，属冯翊郡，秦厉公置。应劭曰，在频水之阳。杜佑曰，京兆同官县，汉祋祤县，晋为频阳县。时綝等自京兆南山奔安定。安夷护军盖亦置司于长安。时安定太守贾疋与诸氐、羌皆送任子于汉，綝等遇之于阴密，拥还临泾，阴密县，属安定郡，商之密国，诗所谓“密人不恭，敢距大邦”者也。临泾县时为安定郡治所。与疋谋兴复晋室，疋从之。乃共推疋为平西将军，率众五万向长安。雍州刺史麴特、新平太守竺恢皆不降于汉，特与恢同守新平。雍，于用翻。闻疋起兵，与扶风太守梁综帅众十万会之。帅，读曰率。综，肃之兄也。汉河内王粲在新丰，使其将刘雅、赵染攻新平，不克。索綝救新平，大小百战，雅等败退。中山王曜与疋等战于黄丘，黄丘，在冯翊云阳县黄嵚山下。曜众大败。疋遂袭汉梁州刺史彭荡仲，杀之。荡仲，安定卢水胡也，据后荡仲子天护，汉以为凉州刺史，此"梁"当作"凉"。麹特等击破粲于新丰，粲还平阳。于是疋等兵势大振，关西胡、晋翕然响应。

阎鼎欲奉秦王业入关，据长安以号令四方；河阴令傅畅，祗之子也，亦以书劝之，鼎遂行。荀藩、刘畴、周顗、李述等，皆山东人，不欲西行，中涂逃散；鼎遣兵追之，不及，杀李絙等。絙，居登翻。鼎与业自宛趣武关，遇盗于上洛，上洛县，汉属弘农郡，汉元鼎四年置，居洛水上，因以为名；晋初，改为京兆南部；武帝泰始二年，分京兆南部置上洛郡。杜佑曰：上洛，汉长利县。宛，於元翻。趣，七喻翻。士卒败散，收其馀众，进至蓝田，使人告贾疋，疋遣兵迎之；十二月，入于雍城，雍，于用翻。使梁综将兵卫之。

周顗奔琅邪王睿，睿以顗为军谘祭酒。前骑都尉谯国桓彝亦避乱过江，见睿微弱，谓顗曰："我以中州多故，来此求全，而单弱如此，将何以济！"既而见王导，共论世事，退，谓顗曰："向见管夷吾，无复忧矣！"以王导比管仲也。

诸名士相与登新亭游宴，金陵览古曰：新亭，在江宁县十里，近临江渚。按：新亭盖近劳劳亭。周顗中坐叹曰："风景不殊，举目有江河之异！"言洛都游宴，多在河滨，而新亭临江渚也。坐，徂卧翻。因相视流涕。王导愀然变色曰：愀，七小翻。"当共戮力王室，克复神州，战国时，驺衍以为中国者，于天下乃八十一分居其一分耳。中国名曰赤县神州。赤县神州内自有九州，禹之所序九州是也。孔颖达曰：按地统书括地象云：地中央曰昆仑。又云：其东南方五千里曰神州。以此言之，昆仑在西北，别统四方九州，其神州者，是昆仑东南一州耳，于一州中更分九州，则禹贡之九州是也。又，隋祭北郊，有神州、迎州、冀州、戎州、拾州，柱州、宫州、咸州、扬州从祀，其昆仑所统之四方九州欤。何至作楚囚对泣邪！"众皆收泪谢之。

陈頵遗王导书曰：頵，纡伦翻，又居筠翻。"中华所以倾弊者，正以取才失所，先白望而后实事，白望，犹虚名也。浮竞驱驰，互相贡荐，言重者先显，言轻者后叙，遂相波扇，以水为譬也。波者，水之动也，风起则波生，相扇而动。乃至陵迟。加有庄、老之俗，倾惑朝廷，养望者为弘雅，政事者为俗人，王职不恤，法物坠丧。丧，息浪翻。夫欲制远，先由近始。今宜改张，汉董仲舒论政曰：譬犹琴瑟，必改而更张之，乃可鼓也。明赏信罚，拔卓茂于密县，事见四十卷汉光武建武元年。显朱邑于桐乡，朱邑为舒桐乡啬夫，廉平不苛，以爱利为行，汉宣帝举而用之，官至大司农。然后大业可举，中兴可冀耳。"导不能从。

25 刘琨长于招怀而短于抚御，一日之中，虽归者数千，而去者亦相继。琨遣子遵请兵于代公猗卢，又遣族人高阳内史希合众于中山，幽州所统代郡、上谷、广宁之民多归之，广宁县，汉属上谷郡，晋武帝太康中，分立广宁郡；唐属妫州界。众至三万。王浚怒，遣燕相胡矩督诸军，燕，于贤翻。相，息亮翻。与辽西公段疾陆眷共攻希，杀之，驱略三郡士女而去。疾陆眷，务勿尘之子也。猗卢遣其子六修将兵助琨戍新兴。考异曰：晋春秋作"利孙"。按利孙即六修也，胡语讹转耳。余按孔颖达曰：声相近者，声转字异。

琨牙门将邢延以碧石献琨，琨以与六修，六修复就延求之，复，扶又翻。不得，执延妻子。延怒，以所部兵袭六修，六修走，延遂以新兴附汉，请兵以攻并州。

26 李【张："李"上脱"初东夷校尉"五字。】臻之死也，事见上永嘉三年。辽东附塞鲜卑素喜连、木丸津托为臻报仇，素喜连、木丸津二部也。为，于伪翻。攻陷诸县，杀掠士民，屡败郡兵，败，补迈翻。连年为寇。东夷校尉封释不能讨，请与连和，连、津不从。民失业，归慕容廆者甚众，廆禀给遣还，愿留者即抚存之。

廆少子鹰扬将军翰廆，户罪翻。据载记，翰于皝为庶兄；皝，廆第三子，则翰非少子也。少，诗照翻。言于廆曰："自古有为之君，莫不尊天子以从民望，成大业。今连、津外以庞本为名，内实幸灾为乱。封使君已诛本请和，诛庞本见上永嘉三年。庞，皮江翻。而寇暴不已。中原离乱，州师不振，州师，谓平州之兵、东夷校尉所统者是也。辽东荒散，莫之救恤，单于不若数其罪而讨之。廆自称鲜卑大单于。上则兴复辽东，下则并吞二部，二部，谓素喜连及木丸津也。忠义彰于本朝，朝，直遥翻。私利归于我国，此霸王之基也。"廆笑曰："孺子乃能及此乎！"遂帅众东击连、津，帅，读曰率。以翰为前锋，破斩之，尽并二部之众。得所掠民三千馀家，及前归廆者悉以付郡，辽东赖以复存。复，扶又翻。

封释疾病，属其孙奕于廆。属，之欲翻。释卒，廆召奕与语，说之，曰："奇士也！"补小都督。释子冀州主簿悛、幽州参军抽来奔丧。说，与悦同。悛，丑缘翻，又七伦翻。廆见之曰："此家抎抎千斤犍也。"抎，羽敏翻；说文：从高而下也。犍，居言翻，犗牛也。言千斤之犍，人间不可多得，若从天而下也。以道不通，丧不得还，皆留仕廆，廆以抽为长史，悛为参军。史言封氏诸子遂为慕容佐命之臣。

王浚以妻舅崔毖为东夷校尉。毖，琰之曾孙也。为毖与慕容氏构怨张本。崔琰，事曹公。毖，音秘。

何兹全标点容肇祖聂崇岐覆校

资治通鉴卷第八十八

端明殿学士兼翰林侍读学士朝散大夫右谏议大夫
充集贤院修撰权判西京留司御史台上柱国河内郡 司马光 奉敕编集
开国侯食邑一千三百户食实封四百户赐紫金鱼袋臣

后学天台胡三省 音注

晋纪十 起玄黓涒滩（壬申），尽昭阳作噩（癸酉），凡二年。

孝怀皇帝下

永嘉六年（壬申、三一二）

1 春，正月，汉呼延后卒，谥曰武元。

2 汉镇北将军靳冲、平北将军卜珝寇并州；靳，居焮翻，姓也。珝，况羽翻。辛未，围晋阳。

3 甲戌，汉主聪以司空王育、尚书令任颢女为左、右昭仪，任，音壬。颢，鱼岂翻。中军大将军王彰、中书监范隆、左仆射马景女皆为夫人，右仆射朱纪女为贵妃，皆金印紫绶。绶，音受。聪将纳太保刘殷女，太弟义固谏。聪以问太宰延年、太傅景，皆曰："太保自云刘康公之后，与陛下殊源，刘康公，周之卿士，食采于刘，其后因以为氏。刘聪，匈奴之后，以汉之甥冒姓刘氏，故云殊源。纳之何害！"聪悦，拜殷二女英、娥为左右贵嫔，位在昭仪上；嫔，毗宾翻。又纳殷女孙四人皆为贵人，位次贵妃。于是六刘之宠倾后宫，聪希复出外，复，扶又翻。事皆中黄门奏决。

4 故新野王歆牙门将胡亢聚众于竟陵，亢，音刚。自号楚公，寇掠荆土，以歆南蛮司马新野杜曾为竟陵太守。曾勇冠三军，能被甲游于水中。为曾乱荆州张本。冠，古玩翻。被，皮义翻。

5 二月，壬子朔，日有食之。

6 石勒筑垒于葛陂，皇览曰：汝南郡鲖阳县有葛陂。贤曰：葛陂，在今豫州新蔡县西北。课农造舟，将攻建业。琅邪王睿大集江南之众于寿春，以镇东长史纪瞻为扬威将军，都督诸军以讨之。睿为镇东大将军，署瞻长史。

会大雨，三月不止，勒军中饥疫，死者太半，闻晋军将至，集将佐议之。右长史刁膺请先送款于睿，求扫平河朔以自赎，俟其军退，徐更图之，勒愀然长啸。愀，子小翻。中坚将军夔安请就高避水，中坚将军，盖石勒所置。姓谱：夔姓，春秋夔子之后。勒曰："将军何怯邪！"孔苌等三十馀将请各将兵分道夜攻寿春，斩吴将头，据其城，食其粟，要以今年破丹阳，定江南。勒笑曰："是勇将之计也！"言其不逆计胜败，但勇于赴敌耳。将，即亮翻。各赐铠马一匹。铠，可亥翻。匹，僻吉翻。顾谓张宾曰："于君意何如？"宾曰："将军攻陷京师，囚执天子，杀害王公，妻略妃主，擢将军之发，不足以数将军之罪，擢，拔也；拔其发以数其罪犹不足，言其罪多也。数，所具翻。奈何复相臣奉乎！复，扶又翻。去年既杀王弥，不当来此；今天降霖雨于数百里中，示将军不应留此也。邺有三台之固，水经注：邺城西北有三台，皆因城为之基，汉建安十五年魏武所起。中曰铜台，高十丈，其后石虎更增二丈；南则金雀台，高八丈；北则冰井台，亦高八丈。西接平阳，谓近汉都，可以壮声援。山河四塞，宜北徙据之，以经营河北，河北既定，天下无处将军之右者矣。处，昌吕翻。晋之保寿春，畏将军往攻之耳；彼闻吾去，喜于自全，何暇追袭吾后，为吾不利邪！自古国于东南，率多为自保之计，亦自量其力之不足以进也，宾料之审矣。将军宜使辎重从北道先发，将军引大兵向寿春。辎重既远，重，直用翻。大兵徐还，何忧进退无地乎！”勒攘袂鼓髯曰：“张君计是也！”责刁膺曰：“君既相辅佐，当共成大功，奈何遽劝孤降！降，户江翻。此策应斩！然素知君怯，特相宥耳。”于是黜膺为将军，擢宾为右长史，号曰“右侯”。

勒引兵发葛陂，遣石虎帅骑二千向寿春，帅，读曰率。骑，奇寄翻。遇晋运船，虎将士争取之，为纪瞻所败。败，补迈翻。瞻追奔百里，前及勒军，勒结陈待之；陈，读曰阵。瞻不敢击，退还寿春。

7 汉主聪封帝为会稽郡公，会，工外翻。加仪同三司。聪从容谓帝曰：“卿昔为豫章王，朕与王武子造卿，武子称朕于卿，从，千容翻。王济，字武子。造，七到翻。卿言闻其名久矣，赠朕柘弓银研；研，与砚同。卿颇记否？”帝曰：“臣安敢忘之！但恨尔日不早识龙颜！”聪曰：“卿家骨肉何相残如此？”帝曰：“大汉将应天受命，故为陛下自相驱除，为，于伪翻。此殆天意，非人事也！且臣家若能奉武皇帝之业，九族敦睦，陛下何由得之！”聪喜，以小刘贵人妻帝，妻，七细翻。曰：“此名公之孙也，卿善遇之。”

8 代公猗卢遣兵救晋阳，三月，乙未，汉兵败走。卜珝之卒先奔，靳冲擅收珝，斩之；聪大怒，遣使持节斩冲。使，疏吏翻。

9 聪纳其舅子辅汉将军张寔二女徽光、丽光为贵人，此别一张寔，非河西张轨之子。太后张氏之意也。张氏，渊之侧室，生聪，尊为太后。

10 凉州主簿马鲂说张轨：鲂，符方翻。说，输芮翻。“宜命将出师，翼戴帝室。”轨从之，驰檄关中，共尊辅秦王；且言“今遣前锋督护宋配帅步骑二万，径趋长安；帅，读曰率。趋，七喻翻。西中郎将寔帅中军三万，武威太守张琠帅胡骑二万，络绎继发。”琠，他典翻。络绎，相继不绝之意。

11 夏，四月，丙寅，征南将军山简卒。

12 汉主聪封其子敷为渤海王，骥为济南王，鸾为燕王，鸿为楚王，劢为齐王，劢，音迈。权为秦王，操为魏王，持为赵王。

13 聪以鱼蟹不供，斩左都水使者襄陵王摅；襄陵县，汉属河东郡，晋属平阳郡。观后所谓亟斩王公，则摅亦刘氏也。摅，抽居翻。作温明、徽光二殿未成，斩将作大匠望都公靳陵。观渔于汾水，昏夜不归。中军大将军王彰谏曰：“比观陛下所为，臣实痛心疾首。比，毗至翻。今愚民归汉之志未专，思晋之心犹盛，刘琨咫尺，刺客纵横；谓平阳去晋阳不远也。纵，子容翻。帝王轻出，一夫敌耳。愿陛下改往修来，则亿兆幸甚！”聪大怒，命斩之；王夫人叩头乞哀，乃囚之。王夫人，彰女也。太后张氏以聪刑罚过差，三日不食；太弟义、单于粲舆榇切谏。聪怒曰：“吾岂桀、纣，而汝辈生来哭人！”太宰延年、太保殷等公卿、列侯百馀人，皆免冠涕泣曰：“陛下功高德厚，旷世少比，少，诗沼翻。往也唐、虞，今则陛下。而顷来以小小不供，亟斩王公；直言忤旨，遽囚大将。王公，谓刘摅、靳陵；大将，谓王彰。亟，欺冀翻。忤，五故翻。此臣等窃所未解，解，户买翻，晓也。故相与忧之，忘寝与食。”聪慨然曰：“朕昨大醉，非其本心，微公等言之，朕不闻过。”各赐帛百匹，使侍中持节赦彰曰：“先帝赖君如左右手，君著勋再世，朕敢忘之！此段之过，希君荡然。君能尽怀忧国，朕所望也。今进君骠骑将军、定襄郡公，骠，匹妙翻。后有不逮，幸数匡之！”数，所角翻。

14 王弥既死，事见上卷上年。汉安北将军赵固、平北将军王桑恐为石勒所并，欲引兵归平阳，军中乏粮，士卒相食，乃自砀硗津西渡。砀，丘交翻。硗，牛交翻。刘【章：甲十一行本“刘”上有“攻掠河北郡县”六字；乙十一行本同；孔本同；张校同；退斋校同。】琨以兄子演为魏郡太守，镇邺，【章：甲十一行本“邺”下有“固”字；乙十一行本同；孔本同；张校同；退斋校同。】桑恐演邀之，遣长史临深为质于琨。姓谱；临姓，大临之后。质，音致。琨以固为雍州刺史，雍，于用翻；下同。桑为豫州刺史。

15 贾疋等围长安数月，汉中山王曜连战皆败，驱掠士女八万馀口，奔于平阳。秦王业自雍入于长安。雍，于用翻。五月，汉主聪贬曜为龙骧大将军，行大司马。骧，思将翻。聪使河内王粲攻傅祗于三渚，据祗传，祗屯盟津小城。盟津河平侯祠有二渚，又有淘渚，故亦曰三渚。右将军刘参攻郭默于怀；会祗病薨，城陷，粲迁祗子孙并其士民二万馀户于平阳。

16 六月，汉主聪欲立贵嫔刘英为皇后；张太后欲立贵人张徽光，聪不得已，许之。英寻卒。

17 汉大昌文献公刘殷卒。宋白曰：隰州隰川县，汉蒲子县；刘渊僭乱，置大昌郡。殷为相，不犯颜忤旨，忤，五故翻。然因事进规，补益甚多。汉主聪每与群臣议政事，殷无所是非；群臣出，殷独留，为聪敷畅条理，商榷事宜，商，度也；榷者，举其略也。为，于伪翻。榷，古岳翻。聪未尝不从之。殷常戒子孙曰："事君当务几谏。凡人尚不可面斥其过，况万乘乎！夫几谏之功，无异犯颜，但不彰君之过，所以为优耳。"几谏者，见微而谏也。侯希圣曰：事君，有显谏者，有几谏者。然而温柔忠厚者，其说多行，讦直强劲者，其说多忤，夫是以贵几谏也。几，居希翻。乘，绳证翻。官至侍中、太保、录尚书，赐剑履上殿、入朝不趋、乘舆入殿。然殷在公卿间，常恂恂有卑让之色，故能处骄暴之国，保其富贵，不失令名，以寿考自终。处，昌吕翻。

18 汉主聪以河间王易为车骑将军，彭城王翼为卫将军，并典兵宿卫。高平王悝为征南将军，镇离石；悝，苦回翻。济南王骥为征西将军，筑西平城以居之；西平城，当筑于平阳西。济，子礼翻。魏王操为征东将军，镇蒲子。

19 赵固、王桑自怀求迎于汉，汉主聪遣镇远将军梁伏疵将兵迎之。未至，长史临深、将军牟穆帅众一万叛归刘演。固随疵而西，疵，疾移翻。帅，读曰率；下同。桑引其众东奔青州，固遣兵追杀之于曲梁，曲梁县，属广平郡；曹魏置广平郡，治曲梁城。刘昫曰：唐洺州永年县，汉曲梁县地也。桑将张凤帅其馀众归演。聪以固为荆州刺史、领河南太守，镇洛阳。

20 石勒自葛陂北行，所过皆坚壁清野，虏掠无所获，军中饥甚，士卒相食。至东燕，据水经：东燕城在酸枣县东。河水自酸枣东北过延津，又径东燕县故城北。余考两汉志，东郡有燕县，无东燕县，其即是欤？魏收地形志，东燕县，晋属濮阳国。贤曰：东燕故城，今滑州胙城县。燕，于贤翻。闻汲郡向冰聚众数千壁枋头，水经：淇水至黎阳入河，在遮害亭西十八里。汉建安九年，魏武于水口下大枋木以成堰，遏淇水东入白沟，以通漕运，故时人号其处曰枋头。杜佑曰：枋头在今汲郡卫县界。宋白曰：枋头城，在今卫县南，去河八里。向，式亮翻，姓也。枋，音方。勒将济河，恐冰邀之。张宾曰："闻冰船尽在渎中未上，未上者，未上岸。船不用，则推之登陆，使远水而燥，他日轻，便于驾用。上，时掌翻。宜遣轻兵间道袭取，以济大军，间，古苋翻。大军既济，冰必可擒也。"秋，七月，勒使支雄、孔苌自文石津缚筏潜渡，取其船。勒引兵自棘津济河，水经：河水径东燕县故城北，河水于是有棘津之名。击冰，大破之，尽得其资储，军势复振，遂长驱至邺。刘演保三台以自固，临深、牟穆等复帅其众降于勒。复，扶又翻；帅，读曰率；并下同。降，户江翻；下同。

诸将欲攻三台，张宾曰："演虽弱，众犹数千，三台险固，攻之未易猝拔，易，以豉翻。舍而去之，彼将自溃。方今王彭祖、刘越石，公之大敌也，王浚，字彭祖；刘琨，字越石。宜先取之，演不足顾也。且天下饥乱，明公虽拥大兵，游行羁旅，人无定志，非所以保万全，制四方也。不若择便地而据之，广聚粮储，西禀平阳以图幽、并，幽，王浚；并，刘琨。此霸王之业也。邯郸、襄国，形胜之地，邯郸县，汉属赵国，晋属广平。襄国县，秦为信都，项羽改曰襄国，汉属赵国，晋属广平。而信都别为县，前汉属信都国，后汉属安平国。邯郸，音寒丹。宋白曰：隋改襄国为龙冈县，唐为邢州所治也。请择一而都之。"勒曰："右侯之计是也！"遂进据襄国。

宾复言于勒曰："今吾居此，彭祖、越石所深忌也，恐城堑未固，资储未广，二寇交至。堑，七艳翻。宜亟收野谷，且遣使至平阳，具陈镇此之意。"使，疏吏翻；下同。勒从之，分命诸将攻冀州，郡县壁垒多降，运其谷以输襄国；且表于汉主聪，聪以勒为都督冀、幽、并、营四州诸军事、营州不在晋太康地志十九州之数。晋地理志：咸宁二年，分昌黎、辽东、玄菟、带方、乐浪等郡国五，置平州；至慕容熙据和龙，始于宿军置营州，以刺史镇之；拓跋魏置营州于和龙。勒时未有营州也。郡国志：营州地当营室分，故曰营州。冀州牧，进封上党公。

21 刘琨移檄州郡，期以十月会平阳，击汉。琨素奢豪，喜声色。喜，许记翻。河南徐润以音律得幸于琨，琨以为晋阳令。润骄恣，干预政事；护军令狐盛数以为言，令狐之令，力丁翻。数，所角翻。且劝琨杀之，琨不从。润谮盛于琨，琨收盛，杀之。琨母曰："汝不能驾御豪杰以恢远略，而专除胜己，祸必及我。"

盛子泥奔汉，具言虚实。汉主聪大喜，遣河内王粲、中山王曜将兵寇并州，以令狐泥为乡导。乡，读曰向。琨闻之，东出，收兵于常山及中山，使其将郝诜、张乔将兵拒粲，郝，呼各翻。且遣使求救于代公猗卢。诜、乔俱败死。粲、曜乘虚袭晋阳，太原太守高乔、并州别驾郝聿以晋阳降汉。考异曰：刘琨传曰："属庞醇降于聪，雁门乌丸复反，琨亲出御之，粲乘虚袭取晋阳。"按：琨上太子笺曰："聪以七月十六日复决计送死，臣即自东下，率中山、常山之卒，并合乐平、上党诸军，未旋之间，而晋阳倾溃。"十六国春秋亦云"琨收兵常山"。本传误也。八月，庚戌，琨还救晋阳，不及，帅左右数十骑奔常山。辛亥，粲、曜入晋阳。壬子，令狐泥杀琨父母。

粲、曜送尚书卢志、侍中许遐、太子右卫率崔玮于平阳。聪复以曜为车骑大将军，以前将军刘丰为并州刺史，镇晋阳。九月，聪以卢志为太弟太师，崔玮为太傅，许遐为太保，高乔、令狐泥皆为武卫将军。

22 己卯，汉卫尉梁芬奔长安。

23 辛巳，贾疋等奉秦王业为皇太子，考异曰：怀帝纪云："贾疋讨刘粲于三辅，走之，关中小定，奉秦王为太子。"按：贾疋等以永嘉五年攻刘粲于新丰，粲败，还平阳；奉秦王入雍城。六年三月，刘曜弃长安走，秦王入长安，汉兵皆已退矣。秦王为太子时，刘粲方在晋阳。怀纪误。建行台于长安，登坛告类，告类，或摄，或即位，祭天之礼。舜之摄也，肆类于上帝。孔安国注曰：类，谓摄位事类，遂以摄告天及五帝，汤黜夏命，昭告于上天神后，皆其事也。建宗庙、社稷，大赦。以阎鼎为太子詹事，总摄百揆；太子詹事统摄宫僚。时太子建行台，故以詹事总百揆，特位号未正，其实丞相之职也。加贾疋征西大将军，以秦州刺史、南阳王保为大司马。命司空荀藩督摄远近，光禄大夫荀组领司隶校尉、行豫州刺史，与藩共保开封。开封县，汉属河南郡，晋属荥阳郡。

24 秦州刺史裴苞据险以拒凉州兵，张寔、宋配等击破之，苞奔柔【严："柔"改"桑"。】凶坞。

25 冬，十月，汉主聪封其子恒为代王，恒，户登翻。逞为吴王，朗为颍川王，皋为零陵王，旭为丹阳王，京为蜀王，坦为九江王，晃为临川王；以王育为太保，王彰为太尉，任顗为司徒，顗，鱼岂翻。马景为司空，朱纪为尚书令，范隆为左仆射，呼延晏为右仆射。

26 代公猗卢遣其子六修及兄子普根、将军卫雄、范班、箕澹帅众数万为前锋以攻晋阳，澹，徒览翻，又徒滥翻。考异曰：十六国春秋云"遣其子利孙、宥六须"，载记云"宾六须"。刘琨集云"左、右贤王"，又云"右贤王扑速根"。今从后魏书。考异又曰："箕澹"，十六国春秋、后魏书作"姬澹"。今从刘琨传。猗卢自帅众二十万继之，刘琨收散卒数千为之乡导。乡，读曰向。六修与汉中山王曜战于汾东，曜兵败，坠马，中七创。中，竹仲翻。创，初良翻；下同。讨虏将军傅虎以马授曜，曜不受，曰："卿当乘以自免，吾创已重，自分死此。"分，扶问翻。虎泣曰："虎蒙大王识拔至此，常思效命，今其时矣。且汉室初基，天下可无虎，不可无大王也！"乃扶曜上马，驱令渡汾，自还战死。曜入晋阳，夜，与大将军粲、镇北大将军丰掠晋阳之民，逾蒙山而归。五代志，太原郡石艾县有蒙山。魏收曰：石艾县，即汉、晋之上艾县也。晋志，上艾县，属乐平郡。又据五代志，晋阳县有蒙山。此盖蒙山跨晋阳、石艾二县界也。十一月，猗卢追之，战于蓝谷，蓝谷，在蒙山西南。汉兵大败，擒刘丰，斩邢延等三千馀级，邢延叛琨，见上卷五年。伏尸数百里。猗卢因大猎寿阳山，寿阳山，在乐平寿阳县，魏收地形志作"受阳县"，此县盖晋置也。宋白曰：寿阳县，本汉榆次县地，晋置寿阳县。陈阅皮肉，山为之赤。刘琨自营门步入拜谢，固请进军。猗卢曰："吾不早来，致卿父母见害，诚以相愧。今卿已复州境，吾远来，士马疲弊，且待后举，刘聪未可灭也。"遗琨马、牛、羊各千馀匹，车百乘而还，遗，于季翻。乘，绳证翻。留其将箕澹、段繁等戍晋阳。

琨徙居阳曲，阳曲县，属太原郡，在晋阳北。招集亡散。卢谌为刘粲参军，亡归琨，谌，时壬翻。汉人杀其父志考异曰：刘聪载记，

"志劝太弟乂作乱，被诛。"按志劝成都王颖起义兵，谏颖攻长沙王乂，忠义敦笃，始终不亏，非劝人作乱者也。今从卢谌传。及弟谧、诜；赠傅虎幽州刺史。

27 十二月，汉主聪立皇后张氏，以其父寔为左光禄大夫。

28 彭仲荡之子天护帅群胡攻贾疋，天护阳不胜而走，疋追之，夜坠涧中，天护执而杀之。疋，音雅。疋杀彭仲荡事见上卷五年。考异曰：帝纪曰："疋讨贼张连，遇害。"疋传："天护攻之，疋败走，坠涧死。"今从十六国春秋。汉以天护为凉【严："凉"改"梁"。】州刺史。众推始平太守麹允领雍州刺史。阎鼎与京兆太守梁综争权，鼎遂杀综。麹允与抚夷护军索綝、冯翊太守梁肃合兵攻鼎，鼎出奔雍，为氐窦首所杀。胡、羯方强，贾、阎、麹、索降心相从，协力以辅晋室，犹惧不能全，况自相屠乎！长安之败征，见于此矣。雍，于用翻。

29 广平游纶、张豺拥众数万，据苑乡，姓谱：游，广平望姓；郑公子偃，字子游，其后以为氏。魏收志，广平郡任县有苑乡城。宋白曰：任县，后汉南䜌县地，后赵石氏于此置苑乡县，唐为任县，属邢州。受王浚假署；假署者，承制权宜而补署，假以职名。石勒遣夔安、支雄等七将攻之，破其外垒。浚遣督护王昌帅诸军及辽西公段疾陆眷、考异曰：石勒载记及后魏书作"就陆眷"。今从王浚传。疾陆眷弟匹磾、文鸯、从弟末杯磾，丁奚翻。从，才用翻。考异曰：后魏书作"末破"。今从王浚传。部众五万攻勒于襄国。

疾陆眷屯于渚阳，班固地理志，禹贡绛水在信都入海。水经注：绛渎北径信都城东，散入泽渚，西至信都城东，连于广川县张甲故渎，同归于海。疾陆眷盖屯是渚之阳也。勒遣诸将出战，皆为疾陆眷所败。败，补迈翻。疾陆眷大造攻具，将攻城，勒众甚惧。勒召将佐谋之曰："今城堑未固，粮储不多，彼众我寡，外无救援，吾欲悉众与之决战，何如？"诸将皆曰："不如坚守以疲敌，待其退而击之。"张宾、孔苌曰："鲜卑之种，种，章勇翻。段氏最为勇悍，悍，下罕翻，又侯旰翻。而末柸尤甚，其锐卒皆在末柸所。今闻疾陆眷刻日攻北城，其大众远来，战斗连日，谓我孤弱，不敢出战，意必懈惰，懈，古隘翻。宜且勿出，示之以怯，凿北城为突门二十馀道，墨子备突篇曰：城，百步一突门。突门，用车两轮，以木束之，涂其上，维置突门内。度门广狭之，令人入门四尺中，置窒窔。门旁为橐，充灶状；又置艾。寇即入，下轮而塞之，鼓橐熏之也。杜佑曰：突门，凿城内为暗门，多少临事，令五六寸勿穿。或于中夜，于敌初来，营列未定，精骑从突门跃出，击其无备，袭其不意。俟其来至，列守未定，出其不意，直冲末柸帐，彼必震骇，不暇为计，破之必矣。末柸败，则其馀不攻而溃矣。"勒从之，密为突门。既而疾陆眷攻北城，勒登城望之，见其将士或释仗而寝，乃命孔苌督锐卒自突门出击之，见其释仗而寝，知其懈也，乃命苌出战，所谓见兵势者也。城上鼓噪以助其势。苌攻末柸帐，不能克而退。末柸逐之，入其垒门，为勒众所获，疾陆眷等军皆退走。苌乘胜追击，枕尸三十馀里，枕，职任翻。获铠马五千匹。铠，可亥翻。疾陆眷收其馀众，还屯渚阳。

勒质末柸，质，音致；下同。遣使求和于疾陆眷，使，疏吏翻。疾陆眷许之。文鸯谏曰："今以末柸一人之故而纵垂亡之虏，得无为王彭祖所怨，招后患乎！"疾陆眷不从，复以铠马金银赂勒，复，扶又翻；下同。且以末柸三弟为质而请末柸。诸将皆劝勒杀末柸，勒曰："辽西鲜卑健国也，与我素无仇雠，为王浚所使耳。今杀一人而结一国之怨，非计也。归之，必深德我，不复为浚用矣。"乃厚以金帛报之，遣石虎与疾陆眷盟于渚阳，结为兄弟。疾陆眷引归，王昌不能独留，亦引兵还蓟。勒召末柸，与之燕饮，誓为父子，遣还辽西。末柸在涂，日南向而拜者三。由是段氏专心附勒，王浚之势遂衰。孙武所谓"亲而离之"，此其近之矣。然段氏专心附勒者，末柸也，若匹磾、文鸯，则终身与勒抗。

游纶、张豺请降于勒。降，户江翻。勒攻信都，杀冀州刺史王象。浚复以邵举行冀州刺史，保信都。

30 是岁大疫。

31 王澄少与兄衍名冠海内，少，诗照翻。冠，古玩翻。刘琨谓澄曰："卿形虽散朗，而内实动侠，言其心轻易动，又豪侠自喜也。以此处世，处，昌吕翻。难得其死。"及在荆州，悦成都内史王机，谓为己亚，使之内综心膂，综，机缕也，所以持经而施纬，使不失其条理者也，故谓能统理众事者为综理。外为爪牙。澄屡为杜弢所败，弢，土刀翻。败，补迈翻。望实俱损，犹傲然自得，无忧惧之意，但与机日夜纵酒博弈，由是上下离心；南平太守应詹屡谏，不听。

澄自出军击杜弢，军于作塘。作唐县，后汉属武陵郡，晋属南平郡，五代志：澧阳郡孱陵县，旧曰作塘。故山简参军王冲拥众迎应詹为刺史，詹以冲无赖，弃之，还南平，南平郡，治江安。冲乃自称刺史。澄惧，使其将杜蕤守江陵，徙治孱陵，孱陵县，汉属武陵郡，晋属南平郡。应劭曰：孱，音践。师古音士连翻。刘昫曰：澧州安乡县，汉孱陵地。寻又奔沓中。此沓中，非姜维种麦之沓中，盖在孱陵之东。别驾郭舒谏曰："使君临州虽无异政，然一州人心所系，今西收华容之兵，足以擒此小丑，华容县，属南郡。奈何自弃，遽为奔亡乎！"澄不从，欲将舒东下。舒曰："舒为万里纪纲，舒为州别驾，故自谓万里纪纲。不能匡正，令使君奔亡，诚不忍渡江。"乃留屯沌口。水经注：沌水南通沔阳县之太白湖，湖水东南通江，谓之沌口。沌，持兖翻。琅邪王睿闻之，召澄为军谘祭酒，以军谘祭酒周颉代之，澄乃赴召。

颉始至州，颉，鱼岂翻。建平流民傅密等叛迎杜弢，弢别将王真袭沔阳，沔阳，梁武帝时方置郡。据沈约志，陶侃为荆州刺史，初治沔阳；则是时已有沔阳城矣，当属竟陵郡界。宋白曰：复州沔阳县，汉县也。郡国志曰：沔阳县，即楚王城。顗狼狈失据。征讨都督王敦遣武昌太守陶侃、寻阳太守周访、历阳内史甘卓怀帝永嘉五年，睿加敦都督征讨诸军事。惠帝永兴元年，分淮南之乌江、历阳二县，置历阳郡。共击弢，敦进屯豫章，为诸军继援。考异曰：王澄传曰：时王敦为江州，镇豫章。"按：敦时为扬州刺史，都督征讨诸军，非为江州也。

王澄过诣敦，自以名声素出敦右，犹以旧意侮敦。敦怒，诬其与杜弢通信，遣壮士搤杀之。搤，乙革翻。王机闻澄死，惧祸，以其父毅、兄矩皆尝为广州刺史，就敦求广州，敦不许。会广州将温邵等叛刺史郭讷，迎机为刺史，机遂将奴客门生千馀人入广州。考异曰：王澄死，周顗败，王敦镇豫章，机入广州，纪、传皆无年月。按卫玠传，玠依敦于豫章，以永嘉六年卒，故附于此。讷遣兵拒之，将士皆机父兄时部曲，王机父毅为广州刺史，甚得南越之情。不战迎降；降，户江翻；下同。讷乃避位，以州授之。

32 王如军中饥乏，官军讨之，其党多降；如计穷，遂降于王敦。考异曰：如降亦无年月，明年有如馀党入汉中，故附此。

33 镇东军司顾荣、前太子洗马卫玠皆卒。洗，悉荐翻。玠，瓘之孙也，美风神，善清谈；常以为人有不及，可以情恕，非意相干，可以理遣，故终身不见喜愠之色。见，贤遍翻。

34 江阳太守张启江阳县，汉属犍为郡，刘蜀分置江阳郡，隋并入陵州隆山县，唐为眉州彭山县。杀【章：甲十一行本"杀"下有"行"字；乙十一行本同；孔本同；张校同。】益州刺史王异而代之。异行三府事见上卷五年。启，翼之孙也，寻病卒。三府文武共表涪陵太守向沈行西夷校尉，南保涪陵。沈，持林翻。涪，音浮。

35 南安赤亭羌姚弋仲东徙榆眉，水经注：汉灵帝分獂道为南安郡。赤亭水出郡之东山赤谷，西流径城北，南入渭水，谓之赤亭川。榆眉，即汉扶风之隃麋县，晋省。宋白曰：陇州汧源县东有隃麋泽，有古城。吴山县，亦汉榆麋县地。戎、夏褓负随之者数万，自称护羌校尉、雍州刺史、扶风公。夏，户雅翻。雍，于用翻。

孝愍皇帝上 讳邺，字彦旗；武帝孙，吴孝王晏之子也，出继伯父秦王柬，后袭封秦王。谥法：祸乱方作曰愍；在国遭忧曰愍。

建兴元年（癸酉、三一三）是年夏四月，方改元建兴。

1 春，正月，丁丑朔，汉主聪宴群臣于光极殿，使怀帝着青衣行酒。着，陟略翻。庾珉、王隽等不胜悲愤，因号哭；聪恶之。胜，音升。号，户刀翻。恶，乌路翻。有告珉等谋以平阳应刘琨者，二月，丁未，聪杀珉，隽等故晋臣十馀人，永嘉三年，珉、隽与帝俱没于虏。怀帝亦遇害。年三十。大赦，复以会稽刘夫人为贵人。永嘉六年，聪以夫人妻帝，聪封帝为会稽公，故曰会稽刘夫人。会，工外翻。

荀崧曰：怀帝天姿清劭，劭，高也。少著英猷，少，诗照翻。若遇承平，足为守文佳主。而继惠帝扰乱之后，东海专政，故无幽、厉之衅而有流亡之祸矣！

2 乙亥，汉太后张氏卒，谥曰光献。张后不胜哀，丁丑，亦卒，谥曰武孝。张后，张太后之侄女。胜，音升。

3 己卯，汉定襄忠穆公王彰卒。

4 三月，汉主聪立贵嫔刘娥为皇后，为之起䳨仪殿。雄曰凤，雌曰䳨，书曰：凤凰来仪。为，于伪翻；下更为、下为同。廷尉陈元达切谏，以为“天生民而树之君，使司牧之，非以兆民之命穷一人之欲也。晋氏失德，大汉受之，苍生引领，庶几息肩。是以光文皇帝刘渊，谥光文。几，居希翻。身衣大布，居无重茵，衣，于既翻；下同。重，直龙翻。后妃不衣锦绮，乘舆马不食粟，爱民故也。乘，绳证翻。陛下践阼以来，已作殿观四十馀所，加之军旅数兴，观，古玩翻。数，所角翻。馈运不息，饥馑、疾疫，死亡相继，而益思营缮，岂为民父母之意乎！今有晋遗类，西据关中，南擅江表；李雄奄有巴、蜀；王浚、刘琨窥窬肘腋；石勒、曹嶷贡禀渐疏；嶷，鱼力翻。贡，谓贡献；禀，谓禀承诏命。陛下释此不忧，乃更为中宫作殿，岂目前之所急乎！为，于伪翻。昔太宗居治安之世，粟帛流衍，犹爱百金之费，息露台之役。事见十五卷汉文帝后七年。治，直吏翻。陛下承荒乱之馀，所有之地，不过太宗之二郡，时聪所有之地，汉河东、西河二郡耳。战守之备，非特匈奴、南越而已。汉文帝时，惟备匈奴、南越。而宫室之侈乃至于此，臣所以不敢不冒死而言也。"聪大怒曰："朕为天子，营一殿，何问汝鼠子乎，乃敢妄言沮众！沮，在吕翻。不杀此鼠子，朕殿不成！"命左右："曳出斩之！并其妻子同枭首东市，枭，坚尧翻。使群鼠共穴！"时聪在逍遥园李中堂，元达先锁腰而入，即以锁锁堂下树，呼曰："臣所言者，社稷之计，而陛下杀臣。朱云有言：'臣得与龙逢、比干游，足矣！'"朱云事见三十二卷汉成帝元延元年。呼，火故翻。逢，蒲江翻。左右曳之不能动。

大司徒任顗、任，音壬。顗，鱼岂翻。光禄大夫朱纪、范隆、骠骑大将军河间王易等叩头出血曰："元达为先帝所知，受命之初，即引置门下，见八十五卷惠帝永兴元年。尽忠竭虑，知无不言。臣等窃禄偷安，每见之未尝不发愧。今所言虽狂直，愿陛下容之。因谏诤而斩列卿，其如后世何！"聪默然。

刘后闻之，密敕左右停刑，手疏上言："今宫室已备，无烦更营，四海未壹，宜爱民力。廷尉之言，社稷之福也，陛下宜加封赏；而更诛之，四海谓陛下何如哉！夫忠臣进谏者固不顾其身也，而人主拒谏者亦不顾其身也。陛下为妾营殿而杀谏臣，使忠良结舌者由妾，远近怨怒者由妾，公私困弊者由妾，社稷阽危者由妾，为，于伪翻。阽，服虔音反坫之坫；孟康音屋檐之檐。如淳曰：阽近边，知堕意。天下之罪皆萃于妾，妾何以当之！妾观自古败国丧家，败，补迈翻。丧，息浪翻。未始不由妇人，心常疾之，不意今日身自为之，使后世视妾由妾之视昔人也！由，与犹通。洪氏隶释曰：古字多以由通为犹字，樊毅修华岳碑，“由复夕惕。”余谓：樊碑之由，其义尚也；此由，如也。妾诚无面目复奉巾栉，栉，侧瑟翻；梳枇总名。复，扶又翻；下同。愿赐死此堂，以塞陛下之过！”塞，悉则翻。聪览之变色。

任颛等叩头流涕不已。聪徐曰：“朕比年已来，微得风疾，比，毗至翻。喜怒过差，不复自制。元达，忠臣也；朕未之察。诸公乃能破首明之，诚得辅弼之义也。朕愧戢于心，戢，侧立翻，藏也。何敢忘之！”命颛等冠履就坐，坐，徂卧翻。引元达上，上，时掌翻，升堂也。以刘氏表示之，曰：“外辅如公，内辅如后，朕复何忧！”赐颛等谷帛各有差，更命逍遥园曰纳贤园，李中堂曰愧贤堂。更，工衡翻。聪谓元达曰：“卿当畏朕，而反使朕畏卿邪！”

5 西夷校尉向沈卒，众推汶山太守兰维为西夷校尉。向，式亮翻，姓也。沈，持林翻。汶，音岷。姓谱，郑穆公名兰，支庶以为氏；汉有武陵太守兰广。又匈奴传亦有兰氏，非此兰也。维率吏民北出，欲向巴东；欲归晋也。成将李恭、费黑邀击，获之。将，即亮翻。费，扶沸翻。

6 夏，四月，丙午，怀帝凶问至长安，皇太子举哀，因加元服；郑樵通志略曰：魏氏，天子冠一加。其说曰：古之士礼，冠必三加弥尊，所以喻其志。至于天子、诸侯无加数之文者，将以践阼临人，尊极德成，不复与士以加喻勉为义。礼，冠于庙；自魏不复在庙矣。冠，太子再加，是时盖仍魏礼。壬申，即皇帝位，大赦，改元。始改元建兴。以卫将军梁芬为司徒，雍州刺史曲允为尚书左仆射、录尚书事，雍，于用翻。京兆太守索綝为尚书右仆射、领吏部、京兆尹。索，昔各翻。綝，丑林翻。是时长安城中，户不盈百，蒿棘成林；公私有车四乘，乘，绳证翻。百官无章服、印绶，唯桑版署号而已。寻以索綝为卫将军、领太尉，军国之事，悉以委之。

7汉中山王曜、司隶校尉乔智明寇长安，平西将军赵染帅众赴之，帅，读曰率；下同。诏麴允屯黄白城以拒之。

8石勒使石虎攻邺，邺溃，刘演奔廪丘，廪丘县，前汉属东郡，后汉属济阴郡，晋属濮阳国。贤曰：廪丘故城，在今濮州雷泽县北。三台流民皆降于勒。降，户江翻。勒以桃豹为魏郡太守以抚之；久之，以石虎代豹镇邺。

初，刘琨用陈留太守焦求为兖州刺史，荀藩又用李述为兖州刺史；述欲攻求，琨召求还。及邺城失守，琨复以刘演为兖州刺史，镇廪丘。前中书侍郎郗鉴，少以清节著名，帅高平千馀家避乱保峄山，水经注：峄山在邹县北，绎邑之所依以为名也。山东西二十里，高秀独出，积石相临，殆无土壤。石间多孔穴，洞达相通，往往有如数间屋处，其俗谓之“峄孔”。遭乱，辄将家入峄，外寇虽众，无所施害。晋永嘉中，郗鉴保此山。今山南有大峄，名曰邹公峄，诗所谓“保有凫绎”。复，扶又翻。少，诗照翻。帅，读曰率。峄，音亦。琅邪王睿就用鉴为兖州刺史，镇邹山。邹山，在鲁郡邹县。考异曰：刘琨集，建兴二年十一月，壬寅朔，与丞相笺曰：“焦求虽出寒乡，有文武胆干。荀晞用为陈留太守，独在河南距当石勒，抚绥有方。琨以求行领兖州刺史。后闻荀公以李述为兖州，以素论门望，不可与求同日而论；至于胆干可以处危，权一时之用，李述亦不能及求。而王玄年少，便欲共讨求。琨以求已与玄构隙，便召还。而州界民物，甚不安服述；二千石及文武大姓，连遣信使求刺史，是以遣兄子演代求领兖州事。往年春正月，遣诣邺，至是斩王桑、走赵固”云云。“今勒据襄国，逼近邺城，故令演转南。演今治在廪丘，而李述、郗鉴并欲争兖州，或云为荀公所用，或云为明公所用。大寇未殄而自共寻干戈，此亦大溃也。辄敕演谨自守而已。”按：王桑、赵固之败及石勒攻邺，皆在永嘉六年。琨笺又云：“传长安消息，主上是秦王。”又建兴二年十一月丙申朔，元年十一月壬申朔，十二月壬寅朔，然则琨发笺之日，建兴元年十二月壬寅朔也，传写误耳。三人各屯一郡，兖州吏民莫知所从。

9 琅邪王睿以前庐江内史华谭为军谘祭酒。华，户化翻。谭尝在寿春依周馥。睿谓谭曰："周祖宣何故反？"周馥，字祖宣。谭曰："周馥虽死，天下尚有直言之士。馥见寇贼滋蔓，欲移都以纾国难，难，乃旦翻。执政不悦，兴兵讨之，馥死未逾时而洛都沦没。若谓之反，不亦诬乎！"事见上卷永嘉四年、五年。睿曰："馥位为征镇，握强兵，召之不入，危而不持，亦天下之罪人也。"谭曰："然，危而不持，当与天下共受其责，非但馥也。"

睿参佐多避事自逸，录事参军陈頵录事参军，掌总录众曹，管其文案，自上佐以下，违失者弹正以法，掌凡诸司察之事。白氏六帖曰：州主簿、郡督邮，并今录事参军之职。余据睿以頵为录事参军，自别有主簿，详见辨误。言于睿曰："洛中承平之时，朝士以小心恭恪为凡俗，以偃蹇倨肆为优雅，流风相染，以至败国。朝，直遥翻。败，补迈翻。今僚属皆承西台馀弊，江东谓洛都为西台。养望自高，是前车已覆而后车又将寻之也。请自今，临使称疾者，皆免官。"睿不从。三王之诛赵王伦也，见八十四卷惠帝永宁元年。制己亥格以赏功，自是循而用之。頵上言："昔赵王篡逆，惠皇失位，三王起兵讨之，故厚赏以怀向义之心。今功无大小，皆以格断，断，丁乱翻，决也；言功之轻重、差次，皆以己亥格决之。乃至金紫佩士卒之身，符策委仆隶之门，非所以重名器，正纪纲也，请一切停之！"頵出于寒微，数为正论，府中多恶之，数，所角翻。恶，乌路翻。出頵为谯郡太守。

10 吴兴太守周玘，宗族强盛，玘，墟里翻。琅邪王睿颇疑惮之。睿左右用事者，多中州亡官失守之士，驾御吴人，吴人颇怨。玘自以失职，又为刁协所轻，耻恚愈甚，恚，於避翻。乃阴与其党谋诛执政，以诸南士代之。事泄，玘忧愤而卒，将死，谓其子勰曰："杀我者，诸伧子也；勰，音协。伧，助庚翻；吴人谓中州人为伧。能复之，乃吾子也。”

11 石勒攻李恽于上白，斩之。恽，于粉翻。王浚复以薄盛为青州刺史。上白城，在安平广宗县。李恽、薄盛皆乞活帅。复，扶又翻。

12 王浚使枣嵩督诸军屯易水，召段疾陆眷，欲与之共击石勒，疾陆眷不至。以释其弟末柸德石勒，故不肯会浚兵。浚怒，以重币赂拓跋猗卢，并檄慕容廆等共讨疾陆眷。廆，户罪翻。猗卢遣右贤王六修将兵会之，为疾陆眷所败。败，补迈翻。廆遣慕容翰攻段氏，取徒河、新城，至阳乐，阳乐县，属辽西郡。贤曰：阳乐，在今平州东。闻六修败而还，翰因留镇徒河，壁青山。

初，中国士民避乱者，多北依王浚，浚不能存抚，又政法不立，士民往往复去之。复，扶又翻。段氏兄弟专尚武勇，不礼士大夫。唯慕容廆政事修明，爱重人物，故士民多归之。廆举其英俊，随才授任，以河东裴嶷、嶷，鱼力翻。北平阳耽、庐江黄泓、代郡鲁昌为谋主，广平游邃、北海逄羡、逄，皮江翻。北平西方虔、何氏姓苑：少昊金天氏，位主西方，子孙以为氏。西河宋奭及封抽、裴开为股肱，平原宋该、安定皇甫岌、岌弟真、兰陵缪恺、缪，靡幼翻。昌黎刘斌及封奕、封裕典机要。裕，抽之子也。

裴嶷清方有干略，为昌黎太守，兄武为玄菟太守。武卒，嶷与武子开以其丧归，过廆，自玄菟西归，道过棘城。菟，同都翻。廆敬礼之，及去，厚加资送。行及辽西，道不通，嶷欲还就廆。开曰：“乡里在南，奈何北行！且等为流寓，段氏强，慕容氏弱，何必去此而就彼也！”嶷曰：“中国丧乱，丧，息浪翻。今往就之，是相帅而入虎口也。帅，读曰率。且道远，何由可达！言昌黎去河东既远，又路梗，无由得达。若俟其清通，又非岁月可冀。言天下方乱，道路未有清通之时。今欲求托足之地，岂可不慎择其人。汝观诸段，岂有远略，且能待国士乎！慕容公修行仁义，有霸王之志，加以国丰民安，今往从之，高可以立功名，下可以庇宗族，汝何疑焉！”开乃从之。既至，廆大喜。阳耽清直沈敏，为辽西太守，沈，持林翻。慕容翰破段氏于阳乐，获之，廆礼而用之。游邃、逄羡、宋奭，皆尝为昌黎太守，逄，皮江翻。与黄泓俱避地于蓟，后归廆。王浚屡以手书召邃兄畅，畅欲赴之，邃曰：“彭祖刑政不修，华、戎离叛，以邃度之，必不能久，兄且磐桓以俟之。”易屯卦初九爻辞曰：磐桓，利居贞。王弼曰：不可以进，故磐桓也。马曰：磐桓，旋也。度，徒洛翻。畅曰：“彭祖忍而多疑，顷者流民北来，命所在追杀之。今手书殷勤，我稽留不往，将累及卿。累，力瑞翻。且乱世宗族宜分，以冀遗种。”邃从之，卒与浚俱没。种，章勇翻。卒，子恤翻。宋该与平原杜群、刘翔先依王浚，又依段氏，皆以为不足托，帅诸流寓同归于廆。东夷校尉崔毖请皇甫岌为长史，卑辞说谕，终莫能致；廆招之，岌与弟真即时俱至。古语有之：鸟则择木，木岂能择鸟！帅，读曰率。说，输芮翻。辽东张统据乐浪、带方二郡，与高句丽王乙弗利相攻，连年不解。乐浪王遵说统帅其民千馀家归廆，廆为之置乐浪郡，为，于伪翻。乐浪，音洛琅。句，如字，又音驹。丽，力知翻。以统为太守，遵参军事。

13 王如馀党涪陵李运、巴西王建等自襄阳将三千馀家入汉中，涪，音浮。梁州刺史张光遣参军晋邈将兵拒之。邈受运、建赂，劝光纳其降，降，户江翻；下同。光从之，使居成固。既而邈见运、建及其徒多珍宝，欲尽取之，复说光曰：复，扶又翻。说，输芮翻。“运、建之徒，不修农事，专治器仗，其意难测，不如悉掩杀之，不然，必为乱。”光又从之。将贪于下，帅暗于上，梁州之祸，复自此始。治，直之翻。五月，邈将兵攻运、建，杀之。建婿杨虎收馀众击光，屯于厄水；光遣其子孟苌讨之，不能克。

14 壬辰，以琅邪王睿为左丞相、大都督，督陕东诸军事；南阳王保为右丞相、大都督，督陕西诸军事。所谓"分陕"也。陕，失冉翻。诏曰："今当扫除鲸鲵，鲸鲵，大鱼，钩网所不能制，以比敌人之魁桀者。鲸，巨京翻。鲵，五兮翻。奉迎梓宫。谓怀帝遇害于平阳，梓宫未返也。令幽、并两州勒卒三十万直造平阳，造，七到翻；下同。右丞相宜帅秦、凉、梁、雍之师三十万径诣长安，左丞相帅所领精兵二十万径造洛阳，帅，读曰率。雍，于用翻。同赴大期，克成元勋。"

15 汉中山王曜屯蒲坂。

16 石勒使孔苌击定陵，杀田徽；定陵县，汉属颍川郡，晋属襄城郡。田徽，王浚用为兖州刺史。薄盛率所部降勒，山东郡县，相继为勒所取。汉主聪以勒为侍中、征东大将军。乌桓亦叛王浚，潜附于勒。史言王浚之势浸以孤弱。

17 六月，刘琨与代公猗卢会于陉北，谋击汉。陉，音刑。秋，七月，琨进据蓝谷，猗卢遣拓跋普根屯于北屈。北屈县，汉属河东郡，晋属平阳郡，春秋晋公子夷吾所居邑也。宋白曰：慈州夹城县，本汉北屈县地。师古曰：屈，音居勿翻。琨遣监军韩据自西河而南，将攻西平。西平城，在平阳西，汉主聪筑以居其子济南王骥。汉主聪遣大将军粲等拒琨，骠骑将军易等拒普根，荡晋将军兰阳等助守西平。琨等闻之，引兵还。还，从宣翻，又如字。聪使诸军仍屯所在，为进取之计。

18 帝遣殿中都尉刘蜀诏左丞相睿以时进军，殿中都尉，属二卫。与乘舆会于中原。乘，绳证翻。八月，癸亥，蜀至建康，睿辞以方平定江东，未暇北伐。以镇东长史刁协为丞相左长史，从事中郎彭城刘隗为司直，隗，五罪翻。邵陵内史广陵戴邈为军谘祭酒，吴孙皓宝鼎元年，分零陵北部都尉立邵陵郡。宋白曰：邵陵，汉之昭陵县，吴立邵陵郡，唐为邵州。参军丹阳张闿为从事中郎，闿，音开，又可亥翻。尚书郎颍川钟雅为记室参军，谯国桓宣为舍人，豫章熊远为主簿，会稽孔愉为掾。会，工外翻。掾，以绢翻。刘隗雅习文史，善伺候睿意，故睿特亲爱之。为刁、刘间王敦兄弟张本。伺，相吏翻。

熊远上书，以为："军兴以来，处事不用律令，处，昌吕翻。竞作新意，临事立制，朝作夕改，至于主者不敢任法，每辄关谘，关，白也。非为政之体也。愚谓凡为驳议者，皆当引律令、经传，驳，北角翻。传，直恋翻。不得直以情言，无所依准，以亏旧典。若开塞随宜，塞，悉则翻。权道制物，此是人君之所得行，非臣子所宜专用也。"睿以时方多事，不能从。

初，范阳祖逖，少有大志，汉涿郡，魏文帝更名曰范阳郡。少，诗照翻。与刘琨俱为司州主簿，同寝，中夜闻鸡鸣，蹴琨觉曰：蹴，子六翻，蹋也。觉，居效翻，寤也。"此非恶声也！"因起舞。及渡江，左丞相睿以为军谘祭酒。逖居京口，吴孙权自吴徙丹徒，谓之京城，有京岘山在其东，其城因山为垒，俯临江津，故曰京口。纠合骁健，绳三合为纠；纠，言合三为一也。骁，坚尧翻；下同。言于睿曰："晋室之乱，非上无道而下怨叛也，由宗室争权，自相鱼肉，遂使戎狄乘隙，毒流中土。今遗民既遭残贼，人思自奋，大王诚能命将出师，使如逖者统之以复中原，郡国豪杰，必有望风响应者矣！"睿素无北伐之志，以逖为奋威将军、豫州刺史，给千人廪，布三千匹，给千人粮廪及布三千匹而已。不给铠仗，使自召募。逖将其部曲百馀家渡江，中流，击楫而誓曰："祖逖不能清中原而复济者，有如大江！"复，扶又翻。遂屯淮阴，淮阴县，前汉属临淮郡，后汉属下邳国，晋属广陵郡。起冶铸兵，募得二千馀人而后进。

19 胡亢性猜忌，杀其骁将数人。杜曾惧，潜引王冲之兵使攻亢。王冲，荆州贼也。亢悉精兵出拒之，城中空虚，曾因杀亢而并其众。

20 周𫖮屯浔水城，庐山记曰：寻阳县，在大江之北，寻水之阳。浔水城，无乃古之寻阳城乎！为杜弢所困；陶侃使明威将军朱伺救之，弢退保泠口。沈约志：魏置将军四十号，明威第三。弢，吐刀翻。水经注：泠水南出九疑山，北流径泠道县西南，又北流注于都溪水，又西北入于营水，所谓泠口也。杨正衡曰：泠，郎丁翻。余考此泠口去武昌甚远，又水经注，江水自蕲春故城南，又东得铜零口，此无乃是乎！侃曰："弢必步向武昌。"乃自径道还郡以待之，径道，捷出之路。弢果来攻。侃使朱伺逆击，大破之，弢遁归长沙。周𫖮出浔水投王敦于豫章，敦留之。陶侃使参军王贡告捷于敦，敦曰："若无陶侯，便失荆州矣！"乃表侃为荆州刺史，屯沔江。水经注：沌水上承沔阳之白湖，东南流，径沔阳县南注于江，谓之沌口。陆游曰：江陵之建宁镇，盖沌口也。王敦以陶侃为荆州，镇此，明年徙林鄣。侃传云：初镇沌口，移入沔江。水经注，林障故城，在沔南。沔江，谓林障也。左丞相睿召周𫖮，复以为军谘祭酒。

21 初，氐王杨茂搜之子难敌，遣养子贩易于梁州，私卖良人子一人，张光鞭杀之。难敌怨曰："使君初来，大荒之后，兵民之命仰我氐活，氐有小罪，不能贳也？"贳，始制翻；贷也，恕也；又神夜翻。及光与杨虎相攻，各求救于茂搜，茂搜遣难敌救光。难敌求货于光，光不与。杨虎厚赂难敌，且曰："流民珍货，悉在光所，谓晋邈所杀夺者。今伐我，不如伐光。"难敌大喜。光与虎战，使张孟苌居前，难敌继后。难敌与虎夹击孟苌，大破之，孟苌及其弟援皆死。光婴城自守。九月，光愤激成疾，僚属劝光退据魏兴。光按剑曰："吾受国重任，不能讨贼，今得死如登仙，何谓退也！"声绝而卒。张光虽以信用晋邈致寇，其气烈亦可尚也。州人推其少子迈领州事，少，诗照翻。又与氐战没，众推始平太守胡子序领梁州。

22 荀藩薨于开封。荀藩、傅祗相继而没，陕东二行台，惟荀组在耳。考异曰：帝纪曰“薨于荥阳”。今从藩传。

23 汉中山王曜、赵染攻麴允于黄白城，允累战皆败；诏以索綝为征东大将军，将兵助允。

24 王贡自王敦所还，至竟陵，矫陶侃之命，以杜曾为前锋大都督，击王冲，斩之，悉降其众。降，户江翻。侃召曾，曾不至。贡恐以矫命获罪，遂与曾反击侃。冬，十月，侃兵大败，仅以身免。敦表侃以白衣领职。侃复帅周访等进击杜弢，大破之，复，扶又翻。敦乃奏复侃官。

25 汉赵染谓中山王曜曰：“麴允率大众在外，长安空虚，可袭也。”曜使染帅精骑五千袭长安，帅，读曰率；下同。庚寅夜，入外城。帝奔射雁楼。染焚龙尾及诸营，龙尾者，依城筑道，陂陁而渐高，登陴所由之路也。又水经曰：秦时有黑龙，从南山出，饮渭水，其行道因山成迹，长六十馀里，头临渭水，尾达樊川。汉萧何起未央宫，斩龙首山而营之，头高二十丈，尾渐下，高五六丈。所谓龙尾者，此山之尾也。杀掠千馀人；辛卯旦，退屯逍遥园。水经注：沈水，上承皇子陂于樊川，北径长安城西，与昆明池水合。沈水又东北流，径邓艾祠南，又东分为二水，一水东入逍遥园。壬辰，将军麴鉴自阿城帅众五千救长安。阿城，即秦阿房宫城也。癸巳，染引还，鉴追之，与曜遇于零武，鉴兵大败。前汉北地郡有灵武县，后汉、晋省；至后魏置咸阳郡，池阳、灵武二县并属焉。黄白城在池阳。则此零武为前汉北地郡、魏咸阳郡之灵武明矣。

26 杨虎、杨难敌急攻梁州，胡子序弃城走，难敌自称刺史。

27 汉中山王曜恃胜而不设备，十一月，麴允引兵袭之，汉兵大败，杀其冠军将军乔智明；冠，古玩翻。曜引归平阳。

28 王浚以其父字处道，自谓应“当涂高”之谶，谋称尊号。王浚，又一袁术也。前勃海太守刘亮、北海太守王抟、抟，徒官翻。司空掾高柔切谏，掾，于绢翻。此又一高柔，非魏之高柔。浚皆杀之。燕国霍原，志节清高，屡辞征辟。浚以尊号䛐问之，原不答。浚诬原与群盗通，杀而枭其首。枭，坚尧翻。于是士民骇怨，而浚矜豪日甚，不亲政事，所任皆苛刻小人，枣嵩、朱硕，贪横尤甚。横，户孟翻。北州谣曰："府中赫赫，朱丘伯；十囊、五囊，入枣郎。"朱丘伯，朱硕字也。嵩，浚之婿，故曰枣郎。调发殷烦，下不堪命，多叛入鲜卑。调，徒吊翻。从事韩咸监护柳城，柳城县，前汉属辽西郡，后汉、晋省。监，工衔翻。盛称慕容廆能接纳士民，欲以讽浚；浚怒，杀之。

浚始者唯恃鲜卑、乌桓以为强，既而皆叛之。加以蝗旱连年，兵势益弱。石勒欲袭之，未知虚实，将遣使觇之，使，疏吏翻。觇，痴廉翻，又丑艳翻。参佐请用羊祜、陆抗故事，致书于浚。欲用敌国交邻之礼。勒以问张宾，宾曰："浚名为晋臣，实欲废晋自立，但患四海英雄莫之从耳；其欲得将军，犹项羽之欲得韩信也。将军威振天下，今卑辞厚礼，折节事之，犹惧不信，况为羊、陆之亢敌乎！折，而设翻。亢，口浪翻。夫谋人而使人觉其情，难以得志矣。"勒曰："善！"十二月，勒遣舍人王子春、董肇多赍珍宝，奉表于浚曰："勒本小胡，遭世饥乱，流离屯厄，屯，殊伦翻，难也。窜命冀州，窃相保聚以救性命。今晋祚沦夷，中原无主；殿下州乡贵望，勒，上党武乡人，而浚太原人，故云州乡。四海所宗，为帝王者，非公复谁！复，扶又翻。勒所以捐躯起兵，诛讨暴乱者，正为殿下驱除尔。伏愿陛〔殿〕下应天顺人，为，于伪翻。早登皇祚。勒奉戴殿下如天地父母，殿下察勒微心，亦当视之如子也。"又遗枣嵩书，厚赂之。遗，于季翻。

浚以段疾陆眷新叛，士民多弃己去，闻勒欲附之，甚喜，谓子春曰："石公一时豪杰，据有赵、魏，乃欲称藩于孤，其可信乎?"子春曰:"石将军才力强盛，诚如圣旨。但以殿下中州贵望，威行夷、夏，夏，户雅翻。自古胡人为辅佐名臣则有矣，未有为帝王者也。石将军非恶帝王不为而让于殿下，恶，乌路翻。顾以帝王自有历数，非智力之所取，虽强取之，强，其两翻。必不为天人之所与故也。项羽虽强，终为汉有。石将军之比殿下，犹阴精之与太阳，是以远鉴前事，归身殿下，此乃石将军之明识所以远过于人也，殿下又何怪乎!"浚大悦，封子春、肇皆为列侯，遣使报聘，以厚币酬之。

游纶兄统，为浚司马，镇范阳，遣使私附于勒；游纶保据苑乡，伪降于勒，勒已袭禽之。勒斩其使以送浚。浚虽不罪统，益信勒为忠诚，无复疑矣。

29 是岁，左丞相睿遣世子绍镇广陵，以丞相掾蔡谟为参军。谟，克之子也。

30 汉中山王曜围河南尹魏浚于石梁，石梁坞，在洛水北。兖州刺史刘演、河内太守郭默遣兵救之，曜分兵逆战于河北，败之；河平〔北〕，大河之北，即富平津之北也。败，补迈翻。浚夜走，获而杀之。

31 代公猗卢城盛乐以为北都，治故平城为南都；又作新平城于灅水之阳，使右贤王六修镇之，统领南部。盛乐县，前汉属定襄郡，后汉属云中郡。平城，汉属雁门郡。括地志曰：朔州定襄县，本汉平城县。拓拔魏之盛也，置朔州于盛乐，置恒州于平城；平城，谓之代都。自高祖迁洛，其后破六韩拔陵作乱，故都为墟，恒州寄治肆州秀容郡城，云州寄治并州界。魏收地形志，自陉岭以北，所记略矣。隋之盛也，北逐突厥，复汉故塞，省并后魏所置郡县，盛乐盖在定襄郡大利县界，平城在马邑郡云内县界。唐破突厥，北尽魏、隋之略：朔州善阳县，则汉定襄、魏桑干之地；单于都护府金河县，则后魏道武所都也；云州云中县，则后魏所都平城也。然自单于都护府东北至朔州三百五十七里，则盛乐距平城，其道里可知矣。杜佑曰：云中，今马邑郡北；平城，即今郡，隋云内县恒安镇。魏书帝纪：猗卢修故平城以为南都，更南百里，于灅水之阳黄瓜堆筑新平城，晋人谓之小平城。杜佑又曰：朔州马邑郡，魏都平城，于郡北置怀朔镇；及迁洛后，置朔州。后魏初，云中在今郡北三百馀里定襄故城北；北齐置朔州，在故都西南新城，一名平城也；后移于马邑，即今郡城也。郡治善阳县，亦汉定襄县地，有秦马邑城、武周塞，紫河发源于此。宋白曰：唐振武军，旧单于都护府，即汉定襄郡之盛乐县也，在阴山之阳，黄河之北，后魏所都盛乐是也。唐平突厥，于此置云中都督府，后改单于府。班固地理志：右北平俊靡县，灅水南至无终，东入庚。师古曰：灅，力水翻；又音郎贿翻。郦道元水经注：庚水与鲍丘水合，俊靡在东，与平城相去甚远，新平城不在此灅水之阳也。据魏书，道武帝西如马邑，观灅源；则灅水盖出于马邑，而东北流径平城之南也。郦道元，魏人也，其注水经，叙代都之事宜详，初不言平城有灅水，但言湿水径平城南耳。注曰：湿水，出雁门阴馆县湿头山，一曰治水，东北流，出山，径阴馆县故城西，故楼烦乡也。又有马邑川水，会桑干水而注于湿水。湿水东流过平城南，又东流径广宁下洛县南，东至渔阳，入笥沟。又考班固地理志，雁门阴馆县楼烦乡累头山，治水所出，东至泉州入海。师古曰：累，音力追翻；治，音弋之翻。窃谓水出累头山，疑当时亦有累水之名。师古音从平声，音相近也。意道元所谓湿水，即灅水也。又考丁度集韵，"漯""灅""灢"三字，同注云"水出雁门"，则亦有见于此矣。灅，类篇音鲁水翻。

何兹全标点容肇祖聂崇岐覆校

资治通鉴卷第八十九

端明殿学士兼侍读学士朝散大夫右谏议大夫
充集贤殿修撰权判西京留司御史台上柱国河内郡 司马光 奉敕编集
开国侯食邑一千三百户食实封四百户赐紫金鱼袋臣
后学天台胡三省音注

晋纪十一 起阏逢阉茂(甲戌),尽柔兆困敦(丙子),凡三年。

孝愍皇帝下

建兴二年(甲戌、三一四)

1春,正月,辛未,有如日陨于地;又有三日相承,出西方而东行。天文占曰:三、四、五、六日,俱出并争,天下兵作;又曰:三日并出,不过三旬,诸侯争为帝。

2丁丑,大赦。

3有流星出牵牛,入紫微,晋天文志,牵牛六星,在河鼓南。光烛地,坠于平阳北,化为肉,长三十步,广二十七步。长,直亮翻;广,古旷翻;后放此。汉主聪恶之,恶,乌路翻。以问公卿。陈元达以为"女宠太盛,亡国之征。"考异曰:载记,"元达等曰:'臣恐后庭有三后之事。'"按立三后,在明年,于时未也。聪曰:"此阴阳之理,何关人事!"聪后刘氏贤明,聪所为不道,刘氏每规正之。己丑,刘氏卒,谥曰武宣。自是嬖宠竞进,后宫无序矣。嬖,卑义翻,又博计翻。

4聪置丞相等七公;七公见下,自晋王粲至中山王曜是也。又置辅汉等十六大将军，辅汉、都护、中军、上军、抚军、镇、卫、京、前·后·左·右·上·下军、辅国、冠军、龙骧、虎牙等大将军。各配兵二千，以诸子为之；又置左右司隶，各领户二十馀万，万户置一内史；单于左右辅，各主六夷十万落，六夷，盖胡、羯、鲜卑、氐、羌、巴蛮；或曰乌丸，非巴蛮也。单，音蝉。万落置一都尉；左、右选曹尚书，并典选举。自司隶以下六官，皆位亚仆射。以其子粲为丞相、领大将军、录尚书事，进封晋王。江都王延年录尚书六条事，录尚书六条事始见于此。沈约志曰：晋康帝世，何充让录表云："咸康中，分置三录，王导录其一，荀崧、陆晔各录六条事。"然则似有二十四条；若止有十二条，则荀、陆各录六条，导又何所司乎？若导总录，荀、陆分掌，则不得复云导录其一也。其后每置二录，辄云各录六条事，又似止有十二条；十二条者，不知悉何条也。江右张华，江左庾亮，并经关尚书七条，则亦不知皆何事也。余按：宋元嘉以后，江夏王义恭、始兴王浚、南谯王义宣皆录尚书六条事。沈氏世仕江左，历位通显，且不知为何事，后之人何所取征！杜佑曰：何充让录表曰："咸康中，分置三录，王导录其一，荀崧、陆晔各录二条事。"晋氏渡江，有吏部、祠部、左民、五兵、度支五尚书，是五条也。晋初有吏部、三公、客曹、驾部、屯田、度支六曹，太康有吏部、殿中、五兵、田曹、度支、左民六曹，盖六条也。如杜佑之言，则六条盖六曹也。沈约以何充表"各录二条"为"各录六条"，致有此误。汝阴王景为太师，王育为太傅，任颛为太保，马景为大司徒，朱纪为大司空，中山王曜为大司马。

5 壬辰，王子春等及王浚使者至襄国，石勒匿其劲卒、精甲，羸师虚府以示之，羸，伦为翻。北面拜使者而受书。浚遗勒麈尾，遗，于季翻。麈，肿庾翻，麋属，尾能生风辟蝇蚋，晋王公贵人多执麈尾，以玉为柄。勒阳不敢执，悬之于壁，朝夕拜之，曰："我不得见王公，见其所赐，如见公也。"复遣董肇奉表于浚，期以三月中旬亲诣幽州奉上尊号；复，扶又翻。上，时掌翻。亦修笺于枣嵩，求并州牧、广平公。

勒问浚之政事于王子春，子春曰："幽州去岁大水，人不粒食，五谷不登，故不粒食。浚积粟百万，不能赈赡，刑政苛酷，赋役殷烦，忠贤内离，夷狄外叛。人皆知其将亡，而浚意气自若，曾无惧心，方更置立台阁，布列百官，自谓汉高、魏武不足比也。"勒抚几笑曰："王彭祖真可擒也。"浚使者还蓟，蓟，音计。具言"石勒形势寡弱，款诚无二。"浚大悦，益骄怠，不复设备。

6 杨虎掠汉中吏民以奔成，梁州人张咸等起兵逐杨难敌。杨虎、杨难敌攻汉中，事始上卷上年。难敌去，咸以其地归成，于是汉嘉、涪陵、汉中之地汉嘉，本前汉青衣县，属蜀郡，后汉顺帝阳嘉二年改曰汉嘉，蜀分立汉嘉郡。皆为成有。成主雄以李凤为梁州刺史，任回为宁州刺史，李恭为荆州刺史。

雄虚己好贤，随才授任，好，呼到翻。命太傅骧养民于内，李凤等招怀于外，刑政宽简，狱无滞囚。兴学校，置史官。校，户教翻。其赋，民男丁岁谷三斛，女丁半之，疾病又半之；户调绢不过数丈，绵数两。调，徒钓翻，赋也。事少役希，少，诗沼翻。民多富实，新附者皆给复除。复，方目翻。是时天下大乱，而蜀独无事，年谷屡熟，乃至闾门不闭，路不拾遗。汉嘉夷王冲归、朱提审炤、建宁爨畺皆归之。朱提，音铢时。炤，与照同。爨，取乱翻，夷人姓也。畺，与疆同，居良翻。巴郡尝告急，云有晋兵。雄曰："吾常忧琅邪微弱，遂为石勒所灭，以为耿耿，耿，古幸翻；耿耿，忧也。不图乃能举兵，使人欣然。"然雄朝无仪品，爵位滥溢；朝，直遥翻。吏无禄秩，取给于民；军无部伍，号令不肃；此其所短也。

7 二月，壬寅，以张轨为太尉、凉州牧，封西平郡公；王浚为大司马、都督幽·冀诸军事；荀组为司空、领尚书左仆射兼司隶校尉，行留台事；刘琨为大将军、都督并州诸军事。

朝廷以张轨老病，拜其子寔为副刺史。副刺史，前此未有也。

8石勒纂严，将袭王浚，而犹豫未发。张宾曰："夫袭人者，当出其不意。今军严经日而不行，岂非畏刘琨及鲜卑、乌桓为吾后患乎？"勒曰："然。为之奈何？"宾曰："彼三方智勇无及将军者，将军虽远出，彼必不敢动，且彼未谓将军便能悬军千里取幽州也。轻军往返，不出二旬，借使彼虽有心，比其谋议出师，比，必寐翻。吾已还矣。且刘琨、王浚，虽同名晋臣，实为仇敌。若修笺于琨，送质请和，质，音致；下同。琨必喜我之服而快浚之亡，终不救浚而袭我也。用兵贵神速，勿后时也。"勒曰："吾所未了，右侯已了之，了，决也。吾复何疑！"复，扶又翻；下敢复同。

遂以火宵行，至柏人，柏人县，属赵国，唐为邢州尧山县。杀主簿游纶，以其兄统在范阳，恐泄军谋故也。遣使奉笺送质于刘琨，自陈罪恶，请讨浚以自效。琨大喜，移檄州郡，称"已与猗卢方议讨勒，勒走伏无地，求拔幽都以赎罪。今便当遣六修南袭平阳，除僭伪之逆类，降知死之逋羯，逆类，谓刘聪；逋羯，谓石勒。降，户江翻。羯，居谒翻。顺天副民，翼奉皇家，斯乃曩年积诚灵佑之所致也！"浚、琨为勒所玩弄而不自觉，宜其相继而覆亡也。考异曰：琨集，檄首云，"三月庚午朔，五日甲戌。"按石勒以壬申克幽州，盖时晋阳尚未知也。欲叙琨事毕，然后叙勒事，故置此。

三月，勒军达易水，王浚督护孙纬驰遣白浚，纬，于贵翻。将勒兵拒之，游统禁之。浚将佐皆曰："胡贪而无信，必有诡计，请击之。"浚怒曰："石公来，正欲奉戴我耳；敢言击者斩！"众不敢复言。浚设飨以待之。壬申，勒晨至蓟，蓟，音计。考异曰：三十国春秋，先言"癸酉，勒取幽州"，后言"壬午，勒晨至蓟"。按刘琨表曰："勒以三月三日径掩蓟城"，然则当言壬申是也。叱门者开门；犹疑有伏兵，先驱牛羊数千头，声言上礼，言欲以牛羊上浚以为礼。

上，时掌翻。实欲塞诸街巷。塞，悉则翻。浚始惧，或坐或起。勒既入城，纵兵大掠，浚左右请御之，浚犹不许。勒升其听事，中庭曰听事，言受事察讼于是。汉、晋皆作"听事"，六朝以来乃始加"广"作"厅"；并他经翻。浚乃走出堂皇，堂无四壁曰皇。勒众执之。勒召浚妻，与之并坐，执浚立于前。浚骂曰："胡奴调乃公，调，田聊翻，戏也。何凶逆如此！"勒曰："公位冠元台，冠，古玩翻。手握强兵，坐观本朝倾覆，朝，直遥翻；下同。曾不救援，乃欲自尊为天子，非凶逆乎！又委任奸贪，残虐百姓，贼害忠良，毒遍燕土，燕，于贤翻。此谁之罪也！"使其将王洛生以五百骑送浚于襄国。浚自投于水，束而出之，斩于襄国市。

勒杀浚麾下精兵万人。浚将佐争诣军门谢罪，馈赂交错；前尚书裴宪、从事中郎荀绰独不至，勒召而让之曰："王浚暴虐，孤讨而诛之，诸人皆来庆谢，二君独与之同恶，将何以逃其戮乎！"对曰："宪等世仕晋朝，荷其荣禄，荷，下可翻。浚虽凶粗，犹是晋之藩臣，故宪等从之，裴宪奔幽州，见八十七卷怀帝永嘉五年。不敢有贰。明公苟不修德义，专事威刑，则宪等死自其分，分，扶问翻。又何逃乎！请就死。"不拜而出。勒召而谢之，待以客礼。绰，勖之孙也。勒数朱硕、枣嵩等以纳贿乱政，为幽州患，事见上卷上年。数，所具翻。责游统以不忠所事，皆斩之。以统欲以范阳私附之也。籍浚将佐、亲戚家赀皆至巨万，惟裴宪、荀绰止有书百馀袠，盐米各十馀斛而已。袠，与帙同，直质翻；书卷编次成帙。勒曰："吾不喜得幽州，喜得二子。"以宪为从事中郎，绰为参军。分遣流民，各还乡里。勒停蓟二日，焚浚宫殿，以故尚书燕国刘翰行幽州刺史，戍蓟，置守宰而还。还，从宣翻，又如字。孙纬遮击之，勒仅而得免。

勒至襄国，遣使奉王浚首献捷于汉；汉以勒为大都督、督陕东诸军事、此陕东，亦取分陕之义而授之耳。骠骑大将军、东单于，骠，匹妙翻。单，音蝉。增封十二郡；勒固辞，受二郡而已。

刘琨请兵于拓跋猗卢以击汉，会猗卢所部杂胡万馀家谋应石勒，猗卢悉诛之，不果赴琨约。琨知石勒无降意，乃大惧，降，户江翻。上表曰："东北八州，勒灭其七；勒入邺，杀都督东燕王腾；寇信都，杀冀州刺史王斌；袭鄄城，杀兖州刺史袁孚；攻新蔡，杀豫州刺史新蔡王确；袭蒙城，擒青州都督苟晞；克上白，斩青州刺史李恽；攻信都，杀冀州刺史王象；攻定陵，杀兖州刺史田徽；袭幽州，擒王浚；除李恽、田徽，王浚承制所授，是灭其七也。先朝所授，存者惟臣。朝，直遥翻。勒据襄国，与臣隔山，山，自太行、恒山至于幽、碣，连延不断，襄国在山东，晋阳在山西。朝发夕至，城坞骇惧，虽怀忠愤，力不从愿耳！"

刘翰不欲从石勒，乃归段匹磾，匹磾遂据蓟城。磾，丁奚翻。王浚从事中郎阳裕，耽之兄子也，逃奔令支，令支县，汉属辽西，故孤竹君之国，晋省，段氏据之为国都。应劭曰：令，音铃。裴松之曰：支，其儿翻。师古曰：令，又音郎定翻。杜佑曰：令支，今北平郡卢龙县即其地。依段疾陆眷。会稽朱左车、鲁国孔纂、泰山胡母翼自蓟逃奔昌黎，依慕容廆。会，工外翻。廆，户罪翻。是时中国流民归廆者数万家，廆以冀州人为冀阳郡，据魏收地形志，冀阳郡当置于汉北平平刚县界。豫州人为成周郡，成周属豫州之地，故以为郡名。青州人为营丘郡，前汉志：辽西临渝县，有渝水，首受白狼水，南流径营丘城西，廆所置郡也。并州人为唐国郡。并州，古唐国也，廆因以名郡。成周、唐国二郡，所置地阙。

9 初，王浚以邵续为乐陵太守，屯厌次。厌次，本前汉平原郡之富平县，后汉明帝更名厌次，晋分属乐陵，为治所。丁度集韵：厌，于琰翻。九域志曰：相传秦始皇东游，厌气碣石，次舍于此，因以为名。魏收曰：乐陵郡厌次县有富城，邵续居之。浚败，续附于石勒，勒以续子乂为督护。浚所署勃海太守东莱刘胤弃郡依续，谓续曰："凡立大功，必杖大义。君，晋之忠臣，奈何从贼以自污乎！"污，乌故翻。会段匹磾以书邀续同归左丞相睿，续从之。其人皆曰："今弃勒归匹磾，其如乂何？"续泣曰："我岂得顾子而为叛臣哉！"杀异议者数人。勒闻之，杀乂。续遣刘胤使江东，使，疏吏翻。睿以胤为参军，以续为平原太守。石勒遣兵围续，匹磾使其弟文鸯救之，勒引去。

10 襄国大饥，谷二升直银一斤，肉一斤直银一两。

11 杜弢将王真袭陶侃于林障，水经注：林障在江夏沌阳县，沔水径沌阳县北，又东径林障故城北。宋白曰：晋江夏郡治林障，义熙元年方徙夏口。侃奔滠中。周访救侃，击弢兵，破之。滠，书涉翻。丁度曰：滠，水名，在西阳。水经注：涢水过江夏安陆县而东南流，分为二水，东通滠水，西入于沔。

12 夏，五月，西平武穆公张轨寝疾，遗令："文武将佐，务安百姓，上思报国，下以宁家。"己丑，轨薨；考异曰：帝纪作"壬辰"。今从前凉录钞。前凉录钞又曰"葬建陵"，盖张祚僭号后追尊其墓耳。长史张玺等表世子寔摄父位。玺，斯氏翻。

13 汉中山王曜、赵染寇长安。六月，曜屯渭汭，春秋左氏传曰：虢公败戎于渭汭。杜预曰：水之隈曲曰汭；王肃曰：汭，入也。吕忱曰：汭者，水相入也。即渭水入河处。汭，儒税翻。染屯新丰，索綝将兵出拒之。索，昔各翻。綝，丑林翻。染有轻綝之色，长史鲁徽曰："晋之君臣，自知强弱不敌，将致死于我，不可轻也。"染曰："以司马模之强，吾取之如拉朽；事见八十七卷怀帝永嘉五年。拉，落合翻。索綝小竖，岂能污吾马蹄、刀刃邪！"晨，帅轻骑数百逆之，污，乌故翻。帅，读曰率；下同。曰："要当获綝而后食。"綝与战于城西，新丰城西也。染兵败而归。悔曰："吾不用鲁徽之言以至此，何面目见之！"先命斩徽，徽曰："将军愚愎以取败，乃复忌前害胜，复，扶又翻；下同。愎，弼力翻。忌前，忌人在前；害胜，害胜己者。诛忠良以逞忿，犹有天地，将军其得死于枕席乎！"诏加索綝骠骑大将军、尚书左仆射、录尚书，承制行事。骠，匹妙翻。

曜、染复与将军殷凯帅众数万向长安，考异曰：晋春秋作“段凯”。今从麴允传。麴允逆战于冯翊，允败，收兵；夜，袭凯营，凯败死。曜乃还攻河内太守郭默于怀，列三屯围之。默食尽，送妻子为质，请籴于曜；籴毕，复婴城固守。曜怒，沈默妻子于河而攻之。质，音致。沈，持林翻。默欲投李矩于新郑，新郑县，汉属河南郡，晋省，其地当在荥阳郡界。周宣王弟郑桓公本封京兆之郑县；其子武公邑于虢、郐之间，遂为郑国。左传郑庄公曰“吾先君新邑于此”，后遂为新郑县，以别京兆之郑。矩使其甥郭诵迎之，兵少，不敢进。少，诗照翻。会刘琨遣参军张肇帅鲜卑五百馀骑诣长安，道阻不通，还，过矩营，矩说肇，使击汉兵。说，输芮翻。汉兵望见鲜卑，不战而走，默遂率众归矩。汉主聪召曜还屯蒲坂。

14 秋，赵染攻北地，麴允拒之，染中弩而死。中，竹仲翻。

15 石勒始命州郡阅实户口，户出帛二匹，谷二斛。

16 冬，十月，以张寔为都督凉州诸军事、凉州刺史、西平公。

17 十一月，汉主聪以晋王粲为相国、大单于，总百揆。粲少有俊才，自为宰相，骄奢专恣，远贤亲佞，严刻愎谏，国人始恶之。为后粲为靳准所弑张本。少，诗照翻。远，于愿翻。恶，乌路翻。

18 周勰以其父遗言，见上卷建兴元年。勰，音协。因吴人之怨，谋作乱；使吴兴功曹徐馥矫称叔父丞相从事中郎札之命，收合徒众，以讨王导、刁协，豪杰翕然附之，孙皓族人弼亦起兵于广德以应之。沈约曰：广德县，疑是吴所立，属宣城郡。按今广德军即其地。宋白曰：广德县，本秦障郡地，汉以为故障县。

三年（乙亥、三一五）

1 春，正月，徐馥杀吴兴太守袁琇，琇，音秀，又音酉。有众数千，欲奉周札为主。札闻之，大惊，以告义兴太守孔侃。勰知札意不同，不敢发。馥党惧，攻馥，杀之；孙弼亦死。札子续亦聚众应馥，左丞相睿议发兵讨之。王导曰："今少发兵则不足以平寇，少，诗照翻。多发兵则根本空虚。续族弟黄门侍郎莚，莚，夷然翻。忠果有谋，请独使莚往，足以诛续。"睿从之。莚昼夜兼行，至郡，将入，遇续于门，谓续曰："当与君共诣孔府君，有所论。"续不肯入，莚牵逼与俱。坐定，莚谓孔侃曰："府君何以置贼在坐？"坐，徂卧翻。续衣中常置刀，即操刀逼莚，操，千高翻。莚叱郡传教吴曾格杀之。传教，郡吏也；宣传教令者也。莚因欲诛勰，札不听，委罪于从兄邵而诛之。莚不归家省母，从，才用翻。省，悉景翻。遂长驱而去，母狼狈追之。睿以札为吴兴太守，莚为太子右卫率。以周氏吴之豪望，故不穷治，抚勰如旧。率，如字。治，直之翻。

2 诏平东将军宋哲屯华阴。华阴县，前汉属京兆，后汉、晋属弘农郡。华，户化翻。

3 成主雄立后任氏。

4 二月，丙子，以琅邪王睿为丞相、大都督、督中外诸军事，南阳王保为相国，荀组为太尉、领豫州牧，刘琨为司空、都督并、冀、幽三州诸军事。琨辞司空，不受。

5 南阳王模之败也，见八十七卷怀帝永嘉五年。都尉陈安往归世子保于秦州，保命安将千馀人讨叛羌，宠待甚厚。保将张春疾之，谮安，云有异志，请除之，保不许；春辄伏刺客以刺安。安被创，驰还陇城，陇县城也；前汉属天水；后汉改天水为汉阳；晋省。以刺，七亦翻。被，皮义翻。创，初良翻。遣使诣保，贡献不绝。使，疏吏翻。

6 诏进拓跋猗卢爵为代王，置官属，食代、常山二郡。常山已为石勒所有。拓跋氏建国曰代，始此。猗卢请并州从事雁门莫含于刘琨，姓谱：莫姓，楚莫敖之后。琨遣之。含不欲行，琨曰："以并州单弱，吾之不材而能自存于胡、羯之间者，代王之力也。吾倾身竭赀，以长子为质而奉之者，庶几为朝廷雪大耻也。琨以长子遵质于猗卢。长，知两翻。几，居希翻。卿欲为忠臣，奈何惜共事之小诚而忘徇国之大节乎！往事代王，为之腹心，乃一州之所赖也。"含遂行。猗卢甚重之，常与参大计。

猗卢用法严，国人犯法者，或举部就诛，老幼相携而行；人问："何之？"曰："往就死。"无一人敢逃匿者。

7 王敦遣陶侃、甘卓等讨杜弢，前后数十战，弢将士多死，乃请降于丞相睿，弢，土刀翻。将，即亮翻。降，户江翻。睿不许。弢遗南平太守应詹书，遗，于季翻。自陈昔与詹"共讨乐乡，本同休戚。后在湘中，惧死求生，遂相结聚。见八十七卷怀帝永嘉五年。傥以旧交之情，为明枉直，为，于伪翻；下同。使得输诚盟府，时琅邪王睿为东南方镇盟主，故曰盟府。厕列义徒，或北清中原，或西取李雄，以赎前愆，虽死之日，犹生之年也！"詹为启呈其书，且言"弢，益州秀才，罗尚刺益州，举弢秀才。为，于伪翻。素有清望，为乡人所逼。今悔恶归善，宜命使抚纳，以息江、湘之民！"使，疏吏翻。睿乃使前南海太守王运受弢降，赦其反逆之罪，以弢为巴东监军。监，工衡翻。弢既受命，诸将犹攻之不已。弢不胜愤怒，遂杀运复反，胜，音升。复，扶又翻。遣其将杜弘、张彦杀临川内史谢摛，吴孙亮太平二年，分豫章东部都尉立临川郡。摛，丑之翻。遂陷豫章。三月，周访击彦，斩之，弘奔临贺。临贺县，汉属苍梧郡，吴分立临贺郡。

8 汉大赦，改元建元。考异曰：十六国春秋，建元元年在晋建兴二年。同编修刘恕言，今晋州临汾县嘉泉村有汉太宰刘雄碑，云"嘉平五年，岁在乙亥，二月六日立。"然则改建元在乙亥二月后也。

9 雨血于汉东宫延明殿，太弟义恶之，以问太傅崔玮、太保许遐。玮、遐说义曰：雨，于具翻。恶，乌路翻。说，输芮翻。“主上往日以殿下为太弟者，欲以安众心耳；其志在晋王久矣，聪子粲，封晋王。王公已下莫不希旨附之。今复以晋王为相国，羽仪威重，逾于东宫，万机之事，无不由之，诸王皆置营兵以为羽翼，事见上年。事势已去；殿下非徒不得立也，朝夕且有不测之危，不如早为之计。今四卫精兵不减五千，谓东宫左、右、前、后四卫率所统兵也。相国轻佻，正烦一刺客耳。佻，他雕翻。大将军无日不出，其营可袭而取；粲弟勃海王敷，时为大将军。馀王并幼，固易夺也。易，以豉翻。苟殿下有意，二万精兵指顾可得，鼓行入云龙门，宿卫之士，孰不倒戈以迎殿下者！大司马不虑其为异也。”大司马，谓中山王曜。义弗从。东宫舍人荀裕告玮、遐劝义谋反，东宫舍人，太子舍人之职。义以太弟居东宫。汉主聪收玮、遐于诏狱，假以他事杀之。使冠威将军卜抽将兵监守东宫，冠，古玩翻。监，工衔翻。禁义不听朝会。朝，直遥翻。义忧惧不知所为，上表乞为庶人，并除诸子之封，褒美晋王，请以为嗣；抽抑而弗通。

10 汉青州刺史曹嶷尽得齐、鲁间郡县，嶷，鱼力翻。自镇临菑，有众十馀万，临河置戍。石勒表称：“嶷有专据东方之志，请讨之。”汉主聪恐勒灭嶷，不可复制，复，扶又翻；下同。弗许。

聪纳中护军靳准二女月光、月华，靳，居焮翻。立月光为上皇后，刘贵妃为左皇后，月华为右皇后。左司隶陈元达极谏，聪置左右司隶。以为“并立三后，非礼也。”聪不悦，以元达为右光禄大夫，外示优崇，实夺其权。于是太尉范隆等皆请以位让元达，聪乃复以元达为御史大夫，仪同三司。月光有秽行，行，下孟翻。元达奏之，聪不得已废之，月光惭恚自杀，恚，於避翻。聪恨元达。

11 夏，四月，大赦。

12 六月，盗发汉霸、杜二陵及薄太后陵，汉薄太后葬南陵，在霸陵之南。得金帛甚多；诏【章：甲十一行本“诏”上有“朝廷以用度不足”七字；乙十一行本同；孔本同；张校同；退斋校同。】收其馀以实内府。

13 辛巳，大赦。

14 汉大司马曜攻上党，八月，癸亥，败刘琨之众于襄垣。曜欲进攻阳曲，襄垣县，属上党郡。阳曲，琨所居也。败，补迈翻。汉主聪遣使谓之曰：使，疏吏翻。“长安未平，宜以为先。”曜乃还屯蒲坂。

15 陶侃与杜弢相攻，弢使王贡出挑战，挑，徒了翻。侃遥谓之曰：“杜弢为益州小吏，盗用库钱，父死不奔丧。卿本佳人，何为随之！天下宁有白头贼邪？”言为贼者，不得至老。贡初横脚马上，闻侃言，敛容下脚。侃知可动，复遣使谕之，截发为信，贡遂降于侃。贡叛侃见上卷元年。降，户江翻；下同。弢众溃，遁走，道死。考异曰：弢传云：“弢逃遁，不知所在。”晋春秋云：“城溃，弢投水死。”今从帝纪。侃与南平太守应詹进克长沙，长沙，杜弢之巢穴也。湘州悉平。丞相睿承制赦其所部，进王敦镇东大将军，加都督江·扬·荆·湘·交·广六州诸军事、江州刺史。敦始自选置刺史以下，寖益骄横。横，户孟翻。

初，王如之降也，见上卷怀帝永嘉六年。敦从弟棱爱如骁勇，从，才用翻。骁，坚尧翻。请敦配己麾下。敦曰：“此辈险悍难畜，悍，下罕翻，又侯旰翻。畜，许六翻。汝性狷急，狷，吉掾翻。不能容养，更成祸端。”棱固请，乃与之。棱置左右，甚加宠遇。如数与敦诸将角射争斗，数，所角翻。棱杖之，如深以为耻。及敦潜畜异志，棱每谏之。敦怒其异己，密使人激如令杀棱。如因闲宴，请剑舞为欢，棱许之。如舞剑渐前，棱恶而呵之，恶，乌路翻。如直前杀棱。敦闻之，阳惊，亦捕如诛之。

16 初，朝廷闻张光死，光死，见上卷元年。以侍中第五猗为安南将军，考异曰：周访传云"征南大将军"，今从杜曾传。监荆·梁·益·宁四州诸军事、荆州刺史，监，工衔翻。自武关出。杜曾迎猗于襄阳，为兄子娶猗女，为，于伪翻。遂聚兵万人，与猗分据汉、沔。

陶侃既破杜弢，乘胜进击曾，有轻曾之志。司马鲁恬谏曰："凡战，当先料其将。今使君诸将，无及曾者，未易可逼也。"易，以豉翻。侃不从，进围曾于石城。水经注：沔水南径石城西；城因山为固，晋羊祜镇荆州，立。晋惠帝元康九年，分江夏西部都尉置竟陵郡，治石城。今郢州长寿县即其地。曾军多骑兵，骑，奇寄翻。密开门突侃陈，陈，读曰阵。出其后，反击之，侃兵死者数百人。曾将趋顺阳，趋，七喻翻。下马拜侃，告辞而去。

时荀崧都督荆州江北诸军事，屯宛，"江"，当作"沔"。宛，於元翻。曾引兵围之。崧兵少食尽，少，诗照翻。欲求救于故吏襄城太守石览。崧小女灌，年十三，帅勇士数十人，帅，读曰率，下同。逾城突围夜出，且战且前，遂达览所；又为崧书，求救于南中郎将周访。访遣子抚帅兵三千，与览共救崧，曾乃遁去。

曾复致笺于崧，求讨丹水贼以自效，丹水县，前汉属弘农郡，后汉属南阳郡，晋属顺阳郡。贤曰：丹水故城，在今邓州内乡县，西南临丹水。复，扶又翻；下同。崧许之。陶侃遗崧书曰："杜曾凶狡，所谓'鸱枭食母之物。'枭，坚尧翻；一曰流离，尔雅作"鹠鷅"．陆玑草木疏曰：枭也，关西人谓之流离，大则食其母。尔雅有茅鸱，今鸱鸺也。似鹰而白；怪鸱，即鸱鸺也；枭鸱，土枭也。孔颖达曰：鸮，恶声之鸟，一名鵩，与枭一名鸱。诗瞻卬云"为鸱为枭"，是也，俗说以为土枭，非也。陆玑疏云：鸮大如班鸠，绿色，恶声之鸟也，入人家凶，贾谊所谓服鸟是也。其肉甚美，可为羹臛，又可为炙。汉供御物，各随其时，唯鸮冬夏常施之，以其美故也。遗，于季翻。此人不死，州土未宁，足下当识吾言！”识，职吏翻，记也。崧以宛中兵少，借曾为外援，不从。曾复帅流亡二千馀人围襄阳，数日，不克而还。

17 王敦嬖人吴兴钱凤，疾陶侃之功，屡毁之。嬖，卑义翻，又博计翻。侃将还江陵，欲诣敦自陈。朱伺及安定皇甫方回谏曰：“公入必不出。”侃不从。既至，敦留侃不遣，左转广州刺史，以其从弟丞相军谘祭酒廙为荆州刺史。从，才用翻。廙，逸职翻，又羊至翻。荆州将吏郑攀、马隽等诣敦，上书留侃，敦怒，不许。攀等以侃始灭大贼，而更被黜，谓灭杜弢也。众情愤惋；惋，乌贯翻。又以廙忌戾难事，遂帅其徒三千人屯涢口，水经注：涢水出蔡阳县东南，过随县，又南过江夏安陆县，又东南分为二水，西入于沔者谓之涢口。涢，音云。西迎杜曾。廙为攀等所袭，奔于江安。江安县，属南平郡，武帝太康元年分孱陵置。杜曾与攀等北迎第五猗以拒廙。廙督诸军讨曾，复为曾所败。敦意攀承侃风旨，被甲持矛将杀侃，出而复还者数四。败，补迈翻。被，皮义翻。复，扶又翻。侃正色曰：“使君雄断，当裁天下，断，丁乱翻。何此不决乎！”因起如厕。谘议参军梅陶、长史陈颁言于敦曰：“周访与侃亲姻，如左右手，访与侃结友，以女妻侃子瞻。安有断人左手而右手不应者乎！”断，丁管翻。敦意解，乃设盛馔以饯之，馔，雏恋翻，又雏皖翻。侃便夜发，敦引其子瞻为参军。

初，交州刺史顾秘卒，州人以秘子寿领州事。帐下督梁硕起兵攻寿，杀之，硕遂专制交州。王机自以盗据广州，见上卷怀帝永嘉六年。恐王敦讨之，更求交州。会杜弘诣机降，杜弘，杜弢将也，弢败，弘走降机。降，户江翻；下同。敦欲因机以讨硕，乃以降杜弘为机功，转交州刺史。机至郁林，郁林，秦桂林郡地，汉武帝平南越，更置郁林郡；唐浔州桂平县，古郁林郡所治布山县地也。硕迎前刺史修则子湛行州事以拒之。机不得进，乃更与杜弘及广州将温卲、交州秀才刘沈谋复还据广州。陶侃至始兴，吴孙晧甘露元年，分桂阳南部都尉立始兴郡，治汉曲江县，唐为韶州。沈，持林翻。州人皆言宜观察形势，不可轻进；侃不听，直至广州，广州，治南海郡番禺县。诸郡县皆已迎机矣。杜弘遣使伪降，侃知其谋，进击弘，破之，遂执刘沈于小桂。秦置桂林郡，汉武帝改曰郁林郡，治布山，桂林为县，属焉。吴孙晧凤凰三年，分立桂林郡，因谓桂林为小桂。陶弘景曰：始兴桂阳县，即是小桂。遣督护许高讨王机，走之。机病死于道，高掘其尸，斩之。诸将皆请乘胜击温卲，侃笑曰："吾威名已著，何事遣兵！但一函纸自定耳。"乃下书谕之。卲惧而走，追获于始兴。杜弘诣王敦降，广州遂平。

侃在广州无事，辄朝运百甓于斋外，甓，蒲历翻，瓴甋也。暮运于斋内。人问其故，答曰："吾方致力中原，过尔优逸，恐不堪事，故自劳耳。"

王敦以杜弘为将，宠任之。

18 九月，汉主聪使大鸿胪赐石勒弓矢，策命勒为陕东伯，陕，失冉翻。得专征伐，拜刺史、将军、守宰，封列侯，岁尽集上。上，时掌翻。集其所授官爵及其人之姓名而上之。

19 汉大司马曜寇北地，诏以麹允为大都督、骠骑将军以御之。骠，匹妙翻。骑，奇寄翻。冬，十月，以索綝为尚书仆射、都督宫城诸军事。曜进拔冯翊，太守梁肃奔万年。秦栎阳县，汉高祖改曰万年，属冯翊，晋属京兆。曜转寇上郡。麹允去黄白城，军于灵武，汉北地郡之灵武县也。以兵弱，不敢进。

帝屡征兵于丞相保，保左右皆曰："蝮蛇螫手，壮士断腕。汉书，齐王曰："蝮蓋手则斩手。"盖以为不如此，则流毒于一身，至于死也。螫，音释。断，丁管翻；下同。腕，乌贯翻。今胡寇方盛，且宜断陇道以观其变。”从事中郎裴诜曰：“今蛇已螫头，头可断乎！”保乃以镇军将军胡崧行前锋都督，须诸军集乃发。麴允欲奉帝往就保，索綝曰：“保得天子，必逞其私志。”乃止。于是自长安以西，不复贡奉朝廷，复，扶又翻。百官饥乏，采稆以自存。稆，音吕；禾自生曰稆。

20 凉州军士张冰得玺，文曰“皇帝行玺”，献于张寔，僚属皆贺。寔曰：“是非人臣所得留。”遣使归于长安。晋诸征、镇能知君臣之分者，张氏父子而已。玺，斯氏翻。

四年（丙子、三一六）

1 春，正月，司徒梁芬议追尊吴王晏，右仆射索綝等引魏明帝诏以为不可；魏明帝诏见七十一卷太和三年。乃赠太保，谥曰孝。考异曰：本传，“晏谥敬王。”今从愍帝纪。

2 汉中常侍王沈、宣怀、中宫仆射郭猗等，沈，持林翻。皆宠幸用事。汉主聪游宴后宫，或三日不醒，或百日不出；自去冬不视朝，政事一委相国粲，唯杀生、除拜乃使沈等入白之。沈等多不白，而自以其私意决之，故勋旧或不叙，而奸佞小人有数日至二千石者。军旅岁起，将士无钱帛之赏，而后宫之家，赐及僮仆，动至数千万。沈等车服、第舍逾于诸王，子弟中表为守令者三十馀人，皆贪残为民害。谓他姓与沈等子弟有中表亲者。沈，持林翻。守，式又翻。靳准阖宗谄事之。

郭猗与准皆有怨于太弟义，猗谓相国粲曰：“殿下光文帝之世孙，主上之嫡子，四海莫不属心，属，之欲翻。奈何欲以天下与太弟乎！且臣闻太弟与大将军谋因三月上巳大宴作乱，事成，许以主上为太上皇，大将军为皇太子，又许卫军为大单于。聪以子骥为大将军，子劢为卫大将军，皆粲弟也。又按时以子敷为大将军，敷卒后，乃以骥为之。三王处不疑之地，处，昌吕翻。并握重兵，以此举事，无不成者。然二王贪一时之利，不顾父兄，事成之后，主上岂有全理！殿下兄弟，固不待言；东宫、相国、单于，当在武陵兄弟，何肯与人也！武陵兄劳，当是义之诸子。相，息亮翻。单，音蝉。今祸期甚迫，宜早图之。臣屡言于主上，主上笃于友爱，以臣刀锯之馀，终不之信，愿殿下勿泄，密表其状。殿下傥不信臣，可召大将军从事中郎王皮、卫军司马刘惇，假之恩意，许其归首首，式救翻。以问之，必可知也。"粲许之。猗密谓皮、惇曰："二王逆状，主上及相国具知之矣，卿同之乎？"二人惊曰："无之。"猗曰："兹事已决，吾怜卿亲旧并见族耳！"因歔欷流涕。歔，音虚。欷，许既翻，又音希。二人大惧，叩头求哀。猗曰："吾为卿计，卿能用之乎？相国问卿，卿但云'有之'；若责卿不先启，卿即云'臣诚负死罪。然仰惟主上宽仁，殿下敦睦，苟言不见信，则陷于诬谮不测之诛，故不敢言也。'"皮、惇许诺。粲召问之，二人至不同时，而其辞若一，粲以为信然。

靳准复说粲曰："殿下宜自居东宫时义居东宫。复，扶又翻。以领相国，使天下早有所系。今道路之言，皆云大将军、卫将军欲奉太弟为变，期以季春；若使太弟得天下，殿下无容足之地矣。"粲曰："为之奈何？"准曰："人告太弟为变，主上必不信。宜缓东宫之禁，使宾客得往来；太弟雅好待士，好，呼到翻。必不以此为嫌，轻薄小人不能无迎合太弟之意为之谋者。然后下官为殿下露表其罪，为，于伪翻。殿下收其宾客与太弟交通者考问之，狱辞既具，则主上无不信之理也。"粲乃令卜抽引兵去东宫。去年聪令卜抽将兵监守东宫。

少府陈休、左卫将军卜崇，为人清直，素恶沈等，恶，乌路翻；下同。虽在公座，未尝与语，沈等深疾之。侍中卜干谓休、崇曰："王沈等势力足以回天地，卿辈自料亲贤孰与窦武、陈蕃？”言陈蕃之贤，窦武之亲，且为宦官所困，况休、崇等乎。休、崇曰：“吾辈年逾五十，职位已崇，唯欠一死耳！死于忠义，乃为得所；安能俛首仾眉以事阉竖乎！仾，与低同，音都黎翻。去矣卜公，勿复有言！”复，扶又翻；下同。

二月，汉主聪出临上秋阁，殿之西阁也。命收陈休、卜崇及特进綦毋达、太中大夫公师彧、尚书王琰、田歆、大司农朱谐【严：“谐”改“诞”。】并诛之，皆宦官所恶也。卜干泣谏曰：“陛下方侧席求贤，而一旦戮卿大夫七人，皆国之忠良，无乃不可乎！借使休等有罪，陛下不下之有司，下，户嫁翻。暴明其状，天下何从知之！诏尚在臣所，未敢宣露，卜干为侍中，诏经门下，因留之而谏。愿陛下熟思之！”因叩头流血。王沈叱干曰：“卜侍中欲拒诏乎！”聪拂衣而入，免干为庶人。

太宰河间王易、考异曰：晋春秋“易”作“士通”。今从载记。大将军勃海王敷、御史大夫陈元达、金紫光禄大夫西河王延等皆诣阙表谏曰：“王沈等矫弄诏旨，欺诬日月，内谄陛下，外佞相国，威权之重，侔于人主，多树奸党，毒流海内。知休等忠臣，为国尽节，为，于伪翻。恐发其奸状，故巧为诬陷。陛下不察，遽加极刑，痛彻天地，彻，敕列翻，通也。贤愚伤惧。今遗晋未殄，巴、蜀不宾，石勒谋据赵、魏，曹嶷欲王全齐，嶷，鱼力翻。王，于况翻。陛下心腹四支，何处无患！乃复以沈等助乱，诛巫咸，戮扁鹊，臣恐遂成膏肓之疾，马融曰：巫咸，殷巫也。扁鹊，古良医也。秦医缓视晋侯曰：“疾不可为也，居膏之上，肓之下，攻之不可，达之不及，药不至焉。”杜预曰：心下为膏；肓，鬲也。徐曰：肓，音荒；说文曰：心下鬲上也。扁，补典翻。后虽救之，不可及已。请免沈等官，付有司治罪。”治，直之翻。聪以表示沈等，笑曰：“群儿为元达所引，遂成痴也。”沈等顿首泣曰：“臣等小人，过蒙陛下识拔，得洒扫闺阁；而王公、朝士疾臣等如雠，又深恨陛下。

愿以臣等膏鼎镬，膏，居号翻，润也。则朝廷自然雍穆矣。”聪曰：“此等狂言常然，卿何足恨乎！”聪问沈等于相国粲，粲盛称沈等忠清；聪悦，封沈等为列侯。

太宰易又诣阙上疏极谏，聪大怒，手坏其疏。坏，音怪。三月，易忿恚而卒。易素忠直，陈元达倚之为援，得尽谏诤。及卒，元达哭之恸，曰：“‘人之云亡，邦国殄悴。’诗大雅瞻卬之辞。悴，秦醉翻。吾既不复能言，安用默默苟生乎！”归而自杀。

3 初，代王猗卢爱其少子比延，欲以为嗣，使长子六修出居新平城，而黜其母。建兴元年，猗卢筑新平城。新平城，唐谓之新城，在朔州界。少，诗照翻。长，知两翻。六修有骏马，日行五百里，猗卢夺之，以与比延。六修来朝，朝，直遥翻。猗卢使拜比延，六修不从。猗卢乃坐比延于其步辇，步辇，不驾马，使人挽之。使人导从从，才用翻。出游。六修望见，以为猗卢，伏谒路左；至，乃比延，六修惭怒而去。猗卢召之不至，大怒，帅众讨之，为六修所败。帅，读曰率。败，补迈翻。猗卢微服逃民间，有贱妇人识之，遂为六修所弑。拓跋普根先守外境，闻难来赴，攻六修，灭之。难，乃旦翻。

普根代立，国中大乱，新旧猜嫌，迭相诛灭。左将军卫雄、信义将军箕澹，澹，徒览翻，又徒滥翻。久佐猗卢，为众所附，谋归刘琨，乃言于众曰：“闻旧人忌新人悍战，旧人，索头部人也；新人，晋人及乌桓人也。悍，侯旴翻，又下罕翻。欲尽杀之，将奈何？”晋人及乌桓皆惊惧，曰：“死生随二将军！”乃与琨质子遵帅晋人及乌桓三万家、马牛羊十万头归于琨。质，音致。帅，读曰率；下同。琨大喜，亲诣平城抚纳之，琨兵由是复振。

夏，四月，普根卒。其子始生，普根母惟氏立之。惟氏，猗㐌之妻。

4 张寔下令：所部吏民有能举其过者，赏以布帛羊米。贼曹佐高昌隗瑾曰：自汉以来，公府、方州、郡国诸曹，有掾，有属，有佐史。前汉书西域传，车师国有高昌壁。唐书曰：高昌国，汉车师前王庭也，后破高昌，置西州。观此，则河西张氏固尝于高昌之地置郡县，至后魏时始为高昌国也。隗，五罪翻。“今明公为政，事无巨细，皆自决之，或兴师发令，府朝不知；府朝，谓僚佐所集之处。朝，直遥翻。万一违失，谤无所分。群下畏威，受成而已。如此，虽赏之千金，终不敢言也。谓宜少损聪明，少，诗照翻。凡百政事，皆延访群下，使各尽所怀，然后采而行之，则嘉言自至，何必赏也！”寔悦，从之；增瑾位三等。

寔遣将军王该帅步骑五千入援长安，且送诸郡贡计。贡，土物也；计，计帐也。诏拜寔都督陕西诸军事，陕，失冉翻。以寔弟茂为秦州刺史。

5 石勒使石虎攻刘演于廪丘，幽州刺史段匹磾使其弟文鸯救之；磾，丁奚翻。虎拔廪丘，演奔文鸯军，虎获演弟启以归。

6 宁州刺史王逊，严猛喜诛杀。喜，许记翻。五月，平夷太守雷炤、怀帝永嘉五年，逊表分牂柯、朱提、建宁，立平夷郡，即汉平夷、鳖二县之地。鳖，孟康音鳖。平乐太守董霸平乐郡，证以隋志，盖置于越巂郡之邛部川，然不知谁所置也。乐，音洛。帅三千馀家叛，降于成。帅，读曰率。降，户江翻。

7 六月，丁巳朔，日有食之。

8 秋，七月，汉大司马曜围北地太守麹昌，晋北地郡，领泥阳、富平二县耳。大都督麹允将步骑三万救之。曜绕城纵火，烟起蔽天，使反间给允曰：“郡城已陷，往无及也！”众惧而溃。曜追败允于磻石谷，间，古苋翻。败，补迈翻。磻，蒲官翻。魏收地形志，北地郡铜官县有石盘山。允奔还灵武，曜遂取北地。

允性仁厚，无威断，断，丁乱翻。喜以爵位悦人。喜，许记翻。新平太守竺恢、始平太守杨像、扶风太守竺爽、安定太守焦嵩，皆领征、镇，杖节，加侍中、常侍；村坞主帅，小者犹假银青将军之号；征、镇，四征、四镇将军号也。银青将军，加将军号而假以银印、青绶。帅，音所类翻。然恩不及下，故诸将骄恣而士卒离怨。关中危乱，允告急于焦嵩，嵩素侮允，曰："须允困，当救之。"

曜进至泾阳，渭北诸城悉溃。泾阳县，前汉属安定郡。班志曰：开头山在县西，禹贡泾水所出，东北至阳陵入渭，过郡三，行千六十里。此言曜至泾阳，渭北诸城悉溃，则其兵已在池阳、阳陵二县间，言在泾水之阳，非安定之泾阳县也。曜获建威将军鲁充、散骑常侍梁纬、少府皇甫阳。曜素闻充贤，募生致之，既见，赐之酒曰："吾得子，天下不足定也！"充曰："身为晋将，国家丧败，不敢求生。纬，于贵翻。将，子亮翻。丧，息浪翻。若蒙公恩，速死为幸。"曜曰："义士也。"赐之剑，令自杀。梁纬妻辛氏，美色，曜召见，将妻之，妻，如字。辛氏大哭曰："妾夫已死，义不独生，且一妇人而事二夫，明公又安用之！"曜曰："贞女也。"亦听自杀，皆以礼葬之。

9 汉主聪立故张后侍婢樊氏为上皇后，三后之外，佩皇后玺绶者复有七人。玺，斯氏翻。绶，音受。复，扶又翻；下同。据载记，三后，二靳氏及刘氏、樊氏为四。考异曰：刘聪载记曰"四后之外"。按时靳上皇后已死，唯三后耳。云四，误也。嬖宠用事，刑赏紊乱。嬖，卑义翻，又博计翻。紊，音问。大将军敷数涕泣切谏，数，所角翻。聪怒曰："汝欲乃公速死邪，何以朝夕生来哭人！"敷忧愤，发病卒。

河东平阳大蝗，民流殍者什五六。石勒遣其将石越帅骑二万屯并州，招纳流民，殍，被表翻。饿死于中野者曰殍，散而之他方者曰流。时勒盖遣越屯上党，招纳并州统内也。帅，读曰率。骑，奇寄翻。民归之者二十万户。聪遣使让勒，勒不受命，潜与曹嶷相结。嶷，鱼力翻。

10 八月，汉大司马曜逼长安。

11 九月，汉主宴群臣于光极殿，引见太弟义。见，贤遍翻。义容貌憔悴，鬓发苍然，涕泣陈谢，聪亦为之恸哭；悴，秦醉翻。为，于伪翻。乃纵酒极欢，待之如初。

12 焦嵩、竺恢、宋哲皆引兵救长安，散骑常侍华辑监京兆、冯翊、弘农、上洛四郡兵，屯霸上，华，户化翻。监，古衔翻。皆畏汉兵强，不敢进。相国保遣胡崧将兵入援，击汉大司马曜于灵台，破之。三辅黄图：周文王灵台，在长安西四十里，高二丈，周回百二十步。崧恐国威复振则麴、索势盛，麴允，索綝也。索，昔各翻。乃帅城西诸郡兵屯渭北不进，遂还槐里。槐里县，汉属扶风，晋属始平郡。

曜攻陷长安外城，麴允、索綝退保小城以自固。内外断绝，城中饥甚，米斗直金二两，人相食，死者太半，亡逃不可制，唯凉州义众千人，守死不移。凉州义众，张轨父子所遣兵也。太仓有麴数十𫊻，𫊻，必郢翻。麴允屑之为粥以供帝，既而亦尽。冬，十一月，帝泣谓允曰："今穷厄如此，外无救援，当忍耻出降，以活士民。"降，户江翻；下同。因叹曰："误我事者，麴、索二公也！"使侍中宗敞送降笺于曜。考异曰：帝纪作"宋敞"，今从晋春秋。索綝潜留敞，使其子说曜曰："今城中食犹足支一年，未易克也，说，输芮翻。易，以豉翻。若许綝以【章：甲十一行本"以"下有"车骑"二字；乙十一行本同；张校同，云无注本亦无。】仪同、万户郡公者，请以城降。”曜斩而送之，曰：“帝王之师，以义行也。孤将兵十五年，未尝以诡计败人，败，补迈翻。必穷兵极势，然后取之。今索綝所言如此，天下之恶一也，辄相为戮之。为，于伪翻。若兵食审未尽者，便可勉强固守；强，其两翻。如其粮竭兵微，亦宜早寤天命。”

甲午，宗敞至曜营；乙未，帝乘羊车，肉袒、衔璧、舆榇出东门降。榇，初觐翻。群臣号泣，攀车执帝手，帝亦悲不自胜。号，户刀翻。胜，音升。御史中丞冯翊吉朗叹曰：“吾智不能谋，勇不能死，何忍君臣相随，北面事贼虏乎！”乃自杀。曜焚榇受璧，使宗敞奉帝还宫。丁酉，迁帝及公卿以下于其营；辛丑，送至平阳。壬寅，汉主聪临光极殿，帝稽首于前。稽，音启。麹允伏地恸哭，扶不能起，聪怒，囚之，允自杀。聪以帝为光禄大夫，封怀安侯。以大司马曜为假黄钺、大都督、督陕西诸军事、太宰，封秦王。大赦，改元麟嘉。以麹允忠烈，赠车骑将军，谥节愍侯。允则忠矣，然犹在吉朗之后乎！以索綝不忠，斩于都市。平阳都市也。尚书梁允、侍中梁浚等及诸郡守皆为曜所杀，华辑奔南山。

干宝论曰：昔高祖宣皇帝，以雄才硕量，应时而起，性深阻有若城府，而能宽绰以容纳；行数术以御物，而知人善采拔。言胸中有城府者多不能宽容，任数用术者多不能用人，而宣帝能之也。于是百姓与能，谓天下皆推其能，莫与争也。大象始构。刘良曰：象，法也；言晋之兴成，大法从此始立也。世宗承基，太祖继业，咸黜异图，用融前烈。谓内诛李丰，夏侯玄，外平毌丘俭、文钦、诸葛诞。至于世祖，遂享皇极，吕延济曰：享，当也；皇极，天子位也。仁以厚下，俭以足用，和而不弛，宽而能断，断，丁乱翻。掩唐、虞之旧域，班正朔于八荒，八荒，谓八方之外，戎荒之地。于时有“天下无穷人”之谚，吕向曰：言百姓尽富。虽太平未洽，亦足以明民乐其生矣。乐，音洛。

武皇既崩，山陵未乾而变难继起。宗子无维城之助，乾，音干。宗子，谓八王构难。诗曰：宗子维城。师尹无具瞻之贵，诗曰：赫赫师尹，民具尔瞻。朝为伊、周，夕成桀、跖；谓杨骏、卫瓘、张华等。国政迭移于乱人，禁兵外散于四方，方岳无钧石之镇，关门无结草之固。三十斤为钧，四钧为石。左传：秦伐晋，晋魏颗败秦师，获杜回。颗梦老人结草以亢杜回，杜回踬而颠，故获之。戎、羯称制，二帝失尊，何哉？树立失权，托付非才，四维不张而苟且之政多也。贾谊策曰：礼义廉耻，是谓四维，四维不张，国乃灭亡。

夫基广则难倾，根深则难拔，理节则不乱，胶结则不迁。李周翰曰：理节，谓政教有条理、节度也。胶，固也。言君布仁惠之根基深广，又不失理节，则人心固结而不可迁也。昔之有天下者所以能长久，用此道也。周自后稷爱民，十六王而武始君之，后稷子不窋，不窋子鞠，鞠子公刘，公刘子庆节，庆节子皇仆，皇仆子差弗，差弗子毁隃，毁隃子公非，公非子高圉，高圉子亚圉，亚圉子公叔祖类，公叔祖类子古公亶父，古公亶父子季历，季历子文王，文王子武王，凡十六王。其积基树本，如此其固。今晋之兴也，其创基立本，固异于先代矣。加以朝寡纯德之人，乡乏不贰之老，周官有乡老；不贰，谓不贰过者。朝，直遥翻。风俗淫僻，耻尚失所。言所耻者非所耻，所尚者非所尚也。学者以庄、老为宗而黜六经，谈者以虚荡为辨而贱名检，行身者以放浊为通而狭节信，进仕者以苟得为贵而鄙居正，当官者以望空为高而笑勤恪。吕延济曰：望空，谓不识是非，但望空署名而已。是以刘颂屡言治道，傅咸每纠邪正，颂、咸事并见武纪、惠纪。治，直吏翻。皆谓之俗吏；其倚杖虚旷，依阿无心者，皆名重海内。若夫文王日昃不暇食，仲山甫夙夜匪懈者，盖共嗤黜以为灰尘矣！文王自朝至于日中昃，不遑暇食，用咸和万民。仲山甫夙夜匪懈以事一人。由是毁誉乱于善恶之实，情慝奔于货欲之涂，选者为人择官，官者为身择利，吕延济曰：言选者不复为官择贤，为官者但择所利而趋。誉，音余。为，于伪翻。世族贵戚之子弟，陵迈超越，不拘资次。悠悠风尘，皆奔竞之士；列官千百，无让贤之举。子真著崇让而莫之省，刘寔，字子真；崇让论见八十二卷武帝太康十年。省，悉景翻。子雅制九班而不得用。刘颂，字子雅。九班之制见同上。其妇女不知女工，任情而动，有逆于舅姑，有杀戮妾媵，二事皆贾后为之倡。父兄弗之罪也，天下莫之非也。礼法刑政，于此大坏，"国之将亡，本必先颠，"其此之谓乎！左传曰：国将亡，本必先颠，而后枝叶从之。

故观阮籍之行而觉礼教崩弛之所由，事见七十八卷魏元帝景元三年。行，下孟翻。察庾纯、贾充之争而见师尹之多僻，事见七十九卷武帝泰始七年、八年。考平吴之功而知将帅之不让，思郭钦之谋而寤戎狄之有衅，平吴争功及郭钦疏，并见八十一卷武帝太康元年。览傅玄、刘毅之言而得百官之邪，傅玄、刘毅，武帝时为司隶，前后纠核，不避贵游，因其所言而得百官之邪也。核傅咸之奏、钱神之论而睹宠赂之彰。傅咸奏见八十二卷惠帝元康四年；钱神论见八十三卷元康九年。民风国势，既已如此，虽以中庸之才、守文之主治之，刘良曰：中庸，谓非贤非愚之才；守文，谓守常平治世之主也。治，直之翻。犹惧致乱，况我惠帝以放荡之德临之哉！怀帝承乱即位，羁以强臣；愍帝奔播之后，徒守虚名。天下之势既去，非命世之雄材，不能复取之矣！

13 石勒围乐平太守韩据于坫城，杨正衡曰：坫，丁念翻。余按武帝泰始中，分上党、太原置乐平郡，治沾县。沾县，汉属上党郡。魏收地形志，乐平县有沾城。师古曰：沾，音他兼翻。载记误作“坫”，当读从颜音。据请救于刘琨。琨新得拓跋猗卢之众，欲因其锐气以讨勒。箕澹、卫雄谏曰：澹，徒览翻，又徒滥翻。“此虽晋民，久沦异域，未习明公之恩信，恐其难用。不若且内收鲜卑之馀谷，拓跋，鲜卑也。外抄胡贼之牛羊，胡，谓刘、石也。抄，禁交翻。闭关守险，务农息兵，待其服化感义，然后用之，则功无不济矣。”琨不从，悉发其众，命澹帅步骑二万为前驱，琨屯广牧，为之声援。广牧县，汉属朔方郡；汉末省朔方，置广牧县于陉南，属新兴郡，非广牧县故地也。帅，读曰率。

石勒闻澹至，将逆击之。或曰：“澹士马精强，其锋不可当，不若且引兵避之，深沟高垒以挫其锐，必获万全。”勒曰：“澹兵虽众，远来疲弊，号令不齐，何精强之有！今寇敌垂至，何可舍去！大军一动，岂易中还！易，以豉翻。若澹乘我之退而逼之，顾逃溃不暇，焉得深沟高垒乎！焉，于虔翻。此自亡之道也。”立斩言者。以孔苌为前锋都督，令三军：“后出者斩！”勒据险要，设疑兵于山上，前设二伏，出轻骑与澹战，阳为不胜而走。澹纵兵追之，入伏中。勒前后夹击澹军，大破之，获铠马万计。澹、雄帅骑千馀奔代郡，帅，读曰率；下同。韩据弃城走，并土震骇。

14 十二月，乙卯朔，日有食之。考异曰：帝纪、天文志，皆误作“甲申朔”。宋志“乙卯朔”，与长历合。今从之。

15 司空长史李弘以并州降石勒。刘琨为司空，以弘为长史。并州，时治阳曲。刘琨进退失据，不知所为，段匹磾遣信邀之，己未，琨帅众从飞狐奔蓟。恒山在常山上曲阳县西北，有阪，号飞狐口。磾，丁奚翻。蓟，音计。匹磾见琨，甚相亲重，与之结婚，约为兄弟。勒分徙阳曲、乐平民于襄国，置守宰而还。

孔苌攻箕澹于代郡，杀之。据载记，苌攻澹于桑干，则此代郡乃后魏之代郡，非汉、晋之代郡也。

苌等攻贼帅马严、冯䐗，帅，所类翻。䐗，张如翻。严、䐗盖为盗于幽、冀之间。久而不克。司、冀、并、兖流民数万户在辽西，迭相招引，民不安业。勒问计于濮阳侯张宾，宾曰："严、䐗本非公之深仇，流民皆有恋本之志，今班师振旅，选良牧守使招怀之，则幽、冀之寇可不日而清，辽西流民将相帅而至矣。"勒乃召苌等归，以武遂令李回为易北督护，兼高阳太守。武遂县，前汉属河间国，后汉、晋属安平国。易北，易水以北也。高阳县，前汉属涿郡，后汉属河间国，武帝泰始元年分置高阳国。应劭曰：在高河之阳。马严士卒素服回威德，多叛严归之，严惧而出走，赴水死。冯䐗帅其众降。帅，读曰率。回徙居易京，易京，公孙瓒所筑。流民归之者相继于道。勒喜，封回为弋阳子，增张宾邑千户，进位前将军；宾固辞不受。

16 丞相睿闻长安不守，出师露次，露次者，出宿于野，上无屋宇。躬擐甲胄，擐，音宦。移檄四方，刻日北征。以漕运稽期，【章：甲十一行本"期"下有"丙寅"二字；乙十一行本同；退斋校同。】斩督运令史淳于伯。刑者以刀拭柱，血逆流上，至柱末二丈馀而下，上，时掌翻；下同。观者咸以为冤。丞相司直刘隗上言："伯罪不至死，请免从事中郎周莚等官。"于是右将军王导等上疏引咎，请解职。睿曰："政刑失中，皆吾暗塞所致。"塞，悉则翻。一无所问。

隗性刚讦，当时名士多被弹劾，讦，居谒翻。被，皮义翻。弹，徒丹翻。劾，户概翻，又户得翻。睿率皆容贷，由是众怨皆归之。南中郎将王含，敦之兄也，以族强位显，骄傲自恣，一请参佐及守长至二十许人，多非其才；守，式又翻。长，知两翻。隗劾奏含，文致甚苦，深文以致其罪。事虽被寝，而王氏深忌疾之。为王敦请诛刘隗张本。

17 丞相睿以邵续为冀州刺史。续女婿广平刘遐聚众河、济之间，济，子礼翻。睿以遐为平原内史。

18 托跋普根之子又卒，托，与拓通，魏收魏书本作“托跋”。国人立其从父郁律。从，才用翻。

何兹全标点容肇祖聂崇岐覆校

资治通鉴卷第九十

端明殿学士兼翰林侍读学士朝散大夫右谏议大夫
充集贤殿修撰权判西京留司御史台上柱国河内郡　司马光　奉敕编集
开国侯食邑一千三百户食实封四百户赐紫金鱼袋臣

后学天台胡三省音注

晋纪十二

晋纪十二　起强圉赤奋若（丁丑），尽著雍摄提格（戊寅），凡二年。

中宗元皇帝上　讳睿，字景文，宣帝曾孙，琅邪武王伷之孙，恭王觐之子。谥法：始建国都曰元。

建武元年（丁丑、三一七）是年三月，方改元。

1 春，正月，汉兵东略弘农，太守宋哲奔江东。哲屯华阴，汉兵自长安东略，故弃城来奔。守，式又翻。

2 黄门郎史淑、侍御史王冲自长安奔凉州，称愍帝出降前一日，降，户江翻。使淑等赍诏赐张寔，拜寔大都督、凉州牧、侍中、司空，承制行事；且曰："朕已诏琅邪王时摄大位；君其协赞琅邪，共济多难。"淑等至姑臧，寔大临三日，难，乃旦翻。临，力鸩翻。辞官不受。

初，寔叔父肃为西海太守，王莽置西海郡，光武中兴，弃之。至献帝兴平二年，武威太守张雅请置西海郡，分张掖之居延一县以属之，虽郡名同，而非王莽西海郡之地。闻长安危逼，请为先锋入援；寔以其老，弗许。及闻长安不守，肃悲愤而卒。卒，子恤翻。

寔遣太府司马韩璞、时张氏保据河西，有太府司马、太府·少府主簿等官；盖以都督府为太府，凉州府为少府也。璞，匹角翻。抚戎将军张阆等帅步骑一万东击汉；抚戎将军，盖张氏创置。帅，读曰率。骑，奇寄翻。命讨虏将军陈安、沈约志，魏置将军四十号，讨虏第十九。安故太守贾骞、晋志曰：张茂分武兴、金城、西平、安故四郡为定州。盖张氏分金城、西平二郡地置安故郡也。按安故县，二汉属陇西郡。水经注：洮水自临洮县东流，又屈而北流，径安故县故城西，又北径狄道县故城西。狄道，时已置武始郡；安故郡，盖即汉之一县置郡。陇西太守吴绍各统郡兵为前驱。又遗相国保书曰："王室有事，不忘投躯。前遣贾骞瞻公举动，中被符命，敕骞还军。符命，盖保符下寔也。遗，于季翻。被，皮义翻。俄闻寇逼长安，胡崧不进，麴允持金五百，请救于崧，遂决遣骞等进军度岭。自凉州济河度沃于岭，至狄道。会闻朝廷倾覆，为忠不遂，愤痛之深，死有馀责。今更遣璞等，唯公命是从。"璞等卒不能进而还。

至南安，南安郡，治豲道县。卒，子恤翻。还，从宣翻，又如字。诸羌断路，断，丁管翻。相持百馀日，粮竭矢尽。璞杀车中牛以飨士，泣谓之曰："汝曹念父母乎？"曰："念。""念妻子乎？"曰："念。""欲生还乎？"曰："欲。""从我令乎？"曰："诺。"乃鼓噪进战，会张阆帅金城兵继至，夹击，大破之，斩首数千级。帅，读曰率；下同。

先是，长安谣曰："秦川中，血没腕，唯有凉州倚柱观。"腕，乌贯翻。及汉兵覆关中，氐、羌掠陇右，雍、秦之民，死者什八九，雍，于用翻。独凉州安全。

3 二月，汉主聪使从弟畅从，才用翻。帅步骑三万攻荥阳，太守李矩屯韩王故垒，相去七里，李矩屯新郑，则韩王故垒亦在新郑也。战国时，韩灭郑，徙都之，故有故垒在焉。遣使招矩。使，疏吏翻。时畅兵猝至，矩未及为备，乃遣使诈降于畅。畅不复设备，大飨，渠帅皆醉。降，户江翻。复，扶又翻。帅，所类翻。矩欲夜袭之，士卒皆恇惧，恇，去王翻。矩乃遣其将郭诵祷于子产祠，子产相郑，郑人怀其惠，为之立祠。使巫扬言曰："子产有教，当遣神兵相助。"众皆踊跃争进。矩选勇敢千人，使诵将之，将，即亮翻。掩击畅营，斩首数千级，畅仅以身免。

4 辛巳，宋哲至建康，沈约曰：建康，本秣陵县，汉献帝建安十六年置；孙权改秣陵为建业，武帝平吴，还为秣陵；太康三年，分秣陵之水北为建业；愍帝即位，避帝讳，改为建康。称受愍帝诏，令丞相琅邪王睿统摄万机。三月，琅邪王素服出次，杜预曰：出次，避正寝。举哀三日。于是西阳王羕及官属等共上尊号，西阳王羕，汝南王亮之子。羕，余亮翻。上，时掌翻。王不许。羕等固请不已，王慨然流涕曰："孤，罪人也。诸贤见逼不已，当归琅邪耳！"呼私奴，命驾将归国。私奴，谓私所畜养而给使令之奴，非以罪没官者。羕等乃请依魏、晋故事，称晋王；许之。辛卯，即晋王位，大赦，改元；始备百官，立宗庙，建社稷。

有司请立太子，王爱次子宣城公裒，欲立之，裒，蒲侯翻。谓王导曰："立子当以德。"导曰："世子、宣城，俱有朗隽之美，而世子年长。"长，知两翻。王从之。丙辰，立世子绍为王太子；封裒为琅邪王，奉恭王后；帝后大宗，故以裒奉琅邪国祀。仍以裒都督青、徐、兖三州诸军事，镇广陵。以西阳王羕为太保，封谯刚王逊之子承为谯王。一本作"谯王承〔丞〕"，音拯。逊，宣帝之弟子也。又以征南大将军王敦为大将军、江州牧，扬州刺史王导为骠骑将军、都督中外诸军事、领中书监、录尚书事，骠，匹妙翻。丞相左长史刁协为尚书左仆射，右长史周顗为吏部尚书，顗，鱼岂翻。军谘祭酒贺循为中书令，右司马戴渊、王邃为尚书，司直刘隗为御史中丞，行参军刘超为中书舍人，晋志曰：中书，晋初置舍人、通事各一人，江左合舍人、通事，谓之通事舍人，掌呈奏案。参军事孔愉长兼中书郎；长兼，盖始于此。自馀参军悉拜奉车都尉，掾属拜驸马都尉，行参军舍人拜骑都尉。三都尉，皆汉武帝置。奉车都尉，掌御乘舆车；驸马都尉，掌驸马；骑都尉，掌监羽林骑。师古曰：驸，副马也；非正驾车，皆为副马。一曰：驸，近也，疾也。晋武帝以宗室、外戚为三都尉；江左后罢奉车、骑二都尉，唯留驸马都尉，奉朝请，诸尚公主者为之。掾，俞绢翻。王敦辞州牧，王导以敦统六州，辞中外都督，贺循以老病辞中书令，王皆许之；以循为太常。是时承丧乱之后，江东草创，广雅曰：草，造也；创，始也。丧，息浪翻。刁协久宦中朝，谙练旧事，谙，乌含翻，悉也，记也。朝，直遥翻。贺循为世儒宗，明习礼学，凡有疑议，皆取决焉。

5 刘琨、段匹䃅相与歃血同盟，䃅，丁奚翻。歃，色洽翻，歠也。期以翼戴晋室。辛丑，琨檄告华、夷，遣兼左长史、右司马温峤，匹䃅遣左长史荣邵，奉表及盟文诣建康劝进。汉之禅于魏也，文帝三让，魏朝群臣累表请顺天人之望，此则劝进之造端也。晋受魏禅，何曾等亦然。是时愍帝蒙尘，四海无君，琨等劝进，为得其正。峤，羡之弟子也，温羡见八十六卷惠帝永兴二年。峤之从母为琨妻。母之姊妹为从母。从，才用翻。琨谓峤曰："晋祚虽衰，天命未改，吾当立功河朔，使卿延誉江南。行矣，勉之！"

王以鲜卑大都督慕容廆为都督辽左杂夷流民诸军事、龙骧将军、大单于、昌黎公；廆不受。辽左，即辽东。流民，谓中州之民流移入辽东者。廆，户罪翻。骧，思将翻。征虏将军鲁昌说廆曰："今两京覆没，天子蒙尘，左传，叔带之难，襄王出居于郑，使告难于鲁。臧文仲对曰："天子蒙尘于外，敢不奔问官守。"说，输芮翻。琅邪王承制江东，为四海所系属。属，之欲翻。明公虽雄据一方，而诸部犹阻兵未服者，盖以官非王命故也。谓宜通使琅邪，使，疏吏翻；下同。劝承大统，然后奉诏令以伐有罪，谁敢不从！"处士辽东高诩曰：处，昌吕翻。"霸王之资，非义不济。今晋室虽微，人心犹附之，宜遣使江东，示有所尊，然后仗大义以征诸部，不患无辞矣。”晋室虽衰，慕容、苻、姚之兴，其初皆借王命以自重。廆从之，遣长史王济浮海诣建康劝进。

6 汉相国粲使其党王平谓太弟义曰：“适奉中诏，云京师将有变，宜衷甲以备非常。”义信之，命宫臣皆衷甲以居。粲固忌刻，而义亦愚甚矣。甲在衣中为衷甲。粲驰遣告靳准、王沈。靳，居㤵翻。沈，持林翻。准以白汉主聪曰：“太弟将为乱，已衷甲矣！”聪大惊曰：“宁有是邪！”王沈等皆曰：“臣等闻之久矣，屡言之，而陛下不之信也。”聪使粲以兵围东宫。粲使准、沈收氐、羌酋长十馀人，穷问之，义为大单于，氐、羌酋长属焉，故皆服事东宫。酋，慈由翻。长，知两翻。皆悬首高格，格，以木为之。周礼牛人：祭祀，共其牛牲之互。郑玄曰：互，若今屠家之悬肉格。左思吴都赋曰：峭格周施。吕向曰：格，悬网木也。烧铁灼目，酋长自诬与义谋反。聪谓沈等曰：“吾今而后知卿等之忠也！当念知无不言，勿恨往日言而不用也！”于是诛东宫官属及义素所亲厚，准、沈等素所憎怨者大臣数十人，坑士卒万五千馀人。所坑者，东宫四卫之兵也。夏，四月，废义为北部王，北部，即匈奴后部，居新兴。粲寻使准贼杀之。义形神秀爽，宽仁有器度，故士心多附之。聪闻其死，哭之恸，曰：“吾兄弟止馀二人而不相容，汉主渊诸子，此时惟聪、义二人在耳。安得使天下知吾心邪！”氐、羌叛者甚众，以靳准行车骑大将军，讨平之。

7 五月，壬午，日有食之。考异曰：帝纪、天文志皆云“五月丙子，日食。”按：长历是月壬午朔，无丙子，今以历为据。

8 六月，丙寅，温峤等至建康，王导、周顗、庾亮等皆爱峤才，争与之交。是时，太尉豫州牧荀组、冀州刺史邵续、青州刺史曹嶷、宁州刺史王逊、东夷校尉崔毖等皆上表劝进，顗，鱼岂翻。嶷，鱼力翻。毖，音秘。王不许。

9 初，流民张平、樊雅各聚众数千人在谯，为坞主。王之为丞相也，遣行参军谯国桓宣往说平、雅，平、雅皆请降。说，输芮翻。降，户江翻；下同。及豫州刺史祖逖出屯芦洲，遣参军殷乂诣平、雅。乂意轻平，视其屋，曰：“可作马厩；”见大镬，曰：“可铸铁器。”平曰：“此乃帝王镬，天下清平方用之，奈何毁之！”乂曰：“卿未能保其头，而爱镬邪！”镬，胡郭翻。鼎而无足曰镬。说文云：镬，江、淮人谓之锅，浙人谓之镬。平大怒，于坐斩乂，坐，徂卧翻。勒兵固守。逖攻之，岁馀不下，乃诱其部将谢浮，使杀之；诱，音酉。将，即亮翻。逖进据太丘。太丘县，后汉属沛郡，晋省。贤曰：太丘故城，在今亳州永城县西北。樊雅犹据谯城，与逖相拒。逖攻之不克，请兵于南中郎将王含。桓宣时为含参军，含遣宣将兵五百助逖。逖谓宣曰：“卿信义已著于彼，今复为我说雅。”复，扶又翻。为，于伪翻。宣乃单马从两人诣雅曰：“祖豫州方欲平荡刘、石，倚卿为援；前殷乂轻薄，非豫州意也。”雅即诣逖降。降，户江翻。逖既入谯城，石勒遣石虎围谯，王含复遣桓宣救之，虎解去。逖表宣为谯国内史。

己巳，晋王传檄天下，称“石虎敢帅犬羊，渡河纵毒，今遣琅邪王裒等九军，帅，读曰率。裒，蒲侯翻。锐卒三万，水陆四道，径造贼场，造，七到翻。受祖逖节度。”寻复召裒还建康。复，扶又翻。

10 秋，七月，大旱；司、冀、并、青、雍州大蝗；河、汾溢，漂千馀家。皆汉境也。雍，于用翻。

11 汉主聪立晋王粲为皇太子，领相国、大单于，总摄朝政如故。朝，直遥翻。大赦。

12 段匹磾推刘琨为大都督，磾，丁奚翻。檄其兄辽西公疾陆眷及叔父涉复辰、弟末柸等会于固安，固安县，汉属涿郡；魏、晋改涿郡曰范阳，固安曰故安。刘昫曰：唐易州易县，古故安县地。共讨石勒。末柸说疾陆眷、涉复辰曰：说，输芮翻。“以父兄而从子弟，耻也；

且幸而有功，匹磾独收之，吾属何有哉！”各引兵还。琨、匹磾不能独留，亦还蓟。蓟，音计。

13 以荀组为司徒。

14 八月，汉赵固袭卫将军华荟于临颍，杀之。临颍县，属颍川郡。华，户化翻。荟，乌外翻。

初，赵固与长史周振有隙，振密谮固于汉主聪。李矩之破刘畅也，于帐中得聪诏，令畅既克矩，还过洛阳，收固斩之，以振代固。矩送以示固，固斩振父子，帅骑一千来降；帅，读曰率。骑，奇寄翻。降，户江翻。矩复令固守洛阳。

15 郑攀等相与拒王廙，廙，羊至翻，又逸职翻。众心不壹，散还横桑口，水经：沔水东南径江夏云杜县，又东径左桑，周昭王溺死处也。村老云：百姓佐昭王丧事于此，故曰佐桑；左桑，字失体耳。又东，谓之横桑，言得昭王丧处也。欲入杜曾。王敦遣武昌太守赵诱、襄阳太守朱轨击之，攀等惧，请降。杜曾亦请击第五猗于襄阳以自赎。

廙将赴荆州，留长史刘浚镇扬口垒。水经注：龙陂水径郢城，东北流，谓之扬水；水北径竟陵县西，又北注于沔，曰扬口，中夏口也。竟陵内史朱伺谓廙曰：伺，相吏翻。“曾，猾贼也，外示屈服，欲诱官军使西，然后兼道袭扬口耳。宜大部分，言当大为部分，以备曾掩袭。分，扶问翻。未可便西。”廙性矜厉自用，以伺为老怯，遂西行。曾等果还趋扬口；趋，七喻翻。廙乃遣伺归，裁至垒，即为曾所围。刘浚自守北门，使伺守南门。马隽从曾来攻垒，隽妻子先在垒中，马隽本与郑攀同距王廙。或欲皮其面以示之。皮面者，剥其面皮。伺曰：“杀其妻子，未能解围，但益其怒耳。”乃止。曾攻陷北门，伺被伤，被，皮义翻。退入船，开船底以出，沈行五十步，乃得免。沈，持林翻；潜行水底曰沈行。曾遣人说伺曰：说，输芮翻。“马隽德卿全其妻子，今尽以卿家内外百口付隽，隽已尽心收视，卿可来也。”伺报曰：“吾年六十馀，不能复与卿作贼，复，扶又翻。吾死亦当南归，妻子付汝裁之。”乃就王廙于甑山，病创而卒。甑山，在竟陵界。隋置甑山县，属沔阳郡。创，初良翻。

戊寅，赵诱、朱轨及陵江将军黄峻与曾战于女观湖，水经注：柞溪水出江陵县北，东注船官湖，湖水又东北入女观湖，湖水又东入于扬水。诱等皆败死。曾乘胜径造沔口，造，七到翻。威震江、沔。

王使豫章太守周访击之。访有众八千，进至沌阳。沈约曰：沌阳县，江左立，属江夏郡。水经：沔水径沌阳县北，又东径林障故城北。沌阳者，沌水之阳也。沌，持林翻。曾锐气甚盛，访使将军李恒督左甄，许朝督右甄，访自领中军。曾先攻左、右甄，杨正衡曰：甄，音坚。战陈有左拒、右拒；拒，方陈也。有左甄、右甄；甄，左、右翼也。左、右拒见于周、郑缙葛之战；左、右甄之义见于楚穆王孟诸之田。孟诸之田，宋公为右盂，郑伯为左盂。杜预注曰：将猎，张两甄。盖晋人以左、右翼为左、右甄，杜预取当时之言以释左、右盂也。访于阵后射雉以安众心。射，而亦翻。令其众曰：“一甄败，鸣三鼓；两甄败，鸣六鼓。”赵诱子胤，将父馀兵属左甄，将，即亮翻。力战，败而复合，驰马告访。访怒，叱令更进；胤号哭还战。号，户刀翻。自旦至申，两甄皆败。访选精锐八百人，自行酒饮之，饮，于鸩翻。敕不得妄动，闻鼓音乃进。曾兵未至三十步，访亲鸣鼓，将士皆腾跃奔赴，曾遂大溃，杀千馀人。访夜追之，诸将请待明日，访曰：“曾骁勇能战，骁，坚尧翻。向者彼劳我逸，故克之；宜及其衰乘之，可灭也。”乃鼓行而进，遂定汉、沔。曾走保武当。武当县，汉属南阳郡，晋属顺阳郡，县以武当山得名；唐为均州武当郡。杜佑曰：郡城，延岑所筑。王廙始得至荆州。访以功迁梁州刺史，屯襄阳。胡子序之败，梁州陷没，故令访领梁州而屯襄阳。

16 冬，十月，丁未，琅邪王裒薨。

17 十一月，己酉朔，日有食之。考异曰：帝纪、天文志皆云“十一月丙子日食”。按长历，十月、十二月皆己卯朔，是月己酉朔，二十八日丙子。

晋书元帝纪，十一月有甲子、丁卯。若丙子朔，则甲子、丁卯乃在十月。又刘琨集，是年三月癸未朔，八月庚辰朔，皆与长历合，今以为据。

18 丁卯，以刘琨为侍中、太尉。

19 征南军司戴邈上疏，以为："丧乱以来，丧，息浪翻；下久丧同。庠序隳废。议者或谓平世尚文，遭乱尚武，此言似之，而实不然。夫儒道深奥，不可仓猝而成；比天下平泰，然后修之，则废坠已久矣。比，必寐翻。又，贵游之子，未必有斩将搴旗之才，将，即亮翻。搴，拔取也。从军征戍之役，不及盛年使之讲肄道义，良可惜也。肄，羊至翻，习也。世道久丧，礼俗日弊，犹火之消膏，莫之觉也。今王业肇建，万物权舆，尔雅曰：权舆，始也。谓宜笃道崇儒，以励风化。"王从之，始立太学。

20 汉主聪出畋，以愍帝行车骑将军，戎服执戟前导。见者指之曰："此故长安天子也。"聚而观之，故老有泣者。太子粲言于聪曰："昔周武王岂乐杀纣乎？乐，音洛。正恐同恶相求，为患故也。今兴兵聚众者，皆以子业为名，不如早除之！"聪曰："吾前杀庾珉辈，杀庾珉事见八十八卷建兴元年。而民心犹如是，吾未忍复杀也，复，扶又翻。且小观之。"十二月，聪飨群臣于光极殿，使愍帝行酒洗爵；已而更衣，又使之执盖。晋臣多涕泣，有失声者。尚书郎陇西辛宾起，抱帝大哭，聪命引出，斩之。使之执戟前导，使之行酒洗爵，使之执盖，所以屈辱之，至此极矣！戎狄狡计，正以此观晋旧臣及遗黎之心也。更，工衡翻。

赵固与河内太守郭默侵汉河东，至绛，绛县，故晋都也，汉属河东郡，晋属平阳郡。刘昫曰：唐绛州曲沃县，汉绛县地。右司隶部民奔之者三万馀人。聪分司隶为左右。骑兵将军刘勋追击之，骑，奇寄翻。杀万馀人，固、默引归。太子粲帅将军刘雅生等步骑十万屯小平津，帅，读曰率。固扬言曰："要当生缚刘粲以赎天子。"粲表于聪曰："子业若死，民无所望，则不为李矩、赵固之用，不攻而自灭矣。”戊戌，愍帝遇害于平阳。年十八。粲遣雅生攻洛阳，固奔阳城山。河南阳城县，有阳城山。

21 是岁，王命课督农功，二千石、长吏以入谷多少为殿最，长，知两翻。少，诗沼翻。殿，丁练翻。诸军各自佃作，即以为禀。佃，音田；禀，给也。

22 氐王杨茂搜卒，长子难敌立，与少子坚头分领部曲；少，诗照翻。难敌号左贤王，屯下辨，坚头号右贤王，屯河池。下辨、河池二县，皆属武都郡。师古曰：辨，皮苋翻。刘昫曰：辨，步苋翻。下辨，唐为成州同谷县。河池，唐为武州盘堤县。

23 河南王吐谷浑卒。吐谷浑，史家传读，吐，从暾入声；谷，音欲。吐谷浑者，慕容廆之庶兄也，父涉归，分户一千七百以隶之。及廆嗣位，二部马斗，廆遣使让吐谷浑曰：“先公分建有别，廆，户罪翻。别，彼列翻。奈何不相远异，远异者，言远去以相别异。而令马有斗伤！”吐谷浑怒曰：“马是六畜，六畜：马、牛、羊、犬、豕、鸡。畜，许又翻。斗乃其常，何至怒及于人！欲远别甚易，恐后会为难耳！今当去汝万里之外。”遂帅其众西徙。易，以豉翻。帅，读曰率。廆悔之，遣其长史乙那娄冯追谢之。那，与那同。乙那娄，虏三字姓。吐谷浑曰：“先公尝称卜筮之言云，‘吾二子皆当强盛，祚流后世。’我，孽子也；孽，鱼列翻；庶出为孽。理无并大。今因马而别，殆天意乎！”遂不复还，西傅阴山而居。复，扶又翻。傅，读曰附。属永嘉之乱，属，朱欲翻，会也。因度陇而西，据洮水之西，极于白兰，地方数千里。沙州记曰：洮水出强台山，东北流，径吐谷浑中，又东北流入塞。此洮西，塞外洮水之西也，即沙漒沓中之地。白兰，山名，羌所居也；至唐时，丁零羌居之，左属党项，右与多弥接。杜佑曰：白兰，羌之别种，东北接吐谷浑，西至叱利模徒，南界郡鄂，风俗物产与宕昌同。鲜卑谓兄为阿干，廆追思之，为之作阿干之歌。吐谷浑有子六十人，长子吐延嗣。为，于伪翻。长，知两翻。吐延长大有勇力，羌、胡皆畏之。吐谷浑事始此。

太兴元年（戊寅、三一八）是年三月，方改元。

1春，正月，辽西公疾陆眷卒，其子幼，叔父涉复辰自立。段匹磾自蓟往奔丧；段末柸宣言："匹磾之来，欲为篡也。"匹磾至右北平，刘昫曰：唐蓟州渔阳县，古右北平郡治所。磾，丁奚翻。涉复辰发兵拒之。末柸乘虚袭涉复辰，杀之，并其子弟党与，自称单于。迎击匹磾，败之；单，音蝉。败，补迈翻。匹磾走还蓟。蓟，音计。

2三月，癸丑，愍帝凶问至建康，王斩缞居庐。缞，仓回翻。仪礼：斩衰、倚庐。孟康曰：倚庐，倚墙至地为之，无楣柱。丧服大记：父母之丧，居倚庐，不涂。君为庐，宫之；大夫、士，襢之。既葬，柱楣，涂庐，不于显者，君、大夫、士皆宫之。正义曰：居倚庐者，谓于中门之外东墙下倚木为庐。不涂者，但以草夹障，不涂之也。宫之者，谓庐外以帷障之如宫墙。襢之言袒也，其庐袒露，不帷障也。既葬柱楣者，既葬情杀，故杧楣稍举以纳日光；又以泥涂，辟风寒。不于显者，涂庐不涂庐外显处。君、大夫、士皆宫之者，既葬，故得皆宫之。百官请上尊号，上，时掌翻。王不许。纪瞻曰："晋氏统绝，于今二年，陛下当承大业；顾望宗室，谁复与让！若光践大位，则神、民有所凭依；苟为逆天时，违人事，大势一去，不可复还。复，扶又翻。今两都燔荡，宗庙无主，刘聪窃号于西北，而陛下方高让于东南，此所谓揖让而救火也。"王犹不许，使殿中将军韩绩彻去御坐。殿中将军，属二卫，晋初置，朝会宴飨，则戎服直侍左右，夜开诸城门，则执白虎幡监之。坐，徂卧翻；下帝坐同。瞻叱绩曰："帝坐上应列星，天文志，帝坐在紫宫中。敢动者斩！"王为之改容。为，于伪翻。

奉朝请周嵩上疏曰：王为丞相，以嵩为参军，及为晋王，拜奉朝请。晋志曰：奉朝请者，奉朝会请召而已。"古之王者，义全而后取，让成而后得，是以享世长久，重光万载也。重，直龙翻。载，子亥翻。

今梓宫未返，旧京未清，义夫泣血，士女遑遑。宜开延嘉谋，训卒厉兵，先雪社稷大耻，副四海之心，则神器将安适哉！”由是忤旨，出为新安太守，孙权分丹阳立新都郡，武帝太康元年改名新安郡。刘昫曰：新安郡，唐之歙州。忤，五故翻。又坐怨望抵罪。嵩，𫖮之弟也。𫖮，鱼岂翻。

丙辰，王即皇帝位，百官皆陪列。帝命王导升御床共坐，导固辞曰：“若太阳下同万物，苍生何由仰照！”帝乃止。大赦，改元，文武增位二等。帝欲赐诸吏投刺劝进者加位一等，民投刺者皆除吏，凡二十馀万人。毛晃曰：书姓名于奏白曰刺。散骑常侍熊远曰：“陛下应天继统，率土归戴，岂独近者情重，远者情轻！不若依汉法遍赐天下爵，于恩为普，汉自惠帝嗣位，赐民爵一级，有官秩者以岁数为差；其后诸帝初即位，率赐民爵一级。且可以息检核之烦，塞巧伪之端也。”塞，悉则翻。帝不从。

庚午，立王太子绍为皇太子。太子仁孝，喜文辞，善武艺，好贤礼士，喜，许记翻。好，呼到翻。容受规谏，与庾亮、温峤等为布衣之交。亮风格峻整，善谈老、庄，帝器重之，聘亮妹为太子妃。帝以贺循行太子太傅，周𫖮为少傅，庾亮以中书郎侍讲东宫。帝好刑名家，以韩非书赐太子。庾亮谏曰：“申、韩刻薄伤化，不足留圣心。”太子纳之。

3 帝复遣使授慕容廆龙骧将军、大单于、昌黎公，廆辞公爵不受。廆辞公爵不受，外为谦让，其志不肯郁郁于昌黎也。复，扶又翻。使，疏吏翻。骧，思将翻。廆以游邃为龙骧长史，刘翔为主簿，命邃创定府朝仪法。朝，直遥翻。裴嶷言于廆曰：“晋室衰微，介居江表，介，独也。嶷，鱼力翻。威德不能及远，中原之乱，非明公不能拯也。拯，救也。今诸部虽各拥兵，然皆顽愚相聚，宜以渐并取，以为西讨之资。”西讨，谓自辽东进兵，西入中州也。廆曰：

"君言大，非孤所及也。然君中朝名德，不以孤僻陋而教诲之，是天以君赐孤而佑其国也。"乃以嶷为长史，委以军国之谋，诸部弱小者，稍稍击取之。

4 李矩使郭默、郭诵救赵固，屯于洛汭。水经：洛水东北过巩县东，又北入于河。夏五子傒太康于洛汭，即其地。诵潜遣其将耿稚等夜济河袭汉营，据李矩传，时粲营于孟津北岸。汉具丘王翼光觇知之，觇，丑廉翻，又丑艳翻。以告太子粲，请为之备。粲曰："彼闻赵固之败，自保不暇，安敢来此邪！毋为惊动将士！"俄而稚等奄至，十道进攻，粲众惊溃，死伤太半，粲走保阳乡。阳乡，盖春秋阳樊之地，在汲郡修武县界。稚等据其营，获器械、军资，不可胜数。胜，音升。及旦，粲见稚等兵少，更与刘雅生收馀众攻之，汉主聪使太尉范隆帅骑助之，少，诗照翻。帅，读曰率。骑，奇寄翻。与稚等相持，苦战二十馀日，不能下。李矩进兵救之，汉兵临河拒守，矩兵不得济。稚等杀其所获牛马，焚其军资，突围奔虎牢。河南成皋县，郑之虎牢也。穆天子传曰：七萃之士，生捕虎，即献天子，天子畜之东虢，号曰虎牢。其后刘裕复中原，置河南四镇，虎牢其一也。诏以矩都督河南三郡诸军事。三郡，河南、荥阳、弘农也。

5 汉螽斯则百堂灾，螽斯则百堂，取螽斯子孙众多，思齐则百斯男之义。烧杀汉主聪之子会稽王康等二十一人。会，工外翻。

6 聪以其子济南王骥为大将军、都督中外诸军事、录尚书，齐王劢为大司徒。济，子礼翻。劢，音迈。

7 焦嵩、陈安举兵逼上邽，相国保遣使告急于张寔，寔遣金城太守窦涛督步骑二万赴之。军至新阳，晋志，新阳县属天水郡。何承天曰：魏立。水经注：渭水过冀县，又东出岑峡，入新阳川。新阳县盖置于此。闻愍帝崩，保谋称尊号。破羌都尉张诜言于寔曰："南阳王，国之疏属，忘其大耻而亟欲自尊，君父皆死于贼手，保之大耻也。必不能成功。晋王近亲，且有名德，当帅天下以奉之。"

保，宣帝之从曾孙，故曰疏属；帝，宣帝之曾孙，故曰近亲。帅，读曰率。寔从之，遣牙门蔡忠奉表诣建康；比至，帝已即位。比，必寐翻。寔不用江东年号，犹称建兴。河西张氏用建兴年号，历九世四十九年，至孝宗升平五年，张天锡乃奉升平年号。

8 夏，四月，丁丑朔，日有食之。

9 加王敦江州牧，王导骠骑大将军、开府仪同三司。

导遣八部从事行扬州郡国，扬州时统丹阳、会稽、吴、吴兴、宣城、东阳、临海、新安八郡，故分遣部从事八人。行，下孟翻。还，同时俱见。诸从事各言二千石官长得失，长，知两翻。独顾和无言。导问之，和曰："明公作辅，宁使网漏吞舟，汉书刑法志曰：汉兴之初，虽有约法三章，网漏吞舟之鱼。师古曰：言疏阔；吞舟，谓大鱼也。何缘采听风闻，以察察为政邪！"导咨嗟称善。和，荣之族子也。

10 成丞相范长生卒；成主雄以长生子侍中贲为丞相。长生博学，多艺能，年近百岁，蜀人奉之如神。近，其靳翻。

11 汉中常侍王沈养女有美色，沈，持林翻。汉主聪立以为左皇后。尚书令王鉴、中书监崔懿之、中书令曹恂谏曰："臣闻王者立后，比德乾坤，乾，父道也，君比德焉；坤，母道也，后比德焉。生承宗庙，没配后土，必择世德名宗，幽闲令淑，诗关雎：窈窕淑女。毛注云：窈窕，幽闲也；淑，善也。令，亦善也。乃副四海之望，称神祇之心。称，尺证翻。孝成帝以赵飞燕为后，使继嗣绝灭，社稷为墟，此前鉴也。事见三十二卷汉哀帝建平元年。自麟嘉以来，愍帝建兴之四年，汉麟嘉之元年。中宫之位，不以德举。借使沈之弟女，刑馀小丑，犹不可以尘污椒房，污，乌路翻。况其家婢邪！六宫妃嫔，皆公子公孙，奈何一旦以婢主之！臣恐非国家之福也。"聪大怒，使中常侍宣怀谓太子粲曰："鉴等小子，狂言侮慢，无复君臣上下之礼，其速考实！"于是收鉴等送市，皆斩之。金紫光禄大夫王延驰，将入谏，门者弗通。

鉴等临刑，王沈以杖叩之曰："庸奴，复能为恶乎？乃公何与汝事！"与，读曰豫。鉴瞋目叱之曰："竖子！灭大汉者，正坐汝鼠辈与靳准耳！瞋，七人翻。靳，居忺翻。要当诉汝于先帝，取汝于地下治之。"治，直之翻。准谓鉴曰："吾受诏收君，有何不善，君言汉灭由吾也？"鉴曰："汝杀皇太弟，使主上获不友之名。国家畜养汝辈，何得不灭！"畜，许六翻。懿之谓准曰："汝心如枭镜，枭，食母；破镜，食父。破镜，如貙而虎身。"身"，一作"眼"。必为国患，汝既食人，人亦当食汝。"

聪又立宣怀养女为中皇后。

12 司徒荀组在许昌，逼于石勒，帅其属数百人渡江；帅，读曰率。诏组与太保西阳王羕并录尚书事。

13 段匹磾之奔疾陆眷丧也，刘琨使其世子群送之。匹磾败，群为段末柸所得。末柸厚礼之，许以琨为幽州刺史，欲与之袭匹磾，密遣使赍群书，请琨为内应，为匹磾逻骑所得。磾，丁奚翻。逻，郎佐翻。时琨别屯征北小城，不知也，征北小城，盖征北将军所治。来见匹磾。匹磾以群书示琨曰："意亦不疑公，是以白公耳。"琨曰："与公同盟，庶雪国家之耻，若儿书密达，亦终不以一子之故负公而忘义也。"匹磾雅重琨，雅，素也。初无害琨意，将听还屯。其弟叔军谓匹磾曰："我，胡夷耳；所以能服晋人者，畏吾众也。今我骨肉乖离，谓与末柸相攻也。是其良图之日；若有奉琨以起，吾族尽矣。"匹磾遂留琨。琨之庶长子遵惧诛，与琨左长史杨桥等闭门自守，长，知两翻。匹磾攻拔之。代郡太守辟闾嵩、姓谱：卫文公支孙居楚丘，营辟闾里，因为辟闾氏。后将军韩据复潜谋袭匹磾，事泄，匹磾执嵩、据及其徒党，悉诛之。五月，癸丑，匹磾称诏收琨，缢杀之，并杀其子侄四人。缢，于赐翻，又于计翻。琨从事中郎卢谌、崔悦等帅琨馀众奔辽西，谌，氏壬翻。帅，读曰率；下同。依段末柸，奉刘群为主；将佐多奔石勒。悦，林之曾孙也。崔林仕魏，位至司空。朝廷以匹磾尚强，冀其能平河朔，乃不为琨举哀。为，于伪翻；下同。温峤表"琨尽忠帝室，家破身亡，宜在褒恤；"卢谌、崔悦因末柸使者，亦上表为琨讼冤。后数岁，乃赠琨太尉、侍中，谥曰愍。于是夷、晋以琨死，皆不附匹磾。

末柸遣其弟攻匹磾，匹磾帅其众数千将奔邵续，勒将石越邀之于盐山，盐山，在勃海高城县；隋改高城曰盐山县。宋白曰：盐山在县东南八十里。匹磾与琨结盟，同奖晋室；既杀琨，而匹磾之势亦衰，终为石勒禽矣。大败之，败，补迈翻。匹磾复还保蓟。末柸自称幽州刺史。

初，温峤为刘琨奉表诣建康，其母崔氏固止之，峤绝裾而去。既至，屡求返命，朝廷不许。会琨死，除散骑侍郎。峤闻母亡，阻乱不得奔丧、临葬，固让不拜，苦请北归。诏曰："凡行礼者，当使理可经通。经，常也。今桀逆未枭，枭，坚尧翻。诸军奉迎梓宫犹未得进，峤以一身，于何济其私难难，乃旦翻。而不从王命邪！"峤不得已受拜。

14 初，曹嶷既据青州，乃叛汉来降。谓遣使诣建康奉表劝进也。嶷，鱼力翻。又以建康悬远，势援不接，复与石勒相结，勒授嶷东州大将军、青州牧，封琅邪公。曹嶷反侧二国之间，终为人禽而已矣。复，扶又翻。

15 六月，甲申，以刁协为尚书令，荀崧为左仆射。协性刚悍，与物多忤，悍，侯旰翻，又下罕翻。忤，五故翻。与侍中刘隗俱为帝所宠任；隗，五罪翻。欲矫时弊，每崇上抑下，排沮豪强，沮，在吕翻。故为王氏所疾，诸刻碎之政，皆云隗、协所建。协又使酒放肆，侵毁公卿，见者皆侧目惮之。为刁协见杀张本。

16 戊戌，封皇子晞为武陵王。

17 刘虎自朔方侵拓跋郁律西部，虎徙朔方，见八十七卷怀帝永嘉四年。秋，七月，郁律击虎，大破之。虎走出塞，从弟路孤帅其部落降于郁律。帅，读曰率。降，户江翻。于是郁律西取乌孙故地，东兼勿吉以西，唐书北狄列传曰，黑水靺鞨，居肃慎地，亦曰挹娄，元魏谓之勿吉。通鉴盖因魏收魏书书之。郁律所取者，勿吉以西之地，未能兼勿吉也；徒河慕容、令支段氏及宇文部、高句丽，亦非郁律所能制伏。士马精强，雄于北方。

18 汉主聪寝疾，征大司马曜为丞相，石勒为大将军，皆录尚书事，受遗诏辅政。曜、勒固辞。乃以曜为丞相、领雍州牧，雍，于用翻。勒为大将军、领幽·冀二州牧，勒辞不受。以上洛王景为太宰，济南王骥为大司马，济，子礼翻。昌国公顗为太师，顗，鱼岂翻。朱纪为太傅，呼延晏为太保，并录尚书事；范隆守尚书令、仪同三司，靳准为大司空、领司隶校尉，皆迭决尚书奏事。癸亥，聪卒。甲子，太子粲即位。粲，字士光。尊皇后靳氏为皇太后，樊氏号弘道皇后，武氏号弘德皇后，王氏号弘孝皇后；立其妻靳氏为皇后，子元公为太子。大赦，改元汉昌。葬聪于宣光陵，谥曰昭武皇帝，庙号烈宗。靳太后等皆年未盈二十，粲多行无礼，无复哀戚。

靳准阴有异志，私谓粲曰："如闻诸公欲行伊、霍之事，先诛太保及臣，以大司马统万机，陛下宜早图之！"粲不从。准惧，复使二靳氏言之，二靳氏，聪后与粲后。靳，居忺翻。复，扶又翻。粲乃从之。收其太宰景、大司马骥、骥母弟车骑大将军吴王逞、太师顗、大司徒齐王劢，皆杀之。顗，鱼岂翻。劢，音迈。朱纪、范隆奔长安。奔刘曜也。八月，粲治兵于上林，谋讨石勒。盖起上林苑于平阳。治，直之翻。以丞相曜为相国、都督中外诸军事，仍镇长安。靳准为大将军、录尚书事。粲常游宴后宫，军国之事，一决于准。准矫诏以从弟明为车骑将军，康为卫将军。从，才用翻。

准将作乱，谋于王延。延弗从，驰，将告之；将以准谋告粲。遇靳康，劫延以归。准遂勒兵升光极殿，使甲士执粲，数而杀之，数，所具翻。谥曰隐帝。刘氏男女，无少长皆斩东市。少，诗照翻。长，知两翻。发永光、宣光二陵，渊墓号永光陵。斩聪尸，焚其宗庙。准自号大将军、汉天王，称制，置百官。谓安定胡嵩曰："自古无胡人为天子者，今以传国玺付汝，还如晋家。"洛阳之陷，传国玺迁于平阳。如，往也。玺，斯氏翻。嵩不敢受，准怒，杀之。遣使告司州刺史李矩曰："刘渊，屠各小丑，屠，直于翻。因晋之乱，矫称天命，使二帝幽没。辄率众扶侍梓宫，请以上闻。"矩驰表于帝，帝遣太常韩胤等奉迎梓宫。汉尚书北宫纯等招集晋人，堡于东宫，靳康攻灭之。北宫纯降汉，见八十七卷怀帝永嘉五年。准欲以王延为左光禄大夫，延骂曰："屠各逆奴，何不速杀我，以吾左目置西阳门，观相国之入也；以刘曜将自西进兵也。右目置建春门，观大将军之入也！"以石勒将自东进兵也。准杀之。

相国曜闻乱，自长安赴之。石勒帅精锐五万以讨准，据襄陵北原。帅，读曰率。襄陵县，汉属河东郡，晋属平阳郡。师古曰：晋襄公之陵，因以名县。据水经注，襄陵在平阳东南。准数挑战，数，所角翻。挑，徒了翻。勒坚壁以挫之。

冬，十月，曜至赤壁。水经注：河东皮氏县西北，有赤石川。太保呼延晏等自平阳归之，与太傅朱纪等共上尊号。上，时掌翻。曜即皇帝位，曜，字永明，渊之族子。大赦，惟靳准一门不在赦例。改元光初。以朱纪领司徒，呼延晏领司空，太尉范隆以下悉复本位。以石勒为大司马、大将军，加九锡，增封十郡，进爵为赵公。

勒进攻准于平阳，巴及羌、羯降者十馀万落，巴，巴氐也。魏武平汉中，迁巴氐于关中，其后种类滋蔓，河东、平阳皆有之。羯，居谒翻。勒皆徙之于所部郡县。

汉主曜使征北将军刘雅、镇北将军刘策屯汾阴，汾阴县，汉属河东郡，晋省。与勒共讨准。

19 十一月，乙卯，日夜出，高三丈。高，居奥翻。

20 诏以王敦为荆州牧，加陶侃都督交州诸军事；敦固辞州牧，乃听为刺史。

21 庚申，诏群公卿士各陈得失。御史中丞熊远上疏，以为："胡贼猾夏，孔安国曰：猾，乱也。夏，华夏。夏，户雅翻。梓宫未返，而不能遣军进讨，一失也。群官不以雠贼未报为耻，务在调戏、酒食而已，二失也。谐谑以相调戏。选官用人，不料实德，惟在白望，不求才干，惟事请托；当官者以治事为俗吏，治，直之翻。奉法为苛刻，尽礼为谄谀，从容为高妙，从，千容翻。放荡为达士，骄蹇为简雅，三失也。世之所恶者，陆沈泥滓；恶，乌路翻。司马彪曰：陆沈，谓无水而沈之。沈，持林翻。时之所善者，翺翔云霄；是以万机未整，风俗伪薄。朝廷群司，以从顺为善，相违见贬，安得朝有辨争之臣，士无禄仕之志乎！朝，直遥翻。古之取士，敷奏以言；舜典曰：敷奏以言。孔安国注曰：敷，陈；奏，进也；各使陈进治体之言。今光禄不试，甚违古义。此即谓秀、孝不试而署吏。又举贤不出世族，用法不及权贵，是以才不济务，奸无所惩。若此道不改，求以救乱，难矣！"

先是，帝以离乱之际，欲慰悦人心，州郡秀、孝，至者不试，普皆署吏。秀、孝，谓州郡所举秀才及孝廉。先，悉荐翻。尚书陈頵亦上言："宜渐循旧制，试以经策。"晋初秀、孝以经策中第者，若华谭之类是也。頵，于伦翻，又居筠翻。帝从之，仍诏："不中科者，刺史、太守免官。"欲罪举主也。中，竹仲翻。于是秀、孝皆不敢行，其有到者，亦皆托疾，比三年无就试者。比，毗寐翻。帝欲特除孝廉已到者官，尚书郎孔坦奏议，以为："近郡惧累君父，皆不敢行；累，力瑞翻。君父，谓刺史、太守。远郡冀于不试，冒昧来赴。今若偏加除署，是为谨身奉法者失分，侥幸投射者得官，分，扶问翻。投射，谓投机而射利也。颓风伤教，恐从此始。不若一切罢归，而为之延期，为，于伪翻。延，远也。使得就学，则法均而令信矣。"帝从之，听孝廉申至七年乃试。申，宽展也。坦，愉之从子也。从，才用翻。

22 靳准使侍中卜泰送乘舆、服御请和于石勒；乘，绳证翻。勒囚泰，送于汉主曜。曜谓泰曰："先帝末年，实乱大伦。先帝，谓粲也；乱伦，谓烝其诸母。司空行伊、霍之权，使朕及此，其功大矣。若早迎大驾者，当悉以政事相委，况免死乎！卿为朕入城，具宣此意。"为，于伪翻。泰还平阳，准自以杀曜母兄，沈吟未从。曜母胡氏，为准所杀，兄则史失其名。沈吟，冘豫不決之意。沈，持林翻。十二月，左、右车骑将军乔泰、王腾、卫将军靳康等，相与杀准，推尚书令靳明为主，遣卜泰奉传国六玺降汉。降，户江翻。石勒大怒，进军攻明，明出战，大败，乃婴城固守。

23 丁丑，封皇子焕为琅邪王。焕，郑夫人之子，生二年矣，帝爱之，以其疾笃，故王之。己卯，薨。帝以成人之礼葬之，备吉凶仪服，营起园陵，功费甚广。琅邪国右常侍会稽孙霄晋志：王国置左右常侍各一人。上疏谏曰："古者凶荒杀礼；杀，所戒翻，降也，减也。况今海内丧乱，丧，息浪翻。宪章旧制，犹宜节省，而礼典所无，顾崇饰如是乎！葬无服之殇以成人之礼，古典所无也。竭已罢之民，营无益之事，罢，读曰疲。殚已困之财，修无用之费，此臣之所不安也。"帝不从。

24 彭城内史周抚杀沛国内史周默，以其众降石勒。诏下邳内史刘遐领彭城内史，与徐州刺史蔡豹、泰山太守徐龛共讨之。豹，质之玄孙也。蔡质，汉人，蔡邕之叔父。龛，口含翻。

25 石虎帅幽、冀之兵会石勒攻平阳，靳明屡败，遣使求救于汉。汉主曜使刘雅、刘策迎之，明帅平阳士女万五千人奔汉。帅，读曰率。曜西屯粟邑，粟邑县，属冯翊郡。收靳氏男女，无少长皆斩之。少，诗照翻。长，知两翻。曜迎其母胡氏之丧于平阳，葬于粟邑，号曰阳陵，谥曰宣明皇太后。石勒焚平阳宫室，使裴宪、石会修永光、宣光二陵，收汉主粲已下百馀口葬之，置戍而归。

26 成梁州刺史李凤数有功，数，所角翻。成主雄兄子稚在晋寿，疾之。晋寿县属梓潼郡。何承天曰：晋惠帝立晋寿县。沈约曰：按晋起居注，武帝太康元年，改梓潼之汉寿曰晋寿。汉寿之名，疑是蜀立。云惠帝立，非也。凤以巴西叛。雄自至涪，使太傅骧讨凤，斩之；以李寿为前将军，督巴西军事。涪，音浮。

何兹全标点王崇武聂崇岐覆校

资治通鉴卷第九十一

端明殿学士兼翰林侍读学士朝散大夫右谏议大夫
充集贤殿修撰权判西京留司御史台上柱国河内郡 司马光 奉敕编集
开国侯食邑一千三百户食实封四百户赐紫金鱼袋臣

后学天台胡三省音注

晋纪十三 起屠维单阏(己卯)，尽重光大荒落(辛巳)，凡三年。

中宗元皇帝中

太兴二年(己卯、三一九)

1 春，二月，刘遐、徐龛击周抚于寒山，破斩之。魏收地形志，彭城郡彭城县有寒山。龛，苦含翻。初，掖人苏峻帅乡里数千家结垒以自保，远近多附之。掖县，属东莱郡。苏峻传云，长广掖人。据志，长广郡有挺县，无掖县。帅，读曰率。曹嶷恶其强，将攻之，峻率众浮海来奔。嶷，鱼力翻。恶，乌路翻。帝以峻为鹰扬将军，沈约志：鹰扬将军，建安中，曹公以命曹洪。助刘遐讨周抚有功；诏以遐为临淮太守，峻为淮陵内史。惠帝元康七年，分临淮置淮陵郡，其地当在唐沂州临沂县界。宋白曰：泗洲招信县，本汉淮陵县。

2 石勒遣左长史王修献捷于汉，汉主曜遣兼司徒郭汜授勒太宰、领大将军，进爵赵王，加殊礼，出警入跸，如曹公辅汉故事；汜，音祀。拜王修及其副刘茂皆为将军，封列侯。修舍人曹平乐从修至粟邑，乐，音洛。因留仕汉，言于曜曰："大司马遣修等来，曜初即位，以勒为大司马，故称之。外表至诚，内觇大驾强弱，俟其复命，将袭乘舆。”觇，丑廉翻。乘，绳证翻。时汉兵实疲弊，曜信之。乃追汜还，斩修于市。三月，勒还至襄国。刘茂逃归，言修死状。勒大怒曰：“孤事刘氏，于人臣之职有加矣。彼之基业，皆孤所为，今既得志，还欲相图。赵王、赵帝，孤自为之，何待于彼邪！”乃诛曹平乐三族。为刘、石相攻张本。

3 帝令群臣议郊祀，尚书令刁协等以为宜须还洛乃修之。司徒荀组等曰：“汉献帝都许，即行郊祀，范书，汉献帝建安元年，郊祀上帝于安邑；是年七月，至洛阳，复郊祀上帝；八月，迁许，无郊祀之事，或别见他书也。晋书礼志载组议云：献帝迁许，即便立郊。盖郊祀不在迁许之年也。何必洛邑！”帝从之，立郊丘于建康城之巳地。辛卯，帝亲祀南郊。以未有北郊，按：成帝咸和八年，始于覆舟山南立北郊。并地祇合祭之。诏：“琅邪恭王宜称皇考，”贺循曰：“礼，子不敢以己爵加于父，”此前汉师丹引礼以为言，事见三十三卷汉哀帝建平元年。乃止。

4 初，蓬陂坞主陈川蓬陂，即左传之蓬泽，在浚仪县。自称陈留太守。守，式又翻。祖逖之攻樊雅也，川遣其将李头助之。头力战有功，逖厚遇之。头每叹曰：“得此人为主，吾死无恨。”川闻而杀之。头党冯宠帅其众降逖，川益怒，大掠豫州诸郡，逖遣兵击破之。夏，四月，川以浚仪叛，降石勒。浚仪县，属陈留郡，故大梁也。帅，读曰率。降，户江翻；下同。

5 周抚之败走也，徐龛部将于药追斩之；及朝廷论功，而刘遐先之。先，悉荐翻。龛怒，以泰山叛，降石勒，自称兖州刺史。

6 汉主曜还，都长安，自粟邑还长安，遂定都也。立妃羊氏为皇后，即惠帝羊皇后。曜纳羊后，见八十七卷怀帝永嘉五年。子熙为皇太子；封子袭为长乐王，乐，音洛。阐为太原王，冲为淮南王，敞为齐王，高为鲁王，徽为楚王；诸宗室皆进封郡王。羊氏，即故惠帝后也。曜尝问之曰："吾何如司马家儿?"羊氏曰："陛下，开基之圣主；彼，亡国之暗夫；何可并言！彼贵为帝王，有一妇、一子及身三耳，曾不能庇。妾于尔时，实不欲生，意谓世间男子皆然。自奉巾栉已来，始知天下自有丈夫耳。"曜甚宠之，颇干预国事。

7 南阳王保自称晋王，改元建康，置百官，以张寔为征西大将军、开府仪同三司。陈安自称秦州刺史，降于汉，又降于成。上邽大饥，士众困迫，张春奉保之南安祁山。之，往也。寔遣韩璞帅步骑五千救之；陈安退保绵诸，绵诸道，前汉属天水郡，后汉、晋省。水经注：绵诸水，历绵诸故道北，东南入清水，清水东南注渭。保归上邽。未几，保复为安所逼，几，居岂翻。复，扶又翻。寔遣其将宋毅救之，安乃退。

8 江东大饥，诏百官各上封事。益州刺史应詹上疏曰：詹自益州刺史还建康。"元康以来，贱经尚道，以玄虚弘放为夷达，夷，旷也。以儒术清俭为鄙俗，宜崇奖儒官，以新俗化。"

9 祖逖攻陈川于蓬关，石勒遣石虎将兵五万救之，战于浚仪，逖兵败，退屯梁国。勒又遣桃豹将兵至蓬关，逖退屯淮南。此淮南郡，治寿春。虎徙川部众五千户于襄国，留豹守川故城。

10 石勒遣石虎击鲜卑日六延于朔方，大破之，斩首二万级，俘虏三万馀人。孔苌攻幽州诸郡，悉取之。段匹磾士众饥散，欲移保上谷，晋志：上谷郡，治沮阳县；秦置郡，在谷之上头，故名焉。代王郁律勒兵将击之，匹磾弃妻子奔乐陵，依邵续。乐陵郡，治厌次，续保之以奉晋。

11 曹嶷遣使赂石勒，请以河为境，勒许之。嶷已缘河置戍矣，今赂勒请以河为境者，惧勒之侵轶也。

12 梁州刺史周访击杜曾，大破之。马隽等执曾以降，访斩之；并获荆州刺史第五猗，送于武昌。访以猗本中朝所署，朝，直遥翻。加有时望，白王敦不宜杀，敦不听而斩之。猗从杜曾事，始八十九卷愍帝建兴四年。初，敦患杜曾难制，谓访曰："若擒曾，当相论为荆州。"及曾死而敦不用。王廙在荆州，廙，羊至翻，又逸职翻。多杀陶侃将佐；将，即亮翻。以皇甫方回为侃所敬，责其不诣己，收斩之。士民怨怒，上下不安。帝闻之，征廙为散骑常侍，以周访代廙为荆州刺史。王敦忌访威名，意难之。从事中郎郭舒说敦曰："鄙州虽荒弊，乃用武之国，不可以假人，宜自领之，郭舒，先在荆州，历事刘弘、王澄。说，输芮翻。访为梁州足矣。"敦从之。六月，丙子，诏加访安南将军，馀如故。访大怒，敦手书譬解，并遗玉环、玉椀以申厚意。遗，于季翻。访抵之于地，曰："吾岂贾竖，可以宝悦邪！"贾，音古。访在襄阳，务农训兵，阴有图敦之志，守宰有缺辄补，然后言上；上，时掌翻。敦患之而不能制。

魏该为胡寇所逼，自宜阳率众南迁新野，魏该自怀帝末屯宜阳界一泉坞。宜阳县，属弘农郡。新野县，汉属南阳郡，晋属义阳郡。助周访讨杜曾有功，拜顺阳太守。

赵固死，郭诵留屯阳翟，阳翟县，汉属颍川郡，晋属河南郡。石生屡攻之，不能克。

13 汉主曜立宗庙、社稷、南北郊于长安，诏曰："吾之先，兴于北方。光文立汉宗庙以从民望。见八十五卷惠帝永兴元年。今宜改国号，以单于为祖。亟议以闻！"群臣奏："光文始封卢奴伯，晋成都王颖封刘渊为卢奴伯。陛下又王中山；中山，赵分也，王，于况翻。分，扶问翻。请改国号为赵。"从之。以冒顿配天，冒，莫北翻。光文配上帝。

14 徐龛寇掠济、岱，岱，泰山也。龛寇掠济、岱之间。济，子礼翻。破东莞。沈约志：武帝太康元年，分琅邪立东莞郡。晋志：东莞，故鲁郓邑。刘昫曰：唐沂州沂水县，汉东莞县地。宋白曰：春秋莒、鲁争郓。杜预注云：城阳姑幕县南，有员亭，即郓也，俗变其字耳。十三州志云：有东、西二郓，鲁昭公所居者为西郓，兖州东平郡是也；莒、鲁所争者为东郓，汉东莞县是也。莞，音官。帝问将帅可以讨龛者于王导，将，即亮翻。帅，所类翻。导以为太子左卫率泰山羊鉴，龛之州里冠族，冠，古玩翻。必能制之。鉴深辞，才非将帅；郗鉴亦表鉴非才，不可使；导不从。秋，八月，以羊鉴为征虏将军、征讨都督，督徐州刺史蔡豹、临淮太守刘遐、鲜卑段文鸯等讨之。段文鸯时从其兄匹磾在厌次。

15 冬，石勒左、右长史张敬、张宾，左、右司马张屈六、程遐等劝勒称尊号，勒不许。十一月，将佐等复请勒称大将军、大单于、领冀州牧、赵王，复，扶又翻。单，音蝉。依汉昭烈在蜀、魏武在邺故事，以河内等二十四郡为赵国，太守皆为内史，准禹贡，复冀州之境，时以河内、魏、汲、顿丘、平原、清河、钜鹿、常山、中山、长乐、乐平、赵国、广平、阳平、章武、勃海、河间、上党、定襄、范阳、渔阳、武邑、燕国、乐陵二十四郡为赵国。准禹贡，魏武复冀州之境，南至孟津，西达龙门，东至于河，北至塞垣。以大单于镇抚百蛮，罢并、朔、司三州，晋未尝置朔州；此罢朔州，未知谁所置也。通置部司以监之；勒许之。戊寅，即赵王位，石勒，字世龙。大赦；依春秋时列国称元年。

初，勒以世乱，律令烦多，命法曹令史贯志，贯，姓也；志，其名。采集其要，作辛亥制五千文；施行十馀年，乃用律令。以理曹参军上党续咸为律学祭酒；姓谱：帝舜七友有续牙。曰晋大夫狐鞫居食采于续，号续简伯，后以为氏。咸用法详平，国人称之。以中垒将军支雄、中垒将军，后赵创置。游击将军王阳领门臣祭酒，勒置经学祭酒、律学祭酒、史学祭酒、门臣祭酒。专主胡人辞讼，重禁胡人，不得陵侮衣冠华族，华族，中华之族也。勒，胡人也，能禁其丑类，不使陵暴华人及衣冠之士，晋文公初欲俘阳樊之民，殆有愧焉。号胡为国人。遣使循行州郡，劝课农桑。朝会始用天子礼乐，衣冠、仪物，从容可观矣。朝，直遥翻。从，千容翻。加张宾大执法，专总朝政；朝，直遥翻；下同。以石虎为单于元辅、都督禁卫诸军事，寻加骠骑将军、侍中、开府，赐爵中山公；骠，匹妙翻。自馀群臣，授位进爵各有差。

张宾任遇优显，群臣莫及；而谦虚敬慎，开怀下士，屏绝阿私，屏，必郢翻。以身帅物，帅，读曰率。入则尽规，出则归美。勒甚重之，每朝，常为之正容貌，简辞令，呼曰右侯而不敢名。史言张宾有大臣之节，所以膺石勒之体貌。为，于伪翻。

16 十二月，乙亥，大赦。

17 平州刺史崔毖，自以中州人望，镇辽东，毖，崔琰之曾孙。琰在魏时，为冀州人士之首，子孙遂为冀州冠族。毖，音秘。而士民多归慕容廆，廆，户罪翻。心不平。数遣使招之，皆不至，数，所角翻。意廆拘留之，乃阴说高句丽、段氏、宇文氏，使共攻之，说，输芮翻。句，音如字，又音驹。丽，力知翻。约灭廆，分其地。毖所亲勃海高瞻力谏，毖不从。

三国合兵伐廆，诸将请击之，廆曰："彼为崔毖所诱，欲邀一切之利。军势初合，其锋甚锐，不可与战，当固守以挫之。彼乌合而来，飞乌见食，群集而聚啄之，人或惊之，则四散飞去；故兵以利合无所统一者，谓之乌合。既无统壹，莫相归服，久必携贰，一则疑吾与毖诈而覆之，二则三国自相猜忌。待其人情离贰，然后击之，破之必矣。"

三国进攻棘城，廆闭门自守，遣使独以牛酒犒宇文氏；使，疏吏翻。犒，苦告翻。二国疑宇文氏与廆有谋，各引兵归。兵法所谓合则能离之，慕容廆有焉。宇文大人悉独官曰："二国虽归，吾当独取之。"

宇文氏士卒数十万，连营四十里。廆使召其子翰于徒河。翰自愍帝建兴元年镇徒河。翰遣使白廆曰："悉独官举国为寇，彼众我寡，易以计破，难以力胜。今城中之众，足以御寇，翰请为奇兵于外，伺其间而击之，间，古苋翻；下同。内外俱奋，使彼震骇不知所备，破之必矣。今并兵为一，彼得专意攻城，无复他虞，虞，防也，备也。复，扶又翻；下同。非策之得者也；且示众以怯，恐士气不战先沮矣。"沮，在莒翻。廆犹疑之。辽东韩寿言于廆曰："悉独官有凭陵之志，将骄卒惰，军不坚密，若奇兵卒起，卒，读曰猝。掎其无备，必破之策也。"掎，举绮翻。偏引曰掎，又从后牵曰掎。廆乃听翰留徒河。

悉独官闻之曰："翰素名骁果，骁，坚尧翻。今不入城，或能为患，当先取之，城不足忧。"乃分遣数千骑袭翰。翰知之，诈为段氏使者，逆于道曰："慕容翰久为吾患，闻当击之，吾已严兵相待，宜速进也。"使者既去，翰即出城，设伏以待之。宇文氏之骑见使者，大喜驰行，不复设备，进入伏中。翰奋击，尽获之，乘胜径进，遣间使语廆出兵大战。投间隙而行，故谓之间使。间，古苋翻。廆使其子皝与长史裴嶷将精锐为前锋，皝，呼广翻。自将大兵继之。悉独官初不设备，闻廆至，惊，悉众出战。前锋始交，翰将千骑从旁直入其营，纵火焚之，将，即亮翻。众皆惶扰，不知所为，遂大败，悉独官仅以身免。廆尽俘其众，获皇帝玉玺三纽。皇帝玺，即宇文大人普回出猎所得者。玺，斯氏翻。

崔毖闻之，惧，使其兄子焘诣棘城伪贺。会三国使者亦至，请和，曰："非我本意，崔平州教我耳。"廆以示焘，临之以兵，焘惧，首服。首，式救翻。廆乃遣焘归谓毖曰："降者上策，走者下策也。”引兵随之。毖与数十骑弃家奔高句丽，其众悉降于廆。降，户江翻。廆以其子仁为征虏将军，镇辽东，为仁以辽东与㑤争国张本。官府、市里，按堵如故。

高句丽将如奴子据于河城，廆遣将军张统掩击，擒之，俘其众千馀家；以崔焘、高瞻、韩恒、石琮归于棘城，待以客礼。恒，安平人；琮，鉴之孙也。石鉴事武帝、惠帝，位通显。廆以高瞻为将军，瞻称疾不就，廆数临候之，数，所角翻。抚其心曰："君之疾在此，不在他也。今晋室丧乱，孤欲与诸君共清世难，丧，息浪翻。难，乃旦翻。翼戴帝室。君中州望族，宜同斯愿，奈何以华、夷之异，介然疏之哉！介然，坚正不移之貌。夫立功立事，惟问志略何如耳，华、夷何足问乎！"以瞻薄廆起于东夷，不肯委身事之，故有是言。瞻犹不起，廆颇不平。龙骧主簿宋该，与瞻有隙，廆进号龙骧将军，以该为府主簿。骧，思将翻。劝廆除之，廆不从。瞻以忧卒。

初，鞠羡既死，鞠羡死见八十六卷怀帝永嘉元年。苟晞复以羡子彭为东莱太守。复，扶又翻。会曹嶷徇青州，事见八十七卷永嘉三年。嶷，鱼力翻。与彭相攻；嶷兵虽强，郡人皆为彭死战，为，于伪翻。嶷不能克。久之，彭叹曰："今天下大乱，强者为雄。曹亦乡里，彭与嶷皆齐人。为天所相，相，悉亮翻。苟可依凭，即为民主，何必与之力争，使百姓肝脑涂地！吾去此，则祸自息矣。"郡人以为不可，争献拒嶷之策，彭一无所用，与乡里千馀家浮海归崔毖。北海郑林客于东莱，彭、嶷之相攻，林情无彼此。嶷贤之，不敢侵掠，彭与之俱去。比至辽东，比，必寐翻。毖已败，乃归慕容廆。廆以彭参龙骧军事。遗郑林车牛粟帛；遗，于季翻。皆不受，躬耕于野。

宋该劝廆献捷江东，廆使该为表，裴嶷奉之，并所得三玺诣建康献之。

高句丽数寇辽东，句，如字，又音驹。丽，力知翻。数，所角翻。廆遣慕容翰、慕容仁伐之；高句丽王乙弗利逆来求盟，翰、仁乃还。还，从宣翻，又如字。

18 是岁，蒲洪降赵，考异曰：三十国、晋春秋洪降刘曜在太兴元年。按元年曜未都长安。晋书洪载记无年，但云"曜僭号长安，洪归曜"，故置是年。赵主曜以洪为率义侯。

19 屠各路松多起兵于新平、扶风以附晋王保，屠，直于翻。保使其将杨曼、王连据陈仓，张顗、周庸据阴密，松多据草壁，水经注：陇山西南，降陇城北，有松多川，盖松多据此，因以为地名。草壁，在阴密之东。顗，鱼岂翻。秦、陇氐、羌多应之。赵主曜遣诸将攻之，不克；曜自将击之。将，即亮翻。

三年（庚辰、三二〇）

1 春，正月，曜攻陈仓，王连战死，杨曼奔南氐。氐种之居陈仓南者，即仇池杨氏也。曜进拔草壁，路松多奔陇城；又拔阴密。晋王保惧，迁于桑城。水经注。洮水自临洮县东北流，过索西城，又北出门峡，又东北径桑城东，又北径安故县。保欲自桑城奔河西也。曜还长安，以刘雅为大司徒。

张春谋奉晋王保奔凉州，张寔遣其将阴监将兵迎之，声言翼卫，其实拒之。

2 段末杯攻段匹磾，破之。磾，丁奚翻。匹磾谓邵续曰："吾本夷狄，以慕义破家。君不忘久要，要，一遥翻；久要，旧约也。请相与共击末杯。"续许之，遂相与追击末杯，大破之。匹磾与弟文鸯攻蓟。匹磾奔邵续，蓟为石氏所取。蓟，音计。后赵王勒知续势孤，是时刘、石国号皆曰赵，史以石赵为后赵以别之，遣中山公虎将兵围厌次，厌，于琰翻。孔苌攻续别营十一，皆下之。二月，续自出击虎，虎伏骑断其后，断，丁管翻。遂执续，使降其城。欲使续降厌次城也。降，户江翻；下同。续呼兄子竺等谓曰："吾志欲报国，不幸至此。汝等努力奉匹磾为主，勿有贰心。"匹磾自蓟还，未至厌次，闻续已没，众惧而散，复为虎所遮；复，扶又翻；下同。文鸯以亲兵数百力战，始得入城，与续子缉、兄子存、竺等婴城固守。虎送续于襄国，勒以为忠，释而礼之，以为从事中郎。因下令："自今克敌，获士人，毋得擅杀，必生致之。"勒礼续而终于杀续，所以令生致士人者，不过欲使之从己耳。

吏部郎刘胤闻续被攻，被，皮义翻。言于帝曰："北方藩镇尽矣，惟馀邵续而已；如使复为石虎所灭，孤义士之心，阻归本之路，愚谓宜发兵救之。"胤，续所遣也，事见八十九卷愍帝建兴二年。帝不能从。闻续已没，乃下诏以续位任授其子缉。

3 赵将尹安、宋始、宋恕、赵慎四军屯洛阳，叛，降后赵。汉主曜改国号曰赵，石勒称赵王，同在上年，而勒并曜始得中原，故以后赵别之。后赵将石生引兵赴之；安等复叛，降司州刺史李矩。复，扶又翻。矩使颍川太守郭默将兵入洛。石生虏宋始一军，北渡河。于是河南之民皆相帅归矩，帅，读曰率。洛阳遂空。

4 三月，裴嶷至建康，嶷，鱼力翻。盛称慕容廆之威德，贤隽皆为之用；朝廷始重之。朝廷始以裔夷待慕容，今以嶷言始重之。帝谓嶷曰："卿中朝名臣，朝，直遥翻。当留江东，朕别诏龙骧送卿家属。"嶷曰："臣少蒙国恩，出入省闼，嶷仕西朝，历中书侍郎，给事黄门郎，故云然。少，诗照翻。若得复奉辇毂，臣之至荣。但以旧京沦没，山陵穿毁，虽名臣宿将，莫能雪耻，复，扶反翻。将，即亮翻。独慕容龙骧竭忠王室，志除凶逆，故使臣万里归诚。今臣来而不返，必谓朝廷以其僻陋而弃之，孤其向义之心，使懈体于讨贼，体，当依载记作"怠"。懈，居隘翻。此臣之所甚惜，是以不敢徇私而忘公也。谓留江东乃是徇一身之私计，归棘城则可辅廆以讨贼，乃天下之公义也。嶷之心，盖以廆可与共功名，鄙晋之君臣宴安江沱，为不足与共事而已。帝曰："卿言是也。"乃遣使随嶷拜廆安北将军、平州刺史。使，疏吏翻。

5 闰月，以周𫖮为尚书左仆射。𫖮，鱼岂翻。

6 晋王保将张春、杨次与别将杨韬不协，劝保诛之，且请击陈安；保皆不从。夏，五月，春、次幽保，杀之。保体肥大，重八百斤；喜睡，好读书，喜，许记翻。好，呼到翻。而暗弱无断，故及于难。断，丁乱翻。难，乃旦翻。保无子，张春立宗室子瞻为世子，称大将军。保众散，奔凉州者万馀人。陈安表于赵主曜，请讨瞻等。曜以安为大将军，击瞻，杀之；张春奔枹罕。枹罕县，前汉属金城，后汉属陇西郡，张轨分属晋兴郡，唐为河州。枹，音肤。安执杨次，于保柩前斩之，因以祭保。安以天子礼葬保于上邽，谥曰元王。

7 羊鉴讨徐龛，顿兵下邳，不敢前。蔡豹败龛于檀丘，檀丘，在鲁国下县东南。败，补迈翻。龛求救于后赵。后赵王勒遣其将王伏都救之，又使张敬将兵为之后继。勒多所邀求，而伏都淫暴，龛患之。张敬至东平，龛疑其袭己，乃斩伏都等三百馀人，复来请降。复，扶又翻。降，户江翻；下同。勒大怒，命张敬据险以守之。据险守龛，欲持久以弊之也。帝亦恶龛反覆，不受其降，恶，乌路翻。敕鉴、豹以时进讨。鉴犹疑惮不进，尚书令刁协劾奏鉴，免死除名，以蔡豹代领其兵。王导以所举失人，乞自贬，帝不许。

8 六月，后赵孔苌攻段匹磾，磾，丁奚翻。恃胜而不设备，段文鸯袭击，大破之。

9 京兆人刘弘客居凉州天梯山，武威姑藏城南，有天梯山。以妖术惑众，从受道者千馀人，妖，于骄翻。西平元公张寔左右皆事之。帐下阎涉、牙门赵卬，皆弘乡人，弘谓之曰："天与我神玺，应王凉州。"玺，斯氏翻。王，于况翻。涉、印信之，密与寔左右十馀人谋杀寔，奉弘为主。寔弟茂知其谋，请诛弘。寔令牙门将史初收之，未至，涉等怀刃而入，杀寔于外寝。考异曰：晋书作"阎沙、赵仰"；又云："寔知其谋，收刘弘杀之"。据晋春秋，作"阎涉、赵印"；又弘死在寔被杀后。今从之。弘见史初至，谓曰："使君已死，杀我何为！"初怒，截其舌而囚之，轘于姑臧市，轘，胡惮翻，车裂也。凉州及武威郡皆治姑藏县。诛其党与数百人。左司马阴元等以寔子骏尚幼，推张茂为凉州刺史、西平公，赦其境内，以骏为抚军将军。

10 丙辰，赵将解虎及长水校尉尹车谋反，与巴酋句徐、厍彭等相结；解，户买翻。酋，慈由翻；下同。句，古侯翻；厍，音舍；皆姓也。事觉，虎、车皆伏诛。赵主曜囚徐、彭等五十馀人于阿房，将杀之；阿房，即秦阿房宫旧基，亦谓之阿城。光禄大夫游子远谏曰："圣王用刑，惟诛元恶而已，不宜多杀。"争之，叩头流血。曜怒，以为助逆而囚之；尽杀徐、彭等，尸诸市十日，乃投于水。于是巴众尽反，推巴酋句渠知为主，自称大秦，改元曰平赵。四山氐、羌、巴、羯应之者三十馀万，关中大乱，城门昼闭。子远又从狱中上表谏争，争，读曰诤。曜手毁其表曰："大荔奴，大荔，戎种落之名；子远盖戎出也。不忧命在须臾，犹敢如此，嫌死晚邪！"叱左右速杀之。中山王雅、郭汜、朱纪、呼延晏等谏曰："子远幽囚，祸在不测，犹不忘谏争，汜，音祀。争，谓曰诤。忠之至也。陛下纵不能用，奈何杀之！若子远朝诛，臣等亦当夕死，以彰陛下之过。天下将皆舍陛下而去，陛下谁与居乎！"曜意解，乃赦之。

曜敕内外戒严，将自讨渠知。子远又谏曰："陛下诚能用臣策，一月可定，大驾不必亲征也。"曜曰："卿试言之。"子远曰："彼非有大志，欲图非望也，谓帝王之事，非常人所望。直畏陛下威刑，欲逃死耳。陛下莫若廓然大赦，与之更始；更，工衡翻。应前日坐虎、车等事，其家老弱没入奚官者，皆纵遣之，使之自相招引，听其复业。彼既得生路，何为不降！降，户江翻；下同。若其中自知罪重，屯结不散者，愿假臣弱兵五千，必为陛下枭之。枭，不孝鸟。说文，日至捕枭，磔之，以头挂木上。故今谓挂首为枭首。为，于伪翻。枭，坚尧翻。不然，今反者弥山被谷，弥，满也。被，皮义翻。虽以天威临之，恐非岁月可除也。"曜大悦，即日大赦，以子远为车骑大将军、开府仪同三司、都督雍·秦征讨诸军事。子远屯于雍城，雍，于用翻。降者十馀万；移军安定，反者皆降。惟句氏宗党五千馀家保于阴密，进攻，灭之，遂引兵巡陇右。先是氐、羌十馀万落，据险不服，先，悉荐翻。其酋虚除权渠自号秦王。子远进造其壁，造，七到翻。权渠出兵拒之，五战皆败。权渠欲降，其子伊馀大言于众曰："往者刘曜自来，犹无若我何，况此偏师，何谓降也！"帅劲卒五万，晨压子远垒门。帅，读曰率。诸将欲击之，子远曰："伊馀勇悍，当今无敌，所将之兵，复精于我，复，扶又翻。又其父新败，怒气方盛，其锋不可当也，不如缓之，使气竭而后击之。"乃坚壁不战。伊馀有骄色，子远伺其无备，伺，相吏翻。夜，勒兵蓐食，旦，值大风尘昏，子远悉众出掩之，生擒伊馀，尽俘其众。权渠大惧，被发、剺面请降。被，皮义翻。剺，力之翻，以刀划面也。子远启曜，以权渠为征西将军、西戎公，启，开也；开陈其事以白于上谓之启。分徙伊馀兄弟及其部落二十馀万口于长安。曜以子远为大司徒、录尚书事。

曜立太学，选民之神志可教者千五百人，择儒臣以教之。作酆明观观，古玩翻；下同。及西宫，起陵霄台于滈池，司马彪曰：镐在上林苑中。孟康曰：长安西南有镐池。古史考曰：武王迁镐，长安丰亭镐池也。滈，与镐同，下老翻。又于霸陵西南营寿陵。侍中乔豫、和苞上疏谏，以为："卫文公承乱亡之后，节用爱民，营建宫室，得其时制，故能兴康叔之业，延九百之祚。卫为狄人所灭，文公徙居楚丘，大布之衣，大帛之冠，务材训农，通商惠工，始建城市而营宫室，得其时制，百姓悦之，国家殷富，卫以复兴。自康叔始封于卫，至秦始灭，延祚九百馀年。前奉诏书营酆明观，市道细民咸讥其奢曰：'以一观之功，足以平凉州矣！'言以起一观之功力，足以平河西张氏。今又欲拟阿房而建西宫，法琼台而起陵霄，其为劳费，亿万酆明；若以资军旅，乃可兼吴、蜀而壹齐、魏矣！吴，谓晋；蜀，谓李特；齐，谓曹嶷；魏，谓石勒。又闻营建寿陵，周围四里，深三十五丈，深，式禁翻。以铜为椁，饰以黄金；功费若此，殆非国内所能办也。秦始皇下锢三泉，土未乾而发毁。详见三十一卷汉成帝永始元年刘向封事。乾，音干。自古无不亡之国，不掘之墓，故圣王之俭葬，乃深远之虑也。陛下奈何于中兴之日，曜平靳氏之难而自立，故其臣谓之中兴。而踵亡国之事乎！"曜下诏曰："二侍中恳恳有古人之风，可谓社稷之臣矣；其悉罢宫室诸役；寿陵制度，一遵霸陵之法。封豫安昌子，苞平舆子，舆，音豫。并领谏议大夫；仍布告天下，使知区区之朝，欲闻其过也。"朝，直遥翻。又省酆水囿以与贫民。丰水出京兆南山，东北流注于渭。曜立囿于丰水左右。

11 祖逖将韩潜与后赵将桃豹分据陈川故城，豹居西台，潜居东台，豹由南门，潜由东门，出入相守四旬。逖以布囊盛土如米状，盛，时征翻。使千馀人运上台，上，时掌翻。又使数人担米，息于道。豹兵逐之，担，他甘翻。弃担而走。担，都滥翻。豹兵久饥，得米，以为逖士众丰饱，益惧。先以囊盛土运之，潜所以疑之也；又使人担米以饵豹兵，示之以实也。后赵将刘夜堂以驴千头运粮馈豹，逖使韩潜及别将冯铁邀击于汴水，水经注：蒗蕩渠水，自中牟东流，至浚仪县，分为二水，南流者曰沙水，东注者曰汴水；汴水东流入梁郡。尽获之。豹宵遁，屯东燕城，即汉东郡燕县也，后魏置东燕县，属陈留郡，隋改为胙城县，属东郡，唐属滑州。豹兵已有惧心，粮又为逖所获，故宵遁也。逖使潜进屯封丘以逼之。冯铁据二台，逖镇雍丘，封丘、雍丘二县，皆属陈留郡。春秋传，败狄于长丘，在封丘界。雍丘，故杞国也。数遣兵邀击后赵兵，数，所角翻。后赵镇戍归逖者甚多，境土渐蹙。

先是，赵固、上官巳、李矩、郭默，互相攻击，逖驰使和解之，先，悉荐翻。使，疏吏翻；下同。示以祸福，遂皆受逖节度。秋，七月，诏加逖镇西将军。逖在军，与将士同甘苦，约己务施，施，式豉翻。劝课农桑，抚纳新附，虽疏贱者皆结以恩礼。河上诸坞，先有任子在后赵者，皆听两属，居两界之上者，听其两属，因以为间。时遣游军伪抄之，抄，楚交翻。明其未附。坞主皆感恩，后赵有异谋，辄密以告，由是多所克获，自河以南，多叛后赵归于晋。

逖练兵积谷，为取河北之计。后赵王勒患之，乃下幽州为逖修祖、父墓，置守冢二家，逖，范阳人，其祖、父墓在焉。下，遐嫁翻。因与逖书，求通使及互市。逖不报书，而听其互市，收利十倍。逖牙门童建杀新蔡内史周密，降于后赵，姓谱：颛顼子老童之后，以为氏。勒斩之，送首于逖曰："叛臣逃吏，吾之深仇，将军之恶，犹吾恶也。"恶，乌路翻。逖深德之，自是后赵人叛归逖者，逖皆不纳，禁诸将不使侵暴后赵之民，边境之间，稍得休息。逖听河上诸坞两属，此用间之智也。然石勒为逖修祖、父墓，斩童建而送其首，亦所以懈逖推锋越河之心。

12 八月，辛未，梁州刺史周访卒。访善于抚【章：甲十一行本"抚"下有"纳"字；乙十一行本同；孔本同；张校同。】士，众皆为致死。为，于伪翻。知王敦有不臣之心，私常切齿，切齿，上下齿相磨切也。敦由是终访之世，未敢为逆。敦遣从事中郎郭舒监襄阳军，监，工衔翻。帝以湘州刺史甘卓为梁州刺史，督沔北诸军事，镇襄阳。王敦惮周访而不敢为逆，至其举兵也，不以甘卓为虞，亦可谓奸雄矣！舒既还，帝征为右丞；敦留不遣。

13 后赵王勒遣中山公虎帅步骑四万击徐龛，帅，读曰率；下同。龛送妻子为质，乞降，勒许之。勒许龛降，力未能取龛耳；观其后杀龛，足以知其心。质，音致。蔡豹屯卞城，卞县，属鲁国。刘昫曰：隋于卞县古城置泗水县，唐属兖州。石虎将击之，豹退守下邳，为徐龛所败。败，补迈翻。虎引兵城封丘而旋，徙士族三百家置襄国崇仁里，崇仁里，勒所命名，以处衣冠之族。置公族大夫以领之。

14 后赵王勒用法甚严，讳"胡"尤峻，勒本胡人，故以为讳。宫殿既成，初有门户之禁。有醉胡乘马，突入止车门。勒大怒，责宫门小执法冯翥。执法，御史之官也。紫宫南蕃中二星曰左、右执法。晋之故臣为勒定官制，取此置宫门执法，即以张宾为大执法，总朝政，故宫门置小执法。翥，章庶翻。翥惶惧忘讳，对曰："向有醉胡，乘马驰入，甚呵御之，而不可与语。"勒笑曰："胡人正自难与言。"恕而不罪。

勒使张宾领选，初定五品，后更定九品。命公卿及州郡岁举秀才、至孝、廉清、贤良、直言、武勇之士各一人。选，须绢翻。石勒立国，粗有纲纪，石虎继之，无复有是。

15 西平公张茂立兄子骏为世子。

16 蔡豹既败，将诣建康归罪，北中郎将王舒止之。帝闻豹退，遣使收之。使，疏吏翻。舒夜以兵围豹，豹以为他寇，帅麾下击之，闻有诏，乃止。舒执豹送建康，冬，十月，丙辰，斩之。

17 王敦杀武陵内史向硕。史书王敦专杀，以著其无君之罪。

帝之始镇江东也，敦与从弟导同心翼戴，帝亦推心任之，敦总征讨，怀帝永嘉五年，帝以敦刺扬州，加都督征讨诸军事，其讨华轶、杜弢、王机、杜曾，皆其功也。从，才用翻。导专机政，尚书，万机之本，导录尚书事，是专机政也。群从子弟布列显要，从，才用翻。时人为之语曰："王与马，共天下。"后敦自恃有功，且宗族强盛，稍益骄恣，帝畏而恶之，恶，乌路翻。乃引刘隗、刁协等以为腹心，稍抑损王氏之权，导亦渐见疏外。中书郎孔愉陈导忠贤，有佐命之勋，宜加委任；帝出愉为司徒左长史。导能任真推分，澹如也，分，扶问翻。澹，杜览翻。有识皆称其善处兴废。而敦益怀不平，史言导所以福祚流子孙，敦所以陨身丧元，祸及王含父子。处，昌吕翻。遂构嫌隙。

初，敦辟吴兴沈充为参军，充荐同郡钱凤于敦，敦以为铠曹参军。二人皆巧谄凶狡，知敦有异志，阴赞成之，为之画策；敦宠信之，势倾内外。敦上疏为导讼屈，辞语怨望。导封以还敦，导录尚书，先见敦疏，故封还之。为，于伪翻；下隗为同。敦复遣奏之。复，扶又翻。左将军谯王丞，丞，音拯。以此观之，则前作"承"，误也。忠厚有志行，行，下孟翻。帝亲信之。夜，召丞，以敦疏示之，曰："王敦以顷年之功，位任足矣；而所求不已，言至于此，将若之何？"丞曰："陛下不早裁之，以至今日，敦必为患。"

刘隗为帝谋，出心腹以镇方面。会敦表以宣城内史沈充代甘卓为湘州刺史，帝谓丞曰："王敦奸逆已著，朕为惠皇，其势不远。言当如惠帝受制于强臣也。湘州据上流之势，控三州之会，三州，谓荆、交、广。欲以叔父居之，何如？"古者同姓诸侯，天子谓之伯父、叔父。丞，宣帝之从孙；而帝，宣帝之曾孙，于属亦叔父也。丞曰："臣奉承诏命，惟力是视，何敢有辞！然湘州经蜀寇之馀，蜀寇，谓杜弢之乱也。民物凋弊，若得之部，比及三年，乃可即戎；用论语冉有对孔子之言。即，从也。朱熹曰：即，就也。戎，兵也。

比，必寐翻。苟未及此，虽复灰身，亦无益也。"复，扶又翻。十二月，诏曰："晋室开基，方镇之任，亲贤并用，其以谯王承为湘州刺史。"长沙邓骞闻之，叹曰："湘州之祸，其在斯乎！"承行至武昌，敦与之宴，谓承曰："大王雅素佳士，雅素，犹言平常也。恐非将帅才也。"将，即亮翻。帅，所类翻。承曰："公未见知耳，铅刀岂无一割之用！"后汉班超之言。敦谓钱凤曰："彼不知惧而学壮语，足知其不武，无能为也。"乃听之镇。承虽忠有馀而才不足，敦窥见而知其无能为。时湘土荒残，公私困弊，承躬自俭约，倾心绥抚，甚有能名。

18 高句丽寇辽东，句，如字，又音驹。丽，力知翻。慕容仁与战，大破之，自是不敢犯仁境。

四年（辛巳、三二一）

1 春，二月，徐龛复请降。复，扶又翻；下同。

2 张茂筑灵钧台，基高九仞。高，居傲翻。武陵阎曾夜叩府门"武陵"，疑当作"武威"。呼曰："武公遣我来，张轨，谥武公。呼，火故翻。言'何故劳民筑台！'"有司以为妖，请杀之。茂曰："吾信劳民。曾称先君之命以规我，何谓妖乎！"乃为之罢役。妖，于骄翻。为，于伪翻；下同。

3 三月，癸亥，日中有黑子。日中有黑子，阴侵阳而磨荡之也。时王敦骄悖浸甚，故象见于天。著作佐郎河东郭璞以帝用刑过差，上疏，以为："阴阳错缪，皆繁刑所致。赦不欲数，数，所角翻。然子产知铸刑书非政之善，不得不作者，须以救弊故也。左传，郑铸刑书，叔向诒子产书曰："国将亡，必多制。"复书曰："吾以救世也。"须，待也。今之宜赦，理亦如之。"

4 后赵中山公虎攻幽州刺史段匹磾于厌次，磾，丁奚翻。厌，于琰翻。孔苌攻其统内诸城，悉拔之。段文鸯言于匹磾曰："我以勇闻，故为民所倚望；今视民被掠而不救，是怯也。被，皮义翻；下同。民失所望，谁复为我致死！”遂帅壮士数十骑出战，复，扶又翻。为，于伪翻。帅，读曰率。杀后赵兵甚众。马乏，伏不能起。虎呼之曰：“兄与我俱夷狄，久欲与兄同为一家。今天不违愿，于此得相见，何为复战！请释仗。”文鸯骂曰：“汝为寇贼，当死日久，吾兄不用吾策，事见七十八卷怀帝永嘉六年。故令汝得至此。我宁斗死，不为汝屈！”遂下马苦战，槊折，执刀战不已，槊，色角翻，矛长丈八者曰槊。折，而设翻。自辰至申。后赵兵四面解马罗披自鄣，马罗披，意即障泥也。前执文鸯；文鸯力竭被执，城内夺气。

匹磾欲单骑归朝，骑，奇寄翻。朝，直遥翻。邵续之弟乐安内史洎勒兵不听；洎复欲执台使王英送于虎。台使，晋朝所遣者也。使，疏吏翻。匹磾正色责之曰：“卿不能遵兄之志，逼吾不得归朝，亦已甚矣，复欲执天子使者；我虽夷狄，所未闻也！”洎与兄子缉、竺等舆榇出降。榇，初觐翻。降，户江翻。匹磾见虎曰：“我受晋恩，志在灭汝，不幸至此，不能为汝敬也。”后赵王勒及虎素与匹磾结为兄弟，虎即起拜之。勒以匹磾为冠军将军，冠，古玩翻。文鸯为左中郎将，散诸流民三万馀户，复其本业，置守宰以抚之。于是幽、冀、并三州皆入于后赵。匹磾不为勒礼，常着朝服，持晋节。着，陟略翻。久之，与文鸯、邵续皆为后赵所杀。厌次既破，无复后患，匹磾兄弟与邵续皆被害，石勒志趣，从可知矣。

5 五月，庚申，诏免中州良民遭难为扬州诸郡僮客者，以备征役。难，乃旦翻。尚书令刁协之谋也，由是众益怨之。

6 终南山崩。终南山，长安南山也。时刘曜据关中，亡国之征。晋书书于曜载记。

7 秋，七月，甲戌，以尚书仆射戴渊为征西将军、都督司·兖·豫·并·雍·冀六州诸军事、司州刺史，镇合肥；合肥县，属淮南郡。雍，于用翻。丹杨尹刘隗为镇北将军、都督青·徐·幽·平四州诸军事、青州刺史，镇淮阴；淮阴县，前汉属临淮郡，后汉属下邳郡，晋属广陵郡。皆假节领兵，名为讨胡，实备王敦也。

隗虽在外，而朝廷机事，进退士大夫，帝皆与之密谋。敦遗隗书曰：遗，于季翻。"顷承圣上顾眄足下，今大贼未灭，中原鼎沸，欲与足下及周生之徒周生，谓周𫖮。敦素惮𫖮，见辄扇面不休，故举以为言。戮力王室，共静海内。若其泰也，则帝祚于是乎隆；若其否也，否，皮鄙翻。则天下永无望矣。"隗答曰："'鱼相忘于江湖，人相忘于道术。'引庄子大宗师之言。'竭股肱之力，效之以忠贞，'晋大夫荀息之言。吾之志也。"敦得书，甚怒。

壬午，以骠骑将军王导为侍中、司空、假节、录尚书、领中书监。骠，匹妙翻。帝以敦故，并疏忌导。御史中丞周嵩上疏，以为："导忠素竭诚，辅成大业，不宜听孤臣之言，惑疑似之说，放逐旧德，以佞伍贤，用兵列陈，五人为伍。伍，同列也。以佞伍贤，言贤佞同列也。亏既往之恩，招将来之患。"向者亲倚导而今疏忌之，是亏既往之恩也；导或自疑，外而与敦同，是招将来之患也。招，之遥翻。帝颇感寤，导由是得全。史言周𫖮兄弟保护王导。

8 八月，常山崩。常山，在常山郡上曲阳县西北，其地时属石勒。

9 豫州刺史祖逖，以戴渊吴士，渊，广陵人；广陵，故吴王濞都也。虽有才望，无弘致远识；且已翦荆棘、收河南地，而渊雍容，一旦来统之，意甚怏怏；怏，于两翻。又闻王敦与刘、刁构隙，将有内难，难，乃旦翻。知大功不遂，感激发病；九月，壬寅，卒于雍丘。豫州士女若丧父母，谯、梁间皆为立祠。丧，息浪翻。为，于伪翻。王敦久怀异志，闻逖卒，益无所惮。王敦之所忌，周访、祖逖，访卒而逖继之，宜其益无所惮也。然温峤、郗鉴诸人已在晋朝，卒借之以清大憝。以此知上天生材以应世，世变无穷而人才亦与之无穷，固非奸雄所能逆睹也。

冬，十月，壬午，以逖弟约为平西将军、豫州刺史，领逖之众。约无绥御之才，不为士卒所附。

初，范阳李产避乱依逖，见约志趣异常，谓所亲曰："吾以北方鼎沸，故远来就此，冀全宗族。今观约所为，有不可测之志。吾托名姻亲，当早自为计，无事复陷身于不义也，尔曹不可以目前之利而忘长久之策。"乃帅子弟十馀人间行归乡里。李产父子后事慕容儁。复，扶又翻。帅，读曰率。间，古苋翻。

10 十一月，皇孙衍生。

11 后赵王勒悉召武乡耆旧诣襄国，与之共坐欢饮。初，勒微时，与李阳邻居，数争沤麻池相殴，数，所角翻。沤，於候翻，久渍也。诗云：东门之池，可以沤麻。毛氏曰：沤，柔也。考工记，㡛氏以涚水沤其丝。注云：沤，渐也。楚人曰沤，齐人曰涹。涹，乌禾翻。然则沤是渐渍之名，云沤柔者，谓渐渍使之柔韧也。魏收地形志，武乡郡三台岭上有李阳墓，有麻池，石勒与李阳争沤麻处也。殴，于口翻，击也。阳由是独不敢来。勒曰："阳，壮士也；沤麻，布衣之恨；孤方兼容天下，岂雠匹夫乎！"遽召与饮，引阳臂曰："孤往日厌卿老拳，卿亦饱孤毒手。"因拜参军都尉。以武乡比丰、沛，复之三世。勒欲并驱汉光武，光武复南顿不敢远期十岁，而勒复武乡三世，多见其不知量也。复，方目翻。

勒以民始复业，资储未丰，于是重制禁酿，郊祀宗庙，皆用醴酒，酒一宿而熟者曰醴。行之数年，无复酿者。

12 十二月，以慕容廆为都督幽·平二州·东夷诸军事、车骑将军、平州牧，考异曰：燕书云"车骑大将军、平州刺史。"按晋书载记，先拜平州刺史，寻加车骑、州牧。今从之。封辽东公，单于如故，遣谒者即授印绶，听承制置官司守宰。廆于是备置僚属，以裴嶷、游邃为长史，嶷，鱼力翻。裴开为司马，韩寿为别驾，阳耽为军谘祭酒，崔焘为主簿，黄泓、郑林参军事。郑林不受廆车牛粟帛而躬耕于野，廆盖以是取之。廆立子皝为世子。作东横，横，与黉同，学舍也，载记作“东庠”。皝，呼广翻。以平原刘赞为祭酒，使皝与诸生同受业，廆得暇，亦亲临听之。得暇者，言廆惟于国事无暇，财得一息之暇，亦亲临东横，听其讲说。史言廆之能崇儒。皝雄毅多权略，喜经术，国人称之。喜，许记翻。廆徙慕容翰镇辽东，慕容仁镇平郭。平郭县，汉属辽东郡，晋省。新唐书曰：高丽建安城，古平郭县也。翰抚安民夷，甚有威惠；仁亦次之。

13 拓跋猗㐌妻惟氏，忌代王郁律之强，恐不利于其子，乃杀郁律而立其子贺傉，郁律立见八十九卷愍帝建兴四年。傉，奴沃翻。大人死者数十人。郁律之子什翼犍，犍，居言翻。幼在襁褓，其母王氏匿于袴中，祝之曰：“天苟存汝，则勿啼。”久之，不啼，乃得免。惟氏专制国政，遣使聘后赵，后赵人谓之“女国使”。以惟氏专政，故谓之女国。史言拓跋所以中衰。使，疏吏翻。

何兹全标点王崇武聂崇岐覆校

资治通鉴卷第九十二

端明殿学士兼翰林侍读学士朝散大夫右谏议大夫
充集贤殿修撰权判西京留司御史台上柱国河内郡 司马光 奉敕编集
开国侯食邑一千三百户食实封四百户赐紫金鱼袋臣

后 学 天 台 胡三省 音 注

晋纪十四 起玄黓敦牂(壬午)，尽昭阳协洽(癸未)，凡二年。

中宗元皇帝下

永昌元年(壬午、三二二)

1 春，正月，郭璞复上疏，请因皇孙生，下赦令，璞去年已疏请肆赦，皇孙去年十一月生。复，扶又翻。帝从之。乙卯，大赦，改元。

王敦以璞为记室参军。璞善卜筮，知敦必为乱，己预其祸，甚忧之。大将军掾颍川陈述卒，掾，于绢翻。璞哭之极哀，曰："嗣祖，焉知非福也！"陈述，字嗣祖，亦敦府僚也。焉，于虔翻。

敦既与朝廷乖离，乃羁录朝士有时望者置己幕府。朝，直遥翻。以羊曼及陈国谢鲲为长史。曼，祜之兄孙也。曼、鲲终日酣醉，故敦不委以事。敦收时望，不过用西都诸王之故智耳。酣，户甘翻。敦将作乱，谓鲲曰："刘隗奸邪，将危社稷，吾欲除君侧之恶，何如？"鲲曰："隗诚始祸，然城狐社鼠。"后汉虞延曰：城狐社鼠，不畏熏烧。谓有所凭托也。又，中山王胜曰：社鼷不灌，屋鼠不熏，所托者然也。尔雅翼曰：管仲称社束木而涂之，鼠因往托焉，熏之则恐烧其木，灌之则恐败其涂，此鼠之所以不可得而杀者，以社故也。以喻君之左右。敦怒曰："君庸才，岂达大体！"出为豫章太守，守，式又翻。又留不遣。

戊辰，敦举兵于武昌，上疏罪状刘隗，称："隗佞邪谗贼，威福自由，隗，五罪翻。妄兴事役，劳扰士民，赋役烦重，怨声盈路。臣备位宰辅，不可坐视成败，辄进军致讨，隗首朝悬，诸军夕退。昔太甲颠覆厥度，幸纳伊尹之忠，殷道复昌。汤崩，太甲颠覆汤之典刑，伊尹放之于桐。三年，太甲悔过，自怨自艾于桐，伊尹以冕服奉太甲复归于亳。赖伊尹之训，以图厥终。古固有是事，然非人臣所当为也。愿陛下深垂三思，三，息暂翻，又如字。则四海乂安，社稷永固矣。"沈充亦起兵于吴兴以应敦，敦以充为大都督、督护东吴诸军事。敦至芜湖，又上表罪状刁协。帝大怒，乙亥，诏曰："王敦凭恃宠灵，敢肆狂逆，方朕太甲，欲见幽囚。是可忍也，孰不可忍！今亲帅六军以诛大逆，帅，读曰率。有杀敦者，封五千户侯。"敦兄光禄勋含乘轻舟逃归于敦。

太子中庶子温峤谓仆射周顗曰："大将军此举似有所在，当无滥邪？"顗曰："不然，顗，鱼岂翻。人主自非尧、舜，何能无失，人臣安可举兵以胁之！举动如此，岂得云非乱乎！处仲狼抗无上，其意宁有限邪！"王敦，字处仲。狼似犬，锐头白颊，高前广后，贪而敢抗人，故以为喻。处，昌吕翻。

敦初起兵，遣使告梁州刺史甘卓，约与之俱下，卓许之。及敦升舟，而卓不赴，使参军孙双诣武昌谏止敦。敦惊曰："甘侯前与吾语云何，而更有异，正当虑吾危朝廷耳！吾今但除奸凶，若事济，当以甘侯作公。"许卓作公，啖之以利，欲使同逆。双还报，卓意狐疑。或说卓："且伪许敦，待敦至都而讨之。"说，输芮翻。卓曰："昔陈敏之乱，吾先从而后图之，事见八十六卷惠帝永兴二年、怀帝永嘉元年。论者谓吾惧逼而思变，心常愧之；今若复尔，何以自明！”复，扶又翻；下同。

卓使人以敦旨告顺阳太守魏该，守，式又翻。该曰：“我所以起兵拒胡贼者，正欲忠于王室耳。今王公举兵向天子，非吾所宜与也。”遂绝之。史言甘卓不如魏该之忠果。

敦遣参军桓罴说谯王丞，请丞为军司。说，输芮翻。丞，音拯。丞叹曰：“吾其死矣！地荒民寡，势孤援绝，将何以济！然得死忠义，夫复何求！”夫，音扶。复，扶又翻。丞檄长沙虞悝为长史，会悝遭母丧，悝，苦回翻。丞往吊之，曰：“吾欲讨王敦，而兵少粮乏；少，诗沼翻。且新到，恩信未洽。卿兄弟，湘中之豪俊，王室方危，金革之事，古人所不辞，礼记：子夏问曰：“三年之丧，卒哭，金革之事无避也者，礼欤？初有司欤？”孔子曰：“吾闻诸老聃，昔者鲁公伯禽有为为之也。今以三年之丧，从其利者，吾弗知也。”春秋公羊传曰：古者臣有大丧，则君三年不呼其门；已练，可以弁冕，服金革之事，君使之，非也；臣行之，礼也。闵子要绖而服事，孔子盖善之也。将何以教之？”悝曰：“大王不以悝兄弟猥劣，亲屈临之，敢不致死！然鄙州荒弊，难以进讨；宜且收众固守，传檄四方，敦势必分，分而图之，庶几可捷也。”几，居希翻。丞乃囚桓罴，以悝为长史，以其弟望为司马，督护诸军，与零陵太守尹奉、建昌太守长沙王循、衡阳太守淮陵刘翼、沈约曰：晋惠帝元康九年，分长沙东北下隽诸县立建昌郡，至宋，为巴陵郡。吴孙亮太平二年，分长沙西部都尉立衡阳郡。淮陵县，属临淮郡，时亦分为郡。舂陵令长沙易雄，舂陵县，本前汉之舂陵侯国，后徙国南阳，省；吴复立舂陵县，属零陵郡。姓谱：易姓，齐有大夫易牙。同举兵讨敦。雄移檄远近，列敦罪恶，于是一州之内皆应丞。惟湘东太守郑澹不从，吴孙亮太平二年，分长沙东部都尉立湘东郡。澹，徒览翻。丞使虞望讨斩之，以徇四境。澹，敦姊夫也。

丞遣主簿邓骞至襄阳，晋梁州刺史镇襄阳，自周访始。宋白曰：襄阳，汉中庐县地。说甘卓曰："刘大连虽骄蹇失众心，刘隗，字大连。说，输芮翻；下同。非有害于天下。大将军以其私憾，称兵向阙，此忠臣义士竭节之时也。公受任方伯，奉辞伐罪，乃桓、文之功也。"卓曰："桓、文则非吾所能；然志在徇国，当共详思之。"参军李梁说卓曰："昔隗嚣跋扈，窦融保河西以奉光武，卒受其福。事见四十一卷汉光武建武五年至四十三卷十二年。卒，子恤翻。今将军有重望于天下，但当按兵坐以待之，使大将军事捷，当委将军以方面，不捷，朝廷必以将军代之，何忧不富贵；而释此庙胜，孙子曰：未战而庙胜，得算多也；未战而庙不胜，得算少也。决存亡于一战邪？"骞谓梁曰："光武当创业之初，故隗、窦可以文服从容顾望。文服，谓非心服，特以虚文示相臣服而已。从，千容翻。今将军之于本朝，非窦融之比也；朝，直遥翻。襄阳之于太府，襄阳以王敦府为太府。非河西之固也。使大将军克刘隗，还武昌，增石城之戍，贤曰：石城故城，在复州沔阳县东南。绝荆、湘之粟，将军将安归乎！势在人手，而曰我处庙胜，未之闻也。且为人臣，国家有难，处，昌吕翻。难，乃旦翻。坐视不救，于义安乎！"卓尚疑之。骞曰："今既不为义举，又不承大将军檄，此必至之祸，愚智所见也。且议者之所难，以彼强而我弱也。今大将军兵不过万馀，其留者不能五千；而将军见众既倍之矣。见，贤遍翻。以将军之威名，帅此府之精锐，杖节鸣鼓，以顺讨逆，岂王含所能御哉！帅，读曰率。溯流之众，势不自救，谓敦兵以东下，若欲溯流西上以自救，势不相及也。将军之举武昌，若摧枯拉朽，尚何顾虑邪！拉，卢合翻。武昌既定，据其军实，镇抚二州，二州，谓荆、江也。以恩意招怀士卒，使还者如归，此吕蒙所以克关羽也。事见六十八卷汉献帝建安二十四年。今释必胜之策，安坐以待危亡，不可以言智矣。"

敦恐卓于后为变，又遣参军丹杨乐道融往邀之，必欲与之俱东。道融虽事敦，而忿其悖逆，悖，蒲内翻，又蒲没翻。乃说卓曰：“主上亲临万机，自用谯王为湘州，非专任刘隗也。而王氏擅权日久，卒见分政，卒，读曰猝；谓分任谯王承等，政不专归于王氏也。便谓失职，背恩肆逆，背，蒲妹翻。举兵向阙。国家遇君至厚，今与之同，岂不违负大义，生为逆臣，死为愚鬼，永为宗党之耻，不亦惜乎！为君之计，莫若伪许应命，而驰袭武昌，大将军士众闻之，必不战自溃，大勋可就矣。”卓雅不欲从敦，闻道融之言，遂决曰：“吾本意也。”乃与巴东监军柳纯、南平太守夏侯承、监，工衔翻。夏，户雅翻。宜都太守谭该等姓谱：齐灭谭，子孙以国为氏；汉有河南尹谭闳。又巴南大姓有谭氏，盘瓠之后。露檄数敦逆状，帅所统致讨。数，所具翻。遣参军司马赞、孙双奉表诣台；罗英至广州，约陶侃同进。戴渊在江西，戴渊出镇合肥，于建康为江西。先得卓书，表上之，上，时掌翻。台内皆称万岁。陶侃得卓信，即遣参军高宝帅兵北下。帅，读曰率。武昌城中传卓军至，人皆奔散。

敦遣从母弟南蛮校尉魏乂、敦从母魏氏，乂其弟也。从，才用翻。将军李恒恒，户登翻。帅甲卒二万攻长沙。长沙城池不完，资储又阙，人情震恐。或说谯王承，南投陶侃或退据零、桂。承曰：“吾之起兵，志欲死于忠义，岂可贪生苟免，为奔败之将乎！将，即翻亮。事之不济，令百姓知吾心耳。”乃婴城固守。未几，几，鱼岂翻。虞望战死，甘卓欲留邓骞为参军，骞不可，乃遣参军虞冲与骞偕至长沙，遗谯王承书，劝之固守，当以兵出沔口，断敦归路，遗，于季翻。断，丁管翻。则湘围自解。承复书称：“江左中兴，草创始尔，岂图恶逆萌自宠臣。吾以宗室受任，志在陨命；而至止尚浅，凡百茫然。足下能卷甲电赴，犹有所及；卷，读曰捲。若其狐疑，则求我于枯鱼之肆矣。”庄子见车辙鲋，鲋曰："岂无斗升之水以活我乎？"庄子曰："待我决西江之水而迎汝。"鲋曰："如君言，不如早索我于枯鱼之肆。"卓不能从。

2 二月，甲午，封皇子昱为琅邪王。

3 后赵王勒立子弘为世子。遣中山公虎将精卒四万击徐龛；将，即亮翻。龛，苦含翻。龛坚守不战，虎筑长围守之。

4 赵主曜自将击杨难敌，难敌逆战不胜，退保仇池。仇池诸氐、羌及故晋王保将杨韬、陇西太守梁勋皆降于曜。降，户江翻。曜迁陇西万馀户于长安，进攻仇池。会军中大疫，曜亦得疾，将引兵还；恐难敌蹑其后，乃遣光国中郎将王犷说难敌，光国中郎将，赵所置也。犷，古猛翻。说，输芮翻。谕以祸福，难敌遣使称藩。曜以难敌为假黄钺、都督益·宁·南秦·凉·梁·巴六州·陇上·西域诸军事、上大将军、益·宁·南秦三州牧、武都王。吴孙氏始置上大将军。南秦州及巴州，曜创其名。其后北国率授杨氏南秦州刺史，据有阴平、武都二郡之地。

秦州刺史陈安求朝于曜，曜辞以疾。安怒，以为曜已卒，朝，直遥翻。卒，子恤翻。大掠而归。曜疾甚，乘马舆而还。使其将呼延寔监辎重于后，监，工衔翻。重，直用翻。安邀击，获之，谓寔曰："刘曜已死，子尚谁佐！吾当与子共定大业。"寔叱之曰："汝受人宠禄而叛之，自视智能何如主上？吾见汝不日枭首于上邽市，枭，坚尧翻。何谓大业！宜速杀我！"安怒，杀之，以寔长史鲁凭为参军。安遣其弟集帅骑三万追曜，帅，读曰率。骑，奇寄翻。卫将军呼延瑜逆击，斩之。安乃还上邽，遣将袭汧城，拔之。汧县，属扶风郡。汧，苦坚翻。陇上氐、羌皆附于安，有众十馀万，自称大都督、假黄钺、大将军、雍·凉·秦·梁四州牧、凉王，雍，于用翻。以赵募为相国。鲁凭对安大哭曰："吾不忍见陈安之死也！"安怒，命斩之。凭曰："死自吾分，分，扶问翻。悬吾头于上邽市，观赵之斩陈安也！"遂杀之。曜闻之，恸哭曰："贤人，民之望也。陈安于求贤之秋而多杀贤者，吾知其无所为也。"

休屠王石武以桑城降赵，石武，盖亦匈奴种。屠，直于翻。赵以武为秦州刺史，封酒泉王。

5 帝征戴渊、刘隗入卫建康。隗至，百官迎于道，隗岸帻大言，岸帻者，帻微脱额也。意气自若。及入见，见，贤遍翻。与刁协劝帝尽诛王氏；帝不许，隗始有惧色。

司空导帅其从弟中领军邃、左卫将军廙、侍中侃、彬及诸宗族二十馀人，每旦诣台待罪。帅，读曰率。从，才用翻。廙，羊至翻，又逸职翻。周顗将入，导呼之曰："伯仁，以百口累卿！"累，力瑞翻。周顗，字伯仁，欲使顗保护导，以全其家也。顗直入不顾。既见帝，言导忠诚，申救甚至；帝纳其言。顗喜饮酒，喜，许记翻。至醉而出，导犹在门，又呼之。顗不与言，顾左右曰："今年杀诸贼奴，取金印如斗大，系肘后。"既出，又上表明导无罪，言甚切至。导不之知，甚恨之。

帝命还导朝服，召见之。导稽首曰：朝，直遥翻。稽，音启。"逆臣贼子，何代无之，不意今者近出臣族！"帝跣而执其手曰："茂弘，方寄卿以百里之命，王导，字茂弘。孔氏曰：寄百里之命，谓摄君之政令。是何言邪！"

三月，以导为前锋大都督，加戴渊骠骑将军。骠，匹妙翻。诏曰："导以大义灭亲，卫石碏之子厚，与公子州吁弑卫桓公，又与州吁如陈，碏使告于陈而杀之。君子曰：石碏，纯臣也，恶州吁而厚与焉。大义灭亲，其是之谓乎！可以吾为安东时节假之。"帝之初镇扬州也，领安东将军。以周顗为尚书左仆射，王邃为右仆射。帝遣王廙往谕止敦；敦不从而留之，廙更为敦用。征虏将军周札，素矜险好利，好，呼到翻。帝以为右将军、都督石头诸军事。敦将至，帝使刘隗军金城，金城，在丹杨江乘蒲洲上。札守石头，帝亲被甲徇师于郊外。被，皮义翻。以甘卓为镇南大将军、侍中、都督荆·梁二州诸军事，陶侃领江州刺史；使各帅所统以蹑敦后。帅，读曰率；下同。

敦至石头，欲攻刘隗。杜弘言于敦曰："刘隗死士众多，未易可克；易，以豉翻。不如攻石头，周札少恩，少，诗沼翻。兵不为用，攻之必败，札败则隗自走矣。"敦从之，以弘为前锋，攻石头，札果开门纳弘。敦据石头，叹曰："吾不复得为盛德事矣！"敦无君之心，形于言也。复，扶又翻。谢鲲曰："何为其然也！但使自今以往，日忘日去耳。"言日复一日，浸忘前事，则君臣猜嫌之迹亦日去耳。

帝命刁协、刘隗、戴渊帅众攻石头，王导、周颉、郭逸、虞潭等三道出战，协等兵皆大败。太子绍闻之，欲自帅将士决战；升车将出，中庶子温峤执鞚谏曰：鞚，苦贡翻。"殿下国之储副，奈何以身轻天下！"抽剑斩鞅，乃止。

敦拥兵不朝，朝，直遥翻；下同。放士卒劫掠，宫省奔散，惟安东将军刘超按兵直卫，及侍中二人侍帝侧。帝脱戎衣，着朝服，着，陟略翻。顾而言曰："欲得我处，当早言！何至害民如此！"又遣使谓敦曰：使，疏吏翻。"公若不忘本朝，于此息兵，则天下尚可共安；如其不然，朕当归琅邪以避贤路。"

刁协、刘隗既败，俱入宫，见帝于太极东除。除，殿陛也。帝执协、隗手，流涕呜咽，劝令避祸。协曰："臣当守死，不敢有贰。"帝曰："今事逼矣，安可不行！"乃令给协、隗人马，使自为计。协老，不堪骑乘，素无恩纪，募从者，皆委之，行至江乘，为人所杀，送首于敦。隗奔后赵，官至太子太傅而卒。成帝咸和八年，刘隗从石虎战死于潼关，岂即此刘隗邪！

帝令公卿百官诣石头见敦，敦谓戴渊曰："前日之战，有馀力乎？"渊曰："岂敢有馀，但力不足耳！"敦曰："吾今此举，天下以为何如?”渊曰:“见形者谓之逆,体诚者谓之忠。”敦笑曰:“卿可谓能言。”又谓周顗曰:“伯仁,卿负我!”愍帝建兴元年,顗为杜弢所困,投敦于豫章,故敦以为德。顗曰:“公戎车犯顺,下官亲帅六军,帅,读曰率。不能其事,使王旅奔败,以此负公!”

辛未,大赦;以敦为丞相、都督中外诸军、录尚书事、江州牧,封武昌郡公,并让不受。

初,西都覆没,四方皆劝进于帝。见九十卷建武元年。敦欲专国政,忌帝年长难制,长,知两翻。欲更议所立,王导不从。及敦克建康,谓导曰:“不用吾言,几至覆族。”几,居希翻。

敦以太子有勇略,为朝野所向,朝,直遥翻。欲诬以不孝而废之,大会百官,问温峤曰:“皇太子以何德称?”声色俱厉。峤曰:“钩深致远,盖非浅局所量;量,音良。以礼观之,可谓孝矣。”言太子既有钩深致远之才,而又尽事亲之礼,所以解敦不孝之诬也。众皆以为信然,敦谋遂沮。沮,在吕翻。

帝召周顗于广室,广室,殿名。谓之曰:“近日大事,二宫无恙,诸人平安,大将军固副所望邪?”恙,余亮翻。顗曰:“二宫自如明诏,臣等尚未可知。”护军长史郝嘏等劝顗避敦,顗代戴渊为护军将军,以郝嘏为长史。顗曰:“吾备位大臣,朝廷丧败,宁可复草间求活,外投胡、越邪!”丧,息浪翻。复,扶又翻。敦参军吕猗,尝为台郎,晋谓尚书郎为台郎。性奸谄,戴渊为尚书,恶之。恶,乌路翻。猗说敦曰:“周顗、戴渊,皆有高名,足以惑众,近者之言,曾无怍色,谓二人答敦之言。怍,才各翻。公不除之,恐必有再举之忧。”敦素忌二人之才,心颇然之,从容问王导曰:“周、戴,南北之望,周顗,汝南人;戴渊,广陵人。晋氏南渡,二人名冠当时。从,千容翻。当登三司无疑也。”导不答。又曰:“若不三司,止应令仆邪?”三司,太尉、司徒、司空也;令仆,尚书令及左右仆射也。又不答。敦曰："若不尔，正当诛尔！"又不答。丙子，敦遣部将陈郡邓岳收颛及渊。将，即亮翻。先是，敦谓谢鲲曰：先，悉荐翻。"吾当以周伯仁为尚书令，戴若思为仆射。"戴渊，字若思。是日，又问鲲："近来人情何如？"鲲曰："明公之举，虽欲大存社稷，然悠悠之言实未达高义。言众人议敦举兵向阙，非义举也。若果能举用周、戴，则群情帖然矣！"敦怒曰："君粗疏邪！二子不相当，吾已收之矣！"鲲愕然自失。参军王峤曰："'济济多士，文王以宁。'诗大雅文王之诗。济，子礼翻。奈何戮诸名士！"敦大怒，欲斩峤，众莫敢言。鲲曰："明公举大事，不戮一人。峤以献替忤旨，便以衅鼓，君所谓可而有否焉，臣献其否以成其可；君所谓否而有可焉，臣献其可以替其否。衅鼓，杀人以血涂鼓也。忤，五故翻。不亦过乎！"敦乃释之，黜为领军长史。大将军府参军黜为领军长史，足知敦府重于诸府矣。峤，浑之族孙也。

颛被收，路经太庙，大言曰："贼臣王敦，倾覆社稷，枉杀忠臣；神祇有灵，当速杀之！"被，皮义翻。祇，翘移翻。收人以戟伤其口，血流至踵，容止自若，观者皆为流涕。为，于伪翻；下同。并戴渊杀之于石头南门之外。

帝使侍中王彬劳敦。劳，力到翻。彬素与颛善，先往哭颛，然后见敦。敦怪其容惨，问之。彬曰："向哭伯仁，情不能已。"敦怒曰："伯仁自致刑戮；且凡人遇汝，以王彬之为人，颛以凡人遇之，亦可以见其风裁矣。汝何哀而哭之？"彬曰："伯仁长者，兄之亲友；在朝虽无謇愕，"愕"，当作"谔"。朝，直遥翻。亦非阿党，而赦后加之极刑，所以伤惋也。"惋，乌贯翻。据元帝纪，四月，敦入石头，辛未，大赦。因勃然数敦曰：数，所具翻。"兄抗旌犯顺，杀戮忠良，图为不轨，祸及门户矣！"辞气慷慨，声泪俱下。敦大怒，厉声曰："尔狂悖乃至此，以吾为不能杀汝邪！"时王导在坐，为之惧，悖，蒲内翻，又蒲没翻。坐，徂卧翻。为，于伪翻。劝彬起谢。彬曰："脚痛不能拜；且此复何谢！"复，扶又翻；下同。敦曰："脚痛孰若颈痛？"彬殊无惧容，竟不肯拜。

王导后料检中书故事，料，音聊。乃见𫖮救己之表，执之流涕曰："吾虽不杀伯仁，伯仁由我而死，自愧于敦三问不答之时也。幽冥之中，负此良友！"

沈充拔吴国，杀内史张茂。

初，王敦闻甘卓起兵，大惧。卓兄子卬为敦参军，敦使卬归说卓曰：说，输芮翻；下同。"君此自是臣节，不相责也。吾家计急，不得不尔。想便旋军襄阳，当更结好。"好，呼到翻。卓虽慕忠义，性多疑少决，少，诗沼翻。军于猪口，水经：沔水东南径江夏云杜县东，夏水从西来注之。注云：即䐗口也。䐗，与猪同。欲待诸方同出军，稽留累旬不前。敦既得建康，乃遣台使以驺虞幡驻卓军。诸方，谓待诸方镇同出军也。驺虞，仁兽；故以驺虞幡驻军。使，疏吏翻。卓闻周𫖮、戴渊死，流涕谓卬曰："吾之所忧，正为今日。为，于伪翻；下同。且使圣上元吉，太子无恙，恙，余亮翻。吾临敦上流，亦未敢遽危社稷。适吾径据武昌，敦势逼，必劫天子以绝四海之望，不如还襄阳，更思后图。"即命旋军。都尉秦康与乐道融说卓曰："今分兵断彭泽，彭泽县，属豫章郡，彭蠡湖自此入于大江。分兵断彭泽湖口，可使敦上下不得相通。断，丁管翻。使敦上下不得相赴，其众自然离散，可一战擒也。将军起义兵而中止，窃为将军不取。且将军之下，士卒各求其利，欲求西还，亦恐不可得也。"卓不从。道融昼夜泣谏，卓不听；道融忧愤而卒。卓性本宽和，忽更强塞，此强，谓强暴也。塞，谓窒塞而不疏通。塞，悉则翻。径还襄阳，意气骚扰，举动失常，识者知其将死矣。

王敦以西阳王羕为太宰，羕，余亮翻。加王导尚书令，王廙为荆州刺史；改易百官及诸军镇，转徙黜免者以百数；或朝行暮改，惟意所欲。敦将还武昌，谢鲲言于敦曰：“公至都以来，称疾不朝，是以虽建勋而人心实有未达。今若朝天子，朝，直遥翻；下同。使君臣释然，则物情皆悦服矣。”敦曰：“君能保无变乎？”对曰：“鲲近日入觐，主上侧席，迟得见公，王者侧席待贤，鲲用此语也。迟，直二翻，待也。宫省穆然，必无虞也。穆然，和敬之意。公若入朝，鲲请侍从。”从，才用翻。敦勃然曰：“正复杀君等数百人，亦复何损于时！”复，扶又翻。竟不朝而去。夏，四月，敦还武昌。

初，宜都内史天门周级吴孙晧永安六年，分武陵立天门郡。充县有松梁山，山有石，石开处数十丈，其高，以弩仰射，不至其上，名天门，因此名郡。宋白曰：澧州石门县，吴立天门郡，隋罢郡为石门县。闻谯王承起兵，使其兄子该潜诣长沙，申款于承。申，明也；款，诚也。魏乂等攻湘州急，承遣该及从事邵陵周崎间出求救，此非颍川之邵陵。吴孙晧宝鼎元年，分零陵北部都尉立邵陵郡。崎，丘奇翻。间，古苋翻。皆为逻者所得。乂使崎语城中，称大将军已克建康，甘卓还襄阳，外援理绝。言以事理观之，外援已绝也。逻，郎佐翻。语，牛倨翻。崎伪许之，既至城下，大呼曰：“援兵寻至，努力坚守！”乂杀之。乂考该至死，竟不言其故，周级由是获免。

乂等攻战日逼，敦又送所得台中人书疏，令乂射以示承。呼，火故翻。射，而亦翻。城中知朝廷不守，莫不怅惋。惋，乌贯翻。相持且百日，刘翼战死，士卒死伤相枕。枕，职任翻。癸巳，乂拔长沙，承等皆被执。乂将杀虞悝，子弟对之号泣。悝曰：“人生会当有死，今阖门为忠义之鬼，亦复何恨！”悝，苦回翻。号，户刀翻。复，扶又翻。

乂以槛车载承及易雄送武昌，佐吏皆奔散，惟主簿桓雄、西曹书佐韩阶、府诸曹各有书佐。从事武延，毁服为僮从承，不离左右。毁服者，毁其常服，为僮奴之服。离，力智翻。乂见桓雄姿貌举止非凡人，惮而杀之。韩阶、武延执志愈固。荆州刺史王廙承敦旨，杀丞于道中，廙，羊至翻，又逸职翻。阶、延送丞丧至都，葬之而去。易雄至武昌，意气忼慨，曾无惧容。忼，口党翻。敦遣人以檄示雄而数之，雄曰："此实有之，惜雄位微力弱，不能救国难耳。难，乃旦翻。今日之死，固所愿也。"敦惮其辞正，释之，遣就舍。众人皆贺之，雄笑曰："吾安得生！"既而敦遣人潜杀之。

魏乂求邓骞甚急，乡人皆为之惧，为，于伪翻。骞笑曰："此欲用我耳，彼新得州，多杀忠良，故求我以厌人望也。"厌，益涉翻。乃往诣乂，乂喜曰："君，古之解扬也。"左传：楚子围宋；晋使解扬如宋，使无降楚；郑人囚而献诸楚。楚子厚赂之，使反其言，不许；三，而许之。登诸楼车，使呼宋人而告之；遂致其君命。楚子将杀之，使与之言曰："尔既许不穀而反之，何故？速即尔刑！"对曰："受命而出，有死无實，又可赂乎！臣之许君，以成命也；死而成命，臣之禄也。"楚子舍之以归。解，户买翻。以为别驾。

诏以陶侃领湘州刺史；王敦上侃复还广州，加散骑常侍。上，时掌翻。

6 甲午，前赵羊后卒，谥曰献文。

7 甘卓家人皆劝卓备王敦，卓不从，悉散兵佃作，佃，停年翻。闻谏，辄怒。襄阳太守周虑密承敦意，诈言湖中多鱼，劝卓遣左右悉出捕鱼。五月，乙亥，虑引兵袭卓于寝室，杀之，传首于敦，并杀其诸子。敦以从事中郎周抚督沔北诸军事，代卓镇沔中。自南郑至襄阳，沔水所由也，故谓之沔中。抚，访之子也。

敦既得志，暴慢滋甚，四方贡献多入其府，将相岳牧皆出其门。舜有四岳、十二牧，故后之居方面者，謂之岳牧。以沈充、钱凤为谋主，唯二人之言是从，所谮无不死者。以诸葛瑶、邓岳、周抚、李恒、谢雍为爪牙。恒，户登翻。充等并凶险骄恣，大起营府，侵人田宅，剽掠市道，剽，匹妙翻。识者咸知其将败焉。

8 秋，七月，后赵中山公虎拔泰山，执徐龛送襄国；龛，苦含翻。后赵王勒盛之以囊，于百尺楼上扑杀之，盛，时征翻。杨正衡曰：扑，弼角翻。命王伏都等妻子刳而食之，龛杀王伏都，见上卷大兴三年。坑其降卒三千人。降，户江翻。

9 兖州刺史郗鉴在邹山三年，有众数万。愍帝建兴元年，帝以鉴镇邹山，今既数年矣，所谓三年有众数万者，言鉴既镇邹山之后，三年之间，民归之者有此数也。郗，丑之翻。战争不息，百姓饥馑，掘野鼠、蛰燕而食之，燕，经秋而蛰。为后赵所逼，退屯合肥。尚书右仆射纪瞻，以鉴雅望清德，宜从容台阁，从，千容翻。上疏请征之；乃征拜尚书。徐、兖间诸坞多降于后赵，降，户江翻。后赵置守宰以抚之。

10 王敦自领宁、益二州都督。非君命，故史以自领书之。

冬，十月，己丑，荆州刺史武陵康侯王廙卒。

王敦以下邳内史王邃都督青、徐、幽、平四州诸军事，镇淮阴；卫将军王含都督沔南诸军事，领荆州刺史；武昌太守丹杨王谅为交州刺史。考异曰：谅传："永兴三年，敦以谅为交州。"按：永兴三年，即惠帝光熙元年也，谅传误。使谅收交州刺史修湛、新昌太守梁硕杀之。吴孙晧建衡三年，分交趾立新兴郡，武帝太康三年，更名新昌郡。谅诱湛，斩之。诱，音酉。硕举兵围谅于龙编。龙编县，属交趾郡，州、郡皆治焉。

11 祖逖既卒，后赵屡寇河南，拔襄城、城父，城父县，前汉属沛郡，后汉属汝南郡，魏、晋属谯国。此河南，概言黄河之南，非专指河南郡也。父，音甫。围谯。豫州刺史祖约不能御，退屯寿春。后赵遂取陈留，梁、郑之间复骚然矣。复，扶又翻。

12 十一月，以临颍元公荀组为太尉；辛酉，薨。

13 罢司徒，并丞相府。王敦以司徒官属为留府。敦还武昌，遥制朝政，故有留府在建康。

14 帝忧愤成疾，闰月，己丑，崩；年四十七。司空王导受遗诏辅政。帝恭俭有馀而明断不足，断，丁乱翻。故大业未复而祸乱内兴。庚寅，太子即皇帝位，大赦，尊所生母荀氏为建安君。

15 十二月，赵主曜葬其父母于粟邑，大赦。陵下周二里，上高百尺，高，居傲翻。计用六万夫，作之百日乃成。役者夜作，继以脂烛，民甚苦之。游子远谏，不听。

16 后赵濮阳景侯张宾卒，濮，博木翻。后赵王勒哭之恸，曰："天不欲成吾事邪，何夺吾右侯之早也！"程遐代为右长史。遐，世子弘之舅也，勒每与遐议，有所不合，辄叹曰："右侯舍我去，乃令我与此辈共事，岂非酷乎！"酷，惨也，虐也，言天夺张宾之年，何其虐我之惨也。因流涕弥日。

17 张茂使将军韩璞帅众取陇西、南安之地，置秦州。南阳王保既死，陈安不能有，茂遂取之。帅，读曰率。

18 慕容廆遣其世子皝袭段末柸，入令支，皝，户广翻。令支县，汉属辽西郡，晋省，段氏据其地。应劭曰：令，音铃。师古音郎定翻。支，裴松之音其儿翻。掠其居民千馀家而还。

肃宗明皇帝上 讳绍，字道畿，元帝长子也。谥法：思虑果远曰明。

太宁元年（癸未、三二三）

1 春，正月，成李骧、任回寇台登，台登县，属越嶲郡。九州要记曰：台登县有奴诸川，鹦鹉山、黑水之间，若水出其下；黄帝子昌意降居若水，即此。将军司马玖战死，越嶲太守李钊、汉嘉太守王载汉嘉本前汉青衣县，属蜀郡；后汉顺帝阳嘉二年，更名汉嘉；蜀分为汉嘉郡。钊，音昭。皆以郡降于成。降，户江翻。

2 二月，庚戌，葬元帝于建平陵。

3 三月，戊寅朔，改元。

4 饶安、东光、安陵三县灾，三县皆属渤海郡，惟东光，汉旧县；饶安县，前汉之千童县也，后汉灵帝改曰饶安；安陵县，晋置。时皆为后赵之地。烧七千馀家，死者万五千人。

5 后赵寇彭城、下邳，徐州刺史卞敦与征北将军王邃退保盱眙。盱眙，音吁怡。敦，壸之从父兄也。壸，苦本翻。从，才用翻。

6 王敦谋篡位，讽朝廷征己；帝手诏征之。夏，四月，加敦黄钺、班剑，刘良文选志曰：班剑，谓执剑而从行者也。吕向曰：班，列也，言使勇士行列持剑以为仪仗也。李周翰曰：班剑，木剑无刃，假作剑形，画之以文，故曰班也。晋志，文武官公，给虎贲二十人，持班剑。奏事不名，入朝不趋，剑履上殿。朝，直遥翻。上，时掌翻。敦移镇姑孰，屯于湖，姑孰，前汉丹杨春谷县地，今太平州当涂县，即姑孰之地。县南三里，有姑孰溪，西入大江。于湖县，本吴督农校尉治，武帝太康二年，分丹杨县立于湖县。杜佑曰：宣州当涂县城，即晋姑孰城。于湖故城在县南。张舜民曰：今太平州跨姑孰溪。陆游曰：姑孰城在当涂北，今州城正据姑孰溪；溪东南数峰如黛，盖青山也。自姑孰溪行夹中，三十里至大信口，出口，溯江过大、小褐山矶，又过蟂矶。芜湖，即于湖，并大江有王敦城，气象宏敞。并，步浪翻。考异曰：晋春秋及后魏书僭晋传云"屯芜湖"；晋书明帝纪云"敦下屯于湖"，今从之。以司空导为司徒，敦自领扬州牧。敦欲为逆，王彬谏之甚苦。敦变色，目左右，将收之。彬正色曰："君昔岁杀兄，今又杀弟邪！"晋书王彬传，以为彬从兄棱为敦所害，故云然。余据杀棱者王如，虽出于敦之意，犹假手于如也；且棱于敦为从弟。此言杀兄，盖以敦杀王澄也，事见八十八卷怀帝永嘉六年。敦乃止，以彬为豫章太守。

7 后赵王勒遣使结好于慕容廆，廆执送建康。好，呼到翻。

8 成李骧等进攻宁州，刺史褒中壮公王逊使将军姚岳等拒之，战于螗蜋，据水经注：螗蜋，即堂狼县也，前汉属犍为郡，后汉省。郡国志：犍为属国朱提县有堂狼山，山多毒草，盛夏之月，飞鸟过之不能得去。

蜀置朱提郡，堂狼县属焉。成兵大败。岳追至泸水，成兵争济，溺死者千馀人。岳以道远，不敢济而还。溺，奴狄翻。还，从宣翻，又如字。逊以岳不穷追，大怒，鞭之；怒甚，冠裂而卒。逊在州十四年，怀帝永嘉四年，逊至宁州，至是适十四年。威行殊俗。州人立其子坚行州府事，州，宁州；府，南夷校尉府也。诏除坚宁州刺史。

9 广州刺史陶侃遣兵救交州；未至，梁硕拔龙编，夺刺史王谅节，谅不与，硕断其右臂。谅曰："死且不避，断臂何为！"【严："为"改"有"。】断，丁管翻。逾旬而卒。

10 六月，壬子，立妃庾氏为皇后；以后兄中领军亮为中书监。

11 梁硕据交州，凶暴失众心。陶侃遣参军高宝攻硕，斩之。诏以侃领交州刺史，进号征南大将军、开府仪同三司。未几，吏部郎阮放求为交州刺史，许之。几，居岂翻。放行至宁浦，广州记曰：汉献帝建安二十三年，吴分郁林郡立宁浦郡。晋太康地志曰：武帝太康七年，改合浦属国都尉立宁浦郡。唐为横州宁浦县。浦，滂五翻。遇高宝，为宝设馔，为，于伪翻。馔，雏睆翻，又雏恋翻。伏兵杀之。宝兵击放，放走，得免，至州少时，病卒。少，诗沼翻。考异曰：放传云："成帝幼冲，庾氏执政，放求为交州，"下乃云"逢高宝平梁硕还，"非成帝时也，放传误。放，咸之族子也。阮咸有名于魏、晋之间。

12 陈安围赵征西将军刘贡于南安，休屠王石武自桑城引兵趣上邽以救之，屠，直于翻。趣，七喻翻。与贡合击安，大破之。安收馀骑八千，走保陇城。骑，奇寄翻。秋，七月，赵主曜自将围陇城，别遣兵围上邽。安频出战，辄败。右军将军刘干攻平襄，克之，平襄县，汉属天水郡，晋属略阳郡。陇上诸县悉降。降，户江翻；下同。安留其将杨伯支、姜冲儿守陇城，自帅精骑突围，出奔陕中。陕中，在陇城南。陕，与陿同，户夹翻。曜遣将军平先等追之。安左挥七尺大刀，右运丈八蛇矛，近则刀矛俱发，辄殪五六人，殪，壹计翻。远则左右驰射而走。先亦勇捷如飞，与安搏战，三交，遂夺其蛇矛。三交，战三合也。会日暮雨甚，安弃马与左右匿于山中；赵兵索之，不知所在。索，山客翻。明日，安遣其将石容觇赵兵，将，即亮翻。觇，丑廉翻，又丑艳翻。赵辅威将军呼延青人获之，拷问安所在，拷，苦皓翻；掠也，击也。容卒不肯言，卒，子恤翻。青人杀之。雨霁，青人寻其迹，获安于涧曲，斩之。安善抚将士，与同甘苦，及死，陇上人思之，为作壮士之歌。歌曰："陇上壮士有陈安，躯干虽小腹中宽，爱养将士同心肝，骣骢交马铁瑕鞍。七尺大刀奋如湍，丈八蛇矛左右盘，十荡十决无当前。战始三交失蛇矛，弃我骣骢窜岩幽，为我外援而悬头；西流之水东流河，一去不还奈子何！"为，于伪翻。杨伯支斩姜冲儿，以陇城降；别将宋亭斩赵募，以上邽降。曜徙秦州大姓杨、姜诸族二千馀户于长安。氐、羌皆送任请降；任，质任也。以赤亭羌酋姚弋仲为平西将军，封平襄公。酋，慈由翻。

13 帝畏王敦之逼，欲以郗鉴为外援，郗，丑之翻。拜鉴兖州刺史，都督扬州江西诸军事，镇合肥。王敦忌之，表鉴为尚书令。八月，诏征鉴还，道经姑孰，敦与之论西朝人士，曰："乐彦辅，短才耳，考其实，岂胜满武秋邪！"时江东谓洛都为西朝。乐广，字彦辅。满奋，字武秋。朝，直遥翻。鉴曰："彦辅道韵平淡，愍怀之废，柔而能正；武秋失节之士，安得拟之！"事见八十三卷惠帝永康元年，满奋既收东宫官属之辞太子者，赵王伦之篡，奋又奉玺绶，故谓之失节。敦曰："当是时，危机交急。"鉴曰："丈夫当死生以之。"敦恶其言，不复相见，恶，乌路翻。复，扶又翻。久留不遣。敦党皆劝敦杀之，敦不从。鉴还台，遂与帝谋讨敦。

14 后赵中山公虎帅步骑四万击安东将军曹嶷，帅，读曰率。嶷，鱼力翻。青州郡县多降之，遂围广固。水经注：广固城，在汉齐郡广县西北四里，四周绝涧，阻水深隍，曹嶷所筑也。九域志：广固城，古乐安城。今按青州益都县西四十里有广固城，杜佑曰：有大涧甚广，因曰广固。降，户江翻。嶷出降，送襄国杀之，坑其众三万。虎欲尽杀嶷众，青州刺史刘徵曰："今留徵，使牧民也；无民焉牧，焉，于虔翻。徵将归耳！"虎乃留男女七百口配徵，使镇广固。

15 赵主曜自陇上西击凉州，遣其将刘咸攻韩璞于冀城，呼延晏攻宁羌护军阴鉴于桑壁，桑壁，当在南安界。曜自将戎卒二十八万军于河上，将，即亮翻。列营百馀里，金鼓之声动地，河水为沸，张茂临河诸戍，皆望风奔溃。曜扬声欲百道俱济，直抵姑臧，凉州大震。参军马岌劝茂亲出拒战，长史氾祎怒，请斩之。岌曰："氾公糟粕书生，刺举小才，庄子曰：桓公读书于堂上，轮扁斲轮于堂下，问桓公曰："敢问公所读者何言也？"公曰："圣人之书也。"曰："圣人在乎？"曰："已死矣。"曰："然则君之所读者，古人之糟粕已矣，古之人与其不可传者死矣。"陆德明曰：糟，音曹。李云：酒滓也。粕，普各翻；糟烂为粕。刺者，以直伤人；举者，招人之过。氾，音凡。不思家国大计。明公父子欲为朝廷诛刘曜有年矣，为，于伪翻；下为明同。今曜自至，远近之情，共观明公此举，当立信勇之验以副秦、陇之望，力虽不敌，势不可以不出。"茂曰："善！"乃出屯石头。石头，在姑臧城东。茂谓参军陈珍曰："刘曜举三秦之众，乘胜席卷而来，言新破陈安，乘胜而来也。卷，读曰捲。将若之何？"珍曰："曜兵虽多，精卒至少，少，诗沼翻。大抵皆氐、羌乌合之众，恩信未洽，且有山东之虞，谓方与石勒相图也。安能舍其腹心之疾，旷日持久，与我争河西之地邪！若二旬不退，珍请得弊卒数千，为明公擒之。"为，于伪翻。茂喜，使珍将兵救韩璞。赵诸将争欲济河，赵主曜曰："吾军势虽盛，然畏威而来者三分有二，中军疲困，其实难用。果如陈珍所料。今但按甲勿动，以吾威声震之，若出中旬张茂之表不至者，吾为负卿矣。”茂寻遣使称藩，献马、牛、羊、珍宝不可胜纪。使，疏吏翻。胜，音升。曜拜茂侍中、都督凉·南·北秦·梁·益·巴·汉·陇右·西域杂夷·匈奴诸军事、太师、凉州牧，封凉王，加九锡。

16 杨难敌闻陈安死，大惧，与弟坚头南奔汉中，赵镇西将军刘厚追击之，大获而还。赵主曜以大鸿胪田崧为镇南大将军、益州刺史，镇仇池。难敌送任请降于成，降，户江翻。成安北将军李稚受难敌赂，不送难敌于成都。赵兵退，即遣归武都，难敌遂据险不服。稚自悔失计，亟请讨之。亟，欺冀翻。亟请，数以为请也。雄遣稚兄侍中、中领军琀与稚出白水，征东将军李寿及琀弟玝出阴平，以击难敌；杨正衡曰：琀，胡绀翻。玝，音午。群臣谏，不听。难敌遣兵拒之，寿、玝不得进，而琀、稚长驱至下辨。辨，步苋翻。难敌遣兵断其归路，四面攻之。断，丁管翻。琀、稚深入无继，皆为难敌所杀，死者数千人。琀，荡之长子，长，知两翻；下同。有才望，雄欲以为嗣，闻其死，不食者数日。

17 初，赵主曜长子俭，次子胤。胤年十岁，长七尺五寸，长子之长，知两翻；下同。长七之长，直亮翻。汉主聪奇之，谓曜曰：“此儿神气，非义真之比也，俭，字义真。当以为嗣。”曜曰：“藩国之嗣，能守祭祀足矣，不敢乱长幼之序。”聪曰：“卿之勋德，当世受专征之任，言当世为方伯，得专征伐也。非他臣之比也，吾当更以一国封义真。”乃封俭为临海王，立胤为世子。既长，多力善射，骁捷如风。骁，坚尧翻。靳准之乱，事见九十卷大兴元年。没于黑匿郁鞠部。黑匿郁鞠既归胤，曜嘉其忠款，封为左贤王，则亦匈奴之种也。陈安既败，胤自言于郁鞠，郁鞠大惊，礼而归之。曜悲喜，谓群臣曰：“义光虽已为太子，然冲幼儒谨，恐不堪今之多难。义孙，故世子也，曜太子熙字义光；胤字义孙。难，乃旦翻。材器过人，且涉历艰难。吾欲法周文王、汉光武，以固社稷而安义光，何如？”周文王舍伯邑考而立武王，汉光武舍长子彊而立明帝。太傅呼延晏等皆曰：“陛下为国家无穷之计，岂惟臣等赖之，实宗庙四海之庆。”左光禄大夫卜泰、太子太保韩广进曰：“陛下以废立为是，不应更问群臣；若以为疑，固乐闻异同之言。乐，音洛。臣窃以为废太子，非也。昔文王定嗣于未立之前，则可也；光武以母失恩而废其子，岂足为圣朝之法！朝，直遥翻。向以东海为嗣，未必不如明帝也。胤文武才略，诚高绝于世；然太子孝友仁慈，亦足为承平贤主。况东宫者，民、神所系，岂可轻动！陛下诚欲如是，臣等有死而已，不敢奉诏。”曜默然。胤进曰：“父之于子，当爱之如一，今黜熙而立臣，臣何敢自安！陛下苟以臣为颇堪驱策，岂不能辅熙以承圣业乎！必若以臣代熙，臣请效死于此，不敢闻命。”因歔欷流涕。歔，音虚。欷，许既翻，又音希。曜亦以熙羊后所生，不忍废也，乃追谥前妃卜氏为元悼皇后。泰，即胤之舅也，曜嘉其公忠，以为上光禄大夫、仪同三司、领太子太傅；封胤为永安王，拜侍中、卫大将军、都督二宫禁卫诸军事、开府仪同三司、录尚书事。二宫，曜宫及熙宫也。命熙于胤尽家人之礼。不以储嗣使熙废兄弟之庸敬。

18 张茂大城姑臧，修灵钧台。元帝大兴四年，茂筑灵钧台，以阎曾谏而止，今复修之。别驾吴绍谏曰：“明公所以修城筑台者，盖惩既往之患耳。谓惩刘曜来攻也。愚以为苟恩未洽于人心，虽处层台，处，昌吕翻。亦无所益，适足以疑群下忠信之志，失士民系托之望，示怯弱之形，启邻敌之谋，将何以佐天子，霸诸侯乎！愿亟罢兹役，以息劳费。”茂曰：“亡兄一旦失身于物，茂兄寔为其下所杀，事见上卷大兴三年。岂无忠臣义士欲尽节者哉！顾祸生不意，虽有智勇无所施耳。王公设险，勇夫重闭，古之道也。易曰：王公设险以守其国。左传曰：勇夫重闭，而况国乎！重，直龙翻。今国家未靖，不可以太平之理责人于屯邅之世也。”屯，株伦翻，难也。邅，张连翻，行不进貌。卒为之。卒，子恤翻。

19 王敦从子允之，方总角，毛苌曰：总角，聚两髦也。从，才用翻。敦爱其聪警，常以自随。敦尝夜饮，允之辞醉先卧。敦与钱凤谋为逆，允之悉闻其言；即于卧处大吐，吐，土故翻；下同。衣面并污。污，乌故翻。凤出，敦果照视，见允之卧于吐中，不复疑之。会其父舒拜廷尉，允之求归省父，复，扶又翻。省，悉景翻。悉以敦、凤之谋白舒。舒与王导俱启帝，阴为之备。

敦欲强其宗族，陵弱帝室，冬，十一月，徙王含为征东将军、都督扬州江西诸军事，王舒为荆州刺史、监荆州沔南诸军事，监，工衔翻。王彬为江州刺史。

20 后赵王勒以参军樊坦为章武内史，章武县，汉属勃海郡；武帝泰始元年，分置章武国；隋废章武，并入河间郡；唐为瀛州。勒见其衣冠弊坏，问之。坦率然对曰：“顷为羯贼所掠，资财荡尽。”勒笑曰：“羯贼乃尔无道邪！羯，居谒翻。今当相偿。”坦大惧，叩头泣谢。勒赐车马、衣服、装钱三百万而遣之。

21 是岁，越嶲斯叟攻成将任回，前汉西南夷传云：自嶲以东北，君长以十数，徙、筰都最大。师古曰：徙及筰都二国也。嶲，音髓。徙，音斯。此斯，即汉之斯种也；蜀谓之叟。将，即亮翻。任，音壬。成主雄遣征南将军费黑讨之。费，扶沸翻。

22 会稽内史周札，一门五侯，札封东迁县侯；兄靖子懋，清流亭侯；懋弟赞，武康县侯；赞弟缙，都乡侯；兄玘子勰，乌程县侯；凡五侯。会，工外翻。宗族强盛，吴士莫与为比；王敦忌之。敦有疾，钱凤劝敦早除周氏，敦然之。周嵩以兄顗之死，事见元帝永昌元年。顗，鱼岂翻。心常愤愤。敦无子，养王含子应为嗣，嵩尝于众中言应不宜统兵，敦恶之。恶，乌路翻。嵩与札兄子莚皆为敦从事中郎。会道士李脱以妖术惑众，士民颇信事之。妖，于骄翻。

何兹全标点王崇武聂崇岐覆校

资治通鉴卷第九十三

端明殿学士兼翰林侍读学士朝散大夫右谏议大夫
充集贤殿修撰权判西京留司御史台上柱国河内郡 司马光 奉敕编集
开国侯食邑一千三百户食实封四百户赐紫金鱼袋臣
后　学　天　台 胡三省 音　注

晋纪十五 起阏逢涒滩(甲申)，尽强圉大渊献(丁亥)，凡四年。

肃宗明皇帝下

太宁二年(甲申、三二四)

1 春，正月，王敦诬周嵩、周莚与李脱谋为不轨，收嵩、莚，于军中杀之；遣参军贺鸾就沈充于吴，尽杀周札诸兄子；进兵袭会稽，会，工外翻。札拒战而死。

2 后赵将兵都尉石瞻寇下邳、彭城，取东莞、东海，东莞县，汉属琅邪郡；莞，音官。武帝泰始元年，分琅邪立东莞郡。将，即亮翻。刘遐退保泗口。水经注：泗水自淮阳城东流径角城北，而东南流注于淮，谓之泗口。杜佑曰：泗口，在今临淮郡宿迁县界。

司州刺史石生击赵河南太守尹平于新安，斩之，新安县，汉属弘农郡，晋属河南郡。守，式又翻；下同。掠五千馀户而归。自是二赵构隙，日相攻掠，河东、弘农之间，民不聊生矣。河东、弘农，二赵之界上也。

石生寇许、颍，许昌、颍川，同是一郡地。俘获万计。攻郭诵于阳翟，诵与战，大破之，生退守康城。魏收地形志，阳翟县有康城。后赵汲郡内史石聪闻生败，驰救之，进攻司州刺史李矩、颍川太守郭默，皆破之。

3 成主雄，后任氏无子，任，音壬。有妾子十馀人，雄立其兄荡之子班为太子，使任后母之。群臣请立诸子，雄曰："吾兄，先帝之嫡统，有奇材大功，事垂克而早世，朕常悼之。荡死见八十五卷惠帝太安二年。且班仁孝好学，必能负荷先烈。"太傅骧、司徒王达谏曰："先王立嗣必子者，所以明定分而防篡夺也。好，呼到翻。荷，下可翻，又如字。骧，思将翻。分，扶问翻。宋宣公、吴馀祭，足以观矣！"汉书曰：立嗣必子，所从来远矣。公羊传曰：宋宣公谓缪公曰："以吾爱与夷则不若爱汝；以为社稷宗庙主，则与夷不若汝，盍终为君矣。"宣公死，缪公立，逐其二子庄公冯与左师勃，而致国乎与夷。故君子大居正，宋之祸，宣公为之也。吴子谒、馀祭、夷昧与季子同母，季子弱而才，兄弟皆爱之，同欲立之以为君。谒曰：今若迮而与季子国，季子犹不受也，请无与子而与弟，弟兄迭为君而致国乎季子。夷昧死，则国宜之季子，季子使而亡焉。僚者，长庶也，即之，季子使反而君之。阖闾曰："先君所以不与子国而与弟者，凡为季子故也。将从先君之命欤，则国宜之季子；如不从先君之命，则我宜立者也，僚恶得为君乎！"于是使专诸刺僚。张守节曰：祭，侧界翻。昧，莫葛翻。雄不听。骧退而流涕曰："乱自此始矣！"为下雄诸子杀班张本。班为人谦恭下士，下，遐稼翻。动遵礼法，雄每有大议，辄令豫之。

4 夏，五月，甲申，张茂疾病，执世子骏手泣曰："吾家世以孝友忠顺著称，今虽天下大乱，汝奉承之，不可失也。"且下令曰："吾官非王命，苟以集事，岂敢荣之！死之日，当以白帢入棺，勿以朝服敛。"是日，薨。帢，苦洽翻。朝，直遥翻。敛，力赡翻。愍帝使者史淑在姑臧，长安覆没，淑无所归，故留姑臧。使，疏吏翻。左长史氾袆、右长史马谟等氾，音凡。袆，吁韦翻。使淑拜骏大将军、凉州牧、西平公，赦其境内。前赵主曜遣使赠茂太宰，谥曰成烈王；拜骏上大将军、凉州牧、凉王。

5 王敦疾甚，矫诏拜王应为武卫将军以自副，以王含为骠骑大将军、开府仪同三司。骠，匹妙翻。钱凤谓敦曰："脱有不讳，便当以后事付应邪？"敦曰："非常之事，非常人所能为。司马相如难蜀父老曰：盖世必有非常之人，然后有非常之事。且应年少，少，诗沼翻。岂堪大事！我死之后，莫若释兵散众，归身朝廷，保全门户，上计也；退还武昌，收兵自守，贡献不废，中计也；及吾尚存，悉众而下，万一侥幸，下计也。"凤谓其党曰："公之下计，乃上策也。"遂与沈充定谋，俟敦死，即作乱。以王敦之很戾，而济之以沈充、钱凤，所谓"凶德参会"。又以宿卫尚多，奏令三番休二。

初，帝亲任中书令温峤，敦恶之，恶，乌路翻。请峤为左司马。峤乃缪为勤敬，缪，靡幼翻，诈也。综其府事，时进密谋以附其欲。深结钱凤，为之声誉，每曰："钱世仪精神满腹。"峤素有藻鉴之名，钱凤，字世仪。藻鉴，谓善于人伦藻鉴也。人有美质而加之褒饰，谓之黼藻，如衣裳之加藻火、黼黻也。鉴，所以别妍丑。故明于知人而能褒奖后进者，有藻鉴之名。凤甚悦，深与峤结好。好，呼到翻。会丹杨尹缺，晋都建康，以丹杨太守为尹，宋、齐、梁皆因之。洪适曰：西汉丹阳郡，则治宛陵，丹阳县，则今之建康也。东汉史皆作"丹阳"。西晋移郡于建业，元帝改太守为丹杨尹。地理志曰：山多赤柳，故名。他书载汉、晋此郡，少有从"木"者。至唐天宝年，始以京口为丹阳郡，改曲阿为丹阳县，皆非汉旧壤也。峤言于敦曰："京尹咽喉之地，咽，音烟。公宜自选其才，恐朝廷用人，或不尽理。"敦然之，问峤："谁可者？"峤曰："愚谓无如钱凤。"凤亦推峤，峤伪辞之；敦不听，六月，表峤为丹杨尹，且使觇伺朝廷。觇，丑廉翻，又丑艳翻。峤恐既去而钱凤于后间止之，间，古苋翻。因敦饯别，峤起行酒，至凤，凤未及饮；峤伪醉，以手版击凤帻坠，作色曰："钱凤何人，温太真行酒而敢不饮！"温峤，字太真。敦以为醉，两释之。峤临去，与敦别，涕泗横流，出阁复入者再三。复，扶又翻。行后，凤谓敦曰："峤于朝廷甚密，而与庾亮深交，未可信也。"敦曰："太真昨醉，小加声色，何得便尔相谗！"峤至建康，尽以敦逆谋告帝，请先为之备，又与庾亮共画讨敦之谋。敦闻之，大怒曰："吾乃为小物所欺！"与司徒导书曰："太真别来几日，作如此事！当募人生致之，自拔其舌。"王敦遥制朝权，其所甚害者如郗鉴、温峤，终不得以肆其毒，以此知建康纲纪尚能自立也。

帝将讨敦，以问光禄勋应詹，詹劝成之，帝意遂决。丁卯，加司徒导大都督、领扬州刺史，以温峤都督东安北部诸军事，以下文应詹都督桥南诸军观之，则东安北部谓秦淮水北诸军也。与右将军卞敦守石头，考异曰：敦传云："王敦表为征虏将军、都督石头军事；明帝讨敦，以为镇南将军、假节。"今从明帝纪。应詹为护军将军、都督前锋及朱雀桥南诸军事，郗鉴行卫将军、都督从驾诸军事，郗，丑之翻。从，才用翻。庾亮领左卫将军，以吏部尚书卞壸行中军将军。壸，苦本翻。郗鉴以为军号无益事实，固辞不受；请召临淮太守苏峻、兖州刺史刘遐同讨敦。夫理顺者难恃，势弱则不支。以敦、凤同恶相济，率大众以犯阙，虽诸公忠赤，若只以台中见兵拒之，是复周、戴石头之事，微郗鉴建请而召刘遐、苏峻，殆矣！诏征峻、遐及徐州刺史王邃、豫州刺史祖约、广陵太守陶瞻等入卫京师。帝屯于中堂。按萧子显齐书高帝纪：桂阳王休范之反，诸贵会议，帝曰："中堂旧是置兵地，领军宜屯宣阳门，为诸军节度，"则中堂当在宣阳门外。

司徒导闻敦疾笃，帅子弟为敦发哀，帅，读曰率。为，于伪翻。众以为敦信死，咸有奋志。于是尚书腾诏下敦府，下，遐嫁翻。列敦罪恶曰："敦辄立兄息以自承代，未有宰相继体而不由王命者也。息，子也；谓以兄含子应为嗣也。顽凶相奖，无所顾忌；志骋凶丑，以窥神器。天不长奸，骋，丑郢翻。长，丁丈翻。敦以陨毙；凤承凶宄，弥复煽逆。复，扶又翻。今遣司徒导等虎旅三万，十道并进；平西将军邃等精锐三万，水陆齐势；朕亲统诸军，讨凤之罪。有能杀凤送首，封五千户侯。考异曰：晋春秋此诏在王导为敦发丧前，故云"有能斩送敦首，封万户侯，赏布万匹。"按此诏云"敦以陨毙"，是称敦已死也，不应复购敦首。今从敦传。诸文武为敦所授用者，一无所问，无或猜嫌，以取诛灭。敦之将士，从敦弥年，违离家室，将，即亮翻；下自将、亲将同。离，力智翻。朕甚愍之。其单丁在军，皆遣归家，终身不调；单丁，谓家止有男丁一人，无兼次者。调，徒钓翻。其馀皆与假三年；假，居讶翻。休讫还台，当与宿卫同例三番。"谓三番休二也。

敦见诏，甚怒；而病转笃，不能自将。将举兵伐京师，使记室郭璞筮之，璞曰："无成。"敦素疑璞助温峤、庾亮，及闻卦凶，乃问璞曰："卿更筮吾寿几何？"璞曰："思向卦，明公起事，必祸不久；若住武昌，寿不可测。"敦大怒曰："卿寿几何？"曰："命尽今日日中。"敦乃收璞，斩之。

敦使钱凤及冠军将军邓岳、前将军周抚等帅众向京师。冠，古玩翻。帅，读曰率。王含谓敦曰："此乃家事，吾当自行。"于是以含为元帅。帅，所类翻。凤等问曰："事克之日，天子云何？"敦曰："尚未南郊，何得称天子！便尽卿兵势，保护东海王及裴妃而已。"元帝以第三子冲奉东海王越后。裴妃，越妃也。乃上疏以诛奸臣温峤等为名。秋，七月，壬申朔，王含等水陆五万奄至江宁南岸，武帝太康二年，分秣陵立临江县，二年，更名江宁。南岸，即秦淮南岸也。考异曰：敦传及晋春秋皆云"三万"，今从明帝纪。人情恟惧。温峤移屯水北，烧朱雀桁以挫其锋，恟，许拱翻。桁，与航同。含等不得渡。帝欲亲将兵击之，闻桥已绝，大怒。峤曰："今宿卫寡弱，征兵未至，若贼豕突，危及社稷，宗庙且恐不保，何爱一桥乎！"

司徒导遗含书曰："近承大将军困笃，参问起居，谓之参承；

诇候安否，谓之诇承。遗，于季翻。或云已有不讳。寻知钱凤大严，欲肆奸逆；谓兄当抑制不逞，言当抑制凤等，使不得逞其凶逆也。还藩武昌，今乃与犬羊俱下。兄之此举，谓可得如大将军昔年之事乎？谓如元帝永昌元年，敦克石头时也。昔者佞臣乱朝，谓刁协、刘隗也。朝，直遥翻。人怀不宁，如导之徒，心思外济。言思投外以自济也。今则不然。大将军来屯于湖，渐失人心，君子危怖，怖，普布翻。百姓劳弊。临终之日，委重安期；安期断乳几日？又于时望，便可袭宰相之迹邪？王应，字安期。断，读曰短。自开辟以来，颇有宰相以孺子为之者乎？诸有耳者，皆知将为禅代，非人臣之事也。谓此事深骇众听，皆知敦、应谋篡。先帝中兴，遗爱在民；圣主聪明，德洽朝野。兄乃欲妄萌逆节，凡在人臣，谁不愤叹！导门小大受国厚恩，今日之事，明目张胆，为六军之首，宁为忠臣而死，不为无赖而生矣！”含不答。

或以为“王含、钱凤众力百倍，苑城小而不固，苑城，盖孙氏都秣陵所筑。晋置建康于秣陵水北，南渡建都，依苑城以为守。宜及军势未成，大驾自出拒战。”郗鉴曰：“群逆纵逸，势不可当；可以谋屈，难以力竞。且含等号令不一，抄盗相寻，抄，楚交翻。吏民惩往年暴掠，皆人自为守。乘逆顺之势，何忧不克！且贼无经略远图，惟恃豕突一战；旷日持久，必启义士之心，令智力得展。今以此弱力敌彼强寇，决胜负于一朝，定成败于呼吸，万一蹉跌，蹉，七何翻。跌，徒结翻。虽有申胥之徒，义存投袂，左传，吴人入郢，楚大夫申包胥赴秦求救，卒以存楚。投袂，言匆遽也；传曰：楚子闻之，投袂而起。何补于既往哉！”帝乃止。

帝帅诸军出屯南皇堂。癸酉夜，募壮士，遣将军段秀、中军司马曹浑等帅甲卒千人渡水，掩其未备。平旦，战于越城，越城，在秦淮南。帅，读曰率；下同。大破之，斩其前锋将何康。

秀，匹磾之弟也。磾，丁奚翻。

敦闻含败，大怒曰："我兄，老婢耳；门户衰，世事去矣！"顾谓参军吕宝曰："我当力行。"因作势而起，困乏，复卧。气不能充体为困，力不能举身为乏。乃谓其舅少府羊鉴及王应曰：少，诗沼翻。"我死，应便即位，先立朝廷百官，然后营葬事。"敦寻卒，应秘不发丧，裹尸以席，蜡涂其外，埋于厅事中，与诸葛瑶等日夜纵酒淫乐。乐，音洛。

帝使吴兴沈桢说沈充，说，输芮翻。许以为司空。充曰："三司具瞻之重，岂吾所任！任，音壬。币厚言甘，古人所畏也。诗节南山曰：赫赫师尹，民具尔瞻。左传，晋郤芮曰："币重而言甘，诱我也。"且丈夫共事，终始当同，岂可中道改易，人谁容我乎！"遂举兵趣建康。趣，七喻翻。宗正卿虞潭以疾归会稽，按汉、晋以来，宗正列于九卿，然未以"卿"字系官；梁置十一寺，始系"卿"字。此"卿"字衍。会，工外翻。闻之，起兵馀姚以讨充。馀姚县，属会稽郡。帝以潭领会稽内史。前安东将军刘超、宣城内史钟雅皆起兵以讨充。义兴人周蹇杀王敦所署太守刘芳，晋惠帝永兴元年，分吴兴之阳羡、丹杨之永世立义兴郡。平西将军祖约逐敦所署淮南太守任台。约屯寿春，故得逐台。任，音壬。

沈充帅众万馀人与王含军合，司马顾飏说充曰："今举大事，而天子已扼其咽喉，咽，音烟。锋摧气沮，相持日久，必致祸败。沮，在吕翻。今若决破栅塘，因湖水以灌京邑，此即玄武湖水也，在建康城北，今在上元县北十里。乘水势，纵舟师以攻之，此上策也；借初至之锐，并东、西军之力，东军，谓沈充军；西军，谓王含、钱凤等军也。十道俱进，众寡过倍，理必摧陷，中策也；转祸为福，召钱凤计事，因斩之以降，降，户江翻。下策也。"充皆不能用，飏逃归于吴。

丁亥，刘遐、苏峻等帅精卒万人至，帝夜见，劳之，劳，力到翻。赐将士各有差。沈充、钱凤欲因北军初到疲困，击之，乙未夜，充、凤从竹格渚渡淮。秦淮在今建康上元县南三里。秦始皇时，望气者言金陵有天子气，使凿山为渎以断地脉，故曰秦淮。或云：淮水发源屈曲，不类人工。护军将军应詹、建威将军赵胤等拒战，不利，充、凤至宣阳门，晋都建康，外城环之以篱，诸门皆用洛城门名；宣阳门在城南面。拔栅，将战，刘遐、苏峻自南塘横击，大破之，晋都建康，自江口沿淮筑堤；南塘，秦淮之南塘岸也。赴水死者三千人。遐又破沈充于青溪。青溪水发源于钟山，接于秦淮，吴孙权凿城北堑以泄玄武湖水。寻阳太守周光闻敦举兵，帅千馀人来赴。沈约曰：寻阳，本县名，因水名县，水南注江，汉属庐江郡；惠帝永兴元年，分庐江、武昌立寻阳郡，治柴桑县。既至，求见敦。王应辞以疾。光退曰："今我远来而不得见，公其死乎！"遽见其兄抚曰："王公已死，兄何为与钱凤作贼！"众皆愕然。

丙申，王含等烧营夜遁。丁酉，帝还宫，大赦，惟敦党不原。命庾亮督苏峻等追沈充于吴兴，温峤督刘遐等追王含、钱凤于江宁，分命诸将追其党与。刘遐军人颇纵虏掠，峤责之曰："天道助顺，故王含剿绝，剿，子小翻。岂可因乱为乱也！"遐惶恐拜谢。

王含欲奔荆州，王应曰："不如江州。"荆州，王舒；江州，王彬。含曰："大将军平素与江州云何，而欲归之？"应曰："此乃所以宜归也。江州当人强盛时，能立同异，此非常人所及；今睹困厄，必有愍恻之心。荆州守文，岂能意外行事邪！"王应之见，犹能出乎寻常，此敦所以以之为后欤！能立同异，谓哭周顗、数敦罪、及谏敦为逆也。含不从，遂奔荆州。王舒遣军迎之，沈含父子于江。沈，持林翻。王彬闻应当来，密具舟以待之；不至，深以为恨。钱凤走至阖庐洲，阖庐洲，在江中。贺循曰：江中剧地，惟有阖庐一处，地势险奥，亡逃所聚。周光斩之，诣阙自赎。考异曰：晋春秋云"戴渊弟良斩凤"，今从敦传。沈充走失道，误入故将吴儒家。儒诱充内重壁中，重壁，复壁也。重，直龙翻。因笑谓充曰："三千户侯矣！"时台格募斩钱凤者封五千户侯，斩沈充者封三千户侯。充曰："尔以义存我，我家必厚报汝；若以利杀我，我死，汝族灭矣。"儒遂杀之，传首建康。敦党悉平。充子劲当坐诛，乡人钱举匿之，得免。其后，劲竟灭吴氏。

有司发王敦瘗，瘗，于计翻。出尸，焚其衣冠，跽而斩之，跽，巨几翻，跪也。与沈充首同悬于南桁。南桁，即朱雀桁。郗鉴言于帝曰："前朝诛杨骏等，朝，直遥翻。皆先极官刑，后听私殡。臣以为王诛加于上，私义行于下，宜听敦家收葬，于义为弘。"帝许之。司徒导等皆以讨敦功受封赏。

周抚与邓岳俱亡，周光欲资给其兄而取岳。抚怒曰："我与伯山同亡，邓岳，字伯山。何不先斩我！"会岳至，抚出门遥谓之曰："何不速去！今骨肉尚欲相危，况他人乎！"岳回舟而走，与抚共入西阳蛮中。明年，诏原敦党，抚、岳出首，首，式救翻。得免死禁锢。

故吴内史张茂妻陆氏，倾家产，帅茂部曲为先登以讨沈充，报其夫仇。沈充杀张茂见上卷元帝永昌元年。帅，读曰率。充败，陆氏诣阙上书，为茂谢不克之责；诏赠茂太仆。克，能也；谢茂守郡不能式遏寇虐，为充所杀也。为，于伪翻。

有司奏："王彬等敦之亲族，皆当除名。"诏曰："司徒导以大义灭亲，犹将百世宥之，况彬等皆公之近亲乎！"悉无所问。

有诏："王敦纲纪除名，参佐禁锢。"纲纪，综理府事者也；参佐，诸僚属也。温峤上疏曰："王敦刚愎不仁，忍行杀戮，朝廷所不能制，骨肉所不能谏；处其朝者，恒惧危亡，朝，府朝也。愎，蒲逼翻。朝，直遥翻。处，昌吕翻；下晏处同。恒，户登翻。故人士结舌，道路以目，但以目相视，不敢发言。诚贤人君子道穷数尽，遵养时晦之辰也；周颂酌之诗曰：遵养时晦。毛氏注云：遵，率；养，取；晦，昧也。郑氏笺云：养是暗昧之君以老其恶。原其私心，岂遑晏处！晏处，犹言安处。如陆玩、刘胤、郭璞之徒常与臣言，备知之矣。必其赞导凶悖，悖，蒲内翻，又蒲没翻。自当正以典刑；如其枉陷奸党，谓宜施之宽贷。臣以玩等之诚，闻于圣听，当受同贼之责；苟默而不言，实负其心。惟陛下仁圣裁之！"郗鉴以为先王立君臣之教，贵于伏节死义。王敦佐吏，虽多逼迫，然进不能止其逆谋，退不能脱身远遁，准之前训，宜加义责。谓以大义责之。帝卒从峤议。卒，子恤翻。

6 冬，十月，以司徒导为太保、领司徒，加殊礼，西阳王羕领太尉，羕，余亮翻。应詹为江州刺史，刘遐为徐州刺史，代王邃镇淮阴，苏峻为历阳内史，为苏峻以历阳称兵张本。加庾亮护军将军，温峤前将军。导固辞不受。应詹至江州，吏民未安，詹抚而怀之，莫不悦服。

7 十二月，凉州将辛晏据枹罕，不服，将，即亮翻。枹罕县，前汉属金城郡，后汉属陇西郡；晋自张轨镇河西，表分西平界置晋兴郡，枹罕县属焉。枹，音肤。张骏将讨之。从事刘庆谏曰："霸王之师，必须天时、人事相得，然后乃起。辛晏凶狂安忍，其亡可必，杀人而心不矜恻、颜不颦蹙者为忍，忍而安之，则其亡必矣。奈何以饥年大举，盛寒攻城乎！"骏乃止。

骏遣参军王骘聘于赵，骘，之日翻。赵主曜谓之曰："贵州款诚和好，卿能保之乎？"骘曰："不能。"侍中徐邈曰："君来结好，而云不能保，何也？"好，呼到翻。骘曰："齐桓贯泽之盟，忧心兢兢，诸侯不召自至；葵丘之会，振而矜之，叛者九国。公羊传：僖三年，齐侯、宋公、江人、黄人盟于贯泽。江人、黄人者何？远国之辞也。远国至矣，则中国曷为独言齐、宋至尔？大国言齐、宋，小国言江、黄，则其馀为莫敢不至也。九年，九月，戊辰，诸侯盟于葵丘。桓之盟不日，此何以日？危之也。何危尔？贯泽之会，桓公有忧中国之心，不召而至者，江人、黄人也；葵丘之会，桓公震而矜之，叛者九国。震之者何？犹曰振振然。矜之者何？犹曰莫若我也。赵国之化，常如今日，可也；若政教陵迟，尚未能察迩者之变，况鄙州乎！”曜曰：“此凉州之君子也，择使可谓得人矣！”使，疏吏翻。厚礼而遣之。

8 是岁，代王贺傉始亲国政，元帝大兴四年，贺傉立，至是始能亲政。傉，奴沃翻。以诸部多未服，乃筑城于东木根山，河西有木根山，在五原郡东北。此木根山在河东，故曰东木根山。徙居之。

三年（乙酉、三二五）

1 春，二月，张骏承元帝凶问，大临三日。临，力鸩翻。会黄龙见嘉泉，据骏传，嘉泉在武威揟次县。“揖次”，前汉作“揟次”。孟康曰：揟，子如翻。次，音咨。氾祎等请改年以章休祥；骏不许。氾，音凡。祎，吁韦翻。辛晏以枹罕降，骏复收河南之地。凉州诸郡，独金城在河南。

2 赠故谯王承、甘卓、戴渊、周顗、虞望、郭璞、王澄等官。“承”，当作“丞”。王敦之难，诸人死之，故赠以官。周札故吏为札讼冤，为，于伪翻。尚书卞壸议以为：“札守石头，开门延寇，事见上卷元帝永昌元年。壸，苦本翻。不当赠谥。”司徒导以为：“往年之事，敦奸逆未彰，自臣等有识以上，皆所未悟，与札无异；既悟其奸，札便以身许国，寻取枭夷。事见上太宁二年。枭，坚尧翻。臣谓宜与周、戴同例。”郗鉴以为：“周、戴死节，周札延寇，事异赏均，何以劝沮！沮，在吕翻。如司徒议，谓往年有识以上皆与札无异，则谯王、周、戴皆应受责，何赠谥之有！今三臣既褒，则札宜受贬明矣。”导曰：“札与谯王、周、戴，虽所见有异同，皆人臣之节也。”鉴曰：“敦之逆谋，履霜日久，易曰：履霜坚冰至。缘札开门，令王师不振。若敦前者之举，义同桓、文，则先帝可为幽、厉邪！”然卒用导议，卒，子恤翻。赠札卫尉。

3 后赵王勒加宇文乞得归官爵，使之击慕容廆。以元年廆执其使送建康也。廆，户罪翻。廆遣世子皝、索头、段国共击之，皝，呼广翻。索头，即拓跋氏。索，昔各翻。以辽东相裴嶷为右翼，慕容仁为左翼。乞得归据浇水以拒皝，浇水，即浇洛水也。嶷，鱼力翻。浇，古尧翻。遣兄子悉拔雄拒仁。考异曰：燕书征虏仁传作“悉拔堆”，后魏书宇文莫槐传作“乞得龟、悉拔堆”，载记亦作“龟”，燕书武宣纪作“乞得归、悉拔雄”，今从之。仁击悉拔雄，斩之；乘胜与皝攻乞得归，大破之。乞得归弃军走，皝、仁进入其国城，使轻兵追乞得归，过其国三百馀里而还，尽获其国重器，畜产以百万计，民之降附者数万。降，户江翻。

4 三月，段末柸卒，弟牙立。

5 戊辰，立皇子衍为太子，大赦。

6 赵主曜立皇后刘氏。

7 北羌王盆句除附于赵，句，古侯翻，又权俱翻，又音驹。后赵将石佗自雁门出上郡袭之，将，即亮翻。俘三千馀落，获牛、马、羊百馀万而归。赵主曜遣中山王岳追之，曜屯于富平，为岳声援，岳与石佗战于河滨，斩之，富平县，属北地郡。河滨，大河之滨也。水经：河水过富平县西。佗，徒河翻。唐胜州河滨县，隋榆林县地。杜佑曰：富平，本汉旧县，后汉移富平县于今彭原郡界，富平故城是也。按：灵州乃汉富平县地，今京兆富平县西南有汉怀德故城，此富平盖汉怀德县地。后赵兵死者六千馀人，岳悉收所虏而归。

8 杨难敌袭仇池，克之；执田崧，立之于前，左右令崧拜；崧瞋目叱之曰：“氐狗！安有天子牧伯而向贼拜乎！”难敌字谓之曰：“子岱，田崧，字子岱。赵使崧镇仇池见上卷太宁元年。瞋，七人翻。吾当与子共定大业，子忠于刘氏，岂不能忠于我乎！”崧厉色大言曰："贼氐，汝本奴才，何谓大业！我宁为赵鬼，不为汝臣！"顾排一人，夺其剑，前刺难敌，不中。刺，七亦翻。中，竹仲翻。难敌杀之。

9 都尉鲁潜以许昌叛，降于后赵。降，户江翻；下同。

10 夏，四月，后赵将石瞻攻兖州刺史檀斌于邹山，晋本纪，"斌"作"赟"，载记作"斌"。将，即亮翻。斌，音彬。考异曰：晋纪作"石良"，今从石勒载记。杀之。

11 后赵西夷中郎将王腾杀并州刺史崔琨、上党内史王眘，据并州降赵。刘琨镇并州，愍帝建兴四年为石勒所破，置并州刺史治上党。王眘，章武人，初起兵，扰勒渤海、河间诸郡，后归于勒，使守上党。眘，古慎字。

12 五月，以陶侃为征西大将军、都督荆·湘·雍·梁四州诸军事、荆州刺史，雍，于用翻。荆州士女相庆。侃性聪敏恭勤，终日敛膝危坐，军府众事，检摄无遗，摄，录也，整也。未尝少闲。少，诗沼翻。常语人曰："大禹圣人，乃惜寸阴，禹不贵尺璧而重寸阴。语，牛倨翻。至于众人，当惜分阴。岂可但逸游荒醉，生无益于时，死无闻于后，是自弃也！"诸参佐或以谈戏废事者，命取其酒器、蒲博之具，悉投之于江，将吏则加鞭扑，曰："樗蒱者，牧猪奴戏耳！晋人多好樗蒱，以五木掷之，其采有黑犊，有雉，有卢；得卢者胜。扑，蒲卜翻。老、庄浮华，非先王之法言，不益实用。君子当正其威仪，何有蓬头、跣足，自谓宏达邪！"有奉馈者，必问其所由，若力作所致，虽微必喜，慰赐参倍；参，犹三也。若非理得之，则切厉诃辱，切，峻切；厉，严厉也。还其所馈。尝出游，见人持一把未熟稻，侃问："用此何为？"人云："行道所见，聊取之耳。"侃大怒曰："汝既不佃，而戏贼人稻！"佃，停年翻，治田也。执而鞭之。是以百姓勤于农作，家给人足。尝造船，其木屑竹头，侃皆令籍而掌之，皆令籍记而典掌之。人咸不解所以。解，胡买翻，晓也。以，犹用也。后正会，积雪始晴，听事前馀雪犹湿，听，他经翻。乃以木屑布地。及桓温伐蜀，又以侃所贮竹头作丁装船。贮，丁吕翻。其综理微密，皆此类也。

13 后赵将石生屯洛阳，寇掠河南，司州刺史李矩、颍川太守郭默军数败，又乏食，乃遣使附于赵。赵主曜使中山王岳将兵万五千人趣孟津，数，所角翻。趣，七喻翻。镇东将军呼延谟帅荆、司之众自崤、渑而东，时荆州仍属晋，司州之地多入后赵，刘曜得其民处之关中者，使谟帅而东耳。或曰：刘聪以洛阳为荆州，此所谓荆、司，皆晋司州之众也。帅，读曰率；下同。欲会矩、默共攻石生。岳克孟津、石梁二戍，此孟津戍，盖置于河阴；石梁戍在洛北。斩获五千馀级，进围石生于金墉。后赵中山公虎帅步骑四万，入自成皋关，与岳战于洛西。岳兵败，中流矢，中，竹仲翻。退保石梁。虎作堑栅环之，环，音宦。遏绝内外。岳众饥甚，杀马食之。虎又击呼延谟，斩之。曜自将兵救岳，虎帅骑三万逆战。赵前军将军刘黑击虎将石聪于八特阪，水经注：涧水出河南新安县东南，东北流，径函谷东阪东，谓之八特阪。大破之。曜屯于金谷，水经注：金谷水出太白原，东南流，历金谷，又东南流，径晋石崇故居，在河南界。夜，军中无故大惊，士卒奔溃，乃退屯渑池；渑，弥兖翻。夜，又惊溃，遂归长安。六月，虎拔石梁，禽岳及其将佐八十馀人，氐、羌三千馀人，皆送襄国，坑其士卒九千人。遂攻王腾于并州，执腾，杀之，坑其士卒七千馀人。曜还长安，素服郊次，哭，七日乃入城，因愤恚成疾。恚，於避翻。郭默复为石聪所败，弃妻子南奔建康。李矩将士阴谋叛降后赵，矩不能讨，亦帅众南归，复，扶又翻。败，补迈翻。帅，读曰率。众皆道亡，惟郭诵等百馀人随之，卒于鲁阳。鲁阳县，属南阳郡。矩长史崔宣帅其馀众二千降于后赵。于是司、豫、徐、兖之地，率皆入于后赵，以淮为境矣。

14 赵主曜以永安王胤为大司马、大单于，徙封南阳王，置单于台于渭城，单，音蝉。其左、右贤王以下，皆以胡、羯、鲜卑、氐、羌豪桀为之。羯，居谒翻。

15 秋，七月，辛未，以尚书令郗鉴为车骑将军、都督徐·兖·青三州诸军事、兖州刺史，镇广陵。

16 闰月，以尚书左仆射荀崧【章：甲十一行本“松”作“崧”；乙十一行本同；孔本同。】为光禄大夫、录尚书事，尚书邓攸为左仆射。

17 右卫将军虞胤，元敬皇后之弟也，元帝为琅邪王，虞为妃，即位，追谥曰敬皇后，祔庙，从元帝谥曰元敬。与左卫将军南顿王宗宗，汝南王亮之子也。俱为帝所亲任，典禁兵，直殿内，多聚勇士以为羽翼；王导、庾亮皆忌之，颇以为言，帝待之愈厚，宫门管钥，皆以委之。管，键也；钥，关牡也，今谓之锁匙。帝寝疾，亮夜有所表，从宗求钥；宗不与，叱亮使曰：“此汝家门户邪！”亮益忿之。为下亮杀宗张本。使，疏吏翻。及帝疾笃，不欲见人，群臣无得进者。亮疑宗、胤及宗兄西阳王羕有异谋，排闼入升御床，见帝流涕，言羕与宗等谋废大臣，自求辅政，请黜之；帝不纳。羕，余亮翻。壬午，帝引太宰羕、司徒导、尚书令卞壸、车骑将军郗鉴、护军将军庾亮、领军将军陆晔、按晋制，领军将军在护军将军之上；今先书庾亮而后陆晔，亮以外戚受遗专权故也。丹杨尹温峤，并受遗诏辅太子，更入殿将兵直宿；更，工衡翻，迭也。复拜壸右将军，亮中书令，晔录尚书事。复，扶又翻。丁亥，降遗诏；戊子，帝崩。年二十七。帝明敏有机断，断，丁乱翻。故能以弱制强，诛翦逆臣，克复大业。

己丑，太子即皇帝位，生五年矣。群臣进玺，进玺于嗣君也。玺，斯氏翻。司徒导以疾不至。卞壸正色于朝曰：朝，直遥翻；下同。“王公岂社稷之臣邪！大行在殡，嗣皇未立，宁是人臣辞疾之时也！”导闻之，舆疾而至。大赦，增文武位二等，尊庾后为皇太后。

群臣以帝幼冲，奏请太后依汉和熹皇后故事；言临朝称制也。太后辞让数四，乃从之。秋，九月，癸卯，太后临朝称制。以司徒导录尚书事，与中书令庾亮、尚书令卞壸参辅朝政，然事之大要皆决于亮。加郗鉴车骑大将军，陆晔左光禄大夫，皆开府仪同三司。以南顿王宗为骠骑将军，骠，匹妙翻。虞胤为大宗正。

尚书召乐广之子谟为郡中正，乐广，南阳人。盖召谟为本郡中正。庾珉族人怡为廷尉评，汉置廷尉平，晋曰廷尉评。谟、怡各称父命不就。卞壸奏曰：“人非无父而生，职非无事而立；有父必有命，居职必有悔。易系辞曰：悔吝者，忧虞之象也。有家各私其子，则为王者无民，君臣之道废矣。乐广、庾珉受宠圣世，身非已有，况及后嗣而可专哉！所居之职，若顺夫群心，则战戍者之父母皆当命子以不处也。”言人莫不恶死，若各顺其心，则有战戍之事，为父母者皆不欲使其子就死地也。处，昌吕翻。谟、怡不得已，各就职。

18 辛丑，葬明帝于武平陵。

19 冬，十一月，癸巳朔，日有食之。

20 慕容廆与段氏方睦，为段牙谋，使之徙都；牙从之，即去令支，国人不乐。为，于伪翻。乐，音洛。令，音铃，师古郎定翻。支，音祗。段疾陆眷之孙辽欲夺其位，以徙都为牙罪，十二月，帅国人攻牙，杀之，帅，读曰率。自立。句断。段氏自务勿尘以来，日益强盛，其地西接渔阳，东界辽水，所统胡、晋三万馀户，控弦四五万骑。

21 荆州刺史陶侃以宁州刺史王坚不能御寇，是岁，表零陵太守南阳尹奉为宁州刺史以代之。先是，王逊在宁州，先，悉荐翻。蛮酋梁水太守爨量、益州太守李遏，沈约曰：梁水太守，晋成帝分兴古郡立，盖先以授蛮酋，杀爨量之后，始用王官也。益州郡，后汉置，蜀更名建宁郡。惠帝太安二年，分建宁以西七县别立益州郡，怀帝永嘉二年更名晋宁郡。此复有益州太守，盖亦以为位号，授蛮酋也。遏，他历翻。皆叛附于成，逊讨之不能克。奉至州，重募徼外夷刺爨量，杀之，谕降李遏，徼，吉吊翻。刺，七亦翻。降，户江翻。州境遂安。

22 代王贺傉卒，傉，奴沃翻。弟纥那立。

显宗成皇帝上之上 讳衍，字世根，明帝长子也。谥法：安民立政曰成。

咸和元年（丙戌、三二六）

1 春，二月，大赦，改元。

2 赵以汝南王咸为太尉、录尚书事，光禄大夫刘绥为大司徒，卜泰为大司空。刘后疾病，赵主曜问所欲言，刘氏泣曰："妾幼鞠于叔父昶，鞠，养也。昶，丑两翻。愿陛下贵之；叔父皑之女芳有德色，皑，鱼开翻。愿以备后宫。"言终而卒。曜以昶为侍中、大司徒、录尚书事，立芳为皇后；寻又以昶为太保。

3 三月，后赵主勒夜微行，检察诸营卫，赍金帛以赂门者，求出。永昌门候王假欲收捕之，从者至，乃止。从，才用翻。旦，召假，以为振忠都尉，爵关内侯。振忠都尉，后赵所置也。勒召记室参军徐光，光醉不至，黜为牙门。光侍直，有愠色，愠，于问翻。愠色者，含怒而见于色也。勒怒，并其妻子囚之。

4 夏，四月，后赵将石生寇汝南，执内史祖济。

5 六月，癸亥，泉陵公刘遐卒。泉陵县，属零陵郡。癸酉，以车骑大将军郗鉴领徐州刺史；征虏将军郭默为北中郎将、监淮北诸军事，领遐部曲。遐子肇尚幼，遐妹夫田防及故将史迭等不乐他属，乐，音洛。共以肇袭遐故位而叛。临淮太守刘矫掩袭遐营，刘遐屯泗口，在临淮、下邳之间，故矫得以掩袭其营。斩防等。遐妻，邵续女也，骁果有父风。骁，古尧翻。遐尝为后赵所围，妻单将数骑，拔遐出于万众之中。及田防等欲作乱，遐妻止之，不从，乃密起火，烧甲仗都尽，故防等卒败。卒，子恤翻。诏以肇袭遐爵。袭爵泉陵公。

司徒导称疾不朝，朝，直遥翻；下同。而私送郗鉴。卞壸奏"导亏法从私，无大臣之节，请免官。"虽事寝不行，举朝惮之。壸俭素廉絜，裁断切直，当官干实，性不弘裕，不肯苟同时好，断，丁乱翻。好，呼到翻。故为诸名士所少。重之曰多，轻之曰少。少，始绍翻。阮孚谓之曰："卿常无闲泰，如含瓦石，不亦劳乎！"壸曰："诸君子以道德恢弘，风流相尚，执鄙吝者，非壸而谁！"时贵游子弟多慕王澄、谢鲲为放达，壸厉色于朝曰："悖礼伤教，罪莫大焉；中朝倾覆，实由于此。"欲奏推之，中朝，谓西晋。奏推，奏之于上，推按其罪也。王导、庾亮不听，乃止。

6 成人讨越嶲斯叟，破之。讨斯叟事始上卷明帝太兴元年。嶲，音髓。

7 秋，七月，癸丑，观阳烈侯应詹卒。观阳县，属零陵郡，吴立。

8 初，王导辅政，以宽和得众。及庾亮用事，任法裁物，颇失人心。豫州刺史祖约，自以名辈不后郗、卞，名为一时所称，辈以年齿为等。而不豫顾命，又望开府复不得，晋制：四征、四镇大将军乃得开府。约平西将军耳，乌得望开府邪！复，扶又翻。及诸表请多不见许，遂怀怨望。及遗诏褒进大臣，又不及约与陶侃，二人皆疑庾亮删之。删，削除也。历阳内史苏峻，有功于国，谓破沈充、钱凤也。威望渐著，有锐卒万人，器械甚精，朝廷以江外寄之；而峻颇怀骄溢，有轻朝廷之志，招纳亡命，众力日多，皆仰食县官，运漕相属，仰，牛向翻。属，之欲翻。稍不如意，辄肆忿言。亮既疑峻、约，又畏侃之得众，八月，以丹杨尹温峤为都督江州诸军事、江州刺史，镇武昌；尚书仆射王舒为会稽内史，会，工外翻。以广声援；又修石头以备之。亮修石头，適以资苏峻拒义师耳。

丹杨尹阮孚以太后临朝，政出舅族，谓所亲曰："今江东创业尚浅，主幼，时艰，庾亮年少，少，诗照翻。德信未孚，以吾观之，乱将作矣。"遂求出为广州刺史。孚，咸之子也。

9 冬，十月，立帝母弟岳为吴王。

10 南顿王宗自以失职怨望，宗解兵卫，故自以为失职。又素与苏峻善；庾亮欲诛之，宗亦欲废执政。御史中丞钟雅劾宗谋反，劾，户概翻，又户得翻。亮使右卫将军赵胤收之。宗以兵拒战，为胤所杀，贬其族为马氏，三子绰、超、演皆废为庶人。免太宰西阳王羕，降封弋阳县王，大宗正虞胤左迁桂阳太守。宗，宗室近属；羕，先帝保傅，羕、宗，兄弟也；宗言近属，羕言保傅，宗叙族，羕叙官也。亮一旦翦黜，由是愈失远近之心。宗党卞阐亡奔苏峻，亮符峻送阐，峻保匿不与。宗之死也，帝不之知，久之，帝问亮曰："常日白头公何在？"亮对以谋反伏诛。帝泣曰："舅言人作贼，便杀之；人言舅作贼，当如何？"亮惧，变色。

11 赵将黄秀等寇酂，酂县，汉属南阳郡，及晋，分为顺阳郡治所。酂，音赞。顺阳太守魏该帅众奔襄阳。帅，读曰率。

12 后赵王勒用程遐之谋，营邺宫，使世子弘镇邺，配禁兵万人，车骑所统五十四营悉配之，以骁骑将军领门臣祭酒王阳专统六夷以辅之。骁，坚尧翻。中山公虎自以功多，无去邺之意，及修三台，迁其家室，虎由是怨程遐。为后虎杀遐及弘张本。

13 十一月，后赵石聪攻寿春，祖约屡表请救，朝廷不为出兵。为，于伪翻。聪遂寇逡遒、阜陵，二县皆属淮南郡。师古曰：逡，音峻；遒，音才由翻。春秋：公会吴于橐皋；杜预云：淮南逡遒县。刘昫曰：唐庐州慎县，汉逡遒县地。杀掠五千馀人。建康大震，诏加司徒导大司马、假黄钺、都督中外诸军事以御之，军于江宁。苏峻遣其将韩晃击石聪，走之；导解大司马。朝议又欲作涂塘以遏胡寇，祖约曰："是弃我也！"益怀愤恚。作涂塘，则寿春在涂塘之外。朝，直遥翻。涂，读曰滁。恚，於避翻。

14 十二月，济岷太守刘闿等晋志曰：或云：魏平蜀，徙其豪将家于济河北，为济岷郡。太康地志无此郡，未详。济，子礼翻。杀下邳内史夏侯嘉，以下邳叛，降于后赵。夏，户雅翻。降，户江翻。石瞻攻河南太守王瞻【严："瞻"改"羡"。】于邾，拔之。刘芸邹山记曰：邾城，在鲁国邹县邹山之南，去山二里。左传文十三年，邾迁于绎，即此城也。彭城内史刘续复据兰陵石城，魏收地形志，兰陵县有石城山。复，扶又翻。石瞻攻拔之。

15 后赵王勒以牙门将王波为记室参军，典定九流，始立秀、孝试经之制。秀、孝试经，晋制也，后赵至此始行之。

16 张骏畏赵人之逼，是岁，徙陇西、南安民二千馀家于姑臧，又遣使修好于成，以书劝成主雄去尊号，称藩于晋。使，疏吏翻；下同。好，呼到翻。去，羌吕翻；下乃去同。雄复书曰："吾过为士大夫所推，然本无心于帝王，思为晋室元功之臣，扫除氛埃；而晋室陵迟，德声不振，引领东望，有年月矣。会获来贶，情在暗至，言引领望晋，此情常在，而骏书适至，暗与之合也。有何已已。"自是聘使相继。

二年（丁亥、三二七）

1 春，正月，朱提太守杨术与成将罗恒战于台登，兵败，术死。朱提，音铢时。

2 夏，五月，甲申朔，日有食之。

3 赵武卫将军刘朗帅骑三万袭杨难敌于仇池，弗克，帅，读曰率；下同。掠三千馀户而归。

4 张骏闻赵兵为后赵所败，败，补迈翻；下同。乃去赵官爵，去，羌吕翻。复称晋大将军、凉州牧，遣武威太守窦涛、金城太守张阆、武兴太守辛岩、惠帝永宁中，张轨表请合秦、雍流移人，于姑臧西北置武兴郡。阆，音浪。扬烈将军宋辑等帅众数万，会韩璞攻掠赵秦州诸郡。韩璞时在冀。帅，读曰率。赵南阳王胤将兵击之，将，即亮翻。屯狄道。枹罕护军辛晏告急，枹，音肤。秋，骏使韩璞、辛岩救之。璞进度沃干岭。沃干岭，在晋兴郡大夏县东南，洮水西北。岩欲速战，璞曰："夏末以来，日星数有变，数，所角翻。不可轻动。且曜与石勒相攻，胤必不能久与我相守也。"与胤夹洮相持七十馀日。水经注：洮水过狄道城西。洮，土刀翻。冬，十月，璞遣辛岩督运于金城，胤闻之，曰："韩璞之众，十倍于吾。吾粮不多，难以持久。今虏分兵运粮，天授我也。若败辛岩，璞等自溃。"乃帅骑三千袭岩于沃干岭，败之；败，补迈翻。遂前逼璞营，璞众大溃。胤乘胜追奔，济河，攻拔令居，令居县，汉属金城郡；张寔置广武郡，令居分属焉。斩首二万级，进据振武。振武，在姑臧东南，广武西北。河西大骇。张阆、辛晏帅其众数万降赵，骏遂失河南之地。

5 庾亮以苏峻在历阳，终为祸乱，欲下诏征之；访于司徒导，导曰："峻猜险，必不奉诏，不若且苞容之。"亮言于朝曰："峻狼子野心，终必为乱。左传，楚令尹子文曰：谚曰"狼子野心"，是乃狼也，其可畜乎！朝，直遥翻。今日征之，纵不顺命，为祸犹浅；若复经年，不可复制，犹七国之于汉也。"汉鼂错议削吴、楚曰："今削之亦反，不削亦反，削之，反疾祸小，不削，反迟祸大。"亮以为比。复，扶又翻。朝臣无敢难者，独光禄大夫卞壸争之曰："峻拥强兵，逼近京邑，路不终朝，历阳之与建康，一江之隔耳。难，乃旦翻。近，其靳翻。一旦有变，易为蹉跌，易，以豉翻。蹉，七何翻。跌，徒结翻。宜深思之!”亮不从。壸知必败，与温峤书曰：“元规召峻意定，庾亮，字元规。此国之大事。峻已出狂意，而召之，是更速其祸也，必纵毒蠚以向朝廷。朝廷威力虽盛，不知果可擒不；蠚，呼各翻，螫也。不，读曰否。王公亦同此情。吾与之争甚恳切，不能如之何。本出足下以为外援，谓以峤镇寻阳也。而今更恨足下在外，不得相与共谏止之，或当相从耳。”峤亦累书止亮。举朝以为不可，朝，直遥翻。亮皆不听。

峻闻之，遣司马何仍诣亮曰：“讨贼外任，远近惟命，至于内辅，实非所堪。”亮不许，召北中郎将郭默为后将军、领屯骑校尉，郭默时监淮北军。骑，奇寄翻。司徒右长史庾冰为吴国内史，皆将兵以备峻。冰，亮之弟也。于是下优诏，征峻为大司农，加散骑常侍，位特进，以弟逸代领部曲。峻上表曰：“昔明皇帝亲执臣手，使臣北讨胡寇。今中原未靖，臣何敢即安！乞补青州界一荒郡，以展鹰犬之用。”复不许。复，扶又翻。峻严装将赴召，犹豫未决。参军任让谓峻曰：“将军求处荒郡而不见许，任，音壬。处，昌吕翻。事势如此，恐无生路，不如勒兵自守。”阜陵令匡术亦劝峻反，阜陵县，属淮南郡。晋志曰：阜陵，汉明帝时沦为麻湖。麻湖在今和州历阳县西三十里。峻遂不应命。

温峤闻之，即欲帅众下卫建康，帅，读曰率。三吴亦欲起义兵；亮并不听，而报峤书曰：“吾忧西陲，过于历阳，西陲，谓陶侃也。足下无过雷池一步也。”雷池，即在大雷之东，今池州界。水经注：青林水西南历寻阳，分为二水，一水东流，通大雷。（原缺十八字）朝廷遣使谕峻，使，疏吏翻。峻曰：“台下云我欲反，岂得活邪！我宁山头望廷尉，不能廷尉望山头。往者国家危如累卵，非我不济；狡兔既死，猎犬宜烹。越范蠡遗大夫种曰：狡兔死，走狗烹。

但当死报造谋者耳！”言欲报庾亮也。

峻知祖约怨朝廷，乃遣参军徐会推崇约，请共讨庾亮。约大喜，其从子智、衍并劝成之。从，才用翻。谯国内史桓宣谓智曰：“本以强胡未灭，将戮力讨之。使君若欲为雄霸，何不助国讨峻，则威名自举。今乃与峻俱反，此安得久乎！”智不从。宣诣约请见，约知其欲谏，拒而不内。内，读曰纳。宣遂绝约，不与之同。约于是赴历阳，宣将其众营于马头山。十一月，约遣兄子沛内史涣、女婿淮南太守许柳以兵会峻。逖妻，柳之姊也，固谏不从。诏复以卞壸为尚书令、领右卫将军，以郐稽内史王舒行扬州刺史事，郐稽，即会稽，音古外翻。王舒传曰：时征苏峻，王导欲出舒为外援，授会稽内史。舒以父名会，辞。朝议以字同音异，于礼无嫌。舒复陈音虽异而字同，求改他郡，于是改“会”字为“郐”。吴兴太守虞潭督三吴等诸郡军事。

尚书左丞孔坦、司徒司马丹杨陶回言于王导，请“及峻未至，急断阜陵，守江西当利诸口，阜陵有麻湖之阻，守当利诸口，则峻兵不得渡江。彼少我众，一战决矣。少，诗沼翻。若峻未来，可往逼其城。今不先往，峻必先至，峻至则人心危骇，难与战矣。此时不可失也。”导然之，庾亮不从。十二月，辛亥，苏峻使其将韩晃、张健等袭陷姑孰，取盐米，姑孰临江渚，舟船所凑，晋积盐米于此。亮方悔之。

壬子，彭城王雄、章武王休叛奔峻。雄，释之子也。彭城王释，宣帝弟穆王权之子；章武王休，义阳王望之孙。

庚申，京师戒严，假庾亮节，都督征讨诸军事；以左卫将军赵胤为历阳太守，使左将军司马流将兵据慈湖以拒峻；慈湖，在姑孰，今在太平州当涂县北六十五里。溯江而上，过三山十馀里，至溧洲，自溧洲过白土矶，入慈湖夹。以前射声校尉刘超为左卫将军，侍中褚翜典征讨军事。翜，色洽翻。亮使弟翼以白衣领数百人备石头。

6 丙寅，徙琅邪王昱为会稽王，吴王岳为琅邪王。

7 宣城内史桓彝欲起兵以赴朝廷，其长史裨惠姓谱：裨姓，郑裨谌之后。以郡兵寡弱，山民易扰，宣城之西南，山越居之，自吴以来屡为寇乱。易，以豉翻。谓宜且按甲以待之。彝厉色曰："'见无礼于其君者，若鹰鹯之逐鸟雀。'左传鲁大夫臧文仲之言。今社稷危逼，义无宴安。"辛未，彝进屯芜湖。韩晃击破之，因进攻宣城，宣城郡，治宛陵县，宣城别为县。贤曰：宣城故城，在今宣州南陵县东。彝退保广德，何承天曰：广德，汉旧县。沈约曰：二汉志并无，疑是吴所立，属宣城郡。桐川志：后汉置广德县，晋并入宣城，今广德军是也。晃大掠诸县而还。还，从宣翻，又如字。徐州刺史郗鉴欲帅所领赴难，帅，读曰率。难，乃旦翻。诏以北寇，不许。

8 是岁，后赵中山公虎击代王纥那，战于句注陉北；张守节曰：句注山在代州雁门县西北三十里。据唐志，雁门县有东陉关、西陉关，即其地也。句，音钩。纥那兵败，徙都大甯以避之。据水经注，大甯即广甯也。广甯，前汉曰广寧，属上谷郡；后汉曰广甯；晋武帝太康中分置广甯郡。

9 代王郁律之子翳槐居于其舅贺兰部，纥那遣使求之，贺兰大人蔼头拥护不遣。纥那与宇文部共击蔼头，不克。

何兹全标点王崇武聂崇岐覆校

资治通鉴卷第九十四

端明殿学士兼翰林侍读学士朝散大夫右谏议大夫
充集贤殿修撰权判西京留司御史台上柱国河内郡　司马光　奉敕编集
开国侯食邑一千三百户食实封四百户赐紫金鱼袋臣

后学天台　胡三省　音注

晋纪十六　起著雍困敦（戊子），尽重光单阏（辛卯），凡四年。

显宗成皇帝上之下

咸和三年（戊子、三二八）

1 春，正月，温峤入救建康，军于寻阳。自武昌东下，军于寻阳。

韩晃袭司马流于慈湖；流素懦怯，将战，食炙不知口处，兵败而死。炙，之夜翻，燔肉也。

丁未，苏峻帅祖涣、许柳等众二万人，济自横江，登牛渚，军于陵口。牛渚山，在今太平州当涂县北三十里，山下有矶，津渡之处，与和州横江渡相对。陵口，当在牛渚山东北，即东陵口也。帅，读曰率。台兵御之，屡败。二月，庚戌，峻至蒋陵覆舟山。陵，阜也；蒋陵，蒋山之阜也。覆舟山，形如覆舟，故名。陶回谓庾亮曰："峻知石头有重戍，不敢直下，必向小丹杨南道步来；汉丹阳郡治宛陵县；武帝太康二年，分丹阳置宣城郡，治宛陵，而丹阳移治建业。建业，本汉之秣陵也，吴改曰建业，晋复曰秣陵；至太康三年，分秣陵之水北为建业，后避愍帝讳，改曰建康。元帝南渡，建康置丹阳尹，治于台城西，而丹杨太守旧治秣陵县，俗谓之小丹杨。其路即今太平州取建康之路也。宜伏兵邀之，可一战擒也。”亮不从。峻果自小丹杨来，迷失道，夜行，无复部分。分，扶问翻。亮闻，乃悔之。

朝士以京邑危逼，朝，直遥翻。多遣家人入东避难，建康以吴、会稽为东。难，乃旦翻。左卫将军刘超独迁妻孥入居宫内。孥，音奴，子也。

诏以卞壶都督大桁东诸军事，壶，苦本翻。桁，读与航同。与侍中钟雅帅郭默、赵胤等军及峻战于西陵。据壶传，峻至东陵口，壶与战于陵西，成帝纪作“西陵”。壶等大败，死伤以千数。丙辰，峻攻青溪栅；卞壶率诸军拒击，不能禁。峻因风纵火，烧台省及诸营寺署，一时荡尽。杜佑曰：宋、齐有三台、五省之号。三台，盖两汉旧名；五省，谓尚书、中书、门下、秘书、集书省也。壶背痈新愈，创犹未合，创，初良翻。力疾帅左右苦战而死；二子眕、盱随父后，亦赴敌而死。其母抚尸哭曰：“父为忠臣，子为孝子，夫何恨乎！”眕，之忍翻。盱，凶于翻。夫，音扶。

丹杨尹羊曼勒兵守云龙门，与黄门侍郎周导、庐江太守陶瞻皆战死。庾亮帅众将陈于宣阳门内，帅，读曰率。陈，读曰阵。未及成列，士众皆弃甲走，亮与弟怿、条、翼及郭默、赵胤俱奔寻阳。依温峤也。将行，顾谓钟雅曰：“后事深以相委。”雅曰：“栋折榱崩，谁之咎也！”折，而设翻。榱，所追翻。秦曰屋椽，齐鲁曰桷，周曰榱。亮曰：“今日之事，不容复言。”复，扶又翻。亮乘小船，乱兵相剥掠；亮左右射贼，误中柂工，应弦而倒。柂，待可翻。柂以正船，柂工，一船之司命也。射，而亦翻。中，竹仲翻。船上咸失色欲散，亮不动，徐曰：“此手何可使着贼！”言射不能杀贼而反射杀柂工，自恨之辞也。着，直略翻。众乃安。

峻兵入台城，司徒导谓侍中褚翜曰：“至尊当御正殿，君可启令速出。”翜即入上阁，躬自抱帝登太极前殿；翜，所甲翻。导及光禄大夫陆晔、荀崧、尚书张闿共登御床，拥卫帝。闿，苦亥翻，又音开。以刘超为右卫将军，晋志：文帝初置中卫及卫将军，武帝受命，分为左、右卫，以羊琇为左，赵序为右。使与钟雅、褚翜侍立左右，太常孔愉朝服守宗庙。朝，直遥翻。时百官奔散，殿省萧然。峻兵既入，叱褚翜令下。翜正立不动，呵之曰："苏冠军来觐至尊，峻先以讨沈充功进冠军将军，故称之。冠，古玩翻。军人岂得侵逼！"由是峻兵不敢上殿，上，时掌翻。突入后宫，宫人及太后左右侍人皆见掠夺。峻兵驱役百官，光禄勋王彬等皆被捶挞，捶，止橤翻。令负担登蒋山。担，都蓝翻，又徒滥翻。蒋山，即钟山，在今上元县东北十八里。舆地志曰：古曰金陵山，县名因此；又名蒋山，汉末，秣陵尉蒋子文讨贼，战死于此，吴太帝为立庙，子文祖讳钟，因改曰蒋山。余谓孙权祖亦讳钟，当因是改也。裸剥士女，裸，鲁果翻。皆以坏席苫草自鄣，无草者坐地以土自覆；哀号之声，震动内外。苫，诗廉翻。覆，敷救翻；下同。号，户刀翻。

初，姑孰既陷，尚书左丞孔坦谓人曰："观峻之势，必破台城，自非战士，不须戎服。"及台城陷，戎服者多死，白衣者无他。

时官有布二十万匹，金银五千斤，钱亿万，绢数万匹，他物称是，言他物与布金银钱绢相称也。称，尺证翻。峻尽费之；太官惟有烧馀米数石以供御膳。

或谓锺雅曰："君性亮直，必不容于寇雠，盍早为之计！"雅曰："国乱不能匡，君危不能济，各遁逃以求免，何以为臣！"

丁巳，峻称诏大赦，惟庾亮兄弟不在原例。不在见赦之例。以王导有德望，犹使以本官居己之右。祖约为侍中、太尉、尚书令，峻自为骠骑将军、录尚书事，骠，匹妙翻。许柳为丹杨尹，马雄为左卫将军，祖涣为骁骑将军。骁，坚尧翻。弋阳王羕诣峻，称述峻功，峻复以羕为西阳王、太宰、录尚书事。羕降爵见上卷咸和元年。羡，余亮翻。

峻遣兵攻吴国内史庾冰，冰不能御，弃郡奔会稽，时以吴郡为吴国，太守为内史。会，工外翻。至浙江，峻购之甚急。吴铃下卒引冰入船，以蘧蒢覆之，吟啸鼓枻，溯流而去。蘧，求于翻。蒢，陈如翻。说文曰：籧篨，竹席也。余谓从"艸"者，今芦蓆也。枻，以制翻。楫谓之枻。溯，苏故翻。逆流曰溯。每逢逻所，逻所，谓津要置逻卒之所。逻，郎佐翻。辄以杖叩船曰："何处觅庾冰，庾冰正在此。"人以为醉，不疑之，冰仅免。峻以侍中蔡谟为吴国内史。

温峤闻建康不守，号恸；号，户刀翻。人有候之者，悲哭相对。庾亮至寻阳宣太后诏，以峤为骠骑将军、开府仪同三司，又加徐州刺史郗鉴司空。郗，丑之翻。峤曰："今日当以灭贼为急，未有功而先拜官，将何以示天下！"遂不受。峤素重亮，亮虽奔败，峤愈推奉之，分兵给亮。

2 后赵大赦，改元太和。考异曰：晋春秋云："勒即帝位，改元太和。"按：勒建平元年始即帝位，今从勒载记。

3 三月，丙子，庾太后以忧崩。

4 苏峻南屯于湖。

5 夏，四月，后赵将石堪攻宛，南阳太守王国降之；宛，於元翻。降，户江翻。遂进攻祖约军于淮上。约将陈光起兵攻约，约左右阎秃，貌类约，秃，吐谷翻。光谓为约而擒之，约逾垣获免。光奔后赵。

6 壬申，葬明穆皇后于武平陵。

7 庾亮、温峤将起兵讨苏峻，而道路断绝，不知建康声闻。闻，音问。会南阳范汪至寻阳，言"峻政令不壹，贪暴纵横，横，户孟翻。灭亡已兆，虽强易弱，易，以豉翻。朝廷有倒悬之急，宜时进讨。"峤深纳之。亮辟汪参护军事。

亮、峤互相推为盟主；峤从弟充曰：从，才用翻。考异曰：晋春秋作“从兄”，今从晋书峤传。“陶征西位重兵强，侃时为征西大将军、都督荆、湘、雍、梁，专制上流。宜共推之。”峤乃遣督护王愆期诣荆州，邀陶侃与之同赴国难。难，乃旦翻；下同。侃犹以不豫顾命为恨，事见上卷咸和元年。答曰：“吾疆埸外将，不敢越局。”谓内辅外御，各有局分，不敢逾越也。将，即亮翻。峤屡说，不能回；说，输芮翻。乃顺侃意，遣使谓之曰：“仁公且守，汉、魏以来，率呼宰辅、岳牧为明公；今峤呼侃为仁公，盖取天下归仁之义，言晋之征镇皆归重于侃也。使，疏吏翻；下同。仆当先下。”使者去已二日，平南参军荥阳毛宝峤为平南将军，以宝为参军。别使还，闻之，还，从宣翻，又如字。说峤曰：“凡举大事，当与天下共之。师克在和，不宜异同。左传：楚鬬廉曰：师克在和，不在众也。假令可疑，犹当外示不觉，况自为携贰邪！宜急追信改书，信，即使也。言必应俱进；若不及前信，当更遣使。”峤意悟，即追使者改书；侃果许之，遣督护龚登帅兵诣峤。帅，读曰率。峤有众七千，于是列上尚书，以侃为盟主，与亮、峤列名上之尚书也。上，时掌翻。陈祖约、苏峻罪状，移告征镇，洒泣登舟。

陶侃复追龚登还。峤遗侃书曰：“夫军有进而无退，可增而不可减。近已移檄远近，言于盟府，盟府，谓侃府也；侃为盟主，故称为盟府。复，扶又翻。遗，于季翻。刻后月半大举，诸郡军并在路次，惟须仁公军至，便齐进耳。仁公今召军还，疑惑远近，成败之由，将在于此。仆才轻任重，实凭仁公笃爱，远禀成规；至于首启戎行，行，户刚翻。诗：元戎十乘，以先启行。不敢有辞，仆与仁公，如首尾相卫，唇齿相依也。恐或者不达高旨，将谓仁公缓于讨贼，此声难追。仆与仁公并受方岳之任，安危休戚，理既同之。且自顷之顾，绸缪往来，情深义重，绸，除留翻；缪，莫彪翻；缠绵也。一旦有急，亦望仁公悉众见救，况社稷之难乎！今日之忧，岂惟仆一州，文武莫不翘企。言翘首企足以望侃兵之来。难，乃旦翻。假令此州不守，约、峻树置官长于此，此，谓江州也。长，知两翻。荆楚西逼强胡，东接逆贼，因之以饥馑，将来之危，乃当甚于此州之今日也。仁公进当为大晋之忠臣，参桓、文之功；退当以慈父之情，雪爱子之痛。谓侃子瞻为峻所杀。今约、峻凶逆无道，痛感天地，人心齐壹，咸皆切齿。今之进讨，若以石投卵耳；苟复召兵还，是为败于几成也。复，扶又翻。几，居希翻。愿深察所陈！”王愆期谓侃曰：“苏峻，豺狼也，如得遂志，四海虽广，公宁有容足之地乎！”侃深感悟，即戎服登舟。瞻丧至不临，临，力鸩翻。昼夜兼道而进。

郗鉴在广陵，城孤粮少，逼近胡寇，近，其靳翻。人无固志。得诏书，即流涕誓众，入赴国难，将士争奋。难，乃旦翻。将，即亮翻。遣将军夏侯长等间行谓温峤曰：“或闻贼欲挟天子东入会稽，当先立营垒，屯据要害，既防其越逸，又断贼粮运，间，古苋翻。断，丁管翻。然后清野坚壁以待贼。贼攻城不拔，野无所掠，东道既断，粮运自绝，必自溃矣。”峤深以为然。晋都建康，粮运皆仰三吴，故欲先断东道。王敦、苏峻之乱，匡复之谋，郗鉴为多。

五月，陶侃率众至寻阳。议者咸谓侃欲诛庾亮以谢天下；亮甚惧，用温峤计，诣侃拜谢。侃惊，止之曰：“庾元规乃拜陶士行邪！”陶侃，字士行。亮引咎自责，风止可观，侃不觉释然，曰：“君侯修石头以拟老子，见上卷咸和元年。今日反见求邪！”即与之谈宴终日，遂与亮、峤同趣建康。趣，七喻翻。戎卒四万，旌旗七百馀里，钲鼓之声，震于远近。

苏峻闻西方兵起，用参军贾宁计，自姑孰还据石头，分兵以拒侃等。

乙未，峻逼迁帝于石头，司徒导固争，不从。帝哀泣升车，宫中恸哭。时天大雨，道路泥泞，泞，乃定翻。淖也。刘超、钟雅步侍左右，峻给马，不肯乘，而悲哀慷慨。峻闻而恶之，然未敢杀也。恶，乌路翻。以其亲信许方等补司马督、殿中监，外托宿卫，内实防御超等。峻以仓屋为帝宫，日来帝前肆丑言。刘超、钟雅与右光禄大夫荀崧、金紫光禄大夫华恒、左、右光禄大夫，金章紫绶；光禄大夫，银章青绶；加金章紫绶者，谓之金紫光禄大夫。华，户化翻。恒，户登翻。尚书荀邃、侍中丁潭侍从，不离帝侧。从，才用翻。离，力智翻。时饥馑米贵，峻问遗，超一无所受。缱绻朝夕，遗，于季翻。缱，诘战翻，又去演翻；绻，区愿翻。缱绻，反复不相离也。孔颖达曰：缱绻，牢固相着之意。左传曰：缱绻从公，毋通内外。臣节愈恭；虽居幽厄之中，超犹启帝，授孝经、论语。

峻使左光禄大夫陆晔守留台，逼迫居民，尽聚之后苑；使匡术守苑城。

尚书左丞孔坦奔陶侃，侃以为长史。

初，苏峻遣尚书张闿权督东军，司徒导密令以太后诏谕三吴吏士，汉置吴郡；吴分吴郡置吴兴郡；晋又分吴兴、丹杨置义兴郡，是为三吴。郦道元曰：世谓吴郡、吴兴、会稽为三吴。杜佑曰：晋、宋之间，以吴郡、吴兴、丹杨为三吴。使起义兵救天子。会稽内史王舒以庾冰行奋武将军，使将兵一万，西渡浙江；将，即亮翻；下同。于是吴兴太守虞潭、吴国内史蔡谟、前义兴太守顾众等皆举兵应之。潭母孙氏谓潭曰："汝当舍生取义，勿以吾老为累！"累，力瑞翻。尽遣其家僮从军，鬻其环佩以为军资。谟以庾冰当还旧任，即去郡以让冰。

苏峻闻东方兵起，遣其将管商、张健、弘徽等拒之；虞潭等与战，互有胜负，未能得前。

陶侃、温峤军于茄子浦；峤以南兵习水，苏峻兵便步，南兵，谓侃、峤之兵。便步，谓便于步战。令："将士有上岸者死！"上，时掌翻。会峻送米万斛馈祖约，约遣司马桓抚等迎之。毛宝帅千人为峤前锋，帅，读曰率；下同。告其众曰："兵法，'军令有所不从'，岂可视贼可击，不上岸击之邪！"乃擅往袭抚，悉获其米，斩获万计，约由是饥乏。峤表宝为庐江太守。

陶侃表王舒监浙东军事，虞潭监浙西军事，监，工衔翻。郗鉴都督扬州八郡诸军事；令舒、潭皆受鉴节度。鉴帅众渡江，与侃等会于茄子浦，类篇：茄，求加翻；菜名，子可食。茄叶似蒿蓼叶而青，子熟于夏秋之间，大如秤锤，有紫色者，有白色者，及其熟也，色正黄。盖其地宜茄子，人多于此树艺，因以名浦。雍州刺史魏该亦以兵会之。雍，于用翻。

丙辰，侃等舟师直指石头，至于蔡洲；侃屯查浦，蔡洲，在石头西岸；查浦，在大江南岸，直秦淮口。峤屯沙门浦。峻登烽火楼，望见士众之盛，有惧色，谓左右曰："吾本知温峤能得众也。"

庾亮遣督护王彰击峻党张曜，反为所败。亮送节传以谢侃。败，补迈翻。传，株恋翻。侃答曰："古人三败，谓鲁将曹沫也。君侯始二；当今事急，不宜数尔。"言不宜数数如此。数，所角翻。亮司马陈郡殷融诣侃谢曰："将军为此，非融等所裁。"王彰至曰："彰自为之，将军不知也。"侃曰："昔殷融为君子，王彰为小人；今王彰为君子，殷融为小人。"

宣城内史桓彝，闻京城不守，慷慨流涕，进屯泾县。彝自广德进屯泾县。时州郡多遣使降苏峻，使，疏吏翻。降，户江翻。裨惠复劝彝宜且与通使，以纾交至之祸。纾，缓也。交至之祸，言州郡多降，峻兵将四合而交至也。复，扶又翻。彝曰："吾受国厚恩，义在致死，焉能忍耻与逆臣通问！焉，于虔翻。如其不济，此则命也。"彝遣将军俞纵守兰石，兰石，在泾县东北。峻遣其将韩晃攻之。纵将败，左右劝纵退军。纵曰："吾受桓侯厚恩，当以死报。

吾之不可负桓侯，犹桓侯之不负国也。”遂力战而死。晃进军攻彝，六月，城陷，执彝，杀之。

诸军初至石头，即欲决战，陶侃曰：“贼众方盛，难与争锋，当以岁月，智计破之。”既而屡战无功，监军部将李根请筑白石垒，是时同盟诸将无监军事者，窃意李根盖郗鉴军部将也。前史既逸“郗”字，后人遂改“鉴”为“监”。白石垒，在石头东北，峻极险固。杜佑曰：白石里，在台城西，宋武帝大明四年为蚕所，置大殿于此。侃从之。夜筑垒，至晓而成。闻峻军严声，闻峻军击鼓严队之声。诸将咸惧其来攻。孔坦曰：“不然。若峻攻垒，必须东北风急，令我水军不得往救；今天清静，贼必不来。所以严者，必遣军出江乘，掠京口以东矣。”已而果然。侃使庾亮以二千人守白石，峻帅步骑万馀四面攻之，不克。帅，读曰率。

王舒、虞潭等数与峻兵战，不利。数，所角翻。孔坦曰：“本不须召郗公，遂使东门无限，今宜遣还，虽晚，犹胜不也。”言虽遣还之晚，犹胜不遣还也。侃乃令鉴与后将军郭默还据京口，立大业、曲阿、庱亭三垒以分峻之兵势，曲阿，秦云阳县也，前汉属会稽郡，后汉属吴郡，晋属毗陵郡。大业，里名，在曲阿北。丁度曰：庱亭，在吴兴。庱，丑升翻。裴松之曰：庱，摅陵翻。使郭默守大业。

壬辰，魏该卒。

祖约遣祖涣、桓抚袭湓口；湓口，在寻阳，今江州德化县西一里有湓浦。陶侃闻之，将自击之。毛宝曰：“义军恃公，公不可动，宝请讨之。”侃从之。涣、抚过皖，因攻谯国内史桓宣。宣时屯皖县马头山。皖，户版翻。宝往救之，为涣、抚所败。败，补迈翻。箭贯宝髀，彻鞍，彻，敕列翻。宝使人蹋鞍拔箭，血流满靴。靴，许戈翻。还击涣、抚，破走之，宣乃得出，归于温峤。宝进攻祖约军于东关，拔合肥戍；会峤召之，复归石头。

祖约诸将阴与后赵通谋，许为内应。后赵将石聪、石堪引兵济淮，攻寿春。秋，七月，约众溃，奔历阳，聪等虏寿春二万馀户而归。

8 后赵中山公虎帅众四万自轵关西入，击赵河东，轵关，在河内轵县。帅，读曰率。应之者五十馀县，遂进攻蒲阪。赵主曜遣河间王述发氐、羌之众屯秦州以备张骏、杨难敌，自将中外精锐水陆诸军以救蒲阪，自卫关北济；晋书地理志，汲郡汲县有卫关。虎惧，引退。曜追之，八月，及于高候；杜佑曰：今绛州闻喜县北有高候原。与虎战，大破之，斩石瞻，枕尸二百馀里，枕，职鸩翻。收其资仗亿计。虎奔朝歌。杜佑曰：卫州卫县，汉朝歌县。纣都朝歌，在今县西。曜济自大阳，大阳属河东郡。应劭曰：在大河之阳，故曰大阳。唐志，陕州陕县有大阳故关，春秋之茅津也。攻石生于金墉，决千金堨以灌之。堨，乌葛翻。分遣诸将攻汲郡、河内，后赵荥阳太守尹矩、野王太守张进等皆降之。野王县自汉以来属河内郡，后赵始置郡也。降，户江翻。襄国大震。

9 张骏治兵，欲乘虚袭长安。理曹郎中索询谏曰：理曹郎中，张氏所置，以掌刑狱。索，昔各翻。"刘曜虽东征，其子胤守长安，未易轻也。易，以豉翻；下同。借使小有所获，彼若释东方之图，还与我校；祸难之期，未可量也。"难，乃旦翻。量，音良。骏乃止。

10 苏峻腹心路永、匡术、贾宁闻祖约败，恐事不济，劝峻尽诛司徒导等诸大臣，更树腹心；更，工衡翻。峻雅敬导，不许。永等更贰于峻，贰者，其心携而两向。导使参军袁耽潜诱永使归顺，诱，音酉。九月，戊申，导携二子与永皆奔白石。耽，涣之曾孙也。袁涣事曹操。

陶侃、温峤等与苏峻久相持不决，峻分遣诸将东西攻掠，所向多捷，人情恟惧。恟，许拱翻。朝士之奔西军者皆曰："峻狡黠有胆决，其徒骁勇，所向无敌。朝，直遥翻。黠，下八翻。骁，坚尧翻。若天讨有罪，则峻终灭亡；止以人事言之，未易除也。”温峤怒曰：“诸君怯懦，乃更誉贼！”誉，羊诸翻，称扬之也。及累战不胜，峤亦惮之。

峤军食尽，贷于陶侃。贷，他代翻，借也。侃怒曰：“使君前云不忧无良将及兵食，惟欲得老仆为主耳。今数战皆北，良将安在！荆州接胡、蜀二虏，当备不虞；若复无食，复，扶又翻。仆便欲西归，更思良算，徐来殄贼，不为晚也。”峤曰：“凡师克在和，古之善教也。光武之济昆阳，见三十九卷汉淮阳王更始元年。曹公之拔官渡，见六十三卷汉献帝建安五年。以寡敌众，杖义故也。峻、约小竖，凶逆滔天，何忧不灭！峻骤胜而骄，自谓无前，今挑之战，挑，徒了翻。可一鼓而擒也。奈何舍垂立之功，设进退之计乎！且天子幽逼，社稷危殆，乃四海臣子肝脑涂地之日。峤等与公并受国恩，事若克济，则臣主同祚；如其不捷，当灰身以谢先帝耳。今之事势，义无旋踵，譬如骑虎，安可中下哉！公若违众独返，人心必沮；沮众败事，义旗将回指于公矣。”温峤辞严义正，所以能留陶侃，共成大功。沮，在吕翻。败，补迈翻。毛宝言于峤曰：“下官能留陶公。”乃往说侃曰：说，输芮翻。“公本应镇芜湖，为南北势援，前既已下，势不可还。且军政有进无退，非直整齐三军，示众必死而已，亦谓退无所据，终至灭亡。往者杜弢非不强盛，公竟灭之，见八十九卷愍帝建兴三年。弢，土刀翻。何至于峻，独不可破邪！贼亦畏死，非皆勇健，公可试与宝兵，使上岸断贼资粮；上，时掌翻。断，丁管翻。若宝不立效，然后公去，人心不恨矣。”侃然之，加宝督护而遣之。竟陵太守李阳说侃曰：惠帝元康九年，分江夏西界立竟陵郡。“今大事若不济，公虽有粟，安得而食诸！”侃乃分米五万石以饷峤军。毛宝烧峻句容、湖孰积聚，句容、湖孰二县，属丹杨郡。峻军乏食，侃遂留不去。

张健、韩晃等急攻大业；垒中乏水，人饮粪汁。郭默惧，潜突围出外，留兵守之；郗鉴在京口，军士闻之皆失色。参军曹纳曰："大业，京口之扞蔽也，一旦不守，则贼兵径至，不可当也。请还广陵，以俟后举。"鉴大会僚佐，责纳曰："吾受先帝顾托之重，正复捐躯九泉，不足报塞。复，扶又翻。塞，悉则翻。今强寇在近，众心危逼，君腹心之佐，而生长异端，长，丁丈翻，今知两翻。当何以帅先义众，镇壹三军邪！"帅，读曰率；下同。将斩之，久乃得释。

陶侃将救大业，长史殷羡曰："吾兵不习步战，救大业而不捷，则大事去矣。不如急攻石头，则大业自解。"谓急攻苏峻，健、晃必还救之，大业之兵自解。侃从之。羡，融之兄也。庚午，侃督水军向石头。庾亮、温峤、赵胤帅步兵万人从白石南上，欲挑战。峻将八千人逆战，上，时掌翻。挑，徒了翻。将，即亮翻；下同。遣其子硕及其将匡孝分兵先薄赵胤军，败之。薄，迫也。败，补迈翻。峻方劳其将士，劳，力到翻。乘醉望见胤走，曰："孝能破贼，我更不如邪！"因舍其众，舍，读曰捨。与数骑北下突陈，不得入，陈，读曰阵。将回趋白木陂；马踬，踬，陟利翻，跲也。白木陂，在东陵东。趋，七喻翻；下兵趋同。侃部将彭世、李千等投之以矛，峻坠马；斩首，脔割之，焚其骨，三军皆称万岁。馀众大溃。一鼓禽峻，果如温峤之言。峻司马任让等共立峻弟逸为主，闭城自守。任，音壬。温峤乃立行台，布告远近，凡故吏二千石以下，皆令赴台；于是至者云集。韩晃闻峻死，引兵趣石头。管商、弘徽攻虔亭垒，督护李闳、轻车长史滕含击破之。轻车长史，轻车将军长史也。含，修之孙也。商走诣庾亮降，降，户江翻。

余众皆归张健。

11 冬，十一月，后赵王勒欲自将救洛阳，将，即亮翻。僚佐程遐等固谏曰："刘曜悬军千里，势不支久。大王不宜亲动，动无万全。"勒大怒，按剑叱遐等出。乃赦徐光，光被囚见上卷咸和元年。召而谓之曰："刘曜乘一战之胜，围守洛阳，庸人之情皆谓其锋不可当。曜带甲十万，攻一城而百日不克，师老卒怠，以我初锐击之，可一战而擒也。若洛阳不守，曜必送死冀州，后赵都襄国，冀州之地。自河已北，席卷而来，卷，读曰捲；下同。吾事去矣。程遐等不欲吾行，卿以为何如？"对曰："刘曜乘高候之势，不能进临襄国，更守金墉，此其无能为可知也。以大王威略临之，彼必望旗奔败。平定天下，在今一举，不可失也。"勒笑曰："光言是也。"乃使内外戒严，有谏者斩。命石堪、石聪及豫州刺史桃豹等各统见众会荥阳；见，贤遍翻。中山公虎进据石门，水经注：汉灵帝于敖城西北，垒石为门，以遏浚仪渠口，谓之石门，而荥渎受河水，亦有石门。勒自统步骑四万趣金墉，济自大堨。水经注：石勒袭刘曜，涂出延津，以河冰泮为神灵之助，号是处为灵昌津。骑，奇寄翻。趣，七喻翻。堨，乌葛翻。

勒谓徐光曰："曜盛兵成皋关，上策也；阻洛水，其次也；坐守洛阳，此成擒耳。"十二月，乙亥，后赵诸军集于成皋，步卒六万，骑二万七千。勒见赵无守兵，大喜，举手指天复加额曰："天也！"复，扶又翻。卷甲衔枚，诡道兼行，出于巩、訾之间。巩县，属河南郡，有东訾城。左传，单子取訾。杜预曰，在巩县西南。晋地道记曰，在县之东。訾，子斯翻。

赵主曜专与嬖臣饮博，不抚士卒；左右或谏，曜怒，以为妖言，斩之。嬖，卑义翻，又必计翻。妖，于骄翻。闻勒已济河，始议增荥阳戍，杜黄马关。据水经，黄马坂在成皋县，河水径其北，谓之黄马关。俄而洛水候者与后赵前锋交战，擒羯送之。曜问：

"大胡自来邪？其众几何？"羯曰："王自来，军势甚盛。"羯，居谒翻。曜色变，使摄金墉之围，摄，收也。陈于洛西，陈，读曰阵；下挥陈同。众十馀万，南北十馀里。勒望见，益喜。谓左右曰："可以贺我矣！"勒帅步骑四万入洛阳城。帅，读曰率。

己卯，中山公虎引步卒三万自城北而西，攻赵中军，石堪、石聪等各以精骑八千自城西而北，击赵前锋，大战于西阳门。西阳门，即洛城宣阳门也，城西面南头第一门；或曰：西阳门，即第二门西明门也。勒躬贯甲胄，出自阊阖门，夹击之。阊阖门，洛城西面北头门。曜少而嗜酒，少，诗照翻。末年尤甚；将战，饮酒数斗。常乘赤马无故跼顿，跼，足蜷曲不能伸也；顿，首低下不能举也。跼，音局。乃乘小马。比出，复饮酒斗馀。比，必寐翻。复，扶又翻；下同。至西阳门，挥陈就平。石堪因而乘之，赵兵大溃。曜昏醉退走，马陷石渠，坠于冰上，被疮十馀，通中者三，中，竹仲翻。为堪所执。勒遂大破赵兵，斩首五万馀级。下令曰："所欲擒者一人耳，今已获之。其敕将士抑锋止锐，纵其归命之路。"

曜见勒曰："石王，颇忆重门之盟否？"据水经注，重门城，在河内共县故城西北二十里。此盟当在怀帝永嘉四年同围河内之时。重，直龙翻。勒使徐光谓之曰："今日之事，天使其然，复云何邪！"复，扶又翻。乙酉，勒班师。使征东将军石邃将兵卫送曜。邃，虎之子也。曜疮甚，载以马舆，使医李永与同载。己亥，至襄国，舍曜于永丰小城，给其妓妾，严兵围守。妓，渠绮翻。遣刘岳、刘震等从男女盛服以见之，岳被禽见上卷明帝太宁三年。曜曰："吾谓卿等久为灰土，石王仁厚，乃全宥至今邪！我杀石佗，见上卷太宁三年。愧之多矣。今日之祸，自其分耳。"分，扶问翻。留宴终日而去。勒使曜与其太子熙书，谕令速降；降，户江翻。曜但敕熙与诸大臣"匡维社稷，勿以吾易意也。"勒见而恶之，恶，乌路翻。久之，乃杀曜。

12 是岁，成汉献王骧卒，成封李骧为汉王。骧，思将翻。其子征东将军寿以丧还成都。成主雄以李玝为征北将军、梁州刺史，代寿屯晋寿。玝，阮古翻。

四年（己丑、三二九）

1 春，正月，光禄大夫陆晔及弟尚书左仆射玩说匡术，以苑城附于西军；说，输芮翻。百官皆赴之，推晔督宫城军事。陶侃命毛宝守南城，邓岳守西城。苑城之南城、西城也。

右卫将军刘超、侍中钟雅与建康令管旆等谋奉帝出赴西军；事泄，苏逸使其将平原任让将兵入宫收超、雅。将，即亮翻。任，音壬。帝抱持悲泣曰："还我侍中、右卫！"让夺而杀之。初，让少无行，太常华恒为本州大中正，华恒，平原高唐人。少，诗照翻。行，下孟翻。华，户化翻。恒，户登翻。黜其品。及让为苏峻将，乘势多所诛杀，见恒辄恭敬，不敢纵暴。及钟、刘之死，苏逸欲并杀恒，让尽心救卫，恒乃得免。

2 冠军将军赵胤遣部将甘苗击祖约于历阳，戊辰，约夜帅左右数百人奔后赵，为后石勒杀祖约张本。冠，古玩翻。帅，读曰率；下同。其将牵腾率众出降。降，户江翻；下同。

3 苏逸、苏硕、韩晃并力攻台城，焚太极东堂及秘阁，毛宝登城，射杀数十人。射，而亦翻。晃谓宝曰："君名勇果，何不出斗？"宝曰："君名健将，将，即亮翻。何不入斗？"晃笑而退。

4 赵太子熙闻赵主曜被擒，大惧，被，皮义翻。与南阳王胤谋西保秦州。尚书胡勋曰："今虽丧君，境土尚完，将士不叛，且当并力拒之；力不能拒，走未晚也。"胤怒，以为沮众，斩之，遂帅百官奔上邽，以刘胤之才武，不能守长安以抗石勒，刘曜既禽，胤胆破矣。丧，息浪翻。沮，在吕翻。诸征镇亦皆弃所守从之，关中大乱。将军蒋英、辛恕拥众数十万据长安，遣使降于后赵，后赵遣石生帅洛阳之众赴之。

5 二月，丙戌，诸军攻石头。建威长史滕含击苏逸，大破之。滕含自轻车长史进建威将军长史。苏硕帅骁勇数百，渡淮而战，淮，秦淮也。骁，坚尧翻。温峤击斩之。韩晃等惧，以其众就张健于曲阿，门隘不得出，更相蹈藉，更，工衡翻。藉，慈夜翻。死者万数。西军获苏逸，斩之。滕含部将曹据抱帝奔温峤船，群臣见帝，顿首号泣请罪。杀西阳王羕，并其二子播、充、孙崧及彭城王雄。羕附苏峻见上咸和三年，雄奔峻见上卷二年。陶侃与任让有旧，为请其死。为，于伪翻。帝曰："是杀吾侍中、右卫者，不可赦也。"乃杀之。司徒导入石头，令取故节，导自讨王敦时假节；其自石头出奔也，弃之。陶侃笑曰："苏武节似不如是。"导有惭色。导为侃所讥，自愧其失节。丁亥，大赦。

张健疑弘徽等贰于己，皆杀之；帅舟师自延陵将入吴兴，毗陵县，前汉属会稽郡，后汉分属吴郡，晋分属毗陵郡。师古曰：毗陵，旧延陵，汉改之。晋分毗陵、延陵为两县，毗陵则今常州晋陵县之地，延陵则今润州丹徒、金坛之地。宋白曰：延陵县，本汉曲阿县地，晋太康二年，分曲阿之延陵乡置。帅，读曰率。乙未，扬烈将军王允之与战，大破之，获男女万馀口。健复与韩晃、马雄等西趋故鄣，故鄣县，汉属丹阳郡；吴分吴郡丹杨置吴兴郡，故鄣属焉。其地本秦鄣郡所治，故曰故鄣。今湖州安吉县，故鄣之南乡也；今广德军，汉故鄣县之地。杜佑曰：湖州长城县西八十里鄣郡故城，即秦鄣郡县城也。复，扶又翻。趋，七喻翻。郗鉴遣参军李闳追之，及于平陵山，皆斩之。苏峻传作"岩山"。据帝纪平陵山当在溧阳界。沈约曰：吴分溧阳为永平县，晋武帝更名永世。董览吴地志云：晋分永世为平陵县，宋文帝元嘉九年，并入永世、溧阳二县。

是时宫阙灰烬，以建平园为宫。温峤欲迁都豫章，三吴之豪请都会稽，会，工外翻。二论纷纭未决。司徒导曰："孙仲谋、刘玄德俱言'建康王者之宅'。见六十六卷汉献帝建安十七年。

古之帝王，不必以丰俭移都；苟务本节用，何忧凋弊！若农事不修，则乐土为墟矣。乐，音洛。且北寇游魂，伺我之隙，伺，相吏翻。一旦示弱，窜于蛮越，求之望实，惧非良计。望者，见于外者也；实者，有诸中者也。今特宜镇之以静，群情自安。"由是不复徙都。以褚翜为丹杨尹。复，扶又翻。翜，所甲翻。时兵火之后，民物凋残，翜收集散亡，京邑遂安。

6 壬寅，以湘州并荆州。分湘州见八十六卷怀帝永嘉元年。

7 三月，壬子，论平苏峻功，以陶侃为侍中、太尉，封长沙郡公，加都督交、广、宁州诸军事；侃先督荆、襄、雍、梁四州，今加都督三州。郗鉴为侍中、司空、南昌县公；温峤为骠骑将军、开府仪同三司，加散骑常侍、始安郡公；晋制，骠骑将军位从公。骠，匹妙翻。陆晔进爵江陵公；自馀赐爵侯、伯、子、男者甚众。卞壸及二子眕、盱、桓彝、刘超、钟雅、羊曼、陶瞻，皆加赠谥。路永、匡术、贾宁，皆苏峻之党也；峻未败，永等去峻归朝廷；王导欲赏以官爵。温峤曰："永等皆峻之腹心，首为乱阶，罪莫大焉。晚虽改悟，未足以赎前罪；得全首领，为幸多矣，岂可复褒宠之哉！"复，扶又翻；下同。导乃止。

陶侃以江陵偏远，移镇巴陵。江陵偏在江北，又远建康。武帝太康元年，立巴陵县，属长沙郡，后置建昌郡。水经注曰：湘水北至巴丘山，入于江，右岸有巴陵故城，本吴之巴丘邸阁也。巴丘山，一名天岳山，一名幕阜；前有培塿，曰巴蛇冢。

朝议欲留温峤辅政，朝，直遥翻；下同。峤以王导先帝所任，固辞还藩；又以京邑荒残，资用不给，乃留资蓄，具器用，而后旋于武昌。

帝之出石头也，庾亮见帝，稽颡哽咽，稽，音启。哽，古杏翻。诏亮与大臣俱升御座。明日，亮复泥首谢罪，复，扶又翻；下同。乞骸骨，欲阖门投窜山海。帝遣尚书、侍中手诏慰喻曰：

“此社稷之难，难，乃旦翻。非舅之责也。”亮上疏自陈：“祖约、苏峻纵肆凶逆，罪由臣发，事见上卷元年。寸斩屠戮，不足以谢七庙之灵，塞四海之责。塞，悉则翻。朝廷复何理齿臣于人次，臣亦何颜自次于人理！愿陛下虽垂宽宥，全其首领；犹宜弃之，任其自存自没，则天下粗知劝戒之纲矣。”粗，坐五翻。优诏不许。亮又欲遁逃山海，自暨阳东出，武帝太康二年，分毗陵、无锡立暨阳县，属毗陵郡，其地在今平江府常熟县界。杜佑曰：江阴，晋曰暨阳。按：暨阳，今江阴军地，秦、汉为暨阳乡，晋置暨阳县城；更有暨阳湖。诏有司录夺舟船。录，拘也，收也。亮乃求外镇自效，出为都督豫州·扬州之江西·宣城诸军事、豫州、扬州之江西，淮南、庐江、弋阳、安丰、历阳等郡也。宣城郡，属扬州。豫州刺史，领宣城内史，镇芜湖。

陶侃、温峤之讨苏峻也，移檄征、镇，使各引兵入援。湘州刺史益阳侯卞敦拥兵不赴，又不给军粮，遣督护将数百人随大军而已，朝野莫不怪叹。不料其如此而乃如此，故怪之；又念其平昔为何如人而今乃为此，故叹之。及峻平，陶侃奏敦沮军，顾望不赴国难，请槛车收付廷尉。勤王之师，侃为盟主；湘州又侃所督也，故侃奏收敦。沮，在吕翻。难，乃旦翻。王导以丧乱之后，宜加宽宥，转敦安南将军、广州刺史；病不赴，征为光禄大夫、领少府。敦忧愧而卒，少，诗照翻。卒，子恤翻。追赠本官，加散骑常侍，谥曰敬。谥法：夙夜警戒曰敬；合善典法曰敬。卞敦何足以当之！

臣光曰：庾亮以外戚辅政，首发祸机，国破君危，窜身苟免；卞敦位列方镇，兵粮俱足，朝廷颠覆，坐观胜负；人臣之罪，孰大于此！既不能明正典刑，又以宠禄报之，晋室无政，亦可知矣。任是责者，岂非王导乎！

8 徙高密王纮为彭城王。纮，雄之弟也。

9 夏，四月，乙未，始安忠武公温峤卒，葬于豫章。朝廷欲为之造大墓于元、明二帝陵之北，为，于伪翻。太尉侃上表曰："峤忠诚著于圣世，勋义感于人神，使亡而有知，岂乐今日劳费之事！乐，音洛。愿陛下慈恩，停其移葬。"诏从之。

以平南军司刘胤为江州刺史。胤本为温峤军司。陶侃、郗鉴皆言胤非方伯才，司徒导不从。或谓导子悦曰："今大难之后，难，乃旦翻。纪纲弛顿，自江陵至于建康三千馀里，流民万计，布在江州。江州，国之南藩，要害之地，而胤以忲侈之性，卧而对之，忲，奢也；忲，音太，又音大。不有外变，必有内患矣。"悦曰："此温平南之意也。"温峤为平南将军。

10 秋，八月，赵南阳王胤帅众数万自上邽趣长安，帅，读曰率。趣，七喻翻。陇东、武都、安定、新平、北地、扶风、始平诸郡戎、夏皆起兵应之。魏收地形志有陇东郡，领泾阳、祖厉、抚夷三县，盖后赵分安定置也。应劭曰：祖，音罝。师古曰：厉，音赖。夏，户雅翻。胤军于仲桥；郑国渠径仲山，渠上有桥，谓之仲桥，在九嵕山之东。宋白曰：雍州醴泉县城，即仲桥城。石生婴城自守，后赵中山公虎帅骑二万救之。九月，虎大破赵兵于义渠，义渠，战国时义渠戎之地，前汉为义渠县，后汉、晋省。胤奔还上邽。虎乘胜追击，枕尸千里。枕，职鸩翻。上邽溃，虎执赵太子熙、南阳王胤及其将王公卿校以下三千馀人，皆杀之，载记曰：自刘渊至曜，三世二十七年而灭。将，即亮翻。校，户教翻。徙其台省文武、关东流民、秦、雍大族九千馀人于襄国；雍，于用翻。又坑五郡屠各五千馀人于洛阳。进攻集木且羌于河西，克之，屠各，匈奴种，前赵之族类也；五郡屠各，即匈奴五部之众。集木且，羌种落之名。屠，直于翻。且，子余翻。俘获数万，秦、陇悉平。氐王蒲洪、羌酋姚弋仲俱降于虎，虎表洪监六夷军事，酋，慈由翻。降，户江翻。监，工衔翻。弋仲为六夷左都督。徙氐、羌十五万落于司、冀州。

11 初，陇西鲜卑乞伏述延居于苑川，乞伏，鲜卑部落之名，后以为姓。苑川水，出天水勇士县之子城南山，东流历子城川，又北径牧师苑，故汉牧苑之地也，有东、西苑城，相去七里，西城即乞伏所都也。杜佑曰：苑川，在兰州五泉县界。侵并邻部，士马强盛。及赵亡，述延惧，迁于麦田。述延卒，子傉大寒立；傉大寒卒，子司繁立。水经注：麦田山，在安定北界；山之东北，有麦田城，又北有麦田泉。傉，奴沃翻。乞伏始见于此。

12 江州刺史刘胤矜豪日甚，专务商贩，殖财百万，纵酒耽乐，不恤政事。冬，十二月，诏征后将军郭默为右军将军。默乐为边将，不愿宿卫，以情诉于胤。默盖自平苏峻，还至寻阳而被征也。晋志云，按魏明帝时有左军，则左军，魏官也；武帝时，又置前军、右军，泰始八年，又置后军，是为四军，皆宿卫兵也。乐，音洛。边将，即亮翻；下同。胤曰："此非小人之所及也。"晋以后，文武之士率称小人，今西北之人犹然。默将赴召，求资于胤，胤不与，默由是怨胤。胤长史张满等素轻默，或倮露见之，倮，郎果翻。默常切齿。腊日，胤饷默豚酒，默对信投之水中。信，使也。会有司奏："今朝廷空竭，百官无禄，惟资江州运漕；而胤商旅继路，以私废公，请免胤官。"书下，下，遐稼翻。胤不即归罪，方自申理。侨人盖肫掠人女为妻，寄寓者为侨人。盖，古盍翻。肫，徒昆翻。张满使还其家，肫不从，而谓郭默曰："刘江州不受免，谓胤不受免官之命也。密有异图，与张满等日夜计议，惟忌郭侯一人，欲先除之。"默以为然，帅其徒候旦门开袭胤。帅，读曰率。胤将吏欲拒默，默呵之曰："我被诏有所讨，被，皮义翻。动者诛三族！"遂入至内寝，牵胤下，斩之；出，取胤僚佐张满等，诬以大逆，悉斩之。传胤首于京师，诈作诏书，宣示内外。掠胤女及诸妾孔颖达曰：妾之言接也；闻彼有礼，走而往以得接见于君子也。并金宝还船，初云下都，既而停胤故府。招引谯国内史桓宣，宣固守不从。桓宣自去年归温峤，屯于武昌。

13 是岁，贺兰部及诸大人共立拓拔翳槐为代王，贺兰部拥护翳槐，见上卷咸和二年。代王纥那奔宇文部。后周书言宇文之先出自炎帝，炎帝为黄帝所灭，其子孙遁居朔野。后有大人普回，因狩得玉玺，文曰"皇帝玺"，普回以为天授。其俗谓天子曰"宇文"，故国号宇文，因以为氏。余谓此盖宇文氏既兴于关西，其臣子为之缘饰耳。李延寿曰：宇文部出辽东塞外，其先南单于之远属也，世为东部大人。此言为得其实。翳槐遣其弟什翼犍质于赵以请和。犍，居言翻。质，音致。

14 河南王吐延，雄勇多猜忌，羌酋姜聪刺之；酋，慈由翻。刺，七亦翻。吐延不抽剑，召其将纥扢埿，纥，胡骨翻，又恨竭翻。扢，古齕翻，又胡骨翻。埿，与泥同。使辅其子叶延，保于白兰，白兰，在吐谷浑西南，其地险远，羌之别种居之；西北接利摸徒，南界郝鄂；风俗物产与宕昌略同。抽剑而死。叶延孝而好学，好，呼到翻。以为礼"公孙之子得以王父字为氏"，乃自号其国曰吐谷浑。左传，鲁众仲曰："天子建德，因生以赐姓，胙之土而命之氏：诸侯以字。"杜预注曰：诸侯之子称公子，公子之子称公孙，公孙之子以王父字为氏。

五年（庚寅、三三〇）

1 春，正月，刘胤首至建康。司徒导以郭默骁勇难制，己亥，大赦，枭胤首于大航，骁、枭，并音坚尧翻。以默为江州刺史。太尉侃闻之，投袂起曰："此必诈也。"即将兵讨之。默遣使送妓妾及绢，并写中诏呈侃。妓，渠绮翻。参佐多谏曰："默不被诏，岂敢为此！被，皮义翻。若欲进军，宜待诏报。"侃厉色曰："国家年幼，诏令不出胸怀。刘胤为朝廷所礼，虽方任非才，何缘猥加极刑！郭默恃勇，所在贪暴；以大难新除，谓苏峻新平也。难，乃旦翻。禁网宽简，欲因际会骋其从横耳！"骋，丑郢翻。从，子容翻。发使上表言状，使，疏吏翻。上，时掌翻。且与导书曰："郭默杀方州即用为方州，害宰相便为宰相乎？"导乃收胤首，答侃书曰："默据上流之势，加有船舰成资，舰，户黯翻。故苞含隐忍，使有其地，朝廷得以潜严；潜，密也；潜严，密敕诸军严装也。俟足下军到，风发相赴，风发，言其速也。岂非遵养时晦以定大事者邪！”侃笑曰：“是乃遵养时贼也！”

豫州刺史庾亮亦请讨默。诏加亮征讨都督，帅步骑二万往与侃会。帅，读曰率。

西阳太守邓岳、武昌太守刘诩皆疑桓宣与默同。豫州西曹王随曰：“宣尚不附祖约，事见上卷咸和二年。岂肯同郭默邪！”岳、诩遣随诣宣观之，随说宣曰：“明府心虽不尔，不尔，犹言不如此也。说，输芮翻。无以自明，惟有以贤子付随耳！”宣乃遣其子戎与随俱迎陶侃。侃辟戎为掾，掾，于眷翻。上宣为武昌太守。上，时掌翻；上言于天台也。

2 二月，后赵群臣请后赵王勒即皇帝位；勒乃称大赵天王，行皇帝事。勒，字世龙，初名㔨，上党武乡羯人也。其先匈奴别部羌渠之胄，祖耶奕于，父周曷朱，一名乞翼加，并为部落小帅。立妃刘氏为王后，世子弘为太子。以其子宏为骠骑大将军、都督中外诸军事、大单于，封秦王；骠，匹妙翻。单，音蝉。斌为左卫将军，封太原王；斌，音彬。恢为辅国将军，封南阳王。以中山公虎为太尉、尚书令，进爵为王；虎子邃为冀州刺史，封齐王；宣为左将军；挺为侍中，封梁王。又封石生为河东王，石堪为彭城王。以左长史郭敖为尚书左仆射，右长史程遐为右仆射、领吏部尚书，左司马夔安、右司马郭殷、从事中郎李凤、前郎中令裴宪，皆为尚书，参军事徐光为中书令、领秘书监。自馀文武，封拜各有差。

中山王虎怒，私谓齐王邃曰：“主上自都襄国以来，怀帝永嘉六年，勒据襄国。端拱仰成，仰，牛向翻。以吾身当矢石，二十馀年，南擒刘岳，见上卷明帝太宁三年。北走索头，见上卷咸和二年。索，昔各翻。东平齐、鲁，西定秦、雍，平齐、鲁，谓灭徐龛、曹嶷也，见九十二卷元帝永昌元年、明帝太宁元年。定秦、雍，谓灭刘氏，降苻、姚也。克十有三州。成大赵之业者，我也；大单于当以授我，今乃以与黄吻婢儿，吻，武粉翻。口边曰吻。鸟雏始出巢者，口黄未褪，目之曰黄吻，言少艾也。念之令人气塞，不能寝食！待主上晏驾之后，不足复留种也。”塞，悉则翻。复，扶又翻。种，章勇翻。

程遐言于勒曰：“天下粗定，粗，坐五翻。当显明逆顺，故汉高祖赦季布，斩丁公。事见十一卷高祖五年。大王自起兵以来，见忠于其君者辄褒之，背叛不臣者辄诛之，背，蒲妹翻。此天下所以归盛德也。今祖约犹存，臣窃惑之。”安西将军姚弋仲亦以为言。勒乃收约，并其亲属中外百馀人悉诛之，妻妾、儿女分赐诸胡。

初，祖逖有胡奴曰王安，逖甚爱之。在雍丘，谓安曰：“石勒是汝种类，种，章勇翻。吾亦无在尔一人。”厚资送而遣之。安以勇干，仕赵为左卫将军。及约之诛，安叹曰：“岂可使祖士稚无后乎？”祖逖，字士稚。乃往就市观刑。逖庶子道重，始十岁，安窃取以归，匿之，变服为沙门。及石氏亡，道重复归江南。

3 郭默欲南据豫章，欲自寻阳而南据也。会太尉侃兵至，默出战不利，入城固守，聚米为垒，以示有馀。侃筑土山临之。三月，庾亮兵至湓口，湓口，湓浦口也。湓，蒲奔翻。诸军大集。夏，五月，乙卯，默将宋侯缚默父子出降。将，即亮翻。降，户江翻。侃斩默于军门，传首建康，同党死者四十人。诏以侃都督江州，领刺史；至是侃都督八州。以邓岳督交、广诸军事，领广州刺史。侃还巴陵，因移镇武昌。庾亮还芜湖，辞爵赏不受。

4 赵将刘征帅众数千，浮海抄东南诸县，杀南沙都尉许儒。沈约志，晋陵太守有南沙令，本吴县司盐都尉署；吴时名沙中，吴平后，立暨阳，割属之；晋成帝咸康七年，罢盐署，立以为南沙县。今平江府常熟县地。

帅，读曰率。抄，楚交翻。

5 张骏因前赵之亡，复收河南地，至于狄道，置五屯护军，与赵分境。骏失河南地见上卷咸和二年。五屯护军，武街、石门、侯和、漒川、甘松也。六月，赵遣鸿胪孟毅拜骏征西大将军、凉州牧，加九锡。胪，陵如翻。骏耻为之臣，不受，留毅不遣。

6 初，丁零翟斌，世居康居，后徙中国，至是入朝于赵；赵以斌为句町王。朝，直遥翻。句，音昫。町，音挺。考异曰：晋书春秋作"翟真"。按：秦亡后，慕容垂诛翟斌，斌兄子真北走，故知此乃斌也。

7 赵群臣固请正尊号，秋，九月，赵王勒即皇帝位。考异曰：载记云："自襄国都临漳。"即邺也。按建平二年四月，勒如邺，议营新宫；三年，勒如邺，临石虎第；勒疾，虎诈召石宏还襄国，至虎建武元年九月，始迁邺。是勒未尝都邺也。大赦，改元建平。文武封进各有差。立其妻刘氏为皇后，太子弘为皇太子。

弘好属文，好，呼到翻。属，之欲翻。亲敬儒素。勒谓徐光曰："大雅愔愔，弘，字大雅。愔愔，安和貌，音揖淫翻。殊不似将家子。"将，即亮翻。光曰："汉祖以马上取天下，孝文以玄默守之。圣人之后，必有胜残去杀者，天之道也。"论语：孔子曰：善人为邦百年，亦可以胜残去杀矣。王氏注曰：胜残，能使残暴之人不为恶也；去杀，去刑杀也。胜，音升。去，羌吕翻。勒甚悦。光因说曰：说，输芮翻。"皇太子仁孝温恭，中山王雄暴多诈，陛下一旦不讳，臣恐社稷非太子所有也。宜渐夺中山王权，使太子早参朝政。"朝，直遥翻。勒心然之，而未能从。

8 赵荆州监军郭敬寇襄阳。南中郎将周抚监沔北军事，屯襄阳。监，工衔翻。赵主勒以驿书敕敬退屯樊城，使之偃藏旗帜，寂若无人。帜，尺志翻。曰："彼若使人观察，则告之曰：'汝宜自爱坚守，后七八日，大骑将至，骑，奇寄翻。相策，相策，谓相策应也，杜佑通典作"相禁"。一曰："相策"属下句；策，计也，犹言计汝不复得而走也。不复得走矣。’”复，扶又翻；下同。敬使人浴马于津，周而复始，昼夜不绝。侦者还以告周抚，侦，丑郑翻。抚以为赵兵大至，惧，奔武昌。敬入襄阳，中州流民悉降于赵；魏该弟遐帅其部众自石城降敬。帅，读曰率。降，户江翻。敬毁襄阳城，迁其民于沔北，城樊城以戍之。赵以敬为荆州刺史。周抚坐免官。

9 休屠王羌叛赵，休屠王羌，石武之部落也。屠，直於翻。赵河东王生击破之，羌奔凉州。西平公骏惧，遣孟毅还，使其长史马诜称臣入贡于赵。

10 更造新宫。苏峻之乱，宫阙焚毁，故更造之。更，工衡翻。

11 甲辰，徙乐成王钦为河间王，河间王颙之死也，诏以彭城王植子融为颙嗣，改封乐成县王，薨，无子，元帝又以彭城王释子钦为融嗣；今复其河间旧封。封彭城王纮子俊为高密王。初，元帝以纮继高密王据后，及彭城王雄以附苏峻诛，纮还继本宗，以俊奉高密王后。考异曰：宗室传作“浚”。今从帝纪。

12 冬，十月，成大将军寿督征南将军费黑等攻巴东建平，拔之。巴东太守杨谦、监军毌丘奥退保宜都。费，扶沸翻。监，工衔翻。考异曰：帝纪作“阳谦”，今从李雄载记。

六年(辛卯、三三一)

1 春，正月，赵刘征复寇娄县，掠武进，娄县，前汉属会稽郡，后汉、晋属吴郡。吴孙权嘉禾三年，改丹徒曰武进；晋武帝太康三年，复曰丹徒，仍分丹徒、曲阿立武进县，属毗陵郡；晋改毗陵曰晋陵。刘昫曰：唐苏州昆山县，汉娄县地。复，扶又翻；下同。郗鉴击却之。

2 三月，壬戌朔，日有食之。

3 夏，赵主勒如邺，将营新宫；廷尉上党续咸苦谏，勒怒，欲斩之。中书令徐光曰：“咸言不可用，亦当容之，奈何一旦以直言斩列卿乎！”勒叹曰：“为人君，不得自专如是乎！匹夫家赀满百匹，犹欲市宅，况富有四海乎！此宫终当营之，且敕停作，以成吾直臣之气。”因赐咸绢百匹，稻百斛。又诏公卿以下岁举贤良方正，仍令举人得更相荐引，以广求贤之路。起明堂、辟雍、灵台于襄国城西。史言石勒能矫其犷悍之习而修文。

4 秋，七月，成大将军寿攻阴平、武都，杨难敌降之。降，户江翻。

5 九月，赵主勒复营邺宫；以洛阳为南都，置行台。

6 冬，蒸祭太庙，诏归胙于司徒导，礼记，冬祭曰“烝”，史、汉亦作“蒸祭”。馀肉曰胙，今谓之祭福肉。且命无下拜；晋以周之礼齐桓公者礼王导。导辞疾不敢当。初，帝即位冲幼，每见导必拜；与导手诏则云“惶恐言”，中书作诏则曰“敬问”。有司议：“元会日，帝应敬导不？”不，读曰否。博士郭熙、杜援议，以为：“礼无拜臣之文，谓宜除敬。”侍中冯怀议，以为：“天子临辟雍，拜三老，况先帝师傅；谓宜尽敬。”侍中荀奕议，以为：“三朝之首，元旦为三朝，谓岁之朝、月之朝、日之朝。朝，如字。宜明君臣之体，则不应敬；若他日小会，自可尽礼。”以君拜臣，谓之尽礼，可乎？诏从之。奕，组之子也。

7 慕容廆遣使与太尉陶侃笺，劝以兴兵北伐，共清中原。僚属宋该等共议，以“廆立功一隅，位卑任重，等差无别，不足以镇华、夷，宜表请进廆官爵。”参军韩恒驳曰：廆，户罪翻。使，疏吏翻。恒，户登翻。驳，北角翻。“夫立功者患信义不著，不患名位不高。桓、文有匡复之功，不先求礼命以令诸侯。宜缮甲兵，除群凶，功成之后，九锡自至。比于邀君以求宠，不亦荣乎！”廆不悦，出恒为新昌令。新昌县，属辽东郡。于是东夷校尉封抽等疏上侃府，上，时掌翻。请封廆为燕王，行大将军事。侃复书曰：“夫功成进爵，古之成制也。车骑虽未能为官摧勒，魔加车骑将军，故侃称之。官，谓天子；勒，谓石勒也。骑，奇寄翻。然忠义竭诚；今腾笺上听，腾笺以达上听。可不、迟速，当在天台也。”陶侃复书殊得体。天台，尊晋室也。不，读曰否。

何兹全标点王崇武聂崇岐覆校

资治通鉴卷第九十五

端明殿学士兼翰林侍读学士朝散大夫右谏议大夫
充集贤殿修撰权判西京留司御史台上柱国河内郡 司马光 奉敕编集
开国侯食邑一千三百户食实封四百户赐紫金鱼袋臣

后学天台胡三省音注

晋纪十七 起玄黓执徐(壬辰)，尽强圉作噩(丁酉)，凡六年。

显宗成皇帝中之上

咸和七年(壬辰、三三二)

1 春，正月，辛未，大赦。

2 赵主勒大飨群臣，考异曰：晋春秋云："陶侃遣使聘后赵，赵王勒飨之。"按侃与勒必无通使之理，今不取。载记云："勒因飨高句丽、宇文屋孤使。"今但云飨群臣。谓徐光曰："朕可方自古何等主?"方，比也。对曰："陛下神武谋略过于汉高，后世无可比者。"勒笑曰："人岂不自知！卿言太过。朕若遇汉高祖，当北面事之，与韩、彭比肩；戴溪曰：勒岂真知高帝者，特自视不如韩、彭故耳。若遇光武，当并驱中原，未知鹿死谁手。大丈夫行事，宜礌礌落落，如日月皎然，礌，落猥翻。终不效曹孟德、司马仲达欺人孤儿、寡妇，狐媚以取天下也。"狐，妖兽也，能蛊媚人。石勒以此论曹、马，使死者有知，孟德、仲达，其抱愧于地下矣！群臣皆顿首称万岁。

勒虽不学，好使诸生读书而听之，好，呼到翻。时以其意论古今得失，闻者莫不悦服。尝使人读汉书，闻郦食其劝立六国后，事见十卷汉高帝三年。惊曰："此法当失，何以遂得天下？"及闻留侯谏，乃曰："赖有此耳。"

3 郭敬之退戍樊城也，事见上卷五年。晋人复取襄阳，夏，四月，敬复攻拔之，敬复，扶又翻。留戍而归。

4 赵右仆射程遐言于赵主勒曰："中山王勇悍权略，群臣莫及；观其志，自陛下之外，视之蔑如；蔑，无也，言视之若无也。加以残贼安忍，孟子曰：贼人者谓之贼，贼义者谓之残。左传，众仲曰：安忍无亲。久为将帅，威振内外，其诸子年长，皆典兵权；虎子邃、宣，勒皆使之典兵。将，即亮翻。帅，所类翻。长，知两翻。陛下在，自当无他，恐非少主之臣也。少，诗照翻。宜早除之，以便大计。"勒曰："今天下未安，大雅冲幼，宜得强辅。中山王骨肉至亲，有佐命之功，方当委以伊、霍之任，何至如卿所言！卿正恐不得擅帝舅之权耳；吾亦当参卿顾命，勿过忧也。"遐泣曰："臣所虑者公家，陛下乃以私计拒之，忠言何自而入乎！中山王虽为皇太后所养，非陛下天属，载记曰：虎，勒之从子也，祖曰訇邪，父曰寇觅。勒父朱幼而子虎，故或称勒弟焉。虽有微功，陛下酬其父子恩荣亦足矣，而其志愿无极，谓虎有窥觎天位之志。岂将来有益者乎！若不除之，臣见宗庙不血食矣。"勒不听。

遐退，告徐光，光曰："中山王常切齿于吾二人，恐非但危国，亦将为家祸也。"他日，光承间言于勒曰：间，古苋翻。"今国家无事，而陛下神色若有不怡，何也？"怡，悦也。勒曰："吴、蜀未平，吾恐后世不以吾为受命之王也。"光曰："魏承汉运，刘备虽兴于蜀，汉岂得为不亡乎！以喻晋也。孙权在吴，犹今之李氏也。陛下苞括二都，平荡八州，二都，长安、洛阳；八州，冀、幽、并、青、兖、豫、司、雍也。帝王之统不在陛下，当复在谁！复，扶又翻；下同。且陛下不忧腹心之疾，而更忧四支乎！中山王借陛下威略，所向辄克，而天下皆言其英武亚于陛下。且其资性不仁，见利忘义，父子并据权位，势倾王室；而耿耿常有不满之心；近于东宫侍宴，有轻皇太子之色。臣恐陛下万年之后，不可复制也。”复，扶又翻。勒默然，始命太子省可尚书奏事，省，悉景翻。且以中常侍严震参综可否，惟征伐断斩大事乃呈之。断，丁乱翻。于是严震之权过于主相，相，息亮翻。中山王虎之门可设雀罗矣。汉书曰：翟公为廷尉，宾客填门；及废，门外可设雀罗。师古注云：言其寂静无人行也。虎愈怏怏不悦。为后虎杀徐光、程遐张本。怏，于两翻。

5 秋，赵郭敬南掠江西，江西，谓郕城以东至历阳也。太尉侃遣其子平西参军斌斌，音彬。及南中郎将桓宣乘虚攻樊城，悉俘其众。敬旋救樊，宣与战于涅水，破之，水经注：涅水出涅阳县西北岐棘山，东南径涅阳县，又东南径安众县，又东南至新野县，东入于淯。涅，奴结翻。皆得其所掠。侃兄子臻及竟陵太守李阳攻新野，拔之。敬惧，遁去；宣【章：十二行本“宣”下有“阳”字；乙十一行本同；退斋校同。】遂拔襄阳。

侃使宣镇襄阳。宣招怀初附，简刑罚，略威仪，劝课农桑，或载钼耒于轺轩，钼，立薅所用农器也。耒，卢对翻，手耕曲木也。孔颖达曰：耒以曲木为之，长六尺六寸，底长尺有一寸，中央直者三尺有三寸，句者二尺有二寸。底，谓耒下向前曲接耜者头而着耜。耜，金铁为之。郑玄曰：耜者，耒之金也，广五寸，田器，镃錤之属。轺，音遥，使者小车驾马者也。轩，曲辀也。阑板曰轩。亲帅民芸获。帅，读曰率。在襄阳十馀年，赵人再攻之，宣以寡弱拒守，赵人不能胜；时人以为亚于祖逖、周访。史终言宣守襄阳之功。

6 成大将军寿寇宁州，以其征东将军费黑为前锋，出广汉，镇南将军任回出越嶲，以分宁州之兵。费，扶沸翻。任，音壬。嶲，音髓。

7 冬，十月，寿、黑至朱提，朱提太守董炳城守，朱提，音铢时。宁州刺史尹奉遣建宁太守霍彪引兵助之。寿欲逆拒彪，黑曰："城中食少，少，诗沼翻。宜纵彪入城，共消其谷，何为拒之！"寿从之。城久不下，寿欲急攻之。黑曰："南中险阻难服，当以日月制之，待其智勇俱困，然后取之，溷牢之物，何足汲汲也。"溷，与圂同，胡困翻。圂，厕也，豕所居也。牢，亦犬豕所居也。言城已受围，如犬豕在圂牢中，不患其逸出也。郑氏曰：牢，闲也。必有闲者，防禽兽触啮。疏曰：养马者谓之闲，养牛羊者谓之牢。言闲，见其闲卫；言牢，见其牢固；所从言之异，其实一物也。寿不从，攻果不利，乃悉以军事任黑。

8 十一月，壬子朔，进太尉侃为大将军，剑履上殿，入朝不趋，赞拜不名；上，时掌翻。朝，直遥翻。侃固辞不受。

9 十二月，庚戌，帝迁于新宫。五年作新宫，至是而成，乃迁居之。

10 是岁，凉州僚属劝张骏称凉王，领秦、凉二州牧，置公卿百官如魏武、晋文故事。魏武事见六十七卷汉献帝建安二十一年，晋文事见七十九卷魏元帝咸熙元年。骏曰："此非人臣所宜言也。敢言此者，罪不赦！"然境内皆称之为王。骏立次子重华为世子。重，直龙翻。

八年(癸巳、三三三)

1 春，正月，成大将军李寿拔朱提，董炳、霍彪皆降，降，户江翻；下同。寿威震南中。

2 丙子，赵主勒遣使来修好，使，疏吏翻。好，呼到翻。诏焚其币。晋虽未能复君父之雠，而焚币一事，犹足舒忠臣义士之气。

3 三月，宁州刺史尹奉降于成，成尽有南中之地；大赦，以大将军寿领宁州。

4 夏，五月，甲寅，辽东武宣公慕容廆卒。六月，世子皝以平北将军行平州刺史，督摄部内；皝，字元真，廆第三子。廆，户罪翻。虢，呼广翻。赦系囚。以长史裴开为军谘祭酒，郎中令高诩为玄菟太守。虢以带方太守王诞为左长史，诞以辽东太守阳骛为才而让之；虢从之，以诞为右长史。国之兴也，其臣推贤让能；国之衰也，其臣矜己忌前。骛，音务。

5 赵主勒寝疾，中山王虎入侍禁中，矫诏，群臣亲戚皆不得入；疾之增损，外无知者。又矫诏召秦王宏、彭城王堪还襄国。勒以宏都督中外诸军事，盖使之镇邺。堪盖在河南。勒疾小瘳，见宏，惊曰："吾使王处藩镇，处，昌吕翻。正备今日，有召王者邪，将自来邪？有召者，当按诛之！"虎惧曰："秦王思慕，暂还耳，今遣之。"仍留不遣。数日，复问之，复，扶又翻。虎曰："受诏即遣，今已半道矣。"广阿有蝗，广阿县，前汉属钜鹿郡，后汉、晋省；后魏复置广阿县，属南赵郡；隋改为大陆县；唐武德间，改为象城县，天宝初改为昭庆县，属赵州。虎密使其子冀州刺史邃帅骑三千游于蝗所。恐勒死有变，使邃游于蝗所，若捕蝗者，以为外应。帅，读曰率。骑，奇寄翻。

秋，七月，勒疾笃，遗命曰："大雅兄弟，宜善相保，司马氏，汝曹之前车也。前车之覆，后车之戒；戒其兄弟自相残也。中山王宜深思周、霍，勿为将来口实。"谓当如周公、霍光之辅幼孤也。勒谓此言可以縶虎之手足邪！此数语亦徐光、程遐为之耳。戊辰，勒卒。年六十。中山王虎劫太子弘使临轩，收右光禄大夫程遐、中书令徐光，下廷尉，下，遐稼翻。召邃使将兵入宿卫，将，即亮翻。文武皆奔散。弘大惧，自陈劣弱，让位于虎。虎曰："君终，太子立，礼之常也。"弘涕泣固让，虎怒曰："若不堪重任，天下自有大义，何足豫论！"弘乃即位。弘，字大雅，勒第二子。大赦。杀程遐、徐光。光、遐固知祸之及己，然亦不料如是之速。夜，以勒丧潜瘗山谷，莫知其处。己卯，备仪卫，虚葬于高平陵，勒卒十二日而葬，未有如是之速者也。虎既潜葬勒，其所以为身后之计者，亦不过如此，卒为女子所告，果何益哉！瘗，于计翻。谥曰明帝，庙号高祖。

赵将石聪及谯郡太守彭彪，各遣使来降。聪时镇谯城。守，式又翻。降，户江翻。聪本晋人，冒姓石氏。朝廷遣督护乔球将兵救之，未至，聪等为虎所诛。

6 慕容皝遣长史勃海王济等来告丧。皝，呼广翻。

7 八月，赵主弘以中山王虎为丞相、魏王、大单于，加九锡，单，音蝉。以魏郡等十三郡为国，总摄百揆。虎赦其境内，立妻郑氏为魏王后；子邃为魏太子，加使持节、侍中、都督中外诸军事、大将军、录尚书事；次子宣为使持节、车骑大将军、冀州刺史，封河间王；使，疏吏翻。韬为前锋将军、司隶校尉，封乐安王；遵封齐王，鉴封代王，苞封乐平王；徙平原【严："平原"改"太原"。】王斌为章武王。斌，音彬。勒文武旧臣，皆补散任；虎之府寮亲属，悉署台省要职。虎居邺，子邃都督中外诸军，宣据信都，府寮亲属分领台省；弘处尊位，特寄坐耳。散，悉亶翻。以镇军将军夔安领左仆射，尚书郭殷为右仆射。更命太子宫曰崇训宫，更，工衡翻。太后刘氏以下皆徙居之。选勒宫人及车马、服玩之美者，皆入丞相府。

8 宇文乞得归为其东部大人逸豆归所逐，走死于外。慕容皝引兵讨之，军于广安；广安，在棘城之北。逸豆归惧而请和，遂筑榆阴、安晋二城而还。榆阴城，盖在大榆河之阴；安晋城，在威德城东南。

9 成建宁、牂柯二郡来降，李寿复击取之。牂柯，音臧哥。降，户江翻。复，扶又翻；下同。

10 赵刘太后谓彭城王堪曰："先帝甫晏驾，丞相遽相陵藉如此。陵，驾也，轹也。藉，蹈也。藉，慈夜翻。帝祚之亡，殆不复久，王将若之何？"堪曰："先帝旧臣，皆被疏斥，军旅不复由人，谓虎诸子皆握兵权也。被，皮义翻。宫省之内，无可为者，谓宿卫及台省要职，皆虎之府寮、亲属，无与共谋匡正者。臣请奔兖州，挟南阳王恢为盟主，恢，勒少子也，时镇廪丘。据廪丘，宣太后诏于牧、守、征、镇，使各举兵以诛暴逆，庶几犹有济也。”几，居希翻。刘氏曰：“事急矣！当速为之。”九月，堪微服、轻骑袭兖州，不克，南奔谯城。骑，奇寄翻。丞相虎遣其将郭太追之，获堪于城父，父，音甫。送襄国，炙而杀之。征南阳王恢还襄国。刘氏谋泄，虎废而杀之，尊弘母程氏为皇太后。堪本田氏子，数有功，数，所角翻。赵主勒养以为子。刘氏有胆略，勒每与之参决军事，佐勒建功业，有吕后之风，而不妒忌更过之。吕后能诛韩信、彭越，刘氏不能制虎，殆不及也。

赵河东王生镇关中，石朗镇洛阳。刘胤之西奔也，石生自洛阳镇长安，朗代生镇洛阳。冬，十月，生、朗皆举兵以讨丞相虎；生自称秦州刺史，遣使来降。降，户江翻。氐帅蒲洪自称雍州刺史，西附张骏。咸和四年，洪降于虎，今以赵乱而叛。帅，所类翻。

虎留太子邃守襄国，将步骑七万攻朗于金墉；金墉溃，获朗，刖而斩之；将，即亮翻。骑，奇寄翻。刖，音月。进向长安，以梁王挺为前锋大都督。挺，虎之子也。生遣将军郭权帅鲜卑涉璝众二万为前锋以拒之，帅，读曰率。璝，公回翻。生将大军继发，军于蒲阪。权与挺战于潼关，大破之，挺及丞相左长史刘隗皆死，此刘隗，意即自晋奔赵者。虎还奔渑池，渑，弥兖翻。枕尸三百馀里。枕，职任翻。鲜卑潜与虎通谋，反击生。生不知挺已死，惧，单骑奔长安。权收馀众，退屯渭汭。孔安国曰，水北曰汭。杜预曰，水之隈曲曰汭，音如锐翻。生遂弃长安，匿于鸡头山。张守节曰：括地志云：鸡头山在成州上禄县东北二十里，在长安西南九百六十里。郦道元云：盖大陇山异名也。后汉书，隗嚣使王孟塞鸡头道，即此也。按原州平高县西百里亦有笄头山，在长安西北八百里。将军蒋英据长安拒守，虎进兵击英，斩之。生麾下斩生以降；权奔陇右。

虎分命诸将屯汧、陇，汧，苦坚翻。遣将军麻秋讨蒲洪。风俗通，麻，齐大夫麻嬰之后。洪帅户二万降于虎，帅，读曰率。降，户江翻。虎迎拜洪光烈将军、前此未有光烈将军号，石虎创置也。护氐校尉。汉有护羌校尉，虎以此官授洪，使之监护群氐。洪至长安，说虎徙关中豪杰及氐、羌以实东方，说，输芮翻。曰："诸氐皆洪家部曲，洪帅以从，谁敢违者！"虎从之，徙秦、雍民及氐、羌十馀万户于关东。雍，于用翻。以洪为龙骧将军、流民都督，使居枋头；为苻洪子健自枋头入关中张本。骧，思将翻。枋，音方。以羌帅姚弋仲为奋武将军、西羌大都督，使帅其众数万徙居清河之滠头。羌帅，所类翻。滠，日涉翻。水经注：清河过广川县东，水侧有羌垒，姚氏之故居也。为姚弋仲父子自滠头起兵张本。

虎还襄国，大赦。赵主弘命虎建魏台，一如魏武王辅汉故事。

11 慕容皝初嗣位，用法严峻，国人多不自安，主簿皇甫真切谏，不听。

皝庶兄建威将军翰、母弟征虏将军仁，有勇略，屡立战功，得士心；季弟昭，有才艺；皆有宠于廆。皝忌之，翰叹曰："吾受事于先公，不敢不尽力，幸赖先公之灵，所向有功，此乃天赞吾国，非人力也。而人谓吾之所办，以为雄才难制，吾岂可坐而待祸邪！"乃与其子出奔段氏。段辽素闻其才，冀收其用，甚爱重之。

仁自平郭来奔丧，汉志，平郭县属辽东郡；晋省。晋东夷校尉治襄平，崔毖之败，慕容廆以仁镇辽东，治平郭。谓昭曰："吾等素骄，多无礼于嗣君，嗣君刚严，无罪犹可畏，况有罪乎！"昭曰："吾辈皆体正嫡，于国有分。昭自谓与仁皆正室之子，分可以得国也。分，扶问翻。兄素得士心，我在内未为所疑，伺其间隙，除之不难。兄趣举兵以来，伺，相吏翻。间，古苋翻。趣，读曰促。我为内应，事成之日，与我辽东。男子举事，不克则死，不能效建威偷生异域也。”仁曰：“善！”遂还平郭。闰月，仁举兵而西。

或以仁、昭之谋告皝，皝未之信，遣使按验。仁兵已至黄水，黄水，即潢水，在棘城东北，距唐营州四百里。据载记，黄水当在汉辽东郡险渎县。知事露，杀使者，还据平郭。皝赐昭死。遣军祭酒封奕慰抚辽东。以高诩为广武将军，将兵五千与庶弟建武将军幼、稚、广威将军军、宁远将军汗、司马辽东佟寿共讨仁。与仁战于汶城北，佟，徒冬翻，姓也。汶，汉古县，属辽东郡；前书作“文”。皝兵大败，幼、稚、军皆为仁所获；寿尝为仁司马，遂降于仁。降，户江翻；下同。前大农孙机等举辽东城以应仁。孙机，盖王官之避地辽东者。辽东城，即襄平城。封奕不得入，与汗俱还。东夷校尉封抽、护军平原乙逸、乙，姓也；逸，名也。姓谱：商汤字天乙，支孙以为氏。辽东相太原韩矫皆弃城走，于是仁尽有辽东之地；段辽及鲜卑诸部皆与仁遥相应援。皝追思皇甫真之言，以真为平州别驾。皝领平州刺史，以真为别驾。

12 十二月，郭权据上邽，遣使来降；京兆、新平、扶风、冯翊、北地皆应之。

13 初，张骏欲假道于成以通表建康，成主雄不许。骏乃遣治中从事张淳称藩于成以假道；雄伪许之，将使盗覆诸东峡。三峡在成都之东，故云东峡。蜀人桥赟密以告淳。淳谓雄曰：“寡君使小臣行无迹之地，蜀不许凉人假道，则蜀地前此无凉人之迹。万里通诚于建康者，以陛下嘉尚忠义，能成人之美故也。若欲杀臣者，当斩之都市，宣示众目曰：‘凉州不忘旧德，通使琅邪，江左自琅邪中兴，故以称之。使，疏吏翻。主圣臣明，发觉杀之。’如此，则义声远播，天下畏威。今使盗杀之江中，威刑不显，何足以示天下乎！”雄大惊曰：“安有此邪！”

司隶校尉景骞蜀置司隶校尉于成都。言于雄曰："张淳壮士，请留之。"雄曰："壮士安肯留！且试以卿意观之。"骞谓淳曰："卿体丰大，天热，可且遣下吏，小住须凉。"须，待也。淳曰："寡君以皇舆播越，梓宫未返，谓怀、愍蒙尘，卒之见害，梓宫未返也。生民涂炭，莫之振救，振，举也。故遣淳通诚上都。上都，谓建康也。所论事重，非下吏所能传；使下吏可了，则淳亦不来矣。虽火山汤海，犹将赴之，岂寒暑之足惮哉！"雄谓淳曰："贵主英名盖世，土险兵强，何不亦称帝自娱一方？"淳曰："寡君祖考以来，世笃忠贞，以雠耻未雪，枕戈待旦，枕，职任翻。何自娱之有！"雄甚惭，曰："我之祖考本亦晋臣，遭天下大乱，与六郡之民避难此州，事见八十二卷惠帝元康八年。难，乃旦翻。为众所推，遂有今日。琅邪若能中兴大晋于中国者，亦当帅众辅之。"帅，读曰率。厚为淳礼而遣之。淳卒致命于建康。卒，子恤翻。致命，致其君命也。

长安之失守也，事见八十九卷愍帝建兴四年。敦煌计吏耿访自汉中入江东，耿访，敦煌所遣上计吏，留长安未还，而长安陷，且河、陇路绝，因南入汉中，自汉东下至建康。敦，徒门翻。屡上书请遣大使慰抚凉州。使，疏吏翻；下同。朝廷以访守侍【章：十二行本"侍"作"持"；乙十一行本同；熊校同。严："侍"改"治"。】书御史，拜张骏镇西大将军，选陇西贾陵等十二人配之。配，偹也。访至梁州，道不通，以诏书付贾陵，诈为贾客以达之。贾，音古。是岁，陵始至凉州，骏遣部曲督王丰等报谢。

九年（甲午、三三四）

1 春，正月，赵改元延熙。

2 诏以郭权为镇西将军、雍州刺史。雍，于用翻。

3 仇池王杨难敌卒，子毅立，自称龙骧将军、左贤王、下辨公；以叔父坚头之子盘为冠军将军、右贤王、河池公，骧，思将翻。辨，步苋翻。冠，古玩翻。遣使来称藩。

4 二月，丁卯，诏遣耿访、王丰赍印绶授张骏大将军、都督陕西·雍·秦·凉州诸军事。陕，式冉翻。自是每岁使者不绝。仇池称藩，梁、凉之路通也。

5 慕容仁以司马翟楷领东夷校尉，前平州别驾庞鉴领辽东相。庞，皮江翻。

6 段辽遣兵袭徒河，不克；复遣其弟兰与慕容翰共攻柳城，柳城县，汉属辽西郡，晋省；唐为营州治所。复，扶又翻。柳城都尉石琮、城大慕舆埿并力拒守，城大，犹城主也；一城之长，故曰城大。埿，与泥同。兰等不克而退。辽怒，切责兰等，必令拔之。休息二旬，复益兵来攻。复，扶又翻。士皆重袍蒙楯，重，直龙翻。楯，食尹翻。作飞梯，飞梯，即云梯。四面俱进，昼夜不息。琮、埿拒守弥固，杀伤千馀人，卒不能拔。卒，子恤翻。慕容皝遣慕容汗及司马封奕等共救之。皝戒汗曰："贼气锐，勿与争锋。"汗性骁果，以千馀骑为前锋，骁，坚尧翻。骑，奇寄翻。直进。封奕止之，汗不从。与兰遇于牛尾谷，牛尾谷，在柳城北。汗兵大败，死者太半；奕整陈力战，陈，读曰阵。故得不没。

兰欲乘胜穷追，慕容翰恐遂灭其国，止之曰："夫为将当务慎重，审己量敌，量，音良。非万全不可动。今虽挫其偏师，未能屈其大势。皝多权诈，好为潜伏，好，呼到翻。若悉国中之众自将以拒我，将，即亮翻。我县军深入，县，读曰悬。众寡不敌，此危道也。且受命之日，正求此捷；若违命贪进，万一取败，功名俱丧，丧，息浪翻。何以返面！"兰曰："此已成擒，无有馀理，谓以事理策之，皝必成擒，无复遗馀也。卿正虑遂灭卿国耳！今千年在东，若进而得志，吾将迎之以为国嗣，终不负卿，使宗庙不祀也。"千年者，慕容仁小字也。翰曰："吾投身相依，无复还理；复，扶又翻。国之存亡，于我何有！但欲为大国之计，且相为惜功名耳。”为，于伪翻。乃命所部欲独还，兰不得已而从之。史言翰虽身在外，乃心宗国。

7 三月，成主雄分宁州置交州，成分宁州之兴古、永昌、牂柯、越嶲、夜郎等郡为交州。以霍彪为宁州刺史，爨深为交州刺史。

8 赵丞相虎遣其将郭敖及章武王斌帅步骑四万西击郭权，军于华阴；夏，四月，上邽豪族杀权以降。斌，音彬。帅，读曰率。骑，奇寄翻。华，户化翻。降，户江翻。虎徙秦州三万馀户于青、并二州。长安人陈良夫奔黑羌，羌之别种，有青羌、黑羌。与北羌王薄句大等侵扰北地、冯翊。句，音钩。章武王斌、乐安王韬合击，破之，句大奔马兰山。郭敖乘胜逐北，为羌所败，败，补迈翻。死者什七八。斌等收军还三城。魏收地形志：后魏太和初，分雁门之广武、朔方之沃野置遍城郡，治广武县，县有三城、遍城。虎遣使诛郭敖。秦王宏有怨言，以其父疾而虎矫诏召之，至于失职也。虎幽之。

9 慕容仁自称平州刺史、辽东公。

10 长沙桓公陶侃，晚年深以满盈自惧，不预朝权，朝，直遥翻。屡欲告老归国，欲归长沙国也。佐吏等苦留之。六月，侃疾笃，上表逊位。遣左长史殷羡奉送所假节、麾、幢、曲盖、麾，大将旌旗，临敌之际，三军视以为进退者也。幢，幡幢，方言曰：幢，翳也，楚曰翿，关东、西皆曰幢。文选注：幢，以羽葆为之。释名曰：幢，童也，其状童童然。幢，传江翻。曲盖者，盖为曲柄。世说：谢灵运好戴曲柄笠，孔隐士曰：“何不能遗曲盖之貌！”晋制：诸公任方面者，皆给节、麾、缇幢、曲盖。侍中貂蝉、大尉章、章，印章也。荆、江、雍、梁、交、广、益、宁八州刺史印传、棨戟；自此以上，皆朝廷所授，故奉送之。雍，于用翻。传，株恋翻。棨，音启。军资、器仗、牛马、舟船，皆有定簿，封印仓库，侃自加管钥。以后事付右司马王愆期，加督护统领文武。史言陶侃综理精密，虽病不乱。甲寅，舆车出，临津就船，将归长沙，顾谓愆期曰："老子婆娑，正坐诸君！"娑，桑何翻；婆娑，肢体缓纵不收之貌。侃言不得早退，至于困乏如此，正坐参佐苦留之也。乙卯，薨于樊溪。樊溪，在武昌西三里，北注大江。观陶侃在西藩颠末，岂有非望之图哉！晋史所记决指之事，折翼之梦，盖庾亮之党傅致之耳。侃在军四十一年，惠帝太安二年，侃击张昌，至是年凡四十一年。明毅善断，断，丁乱翻。识察纤密，人不能欺；自南陵迄于白帝，南陵，在宣城郡界，梁置南陵郡。陈置北江州于其地，盖临江渚。江州东界尽于南陵，今宣州南陵县，非古之南陵戍也。自南陵迄于白帝，总言侃所统大界。宋白曰：南陵，本汉春谷县地，后并于湖县，寻又属繁昌。梁武帝始置南陵县属南陵郡，临江有城基见存，去今县一百三十里。数千里中，路不拾遗。及薨，尚书梅陶与亲人曹识书曰：亲人，其所亲者也。"陶公机神明鉴似魏武，忠顺勤劳似孔明，陆抗诸人不能及也。"谢安每言："陶公虽用法而恒得法外意。"史言陶侃为名流所推重如此。恒，户登翻。安，鲲之从子也。谢鲲见九十二卷元帝永昌元年。从，才用翻。

11 成主雄生疡于头。疡，余章翻，头疮曰疡。身素多金创。矢刃所伤为金创。创，初良翻。及病，旧痕皆脓溃，诸子皆恶而远之；恶，乌路翻。远，于愿翻。独太子班昼夜侍侧，不脱衣冠，亲为吮脓。为，于伪翻。吮，徂兖翻。雄召大将军建宁王寿受遗诏辅政。丁卯，雄卒，年六十一，载记雄卒在去年。太子班即位。班，字世文，雄兄荡之子也。以建宁王寿录尚书事，政事皆委于寿及司徒何点、尚书【章：十二行本"书"下有"令"字；乙十一行本同；孔本同；张校同。】王瓌，瓌，古回翻。班居中行丧礼，一无所预。李班岂可不谓之仁孝哉！然不能包周身之防，死于李越之手。末俗浇漓，固不可拘拘于古礼以启奸非，至于殒身乱国也。

12 辛未，加平西将军庾亮征西将军、假节、都督江·荆·豫·益·梁·雍六州诸军事、领江·豫·荆三州刺史，镇武昌。陶侃既没，庾亮始专制上流。雍，于用翻。亮辟殷浩为记室参军。

浩，羡之子也，与豫章太守褚裒、裒，蒲侯翻。丹阳丞杜乂，皆以识度清远，善谈老、易，老、易，老子及易也。擅名江东，而浩尤为风流所宗。裒，䂮之孙；褚䂮见七十七卷魏元帝景元元年。䂮，离灼翻。乂，锡之子也。杜锡见八十三卷惠帝元康九年。桓彝尝谓裒曰："季野有皮里春秋。"褚裒，字季野。言其外无臧否否，音鄙。而内有褒贬也。谢安曰："裒虽不言，而四时之气亦备矣。"

13 秋，八月，王济还辽东，诏遣侍御史王齐祭辽东公廆，又遣谒者徐孟策拜慕容皝镇军大将军、平州刺史、大单于、辽东公，持节、【章：十二行本"节"下有"都督"二字；乙十一行本同；孔本同；张校同。】承制封拜，一如廆故事。船下马石津，自建康出大江至于海，转料角至登州大洋；东北行，过大谢岛、龟歆岛、淤岛、乌湖岛三百里，北渡乌湖海，至马石山东之都里镇；马石津，即此地也。皆为慕容仁所留。

14 九月，戊寅，卫将军江陵穆公陆晔卒。

15 成主雄之子车骑将军越屯江阳，奔丧至成都。以太子班非雄所生，意不服，与其弟安东将军期谋作乱。班弟玝劝班遣越还江阳，以期为梁州刺史，镇葭萌。葭萌，即晋寿之地。玝，阮古翻。班以未葬，不忍遣，推心待之，无所疑间，间，古苋翻。遣玝出屯于涪。涪，音浮。冬，十月，癸亥朔，越因班夜哭，弑之于殡宫，卒如李骧之言。菆涂曰殡；将迁葬，以宾遇之也。并杀班兄领军将军都；矫太后任氏令，罪状班而废之。任，音壬。

初，期母冉氏贱，任氏母养之。期多才艺，有令名；及班死，众欲立越，越奉期而立之。甲子，期即皇帝位。期，字世运，雄第四子也。谥班曰戾太子。以越为相国，封建宁王；加大将军寿大都督，徙封汉王；皆录尚书事。以兄霸为中领军、镇南大将军；弟保为镇西大将军、汶山太守；汶，读曰岷。从兄始为征东大将军，代越镇江阳。据载记：始，特之长子，于期为伯父，于寿为从兄。从，才用翻。丙寅，葬雄于安都陵，谥曰武皇帝，庙号太宗。

始欲与寿共攻期，寿不敢发。始怒，反谮寿于期，请杀之。期欲借寿以讨李玝，故不许，遣寿将兵向涪。寿先遣使告玝以去就利害，开其去路，玝遂来奔。诏以玝为巴郡太守。期以寿为梁州刺史，屯涪。为李寿自涪举兵废李期张本。

16 赵主弘自赍玺绶诣魏宫，石虎为魏王，其所居称魏宫。玺，斯氏翻。绶，音受。请禅位于丞相虎。虎曰："帝王大业，天下自当有议，何为自论此邪！"弘流涕还宫，谓太后程氏曰："先帝种真无复遗矣！"种，章勇翻。复，扶又翻。于是尚书奏："魏台请依唐、虞禅让故事，"此赵朝尚书奏也。虎曰："弘愚暗，居丧无礼，【章：十二行本"礼"下有"不可以君万国"六字；乙十一行本同；孔本同；退斋校同。】便当废之，何禅让也！"十一月，虎遣郭殷入【章：十二行本"入"上有"持节"二字；乙十一行本同；孔本同；退斋校同。】宫，废弘为海阳王。弘安步就车，容色自若，谓群臣曰："庸昧不堪纂承大统，夫复何言！"复，扶又翻。群臣莫不流涕，宫人恸哭。群臣诣魏台劝进，虎曰："皇帝者盛德之号，非所敢当，且可称居摄赵天王。"考异曰：三十国、晋春秋："虎即位，改元永熙"；陈鸿大统历云："石虎即位，改建平五年为延兴，明年改建武"。按，三十国、晋春秋不记弘改元延熙，虎之立，实延熙元年也，故误云永熙。弘既号延熙，虎安肯称永熙！陈鸿云虎改建平五年为延兴，即是弘逾年不改元也。恐鸿说误。幽弘及太后程氏、秦王宏、南阳王恢于崇训宫，寻皆杀之。虎更太子宫曰崇训宫。弘时年二十一。

西羌大都督姚弋仲称疾不贺，虎累召之，乃至。正色谓虎曰："弋仲常谓大王命世英雄，奈何把臂受托而返夺之邪？"虎曰："吾岂乐此哉！乐，音洛。顾海阳年少，少，诗照翻。恐不能了家事，故代之耳。"心虽不平，然察其诚实，亦不之罪。

虎以夔安为侍中、太尉、守尚书令，郭殷为司空，韩晞为尚书左仆射，魏郡申钟为侍中，郎闿为光禄大夫，闿，苦亥翻，又音开。王波为中书令。文武封拜各有差。虎行如信都，复还襄国。载记曰：虎以谶文“天子当从东北来”，于是备法驾，行自信都而还，以应之。“天子当从东北来，”盖谓慕容氏将从辽、碣入中国也。秦始皇东游以厌天子气，初不能遏止汉高之兴。

17 慕容皝讨辽东，甲申，至襄平。辽东人王岌密信请降。师进，入城，翟楷、庞鉴单骑走，居就、新昌等县皆降。居就、新昌，皆属辽东郡。降，户江翻；下同。皝欲悉坑辽东民，高诩谏曰：“辽东之叛，实非本图，直畏仁凶威，不得不从。今元恶犹存，元恶，谓仁也。始克此城，遽加夷灭，则未下之城，无归善之路矣。”皝乃止。分徙辽东大姓于棘城。以杜群为辽东相，安辑遗民。

18 十二月，赵徐州从事兰陵朱纵斩刺史郭祥，以彭城来降，赵将王朗攻之，纵奔淮南。

19 慕容仁遣兵袭新昌，督护新兴王寓击走之，遂徙新昌入襄平。辽东治襄平。徙新昌吏民入襄平，所以杜仁窥阚掩袭之心。寓，王矩翻。

咸康元年（乙未、三三五）

1 春，正月，庚午朔，帝加元服。沈约礼志曰：古者无天子冠礼，故筮日、筮宾、冠于阼，以着代醮于客位，三加弥尊，皆士礼耳。汉顺帝冠，兼用曹褒新礼。褒新礼今不存。礼仪志又云：乘舆初加缁布进贤，次爵弁、武弁，次通天；皆于高庙。江左诸帝将冠，金石宿设，百僚陪位，又豫于殿上铺大床，御府令奉冕帻、簪导、衮服以授侍中、常侍，太尉加帻，太保加冕。将加冕，太尉跪读祝文曰：“令月吉日，始加元服。皇帝穆穆，思弘衮职。钦若昊天，六合是式。率遵祖考，永永无极。眉寿无期，介兹景福。”加冕讫，侍中系玄统，侍中脱绛纱服，加衮服。冠事毕，太保率群臣奉觞上寿，王以下三称万岁乃退。郑樵曰：用魏仪一加，既加元服，拜于太庙。大赦，改元。

2 成、赵皆大赦，成改元玉恒，恒，户登翻。赵改元建武。

3 成主期立皇后阎氏，以卫将军尹奉为右丞相，骠骑将军、尚书令王瓌为司徒。骠，匹妙翻。瓌，古回翻。

4 赵王虎命太子邃省可尚书奏事，省，悉景翻。惟祀郊庙、选牧守、征伐、刑杀乃亲之。虎好治宫室，鹳雀台崩，鹳雀台，在邺，即魏武所起铜雀台。好，呼到翻。杀典匠少府任汪；典匠少府，即汉将作大匠之职也。少，诗照翻。任，音壬。复使修之，倍于其旧。邃保母刘芝封宜城君，关预朝权，受纳贿赂，求仕进者多出其门。朝，直遥翻。

5 慕容皝置左、右司马，以司马韩矫、军祭酒封奕为之。

6 司徒导以羸疾，不堪朝会，羸，伦为翻。朝，直遥翻。三月，乙酉，帝幸其府，与群臣宴于内室，拜导并拜其妻曹氏。侍中孔坦密表切谏，以为帝初加元服，动宜顾礼，帝从之。坦又以帝委政于导，从容言曰："陛下春秋已长，圣敬日跻，从，千容翻。长，知两翻。日跻，犹日进也。宜博纳朝臣，谘诹善道。"诹，遵须翻。导闻而恶之，恶，乌路翻。出坦为廷尉。坦不得意，以疾去职。

丹阳尹桓景，为人谄巧，导亲爱之。会荧惑守南斗经旬，晋天文志：南斗六星，天庙也，丞相、太宰之位。导谓领军将军陶回曰："斗，扬州之分，天文志：斗、牛、女，扬州；九江入斗一度，丹阳入斗十六度。分，扶问翻。吾当逊位以厌天谴。"厌，一叶翻。回曰："公以明德作辅，而与桓景造膝，造，七到翻。使荧惑何以退舍！"导深愧之。

导辟太原王濛为掾，濛，莫红翻。掾，于绢翻。王述为中兵属。晋公府诸曹，有参军，有掾，有属。述，昶之曾孙也。王昶，仕魏镇荆州，以功名自见。昶，丑两翻。濛不修小廉，而以清约见称。与沛国刘惔齐名，友善。惔，徒甘翻。惔常称濛性至通而自然有节。濛曰："刘君知我，胜我自知。"当时称风流者，以惔、濛为首。述性沈静，每坐客辩论蜂起，而述处之恬如也。沈，持林翻。坐，徂卧翻。处，昌吕翻。年三十，尚未知名，人谓之痴。导以门地辟之。昶之子湛，湛之子承，世有高名。述，承子也。既见，唯问在东米价，述盖自东吴至建康。述张目不答。导曰："王掾不痴，人何言痴也！"尝见导每发言，一坐莫不赞美，坐，徂卧翻。述正色曰："人非尧、舜，何得每事尽善！"导改容谢之。

7 赵王虎南游，临江而还。还，从宣翻，又如字。有游骑十馀至历阳，历阳太守袁耽表上之，上，时掌翻。不言骑多少。朝廷震惧，司徒导请出讨之。夏四月，加导大司马、假黄钺、都督征讨诸军事。癸丑，帝观兵广莫门，广莫门，建康城北门也。分命诸将救历阳及戍慈湖、牛渚、芜湖；司空郗鉴使广陵相陈光将兵入卫京师。俄闻赵骑至少，又已去，少，诗沼翻。戊午，解严，王导解大司马。袁耽坐轻妄免官。

8 赵征虏将军石遇攻桓宣于襄阳，不克。

9 大旱，会稽馀姚米斗五百。会，工外翻。

10 秋，七月，慕容皝立子儁为世子。

11 九月，赵王虎迁都于邺，赵王勒定都襄国，虎迁于邺。大赦。

12 初，赵主勒以天竺僧佛图澄豫言成败，数有验，敬事之。及虎即位，奉之尤谨，衣以绫锦，乘以雕辇。雕辇，雕镂以为饰。数，所角翻。衣，于既翻。朝会之日，太子、诸公扶翼上殿，朝，直遥翻。上，时掌翻。主者唱"大和尚"，主者，谓掌朝仪者也。众坐皆起。使司空李农旦夕问起居，太子、诸公五日一朝。诸公，虎诸子也；虎称天王，降诸子封王者爵为公。国人化之，率多事佛，澄之所在，无敢向其方面涕唾者。争造寺庙，削发出家。虎以其真伪杂糅，糅，汝救翻。或避赋役为奸宄，宄，音轨。乃下诏问中书曰："佛，国家所奉，里闾小人无爵秩者，应事佛不？"不，读曰否。著作郎王度等晋职官志曰：著作郎，周左史之任也。汉东京，图籍在东观，有其名，尚未有官。魏明帝太和中，诏置著作郎，于此始有其官，隶中书省。及晋受命，制曰："著作旧属中书，而秘书既典文籍，今改中书省著作为秘书著作。"于是改隶秘书省；自后别置省，而犹隶秘书。议曰："王者祭祀，典礼具存。佛，外国之神，非天子诸华所应祠奉。汉氏初传其道，事见四十五卷汉明帝永平八年。唯听西域人立寺都邑以奉之，汉人初谓官府为寺。后汉自西域白马驼经来，初止于鸿胪寺，遂取寺名，创置白马寺。汉人皆不得出家；魏世亦然。今宜禁公卿以下毋得诣寺烧香、礼拜；其赵人为沙门者，皆返初服。"谓使还服华人之服。虎诏曰："朕生自边鄙，忝君诸夏，夏，户雅翻。至于飨祀，应从本俗。其夷、赵百姓乐事佛者，特听之。"乐，音洛。

13 赵章武王斌帅精骑二万并秦、雍二州兵以讨薄句大，平之。去年斌等为薄句大所败。斌，音彬。帅，读曰率。骑，奇寄翻。雍，于用翻。句，音钩。

14 成太子班之舅罗演，与汉王相天水上官澹李寿封汉王。相，息亮翻。澹，徒览翻。谋杀成主期，立班子。事觉，期杀演、澹及班母罗氏。

期自以得志，轻诸旧臣，信任尚书令景骞、尚书姚华、田褒、中常侍许涪等，涪，音浮。刑赏大政，皆决于数人，希复关公卿。复，扶又翻。褒无他才，尝劝成主雄立期为太子，故有宠。由是纪纲隳紊，紊，音问。雄业始衰。

15 冬，十月，乙未朔，日有食之。

16 慕容仁遣王齐等南还。去年齐等为慕容仁所留。齐等自海道趣棘城，趣，七喻翻。齐遇风不至。十二月，徐孟等至棘城，慕容皝始受朝命。朝，直遥翻。

段氏、宇文氏各遣使诣慕容仁，馆于平郭城外。皝帐下督张英将百馀骑间道潜行掩击之，间，古苋翻。斩宇文氏使十馀人，生擒段氏使以归。

17 是岁，明帝母建安君荀氏卒。荀氏在禁中，尊重同于太后；诏赠豫章郡君。荀氏，元帝宫人也，生明帝。自以位卑，每怀怨望，为帝所谴，渐见疏薄。及明帝即位，封建安君，别立第宅。太宁元年，迎还台内，供奉隆厚。及帝立，尊重同于太后。

18 代王翳槐以贺兰蔼头不恭，蔼头，翳槐舅，有拥护之功，事见九十三卷咸和二年。至四年，逐纥那，立翳槐。又贺兰部也，挟亲恃功，所以不恭。将召而戮之，诸部皆叛。代王纥那自宇文部入，诸部复奉之。纥那出奔见上卷咸和四年。复，扶又翻。翳槐奔邺，赵人厚遇之。

19 初，张轨及二子寔、茂，虽保据河右，而军旅之事无岁无之。及张骏嗣位，境内渐平。骏勤修庶政，总御文武，咸得其用，民富兵强，远近称之以为贤君。骏遣将杨宣伐龟兹、鄯善，于是西域诸国焉耆、于窴之属，皆诣姑臧朝贡。龟兹，音丘慈。鄯，上扇翻。窴，徒贤翻，又徒见翻。骏于姑臧南作五殿，骏起谦光殿，四面各起一殿：东曰宜阳青殿，以春三月居之；南曰朱阳赤殿，夏三月居之；西曰政刑白殿，秋三月居之；北曰玄武黑殿，冬三月居之。章服器物，皆依方色。官属皆称臣。

骏有兼秦、雍之志，雍，于用翻。遣参军麹护上疏，以为："勒、雄既死，虎、期继逆，兆庶离主，离，力智翻。渐冉经世；先老消落，后生不识，慕恋之心，日远日忘。乞敕司空鉴、征西亮等泛舟江、沔，首尾齐举。"郗鉴时镇京口，庾亮时镇武昌。沔，弥兖翻。

二【"二"原误作"三"。章：十二行本"三"作"二"；乙十一行本同；退斋校同。】

年（丙申、三三六）

1 春，正月，辛巳，彗星见于奎、娄。西方奎十六星，天之武库也，主以兵禁暴，又主沟渎。娄三星，为天狱，主苑牧牺牲，供给郊祀。奎、娄、胃，鲁、徐州分。彗，祥岁翻，又旋芮翻，又徐醉翻。见，贤遍翻。

2 慕容皝将讨慕容仁，司马高诩曰："仁叛弃君亲，民神共怒；前此海未尝冻，自仁反以来，连年冻者三矣。且仁专备陆道，天其或者欲使吾乘海冰以袭之也。"皝从之。群僚皆言涉冰危事，不若从陆道。皝曰："吾计已决，敢沮者斩！"沮，在吕翻。

壬午，皝帅其弟军师将军评等自昌黎东，践冰而进，皝，呼广翻。帅，读曰率；下同。凡三百馀里。至历林口，历林口，海浦之口。舍辎重，轻兵趣平郭。重，直用翻。趣，七喻翻；下同。去城七里，候骑以告仁，骑，奇寄翻。仁狼狈出战。张英之俘二使也，事见上年。使，疏吏翻。仁恨不穷追；及皝至，仁以为皝复遣偏师轻出寇抄，复，扶又翻。抄，楚交翻。不知皝自来，谓左右曰："今兹当不使其匹马得返矣！"乙未，仁悉众陈于城之西北。慕容军帅所部降于皝，咸和八年，军为仁所执。陈，读曰阵。降，户江翻。仁众沮动；沮，在吕翻。皝从而纵击，大破之。仁走，其帐下皆叛，遂擒之。皝先为斩其帐下之叛者，为，于伪翻。然后赐仁死。丁衡、游毅、孙机等，皆仁所信用也，皝执而斩之；王冰自杀。慕容幼、慕容稚、佟寿、郭充、翟楷、庞鉴，皆东走，幼中道而还；皝兵追及楷、鉴，斩之；寿、充奔高丽。丽，力知翻。自馀吏民为仁所诖误者，诖，古卖翻。皝皆赦之。封高诩为汝阳侯。

3 二月，尚书仆射王彬卒。

4 辛亥，帝临轩，遣使备六礼逆故当阳侯杜乂女陵阳为皇后，婚有六礼：一曰纳采者，将为婚，必先媒通其言，乃后使人纳其采择之礼，用雁为贽，取其阴阳往来之义也；二曰问名者，问名以卜其吉凶也；三曰纳吉者，卜于庙得吉兆，复使往告婚姻之事也；四曰纳徵，用玄纁，不用雁；五曰请期，由夫家卜得吉日，使人往告之；六曰亲迎，婿往女家，御轮三周，御者代之，婿自乘其车而先，以导妇归。大赦；群臣毕贺。

5 夏，六月，段辽遣中军将军李咏袭慕容皝。咏趣武兴，武兴城，在令支东。都尉张萌击擒之。辽别遣段兰将步骑数万屯柳城西回水，“回水”，载记作“曲水”。水经注：阳乐水出上谷且居县，东北流，径女祁县，世谓之横水，又谓之阳曲水。又濡河从塞外来，西北径御夷镇城，又东北径孤山南，又东南，水流回曲，谓之曲河镇。又据载记，曲水当在好城西北。将，即亮翻。骑，奇寄翻。宇文逸豆归攻安晋以为兰声援。皝帅步骑五万向柳城，兰不战而遁。皝引兵北趣安晋，咸安八年，皝筑安晋城。趣，七喻翻。逸豆归弃辎重走；重，直用翻。皝遣司马封奕帅轻骑追击，大破之。皝谓诸将曰：“二虏耻无功，必将复至，复，扶又翻。宜于柳城左右设伏以待之。”乃遣封奕帅骑数千伏于马兜山。三月，【张：“三月”作“七月”。】段辽果将数千骑来寇抄。抄，楚交翻。奕纵击，大破之，斩其将荣伯保。

6 前廷尉孔坦卒。坦先以疾解廷尉，故曰前。坦疾笃，庾冰省之，流涕。省，悉景翻。坦慨然曰：“大丈夫将终，不问以济国安民之术，乃为儿女子相泣邪！”冰深谢之。

7 九月，慕容皝遣长史刘斌、兼郎中令辽东阳景送徐孟等还建康。晋制，王国乃有郎中令。皝未为王而僭置是官。斌，音彬。

8 冬，十月，广州刺史邓岳遣督护王随等击夜郎、兴古，皆克之。怀帝永嘉五年，王逊分牂柯、朱提、建宁立夜郎郡。太康地志曰：蜀刘氏分建宁、牂柯立兴古郡。加岳督宁州。

9 成主期以从子尚书仆射武陵公载有隽才，忌之，从，才用翻。诬以谋反，杀之。

10 十一月，诏建威将军司马勋将兵安集汉中；成汉王寿击败之。败，补迈翻。寿遂置汉中守宰，戍南郑而还。

11 索头郁鞠帅众三万降于赵，索头，鲜卑种。言索头，以别于黑匿郁鞠；以其辫发故谓之索头。索，昔各翻。帅，读曰率。降，户江翻。赵拜郁鞠等十三人为亲赵王，散其部众于冀、青等六州。

12赵王虎作太武殿于襄国，作东、西宫于邺，东宫，以居太子邃；西宫，虎自居之。十二月，皆成。太武殿基高二丈八尺，纵六十五步，广七十五步，甃以文石。高，居号翻。纵，子容翻。广，古旷翻。甃，侧救翻。下穿伏室，伏室，即窟室也。置卫士五百人。以漆灌瓦，金珰，银楹，司马相如羽猎赋：华榱璧珰。注云：璧珰，以玉为椽头，当即所谓璇题者也。三辅黄图注云：以璧饰瓦之当也。又琅珰，铎也，杜甫诗"风动金琅珰。"此金珰，盖以金饰瓦之当也。楹，柱也。珰，音当。珠帘，玉壁，穷极工巧。殿上施白玉床、流苏帐，为金莲华以冠帐顶。华，读曰花。冠，古玩翻。又作九殿于显阳殿后，选士民之女以实之，服珠玉、被绮縠者万馀人。被，皮义翻。教宫人占星气、马步射。置女太史，杂伎工巧，皆与外同。与外同者，教宫人使执作如男子也。伎，渠绮翻。以女骑千人为卤簿，车驾法从次第曰卤簿。骑，奇寄翻。皆着紫纶巾，著，陟略翻。陆德明曰：纶，绳也，盖合丝为纶，其状如绳，染紫以织巾也。今镇江、金坛人能织线番罗，亦合丝为线以织之。熟锦袴，金银镂带，镂，即豆翻。五文织成靴，五文，五色成文也。广雅曰：天竺国出细织成。魏略曰：大秦国用水羊毛、木皮、野茧丝作织成，皆好。此以五采织成为靴也。靴，许戈翻。执羽仪，羽仪，氅旄之属。鸣鼓吹，鼓吹，军乐也。吹，尺瑞翻。游宴以自随。于是赵大旱，金一斤直粟二斗，百姓嗷然；而虎用兵不息，百役并兴。使牙门张弥徙洛阳钟虡、九龙、翁仲、铜驼、飞廉于邺，钟虡、九龙、翁仲、铜驼、飞廉，皆魏明帝所铸。虡，音巨。载以四轮缠辋车，辙广四尺，深二尺。考之字书，无"輞"字，当作"辋"，音罔，车辋也。辙，车轮所碾迹也。广，古旷翻。深，式禁翻。一钟没于河，募浮没三百人浮没，在水中能浮能没者。入河，系以竹絙，絙，居登翻，又居邓翻，大索也。用牛百头，鹿栌引之，乃出，鹿栌，形如汲水木，立两柱，横木贯柱，令圆滑可转，系絙于横木，绞而引之。栌，音卢。造万斛之舟以济之。既至邺，虎大悦，为之赦二岁刑，为，于伪翻。赉百官谷帛，赐民爵一级。又用尚方令解飞之言，解，姓也；飞，名也。解，户买翻。于邺南投石于河，以作飞桥，功费数千万亿，桥竟不成，役夫饥甚，乃止。使令长帅民入山泽采橡及鱼以佐食，复为权豪所夺，令，力定翻。长，知两翻。帅，读曰率。复，扶又翻。民无所得。

13 初，日南夷帅范稚，有奴曰范文，帅，所类翻。常随商贾往来中国；贾，音古。后至林邑，教林邑王范逸作城郭、宫室、器械，逸爱信之，林邑国，本汉象林县，马援铸铜柱之处也。汉末，县功曹子区连，杀令，自立为王，子孙相承，其后无嗣，外孙范熊继立。逸，熊子也。使为将。将，即亮翻。文遂谮逸诸子，或徙或逃。是岁，逸卒，文诈迎逸子于他国，置毒于椰酒而杀之，椰木出交趾，高数十丈，叶背面相似。琼台志曰：椰子无时而生，树似槟榔，叶如凤尾，实大如瓜，剖之，其中有酒，其皮可为饮器。交州记曰：椰子生南海，状如海棕；子大如碗，外有粗皮，如大腹子、豆蔻之类，中有浆似酒，饮之得醉。尔雅翼：椰木似槟榔，无枝条，高十馀寻；叶在其末，如束蒲。实大如瓠，系在树头。实外有皮，如胡桃。核里有肤，白如雪，厚半寸，如猪膏，味美如胡桃。肤里有汁升馀，清如水，美如蜜，饮之可以愈渴。核作饮器。椰，以嗟翻。文自立为王。于是出兵攻大岐界、小岐界、式仆、徐狼、屈都、干鲁、扶单等国，皆灭之，有众四五万，遣使奉表入贡。使，疏吏翻。

14 赵左校令成公段作庭燎于杠末，姓谱：卫成公之后，为成公氏。余按春秋之时，鲁、晋皆有成公，岂独卫成公之后得专以为氏哉！杠，古双翻。高十馀丈，上盘置燎，古之人君，昧旦视朝，故设庭燎。郑氏云：在地曰燎，执之曰烛。又云：树之门外曰大烛，于内曰庭燎，皆是照众为明。今成公段悬盘于杠以置燎，创意为之，非有古法也。燎，力照翻；徐又力烧翻。高，居傲翻。下盘置人，赵王虎试而悦之。

三年（丁酉、三三七）

1 春，正月，庚辰，赵太保夔安等文武五百馀人入上尊号，上，时掌翻。庭燎油灌下盘，死者二十馀人；考异曰：载记云“七人”，今从三十国春秋。赵王虎恶之，恶，乌路翻。腰斩成公段。辛巳，虎依殷、周之制，称大赵天王。即位于南郊，大赦。立其后郑氏为天王皇后，古者称王，后称王后；称皇帝，后称皇后；未有天王皇后之称也。太子邃为天王皇太子，古之王者，其嫡长曰世子；秦、汉称皇帝，立皇太子；未有天王皇太子之称也。诸子为王者皆降为郡公，宗室为王者降为县侯。百官封署各有差。

2 国子祭酒袁瓌、瓌，公回翻。太常冯怀，以江左寖安，请兴学校，校，户教翻。帝从之。辛卯，立太学，征集生徒。而士大夫习尚老、庄，儒术终不振。瓌，涣之曾孙也。汉末，刘备举袁涣茂才，后仕魏，行御史大夫事。

3 三月，慕容皝于乙连城东筑好城以逼乙连。乙连城，段国之东境也，在曲水之西。留折冲将军兰勃守之。夏，四月，段辽以车数千两输乙连粟，两，力让翻，乘也。兰勃击而取之。六月，辽又遣其从弟扬威将军屈云将精骑夜袭皝子遵于兴国城，兴国城，盖慕容氏所筑。从，才用翻。将，即亮翻。骑，奇寄翻。遵击破之。

初，北平阳裕事段疾陆眷及辽五世，疾陆眷、涉复辰、末杯、牙、辽，凡五世。皆见尊礼。辽数与皝相攻，数，所角翻。裕谏曰："'亲仁善邻，国之宝也。'左传陈五父之言。况慕容氏与我世婚，迭为甥舅，廆、皝皆娶于段氏，盖前此慕容氏亦女于段也。皝有才德，而我与之构怨；战无虚月，百姓凋弊，利不补害，臣恐社稷之忧将由此始。愿两追前失，通好如初，好，呼到翻；下好妆同。以安国息民。"辽不从，出裕为北平相。相，息亮翻。

4 赵太子邃素骁勇，骁，坚尧翻。赵王虎爱之。常谓群臣曰："司马氏父子兄弟自相残灭，故使朕得至此；如朕有杀阿铁理否？"阿铁，邃小字也。阿，读从安入声。既而邃骄淫残忍，好妆饰美姬，斩其首，洗血置盘上，与宾客传观之，又烹其肉共食之。好，呼到翻。河间公宣、乐安公韬皆有宠于虎，邃疾之如雠。虎荒耽酒色，喜怒无常。使邃省可尚书事，省，悉景翻。每有所关白，虎恚曰："此小事，何足白也！"时或不闻，又恚曰："何以不白！"恚，於避翻，恨怒也。诮责笞棰，诮，才笑翻。棰，止橤翻。月至再三。邃私谓中庶子李颜等曰："官家难称，称天子为官家，始见于此。西汉谓天子为县官，东汉谓天子为国家，故兼而称之。或曰：五帝官天下，三王家天下，故兼称之。难称，尺证翻。吾欲行冒顿之事，事见十一卷汉高帝六年。冒，莫北翻。卿从我乎？"颜等伏不敢对。秋，七月，邃称疾不视事，潜帅宫臣文武五百馀骑饮于李颜别舍，帅，读曰率。骑，奇寄翻。因谓颜等曰："我欲至冀州冀州治信都。杀河间公，有不从者斩！"行数里，骑皆逃散。颜叩头固谏，邃亦昏醉而归。其母郑氏闻之，私遣中人诮让邃；邃怒，杀之。诮，才笑翻。佛图澄谓虎曰："陛下不宜数往东宫。"数，所角翻。虎将视邃疾，思澄言而还；既而瞋目大言曰：瞋，七人翻。"我为天下主，父子不相信乎！"乃命所亲信女尚书往察之。邃呼前与语，因抽剑击之。虎怒，收李颜等诘问，颜具言其状，杀颜等三十馀人。幽邃于东宫，既而赦之，引见太武东堂；水经注曰：魏武居邺为北宫，宫有文昌殿；石氏于故殿处起东、西太武二殿。见，贤遍翻。邃朝而不谢，俄顷即出。虎使谓之曰："太子应朝中宫，岂可遽去！"朝，直遥翻。邃径出，不顾。虎大怒，废邃为庶人。其夜，杀邃考异曰：燕书文明纪云："咸康四年四月，石虎至燕城下，会邺使至，太子邃在后恣酒，入宫杀害，石主大恐，狼狈引还。"又云："初，帐下吴胄使邺还，说四月浴佛日，行像诣宫，石太子邃骑出迎像，往来驰骋，无有储君体。王曰：'古者观威仪以定祸福，此子虎之副贰，而轻佻无礼，将不得其死然。'及石主东归，留邃监国，荒败内乱，以致诛戮。"按十六国、晋春秋，杀邃皆在咸康三年，燕书恐误。今从十六国、晋春秋。及其妃张氏，并男女二十六人同埋于一棺；诛其宫臣支党二百馀人；废郑后为东海太妃。立其子宣为天王皇太子，宣母杜昭仪为天王皇后。

5 安定侯子光，自称佛太子，云从大秦国来，当王小秦国，聚众数千人于杜南山，京兆杜陵县之南山也。自称大黄帝，改元龙兴。石广讨斩之。

6 九月，镇军左长史封奕等帝拜皝镇军大将军，皝以奕为左长史。劝慕容皝称燕王；皝从之。于是备置群司，以封奕为国相，相，息亮翻。韩寿为司马，裴开为奉常，阳骛为司隶，王寓为太仆，李洪为大理，杜群为纳言令，宋该、刘睦、石琮为常伯，皇甫真、阳协为冗骑常侍，纳言令，晋之尚书令；常伯，晋之侍中；冗骑常侍，晋之散骑常侍。冗，而陇翻。骑，奇寄翻。宋晃、平熙、张泓为将军，封裕为记室监。洪，臻之孙；李臻见八十七卷怀帝永嘉三年。晃，奭之子也。宋奭见八十八卷愍帝建兴元年。冬，十月，丁卯，皝即燕王位，大赦。十一月，甲寅，追尊武宣公为武宣王，廆，谥武宣公。夫人段氏曰武宣后；立夫人段氏为王后，世子儁为王太子，如魏武、晋文辅政故事。

7 段辽数侵赵边，数，所角翻。燕王皝遣扬烈将军宋回称藩于赵，乞师以讨辽，自请尽帅国中之众以会之，帅，读曰率。并以其弟宁远将军汗为质。沈约志：宁远将军，晋江左置。盖始于此时。质，音致；下同。赵王虎大悦，厚加慰答，辞其质，遣还；密期以明年。为赵、燕攻段辽张本。

8 是岁，赵将李穆纳拓跋翳槐于大宁，其故部落多归之。元年翳槐奔赵。代王纥那奔燕，国人复奉翳槐，【章：十二行本“槐”下有“为代王翳槐”五字；乙十一行本同；孔本同；张校同；退斋校同。】城盛乐而居之。复，扶又翻。乐，音洛。

9 仇池氏王杨毅族兄初，袭杀毅，并有其众，自立为仇池公，称臣于赵。

何兹全标点王崇武聂崇岐覆校

资治通鉴卷第九十六

端明殿学士兼翰林侍读学士朝散大夫右谏议大夫
充集贤殿修撰权判西京留司御史台上柱国河内郡 司马光 奉敕编集
开国侯食邑一千三百户食实封四百户赐紫金鱼袋臣
后学天台胡三省音注

晋纪十八 起著雍阉茂(戊戌)，尽重光赤奋若(辛丑)，凡四年。

显宗成皇帝中之下

咸康四年(戊戌、三三八)

1 春，正月，燕王皝遣都尉赵槃如赵，听师期。皝，呼广翻。赵王虎将击段辽，募骁勇者三万人，骁，坚尧翻。悉拜龙腾中郎。据载记，咸康二年，虎改直荡为龙腾，冠以绛帻。会辽遣段屈云袭赵幽州，幽州刺史李孟退保易京。虎乃以桃豹为横海将军，横海将军盖石氏创置。王华为渡辽将军，帅舟师十万出漂渝津；水经曰：清河东北过漂榆邑入于海。注云：漂榆故城，俗谓之角飞城。赵记云：石勒使王述煮盐于角飞。魏土地记曰：勃海郡高城县东北一百里，北尽漂榆，东临巨海，民咸煮盐为业。帅，读曰率。支雄为龙骧大将军，姚弋仲为冠军将军，骧，思将翻。帅步骑七万为前锋以伐辽。冠，古玩翻。帅，读曰率。骑，奇寄翻。

三月，赵槃还至棘城。燕王皝引兵攻掠令支以北诸城。令，音铃；师古郎定翻。支，音祁。段辽将追之，慕容翰曰："今赵兵在南，当并力御之；而更与燕斗。燕王自将而来，将，即亮翻；下悉将同。其士卒精锐，若万一失利，将何以御南敌乎！”段兰怒曰：“吾前为卿所误，事见上卷咸和八年。以成今日之患；吾不复堕卿计中矣！”乃悉将见众追之。复，扶又翻；下同。见，贤遍翻。皝设伏以待之，大破兰兵，斩首数千级，掠五千户及畜产万计以归。

赵王虎进屯金台。按水经注：金台在涿郡故安县，有金台陂，台在陂北十馀步，即燕昭王筑以事郭隗之台。支雄长驱入蓟，蓟，音计。段辽所署渔阳、上谷、代郡守相皆降，取四十馀城。北平相阳裕帅其民数千家登燕山以自固。五代志，北平无终县有燕山。守，手又翻。相，息亮翻。燕，于贤翻。诸将恐其为后患，欲攻之。虎曰：“裕儒生，矜惜名节，耻于迎降耳，降，户江翻；下同。无能为也。”遂过之，至徐无。徐无县，属北平郡，其地在唐蓟州玉田县界。段辽以其弟兰既败，不敢复战，帅妻子、宗族、豪大千馀家，豪大，犹言豪帅也。是时东北夷率谓主帅为大，部帅曰部大，城主曰城大是也。弃令支，奔密云山。水经注：密云戍在御夷镇东南九十里，鲍丘水径其西。唐檀州治密云县，西南去范阳二百里。又据晋纪云，辽奔于平岗。盖密云山在汉平冈县界。宋白曰：檀州密云县，本汉虒奚县，西南至幽州百九十里，西至妫川二百五十里，东北至长城障塞百一十里，东南至蓟州百九十里。将行，执慕容翰手泣曰：“不用卿言，自取败亡；我固甘心，令卿失所，深以为愧。”翰北奔宇文氏。

辽左右长史刘群、卢谌、崔悦等封府库请降。群、谌、悦奔令支，见九十卷元帝大兴元年。虎遣将军郭太、麻秋帅轻骑二万追辽，至密云山，获其母妻，斩首三千级。辽单骑走险，赴险以自保。走，音奏。遣其子乞特真奉表及献名马于赵，虎受之。

虎入令支宫，段氏都令支，以其所居为宫。论功封赏各有差。徙段国民二万馀户于司、雍、兖、豫四州；雍，于用翻。士大夫之有才行，皆擢叙之。行，下孟翻。阳裕诣军门降。虎让之曰：

"卿昔为奴虏走，今为士人来，岂识知天命，将逃匿无地邪？"对曰："臣昔事王公，不能匡济；王公，谓王浚也。裕奔令支见八十九卷愍帝建兴二年。逃于段氏，复不能全。今陛下天网高张，笼络四海，幽、冀豪杰莫不风从，如臣比肩，无所独愧。生死之命，惟陛下制之！"虎悦，即拜北平太守。

2 夏，四月，癸丑。以慕容皝为征北大将军、幽州牧，领平州刺史。

3 成主期骄虐日甚，多所诛杀，而籍没其资财、妇女，由是大臣多不自安。汉王寿素贵重，有威名，期及建宁王越等皆忌之。寿惧不免，每当入朝，常诈为边书，辞以警急。寿时镇涪城。朝，直遥翻。

初，巴西处士龚壮，父、叔皆为李特所杀。父及叔父也。处，昌吕翻。壮欲报仇，积年不除丧。寿数以礼辟之，数，所角翻；下同。壮不应；而往见寿，寿密问壮以自安之策。壮曰："巴、蜀之民本皆晋臣，节下若能发兵西取成都，称藩于晋，谁不争为节下奋臂前驱者！魏、晋以来，持节、假节出当方面者，人皆称之为节下。为，于伪翻。如此则福流子孙，名垂不朽，岂徒脱今日之祸而已！"寿然之。阴与长史略阳罗恒、巴西解思明谋攻成都。

期颇闻之，数遣许涪至寿所，伺其动静；涪，音浮。伺，相吏翻。又鸩杀寿养弟安北将军攸。寿乃诈为妹夫任调书，云期当取寿；诈言期欲取寿，以怒其众。任，音壬；下同。其众信之，遂帅步骑万馀人自涪袭成都，帅，读曰率。涪，音浮。许赏以城中财物；以其将李奕为前锋。将，即亮翻。期不意其至，初不设备。寿世子势为翊军校尉，开门纳之，遂克成都，屯兵宫门。期遣侍中劳寿。劳，力到翻。寿奏建宁王越、景骞、田褒、姚华、许涪及征西将军李遐、将军李西等怀奸乱政，皆收杀之。纵兵大掠，数日乃定。寿矫以太后任氏令废期为邛都县公，幽之别宫。邛都县，属越嶲郡。邛，渠容翻。追谥戾太子曰哀皇帝。咸和九年，期、越弑其主班，谥曰戾太子。

罗恒、解思明、李奕等劝寿称镇西将军、益州牧、成都王，称藩于晋，解，户买翻。送邛都公于建康；任调及司马蔡兴、侍中李艳等劝寿自称帝。寿命筮之，龟为卜，蓍为筮。占者曰："可数年天子。"调喜曰："一日尚足，况数年乎！"思明曰："数年天子，孰与百世诸侯？"寿曰："朝闻道，夕死可矣。"引论语孔子之言。遂即皇帝位。寿，字武考，骧之子也。改国号曰汉，大赦，改元汉兴。以安车束帛征龚壮为太师；壮誓不仕，寿所赠遗，一无所受。遗，于季翻。

寿改立宗庙，追尊父骧曰献皇帝。骧，思将翻。母昝氏曰皇太后，昝，子感翻，姓也。立妃阎氏为皇后，世子势为皇太子。更以旧庙为大成庙，旧庙，祀李特、李雄者也；雄建国号曰成。寿改曰汉，故以特、雄庙曰大成庙。凡诸制度，多所更易。更，工衡翻。以董皎为相国，罗恒为尚书令，解思明为广汉太守，任调为镇北将军、梁州刺史，李奕为西夷校尉，从子权为宁州刺史。从，才用翻。公、卿、州、郡，悉用其僚佐代之；成氏旧臣、近亲及六郡士人，皆见疏斥。六郡士人，与李特兄弟同入蜀者。

邛都公期叹曰："天下主乃为小县公，不如死！"五月，缢而卒。载记，期死于三年，年二十五。缢，于赐翻，又于计翻。寿谥曰幽公，葬以王礼。

4 赵王虎以燕王皝不会赵兵攻段辽而自专其利，以皝掠段氏人民、畜产，不待赵师至而北归也。欲伐之。太史令赵揽谏曰："岁星守燕分，师必无功。"天文志，岁星赢缩，以其舍命国；其所居久，其国有德厚，五谷丰昌，不可伐也。分，扶问翻。虎怒，鞭之。

皝闻之，严兵设备；罢六卿、纳言、常伯、冗骑常侍官。去年皝置六卿等官。冗，而陇翻。赵戎卒数十万，燕人震恐。皝谓内史高诩曰："将若之何?"内史，燕国内史也。对曰："赵兵虽强，然不足忧，但坚守以拒之，无能为也。"

虎遣使四出，招诱民夷，诱，音酉。燕成周内史崔焘、居就令游泓、武原令常霸、东夷校尉封抽、护军宋晃等皆应之，凡得三十六城。泓，邃之兄子也。冀阳流寓之士共杀太守宋烛以降于赵。烛，晃之从兄也。营丘内史鲜于屈亦遣使降赵；武宁令广平孙兴晓谕吏民共收屈，数其罪而杀之，闭城拒守。成周、冀阳、营丘郡，皆慕容廆所置，见八十九卷愍帝建兴二年。居就县，汉、晋属辽东郡。武原，盖亦慕容氏所置县也。武宁县，亦慕容氏所置，带营丘郡。游邃见八十八卷愍帝建兴元年。朝鲜令昌黎孙泳帅众拒赵。帅，读曰率。大姓王清等密谋应赵，泳收斩之；同谋数百人惶怖请罪，怖，普布翻。泳皆释之，与同拒守。乐浪太守鞠彭以境内皆叛，选乡里壮士二百馀人共还棘城。乐浪，非汉古郡地也，慕容廆所置，见八十八卷愍帝建兴元年。以五代志考之，乐浪、冀阳、营丘郡、朝鲜、武宁等县，当尽在隋辽西郡柳城县界。鞠彭率乡人归燕，见九十卷元帝太兴二年。乐浪，音洛琅。

戊子，赵兵进逼棘城。燕王皝欲出亡，帐下将慕舆根谏曰：将，即亮翻。"赵强我弱，大王一举足则赵之气势遂成，使赵人收略国民，国民，谓燕国之民也。兵强谷足，不可复敌。复，扶又翻，窃意赵人正欲大王如此耳，奈何入其计中乎！今固守坚城，其势百倍，纵其急攻，犹足枝持，观形察变，间出求利；谓伺间出击赵以求利也。间，古苋翻。如事之不济，不失于走，奈何望风委去，为必亡之理乎！"皝乃止，然犹惧形于色。玄菟太守河间刘佩曰："今强寇在外，众心恂惧，菟，同都翻。守，式又翻。恂，许拱翻。事之安危，系于一人。大王此际无所推委，推，吐雷翻。言难推此责以委人也。当自强以厉将士，不宜示弱。事急矣，臣请出击之，纵无大捷，足以安众。"乃将敢死数百骑出冲赵兵，所向披靡，披，普彼翻，开也，分也，散也。靡，偃也。斩获而还，还，从宣翻，又如字。于是士气自倍。皝问计于封奕，对曰："石虎凶虐已甚，民神共疾，祸败之至，其何日之有！杜预曰：言今至。今空国远来，攻守势异，戎马虽强，无能为患；顿兵积日，衅隙自生，但坚守以俟之耳。"皝意乃安。或说皝降，皝曰："孤方取天下，何谓降也！"说，输芮翻。降，户江翻。

赵兵四面蚁附缘城，言肉薄附城而上，若群蚁然。慕舆根等昼夜力战；凡十馀日，赵兵不能克，壬辰，引退。皝遣其子恪帅二千骑追击之，帅，读曰率。赵兵大败，斩获三万馀级。赵诸军皆弃甲逃溃，惟游击将军石闵一军独全。闵父瞻，内黄人，内黄县，属魏郡；以陈留有外黄，故加"内"。本姓冉，赵主勒破陈午，获之，命虎养以为子。闵骁勇善战，多策略，虎爱之，比于诸孙。冉闵始此。石勒养石虎以自灭其种，石虎养冉闵，并其种类而夷之，盖天道也。骁，坚尧翻。

虎还邺，以刘群为中书令，卢谌为中书侍郎。谌，是壬翻。蒲洪以功拜使持节、都督六夷诸军事、冠军大将军，封西平郡公。使，疏吏翻。冠，古玩翻。石闵言于虎曰："蒲洪雄俊，得将士死力，诸子皆有非常之才，且握强兵五万，屯据近畿，近畿，谓洪屯枋头，距邺为近。宜密除之，以安社稷。"虎曰："吾方倚其父子以取吴、蜀，奈何杀之！"待之愈厚。石虎之不能杀蒲洪，犹苻坚之不能杀慕容垂、姚苌也。

燕王皝分兵讨诸叛城，皆下之。拓境至凡城，水经注：自卢龙东越青陉至凡城二百许里，自凡城东北出趣平刚故城可百八十里，向黄龙城则五百里。崔焘、常霸奔邺，封抽、宋晃、游泓奔高句丽。皝赏鞠彭、慕舆根等而治诸叛者，诛灭甚众；治，直之翻。功曹刘翔为之申理，多所全活。为，于伪翻。

赵之攻棘城也，燕右司马李洪之弟普以为棘城必败，劝洪出避祸。洪曰：“天道幽远，人事难知，且当委任，勿轻动取悔！”普固请不已。洪曰：“卿意见明审者，当自行之。吾受慕容氏大恩，义无去就，当效死于此耳。”与普流涕而诀。诀，别也。普遂降赵，降，户江翻。从赵军南归，死于丧乱。丧，息浪翻。洪由是以忠笃著名。

赵王虎遣渡辽将军曹伏将青州之众戍海岛，据载记，虎遣伏渡海戍蹋顿城，无水而还，因戍于海岛。运谷三百万斛以给之；又以船三百艘运谷三十万斛诣高句丽，句，如字。又音驹。丽，力知翻。使典农中郎将王典帅众万馀屯田海滨，又令青州造船千艘，以谋击燕。石虎忿棘城之败，再谋击燕而卒不能也。艘，苏遭翻。

5 赵太子宣帅步骑二万击朔方鲜卑斛摩头，破之，斩首四万馀级。帅，读曰率。骑，奇寄翻。

6 冀州八郡大蝗，赵司隶请坐守宰。赵都邺，以冀州为司部。赵王虎曰：“此朕失政所致，而欲委咎守宰，岂罪己之意邪！司隶不进谠言，佐朕不逮，而欲妄陷无辜，可白衣领职！”黜其品秩，同于民庶，而仍领司隶之职。谠，音党。

虎使襄城公涉归、上庸公日归帅众戍长安。二归，亦石氏之族。二归告镇西将军石广私树恩泽，潜谋不轨；虎追广至邺，杀之。

7 乙未，以司徒导为太傅，都督中外诸军事，郗鉴为太尉，郗，丑之翻。庾亮为司空。六月，以导为丞相，罢司徒官以并丞相府。东汉司徒，即丞相之职也。沈约曰：丞，奉也；相，助也。时以王导为丞相，罢司徒府并丞相府。导薨，罢丞相复为司徒府。宋世祖初以南郡王义宣为丞相，而司徒府如故。

导性宽厚，委任诸将赵胤、贾宁等，多不奉法，大臣患之。庾亮与郗鉴笺曰：“主上自八九岁以及成人，入则在宫人之手，出则唯武官、小人，读书无从受音句，顾问未尝遇君子。秦政欲愚其黔首，秦始皇名政，命民曰黔首，焚诗书以愚黔首。天下犹知不可，况欲愚其主哉！人主春秋既盛，宜复子明辟。不稽首归政，稽，音启。甫居师傅之尊，甫，方也，始也。多养无赖之士；公与下官并荷托付之重，言受遗先帝，付以幼孤而托之也。荷，下可翻。大奸不扫，何以见先帝于地下乎！”欲共起兵废导，鉴不听。南蛮校尉陶称，南蛮校尉，武帝初置于襄阳，后治江陵。侃之子也，以亮谋语导。语，牛倨翻。或劝导密为之备，导曰：“吾与元规休戚是同，悠悠之谈，宜绝智者之口。言智者之口，不宜亦传道悠悠之谈。则如君言，元规若来，吾便角巾还第，复何惧哉！”复，扶又翻。又与称书，以为“庾公帝之元舅，宜善事之！”此导之识量所以为弘远也。征西参军孙盛密谏亮曰：“王公常有世外之怀，言导心常欲谢事，优游于人世之外。岂肯为凡人事邪！此必佞邪之徒欲间内外耳。”亮乃止。庾亮之谋，微郗鉴拒之于外，孙盛谏止于内，必再乱天下矣。间，古苋翻。盛，楚之孙也。孙楚，晋初名士。是时亮虽居外镇，而遥执朝廷之权，既据上流，拥强兵，趣势者多归之。趣，七喻翻。导内不能平，常遇西风尘起，常，当作尝。举扇自蔽，徐曰：“元规尘污人！”污，乌故翻。史言导不平之心不能自禁于言语之间者，惟此而已。

导以江夏李充为丞相掾。夏，户雅翻。掾，以绢翻。充以时俗崇尚浮虚，乃著学箴。以为老子云，“绝仁弃义，民复孝慈，”岂仁义之道绝，然后孝慈乃生哉？盖患乎情仁义者寡而利仁义者众，将寄责于圣人而遣累乎陈迹也。累，力瑞翻。凡人见形者众，及道者鲜，鲜，息浅翻。逐迹逾笃，离本逾远。离，力智翻。故作学箴以祛其蔽祛，丘于翻，攘却也。曰：“名之攸彰，道之攸废；及损所隆，乃崇所替。非仁无以长物，长，丁丈翻，今知两翻。非义无以齐耻，仁义固不可远，去其害仁义者而已。”远，于愿翻。去，羌吕翻。

8 汉李奕从兄广汉太守乾告大臣谋废立。从，才用翻。秋，七月，汉主寿使其子广与大臣盟于前殿，徙乾为汉嘉太守；以李闳为荆州刺史，镇巴郡。闳，恭之子也。恭，李攀之弟，见八十四卷惠帝永宁元年。

八月，蜀中久雨，百姓饥疫。寿命群臣极言得失。龚壮上封事称："陛下起兵之初，上指星辰，昭告天地，歃血盟众，举国称藩，谓将称藩于晋也。歃，色洽翻。天应人悦，大功克集；而论者未谕，权宜称制。谓寿即皇帝位也。今淫雨百日，饥疫并臻，天其或者将以监示陛下故也。监，古陷翻。愚谓宜遵前盟，推奉建康，彼必不爱高爵重位以报大功；虽降级一等，王降皇帝一等。而子孙无穷，永保福祚，不亦休哉！论者或言二州附晋则荣，二州，谓梁、益也。六郡人事之不便。昔公孙述在蜀，羁客用事，荆邯、王元、田戎、延岑，皆羁客也。刘备在蜀，楚士多贵。庞统、黄忠、董和、刘巴、马良兄弟、吕乂、廖立、李严、杨仪、魏延、蒋琬、费祎、董允等，皆楚士也。及吴、邓西伐，吴、邓，吴汉、邓艾也。举国屠灭，宁分客主！论者不达安固之基，苟惜名位，以为刘氏守令方仕州郡；曾不知彼乃国亡主易，岂同今日义举，主荣臣显哉！举国奉晋为义举，晋加以宠秩，则主荣臣显。论者又谓臣当为法正。法正启刘备以取成都，壮亦教寿取李期，故论者以比之。臣蒙陛下大恩，恣臣所安；至于荣禄，无问汉、晋，臣皆不处，复何为效法正乎！"寿省书内惭，处，昌吕翻。复，扶又翻。省，悉景翻。秘而不宣。

9 九月，汉仆射任颜谋反，诛。颜，任太后之弟也。汉主寿因尽诛成主雄诸子。任后，雄之正室也。寿以任颜之反，必以立诸甥为主，故尽诛雄诸子以绝人望。任，音壬。

10 冬，十月，光禄勋颜含以老逊位。引年致事也。论者以"王导帝之师傅，名位隆重，百僚宜为降礼；"降礼，谓拜之。为，于伪翻；下同。太常冯怀以问含。含曰："王公虽贵重，理无偏敬。臣子惟拜君父，施之于导则为偏敬。偏，不正也。降礼之言，或是诸君事宜；鄙人老矣，不识时务。"既而告人曰："吾闻伐国不问仁人，董仲舒曰：昔者鲁君问柳下惠："吾欲伐齐，何如?"柳下惠曰："不可。"归而有忧色，曰："吾闻伐国不问仁人，此言何为至于我哉!"向冯祖思问佞于我，冯怀，字祖思。我岂有邪德乎!"郭璞尝遇含，欲为之筮。因含请老，并及辞郭璞事，以见其有识有守。含曰："年在天，位在人。修己而天不与者，命也；守道而人不知者，性也；自有性命，无劳蓍龟。"蓍，升脂翻。致仕二十馀年，年九十三而卒。

11 代王翳槐之弟什翼犍质于赵，为质见九十四卷咸和四年。犍，居言翻。质，音致。翳槐疾病，命诸大人立之。翳槐卒，诸大人梁盖等以新有大故，有大丧谓之大故。滕文公曰：今也不幸，至于大故。什翼犍在远，来未可必；比其至，恐有变乱，谋更立君。比，必寐翻。更，古衡翻。而翳槐次弟屈，刚猛多诈，不如屈弟孤仁厚，乃相与杀屈而立孤。孤不可，自诣邺迎什翼犍，请身留为质；质，音致。赵王虎义而俱遣之。十一月，什翼犍即代王位于繁畤北，繁畤县，属雁门郡。畤，音止。改元曰建国；分国之半以与孤。

初，代王猗卢既卒，国多内难，部落离散，事见八十九卷愍帝建兴四年。难，乃旦翻。拓跋氏寖衰。及什翼犍立，雄勇有智略，能修祖业，国人附之；始置百官，分掌众务。以代人燕凤为长史，许谦为郎中令。始制反逆、杀人、奸盗之法，号令明白，政事清简，无系讯连逮之烦，百姓安之。于是东自涉貊，涉，音秽。貊，莫白翻。西及破落那，新唐书西域传曰：宁远者，本拔汗那，或曰泼汗，元魏时谓之破落那，去长安八千里，居西鞬城，在真珠河之北。南距阴山，北尽沙漠，率皆归服，有众数十万人。史言代复强。

12 十二月，段辽自密云山遣使求迎于赵；使，疏吏翻；下同。

既而中悔，复遣使求迎于燕。复，扶又翻。

赵王虎遣征东将军麻秋帅众三万迎之，帅，读曰率；下同。敕秋曰："受降如受敌，不可轻也！"降，户江翻。以尚书左丞阳裕，辽之故臣，使为秋司马。

燕王皝自帅诸将迎辽，帅，读曰率。辽密与燕谋覆赵军。皝遣慕容恪伏精骑七千于密云山，大败麻秋于三藏口，水经注：安州东有武列水，其水三川派合。西源曰西藏水，西南流，而东藏水注之。水出东溪，西南流出谷，与中藏水合；水导中溪，南流出谷，南注东藏水。东藏水又南右入西藏水。故目其川曰三藏川。魏收地形志曰：皇兴二年置安州，统密云等郡。隋废郡为密云县，唐为檀州治所。败，补迈翻。死者什六七。秋步走得免，阳裕为燕所执。

赵将军范阳鲜于亮失马，步缘山不能进，因止，端坐；燕兵环之，环，音宦。叱令起。亮曰："身是贵人，义不为小人所屈；汝曹能杀亟杀，不能则去！"亮仪观丰伟，观，古玩翻。声气雄厉，燕兵惮之，不敢杀，以白皝。皝以马迎之，与语，大悦，用为左常侍，晋制：诸王国，大国置左、右常侍。以崔毖之女妻之。妻，七细翻。

皝尽得段辽之众。待辽以上宾之礼，以阳裕为郎中令。

赵王虎闻麻秋败，怒，削其官爵。

五年（己亥、三三九）

1 春，正月，辛丑，大赦。

2 三月，乙丑，广州刺史邓岳将兵击汉宁州，汉建宁太守孟彦执其刺史霍彪以降。咸和八年，成取宁州，今复之。成以霍彪刺宁州，见上卷咸和九年。降，户江翻。

3 征西将军庾亮欲开复中原，表桓宣为都督沔北前锋诸军事、司州刺史，镇襄阳；沔，弥兖翻。又表其弟临川太守怿为监梁·雍二州诸军事、梁州刺史，镇魏兴；自李矩以司州刺史退屯卒于鲁阳，司州已寄治荆州界；今始以司州治襄阳。周访领梁州，治襄阳；今司州既治襄阳，故梁州治魏兴。监，工衔翻；下同。西阳太守翼为南蛮校尉，领南郡太守，镇江陵；皆假节。又请解豫州，以授征虏将军毛宝。诏以宝监扬州之江西诸军事、豫州刺史，与西阳太守樊峻帅精兵万人戍邾城。邾城在江北，汉江夏郡邾县之故城也。楚宣王灭邾，徙其君于此，因以为名，今黄州城是也。杜佑曰：黄州东南百二十里，临江与武昌相对，有邾城，此言唐黄州治所也。西阳县，汉属江夏郡，魏分属弋阳郡，晋惠帝分弋阳为西阳国，江左废国为郡。帅，读曰率；下同。以建威将军陶称为南中郎将、江夏相，入沔中。称将二百人下见亮，亮镇武昌，称自上流下见之。相，息亮翻。将，即亮翻。亮素恶称轻狡，数称前后罪恶，收而斩之。亮素怨陶侃，而称又间亮于王导，盖以私忿杀之。素恶，乌路翻。数，所具翻。后以魏兴险远，命庾怿徙屯半洲；半洲在江州界，康帝时，褚裒为江州刺史，镇半洲。更以武昌太守陈嚣为梁州刺史，趣汉中。趣，七喻翻。遣参军李松攻汉巴郡、江阳。夏，四月，执汉荆州刺史李闳、巴郡太守黄植送建康。汉置荆州于巴郡。汉主寿以李奕为镇东将军，代闳守巴郡。

庾亮上疏，言"蜀甚弱而胡尚强，欲帅大众十万移镇石城，遣诸军罗布江、沔为伐赵之规。"帝下其议。下，遐稼翻。丞相导请许之。太尉鉴议，以为"资用未备，不可大举。"

太常蔡谟议，以为"时有否泰，否，部鄙翻。道有屈伸，苟不计强弱而轻动，则亡不终日，何功之有！为今之计，莫若养威以俟时。时之可否系胡之强弱，胡之强弱系石虎之能否。自石勒举事，虎常为爪牙，百战百胜，遂定中原，所据之地，同于魏世。勒死之后，虎挟嗣君，诛将相；谓杀石堪、程遐、徐光诸将相也。内难既平，难，乃旦翻。翦削外寇，一举而拔金墉，再战而禽石生，诛石聪如拾遗，取郭权如振槁，咸和八年，虎杀石聪，又拔金墉，进杀石生，九年，取郭权，事并见上卷。四境之内，不失尺土。以是观之，虎为能乎，将不能也？论者以胡前攻襄阳不能拔，事见上卷咸康元年。谓之无能为。夫百战百胜之强而以不拔一城为劣，譬如射者百发百中而一失，可以谓之拙乎？中，竹仲翻。

且石遇，偏师也，桓平北，边将也，桓宣为平北将军。将，即亮翻；下同。所争者疆埸之土，【章：乙十一行本"土"作"士"；孔本同。】士，读曰事。利则进，否则退，非所急也。今征西以重镇名贤，自将大军欲席卷河南，虎必自帅一国之众来决胜负，卷，读曰捲。帅，读曰率。岂得以襄阳为比哉！今征西欲与之战，何如石生？若欲城守，何如金墉？欲阻沔水，何如大江？欲拒石虎，何如苏峻？凡此数者，宜详校之。

石生猛将，关中精兵，征西之战殆不能胜也！【章：十二行本"也"下有"金墉险固，刘曜十万众不能拔，征西之守殆不能胜也"二十一字；乙十一行本同；退斋校同；张校同，云无注本亦脱。】又当是时，洛阳、关中皆举兵击虎，今此三镇反为其用；洛阳、关中而曰三镇，并郭权据上邽为三也。方之于前，倍半之势也；石生不能敌其半，而征西欲当其倍，愚所疑也。苏峻之强不及石虎，沔水之险不及大江；大江不能御苏峻而欲以沔水御石虎，又所疑也。昔祖士稚在谯，佃于城北界，佃，亭年翻。胡【张："胡"上脱"虑"字。】来攻，豫置军屯以御其外。谷将熟，胡果至，丁夫战于外，老弱获于内，获，户郭翻。多持炬火，急则烧谷而走。如此数年，竟不得其利。当是时，胡唯据河北，方之于今，四分之一耳；言祖逖与石勒对境时，勒仅有河北之地，比之今来石虎据有之地，止四分之一也。士稚不能捍其一而征西欲以御其四，又所疑也。

然此但论征西既至之后耳，谓既至中原之后也。尚未论道路之虑也。自沔以西，水急岸高，鱼贯溯流，首尾百里。言水狭而急，舟不得骈为一列而进也。若胡无宋襄之义，左传：宋襄公及楚人战于泓。宋人既成列，楚人未既济，司马子鱼请击之，公曰："不可"。既济而未成列，又以告，公曰："未可"。既陈而后击之，宋师败绩。国人皆咎公。公曰："古之为军也，不以阻隘也；寡人虽亡国之馀，不鼓不成列。"及我未阵而击之，将若之何？今王士与胡，水陆异势，便习不同；南便于用舟，北便于用马。胡若送死，则敌之有馀，若弃江远进，以我所短击彼所长，惧非庙胜之算。"蔡谟之议，量彼量己，深切著明；后郗鉴荐之自代，盖有见乎此也。

朝议多与谟同。朝，直遥翻。乃诏亮不听移镇。

4 燕前军师慕容评、广威将军慕容军、沈约志：广威将军，曹魏置。折冲将军慕舆根、荡寇将军慕舆泥袭赵辽西，俘获千馀家而去。赵镇远将军石成、镇远将军，盖石氏所置。积弩将军呼延晃、建威将军张支等追之，评等与战，斩晃、支首。

5 段辽谋反于燕，燕人杀辽及其党与数十人，送辽首于赵。

6 五月，代王什翼犍会诸大人于参合陂，参合县，前汉属代郡，后汉、晋省。东魏天平二年置梁城郡，参合县属焉。水经注：参合陉在县西北，俗谓之仓鹤陉。犍，居言翻。议都灅源川。其母王氏曰："吾自先世以来，以迁徙为业；谓逐水草为行国，草尽水竭则徙而之他也。灅，力水翻；又作"瀔"。今国家多难，若城郭而居，一旦寇来，无所避之。"乃止。是后锄勿仑之谏秃发利鹿孤，其说不过如此。难，乃旦翻。

代人谓他国之民来附者皆为乌桓，什翼犍分之为二部，各置大人以监之。弟孤监其北，子寔君监其南。监，工衔翻。

什翼犍求昏于燕，燕王皝以其妹妻之。妻，七细翻。

7 秋，七月，赵王虎以太子宣为大单于，建天子旌旗。单，音蝉。

8 庚申，始兴文献公王导薨，丧葬之礼视汉博陆侯及安平献王故事，霍光事见二十五卷汉宣帝地节二年。安平王孚事见七十九卷武帝泰始八年。参用天子之礼。

导简素寡欲，善因事就功，虽无日用之益而岁计有馀。辅相三世，庄子曰：日计之不足，岁计之有馀。向秀注云：日计之不足，无旦夕小利也；岁计之有馀，顺时而大穰也。三世，元、明、成。相，息亮翻。仓无储谷，衣不重帛。重，直龙翻。

初，导与庾亮共荐丹杨尹何充于帝，请以为己副，且曰："臣死之日，愿引充内侍，则社稷无虞矣。"由是加吏部尚书。及导薨，征庾亮为丞相、扬州刺史、录尚书事；亮固辞。辛酉，以充为护军将军；亮弟会稽内史冰为中书监、扬州刺史，参录尚书事。会，工外翻。

冰既当重任，经纶时务，不舍昼夜，宾礼朝贤，升擢后进，由是朝野翕然称之，以为贤相。朝，直遥翻。相，息亮翻；下同。初，王导辅政，每从宽恕；冰颇任威刑，丹杨尹殷融谏之。冰曰："前相之贤，犹不堪其弘，堪，任也；言过于宽弘而不任也。况如吾者哉！"范汪谓冰曰："顷天文错度，七曜失行为错度。足下宜尽消御之道。"冰曰："玄象岂吾所测，正当勤尽人事耳。"又隐实户口，料出无名万馀人，以充军实。隐，度也。料，音聊。冰好为纠察，近于繁细，后益矫违，谓矫前之繁细而流于宽纵，愈违于正道也。好，呼到翻。复存宽纵，复，扶又翻；下同。疏密自由，律令无用矣。

9 八月，壬午，复改丞相为司徒。去年省司徒，并丞相府。复，扶又翻。

10 南昌文成公郗鉴疾笃，以府事付长史刘遐，此又一刘遐也。上疏乞骸骨，且曰："臣所统错杂，率多北人，或逼迁徙，谓中原之人有恋土不肯南渡者，以兵威逼迁之也。或是新附，百姓怀土，皆有归本之心；臣宣国恩，示以好恶，处与田宅，渐得少安。好，呼到翻。恶，乌路翻。处，昌吕翻。少，诗沼翻。闻臣疾笃，众情骇动，若当北渡，必启寇心。盖时议欲徙京口之镇，渡江而北，故鉴云然。

太常臣谟，平简贞正，素望所归，谓可以为都督、徐州刺史。”诏以蔡谟为太尉军司，加侍中。辛酉，鉴薨，即以谟为征北将军、都督徐·兖·青三州诸军事、徐【章：十二行本“徐”上有“领”字；乙十一行本同；孔本同。】州刺史，假节。

时左卫将军陈光请伐赵，诏遣光攻寿阳，寿阳，即寿春，晋避简文郑太后讳，改曰寿阳；自祖约之败，为赵所据。谟上疏曰：“寿阳城小而固。自寿阳至琅邪，城壁相望，此琅邪，谓古琅邪郡。赵既取谯郡、彭城、下邳，又得寿春，故自寿春至琅邪，城壁相望。南琅邪在江乘之蒲洲上，渡江而西，历历阳、合肥至寿春，皆晋境，赵未能置城壁也。一城见攻，众城必救。又，王师在路五十馀日，前驱未至，声息久闻，闻，音问。贼之邮驿，一日千里，河北之骑，足以来赴。邮，音尤。骑，奇寄翻；下同。夫以白起、韩信、项籍之勇，犹发梁焚舟，背水而阵。战国策：白起曰：楚王恃其国大，城池不修，又无守备，故起得以引兵深入，多倍城邑，发梁焚舟以专民。当是之时，秦中士卒以军中为家，将为父母，不约而亲，不谋而信，一心同功，死不旋踵。楚人自战其地，咸顾其家，各有散心，莫有斗志。是以能有功也。项羽焚舟，即湛船以救钜鹿事也，见八卷秦二世三年。韩信背水事见九卷汉高帝三年。背，蒲昧翻。今欲停船水渚，引兵造城，造，七到翻。前对坚敌，顾临归路，此兵法之所诫。若进攻未拔，胡骑卒至，卒，读曰猝。惧桓子不知所为而舟中之指可掬也。左传：晋中行桓子帅师与楚战于邲，楚人车驰卒奔，乘晋师。桓子不知所为，鼓于军中曰：“先济者有赏。”中军与下军争舟，舟中之指可掬也。今光所将皆殿中精兵，将，即亮翻。宜令所向有征无战。而顿之坚城之下，以国之爪士诗曰：祈父，予王之爪士。毛苌注曰：士，事也。今谟直谓殿中兵为爪牙之士。击寇之下邑，得之则利薄而不足损敌，失之则害重而足以益寇，惧非策之长者也。”乃止。

11 初，陶侃在武昌，议者以江北有邾城，宜分兵戍之；侃每不答，而言者不已。侃乃渡水猎，引将佐语之曰：“我所以设险而御寇者，正以长江耳。邾城隔在江北，内无所倚，外接群夷。接西阳诸蛮也。将，即亮翻。语，牛倨翻。夷中利深；晋人贪利，夷不堪命，必引虏入寇。此乃致祸之由，非以御寇也。且吴时戍此城用三万兵，吴都武昌，故屯重兵于邾城。今纵有兵守，亦无益于江南；若羯虏有可乘之会，此又非所资也。”羯，居谒翻。

及庾亮镇武昌，卒使毛宝、樊峻戍邾城。赵王虎恶之，卒，子恤翻。恶，乌路翻。以夔安为大都督，帅石鉴、石闵、李农、张貉、李菟等五将军、帅，读曰率。貉，音鹤。菟，同都翻。兵五万人寇荆、扬北鄙，二万骑攻邾城。毛宝求救于庾亮，亮以城固，不时遣兵。

九月，石闵败晋兵于沔阴，水南为阴，即沔南也。败，补迈翻；下同。杀将军蔡怀；夔安、李农陷沔南；晋人盖置戍于沔南以备津要。朱保败晋兵于白石，杀郑豹等五将军；水经注：栅水导源巢湖，东径南谯侨郡城南，又东左会清溪水，又东左会白石山水，水发源白石山西。张貉陷邾城，死者六千人，毛宝、樊峻突围出走，赴江溺死。溺，奴狄翻。夔安进据胡亭，续汉志：汝南汝阴县西北有胡城，春秋胡子之国也。寇江夏；义阳将军黄冲、义阳太守郑进皆降于赵。夏，户雅翻。降，户江翻。安进围石城，贤曰：石城故城在今复州沔阳县东南。水经注：沔水径石城西，城因山为固，晋惠帝元康九年，分江夏西部置竟陵郡，治此。竟陵太守李阳拒战，破之，斩首五千馀级，安乃退。遂掠汉东，拥七千馀户迁于幽、冀。

是时庾亮犹上疏欲迁镇石城，闻邾城陷，乃止。上表陈谢，自贬三等，行安西将军；晋方伯带将军，有征、镇、安、平。亮本征西将军，乞自贬三等，行安西将军。上，时掌翻。有诏复位。以辅国将军庾怿为豫州刺史，监宣城、庐江、历阳、安丰四郡诸军事、假节，镇芜湖。监，工衔翻；下同。

12 赵王虎患贵戚豪恣，乃擢殿中御史李巨为御史中丞，曹魏之制，兰台遣二御史居殿中伺察非法，此殿中御史之始也。特加亲任，中外肃然。虎曰："朕闻良臣如猛虎，高步旷野而豺狼避路，信哉！"

虎以抚军将军李农为使持节、监辽西·北平诸军事、征东将军、营州牧，镇令支。赵置营州，统辽西、北平二郡。使，疏吏翻。令，音铃，又郎定翻。支，音祁。农帅众三万与征北大将军张举攻燕凡城。帅，读曰率。燕王皝以榼卢城大悦绾为御难将军，榼，苦盍翻。水经注曰：渝水南流东屈与一水会，世名之曰榼伦水。姓谱：悦姓，傅说之后。难，乃旦翻。授兵一千，使守凡城。及赵兵至，将吏皆恐，欲弃城走。绾曰："受命御寇，死生以之。且凭城坚守，一可敌百，敢有妄言惑众者斩！"众然后定。绾身先士卒，先，息荐翻。亲冒矢石；举等攻之经旬，不能克，乃退。虎以辽西迫近燕境，数遭攻袭，近，其靳翻。数，所角翻。乃悉徙其民于冀州之南。

13 汉主寿疾病，罗恒、解思明复议奉晋；寿不从。李演复上书言之；恒，户登翻。解，户买翻。复，扶又翻。寿怒，杀演。

寿常慕汉武、魏明之为人，耻闻父兄时事，上书者不得言先世政教，自以为胜之也。书无逸曰：相小人，厥父母勤劳稼穑，厥子乃不知稼穑之艰难，乃逸乃谚，既诞；否则侮厥父母曰："昔之人无闻知。"其李寿之谓乎！舍人杜袭作诗十篇，托言应璩以讽谏。应璩，魏人，有文名。璩，求于翻。寿报曰："省诗知意。省，悉景翻，视也。若今人所作，乃贤哲之话言；话言，善言也。若古人所作，则死鬼之常辞耳。"

14 燕王皝自以称王未受晋命，冬，遣长史刘翔、参军鞠运来献捷论功，且言权假之意，献捷，献赵捷也。权假，谓自称王也。

皝，呼广翻。并请刻期大举，共平中原。

皝击高句丽，兵及新城，新城，高句丽之西鄙，西南傍山，东北接南苏、术底等城。句，如字，又音驹。丽，力知翻。高句丽王钊乞盟，乃还。又使其子恪、霸击宇文别部。霸年十三，勇冠三军。冠，古玩翻。

15 张骏立辟雍、明堂以行礼。十一月，以世子重华行凉州事。重，直龙翻。

16 十二月，丁丑，赵太保桃豹卒。

17 丙戌，以骠骑将军琅邪王岳为侍中、司徒。骠，匹妙翻。

18 汉李奕寇巴东，守将劳杨败死。将，即亮翻。劳，姓；杨，名。

六年（庚子、三四〇）

1 春，正月，庚子朔，都亭文康侯庾亮薨。以护军将军、录尚书何充为中书令。录尚书，即录尚书事。庚戌，以南郡太守庾翼为都督江·荆·司·雍·梁·益六州诸军事、安西将军、荆州刺史、假节，代亮镇武昌。雍，于用翻。时人疑翼年少，不能继其兄。少，诗照翻。翼悉心为治，戎政严明，数年之间，公私充实，人皆称其才。治，直吏翻。

2 辛亥，以左光禄大夫陆玩为侍中、司空。

3 宇文逸豆归忌慕容翰才名；翰乃阳狂酣饮，或卧自便利，便，毗连翻，溲也。利，下泄也。或被发歌呼，拜跪乞食。被，皮义翻。宇文举国贱之，不复省录，省，察也，视也。录，采也，收也，记也。省，悉景翻。以故得行来自遂，山川形便，皆默记之。行来，犹言往来也。燕王皝以翰初非叛乱，以猜嫌出奔，事见上卷咸和八年。虽在他国，常潜为燕计；如牛尾谷之战是也。乃遣商人王车通市于宇文部以窥翰。翰见车，无言，抚膺颔之而已。抚，击也。膺，胸也。皝曰："翰欲来也。"复使车迎之。复，扶又翻；下同。翰弯弓三石馀，矢尤长大，皝为之造可手弓矢，可手，便手也；言惟翰手可用耳。为，于伪翻。使车埋于道旁而密告之。二月，翰窃逸豆归名马，携其二子过取弓矢，逃归。逸豆归使骁骑百馀追之。骁，坚尧翻。骑，奇寄翻。翰曰："吾久客思归，既得上马，无复还理。吾向日阳愚以诳汝，上，时掌翻。诳，居况翻。吾之故艺犹在，无为相逼，自取死也!"追骑轻之，直突而前。翰曰："吾居汝国久恨恨，【章：十二行本作"恨恨"；乙十一行本同；孔本同；熊校同。】李陵赠苏武诗：恨恨不能辞。吕向注曰：恨恨，相恋之情。不欲杀汝；汝去我百步立汝刀，吾射之，一发中者汝可还，不中者可来前。"追骑解刀立之，一发，正中其环；孔颖达曰：礼，进剑者左首。首，剑拊镮也。少仪曰：泽剑首。郑云：泽，弄也。推寻剑刃利，不容可弄，正是剑镮也。又云：刀却刃授颖。郑云：颖，镮也。镮，与环同。射，而亦翻。中，竹仲翻。追骑散走。皝闻翰至，大喜，恩遇甚厚。

4 庚辰，有星孛于太微。晋书天文志曰：太微，天子庭也，五帝坐也，十二诸侯府也。孛，蒲内翻。

5 三月，丁卯，大赦。

6 汉人攻拔丹川，守将孟彦、刘齐、李秋皆死。五年，孟彦以建宁降，丹川当在建宁界。

7 代王什翼犍始都云中之盛乐宫。水经注：白渠水出云中塞外，西北径成乐固〔城〕北。魏土地记曰：云中城东八十里有成乐城，今云中郡治，一名石卢城。白渠水又西径魏云中宫南。魏土地记曰：云中宫在云中故城东四十里，魏之盛乐，即汉成乐县也。魏书曰：猗卢城盛乐以为北都。杜佑曰：云州云中郡治云中县，后魏道武自云中徙都平城，即此。今马邑郡北平城，即今郡，隋为云内郡恒安镇。县界有白登山、白登台、高柳城、参合陂；后魏盛乐县亦在今郡界；单于台在今县西北百馀里。

8 赵王虎遗汉主寿书，遗，于季翻。欲与之连兵入寇，约中分江南。寿大喜，遣散骑常侍王嘏、中常侍王广使于赵。散，悉亶翻。骑，奇寄翻。使，疏吏翻。龚壮谏，不听。寿大修舟舰，缮兵聚粮。舰，户黯翻。秋，九月，以尚书令马当为六军都督，征集士卒七万馀人为舟师，大阅于成都，鼓噪盈江；秦时，蜀守李冰穿二江成都中，皆可行舟。寿登城观之，有吞噬江南之志。解思明谏曰："我国小兵弱，吴、会险远，图之未易。"易，以豉翻。寿乃命群臣大议利害。龚壮曰："陛下与胡通，孰若与晋通？胡，豺狼也，既灭晋，不得不北面事之；若与之争天下，则强弱不敌，危亡之势也，虞、虢之事，已然之戒，左传，晋献公假道于虞以伐虢，既灭虢，遂灭虞。愿陛下熟虑之！"群臣皆以壮言为然，【章：十二行本"然"下有"叩头泣谏"四字；乙十一行本同；孔本同；张校同；退斋校同。】寿乃止。士卒咸称万岁。士无乐战之心，驱之而赴死地，未有不败者。使李寿不用龚壮之言，固不待李势而蜀亡也。

龚壮以为人之行莫大于忠孝；既报父、叔之仇，谓假手于寿以夷李特之子孙也。行，下孟翻。又欲使寿事晋，寿不从。乃诈称耳聋，手不制物，手不制物，若病风缓然也。辞归，以文籍自娱，终身不复至成都。复，扶又翻。

9 赵尚书令夔安卒。

10 赵王虎命司、冀、青、徐、幽、并、雍七州之民五丁取三，四丁取二，雍，于用翻。合邺城旧兵，满五十万，具船万艘，艘，苏遭翻。自河通海，运谷千一百万斛于乐安城。水经注：濡水东南过辽西海阳县，又径牧城南，分为二水：北水谓之小濡水，东径乐安亭北，东南入海。濡水东南流径乐安亭南，东与新河故渎合，魏太祖征蹋顿所导也。濡，乃官翻。徙辽西、北平、渔阳万馀户于兖、豫、雍、洛四州之地。石虎置司州于邺，以晋之司州为洛州。雍，于用翻。自幽州以东至白狼，白狼县，汉属北平郡，晋省。水经注：白狼水出白狼县东南，北径白狼山，又东北径昌黎县故城西，又北径黄龙城东，又东北出，东流为二水，右水即渝水。地理志曰：渝水自塞南入海。一水东北出塞，为白狼水，又东南流至房县，注于辽。大兴屯田。悉括取民马，有敢私匿者腰斩，凡得四万馀匹。大阅于宛阳，水经注：漳水自西门豹祠北径赵阅马台西。台高五丈，列观其上；石虎讲武于其下，列观以望之。欲以击燕。

燕王皝谓诸将曰：“石虎自以乐安城防守重复，重，直龙翻。蓟城南北必不设备，今若诡路出其不意，可尽破也。”冬，十月，【章：十二行本无“十月”二字；乙十一行本同。】皝帅诸军入自蠮螉塞帅，读曰率。自龙城取西道入蠮螉塞。蠮，一结翻。螉，乌公翻。袭赵，戍将当道者皆禽之，直抵蓟城。将，即亮翻。蓟，音计。赵幽州刺史石光拥兵数万，闭城不敢出。燕兵进破武遂津，武遂县，前汉属河间国，后汉、晋属安平国，时属武邑郡。易水过其南，曰武遂津。入高阳，所至焚烧积聚，积，子赐翻。聚，才喻翻。略三万馀家而去。考异曰：燕书云：“略燕、范阳二郡男女数千口而还。”今从后赵、燕载记。石光坐懦弱征还。懦，乃乱翻。

11 赵王虎以秦公韬为太尉，与太子宣迭日省可尚书奏事，迭日，更日也。省，悉景翻。专决赏刑，不复启白。复，扶又翻。司徒申钟谏曰：“赏刑者，人君之大柄，不可以假人，所以防微杜渐，消逆乱于未然也。太子职在视膳，不当豫政；庶人邃以豫政致败，事见上卷咸康三年。覆车未远也。且二政分权，鲜不阶祸。左传：辛伯谂周桓公曰：“并后匹嫡，两政耦国，乱之本也。”两政，即二政，此指宣、韬迭日决事。鲜，息浅翻。爱之不以道，适所以害之也。”虎不听。为宣杀韬张本。

中谒者令申扁中谒者令，宦官也。杨正衡曰：扁，芳莲翻。以慧悟辩给有宠于虎；宣亦昵之，昵，尼质翻。使典机密。虎既不省事，而宣、韬皆好酣饮、畋猎；好，呼到翻；下同。由是除拜、生杀皆决于扁，自九卿已下率皆望尘而拜。

太子詹事孙珍病目，求方于侍中崔约，约戏之曰：“溺中则愈。”戏言溺目中则病愈。溺，乃吊翻。珍曰：“目何可溺？”约曰：“卿目睕睕，正耐溺中。”杨正衡曰：睕睕，目深也，音一丸翻。耐，乃代翻。珍恨之，以白宣。宣于兄弟中最胡状目深，闻之怒，诛约父子。于是公卿以下畏珍侧目。

燕公斌督边州，斌与张贺度共事，盖督北边州也。斌，音彬。亦好畋猎，常悬管而入。管者，城门之管钥也；欲便于出，故常悬管。征北将军张贺度每裁谏之，斌怒，辱贺度。虎闻之，使主书礼仪持节监之。自东汉以来，尚书诸曹各有主书，盖吏职也；至齐、梁之间，其权任甚重。礼，姓也；仪，名也。春秋时，卫有大夫礼至。监，古衔翻。斌杀仪，又欲杀贺度，贺度严卫驰白之。虎遣尚书张离帅骑追斌，帅，读曰率。鞭之三百，免官归第，诛其亲信十馀人。史言虎无令子。

12 张骏遣别驾马诜入贡于赵，表辞蹇傲；虎【章：十二行本“虎”上有“赵王”二字；乙十一本同；孔本同；退斋校同。】怒，欲斩诜。侍中石璞谏曰：“今国家所当先除者，遗晋也；河西僻陋，不足为意。今斩马诜，必征张骏，则兵力分而为二，建康复延数年之命矣。”复，扶又翻。乃止。璞，苞之曾孙也。石苞事晋文帝、武帝，功参佐命。

13 初，汉将李闳为晋所获，事见上年。逃奔于赵，汉主寿致书于赵王虎以请之，署曰“赵王石君。”虎不悦，付外议之。中书监王波曰：“令李闳以死自誓曰：‘苟得归骨于蜀，当纠帅宗族，混同王化。’帅，读曰率。若其信也，则不烦一旅，古者行军，五百人为一旅。坐定梁、益；若有前却，一前一却，犹今人言心怀进退也。不过失一亡命之人，于赵何损！李寿既僭大号，今以制诏与之，彼必酬返，酬，答也。返，还也。不若复为书与之。”会挹娄国献楛矢石砮于赵，挹娄，古肃慎氏之国也。楛矢长尺有咫。其国东北有山出石，其利入铁，取以为砮。杜佑曰：挹娄国在不咸山北，夫馀东北千馀里，滨大海，南与北沃沮接，不知其北所极，广袤数千里。人众虽少而多勇力，处山险，善射。弓长四尺，力如弩；矢用楛，长尺八寸；青石为镞，所谓石砮也。

其取石也，必先祈神。楛，侯古翻，木名，似蓍。砮，音奴，矢镞也。波因请以遗汉，遗，于季翻。曰："使其知我能服远方也。"虎从之，遣李闳归，厚为之礼。闳至成都，寿下诏曰："羯使来庭，贡其楛矢。"羯，居谒翻。使，疏吏翻。虎闻之，怒，黜王波，以白衣领职。

七年（辛丑、三四一）

1 春，正月，燕王皝使唐国内史阳裕等慕容廆置唐国郡。筑城于柳城之北，龙山之西，立宗庙、宫阙，命曰龙城。由此改柳城为龙城县。

2 二月，甲子朔，日有食之。

3 刘翔至建康，帝引见，见，贤遍翻。问慕容镇军平安。对曰："臣受遣之日，朝服拜章。"言朝服南向拜发章表于庭。朝，直遥翻；下同。

翔为燕王皝求大将军、燕王章玺。玺，斯氏翻。朝议以为："故事：大将军不处边；处，昌吕翻。自汉、魏以来，不封异姓为王；所求不可许。"翔曰："自刘、石构乱，长江以北，翦为戎薮，薮，苏口翻。周礼注曰：泽无水曰薮。尔雅曰：翦，齐也。未闻中华公卿之胄有一人能攘臂挥戈，摧破凶逆者也。独慕容镇军父子竭力，心存本朝，以寡击众，屡殄强敌，使石虎畏惧，悉徙边陲之民散居三魏，谓徙辽西之民也。魏郡、阳平、广平为三魏。蹙国千里，以蓟城为北境。功烈如此，而惜海北之地不以为封邑，何哉？昔汉高祖不爱王爵于韩、彭，故能成其帝业；项羽刓印不忍授，卒用危亡。事见汉高祖纪。卒，子恤翻。吾之至心，非苟欲尊其所事，窃惜圣朝疏忠义之国，使四海无所劝慕耳。"

尚书诸葛恢，翔之姊夫也，独主异议，以为："夷狄相攻，中国之利；惟器与名，不可轻许。"乃谓翔曰："借使慕容镇军能除石虎，乃是复得一石虎也，复，扶又翻。朝廷何赖焉！”翔曰：“嫠妇犹知恤宗周之陨。左传：郑子太叔见范献子曰：“嫠不恤纬而忧宗周之陨，王室之不宁，晋之耻也。”嫠，陵之翻。今晋室阽危，阽，余廉翻。君位侔元、凯，曾无忧国之心邪？向使靡、鬲之功不立，则少康何以祀夏！桓、文之战不捷，则周人皆为左衽矣。左传：夏之方衰也，后羿因夏民以代夏政；其臣寒浞杀羿而灭夏后相。后缗逃归有仍，生少康焉。靡奔有鬲氏，自有鬲收众以灭浞而立少康。祀夏配天，不失旧物。齐桓公北伐山戎，南伐楚，晋文公胜楚于城濮，皆率诸侯以尊周室。孔子曰：微管仲，吾其被发左衽矣。慕容镇军枕戈待旦，志殄凶逆，而君更唱邪惑之言，忌间忠臣。间，古苋翻。四海所以未壹，良由君辈耳！”翔留建康岁馀，众议终不决。

翔乃说中常侍彧弘曰：“彧”，通作“郁”，郁，姓也。姓谱有鲁相郁贡。说，输芮翻。“石虎苞八州之地，带甲百万，志吞江、汉，自索头、宇文暨诸小国，无不臣服；索，昔各翻。惟慕容镇军翼戴天子，精贯白日，而更不获殊礼之命，窃恐天下移心解体，无复南向者矣。复，扶又翻。公孙渊无尺寸之益于吴，吴主封为燕王，加以九锡。事见七十二卷魏明帝青龙元年。今慕容镇军屡摧贼锋，威震秦、陇，虎比遣重使，比，毗寐翻。甘言厚币，欲授以曜威大将军、辽西王；刘翔诡为是言耳，然当时将军必有曜威之号。慕容镇军恶其非正，却而不受。恶，乌路翻。今朝廷乃矜惜虚名，沮抑忠顺，岂社稷之长计乎！沮，在吕翻。后虽悔之，恐无及已。”弘为之入言于帝，为，于伪翻；下同。帝意亦欲许之。会皝上表，称“庾氏兄弟擅权召乱，以庾亮召苏峻、祖约之变，复据上流；庾亮死，弟翼握兵于外，弟冰专政于内也。上，时掌翻。宜加斥退，以安社稷；”又与庾冰书，责其当国秉权，不能为国雪耻。冰甚惧，以其绝远，非所能制，乃与何充奏从其请。乙卯，以慕容皝为使持节、大将军、都督河北诸军事、幽州牧、大单于、燕王，单，音蝉。备物、典策，皆从殊礼。师古曰：既有备物而加之策书也。杜预云：典策，春秋之制也。余谓车辂、旂章、弓矢、斧钺，皆可以言备物。周成王分鲁公以大路、大旂、封父之繁弱、夏后氏之璜，备物典策。典者，典法也；策者，策书也。又以其世子儁为假节、安北将军、东夷校尉、左贤王；赐军资器械以千万计。又封诸功臣百馀人，以刘翔为代郡太守，封临泉乡侯，加员外散骑常侍；晋志曰：员外散骑常侍，魏末置。翔固辞不受。

翔疾江南士大夫以骄奢酣纵相尚，尝因朝贵宴集，酣，户甘翻。朝，直遥翻。谓何充等曰："四海板荡，奄逾三纪，板、荡，刺周厉王之诗也。板板，反也；言厉王为政反先王与天之道，天下之民尽病也。荡荡，法度废坏之貌；言天下荡荡无纲纪文章也。惠帝永兴元年，刘渊肇乱，至是三十六年矣。宗社为墟，黎民涂炭，斯乃庙堂焦虑之时，忠臣毕命之秋也。而诸君宴安江沱，沱，徒河翻。江水别为沱。肆情纵欲，以奢靡为荣，以傲诞为贤；謇谔之言不闻，征伐之功不立，将何以尊主济民乎！"充等甚惭。

诏遣兼大鸿胪郭悕持节诣棘城册命燕王，胪，陵如翻。悕，香衣翻。与翔等偕北。公卿饯于江上，翔谓诸公曰："昔少康资一旅以灭有穷，左传：少康邑于纶，有田一成，有众一旅，能布其德而兆其谋，以收夏众，遂灭有穷。少，诗照翻。句践凭会稽以报强吴；越王句践栖于会稽，卧薪尝胆，卒以灭吴。句，音钩。蔓草犹宜早除，左传郑祭仲曰："无使滋蔓，蔓难图也，蔓草犹不可除。"蔓，音万。况寇雠乎！今石虎、李寿，志相吞噬，王师纵未能澄清北方，且当从事巴、蜀。一旦石虎先人举事，先，悉荐翻。并寿而有之，据形便之地以临东南，虽有智者，不能善其后矣。"中护军谢广曰："是吾心也！"

4 三月，戊戌，皇后杜氏崩。夏，四月，丁卯，葬恭皇后于兴平陵。

5 诏实王公以下至庶人皆正土断、白籍。时王公庶人多自北来，侨寓江左；今皆以土著为断，著之白籍也。白籍者，户口版籍也。宋、齐以下有黄籍。断，丁乱翻。

6 秋，七月，郭悕、刘翔等至燕，燕王皝以翔为东夷护军、领大将军长史，以唐国内史阳裕为左司马，典书令李洪为右司马，晋制：王国置典书、典祠、典卫、学官令各一人。典书令，天朝吏部尚书之职。中朝制：典书令在常侍、侍郎上，及渡江则侍郎次常侍，而典书令居三军下。中尉郑林为军谘祭酒。

7 八月，辛酉，东海哀王冲薨。冲后东海王越，事见八十七卷怀帝永嘉五年。

8 九月，代王什翼犍筑盛乐城于故城南八里。犍，居言翻。乐，音洛。

9 代王妃慕容氏卒。

10 冬，十月，匈奴刘虎寇代西部，代王什翼犍遣军逆击，大破之。虎卒，子务桓立，遣使求和于代，什翼犍以女妻之。妻，七细翻。务桓又朝贡于赵，朝，直遥翻。赵以务桓为平北将军、左贤王。

11 赵横海将军王华帅舟师自海道袭燕安平，破之。此辽东郡之西安平也。四年，华以青州之众戍海岛，故得袭破之。帅，读曰率。

12 燕王皝以慕容恪为渡辽将军，镇平郭。自慕容翰、慕容仁之后，诸将无能继者。及恪至平郭，抚旧怀新，屡破高句丽兵，高句丽畏之，不敢入境。

13 十二月，兴平康伯陆玩薨。

14 汉主寿以其太子势领大将军、录尚书事。初，成主雄以俭约宽惠得蜀人心。及李闳、王嘏还自邺，王嘏去年聘赵，与李闳俱归。盛称邺中繁庶，宫殿壮丽；且言赵王虎以刑杀御下，故能控制境内。寿慕之，徙旁郡民三丁以上者以实成都，大修宫室，治器玩；人有小过，辄杀以立威。治，直之翻。左仆射蔡兴、右仆射李嶷皆坐直谏死。嶷，鱼力翻。民疲于赋役，吁嗟满道，思乱者众矣。史言汉将亡。

郑天挺标点王崇武聂崇岐覆校

资治通鉴卷第九十七

端明殿学士兼翰林侍读学士朝散大夫右谏议大夫
充集贤殿修撰权判西京留司御史台上柱国河内郡 司马光 奉敕编集
开国侯食邑一千三百户食实封四百户赐紫金鱼袋臣

后 学 天 台 胡三省 音 注

晋纪十九 起玄黓摄提格（壬寅），尽强圉协洽（丁未），凡六年。

显宗成皇帝下

咸康八年（壬寅、三四二）

1 春，正月，己未朔，日有食之。考异曰：天文志作“乙未”。今从帝纪及长历。

2 乙丑，大赦。

3 豫州刺史庾怿以酒饷江州刺史王允之；允之觉其毒，饮犬，饮，于禁翻。犬毙，密奏之。帝曰：“大舅已乱天下，谓庾亮也。小舅复欲尔邪！”复，扶又翻。二月，怿饮鸩而卒。卒，子恤翻。

4 三月，初以武悼后配食武帝庙。杨皇后，惠帝永康元年幽废而死，今乃得配食武帝。

5 庾翼在武昌，数有妖怪，数，所角翻。妖，于骄翻。欲移镇乐乡。征虏长史王述与庾冰笺曰：“乐乡去武昌千有馀里；数万之众，一旦移徙，兴立城壁，公私劳扰。又江州当溯流数千里供给军府，力役增倍。且武昌实江东镇戍之中，非但扞御上流而已；缓急赴告，骏奔不难。书武成曰：骏奔走。骏，音峻；注云：骏，大也，言皆奔走也。若移乐乡，远在西陲，一朝江渚有虞，不相接救。方岳重将，将，即亮翻。固当居要害之地，为内外形势，使窥阉之心不知所向。昔秦忌亡胡之谶，卒为刘、项之资；秦卢生奏录图书曰，亡秦者胡也。于是始皇使蒙恬北伐胡，不知立子胡亥以兆乱。卒，子恤翻。周恶檿弧之谣，而成褒姒之乱。国语曰：宣王之时，有童谣曰："檿弧萁服，实亡周国。"宣王闻之，有夫妇鬻是器者，使执而戮之。府之小妾生子，而非王子也，惧而弃之，此人也收以奔褒。褒人有狱，而以为入于幽王，王嬖是女而生伯服，是为褒姒，欲废太子宜臼而立伯服，卒以成申侯、西戎之乱。恶，乌路翻。檿，于琰翻。是以达人君子，直道而行，禳避之道，皆所不取；正当择人事之胜理，思社稷之长计耳。"朝议亦以为然。朝，直遥翻。翼乃止。

6 夏，五月，乙卯，帝不豫；豫，顺也；不豫，言有疾而气体不能顺适也。六月，庚寅，疾笃。或诈为尚书符，敕宫门无得内宰相；众皆失色。庾冰曰："此必诈也。"推问，果然。推，考也，究也。帝二子丕、奕，皆在襁褓。襁，居两翻。褓，音保。庾冰自以兄弟秉权日久，恐易世之后，亲属愈疏，为他人所间，间，古苋翻。每说帝以国有强敌，强敌，谓汉、赵也。说，输芮翻。宜立长君；长，知两翻。请以母弟琅邪王岳为嗣，帝许之。中书令何充曰："父子相传，先王旧典，易之者鲜不致乱。鲜，息浅翻。故武王不授圣弟，圣弟，谓周公。非不爱也。今琅邪践阼，将如孺子何！"冰不听。下诏，以岳为嗣，并以奕继琅邪哀王。元帝以子裒奉琅邪恭王后，薨，谥曰孝；子哀王安国立，未逾年薨；元帝复以皇子焕嗣封，其日薨；复以皇子昱为琅邪王。咸和之初，昱徙封会稽，以岳为琅邪王。今岳入继大宗，故以奕继哀王后。壬辰，冰、充及武陵王晞、会稽王昱、尚书令诸葛恢并受顾命。会，工外翻。癸巳，帝崩。年二十二。帝幼冲嗣位，不亲庶政；及长，颇有勤俭之德。长，知两翻。

7 甲午，琅邪王即皇帝位，大赦。

8 己亥，封成帝子丕为琅邪王，奕为东海王。

9 康帝亮阴不言，委政于庾冰、何充。秋，七月，丙辰，葬成帝于兴平陵。帝徒行送丧，至阊阖门，乃升素舆至陵所。既葬，帝临轩，庾冰、何充侍坐。坐，徂卧翻。帝曰："朕嗣鸿业，二君之力也。"充曰："陛下龙飞，臣冰之力也；若如臣议，不睹升平之世。"帝有惭色。己未，以充为骠骑将军、骠，匹妙翻。都督徐州、扬州之晋陵诸军事、领徐州刺史，镇京口，晋永嘉大乱，徐州、淮北流民相率过淮，亦有过江居晋陵郡界者。咸和四年，司徒郗鉴又徙流民之在淮南者于晋陵诸县，其徙过江南及留在江北者，并立侨郡以司牧之。徐州实郡在江北者，实有广陵、堂邑、钟离三郡。而扬州之境以晋陵郡属徐州，所谓都督徐州、扬州之晋陵诸军事者此也。晋陵郡，吴之毗陵郡也。吴分吴郡无锡以西为毗陵郡；晋东海王越世子名毗，而东海国故食毗陵，永嘉五年改为晋陵。避诸庾也。

10 冬，十月，燕王皝迁都龙城，慕容廆先居徒河之青山，后徙棘城，今自棘城徙都龙城。杜佑曰：营州柳城郡，古孤竹国也，春秋为山戎、肥子二国地。汉徒河之青山，在郡城东百九十里。棘城，即颛顼之虚，在郡城东南百七十里。慕容皝以柳城之北、龙山之南，福德之地，遂迁都龙城，号新宫为和龙宫。柳城县有白狼山、白狼水，又有汉扶犁县故城在东南。其龙山，即慕容皝祭龙所也；有饶乐水，汉徒河县城。赦其境内。

建威将军翰言于皝曰："宇文强盛日久，屡为国患。今逸豆归篡窃得国，逸豆归逐乞得归，见九十五卷咸和八年。群情不附；加之性识庸暗，将帅非才，将，即亮翻。帅，所类翻。国无防卫，军无部伍。臣久在其国，悉其地形；虽远附强羯，强羯，谓赵也。羯，居谒翻。声势不接，无益救援；今若击之，百举百克。然高句丽去国密迩，常有窥阚之志；句，如字，又音驹。丽，力知翻。窥，缺规翻，门中视也。阚，从门旁窦中视也，音俞。韵释：窥阚，私视也。彼知宇文既亡，祸将及己，必乘虚深入，掩吾不备。若少留兵则不足以守，多留兵则不足以行。此心腹之患也，宜先除之；

观其势力，一举可克。宇文自守之虏，必不能远来争利。既取高句丽，还取宇文，如返手耳。返，当作反；下同。二国既平，利尽东海，国富兵强，无返顾之忧，然后中原可图也。”皝曰：“善！”

将击高句丽。高句丽有二道，其北道平阔，南道险狭，北道从北置而进，南道从南陕入木底城。众欲从北道。翰曰：“虏以常情料之，必谓大军从北道，当重北而轻南。王宜帅锐兵从南道击之，出其不意，丸都不足取也。高句丽王居丸都。帅，读曰率；下同。别遣偏师从北道；纵有蹉跌，蹉，仓何翻。跌，徒结翻。蹉跌，失足而踣也。其腹心已溃，四支无能为也。”皝从之。

十一月，皝自将劲兵四万出南道，将，即亮翻；下同。以慕容翰、慕容霸为前锋；别遣长史王寓等将兵万五千出北道以伐高句丽。高句丽王钊果遣弟武帅精兵五万拒北道，自帅羸兵以备南道。羸，伦为翻。慕容翰等先至，与钊合战，皝以大众继之。左常侍鲜于亮曰：“臣以俘虏蒙王国士之恩，事见上卷咸康四年。不可以不报；今日，臣死日也。”独与数骑先犯高句丽陈，所向摧陷。高句丽陈动，骑，奇寄翻；下同。陈，读曰阵。大众因而乘之，高句丽兵大败。左长史韩寿斩高句丽将阿佛和度加，高句丽置官，有相加、大加、小加。诸军乘胜追之，遂入丸都。钊单骑走，轻车将军慕舆埿追获其母周氏及妻而还。会王寓等战于北道，皆败没，由是皝不复穷追。复，扶又翻；下同。遣使招钊，钊不出。

皝将还，韩寿曰：“高句丽之地，不可戍守。今其主亡民散，潜伏山谷；大军既去，必复鸠聚，鸠，亦聚也。收其馀烬，火余曰烬，犹能复然。犹足为患。请载其父尸、囚其生母而归，俟其束身自归，然后返之，抚以恩信，策之上也。”皝从之。发钊父乙弗利墓，载其尸，收其府库累世之宝，虏男女五万馀口，烧其宫室，毁丸都城而还。还，从宣翻，又如字。

11 十二月，壬子，立妃褚氏为皇后。征豫章太守褚裒为侍中、尚书。裒自以后父，不愿居中任事，裒，薄侯翻。苦求外出，乃除建威将军、江州刺史，镇半洲。

12 赵王虎作台观四十馀所于邺，观，古玩翻。又营洛阳、长安二宫，作者四十馀万人；又欲自邺起阁道至襄国，敕河南四州治南伐之备，河南四州，洛、豫、徐、兖也。治，直之翻。并、朔、秦、雍严西讨之资，晋地理志曰：石勒平朔方，置朔州。西讨，欲攻河西也。雍，于用翻。青、冀、幽州为东征之计，东征，欲伐燕也。皆三五发卒。三丁发二，五丁发三也。诸州军造甲者五十馀万人，船夫十七万人，为水所没、虎狼所食者三分居一。加之公侯、牧宰竞营私利，百姓失业愁困。贝丘人李弘贝丘县，自汉以来属清河郡，北齐并入清河县。因众心之怨，自言姓名应谶，连结党与，署置百寮；事发，诛之，连坐者数千家。

虎畋猎无度，晨出夜归，又多微行，躬察作役。侍中京兆韦謏谏曰：謏，苏了翻。"陛下忽天下之重，轻行斤斧之间，猝有狂夫之变，虽有智勇，将安所施！又兴役无时，废民耘获，获，户郭翻。吁嗟盈路，殆非仁圣之所忍为也。"虎赐謏谷帛，而兴缮滋繁，游察自若。

秦公韬有宠于虎，太子宣恶之。恶，乌路翻。右仆射张离领五兵尚书，曹魏置五兵尚书。沈约志：五兵尚书领中兵、外兵、骑兵、别兵、都兵，故谓之五兵。欲求媚于宣，说之曰：说，输芮翻。"今诸侯吏兵过限，宜渐裁省，以壮本根。"宣使离为奏："秦、燕、义阳、乐平四公，秦公韬，燕公斌，义阳公鉴，乐平公苞。听置吏一百九十七人，帐下兵二百人；自是以下，三分置一，馀兵五万，悉配东宫。”配，隶也。于是诸公咸怨，嫌衅益深矣。

青州上言：“济南平陵城北石虎一夕移于城东南，汉济南郡有东平陵县，晋省，后复置为平陵县；唐为齐州全节县。济，子礼翻。有狼狐千馀迹随之，迹皆成蹊。”虎喜曰：“石虎者，朕也；自西北徙而东南者，天意欲使朕平荡江南也。其敕诸州兵明年悉集，朕当亲董六师，以奉天命。”群臣皆贺，上皇德颂者一百七人。上，时掌翻。制：“征士五人出车一乘，牛二头，米十五斛，绢十匹，调不办者斩。”乘，绳证翻。调，徒钓翻。民至鬻子以供军须，行军所须以为用，故曰军须。犹不能给，自经于道树者相望。人之自经，必于沟渎隐蔽之地；死亡计迫，自经于道旁之树，盖甚不获已也。相望，言其多也。目录书“是年代王还云中”。

康皇帝 讳岳，字世同，成帝母弟也；咸和元年，封吴王，二年，徙封琅邪王。谥法：温柔好乐曰康。

建元元年（癸卯、三四三）

1 春，二月，高句丽王钊遣其弟称臣入朝于燕，朝，直遥翻。贡珍异以千数。燕王皝乃还其父尸，犹留其母为质。质，音致。

2 宇文逸豆归遣其相莫浅浑将兵击燕；诸将争欲击之，相，息亮翻。将，即亮翻。燕王皝不许。莫浅浑以为皝畏之，酣饮纵猎，不复设备。酣，户甘翻。复，扶又翻。皝使慕容翰出击之，莫浅浑大败，仅以身免，尽俘其众。

3 庾翼为人忼慨，慷，忼同，音口党翻。喜功名。【章：十二行本“名”下有“不尚浮华”四字；乙十一行本同；孔本同；张校同；退斋校同。】喜，许记翻。琅邪内史桓温，彝之子也，桓彝死于苏峻之难。尚南康公主，公主，明帝女。豪爽有风概，言其有风力、气概。翼与之友善，相期以宁济海内。翼尝荐温于成帝曰：“桓温有英雄之才，愿陛下勿以常人遇之，常婿畜之；畜，呼玉翻，又许竹翻。宜委以方、邵之任，方叔、邵虎，周宣王用之以中兴。必有弘济艰难之勋。”时杜乂、殷浩并才名冠世，冠，古玩翻。翼独弗之重也，曰：“此辈宜束之高阁，俟天下太平，然后徐议其任耳。”浩累辞征辟，屏居墓所，屏，必郢翻。几将十年，几，居希翻。时人拟之管、葛。管仲、诸葛孔明也。江夏相谢尚、长山令王濛汉献帝初平二年，分乌伤立长山县，属会稽郡，吴分属东阳郡；隋改长山为金华县；今属婺州。常伺其出处，伺，相吏翻。处，昌吕翻；下同。以卜江左兴亡。尝相与省之，省，悉井翻。知浩有确然之志，确然者，守志坚固不移也。既返，相谓曰：“深源不起，当如苍生何！”殷浩，字深源。尚，鲲之子也。翼请浩为司马；诏除侍中、安西军司，军司，即军司马。浩不应。翼遗浩书曰：“王夷甫立名非真，虽云谈道，实长华竞。遗，于季翻。长，知两翻。明德君子，遇会处际，言遇风云之会，处功名之际也。宁可然乎！”浩犹不起。

殷羡为长沙相，相，息亮翻。在郡贪残，庾冰与翼书属之。属，之欲翻。翼报曰：“殷君骄豪，亦似由有佳儿，佳儿，谓浩也。弟故小令物情容之。翼，冰弟也。大较江东之政，以妪煦豪强，常为民蠹；妪，于具翻。煦，许具翻。郑玄曰：体曰妪，气曰煦。时有行法，辄施之寒劣。寒者，衰冷无气焰也。劣者，卑弱在人下也。如往年偷石头仓米一百万斛，皆是豪将辈，而直杀仓督监以塞责。仓督监，筦仓之官。将，即亮翻。塞，悉则翻。山遐为馀姚长，为官出豪强所藏二千户，馀姚县，属会稽郡。长，知两翻。为，于伪翻。而众共驱之，令遐不得安席。虽皆前宰之惛谬，前宰，指王导。惛，音昏。庾翼，察举小才耳；当江东草创之时，非王导之弘致远识，不能济也；谓之惛谬，谈何容易！江东事去，实此之由。兄弟不幸，横陷此中，横，户孟翻。自不能拔足于风尘之外，当共明目而治之。治，直之翻。荆州所统二十馀郡，太康地志：荆州统郡二十有二，惠帝至元帝又立随、新野、竟陵、新兴、南河等郡。唯长沙最恶；恶而不黜，与杀督监复何异邪！”复，扶又翻。遐，简之子也。永嘉中，山简镇襄阳。

翼以灭胡取蜀为己任，遣使东约燕王皝，西约张骏，刻期大举。朝议多以为难，使，疏吏翻。朝，直遥翻。唯庾冰意与之同，而桓温、谯王无忌皆赞成之。无忌，承之子也。谯王承死于王敦之难。“承”，当作“氶”，音拯。

秋，七月，赵汝南太守戴开帅数千人诣翼降。帅，读曰率。降，户江翻。丁巳，下诏议经略中原。翼欲悉所部之众北伐，表桓宣为都督司·雍·梁三州·荆州之四郡诸军事、梁州刺史，荆州四郡，南阳、新野、襄阳、南乡也。雍，于用翻。前趣丹水；丹水县，前汉属弘农郡，后汉属南阳郡，晋属顺阳郡。贤曰：丹水故城，在今邓州内乡县西南，临丹水。趣，七喻翻。桓温为前锋小【严："小"改"都"。】督、假节，帅众入临淮；考异曰：帝纪，温入临淮，下云"庾翼为征讨大都督，迁镇襄阳"。按翼传，翼先表移镇安陆，至夏口上表云："九月十九日发武昌，二十四日达夏口。"始请徙镇襄阳，始诏加都督征讨诸军事，故知不在此月。并发所统六州奴及车牛驴马，百姓嗟怨。六州，江、荆、司、雍、梁、益也。

4 代王什翼犍复求婚于燕，犍，居言翻。复，扶又翻。燕王皝使纳马千匹为礼；什翼犍不与，又倨慢无子婿礼。八月，皝遣世子儁帅前军师评等击代。帅，读曰率；下同。考异曰：后魏序纪："八月，慕容元真遣使请荐女。"无用兵事。今从燕书。什翼犍帅众避去，燕人无所见而还。还，从宣翻，又如字。

5 汉主寿卒，年四十四。谥曰昭文，庙号中宗；太子势即位，大赦。势，字子仁，寿之长子也。

6 赵太子宣击鲜卑斛谷提，大破之，斩首三万级。

7 宇文逸豆归执段辽弟兰，送于赵，段辽之败，其弟兰奔宇文部，逸豆归今执以送赵。并献骏马万匹。赵王虎命兰帅所从鲜卑五千人屯令支。令，音铃，又郎定翻。支，音祁。

8 庾翼欲移镇襄阳，恐朝廷不许，乃奏云移镇安陆。安陆县，自汉以来属江夏郡，唐为安州治所。帝及朝士皆遣使譬止翼，翼遂违诏北行；至夏口，复上表请镇襄阳。朝，直遥翻。使，疏吏翻。夏，户雅翻。复，扶又翻。上，时掌翻。翼时有众四万，诏加翼都督征讨诸军事。先是车骑将军、扬州刺史庾冰屡求出外，先，悉荐翻。辛巳，以冰都督荆·江·宁·益·梁·交·广七州·豫州之四郡诸军事、豫州四郡，宣城、历阳、庐江、安丰也。领江州刺史、假节，镇武昌，以为翼继援。征徐州刺史何充为都督扬·豫·徐州之琅邪诸军事，永嘉之乱，琅邪国人随元帝过江者千馀户，太兴三年立怀德县。丹杨虽有琅邪相，而无其地。是年桓温为内史，镇江乘之蒲洲金城上，求割丹杨之江乘县境立郡，所谓"徐州之琅邪"，此也。领扬州刺史，录尚书事，辅政。以琅邪内史桓温为都督青·徐·兖三州诸军事、徐州刺史，褚【章：十二行本"褚"上有"征江州刺史"五字；乙十一行本同；孔本同；张校同；退斋校同。】裒为卫将军，领中书令。

9 冬十一月，己巳，大赦。

二年(甲辰、三四四)

1 春，正月，赵王虎享群臣于太武殿，有白雁百馀集马道之南，马道者，筑道可以驰马往来。虎命射之，皆不获。射，而亦翻。时诸州兵集者百馀万，太史令赵揽密言于虎曰："白雁集庭，宫室将空之象，不宜南行。"虎信之，乃临宣武观大阅而罢。石虎仿洛都之制，筑宣武观于邺。观，古玩翻。

2 汉主势改元太和；尊母阎氏为皇太后，立妻李氏为皇后。

3 燕王皝与左司马高诩谋伐宇文逸豆归，诩曰："宇文强盛，今不取，必为国患，伐之必克；然不利于将。"将，即亮翻。出而告人曰："吾往必不返，然忠臣不避也。"于是皝自将伐逸豆归。将，即亮翻；下同。以慕容翰为前锋将军，刘佩副之；分命慕容军、慕容恪、慕容霸及折冲将军慕舆根将兵，三道并进。

高诩将发，不见其妻，使人语以家事而行。语，牛倨翻。

逸豆归遣南罗大涉夜干将精兵逆战，南罗，城名。大，城大也。慕容既克宇文，改南罗城为威德城。考异曰：慕容皝载记作"涉弈干"。今从燕书。皝遣人驰谓慕容翰曰："涉夜干勇冠三军，冠，古玩翻。宜小避之。"翰曰："逸豆归扫其国内精兵以属涉夜干，属，之欲翻。涉夜干素有勇名，一国所赖也；今我克之，其国不攻自溃矣。且吾孰知涉夜干之为人，孰，与熟同。虽有虚名，实易与耳，不宜避之以挫吾兵气。"遂进战。翰自出冲陈，易，以豉翻。陈，读曰阵。涉夜干出应之；慕容霸从傍邀击，遂斩涉夜干。宇文士卒见涉夜干死，不战而溃；燕军乘胜逐之，遂克其都城。宇文国，都辽西紫蒙川。逸豆归走死漠北，宇文氏由是散亡。皝悉收其畜产、资货，徙其部众五千馀落于昌黎，辟地千馀里。更命涉夜干所居城曰威德城，使弟彪戍之而还。高诩、刘佩皆中流矢卒。还，音旋。中，竹仲翻。卒，子恤翻。

诩善天文，皝尝谓曰："卿有佳书而不见与，何以为忠尽！"诩曰："臣闻人君执要，人臣执职。执要者逸，执职者劳。是以后稷播种，尧不预焉。占候、天文，晨夜甚苦，非至尊之所宜亲，殿下将焉用之！"焉，于虔翻。皝默然。

初，逸豆归事赵甚谨，贡献属路。属，之欲翻。及燕人伐逸豆归，赵王虎使右将军白胜、并州刺史王霸自甘松出救之，甘松在濡源之东，突门岭之西。比至，比，必寐翻。宇文氏已亡，因攻威德城，不克而还；慕容彪追击，破之。

慕容翰之与宇文氏战也，为流矢所中，卧病积时不出。后渐差，差，楚懈翻，疾瘳也。于其家试骋马。或告翰称病而私习骑乘，疑欲为变。燕王皝虽借翰勇略，然中心终忌之，乃赐翰死。翰曰："吾负罪出奔，既而复还，翰出奔见九十五卷成帝咸和八年；还见上卷咸康六年。复，扶又翻。今日死已晚矣。然羯贼跨据中原，吾不自量，量，音良。欲为国家荡壹区夏；为，于伪翻。夏，户雅翻。此志不遂，没有遗恨，命矣夫！”饮药而卒。考异曰：三十国春秋云：“永和二年，九月，杀翰。”燕书翰传：“翰尝临陈，为流矢所中，病卧，岁时不出入；后渐差，试马。”按自讨宇文后，翰未尝预攻战。自建元二年正月至永和二年九月，已逾年矣，三十国春秋恐误。今从载记翰传。

4 代王什翼犍遣其大人长孙秩迎妇于燕。拓跋邻之统国也，以次兄为拔拔氏，厥后孝文帝用夏变夷，改为长孙氏。史以华言书其后所改姓。

5 夏，四月，凉州将张瓘败赵将王擢于三交城。三交城在朔方之西。宋白曰：三交土堠在绥州东北七十五里。将，即亮翻。败，补迈翻。

6 初，赵领军王朗言于赵王虎曰：“盛冬雪寒，而皇太子使人伐宫材，引于漳水，役者数万，吁嗟满道，陛下宜因出游罢之。”虎从之。太子宣怒。会荧惑守房，天文志：房四星为明堂，天子布政之宫也，亦四辅也。下第一星，上将也；次，次将也；次，次相也；上星，上相也。荧惑守房、心，王者恶之。荧惑，天子理也；故曰，虽有明天子，必谨视荧惑所在。宣使太史令赵揽言于虎曰：“房为天王，今荧惑守之，其殃不细。宜以贵臣王姓者当之。”虎曰：“谁可者？”揽曰：“无贵于王领军。”虎意惜朗，使揽更言其次。揽无以对，因曰：“其次唯中书监王波耳。”虎乃下诏，追罪波前议楛矢事，见上卷成帝咸康六年。腰斩之，及其四子，投尸漳水；既而愍其无罪，追赠司空，封其孙为侯。

7 赵平北将军尹农攻燕凡城，不克而还。

8 汉太史令韩皓上言：“荧惑守心，乃宗庙不修之谴。”以七曜所经周天三百六十五度四分度之一考之，房六度太，心三度太。五星入之，久而不去，谓之守。时赵太史以为荧惑守房，汉太史以为荧惑守心，是则躔度之难知也。汉主势命群臣议之。相国董皎、侍中王嘏以为：“景、武创业，献、文承基，至亲不远，无宜疏绝。”乃更命祀成始祖、太宗，皆谓之汉。李特谥景武皇帝，庙号始祖；雄谥武皇帝，庙号太宗；骧谥献皇帝；寿谥文皇帝。特、骧，兄弟也；雄、寿，从兄弟也，故曰至亲不远。李寿改立宗庙，见上卷成帝咸康四年。

9 征西将军庾翼使梁州刺史桓宣击赵将李罴于丹水，为罴所败，败，补迈翻。翼贬宣为建威将军。宣惭愤成疾，秋，八月，庚辰，卒。翼以长子方之为义城太守，沈约曰：义成郡，晋孝武立，治襄阳。五代志曰：襄阳郡谷城县，旧曰义城，置义城郡。又按晋书桓宣传，陶侃使宣镇襄阳，以其淮南部曲立义成郡；则此郡立于咸和中明矣。"城"，当作"成"。代领宣众；又以司马应诞为襄阳太守，参军司马勋为梁州刺史，戍西城。西城县，时属魏兴郡。

10 中书令褚裒固辞枢要；闰月，丁巳，以裒为左将军、都督兖州·徐州之琅邪诸军事、兖州刺史，镇金城。金城在江乘之蒲洲，琅邪侨郡亦以为治所。

11 帝疾笃，庾冰、庾翼欲立会稽王昱为嗣；会，工外翻。中书监何充建议立皇子聃，聃，他含翻。帝从之。九月，丙申，立聃为皇太子。戊戌，帝崩于式乾殿。年二十三。建康宫殿皆用洛都旧名。己亥，何充以遗旨奉太子即位，大赦。由是冰、翼深恨充。尊皇后褚氏为皇太后。时穆帝方二岁，太后临朝称制。朝，直遥翻；下同。何充加中书监，录尚书事。充自陈既录尚书，不宜复监中书；中书监之"监"，古陷翻；监中书之"监"，古衔翻。复，扶又翻；下同。许之，复加侍中。

充以左将军褚裒，太后之父，宜综朝政，上疏荐裒参录尚书；乃以裒为侍中、卫将军、录尚书事，持节、督、刺史如故。裒，蒲侯翻。裒以近戚，惧获讥嫌，上疏固请居藩；改授都督徐·兖·青三州·扬州之二郡诸军事、卫将军、徐·兖二州刺史，镇京口。扬州之二郡，晋陵、义兴也。尚书奏："裒见太后，在公庭则如臣礼，私觌则严父；"朱熹曰：私觌，以私礼见也；严，尊也。从之。

12 冬，十月，乙丑，葬康帝于崇平陵。

13 江州刺史庾冰有疾；太后征冰辅政，冰辞，十一月，庚辰，卒。庾翼以家国情事，言以兄弟之情，则当赴冰之丧；以国事，则当治兵以图收复。留子方之为建武将军，戍襄阳；方之年少，少，诗照翻。以参军毛穆之为建武司马以辅之。穆之，宝之子也。毛宝豫有平苏峻之功，邾城之陷，宝死焉。翼还镇夏口。夏，户雅翻。诏翼复督江州，又领豫州刺史。翼辞豫州，复欲移镇乐乡，诏不许。翼仍缮修军器，大佃积谷，以图后举。佃，亭年翻。

14 赵王虎作河桥于灵昌津，采石为中济，滑台故郑之廪延也，城下有延津；又西为灵昌津；石勒攻刘曜，途出于此，以河冰泮为神灵之助，号是处为灵昌津。大河深广，必下石为中济，两岸系巨緪以维船，然后可以立桥，如河阳桥、蒲津桥之中潬是也。采石，采取石也。济，如字。石下，辄随流，河流漂急，故石下辄随流而去。用功五百馀万而桥不成，虎怒，斩匠而罢。

孝宗穆皇帝上之上 讳聃，字彭子，康帝子也。谥法：中情见貌曰穆。

永和元年（乙巳、三四五）

1 春，正月，甲戌朔，皇太后设白纱帷于太极殿，抱帝临轩。

2 赵义阳公鉴镇关中，役烦赋重；文武有长发者，辄拔为冠缨，缨，冠系也。馀以给宫人。长史取发白赵王虎，虎征鉴还邺，以乐平公苞代镇长安。发雍、洛、秦、并州十六万人石虎分司州之河南、弘农、荥阳，兖州之陈留、东燕置洛州。雍，于用翻。治长安未央宫。治，直之翻。

虎好猎，晚岁，体重不能跨马，乃造猎车千乘，好，呼到翻。乘，绳证翻。刻期校猎。自灵昌津南至荥阳东极阳都为猎场，阳都县，前汉属城阳国，后汉、晋属琅邪国。贤曰：阳都故城在今沂州沂水县南；又曰，在承县南。使御史监察监，工衔翻。其中禽兽，有犯者罪至大辟。辟，毗亦翻。民有美女、佳牛马，御史求之不得，皆诬以犯兽，论死者百馀人。发诸州二十六万人修洛阳宫。发百姓牛二万头配朔州牧官。赵置牧官于朔方。增置女官二十四等，东宫十二等，公侯七十馀国皆九等，大发民女三万馀人，料为三等以配之；太子、诸公私令采发者又将万人。郡县务求美色，多强夺人妻，杀其夫及夫自杀者三千馀人。至邺，虎临轩简第，以使者为能，封侯者十二人。荆楚、扬、徐之民流叛略尽；荆楚，以国言，扬、徐，以州言。赵之壤地，南阳、汝南则故荆楚之地也，寿阳则扬州之地也，彭城、下邳、东海、琅邪、东莞则徐州之地也。一曰，荆楚、扬、徐之民先被掠及流入北界者，今流叛略尽。守令坐不能绥怀，下狱诛者五十馀人。下，遐稼翻。金紫光禄大夫逯明金紫光禄大夫，即光禄大夫之加金章紫绶者，自此遂以为官称。逯，卢谷翻。因侍切谏，因侍见而切谏也。虎大怒，使龙腾拉杀之。虎募骁勇，拜为龙腾中郎。拉，落合翻。

3 燕王皝以牛假贫民，使佃苑中，佃，亭年翻。税其什之八，自有牛者税其七。记室参军封裕上书谏，以为“古者什一而税，天下之中正也。降及魏、晋，仁政衰薄，假官田官牛者不过税其什六，自有牛者中分之，犹不取其七八也。自永嘉以来，海内荡析，武宣王绥之以德，慕容廆谥武宣王。华夷之民，万里辐凑，襁负而归之者，若赤子之归父母，是以户口十倍于旧，无田者什有三四。及殿下继统，南摧强赵，东兼高句丽，北取宇文，民归慕容廆事见八十八卷愍帝建兴元年；皝破赵事见上卷成帝咸康四年；破高丽见上卷咸康八年；取宇文见上康帝建元二年。拓地三千里，增民十万户；是宜悉罢苑囿以赋新民，无牛者官赐之牛，不当更收重税也。且以殿下之民用殿下之牛，牛非殿下之有，将何在哉！如此，则戎旗南指之日，民谁不箪食壶浆以迎王师，用孟子语。食，祥吏翻。石虎谁与处矣！处，昌吕翻；下同。川渎沟渠有废塞者，塞，悉则翻；下同。皆应通利，旱则灌溉，潦则疏泄。一夫不耕，或受之饥，况游食数万，何以得家给人足乎！今官司猥多，虚费廪禄，苟才不周用，皆宜澄汰。以用水为谕，澄之使清而汰去其沙泥也。工商末利，宜立常员。学生三年无成，徒塞英俊之路，皆当归之于农。塞，悉则翻。殿下圣德宽明，博察刍荛，文王询于刍荛。刈草曰刍，采薪曰荛。荛，如招翻。参军王宪、大夫刘明并以言事忤旨，主者处以大辟，主者，谓其时主断宪、明之狱者。忤，五故翻。处，昌吕翻。辟，毗亦翻。殿下虽恕其死，犹免官禁锢。夫求谏诤而罪直言，是犹适越而北行，必不获其所志矣。右长史宋该等阿媚苟容，轻劾谏士，劾，户概翻，又户得翻。己无骨鲠，骨鲠，以喻刚强正直者。毛晃曰：鲠，鱼骨；又骨不下咽为鲠。以其謇谔难受，如鱼骨之哽咽也。嫉人有之，掩蔽耳目，不忠之甚者也。"皝乃下令，称："览封记室之谏，孤实惧焉。国以民为本，民以谷为命，可悉罢苑囿以给民之无田者。实贫者，官与之牛；力有馀愿得官牛者，并依魏、晋旧法。沟渎各【章：十二行本"各"作"果"；乙十一行本同；孔本同。】有益者，令以时修治。治，直之翻。今戎事方兴，勋伐既多，王功曰勋；积功曰伐。官未可减，俟中原平壹，徐更议之。工商、学生皆当裁择。夫人臣关言于人主，至难也，关，白也。王褒圣主得贤臣颂曰：进退得关其忠。虽有狂妄，当择其善者而从之。王宪、刘明，虽罪应废黜，亦由孤之无大量也，可悉复本官，仍居谏司。封生謇謇，深得王臣之体，易曰：王臣謇謇，匪躬之故。其赐钱五万。宣示内外，有欲陈孤过者，不拘贵贱，勿有所讳！"皝雅好文学，好，呼到翻。常亲临庠序讲授，考校学徒至千馀人，颇有妄滥者，故封裕及之。

4 诏征卫将军褚裒，欲以为扬州刺史、录尚书事。吏部尚书刘遐、长史王胡之说裒曰：说，输芮翻。“会稽王令德雅望，国之周公也，足下宜以大政授之。”裒乃固辞，归藩。壬戌，以会稽王昱为抚军大将军，录尚书六条事。刘聪以其子粲为丞相，领大将军，录尚书事；刘延年录尚书六条事。录六条事，在录尚书事之下，是必魏晋之间先有是官，聪承而置之也。注又见前。会，工外翻。

昱清虚寡欲，尤善玄言，常以刘惔、王濛及颍川韩伯为谈客，惔，徒甘翻。又辟郗超为抚军掾，谢万为从事中郎。超，鉴之孙也，郗鉴，南渡初名臣。掾，以绢翻。少卓荦不羁。少，诗照翻。荦，吕角翻。卓荦不羁，卓，高也，荦，有力也；言其气韵甚高，且有才力，譬之马驹逸群，不可得而羁絷也。父愔，简默冲退而啬于财，积钱至数千万，愔，于今翻。尝开库任超所取；超散施亲故，一日都尽。史言郗超才具足以用世，晋朝不能用，惜其为桓温用也。施，式豉翻。万，安之弟也，清旷秀迈，亦有时名。

5 燕有黑龙、白龙见于龙山，龙山在龙城之东。见，贤遍翻。交首游戏，解角而去。燕王皝亲祀以太牢，赦其境内，命所居新宫曰和龙。

6 都亭肃侯庾翼疽发于背，谥法：刚克为伐曰肃；执心决断曰肃。疽，千余翻。表子爰之行辅国将军、荆州刺史，委以后任；司马义阳朱焘为南蛮校尉，以千人守巴陵。秋，七月，庚午，卒。

翼部将干瓒等作乱，干，姓也。左传，宋有干犨。瓒，藏旱翻。杀冠军将军曹据。冠，古玩翻。朱焘与安西长史江虨、虨，逋闲翻。建武司马毛穆之、庾翼以子方之为建武将军，守襄阳，以穆之为司马。穆之即虎生也。穆之，字宪祖，小字虎生，名犯王靖后讳，故改行字；后又以桓温母讳宪，乃更称小字。按晋书后妃传，哀靖王皇后，讳穆之。将军袁真共诛之。虨，统之子也。

7 八月，豫州刺史路永叛奔赵，赵王虎使永屯寿春。路永，苏峻降将也。

8 庾翼既卒，朝议皆以诸庾世在西藩，人情所安，宜依翼所请，以庾爰之代其任。何充曰："荆楚，国之西门，户口百万，北带强胡，西邻劲蜀，地势险阻，周旋万里；得人则中原可定，失人则社稷可忧，陆抗所谓'存则吴存，亡则吴亡'者也，陆抗垂没之疏，见八十卷武帝泰始十年。岂可以白面少年当之哉！少，诗照翻。桓温英略过人，有文武器干，西夏之任，无出温者。"夏，户雅翻。议者又曰："庾爰之肯避温乎？如令阻兵，耻惧不浅。"言不能制爰之，将为国耻，又有可惧者。盖以王敦、苏峻待爰之也。充曰："温足以制之，诸君勿忧。"

丹杨尹刘惔每奇温才，然知其有不臣之志，谓会稽王昱曰："温不可使居形胜之地，其位号常宜抑之。"劝昱自镇上流，以己为军司，昱不听；又请自行，亦不听。刘惔，谈客耳；其言桓温无不中，盖深知温之才者。设使昱镇上流，惔为司马，未足以敌燕、秦。扬子曰：非苟知之，亦允蹈之；非知之难，行之为难也。惔，徒甘翻。

庚辰，以徐州刺史桓温为安西将军、持节、都督荆·司·雍·益·梁·宁六州诸军事、领护南蛮校尉、荆州刺史，为桓温专制晋朝张本。雍，于用翻。爰之果不敢争。又以刘惔监沔中诸军事，领义成太守，监，工衔翻。代庾方之。徙方之、爰之于豫章。

桓温尝乘雪欲猎，先过刘惔，惔见其装束甚严，谓之曰："老贼欲持此何为？"温笑曰："我不为此，卿安得坐谈乎！"温以此语答惔，尽之矣；温亦知惔之悉其才，故发是言。

9 汉主势之弟大将军广，以势无子，求为太弟；势不许。马当、解思明谏曰："陛下兄弟不多，若复有所废，复，扶又翻。将益孤危，"固请许之。势疑其与广有谋，收当、思明斩之，夷其三族。储君不可求，使马当、解思明为国计，固当从容言之，使其主自悟，安可固以为请也！相从而就死，宜矣。解，户买翻。遣太保李奕袭广于涪城，贬广为临邛侯，广自杀。思明被收，叹曰："国之不亡，以我数人在也，涪，音浮。邛，渠容翻。被，皮义翻。今其殆矣！"言笑自若而死。思明有智略，敢谏诤；马当素得人心；及其死，士民无不哀之。

10 冬，十月，燕王皝使慕容恪攻高句丽，拔南苏，南苏城在南陕之东，唐平高丽，置南苏州。置戍而还。还，从宣翻，又如字。

11 十二月，张骏伐焉耆，降之。降，户江翻。是岁，骏分武威等十一郡为凉州，骏分武威、武兴、西平、张掖、酒泉、建康、西郡、湟河、晋兴、须武、安故合十一郡为凉州。以世子重华为刺史；分兴晋等八郡为河州，骏分兴晋、金城、武始、南安、永晋、大夏、武成、汉中八郡为河州。以宁戎校尉张瓘为刺史；分敦煌等三郡及西域都护三营为沙州，晋志惟载敦煌、晋昌二郡，西域都护；张茂以校尉、玉门大护军三郡、三营为沙州，而一郡不见于史，盖缺文也。敦，徒门翻。以西胡校尉杨宣为刺史。骏自称大都督、大将军、假凉王，督摄三州；始置祭酒、郎中、大夫、舍人、谒者等官，官号皆仿天朝朝，直遥翻；下同。而微变其名；车服旌旗拟于王者。

12 赵王虎以冠军将军姚弋仲为持节、十郡六夷大都督、冠军大将军。冠，古玩翻。弋仲清俭鲠直，不治威仪，言无畏避，虎之篡，弋仲正色责之，可以见其言无畏避矣。治，直之翻；下同。虎甚重之；朝之大议，每与参决，公卿皆惮而下之。朝，直遥翻。下，遐稼翻。武城左尉，虎宠姬之弟也，东武城县属清河郡，唐属贝州。弋仲营于广川清河之滠头。尝入弋仲营，侵扰其部众。弋仲执而数之曰："尔为禁尉，禁尉者，言尉职所以禁止奸非也。数，所具翻。迫胁小民；我为大臣，目所亲见，不可纵也。"命左右斩之；尉叩头流血，左右固谏，乃止。

13 燕王皝以为古者诸侯即位，各称元年，于是始不用晋年号，自称十二年。燕自是不复禀命于晋矣。

14 赵王虎使征东将军邓恒将兵数万屯乐安，治攻具，为取燕之计。恒，户登翻。燕王皝以慕容霸为平狄将军，平狄将军，始于汉光武以命庞萌。戍徒河；恒畏之，不敢犯。

二年（丙午、三四六）

1 春，正月，丙寅，大赦。

2 己卯，都乡文穆公【章：十二行本“公”作“侯”；乙十一行本同；孔本同。】何充卒。充有器局，临朝正色，以社稷为己任，所选用皆以功效，不私亲旧。

3 初，夫馀居于鹿山，夫馀在玄菟北千馀里，鹿山盖直其地。杜佑曰：夫馀国有印，文曰“涉王之印”，国有故城，名涉城，盖本涉貊之地。其国在长城之北，去玄菟千里，南与高丽、东与挹娄、西与鲜卑接。为百济所侵，东夷有三韩国：一曰马韩，二曰辰韩，三曰弁韩。马韩有五十四国，百济其一也，后渐强大，兼诸小国；其国本与句丽俱在辽东之东千馀里。隋书曰：百济出自东明，其后有仇台者，始立其国，渐以强盛，初以百家济海，因号百济。杜佑曰：百济南接新罗，北拒高丽千馀里，西限大海，处小海之南。部落衰散，西徙近燕，而不设备。近，其靳翻。燕王皝遣世子儁帅慕容军、慕容恪、慕舆根三将军、万七千骑袭夫馀。帅，读曰率。儁居中指授，军事皆以任恪，遂拔夫馀，虏其王玄及部落五万馀口而还。皝以玄为镇军将军，妻以女。妻，千细翻。

4 二月，癸丑，以左光禄大夫蔡谟领司徒，与会稽王昱同辅政。

5 褚裒荐前光禄大夫顾和、前司徒左长史殷浩；三月，丙子，以和为尚书令，浩为建武将军、扬州刺史。和有母丧，固辞不起，谓所亲曰：“古人有释衰绖从王事者，衰，仓回翻。以其才足干时故也；如和者，正足以亏孝道，伤风俗耳。”识者美之。浩亦固辞。会稽王昱与浩书曰："属当厄运，属，之欲翻。危弊理极，足下沈识淹长，沈，持林翻。足以经济。若复深存挹退，复，扶又翻。苟遂本怀，吾恐天下之事于此去矣。足下去就，即时之废兴，则家国不异，言国兴则家亦与之俱兴，国废则家亦与之俱废也。足下宜深思之！"浩乃就职。

6 夏，四月，己酉朔，日有食之。

7 五月，丙戌，西平忠成公张骏薨。官属上世子重华为使持节、大都督、太尉、护羌校尉、凉州牧、西平公、假凉王；上，时掌翻。赦其境内；尊嫡母严氏为大王太后，母马氏为王太后。

8 赵中黄门严生恶尚书朱轨，恶，乌路翻。会久雨，生谮轨不修道路，又谤讪朝政，朝，直遥翻；下同。赵王虎囚之。蒲洪谏曰："陛下既有襄国、邺宫，又修长安、洛阳宫殿，将以何用！作猎车千乘，环数千里以养禽兽，环，音宦。夺人妻女十馀万口以实后宫，事并见上年。圣帝明王之所为，固若是乎！今又以道路不修，欲杀尚书。陛下德政不修，天降淫雨，七旬乃霁。霁方二日，虽有鬼兵百万，亦未能去道路之涂潦，去，羌吕翻。而况人乎！政刑如此，其如四海何，其如后代何！言天下后世，必将贬议其失也。愿止作徒，罢苑囿，出宫女，赦朱轨，以副众望。"虎虽不悦，亦不之罪，为之罢长安、洛阳作役，为，于伪翻。而竟诛朱轨。又立私论朝政之法，听吏告其君，奴告其主。公卿以下，朝觐以目相顾，不敢复相过从谈语。复，扶又翻。过，古禾翻，经过也。石虎之法，虽周厉王之监谤，秦始皇之禁耦语，不如是之甚也。

9 赵将军王擢击张重华，袭武街，执护军曹权、胡宣，张骏置五屯护军，武街其一也，在陇西。水经注曰：狄道县西南有武街城。晋志，惠帝分陇西立狄道郡，又立武街县属焉。徙七千馀户于雍州。雍，于用翻。凉州刺史麻秋、赵使麻秋攻凉州，故授以刺史。将军孙伏都攻金城，太守张冲请降，凉州震恐。

重华悉发境内兵，使征南将军裴恒将之以御赵；恒壁于广武，张寔分金城之令居、枝阳二县，又立永登县，合三县立广武郡。水经注，广武城在枝阳县西。五代志，武威郡允吾县，后魏置，曰广武。刘昫曰：唐兰州广武县，汉枝阳县地。恒，户登翻。久而不战。凉州司马张耽言于重华曰："国之存亡在兵，兵之胜败在将。今议者举将，多推宿旧。将，息亮翻。夫韩信之举，非旧德也。举韩信事见九卷汉高帝元年。盖明主之举，举无常人，才之所堪，则授以大事。今强寇在境，诸将不进，人情危惧。主簿谢艾，兼资文武，可用以御赵。"重华召艾，问以方略；艾愿请兵七千人，必破赵以报。重华拜艾中坚将军，给步骑五千，使击秋。艾引兵出振武，夜有二枭鸣于牙中，艾曰："六博得枭者胜；尔雅翼：博之采有枭。博兼行恶道，故以枭为采。今枭鸣牙中，克敌之兆也。"进与赵战，大破之，斩首五千级。重华封艾为福禄伯。福禄县，自汉以来属酒泉郡。宋白曰：肃州福禄县，周、隋为乐涫县；武德改为福禄，取汉旧名也。

麻秋之克金城也，县令敦煌车济不降，伏剑而死。县令，谓金城县令也。敦，徒门翻。秋又攻大夏，大夏县，汉属陇西郡；张轨分属晋兴郡，后又分置大夏郡。水经注，大夏县故城，在枹罕县西南，北临洮水。刘昫曰：河州大夏县，汉古县也，取县西大夏水以名之。护军梁式执太守宋晏，以城应秋，秋遣晏以书诱致宛戍都尉敦煌宋矩，诱，音酉。敦，徒门翻。矩曰："为人臣，功既不成，唯有死节耳。"先杀妻子而后自刎。刎，扶粉翻。秋曰："皆义士也，"收而葬之。

10 冬，汉太保李奕自晋寿举兵反，蜀人多从之，众至数万。汉主势登城拒战，时奕兵进逼成都。奕单骑突门，门者射而杀之，骑，奇寄翻。射，而亦翻。其众皆溃。势大赦境内，改元嘉宁。

势骄淫，不恤国事，多居禁中，罕接公卿，疏忌旧臣，信任左右，谗谄并进，刑罚苛滥，由是中外离心。蜀土先无獠，獠，鲁皓翻，西南夷名。北史曰：獠盖南蛮之别种，邛、笮川洞之间，散居山谷，种类甚多。略无氏族之别，又无名字，所生男女，唯以长幼次第呼之，其丈夫称"阿谟""阿段"，妇人"阿夷""阿等"之类，皆语之次第称谓也。至是始从山出，自巴西至犍为、梓潼，犍，居言翻。布满山谷十馀万落，不可禁制，大为民患；加以饥馑，四境之内，遂至萧条。

11 安西将军桓温将伐汉，将佐皆以为不可。江夏相袁乔劝之曰："夫经略大事，固非常情所及，智者了于胸中，不必待众言皆合也。今为天下之患者，胡、蜀二寇而已，蜀虽险固，比胡为弱，将欲除之，宜先其易者。易，以豉翻。李势无道，臣民不附，且恃其险远，不修战备。宜以精卒万人轻赍疾趋，比其觉之，比，必寐翻。我已出其险要，已出其险要，谓已逾险而出平地也。可一战擒也。蜀地富饶，户口繁庶，诸葛武侯用之抗衡中夏，诸葛亮谥忠武侯。夏，户雅翻。若得而有之，国家之大利也。论者恐大军既西，胡必窥觎，此似是而非。胡闻我万里远征，以为内有重备，必不敢动；纵有侵轶，轶，直结翻，又音逸。杜预曰：轶，突也。缘江诸军足以拒守，必无忧也。"温从之。乔，瓌之子也。袁瓌见九十五卷成帝咸康三年。瓌，工回翻。

十一月，辛未，温帅益州刺史周抚、南郡太守谯王无忌伐汉，帅，读曰率；下同。拜表即行；委安西长史范汪以留事，加抚都督梁州之四郡诸军事；梁州四郡，涪陵、巴东、巴西、巴郡也。使袁乔帅二千人为前锋。

朝廷以蜀道险远，温众少而深入，少，诗沼翻。皆以为忧，惟刘惔以为必克。或问其故，惔曰："以博知之。温，善博者也，不必得则不为。但恐克蜀之后，温终专制朝廷耳。"

三年（丁未、三四七）

1 春，二月，桓温军至青衣。青衣县，汉属蜀郡；后汉顺帝阳嘉二年，更名汉嘉；蜀立为汉嘉郡。刘昫曰：眉州青神县临青衣江，西魏置青衣县。青衣水出卢山徼外，东北流至武阳而合于江。杜佑曰：嘉州故夜郎国，汉武开置犍为郡，治龙游县，汉之青衣道也，在大江、青衣二水之会。汉主势大发兵，遣叔父右卫将军福、从兄镇南将军权、前将军昝坚等将之，自山阳趣合水。山阳之地，盖在岷江之北，峨眉山之阳。水经注：江水东南过犍为武阳县，青衣水、沫水从西南来合注之。所谓合水，当是此地。从，才用翻。昝，子感翻。将，即亮翻。趣，七喻翻。诸将欲设伏于江南以待晋兵，昝坚不从，引兵自江北鸳鸯碕渡向犍为。碕，渠宜翻，曲岸也。犍为，唐嘉州犍为县即其地，在州东南。

三月，温至彭模；彭模，即汉犍为郡武阳县之彭亡聚也，岑彭死处。水经注：江水自武阳东至彭亡聚，谓之平模水，亦曰外水。平模去成都二百里，在今眉州彭山县。议者欲分为两军，异道俱进，以分汉兵之势。袁乔曰："今悬军深入万里之外，胜则大功可立，不胜则噍类无遗，噍，才肖翻。当合势齐力，以取一战之捷。若分两军，则众心不一，万一偏败，偏败，谓两道并进，或一军为蜀所败。大事去矣。不如全军而进，弃去釜甑，赍三日粮，以示无还心，胜可必也。"温从之。留参军孙盛、周楚将羸兵守辎重，将，即亮翻；下同。重，直用翻。温自将步卒直指成都。楚，抚之子也。

李福进攻彭模，孙盛等奋击，走之。温进，遇李权，三战三捷，汉兵散走归成都，镇军【章：十二行本"军"作"东"；乙十一行本同；孔本同。】将军李位都迎诣温降。降，户江翻；下同。昝坚至犍为，犍，居言翻。乃知与温异道，还，自沙头津济，比至，比，必寐翻。温已军于成都之十里陌，坚众自溃。

势悉众出战于成都之笮桥，水经注：万里桥西，上曰夷桥，亦曰笮桥。笮，疾各翻。温前锋不利，参军龚护战死，矢及温马首。众惧，欲退，而鼓吏误鸣进鼓；雷鼓以进众曰进鼓。袁乔拔剑督士卒力战，遂大破之。温乘胜长驱至成都，纵火烧其城门。汉人惶惧，无复斗志。复，扶又翻。势夜开东门走，至葭萌，葭，音家。使散骑常侍王幼送降文于温，散，悉亶翻。骑，奇寄翻。自称“略阳李势叩头死罪，”李氏，其先自巴西迁略阳。寻舆榇面缚诣军门。温解缚焚榇，送势及宗室十馀人于建康；榇，初觐翻。引汉司空谯献之等以为参佐，举贤旌善，蜀人悦之。

2 日南太守夏侯览贪纵，侵刻胡商，又科调船材，夏，户雅翻。调，徒吊翻。云欲有所讨，由是诸国恚愤。恚，於避翻。林邑王文攻陷日南，将士死者五六千，将，即亮翻。杀览，以尸祭天；檄交州刺史朱蕃，请以郡北横山为界。今邕州南界有横山，其山横截江河，我朝置横山寨及买马场。按刘昫旧唐志，汉武帝开百越，于交趾郡南三千里置日南郡，治于朱吾。林邑，即汉日南郡之象林县，在郡南界四百里。后汉时中原丧乱，象林县人区连，杀县令，自称林邑王，遂为林邑国。邕州渡海乃至交趾，交趾三千里乃至日南。此横山自在日南郡北界，非今邕州之横山。文既去，蕃使督护刘雄戍日南。

3 汉故尚书仆射王誓、镇东将军邓定、平南将军王润、将军隗文等皆举兵反，隗，五猥翻。众各万馀。桓温自击定，使袁乔击文，皆破之。温命益州刺史周抚镇彭模，斩王誓、王润。温留成都三十日，振旅还江陵。传曰：入而振旅。杜预注：振，整也；旅，众也。李势至建康，封归义侯。夏，四月，丁巳，邓定、隗文等入据成都，征虏将军杨谦弃涪城，退保德阳。涪，音浮。

4 赵凉州刺史麻秋攻枹罕。晋昌太守郎坦以城大难守，惠帝分敦煌、酒泉为晋昌郡。枹罕县，前汉属金城郡，后汉属陇西郡，张轨分属晋兴郡。水经注，晋昌川在湟中浩亹县西南。刘昫曰：晋昌郡，汉寘安县地；唐为晋昌县，瓜州治所。枹，音肤。欲弃外城。武成太守张悛曰：武成郡，亦张氏置。悛，丑缘翻，又七伦翻。“弃外城则动众心，大事去矣。”宁戎校尉张璩从悛言，固守大城。宁戎校尉，亦张氏所置。郎坦、张悛盖以各郡太守从张璩守枹罕。璩，求于翻。秋帅众八万围堑数重，帅，读曰率；下同。重，直龙翻。堑，七艳翻。云梯地突，百道皆进；地突者，为地道突出于城中。城中御之，秋众死伤数万。赵王虎复遣其将刘浑等帅步骑二万会之。复，扶又翻。将，即亮翻；下除将军外并同。郎坦恨言不用，教军士李嘉潜引赵兵千馀人登城；璩督诸将力战，杀二百馀人，赵兵乃退。璩烧其攻具，秋退保大夏。夏，户雅翻。

虎以中书监石宁为征西将军，帅并、司州兵二万馀人为秋等后继。张重华将宋秦等帅户二万降于赵。降，户江翻。重华以谢艾为使持节、军师将军，使，疏吏翻。帅步骑三万进军临河。艾乘轺车，戴白帢，轺，音遥。帢，古洽翻。鸣鼓而行。秋望见，怒曰："艾年少书生，冠服如此，轻我也，"命黑矟龙骧三千人驰击之；矟，音朔。骧，思将翻。艾左右大扰。或劝艾宜乘马，艾不从，下车，踞胡床，胡床盖今交椅之类。孔颖达曰：今之交床，制本自虏来，隋以谶有胡，改名交床。指麾处分，处，昌吕翻。分，扶问翻。赵人以为有伏兵，惧不敢进。别将张瑁自间道引兵截赵军后，瑁，莫报翻。间，古苋翻。赵军退，艾乘势进击，大破之，斩其将杜勋、汲鱼，获首虏万三千级，秋单马奔大夏。

五月，秋与石宁复帅众十二万进屯河南，复，扶又翻。刘宁、王擢略地晋兴、广武、武街，张轨分西平界置晋兴郡。至于曲柳。曲柳，地名，在洪池岭北。张重华使将军牛旋拒之，退守枹罕，姑臧大震。重华欲亲出拒之，谢艾固谏。索【章：十二行本"索"上有"别驾从事"四字；乙十一行本同；孔本同；张校同；退斋校同。】遐曰：索，昔各翻。"君者，一国之镇，不可轻动。"乃以艾为使持节、都督征讨诸军事、行卫将军，遐为军正将军，古有军正。黄帝法曰，正无属将军，将军有罪以闻。盖军中执法者也。张氏遂以为将军之号。帅步骑二万拒之。别将杨康败刘宁于沙阜，败，补迈翻。宁退屯金城。

5 六月，辛酉，大赦。

6 秋，七月，林邑复陷日南，复，扶又翻；下同。杀督护刘雄。

7 隗文、邓定等立故国师范长生之子贲为帝而奉之，李雄以范长生为国师。以妖异惑众，蜀人多归之。妖，于骄翻。

8 赵王虎复遣征西将军孙伏都、将军刘浑帅步骑二万会麻秋军，长驱济河，击张重华，遂城长最。长最，地名，在金城河北。考异曰：晋春秋作"上最"。今从重华传。谢艾建牙誓众，有风吹旌旗东南指，索遐曰："风为号令，今旌旗指敌，天所赞也。"风云气候杂占曰：风不旁教，旌旗晕晕随风而扬举，或向敌，终日军行有功，胜候也。艾军于神鸟，王擢与艾前锋战，败，走还河南。八月，戊午，艾进击秋，大破之，秋遁归金城。虎闻之，叹曰："吾以偏师定九州，今以九州之力困于枹罕，彼有人焉，未可图也！"艾还，讨叛虏斯骨真等万馀落，皆破平之。

9 赵王虎据十州之地，幽、并、冀、司、豫、兖、青、徐、雍、秦十州。聚敛金帛，敛，力赡翻。及外国所献珍异，府库财物，不可胜纪；胜，音升。犹自以为不足，悉发前代陵墓，取其金宝。

沙门吴进言于虎曰：袁宏汉记曰：沙门，汉言息也，盖息欲以归于无为也。"胡运将衰，晋当复兴，宜苦役晋人以厌其气。"厌，一叶翻，厌胜也。虎使尚书张群发近郡男女十六万人，车十万乘，运土筑华林苑及长墙于邺北，广袤数十里。乘，绳证翻。华，如字。袤，音茂。申钟、石璞、赵揽等上疏陈天文错乱，百姓凋弊。虎大怒曰："使苑墙朝成，吾夕没，无恨矣。"促张群使然烛夜作；暴风大雨，死者数万人。郡国前后送苍麟十六，白鹿七，虎命司虞张曷柱调之以驾芝盖，晋职官志，太仆之属有典虞都尉，赵之司虞，即是官也。张曷柱，人姓名。芝盖者，盖为瑞芝之形。大朝会列于殿庭。朝，直遥翻。

九月，命太子宣出祈福于山川，因行游猎。宣乘大辂，羽葆华盖，建天子旌旗，十有六军戎卒十八万出自金明门，水经注，邺城有七门：南曰凤阳门，中曰中阳门，次曰广阳门，东曰建春门，北曰广德门，次曰厩门，西曰西明门，盖即金明门也。虎从其后宫升陵霄观望之，观，古玩翻。笑曰："我家父子如此，自非天崩地陷，当复何愁！但抱子弄孙，日为乐耳。"复，扶又翻。乐，音洛。

宣所舍，辄列人为长围，四面各百里，驱禽兽，至暮皆集其所，使文武皆跪立，重行围守，重，直龙翻。行，户刚翻。炬火如昼，命劲骑百馀驰射其中，宣与姬妾乘辇临观，兽尽而止。或兽有迸逸，迸，北孟翻。当围守者，有爵则夺马，步驱一日，无爵则鞭之一百。士卒饥冻死者万有馀人，所过三州十五郡，资储皆无孑遗。以下韬所出征之，宣所过三州，盖司、兖、豫也。

虎复命【章：十二行本"命"下有"秦公"二字；乙十一行本同；孔本同；退斋校同。】韬继出，自并州至于秦、雍亦如之。复，扶又翻。雍，于用翻。宣怒其与己钧敌，愈嫉之。宦者赵生得幸于宣，无宠于韬，微劝宣除之，于是始有杀韬之谋矣。

10 赵麻秋又袭张重华将张瑁，败之，据载记，瑁时屯河陕。败，补迈翻。斩首三千馀级。枹罕护军李逵帅众七千降于赵，自河以南，氐、羌皆附于赵。赵强凉弱，凉战虽数胜，人心随强弱而为向背，况复有张瑁之败乎！帅，读曰率。降，户江翻。

11 冬，十月，乙丑，遣侍御史俞归至凉州，授张重华侍中、大都督、督陇右·关中诸军事、大将军、凉州刺史、西平公。归至姑臧，重华欲称凉王，未肯受诏，使所亲沈猛私谓归曰："主公奕世为晋忠臣，奕世，累叶也。今曾不如鲜卑，何也？朝廷封慕容皝为燕王，而主公才为大将军，何以褒劝忠贤乎！明台宜移河右，共劝州主为凉王。归为侍御史，以将命故，谓之明台。移，谓移文。人臣出使，苟利社稷，专之可也。"使，疏吏翻。归曰："吾子失言！古者，列国之大夫率相谓曰吾子。仪礼注曰：子者，男子之美称。言吾子，相亲之辞。昔三代之王也，爵之贵者莫若上公；三代封建，列爵五等，曰公、侯、伯、子、男；上公九命作伯。及周之衰，吴、楚始僭号称王，而诸侯不之非，盖以蛮夷畜之也；借使齐、鲁称王，诸侯岂不四面攻之乎！汉高祖封韩、彭为王，寻皆诛灭，盖权时之宜，非厚之也。圣上以贵公忠贤，故爵以上公，任以方伯，宠荣极矣，岂鲜卑夷狄所可比哉！且吾闻之，功有大小，赏有重轻。今贵公始继世而为王，言重华始继父位，未有功于晋而求为王也。若帅河右之众，帅，读曰率。东平胡、羯，修复陵庙，迎天子返洛阳，将何以加之乎？"重华乃止。

12 武都氐王杨初遣使来称藩，诏以初为使持节、征南将军、雍州刺史、仇池公。使，疏吏翻。雍，于用翻。

13 十二月，振威护军萧敬文杀征虏将军杨谦，攻涪城，陷之，自称益州牧；遂取巴西，通于汉中。振威护军，晋官也。萧敬文以晋新并蜀，又有范贲之乱，故亦乘之而反。涪，音浮。

郑天挺标点王崇武聂崇岐覆校

资治通鉴卷第九十八

端明殿学士兼翰林侍读学士朝散大夫右谏议大夫
充集贤殿修撰权判西京留司御史台上柱国河内郡 司马光 奉敕编集
开国侯食邑一千三百户食实封四百户赐紫金鱼袋臣
后学天台 胡三省 音注

晋纪二十 起著雍涒滩(戊申)，尽上章阉茂(庚戌)，凡三年。

孝宗穆皇帝上之下

永和四年(戊申、三四八)

1 夏，四月，林邑寇九真，既再破日南，故进寇九真。九真郡，唐爱州。杀士民什八九。

2 赵秦公韬有宠于赵王虎，欲立之，以太子宣长，长，知两翻。犹豫未决。宣尝忤旨，忤，五故翻。虎怒曰："悔不立韬也!"韬由是益骄，造堂于太尉府，号曰宣光殿，梁长九丈。长，直亮翻。宣见之，大怒，斩匠，截梁而去；以犯其名也。韬怒，增之至十丈。宣闻之，谓所幸杨杯、【章：十二行本"杯"作"柸"；下同；乙十一行本同；孔本同。】牟成、赵生曰："凶竖傲愎乃敢尔！愎，弼力翻。汝能杀之，吾入西宫，虎居西宫。当尽以韬之国邑分封汝等。韬死，主上必临丧，吾因行大事，蔑不济矣。"左传：潘崇谓楚商臣曰："能行大事乎？"杜预注曰：大事，谓弑君。杯等许诺。

秋，八月，韬夜与僚属宴于东明观，水经注：石氏立东明观于邺东城上。因宿于佛精舍。佛精舍，佛寺也。僧徒专精修行之地，故谓之精舍。事物纪原曰：汉明帝于东都门外立精舍，以处摄摩腾、竺法兰。宣使杨杯等缘猕猴梯而入，梯小而长，人如猕猴攀缘而上，故曰猕猴梯。杀韬，置其刀箭而去。旦日，宣奏之，虎哀惊气绝，久之方苏。将出临其丧，司空李农谏曰："害秦公者未知何人，贼在京师，銮舆不宜轻出。"虎乃止，严兵发哀于太武殿。宣往临韬丧，不哭，直言"呵呵"，呵，虎何翻。呵呵，笑声。使举衾观尸，大笑而去。大被曰衾。收大将军记室参军郑靖、尹武等，将委之以罪。

虎疑宣杀韬，欲召之，恐其不入，乃诈言其母杜后哀过危惙；惙，陟劣翻；类篇丑例翻，困劣也；言其气息惙然，仅相属也。宣不谓见疑，入朝中宫，因留之。朝，直遥翻。建兴人史科知其谋，告之；魏土地记曰：建兴郡治阳阿县；阳阿县，汉属上党郡。魏收志曰：慕容永分上党置建兴郡。则其地非石赵所置建兴郡也。水经注曰：田融言赵立建兴郡于广宗城内，斯其是矣。虎使收杨杯、牟成，皆亡去；获赵生，诘之，具服。诘，去吉翻。虎悲怒弥甚，囚宣于席库，席库，藏席之所。以铁环穿其颔而锁之，取杀韬刀箭舐其血，哀号震动宫殿。锁，苏果翻。舐，直氏翻。号，户高翻。佛图澄曰："宣、韬皆陛下之子，今为韬杀宣，是重祸也。为，于伪翻。陛下若加慈恕，福祚犹长；若必诛之，宣当为彗星下扫邺宫。"彗，祥岁翻，又旋芮翻，又徐醉翻。虎不从。积柴于邺北，树标其上，标末置鹿卢，穿之以绳，鹿卢即樚轳。倚梯柴积，送宣其下，使韬所幸宦者郝稚、刘霸拔其发，抽其舌，牵之登梯；郝稚以绳贯其颔，鹿卢绞上。上，时掌翻。刘霸断其手足，断，丁管翻。斫眼溃肠，如韬之伤。四面纵火，烟炎际天。炎，读曰焰。虎从昭仪已下数千人登中台以观之。中台者，三台之中台，即铜爵台也。火灭，取灰分置诸门交道中。交道，午道也；一纵一横为午道。杀其妻子九人。宣少子才数岁，少，诗照翻。虎素爱之，抱之而泣，欲赦之，其大臣不听，就抱中取而杀之；儿挽虎衣大叫，至于绝带，虎因此发病。又废其后杜氏为庶人。诛其四率已下三百人，宦者五十人，皆车裂节解，弃之漳水。东宫有左、右、前、后四率。率，所律翻。支解者，解其四支；节解者，凡骨节节节解之也。洿其东宫以养猪牛。洿，汪乎翻。东宫卫士十馀万人皆谪戍凉州。赵未得凉州，置凉州于金城，谪使戍凉州之边也。为下高力叛张本。先是【章：十二行本“是”下有“散骑常侍”四字；乙十一行本同；退斋校同；张校同，云无注本亦脱。】赵揽言于虎曰：“宫中将有变，宜备之。”及宣杀韬，虎疑其知而不告，亦诛之。史言赵揽谈天于猜暴之朝以自祸。先，悉荐翻。

3 朝廷论平蜀之功，欲以豫章郡封桓温。尚书左丞荀蕤曰：“温若复平河、洛，复，扶又翻。将何以赏之？”乃加温征西大将军、开府仪同三司，封临贺郡公；加谯王无忌前将军；袁乔龙骧将军，封湘西伯。骧，思将翻。蕤，崧之子也。荀崧，荀藩之弟；永嘉之祸，相与建行台于密；建兴之初，又尝镇宛。

温既灭蜀，威名大振，朝廷惮之。会稽王昱以扬州刺史殷浩有盛名，朝野推服，引为心膂，与参综朝权，欲以抗温；由是与温寖相疑贰。为温废浩、胁制朝廷张本。朝，直遥翻。会，工外翻。

浩以征北长史荀羡、前江州刺史王羲之，夙有令名，擢羡为吴国内史，江左郡国，以吴为甲。羲之为护军将军，以为羽翼。羡，蕤之弟；羲之，导之从子也。从，才用翻。羲之以为内外协和，然后国家可安，劝浩【章：十二行本“浩”下有“及羡”二字；乙十一行本同；张校同，云无注本亦脱。】不宜与温构隙；浩不从。

4 燕王皝有疾，召世子儁属之曰：属，之欲翻。“今中原未平，方资贤杰以经世务。恪智勇兼济，才堪任重，汝其委之，以成吾志！”又曰：“阳士秋士行高洁，忠干贞固，阳骛，字士秋。行，下孟翻。可托大事，汝善待之！”九月，丙申，薨。年五十二。

5 赵王虎议立太子；太尉张举曰："燕公斌有武略，斌，音彬。彭城公遵有文德，惟陛下所择。"虎曰："卿言正起吾意。"戎昭将军张豺曰：载记曰：虎置左右戎昭、曜武将军，位在左右卫上。"燕公母贱，又尝有过；谓欲杀张贺度也，事见九十六卷成帝咸康六年。彭城公母前以太子事废，遵与邃同母。郑氏废见九十五卷咸康三年。今立之，臣恐不能无微恨，陛下宜审思之！"初，虎之拔上邽也，见九十四卷成帝咸和四年。张豺获前赵主曜幼女安定公主，有殊色，纳于虎，虎嬖之，嬖，卑义翻，又博计翻。生齐公世。豺以虎老病，欲立世为嗣，冀刘氏为太后，己得辅政，乃说虎曰："陛下再立太子，其母皆出于倡贱，说，输芮翻。倡，音昌。故祸乱相寻；今宜择母贵子孝者立之。"虎曰："卿勿言，吾知太子处矣。"虎再与群臣议于东堂，虎曰："吾欲以纯灰三斛自涤其肠，何为专生恶子，年逾二十辄欲杀父！今世方十岁，比其二十，吾已老矣。"比，必寐翻。乃与张举、李农定议，令公卿上书请立世为太子。大司农曹莫不肯署名，虎使张豺问其故，莫顿首曰："天下重器，不宜立少，少，诗照翻。故不敢署。"虎曰："莫，忠臣也，然未达朕意；张举、李农知朕意矣，可令谕之。"遂立世为太子，以刘昭仪为后。虎父子相残，废长立少，天将假手于冉闵以夷其种类也。

6 冬，十一月，甲辰，葬燕文明王；皝谥曰文明。世子儁即位，儁，字宣英，皝之第二子。赦境内；遣使诣建康告丧。使，疏吏翻。以弟交为左贤王，左长史阳骛为郎中令。

7 十二月，以左光禄大夫、领司徒、录尚书事蔡谟为侍中、司徒。谟上疏固让，谓所亲曰："我若为司徒，将为后代所哂，哂，式忍翻。义不敢拜也。"

五年（己酉、三四九）

1 春，正月，辛未朔，大赦。

2 赵王虎即皇帝位，虎以成帝咸康三年即天王位，今即皇帝位。大赦，改元太宁；诸子皆进爵为王。

故东宫高力等万馀人谪戍凉州，石宣简多力之士以卫东宫，号曰高力，置督将以领之。行达雍城，扶风雍县城也。雍，于用翻；下同。既不在赦例，又敕雍州刺史张茂送之，茂皆夺其马，使之步推鹿车，致粮戍所。推，吐雷翻。风俗通曰：鹿车窄小，裁容一鹿。高力督定阳梁犊定阳县，汉属上郡，晋省。后魏太安中置定阳郡；唐为延州临真县。因众心之怨，谋作乱东归，众闻之，皆踊抃大呼。踊，跳跃也。抃，拊手也。呼，火故翻。犊乃自称晋征东大将军，帅众攻拔下辨；辨，步苋翻。安西将军刘宁自安定击之，为犊所败。败，补迈翻。高力皆多力善射，一当十馀人，虽无兵甲，掠民斧，施一丈柯，攻战若神，柯，斧柄也。所向崩溃；戍卒皆随之，攻陷郡县，杀长吏、二千石，长，知两翻。长驱而东，比至长安，比，必寐翻。众已十万。乐平王苞尽锐拒之，一战而败。犊遂东出潼关，进趣洛阳。趣，七喻翻。赵主虎以李农为大都督、行大将军事，统卫军将军张贺度等步骑十万讨之，战于新安，新安县，汉属弘农郡，自晋以后属河南郡。骑，奇寄翻；下同。农等大败；战于洛阳，又败，退壁成皋。

犊遂东掠荥阳、陈留诸郡，武帝泰始二年，分河南置荥阳郡。虎大惧，以燕王斌为大都督，督中外诸军事，统冠军大将军姚弋仲、车骑将军蒲洪等讨之。斌，音彬。冠，古玩翻。弋仲将其众八千馀人至邺，自滠头至邺。将，即亮翻。求见虎。虎病，未之见，引入领军省，领军省，领军将军视事之所。赐以己所御食。弋仲怒，不食，曰："主上召我来击贼，当面见授方略，我岂为食来邪！为，于伪翻；下差为同。且主上不见我，我何以知其存亡邪？"虎力疾见之，弋仲让虎曰："儿死，愁邪，何为而病？儿幼时不择善人教之，使至于为逆；既为逆而诛之，又何愁焉！且汝久病，所立儿幼，谓太子世也。汝若不愈，天下必乱，当先忧此，勿忧贼也！犊等穷困思归，相聚为盗，所过残暴，何所能至！老羌为汝一举了之！”了，决也。弋仲性狷直，人无贵贱皆汝之，虎亦不之责。狷，吉掾翻。以石虎之猜暴而能容姚弋仲之狷直者，以其当理而切于事情也；苟徒狷直而不切当，殆难以免矣。于坐授使持节、征【章：十二行本“征”上有“侍中”二字；乙十一行本同；退斋校同。】西大将军，赐以铠马。坐，徂卧翻。使，疏吏翻。铠，可亥翻。弋仲曰：“汝看老羌堪破贼否？”乃被铠跨马于庭中，被，皮义翻。因策马南驰，不辞而出。遂与斌等击犊于荥阳，大破之，斩犊首而还，讨其馀党，尽灭之。虎命弋仲剑履上殿，入朝不趋，上，时掌翻。进封西平郡公；蒲洪为车【章：十二行本“车”上有“侍中”二字；乙十一行本同；退斋校同。】骑大将军、开府仪同三司、都督雍·秦州诸军事、雍州刺史，雍，于用翻。进封略阳郡公。

3 始平人马勖聚兵，自称将军，杜佑曰：汉平陵，晋改为始平，有马嵬故城。赵乐平王苞讨灭之，诛三千馀家。

4 夏，四月，益州刺史周抚、龙骧将军朱焘击范贲，斩之，益州平。范贲乱始上卷三年。骧，始将翻。

5 诏遣谒者陈沈如燕，沈，持林翻。拜慕容儁为使持节、侍中、大都督、督河北诸军事、幽·平二州牧、使，疏吏翻。考异曰：儁载记云，“幽、冀、并、平四州牧。”今从帝纪。大将军、大单于、燕王。单，音蝉。

6 桓温遣督护滕畯帅交、广之兵击林邑王文于卢容，畯，祖峻翻。卢容县，自汉以来属日南郡，有卢容浦，去郡二百里。帅，读曰率。为文所败，败，补迈翻。退屯九真。

7 乙卯，赵王虎病甚，以彭城王遵为大将军，镇关右；燕王斌为丞相，录尚书事；张豺为镇卫大将军、领军将军、吏部尚书；刘聪置十六大将军，镇卫其一也。石虎置镇卫将军，在车骑将军上；今以张豺为镇卫大将军，崇其号也。领军将军则掌兵柄，吏部尚书则典选事，是文武二柄悉以付豺矣。并受遗诏辅政。

刘后恶斌辅政，恐不利于太子，与张豺谋去之。恶，乌路翻。去，羌吕翻。斌时在襄国，遣使诈谓斌曰："主上疾已渐愈，王须猎者，可少停也。"斌素好猎、嗜酒，少，诗沼翻。好，呼到翻。遂留猎，且纵酒。刘氏与豺因矫诏称斌无忠孝之心，免官归第，使豺弟雄帅龙腾五百人守之。此石虎幽石宏之故智也，张豺踵而用之，非虎教之邪！石斌亦庸人耳，君父疾笃，征之受遗辅政，就使虎疾少愈，亦当夜衣而行；乃酣酒纵猎，其无智识如此！就使得权，诸弟亦将紾其臂而夺之。张举谓有武略，妄矣！

乙丑，遵自幽州至邺，敕朝堂受拜，朝，直遥翻。配禁兵三万遣之，遵涕泣而去。是日，虎疾小瘳，问："遵至未？"左右对曰："去已久矣。"虎曰："恨不见之！"

虎临西阁，太武殿之西阁也。龙腾中郎二百馀人列拜于前，虎问："何求？"皆曰："圣体不安，宜令燕王入宿卫，典兵马，"或言："乞以为皇太子。"虎曰："燕王不在内邪？召以来！"左右言："王酒病，不能入。"虎曰："促持辇迎之，当付玺绶。"亦竟无行者。左右皆为刘后母子，故竟无行者。玺，斯氏翻。绶，音受。寻惽眩而入。惽，迷忘也。眩，目视乱也。张豺使张雄矫诏杀斌。杀斌欲以一众心，岂知已有从臾石遵入立者。

戊辰，刘氏复矫诏以豺为太保、都督中外诸军，录尚书事，如霍光故事。复，扶又翻。侍中徐统叹曰："乱将作矣，吾无为预之。"仰药而死。

己巳，虎卒，太子世即位，尊刘氏为皇太后。刘氏临朝称制，朝，直遥翻。以张豺为丞相；豺辞不受，请以彭城王遵、义阳王鉴为左右丞相，以慰其心，刘氏从之。

豺与太尉张举谋诛司空李农，举素与农善，密告之；农奔广宗，帅乞活数万家保上白，乞活，李恽、田徽之馀众也，自永嘉以来，屯聚于上白。帅，读曰率；下同。刘氏使张举统宿卫诸军围之。豺以张离为镇军大将军，监中外诸军事，以为己副。监，工衔翻。

彭城王遵至河内，闻丧；姚弋仲、蒲洪、刘宁及征虏将军石闵、武卫将军王鸾等讨梁犊还，遇遵于李城，续汉志，河内平皋县有李城。史记，邯郸李同却秦兵，赵封其父李侯，即此城。共说遵曰："殿下长且贤，先帝亦有意以殿下为嗣；谓虎欲从张举之言也。说，输芮翻。长，知两翻。正以末年惛惑，为张豺所误。今女主临朝，奸臣用事，上白相持未下，京师宿卫空虚，殿下若声张豺之罪，鼓行而讨之，其谁不开门倒戈而迎殿下者！"遵从之。

遵【章：十二行本"遵"上有"五月"二字；乙十一行本同；退斋校同；张校同，云无注本亦脱。】自李城举兵，还趣邺，趣，七喻翻。洛州刺史刘国帅洛阳之众往会之。檄至邺，张豺大惧，驰召上白之军。丙戌，遵军于荡阴，荡，音汤。戎卒九万，石闵为前锋。【章：十二行本"锋"下有"豺将出拒之"五字；乙十一行本同；张校同；退斋校同。】耆旧、羯士皆曰："彭城王来奔丧，吾当出迎之，不能为张豺守城也！"方言曰：耆，长也；说文曰：老也；左传注曰：强也；礼记音义曰：至也，言至老境也。羯士，石氏之种类也。为，于伪翻。逾城而出，豺斩之，不能止。张离亦帅龙腾二千，斩关迎遵。刘氏惧，召张豺入，对之悲哭曰："先帝梓宫未殡，而祸难至此！难，乃旦翻。今嗣子冲幼，托之将军；将军将若之何？欲加遵重位，能弭之乎？"豺惶怖不知所出，怖，普布翻。但云"唯唯"。唯，于癸翻。乃下诏，以遵为丞相，领大司马、大都督、督中外诸军，录尚书事，加黄钺、九锡。己丑，遵至安阳亭，安阳县，属魏郡。此盖安阳县都亭也。张豺惧而出迎，遵命执之。庚寅，遵擐甲曜兵，入自凤阳门，升太武前殿，擗踊尽哀，擐，音宦。擗，毗亦翻，拊心也。踊，跳也。退如东阁。太武殿之东阁也。斩张豺于平乐市，邺都有平乐市。乐，音洛。夷其三族。假刘氏令曰："嗣子幼冲，先帝私恩所授，皇业至重，非所克堪；其以遵嗣位。"于是遵即位，大赦，罢上白之围。辛卯，封世为谯王，载记曰：世凡立三十三日。废刘氏为太妃；考异曰：晋春秋及十六国春秋钞，皆云废太后为昭仪。今从载记。十六国春秋及载记，又云世立三十三日。按四月己巳至五月庚寅，凡二十二日。寻皆杀之。

李农来归罪，使复其位。尊母郑氏为皇太后，郑氏即邃母。郑后被废见九十五卷成帝咸康三年。立妃张氏为皇后，故燕王斌子衍为皇太子。以义阳王鉴为侍中、太傅，沛王冲为太保，乐平公【章：十二行本"公"作"王"；乙十一行本同；张校同，云无注本亦作"公"。】苞为大司马，汝阴王琨为大将军，武兴公闵为都督中外诸军事、辅国大将军。为石闵得兵柄以夷胡羯张本。

甲午，邺中暴风拔树，震电，雨雹大如盂升。如盂及升也。雨，于具翻。太武晖华殿灾，及诸门观阁荡然无馀，乘舆服御，烧者太半，观，古玩翻。乘，绳证翻。金石皆尽，火月馀乃灭。

时沛王冲镇蓟，冲盖代遵镇蓟。蓟，音计。闻遵杀世自立，谓其僚佐曰："世受先帝之命，遵辄废而杀之，罪莫大焉！其敕内外戒严，孤将亲讨之。"于是留宁北将军沭坚戍幽州，沭，食律翻，姓也。帅众五万自蓟南下，传檄燕、赵，所在云集；比至常山，帅，读曰率。比，必寐翻。众十馀万，军于苑乡；遇遵赦书，冲曰："皆吾弟也；死者不可复追，何为复相残乎！复，扶又翻；下同。吾将归矣。"欲归蓟也。其将陈暹曰："彭城篡弑自尊，为罪大矣！王虽北旆，臣将南辕，俟平京师，擒彭城，然后奉迎大驾。"冲乃复进。遵驰遣王擢以书喻冲，冲弗听。遵使武兴公闵及李农帅精卒十万讨之，战于平棘，平棘县，汉属常山郡，晋属赵国，唐为赵州治所。冲兵大败；获冲于元氏，元氏县，汉属常山郡，晋属赵国。阚骃曰：赵公子元之封邑，故曰元氏。唐元氏县属赵州。刘昫曰：元氏，汉常山郡所治，故城在今赵州元氏县南。赐死；坑其士卒三万馀人。

武兴公闵言于遵曰："蒲洪，人杰也；今以洪镇关中，臣恐秦、雍之地非国家之有。雍，于用翻。此虽先帝临终之命，然陛下践阼，自宜改图。"遵从之，罢洪都督，馀如前制。洪怒，归枋头，遣使来降。洪屯枋头，见八十五卷成帝咸和八年。降，户江翻。

燕平狄将军慕容霸上书于燕王儁曰："石虎穷凶极暴，天之所弃，馀烬仅存，自相鱼肉。今中国倒悬，企望仁恤，若大军一振，势必投戈。"北平太守孙兴亦表言："石氏大乱，宜以时进取中原。"儁以新遭大丧，弗许。以去年皝薨也。霸驰诣龙城，言于儁曰："难得而易失者，时也。万一石氏衰而复兴，易，以豉翻。复，扶又翻；下同。或有英雄据其成资，谓中原或有英雄乘乱而取赵，据有其已成之资也。岂惟失此大利，亦恐更为后患。"儁曰："邺中虽乱，邓恒据安乐，以前参考，"安乐"当作"乐安"。兵强粮足，今若伐赵，东道不可由也，当由卢龙；卢龙山径险狭，水经注：濡水东南径卢龙塞。塞道自无终县东出，渡濡水向林兰陉，东至清陉。卢龙之险，峻阪萦折，故有九峥之名。虏乘高断要，断，丁管翻。首尾为患，将若之何？"霸曰："恒虽欲为石氏拒守，其将士顾家，人怀归志，若大军临之，自然瓦解。臣请为殿下前驱，东出徒河，潜趣令支，出其不意，为，于伪翻。趣，七喻翻。令，音铃，又郎定翻。支，音祁。彼闻之，势必震骇，上不过闭门自守，下不免弃城逃溃，何暇御我哉！然则殿下可以安步而前，无复留难矣。"儁犹豫未决，以问五材将军封奕，燕置五材将军，盖取宋子罕所谓"天生五材谁能去兵"之义。对曰："用兵之道，敌强则用智，敌弱则用势。是故以大吞小，犹狼之食豚也；以治易乱，犹日之消雪也。大王自上世以来，积德累仁，兵强士练。石虎极其残暴，死未瞑目，瞑，莫定翻。子孙争国，上下乖乱。中国之民，坠于涂炭，延颈企踵以待振拔。大王若扬兵南迈，先取蓟城，次指邺都，宣耀威德，怀抚遗民，彼孰不扶老提幼以迎大王；凶党将望旗冰碎，安能为害乎！”从事中郎黄泓曰：泓，乌宏翻。“今太白经天，岁集毕北，阴【章：十二行本“阴”上有“天下易主”四字；乙十一行本同；孔本同；张校同；退斋校同。】国受命，此必然之验也，汉书天文志：太白经天，天下革民更王。孟康注曰：谓出东入西，出西入东也。太白，阴星，出东当伏东，出西当伏西，过午为经天。晋灼曰：日，阳也；日出则星亡。昼见午上为经天。岁星所在，国不可伐，可以伐人。昴、毕间为天街，其阴阴国。岁集毕北，明阴国当受命而王。宜速出师，以承天意。”折冲将军慕舆根曰：“中国之民困于石氏之乱，咸思易主以救汤火之急，此千载一时，不可失也。载，子亥翻。自武宣王以来，慕容廆谥武宣王。招贤养民，务农训兵，正俟今日。今时至不取，更复顾虑，复，扶又翻。岂天意未欲使海内平定邪，将大王不欲取天下也？”儁笑而从之。以慕容恪为辅国将军，慕容评为辅弼将军，左长史阳骛为辅义将军，谓之“三辅”。辅弼、辅义二将军号，亦一时创置。慕容霸为前锋都督、建锋将军，建锋将军。亦创置也。选精兵二十馀万，讲武戒严，为进取之计。考异曰：燕景昭纪，集兵在四月。时石虎方死，诸子未争；十六国春秋在五月，故从之。而燕书载封奕、慕舆根言，俱指冉闵。按是时闵未篡赵，盖撰史者附会耳，故削去。

8 六月，葬赵王虎于显原陵，庙【章：十二行本“庙”上有“谥曰武帝”四字；乙十一行本同；孔本同；张校同；退斋校同。】号太祖。

9 桓温闻赵乱，出屯安陆，安陆县自汉以来属江夏郡，唐为安州治所。温自江陵出屯安陆。遣诸将经营北方。将，即亮翻。赵扬州刺史王浃举寿春降；浃，即协翻。降，户江翻；下同。西中郎将陈逵进据寿春。征北大将军褚裒上表请伐赵，褚裒时镇京口。裒，蒲侯翻。即日戒严，直指泗口。朝议以裒事任贵重，宜【章：十二行本“宜”上有“不宜深入”四字；乙十一行本同；孔本同；张校同；退斋校同。】先遣偏师。裒，太后之父，又当方面，故云事任贵重。裒奏言：“前已遣【章：十二行本“遣”下有“前锋”二字；乙十一行本同；孔本同；张校同；退斋校同。】督护王颐之等径造彭城，造，七到翻。后遣督护麋嶷进据下邳，嶷，鱼力翻。今宜速发，以成声势。”秋，七月，加裒征讨大都督，督徐、兖、青、扬、豫五州诸军事。裒帅众三万，径赴彭城，帅，读曰率。北方士民降附者日以千计。

朝野皆以为中原指期可复，光禄大夫蔡谟独谓所亲曰：“胡灭诚为大庆，然恐更贻朝廷之忧。”其人曰：“何谓也?”谟曰：“夫能顺天乘时济群生于艰难者，非上圣与英雄不能为也，自馀则莫若度德量力。度，徒洛翻。量，音良。观今日之事，殆非时贤所及，必将经营分表，疲民以逞；言必不能长驱以定中原，势须随所得之地分列屯戍，画境而守，疲民以逞其志也。一说，分，音扶问翻，言人之才具各有分量，收复中原非当时人才所能办也。经之营之过于其分量之外，则不能成功；丁壮苦征战，老弱困转输，疲民以逞而不能济也。既而才略疏短，不能副心，财殚力竭，智勇俱困，安得不忧及朝廷乎！”其后殷浩之败，卒如蔡谟所料。

鲁郡民五百馀家相与起兵附晋，求援于褚裒，裒遣部将王龛、李迈将锐卒三千迎之。龛，苦含翻。将，即亮翻。赵南讨大都督李农帅骑二万与龛等战于代陂，骑，奇寄翻。龛等大败，皆没于赵。八月，裒退屯广陵。陈逵闻之，焚寿春积聚，毁城遁还。积，子赐翻。聚，慈谕翻。裒上疏乞自贬，诏不许；命裒还镇京口，解征讨都督。时河北大乱，遗民二十馀万口渡河欲来归附，会裒已还，威势不接，皆不能自拔，死亡略尽。考异曰：裒传云："为慕容皝及苻健所掠，死亡咸尽。"按是时慕容皝卒已逾年矣。永和六年，慕容儁始率众南征；石鉴即位后，蒲洪始有众十万。永和六年洪死，健始嗣位。皆与裒不相接，今不取。

10 赵乐平王苞谋帅关右之众攻邺，帅，读曰率，下同。左长史石光、司马曹曜等固谏，苞怒，杀光等百馀人。苞性贪而无谋，雍州豪杰知其无成，并遣使告晋，梁州刺史司马勋帅众赴之。勋，宣帝弟子济南王遂之曾孙。雍，于用翻。使，疏吏翻。

11 杨初袭赵西城，破之。杨初，武都氐王也。此西城盖即汉隗嚣奔处。

12 九月，凉州官属共上张重华为丞相、凉王、雍·秦·凉三州牧。上，时掌翻。重华屡以钱帛赐左右宠臣；又喜博弈，博，樗蒲；弈，弈棋。喜，许记翻。颇废政事。征事索振谏曰："先王夙夜勤俭以实府库，正以雠耻未雪，志平海内故也。殿下嗣位之初，强寇侵逼，征事，凉所置官。谓赵来攻也，事见上卷二年、三年。索，昔各翻。赖重饵之故，得战士死力，谓以钱帛厚赏战士，得其出力致死。仅保社稷。今蓄积已虚而寇雠尚在，岂可轻有耗散，以与无功之人乎！昔汉光武躬亲万机，章奏诣阙，报不终日，故能隆中兴之业。今章奏停滞，动经时月，三月为一时，三旬为一月。下情不得上通，沈冤困于囹圄，沈，持林翻。囹，卢经翻，狱也。圄，偶许翻，守也。殆非明主之事也。"重华谢之。

13 司马勋出骆谷，破赵长城戍，长城戍即魏司马望、邓艾据之以拒姜维之地。壁于悬钩，去长安二百里，使治中刘焕攻长安，斩京兆太守刘秀离，刘秀离盖迎战而败死，焕未能至长安城下也。又拔贺城；三辅豪杰多杀守令以应勋，凡三十馀壁，众五万人。赵乐平王苞乃辍攻邺之谋，使其将麻秋、姚国等将兵拒勋。赵主遵遣车骑将军王朗帅精骑二万以讨勋为名，因劫苞送邺。勋兵少，畏朗不敢进；使桓温于是时攻关中，关中可取也。少，诗沼翻。

冬，十月，释悬钩，拔宛城，杀赵南阳太守袁景，复还梁州。宛，於元翻。复，扶又翻。

14 初，赵主遵之发李城也，谓武兴公闵曰："努力！事成，以尔为太子。"既而立太子衍。闵恃功，欲专朝政，朝，直遥翻。遵不听。闵素骁勇，屡立战功，夷、夏宿将皆惮之。骁，坚尧翻。既为都督，总内外兵权，乃抚循殿中将士，皆奏为殿中员外将军，爵关外侯。殿中将军，晋初置；殿中员外将军，又后来所置也。关外侯，汉献帝建安二十年魏武王置，所谓名号侯也。余按秦、汉列侯则有国邑；关内侯无国邑，列位于朝，无官位者，居京师，故谓之关内侯，列侯就国者，多出关外。后曹操置关外侯于关内侯之下，非秦、汉列爵意也。遵弗之疑，而更题名善恶以挫抑之，众咸怨怒。中书令孟准、左卫将军王鸾劝遵稍夺闵兵权，闵益恨望，恨望，犹怨望也。准等咸劝诛之。

十一月，遵召义阳王鉴、乐平王苞、汝阴王琨、淮南王昭等入议于郑太后前，曰："闵不臣之迹渐著，今欲诛之，如何？"鉴等皆曰："宜然！"郑氏曰："李城还兵，无棘奴，岂有今日；冉闵，小字棘奴。小骄纵之，谓闵恃功颇骄，宜宽纵之。何可遽杀！"鉴出，遣宦者杨环驰以告闵。闵遂劫李农及右卫将军王基密谋废遵，使将军苏彦、周成帅甲士三千人执遵于南台。三台之南台也。水经注：铜雀台之南则金雀台，高八丈，有屋百九十间。帅，读曰率。遵方与妇人弹棋，艺经曰：弹棋，两人对局，白黑棋各六枚。先列棋相当，更先弹也。其局以石为之，局形四隤而中高。魏文帝善弹棋，能用手巾角。时一书生又能低头以所冠葛巾撇棋。刘贡父诗云："汉皇初厌蹴鞠劳，侍臣始作弹棋戏。"弹棋盖始于汉也。世说曰：弹棋始自魏，内宫妆奁之戏。此说误也。按西京杂记，汉成帝好蹴鞠，言事者以为劳体，非至尊所宜。帝命择似而不劳者，家君作弹棋奏之，帝大悦。问成曰："反者谁也？"成曰："义阳王鉴当立。"遵曰："我尚如是，鉴能几时！"遂杀之于琨华殿，载记曰：遵在位凡一百八十三日。并杀郑太后、张后、太子衍、孟准、王鸾及上光禄张斐。载记曰：石虎置上、中光禄大夫，位在左、右光禄大夫上。

鉴即位，大赦。以武兴公闵为大将军，封武德王；司空李农为大司马，并录尚书事。郎闿为司空，闿，苦亥翻，又音开。秦州刺史刘群为尚书左仆射，侍中卢谌为中书监。谌，是壬翻。

15 秦、雍流民相帅西归，成帝咸和四年，石虎破杀刘胤，徙氐、羌十五万落于司、冀州；八年，破石生，徙秦、雍民及氐、羌十馀万户于关东；今因赵乱，故相帅西归。雍，于用翻。帅，读曰率。路由枋头，共推蒲洪为主，众至十馀万。蒲洪劝石虎徙秦、雍民夷以实关东，而身委质于赵，及赵之乱，得因以为资；奸雄伺时而动也。洪子健在邺，斩关出奔枋头。鉴惧洪之逼，欲以计遣之，乃以洪为都督关中诸军事、征西大将军、雍州牧、领秦州刺史。洪会官属，议应受与不；不，读曰否。主簿程朴请且与赵连和，如列国分境而治。洪怒曰："吾不堪为天子邪，而云列国乎！"引朴斩之。姚弋仲犹知尽忠于石氏，蒲洪则直欲夺取之而后已。

16 都乡元【章：十二行本"元"下有"穆"字；乙十一行本同；退斋校同。】侯褚裒汉志，常山郡有都乡侯国，晋志不见。此特以汉旧侯国名封褚裒耳，非必有实土也。还至京口，闻哭声甚多，以问左右，对曰："皆代陂死者之家也。"裒惭愤发疾；十二月，己酉，卒。以吴国内史荀羡为使持节、监徐兖二州·扬州之晋陵诸军事、徐州刺史，时年二十八，中兴方伯未有如羡之少者。少，诗照翻。

17 赵主鉴使乐平王苞、中书令李松、殿中将军张才夜攻石闵、李农于琨华殿，不克，禁中扰乱。鉴惧，伪若不知者，夜斩松、才于西中华门，并杀苞。

新兴王祗，虎之子也，时镇襄国，与姚弋仲、蒲洪等连兵，祗北连姚弋仲，南连蒲洪，以讨闵、农。移檄中外，欲共诛闵、农；闵、农以汝阴王琨为大都督，与张举及侍中呼延盛帅步骑七万分讨祗等。帅，读曰率。骑，奇寄翻。

中领军石成、侍中石启、前河东太守石晖谋诛闵、农；闵、农皆杀之。龙骧将军孙伏都、刘铢等帅羯士三千伏于胡天，胡天盖石氏禁中署舍之名。骧，思将翻。亦欲诛闵、农。鉴在中台，伏都帅三十馀人将升台挟鉴以攻之。鉴见伏都毁阁道，临问其故。伏都曰："李农等反，已在东掖门，臣欲帅卫士讨之，谨先启知。"鉴曰："卿是功臣，好为官陈力，魏、晋以下率谓天子为官，天子亦时自言之。陈，展也。为，于伪翻。朕从台上观，卿勿虑无报也。"言若能诛闵、农，将厚赏以报之。于是伏都、铢帅众攻闵、农，不克，屯于凤阳门。闵、农帅众数千毁金明门而入。鉴惧闵之杀己，驰招闵、农，开门内之，谓曰："孙伏都反，卿宜速讨之。"闵、农攻斩伏都等，自凤阳至琨华，横尸相枕，枕，职任翻。流血成渠。宣令内外六夷，敢称兵仗者斩！称，举也。胡人或斩关、或逾城而出者，不可胜数。闵既诛孙伏都等，又禁胡人称兵仗，胡人知祸之将及，故去。胜，音升。

闵使尚书王简、少府王郁帅众数千守鉴于御龙观，观，古玩翻。悬食以给之。下令城中曰："近日孙、刘构逆，支党伏诛，良善一无预也。今日已后，与官同心者留，不同者各任所之。敕城门不复相禁。"复，扶又翻。于是赵人百里内悉入城，赵人，谓中国人也。胡、羯去者填门。闵知胡之不为己用，班令内外："赵人斩一胡首送凤阳门者，文官进位三等，武官悉拜牙门。"一日之中，斩首数万。闵亲帅赵人以诛胡、羯，无贵贱、男女、少长皆斩之，少，诗照翻。长，知两翻。死者二十馀万，尸诸城外，悉为野犬豺狼所食。其屯戍四方者，闵皆以书命赵人为将帅者诛之，或高鼻多须滥死者半。高鼻多须，其状似羯、胡，故亦见杀。将，即亮翻。帅，所类翻。

18 燕王儁遣使至凉州，使，疏吏翻。约张重华共击赵。

19 高句丽王钊送前东夷护军宋晃于燕，燕王儁赦之，更名曰活，更，工衡翻；下同。拜为中尉。晃奔高丽，见九十六卷成帝咸康四年。

六年(庚戌、三五〇)

1 春，正月，赵大将军闵欲灭去石氏之迹，去，羌吕翻。托以谶文有“继赵李”，更国号曰卫，易姓李氏，大赦，改元青龙。太宰赵庶、太尉张举，中军将军张春、光禄大夫石岳、抚军石宁、“抚军”之下当有“将军”字。武卫将军张季及公侯、卿、校、龙腾等万馀人，出奔襄国，从石祗也。校，户教翻。汝阴王琨奔冀州。赵之冀州治信都。抚军将军张沈据滏口，滏口、滏水之口也。唐代宗永泰元年，薛嵩奏于滏口之右故临水县城置昭义县，以属磁州。沈，持林翻。滏，音釜。张贺度据石渎，魏收地形志，邺县有石窦堰。建义将军段勤据黎阳，建义将军，盖亦后赵所置。宁南将军杨群据桑壁，后赵盖于征、镇、安、平之外又置四宁。括地志：易州遂城县界有桑丘城。又水经注：常山蒲吾县东南有桑中县故城，俗谓之石勒城。刘国据阳城，续汉志，中山蒲阴县有阳城。据后刘国自繁阳引兵会石琨击冉闵，则此阳城乃繁阳城也。段龛据陈留，姚弋仲据滠头，龛，苦含翻。滠，书涉翻。蒲洪据枋头，众各数万，皆不附于闵。勤，末柸之子；龛，兰之子也。段末柸先据令支。段兰自宇文入赵。

王朗、麻秋自长安赴洛阳。秋承闵书，诛朗部胡千馀人。朗所部有胡兵千馀人，闵命秋诛之。朗奔襄国。秋帅众归邺，帅，读曰率；下同。蒲洪使其子龙骧将军雄迎击，获之，骧，思将翻。以为军师将军。

汝阴王琨及张举、王朗帅众七万伐邺，大将军闵帅骑千馀与战于城北；闵操两刃矛，驰骑击之，两刃矛者，铗之两旁皆利其刃。骑，奇寄翻。操，千高翻。所向摧陷，斩首三千级，琨等大败而去。闵与李农帅骑三万讨张贺度于石渎。

闰月，考异曰：帝纪后云闰月；三十国、晋春秋皆云闰正月。按长历，闰二月。帝纪，闰月有丁丑、己丑。按是岁正月癸酉朔，若闰正月，即无丁丑、己丑。今以长历为据。卫主鉴密遣宦者赍书召张沈等，使乘虚袭邺。宦者以告闵、农，闵、农驰还，废鉴，杀之，载记曰：鉴立一百三日。并杀赵主虎二十八孙，尽灭石氏。载记曰：始勒以成帝咸和三年僭立，二主四子，凡二十三年。姚弋仲子曜武将军益、曜武、曜威，盖皆石氏所置。武卫将军若帅禁兵数千斩关奔滠头。弋仲帅众讨闵军于混桥。

司徒申钟等上尊号于闵，闵以让李农，农固辞。闵曰："吾属故晋人也，今晋室犹存，请与诸君分割州郡，各称牧、守、公、侯，守，式又翻。奉表迎晋天子还都洛阳。"【章：十二行本"阳"下有"何如"二字；乙十一行本同；孔本同；张校同；退斋校同。】尚书胡睦进曰："陛下圣德应天，宜登大位，晋氏衰微，远窜江表，岂能总驭英雄，混壹四海乎！"闵曰："胡尚书之言，可谓识机知命矣。"乃即皇帝位，冉闵，字永曾，小字棘奴，石虎之养孙也。父瞻，本姓冉，名良，魏郡内黄人。勒破陈午，获瞻，时年十二，命虎子之。大赦，改元永兴，国号大魏。

2 朝廷闻中原大乱，复谋进取。复，扶又翻。己丑，以扬州刺史殷浩为中军将军、假节、都督扬、豫、徐、兖、青五州诸军事；为殷浩丧师张本。以蒲洪为氐王、使持节、征北大将军、都督河北诸军事、冀州刺史、广川郡公；蒲健为假节、右将军、监河北征讨前锋诸军事、襄国公。去年蒲洪遣使来降，今经略中原，故授任以怀来之。使，疏吏翻。监，工衔翻。

3 姚弋仲、蒲洪各有据关右之志。弋仲遣其子襄帅众五万击洪，洪迎击，破之，斩获三万馀级。洪自称大都督、大将军、大单于、三秦王，改姓苻氏。洪以谶文"草付应王"，又其孙坚背有"艸付"字，遂改姓苻氏。符，上从"竹"者非。单，音蝉。以南安雷弱儿为辅国将军；安定梁楞为前将军，领左长史；楞，卢登翻。冯翊鱼遵为右【章：十二行本“右”作“后”；乙十一行本同；孔本同。】将军，领右长史；风俗通，宋公子鱼之后，以王父字为氏。京兆段陵为左将军，领左司马；【章：十二行本“马”下有“王堕为右将军，领右司马”十字；乙十一行本同；孔本同；张校同；退斋校同。】天水赵俱、陇西牛夷、北地辛牢皆为从事中郎，互酋毛贵为单于辅相。“互”，即“氐”字。

4 二月，燕王儁使慕容霸将兵二万自东道出徒河，慕舆于自西道出蠮螉塞，儁自中道出卢龙塞以伐赵。杜佑曰：卢龙塞在今平州城西北二百里。以慕容恪、鲜于亮为前驱，命慕舆埿槎山通道。槎，仕下翻。邪斫木曰槎。留世子晔守龙城，以内史刘斌为大司农，斌，音彬。与典书令皇甫真留统后事。

霸军至三陉，乐安城在辽西辽阳县东。魏收地形志：海阳县有横山，盖即三陉之地。陉，音形。赵征东将军邓恒惶怖，焚仓库，弃安乐遁去，“安乐”，当作“乐安”。果如慕容霸所料。怖，普布翻。与幽州刺史王午共保蓟。蓟，音计。徒河南部都尉孙泳急入安乐，扑灭馀火，籍其谷帛。霸收安乐、北平兵粮，“安乐”，并当作“乐安”。与儁会临渠。临渠城临泃渠。泃水出右北平无终县西山，东南至雍奴县，入鲍丘水；魏武征蹋顿，从泃口凿渠，径雍奴、泉州以通河海者也。泃，古侯翻。

三月，燕兵至无终，王午留其将王佗以数千人守蓟，佗，徒河翻。与邓恒走保鲁口。魏收地形志：博陵郡饶阳县有鲁口城。博陵郡，唐为定州。乙巳，儁拔蓟，执王佗，斩之。儁欲悉坑其士卒千馀人，慕容霸谏曰：“赵为暴虐，王兴师伐之，将以拯民于涂炭而抚有中州也；今始得蓟而坑其士卒，恐不可以为王师之先声也。”【章：十二行本“也”下有“乃释之”三字；乙十一行本同；退斋校同。】儁入都于蓟，中州士女降者相继。降，户江翻。

燕兵至范阳，范阳太守李产欲为石氏拒燕，为，于伪翻。众莫为用，乃帅八城令长出降；范阳郡统涿、良乡、方城、长乡、遒、故安、范阳、容城八县。帅，读曰率。儁复以产为太守。

产子绩为幽州别驾，弃其家从王午在鲁口。邓恒谓午曰："绩乡里在北，绩，范阳人。范阳在鲁口之北。父已降燕，今虽在此，恐终难相保，徒为人累，不如去之。"累，力瑞翻。去，羌吕翻，谓杀之也。午曰："此何言也！夫以当今丧乱，丧，息浪翻。而绩乃能立义捐家，情节之重，虽古烈士无以过；乃欲以猜嫌害之，燕、赵之士闻之，谓我直相聚为贼，了无意识。众情一散，不可复集，复，扶又翻。此为坐自屠溃也。"恒乃止。午犹虑诸将不与己同心，或致非意，谓诸将杀之，非午之意。乃遣绩归。绩始辞午往见燕王儁，儁让之曰："卿不识天命，弃父邀名，今日乃始来邪！"对曰："臣眷恋旧主，志存微节，官身所在，何事非君。绩谓其身为官身，言委质事君，身非我有也。殿下方以义取天下，臣未谓得见之晚也。"儁悦，善待之。

儁以弟宜为代郡城郎，此秦、汉以来之代郡，非后魏之代都。此代郡治代；后魏代都，乃秦、汉之平城也。城郎、城大，皆鲜卑所置，付以城郭之任。郎，主也。孙泳为广宁太守，悉置幽州郡县守宰。

甲子，儁使中部俟厘慕舆句督蓟中留事，俟厘，盖亦鲜卑部帅之称。俟，渠之翻。自将击邓恒于鲁口。军至清梁，魏收地形志：高阳蠡吾县有清凉城。水经注：中山蒲阴县东南有清梁亭。恒将鹿勃早将数千人夜袭燕营，鹿，姓也。风俗通，后汉有巴郡太守鹿旗。半已得入，先犯前锋都督慕容霸，突入幕下，霸起奋击，手杀十馀人，早不能进，由是燕军得严。谓得以严备也。儁谓慕舆根曰："贼锋甚锐，宜且避之。"根正色曰："我众彼寡，力不相敌，故乘夜来战，冀万一获利。今求贼得贼，正当击之，复何所疑！复，扶又翻。王但安卧，臣等自为王破之！"为，于伪翻。儁不能自安，内史李洪从儁出营外，屯高冢上。根帅左右精勇数百人从中牙直前击早，中牙，儁所居也。李洪徐整骑队还助之，骑，亦寄翻。卓乃退走。众军追击四十馀里，卓仅以身免，所从士卒死亡略尽。儁引兵还蓟。儁之还蓟，亦鹿勃早有以挫其锐，否则进攻鲁口矣。

5 魏主闵复姓冉氏，尊母王氏为皇太后，立妻董氏为皇后，子智为皇太子，胤、明、裕皆为王。胤、明、裕，闵之三子。以李农为太宰、领太尉、录尚书事，封齐王，其子皆封县公。遣使者持节赦诸军屯；皆不从。诸军屯，张沈及蒲洪等也。

6 麻秋说苻洪曰：说，输芮翻。"冉闵、石祗方相持，中原之乱未可平也。不如先取关中，基业已固，然后东争天下，谁敢敌之。"洪深然之。既而秋因宴鸩洪，欲并其众；世子健收秋斩之。洪谓健曰："吾所以未入关者，以为中州可定；今不幸为竖子所困。中州非汝兄弟所能办，我死，汝急入关！"言终而卒。健代统其众，乃去大都督、大将军、三秦王之号，去，羌吕翻。称晋官爵，遣其叔父安来告丧，且请朝命。朝，直遥翻。

7 赵新兴王祗即皇帝位于襄国，考异曰：晋帝纪，祗即位在闰月；三十国、晋春秋皆在三月。按十六国春秋，祗称帝，拜姚弋仲、苻健官，而不言苻洪。洪三月死，故疑祗以三月即位。改元永宁。以汝阴王琨为相国，六夷据州郡【章：十二行本"郡"下有"拥兵"二字；乙十一行本同；退斋校同。】者皆应之。六夷，胡、羯、氐、羌、段氏及巴蛮也。祗以姚弋仲为右丞相、亲赵王，待以殊礼。弋仲子襄，雄勇多才略，士民多爱之，请弋仲以为嗣，弋仲以襄非长子，不许；襄，弋仲之第五子。长，知两翻。请者日以千数，弋仲乃使之将兵。将，即亮翻。祗以襄为骠骑将军、豫州刺史、新昌公。又以苻健为都督河南诸军事、镇南大将军、开府仪同三司、兖州牧、略阳郡公。

8 夏，四月，赵主祗遣汝阴王琨将兵十万伐魏。

9 魏主闵杀李农及其三子，并尚书令王谟、侍中王衍、中常侍严震、赵升。闵遣使临江告晋曰：使，疏吏翻。“逆胡乱中原，今已诛之；能共讨者，可遣军来也。”朝廷不应。

10 五月，庐江太守袁真攻魏合肥，克之，虏其居民而还。还，从宣翻，又如字。

11 六月，赵汝阴王琨进据邯郸，邯郸，音寒丹。镇南将军刘国自繁阳会之。繁阳县，汉属魏郡，晋属顿丘郡；隋废繁阳入相州内黄县。魏卫将军王泰击琨，大破之，死者万馀人。刘国还繁阳。

12 初，段兰卒于令支，段兰屯令支，见上卷康帝建元元年。令，音铃，又郎定翻。支，音祁。段龛代领其众，因石氏之乱，拥部落南徙。秋，七月，龛引兵东据广固，龛自陈留而东据广固。自称齐王。

13 八月，代郡人赵榼帅三百馀家叛燕归赵并州刺史张平。榼，苦合翻。帅，读曰率。燕王儁徙广宁、上谷二郡民于徐无，徐无县，汉、晋属右北平郡，后周废，入无终县，唐改无终为玉田县，属蓟州。代郡民于凡城。恐其复叛归赵，故徙之。

14 王朗之去长安也，朗司马杜【章：十二行本“杜”上有“京兆”二字；乙十一行本同；退斋校同；张校同，云无注本亦脱。】洪据长安，自称晋征北将军、雍州刺史，以冯翊张琚为司马；关西夷、夏皆应之。雍，于用翻。夏，户雅翻。苻健欲取之，恐洪知之，乃受赵官爵。赵主祗所授者也。以赵俱为河内太守，戍温；牛夷为安集将军，戍怀；安集将军，苻氏置，以安集民夷为号。温县、怀县并属河内郡。温县，唐属孟州。怀县故城在怀州武陟县西。治宫室于枋头，治，直之翻。课民种麦，示无西意，有知而不种者，健杀之以徇。既而自称晋征西大将军、都督关中诸军事、雍州刺史；以武威贾玄硕为左长史，洛【章：十二行本“洛”作“略”；乙十一行本同；熊校同。】阳梁安为右长史，段纯为左司马，辛牢为右司马，京兆王鱼、安定程肱、胡文等为军谘祭酒，悉众而西。以鱼遵为前锋，行至盟津，盟，读曰孟。为浮梁以济。遣弟辅国将军雄帅众五千自潼关入，兄子扬武将军菁帅众七千自轵关入。从河南入潼关至华阴，从河北入轵关，自蒲津西渡河至渭北，合兵以攻长安。帅，读曰率；下同。临别，执菁手曰："若事不捷，汝死河北，我死河南，不复相见。"复，扶又翻。既济，焚桥，自帅大众随雄而进。

杜洪闻之，与健书，侮嫚之。以张琚弟先为征虏将军，帅众万三千逆战于潼关之北。先兵大败，走还长安。洪悉召关中之众以拒健。洪弟郁劝洪迎健，洪不从；郁帅所部降于健。降，户江翻；下同。

健遣苻雄徇渭北。氐酋毛受屯高陵，高陵县，汉属冯翊；晋改曰高陆，属京兆。徐磋屯好畤，磋，仓何翻。好畤县，前汉属右扶风，后汉、晋省。畤，音止。羌酋白犊屯黄白，即黄白城。酋，慈由翻。众各数万，皆斩洪使，使，疏吏翻。遣子降于健。苻菁、鱼遵所过城邑，无不降附。洪惧，固守长安。

15 张贺度、段勤、刘国、靳豚会于昌城，魏收地形志：魏郡昌乐县有昌城。昌乐县，后魏太和二十一年分魏县置。靳，居焮翻。将攻邺。魏主闵自将击之，战于苍亭，苍亭在河上，西南至东阿六十里。自将，即亮翻。贺度等大败，死者二万八千人，追斩靳豚于阴安，阴安县，汉属魏郡，晋属顿丘郡。刘昫曰：阴安城在澶州顿丘县北。尽俘其众而归。闵戎卒三十馀万，旌旗、钲鼓绵亘百馀里，虽石氏之盛，无以过也。

故晋散骑常侍陇西辛谧，有高名，散，悉亶翻。骑，奇寄翻。历刘、石之世，征辟皆不就；闵备礼征为太常。谧遗闵书，遗，于季翻。以为"物极则反，致至则危。战国策曰：物至而反，冬夏是也。致至则危，累棋是也。高诱注曰：冬至生，夏至杀，故曰反。致，极也。君王功已成矣，宜因兹大捷，归身晋朝，朝，直遥翻。必有由、夷之廉，享松、乔之寿矣。"由、夷，许由、伯夷也。松、乔，赤松子、王子乔也。因不食而卒。

16 九月，燕王儁南徇冀州，取章武、河间。晋武帝泰始元年，分勃海置章武国。五代志：后魏以河间置瀛州，统内有平舒县，旧置章武郡。初，勃海贾坚，少尚气节，少，诗照翻；下同。仕赵为殿中督。赵亡，坚弃魏主闵还乡里，拥部曲数千家。燕慕容评徇勃海，遣使招之，坚终不降；使，疏吏翻。降，户江翻。评与战，擒之。儁以评为章武太守，封裕为河间太守。儁与慕容恪皆爱贾坚之材，坚时年六十馀，恪闻其善射，置牛百步上以试之。坚曰："少之时能令不中，今老矣，往往中之。"乃射再发，少，诗照翻。中，竹仲翻。射，而亦翻。一矢拂脊，一矢磨腹，皆附肤落毛，上下如一，观者咸服其妙。儁以坚为乐陵太守，治高城。高城县，自汉以来属勃海郡。贤曰：高城故城，在今沧州盐山县南。

17 苻菁与张先战于渭北，擒之，三辅郡县堡壁皆降。冬，十月，苻健长驱至长安，杜洪、张琚奔司竹。扶风盩厔县有司竹园。宋白曰：竹在鄠、盩厔之间。汉官有竹丞，魏置司守之官，后魏有司竹都尉。

18 燕王儁还蓟，留诸将守之；儁还至龙城，谒陵庙。

19 十一月，魏主闵帅步骑十万攻襄国。帅，读曰率。骑，奇寄翻；下同。署其子太原王胤为大单于、骠骑大将军，以降胡一千配之为麾下。单，音蝉。骠，匹妙翻。降，户江翻。光禄大夫韦谀谏曰："胡、羯皆我之仇敌，谀，苏鸟翻。闵先诛胡、羯，故谀云然。今来归附，苟存性命耳；万一为变，悔之何及。请诛屏降胡，去单于之号，屏，必郢翻。去，羌吕翻。以防微杜渐。"闵方欲抚纳群胡，大怒，诛谀及其子伯阳。为下降胡执胤降赵张本。

20 甲午，苻健入长安，以民心思晋，乃遣参军杜山伯诣建康献捷，并修好于桓温。于是秦、雍夷夏皆附之，夷夏皆附健，以其归晋也。好，呼到翻。雍，于用翻。夏，户雅翻。赵凉州刺史石宁独据上邽不下，十二月，苻雄击斩之。

21 蔡谟除司徒，三年不就职；四年，谟除司徒。诏书屡下，太后遣使谕意，使，疏吏翻。谟终不受。于是帝临轩，遣侍中纪据、黄门郎丁纂征谟；谟陈疾笃，使主簿谢攸陈让。自旦至申，使者十馀返，而谟不至。时帝方八岁，甚倦，问左右曰："所召人何以至今不来？临轩何时当竟？"太后以君臣俱疲，乃诏："必不来者，宜罢朝。"朝，直遥翻；下同。中军将军殷浩奏免吏部尚书江虨官。虨，逋闲翻。会稽王昱令曹曰：下令于尚书曹也。昱时录尚书六条事。会，工外翻。"蔡公傲违上命，无人臣之礼。若人主卑屈于上，大义不行于下，亦不知所以为政矣。"公卿乃奏"谟悖慢傲上，罪同不臣，悖，蒲内翻。请送廷尉以正刑书。"谟惧，帅子弟诣【章：十二行本"诣"上有"素服"二字；乙十一行本同；孔本同；张校同。】阙稽颡，自到廷尉待罪。帅，读曰率。稽，音启。殷浩欲加谟大辟；辟，毗亦翻。会徐州刺史荀羡入朝，羡自京口朝建康。浩以问羡，羡曰："蔡公今日事危，谓谟死也。明日必有桓、文之举，"言将举兵以问其罪。浩乃止。下诏免谟为庶人。

郑天挺标点王崇武聂崇岐覆校

资治通鉴卷第九十九

端明殿学士兼翰林侍读学士朝散大夫右谏议大夫
充集贤殿修撰权判西京留司御史台上柱国河内郡 司马光 奉敕编集
开国侯食邑一千三百户食实封四百户赐紫金鱼袋臣

后学天台 胡三省 音注

晋纪二十一

起重光大渊献（辛亥），尽阏逢摄提格（甲寅），凡四年。

孝宗穆皇帝中之上

永和七年（辛亥、三五一）

1 春，正月，丁酉，日有食之。

2 苻健左长史贾玄硕等请依刘备称汉中王故事，事见六十八卷汉献帝建安二十四年。表健为都督关中诸军事、大将军、大单于、秦王。玄硕欲表言之于晋朝。单，音蝉。健怒曰："吾岂堪为秦王邪！且晋使未返，使，疏吏翻。我之官爵，非汝曹所知也。"既而密使梁安讽玄硕等上尊号，上，时掌翻。健辞让再三，然后许之。丙辰，健即天王、大单于位，苻健，字建业，洪第三子。国号大秦，大赦，改元皇始。追尊父洪为武惠皇帝，庙号太祖；立妻强氏为天王后，强，其两翻，氐姓也。子苌为太子，靓为平原公，苌，仲良翻。靓，疾正翻。生为淮南公，觌为长乐公，乐，音洛。方为高阳公，硕为北平公，腾为淮阳公，柳为晋公，桐为汝南公，廋为魏公，廋，所鸠翻。武为燕公，幼为赵公。以苻雄为都督中外诸军事、丞相、领车骑大将军、雍州牧、东海公；雍，于用翻。苻菁为卫大将军、平昌公，宿卫二宫；二宫，健所居及子苌所居也。雷弱儿为太尉，毛贵为司空，略阳姜伯周为尚书令，梁楞为左仆射，楞，卢登翻。王堕为右仆射，鱼遵为太子太师，强平为太傅，段纯为太保，吕婆楼为散骑常侍。散，悉亶翻。骑，奇寄翻。伯周，健之舅；平，王后之弟；婆楼，本略阳氐酋也。酋，慈由翻。

3 段龛请以青州内附；二月，戊寅，以龛为镇北将军，封齐公。段龛据广固，始上卷上年。龛，苦含翻。

4 魏主闵攻围襄国百馀日。去年十一月，闵攻襄国。赵主祗危急，乃去皇帝之号，称赵王，去，羌吕翻。遣太尉张举乞师于燕，许送传国玺；玺，斯氏翻。中军将军张春乞师于姚弋仲。弋仲遣其子襄帅骑二万八千救赵，帅，读曰率。诫之曰："冉闵弃仁背义，屠灭石氏。事见上卷五年、六年。背，蒲妹翻。我受人厚遇，谓石虎遇之厚也。当为复雠，老病不能自行；汝才十倍于闵，若不枭擒以来，不必复见我也！"为，于伪翻。枭，坚尧翻。复，扶又翻。弋仲亦遣使告于燕；使，疏吏翻；下同。燕主儁遣御难将军悦绾御难将军，盖慕容氏创置。难，乃旦翻。将兵三万往会之。

冉闵闻儁欲救赵，遣大司马从事中郎广宁常炜使于燕。儁使封裕诘之曰："冉闵，石氏养息，息，子也。诘，去吉翻。负恩作逆，何敢辄称大号？"炜曰："汤放桀，武王伐纣，以兴商、周之业；曹孟德养于宦官，莫知所出，卒立魏氏之基；曹操事见六十八卷汉灵帝中平元年。操，字孟德。卒，子恤翻。苟非天命，安能成功！推此而言，何必致问！"裕曰："人言冉闵初立，铸金为己像以卜成败，而像不成，信乎？"炜曰："不闻。"裕曰："南来者皆云如是，何故隐之？"炜曰："奸伪之人欲矫天命以惑人者，乃假符瑞、托蓍龟以自重。蓍，升脂翻。魏主握符玺，据中州，受命何疑；而更反真为伪，取决于金像乎！”裕曰：“传国玺果安在？”炜曰：“在邺。”裕曰：“张举言在襄国。”炜曰：“杀胡之日，在邺者殆无孑遗；孑，吉列翻，孤也，单也；言无孤单得遗者。时有迸漏者，皆潜伏沟渎中耳，尔雅：水注谷曰沟，水注浍曰渎。迸，比诤翻。彼安知玺之所在乎！彼求救者，为妄诞之辞，无所不可，况一玺乎！”

儁犹以张举之言为信，乃积柴其旁，使裕以其私诱之，曰：“君更熟思，无为徒取灰灭！”诱，音酉。炜正色曰：“石氏贪暴，亲帅大兵攻燕国都；虽不克而返，事见九十六卷成帝咸康四年。帅，读曰率。然志在必取。故运资粮、聚器械于东北者，非以相资，乃欲相灭也。事见九十六卷咸康四年、六年。魏主诛翦石氏，虽不为燕；臣子之心，闻仇雠之灭，义当如何？而更为彼责我，不亦异乎！异，犹言可怪也。为，于伪翻。吾闻死者骨肉下于土，下，户嫁翻。精魂升于天。蒙君之惠，速益薪纵火，使仆得上诉于帝足矣！”左右请杀之。儁曰：“彼不惮杀身以徇其主，忠臣也。且冉闵有罪，使臣何预焉！”使，疏吏翻。使出就馆。夜，使其乡人赵瞻往劳之，劳，力到翻。且曰：“君何不以实言？王怒，欲处君于辽、碣之表，辽海及碣石为辽、碣。杜佑曰：卢龙，汉肥如县，有碣石山，碣然而立在海旁。秦筑长城所起自碣石，在今高丽旧界，非此碣石也。赵瞻所谓辽、碣，盖即杜佑所言者也。处，昌吕翻。奈何？”炜曰：“吾结发以来，尚不欺布衣，况人主乎！曲意苟合，性所不能；直情尽言，虽沈东海，不敢避也！”沈，持林翻。遂卧向壁，不复与瞻言。复，扶又翻。瞻具以白儁，儁乃囚炜于龙城。

5 赵并州刺史张平遣使降秦，使，疏吏翻。降，户江翻。秦王以平为大将军、冀州牧。

6 燕王儁还蓟。自龙城还蓟。蓟，音计。

7 三月，姚襄及赵汝阴王琨各引兵救襄国。琨自信都进兵救襄国。冉闵遣车骑将军胡睦拒襄于长芦，水经注：漳水过堂阳县西，分为二水，其右水东北注出石门，谓之长芦水。长芦水西径堂阳县故城南，又东径九门陂，又东径扶都县。五代志：隋置长芦县，属河间郡。刘昫曰：长芦，汉参户县地。将军孙威拒琨于黄丘，魏收地形志：钜鹿郡鄡县有黄丘。鄡，苦幺翻。皆败还，士卒略尽。

闵欲自出击之，卫将军王泰谏曰："今襄国未下，外救云集，若我出战，必覆背受敌，"覆"，当作"腹"。【章：孔本正作"腹"。十二行本、乙十一行本仍作"覆"。】此危道也。不若固垒以挫其锐，徐观其衅而击之。衅，隙也。且陛下亲临行陈，行，户刚翻。陈，读曰阵。如失万全，则大事去矣。"闵将止，道士法饶进曰："陛下围襄国经年，无尺寸之功；今贼至，又避不击，将何以使将士乎！将，即亮翻。且太白入昴，当杀胡王，晋天文志：昴七星，为旄头，胡星也。百战百克，不可失也！"闵攘袂大言曰："吾战决矣，敢沮众者斩！"攘，如羊翻。沮，在吕翻。乃悉众出，与襄、琨战。悦绾适以燕兵至，去魏兵数里，疏布骑卒，曳柴扬尘，疏，读与疎同。骑，奇寄翻；下同。魏人望之恟惧，自棘城之败，赵人固畏燕兵，见其至而势盛，故恟惧。恟，许拱翻。襄、琨、绾三面击之，赵王祗自后冲之，魏兵大败，果如王泰之言，腹背受敌而败。闵与十馀骑走还邺。降胡栗特康等执大单于胤及左仆射刘琦以降赵，赵王祗杀之。果如韦谀之言。史言冉闵不能用群策以取败。降，户江翻。单，音蝉。胡睦及司空石璞、尚书令徐机、中书监卢谌等并将士死者凡十馀万人。刘隗、卢谌不能为晋死而卒死于兵。人谁不死，贵得其死所耳！谌，是壬翻。闵潜还，人无知者。邺中震恐，讹言闵已没。射声校尉张艾请闵亲郊以安众心，亲郊，亲出郊祀也。闵从之，讹言乃息。闵支解法饶父子，解剥其支体而杀之。赠韦谀大司徒。谀死，见上卷上年。谀，苏鸟翻。姚襄还滠头，滠，书涉翻。姚弋仲怒其不擒闵，杖之一百。

初，闵之为赵相也，相，息亮翻。悉散仓库以树私恩，与羌、胡相攻，无月不战。赵所徙青、雍、幽、荆四州之民石虎破曹嶷，徙青州之民；破刘胤、石生，再徙雍州之民；破段匹磾及为燕所败，徙幽州之民；石勒南掠江、汉，徙荆州之民。雍，于用翻。及氐、羌、胡、蛮数百万口，以赵法禁不行，各还本土；道路交错，互相杀掠，其能达者什有二、三。中原大乱，因以饥疫，人相食，无复耕者。复，扶又翻。

赵王祗使其将刘显帅众七万攻邺，帅，读曰率。军于明光宫，此明光宫，石氏所建也。去邺二十三里。魏主闵恐，召王泰，欲与之谋；泰恚前言之不从，辞以疮甚。战败被伤，故因以疮甚辞。恚，於避翻。闵亲临问之，泰固称疾笃。闵怒，还宫，谓左右曰："巴奴，乃公岂假汝为命邪！王泰盖巴蛮也。乃公，冉闵自谓也；自汉高祖已有是语。要将先灭群胡，却斩王泰。"乃悉众出战，大破显军，追奔至阳平，阳平县，汉属东郡，魏、晋分属阳平郡，而阳平郡治在魏郡东北。宋白曰：魏州莘县，汉为阳平县，后赵移阳平理馆陶县。斩首三万馀级。显惧，密使请降，使，疏吏翻。降，户江翻。求杀祗以自效，闵乃引归。有告王泰欲叛入秦者，闵杀之，夷其三族。

8 秦王健分遣使者问民疾苦，搜罗隽异，宽重敛之税，弛离宫之禁，赵修长安宫殿，亦有离宫之禁。敛，力赡翻。罢无用之器，去侈靡之服，去，羌吕翻。凡赵之苛政不便于民者，皆除之。史言苻健所以能据有关中。

9 杜洪、张琚遣使召梁州刺史司马勋；夏，四月，勋帅步骑三万赴之，帅，读曰率。骑，奇寄翻。秦王健御之于五丈原。勋屡战皆败，退归南郑。健以中书令贾玄硕始者不上尊号，衔之，上，时掌翻。使人告玄硕与司马勋通，并其诸子皆杀之。

10 渤海人逄约逄，皮江翻。因赵乱，拥众数千家，附于魏，魏以约为渤海太守。故太守【严："守"改"尉"。】刘准，隗之兄子也；土豪封放，奕之从弟也；从，才用翻。别聚众自守。闵以准为幽州刺史，与约中分渤海。燕王儁使封奕讨约，使昌黎太守高开讨准、放。开，瞻之子也。高瞻，见九十一卷元帝太兴二年。

奕引兵直抵约垒，遣人谓约曰："相与乡里，隔绝日久，封奕本渤海人，怀帝永嘉五年，托于慕容廆，见八十七卷。会遇甚难。时事利害，人皆有心，非所论也。愿单出一相见，以写伫结之情。"久立而待之曰伫；企望之情郁积而不散曰结。约素信重奕，即出，见奕于门外；各屏骑卒，屏，必郢翻。骑，奇寄翻。单马交语。奕与论叙平生毕，因说之曰："与君累世同乡，情相爱重，诚欲君享祚无穷；今既获展奉，展，省视也。奉，承也，事也。说，输芮翻。不可不尽所怀。冉闵乘石氏之乱，奄有成资，是宜天下服其强矣，而祸乱方始，固知天命不可力争也。燕王奕世载德，"奕世载德"，班彪王命论之言。师古曰：载，乘也，言相因不绝。奉义讨乱，所征无敌。今已都蓟，南临赵、魏，远近之民，襁负归之。民厌荼毒，孔安国曰：荼毒，苦也。襁，居两翻。咸思有道。冉闵之亡，匪朝伊夕，成败之形，昭然易见。易，以豉翻。且燕王肇开王业，虚心贤隽；君能翻然改图，则功参绛、灌，庆流苗裔，孰与为亡国将，守孤城以待必至之祸哉！"将，即亮翻。约闻之，怅然不言。奕给使张安，有勇力；给使，在左右给使令者也。奕豫戒之，俟约气下，安突前持其马鞚，鞚，空贡翻。因挟之而驰。至营，奕与坐，谓曰："君计不能自决，故相为决之，为，于伪翻。非欲取君以邀功，乃欲全君以安民也。"

高开至渤海，准、放迎降。降，户江翻。儁以放为渤海太守，准为左司马，约参军事。以约诱于人而遇获，诱，音酉。更其名曰钧。更，工衡翻。

11 刘显弑赵王祗及其丞相乐安王炳、太宰赵庶等十馀人，传首于邺。骠骑将军石宁奔柏人。柏人县，自汉以来属赵国。刘昫曰：唐邢州尧山县，古之柏人城。骠，匹妙翻。骑，奇寄翻。魏主闵焚祗首于通衢，拜显上大将军、大单于、冀州牧。单，音蝉。

12 五月，赵兖州刺史刘启自鄄城来奔。鄄城县，汉属济阴郡，晋属濮阳国，唐为濮州治所。鄄，吉县翻。

13 秋，七月，刘显复引兵攻邺，复，扶又翻。魏主闵击败之。败，蒲迈翻。显还，称帝于襄国。

14 八月，魏徐州刺史周成、兖州刺史魏统、荆州刺史乐弘、豫州牧张遇以廪丘、许昌等诸城来降；时周成据廪丘，张遇据许昌。降，户江翻；下同。平南将军高崇、征虏将军吕护执洛州刺史郑系，以其地来降。时崇、护以三河之地来降。

15 燕王儁遣慕容恪攻中山，慕容评攻王午于鲁口，魏中山太守上谷侯龛闭城拒守。龛，苦含翻。恪南徇常山，军于九门，九门县，自汉以来属常山郡。魏赵郡太守辽西李邽举郡降，恪厚抚之，将邽还围中山，侯龛乃降。恪入中山，迁其将帅、土豪数十家诣蓟，将，即亮翻。帅，所类翻。蓟，音计。馀皆安堵，军令严明，秋豪不犯。慕容评至南安，王午遣其将郑生拒战，评击斩之。

悦绾还自襄国，儁乃知张举之妄而杀之。常炜有四男二女在中山，儁释炜之囚，使诸子就见之。炜上疏谢恩，儁手令答曰："卿本不为生计，孤以州里相存耳。儁居昌黎，炜居广宁，二郡皆属幽州。今大乱之中，诸子尽至，岂非天所念邪！天且念卿，况于孤乎！"赐妾一人，谷三百斛，使居凡城。以北平太守孙兴为中山太守；兴善于绥抚，中山遂安。

16 库傉官伟帅部众自上党降燕。傉，奴沃翻。库傉官，渔阳乌桓大人库傉之馀种。按温公与刘道原书，以为"库"当作"厍"。详见前例。库，音舍。

17 姚弋仲遣使来请降。赵亡，弋仲乃降。晋史言其尽忠于石氏。使，疏吏翻；下同。冬，十【章：十二行本“十”下有“一”字；乙十一行本同；孔本同。】月，以弋仲为使持节、六夷大都督、督江【严：“江”改“淮”。】北诸军事、“江北”，恐当作“河北”。车骑大将军、开府仪同三司、大单于、高陵郡公；骑，奇寄翻。单，音蝉。又以其子襄为持节、平北将军、都督并州诸军事、并州刺史、平乡县公。

18 逄钓亡归渤海，招集旧众以叛燕。乐陵太守贾坚考异曰：燕书贾坚传：“烈祖问坚年，对以受新命始及三载。烈祖悦其言，拜乐陵太守。”按坚以去年九月获于燕，至明年始三年。若未为乐陵太守，岂能安集诸县，告谕逄钓！故知坚先已为乐陵太守，非因问年而授。使人告谕乡人，示以成败，钓部众稍散，遂来奔。

19 吐谷浑叶延卒，子碎奚立。晋书作“辟奚”。按一百三卷简文帝咸安元年钟恶地杀三弟事，亦当作“辟奚”。

20 初，桓温闻石氏乱，上疏请出师经略中原；温盖上疏于五年出屯安陆之时。事久不报。温知朝廷杖殷浩以抗己，甚忿之；然素知浩之为人，亦不之惮也。以国无他衅，遂得相持弥年，【章：十二行本“年”下有“虽有君臣之迹”六字；乙十一行本同；孔本同；张校同；退斋校同。】羁縻而已，八州士众资调殆不为国家用。永和元年，温都督荆、司、雍、益、梁、宁六州；五年，遣滕畯帅交、广之兵伐林邑，盖是时已加督交、广二州矣。资，财也。调，赋也。调，徒钓翻。屡求北伐，诏书不听。十二月，辛未，温拜表辄行，帅众四五万顺流而下，军于武昌。帅，读曰率。朝廷大惧。

殷浩欲去位以避温，又欲以驺虞幡驻温军。吏部尚书王彪之言于会稽王昱曰：“此属皆自为计，非能保社稷，为殿下计也。会，工外翻。若殷浩去职，人情离骇，天子独坐，当此之际，必有任其责者，非殿下而谁乎！”又谓浩曰：“彼若抗表问罪，卿为之首。事任如此，谓浩当朝政也。猜衅已成，谓浩与温有隙也。欲作匹夫，岂有全地邪！且当静以待之。令相王与手书，相，息亮翻。示以款诚，为陈成败，彼必旋师；若不从，则遣中诏；又不从，乃当以正义相裁。谓正温举兵向阙之罪。奈何无故忽忽，先自猖獗乎！”忽，仓红翻。浩曰：“决大事正自难，顷日来欲使人闷。闻卿此谋，意始得了。”了，决也。彪之，彬之子也。王敦之乱，彬能守正，彪之可谓克绍矣。

抚军司马高崧昱为抚军大将军，以崧为司马。言于昱曰：“王宜致书，谕以祸福，自当返旆。如其不尔，便六军整驾，逆顺于兹判矣！”言温若不还，则当整六师奉顺讨逆也。乃于坐为昱草书曰：“寇难宜平，时会宜接。谓是时中原豪杰相继来降，有恢复之会，宜应接之也。难，乃旦翻。坐，徂卧翻。为，于伪翻；下同。此实为国远图，经略大算，能弘斯会，非足下而谁！但以比兴师动众，要当以资实为本；比，毗寐翻。运转之艰，古人所难，不可易之于始而不熟虑。易，以豉翻。顷所以深用为疑，惟在此耳。然异常之举，众之所骇，游声噂𠴲，噂，祖本翻。𠴲，徒合翻。噂𠴲，聚语也。想足下亦少闻之。少，诗沼翻。苟患失之，无所不至，论语孔子之言。或能望风振扰，一时崩散。如此则望实并丧，丧，息浪翻。社稷之事去矣。皆由吾暗弱，德信不著，不能镇静群庶，保固维城，诗曰：宗子维城。所以内愧于心，外惭良友。吾与足下，虽职有内外，安社稷，保国家，其致一也。致，极也，言事理诣极之地则一也。天下安危，系之明德；当先思宁国而后图其外，使王基克隆，大义弘著，所望于足下。区区诚怀，岂可复顾嫌而不尽哉！”复，扶又翻。温即上疏惶恐致谢，回军还镇。

21 朝廷将行郊祀。会稽王昱问于王彪之曰：“郊祀应有赦否？”彪之曰：“自中兴以来，郊祀往往有赦，愚意常谓非宜；凶愚之人，以为郊必有赦，将生心于徼幸矣！”徼，坚尧翻。昱从之。

22 燕王儁如龙城。

23 丁零翟鼠帅所部降燕，封为归义王。丁零居中山，其后翟斌等皆其种类也。帅，读曰率。

八年（壬子、三五二）

1 春，正月，辛卯，日有食之。

2 秦丞相雄等请秦王健正尊号，依汉、晋之旧，不必效石氏之初。谓石虎兄弟皆先称天王，后即皇帝位。健从之，即皇帝位，大赦。诸公皆进爵为王。且言单于所以统壹百蛮，非天子所宜领，此亦雄等之言也。单，音蝉。以授太子苌。

3 司马勋既还汉中，杜洪、张琚屯宜秋。水经注：郑渠自中山西瓠口东流，径宜秋城北，又东径中山南，又东径池阳县故城北。洪自以右族轻琚，琚遂杀洪，自立为秦王，改元建昌。

4 刘显攻常山，魏主闵留大将军蒋干使辅太子智守邺，自将八千骑救之。显大司马清河王宁以枣强降魏。枣强县，前汉属清河郡，后汉、晋省，寻复置，属信都郡。闵击显，败之，败，补迈翻。追奔至襄国。显大将军曹伏驹开门纳闵，闵杀显及其公卿已下百馀人，考异曰：闵杀显，晋帝纪在正月，十六国春秋钞在二月，燕书在三月己酉，未知孰是。今从帝纪。焚襄国宫室，迁其民于邺。赵汝阴王琨以其妻妾来奔，斩于建康市，石氏遂绝。自古无不亡之国，宗族诛夷，固亦有之，未有至于绝姓者。石氏穷凶极暴，而子孙无遗种，足以见天道之不爽矣。

5 尚书左丞孔严言于殷浩曰："比来众情，良可寒心，比，毗至翻。不知使君当何以镇之。愚谓宜明受任之方，韩、彭专征伐，萧、曹守管籥，事见汉高帝纪。曹参当高帝时，从韩信用兵，其后相齐，未尝守管籥。严以萧、曹相继为相而言之。内外之任，各有攸司；深思廉、蔺屈身之义，事见四卷周赧王三十六年。平、勃交欢之谋，事见十三卷汉高后七年。令穆然无间，穆然，和而静之貌。间，古苋翻。

然后可以保大定功也。严欲浩与桓温两释猜嫌，降心相从，以图国事也。“保大定功”，左传楚庄王所谓武有七德，此其二也。观近日降附之徒，皆人面兽心，贪而无亲，恐难以义感也。”段龛、张遇、姚襄之徒，孔严固见其肺肝矣。降，户江翻。浩不从。严，愉之从子也。从，才用翻。

浩上疏请北出许、洛，诏许之，以安西将军谢尚、北中郎将荀羡为督统，晋志曰：四中郎将，并后汉置，历魏及晋并有其职，江左弥重。时谢尚镇寿春，荀羡镇京口，浩欲两道俱进，故使二人并为督统，各统其方之兵。进屯寿春。谢尚不能抚尉张遇，尉，与慰同。遇怒，据许昌叛，使其将上官恩据洛阳，乐弘攻督护戴施于仓垣，浩军不能进。三月，命荀羡镇淮阴，寻加监青州诸军事，监，工衔翻。又领兖州刺史，镇下邳。

6 乙巳，燕王儁还蓟，稍徙军中文武兵民家属于蓟。自北徙其家属而南，又恐其怀居而无乐迁之心，故稍徙之。

7 姚弋仲有子四十二人，及病，谓诸子曰：“石氏待吾厚，吾本欲为之尽力。为，於伪翻。今石氏已灭，中原无主；我死，汝亟自归于晋，当固执臣节，无为不义也！”弋仲卒，子襄秘不发丧，帅户六万南攻阳平、元城、发干，破之，屯于碻磝津；帅，读曰率；下同。襄自滠头而南也。元城县，汉属魏郡，晋属阳平郡。发干县，汉属东郡，晋属阳平郡。刘昫曰：唐魏州莘县，汉阳平县地。碻磝城，即汉东郡茌平县故城，其西南即河津，谓之碻磝津。后魏置济州于碻磝城。杜佑曰：碻磝，即今济阳郡城。碻，口交翻；磝，音敖。杨正衡曰：碻，口劳翻；磝，五劳翻。毛晃曰：碻，丘交翻；磝，牛交翻。或曰：碻，音确；磝，音爻。以太原王亮为长史，天水尹赤为司马，太原薛瓒、略阳权翼为参军。姓谱：权本颛顼之后。楚武王使鬬缗尹权，因以为氏。韩愈权德舆墓碑曰：殷武丁之子降封于权；权，江、汉间国也，周衰，入楚，为权氏。瓒，藏旱翻。

襄与秦兵战，败，亡三万馀户，南至荥阳，始发丧。又与秦将高昌、李历战于麻田，高昌、李历，本赵将也，时附于秦，故称秦将。荥、洛之间，地名有豆田、麻田，各因人所种艺而名之。马中流矢而毙。中，竹仲翻。弟苌以马授襄，苌，仲良翻。襄曰："汝何以自免？"苌曰："但令兄济，竖子必不敢害苌！"会救至，俱免。尹赤奔秦，秦以赤为并州刺史，镇蒲阪。

襄遂帅众归晋，送其五弟为质。质，音致。诏襄屯谯城。襄单骑渡淮，见谢尚于寿春。尚闻其名，命去仗卫，幅巾待之，骑，奇寄翻。去，丘吕翻。欢若平生。襄博学，善谈论，江东人士皆重之。

8 魏主闵既克襄国，因游食常山、中山诸郡。赵立义将军段勤聚胡、羯万馀人保据绎幕，绎幕县，自汉以来属清河郡。自称赵帝。夏，四月，甲子，燕王儁遣慕容恪等击魏，慕容霸等击勤。

魏主闵将与燕战，大将军董闰、车骑将军张温谏曰：骑，奇寄翻；下同。"鲜卑乘胜锋锐，且彼众我寡，宜且避之；俟其骄惰，然后益兵以击之。"闵怒曰："吾欲以此众平幽州，斩慕容儁；今遇恪而避之，人谓我何！"司徒刘茂、特进郎闿相谓曰："吾君此行，必不还矣，吾等何为坐待戮辱！"皆自杀。闿，苦亥翻，又音开。

闵军于安喜，安喜县，前汉曰安险，属中山郡，后汉章帝更名；唐复为安险县，属定州。而定州所治之安喜县，汉卢奴县也。慕容恪引兵从之。闵趣常山，趣，七喻翻；下同。恪追之，及【章：十二行本"及"上有"丙子"二字；乙十一行本同；孔本同；张校同。】于魏昌之廉台。魏昌县，属中山郡，本苦陉，汉章帝改为汉昌，魏文帝改为魏昌，唐为定州唐昌县。魏收地形志：中山毋极县有廉台。盖晋省无极县，廉台遂在魏昌界。闵与燕兵十战，燕兵皆不胜。闵素有勇名，所将兵精锐，将，即亮翻。燕人惮之。慕容恪巡陈，陈，读曰阵。谓将士曰："冉闵勇而无谋，一夫敌耳！其士卒饥疲，甲兵虽精，其实难用，不足破也！”闵以所将多步卒，将，即亮翻。而燕皆骑兵，引兵将趣林中。恪参军高开曰：“吾骑兵利平地，若闵得入林，不可复制。复，扶又翻。宜亟遣轻骑邀之，既合而阳走，诱致平地，然后可击也。”诱，音酉。恪从之。魏兵还就平地，恪分军为三部，谓诸将曰：“闵性轻锐，又自以众少，必致死于我。我厚集中军之陈以待之，少，诗沼翻。陈，读曰阵；下同。俟其合战，卿等从旁击之，无不克矣。”乃择鲜卑善射者五千人，以铁锁连其马，为方陈而前。闵所乘骏马曰朱龙，日行千里。闵左操两刃矛，右执钩戟，以击燕兵，斩首三百馀级。望见大幢，知其为中军，直冲之；燕两军从旁夹击，大破之。恪以铁锁连马，则闵兵虽致死而陈不可破，两军从旁夹击，则闵兵三面受敌，不败何待！操，千刀翻。幢，直江翻。围闵数重，重，直龙翻。闵溃围东走二十馀里，朱龙忽毙，为燕兵所执。燕人杀魏仆射刘群，执董闵、张温及闵，皆送于蓟。“董闵”当作“董闰”。【章：孔本正作“闰”。】冉闵自立事始上卷六年，至是而灭。闵子操奔鲁口。高开被创而卒。创，初良翻。慕容恪进屯常山，儁命恪镇中山。

己卯，冉闵至蓟。儁大赦。立闵而责之曰：“汝奴仆下才，何得妄称帝？”闵曰：“天下大乱，尔曹夷狄禽兽之类犹称帝，况我中土英雄，何得不【章：十二行本“何得不”作“何为不得”四字；乙十一行本同；孔本同；张校同。】称帝邪！”儁怒，鞭之三百，送于龙城。

慕容霸军至绎幕，段勤与弟思聪举城降。降，户江翻；下同。

甲申，儁遣慕容评及中尉侯龛帅精骑万人攻邺。龛，苦含翻。癸巳，至邺，魏蒋干及太子智闭城拒守，城外皆降于燕，刘宁及弟崇帅胡骑三千奔晋阳。刘宁，刘显将也，以枣强降闵。帅，读曰率。

9 秦以张遇为征东大将军、豫州牧。

10 五月，秦主健攻张琚于宜秋，斩之。

11 邺中大饥，人相食，故赵时宫人被食略尽。被，皮义翻。蒋干使侍中缪嵩、詹事刘猗奉表请降，且求救于谢尚。缪，靡幼翻。庚寅，燕王儁遣广威将军慕容军、殿中将军慕舆根、右司马皇甫真等帅步骑二万助慕容评攻邺。

12 辛卯，燕人斩冉闵于龙城。会大旱、蝗，燕王儁谓闵为祟，祟，虽遂翻。神祸曰祟。遣使祀之，谥曰悼武天王。

13 初，谢尚使戴施据枋头，遣施之时，指令据枋头。施闻蒋干求救，乃自仓垣徙屯棘津，棘津，即石济南津，有棘津亭。止干使者求传国玺。玺，斯氏翻。刘猗使缪嵩还邺白干，干疑尚不能救，沈吟未决。沈，持林翻。六月，施帅壮士百馀人入邺，助守三台，绐之曰："今燕寇在外，道路不通，玺未敢送也。卿且出以付我，我当驰白天子。天子闻玺在吾所，信卿至诚，必多发兵粮以相救饷。"干以为然，出玺付之。施宣言使督护何融迎粮，阴令怀玺送于枋头。江南之未得玺也，中原谓之"白版天子"。传国玺至此归晋。蔺相如全璧归赵，赵王擢之，自缪贤舍人为上大夫。戴施能复致累代传国之宝，未闻晋朝以显赏甄之也，何居！甲子，蒋干帅锐卒五千及晋兵出战，慕容评大破之，斩首四千级，干脱走入城。

14 甲申，秦主健还长安。自宜秋还长安也。

15 谢尚、姚襄共攻张遇于许昌。秦主健遣丞相东海王雄、卫大将军平昌王菁略地关东，帅步骑二万救之。丁亥，战于颍水之诫桥，据晋纪，诫桥，在许昌。尚等大败，死者万五千人。尚奔还淮南，襄弃辎重，送尚于芍陂；重，直用翻。尚悉以后事付襄。谢尚既败，姚襄知晋之不足恃，固有去晋之心，矧殷浩又从而速之乎！殷浩闻尚败，退屯寿春。秋，七月，秦丞相雄徙张遇及陈、颍、许、洛之民五万馀户于关中，张遇据有许、颍，岂肯敛手受羁制于人乎！苻雄乘胜以兵威徙之，自此遇之死命制于苻氏矣！以右卫将军杨群为豫州刺史，镇许昌。谢尚降号建威将军。

16 赵故西中郎将王擢遣使请降，拜擢秦州刺史。王擢自石虎时当秦、陇之任。降，户江翻；下同。

17 丁酉，以武陵王晞为太宰。

18 丙辰，燕王儁如中山。

19 王午闻魏败，时邓恒已死，恒，户登翻。午自称安国王。八月，戊辰，燕王儁遣慕容恪、封奕、阳骛攻之，午闭城自守，送冉操诣燕军，燕人掠其禾稼而还。慕容恪善用兵，知鲁口之未可取，徒久攻以毙士卒，故掠其禾稼，全师而退。金城汤池，非粟不守，孤城之外，春取其麦而秋取其禾，彼将焉仰哉！还，从宣翻，又如字。

20 庚午，魏长水校尉马愿等开邺城纳燕兵，戴施、蒋干悬缒而下，缒，直伪翻。奔于仓垣。慕容评送魏后董氏、太子智、太尉申钟、司空条枚【严："枚"改"攸"。】等条，姓也。周亚夫封条侯，其后以为氏。及乘舆服御于蓟。乘，绳证翻。尚书令王简、左仆射张乾、右仆射郎肃皆自杀。燕王儁诈云董氏得传国玺献之，赐号奉玺君，赐冉智爵海宾侯。以申钟为大将军右长史；命慕容评镇邺。

21 桓温使司马勋助周抚讨萧敬文于涪城，斩之。萧敬文据涪城，始九十七卷永和三年。涪，音浮。

22 谢尚自枋头迎传国玺至建康，百僚毕贺。

23 秦以雷弱儿为大司马，毛贵为太尉，张遇为司空。

24 殷浩之北伐也，中军将军王羲之以书止之，不听。既而无功，复谋再举。复，扶又翻；下所复、故复同。羲之遗浩书曰："今以区区江左，天下寒心，固已久矣，寒心者，恐不能自保。遗，于季翻。力争武功，非所当作。作，为也。自顷处内外之任者，处，昌吕翻；下而处同。未有深谋远虑，而疲竭根本，各从所志，竟无一功可论，遂令天下将有土崩之势；任其事者，岂得辞四海之责哉！言殷浩不得辞其责也。今军破于外，资竭于内，保淮之志，非所复及，莫若还保长江，督将各复旧镇；将，即亮翻。自长江以外，羁縻而已。引咎责躬，更为善治，治，直吏翻。省其赋役，与民更始，庶可以救倒悬之急也！保江之说，此王导佐元帝之规摹。世之议者，讥其忘雠忍耻，置中原于度外。若以量时度力、保固本根言之，此策未为非也。至于引咎责躬，省民赋役，所谓善败不亡；诸葛孔明街亭丧师之后，正亦如是而已。使君起于布衣，任天下之重，当董统之任，而败丧至此，丧，息浪翻。恐阖朝群贤未有与人分其谤者。朝，直遥翻。若犹以前事为未工，故复求之分外，分，扶问翻。宇宙虽广，自容何所！此愚智所不解也。”解，胡买翻，晓也。其后殷浩废黜，卒如羲之之言。

又与会稽王昱笺曰：“为人臣谁不愿尊其主，比隆前世；况遇难得之运哉！顾力有所不及，岂可不权轻重而处之也！处，昌吕翻。今虽有可喜之会，内求诸己，而所忧乃重于所喜。功未可期，遗黎歼尽，劳役无时，征求日重，以区区吴、越经纬天下十分之九，不亡何待！而不度德量力，度，徒洛翻。量，音良。不弊不已，此封内所痛心叹悼而莫敢吐诚者也。‘往者不可谏，来者犹可追。’论语载楚狂接舆之言。愿殿下更垂三思，先为不可胜之基，须根立势举，谋之未晚。兵法曰：先为不可胜以待敌之可胜。若不行，此处文意短蹙，恐有脱文。恐麋鹿之游，将不止林薮而已！吴伍子胥曰：“臣恐麋鹿游于姑苏。”此祖其意而微其言。泽无水曰薮。愿殿下蹔废虚远之怀，羲之此言，盖讥昱好谈清虚玄远也。蹔，与暂同。以救倒悬之急，可谓以亡为存，转祸为福也。”不从。

九月，浩屯泗口，遣河南太守戴施据石门，荥阳太守刘遁据仓垣。浩以军兴，罢遣太学生徒，学校由此遂废。元帝建武元年，始立太学，今复以军兴废。校，户教翻。

冬，十月，谢尚遣冠军将军王侠攻许昌，克之。冠，古玩翻。侠，户颊翻。秦豫州刺史杨群退屯弘农。征尚为给事中，戍石头。

25 丁卯，燕王儁还蓟。

26 故赵将拥兵据州郡者，各遣使降燕；将，即亮翻。使，疏吏翻。降，户江翻。燕王儁以王擢为益州刺史，夔逸为秦州刺史，张平为并州刺史，李历为兖州刺史，高昌为安西将军，刘宁为车骑将军。

27 慕容恪屯安平，安平县，前汉属涿郡，后汉属安平国，晋属博陵郡，唐属深州。积粮，治攻具，将讨王午。治，直之翻。丙戌，中山苏林起兵于无极，无极县，汉属中山国，晋省。"无"，本作"毋"。唐武后万岁通天二年，始改"毋"字为"无"；此当作"毋"。自称天子；恪自鲁口还讨林。闰月，戊子，燕王儁遣广威将军慕舆根助恪攻林，斩之。王午为其将秦兴所杀。吕护杀兴，复自称安国王。复，扶又翻。

燕群僚共上尊号于燕王儁，儁许之。上，时掌翻。十一月，丁卯，始置百官，以国相封奕为太尉，左长史阳骛为尚书令，右司马皇甫真为尚书左仆射，典书令张悕为右仆射；悕，香衣翻。其馀文武，拜授有差。戊辰，儁即皇帝位，大赦；自谓获传国玺，改元元玺。追尊武宣王为高祖武宣皇帝，文明王为太祖文明皇帝。廆谥武宣王，皝谥文明王。时晋使适至燕，使，疏吏翻。儁谓曰："汝还白汝天子，我承人乏，为中国所推，已为帝矣！"谓中国无主，已为士民所推，遂承人乏而即尊位也。改司州为中州；建留台于龙都。赵置司州于邺。燕初都龙城，时迁于蓟，故建留台于龙城，谓之龙都。以玄菟太守乙逸为尚书，专委留务。菟，同都翻。

28 秦丞相雄攻王擢于陇西，擢奔凉州，雄还屯陇东。陇东，汉汧县地。张重华以擢为征虏将军、秦州刺史，特宠待之。重华宠待王擢以图秦、陇，岂知擢非苻雄之敌也。

九年（癸丑、三五三）

1 春，正月，乙卯朔，大赦。

2 二月，庚子，燕主儁立其妃可足浑氏为皇后，为可足浑后乱燕张本。可足浑，北方三字姓。世子晔为皇太子，皆自龙城迁于蓟宫。

3 张重华遣将军张弘、宋修会王擢帅步骑万五千伐秦；帅，读曰率。骑，奇寄翻。秦丞相雄、卫将军菁拒之，大败凉兵于龙黎，新唐书地理志：陇州吴山县有龙盘府、龙盘城。吴山，后魏之南由县地。疑龙黎即龙盘也。败，补迈翻；下所败同。斩首万二千级，虏张弘、宋修；王擢弃秦州，奔姑臧。秦主健以领军将军苻愿为秦州刺史，镇上邽。

4 三月，交州刺史阮敷讨林邑，破五十馀垒。

5 赵故卫尉常山李犊聚众数千人叛燕。

6 西域胡刘康诈称刘曜子，聚众于平阳，自称晋王；夏，四月，秦左卫将军苻飞讨擒之。

7 以安西将军谢尚为尚书仆射。

8 五月，张重华复使王擢帅众二万伐上邽，复，扶又翻。秦州郡县多应之；苻愿战败，奔长安。重华因上疏请伐秦，诏进重华凉州牧。

9 燕主儁遣卫将军恪讨李犊，犊降，降，户江翻；下同。遂东击吕护于鲁口。

10 六月，秦苻飞攻氐王杨初于仇池，为初所败。杨初据险以拒秦，秦兵虽强，故为初所败。败，补迈翻。丞相雄、平昌王菁帅步骑四万屯于陇东。

秦主健纳张遇继母韩氏为昭仪，数于众中谓遇曰：数，所角翻。“卿，吾假子也。”遇耻之，因雄等精兵在外，阴结关中豪杰，欲灭苻氏，以其地来降。秋，七月，遇与黄门刘晃谋夜袭健，晃约开门以待之。会健使晃出外，晃固辞，不得已而行。遇不知，引兵至门，门不开；事觉，伏诛。于是孔持【严："持"改"特"。】起池阳，刘珍、夏侯显起鄠，乔秉起雍，胡阳赤起司竹，呼延毒起灞城，池阳县，汉属冯翊，晋属扶风，唐为云阳县，属京兆。鄠县，汉属扶风，晋属始平郡，唐属京兆。雍县，汉属扶风，唐改为天兴县，为凤翔府治所。霸陵县，汉属京兆，晋改曰霸城。"乔秉"，载记作"乔景"，避唐讳也。"孔持"，作"孔特"。鄠，音户。雍，于用翻。众数万人，各遣使来请兵。使，疏吏翻；下同。

11 秦以左仆射鱼遵为司空。

12 九月，秦丞相雄帅众二万还长安，帅，读曰率；下同。遣平昌王菁略定上洛，置荆州于丰阳川，上洛县，汉西都属弘农郡，东汉属京兆；武帝泰始二年，分置上洛郡，丰阳川在郡界。续汉志，南阳郡析县有丰阳城，后魏太安二年，置丰阳县，左传所谓"司马起丰析"，即其地。刘昫曰：唐商州丰阳县，汉商县地，晋分商县置丰阳县，因丰阳川为名。以步兵校尉金城郭敬为刺史。雄与清河王法、苻飞分讨孔持等。

13 姚襄屯历阳，以燕、秦方强，未有北伐之志，乃夹淮广兴屯田，训厉将士。将，即亮翻。殷浩在寿春，恶其强盛，恶，乌路翻；下同。囚襄诸弟，屡遣刺客刺之，刺之，七亦翻。刺客皆以情告襄。安北将军魏统卒，魏统来降，见上七年。弟憬代领部曲。浩潜遣憬帅众五千袭之，襄斩憬，并其众。憬，古迥翻。浩愈恶之，使龙骧将军刘启守谯，骧，思将翻。迁襄于梁国蠡台，司马彪郡国志，睢阳县有庐门亭，城内有高台，甚秀广，巍然介立，超焉独上，谓之蠡台。杜预曰：卢门，宋城南门也。续述征记曰：回道似蠡，故谓之蠡台。蠡，如字；若如述征记之说，音卢戈翻。表授梁国内史。

魏憬子弟数往来寿春，数，所角翻。襄益疑惧，遣参军权翼使于浩，浩曰："身与姚平北共为王臣，休戚同之；平北每举动自专，甚失辅车之理，岂所望也！”左传曰：辅车相依。杜预注曰：辅，颊；辅车，牙车。车，尺奢翻。翼曰：“平北英姿绝世，拥兵数万远归晋室者，以朝廷有道，宰辅明哲故也。今将军轻信谗慝之言，与平北有隙，愚谓猜嫌之端，在此不在彼也。”浩曰：“平北姿性豪迈，生杀自由，又纵小人掠夺吾马；王臣之体，固若是乎？”翼曰：“平北归命圣朝，朝，直遥翻。岂肯妄杀无辜！奸宄之人，亦王法所不容也，杀之何害！”浩曰：“然则掠马何也？”翼曰：“将军谓平北雄武难制，终将讨之，故取马欲以自卫耳。”浩笑曰：“何至是也！”权翼之言，得浩之情，故笑。史言浩不能绥御新附。

初，浩阴遣人诱梁安、雷弱儿，使杀秦主健，许以关右之任；弱儿伪许之，且请兵应接。浩闻张遇作乱，健兄子辅国将军黄眉自洛阳西奔，以为安等事已成。冬，十月，浩自寿春帅众七万北伐，帅，读曰率。欲进据洛阳，修复园陵。吏部尚书王彪之上会稽王昱笺，上，时掌翻。以为：“弱儿等容有诈伪，浩未应轻进。”不从。藉使梁、雷果受浩间而杀健，浩亦未能越关、陕以取长安；其欲乘苻黄眉之去而据洛阳，不过欲以修复园陵为功耳。昱遂以为真可立功，而不听王彪之之言，宜桓温得因以废浩而制昱也。

浩以姚襄为前驱。襄引兵北行，度浩将至，度，徒洛翻。诈令部众夜遁，阴伏甲以邀之。浩闻而追襄至山桑；山桑县，前汉属沛郡，后汉属汝南郡，晋属谯郡。按山桑，六朝兵争，为涡阳之地，唐为亳州蒙城县地。襄纵兵击之，浩大败，弃辎重，走保谯城。重，直龙翻。襄俘斩万馀，悉收其资仗，使兄益守山桑，襄复如淮南。复，扶又翻。会稽王昱谓王彪之曰：“君言无不中，中，竹仲翻。张、陈无以过也！”张、陈，谓张良、陈平。

14 西平敬烈公张重华有疾，子曜灵才十岁，立为世子，赦其境内。重华庶兄长宁侯祚，有勇力、吏干，水经注：金城西平西北四十里有长宁亭。晋室西平郡有长宁县。而倾巧善事内外，与重华嬖臣赵长、尉缉等结异姓兄弟。尉，姓也。左传有郑大夫尉止。嬖，卑义翻，又博计翻。都尉常据请出之，重华曰："吾方以祚为周公，使辅幼子，君是何言也！"托孤之难尚矣，况张重华乎！

谢艾以枹罕之功事见九十七卷永和三年。枹，音肤。有宠于重华，左右疾之，谮艾，出为酒泉太守。艾上疏言："权幸用事，公室将危，乞听臣入侍。"且言"长宁侯祚及赵长等将为乱，宜尽逐之。"十一月，己未，重华疾甚，手令征艾为卫将军，监中外诸军事，辅政；监，工衔翻。祚、长等匿而不宣。

丁卯，重华卒，世子曜灵立，称大司马、凉州刺史、西平公。赵长等矫重华遗令，以长宁侯祚为都督中外诸军事、抚军大将军，辅政。史言张氏之乱。

15 殷浩使部将刘启、王彬之攻姚益于山桑，姚襄自淮南击之，启、彬之皆败死。启，刘舆之孙也。襄进据芍陂。

16 赵末，乐陵朱秃、平原杜能、清河丁娆、娆，乃了翻，又如绍翻。阳平孙元各拥兵分据城邑，至是皆请降于燕；降，户江翻。燕主儁以秃为青州刺史，能为平原太守，娆为立节将军，元为兖州刺史，各留抚其营。

17 秦丞相雄克池阳，斩孔持。十二月，清河王法、苻飞克鄠，斩刘珍、夏侯显。

18 姚襄济淮，屯盱眙，盱眙，音吁怡。招掠流民，众至七万，分置守宰，劝课农桑；姚襄所为仅如此，而晋人已为之震惧，盖奸雄所窃笑也。遣使诣建康罪状殷浩，并自陈谢。使，疏吏翻。诏以谢尚都督江西·淮南诸军事、豫州刺史，镇历阳。以尚得襄之欢心，既以招抚之，又以备之。

19 凉右长史赵长等建议，以为"时难未夷，宜立长君，难，乃旦翻。长，知两翻。曜灵冲幼，请立长宁侯祚。"张祚先得幸于重华之母马氏，马氏许之，乃废张曜灵为凉宁侯，立祚为大都督、大将军、凉州牧、凉公。祚既得志，恣为淫虐，杀重华妃裴氏及谢艾。淫者，烝其君母；虐者，杀裴妃、谢艾。即此二端，他所淫虐又其馀毒也。

20 燕卫将军恪、抚军将军军、左将军彪【严："彪"改"彭"。】等屡荐给事黄门侍郎霸有命世之才，宜总大任。是岁，燕主儁以霸为使持节、安东将军、北冀州刺史，镇常山。冀州刺史镇信都，今置北冀州于常山。

十年（甲寅、三五四）

1 春，正月，张祚自称凉王，改建兴四十二年为和平元年；河西张氏，乃心晋室，奉建兴年号至四十馀年。张祚凶淫，改元僭拟，祖父之所不相也。立妻辛氏为王后，子太和为太子；封弟天锡为长宁侯，子庭坚为建康侯，建康郡，盖张氏所置，张茂分属凉州。曜灵弟玄靓为凉武侯；靓，疾正翻。置百官，郊祀天地，用天子礼乐。尚书马岌切谏，坐免官。岌，鱼及翻。郎中丁琪复谏曰："我自武公以来，张轨谥武公。复，扶又翻。世守臣节，抱忠履谦五十馀年，履谦，谓未尝建国自王也。惠帝永宁元年，张轨镇凉土，至是五十四年。故能以一州之众，抗举世之虏，师徒岁起，民不告疲。殿下勋德未高于先公，而亟谋革命，臣未见其可也。彼士民所以用命，四远所以归向者，以吾能奉晋室故也。今而自尊，则中外离心，安能以一隅之地拒天下之强敌乎！"祚大怒，斩之于阙下。自古戮谏臣，未有不亡者也。

2 故魏降将周成反，周成降见上七年。降，户江翻。将，即亮翻。自宛袭洛阳。宛，於元翻。辛酉，河南太守戴施奔鲔渚。水经注：河水过河南巩县，北有山临河，谓之崟原丘；其下有穴，谓之巩穴，言〔？〕潜通浦北，达于河；直穴有渚，谓之鲔渚。鲔，于轨翻。

3 秦丞相雄克司竹；胡阳赤奔霸城，依呼延毒。

4 中军将军、扬州刺史殷浩连年北伐，师徒屡败，粮械都尽；征西将军桓温因朝野之怨，上疏数浩之罪，请废之。数，所具翻。朝廷不得已，免浩为庶人，徙东阳之信安。东阳郡本会稽西部都尉，吴孙晧宝鼎元年立郡。信安县，汉献帝初平三年，分太末立新安县，武帝太康元年，更名信安。东阳郡，唐为婺州。信安县，唐为衢州治所。自此内外大权一归于温矣。史言晋氏失权，由用殷浩违其才。

浩少与温齐名，少，诗照翻。而心竞不相下，温常轻之。浩既废黜，虽愁怨不形辞色，常书空作"咄咄怪事"字。咄，当没翻。咄咄，嗟咨语也。久之，温谓掾郗超曰：掾，于绢翻。郗，丑之翻。"浩有德有言，向为令仆，足以仪刑百揆，朝廷用违其才耳。"将以浩为尚书令，以书告之。浩欣然许焉，将答书，虑有谬误，开闭者十数，竟达空函。温大怒，由是遂绝，卒于徙所。以前会稽内史王述为扬州刺史。卒，子恤翻。会，工外翻。

5 二月，乙丑，桓温统步骑四万发江陵；水军自襄阳入均口，至南乡；水经注：顺阳郡筑阳县有涉都城，沔水径东北；均水于县入沔，谓之均口。筑阳与南乡县，汉皆属南阳郡；汉建安中，分南阳右壤立南乡郡，二县属焉；武帝更名顺阳郡，成帝咸康四年，复曰南乡郡。步兵自淅川趣武关；析县，前汉属弘农郡，后汉属南阳郡，春秋之白羽也。武关在其西。文颖曰：武关去析县百七十里。贤曰：析，即今邓州内乡县。后魏置淅川县，有淅水；后周并入内乡县。命司马勋出子午道以伐秦。命勋从梁州出师。

6 燕卫将军恪围鲁口，三月，拔之。吕护奔野王，遣弟奉表谢罪于燕，燕以护为河内太守。

7 姚襄遣使降燕。使，疏吏翻。降，户江翻。

8 燕王儁以慕容评为镇南将军，都督秦、雍、益、梁、江、扬、荆、徐、兖、豫十州诸军事，权镇洛水；雍，于用翻。以慕容强为前锋都督，督荆、徐二州、缘淮诸军事，进据河南。此河南，谓大河之南。

9 桓温别将攻上洛，获秦荆州刺史郭敬；进击青泥，破之。青泥城在蓝田县南。司马勋掠秦西鄙，凉秦州刺史王擢攻陈仓以应温。赵亡，王擢归张氏，故以凉系之。秦主健遣太子苌、苌，仲良翻。丞相雄、淮南王生、平昌王菁、北平王硕帅众五万军于峣柳以拒温。土地记曰：蓝田县南有峣关，地名峣柳，道通荆州。晋地道记曰：关当上洛县西北。帅，读曰率；下同。峣，五聊翻。夏，四月，己亥，温与秦兵战于蓝田。秦淮南王生单骑突陈，骑，奇寄翻；下同。陈，读曰阵。出入以十数，杀伤晋将士甚众。温督众力战，秦兵大败；将军桓冲又败秦丞相雄于白鹿原。水经注：霸川之西有白鹿原。三秦记曰：丽山西有白鹿原。魏收地形志，京兆蓝田县有白鹿原。又败，补迈翻。冲，温之弟也。温转战而前，壬寅，进至灞上。秦太子苌等退屯城南，秦主健与老弱六千固守长安小城，悉发精兵三万，遣大司马雷弱儿等与苌合兵以拒温。三辅郡县皆来降。降，户江翻。温抚谕居民，使安堵复业。民争持牛酒迎劳，劳，力到翻。男女夹路观之，耆老有垂泣者，曰："不图今日复睹官军！"复，扶又翻。

秦丞相雄帅骑七千袭司马勋于子午谷，破之，勋退屯女娲堡。

10 戊申，燕主儁封抚军将军军为襄阳王，左将军彭为武昌王；以卫将军恪为大司马、侍中、大都督、录尚书事，封太原王；镇南将军评为司徒、骠骑将军，封上庸王；骠，匹妙翻。封安东将军霸为吴王；左贤王友为范阳王，散骑常侍厉为下邳王，散骑常侍宜为庐江王，散，悉亶翻。宁北将军度为乐浪王；乐浪，音洛琅。又封弟桓为宜都王，逮为临贺王，徽为河间王，龙为历阳王，纳为北海王，秀为兰陵王，岳为安丰王，德为梁公，默为始安公，偻为南康公；偻，陇主翻。子咸【严：

“咸”改“臧”。】参考后卷，“咸”，当作“臧”。为乐安王，亮为勃海王，温为带方王，涉为渔阳王，暐为中山王；以尚书令阳骛为司空，仍守尚书令。

命冀州刺史吴王霸徙治信都。去年霸治常山。初，燕王皝奇霸之才，故名之曰霸，将以为世子；群臣谏而止，然宠遇犹逾于世子。由是儁恶之，恶，乌路翻；下同。以其尝坠马折齿，更名曰𡙇；更，工衡翻；下同。𡙇，倾雪翻。寻以其应谶文，更名曰垂；迁侍中，录留台事，徙镇龙城。垂大得东北之和，儁愈恶之，复召还。儁虽忌垂，卒之复燕祚者垂也。天之所置，其可废乎！

11 五月，江西流民郭敞等【章：十二行本“等”下有“千馀人”三字；乙十一行本同；孔本同。】执陈留内史刘仕，降于姚襄。晋南渡后，陈留郡寄治谯郡长垣县界。按载记，刘仕时在堂邑。建康震骇，以吏部尚书周闵为中军将军，屯中堂，豫州刺史谢尚自历阳还卫京师，固江备守。

12 王擢拔陈仓，杀秦扶风内史毛难。

13 北海王猛，少好学，少，诗照翻。好，呼到翻。倜傥有大志，不屑细务，人皆轻之。猛悠然自得，隐居华阴。王猛传：猛，北海剧人，家于魏郡，徐统召而不应，遂隐于华阴山。华阴县，前汉属京兆，后汉、晋属弘农郡。倜，他狄翻。华，户化翻。闻桓温入关，披褐诣之，扪虱而谈当世之务，褐，毛布。虱，色栉翻。旁若无人。温异之，问曰：“吾奉天子之命，将锐兵十万为百姓除残贼，将，即亮翻。为，于伪翻。而三秦豪杰未有至者，何也？”猛曰：“公不远数千里，深入敌境，今长安咫尺而不渡灞水，百姓未知公心，所以不至。”温嘿然无以应，徐曰：“江东无卿比也！”猛盖指出温之心事，以为温之伐秦，但欲以功名镇服江东，非真有心于伐罪吊民，恢复境土；不然，何以不渡灞水，径攻长安？此温所以无以应也。然余观桓温用兵，伐秦至灞上，伐燕至枋头，皆乘胜进兵，逼其国都，乃持重观望，卒以取败。盖温，奸雄也，乘胜进兵，逼其国都，冀其望风畏威，有内溃之变也。逼其国都而敌无内变，故持重以待之；情见势屈，敌因而乘之，故至于败。苏子由所谓以智遇智，则其智不足恃者此也。乃署猛军谋祭酒。

温与秦丞相雄等战于白鹿原，温兵不利，死者万馀人。初，温指秦麦以为粮，既而秦人悉芟麦，清野以待之，温军乏食。六月，丁丑，徙关中三千馀户而归。以王猛为高官督护，职为督护，而加之以高官也。魏、晋之间，凡居节镇者，其部将有督护，其后又置高官督护。王敦镇武昌，有高官督护缪坦。欲与俱还，猛辞不就。猛不肯从温，温岂不欲杀之邪！盖温军已败，匆匆退师，不暇杀之也。

呼延毒帅众一万从温还。帅，读曰率。秦太子苌等随温击之，比至潼关，比，必寐翻。温军屡败，失亡以万数。

温之屯灞上也，顺阳太守薛珍劝温径进逼长安；成帝改顺阳曰南乡郡，既而复旧。温弗从。珍以偏师独济，颇有所获。及温退，乃还，显言于众，自矜其勇而咎温之持重；温杀之。

14 秦丞相雄击司马勋、王擢于陈仓，勋自女娲堡会擢攻陈仓。勋奔汉中，擢奔略阳。

15 秦以光禄大夫赵俱为洛阳【章：十二行本“阳”作“州”；乙十一行本同；孔本同；张校同。】刺史，镇宜阳。

16 秦东海敬武王雄攻乔秉于雍；雍，于用翻。丙申，卒。秦主健哭之呕血，曰：“天不欲吾平四海邪！何夺吾元才之速也？”苻雄，字元才。赠魏王，葬礼依晋安平献王故事。雄以佐命元勋，【章：十二行本“勋”下有“位兼将相”四字；乙十一行本同；退斋校同。】权侔人主，而谦恭泛爱，遵奉法度，故健重之，常曰：“元才，吾之周公也。”

子坚袭爵。坚袭爵东海王。坚性至孝，幼有志度，博学多能，交结英豪，吕婆楼、强汪及略阳梁平老皆与之善。苻坚事始此。

17 燕乐陵太守慕容钩，翰之子也，慕容翰有破高句丽灭宇文之功。与青州刺史朱秃共治厌次。厌，于琰翻。钩自恃宗室，每陵侮秃。秃不胜忿，胜，音升。秋，七月，袭钩，杀之，南奔段龛。为后燕主诛秃张本。

18 秦太子苌攻乔秉于雍，八月，斩之，关中悉平。秦主健赏拒桓温之功，以雷弱儿为丞相，毛贵为太傅，鱼遵为太尉，淮南王生为中军大将军，平昌王菁为司空。健勤于政事，数延公卿数，所角翻。咨讲治道；治，直吏翻。承赵人苛虐奢侈之后，易以宽简、节俭，崇礼儒士，由是秦人悦之。

19 燕大调兵众，调，徒钓翻，发也。因发诏之日，号曰“丙戌举”。

20 九月，桓温还自伐秦，帝遣侍中、黄门劳温于襄阳。侍中、黄门侍郎，自魏以来为要近之职。劳，力到翻。

21 或告燕黄门侍郎宋斌等谋奉冉智为主而反，皆伏诛。斌，烛之子也。宋烛见九十六卷成帝咸康四年。斌，音彬。

22 秦太子苌之拒桓温也，为流矢所中，中，竹仲翻。冬，十月，卒，谥曰献哀。

23 燕王儁如龙城。

24 桓温之入关也，王擢遣使告凉王祚，使，疏吏翻。言温善用兵，其志难测。祚惧，且畏擢之叛己，遣人刺之。刺，七亦翻。事泄，祚益惧，大发兵，声言东伐，实欲西保敦煌，敦，徒门翻。会温还而止。既而遣秦州刺史牛霸等帅兵三千击擢，破之。十一月，擢帅众降秦，帅，读曰率。降，户江翻。秦以擢为尚书，以上将军啖铁为秦州刺史。啖，氐姓也。毛晃曰：音徒览翻。

25 秦王健叔父武都王安自晋还，健遣安来请朝命，见上卷六年。为姚襄所虏，以为洛州刺史。十二月，安亡归秦，健以安为大司马、骠骑大将军、并州刺史，镇蒲阪。骠，匹妙翻。

26 是岁，秦大饥，米一升直布一匹。

王崇武标点容肇祖聂崇岐覆校

资治通鉴卷第一百

端明殿学士兼翰林侍读学士朝散大夫右谏议大夫
充集贤殿修撰权判西京留司御史台上柱国河内郡 司马光 奉敕编集
开国侯食邑一千三百户食实封四百户赐紫金鱼袋臣

后学天台胡三省音注

晋纪二十二 起旃蒙单阏（乙卯），尽屠维协洽（己未），凡五年。

孝宗穆皇帝中之下

永和十一年（乙卯、三五五）

1 春，正月，故仇池公杨毅弟宋奴使其姑子梁式王刺杀杨初；初子国诛式王及宋奴，自立为仇池公。桓温表国为镇北将军、秦州刺史。

2 二月，秦大蝗，百草无遗，牛马相啖毛。无草可食，故相啖毛。啖，徒滥翻，又徒览翻。

3 夏，四月，燕主儁自和龙还蓟。燕主如龙城，见上卷上年。蓟，音计。先是，幽、冀之人以儁为东迁，和龙直蓟之东。先，悉荐翻。互相惊扰，所在屯结。群臣请讨之，儁曰："群小以朕东巡，故相惑为乱耳；今朕既至，寻当自定，不足讨也。"

4 兰陵太守孙黑、济北太守高柱、守，式又翻。济，子礼翻。建兴太守高瓮瓮，蒲奔翻。及秦河内太守王会、黎阳太守韩高皆以郡降燕。史言燕强，诸反侧子皆附之。降，户江翻。

5 秦淮南王生幼无一目，性粗暴。其祖父洪尝戏之曰："吾闻瞎儿一泪，信乎？"瞎，许辖翻，一目盲也。生怒，引佩刀自刺出血，曰："此亦一泪也。"洪大惊，鞭之。生曰："性耐刀槊，不堪鞭棰！"槊，色角翻。棰，止橤翻。洪谓其父健曰："此儿狂悖，悖，蒲内翻，又蒲没翻。宜早除之；不然，必破人家。"健将杀之，健弟雄止之曰："儿长自应改，何可遽尔！"及长，力举千钧，手格猛兽，格，击也。长，知两翻。走及奔马，击刺骑射，冠绝一时。骑，奇寄翻。冠，古玩翻；下同。献哀太子卒，秦太子苌，谥曰献哀。强后欲立少子晋王柳；强，其两翻。少，诗照翻。秦主健以谶文有"三羊五眼，"乃立生为太子。为苻生以凶暴不克绍张本。以司空、平昌王菁为太尉，尚书令王堕为司空，司隶校尉梁楞为尚书令。楞，卢登翻。

6 姚襄所部多劝襄北还，襄从之。五月，襄攻冠军将军高季于外黄，外黄县，自汉以来属陈留郡。贤曰：外黄故城在今汴州雍丘县东。冠，古玩翻。会季卒，襄进据许昌。

7 六月，丙子，秦主健寝疾。庚辰，平昌公【章：十二行本"公"作"王"；乙十一行本同；孔本同。】菁勒兵入东宫，将杀太子生而自立。时生侍疾西宫，秦主所居为西宫。菁以为健已卒，卒，子恤翻。攻东掖门。健闻变，登端门，陈兵自卫。众见健惶惧，皆舍仗逃散。健执菁，数而杀之，数，所具翻。馀无所问。

壬午，以大司马、武都王安都督中外诸军事。苻雄死，健以菁都督中外诸军；菁以逆诛，以安代之。甲申，健引太师鱼遵、丞相雷弱儿、太傅毛贵、司空王堕、尚书令梁楞、左仆射梁安、右仆射段纯、吏部尚书辛牢等受遗诏辅政。健谓太子生曰："六夷酋帅及大臣执权者，若不从汝命，宜渐除之。"为苻生虐杀大臣张本。酋，慈由翻。帅，所类翻。

臣光曰：顾命大臣，所以辅导嗣子，为之羽翼也。

为之羽翼而教使翦之，能无毙乎！知其不忠，则勿任而已矣；任以大柄，又从而猜之，鲜有不召乱者也。鲜，息浅翻。

8 乙酉，健卒；年三十九。谥曰景明皇帝，庙号高祖。丙戌，太子生即位，苻生，字长生，健第三子也。大赦，改元寿光。群臣奏曰："未逾年而改元，非礼也。"古礼，君薨，世子即位，既逾年而后称元年。生怒，穷推议主，得右仆射段纯，杀之。

9 秋，七月，以吏部尚书周闵为左仆射。

10 或告会稽王昱曰：会，工外翻。"武陵王第中大修器仗，将谋非常。"武陵王晞也。昱以告太常王彪之，彪之曰："武陵王之志，尽于驰骋畋猎而已耳，骋，丑郢翻。深愿静之，以安异同之论，勿复以为言！"昱善之。为武陵终以此得祸、彪之所不能救张本。复，扶又翻。

11 秦主生尊母强氏曰皇太后，立妃梁氏为皇后。梁氏，安之女也。以其嬖臣太子门大夫南安赵韶为右仆射，续汉志：太子门大夫二人，职比郎将。嬖，卑义翻，又博计翻。太子舍人赵诲为中护军，著作郎董荣为尚书。

12 凉王祚淫虐无道，上下怨愤。祚恶河州刺史张瓘之强，张骏置河州，治枹罕。恶，乌路翻。遣张掖太守索孚代瓘守枹罕，索，昔各翻。枹，音肤。使瓘讨叛胡，又遣其将易揣、张玲帅步骑万三千以袭瓘。将，即亮翻。易，读如字，姓也。揣，初委翻。玲，卢经翻。帅，读曰率。骑，奇寄翻。张掖人王鸾知术数，言于祚曰："此军出，必不还，凉国将危；"并陈祚三不道。祚大怒，以鸾为訞言，訞，于骄翻。斩以徇。鸾临刑曰："我死，军败于外，王死于内，必矣！"祚族灭之。瓘闻之，斩孚，起兵击祚，传檄州郡，废祚，以侯还第，复立凉宁侯曜灵。曜灵废见上卷上年。易揣、张玲军始济河，瓘击破之。揣等单骑奔还，瓘军蹑之，姑臧振恐。

骁骑将军敦煌宋混兄修，与祚有隙，惧祸。骁，坚尧翻。敦，徒门翻。八月，混与弟澄西走，合众万馀人以应瓘，还向姑臧。祚遣杨秋胡将曜灵于东苑，拉其腰而杀之，将，如字。拉，卢合翻。埋于沙坑，谥曰哀公。

13 秦主生封卫大将军黄眉为广平王，前将军飞为新兴王，皆素所善也。征大司马武都王安领太尉。健临没，以安督中外诸军，然尚在蒲阪，今生乃召之。以晋王柳为征东大将军、并州牧，镇蒲阪；阪，音反。魏王廋为镇东大将军、豫州牧，镇陕城。廋，疏鸠翻。陕，失冉翻。

中书监胡文、中书令王鱼言于生曰："比有星孛于大角，荧惑入东井。大角，帝坐；东井，秦分；天文志：大角在摄提间。大角者，天王坐也。东井，八星。东井、舆鬼，秦、雍州分。比，毗至翻。孛，蒲内翻。坐，徂卧翻。分，扶问翻。于占不出三年，国有大丧，大臣戮死；愿陛下修德以禳之！"生曰："皇后与朕对临天下，可以应大丧矣。毛太傅、梁车骑、梁仆射受遗辅政，可以应大臣矣。"九月，生杀梁后及毛贵、梁楞、梁安。贵，后之舅也。

右仆射赵韶、中护军赵诲，皆洛州刺史俱之从弟也，赵俱镇宜阳，事见上卷上年。从，才用翻。有宠于生，乃以俱为尚书令。俱固辞以疾，谓韶、诲曰："汝等不复顾祖宗，复，扶又翻。欲为灭门之事！毛、梁何罪，而诛之？吾何功，而代之？汝等可自为，吾其死矣！"遂以忧卒。卒，子恤翻。

14 凉宋混军于武始大泽，张骏分狄道县，立武始郡。宋混西走，起兵必不东向狄道。水经：都野泽在武威县东北。注云：在姑臧城北三百里。都野即禹贡之猪野，其水上承姑臧武始泽，泽在姑臧西。为曜灵发哀。为，于伪翻。闰月，混军至姑臧，凉王祚收张瓘弟琚及子嵩，将杀之。琚、嵩闻之，募市人数百，扬言："张祚无道，我兄大军已至城东，敢举手者诛三族！"遂开西门纳混兵。领军将军赵长等惧罪，赵长，请立祚者也，故惧罪。入阁呼张重华母马氏出殿，立凉武侯玄靓为主。靓，疾郢翻，又疾正翻。易揣等引兵入殿，收长等，杀之。祚按剑殿上，大呼，叱左右力战。呼，火故翻。祚素失众心，莫肯为之斗者，为，于伪翻。遂为兵人所杀。混等枭其首，枭，坚尧翻。宣示中外，暴尸道左，城内咸称万岁。以庶人礼葬之，并杀其二子。混、琚上玄靓为大将军、凉州牧、西平公，上，时掌翻。赦境内，复称建兴四十三年。张祚改建兴年号，见上卷上年。时玄靓始七岁。

张瓘至姑臧，推玄靓为凉王，自为使持节、都督中外诸军事、尚书令、凉州牧、张掖郡公，使，疏吏翻。以宋混为尚书仆射。陇西人李俨据郡，不受瓘命，用江东年号，用永和年号也。众多归之。为李俨归秦张本。瓘遣其将牛霸讨之，将，即亮翻。未至，西平人卫綝亦据郡叛，綝，丑林翻。霸兵溃，奔还。瓘遣弟琚击綝，败之。败，补迈翻。酒泉太守马基起兵以应綝，瓘遣司马张姚、王国击斩之。

15 冬，十月，以豫州刺史谢尚督并、冀、幽三州，时江左侨立青、冀、并、幽四州于江北。镇寿春。南渡初，祖逖以豫州刺史治谯城。永昌元年，祖约退屯寿春。成帝咸和四年，庾亮以豫州刺史治芜湖。咸康四年，毛宝以豫州刺史治邾城。六年，庾翼以豫州刺史治芜湖。永和元年，赵胤以豫州刺史治牛渚。二年，尚以豫州刺史治芜湖，今进寿春，皆建康西藩也。进取则屯寿春，守江则多在历阳、芜湖二处。

16 镇北将军段龛与燕主儁书，抗中表之仪，儁，段氏出也，故龛与之抗中表之仪。龛，苦含翻；下同。非其称帝。儁怒，十一月，以太原王恪为大都督、抚军将军，阳骛副之，以击龛。骛，音务。

17 秦以辛牢守尚书令，赵韶为左仆射，尚书董荣为右仆射，中护军赵诲为司隶校尉。

18 十二月，高句丽王钊遣使诣燕纳质修贡，以请其母。句，如字，又音驹。丽，力知翻。燕囚钊母，见九十七卷成帝咸康八年。质，音致。燕主儁许之，遣殿中将军刁龛送钊母周氏归其国；以钊为征东大将军、营州刺史，封乐浪公，乐浪，音洛琅。王如故。使为高句丽王如故。

19 上党人冯鸯逐燕太守段刚，据安民城，魏收地形志：燕上党太守治安民城。安民城在襄垣县，盖永嘉中，刘琨遣张倚所筑，以安上党之民，因以为名。自称太守，遣使来降。使，疏吏翻。降，户江翻。

20 秦丞相雷弱儿性刚直，以赵韶、董荣乱政，每公言于朝，朝，直遥翻。见之常切齿。韶、荣谮之于秦主生，生杀弱儿及其九子、二十七孙。于是诸羌皆有离心。雷弱儿，南安羌酋也，以非罪而死，故诸羌皆有离心。

生虽谅阴，游饮自若，弯弓露刃，以见朝臣，锤钳锯凿，锤，传追翻。钳，其廉翻。锯，居御翻。可以害人之具，备置左右。即位未几，几，居岂翻。后妃、公卿已下至于仆隶，凡杀五百馀人，截胫、拉胁、锯项、刳胎者，比比有之。胫，形定翻，膝下骨直而长者。拉，卢合翻。比，簿计翻。

21 燕主儁以段龛方强，谓太原王恪曰："若龛遣军拒河，不得渡者，可直取吕护而还。"吕护时据野王。恪分遣轻军先至河上，具舟楫以观龛志趣。龛弟罴，骁勇有智谋，骁，坚尧翻。言于龛曰："慕容恪善用兵，加之众盛，若听其济河，进至城下，恐虽乞降，不可得也。降，户江翻；下同。请兄固守，罴帅精锐拒之于河，幸而战捷，兄帅大众继之，帅，读曰率；下同。必有大功。若其不捷，不若早降，犹不失为千户侯也。"龛不从。罴固请不已，龛怒，杀之。

十二年（丙辰、三五六）

1 春，正月，燕太原王恪引兵济河，未至广固百馀里，段龛帅众三万逆战。丙申，恪大破龛于淄水，据载记，恪破龛于济水之南。今言未至广固百馀里，盖至淄水而会战也。水经，浊水径广固城西，东流至广饶，入巨淀，又北合于淄水。执其弟钦，斩右长史袁范等。齐王友辟闾蔚被创，段龛自称齐王，故置王友之官。蔚，纡勿翻。创，初良翻。恪闻其贤，遣人求之，蔚已死，士卒降者数千人。龛脱走，还城固守，恪进军围之。

2 秦司空王堕性刚峻，右仆射董荣、侍中强国皆以佞幸进，堕疾之如雠，每朝，见荣未尝与之言。每朝句绝。朝，直遥翻。见，如字。或谓堕曰："董君贵幸无比，公宜小降意接之。"堕曰："董龙是何鸡狗，龙，董荣小字。而令国士与之言乎！"会有天变，荣与强国言于秦主生曰：强，其两翻，姓也。"今天谴甚重，宜以贵臣应之。"生曰："贵臣惟有大司马及司空耳。"荣【章：十二行本"荣"下有"国"字；乙十一行本同；孔本同。】曰："大司马国之懿亲，不可杀也。"大司马谓武都王安，生叔父也。乃杀王堕。将刑，荣谓之曰："今日复敢比董龙于鸡狗乎？"复，扶又翻。堕瞋目叱之。瞋，七人翻。洛州刺史杜郁，堕之甥也，左仆射赵韶恶之，恶，乌路翻。谮于生，以为贰于晋而杀之。

壬戌，生宴群臣于太极殿，以尚书令辛牢为酒监，酒酣，生怒曰："何不强人酒而犹有坐者！"监，古暂翻。强，其两翻。引弓射牢，杀之。射，而亦翻。群臣惧，莫敢不醉，偃仆失冠，生乃悦。

3 匈奴大人刘务桓卒，弟阏头立，将贰于代。二月，代王什翼犍引兵西巡临河，阏头惧，请降。犍，居言翻。阏，於葛翻。降，户江翻；下同。

4 燕太原王恪招抚段龛诸城。恪围广固未下，故先招抚其统内诸城。己丑，龛所署徐州刺史阳都公王腾举众降，恪命腾以故职还屯阳都。段龛置徐州于琅邪阳都县。杜佑曰：汉阳都县故城在沂州沂水县南。

5 秦征东大将军晋王柳遣参军阎负、梁殊使于凉，以书说凉王玄靓。使，疏吏翻；下同。说，输芮翻。负、殊至姑臧，张瓘见之曰："我，晋臣也；臣无境外之交，二君何以来辱？"负、殊曰："晋王与君邻藩，虽山河阻绝，风通道会，秦使苻柳镇蒲阪，非与凉州邻也，故以风通道会为言。故来修好，好，呼到翻；下同。君何怪焉！"瓘曰："吾尽忠事晋，于今六世矣。轨、寔、茂、骏、重华、曜灵、祚为七世，今言六世，斥祚不以为世数。若与苻征东通使，是上违先君之志，下隳士民之节，其可乎！"负、殊曰："晋室衰微，坠失天命，固已久矣；是以凉之二王北面二赵，唯知机也。张茂称藩于前赵，张骏称藩于后赵。今大秦威德方盛，凉王若欲自帝河右，则非秦之敌；欲以小事大，则曷若舍晋事秦，长保福禄乎！"瓘曰："中州好食言，好，呼到翻。向者石氏使车适返，而戎骑已至，使，疏吏翻。永和二年，张重华嗣位，遣使奉章于石虎，虎继遣王擢来寇。骑，奇寄翻。吾不敢信也。"负、殊曰："自古帝王居中州者，政化各殊，赵为奸诈，秦敦信义，岂得一概待之乎！概所以平斗斛，一概待之，言无所高下也。张先、杨初皆阻兵不服，先帝讨而擒之，擒张先见九十八卷六年，未尝擒杨初也，负、殊姑为是言耳。赦其罪戾，宠以爵秩，固非石氏之比也。"瓘曰："必如君言，秦之威德无敌，何不先取江南，则天下尽为秦有，征东何辱命焉！"负、殊曰："江南文身之俗，古者荆蛮之俗，断发文身以避蛟龙之害。负、殊以此斥言之耳。是时衣冠文物，皆在江南，且正朔所在也。负、殊吠尧刺由，知各为其主而已！道污先叛，化隆后服。郑玄曰：污，犹杀也。易曰：高宗伐鬼方，三年克之。世之说者以为荆、楚轻悍，道污先叛，化隆后服，故负、殊亦以此斥言江南。主上以为江南必须兵服，河右可以义怀，故遣行人先申大好。好，呼到翻。若君不达天命，则江南得延数年之命，而河右恐非君之土也。"瓘曰："我跨据三州，三州谓凉、河、沙，张茂及张骏所分置者也。带甲十万，西苞葱岭，东距大河，伐人有馀，况于自守，何畏于秦！"负、殊曰："贵州山河之固，孰若殽、函？民物之饶，孰若秦、雍？雍，于用翻。杜洪、张琚，因赵氏成资，兵强财富，有囊括关中、席卷四海之志，先帝戎旗西指，冰消云散，旬月之间，不觉易主。事见九十八卷六年。主上若以贵州不服，赫然奋怒，控弦百万，鼓行而西，未知贵州将何以待之？"瓘笑曰："兹事当决之于王，非身所了。"了，决也。负、殊曰："凉王虽英睿夙成，然年在幼冲；君居伊、霍之任，国家安危，系君一举耳。"瓘惧，乃以玄靓之命遣使称藩于秦，秦因玄靓所称官爵而授之。

6 将军刘度攻秦青州刺史王朗于卢氏；卢氏县，汉属弘农郡，晋属上洛郡，唐属虢州。燕将军慕舆长卿入轵关，攻秦幽州刺史强哲于裴氏堡。永嘉之乱，裴氏举宗据险筑堡以自守，后人因而置屯戍，故堡犹有裴氏之名，盖在河东界。长，知两翻。秦主生遣前将军新兴王飞拒度，建节将军邓羌拒长卿。飞未至而度退。羌与长卿战，大破之，获长卿及甲首二千馀级。

7 桓温请移都洛阳，修复园陵，章十馀上；上，时掌翻。不许。拜温征讨大都督，督司、冀二州诸军事，以讨姚襄。

8 三月，秦主生发三辅民治渭桥，治，直之翻。金紫光禄大夫程肱谏，以为妨农；生杀之。

9 夏，四月，长安大风，发屋拔木。风卷屋瓦，掀檐桷为发屋。秦宫中惊扰，或称贼至，宫门昼闭，五日乃止。秦主生推告贼者，刳出其心。左光禄大夫强平谏曰："天降灾异，陛下当爱民事神，缓刑崇德以应之，乃可弭也。"弭，止也。生怒，凿其顶而杀之。卫将军广平王黄眉、前将军新兴王飞、建节将军邓羌，以平，太后之弟，叩头固谏；生弗听，出黄眉为左冯翊、飞为右扶风、羌行咸阳太守，前汉扶风渭城县，秦之咸阳也，后汉、晋省。魏收地形志：咸阳郡治石安县，即汉渭城也，石勒更名。是郡盖永嘉之后群胡所置也。犹惜其骁勇，故皆弗杀。骁，坚尧翻。五月，太后强氏以忧恨卒，谥曰明德。

10 姚襄自许昌攻周成于洛阳。周成袭据洛阳，见上卷十年。

11 六月，秦主生下诏曰："朕受皇天之命，君临万邦；嗣统以来，有何不善，而谤讟之音，扇满天下！杜预曰：讟，诽也。讟，徒木翻。杀不过千，而谓之残虐！行者比肩，未足为希。希，少也。方当峻刑极罚，复如朕何！"复，扶又翻。

自去春以来，潼关之西，至于长安，虎狼为暴，昼则继道，言虎狼相继于路也。"继"，蜀本作"断"。夜则发屋，不食六畜，畜，许又翻。专务食人，凡杀七百馀人。民废耕桑，相聚邑居，而为害不息。秋，七月，秦群臣奏请禳灾，禳，如羊翻，除殃祭也。生曰："野兽饥则食人，饱当自止，何禳之有！且天岂不爱民哉，正以犯罪者多，故助朕杀之耳！"史言苻生之虐甚于桀、纣。

12 丙子，燕献怀太子晔卒。

13 姚襄攻洛阳，逾月不克。长史王亮谏曰："明公英名盖世，兵强民附。今顿兵坚城之下，力屈威挫，或为他寇所乘，此危亡之道也！"襄不从。

桓温自江陵北伐，遣督护高武据鲁阳，辅国将军戴施屯河上，自帅大兵继进。帅，读曰率；下同。与寮属登平乘楼平乘楼，大船之楼。望中原，叹曰："遂使神州陆沈，百年丘墟，王夷甫诸人不得不任其责！"以王衍等尚清谈而不恤王事，以致夷狄乱华也。记室陈郡袁宏曰：晋诸公、诸从公府皆有记室，掌表疏、笺记、书檄。"运有兴废，岂必诸人之过！"温作色曰："昔刘景升有千斤大牛，啖刍豆十倍于常牛，负重致远，曾不若一羸牸，温意以牛况宏，徒能糜俸禄而无经世之用。刘表字景升。啖，徒滥翻，又徒览翻。羸，伦为翻。牸，疾置翻，牝牛也。魏武入荆州，汉献帝建安十三年，曹操入荆州。杀以享军。"

八月，己亥，温至伊水，伊水在洛阳城南。姚襄撤围拒之，匿精锐于水北林中，遣使谓温曰："承亲帅王师以来，襄今奉身归命，愿敕三军小却，当拜伏道左。"温曰："我自开复中原，展敬山陵，无豫君事。欲来者便前，相见在近，无烦使人。"使，疏吏翻。襄拒水而战，温结陈而前，陈，读曰阵。亲被甲督战，被，皮义翻。襄众大败，死者数千人。襄帅麾下数千骑奔于洛阳北山，洛阳北山，北芒山也。骑，奇寄翻。其夜，民弃妻子随襄者五千馀人。襄勇而爱人，虽战屡败，民知襄所在，辄扶老携幼，奔驰而赴之。温军中传言襄病创已死，创，初良翻。许、洛士女为温所得者，无不北望而泣。史言姚襄得人心。襄西走，温追之不及。弘农杨亮自襄所来奔，温问襄之为人，亮曰："襄神明器宇，孙策之俦，而雄武过之。"俦，等也，类也。

周成帅众出降，降，户江翻；下同。温屯故太极殿前，既而徙屯金墉城。己丑，谒诸陵，有毁坏者修复之，各置陵令。汉起陵邑，邑各置令，后遂因之，诸陵各置陵令，属太常。表镇西将军谢尚都督司州诸军事，镇洛阳。以尚未至，留颍川太守毛穆之、督护陈午、河南太守戴施以二千人戍洛阳，卫山陵，徙降民三千馀家于江、汉之间，执周成以归。

姚襄奔平阳，秦并州刺史尹赤复以众降襄，尹赤叛襄见上卷八年。襄遂据襄陵。襄陵县，汉属河东郡，晋属平阳郡；后魏改襄陵为禽昌县，隋、唐复曰襄陵。秦大将军张平击之，永和七年，张平降秦，已而贰于燕。通鉴以秦所授官系之。襄为平所败，败，补迈翻。乃与平约为兄弟，各罢兵。

14 段龛遣其属段蕴【严："蕴"改"蕴"。】来求救，蕴，纡粉翻。诏徐州刺史荀羡将兵随蕴救之。羡至琅邪，此古琅邪也。惮燕兵之强不敢进。王腾寇鄄城，鄄城县，汉属东郡，晋属濮阳。此非古鄄城县，盖侨县也。羡进攻阳都，会霖雨，城坏，获腾，斩之。段龛署王腾为徐州刺史，屯阳都，时降于燕，为燕来寇。

15 冬，十月，癸巳朔，日有食之。

16 秦主生夜食枣多，旦而有疾，召太医令程延，使诊之，诊，止尹翻，候脉也。延曰："陛下无他疾，食枣多耳。"生怒曰："汝非圣人，安知吾食枣！"遂斩之。

17 燕大司马恪围段龛于广固，诸将请急攻之，恪曰："用兵之势，有宜缓者，有宜急者，不可不察。若彼我势敌，外有强援，恐有腹背之患，则攻之不可不急。若我强彼弱，无援于外，力足制之者，当羁縻守之，以待其毙；兵法十围五攻，正谓此也。孙子曰：用兵之法，十则围之，五则攻之。龛兵尚众，未有离心；济南之战，即淄水之战。曰济南者，以济水南北大界言之。非不锐也，但龛用之无术，以取败耳。今凭阻坚城，上下戮力，我尽锐攻之，计数日【章：十二行本"日"作"旬"；乙十一行本同；孔本同。】可拔，然杀吾士卒必多矣。自有事中原，兵不蹔息，蹔，与暂同。吾每念之，夜而忘寐，奈何轻用其死乎！要在取之，不必求功之速也！"诸将皆曰："非所及也。"军中闻之，人人感悦。于是为高墙深堑以守之。堑，七艳翻。齐人争运粮以馈燕军。

龛婴城自守，樵采路绝，城中人相食。龛悉众出战，恪破之于围里，时外筑长围，故战于围里。先分骑屯诸门，屯广固城诸门也。骑，奇寄翻。龛身自冲荡，荡，徒朗翻，又他浪翻。仅而得入，馀兵皆没。于是城中气沮，莫有固志。沮，在吕翻。十一月，丙子，龛面缚出降，并执朱秃送蓟。降，户江翻。蓟，音计。恪抚安新民，悉定齐地，徙鲜卑、胡、羯三千馀户于蓟。燕王儁具朱秃五刑，朱秃杀慕容钩而奔龛，见上卷十年。以段龛为伏顺将军。恪留慕容尘镇广固，以尚书左丞鞠殷为东莱太守，章武太守鲜于亮为齐郡太守，乃还。

殷，彭之子也。彭时为燕大长秋，以书戒殷曰：“王弥、曹嶷，必有子孙，嶷，鱼力翻。汝善招抚，勿寻旧怨，以长乱源！”长，知两翻。殷推求，得弥从子立、嶷孙岩于山中，请与相见，深结意分，从，才用翻；下同。分，扶问翻。彭复遣使遗以车马衣服，复，扶又翻。遗，于季翻。郡民由是大和。鞠彭自东莱归燕，见九十一卷元帝大兴二年。

荀羡闻龛已败，退还下邳，留将军诸葛攸、高平太守刘庄将三千人守琅邪，参军谯国戴逯等将二千人守泰山。杨正衡曰：逯，音遁。燕将慕容兰屯汴城，汴城，即浚仪城。余谓“汴”当作“卞”。鲁国卞县城也。刘昫曰：兖州泗水县，卞县古城也。羡击斩之。

18 诏遣兼司空、散骑常侍车灌等持节如洛阳，修五陵。宣帝陵在河阴首阳山；景帝陵曰峻平，文帝陵曰崇阳，武帝陵曰峻阳，惠帝陵曰太阳。散，悉亶翻。骑，奇寄翻。车，尺奢翻。十二月，庚戌，帝及群臣皆服缌，临于太极殿三日。缌，十五升布，抽去其半。临，力鸩翻。

19 司州都督谢尚以疾不行，以丹阳尹王胡之代之。【章：十二行本“之”下有“未行而卒”四字；乙十一行本同；孔本同；张校同；退斋校同。】胡之，廙之子也。王廙，王敦之从弟，见八十九卷愍帝建兴三年。廙，羊至翻，又逸职翻。

20 是岁，仇池公杨国从父俊杀国自立；以俊为仇池公。国子安奔秦。其后秦用杨安以取仇池，岂即国之子邪？

升平元年（丁巳、三五七）

1 春，正月，壬戌朔，帝加元服；太后诏归政，大赦，改元，太后徙居崇德宫。

2 燕主儁征幽州刺史乙逸为左光禄大夫。逸夫妇共载鹿车；子璋从数十骑，服饰甚丽，奉迎于道。逸大怒，闭车不与言，到城，深责之，到城，谓到蓟城也。永和八年，燕王都蓟，于龙城置留台，以乙逸领留务，盖以幽州刺史镇龙城也。骑，奇寄翻。璋犹不悛。悛，丑缘翻；下同。逸常忧其败，而璋更被擢任，历中书令、御史中丞。被，皮义翻。逸乃叹曰："吾少自修立，少，诗照翻。克己守道，仅能免罪。璋不治节检，专为奢纵，治，直之翻。而更居清显，此岂惟璋之忝幸，实时世之陵夷也。"

3 二月，癸丑，燕主儁立其子中山王暐为太子，大赦，改元光寿。

4 太白入东井。秦有司奏："太白罚星，东井秦分，分，扶问翻。必有暴兵起京师。"秦主生曰："太白入井，自为渴耳，为，于伪翻。何所怪乎！"

5 姚襄将图关中，夏，四月，自北屈进屯杏城，北屈县，汉属河东郡，晋属平阳郡。师古曰：屈，居勿翻。晋公子夷吾所居。班志，禹贡壶口山在北屈县东南。水经注：北屈西距河十里，孟门山在河上。襄盖自北屈渡河而屯杏城。五代志：汾州昌宁县有壶口山。宋白曰：慈州吉乡县，汉北屈县；今县北二十一里古城，即汉理。魏收地形志，澄城县有杏城。师古曰：澄城，汉冯翊之徵县也。徵，音惩。据载记，杏城在马兰山北。杜佑曰：姚苌置杏城镇，在今坊州西七里。遣辅国将军姚兰略地敷城，敷城，唐坊州鄜城县是也；后魏置敷城县，隋改曰鄜城。曜武将军姚益生、曜武将军，盖赵石氏所署置。左将军王钦卢各将兵招纳诸羌、胡。兰，襄之从兄；从，才用翻。益生，襄之兄也。羌、胡及秦民归之者五万馀户。秦将苻飞龙击兰，擒之。襄引兵进据黄落；秦主生遣卫大将军广平王黄眉、平北将军苻道、龙骧将军东海王坚、骧，思将翻。建节将军邓羌汉、魏之间置建节中郎将，后以为将军号。将步骑万五千以御之。襄坚壁不战。羌谓黄眉曰："襄为桓温、张平所败，锐气丧矣。败，补迈翻。丧，息浪翻。然其为人强狠，狠，户垦翻。若鼓噪扬旗，直压其垒，彼必忿恚而出，恚，於避翻。可一战擒也。"五月，羌帅骑三千压其垒门而陈，帅，读曰率。骑，奇寄翻。陈，读曰阵。襄怒，悉众出战。羌阳不胜而走，襄追之至于三原，三原在汉冯翊池阳县界。宋白曰：苻坚于巀嶭北置三原护军，后周置三原县。羌回骑击之，黄眉等以大众继至，襄兵大败。襄所乘骏马曰黧眉騧，黧，音黎，又音良脂翻。黑而黄色曰黧。騧，古瓜翻。黄马黑喙曰騧。马倒，秦兵擒而斩之，弟苌帅其众降。苌，仲良翻。降，户江翻。襄载其父弋仲之柩在军中，柩，巨救翻。在床曰尸，在棺曰柩。秦主生以王礼葬弋仲于孤磐，孤磐，在天水冀县界。亦以公礼葬襄。【章：十二行本"襄"下有"广平王"三字；乙十一行本同；孔本同。】黄眉等还长安，生不之赏，数众辱黄眉。数，所角翻。黄眉怒，谋弑生；发觉，伏诛；事连王公亲戚，死者甚众。

6 戊寅，燕主儁遣抚军将军垂、中军将军虔、护军将军平熙帅步骑八万攻敕勒于塞北，新唐书曰：敕勒，其先匈奴也，元魏时号高车部，其后讹为"铁勒"，唐之铁勒十五种是也。载记作"丁零敕勤〔勒〕"。大破之，俘斩十馀万，获马十三万匹，牛羊亿万头。

7 匈奴单于贺赖头帅部落三万五千口降燕，自东汉以来，匈奴入居塞内者凡十九种，贺赖其一也。单，音蝉。燕人处之代郡平舒城。汉代郡有平舒县，勃海有东平舒县。东平舒，后汉属河间国，晋属章武国。代郡之平舒，未尝改属；书代郡以别章武之平舒。代郡之平舒，当在唐蔚之北界。处，昌吕翻。

8 秦主生梦大鱼食蒲，苻氏，本蒲家也，故以梦鱼食蒲为异。又长安谣曰："东海大鱼化为龙，男皆为王女为公。"生乃诛太师、录尚书事、广宁公鱼遵并其七子、十孙。金紫光禄大夫牛夷惧祸，求为荆州；秦荆州治丰阳川。生不许，以为中军将军，引见，调之曰：调，徒雕翻。调，戏也。"牛性迟重，善持辕轭；辕，辀也。辕前曰轭，加之牛项。轭，音厄。虽无骥足，动负百石。"夷曰："虽服大车，未经峻壁；愿试重载，乃知勋绩。"载，才再翻。生笑曰："何其快也！公嫌所载轻乎？朕将以鱼公爵位处公。"处，昌吕翻。夷惧，归而自杀。

生饮酒无昼夜，或连月不出。奏事不省，往往寝落，省，悉景翻。“落”，当作“格”，音阁。留止不下曰格。或醉中决事；左右因以为奸，赏罚无准。或至申酉乃出视朝，朝，直遥翻。乘醉多所杀戮。自以眇目，讳言“残、缺、偏、只、少、无、不具”之类，误犯而死者，不可胜数。胜，音升。数，所具翻。好生剥牛、羊、驴、马，燖鸡、豚、鹅、鸭，好，呼到翻。燖，徐廉翻。汤瀹去其毛曰燖。纵之殿前，数十为群。或剥人面皮，使之歌舞，临观以为乐。乐，音洛。尝问左右曰：“自吾临天下，汝外间何所闻?”或对曰：“圣明宰世，赏罚明当，当，丁浪翻。天下唯歌太平。”怒曰：“汝媚我也!”引而斩之。他日又问，或对曰：“陛下刑罚微过。”又怒曰：“汝谤我也!”亦斩之。勋旧亲戚，诛之殆尽，群臣得保一日，如度十年。

东海王坚，素有时誉，时誉者，为时人所称美也。与故姚襄参军薛赞、权翼善。赞、翼密说坚曰：说，输芮翻。“主上猜忍暴虐，中外离心，方今宜主秦祀者，非殿下而谁！愿早为计，勿使他姓得之!”坚以问尚书吕婆楼，婆楼曰：“仆，刀镮上人耳，魏、晋之间，率以刀镮筑杀人；言将为生所杀也。或曰：刀以锋刃为用，刀镮以上无所用之；婆楼以自喻。镮，户关翻。不足以办大事。仆里舍有王猛，其人谋略不世出，不世出者，言世间不常生此人。殿下宜请而咨之。”坚因婆楼以招猛，一见如旧友；语及时事，坚大悦，自谓如刘玄德之遇诸葛孔明也。见六十五卷汉献帝建安十二年。

六月，太史令康权言于秦主生曰：姓谱曰：康，卫康叔之后，亦西胡姓。“昨夜三月并出，孛星入太微，连东井，孛，蒲内翻。自去月上旬，沈阴不雨，以至于今，将有下人谋上之祸。”此亦据洪范五行传言之也。沈，持林翻。生怒，以为妖言，扑杀之。妖，于骄翻。扑，弼角翻。

特进、领御史中丞梁平老等谓坚曰："主上失德，上下嗷嗷，嗷嗷，众口愁声。人怀异志，燕、晋二方，伺隙而动，伺，相吏翻。恐祸发之日，家国俱亡。此殿下之事也，宜早图之！"坚心然之，畏生趫勇，未敢发。趫，丘妖翻，捷也。

生夜对侍婢言曰："阿法兄弟亦不可信，阿，传读从安入声。明当除之。"明，谓明旦，犹言明日也。婢以告坚及坚兄清河王法。法与梁平老及特进光禄大夫强汪帅壮士数百潜入云龙门，魏明帝起洛阳宫，宫城正南门曰云龙门。苻氏据长安，亦以宫城正南门为云龙门。帅，读曰率；下同。坚与吕婆楼帅麾下三百人鼓噪继进，宿卫将士皆舍仗归坚。舍，读曰捨。生犹醉寐，坚兵至，生惊问左右曰："此辈何人？"左右曰："贼也！"生曰："何不拜之！"坚兵皆笑。生又大言："何不速拜，不拜者斩之！"坚兵引生置别室，废为越王，寻杀之，谥曰厉王。年二十三。

坚以位让法，法曰："汝嫡嗣，且贤，宜立。"坚母苟氏，雄之元妃，故谓坚为嫡嗣。坚曰："兄年长，宜立。"长，知两翻。坚母苟氏泣谓群臣曰："社稷事重，小儿自知不能，他日有悔，失在诸君。"群臣皆顿首请立坚。坚乃去皇帝之号，去，羌吕翻。称大秦天王，即位于太极殿；苻坚，字永固，雄之子也。诛生幸臣中书监董荣、左仆射赵韶等二十馀人。大赦，改元永兴。追尊父雄为文桓皇帝，母苟氏为皇太后，妃苟氏为皇后，世子宏为皇太子，以清河王法为都督中外诸军事、丞相、录尚书事、东海公，诸王皆降爵为公。以从祖右光禄大夫、永安公侯为太尉，晋公柳为车骑大将军、尚书令。从，才用翻。骑，奇寄翻。封弟融为阳平公，双为河南公，子丕为长乐公，乐，音洛。晖为平原公，熙为广平公，睿为巨鹿公。以汉阳李威为左仆射，李威于坚母有辟阳之宠，故擢用之。梁平老为右仆射，强汪为领军将军，吕婆楼为司隶校尉，王猛为中书侍郎。

融好文学，好，呼到翻。明辨过人，耳闻则诵，过目不忘；力敌百夫，善骑射击刺，少有令誉；少，诗照翻。坚爱重之，常与共议国事。融经综内外，刑政修明，荐才扬滞，补益弘多。弘，大也。丕亦有文武才干，治民断狱，皆亚于融。史言坚有弟有子如此而无救于败亡，明天之所弃，非人之所能支也。治，直之翻。断，丁乱翻。

威，苟太后之姑子也，素与魏王雄友善，生屡欲杀坚，赖威营救得免。威得幸于苟太后，坚事之如父。威知王猛之贤，常劝坚以国事任之；坚谓猛曰："李公知君，犹鲍叔牙之知管仲也。"管仲少与鲍叔牙游，鲍叔知其贤，善遇之。管仲曰："吾始困时，与鲍叔贾，分财多自与，鲍叔不以我为贪，知我贫也。吾尝为鲍叔谋事，而更穷困，鲍叔不以我为愚，知时有利不利也。吾尝三仕三见逐，鲍叔不以我为不肖，知我不遭时也。吾尝三战三北，鲍叔不以我为怯，知我有老母也。公子纠败，召忽死之，吾幽囚受辱，鲍叔不以我为无耻，知我不羞小节而耻功名不显于天下也。生我者父母，知我者鲍子也。"猛以兄事之。

9 燕主儁杀段龛，坑其徒三千馀人。龛，苦含翻。

10 秋，七月，秦大将军冀州牧张平遣使请降，降，户江翻。拜并州刺史。

11 八月，丁未，立皇后何氏。后，故散骑侍郎庐江何准之女也。散，悉亶翻。骑，奇寄翻。礼如咸康而不贺。成帝咸康二年，立杜后。

12 秦王坚以权翼为给事黄门侍郎，权翼仕秦，久当事任，而卒归姚氏。料其受苻坚信用，虽不为庄舄之越吟，固隐之于心也。薛赞为中书侍郎，与王猛并掌机密。九月，追复太师鱼遵等官，以礼改葬，子孙存者皆随才擢叙。

13 张平据新兴、雁门、西河、太原、上党、上郡之地，壁垒三百馀，夷、夏十馀万户，壁垒，盖时遭乱离，豪望自相保聚所筑者。石氏用张平为并州，故得有其地，有其民。夏，户雅翻。拜置征镇，欲与燕、秦为敌国。石氏之败，平两附燕、秦，今恃其强，欲与燕、秦为敌国。冬，十月，平寇略秦境，平盖间秦之有内难也，安知由是而败亡乎！秦王坚以晋公柳都督并、冀州诸军事，加并州牧，镇蒲阪以御之。

14 十一月，癸酉，燕主儁自蓟徙都邺。蓟，音计。

15 秦太后苟氏游宣明台，见东海公法之第门车马辐凑，恐终不利于秦王坚，乃与李威谋，赐法死。坚与法诀于东堂，恸哭欧血；谥曰献哀公，封其子阳为东海公，敷为清河公。为后阳谋复雠张本。

16 十二月，乙巳，燕主儁入邺宫，大赦。复作铜雀台。魏武建国于邺，作铜雀台，石氏增修之，兵乱圮毁，慕容都邺复作，使如旧。

17 以太常王彪之为左仆射。

18 秦王坚行至尚书，以文案不治，治，直之翻。免左丞程卓官，以王猛代之。坚举异材，修废职，课农桑，恤困穷，礼百神，立学校，旌节义，继绝世；秦民大悦。史言苻坚能用王猛以治秦。校，户教翻。

二年（戊午、三五八）

1 春，正月，司徒昱稽首归政；稽，音启。帝不许。

2 初，冯鸯既以上党来降，见上永和十一年。又附于张平，又自归于燕，既而复叛燕。复，扶又翻。二月，燕司徒上庸王评讨之，不克。

3 秦王坚自将讨张平，将，即亮翻。以邓羌为前锋督护，帅骑五千，军于汾上；汾水之上也。帅，读曰率。骑，奇寄翻。平使养子蚝御之。蚝，七吏翻。蚝多力趫捷，趫，丘妖翻。能曳牛却走；城无高下，皆可超越。与羌相持旬馀，莫能相胜。三月，坚至铜壁，河、汾之间有铜川，其民遇乱，筑铜壁以自守，因曰铜壁。平尽众出战，蚝单马大呼，出入秦陈者四、五。呼，火故翻。陈，读曰阵。坚募人生致之，鹰扬将军吕光刺蚝，中之，刺，七亦翻。中，竹仲翻。邓羌擒蚝以献，平众大溃。平惧，请降。降，户江翻；下同。坚拜平右将军，以蚝为虎贲中郎将。贲，音奔。将，即亮翻；下同。蚝，本姓弓，姓谱：弓姓，鲁叔弓之后。上党人也；坚宠待甚厚，常置左右。秦人称邓羌、张蚝皆万人敌。光，婆楼之子也。坚徙张平部民三千馀户于长安。

4 甲戌，燕主儁遣领军将军慕舆根将兵助司徒评攻冯鸯。根欲急攻之，评曰："鸯壁坚，不如缓之。"根曰："不然。公至城下经月，未尝交锋。贼谓国家力止于此，遂相固结，冀幸万一。言鸯心侥幸于万一可以保城也。今根兵初至，形势方振，贼众恐惧，皆有离心，计虑未定，从而攻之，无不克者。"遂急攻之。鸯与其党果相猜忌，鸯奔野王依吕护，其众尽降。

5 夏，四月，秦王坚如雍，祠五畤；六月，如河东，祠后土。用汉礼也。雍，于用翻。畤，音止。

6 秋，八月，豫州刺史谢奕卒。奕，安之兄也。司徒昱以建武将军桓云代之。云，温之弟也。访于仆射王彪之，彪之曰："云非不才，然温居上流，已割天下之半，其弟复处西藩；东晋豫州镇江西，建康在江东，故以豫州为西藩。复，扶又翻。处，昌吕翻；下同。兵权萃于一门，非深根固蒂之宜。人才非可豫量，量，音良。但当令不与殿下作异者耳。"昱颔之曰："君言是也。"壬申，以吴兴太守谢万为西中郎将，监司·豫·冀·并四州诸军事、豫州刺史。司、豫、冀、并所统，皆侨郡也。监，工衔翻。

王羲之与桓温笺曰："谢万才流经通，言其才具可以经世，于时人流辈中为通达也。使之处廊庙，固是后来之秀；今以之俯顺荒馀，近是违才易务矣。"言边郡兵民皆兵荒之馀，凋瘵未苏而犷悍难调，当俯就而柔顺之；今万非其才而用之，则为违才。务，事也；以万之才可以处廊庙，而使之处边鄙，则为易事。处，昌吕翻。近，其靳翻。又遗万书曰：遗，于季翻。“以君迈往不屑之韵，而俯同群碎，诚难为意也。言其矜高不屑军中之细务也。然所谓通识，正当随事行藏耳。愿君每与士卒之下者同甘苦，则尽善矣。”万不能用。

徐、兖二州刺史荀羡有疾，以御史中丞郗昙为军【章：十二行本“军”上有“羡”字；乙十一行本同；孔本“羡军”二字并刊一格；张校同。】司。昙，徒含翻。为万、昙皆不胜其任张本。考异曰：帝纪：“谢万为豫州，”下云：“郗昙为北中郎将，督五州军事、徐·兖二州刺史。”昙传云：“荀羡有疾，以昙为军司。顷之，羡征还，除昙北中郎将、都督、刺史。”按帝纪，“十二月，北中郎将荀羡及慕容儁战于山茌，王师败绩。”燕书：“十二月，荀羡寇泰山，杀太守贾坚。”载记：“荀羡杀贾坚，”下云：“败羡，复陷山茌。”故知八月昙未为徐、兖二州，恐始为军司耳。昙，鉴之子也。

7 九月，庚辰，秦王坚还长安，以太尉侯守尚书令。永安公苻侯。于是秦大旱；坚减膳彻乐，命后妃以下悉去罗纨；师古曰：纨素，今之绢也。去，羌吕翻。开山泽之利，公私共之，息兵养民；旱不为灾。

王猛日亲幸用事，宗亲勋旧多疾之，特进、姑臧侯樊世，本氐豪，佐秦主健定关中，谓猛曰：“吾辈耕之，君食之邪？”猛曰：“非徒使君耕之，又将使君炊之！”世大怒曰：“要当悬汝头于长安城门；不然，吾不处世！”处，昌吕翻。猛以白坚，坚曰：“必杀此老氐，然后百寮可肃。”会世入言事，与猛争论于坚前，世欲起击猛；坚怒，斩之。于是群臣见猛皆屏息。屏气，不敢息也。气一出入为息。屏，必郢翻。

8 赵之亡也，其将张平、李历、高昌皆遣使降燕，已而降晋，又降秦，各受爵位，欲中立以自固。李历、高昌初降晋，张平降秦，永和七年也。八年，历、昌降秦，是年又与张平俱降燕。苻生死后，张平又降晋，各受爵位。将，即亮翻。使，疏吏翻。降，户江翻。燕主儁使司徒评讨张平于并州，司空阳骛讨高昌于东燕，乐安王臧讨李历于濮。阳骛攻昌别将于黎阳，不拔。历奔荥阳，其众皆降。并州壁垒百馀降于燕，儁以右仆射悦绾为并州刺史以抚之。平所署征西将军诸葛骧等帅壁垒百三十八降于燕，骧，思将翻。帅，读曰率；下同。儁皆复其官爵。平帅众三千奔平阳，复请降于燕。复，扶又翻。

9 冬，十月，泰山太守诸葛攸攻燕东郡，入武阳，后汉东郡治东武阳。武帝咸康二年，封子允，以"东"不可为国名，而东郡有濮阳县，改曰濮阳国。允改封淮南，还曰东郡。赵王伦篡位，废太孙臧为濮阳王，东郡遂名濮阳。此，盖燕复名东郡。晋志：武阳县分属阳平郡。刘昫曰：魏州朝城县，隋武阳县地，天宝七年更名。燕主儁遣大司马恪统阳骛及乐安王臧之兵以击之。攸败走，还泰山，恪遂渡河，略地河南，分置守宰。

10 燕主儁欲经营秦、晋，十二月，令州郡校实见丁，校实，检校其实数也。见，贤遍翻。户留一丁，馀悉发为兵，欲使步卒满一百五十万，期来春大集洛阳。武邑刘贵上书，极陈"百姓凋弊，发兵非法，法未有户留一丁而悉发为兵者。必致土崩之变。"儁善之，乃更令三五发兵，宽其期日，以来冬集邺。

时燕调发繁数，调，徒吊翻。数，所角翻。官司各遣使者，道路旁午，郡县苦之。太尉、领中书监封奕请"自今非军期严急，不得遣使，使，疏吏翻。自馀赋发皆责成州郡，其群司所遣弹督在外者，一切摄还。"摄，收也，追也。儁从之。

11 燕泰山太守贾坚屯山茌，山茌，即前汉之茌县，属泰山郡，后汉改曰山茌。茌，仕疑翻。荀羡引兵击之；坚所将才七百馀人，将，即亮翻。羡兵十倍于坚。坚将出战，诸将皆曰："众少，不如固守。"少，诗沼翻。坚曰："固守亦不能免，不如战也。"遂出战，身先士卒，先，悉荐翻。杀羡兵千馀人，复还入城。复，扶又翻；下同。羡进攻之，坚叹曰："吾自结发，志立功名，而每值穷厄，岂非命乎！坚欲折其锋，使羡惧而退耳。羡进攻之，坚计穷矣。与其屈辱而生，不若守节而死。"乃谓将士曰："今危困，计无所设，卿等可去，吾将止死。"将士皆泣曰："府君不出，众亦俱死耳。"乃扶坚上马，坚曰："我如欲逃，必不相遣。今当为卿曹决斗，为，于为翻。若势不能支，卿等可趣去，趣，读曰促。勿复顾我也！"乃开门直出。羡兵四集，坚立马桥上，左右射之，射，而亦翻。皆应弦而倒。羡兵众多，从堑下斫桥，坚人马俱陷，生擒之，遂拔山茌。堑，七艳翻。羡谓坚曰："君父、祖世为晋臣，奈何背本不降？"背，蒲妹翻。降，户江翻；下同。坚曰："晋自弃中华，非吾叛也。坚发此言，江东将相其愧多矣。民既无主，强则托命。既已事人，安可改节！吾束脩自立，谓从师就学，便有志于自立。朱子曰：脩，脯也。十脡为束。古者从师必以束脩为礼。涉赵历燕，未尝易志，坚不降燕，见九十八卷永和七年。君何匆匆相谓降乎！"羡复责之，复，扶又翻。坚怒曰："竖子，儿女御乃公！"自称为乃公，慢羡而孩视之也。曰御者，言若驾御儿女然。羡怒，执置雨中；数日，坚愤惋而卒。惋，乌贯翻。

燕青州刺史慕容尘遣司马悦明救泰山，羡兵大败，燕复取山茌。燕主儁以贾坚子活为任城太守。任，音壬。

荀羡疾笃，征还，以郗昙为北中郎将、都督徐·兖·青·冀·幽五州诸军事、五州，惟徐州有实土。郗，丑之翻。昙，徒含翻。徐·兖二州刺史，镇下邳。

12 燕吴王垂娶段末柸女，生子令、宝。段氏才高性烈，自以贵姓，段与慕容本抗衡之国，故自以为贵姓。不尊事可足浑后，可足浑氏衔之。燕主儁素不快于垂，事见上卷永和十年。中常侍涅皓涅，乃结翻，姓也。因希旨告段氏及吴国典书令辽东高弼为巫蛊，欲以连污垂，晋制：王国置典书、典祠、学官令。慕容氏因之。典书令，天朝吏部尚书之职。齐王攸传，"国相上长吏缺典书令，请求差选"是也。西晋，典书令在常侍、侍郎上；及渡江，则侍郎次常侍，而典书令居三卿下。污，乌姑翻。儁收段氏及弼下大长秋、廷尉考验，下，遐稼翻。段氏及弼志气确然，终无挠辞。掠治日急，挠，奴教翻。掠，音亮。治，直之翻。垂愍之，私使人谓段氏曰："人生会当一死，何堪楚毒如此！不若引服。"引服，自引而诬服也。段氏叹曰："吾岂爱死者耶！若自诬以恶逆，上辱祖宗，下累于王，累，力瑞翻。固不为也！"辩答益明；故垂得免祸，而段氏竟死于狱中。出垂为平州刺史，镇辽东。垂以段氏女弟为继室；可足浑氏黜之，以其妹长安君妻垂；垂不悦，由是益恶之。为慕容垂出奔张本。妻，七细翻。恶，乌路翻。

13 匈奴刘阏头部落多叛，惧而东走，乘冰渡河，半渡而冰解，后众悉归刘悉勿祈，阏头奔代。代在北河之东。阏，于焉翻，又於葛翻。悉勿祈，务桓之子也。务桓卒，见上卷永和十二年。

三年（己未、三五九）

1 春，二月，燕主儁立子泓为济北王，济，子礼翻。冲为中山王。

2 燕人杀段勤，勤弟思来奔。段勤降燕，见上卷永和八年。

3 燕主儁宴群臣于蒲池，蒲池在邺。语及周太子晋，周灵王之太子曰晋，慧而早卒。国语谏壅谷、洛者，即晋也。晋既卒，弟贵立，是为景王。景王崩，而子朝、子丐争立，周遂以乱。潸然流涕曰：潸，所奸翻。"才子难得。自景先之亡，燕太子晔，字景先。吾鬓发中白。毛晃曰：中，直众翻，半也。卿等谓景先何如？"司徒左长史李绩对曰："献怀太子之在东宫，晔谥曰献怀。臣为中庶子，晋志曰：太子中庶子职如侍中。太子志业，敢不知之！太子大德有八：至孝，一也；聪敏，二也；沈毅，三也；疾谀喜直，四也；沈，持林翻。喜，许记翻。好学，五也；多艺，六也；谦恭，七也；好施，八也。”好，呼到翻。施，式豉翻。儁曰：“卿誉之虽过，誉，音余。然此儿在，吾死无忧矣。景茂何如？”燕太子暐，字景茂。时太子暐侍侧，绩曰：“皇太子天资岐嶷，嶷，鱼力翻。毛苌曰：岐，智意也；嶷，识也。虽八德已闻，而二阙未补，好游畋而乐丝竹，乐，五教翻。此其所以损也。”儁顾谓暐曰：“伯阳之言，药石之惠也，李绩，字伯阳。汝宜诫之！”暐甚不平。为李绩以忧卒张本。

儁梦赵王虎啮其臂，啮，鱼结翻。乃发虎墓，求尸不获，购以百金；邺女子李菟知而告之，菟，同都翻。得尸于东明观下，水经注：洹水东北流径邺城南，又东分为二水，北径东明观下。观，古玩翻。僵而不腐。儁蹋而骂之曰：僵，居良翻。蹋，与踏同。“死胡，何敢怖生天子！”数其残暴之罪而鞭之，投于漳水，尸倚桥柱不流。水经注：漳水径紫陌西。赵建武十一年，造紫陌浮桥，慕容儁投石虎尸处也。怖，普布翻。数，所具翻。及秦灭燕，王猛为之诛李菟，收而葬之。史终言之。为，于伪翻。

4 秦平羌护军高离据略阳叛，永安威公侯讨之，未克而卒。夏，四月，骁骑将军邓羌、骁，坚尧翻。秦州刺史啖铁讨平之。啖，徒览翻，氐姓也。

5 匈奴刘悉勿祈卒，弟卫辰杀其子而代之。

6 五月，秦王坚如河东；六月，大赦，改元甘露。

7 凉州牧张瓘，猜忌苛虐，专以爱憎为赏罚。郎中殷郇谏之，郇，须伦翻。瓘曰：“虎生三日，自能食肉，不须人教也。”由是人情不附。辅国将军宋混，性忠鲠，瓘惮之，欲杀混及弟澄，因废凉王玄靓而代之；靓，疾正翻，又疾郢翻。征兵数万，集姑臧。混知之，与澄帅壮士杨和等四十余骑奄入南城，王隐晋书曰：凉州城有龙形，故曰卧龙城，南北七里，东西二里，本匈奴所筑。后张氏世居之，又增筑四城，箱各千步，并旧城为五。又据张骏传：骏于姑臧城南筑作五殿，四面各依方色，四时递居之。则南城张氏所居也。帅，读曰率。骑，奇寄翻。宣告诸营曰："张瓘谋逆，被太后令诛之。"被，皮义翻。俄而众至二千，瓘帅众出战，混击破之。瓘麾下玄胪刺混，不能穿甲，玄，姓也。风俗通：古诸侯有玄都国。胪，陵如翻。刺，七亦翻；下同。混擒之，瓘众悉降。降，户江翻。瓘与弟琚皆自杀，混夷其宗族。玄靓以混为使持节、都督中外诸军事、骠骑大将军、酒泉郡侯，代瓘辅政。骠，匹妙翻。混乃请玄靓去凉王之号，张祚始称凉王，见九十九卷永和十年。张瓘推玄靓为凉王，见上十一年。去，羌吕翻。复称凉州牧。混谓玄胪曰："卿刺我，幸而不伤，今我辅政，卿其惧乎？"胪曰："胪受瓘恩，唯恨刺节下不深耳，窃无所惧！"混义之，任为心膂。

8 高昌不能拒燕，秋，七月，自白马奔荥阳。

9 秦王坚自河东还，以骁骑将军邓羌为御史中丞。骁，坚尧翻。八月，以咸阳内史王猛为侍中、中书令，领京兆尹。特进、光禄大夫强德，太后之弟也，强太后，秦主健之后也。酗酒，豪横，酗，于句翻。孔安国曰：以酒为凶曰酗。贾公彦曰：据字，酒旁为凶，是因酒为凶者也。横，户孟翻。掠人财货、子女，为百姓患。猛下车收德，奏未及报，已陈尸于市；坚驰使赦之，不及。与邓羌同志，疾恶纠案，无所顾忌，数旬之间，权豪、贵戚，杀戮、刑免者二十馀人，朝廷震栗，奸猾屏气，屏，必郢翻。路不拾遗。坚叹曰："吾始今知天下之有法也！"

10 泰山太守诸葛攸将水陆二万击燕，将，即亮翻；下同。入自石门，屯于河渚。燕上庸王评、长乐太守傅颜帅步骑五万与攸战于东阿，攸兵大败。乐，音洛。帅，读曰率。骑，奇寄翻。

冬，十月，诏谢万军下蔡、郗昙军高平以击燕。万矜豪傲物，但以啸咏自高，未尝抚众。兄安深忧之，谓万曰："汝为元帅，帅，所类翻；下同。宜数接对诸将以悦其心，数，所角翻。

岂有傲诞如此而能济事也!”万乃召集诸将，一无所言，直以如意指四坐云：“诸将皆劲卒。”诸将益恨之。如意，铁如意也。坐，徂卧翻。凡奋身行伍者，以兵与卒为讳；既为将矣，而称之为卒，所以益恨也。安虑万不免，乃自队帅以下，无不亲造，厚相亲托。造，七到翻。晋史言安性迟缓，而为其弟虑乃周密如此，宜其能为晋室内消桓温之变，外破苻秦之师也。既而万帅众入涡、颍以援洛阳。涡水至山桑入淮，颍水至下蔡入淮。谢尚之兵，自下蔡而入涡、颍之间。郗昙以病退屯彭城。万以为燕兵大盛，故昙退，即引兵还，众遂惊溃。进师易，退师难。是以善将者欲退师，必广为方略而后引退，不唯防敌人之追截，亦虑己众之惊溃也。万狼狈单归，军士欲因其败而图之，以安故而止。既至，诏废万为庶人，降昙号建武将军。于是许昌、颍川、谯、沛诸城相次皆没于燕。

11 秦王坚以王猛为吏部尚书，寻迁太子詹事，十一月，为左仆射，馀官如故。

12 十二月，封武陵王晞子璲为梁王。璲，与琎同，音津。

13 大旱。

14 辛酉，燕主儁寝疾，谓大司马太原王恪曰：“吾病必不济。今二方未平，二方，谓晋、秦也。景茂冲幼，国家多难，吾欲效宋宣公，以社稷属汝，难，乃旦翻。宋宣公舍其子与夷而立其弟穆公。属，之欲翻。何如?”恪曰：“太子虽幼，胜残致治之主也。胜，音升。治，直之翻。臣实何人，敢干正统!”儁怒曰：“兄弟之间，岂虚饰邪!”恪曰：“陛下若以臣能荷天下之任者，岂不能辅少主乎!”荷，下可翻。少，诗照翻。儁喜曰：“汝能为周公，吾复何忧！复，扶又翻。李绩清方忠亮，汝善遇之。”召吴王垂还邺。自辽东召还也。

15 秦王坚以王猛为辅国将军、司隶校尉，居中宿卫，仆射、詹事、侍中、中书令、领选如故。选，须绢翻。猛上疏辞让，因荐散骑常侍阳平公融、光禄·散骑西河任群、光禄、散骑，以光禄大夫为散骑常侍也。散，悉亶翻。骑，奇寄翻。任，音壬。处士京兆朱肜自代。处，昌吕翻。坚不许，而以融为侍中、中书监、左仆射，任群为光禄大夫、领太子家令，晋志曰：太子家令，主刑狱、谷货、饮食，职比司农、少府。朱彤为尚书侍郎、领太子庶子。汉制：尚书有侍郎三十六人。尚书郎初从三署诣台，试守尚书郎中，岁满称尚书郎，三年称侍郎。晋志曰：庶子职比散骑常侍、中书监令。"朱彤"，当作"朱肜"。猛时年三十六，岁中五迁，猛自尚书左丞迁咸阳内史；又迁侍中、中书令，领京兆尹；又迁吏部尚书；寻迁太子詹事，为左仆射；及今凡五迁。权倾内外；人有毁之者，坚辄罪之，于是群臣莫敢复言。复，扶又翻。以左仆射李威领护军；右仆射梁平老为使持节、都督北垂诸军事、镇北大将军，戍朔方之西；使，疏吏翻。丞相司马贾雍为云中护军，戍云中之南。

16 燕所征郡国兵悉集邺城。去年所征，今乃悉集。

王崇武标点容肇祖聂崇岐覆校

资治通鉴卷第一百一

端明殿学士兼翰林侍读学士朝散大夫右谏议大夫
充集贤殿修撰权判西京留司御史台上柱国河内郡 司马光 奉敕编集
开国侯食邑一千三百户食实封四百户赐紫金鱼袋臣

后学天台 胡三省 音注

晋纪二十三 起上章涒滩(庚申),尽著雍执徐(戊辰),凡九年。

孝宗穆皇帝下

升平四年(庚申、三六〇)

1 春,正月,癸巳,燕主儁大阅于邺,欲使大司马恪、司空阳骛将之入寇;骛,音务。将,即亮翻。会疾笃,乃召恪、骛及司徒评、领军将军慕舆根等受遗诏辅政。甲午,卒。年四十二。戊子,太子暐即皇帝位。暐,字景茂,儁第三子。按长历,是年正月,甲戌朔。今儁以甲午卒,则戊子在甲午前,即位恐是戊戌。年十一;大赦,改元建熙。

2 秦王坚分司、隶置雍州,雍,于用翻。以河南公双为都督雍·河·凉三州诸军事、征西大将军、雍州刺史,改封赵公,镇安定。河、凉三州非秦土也。双所督实土,惟安定五郡耳。为双以安定叛张本。封弟忠为河南公。

3 仇池公杨俊卒,子世立。

4 二月,燕人尊可足浑后为皇太后。以太原王恪为太宰,专录朝政；录，总也。朝，直遥翻。上庸王评为太傅，阳骛为太保，慕舆根为太师，参辅朝政。朝，直遥翻；下同。

根性木强，师古曰：木谓质直。强，音其两翻。自恃先朝勋旧，自皝以来，根屡有战功。心不服恪，举动倨傲。时太后可足浑氏颇预外事，根欲为乱，乃言于恪曰："今主上幼冲，母后干政，殿下宜防意外之变，思有以自全。且定天下者，殿下之功也。兄亡弟及，古今成法，此殷法也，非周法也。俟毕山陵，宜废主上为王，殿下自践尊位，以为大燕无穷之福。"恪曰："公醉邪？何言之悖也！悖，蒲内翻，又蒲没翻。吾与公受先帝遗诏，云何而遽有此议？"根愧谢而退。恪以告吴王垂，垂劝恪诛之。恪曰："今新遭大丧，二邻观衅，二邻，谓晋、秦也。而宰辅自相诛夷，恐乖远近之望，且可忍之。"秘书监皇甫真言于恪曰："根本庸竖，过蒙先帝厚恩，引参顾命。而小人无识，自国哀已来，骄很日甚，将成祸乱。很，户垦翻。明公今日居周公之地，当为社稷深谋，早为之所。"恪不听。

根又言于可足浑氏及燕主暐曰："太宰、太傅将谋不轨，臣请帅禁兵以诛之。"帅，读曰率。可足浑氏将从之，暐曰："二公，国之亲贤，先帝选之，托以孤嫠，嫠，陵之翻。无夫曰嫠。必不肯尔；安知非太师欲为乱也！"乃止。根又思恋东土，龙城在邺城东北，故曰东土。言于可足浑氏及暐曰："今天下萧条，外寇非一，国大忧深，不如还东。"恪闻之，乃与太傅评谋，密奏根罪状；使右卫将军傅颜就内省诛根，并其妻子、党与。大赦。既诛根及其妻子党与，恐众心反侧，故肆赦以安之。是时新遭大丧，诛夷狼籍，内外恟惧，恟，许拱翻。太宰恪举止如常，人不见其有忧色，每出入，一人步从。从，才用翻。或说以宜自严备，说，输芮翻。恪曰："人情方惧，当安重以镇之，奈何复自惊扰，众将何仰！”复，扶又翻。由是人心稍定。

恪虽综大任，而朝廷之礼，兢兢严谨，每事必与司徒评议之，未尝专决。虚心待士，谘询善道，量才授任，量，音良。人不逾位；官属、朝臣或有过失，朝，直遥翻。不显其状，随宜他叙，不令失伦，以叙迁为他官，不令失其伦等也。唯以此为贬；时人以为大愧，莫敢犯者。或有小过，自相责曰："尔复欲望宰公迁官邪！"恪为太宰，故称之为宰公。复，扶又翻。朝廷初闻燕主儁卒，皆以为中原可图。桓温曰："慕容恪尚在，忧方大耳。"史言慕容恪能辅幼主，桓温能料敌。

三月，己卯，葬燕主儁于龙陵，陵在龙城，因以为名。谥曰景昭皇帝，庙号烈祖。所征郡国兵，以燕朝多难，难，乃旦翻。互相惊动，往往擅自散归，自邺以南，道路断塞。塞，悉则翻。太宰恪以吴王垂为使持节、征南将军、都督河南诸军事、兖州牧、荆州刺史，镇梁国之蠡台，使，疏吏翻；下同。孙希为并州刺史，傅颜为护军将军，帅骑二万，观兵河南，临淮而还；境内乃安。史言恪当国有大忧、众心危疑之际，处之有方。帅，读曰率。骑，奇寄翻。观，古玩翻，示之也。观兵，曜兵以示之也。希，泳之弟也。孙泳拒赵，见九十六卷成帝咸康四年。史书孙泳、鞠彭、宋烛之子弟，皆贵显于燕，所以劝委质者能守死而不贰，子孙必获其福也。

5 匈奴刘卫辰遣使降秦，降，户江翻。请田内地，春来秋返；秦王坚许之。夏，四月，云中护军贾雍遣司马徐赟帅骑袭之，赟，于伦翻。大获而还。坚怒曰："朕方以恩信怀戎狄，而汝贪小利以败之，何也！"败，补迈翻。黜雍以白衣领职，遣使还其所获，慰抚之。卫辰于是入居塞内，贡献相寻。

夏，六月，代王什翼犍妃慕容氏卒。犍，居言翻。秋，七月，刘卫辰如代会葬，因求婚，什翼犍以女妻之。妻，七细翻。

6 八月，辛丑朔，日有食之，既。

7 谢安少有重名，少，诗照翻。前后征辟，皆不就；寓居会稽，会，工外翻。以山水、文籍自娱。虽为布衣，时人皆以公辅期之，士大夫至相谓曰："安石不出，当如苍生何！"谢安，字安石。江东人士始焉所期望者殷浩，浩既无以满众望矣，继而所望者谢安，而安卒能匡辅晋室。世之论者，皆优安而劣浩。余谓盛名之下，其实难副。浩之所以败，正以与桓温齐名，其心易温；又值石氏之乱，以为可以立功，败于轻率也。谢安当桓温擅政之时，又身尝为之僚属，而惩浩之所以失，戒温而为之备；温既死而值秦之强，兢兢焉为自保之谋，常持惧心，此其所以济也。史氏谓其能矫情镇物，盖因屐齿之折、白鸡之梦而知之耳。安每游东山，东山，在今绍兴府上虞县西南四十五里。安故居今为国庆禅寺。常以妓女自随。妓，渠绮翻。司徒昱闻之，曰："安石既与人同乐，乐，音洛。必不得不与人同忧，召之必至。"安妻，刘惔之妹也，见家门贵盛刘惔以清谈贵显；而谢尚、谢奕、谢万皆为方伯，盛于一时。惔，徒甘翻。而安独静退，谓曰："丈夫不如此也！"安掩鼻曰："恐不免耳。"言恐亦不免如诸兄弟也。及弟万废黜，安始有仕进之志，时已年四十馀。征西大将军桓温请为司马，安乃赴召，温大喜，深礼重之。

8 冬，十月，乌桓独孤部、鲜卑没奕干各帅众数万降秦，秦王坚处之塞南。帅，读曰率。降，户江翻。处，昌吕翻；下同。阳平公融谏曰："戎狄人面兽心，不知仁义。其稽颡内附，实贪地利，非怀德也；稽，音启。不敢犯边，实惮兵威，非感恩也。今处之塞内，与民杂居，彼窥郡县虚实，必为边患，不如徙之塞外以防未然。"坚从之。

9 十一月，封桓温为南郡公，温弟冲为丰城县公，子济为临贺县公。

10 燕太宰恪欲以李绩为右仆射，燕主暐不许。恪屡以为请，暐曰："万机之事，皆委之叔父；伯阳一人，暐请独裁。"出为章武太守，以忧卒。暐不平李绩事见上卷上年。

五年(辛酉、三六一)

1 春，正月，戊戌，大赦。

2 刘卫辰掠秦边民五十馀口为奴婢以献于秦；秦王坚责之，使归所掠。卫辰由是叛秦，专附于代。史言夷狄反覆难保。

3 东安简伯郗昙卒。郗，丑之翻。昙，徒含翻。二月，以东阳太守范汪都督徐、兖、冀、青、幽五州诸军事，兼徐、兖二州刺史。

4 平阳人举郡降燕；平阳时属张平。燕以建威将军段刚为太守，遣督护韩苞将兵共守平阳。

5 方士丁进有宠于燕主暐，【章：十二行本"暐"作"儁"；乙十一行本同。】欲求媚于太宰恪，说恪令杀太傅评；说，输芮翻。恪大怒，奏收斩之。

6 高昌卒，三年，高昌奔荥阳。燕河内太守吕护并其众，遣使来降；拜护冀州刺史。护欲引晋兵以袭邺。三月，燕太宰恪将兵五万，冠军将军皇甫真将兵万人，共讨之。将，即亮翻。冠，古玩翻。燕兵至野王，护婴城自守。护军将军傅颜请急攻之，以省大费。恪曰："老贼经变多矣，观其守备，未易猝攻，易，以豉翻。而多杀士卒。顷攻黎阳，多杀精锐，卒不能拔，事见上卷二年。自取困辱。护内无蓄积，外无救援，我深沟高垒，坐而守之，休兵养士，离间其党，间，古苋翻。于我不劳而贼势日蹙，不过十旬，取之必矣，何为多杀士卒以求旦夕之功乎！"乃筑长围守之。

7 夏，四月，桓温以其弟黄门郎豁都【章：十二行本无"都"字；乙十一行本同。】督沔中七郡诸军事，魏置中书监、令，又置通事郎、黄门郎。沔中七郡，魏兴、新城、上庸、襄阳、义成、竟陵、江夏也。兼新野、义城二郡太守，城，当作成。将兵取许昌，破燕将慕容尘。

8 凉骠骑大将军宋混疾甚，骠，匹妙翻。骑，奇寄翻。张玄靓及其祖母马氏往省之，靓，疾正翻，又疾郢翻。省，悉景翻。曰："将军万一不幸，寡妇孤儿将何所托！欲以林宗继将军，可乎?"混曰："臣子林宗幼弱，不堪大任。殿下傥未弃臣门，臣弟澄政事愈于臣，但恐其儒缓，机事不称耳。凡儒者多务为舒缓，而不能应机以趋事赴功。称，尺证翻。殿下策励而使之，可也。"混戒澄及诸子曰："吾家受国大恩，当以死报，无恃势位以骄人。"又见朝臣，皆戒之以忠贞。朝，直遥翻。及卒，行路为之挥涕。卒，子恤翻。为，于类翻。玄靓以澄为领军将军，辅政。

9 五月，丁巳，帝崩，年十九。无嗣。皇太后令曰："琅邪王丕，中兴正统，元帝、明帝、成帝皆正统相传。琅邪王丕，成帝长子也，故曰中兴正统。义望情地，莫与为比，其以王奉大统!"于是百官备法驾迎于琅邪第。庚申，即皇帝位，大赦。壬戌，改封东海王奕为琅邪王。秋，七月，戊午，葬穆帝于永平陵，庙号孝宗。

10 燕人围野王数月，吕护遣其将张兴出战，傅颜击斩之，城中日蹙。皇甫真戒部将曰："护势穷奔突，必择虚隙而投之；吾所部士卒多羸，器甲不精，宜深为之备。"乃多课橹楯，亲察行夜者。将，即亮翻。羸，伦为翻。楯，食尹翻。行，下孟翻。护食尽，果夜悉精锐趋真所部，趋，七喻翻。突围，不得出；太宰恪引兵击之，护众死伤殆尽，弃妻子奔荥阳。恪存抚降民，给其廪食；降，户江翻。徙士人、将帅于邺，自馀各随所乐；帅，所类翻。乐，音洛。以护参军广平梁琛为中书著作郎。晋武帝以秘书并中书省，故曰中书著作郎。琛，丑林翻。

11 九月，戊申，立妃王氏为皇后。后，蒙之女也。穆帝何皇后称穆皇后，居永安宫。

12 凉右司马张邕恶宋澄专政，恶，乌路翻；下同。起兵攻澄，杀之，并灭其族。宋澄岂特机事不称哉，遂赤其族！以此知经世非儒缓者所能为也。张玄靓以邕为中护军，叔父天锡为中领军，同辅政。

13 张平袭燕平阳，杀段刚、韩苞；又攻雁门，杀太守单男。单，音善，姓也。既而为秦所攻，平复谢罪于燕以求救。复，扶又翻。燕人以平反覆，弗救也，平遂为秦所灭。

14 乙亥，秦大赦。

15 徐、兖二州刺史范汪，素为桓温所恶，桓温初以安西镇上流，汪为上佐；盖恶其异己也。若汪于此时能立异，必知温之心迹矣。恶，乌路翻。温将北伐，命汪帅众出梁国。帅，读曰率。冬，十月，坐失期，免为庶人，遂废，卒于家。卒，子恤翻。

子宁，好儒学，好，呼到翻。性质直，常谓王弼、何晏之罪深于桀、纣。或以为贬之太过，宁曰："王、何蔑弃典文，幽沈仁义，沈，持林翻。游辞浮说，波荡后生，使搢绅之徒翻然改辙，以至礼坏乐崩，中原倾覆，遗风馀俗，至今为患。桀、纣纵暴一时，适足以丧身覆国，丧，息浪翻。为后世戒，岂能回百姓之视听哉！故吾以为一世之祸轻，历代之患重；自丧之恶小，迷众之罪大也！"丧，息浪翻。

16 吕护复叛，奔燕，燕人赦之，以为广州刺史。燕无广州，以刺史之名授护耳。

17 凉张邕骄矜淫纵，树党专权，多所刑杀，国人患之。张天锡所亲敦煌刘肃谓天锡曰：敦，徒门翻。"国家事欲未静！"天锡曰："何谓也？"肃曰："今护军出入，有似长宁。"长宁侯张祚也。天锡惊曰："我固疑之，未敢出口。计将安出？"肃曰："正当速除之耳！"天锡曰："安得其人？"肃曰："肃即其人也！"肃时年未二十。天锡曰："汝年少，少，诗照翻。更求其助。"肃曰："赵白驹与肃二人足矣。"十一月，天锡与邕俱入朝，朝，直遥翻。

肃与白驹从天锡，【章：十二行本“锡”下有“值邕于门下”五字；乙十一行本同；孔本同；张校同；退斋校同。】肃斫之不中，中，竹仲翻。白驹继之，又不克，二人与天锡俱入宫中，邕得逸走，帅甲士三百馀人攻宫门。天锡登屋大呼曰：帅，读曰率。呼，火故翻。“张邕凶逆无道，既灭宋氏，又欲倾覆我家。汝将士世为凉臣，何忍以兵相向邪！将，即亮翻。今所取者，止张邕耳，他无所问！”于是邕兵悉散走，邕自刎死，尽灭其族党。刎，扶粉翻。玄靓以天锡为使持节、冠军大将军、都督中外诸军事，辅政。自张重华没后，张祚、张瓘、宋混、宋澄以及张邕、张天锡，递相屠灭，凉浸衰矣。使，疏吏翻。冠，古玩翻。十二月，始改建兴四十九年，奉升平年号。凉至是方奉建康年号。诏以玄靓为大都督、督陇右诸军事、凉州刺史、护羌校尉、西平公。

18 燕大赦。

19 秦王坚命牧伯守宰各举孝悌、廉直、文学、政事，察其所举，得人者赏之，非其人者罪之。由是人莫敢妄举，而请托不行，士皆自励；虽宗室外戚，无才能者皆弃不用。当是之时，内外之官，率皆称职；称，尺证翻。田畴修辟，仓库充实，盗贼屏息。屏，必郢翻。

20 是岁，归义侯李势卒。永和三年，李势降，至是而卒。

哀皇帝

哀皇帝 讳丕，成帝长子也，字千龄；咸康八年，封琅邪王。谥法：恭仁短折曰哀。

隆和元年（壬戌、三六二）

1 春，正月，壬子，大赦，改元。

2 甲寅，减田租，亩收二升。成帝咸和五年，始度百姓田，亩取十分有一，率亩税米三升；今减之，亩收二升。

3 燕豫州刺史孙兴请攻洛阳，曰：“晋将陈佑弊卒千馀，介守孤城，不足取也！”将，即亮翻。介，如字，独也；又音戛。燕人从其言，遣宁南将军吕护屯河阴。

4 二月，辛未，以吴国内史庾希为北中郎将、徐·兖二州刺史，镇下邳，龙骧将军袁真为西中郎将、监护豫·司·并·冀四州诸军事、豫州刺史，镇汝南；希、真既并假节，职任宜同；疑希亦当带监护之职，史逸之也。骧，思将翻。监，工衔翻。并假节。希，冰之子也。庾冰秉政于咸康。

5 丙子，拜帝母周贵人为皇太妃，仪服拟于太后。

6 燕吕护攻洛阳。三月，乙酉，河南太守戴施奔宛，永和十二年，桓温留戴施戍洛阳。宛，於元翻。陈佑告急。五月，丁巳，桓温遣庾希及竟陵太守邓遐帅舟师三千人助佑守洛阳。帅，读曰率。遐，岳之子也。邓岳，王敦将也。敦败后自归，著功交、广。

温上疏请迁都洛阳，自永嘉之乱播流江表者，一切北徙，以实河南。朝廷畏温，不敢为异；而北土萧条，人情疑惧，虽并知不可，莫敢先谏。散骑常侍领著作郎孙绰上疏曰：晋志曰：著作郎，周左史之任也。汉东京，图籍在东观，故使儒者著作东观，有其名，尚未有官。魏明帝太和中，诏置著作郎，于此始有其官，隶中书省。晋惠帝置秘书监，并统著作省。盖著作虽别置省，而犹隶秘书也。余按班固西都赋曰：承明、金马，著作之廷。如是，则汉西都虽未置著作之官，而承明、金马亦著作之所也。散，悉亶翻。骑，奇寄翻。“昔中宗龙飞，元帝，庙号中宗。非惟信顺协于天人，易大传曰：天之所助者顺也。人之所助者信也。实赖万里长江画而守之耳。今自丧乱已来，六十馀年，自贾后之废，赵王伦之诛，继而诸王交兵，胡、羯乘之而起，天下大乱，至是六十馀年矣。丧，息浪翻。河、洛丘墟，函夏萧条。函，容也。夏，大也。言中原之地，所函容者大也。夏，户雅翻。士民播流江表，已经数世，存者老子长孙，长，知两翻。亡者丘陇成行，行，户刚翻。虽北风之思感其素心，目前之哀实为交切。若迁都旋轸之日，贾公彦曰：

若，不定之辞。中兴五陵，即复缅成遐域。中兴五陵，元帝建平陵、明帝武平陵、成帝兴平陵、康帝崇平陵、穆帝永平陵，皆在江南。缅，远也。遐，亦远也。泰山之安，既难以理保，言以理观之，迁都于洛，难以保泰山之安也。烝烝之思，岂不缠于圣心哉！烝烝，进进也。言若迁洛，缠心于江南陵寝，孝思进进也。温今此举，诚欲大览始终，为国远图；而百姓震骇，同怀危惧，岂不以反旧之乐赊，趋死之忧促哉！乐，音洛。趋，七喻翻。何者？植根江外，数十年矣，中原以江南为江外，亦曰江表。一朝顿欲拔之，驱蹙于穷荒之地；蹙，昌六翻。提挈万里，逾险浮深，离坟墓，离，力智翻。弃生业，田宅不可复售，复，扶又翻。舟车无从而得，舍安乐之国，适习乱之乡，将顿仆道涂，飘溺江川，仅有达者。溺，奴狄翻。此仁者所宜哀矜，国家所宜深虑也！臣之愚计，以为且宜遣将帅有威名、资实者，先镇洛阳，将，即亮翻。帅，所类翻。扫平梁、许，梁，谓梁国；许，谓许昌；皆当江南入洛之要路。清壹河南。运漕之路既通，开垦之积已丰，豺狼远窜，中夏小康，然后可徐议迁徙耳。夏，户雅翻。奈何舍百胜之长理，举天下而一掷哉！”绰，楚之孙也。孙楚仕武帝时，有才名。少慕高尚，少，诗照翻。尝著遂初赋以见志。温见绰表，不悦，曰：“致意兴公，孙绰字兴公。何不寻君遂初赋，而知人家国事邪！”

时朝廷忧惧，将遣侍中止温，扬州刺史王述曰：“温欲以虚声威朝廷耳，非事实也；但从之，自无所至。”乃诏温曰：“在昔丧乱，忽涉五纪，孔颖达曰：言在昔者，自下本上之辞；言昔在者，从上自下为称。丧，息浪翻。自惠帝永兴元年刘渊始乱，距是岁五十九年；自怀帝永嘉五年洛阳陷，距是岁五十年。戎狄肆暴，继袭凶迹，眷言西顾，慨叹盈怀。知欲躬帅三军，荡涤氛秽，廓清中畿，中畿，王畿也。周礼九畿，王畿方千里，其外侯、甸、男、采、卫、蛮、夷、镇、蕃，皆以五百里言之。王畿在九畿之中，故此曰中畿。帅，读曰率。光复旧京；

非夫外身徇国，孰能若此！诸所处分，处，昌吕翻。分，扶问翻。委之高算。但河、洛丘墟，所营者广，经始之勤，致劳怀也。”事果不行。

温又议移洛阳钟虡，虡，音巨。述曰：“永嘉不竞，暂都江左，方当荡平区宇，旋轸旧京。若其不尔，宜改迁园陵，不应先事钟虡！”温乃止。

朝廷以交、广辽远，温督荆、司、雍、益、梁、宁、交、广八州。改授温都督并、司、冀三州；温表辞不受。

7 秦王坚亲临太学，考第诸生经义，与博士讲论，自是每月一至焉。

8 六月，甲戌，燕征东参军刘拔刺杀征东将军、冀州刺史、范阳王友于信都。刺，七亦翻。

9 秋，七月，吕护退守小平津，以晋援兵至也。中流矢而卒。中，竹仲翻。燕将段崇收军北渡，屯于野王。邓遐进屯新城；新城，春秋戎蛮子之国也；自汉以来，属河南，隋改为伊阙县。八月，西中郎将袁真进屯汝南，运米五万斛以馈洛阳。

10 冬，十一月，代王什翼犍纳女于燕，犍，居言翻。燕人亦以女妻之。妻，七细翻。

11 十二月，戊午朔，日有食之。

12 庾希自下邳退屯山阳，袁真自汝南退屯寿阳。以洛阳兵解退屯，而燕兵寻复至矣。

兴宁元年（癸亥、三六三）

1 春，二月，己亥，大赦，改元。

2 三月，壬寅，皇太妃周氏薨于琅邪第。癸卯，帝就第治丧，治，直之翻。诏司徒会稽王昱总内外众务。帝欲为太妃服三年，为，于伪翻。仆射江彪启：“于礼，应服缌麻。”彪，逋闲翻。又欲降服期，彪曰：“厌屈私情，所以上严祖考。”乃服缌麻。

周礼曰：王为诸侯缌，缞弁而加环绖。又，礼，为人后者为之子，故为所后服斩衰三年，而降其父母期。彪以为应服缌者，盖以帝入后大宗，则周氏者琅邪之母，当以服诸侯者服之也。厌，于叶翻。严，尊也。

3 夏，四月，燕宁东将军慕容忠攻荥阳太守刘远，远奔鲁阳。

4 五月，加征西大将军桓温侍中、大司马、都督中外诸军、录尚书事，假黄钺。温以抚军司马王坦之为长史。坦之，述之子也。又以征西掾郗超为参军，王珣为主簿，每事必与二人谋之。府中为之语曰："髯参军，短主簿，以超多髯而珣短也。掾，于绢翻。郗，丑之翻。能令公喜，能令公怒。"令，力呈翻。温气概高迈，罕有所推，与超言，常自谓不能测，倾身待之；超亦深自结纳。珣，导之孙也，与谢玄皆为温掾，温俱重之。曰："谢掾年四十必拥旄杖节，王掾当作黑头公，皆未易才也。"易，以豉翻。玄，奕之子也。升平二年，谢奕卒。

5 以西中郎将袁真都督司、冀、并三州诸军事，北中郎将庾希都督青州诸军事。

6 癸卯，燕人拔密城，密县，汉属河南郡，晋属荥阳郡。刘远奔江陵。

7 秋，八月，有星孛于角、亢。角，二星；亢，四星。晋天文志：角、亢、氐，郑、兖州分。孛，蒲内翻。亢，居郎翻。

8 张玄靓祖母马氏卒，靓，疾正翻，又疾郢翻。尊庶母郭氏为太妃。郭氏以张天锡专政，与大臣张钦等谋诛之；事泄，钦等皆死。玄靓惧，以位让天锡；天锡不受。右将军刘肃等劝天锡自立。闰月，天锡使肃等夜帅兵入宫，弑玄靓，帅，读曰率；下同。考异曰：帝纪：天锡杀玄靓自立在七月。今从晋春秋。宣言暴卒，谥曰冲公。天锡自称使持节、大都督、大将军、凉州牧、西平公，使，疏吏翻。时年十八。尊母刘美人曰太妃。遣司马纶骞奉章诣建康请命，纶，姓也。姓谱曰：魏志：孙文端臣纶直。并送御史俞归东还。穆帝永和三年，归使凉州，今乃还。

9 癸亥，大赦。

10 冬，十月，燕镇南将军慕容尘攻陈留太守袁披于长平；长平县，前汉属汝南郡，后汉、晋属陈郡。贤曰：长平故城，在今陈州宛丘县西北。汝南太守朱斌乘虚袭许昌，克之。考异曰：燕书作"朱黎"。今从晋帝纪。

11 代王什翼犍击高车，大破之，高车，即敕勒也，俗乘高轮车，故亦号高车部。李延寿曰：高车，盖古赤狄之馀种也。初号为"狄历"，北方以为高车丁零。其迁徙随水草，衣皮食肉，与柔然同，唯车轮高大，辐数至多。犍，居言翻。俘获万馀口，马、牛、羊百馀万头。

12 以征虏将军桓冲为江州刺史。十一月，姚襄故将张骏杀江州督护赵毗，帅其徒北叛；冲讨斩之。桓温之破姚襄，获襄将张骏、杨凝等，徙于寻阳。

二年（甲子、三六四）

1 春，正月，丙辰，燕大赦。

2 二月，燕太傅评、龙骧将军李洪略地河南。骧，思将翻。

3 三月，庚戌朔，大阅户口，令所在土断，令西北士民侨寓东南者，所在以土著为断也。断，丁乱翻。严其法制，【章：十二行本"制"作"禁"；乙十一行本同。】谓之庚戌制。

4 帝信方士言，断谷饵药以求长生。断，读曰短。侍中高崧谏曰："此非万乘所宜为；乘，绳证翻。陛下兹事，实日月之食。"论语：子贡曰：君子之过也，如日月之食焉。不听。辛未，帝以药发，不能亲万机，褚太后复临朝摄政。穆帝以幼冲嗣位，褚太后临朝称制。升平元年，帝加元服，太后归政。帝即位年长矣，以疾不能亲政，太后复临朝。复，扶又翻。朝，直遥翻。

5 夏，四月，甲辰，燕李洪攻许昌、汝南，败晋兵于悬瓠，败，补迈翻。水经注曰：悬瓠城，汝南郡治也。城之西北，汝水枝别左出，西北流，又屈西东转，又西南会汝，形如垂瓠，因以名城。瓠，音胡，又音互。颍川太守李福战死，汝南太守朱斌奔寿春，陈郡太守朱辅退保彭城。大司马温遣西中郎将袁真等御之，去年五月，加桓温督、录、假黄钺，至是书其官名而不姓，坚冰至矣。温帅舟师屯合肥。帅，读曰率。燕人遂拔许昌、汝南、陈郡，徙万馀户于幽、冀二州，遣镇南将军慕容尘屯许昌。

6 五月，戊辰，以扬州刺史王述为尚书令。加大司马温扬州牧、录尚书事。壬申，使侍中召温入参朝政；温辞不至。

王述每受职，不为虚让，其所辞必于不受。及为尚书令，子坦之白述："故事当让。"述曰："汝谓我不堪邪？"坦之曰："非也，但克让自美事耳。"述曰："既谓堪之，何为复让！复，扶又翻。人言汝胜我，定不及也。"

7 六月，秦王坚遣大鸿胪拜张天锡为大将军、凉州牧、西平公。

8 秋，七月，丁卯，诏复征大司马温入朝。八月，温至赭圻，诏尚书车灌止之，温遂城赭圻居之，赭圻在宣城界。南史，沈攸之自虎槛洲进攻赭圻，陶亮等自鹊头引兵救之。刘昫曰：宣州南陵县，汉春谷县地；梁置南陵县，旧治赭圻城；唐长安四年，移治青阳城。按温表云：春谷县之赭圻城，在江东岸，临当濡须口上二十里，距建康宫三百三十里，南有声里，北有高安戍。车，昌遮翻。圻，渠希翻。固让内录，内录，谓录尚书事也。遥领扬州牧。

9 秦汝南公腾谋反，伏诛。腾，秦主生之弟也。是时，生弟晋公柳等犹有五人，王猛言于坚曰："不去五公，终必为患。"坚不从。为后柳等反张本。去，羌吕翻。

10 燕侍中慕舆龙诣龙城，徙宗庙及所留百官皆诣邺。

11 燕太宰恪将取洛阳，考异曰：帝纪："慕容暐寇洛阳。"上云"苻坚别帅侵河南。"按明年，恪拔洛阳，坚亲将以备潼关，是未敢与燕争河南也。十六国春秋坚传亦无此举；帝纪恐误。先遣人招纳士民，远近诸坞皆归之；乃使司马悦希军于盟津，盟，读曰孟。豫州刺史孙兴军于成皋。

初，沈充之子劲，以其父死于逆乱，见九十三卷明帝太宁二年。志欲立功以雪旧耻；年三十馀，以刑家不得仕。吴兴太守王胡之为司州刺史，上疏称劲才行，行，下孟翻。请解禁锢，参其府事；朝廷许之。会胡之以病，不行。及燕人逼洛阳，冠军将军陈佑守之，冠，古玩翻。众不过二千。劲自表求配佑效力；诏以劲补冠军长史，令自募壮士，得千馀人以行。劲屡以少击燕众，摧破之。少，诗沼翻。而洛阳粮尽援绝，佑自度不能守，度，徒洛翻。乃以救许昌为名，九月，留劲以五百人守洛阳，佑帅众而东。帅，读曰率。劲喜曰："吾志欲致命，论语：子张曰：士见危致命。朱子曰：致命，谓委致其命，犹言授命也。今得之矣。"佑闻许昌已没，遂奔新城。燕悦希引兵略河南诸城，尽取之。

12 秦王坚命公国各置三卿，晋制：王国置郎中令、中尉、大农为三卿；秦因其制。并馀官皆听自采辟，独为置郎中令。为，于伪翻。富商赵掇等车服僭侈，诸公竞引以为卿；掇，陟劣翻，又都活翻。黄门侍郎安定程宪【章：十二行本"宪"下有"言于坚"三字；乙十一行本同；孔本同。】请治之。治，直之翻。坚乃下诏称："本欲使诸公延选英儒，乃更猥滥如是！宜令有司推检，辟召非其人者，悉降爵为侯，自今国官皆委之铨衡。铨衡，谓吏部尚书也。自非命士已上，不得乘车马；去京师百里内，工商皂隶，不得服金银、锦绣，犯者弃市。"于是平阳、平昌、九江、陈留、安乐五公皆降爵为侯。乐，音洛。

三年（乙丑、三六五）

1 春，正月，庚申，皇后王氏崩。

2 刘卫辰复叛代，刘卫辰附代，见上升平五年。复，扶又翻。代王什翼犍东渡河，击走之。犍，居言翻。

什翼犍性宽厚，郎中令许谦盗绢二匹，什翼犍知而匿之，按北史，代国俗无缯帛，而谦盗之，其罪在不赦；而什翼犍能容之，故史以此言其宽厚之一端。谓左长史燕凤曰："吾不忍视谦之面，【章：十二行本"面"下有"卿慎勿泄"四字；乙十一行本同；孔本同；退斋校同。】若谦惭而自杀，是吾以财杀士也。"尝讨西部叛者，流矢中目；中，竹仲翻。既而获射者，群臣欲脔割之，什翼犍曰："彼各为其主斗耳，为，于伪翻。何罪！"遂释之。

3 大司马温移镇姑孰。温又自赭圻而东镇姑孰。二月，乙未，以其弟右将军豁监荆州、扬州之义城、雍州之京兆诸军事，领荆州刺史；义城郡置于襄阳，襄阳郡属荆州，而义城郡领扬州淮南之平阿、下蔡。盖桓宣先从祖约退屯淮南，后镇襄阳，陶侃以其淮南部曲置义成郡于谷城，盖有扬州之民而又置扬州侨县于谷城；谷城，荆州统内之地也，故曰荆州、扬州之义成；曰义成者，言以义成军，因而名郡。后人又于"成"字旁添"土"，失其初立郡之旨矣。京兆郡属雍州，时亦侨立于襄阳。雍，于用翻。加江州刺史桓冲监江州及荆、豫八郡诸军事；初，冲刺江州，领西阳、谯二郡太守；今加监荆州之江夏·随郡、豫州之汝南·西阳·新蔡·颍川，凡六郡，通所镇寻阳为八郡。监，工衔翻。考异曰：帝纪云："冲领南蛮校尉。"按江左唯荆州领南蛮，冲传亦无，盖纪因桓豁重出。今不取。并假节。

司徒昱闻陈佑弃洛阳，会大司马温于洌洲，今姑孰江中有洌山，即其地。共议征讨。丙申，帝崩于西堂，年二十五。西堂，太极殿西堂也。建康太极殿有东西堂，东堂以见群臣，西堂为即安之地。事遂寝。

帝无嗣；丁酉，皇太后诏以琅邪王奕承大统。奕，当作弈。百官奉迎于琅邪第，是日，即皇帝位，大赦。

4 秦大赦，改元建元。

5 燕太宰恪、吴王垂共攻洛阳。恪谓诸将曰："卿等常患吾不攻，今洛阳城高而兵弱，易克也，易，以豉翻。勿更畏懦而怠惰！”遂攻之。三月，克之，执扬武将军沈劲。劲神气自若，恪将宥之。中军将军慕舆虔曰：“劲虽奇士，观其志度，终不为人用，今赦之，必为后患。”遂杀之。

恪略地至崤、渑，崤，崤谷也；渑，渑池也。渑，弥兖翻。关中大震，秦王坚自将屯陕城以备之。将，即亮翻。陕，式冉翻。

燕人以左中郎将慕容筑为洛州刺史，镇金墉；筑，张六翻。吴王垂为都督荆·扬·洛·徐·兖·豫·雍·益·凉·秦十州诸军事、征南大将军、荆州牧，配兵一万，镇鲁阳。雍，于用翻。

太宰恪还邺，谓僚属曰：“吾前平广固，不能济辟闾蔚；见上卷穆帝永和十二年。今定洛阳，使沈劲为戮；虽皆非本情，然身为元帅，实有愧于四海。”帅，读曰率。朝廷嘉劲之忠，赠东阳太守。

臣光曰：沈劲可谓能子矣！耻父之恶，致死以涤之，变凶逆之族为忠义之门。易曰：“干父之蛊，用誉。”易蛊卦六五爻辞，象曰：干父用誉，承以德也。蔡仲之命曰：“尔尚盖前人之愆，惟忠惟孝。”见尚书。其是之谓乎！

6 太宰恪为将，不事威严，专用恩信；抚士卒务综大要，不为苛令，使人人得便安。平时营中宽纵，似若可犯；然警备严密，敌至莫能近者，近，其靳翻。故未尝负败。

7 壬申，葬哀帝及静皇后于安平陵。王皇后，谥曰静。晋书作“靖”。

8 夏，四月，壬午，燕太尉武平匡公封奕卒。谥法：贞心大度曰匡。以司空阳骛为太尉，侍中、光禄大夫皇甫真为司空，领中书监。骛历事四朝，廆、皝、儁、暐四朝。朝，直遥翻。年耆望重，自太宰恪以下皆拜之。而骛谦恭谨厚，过于少时；戒束子孙，虽朱紫罗列，无敢违犯其法度者。封奕事燕，亦历事四朝，其宦劳过于阳骛，子孙贵显亦过于阳氏。岂奕之谦德有愧于骛邪？或者史家因阳氏家传书之，而封氏阙然无述也。少，诗照翻。

9 六月，戊子，益州刺史建城襄公周抚卒。谥法：因事有功曰襄。抚在益州三十馀年，穆帝永和三年，桓温平蜀，留抚镇之，至是才十九年。盖晋未得蜀之前，置益州刺史于巴东，抚先已为刺史；温既克蜀，抚仍为益州刺史，镇彭模。曰在益州三十馀年者，史通其镇巴东、镇彭模之年数之也。甚有威惠。诏以其子楗为太守楚代之。楗，居言翻。

10 秋，七月，己酉，徙会稽王昱复为琅邪王。元帝以昱为琅邪王，奉恭王祀。成帝咸和元年，王生母郑夫人薨，王号慕请服，重徙封会稽王。是后，康帝、哀帝及今帝，皆自琅邪入继大统。会，工外翻。

11 壬子，立妃庾氏为皇后。后，冰之女也。

12 甲申，立琅邪王昱子昌明为会稽王；昱固让，犹自称会稽王。会，工外翻。

13 匈奴右贤王曹毂、左贤王刘卫辰皆叛秦。毂帅众二万寇杏城，秦王坚自将讨之，毂，古禄翻。帅，读曰率。将，即亮翻。使卫大将军李威、左仆射王猛辅太子宏留守长安。八月，坚击毂，破之，斩毂弟活，毂请降，降，户江翻。徙其豪杰六千馀户于长安。建节将军邓羌讨卫辰，擒之于木根山。木根山在朔方。

九月，坚如朔方，巡抚诸胡。冬，十月，征北将军、淮南公幼帅杏城之众乘虚袭长安，李威击斩之。幼，亦秦主生之弟也。

14 鲜卑秃发椎斤卒，年一百一十，子思复鞬代统其众。鞬，居言翻。椎斤，树机能从弟务丸之孙也。树机能乱凉州，见晋武帝纪。从，才用翻。

15 梁州刺史司马勋，为政酷暴，治中、别驾及州之豪右，言语忤意，即于坐枭斩之，忤，五故翻。坐，徂卧翻。枭，坚尧翻。或亲射杀之。射，而亦翻。常有据蜀之志，惮周抚，不敢发。及抚卒，勋遂举兵反；别驾雍端、西戎司马隗粹切谏，西戎司马，西戎校尉之属官也。雍，于用翻。隗，五罪翻。勋皆杀之，自号梁·益二州牧、成都王。十一月，勋引兵入剑阁，攻涪，西夷校尉毌丘暐弃城走。晋初置西夷校尉，治汶山，今盖治涪城。涪，音浮。乙卯，围益州刺史周楚于成都。大司马温表鹰扬将军江夏相义阳朱序为征讨都护以救之。夏，户雅翻。相，息亮翻。

16 秦王坚还长安，以李威守太尉，加侍中。以曹毂为雁门公，刘卫辰为夏阳公，夏，户雅翻。各使统其部落。

17 十二月，戊戌，以尚书王彪之为仆射。

海西公上

讳奕，字延龄，哀帝之母弟也；咸康八年，封为东海王；穆帝升平五年，改封琅邪王；即位后，桓温废为海西公。

太和元年（丙寅、三六六）

1 春，三月，荆州刺史桓豁使督护桓罴攻南郑，讨司马勋。

2 燕太宰、大司马恪，太傅、司徒评，稽首归政，上章绶，请归第；稽，音启。上，时掌翻。燕主暐不许。

3 夏，五月，戊寅，皇后庾氏崩。

4 朱序、周楚击司马勋，破之，擒勋及其党，送大司马温；温皆斩之，传首建康。

5 代王什翼犍遣左长史燕凤入贡于秦。犍，居言翻。燕，于贤翻。

6 秋，七月，癸酉，葬孝皇后于敬平陵。庾后，谥曰孝。

7 秦辅国将军王猛、前将军杨安、扬武将军姚苌等帅众二万寇荆州，攻南乡郡；苌，仲良翻。帅，读曰率。荆州刺史桓豁救之，八月，军于新野。秦兵掠安阳民万馀户而还。安阳县，汉属汉中郡。魏置魏兴郡，安阳属焉；晋省。秦攻南乡而退，安能深入山阻，掠安阳之民乎！载记作“汉阳”，谓汉水之北也。当从载记为是。

8 九月，甲午，曲赦梁、益二州。司马勋初平，赦其支党及胁从者。

9 冬，十月，加司徒昱丞相、录尚书事，入朝不趋，赞拜不名，剑履上殿。朝，直遥翻。上，时掌翻。

10 张天锡遣使至秦境上，告绝于秦。凉与秦通，见上卷穆帝永和十二年。使，疏吏翻。

11 燕抚军将军下邳王厉寇兖州，拔鲁、高平数郡，置守宰而还。

12 初，陇西李俨以郡降秦，既而复通于张天锡。李俨据陇西，事始上卷永和十一年。降，户江翻。复，扶又翻。十二月，羌敛岐以略阳四千家叛秦，称臣于俨；载记作"敛岐"。张天锡传作"廉岐"。敛，羌姓也。俨于是拜置牧守，与秦、凉绝。

13 南阳督护赵亿据宛城降燕，太守桓澹走保新野；燕人遣南中郎将赵盘自鲁阳戍宛。宛，於元翻。

14 徐、兖二州刺史庾希，以后族故，兄弟贵显，大司马温忌之。

二年（丁卯、三六七）

1 春，正月，庾希坐不能救鲁、高平，免官。考异曰：帝纪，是月，希有罪，走入海。按本传，海西废后，希始逃于海陵，此时才坐免官耳。

2 二月，燕抚军将军下邳王厉、镇北将军宜都王桓袭敕勒。

3 秦辅国将军王猛、陇西太守姜衡、南安太守南安邵羌、扬武将军姚苌等帅众万七千讨敛岐。三月，张天锡遣前将军杨遹向金城，征东将军常据向左南，张轨置左南县，属晋兴郡。阚骃十三州志曰：石城西一百四十里，有左南城，河水径其南，曰左南津。遹，音聿。游击将军张统向白土，晋志，白土县属金城郡。十三州志：左南津西六十里有白土城，城在大河之北，为缘河济渡之地。天锡自将三万人屯仓松，仓松县，自汉以来属武威郡，后凉吕光改曰昌松县。将，即亮翻。以讨李俨。敛岐部落先属姚弋仲，闻姚苌至，皆降；王猛遂克略阳，敛岐奔白马。白马，即武都白马氐之地。秦王坚以苌为陇东太守。

4 夏，四月，燕慕容尘寇竟陵，太守罗崇击破之。

5 张天锡攻李俨大夏、武始二郡，下之。宋白曰：张骏十八年，分武始、兴晋、广武置大夏郡；唐为大夏县，属河州。张骏以狄道县置武始郡，今熙州即其地。夏，户雅翻。常据败俨兵于葵谷，败，补迈翻。天锡进屯左南。俨惧，退守枹罕，枹，音肤。遣其兄子纯谢罪于秦，且请救。秦王坚使前将军杨安、建威将军王抚帅骑二万，会王猛以救俨。

猛遣邵羌追敛岐，王抚守侯和，姜衡守白石，白石县，前汉属金城郡，后汉属陇西郡。贤曰：白石山在今兰州。宋白曰：河州凤林县，本汉白石县地，张骏八年，改为永固县。猛与杨安救枹罕。天锡遣杨遹逆战于枹罕东，猛大破之，俘斩万七千级，与天锡相持于城下。枹罕城下也。邵羌禽敛岐于白马，送之。猛遗天锡书曰：遗，于季翻。"吾受诏救俨，不令与凉州战，今当深壁高垒，以听后诏。旷日持久，恐二家俱弊，非良算也。二家，谓秦、凉也。若将军退舍，吾执俨而东，将军徙民西旋，不亦可乎！"天锡谓诸将曰："猛书如此；吾本来伐叛，不来与秦战。"遂引兵归。

李俨犹未纳秦师，王猛白服乘舆，从者数十人，从，才用翻。请与俨相见。俨开门延之，未及为备，将士继入，遂执俨。以立忠将军彭越为平西将军、凉州刺史，镇枹罕。立忠将军，苻秦所创置。

张天锡之西归也，李俨将贺肫说俨曰："以明公神武，将士骁悍，奈何束手于人！王猛孤军远来，士卒疲弊，且以我请救，必不设备，若乘其怠而击之，可以得志。"俨曰："求救于人以免难，难既免而击之，天下其谓我何！不若固守以老之，彼将自退。"猛责俨以不即出迎，俨以贺肫之谋告；猛斩肫，肫，株伦翻，又音豚。说，输芮翻。难，乃旦翻。以俨归。至长安，坚以俨为光禄勋，赐爵归安侯。

6 燕太原桓王恪言于燕主暐曰：谥法：辟土服远曰桓。"吴王垂，将相之才十倍于臣，先帝以长幼之次，长，知两翻。故臣得先之。得先，悉荐翻。臣死之后，愿陛下举国以听吴王。"五月，壬辰，恪疾笃，暐亲视之，问以后事。恪曰："臣闻报恩莫大于荐贤，贤者虽在板筑，犹可为相，谓殷王高宗起傅说于板筑之间，命以为相。况至亲乎！吴王文武兼资，管、萧之亚，谓才亚于管仲、萧何也。陛下若任以大政，国家可安；不然，秦、晋必有窥窬之计。"言终而卒。窬，音俞。卒，子恤翻。

秦王坚闻恪卒，阴有图燕之计，欲觇其可否，觇，丑廉翻，又丑艳翻。命匈奴曹毂发使如燕朝贡，曹毂，匈奴右贤王也，前年降于秦。朝，直遥翻。以西戎主簿【章：十二行本"簿"下有"冯翊"二字；乙十一行本同；退斋校同。】郭辩为之副。晋武帝置西戎校尉于长安，秦盖因之；主簿，其属也。考异曰：燕建熙八年，皇甫真为太尉。燕书及载记、真传，郭辩至燕，皆在真为太尉下。晋春秋在建熙十年八月。恐皆非是，故附于曹毂降秦下。燕司空皇甫真兄腆及从子奋、覆皆仕秦，腆为散骑常侍。皇甫真，本安定人，仕于燕。从，才用翻。散，悉亶翻。骑，奇寄翻。辩至燕，历造公卿，造，七到翻。谓真曰："仆本秦人，家为秦所诛，故寄命曹王，贵兄常侍及奋、覆兄弟并相知有素。"真怒曰："臣无境外之交，此言何以及我！君似奸人，得无因缘假托乎！"白暐，请穷治之；治，直之翻。太傅评不许。辩还，为坚言："燕朝政无纲纪，实可图也。为，于伪翻。朝，直遥翻。鉴机识变，唯皇甫真耳。"坚曰："以六州之众，六州：幽、并、冀、司、兖、豫也。岂得不使有智士一人哉！"

曹毂寻卒，秦分其部落为二，使其二子分统之，号东、西曹。坚分毂部落，贰城以西二万馀落，使毂长子玺统之；贰城以东二万馀落，使穀小子寔统之。

7 荆州刺史桓豁、竟陵太守罗崇攻宛，拔之；赵亿走，赵盘退归鲁阳。豁追击盘于雉城，擒之，雉县，自汉以来属南阳郡，其地当在唐邓州向城县界。新唐志曰：向城县北八十里有鲁阳关。留兵戍宛而还。还，从宣翻，又如字。

8 秋，七月，燕下邳王厉等破敕勒，获马牛数万头。

初，厉兵过代地，犯其穄田；穄，子例翻，縻也。今南人呼黍为穄。北方地寒，五谷不生，惟黍生之，故有穄田。项安世曰：黍有二种：正黍似粟而大，以五月熟，今荆人专谓之黍，又谓之黍穄是也。又一种尤高大，秆之状至如芦，实之状至如薏苡，荆人谓之讨黍，又谓之芦穄。然以秋而熟，非正黍也。代王什翼犍怒。犍，居言翻。燕平北将军武强公埿以幽州兵戍云中。八月，什翼犍攻云中，埿弃城走，埿，与泥同。振威将军慕舆贺辛战没。

9 九月，以会稽内史郗愔为都督徐·兖·青·幽·扬州之晋陵诸军事、徐·兖二州刺史，镇京口。郗，丑之翻。愔，挹淫翻。沈约曰：晋永嘉大乱，幽、冀、青、并、兖州及徐州之淮北流民相率过淮，亦有过江在晋陵界者。成帝咸和四年，郗鉴又徙流民之在淮南者于晋陵诸县。其徙过江南及留在江北者，并立侨郡县以司牧之。徐、兖二州，或治江北，江北又侨立幽、冀、青、并四州。

10 秦淮南公幼之反也，征东大将军、并州牧、晋公柳，征西大将军、秦州刺史赵公双，皆与之通谋；秦王坚以双，母弟至亲，柳，健之爱子，隐而不问。柳、双复与镇东将军、洛州刺史魏公廋，安西将军、雍州刺史燕公武谋作乱，复，扶又翻。秦并州刺史治蒲阪，秦州刺史治上邽，洛州刺史治陕，雍州刺史治安定。廋、武，皆健子也。廋，疏鸠翻。镇东主簿南安姚眺眺，他吊翻。谏曰："明公以周、邵之亲，受方面之任，国家有难，当竭力除之，况自为难乎！"难，乃旦翻。廋不听。坚闻之，征柳等诣长安。冬，十月，柳据蒲阪，双据上邽，廋据陕城，武据安定，皆举兵反。果如王猛之言。坚遣使谕之曰："吾待卿等，恩亦至矣，何苦而反！今止不征，卿宜罢兵，各定其位，一切如故。"各啮梨以为信。皆不从。梨肉脆而啮之易入，以喻亲戚离叛，则国力脆弱，将为敌人所乘，故啮梨付使者，赐柳等以为信也。使，疏吏翻。啮，鱼结翻。

11 代王什翼犍击刘卫辰，河冰未合，什翼犍命以苇絙约流澌。俄而冰合，自代击朔方，西渡大河，其津曰君子津。絙，居登翻。然犹未坚；乃散苇于其上，冰草相结，有如浮梁，代兵乘之以渡。卫辰不意兵猝至，与宗族西走，什翼犍收其部落什六七而还。卫辰奔秦，秦王坚送卫辰还朔方，遣兵戍之。

12 十二月，甲子，燕太尉建宁敬公阳骛卒。谥法：合善典法曰敬；夙夜警戒曰敬。以司空皇甫真为侍中、太尉，光禄大夫李洪为司空。

三年（戊辰、三六八）

1 春，正月，秦王坚遣后将军杨成世、左将军毛嵩分讨上邽、安定，辅国将军王猛、建节将军邓羌攻蒲阪，前将军杨安、广武将军张蚝攻陕城。坚命蒲、陕之军皆距城三十里，坚壁勿战，俟秦、雍已平，然后并力取之。陕，式冉翻。雍，于用翻。

2 初，燕太宰恪有疾，以燕主暐幼弱，政不在己，太傅评多猜忌，恐大司马之任不当其人，谓暐兄乐安王臧曰："今南有遗晋，西有强秦，二国常蓄进取之志，顾我未有隙耳。夫国之兴衰，系于辅相。大司马总统六军，不可任非其人，我死之后，以亲疏言之，当在汝及冲。汝曹虽才识明敏，然年少，未堪多难。少，诗照翻。难，乃旦翻。吴王天资英杰，智略超世，汝曹若能推大司马以授之，必能混壹四海，况外寇，不足惮也；慎无冒利而忘害，不以国家为意也。"冒利而忘害者，谓利在于得兵权，而冒当大司马之任，而忘亡国败家之害也。又以语太傅评。

语，牛倨翻。及恪卒，评不用其言。二月，以车骑将军中山王冲为大司马。冲，暐之弟也。以荆州刺史吴王垂为侍中、车骑大将军、仪同三司。为评、垂有隙张本。骑，奇寄翻。

3 秦魏公廋以陕城降燕，请兵应接；秦人大惧，盛兵守华阴。华阴县在陕城之西，有潼关之险。降，户江翻。华，户化翻。

燕魏尹范阳王德燕都邺，以魏郡太守为魏尹。上疏，以为："先帝应天受命，志平六合；陛下纂统，当继而成之。今苻氏骨肉乖离，国分为五，蒲阪、陕城、上邽、安定与长安为五。投诚请援，前后相寻，是天以秦赐燕也。天与不取，反受其殃，吴、越之事，足以观矣。国语：越范蠡曰：昔天以越赐吴，吴不敢取；今天以吴赐越，越其敢逆天乎！宜命皇甫真引并、冀之众径趋蒲阪，趋，七喻翻。吴王垂引许、洛之兵驰解廋围，太傅总京师虎旅为二军后继，传檄三辅，示以祸福，明立购赏，彼必望风响应，浑壹之期，于此乎在矣！"时燕人多请救陕，因图关中者，太傅评曰："秦，大国也，今虽有难，未易可图。难，乃旦翻。易，以豉翻。朝廷虽明，未如先帝；燕人谓其主为朝廷。吾等智略，又非太宰之比。但能闭关保境足矣，平秦非吾事也。"

魏公廋遗吴王垂及皇甫真笺曰：遗，于季翻。"苻坚、王猛，皆人杰也，谋为燕患久矣；今不乘机取之，恐异日燕之君臣将有甬东之悔矣！"左传：吴入越，越子保于会稽，使行成于吴，吴子许之。伍子胥谏，不听。其后越入吴，请使吴王居甬东。吴王曰："孤老矣，不能事君王也。吾悔不用子胥之言，自令陷此！"乃缢。贾逵曰：甬东，越鄙，甬江东也。索隐曰：今鄮县即其处。甬，余陇翻。垂谓真曰："方今为人患者必在于秦，主上富于春秋，观太傅识度，岂能敌苻坚、王猛乎？"真曰："然，吾虽知之，如言不用何！"

4 三月，丁巳朔，日有食之。

5 癸亥，大赦。

6 秦杨成世为赵公双将苟兴所败，毛嵩亦为燕公武所败，奔还。秦王坚复遣武卫将军王鉴、宁朔将军吕光、将军冯翊郭将、翟傉等帅众三万讨之。败，补迈翻。复，扶又翻。傉，奴沃翻。夏，四月，双、武乘胜至于榆眉，以苟兴为前锋。王鉴欲速战，吕光曰："兴新得志，气势方锐，宜持重以待之。彼粮尽必退，退而击之，蔑不济矣！"二旬而兴退。光曰："兴可击矣。"遂追之；兴败，因击双、武，大破之，斩获万五千级，武弃安定，与双皆奔上邽；鉴等进攻之。

晋公柳数出挑战，数，所角翻。挑，徒了翻。王猛不应。柳以猛为畏之，五月，留其世子良守蒲阪，帅众二万西趋长安。去蒲阪百馀里，邓羌帅精骑七千夜袭，败之。帅，读曰率。趋，七喻翻。败，补迈翻。柳引军还，猛邀击之，尽俘其众。柳与数百骑入城，猛、羌进攻之。

秋，七月，王鉴等拔上邽，斩双、武，宥其妻子。以左卫将军苻雅为秦州刺史。八月，以长乐公丕为雍州刺史。乐，音洛。雍，于用翻。

九月，王猛等拔蒲阪，斩晋公柳及其妻子。猛屯蒲阪，遣邓羌与王鉴等会攻陕城。

7 燕王公、贵戚多占民为荫户，占，之赡翻。晋制：官品自第一至第九，各以贵贱占田有差，而又各以品之高卑荫其亲属，多者及九族，少者二世；宗室、国宾、先贤之后，及士人子孙亦如之；而又得荫人以为衣食客及佃客。国之户口，少于私家，少，所沼翻。仓库空竭，用度不足。尚书左仆射广信公悦绾曰："今三方鼎峙，三方，谓燕、晋、秦也。各有吞并之心。而国家政法不立，豪贵恣横，横，户孟翻。至使民户殚尽，委输无入，委，於伪翻。输，书遇翻。吏断常俸，战士绝廪，官贷粟帛以自赡给；既不可闻于邻敌，且非所以为治，治，直吏翻。宜一切罢断诸荫户，尽还郡县。"罢断，丁管翻。燕主暐从之，使绾专治其事，纠擿奸伏，擿，他历翻。无敢蔽匿，出户二十馀万，举朝怨怒。朝，直遥翻。绾先有疾，自力厘校户籍，疾遂亟。冬，十一月，卒。

8 十二月，秦王猛等拔陕城，获魏公廋，送长安。秦王坚问其所以反，对曰："臣本无反心，但以弟兄屡谋逆乱，臣惧并死，故谋反耳。"坚泣曰："汝素长者，固知非汝心也；且高祖不可以无后。"苻健庙号高祖。乃赐廋死，原其七子，以长子袭魏公，馀子皆封县公，以嗣越厉王及诸弟之无后者。苻生废为越王，谥曰厉。苟太后曰："廋与双俱反，双独不得置后，何也？"坚曰："天下者，高祖之天下，高祖之子不可以无后。至于仲群，不顾太后，谋危宗庙，苻双，字仲群。天下之法，不可私也！"以范阳公抑为征东大将军、并州刺史，镇蒲阪；邓羌为建武将军、洛州刺史，镇陕城。擢姚眺为汲郡太守。

9 加大司马温殊礼，位在诸侯王上。

10 是岁，以仇池公杨世为秦州刺史，世弟统为武都太守。世亦称臣于秦，秦以世为南秦州刺史。

王崇武标点容肇祖聂崇岐覆校

资治通鉴卷第一百二

端明殿学士兼翰林侍读学士朝散大夫充右谏议大夫
集贤殿修撰权判西京留司御史台上柱国河内郡 司马光 奉敕编集
开国侯食邑一千三百户食实封四百户赐紫金鱼袋臣

后　学　天　台 胡三省 音　注

晋纪二十四

起屠维大荒落(己巳)，尽上章敦牂(庚午)，凡二年。

海西公下

太和四年(己巳、三六九)

1 春，三月，大司马温请与徐、兖二州刺史郗愔、江州刺史桓冲、豫州刺史袁真等伐燕。慕容恪死，温乃伐燕，自谓相时而动，可以制胜，岂知为慕容垂所败哉！郗，丑之翻。愔，挹淫翻。初，愔在北府，晋都建康，以京口为北府，历阳为西府，姑孰为南州。温常云："京口酒可饮，兵可用。"京口兵可用，盖山川风气然也，岂必至谢玄用之而后敌人知畏哉！深不欲愔居之；而愔暗于事机，乃遗温笺，遗，于季翻。欲共奖王室，请督所部出河上。愔子超为温参军，取视，寸寸毁裂；乃更作愔笺，更，工衡翻。自陈非将帅才，不堪军旅，将，即亮翻。帅，所类翻。老病，乞闲地自养，劝温并领己所统。温得笺大喜，即转愔冠军将军、会稽内史。冠，古玩翻。会稽为王国，改太守为内史。会，工外翻。温自领徐、兖二州刺史。夏，四月，庚戌，温帅步骑五万发姑孰。帅，读曰率。骑，奇寄翻。

2 甲子，燕主暐立皇后可足浑氏，太后从弟尚书令豫章公翼之女也。从，才用翻。

3 大司马温自兖州伐燕。郗超曰："道远，汴水又浅，兵乱之馀，汴水填淤，未尝有人浚治，故浅。汴，皮变翻。恐漕运难通。"温不从。六月，辛丑，温至金乡，金乡县，后汉属山阳郡，晋属高平郡，隋属济阴郡，唐属兖州，我宋属济州，县在州东南九十里。天旱，水道绝，温使冠军将军毛虎生凿钜野三百里，引汶水会于清水。班固地理志，汶水出泰山莱芜县西南，入济。水经注：济水东北入钜野，其故渎又东北右合洪水；洪水上承钜野薛训渚，谓之桓公渎，济自是北注。杜佑曰：济水，因王莽末渠涸不复截河过，今东平、济南、淄川、北海界中有水流入海，谓之清河，实菏泽、汶水合流，亦曰济河，盖因旧名，非济水也。汶，音问。虎生，宝之子也。毛宝预有平苏峻之功。注又见前。温引舟师自清水入河，舳舻数百里。舳，音逐。舻，音卢。郗超曰："清水入河，难以通运。自清水入河，皆是溯流，又道里回远，故言难以通运。若寇不战，运道又绝，因敌为资，复无所得，复，扶又翻。此危道也。不若尽举见众直趋邺城，见，贤遍翻。趋，七喻翻。彼畏公威名，必望风逃溃，北归辽、碣。碣，音竭。若能出战，则事可立决。若欲城邺而守之，则当此盛夏，难为功力，百姓布野，尽为官有，易水以南必交臂请命矣。但恐明公以此计轻锐，胜负难必，欲务持重，则莫若顿兵河、济，济，子礼翻。控引漕运，俟资储充备，至来夏乃进兵；虽如赊迟，赊，远也。然期于成功而已。舍此二策而连军北上，上，时掌翻。进不速决，退必愆乏。愆，差爽也。乏，匮竭也。此言粮运。贼因此势以日月相引，渐及秋冬，水更涩滞。涩，色立翻。且北土早寒，三军裘褐者少，少，诗沼翻。恐于时所忧，非独无食而已。"温又不从。郗超之谋略，岂常人所及哉，宜桓温重之也。重之而不从其计者，直趋邺城，决胜负于一战，温所不敢；顿兵河、济以待来年，使燕得为备，温亦不为也。

温遣建威将军檀玄攻湖陆，拔之，湖陆县，前汉曰湖陵，属山阳郡，章帝更名湖陆；晋分属高平郡。贤曰：湖陆故城在今兖州方与县东南。获燕宁东将军慕容忠。燕主暐以下邳王厉为征讨大都督，帅步骑二万逆战于黄墟，水经注：陈留小黄县有黄乡。杜预曰：外黄县东有黄城。兵乱之后，城邑丘墟，故曰黄墟。帅，读曰率。骑，奇寄翻。厉兵大败，单马奔还。高平太守徐翻举郡来降。前锋邓遐、朱序败燕将傅颜于林渚。水经注：华水东径棐城北，即北林亭也。春秋诸侯会于棐林以救郑，遇于北林。按林乡故城在新郑北；又有白雁陂，在长社东北，林乡西南。败，补迈翻。暐复遣乐安王臧统诸军拒温，复，扶又翻。臧不能抗，乃遣散骑常侍李凤求救于秦。散，悉亶翻。骑，奇寄翻。

秋，七月，温屯武阳，此东武阳也，汉属东郡，魏、晋属阳平郡，唐改曰朝城县，属魏州。燕故兖州刺史孙元帅其族党起兵应温，温至枋头。帅，读曰率。枋，音方。暐及太傅评大惧，谋奔和龙。吴王垂曰："臣请击之；若其不捷，走未晚也。"暐乃以垂代乐安王臧为使持节、南讨大都督，使，疏吏翻。帅征南将军范阳王德等众五万以拒温。垂表司徒左长史申胤、黄门侍郎封孚、尚书郎悉罗腾皆从军。悉罗腾，盖夷人，以部落为氏，如魏书官氏志所载，神元时馀部诸姓内入者叱罗氏、如罗氏之类。胤，钟之子；孚，放之子也。申钟见九十五卷成帝咸和九年。封放见九十九卷穆帝永和七年。

暐又遣散骑侍郎乐嵩请救于秦，许赂以虎牢以西之地。秦王坚引群臣议于东堂，皆曰："昔桓温伐我，至灞上，见九十九卷永和十年。燕不救我；今温伐燕，我何救焉！且燕不称藩于我，我何为救之！"王猛密言于坚曰："燕虽强大，慕容评非温敌也。若温举山东，进屯洛邑，收幽、冀之兵，引并、豫之粟，观兵崤、渑，渑，弥兖翻。则陛下大事去矣。今不如与燕合兵以退温；温退，燕亦病矣，然后我承其弊而取之，不亦善乎！"王猛之取李俨，其计亦出此。坚从之。八月，遣将军苟池、洛州刺史邓羌帅步骑二万以救燕，出自洛阳，军至颍川；颍川郡，治许昌。又遣散骑侍郎姜抚报使于燕。使，疏吏翻。以王猛为尚书令。

太子太傅封孚问于申胤曰："温众强士整，乘流直进，今大军徒逡巡高岸，兵不接刃，未见克殄之理，事将何如？"胤曰："以温今日声势，似能有为，然在吾观之，必无成功。何则？晋室衰弱，温专制其国，晋之朝臣未必皆与之同心。朝，直遥翻。故温之得志，众所不愿也，必将乖阻以败其事。乖，异也。阻，隔也。败，补迈翻。又，温骄而恃众，怯于应变。大众深入，值可乘之会，反更逍遥中流，不出赴利，欲望持久，坐取全胜；温之为计正如此，申胤料之审矣。若粮廪愆悬，情见势屈，必不战自败，此自然之数。"温攻秦而不渡霸水，攻燕而徘徊枋头，人皆咎其不进；知彼知己，温盖临敌而方有见乎此也。温之智虽不足以禁暴定功，然其去众人亦远矣。愆，谓粮运失期不至。悬，绝也。见，贤遍翻。

温以燕降人段思为乡导，降，户江翻。乡，读曰向。悉罗腾与温战，生擒思；温使故赵将李述徇赵、魏，腾又与虎贲中郎将染干津击斩之；染干，亦夷姓，如悉罗之类。温军夺气。

初，温使豫州刺史袁真攻谯、梁，开石门以通水运，真克谯、梁而不能开石门，谯、梁，谯郡及梁国也。水运路塞。塞，悉则翻。

九月，燕范阳王德帅骑一万、兰台【章：十二行本"台"下有"治书"二字；乙十一行本同；退斋校同。】侍御史刘当帅骑五千屯石门，豫州刺史李邽帅州兵五千断温粮道。燕豫州刺史治许昌。断，丁管翻。当，佩之子也。刘佩为慕容廆将，却石虎，攻宇文，皆有功。德使将军慕容宙帅骑一千为前锋，与晋兵遇，宙曰："晋人轻剽，剽，匹妙翻，急也。怯于陷敌，勇于乘退，宜设饵以钓之。"乃使二百骑挑战，挑，徒了翻。分馀骑为三伏。挑战者兵未交而走，晋兵追之，宙帅伏以击之，晋兵死者甚众。

温战数不利，粮储复竭，数，所角翻。复，扶又翻；下同。又闻秦兵将至，丙申，焚舟，弃辎重、铠仗，重，直用翻。自陆道奔还。以毛虎生督东燕等四郡诸军事，领东燕太守。沈约曰：东燕郡，江左分濮阳所立也。余按石虎分东燕郡属洛州，则是郡盖祖逖在豫州时所置也。燕，于贤翻。

温自东燕出仓垣，凿井而饮，汴水、济渎皆自北而南，恐追兵毒其上流，故凿井而饮。行七百馀里。燕之诸将争欲追之，吴王垂曰："不可，温初退惶恐，必严设警备，简精锐为后拒，击之未必得志，不如缓之。彼幸吾未至，必昼夜疾趋，俟其士众力尽气衰，然后击之，无不克矣。"乃帅八千骑徐行蹑其后。温果兼道而进。数日，垂告诸将曰："温可击矣。"乃急追之，及温于襄邑。襄邑县，自汉以来属陈留郡。范阳王德先帅劲骑四千伏于襄邑东涧中，与垂夹击温，大破之，斩首三万级。秦苟池邀击温于谯，又破之，死者复以万计。孙元遂据武阳以拒燕，燕左卫将军孟高讨擒之。

冬，十月，己巳，大司马温收散卒，屯于山阳。刘昫曰：山阳，汉射阳县地；晋置山阳郡，改为山阳县，唐为楚州治所。温深耻丧败，丧，息浪翻。乃归罪于袁真，以石门不开、粮运不继为真罪。奏免真为庶人；又免冠军将军邓遐官。冠，古玩翻。真以温诬己，不服，表温罪状；朝廷不报。真遂据寿春叛降燕，且请救；亦遣使如秦。降，户江翻。使，疏吏翻；下同。温以毛虎生领淮南太守，守历阳。淮南太守本治寿春，寿春既叛，以虎生领淮南而守历阳。历阳本淮南属县，虎生守之，外以备寿春，内以卫江南。

4 燕、秦既结好，好，呼到翻。使者数往来。数，所角翻。燕散骑侍郎【章：十二行本"郎"下有"太原"二字；乙十一行本同；孔本同；张校同。】郝晷、给事黄门侍郎梁琛相继如秦。琛，丑林翻。晷与王猛有旧，猛接以平生，问以东方之事。晷见燕政不修而秦大治，治，直吏翻。【章：十二行本“治”下有“知燕将亡”四字；乙十一行本同；孔本同；张校同；退斋校同。】阴欲自托于猛，颇泄其实。

琛至长安，秦王坚方畋于万年，万年，秦之栎阳，汉高帝更名，属冯翊，晋属京兆。欲引见琛，见，贤遍翻。琛曰：“秦使至燕，燕之君臣朝服备礼，洒扫宫庭，朝，直遥翻。洒，所卖翻，又如字。扫，所报翻，又如字。然后敢见。今秦王欲野见之，使臣不敢闻命！”尚书郎辛劲谓琛曰：“宾客入境，惟主人所以处之，君焉得专制其礼！且天子称乘舆，处，昌吕翻。焉，于虔翻。乘，绳证翻。所至曰行在所，何常居之有！又，春秋亦有遇礼，春秋：隐四年，公及宋公遇于清。公羊传曰：遇者何？不期也。杜预曰：遇者，草次之期，二国各简其礼，若道路相逢遇也。何为不可乎！”琛曰：“晋室不纲，灵祚归德，灵祚，犹班彪王命论所谓神明之祚也。二方承运，俱受明命。而桓温猖狂，窥我王略，左传：侵败王略。杜预注曰：略，经略法度。余谓此略，封略也，如左传“王与之武公之略”之略。燕危秦孤，势不独立，是以秦主同恤时患，要结好援。要，一遥翻。好，呼到翻；下同。东朝君臣，引领西望，愧其不竞，以为邻忧，竞，强也。朝，直遥翻；下同。西使之辱，敬待有加。今强寇既退，交聘方始，谓宜崇礼笃义以固二国之欢；若忽慢使臣，是卑燕也，岂修好之义乎！夫天子以四海为家，故行曰乘舆，止曰行在。今海县分裂，驺衍曰：中国有赤县神州，赤县神州内有九州，禹所叙九州是也；其外有裨海环之。海县之说，盖本诸此。天光分曜，安得以乘舆、行在为言哉！礼，不期而见曰遇；盖因事权行，其礼简略，岂平居容与之所为哉！客使单行，诚势屈于主人；然苟不以礼，亦不敢从也。”坚乃为之设行宫，为，于伪翻。百僚陪位，然后延客，如燕朝之仪。

事毕，坚与之私宴，仿古私觌之礼也。问：“东朝名臣为谁？”

琛曰："太傅上庸王评，明德茂亲，光辅王室；车骑大将军吴王垂，雄略冠世，冠，古玩翻。折冲御侮；其馀或以文进，或以武用，官皆称职，称，尺证翻。野无遗贤。"

琛从兄奕为秦尚书郎，从，才用翻。坚使典客，馆琛于奕舍。汉有典客之官，后改为大鸿胪。此特临时使之典客耳。馆，音贯；下果馆同。琛曰："昔诸葛瑾为吴聘蜀，与诸葛亮惟公朝相见，退无私面，瑾、亮兄弟也。为，于伪翻。余窃慕之。今使之即安私室，所不敢也。"乃不果馆。奕数来就邸舍，与琛卧起，间问琛东国事。数，所角翻。间，古苋翻。琛曰："今二方分据，兄弟并蒙荣宠，论其本心，各有所在。琛欲言东国之美，恐非西国之所欲闻；燕在关东，秦在关西，二方分据，故谓燕为东国，秦为西国。欲言其恶，又非使臣之所得论也。使，疏吏翻。兄何用问为！"

坚使太子延琛相见。秦人欲使琛拜太子，先讽之曰："邻国之君，犹其君也；邻国之储君，亦何以异乎！"琛曰："天子之子视元士，欲其由贱以登贵也。礼记郊特牲曰：天子之元子，士也，天下无生而贵者也。尚不敢臣其父之臣，况他国之臣乎！苟无纯敬，则礼有往来，情岂忘恭，但恐降屈为烦耳。"言当答拜也。乃不果拜。

王猛劝坚留琛，坚不许。

5 燕主暐遣大鸿胪温统拜袁真使持节、都督淮南诸军事、征南大将军、扬州刺史，封宣城公。胪，陵如翻。使，疏吏翻。统未逾淮而卒。

6 吴王垂自襄邑还邺，威名益振，太傅评愈忌之。垂奏"所募将士忘身立效，将军孙盖等椎锋陷陈，立效，句绝。椎，捣也，直捣其锋也。应蒙殊赏。"评皆抑而不行。垂数以为言，与评廷争，怨隙愈深。数，所角翻。争，读如字。太后可足浑氏素恶垂，事见一百卷穆帝升平元年。恶，乌路翻。毁其战功，与评密谋诛之。太宰恪之子楷及垂舅兰建知之，以告垂曰："先发制人，兵法曰：先发制人，后发者人制之。但除评及乐安王臧，馀无能为矣。"垂曰："骨肉相残而首乱于国，吾有死而已，不忍为也。"顷之，二人又以告，曰："内意已决，内意，谓可足浑后之意也。不可不早发。"垂曰："必不可弥缝，吾宁避之于外，馀非所议。"

垂内以为忧，而未敢告诸子。世子令请曰："尊比者如有忧色，令呼其父曰尊。比，毗至翻。岂非以主上幼冲，太傅疾贤，功高望重，愈见猜邪？"垂曰："然。吾竭力致命以破强寇，本欲保全家国，岂知功成之后，返令身无所容。汝既知吾心，何以为吾谋？"令曰："主上暗弱，委任太傅，一旦祸发，疾于骇机。机，弩牙也。譬之彀弩，不虞而机先发，使人震骇，故曰骇机。今欲保族全身，不失大义，莫若逃之龙城，逊辞谢罪，以待主上之察，若周公之居东，庶几感寤而得还，此幸之大者也。书：武王有疾，周公册祝于太王、王季、文王，请以身代。武王既丧，管叔及其群弟流言曰："公将不利于孺子。"周公东征之。周公居东二年，则罪人斯得，乃为诗以诒王，名之曰鸱鸮；王亦未敢诮公。天大雷电以风，王启金縢，得周公代武王之说，乃执书以泣，迎周公而归。几，居希翻。如其不然，则内抚燕、代，外怀群夷，守肥如之险以自保，亦其次也。"肥如之险，即卢龙之塞也。垂曰："善！"

十一月，辛亥朔，垂请畋于大陆，续汉志曰：钜鹿，故大鹿，有大陆泽，即广阿泽。因微服出邺，将趋龙城；至邯郸，趋，七喻翻。邯郸县，汉属赵国，本赵都也；晋属广平郡，东魏废，隋复置，唐属磁州。邯郸，音寒丹。少子麟，素不为垂所爱，逃还告状，少，诗照翻。垂左右多亡叛。太傅评白燕主暐，遣西平公强帅精骑追之，帅，读曰率。骑，奇寄翻；下同。及于范阳；世子令断后，断，丁管翻。强不敢逼。会日暮，令谓垂曰："本欲保东都以自全，燕既都邺，谓龙城为东都。今事已泄，谋不及设；秦主方招延英杰，不如往归之。”垂曰：“今日之计，舍此安之！”舍，读曰捨。乃散骑灭迹，傍南山复还邺，傍，步浪翻。自范阳傍南山，盖由中山、常山山谷间南还也。隐于赵之显原陵。显原陵，赵主石虎虚葬处。俄有猎者数百骑四面而来，抗之则不能敌，逃之则无路，不知所为。会猎者鹰皆飞飏，众骑散去，降，户章翻。垂乃杀白马以祭天，且盟从者。从，才用翻。

世子令言于垂曰：“太傅忌贤疾能，构事以来，人尤忿恨。谓构杀垂之谋也。今邺城之中，莫知尊处，如婴儿之思母，夷、夏同之，夏，户雅翻。若顺众心，袭其无备，取之如指掌耳。事定之后，革弊简能，大匡朝政，朝，直遥翻。以辅主上，安国存家，功之大者也。今日之便，诚不可失，愿给骑数人，足以办之。”垂曰：“如汝之谋，事成诚为大福，不成悔之何及！不如西奔，可以万全。”子马奴潜谋逃归，杀之而行。至河阳，为津吏所禁，斩之而济。遂自洛阳与段夫人、世子令、令弟宝、农、隆、兄子楷、舅兰建、郎中令高弼俱奔秦，留妃可足浑氏于邺。段夫人，垂前妃之女弟。可足浑妃，可足浑太后之妹也，详见一百卷穆帝升平二年。高弼，垂之国卿。乙泉戍主吴归追及于阌乡，乙泉戍，即魏该所保乙泉坞也，在宜阳县西南，洛水之北原上。阌乡在弘农湖县。阌，音旻。世子令击之而退。

初，秦王坚闻太宰恪卒，阴有图燕之志，惮垂威名，不敢发。及闻垂至，大喜，郊迎，执手曰：“天生贤杰，必相与共成大功，此自然之数也。要当与卿共定天下，告成岱宗，然后还卿本邦，世封幽州，使卿去国不失为子之孝，归朕不失事君之忠，不亦美乎！”垂谢曰：“羁旅之臣，免罪为幸；本邦之荣，非所敢望！”坚复爱世子令及慕容楷之才，复，扶又翻。

皆厚礼之，赏赐钜万，每进见，属目观之。见，贤遍翻。属，之欲翻。关中士民素闻垂父子名，皆向慕之。王猛言于坚曰："慕容垂父子，譬如龙虎，非可驯之物，驯，扰也，从也，顺也。豢养猛兽，使之扰狎顺人之意曰驯。驯，详遵翻。若借以风云，将不可复制，不如早除之。"坚曰："吾方收揽英雄以清四海，奈何杀之！且其始来，吾已推诚纳之矣；匹夫犹不弃言，况万乘乎！"乃以垂为冠军将军，封宾徒侯，乘，绳证翻。冠，古玩翻。宾徒，汉县名，属辽西郡。楷为积弩将军。

燕魏尹范阳王德素与垂善，及车骑从事中郎高泰，皆坐免官。垂在燕为车骑大将军，以泰为从事中郎。尚书右丞申绍言于太傅评曰："今吴王出奔，外口籍籍，师古曰：籍籍，犹纷纷也。宜征王僚属之贤者显进之，粗可消谤。"粗，坐五翻。评曰："谁可者？"绍曰："高泰其领袖也。"乃以泰为尚书郎。泰，瞻之从子；高瞻见九十一卷元帝太兴二年。从，才用翻。绍，胤之子【章：十二行本"子"作"兄"；乙十一行本同；退斋校同。】也。

秦留梁琛月馀，乃遣归。琛兼程而进，程，驿程也。谓行者以二驿为程，若一程而行四驿，是兼程也。比至邺，比，必寐翻。吴王垂已奔秦。琛言于太傅评曰："秦人日阅军旅，多聚粮于陕东；陕，失冉翻。以琛观之，为和必不能久。今吴王又往归之，秦必有窥燕之谋，宜早为之备。"评曰："秦岂肯受叛臣而败和好哉！"败，补迈翻。好，呼到翻；下同。琛曰："今二国分据中原，常有相吞之志；桓温之入寇，彼以计相救，非爱燕也；若燕有衅，彼岂忘其本志哉！"苻坚、王猛之为谋，梁琛固已窥见之矣。评曰："秦主何如人？"琛曰："明而善断。"断，丁乱翻。问王猛，曰："名不虚得。"评皆不以为然。琛又以告燕主暐，暐亦不然之。以告皇甫真，真深忧之，上疏言："苻坚虽聘问相寻，然实有窥上国之心，非能慕乐德义，不忘久要也。乐，音洛。要，一遥翻。朱熹曰：久要，旧约也。前出兵洛川，谓苟池、邓羌救燕时也。及使者继至，使，疏吏翻。国之险易虚实，易，以豉翻。彼皆得之矣。今吴王垂又往从之，为其谋主；伍员之祸，不可不备。伍员去楚奔吴，借吴兵以报楚入郢，事见左传。员，音云。洛阳、太原、壶关，皆宜选将益兵，以防未然。”秦后伐燕之路，果如真所料。杜佑曰：潞州上党县，汉为壶关县。玮召太傅评谋之，评曰：“秦国小力弱，恃我为援；且苻坚庶几善道，言苻坚虽未能纯以善道交邻，犹庶几焉。几，居希翻。终不肯纳叛臣之言，绝二国之好；不宜轻自惊扰以启寇心。”卒不为备。卒，子恤翻。

秦遣黄门郎石越聘于燕，太傅评示之以奢，欲以夸燕之富盛。高泰及太傅参军河间刘靖言于评曰：“越言诞而视远，非求好也，乃观衅也。宜耀兵以示之，用折其谋。今乃示之以奢，益为其所轻矣。”评不从。泰遂谢病归。

是时太后可足浑氏侵桡国政，太傅评贪昧无厌，桡，奴教翻，又奴巧翻。厌，于盐翻。贪昧者，贪财昧利，不顾其害也。货赂上流，流，水行也。水行就下，无逆而上流之理。货赂上行，谓之上流，言其逆于常理也。上，时掌翻；下同。官非才举，群下怨愤。尚书左丞申绍上疏，以为：“守宰者，致治之本。治，直吏翻。今之守宰，率非其人，或武臣出于行伍，或贵戚生长绮纨，既非乡曲之选，又不更朝廷之职。守，式又翻。行，户刚翻。长，知两翻。更，工衡翻。加之黜陟无法，贪惰者无刑罚之惧，清修者无旌赏之劝。是以百姓困弊，寇盗充斥，纲颓纪紊，莫相纠摄。纠，督也。摄，录也。紊，音问。又官吏猥多，逾于前世，公私纷然，不胜烦扰。胜，音升。大燕户口，数兼二寇，以晋、秦为二寇。弓马之劲，四方莫及；而比者战则屡北，皆由守宰赋调不平，比，毗至翻。调，徒钓翻。侵渔无已，行留俱窘，莫肯致命故也。后宫之女四千馀人，僮侍厮役尚在其外，厮，音斯。一日之费，厥直万金；士民承风，竞为奢靡。彼秦、吴僭僻，谓秦僭号而吴僻在一隅也。犹能条治所部，有兼并之心，治，直之翻。而我上下因循，日失其序；我之不修，彼之愿也。谓宜精择守宰，并官省职，存恤兵家，使公私两遂，节抑浮靡，爱惜用度，赏必当功，罚必当罪。如此则温、猛可枭，谓桓温、王猛。枭，坚尧翻。二方可取，岂特保境安民而已哉！又，索头什翼犍疲病昏悖，萧子显曰：鲜卑被发左衽，故呼为索头。索，昔各翻。犍，居言翻。悖，蒲内翻。虽乏贡御，御，进也。无能为患，而劳兵远戍，有损无益。燕戍云中以备代。不若移于并土，控制西河，南坚壶关，北重晋阳，西寇来则拒守，过则断后，断，丁管翻。犹愈于戍孤城守无用之地也。"疏奏，不省。省，悉景翻。

7 辛丑，丞相昱与大司马温会涂中，杨正衡曰：涂，音除。涂中，今滁州全椒县、真州六合县地。以谋后举；以温世子熙为豫州刺史、假节。

8 初，燕人许割虎牢以西赂秦；晋兵既退，燕人悔之，谓秦人曰："行人失辞。谓使者许割地为失辞也。有国有家者，分灾救患，理之常也。"秦王坚大怒，遣辅国将军王猛、建威将军梁成、洛州刺史邓羌帅步骑三万伐燕。十二月，进攻洛阳。帅，读曰率。骑，奇寄翻。考异曰：燕少帝纪，此年十二月，王猛攻洛，明年正月，拔洛。十六国秦春秋，十一月，王猛伐燕，遗慕容纪书，纪请降；十二月，猛受降而归。今按献庄纪云，慕容令之奔还邺，建熙元年二月也，时王猛犹在洛。又猛遗纪书云："去年桓温起师。"故从燕书。

9 大司马温发徐、兖州民筑广陵城，徙镇之。时征役既频，加之疫疠，死者什四五，百姓嗟怨。秘书监孙【章：十二行本"孙"上有"太原"二字；乙十一行本同；孔本同；退斋校同。】盛汉桓帝置秘书监；晋武帝以秘书并中书省；惠帝复置秘书监，其属有丞、有郎，并统著作省。作晋春秋，直书时事。大司马温见之，怒，谓盛子曰：“枋头诚为失利，何至乃如尊君所言！晋人于人子之前称其父为尊君、尊公。若此史遂行，自是关君门户事！”言欲灭其门也。其子遽拜谢请改之。时盛年老家居，性方严，有轨度，子孙虽斑白，待之愈峻。至是诸子乃共号泣稽颡，请为百口切计。稽，音启。盛大怒，不许；诸子遂私改之。盛先已写别本，传之外国。及孝武帝购求异书，得之于辽东人，与见本不同，见，贤遍翻。遂两存之。史言桓温虽以威逼改孙盛之书，终不能没其实。

五年（庚午、三七〇）

1 春，正月，己亥，袁真以梁国内史沛郡朱宪及弟汝南内史斌阴通大司马温，杀之。斌，音彬。

2 秦王猛遗燕荆州刺史武威王筑书遗，于季翻。燕荆州治洛阳。筑，张六翻。曰：“国家今已塞成皋之险，塞，悉则翻。杜盟津之路，盟，读曰孟。大驾虎旅百万，自轵关取邺都，金墉穷戍，外无救援，城下之师，将军所监，监，视也。犹言目所见也。岂三百弊卒所能支也！”筑惧，以洛阳降；降，户江翻。猛陈师受之。燕卫大将军乐安王臧城新乐，破秦兵于石门，石门在荥阳；新乐亦当在荥阳界。宋白曰：卫州新乡县治古新乐城。新乐城，十六国时，燕将乐安王臧所筑。执秦将杨猛。

王猛之发长安也，请慕容令参其军事，以为乡导。将行，造慕容垂饮酒，从容谓垂曰：乡，读曰向。造，七到翻。从，千容翻。“今当远别，何以赠我？使我睹物思人。”垂脱佩刀赠之，猛至洛阳，赂垂所亲金熙，使诈为垂使者，谓令曰：“吾父子来此，以逃死也。今王猛疾人如雠，谗毁日深；秦王虽外相厚善，其心难知。丈夫逃死而卒不免，卒，子恤翻。将为天下笑。吾闻东朝比来始更悔悟，朝，直遥翻。比，毗至翻。主、后相尤。主、后，谓燕主暐及可足浑后也。相尤，言相责过。吾今还东，故遣告汝；吾已行矣，便可速发。”令疑之，踌躇终日，踌，直留翻。躇，陈如翻。犹豫，住足之意。又不可审覆。乃将旧骑，旧骑，自燕奔秦所从者。骑，奇寄翻；下同。诈为出猎，遂奔乐安王臧于石门。猛表令叛状，垂惧而出走，及蓝田，为追骑所获。秦王坚引见东堂，劳之曰：劳，力到翻。“卿家国失和，委身投朕。贤子心不忘本，犹怀首丘，礼记檀弓曰：太公封于齐，五世皆反葬于周。君子曰：乐乐其所自生，礼不忘其本。古之人有言曰：“狐死正丘首，仁也。”首，式又翻。亦各其志，不足深咎。然燕之将亡，非令所能存，惜其徒入虎口耳。且父子兄弟，罪不相及，晋臼季荐冀缺于晋文公，公曰：“其父有罪，可乎？”对曰：“舜之罪也，殛鲧；其举也，兴禹。”康诰曰：父不慈，子不祗，兄不友，弟不共，不相及也。卿何为过惧而狼狈如是乎！”狼，进则跋其胡，退则疐其尾。狈，狼属也，生子，欠一足。二者相附而后能行，故世谓进退不可而不能行者为狼狈。待之如旧。燕人以令叛而复还，其父为秦所厚，疑令为反间，复，扶又翻。间，古苋翻。徙之沙城，在龙都东北六百里。沙城，在沙野。龙都，即龙城。

臣光曰：昔周得微子而革商命，殷纣暴虐日甚，微子抱祭器而奔周。武王乃告诸侯曰：“殷有重罪，不可不伐。”遂伐纣，杀之，而革殷命。秦得由余而霸西戎，史记：戎使由余使于秦，缪公留由余而遗戎王以女乐，戎王受而说之，缪公乃归由余。由余数谏不听，缪公使人间要由余，由余遂降秦。缪公问以伐戎之形，并国十二，开地千里，遂霸西戎。吴得伍员而克强楚，楚杀伍奢，其子员奔吴，吴王阖闾用其谋而伐楚，破楚入郢。汉得陈平而诛项籍，事见九卷汉高帝二年至四年。魏得许攸而破袁绍；事见六十三卷汉献帝建安五年。彼敌国之材臣，来为己用，进取之良资也。王猛知慕容垂之心久而难信，独不念燕尚未灭，垂以材高功盛，无罪见疑，穷困归秦，未有异心，遽以猜忌杀之，是助燕为无道而塞来者之门也，塞，悉则翻。如何其可哉！故秦王坚礼之以收燕望，亲之以尽燕情，宠之以倾燕众，信之以结燕心，未为过矣。猛何汲汲于杀垂，乃为市井鬻卖之行，行，下孟翻。有如嫉其宠而谗之者，岂雅德君子所宜为哉！

3 乐安王臧进屯荥阳，王猛遣建威将军梁成、洛州刺史邓羌击走之；留羌镇金墉，以辅国司马桓寅为弘农太守，猛为辅国将军，以寅为司马。代羌戍陕城而还。秦初以洛州刺史镇陕；今邓羌既进屯金墉，故以桓寅代戍陕。陕，失冉翻。

秦王坚以王猛为司徒，录尚书事，封平阳郡侯。猛固辞曰："今燕、吴未平，戎车方驾，而始得一城，即受三事之赏，三事，三公也。若克殄二寇，将何以加之！"坚曰："苟不蹔抑朕心，何以显卿谦光之美！已诏有司权听所守；封爵酬庸，庸，功也。其勉从朕命！"

4 二月，癸酉，袁真卒。陈郡太守朱辅立真子瑾为建威将军、豫州刺史，以保寿春，遣其子乾之及司马爨亮如邺请命。燕人以瑾为扬州刺史，辅为荆州刺史。瑾，渠吝翻。

5 三月，秦王坚以吏部尚书权翼为尚书右仆射。夏，四月，复以王猛为司徒，录尚书事；复，扶又翻；下同。猛固辞，乃止。

6 燕、秦皆遣兵助袁瑾，大司马温遣督护竺瑶等御之。燕兵先至，瑶等与战于武丘，破之。武丘，即丘头，文王平诸葛诞，改曰武丘，以旌武功。杜佑曰：丘头即颍州沈丘县。南顿太守桓石虔克其南城。惠帝分汝南，立南顿郡。南城，寿春南城也。石虔，温之弟子也。

7 秦王坚复遣王猛督镇南将军杨安等十将步骑六万以伐燕。

8 慕容令自度终不得免，度，徒洛翻。密谋起兵，沙城中谪戍士数千人，令皆厚抚之。谪，陟革翻。五月，庚午，令杀牙门孟妫。城大涉圭惧，请自效。姓谱：涉，姓也。左传晋有大夫涉佗。妫，居为翻。令信之，引置左右。遂帅谪戍士东袭威德城，威德城，即宇文涉夜干所居城也，燕王皝改曰威德城。杀城郎慕容仓，据城部署，遣人招东西诸戍，翕然皆应之。镇东将军勃海王亮镇龙城，令将袭之；其弟麟以告亮，亮闭城拒守。癸酉，涉圭因侍直击令，令引涉圭置左右，故得因侍直而击之。令单马走，其党皆溃。涉圭追令至薛黎泽，擒而杀之，诣龙城白亮。亮为诛涉圭，为，于伪翻。收令尸而葬之。

9 六月，乙卯，秦王坚送王猛于灞上，曰："今委卿以关东之任，当先破壶关，平上党，魏收曰：秦置上党郡，治壶关城，前汉治长子城，董卓治壶关城，慕容氏治安民城，后迁壶关城。长驱取邺，所谓'疾雷不及掩耳。'淮南子之言。吾当亲督万众，继卿星发，星发，谓戴星而发行也。舟车粮运，水陆俱进，卿勿以为后虑也。"猛曰："臣杖威灵，奉成算，荡平残胡，荡，徒朗翻。如风扫叶，愿不烦銮舆亲犯尘雾，但愿速敕所司部置鲜卑之所。"言预为治舍，以待其至。坚大悦。

10 秋，七月，癸酉朔，日有食之。

11 秦王猛攻壶关，杨安攻晋阳。八月，燕主暐命太傅上庸王评将中外精兵三十万以拒秦。考异曰：载记云"四十万"，今从晋春秋。暐以秦寇为忧，召散骑侍郎李凤、散，悉亶翻。骑，奇寄翻；下同。黄门侍郎梁琛、中书侍郎乐嵩问曰："秦兵众寡何如？今大军既出，秦能战乎？"凤曰："秦国小兵弱，非王师之敌；景略常才，又非太傅之比，不足忧也。"王猛，字景略。琛、嵩曰："胜败在谋，不在众寡。秦远来为寇，安肯不战！且吾当用谋以求胜，岂可冀其不战而已乎！"暐不悦。王猛克壶关，执上党太守南安王越，所过郡县，皆望风降附。降，户江翻。燕人大震。

黄门侍郎封孚问司徒长史申胤曰："事将何如？"胤叹曰：

“邺必亡矣，吾属今兹将为秦虏。然越得岁而吴伐之，卒受其祸。左传：昭三十二年，吴伐越。史墨曰：“不及四十年，越其有吴乎！越得岁而吴伐之，必受其凶。”杜预注曰：此年岁在星纪，星纪，吴、越之分也。岁星所在，其国有福，吴先用兵，故反受其殃。卒，子恤翻。今福德在燕，福德在燕，亦谓岁星在燕分也。后苻坚所谓“昔吾灭燕，亦犯岁而捷”是也。秦虽得志，而燕之复建，不过一纪耳。”为后燕复兴张本。复，扶又翻，又如字。

12 大司马温自广陵帅众二万讨袁瑾；以襄城太守刘波为淮南内史，将五千人镇石头。波，隗之孙也。元帝之末，刘隗避王敦之难，因北奔于后赵。帅，读曰率。将，即亮翻；下同。癸丑，温败瑾于寿春，败，补迈翻。遂围之。燕左卫将军孟高将骑兵救瑾，至淮北，未渡，会秦伐燕，燕召高还。还，从宣翻，又如字。

13 广汉妖贼李弘，诈称汉归义侯势之子，聚众万馀人，自称圣王，年号凤凰。妖，于骄翻。陇西人李高，诈称成主雄之子，攻破涪城，涪，音浮。逐梁州刺史杨亮。九月，益州刺史周楚遣子琼讨高，又使琼子梓潼太守虓讨弘，皆平之。虓，虚交翻。

14 秦杨安攻晋阳，晋阳兵多粮足，久之未下。王猛留屯骑校尉苟长戍壶关，“苟长”，恐当作“苟苌”。引兵助安攻晋阳，为地道，使虎牙将军张蚝帅壮士数百潜入城中，大呼斩关，纳秦兵。呼，火故翻。辛巳，猛、安入晋阳，执燕并州刺史东海王庄。太傅评畏猛不敢进，屯于潞川。据水经注：潞川在上党潞县北。阚骃曰：潞水，即漳水也。为冀州浸。冬，十月，辛亥，猛留将军武都毛当戍晋阳，进兵潞川，与慕容评相持。

壬戌，猛遣将军徐成觇燕军形要，形者，见于外；要者，有诸中。觇见其形，未足以决胜负；觇见其要，则胜负之机决矣。觇，丑廉翻，又丑艳翻。期以日中；及昏而返，猛怒，将斩之。邓羌请之曰：

"今贼众我寡，诘朝将战；杜预曰：诘朝，平旦也。诘，去吉翻。朝，如字。成，大将也，宜且宥之。"猛曰："若不杀成，军法不立。"羌固请曰："成，羌之郡将也，成盖为羌本郡太守。将，即亮翻；下同。虽违期应斩，羌愿与成效战以赎之。"效战，谓效力决战也。猛弗许。羌怒，还营，严鼓勒兵，将攻猛。猛问其故，羌曰："受诏讨远贼；今有近贼，自相杀，欲先除之！"猛谓羌义而有勇，使语之曰："将军止，吾今赦之。"成既免，羌诣猛谢。猛执其手曰："吾试将军耳，将军于郡将尚尔，况国家乎，吾不复忧贼矣！"语，牛倨翻。复，扶又翻。

太傅评以猛悬军深入，欲以持久制之。评为人贪鄙，鄣固山泉，鬻樵及水，山者，樵之所仰；泉者，汲之所仰。障固山泉，使军士不得樵汲，而鬻薪水以牟利。积钱帛如丘陵；贾公彦曰：高曰丘，大阜曰陵。士卒怨愤，莫有斗志。猛闻之，笑曰："慕容评真奴才，虽亿兆之众不足畏，况数十万乎！吾今兹破之必矣。"乃遣游击将军郭庆帅骑五千，夜从间道出评营后，烧评辎重，火见邺中。间，古苋翻。重，直用翻。见，贤遍翻。潞川地形高而近邺，且火盛，故邺中望而见之。燕主暐惧，遣侍中兰伊让评曰："王，高祖之子也，慕容廆庙号高祖。当以宗庙社稷为忧，奈何不抚战士而榷卖樵水，专以货殖为心乎！榷，古岳翻。府库之积，朕与王共之，何忧于贫！若贼兵遂进，家国丧亡，丧，息浪翻。王持钱帛欲安所置之！"乃命悉以其钱帛散之军士，郦道元曰：评鬻水与军人，绢匹，与水二石。且趋使战。趋，读曰趣，音趋玉翻。评大惧，遣使请战于猛。使，疏吏翻。

甲子，猛陈于渭源而誓之按渭水不出潞县。水经注有涅水出潞县西覆甑山。或者"渭"字其"涅"字之误乎？又按温公稽古录，书王猛破评于清原。杜预曰：河东闻喜县北有清原。其地又与潞川相远，姑存疑以待知者。杜佑通典作"潞源"。陈，读曰阵；下同。曰："王景略受国厚恩，任兼内外，今与诸君深入贼地，当竭力致死，有进无退，共立大功，以报国家；受爵明君之朝，称觞父母之室，不亦美乎！”受爵明君之朝，谓有功而受赏于朝也。称觞父母之室，谓受赏而归，举酒为父母寿也。朝，直遥翻。众皆踊跃，破釜弃粮，大呼竞进。呼，火故翻。

猛望燕兵之众，谓邓羌曰：“今日之事，非将军不能破勍敌，勍，渠京翻。成败之机，在兹一举，将军勉之！”羌曰：“若能以司隶见与者，公勿以为忧。”猛曰：“此非吾所及也，必以安定太守、万户侯相处。”秦雍州刺史治安定，安定在秦中为大郡。处，昌吕翻。羌不悦而退。俄而兵交，猛召羌，羌寝不应。猛驰就许之，羌乃大饮帐中，与张蚝、徐成等跨马运矛，驰赴燕陈，出入数四，旁若无人，所杀伤数百。及日中，燕兵大败，俘斩五万馀人，乘胜追击，所杀及降者又十万馀人。降，户江翻。评单骑走还邺。

崔鸿曰：邓羌请郡将以挠法，徇私也；挠，奴教翻，又女巧翻。勒兵欲攻王猛，无上也；临战豫求司隶，邀君也；有此三者，罪孰大焉！猛能容其所短，收其所长，若驯猛虎，驭悍马，以成大功。诗曰：“采葑采菲，无以下体。”诗谷风之辞。毛氏曰：葑，须也；菲，芴也；下体，根茎也。郑氏曰：此二菜者，蔓菁与葍之类也，皆上下可食，然而其根有美时，有恶时；采之者，不可以根恶时并弃其叶。陆玑草木疏曰：葑，芜菁也。菲，息菜。郭璞曰：葑，菘菜也。江南有菘，江北有蔓菁，相似而异。菲，芴，土瓜也。息菜似芜菁，华紫赤色，可食。葍，大叶，白华，根如指，色白可食。葍，方六翻。猛之谓矣！

15 秦兵长驱而东，自潞川而东攻邺。丁卯，围邺。猛上疏称：“臣以甲子之日，大歼丑类。谓甲子之日克胜，事同周武王克纣。歼，息廉翻。顺陛下仁爱之志，使六州士庶，不觉易主，自非守迷违命，一无所害。”秦王坚报之曰：“将军役不逾时，三月为一时。

而元恶克举，勋高前古。朕今亲帅六军，星言电赴。诗曰：星言夙驾。谓早驾见星而行也。电赴，言其疾也。帅，读曰率。将军其休养将士，以待朕至，然后取之。”

猛之未至也，邺旁剽劫公行，剽，匹妙翻。及猛至，远近帖然；号令严明，军无私犯，言军士不敢私犯邺民也。法简政宽，燕民各安其业，更相谓曰：“不图今日复见太原王！”更，工衡翻。复，扶又翻。王猛闻之，叹曰：“慕容玄恭信奇士也，可谓古之遗爱矣！”慕容恪，字玄恭，封太原王。设太牢以祭之。

十一月，秦王坚留李威辅太子守长安，阳平公融镇洛阳，自帅精锐十万赴邺，七日而至安阳，晋志：安阳县属魏郡。魏收志曰：天平初，并荡阴、安阳属邺。又汲郡北修武县有安阳城。宴祖父时故老。苻洪父子先屯枋头，有故老尚存，闻坚之来，迎于安阳，故宴之。猛潜如安阳谒坚，坚曰：“昔周亚夫不迎汉文帝，见十五卷汉文帝后六年。今将军临敌而弃军，何也？”猛曰：“亚夫前却人主以求名，臣窃少之。少，诗沼翻。且臣奉陛下威灵，击垂亡之虏，譬如釜中之鱼，何足虑也！监国冲幼，太子守曰监国。监，工衔翻。鸾驾远临，脱有不虞，悔之何及！陛下忘臣灞上之言邪！”

初，燕宜都王桓帅众万馀屯沙亭，杜预曰：阳平元城县有沙亭。为太傅评后继，闻评败，引兵屯内黄。内黄县自汉以来属魏郡。坚使邓羌攻信都。丁丑，桓帅鲜卑五千奔龙城。戊寅，燕散骑侍郎馀蔚帅扶馀、高句丽及上党质子五百馀人，蔚，於勿翻。燕盖遣兵戍上党，取其子弟留于邺以为质。馀蔚，扶馀王子，故阴率诸质子开门以纳秦兵。质，音致。句，如字，又音驹。丽，力知翻。夜，开邺北门纳秦兵，燕主暐与上庸王评、乐安王臧、定襄王渊、左卫将军孟高、殿中将军艾朗等奔龙城。姓谱：艾，姓，晏子春秋齐有大夫艾孔。风俗通有庞俭母艾氏。辛巳，秦王坚入邺宫。

慕容垂见燕公卿大夫及故时僚吏，有愠色。愠，于问翻。高弼言于垂曰："大王凭祖宗积累之资，负英杰高世之略，遭值迍厄，迍，株伦翻。栖集外邦。今虽家国倾覆，安知其不为兴运之始邪！愚谓国之旧人，宜恢江海之量，有以慰结其心，以立覆篑之基，成九仞之功，言譬如为山，自覆一篑而进成九仞之功。篑，求位翻，土笼也。八尺曰仞。奈何以一怒捐之，愚窃为大王不取也！"高弼先从垂奔秦，故敢进言。为，于伪翻。垂悦，从之。

燕主暐之出邺也，卫士犹千馀骑，既出城，皆散，惟十馀骑从行；秦王坚使游击将军郭庆追之。时道路艰难，孟高扶侍暐，经护二王，二王，谓乐安王臧、定襄王渊也。极其勤瘁，瘁，秦醉翻。又所在遇盗，转斗而前。数日，行至福禄，依冢解息，解息，解鞍息马也。冢，知陇翻。盗二十馀人猝至，皆挟弓矢，高持刀与战，杀伤数人。高力极，力疲极也。自度必死，乃直前抱一贼，顿击于地，大呼曰："男儿穷矣！"馀贼从旁射高，杀之。度，徒洛翻。射，而亦翻。艾朗见高独战，亦还趋贼，并死。趋，七喻翻。暐失马步走，郭庆追及于高阳，部将巨武将缚之，姓谱：巨，姓也。暐曰："汝何小人，敢缚天子！"武曰："我受诏追贼，何谓天子！"执以诣秦王坚，坚诘其不降而走之状，诘，去吉翻。降，户江翻；下同。对曰："狐死首丘，欲归死于先人坟墓耳。"慕容氏之先皆葬昌黎。坚哀而释之，令还宫，帅文武出降。晋穆帝永和八年，燕主儁改元称帝，传子暐，共十九年而亡。帅，读曰率。暐称孟高、艾朗之忠于坚，坚命厚加敛葬，敛，力赡翻。拜其子为郎中。

郭庆进至龙城，太傅评奔高句丽，高句丽执评，送于秦。宜都王桓杀镇东将军勃海王亮，并其众，奔辽东。辽东太守韩稠，先已降秦，桓至，不得入，攻之，不克。郭庆遣将军朱嶷击之，桓弃众单走，嶷获而杀之。嶷，鱼力翻。

诸州牧守及六夷渠帅尽降于秦，帅，所类翻。凡得郡百五十七，户二百四十六万，口九百九十九万。以燕宫人、珍宝分赐将士。将，即亮翻。下诏大赦曰："朕以寡薄，猥承休命，不能怀远以德，柔服四维，四维：东南维，西南维，东北维，西北维。至使戎车屡驾，有害斯民，虽百姓之过，然亦朕之罪也。其大赦天下，与之更始。"更，工衡翻。

初，梁琛之使秦也，使，疏吏翻。以侍辇苟纯为副。侍辇之官，盖燕所置近臣也。琛每应对，不先告纯；纯恨之，归言于燕主暐曰："琛在长安，与王猛甚亲善，疑有异谋。"琛又数称秦王坚及王猛之美，数，所角翻。且言秦将兴师，宜为之备。已而秦果伐燕，皆如琛言，暐乃疑琛知其情。及慕容评败，遂收琛系狱。秦王坚入邺而释之，除中书著作郎，秦盖循晋初之制，并秘书于中书省也。引见，见，贤遍翻。谓之曰："卿昔言上庸王、吴王皆将相奇材，将，即亮翻。相，息亮翻。何为不能谋画，自使亡国？"对曰："天命废兴，岂二人所能移也！"坚曰："卿不能见几而作，虚称燕美，忠不自防，反为身祸，可谓智乎？"对曰："臣闻'几者动之微，吉【章：十二行本"吉"下有"凶"字；乙十一行本同；退斋校同。】之先见者也。'易大传之辞。几，居希翻。见，贤遍翻。如臣愚暗，实所不及。然为臣莫如忠，为子莫如孝，自非有一至之心者，莫能保忠孝之始终。是以古之烈士，临危不改，见死不避，以徇君亲。彼知几者，心达安危，身择去就，不顾家国，臣就使知之，尚不忍为，况非所及邪！"梁琛忠于所事，秦王坚不能显而庸之，识者有以知秦祚之不长矣。

坚闻悦绾之忠，悦绾事见上卷三年。恨不及见，拜其子为郎中。

坚以王猛为使持节、都督关东六州诸军事、车骑大将军、开府仪同三司、冀州牧，镇邺，使，疏吏翻。骑，奇寄翻。进爵清河郡侯，悉以慕容评第中之物赐之。赐杨安爵博平县侯；以邓羌为使【章：十二行本无“使”字；乙十一行本同；退斋校同。】持节、征虏将军、安定太守，赐爵真定郡侯；郭庆为持节、都督幽州诸军事、幽州刺史，镇蓟，蓟，音计。赐爵襄城侯。赐爵者，赐之侯爵，非有国有土也。一曰，先未列爵，今始赐之。其馀将士封赏各有差。

坚以京兆韦钟为魏郡太守，彭豹为阳平太守；燕都邺，以魏郡太守为京尹。阳平，辅郡也，故坚皆以秦人守之。其馀州县牧、守、令、长，皆因旧以授之。尽易州县牧、守、令、长，既骇观听，且人情新旧不相安，故皆因旧。以燕常山太守申绍为散骑侍郎，使与散骑侍郎京兆韦儒俱为绣衣使者，循行关东州郡，观省风俗，行，下孟翻。省，悉景翻。劝课农桑，振恤穷困，收葬死亡，旌显节行，燕政有不便于民者，皆变除之。并用燕、秦之人为绣衣使者。用燕人者，以其习关东风俗；用秦人者，使宣坚之德意也。行，下孟翻。

十二月，秦王坚迁慕容暐及燕后妃、王公、百官并鲜卑四万馀户于长安。为后鲜卑乘乱攻秦张本。

王猛表留梁琛为主簿，领记室督。晋制：诸公府有主簿、记室督各一人。今猛以琛兼之。他日，猛与僚属宴，语及燕朝使者，猛曰：“人心不同：昔梁君至长安，专美本朝；乐君但言桓温军盛；郝君微说国弊。”梁琛、乐嵩、郝晷也。本朝、国弊，皆谓燕也。朝，直遥翻。使，疏吏翻。参军冯诞曰：“今三子皆为国臣，此国谓秦也。敢问取臣之道何先?”猛曰：“郝君知几为先。”几，居希翻。诞曰：“然则明公赏丁公而诛季布也。”言取臣之道，与汉高帝异。猛大笑。

秦王坚自邺如枋头，宴父老，改枋头曰永昌，复之终世。复，方目翻，除赋役也；复除赋役，终秦王之世也。甲寅，至长安，封慕容暐为新兴侯；以燕故臣慕容评为给事中，皇甫真为奉车都尉，李洪为驸马都尉，皆奉朝请；三人者，燕之三公也。李邽为尚书，封衡为尚书郎，慕容德为张掖太守，为德兄子超留张掖而入姚氏张本。燕国平睿为宣威将军，悉罗腾为三署郎；汉有五官署郎、左署郎、右署郎，故曰三署郎。旧制：郎年五十以上，属五官，其次分在左右署；秦遂以三署郎为官称。其馀封署各有差。衡，裕之子也。慕容皝之兴也，封裕以忠谏显。

燕故太史黄泓叹曰："燕必中兴，其在吴王乎！恨吾老，不及见耳！"慕容之初兴，黄泓归之。及儁之取中原，黄泓赞其决：泓知数者也。汲郡赵秋曰："天道在燕，谓岁星在燕分也。不【章：十二行本"不"上有"而秦灭之"四字；乙十一行本同；退斋校同；张校同，云无注本亦脱。】及十五年，秦必复为燕有。"

慕容桓之子凤，年十一，阴有复雠之志，鲜卑、丁零有气干者皆倾身与之交结。为后慕容凤与丁零起兵攻秦张本。权翼见而谓之曰："儿方以才望自显，勿效尔父不识天命！"凤厉色曰："先王欲建忠而不遂，此乃人臣之节；君侯之言，岂奖劝将来之义乎！"翼改容谢之，言于秦王坚曰："慕容凤忼慨有才器；但狼子野心，恐终不为人用耳。"左传：楚令尹子文曰："狼子野心。"史言燕之臣子非久下人者。

16 秦省雍州。秦置雍州于安定，今省雍州入司隶校尉。

17 是岁，仇池公杨世卒，子纂立，始与秦绝。叔父武都太守统与之争国，起兵相攻。为秦攻仇池张本。

王崇武标点容肇祖聂崇岐覆校

资治通鉴卷第一百三

端明殿学士兼翰林侍读学士右谏议大夫充集贤
殿修撰权判西京留司御史台上柱国河内郡开国侯 **司马光** 奉敕编集
食邑一千三百户食实封四百户赐紫金鱼袋臣

后　学　天　台 **胡三省** 音　注

晋纪二十五 起重光协洽(辛未)，尽旃蒙大渊献(乙亥)，凡五年。

太宗简文皇帝 讳昱，字道万，元帝之少子也；封琅邪王，后徙封会稽王。海西即位，琅邪绝嗣，复徙封琅邪，固让；故虽封琅邪而不去会稽之号。谥法：一德不懈曰简；道德博闻曰文。

咸安元年(辛未、三七一)是年十一月，海西废，帝即位，始改元咸安。通鉴编年，因以新元系之。

1 春，正月，袁瑾、朱辅求救于秦，秦王坚以瑾为扬州刺史，瑾，渠吝翻。辅为交州刺史，遣武卫将军武都王鉴、前将军张蚝帅步骑二万救之。蚝，七吏翻。帅，读曰率。骑，奇寄翻。大司马温遣淮南太守桓伊、南顿太守桓石虔等击鉴、蚝于石桥，据桓温传，石桥在肥水北。守，式又翻。大破之，秦兵退屯慎城。慎县，汉属汝南郡，晋分属汝阴郡。唐庐州之慎县，则梁、魏之间南梁郡之慎县，汉九江逡遒县之地，非此慎城。伊，宣之子也。桓宣佐祖逖，拒祖约，守襄阳，皆有功。丁亥，温拔寿春，擒瑾及辅，并其宗族送建康，斩之。

2 秦王坚徙关东豪杰及杂夷十五万户于关中，处乌桓于冯翊、北地，丁零翟斌于新安、渑池。为翟斌乘秦乱起兵张本。处，昌吕翻。渑，弥兖翻。斌，音彬。诸因乱流移，欲还旧业者，悉听之。

3 二月，秦以魏郡太守韦钟为青州刺史，青州刺史治广固。中垒将军梁成为兖州刺史，射声校尉徐成为并州刺史，武卫将军王鉴为豫州刺史，左将军彭越为徐州刺史，太尉司马皇甫覆为荆州刺史，晋志曰：秦既灭燕，以兖州刺史镇仓垣，并州刺史镇晋阳，豫州刺史镇洛阳，徐州刺史镇彭城。秦初以荆州刺史镇丰阳，后移襄阳。余按此时秦未得襄阳，盖仍燕之旧镇鲁阳也。屯骑校尉天水姜宇为凉州刺史，扶风内史王统为益州刺史，凉州属张天锡。益州，晋土也。秦盖置凉州于天水界，置益州于扶风界。校，户教翻。秦州刺史、西县侯雅为使持节、都督秦·晋·凉·雍州诸军事、秦州牧，雅，苻氏也。前此未有晋州；凉之张氏分西平界置晋兴郡，秦盖于此置晋州也。雍，于用翻。吏部尚书杨安为使持节、都督益·梁州诸军事、梁州刺史。坚欲进图梁、益，故置梁、益二州刺史。杨安既克仇池，始加督南秦州，镇仇池。使，疏吏翻。复置雍州，治蒲阪；秦省雍州见上卷上年。复，扶又翻。雍，于用翻。阪，音反。以长乐公丕为使持节、征东大将军、雍州刺史。乐，音洛。使，疏吏翻。成，平老之子；统，擢之子也。穆帝永和十年，王擢降秦。坚以关东初平，守令宜得人，令王猛以便宜简召英俊，补六州守令，授讫，言台除正。奏上秦朝，除为正官也。呜呼！荀卿子有言：兼并易也，坚凝之难。以苻坚之明，王猛之略，简召六州英俊以补守令，然鲜卑乘乱一呼，翕然为燕，以此知天下之势，但观人心向背何如耳。

4 三月，壬辰，益州刺史建成定公周楚卒。谥法：大虑静民曰定。

5 秦后将军金城俱难攻兰陵太守张闵子于桃山，俱，姓；难，名。魏收地形志：兰陵昌虑县有桃山。大司马温遣兵击却之。

6 秦西县侯雅、杨安、王统、徐成及羽林左监朱彤、扬武将军姚苌帅步骑七万伐仇池公杨纂。彤，余中翻。苌，仲良翻。帅，读曰率。骑，奇寄翻。

7 代将长孙斤谋弑代王什翼犍，世子寔格之，伤胁，遂执斤，杀之。代之先拓跋邻，以次兄为拔跋氏，后改为长孙氏。将，即亮翻。犍，居言翻。

8 夏，四月，戊午，大赦。

9 秦兵至鹫峡；鹫峡在仇池北，亦谓之塞峡。鹫，音就。杨纂帅众五万拒之。梁州刺史弘农杨亮遣督护郭宝、卜靖帅千馀骑助纂，与秦兵战于峡中；纂兵大败，死者什三、四，宝等亦没，纂收散兵遁还。西县侯雅进攻仇池，杨统帅武都之众降秦。统与纂争国，见上卷上年。降，户江翻；下同。纂惧，面缚出降，雅送纂于长安。以统为南秦州刺史；秦置秦州于上邽，仇池在其南，故置南秦州。加杨安都督南秦州诸军事，镇仇池。

王猛之破张天锡于枹罕也，事见一百一卷海西公太和元年。枹，音肤。获其将敦煌阴据及甲士五千人。敦，徒门翻。秦王坚既克杨纂，遣据帅其甲士还凉州，使著作郎梁殊、阎负送之，穆帝永和十二年，秦遣殊、负使凉，今复遣之。因命王猛为书谕天锡曰："昔贵先公称藩刘、石者，惟审于强弱也。张茂称藩于刘曜，事见九十二卷明帝太宁元年。张骏称藩于石勒，事见九十四卷成帝咸和五年。今论凉土之力，则损于往时；语大秦之德，则非二赵之匹；而将军翻然自绝，绝秦见一百卷太和元年。无乃非宗庙之福也欤！以秦之威，旁振无外，可以回弱水使东流，返江、河使西注，禹之治水，高高下下，因天地之性，弱水西流，江、河东注。今言能反之回之，喻秦威力之强也。关东既平，将移兵河右，恐非六郡士民所能抗也。凉州六郡，以张轨初镇河西之时，统治武威、张掖、酒泉、敦煌、西郡、西海六郡言之也。元康以后，张氏所分置，其为郡多矣。刘表谓汉南可保，事见汉献帝纪。将军谓西河可全，吉凶在身，元龟不远，宜深算妙虑，自求多福，无使六世之业一旦而坠地也！"自张轨保据河西，至天锡凡九主。今言六世者，不以曜灵、祚、玄靓为世数。天锡大惧，遣使谢罪称藩。坚拜天锡使持节、都督河右诸军事、骠骑大将军、开府仪同三司、凉州刺史、西平公。使，疏吏翻；下同。骠，匹妙翻。骑，奇寄翻。

吐谷浑王辟奚闻杨纂败，五月，遣使献马千匹、金银五百斤于秦。吐，从暾入声。谷，音浴。秦以辟奚为安远将军、漒川侯。辟奚，叶延之子也，叶延见九十四卷成帝咸和四年。漒，其良翻。好学，仁厚无威断，好，呼到翻。断，丁乱翻；下无断同。三弟专恣，国人患之。长史钟恶地，西漒羌豪也，漒，渠良翻。羌人据漒川之地，分为东西。谓司马乞宿云曰："三弟纵横，势出王右，横，户孟翻。右，上也。几亡国矣。几，居希翻。吾二人位为元辅，长史、司马，府之元僚。岂得坐而视之！诘朝月望，日行迟，一年一周天；月行速，一月一周天而与日会。日月之会，谓之合朔。自合朔之后，月又先日而行，至十五日，日月相望，谓之月望。诘，去吉翻。文武并会，吾将讨焉。王之左右皆吾羌子，转目一顾，立可擒也。"宿云请先白王，恶地曰："王仁而无断，白之必不从；万一事泄，吾属无类矣。事已出口，何可中变！"遂于坐收三弟，杀之。坐，徂卧翻。辟奚惊怖，怖，普布翻。自投床下，恶地、宿云趋而扶之曰："臣昨梦先王敕臣云：'三弟将为逆，不可不讨。'故诛之耳。"辟奚由是发病恍惚，人无精爽，谓之恍惚。命世子视连曰："吾祸及同生，何以见之于地下！国事大小，任汝治之，吾馀年残命，寄食而已。"遂以忧卒。卒，子恤翻；下同。

视连立，不饮酒游畋者七年，军国之事，委之将佐。将，即亮翻。钟恶地谏，以为人主当自娱乐，乐，音洛。建威布德。视连泣曰："孤自先世以来，以仁孝忠恕相承。先王念友爱之不终，悲愤而亡。孤虽纂业，尸存而已，声色游娱，岂所安也！威德之建，当付之将来耳。"辟奚之死，视连之立，其事非皆在是年。通鉴因辟奚入贡于秦，遂连而书之，以见辟奚父子天性仁孝，不可以夷狄异类视之也。

10 代世子寔病伤而卒。格长孙斤而被伤也。

11 秋，七月，秦王坚如洛阳。

12 代世子寔娶东部大人贺野干之女，据北史，贺野干，即贺兰部酋长。魏书官氏志，北方贺兰，后改为贺氏。有遗腹子，甲戌，生男，代王什翼犍为之赦境内，为，于伪翻。名曰涉圭。拓跋珪造魏事始此。

13 大司马温以梁、益多寇，周氏世有威名，周访、周抚、周楚皆著威名于梁、益。八月，以宁州刺史周仲孙监益、梁二州诸军事，领益州刺史。监，工衔翻。仲孙，光之子也。周光见九十三卷明帝太宁二年。

14 秦以光禄勋李俨为河州刺史，镇武始。河西张骏以兴晋、金城、武始、南安、永晋、大夏、武城、汉中为河州。武始郡，治狄道，亦张骏所置。

15 王猛以潞川之功，见上卷上年。请以邓羌为司隶。秦王坚下诏曰："司隶校尉，董牧皇畿，吏责甚重，非所以优礼名将。光武不以吏事处功臣，见四十三卷汉光武建武十三年。处，昌吕翻。实贵之也。羌有廉、李之才，廉、李，谓廉颇、李牧。朕方委以征伐之事，北平匈奴，南荡扬、越，羌之任也，司隶何足以婴之！其进号镇军将军，位特进。"

16 九月，秦王坚还长安。归安元侯李俨卒于上邽，谥法：能思辨众曰元；行义说民曰元。晋武受禅，当时之臣死，多有谥元者，固非以行定谥也。坚复以俨子辩为河州刺史。复，扶又翻。

17 冬，十月，秦王坚如邺，猎于西山，旬馀忘返。伶人王洛叩马谏曰：郑玄曰：伶官，乐官也。伶氏世掌乐官而善焉，故后世多号乐官为伶官。"陛下群生所系，今久猎不归，一旦患生不虞，奈太后、天下何！”坚为之罢猎还宫。为，于伪翻。王猛因进言曰：“畋猎诚非急务，王洛之言，不可忘也。”坚赐洛帛百匹，拜官箴左右，左传：昔周辛甲之为太史，命百官官箴王阙，于虞人之箴曰：“芒芒禹迹，画为九州，经启九道。民有寝庙，兽有茂草，各有攸处，德用不扰。在帝夷羿，冒于原兽，忘其国恤而思其麀牡。武不可重，用不恢于夏家。兽臣司原，敢告仆夫。”虞箴如是，以戒猎也。坚仿其意拜洛为官箴左右。自是不复猎。复，扶又翻。

18 大司马温，恃其材略位望，阴蓄不臣之志，尝抚枕叹曰：“男子不能流芳百世，亦当遗臭万年！”桓温心迹，固不畏人之知之也，然而不获逞者，制于命也，孰谓天位可以智力奸邪！术士杜炅炅，古迥翻。能知人贵贱，温问炅以禄位所至。炅曰：“明公勋格宇宙，据孔安国尚书注，格，至也。位极人臣。”温不悦。其志愿不止于此，故不悦。温欲先立功河朔以收时望，还受九锡。及枋头之败，威名顿挫。枋头之败，事见上卷太和四年。既克寿春，谓参军郗超曰：郗，丑之翻。“足以雪枋头之耻乎？”超曰：“未也。”久之，超就温宿，中夜，谓温曰：“明公都无所虑乎？”温曰：“卿欲有言邪？”超曰：“明公当天下重任，今以六十之年，败于大举，不建不世之勋，不足以镇惬民望！”惬，苦叶翻。温曰：“然则奈何？”超曰：“明公不为伊、霍之举者，无以立大威权，镇压四海。”温素有心，深以为然，遂与之定议。超知温心而迎合之，温遂与定议。以帝素谨无过，而床笫易诬，笫，侧里翻，又壮士翻，床箦也。易，以豉翻。乃言“帝早有痿疾，杨正衡曰：字林：痿，痹也，人垂翻，又於隹翻。余谓此盖言阴痿也。嬖人相龙、计好、朱灵宝等，相与计，皆姓也。何承天姓苑，相，悉良翻。范晔后汉书有计子勋。参侍内寝，二美人田氏、孟氏生三男，将建储立王，倾移皇基。”密播此言于民间，时人莫能审其虚实。

十一月，癸卯，温自广陵将还姑孰，屯于白石。此白石盖在牛渚西南桓玄破谯王尚之处，非陶侃令庾亮所守白石垒也。丁未，诣建康，讽褚太后，请废帝立丞相会稽王昱，并作令草呈之。先草定太后令而呈之于太后。会，工外翻。太后方在佛屋烧香，建屋于宫中以奉佛，故谓之佛屋。内侍启云："外有急奏。"太后出，倚户视奏数行，行，户刚翻；下数十行同。乃曰："我本自疑此！"至半，便止，索笔益之曰：索，山客翻。"未亡人不幸罹此百忧，感念存没，心焉如割！"杜预曰：妇人既寡，自称未亡人。

己酉，温集百官于朝堂。朝，直遥翻；下同。废立既旷代所无，莫有识其故典者，百官震栗。温亦色动，不知所为。尚书左仆射王彪之知事不可止，乃谓温曰："公阿衡皇家，伊尹曰阿衡，放太甲于桐。喻温废立，行伊尹之事也。孔安国曰：阿，倚；衡，平。当倚傍先代。"傍，蒲浪翻。乃命取汉书霍光传，礼度仪制，定于须臾。用霍光废昌邑王故事。传，直恋翻。彪之朝服当阶，神彩毅然，曾无惧容，文武仪准，莫不取定，朝廷以此服之。晋朝以此服王彪之，余甚恨彪之得此名于晋朝也。彪之父彬，不畏死以折王敦，此为可服耳。于是宣太后令，废帝为东海王，以丞相、录尚书事、会稽王昱统承皇极。会，工外翻。百官入太极前殿，温使督护竺瑶、散骑侍郎刘亨收帝玺绶。散，悉亶翻。骑，奇寄翻。玺，斯氏翻。绶，音受。考异曰：帝纪、三十国春秋，"亨"皆作"享"。后魏书僭晋传作"亨"，今从之。帝着白帢单衣，着，侧略翻。帢，苦洽翻。步下西堂，乘犊车出神虎门，晋制，诸公给朝车、安车、皂轮犊车各一乘。东汉都雒阳，宫有广义、神虎门。贤注曰：广义、神虎，洛阳宫西门也，在金商门外。然则神虎门亦建康宫西门乎？群臣拜辞，莫不歔欷。歔，音虚。欷，许既翻，又音希。侍御史、殿中监将兵百人卫送东海第。殿中监，掌监天子服御之事。将，即亮翻。温帅百官具乘舆法驾，迎会稽王于会稽邸。帅，读曰率。乘，绳证翻。会，工外翻。王于朝堂变服，着平巾帻、单衣，东向流涕，拜受玺绶，平巾帻，盖即平上帻。单衣，江左诸人所以见尊者之服，所谓巾褠也。是日，即皇帝位，改元。改元咸安。温出次中堂，分兵屯卫。温有足疾，诏乘舆入殿。乘，如字。温撰辞，欲陈述废立本意，撰，雏免翻。预撰辞，欲入见而陈之。帝引见，见，贤遍翻。便泣下数十行，行，户刚翻。温兢惧，竟不能一言而出。

太宰武陵王晞，好习武事，好，呼到翻。为温所忌，欲废之，以事示王彪之。彪之曰："武陵亲尊，武陵王晞，亦元帝子，出继武陵王喆后。未有显罪，不可以猜嫌之间便相废徙。公建立圣明，当崇奖王室，与伊、周同美；此大事，宜更深详！"温曰："此已成事，卿勿复言！"王彪之能全晞于会稽辅政之时，而不能全之于会稽缵服之日，会稽可以理喻，而习武者桓温之所忌也。复，扶又翻。乙卯，温表"晞聚纳轻剽，剽，匹妙翻。息综矜忍；息，子也。袁真叛逆，事相连染。顷日猜惧，将成乱阶。温以此诬晞。请免晞官，以王归藩。"从之。并免其世子综、梁王逢等官。逢，与㻋同，音津。温使魏郡太守毛安之帅所领宿卫殿中。沈约曰：南徐州备有徐、兖、幽、冀、青、并、扬七州郡邑。安之，虎生之弟也。

庚戌，尊褚太后曰崇德太后。

初，殷浩卒，大司马温使人赍书吊之。浩子涓不答，涓，圭渊翻。亦不诣温，而与武陵王晞游。广州刺史庾蕴，希之弟也，素与温有隙。温恶殷、庾宗强，欲去之。恶，乌路翻。去，羌吕翻。辛亥，使其弟秘逼新蔡王晃晃父邈，本汝南王佑之子也，嗣新蔡王后。诣西堂叩头自列，西堂，太极殿西堂也。自列，自陈列其事。称与晞及子综、著作郎殷涓、太宰长史庾倩、掾曹秀、舍人刘彊、散骑常侍庾柔等谋反；帝对之流涕，温皆收付廷尉。倩、柔，皆蕴之弟也。倩，千甸翻。掾，于绢翻。癸丑，温杀东海王三子及其母。即田氏、孟氏及所生三男也。甲寅，御史中丞谯王恬承温旨，请依律诛武陵王晞。诏曰："悲惋惶怛，惋，乌贯翻。非所忍闻，况言之哉！其更详议！”恬，承之孙也。谯王丞死于王敦之难。“承”，当作“丞”，音注见前。乙卯，温重表固请诛晞，词甚酷切。帝乃赐温手诏曰：“若晋祚灵长，公便宜奉行前诏；如其大运去矣，请避贤路。”温览之，流汗变色，乃奏废晞及其三子，家属皆徙新安郡。吴孙权分丹杨立新都郡，武帝太康元年，更名新安郡，唐为歙州，今之徽州。丙辰，免新蔡王晃为庶人，徙衡阳，吴孙亮分长沙西部都尉置衡阳郡，今之衡州。殷涓、庾倩、曹秀、刘彊、庾柔皆族诛，庾蕴饮鸩死。蕴兄东阳太守友子妇，桓豁之女也，故温特赦之。庾希闻难，难，乃旦翻。与弟会稽【章：十二行本“稽”下有“王”字；乙十一行本同；孔本同。】参军邈及子攸之逃于海陵陂泽中。海陵县，前汉属临淮郡，后汉、晋属广陵郡，今泰州即其地。

温既诛殷、庾，威势翕赫，翕，盛也。赫，炎之极也。侍中谢安见温遥拜。温惊曰：“安石，卿何事乃尔？”安曰：“未有君拜于前，臣揖于后。”当是时，晋之君臣，盖可知矣。春秋之义所谓微而显者也。

戊午，大赦，增文武位二等。

己未，温如白石，上书求归姑孰。庚申，诏进温丞相，大司马如故，留京师辅政；温固辞，乃请还镇。辛酉，温自白石还姑孰。

秦王坚闻温废立，谓群臣曰：“温前败灞上，见九十九卷穆帝永和十年。后败枋头，见上卷太和四年。不能思愆自贬以谢百姓，方更废君以自说，“说”，载记作“悦”，读当从悦。一曰：说，读如字，谓自解说也。六十之叟，举动如此，将何以自容于四海乎！谚曰：‘怒其室而作色于父，’其桓温之谓矣。”

19 秦车骑大将军王猛，以六州任重，言于秦王坚，请改授亲贤；及府选便宜，辄已停寝，骑，奇寄翻。坚先是命猛以便宜选贤俊补六州郡县守令。别乞一州自效。坚报曰：“朕之于卿，义则君臣，亲逾骨肉，虽复桓、昭之有管、乐，齐桓公有管仲，燕昭王有乐毅。玄德之有孔明，自谓逾之。夫人主劳于求才，逸于得士。王褒圣主得贤人颂曰：君人者，勤于求贤，而逸于得人。既以六州相委，则朕无东顾之忧，非所以为优崇，乃朕自求安逸也。夫取之不易，守之亦难，易，以豉翻。苟任非其人，患生虑表，表，外也。孔颖达曰：界外之畔为表。岂独朕之忧，亦卿之责也，故虚位台鼎而以分陕为先。陕，式冉翻。卿未照朕心，殊乖素望。新政俟才，宜速铨补；俟东方化洽，当衮衣西归。"周公东征，周大夫为作九罭之诗，其辞曰："九罭之鱼鳟鲂，我觏之子，衮衣绣裳。"又曰："是以有衮衣兮，无以我公归兮，无使我心悲兮。"笺云：王迎周公当以上公之服。仍遣侍中梁谠诣邺谕旨，猛乃视事如故。史言苻坚、王猛君臣相与之至，所以猛得展其才。谠，多朗翻。

20 十二月，大司马温奏："废放之人，屏之以远，屏，必政翻，又必郢翻。不可以临黎元。东海王宜依昌邑故事，昌邑事见二十四卷汉昭帝元平元年。筑第吴郡。"太后诏曰："使为庶人，情有不忍，可特封王。"温又奏："可封海西县侯。"庚寅，封海西县公。考异曰：海西公纪云："咸安二年，正月，降封，"今从简文帝纪。

温威振内外，帝虽处尊位，处，昌吕翻。拱默而已，常惧废黜。先是，荧惑守太微端门，天文志：太微南蕃中二星间曰端门。先，悉荐翻。逾月而海西废。辛卯，荧惑逆行入太微，帝甚恶之。恶，乌路翻。中书侍郎郗超在直，入直省中也。帝谓超曰："命之修短，本所不计，故当无复近日事邪？"帝之为抚军也，辟超为掾，故于今敢以情问之。复，扶又翻。超曰："大司马臣温，方内固社稷，外恢经略，非常之事，臣以百口保之。"及超请急省其父，晋令：急假者，五日一急，一岁以六十日为限。史书所称取急、请急，皆谓假也。省，悉景翻。帝曰："致意尊公，家国之事，遂至于此，由吾不能以道匡卫，愧叹之深，言何能谕！"因咏庾阐诗云："志士痛朝危，忠臣哀主辱。”遂泣下沾襟。此亦清谈，但情溢于言外耳。朝，直遥翻；下同。帝美风仪，善容止，留心典籍，凝尘满席，湛如也。虽神识恬畅，然无济世大略，谢安以为惠帝之流，但清谈差胜耳。清谈无益于国事；谢安当此之时，能立此论，可谓拔乎流俗者也。

郗超以温故，朝中皆畏事之。谢安尝与左卫将军王坦之共诣超，日旰未得前，旰，古案翻。坦之欲去，安曰："独不能为性命忍须臾邪？"史言谢安于风流之中，能处事应物。又郗超势焰如此，桓温既死之后，超得终于牖下，盖以智免也。为，于伪翻。

21 秦以河州刺史李辩领兴晋太守，还镇枹罕。兴晋、枹罕，河西张氏皆置为郡。兴晋亦当近枹罕界。徙凉州治金城。自天水徙治金城。张天锡闻秦有兼并之志，大惧，以秦徙镇逼之，故惧。立坛于姑臧西，刑三牲，帅其官属，遥与晋三公盟。帅，读曰率；下同。遣从事中郎韩博奉表送盟文，并献书于大司马温，期以明年夏会【章：十二行本“会”上有“同大举”三字；乙十一行本同；孔本同。】于上邽。欲使晋起兵攻蜀而出会于上邽也。

22 是岁，秦益州刺史王统攻陇西鲜卑乞伏司繁于度坚山，司繁帅骑三万拒统于苑川。统潜袭度坚山，乞伏氏先自漠北南出、屯高平川，又自高平西南迁麦田山，司繁又自麦田迁于度坚山。水经注：苑川在天水勇士县界。杜佑曰：在兰州五泉县界。以下文乞伏吐雷为勇士护军观之，则水经注为是。司繁部落五万馀皆降于统；其众闻妻子已降秦，不战而溃。司繁无所归，亦诣统降。降，户江翻。秦王坚以司繁为南单于，留之长安；以司繁从叔吐雷为勇士护军，勇士，汉县，晋省。此因汉县名而置护军。抚其部众。为后乞伏步颓以鲜卑叛秦张本。

二年（壬申、三七二）

1 春，二月，秦以清河房旷为尚书左丞，征旷兄默及清河崔逞、燕国韩胤为尚书郎，北平阳陟、田勰、阳瑶为著作佐郎，晋志：著作郎一人，谓之大著作，专掌史任。又置佐著作郎八人。勰，音协。郝略为清河相：皆关东士望，王猛所荐也。瑶，鹜之子也。阳鹜仕燕，历事三朝。鹜，音务。

冠军将军慕容垂言于秦王坚曰："臣叔父评，燕之恶来辈也，恶来以多力事纣，纣嬖之以亡国。"恶来辈"，一作"恶来革"。史记曰：恶来善毁谗，诸侯以此益疏。"辈"，当作"革"。不宜复污圣朝，复，扶又翻。污，乌故翻。愿陛下为燕戮之。"为，于伪翻；下为人同。坚乃出评为范阳太守，燕之诸王悉补边郡。

臣光曰：古之人，灭人之国而人悦，何哉？为人除害故也。此惟汤、武足以当之，下此则汉高帝犹庶几焉。为，于伪翻。彼慕容评者，蔽君专政，忌贤疾功，愚暗贪虐以丧其国，丧，息浪翻。国亡不死，逃遁见禽。事见上卷海西公太和五年。秦王坚不以为诛首，又从而宠秩之，秩，序也，官也。宠秩，谓宠而序其官，使不失次也。是爱一人而不爱一国之人也，其失人心多矣。是以施恩于人而人莫之恩，尽诚于人而人莫之诚，卒于功名不遂，容身无所，卒，子恤翻。由不得其道故也。

2 三月，戊午，遣侍中王坦之征大司马温入辅；温复辞。复，扶又翻。

3 秦王坚诏："关东之民学通一经、才成一艺者，在所以【章：十二行本"以"上有"郡县"二字；乙十一行本同；孔本同；退斋校同。】礼送之。在官百石以上，学不通一经、才不成一艺者，罢遣还民。"苻坚之政如此而犹不能终，况不及苻坚者乎！

4 夏，四月，徙海西公于吴县西柴里，敕吴国内史刁彝防卫，又遣御史顾允监察之。监，工衔翻。彝，协之子也。刁协，元帝信用之。

5 六月，癸酉，秦以王猛为丞相、中书监、尚书令、太子太傅、司隶校尉，特进、常侍、持节、将军、侯如故；仍带特进、散骑常侍、使持节、车骑大将军、清河郡侯印绶也。阳平公融为使持节、都督六州诸军事、镇东大将军、冀州牧。代王猛镇邺。使，疏吏翻。

6 庾希、庾邈与故青州刺史武沈之子遵聚众夜入京口城，沈，持林翻。晋陵太守卞眈逾城奔曲阿。眈，丁含翻。沈约曰：吴时分无锡以西为毗陵郡，治丹徒，后复还毗陵。东海王越世子名毗。东海国故食毗陵，永嘉五年，改为晋陵；太兴初，郡及丹徒县悉治京口。希诈称受海西公密旨诛大司马温。建康震扰，内外戒严。卞眈发诸县兵二千人击希，希败，闭城自守。温遣东海内史周少孙讨之。元帝割吴郡海虞县之北境为东海郡。秋，七月，壬辰，拔其城，擒希、邈及其亲党，皆斩之。庾亮之后灭矣。眈，壸之子也。卞壸事元、明二帝，死于苏峻之难。

7 甲寅，帝不豫，急召大司马温入辅，一日一夜发四诏；温辞不至。初，帝为会稽王，娶王述从妹为妃，生世子道生及弟俞生。道生疏躁无行，从，才用翻。行，下孟翻。母子皆以幽废死。馀三子，郁、朱生、天流，皆早夭。夭，于绍翻。诸姬绝孕将十年，王使善相者视之，孕，以证翻。相，息亮翻；下同。皆曰："非其人。"又使视诸婢媵，媵，以证翻。卑女为婢。婢，女之下者。送女从嫁曰媵。有李陵容者，在织坊中，黑而长，宫人谓之"昆仑"，谓其人如昆仑也。昆仑国，在南海外。仑，卢昆翻。相者惊曰："此其人也！"王召之侍寝，生子昌明及道子。晋书曰：初，简文帝见谶曰："晋祚尽昌明。"及孝武帝之在孕也，李太后梦神人谓之曰：汝生男，以昌明为字。及产，东方始明，因以为名焉。帝后悟，乃流涕。及孝武帝崩，晋自此倾矣。己未，立昌明为皇太子，生十年矣。以道子为琅邪王，领会稽国，以奉帝母郑太妃之祀。帝封琅邪王，所生母郑夫人薨，固请服重，徙封会稽王，追号郑夫人为会稽太妃。会，工外翻。遗诏："大司马温依周公居摄故事。"又曰："少子可辅者辅之，如不可，君自取之。”用汉昭烈属诸葛亮之言。少，诗照翻。侍中王坦之自持诏入，于帝前毁之。帝曰：“天下，傥来之运，卿何所嫌！”坦之曰：“天下，宣、元之天下，宣帝肇基帝业，元帝中兴，故云然。陛下何得专之！”帝乃使坦之改诏曰：“家国事一禀大司马，如诸葛武侯、王丞相故事。”王丞相，导也。是日，帝崩。年五十三。

群臣疑惑，未敢立嗣，或曰：“当须大司马处分。”处，昌吕翻。分，扶问翻。尚书仆射王彪之正色曰：“天子崩，太子代立，大司马何容得异！若先面谘，必反为所责。”朝议乃定。朝，直遥翻。太子即皇帝位，大赦。崇德太后令，康献褚太后既归政于穆帝，居崇德宫，及哀帝、海西公之世，复临朝称制。海西既废，简文即位，尊后为崇德太后。以帝冲幼，加在谅闇，闇，音阴。令温依周公居摄故事。事已施行，王彪之曰：“此异常大事，大司马必当固让，使万机停滞，稽废山陵，未敢奉令，谨具封还。”事遂不行。此事即封还诏书之始也。

温望简文临终禅位于己，不尔便当居摄。既不副所望，甚愤怨，与弟冲书曰：“遗诏使吾依武侯、王公故事耳。”温疑王坦之、谢安所为，心衔之。诏谢安征温入辅；温又辞。

8 八月，秦丞相猛至长安，复加都督中外诸军事。复，扶又翻。猛辞曰：“元相之重，储傅之尊，端右事繁，京牧任大，总督戎机，出纳帝命，元相，丞相也。储傅，太子太傅也。端右，尚书令也。京牧，司隶校尉也。总督戎机，都督中外诸军事也。出纳帝命，中书监、常侍之职也。文武两寄，巨细并关，以伊、吕、萧、邓之贤，尚不能兼，谓伊尹、吕望、萧何、邓禹也。况臣猛之无似！”无似，犹言不肖也。章三四上，上，时掌翻。秦王坚不许，曰：“朕方混壹四海，非卿无可委者；卿之不得辞宰相，犹朕不得辞天下也。”

猛为相，坚端拱于上，百官总己于下，军国内外之事，无不由之。猛刚明清肃，善恶著白，放黜尸素，尸素，尸位素餐者也。显拔幽滞，劝课农桑，练习军旅，官必当才，刑必当罪。由是国富兵强，战无不克，秦国大治。治，直吏翻。坚敕太子宏及长乐公丕等曰："汝事王公，如事我也。"乐，音洛。

阳平公融在冀州，高选纲纪，纲纪，谓官属纲纪众事者也。以尚书郎房默、河间相申绍为治中别驾，姓谱：房姓本自丹朱，舜封为房邑侯，子陵以父封为氏。清河崔宏为州从事，管记室。融年少，为政好新奇，贵苛察；申绍数规正，少，诗照翻。好，呼到翻。数，所角翻；下同。导以宽和，融虽敬之，未能尽从。后绍出为济北太守，济，子礼翻。融屡以过失闻，数致谴让，乃自恨不用绍言。

融尝坐擅起学舍为有司所纠，遣主簿李纂诣长安自理；纂忧惧，道卒。卒，子恤翻。融问申绍："谁可使者？"绍曰："燕尚书郎高泰，清辩有胆智，可使也。"先是丞相猛及融屡辟泰，泰不起，先，悉荐翻。至是，融谓泰曰："君子救人之急，卿不得复辞！"复，扶又翻。泰乃从命。至长安，猛见之，笑曰："高子伯于今乃来，何其迟也！"高泰，字子伯。泰曰："罪人来就刑，何问迟速！"猛曰："何谓也？"泰曰："昔鲁僖公以泮宫发颂，诗鲁颂泮水，颂僖公能修泮宫也。齐宣王以稷下垂声，史记：齐宣王喜文学游说之士，驺衍、淳于髡、田骈、慎到、接子、环渊之徒七十六人，皆赐列第，稷下学士且数百千人。刘向别录曰：齐有稷门，城门也。谈说之士，期会于稷下也。虞喜曰：齐有稷山，立馆其下以待游士。今阳平公开建学宫，追踪齐、鲁，未闻明诏褒美，乃更烦有司举劾。劾，户概翻，又户得翻。明公阿衡圣朝，惩劝如此，下吏何所逃其罪乎！"猛曰："是吾过也。"事遂得释。猛因叹曰："高子伯岂阳平所宜吏乎！"言于秦王坚。坚召见，悦之，问以为治之本。对曰："治本在得人，得人在审举，审举在核真，未有官得其人而国家不治者也。"治，直吏翻。坚曰："可谓辞简而理博矣。"以为尚书郎；泰固请还州，还冀州也。坚许之。

9 九月，【章：十二行本“月”下有“甲寅”二字；乙十一行本同；孔本同；张校同；退斋校同。】追尊故会稽王妃王氏曰顺皇后，即王述从妹也。会，工外翻。尊帝母李氏为淑妃。

10 冬，十月，丁卯，葬简文帝于高平陵。

11 彭城妖人卢悚晋氏南渡，侨置彭城郡于晋陵界。妖，于骄翻。自称大道祭酒，事之者八百馀家。十一月，遣弟子许龙如吴，晨，到海西公门，称太后密诏，奉迎兴复；公初欲从之，纳保母谏而止。龙曰：“大事垂捷，焉用儿女子言乎！”焉，于虔翻。公曰：“我得罪于此，幸蒙宽宥，岂敢妄动！且太后有诏，便应官属来，何独使汝也？汝必为乱！”因叱左右缚之，龙惧而走。甲午，悚帅众三百人，晨攻广莫门，广莫门，建康城北门也。帅，读曰率；下同。诈称海西公还，由云龙门突入殿庭，云龙门，建康宫门也。略取武库甲仗，门下吏士骇愕不知所为。吏士守卫云龙门者也。游击将军毛安之闻难，帅众直入云龙门，难，乃旦翻。帅，读曰率。手自奋击；左卫将军殷康、中领军桓秘入止车门，与安之并力讨诛之，并党与死者数百人。海西公深虑横祸，横，户孟翻。专饮酒，恣声色，有子不育，时人怜之。朝廷知其安于屈辱，故不复为虞。虞，防也，备也。复，扶又翻。

12 秦都督北蕃诸军事、镇北大将军、开府仪同三司、朔方桓侯梁平老卒。平老在镇十馀年，鲜卑、匈奴惮而爱之。平老镇朔方，始一百卷穆帝升平三年。

13 三吴大旱，【章：十二行本“旱”下有“饥”字；乙十一行本同。】人多饿死。吴郡、吴兴、义兴为三吴，注已见前。

烈宗孝武皇帝上之上

讳曜，字昌明，简文帝第三子。谥法：五宗安之曰孝；克定祸乱曰武。

宁康元年（癸酉、三七三）

1 春，正月，己卯【严："卯"改"丑"。】朔，大赦改元。

2 二月，大司马温来朝；朝，直遥翻。辛巳，诏吏部尚书谢安、侍中王坦之迎于新亭。是时，都下人情恟恟，恟，许勇翻。或云欲诛王、谢，因移晋室。坦之甚惧，安神色不变，曰："晋祚存亡，决于此行。"温既至，百官拜于道侧。温大陈兵卫，延见朝士；朝，直遥翻。有位望者皆战慑失色；位，列位也；中庭左右谓之位。孟子曰：贤者在位，能者在职，则有位者公卿大臣也。望，名望也。慑，质涉翻。坦之流汗沾衣，倒执手版。沈约曰：手版则古笏矣。尚书令、仆射、尚书，手版头复有白笔，以紫皮裹之，名笏。安从容就席，从，千容翻。坐定，谓温曰："安闻诸侯有道，守在四邻，左传：楚沈尹戌曰：天子守在四夷，诸侯守在四邻。明公何须壁后置人邪！"温笑曰："正自不能不尔。"遂命左右撤之，与安笑语移日。史言王坦之虽忠于晋室而识度劣于谢安。移日，言笑语之久，不觉日晷之移。郗超常为温谋主，郗，丑之翻。安与坦之见温，温使超卧帐中听其言。风动帐开，安笑曰："郗生可谓入幕之宾矣。"时天子幼弱，外有强臣，安与坦之尽忠辅卫，卒安晋室。卒，子恤翻。

温治卢悚入宫事，治，直之翻。收尚书陆始付廷尉，免桓秘官，连坐者甚众；迁毛安之为左卫将军。桓秘由是怨温。

三月，温有疾，停建康十四日，甲午，还姑孰。

3 夏，代王什翼犍使燕凤入贡于秦。犍，居言翻。燕，于贤翻，姓也。

4 秋，七月，己亥，南郡宣武公桓温薨。

初，温疾笃，讽朝廷求九锡，屡使人趣之。趣，读曰促。谢安、王坦之故缓其事，有心为之谓之故。使袁宏具草。宏以示王彪之，彪之叹其文辞之美，因曰："卿固大才，安可以此示人！”言不当为此文也。谢安见其草，辄改之，由是历旬不就。宏密谋于彪之，彪之曰：“闻彼病日增，亦当不复支久，自可更小迟回。”安晋之功，人皆归之谢安、王坦之，彪之实预有力于其间。复，扶又翻。

温【章：十二行本“温”上有“宏从之”三字；乙十一行本同；孔本同；张校同；退斋校同。】弟江州刺史冲，问温以谢安、王坦之所任，温曰：“渠等不为汝所处分。”吴俗谓他人为渠侬。处，昌吕翻。分，扶问翻。其意以为，己存，彼必不敢立异，死则非冲所制；若害之，无益于冲，更失时望故也。观桓温所以待安、坦之者如此，二人者岂易及哉！

温以世子熙才弱，使冲领其众。于是桓秘与熙弟济谋共杀冲，冲密知之，不敢入。俄顷，温薨，冲先遣力士拘录熙、济而后临丧。录，收也。秘遂被废弃，熙、济俱徙长沙。诏葬温依汉霍光及安平献王故事。冲称温遗命，以少子玄为嗣，为桓玄篡晋张本。少，诗照翻。时方五岁，袭封南郡公。

庚戌，加右将军荆州刺史桓豁征西将军、督荆·杨·雍·交·广五州诸军事。“杨”，恐当作“梁”。雍，于用翻。桓【章：十二行本“桓”上有“以江州刺史”五字；乙十一行本同；孔本同；张校同；退斋校同。】冲为中军将军、都督扬·豫·江三州诸军事、扬·豫二州刺史，镇姑孰；竟陵太守桓石秀为宁远将军、江州刺史，镇寻阳。三分温所统以授其弟侄。石秀，豁之子也。冲既代温居任，尽忠王室；或劝冲诛除时望，专执时权；冲不从。始，温在镇，死罪皆专决不请。冲以为生杀之重，当归朝廷，凡大辟皆先上，辟，毗亦翻。上，时掌翻。须报，然后行之。史言桓冲事晋朝忠顺。

谢安以天子幼冲，新丧元辅，丧，息浪翻。欲请崇德太后临朝。王彪之曰：“前世人主幼在襁褓，母子一体，故可临朝；

朝，直遥翻；下同。太后亦不能决事，要须顾问大臣。今上年出十岁，垂及冠婚，冠，古玩翻。反令从嫂临朝，帝元帝之孙，于康帝为从弟，故太后为从嫂。从，才用翻。示人主幼弱，岂所以光扬圣德乎！诸公必欲行此，岂仆所制，所惜者大体耳。”安不欲委任桓冲，故使太后临朝，己得以专献替裁决，遂不从彪之之言。史言彪之所陈者正义，谢安所行者时宜。八月，壬子，太后复临朝摄政。复，扶又翻。

5 梁州刺史杨亮遣其子广袭仇池，简文帝咸安元年，秦取仇池。与秦梁州刺史杨安战，广兵败，沮水诸戍皆委城奔溃。班志，沮水出武都沮县东狼谷，东流合为汉水。晋盖阳沮水列戍以备秦。沮，子余翻。亮惧，退守磬险。九月，安进攻汉川。汉川即汉中郡之地。

6 丙申，以王彪之为尚书令，谢安为仆射，领吏部，共掌朝政。朝，直遥翻。安每叹曰：“朝廷大事，众所不能决者，以谘王公，无不立决！”

7 以吴国内史刁彝为徐、兖二州刺史，镇广陵。

8 冬，秦王坚使益州刺史王统、秘书监朱肜帅卒二万出汉川，肜，余冲翻。帅，读曰率；下同。前禁将军毛当、秦置左、右、前、后四禁将军。鹰扬将军徐成帅卒三万出剑门，入寇梁、益；梁州刺史杨亮帅巴獠万馀拒之，蜀先无獠，李势之时，始自山出。獠，卢皓翻。战于青谷。新唐志：洋州真符县，本华阳县，开元十八年，析兴道置。天宝八载，开清水谷路。兴道县，即兴势之地。亮兵败，奔固西城。西城县，汉属汉中郡，魏、晋属魏兴郡。奔固者，奔西城以自固也。肜遂拔汉中。徐成攻剑阁，【章：十二行本“阁”作“门”；乙十一行本同。】克之。杨安进攻梓潼，梓潼太守周虓固守涪城，遣步骑数千送母、妻自汉水趣江陵，朱肜邀而获之，此汉水，盖蜀人所谓西汉水也，与涪水会，至渝州入江，顺江而下，则达江陵。然朱肜克汉中，因得邀获虓母、妻，则又似自汉中之汉水趣江陵。但秦兵已至梓潼，自涪以北，皆为秦有，虓母、妻安能越剑阁，取汉水路而趣江陵乎！意谓当以此汉水为西汉水。虓，虚交翻。涪，音浮。趣，七喻翻。虓遂降于安。降，户江翻；下同。十一月，安克梓潼。梓潼县，汉属广汉郡。刘蜀分为梓潼郡，治涪。潼，音同。荆州刺史桓豁遣江夏相竺瑶救梁、益；瑶闻广汉太守赵长战死，引兵退。益州刺史周仲孙勒兵拒朱肜于绵竹，闻毛当将至成都，仲孙帅骑五千奔于南中。秦遂取梁、益二州，邛、莋、夜郎皆附于秦。邛，渠容翻。莋，才各翻。秦王坚以杨安为益州牧，镇成都；毛当为梁州刺史，镇汉中；姚苌为宁州刺史，屯垫江；垫，音叠。王统为南秦州刺史，镇仇池。

秦王坚欲以周虓为尚书郎，虓曰："蒙晋厚恩，但老母见获，失节于此。母子获全，秦之惠也。虽公侯之贵，不以为荣，况郎官乎！"遂不仕。每见坚，或箕踞而坐，呼为氐贼。坚本氐也，故以氐贼呼之。此必虓母死后事。尝值元会，正月一日为元日，是日朝会为元会。仪卫甚盛，坚问之曰："晋朝元会，与此何如？"虓攘袂厉声曰："犬羊相聚，何敢比拟天朝！"秦之君臣，皆六夷也，故诋之为犬羊。天朝，谓晋也。朝，直遥翻。秦人以虓不逊，屡请杀之；坚待之弥厚。

周仲孙坐失守免官。桓冲以冠军将军毛虎生为益州刺史，领建平太守，冠，古玩翻。以虎生子球为梓潼太守。虎生与球伐秦，至巴西，以粮乏，退屯巴东。

9 以侍中王坦之为中书令，领丹杨尹。

10 是岁，鲜卑勃寒掠陇右，勃寒，亦陇西鲜卑也。秦王坚使乞伏司繁讨之，勃寒请降；遂使司繁镇勇士川。勇士川即汉天水勇士县之地。

11 有彗星出于尾箕，长十馀丈，彗，祥岁翻，又旋芮翻，又徐醉翻。长，直亮翻。经太微，扫东井；自四月始见，及秋冬不灭。秦太史令张孟【严："孟"改"猛"。】言于秦王坚曰："尾、箕，燕分；东井，秦分。天文志：尾九星，箕四星，燕、幽州分。东井八星，秦、雍州分。见，贤遍翻。分，扶问翻。今彗起尾、箕而扫东井，十年之后，燕当灭秦；二十年之后，代当灭燕。按天文志，云中入东井一度，定襄入东井八度，雁门入东井十六度，代郡入东井二十八度，是皆拓跋氏所有之地也。所以知代当灭燕者，天道好还，彗起燕分而扫秦分，此燕灭秦之征。秦已灭矣，代乘天道好还之运，反而灭燕，自然之大数也。太元十年，慕容冲破长安，距是岁仅十一年。安帝隆安元年，拓跋珪克中山，距是岁二十三年。慕容暐父子兄弟，我之仇敌，而布列朝廷，贵盛莫二，臣窃忧之，宜翦其魁桀者以消天变。"坚不听。

阳平公融上疏曰："东胡跨据六州，鲜卑，东胡之馀种也。南面称帝，陛下劳师累年，然后得之，事见上卷海西公太和四年、五年。本非慕义而来。今陛下亲而幸之，使其父兄子弟森然满朝，木多为森。森然，犹林然也。朝，直遥翻。执权履职，势倾勋旧。臣愚以为狼虎之心，终不可养，星变如比，愿少留意！"坚报曰："朕方混六合为一家，视夷狄为赤子，汝宜息虑，勿怀耿介。诗曰：忧心耿耿。贤曰：介介，犹耿耿也。夫惟修德可以禳灾，苟能内求诸己，何惧外患乎！"史言苻坚养虎自遗患，为悔不用融言张本。

二年（甲戌、三七四）

1 春，正月，癸未朔，大赦。

2 己酉，刁彝卒。二月，癸丑，以王坦之为都督徐·兖·青三州诸军事、徐·兖二州刺史，镇广陵。诏谢安总中书。王坦之出镇，安兼总中书。安好声律，期功之惨，不废丝竹，期功，期及大功、小功之丧也。好，呼到翻。士大夫效之，遂以成俗。王坦之屡以书苦谏之曰："天下之宝，当为天下惜之。"为，于伪翻。言礼法为天下之宝。安不能从。

3 三月，秦太尉建宁烈公李威卒。

4 夏，五月，蜀人张育、杨光起兵击秦，有众二万，遣使来请兵。使，疏吏翻。秦王坚遣镇军将军邓羌帅甲士五万讨之。帅，读曰率。益州刺史竺瑶、威远将军桓石虔帅众三万攻垫江，姚苌兵败，退屯五城。晋志，广汉郡有五城县，武帝咸宁四年立，唐梓州之玄武县也。华阳国志云：汉时立仓于此，发五县人尉部主之，后因以为五城县，有五城山。瑶、石虔屯巴东。张育自号蜀王，与巴獠酋帅张重、尹万万馀人进围成都。獠，鲁皓翻。酋，慈由翻。帅，所类翻。六月，育改元黑龙。秋，七月，张育与张重等争权，举兵相攻，秦杨安、邓羌袭育，败之，败，补迈翻；下同。育与杨光退屯绵竹。八月，邓羌败晋兵于涪西。九月，杨安败张重、尹万于成都南，败，补迈翻。重死，斩首二万三千级。邓羌击张育、杨光于绵竹，皆斩之。益州复入于秦。复，扶又翻。

5 冬，十二月，有人入秦明光殿大呼曰："甲申、乙酉，鱼羊食人，悲哉无复遗！""鱼羊"合成"鲜"字，谓鲜卑也。是后慕容起兵攻秦，果在甲申、乙酉之岁。呼，火故翻。秦王坚命执之，不获。秘书监朱肜、秘书侍郎略阳赵整晋秘书省有丞、有郎，无侍郎。秦以整为秘书郎，内侍左右，故曰侍郎。固请诛鲜卑，坚不听。整，宦官也，博闻强记，能属文；属，之欲翻。好直言，上书及面谏，前后五十馀事。好，呼到翻。上，时掌翻。慕容垂夫人得幸于坚，即段夫人也。坚与之同辇游于后庭，整歌曰："不见雀来入燕室，但见浮云蔽白日。"坚改容谢之，命夫人下辇。

6 是岁，代王什翼犍击刘卫辰，南走。"卫辰"之下更有"卫辰"字，文意乃足。为下卫辰求救于秦张本。犍，居言翻。

三年（乙亥、三七五）

1 春，正月，辛亥，大赦。

2 夏，五月，丙午，蓝田献侯王坦之卒；临终与谢安、桓冲书，惟以国家为忧，言不及私。

3 桓冲以谢安素有重望，欲以扬州让之，自求外出。桓氏族党皆以为非计，莫不扼腕固谏，腕，乌贯翻。郗超亦深止之，扬州统摄京畿，权任要重，故皆止冲。冲皆不听，处之澹然。处，昌吕翻。澹，徒览翻。甲寅，诏以冲都督徐·豫·兖·青·扬五州诸军事、徐州刺史，镇京口；以安领扬州刺史，并加侍中。

4 六月，秦清河武侯王猛寝疾，秦王坚亲为之祈南、北郊及宗庙、社稷，为，于伪翻；下同。分遣侍臣遍祷河、岳诸神。盖黄河及华岳诸神，不尽遍四岳也。猛疾少瘳，为之赦殊死以下。身首横分为殊死。少，诗沼翻。猛上疏曰："不图陛下以臣之命而亏天地之德，开辟已来，未之有也。臣闻报德莫如尽言，谨以垂没之命，窃献遗款。款，诚也。伏惟陛下，威烈振乎八荒，八方之外为八荒。尔雅：觚竹、北户、西王母、日下，谓之四荒。声教光乎六合，六合，天、地、东、西、南、北。九州百郡，十居其七，平燕定蜀，有如拾芥。师古曰：草芥之横在地上者，俛而拾之，言易而必得也。夫善作者不必善成，善始者不必善终，乐毅答燕惠王书之言。是以古先哲王，知功业之不易，战战兢兢，如临深谷。诗：小宛：惴惴小心，如临于谷；战战兢兢，如履薄冰。易，以豉翻。伏惟陛下，追踪前圣，天下幸甚。"坚览之悲恸。秋，七月，坚亲至猛第视疾，访以后事。猛曰："晋虽僻处江南，然正朔相承，王猛事秦，亦知正统之在江南。徐光之论非矣。处，昌吕翻。上下安和，臣没之后，愿勿以晋为图。鲜卑、西羌，我之仇敌，终为人患，后卒如猛言。宜渐除之，以便社稷。"言终而卒。坚比敛，三临哭，比，必寐翻，及也。敛，力赡翻。临，如字。谓太子宏曰："天不欲使吾平壹六合邪，何夺吾景略之速也？"葬之如汉霍光故事。

5 八月，癸巳，立皇后王氏，大赦。后，濛之孙也。王濛善清谈，与刘惔齐名。以后父晋陵太守蕴为光禄大夫，领五兵尚书，魏始置五兵尚书，谓总录中兵、外兵、别兵、都兵、骑兵事也。封建昌【章：

十二行本"昌"下有"县"字；乙十一行本同。】侯；蕴固辞不受。

6 九月，帝讲孝经，始览典籍，延儒士。谢安荐东莞徐邈补中书舍人，晋初，中书置通事、舍人各一人，掌呈奏案及掌诏命。沈约曰：晋置中书侍郎，又置舍人一人，通事一人。江左初合舍人、通事，谓之通事舍人，掌呈案奏章；后省通事。莞，音官。每被顾问，多所匡益。帝或宴集，酣乐之后，好为手诏诗章以赐侍臣，或文词率尔，所言秽杂；邈应时收敛还省省，谓中书省。被，皮义翻。乐，音洛。好，呼到翻。刊削，皆使可观，经帝重览，重，直龙翻。然后出之。时议以此多邈。

7 冬，十月，癸酉朔，日有食之。

8 秦王坚下诏曰："新丧贤辅，百司或未称朕心，可置听讼观于未央南，丧，息浪翻。称，尺证翻；下同。观，古玩翻。朕五日一临，以求民隐。今天下虽未大定，权可偃武修文，以称武侯雅旨。其增崇儒教；禁老、庄、图谶之学，犯者弃市。"王猛谥武侯。称，尺证翻。谶，楚谮翻。妙简学生，太子及公侯百僚之子皆就学受业；中外四禁、二卫、四军长上将士，皆令受学。秦有中军、外军将军。前禁、后禁、左禁、右禁将军，是为四禁。左卫、右卫将军，是为二卫。卫军、抚军、镇军、冠军将军，是为四军。长上者，长上宿卫将士也。上，时掌翻。将，即亮翻。二十人给一经生，教读音句，后宫置典学以教掖庭，选阉人及女隶敏慧者诣博士授经。女隶，没入为官婢者，奚官女是也。尚书郎王佩读谶，坚杀之；学谶者遂绝。

王崇武标点容肇祖聂崇岐覆校

中华国学文库

资治通鉴

五

〔宋〕司马光 编著

〔元〕胡三省 音注

中华书局

资治通鉴卷第一百四

端明殿学士兼翰林侍读学士朝散大夫右谏议大夫
充集贤殿修撰权判西京留司御史台上柱国河内郡 司马光 奉敕编集
开国侯食邑一千三百户食实封四百户赐紫金鱼袋臣

后学天台胡三省音注

晋纪二十六 起柔兆困敦（丙子），尽玄黓敦牂（壬午），凡七年。

烈宗孝武皇帝上之中

太元元年（丙子、三七六）

1 春，正月，壬寅朔，帝加元服；皇太后下诏归政，太后摄政，见上卷上年。复称崇德太后。甲辰，大赦，改元。丙午，帝始临朝。朝，直遥翻。以会稽内史郗愔为镇军大将军、都督浙江东五郡诸军事；浙江东五郡，会稽、东阳、临海、永嘉、新安也。会，工外翻。郗，丑之翻。愔，挹淫翻。徐州刺史桓冲为车骑将军、都督豫、江二州之六郡诸军事，豫州之历阳、淮南、庐江、安丰、襄城及江州之寻阳，共六郡。骑，奇寄翻。自京口徙镇姑孰。谢安欲以王蕴为方伯，故先解冲徐州。乙卯，加谢安中书监，录尚书事。

2 二月，辛卯，秦王坚下诏曰："朕闻王者劳于求贤，逸于得士，齐桓公用管仲之言。斯言何其验也。往得丞相，常谓帝王易为。易，以豉翻。自丞相违世，须发中白，丞相，谓王猛。中，半也。中，丁仲翻。每一念之，不觉酸恸。今天下既无丞相，或政教沦替，替，废也。可分遣侍臣周巡郡县，问民疾苦。”

3 三月，秦兵寇南乡，拔之，山蛮三万户降秦。自春秋之时，伊、洛以南，巴、巫、汉、沔以北，大山长谷，皆蛮居之。文公十六年，庸人率群蛮以叛楚。庸，则汉之上庸县也。哀公四年，楚人袭梁及霍以围蛮氏，执蛮子赤。梁，则汉河南之梁县；霍，则梁县南之霍阳山也。汉高帝用巴渝蛮以定三秦，则板楯蛮也。后汉祭遵攻新城蛮、柏华蛮，破霍阳聚，则春秋蛮氏之聚落也。其后又有巫蛮、南郡蛮、江夏蛮。襄阳以西，中庐、宜城之西山，皆蛮居之，所谓山蛮也。宋、齐以后，谓之雍州蛮。降，户江翻。

4 夏，五月，甲寅，大赦。

5 初，张天锡之杀张邕也，刘肃及安定梁景皆有功，事见一百一卷穆帝升平五年。二人由是有宠，赐姓张氏，以为己子，使预政事。天锡荒于酒色，不亲庶务，黜世子大怀而立嬖妾【章：十二行本“妾”下有“焦氏”二字；乙十一行本同；张校同。】之子大豫，嬖，卑义翻，又博计翻。以焦氏为左夫人，人情愤怨；从弟从事中郎宪舆榇切谏，不听。从，才用翻。榇，初覲翻。

秦王坚下诏曰：“张天锡虽称藩受位，然臣道未纯，可遣使持节·武卫将军【章：十二行本“军”下有“武都”二字；乙十一行本同；退斋校同。】苟苌、左将军毛盛、中书令梁熙、步兵校尉姚苌等将兵临西河；河水过敦煌、酒泉、张掖郡南，武威郡东北，为西河。使，疏吏翻。苌，仲良翻。将，即亮翻。尚书郎阎负、梁殊奉诏征天锡入朝，朝，直遥翻。若有违王命，即进师扑讨。”扑，普卜翻。是时，秦步骑十三万，军司段铿谓周虓曰：“以此众战，谁能敌之！”用左传齐桓公之言。铿，丘耕翻。虓，虚交翻。虓曰：“戎狄以来，未之有也。”周虓拘执于秦，其尊本朝之心，虽造次不忘也。考异曰：虓传曰：“吕光征西域，坚出饯之，戎士二十万，旌旗数百里。问虓曰：‘朕众力何如？’虓曰：‘戎夷以来，未之有也。’”按建元十八年，二月，虓谋反，徙朔方。十九年，正月，吕光发长安。故知在伐凉州时。今从十六国春秋。坚又命秦州刺史苟池、河州刺史李辩、凉州刺史王统帅三州之众为苟苌后继。

帅，读曰率。

秋，七月，阎负、梁殊至姑臧。张天锡会官属谋之，曰："今入朝，必不返；如其不从，秦兵必至，将若之何？"禁中录事席仂曰：禁中录事，张氏所置，使总录禁中事也。仂，与力同，又音勒。"以爱子为质，质，音致。赂以重宝，以退其师，然后徐为之计，此屈伸之术也。"众皆怒，曰："吾世事晋朝，朝，直遥翻。忠节著于海内。今一旦委身贼庭，辱及祖宗，丑莫大焉！且河西天险，百年无虞，若悉境内精兵，右招西域，北引匈奴以拒之，何遽知其不捷也！"天锡攘袂大言曰："孤计决矣，言降者斩！"降，户江翻；下同。使谓阎负、梁殊曰："君欲生归乎，死归乎？"殊等辞气不屈，天锡怒，缚之军门，命军士交射之，曰："射而不中，射，而亦翻。中，竹仲翻。不与我同心者也。"其母严氏泣曰："秦主以一州之地，横制天下，东平鲜卑，南取巴、蜀，兵不留行；汝【章：十二行本"汝"上有"所向无敌"四字；乙十一行本同；退斋校同；张校同，云无注本亦脱。】若降之，犹可延数年之命。今以蕞尔一隅，抗衡大国，蕞，徂外翻。又杀其使者，亡无日矣！"天锡使龙骧将军马建帅众二万拒秦。骧，思将翻。帅，读曰率。

秦人闻天锡杀阎负、梁殊，八月，梁熙、姚苌、王统、李辩济自清石津，攻凉骁烈将军梁济于河会城，降之。骁烈将军，盖张氏置。五代志：允吾县有青岩山。水经注：湟河至允吾，与大河会。意者清石津在青岩山之下，河会城在二河之会欤？骁，坚尧翻。甲申，苟苌济自石城津，阚骃曰：石城津在金城西北。与梁熙会攻缠缩城，拔之。马建惧，自杨非退屯清塞。水经注：逆水出允吾县之参街谷，东南流径街亭城南，又东南径阳非亭北，又东南径广武城西。据载记，杨非在支阳东北三百馀里。天锡又遣征东将军掌据帅众三万军于洪池，洪池，岭名，在姑臧南。"掌据"，晋书作"常据"，当从之。天锡自将馀众五万，军于金昌城。金昌城在赤岸西北。安西将军敦煌宋皓言于天锡曰：敦，徒门翻。“臣昼察人事，夜观天文，秦兵不可敌也，不如降之。”天锡怒，贬皓为宣威护军。广武太守辛章曰：张寔分金城之令居、枝阳，置广武郡。宋白曰：兰州广武县本汉枝阳县地，张骏分晋兴置广武郡。“马建出于行陈，行，户刚翻。陈，读曰阵。必不为国家用。”苟苌使姚苌帅甲士三千为前驱。庚寅，马建帅万人迎降，馀兵皆散走。辛卯，苟苌及掌据战于洪池，据兵败，马为乱兵所杀，其属董儒授之以马，据曰：“吾三督诸军，再秉节钺，八将禁旅，十总禁【章：十二行本“禁”作“外”；乙十一行本同；孔本同。】兵，宠任极矣。天锡之攻李俨也，常据首破其兵；盖河西推为良将，故其言如此。今卒困于此，卒，子恤翻。此吾之死地也，尚安之乎！”乃就帐免胄，西向稽首，伏剑而死。稽，音启。秦兵杀军司席仂。癸巳，秦兵入清塞，天锡遣司兵赵充哲帅众拒之。河西张氏置官僚，拟于王者而微异其名。司兵，盖晋五兵尚书之职也。秦兵与充哲战于赤岸，大破之，水经注：河水自左南而东，径赤岸北，亦谓之河夹岸。秦州记曰：枹罕有河夹岸。俘斩三万八千级，充哲死。天锡出城自战，城内又叛。天锡与数千骑奔还姑臧。甲午，秦兵至姑臧，天锡素车白马，面缚舆榇，降于军门。苟苌释缚焚榇，送于长安，惠帝永宁元年，张轨为凉州刺史，遂有凉土，共九主，七十五年而亡。榇，初覲翻。凉州郡县悉降于秦。

九月，秦王坚以梁熙为凉州刺史，镇姑臧。徙豪右七千馀户于关中，馀皆按堵如故。封天锡为归义侯，拜北部尚书。秦置北部尚书，以掌北蕃。初，秦兵之出也，先为天锡筑第于长安，为，于伪翻。至则居之。以天锡晋兴太守陇西彭和正为黄门侍郎，张轨分西平界，置晋兴郡。治中从事武兴苏膺、张轨以秦、雍移人于姑臧西北，置武兴郡。敦煌太守张烈为尚书郎，敦，徒门翻。西平太守金城赵凝为金城太守，高昌杨干为高昌太守；高昌，汉车师之高昌壁也，张氏始置郡，后为高昌国，唐以其地置西州。馀皆随才擢叙。

梁熙清俭爱民，河右安之；为梁熙为吕光所杀张本。以天锡武威太守敦煌索泮为别驾，索，昔各翻。宋皓为主簿。西平郭护起兵攻秦，熙以皓为折冲将军，讨平之。

桓冲闻秦攻凉州，遣兖州刺史朱序、江州刺史桓石秀与荆州督护桓罴游军沔、汉，为凉州声援；沔，弥兖翻。又遣豫州刺史桓伊帅众向寿阳，帅，读曰率；下同。淮南太守刘波泛舟淮、泗，欲桡秦以救凉。桡，奴教翻。闻凉州败没，皆罢兵。

6 初，哀帝减田租，亩收二升。见一百一卷隆和元年。乙巳，除度田收租之制，度，徒洛翻。王公以下，口税米三斛，蠲在役之身。

7 冬，十月，移淮北民于淮南。畏秦也。

8 刘卫辰为代所逼，求救于秦，秦王坚以幽州刺史行唐公洛为北讨大都督，帅幽、冀兵十万击代；帅，读曰率。使并州刺史俱难、镇军将军邓羌、尚书赵迁、李柔、前将军朱肜、前禁将军张蚝、蚝，七吏翻。右禁将军郭庆帅步骑二十万，东出和龙，西出上郡，皆与洛会，以卫辰为乡导。洛，菁之弟也。秦主健之入关，菁有功焉。健之垂没也，菁以逆诛。乡，读曰向。

苟苌之伐凉州也，遣扬武将军马晖、建武将军杜周帅八千骑西出恩宿，邀张天锡走路，期会姑臧。晖等行泽中，值水失期，于法应斩，有司奏征下狱。下，遐稼翻。秦王坚曰："水春冬耗竭，秋夏盛涨，此乃苟苌量事失宜，量，音良。非晖等罪。今天下方有事，宜宥过责功。"命晖等回赴北军，击索虏以自赎。"代本鲜卑索头种，故谓之索虏。索，昔各翻。众咸以为万里召将，非所以应速，将，即亮翻；下同。坚曰："晖等喜于免死，不可以常事疑也。"晖等果倍道疾驱，遂及东军。晖等自西方回，故谓伐代之军为东军。

9 十一月，己巳朔，日有食之。

10 代王什翼犍使白部、独孤部南御秦兵，皆不胜，鲜卑有白部。后汉时鲜卑居白山者，最为强盛，后因曰白部。令狐德棻曰：魏氏之初，三十六部，其先伏留屯者，与魏俱起，为部落大人，遂为独孤部。犍，居言翻。又使南部大人刘库仁将十万骑御之。库仁者，卫辰之族，什翼犍之甥也，与秦兵战于石子岭，石子岭当云中盛乐西南。新唐书曰：自夏州北渡乌水，一百二十里至可朱浑水源，又百馀里至石子岭。库仁大败；什翼犍病，不能自将，乃帅诸部奔阴山之北。高车杂种尽叛，李延寿曰：高车，盖赤狄之馀种也，北方以为高车丁零。或云：其先，匈奴甥也。其迁徙随水草，衣皮食肉，牛羊畜产并与柔然同；唯车轮高大，辐数至多，因以为号。种，章勇翻。四面寇钞，钞，楚交翻。不得刍牧，什翼犍复渡漠南。复，扶又翻。闻秦兵稍退，十二月，什翼犍还云中。

初，什翼犍分国之半以授弟孤，事见九十六卷成帝咸康四年。孤卒，子斤失职怨望。不复得国之半，故自以为失职而怨。卒，子恤翻。世子寔及弟翰早卒，寔卒见上卷简文帝咸安元年。寔子珪尚幼，慕容妃之子阏婆、寿鸠、纥根、地干、力真、窟咄皆长，阏，于葛翻。纥，下没翻。窟，苦骨翻。咄，当没翻。长，知两翻；下同。慕容妃，燕女也。什翼犍娶燕女为妃，见九十七卷康帝建元二年。继嗣未定。时秦兵尚在君子津，水经：河水南入云中桢陵县西北，又南过赤城东，又南过定襄桐过县西。河水于二县之间，济有君子之名。郦道元注曰：昔汉桓帝西幸榆中，东行代地，洛阳大贾赍金货随帝后行，夜，迷失道，往投津长，曰子封，送之渡河。贾人卒死，津长埋之。其子寻求父丧，发冢举尸，资货一无所损。其子悉以金与之，津长不受。事闻于帝，曰："君子也，"即名其津为君子济。在云中城西南二百馀里。诸子每夜执兵警卫。斤因说什翼犍之庶长子寔君曰：说，输芮翻。"王将立慕容妃之子，欲先杀汝，故顷来诸子每夜戎服，以兵绕庐帐，北狄之长，居大毡帐，环设兵卫。毡帐，汉人谓之穹庐，因曰庐帐。伺便将发耳。"伺，相吏翻。寔君信之，遂杀诸弟，并弑什翼犍。是夜，诸子妇及部人奔告秦军，秦李柔、张蚝勒兵趋云中，趋，七喻翻。部众逃溃，国中大乱。珪母贺氏以珪走依贺讷。讷，野干之子也。贺野干见上卷简文帝咸安元年。

秦王坚召代长史燕凤，问其所以乱故，凤具以状对。坚曰："天下之恶一也。"左传载石祁子之言。乃执寔君及斤，至长安，车裂之。坚欲迁珪于长安，凤固请曰："代王初亡，群下叛散，遗孙冲幼，莫相统摄。其别部大人刘库仁，勇而有智，铁弗卫辰，狡猾多变，刘卫辰本匈奴铁弗种。李延寿曰：铁弗，南单于苗裔。卫辰者，左贤王去卑之玄孙。北人谓〔胡〕父、为（衍）鲜卑母为铁弗，因以为姓。皆不可独任。宜分诸部为二，令此两人统之；两人素有深雠，其势莫敢先发。俟其孙稍长，引而立之，是陛下有存亡继绝之德于代，使其子子孙孙永为不侵不叛之臣，用左传戎子驹支之言。此安边之良策也。"坚从之。分代民为二部，自河以东属库仁，自河以西属卫辰，各拜官爵，使统其众。贺氏以珪归独孤部，与南部大人长孙嵩、拓跋郁律生二子：长曰沙莫雄，次曰什翼犍。沙莫雄为南部大人，后改名仁，号为拔拔氏，生嵩。道武以嵩宗室之长，改为长孙氏。此言长孙所出，与前注略不同。元佗等皆依库仁。行唐公洛以什翼犍子窟咄年长，长，知两翻。迁之长安。坚使窟咄入太学读书。

下诏曰："张天锡承祖父之资，借百年之业，擅命河右，叛换偏隅。郑康成曰：叛换，犹跋扈也。韩诗曰：叛换，武强也。索头世跨朔北，中分区域，东宾秽貊，"秽"，当作"涉"。西引乌孙，控弦百万，虎视云中。爰命两师，两师，谓苟苌伐河西之师，行唐公洛伐代之师也。分讨黠虏，黠，下八翻。役不淹岁，穷殄二凶，俘降百万，降，户江翻。辟土九千，五帝之所未宾，周、汉之所未至，莫不重译来王，重，直龙翻。怀风率职。有司可速班功受爵，杜预曰：班，次也。"受"，当作"授"。戎士悉复之五岁，复，方目翻。赐爵三级。”于是加行唐公洛征西将军，以邓羌为并州刺史。

阳平国常侍慕容绍私谓其兄楷曰：“秦恃其强大，务胜不休，北戍云中，南守蜀、汉，转运万里，道殣相望，左传之言。诗云：行有死人，尚或殣之。毛氏曰：墐，路冢也。殣，音觐。说文曰：道中死人，人所覆也。又，饿殍为殣。兵疲于外，民困于内，危亡近矣。冠军叔仁智度英拔，必能恢复燕祚，秦以慕容垂为冠军将军，楷、绍之叔父也。“叔仁”，当作“叔父”。冠，古玩翻。吾属但当爱身以待时耳！”史言鲜卑窥秦，有乘衅报复之志。

初，秦人既克凉州，议讨西障氐、羌，西障，西边也。秦王坚曰：“彼种落杂居，种，章勇翻。不相统壹，不能为中国大患，宜先抚谕，征其租税，若不从命，然后讨之。”乃使殿中将军张旬前行宣慰，庭中将军魏曷飞帅骑二万七千随之。庭中将军，秦所置，盖立仗殿庭中者也。帅，读曰率。骑，奇寄翻。曷飞忿其恃险不服，纵兵击之，大掠而归。坚怒其违命，鞭之二百，斩前锋督护储安以谢氐、羌。氐、羌大悦，降附贡献者八万三千馀落。降，户江翻。雍州士族先因乱流寓河西者，皆听还本。雍，于用翻。

刘库仁招抚离散，恩信甚著，奉事拓跋珪恩勤周备，不以废兴易意，常谓诸子曰：“此儿有高天下之志，必能恢隆祖业，汝曹当谨遇之。”天下之英雄，虽在童稚中，固不与群儿同也。秦王坚赏其功，加广武将军，给幢麾鼓盖。幢，直江翻。

刘卫辰耻在库仁之下，怒杀秦五原太守而叛。五原，汉郡也；魏、晋省，弃其地于荒外；秦复置郡；隋、唐为丰、盐二州。库仁击卫辰，破之，追至阴山西北千馀里，获其妻子。又西击库狄部，徙其部落，置之桑乾川。桑乾县，汉属代郡，晋省。孟康曰：乾，音干。拓跋魏后置桑干郡；唐属朔州善阳县界。魏收志，拓跋力微时，次南诸部有库狄部，后改为狄氏。久之，坚以卫辰为西单于，督摄河西杂类，屯代来城。代来城，在北河西，盖秦筑以居卫辰。言自代来者居此城也。单，音蝉。

11 是岁，乞伏司繁卒，子国仁立。为乞伏国仁乘秦乱据陇西张本。

二年（丁丑、三七七）

1 春，高句丽、新罗、西南夷皆遣使入贡于秦。新罗，弁韩苗裔也，居汉乐浪地。杜佑曰：新罗本辰韩种，魏时为斩〔新〕卢国，晋、宋曰新罗。其国在百济东南五百馀里，兼有沃沮、不耐、韩、涉地。句，如字，又音驹。丽，力知翻。使，疏吏翻。

2 赵故将作功曹熊邈屡为秦王坚言石氏宫室器玩之盛，坚以邈为将作长史，领将作丞，【章：十二行本"将作丞"作"尚方丞"；乙十一行本同；孔本同；张校同；退斋校同。】晋将作大匠有丞，无长史；长史盖秦所置。屡为，于伪翻。大修舟舰、兵器，饰以金银，颇极精巧。舰，户黯翻。慕容农私言于慕容垂曰："自王猛之死，秦之法制，日以颓靡，今又重之以奢侈，重，直用翻。殃将至矣，图谶之言，行当有验。大王宜结纳英杰以承天意，时不可失！"垂笑曰："天下事非尔所及！"慕容农所见，犹绍、楷也。

3 桓豁表兖州刺史朱序为梁州刺史，镇襄阳。

4 秋，七月，丁未，以尚书仆射谢安为司徒，安让不拜；复加侍中、都督扬·豫·徐·兖·青五州诸军事。复，扶又翻。

丙辰，征西大将军、荆州刺史桓豁卒。冬，十月，辛丑，以桓冲都督江、荆、梁、益、宁、交、广七州诸军事，领荆州刺史；以冲子嗣为江州刺史。又以五兵尚书王蕴都督江南诸军事，领【章：十二行本"领"上有"假节"二字；乙十一行本同；孔本同；张校同。】徐州刺史；江南诸军，谓晋陵诸军也。征西司马领南郡相谢玄为兖州刺史，领广陵相，监江北诸军事。桓豁为征西将军，以玄为司马。监，工衔翻。

桓冲以秦人强盛，欲移阻江南，此江南即上明也。奏自江陵徙镇上明，晋志：上明在汉武陵郡孱陵县界。水经注：上明城在枝江县，其地夷敞，北据大江，江汜枝分，东入大江，县治洲上，故以枝江为称。杜佑曰：上明即今江陵松滋县西废大明城，桓冲所筑也。冲疏曰："南平孱陵县界，地名上明，田土膏良，可以资业军人。在吴时乐乡城以上四十馀里，北枕大江，西接三峡。"宋白曰：上明城，桓冲所筑，在今松滋县西。使冠军将军刘波守江陵，冠，古玩翻。谘议参军杨亮守江夏。

王蕴固让徐州，谢安曰："卿居后父之重，不应妄自菲薄，以亏时遇。"时遇，谓一时之恩遇也。蕴乃受命。

初，中书郎郗超自以其父愔位遇应在谢安之右，而安入掌机权，愔优游散地，郗愔自徐、兖二州刺史移镇会稽。郗，丑之翻。愔，挹淫翻。散，悉亶翻。常愤邑形于辞色，由是与谢氏有隙。是时朝廷方以秦寇为忧，诏求文武良将可以镇御北方者，将，即亮翻。谢安以兄子玄应诏。超闻之，叹曰："安之明，乃能违众举亲；玄之才，足以不负所举。"众咸以为不然。超曰："吾尝与玄共在桓公府，桓公，谓桓温。超、玄同府，事见一百一卷哀帝兴宁元年。见其使才，虽履屐间未尝不得其任，是以知之。"履，以皮为之；屐，以木为之。屐，竭戟翻。

玄募骁勇之士，骁，坚尧翻。得彭城刘牢之等数人。以牢之为参军，常领精锐为前锋，战无不捷。时号"北府兵"，晋人谓京口为北府。谢玄破俱难等，始兼领徐州。号北府兵者，史终言之。敌人畏之。

5 壬寅，护军将军、散骑常侍王彪之卒。散，悉亶翻。骑，奇寄翻。初，谢安欲增修宫室，彪之曰："中兴之初，即东府为宫，东府，在建康台城之东。殊为俭陋。苏峻之乱，成帝止兰台都坐，兰台，御史台也。都坐，御史台官会坐之地。坐，徂卧翻。殆不蔽寒暑，是以更营新宫。见九十四卷成帝咸和五年。比之汉、魏则为俭，比之初过江则为侈矣。今寇敌方强，岂可大兴功役，劳扰百姓邪！”安曰：“宫室弊陋，后人谓人无能。”彪之曰：“凡任天下之重者，当保国宁家，缉熙政事，缉，续也；熙，广也。郑玄曰：缉熙，光明也。乃以修室屋为能邪！”安不能夺其议，故终彪之之世，无所营造。

6 十二月，临海太守郗超卒。临海，本会稽东部都尉治。沈约曰：前汉都尉治鄞；后汉分会稽为吴郡，疑是都尉徙治章安；孙亮太平二年，立临海郡。初，超党于桓氏，以父愔忠于王室，不令知之。及病甚，出一箱书授门生曰：“公年尊，我死之后，若以哀惋害寝食者，可呈此箱；不尔，即焚之。”既而愔果哀惋成疾，惋，乌贯翻。门生呈箱，皆与桓温往反密计。愔大怒曰：“小子死已晚矣！”遂不复哭。复，扶又翻。

三年（戊申、三七八）

1 春，二月，乙巳，作新宫，帝移居会稽王邸。会，工外翻。

2 秦王坚遣征南大将军·都督征讨诸军事·守尚书令·长乐公丕、武卫将军苟苌、尚书慕容暐帅步骑七万寇襄阳，以荆州刺史杨安帅樊、邓之众为前锋，征虏将军始平石越帅精骑一万出鲁阳关，南阳郡鲁阳县，有鲁阳关。乐，音洛。苌，仲良翻。帅，读曰率；下同。骑，奇寄翻；下同。京兆尹慕容垂、扬武将军姚苌帅众五万出南乡，领军将军苟池、右将军毛当、强弩将军王显帅众四万出武当，会攻襄阳。夏，四月，秦兵至沔北，沔，弥兖翻。梁州刺史朱序以秦无舟楫，不以为虞。虞，防也，备也。既而石越帅骑五千浮渡汉水，序惶骇，固守中城；越克其外郭，获船百馀艘以济馀军。艘，苏遭翻。长乐公丕督诸将攻中城。

序母韩氏闻秦兵将至，自登城履行，行，下孟翻。至西北隅，以为不固，帅百馀婢及城中女丁筑邪城于其内。邪，即斜翻。及秦兵至，西北隅果溃，众移守新城，襄阳人谓之夫人城。

桓冲在上明拥众七万，惮秦兵之强，不敢进。

丕欲急攻襄阳，苟苌曰："吾众十倍于敌，糗粮山积，糗，去九翻。但稍迁汉、沔之民于许、洛，塞其运道，塞，悉则翻。绝其援兵，譬如网中之禽，何患不获，而多杀将士，急求成功哉！"丕从之。慕容垂拔南阳，执太守郑裔，与丕会襄阳。

3 秋，七月，新宫成；辛巳，帝入居之。

4 秦兖州刺史彭超请攻沛郡太守戴逯于彭城，逯领沛郡太守，戍彭城。杨正衡曰：逯，古遁字。且曰："愿更遣重将攻淮南诸城，为征南棋劫之势，征南，谓苻丕也，时督诸军攻襄阳。棋劫者，以棋势喻兵势也。围棋者，攻其右而敌手应之，则击其左取之，谓之劫。东西并进，丹阳不足平也！"晋都建康，汉丹阳秣陵县地。秦王坚从之，使都督东讨诸军事；后将军俱难、右禁将军毛盛、洛州刺史邵保帅步骑七万寇淮阳、盱眙。俱，姓也。秦初以洛州刺史治陕城；晋志曰：灭燕之后，移洛州治丰阳。参考前邓羌以洛州刺史镇洛阳，则是时洛州刺史犹治洛阳。是后北海公重以豫州刺史及平原公晖以豫州牧镇洛阳，洛州刺史始移治丰阳。"淮阳"，晋书载记作"淮阴"，当从之。淮阴、盱眙，前汉并属临淮郡；后汉、晋以淮阴属广陵。超，越之弟，保，羌之从弟也。邵羌见一百一卷海西公太和二年。从，才用翻。八月，彭超攻彭城。诏右将军毛虎生帅众五万镇姑孰以御秦兵。

秦梁州刺史韦钟围魏兴太守吉挹于西城。杜佑曰：金州西城县南九里，吉挹于峻山筑垒。今其山曰魏山。

5 九月，秦王坚与群臣饮酒，以秘书监朱肜为正，正，酒正也。肜，余中翻。人【章：十二行本"人"上有"命人"二字；乙十一行本同；孔本同。】以极醉为限。秘书侍郎赵整作酒德之歌曰："地列酒泉，天垂酒池，九州春秋曰：曹公禁酒，孔融以书嘲之曰：天有酒旗之星，地列酒泉之郡。天文志曰：轩辕右角南二星曰酒旗，酒官之旗也。此曰天垂酒池，既曰垂矣，“池”当作“旗”。杜康妙识，仪狄先知。魏武乐府短歌行云：何以解忧？唯有杜康。注云：杜康，古之造酒者。战国策曰：昔帝女仪狄作酒以进于禹，禹饮而甘之，遂疏仪狄，曰：后世必有以酒亡国者。纣丧殷邦，桀倾夏国，由此言之，前危后则。”纣为酒池肉林长夜之饮以亡殷。史曰，夏桀淫骄，乃放鸣条，盖亦以酒也。前危后则，谓前人之危，后人之法则也。丧，息浪翻。夏，户雅翻。坚大悦，命整书之以为酒戒，自是宴群臣，礼饮而已。礼，臣侍君宴，不过三爵。

6 秦凉州刺史梁熙遣使入西域，扬秦威德。冬，十月，大宛献汗血马。使，疏吏翻。宛，於元翻。秦王坚曰：“吾尝慕汉文帝之为人，用千里马何为！”文帝却千里马见十三卷元年。命群臣作止马之诗而反之。反则反之，何以作诗为哉！此亦好名之过也。

7 巴西人赵宝起兵凉【章：十二行本“凉”作“梁”；乙十一行本同；孔本同。】州，自称晋西蛮校尉、巴郡太守。史言蜀人思晋。

8 秦豫州刺史北海公重镇洛阳，谋反；秦王坚曰：“长史吕光忠正，必不与之同。”即命光收重，槛车送长安，赦之，以公就第。重，洛之兄也。

9 十二月，秦御史中丞李柔劾奏：“长乐公丕等拥众十万，攻围小城，日费万金，久而无效，请征下廷尉。”劾，户概翻，又户得翻。下，遐稼翻。秦王坚曰：“丕等广费无成，实宜贬戮；但师已淹时，淹，滞也，久留也。不可虚返，其特原之，令以成功赎罪。”使黄门侍郎韦华持节切让丕等，赐丕剑曰：“来春不捷，汝可自裁，勿复持面见吾也！”

10 周虓在秦，密与桓冲书，言秦阴计；又逃奔汉中，秦人获而赦之。虓，虚交翻。

四年(己卯、三七九)

1 春，正月，辛酉，大赦。

2 秦长乐公丕等得诏惶恐，乃命诸军并力攻襄阳。秦王坚欲自将攻襄阳，将，即亮翻。诏阳平公融以关东六州之兵会寿春，梁熙以河西之兵为后继。阳平公融谏曰："陛下欲取江南，固当博谋熟虑，不可仓猝。若止取襄阳，又岂足亲劳大驾乎！未有动天下之众而为一城者，为，于伪翻。所谓'以随侯之珠弹千仞之雀'也！"吕氏春秋曰：以随侯之珠弹千仞之雀，世必笑之；所用重，所要轻也。搜神记曰：随侯行，见大蛇伤，救而治之。其后蛇含珠以报之，径盈寸，纯白，而夜光可烛堂，故历世称随珠焉。梁熙谏曰："晋主之暴，未如孙皓，江山险固，易守难攻。易，以豉翻。陛下必欲廓清江表，亦不过分命将帅，将，即亮翻。帅，所类翻。引关东之兵，南临淮、泗，下梁、益之卒，东出巴、峡，又何必亲屈鸾辂，远幸沮泽乎！沮，将豫翻；下湿之地曰沮。昔汉光武诛公孙述，晋武帝擒孙皓，未闻二帝自统六师，亲执枹鼓，蒙矢石也。"光武用岑彭、吴汉以灭公孙述，晋武帝用王浚、王浑以平孙皓。苻融、梁熙未尝离所镇，皆上疏以谏。枹，音肤。坚乃止。

诏冠军将军南郡相刘波帅众八千救襄阳，波畏秦，不敢进。朱序屡出战，破秦兵，引退稍远，序不设备。二月，襄阳督护李伯护密遣其子送款于秦，请为内应；长乐公丕命诸军进攻之。戊午，克襄阳，执朱序，送长安。秦王坚以序能守节，拜度支尚书；曹魏置度支尚书。度，徒洛翻。以李伯护为不忠，斩之。

秦将军慕容越拔顺阳，晋志曰：太康中，置顺阳郡；唐邓州临湍、菊潭二县，古顺阳地。执太守谯国丁穆。坚欲官之，穆固辞不受。坚以中垒将军梁成为荆州刺史，配兵一万，镇襄阳，选其才望，礼而用之。

桓冲以襄阳陷没，上疏送章节，章，印也。上，时掌翻。请解职；不许。诏免刘波官，俄复以为冠军将军。

3 秦以前将军张蚝为并州刺史。蚝，七吏翻。

4 兖州刺史谢玄帅众万馀救彭城，帅，读曰率。军于泗口，欲遣间使报戴逯而不可得；间，古苋翻。部曲将田泓请没水潜行趣彭城，趣，七喻翻。玄遣之。泓为秦人所获，厚赂之，使云南军已败；泓伪许之，既而告城中曰："南军垂至，我单行来报，为贼所得，勉之！"秦人杀之。彭超置辎重于留城，留县城也。自汉以来属彭城郡。重，直用翻；下同。谢玄扬声遣后军将军何【章：十二行本"何"上有"东海"二字；乙十一行本同；孔本同；张校同。】谦向留城。超闻之，释彭城围，引兵还保辎重。戴逯帅彭城之众，随谦奔玄，超遂据彭城，考异曰：谢玄传云："何谦进解彭城围"。又云"于是罢彭城、下邳二戍。"帝纪及诸传皆不言此年彭城陷没。而十六国秦春秋云："超据彭城"。又云："超分兵下邳，留徐褒守彭城。至七月，以毛当为徐州刺史，镇彭城，王显为扬州，戍下邳。"是二城俱陷也。留兖州治中徐褒守之，南攻盱眙。盱眙，音吁怡。俱难克淮阴，南北对境图曰：淮阴县距淮五十步，北对清河口十里，进可以窥山东，内则蔽沿江，晋、宋以为重镇。留邵保戍之。

5 三月，壬戌，诏以"疆埸多虞，埸，音亦。年谷不登，其供御所须，事从俭约；九亲供给，九亲，即九族。众官廪俸，权可减半。凡诸役费，自非军国事要，皆宜停省。"

6 癸未，使右将军毛虎生帅众三万击巴中，以救魏兴。巴中，即巴郡。前锋督护赵福等至巴西，为秦将张绍等所败，败，补迈翻。亡七千馀人。虎生退屯巴东。蜀人李乌聚众二万，围成都以应虎生，秦王坚使破虏将军吕光击灭之。破虏将军，盖苻秦所置。夏，四月，戊申，韦钟拔魏兴，吉挹引刀欲自杀，左右夺其刀；会秦人至，执之，挹不言不食而死。秦王坚叹曰："周孟威不屈于前，丁彦远洁己于后，吉祖冲闭口而死，何晋氏之多忠臣也！"周虓，字孟威；丁穆，字彦远；吉挹字祖冲。挹参军史颖得【章：十二行本"得"作"逃"；乙十一行本同；孔本同；退斋校同。】归，得挹临终手疏，诏赠益州刺史。

7 秦毛当、王显帅众二万自襄阳东会俱难、彭超攻淮南。五月，乙丑，难、超拔盱眙，执高密内史毛璪之。高密，侨国也；璪之领内史，戍盱眙。璪，子皓翻。秦兵六万围幽州刺史田洛于三阿，晋侨置幽、冀、青、并四州于江北三阿，今宝应军即其地。去广陵百里；朝廷大震，临江列戍，遣征虏将军谢石帅舟师屯涂中。涂，读曰除。石，安之弟也。

右卫将军毛安之等帅众四万屯堂邑。秦毛当、毛盛帅骑二万袭堂邑，安之等惊溃。兖州刺史谢玄自广陵救三阿。丙子，难、超战败，退保盱眙。六月，戊子，玄与田洛帅众五万进攻盱眙，难、超又败，退屯淮阴。玄遣何谦等帅舟师乘潮而上，夜，焚淮桥。秦作桥于淮水以渡兵。上，时掌翻。邵保战死，难、超退屯淮北。玄与何谦、戴遂、田洛共追之，战于君川，今盱眙县北六里有君山。此盖君山之川也。复大破之，复，扶又翻。难、超北走，仅以身免。谢玄还广陵，诏进号冠军将军，加领徐州刺史。冠，古玩翻。

秦王坚闻之，大怒。秋，七月，槛车征超下廷尉，下，遐稼翻。超自杀。难削爵为民。

以毛当为徐州刺史，镇彭城；毛盛为兖州刺史，镇湖陆；续汉志：湖陆，故湖陵，章帝更名。前汉志曰：王莽改曰湖陆。今按湖陆县，汉属山阳郡，晋分属高平国。魏收地形志：高平县有湖陵城。当在唐兖州任城县界。王显为扬州刺史，戍下邳。

谢安为宰相，秦人屡入寇，边兵失利，安【章：十二行本“安”上有“众心危惧”四字；乙十一行本同；孔本同；张校同。】每镇之以和静。其为政，务举大纲，不为小察。时人比安于王导，而谓其文雅过之。

8 八月，丁亥，以左将军王蕴为尚书仆射，顷之，迁丹阳尹。蕴自以国姻，蕴，后父也。不欲在内，苦求外出，复以为都督浙江东五郡诸军事、会稽内史。蕴先督徐州，今复督浙东。复，扶又翻。会，工外翻。

9 是岁，秦大饥。

五年（庚辰、三八〇）

1 春，正月，秦王坚复以北海公重为镇北大将军，镇蓟。重谋反而不诛，复任之以方面，宜其与弟洛反也。复，扶又翻。

二月，作教武堂于渭城，汉高帝元年，改咸阳曰新城；武帝元鼎三年，更名渭城；后汉、晋省；石勒置石安县，苻秦复曰渭城。命太学生明阴阳兵法者教授诸将，将，即亮翻。秘书监朱肜谏曰："陛下东征西伐，所向无敌，四海之地，什得其八，虽江南未服，盖不足言。是宜稍偃武事，增修文德。乃更始立学舍，教人战斗之术，殆非所以驯致升平也。驯，从也，言从此而致升平也。且诸将皆百战之馀，何患不习于兵，而更使受教于书生，非所以强其志气也。此无益于实而有损于名，惟陛下图之！"坚乃止。

2 秦征北将军、幽州刺史行唐公洛，洛以幽州刺史镇和龙。行唐、战国时赵邑，秦以为县，魏、晋因之。勇而多力，能坐制奔牛，射洞犁耳；犁耳之铁厚而坚。自以有灭代之功，灭代，见上元年。求开府仪同三司不得，由是怨愤。三月，秦王坚以洛为使持节、都督益·宁·西南夷诸军事、征南大将军、益州牧，使，疏吏翻。使自伊阙趋襄阳，溯汉而上。趋，七喻翻。上，时掌翻。洛谓官属曰："孤，帝室至亲，洛，苻健兄子也。不得入为将相，而常摈弃边鄙；今又投之西裔，复不听过京师，复，扶又翻。过，古禾翻。此必有阴计，欲使梁成沈孤于汉水耳！"【章：十二行本"耳"下有"于诸君意何如"六字；乙十一行本同；孔本同；退斋校同。】梁成时镇襄阳。沈，持林翻。幽州治中平规曰："逆取顺守，汤、武是也；汉陆贾曰：汤、武逆取而顺守之。因祸为福，桓、文是也。齐桓、晋文皆因兄弟争国，得国而霸。主上虽不为昏暴，然穷兵黩武，民思有所息肩者，十室而九。若明公神旗一建，必率土云从。今跨据全燕，地尽东海，北总乌桓、鲜卑，东引句丽、百济，燕，于贤翻。句，音驹。丽，力知翻。控弦之士不减五十馀万，奈何束手就征，蹈不测之祸乎！”洛攘袂大言曰：“孤计决矣，沮谋者斩！”沮，在吕翻。于是自称大将军、大都督、秦王。以平规为幽州刺史，玄菟太守吉贞为左长史，菟，同都翻。辽东太守赵赞为左司马，昌黎太守王缊为右司马，辽西太守王琳、北平太守皇甫杰、牧官都尉魏敷等为从事中郎。汉边郡有牧官。秦置牧官都尉。分遣使者征兵于鲜卑、乌桓、高句丽、百济、新罗、休忍诸国，遣兵三万助北海公重戍蓟。诸国皆曰：“吾为天子守藩，为，于伪翻。不能从行唐公为逆。”洛惧，欲止，犹豫未决。王缊、王琳、皇甫杰、魏敷知其无成，欲告之；洛皆杀之。吉贞、赵赞曰：“今诸国不从，事乖本图，明公若惮益州之行者，当遣使奉表乞留，使，疏吏翻；下同。主上亦不虑不从。”平规曰：“今事形已露，何可中止！宜声言受诏，尽幽州之兵，南出常山，阳平公必郊迎，因而执之，进据冀州；阳平公融以冀州牧镇邺，平规使洛出中山以临邺。总关东之众以图西土，天下可指麾而定也！”洛从之。夏，四月，洛帅众七万发和龙。帅，读曰率；下同。

秦王坚召群臣谋之，步兵校尉吕光曰：“行唐公以至亲为逆，此天下所共疾。愿假臣步骑五万，取之如拾遗耳。”坚曰：“重、洛兄弟，据东北一隅，兵赋全资，未可轻也。”光曰：“彼众迫于凶威，一时蚁聚耳。若以大军临之，势必瓦解，不足忧也。”坚乃遣使让洛，使还和龙，当以幽州永为世封。洛谓使者曰：“汝还白东海王，坚本封东海王。幽州褊狭，不足以容万乘，须王秦中以承高祖之业。苻健庙号高祖。乘，绳证翻。王，于况翻。若能迎驾潼关者，当位为上公，爵归本国。”坚怒，遣左将军武都窦冲及吕光帅步骑四万讨之；右将军都贵驰传诣邺，都，姓；贵，名。郑公孙阏字子都，子孙以为氏。传，株恋翻。将冀州兵三万为前锋；将，即亮翻。以阳平公融为征讨大都督。

北海公重悉蓟城之众与洛会，屯中山，有众十万。蓟，音计。五月，窦冲等与洛战于中山，洛兵大败，生擒洛，送长安。北海公重走还蓟，吕光追斩之。屯骑校尉石越自东莱帅骑一万，浮海袭和龙，斩平规，幽州悉平。坚赦洛不诛，徙凉州之西海郡。汉献帝兴平二年，武威太守张雅请置西海郡于居延。

臣光曰：夫有功不赏，有罪不诛，虽尧、舜不能为治，用汉宣帝诏而略变其文。治，直吏翻。况他人乎！秦王坚每得反者辄宥之，使其臣狃于为逆，狃，狎也。行险徼幸，徼，坚尧翻。虽力屈被擒，犹不忧死，乱何自而息哉！书曰：“威克厥爱，允济；爱克厥威，允罔功。”书胤征之辞。诗云：“毋纵诡随，以谨罔极；式遏寇虐，无俾作慝。”诗民劳第三章之辞。今坚违之，能无亡乎！

3 朝廷以秦兵之退为谢安、桓冲之功，拜安卫将军，与冲皆开府仪同三司。

4 六月，甲子，大赦。

5 丁卯，以会稽王道子为司徒；会，工外翻。固让不拜。

6 秦王坚召阳平公融为侍中、中书监、都督中外诸军事、车骑大将军、司隶校尉、录尚书事；以征南大将军、守尚书令、长乐公丕为都督关东诸军事、征东大将军、冀州牧。乐，音洛。坚以诸氐种类繁滋，种，章勇翻。秋，七月，分三原、九嵕、武都、汧、雍氐十五万户，九嵕山，在汉冯翊云阳县界，唐在醴泉县。嵕，祖红翻。汧，苦坚翻。雍，于用翻。使诸宗亲各领之，散居方镇，如古诸侯。长乐公丕领氐三千户，以仇池氐酋射声校尉杨膺为征东左司马，九嵕氐酋长水校尉齐午为右司马，各领一千五百户，为长乐世卿。古者封建诸侯国，命卿皆世其官。坚分诸宗亲散居方镇，各以种类为世卿。乐，音洛。酋，慈由翻。长乐郎中令略阳垣敞为录事参军，垣，氏姓也，后随宋武南归，遂为累世将家。侍讲扶风韦干为参军事，申绍为别驾。膺，丕之妻兄也；午，膺之妻父也。八月，分幽州置平州，晋书曰：按平州，禹贡冀州之域，于周为幽州界，汉属北平郡。后汉末，公孙度自号平州牧，至孙文懿为魏所灭，因置平州，统辽东、昌黎、玄菟、带方五郡，后还合于幽州。苻秦灭燕，复分幽州置平州。公孙渊，字文懿；唐避高祖讳，称其字。以石越为平州刺史，镇龙城。中书令梁谠为幽州刺史，镇蓟城。抚军将军毛兴为都督河·秦二州诸军事、河州刺史，镇枹罕。枹，音肤。长水校尉王腾为并州刺史，镇晋阳。河、并二州各配氐户三千。兴、腾并苻氏婚姻，氐之崇望也。平原公晖为都督豫·洛·荆·南兖。东豫·阳六州诸军事、镇东大将军、豫州牧，镇洛阳。秦兖州刺史镇仓垣，南兖州镇湖陆。又，秦初以豫州刺史镇许昌，灭燕之后，以豫州刺史镇洛阳，于许昌置东豫州。“阳”，当作“扬”。按后魏书地形志：天平初，始置阳州于宜阳。苻坚以王显为扬州刺史，戍下邳，正属晖所统。移洛州刺史治丰阳。苻秦初以洛州刺史镇陕城，荆州刺史镇丰阳。既得襄阳，以为荆州，徙洛州于丰阳。丰阳，汉上洛县地也。宋白曰：丰阳，汉商县地，晋泰始三年分置丰阳县，在丰阳川。巨鹿公睿为雍州刺史。【章：十二行本“史”下有“镇蒲坂”三字；乙十一行本同；孔本同；张校同；退斋校同。】雍，于用翻。各配氐户三千二百。

坚送丕至灞上，诸氐别其父兄，皆恸哭，哀感路人。赵整因侍宴，援琴而歌曰：项安世家说：伏羲作琴，长三尺六寸六分，象三百六十六日也；广六寸，象六合也。文，上曰池，下曰岩。池，水平也。前广后狭，象尊卑也。上圜下方，法天地也。五弦，官也。大弦，君也，宽和而温。小弦，臣也，清廉而不乱。文王加三弦，合君臣恩也。援，于元翻。杜佑曰：世本云：琴，神农所造。琴操云：伏羲作琴，所以修身理性，反其天真。白虎通曰：琴，禁也；禁止于邪，以正人心也。广雅曰：文王、武王加二弦，以合君臣之恩也。扬雄琴清英曰：舜弹五弦而天下化，尧加二弦以合君臣之恩。"阿得脂，阿得脂，博劳舅父是仇绥，尔雅：鵙，伯劳。郭璞曰：伯劳似鹖鴠而大，飞不能翱翔，竦翅上下而已。广雅曰：伯劳，一曰博劳，一名伯赵。仇绥，不知为何物。尾长翼短不能飞。远徙种人留鲜卑，谓徙诸氐而留慕容也。种，章勇翻。一旦缓急当语谁！"坚笑而不纳。语，牛倨翻。

7 九月，癸未，皇后王氏崩。

8 冬，十月，九真太守李逊据交州反。

9 秦王坚以左禁将军杨壁为秦州刺史，尚书赵迁为洛州刺史，南巴校尉姜宇为宁州刺史。苻秦于南中置南巴校尉。

10 十一月，乙酉，葬定皇后于隆平陵。

11 十二月，秦以左将军都贵为荆州刺史，镇彭城。都贵镇襄阳。彭城误也。

12 置东豫州，以毛当为刺史，镇许昌。

13 是岁，秦王坚遣高密太守毛璪之等二百馀人来归。毛璪之被禽，见上四年。

六年（辛巳、三八一）

1 春，正月，帝初奉佛法，立精舍于殿内，后汉书姜肱传曰：就精庐求见征君。贤曰：精庐，即精舍也，盖以专精讲习所业为义。今儒、释肄业之地，通曰精舍。引诸沙门居之。尚书左丞王雅表谏，不从。雅，肃之曾孙也。王肃仕曹魏，以经学著名。武帝，肃外孙也。

2 丁酉，以尚书谢石为仆射。

3 二月，东夷、西域六十二国入贡于秦。

4 夏，六月，庚子朔，日有食之。

5 秋，七月，甲午，交趾太守杜瑗斩李逊，交州平。

6 冬，十月，故武陵王晞卒于新安，晞徙新安，见上卷简文帝咸安元年。追封新宁郡王，命其子遵为嗣。

7 十一月，己亥，以前会稽内史郗愔为司空；愔固辞不起。

8 秦荆州刺史都贵遣其司马阎振、中兵参军吴仲帅众二万寇竟陵，竟陵，侯国，前汉属江夏郡；惠帝分立竟陵郡。桓冲遣南平太守桓石虔、卫军参军桓石民等帅水陆二万拒之。帅，读曰率。石民，石虔之弟也。十二月，甲辰，石虔袭击振、仲，大破之，振、仲退保管城。石虔进攻之，癸亥，拔管城，据载记，石虔袭破振仲于滶水，振仲退保管城。又据水经，沔水径郡县故城南，又东，滶水注之；滶水西南注于沔，寔曰滶口。沔水又南径石城西；城因山为固，晋竟陵郡所治也。以此考之，管城当在滶水北。获振、仲，斩首七千级，俘虏万人。诏封桓冲子谦为宜阳侯。以桓石虔领河东太守。沈约曰：成帝咸康三年，征西将军庾亮以司州侨户立南河东郡，属荆州。五代志：南郡松滋县，江左置河东郡。

9 是岁，江东大饥。

七年（壬午、三八二）【章：十二行本“年”下有“春三月”三字；乙十一行本同；孔本同；张校同；退斋校同。】

1 秦大司农东海公阳、员外散骑侍郎王皮、晋职官志：散骑侍郎四人，魏初与散骑常侍同置；员外散骑侍郎，晋武帝置。散，悉亶翻。骑，奇寄翻，尚书郎周虓谋反，虓，虚交翻。事觉，收下廷尉。下，遐稼翻。阳，法之子；皮，猛之子也。秦王坚问其反状，阳曰：“臣父哀公死不以罪，法死见一百卷穆帝升平元年。臣为父复雠耳。”为，于伪翻；下尝为同。坚泣曰：“哀公之死，事不在朕，卿岂不知之？”王皮曰：“臣父丞相，有佐命之勋，而臣不免贫贱，故欲图富贵耳。”坚曰：“丞相临终托卿，以十具牛为治田之资，未尝为卿求官；治，直之翻。为，于伪翻。知子莫若父，何其明也！”周虓曰：“虓世荷晋恩，生为晋臣，死为晋鬼，复何问乎！”荷，下可翻。复，扶又翻；下同。先是，虓屡谋反叛，先，悉荐翻。左右皆请杀之；坚曰："孟威烈士，秉志如此，岂惮死乎！杀之适足成其名耳！"皆赦，不诛，徙阳于凉州之高昌郡，征诸晋志，河西张氏未尝置高昌郡。苻坚之平河西也，以高昌杨干为高昌太守。疑张氏置是郡，苻氏因之。高昌，即汉车师后部高昌壁之地，注又见后。皮、虓于朔方之北。虓卒于朔方。卒，子恤翻。阳勇力兼人，寻复徙鄯善。及建元之末，秦国大乱，建元十九年，坚伐晋而败，秦遂以乱。二十年，坚死，是建元十八年也。复，扶又翻。鄯，上扇翻。阳劫鄯善之相欲求东归，鄯善王杀之。史终言之。

2 秦王坚徙邺铜驼、铜马、飞廉、翁仲于长安。石虎所置于邺者。

3 夏，四月，坚扶风太守王永为幽州刺史。"坚"下当有"以"字。永，皮之兄也。皮凶险无行，而永清修好学，行，下孟翻。好，呼到翻。故坚用之。以阳平公融为司徒；融固辞不受。坚方谋伐晋，乃以融为征南大将军、开府仪同三司。

4 五月，幽州蝗生，广袤千里。广，古旷翻。秦王坚使散骑常侍彭城刘兰发幽、冀、青、并民扑除之。扑，普卜翻。

5 秋，八月，癸卯，大赦。

6 秦王坚以谏议大夫裴元略为巴西、梓潼二郡太守，使密具舟师。欲祖王濬之故智，顺流东下而伐晋也。

7 九月，车师前部王弥窴、鄯善王休密驮窴，堂见翻。驮，堂何翻。入朝于秦，朝，直遥翻。请为乡导，以伐西域之不服者，乡，读曰向。因如汉法置都护以统理之。秦王坚以骁骑将军吕光为使持节、都督西域征讨诸军事，骁，坚尧翻。骑，奇寄翻；下同。使，疏吏翻。与凌江将军姜飞、凌江将军，晋文王所置，以授罗宪。轻车将军彭晃、将军杜进、康盛等杜进、康盛位至将军，未有将军号。总兵十万，铁骑五千，以伐西域。阳平公融谏曰："西域荒远，得其民不可使，得其地不可食，汉武征之，得不补失。谓汉武伐之

〔大〕宛，破楼兰、姑师，田车师也。今劳师万里之外，以踵汉氏之过举，臣窃惜之。”不听。

8 桓冲使扬威将军朱绰击秦荆州刺史都贵于襄阳，焚践沔北屯田，掠六百馀户而还。沔，弥兖翻。

9 冬，十月，秦王坚会群臣于太极殿，议曰：“自吾承业，垂三十载，坚以升平元年自立，至是凡二十六年。惟年之久长，惧于不终，尚庶几焉；乃欲疲民以逞，宜其亡也。四方略定，唯东南一隅，未沾王化。今略计吾士卒，可得九十七万，吾欲自将以讨之，将，即亮翻。何如？”秘书监朱肜曰：“陛下恭行天罚，必有征无战，晋主不衔璧军门，则走死江海，陛下返中国士民，使复其桑梓，谓永嘉之末避乱南渡之子孙也。然后回舆东巡，告成岱宗，杜佑曰：岱宗，东岳也。特谓太山为岱宗者，以其处东北，居寅丑之间，万物终始之地，阴阳交代之所，为众山之宗，故曰岱宗。此千载一时也。”载，子亥翻。坚喜曰：“是吾志也。”

尚书左仆射权翼曰：“昔纣为无道，三仁在朝，武王犹为之旋师。论语：微子去之，箕子为之奴，比干谏而死。孔子曰：“殷有三仁焉。”史记：武王即位九年，东观兵至于盟津，诸侯不期而会者八百，皆曰：“纣可伐矣。”武王曰：“未可也，”乃还师。居二年，纣暴虐滋甚，杀王子比干，囚箕子，微子奔周。武王告诸侯曰：“殷有重罪，不可不伐！”遂灭之。朝，直遥翻。犹为，于伪翻。今晋虽微弱，未有大恶；谢安、桓冲皆江表伟人，君臣辑睦，内外同心，以臣观之，未可图也！”坚嘿然良久，曰：“诸君各言其志。”

太子左卫率石越曰：“今岁镇守斗，福德在吴，岁，木星。镇，土星。斗、牛、女，吴、越、扬州分。伐之，必有天殃。且彼据长江之险，民为之用，殆未可伐也！”坚曰：“昔武王伐纣，逆岁违卜。荀子曰：武王之诛纣也，东面而迎太岁。杨倞注曰：迎，谓逆太岁也。尸子曰：武王伐纣，鱼辛谏曰：“岁在北方，不可北征。”武王不从。史记齐世家：武王将伐纣，卜龟，兆不吉，风雨暴至，群公尽惧。唯太公强之，劝武王，武王遂行。天道幽远，未易可知。易，以豉翻。夫差、孙晧皆保据江湖，不免于亡。今以吾之众，投鞭于江，足断其流，断，丁管翻。又何险之足恃乎！”对曰：“三国之君皆淫虐无道，三国之君，谓纣、夫差、孙晧。故敌国取之，易于拾遗。易，以豉翻。今晋虽无德，未有大罪，愿陛下且按兵积谷，以待其衅。”于是群臣各言利害，久之不决。坚曰：“此所谓筑舍道傍，无时可成。诗曰：如彼筑室于道谋，是用不溃于成。吾当内断于心耳！”断，丁乱翻。

群臣皆出，独留阳平公融，谓之曰：“自古定大事者，不过一二臣而已。今众言纷纷，徒乱人意，吾当与汝决之。”对曰：“今伐晋有三难：天道不顺，一也；晋国无衅，二也；我数战兵疲，数，所角翻。民有畏敌之心，三也。群臣言晋不可伐者，皆忠臣也，愿陛下听之。”坚作色曰：“汝亦如此，吾复何望！复，扶又翻。吾强兵百万，资仗如山；吾虽未为令主，亦非暗劣。劣，弱也。乘累捷之势，击垂亡之国，何患不克，岂可复留此残寇，使长为国家之忧哉！”汉魏相有言，恃国家之大，矜人民之众，欲见威于敌者，谓之骄兵。兵骄者灭。其苻坚之谓欤！复，扶又翻；下复留同。融泣曰：“晋未可灭，昭然甚明。今劳师大举，恐无万全之功。且臣之所忧，不止于此。陛下宠育鲜卑、羌、羯，布满畿甸，此属皆我之深仇。太子独与弱卒数万留守京师，臣惧有不虞之变生于腹心肘掖，不可悔也。臣之顽愚，诚不足采；王景略一时英杰，陛下常比之诸葛武侯，诸葛亮谥武侯。独不记其临没之言乎！”见上卷宁康三年。坚不听。于是朝臣进谏者众，坚曰：“以吾击晋，校其强弱之势，犹疾风之扫秋叶，而朝廷内外皆言不可，诚吾所不解也！”朝，直遥翻；下同。解，户买翻，晓也。

太子宏曰："今岁在吴分，分，扶问翻。又晋君无罪，若大举不捷，恐威名外挫，财力内竭，此群下所以疑也！"坚曰："昔吾灭燕，亦犯岁而捷，天道固难知也。秦灭六国，六国之君岂皆暴虐乎！"

冠军、京兆尹慕容垂冠军，即冠军将军也。晋书载记所书，率书将军号而不系将军；通鉴因之。冠，古玩翻。言于坚曰："弱并于强，小并于大，此理势自然，非难知也。以陛下神武应期，威加海外，虎旅百万，韩、白满朝，韩、白，谓韩信、白起。言秦多良将也。而蕞尔江南，蕞，徂外翻，小也。独违王命，岂可复留之以遗子孙哉！复，扶又翻。遗，于季翻。诗云。'谋夫孔多，是用不集。'诗小旻之辞。陛下断自圣心足矣，断，丁乱翻。何必广询朝众！晋武平吴，所仗者张、杜二三臣而已，若从朝众之言，岂有混壹之功！"谓张华、杜预也。事见八十卷武帝咸宁五年。朝，直遥翻。坚大悦曰："与吾共定天下者，独卿而已。"赐帛五百匹。

坚锐意欲取江东，寝不能旦。阳平公融谏曰："'知足不辱，知止不殆。'老子德经立戒篇之辞。自古穷兵极武，未有不亡者。且国家本戎狄也，正朔会不归人。会，要也，言大要中国正朔相传，不归夷狄也。江东虽微弱仅存，然中华正统，天意必不绝之。"坚曰："帝王历数，岂有常邪，惟德之所在耳！刘禅岂非汉之苗裔邪，终为魏所灭。汝所以不如吾者，正病此不达变通耳！"

坚素信重沙门道安，道安在襄阳，坚破襄阳，舆而致之。群臣使道安乘间进言。间，古苋翻。十一月，坚与道安同辇游于东苑，坚曰："朕将与公南游吴、越，泛长江，临沧海，不亦乐乎！"乐，音洛。安曰："陛下应天御世，居中土而制四维，自足比隆尧、舜；何必栉风沐雨，经略遐方乎！且东南卑湿，沴气易构，沴，音戾。五行之气相克胜则为沴气。虞舜游而不归，大禹往而不复，虞舜南巡狩，崩于苍梧之野。禹东巡狩，至于会稽而崩。何足以上劳大驾也！”坚曰：“天生烝民而树之君，使司牧之，朕岂敢惮劳，使彼一方独不被泽乎！被，皮义翻。必如公言，是古之帝王皆无征伐也！”道安曰：“必不得已，陛下宜驻跸洛阳，遣使者奉尺书于前，诸将总六师于后，彼必稽首入臣，不必亲涉江、淮也。”稽，音启。坚不听。

坚所幸张夫人谏曰：“妾闻天地之生万物，圣王之治天下，治，直之翻。皆因其自然而顺之，故功无不成。是以黄帝服牛乘马，因其性也；言因牛马之性，故可引重而致远。禹浚九川，障九泽，因其势也；言因高下之势，故可涤源而陂泽。后稷播殖百谷，因其时也；因天时而播殖，则百谷成。汤、武帅天下而攻桀、纣，因其心也；因人心而用兵，则天下服。帅，读曰率。皆有因则成，无因则败。今朝野之人皆言晋不可伐，陛下独决意行之，妾不知陛下何所因也。书曰：‘天聪明自我民聪明，’书皋陶谟之辞。天犹因民，而况人乎！妾又闻王者出师，必上观天道，下顺人心。今人心既不然矣，请验之天道。谚云：‘鸡夜鸣者不利行师，犬群嗥者宫室将空，嗥，户刀翻。兵动马惊，军败不归。’自秋、冬以来，众鸡夜鸣，群犬哀嗥，厩马多惊，武库兵器自动有声，此皆非出师之祥也。”坚曰：“军旅之事，非妇人所当预也！”

坚幼子中山公诜最有宠，亦谏曰：“臣闻国之兴亡，系贤人之用舍。今阳平公，国之谋主，而陛下违之，晋有谢安、桓冲，而陛下伐之，臣窃惑之！”坚曰：“天下大事，孺子安知！”

10 秦刘兰讨蝗，经秋冬不能灭。十二月，有司奏征兰下廷尉。下，遐稼翻。秦王坚曰："灾降自天，非人力所能除，此由朕之失政，兰何罪乎！"

是岁，秦大熟，上田亩收七十石，下者三十石，蝗不出幽州之境，不食麻豆，上田亩收百石，下者五十石。物反常为妖。蝗之为灾尚矣，蝗生而不食五谷，妖之大者也。农人服田力穑，至于有秋，自古以来，未有亩收百石、七十石之理，而亩收五十石、三十石，亦未之闻也。使其诚有之，又岂非反常之大者乎！使其无之，则州县相与诬饰以罔上，亦不祥之大者也，秦亡宜矣！

王崇武标点容肇祖聂崇岐覆校

资治通鉴卷第一百五

端明殿学士兼翰林侍读学士朝散大夫右谏议大夫
充集贤殿修撰权判西京留司御史台上柱国河内郡 司马光 奉敕编集
开国侯食邑一千三百户食实封四百户赐紫金鱼袋臣

后学天台胡三省音注

晋纪二十七 起昭阳协洽（癸未），尽阏逢涒滩（甲申），凡二年。

烈宗孝武皇帝上之下

太元八年（癸未、三八三）

1 春，正月，秦吕光发长安，以鄯善王休密驮、车师前部王弥窴为乡导。鄯，上扇翻。驮，唐何翻。窴，徒贤翻，又唐见翻。乡，读曰向。

2 三月，丁巳，大赦。

3 夏，五月，桓冲帅众十万伐秦，攻襄阳；帅，读曰率。遣前将军刘波等攻沔北诸城；沔，弥兖翻。辅国将军杨亮攻蜀，拔五城，进攻涪城；涪，音浮。鹰扬将军郭铨攻武当。六月，冲别将攻万岁、筑阳，拔之。万岁，城名，盖近筑阳。筑阳县，汉属南阳郡，晋属顺阳郡；春秋谷伯之国也；唐为襄州谷城县。师古曰：筑，音逐。秦王坚遣征南将军巨鹿公睿、冠军将军慕容垂等帅步骑五万救襄阳，冠，故玩翻。骑，奇寄翻。兖州刺史张崇救武当，后将军张蚝、步兵校尉姚苌救涪城；蚝，七吏翻。苌，仲良翻。睿军于新野，垂军于邓城。邓城县，属襄阳郡，盖晋置也。桓冲退屯沔南。秋，七月，郭铨及冠军将军桓石虔败张崇于武当，败，补迈翻。掠二千户以归。巨鹿公睿遣慕容垂为前锋，进临沔水。垂夜命军士人持十炬，系于树枝，光照数十里。冲惧，退还上明。冲镇上明见上卷二年。张蚝出斜谷；斜，余遮翻。谷，音浴，又古禄翻。杨亮引兵还。冲表其兄子石民领襄城【张："城"作"阳"。】太守，戍夏口。冲自求领江州刺史；诏许之。

4 秦王坚下诏大举入寇，民每十丁遣一兵；其良家子年二十已下，有材勇者，皆拜羽林郎。又曰："其以司马昌明为尚书左仆射，谢安为吏部尚书，桓冲为侍中；势还不远，谓以势言之，克晋之期，近在旦夕，还师不远也。还，音旋，又如字。可先为起第。"为，于伪翻。良家子至者三万馀骑，骑，奇寄翻；下同。拜秦州主簿【章：十二行本"簿"下有"金城"二字；乙十一行本同；孔本同；张校同。】赵盛之为少年都统。都统官名，起于此。少，诗照翻；下同。是时，朝臣皆不欲坚行，朝，直遥翻。独慕容垂、姚苌及良家子劝之。阳平公融言于坚曰："鲜卑、羌虏，我之仇雠，慕容垂，鲜卑也；姚苌，羌也；其国皆为秦所灭，虽曰臣服，其实仇雠。常思风尘之变以逞其志，所陈策画，何可从也！良家少年皆富饶子弟，不闲军旅，苟为谄谀之言以会陛下之意。会，会合也。今陛下信而用之，轻举大事，臣恐功既不成，仍有后患，悔无及也！"坚不听。

八月，戊午，坚遣阳平公融督张蚝、慕容垂等步骑二十五万为前锋；以兖州刺史姚苌为龙骧将军、督益·梁州诸军事。坚谓苌曰："昔朕以龙骧建业，坚以龙骧将军杀苻生，得秦国。骧，思将翻。未尝轻以授人，卿其勉之！"左将军窦冲曰："王者无戏言，此不祥之征也！"坚默然。

慕容楷、慕容绍言于慕容垂曰："主上骄矜已甚，叔父建中兴之业，在此行也！”垂曰：“然。非汝，谁与成之！”至此，垂知坚必败，方与兄子明言之。

甲子，坚发长安，戎卒六十馀万，骑二十七万，旗鼓相望，前后千里。九月，坚至项城，凉州之兵始达咸阳，蜀、汉之兵方顺流而下，幽、冀之兵至于彭城，东西万里，水陆齐进，运漕万艘。艘，苏遭翻。阳平公融等兵三十万，先至颍口。颍水入淮之口也。地理志：颍水出阳城县阳乾山，东至下蔡入淮。

诏以尚书仆射谢石为征虏将军、征讨大都督，以徐、兖二州刺史谢玄为前锋都督，与辅国将军谢琰、西中郎将桓伊等众共八万拒之；使龙骧将军胡彬以水军五千援寿阳。琰，安之子也。

是时秦兵既盛，都下震恐。谢玄入，问计于谢安，安夷然，夷，坦也，平也。言坦然无异平日也。答曰：“已别有旨。”既而寂然。玄不敢复言，乃令张玄重请。复，扶又翻。重，直用翻。安遂命驾出游山墅，墅，承与翻，园庐也。亲朋毕集，与玄围棋赌墅。安棋常劣于玄，是日，玄惧，便为敌手而又不胜。敌手，谓下子争行劫，智算相敌也。玄意不在棋，故不能胜安。安遂游陟，至夜乃还。还，从宣翻，又如字。桓冲深以根本为忧，遣精锐三千入卫京师；谢安固却之，曰：“朝廷处分已定，处，昌吕翻。分，扶问翻。兵甲无阙，西藩宜留以为防。”冲对佐吏叹曰：诸藩府参佐为佐吏。“谢安石有庙堂之量，不闲将略。将，即亮翻。今大敌垂至，方游谈不暇，遣诸不经事少年拒之，众又寡弱，天下事已可知，吾其左衽矣！”

5 以琅邪王道子录尚书六条事。录尚书六条事，始于刘聪。

6 冬，十月，秦阳平公融等攻寿阳；癸酉，克之，执平虏将军徐元喜等。融以其参军河南郭褒为淮南太守。淮南郡本治寿阳，秦既得之，以郭褒为太守。慕容垂拔郧城。杜预曰：江夏云杜县东南有郧城。郧，于分翻。胡彬闻寿阳陷，退保硖石，水经注：淮水东过寿春县北，右合肥水；又北径山峡中，谓之峡石，对岸山上结二城，以防津要。杜佑曰：硖石，今汝阴郡下蔡县。融进攻之。秦卫将军梁成等帅众五万屯于洛涧，栅淮以遏东兵。水经注：洛涧上承死马塘水，北历秦墟，下注淮，谓之洛口。帅，读曰率；下同。谢石、谢玄等去洛涧二十五里而军，惮成不敢进。胡彬粮尽，潜遣使告石等曰："今贼盛粮尽，恐不复见大军！"复，扶又翻。秦人获之，送于阳平公融。融驰使白秦王坚曰："贼少易擒，但恐逃去，宜速赴之！"使，疏吏翻；下同。融持议以为晋不可伐，今临敌乃轻脱如此，亦天夺其鉴也。少，诗沼翻。易，以豉翻。坚乃留大军于项城，引轻骑八千，兼道就融于寿阳。遣尚书朱序来说谢石等，以为："强弱异势，不如速降。"三年，坚执朱序于襄阳，拜为度支尚书。说，输芮翻。降，户江翻。序私谓石等曰："若秦百万之众尽至，诚难与为敌。今乘诸军未集，宜速击之；若败其前锋，败，补迈翻。则彼已夺气，可遂破也。"

石闻坚在寿阳，甚惧，欲不战以老秦师。谢琰劝石从序言。十一月，谢玄遣广陵相刘牢之帅精兵五千趣洛涧，趣，七喻翻。未至十里，梁成阻涧为陈以待之。陈，读曰阵；下同。牢之直前渡水，击成，大破之，斩成及弋阳太守王咏；曹魏分西阳、蕲春，置弋阳郡；秦未能有其地也，王咏领太守耳。弋阳，唐为光、蕲、黄三州之地。又分兵断其归津，断，丁管翻。秦步骑崩溃，争赴淮水，士卒死者万五千人，执秦扬州刺史王显等，尽收其器械军实。于是谢石等诸军，水陆继进。秦王坚与阳平公融登寿阳城望之，见晋兵部阵严整，又望八公山上草木皆以为晋兵，八公山在今寿春县北四里。世传汉淮南王安好神仙，忽有八公皆须眉皓素，诣门求见。门者曰："吾王好长生，今先生无驻衰之术，未敢以闻。"八公皆变成童。遂立庙于山上。或言今庙食于此山者，乃左吴、朱骄、伍被、雷被等八人，皆淮南王客，世以八公为仙，误也。顾谓融曰："此亦勍敌，何谓弱也！"勍，渠京翻，强也。怃然始有惧色。怃，罔甫翻，怅然失意貌。

秦兵逼肥水而陈，晋兵不得渡。谢玄遣使谓阳平公融曰："君悬军深入，而置陈逼水，此乃持久之计，非欲速战者也。若移陈少却，少，诗沼翻；下同。使晋兵得渡，以决胜负，不亦善乎！"秦诸将皆曰："我众彼寡，不如遏之，使不得上，上，时掌翻。可以万全。"坚曰："但引兵少却，使之半渡，我以铁骑蹙而杀之，蔑不胜矣！"融亦以为然，遂麾兵使却。秦兵遂退，不可复止。两陈相向，退者先败，此用兵之常势也。复，扶又翻。谢玄、谢琰、桓伊等引兵渡水击之。融驰骑略陈，欲以帅退者，帅，读曰率。马倒，为晋兵所杀，秦兵遂溃。玄等乘胜追击，至于青冈；青冈去今寿春县三十里。秦兵大败，自相蹈藉而死者，蔽野塞川。言败兵自相蹈践，枕藉而死也。藉，慈夜翻。塞，悉则翻。其走者闻风声鹤唳，皆以为晋兵且至，昼夜不敢息，草行露宿，草行者，涉草而行，不敢由路；露宿者，宿于野次，不敢入人家；皆惧追兵也。重以饥冻，重，直用翻。死者什七、八。初，秦兵少却，朱序在陈后呼曰：呼，火故翻。"秦兵败矣！"众遂大奔。序因与张天锡、徐元喜皆来奔。获秦王坚所乘云母车。【章：十二行本"车"下有"及仪服、器械、军资、珍宝、畜产不可胜计"十五字；乙十一行本同；孔本同；张校同；退斋校同。】晋制：云母车，以云母饰犊车；臣下不得乘，以赐王公耳。赵彦绖续古今注：石虎皇后乘辇，以纯云母代纱，四望皆通彻。复取寿阳，执其淮南太守郭褒。晋复取寿阳，故秦所置太守见执。

坚中流矢，中，竹仲翻。单骑走至淮北，饥甚，民有进壶飧、豚髀者，飧，苏昆翻。熟食曰飧。字林曰：水浇饭也。坚食之，赐帛十匹，绵十斤。辞曰："陛下厌苦安乐，乐，音洛。自取危困。臣为陛下子，陛下为臣父，安有子饲其父而求报乎！"弗顾而去。饲，祥吏翻。坚谓张夫人曰："吾今复何面目治天下乎！"复，扶又翻。治，直之翻。潸然流涕。潸，所奸翻，涕流貌，又所版翻，所晏翻。

是时，诸军皆溃，惟慕容垂所将三万人独全，垂别击郧城，不与淝水之战，且持军严整，故诸军皆溃而垂军独全。将，即亮翻。坚以千馀骑赴之。世子宝言于垂曰："家国倾覆，天命人心皆归至尊，但时运未至，故晦迹自藏耳。今秦主兵败，委身于我，是天借之便以复燕祚，此时不可失也，愿不以意气微恩忘社稷之重！"意气微恩，谓坚厚礼垂父子也。垂曰："汝言是也。然彼以赤心投命于我，若之何害之！天苟弃之，不患不亡。不若保护其危以报德，徐俟其衅而图之，既不负宿心，且可以义取天下。"慕容垂此言，犹有君人之度。奋威将军慕容德曰："秦强而并燕，秦弱而图之，此为报仇雪耻，非负宿心也；兄奈何得而不取，释数万之众以授人乎？"垂曰："吾昔为太傅所不容，置身无所，逃死于秦，见一百二卷海西公太和四年。秦主以国士遇我，恩礼备至。后复为王猛所卖，复，扶又翻；下尚复、德复同。无以自明，秦主独能明之，见太和五年。此恩何可忘也！若氐运必穷，吾当怀集关东，以复先业耳，关西会非吾有也。"冠军行参军赵秋曰："明公当绍复燕祚，著于图谶；冠，古玩翻。谶，楚谮翻。今天时已至，尚复何待！若杀秦主，据邺都鼓行而西，三秦亦非苻氏之有也！"垂亲党多劝垂杀坚，垂皆不从，悉以兵授坚。平南将军慕容暐屯郧城，闻坚败，弃其众遁去；至荥阳，慕容德复说暐起兵以复燕祚，尚复、德复，扶又翻。说，输芮翻。暐不从。

谢安得驿书，知秦兵已败，时方与客围棋，摄书置床上，了无喜色，摄，收也。围棋如故。客问之，徐答曰："小儿辈遂已破贼。"既罢，还内，过户限，不觉屐齿之折。言其喜甚也。史言安矫情镇物。人臣以安社稷为悦者也，大敌压境，一战而破之，安得不喜乎！屐齿之折，亦非安之訾也。

丁亥，谢石等归建康，得秦乐工，能习旧声，于是宗庙始备金石之乐。永嘉之乱，伶官乐器皆没于刘、石。江左初立，宗庙以无雅乐及伶人，省太乐并鼓吹令；是后颇得登歌食举之乐，犹有未备。太宁末，明帝又访阮孚等增益之。咸和中，成帝乃复置太乐官，鸠集遗工，而尚未有金石也。及慕容儁平冉闵，兵戈之际，邺下乐人颇亦有来者。谢尚镇寿阳，采拾乐人以备太乐，并制石磬，雅乐始颇具。而王猛平邺，慕容氏所得乐声，又入关右；今破苻坚，获其乐工杨蜀等，闲习旧乐，于是金石始备焉。乙未，以张天锡为散骑常侍，散，悉亶翻。骑，奇寄翻。朱序为琅邪内史。

7 秦王坚收集离散，比至洛阳，比，必寐翻。众十馀万，百官、仪物、军容粗备。粗，坐五翻。

慕容农谓慕容垂曰："尊不迫人于险，尊，谓其父垂也。慕容令亦呼垂为尊，盖其父子间常称也。其义声足以感动天地。农闻秘记曰：'燕复兴当在河阳。'燕，于贤翻。夫取果于未熟与自落，不过晚旬日之间，然其难易美恶，相去远矣！"易，以豉翻。垂心善其言，行至渑池，渑，弥兖翻。言于坚曰："北鄙之民，闻王师不利，轻相扇动，臣请奉诏书以镇慰安集之，因过谒陵庙。"垂欲因行自谒其祖父陵庙也。坚许之。权翼谏曰："国兵新破，四方皆有离心，宜征集名将，置之京师，以固根本，镇枝叶。将，即亮翻。垂勇略过人，世豪东夏，顷以避祸而来，其心岂止欲作冠军而已哉！夏，户雅翻。冠，古玩翻。譬如养鹰，饥则附人，每闻风飙之起，常有陵霄之志，正宜谨其绦笼，飙，扶摇风也。释曰：疾风自下而上曰飙，音卑遥翻。绦，他刀翻；丝绳也，所以绁鹰。岂可解纵，任其所欲哉！"坚曰："卿言是也。然朕已许之，匹夫犹不食言，孔安国曰：食言者，食尽其言，伪不实。况万乘乎！乘，绳证翻。若天命有废兴，固非智力所能移也。"翼曰："陛下重小信而轻社稷，臣见其往而不返，关东之乱，自此始矣。"坚不听，遣将军李蛮、闵亮、尹固【章：十二行本"固"作"国"；乙十一行本同。】

帅众三千送垂。又遣骁骑将军石越帅精卒三千戍邺，骠骑将军张蚝帅羽林五千戍并州，镇军将军毛当帅众四千戍洛阳。骁，坚尧翻。骑，奇寄翻；下同。帅，读曰率；下同。骠，匹妙翻。蚝，七吏翻。权翼密遣壮士邀垂于河桥南空仓中，垂疑之，自凉马台结草筏以渡，水经注：东郡白马县有凉城，河水径其北；有神马亭，西去白马津可二十许里，实中层峙，南北二百步，东西五十许步。今按神马亭既在东郡，白马正对黎阳岸，垂安得越荥、洛而至此渡河乎！此凉马台盖在富平津桥之西也。凉马台，由昔人于河渚浴马，浴竟，驱马就高纳凉，因名。使典军程同衣己衣，乘己马，与僮仆趣河桥。典军，盖王国官，垂在燕为吴王时所置也。同衣，于既翻。趣，七喻翻。伏兵发，同驰马获免。

十二月，秦王坚至长安，哭阳平公而后入，谥曰哀公。大赦，复死事者家。复，方目翻，复其家之赋役也。

8 庚午，大赦。以谢石为尚书令。进谢玄号前将军；固让不受。

9 谢安婿王国宝，坦之之子也；安恶其为人，恶，乌路翻。每抑而不用，以为尚书郎。国宝自以望族，故事唯作吏部，不为馀曹，尚书郎，晋制三十五曹，置郎二十三人，更相统摄。及江左，无直事、右民、屯田、车部、别兵、都兵、骑兵、左·右士、运曹十曹郎。康、穆以后，又无虞曹、二千石二郎，但有殿中、祠部、吏部、仪曹、三公、比部、金部、仓部、度支、都官、左民、起部、水部、主客、驾部、库部、中兵、外兵十八曹。后又省主客、起部、水部，馀十五曹，而吏部最为清选。固辞不拜，由是怨安。国宝从妹为会稽王道子妃，帝与道子皆嗜酒，狎昵邪谄，从，才用翻。昵，尼质翻。国宝乃谮安于道子，使离间之于帝。间，古苋翻。安功名既盛，而险诐求进之徒，多毁短安，帝由是稍疏忌之。诐，彼义翻。

10 初开酒禁，汉建安中，曹公严酒禁。增民税米，口五石。咸和五年，成帝始度百姓田，取十分之一，率亩税米三升。哀帝即位，减田租，亩收二升。太元二年，帝除度田收租之制，公王以下，口税三斛，唯蠲在役之身。

至是年，又增税米，口五石。

11 秦吕光行越流沙三百馀里，自玉门出，渡流沙，西行至鄯善，北行至车师。又，且末国在鄯善西，其国之西北，有流沙数百里，夏日有热风，为行旅之患。风之所至，唯老驼预知之，即嗔而聚立，埋其口鼻于沙中，人每以为候，亦即将毡拥蔽鼻口。其风迅驶，斯须过尽，若不防者，必致危毙。桑钦曰：流沙地在张掖居延县西北。杜佑曰：流沙在沙州，敦煌郡西八十里。郦道元曰：弱水入流沙。流沙，与水流行也。亦言出钟山，西行极崦嵫之山，在西海郡北；流沙又径浮渚，历壑市之国，又径于鸟山之东朝云国，西历昆山，西南出于过瀛之山。大荒山经曰：西南海之外，流沙出焉。焉耆等诸国等〔衍〕皆降。降，户江翻。惟龟兹王帛纯拒之，龟兹音丘慈。婴城固守，光进军攻之。

12 秦王坚之入寇也，以乞伏国仁为前将军，领先锋骑；骑，奇寄翻。会国仁叔父步颓反于陇西，坚遣国仁还讨之。国仁代司繁镇勇士，见上卷元年。步颓闻之，大喜，迎国仁于路。国仁置酒，大言曰："苻氏疲民逞兵，殆将亡矣，吾当与诸君共建一方之业。"及坚败，国仁遂迫胁诸部，有不从者，击而并之，众至十馀万。

13 慕容垂至安阳，安阳在邺城西南。遣参军田山修笺于长乐公丕。乐，音洛。丕闻垂北来，疑其欲为乱，然犹身自迎之。赵秋劝垂于座取丕，因据邺起兵；垂不从。丕谋袭击垂，侍郎天水姜让谏曰：晋制，王国置侍郎二人。"垂反形未著，而明公擅杀之，非臣子之义；不如待以上宾之礼，严兵卫之，密表情状，听敕而后图之。"丕从之，馆垂于邺西。馆，音贯。

垂潜与燕之故臣谋复燕祚，会丁零翟斌起兵叛秦，丁零种落，本居中山，苻坚之灭燕也，徙于新安。斌仕秦为卫军从事中郎。斌，音彬。谋攻豫州牧平原公晖于洛阳，秦王坚驿书使垂将兵讨之。将，即亮翻。石越言于丕曰："王师新败，民心未安，负罪亡匿之徒，思乱者众，故丁零一唱，旬日之中，众已数千，此其验也。慕容垂，燕之宿望，有兴复旧业之心，今复资之以兵，此为虎傅翼也。”今复，扶又翻。为，于伪翻。傅，读曰附。丕曰：“垂在邺如藉虎寝蛟，藉，慈夜翻。常恐为肘腋之变，腋，音亦。今远之于外，不犹愈乎！远，于愿翻。且翟斌凶悖，悖，蒲内翻，又蒲没翻。必不肯为垂下，使两虎相毙，吾从而制之，此卞庄子之术也。”乃以羸兵二千及铠仗之弊者给垂，羸，伦为翻。铠，可亥翻。又遣广武将军苻飞龙帅氐骑一千为垂之副。帅，读曰率。骑，奇寄翻。密戒飞龙曰：“垂为三军之帅，卿为谋垂之将，行矣，勉之！”成都王颖使和演图王浚，殷浩使魏憬图姚襄，苻丕使苻飞龙图慕容垂，智略不足以济，其败同一辙也。帅，所类翻。将，即亮翻。

垂请入邺城拜庙，燕都邺，故庙在邺城。丕弗许，乃潜服而入；亭吏禁之，垂怒，斩吏烧亭而去。石越言于丕曰：“垂敢轻侮方镇，杀吏烧亭，反形已露，可因此除之。”丕曰：“淮南之败，垂侍卫乘舆，乘，绳证翻。此功不可忘也。”越曰：“垂尚不忠于燕，安能尽忠于我！失今不取，必为后患。”丕不从。越退，告人曰：“公父子好为小仁，不顾大计，终当为人禽耳。”丕父子后卒如越之言。好，呼到翻。

垂留慕容农、慕容楷、慕容绍于邺，行至安阳之汤池，闵亮、李毗自邺来，以丕与苻飞龙所谋告垂。几事不密则害成。苻飞龙固不足以办垂，况其谋已泄邪！垂因激怒其众曰：“吾尽忠于苻氏，而彼专欲图吾父子，吾虽欲已，得乎！”已，止也。乃托言兵少，少，诗沼翻。停河内募兵，旬日间，有众八千。

平原公晖遣使让垂，趣使进兵。遣使，疏吏翻。趣，读曰促。垂谓飞龙曰：“今寇贼不远，河内距新安、洛阳，止隔大河耳，故云然。当昼止夜行，袭其不意。”飞龙以为然。壬午，夜，垂遣世子宝将兵居前，少子隆勒兵从己，将，即亮翻。少，诗照翻。令氐兵五人为伍；阴与宝约，闻鼓声，前后合击氐兵及飞龙，尽杀之，参佐家在西者皆遣还，并以书遗秦王坚，言所以杀飞龙之故。盖言丕使飞龙图己，故杀之也。遗，于季翻。

初垂从坚入邺，见一百二卷海西公太和五年。以其子麟屡尝告变于燕，事见太和四年。立杀其母，然犹不忍杀麟，置之外舍，希得侍见。见，贤遍翻。及杀苻飞龙，麟屡进策画，启发垂意，垂意所欲为，而思虑偶有所未及，麟能迎其机言之，故谓之启发。垂更奇之，宠待与诸子均矣。为后麟乱燕张本。

慕容凤及燕故臣之子燕郡王腾、辽西段延等段延盖段国之种。燕，于贤翻。闻翟斌起兵，各帅部曲归之。帅，读曰率。平原公晖使武平武侯毛当讨斌。慕容凤曰："凤今将雪先王之耻，燕之亡也，凤父桓死难，事见一百二卷海西公太和五年。请为将军斩此氐奴。"为，于伪翻。乃擐甲直进，擐，音宦。丁零之众，随之，大败秦兵，败，补迈翻。斩毛当；遂进攻陵云台戍，克之，收万馀人甲仗。陵云台，魏文帝所筑，在洛城西，秦置戍焉。

癸未，慕容垂济河焚桥，有众三万，留辽东鲜卑可足浑谭集兵于河内之沙城。言河内，以别魏郡之沙城。燕主暐后可足浑氏，谭盖亦燕之戚党也。垂遣田山如邺，密告慕容农等使起兵相应。时日已暮，农与慕容楷留宿邺中；慕容绍先出，至蒲池，蒲池在邺城外，慕容儁与群臣宴处。盗丕骏马数百匹以待农、楷。甲申晦，农、楷将数十骑微服出邺，遂同奔列人。列人县，汉属钜鹿郡，魏、晋属广平郡，其地在邺城东北。魏收地形志：魏郡临漳县有列人城；又别有列人县，亦属魏郡。

九年（甲申、三八四）

1 春，正月，乙酉朔，秦长乐公丕大会宾客，乐，音洛。请慕容农不得，始觉有变；遣人四出求之，三日，乃知其在列人，已起兵矣。

慕容凤、王腾、段延皆劝翟斌奉慕容垂为盟主；斌从之。

垂欲袭洛阳，且未知斌之诚伪，乃拒之曰："吾来救豫州，秦平原公晖以豫州牧镇洛阳。不来赴君。君既建大事，成享其福，败受其祸，吾无预焉。"丙戌，垂至洛阳，平原公晖闻其杀苻飞龙，闭门拒之。翟斌复遣长史郭通往说垂，复，扶又翻。说，输芮翻；下同。垂犹未许。通曰："将军所以拒通者，岂非以翟斌兄弟山野异类，无奇才远略，必无所成故邪？独不念将军今日凭之，可以济大业乎！"谓凭其众可以成功也。垂乃许之。于是斌帅其众来与垂会，帅，读曰率；下同。劝垂称尊号。垂曰："新兴侯，吾主也，秦获慕容暐，封为新兴侯。当迎归返正耳。"

垂以洛阳四面受敌，欲取邺而据之，乃引兵而东。故扶馀王馀蔚为荥阳太守，馀蔚，即太和五年开邺北门纳秦兵者。蔚，音纡勿翻。及昌黎鲜卑卫驹各帅其众降垂。降，户江翻。垂至荥阳，群下固请上尊号，垂乃依晋中宗故事，晋元帝庙号中宗。上，时掌翻。称大将军、大都督、燕王，承制行事，晋元帝称王承制，见九十卷建武元年。谓之统府。群下称臣，文表奏疏，封拜官爵，皆如王者。以弟德为车骑大将军，封范阳王；骑，奇寄翻。兄子楷为征西大将军，封太原王；燕本封德为范阳王，今复其故。楷，恪子也；恪封太原王，今令楷袭父爵。翟斌为建义大将军，封河南王；馀蔚为征东将军、统府左司马，封扶馀王；卫驹为鹰扬将军，慕容凤为建策将军。建策将军，亦慕容垂一时所署置也。帅众二十馀万，帅，读曰率。自石门济河，长驱向邺。

慕容农之奔列人也，止于乌桓鲁利家，鲁利本乌桓种，而家于列人。利为之置馔，为，于伪翻。馔，雏皖翻，又雏恋翻，饔也。农笑而不食。利谓其妻曰："恶奴，句绝。恶奴，盖詈其妻之语。郎贵人，家贫无以馔之，奈何？"妻曰："郎有雄才大志，今无故而至，必将有异，非为饮食来也。为，于伪翻。君亟出，远望以备非常。”利从之。农谓利曰：“吾欲集兵列人以图兴复，卿能从我乎？”利曰：“死生唯郎是从。”今世俗多呼其主为郎主，又呼其主之子为郎君。农乃诣乌桓张骧，说之曰：骧，思将翻。说，输芮翻；下同。“家王已举大事，翟斌等咸相推奉，远近响应，故来相告耳。”骧再拜曰：“得旧主而奉之，敢不尽死！”于是农驱列人居民为士卒，斩桑榆为兵，裂襜裳为旗，襜，昌占翻。尔雅曰：衣蔽前也。郭璞曰：衣蔽膝也。使赵秋说屠各毕聪。聪与屠各卜胜、张延、李白、郭超及东夷馀和、敕勃、屠，直於翻。馀和、敕勃，盖二人。易阳乌桓刘大易阳县，汉属赵国，魏、晋属阳平郡。刘昫曰：唐洺州临洺县，古易阳县也，隋开皇六年更名。各帅部众数千赴之。帅，读曰率。农假张骧辅国将军，刘大安远将军，鲁利建威将军。农自将攻破馆陶，馆陶县，汉属魏郡，魏、晋属阳平郡。将，即亮翻。收其军资器械，遣兰汗、段赞、赵秋、慕舆悕略取康台牧马数千匹。悕，香衣翻。魏收地形志：广平郡平恩县有康台泽。杜预曰：不以道取曰略。汗，燕王垂之从舅；赞，聪之子也。从，才用翻。于是步骑云集，众至数万，骧等共推农为使持节、都督河北诸军事、骠骑大将军，监统诸将，使，疏吏翻。骠，匹妙翻。骑，奇寄翻。监，工衔翻。随才部署，上下肃然。农以燕王垂未至，不敢封赏将士。赵秋曰：“军无赏，士不往，言无赏以奖激之，则士不往赴战也。今之来者，皆欲建一时之功，规万世之利，规，图也。宜承制封拜，以广中兴之基。”农从之，于是赴者相继；垂闻而善之。农间【章：十二行本“间”作“西”；乙十一行本同；孔本同；张校同。】招库【严：“库”改“库”，下同。】傉官伟于上党，东引乞特归于东阿，北召光烈将军平睿及睿兄汝阳太守幼于燕国，伟等皆应之。间，古苋翻。遣间使招之也。傉，奴沃翻。东阿县，汉属东郡，晋属济北郡，唐属济州。汝阳县，汉、晋属汝南郡，后分为汝阳郡。平幼盖先尝为汝阳太守时居燕国也。伟等皆燕之旧臣，故招之而应。光烈将军，盖亦前燕以授平睿。又遣兰汗攻顿丘，克之。顿丘县，汉属东郡；武帝泰始二年，分置顿丘郡。农号令整肃，军无私掠，言其军不敢掠居民而私其物。士女喜悦。

长乐公丕使石越将步骑万馀讨之。农曰："越有智勇之名，今不南拒大军而来此，是畏王而陵我也；王谓慕容垂。必不设备，可以计取之。"众请治列人城，治，直之翻；下同。农曰："善用兵者，结士以心，不以异物。异物，犹言别物也。今起义兵，唯敌是求，当以山河为城池，何列人之足治也！"辛卯，越至列人西，农使赵秋及参军綦毋滕击越前锋，破之。越之气已挫矣。参军太原赵谦言于农曰："越甲仗虽精，人心危骇，易破也，易，以豉翻。宜急击之。"农曰："彼甲在外，我甲在心，士心欲斗，则虽无甲胄而勇于赴战，故曰甲在心。昼战，则士卒见其外貌而惮之，不如待暮击之，可以必克。"令军士严备以待，毋得妄动。越立栅自固，农笑谓诸将曰："越兵精士众，不乘初至之锐以击我，方更立栅，吾知其无能为也。"向暮，农鼓噪出，陈于城西，陈，读曰阵。牙门刘木请先攻越栅，农笑曰："凡人见美食，谁不欲之，何得独请！然汝猛锐可嘉，当以先锋惠汝。"木乃帅壮士四百腾栅而入，秦兵披靡；帅，读曰率；下同。披，普彼翻。农督大众随之，大败秦兵，斩越，送首于垂。败，补迈翻。越与毛当，皆秦之骁将也，骁，坚尧翻。将，即亮翻。故秦王坚使助二子镇守；既而相继败没，人情骚动，骚，愁也，扰也。所在盗贼群起。

庚戌，燕王垂至邺，改秦建元二十年为燕元年，服色朝仪，皆如旧章。朝，直遥翻。以前岷山公库傉官伟为左长史，前尚书段崇为右长史，荥阳郑豁等为从事中郎。凡带前字者，皆前燕所授官也。慕容农引兵会垂于邺，垂因其所称之官而授之。即张骧等所推之官也。立世子宝为太子，封从弟拔等十七人及甥宇文输、【严：“输”改“翰”。】舅子兰审皆为王；从，才用翻。其馀宗族及功臣封公者三十七人，侯、伯、子、男者八十九人。可足浑谭集兵得二万馀人，攻野王，拔之，垂使谭集兵于河内之沙城，遂因而攻拔野王。引兵会攻邺。平幼及其弟睿、规亦帅众数万会垂于邺。

长乐公丕使姜让诮让燕王垂，且说之曰："过而能改，今犹未晚也。"诮，才笑翻。说，输芮翻。垂曰："孤受主上不世之恩，故欲安全长乐公，使尽众赴京师，京师，谓长安也。然后修复国家之业，与秦永为邻好。好，呼到翻。何故暗于机运，不以邺城见归？若迷而不复，当穷极兵势，恐单马求生，亦不可得也。"让厉色责之曰："将军不容于家国，投命圣朝，朝，直遥翻。燕之尺土，将军岂有分乎？分，扶问翻。主上与将军风殊类别，言氐处关西，鲜卑在东北，既不同风，族类又别也。一见倾心，亲如宗戚，宠逾勋旧，自古君臣际遇，有如是之厚者乎？一旦因王师小败，遽有异图！长乐公，主上元子，受分陕之任，陕，失冉翻。宁可束手输将军以百城之地乎？将军欲裂冠毁冕，左传，晋率阴戎伐颍。景王使詹桓伯辞于晋曰："我在伯父，犹衣服之有冠冕，木水之有本原，民人之有谋主也。伯父若裂冠毁冕，拔本塞原，专弃谋主，虽戎狄，其何有余一人！"自可极其兵势，奚更云云！但惜将军以七十之年，悬首白旗，武王斩纣首，悬于大白之旗。高世之志，更为逆鬼耳！"垂默然。姜让之辞直，垂心内愧，故默然无以答。左右请杀之，垂曰："彼各为其主耳，何罪！"礼而归之，遗丕书及上秦王坚表，陈述利害，请送丕归长安。坚及丕怒，复书切责之。为，于伪翻。遗，于季翻。上，时掌翻。

2 鹰扬将军刘牢之攻秦谯城，拔之。桓冲遣上庸太守郭宝攻秦魏兴、上庸、新城三郡，拔之。将军杨佺期进据成固，击秦梁州刺史潘猛，走之。佺期，亮之子也。杨亮见上卷太元二年。

3 壬子，燕王垂攻邺，拔其外郭，长乐公丕退守中城。关东六州郡县多送任请降于燕。降，户江翻。癸丑，垂以陈留王绍行冀州刺史，屯广阿。广阿县，前汉属钜鹿郡，后汉并入钜鹿县。有广阿泽，在钜鹿县界，即大陆泽也。

4 丰城宣穆公桓冲闻谢玄等有功，自以失言，谓去年"吾其左衽"之言也。惭恨成疾；二月，辛巳，卒。朝议欲以谢玄为荆、江二州刺史。朝，直遥翻。谢安自以父子名位太盛，又惧桓氏失职怨望，乃以梁郡太守桓石民为荆州刺史，河东太守桓石虔为豫州刺史，豫州刺史桓伊为江州刺史。

5 燕王垂引丁零、乌桓之众二十馀万为飞梯地道以攻邺，不拔；乃筑长围守之，分处老弱于肥乡，晋志，肥乡县属广平郡。魏收曰：天平初，并入魏郡临漳县。隋复分置肥乡县，唐属洺州。处，昌吕翻。筑新兴城以置辎重。重，直用翻。

6 秦征东府官属疑参军高泰，燕之旧臣，有贰心，苻丕为征东大将军。高泰先仕燕，慕容垂以为从事中郎。泰惧，与同郡虞曹从事吴韶逃归勃海。秦征东府置虞曹从事，掌所部山泽。泰与韶，皆勃海人也。韶曰："燕军近在肥乡，宜从之。"泰曰："吾以避祸耳；去一君，事一君，吾所不为也！"申绍见而叹曰："去就以道，可谓君子矣！"

7 燕范阳王德击秦枋头，取之，置戍而还。还，音旋，又读如字。

8 东胡王晏据馆陶，为邺中声援，鲜卑、乌桓及郡县民据坞壁不从燕者尚众；燕王垂遣太原王楷与镇南将军陈留王绍讨之。楷谓绍曰："鲜卑、乌桓及冀州之民，本皆燕臣，今大业始尔，人心未洽，所以小异；唯宜绥之以德，不可震之以威。吾当止一处，为军声之本，汝巡抚民夷，示以大义，彼必当听从。”楷乃屯于辟阳。地理风俗记曰：广川西南六十里有辟阳亭，故县也，汉高帝封审食其为侯国。魏收地形志，长乐郡信都县有辟阳城。绍帅骑数百往说王晏，为陈祸福，帅，读曰率。说，输芮翻。为，于伪翻。晏随绍诣楷降，于是鲜卑、乌桓及坞民降者数十万口。降，户江翻。楷留其老弱，置守宰以抚之，发其丁壮十馀万，与王晏诣邺。垂大悦曰：“汝兄弟才兼文武，足以继先王矣！”言足以继慕容恪也。

9 三月，以卫将军谢安为太保。

10 秦北地长史慕容泓闻燕王垂攻邺，亡奔关东，收集鲜卑，众至数千，还屯华阴，败秦将军强永，华，户化翻。败，补迈翻。强，其两翻。其众遂盛；自称都督陕西诸军事、大将军、雍州牧、济北王，陕，式冉翻。雍，于用翻。济，子礼翻。推垂为丞相、都督陕东诸军事、领大司马、冀州牧、吴王。

秦王坚谓权翼曰：“不用卿言，谓不用翼之言而遣慕容垂也。使鲜卑至此。关东之地，吾不复与之争，复，扶又翻。将若泓何？”乃以广平公熙为雍州刺史，镇蒲阪。阪，音反。征雍州牧巨鹿公睿为都督中外诸军事、卫大将军、录尚书事，配兵五万；以左将军窦冲为长史，龙骧将军姚苌为司马，以讨泓。骧，思将翻。

平阳太守慕容冲亦起兵于平阳，有众二万，进攻蒲坂；坚使窦冲讨之。

11 库傉官伟帅营部数万至邺，燕王垂封伟为安定王。

12 秦冀州刺史阜城侯定守信都，高城男绍在国，高城县属勃海郡，唐为沧州盐山县。高邑侯亮、重合侯谟守常山，重，直龙翻。固安侯鉴守中山。燕王垂遣前将军、乐浪王温督诸军攻信都，不克；乐浪，音洛琅。夏，四月，丙辰，遣抚军大将军麟益兵助之。定、鉴，秦王坚之从叔；绍、谟，从弟；亮，从子也。

从，才用翻。温，燕王垂之弟子也。

13 慕容泓闻秦兵且至，惧，帅众将奔关东。帅，读曰率；下同。秦钜鹿愍公叡粗猛轻敌，欲驰兵邀之。姚苌谏曰："鲜卑皆有思归之志，故起而为乱，宜驱令出关，不可遏也。夫执鼷鼠之尾，犹能反噬于人。鼷鼠，一名甘口鼠，食物不痛。尔雅曰：有螫毒者。鼷，音奚。彼自知困穷，致死于我，万一失利，悔将何及。但可鸣鼓随之，彼将奔败不暇矣。"使苻睿能用姚苌之言，慕容泓必东奔，慕容冲败而无所归，必亦就禽矣。睿弗从，战于华泽，华泽即华阴之泽也。华，户化翻。睿兵败，为泓所杀。苌遣龙骧长史赵都、参军姜协诣秦王坚谢罪；骧，思将翻。坚怒，杀之。苌惧，奔渭北马牧，马牧，牧马之地，犹汉之牧苑也。于是天水尹纬、尹详、南安庞演等庞，皮江翻。纠扇羌豪，帅其户口归苌者五万馀家，帅读曰率。推苌为盟主。苌自称大将军、大单于、万年秦王，大赦，改元白雀，通鉴目录：年经国纬，自此以后，姚苌系之后秦。单，音蝉。以尹详、庞演为左、右长史，南安姚晃及尹纬为左、右司马，天水狄伯支等为从事中郎，羌训等为掾属，王据等为参军，王钦卢、姚方成等为将帅。掾，以绢翻。将，即亮翻。帅，所类翻。

14 秦窦冲击慕容冲于河东，大破之；冲帅鲜卑骑八千奔慕容泓。泓众至十馀万，遣使谓秦王坚曰："吴王已定关东，可速资备大驾，奉送家兄皇帝，暐，泓之兄也。泓当帅关中燕人翼卫乘舆，还返邺都，乘，绳证翻。还，音旋，又如字。与秦以虎牢为界，永为邻好。"好，呼到翻。坚大怒，召慕容暐责之曰："今泓书如此，卿欲去者，朕当相资。卿之宗族，可谓人面兽心，不可以国士期也！"暐叩头流血，涕泣陈谢。坚久之曰："此自三竖所为，非卿之过。"三竖，谓垂、泓、冲。复其位，待之如初。命暐以书招谕泓、冲及垂。暐密遣使谓泓曰："吾笼中之人，必无还理；且燕室之罪人也，暐不能保燕之社稷，故自谓为罪人。不足复顾。复，扶又翻。汝勉建大业，以吴王为相国，中山王为太宰、领大司马，汝可为大将军、领司徒，承制封拜，听吾死问，汝便即尊位。”泓于是进向长安，改元燕兴。

15 燕王垂以邺城犹固，会僚佐议之。右司马封衡请引漳水灌之；用曹操攻邺故智也。从之。垂行围，行，下孟翻。因饮于华林园，洛都，邺都皆有华林园；邺之华林，则魏武所筑也。秦人密出兵掩之，矢下如雨，垂几不得出，几，居依翻。冠军大将军隆将骑冲之，垂仅而得免。将，即亮翻。骑，奇寄翻。

16 竟陵太守赵统攻襄阳，秦荆州刺史都贵奔鲁阳。

17 五月，秦洛州刺史张五虎据丰阳来降。降，户江翻。

18 梁州刺史杨亮帅众五万伐蜀，帅，读曰率。遣巴西太守费统将水陆兵三万为前锋。费，扶沸翻。将，即亮翻。亮屯巴郡，秦益州刺史王广遣巴西太守康回等拒之。姓谱：西胡自有康姓。

19 秦苻定、苻绍皆降于燕；定以信都降，绍以高城降。降，户江翻；下同。燕慕容麟引兵西攻常山。苻谟守常山。

20 后秦王苌进屯北地，姚苌书后秦，以别于苻秦也。秦华阴、北地、新平、安定羌胡降之者十馀万。

21 六月，癸丑朔，崇德太后褚氏崩。

22 秦王坚自帅步骑二万以击后秦，军于赵氏坞，据晋书载记，赵氏坞在北地。帅，读曰率。骑，奇寄翻。使护军将军杨壁等分道攻之；后秦兵屡败，斩后秦王苌之弟镇军将军尹买。后秦军中无井，秦人塞安公谷、堰同官水以困之。安公谷、同官水皆在今耀州界。魏收地形志，北地郡有铜官县，真君七年置。杜佑曰：铜官本汉祋祤县地，晋为频阳；苻秦于祋祤北铜官川置铜官护军，后魏太武罢护军，置铜官县；后周武帝移于今所；隋以后，唯作同官。塞，悉则翻。后秦人恟惧，有渴死者。恟，许拱翻。会天大雨，后秦营中水三尺，绕营百步之外，寸馀而已，后秦军复振。复，扶又翻。秦王坚叹曰："天亦佑贼乎！"天不助秦，不可复支矣。

23 慕容泓谋臣高盖等以泓德望不如慕容冲，且持法苛峻，乃杀泓，立冲为皇太弟，承制行事，置百官；以盖为尚书令。后秦王苌遣子嵩为质于冲以请和。欲连兵以毙秦，且畏冲兵之强也。质，音致。

24 将军刘春攻鲁阳，都贵奔还长安。

25 后秦王苌帅众七万击秦，秦王坚遣杨璧等拒之，为苌所败；败，补迈翻。获杨璧及右将军徐成、镇军将军毛盛等将吏数十人，苌皆礼而遣之。

26 燕慕容麟拔常山，秦苻亮、苻谟皆降。降，户江翻。麟进围中山，秋，七月，克之，执苻鉴。冀州皆为燕有，惟苻丕守邺而已。麟威声大振，留屯中山。

27 秦幽州刺史王永、平州刺史苻冲帅二州之众以击燕。帅，读曰率。燕王垂遣平【章：十二行本"平"作"宁"；乙十一行本同；张校同。】朔将军平规击永，此平规别是一平规，平幼之弟，非与苻洛同反之平规也。永遣昌黎太守宋敞逆战于范阳，敞兵败，规进据蓟南。蓟，音计。

28 秦平原公晖帅洛阳、陕城之众七万归于长安。陕，失冉翻。

29 秦【章：十二行本"秦"上有"益州刺史王广遣将军王虬帅蜀汉之众三万北救长安"二十二字；乙十一行本同；孔本同；张校同；退斋校同。】王坚闻慕容冲去长安浸近，乃引兵归，归自北地赵氏坞，使冲不逼长安，坚尚与苌相持，胜负之势，未有所定也。冲兵既逼，坚不容不还长安，苌得收岭北以为资；坚，冲血战而苌伺其敝；坚死而鲜卑东出，苌坐而取关中；真所谓鹬蚌相持，渔人之利也。遣抚军大将军方【章：十二行本"方"上有"高阳公"三字；乙十一行本同；孔本同；张校同。】戍骊山，骊，力知翻。拜平原公晖为都督中外诸军事、车骑大将军、录尚书事，配兵五万以拒冲。冲与晖战于郑西，大破之。坚又遣前将军姜宇与少子河间公琳帅众三万拒冲于灞上；少，诗照翻。琳、宇皆败死，冲遂据阿房城。即秦之阿房宫城。

30 秦康回兵数败，数，所角翻。退还成都。梓潼太守垒袭以涪城来降。此晋西师之捷。姓谱曰：后赵录有垒澄，本姓裴氏。荆州刺史桓石民据鲁阳，遣河南太守高茂北戍洛阳。此晋自襄、沔北向之师也。

31 己酉，葬康献皇后于崇平陵。

32 燕翟斌恃功骄纵，邀求无厌；斌，音彬。厌，于盐翻。又以邺城久不下，潜有贰心。太子宝请除之，燕王垂曰："河南之盟，不可负也；斌引兵会垂于洛阳，垂与之盟，盖在河南县。若其为难，难，乃旦翻。罪由于斌。今事未有形而杀之，人必谓我忌惮其功能；吾方收揽豪杰以隆大业，不可示人以狭，失天下之望也。借彼有谋，吾以智防之，无能为也。"范阳王德、陈留王绍、骠骑大将军农皆曰："翟斌兄弟恃功而骄，必为国患。"垂曰："骄则速败，焉能为患！焉，于干翻，何也。彼有大功，当听其自毙耳。"礼遇弥重。

斌讽丁零及其党请斌为尚书令。垂曰："翟王之功，宜居上辅；但台既未建，此官不可遽置耳。"斌怒，密与前秦长乐公丕通谋，通鉴凡苻秦事，书曰秦；此"前"字衍。使丁零决堤溃水；燕引漳水以灌邺，故斌欲决堤以溃之。事觉，垂杀斌及其弟檀、敏，馀皆赦之。

斌兄子真，夜将营众北奔邯郸，将，即亮翻。邯郸，音寒丹。引兵还向邺围，欲与丕内外相应；太子宝与冠军大将军隆击破之。冠，古玩翻。真还走邯郸。走，音奏。

太原王楷、陈留王绍言于垂曰："丁零非有大志，但宠过为乱耳。今急之则屯聚为寇，缓之则自散，散而击之，无不克矣。”垂从之。

33 龟兹王帛纯窘急，吕光自去年进军攻龟兹。龟兹，音丘慈。窘，渠陨翻。重赂狯胡以求救；狯胡，盖又在龟兹之西。杨正衡曰：狯，古迈翻。狯胡王遣其弟呐龙、侯将馗帅骑二十馀万，呐龙一人，馗又一人，侯将，官称也；汉时西域诸国，各有辅国侯、安国侯、左右将，其后盖并侯将为一官。呐，女劣翻，又女郁翻。将，即亮翻。馗，渠追翻。并引温宿、尉头【严：“头”改“须”。】等诸国兵合七十馀万以救龟兹；秦吕光与战于城西，大破之。帛纯出走，王侯降者三十馀国。降，户江翻。光入其城；城如长安市邑，宫室甚盛。光抚宁西域，威恩甚著，远方诸国，前世所不能服者，皆来归附，上汉所赐节传；上，时掌翻。传，张恋翻。光皆表而易之，立帛纯弟震为龟兹王。

34 八月，翟真自邯郸北走，燕王垂遣太原王楷、骠骑大将军农帅骑追之，及【章：十二行本“及”上有“甲寅”二字；乙十一行本同；孔本同；张校同；退斋校同。】于下邑。楷欲战，农曰：“士卒饥倦，且视贼营不见丁壮，殆有他伏。”楷不从，进战，燕兵大败。真北趋中山，屯于承营。羸师示弱者，必有伏兵，众所通知也，然而往往堕其中而不自觉以致覆军者多矣。趋，七谕翻；下同。

35 邺中刍粮俱尽，削松木以饲马。饲，祥吏翻。燕王垂谓诸将曰：“苻丕穷寇，必无降理；降，户江翻。不如退屯新城，即肥乡之新兴城也。开丕西归之路，以谢秦王畴昔之恩，且为讨翟真之计。”丙寅夜，垂解围趋新城。遣慕容农徇清河、平原，征督租赋。农明立约束，均适有无，军令严整，无所侵暴，由是谷帛属路，军资丰给。属，之欲翻。

36 戊寅，南昌文穆公郗愔薨。郗，丑之翻。愔，挹淫翻。

37 太保安奏请乘苻氏倾败，开拓中原，以徐、兖二州刺史谢玄为前锋都督，帅豫州刺史桓石虔伐秦。帅，读曰率。玄至下邳，秦徐州刺史赵迁弃彭城走，玄进据彭城。此晋自淮、泗北向之师也。

38 秦王坚闻吕光平西域，以光为都督玉门以西诸军事，西域校尉。道绝，不通。

39 秦幽州刺史王永求救于振威将军刘库仁，先是，秦盖授刘库仁振武将军。库仁遣其妻兄公孙希帅骑三千救之，大破平规于蓟南，乘胜长驱，进据唐城。【章：十二行本“城”下有“与慕容麟相持”六字；乙十一行本同；孔本同；张校同；退斋校同。】中山郡之唐县城也。

40 九月，谢玄使彭城内史刘牢之攻秦兖州刺史张崇。辛卯，崇弃鄄城奔燕。牢之据鄄城，鄄，吉掾翻。河南城堡皆来归附。

41 太保安上疏自求北征；【章：十二行本征下有“曰午”二字；乙十一行本同；退斋校同。】加安都督扬、江等十五州诸军事，加黄钺。十五州，盖扬、徐、南徐、兖、南兖、豫、南豫、江、青、冀、幽、并、司、荆、雍也。

42 慕容冲进逼长安，秦王坚登城观之，叹曰：“此虏何从出哉！”大呼责冲曰：呼，火故翻。“奴何苦来送死！”冲曰：“奴厌奴苦，欲取汝为代耳！”冲少有宠于坚，冲少有龙阳之色，得幸于坚。少，诗照翻。坚遣使以锦袍称诏遗之。遗，于季翻。冲遣詹事称皇太弟令答之曰：“孤今心在天下，岂顾一袍小惠！苟能知命，君臣束手，早送皇帝，皇帝谓慕容暐。自当宽贷苻氏以酬曩好。”好，呼到翻。坚大怒曰：“吾不用王景略、阳平公之言，事见一百三卷宁康三年及上卷太元七年。使白虏敢至于此！”载记曰：秦人率谓鲜卑为白虏。

43 冬，十月，辛亥朔，日有食之。

44 乙丑，大赦。

45 谢玄遣阴陵太守高素攻秦青州刺史苻朗，阴陵县，汉属九江郡。晋书谢玄传作“淮陵”。淮陵县，前汉属临淮郡，后汉属下邳郡，晋复属临淮郡，惠帝元康七年，分置淮陵郡。“阴”，当作“淮”。军至琅邪，朗来降。朗，坚之从子也。降，户江翻。从，才用翻。

46 翟真在承营，与公孙希、宋敞遥相首尾。公孙希，刘库仁所遣；宋敞，王永所遣。长乐公丕遣宦者冗从仆射清河光祚姓谱：光姓，燕人田光之后，秦末子孙避地，以光为氏。冗，而陇翻。从，才用翻。将兵数百赴中山，与真相结。又遣阳平太守邵兴将数千骑招集冀州故郡县，与祚期会襄国。是时，燕军疲弊，秦势复振，复，扶又翻。冀州郡县皆观望成败，赵郡人赵粟等起兵柏乡以应兴。魏收地形志：南赵郡柏人县有柏乡城。九域志曰：柏乡故城，春秋时晋鄗邑。五代志：隋文帝开皇十六年，置柏乡县，属赵郡。燕王垂遣冠军大将军隆、龙骧将军张崇将兵邀击兴，命骠骑大将军农自清河引兵会之。冠，古玩翻。骧，思将翻。骠，匹妙翻。骑，奇寄翻。隆与兴战于襄国，大破之；兴走至广阿，遇慕容农，执之。光祚闻之，循西山走归邺。隆遂击赵粟等，皆破之，冀州郡县复从燕。复，扶又翻。

47 刘库仁闻公孙希已破平规，欲大举兵以救长乐公丕，发雁门、上谷、代郡兵，屯繁畤。畤，音止。燕太子太保慕舆句之子文、零陵公慕舆虔之子常慕舆句见九十八卷穆帝永和六年。慕舆虔见一百一卷哀帝兴宁三年。句，音钩。时在库仁所，知三郡兵不乐远征，乐，音洛。因作乱，夜攻库仁，杀之，窃其骏马，奔燕。公孙希之众闻乱自溃，希奔翟真。库仁弟头眷代领库仁部众。

48 秦长乐公丕遣光祚及参军封孚召骠骑将军张蚝、并州刺史王腾于晋阳以自救；蚝、腾以众少不能赴。秦以邓羌、张蚝为万人敌。是时邓羌死矣，张蚝卒不能救秦之亡。是知徒勇而无谋者，无益于成败之数也。蚝，七吏翻。丕进退路穷，谋于僚佐。司马杨膺请自归于晋，丕未许。会谢玄遣龙骧将军刘牢之等据碻磝，碻磝城，济北郡治所，沿河要地也。碻，丘交翻。磝，牛交翻。杨正衡曰：碻，口劳翻。杜佑曰：碻，口交翻。磝，音敖。济阳太守郭满据滑台，沈约曰：晋惠帝分陈留为济阳国。滑台，汉之白马，唐之滑州也。宋南渡后，遣范成大北使，时河已南徙，滑州及白马县皆在河北，古滑州已沦于河中矣。剩水在浚州西南，积水若湖；对浚州城，即黎阳山。济，子礼翻。将军颜肱、刘袭军于河北；河北，滑台之北岸也。丕遣将军桑据屯黎阳以拒之。刘袭夜袭据，走之，遂克黎阳。丕惧，乃遣从弟就与参军焦逵请救于玄，从，才用翻。致书称"欲假涂求粮，西赴国难，难，乃旦翻。须援军既接，以邺与之。若西路不通，长安陷没，请帅所领保守邺城。"帅，读曰率。逵与参军姜让密谓膺曰："今丧败如此，丧，息浪翻。长安阻绝，存亡不可知。屈节竭诚以求粮援，犹惧不获；而公豪气不除，方设两端，事必无成。宜正书为表，许以王师之至，当致身南归；如其不从，可逼缚与之。"膺自以力能制丕，杨膺，丕之妃兄，故自以为力能制丕。乃改书而遣之。

49 谢玄遣晋陵太守滕恬之渡河守黎阳。恬之，修之曾孙也。滕修为吴将，孙晧之亡，修归晋。朝廷以兖、青、司、豫既平，加玄都督徐、兖、青、司、冀、幽、并七州诸军事。

50 后秦王苌闻慕容冲攻长安，会群僚议进止，皆曰："大王宜先取长安，建立根本，然后经营四方。"苌曰："不然。燕人因其众有思归之心以起兵，若得其志，必不久留关中，吾当移屯岭北，岭北，谓九嵕之北，凡新平、北地、安定之地皆是也。广收资实，以待秦亡燕去，然后拱手取之耳。"乃留其长子兴守北地，长，知两翻。使宁北将军姚穆守同官川，自将其众攻新平。将，即亮翻。

初，新平人杀其郡将，秦王坚缺其城角以耻之，石虎之末，清河崔悦为新平相，为郡人所杀。悦子液仕坚，为尚书郎，自表父仇，不同天地，请还冀州。坚愍之，禁锢新平人，缺其城角以耻之。将，即亮翻。新平民望深以为病，民望，郡之贤豪，为一郡所宗向者。欲立忠义以雪之。

及后秦王苌至新平，新平太守南安苟辅欲降之，苟辅，氐也，秦之外戚。降，户江翻；下同。郡人辽西太守冯杰、莲勺令冯羽、尚书郎赵义、汶山太守冯苗谏曰："昔田单以一城存齐。杰等皆新平人。太康地志曰：汶山郡，汉武帝立；孝宣地节三年，合蜀郡；刘蜀又立郡。莲，音辇。汶，读曰岷。田单事见四卷周赧王三十六年。今秦之州镇，犹连城过百，奈何遽为叛臣乎！"辅喜曰："此吾志也；但恐久而无救，郡人横被无辜。横，户孟翻。诸君能尔，吾岂顾生哉！"于是凭城固守。后秦为土山地道，辅亦于内为之，或战地下，或战山上，后秦之众死者万馀人。辅诈降以诱苌，苌将入城，觉之而返；辅伏兵邀击，几获之，几，巨依翻。又杀万馀人。

51 陇西处士王嘉，隐居倒虎山，水经注：倒虎山在新丰县南。处，昌吕翻。有异术，能知未然；秦人神之。秦王坚、后秦王苌及慕容冲皆遣使迎之。十一月，嘉入长安，众闻之，以为坚有福，故圣人助之，三辅堡壁及四山氐、羌归坚者四万馀人。坚置嘉及沙门道安于外殿，动静咨之。

52 燕慕容农自信都西击丁零翟辽于鲁口，破之。辽退屯无极，农屯藁城以逼之。无极县，汉属中山，晋省；后魏复置无极县，唐末为祁州治所。藁城县，前汉属真定，后汉属钜鹿，晋省。今所屯盖故县城也。唐复置藁城县，属恒州。辽，真之从兄也。从，才用翻。

53 鲜卑在长安城中者犹千馀人，慕容绍之兄肃，与慕容暐阴谋结鲜卑为乱。十二月，暐白坚，以其子新昏，请坚幸其家，置酒，欲伏兵杀之。坚许之，会天大雨，不果往。事觉，坚召暐及肃，肃曰："事必泄矣，入则俱死。今城内已严，已严者，谓鲜卑之众也。不如杀使者驰出，既得出门，大众便集。"暐不从，遂俱入。坚曰："吾相待何如，而起此意？"暐饰辞以对。肃曰："家国事重，何论意气！"意气，谓坚相待之厚。坚先杀肃，乃杀暐及其宗族，城内鲜卑无少长、男女，皆杀之。少，诗照翻。长，知两翻。燕王垂幼子柔，养于宦者宋牙家为牙子，故得不坐，与太子宝之子盛乘间得出，奔慕容冲。为后慕容盛等自长子归燕张本。间，古苋翻。

54 燕慕容麟、慕容农合兵袭翟辽，大破之，辽单骑奔翟真。

55 燕王垂以秦长乐公丕犹据邺不去，乃更引兵围邺，开其西走之路。垂志在得邺，故开其走路，所谓围城为之缺也。焦逵见谢玄，玄欲征丕任子，然后出兵；逵固陈丕款诚，并述杨膺之意，玄乃遣刘牢之、滕恬之等帅众二万救邺。帅，读曰率。丕告饥，玄水陆运米二千斛以馈之。

56 秦梁州刺史潘猛弃汉中，奔长安。梁州之地，自此复归于晋。

王崇武标点容肇祖聂崇岐覆校

资治通鉴卷第一百六

端明殿学士兼翰林侍读学士朝散大夫右谏议大夫
充集贤殿修撰权判西京留司御史台上柱国河内郡 司马光 奉敕编集
开国侯食邑一千三百户食实封四百户赐紫金鱼袋臣

后学天台 胡三省 音注

晋纪二十八 起旃蒙作噩(乙酉)，尽柔兆阉茂(丙戌)，凡二年。

烈宗孝武皇帝中之上

太元十年(乙酉、三八五)

1 春，正月，秦王坚朝飨群臣。朝，直遥翻。时长安饥，人相食，诸将归，吐肉以饲妻子。穷蹙如此，外无救援，乌得不败乎！饲，祥吏翻。

2 慕容冲即皇帝位于阿房，是为西燕。改元更始。冲有自得之志，赏罚任情。慕容盛年十三，谓慕容柔曰："夫十人之长，长，知两翻。亦须才过九人，然后得安。今中山王才不逮人，功未有成，而骄汰已甚，殆难济乎！"冲在前燕时封中山王。汰，侈也，溢也。史言慕容盛幼而有识略，所以能自奋而有国。盛、柔归冲，见上卷上年。

3 后秦王苌留诸将攻新平，自引兵击安定，擒秦安西将军勃海公珍，岭北诸城悉降之。降，户江翻。

4 甲寅，秦王坚与西燕主冲战于仇班渠，大破之。慕容垂复兴于山东，而冲称号于关中，故书西燕以别之。乙卯，战于雀桑，又破之。甲子，战于白渠，白渠，即汉时白公所凿者也。秦兵大败。西燕兵围秦王坚，殿中将军邓迈力战却之，坚乃得免。壬申，冲遣尚书令高盖夜袭长安，入其南城，左将军窦冲、前禁将军李辩等击破之，斩首八百级，分其尸而食之。乙亥，高盖引兵攻渭北诸垒，太子宏与战于成贰壁，成贰，盖人姓名；关中大乱，立壁自保，因为地名。大破之，斩首三万。

5 燕带方王佐与宁朔将军平规共攻蓟，蓟，音计。王永兵屡败。二月，永使宋敞烧和龙及蓟城宫室，帅众三万奔壶关；帅，读曰率。佐等入蓟。

6 慕容农引兵会慕容麟于中山，与共攻翟真。麟、农先帅数千骑至承营，帅，读曰率；下同。观察形势。翟真望见，陈兵而出。诸将欲退，农曰："丁零非不劲勇，而翟真懦弱，今简精锐，望真所在而冲之，真走，众必散矣，乃邀门而蹙之，可尽杀也。"使骁骑将军慕容国帅百馀骑冲之，骁，坚尧翻。骑，奇寄翻。真走，其众争门，自相蹈藉，藉，慈夜翻。死者太半，遂拔承营外郭。

7 癸未，秦王坚与西燕主冲战于城西，长安城西也。大破之，追奔至阿城。阿城，即阿房宫城，冲之巢穴也。诸将请乘胜入城，坚恐为冲所掩，引兵还。万乘之主，固不可乘危徼幸；然秦丧败若此，乘诸将之胜气以图万一之功，可也；引兵而还，何欤！还，从宣翻。

8 乙酉，秦益州刺史王广以蜀人江阳太守李丕为益州刺史，守成都。沈约曰：江阳郡，刘璋分犍为立。守，式又翻。己丑，广帅所部奔还陇西，【章：十二行本"西"下有"依其兄秦州刺史统"八字；乙十一行本同；孔本同；张校同；退斋校同。】蜀人随之者三万馀人。

9 刘牢之至枋头。杨膺、姜让谋泄，膺、让谋见上卷上年。长乐公丕收杀之。枋，音方。乐，音洛。牢之闻之，盘桓不进。

10 秦平原悼公晖数为西燕主冲所败，数，所角翻。败，补迈翻。

秦王坚让之曰："汝，吾之才子也，拥大众与白虏小儿战，而屡败，何用生为！"三月，晖愤恚自杀。坚责怒珲，欲其死战耳，岂意其自杀哉！恚，於避翻。

前禁将军李辩、都水使者陇西彭和正恐长安不守，召集西州人晋书职官志：都水长，属大司农。沈约志：都水使者，掌舟航及运部。李辩，李俨之子，亦陇西人也。屯于韭园；坚召之，不至。为后坚袭韭园张本。韭，举有翻。

11 西燕主冲攻秦高阳愍公方于骊山，杀之，苻方戍骊山，见上卷上年七月。执秦尚书韦钟，以其子谦为冯翊太守，使招集三辅之民。冯翊垒主邵安民等责谦曰："君雍州望族，七相五公，雍州之望族，钟盖韦贤后也。雍，于用翻。今乃从贼，与之为不忠不义，何面目以行于世乎！"谦以告钟，钟自杀，谦来奔。

秦左将军苟池、右将军俱石子与西燕主冲战于骊山，兵败。西燕将军慕容永斩苟池，俱石子奔邺。永，廆弟运之孙；石子，难之弟也。俱难见一百四卷太元三年。廆，户罪翻。秦王坚遣领军将军杨定击冲，大破之，虏鲜卑万馀人而还，悉坑之。定，佛奴之孙【章：十二行本"孙"下有"坚之婿"三字；乙十一行本同；孔本同；张校同；退斋校同。】也。北史曰：定，佛奴之子；佛奴，宋奴之子也。

12 荥阳人郑燮以郡来降。降，户江翻。

13 燕王垂攻邺，久不下，将北诣冀州，乃命抚军大将军麟屯信都，乐浪王温屯中山，召骠骑大将军农还邺；乐浪，音洛琅。骠，匹妙翻。骑，奇寄翻。于是远近闻之，以燕为不振，颇怀去就。

农至高邑，高邑本鄗县，汉光武即位于此，改曰高邑，属常山；晋志属赵国。遣从事中郎眭邃近出，违期不还。师古曰：眭，息随翻。长史张攀言于农曰："邃目下参佐，目下参佐，言其近在眼前也。敢欺罔不还，请回军讨之。"农不应，敕备假版，以邃为高阳太守，参佐家在赵北者，悉假署遣归。赵北，赵国以北也。假署者，权时以假版署置其官，未以白燕王垂也。凡举补太守三人，长史二十馀人，退谓攀曰："君所见殊误，当今岂可自相鱼肉！俟吾北还，邃等自当迎于道左，君但观之。"为后邃等迎农张本。

乐浪王温在中山，兵力甚弱，丁零四布，分据诸城；温谓诸将曰："以吾之众，攻则不足，守则有馀。骠骑、抚军，首尾连兵，会须灭贼，但应聚粮厉兵以俟时耳。"于是抚旧招新，劝课农桑，民归附者相继，郡县壁垒争送军粮，仓库充溢。翟真夜袭中山，温击破之，自是不敢复至。复，扶又翻；下复还同。温乃遣兵一万运粮以饷垂，且营中山宫室。欲迎垂都中山也。

刘牢之攻燕黎阳太守刘抚于孙就栅，孙就，人姓名，盖立栅于黎阳界，刘抚因屯焉。燕王垂留慕容农守邺围，自引兵救之。秦长乐公丕闻之，出兵乘虚夜袭燕营，农击败之。败，补迈翻。刘牢之与垂战，不胜，退屯黎阳，垂复还邺。

14 吕光以龟兹饶乐，龟兹，音丘慈。乐，音洛。欲留居之。天竺沙门鸠摩罗什谓光曰："此凶亡之地，不足留也；据载记，鸠摩罗，姓也；什，其名。将军但东归，中道自有福地可居。"鸠摩罗什知数，知吕光必得凉州之地而据之。光乃大飨将士，议进止，众皆欲还。乃以驼二万馀头载外国珍宝奇玩，驱骏马万馀匹而还。还，音旋，又如字。

15 夏，四月，刘牢之进兵至邺，燕王垂逆战而败，遂撤围，退屯新城，乙卯，自新城北遁。牢之不告秦长乐公丕，即引兵追之。丕闻之，发兵继进。庚申，牢之追及垂于董唐渊。垂曰："秦、晋瓦合，相待为强，瓦合，言其势不胶固，触而动之，一瓦坠碎，则众瓦俱解矣。"待"，当作"恃"。今观待字，义亦自通。一胜则俱豪，一失则俱溃，非同心也。今两军相继，势既未合，宜急击之。"牢之军疾趋二百里，至五桥泽，五桥泽，在临漳县北。兵法，百里而趋利者蹶上将；况二百里乎！争燕辎重，重，直用翻。垂邀击，大破之，斩首数千级；牢之单马走，会秦救至，得免。

燕冠军将军宜都王凤冠，古玩翻。每战奋不顾身，前后大小二百五十七战，未尝无功。垂戒之曰："今大业甫济，汝当先自爱！"使为车骑将军德之副以抑其锐。以德持重也。

邺中饥甚，长乐公丕帅众就晋谷于枋头。帅，读曰率。刘牢之入邺城，收集亡散，兵复少振；复，扶又翻。少，诗沼翻。坐军败，征还。

燕、秦相持经年，去年正月，垂攻邺。幽、冀大饥，人相食，邑落萧条。燕之军士多饿死；燕王垂禁民养蚕，以桑椹为军粮。

垂将北趣中山，趣，七喻翻。以骠骑大将军农为前驱，前所假授吏眭邃等皆来迎候，上下如初，李攀【严："李"改"张"。】乃服农之智略。前作"张攀"，此作"李攀"，未知孰是。

16 会稽王道子好专权，好，呼到翻。复为奸谄者所构扇，复，扶又翻；下同。与太保安有隙。安欲避之，会秦王坚来求救，安乃请自将救之。将，即亮翻。壬戌，出镇广陵之步丘，筑垒曰新城而居之。今扬州邵伯镇，即其地也，在扬州城北六十里。晋史云：安于步丘筑埭，后人谓之召伯埭。

17 蜀郡太守任权攻拔成都，斩秦益州刺史李丕，复取益州。秦取益州见一百三卷宁康元年。任，音壬。

18 新平粮竭矢尽，后秦自去年攻新平。外救不至。后秦王苌使人谓苟辅曰："吾方以义取天下，岂雠忠臣邪！卿但帅城中之人还长安，吾正欲得此城耳。"辅以为然，帅民五千口出城，苌围而坑之，男女无遗。苌，仲良翻。帅，读曰率。独冯杰子终得脱，奔长安。冯杰劝辅拒后秦事见上卷上年。秦王坚追赠辅等官爵，皆谥曰节愍侯，以终为新平太守。

19 翟真自承营徙屯行唐，即汉之南行唐县也，属常山郡。燕王垂趣中山，真为所逼，故徙屯。真司马鲜于乞杀真及诸翟，自立为赵王。营人共杀乞，立真从弟成为主；其众多降于燕。降，户江翻。

20 五月，西燕主冲攻长安，秦王坚身自督战，飞矢满体，流血淋漓。冲纵兵暴掠，关中士民流散，道路断绝，千里无烟。有堡壁三十馀，推平远将军赵敖为主，安远、平远，二将军号，盖皆当时所置。相与结盟，冒难遣兵粮助坚，多为西燕所杀。坚谓之曰："闻来者率不善达，此诚忠臣之义，然今寇难殷繁，难，乃旦翻。殷，众也，盛也。繁，多也。非一人之力所能济也，徒相随入虎口，何益！汝曹宜为国自爱，为，于伪翻。畜粮厉兵，以俟天时，庶几善不终否，有时而泰也！"几，居希翻。否，皮鄙翻。

三辅之民为冲所略者，遣人密告坚，请遣兵攻冲，欲纵火为内应。坚曰："甚哀诸卿忠诚！然吾猛士如虎豹，利兵如霜雪，困于乌合之虏，岂非天乎！恐徒使诸卿坐致夷灭，吾不忍也！"其人固请不已，乃遣七百骑赴之。冲营纵火者，反为风火所烧，其得免者什一、二，坚祭而哭之。史言关中之人，乃心为坚，而力不能济，盖天弃秦也。

卫将军杨定与冲战于城西，为冲所擒。定，秦之骁将也。骁，坚尧翻。将，即亮翻。坚大惧，以谶书云："帝出五将久长得。"据载记，此谶书谓之古符传贾录。秦王坚始也禁人学谶，及丧败之极，乃欲用谶书，奔五将山以求免，其颠倒错缪甚矣，盖死期将至也。谶，楚谮翻。乃留太子宏守长安，谓之曰："天其或者欲导予出外。汝善守城，勿与贼争利，吾当出陇收兵运粮以给汝。"遂帅骑数百与张夫人及中山公诜、二女宝、锦出奔五将山，新唐书地理志：京兆醴泉县有武将山。水经注：扶风杜阳县有五将山。又按唐杜佑，凤翔府岐山县有五将山。宣告州郡，期以孟冬救长安。坚过袭韭园，李辩奔燕，奔西燕也。彭和正惭，自杀。

21 闰月，以广州刺史罗友为益州刺史，镇成都。

22 庚戌，燕王垂至常山，围翟成于行唐。命带方王佐镇龙城。六月，高句丽寇辽东，句，如字，又音驹。丽，力知翻。佐遣司马郝景将兵救之，为高句丽所败，败，补迈翻。高句丽遂陷辽东、玄菟。自此燕不能胜高句丽。菟，同都翻。

23 秦太子宏不能守长安，将数千骑与母、妻、宗室西奔下辨；辨，皮苋翻。百官逃散，司隶校尉权翼等数百人奔后秦。权翼本姚襄僚属，苻氏既败，故奔后秦。西燕主冲入据长安，纵兵大掠，死者不可胜计。胜，音升。

24 秋，七月，旱，饥，井皆竭。

25 后秦王苌自故县如新平。汉安定郡有安定县，后汉、晋省，故曰故县。

26 秦王坚至五将山，后秦王苌遣骁骑将军吴忠帅骑围之。秦兵皆散走，独侍御十数人在侧，坚神色自若，坐而待之，召宰人进食。俄而忠至，执之，送诣新平，幽于别室。

太子宏至下辨，南秦州刺史杨璧拒之。苻坚破仇池，置南秦州。杨璧，氐之种类，仕秦尚主，任居方面，以宏奔败，拒而不纳。孟子曰："寡助之至，亲戚叛之。"信哉斯言！璧妻，坚之女顺阳公主也，弃其夫从宏。宏奔武都，投氐豪强熙，强，其两翻。假道来奔，诏处之江州。为苻宏附桓玄而诛张本。处，昌吕翻。

27 长乐公丕帅众三万自枋头将归邺城，龙骧将军檀玄击之，战于谷口，檀玄，晋将也。谷口在枋头西。玄兵败，丕复入邺城。复，扶又翻。

28 燕建节将军徐岩叛，自武邑北趣幽州。趣，七喻翻。燕王垂驰使敕幽州将平规曰：使，疏吏翻。"固守勿战，俟吾破丁零自讨之。"规出战，为岩所败。败，补迈翻。岩入蓟，掠千馀户而去，遂据令支。令，音铃，又郎定翻。支，音祁。癸酉，翟成长史鲜于得斩成出降，垂屠行唐，尽坑成众。去年丁零叛燕，至是而灭。降，户江翻。

29 太保安有疾求还，安屯广陵步丘。诏许之；八月，安至建康。

30 甲午，大赦。

31 丁酉，建昌文靖公谢安薨。谥法：柔德安众曰靖；宽乐令终曰靖。诏加殊礼，如大司马温故事。晋以此崇宠谢安；安之雅志岂愿与桓温同哉！庚子，以司徒琅邪王道子领扬州刺史、录尚书、都督中外诸军事；道子得权，晋自此乱。以尚书令谢石为卫将军。

32 后秦王苌使求传国玺于秦王坚玺，斯氏翻。曰："苌次应历数，可以为惠。"坚瞋目叱之曰："小羌敢逼天子，五胡次序，无汝羌名。胡、羯、鲜卑、氐、羌，五胡之次序也。无汝羌名，谓谶文耳。姚苌自谓次应历数，坚故亦以谶文为言。瞋，七人翻。玺已送晋，不可得也！"苌复遣右司马尹纬说坚，求为禅代；复，扶又翻。说，输芮翻。坚曰："禅代，圣贤之事，姚苌叛贼，何得为之！"坚与纬语，问纬："在朕朝何官？"朝，直遥翻。纬曰："尚书令史。"后汉以来尚书有令史十八人，秩二百石。坚叹曰："卿，王景略之俦，宰相才也，而朕不知卿，宜其亡也。"坚自以平生遇苌有恩，尤忿之，数骂苌求死，数，所角翻。谓张夫人曰："岂可令羌奴辱吾儿。"乃先杀宝、锦。坚自知身死之后，女必当归姚苌也。辛丑，苌遣人缢坚于新平佛寺。年四十八。张夫人、中山公诜皆自杀。后秦将士皆为之哀恸。为，于伪翻。苌欲隐其名，谥坚曰壮烈天王。

臣光曰：论者皆以为秦王坚之亡，由不杀慕容垂、姚苌故也。臣独以为不然。许劭谓魏武帝治世之能臣，乱世之奸雄。事见五十八卷汉灵帝中平元年。治，直吏翻。使坚治国无失其道，治，直之翻。则垂、苌皆秦之能臣也，乌能为乱哉！坚之所以亡，由骤胜而骄故也。魏文侯问李克，吴之所以亡，对曰："数战数胜。"文侯曰："数战数胜，国之福也，何故亡？"对曰："数战则民疲，数胜则主骄，数，所角翻。以骄主御疲民，未有不亡者也。"秦王坚似之矣。

33 长乐公丕在邺，将西赴长安，乐，音洛。幽州刺史王永在壶关，是年春，王永自幽州奔壶关。遣使招丕，丕乃帅邺中男女六万馀口西如潞川，使，疏吏翻。帅，读曰率。骠骑将军张蚝、并州刺史王腾迎之入晋阳。骠，匹妙翻。骑，奇寄翻。蚝，七吏翻。丕【章：十二行本"丕"上有"王永留平州刺史苻冲守壶关，自帅骑一万会丕于晋阳"二十二字；乙十一行本同；孔本同；张校同；退斋校同。】始知长安不守，坚已死，乃发丧，即皇帝位，丕字永叔，坚之庶长子也。追谥坚曰宣昭皇帝，庙号世祖，大赦，改元大安。

34 燕王垂以鲁王和为南中郎将，镇邺。遣慕容农出蠮螉塞，蠮，於结翻。螉，於公翻。历凡城，趣龙城，趣，七喻翻。会兵讨馀岩，慕容麟、慕容隆自信都徇勃海、清河。麟击勃海太守封懿，执之，因屯历口。水经注：清河自广川东北流，径历县故城南，前汉信都国之属县也。应劭曰：广川县西北三十里有历城亭，故县也。今亭在县东津济之所，谓之历口渡。懿，放之子也。封放见九十九卷穆帝永和七年。

35 鲜卑刘头眷击破贺兰部于善无，善无县，前汉属雁门郡，后汉属定襄郡，汉末日弃之荒外。又破柔然于意亲山。意亲山盖即意辛山，亲、辛语相近。按魏书帝纪，道武登国五年，四月，幸意辛山，与质犨讨贺兰、纥突邻、纥奚诸部，大破之，六月还幸牛川。则意辛山在牛川之北。头眷子罗辰言于头眷曰："比来行兵，所向无敌；比，毗至翻。然心腹之疾，愿早图之！"头眷曰："谁也？"罗辰曰："从兄显，忍人也，从，才用翻。必将为乱。"头眷不听。显，库仁之子也。

顷之，显果杀头眷自立。又将杀拓跋珪，珪依刘库仁见一百四卷太元元年。显弟亢𫘤妻，珪之姑也，𫘤，与泥同。以告珪母贺氏。显谋主梁六眷，代王什翼犍之甥也，犍，居言翻；下同。亦使其部人穆崇、奚牧密告珪，魏书官氏志，拓跋氏之先，兼并他国，各有本部，部中别族为内姓。丘穆陵氏，后改为穆氏。又拓跋邻以弟为达奚氏，后改为奚氏。且以其爱妻、骏马付崇曰："事泄，当以此自明。"贺氏夜饮显酒，令醉，饮，于鸩翻。使珪阴与旧臣长孙犍、元他、罗结轻骑亡去。元他、罗结，二人也。他，唐何翻。向晨，贺氏故惊厩中群马，使显起视之。贺氏哭曰："吾子适在此，今皆不见，汝等谁杀之邪？"显以故不急追。珪遂奔贺兰部，依其舅贺讷。贺讷本贺兰讷，后魏孝文帝改北方旧姓，以贺兰氏为贺氏，史因简便而书之，如上文穆崇、奚牧之类皆是也。讷惊喜曰："复国之后，当念老臣！"珪笑曰："诚如舅言，不敢忘也。"

显疑梁六眷泄其谋，将囚之。穆崇宣言曰："六眷不顾恩义，助显为逆，我掠得其妻马，足以解忿。"显乃舍之。

贺氏从弟外朝大人贺悦举所部以奉珪。贺悦，盖什翼犍时为外朝大人。魏书官氏志曰：登国二年，因旧制置南北大人，对治二部；又置外朝大人，无常员，主受诏命，外使，出禁中，国有大丧大礼，皆与参知，随所典焉。从，才用翻。显怒，将杀贺氏，贺氏奔亢𫘤家，匿神车中三日，北人无室屋，逐水草，置神于车中而严事之，因谓之神车。亢𫘤举家为之请，乃得免。为，于伪翻。

故南部大人长孙嵩帅所部七百馀家叛显，【章：十二行本，"显"下有"将"字；乙十一行本同；孔本同；张校同。】奔五原。嵩依刘氏，亦见一百四卷太元元年。五原，秦郡，魏、晋弃之荒外。帅，读曰率。时拓跋寔君之子渥亦聚众自立，嵩欲从之；乌渥谓嵩曰："逆父之子，不足从也。寔君弑什翼犍，见太元元年。不如归珪。"嵩从之。史言长孙嵩由此遂为拓跋珪佐命功臣，福流子孙。久之，刘显所部有乱，故中部大人庾和辰奉贺氏奔珪。凡言故者，皆什翼犍旧所署置也。魏书官氏志：拓跋诘汾时馀部诸姓内入者，自有庾氏，非中国之庾氏也。

贺讷弟染干以珪得众心，忌之，使其党侯引七突【严："七"改"乙"；下同。】杀珪；代人尉古真知之，以告珪，侯引七突不敢发。侯引七突，官氏志无此氏。志云：诸姓年世稍久，互以改易，兴衰存灭，间有之；今举其可知者，则其不可知而不举者亦有之矣。西方尉迟氏，后改为尉氏。尉，读如郁。染干疑古真泄其谋，执而讯之，讯，鞫问也。以两车轮【章：十二行本"轮"作"轴"；乙十一行本同；孔本同；张校同。】夹其头，伤一目，不伏，乃免之。染干遂举兵围珪，贺氏出，谓染干曰："汝等欲于何置我，而杀吾子乎！"染干惭而去。史言贺讷兄弟不能举部以奉拓跋珪，为珪攻贺兰部张本。天以珪备尝险阻艰难以成大业，而卒毙于贺兰氏，岂天道邪！

36 九月，秦主丕以张蚝为侍中、司空，蚝，七吏翻。王永为侍中、都督中外诸军事、车骑大将军、尚书令，王腾为中军大将军、司隶校尉，苻冲为尚书左仆射，封西平王；又以左长史杨辅为右仆射，右长史王亮为护军将军，立妃杨氏为皇后，子宁为皇太子，寿为长乐王，乐，音洛。锵为平原王，懿为勃海王，昶为济北王。

37 吕光自龟兹还至宜禾，班志：敦煌郡广至县昆仑障，宜禾都尉治，晋分为宜禾县，属晋昌郡。刘昫曰：瓜州常乐县，汉广至县；魏分广至置宜禾县；李暠于此置凉兴郡，隋废，置常乐镇，武德五年，改镇为县。龟兹，音丘慈。秦凉州刺史梁熙谋闭境拒之。高昌太守杨翰言于熙曰：李延寿曰：高昌者，车师前王之故地。昔汉武帝遣兵西讨，师旅顿弊，其中尤困者住焉，地势高敞，人庶昌盛，因名高昌。其地有汉时高昌垒。晋为高昌郡；后因为国名。"吕光新破西域，兵强气锐，闻中原丧乱，丧，息浪翻。必有异图。河西地方万里，带甲十万，足以自保。若光出流沙，其势难敌。高梧谷口险阻之要，宜先守之而夺其水；高梧谷口，当在高昌西界。彼既穷渴，可以坐制。如以为远，伊吾关亦可拒也。伊吾县，晋置，属晋昌郡，有伊吾关。度此二阨，虽有子房之策，无所施矣！”言地险既失，虽有张良之计，无所用也。熙弗听。美水令犍为张统谓熙曰：“今关中大乱，京师存亡不可知。长安已陷，而凉州不知，道梗故也。犍，居言翻。吕光之来，其志难测，将军何以抗之？”熙曰：“忧之，未知所出。”统曰：“光智略过人，今拥思归之士，乘战胜之气，其锋未易当也。易，以豉翻。将军世受大恩，忠诚夙著，立勋王室，宜在今日。行唐公洛，上之从弟，勇冠一时，从，才用翻。冠，古玩翻。为将军计，莫若奉为盟主以收众望，推忠义以帅群豪，帅，读曰率；下同。则光虽至，不敢有异心也。资其精锐，东兼毛兴，毛兴时刺河州。连王统、杨璧，王统时刺秦州，杨璧时刺南秦州。合四州之众，扫凶逆，宁帝室，此桓、文之举也。”熙又弗听，杀洛于西海。洛徙西海见一百四卷太元五年。梁熙既欲拒吕光，又杀苻洛，不过欲保据凉州，非有扶颠持危之志也。

光闻杨翰之谋，惧，不敢进。杜进曰：“梁熙文雅有馀，机鉴不足，终不能用翰之谋，不足忧也。宜及其上下离心，速进以取之。”光从之。进至高昌，杨翰以郡迎降。熙不能用杨翰之谋，翰遂降于光。降，户江翻；下同。至玉门，熙移檄责光擅命还师，以子胤为鹰扬将军，与振威将军南安姚皓、别驾卫翰帅众五万拒光于酒泉。帅，读曰率。敦煌太守姚静、晋昌太守李纯以郡降光。敦，徒门翻。光报檄凉州，责熙无赴难之志难，乃旦翻。而遏归国之众；遣彭晃、杜进、姜飞为前锋，与胤战于安弥，安弥县自汉以来属酒泉郡。大破，擒之。于是四山胡、夷皆附于光。武威太守彭济执熙以降，光杀之。

光入姑臧，自领凉州刺史，表杜进为武威太守，自馀将佐，各受职位。凉州郡县皆降于光，独酒泉太守宋皓、西郡太守宋【章：十二行本“宋”作“索”；乙十一行本同；孔本同；张校同；退斋校同。】泮晋志曰：汉分张掖之日勒、删丹等县置西郡，其地当岭要。城守不下。光攻而执之，让洋曰："吾受诏平西域，而梁熙绝我归路，此朝廷之罪人，卿何为附之？"洋曰："将军受诏平西域，不受诏乱凉州，梁公何罪而将军杀之？洋但苦力不足，不能报君父之雠耳，岂肯如逆氐彭济之所为乎！主灭臣死，固其常也。"光杀洋及皓。

主簿尉佑，奸佞倾险，尉，姓也，读如字。与彭济俱执梁熙，光宠信之；佑谮杀名士姚皓等十馀人，凉州人由是不悦。昔齐人伐燕，胜之。孟子曰："取之而燕民悦，则取之；取之而燕民不悦，则勿取。"其后燕卒报齐。吕光始得凉土而无以收凉人之心，宜其有国不永也。光以佑为金城太守，佑至允吾，允吾，汉县，属金城郡，晋省。据水经注，允吾在广武西北，其地在当时盖属广武郡界。刘昫曰：唐鄯州龙支县，本汉允吾县，后汉改曰龙耆，后魏改曰金城，又改曰龙支。积石山在今县南。允，音铅。吾，音牙。袭据其城以叛；姜飞击破之，佑奔据兴城。以载记参考水经，兴城当在允吾之西，白土之东。

38 乞伏国仁自称大都督、大将军、单于、领秦·河二州牧，单，音蝉。改元建义，以乙旃童埿为左相，屋引出支为右相，独孤匹蹄为左辅，武群勇士为右辅，乙旃、屋引、独孤、武群，皆夷人复姓。乞伏与拓跋同出于鲜卑，故其部人亦有乙旃、独孤二姓。埿，与泥同。弟乾归为上将军，分其地置武城等十二郡，载记曰：置武城、武阳、安固、武始、汉阳、天水、略阳、漒川、甘松、匡朋、白马、苑川十二郡。筑勇士城而都之。水经注：苑川水出勇士县之子城南山，北径牧师苑，故汉牧苑之地也，有东、西二苑城，其城相去七里；西城即乞伏所都。

39 秦尚书令、魏昌公纂自关中奔晋阳；秦主丕拜纂太尉，封东海王。

40 冬，十月，西燕主冲遣尚书令高盖帅众五万伐后秦，战于新平南，盖大败，降于后秦。帅，读曰率。降，户江翻。初，盖以杨定为子，及盖败，定亡奔陇右，复收集其旧众。【张："众"下脱"定佛奴之孙也"六字。】定为西燕禽，财六月耳。复，扶又翻。

41 苻定、苻绍、苻谟、苻亮闻秦主丕即位，皆自河北遣使谢罪；定、绍、谟、亮降燕，见上卷上年。中山太守王兖，本新平氐也，固守博陵，为秦拒燕。为，于伪翻。十一月，丕以兖为平州刺史，定为冀州牧，绍为冀州都督，谟为幽州牧，亮为幽、平二州都督，并进爵郡公。左将军窦冲据兹川，兹川，即霸川也；霸水，古曰滋水。秦穆公之霸也，更滋水曰霸水以显霸功。今曰兹川，因古名也。有众数万，与秦州刺史王统、河州刺史毛兴、益州刺史王广、南秦州刺史杨璧、卫将军杨定皆自陇右遣使邀丕，共击后秦。丕以定为雍州牧，雍，于用翻。冲为梁州牧，加统镇西大将军，兴车骑大将军，璧征南大将军，并开府仪同三司，加广安西将军，皆进位州牧。

杨定寻徙治历城，置储蓄于百顷，百顷，自杨茂搜以来，保为巢穴。自称龙骧将军、仇池公，遣使来称藩；骧，思将翻。使，疏吏翻。诏因其所号假之。其后又取天水、略阳之地，自称秦州刺史、陇西王。

42 绎幕人蔡匡据城以叛燕，绎幕县，自汉以来属清河郡，至隋废，入德州安乐县。燕慕容麟、慕容隆共攻之。泰山太守任泰潜师救匡，任，音壬。至匡垒南八里，燕人乃觉之。诸将以匡未下而外敌奄至，甚患之。隆曰："匡恃外救，故不时下。今计泰之兵不过数千人，及其未合，击之，泰败，匡自降矣。"乃释匡击泰，大破之，斩首千馀级。匡遂降，降，户江翻；下同。燕王垂杀之，且屠其垒。

43 慕容农至龙城，自蠮螉塞历凡城，至龙城。休士马十馀日。诸将皆曰："殿下之来，取道甚速，今至此久留不进，何也？"农曰："吾来速者，恐馀岩过山钞盗，侵扰良民耳。此山，谓白狼山。钞，楚交翻。岩才不逾人，诳诱饥儿，诳，居况翻。诱，音酉。乌集为群，非有纲纪；吾已扼其喉，久将离散，无能为也。今此田善熟，未取而行，徒自耗损，当俟收毕，往则枭之，枭，坚尧翻。亦不出旬日耳。”顷之，农将步骑三万至令支，岩众震骇，稍稍逾城归农。岩计穷出降，农斩之；进击高句丽，复辽东、玄菟二郡。郝景之败，高句丽陷辽东、玄菟。菟，同都翻。还至龙城，上疏请缮修陵庙。燕自慕容皝以前皆葬辽西，故陵庙在焉。

燕王垂以农为使持节、都督幽·平二州·北狄诸军事、幽州牧，镇龙城。使，疏吏翻。徙平州刺史带方王佐镇平郭。农于是创立法制，事从宽简，清刑狱，省赋役，劝课农桑，居民富赡，四方流民前后至者数万口。先是幽、冀流民多入高句丽，先，悉荐翻。农以骠骑司马范阳庞渊为辽东太守，招抚之。

44 慕容麟攻王兖于博陵，城中粮竭矢尽，功曹张猗逾城出，聚众以应麟。兖临城数之曰：数，所具翻。“卿是秦民，吾是卿君，卿起兵应贼，自号‘义兵’，何名实之相违也？古人求忠臣必于孝子之门，后汉韦彪之言。卿母在城，弃而不顾，吾何有焉！今人取卿一切之功则可矣，宁能忘卿不忠不孝之事乎？不意中州礼义之邦，乃有如卿者也！”十二月，麟拔博陵，执兖及苻鉴，杀之。昌黎太守宋敞帅乌桓、索头之众救兖，不及而还。帅，读曰率。索，昔各翻。还，从宣翻，又如字。秦主丕以敞为平州刺史。敞时从王永在壶关。

45 燕王垂北如中山，谓诸将曰：“乐浪王招流离，实仓廪，外给军粮，内营宫室，虽萧何之功，何以加之！”乐浪王温之功详见上。汉高祖与项羽相拒，萧何镇抚关中，为之根本。丙申，垂始定都中山。杜佑曰：后燕都中山，今博陵郡唐昌县。

46 秦苻定据信都以拒燕，燕王垂以从弟北地王精为冀州刺史，将兵攻之。从，才用翻。将，即亮翻。

47 拓跋珪从曾祖纥罗与其弟建及诸部大人共请贺讷推珪为主。从，才用翻。

十一年（丙戌、三八六）

1 春，正月，戊申，拓跋珪大会于牛川，自武周塞西出至牛川，牛川以北，皆大漠也。据魏纪，窟咄之来寇也，珪乞师于燕，自弩山至牛川，屯于延水，南出代谷以会燕师。又据水经注，于延水出长川城南，则长川即牛川也。班志，于延水出代郡且如塞外，则牛川亦当在且如塞外也。又，明元帝大狝于牛川，登釜山。括地志：釜山在妫州怀戎县北三里。且如之且，音子如翻。即代王位，珪，什翼犍之嫡孙，世子寔之子。拓跋氏自此兴矣。改元登国。以长孙嵩为南部大人，叔孙普洛为北部大人，分治其众。魏书曰：魏初自北荒南迁，置四部大人，坐王庭，决辞讼，以言语约束，刻契记事，无囹圄考讯之法，诸犯罪者皆临时决遣。治，直之翻；下同。以上谷张衮为左长史，许谦为右司马，广宁王建、代人和跋、叔孙建、庾岳为外朝大人，魏书官氏志：拓跋邻命叔父之胤曰乙旃氏，后改叔孙氏。朝，直遥翻。奚牧为治民长，长，知两翻。皆掌宿卫及参军国谋议；长孙道生、贺毗等侍从左右，从，才用翻。出纳教命。王建娶代王什翼犍之女；岳，和辰之弟；道生，嵩之从子也。庾和辰奉珪母贺氏以奔珪，长孙嵩帅部众归珪，事并见上。从，才用翻。

2 燕王垂即皇帝位。垂字道明，燕主皝之第五子。

3 后秦王苌如安定。

4 南安秘宜秘，姓也。前汉书功臣表有戴侯秘彭。时秘氏为南安豪族。帅羌、胡五万馀人攻乞伏国仁，国仁将兵五千逆击，大破之。帅，读曰率。将，即亮翻。宜奔还南安。

5 鲜于乞之杀翟真也，翟真见杀，见上年四月。翟辽奔黎阳，黎阳太守滕恬之甚爱信之。恬之喜畋猎，喜，许记翻。不爱士卒，辽潜施奸惠以收众心。恬之南攻鹿鸣城，黎阳在河北，鹿鸣城在河南。郦道元曰：按竹书纪年，梁惠成王十三年，取郑鹿，即是城也。今城内有台，尚谓之鹿鸣台，又谓之鹿鸣城。辽于后闭门拒之，恬之东奔鄄城，鄄，吉掾翻。辽追执之，遂据黎阳。豫州刺史朱序遣将军秦膺、童斌与淮、泗诸郡共讨之。斌，音彬。

6 秦益州牧王广自陇右引兵攻河州牧毛兴于枹罕，兴遣建节将军卫平帅其宗人一千七百夜袭广，大破之。帅，读曰率。二月，秦州牧王统遣兵助广攻兴，兴婴城自守。去年王广自成都依统。

7 燕大赦，改元建兴，置公卿尚书百官，缮宗庙、社稷。

8 西燕主冲乐在长安，乐，音洛。且畏燕主垂之强，不敢东归，课农筑室，为久安之计；鲜卑咸怨之。鲜卑思东归，而冲安于长安，故怨。传曰："以欲从人则可，以人从欲鲜济。"其是之谓欤！左将军韩延因众心不悦，攻冲，杀之，立冲将段随为燕王，改元昌平。

9 初，张天锡之南奔也，见上卷太元八年。秦长水校尉王穆匿其世子大豫，与俱奔河西，依秃发思复鞬，思复鞬，乌孤之父也。鞬，居言翻。思复鞬送魏安。五代志：武威郡昌松县，后魏置昌松郡；后周废郡，以揟次县入焉。又有后魏魏安郡，后亦废。载记言焦松等迎大豫于揟次，则魏安盖后魏所置郡。晋书成于唐，唐史臣以后魏郡名书之耳。孟康曰：揟，音子如翻。次，音恣。魏安人焦松、齐肃、张济等聚兵数千人迎大豫为主，攻吕光昌松郡，拔之，昌松，即汉仓松县地，本属武威郡，盖河西张氏分置郡也。吕光后以郭黁言，改昌松为东张掖郡。执太守王世强。光使辅国将军杜进击之，进兵败，大豫进逼姑臧。王穆谏曰："光粮丰城固，甲兵精锐，逼之非利；不如席卷岭西，卷，读曰捲。砺兵积粟，然后东向与之争，不及期年，光可取也。"大豫不从，自号抚军将军、凉州牧，改元凤凰，以王穆为长史，传檄郡县，使穆说谕岭西诸郡，自西郡至张掖、酒泉、建康、晋昌，其地皆岭西也。说，输芮翻。建康太守李隰、祁连都尉严纯皆起兵应之，建康郡，张骏置，属凉州。新唐书地理志：甘州张掖县西北百九十里有祁连山，北有建康军，盖张氏置郡地也。晋书地理志，永兴中，张祚置汉阳县以守牧地，张玄靓改为祁连郡。有众三万，保据杨坞。杨坞在姑臧城西。

10 代王珪徙居定襄之盛乐，按盛乐，前汉书作成乐，属定襄；后汉书作盛乐，属云中。疑定襄之盛乐，即云中之盛乐也。然魏书帝纪，什翼犍立，三年，移都于云中之盛乐；明年，筑盛乐城于故城南八里，则已非后汉之盛乐城；疑定襄之盛乐，乃前汉之成乐城也。盖建武之初，匈奴侵寇，塞下之民悉内徙。其后南单于内附，北单于势屈，复归内徙之民于塞下，郡县城郭，扫地更为，必有非其故处者。考宋白续通典，唐振武军，汉定襄郡之盛乐也，在阴山之阳，黄河之北，后魏所都盛乐是也；在唐朔州北三百馀里。后魏孝文迁洛之后，于定襄故城置朔州，领盛乐、广牧二郡。唐初平突厥，置云中都督府于盛乐。贞观八年，移云州云中郡及定襄县于今云州，而云中都督府后又改单于都护府，又改安北都护府。由是云中、定襄，地名混乱不可考，而盛乐则一也。务农息民，国人悦之。史言拓跋珪所以兴。

11 三月，大赦。

12 泰山太守张愿以郡叛降翟辽。降，户江翻。初，谢玄欲使朱序屯梁国，玄自屯彭城，以北固河上，西援洛阳。朝议以征役既久，欲令玄置戍而还。会翟辽、张愿继叛，北方骚动，玄谢罪，乞解职，诏慰谕，令还淮阴。

13 燕主垂追尊母兰氏为文昭皇后；欲迁文明段后，以兰氏配享太祖，段氏，燕王皝之元妃；兰氏，皝之侧室也。皝庙号太祖，谥文明皇帝。诏百官议之，皆以为当然。顺垂指也。博士刘详、董谧以为"尧母为帝喾妃，位第三，不以贵陵姜原，帝王纪曰：帝喾有四妃：元妃有邰氏女曰姜嫄，生后稷；次妃有娀氏女曰简狄，生卨；次妃陈丰氏女曰庆都，生放勋；次妃娵訾氏女曰常义，生挚。喾，苦沃翻。明圣之道，以至公为先；文昭后宜立别庙。"垂怒，逼之，详、谧曰："上所欲为，无问于臣。臣按经奉礼，不敢有贰。”垂乃不复问诸儒，卒迁段后，以兰后代之。复，扶又翻。卒，子戌翻。又以景昭可足浑后倾覆社稷，追废之；尊烈祖昭仪段氏为景德皇后，配享烈祖。可足浑氏，燕王儁之元妃也。倾覆事见一百二卷，海西公太和四年。段氏，儁之侧室也。儁庙号烈祖，谥景昭皇帝。

崔鸿曰：齐桓公命诸侯无以妾为妻。孟子曰：齐桓公葵丘之会，初命曰：“诛不孝，无易树子，无以妾为妻。”夫之于妻，犹不可以妾代之，况子而易其母乎！春秋所称母以子贵者，君母既没，得以妾母为小君也；春秋公羊传曰：桓幼而贵，隐长而卑；隐长又贤，诸大夫扳隐而立之；隐之立，为桓立也。隐长又贤，何以不宜立？立適以长不以贤，立子以贵不以长。桓何以贵？母贵也。母贵，则子何以贵？子以母贵，母以子贵。左氏传曰：惠公元妃孟子；孟子卒，继室以声子，生隐公。宋武公生仲子，为鲁夫人，生桓公，而惠公薨，是以隐公立而奉之。至于享祀宗庙，则成风终不得配庄公也。鲁庄公夫人姜氏。成风者，庄公之妾，僖公之母也。姜氏通于共仲，弑闵公而欲立共仲，不克，遂孙于邾，齐桓公杀之。僖公既立，请其丧，以夫人之礼葬之。君父之所为，臣子必习而效之，犹形声之于影响也；宝之逼杀其母，事见后一百八卷太元二十一年。由垂为之渐也。尧、舜之让，犹为之、哙之祸，事见二卷周慎靓王五年。况违礼而纵私者乎！昔文姜得罪于桓公，春秋不之废。鲁桓公之夫人曰文姜，通于齐襄公，桓公谪之。夫人以告，襄公遂杀桓公。至庄公二十一年，春秋书夫人姜氏薨；二十二年书葬我小君文姜，是不之废也。可足浑氏虽有罪于前朝，朝，直遥翻。然小君之礼成矣；垂以私憾废之，私憾，谓谮杀垂妃段氏，又谮垂而逐之奔秦也。又立兄妾之无子者，皆非礼也。

14 刘显自善无南走马邑，畏代之逼，且惧其修怨也。其族人奴真帅所部请降于代。帅，读曰率。降，户江翻。奴真有兄犍，先居贺兰部，鞬，居言翻。奴真言于代王珪，请召鞬而以所部让之；珪许之。鞬既领部，遣弟去斤遗贺讷金马。遗，于季翻。贺染干谓去斤曰：“我待汝兄弟厚，汝今领部，宜来从我。”去斤许之。奴真怒曰：“我祖父以来，世为代忠臣，故我以部让汝等，欲为义也。今汝等无状，乃谋叛国，义于何在！”遂杀鞬及去斤。染干闻之，引兵攻奴真，奴真奔代。珪遣使责染干，染干乃止。珪与贺兰从此隙矣。使，疏吏翻。

15 西燕仆【章：十二行本“仆”上有“左”字；乙十一行本同；孔本同；张校同。】射慕容恒、尚书慕容永袭段随，杀之；立宜都王子颉为燕王，颉盖燕宜都王桓之子。颉，鱼岂翻。改元建明，帅鲜卑男女四十馀万口去长安而东。海西公太和五年，秦迁鲜卑于长安，至是财十七年耳，而种类蕃育乃如此。唐太宗阿史那结社率之变，亦幸其早发耳。帅，读曰率。恒弟护军将军韬诱颉，杀之于临晋，诱，音酉。恒怒，舍韬去。永与武卫将军刁云帅众攻韬，韬败，奔恒营。恒立西燕主冲之子瑶为帝，改元建平，谥冲曰威皇帝。众皆去瑶奔永，永执瑶，杀之，立慕容泓子忠为帝，改元建武。忠以永为太尉，守尚书令，封河东公。永持法宽平，鲜卑安之。至闻喜，闻燕主垂已称尊号，不敢进，筑燕熙城而居之。为燕主垂灭西燕张本。

16 鲜卑既东，长安空虚。前荥阳【章：十二行本“阳”下有“太守”二字；乙十一行本同；孔本同；张校同。】高陵赵谷等招杏城卢水胡郝奴帅户四千入于长安，渭北皆应之，帅，读曰率；下同。以谷为丞相。扶风王驎有众数千，保据马嵬，马嵬山在咸阳县西，去长安城百馀里。杜佑曰：京兆金城县有马嵬故城。孙景安征途记云：马嵬所筑，不知何代人。金城，周曰犬丘，秦曰废丘，汉曰槐里。驎，离珍翻。嵬，吾回翻。奴遣弟多攻之。夏，四月，后秦王苌自安定伐之，驎奔汉中。苌执多而进，奴惧，请降，降，户江翻。拜镇北将军、六谷大都督。长安南山有六谷。

17 癸巳，以尚书仆射陆纳为左仆射，谯王恬为右仆射。晋志曰：左右仆射或不两置，但曰尚书仆射。纳，玩之子也。陆玩，见九十四卷成帝咸和四年。

18 毛兴袭击王广，败之，败，补迈翻。广奔秦州；陇西鲜卑匹兰执广送于后秦。兴复欲攻王统于上邽，枹罕诸氐皆厌苦兵事，诸氐，盖秦王坚使毛兴领之以镇枹罕者也。复，扶又翻。枹，音肤。乃共杀兴，推卫平为河州刺史，以卫平宗强，故推之。遣使请命于秦。使，疏吏翻；下同。

19 燕主垂封其子农为辽西王，麟为赵王，隆为高阳王。

20 代王珪初改称魏王。拓跋氏自此国号魏。

21 张大豫自杨坞进屯姑臧城西，王穆及秃发思复鞬子奚于帅众三万屯于城南；鞬，居言翻。吕光出击，大破之，斩奚于等二万馀级。

22 秦大赦，以卫平为抚军将军、河州刺史，吕光为车骑大将军、凉州牧。骑，奇寄翻。使者皆没于后秦，不能达。时秦主丕在晋阳，后秦隔其道，故不能达二镇。

23 燕主垂以范阳王德为尚书令，太原王楷为左仆射，乐浪王温为司隶校尉。温守中山，有营宫室、建都邑之功，因用为司隶。乐浪，音洛琅。

24 后秦王苌即皇帝位于长安，苌字景茂，姚弋仲之第二十四子也。大赦，改元建初，国号大秦。追尊其父弋仲为景元皇帝，立妻蛇氏为皇后，类篇：蛇，以者翻，虏姓也。姓谱：姚苌后蛇氏，南安人也。蛇，食遮翻，又音他。子兴为皇太子，置百官。苌与群臣宴，酒酣，言曰："诸卿皆与朕北面秦朝，朝，直遥翻。今忽为君臣，得无耻乎！"赵迁曰："天不耻以陛下为子，臣等何耻为臣！"苌大笑。

25 魏王珪东如陵石，陵石，地名，在盛乐东。护佛侯部帅侯辰、乙佛部帅代题皆叛走。帅，所类翻。诸将请追之，珪曰："侯辰等累世服役，有罪且当忍之。方今国家草创，人情未壹，愚者固宜前却，一前一却，言叛服不常也。不足追也！"史言珪能识时知变以安反侧。

26 六月，庚寅，以前辅国将军杨亮为雍州刺史，镇卫山陵。帝置雍州于襄阳；今遣亮带雍州，镇洛。雍，于用翻。荆州刺史桓石民遣将军晏谦击弘农，下之。姓谱曰：左传齐有晏氏，代为大夫。初置湖、陕二戍。湖、陕二县，皆属弘农。陕，式冉翻。

27 西燕刁云等杀西燕主忠，推慕容永为使持节、大都督中外诸军事、大将军、大单于、雍·秦·梁·凉四州牧、录尚书事、河东王，称藩于燕。称藩于燕主垂也。使，疏吏翻。雍，于用翻。

28 燕主垂遣太原王楷、赵王麟、陈留王绍、章武王宙攻秦苻定、苻绍、苻谟、苻亮等；去年，苻定等背燕为秦。楷先以书与之，为陈祸福，定等皆降。降，户江翻。垂封定等为侯，曰："以酬秦主之德。"

29 秦主丕以都督中外诸军事、司徒、录尚书事王永为左丞相，太尉、东海王纂为大司马，司空张蚝为太尉，蚝，七吏翻。尚书令咸阳徐义为司空，司隶校尉王腾为骠骑大将军、仪同三司。骠，匹妙翻。骑，奇寄翻。永传檄四方公侯、牧守、垒主、民豪，共讨姚苌、慕容垂，令各帅所统，以孟冬上旬会大驾于临晋。帅，读曰率。于是天水姜延、冯翊寇明、河东王昭、新平张晏、京兆杜敏、扶风马朗、建忠将军·高平牧官都尉扶风王敏等建忠将军，盖亦苻氏创置。高平县，汉属安定郡，晋省，前赵刘曜以为朔州治所，秦置牧官都尉于其地。咸承檄起兵，各有众数万，遣使诣秦，使，疏吏翻。丕皆就拜将军、郡守，封列侯。冠军将军邓景拥众五千据彭池，与窦冲为首尾，以击后秦。"彭池"，恐当作“彪池”。彪池在长安西，诗所谓“彪池北流”者也。窦冲据兹川，在长安东南，可以相为首尾。又据新唐书地理志，宁州有彭池，但去兹川远耳。丕以景为京兆尹。景，羌之子也。邓羌，秦之名将。

30 后秦王苌徙安定五千馀户于长安。

31 秋，七月，秦平凉太守金熙、安定都尉没弈干与后秦左将军姚方成战于孙丘谷，孙丘谷当在安定。方成兵败。后秦主苌以其弟征虏将军绪为司隶校尉，镇长安；自将至安定将，即亮翻。击熙等，大破之。金熙本东胡之种；秦谓鲜卑之种居辽碣者为东胡。种，章勇翻。没弈干，鲜卑多兰部帅也。帅，所类翻。

32 枹罕诸氐枹，音肤。以卫平衰老，难与成功，议废之，而惮其宗强，累日不决。氐啖青谓诸将曰：啖，徒览翻，姓也。“大事宜时定，不然，变生。诸君但请卫公为会，观我所为。”会七夕大宴，青抽剑而前曰：“今天下大乱，吾曹休戚同之，非贤主不可以济大事。卫公老，宜返初服以避贤路。卫平，本毛兴部将。狄道长苻登，长，知两翻。虽王室疏属，志略雄明，请共立之，以赴大驾。欲承王永檄赴秦主丕也。诸君有不同者，即下异议。”乃奋剑攘袂，将斩异己者。众皆从之，莫敢仰视。于是推登为使持节、都督陇右诸军事、抚军大将军、雍·河二州牧、略阳公，帅众五万，东下陇，攻南安，拔之，驰使请命于秦。登，秦主丕之族子也。苻登事始此。使，疏吏翻。雍，于用翻。帅，读曰率；下同。

33 秘宜与莫侯悌眷帅其众三万馀户降于乞伏国仁，国仁拜宜东秦州刺史，悌眷梁州刺史。莫侯，夷人复姓。降，户江翻；下同。

34 己酉，魏王珪还盛乐，自陵石还也。代题复以部落来降，复，扶又翻。十馀日，又奔刘显；珪使其孙倍斤代领其众。刘显弟肺泥帅众降魏。

35 八月，燕主垂留太子宝守中山，以赵王麟为尚书右仆射，录留台。庚午，自帅范阳王德等南略地，使高阳王隆东徇平原。丁零鲜于乞保曲阳西山，曲阳县，属常山郡。闻垂南伐，出营望都，望都县，属中山郡。水经注：尧封于唐，尧山在东北，尧母庆都山在南，登尧山见都山，故望都县以为名也。剽掠居民。剽，匹妙翻。赵王麟自出讨之，诸将皆曰："殿下虚镇远征，万一无功而返，亏损威重，不如遣诸将讨之。"麟曰："乞闻大驾在外，无所畏忌，必不设备，一举可取，不足忧也。"乃声言至鲁口，夜，回趣乞，趣，七喻翻。比明，至其营，掩击，擒之。比，必寐翻，及也。

36 翟辽寇谯，朱序击走之。

37 秦主丕以苻登为征西大将军、开府仪同三司、南安王，持节、州牧、都督，皆因其所称而授之。又以徐义为右丞相。留王腾守晋阳，右仆射杨辅戍壶关，帅众四万，进屯平阳。帅，读曰率。

38 初，后秦主苌之弟硕德统所部羌居陇上，闻苌起兵，自称征西将军，聚众于冀城以应之；以兄孙详为安远将军，据陇城，从孙训为安西将军，据南安之赤亭，诸姚本赤亭羌也。与秦秦州刺史王统相持。苌自安定引兵会硕德攻统，天水屠各、略阳羌胡应之者二万馀户。秦略阳太守王皮降之。屠，直于翻。降，户江翻。

39 初，秦灭代，迁代王什翼犍少子窟咄于长安，事见一百四卷太元元年。窟，苦骨翻。咄，当没翻。从慕容永东徙，永以窟咄为新兴太守。刘显遣其弟亢埿迎窟咄，以兵随之，逼魏南境，诸部骚动。魏王珪左右于桓等与部人谋执珪以应窟咄，幢将代人莫题等亦潜与窟咄交通。魏收官氏志：道武登国元年，置幢将六人，主三郎卫士直宿禁中者，侍中已下、中散已上皆统之。拓跋诘汾时，馀部诸姓内入者，有莫那娄氏，后为莫氏。幢，直江翻。桓舅穆崇告之，珪诛桓等五人，莫题等七姓悉原不问。为后珪杀莫题张本。珪惧内难，难，乃旦翻。北逾阴山，复依贺兰部，复，扶又翻。遣外朝大人辽东安同求救于燕，姓谱：安息王子入侍，遂为汉人。风俗通，汉有安城为太守。庐山记有安息国王子安高。朝，直遥翻。燕主垂遣赵王麟救之。

40 九月，王统以秦州降于后秦。降，户江翻。后秦主苌以姚硕德为使持节、都督陇右诸军事、秦州刺史，镇上邽。使，疏吏翻。

41 吕光得秦王坚凶问，举军缟素，谥曰文昭皇帝。冬，十月，大赦，改元大安。晋书载记作“太安”。

42 西燕慕容永遣使诣秦主丕求假道东归，使，疏吏翻。丕弗许，与永战于襄陵，襄陵县，汉属河东郡，晋属平阳郡。秦兵大败，左丞相王永、卫大将军俱石子皆死。初，东海王纂自长安来，去年，纂奔丕。麾下壮士三千馀人，丕忌之，既败，惧为纂所杀，帅骑数千南奔东垣，东垣县，汉已改为真定；此东垣在河南新安县界。宋白曰：河南府王屋县，汉为河东郡垣县地。又，绛州垣县，本河东郡县名，其地即周、召分陕之所。又曰：河南府，汉为河南郡，治洛阳；后汉都洛阳，河南属司隶校尉。魏陈留王奂合河南等五郡置司州，刘聪为荆州，石虎为洛州，苻坚为豫州；宋武入洛，更置东垣、西垣二县，仍于虎牢置司州。帅，读曰率。骑，奇寄翻。谋袭洛阳。扬威将军冯该自陕邀击之，陕，式冉翻。杀丕，执其太子宁、长乐王寿，送建康，乐，音洛。诏赦不诛，以付苻宏。苻宏去年来奔，处之江州。纂与其弟尚书永平侯师奴帅秦众数万走据杏城，其馀王公百官皆没于永。

永遂进据长子，即皇帝位，改元中兴。将以秦后杨氏为上夫人，杨氏引剑刺永，刺，七亦翻。为永所杀。

43 甲申，海西公奕薨于吴。年四十五。

44 燕寺人吴深据清河反，寺，音侍，又如字。燕主垂攻之，不克。

45 后秦主苌还安定。自上邽还安定也。

46 秦南安王登既克南安，夷、夏归之者三万馀户，夏，户雅翻。遂进攻姚硕德于秦州，后秦主苌自往救之。登与苌战于胡奴阜，胡奴阜在上邽西。大破之，斩首二万馀级，将军啖青射苌，中之。射，而亦翻。中，竹仲翻。苌创重，创，初良翻。走保上邽，姚硕德代之统众。

47 燕赵王麟军未至魏，拓跋窟咄稍前逼魏王珪，贺染干侵魏北部以应之。魏众惊扰，北部大人叔孙普洛亡奔刘卫辰。麟闻之，遽遣安同等归。魏人知燕军在近，众心少安。少，诗沼翻。窟咄进屯高柳，高柳县，汉属代郡，晋省。郦道元曰：高柳在代中，其山重峦叠巘，霞举云高，其山隐隐而东出辽塞。珪引兵与麟会击之，窟咄大败，奔刘卫辰，卫辰杀之。珪悉收其众，以代人库狄干为北部大人。魏书官氏志：次南诸部，有库狄氏，后为狄氏。麟引兵还中山。

刘卫辰居朔方，士马甚盛。后秦主苌以卫辰为大将军、大单于、河西王、幽州牧，单，音蝉。西燕主永以卫辰为大将军、朔州牧。

48 十一月，秦尚书寇遗奉勃海王懿、济北王昶自杏城奔南安，济，子礼翻。南安王登发丧行服，谥秦主丕曰哀平皇帝。登议立懿为主，众曰："勃海王虽先帝之子，然年在幼冲，未堪多难。难，乃旦翻。今三虏窥觎，三虏，谓姚苌、慕容垂、慕容永也。宜立长君，长，知两翻。非大王不可。"登乃为坛于陇东，即皇帝位，登，字文高，坚之族孙也。大赦，改元太初，置百官。

49 慕容柔、慕容盛及盛弟会皆在长子，太元九年，柔等自长安得脱，奔慕容冲；冲死，随永东迁。盛谓柔、会曰："主上已中兴幽、冀，主上，谓燕主垂。东西未壹，东，谓燕主垂；西，谓燕主永。吾属居嫌疑之地，为智为愚，皆将不免，不若以时东归，无为坐待鱼肉也!”遂相与亡归燕。后岁馀，西燕主永悉诛燕主儁及燕主垂之子孙，男女无遗。史言慕容盛之智。

50 张大豫自西郡入临洮，掠民五千馀户，保据俱城。俱城在临洮界。

51 十二月，吕光自称使持节、侍中、中外大都督、督陇右·河西诸军事、大将军、凉州牧、酒泉公。使，疏吏翻。

52 秦主登立世祖神主于军中，秦主坚庙号世祖。载以辎軿，车四面有屏蔽者曰辎軿。軿，蒲眠翻。建黄旗青盖，以虎贲三百人卫之，贲，音奔。凡所欲为，必启主而后行。引兵五万，东击后秦，将士皆刻鉾、铠为“死”“休”字；鉾，头牟。铠，甲也。鉾，音牟。言欲复雠必死乃休也。杨正衡曰：字林：鉾，古矛字。每战以剑矟为方圆大阵，矟，色角翻，与槊同。知有厚薄，从中分配，故人自为战，所向无前。

初，长安之将败也，谓苻坚为慕容冲所困之时。中垒将军徐嵩、屯骑校尉胡空各聚众五千，结垒自固；既而受后秦官爵。后秦主苌以王礼葬秦主坚于二垒之间。及登至，嵩、空以众降之。登拜嵩雍州刺史，空京兆尹，降，户江翻。雍，于用翻。改葬坚以天子之礼。

53 乙酉，燕主垂攻吴深垒，拔之，深单马走。吴深时据清河以叛燕。垂进屯聊城之逢关陂。聊城县，汉属东郡，晋属平原郡。初，燕太子洗马温详来奔，以为济北太守，屯东阿。东阿县，汉属东郡，晋属济北郡。洗，悉荐翻。济，子礼翻。燕主垂遣范阳王德、高阳王隆攻之，详遣从弟攀守河南岸，子楷守碻磝以拒之。

54 燕主垂以魏王珪为西单于，封上谷王；珪不受。珪不受燕封，其志不在小。单，音蝉。

王崇武标点容肇祖聂崇岐覆校

资治通鉴卷第一百七

端明殿学士兼翰林侍读学士朝散大夫右谏议大夫
充集贤殿修撰权判西京留司御史台上柱国河内郡 司马光 奉敕编集
开国侯食邑一千三百户食实封四百户赐紫金鱼袋臣

后学天台 胡三省 音注

晋纪二十九 起强圉大渊献（丁亥），尽重光单阏（辛卯），凡五年。

烈宗孝武皇帝中之下

太元十二年（丁亥、三八七）

1 春，正月，乙巳，以朱序为青、兖二州刺史，代谢玄镇彭城；序求镇淮阴，许之。序求镇淮阴，以燕方强，必进取河南，彭城去建康道远，声援不接故也。以玄为会稽内史。优玄以内地也。会，工外翻。

2 丁未，大赦。

3 燕主垂观兵河上，韦昭曰：观，示也，陈兵以示威武。观，古玩翻。高阳王隆曰："温详之徒，皆白面儒生，乌合为群，徒恃长河以自固；若大军济河，必望旗震坏，不待战也。"垂从之。戊午，遣镇北将军兰汗、护军将军平幼于碻磝西四十里济河，隆以大众陈于北岸。陈，读曰阵。温攀、温楷果走趣城，盖趣东阿城也。趣，七喻翻。平幼追击，大破之。详夜将妻子奔彭城，其众三万馀户皆降于燕。降，户江翻。垂以太原王楷为兖州刺史，镇东阿。

初，垂在长安，秦王坚尝与之交手语，【章：十二行本“语”下有“垂出”二字；乙十一行本同；孔本同；退斋校同。】冗从仆射光祚言于坚曰：冗，而陇翻。从，才用翻。“陛下颇疑慕容垂乎？垂非久为人下者也。”坚以告垂。及秦主丕自邺奔晋阳，事见上卷十年。祚与黄门侍郎封孚、钜鹿太守封劝皆来奔。祚从苻丕在邺，见上卷九年。劝，奕之子也。封奕仕燕，燕兴于昌黎，奕有力焉。垂之再围邺也，见一百五卷九年。秦故臣西河朱肃等各以其众来奔。诏以祚等为河北诸郡太守，皆营于济北、濮阳，济北、濮阳，二郡。济，子礼翻。濮，博木翻。羁属温详；师古曰：言羁縻属之而已。详败，俱诣燕军降。降，户江翻。垂赦之，抚待如旧。垂见光祚，流涕沾衿，衿，音今。曰：“秦王待我深，吾事之亦尽；但为二公猜忌，二公，谓长乐公丕、平原公晖也。吾惧死而负之，事见一百五卷九年。每一念之，中宵不寐。”祚亦悲恸。垂赐祚金帛，祚固辞，垂曰：“卿犹复疑邪？”复，扶又翻。祚曰：“臣昔者惟知忠于所事，不意陛下至今怀之，臣敢逃其死！”垂曰：“此乃卿之忠，固吾所求也，前言戏之耳。”用孔子语。待之弥厚，以为中常侍。光祚，秦之宦者，故处以此官。

4 翟辽遣其子钊寇陈、颍，朱序遣将军秦膺击走之。

5 秦主登立妃毛氏为皇后，勃海王懿为太弟。后，兴之女也。遣使拜东海王纂为使持节、都督中外诸军事、太师、领大司马，封鲁王；使，疏吏翻。纂弟师奴为抚军大将军、并州牧，封朔方公。纂怒谓使者曰：“勃海王先帝之子，南安王何以不立而自立乎？”长史王旅谏曰：“南安已立，理无中改；今寇虏未灭，不可宗室之中自为仇敌也。”纂乃受命。于是卢水胡彭沛谷、屠各董成、张龙世、新平羌雷恶地等皆附于纂，有众十馀万。以登、纂连兵，声势浸盛，故相与归之。屠，直於翻。

6 后秦主苌徙秦州豪杰三万户于安定。去年苌徙安定民以实长安，今又徙秦州豪杰以实安定。盖苌起兵以安定为根本，而欲都长安，故因道里远近为次以渐徙之。

7 初，安次人齐涉聚众八千馀家据新栅，降燕，安次县，前汉属勃海，后汉属广阳国，晋属燕国。新栅盖在魏郡界。降，户江翻。燕主垂拜涉魏郡太守。既而复叛，连张愿，愿自帅万馀人进屯祝阿之瓮口，祝阿县，汉属平原郡，晋属济南郡。愿自泰山进屯焉。刘昫曰：齐州禹城县，汉祝阿县，天宝元年，更名。宋白曰：祝阿，犹东阿也，古祝国黄帝之后。按古东阿，齐为东阿，汉为祝阿县，故城在今丰齐县东北二里；唐改禹城。复，扶又翻。帅，读曰率。瓮，乌贡翻。招翟辽，共应涉。

高阳王隆言于垂曰："新栅坚固，攻之未易猝拔。易，以豉翻。若久顿兵于其城下，张愿拥帅流民，西引丁零，丁零，谓翟辽。帅，读曰率。为患方深。愿众虽多，然皆新附，未能力斗。因其自至，宜先击之。愿父子恃其骁勇，骁，坚尧翻。必不肯避去，可一战擒也。愿破，则涉不能自存矣。"垂从之。

二月，遣范阳王德、陈留王绍、龙骧将军张崇，骧，思将翻。帅步骑二万会隆击愿。军至斗城，去瓮口二十馀里，解鞍顿息。愿引兵奄至，燕人惊遽，德兵退走，隆勒兵不动。愿子龟出冲陈，陈，读曰阵。隆遣左右王末逆击，斩之。隆徐进战，愿兵乃退。德行里馀，复整兵，还与隆合，复，扶又翻。谓隆曰："贼气方锐，宜且缓之。"隆曰："愿乘人不备，宜得大捷；而吾士卒皆以悬隔河津，势迫之故，人思自战，言兵为河津所隔，前有强敌，退则溺死，故思之而各自为战也。故能却之。今贼不得利，气竭势衰，皆有进退之志，不能齐奋，宜亟击之。"德曰："吾唯卿所为耳。"遂进，战于瓮口，大破之，斩首七千八百级；愿脱身保三布口。燕人进军历城，历城县自汉以来属济南郡。青、兖、徐州郡县壁垒多降。降，户江翻。垂以陈留王绍为青州刺史，镇历城。德等还师，新栅人冬鸾执涉送之。果如慕容隆所料。唐韵：冬，姓也。垂诛涉父子，馀悉原之。

8 三月，秦主登以窦冲为南秦州牧，杨定为益州牧，杨壁为司空、梁州牧，乞伏国仁为大将军、大单于、苑川王。杜佑曰：苑川在兰州五泉县，近大、小榆谷。余谓杜佑以意言之。单，音蝉。

9 燕上谷人王敏杀太守封戢，代郡人许谦逐太守贾闰，各以郡附刘显。为燕击刘显张本。

10 燕乐浪王温为尚书右仆射。"燕"下当有"以"字。乐浪，音洛琅。

11 夏，四月，戊辰，尊帝母李氏为皇太妃，仪服如太后。

12 后秦征西将军姚硕德为杨定所逼，退守泾阳。泾阳县，前汉属安定郡，后汉、晋省，秦属陇东郡。杜佑曰：汉泾阳县在今平凉郡界泾阳故城是。定与秦鲁王纂共攻之，战于泾阳，硕德大败。后秦主苌自阴密救之，纂退屯敷陆。阴密县，属安定郡，殷时密国也。敷陆，唐坊州鄜城县，即其地。

13 燕主垂自碻磝还中山，慕容柔、慕容盛、慕容会来自长子。柔等去年自长子逃归，今始达中山。庚子，【章：十二行本"子"作"辰"；乙十一行本同；孔本同；张校同；退斋校同。】垂为之大赦。喜子孙得全而东归，故为之肆赦。为，于伪翻。垂问盛："长子人情如何，为可取乎？"盛曰："西军扰扰，人有东归之志，陛下唯当修仁政以俟之耳。若大军一临，必投戈而来，若孝子之归慈父也。"垂悦。癸未，封柔为阳平王，盛为长乐公，乐，音洛。会为清河公。

14 高平人翟畅执太守徐含远，以郡降翟辽。降，户江翻。燕主垂谓诸将曰："辽以一城之众，反覆三国之间，三国，谓晋及燕、西燕。不可不讨。"五月，以章武王宙监中外诸军事，监，工衔翻。辅太子宝守中山；垂自帅诸将南攻辽，帅，读曰率；下同。以太原王楷为前锋都督。辽众皆燕、赵之人，闻楷至，皆曰："太原王子，吾之父母也！"楷父恪相燕，燕、赵之人怀之，故云然。相帅归之。辽惧，遣使请降；垂以辽为徐州牧，封河南公，前至黎阳，受降而还。降，户江翻。

井陉人贾鲍，井陉县属常山郡。陉，音刑。招引北山丁零翟遥等五千馀人，夜袭中山，陷其外郭。章武王宙以奇兵出其外，太子宝鼓噪于内，合击，大破之，尽俘其众，唯遥、鲍单马走免。

15 刘显地广兵强，雄于北方。会其兄弟乖争，魏长史张衮言于魏王珪曰："显志在并吞，今不乘其内溃而取之，奴真、肺埿相继来降，故云然。必为后患。然吾不能独克，请与燕共攻之。"珪从之，复遣安同乞师于燕。去年魏遣安同乞师于燕以破窟咄，故此言复。复，扶又翻。

16 诏征会稽处士戴逵，会，工外翻。处，昌吕翻。逵累辞不就；郡县敦逼不已，逵逃匿于吴。谢玄上疏曰："逵自求其志，论语曰：隐居以求其志。今王命未回，将罹风霜之患。陛下既已爱而器之，亦宜使其身名并存，请绝召命。"帝许之。玄为会稽内史，故为逵上疏。逵，遂之兄也。戴遂见一百四卷四年。

17 秦主登以其兄同成为司徒、守尚书令，封颍川王；弟广为中书监，封安成王；子崇为尚书左仆射，封东平王。

18 燕主垂自黎阳还中山。

19 吴深杀燕清河太守丁国，章武人王祖杀太守白钦，勃海人张申据高城以叛；高城县属勃海郡。贤曰：高城故城，在今沧州盐山县南。燕主垂命乐浪王温讨之。

20 苑川王国仁帅骑三万袭鲜卑大人密贵、裕苟、提伦三部于六泉。密贵为一部，裕苟为一部，提伦为一部。六泉在高平。帅，读曰率。骑，奇寄翻。秋，七月，与没弈干、金熙战于渴浑川，据载记，国仁袭三部，而没弈干、金熙连兵袭国仁，故遇战于渴浑川，其地当在天水勇士县东北。没弈干、金熙大败，三部皆降。降，户江翻。

21 秦主登军于瓦亭，后秦主苌攻彭沛谷堡，拔之，谷奔杏城。彭沛谷，卢水胡也，立堡于贰县。杜佑曰：杏城在坊州西。苌还阴密，以太子兴镇长安。

22 燕赵王麟讨王敏于上谷，斩之。

23 刘卫辰献马于燕，刘显掠之。燕主垂怒，遣太原王楷将兵助赵王麟击显，大破之。将，即亮翻。显奔马邑西山。魏王珪引兵会麟击显于弥泽，按魏书帝纪，弥泽在马邑南。又破之。显奔西燕，麟悉收其部众，获马牛羊以千万数。刘显灭而拓跋氏强矣。为慕容氏计者，莫若两利而俱存之，可以无他日亡国之祸。

24 吕光将彭晃、徐炅攻张大豫于临洮，破之。张大豫奔临洮，见上卷上年。洮，土刀翻。大豫奔广武，王穆奔建康。八月，广武人执大豫送姑臧，斩之。穆袭据酒泉，自称大将军、凉州牧。

25 辛巳，立皇子德宗为太子，大赦。

26 燕主垂立刘显弟可泥为乌桓王，以抚其众，徙八千馀落于中山。

27 秦冯翊太守兰椟帅众二万自频阳入和宁，频阳县，秦厉公置，自汉以来属冯翊。应劭曰：在频水之阳。据载记，和宁在岭北杏城之东南。帅，读曰率。与鲁王纂谋攻长安。纂弟师奴劝纂称尊号，纂不从；师奴杀纂而代之，椟遂与师奴绝。西燕主永攻椟，椟【章：十二行本“椟”下有“遣使”二字；乙十一行本同；孔本同；张校同。】请救于后秦，后秦主苌欲自救之。尚书令姚旻、左仆射尹纬曰：“苻登近在瓦亭，将乘虚袭吾后。”苌曰：“苻登众盛，非旦夕可制；【严：“制”改“至”。】登迟重少决，必不能轻军深入。比两月间，比，必寐翻，及也。吾必破贼而返，登虽至，无能为也。”九月，苌军于泥源。汉书地理志，北地郡有泥阳县。应劭注云：泥水出郁郅北蛮中。师奴逆战，大败，亡奔鲜卑。后秦尽收其众，屠各董成等皆降。苻纂兄弟既败，苻登之势孤矣。屠，直于翻。

28 秦主登进据胡空堡，秦屯骑校尉胡空所筑堡也，在新平界。戎、夏归之十馀万。夏，户雅翻。

29 冬，十月，翟辽复叛燕，复，扶又翻；下同。遣兵与王祖、张申寇抄清河、平原。抄，楚交翻。

30 后秦主苌进击西燕王永于河西，“西燕王”当作“西燕主”。此龙门至华阴，河之西也。永走。兰椟复列兵拒守，苌攻之；十二月，禽椟，遂如杏城。

31 后秦姚方成攻秦雍州刺史徐嵩垒，拔之，执嵩而数之。雍，于用翻。数，所具翻。嵩骂曰：“汝姚苌罪当万死，苻黄眉欲斩之，先帝止之。谓穆帝升平元年姚襄败时也。授任内外，荣宠极矣。曾不如犬马识所养之恩，亲为大逆。谓杀秦王坚于新平佛寺也。汝羌辈岂可以人理期也，何不速杀我！”【章：十二行本“我”下有“早见先帝取姚苌于地下治之”十二字；乙十一行本同；孔本同；张校同；退斋校同。】方成怒，三斩嵩，三斩者，斩其足，斩其腰，斩其颈也。悉坑其士卒，以妻子赏军。后秦主苌掘秦主坚尸，鞭挞无数，剥衣倮形，荐之以棘，坎土而埋之。坚葬于徐嵩、胡空二垒之间，徐嵩之垒既陷，故姚苌得掘墓鞭尸以逞其忿。倮，郎果翻。荐，藉也。

32 凉州大饥，米斗直钱五百，人相食，死者太半。

33 吕光西平太守康宁自称匈奴王，杀湟河太守强禧以叛。西平郡，东汉之末，分金城置，唐之鄯州，即其地也。湟河郡，河西张氏置，盖亦在鄯州界内。强，其两翻。张掖太守彭晃亦叛，东结康宁，西通王穆。光欲自击晃，诸将皆曰：“今康宁在南，伺衅而动，伺，相吏翻。若晃、穆未诛，康宁复至，复，扶又翻。进退狼狈，势必大危。”光曰：“实如卿言。然我今不往，是坐待其来也。若三寇连兵，三寇，谓康宁、彭晃、王穆。东西交至，则城外皆非吾有，大事去矣。今晃初叛，与宁、穆情契未密，出其仓猝，取之差易耳。”易，以豉翻。乃自帅骑三万，帅，读曰率。骑，奇寄翻。倍道兼行，既至，攻之二旬，拔其城，诛晃。

初，王穆起兵，遣使招敦煌处士郭瑀，使，疏吏翻。敦，徒门翻。处，昌吕翻。瑀叹曰："今民将左衽，吾忍不救之邪！"乃与同郡索嘏起兵应穆，索，昔各翻。运粟三万石以饷之。穆以瑀为太府左长史、军师将军，嘏为敦煌太守。既而穆听谗言，引兵攻嘏，瑀谏不听，出城大哭，举手谢城曰："吾不复见汝矣！"复，扶又翻。还而引被覆面，覆，敷又翻。不与人言，不食而卒。卒，子恤翻。吕光闻之曰："二虏相攻，此成禽也，不可以惮屡战之劳而失永逸之机也。一劳永逸，古语有之。遂帅步骑二万攻酒泉，克之。进屯凉兴，凉兴郡，河西张氏置，在唐瓜州常乐县界。穆引兵东还，未至，众溃，穆单骑走，骍马令郭文斩其首送之。骍马县属酒泉郡，盖魏、晋间所置也。骍，思荣翻。吕光新得河西，党叛于内，敌攻于外，虽数战数胜，而根本不固，宜不足以贻子孙也。

十三年（戊子、三八八）

1 春，正月，康乐献武公谢玄卒。乐，音洛。康乐县，属豫章郡。

2 二月，秦主登军朝那，朝那县自汉以来属安定郡。后秦主苌军武都。此武都亦当在安定界。五代志：朝那县，西魏置安武郡。安武，汉旧县名；武都之名当是因安武而名。

3 翟辽遣司马眭琼诣燕谢罪；眭，姓也；师古息随翻。类篇宣为翻。燕主垂以其数反覆，斩琼以绝之。数，所角翻。辽乃自称魏天王，改元建光，置百官。

4 燕青州刺史陈留王绍为平原太守辟闾浑所逼，退屯黄巾固。汉末黄巾保聚于其地，因以为名。齐人谓垒堡为固。绍自历城退屯焉，其地在济南郡章丘城北。燕主垂更以绍为徐州刺史。浑，蔚之子也，辟闾蔚见一百卷穆帝永和十二年。蔚，纡忽翻。因苻氏乱，据齐地来降。后辟闾浑为慕容德所杀。降，户江翻。

5 三月，乙亥，燕主垂以太子宝录尚书事，授之以政，自总大纲而已。

6 燕赵王麟击许谦，破之，去年许谦叛燕附刘显。谦奔西燕。遂废代郡，悉徙其民于龙城。

7 吕光之定凉州也，杜进功居多，光以为武威太守，事见上卷十年。贵宠用事，群僚莫及。光甥石聪自关中来，光问之曰："中州人言我为政何如？"聪曰："但闻有杜进耳，不闻有舅。"光由是忌进而杀之。

光与群寮宴，语及政事，参军京兆段业曰："明公用法太峻。"光曰："吴起无恩而楚强，商鞅严刑而秦兴。"业曰："起丧其身，鞅亡其家，皆残酷之致也。吴起事见一卷周安王十五年，商鞅事见二卷显王三十一年。丧，息浪翻。明公方开建大业，景行尧、舜，诗曰：高山仰止，景行行止。毛苌曰：景，大也。郑玄曰：景，明。庶几古人，有高德者，则慕仰之，有明行者，则而行之。行，下孟翻。犹惧不济；乃慕起、鞅之为治，治，直吏翻。岂此州士女所望哉！"光改容谢之。沮渠蒙逊兄弟举兵，所以推段业为重，亦由此言为凉州人士所归敬也。

8 夏，四月，戊午，以朱序为都督司·雍·梁·秦四州诸军事、雍州刺史，戍洛阳。雍，于用翻。以谯王恬代序为都督兖·冀·幽·并【章：十二行本"并"下有"四州"二字；乙十一行本同；孔本同。】诸军事、青·兖二州刺史。

9 苑川王国仁破鲜卑越质叱黎于平襄，平襄县，汉属天水郡，晋属略阳郡。越质盖鲜卑部落之号，后以为氏。获其子诘归。

10 丁亥，燕主垂立夫人段氏为皇后，以太子宝领大单于。单，音蝉。段氏，右光禄大夫仪之女；其妹适范阳王德。仪，宝之舅也。为后宝逼杀段后张本。追谥前妃段氏为成昭皇后。段氏死见一百卷穆帝升平二年。

11 五月，秦太弟懿卒，谥曰献哀。

12 翟辽徙屯滑台。辽自黎阳徙屯滑台，既与燕绝，欲阻河为固也。滑台城在白马县西，春秋郑廪延邑也，唐为滑州。

13 六月，苑川王乞伏国仁卒，谥曰宣烈，庙号烈祖。其子公府尚幼，群下推国仁弟乾归为大都督、大将军、大单于、河南王，时乞伏氏跨有凉州河南之地，遂为国号。为后公府杀乾归张本。单，音蝉。大赦，改元太初。

14 魏王珪破库莫奚于弱落水南，新唐书曰：奚亦东胡种，为匈奴所破，保乌丸山；汉曹操斩蹋顿，盖其后也。弱落水即饶乐水，在奚中。秋，七月，库莫奚复袭魏营，复，扶又翻。珪又破之。库莫奚者，本属宇文部，与契丹同类而异种，其先皆为燕王皝所破，徙居松漠之间，契丹国自西楼东去四十里，至真珠寨，又东行，地势渐高，西望松林郁然，数十里，遂入平川。契，欺讫翻。洪迈曰：契丹之读如吃，惟新唐书有音。种，章勇翻。

15 秦、后秦自春相持，屡战，互有胜负，至是各解归。关西豪桀以后秦久无成功，多去而附秦。

16 河南王乾归立其妻边氏为王后；置百官，仿汉制，以南川侯出连乞都为丞相，出连亦以部落之号为氏。梁州刺史悌眷为御史大夫，金城边芮为左长史，东秦州刺史秘宜为右长史，乞伏氏置东秦州于南安。武始翟勍为左司马，勍，渠京翻。略阳王松寿为主簿，从弟轲弹为梁州牧，弟益州为秦州牧，屈眷为河州牧。乞伏乾归所置州牧，不过分居河、陇之间。从，才用翻。

17 八月，秦主登立子崇为皇太子，弁为南安王，尚为北海王。

18 燕护军将军平幼会章武王宙讨吴深，破之，深走保绎幕。绎幕县，自汉以来属清河郡。

19 魏王珪阴有图燕之志，遣九原公仪奉使至中山，燕主垂诘之曰：使，疏吏翻。诘，去吉翻。“魏王何以不自来?”仪曰：“先王与燕并事晋室，世为兄弟，魏与燕皆鲜卑种也。拓跋力微与慕容涉归并事晋室。臣今奉使，于理未失。”垂曰：“吾今威加四海，岂得以昔日为比！”仪曰：“燕若不修德礼，欲以兵威自强，此乃将帅之事，将，即亮翻。帅，所类翻。非使臣所知也。”仪还，言于珪曰：“燕主衰老，太子暗弱，范阳王自负材气，是时慕容德在燕宗室中固自有与人不同者。非少主臣也。少，诗照翻。燕主既没，内难必作，难，乃旦翻。于时乃可图也。今则未可。”珪善之。为后魏攻燕张本。仪，珪母弟【严：“母弟”改“从父”。】翰之子也。

20 九月，河南王乾归迁都金城。

21 张申攻广平，王祖攻乐陵；壬午，燕高阳王隆将兵讨之。

22 冬，十月，后秦主苌还安定；秦主登就食新平，帅众万馀围苌营，帅，读曰率。四面大哭，苌命营中哭以应之，登乃退。

23 十二月，庚子，尚书令南康襄公谢石卒。

24 燕太原王楷、赵王麟将兵会高阳王隆于合口，水经：衡漳水过勃海建成县，又东，左会呼沱别河故渎。又东北入清河，谓之合口。魏收地形志曰：浮阳县西接漳水，衡水入焉，今谓之合口。以击张申；王祖帅诸垒共救之，帅，读曰率。夜犯燕军，燕人逆击，走之。隆欲追之，楷、麟曰：“王祖老贼，或恐诈而设伏，不如俟明。”隆曰：“此白地群盗，乌合而来，徼幸一决，徼，坚尧翻。非素有约束，能壹其进退也。今失利而去，众莫为用，乘势追之，不过数里，可尽擒也。申之所恃，唯在于祖，祖破，则申降矣。”降，户江翻；下同。乃留楷、麟守申垒，隆与平幼分道击之，比明，比，必利翻，及也。大获而还，悬所获之首以示申。甲寅，申出降，祖亦归罪。

25 秦以颍川王同成为太尉。同成，秦主登之兄。

十四年（己丑、三八九）

1 春，正月，燕以阳平王柔镇襄国。

辽西王农在龙城五年，庶务修举，乃上表曰："臣顷因征即镇，农诛馀岩，击高句丽，因镇龙城，见上卷十年。所统将士安逸积年，青、徐、荆、雍遗寇尚繁，雍，于用翻。愿时代还，展竭微效，生无馀力，没无遗恨，臣之志也！"庚申，燕主垂召农为侍中、司隶校尉；以高阳王隆为都督幽·平二州诸军事、征北大将军、幽州牧；建留台于龙城，以隆录留台尚书事。又以护军将军平幼为征北长史，散骑常侍封孚为司马，散，悉亶翻。骑，奇寄翻。并兼留台尚书。隆因农旧规，修而广之，辽、碣遂安。辽、碣，谓辽水、碣石。碣，其谒翻。

2 后秦主苌以秦战屡胜，谓得秦王坚之神助，亦于军中立坚像而祷之曰："臣兄襄敕臣复雠，穆帝升平元年，姚襄为秦所杀。新平之祸，见上卷十年。臣行襄之命，非臣罪也。苻登，陛下疏属，犹欲复雠，况臣敢忘其兄乎！且陛下命臣以龙骧建业，见一百五卷八年。骧，思将翻。臣敢违之！今为陛下立像，为，于伪翻。陛下勿追计臣过也。"秦主登升楼，遥谓苌曰："为臣弑君，而立像求福，庸有益乎！"因大呼曰：呼，火故翻。"弑君贼姚苌何不自出！吾与汝决之！"苌不应。久之，以战未有利，军中每夜数惊，数，所角翻。乃斩像首以送秦。

3 秦主登以河南王乾归为大将军、大单于、金城王。单，音蝉。

4 甲寅，魏王珪袭高车，破之。

5 二月，吕光自称三河王，吕光，字世明。光时有凉州河西之地，未能兼有三河也。大赦，改元麟嘉，置百官。光妻石氏、子绍、弟德世自仇池来至姑臧，长安之乱，吕光之家奔仇池依杨氏。光立石氏为妃，绍为世子。

6 癸巳，魏王珪击吐突邻部于女水，女水在弱落水西，去平城三千馀里，后魏显祖改曰武川。大破之，尽徙其部落而还。

7 秦主登留辎重于大界，大界，当在安定、新平之间。重，直用翻。自将轻骑万馀攻安定羌密造保，克之。将，即亮翻。骑，奇寄翻。“保”，当作“堡”。

8 夏，四月，翟辽寇荥阳，执太守张卓。

9 燕以长乐公盛镇蓟城，修缮旧宫。燕主儁初自龙城徙都蓟，有旧宫在焉。乐，音洛。蓟，音计。

五月，清河民孔金斩吴深，送首中山。吴深反，事始上卷十一年。

10 金城王乾归击侯年部，大破之。于是秦、凉鲜卑、羌、胡多附乾归，乾归悉授以官爵。

11 后秦主苌与秦主登战数败，数，所角翻。乃遣中军将军姚崇袭大界；登邀击之于安丘，魏收地形志：安定阴盘县有安城。又败之。败，补迈翻。

12 燕范阳王德、赵王麟击贺讷，追奔至勿根山，讷穷迫请降，降，户江翻。徙之上谷，质其弟染干于中山。质，音致。

13 秋，七月，以骠骑长史王忱为荆州刺史、都督荆·益·宁三州诸军。骠，匹妙翻。骑，奇寄翻。忱，是壬翻。忱，国宝之弟也。

14 秦主登攻后秦右将军吴忠等于平凉，克之。八月，登据苟头原以逼安定。诸将劝后秦主苌决战，苌曰：“与穷寇竞胜，兵家之忌也；吾将以计取之。”乃留尚书令姚旻守安定，夜，帅骑三万帅，读曰率；下同。袭秦辎重于大界，克之，重战轻防，此苻登所以败也。重，直用翻。杀毛后及南安王【章：十二行本“王”下有“弁、北海王”四字；乙十一行本挤刻字数同；孔本同；张校同。】尚，尚，秦主登之子也。擒名将数十人，驱掠男女五万馀口而还。毛氏美而勇，善骑射。后秦兵入其营，毛氏犹弯弓跨马，帅壮士数百人【章：十二行本“人”作“力”；乙十一行本同；孔本同；张校同。】战，众

【章：十二行本“众”上有“杀七百馀人”五字；乙十一行本同；孔本同；张校同；退斋校同。】寡不敌，为后秦所执。苌将纳之，毛氏骂且哭曰：“姚苌，汝先已杀天子，谓杀秦王坚也。今又欲辱皇后，皇天后土，宁汝容乎！”苌杀之。诸将欲因秦军骇乱击之，苌曰：“登众虽乱，怒气犹盛，未可轻也。”遂止。兵胜者骄，兵怒者奋，以奋乘骄，则先败而后胜者多矣。姚苌见兵势，所以收众而止。登收馀众屯胡空堡。苌使姚硕德镇安定，徙安定千馀家于阴密，遣其弟征南将军靖镇之。

15 九月，庚午，以左仆射陆纳为尚书令。

16 秦主登之东也，后秦主苌使姚硕德置秦州守宰，以从弟常戍陇城，从，才用翻。陇城县，汉属天水郡，晋省。此时当属略阳郡。邢奴戍冀城，姚详戍略阳。杨定攻陇、冀，克之，斩常，执邢奴；详弃略阳，奔阴密。定自称秦州牧、陇西王；秦因其所称而授之。

17 冬，十月，秦主登以窦冲为大司马、都督陇东诸军事、雍州牧，雍，于用翻。杨定为左丞相、都督中外诸军事、秦·梁二州牧，【章：十二行本“牧”下有“杨壁为都督陇右诸军事南秦益二州牧”十六字；孔本同；张校同。按乙十一行本亦脱。】约共攻后秦；又约监河西诸军事·并州刺史杨政、都督河东诸军事·冀州刺史杨楷各帅其众会长安。帅，读曰率；下同。政、楷皆河东人。秦主丕既败，政、楷收集流民数万户，政据河西，楷据湖、陕之间，遣使请命于秦，登因而授之。大界既陷，苻登之兵势衰矣，故约窦冲等共攻后秦。陕，式冉翻。使，疏吏翻。

18 燕乐浪悼王温为冀州刺史，燕冀州刺史治信都。乐浪，音洛琅。翟辽遣丁零故堤诈降于温帐，何承天姓苑有故姓。帐，谓帐下。【章：十二行本正作“帐下”。“帐”上有“为温”二字；乙十一行本挤刻均同；孔本同；张校同。】乙酉，刺温，杀之，刺，七亦翻。并其长史司马驱，帅守兵二百户奔西燕。燕辽西王农邀击刺温者于襄国，尽获之，惟堤走免。

19 十一月，枹罕羌彭奚念附于乞伏乾归，以奚念为北河州刺史。枹罕旧为河州治所。乞伏氏先于境内置河州，以屈眷为牧，故以枹罕为北河州，以奚念为刺史。枹，音肤。

20 初，帝既亲政事，太元元年，崇德太后归政，帝始亲政事。威权己出，有人主之量。已而溺于酒色，委事于琅邪王道子；道子亦嗜酒，日夕与帝以酣歌为事。又崇尚浮屠，穷奢极费，所亲昵者皆姏姆、僧尼。昵，尼质翻。姏，姑三翻，老女称。姆，莫补翻，女师也，又音茂。左右近习，争弄权柄，交通请托，贿赂公行，官赏滥杂，刑狱谬乱。尚书令陆纳望宫阙叹曰："好家居，纤儿欲撞坏之邪！"撞，丈降翻。纤者，小之至。言为纤儿，谓不及小儿也。左卫领营将军会稽许营以左卫将军领营兵，是为左卫领营将军。许营，一作"荣"。上疏曰："今台府局吏、直卫武官及仆隶婢儿取母之姓者，官婢私合而生子，不能审知其父，取母之姓为姓。本无乡邑品第，皆得为郡守县令，或带职在内，及僧尼乳母，竞进亲党，又受货赂；辄临官领众，政教不均，暴滥无罪，禁令不明，劫盗公行。昔年下书敕群下尽规，而众议兼集，无所采用。臣闻佛者，清远玄虚之神，今僧尼往往依傍法服，傍，步浪翻。谓依傍佛法，服僧尼之服而不遵其教也。五诫粗法尚不能遵，况精妙乎！佛有五戒，不淫，不盗，不杀，不妄语，不遭酒败。而流惑之徒，竞加敬事，又侵渔百姓，取财为惠，亦未合布施之道也。"施，式吏翻。疏奏，不省。省，悉景翻。

道子势倾内外，远近奔凑；帝渐不平，然犹外加优崇。侍中王国宝以谗佞有宠于道子，扇动朝众，朝，直遥翻。讽八座启道子宜进位丞相、杨州牧，假黄钺，加殊礼。晋氏渡江，有吏部、祠部、五兵、左民、度支五尚书，二仆射，一令，为八坐。护军将军南平车胤曰：沈约曰：秦时有护军都尉。汉陈平为护军中尉，尽护诸将。李广为骁骑将军，属护军将军。盖护军，护诸将军。魏武以韩浩为护军。资重为护军将军，资轻为中护军。车，尺遮翻。“此乃成王所以尊周公也。今主上当阳，人主南面乡明而立以治天下，故曰当阳。非成王之比；相王在位，岂得为周公乎！”乃称疾不署。不署名也。疏奏，帝大怒，而嘉胤有守。

中书侍郎范宁、徐邈为帝所亲信，数进忠言，数，所角翻。补正阙失，指斥奸党。王国宝，宁之甥也，宁尤疾其阿谀，劝帝黜之。陈郡袁悦之有宠于道子，国宝使悦之因尼【章：十二行本“尼”下有“支”字；乙十一行本同；孔本同；张校同。】妙音致书于太子母陈淑媛云：“国宝忠谨，宜见亲信。”帝知之，发怒，以他事斩悦之。国宝大惧，与道子共谮范宁出为豫章太守。宁临发，上疏言：“今边烽不举而仓库空匮；古者使民岁不过三日，记王制：古者用民之力，岁不过三日，任老者之事，食壮者之食。今之劳扰，殆无三日之休，至有生儿不复举养，复，扶又翻。鳏寡不敢嫁娶。【章：十二行本“娶”下有“臣恐社稷之忧”六字；乙十一行本同；孔本同；张校同；退斋校同。】厝火积薪，不足喻也。”厝火积薪，贾谊之言。宁又上言：“中原士民流寓江左，岁月渐久，人安其业。凡天下之人，原其先祖，皆随世迁移，何至于今而独不可。谓宜正其封疆，户口皆以土断。晋时中原士民南渡者，皆于江左侨立郡县以居之，不以土著为断。断，丁乱翻。又，人性无涯，奢俭由势；今并兼之室，亦多不赡，非其财力不足，盖由用之无节，争以靡丽相高，无有限极故也。礼十九为长殇，以其未成人也。未成人而死曰殇，其丧礼杀于成人。长，知两翻。今以十六为全丁，十三为半丁。所任非复童幼之事，任，音壬。岂不伤天理、困百姓乎！谓宜以二十为全丁，十六为半丁，则人无夭折，生长繁滋矣。”夭，于兆翻。长，知两翻。帝多纳用之。

宁在豫章，遣十五议曹下属城，豫章领南昌、海昏、新淦、建成、望蔡、永修、建昌、吴平、豫章、彭泽、艾、康乐、丰城、新昌、宜丰、钟陵十六县。一县负郭，馀十五县各遣一议曹。下，遐稼翻。采求风政；并吏假还，讯问官长得失。假，居讶翻。假还，谓吏休假日满而还府者。徐邈与宁书曰："足下听断明允，庶事无滞，则吏慎其负负，谓罪也。吏畏罪，则每事加谨。断，丁乱翻。而人听不惑矣，人听，即民听。晋书史臣避唐太宗讳，改民为"人"，通鉴因之。岂须邑至里诣，饰其游声哉！非徒不足致益，寔乃蚕渔之所资；蚕渔，谓所遣者蚕食渔取于民。郑玄曰：赵、魏之东，寔、实同声。寔，是也。诗："实墉实壑，实亩实籍。""实"当作"寔"。言韩侯之先祖微弱，所受之国多灭绝。今复旧职，继绝世，故筑治是城，修是壑井，牧是田亩，收敛是赋税，使如故常。孔颖达曰：凡言实者，已有其事而后实之。今此方说所为不宜为实，故转为寔，训之为是也。赵、魏之东，寔、实同声，郑以时事验之也。春秋桓六年，"州公寔来。"是由声同，故字有变异也。余按徐邈所谓寔训之为是，于义亦通。岂有善人君子而干非其事，多所告白者乎！自古以来，欲为左右耳目，无非小人，皆先因小忠而成其大不忠，先藉小信而成其大不信，遂使谗谄并进，善恶倒置，可不戒哉！足下慎选纲纪，郡以僚佐为纲纪。必得国士以摄诸曹，诸曹皆得良吏以掌文按，摄，总也，整也。按，据也。文按，谓诸曹文书留为按据者。又择公方之人以为监司，监，工衔翻。则清浊能否，与事而明；足下但平心处之，处，昌吕翻。何取于耳目哉！昔明德马后未尝顾左右与言，汉明帝后马氏谥明德皇后。可谓远识，况大丈夫而不能免此乎！"

21 十二月，后秦主苌使其东门将军任瓮东门将军，苌使守安定东门者也。任，音壬。瓮，与盆同，音蒲奔翻。诈遣使招秦主登，许开门纳之。使，疏吏翻。登将从之，征东将军雷恶地将兵在外，将，即亮翻。闻之，驰骑见登，骑，奇寄翻。曰："姚苌多诈，不可信也！"登乃止。苌闻恶地诣登，谓诸将曰："此羌见登，事不成矣！”登以恶地勇略过人，阴惮之。恶地惧，降于后秦，降，户江翻。苌以恶地为镇军将军。

22 秦以安成王广为司徒。

十五年(庚寅、三九〇)

1 春，正月，乙亥，谯敬王恬薨。

2 西燕主永引兵向洛阳，朱序自河阴北济河，击败之。【章：十二行本“之”下有“永走还上党”五字；乙十一行本同；孔本同；张校同。】败，补迈翻。序追至白水，水经注：白水出上党高都县故城西，东流历天井关。序所至处，去长子一百六十里。会翟辽谋向洛阳，序乃引兵还，击走之；留鹰扬将军朱党戍石门，使其子略督护洛阳，以参军赵蕃佐之，身还襄阳。

3 琅琊王道子恃宠骄恣，侍宴酣醉，或亏礼敬。帝益不能平，欲选时望为藩镇以潜制道子，问于太子左卫率王雅曰："吾欲用王恭、殷仲堪何如?”雅曰：“王恭风神简贵，志气方严；仲堪谨于细行，行，下孟翻。以文义著称。然皆峻狭自是，且干略不长；若委以方面，天下无事，足以守职，若其有事，必为乱阶矣！”帝不从。为后王、殷称兵张本。恭，蕴之子；王蕴，后父也。仲堪，融之孙也。殷融见九十六卷成帝咸康五年。二月，辛巳，以中书令王恭为都督青·兖·幽·并·冀五州诸军事、兖·青二州刺史，镇京口。

4 三月，戊辰，大赦。

5 后秦主苌攻秦扶风太守齐益男于新罗堡，克之，益男走。秦主登攻后秦天水太守张业生于陇东，陇东，安定泾阳县之地。苌救之，登引去。

6 夏，四月，秦镇东将军魏揭飞自称冲天王，晋书载记作“魏褐飞”。太元元年，秦遣庭中将军魏曷飞击氐、羌，意即此人也。帅氐、胡攻后秦安北将军姚当成于杏城；帅，读曰率。镇军将军雷恶地叛应之，攻镇东将军姚汉得于李润。李润，地名，在邢望南。李延寿曰：冯翊东有李润镇。按魏书宗室列传，安定王燮除华州刺史表曰："谨惟州居李润堡，虽是少梁旧地，晋、芮锡壤，然胡夷内附，遂为戎落，请徙冯翊古城。"后秦主苌欲自击之，群臣皆曰："陛下不忧六十里苻登，时登趣长安，据新丰之千户固。乃忧六百里魏揭飞，何也？"苌曰："登非可猝灭，吾城亦非登所能猝拔。恶地智略非常，若南引揭飞，东结董成，董成，屠各种也，时据北地。得杏城、李润而据之，长安东北非吾有也。"乃潜引精兵一千六百赴之。揭飞、恶地有众数万，氐、胡赴之者前后不绝。苌每见一军至，辄喜。群臣怪而问之，苌曰："揭飞等扇诱同恶，种类甚繁，种，章勇翻。吾虽克其魁帅，帅，所类翻。馀党未易猝平；易，以豉翻。今乌集而至，吾乘胜取之，可一举无馀也。"此曹操取马超、韩遂故智耳。揭飞等见后秦兵少，少，诗沼翻。悉众攻之；苌固垒不战，示之以弱，潜遣其子中军将军崇帅骑数百出其后。揭飞兵扰乱，苌遣镇远将军王超等纵兵击之，斩揭飞及其将士万馀级。恶地请降，降，户江翻。苌待之如初。恶地谓人曰："吾自谓智勇杰出一时，而每遇姚翁辄困，固其分也！"分，扶问翻。史言姚苌能服雷恶地之心。

苌命姚当成于所营之地，每栅孔中辄树一木以旌战功。掘地作孔，竖木以为栅，故有栅孔。岁馀，问之，当成曰："营地太小，已广之矣。"苌曰："吾自结发以来，与人战，未尝如此之快，以千馀兵破三万之众，营地惟小为奇，岂以大为贵哉！"

7 吐谷浑视连遣使献见于金城王乾归，乾归拜视连沙州牧、白兰王。河西张茂以敦煌、晋昌、西域都护、校尉、玉门大护军三郡三营为沙州；吐谷浑未能有其地也。李延寿曰：此以吐谷浑部内有黄沙，周回数百里，不生草木，因号沙州。使，疏吏翻。见，贤遍翻。

8 丙寅，魏王珪会燕赵王麟于意辛山，意辛山在牛川北，贺兰部所居也。据北史，逾阴山而北，即贺兰部。击贺兰、纥突邻、纥奚三部，破之，纥突邻、纥奚皆降于魏。史言燕为魏驱除。降，户江翻。

9 秋，七月，冯翊人郭质起兵于广乡以应秦，魏收地形志，郑县有广乡原。郑县时属京兆。移檄三辅曰："姚苌凶虐，毒被神人。被，皮义翻。吾属世蒙先帝尧、舜之仁，先帝，谓秦主坚。非常伯、纳言之子，常伯，侍中也。纳言，尚书也。即卿校、牧守之孙也。校，户教翻。与其含耻而存，孰若蹈道而死。"于是三辅壁垒皆应之；独郑县人苟曜【章：十二行本"曜"下有"不从"二字；乙十一行本同；孔本同。】聚众数千附于后秦。秦以质为冯翊太守。后秦以曜为豫州刺史。苟曜后持两端，为后秦所杀，事见后。

10 刘卫辰遣子直力鞮攻贺兰部，贺讷困急，请降于魏。丙子，魏王珪引兵救之，直力鞮退。鞮，田黎翻。珪徙讷部落，处之东境。处，昌吕翻。

11 八月，刘牢之击翟钊于鄄城，钊走河北；又败翟辽于滑台，张愿来降。翟辽、张愿叛，见上卷十一年。走，音奏。败，补迈翻。鄄，音绢。

12 九月，北平人吴柱聚众千馀，立沙门法长为天子，破北平郡，转寇广都，入白狼城。白狼县，前汉属右北平郡，后汉、晋省。魏收地形志：后魏真君八年，置建德郡，治白狼城，广都县属焉。燕时当属北平郡。燕幽州牧高阳王隆方葬其夫人，郡县守宰皆会之，众闻柱反，请隆还城，遣大兵讨之。隆曰："今闾阎安业，民不思乱，柱等以诈谋惑愚夫，诱胁相聚，无能为也。"诱，音酉。遂留葬讫，遣广平太守、广都令先归，"广平"，当作"北平"。续遣安昌侯进将百馀骑趋白狼城，趋，七喻翻。柱众闻之，皆溃，穷捕，斩之。

13 以侍中王国宝为中书令，俄兼中领军。道子主之也。

14 丁未，以吴郡太守王珣为尚书右仆射。

15 吐谷浑视连卒，子视罴立。视罴以其父祖慈仁，为四邻所侵侮，吐谷浑辟奚、视连慈仁，见一百三卷简文帝咸安元年。乃督厉将士，欲建功业。冬，十月，金城王乾归遣使拜视罴沙州牧、白兰王；视罴不受。为后乞伏乾归伐吐谷浑张本。

16 十二月，郭质及苟曜战于郑东，质败，奔洛阳。郑东，郑县之东也。

17 越质诘归据平襄，叛金城王乾归。十二年，越质诘归附于乞伏氏。

十六年（辛卯、三九一）

1 春，正月，燕置行台于蓟，加长乐公盛录行台尚书事。蓟，音计。乐，音洛。

2 金城王乾归击越质诘归，诘归降，降，户江翻。乾归以宗女妻之。妻，七细翻。

3 贺染干谋杀其兄讷，讷知之，举兵相攻。魏王珪告于燕，请为乡导以讨之。乡，读曰向。二月，甲戌，燕主垂遣赵王麟将兵击讷，镇北将军兰汗帅龙城之兵击染干。贺染干部落，盖居贺兰部之东偏，故燕以龙城之兵击之。将，即亮翻。帅，读曰率。

4 三月，秦主登自雍攻后秦安东将军金荣于范氏堡，克之；雍，于用翻。遂渡渭水，攻京兆太守韦范于段氏堡，不克；进据曲牢。曲牢在杜县东北。

5 夏，四月，燕兰汗破贺染干于牛都。都，聚也，其地当在牛川，夷人放牧，于此聚会，因名。

6 苟曜有众一万，密召秦主登，许为内应；登自曲牢向繁川，繁川，盖即杜陵县之樊川也。军于马头原。五月，后秦主苌引兵逆战，登击破之，斩其右将军吴忠。苌收众复战，复，扶又翻；下同。姚硕德曰："陛下慎于轻战，每欲以计取之，今战失利而更前逼贼，何也？"苌曰："登用兵迟缓，不识虚实。今轻兵直进，遥据吾东，马头原之地盖在长安东。此必苟曜竖子与之有谋也。善用兵者，观敌之动而察知其情，是以能制胜。缓之则其谋得成，故及其交之未合，急击之以败散其事耳。”败，补迈翻。遂进战，大破之。登退屯于郿。郿，音媚，今音眉。

7 秦兖州刺史强金槌据新平，降后秦，以其子逵为质。强，其两翻。降，户江翻。质，音致。后秦主苌将数百骑入金槌营。群下谏之，苌曰：“金槌既去苻登，又欲图我，将安所归乎！且彼初来款附，宜推心以结之，奈何复以不信疑之乎！”复，扶又翻。既而群氐欲取苌，金槌不从。强金槌，氐种，秦之戚党也。姚苌推心待之，以携苻登之党。

8 六月，甲辰，燕赵王麟破贺讷于赤城，禽之，水经：河水自云中桢陵县南过赤城东，又南过定襄桐过县西。又魏书帝纪，登国三年，幸东赤城。明元泰常八年，筑长城于长川之南，起自赤城，西至五原，延袤二千馀里。降其部落数万。降，户江翻。燕主垂命麟归讷部落，徙染干于中山。麟归，言于垂曰：“臣观拓跋珪举动，终为国患，不若摄之还朝，使其弟监国事。”垂不从。摄，录也，收也。慕容麟之奸诈，知拓跋珪之终不可制，而慕容垂不从其言，天将启珪以灭燕，虽以垂之明略，不之觉也。监，工衔翻。

9 西燕主永寇河南，太守杨佺期击破之。

10 秋，七月，壬申，燕主垂如范阳。范阳县，汉属涿郡，魏文帝改涿郡为范阳郡。

11 魏王珪遣其弟觚献见于燕；见，贤遍翻。燕主垂衰老，子弟用事，留觚以求良马。魏王珪弗与，遂与燕绝；为燕、魏构难张本。使长史张衮求好于西燕。好，呼到翻。觚逃归，燕太子宝追获之，垂待之如初。

12 秦主登攻新平，后秦主苌救之，登引去。

13 秦骠骑将军没弈干骠，匹妙翻。骑，奇寄翻。以其二子为质于金城王乾归，质，音致。请共击鲜卑大兜。乾归与没弈干攻大兜于鸣蝉堡，克之。据载记，大兜时据安阳城。安阳城在唐秦州陇城县界；鸣蝉堡亦当在其地。兜微服走，乾归收其部众而还，还，从宣翻，又如字。归没弈干二子。没弈干寻叛，东合刘卫辰。八月，乾归帅骑一万讨没弈干，帅，读曰率。没弈干奔他楼城，他楼城在高平，唐太宗贞观六年，以突厥降户置缘州，治平高之他楼城；高宗置他楼县，后省入原州萧关县界。乾归射之，中目。射，而亦翻。中，竹仲翻。

14 九月，癸未，以尚书右仆射王珣为左仆射，太子詹事谢琰为右仆射。太学博士范弘之论殷浩宜加赠谥，因叙桓温不臣之迹。是时桓氏犹盛，王珣，温之故吏也，王珣先为温府主簿。以为温废昏立明，有忠贞之节；黜弘之为馀杭令。馀杭县，汉属会稽郡。顾来曰：县，秦始皇立，后汉分属吴郡，吴分属吴兴郡。弘之，汪之孙也。范汪得罪于桓温，见一百一卷哀帝升平五年。

15 冬，十月，壬辰，燕主垂还中山。自范阳还也。

16 初，柔然部人世服于代，魏收曰：神元之末，掠骑得一奴，发始齐肩，忘本姓名，其主字之曰木骨闾。木骨闾者，首秃也。木骨闾与"郁久闾"声相近，故后子孙因以为氏。木骨闾既壮，免奴为骑卒，穆帝时，坐后期当斩，亡匿广漠溪谷间，收合逋逃，得百馀人，依纥突邻。木骨闾死，子车鹿会雄健，始有部众，自号柔然。其大人郁久闾地粟袁卒，部落分为二：长子匹候跋继父居东边，次子缊纥提别居西边。长，知两翻。缊，于粉翻。纥，户骨翻。秦王坚灭代，灭代见一百四卷元年。柔然附于刘卫辰。

及魏王珪即位，攻击高车等，诸部率皆服从，独柔然不事魏。戊戌，珪引兵击之，柔然举部遁走，珪追奔六百里。诸将因张衮言于珪曰："贼远粮尽，不如早还。"珪问诸将："若杀副马，为三日食，足乎？"凡北人用骑兵，各乘一马，又有一马为副马。皆曰："足。"乃复倍道追之，及于大碛南床山下，是时魏盛，跨有代北。柔然西奔南床山，盖在大碛之西。北史帝纪作“南商山”。复，扶又翻。大破之，虏其半部，匹候跋及别部帅屋击各收馀众遁走。帅，所类翻。珪遣长孙嵩、长孙肥追之。珪谓将佐曰：“卿曹知吾前问三日粮意乎？”曰：“不知也。”珪曰：“柔然驱畜产奔走数日，至水必留；我以轻骑追之，计其道里，不过三日及之矣。”皆曰：“非所及也。”嵩追斩屋击于平望川。肥追匹候跋至涿邪山，匹候跋举众降，降，户江翻；下同。获缊纥提之子曷多汗、汗，音寒。兄子社仑、斛律等宗党数百人。仑，卢昆翻。缊纥提将奔刘卫辰，珪追及之，缊纥提亦降，珪悉徙其部众于云中。为社仑复叛去而建国张本。

17 翟辽卒，子钊代立，改元定鼎。攻燕鄴城，燕辽西王农击却之。为燕灭翟钊张本。

18 三河王光遣兵乘虚伐金城王乾归；乘其伐没弈干之虚也。乾归闻之，引兵还，光兵亦退。

19 刘卫辰遣子直力鞮帅众八九万攻魏南部。鞮，田黎翻，又丁奚翻。帅，读曰率。十一月，己卯，魏王珪引兵五六千人拒之，壬午，大破直力鞮于铁岐山南，直力鞮单骑走。骑，奇寄翻；下同。乘胜追之，戊子，自五原金津南济河，金津当在五原郡宜梁、九原二县间。径入卫辰国，卫辰部落骇乱。辛卯，珪直抵其所居悦跋城，考之载记，悦跋城即代来城也。卫辰父子出走。壬辰，分遣诸将轻骑追之，将军伊谓禽直力鞮于木根山，魏书官氏志，拓跋邻以次弟为伊娄氏，后改为伊氏。木根山在五原河西。卫辰为其部下所杀。十二月，珪军于盐池，汉地理志，五原郡成宜县有盐官。唐盐州五原县有乌、白等池盐。宋白曰：青、白盐池在盐州北。诛卫辰宗党五千馀人，皆投尸于河，报元年卫辰借兵于秦以灭代之怨也。自河以南诸部悉降，降，户江翻。获马三十馀万匹，牛羊四百馀万头，国用由是遂饶。

卫辰少子勃勃亡奔薛干部，少，诗照翻。珪使人求之。薛干部帅太悉伏【张："太悉"作"大悉"。】【章：十二行本"仗"作"伏"；乙十一行本同；张校同；退斋校同。】出勃勃以示使者曰：帅，所类翻。使，疏吏翻。"勃勃国破家亡，以穷归我，我宁与之俱亡，何忍执以与魏。"乃送勃勃于没弈干，没弈干以女妻之。为勃勃杀没弈干复建国张本。妻，七细翻。

20 戊申，燕主垂如鲁口。

21 秦主登攻安定，后秦主苌如阴密以拒之，谓太子兴曰："苟曜闻吾北行，自长安如阴密为北行。必来见汝，汝执诛之。"曜果见兴于长安，兴使尹纬让而诛之。善制敌者，能因事而为功。苟曜反覆于苻、姚之间，而长安去郑三百里耳，此姚氏腹胁之痈疽也，使苌召之，曜必不来。苌在长安，曜亦畏惮而不敢来。苌外出以诱之，曜亦疑而不敢来。二秦交兵，边遽狎至，苌之北行若不得已者。苟曜无疑畏之心，谓姚兴居守为无能为者，轻于一来，卒以送死。姚氏腹胁之疾去矣，此非能因事而为功乎！

苌败登于安定城东，败，补迈翻。登退据路承堡。路承，人姓名，筑堡自守，时因以为名。苌置酒高会，诸将皆曰："若值魏武王，姚苌僭号，追谥兄襄为魏武王。不令此贼至今，陛下将牢太过耳。"将牢，谓先自固而不妄动也，犹今人之言把稳。苌笑曰："吾不如亡兄有四：身长八尺五寸，长，直亮翻。臂垂过膝，人望而畏之，一也；将十万之众，与天下争衡，望麾而进，前无横陈，二也；将，即亮翻。陈，读曰阵。温古知今，讲论道艺，收罗英隽，三也；董帅大众，上下咸悦，人尽死力，四也。帅，读曰率。所以得建立功业，驱策群贤者，正望算略中有片长耳。"群臣咸称万岁。

王崇武标点容肇祖聂崇岐覆校

资治通鉴卷第一百八

端明殿学士兼翰林侍读学士朝散大夫右谏议大夫
充集贤院修撰权判西京留司御史台上柱国河内郡 司马光 奉敕编集
开国侯食邑一千三百户食实封四百户赐紫金鱼袋臣

后学天台胡三省音注

晋纪三十 起玄黓执徐（壬辰），尽柔兆涒滩（丙申），凡五年。

烈宗孝武皇帝下

太元十七年（壬辰、三九二）

1 春，正月，己巳朔，大赦。

2 秦主登立昭仪陇西李氏为皇后。

3 二月，壬寅，燕主垂自鲁口如河间、渤海、平原。翟钊遣其将翟都侵馆陶，屯苏康垒。苏康，人姓名。馆陶县，汉属魏郡，晋属阳平郡。将，即亮翻；下同。三月，垂引兵南击钊。

4 秦骠骑将军没弈干帅众降于后秦，骠，匹妙翻。骑，奇寄翻。帅，读曰率。降，户江翻。后秦以为车骑将军，封高平公。

5 后秦主苌寝疾，命姚硕德镇李润，尹纬守长安，召太子兴诣行营。苌时屯安定。苌，音长。征南将军姚方成言于兴曰："今寇敌未灭，上复寝疾。复，扶又翻。王统等皆有部曲，终为人患，宜尽除之。"兴从之，杀王统、王广、苻胤、徐成、毛盛。皆苻氏旧臣也。苌怒曰："王统兄弟，吾之州里，实无他志；徐成等皆前朝名将，朝，直遥翻。吾方用之，奈何辄杀之！"使苌果以杀统等为非罪，当按诛始造谋者；但怒而已，岂真怒邪！

6 燕主垂进逼苏康垒。夏，四月，翟都南走滑台。走，音奏。翟钊求救于西燕，西燕主永谋于群臣，尚书郎渤海鲍遵曰："使两寇相弊，吾承其后，此卞庄子之策也。"中书侍郎太原张腾曰："垂强钊弱，何弊之承！不如速救之，以成鼎足之势。今我引兵趋中山，趋，七喻翻；下趣同。昼多疑兵，夜多火炬，垂必惧而自救。我冲其前，钊蹑其后，此天授之机，不可失也。"永不从。翟钊败，则西燕之亡形成矣。

7 燕大赦。

8 五月，丁卯朔，日有食之。

9 六月，燕主垂军黎阳，临河欲济，翟钊列兵南岸以拒之。辛亥，垂徙营就西津，去黎阳西四十里，为牛皮船百馀艘，伪列兵仗，溯流而上。艘，苏遭翻。上，时掌翻。钊亟引兵趣西津，趣，七喻翻。垂潜遣中垒将军桂林王镇等自黎阳津夜济，营于河南，比明而营成。比，必寐翻，及也。钊闻之，亟还，攻镇等营，垂命镇等坚壁勿战。钊兵往来疲暍，暍，于歇翻，伤暑也。攻营不能拔，将引去；镇等引兵出战，骠骑将军农自西津济，与镇等夹击，大破之。燕主垂用兵于河上者再，温详则引兵径济而取之，翟钊则张疑兵于西而潜军东渡，亦以决胜，视敌之坚脆何如也。骠，匹妙翻。骑，奇寄翻。农，燕之骠骑大将军，此逸"大"字。钊走还滑台，将妻子，收遗众，北济河，登白鹿山，水经注：河内修武县北有白鹿山。凭险自守，燕兵不得进。农曰："钊无粮，不能久居山中。"乃引兵还，留骑候之。钊果下山，还兵掩击，尽获其众，钊单骑奔长子。西燕主永以钊为车骑大将军、兖州牧，封东郡王。岁馀，钊谋反，永杀之。

初，郝晷、崔逞及清河崔宏、新兴张卓、辽东夔腾、夔，姓也。石赵之臣有夔安。阳平路纂皆仕于秦，避秦乱来奔，诏以为冀州诸郡，各将部曲营于河南；将，即亮翻。既而受翟氏官爵，翟氏败，皆降于燕，降，户江翻。燕主垂各随其材而用之。钊所统七郡三万馀户，皆按堵如故。以章武王宙为兖、豫二州刺史，镇滑台；徙徐州民七千馀户于黎阳，以彭城王脱为徐州刺史，镇黎阳。徐州之民，盖为翟钊所掠者。脱，垂之弟子也。垂以崔荫为宙司马。

初，陈留王绍为镇南将军，太原王楷为征西将军，乐浪王温为征东将军，乐浪，音洛琅。垂皆以荫为之佐。荫才干明敏强正，善规谏，四王皆严惮之；所至简刑法，轻赋役，流民归之，户口滋息。

秋，七月，垂如邺，以太原王楷为冀州牧，右光禄大夫馀蔚为左仆射。蔚，纡勿翻。

10 秦主登闻后秦主苌疾病，大喜，疾甚曰病。告祠世祖神主，苻坚庙号世祖。大赦，百官进位二等，秣马厉兵，进逼安定，去城九十馀里。八月，苌疾小瘳，出拒之。登引兵出营，将逆战，苌遣安南将军姚熙隆别攻秦营，登惧而还。还，从宣翻，又如字。苌夜引兵旁出以蹑其后，旦而候骑告曰：骑，奇寄翻。"贼诸营已空，不知所向。"登惊曰："彼为何人，去令我不知，来令我不觉，谓其将死，忽然复来，复，扶又翻。朕与此羌同世，何其厄哉！"苻登屡为姚苌所挫，故有惧苌之心，盖至于是，登气衰矣。登遂还雍，雍，于用翻；下同。苌亦还安定。

11 三河王光遣其弟右将军宝等攻金城王乾归，宝及将士死者万馀人。又遣其子虎贲中郎将纂击南羌彭奚念，纂亦败归。光自将击奚念于枹罕，克之，奚念奔甘松。甘松郡，乞伏国仁所置。及将，即亮翻；下同。贲，音奔。枹，音肤。

12 冬，十月，辛亥，荆州刺史王忱卒。忱，是壬翻。

13 雍州刺史朱序以老病求解职；诏以太子右卫率郗恢为雍

州刺史，代序镇襄阳。恢，昙之子也。郗昙见一百卷穆帝升平三年。率，所律翻。郗，丑之翻。昙，徒含翻。

14 巴蜀人在关中者皆叛后秦，据弘农以附秦。秦主登以窦冲为左丞相，冲徙屯华阴。华，户化翻。郗恢遣将军赵睦守金墉，河南太守杨佺期帅众军湖城，帅，读曰率。击冲，走之。

15 十一月，癸酉，以黄门郎殷仲堪为都督荆·益·宁三州诸军事、荆州刺史，镇江陵。仲堪虽有英誉，资望犹浅，议者不以为允。到官，好行小惠，好，呼到翻。纲目不举。

南郡公桓玄负其才地，以雄豪自处，负其才与其门地也。处，昌吕翻。朝廷疑而不用；年二十三，始拜太子洗马。洗，悉荐翻。玄尝诣琅邪王道子，值其酣醉，酣，户甘翻。张目谓众客曰："桓温晚涂欲作贼，云何？"玄伏地流汗，不能起；由是益不自安，常切齿于道子。后出补义兴太守，守，式又翻。郁郁不得志，叹曰："父为九州伯，儿为五湖长！"虞翻曰：太湖有五湖：隔湖、洮湖、射湖、贵湖及太湖为五湖，并太湖之小支，俱连太湖，故太湖兼得五湖之名。韦昭曰：胥湖、蠡湖、洮湖、滆湖就太湖而五。郦善长谓长塘湖、射湖、贵湖、隔湖与太湖而五。吴中志谓贡湖、游湖、胥湖、梅梁湖、金鼎湖为五也。长，知两翻。遂弃官归国，玄袭封南郡公。上疏自讼曰："先臣勤王匡复之勋，朝廷遗之，臣不复计。上，时掌翻。复，扶又翻；下同。至于先帝龙飞，陛下继明，谓桓温废海西立简文帝而帝继统也。易曰：明两作离，大人以继明照四方。请问谈者，谁之由邪？"疏寝不报。

玄在江陵，仲堪甚敬惮之。桓氏累世临荆州，玄复豪横，横，户孟翻。士民畏之，过于仲堪。尝于仲堪听事前戏马，以矟拟仲堪。听，读曰厅。矟，色角翻。通俗文：长丈八者谓之矟。拟者，举矟向之，若将刺之也。仲堪中兵参军彭城刘迈谓玄曰：元帝谓江东置参军十三曹，有中兵、外兵、骑兵。"马矟有馀，精理不足。"玄不悦，仲堪为之失色。为，于伪翻。玄出，仲堪谓迈曰：“卿，狂人也！玄夜遣杀卿，我岂能相救邪！”使迈下都避之，都，谓建康。玄使人追之，迈仅而获免。

征虏参军豫章胡藩过江陵，见仲堪，说之曰：说，输芮翻。“桓玄志趣不常，每怏怏于失职，怏，于两翻。节下崇待太过，恐非将来之计也！”仲堪不悦。藩内弟【章：十二行本“弟”下有“同郡”二字；乙十一行本同；孔本同。】罗企生为仲堪功曹，藩退，谓企生曰：“殷侯倒戈以授人，必及于祸。君不早图去就，后悔无及矣！”为后桓玄杀企生、仲堪张本。企，区智翻。

16 庚寅，立皇子德文为琅邪王，徙琅邪王道子为会稽王。会，工外翻。

17 十二月，燕主垂还中山，以辽西王农为都督兖、豫、荆、徐、雍五州诸军事，镇邺。雍，于用翻。

18 休官权千成据显亲，自称秦州牧。休官，杂夷部落之名。显亲县，汉光武置，属汉阳郡。晋改显亲为显新，复汉阳为天水郡。晋书姚兴载记，“权千成”作“权干城”，略阳豪族也。

19 清河人李辽上表请敕兖州修孔子庙，孔子庙在鲁。鲁郡，前汉属徐州，后汉、晋属豫州，江表始分属兖州。给户洒扫。洒，所卖翻；扫，素报翻；又各如字。仍立庠序，收教学者，曰：“事有如赊而寔急者，此寔义与虚实之实同。此之谓也！”表不见省。省，悉景翻。

十八年(癸巳、三九三)

1 春，正月，燕阳平孝王柔卒。

2 权千成为秦所逼，请降于金城王乾归，降，户江翻。乾归以为东秦州刺史、休官大都统、显亲公。

3 夏，四月，庚子，燕主垂加太子宝大单于；以安定王库傉官伟为太尉，单，音蝉。傉，奴沃翻。范阳王德为司徒，太原王楷为司空，陈留王绍为尚书右仆射。五月，立子熙为河间王，朗为渤海王，鉴为博陵王。

4 秦右丞相窦冲矜才尚人，尚人者，陵人而出其上。自请封天水王；秦主登不许。六月，冲自称秦王，改元元光。

5 金城王乾归立其子炽磐为太子。炽，昌志翻。炽磐勇略明决，过于其父。

6 秋，七月，秦主登攻窦冲于野人堡，冲求救于后秦。尹纬言于后秦主苌曰："太子仁厚之称，纬，於贵翻。称，尺证翻，名称也。著于远近，而英略未著，请使击苻登以著之。"苌从之。太子兴将兵攻胡空堡，登解冲围以赴之。兴因袭平凉，大获而归。苻登自大界之败，以平凉为根本。苌使兴还镇长安。

7 魏王珪以薛干太悉伏不送刘勃勃，事见上卷十六年。八月，袭其城，屠之，太悉伏奔秦。

8 氐帅杨佛嵩叛，奔后秦，帅，所类翻。杨佺期、赵睦追之，佺，且缘翻。九月，丙戌，败佛嵩于潼关。后秦将姚崇救佛嵩，败晋兵，败，补迈翻。赵睦死。

9 冬，十月，后秦主苌疾甚，还长安。

10 燕主垂议伐西燕，诸将皆曰："永未有衅，我连年征讨，士卒疲弊，未可也。"范阳王德曰："永既国之枝叶，又僭举位号，惑民视听，宜先除之，以壹民心。士卒虽疲，庸得已乎！"垂曰："司徒意正与吾同。吾比老，叩囊底智，足以取之，比，必寐翻，及也。终不复留此贼以累子孙也。"垂不欲留慕容永以累子孙，而不知拓跋珪已窥阚于代北矣。是以有国有家者，不恃无敌国外患，恃吾所以传国承家者足以待之耳。累，力瑞翻。复，扶又翻。遂戒严。

十一月，垂发中山步骑七万，遣镇西将军·丹杨王缵、"缵"，当作"瓒"。龙骧将军张崇出井陉，骧，思将翻。陉，音刑。攻西燕武乡公友于晋阳，征东将军平规攻镇东将军段平于沙亭。沙亭在邺西南。西燕主永遣其尚书令刁云、车骑将军慕容钟帅众五万守潞川。帅，读曰率。友，永之弟也。十二月，垂至邺。

11 己亥，后秦主苌召太尉姚旻、仆射尹纬、姚晃、将军姚大目、尚书狄伯支入禁中，受遗诏辅政。苌谓太子兴曰："有毁此诸公者，慎勿受之。汝抚骨肉以恩，接大臣以礼，待物以信，遇民以仁，四者不失，吾无忧矣。"姚苌所以诏其子者，胜于苻健。姚晃垂涕问取苻登之策，苌曰："今大业垂成，兴才智足办，奚所复问！"复，扶又翻。庚子，苌卒。年六十四。兴秘不发丧，以其叔父绪镇安定，硕德镇阴密，弟崇守长安。

或谓硕德曰："公威名素重，部曲最强，今易世之际，必为朝廷所疑，不如且奔秦州，硕德本起兵陇上，据冀城。观望事势。"硕德曰："太子志度宽明，必无他虑。今苻登未灭而骨肉相攻，是自亡也；吾有死而已，终不为也。"遂往见兴，兴优礼而遣之。兴自称大将军，以尹纬为长史，狄伯支为司马，帅众伐秦。帅，读曰率。

十九年（甲午、三九四）

1 春，【章：十二行本"春"下有"正月"二字；乙十一行本同；孔本同；张校同。】秦主登闻后秦主苌卒，卒，子恤翻；下同。喜曰："姚兴小儿，吾折杖笞之耳。"乃大赦，尽众而东，轻敌者败，宜苻登所以不亡于姚苌之时而亡于姚兴之初立也。留司徒安成王广守雍，雍，于用翻。太子崇守胡空堡；遣使拜金城王乾归为左丞相、河南王、领秦·梁·益·凉·沙五州牧，加九锡。使，疏吏翻；下同。

2 初，秃发思复鞬卒，鞬，居言翻。子乌孤立。乌孤雄勇有大志，与大将纷陁谋取凉州。欲并吕光也。将，即亮翻。纷陁曰："公必欲得凉州，宜先务农讲武，礼俊贤，修政刑，然后可也。"乌孤从之。三河王光遣使拜乌孤冠军大将军、河西鲜卑大都统。冠，古玩翻。乌孤与其群下谋之曰："可受乎？"皆曰："吾士马众多，何为属人！”石真若留不对。乌孤曰：“卿畏吕光邪？”石真若留曰：“吾根本未固，小大非敌，若光致死于我，何以待之！不如受以骄之，俟衅而动，蔑不克矣。”乌孤乃受之。纷陁与石真若留，皆能审宜应事者也。史言秃发乌孤所以兴。纷与石真，盖皆夷姓。

3 二月，秦主登攻屠各姚奴、帛蒲二堡，克之。二堡，在胡空堡之东。屠，直於翻。

4 燕主垂留清河公会镇邺，发司、冀、青、兖兵，遣太原王楷出滏口，滏，音釜。辽西王农出壶关，垂自出沙庭以击西燕，“庭”，当作“亭”；其地在邺西南。标榜所趣，军各就顿。分处置兵以疑敌，使不知所备。趣，七喻翻；下同。西燕主永闻之，严兵分道拒守，聚粮台壁，水经注：潞县北对故台壁，漳水出其南，本潞子所立也。魏收地形志，襄垣郡刘陵县，汉、晋之潞县也，有台壁。遣从子征东将军小逸豆归、时西燕之臣有二逸豆归，故此称小逸豆归。从，才用翻。镇东将军王次多、右将军勒马驹帅众万馀人戍之。帅，读曰率。

5 夏，【章：十二行本“夏”下有“四月”二字；乙十一行本同；孔本同；张校同；退斋校同。】秦主登自六陌趣废桥，趣，七喻翻。后秦始平太守姚详据马嵬堡以拒之。嵬，五回翻。太子兴遣尹纬将兵救详，将，即亮翻。纬据废桥以待秦。秦兵争水，不能得，渴死者什二、三，因急攻纬。兴驰遣狄伯支谓纬曰：“苻登穷寇，宜持重以挫之。”纬曰：“先帝登遐，郑玄曰：登，上也；遐，已也。上已者，若仙去云耳。上，时掌翻。人情扰惧，今不因思奋之力以禽敌，大事去矣！”遂与秦战，秦兵大败。其夜，秦众溃，登单骑奔雍，骑，奇寄翻。雍，于用翻。太子崇及安成王广闻败，皆弃城走；登至，无所归，乃奔平凉，收集遗众，入马毛山。平凉城，在汉安定鹑阴县界，后周始置平凉郡及县，唐为原州县。赫连定之败，魏亦据马髦岭以禽奚斤，盖平凉之险要处也。

6 燕主垂顿军邺西南，月馀不进。西燕主永怪之，以为太行道宽，行，户刚翻。疑垂欲诡道取之，乃悉敛诸军屯轵关，轵，知氏翻。杜太行口，惟留台壁一军。甲戌，垂引大军出滏口，入天井关。前汉书地理志，上党郡高都县有天井关。蔡邕曰：太行山上有天井关，在井北，遂因名焉。余按今泽州晋城县有太行关，关内有天井泉三所，即天井关也。五月，乙酉，燕军至台壁，永遣从兄太尉大逸豆归救之，从，才用翻。平规击破之。小逸豆归出战，辽西王农又击破之，斩勒马驹，禽王次多，遂围台壁。永召太行军还，自将精兵五万以拒之。刁云、慕容钟震怖，帅众降燕，永诛其妻子。将，即亮翻。怖，普布翻。帅，读曰率。降，户江翻。己亥，垂陈于台壁南，陈，读曰阵。遣骁骑将军慕容国伏千骑于涧下；骁，坚尧翻。骑，奇寄翻。庚子，与永合战，垂伪退，永众追之，行数里，国骑从涧中出，断其后，断，丁管翻。诸军四面俱进，大破之，斩首八千馀级，永走归长子。晋阳守将闻之，弃城走。丹杨王瓒等进取晋阳。瓒，藏旱翻。

7 后秦太子兴始发丧，即皇帝位于槐里，兴，字子略，苌之长子也。槐里县，汉属扶风，晋属始平郡。宋白曰汉槐里县故城，在唐岐州兴平县东南七里。兴既破苻登，始发丧袭位。大赦，改元皇初；遂如安定。谥后秦主苌曰武昭皇帝，庙号太祖。

8 六月，壬子，追尊会稽王太妃郑氏曰简文宣太后。会，工外翻。谥法：圣善周闻曰宣。群臣谓宣太后应配食元帝，太子前率徐邈曰：晋志：惠帝建东宫，称中卫率；泰始五年，分为左右，各领一军；惠帝时，愍怀太子在东宫，又加前后二率；江左省前后二率，孝武太元中又置。率，所类翻。“宣太后平素之时，不伉俪于先帝；言非正妃。伉，苦浪翻，敌也。俪，力计翻，并也。至于子孙，岂可为祖考立配！”为，于伪翻。国学明教东莞臧焘曰：据晋书儒林传：元帝运钟百六，光启中兴，虽尊儒劝学，亟降于纶言，然东序西胶，未闻于弦诵。明皇雅爱流略，简文教悦典坟，乃招集学徒，引奖风烈。国学明教之官，当置于明帝、简文时也。莞，音官。“今尊号既正，则罔极之情申；别建寝庙，则严称之义显；严，尊也。祢，父庙也。系子为称，兼明贵之所由。系子为称，简文系之宣太后之上也。春秋传曰：母以子贵。称，尺证翻。一举而允三义，不亦善乎！”乃立庙于太庙路西。

9 燕主垂进军围长子。西燕主永欲奔后秦，侍中兰英曰：“昔石虎伐龙都，太祖坚守不去，事见九十六卷晋成帝咸康四年。卒成大燕之基。卒，子恤翻。今垂七十老翁，厌苦兵革，终不能顿兵连岁以攻我也；但当城守以疲之。”永从之。兵交之变，其应无穷，惟知彼知己者，乃能百战不殆耳。慕容永欲以棘城之事自况，当时与之共守长子者，果能效死不去，若慕容皝之诸臣乎！

10 秦主登遣其子汝阴王宗为质于河南王乾归以请救，质，音致。进封乾归梁王，纳其妹为梁王后；乾归遣前军将军乞伏益州等帅骑一万救之。帅，读曰率。骑，奇寄翻。秋，七月，登引兵出迎乾归兵，后秦主兴自安定如泾阳，与登战于山南，马髦山南也。执登，杀之。年五十二。悉散其部众，使归农业；徙阴密三万户于长安，以李后赐姚晃。益州等闻之，引兵还。还，从宜翻，又如字。秦太子崇奔湟中，即帝位，改元延初；谥登曰高皇帝，庙号太宗。

11 后秦安南将军强熙、镇远将军强【章：十二行本“强”作“杨”；乙十一行本同。】多叛，推窦冲为主。后秦主兴自将讨之，军至武功，多兄子良国杀多而降，强，其两翻。将，即亮翻。降，户江翻。熙奔秦州，冲奔汧川，汧川即扶风汧县之地。汧，苦坚翻。汧川氐仇高执送之。

12 三河王光以子覆为都督玉门以西诸军事、西域大都护，镇高昌；命大臣子弟随之。

13 八月，己巳，尊皇太妃李氏为皇太后，居崇训宫。

14 西燕主永困急，遣其子常山公弘等求救于雍州刺史郗恢，郗，丑之翻。并献玉玺一纽。玺，斯氏翻。恢上言："垂若并永，为患益深，不如两存之，可以乘机双毙。"帝以为然，诏青·兖二州刺史王恭、豫州刺史庾楷救之。楷，亮之孙也。庾氏为桓温所诛，楷复不能振，自此微矣。永恐晋兵不出，又遣其太子亮来为质，质，音致。平规追亮及于高都，获之。高都县属上党郡，隋为泽州丹川县，唐为晋城县。永又告急于魏，魏王珪遣陈留公虔、将军庾岳帅骑五万东渡河，屯秀容以救之。此北秀容也，在汉定襄郡界，后魏置秀容郡秀容县。又立秀容护军于汾水西北六十里，徙北秀容胡人居之，此南秀容也。刘昫曰：忻州秀容县，汉汾阳县地，隋自秀容故城移于此，因更名。帅，读曰率。骑，奇寄翻。虔，纥根之子也。纥根见一百四卷元年。纥，户骨翻。晋、魏兵皆未至，大逸豆归部将伐勤等开门内燕兵，燕人执永，斩之，并斩其公卿大将刁云、大逸豆归等三十馀人，将，即亮翻。得永所统八郡七万馀户及秦乘舆、服御、伎乐、珍宝甚众。乘，绳证翻。燕主垂以丹杨王瓒为并州刺史，镇晋阳；宜都王凤为雍州刺史，镇长子。永尚书仆射昌黎屈遵、瓒，藏旱翻。雍，于用翻。屈，居勿翻。尚书阳平王德、秘书监中山李先、太子詹事渤海封则、黄门郎太山胡母亮、中书郎张腾、尚书郎燕郡公孙表皆随才擢叙。李先、公孙表，后皆仕魏，位通显。

九月，垂自长子如邺。

15 冬，十月，秦主崇为梁王乾归所逐，奔陇西王杨定。定留司马邵强守秦州，帅众二万与崇共攻乾归。乾归遣凉州牧轲弹、秦州牧益州、立义将军诘归帅骑三万拒之。轲弹、益州、诘归皆乞伏氏也。凉、秦二州牧，乾归所置，非能有其地。"轲弹"，晋书载记作"轲殚"。帅，读曰率；下同。益州与定战，败于平州，载记作"平川"，当从之。轲弹、诘归皆引退，轲弹司马翟瑥奋剑怒曰：瑥，音温。“主上以雄武开基，所向无敌，威振秦、蜀。将军以宗室居元帅之任，帅，所类翻。当竭力致命以佐国家。今秦州虽败，二军尚全，奈何望风退衄，衄，女六翻。将何面以见主上乎！瑥虽无任，独不能以便宜斩将军乎！”轲弹谢曰：“向者未知众心何如耳。果能若是，吾敢爱死！”乃帅骑进战，益州、诘归亦勒兵继之，大败定兵，败，补迈翻。杀定及崇，斩首万七千级。穆帝永和七年，秦王健改元即位，历六主，四十二年而亡。乾归于是尽有陇西之地。乞伏始得秦州。

定无子，其叔父佛狗之子盛，先守仇池，自称征西将军、秦州刺史、仇池公，谥定为武王；仍遣使来称藩。使，疏吏翻。秦太子宣奔盛，分【章：十二行本“分”上有“盛”字；乙十一行本同；孔本同。】氐、羌为二十部护军，各为镇戍，不置郡县。

16 燕主垂东巡阳平、平原，命辽西王农济河，与安南将军尹国略地青、兖，农攻廪丘，国攻阳城，皆拔之。东平太守韦简战死，高平、泰山、琅邪诸郡皆委城奔溃，农进军临海，临东海也。遍置守宰。

17 柔然曷多汗弃其父，与社仑率众西走；柔然降魏，见上卷十六年。汗，音寒。仑，卢昆翻。魏长孙肥追之，及于上郡跋那山，斩曷多汗。社仑收其馀众数百，奔疋候跋，疋候跋处之南鄙。处，昌吕翻。社仑袭疋候跋，杀之；疋候跋子启跋、吴颉等皆奔魏。社仑掠五原以西诸部，走度漠北。柔然自此遂为魏患。据载记，以社仑为河西鲜卑，则柔然亦鲜卑种也。

18 十一月，燕辽西王农败辟闾浑于龙水，郭缘生述征记曰：逢山在广固南二十里，洋水历其阴而东北流，世谓之石沟水，出委粟山北，而东注于巨洋水，谓之石沟口。然是水下流亦有时通塞，及其春夏水泛，川澜无辍，亦或谓之龙泉水。败，补迈翻。遂入临淄。十二月，燕主垂召农等还。

19 秦主兴遣使与燕结好，使，疏吏翻。好，呼到翻。是岁前秦灭，通鉴始书后秦为秦。并送太子宝之子敏于燕，燕封敏为河东公。

20 梁王乾归自称秦王，大赦。自此以后，史以西秦别之。

二十年（乙未、三九五）

1 春，正月，燕主垂遣散骑常侍封则报聘于秦；散，悉亶翻。骑，奇寄翻。遂自平原狩于广川、勃海、长乐而归。汉高祖置信都郡，景帝二年，为广川国，明帝更名乐成，安帝改曰安平，晋改曰长乐郡，又别立广川郡。乐，音洛。

2 西秦王乾归以太子炽磐领尚书令，炽，昌志翻。左长史边芮为左仆射，右长史秘宜为右仆射，置官皆如魏武、晋文故事，然犹称大单于、大将军。单，音蝉。边芮等领府佐如故。

3 薛干太悉伏自长安亡归岭北。岭北，谓九嵕岭北。十八年，太悉伏奔秦。上郡以西鲜卑杂胡皆应之。

4 二月，甲寅，尚书令陆纳卒。

5 三月，庚辰朔，日有食之。

6 皇太子出就东宫，以丹杨尹王雅领少傅。

时会稽王道子专权奢纵，嬖人赵牙本出倡优，少，诗照翻。会，工外翻。倡，音昌。茹千秋本钱唐捕贼吏，钱唐县，前汉属会稽郡，后汉属吴郡。钱唐记曰：郡议曹华信议立此塘以防海水，始开，募能致土一斛者即与钱一千。旬月之间，来者云集，塘未成而不复取，于是载土石者皆委之而去，塘以之成，故名钱塘。杨正衡曰：茹，音如，又而据翻；浙间旧有此姓。皆以谄赂得进。道子以牙为魏郡太守，千秋为骠骑谘议参军。骠，频召翻，今匹妙翻。骑，奇寄翻。牙为道子开东第，筑山穿池，为，于伪翻。功用钜万。帝尝幸其第，谓道子曰："府内乃有山，甚善；然修饰太过。"道子无以对。帝去，道子谓牙曰："上若知山是人力所为，尔必死矣！"牙曰："公在，牙何敢死！"营作弥甚。千秋卖官招权，聚货累亿。博平令吴兴闻人奭上疏言之，博平县，汉属东郡，晋属平原郡；江左属魏郡，与郡皆侨置。帝益恶道子，恶，乌路翻。而逼于太后，不忍废黜。乃擢时望及所亲幸王恭、郗恢、殷仲堪、王珣、王雅等，使居内外要任以防道子；道子亦引王国宝及国宝从弟琅邪内史绪以为心腹。从，才用翻。由是朋党竞起，无复向时友爱之驩矣；太后每和解之。中书侍郎徐邈从容言于帝曰：从，千容翻。“汉文明主，犹悔淮南；世祖聪达，负愧齐王；淮南事见十四卷汉文帝六年。齐王事见八十一卷武帝太康四年。兄弟之际，实为深慎。会稽王虽有酣媟之累，媟，私列翻。累，力瑞翻。宜加弘贷，消散群议；外为国家之计，内慰太后之心。”帝纳之，复委任道子如故。复，扶又翻。

7 初，杨定之死也，天水姜乳袭据上邽；夏，四月，西秦王乾归遣乞伏益州帅骑六千讨之。左仆射边芮、民部尚书王松寿曰：“益州屡胜而骄，不可专任，必以轻敌取败。”乾归曰：“益州骁勇，诸将莫及，帅，读曰率。骑，奇寄翻。骁，坚尧翻。将，即亮翻。当以重佐辅之耳。”乃以平北将军韦虔为长史，左禁将军务和为司马。务，姓也。古有务光。至大寒岭，大寒岭在上邽西。益州不设部伍，听将士游畋纵饮，令曰：“敢言军事者斩！”虔等谏不听，乳逆击，大破之。

8 魏王珪叛燕，侵逼附塞诸部。五月，甲戌，燕主垂遣太子宝、辽西王农、赵王麟帅众八万，自五原伐魏，范阳王德、陈留王绍别将步骑万八千为后继。散骑常侍高湖谏曰：散，悉亶翻。骑，奇寄翻。“魏与燕世为婚姻，代王什翼犍两娶于慕容，皆早卒。哀帝隆和元年，什翼犍纳女于燕，燕又以女妻之。彼有内难，燕实存之，事见一百六卷十一年及一百七卷十二年。难，乃旦翻。其施德厚矣，结好久矣。间以求马不获而留其弟，事见上卷十六年。好，呼到翻；下同。曲在于我，奈何遽兴兵击之！拓跋涉圭沈勇有谋，萧子显曰：珪，字涉圭。沈，持林翻。幼历艰难，兵精马强，未易轻也。皇太子富于春秋，志果气锐，今委之专任，【章：十二行本“任”作“征”；乙十一行本同；张校同。】必小魏而易之，易，以豉翻。万一不如所欲，伤威毁重，愿陛下深图之！”言颇激切，垂怒，免湖官。湖，泰之子也。前燕时，垂为车骑将军，以泰为从事中郎。

9 六月，癸丑，燕太原元王楷卒。

10 西秦王乾归迁于西城。苑川西城也。

11 秋，七月，三河王光帅众十万伐西秦，帅，读曰率。西秦左辅密贵周、左卫将军莫者羖羝密以国为氏。姓谱：汉有尚书密忠。据通鉴下文，则以密贵为姓。莫者，夷复姓。劝西秦王乾归称藩于光，以子敕勃为质。质，音致。光引兵还，乾归悔之，杀周及羖羝。羖，音古。羝，音氐。

12 魏张衮闻燕军将至，言于魏王珪曰：“燕狃于滑台、长子之捷，滑台事见上十七年；长子事见上年。狃，与忸同。杜预曰：忸，忕也。竭国之资力以来，有轻我之心，宜羸形以骄之，乃可克也。”羸，伦为翻。珪从之，悉徙部落畜产，西渡河千馀里以避之。燕军至五原，降魏别部三万馀家，降，户江翻。收穄田百馀万斛，置黑城，黑城在五原河北。按魏书帝纪：登国五年，刘卫辰遣子直力鞮出稒阳塞，侵及黑城。从可知矣。进军临河，水经：河水自新秦中屈而南流，过五原、西安阳、成宜、宜梁、临沃、稒阳等县南。造船为济具。珪遣右司马许谦乞师于秦。

13 秃发乌孤击乙弗、折掘等诸部，皆破降之，筑廉川堡而都之。乙弗、折掘二部，皆在秃发氏之西。廉川在湟中。降，户江翻。广武赵振，少好奇略，少，诗照翻。好，呼到翻。闻乌孤在廉川，弃家从之。乌孤喜曰：“吾得赵生，大事济矣！”拜左司马。三河王光封乌孤为广武郡公。

14 有长星见自须女，至于哭星。天文志：须女四星。须，贱妾之称，妇职之卑者也。斗、牛、女，扬州分。虚二星、危三星，皆主死丧。哭泣、坟墓，四星，属危之下，主死丧、哭泣、为坟墓也。见，贤遍翻。帝心恶之，于华林园举酒祝之曰：晋都建康，仿洛都，起华林园。恶，乌路翻。“长星，劝汝一杯酒；自古何有万岁天子邪！”

15 八月，魏王珪治兵河南；治，直之翻。九月，进军临河。燕太子宝列兵将济，暴风起，漂其船数十艘泊南岸。漂，纰招翻。艘，苏遭翻。魏获其甲士三百馀人，皆释而遣之。

宝之发中山也，燕主垂已有疾，既至五原，珪使人邀中山之路，伺其使者，尽执之。伺，相吏翻。使，疏吏翻。宝等数月不闻垂起居，珪使所执使者临河告之曰：“若父已死，何不早归！”宝等忧恐，士卒骇动。

珪使陈留公虔将五万骑屯河东，东平公仪将十万骑屯河北，河水自金城过武威、天水、安定、北地郡界，率东北流，至朔方沃野县界，始屈而东南流。虔屯河东，仪屯河北，皆河曲之地，未渡河也。北史曰：仪据朔方。将，即亮翻；下同。略阳公遵将七万骑塞燕军之南。遵，寿鸠之子也。寿鸠见一百四卷元年。秦主兴遣杨佛嵩将兵救魏。

燕术士靳安言于太子宝曰：靳，居欣翻。“天时不利，燕必大败，速去可免。”宝不听。安退，告人曰：“吾辈皆当弃尸草野，不得归矣！”

燕、魏相持积旬，赵王麟将慕舆嵩等以垂为实死，谋作乱，奉麟为主；事泄，嵩等皆死，宝、麟等内自疑。冬，十月，辛未，烧船夜遁。时河冰未结，宝以魏兵必不能渡，不设斥候。十一月，己卯，暴风，冰合，魏王珪引兵济河，留辎重，重，直用翻。选精锐二万馀骑急追之。

燕军至参合陂，有大风，黑气如堤，自军后来，临覆军上。覆，扶又翻。沙门支昙猛，支者，昙猛之俗姓。昙，徒含翻。言于宝曰：“风气暴迅，魏兵将至之候，宜遣兵御之。”宝以去魏军已远，笑而不应。昙猛固请不已，麟怒曰："以殿下神武，师徒之盛，足以横行沙漠，索虏何敢远来！太元十八年，慕容麟已知拓跋珪之必为燕患矣，今乃轻之如此，岂其心自疑而欲败宝之师邪？其后宝不能守中山而麟亦不能自立，同归于乱而已矣。索，昔各翻。而昙猛妄言惊众，当斩以徇！"昙猛泣曰："苻氏以百万之师，败于淮南，正由恃众轻敌，不信天道故也！"事见一百四卷、五卷七年、八年。司徒德劝宝从昙猛言，宝乃遣麟帅骑三万居军后以备非常。帅，读曰率。骑，奇寄翻；下同。麟以昙猛为妄，纵骑游猎，不肯设备。宝遣骑还诇魏兵，诇，古永翻，又翾正翻。骑行十馀里，即解鞍寝。

魏军晨夜兼行，乙酉，暮，至参合陂西。燕军在陂东，营于蟠羊山南水上。水经注：可不埿水出雁门沃阳县东南六十里山下，西北流注沃水，合流而东，径参合县南。魏王珪夜部分诸将，分，扶问翻。掩覆燕军，士卒衔枚束马口潜进。丙戌，日出，魏军登山，下临燕营；燕军将东引，引而东行也。顾见之，士卒大惊扰乱。珪纵兵击之，燕兵走赴水，人马相腾躡，压溺死者以万数。略阳公遵以兵邀其前，燕兵四五万人，一时放仗敛手就禽，其遗迸去者不过数千人，迸，北孟翻。太子宝等皆单骑仅免。杀燕右仆射陈留悼王绍，生禽鲁阳王倭奴、倭，乌禾翻。桂林王道成、济阴公尹国等文武将吏数千人，济，子礼翻。兵甲粮货以钜万计。道成，垂之弟子也。

魏王珪择燕臣之有才用者代郡太守广川贾闰、闰从弟骠骑长史昌黎太守彝、太史郎晁【章：十二行本"晁"上有"辽东"二字；乙十一行本同；孔本同；张校同。】崇等留之，晁，直遥翻。其馀欲悉给衣粮遣还，以招怀中州之人。中部大人王建曰："燕众强盛，今倾国而来，我幸而大捷，不如悉杀之，则其国空虚，取之为易。易，以豉翻。且获寇而纵之，无乃不可乎！"乃尽坑之。十二月，珪还云中之盛乐。通鉴于惠帝元康五年，书定襄之盛乐故城，此书云中之盛乐；盖历代郡县废徙无常，前汉成乐县属定襄，后汉成乐县属云中。前书定襄之盛乐，此前汉之故城也；此书云中之盛乐，此后汉之故城也。

燕太子宝耻于参合之败，请更击魏。司徒德言于燕主垂曰："虏以参合之捷，有轻太子之心，宜及陛下神略以服之，不然，将为后患。"垂乃以清河公会录留台事，领幽州刺史，代高阳王隆镇龙城；以阳城王兰汗为北中郎将，代长乐公盛镇蓟；乐，音洛。蓟，音计。命隆、盛悉引其精兵还中山，期以明年大举击魏。

16 是岁，秦主兴封其叔父绪为晋王，硕德为陇西王，弟崇为齐公，显为常山公。

二十一年（丙申、三九六）

1 春，正月，燕高阳王隆引龙城之甲入中山，军容精整，燕人之气稍振。汉人有言："战胜之威，士气百倍；败军之卒，没世不复正。"此之谓也。

2 休官权万世帅众降西秦。前年，乞伏乾归称秦王，故称西秦以别于姚秦。帅，读曰率。降，户江翻。

3 燕主垂遣征东将军平规发兵冀州。二月，规以博陵、武邑、长乐三郡兵反于鲁口，其从子冀州刺史喜谏，不听。从，才用翻。规弟海阳令翰亦起兵于辽西以应之。海阳县自汉以来属辽西郡。平规兄弟以燕兵败，故叛之。垂遣镇东将军馀嵩击规，嵩败死。垂自将击规，至鲁口，规弃众，将妻子及平喜等数十人走渡河，垂引兵还。翰引兵趣龙城，趣，七喻翻。清河公会遣东阳公根等击翰，破之，翰走山南。白狼、徐无等山之南。

4 三月，庚子，燕主垂留范阳王德守中山，引兵密发，逾青岭，经天门，青岭盖即广昌岭，在代郡广昌县南，所谓五回道也。其南层崖刺天，积石之峻，壁立直上，盖即天门也。凿山通道，出魏不意，直指云中。魏陈留公虔帅部落三万馀家镇平城；垂至猎岭，猎岭，在夏屋山东北，魏都平城，常猎于此。以辽西王农、高阳王隆为前锋以袭之。是时，燕兵新败，皆畏魏，惟龙城兵勇锐争先。虔素不设备，闰月，乙卯，燕军至平城，虔乃觉之，帅麾下出战，败死，燕军尽收其部落。魏王珪震怖欲走，诸部闻虔死，皆有贰心，珪不知所适。虔勇盖代北，既败而死，故诸部皆贰。然天将亡燕，垂继以殒，此固非人力所能为也。帅，读曰率。怖，普布翻。

垂之过参合陂也，见积骸如山，为之设祭，为，于伪翻。军士皆恸哭，声震山谷。垂惭愤呕血，由是发疾，乘马舆而进，顿平城西北三十里。太子宝等闻之，皆引还。燕军叛者奔告于魏云："垂已死，舆尸在军。"魏王珪欲追之，闻平城已没，乃引还阴山。魏人有言，"死诸葛走生仲达。"拓跋珪闻慕容垂之死而不敢进，亦类是耳。

垂在平城积十日，疾转笃，乃筑燕昌城而还。水经：燕昌城在平城北四十里。夏，四月，癸未，卒于上谷之沮阳，贤曰：沮阳县故城，在今妫州东。沮，音阻。垂年七十一。秘不发丧。丙申，至中山；戊戌，发丧，谥曰成武皇帝，庙号世祖。壬寅，太子宝即位，宝，字道佑，垂第四子也。大赦，改元永康。

五月，辛亥，以范阳王德为都督冀·兖·青·徐·荆·豫六州诸军事、车骑大将军、冀州牧，镇邺；辽西王农为都督并·雍·益·梁·秦·凉六州诸军事、并州牧，镇晋阳。雍，于用翻。又以安定王库傉官伟为太师，傉，奴沃翻。夫馀王蔚为太傅。馀蔚，夫馀王子也，燕王皝破夫馀得之，燕亡，入秦，秦乱，复归燕，燕主垂封为扶馀王。甲寅，以赵王麟领尚书左仆射，高阳王隆领右仆射，长乐公盛为司隶校尉，宜都王凤为冀州刺史。

5 乙卯，以散骑常侍彭城刘该为徐州刺史，镇鄄城。散，悉亶翻。骑，奇寄翻。鄄，吉掾翻。

6 甲子，以望蔡公谢琰为尚书左仆射。望蔡县属豫章郡。沈约曰：

汉灵帝中平中，汝南上蔡民分徙此城，立县名上蔡，晋武帝太康元年，更名。宋白曰：以上蔡人思本土，故曰望蔡。

7 初，燕主垂先段后生子令、宝，后段后生子朗、鉴，爱诸姬子麟、农、隆、柔、熙。宝初为太子，有美称，称，昌孕翻，名誉也。已而荒怠，中外失望。后段后尝言于垂曰：燕王垂初娶段氏，以可足浑后之谗而死，后即位，追尊为后。复纳段氏为后，故史书后段后以别之。“太子遭承平之世，足为守成之主；今国步艰难，恐非济世之才。辽西、高阳二王，陛下之贤子，宜择一人，付以大业。赵王麟奸诈强愎，愎，弼力翻。异日必为国家之患，宜早图之。”宝善事垂左右，左右多誉之，誉，音余。故垂以为贤，谓段氏曰：“汝欲使我为晋献公乎！”晋献公信骊姬之谗，杀太子申生。段氏泣而退，告其妹范阳王妃曰：“太子不才，天下所知，吾为社稷言之，为，于伪翻。主上乃以吾为骊姬，何其苦哉！观太子必丧社稷，丧，息浪翻。范阳王有非常器度，若燕祚未尽，其在王乎！”宝及麟闻而恨之。

乙丑，宝使麟谓段氏曰：“后常谓主上不能守大业，今竟能不？不，读曰否。宜早自裁，以全段宗！”段氏怒曰：“汝兄弟不难逼杀其母，况能守先业乎！吾岂爱死，但念国亡不久耳。”遂自杀。宝议以段后谋废適统，適，读曰嫡。无母后之道，不宜成丧。群臣咸以为然。中书令眭邃飏言于朝曰：眭，息惟翻。飏，音扬。大言而疾曰飏。朝，直遥翻。“子无废母之义，汉安思阎后亲废顺帝，事见五十卷汉安帝延光三年。犹得配飨太庙，况先后暧昧之言，虚实未可知乎！”乃成丧。

8 六月，癸酉，魏王珪遣将军王建等击燕广宁太守刘亢泥，斩之，广宁县，汉属上谷郡，晋太康中，分置广宁郡。亢，苦浪翻。徙其部落于平城。燕上谷太守开封公详弃郡走。详，皝之曾孙也。

9 丁亥，魏贺太妃卒。魏王珪之母也。

10 燕主宝定士族旧籍，分辨清浊，校阅户口，罢军营封荫之户，悉属郡县；军营封荫之户，盖诸军庇占以为部曲者。由是士民嗟怨，始有离心。斯事行之，未必非也；但慕容宝即位之初，国师新败，又遭大丧，下之怀反侧者多，未可遽行耳。大学曰：物有本末，事有先后，知所先后，则近道矣。

11 三河王吕光即天王位，国号大凉，大赦，改元龙飞；吕光，字世明，略阳氐也，父婆楼，为苻坚佐命。备置百官，以世子绍为太子，封子弟为公侯者二十人；以中书令王详为尚书左仆射，著作郎段业等五人为尚书。

光遣使者拜秃发乌孤为征南大将军、益州牧、左贤王。乌孤谓使者曰："吕王诸子贪淫，光诸子见于史者，纂、弘、绍、覆。三甥暴虐，光甥石聪谮杀杜进；馀二人当考。远近愁怨，吾安可违百姓之心，受不义之爵乎！吾当为帝王之事耳。"乃留其鼓吹、羽仪，吹，昌瑞翻。谢而遣之。

12 平规收合馀党据高唐，高唐县，自汉以来属平原郡。燕主宝遣高阳王隆将兵讨之；将，即亮翻。东土之民，素怀隆惠，迎候者属路。相属于路也。属，之欲翻。秋，七月，隆进军临河，规弃高唐走。隆遣建威将军慕容进等济河追之，斩规于济北。于济，子礼翻。平喜奔彭城。

13 纳故中书令王献之女为太子妃。献之，羲之之子也。羲之，王导之从子。

14 魏群臣劝魏王珪称尊号，珪始建天子旌旗，出警入跸，改元皇始。珪，什翼犍之嫡孙，寔之子，详见一百四卷元年。自苻坚淮、淝之败，至是十有四年矣，关、河之间，戎狄之长，更兴迭仆，晋人视之，漠然不关乎其心。拓跋珪兴而南、北之形定矣。南、北之形既定，卒之南为北所并。呜呼！自隋以后，名称扬于时者，代北之子孙十居六七矣，氏族之辨，果何益哉！参军事上谷张恂劝珪进取中原，珪善之。

燕辽西王农悉将部曲数万口之并州，将，即亮翻。之，往也。并州素乏储偫，偫，丈里翻。是岁早霜，民不能供其食，又遣诸部护军分监诸胡，监，工衔翻。由是民夷俱怨，潜召魏军。八月，己亥，魏王珪大举伐燕，兵无内应与必胜之计，不可大举。步骑四十馀万，南出马邑，逾句注，句，音钩。旌旗二千馀里，鼓行而进。左将军雁门李栗将五万骑为前驱，别遣将军封真等从东道出军都，袭燕幽州。魏书官氏志：拓跋诘汾时，馀部诸姓内入者有是贲氏，后改为封氏。军都县，前汉属上谷郡，后汉属广阳郡，晋属燕国；有军都关。贤曰：今幽州昌平县有军都山，在西北。

15 燕征北大将军、幽·平二州牧、清河公会母贱而年长，长，知两翻。雄俊有器艺，燕主垂爱之。宝之伐魏也，垂命会摄东宫事、总录，礼遇一如太子。总录，谓总录朝政也。及垂伐魏，命会镇龙城，委以东北之任，国官府佐，皆选一时才望。垂疾笃，遗言命宝以会为嗣；而宝爱少子濮阳公策，意不在会。长乐公盛与会同年，耻为之下，少，诗照翻。濮，博木翻。乐，音洛。乃与赵王麟共劝宝立策，宝从之。乙亥，立妃段氏为皇后，策为皇太子，会、盛皆进爵为王。策年十一，素蠢弱，蠢，与戆同，陟降翻，愚也。会闻之，心愠怼。愠，于问翻。怼，直类翻。

九月，章武王宙奉燕主垂及成哀段后之丧葬于龙城宣平陵，成哀后，即宝所杀后母段氏也。宝诏宙悉徙高阳王隆参佐、部曲、家属还中山，隆去年自龙城还中山，会实代之，故令遣还其部曲参佐。会违诏，多留部曲不遣。宙年长属尊，长，知两翻。会每事陵侮之，见者皆知其有异志。为宝、会父子相图张本。

16 戊午，魏军至阳曲，阳曲县自汉以来属太原郡。宋白曰：阳曲县故城，在太原县北四十五里，后汉末所移也。隋文帝改为阳直，寻又改为汾阳县。乘西山，临晋阳，遣骑环城大噪而去。骑，奇寄翻。环，音宦。燕辽西王农出战，大败，奔还晋阳，司马慕舆嵩闭门拒之。前有慕舆嵩以谋奉赵王麟为变而诛。此又一人。农将妻子帅数千骑东走，魏中领将军长孙肥追之，中领将军，魏所置，犹魏、晋之中领军也。帅，读曰率。及于潞川，【严："川"改"州"。】获农妻子。燕军尽没，农被创，独与三骑逃归中山。被，皮义翻。创，初良翻。

魏王珪遂取并州。初建台省，置刺史、太守、尚书郎以下官，悉用儒生为之。士大夫诣军门，无少长，皆引入存慰，使人人尽言，少，诗照翻。长，知两翻。少有才用，咸加擢叙。史言拓跋珪所以能取中原。少，诗沼翻。己未，遣辅国将军奚收略地汾川，"奚收"，当作"奚牧"。获燕丹杨王买德及离石护军高秀和。离石县自汉以来属西河郡，燕置护军以统稽胡。以中书侍郎张恂等为诸郡太守，招抚离散，劝课农桑。

燕主宝闻魏军将至，议于东堂。中山尹苻谟曰："今魏军众强，千里远斗，乘胜气锐，若纵之使入平土，不可敌也，宜杜险以拒之。"苻谟降燕见一百六卷十一年。中书令眭邃曰："魏多骑兵，往来剽速，剽，匹妙翻。马上赍粮，不过旬日；宜令郡县聚民，千家为一堡，深沟高垒，清野以待之，彼至无所掠，不过六旬，食尽自退。"尚书封懿曰："今魏兵数十万，天下之勍敌也，勍，渠京翻。民虽筑堡，不足以自固，是聚兵及粮以资之也。且动摇民心，示之以弱，不如阻关拒战，计之上也。"赵王麟曰："魏今乘胜气锐，其锋不可当，宜完守中山，待其弊而乘之。"于是修城积粟，为持久之备。不据险拒战而婴城自守，此慕容宝所以败也。命辽西王农出屯安喜，安喜，前汉之安险县也，后汉章帝改曰安喜，属中山郡。军事动静，悉以委麟。为麟叛宝张本。

17 帝嗜酒，流连内殿，醒治【严："治"改"日"。】既少，言昏醉之时多，醒而治事之时少也。外人罕得进见。见，贤遍翻。张贵人宠冠后宫，冠，古玩翻。后宫皆畏之。庚申，帝与后宫宴，妓乐尽侍；

妓，渠绮翻。时贵人年近三十，帝戏之曰："汝以年亦当废矣，吾意更属少者。"近，其靳翻。属，之欲翻。少，诗照翻。贵人潜怒，向夕，帝醉，寝于清暑殿，清暑殿，帝所作。贵人遍饮宦者酒，散遣之，使婢以被蒙帝面，弑之，重赂左右，云"因魇暴崩"。饮，于鸩翻。魇，于琰翻。广韵曰：睡中魇。毛晃曰：气窒心惧而神乱则魇。时太子暗弱，会稽王道子昏荒，会，工外翻。遂不复推问。复，扶又翻；下同。王国宝夜叩禁门，欲入为遗诏，侍中王爽拒之曰："大行晏驾，皇太子未至，敢入者斩！"国宝乃止。爽，恭之弟也。辛酉，太子即皇帝位，大赦。

癸亥，有司奏：会稽王道子宜进位太傅、扬州牧，假黄钺，诏内外众事动静咨之。

安帝幼而不慧，杜预曰：不慧，世所谓白痴。口不能言，至于寒暑饥饱亦不能辨，饮食寝兴皆非己出。母弟琅邪王德文，性恭谨，常侍左右，为之节适，始得其宜。节适，谓事为之节以适其口体。为，于伪翻。

初，王国宝党附会稽王道子，王国宝党附道子，事始一百五卷八年。骄纵不法，屡为御史中丞褚粲所纠。国宝起斋，侔清暑殿，孝武帝甚恶之；恶，乌路翻。国宝惧，遂更求媚于帝而疏道子，帝复宠昵之。昵，尼质翻。道子大怒，尝于内省面责国宝，以剑掷之，旧好尽矣。好，呼到翻。及帝崩，国宝复事道子，与王绪共为邪谄，道子更惑之，倚为心腹，遂参管朝权，威震内外，并为时之所疾。

王恭入赴山陵，每正色直言，道子深惮之。恭罢朝，叹曰："榱栋虽新，朝，直遥翻；下同。榱，所追翻。秦曰屋椽，齐、鲁曰桷，周曰榱。便有黍离之叹！"周大夫行役过故宗庙宫室，尽为禾黍，故作黍离之诗。绪说国宝，说，输芮翻。因恭入朝，劝相王伏兵杀之，国宝不许。道子欲辑和内外，乃深布腹心于恭，冀除旧恶；

而恭每言及时政，辄厉声色。道子知恭不可和协，遂有相图之志。

或劝恭因入朝以兵诛国宝，恭以豫州刺史庾楷士马甚盛，党于国宝，惮之，不敢发。王珣谓恭曰："国宝虽终为祸乱，要之罪逆未彰，今遽先事而发，必大失朝野之望。况拥强兵窃发于京辇，谁谓非逆！国宝若遂不改，恶布天下，然后顺众心以除之，亦无忧不济也。"恭乃止。既而谓珣曰："比来视君一似胡广。"谓依违于权奸之间以保禄位。比，毗至翻，近也。珣曰："王陵廷争，陈平慎默，但问岁晏何如耳！"谓王陵以廷争失位，陈平以慎默终能安刘。争，读曰诤。

冬，十月，甲申，葬孝武帝于隆平陵。王恭还镇，将行，谓道子曰："主上谅闇，闇，读如阴。冢宰之任，伊、周所难，愿大王亲万几，纳直言，放郑声，远佞人。"几，与机同。远，于愿翻。国宝等愈惧。

18 魏王珪使冠军将军代人于栗䃅、魏书官氏志：拓跋诘汾时，馀部诸姓内入者有勿忸于氏，后改为于氏。冠，古玩翻。䃅，丁奚翻。宁朔将军公孙兰帅步骑二万，潜自晋阳开韩信故道。韩信自井陉伐赵之故路也。帅，读曰率。骑，奇寄翻。己酉，珪自井陉趋中山。李先降魏，去年，李先自西燕归燕。趋，七喻翻。降，户江翻。珪以为征东左长史。

19 西秦凉州牧轲弹与秦州牧益州不平，轲弹奔凉。

20 魏王珪进攻常山，拔之，获太守苟延；自常山以东，守宰或走或降，诸郡县皆附于魏，惟中山、邺、信都三城为燕守。中山，燕都，慕容德守邺，慕容凤守信都，皆重镇也。为，于伪翻。十一月，珪命东平公仪将五万骑攻邺，冠军将军王建、左将军李栗攻信都。戊午，珪进军中山；己未，攻之。燕高阳王隆守南郭，帅众力战，自旦至晡，杀伤数千人，魏兵乃退。珪谓诸将曰："中山城固，宝必不肯出战，急攻则伤士，久围则费粮，不如先取邺、信都，然后图之。”丁卯，珪引兵而南。

章武王宙自龙城还，闻有魏寇，驰入蓟，与镇北将军阳城王兰乘城固守。兰，垂之从弟也。从，才用翻。魏别将石河头攻之，不克，魏书官氏志：拓跋诘汾时，馀部诸姓内入者有嗢石兰氏，后为石氏。退屯渔阳。渔阳县，汉属渔阳郡，晋省。

珪军于鲁口，博陵太守申永奔河南，高阳太守崔宏奔海渚。海渚，海中州也。珪素闻宏名，遣骑追求，获之，以为黄门侍郎，与给事黄门侍郎张衮对掌机要，创立制度。为崔宏父子贵显于魏张本。博陵令屈遵降魏，屈，居勿翻。降，户江翻。珪以为中书令，出纳号令，兼总文诰。

燕范阳王德使南安王青等夜击魏军于邺下，破之，魏军退屯新城。新城，即燕主垂攻邺所筑者也。青等请追击之，别驾韩諲曰：諲，音卓。“古人先计而后战。魏军不可击者四：悬军远客，利在野战，一也；深入近畿，顿兵死地，二也；前锋既败，后阵方固，三也；彼众我寡，四也。官军不宜动者三：自战其地，一也；自战其地者，众易败散。动而不胜，众心难固，二也；城隍未修，敌来无备，三也。今魏无资粮，不如深垒固军以老之。”德从之，召青还。青，详之兄也。

十二月，魏辽西公贺赖卢帅骑二万会东平公仪攻邺。赖卢，讷之弟也。为贺赖卢降慕容德张本。按魏书官氏志，内入诸姓有贺赖氏，北方有贺兰氏，后皆为贺氏，盖内入者为贺赖氏，留北方者为贺兰氏。“兰”、“赖”语转耳。又匈奴诸种亦有贺赖氏。

魏别部大人没根有胆勇，魏王珪恶之。恶，乌路翻。没根惧诛，己丑，将亲兵数十人降燕，燕主宝以为镇东大将军，封雁门公。没根求还袭魏，宝难与重兵，给百馀骑。没根效其号令，夜入魏营，至中仗，珪乃觉之，狼狈惊走，没根以所从人少，不能坏其大众，多获首虏而还。史言慕容宝不能因降人为间以破魏。少，诗沼翻。坏，音怪。

21 杨盛遣使来请命；诏拜盛镇南将军、仇池公。盛表苻宣为平北将军。

22 是岁，越质诘归帅户二万叛西秦降于秦，越质诘归降西秦，见上卷十六年。帅，读曰率；下同。秦人处之成纪，成纪县自汉以来属天水郡。处，昌吕翻。拜镇西将军、平襄公。

23 秦陇西王硕德攻姜乳于上邽，乳率众降。秦以硕德为秦州牧，镇上邽；征乳为尚书。强熙、权千成帅众三万共围上邽，硕德击破之，熙奔仇池，遂来奔。硕德西击千成于略阳，千成降。

24 西燕既亡，其所署河东太守柳恭等各拥兵自守。秦主兴遣晋王绪攻之，恭等临河拒守，绪不得济。

初，永嘉之乱，汾阴薛氏聚其族党，阻河自固，不仕刘、石。及苻氏兴，乃以礼聘薛彊，拜镇东将军，彊引秦兵自龙门济，魏土地记曰：梁山北有龙门山，大禹所凿，通孟津河口，广八十步，岩际镌迹，遗功尚存。梁山在冯翊夏阳县西北。遂入蒲阪，恭等皆降，兴以绪为并、冀二州牧，镇蒲阪。

王崇武标点容肇祖聂崇岐覆校

资治通鉴卷第一百九

端明殿学士兼翰林侍读学士朝散大夫右谏议大夫
充集贤殿修撰提举西京嵩山崇福宫上柱国河内郡 司马光 奉敕编集
开国侯食邑二千八百户食实封六百户赐紫金鱼袋臣

后学天台胡三省音注

晋纪三十一 强圉作噩（丁酉），一年。

安皇帝甲 讳德宗，字德宗，孝武帝长子也。谥法：好和不争曰安；又曰：生而少断曰安。帝即位后，桓玄篡夺，刘裕反正，南征北召〔伐〕事多，而中原亦多事。通鉴所书凡十卷，故以十干书卷数。

隆安元年（丁酉、三九七）

1春，正月，己亥朔，帝加元服，改元。以左仆射王珣为尚书令；领军将军王国宝为左仆射，领选；领选者，领吏部选。选，须恋翻。仍加后将军、丹杨尹。会稽王道子悉以东宫兵配国宝，使领之。会，工外翻。

2燕范阳王德求救于秦，秦兵不出，邺中恟惧。恟，许洪翻。贺赖卢自以魏王珪之舅，不受东平公仪节度，由是与仪有隙。仪司马丁建阴与德通，从而构间之，间，古苋翻。射书入城中言其状。射，而亦翻。甲辰，风霾，昼晦，霾，谟皆翻；风雨土曰霾。赖卢营有火，建言于仪曰："赖卢烧营为变矣。"仪以为然，引兵退；赖卢闻之，亦退；建帅其众诣德降，帅，读曰率。降，户江翻。且言仪师老可击。德遣桂阳王镇、南安王青帅骑七千追击魏军，大破之。师克在和，将帅不和，败之本也。

燕主宝使左卫将军慕舆腾攻博陵，杀魏所置守宰。

王建等攻信都，六十馀日不下，士卒多死。庚申，魏王珪自攻信都。壬戌夜，燕宜都王凤逾城奔中山。凤知珪至，胆破而走。癸亥，信都降魏。

3 凉王光以西秦王乾归数反覆，谓乾归既称藩于光而悔之也。数，所角翻。举兵伐之。乾归群下请东奔成纪以避之，成纪县，自汉以来属天水郡，治小坑川；唐并显亲县入成纪县，移成纪县治显亲川。乾归曰："军之胜败，在于巧拙，不在众寡。光兵虽众而无法，其弟延勇而无谋，不足惮也。且其精兵尽在延所，延败，光自走矣。"光军于长最，遣太原公纂等帅步骑三万攻金城；乾归帅众二万救之，未至，纂等拔金城。光又遣其将梁恭等以甲卒万馀出阳武下峡，阳武下峡在高平西，河水所经也。将，即亮翻。与秦州刺史没弈干攻其东，天水公延以枹罕之众攻临洮、武始、河关，皆克之。临洮县，汉属陇西郡，惠帝分属狄道郡。武始郡，故狄道县地。河关县，前汉属金城郡，后汉属陇西郡，晋属狄道郡。枹，音肤。洮，土刀翻。乾归使人绐延云：绐，待亥翻。"乾归众溃，奔成纪。"延欲引轻骑追之，司马耿稚谏曰："乾归勇略过人，安肯望风自溃！前破王广、杨定，皆羸师以诱之。破杨定，见上卷孝武太元十九年。太元十一年，王广为鲜卑匹兰所执，送于后秦；此时乾归未统国事也。乾归破广当在乞伏国仁之时。稚，直利翻。羸，伦为翻。今告者视高色动，殆必有奸，宜整陈而前，使步骑相属，陈，读曰阵。属，之欲翻。俟诸军毕集，然后击之，无不克矣。"延不从，进，与乾归遇，延战死。稚与将军姜显收散卒，还屯枹罕。光亦引兵还姑臧。

4 秃发乌孤自称大都督、大将军、大单于、西平王，单，音蝉。大赦，改元太初。治兵广武，攻凉金城，克之。凉王光遣将军窦苟伐之，战于街亭，凉兵大败。

5 燕主宝闻魏王珪攻信都，出屯深泽，深泽县，前汉属涿郡，后汉属安平国，晋属博陵郡。宋白曰：深泽县以界内水泽深广为名。遣赵王麟攻杨城，郡国志：中山蒲阴县有杨城。杀守兵三百。宝悉出珍宝及宫人募郡国群盗以击魏。

二月，己巳朔，珪还屯杨城。没根兄子丑提为并州监军，闻其叔父降燕，惧诛，帅所部兵还国【张："国"作"县"。】作乱。监，工衔翻。降，户江翻。帅，读曰率；下同。珪欲北还，遣其国相涉延求和于燕，且请以其弟为质。相，息亮翻。质，音致。宝闻魏有内难，不许，兵法曰：知彼知己，百战不殆。慕容宝徒欲乘拓跋珪之有内衅而困之，而不知己之才略不足办也。难，乃旦翻。使冗从仆射兰真责珪负恩，冗，而陇翻。从，才用翻。悉发其众步卒十二万、骑三万七千屯于曲阳之柏肆，此赵国之下曲阳县也。有柏肆坞。隋开皇十六年置柏肆县，后废入常山稾城县。魏书帝纪作"钜鹿之柏肆坞"。按地形志：钜鹿郡治曲阳。营于滹沱水北以邀之。滹，音呼。沱，徒河翻。丁丑，魏军至，营于水南。宝潜师夜济，募勇敢万馀人袭魏营，宝陈于营北以为之援。陈，读曰阵；下同。募兵因风纵火，急击魏军，魏军大乱，珪惊起，弃营跣走；燕将军乞特真帅百馀人至其帐下，得珪衣靴。靴，许戈翻。既而募兵无故自惊，互相斫射，射，而亦翻。珪于营外望见之，乃击鼓收众，左右及中军将士稍稍来集，多布火炬于营外，纵骑冲之。募兵大败，敌出其不意，故走；见敌之不整，乃还战；善用兵者固观变而动也。还赴宝陈，宝引兵复渡水北。戊寅，魏整众而至，与燕相持，燕军夺气。宝引还中山，魏兵随而击之，燕兵屡败。宝惧，弃大军，帅骑二万奔还，时大风雪，冻死者相枕。枕，职任翻。宝恐为魏军所及，命士卒皆弃袍仗、兵器数十万，寸刃不返，燕之朝臣将卒降魏及为魏所系虏者甚众。朝，直遥翻。将，即亮翻。降，户江翻。

先是，张衮尝为魏王珪言燕秘书监崔逞之材，据张衮传，衮未尝与逞相识也，闻其才而称之。先，悉荐翻。珪得之，甚喜，以逞为尚书，使录三十六曹，汉光武分尚书为六曹，置郎三十四人，并左、右丞为三十六人。至魏，尚书郎有殿中、吏部、驾部、金部、虞曹、比部、南主客、祠部、度支、库部、农部、水部、仪曹、三公、仓部、民曹、二千石、中兵、外兵、都兵、别兵、考功、定课，凡二十三郎。明帝青龙二年，置都官、骑兵，合二十五郎。晋武帝罢农部、定课，置直事、殿中、祠部、仪曹、吏部、三公、比部、金部、仓部、度支、都官、二千石、左民、右民、虞曹、屯田、起部、水部、左·右主客、驾部、车部、库部、左·右中兵、左·右外兵、别兵、都兵、骑兵、左·右士、北主客、南主客、凡三十四曹。后又置运曹，凡三十五曹；置郎二十三人，更相统摄。今魏又增为三十六曹。任以政事。

魏军士有自柏肆亡归者，言大军败散，不知王处。道过晋阳，晋阳守将封真因起兵攻并州刺史曲阳侯素延，素延击斩之。

南安公顺守云中，闻之，欲自摄国事。幢将代人莫题曰："此大事，不可轻尔，宜审待后问，不然，为祸不细。"顺乃止。顺，什翼犍【章："犍"，十二行本作"楗"；乙十一行本同；孔本同。】之孙也。幢，直江翻。将，即亮翻。犍，居言翻。贺兰部帅附力眷、纥邻部帅匿物尼、纥奚部帅叱奴根皆举兵反，纥，户骨翻。帅，所类翻。顺讨之，不克。珪遣安远将军庾岳帅万骑还讨三部，皆平之，国人乃安。

珪欲抚慰新附，深悔参合之诛，事见上卷孝武帝太元二十年，珪以燕人惩参合之祸，苦战不下，故深悔之。素延坐讨反者杀戮过多，免官；以奚牧为并州刺史。牧与东秦主兴书称"顿首"，与之均礼。时乞伏氏建国陇西，号秦，故史书姚秦为东秦以别之。兴怒，以告珪，珪为之杀牧。为，于伪翻。

己卯夜，燕尚书郎慕舆皓谋弑燕主宝，立赵王麟；不克，斩关出奔魏，麟由是不自安。为麟奔西山张本。

6 三月，燕以仪同三司武乡张崇为司空。石勒分上党置武乡郡及武乡县，唐辽州榆社县即其地。

7 初，燕清河王会闻魏军东下，表求赴难，难，乃旦翻。燕主宝许之。会初无去意，初无去龙城之意也。使征南将军库傉官伟、建威将军馀崇将兵五千为前锋。崇，嵩之子也。馀嵩见上卷孝武帝太元二十一年。傉，奴沃翻。伟等顿卢龙近百日，辽东新昌县有卢龙山，唐为平州卢龙县，慕容令所谓守肥如之险，即其地也。此辽东新昌，后人置于汉辽西郡界，非汉旧郡县地也。近，其靳翻。无食，啖马牛且尽；会不发。宝怒，累诏切责；会不得已，以治行简练为名，复留月馀。治，直之翻。复，扶又翻。时道路不通，伟欲使轻军前行通道，侦魏强弱，且张声势；侦，丑郑翻。诸将皆畏避不欲行。馀崇奋曰："今巨寇滔天，京都危逼，京都，谓中山。匹夫犹思致命以救君父，诸君荷国宠任，而更惜生乎！荷，下可翻。若社稷倾覆，臣节不立，死有馀辱；诸君安居于此，崇请当之。"伟喜，简给步骑五百人。崇进至渔阳，遇魏千馀骑。崇谓其众曰："彼众我寡，不击则不得免。"乃鼓噪直进，崇手杀十馀人。魏骑溃去，崇亦引还，斩首获生，具言敌中阔狭，众心稍振。会乃上道徐进，上，时掌翻。是月，始达蓟城。蓟，音计。

魏围中山既久，城中将士皆思出战。征北大将军隆言于宝曰："涉珪虽屡获小利，然顿兵经年，涉岁为经年。去年十一月，魏攻中山。凶势沮屈，沮，在吕翻。士马死伤太半，人心思归，诸部离解，谓贺兰、纥邻、纥奚三部。正是可破之时也。加之举城思奋，若因我之锐，乘彼之衰，往无不克。如其持重不决，将卒气丧，将，即亮翻。丧，息浪翻。日益困逼，事久变生，后虽欲用之，不可得也！"宝然之。而卫大将军麟每沮其议，麟有异志，故沮隆议。隆成列而罢者，前后数四。

宝使人请于魏王珪，欲还其弟觚，觚留燕事见一百七卷孝武太元十六年。割常山以西皆与魏以求和；常山以西，并州之地也。珪许之；既而宝悔之。己酉，珪如卢奴，魏书地形志：中山郡治卢奴。郦道元曰：卢奴城内西北隅，有水，渊而不流，南北一百步，东西百馀步；水色正黑曰卢，不流曰奴，故城以此得名。辛亥，复围中山。杜佑曰：后燕都中山，今博陵郡唐昌县。唐昌本汉苦陉县，章帝改汉昌，曹魏改魏昌，隋改隋昌，唐武德中改唐昌。复，扶又翻。燕将士数千人俱自请于宝曰："今坐守穷城，终于困弊，臣等愿得一出乐战，士皆赴死愿战，为乐战也。乐，音洛。而陛下每抑之，此为坐自摧败也。且受围历时，无他奇变，徒望积久寇贼自退。今内外之势，强弱悬绝，彼必不自退明矣，宜从众一决。"宝许之。隆退而勒兵，召诸参佐谓之曰："皇威不振，寇贼内侮，臣子同耻，义不顾生。今幸而破贼，吉还固善；若其不幸，亦使吾志节获展。卿等有北见吾母者，为吾道此情也！"隆初镇龙城，与母俱北；及垂召隆伐魏，其母留龙城。为，于伪翻。乃被甲上马，诣门俟命。麟复固止宝，被，皮义翻。复，扶又翻。众大忿恨，隆涕泣而还。还，从宣翻，又如字；下同。

是夜，麟以兵劫左卫将军北地王精，使帅禁兵弑宝。帅，读曰率。精以义拒之，麟怒，杀精，出奔西山，依丁零馀众。中山西北二百里有狼山，自狼山而西，南连常山，山谷深险，汉末黑山张燕、五代孙方简兄弟皆依阻其地。丁零馀众，翟真之党也，为燕所败，退聚西山。西山，曲阳之西山也。于是城中人情震骇。

宝不知麟所之，之，往也。以清河王会军在近，恐麟夺会军，先据龙城，乃召隆及骠骑大将军农，骠，匹妙翻。骑，奇寄翻。谋去中山，走保龙城。隆曰："先帝栉风沐雨以成中兴之业，崩未期年而天下大坏，岂得不谓之孤负邪！今外寇方盛而内难复起，难，乃旦翻。复，扶又翻；下复朝同。骨肉乖离，百姓疑惧，诚不可以拒敌，北迁旧都，亦事之宜。然龙川地狭民贫，龙川即谓和龙之地。若以中国之意取足其中，复朝夕望有大功，此必不可。若节用爱民，务农训兵，数年之中，公私充实，而赵、魏之间，厌苦寇暴，民思燕德，庶几返旆，克复故业。几，居希翻。如其未能，则凭险自固，犹足以优游养锐耳。”宝曰：“卿言尽理，朕一从卿意耳。”隆策固善，其如运命何！兵家因败为成，隆之智不足以及此也。使宝始终一从隆之说，犹可以免兰汗之祸。

辽东高抚，善卜筮，素为隆所信厚，私谓隆曰：“殿下北行，终不能达，太妃亦不可得见。若使主上独往，殿下潜留于此，必有大功。”隆曰：“国有大难，难，乃旦翻。主上蒙尘，且老母在北，吾得北首而死，犹无所恨。卿是何言也！”首，式救翻。乃遍召僚佐，问其去留，唯司马鲁恭、参军成岌愿从，从，才用翻。馀皆欲留，隆并听之。

农部将谷会归说农曰：说，输芮翻。“城中之人，皆涉珪参合所杀者父兄子弟，泣血踊跃，欲与魏战，而为卫军所抑。慕容麟为卫大将军，故称之为卫军。今闻主上当北迁，皆曰：‘得慕容氏一人奉而立之，以与魏战，死无所恨。’大王幸而留此，以副众望，击退魏军，抚宁畿甸，奉迎大驾，亦不失为忠臣也。”农欲杀归而惜其材力，谓之曰：“必如此以望生，不如就死！”农、隆皆号为有智略，而所见类如此。天之废燕，智者失其智矣。

壬子，夜，宝与太子策、辽西王农、高阳王隆、长乐王盛等万馀骑出赴会军，河间王熙、勃海王朗、博陵王鉴皆幼，不能出城，隆还入迎之，自为鞁乘，鞁，平义翻。说文曰：车驾具。俱得免。燕将王【严：“王”改“李”。】沈等降魏。沈，持林翻。乐浪王惠、中书侍郎韩范、员外郎段宏、太史令刘起等帅工伎三百奔邺。乐浪，音洛琅。帅，读曰率。伎，渠绮翻。

中山城中无主，百姓惶惑，东门不闭。魏王珪欲夜入城，冠军将军王建志在虏掠，乃言恐士卒盗府库物，请俟明旦，珪乃止。燕开封公详从宝不成，【章：十二行本“成”作“及”；乙十一行本同；孔本同；张校同；退斋校同。】城中立以为主，闭门拒守；珪尽众攻之，连日不拔。使人登巢车，杜预曰：巢车，车上为橹。陆德明曰：兵车高如巢以望敌也。杜佑曰：以八轮车上树高竿，竿上安辘轳，以绳挽板屋上竿首，以窥城中。板屋方四尺，高五尺，有十二孔，四面别布车，可进退，圜城而行，于营中远视，如鸟之巢，亦谓之巢车。临城谕之曰：“慕容宝已弃汝走，汝曹百姓空自取死，欲谁为乎？”为，于伪翻。皆曰：“群小无知，恐复如参合之众，复，扶又翻；下复出同。故苟延旬月之命耳。”珪顾王建而唾其面，唾，土贺翻。王建既鼓成参合之诛，又沮止珪乘夜入中山，失计者再，故唾其面。使中领将军长孙肥、左将军李栗将三千骑追宝至范阳，不及，破其新城戍而还。前汉志：中山国有北新城县。郡国志：涿郡有北新城县，晋省。水经注新城县在武遂县南，燕督亢之地也。

8 甲寅，尊皇太后李氏为太皇太后。戊午，立皇后王氏。

9 燕主宝出中山，与赵王麟遇于阱城。考之字书，无“阱”字，有“阱”字；疾郢翻。麟不意宝至，惊骇，帅其众奔蒲阴，蒲阴县，属中山郡，前汉之曲逆县也，后汉章帝丑其名，改曰蒲阴。帅，读曰率；下同。复出屯望都，复，扶又翻。土人颇供给之。慕容详遣兵掩击麟，获其妻子，麟脱走，入山中。

甲寅，宝至蓟，殿中亲近散亡略尽，惟高阳王隆所领数百骑为宿卫。清河王会帅骑卒二万迎于蓟南，宝怪会容止怏怏有恨色，恨不得为嗣也，事见上卷孝武帝太元二十一年。怏，于两翻。密告隆及辽西王农。农、隆俱曰：“会年少，少，诗照翻。专任方面，习骄所致，岂有他也！臣等当以礼责之。”宝虽从之，然犹诏解会兵以属隆，隆固辞；乃减会兵分给农、隆。又遣西河公库傉官骥帅兵三千助守中山。傉，奴沃翻。

丙辰，宝尽徙蓟中府库北趣龙城。趣，七喻翻。魏石河头引兵追之，戊午，及宝于夏谦泽。石河头时屯渔阳。夏谦泽在蓟北二百馀里。宝不欲战，清河王会曰："臣抚教士卒，惟敌是求。今大驾蒙尘，人思效命，而虏敢自送，众心忿愤。兵法曰：'归师勿遏。'又曰：'置之死地而后生。'孙武子之言。今我皆得之，何患不克！若其舍去，贼必乘人，或生馀变。"宝乃从之。会整陈与魏兵战，陈，读曰阵。农、隆等将南来骑冲之，魏兵大败，追奔百馀里，斩首数千级。隆又独追数十里而还，谓故吏留台治书阳璆曰：留台治书，为留台治书侍御史也。燕建留台于龙城，见一百七卷孝武太元十四年。隆时录留台，故璆为故吏。璆，渠幽翻。"中山城中积兵数万，不得展吾意，今日之捷，令人遗恨。"因慷慨流涕。

会既败魏兵，败，补迈翻。矜很滋甚；隆屡训责之，会益忿恚。很，户垦翻。恚，於避翻。会以农、隆皆尝镇龙城，孝武太元十年，农镇龙城；十四年，隆代农。属尊位重，名望素出己右，恐至龙城，权政不复在己，复，扶又翻。又知终无为嗣之望，以宝违垂命，立策为太子也。乃谋作乱。

幽、平【严："平"改"并"。】之兵皆怀会恩，不乐属二王，乐，音洛。请于宝曰："清河王勇略高世，臣等与之誓同生死，愿陛下与皇太子、诸王留蓟宫，臣等从王南解京师之围，还迎大驾。"宝左右皆恶会，恶，乌路翻。言于宝曰："清河王不得为太子，神色甚不平。且其才武过人，善收人心；陛下若从众请，臣恐解围之后，必有卫辄之事。"卫灵公世子蒯聩出奔，灵公立其子辄。灵公卒，辄立，蒯聩复入，辄拒而不纳。宝乃谓众曰："道通年少，会，字道通。少，诗照翻。才不及二王，二王，谓农、隆。岂可当专征之任！且朕方自统六师，杖会以为羽翼，何可离左右也！"离，力智翻。众不悦而退。

左右劝宝杀会。侍御史仇尼归闻之，告会曰："大王所恃者父，父已异图；所杖者兵，兵已去手；欲于何所自容乎！不如诛二王，废太子，大王自处东宫，处，昌吕翻。兼将相之任，将，即亮翻。相，息亮翻。以匡复社稷，此上策也。"会犹豫未许。

宝谓农、隆曰："观道通志趣，必反无疑，宜早除之。"农、隆曰："今寇敌内侮，中土纷纭，社稷之危，有如累卵。会镇抚旧都，远赴国难，难，乃旦翻。其威名之重，足以震动四邻。逆状未彰而遽杀之，岂徒伤父子之恩，亦恐大损威望。"宝曰："会逆志已成，卿等慈恕，不忍早杀，恐一旦为变，必先害诸父，然后及吾，至时勿悔自负也！"会闻之，益惧。

夏，四月，癸酉，宝宿广都黄榆谷，魏收地形志：广都县，属建德郡，在汉北平白狼县界，隋省入辽西柳城县。会遣其党仇尼归、吴提染干帅壮士二十馀人帅，读曰率；下同。分道袭农、隆，杀隆于帐下；农被重创，被，皮义翻。创，初良翻。执仇尼归，逃入山中。会以仇尼归被执，事终显发，乃夜诣宝曰："农、隆谋逆，臣已除之。"宝欲讨会，阳为好言以安之曰："吾固疑二王久矣，除之甚善。"

甲戌，旦，会立仗严备，乃引道。会欲弃隆丧，馀崇涕泣固请，乃听载随军。农出，自归，宝呵之曰："何以自负邪？"宝阳责农而以前言相擿发。命执之。行十馀里，宝顾召群臣食，且议农罪。会就坐，坐，徂卧翻。宝目卫军将军慕舆腾使斩会，伤其首，不能杀。会走赴其军，勒兵攻宝。宝帅数百骑驰二百里，晡时，至龙城。会遣骑追至石城，不及。石城县，汉属北平郡，后魏属建德郡，隋并入柳城县。

乙亥，会遣仇尼归攻龙城，宝夜遣兵袭击，破之。会遣使请诛左右佞臣，并求为太子；使，疏吏翻。宝不许。会尽收乘舆器服，以后宫分给将帅，乘，绳证翻。将，即亮翻。帅，所类翻。署置百官，自称皇太子、录尚书事，引兵向龙城，以讨慕舆腾为名；丙子，顿兵城下。宝临西门，会乘马遥与宝语，宝责让之。会命军士向宝大噪以耀威，城中将士皆愤怒，向暮出战，大破之。会兵死伤太半，走还营。侍御郎高云夜帅敢死士百馀人袭会军，宝之为太子，云以武艺给事侍东宫，拜侍御郎。会众皆溃。会将十馀骑奔中山，开封公详杀之。宝杀会母及其三子。

丁丑，宝大赦，凡与会同谋者，皆除罪，复旧职；论功行赏，拜将军、封侯者数百人。辽西王农骨破见脑，宝手自裹创，创，初良翻。仅而获济。以农为左仆射，寻拜司空、领尚书令。馀崇出自归，宝嘉其忠，拜中坚将军，使典宿卫。赠高阳王隆司徒，谥曰康。

宝以高云为建威将军，封夕阳公，养以为子。云，高句丽之支属也，高句丽自云高阳氏之后裔，故以高为氏。句，如字，又音驹。丽，力知翻。燕王皝破高句丽，徙于青山，破高句丽见九十七卷成帝咸康八年。青山，辽西徒河县之青山也。由是世为燕臣。云沈厚寡言，沈，持林翻。时人莫知，惟中卫将军长乐冯跋魏收曰：汉高帝置信都郡，景帝二年，为广川国，明帝更名乐成国，安帝改为安平国，晋改为长乐郡。考之晋志，有安平而无长乐，不知何时更名也。乐，音洛。奇其志度，与之为友。高云、冯跋事始见于此，为后得燕张本。跋父和，事西燕主永为将军，永败，徙和龙。

10 仆射王国宝、建威将军王绪依附会稽王道子，会，工外翻。纳贿穷奢，不知纪极。恶王恭、殷仲堪，恶，乌路翻。劝道子裁损其兵权；中外恟恟不安。恟，许拱翻。恭等各缮甲勒兵，表请北伐；道子疑之，诏以盛夏妨农，悉使解严。

恭遣使与仲堪谋讨国宝等。遣使，疏吏翻。桓玄以仕不得志，欲假仲堪兵势以作乱，玄仕不得志，事见孝武太元十七年。乃说仲堪曰："国宝与君诸人素已为对，事始一百七卷孝武太元十五年。对，敌也。说，输芮翻；下同。唯患相毙之不速耳。今既执大权，与王绪相表里，其所回易，无不如志；孝伯居元舅之地，必未敢害之。王恭字孝伯，孝武王皇后之兄弟也。君为先帝所拔，超居方任，人情皆以君为虽有思致，非方伯才。亦见太元十五年。思，相吏翻。彼若发诏征君为中书令，用殷觊为荆州，南蛮校尉资次可为荆州，故云。觊，音冀。君何以处之？"处，昌吕翻。仲堪曰："忧之久矣，计将安出？"玄曰："孝伯疾恶深至，君宜潜与之约，兴晋阳之甲以除君侧之恶，春秋公羊传曰：赵鞅兴晋阳之甲，以除君侧之恶。东西齐举，江陵在西，京口在东，故曰东西齐举也。玄虽不肖，愿帅荆、楚豪杰，荷戈先驱，帅，读曰率。荷，下可翻。此桓、文之勋也。"

仲堪心然之，乃外结雍州刺史郗恢，雍，于用翻。郗，丑之翻。内与从兄南蛮校尉觊、南郡相陈留江绩谋之。从，才用翻。南蛮府，南郡相，与荆州刺史府同治江陵。觊曰："人臣当各守职分，朝廷是非，岂藩屏之所制也！分，扶问翻。屏，必郢翻。晋阳之事，不敢预闻。"仲堪固邀之，觊怒曰："吾进不敢同，退不敢异。"绩亦极言其不可。觊恐绩及祸，于坐和解之。坐，徂卧翻。绩曰："大丈夫何至以死相胁邪！江仲元行年六十，但未获死所耳！"江绩，字仲元。仲堪惮其坚正，以杨佺期代之。朝廷闻之，征绩为御史中丞。觊遂称散发，辞位，晋人多服寒食散，其药毒发或致死。今千金方中有数方。散，悉亶翻。仲堪往省之，省，悉景翻。谓觊曰："兄病殊为可忧。"觊曰："我病不过身死，汝病乃当灭门。宜深自爱，勿以我为念！"郗恢亦不肯从。仲堪疑未决，会王恭使至，使，疏吏翻。仲堪许之，恭大喜。甲戌，恭上表罪状国宝，举兵讨之。

初，孝武帝委任王珣，及帝暴崩，不及受顾命，珣一旦失势，循默而已。循默者，循常而无一言也。丁丑，王恭表至，内外戒严，道子问珣曰："二藩作逆，卿知之乎？"珣曰："朝政得失，珣弗之预，朝，直遥翻。王、殷作难，难，乃旦翻。何由可知！"王国宝惶惧，不知所为，遣数百人戍竹里，竹里，今建康府竹篆镇是其地，在行宫城东北三十许里。夜遇风雨，各散归。王绪说国宝矫相王之命召王珣、车胤杀之，以除时望，因挟君相发兵以讨二藩。国宝许之。说，输芮翻。相，息亮翻。车，尺遮翻。珣、胤至，国宝不敢害，更问计于珣。珣曰："王、殷与卿素无深怨，所竞不过势利之间耳。"国宝曰："将曹爽我乎？"谓珣如蒋济说曹爽释权，而司马懿终族之也。事见七十五卷魏邵陵厉公嘉平元年。珣曰："是何言欤！卿宁有爽之罪，王孝伯岂宣帝之俦邪？"又问计于胤，胤曰："昔桓公围寿阳，弥时乃克。见一百二卷海西公太和五年及一百三卷简文帝咸安元年。今朝廷遣军，恭必城守。若京口未拔而上流奄至，君将何以待之？"国宝尤惧，遂上疏解职，诣阙待罪；既而悔之，诈称诏复其本官。道子暗懦，欲求姑息，姑，且也。息，止也。姑息，犹言且止。乃委罪国宝，遣骠骑谘议参军谯王尚之收国宝付廷尉。洪景伯曰：谘议参军，晋江左初置，因军谘祭酒也，其位在诸参军之右。骠，匹妙翻。骑，奇寄翻。尚之，恬之子也。甲申，赐国宝死，斩绪于市，遣使诣恭，深谢愆失；恭乃罢兵还京口。国宝兄侍中恺、骠骑司马愉并请解职；道子以恺、愉与国宝异母，又素不协，皆释不问。戊子，大赦。

殷仲堪虽许王恭，犹豫不敢下；闻国宝等死，乃始抗表举兵，遣杨佺期屯巴陵。沈约曰：巴陵县，晋武太康元年置，属长沙。郦道元曰：湘水北至巴丘山入江，山在右岸，有巴陵故城，本吴之巴丘邸阁；晋立巴陵县，后置建昌郡。道子以书止之，仲堪乃还。

会稽世子元显，年十六，有俊才，为侍中，说道子以王、殷终必为患，请潜为之备。说，输芮翻。道子乃拜元显征虏将军，以其卫府及徐州文武悉配之。为元显讨王、殷张本。

11 魏王珪以军食不给，命东平公仪去邺，徙屯钜鹿，积租杨城。慕容详出步卒六千人，伺间袭魏诸屯；伺，相吏翻。间，古苋翻。珪击破之，斩首五千，生擒七百人，皆纵之。纵之，所以携中山城中之人心。

12 初，张掖卢水胡沮渠罗仇，匈奴沮渠王之后也，卢水胡分居安定、张掖，史各以其所居郡系之。沮，子余翻。北史曰：沮渠世居张掖临松卢水。世为部帅。帅，所类翻。凉王光以罗仇为尚书，从光伐西秦。及吕延败死，罗仇弟三河太守麹粥谓罗仇曰：吕光得凉州，自号三河王，此郡盖光置也。贤曰：三河，谓金城河、赐支河、湟河，此郡当置于汉张掖、金城郡界。“主上荒耄信谗，今军败将死，将，即亮翻。正其猜忌智勇之时也。吾兄弟必不见容，与其死而无名，不若勒兵向西平，出苕藋，河西张氏置西平郡，唐为鄯州之地。苕藋，地名，在汉张掖郡番禾县界。藋，徒吊翻。番，如淳音盘。奋臂一呼，呼，火故翻。凉州不足定也。”罗仇曰：“诚如汝言。然吾家世以忠孝著于西土，宁使人负我，我不忍负人也。”光果听谗，以败军之罪杀罗仇及麹粥。罗仇弟子蒙逊，雄杰有策略，涉猎书史，以罗仇、麹粥之丧归葬；诸部多其族姻，会葬者凡万馀人。蒙逊哭谓众曰：“吕王昏荒无道，多杀不辜。吾之上世，虎视河西，蒙逊之先，世为匈奴左沮渠。河西，匈奴左地也。世居卢水为酋豪，其高曾皆雄健有勇名。今欲与诸部雪二父之耻，复上世之业，何如?”众咸称万岁。遂结盟起兵，攻凉临松郡，拔之，临松郡，张天锡置，后周废入张掖郡张掖县。屯据金山。五代史志，张掖删丹县有金山。沮渠蒙逊事始此。

13 司徒左长史王廞，导之孙也，廞，许金翻。以母丧居吴。王恭之讨王国宝也，版廞行吴国内史，以白版授官，非朝命也。使起兵于东方。三吴皆在建康之东。廞使前吴国内史虞啸父等入吴兴、义兴召募兵众，父，音甫。赴者万计。未几，国宝死，几，居岂翻。恭罢兵，符廞去职，反丧服。廞以起兵之际，诛异己者颇多，势不得止，遂大怒，不承恭命，使其子泰将兵伐恭，笺于会稽王道子，称恭罪恶；将，即亮翻。会，工外翻。道子以其笺送恭。五月，恭遣司马刘牢之帅五千人击泰，斩之。帅，读曰率。又与廞战于曲阿，众溃，廞单骑走，不知所在。骑，奇寄翻。收虞啸父下廷尉，以其祖潭有功，虞潭有讨苏峻之功。下，遐嫁翻。免为庶人。

14 燕库傉官骥入中山，与开封公详相攻。慕容宝遣骥助守中山，因与详相攻。傉，奴沃翻。详杀骥，尽灭库傉官氏；又杀中山尹苻谟，夷其族。中山城无定主，民恐魏兵乘之，男女结盟，人自为战。使慕容农、慕容隆留中山而用之，未可知也。

甲辰，魏王珪罢中山之围，就谷河间，督诸郡义租。甲寅，以东平公仪为骠骑大将军、都督中外诸军事、兖·豫·雍·荆·徐·扬六州牧、左丞相，封卫王。骠，匹妙翻。骑，奇寄翻。雍，于用翻。

慕容详自谓能却魏兵，威德已振，乃即皇帝位，改元建始，置百官。以新平公可足浑潭为车骑大将军、尚书令，“潭”，当作“谭”。杀拓跋觚以固众心。觚先使燕，为燕所留，珪之弟也。

邺中官属劝范阳王德称尊号，会有自龙城来者，知燕主宝犹存，乃止。

15 凉王光遣太原公纂将兵击沮渠蒙逊于忽谷，破之。忽谷，当在删丹县界。蒙逊逃入山中。

蒙逊从兄男成为凉将军，从，才用翻。闻蒙逊起兵，亦合众数千屯乐涫。乐涫县，汉属酒泉郡，后周废入福禄县。涫，姑欢翻，又古玩翻。酒泉太守垒澄讨男成，兵败，澄死。垒，姓；澄，名。

男成进攻建康，遣使说建康太守段业曰：说，输芮翻。“吕氏政衰，权臣擅命，刑杀无常，人无容处。一州之地，处，昌吕翻。叛者相望，瓦解之形昭然在目，百姓嗷然无所依附。府君奈何以盖世之才，欲立忠于垂亡之国！男成等既唱大义，欲屈府君抚临鄙州，使涂炭之馀，蒙来苏之惠，书曰：徯我后，后来其苏。何如？”业不从。相持二旬，外救不至，郡人高逵、史惠等劝业从男成之请。业素与凉侍中房晷、仆射王详不平，惧不自安，乃许之。男成等推业为大都督、龙骧大将军、凉州牧、建康公，骧，思将翻。改元神玺。玺，斯氏翻。以男成为辅国将军，委以军国之任。蒙逊帅众归业，帅，读曰率。业以蒙逊为镇西将军。光命太原公纂将兵讨业，不克。将，即亮翻。

16 六月，西秦王乾归征北河州刺史彭奚念为镇卫将军；以镇西将军屋弘破光为河州牧；“屋弘”，当作“屋引”。魏书官氏志，内入诸姓有屋引氏，后改为房氏。张骏分兴晋、金城、武始、南安、永晋、大夏、武成、汉中为河州。北河州，乞伏氏所置也，治枹罕。镇卫将军，刘聪所置。定州刺史翟瑥为兴晋太守，镇枹罕。张茂分武兴、金城、西平、安故为定州。兴晋郡亦张氏置。枹罕县，汉属金城郡，后汉属陇西郡，后又分属西平郡，张骏分属晋兴郡，后又分置兴晋郡。瑥，音温。枹，音肤。

17 秋，七月，慕容详杀可足浑潭。详嗜酒奢淫，不恤士民，刑杀无度，所诛王公以下五百馀人，群下离心。城中饥窘，详不听民出采稆，稆，音吕。禾不布种而自生曰稆。死者相枕，枕，职任翻。举城皆谋迎赵王麟。详遣辅国将军张骧帅五千馀人督租于常山，骧，思将翻。帅，读曰率。麟自丁零入骧军，潜袭中山，城门不闭，执详，斩之。麟遂称尊号，听人四出采稆。人既饱，求与魏战，麟不从，稍复穷馁。复，扶又翻。魏王珪军鲁口，遣长孙肥帅骑七千袭中山，入其郛；麟追至泒水，泒水，在中山新市县。舆地志云：卢奴城北临滱水，面泒河。泒，攻乎翻。为魏所败而还。败，补迈翻。还，从宣翻，又如字；下同。

八月，丙寅朔，魏王珪徙军常山之九门。常山郡有九门县。军中大疫，人畜多死，将士皆思归。珪问疫于诸将，对曰："在者才什四、五。"珪曰："此固天命，将若之何！四海之民，皆可为国，在吾所以御之耳，何患无民！"群臣乃不敢言。遣抚军大将军略阳公遵袭中山，入其郛而还。

18 燕以辽西王农为都督中外诸军事、大司马、录尚书事。

19 凉散骑常侍、太常西平郭麐，善天文数术，散，悉亶翻。骑，奇寄翻。麐，奴昆翻。国人信重之。会荧惑守东井，麐谓仆射王详曰："凉之分野，将有大兵。分，扶问翻。主上老病，太子暗弱，太原公凶悍，悍，下罕翻，又侯旰翻。一旦不讳，祸乱必起。吾二人久居内要，彼常切齿，将为诛首矣。田胡王乞基部落最强，田胡，胡之一种也。二苑之人，多其旧众。吾欲与公举大事，推乞基为主，二苑之众，尽我有也。凉州治姑臧，有东、西苑城。得城之后，徐更议之。"详从之。麐夜以二苑之众烧洪范门，使详为内应；事泄，详被诛，被，皮义翻。麐遂据东苑以叛。民间皆言圣人举兵，事无不成，从之者甚众。

凉王光召太原公纂使讨麐。纂将还，诸将皆曰："段业必蹑军后，宜潜师夜发。"纂曰："业无雄才，凭城自守；若潜师夜去，适足张其气势耳。"张，知亮翻。乃遣使告业曰："郭麐作乱，吾今还都；都谓姑臧。使，疏吏翻。卿能决者，可早出战。"于是引还。业不敢出。

纂司马杨统谓其从兄桓曰：从，才用翻。"郭麐举事，必不虚发。吾欲杀纂，推兄为主，西袭吕弘，据张掖，号令诸郡，此千载一时也。"桓怒曰："吾为吕氏臣，安享其禄，危不能救，岂可复增其难乎！复，扶又翻。难，乃旦翻。吕氏若亡，吾为弘演矣！”春秋卫懿公与狄人战于荧泽，为狄人所杀，弘演纳肝以殉之。桓女配纂，其见亲异于他臣，故云然。统至番禾，遂叛归麿。番禾县，汉属张掖郡，晋属武威郡，唐天宝中，改为天宝县。番，音盘。弘，纂之弟也。

纂与西安太守石元良共击麿，大破之，乃得入姑臧。麿得光孙八人于东苑，及败而恚，恚，於避翻。悉投于锋上，枝分节解，饮其血以盟众，众皆掩目。

凉人张捷、宋生等招集戎、夏三千人，反于休屠城。夏，户雅翻。休屠县，汉属武威郡，因休屠王城以为名也；晋省县。水经注：姑臧城西有马城，东城即休屠县故城也。屠，直于翻。与麿共推凉后将军杨轨为盟主。轨，略阳氐也。将军程肇谏曰：“卿弃龙头而从蛇尾，非计也。”轨不从；自称大将军、凉州牧、西平公。

纂击破麿将王斐于城西，麿兵势渐衰，遣使请救于秃发乌孤。使，疏吏翻。九月，乌孤使其弟骠骑将军利鹿孤帅骑五千赴之。帅，读曰率。骑，奇寄翻。

20 秦太后蛇氏卒。蛇，以者翻，虏姓也，又食遮翻，又音他。秦主兴哀毁过礼，不亲庶政。群臣请依汉、魏故事，既葬即吉。尚书郎李嵩上疏曰：“孝治天下，先王之高事也。治，直之翻。宜遵圣性以光道训，既葬之后，素服临朝。”朝，直遥翻。尹纬驳曰：“嵩矫常越礼，尹纬习于闻见，反谓李嵩为矫常越礼。呜呼，自短丧之制行，人之不知礼也久矣！驳，北角翻。请付有司论罪。”兴曰：“嵩忠臣孝子，有何罪乎！其一从嵩议。”

21 鲜卑薛勃叛秦，薛勃据贰城，为魏所攻而降于秦。秦主兴自将讨之。将，即亮翻。勃败，奔没弈干，没弈干执送之。

22 秦泫氏男姚买得谋弑秦主兴，不克而死。泫，师古曰：工玄翻；杨正衡胡犬翻。

23 秦主兴入寇湖城，弘农太守陶仲山、华山太守董迈皆降之；遂至陕城，进寇上洛，拔之。置湖、陕二戍，见一百六卷孝武太元十一年。华山郡，晋分弘农之华阴、京兆之郑、冯翊之夏阳·郃阳置。上洛县，前汉属弘农，后汉属京兆；晋武帝泰始二年，分京兆南部置上洛郡。华，户化翻。陕，失冉翻。遣姚崇寇洛阳，河南太守夏侯宗之固守金墉，崇攻之不克，乃徙流民二万馀户而还。

武都氐屠飞、啖铁等据方山以叛秦，据晋书载记，时飞、铁杀陇东太守姚回，屯据方山，则方山当在陇东郡界。祝穆曰：方山在武都郡东西四十里。兴遣姚绍等讨之，斩飞、铁。

兴勤于政事，延纳善言，京兆杜瑾等皆以论事得显拔，天水姜龛等以儒学见尊礼，瑾，渠吝翻。龛，口含翻。给事黄门侍郎古成诜等以文章参机密。古成，姓也。诜，疏臻翻。诜刚介雅正，以风教为己任。京兆韦高慕阮籍之为人，居母丧，弹琴饮酒。诜闻之而泣，持剑求高，欲杀之，高惧而逃匿。

24 中山饥甚，慕容麟帅二万馀人出据新市。新市县，自汉以来属中山。刘昫曰：新市，古鲜虞子国，唐为定州新乐县。杜佑曰：唐镇州治真定县，汉新市县故城在东北。帅，读曰率。甲子晦，魏王珪进军攻之。太史令鼌崇曰："不吉。昔纣以甲子亡，谓之疾日，左传：辰在子卯，谓之疾日。杜预注云：疾，恶也。纣以甲子丧，桀以乙卯亡，故以为忌日。鼌，直遥翻。兵家忌之。"珪曰："纣以甲子亡，周武不以甲子兴乎？"崇无以对。冬，十月，丙寅，麟退阻泒水。泒，音觚。甲戌，珪与麟战于义台，大破之，据李延寿北史，义台，坞名。魏收地形志，新市县有义台城。斩首九千馀级，麟与数十骑驰取妻子入西山，遂奔邺。

甲申，魏克中山，燕公卿、尚书、将吏、士卒降者二万馀人。将，即亮翻。降，户江翻。张骧、李沈先尝降魏，复亡去，复，扶又翻。珪入城，皆赦之。得燕玺绶、图书、府库珍宝以万数，玺，斯氏翻。绶，音受。班赏群臣将士有差。追谥弟觚为秦愍王；发慕容详冢，斩其尸；收杀觚者高霸、程同，皆夷五族，五族，谓五服内亲也。以大刃剉之。

丁亥，遣三万骑就卫王仪，将攻邺。

25 秦长水校尉姚珍奔西秦，西秦王乾归以女妻之。妻，七细翻。

26 河南鲜卑吐秣等十二部大人，皆附于秃发乌孤。此金城河南也。

27 燕人有自中山至龙城者，言拓跋涉珪衰弱，司徒德完守邺城。会德表至，劝燕主宝南还，宝于是大简士马，将复取中原。遣鸿胪鲁邃册拜德为丞相、冀州牧，胪，陵如翻。南夏公侯牧守皆听承制封拜。夏，户雅翻。十一月，癸丑，燕大赦。十二月，调兵悉集，戒严在顿，调，徒吊翻。顿者，次舍之所。遣将军启仑南视形势。仑，卢昆翻。

乙亥，慕容麟至邺，复称赵王，说范阳王德曰："魏既克中山，将乘胜攻邺，邺中虽有蓄积，然城大难固，且人心恇惧，说，输芮翻。恇，去王翻。不可守也。不如南趣滑台，趣，七喻翻。阻河以待魏，伺衅而动，河北庶可复也。"时鲁阳王和镇滑台，和，垂之弟子也，亦遣使迎德；德许之。使，疏吏翻。

王崇武标点容肇祖聂崇岐覆校

资治通鉴卷第一百一十

端明殿学士兼翰林侍读学士朝散大夫右谏议大夫
充集贤殿修撰权判西京留司御史台上柱国河内郡 司马光 奉敕编集
开国侯食邑一千三百户食实封四百户赐紫金鱼袋臣

后学天台 胡三省 音注

晋纪三十二 著雍阉茂(即戊戌)，一年。

安皇帝乙

隆安二年(戊戌、三九八)

1 春，正月，燕范阳王德自邺帅户四万南徙滑台。帅，读曰率；下同。魏卫王仪入邺，收其仓库，追德至河，弗及。

赵王麟上尊号于德，上，时掌翻。德用兄垂故事，称燕王，事见一百五卷孝武太元九年。改永康三年为元年，以统府行帝制，统府者，诸方镇皆统于燕王府；行帝制者，称制以行事。置百官。以赵王麟为司空、领尚书令，慕容法为中军将军，慕舆拔为尚书左仆射，丁通为右仆射。麟复谋反，德杀之。慕容麟背父叛兄，奸诈反覆，天下其谁能容之！复，扶又翻。

2 庚子，魏王珪自中山南巡至高邑，得王永之子宪，喜曰："王景略之孙也。"以为本州中正，王猛，青州北海剧县人。太康中，分剧属东莞郡，晋东莞属徐州。晋书载记以北海剧县书之，盖猛自占汉郡县也。然家于魏郡而隐于华阴，由是归秦。其子永镇幽州，从苻丕战死于襄陵，故宪流寓高邑。今魏以为本州中正，则未得青、徐，盖使之铨叙东夏人士耳。领选曹事，兼掌门下。选曹，吏部尚书之职；门下，侍中、常侍、给事黄门之职。选，须绢翻。至邺，置行台，郑樵曰：行台自魏、晋有之，晋文王讨诸葛诞，散骑常侍裴秀、尚书仆射陈泰以行台从。东海王越帅众屯许昌，以行台自随。后魏谓之尚书大行台，别置官属。以龙骧将军日南公和跋为尚书，与左丞贾彝帅吏兵五千人镇邺。自汉光武委任尚书，事归台阁，谓尚书省曰尚书台。晋惠帝西迁长安，置留台于洛阳，主留事，于是有留台之名。至拓跋氏置行台，随其所置，掌一道之事。魏书官氏志：内入诸姓有素和氏，后改为和氏。骧，思将翻。

珪自邺还中山，将北归，发卒万人治直道，治，直之翻。自望都凿恒岭至代五百馀里。恒岭，恒山之岭也，在上曲阳西北，即倒马关路，晋书地道记谓之鸿上关。沈括曰：北岳恒山，今谓之大茂山者是也。岳祠旧在山下，石晋之后，稍迁近里，今其地谓之神棚。今祠乃在曲阳，祠北有望岳亭，新晴气清，则望见大茂。飞狐路在大茂之西，自银冶寨北出倒马关，却自石门子、令水铺，入瓶形、梅回两寨之间，至代州。然沈括所谓代州，乃雁门也。自此亦可至魏之代都，但恐非直道耳。水经注：祁夷水出平舒县东，东北流径兰亭南，又东北径石门关北，旧道出中山故关也。魏土地记：代城西九里有平舒城。此则古代城也。恒，户登翻。珪恐已既去，山东有变，复置行台于中山，复，扶又翻。命卫王仪镇之；以抚军大将军略阳公遵为尚书左仆射，镇勃海之合口。

右将军尹国督租于冀州，闻珪将北还，谋袭信都；安南将军长孙嵩执国，斩之。长，知两翻。

3 燕启伦还至龙城，去年宝遣启仑南观形势。“伦”，当作“仑”，音卢昆翻。言中山已陷；燕主宝命罢兵。辽西王农言于宝曰：“今迁都尚新，未可南征，宜因成师袭库莫奚，取其牛马以充军资，更审虚实，俟明年而议之。”宝从之。己未，北行。庚申，渡浇洛水，浇洛水，盖即饶乐水也。贤曰：水在今营州北。唐太宗时，奚内附，置饶乐都督府。会南燕王德遣侍郎李延诣宝，言“涉圭西上，西上，谓自中山取恒岭而西归云、代也。上，时掌翻。中国空虚。”延追宝及之，宝大喜，即日引还。

4 辛酉，魏王珪发中山，徙山东六州吏民杂夷十馀万口以实代。此汉高帝徙关东豪杰以实关中之策也。博陵、勃海、章武群盗并起，汉时，章武城属勃海平舒县界；晋武帝泰始元年，置章武国，后为郡；隋废，属瀛州，入平舒县。略阳公遵等讨平之。

广川太守贺赖卢，性豪健，广川县，前汉属信都国，后汉属清河郡，晋属勃海郡，后分为广川郡。守，式又翻。耻居冀州刺史王辅之下，袭辅，杀之，驱勒守兵，掠阳平、顿丘诸郡，南渡河，奔南燕。南燕王德以赖卢为并州刺史，封广宁王。

5 西秦王乾归遣乞伏益州攻凉支阳、鹯武、允吾三城，克之；支阳、允吾，皆汉古县，属金城郡；鹯武城当在二县之间。张寔分支阳属广武郡；允吾盖仍为金城郡治所。刘昫曰：唐兰州广武县，汉枝阳县；鄯州龙支县，汉允吾县。允吾，音铅牙。虏万馀人而去。

6 燕主宝还龙城宫，诏诸军就顿，顿者，军行顿舍之地。不听罢散，文武将士皆以家属随驾。驾，谓车驾，犹汉人言乘舆也。辽西王农、长乐王盛切谏，乐，音洛。以为兵疲力弱，魏新得志，未可与敌，宜且养兵观衅。宝将从之，抚军将军慕舆腾曰："百姓可与乐成，难与图始。用商鞅语意。乐，音洛。今师众已集，宜独决圣心，乘机进取，不宜广采异同以沮大计。"沮，在吕翻。宝乃曰："吾计决矣，敢谏者斩！"二月，乙亥，宝出就顿，留盛统后事。己卯，燕军发龙城，慕舆腾为前军，司空农为中军，宝为后军，相去各一顿，观下文连营百里，盖三十里为一顿。连营百里。

壬午，宝至乙连，长上段速骨、宋赤眉等因众心之惮征役，遂作乱。凡卫兵皆更番迭上；长上者，不番代也。唐官制，怀化执戟长上，归德执戟长上，皆武散阶，九品。长上之官尚矣。上，时掌翻。速骨等皆高阳王隆旧队，共逼隆子高阳王崇为主，杀乐浪威王宙、中牟熙公段谊及宗室诸王。乐浪，音洛琅。河间王熙素与崇善，崇拥佑之，故独得免。燕主宝将十馀骑奔司空农营，农将出迎，左右抱其腰，止之曰："宜小清澄，言众方乱，如水之溷浊；宜少俟其定，如水之清澄，不可轻出也。不可便出。"农引刀将斫之，遂出见宝，又驰信追慕舆腾。癸未，宝、农引兵还趣大营，大营，谓宝营也。讨速骨等。农营兵亦厌征役，皆弃仗走，以佚道使民，虽劳不怨；以生道杀民，虽死不怨杀者；违是，鲜有不败者也。腾营亦溃。宝、农奔还龙城。长乐王盛闻乱，引兵出迎，宝、农仅而得免。

7 会稽王道子忌王、殷之逼，会，工外翻。以谯王尚之及弟休之有才略，引为腹心。尚之说道子曰："今方镇强盛，宰相权轻，宜密树腹心于外以自藩卫。"道子从之，以其司马王愉为江州刺史，都督江州及豫州之四郡军事，用为形援，日夜与尚之谋议，以伺四方之隙。为庾楷说王、殷复举兵张本。说，输芮翻。伺，相吏翻。

8 魏王珪如繁畤宫，繁畤县，属雁门郡，魏筑宫于此。天平初，置繁畤郡，隋复为县，唐属代州。畤，音止。给新徙民田及牛。

珪畋于白登山，郦道元曰：今平城东十七里有台，即白登台，台南对冈阜，即白登山。见熊将数子，师古曰：将，谓率领也，读如字。谓冠军将军于栗磾曰：冠，古玩翻。磾，丁奚翻。"卿名勇健，能搏此乎？"对曰："兽贱人贵，若搏而不胜，岂不虚毙一壮士乎！"乃驱致珪前，尽射而获之。射，而亦翻。珪顾谢之。

秀容川酋长尔朱羽健从珪攻晋阳、中山有功，拜散骑常侍，环其所居，割地三百里以封之。此北秀容也。为尔朱荣乱魏张本。尔朱荣传云：羽健之先，世为部落酋帅，居尔朱川，因氏焉。珪初以南秀容川原衍沃，欲令居之。羽健曰："家世奉国，给侍左右。北秀容既在划内，差近京师，岂以沃塉更迁远地！"珪许之。则北秀容盖近平城也。环，音宦。酋，慈由翻。长，知两翻。散，悉亶翻。骑，奇寄翻；下同。

柔然数侵魏边，数，所角翻。尚书中兵郎李先请击之；珪从之，大破柔然而还。还，从宣翻，又如字。

9 杨轨以其司马郭纬为西平相，帅步骑二万北赴郭黁。秃发乌孤遣其弟车骑将军傉檀帅骑一万助轨。纬，於季翻。相，息亮翻。帅，读曰率。黁，奴昆翻。傉，奴沃翻。轨至姑臧，营于城北。

10 燕尚书顿丘王兰汗阴与段速骨等通谋，引兵营龙城之东；城中留守兵至少，汗，音寒。少，诗沼翻。长乐王盛徙内近城之民，得丁夫万馀，乘城以御之。速骨等同谋才百馀人，馀皆为所驱胁，莫有斗志。三月，甲午，速骨等将攻城，辽西桓烈王农恐不能守，且为兰汗所诱，夜，潜出赴之，冀以自全。农号为有智略，乃欲投段速骨以自全，不知适以速死，殆天夺之鉴也。明旦，速骨等攻城，城上拒战甚力，速骨之众死者以百数。速骨乃将农循城，将，如字，引也，挟也。农素有忠节威名，城中之众恃以为强，忽见在城下，无不惊愕丧气，丧，息浪翻。遂皆逃溃。速骨入城，纵兵杀掠，死者狼籍。宝、盛与慕舆腾、馀崇、张真、李旱、赵恩等轻骑南走。速骨幽农于殿内。长上阿交罗，速骨之谋主也，骑，奇寄翻。上，时掌翻。以高阳王崇幼弱，更欲立农。崇亲信鬷让、出力犍等闻之，鬷，祖红翻。春秋左氏传有鬷蔑，晋有鬷戾。姓谱：鬷姓，古鬷夷氏之后。犍，居言翻。丁酉，杀罗及农。使速骨果立农，亦必同死于兰汗之手，盖事势已去，智无所施也。速骨即为之诛让等。为，于伪翻。农故吏左卫将军宇文拔亡奔辽西。

庚子，兰汗袭击速骨，并其党尽杀之。废崇，奉太子策，承制大赦，遣使迎宝，及于蓟城。使，疏吏翻。蓟，音计。宝欲还，长乐王盛等皆曰："汗之忠诈未可知，今单骑赴之，万一汗有异志，悔之无及。不如南就范阳王，合众以取冀州；若其不捷，收南方之众，徐归龙都，亦未晚也。”宝从之。龙城，燕故都，故谓之龙都。慕容盛智虑逾其父远矣。

11 离石胡帅呼延铁、西河胡帅张崇等不乐徙代，帅，所类翻。乐，音洛。聚众叛魏，魏安远将军庾岳讨平之。

12 魏王珪召卫王仪入辅，以略阳公遵代镇中山。夏，四月，壬戌，以征虏将军穆崇为太尉，安南将军长孙嵩为司徒。

13 燕主宝从间道过邺，间，古苋翻。邺人请留，宝不许。南至黎阳，伏于河西，河水自遮害亭屈而东北流，过黎阳县南，河之西岸为黎阳界，东岸为滑台界。遣中黄门令赵思告北地王钟曰：“上以二月得丞相表，宝以德为司徒，故称之为丞相。即时南征，至乙连，会长上作乱，失据来此。人主所据者，势也，众叛亲离，大势已去，失所据矣。王亟白丞相奉迎！”钟，德之从弟也，首劝德称尊号，闻而恶之，执思付狱，从，才用翻。恶，乌路翻。以状白南燕王德。德谓群下曰：“卿等以社稷大计，劝吾摄政；吾亦以嗣帝播越，播，逋也，迁也。越，远也，走也。民神乏主，故权顺群议以系众心。今天方悔祸，嗣帝得还，吾将具法驾奉迎，谢罪行阙，何如？”天子行幸所至有行宫，宫前阙门，谓之行阙。黄门侍郎张华曰：“今天下大乱，非雄才无以宁济群生。嗣帝暗懦，不能绍隆先统。陛下若蹈匹夫之节，舍天授之业，威权一去，身首不保，况社稷其得血食乎！”慕舆护曰：“嗣帝不达时宜，委弃国都，宝弃中山，见上卷上年。自取败亡，不堪多难，难，乃旦翻。亦已明矣。昔蒯聩出奔，卫辄不纳，春秋是之。蒯，苦怪翻。聩，五怪翻。以子拒父犹可，况以父拒子乎！德于宝为叔父。今赵思之言，未明虚实，臣请为陛下驰往诇之。”为，于伪翻。诇，火迥翻，又翾正翻。候侯也。刺探也。德流涕遣之。流涕遣护，将使之杀宝也。

护帅壮士数百人　帅，读曰率；下同。随思而北，声言迎卫，其实图之。宝既遣思诣钟，于后得樵者，言德已称制，惧而北走。护至，无所见，执思以还。还，从宣翻，又如字。德以思练习典故，欲留而用之；思曰："犬马犹知恋主，思虽刑臣，乞还就上。"宦者，谓之刑臣。上，谓宝也。德固留之，思怒曰："周室东迁，晋、郑是依。周平王东迁洛邑，晋文侯、郑武寔定王室，故周桓公曰："我周之东迁，晋、郑焉依。"殿下亲则叔父，位为上公，不能帅先群后以匡帝室，而幸本根之倾，为赵王伦之事，事见八十九卷惠帝永宁元年。言赵王伦以宗室而篡晋，德所为类之。伦于惠帝，叔祖也；德于宝，叔父也。帅，读曰率。思虽不能如申包胥之存楚，吴破楚入郢，申包胥乞师于秦，遂破吴师，楚昭王复国。犹慕龚君宾不偷生于莽世也！"龚胜，字君宾，事见三十七卷王莽始建国三年。德斩之。

宝遣扶风忠公慕舆腾与长乐王盛收兵冀州，盛以腾素暴横，为民所怨，乃杀之。行至钜鹿、长乐，说诸豪杰，横，户孟翻。乐，音洛。说，输芮翻。皆愿起兵奉宝。宝以兰汗祀燕宗庙，所为似顺，意欲还龙城，不肯留冀州，乃北行；至建安，建安城在令支之北，乙连之南。抵民张曹家。曹素武健，请为宝合众；为，于伪翻。盛亦劝宝宜且驻留，察汗情状。宝乃遣冗从仆射李旱先往见汗，冗，而陇翻。从，才用翻。宝留顿石城。石城县，前汉属右北平郡，后汉、晋省县，属建德郡，隋、唐并入营州柳城县界。宋白曰：石城县取碣石立如城以名之。会汗遣左将军苏超奉迎，陈汗忠款。宝以汗燕王垂之舅，盛之妃父也，谓必无他，不待旱返，遂行。盛流涕固谏，宝不听，留盛在后，盛与将军张真下道避匿。

丁亥，宝至索莫汗陉，索，昔各翻。汗，音寒。陉，音刑。去龙城四十里，城中皆喜。汗惶怖，欲自出请罪，怖，普布翻。兄弟共谏止之。汗乃遣弟加难帅五百骑出迎；又遣兄堤闭门止仗，禁人出入。城中皆知其将为变，而无如之何。加难见宝于陉北，拜谒已，已者，拜谒之礼毕。从宝俱进。颍阴烈公馀崇密言于宝曰："观加难形色，祸变甚逼，宜留三思，奈何径前！"宝不从。行数里，加难先执崇，崇大呼骂曰："汝家幸缘肺附，呼，火故翻。师古曰：肺附，谓亲戚也。旧解云：肺附，如肺腑之相附着。一说：肺，斫木札也。喻其轻薄附着大材也。蒙国宠荣，覆宗不足以报。今乃敢谋篡逆，此天地所不容，计旦暮即屠灭，但恨我不得手脍汝曹耳！"脍，细切肉也。加难杀之。引宝入龙城外邸，弑之。年四十四。汗谥宝曰灵帝；杀献哀太子策及王公卿士百馀人；自称大都督、大将军、大单于、昌黎王，单，音蝉。改元青龙；以堤为太尉，加难为车骑将军，封河间王熙为辽东公，如杞、宋故事。周武王封夏之后于杞，殷之后于宋。

长乐王盛闻之，驰欲赴哀；张真止之。盛曰："我今以穷归汗，汗性愚浅，必念婚姻，不忍杀我，旬月之间，足以展吾情志。"遂往见汗。汗妻乙氏及盛妃皆泣涕请盛于汗，盛妃复顿头于诸兄弟。复，扶又翻。汗恻然哀之，乃舍盛于宫中，以为侍中、左光禄大夫，亲待如旧。堤、加难屡请杀盛，汗不从。堤骄很荒淫，很，户垦翻。事汗多无礼，盛因而间之。间，古苋翻。由是汗兄弟浸相嫌忌。为盛诛汗张本。

14 凉太原公纂将兵击杨轨，郭麐救之，纂败还。

15 段业使沮渠蒙逊攻西郡，郡在武威西，据岭之要，蒙逊得之，故晋昌、敦煌皆降。沮，子余翻。执太守吕纯以归。纯，光之弟子也。于是晋昌太守王德、敦煌太守赵郡孟敏皆以郡降业。敦，徒门翻。降，户江翻。业封蒙逊为临池侯，以德为酒泉太守，敏为沙州刺史。

16 六月，丙子，魏王珪命群臣议国号。皆曰："周、秦以前，皆自诸侯升为天子，因以其国为天下号。汉氏以来，皆无尺土之资。我国家百世相承，开基代北，遂抚有方夏，据孔安国尚书注，方夏，谓四方中夏。夏，户雅翻。今宜以代为号。"黄门侍郎崔宏曰："昔商人不常厥居，故两称殷、商，契始封于商。皇甫谧曰：今上洛商是也。契孙相土居商丘。自契至于成汤，八迁，汤始居亳，从先王居。后仲丁迁于嚣，河亶甲居相，祖乙居耿。书曰：盘庚五迁，将治亳殷，从先王居。谓从帝喾所居，居亳也。代虽旧邦，其命维新，登国之初，已更曰魏。事见一百六卷孝武太元十一年。更，工衡翻。夫魏者，大名，神州之上国也，左传：卜偃曰："魏，大名也。"战国之时，魏为大国。中国谓之神州。宜称魏如故。"珪从之。

17 杨轨自恃其众，欲与凉王光决战，郭麐每以天道抑止之。言天道未利也，郭麐善数，故如此。麐，奴昆翻。凉常山公弘镇张掖，段业使沮渠男成及王德攻之；光使太原公纂将兵迎之。将，即亮翻。杨轨曰："吕弘精兵一万，若与光合，则姑臧益强，不可取矣。"乃与秃发利鹿孤共邀击纂，纂与战，大破之；轨奔王乞基。王乞基，田胡也。麐性褊急残忍，不为士民所附，褊，补典翻。闻轨败走，降西秦；降，户江翻。西秦王乾归以为建忠将军、散骑常侍。散，悉亶翻。骑，奇寄翻。

弘引兵弃张掖东走，段业徙治张掖，治，直之翻。将追击弘。沮渠蒙逊谏曰："归师勿遏，穷寇勿追，孙子之言。此兵家之戒也。"业不从，大败而还，还，从宣翻。赖蒙逊以免。业城西安，以其将臧莫孩为太守。业置西安郡于张掖东境。孩，河开翻。蒙逊曰："莫孩勇而无谋，知进不知退；此乃为之筑冢，非筑城也！"为，于伪翻。冢，知陇翻。业不从，莫孩寻为吕纂所破。

18 燕太原王奇，楷之子，兰汗之外孙也，汗亦不杀，以为征南将军。得入见长乐王盛，盛潜使奇逃出起兵。奇起兵于建安，众至数千，汗遣兰堤讨之。盛谓汗曰："善驹小儿，未能办此，善驹，奇小字也。岂非有假托其名欲为内应者乎！太尉素骄，难信，不宜委以大众。"汗以堤为太尉，故称之。汗然之，罢堤兵，苏轼有言，"木必先蠹，然后虫生之；人必先疑，然后谗入之。"兰汗凶逆，兄弟自相嫌忌，故慕容盛得间之以奋其智，报君父之雠。更遣抚军将军仇尼慕将兵讨奇。更，工衡翻。

于是龙城自夏不雨至于秋七月，汗日诣燕诸庙及宝神座顿首祷请，委罪于兰加难。言弑宝者加难之罪。堤及加难闻之怒，且惧诛，乙巳，相与率所部袭仇尼慕军，败之。败，补迈翻。汗大惧，遣太子穆将兵讨之。将，即亮翻。穆谓汗曰："慕容盛我之仇雠，必与奇相表里，此乃腹心之疾，不可养也，宜先除之。"汗欲杀盛，先引见，察之。盛妃知之，密以告盛，盛称疾不出，兰妃之为，异于雍姞。虽曰妇人内夫家而外父母家，若兰妃者，处夫妻父子之变，得其一而失其一者也。汗亦止不杀。

李旱、卫双、刘忠、张豪、张真，皆盛素所厚也，而穆引以为腹心，旱、双得出入至盛所，潜与盛结谋。丁未，穆击堤、加难等，破之。庚戌，飨将士，汗、穆皆醉，盛夜如厕，因逾垣入于东宫，与旱等共杀穆。时军未解严，皆聚在穆舍，闻盛得出，呼跃争先，攻汗，斩之。汗子鲁公和、陈公扬分屯令支、白狼，令，音铃，又郎定翻。支，音祁。盛遣旱、真袭诛之。堤、加难亡匿，捕得，斩之。于是内外帖然，士女相庆。宇文拔率壮士数百来赴，宇文拔自辽西来也。盛拜拔为大宗正。

辛亥，告于太庙，令曰："赖五祖之休，五祖，谓慕容涉归、廆、皝、儁、垂，凡五庙。文武之力，宗庙社稷幽而复显。不独孤以眇眇之身免不同天之责，礼记曰：父之雠不与共戴天。凡在臣民皆得明目当世。"因大赦，改元建平。盛谦不敢称尊号，以长乐王摄行统制。盛，字道运，宝之庶长子也。乐，音洛。诸王皆降称公，以东阳公根为尚书左仆射，卫伦、阳璆、鲁恭、王滕【章：十二行本"滕"作"腾"；乙十一行本同。】为尚书，璆，渠尤翻。悦真为侍中，阳哲为中书监，张通为中领军，自馀文武各复旧位。改谥宝曰惠闵皇帝，庙号烈宗。

初，太原王奇举兵建安，南、北之人翕然从之。南人，谓自中原来者；北人，则鲜卑也。兰汗遣其兄子全讨奇，奇击灭之，匹马不返，进屯乙连。盛既诛汗，命奇罢兵。奇用丁零严生、乌桓王龙之谋，遂不受命，甲寅，勒兵三万馀人进至横沟，去龙城十里。盛出击，大破之，执奇而还，斩其党与百馀人，赐奇死，桓王之嗣遂绝。慕容恪封太原王，谥曰桓。楚庄王灭若敖氏而赦箴尹克黄，曰："子文无后，何以劝善！"以慕容恪之辅成燕业，而可使之绝祀乎！群臣固请上尊号，上，时掌翻。盛弗许。

19 魏王珪迁都平城，始营宫室，建宗庙，立社稷。宗庙岁五祭，用分、至及腊。魏都平城，置代尹及司州于平城。杜佑曰：后魏都平城，今云中郡治。云中县是今马邑郡；北平城即今郡，隋为云内县恒安镇。此所谓宗庙，即代都之东庙也。

20 桓玄求为广州，会稽王道子忌玄，会，工外翻。不欲使居荆州，因其所欲，以玄为督交·广二州军事、广州刺史；玄受命而不行。豫州刺史庾楷以道子割其四郡使王愉督之，上疏言："江州内地，江州治寻阳，在江南，故云内地。而西府北带寇戎，晋以京口为北府，历阳为西府。豫州治历阳，在江西，故云北带寇戎。不应使愉分督。"朝廷不许。楷怒，遣其子鸿说王恭曰："尚之兄弟谓谯王尚之及弟休之也。说，输芮翻；下同。复秉机权，复，扶又翻；下同。过于国宝；欲假朝威削弱方镇，朝，直遥翻。惩艾前事，为祸不测，艾，倪祭翻。今及其谋议未成，宜早图之。"恭以为然，以告殷仲堪、桓玄。仲堪、玄许之，推恭为盟主，刻期同趣京师。趣，七喻翻。

时内外疑阻，津逻严急，逻，郎佐翻，巡也。津逻者，凡江津之要皆置逻卒。仲堪以斜绢为书，内箭簳中，簳，古旱翻。字林曰：箭笴也。合镝漆之，镝，箭镞也。因庾楷以送恭。恭发书，绢文角戾，不复能辨仲堪手书，戾，曲也，乖也。斜绢无边幅，经纬不相持，故斜角乖曲。疑楷诈为之，且谓仲堪去年已违期不赴，事见上卷。今必不动，乃先期举兵。先，悉荐翻。司马刘牢之谏曰："将军，国之元舅；会稽王，天子叔父也。会稽王又当国秉政，向为将军戮其所爱王国宝、王绪，又送王廞书，事见上卷。为，于伪翻。其深伏将军已多矣。顷所授任，虽未允惬，亦非大失。割庾楷四郡以配王愉，于将军何损！晋阳之甲，岂可数兴乎！"数，所角翻。恭不从，上表请讨王愉、司马尚之兄弟。

道子使人说楷曰："昔我与卿，恩如骨肉，楷先党于王国宝，道子亦亲之。帐中之饮，结带之言，可谓亲矣。此必太元二十一年庾楷赴难时事。卿今弃旧交，结新援，忘王恭畴昔陵侮之耻乎！王恭以元舅之亲，风神简贵，志气方严，视庾楷蔑如也，故道子以为陵侮楷。若欲委体而臣之，使恭得志，必以卿为反覆之人，安肯深相亲信！首身且不可保，况富贵乎！"楷怒曰："王恭昔赴山陵，相王忧惧无计，我知事急，寻勒兵而至，恭不敢发。事见一百八卷孝武太元二十一年。去年之事，我亦俟命而动。我事相王，无相负者。相王不能拒恭，反杀国宝及绪，自尔已来，自尔以来，犹今言自那时以来也。又尔，言如此也。谁敢复为相王尽力者！复，扶又翻。为，于伪翻。庾楷实不能以百口助人屠灭。"时楷已应恭檄，正征士马。信返，朝廷忧惧，内外戒严。

会稽世子元显言于道子曰："前不讨王恭，故有今日之难。今若复从其欲，难，乃旦翻。复，扶又翻。则太宰之祸至矣。"道子时为太宰。道子不知所为，悉以事委元显，日饮醇酒而已。元显聪警，颇涉文义，志气果锐，以安危为己任。附会之者，谓元显神武，有明帝之风。

殷仲堪闻恭举兵，自以去岁后期，乃勒兵趣发。趣，读曰促。仲堪素不习为将，将，息亮翻。悉以军事委南郡相杨佺期兄弟，相，息亮翻。使佺期帅舟师五千为前锋，桓玄次之，仲堪帅兵二万，相继而下。帅，读曰率。佺期自以其先汉太尉震至父亮，九世皆以才德著名，矜其门地，谓江左莫及。有以比王珣者，佺期犹恚恨。而时流以其晚过江，婚宦失类；佺期曾祖准，晋太常。自震至准七世，有名德。祖林，少有才望，值乱没胡。父亮，少仕伪朝，后归晋，比王、谢诸家为晚。亮及佺期皆以武力为宦，又与伧荒为婚，故云失类。时流，犹言时辈也。恚，於避翻。佺期及兄广、弟思平、从弟孜敬皆粗犷，从，才用翻。犷，古猛翻。犷犷，不可附。每排抑之。佺期常慷慨切齿，欲因事际以逞其志，故亦赞成仲堪之谋。

八月，佺期、玄奄至湓口，湓口，湓浦口也，晋人于此筑城置戍。今其地在江州德化县西一里。湓，蒲奔翻。王愉无备，惶遽奔临川，吴孙亮太平二年，分豫章东部都尉立临川郡，隋、唐为抚州。玄遣偏军追获之。

21 燕以河间公熙为侍中、车【严："车"改"骠"。】骑大将军、中领军、司隶校尉，城阳公元为卫将军。元，宝之子也。又以刘忠为左将军，张豪为后将军，并赐姓慕容氏。李旱为中常侍、辅国将军，卫双为前将军，张顺为镇西将军、昌黎尹，张真为右将军；燕都龙城，以昌黎太守为昌黎尹。皆封公。

22 乙亥，燕步兵校尉马勒【章：十二行本"勒"作"勤"；乙十一行本同。】等谋反，伏诛；事连骠骑将军高阳公崇、崇弟东平公澄，皆赐死。骠，匹妙翻。骑，奇寄翻。

23 宁朔将军邓启方、南阳太守闾丘羡将兵二万击南燕，燕自慕容宝之败，北归龙城，慕容德称号于滑台，故称南燕以别之。与南燕中军将军法、抚军将军和战于管城，魏收志，荥阳郡京县有管城，故管叔邑也。杜预曰：在京县东北。启方等兵败，单骑走免。

24 魏王珪命有司正封畿，宋白曰：魏道武都平城，东至上谷军都关，西至河，南至中山隘门塞，北至五原，地方千里，以为甸服。标道里，平权衡，审度量；遣使循行郡国，使，疏吏翻。行，下孟翻。举奏守宰不法者，亲考察黜陟之。

25 九月，辛卯，加会稽王道子黄钺，以世子元显为征讨都督；遣卫将军王珣、右将军谢琰将兵讨王恭，谯王尚之将兵讨庾楷。

26 乙未，燕以东阳公根为尚书令，张通为左仆射，卫伦为右仆射；慕容豪为幽州刺史，镇肥如。

27 己亥，谯王尚之大破庾楷于牛渚，楷单骑奔桓玄。为后玄杀楷张本。会稽王道子以尚之为豫州刺史，弟恢之为骠骑司马、丹杨尹，允之为吴国内史，休之为襄城太守，元帝渡江，以丹杨春谷县置襄城郡。各拥兵马以为己援。乙巳，桓玄大破官军于白石。白石在巢县界。水经注：栅江水导源巢湖东，左会清溪水，谓之清溪口。栅水又东，左会白石山水，水发白石山西，径李鹊城南，西南注栅水。玄与杨佺期进至横江；尚之退走，恢之所领水军皆没。丙午，道子屯中堂，元显守石头；己酉，王珣守北郊，谢琰屯宣阳门以备之。宣阳门，建康城南面西头第一门。

王恭素以才地陵物，既杀王国宝，自谓威无不行；仗刘牢之为爪牙而但以部曲将遇之，将，即亮翻。牢之负其才，深怀耻恨。元显知之，遣庐江太守高素说牢之，高素亦北府将，故使说之。说，式芮翻；下可说同。使叛恭，许事成即以恭位号授之；又以道子书遗牢之，为陈祸福。遗，于季翻。为，于伪翻。牢之谓其子敬宣曰："王恭昔受先帝大恩，今为帝舅，不能翼戴王室，数举兵向京师，数，所角翻。吾不能审恭之志，事捷之日，必能为天子相王之下乎？相王，谓道子也。吾欲奉国威灵，以顺讨逆，何如？"敬宣曰："朝廷虽无成、康之美，亦无幽、厉之恶；而恭恃其兵威，暴蔑王室。蔑之者，视之若无也。大人亲非骨肉，义非君臣，虽共事少时，意好不协，少时，言不多时也。少，诗绍翻。好，呼到翻。今日讨之，于情义何有！”恭参军何澹之知其谋，以告恭。澹，徒览翻。

恭以澹之素与牢之有隙，不信。乃置酒请牢之，于众中拜之为兄，精兵坚甲，悉以配之，王恭素以部曲将遇牢之，及闻何澹之言，则拜之为兄，此岂能得其死力邪？适足以速其背己耳。使帅帐下督颜延为前锋。帅，读曰率。牢之至竹里，斩延以降；降，户江翻。遣敬宣及其婿东莞太守高雅之还袭恭。东莞，汉旧县；武帝泰始元年，分琅邪立东莞郡；南渡后，又置南东莞郡于晋陵界。莞，音官。恭方出城曜兵，敬宣纵骑横击之，骑，奇寄翻；下同。恭兵皆溃。恭将入城，雅之已闭城门。恭单骑奔曲阿，素不习马，髀中生疮。曲阿人殷确，恭故吏也，以船载恭，将奔桓玄，至长塘湖，长塘湖在晋陵延陵县。杜佑曰：在润州金坛县。风土记：阳羡县有洮湖，别名长塘湖。洮，余招翻。单锷曰：长塘湖在义兴西。为人所告，获之，送京师，斩于倪塘。倪塘在建康东北方山埭南，倪氏筑塘，因以为名。恭临刑，犹理须鬓，神色自若，须，与鬚同。谓监刑者曰：“我暗于信人，所以至此；自悔悉以军事委刘牢之也。监，工衔翻。原其本心，岂不忠于社稷邪！但令百世之下知有王恭耳。”并其子弟党与皆死。以刘牢之为都督兖、青、冀、幽、并、徐、扬州晋陵诸军事以代恭。

俄而杨佺期、桓玄至石头，殷仲堪至芜湖。元显自竹里驰还京师，遣丹杨尹王恺等发京邑士民数万人据石头以拒之。佺期、玄等上表理王恭，求诛刘牢之。牢之帅北府之众驰赴京师，军于新亭，帅，读曰率。佺期、玄见之失色，回军蔡洲。蔡洲，在今建康府上元县西二十五里。朝廷未知西军虚实，仲堪等拥众数万，充斥郊畿，内外忧逼。言内忧而外逼也。

左卫将军桓修，冲之子也，言于道子曰："西军可说而解也，说，输芮翻。修知其情矣。殷、桓之下，专恃王恭，恭既破灭，西军沮恐。沮恐，言气沮而心恐也。沮，在吕翻。今若以重利啖玄及佺期，啖，徒览翻，饵也。二人必内喜；玄能制仲堪，佺期可使倒戈，取仲堪矣。"道子纳之，以玄为江州刺史；召郗恢为尚书，以佺期代恢为都督梁·雍·秦三州诸军事、雍州刺史。以修为荆州刺史，权领左卫文武之镇，左卫文武，左卫将军府之僚属及部曲也。之，往也。郗，丑之翻。雍，于用翻。又令刘牢之以千人送之。黜仲堪为广州刺史，遣仲堪叔父太常茂宣诏，敕仲堪回军。

28 张骧子超收合三千馀家据南皮，自号乌桓王，抄掠诸郡。张骧，乌桓种也；奉燕见一百五卷孝武帝太元九年；归魏见上卷元年。骧，思将翻。抄，楚交翻。魏王珪命庾岳讨之。

29 杨轨屯廉川，收集夷、夏，众至万馀。夏，户雅翻。王乞基谓轨曰："秃发氏才高而兵盛，且乞基之主也，不如归之。"轨乃遣使降于西平王乌孤。降，户江翻。轨寻为羌酋梁饥所败，酋，慈由翻。败，补迈翻。西奔僇海，阚骃曰：金城临羌县西有卑和羌海。郦道元曰：古西零之地也。僇，音怜。袭乙弗鲜卑而据其地。乌孤谓群臣曰："杨轨、王乞基归诚于我，卿等不速救，使为羌人所覆，孤甚愧之。"平西将军浑屯曰：浑，古有是姓。左传郑有浑罕，卫有浑良夫。吐谷浑氏后改为浑姓。浑，户昆翻。"梁饥无经远大略，可一战擒也。"

饥进攻西平，西平人田玄明执太守郭幸而代之，以拒饥，遣子为质于乌孤。质，音致。乌孤欲救之，群臣惮饥兵强，多以为疑。左司马赵振曰："杨轨新败，吕氏方强，洪池以北，未可冀也，洪池，岭名，在凉州姑臧之南。唐凉州有洪池府。岭南五郡，庶几可取。岭南，谓洪池岭南也。五郡，谓广武、西平、乐都、浇河、湟河也。

几，居希翻。大王若无开拓之志，振不敢言；若欲经营四方，此机不可失也。使羌得西平，华、夷震动，非我之利也。”乌孤喜曰：“吾亦欲乘时立功，安能坐守穷谷乎！”廉川在塞外，故谓之穷谷。乃谓群臣曰：“梁饥若得西平，保据山河，不可复制。西平据湟河之要，有大、小榆谷之饶，故云然。复，扶又翻；下同。饥虽骁猛，骁，坚尧翻。军令不整，易破也。”易，以豉翻。遂进击饥，大破之。饥退屯龙支堡。唐鄯州有龙支县。刘昫曰：龙支，汉允吾县地。此时当为西平界。乌孤进攻，拔之，饥单骑奔浇河，浇河，吐谷浑之地，吕光开以为郡，隋、唐之廓州即其地也。浇，坚尧翻。水洄洑曰浇。此郡盖置于洮河洄曲处。杜佑曰：浇河城在廓州达化县贺兰山。刘昫曰：廓州，隋浇河郡，治广威县，即后汉烧当羌之地，前凉置湟河郡，后魏置石城郡，废帝因县内化隆谷置化隆县，后周置廓州，唐天宝元年，改为广威县，管下有达化县。吐浑浇河城，在县西百二十里。杜佑曰：浇河城，吐谷浑阿豺所筑。俘斩数万。以田玄明为西平内史。乐都太守田瑶、乐都，注已见二十六卷汉宣帝神爵元年。五代志：西平郡湟水县，后周置乐都郡。观此，则吕氏已置郡矣。杜佑曰：湟水一名乐都水，唐鄯州治。乐，音洛。湟河太守张裯、裯，除留翻。湟河郡盖置于此地。浇河太守王稚皆以郡降，降，户江翻。岭南羌、胡数万落皆附于乌孤。

30 西秦王乾归遣秦州牧益州、武卫将军慕兀、“慕兀”，晋书载记作“慕容兀”。慕兀盖亦乞伏氏，载记误也。冠军将军翟瑥帅骑二万伐吐谷浑。冠，古玩翻。瑥，音温。

31 冬，十月，癸酉，燕群臣复上尊号，复，扶又翻。上，时掌翻。丙子，长乐王盛始即皇帝位，乐，音洛。大赦，尊皇后段氏曰皇太后，太妃丁氏曰献庄皇后。初，兰汗之当国也，盛从燕主宝出亡，兰妃奉事丁后愈谨。及汗诛，盛以妃当从坐，欲杀之；丁后以妃有保全之功，固争之，得免，然终不为后。

32 大赦。

33 殷仲堪得诏书，大怒，得黜广州之诏书也。趣桓玄、杨佺期进军。趣，读曰促。玄等喜于朝命，朝，直遥翻；下同。欲受之，犹豫未决。仲堪闻之，遽自芜湖南归，遣使告谕蔡洲军士曰："汝辈不各自散归，吾至江陵，尽诛汝馀口。"使，疏吏翻。馀口，谓蔡洲之军所馀家口留在江陵者。佺期部将刘系帅二千人先归。帅，读曰率。玄等大惧，狼狈西还，还，从宣翻，又如字。追仲堪至寻阳，及之。仲堪既失职，倚玄等为援，玄等亦资仲堪兵，虽内相疑阻，势不得不合。乃以子弟交质，质，音致。壬午，盟于寻阳；俱不受朝命，连名上疏申理王恭，求诛刘牢之及谯王尚之，并诉仲堪无罪，独被降黜。被，皮义翻。朝廷深惮之，内外骚然。乃复罢桓修，复，扶又翻。以荆州还仲堪，优诏慰谕，以求和解，仲堪等乃受诏。御史中丞江绩劾奏桓修专为身计，疑误朝廷，谓分江、雍以授桓玄、杨佺期，自取荆州也。劾，户概翻，又户得翻。诏免修官。

初，桓玄在荆州，所为豪纵，仲堪亲党皆劝仲堪杀之，仲堪不听。及在寻阳，资其声地，声，谓威声；地，谓门地。推玄为盟主，玄愈自矜倨。杨佺期为人骄悍，悍，侯旰翻，又下罕翻。玄每以寒士裁之，佺期甚恨，密说仲堪以玄终为患，请于坛所袭之。说，输芮翻。仲堪忌佺期兄弟勇健，恐既杀玄，不可复制，复，扶又翻。苦禁之。于是各还所镇。玄亦知佺期之谋，阴有取佺期之志，为后玄杀殷、杨张本。乃屯于夏口，引始安太守济阴卞范之为长史以为谋主。吴孙晧甘露元年，分零陵南部都尉立始安郡，属广州；晋成帝度属荆州；隋、唐为桂州之地。夏，户雅翻。济，子礼翻。是时，诏书独不赦庾楷，玄以楷为武昌太守。

初，郗恢为朝廷拒西军，为，于伪翻。玄未得江州，欲夺恢雍州，雍，于用翻。以恢为广州。恢闻之，惧，询于众，众皆曰："杨佺期来者，谁不戮力；若桓玄来，恐难与为敌。"桓氏世居西楚，故众畏之。既而闻佺期代己，乃与间丘羡谋阻兵拒之。间丘羡时为南阳太守，雍之部属也。佺期闻之，声言玄来入沔，沔，弥兖翻。以佺期为前驱。恢众信之，望风皆溃，恢请降。降，户江翻。佺期入府，斩间丘羡，放恢还都，至杨口，殷仲堪阴使人杀之，及其四子，托言群蛮所杀。

34 西秦乞伏益州与吐谷浑王视罴战于度周川，度周川，在临洮塞外龙涸之西。吐，从暾入声。谷，音浴。视罴大败，走保白兰山，遣子宕岂为质于西秦以请和，宕，徒浪翻。质，音致。西秦王乾归以宗女妻之。妻，子细翻。

35 凉建武将军李鸾以兴城降于秃发乌孤。兴城在允吾县西南龙支堡之东。

36 十一月，以琅邪王德文为卫将军、开府仪同三司，征虏将军元显为中领军，领军将军王雅为尚书左仆射。

37 辛亥，魏王珪命尚书吏部郎邓渊立官制，协音律，仪曹郎清河董谧制礼仪，三公郎王德定律令，吏部、仪曹、三公郎，皆曹魏所置。太史令鼂崇考天象，鼂，直遥翻。吏部尚书崔宏总而裁之，以为永式。渊，羌之孙也。邓羌，苻秦之名将。

38 杨轨、王乞基帅户数千自归于西平王乌孤。帅，读曰率；下同。

39 十二月，己丑，魏王珪即皇帝位，大赦，改元天兴。命朝野皆束发加帽。朝，直遥翻；下同。说文曰：帽，小儿蛮夷蒙头衣。晋书舆服志曰：帽，犹冠也，义取于蒙覆其首；其本纚也。古者冠无帻，冠下有纚，以缯为之。后世施帻于冠，因复裁纚为帽，自乘舆宴居下至庶人无爵者皆服之。江左时，野人已着帽，人士亦往往而然，但其顶圆耳，后乃高其屋云。纚，所尔翻。追尊远祖毛以下二十七人皆为皇帝；魏谥毛为成皇帝。五世至推寅，南迁大泽，方千馀里，谥宣皇帝。七世至邻始南出，居匈奴故地，谥献皇帝。献帝之子曰诘汾，谥圣武皇帝。谥六世祖力微曰神元皇帝，庙号始祖；祖什翼犍曰昭成皇帝，庙号高祖；父寔曰献明皇帝。谥力微曰神元皇帝，子沙漠汗曰文皇帝，沙漠汗之子弗政曰思皇帝。弗政卒，力微之子禄官立，谥曰昭皇帝，分国为三部，猗㐌、猗卢，沙漠汗之二子，与禄官分统三部。猗㐌西略，服属诸国，谥曰桓皇帝。猗卢自禄官之卒，合三部为一，又助晋国以益强，谥穆皇帝。猗卢死，禄官之子郁律继之，谥平文皇帝。郁律弑，猗㐌之子贺傉立，谥惠皇帝。贺傉卒，弟纥那立，谥炀皇帝。翳槐者，郁律之子，国人逐纥那而立之，谥烈皇帝。魏之旧俗，孟夏祀天及东庙，宗庙在东，盖亦左祖之义。季夏帅众却霜于阴山，孟秋祀天于西郊。至是，始依仿古制，定郊庙朝飨礼乐，然惟孟夏祀天亲行，杜佑曰：魏道武天赐二年，祀天于西郊，为方坛，东为二陛，土陛无等，周垣四门，各依方色为名。置木主七于坛上，牲用白犊、黄驹、白羊各一。祭之日，帝御大驾至郊所，立青门内，近南，西面；内朝臣皆位于坛北，外朝臣及大人、方客咸位于青门外，后率六宫自黑门入，列于青门内，近北，并西面。廪牺令掌牲，陈于坛前。女巫执鼓，立于坛东，西面。帝七族子弟七子执酒在巫南，西面北上。女巫升坛摇鼓，帝拜，后肃拜，内外百官拜祀讫，乃杀牲七；执酒七人，西向，以酒洒天、神主，复拜。如此者三，礼毕而退。自是岁一祭。其馀多有司摄事。又用崔宏议，自谓黄帝之后，魏收曰：魏之先出自黄帝，黄帝子曰昌意。昌意之子受封北国，有大鲜卑山，因以为号。其后世为君长，统幽都之北，广漠之野。黄帝以土德王，北俗谓土为"托"，谓后为"跋"，故以托跋为氏。以土德王。徙六州二十二郡守宰、豪杰二千家于代都，东至代郡，魏都平城，以平城为代都，依汉建国之名也。汉平城县本属雁门郡，而代郡治桑干，后汉徙高柳，晋徙平舒。魏收地形志之上谷郡，晋之代郡也，唐为蔚州之地。魏之代都，唐为云州云中县之地。西及善无，南极阴馆，善无县，汉属雁门郡，后汉属定襄郡，元魏天平二年置善无郡。班志，阴馆县属雁门郡，本楼烦乡，景帝后三年置。阴馆县有累头山，治水所出。五代史志，代州雁门县有累头山。则汉之阴馆县已并入雁门县矣。北尽参合，皆为畿内，其外四方、四维置八部师【张："师"作"帅"。】以监之。魏书作"八部帅"。八部帅劝课农耕，量校收入，以为殿最。

监，工衔翻。

40 己亥，燕幽州刺史慕容豪、尚书左仆射张通、昌黎尹张顺坐谋反诛。

41 初，琅邪人孙泰学妖术于钱唐杜子恭，妖，于骄翻。士民多奉之。王珣恶之，恶，乌路翻。流泰于广州。王雅荐泰于孝武帝，云知养性之方，召还，累官至新安太守。泰知晋祚将终，因王恭之乱，以讨恭为名，收合兵众，聚货钜亿，亿亿为钜亿。三吴之人多从之；识者皆忧其为乱，以中领军元显与之善，无敢言者。会稽内史谢𬨎发其谋，𬨎，夷周翻，又音酉。己酉，会稽王道子使元显诱而斩之，会，工外翻。诱，音酉。并其六子；兄子恩逃入海，愚民犹以泰蝉蜕不死，蝉解壳曰蜕。神仙家有尸解之说，言尸解登仙，如蝉之蜕壳也。蜕，输芮翻，又吐外翻。就海中资给恩。恩乃聚合亡命得百馀人，以谋复雠。为后孙恩反张本。

42 西平王秃发乌孤更称武威王。更，工衡翻。

43 是岁，杨盛遣使附魏，魏以盛为仇池王。使，疏吏翻。

王崇武标点容肇祖聂崇岐覆校

资治通鉴卷第一百一十一

端明殿学士兼翰林侍读学士朝散大夫右谏议大夫充集贤殿修撰提举西京嵩山崇福宫上柱国河内郡开国侯食邑二千八百户食实封六百户赐紫金鱼袋臣司马光 奉敕编集

后学天台胡三省 音注

晋纪三十三 起屠维大渊献（己亥），尽上章困敦（庚子），凡二年。

安皇帝丙

隆安三年（己亥、三九九）

1 春，正月，辛酉，大赦。

2 戊辰，燕昌黎尹留忠谋反，诛；事连尚书令东阳公根、尚书段成，皆坐死；遣中卫将军卫双就诛忠弟【章：十二行本"弟"下有"幽州刺史"四字；乙十一行本同；孔本同；张校云：夹注"弟幽州刺史志于凡"八字作正文。】志于凡城。以卫将军平原公元为司徒、尚书令。

3 庚午，魏主珪北巡，分命大将军常山王遵等三军从东道出长川，长川在御夷镇西北，大漠之东垂也。下所谓西道、中道，盖绝漠分为三路。镇北将军高凉王乐真等七军从西道出牛川，珪自将大军从中道出驳髯水以袭高车。将，即亮翻。驳，北角翻。髯，而占翻。

4 壬午，燕右将军张真、城门校尉和翰坐谋反，诛。

5 癸未，燕大赦，改元长乐。乐，音洛。燕主盛每十日一自决狱，不加拷掠，多得其情。拷，音考。掠，音亮。史言慕容盛以聪察杀身。

6 武威王乌孤徙治乐都，治，直之翻。乐，音洛。以其弟西平公利鹿孤镇安夷，安夷县，汉属金城郡，晋分属西平郡。广武公傉檀镇西平，西平治乐都县，唐鄯州之湟水县也。傉，奴沃翻。叔父素渥镇湟河，若留镇浇河，从弟替引镇岭南，岭南，即洪池岭之南。洛回镇廉川，从叔吐若留镇浩亹；从，才用翻。浩亹在乐都之东，隋、唐并入湟水县。浩，音诰；亹，音门。夷、夏俊杰，夏，户雅翻。随才授任，内居显位，外典郡县，咸得其宜。

乌孤谓群臣曰：“陇右、河西，本数郡之地，汉时河西置武威、张掖、酒泉四郡；陇右置陇西、金城二郡。遭乱，分裂至十馀国，吕氏、乞伏氏、段氏最强，今欲取之，三者何先？”杨统曰：“乞伏氏本吾之部落，终当服从。乞伏与秃发氏，皆鲜卑也。段氏书生，无能为患，且结好于我，攻之不义。好，呼到翻。吕光衰耄，嗣子微弱，谓光以子绍为嗣也。纂、弘虽有才而内相猜忌，若使浩亹、廉川乘虚迭出，彼必疲于奔命，不过二年，兵劳民困，则姑臧可图也。姑臧，吕光所都。姑臧举，则二寇不待攻而服矣。”乌孤曰：“善！”

7 二月，丁亥朔，魏军大破高车三十馀部，获七万馀口，马三十馀万匹，牛羊百四十馀万头。卫王仪别将三万骑绝漠千馀里，将，即亮翻。破其七部，获二万馀口，马五万馀匹，牛羊二万馀头。高车诸部大震。

8 林邑王范达陷日南、九真，遂寇交趾，太守杜瑗击破之。瑗，于眷翻。

9 庚戌，魏征虏将军庾岳破张超于勃海，斩之。张超据南皮，见上卷上年。

10 段业即凉王位，改元天玺；是为北凉。玺，斯氏翻。以沮渠蒙逊为尚书左丞，沮，子余翻。梁中庸为右丞。

11 魏主珪大猎于牛川之南，以高车人为围，周七百馀里；因驱其禽兽，南抵平城，使高车筑鹿苑，广数十里。广，古旷翻。三月，己未，珪还平城。

甲子，珪分尚书三十六曹及外署，凡置三百六十曹，令八部大夫主之。八部大夫，恐当作"八部大人"。魏王珪天兴元年，置八部大人于皇城，四方、四维一面置一人，以拟八座，谓之八国。各有属官，常侍、待诏直左右，出入王命。吏部尚书崔宏通署三十六曹，如令、仆统事。置五经博士，增国子太学生员合三千人。

珪问博士李先曰："天下何物最善，可以益人神智？"对曰："莫若书籍。"珪曰："书籍凡有几何，如何可集？"对曰："自书契以来，世有滋益，以至于今，不可胜计。苟人主所好，何忧不集。"珪从之，命郡县大索书籍，悉送平城。魏主珪之崇文如此，而魏之儒风及平凉州之后始振，盖代北以右武为俗，虽其君尚文，未能回也。呜呼！平凉之后，儒风虽振，而北人胡服，至孝文迁洛之时，未尽改也。用夏变夷之难如是夫！胜，音升。好，呼到翻。索，昔客翻。

12 初，秦王登之弟广帅众三千依南燕王德，德以为冠军将军，处之乞活堡。帅，读曰率。冠，古玩翻。乞活堡，晋惠帝时诸贼保聚之地。处，昌吕翻。会荧惑守东井，或言秦当复兴，复，扶又翻。广乃自称秦王，击南燕北地王钟，破之。是时，滑台孤弱，德徙滑台，事见上卷上年。土无十城，众不过一万，钟既败，附德者多去德而附广。德乃留鲁阳王和守滑台，自帅众讨广，斩之。帅，读曰率；下同。

燕主宝之至黎阳也，事见上卷上年。鲁阳王和长史李辩劝和纳之，和不从。辩惧，故潜引晋军至管城，事亦见上卷上年。欲因德出战而作乱。既而德不出，辩愈不自安。及德讨苻广，辩复劝和反，复，扶又翻；下可复同。和不从，辩乃杀和，以滑台降魏。降，下江翻。魏行台尚书和跋在邺，帅轻骑自邺赴之，骑，奇寄翻。既至，辩悔之，闭门拒守。跋使尚书郎邓晖说之，邓晖，魏之邺台尚书郎也。说，输芮翻。辩乃开门内跋，跋悉收德宫人府库。德遣兵击跋，跋逆击，破之，又破德将桂阳王镇，将，即亮翻。俘获千馀人。陈、颍之民多附于魏。陈、颍，陈郡、颍川也。

南燕右卫将军慕容云斩李辩，帅将士家属二万馀口出滑台赴德。帅，读曰率。德欲攻滑台，韩范曰："向也魏为客，吾为主人；今也吾为客，魏为主人。人心危惧，不可复战，复，扶又翻。不如先据一方，自立基本，乃图进取。"微韩范之言，德若进攻滑台，必至丧败，固不待慕容超之时也。张华曰："彭城，楚之旧都，项羽都彭城，故云然。可攻而据之。"北地王钟等皆劝德攻滑台。尚书潘聪曰："滑台四通八达之地，滑台当河津之要，魏自北渡河而南向，晋从清水入河，秦沿渭顺河而下，皆凑于滑台。又其城旁无山陵可依，车骑、舟师皆可以骋，故谓之四通八达之地。北有魏，南有晋，西有秦，居之未尝一日安也。彭城土旷人稀，平夷无崄，且晋之旧镇，未易可取。易，以豉翻。又密迩江、淮，夏秋多水。乘舟而战者，吴之所长，我之所短也。青州沃野二千里，精兵十馀万，左有负海之饶，右有山河之固，广固城曹嶷所筑，嶷，鱼力翻。地形阻峻，足为帝王之都。三齐英杰，思得明主以立功于世久矣。辟闾浑昔为燕臣，孝武太元十九年，辟闾浑为慕容农所破，遂臣于燕。今宜遣辩士驰说于前，大兵继踵于后，若其不服，取之如拾芥耳。兼弱攻昧，取乱侮亡，自三代之时仲虺已有是言，夫子定书，弗之删也。后人泥古，专言王者之师，以仁义行之，若宋襄公可以为鉴矣。说，输芮翻。既得其地，然后闭关养锐，伺隙而动，此乃陛下之关中、河内也。"用荀彧说魏武之言。伺，相吏翻。德犹豫未决。沙门竺朗素善占候，竺，朗之俗姓。德使牙门苏抚问之，朗曰："敬览三策，潘尚书之议，兴邦之言也。且今岁之初，彗星起奎、娄，扫虚、危；彗者，除旧布新之象，奎、娄为鲁，虚、危为齐。晋天文志：奎、娄、胃，鲁、徐州。虚、危，齐、青州。彗，祥岁翻，又旋芮翻，又徐醉翻。宜先取兖州，巡抚琅邪，至秋乃北徇齐地，此天道也。"抚又密问以年世，朗以周易筮之曰："燕衰庚戌，年则一纪，世则及子。"其后燕亡于义熙六年，岁在上章阉茂。上章，庚也；阉茂，戌也。抚还报德，德乃引师而南，兖州北鄙诸郡县皆降之。降，户江翻；下同。德置守宰以抚之，禁军士无得虏掠。百姓大悦，牛酒属路。属，之欲翻。

13 丙子，魏主珪遣建义将军庾真、越骑校尉奚斤击库狄、宥连、侯莫陈三部，皆破之，其后库狄、侯莫陈二姓皆贵显，而宥连之种微矣。追奔至大峨谷，置戍而还。还，从宣翻，又如字。

14 己卯，追尊帝所生母陈夫人为德皇太后。

15 夏，四月，鲜卑叠掘河内帅户五千降于西秦。西秦王乾归以河内为叠掘都统，以宗女妻之。叠掘亦鲜卑一种也；河内其名。掘，其月翻。妻，七细翻。

16 甲午，燕大赦。

17 会稽王道子有疾，会，工外翻。且无日不醉。世子元显知朝望去之，乃讽朝廷解道子司徒、扬州刺史。朝，直遥翻；下同。乙未，以元显为扬州刺史。道子醒而后知之，大怒，无如之何。元显以庐江太守会稽张法顺为谋主，会，工外翻。多引树亲党，朝贵皆畏事之。为元显、张法顺俱被诛张本。

18 燕散骑常侍馀超、左将军高和等坐谋反，诛。散，悉亶翻。骑，奇寄翻。

19 凉太子绍、太原公纂将兵伐北凉，河西四郡，张掖在北，故号北凉。将，即亮翻。北凉王业求救于武威王乌孤，乌孤遣骠骑大将军利鹿孤及杨轨救之。骠，匹妙翻。骑，奇寄翻。业将战，沮渠蒙逊谏曰："杨轨恃鲜卑之强，有窥窬之志，秃发，本鲜卑种也。

沮，子余翻。绍、纂深入，置兵死地，不可敌也。今不战则有泰山之安，战则有累卵之危。”业从之，按兵不战。绍、纂引兵归。

六月，乌孤以利鹿孤为凉州牧，镇西平，召车骑大将军傉檀入录府国事。傉，奴沃翻。

20 会稽世子元显自以少年，不欲顿居重任；少，诗照翻。戊子，以琅邪王德文为司徒。

21 魏前河间太守【章：十二行本“守”下有“范阳”二字；乙十一行本同；孔本同；张校同；退斋校同。】卢溥帅其部曲数千家就食渔阳，遂据有数郡。秋，七月，己未，燕主盛遣使拜溥幽州刺史。为下魏黜张衮、袭禽卢溥张本。帅，读曰率。使，疏吏翻。

22 辛酉，燕主盛下诏曰：“法例律，公侯有罪，得以金帛赎，战国时，魏文侯师李悝撰次诸国法，著法经。以为王者之政，莫急盗贼，盗贼须劾捕，故著网、捕二篇。其轻狡、越城、博戏、假借、不廉、淫侈、逾制，以为杂律一篇。又以其律具其加减。故所著六篇，皆罪名之制也。汉萧何条益事律兴、厩、户三篇，合为九篇。魏陈群等采汉律，制新律十八篇。集罪例为刑名，冠于律首。盗律有劫略、恐猲、和卖买人，科有持质，皆非盗事，分以为劫略律。贼律有欺谩、诈伪、逾封、矫制，囚律有诈伪、生死，令丙有诈自复免，事类众多，分为诈律。贼律有贼伐树木，杀伤人畜产及诸亡印，金布律有毁伤、亡失县官财物，分为毁亡律。囚律有告劾、传覆，厩律有告反、逮受，科有登闻道辞，分为告劾律。囚律有系囚、鞫狱、断狱之法，兴律有上狱之事，科有考事、报谳，宜别为篇，分为系讯断狱律。盗律有受所监、受财枉法，杂律有假借、不廉，令乙有呵人受钱，科有使者验赂，其事相类，分为请赇律。盗律有勃辱、强贼，兴律有擅兴傜役，具律有出卖，科有擅作修舍事，分为兴擅律。兴律有乏傜、稽留，贼律有储峙不办，厩律有乏军、乏兴及旧典有奉法不谨、不承用诏书，汉氏施行，不宜复以为法，别为之留律。秦世旧有厩置、乘传、副车、食厨，后汉但设骑置，无车马，而律犹著其文，则为虚设，故除厩律，取其可用合科者为邮驿令。告劾律上言变事、令以惊事告急与兴律烽燧及科令者，以为惊事律。盗律有还赃畀主，金布律有罚赎入责、以呈黄金为价，科有平庸坐赃事，以为偿赃律。律之初制，无免坐之文，张汤、赵禹始作监临部主见知故纵之例，其见知而故不举劾，以赎论；其不见、不知者不坐，科条免坐繁多，宜总为免例，以省科文，故更定以为免坐律。晋初贾充定法，就汉九章增十一篇，改旧律为刑名法例，辨囚律为告劾、系讯、断狱，分盗律为请赇、诈伪、水火、毁亡，因事类为卫禁、违制，撰周官为诸侯律，合二十篇。孔颖达曰：古之赎罪皆用铜，汉始改用黄金，但少其斤两，令与金相敌。汉及后魏，赎罪皆用黄金，后魏以金难得，合金一两，收绢十匹。今律乃复依古赎铜。此不足以惩恶而利于王府，甚无谓也。自今皆令立功以自赎，勿复输金帛。”复，扶又翻。

23 西秦丞相南川宣公出连乞都卒。南川，地名。宣，谥也。

24 秦齐公崇、镇东将军杨佛嵩寇洛阳，河南太守陇西辛恭靖婴城固守。雍州刺史杨佺期遣使求救于魏常山王遵，雍，于用翻。使，疏吏翻；下同。魏主珪以散骑侍郎西河张济为遵从事中郎以报之。佺期问于济曰：“魏之伐中山，戎士几何？”济曰：“四十馀万。”事见一百八卷孝武太元二十一年。佺期曰：“以魏之强，小羌不足灭也。且晋之与魏，本为一家，谓猗卢救刘琨时也。今既结好，好，呼到翻。义无所隐。此间兵弱粮寡，洛阳之救，恃魏而已。若其保全，必有厚报；若其不守，与其使羌得之，不若使魏得之。”若杨佺期者，岂可使之扞御封疆哉！济还报。八月，珪遣太尉穆崇将六万骑往救之。

25 燕辽西太守李朗在郡十年，威行境内，燕辽西郡治令支。恐燕主盛疑之，累征不赴。以其家在龙城，未敢显叛，阴召魏兵，许以郡降魏；降，户江翻；下同。遣使驰诣龙城，广张寇势。盛曰：“此必诈也。”召使者诘问，诘，去吉翻。果无事实。盛尽灭朗族；丁酉，遣辅国将军李旱讨之。

26 初，魏奋武将军张衮以才谋为魏主珪所信重，委以腹心。珪问中州士人于衮，衮荐卢溥及崔逞，珪皆用之。

珪围中山久未下，军食乏，见一百九卷隆安元年。问计于群臣，逞为御史中丞，对曰："桑椹可以佐粮；飞鸮食椹而改音，诗人所称也。"珪虽用其言，听民以椹当租，然以逞为侮慢，心衔之。诗：翩彼飞鸮，集于泮林，食我桑椹，怀我好音。注云：鸮，恶声之鸟也。鸮恒恶鸣，今食桑椹，故改其鸣，归就我以善音。珪本北人而入中原，故衔逞以为侮慢。秦人寇襄阳，雍州刺史郗恢以书求救于魏常山王遵曰："贤兄虎步中原。"珪以恢无君臣之礼，命衮及逞为复书，必贬其主。衮、逞谓帝为贵主。珪怒曰："命汝贬之而谓之'贵主'，何如'贤兄'也！"逞之降魏也，见一百九卷隆安元年。以天下方乱，恐无复遗种，种，章勇翻。使其妻张氏与四子留冀州，逞独与幼子赜【严："赜"改"颐"。】诣平城，赜，士革翻。所留妻子遂奔南燕。珪并以是责逞，赐逞死。卢溥受燕爵命，侵掠魏郡县，杀魏幽州刺史封沓干。珪谓衮所举皆非其人，黜衮为尚书令史。衮乃阖门不通人事，惟手校经籍，岁馀而终。

燕主宝之败也，中书令、民部尚书封懿降于魏。珪以懿为给事黄门侍郎、都坐大官。魏官有三都大官：都坐大官、外都大官、内都大官。坐，徂卧翻。珪问懿以燕氏旧事，懿应对疏慢，亦坐废于家。珪盖自疑，以为衣冠之士慢之也。

27 武威王秃发乌孤醉，走马伤胁而卒，遗令立长君。长，知两翻。国人立其弟利鹿孤，谥乌孤曰武王，庙号烈祖。利鹿孤大赦，徙治西平。

28 南燕王德遣使说幽州刺史辟闾浑，欲下之；晋氏南渡，侨立幽、冀、青、并四州于江北；秦围幽州刺史田洛于三阿，是其证也。孝武太元之季，复取齐地，徙幽、冀二州于齐，是后镇齐者，率领青、冀二州刺史。浑领幽州刺史，盖自北而南，未纯为晋臣，使领幽州而镇广固也。说，输芮翻。浑不从；德遣北地王钟帅步骑二万击之。帅，读曰率。德进据琅邪，徐、兖之民归附者十馀万。德自琅邪引兵而北，以南海王法为兖州刺史，镇梁父。父，音甫。进攻莒城，守将任安委城走。德以潘聪为徐州刺史，镇莒城。莒县，前汉属城阳国，后汉属琅邪，晋分属东莞郡。将，即亮翻。任，音壬。兰汗之乱，燕吏部尚书封孚南奔辟闾浑，浑表为勃海太守；及德至，孚出降，降，户江翻；下同。德大喜曰："孤得青州不为喜，喜得卿耳！"遂委以机密。北地王钟传檄青州诸郡，谕以祸福。辟闾浑徙八千馀家入守广固，遣司马崔诞戍薄荀【张："荀"作"苟"。】固，平原太守张豁戍柳泉；薄荀，盖人姓名，遇乱聚众保固此地，因以为名。齐人率谓保聚之地为固。汉书地理志：北海郡有柳泉侯国，后汉、晋省。诞、豁承檄皆降于德。浑惧，携妻子奔魏，德遣射声校尉刘纲追之，及于莒城，斩之。浑子道秀自诣德，请与父俱死。德曰："父虽不忠以辟闾浑背燕为不忠。而子能孝。"特赦之。浑参军张瑛为浑作檄，瑛，音英。为，于伪翻。辞多不逊，德执而让之。瑛神色自若，徐曰："浑之有臣，犹韩信之有蒯通。通遇汉祖而生，事见十二卷高祖十一年。臣遭陛下而死，比之古人，窃为不幸耳！"德杀之。遂定都广固。

29 燕李旱行至建安，燕主盛急召之，群臣莫测其故。九月，辛未，复遣之。李朗闻其家被诛，被，皮义翻。拥二千馀户以自固；及闻旱还，谓有内变，不复设备，复，扶又翻。留其子养守令支，应劭曰：令，音铃；师古曰：音郎定翻。孟康曰：支，音祇；裴松之其兒翻。自迎魏师于北平。前汉北平郡治平刚，后汉治土垠，晋治徐无，后魏治卢龙。壬子，旱袭令支，克之，遣广威将军孟广平追及朗于无终，斩之。无终，春秋无终子之国，自汉以来，为县，属右北平。刘昫曰：唐蓟州玉田县，汉无终县地。

30 秦主兴以灾异屡见，见，贤遍翻。降号称王，下诏令群公、卿士、将牧、守宰各降一等；将，即亮翻。守，式又翻；下同。大赦，改元弘始。存问孤贫，举拔贤俊，简省法令，清察狱讼，守令之有政迹者赏之，贪残者诛之，远近肃然。

31 冬，十月，甲午，燕中卫将军卫双有罪，赐死。李旱还，闻双死，惧，弃军而亡，至板陉，陉，音刑。复还归罪。复，扶又翻。燕主盛复其爵位，谓侍中孙勍曰："旱为将而弃军，罪在不赦。勍，渠京翻。将，即亮翻。然昔先帝蒙尘，骨肉离心，公卿失节，惟旱以宦者忠勤不懈，始终如一，事见上卷二年。故吾念其功而赦之耳。"

32 辛恭靖固守百馀日，魏救未至，秦兵拔洛阳，获恭靖。恭靖见秦王兴，不拜，曰："吾不为羌贼臣！"兴囚之，恭靖逃归。自淮、汉以北，诸城多请降，送任于秦。降，户江翻。

33 魏主珪以穆崇为豫州刺史，镇野王。秦既克洛阳，魏置镇于野王，以备其渡河侵轶。

34 会稽世子元显，性苛刻，会，工外翻。生杀任意；发东土诸郡免奴为客者，奴户者，有罪没为官奴；公卿以下至九品官及宗室、国宾、先贤之后及士人子孙占荫以为客户，是谓免奴为客。号曰乐属，乐，徒各翻。移置京师，以充兵役，东土嚣然苦之。

孙恩因民心骚动，自海岛帅其党杀上虞令，上虞县，自汉以来属会稽郡，西北距郡城百馀里。帅，读曰率。遂攻会稽。会稽内史王凝之，羲之之子也，世奉天师道，天师道，即张道陵之所传也。会，工外翻。不出兵，亦不设备，日于道室稽颡跪咒。道室，奉道之室也。稽，音启。官属请出兵讨恩，凝之曰："我已请大道，借鬼兵守诸津要，各数万，贼不足忧也。"及恩渐近，乃听出兵，恩已至郡下。甲寅，恩陷会稽，凝之出走，恩执而杀之，并其诸子。凝之妻谢道蕴，奕之女也，闻寇至，举措自若，命婢肩舆，抽刀出门，手杀数人，乃被执。被，皮义翻。吴国内史桓谦、临海太守新秦王崇、晋书作"新蔡王崇"。崇，汝南王佑之曾孙，自其祖父以来，嗣新蔡国封。“秦”，当作“蔡”。义兴太守魏隐皆弃郡走。于是会稽谢针、吴郡陆瓌、吴兴丘尪、针，其廉翻。瓌，姑回翻。尪，乌光翻。义兴许允之、临海周胄、永嘉张永等及东阳、新安凡八郡人，一时起兵，杀长吏以应恩，旬日之中，众数十万。吴兴太守谢邈、永嘉太守司马逸、嘉兴公顾胤、南康公谢明慧、黄门郎谢冲、张琨、中书郎孔道等皆为恩党所杀。邈、冲，皆安之弟子也。时三吴承平日久，民不习战，故郡县兵皆望风奔溃。

恩据会稽，自称征东将军，逼人士为官属，号其党曰“长生人”，民有不与之同者，戮及婴孩，死者什七、八。醢诸县令以食其妻子，食，祥吏翻。不肯食者，辄支解之。支解者，随其支节解剥，若解牛然。所过掠财物，烧邑屋，焚仓廪，刊木，堙井，孔安国曰：刊，槎其木也。堙，塞也。相帅聚于会稽，帅，读曰率；下同。妇人有婴儿不能去者，投于水中，曰：“贺汝先登仙堂，我当寻后就汝。”恩表会稽王道子及世子元显之罪，请诛之。

自帝即位以来，内外乖异，石头以南皆为荆、江所据，以西皆豫州所专，江水自荆、江二州界入扬州界，皆东北流；历阳在江西，建康在江东。孙权筑石头城，盖据江津之要冲也。京口及江北皆刘牢之及广陵相高雅之所制，朝政所行，惟三吴而已。朝，直遥翻。及孙恩作乱，八郡皆为恩有，八郡：会稽、临海、永嘉、东阳、新安、吴、吴兴、义兴也。畿内诸县，盗贼处处蜂起，恩党亦有潜伏在建康者，人情危惧，常虑窃发，于是内外戒严。加道子黄钺，元显领中军将军，命徐州刺史谢琰兼督吴兴、义兴军事以讨恩；刘牢之亦发兵讨恩，拜表辄行。牢之镇京口。

35 西秦以金城太守辛静为右丞相。

36 十二月，甲午，燕燕郡太守高湖帅户三千降魏。湖，泰之子也。为后高欢篡魏张本。降，户江翻。

37 丙午，燕主盛封弟渊为章武公，虔为博陵公，子定为辽西公。

38 丁未，燕太后段氏卒，谥曰惠德皇后。

39 谢琰击斩许允之，迎魏隐还郡，进击丘尪，破之，与刘牢之转斗而前，所向辄克。琰留屯乌程，乌程县，前汉属会稽郡，后汉属吴郡，魏、晋以来属吴兴郡。遣司马高素助牢之，进临浙江。浙，之列翻。诏以牢之都督吴郡诸军事。

初，彭城刘裕，生而母死，父翘侨居京口，家贫，将弃之。同郡刘怀敬之母，裕之从母也，生怀敬未期，走往救之，断怀敬乳而乳之。从，才用翻。断，丁管翻。上乳，如字；下乳，人喻翻。及长，勇健有大志。仅识文字，以卖履为业，好樗蒲，为乡闾所贱。长，知两翻。好，呼到翻。刘牢之击孙恩，引裕参军事，晋、宋之制，参军不署曹者无定员。使将数十人觇贼。遇贼数千人，即迎击之，从者皆死，觇，丑廉翻。从，才用翻。裕坠岸下。贼临岸欲下，裕奋长刀仰斫杀数人，乃得登岸，仍大呼逐之，呼，火故翻。贼皆走，裕所杀伤甚众。刘敬宣怪裕久不返，引兵寻之，见裕独驱数千人，咸共叹息。因进击贼，大破之，斩获千馀人。刘裕事始此。

初，恩闻八郡响应，谓其属曰："天下无复事矣，复，扶又翻；下同。当与诸君朝服至建康。"言欲践位也。朝，直遥翻。既而闻牢之临江，曰："我割浙江以东，不失作句践！"欲如越王句践保有会稽也。句，音钩。戊申，牢之引兵济江，恩闻之曰："孤不羞走。"江表传：周瑜之破魏军也，曹公曰："孤不羞走。"故恩引以为言。遂驱男女二十馀万口东走，多弃宝物、子女于道，官军竞取之，恩由是得脱，复逃入海岛。复，扶又翻；下同。高素破恩党于山阴，山阴县属会稽郡，郡城以北皆县界。斩恩所署吴郡太守陆瓌、瓌，工回翻。吴兴太守丘尪、馀姚令吴兴沈穆夫。馀姚县属会稽郡，在郡城东二百馀里。

东土遭乱，企望官军之至，企，去智翻。既而牢之等纵军士暴掠，士民失望，郡县城中无复人迹，月馀乃稍有还者。朝廷忧恩复至，以谢琰为会稽太守、都督五郡军事，帅徐州文武戍海浦。五郡，会稽、临海、东阳、永嘉、新安也。今自龛山而东至兰风、石堰、鸣鹤、松蒲、蟹浦、定海，皆海浦也。帅，读曰率。

以元显录尚书事。时人谓道子为东录，元显为西录；西府车骑填凑，东第门可张罗矣。元显无良师友，所亲信者率皆佞谀之人，或以为一时英杰，或以为风流名士。由是元显日益骄侈，讽礼官立议，以己德隆望重，既录百揆，百揆皆应尽敬。舜纳于百揆。禹宅百揆。周官曰：唐、虞稽古，建官维百，内有百揆四岳，外有州牧侯伯。皆以百揆为官名。孔安国曰：揆，度也；舜举八凯，使揆度百事，是言以百揆名官之义也。晋人多以百揆为百官。于是公卿以下，见元显皆拜。时军旅数起，国用虚竭，自司徒以下，日廪七升，而元显聚敛不已，富逾帝室。为元显亡国败家张本。数，所角翻。敛，力赡翻。

40 殷仲堪恐桓玄跋扈，乃与杨佺期结昏为援。佺期屡欲攻玄，仲堪每抑止之。玄恐终为殷、杨所灭，乃告执政，求广其所统；执政亦欲交构，使之乖离，乃加玄都督荆州四郡军事，执政，谓元显。荆州四郡，谓长沙、衡阳、湘东、零陵也。又以玄兄伟代佺期兄广为南蛮校尉。佺期忿惧。杨广欲拒桓伟，仲堪不听，出广为宜都、建平二郡太守。杨孜敬先为江夏相，夏，户雅翻。相，息亮翻。玄以兵袭而劫之，以为谘议参军。

佺期勒兵建牙，声云援洛，欲与仲堪共袭玄。仲堪虽外结佺期而内疑其心，苦止之；犹虑弗能禁，遣从弟遹屯于北境，遹，以律翻。雍州治襄阳，在江陵之北。以遏佺期。佺期既不能独举，又不测仲堪本意，乃解兵。

仲堪多疑少决，少，诗沼翻。谘议参军罗企生谓其弟遵生曰："殷侯仁而无断，必及于难。企，去智翻。断，丁乱翻。难，乃旦翻。吾蒙知遇，义不可去，必将死之。"

是岁，荆州大水，平地三丈，仲堪竭仓廪以赈饥民。赈，之忍翻。桓玄欲乘其虚而伐之，乃发兵西上，上，时掌翻。亦声言救洛，与仲堪书曰："佺期受国恩而弃山陵，宜共罪之。晋复洛阳以属雍州统内，故玄以弃山陵罪佺期。今当入沔讨除佺期，沔，弥兖翻。已顿兵江口。若见与无贰，与，许也，从也，党也。心持两端为贰。可收杨广杀之；如其不尔，便当帅兵入江。"入江，则欲攻江陵。帅，读曰率；下同。时巴陵有积谷，玄先遣兵袭取之。梁州刺史郭铨当之官，路经夏口，夏，户雅翻。玄诈称朝廷遣铨为己前锋，乃授以江夏之众，使督诸军并进，密报兄伟令为内应。伟遑遽不知所为，遑，急也。遽，亦急也。自赍疏示仲堪。仲堪执伟为质，质，音致。令与玄书，辞甚苦至。玄曰："仲堪为人无决，常怀成败之计，为儿子作虑，为，于伪翻。我兄必无忧也！"

仲堪遣殷遹帅水军七千至西江口，水经：江水东至长沙下隽县北，湘水从南来注之。江水又东左得二夏浦。注云：夏浦，俗谓之西江口。玄使郭铨、苻宏击之，孝武太元十年，苻宏来奔，处之江州，玄因以为将。遹等败走。玄顿巴陵，食其谷；仲堪遣杨广及弟子道护等拒之，皆为玄所败。败，补迈翻。江陵震骇。

城中乏食，以胡麻廪军士。胡麻，今谓之芝麻，粒小于粟，而黑，可以为油。九炊九曝，以为饭，食之，使人不饥。"廪"，当作"禀"，给也。玄乘胜至零口，零口，即灵溪入江之口。去江陵二十里，仲堪急召杨佺期以自救。佺期曰："江陵无食，何以待敌！可来见就，共守襄阳。"仲堪志在全军保境，不欲弃州逆走，乃绐之曰：绐，待亥翻。"比来收集，已有储矣。"比，毗至翻；近也。佺期信之，帅步骑八千，精甲耀日，至江陵，仲堪唯以饭饷其军。佺期大怒曰："今兹败矣！"不见仲堪，与其兄广共击玄；玄畏其锐，退军马头。江陵县南有江津戍，戍南对马头岸。明日，佺期引兵急击郭铨，几获之；几，居依翻。会玄兵至，佺期大败，单骑奔襄阳。仲堪出奔酂城。酂县，即萧何所封之邑；汉属南阳郡，晋分属顺阳郡。酂，音赞。玄遣将军冯该追佺期及广，皆获而杀之，传首建康。佺期弟思平，从弟尚保、孜敬逃入蛮中。从，才用翻。仲堪闻佺期死，将数百人将奔长安，至冠军城，冠军县，即霍去病所封之邑，属南阳郡，其地在唐邓州临湍县南界。冠，古玩翻。该追获之，还至柞溪，水经注：柞溪水出江陵县北，盖诸池散流，咸所会合，积以成川；东流径驿路水，上有大桥，仲堪缢处也；又东注船官湖。柞，子各翻，又在各翻。逼令自杀，并杀殷道护。仲堪奉天师道，祷请鬼神，不吝财贿，而啬于周急；好为小惠以悦人，好，呼到翻。病者自为诊脉分药；诊，止忍翻。按脉以候病为诊。为，于伪翻。用计倚伏烦密，而短于鉴略，故至于败。

仲堪之走也，文武无送者，惟罗企生从之。路经家门，弟遵生曰："作如此分离，何可不一执手！"企生旋马授手，遵生有力，因牵下之，曰："家有老母，去将何之？"企生挥泪曰："今日之事，我必死之；汝等奉养，企，去智翻。养，羊尚翻；下同。不失子道。一门之中，有忠与孝，亦复何恨！"复，扶又翻。遵生抱之愈急，仲堪于路待之，见企生无脱理，策马而去。及玄至，荆州人士无不诣玄者，企生独不往，而营理仲堪家事。或曰："如此，祸必至矣！"企生曰："殷侯遇我以国士，为弟所制，不得随之共殄丑逆，复何面目就桓求生乎！"复，扶又翻；下同。玄闻之怒，然待企生素厚，先遣人谓曰："若谢我，当释汝。"企生曰："吾为殷荆州吏，荆州败，不能救，尚何谢为！"玄乃收之，复遣人问企生欲何言。企生曰："文帝杀嵇康，嵇绍为晋忠臣，杀嵇康事见七十八卷魏元帝景元三年。嵇绍死事见八十五卷惠帝永兴元年。从公乞一弟以养老母！"玄乃杀企生而赦其弟。

41 凉王光疾甚，立太子绍为天王，自号太上皇帝；以太原公纂为太尉，常山公弘为司徒。谓绍曰："今国家多难，三邻伺隙，三邻，谓秃发、乞伏、段业也。难，乃旦翻。吾没之后，使纂统六军，弘管朝政，朝，直遥翻。汝恭己无为，委重二兄，庶几可济；几，居依翻。若内相猜忌，则萧墙之变，旦夕至矣！"又谓纂、弘曰："永业才非拨乱，吕绍字永业。直以立嫡有常，猥居元首。君为元首。今外有强寇，人心未宁，汝兄弟缉睦，则祚流万世；"缉"，当作"辑"。若内自相图，则祸不旋踵矣！"纂、弘泣曰："不敢。"又执纂手戒之曰："汝性粗暴，深为吾忧。善辅永业，勿听谗言！"是日，光卒。年六十三。绍秘不发丧，纂排阁入哭，尽哀而出。绍惧，以位让之，曰："兄功高年长，长，知两翻。宜承大统。"纂曰："陛下国之冢嫡，臣敢奸之！"奸，音干。绍固让，纂不许。

骠骑将军吕超谓绍曰："纂为将积年，骠，匹妙翻。骑，奇寄翻。将，即亮翻。威震内外，临丧不哀，步高视远，必有异志，宜早除之。"绍曰："先帝言犹在耳，奈何弃之！吾以弱年负荷大任，荷，下可翻。方赖二兄以宁家国，纵其图我，我视死如归，终不忍有此意也。卿勿复言！"复，扶又翻；下同。纂见绍于湛露堂，超执刀侍侧，目纂请收之，绍弗许。为超终杀纂张本。超，光弟宝之子也。

弘密遣尚书姜纪谓纂曰："主上暗弱，未堪多难；难，乃旦翻。兄威恩素著，宜为社稷计，不可徇小节也。”纂于是夜帅壮士数百逾北城，攻广夏门，弘帅东苑之众斧洪范门。王隐晋书曰：凉州城东西三里，南北七里，本匈奴所筑。及张氏之世，又增筑四城，箱各千步；东城命曰讲武场，北城名曰玄武圃，皆殖园果，有宫殿。广夏门、洪范门，皆中城门也。帅，读曰率。夏，户雅翻。左卫将军齐从守融明观，观，古玩翻。逆问之曰：“谁也？”众曰：“太原公。”从曰：“国有大故，主上新立，太原公行不由道，夜入禁城，将为乱邪？”因抽剑直前，斫纂中额，中，竹仲翻。纂左右禽之。纂曰：“义士也，勿杀！”绍遣虎贲中郎将吕开帅禁兵拒战于端门，吕超帅卒二千赴之，众素惮纂，皆不战而溃。纂入自青角门，升谦光殿。青角门，盖凉州中城之东门也。谦光殿，张骏所起；自以专制河右而世执臣节，虽谦而光，故以名殿。绍登紫阁自杀。吕超奔广武。

纂惮弘兵强，以位让弘。弘曰：“弘以绍弟也而承大统，众心不顺，是以违先帝遗命而废之，惭负黄泉！杜预曰：地中之泉，故曰黄泉。今复逾兄而立，岂弘之本志乎！”纂乃使弘出告众曰：“先帝临终受诏如此。”群臣皆曰：“苟社稷有主，谁敢违者！”纂遂即天王位。纂字永绪，光之庶长子也。大赦，改元咸宁，谥光曰懿武皇帝，庙号太祖；谥绍曰隐王。以弘为大都督、督中外诸军事、大司马、车骑大将军、司隶校尉、录尚书事，改封番禾郡公。番，音盘。

纂谓齐从曰：“卿前斫我，一何甚也！”从泣曰：“隐王，先帝所立；陛下虽应天顺人，而微心未达，唯恐陛下不死，何谓甚也！”纂赏其忠，善遇之。

纂叔父征东将军方镇广武，纂遣使谓方曰：使，疏吏翻。“超实忠臣，义勇可嘉；但不识国家大体，权变之宜。方赖其用，以济世难，难，乃旦翻。可以此意谕之。”超上疏陈谢，纂复其爵位。为超杀纂张本。

42 是岁，燕主盛以河间公熙为都督中外诸军事、尚书左仆射，领中领军。

43 刘卫辰子文陈降魏；降，户江翻。魏主珪妻以宗女，妻，七细翻。拜上将军，赐姓宿氏。魏内入诸姓有宿六斤氏，改为宿氏；盖使文陈与之合族属。

四年（庚子、四〇〇）

1 春，正月，壬子朔，燕主盛大赦，自贬号为庶人天王。

2 魏材官将军和跋【严："跋"改"突"。】汉置材官将军，领郡国材官士以出征，师还则省。晋、魏以后，置材官将军，主工匠、土木之事，则汉右校令之任也。袭卢溥于辽西，戊午，克之，溥附燕，见上年。禽溥及其子焕送平城，车裂之。燕主盛遣广威将军孟广平救溥不及，斩魏辽西守宰而还。

3 乙亥，大赦。

4 西秦王乾归迁都苑川。乞伏氏本居苑川，乾归迁于金城，今复都苑川。

5 秃发利鹿孤大赦，改元建和。

6 高句丽王安事燕礼慢；句，如字，又音驹。丽，力知翻。二月，丙申，燕王盛自将兵三万袭之，将，即亮翻。以骠骑大将军熙为前锋，拔新城、南苏二城，开境七百馀里，徙五千馀户而还。还，从宣翻，又如字。熙勇冠诸将，盛曰："叔父雄果，有世祖之风，慕容垂庙号世祖。冠，古玩翻；下同。但弘略不如耳！"

7 初，魏主珪纳刘头眷之女，宠冠后庭，生子嗣。及克中山，克中山见一百九卷隆安元年。获燕主宝之幼女。将立皇后，用其国故事，铸金人以卜之，刘氏所铸不成，慕容氏成，三月，戊午，立慕容氏为皇后。北史曰：魏故事，将立皇后，必令手铸金人，以成者为吉，不则不得立也。

8 桓玄既克荆、雍，雍，于用翻。表求领荆、江二州。诏以玄为都督荆·司·雍·秦·梁·益·宁七州诸军事、荆州刺史，以中护军桓修为江州刺史。玄上疏固求江州；于是进玄督八州及扬·豫八郡诸军事，复领江州刺史。复，扶又翻。玄辄以兄伟为雍州刺史，朝廷不能违。又以从子振为淮南太守。玄既督八州及扬、豫八郡，则西极岷、嶓，东尽历阳、芜湖，皆其统内矣。汉、晋淮南郡本治寿春，成帝时，祖约、苏峻为乱，胡寇又屡至，民南渡江者转多，乃于江南侨立淮南郡，后又割丹杨之于湖为淮南境。玄遣振守之，是逼建康之渐也。从，才用翻。

9 凉王纂以大司马弘功高地逼，忌之；弘亦自疑，遂以东苑之兵作乱，攻纂。纂遣其将焦辨击之，将，即亮翻。弘众溃，出走。纂纵兵大掠，悉以东苑妇女赏军，弘之妻子亦在中。纂笑谓群臣曰："今日之战何如？"侍中房晷对曰："天祸凉室，忧患仍臻。先帝始崩，隐王废黜；山陵甫讫，大司马称兵；京师流血，昆弟接刃。虽弘自取夷灭，亦由陛下无常棣之恩，左传：富辰曰："召穆公思周德之不类，纠合宗族于成周，而作诗曰：'常棣之华，鄂不韡韡。凡今之人，莫如兄弟。'其四章曰：'兄弟阋于墙，外御其侮。'如是，则兄弟虽有小忿，不废懿亲。"当省己责躬以谢百姓。省，悉景翻。乃更纵兵大掠，囚辱士女，衅自弘起，百姓何罪！且弘妻，陛下之弟妇，弘女，陛下之侄也，奈何使无赖小人辱为婢妾，天地神明，岂忍见此！"遂歔欷流涕。歔，音虚。欷，许既翻，又音希。纂改容谢之；召弘妻子寘于东宫，厚抚之。

弘将奔秃发利鹿孤，道过广武，诣吕方，方见之，大哭曰："天下甚宽，汝何为至此！"乃执弘送狱，纂遣力士康龙就拉杀之。拉，卢合翻。

纂立妃杨氏为后，以后父桓为尚书左仆射、凉都尹。凉都姑臧，改武威太守为凉都尹。

10 辛卯，燕襄平令段登等谋反，诛。

11 凉王纂将伐武威王利鹿孤，中书令杨颖谏曰：“利鹿孤上下用命，国未有衅，不可伐也。”不从。利鹿孤使其弟傉檀拒之，傉，奴沃翻。夏，四月，傉檀败凉兵于三堆，三堆，在浩亹河南。败，补迈翻。斩首二千馀级。

12 初，陇西李暠好文学，有令名。暠，古老翻。好，呼到翻。尝与郭黁及同母弟敦煌宋繇同宿，黁，奴昆翻。敦，徒门翻。黁起谓繇曰：“君当位极人臣，李君终当有国家，有騍马生白额驹，騍马，牝马也。騍，音课。晋书作“騧”。此其时也。”及孟敏为沙州刺史，以暠为效谷令；效谷县，自汉以来，属敦煌郡。师古曰：本鱼泽障也。桑钦说：孝武元封六年，济南崔不意为鱼泽尉，教力田，以勤效得谷，因立为县名。后周并入敦煌县。宋繇事北凉王业，为中散常侍。以中散大夫常侍左右也。散，悉亶翻。孟敏卒，敦煌护军冯翊郭谦、沙州治中敦煌索仙等索，昔各翻。以暠温毅有惠政，推为敦煌太守。敦，徒门翻。暠初难之。会宋繇自张掖告归，谓暠曰：“段王无远略，终必无成。兄忘郭黁之言邪？白额驹今已生矣。”暠乃从之，遣使请命于业；使，疏吏翻。业因以暠为敦煌太守。

右卫将军敦煌索嗣言于业曰：“李暠不可使处敦煌。”索，昔各翻。处，昌吕翻。业遂以嗣代暠为敦煌太守，使帅五百骑之官。帅，读曰率。嗣未至二十里，移暠迎己；未至敦煌才二十里，移书于暠使迎己也。暠惊疑，将出迎之。效谷令张邈及宋繇止之曰：“段王暗弱，正是英豪有为之日；将军据一国成资，奈何拱手授人！嗣自恃本郡，谓人情附己，不意将军猝能拒之，可一战擒也。”暠从之。先遣繇见嗣，啖以甘言。啖，徒敢翻，又徒陷翻。繇还，谓暠曰：“嗣志骄兵弱，易取也。”易，以豉翻。暠乃遣邈、繇与其二子歆、让逆击嗣，嗣败走，还张掖。暠素与嗣善，尤恨之，表业请诛嗣。沮渠男成亦恶嗣，劝业除之；业乃杀嗣，段业既失张掖，又杀索嗣以自翦其羽翼，所以终死于沮渠蒙逊之手。恶，乌路翻。遣使谢翯，进翯都督凉兴以西诸军事、镇西将军。段业分敦煌之凉兴、乌泽，晋昌之宜禾为凉兴郡。至宇文氏，并晋之广至、宜安、渊泉，合为凉兴县；隋、唐瓜州之常乐县即其地也。

13 吐谷浑视罴卒，世子树洛干方九岁，弟乌纥堤立，妻树洛干之母念氏，生慕璝、慕延。璝，古回翻。乌纥堤懦弱荒淫，不能治国；治，直之翻。念氏专制国事，有胆智，国人畏服之。

14 燕前将军段玑，太后段氏之兄子也，为段登辞所连及，五月，壬子，逃奔辽西。为后段玑等弑盛张本。盛惩兰汗，严刑以绳下，亦终于身死人手。人而不仁，疾之已甚，乱也。

15 丙寅，卫将军东亭献侯王珣卒。

16 己巳，魏主珪东如涿鹿，西如马邑，观㶟源。㶟，力水翻。

17 戊寅，燕段玑复还归罪；复，扶又翻。燕王盛赦之，赐号曰思悔侯，使尚公主，入直殿内。

18 谢琰以资望镇会稽，资，谓门地成资；望，谓时望。会，工外翻。不能绥怀，又不为武备。诸将咸谏曰："贼近在海浦，伺人形便，宜开其自新之路。"琰不从，曰："苻坚之众百万，尚送死淮南；琰与谢玄同破苻坚，遂轻孙恩。孙恩小贼，败死入海，何能复出！复，扶又翻；下同。若其果出，是天欲杀之也。"既而恩寇浃口，浃口，今在明州定海县虎蹲山外。浃，即叶翻。杜佑曰：浃口在明州鄮县东北七十里。入馀姚，破上虞，进及邢浦，晋书曰：邢浦去山阴北三十五里。琰遣参军刘宣之击破之，恩退走。少日，复寇邢浦，少，诗绍翻。复，扶又翻；下同。官军失利，恩乘胜径进。己卯，至会稽。琰尚未食，曰："要当先灭此贼而后食。"因跨马出战，兵败，为帐下都督张猛所杀。吴兴太守庾桓恐郡民复应恩，杀男女数千人，恩转寇临海。朝廷大震，遣冠军将军桓不才、冠，古玩翻。辅国将军孙无终、宁朔将军高雅之拒之。

19 秦征西大将军陇西公硕德将兵五千【严："千"改"万"。】伐西秦，五千，恐少，当考。入自南安峡。南安峡，在唐秦州陇城县界。德将，即亮翻。西秦王乾归帅诸将拒之，帅，读曰率。军于陇西。

20 杨轨、田玄明谋杀武威王利鹿孤，利鹿孤杀之。隆安二年，杨轨降利鹿孤。

21 六月，庚辰朔，日有食之。

22 以琅邪王师何澄为尚书左仆射。晋诸王置师、友、文学各一人；初避景帝讳，改"师"为"傅"；后以祧庙不讳，复为"师"。澄，准之子也。何准见一百卷穆帝升平元年。

23 甲子，燕大赦。

24 凉王纂将袭北凉，姜纪谏曰："盛夏农事方殷，且宜息兵。今远出岭西，自姑臧西北出张掖，其间有大岭，度岭而西，西郡当其要。秃发氏乘虚袭京师，将若之何！"不从。进围张掖，西掠建康。秃发傉檀闻之，将万骑袭姑臧，纂弟陇西公纬凭北城以自固。傉檀置酒朱明门上，鸣钟鼓，飨将士，曜兵于青阳门，朱明门，姑臧城南门也；青阳门，东门也。傉，奴沃翻。掠八千馀户而去。纂闻之，引兵还。

25 秋，七月，壬子，太皇太后李氏崩。

26 丁卯，大赦。

27 西秦王乾归使武卫将军慕兀等屯守，秦军樵采路绝，秦王兴潜引兵救之。乾归闻之，使慕兀帅中军二万屯柏杨，水经注：伯阳水出伯阳谷，在董亭东；又东有伯阳城，城南谓之伯阳川。盖李耳西入往径所由，故川原畎谷，往往播其名，后又讹为柏杨。五代志：天水郡秦岭县，后魏置伯阳县，隋开皇中更名秦岭，唐并秦岭入清水县。帅，读曰率；下同。镇军将军罗敦帅外军四万屯侯辰谷，乾归自将轻骑数千前候秦兵。将，即亮翻。骑，奇寄翻；下同。会大风昏雾，与中军相失，为追骑所逼，入于外军。旦，与秦战，大败，走归苑川，其部众三万六千皆降于秦。兴进军枹罕。降，户江翻。枹，音肤。

乾归奔金城，谓诸豪帅曰：帅，所类翻。“吾不才，叨窃名号，已逾一纪，孝武太元十三年，乾归嗣国，至是十三年。今败散如此，无以待敌，欲西保允吾。允吾县，汉属金城郡，晋志省。刘昫曰：唐鄯州龙支县，汉允吾县。允吾，音铅牙。若举国而去，必不得免；卿等留此，各以其众降秦，以全宗族，勿吾随也。”皆曰：“死生愿从陛下。”乾归曰：“吾今将寄食于人，若天未亡我，庶几异日克复旧业，几，居希翻。复与卿等相见，今相随而死，无益也。”乃大哭而别。乾归独引数百骑奔允吾，乞降于武威王利鹿孤，利鹿孤遣广武公傉檀迎之，寘于晋兴，张轨分西平界，置晋兴郡。阚骃曰：允吾县西四十里，有小晋兴城。傉，奴沃翻。待以上宾之礼。镇北将军秃发俱延言于利鹿孤曰：“乾归本吾之属国，因乱自尊，今势穷归命，非其诚款，若逃归姚氏，必为国患，不如徙置乙弗之间，乙弗，亦鲜卑种，居西海。北史曰：吐谷浑北有乙弗勿敌国，国有曲海，海周回千馀里，种有万落，风俗与吐谷浑同。北史又曰：乙弗世为吐谷浑渠帅，居青海，号青海王。使不得去。”利鹿孤曰：“彼穷来归我，而逆疑其心，何以劝来者！”俱延，利鹿孤之弟也。

秦兵既退，南羌梁戈等密招乾归，乾归将应之。其臣屋引阿洛以告晋兴太守阴畅，畅驰白利鹿孤，利鹿孤遣其弟吐雷帅骑三千屯扪天岭。扪天岭，在允吾东南。乾归惧为利鹿孤所杀，谓其太子炽磐曰：炽，昌志翻。“吾父子居此，必不为利鹿孤所容。今姚氏方强，吾将归之，若尽室俱行，必为追骑所及，吾以汝兄弟及汝母为质，质，音致。彼必不疑，吾在长安，彼终不敢害汝也。”乃送炽磐等于西平。八月，乾归南奔枹罕，遂降于秦。

28 丁亥，尚书右仆射王雅卒。

29 九月，癸丑，地震。

30 凉吕方降于秦，广武民三千馀户奔武威王利鹿孤。吕方镇广武，既降于秦，其民无主，故奔秃发氏。

31 冬，十一月，高雅之与孙恩战于馀姚，雅之败，走山阴，死者什七、八。诏以刘牢之都督会稽等五郡，帅众击恩，会，工外翻。帅，读曰率。恩走入海。牢之东屯上虞，使刘裕戍句章。句章县，自汉以来属会稽郡，今鄞县以东定海、昌国，皆其地也。吴国内史袁崧【严："崧"改"山松"。】筑沪渎垒以备恩。崧，乔之孙也。"袁崧"，当作"袁山松"。沪渎，今在平江府吴县东。陆龟蒙叙矢鱼之具云：列竹于海澨曰沪。是渎以此得名。吴都记：松江东泻海，名曰扈渎。舆地志曰：扈，业者滨海捕鱼之名。插竹列于海中，以绳编之，向岸张两翼，潮上即没，潮落即出，鱼随海潮，碍竹不得去，名曰扈渎。范成大吴郡志曰：列竹于海澨曰沪，吴之沪渎是也。自沪渎溯松江至吴郡将门，将门今讹为匠门。袁乔，见九十七卷穆帝永和二年、三年。

32 会稽世子元显求领徐州，诏以元显为开府仪同三司、都督扬·豫·徐·兖·青·幽·冀·并·荆·江·司·雍·梁·益·交·广十六州诸军事、领徐州刺史，雍，于用翻。封其子彦玮【严："玮"改"璋"。】为东海王。

33 乞伏乾归至长安，秦王兴以为都督河南诸军事、河州刺史、归义侯。此河南谓金城河之南。

久之，乞伏炽磐欲逃诣乾归，武威王利鹿孤追获之。利鹿孤将杀炽磐，广武公傉檀曰："子而归父，无足深责，宜宥之以示大度。"利鹿孤从之。秃发傉檀劝其兄宥炽磐，而卒死于炽磐之手，岂非养虎自遗患乎！

34 秦王兴遣晋将刘嵩等二百馀人来归。刘嵩等盖因洛阳陷而没于秦。将，即亮翻。

35 北凉晋昌太守唐瑶叛，移檄六郡，六郡，盖敦煌、酒泉、晋昌、凉兴、建康、祁连也。推李暠为冠军大将军、沙州刺史、凉公、领敦煌太守。暠，古老翻。冠，古玩翻。暠赦其境内，改元庚子。北凉之地至此又分为西凉。以瑶为征东将军，郭谦为军谘祭酒，索仙为左长史，索，昔各翻。张邈为右长史，尹建兴为左司马，张体顺为右司马。遣从事中郎宋繇东伐凉兴，并击玉门已西诸城，皆下之。

酒泉太守王德亦叛北凉，自称河州刺史。北凉王业使沮渠蒙逊讨之。德焚城，将部曲奔唐瑶，蒙逊追至沙头，大破之，沙头县本属酒泉郡，惠帝分属晋昌郡。沮，子余翻。将，即亮翻。虏其妻子、部落而还。还，从宣翻，又如字。

36 十二月，戊寅，有星孛于天津。天文志：天津九星横河中，一曰天汉，一曰天江；主四渎津梁，所以度神通四方也。孛，蒲内翻。会稽世子元显以星变解录尚书事，会，工外翻。复加尚书令。复，扶又翻。吏部尚书车胤以元显骄恣，车，尺遮翻。白会稽王道子，请禁抑之。元显闻而未察，以问道子曰："车武子屏人言及何事？"车胤，字武子。屏，必郢翻。道子弗答。固问之，道子怒曰："尔欲幽我，不令我与朝士语邪！"朝，直遥翻。元显出，谓其徒曰："车胤间我父子。"密遣人责之。胤惧，自杀。间，古苋翻。

37 壬辰，燕主盛立燕台，统诸部杂夷。二赵以来，皆立单于台以统杂夷，盛仍此立之。

38 魏太史屡奏天文乖乱。魏主珪自览占书，多云改王易政；乃下诏风励群下，以帝王继统，皆有天命，不可妄干；风，读曰讽。又数变易官名，欲以厌塞灾异。数，所角翻。厌，于叶翻。塞，悉则翻。

仪曹郎董谧献服饵仙经，珪置仙人博士，立仙坊，煮炼百药，封西山以供薪蒸。西山，平城西山也。毛晃曰：粗曰薪，细曰蒸。药成，令死罪者试服之，多死，不验，而珪犹信之，访求不已。

珪常以燕主垂诸子分据势要，使权柄下移，遂至败亡，深非之。博士公孙表希旨，上韩非书，上，时掌翻。劝珪以法制御下。左将军李栗性简慢，“栗”，或作“粟”。常对珪舒放不肃，咳唾任情；咳，口慨翻。珪积其宿过，遂诛之，群下震栗。史言魏主珪悖暴于治。

39 丁酉，燕王盛尊献庄后丁氏为皇太后；立辽西公定为皇太子；大赦。

40 是岁，南燕王德即皇帝位于广固，德，字玄明，皝之少子也。大赦，改元建平。更名备德，更，工衡翻。欲使吏民易避。易，以豉翻。追谥燕主暐曰幽皇帝。以北地王钟为司徒，慕舆拔为司空，封孚为左仆射，慕舆护为右仆射。立妃段氏为皇后。

王崇武标点容肇祖聂崇岐覆校

资治通鉴卷第一百一十二

端明殿学士兼翰林侍读学士大中大夫
提举西京嵩山崇福宫上柱国河内郡开国公 司马光 奉敕编集
食邑二千二百户食实封九百户赐紫金鱼袋臣

后学天台 胡三省 音注

晋纪三十四 起重光赤奋若(辛丑),尽玄黓摄提格(壬寅),凡二年。

安皇帝丁

隆安五年(辛丑、四〇一)

1 春,正月,武威王利鹿孤欲称帝,群臣皆劝之。安国将军鍮勿仑曰:安国将军,汉献帝以授张杨。鍮,托侯翻。仑,卢昆翻。"吾国自上世以来,被发左衽,被,皮义翻。无冠带之饰,逐水草迁徙,无城郭室庐,故能雄视沙漠,抗衡中夏。夏,户雅翻。今举大号,诚顺民心。然建都立邑,难以避患,储蓄仓库,启敌人心;不如处晋民于城郭,劝课农桑以供资储,帅国人以习战射,邻国弱则乘之,强则避之,此久长之良策也。自汉以来,善为夷狄谋者,莫过此策矣。处,昌吕翻。帅,读曰率。且虚名无实,徒足为世之质的,将安用之!"质受斧,的受矢。按诗发彼有的,毛传云:的,质也。正义曰:毛氏于射侯之事,正鹄不明;惟猗嗟传云:二尺曰正,亦不言正之所施。周礼郑众、马融注,皆云十尺曰侯,四尺曰鹄,二尺曰正,四寸曰质;则以为侯皆一丈,鹄及正、质于一侯之中为此等级,则以质为四寸也。王肃引尔雅云:射,张皮谓之侯,侯中谓之鹄,鹄中谓之正,正方二尺;正中谓之槷，槷方六寸。槷则质也。旧云方四寸，今云方六寸，尔雅说明，宜从之。肃意惟改质为六寸，馀同郑、马。贾逵周礼注云：四尺曰正，正五重，鹄居其内，而方二尺。以为正正〔衍〕大于鹄，鹄在正内，虽内外不同，亦共在一侯。郑于周礼上下检之，以为大射之侯，其中制皮为鹄，宾射之侯，其中采画为正，正大如鹄，皆居侯中三分之一。其燕射则射兽侯，侯中画为兽形，即乡射记所谓熊侯白质之类。射义云：孔子曰：循声而发；发而不失正鹄者，其惟贤者乎！诗云：发彼有的，以祈尔爵。既言正鹄，即引此的。则诗人之意以的为正鹄之谓也。司裘注说皮侯之状云：以虎、熊、豹、麋之皮饰其侧，又方制之以为质，谓之鹄。是郑意以侯中所射之处为质也。此毛传唯言的质也。利鹿孤曰："安国之言是也。"乃更称河西王，更，工衡翻。王武威则一郡而已，王河西则欲兼汉四郡之地，此利鹿孤之志也。以广武公傉檀为都督中外诸军事、凉州牧、录尚书事。傉，奴沃翻。

2 二月，丙子，孙恩出浃口，浃，即叶翻。攻句章，不能拔。刘牢之击之，恩复走入海。复，扶又翻。

3 秦王兴使乞伏乾归还镇苑川，尽以其故部众配之。为乞伏氏复强张本。

4 凉王纂嗜酒好猎，好，呼到翻。太常杨颖谏曰："陛下应天受命，当以道守之。今疆宇日蹙，崎岖二岭之间，姑臧南有洪池岭，西有丹岭，一作"删丹岭"。陛下不兢兢夕惕以恢弘先业，而沈湎游畋，沈，持林翻。不以国家为事，臣窃危之。"纂逊辞谢之，然犹不悛。

番禾太守吕超擅击鲜卑思盘，番禾县，汉属张掖郡，后汉、晋省。番，音盘。此郡盖吕氏置。刘昫曰："唐凉州天宝县，汉番禾县地。悛，七缘翻。番，音盘。思盘遣其弟乞珍诉于纂，纂命超及思盘皆入朝。朝，直遥翻。超惧，至姑臧，深自结于殿中监杜尚。纂见超，责之曰："卿恃兄弟桓桓，孔安国曰：桓桓，武貌。乃敢欺吾，今人谓相陵为相欺。要当斩卿，天下乃定！"超顿首谢。纂本以恐愒超，愒，许葛翻。实无意杀之。因引超、思盘及群臣同宴于内殿。超兄中领军隆数劝纂酒，数，所角翻。纂醉，乘步挽车，步挽车不用牛马若羊等，令人步而挽之。魏书礼志：步挽车，天子小驾，亦为副乘。将超等游禁中。将，如字。至琨华堂东阁，车不得过，纂亲将窦川、骆腾倚剑于壁，推车过阁。将，即亮翻。推，吐雷翻。超取剑击纂，纂下车禽超，超刺纂洞胸；刺，七亦翻。川、腾与超格战，超杀之。纂后杨氏命禁兵讨超；杜尚止之，超之结尚也，盖有密约。皆舍仗不战。将军魏益多入，取纂首，杨氏曰："人已死，如土石，无所复知，何忍复残其形骸乎！"复，扶又翻。益多骂之，遂取纂首以徇曰："纂违先帝之命，杀太子而自立，事见上卷三年。荒淫暴虐。番禾太守超顺人心而除之，以安宗庙，凡我士庶，同兹休庆！"

纂叔父巴西公佗、佗，徒河翻。弟陇西公纬皆在北城。纬，於贵翻。或说纬曰："超为逆乱，公以介弟之亲，杜预曰：介，大也。说，输芮翻；下同。仗大义而讨之，姜纪、焦辨在南城，杨桓、田诚在东苑，皆吾党也，何患不济！"纬严兵欲与佗共击超。佗妻梁氏止之曰："纬、超俱兄弟之子，何为舍超助纬，自为祸首乎！"舍，读曰捨。佗乃谓纬曰："超举事已成，据武库，拥精兵，图之甚难；且吾老矣，无能为也。"超弟邈有宠于纬，说纬曰："纂贼杀兄弟，谓杀绍又杀弘也。说，输芮翻。隆、超顺人心而讨之，正欲尊立明公耳。方今明公先帝之长子，当主社稷，人无异望，夫复何疑！"长，知两翻。复，扶又翻。纬信之，乃与隆、超结盟，单马入城；超执而杀之。让位于隆，隆有难色。超曰："今如乘龙上天，岂可中下！"隆遂即天王位，隆，字永基，光弟宝之子也。大赦，改元神鼎。超先于番禾得小鼎，以为神瑞，故以纪元。尊母卫氏为太后，妻杨氏为后；以超为都督中外诸军事、辅国大将军、录尚书事，封安定公；谥纂曰灵帝。

纂后杨氏将出宫，超恐其挟珍宝，命索之。索，山客翻。杨氏曰：“尔兄弟不义，手刃相屠，我旦夕死人，安用宝为！”超又问玉玺所在。玺，斯氏翻。杨氏曰：“已毁之矣。”后有美色，超将纳之，谓其父右仆射桓曰：“后若自杀，祸及卿宗！”桓以告杨氏。杨氏曰：“大人卖女与氐以图富贵，一之谓甚，其可再乎！”引左传之言。遂自杀，谥曰穆后。桓奔河西王利鹿孤，利鹿孤以为左司马。

5 三月，孙恩北趣海盐，海盐县本武原乡，秦以为海盐县，汉属会稽郡，后汉、晋属吴郡，今在秀州东南八十里。趣，七喻翻。刘裕随而拒之，筑城于海盐故治。恩日来攻城，裕屡击破之，斩其将姚盛。城中兵少不敌，将，即亮翻。少，诗沼翻。裕夜偃旗匿众，明晨开门，使羸疾数人登城。羸，伦为翻。贼遥问刘裕所在。曰，“夜已走矣。”贼信之，争入城。裕奋击，大破之。恩知城不可拔，乃进向沪渎，裕复弃城追之。沪，音户。复，扶又翻。

海盐令鲍陋遣子嗣之帅吴兵一千，请为前驱。帅，读曰率。裕曰：“贼兵甚精，吴人不习战，若前驱失利，必败我军，败，补迈翻。可在后为声势。”嗣之不从。裕乃多伏旗鼓。前驱既交，诸伏皆出，裕举旗鸣鼓，贼以为四面有军，乃退。嗣之追之，战没。裕且战且退，所领死伤且尽，至向战处，令左右脱取死人衣以示閒暇。閒，读曰閑。贼疑之，不敢逼。裕大呼更战，呼，火故翻。贼惧而退，裕乃引归。

6 河西王利鹿孤伐凉，与凉王隆战，大破之，徙二千馀户而归。

7 夏，四月，辛卯，魏人罢邺行台，魏置邺行台，见一百一十卷隆安二年。以所统六郡置相州，以庾岳为刺史。魏相州统魏郡、阳平、广平、汲郡、顿丘、清河六郡。杜佑曰：后魏置相州于邺，取河亶甲居相以名州。

8 乞伏乾归至苑川，以边芮为长史，王松寿为司马，公卿、将帅皆降为僚佐、偏裨。将，即亮翻。帅，所类翻。

9 北凉王业惮沮渠蒙逊勇略，欲远之，沮，子余翻。远，于愿翻。蒙逊亦深自晦匿。业以门下侍郎马权代蒙逊为张掖太守；守，式又翻。权素豪隽，为业所亲重，常轻侮蒙逊。蒙逊谮之于业曰："天下不足虑，惟当忧马权耳。"业遂杀权。以余观之，索嗣、马权皆庸夫耳，恃倚世资而使气，无能为也。

蒙逊谓沮渠男成曰："段公无鉴断之才，鉴，明也；断，决也。断，丁乱翻。非拨乱之主，向所惮者惟索嗣、马权，今皆已死，索嗣死见上卷四年。蒙逊欲除之以奉兄，何如？"男成曰："业本孤客，为吾家所立，恃吾兄弟犹鱼之有水。夫人亲信我而图之，不祥。"蒙逊乃求为西安太守，业喜其出外，许之。

蒙逊与男成约同祭兰门山，而阴使司马许咸告业曰："男成欲以取假日为乱，假，居讶翻，休假也。若求祭兰门山，臣言验矣。"至期，果然。业收男成赐死。男成曰："蒙逊先与臣谋反，臣以兄弟之故，隐而不言。今以臣在，恐部众不从，故约臣祭山而反诬臣，其意欲王之杀臣也。乞诈言臣死，暴臣罪恶，蒙逊必反，臣然后奉王命而讨之，无不克矣。"业不听，杀之。蒙逊泣告众曰："男成忠于段王，而段王无故枉杀之，诸君能为报仇乎？为，于伪翻。且始者共立段王，欲以安众耳；今州土纷乱，非段王所能济也。"男成素得众心，众皆愤泣争奋，比至氐池，氐池县，汉属张掖郡，晋省，其地属唐甘州张掖县界。比，必寐翻，及也。氐，丁尼翻，又音低。众逾一万；镇军将军臧莫孩率所部降之，孩，河开翻。降，户江翻；下同。羌、胡多起兵应蒙逊者。蒙逊进逼【章：甲十一行本"逼"作"壁"；乙十一行本同；孔本同；张校同。】侯坞。

业先疑右将军田昂，囚之；至是召昂，谢而赦之，使与武卫将军梁中庸共讨蒙逊。别将王丰孙言于业曰：将，即亮翻。“西平诸田，世有反者，昂貌恭而心险，不可信也。”业曰：“吾疑之久矣；但非昂无可以讨蒙逊者。”昂至侯坞，率骑五百降于蒙逊，业军遂溃，中庸亦诣蒙逊降。危疑反侧之时，用言为难，而用人为尤难，当此之际，非有明略雄断不能济也。

五月，蒙逊至张掖，田昂兄子承爱斩关内之，业左右皆散。蒙逊至，业谓蒙逊曰：“孤孑然一己，为君家所推，愿丐馀命，丐，古泰翻，乞也。使得东还与妻子相见。”蒙逊斩之。北凉段业四年而亡。

业，儒素长者，长，知两翻。无他权略，威禁不行，群下擅命，尤信卜筮、巫觋，觋，刑狄翻。故至于败。

沮渠男成之弟富占、将军俱傫帅户五百降于河西王利鹿孤。傫，石子之子也。傫，伦追翻。俱石子见一百六卷孝武太元十年。帅，读曰率；下同。

10 孙恩陷沪渎，杀吴国内史袁崧，死者四千人。“崧”，当作“山松”。

11 凉王隆多杀豪望以立威名，内外嚣然，人不自保。魏安人焦朗魏安县在武威昌松县界，盖曹魏所置也，而晋志不见。后魏置魏安郡。遣使说秦陇西公硕德曰：“吕氏自武皇弃世，吕光伪谥懿武皇帝。说，轮芮翻。兄弟相攻，政纲不立，竞为威虐，百姓饥馑，死者过半。今乘其篡夺之际，取之易于返掌，易，以豉翻。“返”，当作“反”。不可失也。”硕德言于秦王兴，帅步骑六万伐凉，乞伏乾归帅骑七千从之。

12 六月，甲戌，孙恩浮海奄至丹徒，丹徒县，古朱方也，后曰谷阳，秦改曰丹徒，汉属会稽郡，后汉属吴郡，晋属晋陵郡。地理志曰：秦时，望气者云其地有天子气，始皇使赭衣三千人凿城败其势，改曰丹徒。战士十馀万，楼船千馀艘，艘，苏遭翻。建康震骇。乙亥，内外戒严，百官入居省内；冠军将军高素等守石头，冠，古玩翻。辅国将军刘袭栅断淮口，秦淮入江之口也。断，丁管翻。丹阳尹司马恢之戍南岸，冠军将军桓谦等备白石，左卫将军王嘏等屯中堂，征豫州刺史谯王尚之入卫京师。

刘牢之自山阴引兵邀击恩，未至而恩已过，乃使刘裕自海盐入援。裕兵不满千人，倍道兼行，与恩俱至丹徒。裕众既少，少，诗绍翻。加以涉远疲劳，而丹徒守军莫有斗志。恩帅众鼓噪，登蒜山，蒜山，今在镇江府城西三里，山上多蒜，故名。蒜，苏贯翻。居民皆荷担而立。荷，下可翻。担，都滥翻。裕帅所领奔击，大破之，帅，读曰率；下同。投崖赴水【章：甲十一行本“水”下有“死”字；乙十一行本同；孔本同；张校同。】者甚众，恩狼狈仅得还船。然恩犹恃其众，寻复整兵径向京师。复，扶又翻；下同。后将军元显帅兵拒战，频不利。会稽王道子无他谋略，唯日祷蒋侯庙。蒋侯庙在蒋山，在今建康府上元县东北十八里。汉末，秣陵尉蒋子文讨贼，战死山下，吴孙权为立庙，江东朝野祷之，率有灵应。恩来渐近，百姓恟惧。恟，许拱翻。谯王尚之帅精锐驰至，径屯积弩堂。恩楼船高大，溯风不得疾行，数日乃至白石。恩本以诸军分散，欲掩不备；既而知尚之在建康，复闻刘牢之已还，至新洲，新洲在京口西大江中，意即今之珠金沙是也。复，扶又翻。不敢进而去，浮海北走郁洲。水经注曰：东海朐县东北海中有大洲，谓之郁洲，山海经所谓“郁山在海中”者也。恩别将攻陷广陵，杀三千人。宁朔将军高雅之击恩于郁洲，为恩所执。宁朔将军盖晋置。

桓玄厉兵训卒，常伺朝廷之隙，伺，相吏翻。闻孙恩逼京师，建牙聚众，上疏请讨之。元显大惧。会恩退，元显以诏书止之，玄乃解严。

13 梁中庸等共推沮渠蒙逊为大都督、大将军、凉州牧、张掖公，赦其境内，改元永安。蒙逊署从兄伏奴为张掖太守、和平侯，弟挐为建忠将军、都谷侯，从，才用翻。挐，女余翻。田昂为西郡太守，臧莫孩为辅国将军，房晷、梁中庸为左右长史，张骘、谢正礼为左右司马；骘，之日翻。擢任贤才，文武咸悦。

14 河西王利鹿孤命群臣极言得失。西曹从事史暠曰：暠，古老翻。"陛下命将出征，将，即亮翻；下同。往无不捷；然不以绥宁为先，唯以徙民为务；民安土重迁，故多离叛，此所以斩将拔城而地不加广也。"利鹿孤善之。

15 秋，七月，魏兖州刺史长孙肥魏未得兖州也，使肥以兖州刺史南略地耳。将步骑二万南徇许昌，东至彭城，将军刘该降之。将步，即亮翻。骑，奇寄翻。降，户江翻；下同。

16 秦陇西公硕德自金城济河，直趣广武，河西王利鹿孤摄广武守军以避之。趣，七喻翻。摄，收也。秦军至姑臧，凉王隆遣辅国大将军超、龙骧将军邈等逆战，骧，思将翻。硕德大破之，生禽邈，俘斩万计。隆婴城固守，巴西公佗帅东苑之众二万五千降于秦。帅，读曰率。西凉公暠、河西王利鹿孤、沮渠蒙逊各遣使奉表入贡于秦。暠，古老翻。使，疏吏翻。沮，子余翻。

初，凉将姜纪降于河西王利鹿孤，广武公傉檀与论兵略，甚爱重之，傉，奴沃翻。坐则连席，出则同车，每谈论，以夜继昼。利鹿孤谓傉檀曰："姜纪信有美才，然视候非常，必不久留于此，不如杀之。纪若入秦，必为人患。"傉檀曰："臣以布衣之交待纪，纪必不相负也。"八月，纪将数十骑奔秦军，秃发兄弟皆推傉檀之明略，余究观傉檀始末，未敢许也。又究观姜纪自凉入秦始末，则纪盖反覆诡谲之士，而傉檀爱重之，则傉檀盖以才辨为诸兄所重，而智略不能济，此其所以亡国也。说硕德曰："吕隆孤城无援，明公以大军临之，其势必请降；然彼徒文降而已，未肯遂服也。请给纪步骑三千，与王松怱因焦朗、华纯之众，王松怱，秦将也；焦朗、华纯皆凉人。说，输芮翻。华，户化翻。伺其衅隙，隆不足取也。不然，今秃发在南，兵强国富，若兼姑臧而据之，威势益盛，沮渠蒙逊、李暠不能抗也，必将归之，如此，则为国家之大敌矣。”硕德乃表纪为武威太守，配兵二千，屯据晏然。班固地理志，武威休屠县，王莽改曰晏然，后复曰休屠。永宁中，张轨于姑臧西北置武兴郡，晏然县属焉。

秦王兴闻杨桓之贤而征之，利鹿孤不敢留。史言诸凉畏秦之强。

17 诏以刘裕为下邳太守，讨孙恩于郁洲，累战，大破之。恩由是衰弱，复缘海南走，复，扶又翻。裕亦随而邀击之。

18 燕王盛惩其父宝以懦弱失国，务峻威刑，又自矜聪察，多所猜忌，群臣有纤介之嫌，皆先事诛之，先，悉荐翻。由是宗亲、勋旧，人不自保。丁亥，左将军慕容国与殿上【严："上"改"中"。】将军秦舆、段赞谋帅禁兵袭盛，殿上将军盖慕容所置，缘晋之殿中将军而名官也。帅，读曰率。事发，死者五百馀人。壬辰夜，前将军段玑与秦舆之子兴、段赞之子泰潜于禁中鼓噪大呼；呼，火故翻。盛闻变，帅左右出战，帅，读曰率。贼众逃溃。玑被创，创，初良翻。匿厢屋间。俄有一贼从暗中击盛，盛被伤，辇升前殿，申约禁卫，事定而卒。年二十九。慕容盛临变而整，此其雄略亦有过人者；然以猜忌好杀致毙，则天下之人固非一人可犇其智略而尽杀也。

中垒将军慕容拔、冗从仆射郭仲白太后丁氏，以为国家多难，宜立长君。冗，而陇翻。从，才用翻。难，乃旦翻。长，知两翻。时众望在盛弟司徒、尚书令、平原公元，而河间公熙素得幸于丁氏，丁氏乃废太子定，密迎熙入宫。明旦，群臣入朝，朝，直遥翻。始知有变，因上表劝进于熙。熙以让元，元不敢当。癸巳，熙即天王位，熙，字道文，垂之少子也。捕获段玑等，皆夷三族。甲午，大赦。丙申，平原公元以嫌赐死。闰月，辛酉，葬盛于兴平陵，谥曰昭武皇帝，庙号中宗。丁氏送葬未还，中领军慕容提、步军校尉张佛等谋立故太子定，事觉，伏诛，定亦赐死。燕立定为太子，见上卷四年。丙寅，大赦，改元光始。

19 秦陇西公硕德围姑臧累月，东方之人在城中者多谋外叛，魏益多复诱扇之，复，扶又翻，下复生同。欲杀凉王隆及安定公超，事发，坐死者三百馀家。硕德抚纳夷、夏，分置守宰，夏，户雅翻。守，式又翻。节食聚粟，为持久之计。

凉之群臣请与秦连和，隆不许。安定公超曰："今资储内竭，上下嗷嗷，虽使张、陈复生，亦无以为策。张良、陈平，智谋之士，故称之。陛下当思权变屈伸，何爱尺书、单使为卑辞以退敌！使，疏吏翻。敌去之后，修德政以息民，若卜世未穷，何忧旧业之不复！周成王定鼎于郏鄏，卜世三十，卜年七百。若天命去矣，亦可以保全宗族。不然，坐守困穷，终将何如？"隆乃从之，九月，遣使请降于秦。降，户江翻；下同。考异曰：姚兴载记，姚平伐魏与姚硕德伐吕隆同时。魏书，天兴五年五月姚平来侵。晋元兴元年，秦弘始四年也。晋帝纪、晋春秋皆云"隆安五年降秦"。十六国西秦春秋云："太初十四年，五月，乾归随姚硕德伐凉。"南凉春秋云："建和二年，七月，姚硕德伐吕隆，孤摄广武守军以避之。"皆隆安五年也。按秦小国，既与魏相持，岂暇更兴兵伐凉！盖载记之误也。今以晋帝纪、晋春秋、十六国西秦、南凉春秋为据。硕德表隆为镇西大将军、凉州刺史、建康公。隆遣子弟及文武旧臣慕容筑、杨颖等五十馀家入质于长安。慕容筑，燕宗室也。苻坚灭燕，其宗室悉补边郡，故筑留河西。筑，张六翻。质，音致；下为质同。硕德军令严整，秋毫不犯，祭先贤，礼名士，西土悦之。

沮渠蒙逊所部酒泉、凉宁二郡叛降于西凉，酒泉郡治福禄县。魏收地形志，凉宁郡领园池、贡泽二县。又闻吕隆降秦，大惧，遣其弟建忠将军挐、牧府长史张潜蒙逊自称凉州牧，置牧府长史。挐，女居翻。见硕德于姑臧，请帅其众东迁。帅，读曰率。硕德喜，拜潜张掖太守，挐建康太守。潜劝蒙逊东迁。挐私谓蒙逊曰："姑臧未拔，吕氏犹存，硕德粮尽将还，不能久也，何为自弃土宇，受制于人乎！"臧莫孩亦以为然。孩，何开翻。

蒙逊遣子奚念为质于河西王利鹿孤，蒙逊既不东迁，故纳质于利鹿孤以求援。利鹿孤不受，曰："奚念年少，可遣挐也。"少，诗照翻。冬，十月，蒙逊复遣使上疏于利鹿孤曰："臣前遣奚念具披诚款，而圣旨未昭，复征弟挐。复，扶又翻。臣窃以为，苟有诚信，则子不为轻，若其不信，则弟不为重。今寇难未夷，难，乃旦翻。不获奉诏，愿陛下亮之。"利鹿孤怒，遣张松侯俱延、兴城侯文支将骑一万袭蒙逊，至万岁临松，晋书地理志，酒泉郡有延寿县，当是后改为万岁。张天锡置临松郡。五代志曰：临松县有临松山，后周省入张掖县。宋白曰：隋炀帝并万岁入删丹县，属张掖郡。将，即亮翻。骑，奇寄翻。执蒙逊从弟鄯善苟子，从，才用翻；下同。鄯，时战翻。康曰：鄯善，复姓，其先西域人，以国为姓，苟子其名。余据纪文，以鄯善苟子为蒙逊从弟，则鄯善非姓也明矣。虏其民六千馀户。蒙逊从叔孔遮入朝于利鹿孤，朝，直遥翻。许以挐为质，利鹿孤乃归其所掠，召俱延等还。文支，利鹿孤之弟也。

20 南燕主备德宴群臣于延贤堂，备德，本名德，既据齐地，增上一字，名备德。酒酣，谓群臣曰："朕可方自古何等主？"青州刺史鞠仲曰："陛下中兴圣主，少康、光武之俦。"少，诗照翻。备德顾左右赐仲帛千匹；仲以所赐多，辞之。备德曰："卿知调朕，朕不知调卿邪！调，徒了翻，又如字，调戏也。卿所对非实，故朕亦以虚言赏卿耳。"韩范进曰："天子无戏言，今日之论，君臣俱失。"备德大悦，赐范绢五十匹。

备德母及兄纳皆在长安，备德遣平原人杜弘往访之。弘曰："臣至长安，若不奉太后动止，当西如张掖，德仕秦为张掖太守，其兄纳因家于张掖，故弘欲往张掖访之。以死为效。臣父雄年逾六十，乞本县之禄以申乌鸟之情。”慈乌反哺，故云然。李密陈情表曰："乌鸟私情，愿乞终养。"中书令张华曰：“杜弘未行而求禄，要君之罪大矣。”要音邀。备德曰：“弘为君迎母，为父求禄，为，于伪翻。忠孝备矣，何罪之有！”以雄为平原令。弘至张掖，为盗所杀。

21 十一月，刘裕追孙恩至沪渎、海盐，又破之，沪，音扈。俘斩以万数，恩遂自浃口远窜入海。浃，音接。

22 十二月，辛亥，魏主珪遣常山王遵、定陵公和跋帅众五万袭没弈干于高平。高平，汉属安定，魏收志属泾州新平郡。又原州有高平郡；郦道元云：高平川西南去安定三百四十里。帅，读曰率。

23 乙卯，魏虎威将军宿沓干伐燕，攻令支；令，音铃，又郎定翻。支，音祁，又音祇。乙丑，燕中领军宇文拔救之；壬午，宿沓干拔令支而戍之。

24 吕超攻姜纪不克，遂攻焦朗。姜纪时据晏然，焦朗据魏安。朗遣其弟子嵩为质于河西王利鹿孤以请迎，利鹿孤遣车骑将军傉檀赴之；比至，超已退，质，音致。比，必寐翻。朗闭门拒之。傉檀怒，将攻之。镇北将军俱延谏曰：“安土重迁，人之常情。朗孤城无食，今年不降，降，户江翻。后年自服，何必多杀士卒以攻之！若其不捷，彼必去从他国；弃州境士民以资邻敌，非计也，不如以善言谕之。”傉檀乃与朗连和，遂曜兵姑臧，壁于胡坑。胡坑在姑臧西。

傉檀知吕超必来斫营，畜火以待之。超夜遣中垒将军王集帅精兵二千斫傉檀营，帅，读曰率；下同。傉檀徐严不起。集入垒中，内外皆举火，光照如昼，纵兵击之，斩集及甲首三百馀级。吕隆惧，伪与傉檀通好，好，呼到翻。请于苑内结盟。傉檀遣俱延入盟，俱延疑其有伏，毁苑墙而入；超伏兵击之，俱延失马步走，凌江将军郭祖力战拒之，俱延乃得免。傉檀怒，攻其昌松太守孟祎于显美。昌松、显美，汉、晋皆为县，属武威郡。吕光改昌松为东张掖郡，寻复为昌松郡。五代志，后周废显美入姑臧。祎，许韦翻。隆遣广武将军荀【严："荀"改"苟"。】安国、宁远将军石可帅骑五百救之；安国等惮傉檀之强，遁还。

25 桓玄表其兄伟为江州刺史，镇夏口；夏，户雅翻。司马刁畅为辅国将军、督八郡军事，镇襄阳；遣其将皇甫敷、冯该戍湓口。移沮、漳蛮二千户于江南，左传曰　江、汉、沮、漳，楚之望也。水经：沮水出汉中房陵，东南过临沮界，又东过枝江县，南入于江。漳水出临沮县东荆山，南至枝江县北入于沮。二水上下皆蛮所居也。沮，子余翻。漳，诸良翻。立武宁郡；更招集流民，立绥安郡。绥安郡，治长宁县，隋省长宁入长林。诏征广州刺史刁逵、豫章太守郭昶之，昶，丑两翻。玄皆留不遣。

玄自谓有晋国三分之二，数使人上己符端，数，所角翻。上，时掌翻。欲以惑众；又致笺于会稽王道子曰："贼造近郊，以风不得进，以雨不致火，食尽故去耳，非力屈也。会，工外翻。造，七到翻。谓孙恩也。昔国宝死后，王恭不乘此威入统朝政，朝，直遥翻；下在朝同。足见其心非侮于明公也，而谓之不忠。今之贵要腹心，有时流清望者谁乎？岂可云无佳胜？直是不能信之耳！江东人士，其名位通显于时者，率谓之佳胜、名胜。尔来一朝一夕，遂成今日之祸。尔来，犹言如此以来也。在朝君子皆畏祸不言，玄忝任在远，是以披写事实。"元显见之，大惧。

张法顺谓元显曰："桓玄承借世资，素有豪气，既并殷、杨，专有荆楚；殷、杨，谓殷仲堪、杨佺期也。并殷、杨事见上卷隆安三年。第下之所控引止三吴耳。第，府第也；第下，犹言门下、阁下之类。孙恩为乱，东土涂地，公私困竭，玄必乘此纵其奸凶，窃用忧之。"元显曰："为之奈何？"法顺曰："玄始得荆州，人情未附，方务绥抚，未暇他图。若乘此际使刘牢之为前锋，而第下以大军继进，玄可取也。”元显以为然。会武昌太守庾楷以玄与朝廷构怨，恐事不成，祸及于己，庾楷归桓玄，见一百十卷隆安二年。密使人自结于元显，云“玄大失人情，众不为用，若朝廷遣军，己当为内应。”元显大喜，遣张法顺至京口，谋于刘牢之；牢之以为难。法顺还，谓元显曰：“观牢之言色，必贰于我，不如召入杀之；不尔，败人大事。”败，必迈翻。元显不从。于是大治水军，征兵装舰，以谋讨玄。治，直之翻。舰，户黯翻。

元兴元年（壬寅、四〇二）

1 春，正月，庚午朔，是年三月，元显败，复隆安年号，桓玄寻改曰大亨，玄篡，又改曰永始。元兴之元改于是年正月，通鉴自是年迄义熙初元，皆不改元兴之元，不与桓玄之篡，拨乱世返之正也。下诏罪状桓玄，以尚书令元显为骠骑大将军、征讨大都督、都督十八州诸军事、加黄钺，时晋之境内有扬、徐、南徐、兖、南兖、豫、南豫、青、冀、司、荆、江、雍、梁、益、宁、交、广十八州而已，元显尽督之，使其果能诛桓玄，亦必凌上而篡夺之。骠，匹妙翻。骑，奇寄翻。又以镇北将军刘牢之为前锋都督，前将军谯王尚之为后部，因大赦，改元，内外戒严；加会稽王道子太傅。会，工外翻。

元显欲尽诛诸桓。中护军桓修，骠骑长史王诞之甥也，诞有宠于元显，因陈修等与玄志趣不同，元显乃止。诞，导之曾孙也。

张法顺言于元显曰：“桓谦兄弟每为上流耳目，宜斩之以杜奸谋。且事之济不，系在前军，不，读曰否。而牢之反覆，万一有变，则祸败立至，可令牢之杀谦兄弟以示无贰心，若不受命，当逆为之所。”逆为之所，及祸患未来而先为之图，欲杀牢之也。元显曰：“今非牢之，无以敌玄；且始事而诛大将，将，即亮翻。

人情不安。”再三不可。法顺与元显言之再三，终以为不可也。又以桓氏世为荆土所附，桓冲特有遗惠，而谦，冲之子也，乃自骠骑司马除都督荆·益·宁·梁四州诸军事、荆州刺史，欲以结西人之心。

2 丁丑，燕慕容拔攻魏令支戍，克之，宿沓干走，执魏辽西太守那颉。那，诺何翻，姓也。魏书官氏志内入诸姓有那氏。颉，胡结翻。燕以拔为幽州刺史，镇令支，以中坚将军辽西阳豪为本郡太守。丁亥，以章武公渊为尚书令，博陵公虔为尚书左仆射，尚书王腾为右仆射。

3 戊子，魏材官将军和突攻黜弗、素古延等诸部，破之。初，魏主珪遣北部大人贺狄干献马千匹求婚于秦，秦王兴闻珪已立慕容后，立慕容后事见上卷隆安四年。止狄干而绝其婚；没弈干、黜弗、素古延，皆秦之属国也，而魏攻之，由是秦、魏有隙。庚寅，珪大阅士马，命并州诸郡积谷于平阳之乾壁以备秦。魏收地形志，平阳禽昌县，汉、晋之北屈也，有乾城。隋并禽昌入襄陵。又据姚兴载记，乾壁即乾城。

柔然社仑方睦于秦，遣将救黜弗、素古延；仑，卢昆翻。将，即亮翻。辛卯，和突逆击，大破之，社仑帅其部落远遁漠北，夺高车之地而居之。帅，读曰率。斛律部帅倍侯利击社仑，大为所败，帅，所类翻。败，补迈翻。倍侯利奔魏。社仑于是西北击匈奴遗种日拔也鸡，【严：“鸡”改“稽”。】大破之，种，章勇翻。遂吞并诸部，士马繁盛，雄于北方。其地西至焉耆，东接朝鲜，朝，音潮，鲜，音仙。南临大漠，旁侧小国皆羁属焉；自号豆代可汗。魏收书作“丘豆代”，魏言驾驭开张也。汗，音寒。杜佑曰：可汗之号起于柔然社仑，犹言皇帝也。而拓跋氏之先，通鉴皆书可汗，又在社仑之前。始立约束，以千人为军，军有将；百人为幢，幢有帅。军将、幢帅，皆魏制，社仑盖效而立之。将，即亮翻。幢，宅江翻。帅，所类翻。攻战先登者赐以虏获，畏懦者以石击其首而杀之。柔然为魏患自此始。

4 秃发傉檀克显美，执孟祎而责之，以其不早降。秃发傉檀自去年攻显美，至是乃克。祎曰："祎受吕氏厚恩，分符守土；若明公大军甫至，望旗归附，恐获罪于执事矣。"傉檀释而礼之，徙二千馀户而归，以祎为左司马。祎辞曰："吕氏将亡，圣朝必取河右，朝，直遥翻。人无愚智皆知之。但祎为人守城不能全，复忝显任，于心窃所未安。为，于伪翻。复，扶又翻。若蒙明公之惠，使得就戮姑臧，死且不朽。"傉檀义而归之。

5 东土遭孙恩之乱，因以饥馑，漕运不继。桓玄禁断江路，【章：甲十一行本"路"下有"商旅俱绝"四字；乙十一行本同；孔本同；张校同；退斋校同。】断，读曰短。公私匮乏，以桴、橡给士卒。桴，房尤翻。博雅曰：桴，桴粇，馓也；又曰：鬻也。又桴，谷皮也，皆同。橡，似两翻。说文曰：栩实也。玄谓朝廷方多忧虞，必未暇讨己，可以蓄力观衅。及大军将发，从兄太傅长史石生密以书报之；从，才用翻。玄大惊，欲完聚江陵。长史卞范之曰："明公英威振于远近，元显口尚乳臭，刘牢之大失物情，若兵临近畿，示以祸福，土崩之势可翘足而待，何有延敌入境，自取穷蹙者乎！"玄从之，留桓伟守江陵，抗表传檄，罪状元显，举兵东下。檄至，元显大惧。二月，丙午，帝饯元显于西池；元显下船而不发。元显内畏桓玄，故下船而不发。

6 癸丑，魏常山王遵等至高平，去年十二月，魏遣遵等袭高平，至是而至。没弈干弃其部众，帅数千骑与刘勃勃奔秦州。秦州治上邽。帅，读曰率。骑，奇寄翻。魏军追至瓦亭，不及而还，尽获其府库蓄积，马四万馀匹，杂畜九万馀口，畜，许救翻。徙其民于代都，魏以平城为代都。馀种分迸。种，章勇翻。迸，北孟翻。平阳太守贰尘复侵秦河东，姓谱：春秋贰、轸二国，后皆为氏。贰尘之贰，则虏姓也。复，扶又翻。长安大震，关中诸城昼闭，秦人简兵训卒以谋伐魏。

7 秦王兴立子泓为太子，大赦。泓孝友宽和，喜文学，喜，许记翻。善谈咏，而懦弱多病；兴欲以为嗣，而狐疑不决，久乃立之。为姚泓以懦弱亡秦张本。

8 姑臧大饥，米斗直钱五千，人相食，饿死者十馀万口。城门昼闭，樵采路绝，民请出城为胡虏奴婢者，日有数百，吕隆恶其沮动众心，恶，乌路翻。沮，在吕翻。尽坑之，积尸盈路。

沮渠蒙逊引兵攻姑臧，沮，子余翻。隆遣使求救于河西王利鹿孤。利鹿孤遣广武公傉檀帅骑一万救之；使，疏吏翻。傉，奴沃翻。帅，读曰率。骑，奇寄翻。未至，隆击破蒙逊军。蒙逊请与隆盟，留谷万馀斛遗之而还。遗，于季翻。傉檀至昌松，闻蒙逊已退，乃徙凉泽段冢民五百馀户而还。凉泽即禹贡之猪野泽也，在武威县东，亦曰休屠泽。还，从宣翻。

中散骑常侍张融言于利鹿孤曰：散，悉亶翻。骑，奇寄翻。“焦朗兄弟据魏安，潜通姚氏，数为反覆，数，所角翻。今不取，后必为朝廷忧。”利鹿孤遣傉檀讨之，朗面缚出降，焦朗以魏安招秦军，事见去年五月。降，户江翻；下同。傉檀送于西平，徙其民于乐都。乐，音洛。

9 桓玄发江陵，虑事不捷，常为西还之计；及过寻阳，不见官军，意甚喜，将士之气亦振。史言桓玄畏怯，刘牢之等不能仗顺取之。将，即亮翻；下同。

庾楷谋泄，玄囚之。

丁巳，诏遣齐王柔之以驺虞幡宣告荆、江二州，使罢兵；驺，则尤翻。玄前锋杀之。柔之，宗之子也。孝武太元十年，以柔之袭封齐王，绍攸、冏之祀；宗封南顿王。

丁卯，玄至姑孰，使其将冯该等攻历阳，豫州刺史治历阳。襄城太守司马休之婴城固守。玄军断洞浦，洞浦即洞口，魏曹休破吕范处。断，丁管翻。焚豫州舟舰。舰，户黯翻。豫州刺史谯王尚之帅步卒九千阵于浦上，帅，读曰率。遣武都太守杨秋屯横江，秋降于玄军。尚之众溃，逃于涂中，玄捕获之。涂，与滁同。司马休之出战而败，弃城走。

刘牢之素恶骠骑大将军元显，恶，乌路翻。恐桓玄既灭，元显益骄恣，又恐己功名愈盛，不为元显所容；且自恃材武，拥强兵，欲假玄以除执政，复伺玄之隙而自取之，复，扶又翻。伺，相吏翻。故不肯讨玄。元显日夜昏酣，以牢之为前锋，牢之骤诣门，不得见，及帝出饯元显，遇之公坐而已。坐，徂卧翻。

牢之军溧洲，溧，音栗。溧水出溧阳县，在建康东南；元显遣牢之西上击桓玄，非其路也。晋书刘牢之传作"洌洲"。又，桓冲发建康，谢安送至溧洲。宋武陵王讨元凶劭，四月戊午至南州；辛酉次溧洲；丙寅次江宁。今舟行自采石东下，未至三山，江中有洌山，即洌洲也。洌、溧声相近，故又为溧洲。张舜民曰：过三山十馀里至溧洲，自溧洲过白土矶入慈湖夹。舜民郴行录言溯流之先后水程也。参军刘裕请击玄，牢之不许。玄使牢之族舅何穆说牢之曰："自古戴震主之威，挟不赏之功而能自全者，谁邪？越之文种，秦之白起，汉之韩信，皆事明主，为之尽力，说，输芮翻。为，于伪翻。功成之日，犹不免诛夷，况为凶愚者之用乎！君如今日战胜则倾宗，战败则覆族，欲以此安归乎！不若翻然改图，则可以长保富贵矣。古人射钩、斩祛，犹不害为辅佐，齐桓公与子纠争国，管仲射桓公中带钩；子纠死，桓公释管仲之囚而以为相。晋献公使寺人披伐公子重耳于蒲城，重耳逾垣而走，披斩其祛；重耳反国，披屡纳忠。射，而亦翻。况玄与君无宿昔之怨乎！"时谯王尚之已败，人情愈恐；牢之颇纳穆言，与玄交通。东海中尉东海何无忌，牢之之甥也，与刘裕极谏，不听。其子骠骑从事中郎敬宣谏曰："今国家衰危，天下之重在大人与玄。玄借父、叔之资，玄父温，叔冲。据有全楚，割晋国三分之二，一朝纵之使陵朝廷，玄威望既成，恐难图也，董卓之变，将在今矣。”董卓事见五十九卷汉灵帝中平六年、献帝初平元年。牢之怒曰：“吾岂不知！今日取玄如反覆手耳；但平玄之后，令我奈骠骑何！”元显为骠骑将军，故称之。三月，乙巳朔，牢之遣敬宣诣玄请降。降，户江翻。玄阴欲诛牢之，乃与敬宣宴饮，陈名书画共观之，以安悦其意；敬宣不之觉，玄佐吏莫不相视而笑。玄版敬宣为谘议参军。未有朝命，以版授之也。

元显将发，闻玄已至新亭，弃船，退屯国子学，辛未，陈于宣阳门外。军中相惊，言玄已至南桁，陈，读曰阵。南桁，即朱雀桁，在台城南。桁，户刚翻。元显引兵欲还宫。玄遣人拔刀随后大呼曰：“放仗！”军人皆崩溃，呼，火故翻。元显乘马走入东府，唯张法顺一骑随之。骑，奇寄翻。元显问计于道子，道子但对之涕泣。玄遣太傅从事中郎毛泰收元显送新亭，缚于舫前而数之；数，所具翻。舫，甫旷翻。元显曰：“为王诞、张法顺所误耳。”

壬申，复隆安年号。帝遣侍中劳玄于安乐渚。劳，力到翻。乐，音洛。玄入京师，称诏解严，以玄总百揆，都督中外诸军事、丞相、录尚书事、扬州牧、领徐·荆·江三州刺史，假黄钺。是时晋土全有荆、江、扬三州，徐州率多侨郡，而京口则重镇也，玄悉领之，全有晋国矣；且将夺刘牢之之兵，故领徐州以制之。玄以桓伟为荆州刺史，桓谦为尚书左仆射，桓修为徐、兖二州刺史，桓石生为江州刺史，卞范之为丹杨尹。卞范之为玄长史，谋主也。丹杨，京邑，故使为尹。

初，玄之举兵，侍中王谧奉诏诣玄，玄亲礼之。及玄辅政，以谧为中书令。谧，导之孙也。新安太守殷仲文，觊之弟也，殷觊见一百九卷隆安元年。觊，音冀。玄姊为仲文妻。仲文闻玄克京师，弃郡投玄，玄以为谘议参军。刘迈往见玄，玄曰：“汝不畏死，而敢来邪？”迈曰：“射钩斩祛，并迈为三。”玄悦，以为参军。迈折玄事见一百八卷孝武太元十七年。

癸酉，有司奏会稽王道子酣纵不孝，当弃市，会，工外翻。诏徙安成郡；吴孙晧宝鼎二年，分豫章、长沙、庐陵立安成郡，唐吉州安福县及袁州诸县，皆其地也。刘昫曰：安福县，吴安成郡治。斩元显及东海王彦璋、彦璋，元显之子，隆安初，使继东海王后。谯王尚之、庾楷、张法顺、毛泰等于建康市。桓修为王诞固请，长【章：甲十一行本"长"作"得"；乙十一行本同；孔本同；退斋校同。】流岭南。为，于伪翻。

玄以刘牢之为会稽内史。牢之曰："始尔，便夺我兵，祸其至矣。"刘敬宣请归谕牢之使受命，玄遣之。敬宣劝牢之袭玄，牢之犹豫不决，移屯班渎，班渎在新洲西南。私告刘裕曰："今当北就高雅之于广陵，举兵以匡社稷，卿能从我去乎？"裕曰："将军以劲卒数万，望风降服，彼新得志，威震天下，朝野人情皆已去矣，降，户江翻。朝，直遥翻。广陵岂可得至邪！裕当反服还京口耳。"反服，谓反初服也。离骚曰：退将修吾初服。此言释戎服而服常服。何无忌谓裕曰："我将何之？"裕曰："吾观镇北必不免，牢之以讨孙恩功进号镇北将军。卿可随我还京口。桓玄若守臣节，当与卿事之；不然，当与卿图之。"此时刘裕已有诛玄之心。

于是牢之大集僚佐，议据江北以讨玄。参军刘袭曰："事之不可者莫大于反。将军往年反王兖州，王兖州，谓王恭。近日反司马郎君，司马郎君，谓元显。今复反桓公，复，扶又翻；下复推同。一人三反，何以自立！"语毕，趋出，佐吏多散走。牢之惧，使敬宣之京口迎家，失期不至。牢之以为事已泄，为玄所杀，乃帅部曲北走，帅，读曰率。至新洲，缢而死。敬宣至，不暇哭，即渡江奔广陵。将吏共殡敛牢之，将，即亮翻。敛，力赡翻。以其丧归丹徒。玄令斫棺斩首，暴尸于市。暴，步卜翻，又如字。

10 大赦，改元大亨。

11 桓玄让丞相、荆·江·徐三州，玄既以其兄弟领荆、江、徐三州，且已得建康，握朝权，不复以丞相为重，故悉让之。改授太尉、都督中外诸军事、扬州牧、领豫州刺史，总百揆；以琅邪王德文为太宰。

12 司马休之、刘敬宣、高雅之俱奔洛阳，各以子弟为质于秦以求救。质，音致。秦王兴与之符信，使于关中【章：甲十一行本"中"作"东"；乙十一行本同；孔本同；张校同。】募兵，得数千人，复还屯彭城间。

13 孙恩寇临海，临海太守辛景击破之，恩所虏三吴男女，死亡殆尽。恩恐为官军所获，乃赴海死，其党及妓妾从死者以百数，妓，渠绮翻。从，才用翻。谓之"水仙"。馀众数千人复推恩妹夫卢循为主。复，扶又翻。循，谌之曾孙也。卢谌，卢志之子，初从刘琨，琨死，仕于段氏，段辽败，仕赵。谌，氏壬翻。神采清秀，雅有材艺。少时，少，诗照翻。沙门惠远尝谓之曰："君虽体涉风素，而志存不轨，如何?"太尉玄欲抚安东土，乃以循为永嘉太守。明帝太宁元年，分临海立永嘉郡，今之温州。循虽受命，而寇暴不已。卢循事始此。

14 甲戌，燕大赦。

15 河西王秃发利鹿孤寝疾，遗令以国事授弟傉檀。初，秃发思复鞬爱重傉檀，傉，奴沃翻。鞬，居言翻。谓诸子曰："傉檀器识，非汝曹所及也，"故诸兄不以传子而传于弟。吴寿梦以少子季札为贤，故其诸子兄弟相传，欲以次传国于季札，而季札终于不受。秃发乌孤、利鹿孤致国于傉檀，犹吴志也，岂知国亡于傉檀之手哉！利鹿孤在位，垂拱而已，垂拱，谓垂衣拱手无所为也。军国大事皆委于傉檀。利鹿孤卒，傉檀袭位，更称凉王，自此史称秃发氏为南凉。改元弘昌，迁于乐都，乐，音洛。谥利鹿孤曰康王。

16 夏，四月，太尉玄出屯姑孰，辞录尚书事，诏许之；而大政皆就谘焉，小事则决于尚书令桓谦及卞范之。

自隆安以来，中外之人厌于祸乱。及玄初至，黜奸佞，擢隽贤，京师欣然，冀得少安。少，诗沼翻。既而玄奢豪纵逸，政令无常，朋党互起，陵侮朝廷，裁损乘舆供奉之具，帝几不免饥寒，乘，绳证翻。几，居希翻。由是众心失望。三吴大饥，户口减半，会稽减什三、四，会，工外翻。临海、永嘉殆尽，富室皆衣罗纨，怀金玉，闭门相守饿死。此固上之人失政所致，而人消物尽，亦天地之大数也。"周馀黎民，靡有孑遗"；以此观之，容有是事。衣，于既翻。

17 乞伏炽磐自西平逃归苑川，乞伏乾归送炽磐于西平，见上卷隆安四年。南凉王傉檀归其妻子。乞伏乾归使炽磐入朝于秦，朝，直遥翻。秦主兴以炽磐为兴晋太守。

18 五月，卢循自临海入东阳，太尉玄遣抚军中兵参军刘裕将兵击之，将，即亮翻；下同。循败，走永嘉。走，音奏。

19 高句丽攻宿军，宿军城在龙城东北。句，如字，又音驹。丽，力知翻。燕平州刺史慕容归弃城走。北燕平州刺史治宿军。

20 秦主兴大发诸军，遣义阳公平、尚书右仆射狄伯支等将步骑四万伐魏，兴自将大军继之，以尚书令姚晃辅太子泓守长安，没弈干权镇上邽，广陵公钦权镇洛阳。平攻魏乾壁六十馀日，拔之。秋，七月，魏主珪遣毗陵王顺及豫州刺史长孙肥将六万骑为前锋，自将大军继发以击之。

21 八月，太尉玄讽朝廷以玄平元显功封豫章公，平殷、杨功封桂阳公，并本封南郡如故。玄以豫章封其子升，桂阳封其兄子俊。

22 魏主珪至永安，永安本汉彘县，属河东郡，顺帝改曰永安；晋属平阳郡；隋、唐晋州之霍邑县本永安县也。郦道元曰：永安，故霍伯之都也，县有霍太山。秦义阳公平遣骁将帅精骑二百觇魏军，骁，坚尧翻。将，即亮翻。骑，奇寄翻。觇，丑廉翻，又丑艳翻。长孙肥逆击，尽擒之。平退走，珪追之，乙巳，及于柴壁；平婴城固守，魏军围之。秦王兴将兵四万七千救之，将据天渡运粮以馈平。柴壁在汾东，天渡盖汾津之名，在汾水西岸。魏博士李先曰："兵法：高者为敌所栖，深者为敌所囚。今秦皆犯之，宜及兴未至，遣奇兵先据天渡，柴壁可不战而取也。"珪命增筑重围，重，直龙翻；下同。内以防平之出，外以拒兴之入。广武将军安同曰："汾东有蒙坑，东西三百馀里，蹊径不通。兴来，必从汾西直临柴壁，如此，虏声势相接，重围虽固，不能制也；不如为浮梁，渡汾西，筑围以拒之，虏至，无所施其智力矣。"珪从之。兴至蒲阪，阪，音反。惮魏之强，久乃进兵。甲子，珪帅步骑三万逆击兴于蒙坑之南，帅，读曰率；下同。斩首千馀级，兴退走四十馀里，平亦不敢出。珪乃分兵四据险要，使秦兵不得近柴壁。近，其靳翻。兴屯汾西，凭壑为垒，束柏材从汾上流纵之，欲以毁浮梁，魏人皆钩取以为薪蒸。粗曰薪，细曰蒸。

冬，十月，平粮竭矢尽，夜，悉众突西南围求出；兴列兵汾西，举烽鼓噪为应。兴欲平力战突免，平望兴攻围引接，但叫呼相和，和，户卧翻。莫敢逼围。平不得出，计穷，乃帅麾下赴水死，诸将多从平赴水；珪使善游者钩捕之，无得免者。执狄伯支及越骑校尉唐小方等四十馀人，馀众二万馀人皆敛手就禽。兴坐视其穷，力不能救，举军恸哭，声震山谷。数遣使求和于魏，数，所角翻。珪不许，乘胜进攻蒲阪，秦晋公绪固守不战。会柔然谋伐魏，珪闻之，戊申，引兵还。还，从宣翻，又如字。

或告太史令鼌崇及弟黄门侍郎懿潜召秦兵，珪至晋阳，赐崇、懿死。鼌，直遥翻。

23 秦徙河西豪右万馀户于长安。

24 太尉玄杀吴兴太守高素、将军竺谦之及谦之从兄朗之、刘袭并袭弟季武，皆刘牢之北府旧将也。从，才用翻。将，即亮翻。袭兄冀州刺史轨邀司马休之、刘敬宣、高雅之等共据山阳，沈约曰：山阳，本射阳县境地名，义熙土断，始分广陵郡立山阳郡及山阳县。唐楚州即其地。欲起兵攻玄，不克而走。将军袁虔之、刘寿、高长庆、郭恭等皆往从之，将奔魏；至陈留南，分为二辈：轨、休之、敬宣奔南燕，虔之、寿、长庆、恭奔秦。

魏主珪初闻休之等当来，大喜。后怪其不至，令兖州求访，隆安五年，魏以长孙肥为兖州刺史，南徇地，然未能有兖州也。获其从者，问其故，皆曰："魏朝威声远被，从，才用翻。被，皮义翻。朝，直遥翻。是以休之等咸欲归附；既而闻崔逞被杀，崔逞死见上卷三年。故奔二国。"珪深悔之，自是士人有过，颇见优容。

25 南凉王傉檀攻吕隆于姑臧。

26 燕王熙纳故中山尹苻谟二女，燕王宝即位之初，苻谟为中山尹。长曰娀娥，为贵人，长，知两翻。娀，音戎。幼曰训英，为贵嫔，贵嫔尤有宠。丁太后怨恚，恚，於避翻。与兄子尚书信谋废熙立章武公渊；事觉，熙逼丁太后令自杀，葬以后礼，谥曰献幽皇后。丁太后素与熙通，事见上年。十一月，戊辰，杀渊及信。

辛未，熙畋于北原，龙城北原也。石城令高和石城县，汉属北平郡，燕属建德郡。高和本为石城令，时以大丧会于龙城耳。与尚方兵于后作乱，杀司隶校尉张显，入掠宫殿，取库兵，胁营署，闭门乘城。熙驰还，城上人皆投仗开门，尽诛反者，唯和走免。甲戌，大赦。

27 魏以庾岳为司空。

28 十二月，辛亥，魏主珪还云中。

柔然可汗社仑闻珪伐秦，自参合陂侵魏，至豺山，豺山在善无县北，魏天兴六年，筑宫于此。仑，卢昆翻。及善无北泽，魏常山王遵以万骑追之，不及而还。

29 太尉玄使御史杜林防卫会稽文孝王道子至安成，会，工外翻。林承玄旨，鸩道子，杀之。

30 沮渠蒙逊所署西郡太守梁中庸叛，奔西凉。蒙逊闻之，笑曰："吾待中庸，恩如骨肉，而中庸不我信，但自负耳，孤岂在此一人邪！"乃尽归其孥。

西凉公暠问中庸曰："我何如索嗣？"中庸曰："未可量也。"暠曰："嗣才度若敌我者，我何能于千里之外以长绳绞其颈邪？"索嗣死见上卷四年。孥音奴。暠，古老翻。索，昔各翻。量，音良。中庸曰："智有短长，命有成败。殿下之与索嗣，得失之理，臣实未之能详。若以身死为负，计行为胜，则公孙瓒岂贤于刘虞邪？"公孙瓒、刘虞事见六十卷汉献帝初平四年。暠默然。

31 袁虔之等至长安，秦王兴问曰："桓玄才略何如其父？卒能成功乎？"卒，子恤翻。虔之曰："玄乘晋室衰乱，盗据宰衡，猜忌安忍，刑赏不公，以臣观之，不如其父远矣。玄今已执大柄，其势必将篡逆，正可为他人驱除耳。"兴善之，以虔之为广州刺史。秦以广州授袁虔之，示以名位宠授之耳。

32 是岁，秦王兴立昭仪张氏为皇后，封子懿、弼、洸、宣、谌、愔、璞、质、逵、裕、国儿皆为公，洸，古黄翻。谌，氏壬翻。愔，于今翻。遣使拜秃发傉檀为车骑将军、广武公，沮渠蒙逊为镇西将军、沙州刺史、西海侯，李暠为安西将军、高昌侯。

秦镇远将军赵曜帅众二万西屯金城，建节将军王松忽帅骑助吕隆守姑臧。松忽至魏安，傉檀弟文真击而虏之。傉檀大怒，送松忽还长安，深自陈谢。史言河、湟诸国皆畏姚秦之强。

聂崇岐标点王崇武覆校

资治通鉴卷第一百一十三

端明殿学士兼翰林侍读学士朝散大夫右谏议大夫
充集贤殿修撰提举西京嵩山崇福宫上柱国河内郡　司马光　奉敕编集
开国侯食邑二千八百户食实封六百户赐紫金鱼袋臣

后　　学　　天　　台　胡三省　音　注

晋纪三十五

起昭阳单阏（癸卯），尽阏逢执徐（甲辰），凡二年。

安皇帝戊

元兴二年（癸卯、四〇三）

1 春，正月，卢循使司马徐道覆寇东阳；二月，辛丑，建武将军刘裕击破之。道覆，循之姊夫也。

2 乙卯，以太尉玄为大将军。大将军，自汉以来，职名崇重，居其位者皆擅朝权。晋初，以司马孚为太尉，奏以大将军位太尉下，后复旧，在三司上。

3 丁巳，玄杀冀州刺史孙无终。孙无终亦北府旧将也。

4 玄上表请帅诸军扫平关、洛，既而讽朝廷下诏不许，上，时掌翻。帅，读曰率。朝，直遥翻。乃云："奉诏故止。"玄初欲饬装，先命作轻舸，载服玩、书画。舸，加我翻，大舡也。方言：南楚江湖谓之舸。画与畫同。或问其故。玄曰："兵凶战危，脱有意外，当使轻而易运。"众皆笑之。桓玄意态终始如此耳。时人误以为雄豪而惮之，故每遇辄败。峥嵘洲之战，刘道规等知其为人而径突之，一败而不能复振矣。易，以豉翻。

5 夏，四月，癸巳朔，日有食之。

6 南燕主备德故吏赵融自长安来，始得母兄凶问，备德号恸吐血，号，户刀翻。吐，土故翻。因而寝疾。

司隶校尉慕容达谋反，遣牙门皇璆攻端门，璆，渠尤翻。殿中帅侯赤眉开门应之；殿中帅犹晋之殿中三部督也。帅，所类翻。中黄门孙进扶备德逾城匿于进舍。段宏等闻宫中有变，勒兵屯四门。广固城四门也。备德入宫，诛赤眉等；达出奔魏。

备德优迁徙之民，使之长复不役；复，方目翻，复除也。民缘此迭相荫冒，或百室合户，或千丁共籍，以避课役。尚书韩諿请加隐核，合，音阁。諿，竹角翻。隐，度也。核，实也。隐核，度其实也。备德从之，使諿巡行郡县，行，下孟翻。得荫户五万八千。

7 泰山贼王始聚众数万，自称太平皇帝，署置公卿；南燕桂林王镇讨禽之。临刑，或问其父及兄弟安在。始曰："太上皇蒙尘于外，征东、征西为乱兵所害。"其妻怒之曰："君正坐此口，奈何尚尔！"始曰："皇后不知，自古岂有不亡之国！朕则崩矣，终不改号！"史言王始僭举大号，至败亡而不悔。

8 五月，燕王熙作龙腾苑，方十馀里，役徒二万人；筑景云山于苑内，基广五百步，峰高十七丈。广，古旷翻。高，古号翻。

9 秋，七月，戊子，魏主珪北巡，作离宫于豺山。

平原太守和跋奢豪喜名，喜，许记翻。珪恶而杀之，恶，乌路翻。使其弟毗等就与诀。跋曰："灅北土瘠，可迁水南，勉为生计。"灅，力水翻。且使之背己，背，蒲妹翻。曰："汝何忍视吾之死也！"毗等谕其意，诈称使者，逃入秦。珪怒，灭其家。中垒将军邓渊从弟尚书晖与跋善，从，才用翻。或谮诸珪曰："毗之出亡，晖实送之。"珪疑渊知其谋，赐渊死。

10 南凉王傉檀及沮渠蒙逊互出兵攻吕隆，傉，奴沃翻。沮，子余翻。隆患之。秦之谋臣言于秦王兴曰："隆借先世之资，专制河外，今虽饥窘，尚能自支，窘，渠陨翻。若将来丰赡，终不为吾有。凉州险绝，土田饶沃，不如因其危而取之。"兴乃遣使征吕超入侍。使，疏吏翻。隆念姑臧终无以自存，乃因超请迎于秦。兴遣尚书左仆射齐难、镇西将军姚诘、左贤王乞伏乾归、镇远将军赵曜帅步骑四万迎隆于河西，诘，去吉翻。帅，读曰率。骑，奇寄翻。南凉王傉檀摄昌松、魏安二戍以避之。摄，收也。傉，奴沃翻。八月，齐难等至姑臧，隆素车白马迎于道旁。隆劝难击沮渠蒙逊，沮，子余翻。蒙逊使臧莫孩拒之，败其前军。孩，何开翻。败，补迈翻。难乃与蒙逊结盟；蒙逊遣弟挐入贡于秦。挐，女居翻。难以司马王尚行凉州刺史，配兵三千镇姑臧，以将军阎松为仓松太守，仓松，即汉昌松县。郭将为番禾太守，番，音盘。分戍二城，徙隆宗族、僚属及民万户于长安。载记曰：自光至隆十三载而灭。兴以隆为散骑常侍，散，悉亶翻。骑，奇寄翻。超为安定太守，自馀文武随才擢叙。

初，郭黁常言"代吕者王"，故其起兵，先推王详，后推王乞基；事见一百九卷元年。黁，奴昆翻。及隆东迁，王尚卒代之。黁从乞伏乾归降秦，卒，子恤翻。降，户江翻。以为灭秦者晋也，遂来奔，秦人追得，杀之。郭黁自信其术，幸乱以徼福，而卒以杀身，足以明天道之难知矣。

沮渠蒙逊伯父中田护军亲信、临松太守孔笃，皆骄恣为民患，据晋书蒙逊载记，中田护军盖吕光所置，镇临松。蒙逊曰："乱吾法者，二伯父也。"皆逼之使自杀。

秦遣使者梁构至张掖，蒙逊问曰："秃发傉檀为公而身为侯，何也？"秦封傉檀为广武公，封蒙逊为西海侯，事见上卷上年。构曰："傉檀凶狡，款诚未著，故朝廷以重爵虚名羁縻之。将军忠贯白日，当入赞帝室，岂可以不信相待也！圣朝爵必称功，朝，直遥翻。称，尺证翻。如尹纬、姚晃，佐命之臣，齐难、徐洛，一时猛将，爵皆不过侯伯，纬，於贵翻。将，即亮翻。将军何以先之乎！先，悉荐翻。昔窦融殷勤固让，不欲居旧臣之右，事见四十三卷汉光武建武十三年。不意将军忽有此问！"蒙逊曰："朝廷何不即封张掖而更远封西海邪？"构曰："张掖，将军已自有之，所以远授西海者，欲广大将军之国耳。"蒙逊悦，乃受命。

11 荆州刺史桓伟卒，大将军玄以桓修代之。从事中郎曹靖之说玄曰：说，输芮翻。"谦、修兄弟专据内外，权势太重。"玄乃以南郡相桓石康为荆州刺史。石康，豁之子也。桓豁，温之次弟。

12 刘裕破卢循于永嘉，追至晋安，武帝太康三年，分建安立晋安郡，今泉州南安县即其地。宋白曰：东晋南渡，衣冠士族多萃此地以求安堵，因立晋安郡，隋为泉州。屡破之，循浮海南走。

何无忌潜诣裕，劝裕于山阴起兵讨桓玄。裕谋于土豪孔靖，靖曰："山阴去都道远，举事难成；且玄未篡位，不如待其已篡，于京口图之。"裕从之。靖，愉之孙也。孔愉历事元、明、成三帝。

13 九月，魏主珪如南平城，愍帝建兴元年，代公猗卢城盛乐以为北都，修故平城以为南都。更南百里，于㶟水之阳黄瓜堆筑新平城，所谓南平城也；唐朔州西南有新城，即其地。规度㶟南，自㶟水南抵夏屋山，皆㶟南地也。度，徒洛翻。㶟，力水翻。将建新都。

14 侍中殷仲文、散骑常侍卞范之劝大将军玄早受禅，阴撰九锡文及册命。散，悉亶翻。骑，奇寄翻。禅，时战翻。撰，士免翻。以桓谦为侍中、开府、录尚书事，王谧为中书监、领司徒，桓胤为中书令，加桓修抚军大将军。胤，冲之孙也。丙子，册命玄为相国，总百揆，封十郡，为楚王，加九锡，楚国置丞相以下官。

桓谦私问彭城内史刘裕曰："楚王勋德隆重，朝廷之情，咸谓宜有揖让，卿以为何如?"裕曰："楚王，宣武之子，桓温，谥曰宣武。勋德盖世，晋室微弱，民望久移，乘运禅代，有何不可?"谦喜曰："卿谓之可即可耳。"刘裕一世之雄，桓谦问之以决可否，裕诡辞以顺其意，故喜。

新野人庾仄，殷仲堪之党也，新野县，汉属南阳郡，晋武帝太康中，分属义阳郡，惠帝又分立新野郡。仄，阻力翻，从"厂"，不从"广"。闻桓伟死，石康未至，乃起兵袭雍州刺史冯该于襄阳，走之。雍，于用翻。仄有众七千，设坛，祭七庙，云"欲讨桓玄"，江陵震动。石康至州，发兵攻襄阳，仄败，奔秦。

15 高雅之表南燕主备德，请伐桓玄曰："纵未能廓清吴、会，亦可收江北之地。"中书侍郎韩范亦上疏曰："今晋室衰乱，江、淮南北，户口无几，戎马单弱。重以桓玄悖逆，重，直用翻。悖，蒲内翻，又蒲没翻。上下离心；以陛下神武，发步骑一万临之，彼必土崩瓦解，兵不留行矣。得而有之，秦、魏不足敌也；拓地定功，正在今日。失时不取，彼之豪杰诛灭桓玄，更修德政，岂惟建康不可得，江北亦无望矣。"备德曰："朕以旧邦覆没，欲先定中原，乃平荡荆、扬，故未南征耳。其令公卿议之。"因讲武城西，步卒三十七万人，骑五万三千匹，车万七千乘。乘，绳证翻。公卿皆以为玄新得志，未可图，乃止。慕容德取青州，至是才五年耳，有众如此，不能乘时而用之，自审其才不足以辨桓玄也。

16 冬，十月，楚王玄上表请归藩，使帝作手诏固留之。又诈言钱塘临平湖开，临平湖草常蓁塞，开则天下太平。江州甘露降，使百僚集贺，用为己受命之符。又以前世皆有隐士，耻于己时独无，求得西朝隐士安定皇甫谧六世孙希之，晋氏东迁，以洛阳为西朝。皇甫谧在魏、晋之间征辟不行，自号玄晏先生。朝，直遥翻。给其资用，使隐居山林；征为著作郎，使希之固辞不就，然后下诏旌礼，号曰高士。时人谓之"充隐"。实非隐者而以之备数，故谓之充隐。又欲废钱用谷、帛及复肉刑，制作纷纭，志无一定，变更回复，更，工衡翻。卒无所施行。性复贪鄙，人士有法书、好画卒，子恤翻。性复，扶又翻。法书，谓如史籀，程邈、李斯、张芝、师宜、梁鹄、卫瓘、索靖、钟繇诸人真迹，各有家法者。画，与畫同。及佳园宅，必假蒲博而取之；尤爱珠玉，未尝离手。离，力智翻。史言桓玄志度凡近。

17 乙卯，魏主珪立其子嗣为齐王，加位相国；绍为清河王，加征南大将军；熙为阳平王；曜为河南王。

18 丁巳，魏将军伊谓帅骑二万袭高车馀种袁纥、乌频；十一月，庚午，大破之。帅，读曰率。骑，奇寄翻。种，章勇翻。纥，户骨翻。

19 诏楚王玄行天子礼乐，妃为王后，世子为太子。丁丑，卞范之为禅诏，禅，时战翻；下同。使临川王宝逼帝书之。宝，晞之曾孙也。武陵王晞死于桓温废立之际。庚辰，帝临轩，遣兼太保、领司徒王谧奉玺绶，禅位于楚；玺，斯氏翻。绶音受。壬午，帝出居永安宫；癸未，迁太庙神主于琅邪国，永嘉之乱，琅邪国人随元帝过江者千馀户，太兴三年，立怀德县。丹杨虽有琅邪相而无其地。成帝咸康元年，桓温领琅邪太守，镇江乘之蒲洲金城，求割江乘县境立郡，始有实土。穆章何皇后及琅邪王德文皆徙居司徒府。百官诣姑孰劝进。十二月，庚寅朔，玄筑坛于九井山北，九域志，太平州有九井山。今太平州，古姑孰之地也。芜湖县南有溪，犹曰姑孰溪。北征记云：九井山在丹杨南。壬辰，即皇帝位。册文多非薄晋室，或谏之，玄曰："揖让之文，正可陈之于下民耳，岂可欺上帝乎！"大赦，改元永始；以南康之平固县武帝太康三年，以庐陵南部都尉立南康郡。平固，吴所置平阳县也，太康元年，更名平固。九域志，虔州赣县有平固镇。封帝为平固王，降何后为零陵县君，琅邪王德文为石阳县公，武陵王遵为彭泽县侯；追尊父温为宣武皇帝，庙号太祖，南康公主为宣皇后，封子升为豫章王；以会稽内史王愉为尚书仆射，愉子相国左长史绥为中书令。绥，桓氏之甥也。戊戌，玄入建康宫，登御坐而床忽陷，坐，读曰座。群下失色。殷仲文曰："将由圣德深厚，地不能载。"玄大悦。梁王珍之国臣孔朴奉珍之奔寿阳。珍之，晞之曾孙也。晞子蓬出继梁国，珍之之祖也。

20 戊申，燕王熙尊燕主垂之贵嫔段氏为皇太后。段氏，熙之慈母也。己酉，立苻贵嫔为皇后，嫔，毗宾翻。大赦。

21 辛亥，桓玄迁帝于寻阳。寻阳郡时治柴桑。

22 燕以卫尉悦真为青州刺史，镇新城；光禄大夫卫驹为并州刺史，镇凡城。

23 癸丑，纳桓温神主于太庙。桓玄临听讼观阅囚徒，洛都华林园北有听讼观，本平望观也。魏明帝以刑狱天下大命也，每断大狱，常幸观听之，大和三年，更名听讼观。建康仿洛都之制，亦置之。观，古玩翻。罪无轻重，多得原放；有干舆乞者，时或恤之。其好行小惠如此。干，犯也；干舆，行犯乘舆也。乞者，丐衣食之物。好，呼到翻。

24 是岁，魏主珪始命有司制冠服，以品秩为差；然法度草创，多不稽古。

三年（甲辰、四〇四）

1 春，正月，桓玄立其妻刘氏为皇后。刘氏，乔之曾孙也。刘乔见八十六卷惠帝永兴二年。玄以其祖彝以上名位不显，不复追尊立庙。复，扶又翻。散骑常侍徐广曰："'敬其父则子悦，'孝经载孔子之言。请依故事立七庙。"玄曰："礼，太祖东向，左昭右穆。礼，天子七庙，太祖正东向之位，左三昭，右三穆。决疑要录曰：父南面，故曰昭；昭，明也。子北面，故曰穆；穆，顺也。昭本如字，为汉讳昭，改音韶。或云，晋文帝名昭，改音韶。晋立七庙，宣帝不得正东向之位，何足法也！”秘书监卞承之谓广曰：“若宗庙之祭果不及祖，有以知楚德之不长矣。”广，邈之弟也。徐邈以文学为孝武所亲信。

玄自即位，心常不自安。二月，己丑朔，夜，涛水入石头，流杀人甚多，讙哗震天。讙，许元翻。玄闻之惧，曰：“奴辈作矣！”

玄性苛细，好自矜伐。好，呼到翻；下性好同。主者奏事，或一字不体，谓字之上下偏傍不合体也。或片辞之谬，必加纠擿，以示聪明。擿，他狄翻。尚书答诏误书“春蒐”为“春菟”，菟，同都翻。自左丞王纳之以下，凡所关署，关，通也。皆被降黜。被，皮义翻。或手注直官，直官，入直者也。或自用令史，令史，尚书令仆所署用。诏令纷纭，有司奉答不暇；而纪纲不治，奏案停积，不能知也。又性好游畋，或一日数出。数，所角翻。迁居东宫，更缮宫室，更，工衡翻。土木并兴，督迫严促，朝野骚然，思乱者众。

玄遣使加益州刺史毛璩散骑常侍、左将军。璩执留玄使，不受其命。璩，宝之孙也。使，疏吏翻。散，悉亶翻。骑，奇寄翻。璩，强鱼翻。玄以桓希为梁州刺史，分命诸将戍三巴以备之。三巴，巴郡、巴东、巴西也。杜佑曰：渝州古巴国，谓之三巴，以阆、白二水东南流，曲折三回，如“巴”字也。璩传檄远近，列玄罪状，遣巴东太守柳约之、建平太守罗述、征虏司马甄季之击破希等，甄，之人翻。仍帅众进屯白帝。史言刘裕未起，毛璩已仗义举兵讨玄。帅，读曰率。

刘裕从徐·兖二州刺史、安成王桓修入朝。朝，直遥翻。玄谓王谧曰：“裕风骨不常，盖人杰也。”每游集，必引接殷勤，赠赐甚厚。玄后刘氏，有智鉴，谓玄曰：“刘裕龙行虎步，视瞻不凡，恐终不为人下，不如早除之。”玄曰：“我方平荡中原，非裕莫可用者；俟关、河平定，然后别议之耳。”

玄以桓弘为青州刺史，镇广陵；刁逵为豫州刺史，镇历阳。弘，修之弟；逵，彝之子也。刁彝见一百三卷简文帝咸安二年。

刘裕与何无忌同舟还京口，密谋兴复晋室。刘迈弟毅家于京口，亦与无忌谋讨玄。无忌曰："桓氏强盛，其可图乎？"毅曰："天下自有强弱；苟为失道，虽强易弱，易，以豉翻。正患事主难得耳。"谓举大事难得一人为主。无忌曰："天下草泽之中非无英雄也。"毅曰："所见唯有刘下邳。"裕先领下邳太守，故称之。无忌笑而不答，还以告裕，遂与毅定谋。

初，太原王元德及弟仲德为苻氏起兵攻燕主垂，不克，来奔，王睿，字符德；王懿，字仲德；名犯宣、元二帝讳，故以字行。仲德为燕所败，渡河依段辽，自辽所来奔。为，于伪翻。朝廷以元德为弘农太守。仲德见桓玄称帝，谓人曰："自古革命诚非一族，然今之起者恐不足以成大事。"

平昌孟昶为青州主簿，平昌县，汉属城阳国，魏文帝分城阳立平昌郡，后省。晋惠帝又立平昌郡。其地今属密州安丘县界。昶，丑两翻。桓弘使昶至建康，玄见而悦之，谓刘迈曰："素士中得一尚书郎，起于白屋者谓之素士。卿与其州里，宁相识否？"孟昶，平昌人。平昌郡属青州。刘迈，彭城沛人。彭城属徐州。盖二人并侨居京口，故谓之同州里。迈素与昶不善，对曰："臣在京口，不闻昶有异能，唯闻父子纷纷更相赠诗耳。"更，工衡翻。玄笑而止。昶闻而恨之。既还京口，裕谓昶曰："草间当有英雄起，卿颇闻乎？"昶曰："今日英雄有谁，正当是卿耳！"

于是裕、毅、无忌、元德、仲德、昶及裕弟道规、任城魏咏之、任城县，前汉属东平国，后汉章帝元和元年分东平为任城国，而任城县属焉；晋氏南渡，省任城郡为任城县，属高平郡。任，音壬。高平檀凭之、琅邪诸葛长民、河内太守陇西辛扈兴、振威将军东莞童厚之，莞，音官。相与合谋起兵。道规为桓弘中兵参军，裕使毅就道规及昶于江北，共杀弘，据广陵；长民为刁逵参军，使长民杀逵，据历阳；元德、扈兴、厚之在建康，使之聚众攻玄为内应，刻期齐发。

孟昶妻周氏富于财，昶谓之曰："刘迈毁我于桓公，使我一生沦陷，我决当作贼。卿幸早离绝，脱得富贵，相迎不晚也。"周氏曰："君父母在堂，欲建非常之谋，岂妇人所能谏！事之不成，当于奚官中奉养大家，奚，如字，又胡礼翻。周礼注曰：古者从坐，男女没入县官为奴，其少才智以为奚。今之侍史、官婢，或曰奚官女。此言事若败，没为官婢，当于奚官中养姑。晋志：奚官令，属少府。晋宋间子妇称其姑曰"大家"，考南史孝义孙棘传可见。义无归志也。"昶怅然，久之而起。怅，丑亮翻。怅然，失志貌。周氏追昶坐，曰："观君举措，非谋及妇人者，不过欲得财物耳。"因指怀中儿示之曰："此而可卖，亦当不惜，"遂倾赀以给之。昶弟颉妻，周氏之从妹也，颉，鱼岂翻。从，才用翻。周氏绐之曰："昨夜梦殊不祥，绐，待亥翻。门内绛色物宜悉取以为厌胜。"厌，于涉翻，又于检翻。妹信而与之，遂尽缝以为军士袍。

何无忌夜于屏风里草檄文，其母，刘牢之姊也，登橙密窥之，橙，都邓翻，床属。泣曰："吾不及东海吕母明矣。吕母事见三十八卷王莽天凤四年。汝能如此，吾复何恨！"问所与同谋者。曰："刘裕。"母尤喜，因为言玄必败、举事必成之理以劝之。复，扶又翻。为，于伪翻。

乙卯，裕托以游猎，与无忌收合徒众，得百馀人。丙辰，诘旦，京口城开，无忌着传诏服，诘，去吉翻。着，侧略翻。着传诏之服，因自称敕使。称敕使，居前，使，疏吏翻。徒众随之齐入，即斩桓修以徇。修司马刁弘帅文武佐吏来赴，帅，读曰率。裕登城，谓之曰：城，谓京口之金城。"郭江州已奉乘舆返正于寻阳，郭江州，谓郭昶之也。时帝在寻阳，裕诡言以诳弘等。乘，绳证翻。我等并被密诏，诛除逆党，被，皮义翻。今日贼玄之首已当枭于大航矣。枭，坚尧翻。说文曰：日至，捕枭磔之，以头挂木上；今谓挂首为枭。诸君非大晋之臣乎，今来欲何为！”弘等信之，收众而退。

裕问无忌曰：“今急须一府主簿，何由得之？”无忌曰：“无过刘道民。”道民者，东莞刘穆之也。晋陵有南东莞郡，故穆之居京口。莞，音官。裕曰：“吾亦识之。”即驰信召焉。时穆之闻京口讙噪声，讙，许元翻。“噪”当作“譟”。晨起，出陌头，属与信会。信，使也。属，之欲翻。使，疏吏翻。穆之直视不言者久之，直视，注目直视不他属。既而返室，坏布裳为袴，袴，胫衣也。晋志曰：袴褶之制，未详所起，近世以为戎服。坏，音怪。往见裕。裕曰：“始举大义，方造艰难，言造事之初，事事艰难也。须一军吏甚急，卿谓谁堪其选？”穆之曰：“贵府始建，军吏实须其才，仓猝之际，略当无见逾者。”裕笑曰：“卿能自屈，吾事济矣。”即于坐署主簿。坐，读曰座。

孟昶劝桓弘其日出猎，天未明，开门出猎人；昶与刘毅、刘道规帅壮士数十人直入，帅，读曰率；下同。弘方啖粥，即斩之，因收众济江。啖，徒滥翻。裕使毅诛刁弘。

先是，裕遣同谋周安穆入建康报刘迈，先，悉荐翻。迈虽酬许，意甚惶惧；安穆虑事泄，乃驰归。玄以迈为竟陵太守，迈欲亟之郡，是夜，玄与迈书曰：“北府人情云何？卿近见刘裕何所道？”迈谓玄已知其谋，晨起，白之。玄大惊，封迈为重安侯。重，直龙翻。既而嫌迈不执安穆，使得逃去，乃杀之，悉诛元德、扈兴、厚之等。

众推刘裕为盟主，总督徐州事，以孟昶为长史，守京口，檀凭之为司马。彭城人应募者，裕悉使郡主簿刘钟统之。丁巳，裕帅二州之众千七百人，二州，兖、徐也。军于竹里，移檄远近，声言益州刺史毛璩已定荆楚，江州刺史郭昶之奉迎主上返正于寻阳，镇北参军王元德等并帅部曲保据石头，扬武将军诸葛长民已据历阳。

玄移还上宫，玄始迁东宫，今以裕起，移还上宫。召侍官皆入止省中；侍官，自侍中下至黄、散之属。加扬州刺史新野王桓谦征讨都督，以殷仲文代桓修为徐、兖二州刺史。谦等请亟遣兵击裕。玄曰："彼兵锐甚，计出万死，若有蹉跌，蹉，七何翻。跌，徒结翻。则彼气成而吾事去矣，不如屯大众于覆舟山以待之。成帝咸康八年，于覆舟山南立北郊；山盖在建康城北也，形如覆舟，故名。彼空行二百里，无所得，锐气已挫，忽见大军，必惊愕；我按兵坚阵，勿与交锋，彼求战不得，自然散走，此策之上也。"谦等固请击之，乃遣顿丘太守吴甫之、右卫将军皇甫敷相继北上。自建康趣京口为北上。上，时掌翻。

玄忧惧特甚。或曰："裕等乌合微弱，势必无成，陛下何虑之深？"玄曰："刘裕足为一世之雄；刘毅家无檐石之储，檐，与儋同，下〔都〕滥翻，言一儋、一石也。储无儋石，家贫之至也。杨雄家无儋石之储，应劭注曰：齐人名小罂为儋石，受二斛。晋灼曰：石，斗石也。前书音义曰：儋，言一斗之储。方言曰：儋，罂也，齐东北海岱之间谓之儋。余据今江淮人谓一石为一担。樗蒱一掷百万；何无忌酷似其舅；共举大事，何谓无成！"

2 南凉王傉檀畏秦之强，乃去年号，傉，奴沃翻。元兴元年，傉檀改元弘昌。去，羌吕翻。罢尚书丞郎官，遣参军关尚使于秦。使，疏吏翻。秦王兴曰："车骑献款称藩，而擅兴兵造大城，岂为臣之道乎？"兴拜傉檀为车骑将军，故称之。尚曰："王公设险以守其国，易坎卦彖辞。先王之制也。车骑僻在遐藩，密迩勍寇，勍，渠京翻。盖为国家重门之防；重，直龙翻。不图陛下忽以为嫌。"兴善之。傉檀求领凉州，兴不许。

3 初，袁真杀朱宪，见一百二卷海西公太和五年。宪弟绰逃奔桓温。温克寿阳，绰辄发真棺，戮其尸。温怒，将杀之，桓冲请而免之。绰事冲如父，冲薨，绰呕血而卒。卒，子恤翻。刘裕克京口，以绰子龄石为建武参军。裕本为建武将军，以龄石参军事。三月，戊午朔，裕军与吴甫之遇于江乘。江乘，汉旧县，属丹杨郡。成帝咸康元年，桓温领琅邪太守，镇江乘之蒲洲，奏割丹杨之江乘立南琅邪郡，江乘县属焉。将战，龄石言于裕曰："龄石世受桓氏厚恩，不欲以兵刃相向，乞在军后。"裕义而许之。甫之，玄骁将也，骁，坚尧翻。将，即亮翻。其兵甚锐。裕手执长刀，大呼以冲之，众皆披靡，呼，火故翻。披，普彼翻。即斩甫之，进至罗落桥。罗落桥在江乘县南，盖缘水设罗落，因以为名。皇甫敷帅数千人逆战，帅，读曰率。宁远将军檀凭之败死。裕进战弥厉，敷围之数重，裕倚大树挺战。重，直龙翻。挺战，挺身独战也。挺，他鼎翻，直也。敷曰："汝欲作何死！"拔戟将刺之，裕瞋目叱之，敷辟易。刺，七亦翻。瞋，七人翻。辟，读曰闢。易，如字。裕党俄至，射敷中额而踣，射，而亦翻。中，竹仲翻。踣，蒲北翻。裕援刀直进。援，于元翻。敷曰："君有天命，以子孙为托。"裕斩之，厚抚其孤。裕以檀凭之所领兵配参军檀祗。祗，凭之之从子也。从，才用翻。

玄闻二将死，大惧，召诸道术人推算及为厌胜。将，即亮翻。厌，于叶翻，又一琰翻。问群臣曰："朕其败乎？"吏部郎曹靖之对曰："民怨神怒，臣实惧焉。"玄曰："民或可怨，神何为怒？"对曰："晋氏宗庙，飘泊江滨，谓迁晋宗庙主于琅邪国，寻又随帝上寻阳也。大楚之祭，上不及祖，谓止祭桓温于太庙。此其所以怒也。"玄曰："卿何不谏？"对曰："辇上君子皆以为尧、舜之世，臣何敢言！"玄默然。使桓谦及游击将军何澹之屯东陵，游击将军，汉杂号将军也，魏置为中军，及晋，以领、护、左右卫、骁骑、游击为六军。建康之西有西陵，其东有东陵，东陵在覆舟山东北。澹，徒览翻。侍中、后将军卞范之屯覆舟山西，众合二万。

己未，裕军食毕，悉弃其馀粮，进至覆舟山东，使羸弱登山，张旗帜为疑兵，羸，伦为翻。帜，昌志翻。数道并前，布满山谷。玄侦候者还，云“裕军四塞，侦，丑郑翻。塞，悉则翻。不知多少。”玄益忧恐，遣武卫将军庾赜之帅精卒副援诸军。魏文帝践阼，置领军将军，主五校、中垒、武卫等三营，后遂各置将军。赜，士革翻。谦等士卒多北府人，素畏伏裕，莫有斗志。裕与刘毅等分为数队，进突谦陈；裕以身先之，陈，读曰阵。先，悉荐翻。将士皆殊死战，无不一当百，呼声动天地。时东北风急，因纵火焚之，烟炎熛天，呼，火故翻。炎，读曰焰。熛，必遥翻。鼓噪之音震动京邑，谦等诸军大溃。

玄时虽遣军拒裕，而走意已决，潜使领军将军殷仲文具舟于石头；闻谦等败，帅亲信数千人，声言赴战，帅，读曰率；下同。遂将其子升、兄子浚出南掖门。遇前相国参军胡藩，执马鞚谏曰：“今羽林射手犹有八百，皆是义故，西人受累世之恩，鞚，音控，马勒也。桓氏世居荆楚，西人皆其义旧，此盖从玄东下，玄既篡，因以为羽林。不驱令一战，一旦舍此，欲安之乎！”玄不对，但举策指天；玄举策指天，亦项羽所谓天之亡我之意。因鞭马而走，西趋石头，与仲文等浮江南走。经日不食，左右进粗饭，趋，七喻翻。粗，与麤同。玄咽不能下，升抱其胸而抚之，玄悲不自胜。咽，于甸翻。胜，音升。

裕入建康，王仲德抱元德子方回出候裕，裕于马上抱方回与仲德对哭；追赠元德给事中，以仲德为中兵参军。裕止桓谦故营，遣刘钟据东府。庚申，裕屯石头城，立留台百官，焚桓温神主于宣阳门外，造晋新主，纳于太庙。桓玄初篡，迁七庙神主于琅邪国，既而迁帝于寻阳，宗庙主祏皆随帝西上，故权造新主。遣诸将追玄，尚书王嘏帅百官奉迎乘舆，乘，绳证翻。诛玄宗族在建康者。裕使臧熹入宫，收图书、器物，封闭府库；有金饰乐器，裕问熹：“卿得无欲此乎？”熹正色曰：“皇上幽逼，播越非所，将军首建大义，劬劳王家，虽复不肖，实无情于乐。”复，扶又翻。裕笑曰：“聊以戏卿耳。”熹，恭之弟也。刘裕娶于臧氏。

壬戌，玄司徒王谧与众议推裕领扬州，裕固辞。乃以谧为侍中、领司徒、扬州刺史、录尚书事，谧推裕为使持节、都督扬·徐·兖·豫·青·冀·幽·并八州诸军事、徐州刺史，使，疏吏翻。刘毅为青州刺史，何无忌为琅邪内史，孟昶为丹杨尹，刘道规为义昌太守。宋永初郡国志，安丰有义昌县。盖晋末尝立郡，宋初废为县也。裕取义昌美名，使道规领太守。

裕始至建康，诸大处分皆委于刘穆之，处，昌吕翻。分，扶问翻。仓猝立定，无不允惬。惬，苦叶翻。裕遂托以腹心，动止谘焉；穆之亦竭节尽诚，无所遗隐。时晋政宽弛，纲纪不立，豪族陵纵，小民穷蹙，重以司马元显政令违舛，重，直用翻。桓玄虽欲厘整，而科条繁密，众莫之从。穆之斟酌时宜，随方矫正；揉曲为矫。言随事矫揉使归于正。裕以身范物，先以威禁；内外百官皆肃然奉职，不盈旬日，风俗顿改。史言刘裕有拨乱反正之才。

初，诸葛长民至豫州，失期，不得发。刁逵执长民，槛车送桓玄。至当利而玄败，当利，浦名。送人共破槛出长民，还趣历阳。趣，七喻翻。逵弃城走，为其下所执，斩于石头，子侄无少长皆死，少，诗照翻。长，知两翻。唯赦其季弟给事中骋。逵故吏匿其弟子雍送洛阳，刁雍后自秦入魏。雍，于容翻。秦王兴以为太子中庶子。裕以魏咏之为豫州刺史，镇历阳，诸葛长民为宣城内史。

初，裕名微位薄，轻狡无行，盛流皆不与相知，行，下孟翻。盛流，谓当时贵盛之流。惟王谧独奇贵之，谓裕曰：“卿当为一代英雄。”裕尝与刁逵樗蒲，不时输直，樗蒲不胜而不即纳其所负之直，此亦博徒轻狡之常态。逵缚之马枊。枊，鱼浪翻，系马柱也，又五刚翻。谧见之，责逵而释之，代之还直。由是裕深憾逵而德谧。

萧方等曰：萧方等，梁元帝之嫡长子，撰三十国春秋。夫蛟龙潜伏，鱼虾亵之。是以汉高赦雍齿，魏武免梁鹄，雍齿事见十一卷汉高帝十一年。汉灵帝时，梁鹄为选部尚书，魏武欲为洛阳令，鹄以为北部尉。董卓之乱，鹄奔刘表。魏武破荆州，鹄惧而自缚诣门，使在秘书，以勤书自效。雍，于用翻。安可以布衣之嫌而成万乘之隙也！乘，绳证翻。今王谧为公，刁逵亡族，酬恩报怨，何其狭哉！

4 尚书左仆射王愉及子荆州刺史绥谋袭裕，事泄，族诛；绥弟子慧龙为僧彬所匿，得免。慧龙后遂逃奔秦，又自秦奔魏。

5 魏以中土萧条，诏县户不满百者罢之。

6 丁卯，刘裕还镇东府。

7 桓玄至寻阳，郭昶之给其器用、兵力。辛未，玄逼帝西上，上，时掌翻。刘毅帅何无忌、刘道规等诸军追之。帅，读曰率。玄留龙骧将军何澹之、前将军郭铨与郭昶之守湓口。骧，思将翻。澹，徒览翻。昶，丑两翻。湓，蒲奔翻。玄于道自作起居注，杜佑通典曰：周官有左右史，盖今起居注之本。动则左史书之，言则右史书之；左史记言，右史记事。汉武帝有禁中起居注，后汉马皇后撰明帝起居注，则汉起居注似在宫中，为女史之任，其后起居皆近侍之臣录记也。历代有其职而无其官，后魏始置起居令史，每行幸宴会，则在御左右记录帝言；后又别置修起居注。叙讨刘裕事，自谓经略举无遗策，诸军违节度，以致奔败。专覃思著述，覃，深也，广也。思，相吏翻。不暇与群下议时事。起居注既成，宣示远近。

8 丙戌，刘裕称受帝密诏，以武陵王遵承制总百官行事，加侍中、大将军，因大赦，惟桓玄一族不宥。

9 刘敬宣、高雅之结青州大姓及鲜卑豪帅谋杀南燕王备德，帅，所类翻。推司马休之为主。备德以刘轨为司空，甚宠信之。雅之欲邀轨同谋，敬宣曰："刘公衰老，有安齐之志，不可告也。"雅之卒告之，卒，子恤翻。轨不从。谋颇泄，敬宣等南走，南燕人收轨，杀之，追及雅之，又杀之。敬宣、休之至淮、泗间，闻桓玄败，遂来归，敬宣等奔南燕事见上卷元兴元年。刘裕以敬宣为晋陵太守。

10 南燕主备德闻桓玄败，命北地王钟等将兵欲取江南，会备德有疾而止。昔鲁庄公伐齐，纳子纠，小白自莒先入，所以有乾时之败。当此之时，建康已定，使慕容钟等之师果进，刘裕固有以待之矣。将，即亮翻。

11 夏，四月，己丑，武陵王遵入居东宫，内外毕敬；迁除百官称制书，教称令书。以司马休之监荆·益·梁·宁·秦·雍六州诸军事、领荆州刺史。刘毅等之兵既进，故预以休之镇南蕃。监，工衔翻。雍，于用翻。

庚寅，桓玄挟帝至江陵，桓石康纳之。玄更署置百官，以卞范之为尚书仆射。自以奔败之后，恐威令不行，乃更增峻刑罚，众益离怨。殷仲文谏，玄怒曰："今以诸将失律，天文不利，故还都旧楚；而群小纷纷，妄兴异议，方当纠之以猛，未可施之以宽也。"荆、江诸郡闻玄播越，有上表奔问起居者，玄皆不受，更令所在贺迁新都。唐人所谓"难将一人手，掩尽天下目"，桓玄是也。

初，王谧为玄佐命元臣，玄之受禅，禅，时战翻。谧手解帝玺绶；玺，斯氏翻。绶，音受。及玄败，众谓谧宜诛，刘裕特保全之。刘毅尝因朝会，问谧玺绶所在。玺，斯氏翻。绶，音受。朝，直遥翻。谧内不自安，逃奔曲阿。刘昫曰：唐润州丹杨县，古曲阿县地。裕笺白武陵王，迎还复位。

12 桓玄兄子歆引氐帅杨秋寇历阳，帅，所类翻。魏咏之帅诸葛长民、刘敬宣、刘钟共击破之，帅，读曰率；下同。斩杨秋于练固。练固在历阳西北。

玄使武卫将军庾稚祖、江夏太守桓道恭帅数千人就何澹之等共守湓口。何无忌、刘道规至桑落洲，桑落洲在湓城东北大江中。杜佑曰：桑落洲在江州都昌县，汉之彭泽县也。庚戌，澹之等引舟师逆战。澹之常所乘舫舫，甫妄翻，方舟也。羽仪旗帜甚盛。帜，昌志翻。无忌曰："贼帅必不居此，帅，所类翻。欲诈我耳，宜亟攻之。"众曰："澹之不在其中，得之无益。"无忌曰："今众寡不敌，战无全胜，澹之既不居此舫，战士必弱，我以劲兵攻之，必得之，得之，则彼势沮而我气倍，因而薄之，破贼必矣。"沮，在吕翻。道规曰："善！"遂往攻而得之，因传呼曰："已得何澹之矣！"澹之军中惊扰，无忌之众亦以为然，乘胜进攻澹之等，大破之。无忌等克湓口，进据寻阳，遣使奉送宗庙主祏还京师。祏，音石；庙中臧木主石室也。既克寻阳，宗庙主祏乃得还。加刘裕都督江州诸军事。

桑落之战，胡藩所乘舰为官军所烧，藩全铠入水，潜行三十许步，乃得登岸。舰，户黯翻。铠，苦亥翻。时江陵路已绝，官军既克寻阳，故江陵之路绝。乃还豫章。刘裕素闻藩为人忠直，引参领军军事。

13 桓玄收集荆州兵，曾未三旬，有众二万，楼船、器械甚盛。甲寅，玄复帅诸军挟帝东下，以苻宏领梁州刺史，为前锋；又使散骑常侍徐放先行，说刘裕等曰："若能旋军散甲，当与之更始，各授位任，令不失分。"复，扶又翻。说，输芮翻。更，工衡翻。分，扶问翻。

刘裕以诸葛长民都督淮北诸军事，镇山阳；以刘敬宣为江州刺史。

14 柔然可汗社仑从弟悦代大那谋杀社仑，仑，卢昆翻。从，才用翻。那，与那同；奴何翻。不克，奔魏。

15 燕王熙于龙腾苑起逍遥宫，连房数百，凿曲光海，盛夏，士卒不得休息，暍死者太半。去年熙起龙腾苑。暍，于歇翻。伤暑也。

16 西凉世子谭卒。

17 刘毅、何无忌、刘道规、下邳太守平昌孟怀玉帅众自寻阳西上，帅，读曰率。上，时掌翻。五月，癸酉，与桓玄遇于峥嵘洲。水经注：江水东过武口，又东，右得李姥浦，北对峥嵘洲，刘毅破桓玄处。在今黄州、寿昌军之间。杜佑曰：峥嵘洲在鄂州武昌县。峥，仕耕翻。嵘，户萌翻。毅等兵不满万人，而玄战士数万，众惮之，欲退还寻阳。道规曰："不可！彼众我寡，强弱异势，今若畏懦不进，必为所乘，虽至寻阳，岂能自固！玄虽窃名雄豪，内实恇怯；恇，曲阳翻，亦怯也。加之已经奔败，众无固心。决机两阵，将雄者克，将，即亮翻。不在众也。"因麾众先进，毅等从之。玄常漾舸于舫侧以备败走，舸，古我翻。由是众莫有斗心。毅等乘风纵火，尽锐争先，玄众大溃，烧辎重夜遁。重，直用翻。郭铨诣毅降。

玄故将刘统、冯稚等聚党四百人袭破寻阳城。降，户江翻。将，即亮翻。毅遣建威将军刘怀肃讨平之。怀肃，怀敬之弟也。刘怀敬见一百一十一卷隆安三年。

玄挟帝单舸西走，留永安何皇后及王皇后于巴陵。永安何皇后，穆帝章皇后也。王皇后，帝之后也。殷仲文时在玄舰，求出别船收集散卒，因叛玄，奉二后奔夏口，夏，户雅翻。遂还建康。

己卯，玄与帝入江陵。冯该劝使更下战，玄不从；欲奔汉中就桓希，桓希时为梁州刺史。而人情乖沮，号令不行。沮，在吕翻。庚辰，夜中，处分欲发，处，昌吕翻。分，扶问翻。城内已乱，乃与亲近腹心百馀人乘马出城西走。至城门，左右于暗中斫玄，不中，不中，竹仲翻。其徒更相杀害，更，工衡翻。前后交横。玄仅得至船，左右分散，惟卞范之在侧。

辛巳，荆州别驾王康产奉帝入南郡府舍，太守王腾之帅文武为侍卫。帅，读曰率；下同。

玄将之汉中；屯骑校尉毛修之，璩之弟子也，诱玄入蜀，玄从之。诱，音酉。宁州刺史毛璠，璠，音繁。璩之弟也，卒于官。璩使其兄孙佑之及参军费恬帅数百人送璠丧归江陵，费，扶沸翻。壬午，遇玄于枚回洲。水经注：江水径江陵县南，有洲曰枚回洲。佑之、恬迎击玄，矢下如雨，玄嬖人丁仙期、万盖等以身蔽玄，皆死。嬖，卑义翻；又博计翻。益州督护汉嘉冯迁抽刀，前欲击玄，玄拔头上玉导与之，魏、晋以来，冠帻有簪，有导，至尊以玉为之。导，引也，所以引发入冠帻之内也。曰："汝何人，敢杀天子！"迁曰："我杀天子之贼耳！"遂斩之，又斩桓石康、桓浚、庾赜【章：甲十一行本"赜"作"颐"；乙十一行本同；退斋校同。】赜，士革翻。之，执桓升送江陵，斩于市。乘舆返正于江陵，以毛修之为骁骑将军。乘，绳证翻。骁，坚尧翻。骑，奇寄翻。甲申，大赦，诸以畏逼从逆者一无所问。戊寅，奉神主于太庙。纳寻阳所奉送宗庙主祏也。刘毅等传送玄首，枭于大桁。传，株恋翻。枭，坚尧翻。

毅等既战胜，以为大事已定，不急追蹑，又遇风，船未能进，玄死几一旬，几，居希翻，又音祈。诸军犹未至。时桓谦匿于沮中，沿沮水上下为沮中，临沮、上黄二县皆其地也。沮，子余翻。扬武将军桓振匿于华容浦，华容县自汉以来属南郡。水经注：江水左迤为中夏口，右则中郎浦出焉。华容县今在监利县界。晋书振传曰：匿于华容之涌中。左传：阎敖游涌而逸。杜预注云：涌水在南郡华容县。涌，音勇。玄故将王稚徽戍巴陵，遣人报振云："桓歆已克京邑，冯稚复克寻阳，将，即亮翻。复，扶又翻；下复陷同。刘毅诸军并中路败退。"振大喜，聚党得二百人，袭江陵，桓谦亦聚众应之。闰月，己丑，复陷江陵，杀王康产、王腾之。振见帝于行宫，跃马奋戈，直至阶下，问桓升所在。闻其已死，瞋目谓帝曰：瞋，七人翻。

"臣门户何负国家，而屠灭若是!"琅邪王德文下床谓曰："此岂我兄弟意邪!"振欲杀帝，谦苦禁之，乃下马，敛容致拜而出。壬辰，振为玄举哀，立丧庭，谥曰武悼皇帝。为，于伪翻。

癸巳，谦等帅群臣奉玺绶于帝曰：帅，读曰率。"主上法尧禅舜，今楚祚不终，百姓之心复归于晋矣。"以琅邪王德文领徐州刺史，振为都督八郡诸军事、荆州刺史，谦复为侍中、卫将军，加江、豫二州刺史，帝侍御左右，皆振之腹心。

振少薄行，玄不以子侄齿之。行，下孟翻。以年叙长幼为齿，又，齿，列也。言不使预子侄之列。至是，叹曰："公昔不早用我，遂致此败。若使公在，我为前锋，天下不足定也。今独作此，安归乎?"遂纵意酒色，肆行诛杀。谦劝振引兵下战，己守江陵，振素轻谦，不从其言。

刘毅至巴陵，诛王稚徽。何无忌、刘道规进攻桓谦于马头，马头岸在大江南岸，北对江津口。桓蔚于龙泉，水经注：灵溪之东有龙陂，广员二百馀步，水至渊深，有龙见于其中，故曰龙陂。皆破之。蔚，秘之子也。桓秘见一百三卷孝武宁康元年。

无忌欲乘胜直趣江陵，趣，七喻翻。道规曰："兵法屈申有时，不可苟进。诸桓世居西楚，群小皆为竭力；振勇冠三军，为，于伪翻。冠，古玩翻。难与争锋。且可息兵养锐，徐以计策縻之，不忧不克。"无忌不从。振逆战于灵溪，水经注：江水自江陵县南，东径燕尾洲，北合灵溪水。江、溪之会有灵溪戍，背阿面江，西带灵溪。冯该以兵会之，无忌等大败，死者千馀人。退还寻阳，与刘毅等上笺请罪。上，时掌翻。刘裕以毅节度诸军，免其青州刺史。桓振以桓蔚为雍州刺史，镇襄阳。雍，于用翻。

柳约之、罗述、甄季之闻桓玄死，自白帝进军至枝江，枝江县自汉以来属南郡，我朝省为镇，属松滋县。甄，之人翻。闻何无忌等败于灵溪，亦引兵退。俄而述、季之皆病，约之诣桓振伪降，欲谋袭振，事泄，振杀之。约之司马时延祖、时，姓也。涪陵太守文处茂收其馀众，保涪陵。处，昌吕翻。涪，音浮。

六月，毛璩遣将攻汉中，斩桓希，璩自领梁州。

18 秋，七月，戊申，永安皇后何氏崩。

19 燕苻昭仪有疾，龙城人王荣自言能疗之。昭仪卒，卒，子恤翻。燕王熙立荣于公车门，支解而焚之。

20 八月，癸酉，葬穆章皇后于永平陵。

21 魏置六谒官，准古六卿。

22 九月，刁骋谋反，伏诛，刁氏遂亡。刁逵之诛，惟赦骋，而雍得逃走投北；骋又诛，则江南之刁氏亡矣。刁氏素富，奴客纵横，横，户孟翻。专固山泽，为京口之患。刘裕散其资蓄，令民称力而取之，称，尺证翻。弥日不尽；时州郡饥弊，民赖之以济。

23 乞伏乾归及杨盛战于竹岭，上邽西南有南山、竹岭。为盛所败。败，补迈翻。

24 西凉公暠立子歆为世子。暠，古老翻。

25 魏主珪临昭阳殿改补百官，引朝臣文武，亲加铨择，随才授任。朝，直遥翻。列爵四等：王封大郡，公封小郡，侯封大县，伯封小县。其品第一至第四，旧臣有功无爵者追封之，宗室疏远及异姓袭封者降爵有差。又置散官五等，其品第五至第九；散，悉亶翻。文官造士才能秀异、武官堪为将帅者，其品亦比第五至第九；将，即亮翻。帅，所类翻。百官有阙，则取于其中以补之。其官名多不用汉、魏之旧，仿上古龙官、鸟官，左传：郯子曰：昔太皞氏以龙纪，故为龙师而龙名。我高祖少皞挚之立也，凤鸟适至，故为鸟师而鸟名：凤鸟氏，历正也；玄鸟氏，司分者也；伯赵氏，司至者也；青鸟氏，司启者也；丹鸟氏，司闭者也；祝鸠氏，司徒也；鴡鸠氏，司马也；鳲鸠氏，司空也；爽鸠氏，司寇也；鹘鸠氏，司事也；五鸠，鸠民者也。五雉为五工正，九扈为九农正。杜预注曰：太皞氏有龙瑞，故以龙名官。应劭曰：

以龙纪其官长：春官为青龙，夏官为赤龙，秋官为白龙，冬官为黑龙，中官为黄龙。张晏曰：庖牺将兴，神龙负图而至，因以名官与师也。谓诸曹之使为凫鸭，魏书官氏志作"诸曹走使"。取其飞之迅疾也；谓候官伺察者为白鹭，取其延颈远望也；馀皆类此。

26 卢循寇南海，攻番禺。番，音潘。禺，音愚。广州刺史濮阳吴隐之拒守百馀日，濮，博木翻。冬，十月，壬戌，循夜袭城而陷之，烧府舍、民室俱尽，执吴隐之。循自称平南将军，摄广州事，聚烧骨为共冢，葬于洲上，得髑髅三万馀枚。髑，徒谷翻。髅，郎侯翻。说文曰：髑髅，顶也。又使徐道覆攻始兴，吴孙晧甘露元年，分桂阳南部都尉立始兴郡，唐为韶州。执始兴相阮腆之。相，息亮翻。腆，他典翻。

27 刘裕领青州刺史。刘毅免青州，裕自领之。

刘敬宣在寻阳，聚粮缮船，未尝无备，故何无忌等虽败退，赖以复振。复，扶又翻；下复自同。桓玄兄子亮自称江州刺史，寇豫章，敬宣击破之。

刘毅、何无忌、刘道规复自寻阳西上，至夏口。夏，户雅翻。桓振遣镇东将军冯该守东岸，扬武将军孟山图据鲁山城，辅国将军桓仙客守偃月垒，众合万人，水陆相援。毅攻鲁山城，道规攻偃月垒，无忌遏中流，自辰至午，二城俱溃，汉水与江会于鲁山西南，汉水之左有却月城，亦曰偃月垒，故曲陵县也，后更为沙羡县治。生禽山图、仙客，该走石城。走，音奏。竟陵县，古石城戍也。郢州图经曰：子城三面墉基皆天造，正西绝壁下临汉江。石城之名盖本于此。

28 辛巳，魏大赦，改元天赐。筑西宫。十一月，魏主珪如西宫，命宗室置宗师，八国置大师、小师，州郡亦各置师，以辨宗党，举才行，如魏、晋中正之职。魏书官氏志曰：以八国姓族难分，故国立大师、小师，令辨其宗党，品举人才。自八国以外，郡各立师，职分如八国，比今之中正也。宗室立宗师，亦如州郡八国之职。行，下孟翻。

29 燕王熙与苻后游畋，北登白鹿山，东逾青岭，水经注：大辽水东南过辽东郡房县西，又右会白狼水，水出右北平白狼县东南，北屈，径白鹿山西，即白狼山也。青岭即青陉，在龙城东南四百馀里。魏收地形志，建德郡石城县有白鹿山祠。南临沧海而还，沧海在辽西郡海阳县南。还，从宣翻，又如字。士卒为虎狼所杀及冻死者五千馀人。

30 十二月，刘毅等进克巴陵。毅号令严整，所过百姓安悦。刘裕复以毅为兖州刺史。

桓振以桓放之为益州刺史，屯西陵；文处茂击破之，放之走还江陵。

31 高句丽侵燕。句，如字，又音驹。丽，力知翻。

32 戊辰，魏主珪如豺山宫。

33 是岁，晋民避乱，襁负之淮北者道路相属。襁，居两翻。属，之欲翻。

聂崇岐标点王崇武覆校

资治通鉴卷第一百一十四

端明殿学士兼翰林侍读学士太中大夫
提举西京嵩山崇福宫上柱国河内郡开国公 司马光 奉敕编集
食邑二千二百户食实封九百户赐紫金鱼袋臣

后学天台 胡三省 音注

晋纪三十六 起旃蒙大荒落（乙巳），尽著雍涒滩（戊申），凡四年。

安皇帝己

义熙元年（乙巳、四〇五）

1 春，正月，南阳太守扶风鲁宗之起兵袭襄阳，桓蔚走江陵。蔚，纡勿翻。己丑，刘毅等诸军至马头。桓振挟帝出屯江津，江津戍在江陵，南临江浒。荆州记曰：江陵县东三里有津乡。水经注：江陵城南有马牧城。此洲始自枚回下迄于此，长七十馀里，洲上有奉城，江津长所治。遣使求割江、荆二州，奉送天子；毅等不许。辛卯，宗之击破振将温楷于柞溪，水经注：柞溪水出江陵县北，盖诸池散流，咸所会合，积以成川，东流径鲁宗之垒南，又东注船官湖。将，即亮翻。柞，才各翻，又音作。进屯纪南。郡国志：江陵县北十馀里有纪南城。振留桓谦、冯该守江陵，引兵与宗之战，大破之。刘毅等击破冯该于豫章口，水经注：江水过江陵而东，得豫章口，夏水所通也；西北有豫章冈，盖因冈而得名。其地去江陵城二十里。桓谦弃城走。毅等入江陵，执卞范之等，斩之。桓振还，望见火起，知城已陷，其众皆溃，振逃于涢川。水经注：涢水出汉南阳郡蔡阳县东南大洪山，东南流，过随县西，又南过江夏安陆县西，又东南入于夏。涢，音云。

乙未，诏大处分悉委冠军将军刘毅。处，昌吕翻。分，扶问翻。冠，古玩翻。

戊戌，大赦，改元，惟桓氏不原；以桓冲忠于王室，特宥其孙胤。以鲁宗之为雍州刺史，毛璩为征西将军、都督益·梁·秦·凉·宁五州诸军事，璩弟瑾为梁、秦二州刺史，瑗为宁州刺史。雍，于用翻。璩，求于翻。瑾，渠吝翻。瑗，于眷翻。刘怀肃追斩冯该于石城，桓谦、桓怡、桓蔚、桓谧、何澹之、温楷皆奔秦。蔚，纡勿翻。澹，徒览翻。怡，弘之弟也。桓弘死见上卷上年。

2 燕王熙伐高句丽。句，如字，又音驹。丽，力知翻。戊申，攻辽东；城且陷，熙命将士："毋得先登，俟刬平其城，朕与皇后乘辇而入。"刬，楚限翻。由是城中得严备，不克而还。后齐高纬之攻晋州，亦若是矣。还，从宣翻，又如字。

秦王兴以鸠摩罗什为国师，奉之如神，亲帅群臣及沙门听罗什讲佛经，帅，读曰率；下同。又命罗什翻译西域经、论三百馀卷，古之译者传四夷之言；今罗什翻夷言为华言，故曰译。大营塔寺，沙门坐禅者常以千数。禅，静也，寂也。传灯录曰：禅有五：有凡夫禅，有外道禅，有小乘禅，有大乘禅，有最上乘禅。禅，时连翻。公卿以下皆奉佛，由是州郡化之，事佛者十室而九。

3 乞伏乾归击吐谷浑大孩，大破之，俘万馀口而还；大孩走死胡园。晋书吐谷浑传：吐谷浑王乌纥堤，一名大孩。"胡园"作"胡国"。孩，何开翻。视罴世子树洛干帅其馀众数千家奔莫何川，莫何川在西倾山东北。西倾，亦名强台山。帅，读曰率。自称车骑大将军、大单于、吐谷浑王。骑，奇寄翻。单，音蝉。树洛干轻徭薄赋，信赏必罚，吐谷浑复兴，复，扶又翻。沙、漒诸戎皆附之。段国曰：浇河郡西南一百七十里有黄沙，南北一百二十里，东西七十里，西极大杨川，望之若人委精糠于地，不生草木，荡然黄沙，周回数百里。洮水出蟗台山东北，径吐谷浑中。自洮、蟗南北三百里中，地草皆是龙须，而无樵柴，谓之蟗川。蟗，渠良翻。

4 西凉公暠自称大将军、大都督、领秦·凉二州牧，暠，古老翻。大赦，改元建初，遣舍人黄始梁兴间行奉表诣建康。间，古苋翻。

5 二月，丁巳，留台备法驾迎帝于江陵，刘毅、刘道规留屯夏口，夏，户雅翻。何无忌奉帝东还。

6 初，毛璩闻桓振陷江陵，帅众三万顺流东下，将讨之，使其弟西夷校尉瑾、蜀郡太守瑗出外水，璩，求于翻。瑾，渠吝翻。瑗，于眷翻。蜀有内水、外水。内水，涪水也；外水，即蜀江发源于岷山者。参军巴西谯纵、侯晖出涪水。蜀人不乐远征，晖至五城水口，涪，音浮。乐，音洛。水经注：涪水自南安郡南流，其枝流西径广汉五城县为五城水，又西至成都入于江。又曰：江水东绝绵、洛，径五城界至广都北岸，南入于江，谓之五城水口，斯为北江。沈约宋志：五城县属广汉郡，晋武帝咸宁四年立。华阳国志云：汉时立仓，发五县人，尉部主之，晋因立五城县，在五城山。按五代志，蜀郡玄武县，旧曰伍城。玄武县，唐属梓州。与巴西阳昧谋作乱。昧，莫葛翻。纵为人和谨，蜀人爱之，晖、昧共逼纵为主。纵不可，走投于水；引出，以兵逼纵登舆。纵又投地，叩头固辞，晖缚纵于舆。还，袭毛瑾于涪城，杀之，涪，音浮。推纵为梁、秦二州刺史。璩至略城，据晋书毛璩传，略城去成都四百里。闻变，奔还成都，遣参军王琼将兵讨之，将，即亮翻。为纵弟明子所败，败，补迈翻。死者什八九。益州营户李腾开城纳纵兵，民有流离逃叛分配军营者为营户。杀璩及弟瑗，灭其家。纵称成都王，以从弟洪为益州刺史，以明子为巴州刺史，屯白帝。于是蜀大乱，汉中空虚，氐王杨盛遣其兄子平南将军抚据之。

7 癸亥，魏主珪还自豺山，罢尚书三十六曹。魏三十六曹始见于一百九卷隆安元年。

8 三月，桓振自郧城袭江陵，杜预曰：江夏云杜县东南有郧城，古郧子之国。郧，音云。振先逃于涢川，郧城盖在涢川也。涢，音云。荆州刺史司马休之战败，奔襄阳，振自称荆州刺史。建威将军刘怀肃自云杜引兵驰赴，与振战于沙桥；沙桥在江陵城北。刘毅遣广武将军唐兴助之，临陈斩振，陈，读曰阵。复取江陵。复，扶又翻；下复诣、寻复、复说同。

甲午，帝至建康。乙未，百官诣阙请罪，诏令复职。

尚书殷仲文以朝廷音乐未备，言于刘裕，请治之。治，直之翻。裕曰："今日不暇给，且性所不解。"解，户买翻，晓也；下同。仲文曰："好之自解。"裕曰："正以解则好之，故不习耳。"英雄之言，政自度越常流；世之嗜音者，可以自省矣。好，呼到翻。

庚子，以琅邪王德文为大司马，武陵王遵为太保，刘裕为侍中、车骑将军、都督中外诸军事，徐、青二州刺史如故，刘毅为左将军，何无忌为右将军、督豫州·扬州五郡军事、豫州刺史，刘道规为辅国将军、督淮北诸军事、并州刺史，魏咏之为征虏将军、吴国内史。裕固让不受；加录尚书事，又不受，屡请归藩。归藩，归京口也。诏百官敦劝，帝亲幸其第；裕惶惧，复诣阙陈请，乃听归藩。以魏咏之为荆州刺史，代司马休之。

初，刘毅尝为刘敬宣宁朔参军，刘敬宣为宁朔将军，毅为参军。时人或以雄杰许之。敬宣曰："夫非常之才自有调度，调，徒吊翻。岂得便谓此君为人豪邪！此君之性，外宽而内忌，自伐而尚人，若一旦遭遇，亦当以陵上取祸耳。"敬宣之论毅，其知之固审矣，然几以此掇祸；圣人包周身之防，正为是耳。毅闻而恨之。及敬宣为江州，辞以无功，不宜授任先于毅等，先，悉荐翻。裕不许。毅使人言于裕曰："刘敬宣不豫建义。猛将劳臣，方须叙报，将，即亮翻。如敬宣之比，宜令在后。若使君不忘平生，裕参刘牢之军事，牢之父子雅敬待之，故云然。正可为员外常侍耳。员外散骑常侍，魏末置。闻已授郡，实为过优；敬宣自北来归，裕以为晋陵太守。寻复为江州，尤用骇惋。”惋，乌贯翻。敬宣愈不自安，自表解职，乃召还为宣城内史。

9 夏，四月，刘裕旋镇京口，改授都督荆、司等十六州诸军事，加领兖州刺史。

10 卢循遣使贡献。使，疏吏翻。时朝廷新定，未暇征讨；壬申，以循为广州刺史，徐道覆为始兴相。循遗刘裕益智粽，遗，于季翻。本草曰：益智子生昆仑国，今岭南州郡往往有之。顾微交州记曰：益智叶如蘘荷，茎如竹箭，子从心出，一枝有十子，子肉白滑，四破去之，密煮为粽，味辛。粽，作弄翻，角黍也。裕报以续命汤。循以益智调裕，裕以续命报之，此虽浅陋，亦兵机也。

循以前琅邪内史王诞为平南长史。诞说循曰：“诞本非戎旅，在此无用；说，输芮翻。王氏，江南衣冠称首，故云本非戎旅。素为刘镇军所厚，若得北归，必蒙寄任，公私际会，仰答厚恩。”循甚然之。刘裕与循书，令遣吴隐之还，循不从。诞复说循曰：复，扶又翻。“将军今留吴公，公私非计。孙伯符岂不欲留华子鱼邪？但以一境不容二君耳。”于是循遣隐之与诞俱还。元兴元年，桓玄流王诞于岭南。二年，卢循破广州，虏吴隐之，诞并没于循所。汉献帝建安四年，华歆以豫章归孙策；策死，曹操表召歆，孙权遣还许。华，户化翻。

11 初，南燕主备德仕秦为张掖太守，事见一百二卷海西公太和五年。其兄纳与母公孙氏居于张掖。备德之从秦王坚寇淮南也，寇淮南见一百五卷孝武帝太元八年。留金刀与其母别。备德与燕王垂举兵于山东，张掖太守苻昌收纳及备德诸子，皆诛之，公孙氏以老获免，纳妻段氏方娠，未决。狱掾呼延平，备德之故吏也，掾，于绢翻。窃以公孙氏及段氏逃于羌中。段氏生子超，十岁而公孙氏病，临卒，以金刀授超曰："汝得东归，当以此刀还汝叔也。"呼延平又以超母子奔凉。及吕隆降秦，超随凉州民徙长安。秦徙凉州民事见上卷元兴二年。平卒，段氏为超娶其女为妇。

超恐为秦人所录，为，于伪翻。录，采也，收也。为所收采，则不得归南燕矣。乃阳狂行乞；秦人贱之，惟东平公绍见而异之，言于秦王兴曰："慕容超姿干瓌伟，瓌，公回翻。殆非真狂，愿微加官爵以縻之。"兴召见，与语，超故为谬对，或问而不答。兴谓绍曰："谚云'妍皮不裹痴骨'，徒妄语耳。"乃罢遣之。

备德闻纳有遗腹子在秦，遣济阴人吴辩往视之，济，子礼翻。辩因乡人宗正谦卖卜在长安，以告超。宗正，以官为氏。超不敢告其母妻，潜与谦变姓名逃归南燕。行至梁父，父，音甫。镇南长史悦寿以告兖州刺史慕容法。南燕以法为兖州刺史，镇梁父。法曰："昔汉有卜者诈称卫太子，见二十三卷汉昭帝始元五年。今安知非此类也！"不礼之。超由是与法有隙。为超立、法谋反张本。

备德闻超至，大喜，遣骑三百迎之。骑，奇寄翻；下同。超至广固，以金刀献于备德；备德恸哭，悲不自胜。胜，音升。封超为北海王，拜侍中、骠骑大将军、司隶校尉、骠，匹妙翻。开府，妙选时贤，为之僚佐。备德无子，欲以超为嗣。超入则侍奉尽欢，出则倾身下士，下，户嫁翻。由是内外誉望翕然归之。

12 五月，桂阳太守章武王秀义阳王望子河间王洪生子威，徙封章武，传至孙，无嗣，河间王钦以子范之继之。秀，范之子也。及益州刺史司马轨之谋反，伏诛。秀妻，桓振之妹也，故自疑而反。

13 桓玄馀党桓亮、苻宏等拥众寇乱郡县者以十数，刘毅、刘道规、檀祗等分兵讨灭之，荆、湘、江、豫皆平。诏以毅为都督淮南等五郡军事、豫州刺史，淮南、庐江、历阳、晋熙、安丰，凡五郡。何无忌为都督江东五郡军事、会稽内史。会，工外翻。

14 北青州刺史刘该反，引魏为援，隆安五年，刘该固尝降魏矣。沈约曰：江左青州治广陵。清河、阳平二郡太守孙全聚众应之。六月，魏豫州刺史索度真、大将斛斯兰斛斯，亦虏姓也。寇徐州，围彭城。刘裕遣其弟南彭城内史道怜、东海太守孟龙符将兵救之，将，即亮翻。斩该及全，魏兵败走。龙符，怀玉之弟也。

15 秦陇西公硕德伐仇池，屡破杨盛兵；将军敛俱攻汉中敛，羌之种姓；俱，其名。拔成固，徙流民三千馀家于关中。秋，七月，杨盛请降于秦。降，户江翻。秦以盛为都督益·宁二州诸军事、征南大将军、益州牧。

16 刘裕遣使求和于秦，使，疏吏翻。且求南乡等诸郡，秦王兴许之。群臣咸以为不可，兴曰："天下之善一也。刘裕拔起细微，能诛讨桓玄，兴复晋室，内厘庶政，外修封疆，吾何惜数郡，不以成其美乎！"遂割南乡、顺阳、新野、舞阴等十二郡归于晋。隆安二年，淮、汉以北多降于秦，此十二郡盖皆在汉北。汉建安中，割南阳右壤为南乡郡；晋立顺阳郡，以南乡为县，盖其后复分立郡也。按晋南乡郡，秦汉阴县及酂县之地，今为光化军。舞阴县属南阳郡，未知立郡之始。

八月，燕辽西太守邵颜有罪，亡命为盗；九月，中常侍郭仲讨斩之。

17 汝水竭，"汝"当作"女"。郭缘生述征记：齐桓公冢在齐城南二十里，冢东有女水。或曰：齐桓公女冢在其上，故以名水。女水导川东北流，甚有神焉；化隆则水生，政薄则津竭。地理志：菟头山，女水所出，东北至临菑入巨淀。巨淀即汉巨定地。晋书地理志：女水出齐国东安平县东北。南燕主备德恶之，恶，乌路翻。俄而寝疾；北海王超请祷之，备德曰："人主之命，短长在天，非汝水所能制也。”固请，不许。

戊午，备德引见群臣于东阳殿，见，贤遍翻。议立超为太子。俄而地震，百官惊恐，备德亦不自安，还宫。是夜，疾笃，瞑不能言。段后大呼曰：“今召中书作诏立超，可乎?”呼，火故翻。备德开目颔之。乃立超为皇太子，大赦。备德寻卒。年七十。为十馀棺，夜，分出四门，潜瘗山谷。瘗，一计翻。

己未，超即皇帝位，超，字祖明，德兄北海王纳之子。大赦，改元太上。尊段后为皇太后。以北地王钟都督中外诸军、录尚书事，慕容法为征南大将军、都督徐·兖·扬·南兖四州诸军事，加慕容镇开府仪同三司，以尚书令封孚为太尉，麹“麹”，当作“鞠”。仲为司空，封嵩为尚书左仆射。癸亥，虚葬备德于东阳陵，谥曰献武皇帝，庙号世宗。

超引所亲公孙五楼为腹心。备德故大臣北地王钟、段宏等皆不自安，求补外职。超以钟为青州牧，宏为徐州刺史。公孙五楼为武卫将军，领屯骑校尉，内参政事。封孚谏曰：“臣闻亲不处外，羁不处内。左传申无宇谏楚灵王曰：亲不在外，羁不在内。处，昌吕翻。钟，国之宗臣，社稷所赖；宏，外戚懿望，百姓具瞻；正应参翼百揆，不宜远镇外方。今钟等出藩，五楼内辅，臣窃未安。”超不从。钟、宏心皆不平，相谓曰：“黄犬之皮，恐终补狐裘也。”史记：驺忌相齐，淳于髡谓之曰：“狐裘虽弊，不可补以黄狗之皮。”驺忌曰：“谨受令，请谨择君子，毋杂小人其间。”五楼闻而恨之。

18 魏咏之卒，江陵令罗修谋举兵袭江陵，奉王慧龙为主。刘裕以并州刺史刘道规为都督荆·宁等六州诸军事、荆州刺史。修不果发，奉慧龙奔秦。慧龙得免，见上卷元兴三年。

19 乞伏乾归伐仇池，为杨盛所败。败，补迈翻。

西凉公暠与长史张邈谋徙都酒泉以逼沮渠蒙逊；沮，子余翻。以张体顺为建康太守，镇乐涫，汉志，乐涫县属酒泉郡；张氏分为建康郡。涫，音官。以宋繇为敦煌护军，与其子敦煌太守让镇敦煌，遂迁于酒泉。李暠迁酒泉欲以逼沮渠蒙逊，安知反为蒙逊所逼邪！敦，徒门翻。

暠手令戒诸子，以为："从政者当审慎赏罚，勿任爱憎，近忠正，远佞谀，近，其靳翻。远，于愿翻。勿使左右窃弄威福。毁誉之来，当研核真伪；听讼折狱，必和颜任理，慎勿逆诈亿必，朱子曰：逆，未至而迎之也。诈，谓人欺己也。亿，未见而意之也。必，期必也。誉，音余。轻加声色。务广咨询，勿自专用。吾莅事五年，虽未能息民，然含垢匿瑕，朝为寇雠，夕委心膂，粗无负于新旧，粗，坐五翻。事任公平，坦然无纇，纇，卢对翻，丝节也，疵也。初不容怀，有所损益。计近则如不足，经远乃为有馀，庶亦无愧前人也。"

20 十二月，燕王熙袭契丹。契丹本东胡种，其先为匈奴所破，保鲜卑山。魏青龙中，部酋轲比能桀骜，为幽州刺史王雄所杀，部众遂微，逃潢水之南，黄龙之北，后自号曰契丹，种类繁盛。契，欺讫翻。程大昌曰：契丹之契，读如吃。

二年（丙午、四〇六）

1 春，正月，甲申，魏主珪如豺山宫。诸州置三刺史，郡置三太守，县置三令长；刺史、令长各之州县。长，知两翻。之，往也。太守虽置而未临民、功臣为州者皆征还京师，以爵归第。

2 益州刺史司马荣期击谯明子于白帝，破之。

3 燕王熙至陉北，陉北，泠陉山之北也。陉，音刑。畏契丹之众，欲还，苻后不听；戊申，遂弃辎重，重，直用翻。轻兵袭高句丽。

4 南燕主超猜虐日甚，政出权幸，盘于游畋，盘，乐也，言乐于田猎游逸。封孚、韩諿屡谏不听。丁度曰：諿，竹角翻。超尝临轩问孚曰："朕可方前世何主？"对曰："桀、纣。"超惭怒，孚徐步而出，不为改容。为，于伪翻。鞠仲谓孚曰："与天子言，何得如是！宜还谢。"孚曰："行年七十，惟求死所耳！"竟不谢。超以其时望，优容之。

5 桓玄之乱，河间王昙之子国璠、叔璠奔南燕，河间王颙死，无后，元帝以彭城王植子融为颙嗣。薨，又无子，帝复寻以彭城王释子钦为融嗣。钦薨，昙之嗣；昙之薨，国镇嗣。国璠盖国镇兄弟。刘裕兴复，篡意未彰，国璠宜如刘敬宣辈南归可也。乃攻扰晋边者，钦孙秀嗣封章武，国璠从兄弟也，秀以桓振妹婿谋反诛，故国璠兄弟不敢南归耳，岂知裕之必篡哉！昙，徒含翻。璠，孚袁翻。二月，甲戌，国璠等攻陷弋阳。

6 燕军行三千馀里，士马疲冻，死者属路，属，之欲翻。攻高句丽木底城，不克而还。木底城在南苏之东，唐置木底州。句，如字，又音驹。丽，力知翻。夕阳公云伤于矢，且畏燕王熙之虐，遂以疾去官。为后燕人弑熙立云张本。

7 三月，庚子，魏主珪还平城；夏，四月，庚申，复如豺山宫；复，扶又翻。甲午，【严："午"改"子"。】还平城。

8 柔然社仑侵魏边。仑，卢昆翻。

9 五月，燕主宝之子博陵公虔、上党公昭，皆以嫌疑赐死。

10 六月，秦陇西公硕德自上邽入朝，秦王兴为之大赦；为，于伪翻。及归，送之至雍，乃还。雍，于用翻。兴事晋公绪及硕德皆如家人礼，车马、服玩，先奉二叔而自服其次，国家大政，皆咨而后行。

11 秃发傉檀伐沮渠蒙逊，傉，奴沃翻。沮，子余翻。蒙逊婴城固守。傉檀至赤泉而还，赤泉在张掖氐池县北。献马三千匹、羊三万口于秦。秦王兴以为忠，以傉檀为都督河右诸军事、车骑大将军、凉州刺史，镇姑臧，征王尚还长安。凉州人申屠英等遣主簿胡威诣长安请留尚，兴弗许。威见兴，流涕言曰："臣州奉戴王化，于兹五年，隆安五年九月吕隆降秦，至是犹未五期。土宇僻远，威灵不接，士民尝胆拉血，共守孤城；拉，武粉翻，又文运翻，拭也。仰恃陛下圣德，俯杖良牧仁政，克自保全，以至今日。陛下奈何乃以臣等贸马三千匹、羊三万口；贸，音茂，易也，市卖也。贱人贵畜，畜，许又翻。无乃不可！若军国须马，直烦尚书一符，臣州三千馀户，各输一马，朝下夕办，何难之有！昔汉武倾天下之资力，开拓河西，以断匈奴右臂。今陛下无故弃五郡之地忠良华族，以资暴虏，断，丁管翻。此五郡，谓汉所开武威、张掖、敦煌、酒泉、金城。岂惟臣州士民坠于涂炭，恐方为圣朝旰食之忧。"旰，古案翻。兴悔之，使西平人车普驰止王尚，又遣使谕傉檀。会傉檀已帅步骑三万军于五涧，五涧，在姑臧南。车，尺遮翻。使，疏吏翻。帅，读曰率。普先以状告之；傉檀遽逼遣王尚；尚出自清阳门，傉檀入自凉风门。"清阳"当作"青阳"，凉风门，姑臧城南门也。

别驾宗敞送尚还长安，宗，姓也。汉有南阳宗资。傉檀谓敞曰："吾得凉州三千馀家，情之所寄，唯卿一人，奈何舍我去乎！"敞曰："今送旧君，所以忠于殿下也。"傉檀曰："吾新牧贵州，怀远安迩之略如何？"敞曰："凉土虽弊，形胜之地。殿下惠抚其民，收其贤俊以建功名，其何求不获！"因荐本州文武名士十馀人；傉檀嘉纳之。王尚至长安，兴以为尚书。

傉檀燕群臣于宣德堂，仰视叹曰："古人有言：'作者不居，居者不作，'信矣。"武威孟祎曰："昔张文王始为此堂，于今百年，十有二主矣，张骏卒，私谥曰文王。张氏自骏至重华、曜灵、祚、玄靓、天锡凡六主，梁熙、吕光、吕绍、吕纂、吕隆、王尚又六主，通十二主。祎，许韦翻。惟履信思顺者可以久处。"处，昌吕翻。傉檀善之。

12 魏主珪规度平城，度，徒洛翻。欲拟邺、洛、长安，修广宫室。以济阳太守莫题有巧思，惠帝分陈留为济阳国，后因以为郡。济，子礼翻。思，相吏翻。召见，与之商功。题久侍稍怠，珪怒，赐死。题，含之孙也。此莫题非高邑公莫题。莫含见八十九卷愍帝建兴三年。于是发八部五百里内男丁筑灅南宫，魏先有八部大人，既得中原，建平城为代都，分布八部于畿内。灅，力水翻。阙门高十馀丈，高，居傲翻。穿沟池，广苑囿，规立外城，方二十里，分置市里，三十日罢。

13 秋，七月，魏太尉宜都丁公穆崇薨。周公谥法：述义不克曰丁。

14 八月，秃发傉檀以兴城侯文支镇姑臧，自还乐都；乐，音洛。虽受秦爵命，然其车服礼仪，皆如王者。

15 甲辰，魏主珪如豺山宫，遂之石漠。自阴山以北皆大漠，有白漠、黑漠、石漠；白、黑二漠以其色为名，石漠盖其地皆石。据北史，石漠在汉定襄郡武要县西北塞外。九月，度漠北；癸巳，南还长川。水经注：长川城在柔玄镇西。

刘裕闻谯纵反，遣龙骧将军毛修之将兵与司马荣期、文处茂、时延祖共讨之。处，昌吕翻。修之至宕渠，宕渠县，汉属巴郡，刘蜀分属巴西郡，惠帝复分巴西置宕渠郡。按五代志，果州南充县旧置宕渠郡，合州石镜县亦置宕渠郡，皆当自白帝上成都之路。宕，徒浪翻。荣期为其参军杨承祖所杀，承祖自称巴州刺史，修之退还白帝。

16 秃发傉檀求好于西凉，好，呼到翻。西凉公暠许之。

沮渠蒙逊袭酒泉，至安珍。安珍即汉酒泉郡安彌县也，后人从省书之，以"彌"为"弥"；传写之讹，又以"弥"为"珍"。暠战败城守，蒙逊引还。

17 南燕公孙五楼欲擅朝权，朝，直遥翻。谮北地王钟于南燕主超，请诛之。南燕主备德之卒也，卒，子恤翻。慕容法不奔丧，超遣使让之；使，疏吏翻。法惧，遂与钟及段宏谋反。超闻之，征钟；钟称疾不至，超收其党侍中慕容统等，杀之。征南司马卜珍告左仆射封嵩数与法往来，疑有奸，超收嵩下廷尉。太后惧，泣告超曰："嵩数遣黄门令牟常说吾云：'帝非太后所生，恐依永康故事。'数，所角翻。说，输芮翻。下．退稼翻。燕主宝永康元年逼杀其母段氏，事见一百八卷孝武帝太元二十一年。我妇人识浅，恐帝见杀，即以语法，法为谋见误，知复何言。"语，牛倨翻。复，扶又翻。超乃车裂嵩。西中郎将封融奔魏。

超遣慕容镇攻青州，慕容昱攻徐州，右仆射济阳王凝及韩范攻兖州。南燕青州刺史镇东莱，徐州刺史镇莒城，兖州刺史镇梁父。济，子礼翻。昱拔莒城，段宏奔魏。封融与群盗袭石塞城，杀镇西大将军馀郁，国中振恐。济阳王凝谋杀韩范，袭广固，范知之，勒兵攻凝，凝奔梁父；范并将其众，攻梁父，克之。父，音甫。法出奔魏，凝出奔秦。慕容镇克青州，钟杀其妻子，为地道以出，与高都公始皆奔秦。秦以钟为始平太守，凝为侍中。

南燕主超好变更旧制，朝野多不悦；又欲复肉刑，增置烹轘之法，好，呼到翻。更，工衡翻。轘，户惯翻，车裂也。众议不合而止。

冬，十月，封孚卒。慕容超之立，虽非少主，乃国疑而大臣未附之时，超不能推心和辑，使之阻兵，以至于奔亡，超谁与立哉！虽刘裕之兵未至，固知其必灭矣。

18 尚书论建义功，奏封刘裕豫章郡公，刘毅南平郡公，何无忌安成【章：甲十一行本"成"作"城"；乙十一行本同；孔本同。】郡公，自馀封赏有差。

19 梁州刺史刘稚反，刘毅遣将讨禽之。将，即亮翻。

20 庚申，魏主珪还平城。

21 乙亥，以左将军孔安国为尚书左仆射。

22 十一月，秃发傉檀迁于姑臧。

23 乞伏乾归入朝于秦。朝，直遥翻。

24 十二月，以何无忌为都督荆·江·豫三州八郡军事、江州刺史。八郡，盖荆州之武昌，江州之寻阳、豫章、庐陵、临川、鄱阳、南康，豫州之晋熙。

25 是岁，桓石绥与司马国璠、陈袭聚众胡桃山为寇，胡桃山当在历阳郡界。璠，孚袁翻。刘毅遣司马刘怀肃讨破之。石绥，石生之弟也。

三年（丁未、四〇七）

1 春，正月，辛丑朔，燕大赦，改元建始。

2 秦王兴以乞伏乾归寖强难制，留为主客尚书，汉成帝置四曹尚书，其四曰主客，主外国夷狄事。以其世子炽磐行西夷校尉，监其部众。是后秦政渐衰，炽磐日以盛，而乾归亦不可得而留矣。炽，昌志翻。校，户教翻。监，工衔翻。

3 二月，己酉，刘裕诣建康，固辞新所除官，欲诣廷尉；诏从其所守，裕乃还丹徒。

4 魏主珪立其子修为河间王，处文为长乐王，处，昌吕翻。乐，音洛。连为广平王，黎为京兆王。

5 殷仲文素有才望，自谓宜当朝政，悒悒不得志；悒悒，忧悒不自安之意。仲文党于桓玄，以才望希进而不得进，故不自安也。朝，直遥翻。出为东阳太守，尤不乐。乐，音洛。何无忌素慕其名；东阳，无忌所统，无忌都督浙江东五郡，东阳其一也。仲文许便道修谒，无忌喜，钦迟之。迟，直吏翻，待也；后企迟同。而仲文失志恍惚，遂不过府；府，谓督府，何无忌治所也。恍，呼广翻。惚，音忽。无忌以为薄己，大怒。会南燕入寇，无忌言于刘裕曰："桓胤、殷仲文乃腹心之疾，北虏不足忧也。"闰月，刘裕府将骆冰谋作乱，将，即亮翻。事觉，裕斩之。因言冰与仲文、桓石松、曹靖之、卞承之、刘延祖潜相连结，谋立桓胤为主，皆族诛之。

6 燕王熙为其后苻氏起承华殿，为，于伪翻。负土于北门，土与谷同价。宿军典军杜静载棺诣阙极谏，熙斩之。北燕营州刺史镇宿军。

苻氏尝季夏思冻鱼，煎鱼为冻，今人多能之；季夏六月暑盛，则不能冻。仲冬须生地黄，本草曰：地黄叶如甘露子，花如脂麻花，但有细斑点，北人谓之牛奶子；二月、八月，采根阴干；解诸热，破血，通利月水。熙下有司切责不得而斩之。下，遐稼翻。

夏，四月，癸丑，苻氏卒，熙哭之懑绝，久而复苏；懑，音闷。丧之如父母，服斩衰，食粥。丧，息郎翻。衰，仓回翻。命百官于宫内设位而哭，使人按检哭者，无泪则罪之，群臣皆含辛以为泪。高阳王妃张氏，熙之嫂也，高阳王隆之妃也。美而有巧思，思，相吏翻。熙欲以为殉，乃毁其襚靴中得弊毡，襚，音遂，送终曰襚。靴，许加翻。遂赐死。右仆射韦璆等皆恐为殉，沐浴俟命。公卿以下至兵民，户率营陵，费殚府藏。璆，渠尤翻。藏，徂浪翻。陵周围数里，熙谓监作者曰："善为之，朕将继往。"观熙此言，死期将至。监，工衔翻。

丁酉，燕太后段氏去尊号，出居外宫。去，羌吕翻。段氏，熙之慈母也，见上卷元兴二年。

7 氐王杨盛以平北将军苻宣为梁州督护，将兵入汉中，将，即亮翻。秦梁州别驾吕莹等起兵应之；吕莹盖为秦之梁州别驾，以后面秦王兴遣南梁州刺史王敏敕谯纵观之可见。刺史王敏攻之。莹等求援于盛，盛遣军临浕口，敏退屯武兴。水经：沔水东径白马戍南，浕水入焉。注云：浕水北发武都氐中，南径张鲁城东，又南过阳平关西而南入于沔，谓之浕口，有浕口城。郡国县道记：梁州西县本名白马城，又曰浕口城。刘蜀置武兴督于汉中沔阳县，隋、唐为兴州，今沔州城古武兴城也。浕，徐刃翻。盛复通于晋，孝武太元十九年，杨盛来称藩；其所以不与晋通者，以桓玄之乱也。复，扶又翻。晋以盛为都督陇右诸军事、征西大将军、开府仪同三司，盛因以宣行梁州刺史。通鉴以晋纪年，则以盛为都督之上不必书晋，“晋”字当作“诏”字。

五月，丙【章：甲十一行本“丙”作“壬”；乙十一行本同；孔本同；熊校同。】戌，燕尚书郎苻进谋反，诛。进，定之子也。孝武太元十一年苻定降燕，见一百六卷。

8 魏主珪北巡至濡源。濡，乃官翻。

9 魏常山王遵以罪赐死。

10 初，魏主珪灭刘卫辰，其子勃勃奔秦，见一百卷孝武太元十六年。秦高平公没弈干以女妻之。妻，七细翻。勃勃魁岸，美容仪，性辩慧，秦王兴见而奇之，与论军国大事，宠遇逾于勋旧。兴弟邕谏曰：“勃勃不可近也。”近，其靳翻。兴曰：“勃勃有济世之才，吾方与之平天下，奈何逆忌之！”乃以为安远将军，使助没弈干镇高平，以三城、朔方杂夷魏收地形志，偏城郡广武县有三城。唐延州丰林县，古广武县地。及卫辰部众三万配之，使伺魏间隙。间，古苋翻。邕固争以为不可。兴曰：“卿何以知其为人？”邕曰：“勃勃奉上慢，御众残，贪猾不仁，轻为去就；宠之逾分，分，扶问翻。恐终为边患。”兴乃止；久之，竟以勃勃为安北将军、五原公，配以三交五部鲜卑及杂虏二万馀落，镇朔方。为勃勃病秦，兴悔不用邕言张本。

魏主珪归所虏秦将唐小方于秦。将，即亮翻。秦王兴请归贺狄干，仍送良马千匹以赎狄伯支，珪许之。秦留贺狄干见一百十二卷元兴元年。狄伯支、唐小方被禽亦见是年。

勃勃闻秦复与魏通而怒，复，扶又翻。乃谋叛秦。楚白公胜所以作乱于楚者，其事正如此。柔然可汗社仑献马八千匹于秦，至大城，大城县前汉属西河郡，后汉属朔方郡，魏、晋省。仑，卢昆翻。勃勃掠取之，悉集其众三万馀人伪畋于高平川，因袭杀没弈干而并其众。

勃勃自谓夏后氏之苗裔，史记及汉书皆云匈奴夏后氏苗裔淳维之后，勃勃，匈奴馀种，故云然。夏，户雅翻；下同。六月，自称大夏天王，大单于，晋书曰：勃勃，字屈孑，匈奴右贤王去卑之后，刘元海之族，刘武之曾孙，刘卫辰之子。刘武，即刘虎，晋书避唐国讳，改虎为武。单，音蝉。大赦，改元龙升，置百官。以其兄右地代为丞相，封代公；力俟提为大将军，封魏公；叱干阿利为御史大夫，封梁公；弟阿利罗引为司隶校尉，若门为尚书令，叱以鞬为左仆射，鞬，居言翻。乙斗为右仆射。

贺狄干久在长安，常幽闭，因习读经史，举止如儒者。及还，魏主珪见其言语衣服皆类秦人，以为慕而效之，怒，并其弟归杀之。

11 秦王兴以太子泓录尚书事。

12 秋，七月，戊戌朔，日有食之。

13 汝南王遵之坐事死。遵之，亮之五世孙也。汝南王亮死于楚王玮之难。

14 癸亥，燕王熙葬其后苻氏于徽平陵，丧车高大，毁北门而出，熙被发徒跣，步从二十馀里。被，皮义翻。从，才用翻。甲子，大赦。

初，中卫将军冯跋及弟侍御郎素弗皆得罪于熙，熙欲杀之，跋亡【章：甲十一行本“亡”上有“兄弟”二字；乙十一行本同；孔本同；张校同。】命山泽。熙赋役繁数，民不堪命；数，所角翻。跋、素弗与其从弟萬【张：“萬”作“万”。】泥谋曰：“吾辈还首无路，还首，自归请罪也。首，式救翻。不若因民之怨，共举大事，可以建公侯之业；事之不捷，死未晚也。”遂相与乘车，使妇人御，潜入龙城，匿于北部司马孙护之家。及熙出送葬，跋等与左卫将军张兴及苻进馀党作乱。跋素与慕容云善，乃推云为主。云以疾辞，云称疾见上年。跋曰：“河间淫虐，人神共怒，此天亡之时也。公，高氏名家，何能为人养子，为养子事见一百九卷隆安元年。而弃难得之运乎？”扶之而出。跋弟乳陈等帅众攻弘光门，帅，读曰率。鼓噪而进，禁卫皆散走；遂入宫授甲，闭门拒守。中黄门赵洛生走告于熙，熙曰：“鼠盗何能为！朕当还诛之。”乃置后柩于南苑，柩，巨救翻。收发贯甲，驰还赴难。难，乃旦翻。夜，至龙城，攻北门，不克，宿于门外。乙丑，云即天王位，云，字子雨，祖父高和，句丽之支庶，慕容宝养以为子。大赦，改元正始。

熙退入龙腾苑，尚方兵褚头逾城从熙，称营兵同心效顺，唯俟军至。熙闻之，惊走而出，左右莫敢迫。熙从沟下潜遁，良久，左右怪其不还，相与寻之，唯得衣冠，不知所适。中领军慕容拔谓中常侍郭仲曰：“大事垂捷，而帝无故自惊，深可怪也。然城内企迟，迟，直利翻，待也。至必成功，不可稽留。吾当先往趣城，趣，七喻翻。卿留待帝，得帝，速来；若帝未还，吾得如意安抚城中，徐迎未晚。”乃分将壮士二千馀人登北城。将士谓熙至，皆投仗请降。将，即亮翻。降，户江翻。既而熙久不至，拔兵无后继，众心疑惧，复下城赴苑，复，扶又翻；下复贰、可复同。遂皆溃去。拔为城中人所杀。丙寅，熙微服匿于林中，为人所执，送于云，云数而杀之，年二十三。史言慕容熙淫虐，天夺其魄，身死国灭。载记曰：自垂至熙四世，凡二十四年而灭。数，所具翻。并其诸子。云复姓高氏。

幽州刺史上庸公懿以令支降魏，令，音铃，又郎定翻。支，音祁。魏以懿为平州牧、昌黎王。懿，评之孙也。前燕之亡，慕容评之罪也。

15 魏主珪自濡源西如参合陂，濡，乃官翻。乃还平城。

16 秃发傉檀复贰于秦，傉，奴沃翻。复，扶又翻；下同。遣使邀乞伏炽磐，炽磐斩其使送长安。为秦袭傉檀张本。使，疏吏翻；下同。炽，昌志翻。

17 南燕主超母妻犹在秦，超遣御史中丞封恺使于秦以请之。秦王兴曰："昔苻氏之败，太乐诸伎悉入于燕。长安之陷，太乐诸伎入于西燕；西燕之亡，慕容垂收以归于中山；中山之陷，相率奔邺，由是南燕得之。伎，渠绮翻。燕今称藩，送伎或送吴口千人，所请乃可得也。"超与群臣议之，左仆射段晖曰："陛下嗣守社稷，不宜以私亲之故遂降尊号；且太乐先代遗音，不可与也，不如掠吴口与之。"尚书张华曰："侵掠邻国，兵连祸结，此既能往，彼亦能来，非国家之福也。陛下慈亲在人掌握，岂可靳惜虚名，不为之降屈乎！靳，居焮翻。为，于伪翻。中书令韩范尝与秦王俱为苻氏太子舍人，若使之往，必得如志。"超从之，乃使韩范聘于秦，称藩奉表。

慕容凝言于兴曰："燕王得其母妻，不可复臣，宜先使送伎。"兴乃谓范曰："朕归燕王家属必矣；然今天时尚热，当俟秋凉。"八月，秦使员外散骑常侍韦宗聘于燕。超与群臣议见宗之礼，张华曰："陛下前既奉表，今宜北面受诏。"封逞曰："大燕七圣重光，自廆、皝、儁、暐至垂、德、超凡七主。重，直龙翻。奈何一旦为竖子屈节！"超曰："吾为太后屈，愿诸君勿复言！"为，于伪翻。复，扶又翻。遂北面受诏。

18 毛修之与汉嘉太守冯迁合兵击杨承祖，斩之。修之欲进讨谯纵，益州刺史鲍陋不可。修之上表言："人之所以重生，实有生理可保。臣之情地，生涂已竭；谓其父瑾、伯璩举家为蜀人所灭，修之欲致死复雠，不复求生路也。所以借命朝露者，朝露易晞，言不久生也。庶凭天威诛夷雠逆。今屡有可乘之机，而陋每违期不赴；臣虽效死寇庭，而救援理绝，将何以济！"刘裕乃表襄城太守刘敬宣帅众五千伐蜀，晋氏南渡，置襄城郡于江南，仍领繁昌等县。孝武罢襄城郡为繁昌县，属淮南侨郡，今太平州繁昌县即其地。繁昌本汉颍川郡属县，因侨立而是县之名遂移于江南。此襄城盖敬宣以旧郡侨领太守也。帅，读曰率。以刘道规为征蜀都督。

19 魏主珪如豺山宫。候官告："司空庾岳，服饰鲜丽，行止风采，拟则人君。"候官见上卷元兴三年。珪收岳，杀之。

20 北燕王云以冯跋为都督中外诸军事、开府仪同三司、录尚书事，冯万泥为尚书令，冯素弗为昌黎尹，冯弘为征东大将，孙护为尚书左仆射，张兴为辅国大将军。弘，跋之弟也。

21 九月，谯纵称藩于秦。

22 秃发傉檀将五万馀人伐沮渠蒙逊，傉，奴沃翻。将，即亮翻。沮，子馀翻。蒙逊与战于均石，大破之。均石在张掖之东，西陕之西，盖西郡界。蒙逊进攻西郡太守杨统于日勒，降之。日勒县，汉属张掖郡，后分置西郡，治日勒。贤曰：日勒故城，在今甘州删丹县东南。

23 冬十月，秦河州刺史彭奚念叛，降于秃发傉檀，秦以乞伏炽磐行河州刺史。炽，昌志翻。

24 南燕主超使左仆射张华、给事中宗正元献太乐伎一百二十人于秦，秦王兴乃还超母妻，厚其资礼而遣之，超亲帅六宫迎于马耳关。伎，渠绮翻。帅，读曰率。据水经，济南台县有马耳山关，卢水出焉。魏收地形志，泰山郡台县有马耳山。

25 夏王勃勃破鲜卑薛千等三部，"薛千"，晋书载记作"薛干"，蜀本作"薛干"。降其众以万数，降，户江翻。进攻秦三城已北诸戍，斩秦将杨丕、姚石生等。诸将皆曰："陛下欲经营关中，宜先固根本，使人心有所凭系。高平山川险固，土田饶沃，可以定都。"勃勃曰："卿知其一，未知其二。吾大业草创，士众未多；姚兴亦一时之雄，诸将用命，关中未可图也。我今专固一城，彼必并力于我，众非其敌，亡可立待。不如以骁骑风驰，将，即亮翻。骁，坚尧翻。骑，奇寄翻。出其不意，救前则击后，救后则击前，使彼疲于奔命，我则游食自若。不及十年，岭北、河东尽为我有。待兴既死，嗣子暗弱，徐取长安，在吾计中矣。”于是侵掠岭北，岭北诸城门不昼启。兴乃叹曰：“吾不用黄儿之言，以至于此！”黄儿，兴弟邕小字也。

勃勃求婚于秃发傉檀，傉檀不许。十一月，勃勃帅骑二万击傉檀，至于支阳，枝阳县，汉属金城郡，晋张寔分属广武郡。刘昫曰：唐兰州广武县，汉枝阳县。杜佑曰：唐会州会宁县，汉枝阳县。杀伤万馀人，驱掠二万七千馀口、牛马羊数十万而还。还，从宣翻，又如字。傉檀帅众追之，帅，读曰率。焦朗曰：“勃勃天姿雄健，御军严整，未可轻也。不如从温围北渡，趣万斛堆，温围，水名。水经：河水北过武威媪围县东北。温围其即汉之媪围县欤？趣，七喻翻。阻水结营，扼其咽喉，咽，音烟。百战百胜之术也。”傉檀将贺连怒曰：“勃勃败亡之馀，乌合之众，奈何避之，示之以弱，宜急追之！”傉檀从之。勃勃于阳武下峡凿凌埋车以塞路，凌，力证翻，冰也，又闾承翻。凿冰塞路，置兵死地，使人自为战。塞，悉则翻。勒兵逆击傉檀，大破之，追奔八十馀里，杀伤万计，名臣勇将死者什六七。将，即亮翻。傉檀与数骑奔南山，汉书地理志：武威郡苍松县有南山、松陕。余谓此南山自羌中连延西平、金城之界，东出秦、雍，至于终南，皆此山也。傉檀所奔，枝阳之南山也。几为追骑所得。几，居希翻。骑，奇寄翻。勃勃积尸而封之，号曰髑髅台。髑，徒谷翻。髅，音娄。勃勃又败秦将张佛生于青石原，败，补迈翻。后汉书西羌传：安定有青石岸。安定，唐之泾州；泾州有青石岭。俘斩五千馀人。

傉檀惧外寇之逼，徙三百里内民皆入姑臧；国人骇怨，屠各成七儿因之作乱，屠，直于翻。一夕聚众至数千人。殿中都尉张猛大言于众曰：“主上阳武之败，盖恃众故也，责躬悔过，何损于明，而诸君遽从此小人为不义之事！殿中兵今至，祸在目前矣！”众闻之，皆散；七儿奔晏然，追斩之。军谘祭酒梁裒、辅国司马边宪等谋反，傉檀皆杀之。自是之后，秃发氏之势日以衰矣。

26 魏主珪还平城。

27 十二月，戊子，武冈文恭侯王谧薨。谥法：既过能改曰恭。

28 是岁，西凉公暠以前表未报，前奉表见上元年。暠，古老翻。复遣沙门法泉间行奉表诣建康。复，扶又翻。间，古苋翻。

四年（戊申、四〇八）

1 春，正月，甲辰，以琅邪王德文领司徒。

刘毅等不欲刘裕入辅政，议以中领军谢混为扬州刺史；王谧薨，扬州刺史缺官，故议用其人。或欲令裕于丹徒领扬州，以内事付孟昶。昶，丑两翻。遣尚书右丞皮沈以二议谘裕，皮，姓也。沈，持林翻。沈先见裕记室录事参军刘穆之，具道朝议。朝，直遥翻。穆之伪起如厕，密疏白裕曰："皮沈之言不可从。"裕既见沈，且令出外，呼穆之问之。穆之曰："晋朝失政日久，朝，直遥翻；下同。天命已移。公兴复皇祚，勋高位重，今日形势，岂得居谦，遂为守藩之将耶！将，即亮翻。刘、孟诸公，与公俱起布衣，共立大义以取富贵，事有先后，故一时相推，非为委体心服，宿定臣主之分也；分，扶问翻。力敌势均，终相吞噬。后果如穆之之言。扬州根本所系，不可假人。前者以授王谧，事出权道；见上卷元兴三年。今若复以他授，复，扶又翻；下而复同。便应受制于人。一失权柄，无由可得，将来之危，难可熟念。今朝议如此，宜相酬答，必云在我，措辞又难，唯应云：'神州治本，宰辅崇要，治，直吏翻。此事既大，非可悬论，便暂入朝，共尽同异。'公至京邑，彼必不敢越公更授馀人明矣。"裕从之。朝廷乃征裕为侍中、车骑将军、开府仪同三司、扬州刺史、录尚书事，徐、兖二州刺史如故。骑，奇寄翻。裕表解兖州，以诸葛长民为青州刺史，镇丹徒，刘道怜为并州刺史，戍石头。

2 庚申，武陵忠敬王遵薨。

3 魏主珪如豺山宫，遂至宁川。宁川即后汉上谷郡之宁县也，前汉曰宁县。地理志曰：于延水出代郡且如县塞外，东至宁入沽。水经注曰：于延水径罡城南，又东左与宁川水合，水出小宁县西北，东南流注于延水，又东径小宁县故城南，地理志宁县也。师古曰：且，子如翻。

4 南燕主超尊其母段氏为皇太后，妻呼延氏为皇后。超祀南郊，有兽如鼠而赤，大如马，来至坛侧。须臾，大风昼晦，羽仪帷幄皆毁裂。贾公彦曰：在旁曰帷，四合象宫室曰幄。超惧，以问太史令成公绥，对曰："陛下信用奸佞，诛戮贤良，赋敛繁多，事役殷重之所致也。"敛，力赡翻。超乃大赦，黜公孙五楼等，俄而复用之。复，扶又翻。

5 北燕王云立妻李氏为皇后，子彭城为太子。

三月，庚申，葬燕王熙及苻后于徽平陵，谥熙曰昭文皇帝。

高句丽遣使聘北燕，且叙宗族，云本高句丽支属，详见一百九卷隆安元年。使，疏吏翻。北燕王云遣侍御史李拔报之。

6 夏，四月，尚书左仆射孔安国卒；甲午，以吏部尚书孟昶代之。昶，丑两翻。

7 北燕大赦。

8 五月，北燕以尚书令冯万泥为幽、冀二州牧，镇肥如；中军将军冯乳陈为并州牧，镇白狼；前汉右北平郡有白狼县。师古曰：有白狼山，故以名县。后汉、晋省县。魏收地形志曰：世祖太平真君八年置建德郡，治白狼城。其地属唐营州柳城县界。抚军大将军冯素弗为司隶校尉，司隶校尉务银提为尚书令。

9 谯纵遣使称藩于秦，使，疏吏翻。又与卢循潜通。纵上表请桓谦于秦，欲与之共击刘裕。秦王兴以问谦，谦曰："臣之累世，著恩荆、楚，若得因巴、蜀之资，顺流东下，士民必翕然响应。”兴曰：“小水不容巨鱼，若纵之才力自足办事，亦不假君以为鳞翼。宜自求多福。”遂遣之。谦至成都，虚怀引士；纵疑之，置于龙格，使人守之。龙格盖即今成都府广都县龙爪滩之地。谦泣谓诸弟曰：“姚主之言神矣！”

10 秦主兴以秃发傉檀外内多难，时傉檀军谘祭酒梁裒、辅国司马边宪等谋反，傉檀悉诛之。晋书载记曰：傉檀外有阳武之败，内有边梁之乱。难，乃旦翻。欲因而取之，使尚书郎韦宗往觇之。觇，丑帘翻，又丑艳翻。傉檀与宗论当世大略，纵横无穷。纵，子容翻。宗退，叹曰：“奇才英器，不必华夏，夏，户雅翻。明智敏识，不必读书，吾乃今知九州之外，五经之表，复自有人也。”傉檀之才辨，内足以欺其父兄，外足以欺敌人之觇国者，而卒以败亡者，轻用兵也。揆之于古，盖智伯瑶之流，而才识又不及焉。复，扶又翻。归，言于兴曰：“凉州虽弊，傉檀权谲过人，未可图也。”谲，古穴翻。兴曰：“刘勃勃以乌合之众犹能破之，况我举天下之兵以加之乎！”宗曰：“不然。形移势变，返覆万端，蜀本作“返复”，当从之。陵人者易败，易，以豉翻。戒惧者难攻。傉檀之所以败于勃勃者，轻之也。今我以大军临之，彼必惧而求全。臣窃观群臣才略，无傉檀之比者，虽以天威临之，亦未敢保其必胜也。”兴不听，使其子中军将军广平公弼、后军将军敛成、镇远将军乞伏乾归帅步骑三万袭傉檀，左仆射齐难帅骑二万讨勃勃。帅，读曰率；下同。吏部尚书尹昭谏曰：“傉檀恃其险远，故敢违慢；不若诏沮渠蒙逊及李暠讨之，使自相困毙，不必烦中国之兵也。”亦不听。

兴遗傉檀书曰：遗，于季翻。“今遣齐难讨勃勃，恐其西逸，故令弼等于河西邀之。”傉檀以为然，遂不设备。弼济自金城，自金城济河也。姜纪言于弼曰：“今王师声言讨勃勃，傉檀犹豫，守备未严，愿给轻骑五千，骑，奇寄翻。掩其城门，则山泽之民皆为吾有，孤城无援，可坐克也。”弼不从，进至漠口，漠口在昌松郡界，谓之昌松漠口。魏收地形志，昌松郡有漠口县。昌松太守苏霸闭城拒之。弼遣人谕之使降，霸曰："汝弃信誓而伐与国，吾有死而已，何降之有！"降，户江翻。弼进攻，斩之，长驱至姑臧。傉檀婴城固守，出奇兵击弼，破之，弼退据西苑。城中人王钟等谋为内应，事泄，傉檀欲诛首谋者而赦其馀。前军将军伊力延侯曰："今强寇在外，而奸人窃发于内，危孰甚焉，不悉坑之，何以惩后！"傉檀从之，杀五千馀人。命郡县悉散牛羊于野，敛成纵兵钞掠；钞，楚交翻。傉檀遣镇北大将军俱延、镇军将军敬归等击之，秦兵大败，斩首七千馀级。傉檀散牛羊以饵敌，而敛成掠之，宜其败也。姚弼固垒不出，傉檀攻之，未克。

秋，七月，兴遣卫大将军常山公显帅骑二万为诸军后继，至高平，闻弼败，倍道赴之。显遣善射者孟钦等五人挑战于凉风门，挑，徒了翻。弦未及发，傉檀材官将军宋益等迎击，斩之。显乃委罪敛成，遣使谢傉檀，慰抚河外，引兵还。傉檀遣使者徐宿诣秦谢罪。使，疏吏翻。

夏王勃勃闻秦兵且至，退保河曲。河曲在朔方东北；黄河千里一曲。齐难以勃勃既远，纵兵野掠；勃勃潜师袭之，俘斩七千馀人。难引兵退走，勃勃追至木城，禽之，虏其将士万三千人。于是岭北夷、夏附于勃勃者以万数，夏，户雅翻。勃勃皆置守宰以抚之。姚弼之败，秃发未能为秦患也。齐难之败，则赫连之患炽矣。

11 司马叔璠自蕃城寇邹山，璠，孚袁翻。蕃，音皮，又音反，读曰翻。鲁郡太守徐邕弃城走，车骑长史刘钟击却之。

12 北燕王云封慕容归为辽东公，使主燕祀。

13 刘敬宣既入峡，所谓三峡也。遣巴东太守温祚以二千人出外水，自帅益州刺史鲍陋、辅国将军文处茂、龙骧将军时延祖由垫江转战而前。帅，读曰率。处，昌吕翻。骧，思将翻。此由内水而进也。垫，音叠。谯纵求救于秦，秦王兴遣平西将军姚赏、南梁州刺史王敏将兵二万赴之。敬宣军至黄虎，去成都五百里。黄虎近涪城。纵辅国将军谯道福悉众拒崄，相持六十馀日，敬宣不得进；食尽，军中疾疫，死者太半，乃引军还。还，从宣翻，又如字。敬宣坐免官，削封三分之一，荆州刺史刘道规以督统降号建威将军。春秋责帅之义也；道规时为征蜀都督。九月，刘裕以敬宣失利，请逊位，诏降为中军将军，开府如故。刘毅欲以重法绳敬宣，裕保护之；何无忌谓毅曰："奈何以私憾伤至公！"私憾见上元年。毅乃止。

14 乞伏炽磐以秦政浸衰，且畏秦之攻袭，炽，昌志翻。冬，十月，招结诸部二万馀人筑城于嵻崀山而据之。丁度曰：嵻崀山在西羌。予据乞伏氏据苑川，其地西至枹罕，东极陇坻，北限赫连，南界吐谷浑。嵻崀山当在苑川西南。宋朝西境尽秦、渭，嵻崀山始在西羌中。嵻，丘冈翻。崀，卢当翻。

15 十一月，秃发傉檀复称凉王，大赦，改元嘉平，置百官。立夫人折掘氏为王后，世子武台为太子，录尚书事。武台，本名虎台，唐人作晋书，避唐祖讳，改"虎"为"武"，通鉴因之。左长史赵鼂、右长史郭幸为尚书左、右仆射，鼂，古朝字，音直遥翻。昌松侯俱延为太尉。

16 南燕汝水竭；"汝"，当作"女"。河冻皆合，而渑水不冰。水经注：渑水出营城东，西北流入时水。营城即临淄城。时水通有渑水之名，亦谓之时渑水。时水东北入淄水，淄水又东北合浊水，浊水东北流径广固城西，浊水亦或通名之为渑水。昔赵攻广固，望气者以为渑水带城非可攻拔，若塞五龙口，城必当陷，指是水也。渑，神陵翻。南燕主超恶之，问于李宣，对曰："渑水无冰，良由逼带京城，近日月也。"恶，乌路翻。近，其靳翻。超大悦，赐朝服一具。朝，直遥翻。

17 十二月，乞伏炽磐攻彭奚念于枹罕，为奚念所败而还。枹，音肤。败，补迈翻。还，从宣翻，又如字。

18 是岁，魏主珪杀高邑公莫题。初，拓跋窟咄之伐珪也，见一百六卷孝武太元十一年。题以珪年少，少，诗照翻。潜以箭遗窟咄曰："三岁犊岂能胜重载邪！"遗，于季翻。胜，音升。载，才再翻。珪心衔之。至是，或告题居处倨傲、拟则人主者，珪使人以箭示题而谓之曰："三岁犊果如何？"题父子对泣；诘朝，收斩之。处，昌吕翻。诘，去吉翻。

聂崇岐标点王崇武覆校

资治通鉴卷第一百一十五

端明殿学士兼翰林侍读学士朝散大夫右谏议大夫
充集贤殿修撰权判西京留司御史台上柱国河内郡 司马光 奉敕编集
开国侯食邑一千三百户食实封四百户赐紫金鱼袋臣

后学天台胡三省音注

晋纪三十七 起屠维作噩（己酉），尽上章阉茂（庚戌），凡二年。

安皇帝庚

义熙五年（己酉、四〇九）

1 春，正月，庚寅朔，南燕主超朝会群臣，叹太乐不备，三年，超献太乐伎于秦，故叹其不备。朝，直遥翻。议掠晋人以补伎。伎，渠绮翻。领军将军韩谆曰：丁度曰：谆，竹角翻。“先帝以旧京倾覆，戢翼三齐。中山陷，慕容德弃邺，保滑台；既而复失滑台，乃东取齐地而据之。事并见前。戢，疾立翻。陛下不养士息民，以伺魏衅，恢复先业，而更侵掠南邻以广雠敌，可乎！”超曰：“我计已定，不与卿言。”史言慕容超愎谏致寇而亡。伺，相吏翻。

2 辛卯，大赦。

3 庚戌，以刘毅为卫将军、开府仪同三司。毅爱才好士，好，呼到翻。当世名流莫不辐凑，独扬州主簿吴郡张邵不往。或问之，邵曰：“主公命世人杰，何烦多问！”刘裕领扬州，故称之为主公。

4 秦王兴遣其弟平北将军冲、征虏将军狄伯支等帅骑四万，帅，读曰率。骑，奇寄翻。击夏王勃勃。冲至岭北，谋还袭长安，伯支不从而止，因鸩杀伯支以灭口。

5 秦王兴遣使册拜谯纵为大都督、相国、蜀王，加九锡，承制封拜，悉如王者之仪。

6 二月，南燕将慕容兴宗、斛谷提、公孙归等帅骑寇宿豫，拔之，宿豫城在淮北，帝置宿豫郡及宿豫县；唐代宗讳豫，改为宿迁县，属徐州。宋白曰：宿豫城在下邳东南百八十里，盖本宋人迁宿处也，宋灭，为邑；汉为仇犹县，属临淮郡；晋安帝立宿豫县，唐改宿迁县。将，即亮翻。大掠而去，简男女二千五百付太乐教之。归，五楼之兄也。是时，五楼为侍中、尚书、领左卫将军，专总朝政，朝，直遥翻。宗亲并居显要，王公内外无不惮之。南燕主超论宿豫之功，封斛谷提等并为郡、县公。桂林王【严：“林”改“阳”。】镇谏曰：“此数人者，勤民顿兵，顿，读曰钝。为国结怨，为，于伪翻。何功而封？”超怒，不答。尚书都令史王俨谄事五楼，汉尚书有令史十八人，后增为二十一人，其后员数愈增，置都令史以总之。比岁屡迁，官至左丞。比，毗至翻。礼记：比年入学。注：每岁也。汉书，比年，频年也。国人为之语曰：“欲得侯，事五楼。”超又遣公孙归等寇济南，俘男女千馀人而去。此济南郡亦是侨置于淮北。济，子礼翻。自彭城以南，民皆堡聚以自固。诏并州刺史刘道怜镇淮阴以备之。

7 乞伏炽磐入见秦太原公懿于上邽，炽，昌志翻。彭奚念乘虚伐之。炽磐闻之，怒，不告懿而归，击奚念，破之，遂围枹罕。乞伏乾归从秦王兴如平凉；炽磐克枹罕，彭奚念据枹罕。枹，音肤。遣人告乾归，乾归逃还苑川。乾归为秦所留，见上卷三年。

冯翊人刘厥聚众数千，据万年作乱，秦王兴在平凉，故厥乘间作乱。秦太子泓遣镇军将军彭白狼帅东宫禁兵讨之，斩厥，赦其馀党。诸将请露布，表言广其首级。帅，读曰率。将，即亮翻。

泓不许，曰："主上委吾后事，不能式遏寇逆，当责躬请罪，尚敢矜诞自为功乎！"姚泓优游文义，自儒者观之，似得之道，然非拨乱才也。

秦王兴自平凉如朝那，闻姚冲之谋，谓欲还袭长安也。赐冲死。

8 三月，刘裕抗表伐南燕，朝议皆以为不可，朝，直遥翻。惟左仆射孟昶、车骑司马谢裕、参军臧熹以为必克，劝裕行。裕以昶监中军留府事。监中军将军留府事也。昶，丑两翻。监，古衔翻。谢裕，安之兄孙也。

初，苻氏之败也，王猛之孙镇恶来奔，以为临澧令。武帝太康四年立临澧县，属天门郡，隋、唐并入澧州澧阳县。澧，音礼。镇恶骑乘非长，关弓甚弱，关，读曰弯。而有谋略，善果断，喜论军国大事。或荐镇恶于刘裕，裕与语，说之，断，丁乱翻。喜，许记翻。说，读曰悦。因留宿；明旦，谓参佐曰："吾闻将门有将，将，即亮翻。镇恶信然。"即以为中军参军。

9 恒山崩。恒，户邓翻。

10 夏，四月，乞伏乾归如枹罕，留世子炽磐镇之，收其众得二万，徙都度坚山。度坚山，乞伏之先司繁所居也。

11 雷震魏天安殿东序；魏主珪恶之，命左校以冲车攻东、西序，皆毁之。初，珪服寒食散，晋人多服寒食散，今千金方中有数方。苏轼曰：世有食钟乳、乌喙而纵酒色以求长年者，盖始于何晏。晏少而富贵，故服寒食散以济其欲。凡服之者，疽背、呕血相踵也。久之，药发，性多躁扰，忿怒无常，至是寖剧。躁，则到翻。又灾异数见，见，贤遍翻。占者多言当有急变生肘腋。腋，音亦。珪忧懑不安，懑，音闷，又音满。或数日不食，或达旦不寐，追计平生成败得失，独语不止。疑群臣左右皆不可信，每百官奏事至前，追记其旧恶，辄杀之；其馀或颜色变动，或鼻息不调，气一出一入谓之息。或步趋失节，或言辞差缪，皆以为怀恶在心，发形于外，往往手击杀之，史言魏主珪死期将至。死者皆陈天安殿前。朝廷人不自保，百官苟免，莫相督摄，盗贼公行，里巷之间，人为希少。为，于伪翻。少，诗沼翻。珪亦知之，曰："朕故纵之使然，待过灾年，更当清治之耳。"治，直之翻。是时，群臣畏罪，多不敢求亲近；近，其靳翻。唯著作郎崔浩恭勤不懈，或终日不归。浩，吏部尚书宏之子也。宏未尝忤旨，亦不谄谀，故宏父子独不被谴。懈，居隘翻。忤，五故翻。被，皮义翻。

12 夏王勃勃率骑二万攻秦，骑，奇寄翻。掠取平凉杂胡七千馀户，进屯依力川。魏收地形志：平凉城在汉安定鹑阴界，唐为原州之地。依力川又当在其东南。

13 己巳，刘裕发建康，帅舟师自淮入泗。帅，读曰率。五月，至下邳，留船舰、辎重，舰，户黯翻。重，直用翻。步进至琅邪，所过皆筑城，留兵守之。虑南燕以奇兵断其后也。或谓裕曰："燕人若塞大岘之险，水经注：沭水出琅邪东莞县西北山，东南流，右合岘水。水北出大岘山，今有大岘关。魏收志，齐郡盘阳县有大岘山。五代志，临朐县有大岘山。杜佑曰：大岘在沂州沂水县北。塞，悉则翻。岘，户典翻。或坚壁清野，大军深入，不唯无功，将不能自归，奈何？"裕曰："吾虑之熟矣，鲜卑贪婪，婪，卢含翻。不知远计，进利虏获，退惜禾苗，谓我孤军远入，不能持久；不过进据临朐，魏收志曰：临朐即汉之朐县也，属东海郡；晋曰临朐，属东莞郡。宋白曰：因临朐山而名。朐，音劬。退守广固，必不能守险清野，敢为诸君保之。"为，于伪翻。

南燕主超闻有晋师，引群臣会议。征虏将军公孙五楼曰："吴兵轻果，利在速战，不可争锋；宜据大岘，使不得入，旷日延时，沮其锐气，沮，在吕翻。然后徐简精骑二千，循海而南，绝其粮道，别敕段晖帅兖州之众，缘山东下，南燕兖州治梁父；缘梁父之山而东下也。骑，奇寄翻。帅，读曰率。腹背击之，此上策也。各命守宰依险自固，校其资储之外，馀悉焚荡，芟除禾苗，芟，所衔翻；下同。使敌无所资，彼侨军无食，侨，渠娇翻。求战不得，旬月之间，可以坐制，此中策也。纵贼入岘，出城逆战，此下策也。"超曰："今岁星居齐，以天道推之，不战自克。客主势殊，以人事言之，彼远来疲弊，势不能久。吾据五州之地，南燕以并州牧镇阴平，幽州刺史镇发干，徐州刺史镇莒城，兖州刺史镇梁父，青州刺史镇东莱，所谓五州也。拥富庶之民，铁骑万群，麦禾布野，奈何芟苗徙民，先自蹙弱乎！不如纵使入岘，以精骑蹂之，何忧不克。"蹂，人九翻。辅国将军广宁王贺赖卢苦谏不从，退谓五楼曰："必若此，亡无日矣！"太尉桂林王镇曰："陛下必以骑兵利平地者，宜出岘逆战，战而不胜，犹可退守；不宜纵敌入岘，自弃险固也。"超不从。镇出，谓韩𧨳曰：丁度曰：𧨳，竹角翻。"主上既不能逆战却敌，又不肯徙民清野，延敌入腹，坐待攻围，酷似刘璋矣。刘璋事见六十七卷汉献帝建安十八年。今年国灭，吾必死之。卿中华之士，复为文身矣。"古者东南之民断发文身，故镇云然。超闻之，大怒，收镇下狱。下，户稼翻。乃摄莒、梁父二戍，父，音甫。修城隍，简士马，以待之。

刘裕过大岘，燕兵不出。裕举手指天，喜形于色。左右曰："公未见敌而先喜，何也？"裕曰："兵已过险，士有必死之志；谓已得过大岘之险。馀粮栖亩，人无匮乏之忧。谓燕人不芟除禾苗。虏已入吾掌中矣。"六月，己巳，裕至东莞。莞，音官。超先遣公孙五楼、贺赖卢及左将军段晖等将步骑五万屯临朐；朐，音劬。闻晋兵入岘，自将步骑四万往就之，使五楼帅骑进据巨蔑水。巨蔑水，国语谓之具水，袁宏谓之巨昧水，水经谓之巨洋水。水出朱虚县太山北，过其县西，又北过临朐县东。上下沿水，悉是刘裕伐广固营垒所在。前锋孟龙符与战，破之，五楼退走。裕以车四千乘为左右翼，乘，绳证翻。方轨徐进，与燕兵战于临朐南，日向昃，日过中为向昃。昃，阻力翻。胜负犹未决。参军胡藩言于裕曰："燕悉兵出战，临朐城中留守必寡，愿以奇兵从间道取其城，此韩信所以破赵也。"间，古苋翻。韩信事见九卷汉高帝三年。裕遣藩及谘议参军檀韶、建威将军河内向弥潜师出燕兵之后，攻临朐，声言轻兵自海道至矣。向弥擐甲先登，遂克之。向，式亮翻。擐，音宦。超大惊，单骑就段晖于城南。超自临朐城中出城南就晖。裕因纵兵奋击，燕众大败，斩段晖等大将十馀人，超遁还广固，获其玉玺、辇及豹尾。服虔曰：大驾属车八十一乘，作三行，尚书、御史乘之，最后一乘，悬豹尾，豹尾以前皆为省中。晋志：法驾属车三十六乘，最后车悬豹尾。玺，斯氏翻。裕乘胜逐北至广固；丙子，克其大城。超收众入保小城。裕筑长围守之，围高三丈，穿堑三重；高，古号翻。重，直龙翻；堑，七艳翻。抚纳降附，采拔贤俊，华、夷大悦。于是因齐地粮储，悉停江、淮漕运。

超遣尚书郎张纲乞师于秦，赦桂林王镇，以为录尚书、都督中外诸军事，引见，谢之，且问计焉。镇曰："百姓之心，系于一人。今陛下亲董六师，奔败而还，还，从宣翻，又如字。群臣离心，士民丧气。闻秦人自有内患，谓秦内有赫连之患也。丧，息浪翻。恐不暇分兵救人。散卒还者尚有数万，宜悉出金帛以饵之，更决一战。若天命助我，必能破敌；如其不然，死亦为美，比于闭门待尽，不犹愈乎！"司徒乐浪王惠曰："不然。乐浪，音洛琅。晋兵乘胜，气势百倍，我以败军之卒当之，不亦难乎！秦虽与勃勃相持，不足为患；且与我分据中原，势如唇齿，安得不来相救！但不遣大臣则不能得重兵。尚书令韩范为燕、秦所重，事见上卷三年。宜遣乞师。"超从之。

秋，七月，加刘裕北青、冀二州刺史。晋氏南渡，立南青、冀二州于淮南，北青、冀二州于齐地。

南燕尚书略阳垣尊及弟京兆太守苗逾城来降，裕以为行参军。垣氏子孙后遂为南国边将，著功名。尊、苗皆超所委任以为腹心者也。

或谓裕曰："张纲有巧思，思，相吏翻。若得纲使为攻具，广固必可拔也。"会纲自长安还，太山太守申宣执之，送于裕。裕升纲于楼车，杜预曰：楼车，车上望橹。使周城呼曰：呼，火故翻。"刘勃勃大破秦军，无兵相救。"城中莫不失色。江南每发兵及遣使者至广固，裕辄潜遣兵夜迎之，明日，张旗鸣鼓而至，董卓之入洛，计亦出此。北方之民执兵负粮归裕者，日以千数，围城益急。张华、封恺皆为裕所获。超请割大岘以南地为藩臣，裕不许。

秦王兴遣使谓裕曰："慕容氏相与邻好，好，呼到翻。今晋攻之急，秦已遣铁骑十万屯洛阳；晋军不还，当长驱而进。"裕呼秦使者谓曰："语汝姚兴：使，疏吏翻；下同。语，牛倨翻；下相语同。我克燕之后，息兵三年，当取关、洛；今能自送，便可速来！"刘穆之闻有秦使，驰入见裕，而秦使者已去。裕以所言告穆之。穆之尤之尤，怪也，过也。曰："常日事无大小，必赐预谋，此宜善详，善，谓善为之辞；详，谓审谛也。云何遽尔答之！此语不足以威敌，适足以怒之。若广固未下，羌寇奄至，不审何以待之？"裕笑曰："此是兵机，非卿所解，解，户买翻，晓也。故不相语耳。语，牛倨翻。夫兵贵神速，彼若审能赴救，必畏我知，宁容先遣信命，逆设此言！是自张大之辞也。晋师不出，为日久矣。羌见伐齐，殆将内惧，自保不暇，何能救人邪！"

14 乞伏乾归复即秦王位，复，扶又翻。大赦，改元更始，更，工衡翻。公卿以下皆复本位。乾归降公卿将帅为僚佐偏裨，见一百十二卷隆安五年。

15 慕容氏在魏者百馀家，谋逃去，魏主珪尽杀之。

16 初，魏太尉穆崇与卫王仪伏甲谋弑魏主珪，不果；珪惜崇、仪之功，秘而不问。及珪有疾，杀【章：甲十一行本“杀”上有“多”字；乙十一行本同；孔本同；张校同。】大臣。仪自疑而出亡，追获之。八月，赐仪死。

17 封融诣刘裕降。封融奔魏，见上卷二年。魏杀慕容氏，故融归裕。降，户江翻。

18 九月，加刘裕太尉；裕固辞。

19 秦王兴自将击夏王勃勃，至贰城，贰城，贰县城也，在杏城西北、平凉东南。遣安远将军姚详等分督租运。勃勃乘虚奄至，兴惧，欲轻骑就详等。骑，奇寄翻。右仆射韦华曰：“若銮舆一动，众心骇惧，必不战自溃，详营亦未必可至也。”兴与勃勃战，秦兵大败，将军姚榆生为勃勃所禽，左将军姚文崇【章：甲十一行本“崇”作“宗”；乙十一行本同；孔本同；张校同。】等力战，勃勃乃退，兴还长安。勃勃复攻秦敕奇堡、黄石固、魏收地形志：原州长城郡有黄石县。五代志，西魏改黄石为长城；隋开皇初，废郡为县，大业初，改长城县为百泉县。复，扶又翻。我罗城，皆拔之，徙七千馀家于大城，以其丞相右地代领幽州牧以镇之。

初，兴遣卫将军姚强帅步骑一万随韩范往就姚绍于洛阳，并兵以救南燕，帅，读曰率。骑，奇寄翻。及为勃勃所败，败，补迈翻。追强兵还长安。韩范叹曰：“天灭燕矣！”南燕尚书张俊自长安还，降于刘裕，降，户江翻；下同。因说裕曰：说，输芮翻。“燕人所恃者，谓韩范必能致秦师也，今得范以示之，燕必降矣。”裕乃表范为散骑常侍，散，悉亶翻。骑，奇寄翻。且以书招之。长水校尉王蒲劝范奔秦，范曰：“刘裕起布衣，灭桓玄，复晋室，今兴师伐燕，所向崩溃，此殆天授，非人力也。燕亡，则秦为之次矣，吾不可以再辱。”遂降于裕。汉李陵降匈奴，霍光、上官桀使其故人任立政招之使归，陵曰："大丈夫不能再辱。"裕将范循城，城中人情离沮。将，如字，引也。沮，在吕翻。或劝燕主超诛范家。超以范弟谌尽忠无贰，并范家赦之。

冬，十月，段宏自魏奔于裕。宏奔魏见上卷三年。

张纲为裕造攻具，尽诸奇巧；超怒，县其母于城上，支解之。为，于伪翻。县，读曰悬。

20 西秦王乾归立夫人边氏为皇【章：甲十一行本"皇"作"王"；乙十一行本同；孔本同；张校同。】后，世子炽磐为太子，仍命炽磐都督中外诸军、录尚书事。炽，昌志翻。以屋引破光为河州刺史，镇枹罕；枹，音肤。以南安焦遗为太子太师，与参军国大谋。乾归曰："焦生非特名儒，乃王佐之才也。"谓炽磐曰："汝事之当如事吾。"炽磐拜遗于床下。遗子华至孝，乾归欲以女妻之。妻，七细翻。辞曰："凡娶妻者，欲与之共事二亲也。今以王姬之贵，周，姬姓也，故王女谓之王姬，后世因而称之，凡王者之女皆谓之王姬。下嫁蓬茅之士，诚非其匹，臣惧其阙于中馈，易家人之六二曰：在中馈。言以阴应阳，居中得正，尽妇人之义，职乎中馈，巽顺而已。馈，食也。非所愿也。"乾归曰："卿之所行，古人之事，孤女不足以强卿。"乃以为尚书民部郎。魏尚书郎有民曹，晋初分置左民、右民，江左以后，省右民郎，有左民郎。民部郎至是始见于通鉴。强，其两翻。

21 北燕王云自以无功德而居大位，内怀危惧，常畜养壮士以为腹心、爪牙。畜，吁玉翻。宠臣离班、桃仁专典禁卫，离、桃，皆姓也；班、仁，其名。赏赐以巨万计，衣食起居皆与之同，而班、仁志愿无厌，厌，于盐翻。犹有怨憾。戊辰，云临东堂，班、仁怀剑执帋而入，帋，与纸同，通俗书也。称有所启。班抽剑击云，云以几扞之，仁从旁击云，弑之。高云以勇力发身，叨居君位，自谓非壮士以为翼卫不足以防其身，岂知小人之难养也。是以古之缀衣虎贲，左右携仆，必用吉士，其虑患诚深远也。云得燕见上卷三年。

冯跋升洪光门以观变，帐下督张泰、李桑言于跋曰："此竖势何所至，请为公斩之！"为，于伪翻。乃奋剑而下，桑斩班于西门，泰杀仁于庭中。众推跋为主，跋以让其弟范阳公素弗，素弗不可。跋乃即天王位于昌黎，载记：冯跋，字文起，长乐信都人，其先毕万之后也；万之子孙有食采冯乡者，因氏焉。大赦，诏曰："陈氏代姜，不改齐国，周师尚父始封于齐，姜姓也。战国时，齐太公田和，陈敬仲之后也，篡姜氏之后而取其国，仍号曰齐。宜即国号曰燕。"改元太平，谥云曰惠懿皇帝。跋尊母张氏为太后，立妻孙氏为王后，子永为太子，以范阳公素弗为车骑大将军、录尚书事，孙护为尚书令，张兴为左仆射，汲郡公弘为右仆射，广川公万泥为幽、平二州牧，上谷公乳陈为并、青二州牧。素弗少豪侠放荡，少，诗照翻。侠，户颊翻。荡，徒浪翻。尝请婚于尚书左丞韩业，业拒之。及为宰辅，待业尤厚；好申拔旧门，好，呼到翻。谦恭俭约，以身帅下，帅，读曰率。百僚惮之，论者美其有宰相之度。温公作通鉴，虽相小国者，苟有片善，必因旧史而表章之，以言为辅之难。

22 魏主珪将立齐王嗣为太子；魏故事，凡立嗣子辄先杀其母，乃赐嗣母刘贵人死。珪召嗣谕之曰："汉武帝杀钩弋夫人，以防母后豫政，外家为乱也。事见二十二卷汉武帝后元元年。汝当继统，吾故远迹古人，蜀本作"故吾"。为国家长久之计耳。"嗣性孝，哀泣不自胜。珪怒之。嗣还舍，日夜号泣，胜，音升。号，户高翻。珪知而复召之。复，扶又翻。左右曰："上怒甚，入将不测，不如且避之，俟上怒解而入。"嗣乃逃匿于外，惟帐下代人车路头、车焜氏，拓跋氏之疏属也，至后魏孝文改为车氏。京兆王洛儿二人随之。

初，珪如贺兰部，见献明贺太后之妹美，珪父寔，魏昭成帝什翼犍之嫡子也，先昭成而薨，追谥献明皇帝。贺太后从夫谥。言于贺太后，请纳之。贺太后曰："不可。是过美，必有不善。左传：晋叔向欲娶于申公巫臣氏，其母止之曰："甚美必有甚恶。"此语类之。且已有夫，不可夺也。"珪密令人杀其夫而纳之，生清河王绍。绍凶很无赖，好轻游里巷，劫剥行人以为乐。很，户垦翻。好，呼到翻。乐，音洛。珪怒之，尝倒悬井中，垂死，乃出之。齐王嗣屡诲责之，绍由是与嗣不协。

戊辰，珪谴责贺夫人，谴，去战翻。囚，将杀之，会日暮，未决。夫人密使告绍曰："汝何以救我？"左右以珪残忍，人人危惧。绍年十六，夜，与帐下及宦者宫人数人通谋，逾垣入宫，至天安殿。左右呼曰："贼至！"呼，火故翻。珪惊起，求弓刀不获，遂弑之。年三十九。明元帝永兴二年，上谥曰宣武皇帝，庙号烈祖；泰常五年，改谥道武。

己巳，宫门至日中不开。绍称诏，集百官于端门前，宫门正南门曰端门。北面立。句断。绍从门扉间扉，门扇也。谓百官曰："我有叔父，亦有兄，公卿欲从谁？"众愕然失色，莫有对者。良久，南平公长孙嵩曰："从王。"长，知两翻。众乃知宫车晏驾，而不测其故，莫敢出声，唯阴平公烈大哭而去。烈，仪之弟也。魏之克燕，仪有功焉；是年八月赐死。于是朝野恟恟，人怀异志。朝，直遥翻。恟，许拱翻。肥如侯贺护举烽于安阳城北，安阳城，即汉代郡之东安阳县城也。魏收地形志：永熙中，置高柳郡，治安阳。贺兰部人皆赴之，其馀诸部亦各屯聚。绍闻人情不安，大出布帛赐王公以下，崔宏独不受。史言崔宏有识。

齐王嗣闻变，乃自外还，昼伏匿山中，夜宿王洛儿家。洛儿邻人李道潜奉给嗣，民间颇知之，喜而相告；绍闻之，收道，斩之。绍募人求访嗣，欲杀之。猎郎叔孙俊拓跋氏起于代北，俗尚猎，故置猎郎，以豪望子弟有材勇者为之，亦汉期门郎、羽林郎之类也。魏书官氏志：天赐元年置散骑郎、猎郎、诸省令史、省事、典签等。后魏孝文以献帝叔父之后乙旃氏为叔孙氏。与宗室疏属拓跋磨浑磨浑，元城侯屈之子也。自云知嗣所在，绍使帐下二人与之偕往；俊、磨浑得出，即执帐下诣嗣，斩之。俊，建之子也。王洛儿为嗣往来平城，通问大臣，为，于伪翻。夜，告安远将军安同等。众闻之，翕然响应，争出奉迎。嗣至城西，卫士执绍送之。嗣杀绍及其母贺氏，并诛绍帐下及宦官宫人为内应者十馀人；其先犯乘舆者，群臣脔食之。乘，绳证翻。

壬申，嗣即皇帝位，嗣，道武皇帝之长子也。萧子显曰：嗣，字木末。大赦，改元永兴。追尊刘贵人曰宣穆皇后；公卿先罢归第不预朝政者，悉召用之。朝，直遥翻。诏长孙嵩与北新侯安同、山阳侯奚斤、后魏孝文以献帝第三兄之后为达奚氏，寻又改为奚氏。白马侯崔宏、元城侯拓跋屈等八人坐止车门右，臣子至宫门皆下车而入，故谓之止车门。共听朝政，时人谓之八公。屈，磨浑之父也。嗣以尚书燕凤逮事什翼犍什翼犍为代王，以凤为左长史。犍，居言翻。使与都坐大官封懿等魏谓尚书都省为尚书都坐。都坐大官盖尚书长官也。坐，徂卧翻。入侍讲论，出议政事。以王洛儿、车路头为散骑常侍，叔孙俊为卫将军。散，悉亶翻。骑，奇寄翻。拓跋磨浑为尚书，皆赐爵郡、县公。嗣问旧臣为先帝所亲信者为谁。王洛儿言李先。先，慕容永之谋主也，永灭，徙中山，魏伐燕，先归魏，道武亲信之。嗣召问先："卿以何才何功为先帝所知?"对曰："臣不才无功，但以忠直为先帝所知耳。"诏以先为安东将军，常宿于内，以备顾问。

朱提王悦，虔之子也，拓跋虔见一百八卷孝武太元二十一年。朱提，音铢时。有罪，自疑惧。闰十一月，丁亥，悦怀匕首入侍，将作乱。叔孙俊觉其举止有异，引手掣之，索怀中，得匕首，掣，昌列翻。索，山客翻。遂杀之。

23 十二月，乙巳，太白犯虚、危。虚二星，危三星。晋天文志：自须女八度至危十五度为玄枵，齐之分野，属青州。南燕灵台令张光劝南燕主超出降，降，户江翻；下同。超手杀之。

24 柔然侵魏。

六年（庚戌、四一〇）

1 春，正月，甲寅朔，南燕主超登天门，天门，广固内城南门也。朝群臣于城上。朝，直遥翻。乙卯，超与宠姬魏夫人登城，见晋兵之盛，握手对泣。韩諄谏曰：諄，竹角翻。"陛下遭堙厄之运，正当努力自强以壮士民之志，而更为儿女子泣邪！"为，于伪翻；下为民同。超拭目谢之。尚书令董诜劝超降，超怒，囚之。诜，疏臻翻。

2 魏长孙嵩将兵伐柔然。

3 魏主嗣以郡县豪右多为民患，悉以优诏征之。民恋土不乐内徙，乐，音洛。长吏逼遣之，于是无赖少年逃亡相聚，长，知两翻。少，诗照翻。所在寇盗群起。嗣引八公议之曰："朕欲为民除蠹，而守宰不能绥抚，使之纷乱。今犯者既众，不可尽诛，吾欲大赦以安之，何如？"元城侯屈曰："民逃亡为盗，不罪而赦之，是为上者反求于下也，不如诛其首恶，赦其馀党。"崔宏曰："圣王之御民，务在安之而已，不与之较胜负也。夫赦虽非正，可以行权。屈欲先诛后赦，要为两不能去，两不能去，言先不能去诛，后又不能去赦也。去，羌吕翻。曷若一赦而遂定乎！赦而不从，诛未晚也。"嗣从之。二月，癸未朔，遣将军于栗磾将骑一万讨不从命者，所向皆平。史言魏有谋臣，所以靖乱。磾，丁奚翻。将，即亮翻。骑，奇寄翻；下同。

4 南燕贺赖卢、公孙五楼为地道出击晋兵，不能却。城久闭，城中男女病脚弱者太半，出降者相继。降，户江翻。超辇而登城，尚书悦寿说超曰：说，输芮翻。"今天助寇为虐，战士凋瘁，瘁，秦醉翻。独守穷城，绝望外援，天时人事亦可知矣。苟历数有终，尧、舜避位，陛下岂可不思变通之计乎！”超叹曰：“废兴，命也。吾宁奋剑而死，不能衔璧而生！”

丁亥，刘裕悉众攻城。或曰：“今日往亡，不利行师。”历书二月以惊蛰后十四日为往亡日。裕曰：“我往彼亡，何为不利！”四面急攻之。悦寿开门纳晋师，超与左右数十骑逾城突围出走，追获之。裕数以不降之罪，数，所具翻。降，户江翻。超神色自若，一无所言，惟以母托刘敬宣而已。敬宣先尝奔燕，故超以母托之。夫孝莫大于宁亲，超以母之故，屈节事秦，竭声伎以奉之，既又掠取晋人以足声伎，由是致寇，至于母子并为俘虏，乃更欲以托刘敬宣，何庸浅也！

裕忿广固久不下，欲尽坑之，以妻女赏将士。韩范谏曰：“晋室南迁，中原鼎沸，士民无援，强则附之，既为君臣，必须为之尽力。为，于伪翻。彼皆衣冠旧族，先帝遗民；今王师吊伐而尽坑之，使安所归乎！窃恐西北之人无复来苏之望矣。”汤征诸侯，东面而征西夷怨，南面而征北狄怨，曰：“奚为后我？”攸徂之民，室家胥庆，曰：“傒我后，后来其苏。”裕改容谢之，然犹斩王公以下三千人，没入家口万馀，夷其城隍，送超诣建康，斩之。隆安二年，慕容德建国，号南燕，二主，十三年而亡。

臣光曰：晋自济江以来，威灵不竞，戎狄横骛，虎噬中原。刘裕始以王师翦平东夏，骛，音务。夏，户雅翻。不于此际旌礼贤俊，慰抚疲民，宣恺悌之风，涤残秽之政，使群士向风，遗黎企踵，而更恣行屠戮以快忿心；迹其施设，曾苻、姚之不如，宜其不能荡壹四海，成美大之业，岂非虽有智勇而无仁义使之然哉！

5 初，徐道覆闻刘裕北伐，劝卢循乘虚袭建康，循不从。道覆自至番禺番禺，音潘愚。说循曰：“本住岭外，说，输芮翻。交、广之地在五岭之外。岂以理极于此，传之子孙邪？正以刘裕难与为敌故也。今裕顿兵坚城之下，未有还期，我以此思归死士孙泰徒党本三吴之人，孙恩所掠者又三吴人也；久在海中，故皆怀土思归。掩击何、刘之徒，如反掌耳。何、刘，谓何无忌、刘毅也。不乘此机而苟求一日之安，朝廷常以君为腹心之疾；若裕平齐之后，息甲岁馀，以玺书征君，裕自将屯豫章，遣诸将帅锐师过岭，玺，斯氏翻。将，即亮翻。帅，读曰率；下同。虽复以将军之神武，恐必不能当也。复，扶又翻。今日之机，万不可失。若先克建康，倾其根蒂，裕虽南还，无能为也。君若不同，便当帅始兴之众直指寻阳。”元兴三年，循使道覆攻陷始兴，因使守之。循甚不乐此举，而无以夺其计，乃从之。乐，音洛。

初，道覆使人伐船材于南康山，南康山，南康县之山也。吴立安南县于汉豫章梅岭，武帝太康元年更名南康。所谓梅岭，今大庾岭是也。南康山，即大庾诸山，皆在今南安军界。至始兴，贱卖之，自南康西至始兴四百里。居人争市之，船材大积而人不疑，至是，悉取以装舰，舰，户黯翻。旬日而办。循自始兴寇长沙，道覆寇南康、庐陵、豫章，诸守相皆委任奔走。守，式又翻。相，息亮翻。道覆顺流而下，顺赣石之流而下。舟械甚盛。时克燕之问未至，朝廷急征刘裕。裕方议留镇下邳，经营司、雍，雍，于用翻。会得诏书，乃以韩范为都督八郡军事、燕郡太守，青州旧督齐、济南、乐安、城阳、东莱、长广、平昌、高密八郡；而所谓燕郡者，盖南燕于广固置燕都尹而今改为燕郡太守耳。封融为勃海太守，檀韶为琅邪太守；戊申，引兵还。韶，祗之兄也。久之，刘穆之称范、融谋反，皆杀之。二人燕之旧臣，穆之恐其为变，故杀之。

6 安成忠肃公何无忌自寻阳引兵拒卢循。谥法：危身奉上曰忠；刚德克就曰肃。长史邓潜之谏曰：“国家安危，在此一举。闻循兵舰大盛，势居上流，宜决南塘，守二城以待之，赣水出汉豫章南壄县聂都山；汉南壄，晋南康之地也。赣水至南昌县，历岡堤；南塘在徐孺子宅西。二城，谓豫章、寻阳也。水经注曰：豫章城东大湖，十里二百二十六步，北与城齐，南缘回折至南塘，本通赣江，增减与江水同。汉永元中，太守张躬筑塘以通南路，兼遏此水。若决南塘，则卢循之舟兵无所用，可以坚守而待其敝。彼必不敢舍我远下。蓄力养锐，俟其疲老，然后击之，此万全之策也。今决成败于一战，万一失利，悔将无及。"参军殷阐曰："循所将之众皆三吴旧贼，百战馀勇，始兴溪子，拳捷善斗，未易轻也。始兴溪子，谓徐道覆所统始兴兵也。诗云：无拳无勇。毛传曰：拳，力也。将，即亮翻。易，以豉翻。将军宜留屯豫章，征兵属城，兵至合战，未为晚也；若以此众轻进，殆必有悔。"无忌不听。三月，壬申，与徐道覆遇于豫章，贼令强弩数百登西岸小山邀射之。射，而亦翻。会西风暴急，飘无忌所乘小舰向东岸。贼乘风以大舰逼之，众遂奔溃。无忌厉声曰："取我苏武节来！"节至，执以督战。贼众云集，无忌辞色无挠，挠，奴教翻。握节而死。于是中外震骇，朝议欲奉乘舆北走，就刘裕；朝，直遥翻。乘，绳证翻。既而知贼未至，乃止。

7 西秦王乾归攻秦金城郡，拔之。

8 夏王勃勃遣尚书胡金纂攻平凉，秦王兴救平凉，击金纂，杀之。勃勃又遣兄子左将军罗提攻拔定阳，魏收地形志，敷城郡有定阳县；在今鄜州鄜城县界。坑将士四千馀人。秦将曹炽、曹云、王肆佛等各将数千户内徙，将，即亮翻。兴处之湟山及陈仓。据载记，湟山，泽名。处，昌吕翻。勃勃寇陇右，破白崖堡，遂趣清水，清水县，前汉属天水郡，后汉省，晋分属略阳郡。元丰九域志：清水县在秦州东九十里，有白沙镇，县西又有白石堡。趣，七喻翻。略阳太守姚寿都弃城走，勃勃徙其民万六千户于大城。兴自安定追之，至寿渠川，不及而还。

9 初，南凉王傉檀遣左将军枯木等伐沮渠蒙逊，掠临松千馀户而还。张天锡分张掖置临松郡。五代志：甘州张掖县，后周并临松入焉。

傉，奴沃翻。沮，子余翻。还，从宣翻，又如字；下同。蒙逊伐南凉，至显美，徙数千户而去。显美县，前汉属张掖郡，后汉、晋属武威郡。五代志：后周废显美入姑臧县。南凉太尉俱延复伐蒙逊，大败而归。复，扶又翻。是月，傉檀自将五万骑伐蒙逊。将，即亮翻。战于穷泉，傉檀大败，单马奔还。蒙逊乘胜进围姑臧，姑臧人惩王钟之诛，皆惊溃，王钟诛见上卷四年。夷、夏万馀户降于蒙逊。夏，户雅翻。降，户江翻；下同。傉檀惧，遣司隶校尉敬归及子佗为质于蒙逊以请和，何承天姓苑：敬姓，黄帝孙敬康之后；风俗通：陈敬仲之后。质，音致。蒙逊许之；归至胡坑，逃还，佗为追兵所执，蒙逊徙其众八千馀户而去。右卫将军折掘奇镇据石驴山以叛。石驴山在姑臧西南长宁川西北，属晋昌郡界。张寔讨曹祛于晋昌，自姑臧西逾石驴，据长宁。折，而设翻。掘，其月翻。傉檀畏蒙逊之逼，且惧岭南为奇镇所据，乃迁于乐都，乐，音洛。留大司农成公绪守姑臧。傉檀才出城，魏安人侯谌等晋书载记作"焦谌、王侯等"。谌，氏壬翻。闭门作乱，收合三千馀家，据南城，推焦朗为大都督、龙骧大将军，谌自称凉州刺史，降于蒙逊。傉檀自据姑臧之后，与四邻交兵，所遇辄败，不惟失姑臧，亦不能保乐都矣。诗曰："毋田甫田，维莠骄骄。毋思远人，劳心忉忉。"正谓此也。

10 刘裕至下邳，以船载辎重，重，直用翻。自帅精锐步归。帅，读曰率。至山阳，闻何无忌败死，虑京邑失守，卷甲兼行，卷，读曰捲。与数十人至淮上，李延寿南史作"江上"，当从之，盖裕至山阳则已渡淮也。问行人以朝廷消息。行人曰："贼尚未至，刘公若还，便无所忧。"裕大喜。将济江，风急，众咸难之。裕曰："若天命助国，风当自息；若其不然，覆溺何害！"溺，奴狄翻。即命登舟，舟移而风止。过江，至京口，众乃大安。夏，四月，癸未，裕至建康。以江州覆没，表送章绶，诏不许。绶，音受。

青州刺史诸葛长民、兖州刺史刘藩、并州刺史刘道怜各将兵入卫建康。青州、兖州、并州，时皆侨在江、淮间。将，即亮翻；下同。藩，豫州刺史毅之从弟也。从，才用翻。毅闻卢循入寇，将拒之而疾作；既瘳，将行。刘裕遗毅书曰："吾往习击妖贼，孙泰以左道惑众，孙恩、卢循皆其党也，故谓之妖贼。遗，于季翻。妖，于娇翻。晓其变态。贼新获奸利，其锋不可轻。今修船垂毕，当与弟同举。克平之日，上流之任，皆以相委。"又遣刘藩往，谕止之。毅怒，谓藩曰："往以一时之功相推耳，汝便谓我真不及刘裕邪！"投书于地，帅舟师二万发姑孰。毅时以豫州刺史镇姑孰。帅，读曰率。

循之初入寇也，使徐道覆向寻阳，循自将攻湘中诸郡。湘中诸郡，汉长沙、零、桂之地。荆州刺史刘道规遣军逆战，败于长沙。循进至巴陵，将向江陵。徐道覆闻毅将至，驰使报循曰：使，疏吏翻。"毅兵甚盛，成败之事，系之于此，宜并力摧之；若此克捷，江陵不足忧也。"循即日发巴陵，与道覆合兵而下。五月，戊午，毅与循战于桑落洲，毅兵大败，弃船，以数百人步走，馀众皆为循所虏，所弃辎重山积。重，直用翻。

初，循至寻阳，闻裕已还，犹不信；既破毅，乃得审问，审者，悉其实也；问，音问也。与其党相视失色。循欲退还寻阳，攻取江陵，据二州以抗朝廷。二州，谓荆、江也。道覆谓宜乘胜径进，固争之。循犹豫累日，乃从之。

己未，大赦。裕募人为兵，赏之同京口赴义之科。裕起兵于京口以讨桓玄，赴义之人酬赏重于当时。发民治石头城。治，直之翻。议者谓宜分兵守诸津要，裕曰："贼众我寡，若分兵屯守，则测人虚实；且一处失利，则沮三军之心。沮，在吕翻。今聚众石头，随宜应赴，既令彼无以测多少，少，诗沼翻。又于众力不分。若徒旅转集，徐更论之耳。"

朝廷闻刘毅败，人情恟惧。时北师始还，将士多创病，恟，许拱翻。创，初良翻。建康战士不盈数千。循既克二镇，二镇，谓江、豫也。战士十余万，舟车百里不绝，楼船高十二丈，高，古号翻。败还者争言其强盛。孟昶、诸葛长民欲奉乘舆过江，裕不听。时江西、江北皆无城池可倚。昶、长民欲奉天子过江，不过东走广陵，西据历阳耳。昶，丑两翻。初，何无忌、刘毅之南讨也，昶策其必败，已而果然。至是，又谓裕必不能抗循，众颇信之，惟龙骧将军东海虞丘进廷折昶等，以为不然。骧，思将翻。虞丘，复姓，史记楚相有虞丘子。折，之舌翻。中兵参军王仲德言于裕曰："明公命世作辅，新建大功，威震六合，魏尚书曹有中兵郎，诸公府征镇亦因而置中兵参军。新建大功，谓灭燕也。妖贼乘虚入寇，既闻凯还，自当奔溃。若先自遁逃，则势同匹夫，匹夫号令，何以威物！此谋若立，请从此辞。"裕甚悦。昶固请不已，裕曰："今重镇外倾，强寇内逼，人情危骇，莫有固志；若一旦迁动，便自土崩瓦解，江北亦岂可得至！设令得至，不过延日月耳。今兵士虽少，少，诗沼翻；下同。自足一战。若其克济，则臣主同休；苟厄运必至，我当横尸庙门，遂其由来以身许国之志，不能窜伏草间苟求存活也。我计决矣，卿勿复言！"昶恚其言不行，恚，於避翻。且以为必败，因请死。裕怒曰："卿且申一战，申，重也。死复何晚！"复，扶又翻。昶知裕终不用其言，乃抗表自陈曰："臣裕北讨，众并不同，唯臣赞裕行计，事见上年。致使强贼乘间，社稷危逼，臣之罪也。间，古苋翻。谨引咎以谢天下。"封表毕，仰药而死。

乙丑，卢循至淮口，秦淮入江之口也。中外戒严。琅邪王德文都督宫城诸军事，屯中堂皇，堂无四壁曰皇。刘裕屯石头，诸将各有屯守。裕子义隆始四岁，裕使谘议参军刘粹辅之，镇京口。粹，毅之族弟也。

裕见民临水望贼，怪之，以问参军张劭，劭曰："若节钺未反，民奔散之不暇，亦何能观望！今当无复恐耳。"复，扶又翻。裕谓将佐曰："贼若于新亭直进，其锋不可当，宜且回避，胜负之事未可量也；量，音良。若回泊西岸，西岸，即蔡洲。此成禽耳。"

徐道覆请于新亭至白石焚舟而上，上，时掌翻。数道攻裕。循欲以万全为计，谓道覆曰："大军未至，孟昶便望风自裁；以大势言之，自当计日溃乱。今决胜负于一朝，乾没求利，乾，音干。既非必克之道，且杀伤士卒，不如按兵待之。"道覆以循多疑少决，乃叹曰："我终为卢公所误，事必无成；使我得为英雄驱驰，天下不足定也。"为，于伪翻。

裕登石头城望循军，初见引向新亭，顾左右失色；既而回泊蔡洲，乃悦。蔡洲在石头西岸，今建康府上元县西二十五里有蔡洲。于是众军转集。裕恐循侵轶，轶，徒结翻。用虞丘进计，伐树栅石头淮口，修治越城，筑查浦、药园、廷尉三垒，查浦在大江南岸，近秦淮口。药园，盖种芍药之所。廷尉寺舍所在，因以为地名。查，庄加翻。据晋书帝纪，三垒皆在淮口。皆以兵守之。

刘毅经涉蛮、晋，西阳上下群蛮所居之地，谓之蛮；其为王民应租税征役者，谓之晋。仅能自免，从者饥疲，死亡什七八。从，才用翻。丙寅，至建康，待罪。裕慰勉之，使知中外留事。知都督中外诸军府留事也。毅乞自贬，诏降为后将军。

11 魏长孙嵩至漠北而还，还，从宣翻，又如字；下同。柔然追围之于牛川。壬申，魏主嗣北击柔然。柔然可汗社仑闻之，遁走，道死；仑，卢昆翻。其子度拔尚幼，部众立社仑弟斛律，号蔼豆【章：甲十一行本"豆"作"苦"；乙十一行本同；孔本同；退斋校同。】盖可汗。可，读从刊入声；汗，音寒。嗣引兵还参合陂。

12 卢循伏兵南岸，南岸，即秦淮口南岸。使老弱乘舟向白石，声言悉众自白石步上。上，时掌翻。刘裕留参军沈林子、徐赤特戍南岸，断查浦，断，丁管翻。戒令坚守勿动；裕及刘毅、诸葛长民北出拒之。林子曰："妖贼此言，未必有实，宜深为之防。"裕曰："石头城险，且淮栅甚固，留卿在后，足以守之。"林子，穆夫之子也。沈穆夫，吴兴武康人。隆安三年，孙恩寇会稽，三吴响应。穆夫在会稽，恩以为馀姚令，恩为刘牢之所破，并杀穆夫。

庚辰，卢循焚查浦，进至张侯桥。徐赤特将击之，林子曰："贼声往白石而屡来挑战，挑，徒了翻。其情可知。吾众寡不敌，不如守险以待大军。"赤特不从，遂出战；伏兵发，赤特大败，单舸奔淮北。秦淮北岸也。林子及将军刘钟据栅力战，朱龄石救之，贼乃退。循引精兵大上，至丹阳郡。丹阳郡，丹阳尹治所也。上，时掌翻。裕帅诸军驰还石头，帅，读曰率。斩徐赤特，解甲久之，乃出陈于南塘。南塘，秦淮南岸也。陈，读曰阵。

13 六月，以刘裕为太尉、中书监、加黄钺；裕受黄钺，馀固辞。以车骑中军司马庾悦为江州刺史。悦，准之子也。刘裕为车骑将军，以刘敬宣征蜀失利，乞降号中军将军，故车骑、中军二府共一司马。庾准，庾亮之孙也。

14 司马国璠及弟叔璠、叔道奔秦。璠，孚袁翻。秦王兴曰："刘裕方诛桓玄，辅晋室，卿何为来？"对曰："裕削弱王室，臣宗族有自修立者，裕辄除之；方为国患，甚于桓玄耳。"兴以国璠为扬州刺史，叔道为交【严："交"改"兖"。】州刺史。

15 卢循寇掠诸县无所得，谓徐道覆曰："师老矣，不如还寻阳，并力取荆州，据天下三分之二，徐更与建康争衡耳。"秋，七月，庚申，循自蔡洲南还寻阳，留其党范崇民将五千人据南陵。南陵在宣城郡宣城县西，梁置南陵郡及南陵县，盖汉丹阳郡石城县之界也，今为池州贵池县地。循虑兵有利钝，欲南归番禺，故使崇民守之以固彭蠡湖口。宋白曰：栅江口对岸即旧南陵县地，今为繁昌县。甲子，裕使辅国将军王仲德、广川太守刘钟、河间内史兰陵蒯恩、中军谘议参军孟怀玉等帅众追循。帅，读曰率。

16 乙丑，魏主嗣还平城。

17 西秦王乾归讨越质屈机等十馀部，越质，鲜卑种也；其酋曰叱黎。叱黎之子曰诘归，孝武太元十六年降于乾归，二十一年叛降秦。屈机即诘归也，语稍讹耳。降其众二万五千，降，户江翻。徙于苑川。八月，乾归复都苑川。乞伏氏本都度坚山，乾归强盛，始都苑川。既为秦所破而降于秦，秦使镇苑川，复叛，恐为秦所袭，还保度坚山。今部众浸盛，不畏秦，复都苑川。

18 沮渠蒙逊伐西凉，败西凉世子歆于马庙，古者祭马祖，后世因立庙以祭之，故名其地为马庙。禽其将朱元虎而还。凉公暠以银二千斤、金二千两赎元虎；蒙逊归之，遂与暠结盟而还。将，子亮翻。暠，古老翻。

19 刘裕还东府，卢循退，裕乃还东府。大治水军，治，直之翻。遣建威将军会稽孙处、振武将军沈田子帅众三千自海道袭番禺。会，工外翻。处，昌吕翻。帅，读曰率。番禺，音潘愚。田子，林子之兄也。众皆以为"海道艰远，必至为难，且分撤见力，见，贤遍翻；下同。非目前之急。"裕不从，敕处曰："大军十二月之交必破妖虏，卿至时，先倾其巢窟，使彼走无所归也。"

20 谯纵遣侍中谯良等入见于秦，请兵以伐晋。见，贤遍翻。纵以桓谦为荆州刺史，谯道福为梁州刺史，帅众二万寇荆州；秦王兴遣前将军苟林帅骑兵会之。

江陵自卢循东下，不得建康之问，问，音问也。群盗互起。荆州刺史刘道规遣司马王镇之帅天门太守檀道济、吴孙休永安六年分武陵立天门郡。充县有松梁山，山有石，石开处数十丈，其高，以弩仰射不至，其上名天门，因以名郡。舆地志：澧州石门县，古天门郡。帅，读曰率；

下同。广武将军彭城到彦之入援建康。道济，祗之弟也。

镇之至寻阳，为苟林所破。卢循闻之，以林为南蛮校尉，分兵配之，使乘胜伐江陵，声言徐道覆已克建康。桓谦于道召募义旧，桓氏世居荆楚，旧恩所结，义不相忘，谓之义旧。民投之者二万人。谦屯枝江，枝江县自汉以来属南郡，春秋之罗国也。江水于县西别出为沱，而东复合于江，故曰枝江。我朝熙宁六年，省枝江为镇，入松滋县。林屯江津，二寇交逼，江陵士民多怀异心。道规乃会将士告之曰："桓谦今在近道，闻诸长者颇有去就之计，长，知两翻。吾东来文武足以济事；东来文武，谓道规从行将佐兵士也。若欲去者，本不相禁。"因夜开城门，达晓不闭。众咸惮服，莫有去者。

雍州刺史鲁宗之帅众数千自襄阳赴江陵。雍，于用翻。或谓宗之情未可测，道规单马迎之，宗之感悦。道规使宗之居守，守，式又翻。委以腹心，自帅诸军攻谦。诸将佐皆曰："今远出讨谦，其胜难必。苟林近在江津，伺人动静，伺，相吏翻。若来攻城，宗之未必能固；脱有蹉跌，蹉，仓何翻。跌，徒结翻。大事去矣。"道规曰："苟林愚懦，无他奇计，以吾去未远，必不敢向城。吾今取谦，往至便克；沈疑之间，已自还返。沈，持林翻，沈吟不决也。还，音旋。谦败则林破胆，岂暇得来！且宗之独守，何为不支数日！"乃驰往攻谦，水陆齐进。谦等大陈舟师，兼以步骑，战于枝江。檀道济先进陷陈，陷陈，读曰阵。谦等大败。谦单舸奔苟林，道规追斩之。还，至涌口，水经注：涌水自夏水南通于江，谓之涌口。春秋左氏传所谓阎敖游涌而逸者也，在江陵城东。杜预曰：涌水在南郡华容县。涌，音勇。讨林，林走，道规遣谘议参军临淮刘遵帅众追之。初，谦至枝江，江陵士民皆与谦书，言城内虚实，欲为内应；至是检得之，道规悉焚不视，众于是大安。

21 江州刺史庾悦以鄱阳太守虞丘进为前驱，屡破卢循兵，进据豫章，绝循粮道。九月，刘遵斩苟林于巴陵。

桓石绥因循入寇，起兵洛口，水经注：汉水过魏兴安阳县，又东至灙城南，与洛谷水合，水北出洛谷，谷北通长安，其水南流注汉水，所谓洛口也。自号荆州刺史，徵阳令王天恩自号梁州刺史，“徵阳”，当作“微阳”。晋地理志：微阳县属上庸郡。沈约曰：魏立建始县，晋武帝改曰微阳。周武王之伐纣，庸、蜀、羌、髳、微、卢、彭、濮八国从之。窃意微阳县盖因古微国而得名，而史无其据。袭据西城。梁州刺史傅韶遣其子魏兴太守弘之讨石绥等，皆斩之，桓氏遂灭。韶，畅之孙也。

22 西秦王乾归攻秦略阳、南安、陇西诸郡，皆克之，徙民二万五千户于苑川及枹罕。枹，音肤。

23 甲寅，葬魏主珪于盛乐金陵，谥曰宣武，庙号烈祖。宋高祖永初元年，魏改谥珪曰道武皇帝。

24 刘毅固求追讨卢循，长史王诞密言于刘裕曰：“毅既丧败，不宜复使立功。”丧，息浪翻。复，扶又翻；下无复同。裕从之。冬，十月，裕帅兖州刺史刘藩、宁朔将军檀韶、冠军将军刘敬宣等南击卢循，帅，读曰率；下同。冠，古玩翻。以刘毅监太尉留府，后事皆委焉。监，工衔翻。癸巳，裕发建康。

25 徐道覆率众三万趣江陵，奄至破冢。破冢在江津之东。趣，七喻翻。时鲁宗之已还襄阳，追召不及，人情大震。或传循已平京邑，遣道覆来为刺史，江、汉士民感刘道规焚书之恩，无复贰志。复，扶又翻。道规使刘遵别为游军，自拒道覆于豫章口，前驱失利；遵自外横击，大破之，斩首万馀级，赴水死者殆尽，道覆单舸走还湓口。湓，蒲奔翻。初，道规使遵为游军，众咸以为强敌在前，唯患众少，不应分割见力，置无用之地。见，贤遍翻。及破道覆，卒得游军之力，卒，子恤翻。众心乃服。

26 鲜卑仆浑、羌句岂、输报、邓若等帅户二万降于西秦。鲜卑有仆浑部；句岂、输报、邓若则羌种也。句，古侯翻。

27 王仲德等闻刘裕大军且至，进攻范崇民于南陵；崇民战舰夹屯西【章：甲十一行本“西”作“两”；乙十一行本同；孔本同；张校同。】岸。舰，户黯翻。十一月，刘钟自行觇贼，觇，丑廉翻，又丑艳翻。天雾，贼钩得其舸。钟因帅左右攻舰户，舰户，今舟人谓之马门。贼遽闭户拒之，钟乃徐还，与仲德共攻崇民，崇民走。崇民走，则裕可径进，循失湖口之险。

28 癸丑，益州刺史鲍陋卒。谯道福陷巴东，杀守将温祚、时延祖。温祚本巴东太守。时延祖自刘敬宣、黄虎之退皆屯巴东。将，即亮翻。

29 卢循兵守广州者不以海道为虞。庚戌，孙处乘海奄至，会大雾，四面攻之，即日拔其城。处抚其旧民，戮循亲党，勒兵谨守，分遣沈田子等击岭表诸郡。

30 刘裕军雷池。卢循扬声不攻雷池，当乘流径下；裕知其欲战，十二月，己卯，进军大雷。杜佑曰：晋大雷戍，舒州望江县是，今皖口之西有雷江口，即其地。宋书志云：望江县西岸有大雷江，自寻阳柴桑沿流三百里入江，即望江县。庚辰，卢循、徐道覆帅众数万塞江而下，塞，悉则翻。前后莫见舳舻之际。舳，音逐；舻，音卢。裕悉出轻舰，帅众军齐力击之；又分步骑屯于西岸，先备火具。裕以劲弩射循军，射，而亦翻。因风水之势以蹙之。循舰悉泊西岸，岸上军投火焚之，烟炎涨天；烟，与煙同。炎，读曰焰。循兵大败，走还寻阳。将趣豫章，趣，七喻翻。乃悉力栅断左里；左里以其地在章江之左，故名。杜佑曰：左里即江州寻阳县彭蠡湖口。断，丁管翻。丙申，裕军至左里，不得进。裕麾兵将战，所执麾竿折，幡沈于水，众并怪惧。裕笑曰：“往年覆舟之战，谓讨桓玄与桓谦等战时也。折，而设翻。沈，持林翻。幡竿亦折，今者复然，复，扶又翻。贼必破矣。”即攻栅而进，循兵虽殊死战，弗能禁。循单舸走，舸，古我翻。所杀及投水死者凡万馀人。纳其降附，宥其逼略，降，户江翻。遣刘藩、孟怀玉轻军追之。循收散卒，尚有数千人，径还番禺；番禺，音潘愚。道覆走保始兴。裕版建威将军褚裕之行广州刺史。裕之，裒之曾孙也。褚裒，崇德太后之父。裒，蒲侯翻。裕还建康。刘毅恶刘穆之，每从容与裕言穆之权太重，恶，乌路翻。从，千容翻。裕益亲任之。

31 燕广川公万泥、上谷公乳陈，自以宗室，有大功，慕容熙之死，万泥、乳陈皆有功。谓当入为公辅。燕王跋以二藩任重，久而弗征，跋以万泥为幽、平二州牧，镇肥如；乳陈为并、青二州牧，镇白狼。二人皆怨。是岁，乳陈密遣人告万泥曰："乳陈有至谋，愿与叔父图之。"万泥遂奔白狼，与乳陈俱叛，跋遣汲郡公弘与张兴将步骑二万讨之。弘先遣使谕以祸福；万泥欲降，乳陈不可。将，即亮翻。骑，奇寄翻。使，疏吏翻。降，户江翻；下同。兴谓弘曰："贼明日出战，今夜必来惊我营，宜为之备。"弘乃密令人课草十束，畜火伏兵以待之。是夜，乳陈果遣壮士千馀人来斫营，众火俱起，伏兵邀击，俘斩无遗。万泥、乳陈惧而出降，弘皆斩之。跋以范阳公素弗为大司马，改封辽西公；弘为骠骑大将军，改封中山公。骠，匹妙翻。骑，奇寄翻。

聂崇岐标点王崇武覆校

资治通鉴卷第一百一十六

端明殿学士兼翰林侍读学士朝散大夫右谏议大夫
充集贤殿修撰权判西京留司御史台上柱国河内郡 司马光 奉敕编集
开国侯食邑一千三百户食实封四百户赐紫金鱼袋臣

后学天台胡三省音注

晋纪三十八

起重光大渊献（辛亥），尽阏逢摄提格（甲寅），凡四年。

安皇帝辛

义熙七年（辛亥、四一一）

1 春，正月，己未，刘裕还建康。

2 秦广平公弼有宠于秦王兴，为雍州刺史，镇安定。姚秦分岭北五郡置雍州刺史，镇安定。雍，于用翻。姜纪谄附于弼，劝弼结兴左右以求入朝。兴征弼为尚书令、侍中、大将军。弼遂倾身结纳朝士，朝，直遥翻。收采名势，以倾东宫；国人恶之。恶，乌路翻。会兴以西北多叛乱，欲命重将镇抚之；将，即亮翻；下待将同。陇东太守郭播请使弼出镇；魏收地形志有陇东郡，领泾阳、祖厉、抚夷三县，不载立郡之始，盖苻、姚所置也。西魏置陇东于汧源，唐之陇州是也。兴不从，以太常索棱为太尉、领陇西内史，使招抚西秦。为索棱降西秦张本。索，昔各翻。西秦王乾归遣使送所掠守宰，谢罪请降。谓去年克南安、略阳、陇西诸郡所得守宰也。使，疏吏翻。降，户江翻。兴遣鸿胪拜乾归都督陇西·岭北·【章：甲十一行本“北”下有

"匈奴"二字；乙十一行本同；孔本同；张校同。】杂胡诸军事、征西大将军、河州牧、单于、河南王，太子炽磐为镇西将军、左贤王、平昌公。胪，陵如翻。单，音蝉。炽，昌志翻。

兴命群臣搜举贤才。右仆射梁喜曰："臣累受诏而未得其人，可谓世之乏才。"兴曰："自古帝王之兴，未尝取相于昔人，相，息亮翻。待将于将来，随时任才，皆能致治。将，即亮翻。治，直吏翻。卿自识拔不明，岂得远诬四海乎？"群臣咸悦。姚兴之折梁喜诚是矣，群臣体兴之意而明扬仄陋者谁乎？此所谓好虚名而无实用者也。

3 秦姚详屯杏城，为夏王勃勃所逼，夏，户雅翻。南奔大苏；勃勃遣平东将军鹿弈干追斩之，尽俘其众。勃勃南攻安定，破尚书杨佛嵩于青石北原，降其众四万五千；降，户江翻。进攻东乡，下之，徙三千馀户于贰城。秦镇北参军王买德奔夏，夏王勃勃问以灭秦之策，买德曰："秦德虽衰，藩镇犹固，愿且蓄力以待之。"勃勃以买德为军师中郎将。买德遂为夏之谋臣。秦王兴遣卫大将军常山公显迎姚详，弗及，遂屯杏城。

4 刘藩帅孟怀玉等诸将追卢循至岭表，帅，读曰率。二月，壬午，怀玉克始兴，斩徐道覆。

5 河南王乾归徙鲜卑仆浑部三千馀户于度坚城，仆浑降乾归见上卷上年。度坚城即乞伏先所都度坚山城也。以子敕勃为秦兴太守以镇之。乞伏乾归本建国号曰秦，故置秦兴郡于度坚山。

6 焦朗犹据姑臧，朗据姑臧见上卷上年。沮渠蒙逊攻拔其城，沮，子馀翻。执朗而宥之；以其弟挐为秦州刺史，镇姑臧。挐，女居翻。遂伐南凉，围乐都，乐，音洛。三旬不克；南凉王傉檀以子安周为质，乃还。质，音致。

7 吐谷浑树洛干伐南凉，败南凉太子虎台。败，补迈翻。

8 南凉王傉檀欲复伐沮渠蒙逊，邯川护军孟恺谏曰：复，扶又翻。水经：河水自西平郡东流，径浇河郡故城北，又东径石城南，又东径邯川城南。刘昫曰：廓州化隆县东，古邯川地。杜佑曰：后汉和帝时，侯霸置东、西邯屯田五部。邯，水名也，分流左右，在宁塞郡。据唐志，宁塞本浇河郡，唐玄宗天宝中更名；今之廓州。"蒙逊新并姑臧，凶势方盛，不可攻也。"傉檀不从，五道俱进，至番禾、苕藋，番，音盘。藋，徒吊翻。掠五千馀户而还。还，从宣翻，又如字；下同。将军屈右曰："今既获利，宜倍道旋师，早度险阨。蒙逊善用兵，若轻军猝至，大敌外逼，徙户内叛，此危道也。"卫尉伊力延曰："彼步我骑，骑，奇寄翻。势不相及。今倍道而归则示弱，且捐弃资财，非计也。"俄而昏雾风雨，蒙逊兵大至，傉檀败走。蒙逊进围乐都，傉檀婴城固守，以子染干为质以请和，质，音致。蒙逊乃还。

9 三月，刘裕始受太尉、中书监，加太尉见上卷五年。加中书监见六年。以刘穆之为太尉司马，陈郡殷景仁为行参军。行参军，未得与参军事班也，注已见前。裕问穆之曰："孟昶参佐谁堪入我府者？"穆之举前建威中兵参军谢晦。晦，安兄据之曾孙也，孟昶为建威将军，辟晦为中兵参军。裕即命为参军。裕尝讯囚，其旦，刑狱参军有疾，以晦代之；于车中一览讯牒，催促便下。下，遐稼翻。相府多事，相，息亮翻。狱系殷积，晦随问酬辨，曾无违谬；裕由是奇之，即日署刑狱贼曹。刑狱盖分民曹、贼曹，贼曹掌盗贼事。宋志，诸府参军有长流贼曹、刑狱贼曹、城局贼曹；刑狱无民曹。谢晦为参军，未掌曹职，今乃升署。晦美风姿，善言笑，博赡多通，赡，时艳翻。裕深加赏爱。

10 卢循行收兵至番禺，遂围之，孙处拒守二十馀日。番禺，音潘愚。处，昌吕翻。沈田子言于刘藩曰："番禺城虽险固，本贼之巢穴；今循围之，或有内变。且孙季高众力寡弱，孙处，字季高。不能持久，若使贼还据广州，凶势复振矣。"复，扶又翻。

夏，四月，田子引兵救番禺，击循，破之，所杀万馀人。循走，田子与处共追之，又破循于苍梧、郁林、宁浦。苍梧、郁林，汉古郡。宁浦郡，吴分合浦郡立。苍梧，唐之郁州；郁林，唐之郁林州；宁浦，唐之横州。会处病，不能进，循奔交州。

初，九真太守李逊作乱，九真，汉古郡，唐之爱州。交州刺史交趾杜瑗讨斩之。瑗卒，瑗，于眷翻。卒，子恤翻。朝廷以其子慧度为交州刺史。诏书未至，循袭破合浦，合浦，汉古郡，唐之廉州。径向交州；慧度帅州府文武拒循于石碕，破之。碕，渠羁翻。岸曲曰碕。帅，读曰率。循馀众犹三千人，李逊馀党李脱等结集俚獠五千馀人以应循。俚，音里。獠，鲁皓翻。庚子，循晨至龙编南津；交趾郡龙编县，州郡皆治焉。水经注：汉建安二十三年，立州之始，蛟龙磐编于水南北二津，故改龙渊曰龙编。馀据二汉志皆作"龙编"，无亦师古、章怀避唐讳，因亦改"渊"为"编"乎！慧度悉散家财以赏军士，与循合战，掷雉尾炬焚其舰，雉尾炬，束草之一头，施铁镞，草尾则散开如雉尾然，爇火以投敌。舰，户黯翻。以步兵夹岸射之，射，而亦翻。循众舰俱然，兵众大溃。循知不免，先鸩妻子，召妓妾问曰：妓，渠绮翻。"谁能从我死者？"多云："雀鼠贪生，就死实难。"或云："官尚当死，某岂愿生！"乃悉杀诸辞死者，因自投于水。慧度取其尸斩之，并其父子及李脱等，函七首送建康。

11 初，刘毅在京口，贫困，与知识射于东堂。庾悦为司徒右长史，后至，夺其射堂；众人皆避之，毅独不去。悦厨馔甚盛，不以及毅；毅从悦求子鹅炙，馔，雏恋翻，又雏晥翻。炙，之夜翻。子鹅为炙尤肥美。悦怒不与，毅由是衔之。至是，毅求兼督江州，诏许之。因奏称："江州内地，以治民为职，治，直之翻。不当置军府凋耗民力，宜罢军府移镇豫章；而寻阳接蛮，可即州府千兵以助郡戍。"于是解悦都督、将军官，以刺史镇豫章。毅以亲将赵恢领千兵守寻阳；悦府文武三千悉入毅府，符摄严峻。符摄，符下江州追摄之也。悦忿惧，至豫章，疽发背卒。疽，千馀翻。卒，子恤翻。

12 河南王乾归徙羌句岂等部众五千馀户于叠兰城句岂降乾归见上卷上年。叠兰城在大夏西南，嵻峎东北。以兄子阿柴为兴国太守以镇之；汉末，兴国氐王阿贵据兴国城，在略阳郡界，乞伏因其地名置郡。五月，复以子木弈干为武威太守，镇嵻峎城。嵻峎城，四年，乞伏炽磐所筑。复，扶又翻。

13 丁卯，魏主嗣谒金陵，山阳侯奚斤居守。守，式又翻。昌黎王慕容伯儿谋反；己巳，奚斤并其党收斩之。

14 秋，七月，燕王跋以太子永领大单于，置四辅。太子领大单于始于刘汉，时置左、右辅而已，跋增置前辅、后辅。单，音蝉。

柔然可汗斛律遣使献马三千匹于跋，可，从刊入声。汗，音寒。使，疏吏翻。求娶跋女乐浪公主；乐浪，音洛琅。跋命群臣议之。辽西公素弗曰："前世皆以宗女妻六夷，宜许以妃嫔之女，嫔，毗宾翻。乐浪公主不宜下降非类。"跋曰："朕方崇信殊俗，奈何欺之！"乃以乐浪公主妻之。妻，七细翻。

跋勤于政事，劝课农桑，省傜役，薄赋敛；敛，力赡翻。每遣守宰，必亲引见，见，贤遍翻。问为政之要，以观其能。燕人悦之。

15 河南王乾归遣平昌公炽磐及中军将军审虔伐南凉。审虔，乾归之子也。八月，炽磐兵济河，此济金城河也。炽，昌志翻。南凉王傉檀遣太子虎台逆战于岭南；傉，奴沃翻。南凉兵败，虏牛马十馀万而还。还，从宣翻，又如字；下同。

16 沮渠蒙逊帅轻骑袭西凉，帅，读曰率。骑，奇寄翻。西凉公暠曰："兵有不战而败敌者，暠，古老翻。败，补迈翻。挫其锐也。蒙逊新与吾盟，事见上卷上年。而遽来袭我，我闭门不与战，待其锐气竭而击之，蔑不克矣。"顷之，蒙逊粮尽而归，暠遣世子歆帅骑七千邀击之，蒙逊大败，获其将沮渠百年。

17 河南王乾归攻秦略阳太守姚龙于柏阳堡，克之；冬十一月，进攻南平太守王憬于水洛城，水经注：水洛亭在陇山之西，汉略阳县界。郑戬曰：水洛城西占陇坻通秦州往来路，陇之二水环城西流，绕带渭河，川平土沃，广数百里。元丰九域志：德顺军西南一百里有水洛城，仁宗朝郑戬使刘沪所筑也。憬，居永翻。又克之，徙民三千馀户于谭郊。谭郊在洮城西北。遣乞伏审虔帅众二万城谭郊。帅，读曰率。十二月，西羌彭利发袭据枹罕，枹，音肤。自称大将军、河州牧，乾归讨之，不克。

18 是岁，并州刺史刘道怜为北徐州刺史，移镇彭城。

八年（壬子、四一二）

1 春，正月，河南王乾归复讨彭利发，复，扶又翻。至奴葵谷。利发弃众南走，乾归遣振威将军乞伏公府追至清水，斩之，收羌户一万三千，以乞伏审虔为河州刺史镇枹罕而还。

2 二月，丙子，以吴兴太守孔靖为尚书右仆射。

3 河南王乾归徙都谭郊，命平昌公炽磐镇苑川。乾归击吐谷浑阿若干于赤水，降之。五代志：隋大业五年平吐谷浑，置河源郡于古赤水城，盖近积石山。魏收地形志：临洮郡有赤水县。水经注：赤水城亦曰临洮东城。降，户江翻。

4 夏，四月，刘道规以疾求归，许之。道规在荆州累年，元年，道规刺荆州。秋毫无犯。及归，府库帷幕，俨然若旧。随身甲士二人迁席于舟中，道规刑之于市。

以后将军豫州刺史刘毅为卫将军、都督荆·宁·秦·雍四州诸军事、荆州刺史。雍，于用翻。毅谓左卫将军刘敬宣曰："吾忝西任，欲屈卿为长史南蛮，为南蛮校尉府长史也。岂有见辅意乎？"敬宣惧，以告太尉裕，裕笑曰："但令老兄平安，必无过虑。"

毅性刚愎，愎，弼力翻。自谓建义之功与裕相埒，埒，龙辍翻，等也。深自矜伐，虽权事推裕而心不服；观去年答弟藩之言可知已。及居方岳，常怏怏不得志。怏，于两翻。裕每柔而顺之，毅骄纵滋甚，尝云："恨不遇刘、项，与之争中原！"及败于桑落，事见上卷六年。知物情已去，弥复愤激。复，扶又翻。裕素不学，而毅颇涉文雅，故朝士有清望者多归之，朝，直遥翻。与尚书仆射谢混，丹杨尹郗僧施，深相凭结。僧施，超之从子也。郗，丑之翻。郗超党于桓温，僧施党于刘毅，超仅免而僧施及祸矣。从，才用翻。毅既据上流，阴有图裕之志，求兼督交、广二州，裕许之。毅又奏以郗僧施为南蛮校尉后军司马，毛修之为南郡太守，裕亦许之，以刘穆之代僧施为丹杨尹。毅表求至京口辞墓，裕往会之于倪塘。宁远将军胡藩言于裕曰："公谓刘卫军终能为公下乎？"毅为卫将军，故称之。裕默然，久之，曰："卿谓何如？"藩曰："连百万之众，攻必取，战必克，毅以此服公；至于涉猎传记，师古曰：涉，若涉水；猎，若猎兽；言历览之，不专精也。传，直恋翻。一谈一咏，自许以为雄豪；以是搢绅白面之士辐凑归之。恐终不为公下，不如因会取之。"裕曰："吾与毅俱有克复之功，其过未彰，不可自相图也。"裕虽以是言答藩，阴有以处毅者矣。

5 乞伏炽磐攻南凉三河太守吴阴于白土，克之，以乞伏出累代之。水经：河水过邯川城南，又东径临津城北、白土城南。阚骃十三州志曰：左南津西六十里，有白土城，在大河之北，为缘河济渡之地。累，力追翻。魏收曰：白土县，汉属上郡，晋属金城郡，后魏属新平郡。馀谓后魏新平之白土乃汉上郡之白土，晋金城之白土乃左南西之白土，各是一处。五代志：邠州新平县，旧曰白土，此汉上郡及后魏之白土也。南凉之白土当在唐鄯州界。

六月，乞伏公府弑河南王乾归，公府，国仁之子也，以不得立，故行弑逆。并杀其诸子十馀人，走保大夏。夏，户雅翻；下同。平昌公炽磐遣其弟广武将军智达、扬武将军木弈干帅骑三千讨之；以其弟昙达为镇京【严："京"改"东"。】将军，镇谭郊，乞伏都谭郊，自谓为京师，故置镇京将军以镇之。帅，读曰率。骑，奇寄翻；下同。昙，徒含翻。骁骑将军娄机镇苑川。骁，坚尧翻。炽磐帅文武及民二万馀户迁于枹罕。

秦人多劝秦王兴乘乱取炽磐，兴曰："伐人丧，非礼也。"夏王勃勃欲攻炽磐，军师中郎将王买德谏曰："炽磐，吾之与国，今遭丧乱，丧，息郎翻。吾不能恤，又恃众力而伐之，匹夫犹且耻为，况万乘乎！"乘，绳证翻。勃勃乃止。

6 闰月，庚子，南郡烈武公刘道规卒。

7 秋，七月，己巳朔，魏主嗣东巡，置四厢大将、十二小将；以山阳侯斤、元城侯屈行左、右丞相。奚斤封山阳侯，拓跋屈封元城侯。庚寅，嗣至濡源，濡，乃官翻。巡西北诸部落。

8 乞伏智达等击破乞伏公府于大夏。公府奔叠兰城，就其弟阿柴；智达等攻拔之，斩阿柴父子五人。公府奔嵻崀南山，嵻，音康。崀，音郎。追获之，并其四子，轘之于谭郊。轘，音宦。

八月，乞伏炽磐自称大将军、河南王，炽磐，乾归长子。大赦，改元永康；葬乾归于枹罕，枹，音肤。谥曰武元，庙号高祖。

9 皇后王氏崩。

10 庚戌，魏主嗣还平城。出巡而还也。

11 九月，河南王炽磐以尚书令武始翟勍为相国，勍，渠京翻。侍中、太子詹事赵景为御史大夫，罢尚书令、仆、尚书六卿、侍中等官。

12 癸酉，葬僖皇后于休平陵。

13 刘毅至江陵，多变易守宰，辄割豫州文武、江州兵力万馀人以自随。会毅疾笃，郗僧施等恐毅死，其党危，乃劝毅请从弟兖州刺史藩以自副，从，才用翻；下同。太尉裕伪许之。藩自广陵入朝，朝，直遥翻。己卯，裕以诏书罪状毅，云与藩及谢混共谋不轨，收藩及混赐死。

初，混与刘毅款昵，昵，尼质翻。混从兄澹常以为忧，澹，徒览翻。渐与之疏；谓弟璞及从子瞻曰："益寿此性，终当破家。"益寿，混小字也。澹，安之孙也。

庚辰，诏大赦，以前会稽内史司马休之为都督荆·雍·梁·秦·宁·益六州诸军事、荆州刺史；雍，于用翻。北徐州刺史刘道怜为兖·青二州刺史，镇京口。北徐州刺史治彭城。使道怜镇京口，以为建康北藩之重。使豫州刺史诸葛长民监太尉留府事。监，工衔翻。裕疑长民难独任，乃加刘穆之建武将军，置佐吏，配给资力以防之。是时裕已有杀长民之心矣。

壬午，裕帅诸军发建康，参军王镇恶请给百舸为前驱。帅，读曰率。舸，古我翻。丙申，至姑孰，以镇恶为振武将军，与龙骧将军蒯恩将百舸前发，骧，思将翻。蒯，苦怪翻。将，即亮翻。裕戒之曰："若贼可击，击之；不可者，烧其船舰，舰，户黯翻。留屯水际以待我。"于是镇恶昼夜兼行，扬声言刘兖州上。上，时掌翻；下步上、藩上同。

冬，十月，己未，镇恶至豫章口，去江陵城二十里，舍船步上。蒯恩军居前，镇恶次之。舸留一二人，对舸岸上立六七旗，旗下置鼓，语所留人：语，牛倨翻；下同。"计我将至城，便鼓严，令若后有大军状。"鼓严，擂鼓也。又分遣人烧江津船舰。镇恶径前袭城，语前军士：告语在前军士也。"有问者，但云刘兖州至。"津戍及民间皆晏然不疑。未至城五、六里，逢毅要将朱显之要将者，所亲之将，掌兵要者。欲出江津，问："刘兖州何在？"军士曰："在后。"显之至军后不见藩，而见军人担彭排战具，彭排，即今之旁排，所以扞锋矢。孙愐曰：橹，彭排。释名曰：彭排，军器也。彭，旁也，在旁排敌御攻也。望江津船舰已被烧，鼓严之声甚盛，知非藩上，上，时掌翻。便跃马驰去告毅，行令闭诸城门。镇恶亦驰进，门未及下关，军人因得入城。卫军长史谢纯入参承毅，僚佐省府公谓之参承。出闻兵至，左右欲引车归。纯叱之曰："我，人吏也，言为人之吏。逃将安之！"驰还入府。纯，安兄据之孙也。镇恶与城内兵斗，且攻其金城，凡城内牙城，晋、宋时谓之金城。自食时至中晡，日加申为晡。中晡，正申时也。申末为下晡。城内人败散。镇恶穴其金城而入，遣人以诏及赦文并裕手书示毅，毅皆烧不视，与司马毛修之等督士卒力战。城内人犹未信裕自来，军士从毅自东来者，与台军多中表亲戚，且斗且语，知裕自来，人情离骇。逮夜，听事前兵皆散，斩毅勇将赵蔡，将，即亮翻。毅左右兵犹闭东西阁拒战。镇恶虑暗中自相伤犯，乃引军出围金城，开其南面。毅虑南有伏兵，夜半，帅左右三百许人帅，读曰率。开北门突出。毛修之谓谢纯曰："君但随仆去。"纯不从，为人所杀。

毅夜投牛牧佛寺。牛牧寺在江陵城北二十里。初，桓蔚之败也，事见一百一十四卷元年。蔚，纡勿翻。走投牛牧寺僧昌，昌保藏之，毅杀昌。至是，寺僧拒之曰："昔亡师容桓蔚，为刘卫军所杀，今实不敢容异人。"毅叹曰："为法自弊，一至于此！"史记商君得罪于秦，亡至关下，欲舍。客舍人不知其是商君也，曰："商君之法，舍人无验者坐之。"商君叹曰："嗟乎！为法自敝，一至此哉！"遂缢而死。明日，居人以告，乃斩首于市，并子侄皆伏诛。毅兄模奔襄阳，鲁宗之斩送之。

初，毅季父镇之闲居京口，不应辟召，常谓毅及藩曰："汝辈才器，足以得志，但恐不久耳。我不就尔求财位，亦不同尔受罪累。"累，力瑞翻。每见毅、藩导从到门，辄诟之。从，才用翻。诟，许候翻，又古侯翻，骂也。毅甚敬畏，未至宅数百步，悉屏仪卫，屏，必郢翻。与白衣数人俱进。及毅死，太尉裕奏征镇之为散骑常侍、光禄大夫，散，悉亶翻。骑，奇寄翻。固辞不至。

14 仇池公杨盛叛秦，义熙元年，盛降秦，今复叛。侵扰祁山；秦王兴遣建威将军赵琨为前锋，立节将军姚伯寿继之，前将军姚恢出鹫峡，鹫，音就。秦州刺史姚嵩出羊头峡，右卫将军胡翼度出汧城，以讨盛。兴自雍赴之，汧，苦坚翻。雍，于用翻。与诸将会于陇口。陇道之口也。将，即亮翻。

天水太守王松忽言于嵩曰："先帝神略无方，徐洛生以英武佐命，再入仇池，无功而还；姚苌再攻仇池，当考。非杨氏智勇能全也，直地势险固耳。今以赵琨之众，使君之威，准之先朝，实未见成功。使君具悉形便，何不表闻！"嵩不从。盛帅众与琨相持，伯寿畏懦不进，琨众寡不敌，为盛所败。帅，读曰率；下同。败，补迈翻。兴斩伯寿而还。

兴以杨佛嵩为雍州刺史，帅岭北见兵以击夏。秦雍州统岭北五郡，治安定。见，贤遍翻。行数日，兴谓群臣曰："佛嵩每见敌，勇不自制，吾常节其兵不过五千人。今所将既多，遇敌必败，行已远，追之无及，将若之何？"佛嵩与夏王勃勃战，果败，为勃勃所执，绝亢而死。亢，与吭同，居郎翻。

15 秦立昭仪齐氏为后。

16 沮渠蒙逊迁于姑臧。

17 十一月，己卯，太尉裕至江陵，杀郗僧施。初，毛修之虽为刘毅僚佐，素自结于裕，故裕特宥之。赐王镇恶爵汉寿子。裕问毅府谘议参军申永曰："今日何施而可？"永曰："除其宿衅，倍其惠泽，贯叙门次，魏、晋以来，率以门地高下为用人之次第；贯叙者，以次叙之，若穿钱贯然也。显擢才能，如此而已。"裕纳之，下书宽租省调，调，徒吊翻。节役原刑，礼辟名士，荆人悦之。

18 诸葛长民骄纵贪侈，所为多不法，为百姓患，常惧太尉裕按之。及刘毅被诛，长民谓所亲曰：“‘昔年醢彭越，今年杀韩信。’汉薛公之言。被，皮义翻。祸其至矣！”乃屏人问刘穆之曰：屏，必郢翻；下同。“悠悠之言，皆云太尉与我不平，何以至此？”穆之曰：“公溯流远征，以老母稚子委节下；若一豪不尽，稚，直利翻。豪，古毫字通。岂容如此邪！”长民意乃小安。

长民弟辅国大将军黎民说长民曰：说，输芮翻。“刘氏之亡，亦诸葛氏之惧也，宜因裕未还而图之。”长民犹豫未发，既而叹曰：“贫贱常思富贵，富贵必履危机。今日欲为丹徒布衣，岂可得邪！”长民，琅邪阳都人，侨居丹徒。因遗冀州刺史刘敬宣书曰：“盘龙狠戾专恣，自取夷灭。遗，于季翻。刘毅，小字盘龙。异端将尽，世路方夷，富贵之事，相与共之。”敬宣报曰：“下官自义熙以来，忝三州、七郡，敬宣自北还，拜晋陵太守，迁江州，镇寻阳，兼领郡事，征拜宣城内史，领襄城太守，迁镇蛮护军，安丰太守，梁国内史，又迁青州刺史，寻改冀州。常惧福过灾生，思避盈居损。富贵之旨，非所敢当。”且使以书呈裕，裕曰：“阿寿故为不负我也。”敬宣，字万寿，故裕称之曰阿寿。

刘穆之忧长民为变，屏人问太尉行参军东海何承天曰：“公今行济否？”承天曰：“荆州不忧不时判，判，决也。别有一虑耳。公昔年自左里还入石头，甚脱尔；谓破卢循还时也。脱尔，谓轻脱而还，不为严备也。今还，宜加重慎。”穆之曰：“非君，不闻此言。”

裕在江陵，辅国将军王诞白裕求先下，裕曰：“诸葛长民似有自疑心，卿讵宜便去！”诞曰：“长民知我蒙公垂盼，今轻身单下，必当以为无虞，乃可以少安其意耳。”裕笑曰：“卿勇过贲、育矣。”盼，匹苋翻。少，诗沼翻。贲，音奔。乃听先还。

19 沮渠蒙逊即河西王位，沮渠蒙逊，临松卢水胡人也，其先世为匈奴左沮渠，遂以官为氏。大赦，改元玄始，置官僚如凉王光为三河王故事。吕光称三河王，见一百七卷孝武太元十四年。

20 太尉裕谋伐蜀，择元帅而难其人。帅，所类翻。以西阳太守朱龄石既有武干，又练吏职，欲用之。众皆以为龄石资名尚轻，难当重任；裕不从。十二月，以龄石为益州刺史，帅宁朔将军臧熹、河间太守蒯恩、下邳太守刘钟等伐蜀，帅，读曰率。分大军之半二万人以配之。熹，裕之妻弟，位居龄石之右，亦隶焉。

裕与龄石密谋进取，曰："刘敬宣往年出黄虎，无功而退。事见一百十四卷四年。贼谓我今应从外水往，而料我当出其不意犹从内水来也。庾仲雍曰：巴郡江州县对二水口，右则涪，内水；左则蜀，外水。如此，必以重兵守涪城以备内道。涪，音浮。若向黄虎，正堕其计。今以大众自外水取成都，疑兵出内水，此制敌之奇也。"而虑此声先驰，贼审虚实。别有函书封付龄石，署函边曰："至白帝乃开。"诸军虽进，未知处分所由。处，昌吕翻。分，扶问翻。

毛修之固请行；裕恐修之至蜀，必多所诛杀，土人与毛氏有嫌，亦当以死自固，不许。以毛璩之家为蜀人所灭故也。

21 分荆州十郡置湘州。成帝咸和三年，省湘州入荆州，今复置。

22 加太尉裕太傅、扬州牧。

23 丁巳，魏主嗣北巡，至长城而还。秦所筑长城也。

九年（癸丑、四一三）

1 春，二月，庚戌，魏主嗣如高柳川；甲寅，还宫。

2 太尉裕自江陵东还，还，从宣翻，又如字；下同。骆驿遣辎重兼行而下，重，直用翻。前刻至日，每淹留不进。诸葛长民与公卿频日奉候于新亭，辄差其期。乙丑晦，裕轻舟径进，潜入东府。刘穆之、何承天所虑者，裕已了了于胸中矣。三月，丙寅朔旦，长民闻之，惊趋至门。裕伏壮士丁旿于幔中，旿，阮古翻。引长民却人间语，凡平生所不尽者皆及之。长民甚悦。丁旿自幔后出，于座拉杀之，幔，莫半翻。拉，卢合翻。舆尸付廷尉。收其弟黎民，黎民素骁勇，骁，坚尧翻。格斗而死。并杀其季弟大司马参军幼民、从弟宁朔将军秀之。从，才用翻。

3 庚午，秦王兴遣使至魏修好。使，疏吏翻。好，呼到翻。

4 太尉裕上表曰："大司马温以'民无定本，伤治为深'，庚戌土断以一其业；庚戌制见一百一卷哀帝兴宁二年。于时财阜国丰，实由于此。自兹迄今，渐用颓弛，请申前制。"于是依界土断，唯徐、兖、青三州居晋陵者，不在断例；徐、青、兖三州都督率治晋陵，故难以土断。断，丁乱翻。诸流寓郡县多所并省。

戊寅，加裕豫州刺史。裕固让太傅、州牧。辞去年冬所加也。

5 林邑范胡达寇九真，杜慧度击斩之。

6 河南王炽磐遣镇东将军昙达、平东将军王松寿将兵东击休官权小郎、吕破胡于白石川，（原缺四十六字）含翻。将，即亮翻。大破之，虏其男女万馀口，进据白石城。显亲休官权小成、吕奴迦等二万馀户据白坑不服，迦，居牙翻。昙达攻斩之，陇右休官悉降。秦太尉索棱以陇西降炽磐，七年，秦令索棱守陇西以招抚乞伏。索，昔各翻。降，户江翻。炽磐以棱为太傅。

7 夏王勃勃大赦，改元凤翔；以叱干阿利领将作大匠，发岭北夷、夏十万人筑都城于朔方水北、黑水之南。水经注：奢延水又谓之朔方水，源出奢延县西南赤沙阜，东北流径奢延县故城南。赫连于是水之南筑统万城。奢延水又东流，黑水入焉，水出奢延县黑涧，东南历沙陵，注奢延水。统万城唐为夏州定难节度使治所。夏，户雅翻。勃勃曰："朕方统一天下，君临万邦，宜名新城曰统万。"阿利性巧而残忍，蒸土筑城，锥入一寸，即杀作者而并筑之。勃勃以为忠，委任之。凡造兵器成，呈之，工人必有死者：射甲不入则斩弓人，射，而亦翻。入则斩甲匠。又铸铜为一大鼓，飞廉、翁仲、铜驼、龙虎之属，饰以黄金，列于宫殿之前。凡杀工匠数千，由是器物皆精利。

勃勃自谓其祖从母姓为刘，非礼也。载记曰：汉高祖以宗女妻单于冒顿，约为兄弟，故其子孙冒姓刘氏。古人氏族无常，乃改姓赫连氏，言帝王系天为子，其徽赫与天连也；其非正统者，皆以铁伐为氏，勃勃父卫辰本铁弗氏，故改其非正统者为铁伐氏。言其刚锐如铁，皆堪伐人也。

8 夏，四月，乙卯，魏主嗣西巡，命郑兵将军奚斤、"郑兵"，北史作"都兵"。鸿飞将军尉古真、都将闾大肥等击越勤部于跋那山。大肥，柔然人也。鸿飞将军，拓跋氏所创置。将，即亮翻。柔然姓郁久闾氏，今曰闾，从省便也。跋那山盖在广宁郡之塞外。

9 河南王炽磐遣安北将军乌地延、冠军将军翟绍击吐谷浑别统句旁于泣勤【张："泣勤"作"泾勤"。】川，大破之。冠，古玩翻。别统，犹别帅也，别统部落者也。句，古侯翻。

10 河西王蒙逊立子政德为世子，加镇卫大将军、录尚书事。

11 南凉王傉檀伐河西王蒙逊，蒙逊败之于若厚坞，又败之于若凉；败，补迈翻。因进围乐都，乐，音洛；下长乐同。二旬不克。南凉湟河太守文支以郡降于蒙逊，降，户江翻。蒙逊以文支为广武太守。蒙逊复伐南凉，傉檀以太尉俱延为质，乃还。复，扶又翻。质，音致。

蒙逊西如苕藋，藋，徒吊翻。遣冠军将军伏恩将骑一万袭卑和、乌啼二部，大破之，汉有卑和羌，居鲜水海。俘二千馀落而还。

蒙逊寝于新台，阉人王怀祖击蒙逊伤足，其妻孟氏禽斩之。

蒙逊母车氏卒。车，尺遮翻。

12 五月，乙亥，魏主嗣如云中旧宫。唐单于都护府领金河一县，秦汉之云中也。新书云：金河本后魏道武所都。丙子，大赦。西河胡张外等聚众为盗；乙卯，嗣遣会稽公长乐刘絜等屯西河招讨之。按乙亥至丙子几四十日，五月无乙卯明矣，恐是己卯。会，工外翻。六月，嗣如五原。

13 朱龄石等至白帝发函书，曰："众军悉从外水取成都，臧熹从中水取广汉，水经注：洛水出洛县章山南，径洛县故城南，广汉郡治也，又南径新都县与绵水合，又与湔水合，亦谓之郫江，又径犍为牛鞞水，又东径资中县，谓之绵水。绵水至江阳县方山下入江，谓之绵水口，曰中水。老弱乘高舰十馀，从内水向黄虎。"舰，户黯翻。于是诸军倍道兼行。谯纵果命谯道福将重兵镇涪城，将，即亮翻。涪，音浮；下同。以备内水。

龄石至平模，去成都二百里；纵遣秦州刺史侯晖、尚书仆射谯诜帅众万馀屯平模，诜，莘臻翻。夹岸筑城以拒之。龄石谓刘钟曰："今天时盛热，而贼严兵固险，攻之未必可拔，只增疲困；且欲养锐息兵以伺其隙，何如？"钟曰："不然。前扬声言大众向内水，谯道福不敢舍涪城。今重军猝至，出其不意，侯晖之徒已破胆矣。贼阻兵守险者，是其惧不敢战也。因其凶惧，凶，许勇翻。尽锐攻之，其势必克。克平模之后，自可鼓行而进，成都必不能守矣。若缓兵相守，彼将知人虚实。涪军忽来，并力拒我，人情既安，良将又集，良将谓谯道福。将，即亮翻。此求战不获，军食无资，二万馀人悉为蜀子虏矣。"龄石从之。

诸将以水北城地险兵多，欲先攻其南城，龄石曰："今屠南城，不足以破北，若尽锐以拔北城，则南城不麾自散矣。"秋，七月，龄石帅诸军急攻北城，克之，斩侯晖、谯诜；引兵回趣南城，帅，读曰率。趣，七喻翻。南城自溃。龄石舍船步进；谯纵大将谯抚之屯牛脾，“牛脾”，当作“牛鞞”。孟康曰：鞞，音髀。师古曰：音必尔翻。牛鞞县自汉以来属犍为郡。何承天曰：晋穆帝度属蜀郡。今简州西岸有古牛鞞戍城。谯小苟塞打鼻。打鼻山在今眉州彭山县南十馀里，山形孤起，东临江水。俗云：昔周鼎沦于此，或见其鼻，故名。塞，悉则翻。臧熹击抚之，斩之，小苟闻之，亦溃。于是纵诸营屯望风相次奔溃。

戊辰，纵弃成都出走，尚书令马耽封府库以待晋师。壬申，龄石入成都，诛纵同祖之亲，馀皆按堵，使复其业。纵出成都，先辞墓，其女曰：“走必不免，只取辱焉；等死，死于先人之墓可也。”纵不从。谯道福闻平模不守，自涪引兵入赴，纵往投之。道福见纵，怒曰：“大丈夫有如此功业而弃之，将安归乎！人谁不死，何怯之甚也！”因投纵以剑，中其马鞍。中，竹仲翻。纵乃去，自缢死，缢，于赐翻，又于计翻。巴西人王志斩其首以送龄石。道福谓其众曰：“蜀之存亡，实系于我，不在谯王，今我在，犹足一战。”众皆许诺；道福尽散金帛以赐众，众受之而走。道福逃于獠中，獠，鲁皓翻。巴民杜瑾执送之，斩于军门。义熙元年，谯纵据蜀，九年而灭。瑾，渠吝翻。龄石徙马耽于越巂，巂，音髓。耽谓其徒曰：“朱侯不送我京师，欲灭口也，谓龄石多取库物，杀耽以灭口。吾必不免。”乃盥洗而卧，引绳而死。须臾，龄石使至，戮其尸。使，疏吏翻。诏以龄石进监梁、秦州六郡诸军事，监，古衔翻。赐爵丰城县侯。

14 魏奚斤等破越勤于跋那山西，徙二万馀家于大宁。

15 河西胡曹龙等拥部众二万人来入蒲子，张外降之，推龙为大单于。降，户江翻。单，音蝉。

16 丙戌，魏主嗣如定襄大洛城。二汉志：定襄郡有骆县。

17 河南王炽磐击吐谷浑支旁于长柳川，虏旁及其民五千馀户而还。

18 八月，癸卯，魏主嗣还平城。

19 曹龙请降于魏，执送张外，斩之。

20 丁丑，魏主嗣如豺山宫；癸未，还。

21 九月，再命太尉裕为太傅、扬州牧；固辞。

22 河南王炽磐击吐谷浑别统掘逵于渴浑川，大破之，虏男女二万三千。冬，十月，掘逵帅其馀众降于炽磐。掘，其月翻。帅，读曰率。

23 吐京胡与离石胡出以眷叛魏，水经注曰：吐京即汉西河土军县，夷、夏俗音讹也。后魏真君九年，置吐京郡，隋为隰州石楼县地。魏主嗣命元城侯屈督会稽公刘絜、永安侯魏勤以讨之。丁巳，出以眷引夏兵邀击絜，禽之以献于夏；勤战死。会，工外翻。夏，户雅翻。嗣以屈亡二将，将，即亮翻。欲诛之；既而赦之，使摄并州刺史。屈到州，纵酒废事，嗣积其前后罪恶，槛车征还，斩之。魏主嗣之入立也，屈子磨浑有功焉；屈恃之而骄。积其恶而诛之，非所以保功臣之门也。

24 十一月，魏主嗣遣使请昏于秦，使，疏吏翻。秦王兴许之。

25 是岁，以敦煌索邈为梁州刺史，敦，徒门翻。索，昔各翻。苻宣乃还仇池。苻宣入汉中，见一百一十四卷元年。初，邈寓居汉川，与别驾姜显有隙，凡十五年而邈镇汉川；显乃肉袒迎候，邈无愠色，愠，于问翻。待之弥厚。退而谓人曰："我昔寓此，失志多年，若雠姜显，惧者不少。少，诗沼翻。但服之自佳，何必逞志！"于是阖境闻之皆悦。鞠羡之安东莱亦若是而已。世人修怨以致祸者，由不知此道也。

十年（甲寅、四一四）

1 春，正月，辛酉，魏大赦，改元神瑞。

辛巳，魏主嗣如繁畤；畤，音止。二月，戊戌，还平城。

2 夏王勃勃侵魏河东蒲子。

3 庚戌，魏主嗣如豺山宫。

4 魏并州刺史娄【严："娄"改"楼"。】伏连袭杀夏所置吐京护军及其守兵。魏书官氏志：内入诸姓有匹娄氏，后改为娄氏。去年，夏破拓跋屈，因置守兵于吐京。

5 司马休之在江陵，颇得江、汉民心。子谯王文思在建康，文思，休之之长子也。谯王尚之死于桓玄之难，帝反正，以文思嗣国。性凶暴，好通轻侠；太尉裕恶之。好，呼到翻。恶，乌路翻。三月，有司奏文思擅捶杀国吏，捶，止橤翻。诏诛其党而宥文思。休之上疏谢罪，请解所任，不许。裕执文思送休之，令自训厉，意欲休之杀之；休之但表废文思，并与裕书陈谢。裕由是不悦，为后裕伐休之张本。以江州刺史孟怀玉兼督豫州六郡以备之。豫州六郡，宣城、襄城、淮南、庐江、安丰、历阳也。

6 夏，五月，辛酉，魏主嗣还平城。

7 秦后将军敛成讨叛羌，为羌所败，败，补迈翻。惧罪，出奔夏。

8 秦王兴有疾。妖贼李弘与氐仇常反于贰城，妖，于骄翻。兴舆疾往讨之，斩常，执弘而还。还，从宣翻，又如字。

9 秦左将军姚文宗有宠于太子泓，广平公弼恶之，恶，乌路翻。诬文宗有怨言；秦王兴怒，赐文宗死，于是群臣畏弼侧目。弼言于兴，无不从者；以所亲天水尹冲为给事黄门侍郎，唐盛为治书侍御史，治，直之翻；下同。兴左右掌机要者，皆其党也。右仆射梁喜、侍中任谦、京兆尹尹昭承间言于兴曰："父子之际，人所难言；然君臣之义，不薄于父子，任，音壬。间，古苋翻。父子、君臣，皆人之大伦，故云然。故臣等不得默然。广平公弼，潜有夺嫡之志，陛下宠之太过，假其威权；倾险无赖之徒辐凑附之。道路皆言陛下将有废立之计，信有之乎？"兴曰：

"岂有此邪！"喜等曰："苟无之，则陛下爱弼，适所以祸之；愿去其左右，去，羌吕翻。损其威权，如此，非特安弼，乃所以安宗庙、社稷。"兴不应。大司农宝【章：甲十一行本"宝"作"窦"；乙十一行本同；孔本同；熊校同。】温、司徒左长史王弼皆密疏劝兴立弼为太子，兴虽不从，亦不责也。

兴疾笃，弼潜聚众数千人，谋作乱。姚裕遣使以弼逆状告诸兄在藩镇者，使，疏吏翻。于是姚懿治兵于蒲阪，镇东将军、豫州牧洸治兵于洛阳，懿、洸，皆兴子也。治，直之翻。洸，姑黄翻。平西将军谌治兵于雍，谌，氏壬翻。雍，于用翻。皆欲赴长安讨弼。会兴疾瘳，瘳，丑留翻。见群臣，征虏将军刘羌泣以告兴。梁喜、尹昭请诛弼，且曰："苟陛下不忍杀弼，亦当夺其权任。"兴不得已，免弼尚书令，使以将军、公还第。弼为大将军，封广平公。懿等各罢兵。

懿、洸、谌与姚宣皆入朝，使裕入白兴，求见，朝，直遥翻。见，贤遍翻；下同。兴曰："汝等正欲论弼事耳，吾已知之。"裕曰："弼苟有可论，陛下所宜垂听；若懿等言非是，便当寘之刑辟，辟，毗亦翻。奈何逆拒之！"于是引见懿等于谘议堂。宣流涕极言，兴曰："吾自处之，处，昌吕翻；下同。非汝曹所忧。"抚军东曹属姜虬上疏曰："广平公弼，衅成逆著，道路皆知之。昔文王之化，刑于寡妻；诗思齐曰：刑于寡妻，至于兄弟。今圣朝之乱，起自爱子，虽欲含忍掩蔽，而逆党扇惑不已，弼之乱心何由可革！宜斥散凶徒，以绝祸端。"兴以虬表示梁喜曰："天下人皆以吾儿为口实，孔安国曰：口实，谓常不去口。将何以处之？"喜曰："信如虬言，陛下宜早裁决。"兴默然。史言姚兴不听臣子之言，养成泓、弼争国之祸。

10 唾契汗、乙弗等部皆叛南凉，契，欺讫翻。汗，何干翻。北史曰：乙弗国有契翰一部，风俗亦同。杜佑曰：乙弗敌，后魏闻焉，在吐谷浑北，众有万馀落，风俗与吐谷浑同，然不识五谷，唯食鱼与苏子。苏子状若中国枸杞子，或赤或黑。西有契翰一部，风俗亦同。南凉王傉檀欲讨之。邯川护军孟恺谏曰：邯，户甘翻。“今连年饥馑，南逼炽磐，北逼蒙逊，百姓不安。远征虽克，必有后患；不如与炽磐结盟通籴，慰抚杂部，足食缮兵，俟时而动。”傉檀不从，谓太子虎台曰：“蒙逊近去，不能猝来；旦夕所虑，唯在炽磐。然炽磐兵少易御，汝谨守乐都，少，诗沼翻。易，以豉翻。乐，音洛；下同。吾不过一月必还矣。”乃帅骑七千袭乙弗，帅，读曰率。骑，奇寄翻。大破之，获马牛羊四十馀万。

河南王炽磐闻之，欲袭乐都，群臣咸以为不可。太府主簿焦袭曰：“傉檀不顾近患而贪远利，近患，谓蒙逊、炽磐；远利，谓乙弗。我今伐之，绝其西路，乐都之西路，此傉檀自乙弗还乐都路也。使不得还救，则虎台独守穷城，可坐禽也。此天亡之时，必不可失。”炽磐从之，帅步骑二万袭乐都。虎台凭城拒守，炽磐四面攻之。

南凉抚军从事中郎尉肃言于虎台曰：“外城广大难守，殿下不若聚国人守内城，国人，谓鲜卑秃发之种落。肃等帅晋人拒战于外，虽有不捷，犹足自存。”虎台曰：“炽磐小贼，旦夕当走，卿何过虑之深！”虎台疑晋人有异心，夷人谓华人为晋人。悉召豪望有谋勇者闭之于内。孟恺泣曰：“炽磐乘虚内侮，国家危于累卵。恺等进欲报恩，退顾妻子，人思效死，而殿下乃疑之如是邪！”虎台曰：“吾岂不知君之忠笃，惧馀人脱生虑表，以君等安之耳。”

一夕，城溃，炽磐入乐都，遣平远将军捷虔帅骑五千追傉檀，以镇南将军谦屯为都督河右诸军事、凉州刺史，镇乐都；捷虔、谦屯，皆乞伏种。秃发赴单为西平太守，镇西平；以赵恢为广武太守，镇广武；曜武将军王基为晋兴太守，镇浩亹；

浩亹，音诰门。徙虎台及其文武百姓万馀户于枹罕。枹，音肤。赴单，乌孤之子也。

11 河间人褚匡言于燕王跋曰："陛下龙飞辽、碣，旧邦族党，倾首朝阳，言日生于东，犹冯跋兴于辽、碣也。其族党在长乐者，倾首而东望之。碣，其谒翻。以日为岁，请往迎之。"跋曰："道路数千里，复隔异国，如何可致？"复，扶又翻。匡曰："章武临海，跋之先，长乐信都人，而章武郡则晋分汉勃海郡所置也。自信都至章武，可以浮海至辽西。舟楫可通，出于辽西临渝，不为难也。"临渝县，汉属辽西郡。师古曰：渝，音喻。水经曰：碣石在县南。跋许之，以匡为游击将军、中书侍郎，厚资遣之。匡与跋从兄买、从弟睹从，才用翻。自长乐帅五千馀户归于和龙，汉高帝置信都郡，景帝二年为广川国，明帝更名乐成，安帝改曰安平，晋改曰长乐。乐，音洛。帅，读曰率。契丹、库莫奚皆降于燕。契，欺讫翻，又音吃。降，户江翻。跋署其大人为归善王。跋弟丕避乱在高句丽，句，如字，又音驹。丽，力知翻。跋召之，以为左仆射，封常山公。

12 柔然可汗斛律将嫁女于燕，可，从刊入声。汗，音寒。斛律兄子步鹿真谓斛律曰："幼女远嫁忧思，请以大臣树黎等女为媵。"媵，以证翻。斛律不许。步鹿真出，谓树黎等曰："斛律欲以汝女为媵，远适他国。"树黎恐，与步鹿真谋使勇士夜伏于斛律穹庐之后，伺其出而执之，与女皆送于燕，伺，相吏翻。立步鹿真为可汗而相之。相，息亮翻。

初，社仑之徙高车也，事见一百十二卷元兴元年。仑，卢昆翻。高车人叱洛侯为之乡导以并诸部，乡，读曰向。社仑德之，以为大人。步鹿真与社仑之子社拔共至叱洛侯家，淫其少妻，妻告步鹿真曰："叱洛侯欲奉大檀为主。"大檀者，社仑季父仆浑之子也，领别部镇西境，素得众心。步鹿真归而发兵围叱洛侯，叱洛侯自杀。遂引兵袭大檀，大檀逆击，破之，执步鹿真及社拔，杀之，自立为可汗，号牟汗纥升盖可汗。魏收曰：魏言制胜也。

斛律至和龙，燕王跋赐斛律爵上谷侯，馆之辽东，待以客礼，纳其女为昭仪。斛律上书请还其国，跋曰："今弃国万里，又无内应，若以重兵相送，则馈运难继，兵少则不足成功，少，诗沼翻。如何可还？"斛律固请，曰："不烦重兵，愿给三百骑，送至敕勒，国人必欣然来迎。"跋乃遣单于前辅万陵帅骑三百送之。骑，奇寄翻。单，音蝉。帅，读曰率；下同。陵惮远役，至黑山，黑山在唐振武之北塞外，即杀胡山也。杀斛律而还。大檀亦遣使献马三千匹、羊万口于燕。使，疏吏翻。

13 六月，泰山太守刘研等帅流民七千馀家、河西胡酋刘遮等帅部落万馀家，皆降于魏。酋，慈由翻。降，户江翻。

14 戊申，魏主嗣如豺山宫；丁亥，还平城。

15 乐都之溃也，南凉安西将军樊尼自西平奔告南凉王傉檀，傉檀谓其众曰："今妻子皆为炽磐所虏，退无所归，卿等能与吾借乙弗之资，取契汗以赎妻子乎？"契，欺讫翻。汗，音寒。乃引兵西；众多逃还，傉檀遣镇北将军段苟追之，苟亦不还。于是将士皆散，唯樊尼与中军将军纥勃、后军将军洛肱、散骑侍郎阴利鹿不去，散，悉亶翻。骑，奇寄翻。傉檀曰："蒙逊、炽磐昔皆委质于吾，蒙逊称臣于利鹿孤，见一百一十二卷隆安五年；炽磐父子归利鹿孤，见一百一十一卷四年。质，之日翻。今而归去，不亦鄙乎！四海之广，无所容身，何其痛也！与其聚而同死，不若分而或全。樊尼，吾长兄之子，樊尼盖乌孤之子也。长，知两翻。宗部所寄；吾众在北者户垂一万，蒙逊方招怀士民，存亡继绝，汝其从之；纥勃、洛肱亦与尼俱行。纥，户骨翻。吾年老矣，所适不容，宁见妻子而死！"遂归于炽磐，唯阴利鹿随之。傉檀谓利鹿曰："吾亲属皆散，卿何独留？"利鹿曰："臣老母在家，非不思归；然委质为臣，忠孝之道，难以两全。臣不才，不能为陛下泣血求救于邻国，为，于伪翻。敢离左右乎！”离，力智翻。傉檀叹曰：“知人固未易。易，以豉翻。大臣亲戚皆弃我去，今日忠义终始不亏者，唯卿一人而已！”

傉檀诸城皆降于炽磐，降，户江翻。独尉贤政屯浩亹，浩亹，音告门。固守不下。炽磐遣人谓之曰：“乐都已溃，卿妻子皆在吾所，独守一城，将何为也？”贤政曰：“受凉王厚恩，为国藩屏。屏，必郢翻。虽知乐都已陷，妻子为禽，先归获赏，后顺受诛；然不知主上存亡，主上，谓傉檀也。未敢归命；妻子小事，岂足动心！若贪一时之利，忘委付之重者，大王亦安用之！”炽磐乃遣虎台以手书谕之，贤政曰：“汝为储副，不能尽节，面缚于人，弃父忘君，堕万世之业，堕，读曰隳。贤政义士，岂效汝乎！”闻傉檀至左南，乃降。阚骃十三州志曰：左南城在金城白土县东六十里。晋志：张氏置晋兴郡，左南县属焉。是县盖亦张氏所置也。

炽磐闻傉檀至，遣使郊迎，待以上宾之礼。使，疏吏翻。秋，七月，炽磐以傉檀为骠骑大将军，赐爵左南公，骠，匹妙翻。骑，奇寄翻。南凉文武，依才铨叙。岁馀，炽磐使人鸩傉檀；左右请解之，傉檀曰：“吾病岂宜疗邪！”遂死，谥曰景王。载记曰：秃发乌孤至傉檀三世，十九年而灭。虎台亦为炽磐所杀。傉檀子保周、贺，俱延子覆龙，利鹿孤孙副周，乌孤孙承钵，皆奔河西王蒙逊，久之，又奔魏。魏以保周为张掖王，覆龙为酒泉公，贺西平公，副周永平公，承钵昌松公。魏主嗣爱贺之才，谓曰：“卿之先与朕同源，赐姓源氏。”为源氏昌大于魏张本。

16 八月，戊子，魏主嗣遣马邑侯陋孙使于秦，辛丑，遣谒者于什门使于燕，悦力延使于柔然。使，疏吏翻。于什门至和龙，不肯入见，曰：“大魏皇帝有诏，须冯王出受，然后敢入。”燕王跋使人牵逼令入；什门见跋不拜，跋使人按其项，什门曰：“冯王拜受诏，吾自以宾主致敬，何苦见逼邪！”跋怒，留什门不遣，什门数众辱之。左右请杀之，跋曰：“彼各为其主耳。”数，所角翻。为，于伪翻。乃幽执什门，欲降之，什门终不降，降，户江翻。久之，衣冠弊坏略尽，虮虱流溢；跋遗之衣冠，遗，于季翻。什门皆不受。

17 魏主嗣以博士王谅为平南参军，使以平南将军、相州刺史尉太真书与太尉裕相闻。太真，古真之弟也。

18 九月，丁巳朔，日有食之。

19 冬，十月，河南王炽磐复称秦王，置百官。炽磐嗣位，自称河南王；今并南凉，复称秦王。

20 燕主跋与夏连和，夏王勃勃遣御史中丞乌洛孤如燕莅盟。春秋之时，列国释仇通好，两君不及相见而盟，必使其臣莅盟。左传：陈五父如郑莅盟是也。杜预曰：莅，临也。

21 十一月，壬午，魏主嗣遣使者巡行诸州，行，下孟翻。校阅守宰资财，守，式又翻。非家所赍，悉簿为赃。

22 西秦王炽磐立妃秃发氏为后。妃，傉檀之女也。

23 十二月，丙戌朔，柔然可汗大檀侵魏；丙申，魏主嗣北击之。大檀走，遣奚斤等追之，遇大雪，士卒冻死及堕指者什二三。

24 河内人司马顺宰自称晋王，魏人讨之，不克。

25 燕辽西公素弗卒，燕王跋比葬七临之。古者大臣卒，君三临其丧。比，必寐翻，及也。

26 是岁，司马国璠兄弟聚众数百潜渡淮，夜入广陵城。祗传曰：自北徐州界渡淮。璠，孚袁翻。青州刺史檀祗领广陵相，国璠兵直上听事，上，时掌翻。听，读作厅。祗惊出，将御之，被射伤而入，射，而亦翻。谓左右曰：“贼乘暗得入，欲掩我不备；但击五鼓，彼惧晓，必走矣。”左右如其言，国璠兵果走。【章：甲十一行本“走”下有“追杀百馀人”五字；乙十一行本同；孔本同；退斋校同。】国璠之扰淮，至是十年矣。

27 魏博士祭酒崔浩为魏主嗣讲易及洪范，为，于伪翻。嗣因问浩天文、术数；浩占决多验，由是有宠，凡军国密谋皆预之。

28 夏王勃勃立夫人梁氏为王后，子璝为太子；璝，古回翻。封子延为阳平公，昌为太原公，伦为酒泉公，定为平原公，满为河南公，安为中山公。

聂崇岐标点王崇武覆校

资治通鉴卷第一百一十七

端明殿学士兼翰林侍读学士朝散大夫右谏议大夫
充集贤殿修撰权判西京留司御史台上柱国河内郡 司马光 奉敕编集
开国侯食邑一千三百户食实封四百户赐紫金鱼袋臣

后学天台胡三省音注

晋纪三十九

起旃蒙单阏（乙卯），尽柔兆执徐（丙辰），凡二年。

安皇帝壬

义熙十一年（乙卯、四一五）

1 春，正月，丙辰，魏主嗣还平城。至自伐柔然也。

2 太尉裕收司马休之次子文宝、兄子文祖，并赐死；发兵击之。诏加裕黄钺，领荆州刺史。庚午，大赦。

3 丁丑，以吏部尚书谢裕为尚书左仆射。

4 辛巳，太尉裕发建康。以中军将军刘道怜监留府事，监，工衔翻。刘穆之兼右仆射；事无大小，皆决于穆之。又以高阳内史刘钟领石头戍事，屯冶亭。冶亭，今谓之东冶亭，在半山寺后。自建康东门往蒋山，至此半道，因以为名。王安石诗："遥望钟山岑，因知冶城路。"陆游曰：今天庆观在冶城山之麓。休之府司马张裕、南平太守檀范之闻之，皆逃归建康。守，式又翻。裕，邵之兄也。张邵见一百十五卷五年。雍州刺史鲁宗之自疑不为太尉裕所容，雍，于用翻。与其子竟陵太守轨起兵应休之。二月，休之上表罪状裕，勒兵拒之。

裕密书招休之府录事参军南阳韩延之，延之复书曰："承亲帅戎马，远履西畿，周礼：王畿千里之外曰侯畿、甸畿、男畿、采畿、卫畿、蛮畿、夷畿、镇畿、蕃畿。谓之畿者，责以共王税贡为职。韩延之以荆楚为西畿，取此义。帅，读曰率。阖境士庶，莫不惶骇。辱疏，知以谯王前事，良增叹息。司马平西体国忠贞，休之为平西将军，故称之。款怀待物。以公有匡复之勋，家国蒙赖，推德委诚，每事询仰。谯王往以微事见劾，犹自表逊位；事见上卷上年。劾，户概翻，又户得翻。况以大过，而当嘿然邪！前已表奏废之，所不尽者命耳。推寄相与，正当如此；推寄，谓推心置人腹中也。而遽兴兵甲，所谓'欲加之罪，其无辞乎！'左传晋大夫里克之言。刘裕足下，海内之人，谁不见足下此心，而复欲欺诳国士！诳，居况翻。来示云'处怀期物，自有由来'，复，扶又翻。处，昌吕翻；下同。今伐人之君，啖人以利，真可谓'处怀期物，自有由来'者乎！啖，土滥翻，又土览翻。刘藩死于阊阖之门，诸葛毙于左右之手；刘藩事见上卷八年；诸葛事见九年。甘言诧方伯，袭之以轻兵；谓袭刘毅也。事见上卷八年。诧，丑亚翻。遂使席上靡款怀之士，阃外无自信诸侯，以是为得算，良可耻也！贵府将佐及朝廷贤德，寄命过日。将，即亮翻。朝，直遥翻。吾诚鄙劣，尝闻道于君子，以平西之至德，宁可无授命之臣乎！必未能自投虎口，比迹郗僧施之徒明矣。郗僧施事见上卷八年。郗，丑之翻。假令天长丧乱，九流浑浊，太史谈序九流。班固曰：儒家者流，盖出于司徒之官，助人君顺阴阳，明教化者也。道家者流，盖出于史官，历纪成败祸福古今之道，此人君南面之术也。法家者流，盖出于理官，信赏必罚，以辅礼制。阴阳家者流，盖出于羲和之官，敬顺昊天，历象日月星辰。名家者流，盖出于礼官，古者名位不同，礼亦异数。孔子曰："必也正名乎！"墨家者流，盖出于清庙之守。茅屋、采椽，是以贵俭；养三老、五更，是以兼爱；选士、大射，是以尚贤；宗祀严父，是以右鬼。从横家者流，盖出于行人之官。杂家者流，盖出于议官。农家者流，盖出于农稷之官。皆六经之支与流裔，有益于治道，而不能无弊，使其浑浊，则无所取衷矣。长，知两翻。衷，息浪翻。当与臧洪游于地下，臧洪事见六十一卷汉献帝兴平二年。不复多言。”复，扶又翻。裕视书叹息，以示将佐曰：“事人当如此矣！”延之以裕父名翘，字显宗，乃更其字曰显宗，更，工衡翻。名其子曰翘，以示不臣刘氏。

5 琅邪太守刘朗帅二千馀家降魏。帅，读曰率。降，户江翻。

6 庚子，河西胡刘云等帅数万户降魏。

7 太尉裕使参军檀道济、朱超石将步骑出襄阳。将，即亮翻。骑，奇寄翻。超石，龄石之弟也。江夏太守刘虔之将兵屯三连，夏，户雅翻。立桥聚粮以待，道济等积日不至。鲁轨袭击虔之，杀之。裕使其婿振威将军东海徐逵之统参军蒯恩、王允之、沈渊子为前锋，出江夏口。水经：江水过江陵城南，又东至华容县西，夏水出焉；又东过公安县北，又东左合子夏口。注云：江水左迤北出，通于夏水，故曰子夏也。蒯，苦怪翻。逵之等与鲁轨战于破冢，兵败，逵之、允之、渊子皆死，独蒯恩勒兵不动。蒯，苦怪翻。轨乘胜力攻之，不能克，乃退。渊子，林子之兄也。

裕军于马头，据水经注，马头岸在大江之南，北对江陵之江津戍。闻逵之死，怒甚；三月，壬午，帅诸将济江。鲁轨、司马文思将休之兵四万，临峭岸置陈，峭，七笑翻。陈，读曰阵。军士无能登者。裕自被甲欲登，被，皮义翻。诸将谏，不从，怒愈甚。太尉主簿谢晦前抱持裕，裕抽剑指晦曰：“我斩卿！”晦曰：“天下可无晦，不可无公！”此裕所谓晦颇识机变者也。建武将军胡藩领游兵在江津，裕呼藩使登，藩有疑色。裕命左右录来，欲斩之。录，收也。藩顾曰：“正欲击贼，不得奉教！”乃以刀头穿岸，劣容足指，腾之而上；劣，少也。上，时掌翻。随之者稍多。

既登岸，直前力战。休之兵不能当，稍引却。当胡藩之初登也，精骑数十可以制之，休之之兵不动，故得以直前力战，又人心素慑服裕，故藩既进而不能当也。裕兵因而乘之，休之兵大溃，遂克江陵。休之、宗之俱北走，轨留石城。裕命阆中侯下邳赵伦之、太尉参军沈林子攻之；遣武陵内史王镇恶以舟师追休之等。

有群盗数百夜袭冶亭，京师震骇；刘钟讨平之。

8 秦广平公弼谮姚宣于秦王兴，去年宣入朝，力言弼罪，弼衔而谮之。宣司马权丕至长安，兴责以不能辅导，将诛之；丕惧，诬宣罪恶以求自免。兴怒，遣使就杏城收宣下狱，命弼将三万人镇秦州。下，遐稼翻。将，即亮翻；下同。尹昭曰："广平公与皇太子不平，今握强兵于外，陛下一旦不讳，社稷必危。'小不忍，乱大谋'，论语载孔子之言。陛下之谓也。"兴不从。

9 夏王勃勃攻秦杏城，拔之，执守将姚逵，坑士卒二万人。秦王兴如北地，遣广平公弼及辅国将军敛曼嵬向新平，兴还长安。

10 河西王蒙逊攻西秦广武郡，拔之。西秦王炽磐遣将军乞伏魋尼寅邀蒙逊于浩亹，蒙逊击斩之；浩亹，音告门。又遣将军折斐等帅骑一万据勒姐岭，阚骃志，金城安夷县东有勒姐河，与金城河合。勒姐岭盖勒姐河所出之山也。汉时，勒姐羌居之，因以为名。姐，子也翻，又音紫。蒙逊击禽之。

11 河西饥胡相聚于上党，推胡人白亚栗斯为单于，单，音蝉。改元建平。以司马顺宰为谋主，顺宰起兵，见上卷二年。寇魏河内。夏，四月，魏主嗣命公孙表等五将讨之。将，即亮翻；下同。

12 青、冀二州刺史刘敬宣参军司马道赐，宗室之疏属也。闻太尉裕攻司马休之，道赐与同府辟闾道秀、道赐与道秀俱为敬宣僚属，故曰同府。左右小将王猛子谋杀敬宣，据广固以应休之。乙卯，敬宣召道秀，屏人语，屏，必郢翻。左右悉出户。猛子逡巡在后，取敬宣备身刀杀敬宣。文武佐史即时讨道赐等，皆斩之。

13 己卯，魏主嗣北巡。

14 西秦王炽磐子元基自长安逃归，元基盖从炽磐入秦以朝，因留长安也。炽磐以为尚书左仆射。

15 五月，丁亥，魏主嗣如大宁。

16 赵伦之、沈林子破鲁轨于石城，司马休之、鲁宗之救之不及，遂与轨奔襄阳，宗之参军李应之闭门不纳。甲午，休之、宗之、轨及谯王文思、新蔡王道赐、此又一司马道赐也。新蔡王晃以武陵王晞事废，后以道赐袭爵。梁州刺史马敬、南阳太守鲁范俱奔秦。宗之素得士民心，争为之卫送出境。王镇恶等追之，尽境而还。不敢穷兵追之，惧出境而遇伏也。

初，休之等求救于秦、魏，秦征虏将军姚成王及司马国璠引兵至南阳，璠，孚袁翻。魏长孙嵩至河东，闻休之等败，皆引还。休之至长安，秦王兴以为扬州刺史，使侵扰襄阳。侍御史唐盛言于兴曰："据符谶之文，司马氏当复得河、洛。谶，楚谮翻。今使休之擅兵于外，犹纵鱼于渊也；不如以高爵厚礼，留之京师。"兴曰："昔文王卒免羑里，纣囚文王于羑里，既而释之。复，扶又翻。卒，子恤翻。高祖不毙鸿门，见九卷汉高祖元年。苟天命所在，谁能违之！脱如符谶之言，留之适足为害。"遂遣之。史言姚兴知命。

17 诏加太尉裕太傅、扬州牧，剑履上殿，入朝不趋，赞拜不名。朝，直遥翻。以兖、青二州刺史刘道怜为都督荆·湘·益·秦·宁·梁·雍七州诸军事、骠骑将军、荆州刺史。雍，于用翻。骠，匹妙翻。骑，奇寄翻。道怜贪鄙，无才能，裕以中军长史晋陵太守谢方明为骠骑长史、南郡相，道怜府中众事皆谘决于方明。方明，冲之子也。谢冲，奕之从子。方明，裕之从祖弟也。

18 益州刺史朱龄石遣使诣河西王蒙逊，使，疏吏翻。谕以朝廷威德。蒙逊遣舍人黄迅诣龄石，且上表言："伏闻车骑将军裕欲清中原，愿为右翼，驱除戎虏。"

19 夏王勃勃遣御史中丞乌洛孤与蒙逊结盟，蒙逊遣其弟湟河太守汉平莅盟于夏。夏，户雅翻。

20 西秦王炽磐率众三万袭湟河，沮渠汉平拒之，遣司马隗仁夜出击炽磐，破之。沮，子馀翻。隗，五罪翻，炽，昌志翻。炽磐将引去，汉平长史焦昶、将军段景潜召炽磐，炽磐复攻之；昶，丑两翻。复，扶又翻。昶、景因说汉平出降。说，输芮翻。降，户江翻；下同。仁勒壮士百馀据南门楼，三日不下，力屈，为炽磐所禽。炽磐欲斩之，散骑常侍武威段晖谏曰："仁临难不畏死，散，悉亶翻。骑，奇寄翻。难，乃旦翻。忠臣也，宜宥之以厉事君。"乃囚之。炽磐以左卫将军匹达为湟河太守，击乙弗窟干，降其三千馀户而归。以尚书右仆射出连虔为都督岭北诸军事、岭北，洪池岭北也。凉州刺史；以凉州刺史谦屯为镇军大将军、河州牧。隗仁在西秦五年，段晖又为之请，史书武威段晖，以别南燕之段晖也。又为，于伪翻。炽磐免之，使还姑臧。

21 戊午，魏主嗣行如濡源，遂至上谷、涿鹿、广宁；涿鹿县，汉属上谷郡，晋分属广宁郡。魏土地记：下洛县东南六十里有涿鹿城，西北百三十里有大宁城，即汉广宁县也。盖在唐妫州界。濡，乃官翻。秋，七月，癸未，还平城。

22 西秦王炽磐以秦州刺史昙达为尚书令，昙，徒含翻。光禄勋王松寿为秦州刺史。

23 辛亥晦，日有食之。

24 八月，甲子，太尉裕还建康，固辞太傅、州牧，其馀受命。以豫章公世子义符为兖州刺史。

25 丁未，谢裕卒；以刘穆之为左仆射。

26 九月，己亥，大赦。

27 魏比岁霜旱，比，毗至翻。云、代之民多饥死。云、代，云中、代郡二郡之地。太史令王亮、苏坦言于魏主嗣曰：“按谶书，魏当都邺，可得丰乐。”乐，音洛。嗣以问群臣，博士祭酒崔浩、特进京兆周澹曰：澹，徒览翻。“迁都于邺，可以救今年之饥，非久长之计也。山东之人，以国家居广汉之地，“广汉”，据北史崔浩传作“广漠”，当从之。漠，大也。谓其民畜无涯，号曰‘牛毛之众’。今留兵守旧都，谓平城也。分家南徙，不能满诸州之地，参居郡县，情见事露，见，贤遍翻。恐四方皆有轻侮之心；且百姓不便水土，疾疫死伤者必多。又，旧都守兵既少，少，诗沼翻；下同。屈丐、柔然将有窥窬之心，举国而来，云中、平城必危，朝廷隔恒、代千里之险，自恒山至代，有飞狐之口、倒马之关，夏屋、广昌、五回之险。难以赴救，此则声实俱损也。今居北方，假令山东有变，我轻骑南下，布濩林薄之间，骑，奇寄翻。濩，胡故翻。郭璞曰：布濩，犹布露也。毛晃曰：布濩，流散也；草丛生曰薄。孰能知其多少！百姓望尘慑服，此国家所以威制诸夏也。慑，之涉翻。夏，户雅翻。来春草生，湩酪将出，湩，睹勇翻，又多贡翻，乳汁也。酪，历各翻，乳浆也。西汉太仆属官有挏马。应劭曰：主乳马取其汁，挏治之，味酢可饮，因以名官。如淳曰：主乳马以韦革为夹兜，受数斗，盛马乳，挏取其上肥，因名挏马。今梁州名马酪为马酒。师古曰：挏，音徒孔翻。兼以菜果，得及秋熟，则事济矣。”嗣曰：“今仓廪空竭，既无以待来秋，若来秋又饥，将若之何？”对曰：“宜简饥贫之户，使就食山东；若来秋复饥，当更图之，复，扶又翻。但方今不可迁都耳。”嗣悦曰：“唯二人与朕意同。”乃简国人尤贫者诣山东三州就食，拓跋氏起于漠北，统国三十六，姓九十九。道武既并中原，徙其豪桀于云、代，与北人杂居，以其北来部落为国人。山东三州，定、相、冀也。遣左部尚书代人周几帅众镇鲁口以安集之。魏初，四方四维置八部大人，分东、西、南、北、左、右、前、后，后又置八部尚书。魏书官氏志：拓跋邻以次兄为普氏，后改为周氏。盖魏建代都，周几遂为代人。帅，读曰率。嗣躬耕藉田，且命有司劝课农桑；明年，大熟，民遂富安。

28 夏赫连建将兵击秦，执平凉太守姚军【章：甲十一行本“军”作“周”；乙十一行本同；孔本同；退斋校同。】都，将，即亮翻。遂入新平。广平公弼与战于龙尾堡，刘昫地理志：凤翔府岐山县，唐武德七年，移治龙尾城。禽之。

29 秦王兴药动。广平公弼称疾不朝，朝，直遥翻。聚兵于第。兴闻之，怒，收弼党唐盛、孙玄等，杀之。太子泓请曰：“臣不肖，不能缉谐兄弟，缉，当作辑。使至于此，皆臣之罪也。若臣死而国家安，愿赐臣死；若陛下不忍杀臣，乞退就藩。”兴恻然悯之，召姚赞、梁喜、尹昭、敛曼嵬与之谋，囚弼，将杀之，穷治党与；嵬，五回翻。治，直之翻。泓流涕固请，乃并其党赦之。泓待弼如初，无忿恨之色。

30 魏太史奏：“荧惑在匏瓜中，据晋书天文志：匏瓜在天津之南，天汉分流夹之。张渊观象赋注曰：匏瓜五星在丽珠北，天津九星在匏瓜北。忽亡不知所在，于法当入危亡之国，先为童谣妖言，然后行其祸罚。”法，谓推占之常法。妖，于骄翻。魏主嗣召名儒十馀人使与太史议荧惑所诣。崔浩对曰：“按春秋左氏传：‘神降于莘’，以其至之日推知其物。浩盖据春秋左氏外传也。外传曰：“周惠王十五年，有神降于莘，王问于内史过。对曰：‘其丹朱乎。’王曰：‘其谁受之？’对曰：‘在虢土。’王曰：‘虢其几何？’对曰：‘昔尧临民以五。今其胄见。神之见也，不过其物。若由是观之，不过五年。’十九年，晋取虢。”传，直恋翻。庚午之夕，辛未之朝，天有阴云；荧惑之亡，当在二日。庚之与午，皆主于秦；辛为西夷。晋书天文志：自东井十六度至柳八度为鹑首，于辰在未，秦之分野。自柳九度至张十二度为鹑火，于辰在午，周之分野。时姚秦兼有关洛之地，故云皆主于秦。庚、辛西方也，故为西夷。今姚兴据长安，荧惑必入秦矣。”众皆怒曰：“天上失星，人间安知所诣！”浩笑而不应。后八十馀日，荧惑出东井，留守句己，久之乃去。新唐书天文志曰：“去而复来，是谓句己。”晋书天文志曰：“荧惑为乱，为贼，为疾，为丧，为饥，为兵，所居国受殃。环绕钩己，芒角动摇变色，乍前乍后，乍左乍右，其殃愈甚。句，读曰钩。钩己，谓环绕而行如钩，又成己字也。秦大旱，昆明池竭，童谣讹言，徒歌谓之谣。国人不安，间一岁而秦亡。众乃服浩之精妙。

31 冬，十月，壬子，秦王兴使散骑常侍姚敞等送其女西平公主于魏，散，悉亶翻。骑，奇寄翻；下同。魏主嗣以后礼纳之；铸金人不成，魏立嗣、立后，皆铸金人以卜之。乃以为夫人，而宠遇甚厚。

32 辛酉，魏主嗣如沮洳城；沮，将豫翻。洳，吕庶翻。沮洳，渐湿之地。北方地高燥，此城盖以下湿而得名。癸亥，还平城。十一月丁亥，复如豺山宫；复，扶又翻。庚子，还。

33 西秦王炽磐遣襄武侯昙达等将骑一万击南羌弥姐、康薄于赤水，降之；水经注：赤亭水出南安郡东山赤谷，西流，径城北，南入渭水。昙，徒含翻。将，即亮翻。姐，子也翻，又音紫。降，户江翻。以王孟保为略阳太守，镇赤水。

34 燕尚书令孙护之弟伯仁为昌黎尹，与其弟叱支乙拔皆有才勇，从燕王跋起兵有功，谓杀慕容熙时也，事见一百十四卷三年。求开府不得，有怨言，跋皆杀之。进护开府仪同三司、录尚书事，以慰其心，护怏怏不悦，跋鸩杀之。怏，于两翻。辽东太守务银提自以有功，出为边郡，怨望，谋外叛，跋亦杀之。万泥、乳陈既死，孙护兄弟及务银提又诛，冯跋亦少恩矣。

35 林邑寇交州，州将击败之。将，即亮翻。败，补迈翻。

十二年（丙辰、四一六）

1 春，正月，甲申，魏主嗣如豺山宫；戊子，还平城。

2 加太尉裕兖州刺史、都督南秦州，凡都督二十二州；二十二州：徐、南徐、豫、南豫、兖、南兖、青、冀、幽、并、司、郢、荆、江、湘、雍、梁、益、宁、交、广、南秦也。以世子义符为豫州刺史。

3 秦王兴使鲁宗之将兵寇襄阳，未至而卒。卒，子恤翻。其子轨引兵入寇，雍州刺史赵伦之击败之。雍，于用翻。败，补迈翻。

4 西秦王炽磐攻秦洮阳公彭利和于漒川，洮，土刀翻。漒，其良翻。沮渠蒙逊攻石泉以救之。炽磐至沓中，引还。二月，炽磐遣襄武侯昙达救石泉，昙，徒含翻。蒙逊亦引去。蒙逊遂与炽磐结和亲。自炽磐灭秃发氏，与蒙逊为邻敌，岁岁交兵，今乃结和。

5 秦王兴如华阴，使太子泓监国，华，户化翻。监，工衔翻。入居西宫。太子居东宫；西宫，秦王所居也。兴疾笃，还长安。黄门侍郎尹冲谋因泓出迎而杀之。兴至，泓将出迎，宫臣谏曰：凡东宫官属皆曰宫臣。"主上疾笃，奸臣在侧，奸臣谓尹冲等。殿下今出，进不得见主上，退有不测之祸。"泓曰："臣子闻君父疾笃而端居不出，何以自安！"对曰："全身以安社稷，孝之大者也。"泓乃止。尚书姚沙弥谓尹冲曰："太子不出迎，宜奉乘舆幸广平公第；宿卫将士闻乘舆所在，自当来集，乘，绳证翻。将，即亮翻。太子谁与守乎！且吾属以广平公之故，已陷名逆节，将何所自容！今奉乘舆以举事，乃杖大顺，不惟救广平之祸，吾属前罪亦尽雪矣。"乘，绳证翻。冲以兴死生未可知，欲随兴入宫作乱，不用沙弥之言。

兴入宫，命太子泓录尚书事，东平公绍及右卫将军胡翼度典兵禁中，防制内外。绍，兴之弟也。遣殿中上将军敛曼嵬收弼第中甲仗，内之武库。晋置殿中将军，姚秦复有殿中上将军，使统殿中诸主帅。

兴疾转笃，其妹南安长公主问疾，不应。长，知两翻。幼子耕儿出，告其兄南阳公愔曰："上已崩矣，宜速决计。"愔即与尹冲帅甲士攻端门，愔，于今翻。帅，读曰率。敛曼嵬、胡翼度等勒兵闭门拒战。愔等遣壮士登门，缘屋而入，及于马道。泓侍疾在谘议堂，太子右卫率姚和都率东宫兵入屯马道南。愔等不得进，遂烧端门，兴力疾临前殿，赐弼死。禁兵见兴，喜跃，争进赴贼，贼众惊扰；和都以东宫兵自后击之，愔等大败。愔逃于骊山，其党建康公吕隆奔雍，雍，于用翻。尹冲及弟泓来奔。兴引东平公绍及姚赞、梁喜、尹昭、敛曼嵬入内寝，受遗诏辅政。明日，兴卒。年五十一。考异曰：晋本纪、三十国、晋春秋皆云义熙十一年二月姚兴卒；魏本纪、北史本纪，姚兴、姚泓载记皆云十二年。按后魏书崔鸿传：太祖天兴二年，姚兴改号，鸿以为元年，故晋本纪、三十国、晋春秋凡弘始后事，皆在前一年，由鸿之误也。泓秘不发丧，捕南阳公愔及吕隆、大将军尹元等，皆诛之，乃发丧，即皇帝位，泓，字元子，兴之长子也。大赦，改元永和。泓命齐公恢杀安定太守吕超。隆、超，兄弟也，皆党于弼。齐公恢时镇安定。恢犹豫久之，乃杀之。泓疑恢有贰心，恢由是惧，阴聚兵谋作乱。为后姚恢举兵张本。泓葬兴于偶陵，谥曰文桓皇帝，庙号高祖。

初，兴徙李闰羌三千户于安定。兴卒，羌酋党容叛，孙愐曰：党本去声，今为上声，本出西羌。姚秦有将军党耐虎，自云夏后氏之后，为羌豪。酋，慈由翻；下同。党，底朗翻。泓遣抚军将军姚赞讨降之，降，户江翻。徙其酋豪于长安，馀遣还李闰。北地太守毛雍据赵氏坞以叛，赵氏坞，孝武太元九年秦主坚击后秦所屯之地。东平公绍讨禽之。时姚宣镇李闰，参军韦宗闻毛雍叛，说宣曰："主上新立，威德未著，国家之难，未可量也，难，乃旦翻。殿下不可不为深虑。邢望险要，宜徙据之，此霸王之资也。"宣从之，帅户三万八千，弃李闰，南保邢望。帅，读曰率。诸羌据李闰以叛，东平公绍进讨，破之。宣诣绍归罪，绍杀之。

6 二月，【张："二月"作"三月"。】加太尉裕中外大都督。裕戒严将伐秦，诏加裕领司、豫二州刺史，以其世子义符为徐、兖二州刺史。琅邪王德文请启行戎路，诗曰："元戎十乘，以先启行。"行，户刚翻。修敬山陵；诏许之。

7 夏，四月，壬子，魏大赦，改元泰常。

8 西秦襄武侯昙达等击秦秦州刺史姚艾于上邽，破之，徙其民五千馀户于枹罕。昙，徒含翻。枹，音肤。

9 五月，癸巳，加太尉裕领北雍州刺史。晋初置雍州于长安，永嘉之乱，没于刘、石。苻秦之乱，雍州流民南出樊沔，孝武始于襄阳侨立雍州。今裕欲取长安，故领北雍州刺史，以别襄阳之雍州也。雍，于用翻；下同。

10 六月，丁巳，魏主嗣北巡。

11 并州胡数万落叛秦，入于平阳，推匈奴曹弘为大单于，弘盖匈奴右贤王曹毂子寅之后，所谓东曹者也。单，音蝉。攻立义将军姚成都于匈奴堡。此匈奴种落相率保聚之地，因以为名。征东将军姚懿自蒲坂讨之，执弘，送长安，徙其豪右万五千落于雍州。秦雍州治安定。

12 氐王杨盛攻秦祁山，拔之，进逼秦州。秦后将军姚平救之；盛引兵退，平与上邽守将姚嵩追之。将，即亮翻。夏王勃勃帅骑四万袭上邽，帅，读曰率。骑，奇寄翻。未至，嵩与盛战于竹岭，败死。水经注：籍水历当亭川，又东南流，与竹岭水合，水出南山竹岭，东北入籍水。籍水东北入上邽县。勃勃攻上邽，二旬，克之，杀秦州刺史姚军都及将士五千馀人，因毁其城；进攻阴密，阴密，古密人之国，诗所谓"密人不恭，敢拒大邦"者也。自汉以来为县，属安定郡。括地志：阴密故城，在泾州鹑觚县西，其东接县城，即古密国。又杀秦将姚良子及将士万馀人；将，即亮翻。以其子昌为雍州刺史，镇阴密。征北将军姚恢弃安定，奔还长安，安定人胡俨等帅户五万据城降于夏。帅，读曰率。降，户江翻。勃勃使镇东将军羊苟儿将鲜卑五千镇安定，进攻秦镇西将军姚谌于雍城，谌委镇奔长安。

勃勃据雍，进掠郿城。将鲜，即亮翻。谌，氏壬翻。雍，于用翻。郿，音媚，又音眉。秦东平公绍及征虏将军尹昭等将步骑五万击之，勃勃退趋安定，趋，七喻翻。胡俨闭门拒之，杀羊苟儿及所将鲜卑，复以安定降秦。复，扶又翻；下同。绍进击勃勃于马鞍阪，破之，追至朝那，不及而还。还，从宣翻，又如字。勃勃归杏城。杨盛复遣兄子倦击秦，至陈仓，秦敛曼嵬击却之。夏王勃勃复遣兄子提南侵泄阳，晋书载记作"池阳"，当从之。池阳县属扶风郡，唐为京兆云阳县。复，扶又翻。秦车骑将军姚裕等击却之。

13 凉司马索承明上书劝凉公暠伐河西王蒙逊，索，昔各翻。暠，古老翻。暠引见，谓之曰："蒙逊为百姓患，孤岂忘之！顾势力未能除耳。卿有必禽之策，当为孤陈之；为，于为翻。直唱大言，使孤东讨，此与言'石虎小竖，宜肆诸市朝'者何异！"朝，直遥翻。承明惭惧而退。

14 秋，七月，魏主嗣大猎于牛川，临殷繁水而还；北史曰：登釜山，临殷繁水。括地志曰：釜山在妫州怀戎县北三里。戊戌，至平城。

15 八月，丙午，大赦。

16 宁州献琥珀枕于太尉裕。琥珀出哀牢夷。广雅曰：琥珀生地中，其上及旁不生草。深者八九尺，大如斛，削去皮，成琥珀如斗。初时如桃胶，凝坚乃成。博物志：松脂沦入地，千年化为茯苓，茯苓千年化为琥珀。今太山有茯苓而无琥珀，永昌有琥珀而无茯苓。裕以琥珀治金创，治，直之翻。创，初良翻。得之大喜，命碎捣分赐北征将士。

裕以世子义符为中军将军，监太尉留府事。刘穆之为左仆射，领监军、中军二府军司，监军，谓义符，监太尉留府军也。监，工衔翻。入居东府，总摄内外；以太尉左司马东海徐羡之为穆之之副；左将军朱龄石守卫殿省，徐州刺史刘怀慎守卫京师，扬州别驾从事史张裕任留州事。任留州事，任扬州留后事也。怀慎，怀敬之弟也。

刘穆之内总朝政，外供军旅，决断如流，事无拥滞。朝，直遥翻。断，丁乱翻。宾客辐凑，求诉百端，内外谘禀，盈阶满室；盈阶满室，谓谘禀之文书也。目览辞讼，手答笺书，耳行听受，口并酬应，不相参涉，悉皆赡举。又喜宾客，赡，时艳翻。喜，许记翻。言谈赏笑，弥日无倦。裁有闲暇，手自写书，寻览校定。性奢豪，食必方丈，旦辄为十人馔，未尝独餐。馔，雏恋翻，又雏皖翻。尝白裕曰："穆之家本贫贱，赡生多阙。自叨忝以来，叨，土刀翻。虽每存约损，而朝夕所须，微为过丰，自此外一毫不以负公。"中军谘议参军张卲言于裕曰："人生危脆，必当远虑。穆之若邂逅不幸，脆，此芮翻。邂，户隘翻。逅，胡茂翻。谁可代之？尊业如此，尊业，言裕已成之功业也；尊者，尊称之也。苟有不讳，处分云何？"处，昌吕翻。分，扶问翻。裕曰："此自委穆之及卿耳。"

丁巳，裕发建康，遣龙骧将军王镇恶、冠军将军檀道济将步军自淮、淝向许、洛，骧，思将翻。冠，古玩翻。将步，即亮翻。新野太守朱超石、宁朔将军胡藩趋阳城，振武将军沈田子、建威将军傅弘之趋武关，趋，七喻翻。建武将军沈林子、彭城内史刘遵考将水军出石门，自汴入河，汴水首受济，东南与淮通，汉书地理志所谓狼汤渠是也。狼，音浪；汤，音宕。昔大禹塞荥泽，开此渠以通淮、泗，禹贡所谓"导沇水，东流为济，入于河，溢为荥，东出于陶丘北"者也。汉修河堤，始立石门以遏水；水盛则通于河，水耗则辍流。以冀州刺史王仲德督前锋诸军，开钜野入河。水经：济水北至东燕县，与河合。郦道元注曰：济水自乘氏县两分，东北入于钜野济之故渎，又北，右合洪水。洪水上承钜野薛训渚，自渚迄于北口一百二十里，名曰洪水。桓温以太和四年率众北入，掘渠通济。义熙十三年，刘武帝西入长安，又广其功。自洪口以上，又谓桓公渎，济自是北注也。遵考，裕之族弟也。刘穆之谓王镇恶曰："公今委卿以伐秦之任，卿其勉之！"镇恶曰："吾不克关中，誓不复济江！”复，扶又翻。

裕既行，青州刺史檀祗自广陵辄率众至涂中掩讨亡命。涂，读曰滁。刘穆之恐祗为变，议欲遣军。时檀韶为江州刺史，张邵曰：“今韶据中流，道济为军首，谓为伐秦诸军之首。若有相疑之迹，则大府立危，大府，谓太尉留府，其实指建康也。不如逆遣慰劳以观其意，必无患也。”劳，力到翻。穆之乃止。

17 初，魏主嗣使公孙表讨白亚栗斯，事见上年。曰：“必先与秦洛阳戍将相闻，使备河南岸，然后击之。”表未至，胡人废白亚栗斯，更立刘虎为率善王。表以胡人内自携贰，势必败散，遂不告秦将而击之，大为虎所败，将，即亮翻。败，补迈翻。士卒死伤甚众。

嗣谋于群臣曰：“胡叛逾年，讨之不克，其众繁多，为患日深。今盛秋不可复发兵，妨民农务，谓妨农收也。复，扶又翻。将若之何？”白马侯崔宏曰：“胡众虽多，无健将御之，将御，即亮翻；下同。终不能成大患。表等诸军，不为不足，但法令不整，处分失宜，以致败耳。处，昌吕翻。分，扶问翻。得大将素有威望者将数百骑往摄表军，无不克矣。摄，持也。相州刺史叔孙建前在并州，为胡、魏所畏服，胡、魏，犹言胡、晋也。诸将莫及，可遣也。”嗣从之，以建为中领军，督表等讨虎。九月，戊午，大破之，斩首万馀级，虎及司马顺宰皆死，俘其众十万馀口。

18 太尉裕至彭城，加领徐州刺史；以太原王玄谟为从事史。裕领徐州，以玄谟为徐州从事史。汉制：诸州刺史皆有从事史、假佐。其后宋文帝用玄谟以丧师；至孝武之初，义宣、臧质之变，卒赖以宁。则裕之用人，犹有汉高祖、诸葛孔明之识；唐太宗托徐世绩，喜薛仁贵，未足以进此也。

初，王廞之败也，事见一百九卷隆安元年。廞，许今翻。沙门昙永匿其幼子华，昙，徒含翻。使提衣襆自随。襆，防玉翻，帊也，以裹衣物。魏舒"襆被而出"，韩文"襆被入直"，皆此义也。津逻疑之。昙永呵华曰："奴子何不速行！"棰之数十，逻，郎佐翻。棰，止橤翻。由是得免；遇赦，还吴。以其父存亡不测，布衣蔬食，绝交游不仕，十馀年。裕闻华贤，欲用之，乃发廞丧，使华制服。服阕，辟为徐州主簿。裕用王华，亦留以遗文帝。阕，若穴翻。

王镇恶、檀道济入秦境，所向皆捷。秦将王苟生以漆丘降镇恶，漆丘盖在梁郡蒙县。昔庄周为蒙漆园吏，后人因以漆丘名城。将，即亮翻。降，户江翻；下同。徐州刺史姚掌以项城降道济，诸屯守皆望风款附。惟新蔡太守董遵不下，新蔡县，汉属汝南郡。蔡平侯自蔡徙此，故曰新蔡。魏分属汝阴郡，晋惠帝分汝阴立新蔡郡。道济攻拔其城，执遵，杀之。进克许昌，获秦颍川太守姚垣及大将杨业。沈林子自汴入河，襄邑人董神虎聚众千馀人来降，太尉裕版为参军。林子与神虎共攻仓垣，克之，秦兖州刺史韦华降。神虎擅还襄邑，林子杀之。

秦东平公绍言于秦主泓曰："晋兵已过许昌；安定孤远，难以救卫，宜迁其镇户，内实京畿，可得精兵十万，姚苌之兴也，以安定为根本；后得关中，以安定为重镇，徙民以实之，谓之镇户。虽晋、夏交侵，犹不亡国。不然，晋攻豫州，夏攻安定，将若之何？夏，户雅翻。事机已至，宜在速决。"左仆射梁喜曰："齐公恢有威名，为岭北所惮，镇人已与勃勃深仇，谓镇兵常与勃勃血战，有父兄子弟之仇。理应守死无贰。勃勃终不能越安定远寇京畿；若无安定，虏马必至于郿。郿，音媚，又音眉。今关中兵足以拒晋，无为豫自损削也。"泓从之。吏部郎懿横密言于泓曰："恢于广平之难，有忠勋于陛下。姓谱曰：懿以谥为氏。谓杀吕超也。难，乃旦翻。自陛下龙飞绍统，未有殊赏以答其意。今外则置之死地，内则不豫朝权，朝，直遥翻。安定人自以孤危逼寇，思南迁者十室而九，若恢拥精兵数万，鼓行而向京师，得不为社稷之累乎！累，力瑞翻。宜征还朝廷以慰其心。”泓曰：“恢若怀不逞之心，征之适所以速祸耳。”又不从。

王仲德水军入河，将逼滑台。魏兖州刺史尉建畏懦，帅众弃城，北渡河。帅，读曰率。仲德入滑台，宣言曰：“晋本欲以布帛七万匹假道于魏，不谓魏之守将弃城遽去。”将，即亮翻。魏主嗣闻之，遣叔孙建、公孙表自河内向枋头，既破刘虎，因遣建等引兵南向。枋，音方。因引兵济河，斩尉建于城下，投尸于河。呼仲德军人，问以侵寇之状；仲德使司马竺和之对曰：“刘太尉使王征虏自河入洛，清扫山陵，非敢为寇于魏也。魏之守将自弃滑台去，王征虏借空城以息兵，行当西引，于晋、魏之好无废也；好，呼到翻；下好持同。何必扬旗鸣鼓以曜威乎！”嗣使建以问太尉裕。裕逊辞谢之曰：“洛阳，晋之旧都，而羌据之；晋欲修复山陵久矣。诸桓宗族，司马休之、国璠兄弟，鲁宗之父子，皆晋之蠹也，而羌收之以为晋患。义熙元年，桓谦等奔秦，六年入寇。十一年，司马休之、鲁宗之等奔秦，秦使将兵扰襄阳。六年，司马国璠等奔秦，数帅众扰边。璠，孚袁翻。今晋将伐之，欲假道于魏，非敢为不利也。”魏河内镇将于栗磾有勇名，筑垒于河上以备侵轶。将，即亮翻。磾，丁奚翻。轶，直结翻，突也。陆德明曰：又音逸。裕以书与之，题曰“黑矟公麾下”。栗磾好操黑矟以自标，故裕以此目之。魏因拜栗磾为黑矟将军。矟，色角翻。通俗文：矛长丈八者谓之矟。

19 冬，十月，壬戌，魏主嗣如豺山宫。

20 初，燕将库傉官斌降魏，既而复叛归燕。将，即亮翻。傉，奴沃翻。斌，音彬。降，户江翻；下同。复，扶又翻。魏主嗣遣骁骑将军延普渡濡水击斌，斩之；水经：濡水从塞外来，过辽西令支县北，又东南过海阳县西南，入于海。骁，坚尧翻。骑，奇寄翻。魏书官氏志：神元时，徐部诸姓内入者可地延氏，孝文时改为延氏。濡，乃官翻。遂攻燕幽州刺史库傉官昌、征北将军库傉官提，皆斩之。

21 秦阳城、荥阳二城皆降，晋兵进至成皋。秦征南将军陈留公洸镇洛阳，洸，姑黄翻。遣使求救于长安。秦主泓遣越骑校尉阎生帅骑三千救之，使，疏吏翻。帅，读曰率。武卫将军姚益男将步卒一万助守洛阳，又遣并州牧姚懿南屯陕津，陕县在大河之南，考之水经，则陕县故城在大河之北，二城之间，谓之陕津。左传：秦伯伐晋，自茅津济，封殽尸而还。茅津即陕津也。姚秦并冀二州治蒲阪。陕，式冉翻。为之声援。宁朔将军赵玄言于洸曰："今晋寇益深，人情骇动；众寡不敌，若出战不捷，则大事去矣。宜摄诸戍之兵，固守金墉，以待西师之救。金墉不下，晋必不敢越我而西，是我不战而坐收其弊也。"司马姚禹阴与檀道济通，主簿阎恢、杨虔，皆禹之党也，共嫉玄，言于洸曰："殿下以英武之略，受任方面；今婴城示弱，得无为朝廷所责乎！"洸以为然，乃遣赵玄将兵千馀南守柏谷坞，水经注：洛水东径偃师县南，又东径百谷坞北。戴延之西征记曰：坞在川南，因高为坞，高一十馀丈。杜佑曰：柏谷坞在缑氏县东北。广武将军石无讳东戍巩城。玄泣谓洸曰："玄受三帝重恩，所守正有死耳。苌、兴、泓为三帝。但明公不用忠臣之言，为奸人所误，后必悔之。"既而成皋、虎牢皆来降，降，户江翻；下同。檀道济等长驱而进，无讳至石关，奔还。自洛城东至偃师四十五里。偃师西山有汉广野君郦食其庙，庙东有二石阙。龙骧司马荥阳毛德祖与玄战于柏谷，玄兵败，被十馀创，据地大呼。骧，思将翻。被，皮义翻。创，初良翻。呼，火故翻。玄司马蹇鉴冒刃抱玄而泣，玄曰："吾创已重，创，初良翻。君宜速去！"鉴曰："将军不济，鉴去安之！"与之皆死。姚禹逾城奔道济。甲子，道济进逼洛阳，丙寅，洸出降。道济获秦人四千馀人，议者欲尽坑之以为京观。杜预曰：积尸封土其上，谓之京观。观，古乱翻。道济曰："伐罪吊民，正在今日！"皆释而遣之。于是夷、夏感悦，归之者甚众。夏，户雅翻。阎生、姚益男未至，闻洛阳已没，不敢进。

己丑，诏遣兼司空高密王恢之修谒五陵，置守卫。彭城王纮之子俊嗣高密王略国，恢之，其孙也。五陵，宣帝陵在河阴曰高原；景帝陵曰峻平，文帝陵曰崇阳，武帝陵曰峻阳，惠帝陵曰太阳。太尉裕以冠军将军毛修之为河南、河内二郡太守，行司州事，戍洛阳。冠，古玩翻。

22 西秦王炽磐使秦州刺史王松寿镇马头，以逼秦之上邽。丁度曰：嶓冢山在古上邽县，西有神马山。

23 十一月，甲戌，魏主嗣还平城。

24 太尉裕遣左长史王弘还建康，讽朝廷求九锡。时刘穆之掌留任，而旨从北来，穆之由是愧惧发病。刘穆之辅刘裕，岂惟才智不及荀彧，而识又不及焉。弘，珣之子也。王珣始见重于桓温，后为孝武所亲任。十二月，壬申，诏以裕为相国、总百揆、扬州牧，封十郡为宋公，备九锡之礼，位在诸侯王上，领征西将军、司·豫·北徐·雍四州刺史如故。雍，于用翻。裕辞不受。

25 西秦王炽磐遣使诣太尉裕，使，疏吏翻；下同。求击秦以自效。裕拜炽磐平西将军、河南公。

26 秦姚懿司马孙畅说懿使袭长安，说，输芮翻。诛东平公绍，废秦主泓而代之。懿以为然，乃散谷以赐河北夷、夏，河北县，自汉以来属河东郡，在蒲阪东，时夷、夏之民错居之。懿至陕津，因散谷以赐焉。夏，户雅翻。欲树私恩。左常侍张敞、侍郎左雅谏曰：左常侍、侍郎，皆懿国官。"殿下以母弟居方面，安危休戚，与国同之。今吴寇内侵，四州倾没，秦徐州镇项城，兖州镇仓垣，豫州镇洛阳，荆州当镇上洛，时悉为晋所取。西虏扰边，秦、凉覆败，谓赫连勃勃克上邽，沮渠蒙逊入姑臧。朝廷之危，有如累卵。谷者，国之本也，而殿下无故散之，虚损国储，将若之何?”懿怒，笞杀之。

泓闻之，召东平公绍密与之谋。绍曰：“懿性识鄙浅，从物推移，造此谋者，必孙畅也。但驰使征畅，遣抚军将军赞据陕城，臣向潼关为诸军节度。若畅奉诏而至，臣当遣懿帅河东见兵共御晋师；帅，读曰率。见，贤遍翻。若不受诏命，便当声其罪而讨之。”泓曰：“叔父之言，社稷之计也。”乃遣姚赞及冠军将军司马国璠、建义将军蛇玄屯陕津，冠，古玩翻。璠，孚袁翻。蛇，以者翻，又如字。武卫将军姚驴屯潼关。

懿遂举兵称帝，传檄州郡，欲运匈奴堡谷以给镇人。匈奴堡在平阳。镇人，懿镇蒲阪所领之众也。宁东将军姚成都拒之，懿卑辞诱之，送佩刀为誓，成都不从。诱，音酉。懿遣骁骑将军王国帅甲士数百攻成都，成都击禽之，遣使让懿曰：“明公以至亲当重任，国危不能救，而更图非望；三祖之灵，其肯佑明公乎！姚弋仲庙号始祖，苌庙号太祖，兴庙号高祖，所谓三祖也。成都将纠合义兵，往见明公于河上耳。”蒲阪临河，故曰河上。于是传檄诸城，谕以逆顺，征兵调食以讨懿。调，徒钓翻。懿亦发诸城兵，莫有应者，惟临晋数千户应懿。成都引兵济河，击临晋叛者，破之。镇人安定郭纯等起兵围懿。东平公绍入蒲阪，执懿，诛孙畅等。

27 是岁，魏卫将军安城孝元王叔孙俊卒。魏主嗣甚惜之，谓其妻桓氏曰：“生同其荣，能没同其戚乎?”桓氏乃缢而祔焉。嗣之立也，叔孙俊有功，事见一百一十五卷四年。

28 丁零翟猛雀驱掠吏民，入白涧山为乱；白涧山当在汉河东濩泽县西。水经注：濩泽水出濩泽城西白涧岭，东径濩泽。濩泽，唐泽州阳城县即其地。师古曰：濩，音乌虢翻。魏内都大官河内张蒲与冀州刺史长孙道生讨之。道生，嵩之从子也。长，知两翻。从，才用翻。道生欲进兵击猛雀，蒲曰：“吏民非乐为乱，为猛雀所迫胁耳。今不分别，并击之，乐，音洛。别，彼列翻。虽欲返善，其道无由，必同心协力，据险以拒官军，未易猝平也。易，以豉翻。不如先遣使谕之，以不与猛雀同谋者皆不坐，则必喜而离散矣。”使，疏吏翻。道生从之，降者数千家，使复旧业。猛雀与其党百馀人出走，蒲等追斩猛雀首；左部尚书周几穷讨馀党，悉诛之。

聂崇岐标点王崇武覆校

资治通鉴卷第一百一十八

端明殿学士兼翰林侍读学士朝散大夫右谏议大夫
充集贤殿修撰权判西京留司御史台上柱国河内郡 司马光 奉敕编集
开国侯食邑一千三百户食实封四百户赐紫金鱼袋臣

后学天台胡三省音注

晋纪四十 起强圉大荒落(丁巳),尽屠维协洽(己未),凡三年。

安皇帝癸

义熙十三年(丁巳、四一七)

1 春,正月,甲戌朔,日有食之。

2 秦主泓朝会百官于前殿,朝,直遥翻。以内外危迫,君臣相泣。以内则兄弟构难,外为晋、夏所迫也。征北将军齐公恢帅安定镇户三万八千,焚庐舍,自北雍州趋长安,秦分岭北五郡为北雍州,镇安定。泓不用东平公绍、懿横之言以召乱。帅,读曰率。雍,于用翻。趋,七喻翻。自称大都督、建义大将军,移檄州郡,欲除君侧之恶;扬威将军姜纪帅众归之,建节将军彭完都弃阴密奔还长安。恢至新支,姜纪说恢曰:"国家重将、大兵皆在东方,京师空虚,公亟引轻兵袭之,必克。"恢不从,南攻郿城;镇西将军姚谌为恢所败,说,输芮翻。败,补迈翻。将,即亮翻。郿,音眉,又音媚。谌,氏壬翻。姚谌去年弃雍东奔,遂屯于郿。长安大震。泓驰使征东平公绍,遣姚裕及辅国将军胡翼度屯澧西。关中无澧水,"澧"当作"沣"。沣水出鄠南沣谷,北过上林苑入渭。使,疏吏翻。扶风太守姚儁等皆降于恢。降，户江翻。东平公绍引诸军西还，与恢相持于灵台，水经注：汉灵台在秦阿房宫南，镐水径其北。姚赞留宁朔将军尹雅为弘农太守，守潼关，太守，式又翻。亦引兵还。恢众见诸军四集，皆有惧心；其将齐黄等诣大军降。恢进兵逼绍，赞自后击之，恢兵大败，杀恢及其三弟。泓哭之恸，葬以公礼。

3 太尉裕引水军发彭城，留其子彭城公义隆镇彭城。诏以义隆为监徐·兖·青·冀四州诸军事、徐州刺史。监，工衔翻。

4 凉公暠寝疾，暠，古老翻。遗命长史宋繇曰："吾死之后，世子犹卿子也，善训导之。"二月，暠卒。卒，子恤翻；下将卒同。官属奉世子歆为大都督、大将军、凉公、领凉州牧。大赦，改元嘉兴。尊歆母天水尹氏为太后；以宋繇录三府事。三府，大都督、大将军府，凉公府，州牧府也。谥暠曰武昭王，庙号太祖。

5 西秦安东将军木弈干击吐谷浑树洛干，破其弟阿柴于尧杆川，尧杆川在塞外。杆，居寒翻，又居案翻。俘五千馀口而还。还，从宣翻，又如字。树洛干走保白兰山，惭愤发疾，将卒，谓阿柴曰："吾子拾虔幼弱，今以大事付汝。"树洛干卒，卒，子恤翻。阿柴立，自称骠骑将军、沙州刺史。骠，匹妙翻。骑，奇寄翻。谥树洛干曰武王。阿柴稍用兵侵并其傍小种，种，章勇翻。地方数千里，遂为强国。

6 河西王蒙逊遣其将袭乌啼部，大破之；乌啼虏居张掖删丹县金山之西。将，即亮翻。又击卑和部，降之。卑和羌居西海。降，户江翻。

7 王镇恶进军渑池，渑，弥兖翻。遣毛德祖袭尹雅于蠡吾城，禽之；秦以雅为弘农太守，屯蠡吾城。据载记，蠡吾城当在宜阳之西。宋白曰：蠡吾城，后魏初犹属弘农，唐以来为渑池县理所。馀按蠡吾自是汉清河国界亭名，此乃蠡城，非蠡吾城也。通鉴盖承晋书之误。雅杀守者而逃。镇恶引兵径前，抵潼关。

檀道济、沈林子自陕北渡河，拔襄邑堡，陕，式冉翻。秦河北太守薛帛奔河东。襄邑堡在河北郡河北县，汉、晋属河东郡，秦分立河北郡。又攻秦并州刺史尹昭于蒲阪，不克。阪，音反。别将攻匈奴堡，为姚成都所败。将，即亮翻；下同。败，蒲迈翻。

辛酉，荥阳守将傅洪以虎牢降魏。

秦主泓以东平公绍为太宰、大将军、都督中外诸军事，假黄钺，改封鲁公，使督武卫将军姚鸾等步骑五万守潼关，又遣别将姚驴救蒲阪。

沈林子谓檀道济曰："蒲阪城坚兵多，不可猝拔，攻之伤众，守之引日。王镇恶在潼关，势孤力弱，不如与镇恶合势并力以争潼关；若得之，尹昭不攻自溃矣。"道济从之。

三月，道济、林子至潼关。秦鲁公绍引兵出战，道济、林子奋击，大破之，斩获以千数。绍退屯定城，郭缘生述征记曰：定城去潼关三十里，夹道各一城，渭水径其北。据险拒守，谓诸将曰："道济等兵力不多，悬军深入，不过坚壁以待继援。吾分军绝其粮道，可坐禽也。"乃遣姚鸾屯大路以绝道济粮道。自渑池西入关，有两路。南路由回溪阪，自汉以前皆由之。曹公恶南路之险，更开北路，遂以北路为大路。载记曰：绍留鸾守险以绝道济粮道。盖鸾虽屯大路，亦据险而邀绝粮道也。绍初遣胡翼度据东原，盖与大路相为唇齿，所谓据险也。及沈林子袭鸾营，翼度不能救，何也？人心危骇，面面受敌故也。

鸾遣尹雅将兵与晋战于关南，关南，潼关之南也。为晋兵所获，将杀之。雅曰："雅前日已当死，幸得脱至今，死固甘心。然夷、夏虽殊，夏，户雅翻。君臣之义一也。晋以大义行师，独不使秦有守节之臣乎！"乃免之。

丙子夜，沈林子将锐卒袭鸾营，斩鸾，杀其士卒数千人。绍又遣东平公赞屯河上以断水道；断，丁管翻；下兵断同。沈林子击之，赞败走，还定城。薛帛据河曲来降。河水自蒲阪南至潼关，激而东流，蒲阪、河北之间，谓之河曲。

太尉裕将水军自淮、泗入清河，将溯河西上，上，时掌翻；下必上、北上同。先遣使假道于魏；使，疏吏翻。秦主泓亦遣使请救于魏。魏主嗣使群臣议之，皆曰："潼关天险，刘裕以水军攻之甚难；若登岸北侵，其势便易。易，以豉翻。裕声言伐秦，其志难测。且秦，婚姻之国，不可不救也。秦女归魏，见上卷十一年。宜发兵断河上流，勿使得西。"博士祭酒崔浩曰："裕图秦久矣。今姚兴死，子泓懦劣，国多内难。难，乃旦翻。裕乘其危而伐之，其志必取。若遏其上流，裕心忿戾，必上岸北侵，是我代秦受敌也。今柔然寇边，民食又乏，若复与裕为敌，发兵南赴则北寇愈深，救北则南州复危，南州，谓魏之南境相州濒河诸郡。复，扶又翻。非良计也。不若假之水道，听裕西上，然后屯兵以塞其东。塞，悉则翻。使裕克捷，必德我之假道；不捷，吾不失救秦之名；此策之得者也。且南北异俗，借使国家弃恒山以南，恒，户登翻。裕必不能以吴、越之兵与吾争守河北之地，安能为吾患乎！夫为国计者，惟社稷是利，岂顾一女子乎！"议者犹曰："裕西入关，则恐吾断其后，腹背受敌；北上，则姚氏必不出关助我，其势必声西而实北也。"嗣乃以司徒长孙嵩督山东诸军事，长，知两翻。又遣振威将军娥清、孙恤曰：娥，姓也。冀州刺史阿薄干魏书官氏志，内入诸姓，阿伏干氏后为阿氏。将步骑十万屯河北岸。

庚辰，裕引军入河，以左将军向弥为北青州刺史，留戍碻磝。晋氏南渡，侨置青州于江北；裕平广固，置北青州于东阳，而江北之青州如故。今向弥以北青州刺史戍碻磝，东阳之青州亦如故。向，式亮翻。

初，裕命王镇恶等："若克洛阳，须大军到俱进。"镇恶等乘利径趋潼关，趋，七喻翻。为秦兵所拒，不得前。久之，乏食，众心疑惧，或欲弃辎重还赴大军。重，直用翻。沈林子按剑怒曰："相公志清六合，今许、洛已定，关右将平，事之济否，系于前锋。奈何沮乘胜之气，弃垂成之功乎！沮，在吕翻。且大军尚远，贼众方盛，虽欲求还，岂可得乎！下官授命不顾，论语：子张曰："士见危授命。"今日之事，当自为将军办之，为，于伪翻。未知二三君子将何面以见相公之旗鼓邪！"相公，谓裕也。镇恶等遣使驰告裕，求遣粮援。裕呼使者，开舫北户，使，疏吏翻。舫，甫妄翻，方舟也，大舟也。指河上魏军以示之曰："我语令勿进，今轻佻深入。语，牛倨翻。佻，他雕翻。岸上如此，何由得遣军！"镇恶乃亲至弘农，说谕百姓，说，输芮翻。百姓竞送义租，军食复振。复，扶又翻；下则复、子复同。

魏人以数千骑缘河随裕军西行；军人于南岸牵百丈，百丈者，所以挽船。今南人用麻绳，北人以竹为之。陆游曰：蜀人百丈，以巨竹四破为之，大如人臂。风水迅急，有漂渡北岸者，漂，匹招翻。辄为魏人所杀略。裕遣军击之，裁登岸则走，退则复来。夏，四月，裕遣白直队主丁旿裕选白丁之壮勇者入直左右，使旿领之。杜佑曰：白直无月给之数。旿，阮古翻。帅仗士七百人、车百乘，帅，读曰率。乘，绳证翻。渡北岸，去水百馀步，为却月阵，两端抱河，车置七仗士，事毕，使竖一白毦；竖，上主翻。说文曰：竖，立也。毦，仍吏翻，绩羽为之。魏人不解其意，解，户买翻，晓也。皆未动。裕先命宁朔将军朱超石戒严，白毦既举，超石帅二千人驰往赴之，赍大弩百张，一车益二十人，设彭排于辕上。魏人见营阵既立，乃进围之；长孙嵩帅三万骑助之，四面肉薄攻营，薄，普各翻。肉薄者，以身迫营血战。弩不能制。时超石别赍大锤及矟千馀张，锤，传为翻。乃断矟长三四尺，以锤锤之，一矟辄洞贯三四人。魏兵不能当，一时奔溃，死者相积；临陈斩阿薄干，魏人退还畔城。断，丁管翻。长，直亮翻。陈，与阵同。魏收地形志：平原郡聊城县有畔城。超石帅宁朔将军胡藩、宁远将军刘荣祖追击，又破之，杀获千计。魏主嗣闻之，乃恨不用崔浩之言。

秦鲁公绍遣长史姚洽、宁朔将军安鸾、护军姚墨蠡、蠡，鲁戈翻。河东太守唐小方帅众二千屯河北之九原，阻河为固，欲以绝檀道济粮援。载记曰：绍欲以绝弘农诸县粮援。沈林子邀击，破之，斩洽、墨蠡、小方，杀获殆尽。林子因启太尉裕曰："绍气盖关中，今兵屈于外，国危于内，恐其凶命先尽，不得以膏齐斧耳。"齐，读曰资。应劭曰：齐，利也。张晏曰：齐，如字，征伐斧也，以整齐天下也。一说："齐"作"斋"，凡师出入，斋戒入庙而受斧钺也。绍闻洽等败死，愤恚，发病呕血，以兵属东平公赞而卒。恚，於避翻。属，之欲翻。卒，子恤翻。赞既代绍，众力犹盛，引兵袭林子，林子复击破之。复，扶又翻。

太尉裕至洛阳，行视城堑，行，下孟翻。嘉毛修之完葺之功，赐衣服玩好，直二千万。好，呼到翻。

8 丁巳，魏主嗣如高柳；壬戌，还平城。

9 河西王蒙逊大赦。遣张掖太守沮渠广宗诈降以诱凉公歆，沮，子馀翻。降，户江翻；下同。歆发兵应之。蒙逊将兵三万伏于蓼泉，新唐书地理志，甘州张掖郡西北百九十里有祁连山，山北有建康军，军西百二十里有蓼泉守捉城。歆觉之，引兵还。蒙逊追之，歆与战于解支涧，"解支涧"，晋书作"鲜支涧"，当从之。大破之，斩首七千馀级。蒙逊城建康，置戍而还。

10 五月，乙未，齐郡太守王懿降于魏，上书言："刘裕在洛，宜发兵绝其归路，可不战而克。"魏主嗣善之。

崔浩侍讲在前，嗣问之曰："刘裕伐姚泓，果能克乎？"对曰："克之。"嗣曰："何故？"对曰："昔姚兴好事虚名而少实用，子泓懦而多病，兄弟乖争。好，呼到翻。少，诗沼翻。谓弼、懿、恢皆与泓争国。裕乘其危，兵精将勇，何故不克！"将，即亮翻。嗣曰："裕才何如慕容垂？"对曰："胜之。垂借父兄之资，修复旧业，国人归之，若夜虫之就火，少加倚仗，易以立功。少，诗沼翻。易，以豉翻。刘裕奋起寒微，不阶尺土，讨灭桓玄，兴复晋室，事见一百一十三卷元兴三年。北禽慕容超，事见一百一十五卷五年、六年。南枭卢循，事见六年、七年。枭，坚尧翻。所向无前，非其才之过人，安能如是乎！”嗣曰：“裕既入关，不能进退，我以精骑直捣彭城、寿春，骑，奇寄翻。裕将若之何？”对曰：“今西有屈丐，北史曰：明元改赫连勃勃名曰屈丐。北方言屈丐者，卑下也。北有柔然，窥伺国隙。伺，相吏翻。陛下既不可亲御六师，虽有精兵，未睹良将。将，即亮翻。长孙嵩长于治国，短于用兵，非刘裕敌也。治，直之翻；下同。兴兵远攻，未见其利；不如且安静以待之。凡兵之动，知敌之主，知敌之将，此之谓也。裕克秦而归，必篡其主。关中华、戎杂错，风俗劲悍；悍，侯旰翻，又下罕翻。裕欲以荆、扬之化施之函、秦，此无异解衣包火，张罗捕虎；虽留兵守之，人情未洽，趋尚不同，适足为寇敌之资耳。赫连之得关中，崔浩固料之矣。愿陛下按兵息民以观其变，秦地终为国家之有，可坐而守也。”嗣笑曰：“卿料之审矣。”浩曰：“臣尝私论近世将相之臣：若王猛之治国，苻坚之管仲也；治，直之翻。慕容恪之辅幼主，慕容暐之霍光也；刘裕之平祸乱，司马德宗之曹操也。”嗣曰：“屈丐何如？”浩曰：“屈丐国破家覆，孤孑一身，孑，居列翻，单也。寄食姚氏，受其封殖。不思酬恩报义，而乘时徼利，盗有一方，事见一百一十四卷三年。徼，一遥翻。结怨四邻；谓与魏、秦、凉构怨也。撅竖小人，撅，与掘同，其月翻。撅竖，言撅起自竖立也。虽能纵暴一时，终当为人所吞食耳。”嗣大悦，语至夜半，赐浩御缥醪十觚，缥，匹绍翻。青白色曰缥。醅酒曰醪。觚，饮器，受三升。此魏主所自御者，故曰御缥醪。水精盐一两，盐透明如水精，故谓之水精盐。曰：“朕味卿言，如此盐、酒，故欲与卿共飨其美。”然犹命长孙嵩、叔孙建各简精兵伺裕西过，自成皋济河，南侵彭、沛；若不时过，则引兵随之。彭、沛，谓彭城、沛郡也。

11 魏主嗣西巡至云中，遂济河，畋于大漠。

12 魏置天地四方六部大人，以诸公为之。诸公，谓时居公位及位从公者。

13 秋，七月，太尉裕至陕。陕，式冉翻。沈田子、傅弘之入武关，秦戍将皆委城走。将，即亮翻。田子等进屯青泥，秦主泓使给事黄门侍郎姚和都屯峣柳以拒之。峣，音尧。

14 西秦相国翟勍卒；勍，渠京翻。八月，以尚书令昙达为左丞相，左仆射元基为右丞相，御史大夫麹景为尚书令，侍中翟绍为左仆射。翟勍既卒，昙达皆序迁，通鉴即西秦旧史书之。昙，徒含翻。

15 太尉裕至阌乡。阌，音旻。沈田子等将攻峣柳，秦主泓欲自将以御裕军，将，即亮翻。恐田子等袭其后，欲先击灭田子等，然后倾国东出；乃帅步骑数万，奄至青泥。帅，读曰率。骑，奇寄翻。田子本为疑兵，所领裁千馀人，闻泓至，欲击之；傅弘之以众寡不敌止之，田子曰：“兵贵用奇，不必在众。且今众寡相悬，势不两立，若彼结围既固，则我无所逃矣。不如乘其始至，营陈未立，先薄之，可以有功。”遂帅所领先进，弘之继之。秦兵合围数重。陈，读曰阵。重，直龙翻。田子抚慰士卒曰：“诸君冒险远来，正求今日之战，死生一决，封侯之业于此在矣！”士卒皆踊跃鼓噪，执短兵奋击，秦兵大败，沈田子以千馀人败姚泓数万之众者，置兵死地，人自为战也。斩馘万馀级，得其乘舆服御物，乘，绳证翻。秦主泓奔还灞上。

初，裕以田子等众少，少，诗沼翻。遣沈林子将兵自秦岭往助之，秦岭在长安南，班固西都赋所谓“前乘秦岭”。自此出蓝田关。裕盖遣林子自阳华循山西南至秦岭。至则秦兵已败，乃相与追之，关中郡县多潜送款于田子。

辛丑，太尉裕至潼关，以朱超石为河东太守，使与振武将军徐猗之会薛帛于河北，共攻蒲阪。秦平原公璞与姚和都共击之，姚和都，盖青泥既败而奔蒲阪也。或曰："和都"，当作"成都"。猗之败死，超石奔还潼关。东平公赞遣司马国璠引魏兵以蹑裕后。璠，孚袁翻。蹑，尼辄翻。

王镇恶请帅水军自河入渭以趋长安，帅，读曰率。水经：河水历船司空与渭水会，春秋之渭汭即其地也。趋，七喻翻。裕许之。秦恢武将军姚难自香城引兵而西，香城在渭水之北，清津之口。恢武将军盖姚秦创置。镇恶追之；秦主泓自灞上引兵还屯石桥以为之援，石桥，在长安城洛门东北，有石桥。水经注曰：石桥水南出马岭山，积石据其东，骊山距其西，其水北径郑城西，水上有桥，东去郑城十里，故世以桥名水。三辅黄图曰：洛门，长安城北出东头第一门。镇北将军姚彊与难合兵屯泾上以拒镇恶。泾水出安定泾阳县开头山，东南至阳陵入渭。此泾上在汉京兆阳陵界。镇恶使毛德祖进击，破之，彊死，难奔长安。

东平公赞退屯郑城，太尉裕进军逼之。泓使姚丕守渭桥，胡翼度屯石积，东平公赞屯灞东，泓屯逍遥园。水经注：沈水上承樊川皇子陂，北径长安城西，与昆明池水合。其overflow津东北流，径邓艾祠南，又东分为二水，一水入逍遥园。

镇恶溯渭而上，上，时掌翻。乘蒙冲小舰，行船者皆在舰内；秦人见舰进而无行船者，皆惊以为神。舰，户黯翻。壬戌旦，镇恶至渭桥，令军士食毕，皆持仗登岸，后登者斩。众既登，渭水迅急，舰皆随流，倏忽不知所在。时泓所将尚数万人。将，即亮翻。镇恶谕士卒曰："吾属并家在江南，此为长安北门，去家万里，舟楫、衣粮皆已随流。今进战而胜，则功名俱显；不胜，则骸骨不返，无他岐矣。岐，旁出之道。卿等勉之！"乃身先士卒，先，悉荐翻。众腾踊争进，大破姚丕于渭桥。泓引兵救之，为丕败卒所蹂践，不战而溃；姚谌等皆死，蹂，人九翻。践，慈演翻。谌，氏壬翻。泓单马还宫。镇恶入自平朔门，汉无平朔门，盖长安城北门也，后人改其名耳。泓与姚裕等数百骑逃奔石桥。东平公赞闻泓败，引兵赴之，众皆溃去；胡翼度降于太尉裕。

泓将出降，其子佛念，年十一，言于泓曰："晋人将逞其欲，虽降必不免，不如引决。"降，户江翻。引决，谓自裁也。泓怃然不应。怃，音武，怅也，失意貌。佛念登宫墙自投而死。姚佛念虽不及刘谌，然以童稚之年，气烈如此，亦可尚也。癸亥，泓将妻子、群臣诣镇恶垒门请降，镇恶以属吏。属，之欲翻。城中夷、晋六万馀户，镇恶以国恩抚慰，号令严肃，百姓安堵。

九月，太尉裕至长安，镇恶迎于灞上。裕劳之曰："成吾霸业者卿也！"镇恶再拜谢曰："明公之威，诸将之力，镇恶何功之有！"裕笑曰："卿欲学冯异邪？"谓冯异谦退不伐，而能定关中。镇恶性贪，秦府库盈积，镇恶盗取，不可胜纪；胜，音升。裕以其功大，不问。或谮诸裕曰："镇恶藏姚泓伪辇，将有异志。"裕使人觇之，觇，丑廉翻，又丑艳翻。镇恶剔取其金银，弃辇于垣侧，裕意乃安。

裕收秦彝器、浑仪、土圭、记里鼓、指南车送诣建康。左传：祝佗曰：成王分鲁公以官司、彝器。杜预注：彝器，常用之器。汉武帝时，洛下闳、鲜于妄人、耿寿昌造员仪以考历度。和帝时，贾逵又加黄道。顺帝时，张衡又制浑象，具内外规、黄赤道、南北极，列二十四气、二十八宿、中外星官及日月、五纬，以漏水转之于殿上室内，星中出没，与天相应。其后，吴陆绩造浑象，王蕃制浑仪。旧浑象以二分为一度，凡周七尺三寸半分。张衡更制，以四分为一度，凡周一丈四尺六寸。王蕃以古制局小，星辰稠穊，衡器伤大，难可转移，更制浑象，以三分为一度，凡周天一丈九寸五分分之三。周礼：大司徒以土圭之法测土深，正日景，以求地中。日南则景短多暑，日北则景长多寒，日东则景夕多风，日西则景朝多阴。日至之景，尺有五寸，谓之地中。注云：土圭所以致四时、日月之景也。郑司农云：测土深，谓南北东西之深也。日南，立表处太南，近日也。日北，谓立表处太北，远日也。景夕，谓日昳景乃中，立表处太东，近日也。景朝，谓日未中而景中，立表处大西，远日也。玄谓昼漏半而置土圭，表阴阳，审其南北。景短于土圭，谓之日南，是地于日为近南也。景长于土圭，谓之日北，是地于日为近北也。东于土圭谓之日东，是地于日为近东也。西于土圭谓之日西，是地于日为近西也。如是，则寒暑阴风偏而不和，是未得其所求。凡日景于地千里而差一寸。郑司农又云：土圭之长尺有五寸，以夏至之日立八尺之表，其景适与土圭等，谓之地中。今颍川阳城地为然。晋舆服志：记里鼓车，驾四马，制如司南车。崔豹古今注曰：大章车所以识道里也，起于西京，亦曰记里车。车上有二层，皆有木人，行一里，下层击鼓；行十里，上层击镯。黄帝作指南车。晋舆服志：司南车，一名指南车，驾四马。其下制如楼，三级四角，金龙衔羽葆。刻木为仙人，衣羽衣，立车上，车虽回转，手常南指。大驾出行，为先启之乘。萧子显曰：指南车，四周厢上施屋，指南人衣裙襦天衣在厢中，上四角皆施龙子竿，缘杂色真孔雀毦，乌布皂复幔，漆画轮，驾牛，皆铜校饰。记里鼓车制如指南，上施华盖子，襟衣漆画，鼓机皆在内。浑，户本翻。其馀金玉、缯帛、珍宝，皆以颁赐将士。缯，慈陵翻。秦平原公璞、并州刺史尹昭以蒲阪降，东平公赞帅宗族百馀人诣裕降，降，户江翻。帅，读曰率。裕皆杀之。送姚泓至建康，斩于市。孝武太元九年，姚苌建国，改元白雀，岁在甲申，传三主，三十四年而亡。

裕以薛辩为平阳太守，使镇捍北道。

裕议迁都洛阳。谘议参军王仲德曰："非常之事，固非常人所及，必致骇动。今暴师日久，士卒思归，迁都之计，未可议也。"裕乃止。

羌众十馀万口西奔陇上，沈林子追击至槐里，俘虏万计。姚氏，羌也；姚氏既灭，故羌众西奔。

河西王蒙逊闻太尉裕灭秦，怒甚。门下校郎刘祥入言事，自曹操、孙权置校事司察群臣，谓之校郎，后遂因之。蒙逊置诸曹校郎，如门下校郎、中兵校郎是也。蒙逊曰："汝闻刘裕入关，敢研研然也！"

遂斩之。杨正衡曰：研，五见翻；然有其音而无其义。河西士民乃心晋室。蒙逊胡人，窃据其上，闻裕入关，虑其响应，故斩祥以威众，以镇服其心也。奸雄之喜怒，岂苟然哉！魏书沮渠传作"妍妍"，华人服饰妍靡自喜，故蒙逊云然。妍，读如字，音义皆通，当从魏书。

初，夏王勃勃闻太尉裕伐秦，谓群臣曰："姚泓非裕敌也。且其兄弟内叛，安能拒人！裕取关中必矣。然裕不能久留，必将南归；留子弟及诸将守之，将，即亮翻；下镇将同。吾取之如拾芥耳。"乃秣马砺兵，训养士卒，进据安定，秦岭北郡县镇戍皆降之。裕遣使遗勃勃书，降，户江翻。使，疏吏翻。遗，于季翻。约为兄弟；勃勃使中书侍郎皇甫徽为报书而阴诵之，对裕使者，口授舍人使书之。裕读其文，叹曰："吾不如也！"史言夷豪多权数。

16 广州刺史谢欣卒；东海人徐道期聚众攻陷州城，进攻始兴，始兴相彭城刘谦之讨诛之。诏以谦之为广州刺史。

17 癸酉，司马休之、司马文思、司马国璠、司马道赐、鲁轨、韩延之、刁雍、王慧龙及桓温之孙道度、道子、族人桓谧、桓璲、陈郡袁式等皆诣魏长孙嵩降。姚秦既灭，司马休之等惧为裕所诛，故皆降魏。璠，孚袁翻。雍，于容翻。璲，音遂。降，户江翻。秦匈奴镇将姚成都及弟和都举镇降魏。魏主嗣诏民间得姚氏子弟送平城者赏之。冬，十月，己酉，嗣召长孙嵩等还。司马休之寻卒于魏。卒，子恤翻。魏赐国璠爵淮南公、道赐爵池阳子、鲁轨爵襄阳公。刁雍表求南鄙自效，嗣以雍为建义将军。建义将军，魏以是号宠刁雍，言使之建义以复父兄之雠。雍聚众于河、济之间，济，子礼翻。扰动徐、兖；太尉裕遣兵讨之，不克。雍进屯固山，众至二万。

18 诏进宋公爵为王，增封十郡；辞不受。

19 西秦王炽磐遣左丞相昙达等击秦故将姚艾，艾，秦上邽之镇将。将，即亮翻。艾遣使称藩，使，疏吏翻。炽磐以艾为征东大将军、秦州牧。征王松寿为尚书左仆射。十二年，炽磐遣松寿屯马头以逼秦之上邽；上邽降，故征还。

20 十一月，魏叔孙建等讨西山丁零翟蜀洛支等，平之。西山，魏安州之西山。

21 辛未，刘穆之卒，太尉裕闻之，惊恸哀惋者累日。卒，子恤翻。惋，乌贯翻。始，裕欲留长安经略西北，而诸将佐皆久役思归，多不欲留。将，即亮翻。会穆之卒，裕以根本无托，遂决意东还。还，从宣翻，又如字。

穆之之卒也，朝廷恇惧，恇，音匡，怯也。欲发诏，以太尉左司马徐羡之代之。中军谘议参军张邵曰："今诚急病，任终在徐；然世子无专命，宜须谘之。"裕欲以王弘代穆之。从事中郎谢晦曰："休元轻易，不若羡之。"王弘，字休元。易，以豉翻。乃以羡之为吏部尚书、建威将军、丹杨尹，代管留任。于是朝廷大事常决于穆之者，并悉北谘。

裕以次子桂阳公义真为都督雍·梁·秦三州诸军事、安西将军、领雍·东秦二州刺史。雍，于用翻。义真时年十二。以太尉谘议参军京兆王修为长史，王镇恶为司马、领冯翊太守，沈田子、毛德祖皆为中兵参军，仍以田子领始平太守，德祖领秦州刺史、天水太守，傅弘之为雍州治中从事史。

先是，陇上流户寓关中者，望因兵威得复本土；及置东秦州，时裕未得天水，东秦州即毛德祖所领。或曰，裕置东秦州，使义真兼领。先，悉荐翻。知裕无复西略之意，复，扶又翻；下同。皆叹息失望。

关中人素重王猛，裕之克长安，王镇恶功为多，由是南人皆忌之。沈田子自以峣柳之捷，与镇恶争功不平。裕将还，田子及傅弘之屡言于裕曰："镇恶家在关中，不可保信。"裕曰："今留卿文武将士精兵万人，彼若欲为不善，正足自灭耳。勿复多言。"裕私谓田子曰："钟会不得遂其乱者，以有卫瓘故也。会、瓘事见七十八卷魏元帝咸熙元年。语曰：'猛兽不如群狐，'卿等十馀人，何惧王镇恶！"为沈田子杀王镇恶张本。

臣光曰：古人有言："疑则勿任，任则勿疑。"裕既委镇恶以关中，而复与田子有后言，是斗之使为乱也。惜乎，百年之寇，千里之土，得之艰难，失之造次，造，七到翻。使丰、鄗之都复输寇手。鄗，音浩。荀子曰："兼并易能也，坚凝之难。"信哉！

22 三秦父老闻裕将还，诣门流涕诉曰："残民不沾王化，于今百年，始睹衣冠，人人相贺。长安十陵是公家坟墓，咸阳宫殿是公家室宅，汉高帝长陵、惠帝安陵、文帝霸陵、景帝阳陵、武帝茂陵、昭帝平陵、宣帝杜陵、元帝渭陵、成帝延陵、哀帝义陵、平帝康陵，皆在关中，凡十一陵；言十者，举大数也。长安、咸阳宫殿皆汉故迹。裕，刘氏子孙，故父老以是为言而留之。舍此欲何之乎！"裕为之愍然，为，于伪翻。慰谕之曰："受命朝廷，不得擅留。诚多诸君怀本之志，今以次息次息，犹言次子也。与文武贤才共镇此境，勉与之居。"十二月，庚子，裕发长安，自洛入河，开汴渠而归。汴，音卞。

23 氐豪徐骇奴、齐元子等拥部落三万在雍，遣使请降于魏。雍，于用翻。使，疏吏翻。降，户江翻。魏主嗣遣将军王洛生、河内太守杨声等西行以应之。

24 闰月，壬申，魏主嗣如大宁长川。

25 秦、雍人千馀家推襄邑令上谷寇赞为主以降于魏，赞，秦之襄邑令也。魏主嗣拜赞魏郡太守。久之，秦、雍人流入魏之河南、荥阳、河内者，户以万数，嗣乃置南雍州，以赞为刺史，封河南公，治洛阳；治，直之翻。立雍州郡县以抚之。赞善于招怀，流民归之者，三倍其初。

26 夏王勃勃闻太尉裕东还，大喜，善用兵者观衅而动。问于王买德曰："朕欲取关中，卿试言其方略。"买德曰："关中形胜之地，而裕以幼子守之，狼狈而归，正欲急成篡事耳，不暇复以中原为意。刘裕之心事，崔浩、王买德皆知之。复，扶又翻。此天以关中赐我，不可失也。青泥、上洛，南北之险要，宜先遣游军断之；东塞潼关，断，丁管翻。塞，悉则翻。绝其水陆之路；然后传檄三辅，施以威德，则义真在网罟之中，不足取也。"勃勃败义真取关中，卒如买德之计。罟，音古。勃勃乃以其子抚军大将军璝都督前锋诸军事，帅骑二万向长安，璝，古回翻。帅，读曰率。骑，奇寄翻。前将军昌屯潼关，以买德为抚军右长史，屯青泥，刘裕得洛阳而不能禁寇赞窥伺于其侧，使义真守关中而不能禁夏兵之断潼关、青泥，南归彭城，席未暖而义真败。既弃天下，肉未寒而四镇失，宜也。勃勃将大军为后继。将，即亮翻；下同。

27 是岁，魏都坐大官章安侯封懿卒。坐，徂卧翻。

十四年（戊午、四一八）

1 春，正月，丁酉朔，魏主嗣至平城，命护高车中郎将薛繁帅高车、丁零北略，至弱水而还。魏仿汉置匈奴中郎将之官置护高车中郎将。帅，读曰率。

2 辛巳，大赦。

3 夏赫连璝至渭阳，关中民降之者属路。降，户江翻。属，之欲翻。龙骧将军沈田子将兵拒之，骧，思将翻。畏其众盛，退屯刘回堡，遣使还报王镇恶。镇恶谓王修曰："公以十岁儿付吾属，当共思竭力；而拥兵不进，虏何由得平！"使者还，以告田子。田子与镇恶素有相图之志，由是益忿惧。未几，镇恶与田子俱出北地以拒夏兵，赫连璝已至渭阳，王、沈乌能出北地乎？此言北地者，谓长安以北之地耳。几，居岂翻。军中讹言："镇恶欲尽杀南人，以数十人送义真南还，因据关中反。"辛亥，田子请镇恶至傅弘之营计事；田子求屏人语，屏，必郢翻。使其宗人沈敬仁斩之幕下，矫称受太尉令诛之。弘之奔告刘义真，义真与王修被甲登横门以察其变。横门，长安城北出东头第一门。被，皮义翻。横，音光。俄而田子帅数十人来，言镇恶反，修执田子，数以专戮，斩之；数，所具翻。以冠军将军毛修之代镇恶为安西司马。冠，古玩翻。傅弘之大破赫连璝于池阳，又破之于寡妇渡，按宋白续通典，今庆州北十五里有寡妇山，盖水发源是山，其下流为寡妇渡。斩获甚众，夏兵乃退。

壬戌，太尉裕至彭城，解严。琅邪王德文先归建康。

裕闻王镇恶死，表言"沈田子忽发狂易，奄害忠勋，"狂易，谓病狂而变易其常心。易，如字。追赠镇恶左将军、青州刺史。

以彭城内史刘遵考为并州刺史、领河东太守，镇蒲阪；征荆州刺史刘道怜为徐、兖二州刺史。

裕欲以世子义符镇荆州，以徐州刺史刘义隆为司州刺史，镇洛阳。中军谘议张邵谏曰：谘议，谘议参军也。"储贰之重，四海所系，不宜处外。"处，昌吕翻。乃更以义隆为都督荆·益·宁·雍·梁·秦六州诸军事、西中郎将、荆州刺史，更，工衡翻。雍，于用翻。以南郡太守到彦之为南蛮校尉，张邵为司马、领南郡相，冠军功曹王昙首为长史，冠，古玩翻。昙，徒含翻。北徐州从事王华为西中郎主簿，晋置南徐州于京口，北徐州仍治彭城。到彦之、王昙首、王华辅义隆入立，遂居将相之任。沈林子为西中郎参军。义隆尚幼，府事皆决于邵。昙首，弘之弟也。裕谓义隆曰："王昙首沈毅有器度，宰相才也，汝每事谘之。"沈，持林翻。

以南郡公刘义庆为豫州刺史。义庆，道怜之子也。

裕解司州，领徐、冀二州刺史。

4 秦王炽磐以乞伏木弈干为沙州刺史，镇乐都。乐，音洛。

5 二月，乙弗乌地延帅户二万降秦。

6 三月，遣使聘魏。使，疏吏翻。

7 夏，四月，己巳，魏徙冀、定、幽三州徒河于代都。魏主珪皇始二年克中山，置安州，又立行台以镇抚其民；天兴三年，改曰定州，领中山、常山、钜鹿、博陵、北平、河间、高阳、赵郡。宋白曰：初置安州，寻改定州，以安定天下为名。徒河，盖徒河之民从慕容入中国留居三州者，魏人因谓之徒河。

8 初，和龙有赤气四塞蔽日，塞，悉则翻。自寅至申，燕太史令张穆言于燕王跋曰："此兵气也。今魏方强盛，而执其使者，谓留于什门也，事见一百十六卷义熙十年。好命不遒，臣窃惧焉。"好，呼到翻。跋曰："吾方思之。"五月，魏主嗣东巡，至濡源及甘松，濡，乃官翻。遣征东将军长孙道生、安东将军李先、给事黄门侍郎奚观帅精骑二万袭燕，观，古玩翻。帅，读曰率。骑，奇寄翻。又命骁骑将军延普、幽州刺史尉诺自幽州引兵趋辽西，为之声势，魏书官氏志，内入诸姓可地延氏为延氏。骁，坚尧翻。西方尉迟氏，后改为尉氏。尉，音郁。嗣屯突门岭以待之。道生等拔乙连城，进攻和龙，与燕单于右辅古泥战，破之，义熙七年，跋置单于四辅。单，音蝉。杀其将皇甫轨。将，即亮翻。燕王跋婴城自守，魏人攻之，不克，掠其民万馀家而还。还，从宣翻，又如字。

9 六月，太尉裕始受相国、宋公、九锡之命，十二年命下，至是乃受。赦国中殊死以下，崇继母兰陵萧氏为太妃，以太尉军谘祭酒孔靖为宋国尚书令，左长史王弘为仆射，领选，选，须绢翻。从事中郎傅亮、蔡廓皆为侍中，谢晦为右卫将军，右长史郑鲜之为奉常，行参军殷景仁为秘书郎，其馀百官，悉依天朝之制。朝，直遥翻；下同。靖辞不受。亮，咸之孙；傅咸仕于武、惠之间，以直显。廓，谟之曾孙；蔡谟历事成、康、穆三朝，出蕃入辅，皆有声绩。鲜之，浑之玄孙；郑浑见六十六卷汉献帝建安十七年。景仁，融之曾孙也。殷融见九十四卷成帝咸和三年。景仁学不为文，敏有思致；思，相吏翻。口不谈义，深达理体；至于国典、朝仪、旧章、记注，莫不撰录，撰，士免翻。识者知其有当世之志。

10 魏天部大人白马文贞公崔宏疾笃，去年，魏置天地四方六部大人。魏主遣侍臣问病，一夜数返。及卒，诏群臣及附国渠帅皆会葬。渠，大也。卒，子恤翻。帅，所类翻。

11 秋，七月，戊午，魏主嗣至平城。

12 九月，甲寅，魏人命诸州调民租，户五十石，积于定、相、冀三州。魏主珪天兴四年，置相州于邺，领魏、阳平、广平、汲郡、东郡、顿丘、濮阳、清河等郡，冀州所领止长乐、勃海、武邑、章武、乐陵而已。调，徒吊翻。相，息亮翻。

13 河西王蒙逊复引兵伐凉，复，扶又翻；下复归同。凉公歆将拒之，左长史张体顺固谏，乃止。蒙逊芟其秋稼而还。芟，所衔翻。

歆遣使来告袭位。冬，十月，以歆为都督七郡诸军事、镇西大将军、酒泉公。都督敦煌、酒泉、晋兴、建康、凉兴及歆父暠所置会稽、广夏，凡七郡。

14 姚艾叛秦，降河西王蒙逊，姚艾称藩于乞伏，事见上年。降，户江翻。蒙逊引兵迎之。艾叔父儁言于众曰："秦王宽仁有雅度，自可安居事之，何为从河西王西迁！"众咸以为然，乃相与逐艾，推儁为主，复归于秦。秦王炽磐征儁为侍中、中书监，赐【章：甲十一行本"赐"上有"征南将军"四字；乙十一行本同；孔本同；退斋校同。】爵陇西公，以左丞相昙达为都督洮·罕以东诸军事、征东大将军、秦州牧，镇南安。洮、罕，谓临洮、枹罕也。昙，徒含翻。洮，土刀翻。

15 刘义真年少，少，诗照翻。赐与左右无节，王修每裁抑之。左右皆怨，谮修于义真曰："王镇恶欲反，故沈田子杀之。修杀田子，是亦欲反也。"义真信之，使左右刘乞等杀修。

修既死，人情离骇，莫相统壹。义真悉召外军入长安，外军，谓屯蒲阪以捍魏、屯渭北以捍夏之军也。闭门拒守。关中郡县悉降于夏。赫连璝夜袭长安，不克。降，户江翻。璝，古回翻。夏王勃勃进据咸阳，长安樵采路绝。

宋公裕闻之，使辅国将军蒯恩如长安，召义真东归；蒯，苦怪翻。以相国右司马朱龄石为都督关中诸军事、右将军、雍州刺史，代镇长安。晋先置雍州于襄阳；此为北雍州。雍，于用翻。裕谓龄石曰："卿至，可敕义真轻装速发，既出关，然可徐行。"然"下当有"后"字。若关右必不可守，可与义真俱归。"又命中书侍郎朱超石慰劳河、洛。劳，力到翻。

十一月，龄石至长安。义真将士贪纵，大掠而东，将，即亮翻。多载宝货、子女，方轨徐行。雍州别驾韦华奔夏。韦华本姚氏臣也，裕用为雍州别驾。赫连璝帅众三万追义真；建威将军傅弘之曰："公处分亟进；今多将辎重，帅，读曰率。处，昌吕翻。分，扶问翻。重，直用翻。一日行不过十里，虏追骑且至，骑，奇寄翻；下同。何以待之！宜弃车轻行，乃可以免。"义真不从。俄而夏兵大至，傅弘之、蒯恩断后，断，丁管翻。力战连日。至青泥，晋兵大败，弘之、恩皆为王买德所禽；买德先屯青泥，故二将为所邀而见禽。司马毛修之与义真相失，亦为夏兵所禽。义真行在前，会日暮，夏兵不穷追，故得免；左右尽散，独逃草中。中兵参军段宏单骑追寻，缘道呼之，义真识其声，出就之，曰："君非段中兵邪？身在此，行矣！晋人多自称为身。必不两全，可刎身头以南，使家公望绝。"魏、晋之间，凡人子者称其父曰家公，人称之曰尊公。刎，扶粉翻。宏泣曰："死生共之，下官不忍。"乃束义真于背，单马而归。义真谓宏曰："今日之事，诚无算略；然丈夫不经此，何以知艰难！"

夏王勃勃欲降傅弘之，降，户江翻。弘之不屈，【章：甲十一行本“屈”下有“时天寒”三字；乙十一行本同；孔本同；张校同。】勃勃裸之，弘之叫骂而死。裸，郎果翻。勃勃积人头为京观，号曰髑髅台。观，古玩翻。髑，徒谷翻。髅，洛侯翻。长安百姓逐朱龄石，龄石焚其宫殿，奔潼关。义真既大掠长安而归，长安之人固仇视晋人矣。龄石奉宋公之命与义真俱归可也，痴坐长安以待逐，何欤？勃勃入长安，大飨将士，举觞谓王买德曰：“卿往日之言，一期而验，可谓算无遗策。此觞所集，非卿而谁！”以买德为都官尚书，封河阳侯。

龙骧将军王敬先戍曹公垒，曹公垒在潼关，曹操伐韩、马所筑也。骧，思将翻。龄石往从之。朱超石至蒲阪，闻龄石所在，亦往从之。赫连昌攻敬先垒，断其水道；断，丁管翻。众渴，不能战。城且陷，龄石谓超石曰：“弟兄俱死异域，使老亲何以为心！尔求间道亡归，间，古苋翻。我死此，无恨矣。”超石持兄泣曰：“人谁不死，宁忍今日辞兄去乎！”遂与敬先及右军参军刘钦之皆被执送长安，勃勃杀之；被，皮义翻。钦之弟秀之悲泣不欢燕者十年。钦之，穆之之从兄子也。从，才用翻。

宋公裕闻青泥败，未知义真存亡，【章：甲十一行本“亡”下有“怒甚”二字；乙十一行本同；孔本同；退斋校同。】刻日北伐。使裕能复北伐，则闻青泥之败，当投袂而起矣，何待刻日乎！英雄所为，固非常人所测识也。侍中谢晦谏以“士卒疲弊，请俟他年”；不从。晦请俟他年，亦裕所谓识机变者也。郑鲜之之言则异于是。郑鲜之上表，以为：“虏闻殿下亲征，必并力守潼关。径往攻之，恐未易可克；易，以豉翻。若舆驾顿洛，则不足上劳圣躬。且虏虽得志，不敢乘胜过陕者，犹摄服大威，陕，失冉翻。摄，读曰慑。为将来之虑故也。若造洛而反，虏必更有揣量之心，或益生边患。造，七到翻。揣，初委翻。量，音良。况大军远出，后患甚多。昔岁西征，刘钟狼狈；谓十一年盗袭冶亭时也。去年北讨，广州倾覆；谓徐道期陷广州也。

既往之效，后来之鉴也。今诸州大水，民食寡乏，三吴群盗攻没诸县，皆由困于征役故也。江南士庶，引领颙颙颙，鱼容翻。以望殿下之返旆，闻更北出，不测浅深之谋，往还之期，臣恐返顾之忧更在腹心也。若虑西虏更为河、洛之患者，宜结好北虏；北虏亲则河南安，北虏，魏也。好，呼到翻。河南安则济、泗静矣。"济，子礼翻。会得段宏启，知义真得免，裕乃止，但登城北望，慨然流涕而已。降义真为建威将军、司州刺史；以段宏为宋台黄门郎、领太子右卫率。率，所律翻。裕以天水太守毛德祖为河东太守，代刘遵考守蒲阪。裕虽知德祖善守而用之，然人心已摇，宜其不能固也。为下德祖弃蒲阪张本。

16 夏王勃勃筑坛于灞上，即皇帝位，改元昌武。

17 西秦王炽磐东巡；十二月，徙上邽民五千馀户于枹罕。枹，音肤。

18 彗星出天津，入太微，经北斗，络紫微，晋书天文志曰：箕四星，一曰天津，又曰天汉，经尾、箕之间，谓之汉津。太微，天子庭也，在北斗南。紫微十五星，在北斗北。彗，祥岁翻。八十馀日而灭。魏主嗣复召诸儒、复，扶又翻。术士问之曰："今四海分裂，灾咎之应，果在何国？朕甚畏之。卿辈尽言，勿有所隐！"众推崔浩使对，浩曰："夫灾异之兴，皆象人事，人苟无衅，又何畏焉？衅，许觐翻。昔王莽将篡汉，彗星出入，正与今同。汉书天文志曰：哀帝建平二年，彗星出牵牛七十馀日。传曰：彗者，所以除旧布新。牵牛，日、月、五星所从起，三正之始；彗而出之，改更之象也。其后卒有王莽篡国之祸。国家主尊臣卑，民无异望。晋室陵夷，危亡不远；彗之为异，其刘裕将篡之应乎！"众无以易其言。

19 宋公裕以谶云"昌明之后尚有二帝"，晋书帝纪曰：初，简文帝见谶云："晋祚尽昌明。"及孝武帝之在孕也，李太后梦神人，谓之曰："汝生男，以昌明为字。"及产，东方始明，因以为名。简文后悟，乃流涕。又曰：谶云：

"昌明之后有二帝。"裕乃使缢帝而立恭帝，以应二帝云。谶，楚谮翻。乃使中书侍郎王韶之与帝左右密谋鸩帝而立琅邪王德文。德文常在帝左右，饮食寝处，未尝暂离；处，昌吕翻。离，力智翻。韶之伺之经时，不得间。会德文有疾，出居于外。戊寅，韶之以散衣缢帝于东堂。年三十七。伺，相吏翻。间，古苋翻。散，悉亶翻。缢，于赐翻，又于计翻。韶之，廙之曾孙也。廙，王敦之从弟。廙，羊至翻，又逸职翻。裕因称遗诏，奉德文即皇帝位，大赦。

20 是岁，河西王蒙逊奉表称藩，拜凉州刺史。

21 尚书右仆射袁湛卒。

恭皇帝

讳德文，字德文，安帝母弟也。谥法："尊贤贵义"、"敬事供上"、"尊贤敬让"、"爱民长弟"、"执礼御宾"、"芘亲之阙"皆曰恭。长弟，谓顺长接弟；御宾，迎待宾也。

元熙元年（己未、四一九）

1 春，正月，壬辰朔，改元。

2 立琅邪王妃褚氏为皇后；后，裒之曾孙也。褚裒，崇德太后之父。裒，蒲侯翻。

3 魏主嗣畋于犊渚。据北史，犊渚，在柞山，西临河。

4 甲午，征宋公裕入朝，朝，直遥翻。进爵为王；裕辞。

5 癸卯，魏主嗣还平城。

6 庚申，葬安皇帝于休平陵。

7 刺刘道怜司空出镇京口。"刺"者，"敕"字之误也。【章：乙十一行本正作"敕"；张校同；甲十一行本作空格。】"司空"之上又当逸"以"字。

8 夏将叱奴侯提帅步骑二万攻毛德祖于蒲阪，将，即亮翻。帅，读曰率。骑，奇寄翻。阪，音反。德祖不能御，全军归彭城。二月，宋公裕以德祖为荥阳太守，戍虎牢。宋白曰：虎牢，古东虢国，春秋为郑之制邑，汉为成皋县。穆天子传：天子猎于郑，有虎在葭中，七萃之士禽之以献，命畜之东虢，号曰虎牢。后为成皋县，北临黄河。后汉为成皋关，后魏为东中郎将府，唐为汜水县。

9 夏主勃勃征隐士京兆韦祖思。祖思既至，恭惧过甚，勃勃怒曰："我以国士征汝，汝乃以非类遇我！汝昔不拜姚兴，今何独拜我？我在，汝犹不以我为帝王；我死，汝曹弄笔，当置我于何地邪！"遂杀之。勃勃之杀祖思，虐矣。然祖思之恭惧过甚，勃勃以为薄己而杀之，则勃勃为有见，而祖思为无所守也。

群臣请都长安。勃勃曰："朕岂不知长安历世帝王之都，沃饶险固！然晋人僻远，终不能为吾患。魏与我风俗略同，土壤邻接，自统万距魏境裁百馀里，朕在长安，统万必危；若在统万，魏必不敢济河而西。诸卿适未见此耳。"皆曰："非所及也。"使勃勃常在，犹云可也；勃勃死，则统万为魏有。古人所以贻厥子孙者，固有道也。乃于长安置南台，以赫连璝领大将军、雍州牧、录南台尚书事；璝，工回翻。雍，于用翻。勃勃还统万，大赦，改元真兴。

勃勃性骄虐，视民如草芥。常居城上，置弓剑于侧，有所嫌忿，手自杀之。群臣迕视者凿其目，索隐曰：迕者，逆也。迕，五故翻。笑者决其唇，谏者先截其舌而后斩之。

10 初，司马楚之奉其父荣期之丧归建康，荣期死见一百一十四卷安帝义熙二年。会宋公称【章：甲十一行本"称"作"裕"；乙十一行本同；孔本同。】诛翦宗室之有才望者，楚之叔父宣期、兄贞之皆死，楚之亡匿竟陵蛮中。及从祖休之自江陵奔秦，休之，宣帝弟魏中郎进之六世孙，楚之，宣帝弟太常馗之八世孙，故休之于楚之为从祖。休之奔秦见上卷义熙十一年。从，才用翻。楚之亡之汝、颍间，聚众以谋复雠。楚之少有英气，能折节下士，少，诗照翻。折，而设翻。下，遐稼翻。有众万馀，屯据长社。裕使刺客沐谦往刺之。沐，莫卜翻，姓也。

风俗通：汉有东平太守沐宠，蜀本作“沭”，音述，非也。楚之待谦甚厚。谦欲发，未得间，乃夜称疾，知楚之必往问疾，因欲刺之。间，古苋翻。刺，七亦翻。楚之果自赍汤药往视疾，情意勤笃，谦不忍发，乃出匕首于席下，以状告之曰：“将军深为刘裕所忌，愿勿轻率以自保全。”遂委身事之，为之防卫。

王镇恶之死也，沈田子杀其兄弟七人，唯弟康得免，逃就宋公裕于彭城，裕以为相国行参军。晋制：诸公府置诸曹参军，又有正参军、行参军、长兼行参军等员。康求还洛阳视母；会长安不守，康纠合关中徙民，得百许人，驱帅侨户七百馀家，共保金墉城。帅，读曰率；下同。时宗室多逃亡在河南，有司马文荣者，帅乞活千馀户屯金墉城南；惠帝时，并州饥荒，其吏民随东燕王腾东下，号曰“乞活”。是后流徙逐粮者亦曰乞活。又有司马道恭，自东垣帅三千人屯城西，按魏收地形志，洛州新安郡有东垣县。注云：二汉、晋属河东；后属（按：此下当有佚文）。参考汉晋志，河东郡有垣县，无东垣。孝武太元十一年，冯该击斩苻丕于东垣，此时已有东垣之名。宋白曰：宋武入洛，更置东垣、西垣二县。新唐书地理志：河南府新安县，高祖武德初析置东垣县。则知东垣在新安界。司马顺明帅五千人屯陵云台，司马楚之屯柏谷坞。魏河内镇将于栗磾游骑在芒山上，将，即亮翻。磾，丁奚翻。骑，奇寄翻。攻逼交至，康坚守六旬。裕以康为河东太守，遣兵救之，平等皆散走。详考上文，未知平等为何人。康劝课农桑，百姓甚亲赖之。

司马顺明、司马道恭及平阳太守薛辩皆降于魏，降，户江翻；下同。魏以辩为河东太守以拒夏人。

11 夏，四月，秦征西将军孔子帅骑五千讨吐谷浑觅地于弱水南，孔子，亦乞伏氏也。禹贡：导弱水至于合黎，馀波入于流沙。地志云：弱水出删丹县，亦谓之张掖河。合黎在酒泉会水县东北。流沙，张掖居延县东北之居延泽是也。曾氏曰：弱水出穷谷。大破之，觅地帅其众六千降于秦，拜弱水护军。

12 庚辰，魏主嗣有事于东庙，古制，左祖，右社。魏建宗庙于平城宫之东，因曰东庙。杜佑曰：明元永兴四年，立太祖道武庙于白登山，岁一祭，无常月；又于白登西太祖旧游之处立昭成、献明、太祖庙，常以九月、十月之交亲祀焉。则东庙者，白登山庙也；以山西又有庙，故以此为东庙。助祭者数百国；辛巳，南巡至雁门。五月，庚寅朔，魏主嗣观渔于灅水；己亥，还平城。灅，力水翻。

13 凉公歆用刑过严，又好治宫室，好，呼到翻。治，直之翻。从事中郎张显上疏，以为："凉土三分，谓李氏、沮渠、乞伏也。势不支久。兼并之本，在于务农；怀远之略，莫如宽简。今入岁已来，阴阳失序，风雨乖和；是宜减膳彻悬，古者，天子膳用六牲，具马、牛、羊、犬、豕、鸡。诸侯膳用三牲。悬，乐悬也，天子宫悬，诸侯轩悬。大荒，大札，天地有烖，国有大故，则减膳彻乐。穀梁传曰：五谷不升为天饥。一谷不升谓之嗛，二谷不升谓之饥，三谷不升谓之馑，四谷不升谓之康，五谷不升谓之大侵。大侵之礼，君食不兼味，台榭不涂，弛侯廷道不除，百官布而不祭，鬼神祷而不祀。白虎通曰：一谷不升彻鹑、鷃，二谷不升彻凫、雁，三谷不升彻雉、兔，四谷不升损囿兽，五谷不升不备三牲。侧身修道，而更繁刑峻法，缮筑不止，殆非所以致兴隆也。昔文王以百里而兴，二世以四海而灭，周文王兴于岐周，地方百里。秦二世承始皇之后，奄有四海，卒以灭亡。前车之轨，得失昭然。太祖以神圣之姿，为西夏所推，左取酒泉，右开西域。李暠庙号太祖。为西夏所推，事见一百一十二卷安帝隆安四年；取酒泉，见五年；开西域，亦见四年。夏，户雅翻。殿下不能奉承遗志，混壹凉土，侔踪张后，张后，谓张轨及其子若孙也。将何以下见先王乎！沮渠蒙逊，胡夷之杰，内修政事，外礼英贤，攻战之际，身均士卒；百姓怀之，乐为之用。沮，子馀翻。乐，音洛。臣谓殿下非但不能平殄蒙逊，亦惧蒙逊方为社稷之忧。”歆览之，不悦。

主簿氾称上疏谏曰：氾，音凡。“天之子爱人主，殷勤至矣；故政之不修，下灾异以戒告之，改者虽危必昌，不改者虽安必亡。元年，三月，癸卯，敦煌谦德堂陷；张骏据河西，起谦光殿于姑臧。自谓专制一方，而事晋不改臣节，虽谦而光也。李暠得敦煌，亦称藩于晋，起谦德堂，其志犹张氏也。敦煌，徒门翻。八月，效谷地裂；二年，元日，昏雾四塞；四月，日赤无光，二旬乃复；十一月，狐上南门；今兹春、夏，地频五震；六月，陨星于建康。臣虽学不稽古，行年五十有九，请为殿下略言耳目之所闻见，不复能远论书传之事也。塞，悉则翻。上，时掌翻。为，于伪翻。不复，扶又翻。传，直恋翻。乃者咸安之初，西平地裂，狐入谦光殿前；俄而秦师奄至，都城不守。咸安，简文帝年号。凉土以姑臧为都城。孝武太元元年，秦入姑臧，盖地裂、狐入在咸安之初，而其应在太元之初也。梁熙既为凉州，不抚百姓，专为聚敛，敛，力赡翻。建元十九年，姑藏南门崩，陨石于闲豫堂；明年为吕光所杀。太元元年，秦主坚建元之十二年也。坚以梁熙镇凉州。建元十九年，坚败于淮南，晋太元之八年也。明年，吕光杀梁熙。段业称制此方，三年之中，地震五十馀所；既而先王龙兴于瓜州，瓜州，敦煌郡也。考之晋志，张氏置沙州于敦煌，未尝置瓜州。又考之唐志，沙洲敦煌郡，本瓜州，武德五年曰西沙州，贞观七年曰沙州。瓜州晋昌郡，武德五年析沙州之常乐置。盖李暠兴于敦煌，自称秦、凉二州牧，其后迁于酒泉，以敦煌为瓜州；至唐复以敦煌为沙州，以晋昌为瓜州，而瓜州分为二州矣。蒙逊篡弑于张掖。此皆目前之成事，殿下所明知也。效谷，先王鸿渐之地；暠自效谷令得敦煌，遂有七郡，故云然。易所谓鸿渐者，鸿，水鸟也，自水而渐于干，又渐于磐，又渐于陆，又渐于木：自下而进，渐升而上也。谦德，即尊之室；基陷地裂，大凶之征也。日者，太阳之精，中国之象；赤而无光，中国将衰。谚曰：谚，音彦。'野兽入家，主人将去。'狐上南门，亦变异之大者也。今蛮夷益盛，中国益微。愿殿下亟罢宫室之役，止游畋之娱，延礼英俊，爱养百姓，以应天变、防未然。"歆不从。

14 秋，七月，宋公裕始受进爵之命。八月，移镇寿阳，以度支尚书刘怀慎为督淮北诸军事、徐州刺史，镇彭城。曹魏文帝置度支尚书，掌军国支计；晋因之。度，徒洛翻。

15 辛未，魏主嗣东巡；甲申，还平城。

16 九月，宋王裕自解扬州牧。

17 秦左卫将军匹达等将兵讨彭利和于漒川，大破之，利和单骑奔仇池；获其妻子，徙羌豪三千户于枹罕，漒川羌三万馀户皆安堵如故。冬，十月，以尚书右仆射王松寿为益州刺史，镇漒川。漒，其良翻。骑，奇寄翻。枹，音肤。

18 宋王裕以河南萧条，乙酉，徙司州刺史义真为扬州刺史，镇石头。萧太妃谓裕曰："道怜汝布衣兄弟，宜用为扬州。"裕曰："寄奴于道怜，岂有所惜！裕，小字寄奴。道怜，萧太妃所生也。扬州根本所寄，事务至多，非道怜所了。"太妃曰："道怜年出五十，岂不如汝十岁儿邪？"裕曰："义真虽为刺史，事无大小，悉由寄奴。道怜年长，不亲其事，于听望不足。"听望，犹言观听也。长，知两翻。太妃乃无言。道怜性愚鄙而贪纵，故裕不肯用。

19 十一月，丁亥朔，日有食之。

20 十二月，癸亥，魏主嗣西巡至云中，从君子津西渡河，大猎于薛林山。按魏书帝纪：薛林山在屋窦城西。

21 辛卯，宋王裕加殊礼，进王太妃为太后，世子为太子。

聂崇岐标点王崇武覆校

资治通鉴卷第一百一十九

端明殿学士兼翰林侍读学士朝散大夫右谏议大夫充集贤殿修撰提举西京嵩山崇福宫上柱国河内郡开国侯食邑一千八百户食实封六百户赐紫金鱼袋臣 司马光 奉敕编集

后学天台 胡三省 音注

宋纪一 起上章涒滩（庚申），尽昭阳大渊献（癸亥），凡四年。刘氏世居彭城，彭城于春秋之时宋土也，故帝之始建国号曰宋。

高祖武皇帝 讳裕，字德舆，小字寄奴，姓刘氏，彭城县绥德里人，汉楚元王交二十一世孙也。彭城，楚都，故苗裔家焉。晋氏东迁，刘氏移居晋陵丹徒之京口里。

永初元年，（庚申、四二〇）是年六月改元。

1 春，正月，己亥，魏主还宫。晋有天下，通鉴于魏主率兼书名；是年，宋受禅，始改书用列国之例。

2 秦王炽磐立其子乞伏【章：甲十六行本无上二字；乙十一行本同；孔本同；退斋校同；熊校同。】暮末为太子，炽，昌志翻。考异曰：晋书作"慕末"，宋书作"乞佛茂蔓"。今从崔鸿十六国春秋。仍领抚军大将军、都督中外诸军事，大赦，改元建弘。

3 宋王欲受禅而难于发言，乃集朝臣宴饮，此宋朝之臣也。朝，直遥翻。从容言曰：从，千容翻。"桓玄篡位，鼎命已移。我首唱大义，兴复帝室，南征北伐，平定四海，功成业著，遂荷九锡。荷，下可翻。今年将衰暮，崇极如此，物忌盛满，非可久安；今欲奉还爵位，归老京师。"群臣惟盛称功德，莫谕其意。

日晚，坐散。坐，徂卧翻。中书令傅亮还外，乃悟，而宫门已闭，亮叩扉请见，见，贤遍翻。王即开门见之。亮入，但曰："臣暂宜还都。"王解其意，无复他言，解，户买翻，晓也。复，扶又翻。直云："须几人自送？"亮曰："数十人可也。"即时奉辞。亮出，已夜，见长星竟天，拊髀叹曰："我常不信天文，今始验矣。"长星所以除旧布新，故云然。亮至建康，夏，四月，征王入辅。王留子义康为都督豫·司·雍·并四州诸军事、豫州刺史，镇寿阳。豫州，后汉治谯；魏治汝南安成；晋平吴，治陈国；江左治寿阳、芜湖、邾城、牛渚、历阳、马头、寿春、姑孰，不常厥居。安帝之末，帝欲开拓河南，绥定豫土，割扬州大江以西、大雷以北，悉属豫州；豫州基址，因此而立。帝既平关、洛，置司州刺史，治虎牢，领河南、荥阳、弘农实土三郡，河内、东京兆二侨郡，雍州仍侨治襄阳。秦、并州刺史镇蒲阪，毛德祖既自蒲阪退屯虎牢，则并州当寄治虎牢也。雍，于用翻。义康尚幼，以相国参军南阳刘湛为长史，决府、州事。府、州，都督府及豫州也。湛自弱年即有宰物之情，常自比管、葛，谓管仲、诸葛亮也。博涉书史，不为文章，不喜谈议。喜，许记翻。王甚重之。

4 五月，乙酉，魏更谥宣武帝曰道武帝。魏主嗣永兴二年，谥父珪曰宣武皇帝。更，古衡翻。

5 魏淮南公司马国璠、池阳子司马道赐谋外叛，司马文思告之。庚戌，魏主杀国璠、道赐，赐文思爵郁林公。国璠等降魏见上卷晋安帝义熙十三年。璠，孚袁翻。国璠等连引平城豪桀，坐族诛者数十人，章安侯封懿之子玄之当坐。魏主以玄之燕朝旧族，慕容廆兴于昌黎，封氏依之，遂世仕于燕，贵显。欲宥其一子。玄之曰："弟子磨奴早孤，乞全其命。"乃杀玄之四子而宥磨奴。

6 六月，壬戌，王至建康。傅亮讽晋恭帝禅位于宋，具诏草呈帝，使书之。帝欣然操笔，谓左右曰："桓玄之时，晋氏已无天下，重为刘公所延，将二十载；晋安帝元兴三年裕讨桓玄，至是凡十七年。操，千高翻。重，直龙翻。载，子亥翻。今日之事，本所甘心。”遂书赤纸为诏。

甲子，帝逊于琅邪第，百官拜辞，秘书监徐广流涕哀恸。晋武帝泰始元年受禅，岁在乙酉；建兴四年，长安陷，岁在丙子；凡五十二年。次年，元帝建号于江东，改元建武，至是年岁在庚申，凡一百单三年。西、东享国共一百五十七年而亡。

丁卯，王为坛于南郊，即皇帝位。礼毕，自石头备法驾入建康宫。徐广又悲感流涕，侍中谢晦谓之曰："徐公得无小过！"广曰："君为宋朝佐命，朝，直遥翻。身是晋室遗老，悲欢之事，固不可同。"广，邈之弟也。徐邈为晋孝武所亲重。

帝临太极殿，大赦，改元。其犯乡论清议，一皆荡涤，与之更始。犯乡论清议，盖得罪于名教者。更，工衡翻。

裴子野论曰：昔重华受终，四凶流放；书：尧使舜嗣位，正月上日，受终于文祖；流共工于幽州，放驩兜于崇山，窜三苗于三危，殛鲧于羽山，四罪而天下咸服。重，直龙翻。武王克殷，顽民迁洛。武王克殷，迁顽民于洛邑。天下之恶一也，乡论清议，除之，过矣！

7 奉晋恭帝为零陵王；优崇之礼，皆仿晋初故事，即宫于故秣陵县，沈约曰：秣陵县本治去京邑六十里，今故治村是也，晋安帝义熙九年，移治京邑，在斗场。恭帝元熙元年，省扬州禁防参军，县移治其处。使冠军将军刘遵考将兵防卫。冠，五玩翻。将，即亮翻。降褚后为王妃。

追尊皇考为孝穆皇帝，皇妣赵氏为孝穆皇后；尊王太后萧氏为皇太后。帝父翘娶赵氏，生帝而殂，继室以萧氏。上事萧太后素谨，及即位，春秋已高，每旦入朝太后，朝，直遥翻。未尝失时刻。

诏晋氏封爵，当随运改，独置始兴、庐陵、始安、长沙、康乐五公，降爵为县公及县侯，始兴、庐陵、始安、长沙皆郡公，独康乐县公耳。据南史，降始兴郡公为华容县公，庐陵公为柴桑县公，始安公为荔浦县侯，长沙公为醴陵县侯。乐，音洛。以奉王导、谢安、温峤、陶侃、谢玄之祀，其宣力义熙、豫同艰难者，一仍本秩。

庚午，以司空道怜为太尉，封长沙王。追封司徒道规为临川王，以道怜子义庆袭其爵。其馀功臣徐羡之等，增位进爵各有差。

追封刘穆之为南康郡公，王镇恶为龙阳县侯。上每叹念穆之，曰："穆之不死，当助我治天下。治，直之翻。可谓'人之云亡，邦国殄瘁'！"诗瞻卬之辞。瘁，秦醉翻。又曰："穆之死，人轻易我。"易，以豉翻。

立皇子桂阳公义真为庐陵王，彭城公义隆为宜都王，义康为彭城王。

己卯，改泰始历为永初历。以元改历。

8 魏主如翳犊山，遂至冯卤池。据北史，翳犊山在平城之西，五原之东。冯卤池即五原盐池，唐属盐州界。卤，龙五翻。闻上受禅，驿召崔浩告之曰："卿往年之言验矣，浩言见上卷晋安帝义熙十四年。朕于今日始信天道。"

9 秋，七月，丁酉，魏主如五原。

10 甲辰，诏以凉公歆为都督高昌等七郡诸军事、征西大将军、酒泉公；秦王炽磐为安西大将军。炽，昌志翻。

11 交州刺史杜慧度击林邑，大破之，林邑屡为寇，故慧度击之。所杀过半。林邑乞降，前后为所钞掠者皆遣还。降，户江翻。钞，楚交翻。慧度在交州，为政纤密，一如治家，治，直之翻。吏民畏而爱之；城门夜开，道不拾遗。

12 己【章：甲十六行本"己"作"丁"；乙十一行本同；孔本同；张校同。】未，魏主如云中。

13 河西王蒙逊欲伐凉，先引兵攻秦浩亹；浩亹，音告门。既至，潜师还屯川岩。

凉公歆欲乘虚袭张掖；宋繇、张体顺切谏，不听。太后尹氏谓歆曰："汝新造之国，地狭民希，自守犹惧不足，何暇伐人！先王临终，李暠卒见上卷晋安帝义熙十三年。殷勤戒汝，深慎用兵，保境宁民，以俟天时。言犹在耳，奈何弃之！蒙逊善用兵，非汝之敌，数年以来，常有兼并之志。汝国虽小，足为善政，修德养民，静以待之。彼若昏暴，民将归汝；若其休明，休，美也。汝将事之；岂得轻为举动，侥冀非望！以吾观之，非但丧师，丧，息浪翻。殆将亡国！"亦不听。宋繇叹曰："今兹大事去矣！"

歆将步骑三万东出。将，即亮翻。骑，奇寄翻。蒙逊闻之曰："歆已入吾术中；然闻吾旋师，必不敢前。"乃露布西境，云已克浩亹，将进攻黄谷。此露布非必建之漆竿，如魏、晋告捷之制，但露檄布言其事耳。歆闻之，喜，进入都渎涧。蒙逊引兵击之，战于怀城，歆大败。或劝歆还保酒泉。歆曰："吾违老母之言以取败，不杀此胡，何面目复见我母！"复，扶又翻。遂勒兵战于蓼泉，为蒙逊所杀。歆弟酒泉太守翻、新城太守预、领羽林右监密、左将军眺、右将军亮西奔敦煌。敦，徒门翻。

蒙逊入酒泉，安帝隆安四年，李暠据敦煌，凡二主，二十一年而灭。禁侵掠，士民安堵。以宋繇为吏部郎中，委之选举；凉之旧臣有才望者，咸礼而用之。以其子牧犍为酒泉太守。犍，居言翻。守，式又翻。敦煌太守李恂，翻之弟也，与翻等弃敦煌奔北山。蒙逊以索嗣之子元绪行敦煌太守。索嗣死事见一百十一卷晋安帝隆安四年。索，昔各翻。

蒙逊还姑臧，见凉太后尹氏而劳之。尹氏曰："李氏为胡所灭，知复何言！"蒙逊，张掖卢水胡也。劳，力到翻。复，扶又翻；下可复同。或谓尹氏曰："今母子之命在人掌握，奈何傲之！且国亡子死，曾无忧色，何也？"尹氏曰："存亡死生，皆有天命，奈何更如凡人，为儿女子之悲乎！吾老妇人，国亡家破，岂可复惜馀生，为人臣妾乎！惟速死为幸耳。"蒙逊嘉而赦之，娶其女为牧犍妇。

14 八月，辛未，追谥妃臧氏为敬皇后。癸酉，立王太子义符为皇太子。

15 闰月，壬午，诏晋帝诸陵悉置守卫。

16 九月，秦振武将军王基等袭河西王蒙逊胡园戍，俘二千馀人而还。还，从宣翻，又如字。

17 李恂在敦煌有惠政；索元绪粗险好杀，大失人和。好，呼到翻。郡人宋承、张弘密信招恂。冬，恂帅数十骑入敦煌，元绪东奔凉兴。凉兴郡在唐瓜州常乐县界。帅，读曰率。承等推恂为冠军将军、凉州刺史，冠，古玩翻。改元永建。河西王蒙逊遣世子政德攻敦煌，恂闭城不战。

18 十二月，丁亥，杏城羌酋狄温子帅三千馀家降魏。背夏降魏也。酋，慈由翻。帅，读曰率。降，户江翻。

19 是岁，魏姚夫人卒，追谥昭哀皇后，姚夫人归魏见一百十七卷晋安帝义熙十一年。

二年（辛酉、四二一）

1 春，正月，辛酉，上祀南郊，大赦。

裴子野论曰：夫郊祀天地，修岁事也；赦彼有罪，夫何为哉！

2 以扬州刺史庐陵王义真为司徒，尚书仆射徐羡之为尚书令、扬州刺史，中书令傅亮为尚书仆射。

3 辛未，魏主嗣行如公阳。

4 河西王蒙逊帅众二万攻李恂于敦煌。

5 秦王炽磐遣征北将军木弈干、辅国将军元基攻上邽，遇霖雨而还。

6 三月，甲子，魏阳平王熙卒。

7 魏主发代都六千人筑苑，东包白登，周三十馀里。

8 河西王蒙逊筑堤壅水以灌敦煌；李恂乞降，不许。恂将宋承等举城降，恂自杀。蒙逊屠其城，获恂弟子宝，囚于姑臧。李氏灭矣。李宝卒以此开有唐之基。天之所启，谁能废之！于是西域诸国皆请□□【章：甲十一行本"请"作"诣"，空格作"蒙逊"二字；乙十一行本同；孔本同；熊校同。】称臣朝贡。将，即亮翻。朝，直遥翻。

9 夏，四月，己卯朔，诏所在淫祠自蒋子文以下皆除之；其先贤及以勋德立祠者，不在此例。

10 吐谷浑王阿柴遣使降秦，使，疏吏翻。降，户江翻。秦王炽磐以阿柴为征西大将军，开府仪同三司、安州牧、白兰王。秦盖以吐谷浑之地为安州。

11 六月，乙酉，魏主北巡至蟠羊山；蟠羊山在参合陂东。秋，七月，西巡至河。

12 河西王蒙逊遣右卫将军沮渠鄯善、建节将军沮渠苟生帅众七千伐秦。秦王炽磐遣征北将军木弈干等帅步骑五千拒之，败鄯善等于五涧，五涧在洪池岭北。水经注：五涧水出姑臧城东而西，北流注马城河。败，补迈翻。虏苟生，斩首二千而还。

13 初，帝以毒酒一罂罂，于耕翻，瓦器也。授前琅邪郎中令张伟，使鸩零陵王，伟叹曰："鸩君以求生，不如死！"乃于道自饮而卒。卒，子恤翻。伟，卲之兄也。初，帝领扬州，辟卲为僚属。太常褚秀之、侍中褚淡之，皆王之妃兄也，王每生男，帝辄令秀之兄弟方便杀之。方便者，随宜处分，不令其事彰露也。王自逊位，深虑祸及，与褚妃共处一室，处，昌吕翻。自煮食于床前，饮食所资，皆出褚妃，故宋人莫得伺其隙。伺，相吏翻。九月，帝令淡之与兄右卫将军叔度往视妃，妃出就别室相见。兵人逾垣而入，进药于王。王不肯饮，曰："佛教，自杀者不复得人身。"兵人以被掩杀之。复，扶又翻。考异曰：宋本纪，"九月己丑，零陵王薨"；晋本纪，"九月丁丑"；据长历，九月丙午朔，无己丑、丁丑，今不书日。帝帅百官临于朝堂三日。自是之后，禅让之君，罕得全矣。帅，读曰率。临，力鸩翻。朝，直遥翻。

14 庚戌，魏主还宫。

15 冬，十月，己亥，诏以河西王蒙逊为镇军大将军、开府仪同三司、凉州刺史。

16 己亥，魏主如代。

17 十一月，辛亥，葬晋恭帝于冲平陵，帝帅百官瞻送。

18 十二月，丙申，魏主西巡，至云中。

19 秦王炽磐遣征西将军孔子等帅骑二万击契汗秃真于罗川。契，欺讫翻。汗，音寒。

20 河西王蒙逊所署晋昌太守唐契据郡叛，蒙逊遣世子政德讨之。契，瑶之子也。唐瑶见一百十一卷晋安帝隆安四年。

21 上之为宋公也，谢瞻为宋台中书侍郎，其弟晦为右卫将军。时晦权遇已重，自彭城还都迎家，上为宋公，建宋台于彭城。宾客辐凑，门巷填咽。瞻在家惊骇，谓晦曰："汝名位未多，而人归趣乃尔！趣，七喻翻。吾家素以恬退为业，不愿干豫时事，交游不过亲朋。而汝遂势倾朝野，朝，直遥翻。此岂门户之福邪！"乃以篱隔门庭曰："吾不忍见此。"及还彭城，言于宋公曰："臣本素士，父祖位不过二千石。瞻、晦，晋太常谢裒之玄孙，于谢安为从孙，是其高曾与谢安同其所自出，但名位不及耳。弟年始三十，志用凡近，荣冠台府，冠，古玩翻。位任显密。福过灾生，其应无远，特乞降黜，以保衰门。"前后屡陈之。晦或以朝廷密事语瞻，语，牛倨翻。瞻故向亲旧陈说，用为戏笑，以绝其言。及上即位，晦以佐命功，位任益重，瞻愈忧惧。是岁，瞻为豫章太守，遇病不疗。临终，遗晦书曰："吾得启体幸全，亦何所恨！遗，于季翻。曾子有疾，召门弟子曰："启予足，启予手。诗云：'战战兢兢，如临深渊，如履薄冰，'而今而后，吾知免夫，小子！"孔子曰："身体发肤，受之父母，不敢毁伤。父母全而生之，子全而归之。"弟思自勉励，为国为家。"居宠思危，谢瞻有焉。为谢晦杀身亡家张本。为，于伪翻。

三年（壬戌、四二二）

1 春，正月，甲辰朔，魏主自云中西巡，至屋窦城。据北史，屋窦城在薛林山东。

2 癸丑，以徐羡之为司空、录尚书事，刺史如故。江州刺史王弘为卫将军、开府仪同三司；中领军谢晦为领军将军兼散骑常侍，入直殿省，总统宿卫。散，悉亶翻。骑，奇寄翻。徐羡之起自布衣，徐羡之为桓修抚军中兵参军，与帝同府，深相亲结；及起义兵，益见亲任。又无术学，直以志力局度，一旦居廊庙，朝野推服，咸谓有宰臣之望。沈密寡言，不以忧喜见色；朝，直遥翻。沈，持林翻。见，贤遍翻。颇工奕棋，观戏，常若未解，解，户买翻，晓也。当世倍以此推之。傅亮、蔡廓常言："徐公晓万事，安异同。"尝与傅亮、谢晦宴聚，亮、晦才学辩博，羡之风度详整，时然后言。郑鲜之叹曰："观徐、傅言论，不复以学问为长。"复，扶又翻。

3 秦征西将军孔子等大破契汗秃真，契，欺讫翻。汗音寒。秃，吐谷翻。获男女二万口，牛羊五十馀万头。秃真帅骑数千西走，其别部树奚帅户五千降秦。帅，读曰率。降，户江翻。

4 二月，丁丑，诏分豫州淮以东为南豫州，治历阳，以彭城王义康为刺史。义熙之初，帝欲开拓河南，绥定豫土，至九年，割扬州大江以西、大雷以北悉属豫州。至是，以淮西之地为北豫州，治汝南。沈约志，南豫州领历阳、南谯、庐江、南汝阴、南梁、晋熙、弋阳、安丰、南汝南、新蔡、东郡、南颍、颍川、西汝阴、汝阳、陈留、南陈左郡、边城左郡、光城左郡十九郡。按徐志及永初郡国志止领十三郡，盖沈志有景平以后续置郡在其间也。又分荆州十郡置湘州，治临湘，晋安帝义熙十三年省湘州，今复置。临湘，汉旧县，唐为潭州长沙县。以左卫将军张邵为刺史。

5 丙戌，魏主还宫。

6 三月，上不豫，太尉长沙王道怜、司空徐羡之、尚书仆射傅亮、领军将军谢晦、护军将军檀道济并入侍医药。群臣请祈祷神祇，上不许，唯使侍中谢方明以疾告宗庙而已。上性不信奇怪，微时多符瑞，及贵，史官审以所闻，上拒而不答。

檀道济出为镇北将军、南兖州刺史，镇广陵，悉监淮南诸军。晋成帝立南兖州，治京口，自此治广陵，领广陵、海陵、山阳、盱眙、秦郡、南沛等郡。监，工衔翻。

皇太子多狎群小，谢晦言于上曰："陛下春秋既高，宜思存万世，神器至重，不可使负荷非才。"晦发此言，已有废昏立明之意。荷，下可翻，又音如字。上曰："庐陵何如？"晦曰："臣请观焉。"出造庐陵王义真，造，七到翻。义真盛欲与谈，晦不甚答。还曰："德轻于才，非人主也。"丁未，出义真为都督南豫·豫·雍·司·秦·并六州诸军事、车骑将军、开府仪同三司、南豫州刺史。为晦等杀义真张本。雍，于用翻。骑，奇寄翻。是后，大州率加都督，多者或至五十州，不可复详载矣。迄宋之季，境内惟二十二州。至梁武帝时，沿边分置诸州，始有五十州。复，扶又翻。

7 帝疾瘳，瘳，丑留翻。己未，大赦。

8 秦、雍流民南入梁州；庚申，遣使送绢万匹，且漕荆、雍之谷以赈之。秦雍之雍，古雍州也，关中之地。荆雍之雍，晋末所置南雍州也，治襄阳。使，疏吏翻。赈，之忍翻。

9 刁逵之诛也，事见一百十三卷晋安帝元兴三年。其子弥亡命。辛西，弥帅数十人入京口，帅，读曰率。太尉留府司马陆仲元击斩之。时长沙王道怜以太尉镇京口，入侍医药，故有留府。

10 乙丑，魏河南王曜卒。

11 夏，四月，甲戌，魏立皇子焘为太平王，拜相国，加大将军；丕为乐平王，弥为安定王，范为乐安王，健为永昌王，崇为建宁王，俊为新兴王。

12 乙亥，诏封仇池公杨盛为武都王。

13 秦王炽磐以折冲将军乞伏是辰为西胡校尉，筑列浑城于汁罗以镇之。汁罗盖即罗川之地。

14 五月，帝疾甚，召太子诫之曰："檀道济虽有干略，而无远志，非如兄韶有难御之气也。徐羡之、傅亮，当无异图。谢晦数从征伐，颇识机变，若有同异，必此人也。"帝固有疑晦之心矣。数，所角翻。又为手诏曰："后世若有幼主，朝事一委宰相，母后不烦临朝。"朝，直遥翻。司空徐羡之、中书令傅亮、领军将军谢晦、镇北将军檀道济同被顾命。癸亥，帝殂于西殿。年六十。自是以后，南北朝之君没皆称殂。被，皮义翻。顾，音古。帝清简寡欲，严整有法度，被服居处，俭于布素，游宴甚稀，嫔御至少。处，昌吕翻。少，诗沼翻。尝得后秦高祖从女，后秦王兴，庙号高祖。从，才用翻。有盛宠，颇以废事；谢晦微谏，即时遣出。财帛皆在外府，内无私藏。藏，徂浪翻。岭南尝献入筒细布，一端八丈，帝恶其精丽劳人，扬雄蜀都赋曰：布则蜘蛛作丝，不可见风；筒中黄润，一端数金。言其细也。恶，乌路翻。即付有司弹太守，弹，徒丹翻。以布还之，并制岭南禁作此布。公主出适，遣送不过二十万，无锦绣之物。内外奉禁，莫敢为侈靡。

太子即皇帝位，年十七，大赦，尊皇太后曰太皇太后，立妃司马氏为皇后。后，晋恭帝女海盐公主也。

15 魏主服寒食散，频年药发，灾异屡见，见，贤遍翻。颇以自忧。遣中使密问白马公崔浩曰：使，疏吏翻。“属者日食赵、代之分。属者，犹言比者、近者。属，之欲翻。分，扶问翻。朕疾弥年不愈，恐一旦不讳，诸子并少，少，诗照翻。将若之何？其为我思身后之计！”为，于伪翻。浩曰：“陛下春秋富盛，行就平愈；必不得已，请陈瞽言。自圣代龙兴，不崇储贰，是以永兴之始，社稷几危。事见一百十五卷晋安帝义熙五年。几，居希翻，又音祁。今宜早建东宫，选贤公卿以为师傅，左右信臣以为宾友；入总万机，出抚戎政。如此，则陛下可以优游无为，颐神养寿。万岁之后，国有成主，民有所归，奸宄息望，祸无自生矣。皇子焘年将周星，岁星十二年一周天。明睿温和，立子以长，礼之大经，若必待成人然后择之，倒错天伦，则召乱之道也。”倒错，谓废长立少。长，知两翻；下同。魏主复以问南平公长孙嵩。复，扶又翻。对曰：“立长则顺，置贤则人服；焘长且贤，天所命也。”帝从之，立太平王焘为皇太子，使之居正殿临朝，为国副主。朝，直遥翻。以长孙嵩及山阳公奚斤、魏收官氏志：后魏献帝弟为达奚氏，孝文改为奚氏。北新公安同为左辅，坐东厢，西面；崔浩与太尉穆观、散骑常侍代人丘堆为右弼，后魏孝文以献帝第五兄敦丘氏为丘氏。坐西厢，东面；百官总己以听焉。坐东厢者西面，坐西厢者东面，皆朝拱皇太子。帝避居西宫，时隐而窥之，自隐蔽其身而窥之也。听其决断，断，丁乱翻。大悦，谓侍臣曰：“嵩宿德旧臣，历事四世，功存社稷；嵩事昭成帝及道武帝、明元帝及太子焘为四世。斤辩捷智谋，名闻遐迩；闻，音问。同晓解俗情，明练于事；观达于政要，识吾旨趣；浩博闻强识，精察天人；堆虽无大用，然在公专谨。以此六人辅相太子，吾与汝曹巡行四境，伐叛柔服，足以得志于天下矣。”解，胡买翻。行，下孟翻。

嵩实姓拔拔，斤姓达奚，观姓丘穆陵，堆姓丘敦。是时，魏之群臣出于代北者，姓多重复，及高祖迁洛，始皆改之。旧史恶【章：甲十六行本“恶”作“患”；乙十一行本同；孔本同；张校同。】其烦杂难知，故皆从后姓以就简易，今从之。

魏主又以典东西部刘絜、门下奏事代人古弼、重，直龙翻。恶，乌路翻。易，以豉翻。道武天赐四年，置侍官，侍直左右，出纳诏命。魏书官氏志：内入诸姓，吐奚氏为古氏。直郎徒河卢鲁元拓跋与慕容、段氏同出鲜卑，其后强盛，谓东种为徒河。官氏志：内入诸姓，吐伏卢氏为卢氏。忠谨恭勤，使之给侍东宫，分典机要，宣纳辞令。太子聪明，有大度；群臣时奏所疑，帝曰：“此非我所知，当决之汝曹国主也。”

16 六月，壬申，以尚书仆射傅亮为中书监、尚书令，以领军将军谢晦领中书令，侍中谢方明为丹杨尹。方明善治郡，治，直之翻。所至有能名；承代前人，不易其政，必宜改者，则以渐移变，使无迹可寻。

17 戊子，长沙景王道怜卒。

18 魏建义将军刁雍寇青州，州兵击破之。雍收散卒，走保大乡山。魏收地形志：济阴郡乘氏县有大乡城。雍，于容翻。

19 秋，七月，己酉，葬武皇帝于初宁陵，陵在丹阳建康县蒋山。庙号高祖。

20 河西王蒙逊遣前将军沮渠成都帅众一万，耀兵岭南，遂屯五涧。盖耀兵于洪池岭南，而还屯五涧也。沮，子馀翻。帅，读曰率，下同。九月，秦王炽磐遣征北将军出连虔等帅骑六千击之。

21 初，魏主闻高祖克长安，见上卷晋安帝义熙十三年。大惧，遣使请和，自是每岁交聘不绝。及高祖殂，殿中将军沈范等奉使在魏，晋置二卫，仍置殿中将军。使，疏吏翻；下同。还，及河，魏主遣人追执之，议发兵取洛阳、虎牢、滑台。崔浩谏曰：“陛下不以刘裕欻起，纳其使贡，欻，许勿翻。裕亦敬事陛下。不幸今死，遽乘丧伐之，虽得之不足为美。且国家今日亦未能一举取江南也，而徒有伐丧之名，礼不伐丧。窃为陛下不取。为，于伪翻。臣谓宜遣人吊祭，存其孤弱，恤其凶灾，使义声布于天下，则江南不攻自服矣。况裕新死，党与未离，兵临其境，必相帅拒战，帅，读曰率。功不可必。不如缓之，待其强臣争权，变难必起，难，乃旦翻。然后命将出师，可以兵不疲劳，坐收淮北也。"将，即亮翻。魏主曰："刘裕乘姚兴之死而灭之，事见一百十七卷晋安帝义熙十二年及上卷义熙十三年。今我乘裕丧而伐之，何为不可？"浩曰："不然。姚兴死，诸子交争，故裕乘衅伐之。今江南无衅，不可比也。"衅，与衅同，许觐翻。魏主不从，假司空奚斤节，加晋兵大将军、行扬州刺史，使督宋兵将军·交州刺史周几、后魏孝文以献帝次兄普氏之后为周氏。吴兵将军·广州刺史公孙表同入寇。晋兵、宋兵、吴兵、郑兵、楚兵等将军，皆魏所置。

22 乙巳，魏主如灅南宫，遂如广宁。晋愍帝建兴元年，猗卢筑新平城于灅北，其后筑宫于灅南。郦道元曰：广宁去平城五十里。广宁县，汉属上谷郡，晋太康中立为郡。灅，力水翻。

23 辛亥，魏人筑平城外郭，周围三十二里。

24 魏主如乔山。五代志：乔山在涿郡怀戎县。刘昫曰：唐妫州怀戎县，后汉上谷之潘县也。遂东如幽州；冬，十月，甲戌，还宫。

25 魏军将发，公卿集议于监国之前，监，工衔翻。以先攻城与先略地。奚斤欲先攻城，崔浩曰："南人长于守城。昔苻氏攻襄阳，经年不拔。事见一百四卷晋孝武太元三年、四年。今以大兵坐攻小城，若不时克，挫伤军势，敌得徐严而来，我怠彼锐，此危道也。不如分军略地，至淮为限，列置守宰，收敛租谷，则洛阳、滑台、虎牢更在军北，绝望南救，必沿河东走；不则为囿中之物，不，读曰否。何忧其不获也！”公孙表固请攻城，魏主从之。

于是奚斤等帅步骑二万，帅，读曰率。骑，奇寄翻。济河，营于滑台之东。时司州刺史毛德祖戍虎牢，东郡太守王景度告急于德祖，王景度以东郡太守戍滑台。德祖遣司马翟广等将步骑三千救之。翟，苌伯翻。将，即亮翻；下同。

先是，司马楚之聚众在陈留之境，闻魏兵济河，遣使迎降。先，悉荐翻。使，疏吏翻。降，户江翻。魏以楚之为征南将军、荆州刺史，使侵扰北境。此谓宋之北境。德祖遣长社令王法政将五百人戍邵陵，邵陵县，汉属汝南郡，晋以后属颍川郡。杜佑曰：蔡州郾陵县有古召陵城。将军刘怜将二百骑戍雍丘以备之。楚之引兵袭怜，不克。会台送军资，怜出迎之，酸枣民王玉驰以告魏。酸枣县自汉以来属陈留郡，唐属滑州。丁酉，魏尚书滑稽引兵袭仓垣，康曰：滑，户八切，姓也，本滑伯国，姬姓，其后因国为氏。汉有詹事滑典。兵吏悉逾城走，陈留太守冯翊严棱诣斤降。魏以王玉为陈留太守，给兵守仓垣。魏收地形志：陈留郡治浚仪县，有仓垣城。

奚斤等攻滑台，不拔，求益兵，魏主怒，切责之。壬辰，自将诸国兵五万馀人南出天关，逾恒岭，此即晋孝武太元二十一年燕主垂袭魏平城之路，魏主珪既平中山，自望都铁关凿恒岭至代五百馀里。将，即亮翻；下同。为斤等声援。

26 秦出连虔与河西沮渠成都战，禽之。沮渠成都封屯五涧。

27 十一月，魏太子焘将兵出屯塞上，魏主南援攻河南之兵，故太子屯塞上以备柔然。使安定王弥与安同居守。守，式又翻。

庚戌，奚斤等急攻滑台，拔之。王景度出走；景度司马阳瓒为魏所执，不降而死。瓒，藏旱翻。降，户江翻。魏主以成皋侯苟儿为兖州刺史，镇滑台。魏书官氏志：内入诸姓，若干氏为苟氏。

斤等进击翟广等于土楼，破之，土楼在虎牢东。九域志，澶州临河县有土楼镇。乘胜进逼虎牢；毛德祖与战，屡破之。魏主别遣黑矟将军于栗磾将三千人屯河阳，谋取金墉，矟，色角翻。磾，丁奚翻。德祖遣振威将军窦晃等缘河拒之。十二月，丙戌，魏主至冀州，遣楚兵将军、徐州刺史叔孙建将兵自平原济河，徇青、兖。豫州刺史刘粹遣治中高道瑾将步骑五百据项城，宋豫州领汝南、新蔡、谯、梁、陈、南顿、颍川、汝阳、汝阴、陈留等郡。徐州刺史王仲德将兵屯湖陆。徐州领彭城、沛、下邳、兰陵、东海、东莞、东安、琅邪、淮阳、阳平、济阴、北济阴、钟离、马头等郡。于栗磾济河，与奚斤并力攻窦晃等，破之。

魏主遣中领军代人娥清、期思侯柔然闾大肥将兵七千人会周几、叔孙建南渡河，军于碻磝，碻磝城临河津，后魏为济州治所。水经注曰：城即故茌平县也。癸未，兖州刺史徐琰弃尹卯南走。水经：济水自须昌县西北径渔山东，又北过谷城县西。注云：济水侧岸有尹卯垒，南去渔山四十馀里。是谷城县界故春秋之小谷城也。于是泰山、高平、金乡等郡皆没于魏。金乡县，汉属山阳，晋属高平，盖晋末分置郡也。叔孙建等东入青州，司马爱之、季之先聚众于济东，皆降于魏。济水之东则青州界。济，子礼翻。

戊子，魏兵逼虎牢。青州刺史东莞竺夔镇东阳城，青州自曹嶷以来治广固。武帝克慕容超，夷其城，青州迁治东阳城，在广县西南。宋白曰：今青州治益都县，州东城即东阳城。晋武帝太康初，分琅邪立东莞郡。青州领齐、济南、高密、乐安、平昌、北海、东莱、太原、长广等郡。莞，音官。遣使告急。使，疏吏翻。己丑，诏南兖州刺史檀道济监征讨诸军事，监，工衔翻。与王仲德共救之。庐陵王义真遣龙骧将军沈叔狸将三千人就刘粹，量宜赴援。义真时镇寿阳，刘粹时镇悬瓠。骧，思将翻。量音良。

28 秦王炽磐征秦州牧昙达为左丞相、征东大将军。昙，徒含翻。

营阳王　讳义符，小字车兵，武帝长子也。考异曰：宋本纪，高氏小史皆作"荥阳"；臧后、谢晦、蔡廓传作"营阳"。营阳，南方郡名也，今从之。

景平元年（癸亥、四二三）

1 春，正月，己亥朔，大赦，改元。

2 辛丑，帝祀南郊。

3 魏于栗磾攻金墉，癸卯，河南太守王涓之弃城走。魏主以栗磾为豫州刺史，镇洛阳。磾，丁奚翻。

4 魏主南巡恒岳，恒，户登翻。丙辰，至邺。去年十二月已书魏主至冀州，今又书南巡恒岳，必有一误。

5 己未，诏征豫章太守蔡廓为吏部尚书，自晋以来，谓吏部尚书为大尚书，以其在诸曹之右，且其权任要重也。廓谓傅亮曰："选事若悉以见付，不论；不论者，不复置议论于辞受之际也。不然，不能拜也。"亮以语录事尚书徐羡之，语，牛倨翻。"录事尚书"当作"录尚书事。"羡之曰："黄、散以下悉以委蔡，吾徒不复措怀；黄、散，谓黄门侍郎及散骑常侍、侍郎也。复，扶又翻。自此以上，故宜共参同异。"廓曰："我不能为徐干木署纸尾！"为，于伪翻。遂不拜。干木，羡之小字也。选案黄纸，录尚书与吏部尚书连名，选案，选曹文案也。洪迈曰：叶石林言制敕用黄纸始高宗时，非也。晋恭帝时，王韶之迁黄门侍郎，凡诸诏黄，皆其辞也。则东晋时已用黄纸写诏矣。又，宋明帝时，吏部尚书褚渊就赭圻行选，是役也，皆先战授位，版檄不供，由是有黄纸札。则宋世就军补官赏功，又多用黄纸矣。又，徐羡之召蔡廓为吏部尚书，廓曰："我不能为徐干木署纸尾，"则是宋世以黄纸为案矣。至齐世，立左、右丞书案之制：曰白案，则右丞书名在上，左丞次书；黄案，则左丞上书，右丞下书。虽世远莫知何者之为黄案，何者之为白案，所可知者，其纸已分黄、白二色决矣。至东昏时，阉人以纸包裹鱼肉还家，并是五省黄案。然则文书之用黄纸，其来已久。高宗时，凡誊写诏制以下州县始皆用黄纸耳；概言诏书用黄纸始于高宗，不审也。选，须绢翻。故廓云然。

沈约论曰：蔡廓固辞铨衡，耻为志屈；岂不知选、录同体，义无偏断乎！吏部典选，录尚书兼录诸曹尚书事。断，丁乱翻。良以主暗时难，不欲居通塞之任。铨衡之任，得其人则贤路通，不得其人则贤路塞。塞，悉则翻。远矣哉！

6 庚申，檀道济军于彭城。

魏叔孙建入临淄，所向城邑皆溃。考异曰：索虏传云："虏又遣楚兵将军、徐州刺史、安平公涉归幡能健，越兵将军、青州刺史、临淄侯薛道千，陈兵将军、淮州刺史寿张子张模东击青州，所向城邑皆奔走。"本纪亦云"安平公涉归寇青州"。按后魏书无涉归等姓名，盖皆胡中旧名，即叔孙建等也。竺夔聚民保东阳城，其不入城者，使各依据山险，芟夷禾稼，芟，所衔翻。魏军至，无所得食。济南太守垣苗帅众依夔。垣苗弃历城依夔。济，子礼翻。帅，读曰率；下同。

刁雍见魏主于邺，魏主曰："叔孙建等入青州，民皆藏避，攻城不下。彼素服卿威信，雍先聚兵河、济之间。雍，于容翻。今遣卿助之。"乃以雍为青州刺史，给雍骑，使行募兵以取青州。魏兵济河向青州者凡六万骑，骑，奇寄翻。刁雍募兵得五千人，抚慰士民，皆送租供军。

7 柔然寇魏边。二月，戊辰，魏筑长城，自赤城西至五原，延袤二千馀里，袤，音茂。备置戍卒，以备柔然。

8 丁丑，太皇太后萧氏殂。

9 河西王蒙逊及吐谷浑王阿柴皆遣使入贡。使，疏吏翻。庚辰，诏以蒙逊为都督凉·秦·河·沙四州诸军事、骠骑大将军、凉州牧、河西王；以阿柴为督塞表诸军事、安西将军、沙州刺史、浇河公。吐谷浑据塞外沙漒之地，故令督塞表诸军事。浇，坚尧翻。

10 三月，壬子，葬孝懿皇后于兴宁陵，兴宁陵在晋陵丹徒县谏壁里雩山。

11 魏奚斤、公孙表等共攻虎牢，魏主自邺遣兵助之。毛德祖于城内穴地入七丈，分为六道，出魏围外；募敢死之士四百人，使参军范道基等帅之，从穴中出，掩袭其后。魏军惊扰，斩首数百级，焚其攻具而还。还，从宣翻，又如字。魏兵虽退散，随复更合，复，扶又翻；下复婴、未复、复作、复战同。攻之益急。

奚斤自虎牢将步骑三千攻颍川太守李元德等于许昌，元德等败走。魏以颍川人庾龙为颍川太守，戍许昌。

毛德祖出兵与公孙表大战，从朝至晡，杀魏兵数百。会奚斤自许昌还，合击德祖，大破之，亡甲士千馀人，复婴城自守。

魏主又遣万馀人从白沙渡河，屯濮阳南。濮阳对岸则顿丘之境，白沙当在今澶州之界。

朝议以项城去魏不远，朝，直遥翻；下同。非轻军所抗，使刘粹召高道瑾还寿阳；若沈叔狸已进，亦宜且追。【张："追"作"退"。】粹奏："虏攻虎牢，未复南向，若遽摄军舍项城，则淮西诸郡无所凭依；沈叔狸已顿肥口，肥口，肥水入淮之口。又不宜遽退。"时李元德帅散卒二百至项，刘粹使助高道瑾戍守，请宥其奔败之罪，朝议并许之。

乙巳，魏主畋于韩陵山，魏郡邺县有韩陵山。遂如汲郡，至枋头。

初，毛德祖在北，毛德祖本荥阳人。武帝未取关、洛，德祖自北来归。与公孙表有旧。表有权略，德祖患之，乃与交通音问；密遣人说奚斤，云表与之连谋。每答表书，多所治定；此曹操间韩、马之智也。说，输芮翻。治，直之翻。表以书示斤，斤疑之，以告魏主。先是，表与太史令王亮少同营署，好轻侮亮；亮奏"表置军虎牢东，不得便地，故令贼不时灭。"魏主素好术数，以为然，积前后忿，使人夜就帐中缢杀之。先，悉荐翻。少，诗照翻。好，呼到翻。

乙卯，魏主济自灵昌津，灵昌津，古延津也；石勒袭刘曜，涂出于此，以河冰为神灵之助，改曰灵昌津。遂如东郡、陈留。

叔孙建将三万骑逼东阳城，城中文武才一千五百人，竺夔、垣苗悉力固守，时出奇兵击魏，破之。魏步骑绕城列陈十馀里，大治攻具；夔作四重堑，魏人填其三重，为橦车以攻城，陈，读曰阵。重，直龙翻。治，直之翻。橦，与撞同，传江翻，捣也。夔遣人从地道中出，以大麻絙挽之令折。絙，居曾翻，大索也，又居邓翻。折，而设翻。魏人复作长围，进攻逾急。历时浸久，城转堕坏，堕，读曰隳；下堕其同。战士多死伤，馀众困乏，旦暮且陷。檀道济至彭城，以司、青二州并急，而所领兵少，少，诗沼翻。不足分赴；青州道近，竺夔兵弱，乃与王仲德兼行先救之。

甲子，刘粹遣李元德袭许昌，斩庾龙。元德因留绥抚，并上租粮。上，时掌翻。

魏主至盟津。于栗磾造浮桥于冶阪津。郭缘生述征记曰：践土，今冶阪城是。水经注：河阳县故城在冶阪西北。魏土地记云：冶阪城，旧名汉祖渡，城险固，南临孟津，在洛阳西北四十二里。盟，读曰孟。乙丑，魏主引兵北济，西如河内。娥清、周几、闾大肥徇地至湖陆、高平，民屯聚而射之。射，而亦翻。清等尽攻破高平诸县，灭数千家，虏掠万馀口；兖州刺史郑顺之戍湖陆，以兵少不敢出。

魏主又遣并州刺史伊楼拔助奚斤攻虎牢；伊娄，虏复姓。楼，与娄同。毛德祖随方抗拒，颇杀魏兵，而将士稍零落。

夏，四月，丁卯，魏主如成皋，绝虎牢汲河之路。北史：虎牢乏水，城内悬绠汲河。魏主令连舰上施辘辘，绝其汲路。停三日，自督众攻城，竟不能下，遂如洛阳观石经。石经，后汉蔡邕所书者，注详见五十七卷汉灵帝熹平四年。遣使祀嵩高。使，疏吏翻。

叔孙建攻东阳，堕其北城三十许步；堕，读曰隳。刁雍请速入，建不许，遂不克。及闻檀道济等将至，雍又谓建曰："贼畏官军突骑，以锁连车为函陈。函陈，方陈也。陈，读曰阵。大岘已南，处处狭隘，车不得方轨，雍请将所募兵五千据险以邀之，破之必矣。"将，即亮翻。时天暑，魏军多疫。建曰："兵人疫病过半，若相持不休，兵自死尽，何须复战！今全军而返，计之上也。"己巳，道济军于临朐。朐，音劬。考异曰：裴子野宋略作"乙巳"。按长历，是月丁卯朔，无乙巳，必己巳也。壬申，建等烧营及器械而遁；道济至东阳，粮尽，不能追。竺夔以东阳城坏，不可守，移镇不其城。不其县，前汉属琅邪郡，后汉属东莱郡，晋属长广郡。如淳曰：其，音基。贤曰：不其故城，在今莱州即墨县西南。

叔孙建自东阳趋滑台，趋，七喻翻。道济分遣王仲德向尹卯。道济停军湖陆，仲德未至尹卯，闻魏兵已远，还就道济。刁雍遂留镇尹卯，招集谯、梁、彭、沛民五千馀家，置二十七营以领之。

12 蛮王梅安帅渠帅数十人入贡于魏。帅渠帅，上读曰率，下所类翻。初，诸蛮本居江、淮之间，其后种落滋蔓，种，章勇翻。蔓，音万。布于数州，东连寿春，西通巴、蜀，北接汝、颍，往往有之。在魏世不甚为患；及晋，稍益繁昌，渐为寇暴。及刘、石乱中原，诸蛮无所忌惮，渐复北徙，伊阙以南，满于山谷矣。据史，此诸蛮乃盘瓠之后也。复，扶又翻。

13 河西世子政德攻晋昌，克之。唐契及弟和、甥李宝同奔伊吾，唐契以晋昌叛河西，见武帝永初二年。招集遗民，归附者至二千馀家，臣于柔然；柔然以契为伊吾王。

14 秦王炽磐谓其群臣曰："今宋虽奄有江南，夏人雄据关中，皆不足与也。独魏主奕世英武，贤能为用，且谶云，'恒代之北当有真人'，吾将举国而事之。"谶，楚谮翻。乃遣尚书郎莫者阿胡等入见于魏，见，贤遍翻。贡黄金二百斤，并陈伐夏方略。

15 闰月，丁未，魏主如河内，登太行，至高都。高都县自汉以来属上党郡。刘昫曰：唐泽州晋城县，汉高都县地。行，户刚翻。

叔孙建自滑台西就奚斤，共攻虎牢。虎牢被围二百日，被，皮义翻。无日不战，劲兵战死殆尽，而魏增兵转多。魏人毁其外城，毛德祖于其内更筑三重城以拒之，魏人又毁其二重。德祖唯保一城，昼夜相拒，将士眼皆生创；重，直龙翻。人夜不得睡，则眼眊燥，以手揩之则生创。创，初良翻；下同。德祖抚之以恩，终无离心。时檀道济军湖陆，刘粹军项城，沈叔狸军高桥，皆畏魏兵强，不敢进。丁巳，魏人作地道以泄虎牢城中井，井深四十丈，深，式禁翻。山势峻峭，不可得防；城中人马渴乏，被创者不复出血，重以饥疫。被，皮义翻。复，扶又翻。重，直用翻。魏仍急攻之，己未，城陷；将士欲扶德祖出走，德祖曰："我誓与此城俱毙，义不使城亡而身存也！"魏主命将士："得德祖者，必生致之。"将军代人豆代田执德祖以献。豆，姓也。汉书有校尉豆如意。将佐在城中者，皆为魏所虏，唯参军范【严："范"改"沈"。】道基将二百人突围南还。将，即亮翻。魏士卒疫死者亦什二三。

奚斤等悉定司、兖、豫诸郡县，置守宰以抚之。是时司州之地尽入于魏。兖州之地自湖陆以南，豫州之地自项城以南，皆为宋守，魏未能悉定诸郡县也。魏主命周几镇河南，河南人安之。

徐羡之、傅亮、谢晦以亡失境土，上表自劾；劾，户概翻，又户得翻。诏勿问。

16 徐羡之兄子吴郡太守佩之颇豫政事，与侍中王韶之、程道惠、中书舍人邢安泰、潘盛结为党友。时谢晦久病，不堪见客。佩之等疑其诈疾，有异图，乃称羡之意以告傅亮，欲令亮作诏诛之。亮时进中书监，中书掌诏命。亮曰："我等三人同受顾命，岂可自相诛戮！诸君果行此事，亮当角巾步出掖门耳。”宫门正南门曰端门，左右二门谓之左掖门、右掖门。佩之等乃止。

17 五月，魏主还平城。考异曰：后魏帝纪："五月庚寅，还次雁门"，"庚寅，车驾至自南巡"，必有一误，今皆不取。

18 六月，己亥，魏宜都文成王穆观卒。

19 丙辰，魏主北巡，至参合陂。

20 秋，七月，【章：甲十六行本"月"下有"癸酉"二字；乙十一行本同；孔本同；张校同；退斋校同。】尊帝母张夫人为皇太后。

21 魏主如三会屋侯泉；魏收地形志：秀容郡肆卢县治新会城，真君七年并三会城属焉。八月，辛丑，如马邑，观灅源。灅，力水翻。

22 柔然寇河西，河西王蒙逊命世子政德击之。政德轻骑进战，骑，奇寄翻。为柔然所杀；蒙逊立次子兴为世子。

23 九月，乙亥，魏主还宫。召奚斤还平城，留兵守虎牢；使娥清、周几镇枋头；以司马楚之所将户口置汝南、南阳、南顿、新蔡四郡，晋惠帝分汝阴立新蔡郡，分汝南立南顿郡。魏未能有四郡之地，侨置之耳。以益豫州。

24 冬，十月，癸卯，魏人广西宫外垣，周二十里。平城西宫也。魏主珪天赐元年所筑。

25 秃发傉檀之死也，事见一百十六卷晋安帝义熙十年。傉，奴沃翻。河西王蒙逊遣人诱其故太子虎台，许以番禾、西安二郡处之，诱，音酉。番，音盘。处，昌吕翻。且借之兵，使伐秦，报其父雠，复取故地。虎台阴许之，事泄而止。秦王炽磐之后，虎台之妹也，炽磐待之如初。后密与虎台谋曰："秦本我之仇雠，虽以婚姻待之，盖时宜耳。先王之薨，又非天命；遗令不治者，欲全济子孙故也。治，直之翻；不治，谓被鸩而不解也，事见一百十六卷晋安帝义熙十年。为人子者，岂可臣妾于仇雠而不思报复乎！"乃与武卫将军越质洛城谋弑炽磐。后妹为炽磐左夫人，【章：甲十六行本"人"下有"有宠"二字；乙十一行本同；孔本同；张校同；退斋校同。】知其谋而告之，炽磐杀后及虎台等十馀人。

26 十一月，魏周几寇许昌，许昌溃，颍川太守李元德奔项。戊辰，魏人围汝阳，汝阳太守王公度亦奔项。沈约曰：晋太康地志、王隐地道无汝阳郡，应是江左分汝南立，汝阳，汉旧县，属汝南郡。刘粹遣其将姚耸夫等将兵助守项城。将，即亮翻。魏人夷许昌城，毁钟城，以立封疆而还。钟城在泰山界，夷许昌以立豫州封疆，毁钟城以立兖州封疆也。还，从宣翻，又如字。

27 己巳，魏太宗殂。年三十二。壬申，世祖即位，世祖，讳焘，明元皇帝之长子也。萧子显曰：焘，字佛狸。大赦。十二月，庚子，魏葬明元帝于金陵。此云中之金陵。据北史，道武帝葬盛乐金陵，盖魏诸陵皆曰金陵。杜佑曰：后魏盛乐县在云中郡。庙号太宗。

魏主追尊其母杜贵嫔为密皇后。密，谥也。自司徒长孙嵩以下普增爵位。以襄城公卢鲁元为中书监，会稽公刘絜为尚书令，会，工外翻。司卫监尉眷、散骑侍郎刘库仁等八人分典四部。司卫监，盖魏所置，以掌宿卫。此又一刘库仁，非什翼犍所用之刘库仁也。尉，音纡勿翻。散，悉亶翻。骑，奇寄翻。四部，东、西、南、北四部也。眷，古真之弟子也。尉古真见一百六卷晋孝武太元十年。

以河内镇将代人罗结为侍中、外都大官，魏书官氏志：内入诸姓，叱罗氏为罗氏。魏有外都大官，内都大官。将，即亮翻。总三十六曹事。结时年一百七，精爽不衰，杜预曰：爽，明也。魏主以其忠悫，亲任之，使兼长秋卿，监典后宫，出入卧内；监，工衔翻。年一百一十，乃听归老，朝廷每有大事，遣骑访焉。骑，奇寄翻。又十年乃卒。

左光禄大夫崔浩研精经术，练习制度，魏、晋以来，左、右光禄大夫在光禄大夫上，假金章紫绶。研精者，穷其精力。凡朝廷礼仪，军国书诏，无不关掌。浩不好老、庄之书，曰："此矫诬之说，不近人情。托圣贤以伸其说谓之矫；圣贤无是事，寓言而加诋谓之诬。好，呼到翻。近，其靳翻。老聃习礼，仲尼所师，史记及大戴记皆云仲尼问礼于老聃。聃，他甘翻。岂肯为败法之书以乱先王之治乎！”败，补迈翻。治，直吏翻。尤不信佛法，曰：“何为事此胡神！”及世祖即位，左右多毁之；帝不得已，命浩以公归第，然素知其贤，每有疑议，辄召问之。浩纤妍洁白如美妇，纤，细也；妍，美好也。常自谓才比张良而稽古过之。既归第，因修服食养性之术。

初，嵩山道士寇谦之，赞之弟也，修张道陵之术，自言尝遇老子降，命谦之继道陵为天师，张道陵，后汉人，修五斗米道，俗所谓天师也。授以辟谷轻身之术及科戒二十卷。今道家科戒盖始于此。使之清整道教。又遇神人李谱文，谱，博古翻。云老子之玄孙也。授以图箓真经六十馀卷，使之辅佐北方太平真君；出天宫静轮之法，其中数篇，李君之手笔也。谦之奉其书献于魏主。朝野多未之信，朝，直遥翻。崔浩独师事之，从受其术，且上书赞明其事曰：“臣闻圣王受命，必有天应，河图、洛书皆寄言于虫兽之文，河出图，伏羲象以画八卦；洛出书，禹得之以叙九畴，故曰：“龙图授羲，龟书畀姒。”又尚书中候曰：“尧沈璧于洛，玄龟负书，背中赤文朱字，止于坛畔。舜礼坛于河畔，黄龙负卷舒图出于水。”未若今日人神接对，手笔粲然，辞旨深妙，自古无比；岂可以世俗常虑而忽上灵之命！臣窃惧之。”帝欣然，使谒者奉玉帛、牲牢祭嵩岳，迎致谦之弟子在山中者，以崇奉天师，显扬新法，宣布天下。起天师道场于平城之东南，重坛五层；水经注：湿水南径平城之东，水左有大道坛，寇谦之所建也。湿水即㶟水。给道士百二十人衣食，每月设厨会数千人。

臣光曰：老、庄之书，大指欲同死生，轻去就。而为神仙者，服饵修炼以求轻举，炼草石为金银，谷永说汉成帝曰："诸言世有仙人服食不终之药，遥兴轻举，登遐倒景，览观县圃，浮游蓬莱，黄冶变化，皆奸人惑众，挟左道，怀诈伪，以欺罔世主。"服饵修炼以求轻举，即谷永所谓服食不终之药遥兴轻举者也；炼草石以为金银，即谷永所谓黄冶变化者也。其为术正相戾矣；是以刘歆七略叙道家为诸子，神仙为方技。以其相戾，故七略不得合为一。其后复有符水、禁咒之术，符水、禁咒，即张道陵之术。至谦之遂合而为一；至今循之，其讹甚矣！崔浩不喜佛、老之书而信谦之之言，其故何哉！喜，许记翻。昔臧文仲祀爰居，孔子以为不智；海鸟爰居避风，止于鲁东门之外，臧文仲使国人祀之。孔子以为臧文仲不智者三，祀爰居其一也。如谦之者，其为爰居亦大矣。"诗三百，一言以蔽之，曰思无邪。"君子之于择术，可不慎哉！

聂崇岐标点王崇武覆校

资治通鉴卷第一百二十

端明殿学士兼翰林侍读学士朝散大夫右谏议大夫
充集贤殿修撰提举西京嵩山崇福宫上柱国河内郡 **司马光** 奉敕编集
开国侯食邑一千八百户食实封六百户赐紫金鱼袋臣

后学天台 **胡三省** 音注

宋纪二 起阏逢困敦（甲子），尽强圉单阏（丁卯），凡四年。

太祖文皇帝上之上 讳义隆，小字车儿，武帝第三子也。

元嘉元年（甲子、四二四）是年八月始改元。

1 春，正月，考异曰：宋本纪："正月癸巳朔，日有食之。"宋纪"二月己巳"，宋略"二月癸巳"，李延寿南史"二月己卯朔"，皆误也。按长历，是年正月丁巳、二月丁亥朔，后魏书纪、志，是年无日食，今从之。魏改元始光。

2 丙寅，魏安定殇王弥卒。

3 营阳王居丧无礼，好与左右狎昵，好，呼到翻；下情好同。游戏无度。特进致仕范泰上封事曰："伏闻陛下时在后园，颇习武备，鼓鞞在宫，声闻于外。鞞，与鼙同，音骈迷翻。闻，音问。黩武掖庭之内，喧哗省闼之间，非徒不足以威四夷，只生远近之怪。陛下践阼，委政宰臣，实同高宗谅闇之美；闇，读如阴。而更亲狎小人，惧非社稷至计，经世之道也。"不听。泰，宁之子也。范宁，汪之子，以儒学为孝武帝所亲。

南豫州刺史庐陵王义真，警悟爱文义，而性轻易，易，以豉翻。与太子左卫率谢灵运、员外常侍颜延之、曹魏之末，置员外散骑常侍。率，所律翻。慧琳道人情好款密。尝云："得志之日，以灵运、延之为宰相，慧琳为西豫州都督。"西豫州即豫州也。宋南豫州治历阳，豫州治寿阳，寿阳在历阳西，故亦谓豫州为西豫州。灵运，玄之孙也，灵运，玄子瑍之子也。性褊傲，不遵法度；褊，方缅翻。朝廷但以文义处之，处，昌吕翻。不以为有实用。灵运自谓才能宜参权要，常怀愤邑。延之，含之曾孙也，颜含见九十六卷晋成帝咸康四年。嗜酒放纵。

徐羡之等恶义真与灵运等游，义真故吏范晏从容戒之，义真曰："灵运空疏，延之隘薄，魏文帝所谓'古今文人类不护细行'者也；恶，乌路翻。从，千容翻。行，下孟翻。但性情所得，未能忘言于悟赏耳。"悟，开觉也。赏，褒嘉也。于是羡之等以为灵运、延之构扇异同，非毁执政，出灵运为永嘉太守，延之为始安太守。守，式又翻。

义真至历阳，多所求索，执政每裁量不尽与；裁，钊节也。量，概度也。索，山客翻。量，音良。义真深怨之，数有不平之言，数，所角翻。又表求还都，谘议参军庐江何尚之屡谏，不听。时羡之等已密谋废帝，而次立者应在义真；乃因义真与帝有隙，先奏列其罪恶，废为庶人，徙新安郡。前吉阳令堂邑张约之上疏曰：吉阳县属庐陵郡。今吉州有吉水县，盖吴立县于吉水之阳，因以为名也。"庐陵王少蒙先皇优慈之遇，长受陛下睦爱之恩，故在心必言，所怀必亮，亮，信也，明也，导也。言义真凡有所怀，自信以为是，必明而导之，无所回避也。少，诗照翻。长，知两翻。容犯臣子之道，致招骄恣之愆。言容有犯臣道之事，以致招骄恣之罪。至于天姿夙成，实有卓然之美，宜在容养，录善掩瑕，训尽义方，进退以渐。今猥加剥辱，幽徙远郡，剥辱，谓褫爵为庶人。上伤陛下常棣之笃，下令远近恇然失图。恇，去王翻。臣伏思大宋开基造次，造，七到翻。根条未繁，宜广树藩戚，敦睦以道。人谁无过，贵能自新；以武皇之爱子，陛下之懿弟，岂可以其一眚，长致沦弃哉！”书奏，以约之为梁州府参军，寻杀之。

4 夏，四月，甲辰，魏主东巡大宁。

5 秦王炽磐遣镇南将军吉毗等帅步骑一万南伐白苟、车孚、崔提、旁为四国，皆降之。白狗国至唐犹存，盖生羌乜；其地与东会州接。车孚、崔提、旁为无所考。帅，读曰率。骑，奇寄翻。降，户江翻。

6 徐羡之等以南兖州刺史檀道济沈约曰：中原乱，北州流民多南渡。晋成帝立南兖州，寄治京口；文帝始割江、淮间为境，治广陵。先朝旧将，威服殿省，且有兵众，乃召道济及江州刺史王弘入朝；将，即亮翻。朝，直遥翻。五月，皆至建康，以废立之谋告之。

甲申，谢晦以领军府屋败，悉令家人出外，聚将士于府内；又使中书舍人邢安泰、潘盛为内应。夜，邀檀道济同宿，晦悚动不得眠，道济就寝便熟，晦以此服之。服其处大事而不变其常度也。

时帝于华林园为列肆，亲自沽卖；又与左右引船为乐，夕，游天渊池，即龙舟而寝。乐，音洛。魏氏作华林园、天渊池于洛中。晋氏南渡，放其制，作之于建康；华林园在宫城北隅。乙酉诘旦，诘，去吉翻。道济引兵居前，羡之等继其后，入自云龙门；安泰等先诫宿卫，莫有御者。帝未兴，军士进杀二侍者，伤帝指，扶出东阁，收玺绶，玺，斯氏翻。绶，音受。群臣拜辞，卫送故太子宫。

侍中程道惠劝羡之等立皇弟南豫州刺史义恭。羡之等以宜都王义隆素有令望，又多符瑞，景平初，有黑龙见西方，五色云随之。二年，江陵城上有紫云，望气者皆以为帝王之符，当在西方。又江陵西至上明，东及江津，其间有九十九洲。楚谚云：“洲满百，当出王者。”时忽有一洲自生，汀流回薄而成。皆为上龙飞之应。乃称皇太后令，数帝过恶，数，所具翻。废为营阳王，以宜都王纂承大统，赦死罪以下。又称皇太后令，奉还玺绂；绂，音弗。并废皇后为营阳王妃，迁营阳王于吴。使檀道济入守朝堂。朝，直遥翻。王至吴，止金昌亭；六月，癸丑，羡之等使邢安泰就弑之。王多力，突走出昌门，金昌亭在昌门内。孙权记注云：阊门，吴西郭门，夫差作；以天门通阊阖，故名之。后春申君改为昌门。金昌亭，以其在西门内，故曰金昌。追者以门关踣而弑之。踣，蒲北翻。

裴子野论曰：古者人君养子，能言而师授之辞，能行而傅相之礼。相，息亮翻。宋之教诲，雅异于斯，居中则任仆妾，处外则近趋走。处，昌吕翻。近，其靳翻。趋走，执役者也。太子、皇子，有帅，有侍，帅，所类翻。是二职者，皆台皂也。左传申无宇曰：士臣皂，仆臣台。制其行止，授其法则，导达臧否，否音鄙。罔弗由之；言不及于礼义，识不达于今古，谨敕者能劝之以吝啬，狂愚者或诱之以凶慝。诱，音酉。慝，吐得翻。虽有师傅，多以耆艾大夫为之；虽有友及文学，多以膏粱年少为之；具位而已，亦弗与游。王置文学、师、友各一人，晋制也。礼，五十曰艾，服官政；六十曰耆，指使。孔颖达曰：艾者，年至五十，气力已衰，发苍白如艾也。贺玚曰：耆，至也，至老之境也。少，诗照翻。幼王临州，长史行事；宣传教命，行事，行府州事也。又有典签；往往专恣，窃弄威权，南史曰：故事，府州部内论事，皆签前直叙所论之事；后云"谨签"，日月下又云"某官某签"；故府州置典签以领之。本五品吏，宋初改为士职。宋末，多以幼少皇子为藩镇，时主以左右亲近领典签，其权任遂重。是以本根虽茂而端良甚寡。嗣君冲幼，世继奸回，虽恶物丑类，天然自出，然习则生常，其流远矣。降及太宗，举天下而弃之，亦昵比之为也。昵，尼质翻。比，毗至翻。呜呼！有国有家，其鉴之矣！裴子野究言宋氏亡国之祸，通鉴载之于此，欲使有国有家谨于其初也。

7 傅亮帅行台百官奉法驾迎宜都王于江陵。帅，读曰率。祠部尚书蔡廓晋氏渡江，始有祠部尚书，常与右仆射通职，不常置，以右仆射摄之；若右仆射阙，则祠部尚书摄知右事。至寻阳，遇疾不堪前；亮与之别。廓曰："营阳在吴，宜厚加供奉；一旦不幸，卿诸人有弑主之名，欲立于世，将可得邪！"时亮已与羡之议害营阳王，乃驰信止之，不及。羡之大怒曰："与人共计议，如何旋背即卖恶于人邪！"旋背，犹今人言转背也；背，如字。羡之等又遣使者杀前庐陵王义真于新安。考异曰：宋南史本纪，二月废义真徙新安之下，即云"执政使使者诛义真于新安"。宋义真传："六月癸未，羡之等遣使杀义真于徙所。"羡之传亦云："废帝后，杀义真于新安，杀帝于吴县。"按长历，六月庚寅朔，无癸未，盖癸丑也。

羡之以荆州地重，恐宜都王至，或别用人，乃亟以录命除领军将军谢晦行都督荆·湘等七州诸军事、荆州刺史，录命，录尚书自出命也。欲令居外为援，精兵旧将，悉以配之。羡之、亮、晦所以为身谋者如此，而亦无救于废弑之诛。伊、霍以至公血诚处之，而师春所纪有异于书，盖不羡于伊尹，霍光仅能保其身而不能保其族。此天地之大变，固人臣之所难居也。将，即亮翻。

秋，七月，行台至江陵，立行门于城南，题曰"大司马门"。傅亮帅百僚诣门上表，进玺绂，仪物甚盛。帅，读曰率。上，时掌翻。玺，斯氏翻。绂，音弗。宜都王时年十八，下教曰："猥以不德，谬降大命，顾己兢悸，何以克堪！悸，其季翻。辄当暂归朝廷，展哀陵寝，并与贤彦申写所怀。望体其心，勿为辞费。"府州佐史并称臣，请题榜诸门，一依宫省；王皆不许。教州、府、国纲纪宥所统内见刑，原逋责。州，荆州；府，都督府；国，宜都国；纲纪，上佐掾属也。见，贤遍翻。逋，欠也，负也。责，如字，又仄懈翻。汉书高纪：两家折券弃责，无音。淮阳王传：张博负责，仄懈翻。

诸将佐闻营阳、庐陵王死，皆以为疑，劝王不可东下。

司马王华曰："先帝有大功于天下，四海所服；虽嗣主不纲，人望未改。徐羡之中才寒士，傅亮布衣诸生，非有晋宣帝、王大将军之心明矣；王大将军，敦也。受寄崇重，未容遽敢背德。畏庐陵严断，背，蒲妹翻。断，丁乱翻。将来必不自容；以殿下宽睿慈仁，远近所知，且越次奉迎，冀以见德；冀以定策为德也。悠悠之论，殆必不然。又，羡之等五人，同功并位，孰肯相让！五人，谓徐羡之、傅亮、谢晦、檀道济、王弘也。就怀不轨，势必不行。废主若存，虑其将来受祸，致此杀害；盖由贪生过深，宁敢一朝顿怀逆志！不过欲握权自固，以少主仰待耳。殿下但当长驱六辔，以副天人之心。"王曰："卿复欲为宋昌邪！"少，诗照翻。复，扶又翻。宋昌事见十三卷汉高后八年。长史王昙首、南蛮校尉到彦之皆劝王行，姓谱：到本自高阳氏，楚令尹屈到之后，后汉有东平太守到质。昙，徒含翻。昙首仍陈天人符应，王乃曰："诸公受遗，不容背义。背，蒲妹翻。且劳臣旧将，内外充满，今兵力又足以制物，夫何所疑！"乃命王华总后任，留镇荆州。王欲使到彦之将兵前驱，彦之曰："了彼不反，了，决知也。将，即亮翻。便应朝服顺流；朝，直遥翻。若使有虞，此师既不足恃，更开嫌隙之端，非所以副远迩之望也。"彦之此言诚合大理，而亦自知其才不足以制檀道济也。会雍州刺史褚叔度卒，雍，于用翻。乃遣彦之权镇襄阳。

甲戌，王发江陵，引见傅亮，号泣，哀动左右。见，贤遍翻。号，户高翻。既而问义真及少帝薨废本末，少，诗照翻。悲哭鸣咽，侍侧者莫能仰视。亮流汗沾背，不能对；乃布腹心于到彦之、王华等，深自结纳。王以府州文武严兵自卫，台所遣百官众力不得近部伍。近，其靳翻。中兵参军朱容子抱刀处王所乘舟户外，不解带者累旬。防非常也。处，昌吕翻。

8 魏主还宫。

9 秦王炽磐遣太子暮末帅征北将军木弈干等步骑三万出貂渠谷，攻河西白草岭、临松郡，皆破之，水经注：西平鲜谷塞东南有白草岭。帅，读曰率。骑，奇寄翻。徙民二万馀口而还。还，从宣翻。

10 八月，丙申，宜都王至建康，群臣迎拜于新亭。徐羡之问傅亮曰："王可方谁？"亮曰："晋文、景以上人。"羡之曰："必能明我赤心。"亮曰："不然。"亮固知其不得免矣。

丁酉，王谒初宁陵，还，止中堂。晋孝武以太学在秦淮南，去台城悬远，权以中堂为太学，亲释奠于先圣。则中堂亦在秦淮北，但在台城之外耳。百官奉玺绶，绶，音受。王辞让数四，乃受之，即皇帝位于中堂。备法驾入宫，御太极前殿，大赦，改元，文武赐位二等。

戊戌，谒太庙。诏复庐陵王先封，迎其柩及孙修华、谢妃还建康。孙修华，义真之母；谢，义真之妃也。南史云：晋武帝采汉、魏之制，以淑妃、淑媛、淑仪、修华、修容、修仪、婕妤、容华、充华，是为九嫔，位视九卿。李延寿曰：贵嫔，魏文帝所制；夫人，魏武初建魏国所制；贵人，汉光武所制；晋为三夫人，位视三公。淑妃，魏明帝所制；淑媛，魏文帝所制；淑仪、修华，晋武帝所制；修容，魏文帝所制；修仪，魏明帝所制；婕妤、容华，前汉旧号；充华，晋武帝所制；美人，汉光武所制。

庚子，以行荆州刺史谢晦为真。晦将行，与蔡廓别，屏人问曰：屏，必郢翻。"吾其免乎？"廓曰："卿受先帝顾命，任以社稷，废昏立明，义无不可。但杀人二兄而以之北面，挟震主之威，据上流之重，以古推今，自免为难。"蔡廓父子以亮直名于宋朝。观其抗言无所避就，若不足以保身；而卒能以身名终，何也？盖其素行已孚乎人，而言事无所依违，又所以遂其直。彼其问者，方怵于利害，就以求决，则听之也固合于心，而焉敢以为讳乎！晦始惧不得去，既发，顾望石头城喜曰："今得脱矣！"

癸卯，徐羡之进位司徒，王弘进位司空，傅亮加开府仪同三司，谢晦进号卫将军，檀道济进号征北将军。谢晦自领军将军进号，檀道济自镇北将军进号。

有司奏车驾依故事临华林园听讼。诏曰："政刑多所未悉；可如先者，二公推讯。"二公，谓徐羡之、王弘。

帝以王昙首、王华为侍中，昙首领右卫将军，华领骁骑将军，朱容子为右军将军。魏明帝有左军将军；晋武帝置前军、右军，又置后军，是为四军。骁骑将军、游击将军，并汉杂号将军也，魏置为中军。及晋，以领、护、左·右卫、骁骑、游击为六军。骁，坚尧翻。骑，奇寄翻。

11 甲辰，追尊帝母胡婕妤曰章皇后。婕妤，音接予。谥法：敬慎高明曰章。封皇弟义恭为江夏王，夏，户雅翻。义宣为竟陵王，义季为衡阳王；仍以义宣为左将军，镇石头。

徐羡之等欲即以到彦之为雍州，雍，于用翻。帝不许；征彦之为中领军，委以戎政。彦之自襄阳南下，谢晦已至镇，虑彦之不过己。过，古禾翻。彦之至杨口，步往江陵，深布诚款；晦亦厚自结纳。彦之留马及利剑、名刀以与晦，晦由此大安。

12 柔然纥升盖可汗闻魏太宗殂，将六万骑入云中，杀掠吏民，攻拔盛乐宫。魏之先什翼犍始居云中之盛乐宫，筑盛乐城于故城南八里。纥，户骨翻。可，从刊入声。汗，音寒。将，即亮翻。骑，奇寄翻。乐，音洛。魏世祖自将轻骑讨之，三日二夜至云中。纥升盖引骑围魏主五十馀重，骑逼马首，相次如堵；将士大惧，魏主颜色自若，众情乃安。纥升盖以弟子於陟斤为大将，魏人射杀之；纥升盖惧，遁去。重，直龙翻。射，而亦翻。考异曰：后魏本纪云："赭阳子尉普文率轻骑讨之，虏乃退走。"李延寿北史纪云："帝帅轻骑讨之，虏乃退走。"今据蠕蠕传，从北史。尚书令刘絜言于魏主曰："大檀自恃其众，必将复来，复，扶又翻。请俟收田毕，大发兵为二道，东西并进以讨之。"魏主然之。

13 九月，丙子，立妃袁氏为皇后；耽之曾孙也。袁耽见九十五卷成帝咸康元年。

14 冬，十月，吐谷浑威王阿柴卒。阿柴有子二十人。疾病，召诸子弟谓之曰："先公车骑，以大业之故，舍其子拾虔而授孤；孤敢私于纬代而忘先君之志乎！先公，谓树洛干也。树洛干自号车骑将军，授阿柴国，见一百一十八卷晋安帝义熙十三年。纬，于贵翻。我死，汝曹当奉慕璝为主。"纬代者，阿柴之长子；慕璝者，阿柴之母弟、叔父乌纥提之子也。乌纥提之立也，妻树洛干母，生二子，慕璝、慕利延。纬，于贵翻。璝，姑回翻。"提"，当作"堤"。

阿柴又命诸子各献一箭，取一箭授其弟慕利延使折之。慕利延折之。又取十九箭使折之，慕利延不能折。折，而设翻。阿柴乃谕之曰："汝曹知之乎？孤则易折，易，以豉翻。众则难摧。汝曹当戮力一心，然后可以保国宁家。"言终而卒。

慕璝亦有才略，抚秦、凉失业之民及氐、羌杂种至五六百落，部众转盛。种，章勇翻。

15 十二月，魏主命安集将军长孙翰、安北将军尉眷北击柔然，魏主自将屯柞山。柞山在平城之西，大河之东。柞，则洛翻。柔然北遁，诸军追之，大获而还。翰，肥之子也。长孙肥事魏主珪，为将，数有功。

16 诏拜营阳王母张氏为营阳太妃。

17 林邑王范阳迈寇日南、九德诸郡。沈约曰：九德郡故属九真，孙吴分立九德郡，隋、唐为驩州。

18 宕昌王梁弥忽遣子弥黄入见于魏。宕，徒浪翻。见，贤遍翻。宕昌，羌之别种也。羌地东接中国，西通西域，长数千里，长，直亮翻。各有酋帅，部落分地，不相统摄；而宕昌最强，有民二万馀落，诸种畏之。北史曰：宕昌盖三苗之胤。杜佑曰：其界自仇池以西，东西千里；席水以南，南北八百里，地多山阜。宕，徒浪翻。酋，慈由翻。帅，所类翻。种，章勇翻。

19 夏主将废太子璝而立少子酒泉公伦。璝闻之，将兵七万北伐伦。璝录南台，自长安北伐伦。璝，姑回翻。少，诗照翻。将，即亮翻；下同。伦将骑三万拒之，战于高平，伦败死。伦兄太原公昌将骑一万袭璝，杀之，并其众八万五千，归于统万。夏主大悦，立昌为太子。

夏主好自矜大，好，呼到翻。名其四门：东曰招魏，南曰朝宋，西曰服凉，北曰平朔。朝，直遥翻。

二年（乙丑、四二五）

1 春，正月，徐羡之、傅亮上表归政；表三上，上，时掌翻。帝乃许之。丙寅，始亲万机。羡之仍逊位还第；徐佩之、程道惠及吴兴太守王韶之等并谓非宜，守，式又翻。敦劝甚苦；乃复奉诏视事。速徐、傅之死者，佩之诸公也。复，扶又翻。

2 辛未，帝祀南郊，大赦。

3 己卯，魏主还平城。

4 二月，燕有女子化为男；燕主以问群臣。尚书左丞傅权对曰："西汉之末，雌鸡化为雄，犹有王莽之祸。汉书五行志：宣帝黄龙元年，未央殿辂軨中雌鸡化为雄，毛衣变化而不鸣，不将，无距。元帝初元，丞相府史家雌鸡伏子，渐化为雄，冠距鸣将。其后，王后群弟世权，以至于莽，遂篡天下。况今女化为男，臣将为君之兆也。"

5 三月，丙寅，魏主尊保母窦氏为保太后。密后之殂也，密后，即魏主之母杜贵嫔。世祖尚幼，太宗以窦氏慈良，有操行，行，下孟翻。使保养之。窦氏抚视有恩，训导有礼，世祖德之，故加以尊号，奉养不异所生。养，羊亮翻。

6 丁巳，魏以长孙嵩为太尉，长孙翰为司徒，奚斤为司空。

7 夏，四月，秦王炽磐遣平远将军叱卢犍等袭河西镇南将军沮渠白蹄于临松，擒之，徙其民五千馀户于枹罕。犍，居言翻。沮，子馀翻。枹，音肤。

8 魏主遣龙骧将军步堆等来聘，始复通好。魏书官氏志：西方步鹿孤氏改为步氏。骧，思将翻。复，扶又翻。好，呼到翻。

9 六月，武都惠文王杨盛卒。初，盛闻晋亡，不改义熙年号，谓世子玄曰："吾老矣，当终为晋臣；汝善事宋帝。"及盛卒，卒，子恤翻。玄自称都督陇右诸军事、征西大将军、开府仪同三司、秦州刺史、武都王，遣使来告丧，始用元嘉年号。使，疏吏翻。

10 秋，七月，秦王炽磐遣镇南将军吉毗等南击黑水羌酋丘担，大破之。黑水羌在邓至西北。水经注曰：白水出临洮县西南西倾山，东南流，与黑水合。黑水出羌中，西南径黑水城西，又西南入于白水。担，都甘翻。

11 八月，夏武烈帝殂，葬嘉平陵，庙号世祖；太子昌即皇帝位。昌字还国，勃勃第二子也。大赦，改元承光。

12 王弘自以始不预定策，不受司空；表让弥年，乃许之。弘以此得免徐、傅之祸。乙酉，以弘为车骑大将军、开府仪同三司。骑，奇寄翻。

13 冬，十月，丘担以其众降秦，降，户江翻。秦以担为归善将军；拜折冲将军乞伏信帝为平羌校尉以镇之。

14 癸卯，魏主大【章：甲十六行本"大"下有"举"字；乙十一行本同；孔本同；熊校同。】伐柔然，五道并进：长孙翰等从东道，出黑漠，考异曰：翰传云："与娥清出长川。"今从蠕蠕传。廷尉卿长孙道生等出白、黑二漠之间，长川、牛川同是大漠之地，拓跋分其地名耳。长川有白、黑二漠，黑在东，白在西。魏主从中道，东平公娥清出栗园，栗园在中道之西，西道之东。考异曰：清传云："与长孙翰出长川。"今从蠕蠕传。奚斤等从西道，出尔寒山。诸军至漠南，舍辎重，舍，读曰捨。重，直用翻。轻骑，赍十五日粮，度漠击之。骑，奇寄翻。柔然部落大惊，绝迹北走。

15 十一月，以武都世子玄为北秦州刺史、武都王。时南秦州治汉中，故以武都为北秦州。考异曰：宋本纪，癸酉；南史，庚午。按十一月壬午朔，无癸酉及庚午。今不书日。

16 初，会稽孔宁子为帝镇西谘议参军，会，工外翻。及即位，以宁子为步兵校尉；与侍中王华并有富贵之愿，疾徐羡之、傅亮专权，日夜构之于帝。史言徐、傅逼上固当诛，而王华等之构间亦非也。会谢晦二女当适彭城王义康、新野侯义宾，遣其妻曹氏及长子世休送女至建康。帝欲诛羡之、亮，并发兵讨晦，声言当伐魏，又【章：甲十六行本“又”上有“取河南”三字；乙十一行本同；孔本同；张校同；退斋校同。】言拜京陵，京陵，兴宁陵也。治行装舰。治，直之翻。舰，户黯翻。亮与晦书曰：“薄伐河朔，事犹未已，朝野之虑，忧惧者多。”又言“朝士多谏北征，朝，直遥翻。上当遣外监万幼宗往相谘访。”南史曰：制局监、外监，领器仗兵役，多以嬖幸为之。时朝廷处分异常，其谋颇泄。处，昌吕翻。分，扶问翻。

三年（丙寅、四二六）

1 春，正月，谢晦弟黄门侍郎𡺸驰使告晦，𡺸，子肖翻。晦犹谓不然，以傅亮书示谘议参军何承天曰：“计幼宗一二日必至。傅公虑我好事，故先遣此书。”承天曰：“外间所闻，咸谓西讨已定，幼宗岂有上理！”好事，犹言好生事，微省其辞，若隐语然。好，呼到翻。上，时掌翻。晦尚谓虚妄，使承天豫立答诏启草，言伐虏宜须明年。江夏内史程道惠得寻阳人书，夏，户雅翻；下同。言“朝廷将有大处分，其事已审”，使其辅国府中兵参军乐冏封以示晦。道惠盖带辅国将军也。晦问承天曰：“若果尔，卿令我云何？”对曰：“蒙将军殊顾，常思报德。事变至矣，何敢隐情！然明日戒严，动用军法，区区所怀，惧不得尽。”晦惧曰：“卿岂欲我自裁邪？”承天曰：“尚未至此。以王者之重，举天下以攻一州，大小既殊，逆顺又异。境外求全，上计也。其次，以腹心将兵屯义阳，将军自帅大众战于夏口；若败，即趋义阳以出北境，其次也。”承天二策皆劝晦奔魏以求全。将，即亮翻。帅，读曰率。趋，七喻翻。晦良久曰：“荆州用武之地，兵粮易给，聊且决战，走复何晚！”易，以豉翻。复，扶又翻。乃使承天造立表檄；又与卫军谘议参军琅邪颜邵谋举兵，晦带卫将军。邵饮药而死。

晦立幡戒严，谓司马庾登之曰：“今当自下，欲屈卿以三千人守城，备御刘粹。”登之曰：“下官亲老在都，又素无部众，情计二三，不敢受此旨。”晦仍问诸将佐：“战士三千足守城否？”南蛮司马周超对曰：“非徒守城而已，若有外寇，可以立功。”超盖为南蛮校尉府司马。登之因曰：“超必能辨，下官请解司马、南郡以授之。”登之，晦府司马，领南郡太守，乞解以授超。晦即于坐命超为司马，领南义阳太守。沈约曰：晋末以义阳流民侨立南义阳郡，属荆州，领厥西、平氏二县。坐，徂卧翻。转登之为长史，南郡如故。登之，蕴之孙也。庾蕴死于海西之废。

帝以王弘、檀道济始不预废弑之谋，弘弟昙首又为帝所亲委，事将发，密使报弘，且召道济，欲使讨晦。王华等皆以为不可，帝曰：“道济止于胁从，本非创谋，杀害之事，又所不关；吾抚而使之，必将无虑。”乙丑，道济至建康。

丙寅，下诏暴羡之、亮、晦杀营阳、庐陵王之罪，命有司诛之，且曰：“晦据有上流，或不即罪，即，就也。朕当亲帅六师为其过防。帅，读曰率。可遣中领军到彦之即日电发，征北将军檀道济骆驿继路，符卫军府州，以时收剪，符卫军府及荆州官属，使收诛晦也。已命雍州刺史刘粹等雍，于用翻。断其走伏。走，逃也；伏，匿也；断其逃匿之路也。断，丁管翻。罪止元凶，馀无所问。”

是日，诏召羡之、亮。羡之行至西明门外，洛城西面有广阳、西明、阊阖三门，建康仿之。谢皭正直，皭为黄门侍郎，正入直省内也。遣报亮云："殿内有异处分。"亮辞以嫂病暂还，遣使报羡之，羡之还西州，扬州刺史治台城西，故曰西州。乘内人问讯车出郭，步走至新林，新林浦去建康城二十里。入陶灶中自经死。亮乘车出郭门，乘马奔兄迪墓，屯骑校尉郭泓收之。至广莫门，广莫门，建康城北门，亦放洛城之制。骑，奇寄翻。校，户教翻。上遣中书舍人以诏书示亮，并谓曰："以公江陵之诚，谓亮迎帝于江陵也。当使诸子无恙。"亮读诏书讫，曰："亮受先帝布衣之眷，遂蒙顾托。黜昏立明，社稷之计也。欲加之罪，其无辞乎！"晋大夫里克之言。于是诛亮而徙其妻子于建安；诛羡之二子，而宥其兄子佩之。又诛晦子世休，收系谢皭。

帝将讨谢晦，问策于檀道济，对曰："臣昔与晦同从北征，事见一百十八卷晋安帝义熙十三年。入关十策，晦有其九，才略明练，殆为少敌。少，诗沼翻。然未尝孤军决胜，戎事恐非其长。"其"下当有"所"字。臣悉晦智，晦悉臣勇。今奉王命以讨之，可未陈而擒也。"陈，与阵同。丁卯，征王弘为侍中、司徒、录尚书事、扬州刺史，以彭城王义康为都督荆·湘等八州诸军事、荆州刺史。

乐冏复遣使告谢晦以徐、傅及皭等已诛。复，扶又翻；下磐复同。使，疏吏翻。晦先举羡之、亮哀，次发子弟凶问，既而自出射堂勒兵。晦从高祖征讨，指麾处分，莫不曲尽其宜，数日间，四远投集，得精兵三万人。乃奉表称羡之、亮等忠贞，横被冤酷。横，户孟翻。且言："臣等若志欲执权，不专为国，为，于伪翻。初废营阳，陛下在远，武皇之子尚有童幼，拥以号令，谁敢非之！岂得溯流三千里，自建康至江陵溯流而上，凡三千里。

虚馆七旬，仰望鸾旗者哉！景平二年五月乙酉，废少帝，八月丙申，帝至建康，凡七旬。故庐陵王，于营阳之世积怨犯上，自贻非命。不有所废，将何以兴！亦晋里克之言。耿弇不以贼遗君、父，此耿弇讨张步之言，晦引以为言，自谓杀庐陵所以除逼，不以累帝也。遗，于季翻。臣亦何负于宋室邪！此皆王弘、王昙首、王华险躁猜忌，谗构成祸。躁，则到翻。今当举兵以除君侧之恶。”

2 秦王炽磐复遣使如魏，请用师于夏。秦入贡于魏以请伐夏，事始上卷营阳王景平元年。复，扶又翻。使，疏吏翻。

3 初，袁皇后生皇子劭，后自详视，使驰白帝曰："此儿形貌异常，必破国亡家，不可举。"即欲杀之。帝狼狈至后殿户外，手拨幔禁之，乃止。为劭弑逆张本。幔，莫半翻。以尚在谅闇，闇，音阴。故秘之。闰月，丙戌，始言劭生。

4 帝下诏戒严，大赦，诸军相次进路以讨谢晦。晦以弟遁为竟陵内史，将万人总留任，帅众二万发江陵，列舟舰自江津至于破冢，将，即亮翻。帅，读曰率。舰，户黯翻。冢，知陇翻。旌旗蔽日。叹曰："恨不得以此为勤王之师。"

晦欲遣兵袭湘州刺史张邵，何承天以邵兄益州刺史茂度与晦善，曰："邵意趣未可知，不宜遽击之。"晦以书招邵，邵不从。

5 二月，戊午，以金紫光禄大夫王敬弘为尚书左仆射，晋制：左右光禄大夫，金章紫绶，后遂为金紫光禄大夫。建安太守郑鲜之为右仆射。敬弘，廙之曾孙也。王廙见八十九卷晋愍帝建兴三年。廙，羊至翻，又逸职翻。

庚申，上发建康。命王弘与彭城王义康居守，入居中书下省；中书有上省、下省。守，手又翻。侍中殷景仁参掌留任；帝姊会稽长公主留止台内，总摄六宫。台内，即禁中。会，工外翻。长，知两翻。

谢晦自江陵东下，何承天留府不从。晦至江口，江口，即西江口。从，才用翻。到彦之已至彭城洲。庾登之据巴陵，畏懦不敢进；会霖雨连日，参军刘和之曰："彼此共有雨耳；檀征北寻至，东军方强，惟宜速战。"登之恇怯，使小将陈佑作大囊，贮茅悬于帆樯，云可以焚舰，恇，去王翻。将，即亮翻。贮，丁吕翻。舰，户黯翻。用火宜须晴，以缓战期。晦然之，停军十五日。乃使中兵参军孔延秀攻将军萧欣于彭城洲，破之。水经注：江水过长沙下隽县北，又东径彭城口，水东有彭城矶。又攻洲口栅，陷之。诸将咸欲退还夏口，到彦之不可，乃保隐圻。水经注：江水自彭城矶东径如山北，山北对隐矶。晦又上表自讼，且自矜其捷，曰："陛下若枭四凶于庙庭，悬三监于绛阙，以王弘、王昙首、王华比虞之共工、驩兜、苗、鲧，周之管叔、蔡叔、霍叔也。枭，坚尧翻。臣便勒众旋旗，还保所任。"

初，晦与徐羡之、傅亮为自全之计：以为晦据上流，而檀道济镇广陵，各有强兵，足以制朝廷；羡之、亮居中秉权，可得持久。及闻道济帅众来上，惶惧无计。

道济既至，与到彦之军合，牵舰缘岸。晦始见舰数不多，轻之，不即出战。至晚，因风帆上，前后连咽；上，时掌翻。连，谓沿江战舰连接不断；咽，谓战舰塞江，前后填咽。西人离沮，无复斗心。戊辰，台军至忌置洲尾，沮，在吕翻。水经注：江水东过长沙下隽县北，湘水自南注之。又东，左得二夏浦，俗谓之西江口；又东径忌置山南，又东过彭城口。复，扶又翻。列舰过江，晦军一时皆溃。晦夜出，投巴陵，得小船还江陵。

先是，帝遣雍州刺史刘粹自陆道帅步骑袭江陵，至沙桥；先，悉荐翻。雍，于用翻。帅，读曰率；下同。骑，奇寄翻。沙桥在江陵北。周超帅万馀人逆战，大破之，士卒伤死者过半。俄而晦败问至。初，晦与粹善，以粹子旷之为参军；帝疑之，王弘曰：

"粹无私，必无忧也。"及受命南讨，一无所顾，帝以此嘉之。晦亦不杀旷之，遣还粹所。

丙子，帝自芜湖东还。

晦至江陵，无他处分，唯愧谢周超而已。其夜，超舍军单舸诣到彦之降。舸，古我翻。晦众散略尽，乃携其弟遁等七骑北走。遁肥壮，不能乘马，晦每待之，行不得速。己卯，至安陆延头，水经注：武湖水上通安陆之延头。九域志；武湖在黄洲界，盖此湖上接延头也。杜佑曰：武湖在黄洲黄陂县东，黄祖习战阅武之所。为戍主光顺之所执，戍主、戍副，宋、齐以下至隋咸有其官。姓谱：光，姓也；晋书有光逸。槛送建康。

到彦之至马头，何承天自归。彦之因监荆州府事，监，工衔翻。以周超为参军；刘粹以沙桥之败告，乃执之。于是诛晦、皭、遁及其兄弟之子，并同党孔延秀、周超等。晦女彭城王妃被发徒跣，与晦诀曰："大丈夫当横尸战场，奈何狼藉都市！"被，皮义翻。藉，而亦翻。庾登之以无任，免官禁锢；何承天及南蛮行参军新兴王玄谟等皆见原。据南史：王玄谟，太原祁县人。汉建安二十年，集塞下荒地置新兴郡，魏黄初初，迁于陉岭之南。玄谟盖本新兴人而居太原之祁县界也。晦之走也，左右皆弃之，唯延陵盖追随不舍，帝以盖为镇军功曹督护。延陵，复姓，盖吴延陵季子之后；盖，其名也；为镇军府功曹，又兼督护之官也。晋氏渡江，有参军督护，功曹参军兼督护，即参军督护之任也。洪适曰：参军督护，江左置，皆有部曲，宋则无矣。

晦之起兵，引魏南蛮校尉王慧龙为援。魏以王慧龙为南蛮校尉，以扰汝、颍之间。慧龙帅众一万拔思陵戍，思陵戍在陈郡西北。进围项城，闻晦败，乃退。

益州刺史张茂度受诏袭江陵；晦败，茂度军始至白帝。议者疑茂度有贰心，帝以茂度弟邵有诚节，赦不问，代还。

三月，辛巳，帝还建康，征谢灵运为秘书监，颜延之为中书侍郎，赏遇甚厚。

帝以慧琳道人善谈论，因与议朝廷大事，遂参权要，宾客辐凑，门车常有数十两，门车，谓门前候见之车。两，音亮。四方赠赂相系，方筵七八，座上恒满。琳着高屐，着，陟略翻。披貂裘，置通呈、书佐。通呈，典谒之职；书佐，掌书翰。会稽孔觊尝诣之，遇宾客填咽，暄凉而已。言但叙寒温，不及馀语。会，工外翻。觊，音冀。觊慨然曰："遂有黑衣宰相，可谓冠屦失所矣！"庐陵废而三人斥，徐、傅诛而三人进，可谓矫枉过正矣。

夏，五月，乙未，以檀道济为征南大将军、开府仪同三司、江州刺史，到彦之为南豫州刺史。遣散骑常侍袁渝等十六人分行诸州郡县，观察吏政，访求民隐；散，悉亶翻。骑，奇寄翻。行，下孟翻。又使郡县各言损益。丙午，上临延贤堂听讼，延贤堂在建康华林园。自是每岁三讯。周礼：秋官以三刺断庶民狱讼之中：一曰讯群臣，二曰讯群吏，三曰讯万民。注云：刺，杀也，三讯罪定则杀之。讯，言也。

左仆射王敬弘，性恬淡，有重名；关署文案，初不省读。省，悉景翻。尝预听讼，上问以疑狱，敬弘不对。上变色，问左右："何故不以讯牒副仆射？"谓不以讯牒副本纳呈敬弘也。敬弘曰："臣乃得讯牒读之，正自不解。"解，户买翻，晓也。上甚不悦，虽加礼敬，不复以时务及之。复，扶又翻。礼敬不替，而不以时务及之，此法正劝蜀先主以加礼许靖之智也。

六月，以右卫将军王华为中护军，侍中如故。华以王弘辅政，王昙首为上所亲任，与己相埒，埒，龙辍翻。自谓力用不尽，每叹息曰："宰相顿有数人，天下何由得治！"治，直吏翻。是时，宰相无常官，唯人主所与议论政事、委以机密者，皆宰相也，故华有是言。亦有任侍中而不为宰相者；然尚书令·仆、中书监·令、侍中、侍郎、给事中，皆当时要官也。

华与刘湛、王昙首、殷景仁俱为侍中，风力局干，冠冕一时。上尝与四人于合殿宴饮，甚悦。合殿在斋阁之后。李延寿曰：晋世诸帝，多处内房，朝宴所临，东西二堂而已。孝武末年，清暑方构。永初受命，无所改作，所居惟称西殿，不制嘉名；文帝因之，亦有合殿之称。既罢出，上目送良久，叹曰："此四贤，一时之秀，同管喉唇，恐后世难继也。"喉唇，言出纳王命也。

黄门侍郎谢弘微与华等皆上所重，当时号曰五臣。弘微，琰之从孙也。琰，安之子也。从，才用翻；下同。精神端审，时然后言，婢仆之前不妄语笑；由是尊卑大小，敬之若神。从叔混特重之，常曰："微子异不伤物，同不害正，吾无间然。"吕大临曰：无间隙可言其失。谢显道曰：犹言我无得而议之也。呜呼！此江左所谓清谈也。间，古苋翻。

上欲封王昙首、王华等，拊御床曰："此坐非卿兄弟，无复今日。"因出封诏以示之。以诛徐、傅等为昙首、华之功。坐，徂卧翻。昙首固辞曰："近日之事，赖陛下英明，罪人斯得；臣等岂可因国之灾以为身幸！"上乃止。

6 魏主诏问公卿："今当用兵，赫连、蠕蠕，二国何先？"杜佑曰：柔然，后魏太武以其无知，状类于虫，故改其号曰蠕蠕；宋、齐谓之芮芮。蠕，人兖翻。长孙嵩、长孙翰、奚斤皆曰："赫连土著，著，直略翻。未能为患。不如先伐蠕蠕，若追而及之，可以大获；不及，则猎于阴山，取其禽兽皮角以充军实。"太常崔浩曰："蠕蠕鸟集兽逃，言其来则如鸟之集，走则如兽之逃也。举大众追之则不能及，轻兵追之又不足以制敌。赫连氏土地不过千里，政刑残虐，人神所弃，宜先伐之。"尚书刘絜、武京侯安原请先伐燕。于是魏主自云中西巡至五原，因畋于阴山，东至和兜山；和兜山盖在阴山之东，长川之南。秋，八月，还平城。

7 诏殿中将军吉恒聘于魏。恒，户登翻。

8 燕太子永卒，立次子翼为太子。

9 秦王炽磐伐河西，至廉川，遣太子暮末等步骑三万攻西安，不克，又攻番禾。河西王蒙逊发兵御之，且遣使说夏主，骑，奇寄翻。番，音盘。使，疏吏翻。说，输芮翻。使乘虚袭枹罕。枹，音肤。夏主遣征南大将军呼卢古将骑二万攻苑川，车骑大将军韦伐将骑三万攻南安。炽磐闻之，引归。蒙逊借助于夏以退秦师。秦既敝于夏，夏亦偾于魏，而凉亦不能以自立。是以亲仁善邻，国之宝也。九月，徙其境内老弱、畜产于浇河杜佑曰：浇河城在廓州达化县西一百二十里。及莫河仍寒川，留左丞相昙达守枹罕。韦伐攻拔南安，获秦秦州刺史翟爽、南安太守李亮。

10 吐谷浑握逵等帅部众二万落叛秦，奔昴川，附于吐谷浑王慕璝。史言乞伏兵势渐衰。帅，读曰率。璝，姑回翻。

11 大旱，蝗。

12 左光禄大夫范泰上表曰："妇人有三从之义，妇人在室从父母，既嫁从夫，夫死从子。无自专之道。谢晦妇女犹在尚方，唯陛下留意。"有诏原之。

13 魏主闻夏世祖殂，诸子相图，谓伦、璝、昌相杀也。国人不安，欲伐之。长孙嵩等皆曰："彼若城守，以逸待劳，大檀闻之，乘虚入寇，此危道也。"崔浩曰："往年以来，荧惑再守羽林、钩己而行，其占秦亡；事见一百十七卷晋安帝义熙十一年。今年五星并出东方，利以西伐。天人相应，不可失也。"嵩固争之，帝大怒，责嵩在官贪污，命武士顿辱之。嵩历事四朝，魏之元臣也。顿辱，捽其首使顿地以辱之。于是遣司空奚斤帅四万五千人袭蒲阪，阪，音反。宋兵将军周几帅万人袭陕城，陕，失冉翻。以河东太守薛谨为乡导。谨，辩之子也。薛辩见一百十八卷晋安帝义熙十三年。乡，读曰向。

魏主欲以中书博士平棘李顺总前驱之兵，平棘县，二汉属常山，晋、魏属赵郡。访于崔浩，浩曰："顺诚有筹略；然臣与之婚姻，深知其为人果于去就，不可专委。"帝乃止。浩与顺由是有隙。为后魏主以浩言诛顺张本。

冬，十月，丁巳，魏主发平城。

14 秦左丞相昙达与夏呼卢古战于嵻崀山，昙，徒含翻。嵻，丘冈翻。崀，卢当翻。昙达兵败。十一月，呼卢古、韦伐进攻枹罕。枹，音肤。秦王炽磐迁保定连。呼卢古入南城，南城，枹罕南城。镇京将军赵寿生率死士三百人力战，却之。呼卢古、韦伐又攻沙州刺史出连虔于湟河，虔遣后将军乞伏万年击败之。败，补迈翻。又攻西平，执安西将军库洛干，坑战士五千馀人，掠民二万馀户而去。

15 仇池氐杨兴平求内附。梁、南秦二州刺史吉翰晋泰始之初，立梁州于汉中，至安帝之世，秦州又治汉中；自是镇汉中者带梁、南秦二州刺史。遣始平太守庞谘据武兴。武兴，汉武都郡之沮县也，蜀以其地当冲要，置武兴督以守之；宋立东益州，梁立武兴蕃王国；西魏改东益为兴州，因武兴郡为名。至我本朝，以吴曦之变，改为沔州。氐王杨玄遣其弟难当将兵拒谘，将，即亮翻。谘击走之。

16 魏主行至君子津，会天暴寒，冰合，戊寅，帅轻骑二万济河袭统万。帅，读曰率。骑，奇寄翻。壬午，冬至，夏主方燕群臣，魏师奄至，上下惊扰。魏主军于黑水，去城三十馀里。夏主出战而败，退走入城。门未及闭，内三郎豆代田帅众乘胜入西宫，内三郎，魏宿卫之官也，三郎将领之。又按魏道武帝天兴初置幢主、幢将，主内三郎。内三郎，卫士也。焚其西门；宫门闭，代田逾宫垣而出。魏主拜代田勇武将军。勇武将军之号，魏始置。魏军夜宿城北，癸未，分兵四掠，杀获数万，得牛马十馀万。魏主谓诸将曰：将，即亮翻；下守将同。"统万未可得也，他年当与卿等取之。”乃徙其民万馀家而还。还，从宣翻，又如字。

夏弘农太守曹达闻周几将至，不战而走；魏师乘胜长驱，遂入三辅。会几卒于军中，蒲阪守将东平公乙斗闻奚斤将至，遣使诣统万告急。使者至统万，阪，音反。使，疏吏翻；下同。魏军已围其城；还，告乙斗曰：“统万已败矣。”乙斗惧，弃城西奔长安，斤遂克蒲阪。夏主之弟助兴先守长安，乙斗至，与助兴弃长安，西奔安定。考异曰：奚斤传作“乙升”，今从帝纪。十二月，斤入长安，秦、雍氐羌皆诣斤降。雍，于用翻。降，户江翻。河西王蒙逊及氐王杨玄闻之，皆遣使附魏。兵以气势为用者也，统万围而诸镇失守，气势然也。

17 前吴郡太守徐佩之聚党百馀人，谋以明年正会于殿中作乱，事觉，壬戌，收斩之。正会，明年正月朔旦朝会也，亦曰元会。

18 营阳太妃张氏卒。

19 秦征南将军吉毗镇南漒，乞伏国仁置十二郡，漒川其一也；南漒当又在漒川之南。漒，其良翻。陇西人辛澹帅户三千据城逐毗，毗走还枹罕，澹南奔仇池。澹，徒览翻。帅，读曰率。

20 魏初得中原，民多逃隐。天兴中，诏采诸漏户，令输缯帛；魏皇始二年克中山，始得中原，晋安帝之隆安元年也；明年，改元天兴。缯，慈陵翻。于是自占为细茧罗縠户者甚众，占，之赡翻。细，除留翻。縠，户谷翻。不隶郡县；赋役不均。是岁，始诏一切罢之，以属郡县。

四年（丁卯、四二七）

1 春，正月，辛巳，帝祀南郊。

2 乙酉，魏主还平城。统万徙民在道多死，能至平城者什才六七。

己亥，魏主如幽州。夏主遣平原公定帅众二万向长安。魏主闻之，伐木阴山，大造攻具，再谋伐夏。

3 山羌叛秦。羌分居武始、洮阳南山者曰山羌。二月，秦王炽磐遣左丞相昙达招慰武始诸羌，征南将军吉毗招慰洮阳诸羌。晋惠帝置洮阳县，属狄道郡。昙，徒含翻。羌人执昙达送夏；吉毗为羌所击，奔还，士马死伤者什八九。

4 魏主还平城。

5 乙卯，帝如丹徒；己巳，谒京陵。初，高祖既贵，命藏微时耕具以示子孙。帝至故宫，晋之东迁也，刘氏自彭城移居晋陵丹徒之京口里，陵墓及故宫在焉。见之，有惭色。近侍或进曰："大舜躬耕历山，伯禹亲事水土。舜耕于历山，历山之人皆让畔。伯禹亲事水土，手足胼胝。陛下不睹遗物，安知先帝之至德，稼穑之艰难乎！"

6 二【章：甲十六行本"二"作"三"；乙十一行本同；张校同。】月，丙子，魏主遣高凉王礼镇长安。礼，斤之孙也。拓跋斤见一百四卷晋孝武太元元年。又诏执金吾桓贷造桥于君子津。

7 丁丑，魏广平王连卒。

8 丁亥，帝还建康。

9 戊子，尚书右仆射郑鲜之卒。

10 秦王炽磐以辅国将军段晖为凉州刺史，镇乐都；乐，音洛。平西将军麹景为沙州刺史，镇西平；宁朔将军出连辅政为梁州刺史，镇赤水。

11 夏，四月，丁未，魏员外散骑常侍步堆等来聘。曹魏之末，置员外散骑常侍。散，悉亶翻。骑，奇寄翻。

12 庚戌，以廷尉王徽之为交州刺史，征前刺史杜弘文。弘文有疾，自舆就路；或劝之待病愈，弘文曰："吾杖节三世，弘文父慧度、祖瑗，三世镇交州。常欲投躯帝庭，况被征乎！"遂行，卒于广州。被，皮义翻。卒，子恤翻。弘文，慧度之子也。

13 魏奚斤与夏平原公定相持于长安。魏主欲乘虚伐统万，简兵练士，部分诸将，分，扶问翻。命司徒长孙翰等将三万骑为前驱，常山王素等将步兵三万为后继，南阳王伏真等将步兵三万部送攻具，将军贺多罗将精骑三千为前候。前候者，居前为候骑。将，即亮翻。骑，奇寄翻；下同。素，遵之子也。拓跋遵见一百八卷晋孝武太元二十年。五月，魏主发平城，命龙骧将军代人陆俟督诸军镇大碛以备柔然。魏书官氏志：内入诸姓，步六孤氏后改为陆氏。骧，思将翻。碛，七迹翻。辛巳，济君子津。

14 壬午，中护军王华卒。

15 魏主至拔邻山，拔邻山在黑水东北。筑城，捨辎重，北史"捨"作"舍"，当从之，读如字。重，直用翻。以轻骑三万倍道先行。群臣咸谏曰："统万城坚，非朝夕可拔。今轻军讨之，进不可克，退无所资，不若与步兵、攻具一时俱往。"帝曰："用兵之术，攻城最下；必不得已，然后用之。今以步兵、攻具皆进，彼必惧而坚守。若攻不时拔，食尽兵疲，外无所掠，进退无地。不如以轻骑直抵其城，彼见步兵未至，意必宽弛；吾羸形以诱之，羸，伦为翻。诱，音酉。彼或出战，则成擒矣。所以然者，吾之军士去家二千馀里，又隔大河，所谓'置之死地而后生'者也。去国远斗，人皆致死，故其锋不可当。故以之攻城则不足，决战则有馀矣。"遂行。

16 六月，癸卯朔，日有食之。

17 魏主至统万，分军伏于深谷，以少众至城下。藏匿其众，以少众至城下，诱其出战。少，诗沼翻。夏将狄子玉降魏，将，即亮翻。降，户江翻。言："夏主闻有魏师，遣使召平原公定，定曰：'统万坚峻，未易攻拔。易，以豉翻。待我擒奚斤，然后徐往，内外击之，蔑不济矣。'故夏主坚守以待之。"魏主患之，患其不出战也。乃退军以示弱，遣娥清及永昌王健帅骑五千西掠居民。帅，读曰率。骑，奇寄翻；下同。

魏军士有得罪亡奔夏者，言魏军粮尽，士卒食菜，辎重在后，步兵未至，宜急击之。夏主从之，使魏主用间亦不如是之巧，殆天启之也。重，直用翻。甲辰，将步骑三万出城。长孙翰等皆言："夏兵步陈难陷，陈，读曰阵。宜避其锋。"魏主曰："吾远来求贼，惟恐不出。今既出矣，乃避而不击，彼奋我弱，非计也。"遂收众伪遁，引而疲之。

夏兵为两翼，鼓噪追之，行五六里，会有风雨从东南来，扬沙晦冥。宦者赵倪，颇晓方术，言于魏主曰："今风雨从贼上来，我向之，彼背之，背，蒲妹翻。天不助人；且将士饥渴，愿陛下摄骑避之，摄，收也。更待后日。"崔浩叱之曰："是何言也！吾千里制胜，一日之中，岂得变易！言先定必胜之计，故千里行师，不可以风雨之故变易成算于一日之间。贼贪进不止，后军已绝，宜隐军分出，掩击不意。风道在人，岂有常也！"言风在人用之，分兵出其后，顺风击之，则风为我用，岂有常势哉！魏主曰"善！"乃分骑为左右队以掎之。掎，居蚁翻。魏主马蹶而坠，几为夏兵所获；拓跋齐以身捍蔽，决死力战，夏兵乃退。魏主腾马得上，刺夏尚书斛黎文，杀之，又杀骑兵十馀人，身中流矢，几，巨依翻。上，时掌翻。刺，七亦翻。中，竹仲翻。斛黎，虏复姓。奋击不辍，夏众大溃。齐，翳槐之玄孙也。翳槐，什翼犍之兄，晋成帝咸和四年立。

魏人乘胜逐夏主至城北，杀夏主之弟河南公满及兄子蒙逊，死者万馀人。夏主不及入城，遂奔上邽。魏主微服逐奔者，入其城；拓跋齐固谏，不听。夏人觉之，诸门悉闭；魏主因与齐等入其宫中，得妇人裙，系之槊上，魏主乘之而上，仅乃得免。会日暮，夏尚书仆射问至奉夏主之母出走，问，姓；至，名。孙愐曰：襄州有问姓。长孙翰将八千骑追夏主至高平，不及而还。

乙巳，魏主入城，获夏王、公、卿、将、校及诸母、后妃、姊妹、宫人以万数，马三十馀万匹，牛羊数千万头，府库珍宝、车旗、器物不可胜计，将，即亮翻。校，户教翻。胜，音升。颁赐将士有差。

初，夏世祖性豪侈，夏王勃勃，庙号世祖。筑统万城，事见一百十六卷晋安帝义熙九年。高十仞，基厚三十步，上广十步，宫墙高五仞，高，古号翻。厚，户遘翻。广，古旷翻。其坚可以厉刀斧。台榭壮大，皆雕镂图画，被以绮绣，穷极文采。魏主顾谓左右曰："蕞尔国而用民如此，被，皮义翻。蕞，徂内翻。欲不亡得乎！"

得夏太史令张渊、徐辩，复以为太史令。得故晋将毛修之、秦将军库洛干，归库洛干于秦，以毛修之善烹调，用为太官令。毛修之为夏所禽，见一百十八卷晋安帝义熙十四年。库洛干被禽，见上年。魏主见夏著作郎天水赵逸所为文，誉夏主太过，誉，音馀。怒曰："此竖无道，何敢如是！谁所为邪？当速推之！"欲按其罪也。崔浩曰："文士褒贬，多过其实，盖非得已，不足罪也。"乃止。魏主纳夏世祖三女为贵人。

奚斤与夏平原公定犹相拒于长安。魏主命宗正娥清、太仆丘堆帅骑五千略地关右。定闻统万已破，遂奔上邽；斤追至雍，不及而还。雍，于用翻。清、堆攻夏贰城，拔之。

魏主诏斤等班师。斤上言："赫连昌亡保上邽，鸠合馀烬，未有蟠据之资；今因其危，灭之为易。易，以豉翻。请益铠马，平昌而还。"铠，可亥翻。魏主不许。斤固请，乃许之，给斤兵万人，遣将军刘拔送马三十【章：甲十六行本"十"作"千"；乙十一行本同；孔本同。】匹，并留娥清、丘堆使共击夏。

辛酉，魏主自统万东还，以常山王素为征南大将军、假节，与执金吾桓贷、莫云留镇统万。魏书官氏志，内入诸姓，乌丸氏为桓氏。云，题之弟也。莫题见一百十四卷晋安帝义熙四年。

18 秦王炽磐还枹罕。夏既破，故炽磐还。枹，音肤。

19 秋，七月，己卯，魏主至柞岭。柞岭即柞山之岭。柞，则洛翻。柔然寇云中，闻魏已克统万，乃遁去。

20 秦王炽磐谓群臣曰："孤知赫连氏必无成，冒险归魏，事见上卷营阳王景平元年。今果如孤言。"八月，遣其叔父平远将军渥头等入贡于魏。

21 壬子，魏主还至平城，以所获颁赐留台百官有差。

魏主为人，壮健鸷勇，临城对陈，陈，读曰阵。亲犯矢石，左右死伤相继，神色自若；由是将士畏服，咸尽死力。将，即亮翻；下同。性俭率，服御饮膳，取给而已。群臣请增峻京城及修宫室曰："易云：'王公设险，以守其国。'易坎卦彖辞。又萧何云：'天子以四海为家，不壮不丽，无以重威。'"事见十一卷汉高帝七年。帝曰："古人有言：'在德不在险。'吴起之言。屈丐蒸土筑城而朕灭之，岂在城也？今天下未平，方须民力，土功之事，朕所未为。萧何之对，非雅言也。"雅，正也。每以为财者军国之本，不可轻费。至于赏赐，皆死事勋绩之家，亲戚贵宠未尝横有所及。横，户孟翻。命将出师，指授节度，违之者多致负败。明于知人，或拔士于卒伍之中，唯其才用所长，不论本末。听察精敏，下无遁情，赏不遗贱，罚不避贵，虽所甚爱之人，终无宽假。常曰："法者，朕与天下共之，何敢轻也。"然性残忍，果于杀戮，往往已杀而复悔之。如崔浩之类是也。复，扶又翻。

22 九月，丁酉，安定民举城降魏。夏都既破，安定亦降。降，户江翻；下同。

23 氐王杨玄遣将军苻白作围秦梁州刺史出连辅政于赤水；城中粮尽，民执辅政以降。辅政至骆谷，逃还。冬，十月，秦以骁骑将军吴汉为平南将军、梁州刺史，镇南漒。骁，坚尧翻。骑，奇寄翻。漒，其良翻。

24 十一月，魏主遣军司马公孙轨兼大鸿胪，持节策拜杨玄为都督荆·梁等四州诸军事、梁州刺史、南秦王。封玄为南秦王以别乞伏炽磐。胪，陵如翻。及境，玄不出迎；轨责让之，欲奉策以还，玄惧而郊迎。魏主善之，以轨为尚书。轨，表之子也。表死于营阳王景平元年。

25 十二月，秦梁州刺史吴汉为群羌所攻，帅户二千还于枹罕。帅，读曰率。

26 魏主行如中山；癸卯，还平城。

聂崇岐标点王崇武覆校

资治通鉴卷第一百二十一

端明殿学士兼翰林侍读学士朝散大夫右谏议大夫
充集贤殿修撰提举西京嵩山崇福宫上柱国河内郡 司马光 奉敕编集
开国侯食邑一千八百户食实封六百户赐紫金鱼袋臣

后学天台 胡三省 音注

宋纪三 起著雍执徐（戊辰），尽上章敦牂（庚午），凡三年。

太祖文皇帝上之中

元嘉五年（戊辰、四二八）

1 春，正月，辛未，魏京兆王黎卒。

2 荆州刺史、彭城王义康，性聪察，在州职事修治。治，直吏翻。左光禄大夫范泰谓司徒王弘曰：“天下事重，权要难居。卿兄弟盛满，当深存降挹。谓弘及弟昙首皆居权要。彭城王，帝之次弟，宜征还入朝，共参朝政。”朝，直遥翻。弘纳其言。时大旱、疾疫，弘上表引咎逊位，帝不许。

3 秦商州刺史领浇河太守姚浚叛，降河西，晋时，张祚以敦煌郡为商州。时敦煌属河西，炽磐盖以浚遥领商州而守浇河也。浇，坚尧翻。降，户江翻。秦王炽磐以尚书焦嵩代浚，帅骑三千讨之。帅，读曰率。骑，奇寄翻。二月，嵩为吐谷浑元绪所执。

4 魏改元神䴥。䴥，居牙翻；牡鹿也。以获神鹿改元。魏书灵征志：时定州获白䴥。白䴥，鹿也。又见于乐陵。

5 魏平北将军尉眷攻夏主于上邽，尉，纡勿翻。夏主退屯平凉。奚斤进军安定，与丘堆、娥清【章：甲十六行本“清”作“青”；乙十一行本同。】军合。斤马多疫死，士卒乏粮，乃深垒自固。遣丘堆督租于民间，士卒暴掠，不设儆备，夏主袭之，堆兵败，以数百骑还城。夏主乘胜，日来城下钞掠，不得刍牧，诸将患之，监军侍御史安颉曰：钞，楚交翻。将，即亮翻。监，工衔翻。颉，户结翻。“受诏灭贼，今更为贼所困，退守穷城；若不为贼杀，当坐法诛，进退皆无生理。而诸王公晏然曾不为计乎？”奚斤封宜城王，为司空。斤曰：“今军士无马，以步击骑，必无胜理，当须京师救骑至合击之。”颉曰：“今猛寇游逸于外，吾兵疲食尽，不一决战，则死在旦夕，救骑何可待乎！等于就死，死战，不亦可乎！”斤又以马少为辞。骑，奇寄翻。少，诗沼翻。颉曰：“今敛诸将所乘马，可得二百匹，颉请募敢死之士出击之，就不能破敌，亦可以折其锐。且赫连昌狷而无谋，好勇而轻，狷，吉县翻。好，呼到翻。轻，遣政翻。每自出挑战，挑，徒了翻。众皆识之。若伏兵掩击，昌可擒也。”斤犹难之。颉乃阴与尉眷等谋，选骑待之。既而夏主来攻城，颉出应之。夏主自出陈前搏战，陈，读曰阵。军士识其貌，争赴之。会天大风扬尘，昼昏，夏主败走；颉追之，夏主马蹶而坠，遂擒之。考异曰：十六国春秋钞云：“承光三年五月，战于黑渠，为魏所败，昌与数千骑奔还，魏追骑亦至。昌河内公费连乌提守高平，徙诸城民七万户于安定以都之。四年二月，魏军至安定，三城溃，昌奔秦州，魏东平公娥清追擒之，送于魏。”与后魏纪、传不同，今从后魏书。颉，同之子也。安同，永兴初八公之一也。

夏大将军、领司徒、平原王定收其馀众数万，奔还平凉，即皇帝位，定，小字直獖，夏王勃勃第五子。大赦，改元胜光。

三月，辛巳，赫连昌至平城，魏主馆之于西宫，门内器用皆给乘舆之副，又以妹始平公主妻之；乘，绳证翻。妻，七细翻。假常忠将军，赐爵会稽公。会，工外翻。以安颉为建节将军，赐爵西平公；尉眷为宁北将军，进爵渔阳公。

魏主常使赫连昌侍从左右，从，才用翻。与之单骑共逐鹿，深入山涧。昌素有勇名，诸将咸以为不可。魏主曰："天命有在，亦何所惧！"亲遇如初。

奚斤自以为元帅，而昌为偏裨所擒，深耻之。乃舍辎重，重，直用翻；下同。赍三日粮，追夏主于平凉。娥清欲循水而往，清盖欲循泾水而进。斤不从，自北道邀其走路。至马髦岭，马髦山之岭也。夏军将遁，会魏小将有罪亡归于夏，告以魏军食少无水。少，诗沼翻。夏主乃分兵邀斤，前后夹击之，魏兵大溃，斤及娥清、刘拔皆为夏所擒，去年，魏遣刘拔与斤共击夏。士卒死者六七千人。考异曰：宋索虏传："元嘉五年，使大将吐伐斤西伐长安，生擒赫连昌于安定，封昌为公，以妹妻之。昌弟定在陇上，吐伐斤乘胜以骑三万讨之。定设伏于陇山弹筝谷，破之，斩吐伐斤，尽坑其众。定率众东还，复克长安。焘又自攻，不克，乃分军戍大城而还。"今从后魏书。

丘堆守辎重在安定，闻斤败，弃辎重奔长安，与高凉王礼偕奔蒲阪，阪，音反。夏人复取长安。复，扶又翻；下复劝同。魏主大怒，命安颉斩丘堆，代将其众，镇蒲阪以拒之。将，即亮翻。

6 夏，四月，夏主遣使请和于魏，魏主以诏谕之使降。使，疏吏翻。降，户江翻。

7 壬子，魏主西巡；戊午，畋于河西；此君子津之西也。大赦。

8 五月，秦文昭王炽磐卒，太子暮末即位，大赦，改元永弘。

9 平陆令河南成粲平陆县自汉以来属东平郡。复劝王弘逊位，复，扶又翻。弘从之，累表陈请。帝不得已，六月，庚戌，以弘为卫将军、开府仪同三司。

10 甲寅，魏主如长川。魏书帝纪：泰常八年，筑长城于长川之南。

11 葬秦文昭王于武平陵，庙号太祖。秦王暮末以右丞相元基为侍中、相国、都督中外诸军、录尚书事，以镇军大将军、河州牧谦屯为骠骑大将军，河州治枹罕，乞伏氏所都。骠，匹妙翻。骑，奇寄翻；下同。征安北将军、凉州刺史段晖为辅国大将军、御史大夫，段晖先镇乐都。叔父右禁将军千年为镇北将军、凉州牧，镇湟河，以征北将军木弈干为尚书令、车骑大将军，以征南将军吉毗为尚书仆射、卫大将军。

河西王蒙逊因秦丧，伐秦西平，西平太守麹承谓之曰："殿下若先取乐都，则西平必为殿下之有；苟【章：甲十六行本"苟"上有"西平"二字；乙十一行本同。】望风请服，亦明主之所疾也。"蒙逊乃释西平，攻乐都。相国元基帅骑三千救乐都，元基自枹罕救乐都。乐，音洛。甫入城，而河西兵至，攻其外城，克之；绝其水道，城中饥渴，死者太半。东羌乞提从元基救乐都，阴与河西通谋，下绳引内其兵，登城者百馀人，鼓噪烧门；元基帅左右奋击，河西兵乃退。帅，读曰率。

初，文昭王疾病，谓暮末曰："吾死之后，汝能保境则善矣。沮渠成都为蒙逊所亲重，汝宜归之。"至是，暮末遣使诣蒙逊，许归成都以求和。成都为秦禽，事见一百十九卷武帝永初三年。沮，子馀翻。使，疏吏翻；下同。蒙逊引兵还，遣使入秦吊祭。暮末厚资送成都，遣将军王伐送之。蒙逊犹疑之，使恢武将军沮渠奇珍伏兵于扪天岭，执伐并其骑士三百人以归。既而遣尚书郎王杼送伐还秦，并遗暮末马千匹及锦罽银缯。遗，于季翻。罽，音计。缯，慈林翻。秋，七月，暮末遣记室郎中马艾如河西报聘。

12 魏主还宫。八月，复如广宁观温泉。水经注：下洛县故城，魏燕州广宁县，广宁郡治。魏土地记：下洛城东南四十里有桥山，山下有温泉。泉上有祭堂，雕檐华宇，被于浦上，石池吐泉，汤汤其下。炎凉代序，是水灼焉无改；能治百疾，赴者若流。复，扶又翻。

柔然纥升盖可汗遣其子将万馀骑寇魏边，纥，户骨翻。可，读从刊入声。汗，音寒。将，即亮翻。骑，奇寄翻。魏主自广宁还，追之，不及；九月，还宫。

冬，十月，甲辰，魏主北巡；壬子，畋于牛川。

13 秦凉州牧乞伏千年，嗜酒残虐，不恤政事，秦王暮末遣使让之，千年惧，奔河西。奔河西王蒙逊也。暮末以叔父光禄大夫沃陵为凉州牧，镇湟河。

14 徐州刺史王仲德遣步骑二千伐魏济阳、陈留。济阳县，汉、晋以来属陈留郡；此时陈留郡治浚仪。杜佑曰：济阳县故城在曹州冤句县西南。济，子礼翻。考异曰：后魏纪云"淮北镇将"。按南史，仲德时为安北将军、徐州刺史。宋书仲德传阙。又，宋书、南史本纪、北史本纪及宋魏诸臣列传、魏刘裕传、宋索虏传，皆无是年王仲德等伐魏事，唯后魏本纪有之，今从之。

15 魏主还宫。

16 魏定州丁零鲜于台阳等二千馀家叛，入西山，魏主珪皇始二年置安州于中山，天兴三年改曰定州。西山，即曲阳西山也。州郡不能讨；闰月，魏主遣镇南将军叔孙建讨之。

17 十一月，乙未朔，日有食之。

18 魏主如西河校猎；河水径汉云中桢陵县西南，平城在其东北，故谓之西河。十二月，甲申，还宫。

19 河西王蒙逊伐秦，至磐夷，秦相国元基等将骑万五千拒之。蒙逊还攻西平，征虏将军出连辅政等将骑二千救之。将，即亮翻。骑，奇寄翻。

20 秘书监谢灵运，自以名辈才能，应参时政；上唯接以文义，每侍宴谈赏而已。王昙首、王华、殷景仁，名位素出灵运下，并见任遇，灵运意甚不平，多称疾不朝直；不入朝、不入直也。昙，徒含翻。朝，直遥翻。或出郭游行，且二百里，经旬不归，既无表闻，又不请急。上不欲伤大臣意，讽令自解。灵运乃上表陈疾，上赐假，令还会稽；假，居讶翻。会，工外翻。而灵运游饮自若，为法司所纠，坐免官。

21 是岁，师子王刹利摩诃及天竺迦毗黎王月爱皆遣使奉表入贡，表辞皆如浮屠之言。南史：师子国，天竺旁国也。其地和适，无冬夏之异；五谷随人种，不须时节。天竺有迦毗黎、苏摩黎、斤陀利、婆黎等国，皆事佛道。刹，初辖翻。迦，古牙翻，又居伽翻。使，疏吏翻。

22 魏镇远将军平舒侯燕凤卒。燕凤历事拓跋氏四世。

六年（己巳、四二九）

1 春，正月，王弘上表乞解州、录，以授彭城王义康，州、录，扬州及录尚书事也。帝优诏不许。癸丑，以义康为侍中、都督扬·南徐·兖三州诸军事、司徒、录尚书事、领南徐州刺史。武帝永初二年，加京口之徐州曰南徐，淮北之徐州但曰徐。南徐领南东海、南琅邪、晋陵、义兴、南兰陵、南东莞、临淮、淮陵、南彭城、南清河、南高平、南平昌、南济阴、南濮阳、南泰山、济阳、南鲁郡等郡。弘与义康二府并置佐领兵，共辅朝政。佐，参佐也，所谓佐吏。朝，直遥翻。弘既多疾，且欲委远大权，每事推让义康；远，于愿翻。推，吐雷翻。由是义康专总内外之务。为义康专擅致祸张本。

又以抚军将军江夏王义恭为都督荆·湘等八州诸军事、荆州刺史，夏，户雅翻。以侍中刘湛为南蛮校尉，行府州事。帝与义恭书，诫之曰："天下艰难，家国事重，虽曰守成，实亦未易。隆替安危，在吾曹耳，岂可不感寻王业，大惧负荷！感念致王业之艰难而寻绎为治之理也。传曰：其父析薪，其子不克负荷。易，以豉翻。荷，下可翻，又音如字。

汝性褊急，志之所滞，其欲必行；滞，疑也，积也。褊，方缅翻。意所不存，从物回改；此最弊事，宜念裁抑。卫青遇士大夫以礼，与小人有恩；西门、安于，矫性齐美；西门豹性刚急，常佩韦以自缓。董安于性宽缓，常佩弦以自警。关羽、张飞，任偏同弊；事见六十九卷魏文帝黄初二年。行己举事，深宜鉴此！

若事异今日，嗣子幼蒙，陆德明曰：蒙，稚也。司徒当周公之事，汝不可不尽祗顺之理。尔时天下安危，决汝二人耳。

汝一月自用钱不可过三十万，若能省此，益美。西楚府舍，略所谙究，谙，乌含翻。计当不须改作，日求新异。江左谓荆州为西楚。凡讯狱多决当时，难可逆虑，此实为难；至讯日，虚怀博尽，慎无以喜怒加人。能择善者而从之，美自归己；不可专意自决，以矜独断之明也！断，丁乱翻。

名器深宜慎惜，不可妄以假人；昵近爵赐，尤应裁量。吾于左右虽为少恩，昵，尼质翻。量，音良。少，诗沼翻。如闻外论不以为非也。

以贵凌物，物不服；以威加人，人不厌；此易达事耳。易，以豉翻。

声乐嬉游，不宜令过；蒱酒渔猎，一切勿为。蒱，樗蒱也。供用奉身，皆有节度，奇服异器，不宜兴长。长，丁丈翻。令，知两翻。

又宜数引见佐史。"佐史"当作"佐吏"，晋、宋之间，藩府率谓参佐为佐吏。数，所角翻；下同。相见不数，则彼我不亲；不亲，无因得尽人情；人情不尽，复何由知众事也！"详观宋文帝此书，则江左之治称元嘉，良有以也。复，扶又翻。

2 夏酒泉公俊自平凉奔魏。

3 丁零鲜于台阳等请降于魏，降，户江翻。魏主赦之。赦其去年叛入西山之罪。

4 秦出连辅政等未至西平，河西王蒙逊拔西平，执太守麴承。蒙逊去年攻西平。

5 二月，秦王暮末立妃梁氏为皇【章：甲十六行本"皇"作"王"；乙十一行本同；孔本同。】后，子万载为太子。

6 三月，丁巳，立皇子劭为太子；戊午，大赦。

7 辛酉，以左卫将军殷景仁为中领军。帝以章太后早亡，章太后胡氏生帝五年，被谴赐死，帝即位，谥曰章。奉太后所生苏氏甚谨。苏氏卒，帝往临哭，欲追加封爵，使群臣议之，景仁以为古典无之，乃止。

8 初，秦尚书陇西辛进从文昭王游陵霄观，弹飞鸟，误中秦王暮末之母，伤其面。观，古玩翻。中，竹仲翻。及暮末即位，问母面伤之由，母以状告。暮末怒，杀进并其五族二十七人。史言暮末以虐亡国。

9 夏，四月，癸亥，以尚书左仆射王敬弘为尚书令，临川王义庆为左仆射，吏部尚书济阳江夷为右仆射。济，子礼翻。

10 初，魏太祖命尚书邓渊撰国记十馀卷，未成而止。世祖更命崔浩与中书侍郎邓颖等续成之，为浩以史事得祸张本。为国书三十卷。颖，渊之子也。

11 魏主将击柔然，治兵于南郊，治，直之翻。先祭天，然后部勒行陈。行，户刚翻。陈，读曰阵。内外群臣皆不欲行，保太后固止之；独崔浩劝之。

尚书令刘絜等共推太史令张渊、徐辩使言于魏主曰："今兹己巳，三阴之岁，干以甲、丙、戊、庚、壬为阳，乙、丁、己、辛、癸为阴；支以子、寅、辰、午、申、戌为阳，丑、卯、巳、未、酉、亥为阴。己、巳皆阴，而干支合于己巳，是为三阴之岁。岁星袭月，太白在西方，不可举兵。北伐必败，虽克，不利于上。"群臣因共赞之曰："渊等少时尝谏苻坚南伐，坚不从而败，所言无不中，不可违也。"少，诗照翻。中，竹仲翻。魏主意不快，诏浩与渊等论难于前。难，乃旦翻。

浩诘渊、辩曰："阳为德，阴为刑；故日食修德，月食修刑。夫王者用刑，小则肆诸市朝，大则陈诸原野；陈诸原野，用甲兵也。此言本出汉书刑法志。诘，去吉翻。朝，直遥翻。今出兵以讨有罪，乃所以修刑也。臣窃观天文，比年以来，月行掩昴，至今犹然。其占，三年天子大破旄头之国。比，毗至翻。昴为旄头，胡星也。蠕蠕、高车，旄头之众也。蠕，人兖翻。愿陛下勿疑。”渊、辩复曰：复，扶又翻。“蠕蠕，荒外无用之物，得其地不可耕而食，得其民不可臣而使，轻疾无常，难得而制；有何汲汲，而劳士马以伐之？”浩曰：“渊、辩言天道，犹是其职，至于人事形势，尤非其所知。此乃汉世常谈，自韩安国、主父偃至于严尤，其论皆如此。施之于今，殊不合事宜。何则？蠕蠕本国家北边之臣，中间叛去。见一百八卷晋孝武太元十九年。今诛其元恶，收其良民，令复旧役，非无用也。世人皆谓渊、辩通解数术，明决成败，臣请试问之：解，户买翻。属者统万未亡之前，属，之欲翻。有无败征？若其不知，是无术也；知而不言，是不忠也。”时赫连昌在坐，坐，徂卧翻。渊等自以未尝有言，惭不能对。魏主大悦。

既罢，公卿或尤浩曰：“今南寇方伺国隙，伺，相吏翻。而舍之北伐；若蠕蠕远遁，前无所获，后有疆寇，将何以待之？”浩曰：“不然。今不先破蠕蠕，则无以待南寇。南人闻国家克统万以来，内怀恐惧，故扬声动众以卫淮北。比吾破蠕蠕，往还之间，南寇必不动也。比，必寐翻。且彼步我骑，骑，奇寄翻。彼能北来，我亦南往；在彼甚困，于我未劳。况南北殊俗，水陆异宜，设使国家与之河南，彼亦不能守也。崔浩之料宋人审矣。帝后屡出兵争河南，卒以自弊。吴吕蒙不肯取魏徐州，正虑此耳。何以言之？以刘裕之雄杰，吞并关中，留其爱子，辅以良将，精兵数万，犹不能守，全军覆没，事见一百十八卷晋安帝义熙十四年。

将，即亮翻；下同。号哭之声，至今未已。号，户高翻。况义隆今日君臣，非裕时之比；主上英武，士马精强，彼若果来，譬如以驹犊斗虎狼也，马子曰驹，牛子曰犊。何惧之有！蠕蠕恃其绝远，谓国家力不能制，自宽日久；故夏则散众放畜，秋肥乃聚，背寒向温，背，蒲妹翻。南来寇钞。钞，楚交翻。今掩其不备，必望尘骇散。牡马护牝，牝马恋驹，驱驰难制，不得水草，不过数日，必聚而困弊，可一举而灭也。暂劳永逸，时不可失，暂，与暂同。患在上无此意。今上意已决，奈何止之！”寇谦之谓浩曰：“蠕蠕果可克乎？”浩曰：“必克。但恐诸将琐琐，前后顾虑，不能乘胜深入，使不全举耳。”琐琐，细小也，言志趣细小，不能一举而全取之也。

先是，帝因魏使者还，告魏主曰：“汝趣归我河南地！先，悉荐翻。使，疏吏翻。趣，读曰促。不然，将尽我将士之力。”魏主方议伐柔然，闻之，大笑，谓公卿曰：“龟鳖小竖，东南，泽国也，故诋之曰龟鳖小竖。自救不暇，夫何能为！就使能来，若不先灭蠕蠕，乃是坐待寇至，腹背受敌，非良策也。吾行决矣。”

庚寅，魏主发平城，使北平王长孙嵩、广陵公楼伏连居守。守，手又翻。魏书官氏志：献帝次弟为伊娄氏，又有乙那娄氏，后并改为娄氏。魏主自东道向黑山，使平阳王长孙翰自西道向大娥山，同会柔然之庭。

12 五月，壬辰朔，日有食之。

13 王敬弘固让尚书令，表求还东。还，从宣翻，又如字；下同。癸巳，更以敬弘为侍中、特进、左光禄大夫，听其东归。自建康归会稽为东归。

14 丁未，魏主至漠南，舍辎重，帅轻骑兼马袭击柔然，至栗水。重，直用翻。帅，读曰率。骑，奇寄翻。兼马者，每一骑兼有副马也。栗水在漠北，近稽落山，有汉将军窦宪故垒在焉。柔然纥升盖可汗先不设备，民畜满野，惊怖散去，讫，下没翻。可，从刊入声。汗，音寒。怖，普布翻。莫相收摄。摄，录也，饬整也。纥升盖烧庐舍，绝迹西走，莫知所之。其弟匹黎先主东部，闻有魏寇，帅众欲就其兄；遇长孙翰，翰邀击，大破之，杀其大人数百。

15 夏主欲复取统万，引兵东至侯尼城，侯尼城在平凉东。不敢进而还。

16 河西王蒙逊伐秦，秦王暮末留相国元基守枹罕，迁保定连。

南安太守翟承伯等据罕开谷以应河西，水经注：陇西白石县东有罕开溪，又东则枹罕县故城；枹，音肤。开，苦坚翻。暮末击破之，进至治城。魏收地形志：凉州东陉郡有治城县，其地当在黄河南。又凉州有建昌郡，亦有治城县。

西安太守莫者幼眷据汧川以叛，此汧川非扶风之汧，当亦在枹罕左右。汧，口坚翻。暮末讨之，为幼眷所败，败，补迈翻。还于定连。

蒙逊至枹罕，遣世子兴国进攻定连。六月，暮末逆击兴国于治城，擒之，追击蒙逊至谭郊。

吐谷浑王慕璝遣其弟没利延将骑五千会蒙逊伐秦，没利延，即慕利延，没、慕声相近也。璝，古回翻。暮末遣辅国大将军段晖等邀击，大破之。

17 柔然纥升盖可汗既走，部落四散，窜伏山谷，杂畜布野，畜，许救翻。无人收视。魏主循栗水西行，至菟园水，菟园水在燕然山南，去平城三千七百馀里，菟，同都翻，又土故翻。分军搜讨，东西五千里，南北三千里，俘斩甚众。高车诸部乘魏兵势，钞掠柔然。柔然种类前后降魏者三十馀万落，钞，楚交翻。种，章勇翻。降，户江翻；下同。获戎马百馀万匹，畜产、车庐，弥漫山泽，亡虑数百万。亡、无字通。

魏主循弱水西行，至涿邪山，邪，读曰耶。诸将虑深入有伏兵，劝魏主留止，寇谦之以崔浩之言告魏主，魏主不从。秋，七月，引兵东还；至黑山，以所获班赐将士有差。既而得降人言："可汗先被病，被，皮义翻。闻魏兵至，不知所为，乃焚穹庐，以车自载，将数百人入南山。民畜窘聚，无【章：甲十六行本"无"上有"方六十里"四字；乙十一行本同；孔本同；张校同；退斋校同。】人统领，窘，渠陨翻。相去百八十里；追兵不至，乃徐西遁，唯此得免。"后闻凉州贾胡言："若复前行二日，则尽灭之矣。"贾，音古。复，扶又翻。魏主深悔之。

纥升盖可汗愤悒而卒，子吴提立，号敕连可汗。魏收曰：敕连，魏言神圣也。

18 武都孝昭王杨玄疾病，欲以国授其弟难当。难当固辞，请立玄子保宗而辅之，玄许之。玄卒，保宗立。难当妻姚氏劝难当自立，难当乃废保宗，自称都督雍·凉·秦三州诸军事、征西大将军、开府仪同三司、秦州刺史、武都王。为后保宗、难当争国张本。雍，于用翻。

19 河西王蒙逊遣使送谷三十万斛以赎世子兴国于秦，使，疏吏翻。秦王暮末不许。蒙逊乃立兴国母弟菩提为世子，蒙逊取佛书以名其子。梵言菩提，华言正道也。菩，薄乎翻。暮末以兴国为散骑常侍，散，悉亶翻。骑，奇寄翻；下同。以其妹平昌公主妻之。妻，七细翻。

20 八月，魏主至漠南，闻高车东部屯巳尼陂，北史：乌洛侯国西北二十日行，有于巳尼大水，所谓北海也。乌洛侯直濡源西北，巳尼陂又当在其西北也。人畜甚众，去魏军千馀里，遣左仆射安原等将万骑击之。高车诸部迎降者数十万落，将，即亮翻。降，户江翻；下同。获马牛羊百馀万。

冬，十月，魏主还平城。徙柔然、高车降附之民于漠南，东至濡源，濡，乃官翻。西暨五原阴山，三千里中，使之耕牧而收其贡赋；命长孙翰、刘絜、安原及侍中代人古弼同镇抚之。自是魏之民间马牛羊及毡皮为之价贱。为，于伪翻；下必为同。

魏主加崔浩侍中、特进、抚军大将军，以赏其谋画之功。浩善占天文，常置铜铤于酢器中，酢，与醋同，仓故翻。夜有所见，即以铤画纸作字以记其异。魏主每如浩家，问以灾异，或仓猝不及束带；奉进疏食，不暇精美，疏，粗也。食，祥吏翻。魏主必为之举箸，或立尝而还。尝，口识其味也。魏主尝引浩出入卧内，从容谓浩曰："卿才智渊博，事朕祖考，著忠三世，从，千容翻。道武、明元及帝为三世。故朕引卿以自近。近，其靳翻。卿宜尽忠规谏，勿有所隐。朕虽或时忿恚，不从卿言，恚，於避翻。然终久深思卿言也。"尝指浩以示新降高车渠帅曰："汝曹视此人尪纤懦弱，不能弯弓持矛，尪，弱也。纤，细也。帅，所类翻。尪，乌黄翻。然其胸中所怀，乃过于兵甲。朕虽有征伐之志而不能自决，前后有功，皆此人所教也。"又敕尚书曰："凡军国大计，汝曹所不能决者，皆当咨浩，然后施行。"

21 秦王暮末之弟轲殊罗烝于文昭王左夫人秃发氏，下淫上曰烝。暮末知而禁之。轲殊罗惧，与叔父什寅谋杀暮末，奉沮渠兴国以奔河西。沮，子馀翻。使秃发氏盗门钥，钥误，门者以告暮末。暮末悉收其党，杀之，而赦轲殊罗。执什寅，鞭之，什寅曰："我负汝死，不负汝鞭！"暮末怒，刳其腹，投尸于河。

22 夏主少凶暴无赖，不为世祖所知。是月，畋于阴槃，少，诗照翻。阴槃县，汉属安定，晋属京兆。魏收地形志：属平原郡。注又见前。登苛蓝山，五代志：平凉郡平凉县有苛蓝山。汉泾阳县故城在平凉县南。望统万城泣曰："先帝若以朕承大业者，岂有今日之事乎！"

23 十一月，己丑朔，日有食之，不尽如钩；星昼见，至晡方没，河北地暗。见，贤遍翻。

24 魏主西巡，至柞山。柞，则洛翻。

25 十二月，河西王蒙逊、吐谷浑王慕璝皆遣使入贡。璝，古回翻。使，疏吏翻。

26 是岁，魏内都大官中山文懿公李先、青·冀二州刺史安同皆卒。先年九十五。李先自燕降魏，见一百八卷晋孝武太元二十一年。

27 秦地震，野草皆自反。

七年（庚午、四三〇）

1 春，正月，癸巳，以吐谷浑王慕璝为征西将军、沙州刺史、陇西公。

2 庚子，魏主还宫；壬寅，大赦；癸卯，复如广宁，临温泉。复，扶又翻。

3 二月，丁卯，魏阳平【章：甲十六行本"阳平"二字互乙；乙十一行本同；孔本同。】威王长孙翰卒。

4 戊辰，魏主还宫。

5 帝自践位以来，有恢复河南之志。三月，戊子，诏简甲卒五万给右将军到彦之，统安北将军王仲德、兖州刺史竺灵秀舟师入河，又使骁骑将军段宏将精骑八千直指虎牢，骁，坚尧翻。骑，奇寄翻。宏将，即亮翻。豫州刺史刘德武将兵一万继进，后将军长沙王义欣将兵三万监征讨诸军事。监，工衔翻。义欣，道怜之子也。道怜，武帝之弟。

先遣殿中将军田奇使于魏，使，疏吏翻。告魏主曰："河南旧是宋土，中为彼所侵，魏取河南，见一百十九卷营阳王景平元年。今当修复旧境，不关河北。"魏主大怒曰："我生发未燥，已闻河南是我地。此岂可得！必若进军，今当权敛戍相避，须冬寒地净，河冰坚合，自更取之。"

甲午，以前南广平太守尹冲为司州刺史。江左侨置广平郡于襄阳，宋以朝阳县境为实土，属雍州。

长沙王义欣出镇彭城，为众军声援；以游击将军胡藩戍广陵，行府州事。

6 壬寅，魏封赫连昌为秦王。

7 魏有新徙敕勒千馀家，苦于将吏侵渔，将，即亮翻。出怨言，期以草生马肥，亡归漠北。尚书令刘絜、左仆射安原奏请及河冰未解，徙之河西，向春冰解，使不得北遁。魏主曰："此曹习俗，放散日久，譬如囿中之鹿，急则奔突，缓之自定。吾区处自有道，不烦徙也。"处，昌吕翻。絜等固请不已，乃听分徙三万馀落于河西，西至白盐池。五原郡有白盐池、黑盐池，唐置盐州，以此得名。敕勒皆惊骇，曰："圈我于河西，欲杀我也！"圈，其卷翻，又其权翻。谋西奔凉州。刘絜屯五原河北，水经注：河水自朔方屈南过五原县西。安原屯悦拔城以备之。癸卯，敕勒数千骑叛北走，絜追讨之；走者无食，相枕而死。枕，之任翻。

8 魏南边诸将，将，即亮翻；下同。表称："宋人大严，将入寇，请兵三万，先其未发，逆击之，先，悉荐翻。足以挫其锐气，使不敢深入。"因请悉诛河北流民在境上者以绝其乡导。乡，读曰向。魏主使公卿议之，皆以为当然。当然，犹言当如此也。崔浩曰："不可。南方下湿，天地之性，西北高而东南下，故东南之地卑湿沮洳。入夏之后，水潦方降，草木蒙密，地气郁蒸，易生疾疠，不可行师。且彼既严备，则城守必固。易，以豉翻。守，式又翻；下戍守同。留屯久攻，则粮运不继；分军四掠，则众力单寡，无以应敌。以今击之，未见其利。彼若果能北来，宜待其劳倦，秋凉马肥，因敌取食，徐往击之，此万全之计也。朝廷群臣及西北守将，从陛下征伐，西平赫连，事见上卷四年。北破蠕蠕，事见上年。多获美女、珍宝，牛马成群。南边诸将闻而慕之，亦欲南钞以取资财，钞，楚交翻。皆营私计，为国生事，不可从也。”魏主乃止。

诸将复表：“南寇已至，为，于伪翻。复，扶又翻；下乃复、复叛同。所部兵少，少，诗沼翻。乞简幽州以南劲兵助己戍守，及就漳水造船严备以拒之。”欲就漳水造船，分布河津以备宋也。公卿皆以为宜如所请，并署司马楚之、鲁轨、韩延之等为将帅，使招诱南人。将，即亮翻。帅，所类翻。诱，音酉。浩曰：“非长策也。楚之等皆彼所畏忌，今闻国家悉发幽州以南精兵，大造舟舰，随以轻骑，舰，户黯翻。骑，奇寄翻。谓国家欲存立司马氏，诛除刘宗；必举国震骇，惧于灭亡，当悉发精锐，并心竭力，以死争之，则我南边诸将无以御之。今公卿欲以威力却敌，乃所以速之也。张虚声而召实害，此之谓矣。故楚之之徒，往则彼来，止则彼息，其势然也。且楚之等皆纤利小才，止能招合轻薄无赖而不能成大功，徒使国家兵连祸结而已。昔鲁轨说姚兴以取荆州，至则败散，事见一百十七卷晋安帝义熙十二年。说，输芮翻。为蛮人掠卖为奴，终于祸及姚泓，此已然之效也。”魏主未以为然。浩乃复陈天时，复，扶又翻。以为南方举兵必不利，曰：“今兹害气在扬州，一也；庚午自刑，先发者伤，二也；扬州于辰在丑，而是岁在午。丑为金库，午为火旺，以火害金，故害气在扬州。岁在庚午：庚，金也；午，火也；以火克金，故为自刑。日食昼晦，宿值斗、牛，三也；荧惑伏于翼、轸，主乱及丧，四也；太白未出，进兵者败，五也。去年十一月朔，日食于星纪之分，宿值斗、牛。荧惑，罚星也，所居之宿，国受殃，为死丧寇乱。翼、轸，楚之分野，属荆州。太白未出，不利进兵。太白，兵象也。宿，音秀。夫兴国之君，先修人事，次尽地利，后观天时，故万举万全。今刘义隆新造之国，人事未洽；灾变屡见，见，贤遍翻。天时不协；舟行水涸，地利不尽。三者无一可，而义隆行之，必败无疑。”魏主不能违众言，乃诏冀、定、相三州造船三千艘，魏道武帝天兴四年置相州于邺。相，息亮翻。简幽州以南戍兵集河上以备之。

9 秦乞伏什寅母弟前将军白养、镇卫将军去列，以什寅之死，有怨言，秦王暮末皆杀之。暮末淫刑以逞，众叛亲离，不亡得乎！

10 夏，四月，甲子，魏主如云中。

11 敕勒万馀落复叛走，复，扶又翻。魏主使尚书封铁追讨，灭之。

12 六月，己卯，以氐王杨难当为冠军将军、秦州刺史、武都王。冠，古玩翻。

13 魏主使平南大将军、丹阳王大毗屯河上，以司马楚之为安南大将军，封【章：甲十六行本"封"上有"荆州刺史"四字；乙十一行本同；孔本同；张校同；退斋校同。】琅邪王，屯颍川以备宋。

14 吐谷浑王慕璝将其众万八千袭秦定连，璝，古回翻。将，即亮翻。秦辅国大将军段晖等击走之。

15 到彦之自淮入泗，水渗，渗，所禁翻。说文曰：水下漉为渗。日行才十里，自四月至秋七月，始至须昌。须昌县，前汉属东郡，后汉、晋属东平郡。杜佑曰：郓州，古须句国，汉为东平国地，治须昌县。汉无盐故城在今县东，东平国故城亦在县东。乃溯河西上。上，时掌翻。

魏主以河南四镇兵少，命诸军悉收众北渡。四镇，金墉、虎牢、滑台、碻磝。少，诗沼翻。戊子，魏碻磝戍兵弃城去；戊戌，滑台戍兵亦去。庚子，魏主以大鸿胪阳平公杜超为都督冀·定·相三州诸军事、太宰，进爵阳平王，镇邺，为诸军节度。超，密太后之兄也。胪，陵如翻。冀州，汉末所置，治信都。定州，春秋鲜虞国，战国为中山国。后燕慕容氏都中山，后魏道武帝灭之，于中山置安州，天兴三年改定州。相州，春秋晋东阳之地，战国时为魏之邺邑。晋时，赵王石虎自襄国徙都之。魏道武灭后燕，至邺，欲立州，访于群下。对者曰："昔河亶甲居相，宜曰相州。"道武从之。庚戌，魏洛阳、虎牢戍兵皆弃城去。

到彦之留朱修之守滑台，尹冲守虎牢，建武将军杜骥守金墉。骥，预之玄孙也。晋初杜预有平吴之功。诸军进屯灵昌津，列守南岸，至于潼关。于是司、兖既平，诸军皆喜，王仲德独有忧色，曰："诸贤不谙北土情伪，谙，乌南翻。必堕其计。胡虏虽仁义不足，而凶狡有馀，今敛戍北归，必并力完聚。若河冰既合，将复南来，岂可不以为忧乎！"复，扶又翻。

16 甲寅，林邑王范阳迈遣使入贡，使，疏吏翻。自陈与交州不睦，乞蒙恕宥。林邑自范奴文以来，世与交州交兵。

17 八月，魏主遣冠军将军安颉督护诸军，击到彦之。冠，古玩翻。颉，尸结翻。丙寅，彦之遣裨将吴兴姚耸夫渡河攻冶坂，与颉战；将，即亮翻。耸夫兵败，死者甚众。戊寅，魏主遣征西大将军长孙道生会丹杨王大毗屯河上以御彦之。

18 燕太祖寝疾，燕王跋也。召中书监申秀、侍中阳哲于内殿，属以后事。属，之欲翻。九月，病甚，辇而临轩，命太子翼摄国事，勒兵听政，以备非常。

宋夫人欲立其子受居，恶翼听政，谓翼曰："上疾将瘳，奈何遽欲代父临天下乎！"翼性仁弱，遂还东宫，日三往省疾。宋夫人矫诏绝内外，遣阍寺传问而已，省，悉景翻。郑康成曰：阍人，司晨昏以启闭者。寺之言侍也。翼及诸子、大臣并不得见，见，贤遍翻。唯中给事胡福独得出入，专掌禁卫。

福虑宋夫人遂成其谋，乃言于司徒、录尚书事、中山公弘，弘与壮士数十人被甲入禁中，被，皮义翻。宿卫皆不战而散。宋夫人命闭东阁，弘家僮库斗头劲捷有勇力，逾阁而入，至于皇堂，射杀女御一人。射，而亦翻。郑康成曰：女御，所谓御妻。御，犹进也，侍也。太祖惊惧而殂，弘遂即天王位，弘，字文通，跋之少弟。遣人巡城告曰："天降凶祸，大行崩背，背，蒲妹翻。太子不侍疾，群公不奔丧，疑有逆谋，社稷将危。吾备介弟之亲，介，大也。遂摄大位以宁国家；百官扣门入者，进陛二等。”陛，阶级也；谓进阶也。

太子翼帅东宫兵出战而败，兵皆溃去，弘遣使赐翼死。帅，读曰率。使，疏吏翻。太祖有子百馀人，弘皆杀之。谥大祖曰文成皇帝，葬长谷陵。

19 己丑，夏主遣其弟谓以代伐魏鄜城，鄜城在汉上郡界，魏后置敷城郡，隋改曰鄜城，读与敷同。魏平西将军始平公隗归等击之，隗，五罪翻。杀万馀人，谓以代遁去。夏主自将数万人邀击隗归于鄜城东，将，即亮翻。留其弟上谷公社干、广阳公度洛孤守平凉，遣使来求和，使，疏吏翻。约合兵灭魏，遥分河北：自恒山以东属宋，以西属夏。恒，户登翻。

魏主闻之，治兵将伐夏，治，直之翻。群臣咸曰：“刘义隆兵犹在河中，言在河之中流。舍之西行，前寇未必可克，而义隆乘虚济河，则失山东矣。”此山东谓太行、恒山以东，即河北之地。魏主以问崔浩，对曰：“义隆与赫连定遥相招引，以虚声唱和，和，户卧翻。共窥大国，义隆望定进，定待义隆前，皆莫敢先入；譬如连鸡，不得俱飞，无能为害也。臣始谓义隆军来，当屯止河中，两道北上，上，时掌翻。东道向冀州，西道冲邺，如此，则陛下当自讨之，不得徐行。今则不然。东西列兵径二千里，一处不过数千，形分势弱。以此观之，伫儿情见，伫，尼耕翻，困也，弱也。见，贤遍翻。此不过欲固河自守，无北渡意也。赫连定残根易摧，易，以豉翻。拟之必仆。克定之后，东出潼关，席卷而前，卷，读曰捲。则威震南极，江、淮以北无立草矣。圣策独发，非愚近所及，愿陛下勿疑。”甲辰，魏主如统万，遂袭平凉，以卫兵将军王斤镇蒲坂。坂，音反。斤，建之子也。王建佐魏主珪取中原。

20 秦自正月不雨，至于九月，民流叛者甚众。

21 冬，十月，以竟陵王义宣为南徐州刺史，犹戍石头。义宣先戍石头，而南徐州镇京口，盖带刺史而犹戍石头也。

22 戊午，立钱署，铸四铢钱。

23 到彦之、王仲德沿河置守，还保东平。东平郡时治须昌。

乙亥，魏安颉自委粟津济河，攻金墉。金墉不治既久，治，直之翻。又无粮食；杜骥欲弃城走，恐获罪。初，高祖灭秦，迁其钟虡于江南，虡，音巨。有大钟没于洛水，帝使姚耸夫将千五百人往取之。骥绐之曰："金墉城已修完，粮食亦足，所乏者人耳。今虏骑南渡，当相与并力御之；将，即亮翻。绐，荡亥翻。骑，奇寄翻。大功既立，牵钟未晚。"耸夫从之。既至，见城不可守，乃引去，骥遂南遁。丙子，安颉拔洛阳，杀将士五千馀人。杜骥归，言于帝曰："本欲以死固守，姚耸夫及城遽走，人情沮败，不可复禁。"沮，在吕翻。复，扶又翻。上大怒，诛耸夫于寿阳。耸夫勇健，诸偏裨莫及也。

魏河北诸军会于七女津。七女津当在东平西北岸。到彦之恐其南渡，遣裨将王蟠龙溯流夺其船，杜超等击斩之。安颉与龙骧将军陆侯进攻虎牢，按北史，"陆侯"当作"陆俟"。【章：甲十六行本正作"俟"；乙十一行本同。】骧，思将翻。辛巳，拔之；尹冲及荥阳太守清河崔模降魏。降，户江翻。考异曰：宋书云："模抗节不降，投堑死。"按后魏书，模仕魏为武城男，宋书误也。

24 秦王暮末为河西所逼，遣其臣王恺、乌讷阗请迎于魏，阗，徒贤翻，又徒见翻。魏人许以平凉、安定封之。暮末乃焚城邑，毁宝器，帅户万五千，东如上邽。帅，读曰率。考异曰：后魏乞伏国仁传云："为赫连定所逼，遣乌讷等求迎。"宋氏胡传云："茂蔓闻赫连定败，将家户及兴国东征，欲移居上邽。"今从十六国春秋。至高田谷，高田谷当在南安郡界，未及至上邽也。给事黄门侍郎郭恒谋劫沮渠兴国以叛；

事觉，暮末杀之。恒，户登翻。夏主闻暮末将至，发兵拒之。暮末留保南安，其故地皆入于吐谷浑。自苑川至西平、枹罕皆乞伏氏故地。晋孝武帝太元八年，岁在癸未，乞伏国仁据陇西，南安亦其地也。

25 十一月，乙酉，魏主至平凉，夏上谷公社干等婴城固守；魏主使赫连昌招之，不下，乃使安西将军古弼等将兵趣安定。趣，七喻翻。夏主自鄜城还安定，将步骑二万北救平凉，与弼遇，弼伪退以诱之；将，即亮翻。骑，奇寄翻。诱，音酉。夏主追之，魏主使高车驰击之，夏兵大败，斩首数千级。夏主还走，登鹑觚原，鹑觚县，前汉属北地，后汉、晋属安定，有鹑觚原；唐天宝元年，改曰灵台县，属泾州。鹑，殊伦翻。觚，音孤。为方陈以自固，陈，读曰阵。魏兵就围之。

26 壬辰，加征南大将军檀道济都督征讨诸军事，帅众伐魏。帅，读曰率；下同。

甲午，魏寿光侯叔孙建、汝阴公长孙道生济河而南。

到彦之闻洛阳、虎牢不守，诸军相继奔败，欲引兵还。殿中将军垣护之以书谏之，以为宜使竺灵秀助朱修之守滑台，自帅大军进拟河北，且曰："昔人有连年攻战，失众乏粮，犹张胆争前，莫肯轻退。况今青州丰穰，济漕流通，济，子礼翻；下入济同。士马饱逸，威力无损。若空弃滑台，坐丧成业，丧，息浪翻。岂朝廷受任之旨邪！""受"，当作"授"。彦之不从。护之，苗之子也。垣苗，边将也。武帝西征长安，令苗镇河、济之会，俗谓之垣苗城，祖、子、孙三世皆著功名于边垂。

彦之欲焚舟步走，王仲德曰："洛阳既陷，虎牢不守，自然之势也。今虏去我犹千里，滑台尚有强兵，若遽舍舟南走，士卒必散。当引舟入济，至马耳谷口，更详所宜。"马耳谷口即马耳关。彦之先有目疾，至是大动；且将士疾疫，乃引兵自清入济。水经：济水东北过寿张县西界安民亭南，汶水从东北来注之。注云：济水又北，汶水注之，戴延之所谓清口也。郭缘生述征记曰：清河首受洪水，北流济，或谓清即济也。禹贡：济东北会于汶。今枯渠注巨泽，巨泽北则清水与汶会也。京相璠曰：今济北东阿东北有故清亭，即春秋所谓清者也。是济水通得清之目焉，亦水色清深，用兼厥称。是故燕王曰："吾闻齐有清济、浊河以为固。"即此水也。南至历城，焚舟弃甲，步趋彭城。趋，七喻翻。竺灵秀弃须昌，南奔湖陆，青、兖大扰。长沙王义欣在彭城，将佐恐魏兵大至，将，即亮翻。劝义欣委镇还都，义欣不从。

魏兵攻济南，济南郡治历城。济南太守武进萧承之帅数百人拒之。晋武帝太康二年，分丹徒曲阿立武进县，属晋陵郡；南渡后，属南东海郡。今奔牛、青城、万岁诸镇皆其地。魏众大集，承之使偃兵，开城门。众曰："贼众我寡，奈何轻敌之甚！"承之曰："今悬守穷城，事已危急；若复示弱，必为所屠，唯当见强以待之耳。"复，扶又翻。见，贤遍翻。魏人疑有伏兵，遂引去。承之，萧道成之父也。

27 魏军围夏主数日，断其水草，断，丁管翻。人马饥渴。丁酉，夏主引众下鹑觚原。魏武卫将军丘眷击之，夏众大溃，死者万馀人。夏主中重创，单骑走，中，竹仲翻。创，初良翻。骑，奇寄翻。收其馀众，驱民五万，西保上邽。魏人获夏主之弟丹杨公乌视拔、武陵公秃骨及公侯以下百馀人。是日，魏兵乘胜进攻安定，夏东平公乙斗弃城奔长安，驱略数千家，西奔上邽。

28 戊戌，魏叔孙建攻竺灵秀于湖陆，灵秀大败，死者五千馀人。建还屯范城。即东平郡之范县城也。杜佑曰：濮州范县，晋大夫士会之邑。

29 己亥，魏主如安定；庚子，还，临平凉，掘堑围之。掘，其月翻。堑，七艳翻。安慰初附，赦秦、雍之民，赐复七年。雍，于用翻。复，方目翻，除其赋役也。夏陇西守将降魏。将，即亮翻。降，户江翻。

30 辛丑，魏安颉督诸军攻滑台。

31 河西王蒙逊遣尚书郎宗舒等入贡于魏，魏主与之宴，执崔浩之手以示舒等曰："汝所闻崔公，此则是也。才略之美，于今无比。朕动止咨之，豫陈成败，若合符契，未尝失也。"

32 魏以叔孙建都督冀、青等四州诸军事。魏未得青州也，使建督诸军经略之耳。

33 魏尚书库结帅骑五千迎秦王暮末。魏书官氏志：北方诸姓，库傉官氏后改为库氏。帅，读曰率；下同。骑，奇寄翻；下同。秦卫将军吉毗以为不宜内徙，暮末从之，库结引还。

南安诸羌万馀人叛秦，推安南将军、督八郡诸军事、广甯太守焦遗为主，魏收地形志：广宁郡治陇西鄣县。"甯"，当作"宁"。鄣县，后汉所置，唐为渭州陇西县地。遗不从；乃劫遗族子长城护军亮为主，五代志：平凉郡百泉县，后魏置长城郡。帅众攻南安。暮末请救于氐王杨难当。难当遣将军苻献帅骑三千救之，暮末与之合击诸羌。诸羌溃，亮奔还广宁，暮末进军攻之。以手令与焦遗使取亮，十二月，遗斩亮首出降，暮末进遗号镇国将军。秦略阳太守弘农杨显以郡降夏。晋武帝分天水置略阳郡。降，户江翻；下同。

34 辛酉，以长沙王义欣为豫州刺史，镇寿阳。寿阳土荒民散，城郭颓败，盗贼公行；义欣随宜经理，境内安业，道不拾遗，城府完实，遂为盛藩。芍陂久废，义欣修治堤防，治，直之翻。引河水入陂，溉田万馀顷，无复旱灾。引肥河之水入芍陂也。复，扶又翻。

35 丁卯，夏上谷公社干、广阳公度洛孤出降，魏克平凉。

关中侯豆代田得奚斤、娥清等，献于魏主。魏主以夏主之后赐代田，命斤膝行执酒以奉代田，谓斤曰："全汝生者，代田也。"赐代田爵井陉侯，曹魏置关中侯，有爵未有邑，犹秦、汉之关内侯爵，级在列侯下。拓跋赏豆代田，自关中侯进爵井陉侯，则有邑矣，而亦非君有实土也。陉，音刑。加散骑常侍、右卫将军，领内都幢将。百人为幢，幢有帅，柔然之法也。魏幢将主三郎卫士，直宿禁中者，自侍中已下、中散已上皆统之。将，即亮翻；下同。

夏长安、临晋、武功守将皆走，关中悉入于魏。魏主留巴东公延普镇安定，以镇西将军王斤镇长安。壬申，魏主东还，以奚斤为宰士，使负酒食以从。宰士掌膳饮。以斤败军失身，辱之也。时魏有宰官尚书，宰士盖其属也。从，才用翻。

王斤骄矜不法，信用左右，调役百姓；调，徒吊翻。民不堪命，南奔汉川者数千家。魏主案治得实，斩斤以徇。治，直之翻。

36 右将军到彦之、安北将军王仲德皆下狱免官，下，户嫁翻。兖州刺史竺灵秀坐弃军伏诛。上见垣护之书而善之，以为北高平太守。南高平郡，侨郡也，属南兖州。北高平郡，古郡也，属兖州，治湖陆。

彦之之北伐也，甲兵资实甚盛；及败还，委弃荡尽，府藏、武库为之空虚。为，于伪翻。他日，上与群臣宴，有荒外降人在坐。自南北分治，各以其封略之外为荒外。降，户江翻。坐，徂卧翻。上问尚书库部郎顾琛："库中仗犹有几许？"琛诡对："有十万人仗。"曹魏置尚书二十三郎，库部其一也，掌戎器、卤簿、仪仗。琛，丑林翻。上既问而悔之，得琛对，甚喜。琛，和之曾孙也。顾和见九十卷晋元帝大兴元年。

37 彭城王义康与王弘并录尚书，义康意犹怏怏，怏，于两翻。欲得扬州，形于辞旨；以弘弟昙首居中，为上所亲委，愈不悦。弘以老病，屡乞骸骨，昙首自求吴郡，上皆不许。义康谓人曰："王公久病不起，神州讵宜卧治！"治，直之翻。昙首劝弘减府中文武之半以授义康，上听割二千人，义康乃悦。昙，徒含翻。

聂崇岐标点王崇武覆校

资治通鉴卷第一百二十二

端明殿学士兼翰林侍读学士朝散大夫右谏议大夫
充集贤殿修撰提举西京嵩山崇福宫上柱国河内郡 司马光 奉敕编集
开国侯食邑一千八百户食实封六百户赐紫金鱼袋臣

后　学　天　台 胡三省 音　注

宋纪四 起重光协洽（辛未），尽旃蒙大渊献（乙亥），凡五年。

太祖文皇帝上之下

元嘉八年（辛未、四三一）

1 春，正月，壬午朔，燕大赦，改元大兴。

2 丙申，檀道济等自清水救滑台，魏叔孙建、长孙道生拒之。丁酉，道济至寿张，遇魏安平公乙旃眷，魏收官氏志：献帝命叔父之裔为乙旃氏。道济帅宁朔将军王仲德、骁骑将军段宏奋击，大破之；帅，读曰率。骁，坚尧翻。骑，奇寄翻。转战至高梁亭，斩魏济州刺史悉烦库结。魏明元帝泰常八年，置济州，治碻磝城。济，子礼翻。

3 夏主击秦将姚献，败之；将，即亮翻。败，补迈翻。遂遣其叔父北平公韦伐帅众一万攻南安。去年暮末保南安。城中大饥，人相食。秦侍中·征虏将军出连辅政、侍中·右卫将军乞伏延祚、吏部尚书乞伏跋跋逾城奔夏；秦王暮末穷蹙，舆榇出降，乞伏氏四主，四十九年而灭。榇，初觐翻。降，户江翻。并沮渠兴国送于上邽。兴国为秦所禽，见上卷六年。沮，子馀翻。秦太子司直焦楷奔广宁，太子司直，掌纠劾宫僚及率府兵。晋志无是官，当是二赵、燕、秦所置。泣谓其父遗曰："大人荷国宠灵，荷，下可翻。居藩镇重任。今本朝颠覆，岂得不率见众唱大义以殄寇雠！"朝，直遥翻。见，贤遍翻。遗曰："今主上已陷贼庭，吾非爱死而忘义，顾以大兵追之，是趣绝其命也。趣，读曰促。不如择王族之贤者，奉以为主而伐之，庶有济也。"楷乃筑坛誓众，二旬之间，赴者万馀人。会遗病卒，卒，子恤翻。楷不能独举事，亡奔河西。

4 二月，戊午，以尚书右仆射江夷为湘州刺史。

5 檀道济等进至济上，济，子礼翻；下同。二十馀日间，前后与魏三十馀战，道济多捷。军至历城，历城县自汉以来属济南郡，宋为冀州刺史治所。叔孙建等纵轻骑邀其前后，焚烧草谷，骑，奇寄翻。道济军乏食，不能进；由是安颉、司马楚之等得专力攻滑台，颉，户结翻。魏主复使楚兵将军王慧龙助之。复，扶又翻。朱修之坚守数月，粮尽，与士卒熏鼠食之。辛酉，魏克滑台，执修之及东郡太守申谟，东郡自汉、魏以来治白马；白马，滑台之地也。虏获万馀人。谟，钟之曾孙也。申钟见九十五卷晋成帝咸和九年。

6 癸酉，魏主还平城，大飨，告庙，将帅及百官皆受赏，战士赐复十年。赏北伐柔然、西伐夏、南御宋之功也。将，即亮翻。帅，所类翻。复，方目翻，复勿事也；下复境同。

于是魏南鄙大水，民多饿死。尚书令刘絜言于魏主曰："自顷边寇内侵，戎车屡驾；天赞圣明，所在克殄；方难既平，难，乃旦翻。皆蒙优锡。而郡国之民，虽不征讨，服勤农桑，以供军国，实经世之大本，府库之所资。今自山以东，遍遭水害，应加哀矜，以弘覆育。"覆，敷又翻；下米覆同。魏主从之，复境内一岁租赋。

7 檀道济等食尽，自历城引还；军士有亡降魏者，具告之。魏人追之，众恟惧，将溃。降，户江翻。恟，许拱翻。道济夜唱筹量沙，以所馀少米覆其上。量，音良。少，诗沼翻；下同。及旦，魏军见之，谓道济资粮有馀，以降者为妄而斩之。时道济兵少，魏兵甚盛，骑士四合。道济命军士皆被甲，被，支义翻。己白服乘舆，引兵徐出。魏人以为有伏兵，不敢逼，稍稍引退，道济全军而返。

青州刺史萧思话闻道济南归，欲委镇保险，宋青州治东阳城。济南太守萧承之固谏，不从。丁丑，思话弃镇奔平昌；平昌县，前汉属琅邪，后汉属北海；晋太康地志属城阳，惠帝分立平昌郡。五代志：密州胶西县旧曰黔陬，置平昌郡。参军刘振之戍下邳，闻之，亦委城走。魏军竟不至，而东阳积聚已为百姓所焚。积，子智翻；凡指所聚之物曰积，则去声。聚，才谕翻。思话坐征，系尚方。

8 燕王立夫人慕容氏为王后。

9 庚戌，魏安颉等还平城。魏主嘉朱修之守节，【章：甲十一行本"节"下有"拜侍中"三字；乙十一行本同；孔本同；张校同。】妻以宗女。为修之自北还张本。妻，子细翻。

初，帝之遣到彦之也，戒之曰："若北国兵动，先其未至，径前入河；先，悉荐翻。若其不动，留彭城勿进。"及安颉得宋俘，魏主始闻其言。谓公卿曰："卿辈前谓我用崔浩计为谬，惊怖固谏。怖，普布翻。崔浩计见上卷元年。常胜之家，始皆自谓逾人，至于归终，归终，谓事势究极处。乃不能及。"

司马楚之上疏，以为诸方已平，请大举伐宋，魏主以兵久劳，不许。征楚之为散骑常侍，散，悉亶翻。骑，奇寄翻。以王慧龙为荥阳太守。魏虽置荥阳太守，实以虎牢为重镇。按魏书官氏志：高宗太安三年，始以诸部护军各为太守。盖是时惟以荥阳太守命王慧龙，至太安三年遂悉改之也。守，式又翻。

慧龙在郡十年，农战并修，大著声绩，归附者万馀家。帝纵反间于魏，云"慧龙自以功高位下，欲引宋人入寇，因执司马楚之以叛。”间，古苋翻。楚之时屯颍川。魏主闻之，赐慧龙玺书曰：“刘义隆畏将军如虎，欲相中害；玺，斯氏翻。中，竹仲翻。朕自知之。风尘之言，想不足介意。”帝复遣刺客吕玄伯刺之，复，扶又翻。曰：“得慧龙首，封二百户男，赏绢千匹。”玄伯诈为降人，降，户江翻。求屏人有所论；慧龙疑之，使人探其怀，得尺刀。屏，必郢翻。探，吐南翻。玄伯叩头请死，慧龙曰：“各为其主耳。”释之。为，于伪翻。左右谏曰：“宋人为谋未已，不杀玄伯，无以制将来。”慧龙曰：“死生有命，彼亦安能害我！我以仁义为扞蔽，又何忧乎！”遂舍之。史因慧龙守荥阳终言之。

10 夏，五月，庚寅，魏主如云中。

11 六月，乙丑，大赦。

12 夏主杀乞伏暮末及其宗族五百人。

13 夏主畏魏人之逼，拥秦民十馀万口，秦民，所得乞伏氏之民也。自治【章：甲十一行本“治”作“冶”；乙十一行本同。】城济河，欲击河西王蒙逊而夺其地。吐谷浑王慕璝遣益州刺史慕利延、宁州刺史拾虔璝，古回翻。考异曰：十六国春秋作“没利延、拾虎”，今从宋书。帅骑三万，乘其半济，邀击之，执夏主定以归，赫连氏历三主二十六年而灭。自是中原及西北之地一归于魏矣。帅，读曰率。骑，奇寄翻。沮渠兴国被创而死。沮，子馀翻。被，皮义翻。创，初良翻。拾虔，树洛干之子也。树洛干卒于晋安帝义熙十三年。

14 魏之边吏获柔然逻者二十馀人，魏主赐衣服而遣之。柔然感悦。闰月，乙未，柔然敕连可汗遣使诣魏，魏主厚礼之。逻，郎佐翻。使，疏吏翻。

15 魏主遣散骑侍郎周绍来聘，散，悉亶翻。骑，奇寄翻。且求昏；帝依违答之。

16 荆州刺史江夏王义恭，年寖长，欲专政事，长史刘湛每裁抑之，遂与湛有隙。宋制：幼王临州，率以长史行府州事，事皆决于行事。义恭欲专之而湛不可，遂有隙。长，知两翻。帝心重湛，使人诘让义恭，且和解之。诘，去吉翻。是时，王华、王昙首皆卒，卒，子恤翻。领军将军殷景仁素与湛善，白帝以时贤零落，征湛为太子詹事，加给事中，共参政事。以雍州刺史张邵代湛为抚军长史、南蛮校尉。

顷之，邵坐在雍州营私蓄聚，赃满二百四十五万，下廷尉，当死。永嘉五年，邵刺雍州。雍，于用翻。左卫将军谢述上表，陈邵先朝旧勋，武帝讨桓玄，邵白父敞表献忠款，又不附刘毅。宜蒙优贷。帝手诏酬纳，免邵官，削爵土。述谓其子综曰："主上矜邵夙诚，特加曲恕，吾所言谬会，故特见酬纳耳。若此迹宣布，则为侵夺主恩，不可之大者也。"使综对前焚之。帝后谓邵曰："卿之获免，谢述有力焉。"

17 秋，七月，己酉，魏主如河西。

18 八月，乙酉，河西王蒙逊遣子安周入侍于魏。

19 吐谷浑王慕璝遣侍郎谢太宁奉表于魏，请送赫连定。己丑，魏以慕璝为大将军、西秦王。璝，古回翻。

20 左仆射临川王义庆固求解职；甲辰，以义庆为中书令，丹杨尹如故。

21 九月，癸丑，魏主还宫。庚申，加太尉长孙嵩柱国大将军，柱国大将军始此。以左光禄大夫崔浩为司徒，征西大将军长孙道生为司空。道生性清俭，一熊皮鄣泥，数十年不易。类篇：马障泥曰韂。韂，昌艳翻。蜀注云：遮拥泥泞也。魏主使歌工历颂群臣曰："智如崔浩，廉若道生。"

22 魏主欲选使者诣河西，崔浩荐尚书李顺，乃以顺为太常，拜河西王蒙逊为侍中、都督凉州·西域·羌·戎诸军事、太傅、行征西大将军、凉州牧、凉王，王武威、张掖、敦煌、酒泉、西海、金城、西平七郡；使，疏吏翻。王武，于况翻。敦，徒门翻。册曰："盛衰存亡，与魏升降。北尽穷发，南极庸、嶓，西被昆岭，东至河曲，经典释文：司马曰：穷发，北极之下无毛之地也。按：毛，草也。地理书云：山以草木为发。庸，魏兴上庸之地。嶓，嶓山也。昆岭，谓昆仑。河曲，朔方之河曲也。嶓，与岷同。被，皮义翻。王实征之，以夹辅皇室。"置将相、群卿、百官，承制假授；建天子旌旗，出入警跸，如汉初诸侯王故事。

23 壬申，魏主诏曰："今二寇摧殄，将偃武修文，理废职，举逸民。范阳卢玄、博陵崔绰、赵郡李灵、河间邢颖、勃海高允、广平游雅、太原张伟等，皆贤隽之胄，冠冕周邦。"周"，当作"州"。【章：甲十一行本正作"州"；乙十一行本同；孔本同。】易曰：'我有好爵，吾与尔縻之。'易中孚九二爻辞。如玄之比者，尽敕州郡以礼发遣。"遂征玄等及州郡所遣至者数百人，差次叙用。崔绰以母老固辞。玄等皆拜中书博士。玄，谌之曾孙；晋永嘉之后，卢谌展转于石氏之间，冉闵之败，遂死于兵。谌，氏壬翻。灵，顺之从父兄也。从，才用翻。

玄舅崔浩，每与玄言，辄叹曰："对子真使我怀古之情更深。"卢玄，字子真。浩欲大整流品，明辨姓族。玄止之曰："夫创制立事，各有其时；乐为此者，讵有几人！宜加三思。"乐，音洛。三，息暂翻。浩不从，由是得罪于众。

24 初，魏昭成帝始制法令：什翼犍谥昭成帝。"反逆者族；其馀当死者听入金、马赎罪；杀人者听与死家牛马、葬具以平之；盗官物，一备五；私物，一备十。"备，陪偿也，今人多云陪备。四部大人共坐王庭决辞讼，无系讯连逮之苦，境内安之。太祖入中原，道武帝庙号太祖。患前代律令峻密，命三公郎王德删定，务崇简易。事见一百十卷晋安帝隆安二年。易，以豉翻。季年被疾，刑罚滥酷；事见一百十一卷晋安帝隆安四年。被，皮义翻。太宗承之，吏文亦深。明元帝庙号太宗。冬，十月，戊寅，世祖命崔浩更定律令，除五岁、四岁刑，增一年刑；巫蛊者，负羖羊、抱犬沈诸渊。羖，果五翻。说文：夏羊壮曰羖；一说，羖，羱羊也。沈，持林翻。初令官阶九品者得以官爵除刑。汉官以石秩为差，魏、晋始定品秩之次。妇人当刑而孕，产后百日乃决。阙左悬登闻鼓以达冤人。禹令有狱讼者摇鞀。周礼：左嘉石以平罢民。皆所以达幽枉也。登闻鼓，令负冤者得诣阙挝鼓，登时上闻也。

25 魏主如漠南。十一月，丙辰，北部敕勒莫弗库若干高车酋长谓之莫弗。考异曰：后魏书、北史本纪皆作"敕勒"，邓渊传皆作"高车"。按高车即敕勒别名也。帅所部数万骑，驱鹿数百万头，诣魏主行在。帅，读曰率。骑，奇寄翻。魏主大猎以赐从官。从，才用翻。十二月丁丑，还宫。

26 是岁，凉王改元义和。

27 林邑王范阳迈寇九德，交州兵击却之。九德郡，古越裳氏国，隋、唐为驩州。

九年（壬申、四三二）

1 春，正月，丙午，魏主尊保太后窦氏为皇太后，尊保母为母，非礼也。立贵人赫连氏为皇后，子晃为皇太子；大赦；改元延和。

2 燕王立慕容后之子王仁为太子。

3 三月，庚戌，卫将军王弘进位太保，加中书监。丁巳，征南大将军檀道济进位司空，还镇寻阳。道济自历城还师至建康，复使之还镇寻阳。

4 壬申，吐谷浑王慕璝送赫连定于魏，魏人杀之。慕璝上表曰："臣俘擒僭逆，献捷王府，爵秩虽崇而土不增廓，车旗既饰而财不周赏；愿垂鉴察。"魏主下其议。下，户嫁翻。公卿以为："慕璝所致唯定而已，塞外之民皆为己有，而贪求无厌，不可许也。”厌，于盐翻。魏主乃诏曰：“西秦王所得金城、枹罕、陇西之地，枹，音肤。朕即与之，乃是裂土，何须复廓。复，扶又翻。西秦款至，绵绢随使疏数，临时增益，非一赐而止也。”使，疏吏翻；下同。疏，与踈同。数，所角翻。自是慕璝贡使至魏者稍简。

5 魏方士祁纤奏改代为万年，以代尹为万年尹，代令为万年令。崔浩曰：“昔太祖应天受命，兼称代、魏以法殷商。帝喾都亳；子契受封于商，自契至汤八迁，汤始都亳，从先王居，谓之亳殷，故兼称殷、商。国家积德，当享年万亿，不待假名以为益也。纤之所闻，皆非正义，宜复旧号。”魏主从之。

6 夏，五月，壬申，华容文昭公王弘卒。弘明敏有思致，而轻率少威仪。性褊隘，好折辱人，人以此少之。思，相吏翻。少，诗沼翻。褊，方缅翻。好，呼到翻。折，之舌翻。虽贵显，不营财利；及卒，家无馀业。帝闻之，特赐钱百万，米千斛。

7 魏主治兵于南郊，谋伐燕。治，直之翻。

8 帝遣使者赵道生聘于魏。

9 六月，戊寅，司徒、南徐州刺史彭城王义康改领扬州刺史。王弘卒，义康始领扬州。

10 诏分青州置冀州，宋冀州领广川、平原、清河、乐陵、魏郡、河间、顿丘、高阳、勃海九郡，皆侨置于河、济间。治历城。

11 吐谷浑王慕璝遣其司马赵叙入贡，且来告捷。告擒赫连定之捷也。璝，古回翻。

12 庚寅，魏主伐燕。命太子晃录尚书事，时晃才五岁。又遣左仆射安原、建宁王崇等屯漠南以备柔然。

13 辛卯，魏主遣散骑常侍邓颖来聘。

14 乙未，以吐谷浑王慕璝为都督西秦·河·沙三州诸军事、征西大将军、西秦·河二州刺史，进爵陇西王，且命慕璝悉归南方将士先没于夏者，得百五十馀人。刘义真之败没于夏者。

又加北秦州刺史杨难当征西将军。难当以兄子保宗为镇南将军，镇宕昌；宕昌，隋、唐为宕州之地。宕，徒浪翻。以其子顺为秦州刺史，守上邽。保宗谋袭难当，事泄，难当囚之。

15 壬寅，以江夏王义恭为都督南兖等六州诸军事、开府仪同三司、南兖州刺史，临川王义庆为都督荆·雍等七州诸军事、荆州刺史，雍，于用翻。竟陵王义宣为中书监，衡阳王义季为南徐州刺史。初，高祖以荆州居上流之重，土地广远，资实兵甲居朝廷之半，故遗诏令诸子居之。上以义庆宗室令美，且烈武王有大功于社稷，临川王道规谥烈武王。故特用之。

16 秋，七月，己未，魏主至濡水。水经：濡水自塞外来，过辽西令支、肥如、海阳等县而入于海。濡，乃官翻。庚申，遣安东将军奚斤发幽州民及密云丁零万馀人，魏收曰：道武帝皇始二年，置密云郡密云县，治提携城，本汉厗奚县地。孟康曰：厗，音题。运攻具，出南道，会和龙。魏主至辽西，燕王遣其侍御史崔聘奉牛酒犒师。己巳，魏主至和龙。

17 庚午，以领军将军殷景仁为尚书仆射，太子詹事刘湛为领军将军。

18 益州刺史刘道济，粹之弟也，信任长史费谦、别驾张熙等，聚敛兴利，费，扶弗翻。伤政害民，立官冶，禁民鼓铸而贵卖铁器，商贾失业，吁嗟满路。敛，力赡翻。贾，音古。

流民许穆之，变姓名称司马飞龙，自云晋室近亲，往依氐王杨难当。难当因民之怨，资飞龙以兵，使侵扰益州。飞龙招合蜀人，得千馀人，攻杀巴兴令，沈约曰：巴兴令，徐志不注置立，疑李氏所立，属遂宁郡。宋白曰：晋永和十一年置巴兴县，西魏改曰长江县，唐属遂州。逐阴平太守；晋孝武帝泰始中，置阴平郡，至武帝永初间，又分为南阴平、北阴平。此南阴平也。隋并南阴平入雒县。宋白曰：文州，古阴平也。战国氐、羌所据，汉为阴平道，魏、晋为阴平郡阴平县。永嘉末，太守王鉴以郡降李雄，晋人于是悉流移于蜀、汉，其氐、羌并属杨茂搜，此郡不复预受正朔，故南史诸志悉无所录。其晋人流寓于蜀者，仍于益州立南、北二阴平，寓于汉中者亦于梁州立南北二阴平。今剑州阴平县，益州之北阴平郡也。道济遣军击斩之。

道济欲以五城人帛氐奴、梁显为参军督护，孙愐曰：帛，姓也。费谦固执不与。氐奴等与乡人赵广构扇县人，诈言司马殿下犹在阳泉山中，聚众得数千人，引向广汉；沈约曰：蜀分绵竹立阳泉县，属广汉郡，隋复并入绵竹。道济参军程展会治中李抗之将五百人击之，皆败死。巴西人唐频聚众应之，赵广等进攻涪城，陷之。将，即亮翻。涪，音浮。于是涪陵、江阳、遂宁诸郡守皆弃城走，蜀土侨、旧俱反。沈约曰：遂宁郡，永初郡国志有之，疑晋末分广汉所立，唐为遂州。守，手又翻；下太守同。

19 燕石城太守李崇等十郡降于魏。石城县，前汉属右北平，燕分置石城郡。魏真君八年，置建德郡于白狼，以石城为县，属焉。降，户江翻。魏主发其民三万穿围堑以守和龙。崇，绩之子也。李绩见一百卷晋穆帝升平四年。堑，七艳翻。

八月，燕王使数万人出战，魏昌黎公丘等击破之，“公丘”之下当有漏字。死者万馀人。燕尚书高绍帅万馀家保羌胡固；帅，读曰率。辛巳，魏主攻绍，斩之。平东将军贺多罗攻带方，抚军大将军永昌王健攻建德，骠骑大将军乐平王丕攻冀阳，皆拔之。

九月，乙卯，魏主引兵西还，徙营丘、成周、辽东、乐浪、带方、玄菟六郡民三万家于幽州。五代志曰：后魏置营州于和龙城，领建德、冀阳、辽东、乐浪、营丘等郡，龙城、大兴、永乐、带方、定荒、石城、广都、阳武、襄平、新昌、平刚、柳城、富平等县。盖燕国自慕容以来，分置郡县于辽西，其后或省或并，为郡为县，皆不可考；如玄菟郡亦当置于辽西也。骠，匹妙翻。骑，奇寄翻。乐浪，音洛琅。菟，同都翻。

燕尚书郭渊劝燕王送款献女于魏，乞为附庸。燕王曰：

"负衅在前，结忿已深，降附取死，不如守志更图也。"衅，许觐翻。降，户江翻。

魏主之围和龙也，宿卫之士多在战陈，陈，与阵同。行宫人少。云中镇将朱修之谋与南人袭杀魏主，因入和龙，浮海南归；以告冠军将军毛修之，毛修之不从，乃止。少，诗沼翻。将，即亮翻。冠，古玩翻。既而事泄，朱修之逃奔燕。魏人数伐燕，数，所角翻。燕王遣修之南归求救。修之泛海至东莱，遂还建康，拜黄门侍郎。

20 赵广等进攻成都，刘道济婴城自守。贼众屯聚日久，不见司马飞龙，欲散去。广惧，将三千人及羽仪诣阳泉寺，以羽为仪，故曰羽仪。诈云迎飞龙。至，则谓道人枹罕程道养曰：枹，音肤。"汝但自言是飞龙，则坐享富贵；不则断头！"断，丁管翻。道养惶怖许诺。怖，普布翻。广乃推道养为蜀王、车骑大将军、益·梁二州牧，改元泰始，备置百官。以道养弟道助为骠骑将军、长沙王，镇涪城；赵广、帛氏奴、梁显及其党张寻、严遐皆为将军，奉道养还成都，众至十馀万，四面围城。使人谓道济曰："但送费谦、张熙来，我辈自解去。"道济遣中兵参军裴方明、任浪之各将千馀人出战，皆败还。任，音壬。

21 冬，十一月，乙巳，魏主还平城。

22 壬子，以少府中山甄法崇为益州刺史。代刘道济也。甄，之人翻。

23 初，燕王嫡妃王氏，生长乐公崇，崇于兄弟为最长。乐，音洛。最长，知两翻。及即位，立慕容氏为王后，王氏不得立，又黜崇，使镇肥如。燕以幽州刺史镇肥如，辽西之地也。崇母弟广平公朗、乐陵公邈相谓曰："今国家将亡，人无愚智皆知之。王复受慕容后之谮，复，扶又翻。吾兄弟死无日矣。"乃相与亡奔辽西，说崇使降魏，崇从之。会魏主使给事郎王德招崇，"给事郎”，北史作“给事中”。说，输芮翻。降，户江翻；下同。十二月，己丑，崇使邈如魏，请举郡降。燕王闻之，使其将封羽围崇于辽西。将，即亮翻；下同。

24 魏主征诸名士之未仕者，州郡多逼遣之。魏主闻之，下诏令守宰以礼申谕，申，重也。重，直龙翻。守，式又翻。任其进退，毋得逼遣。

25 初，帝以少子绍为庐陵孝献王嗣，义真谥曰孝献。少，诗照翻。以江夏王义恭子朗为营阳王嗣；庚寅，封绍为庐陵王，朗为南丰县王。

26 裴方明等复出击程道养营，破之，复，扶又翻；下众复、岂复、顺复同。焚其积聚。积，子赐翻。聚，才谕翻。

贼党江阳杨孟子将千馀人屯城南，江阳，隋并入阳州隆山县。参军梁儁之统南楼，投书说谕孟子，邀使入城见刘道济，道济版为主簿，克期讨贼。赵广知其谋，孟子惧，将所领奔晋原，晋原太守文仲兴与之同拒守。赵广遣帛氏奴攻晋原，破之，李雄分蜀郡为汉原郡，晋穆帝更名晋原郡，治江原县，唐为蜀州晋原县。宋白曰：晋原县本汉江原县地，李雄立江原郡，晋改为多融县，又改晋原，以县界晋原山为名。仲兴、孟子皆死。裴方明复出击贼，屡战，破之，贼遂大溃；程道养收众得七千人，还广汉，赵广别将五千馀人还涪城。

先是，张熙说道济粜仓谷，先，悉荐翻。说，输芮翻。故自九月末围城至十二月，粮储俱尽。方明将二千人出城求食，为贼所败，败，补迈翻。单马独还，贼众复大集。方明夜缒而上，缒，驰伪翻。上，时掌翻。道济为设食，为，于伪翻；下微为同。涕泣不能食。道济曰：“卿非大丈夫，小败何苦！贼势既衰，台兵垂至，但令卿还，何忧于贼！”即减左右以配之。贼于城外扬言，云“方明已死”，城中大恐。道济夜列炬火，出方明以示众，众乃安。道济悉出财物于北射堂，令方明募人。时城中或传道济已死，莫有应者。梁儁之说道济遣左右给使三十馀人出外，梁携之，盖即梁儁之，"携"字误也。且告之曰："吾病小损，各听归家休息。"给使既出，城中乃安，应募者日有千馀人。

27 初，晋谢混尚晋陵公主。晋陵公主，晋孝武之女。混死，见一百十六卷晋安帝义熙八年。诏公主与谢氏绝婚；公主悉以混家事委混从子弘微。从，才用翻。混仍世宰辅，僮仆千人，唯有二女，年数岁，弘微为之纪理生业，一钱尺帛有文簿。为，于伪翻。九年而高祖即位，公主降号东乡君，听还谢氏。入门，室宇仓廪，不异平日，田畴垦辟，有加于旧。东乡君叹曰："仆射平生重此子，可谓知人；仆射为不亡矣！"混仕晋为尚书左仆射。亲旧见者为之流涕。是岁，东乡君卒，为，于伪翻。卒，子恤翻。公私咸谓赀财宜归二女，田宅、僮仆应属弘微。弘微一无所取，自以私禄葬东乡君。

混女夫殷睿好摴蒱，好，呼到翻。闻弘微不取财物，乃夺其妻妹及伯母、两姑之分以还戏责。分，扶问翻。责，如字，又读曰债。内人皆化弘微之让，一无所争。或讥之曰："谢氏累世财产，充殷君一朝戏责，理之不允，莫此为大。卿视而不言，譬弃物江海以为廉耳。设使立清名而令家内不足，亦吾所不取也。"弘微曰："亲戚争财，为鄙之甚，今内人尚能无言，岂可导之使争乎！分多共少，不至有乏，身死之后，岂复见关也？"

28 秃发保周自凉奔魏，保周奔凉见一百十六卷晋安帝义熙十年。魏封保周为张掖公。

29 魏李顺复奉使至凉。复，扶又翻。使，疏吏翻。凉王蒙逊遣中兵校郎杨定归谓顺曰："年衰多疾，腰髀不随，不堪拜伏；比三五日消息小差，当相见。"比，必寐翻，及也。顺曰："王之老疾，朝廷所知；岂得自安，不见诏使！"明日，蒙逊延顺入至庭中，蒙逊箕坐隐几，无动起之状。师古曰：谓伸两脚而坐，其形如箕。隐，于靳翻。顺正色大言曰："不谓此叟无礼乃至于此！今不忧覆亡而敢陵侮天地；魂魄逝矣，何用见之！"握节将出。凉王使定归追止之，曰："太常既雅恕衰疾，雅，素也。传闻朝廷有不拜之诏，是以敢自安耳。"顺曰："齐桓公九合诸侯，一匡天下；周天子赐胙，命无下拜，桓公犹不敢失臣礼，下拜登受。齐桓公合诸侯于葵丘，王使宰孔赐胙，齐侯将下拜。孔曰："天子以伯舅耋老，加劳赐一级，无下拜。"对曰："天威不违颜咫尺。小白馀敢贪天子之命无下拜？恐陨越于下，以为天子羞，敢不下拜！"下拜，登受。今王虽功高，未如齐桓；朝廷虽相崇重，未有不拜之诏；而遽自偃蹇，此岂社稷之福邪！"蒙逊乃起，拜受诏。

使还，魏主问以凉事。顺曰："蒙逊控制河右，逾三十年，晋安帝隆安五年蒙逊杀段业，篡有其国，至是三十一年。经涉艰难，粗识机变，粗，坐五翻。绥集荒裔，群下畏服；虽不能贻厥孙谋，犹足以终其一世。然礼者德之舆，敬者身之基也；蒙逊无礼、不敬，以臣观之，不复年矣。"复，扶又翻，言其死在朝夕。魏主曰："易世之后，何时当灭？"顺曰："蒙逊诸子，臣略见之，皆庸才也。如闻敦煌太守牧犍，器性粗立，敦，徒门翻。犍，居言翻。继蒙逊者，必此人也。然比之于父，皆云不及。此殆天之所以资圣明也。"考异曰：后魏书，顺初奉册拜沮渠蒙逊为凉州牧，即有蒙逊不拜及顺使还论牧犍事。南史，顺册拜蒙逊还，拜都督四州、长安镇都大将、开府，征为四部尚书，加常侍。延和初使凉，始有不拜等事。今据顺云"不复周矣"；明年蒙逊死，帝曰："卿言蒙逊死，验矣"。故从南史。魏主曰："朕方有事东方，谓方图燕也。未暇西略。如卿所言，不过数年之外，不为晚也。"

初，罽宾沙门昙无谶，自云能使鬼治病，且有秘术。北史曰：昙无谶自云能使鬼疗病，令妇人多子。罽，音计。昙，徒含翻。谶，楚谮翻。治，直之翻。凉王蒙逊甚重之，谓之“圣人”，诸女及子妇皆往受术。魏主闻之，使李顺往征之。蒙逊留不遣，仍杀之。魏主由是怒凉。

蒙逊荒淫猜虐，群下苦之。为魏灭凉张本。

十年（癸酉、四三三）

1 春，正月，乙卯，魏主遣永昌王健督诸军救辽西。以冯崇被围也。

2 己未，大赦。

3 丙寅，魏以乐安王范为都督秦·雍等五州诸军事、卫大将军、开府仪同三司、长安镇都大将。都大将又在镇大将之上。雍，于用翻。将，即亮翻；下同。魏主以范年少，少，诗照翻。更选旧德平西将军崔徽、征北大将军雁门张黎为之副，共镇长安。徽，宏之弟也，崔宏，崔浩之父也。范谦恭宽惠，徽务敦大体，黎清约公平，政刑简易，易，以豉翻。轻傜薄赋，关中遂安。

4 二月，庚午，魏主以冯崇为都督幽·平·东夷诸军事、车骑大将军、幽·平二州牧，封辽西王，录其国尚书事，食辽西十郡，承制假授尚书、刺史、征虏已下官。自征虏以下杂号将军皆得假授。骑，奇寄翻。

5 魏平凉休屠征西将军金崖、句断。屠，直于翻。羌泾州刺史狄子玉魏置泾州于安定郡，治临泾城。与安定镇将延普争权，崖、子玉举兵攻普，不克，退保胡空谷。即胡空堡之地。魏主以虎牢镇大将陆俟为安定镇大将，击崖等，皆擒之。

魏主征陆俟为散骑常侍，出为怀荒镇大将，怀荒镇，魏降高车所置六镇之一也。散，悉亶翻。骑，奇寄翻。未期岁，高车诸莫弗讼俟严急无恩，复请前镇将郎孤。复，扶又翻；下无复、将复同。魏主征俟还，以孤代之。俟既至，言于帝曰："不过期年，郎孤必败，高车必叛。"期，读曰朞。帝怒，切责之，使以建业公归第。明年，诸莫弗果杀郎孤而叛。帝大惊，立召俟问之曰："卿何以知其然也?"俟曰："高车不知上下之礼，故臣临之以威，制之以法，欲以渐训导，使知分限。分，扶问翻。而诸莫弗恶臣所为，恶，乌路翻。讼臣无恩，称孤之美。臣以罪去，孤获还镇，悦其称誉，誉，音馀。益收名声，专用宽恕待之。无礼之人，易生骄慢，易，以豉翻。不过期年，无复上下，孤所不堪，必将复以法裁之。如此，则众心怨怼，必生祸乱矣。"魏裴潜去代郡而乌桓叛，事亦如此。怼，直类翻。帝笑曰："卿身虽短，思虑何长也!"即日复以为散骑常侍。

6 壬午，魏主如河西，遣兼散骑常侍宋宣来聘，且为太子晃求婚；为，于伪翻。帝依违答之。

7 刘道济卒，梁儁之、裴方明等密埋其尸于斋后，诈为道济教命以答签疏，虽其母妻亦不知也。程道养于毁金桥登坛郊天，方明将三千人出击之，将，即亮翻；下同。道养等大败，退保广汉。

荆州刺史临川王义庆以巴东太守周籍之督巴西等五郡诸军事，将二千人救成都。

8 三月，亡人司马天助降于魏，自称晋会稽世子元显之子；降，户江翻。会，工外翻。魏人以为青·徐二州刺史、东海公。

9 壬子，魏主还宫。

10 赵广等自广汉至郫，郫县自汉以来属蜀郡。师古曰：郫，音疲。连营百数。周籍之与裴方明等合兵攻郫，克之，进击广等于广汉，广等走还涪及五城。涪，音浮。夏，四月，戊寅，始发刘道济丧。

11 帝闻梁、南秦二州刺史甄法护刑政不治，甄，之人翻。失氐、羌之和，乃自徒中起萧思话为梁、南秦二州刺史。考异曰：思话传云："杨难当寇汉中，乃用思话。"按本纪及氐胡传，难当寇汉中皆在十一月。法护，法崇之兄也。

12 凉王蒙逊病甚，国人共议，以世子菩提幼弱，立菩提之兄敦煌太守牧犍为世子，加中外都督、大将军、录尚书事。菩，薄乎翻。犍，居言翻。考异曰：宋书、十六国春秋作"茂虔"。后魏书纪传作"牧犍"，今从之。蒙逊卒，谥曰武宣王，庙号太祖。牧犍即河西王位，大赦，改元永和。立子封坛为世子，加抚军大将军、录尚书事。遣使请命于魏。牧犍聪颖好学，使，疏吏翻。好，呼到翻。和雅有度量，故国人立之。

先是，魏主遣李顺迎武宣王女为夫人，先，悉荐翻。会卒，牧犍称先王遗意，遣左丞宋繇送其妹兴平公主于魏，拜右昭仪。李延寿曰：魏主增置左、右昭仪。

魏主谓李顺曰："卿言蒙逊死，今则验矣；又言牧犍立，何其妙哉！朕克凉州，亦当不远。"于是赐绢千匹，厩马一乘，乘，绳证翻。进号安西将军，宠待弥厚，政事无巨细皆与之参议。李顺以言中见宠待，而亦以为凉隐受诛，为臣之不易也如此！

遣顺拜牧犍都督凉沙河三州·西域羌戎诸军事、车骑将军、开府仪同三司、凉州刺史、河西王，骑，奇寄翻。以宋繇为河西王右相。牧犍以无功受赏，留顺，上表乞安、平一号；谓若安西将军、若平西将军，乞一号。优诏不许。

牧犍尊敦煌刘昞为国师，敦，徒门翻。亲拜之，命官属以下皆北面受业。

13 五月，己亥，魏主如山北。武周山之北也。

14 林邑王范阳迈遣使入贡，求领交州；使，疏吏翻。诏答以道远，不许。

15 裴方明进军向涪城，破张寻、唐频，擒程道助，斩严遐，于是赵广等皆奔散。

16 六月，魏永昌王健、左仆射安原督诸军击和龙，将军楼教别将五千骑围凡城。魏书官氏志：内入诸姓，贺楼氏改为楼氏。将，即亮翻；下同。燕守将封羽以凡城降，降，户江翻；下同。收其三千馀家而还。

17 辛巳，魏人发秦、雍兵一万，筑小城于长安城内。雍，于用翻。

18 秋，八月，冯崇上表请说降其父；说，输芮翻。魏主不听。

19 九月，益州刺史甄法崇至成都，收费谦，诛之。费，扶沸翻。程道养、张寻将二千馀家逃入郪山，广汉郪县之山也。师古曰：郪，音妻，又音千私翻。馀党各拥众藏窜山谷，时出为寇不绝。

20 戊午，魏主遣兼大鸿胪崔赜持节拜氐王杨难当为征南大将军、开府仪同三司、秦·梁二州牧、南秦王。赜，逞之子也。崔逞自燕归魏，以侮慢为魏主珪所杀。赜，士革翻。

21 杨难当因萧思话未至，甄法护将下，举兵袭梁州，破白马，获晋昌太守张范，白马戍在沔水北，即阳平关。晋桓温平蜀，以巴、汉流人立晋昌郡于上庸之西。败法护参军鲁安期等；败，补迈翻。又攻葭萌，获晋寿太守范延朗。晋孝武太元十五年，梁州刺史周馥表分梓潼立晋寿郡，古葭萌之地也。葭音家。冬，十一月，丁未，法护弃城奔洋川之西城。后魏方立洋川郡于汉中之西乡县，此盖因其地有洋水，故谓之洋川。洋，音祥，又如字。难当遂有汉中之地，以其司马赵温为梁、秦二州刺史。

22 甲寅，魏主还宫。

23 十二月，己巳，魏大赦。

24 辛未，魏主如阴山之北。

25 魏宁朔将军卢玄来聘。

26 前秘书监谢灵运，好为山泽之游，五年，灵运免官，故曰前。好，呼到翻。穷幽极险，从者数百人，从，才用翻。伐木开径；百姓惊扰，以为山贼。会稽太守孟𫖮与灵运有隙，会，工外翻。𫖮，鱼岂翻。表其有异志，发兵自防。灵运诣阙自陈，上以为临川内史。

灵运游放自若，废弃郡事，为有司所纠。是岁，司徒遣使随州从事郑望生收灵运；使，疏吏翻。望生盖为江州从事。灵运执望生，兴兵逃逸，作诗曰："韩亡子房奋，秦帝鲁连耻。"灵运自以世为晋臣，故赋是诗。子房事见七卷秦始皇二十九年；鲁连事见考异。追讨，擒之。廷尉奏灵运率众反叛，论正斩刑。上爱其才，欲免官而已。彭城王义康坚执，谓不宜恕。乃降死一等，徙广州。

久之，或告灵运令人买兵器，结健儿，欲于三江口篡取之，不果。水经：温水出牂柯夜郎县，东至郁林广郁县为郁水。漓水出阳海山，南过苍梧荔浦县，又南至广信县入于郁。封水出临贺郡冯乘县西牛屯山，西南流入广信县，南流注于郁水。此盖三水所会之地，谓之三江口。诏于广州弃市。

灵运恃才放逸，多所陵忽，故及于祸。

27 魏立徐州于外黄，以刁雍为刺史。雍，于容翻。

十一年（甲戌、四三四）

1 春，正月，戊戌，燕王遣使请和于魏；使，疏吏翻。魏主不许。

2 杨难当以克汉中告捷于魏，送雍州流民七千家于长安。雍，于用翻。萧思话至襄阳，遣横野司马萧承之为前驱。思话时以横野将军镇梁州，以承之为司马。承之缘道收兵，得千人，进据磝头。水经注：汉水径黄金南，东流历敖头，魏兴安康县治。磝、敖同音。杨难当焚掠汉中，引众西还，留赵温守梁州；又遣其魏兴太守薛健据黄金山。思话遣阴平太守萧坦攻铁城戍，拔之。黄金山注见七十四卷魏邵陵厉公正始五年。水经注：铁城与黄金戍相对，一城在山上，一城在山下。

二月，赵温、薛健与其冯翊太守蒲甲子合攻坦营，坦击破之，温等退保西水。水经注“西水”作“酉水”。临川王义庆遣龙骧将军裴方明将三千人助承之，骧，思将翻。将，即亮翻；下同。拔黄金戍而据之。温弃州城，退据小城，健、甲子退保下桃城。思话继至，与承之共击赵温等，屡破之。行参军王灵济别将出洋川，攻南城，拔之，沈约曰：谯纵灭，梁州刺史还治汉中之苞中县，所谓南城也。馀考前史汉中郡无苞中县，意即褒中县，盖因语近而字遂讹也。褒中县在南郑西南，故谓之南城。擒其守将赵英。南城空无所资，灵济引兵还，与承之合。

3 魏主以西海公主妻柔然敕连可汗；妻，七细翻。可，从刊入声。汗，音寒。又纳其妹为夫人，遣颍川王提往逆之。丁卯，敕连遣其异母兄秃鹿傀送妹，并献马二千匹。傀，公回翻。魏主以其妹为左昭仪。提，曜之子也。

4 辛卯，魏主还宫；三月，甲寅，复如河西。复，扶又翻。

5 杨难当遣其子和将兵与蒲甲子等共击萧承之，相拒四十馀日，围承之数十重，短兵接，弓矢无所复施。氐悉衣犀甲，戈矛所不能入。重，直龙翻。复，扶又翻；下可复同。衣，于既翻。周礼考工记：犀甲寿百年，以牛皮为之。承之断矟长数尺，以大斧椎之，一矟辄贯数人。断，丁管翻。矟，色角翻。长，直亮翻。氐不能当，烧营走，据大桃。闰月，承之等追击之，至南城。氐败走，斩获甚众，悉收汉中故地，置戍于葭萌水，水经注：白水出临洮县西南西倾山，东南流，至葭萌县北，因谓之葭萌水；水有津关，即所谓白水关也。

初，桓希既败，希败见一百十三卷晋安帝元兴三年。氐王杨盛据汉中，梁州刺史范元之、傅歆皆治魏兴，治，直之翻。唯得魏兴、上庸、新城三郡。及索邈为刺史，见一百十六卷晋安帝义熙九年，索，昔各翻。乃治南城。至是，南城为氐所焚，不可复固，萧思话徙镇南郑。自此梁州治南郑。

6 甲戌，赫连昌叛魏西走；丙子，河西候将格杀之。此河西，五原河西也。候将，斥候将也。将，即亮翻。魏人并其群弟诛之。

7 己卯，魏主还宫。

8 辛巳，燕王遣尚书高颙上表称藩，请罪于魏，颙，鱼容翻。乞以季女充掖庭；魏主乃许之征其太子王仁入朝。

燕王送魏使者于什门还平城。朝，直遥翻。使，疏吏翻；下同。什门在燕二十一年，不屈节。什门使燕见一百十六卷晋安帝义熙十年，考异曰：后魏书节义传云："什门在燕历二十四年。"按后魏本纪，神瑞元年八月，遣于什门招谕冯跋，至此年，二十一年矣。若二十四年，乃在太延三年；而太延二年冯氏亡矣。魏主下诏褒称，以比苏武，拜治书御史，治，直之翻。赐羊千口，帛千匹，策告宗庙，颁示天下。

9 戊子，休屠金当川围魏阴密，阴密县，汉晋属安定郡，魏收志属平凉郡。括地志：阴密故城，在泾州鹑觚县西。屠，直於翻。夏，四月，乙未，魏征西大将军常山王素击之。丁未，魏主行如河西。壬戌，获当川，斩之。

10 甄法护坐委镇，赐死于狱。甄，之人翻。杨难当遣使奉表谢罪，帝下诏赦之。

11 河西王牧犍遣使上表，告嗣位。戊寅，诏以牧犍为都督凉·秦等四州诸军事、征西大将军、凉州刺史、河西王。犍，居言翻。

12 六月，甲辰，魏主还宫。

13 燕王不遣太子质魏，质，音致。散骑常侍刘滋谏曰：散，悉亶翻。骑，奇寄翻。"昔刘禅有重山之险，孙皓有长江之阻，皆为晋擒。刘禅事见七十八卷魏元帝景元四年。孙皓事见七十九卷晋武帝太康元年。

重，直龙翻。何则？强弱之势异也。今吾弱于吴、蜀而魏强于晋，不从其欲，将有危亡之祸。愿亟遣太子，而修政事，抚百姓，收离散，赈饥穷，劝农桑，省赋役，社稷犹庶几可保。”燕王怒，杀之。

辛亥，魏主遣抚军大将军永昌王健等伐燕，收其禾稼，徙民而还。还，从宣翻，又如字。

14 秋，七月，壬午，魏主如美稷，遂至隰城，隰城县自汉以来属西河郡。刘昫曰：汾州西河县，汉美稷县，隋为隰城县，上元元年，更名西河。盖二县皆并于汾州西河县矣。命阳平王它督诸军击山胡白龙于西河。山胡即稽胡，一曰步落稽，盖匈奴别种，刘元海五部之苗裔也。或云：山戎赤狄之后。自离石以西，安定以东，方七八百里，居山谷间，种落繁炽。它，熙之子也。阳平王熙见一百十九卷武帝永初二年。

魏主轻山胡，日引数十骑登山临视之。骑，奇寄翻。白龙伏壮士十馀处掩击之，魏主坠马，几为所擒。几，居希翻。内入行长代人陈建以身扞之，内入行长，魏官也。盖选勇力之士，入直禁中，行长则其部帅也。魏书官氏志：次南诸姓，侯莫陈氏改为陈氏。行，户刚翻。长，知两翻。大呼奋击，杀胡数人，身被十馀创，呼，火故翻。被，皮义翻。魏主乃免。

九月，戊子，大破胡众，斩白龙，屠其城。冬，十月，甲午，魏人破白龙馀党于五原，诛数千人，以其妻子赐将士。

十一月，魏主还宫；十二月，甲辰，复如云中。复，扶又翻。

十二年（乙亥、四三五）

1 春，正月，己未朔，日有食之。

2 辛酉，大赦。

3 辛未，上祀南郊。

4 燕王数为魏所攻，数，所角翻。遣使诣建康称藩奉贡。癸西，诏封为燕王；江南谓之黄龙国。以其都和龙也。今北国以和龙为黄龙府。

5 甲申，魏大赦，改元太延。

6 有老父投书于敦煌东门，敦，徒门翻。求之，不获。书曰："凉王三十年若七年。"河西王牧犍以问奉常张慎，对曰："昔虢之将亡，神降于莘。左传：庄公三十二年，有神降于莘。虢公使祝应、宗区、史嚚享焉。神赐之土田。史嚚曰："虢其亡乎！吾闻之：'国将兴，听于民；将亡，听于神。'神，聪明正直而壹者也，依人而行。虢多凉德，其何土之能得！"后七年，晋灭虢。犍，居言翻。虢，古百翻。愿陛下崇德修政，以享三十年之祚；若盘于游田，荒于酒色，臣恐七年将有大变。"牧犍不悦。史言凉之将亡。

7 二月，丁未，魏主还宫。

8 三月，癸亥，燕王遣大将汤烛入贡于魏，将，即亮翻。辞以太子王仁有疾，故未之遣。

9 领军将军刘湛与仆射殷景仁素善，湛之入也，景仁实引之。见上八年。湛既至，以景仁位遇本不逾己，而一旦居前，意甚愤愤；俱被时遇，以景仁专管内任，谓为间己，被，皮义翻。间，古苋翻。猜隙渐生。知帝信仗景仁，不可移夺，时司徒义康专秉朝权，朝，直遥翻；下同。湛尝为义康上佐，见一百十九卷武帝永初元年。遂委心自结，欲因宰相之力以回上意，倾黜景仁，独当时务。

夏，四月，己巳，帝加景仁中书令、中护军，即家为府；湛加太子詹事。湛愈愤怒，使义康毁景仁于帝，帝遇之益隆。景仁对亲旧叹曰："引之令入，入便噬人！"乃称疾解职，表疏累上；上，时掌翻。帝不许，使停家养病。

湛议遣人若劫盗者于外杀之，以为帝虽知，当有以解之，不能伤义康至亲之爱。帝微闻之，迁护军府于西掖门外，使近宫禁，近，其靳翻。故湛谋不行。

义康僚属及诸附丽湛者，潜相约勒，无敢历殷氏之门。彭城王主簿沛郡刘敬文父成，未悟其机，诣景仁求郡。敬文遽往谢湛曰："老父悖耄，遂就殷铁干禄。铁，景仁小字也。悖，蒲内翻。由敬文暗浅，上负生成，阖门惭惧，无地自处。"史言刘湛怙权，时辈谄事之。处，昌吕翻。唯后将军司马庾炳之游二人之间，皆得其欢心，而密输忠于朝廷。景仁卧家不朝谒，帝常使炳之衔命往来，湛不疑也。为后废义康诛湛张本。炳之，登之之弟也，庾登之见一百二十卷元嘉三年。

10 燕王遣右卫将军孙德来乞师。

11 五月，庚申，魏主进宜都公穆寿爵为王，汝阴公长孙道生为上党王，宜城公奚斤为恒农王，奚斤先封宜城王，以罪降为公。魏显祖讳弘，乃改弘农为恒农；史以后来郡名书之。长，知两翻。恒，户登翻。广陵公楼伏连为广陵王；加寿征东大将军。寿辞曰："臣祖父崇所以得效功前朝，流福于后者，由梁眷之忠也。事见一百六卷晋孝武太元十年。今眷元勋未录，而臣独奕世受赏，心实愧之。"魏主悦，求眷后，得其孙，赐爵郡公。寿，观之子也。穆观见一百十九卷武帝永初三年。

12 龟兹、疏勒、乌孙、悦般、渴槃陁、鄯善、焉耆、车师、粟持九国入贡于魏。龟兹、疏勒、乌孙、鄯善、焉耆、车师，汉时旧国也。悦般国在乌孙西北，去代一万九百三十里，其先北匈奴之部落，为窦宪所破，北单于度金微山，西走康居，其羸弱不能去，住龟兹北地为悦般国，凉州人犹谓之单于王。渴槃陁国在葱岭东，朱驹波西。"粟持"，当从魏书、隋书作"粟特"。粟特国在葱岭之西，当康居西北，去代一万六千里，汉之奄蔡国也。龟兹，音丘慈。般，释典音钵。槃，薄官翻。陁，徒河翻。鄯，上扇翻。考异曰：后魏书皆作"乌耆"，云汉时旧国也，按汉书作"焉耆"，今从之。魏主以汉世虽通西域，有求则卑辞而来，无求则骄慢不服；盖自知去中国绝远，大兵不能至故也。今报使往来，徒为劳费，终无所益，欲不遣使。使，疏吏翻；下同。有司固请，以为“九国不惮险远，慕义入贡，不宜拒绝，以抑将来。”乃遣使者王恩生等二十辈使西域。恩生等始渡流沙，为柔然所执，恩生见敕连可汗，可，从刊入声。汗，音寒。持魏节不屈。魏主闻之，切责敕连，敕连乃遣恩生等还，竟不能达西域。

13 甲戌，魏主如云中。

14 六月，甲午，魏主以时和年丰，嘉瑞沓臻，诏大酺五日，酺，音蒲。遍祭百神，用答天贶。

15 丙午，高句丽王琏遣使入贡于魏，句，如字，又音驹。丽，力知翻。琏，力展翻。且请国讳。魏主使录帝系及讳以与之；拜琏都督辽海诸军事、征东将军、辽东郡公、高句丽王。琏，钊之曾孙也。高句丽王钊为燕所破，见八十七卷晋成帝咸康八年。

16 戊申，魏主命骠骑大将军乐平王丕、骠，匹妙翻。骑，奇寄翻。乐，音洛。镇东大将军徒河屈垣【严：“垣”作“恒”。】等帅骑四万伐燕。魏书官氏志：内入诸姓，尸突氏为屈氏。

17 扬州诸郡大水，己酉，运徐、豫、南兖谷以赈之。赈，津忍翻。扬州西曹主簿沈亮建议，以为酒糜谷而不足疗饥，自晋以来，公府分东、西曹，各有掾属、主簿。请权禁止；诏从之。亮，林子之子也。沈林子随武帝征伐有功。

18 秋，七月，魏主畋于稒阳。稒阳北出即光禄塞，汉五原之北边也。师古曰：稒，音固。

19 己卯，魏乐平王丕等至和龙；燕王以牛酒犒军，犒，苦到翻。献甲三千。屈垣责其不送侍子，掠男女六千口而还。

20 八月，丙戌，魏主如河西；九月，甲戌，还宫。

21 魏左仆射河间公安原，恃宠骄恣。或告原谋为逆；冬十月，癸卯，原坐族诛。

22 甲辰，魏主如定州；十一月，乙丑，如冀州；己巳，畋于广川；丙子，如邺。

23 魏人数伐燕，数，所角翻。燕日危蹙，上下忧惧。太常杨崏复劝燕王速遣太子入侍。崏，音岷。复，扶又翻。燕王曰："吾未忍为此。若事急，且东依高丽以图后举。"崏曰："魏举天下以击一隅，理无不克。高丽无信，始虽相亲，终恐为变。"燕王不听，密遣尚书阳伊请迎于高丽。为燕王为高丽所杀张本。丽，力知翻。

24 丹杨尹萧摹之上言："佛化被于中国，已历四代，四代，汉、魏、晋、宋也。被，皮义翻。形像塔寺，所在千数。自顷以来，情敬浮末，不以精诚为至，更以奢竞为重，材竹铜彩，糜损无极；无关神祇，有累人事，累，力瑞翻。不为之防，流遁未息。请自今欲铸铜像及造塔寺者，皆当列言，须报乃得为之。"诏从之。摹之，思话从叔也。从，才用翻。

25 魏秦州刺史薛谨击吐没骨，灭之。

26 杨难当释杨保宗之囚，囚保宗事，见上九年。使镇童亭。水经注：谷水出上邽东南注谷之山，东北历董亭下；杨难当使兄子保宗镇董亭，即是亭也。董、童字相近。考异曰：后魏书作"熏亭"。宋书作"童"，今从之。

聂崇岐标点王崇武覆校

资治通鉴卷第一百二十三

端明殿学士兼翰林侍读学士朝散大夫右谏议大夫
充集贤殿修撰提举西京嵩山崇福宫上柱国河内郡 司马光 奉敕编集
开国侯食邑一千八百户食实封六百户赐紫金鱼袋臣

后学天台 胡三省 音注

宋纪五 起柔兆困敦（丙子），尽重光大荒落（辛巳），凡六年。

太祖文皇帝中之上

元嘉十三年（丙子、四三六）

1 春，正月，癸丑朔，上有疾，不朝会。朝，直遥翻；下同。

2 甲寅，魏主还宫。

3 二月，戊子，燕王遣使入贡于魏，使，疏吏翻；下同。请送侍子。魏主不许，燕王屡请送侍子而不至，魏主知其诈，故不许。将举兵讨之；壬辰，遣使者十馀辈诣东方高丽等诸国告谕之。谕以燕王之罪，使不得与通；或有奔逸，使不得容受之也。

4 司空、江州刺史、永修公檀道济，汉灵帝中平中，立永修县，属豫章郡，隋开皇九年，并入建昌县。立功前朝，威名甚重，左右腹心并经百战，诸子又有才气，朝廷疑畏之。朝，直遥翻。帝久疾不愈，刘湛说司徒义康，以为"宫车一日晏驾，道济不复可制"。说，输芮翻。复，扶又翻；下足复同。会帝疾笃，义康言于帝，召道济入朝。其妻向氏谓道济曰：姓谱，祁姓之后为向国。向，式亮翻，又如字。"高世之勋，自古所忌。今无事相召，祸其至矣。"

既至，留之累月。帝稍间，间，如字。将遣还，已下渚，道济将还江州，船已下秦淮渚。未发；会帝疾动，义康矫诏召道济入祖道，因执之。三月，己未，下诏称："道济潜散金货，招诱剽猾，诱，音酉。剽，匹妙翻。因朕寝疾，规肆祸心。"收付廷尉，并其子给事黄门侍郎植等十一人诛之，唯宥其孙孺。唯宥诸孙之在童孺者。又杀司空参军薛彤、高进之；二人皆道济腹心，有勇力，时人比之关、张。关羽、张飞也。

道济见收，愤怒，目光如炬，脱帻投地曰："乃坏汝万里长城！"坏，音怪。魏人闻之，喜曰："道济死，吴子辈不足复惮。"为后魏人入寇，帝思道济张本。

庚申，大赦；以中军将军南谯王义宣为江州刺史。

5 辛未，魏平东将军娥清、安西将军古弼将精骑一万伐燕，平州刺史拓跋婴帅辽西诸军会之。将，即亮翻。骑，奇寄翻。帅，读曰率；下同。

6 氐王杨难当自称大秦王，改元建义。立妻为王后，世子为太子，置百官皆如天子之制；然犹贡奉宋、魏不绝。

7 夏，四月，魏娥清、古弼攻燕白狼城，克之。白狼县，汉属右北平郡。燕以白狼城为重镇，置并州。魏后入并建德郡广都县。有白狼山，白狼水。

高丽遣其将葛卢孟光将众数万随阳伊至和龙迎燕王。去年，燕遣阳伊请迎于高丽。高丽屯于临川。临川，在和龙城东。燕尚书令郭生因民之惮迁，开城门纳魏兵，考异曰：后魏古弼传作"大臣古泥"，今从十六国春秋钞。魏人疑之，不入。生遂勒兵攻燕王，王引高丽兵入自东门，与生战于阙下，生中流矢死。中，竹仲翻。葛卢孟光入城，命军士脱弊褐，取燕武库精仗以给之，大掠城中。

五月，乙卯，燕王帅龙城见户东徙，帅，读曰率。见，贤遍翻。冯氏历二主二十八年而灭。焚宫殿，火一旬不灭；令妇人被甲居中，阳伊等勒精兵居外，葛卢孟光帅骑殿后，被，皮义翻。殿，丁甸翻。方轨而进，前后八十馀里。古弼部将高苟子帅骑欲追之，将，即亮翻。帅，读曰率。骑，奇寄翻。弼醉，拔刀止之，故燕王得逃去。魏主闻之，怒，槛车征弼及娥清至平城，皆黜为门卒。

戊午，魏主遣散骑常侍封拨使高丽，散，悉亶翻。骑，奇寄翻。使，疏吏翻。令送燕王。

8 丁卯，魏主如河西。

9 六月，诏宁朔将军萧汪之将兵讨程道养；军至郪口，郪江源出今潼川府铜山县，历遂宁府长江县而合于涪水，谓之郪口。郪，音妻。帛氏奴请降。降，户江翻。道养兵败，还入郪山。

10 赫连定之西迁也，事见上卷八年。杨难当遂据上邽。秋，七月，魏主遣骠骑大将军乐平王丕、尚书令刘絜督河西、高平诸军以讨之，先遣平东将军崔赜赍诏书谕难当。骠，匹妙翻。骑，奇寄翻。赜，士革翻。

11 魏散骑侍郎游雅来聘。姓谱：郑公子偃字子游，后以为氏，魏为广平望姓。

12 己未，零陵王太妃褚氏卒，追谥曰晋恭思皇后，葬以晋礼。

13 八月，魏主畋于河西。

14 魏主遣广平公张黎发定州兵一万二千通莎泉道。莎泉在灵丘。魏收地形志：灵丘郡有莎泉县。隋废灵丘为县，并莎泉入焉。莎，素何翻。

15 九月，庚戌，魏乐平王丕等至略阳；杨难当惧，请奉诏，摄上邽守兵还仇池。诸将议以为："不诛其豪帅，帅，所类翻。军还之后，必相聚为乱。又，大众远出，不有所掠，无以充军实，赏将士。"丕将从之，中书侍郎高允参丕军事，谏曰："如诸将之谋，是伤其向化之心；大军既还，为乱必速。"丕乃止，还，从宣翻，又如字。抚慰初附，秋毫不犯，秦、陇遂安。难当以其子顺为雍州刺史，镇下辨。雍，于用翻。辨，步苋翻。

16 高丽不送燕王于魏，遣使奉表，称“当与冯弘俱奉王化”。魏主以高丽违诏，议击之，将发陇右骑卒，丽，力知翻。使，疏吏翻。骑，奇寄翻。刘絜曰：“秦、陇新民，且当优复，新民，新附之民也。复，方目翻。俟其饶实，然后用之。”乐平王丕曰：“和龙新定，宜广修农桑以丰军实，然后进取，则高丽一举可灭也。”魏主乃止。

17 癸丑，封皇子浚为始兴王，骏为武陵王。

18 冬，十一月，己酉，魏主如稒阳，稒，音固。驱野马于云中，置野马苑；闰月，壬子，还宫。

19 初，高祖克长安，事见一百十八卷晋安帝义熙十三年。得古铜浑仪，浑，户本翻。仪状虽举，不缀七曜。日月五星谓之七曜。是岁，诏太史令钱乐之更铸浑仪，径六尺八分，以水转之，昏明中星与天相应。孟春之月，昏，参中；旦，尾中。仲春之月，昏，弧中；旦，建星中。季春之月，昏，七星中；旦，牵牛中。孟夏之月，昏，翼中；旦，婺女中。仲夏之月，昏，亢中；旦，危中。季夏之月，昏，火中；旦，奎中。孟秋之月，昏，建星中；旦，毕中。仲秋之月，昏，牵牛中；旦，觜觿中。季秋之月，昏，虚中；旦，柳中。孟冬之月，昏，危中；旦，七星中。仲冬之月，昏，东壁中；旦，轸中。季冬之月，昏，娄中；旦，氐中。更，工衡翻。

20 柔然与魏绝和亲，犯魏边。柔然与魏和，见上卷八年。

21 吐谷浑惠王慕瓆卒，弟慕利延立。瓆，古回翻。

十四年（丁丑、四三七）

1 春，正月，戊子，魏北平宣王长孙嵩卒。长，知两翻。

2 辛卯，大赦。

3 二月，乙卯，魏主如幽州。三月，丁丑，魏主以南平王浑为镇东大将军、仪同三司，镇和龙。己卯，还宫。

4 帝遣散骑常侍刘熙伯如魏议纳币，散，悉亶翻。骑，奇吏翻。

会帝女亡而止。魏请婚始上卷十年。

5 夏，四月，赵广、张寻、梁显等各帅众降；别将王道恩斩程道养，送首，馀党悉平。九年，赵广等反，今乃平。帅，读曰率。降，户江翻。将，即亮翻。丁未，以辅国将军周籍之为益州刺史。

6 魏主以民官多贪，郡守、县令，亲民之官。夏，五月，己丑，诏吏民得举告守令不如法者。于是奸猾专求牧宰之失，迫胁在位，横于闾里；横，户孟翻。而长吏咸降心待之，贪纵如故。长，知两翻。

7 丙申，魏主如云中。

8 秋，七月，戊子，魏永昌王健等讨山胡白龙馀党于西河，灭之。

9 八月，甲辰，魏主如河西；九月，甲申，还宫。

10 丁酉，魏主遣使者拜吐谷浑王慕利延为镇西大将军、仪同三司，改封西平王。

11 冬，十月，癸卯，魏主如云中；十一月，壬申，还宫。

12 魏主复遣散骑侍郎董琬、高明等多赍金帛使西域，招抚九国。复，扶又翻；下不复、为复同。九国入贡，见上卷十二年。琬等至乌孙，其王甚喜，曰："破落那、者舌二国破落那，汉大宛国也，去代万四千四百五十里。者舌，汉康居国也，去代万五千四百五十里也。皆欲称臣致贡于魏，但无路自致耳，今使君宜过抚之。"乃遣导译送琬诣破落那，明诣者舌。旁国闻之，争遣使者随琬等入贡，凡十六国，自是每岁朝贡不绝。朝，直遥翻。

13 魏主以其妹武威公主妻河西王牧犍，妻，七细翻。犍，居言翻。河西王遣宋繇奉表诣平城谢，且问公【章：甲十一行本"公"上有"其母及"三字；乙十一行本同；孔本同；张校同；退斋校同。】主所宜称。魏主使群臣议之，皆曰："母以子贵，妻从夫爵。春秋之义，母以子贵。礼记：妇人无爵，从夫之爵。牧犍母宜称河西国太后，公主于其国称王后，于京师则称公主。”魏主从之。

初，牧犍娶凉武昭王之女，及魏公主至，李氏与其母尹氏迁居酒泉。顷之，李氏卒，尹氏抚之，不哭，曰：“汝国破家亡，今死晚矣。”牧犍之弟无讳镇酒泉，谓尹氏曰：“后诸孙在伊吾，李宝奔伊吾，见一百十九卷营阳王景平元年。后欲就之乎？”尹氏未测其意，绐之曰：“吾子孙漂荡，托身异域；馀生无几，当死此，不复为毡裘之鬼也。”未几，潜奔伊吾。无讳遣骑追及之，尹氏谓追骑曰：“沮渠酒泉许吾归北，何为复追！汝取吾首以往，吾不复还矣。”追骑不敢逼，引还。尹氏卒于伊吾。史言尹氏义烈。绐，荡亥翻。几，居岂翻。复，扶又翻。骑，奇寄翻。卒，子恤翻。

牧犍遣将军沮渠旁周入贡于魏，魏主遣侍中古弼、尚书李顺赐其侍臣衣服，并征世子封坛入侍。是岁，牧犍遣封坛如魏，亦遣使诣建康，使，疏吏翻。献杂书及敦煌赵𣈶所撰甲寅元历，敦，徒门翻。𣈶，读为斐。魏书作“𣈶”。撰，士免翻。并求杂书数十种，种，章勇翻。帝皆与之。

李顺自河西还，魏主问之曰：“卿往年言取凉州之策，朕以东方有事，未遑也。今和龙已平，吾欲即以此年西征，可乎？”对曰：“臣畴昔所言，见上卷十年。以今观之，私谓不谬。然国家戎车屡动，士马疲劳，西征之议，请俟他年。”魏主乃止。

十五年（戊寅、四三八）

1 春，二月，丁未，以吐谷浑王慕利延为都督西秦·河·沙三州诸军事、镇西大将军、西秦·河二州刺史、陇西王。

2 三月，癸未，魏主诏罢沙门年五十以下者。以其强壮，罢使为民，以从征役。

3 初，燕王弘至辽东，高丽王琏遣使劳之曰：丽，力知翻。琏，力展翻。使，疏吏翻。劳，力到翻。“龙城王冯君，爰适野次，士马劳乎？”弘惭怒，称制让之；高丽处之平郭，处，昌吕翻。寻徙北丰。弘素侮高丽，政刑赏罚，犹如其国；高丽乃夺其侍人，取其太子王仁为质。质，音致。弘怨高丽，遣使上表求迎，上遣使者王白驹等迎之，并令高丽资遣。高丽王不欲使弘南来，遣将孙漱、高仇等杀弘于北丰，并其子孙十馀人，果如杨峄之言。将，即亮翻；下同。谥弘曰昭成皇帝。白驹等帅所领七千馀人掩讨漱、仇，杀仇，生擒漱。高丽王以白驹等专杀，遣使执送之。上以远国，不欲违其意，下白驹等狱，下，遐稼翻。已而原之。

4 夏，四月，纳故黄门侍郎殷淳女为太子劭妃。

5 五月，戊寅，魏大赦。

6 丙申，魏主如五原；秋，七月，自五原北伐柔然。命乐平王丕督十五将出东道，永昌王健督十五将出西道，魏主自出中道。至浚稽山，复分中道为二：陈留王崇从大泽向涿邪山，魏主从浚稽北向天山，西登白皋，天山在漠北，即唐铁勒思结、多滥葛所保之地，非伊吾之折罗漫山也。白皋，疑即雪山。复，扶又翻。邪，读曰耶。不见柔然而还。时漠北大旱，无水草，人马多死。

7 冬，十一月，丁卯朔，日有食之。

8 十二月，丁巳，魏主至平城。

9 豫章雷次宗好学，好，呼到翻；下同。隐居庐山。庐山在寻阳，今在南康城北十五里，寻阳之南，正面庐山。尝征为散骑侍郎，不就。是岁，以处士征至建康，为开馆于鸡笼山，鸡笼山在台城北郊。散，悉亶翻。骑，奇寄翻。处，昌吕翻。为，于伪翻。使聚徒教授。帝雅好艺文，使丹杨尹庐江何尚之立玄学，太子率更令何承天立史学，晋志，太子率更令主宫殿门户及赏罚事，职如光禄勋、卫尉。更，工衡翻。司徒参军谢元立文学，并次宗儒学为四学。元，灵运之从祖弟也。帝数幸次宗学馆，令次宗以巾褠侍讲，从，才用翻。数，所角翻。褠，古侯翻。江南人士交际以为盛服，盖次于朝服。毛修之不肯以巾褠到殷景仁之门是也。蜀注曰：巾谓巾帻，褠谓单衣。资给甚厚。又除给事中，不就。久之，还庐山。

臣光曰：易曰："君子多识前言往行以畜其德。"行，下孟翻。易大畜象辞。孔子曰："辞达而已矣。"论语所记。然则史者儒之一端，文者儒之馀事；至于老、庄虚无，固非所以为教也。夫学者所以求道；天下无二道，安有四学哉！

10 帝性仁厚恭俭，勤于为政；守法而不峻，容物而不弛。百官皆久于其职，守宰以六期为断；吏不苟免，民有所系。三十年间，四境之内，晏安无事，户口蕃息；断，丁乱翻。蕃，音烦。出租供徭，止于岁赋，岁赋，常赋也，言不额外取民。晨出暮归，自事而已。自适己事而已。闾阎之间，讲诵相闻；士敦操尚，乡耻轻薄。江左风俗，于斯为美，后之言政治者，皆称元嘉焉。治，直吏翻。

十六年（己卯、四三九）

1 春，正月，庚寅，司徒义康进位大将军、领司徒，自汉以来，大将军位三公上。司徒，丞相职也。义康既进位，犹领司徒职。南兖州刺史、江夏王义恭进位司空。夏，户雅翻。

2 魏主如定州。

3 初，高祖遗诏，令诸子次第居荆州。临川王义庆在荆州八年，欲为之选代，为，于伪翻。其次应在南谯王义宣。帝以义宣人才凡鄙，置不用；二月，己亥，以衡阳王义季为都督荆·湘等八州诸军事、荆州刺史。义季尝春月出畋，有老父被苫而耕，被，皮义翻。苫，诗廉翻。左右斥之，老父曰："盘于游畋，古人所戒。夏太康以游畋失国。周公以文王戒成王盘乐也。今阳和布气，一日不耕，民失其时，奈何以从禽之乐而驱斥老农也！”乐，音洛。义季止马曰：“贤者也。”命赐之食，辞曰：“大王不夺农时，则境内之民皆饱大王之食，老夫何敢独受大王之赐乎！”义季问其名，不告而退。

4 三月，魏雍州刺史葛那寇上洛，魏雍州刺史治长安。此北上洛也；南上洛寄治魏兴。魏书官氏志：内入诸姓，贺葛氏改为葛氏。雍，于用翻。上洛太守镡长生弃郡走。镡，徐林翻。

5 辛未，魏主还宫。

6 杨保宗与兄保显自童亭奔魏。保宗镇童亭见上卷十二年。庚寅，魏主以保宗为都督陇西诸军事、征西大将军、开府仪同三司、秦州牧、武都王，镇上邽，妻以公主；妻，七细翻。保显为镇西将军、晋寿公。

7 河西王牧犍通于其嫂李氏，兄弟三人传嬖之。传，递也。以便辟得幸曰嬖。嬖，卑义翻。陆德明必计翻。李氏与牧犍之姊共毒魏公主，公主，魏主妹也。魏主遣解毒医乘传救之，得愈。传，知恋翻。魏主征李氏，牧犍不遣，厚资给，使居酒泉。

魏每遣使者诣西域，使，疏吏翻；下同。常诏牧犍发导护送出流沙。使者自西域还，至武威，牧犍左右有告魏使者曰：“我君承蠕蠕可汗妄言云：可，从刊入声。汗音寒。‘去岁魏天子自来伐我，士马疫死，大败而还；还，从宣翻，又如字；下同。我擒其长弟乐平王丕。’我君大喜，宣言于国。又闻可汗遣使告西域诸国，称‘魏已削弱，今天下唯我为强，若更有魏使，勿复供奉。’西域诸国颇有贰心。”复，扶又翻；下能复同。两属曰贰。西域既贡奉魏，又信柔然之言，是有贰心。使还，具以状闻。魏主遣尚书贺多罗使凉州观虚实，多罗还，亦言牧犍虽外修臣礼，内实乖悖。悖，蒲内翻，又蒲没翻。

魏主欲讨之，以问崔浩。对曰：“牧犍逆心已露，不可不诛。官军往年北伐，虽不克获，实无所损。战马三十万匹，计在道死伤不满八千，常岁羸死亦不减万匹。羸，伦为翻。而远方乘虚，遽谓衰耗不能复振。今出其不意，大军猝至，彼必骇扰，不知所为，擒之必矣。"魏主曰："善！吾意亦以为然。"于是大集公卿议于西堂。魏平城太极殿有东、西堂。

弘农王奚斤等三十馀人皆曰："牧犍，西垂下国，虽心不纯臣，然继父位以来，职贡不乏。朝廷待以藩臣，妻以公主；妻，七细翻。今其罪恶未彰，宜加恕宥。国家新征蠕蠕，蠕，人兖翻。士马疲弊，未可大举。且闻其土地卤瘠，咸地曰卤，垸地曰瘠。难得水草，大军既至，彼必婴城固守。攻之不拔，野无所掠，此危道也。"

初，崔浩恶尚书李顺，伐夏之役，浩、顺有隙。顺以使凉为魏主所宠待，浩愈恶之。恶，乌路翻。顺使凉州凡十二返，使，疏吏翻。魏主以为能。凉武宣王数与顺游宴，沮渠蒙逊谥武宣王。数，所角翻。对其群下时为骄慢之语；恐顺泄之，随以金宝纳于顺怀，顺亦为之隐。亦为，于伪翻。浩知之，密以白魏主，魏主未之信。及议伐凉州，顺与尚书古弼皆曰："自温圉水以西至姑臧，据北史，"温圉水"当作"温围"。地皆枯石，绝无水草。彼人言，姑臧城南天梯山上，冬有积雪，深至丈馀，春夏消释，下流成川，居民引以溉灌。彼闻军至，决此渠口，水必乏绝。彼人，谓凉人也。环城百里之内，环，音宦。地不生草，人马饥渴，难以久留。斤等之议是也。"魏主乃命浩与斤等相诘难，众无复他言，但云"彼无水草"。浩曰："汉书地理志称'凉州之畜为天下饶'，若无水草，畜何以蕃？诘，去吉翻。难，乃旦翻。复，扶又翻；下敢复同。汉书地理志曰：凉州土广民稀，水草宜畜牧，故凉州之畜为天下饶。畜，许救翻，又许六翻。蕃音繁。又，汉人终不于无水草之地筑城郭，建郡县也。且雪之消释，仅能敛尘，何得通渠溉灌乎！

此言大为欺诬矣。”欺，诳也。诬，诈也。李顺曰：“耳闻不如目见，吾尝目见，何可共辩？”浩曰：“汝受人金钱，欲为之游说，谓我目不见便可欺邪！”帝隐听，闻之，为，于为翻。说，输芮翻。隐听者，隐屏而听也。乃出见斤等，辞色严厉，群臣不敢复言，唯唯而已。唯，于癸翻。

群臣既出，振威将军代人伊馛言于帝馛，蒲拨翻。曰：“凉州若果无水草，彼何以为国？众议皆不可用，宜从浩言。”帝善之。

夏，五月，丁丑，魏主治兵于西郊；治，直之翻。六月，甲辰，发平城。使侍中宜都王穆寿辅太子晃监国，决留台事，内外听焉。监，工衔翻。又使大将军长乐王稽敬、“稽敬”，北史作“嵇敬”，当从之。魏书官氏志：北方诸姓，纥奚氏改为嵇氏。辅国大将军建宁王崇将二万人屯漠南以备柔然。王将，即亮翻。命公卿为书以让河西王牧犍，数其十二罪，且曰：“若亲帅群臣委贽远迎，数，所具翻。帅，读曰率。古者执贽以见，拜贽，首则委之于地，起则取而进之，此之谓委贽。谒拜马首，上策也。六军既临，面缚舆榇，其次也。若守迷穷城，不时悛悟，榇，初觐翻。悛，丑缘翻。身死族灭，为世大戮。宜思厥中，自求多福！”

8 己酉，改封陇西王吐谷浑慕利延为河南王。

9 魏主自云中济河；秋，七月，己巳，至上郡属国城。汉置属国于边郡以处降胡，此属国城，汉旧城也。班书地理志：上郡龟兹县，属国都尉治。壬午，留辎重，部分诸军，重，直用翻。分，扶问翻。使抚军大将军永昌王健、尚书令刘絜与常山王素为前锋，两道并进；骠骑大将军乐平王丕、太宰阳平王杜超为后继；骠，匹妙翻。骑，奇寄翻。以平西将军源贺为乡导。乡，读曰向。

魏主问贺以取凉州方略，对曰：“姑臧城旁有四部鲜卑，皆臣祖父旧民，秃发傉檀据姑臧，既而为沮渠所取，有四部鲜卑留居城外。

贺，傉檀之子也。臣愿处军前，处，昌吕翻。宣国威信，示以祸福，必相帅归命。帅，读曰率。外援既服，然后取其孤城，如反掌耳。”魏主曰：“善！”

八月，甲午，永昌王健获河西畜产二十馀万。

河西王牧犍闻有魏师，惊曰：“何为乃尔！”用左丞姚定国计，不肯出迎，求救于柔然。遣其弟征南大将军董来将兵万馀人出战于城南，来将，即亮翻。望风奔溃。刘絜用卜者言，以为日辰不利，敛兵不追，董来遂得入城。魏主由是怒之。为魏诛刘絜张本。

丙申，魏主至姑臧，遣使谕牧犍令出降。使，疏吏翻。降，户江翻。牧犍闻柔然欲入魏边为寇，冀幸魏主东还，遂婴城固守；其兄子祖逾城出降。魏主具知其情，乃分军围之。源贺引兵招慰诸部下三万馀落，故魏主得专攻姑臧，无复外虑。复，扶又翻；下不复同。

魏主见姑臧城外水草丰饶，由是恨李顺，谓崔浩曰：“卿之昔言，今果验矣。”自是魏主决意诛李顺矣。对曰：“臣之言不敢不实，类皆如此。”

魏主之将伐凉州也，太子晃亦以为疑。至是，魏主赐太子诏曰：“姑臧城【章：甲十一行本“城”下有“东”字；乙十一行本同；孔本同；张校同；退斋校同。】西门外，涌泉合于城北，其大如河。自馀沟渠流入漠中，其间乃无燥地。故有此敕，以释汝疑。”

10 庚子，立皇子铄为南平王。铄，书药翻。

11 九月，丙戌，河西王牧犍兄子万年帅所领降魏。考异曰：宋书氐胡传曰：“茂虔兄子万年为虏内应，茂虔见执。”今从后魏书。帅，读曰率。降，户江翻；下同。姑臧城溃，牧犍帅其文武五千人面缚请降；魏主释其缚而礼之。收其城内户口二十馀万，仓库珍宝不可胜计。使张掖王秃发保周、保周奔魏，封张掖公，今进为王。保周，源贺之兄也。胜，音升。龙骧将军穆罴、【章：甲一一行本“罴”作“罢”；乙十一行本同；孔本同。】骧，思将翻。安远将军源贺分徇诸郡，杂胡降者又数十万。

初，牧犍以其弟无讳为沙州刺史、都督建康以西诸军事、领酒泉太守，宜得为秦州刺史、都督丹岭以西诸军事、领张掖太守，丹岭在姑臧西，即删丹岭。安周为乐都太守，乞伏衰灭，乐都亦为沮渠所有。乐，音洛。考异曰：宋书“宜得”作“仪德”，“安周”作“从子丰周”，今从后魏书。从弟唐儿为敦煌太守。从，才用翻。敦，徒门翻。及姑臧破，魏主遣镇南将军代人奚眷击张掖，镇北将军封沓击乐都；宜得烧仓库，西奔酒泉，安周南奔吐谷浑，封沓掠数千户而还。还，从宣翻，又如字。奚眷进攻酒泉，无讳、宜得收遗民奔晋昌，遂就唐儿于敦煌。魏主使弋阳公元絜守酒泉，及武威、张掖皆置将守之。将，即亮翻。

魏主置酒姑臧，谓群臣曰："崔公智略有馀，吾不复以为奇。复，扶又翻。伊馛弓马之士，而所见乃与崔公同，深可奇也。"馛善射，能曳牛却行，走及奔马，而性忠谨，故魏主特爱之。

魏主之西伐也，穆寿送至河上，自平城送魏主西至河。魏主敕之曰："吴提与牧犍相结素深，闻朕讨牧犍，吴提必犯塞，柔然敕连可汗名吴提。朕故留壮兵肥马，使卿辅佐太子。收田既毕，即发兵诣漠南，分伏要害以待虏至，引使深入，然后击之，无不克矣。凉州路远，朕不得救，卿勿违朕言！"寿顿首受命。寿雅信中书博士公孙质，以为谋主。寿、质皆信卜筮，以为柔然必不来，不为之备。质，轨之弟也。公孙轨见一百二十卷四年。

柔然敕连可汗闻魏主向姑臧，乘虚入寇，留其兄乞列归与嵇敬、建宁王崇相拒于北镇。北镇，即魏主破降高车所置六镇也。以在平城之北，故曰北镇。或曰，北镇直代都北，即怀荒镇。自帅精骑深入，帅，读曰率。骑，奇寄翻。至善无七介山，平城大骇，民争走中城。走，音奏。穆寿不知所为，欲塞西郭门，塞，悉则翻。请太子避保南山，窦太后不听而止。窦太后，即保太后。遣司空长孙道生、征北大将军张黎拒之于吐颓山。会嵇敬、建宁王崇击破乞列归于阴山之北，擒之，并其伯父他吾无鹿胡及将帅五百人，将，即亮翻。帅，所类翻。斩首万馀级。敕连闻之，遁去，追至漠南而还。

冬，十月，辛酉，魏主东还，留乐平王丕及征西将军贺多罗镇凉州，徙沮渠牧犍宗族及吏民三万户于平城。考异曰：十六国春秋钞云"十万户"，今从后魏书。

12 癸亥，秃发保周帅诸部鲜卑据张掖叛魏。帅，读曰率。

13 十二月，乙亥，太子劭加元服，大赦。劭美须眉，好读书，便弓马，喜延宾客；好，呼到翻。喜，许记翻；下尤喜同。意之所欲，上必从之，东宫置兵与羽林等。师古曰：羽林，宿卫之官，言其如羽之疾，如林之多也。为劭以东宫兵弑逆张本。

14 壬午，魏主至平城，以柔然入寇，无大失亡，故穆寿等得不诛。魏主犹以妹婿待沮渠牧犍，征西大将军、河西王如故。牧犍母卒，葬以太妃之礼；武宣王置守冢三十家。为沮渠蒙逊置守冢。

凉州自张氏以来，号为多士。永嘉之乱，中州之人士避地河西，张氏礼而用之，子孙相承，衣冠不坠，故凉州号为多士。沮渠牧犍尤喜文学，以敦煌阚骃为姑臧太守，敦，徒门翻。阚，苦滥翻。骃，音因。张湛为兵部尚书，曹魏置五兵尚书。据此，则兵部之号起于河西。刘昞、索敞、阴兴为国师助教，金城宋钦为世子洗马，索，昔各翻。洗，悉荐翻。赵柔为金部郎，曹魏置二十三郎，金部其一也，主财帛委输。广平程骏、骏从弟弘为世子侍讲。从，才用翻。魏主克凉州，皆礼而用之，以阚骃、刘昞为乐平王丕从事中郎。安定胡叟，少有俊才，少，诗照翻。往从牧犍，牧犍不甚重之，叟谓程弘曰："贵主居僻陋之国而淫名僭礼，以小事大而心不纯壹，外慕仁义而实无道德，其亡可翘足待也。吾将择木，左传：卫孔文子将攻太叔疾，访于仲尼，仲尼曰："甲兵之事，未之学也。"退，命驾而行，曰："鸟则择木，木岂能择鸟！"先集于魏；与子暂违，非久阔也。"遂适魏。岁馀而牧犍败。魏主以叟为先识，拜虎威将军，赐爵始复男。按地名无始复。汉书地理志，越巂郡有姑复县，或者"始"字其"姑"字之误乎！河内常爽，世寓凉州，不受礼命，魏主以为宣威将军。河西右相宋繇从魏主至平城而卒。相，息亮翻。卒，子恤翻。

魏主以索敞为中书博士。时魏朝方尚武功，朝，直遥翻。贵游子弟不以讲学为意。郑玄曰：贵游子弟，王公之子弟；游，无官司者。敞为博士十馀年，勤于诱导，肃而有礼，诱，音酉。贵游皆严惮之，多所成立，前后显达至尚书、牧守者数十人。守，手又翻。常爽置馆于温水之右，水经注：桑干城西十里有温汤。教授七百馀人；爽立赏罚之科，弟子事之如严君。由是魏之儒风始振。高允每称爽训厉有方，曰："文翁柔胜，先生刚克，汉景帝末，文翁为蜀郡守，仁爱好教化，选郡县小吏开敏有才者诣京师受业博士；又修起学官，于成都市中招下县子弟为学官弟子，为除更繇，由是大化。至今巴、蜀好儒雅，文翁之教也。克，亦胜也，言文翁以柔胜而常爽以刚胜也。立教虽殊，成人一也。"

陈留江强，寓居凉州，献经、史、诸子千馀卷及书法，亦拜中书博士。魏延昌三年，强孙式上表曰："臣闻伏羲氏作而八卦形其画，轩辕氏兴而灵龟彰其彩。古史仓颉，览二象之爻，观鸟兽之迹，别创文字以代结绳，用书契以维事，迄于三代，厥体颇异，虽依类取制，未能违仓氏矣。故周礼八岁入小学，保氏教以六书，盖是史颉之遗法。及宣王太史史籀著大篆十五篇，与古文或同或异，时人谓之籀书。孔子修六经，左丘明述春秋，皆以古文，厥意可得而言。其后七国殊轨，文字乖舛，暨秦兼天下，丞相李斯乃奏蠲罢不合秦文者。斯作仓颉篇，中车府令高作爰历篇，太史令胡母敬作博学篇，皆取史籀式，颇有省改，所谓小篆者也。于是秦烧经书，涤除旧典，官狱繁多，以趣简易，始用隶书；古文自此息矣。隶书者，始皇使下杜人程邈附于小篆所作也；世人以邈徒隶，即谓之隶书。故秦有八体：一曰大篆，二曰小篆，三曰符书，四曰虫书，五曰摹印，六曰署书，七曰殳书，八曰隶书。汉兴，有尉律学，复教以籀书，又习八体试之，课最，以为尚书史，书省字不正，辄举劾焉。又有草书，莫知谁始，其形书虽无厥谊，亦一时之变通也。孝宣时，召通仓颉读者，独张敞从受之；凉州刺史杜业、沛人爰礼、讲学大夫秦近亦能言之。孝平时，征礼等百馀人说文字于未央宫中；以礼为小学元士；黄门侍郎扬雄采以作训纂篇。及亡新居摄，自以运应制作，使大司马甄丰校文字之部，颇改定古文。时有六书：一曰古文，孔子壁中书也；二曰奇字，即古文而异者；三曰篆书，云小篆也；四曰佐书，秦隶书也；五曰缪篆，所以摹印也；六曰鸟虫，所以书旛信也。壁中书者，鲁恭王坏孔子宅而得礼、尚书、春秋、论语、孝经也。又，北平侯张苍献春秋左氏传，书体与孔氏相类，即前代之古文矣。后汉扶风曹喜号曰工篆，小异斯法而甚精巧，自是后学，皆其法也。又诏侍中贾逵修理旧文，殊艺异术，王教一端，苟有可以加于国者，靡不悉集。逵即汝南许慎古文学之师也。后慎嗟时人之好奇，叹俗儒之穿凿，故撰说文解字十五篇，首一终亥，各有部属，可谓类聚群分，杂而不越，文质彬彬，最可得而论也。左中郎将蔡邕采李斯、曹喜之法以为古今杂形，诏于太学立石碑，刊载五经，题书楷法，多是邕书也。后开鸿都，书画奇能，莫不云集。时诸方献篆，无出邕者。魏初，博士清河张揖著埤苍、广雅、古今字诂，方之许篇，古今体用，或得或失。陈留邯郸淳亦与揖同时，博古开艺，特善苍雅、许氏字指，八体六书，精究厥理，有名于揖，以书教诸皇子。又建三字石经于汉碑西，其文蔚焕，三体复宣；较之说文，篆、隶大同而古字小异。又有京兆韦诞，河东卫觊，二家并号能篆，当时台观榜题、宝器之铭，悉是诞书；咸传之子孙，世称其妙。晋世吕忱表上字林六卷，寻其况趣，附托许慎说文而按偶章句，隐别古籀奇惑之字，文得正隶，不差篆意也。忱弟静，别仿故左校令李登声类之法，作韵集五卷，使宫、商、龣、徵、羽各为一篇，而文字与兄，便是鲁、卫，音读楚、夏，时有不同。皇魏承百王之季，绍五运之绪，世易风移，文字改变，篆形谬错，隶体失真。俗学鄙习，复加虚巧，谈辨之士，以意为疑，炫惑于时，难以厘改，乃曰"追来为归，""巧言为辩"，"小兔为黠，""神虫为蚕"，如斯甚众，皆不合孔氏古书、史籀大篆、许氏说文、石经三字也。嗟夫！文字者，六籍之宗，王教之始，前人所以垂今，今人所以识古。臣六世祖琼，家世陈留，往晋之初，与从父兄应元皆受学于卫觊，古篆之法，苍雅、方言、说文之谊，当时并收善誉。而祖遇洛阳之乱，避地河西，数世传习，斯业所以不坠也。世祖太延中，牧犍内附，臣亡祖文威杖策归国，奉献五世传掌之书、古篆八体之法，时蒙褒录，叙列于儒林，官班文省，家号世业。臣借六世之资，奉遵祖考之训，切慕古人之轨，企践儒门之辙，辄求撰集古来文字，以许慎说文为主，及孔氏尚书、五经音注、籀篇、尔雅、三苍、凡将、方言、通俗文、祖文宗、埤苍、广雅、古今字诂、三字石经、字林、韵集、诸赋文字，有六书之谊者，以类编联，文无复重，统为一部。其古籀奇惑，俗隶诸体，咸使班于篆下，各有区别。训诂假借之谊，随文而解；音读楚、夏之声，逐字而注；其所不知，则阙如也。冀省百氏之观而同文字之域。"诏如所请。中书，自曹魏置监、令以来，未尝置博士，盖拓跋氏初置是官也。魏主命崔浩监秘书事，监，工衔翻。综理史职；以中书侍郎高允、散骑侍郎张伟参典著作。曹魏明帝景初初，中书改置监、令，又置通事郎；及晋，改曰中书侍郎。散，悉亶翻。骑，奇寄翻。浩启称："阴仲逵、【章：甲十一行本"逵"作"达"；乙十一行本同；下同；张校同。】段承根，凉土美才，请同修国史。"皆除著作郎。仲逵，武威人；承根，晖之子也。段晖事乞伏炽磐、暮末父子。

浩集诸历家，考校汉元以来日月薄食、五星行度，汉元，汉初也。并讥前史之失，别为魏历，以示高允。允曰："汉元年，十月，五星聚东井，见九卷汉高帝元年考异。此乃历术之浅事；今讥汉史而不觉此谬，恐后人之讥今犹今之讥古也。"浩曰："所谬云何？"允曰："按星传：'太白、辰星常附日而行。'十月日在尾、箕，孟冬之月，日在尾；言在尾、箕者，竟一月言之也。传，直恋翻。昏没于申南，而东井方出于寅北，二星何得背日而行？背，蒲妹翻。是史官欲神其事，不复推之于理也。"复，如字，又扶又翻。浩曰："天文欲为变者，何所不可邪？"允曰："此不可以空言争，宜更审之。"坐者咸怪允之言，唯东宫少傅游雅曰：东宫少傅，即太子少傅。少，诗照翻。"高君精于历数，当不虚也。”后岁馀，浩谓允曰：“先所论者，本不经心；及更考究，果如君言。五星乃以前三月聚东井，非十月也。”众乃叹服。允虽明历，初不推步及为人论说，为，于伪翻。唯游雅知之。雅数以灾异问允，数，所角翻。允曰：“阴阳灾异，知之甚难；既已知之，复恐漏泄，复，扶又翻。不如不知也。天下妙理至多，何以问此！”雅乃止。魏主问允：“为政何先？”时魏多封禁良田，允曰：“臣少贱，允自言其少贱也。少，诗照翻。唯知农事；若国家广田积谷，公私有备，则饥馑不足忧矣。”帝乃命悉除田禁以赋百姓。

15 吐谷浑王慕利延闻魏克凉州，大惧，帅众西遁，逾沙漠。帅，读曰率。魏主以其兄慕璝有擒赫连定之功，事见上卷八年。遣使抚谕之，使，疏吏翻。慕利延乃还故地。

16 氐王杨难当将兵数万寇魏上邽，将，即亮翻；下同。秦州人多应之。东平吕罗汉说镇将拓跋意头曰：“难当众盛，今不出战，示之以弱，众情离沮，不可守也。”意头遣罗汉将精骑千馀出冲难当陈，所向披靡，说，输芮翻。陈，读曰阵。披，普彼翻。杀其左右骑八人，难当大惊。会魏主以玺书责让难当，玺，斯氏翻。难当引还仇池。

17 南丰太妃司马氏卒，故营阳王之后也。九年，帝以江夏王义恭子朗为南丰王，奉营阳王祀，以后为南丰太妃。

18 赵广、张寻等复谋反，伏诛。十四年，广、寻降，至建康，复谋反。复，扶又翻；下复能、复那、不复、无复同。

十七年（庚辰、四四〇）

1 春，正月，己酉，沮渠无讳寇魏酒泉，元絜轻之，出城与语；壬子，无讳执絜以围酒泉。

2 二月，魏假通直常侍邢颖来聘。散骑常侍，秦官也。曹魏末，增置员外散骑常侍。晋武帝泰始十年，使员外二人与散骑常侍通直，故谓之通直散骑常侍。颖假以出使，非正官也。

3 三月，沮渠无讳拔酒泉。

4 夏，四月，戊午朔，日有食之。

5 庚辰，沮渠无讳寇魏张掖，秃发保周屯删丹；删丹县，汉属张掖郡，后分属西郡，唐属甘州；居延海在县界。丙戌，魏主遣抚军大将军永昌王健督诸将讨之。将，即亮翻。

6 司徒义康专总朝权。上羸疾积年，羸，伦为翻。心劳辄发，屡至危殆；义康尽心营奉，药石非口所亲尝不进，或连夕不寐；内外众事皆专决施行。性好吏职，好，呼到翻；下好于同。纠剔文案，莫不精尽。上由是多委以事，凡所陈奏，入无不可；方伯以下，并令义康选用，生杀大事，或以录命断之。义康录尚书，故谓其命为录命。断，丁乱翻。势倾远近，朝野辐凑，每旦府门常有车数百乘，朝，直遥翻。乘，绳证翻。义康倾身引接，未尝懈倦。复能强记，耳目所经，终身不忘，好于稠人广席，标题所忆以示聪明。士之干练者，多被意遇。懈，古隘翻。复，扶又翻；下同。好，呼到翻。被，皮义翻。尝谓刘湛曰："王敬弘、王球之属，竟何所堪！坐取富贵，复那可解！"王敬弘恬淡有重名，王球简贵虚静，皆以门望位八坐，不以文案关心，故义康云然。解，户买翻。然素无学术，不识大体，朝士有才用者皆引入己府，府僚无施及忤旨者乃斥为台官。晋、宋以来谓天朝为天台。忤，五故翻。自谓兄弟至亲，不复存君臣形迹，率心而行，曾无猜防。私置僮六千馀人，不以言台。四方献馈，皆以上品荐义康而以次者供御；上尝冬月啖甘，甘似橘而巨，其皮黄于橘，其味甘于橘。叹其形味并劣。义康曰："今年甘殊有佳者。"遣人还东府取甘，大供御者三寸。

领军刘湛与仆射殷景仁有隙，事见上卷十二年。湛欲倚义康之重以倾之。义康权势已盛，湛愈推崇之，无复人臣之礼，上浸不能平。湛初入朝，上恩礼甚厚。湛善论治道，谙前代故事，叙致铨理，致，极致也；理，文理也；言叙其极致，又铨次其文理也。治，直吏翻。谙，乌含翻。听者忘疲。每入云龙门，御者即解驾，左右及羽仪随意分散，不夕不出，以此为常。及晚节驱煽义康，马方走而疾其鞭策曰驱；火方炽而鼓其气焰曰煽。上意虽内离而接遇不改，尝谓所亲曰："刘班方自西还，吾与语，常视日早晚，虑其将去；比入，吾亦视日早晚，苦其不去。"湛，小字班虎，故称之为班。比，毗至翻，近也。

殷景仁密言于上曰："相王权重，非社稷计，宜少加裁抑！"相，息亮翻。少，诗沼翻。上阴然之。

司徒左长史刘斌，湛之宗也；斌，音彬。大将军从事中郎王履，谧之孙也；王谧识武帝于微时，晋、宋之际，位任通显。及主簿刘敬文，祭酒鲁郡孔胤秀，皆以倾谄有宠于义康；见上多疾，皆谓"宫车一日晏驾，宜立长君"。长，知两翻。上尝疾笃，使义康具顾命诏，义康还省，流涕以告湛及景仁。湛曰："天下艰难，讵是幼主所御！"义康、景仁并不答。考异曰：南史以为义康有此言，湛、景仁并不答。按义康虽不识大体，岂敢自为此言！湛常欲推崇义康，岂肯闻而不答！今从宋书及宋略。而胤秀等辄就尚书议曹索晋咸康末立康帝旧事，"议曹"，南史作"仪曹"，当从之。曹魏置二十三郎，仪曹其一也。立康帝事见九十七卷。索，山客翻。义康不知也；及上疾瘳，微闻之。瘳，丑留翻。而斌等密谋，欲使大业终归义康，遂邀结朋党，伺察禁省，伺，相吏翻。有不与己同者，必百方构陷之，又采拾景仁短长，或虚造异同以告湛。自是主、相之势分矣。相，息亮翻。

义康欲以刘斌为丹杨尹，斌，音彬。言次，启上陈其家贫。言未卒，卒，子恤翻。上曰："以为吴郡。"后会稽太守羊玄保求还，会，工外翻。义康又欲以斌代之，启上曰："羊玄保求还，不审以谁为会稽？”上时未有所拟，仓猝曰：“我已用王鸿。”自去年秋，上不复往东府。史言帝已疏忌义康，而义康贪恋权势，惑于附丽者，不能引退。复，扶又翻；下同。

五月，癸巳，刘湛遭母忧去职。湛自知罪衅已彰，无复全地，衅，许觐翻。谓所亲曰：“今年必败。常日正赖口舌争之，故得推迁耳；今既穷毒，谓母子相诀，则人理穷而罹荼毒也。无复此望，祸至其能久乎！”考异曰：南史云。“湛伏甲于室，以俟上临吊，谋又泄，竟弗之幸。”宋书无此事。按湛若谋泄，当即伏诛，岂得尚延半岁！今从宋书。

7 乙巳，沮渠无讳复围张掖，不克，退保临松。临松郡临松县，当是沮渠氏所置，后宇文周废入张掖。复，扶又翻；下同。魏主不复加讨，但以诏谕之。

8 六月，丁丑，魏皇孙浚生，大赦，改元太平真君，取寇谦之神书云“辅佐北方太平真君”故也。寇谦之神书见一百十九卷营阳王景平元年。

9 太子劭诣京口拜京陵，司徒义康、竟陵王诞等并从，从，才用翻。南兖州刺史、江夏王义恭自江都会之。夏，户雅翻。

10 秋，七月，己丑，魏永昌王健击破秃发保周于番禾；保周走，遣安南将军尉眷追之。番，音盘。尉，纡勿翻。

11 丙申，魏太后窦氏殂。

12 壬子，皇后袁氏殂。太子劭弑逆之心萌于此矣。

13 癸丑，秃发保周穷迫自杀。

八月，甲申，沮渠无讳使其中尉梁伟诣魏永昌王健请降，降，户江翻。归酒泉郡及所虏将士元絜等。魏主使尉眷留镇凉州。

14 九月，壬子，葬元皇后。

15 上以司徒彭城王义康嫌隙已著，将成祸乱，冬，十月，戊申，收刘湛付廷尉，下诏暴其罪恶，就狱诛之，并诛其子黯、亮、俨及其党刘斌、刘敬文、孔胤秀等八人，徙尚书库部郎何默子等五人于广州，曹魏置尚书二十三郎，库部其一也。因大赦。是日，敕义康入宿，留止中书省。其夕，分收湛等；青州刺史杜骥勒兵殿内以备非常，遣人宣旨告义康以湛等罪状。义康上表逊位，诏以义康为江州刺史，侍中、大将军如故，出镇豫章。

初，殷景仁卧疾五年，景仁卧疾始上卷十二年。虽不见上，而密函去来，日以十数，朝政大小，必以咨之；朝，直遥翻。影迹周密，莫有窥其际者。收湛之日，景仁使拂拭衣冠，左右皆不晓其意。其夜，上出华林园延贤堂，召景仁。景仁犹称脚疾，以小床舆就坐；诛讨处分，一以委之。坐，徂卧翻。处，昌吕翻。分，扶问翻。

初，檀道济荐吴兴沈庆之忠谨晓兵，上使领队防东掖门。刘湛为领军，尝谓之曰："卿在省岁久，比当相论。"省，谓领军省。比，毗寐翻。谓当为之论叙也。庆之正色曰："下官在省十年，自应得转，不复以此仰累！"复，扶又翻；下同。累，力瑞翻。收湛之夕，上开门召庆之，庆之戎服缚袴而入，上曰："卿何意乃尔急装？"庆之曰："夜半唤队主，江南军制，呼长帅为队主、军主。队主者，主一队之称；军主者，主一军之称。不容缓服。"史言沈庆之有识略。上遣庆之收刘斌，杀之。

骁骑将军徐湛之，逵之之子也，徐逵之，武帝爱婿，死于司马楚之、鲁宗之之难。骁，坚尧翻。骑，奇寄翻。与义康尤亲厚，上深衔之。义康败，湛之被收，罪当死。其母会稽公主，于兄弟为长嫡，被，皮义翻。会，工外翻。长，知两翻。素为上所礼，家事大小，必咨而后行。高祖微时，尝自于新洲伐荻，有纳布衫袄，纳，与衲同。臧皇后手所作也；既贵，以付公主曰："后世有骄奢不节，可以此衣示之。"至是，公主入宫见上，号哭，不复施臣妾之礼，以锦囊盛纳衣掷地号，户高翻。盛，时征翻。曰："汝家本贫贱，此是我母为汝父所作；为，于伪翻；下右为、尝为同。今日得一饱餐，遽欲杀我儿邪！"上乃赦之。

吏部尚书王球，履之叔父也，以简淡有美名，为上所重。履性进利，言履务进而好利也。深结义康及湛；球屡戒之，不从。诛湛之夕，履徒跣告球，跣，先典翻。球命左右为取履，先温酒与之，谓曰："常日语汝云何？"语，牛倨翻。履怖惧不得答，怖，普布翻。球徐曰："阿父在，汝亦何忧！"江南人士呼叔父、伯父为阿父，亦为伯父、叔父者以自呼。阿，乌葛翻。上以球故，履得免死，废于家。据南史，帝初为宜都王，以球为友，简淡见重，盖素知之也。

义康方用事，人争求亲昵，昵，尼质翻。唯司徒主簿江湛早能自疏，求出为武陵内史。檀道济尝为其子求婚于湛，湛固辞；道济因义康以请之，湛拒之愈坚。故不染于二公之难。难，乃旦翻。上闻而嘉之。湛，夷之子也。江夷向用于元嘉之初。

彭城王义康停省十馀日，见上奉辞，便下渚；上惟对之恸哭，馀无所言。上遣沙门慧琳视之，义康曰："弟子有还理不？"不，读曰否。慧琳曰："恨公不读数百卷书！"

初，吴兴太守谢述，裕之弟也。谢裕见一百十五卷晋安帝义熙五年。累佐义康，数有规益；早卒。义康镇江陵，述为骠骑长史、南郡太守；义康入相，又为司徒左长史。数，所角翻。义康将南，将自建康南徙豫章。叹曰："昔谢述惟劝吾退，刘班惟劝吾进；今班存而述死，其败也宜哉！"上亦曰："谢述若存，义康必不至此。"

以征虏司马萧斌为义康谘议参军，领豫章太守，事无大小，皆以委之。斌，摹之之子也。萧摹之见上卷十二年。使龙骧将军萧承之将兵防守。骧，思将翻。之将，即亮翻。义康左右爱念者，并听随从；从，才用翻。资奉优厚，信赐相系，朝廷大事皆报示之。

久之，上就会稽公主宴集，甚欢；主起，再拜叩头，悲不自胜。胜，音升。上不晓其意，自起扶之。主曰："车子岁暮必不为陛下所容，今特请其命。"义康，小字车子。因恸哭，上亦流涕，指蒋山曰："必无此虑。若违今誓，便是负初宁陵。"高祖葬初宁陵，在蒋山。即封所饮酒赐义康，并书曰："会稽姊饮宴忆弟，所馀酒今封送。"故终主之身，义康德无恙。恙，馀亮翻。

臣光曰：文帝之于义康，友爱之情，其始非不隆也；终于失兄弟之欢，亏君臣之义。迹其乱阶，正由刘湛权利之心无有厌已。厌，于盐翻。诗云："贪人败类"，芮良夫桑柔之诗。败，补迈翻。其是之谓乎！

16 征南兖州刺史江夏王义恭为司徒、录尚书事。戊寅，以临川王义庆为南兖州刺史；殷景仁为扬州刺史，仆射、吏部尚书如故。义恭惩彭城之败，虽为总录，奉行文书而已，上乃安之。彭城，义康也。上年给相府钱二千万，他物称此；相，息亮翻。称，尺证翻。而义恭性奢，用常不足，上又别给钱，年至千万。

17 十一月，丁亥，魏主如山北。

18 殷景仁既拜扬州，羸疾遂笃，羸，伦为翻。上为之敕西州道上不得有车声；为，于伪翻。扬州治所在建康台城西，故谓之西州。宋白曰：秣陵县，秦属鄣郡。丹杨图云：自句容以西属鄣郡，以东属会稽郡，武帝元封二年，改鄣郡为丹杨郡，置扬州刺史，理秣陵，西州桥、冶城之间是其理处。刘繇为扬州刺史，始移理曲阿。孙策号此为西州。癸丑，卒。卒，子恤翻。

十二月，癸亥，以光禄大夫王球为仆射。戊辰，以始兴王浚为扬州刺史。时浚尚幼，州事悉委后军长史范晔、主簿沈璞。晔，泰之子；璞，林子之子也。范泰为高祖所赏爱。林子从高祖为将有功。晔寻迁左卫将军，以吏部郎沈演之为右卫将军，对掌禁旅；又以庾炳之为吏部郎，俱参机密。演之，劲之曾孙也。沈劲守死于洛阳，以雪父充为逆之罪。

晔有隽才，而薄情浅行，数犯名教，为士流所鄙。行，下孟翻。数，所角翻。性躁竞，自谓才用不尽，常怏怏不得志。为后范晔谋乱张本。吏部尚书何尚之言于帝曰："范晔志趋异常，趋，与趣同，七著翻。请出为广州刺史；若在内衅成，不得不加铁钺，铁钺亟行，衅，许觐翻。亟，区记翻。非国家之美也。"帝曰："始诛刘湛，复迁范晔，复，扶又翻；下复称同。人将谓卿等不能容才，朕信受谗言；但共知其如此，无能为害也。"

19 是岁，魏宁南将军王慧龙卒，吕玄伯留守其墓，终身不去。慧龙不杀玄伯，见上卷八年。

20 魏主欲以伊馛为尚书，封郡公，馛辞曰："尚书务殷，公爵至重，非臣年少愚近所宜膺受。"馛，蒲拨翻。少，诗照翻。帝问其所欲，对曰："中、秘二省多诸文士，中、秘，谓中书省、秘书省也。若恩矜不已，请参其次。"帝善之，以为中护军将军、秘书监。

21 大秦王杨难当复称武都王。十三年，难当自称大秦王。

十八年（辛巳、四四一）

1 春，正月，癸卯，魏以沮渠无讳为征西大将军、凉州牧、酒泉王。

2 彭城王义康至豫章，辞刺史，辞江州刺史也。甲辰，以义康都督江、交、广三州诸军事。前龙骧参军巴东扶令育诣阙上表，骧，思将翻。扶，姓也。称：“昔袁盎谏汉文帝曰：‘淮南王若道路遇霜露死，陛下有杀弟之名。’文帝不用，追悔无及。见十四卷文帝六年。彭城王义康，先朝之爱子，朝，直遥翻。陛下之次弟，若有迷谬之愆，正可数之以善恶，数，所具翻。导之以义方，奈何信疑似之嫌，一旦黜削，远送南垂！草莱黔首，皆为陛下痛之。为，于伪翻；下窃为同。庐陵往事，足为龟鉴。见百二十卷元年。恐义康年穷命尽，奄忽于南，臣虽微贱，窃为陛下羞之。陛下徒知恶枝之宜伐，岂知伐枝之伤树！伏愿亟召义康返于京甸，兄弟协和，君臣辑睦，则四海之望塞，多言之路绝矣。塞，悉则翻。何必司徒公、扬州牧然后可以置彭城王哉。若臣所言于国为非，请伏重诛以谢陛下。”表奏，即收付建康狱，赐死。

裴子野论曰：夫在上为善，若云行雨施，施，式智翻。万物受其赐；及其恶也，若天裂地震，万物所惊骇，其谁弗知，其谁弗见！岂戮一人之身，钳一夫之口，所能攘逃，所能弭灭哉？是皆不胜其忿怒而有增于疾疹也。胜，音升。疹，丑刃翻。以太祖之含弘，尚掩耳于彭城之戮；自斯以后，谁易由言！郑玄曰：由，用也。易，以豉翻。有宋累叶，罕闻直谅，岂骨鲠之气，俗愧前古？抑时王刑政使之然乎？张约陨于权臣，事见百二十卷元年。扶育毙于哲后，宋之鼎镬，吁，可畏哉！

3 魏新兴王俊荒淫不法，三月，庚戌，降爵为公。俊母先得罪死，俊积怨望，有逆谋；事觉，赐死。

4 辛亥，魏赐郁久闾乞列归爵为朔方王，沮渠万年为张掖王。十六年，魏擒乞列归，沮渠万年亦以是年以姑臧降魏。

5 夏，四月，沮渠唐儿叛沮渠无讳；无讳留从弟天周守酒泉，从，才用翻。与弟宜得引兵击唐儿，唐儿败死。魏以无讳终为边患，庚辰，遣镇南将军奚眷击酒泉。

6 秋，八月，辛亥，魏遣散骑侍郎张伟来聘。

7 九月，戊戌，魏永昌王健卒。

8 冬，十一月，戊子，王球卒。己亥，以丹杨尹孟颛为尚书仆射。颛，鱼岂翻。

9 酒泉城中食尽，万馀口皆饿死，沮渠天周杀妻以食战士。食，祥吏翻。庚子，魏奚眷拔酒泉，获天周，送平城，杀之。沮渠无讳乏食，且畏魏兵之盛，乃谋西度流沙，遣其弟安周西击鄯善。鄯善王欲降，鄯，上扇翻。降，户江翻。会魏使者至，劝令拒守；安周不能克，退保东城。鄯善国之东城也。

10 氐王杨难当倾国入寇，谋据蜀土，遣其建忠将军苻冲出东洛以御梁州兵；五代志：义城郡景谷县，旧白水县也，后周省东洛郡入焉。馀据白水县，汉属广汉，晋属梓潼，时属晋寿，则东洛在晋寿界也。梁、秦二州刺史刘真道击冲斩之。真道，怀敬之子也。刘怀敬见一百一十一卷晋安帝隆安三年。难当攻拔葭萌，获晋寿太守申坦，遂围涪城；涪，音浮。巴西、梓潼二郡太守刘道锡婴城固守，难当攻之十馀日，不克，乃还。道锡，道产之弟也。十二月，癸亥，诏龙骧将军裴方明等帅甲士三千人，又发荆、雍二州兵以讨难当，皆受刘真道节度。裴方明，益州之良将也。程道养，赵广之乱屡有战功，故用之。为明年平仇池张本。骧，思将翻。帅，读曰率。雍，于用翻。考异曰：氐胡传作“十九年正月遣方明等”，今从帝纪。

11 晋宁太守爨松子反，宁州刺史徐循讨平之。晋惠帝永安二年，分建宁西七县为益州郡，至怀帝，更名晋宁郡。

12 天门蛮田向求等反，破溇中；沈约曰：溇中县，二汉无，晋太康地志有，疑是吴立，属天门郡。溇，郎侯翻。荆州刺史衡阳王义季遣行参军曹孙念讨破之。

13 魏寇谦之言于魏主曰："今陛下以真君御世，建静轮天宫之法，开古以来，未之有也。应登受符书以彰圣德。"帝从之。

聂崇岐标点王崇武覆校

资治通鉴卷第一百二十四

端明殿学士兼翰林侍读学士朝散大夫右谏议大夫
充集贤殿修撰提举西京嵩山崇福宫上柱国河内郡 司马光 奉敕编集
开国侯食邑一千八百户食实封六百户赐紫金鱼袋臣

后学天台 胡三省 音注

宋纪六 起玄黓敦牂(壬午)，尽柔兆阉茂(丙戌)，凡五年。

太祖文皇帝中之中

元嘉十九年(壬午、四四二)

1 春，正月，甲申，魏主备法驾，诣道坛受符箓，旗帜尽青。自是每帝即位皆受箓。此所受者，今道士所谓法箓也。隋志曰：道士受道之法，初受五千文箓，次受三洞箓，次受洞玄箓，次受上清箓。箓皆素书，纪诸天曹官属佐吏之名。又有诸符错在其间，文章诡怪，世所不识。箓，龙玉翻。谦之又奏作静轮宫，水经注：静轮宫在道坛东北，道坛在平城东瀍水之左。必令其高不闻鸡犬，欲以上接天神。崔浩劝帝为之，功费万计，经年不成。太子晃谏曰："天人道殊，卑高定分，分，扶问翻。不可相接，理在必然。今虚耗府库，疲弊百姓，为无益之事，将安用之！必如谦之所言，请因东山万仞之高，谓平城之东山也。为功差易。"易，以豉翻。帝不从。

2 夏，四月，沮渠无讳将万馀家，弃敦煌西就沮渠安周。未至，鄯善王比龙畏之，将其众奔且末，沮，子馀翻。将，即亮翻。敦，徒门翻。鄯，上扇翻。且末，汉故国，在鄯善西，去代八千三百二十里。

且，子馀翻。其世子降于安周。降，户江翻。无讳遂据鄯善，其士卒经流沙渴死者太半。

李宝自伊吾帅众二千入据敦煌，帅，读曰率。缮修城府，安集故民。

沮渠牧犍之亡也，见上卷十六年。犍，居言翻。凉州人阚爽据高昌，自称太守。唐契为柔然所逼，拥众西趋高昌，阚，苦滥翻。守，手又翻。趋，七喻翻。欲夺其地。柔然遣其将阿若追击之，契败死。营阳王景平元年，契与李宝同奔伊吾。契弟和收馀众奔车师前部王伊洛。时沮渠安周屯横截城，和攻拔之，又拔高宁、白力二城，李延寿曰：高昌国有四十六镇，交河、田地、高宁、白刃、横截等；馀不具载。"白力"，当作"白刃"。遣使请降于魏。使，疏吏翻。

3 甲戌，上以疾愈，大赦。

4 五月，裴方明等至汉中，与刘真道等分兵攻武兴、下辩、白水，皆取之。"下辩"，汉书作"下辨"，并音皮苋翻。杨难当遣建节将军符弘祖守兰皋，元丰九域志：阶州将利县有兰皋镇。按五代志，将利县，后魏武兴郡之石门县也。萧子显曰：武兴西北有兰皋戍，去仇池二百里。"符"，恐当作"苻"；杨氏、苻氏，皆氐种也。使其子抚军大将军和将重兵为后继。方明与弘祖战于浊水，浊水城在上禄县东南，武街城西北。郦道元曰：浊水即白水也。武街城故下辨县治。大破之，斩弘祖；和退走，追至赤亭，又破之。难当奔上邽；获难当兄子建节将军保炽。难当以其子虎为益州刺史，守阴平，闻难当走，引兵还，至下辨；方明使其子肃之邀击之，擒虎，送建康，斩之；仇池平。以辅国司马胡崇之为北秦州刺史，镇其地；立杨保炽为杨玄后，使守仇池。杨难当废玄子保宗而自立，见一百二十一卷六年。魏人遣中山王辰迎杨难当诣平城。秋七月，以刘真道为雍州刺史，雍，于用翻。裴方明为梁、南秦二州刺史；方明辞不拜。考异曰：真道传，此事在胡崇之没后；氐胡传，崇之没在明年二月；即真道传误。

丙寅，魏主使安西将军古弼考异曰：宋索虏传作"吐奚爱弼"，氐胡传作"吐奚弼"，盖其旧姓。今从后魏书。督陇右诸军及殿中虎贲贲，音奔。与武都王杨保宗自祁山南入，保宗奔魏见上卷十六年。征西将军渔阳皮豹子与琅邪王司马楚之督关中诸军自散关西入，俱会仇池。又使谯王司马文思督洛、豫诸军南趋襄阳，营阳王景平二年，魏取河南，置洛州于洛阳，豫州于虎牢。趋，七喻翻；下同。征南将军刁雍东趋广陵，雍，于容翻。移书徐州，称为杨难当报仇。为，于伪翻。

5 甲戌晦，日有食之。

6 唐契之攻阚爽也，考异曰：宋氐胡传作"阙爽"。今从后魏书。爽遣使诈降于沮渠无讳，欲与之共击契。使，疏吏翻。降，户江翻。八月，无讳将其众趋高昌；比至，将，即亮翻；下同。比，必利翻，及也。契已死，爽闭门拒之。九月，无讳将卫兴奴夜袭高昌，屠其城，考异曰：宋书，"卫兴奴"作"卫豘"，今从后魏书。爽奔柔然。无讳据高昌，遣其常侍氾隽奉表诣建康。氾，音凡。诏以无讳都督凉·河·沙三州诸军事、征西大将军、凉州刺史、河西王。考异曰：宋本纪，封爵在六月，传在九月末。今从传。

7 冬，十月，己卯，魏立皇子伏罗为晋王，翰为秦王，谭为燕王，建为楚王，馀为吴王。

8 甲申，柔然遣使诣建康。

9 十二月，辛巳，魏襄城孝王卢鲁元卒。

10 丙申，诏鲁郡修孔子庙及学舍，蠲墓侧五户课役以供洒扫。洒，所卖翻，又所买翻。扫，素报翻，又苏老翻。

11 李宝遣其弟怀达、子承奉表诣平城；魏人以宝为都督西垂诸军事、远边曰垂。镇西大将军、开府仪同三司、沙州牧、敦煌公，敦，徒门翻。四品以下听承制假授。

12 雍州刺史晋安襄侯刘道产卒。道产善为政，民安其业，小大丰赡，由是民间有襄阳乐歌。雍，于用翻。赡，时艳翻。卒，子恤翻。乐，音洛。山蛮前后不可制者皆出，缘沔为村落，户口殷盛。及卒，蛮追送至沔口。未几，群蛮大动，道产卒未几而群蛮作乱，后之人不能容养之也。沔，弥兖翻。几，居岂翻。征西司马朱修之讨之，不利；诏建威将军沈庆之代之，杀虏万馀人。

13 魏主使尚书李顺差次群臣，赐以爵位；顺受贿，品第不平。是岁，凉州人徐桀告之，魏主怒，且以顺保庇沮渠氏，面欺误国，事见上卷十六年。赐顺死。

二十年（癸未、四四三）

1 春，正月，魏皮豹子进击乐乡，将军王奂之等败没。魏军进至下辩，将军强玄明等败死。强，其两翻。二月，胡崇之与魏战于浊水，崇之为魏所擒，馀众走还汉中。将军姜道祖兵败，降魏，降，户江翻。魏遂取仇池。杨保炽走。

2 丙午，魏主如恒山之阳；恒，户登翻。三月，庚申，还宫。

3 壬戌，乌洛侯国遣使如魏。乌洛侯国在地豆干国北，去代四千五百馀里。地豆干在室韦西千馀里，室韦当勿吉之北，勿吉在高丽之北，则乌洛侯东夷也。使，疏吏翻。初，魏之居北荒也，凿石为庙，在乌洛侯西北，以祀其先，高七十尺，深九十步。度高曰高，音居号翻。度深曰深，音式禁翻。及乌洛侯使者至魏，言石庙具在，魏主遣中书侍郎李敞诣石庙致祭，刻祝文于壁而还，去平城四千馀里。

4 魏河间公齐与武都王杨保宗对镇骆谷，骆谷，即骆谷，北史作“骆”。保宗弟文德说保宗，令闭险自固以叛魏。说，输芮翻。或以告齐，夏四月，齐诱执保宗，送平城，杀之。前镇东司苻达、“司”上当有“军”字；否则“司”下当有“马”字。【章：十二行本“司”下正有“马”字；孔本同；张校同。】征西从事中郎任朏等苻达等皆杨氏官属也。任，音壬。朏，敷尾翻。遂举兵立杨文德为主，据白崖，今大安军东北八十里有白崖。大安军，古葭萌地也。考异曰：宋氏胡传云："拓跋齐闻兵起，遁走，达追击斩齐，因据白崖。"按后魏河间公齐传云："文德求援于宋，宋遣房亮之、苻昭、啖龙等帅众助文德，斩龙，禽亮之，氐遂平，以功拜内都大官，卒。"然则宋书误也。分兵取诸戍，进围仇池，自号征西将军、秦·河·梁三州牧、仇池公。考异曰：宋书在三月；魏书在四月，今从之。

5 甲午，立皇子诞为广陵王。

6 丁酉，魏大赦。

7 己亥，魏主如阴山。

8 五月，魏古弼发上邽、高平、岍城诸军击杨文德，"岍城"，意当作"汧城"。汧，口坚翻。文德退走。皮豹子督关中诸军至下辩，闻仇池解围，欲还；弼遣人谓豹子曰："宋人耻败，必将复来。复，扶又翻。军还之后，再举为难，不如练兵蓄力以待之。不出秋冬，宋师必至；以逸待劳，无不克矣。"豹子从之。魏以豹子为仇池镇将。

杨文德遣使来求援。使，疏吏翻。秋，七月，癸丑，诏以文德为都督北秦·雍二州诸军事、征西大将军、北秦州刺史、武都王。雍，于用翻。文德屯葭芦城，五代志：武都郡盘堤县，西魏之南五部县也。魏又置武阳郡及茄芦县，后周皆并入盘堤。祝穆曰：盘池山在阶州福津县东南七十里。郡县志：魏将邓艾与蜀将姜维相持于此，置茄芦戍，后于此置县。以任朏为左司马；武都、阴平氐多归之。

9 甲子，前雍州刺史刘真道、梁·南秦二州刺史裴方明坐破仇池减匿金宝及善马，下狱死。宋人舍功录过，自戮良将，宜其为魏人所窥。下，遐稼翻。

10 九月，辛巳，魏主如漠南。甲辰，舍辎重，重，直用翻。以轻骑袭柔然，骑，奇寄翻；下同。分军为四道：乐安王范、建宁王崇各统十五将出东道，乐平王丕督十五将出西道，魏主出中道，中山王辰督十五将为后继。将，即亮翻。

魏主至鹿浑谷，鹿浑谷即鹿浑海之谷也，本高车袁纥部所居，其地直平城西北，其东即弱洛水。遇敕连可汗。可，从刊入声。汗，音寒。太子晃言于魏主曰："贼不意大军猝至，宜掩其不备，速进击之。"尚书令刘絜固谏，以为"贼营中尘盛，其众必多，出至平地，恐为所围，不如须诸军大集，须，待也。然后击之"。晃曰："尘之盛者，由军士惊怖扰乱故也，怖，普布翻。何得营上而有此尘乎！"魏主疑之，不急击。柔然遁去，追至石水，不及而还。石水在頞根河北。还，从宣翻，又如字。既而获柔然候骑曰："柔然不觉魏军至，上下惶骇，引众北走，经六七日，知无追者，乃始徐行。"魏主深恨之。为魏诛刘絜、中山王辰等张本。自是军国大事，皆与太子谋之。

司马楚之别将兵督军粮，镇北将军封沓亡降柔然，说柔然令击楚之以绝军食。降，户江翻。说，输芮翻。俄而军中有告失驴耳者，诸将莫晓其故，楚之曰："此必贼遣奸人入营觇伺，觇，丑廉翻，又丑艳翻。伺，相吏翻。割驴耳以为信耳。贼至不久，宜急为之备。"乃伐柳为城，以水灌之令冻；城立而柔然至，冰坚滑，不可攻，乃散走。

11 十一月，将军姜道盛与杨文德合众二万攻魏浊水戍，魏皮豹子、河间公齐救之，道盛败死。

12 甲子，魏主还，至朔方，下诏令皇太子副理万机，总统百揆。考异曰：宋索虏传："晃与大臣崔氏、寇氏不睦，崔、寇谮之。玄高道人有道术，晃使祈福，七日七夜。佛狸梦其祖父并怒，手刃向之曰：'汝何故信谗，欲害太子！'佛狸惊觉，下伪诏曰：'王者大业，纂承为重，储宫嗣绍，百王旧例。自今以往，事无巨细，必经太子然后上闻。'"事节小异，今从后魏书。且曰："诸功臣勤劳日久，皆当以爵归第，随时朝请，飨宴朕前，论道陈谟而已，不宜复烦以剧职；朝，直遥翻。复，扶又翻。

更举贤俊以备百官。”十二月，丁【章：十二行本“丁”作“辛”；乙十一行本同；孔本同；退斋校同。】卯，魏主还平城。自伐柔然还也。

二十一年（甲申、四四四）

1 春，正月，己亥，帝耕藉田，大赦。藉，秦昔翻。考异曰：宋略“辛酉，藉田，大赦”下有“戊午”，又有“辛酉”，误也。今从宋书。

2 壬寅，魏太子始总百揆，命侍中·中书监穆寿、司徒崔浩、侍中张黎、古弼辅太子决庶政，上书者皆称臣，仪与表同。

古弼为人，忠慎质直；尝以上谷苑囿太广，乞减太半以赐贫民，入见魏主，欲奏其事。据北史古弼传：“时上谷人上书，言苑囿过度，人无田业，宜减太半以赐贫者。”盖上谷距代都甚远，魏未尝置苑囿于其地。而道武帝起鹿苑于南台阴，北距长城，东苞白登，属之西山，广轮数十里。天兴六年，幸南平城，规度灅南夏屋山背黄瓜堆以建新邑。至天赐三年，遂筑灅南宫阙，引沟穿池，广苑囿，所谓太广者此也，不在上谷。当以北史为正。见，贤遍翻。帝方与给事中刘树围棋，志不在弼；弼侍坐良久，不获陈闻。坐，徂卧翻。忽起，捽树头，捽，昨没翻。掣下床，搏其耳，殴其背，掣，尺列翻。殴，乌口翻。曰：“朝廷不治，实尔之罪！”治，直之翻。帝失容，舍棋曰：“不听奏事，朕之过也，树何罪！置之！”弼具以状闻，帝皆可其奏。弼曰：“为人臣无礼至此，其罪大矣。”出诣公车，免冠徒跣请罪。帝召入，谓曰：“吾闻筑社之役，蹇蹶而筑之，蜀注曰：跛蹇而颠蹶也。端冕而事之，神降之福。然则卿有何罪！其冠履就职。苟可以利社稷，便百姓者，竭力为之，勿顾虑也。”

太子课民稼穑，使无牛者借人牛以耕种，而为之芸田以偿之，为，于伪翻。凡耕种二十二亩而芸七亩，大略以是为率。使民各标姓名于田首以知其勤惰，禁饮酒游戏者。于是垦田大增。

3 戊申，魏主诏："王、公以下至庶人，有私养沙门、巫觋于家者，男曰巫，女曰觋。觋，刑狄翻。皆遣诣官曹；过二月十五日不出，沙门、巫觋死，主人门诛。"门诛者，阖门尽诛之。庚戌，又诏："王、公、卿、大夫之子皆诣太学，其百工、商贾之子，当各习父兄之业，贾，音古。毋得私立学校；校，户教翻。违者，师死，主人门诛。"

4 二月，辛未，魏中山王辰、内都坐大官薛辨、魏置中都大官、外都大官、都坐大官，皆掌折狱，谓之三都。坐，徂卧翻。尚书奚眷等八将将，即亮翻；下同。坐击柔然后期，斩于都南。

初，魏尚书令刘絜，久典机要，宋高祖永初末，魏明元帝寝疾，魏主监国，刘絜与古弼等选侍东宫，对综机要，至是二十馀年矣。恃宠自专，魏主心恶之。恶，乌路翻。及将袭柔然，絜谏曰："蠕蠕迁徙无常，前者出师，劳而无功，絜之言盖指太延四年魏主伐柔然至白阜时也。蠕，人兖翻。不如广农积谷以待其来。"崔浩固劝魏主行，魏主从之。絜耻其言不用，欲败魏师；败，补迈翻。魏主与诸将期会鹿浑谷，絜矫诏易其期。帝至鹿浑谷【章：十二行本"谷"下有"欲击柔然，絜谏止之，使待诸将。帝留鹿浑谷"十七字；乙十一行本同；孔本同；张校同。】六日，诸将不至，柔然遂远遁，追之不及。军还，经漠中，粮尽，士卒多死。絜阴使人惊魏军，劝帝委军轻还，帝不从。絜以军出无功，请治崔浩之罪。治，直之翻；下同。帝曰："诸将失期，遇贼不击，浩何罪也！"浩以絜矫诏事白帝，帝至五原，收絜，囚之。帝之北行也，絜私谓所亲曰："若车驾不返，吾当立乐平王。"絜闻尚书右丞张嵩家有图谶，问曰："刘氏应王，继国家后，吾有姓名否？"嵩曰："有姓无名。"帝闻之，命有司穷治，索嵩家，得谶书。索，山客翻。事连南康公狄邻，絜、嵩、邻皆夷三族，死者百馀人。絜在势要，好作威福，好，呼到翻。诸将破敌，所得财物皆与絜分之。既死，籍其家，财巨万，帝每言之则切齿。

癸酉，乐平戾王丕以忧卒。初，魏主筑白台，高二百馀尺。魏主嗣泰常二年秋七月乙酉，起白台于平城南，高二十丈。丕梦登其上，四顾不见人，命术士董道秀筮之，道秀曰："大吉。"丕默有喜色。及丕卒，道秀亦坐弃市。高允闻之，曰："夫筮者皆当依附爻象，劝以忠孝。汉严君平卜筮于成都市，人有邪恶非正之问，则依蓍龟为言利害，与人子言依于孝，与人弟言依于顺，与人臣言依于忠：各因势道之以善。高允之言，祖君平之术也。王之问道秀也，道秀宜曰：'穷高为亢。易曰："亢龙有悔，"又曰："高而无民，"易乾上九及文言之辞。亢，苦浪翻。皆不祥也，王不可以不戒。'如此，则王安于上，身全于下矣。道秀反之，宜其死也。"

5 庚辰，魏主幸庐。自南、北国分治，人主所至，例不书幸，此必误也。

6 己丑，江夏王义恭进位太尉，领司徒。夏，户雅翻。

7 庚寅，以侍中、领右卫将军沈演之为中领军，左卫将军范晔为太子詹事。

8 辛卯，立皇子宏为建平王。

9 三月，甲辰，魏主还宫。

10 癸丑，魏主遣司空长孙道生镇统万。长，知丙翻。

11 夏，四月，乙亥，魏侍中、太宰、阳平王杜超为帐下所杀。

12 六月，魏北部民杀立义将军衡阳公莫孤，帅五千馀落北走，遣兵追击之，至漠南，杀其渠帅，馀徙冀、相、定三州为营户。杜佑曰：魏道武天兴中，诏采漏户，令输纶绵。自后诸逃户占为细茧罗縠者甚众，于是杂营户率遍于天下，不隶守宰，赋役不同；景穆皇帝一切罢之，以属郡县。孤帅，读曰率，渠帅，所类翻。相，息亮翻。

13 吐谷浑王慕利延兄子纬世与魏使者谋降魏，纬世，即阿柴之长子纬代也，北史避唐太宗讳，改“世”为“代”。使，疏吏翻。降，户江翻。慕利延杀之。是月，纬世弟叱力延等八人奔魏，魏以叱力延为归义王。

14 沮渠无讳卒，沮，子馀翻。弟安周代立。

15 魏入中国以来，虽颇用古礼祀天地、宗庙、百神，而犹循其旧俗，所祀胡神甚众。崔浩请存合于祀典者五十七所，其馀复重及小神悉罢之。重，直龙翻。魏主从之。

16 秋，七月，癸卯，魏东雍州刺史沮渠秉谋反，伏诛。隋志：绛郡，后魏置东雍州，后周改曰绛州。雍，于用翻。

17 八月，乙丑，魏主畋于河西，尚书令古弼留守。守，手又翻。诏以肥马给猎骑，弼悉以弱者给之。帝大怒曰：“笔头奴敢裁量朕！骑，奇寄翻。量，音良。朕还台，先斩此奴！”弼头锐，故帝常以笔目之。弼官属惶怖，恐并坐诛，怖，普布翻。弼曰：“吾为人臣，不使人主盘于游畋，盘，乐也。其罪小；不备不虞，乏军国之用，其罪大。今蠕蠕方强，南寇未灭，吾以肥马供军，弱马供猎，为国远虑，为，于伪翻。虽死何伤！且吾自为之，非诸君之忧也。”帝闻之，叹曰：“有臣如此，国之宝也。”赐衣一袭，衣一称为一袭，犹今言一副衣服也。马二匹，鹿十头。

他日，魏主复畋于山北，山北，平城北山之北。复，扶又翻。获麋鹿数千头。诏尚书发车五百乘以运之。观下载弼表，盖发民车也。乘，绳证翻。诏使已去，魏主谓左右曰：“笔公必不与我，汝辈不如以马运之。”遂还。行百馀里，得弼表曰：“今秋谷悬黄，麻菽布野，猪鹿窃食，鸟雁侵费，风雨所耗，朝夕三倍。言夕之所收，较于朝之所收得失三倍，收获不可以不速，载麋鹿犹可缓。乞赐矜缓，使得收载。”帝曰：“果如吾言，笔公可谓社稷之臣矣！”

18 魏主使员外散骑常侍高济来聘。散，悉亶翻。骑，奇寄翻。

19 戊辰，以荆州刺史衡阳王义季为征北大将军、开府仪同三司、南兖州刺史，以南谯王义宣为荆州刺史。初，帝以义宣不才，故不用，会稽公主屡以为言，帝不得已用之。会稽公主，高祖长女，帝深加礼敬，家事大小必咨之。会，工外翻。先赐中诏敕之曰："师护以在西久，诏自中出，不经门下者，谓之中诏，今之手诏是也。敕，戒也。义季，小字师护。比表求还，比，毗至翻，频也。今欲听许，以汝代之。师护虽无殊绩，絜己节用，絜，与洁同。通怀期物，不恣群下，声著西土，为士庶所安，论者乃未议迁之。今之回换，更为汝与师护年时一辈，为，于伪翻。欲各试其能。汝往，脱有一事减之者，既于西夏交有巨碍，江左六朝以荆楚为西夏。夏，户雅翻。迁代之讥，必归责于吾矣。言迁代之际，所任非人也。此事亦易勉耳，无为使人复生评论也！"易，以豉翻。复，扶又翻。义宣至镇，勤自课厉，事亦修理。

庚辰，会稽长公主卒。长，知两翻。卒，子恤翻。

20 吐谷浑吡力延等请师于魏以讨吐谷浑王慕利延，魏主使晋王伏罗督诸军击之。

21 九月，甲辰，以沮渠安周为都督凉·河·沙三州诸军事、凉州刺史、河西王。

22 丁未，魏主如漠南，将袭柔然，柔然敕连可汗远遁，乃止。敕连寻卒，子吐贺真立，号处罗可汗。魏收曰：处罗，魏言唯也。可，从刊入声。汗，音寒。

23 魏晋王伏罗至乐都，乐，音洛。引兵从间道袭吐谷浑，间，古苋翻。至大母桥。吐谷浑王慕利延大惊，逃奔白兰，慕利延兄子拾寅奔河西；魏军斩首五千馀级。慕利延从弟伏念等帅万三千落降于魏。慕利延背阿柴折箭之诫，使之招引外寇，至于众叛亲离，固其宜也。从，才用翻。帅，读曰率。降，户江翻。

24 冬，十月，己卯，以左军将军徐琼为兖州刺史，大将军参军申恬为冀州刺史。徙兖州镇须昌，沈约曰：武帝定河南，以兖州治滑台，文帝元嘉十三年治邹山，又寄治彭城；此又自彭城徙须昌也。冀州镇历下。历下，即历城。恬，谟之弟也。

25 十二月【章：十二行本“月”下有“丙戌”二字；乙十一行本同；孔本同；张校同。】魏主还平城。

26 是岁，沙州牧李宝入朝于魏，魏人留之，以为外都大官。为李氏贵盛张本。朝，直遥翻。

27 太子率更令何承天撰元嘉新历，表上之。更，工衡翻。上，时掌翻；下所上同。以月食之冲知日所在。日与月对冲，光相揜而知之。又以中星检之，知尧时冬至日在须女十度，此以尧典“日短星昴”推之。今在斗十七度。又测景校二至，差三日有馀，此亦用周礼测日至之景之法也。知今之南至日应在斗十三四度。于是更立新法，冬至徙上三日五时，日之所在，移旧四度。又月有迟疾，前历合朔，月食不在朔望；“月食”上当有“日”字。今皆以赢缩定其小馀，以正朔望之日。“赢”或作“盈”。历法有大馀、小馀。史记历书曰：大馀者，日也；小馀者，月也。周天三百六十五度四分度之一日，日行一度，十二月而一周天。岁十二月，凡三百五十四日，以六除之，五六三百日，馀五十四日为大馀。周天三百六十五度，以六甲除之，六六三百六十，馀五为大馀，小馀即四分之一未满日之分数也。其分，每满三十二则成一日。盖奇日为大馀，奇分为小馀，积而成闰也。诏付外详之。太史令钱乐之等奏，皆如承天所上，唯月有频三大，频二小，比旧法殊为乖异，谓宜仍旧。诏可。

二十二年（乙酉、四四五）

1 春，正月，辛卯朔，始行新历。初，汉京房以十二律中吕上生黄钟，不满九寸，更演为六十律。中，读曰仲。更，工衡翻；下同。钱乐之复演为三百六十律，复，扶又翻。日当一管。何承天立议，以为上下相生，三分损益其一，盖古人简易之法，易，以豉翻。犹如古历周天三百六十五度四分度之一也。而京房不悟，谬为六十。乃更设新律，林钟长六寸一厘，则从中吕还得黄钟，十二旋宫，声韵无失。长，直亮翻。中，读曰仲。律历志：黄钟律九寸；三分损一，下生林钟，律六寸；三分林钟益一，上生太簇；三分太簇损一，下生南吕；三分南吕益一，上生姑洗；三分姑洗损一，下生应钟；三分应钟益一，上生蕤宾；三分蕤宾损一，下生大吕；三分大吕益一，上生夷则；三分夷则损一，下生夹钟；三分夹钟益一，上生无射；三分无射损一，下生中吕。阴阳相生，自黄钟始，而左旋，八八为伍。孟康注曰：从子数至未得八，下生林钟；数未至寅得八，上生太簇。律上下相生，皆以此为率。伍，耦也。八八为耦。然月令注：中吕律长六寸万九千六百八十三分寸之万二千九百七十四。若上生黄钟，当不止九寸。故孔颖达考其同异于月令疏曰：十二律有上生、下生、同位、异位、长短分寸之别，故郑注周礼太师职云：其相生则以阴阳六体，黄钟初九，下生林钟之初六，林钟又上生太簇之九二，太簇又下生南吕之六二，南吕又上生姑洗之九三，姑洗又下生应钟之六三，应钟又上生蕤宾之九四，蕤宾又上生大吕之六四，大吕又下生夷则之九五，夷则又上生夹钟之六五，夹钟又下生无射之上九，无射又上生中吕之上六。同位者，象夫妻；异位者，象子母；所谓律娶妻而吕生子也。同位象夫妻者，则黄钟之初九下生林钟之初六。同是初位，故为夫妇，又是律娶妻也。异位为子母者，谓林钟上生太簇。林钟是初位，太簇是二位，故云异位为子母，又是吕生子也。云五下、六上者，郑注云：五下、六上，乃一终矣，谓林钟、夷则、南吕、无射、应钟，皆被子午以东之管，三分减一，而下生之；大吕、太簇、夹钟、姑洗、中吕、蕤宾，皆被子午以西之管三分益一，而上生之。子午皆上生，应云七上，而云六上者，以黄钟为诸律之首，物莫之先，似若无所禀生者，故不数黄钟也。其实十二律终于中吕，反归黄钟，生于中吕，三分益一，大略得应黄钟九十之数也。律历志云：黄钟为天统，林钟为地统，太簇为人统，故数整；馀律则各有分数，随其相生之次。每辰各自为宫，各有五声：黄钟为第一宫，下生林钟为徵，上生太簇为商，下生南吕为羽，上生姑洗为角。林钟为第二宫，上生太簇为徵，下生南吕为商，上生姑洗为羽，下生应钟为角。太簇为第三宫，下生南吕为徵，上生姑洗为商，下生应钟为羽，上生蕤宾为角。南吕为第四宫，上生姑洗为徵，下生应钟为商，上生蕤宾为羽，下生大吕为角。姑洗为第五宫，下生应钟为徵，上生蕤宾为商，上生大吕为羽，下生夷则为角。应钟为第六宫，上生蕤宾为徵，（上恐当作下），上生大吕为商，下生夷则为羽，上生夹钟为角。蕤宾为第七宫，上生大吕为徵，下生夷则为商，上生夹钟为羽，下生无射为角。大吕为第八宫，下生夷则为徵，上生夹钟为商，下生无射为羽，上生中吕为角。夷则为第九宫，上生夹钟为徵，下生无射为商，上生中吕为羽，上生黄钟为角。夹钟为第十宫，下生无射为徵，上生中吕为商，上生黄钟为羽，下生林钟为角。无射为第十一宫，上生中吕为徵，上生黄钟为商，下生林钟为羽，下生太簇为角。中吕为第十二宫，上生黄钟为徵，下生林钟为商，上生太簇为羽，下生南吕为角。是十二宫各有五声，凡六十声。京房六十律相生之法，以上生下，皆三生二；以下生上，皆三生四；阳下生阴，阴上生阳，终于中吕，而十二律毕矣。中吕上生执始，执始下生去灭，上下相生，终于南事，而六十律毕矣。夫十二律之变至于六十，犹八卦之变至于六十四也。六十律之名，详见续汉书补志。

2 壬辰，以武陵王骏为雍州刺史。雍，于用翻。帝欲经略关、河，故以骏镇襄阳。

3 魏主使散骑常侍宋愔来聘。散，悉亶翻。骑，奇寄翻。愔，于今翻。

4 二月，魏主如上党，西至吐京，郦道元曰：吐京即汉西河郡吐军县，夷、夏俗音讹也。后魏置吐京郡。隋隰州石楼县，魏吐京郡地。讨徙叛胡，出配郡县。

5 甲戌，立皇子祎为东海王，昶为义阳王。祎，吁韦翻。昶，丑两翻。

6 三月，庚申，魏主还宫。

7 魏诏："诸疑狱皆付中书，以经义量决。"量，音良。

8 夏，四月，庚戌，魏主遣征西大将军高凉王那等击吐谷浑王慕利延于白兰，秦州刺史代人封敕文、安远将军乙乌头击慕利延兄子什归于枹罕。枹，音肤。

9 河西之亡也，鄯善人以其地与魏邻，大惧，鄯，上扇翻。曰："通其使人，知我国虚实，取亡必速。"乃闭断魏道，闭断魏通西域之道也。使，疏吏翻；下同。断，丁管翻。使者往来，辄钞劫之。钞，楚交翻。由是西域不通者数年。魏主使散骑常侍万度归发凉州以西兵击鄯善。

10 六月，壬辰，魏主北巡。

11 帝谋伐魏，罢南豫州入豫州，以【章：十二行本“以”上有“辛亥”二字；乙十一行本同；孔本同；张校同。】南豫州刺史南平王铄为豫州刺史。高祖永初二年，分淮东之地为南豫州，治历阳；淮西为豫州，或治寿阳，或治汝南。铄，式约翻。

12 秋，七月，己未，以尚书仆射孟觊为左仆射，觊，鱼岂翻。中护军何尚之为右仆射。

13 武陵王骏将之镇，时缘沔诸蛮犹为寇，沔，弥兖翻。水陆梗碍；骏分军遣抚军中兵参军沈庆之掩击，大破之。骏至镇，蛮断驿道，断，丁管翻。欲攻随郡；随郡太守河东柳元景募得六七百人，邀击，大破之。遂平诸蛮，获七万馀口。涢山蛮最强，水经注云：水出蔡阳县东南大洪山，山在随郡之西南，竟陵之东北，槃基所跨，广圆一百馀里。涢水出于其山之阴，时人以为涢水所导，亦曰涢山。涢，音云。沈庆之讨平之，获三万馀口，徙万馀口于建康。

14 吐谷浑什归闻魏军将至，弃城夜遁。八月，丁亥，封敕文入枹罕，分徙其民千家还上邽，留乙乌头守枹罕。枹，音肤。

15 万度归至敦煌，留辎重，以轻骑五千度流沙，袭鄯善，壬辰，鄯善王真达面缚出降。度归留军屯守，与真达诣平城，敦，徒门翻。重，直用翻。骑，奇寄翻。降，户江翻。考异曰：本纪作“真达兴”，今从西域传。西域复通。复，扶又翻。

16 魏主如阴山之北，发诸州兵三分之一，各于其州戒严，以须后命。须，待也。徙诸种杂民五千馀家于北边，种，章勇翻。令就北畜牧，以饵柔然。

17 壬寅，魏高凉王那军至宁【严：“宁”改“曼”。】头城，宁头城当在白兰东北。吐谷浑王慕利延拥其部落西度流沙。吐谷浑慕璝之子被囊逆战，那击破之；被囊遁走，中山公杜丰帅精骑追之，璝，古回翻。帅，读曰率。度三危，至雪山，郦道元曰：三危山在敦煌县南。生擒被囊及吐谷浑什归、乞伏炽盘之子成龙，皆送平城。乞伏成龙盖因赫连定之败没于吐谷浑。慕利延遂西入于阗，阗，徒贤翻，又徒见翻。杀其王，据其地，死者数万人。

18 九月，癸酉，上饯衡阳王义季于武帐冈。饯义季往镇南兖。杜佑曰：武帐冈在广莫门外宣武场，设行宫殿便坐于其上，因名。上将行，敕诸子且勿食，至会所设馔；日旰，不至，馔，雏宛翻，又雏晥翻。旰，古案翻。有饥色。上乃谓曰："汝曹少长丰佚，少，诗照翻。长，知两翻。不见百姓艰难。今使汝曹识有饥苦，知以节俭御物耳。"

裴子野论曰：善乎太祖之训也！夫侈兴于有馀，俭生于不足。欲其隐约，莫若贫贱！习其险艰，利以任使；为【章：十二行本"为"作"达"；乙十一行本同；孔本同。】其情伪，易以躬临。易，以豉翻。太祖若能率此训也，难其志操，卑其礼秩，教成德立，然后授以政事，则无怠无荒，可播之于九服矣。周制九服，侯服、甸服、男服、采服、卫服、蛮服、夷服、镇服〔藩服〕，每服五百里。谓之服者，责以服事天子为职也。

高祖思固本枝，崇树襁褓；后世遵守，迭据方岳。谓义真、义康、义恭、义宣皆迭居方面。襁，居两翻。褓，音保。及乎泰始之初，升明之季，绝咽于衾衽者动数十人。谓明帝杀孝武诸子，而宋、齐禅代之际萧氏夷刘氏也。咽，音烟。国之存亡，既不是系，早肆民上，左传：晋师旷曰："天之爱民甚矣，岂其使一人肆于民上！"非善诲也。

19 魏民间讹言"灭魏者吴"，卢水胡盖吴聚众反于杏城，盖吴，盖安定卢水胡种而分居杏城。盖，古盍翻。诸种胡争应之，种，章勇翻。有众十馀万；遣其党赵绾来，上表自归。冬，十月，戊子，长安镇副将拓跋纥帅众讨吴，纥败死。上，时掌翻。将，即亮翻。纥，下没翻。吴众愈盛，民皆渡渭奔南山。长安南山也。魏主发高平敕勒骑赴长安，命将军叔孙拔领摄并、秦、雍三州兵屯渭北。骑，奇寄翻。雍，于用翻。

20 十一月，魏发冀州民造浮桥于碻磝津。

21 盖吴遣别部帅白广平帅，所类翻。西掠新平，安定诸胡皆聚众应之。又分兵东掠临晋巴东，"巴"当作"巳"。将军章直击破之，溺死于河者三万馀人。溺，奴狄翻。吴又遣兵西掠，至长安，将军叔孙拔与战于渭北，大破之，斩首三万馀级。

河东蜀薛永宗聚众以应吴，蜀人迁居河东者，谓之河东蜀，居绛郡者谓之绛蜀，居关中赤水者谓之赤水蜀。袭击闻喜。闻喜县，属河东郡；春秋时晋武公所居之曲沃也，秦改为左邑；汉武帝于此闻南越破，改曰闻喜，后魏分属绛郡。闻喜县无兵仗，令忧惶无计；县人裴骏帅厉乡豪击之，帅，读曰率。永宗引去。

魏主命薛谨之子拔纠合宗、乡，宗谓薛之宗族，乡谓乡人。壁于河际，以断二寇往来之路。二寇，谓薛永宗、盖吴。断，丁管翻。庚午，魏主使殿中尚书拓跋处直等将二万骑讨薛永宗，殿中尚书乙拔将三万骑讨盖吴，晋置殿中尚书，与吏部、五兵、田曹、度支、左民为六曹。杜佑曰：后魏初，有殿中、乐部、驾部、南部、北部五尚书。殿中掌殿内兵马、仓库，乐部掌伎乐及角使、伍伯，驾部掌牛马、驴骡，南部掌南边诸州郡，北部掌北边诸州郡。魏书官氏志：内入诸姓，乙弗氏改为乙氏。处，昌吕翻。将，即亮翻。骑，奇寄翻；下同。西平公寇提将万骑讨白广平。官氏志：内入诸姓，若口引氏改为寇氏。吴自号天台王，署置百官。

22 辛未，魏主还宫。自阴山还也。

23 魏选六州骁骑二万，六州，冀、定、相、并、幽、平。骁，坚尧翻。使永昌王仁、高凉王那分将之为二道，掠淮、泗以北，徙青、徐之民以实河北。

24 癸未，魏主西巡。

25 初，鲁国孔熙先博学文史，兼通数术，有纵横才志；纵，子容翻。为员外散骑侍郎，不为时所知，愤愤不得志。父默之为广州刺史，以赃获罪，大将军彭城王义康为救解得免。为，于伪翻。及义康迁豫章，义康迁，见上卷十七年。熙先密怀报效。且以为天文、图谶，谶，楚谮翻。帝必以非道晏驾，由骨肉相残；江州应出天子。以范晔志意不满，欲引与同谋，而熙先素不为晔所重。太子中舍人谢综，晔之甥也，太子中舍人，晋咸宁四年置，以舍人才学美者为之，与中庶子共掌文翰，职如黄门侍郎，在中庶子下，洗马上。熙先倾身事之，综引熙先与晔相识。

熙先家饶于财，数与晔博，故为拙行，以物输之。数，所角翻。凡博、弈，以计数诱人谓之行；拙行者，伪为不能也。行，下孟翻。晔既利其财，又爱其文艺，由是情好款洽。熙先乃从容说晔曰："大将军英断聪敏，好，呼到翻。从，千容翻。断，丁乱翻。大将军，谓义康。人神攸属，属，之欲翻。失职南垂，谓迁豫章也。天下愤怨。小人受先君遗命，以死报大将军之德。顷人情骚动，天文舛错，此所谓时运之至，不可推移者也。若顺天人之心，结英豪之士，表里相应，发于肘腋；腋，音亦。然后诛除异我，崇奉明圣，号令天下，谁敢不从！小人请以七尺之躯，三寸之舌，立功立事而归诸君子，丈人以为何如?"晔甚愕然。熙先曰："昔毛玠竭节于魏武，张温毕议于孙权，彼二人者，皆国之俊乂，岂言行玷缺，然后至于祸辱哉？皆以廉直劲正，不得久容。毛玠见六十七卷汉献帝建安二十一年。张温事，见六十九卷魏文帝黄初五年。行，下孟翻；下内行同。玷，多忝翻。丈人之于本朝，不深于二主，人间雅誉，过于两臣，谗夫侧目，为日久矣，比肩竞逐，庸可遂乎！言与时贵比肩竞逐，荣利所在，众所共争，将不得遂其志也。朝，直遥翻。近者殷铁一言而刘班碎首，见上卷十七年。彼岂父兄之雠，百世之怨乎？所争不过荣名势利先后之间耳。及其末也，唯恐陷之不深，发之不早；戮及百口，犹曰未厌。是可为寒心悼惧，岂书籍远事也哉！今建大勋，奉贤哲，图难于易，易，以豉翻。以安易危，享厚利，收鸿名，一旦苞举而有之，岂可弃置而不取哉！”晔犹疑未决。熙先曰：“又有过于此者，愚则未敢道耳。”晔曰：“何谓也？”熙先曰：“丈人奕叶清通，晔曾祖汪、祖宁、父泰，皆有名行。而不得连姻帝室，人以犬豕相遇，而丈人曾不耻之，欲为之死，不亦惑乎！”为，于为翻。晔门无内行，故熙先以此激之。晔默然不应，反意乃决。

晔与沈演之并为帝所知，晔先至，必待演之俱入，演之先至，尝独被引，被，皮义翻。引，引见也。晔以此为怨。晔累经义康府佐，中间获罪于义康。谢综及父述，皆为义康所厚，综弟约娶义康女。综为义康记室参军，自豫章还，申义康意于晔，求解晚隙，复敦往好。复，扶又翻。好，呼到翻。大将军府史仲承祖，有宠于义康，闻熙先有谋，密相结纳。丹杨尹徐湛之，素为义康所爱，承祖因此结事湛之，告以密计。道人法略、尼法静，皆感义康旧恩，并与熙先往来。法静妹夫许曜，领队在台，江南谓禁中为台。许为内应。法静之豫章，熙先付以笺书，陈说图谶。于是密相署置，及素所不善者，并入死目。条分名目，凡素所不善者，皆欲置之死地。熙先又使弟休先作檄文，称：“贼臣赵伯符肆兵犯跸，祸流储宰，赵伯符时为领军将军，故欲以弑逆之罪归之。言祸流储宰，盖欲并杀太子劭。湛之、晔等投命奋戈，即日斩伯符首及其党与。今遣护军将军臧质奉玺绶迎彭城王正位辰极。”北辰为天极，故以帝位为辰极。玺，斯氏翻。绶，音受。熙先以为举大事宜须以义康之旨谕众，晔又诈作义康与湛之书，令诛君侧之恶，宣示同党。

帝之燕武帐冈也，晔等谋以其日作乱。许曜侍帝，扣刀目晔，拔刀微出削为扣刀。晔不敢仰视。俄而座散，徐湛之恐事不济，密以其谋白帝。帝使湛之具探取本末，探，吐南翻。得其檄书、选署姓名，上之。上，时掌翻。帝乃命有司收掩穷治。治，直之翻。其夜，呼晔置客省，客省，凡四方之客入见者居之，属典客令。先于外收综及熙先兄弟，皆款服。帝遣使诘问晔，晔犹隐拒；诘，去吉翻。熙先闻之，笑曰："凡处分、符檄、书疏，皆范所造，处，昌吕翻。分，扶问翻。云何于今方作如此抵蹋邪？"帝以晔墨迹示之，乃具陈本末。

明日，仗士送付廷尉。仗士，士之执兵仗者。熙先望风吐款，辞气不桡。桡，奴教翻。上奇其才，遣人慰勉之曰："以卿之才而滞于集书省，散骑侍郎，集书省官也。萧子显曰：自散骑侍郎及通直员外、给事中、奉朝请、驸马都尉，皆集书省职也。理应有异志，此乃我负卿也。"又责前吏部尚书何尚之曰："使孔熙先年将三十作散骑郎，那不作贼！"熙先于狱中上书谢恩，且陈图谶，深戒上以骨肉之祸，谶，楚谮翻。曰："愿勿遗弃，存之中书。若囚死之后，或可追录，庶九泉之下，少塞衅责。"少，诗沼翻。塞，悉则翻。衅，许觐翻。

晔在狱为诗曰："虽无嵇生琴，庶同夏侯色。"嵇康为晋文王所杀，临命，顾视日影，索琴而弹。夏侯玄为晋景王所杀，及赴东市，颜色不变。晔本意谓入狱即死，而上穷治其狱，遂经二旬，晔更有生望。狱吏戏之曰："外传詹事或当长系。"晔闻之，惊喜。综、熙先笑之曰："詹事畴昔攘袂瞋目，跃马顾盼，自以为一世之雄；今扰攘纷纭，畏死乃尔！晔为太子詹事，故称之。瞋，七人翻。设令赐以性命，人臣图主，何颜可以生存！"

十二月，乙未，晔、综、熙先及其子弟、党与皆伏诛。晔母至市，涕泣责晔，以手击晔颈，晔颜色不怍；怍，疾各翻，惭也。妹及妓妾来别，晔悲涕流涟。妓，渠绮翻。涟，泣下貌。综曰："舅殊不及夏侯色。"晔收泪而止。

谢约不预逆谋，见兄综与熙先游，常谏之曰："此人轻事好奇，不近于道，果锐无检，言无检束也。好，呼到翻。近，其靳翻。未可与狎。"综不从而败。综母以子弟自蹈逆乱，独不出视。晔语综曰："姊今不来，胜人多矣。"

收籍晔家，乐器服玩，并皆珍丽，妓妾不胜珠翠。语，牛倨翻。不胜，音升。母居止单陋，唯有一厨盛樵薪；盛，时征翻。弟子冬无被，叔父单布衣。

裴子野论曰：夫有逸群之才，必思冲天之据；冲，与翀同，上飞也。古语云："一飞冲天。"盖俗之量，则偾常均之下。常均，犹言平常也。其能守之以道，将之以礼，殆为鲜乎！鲜，息浅翻。刘弘仁，范蔚宗，刘湛，字弘仁。范晔，字蔚宗。蔚，於勿翻。皆忸志而贪权，忸，女九翻，骄也，玩也，狎也。矜才以徇逆，累叶风素，一朝而陨。向之所谓智能，翻为亡身之具矣。

26 徐湛之所陈多不尽，为晔等辞所连引，上赦不问。臧质，熹之子也，臧熹，臧焘之弟，质在戚里，于帝为中表之亲。先为徐、兖二州刺史，与晔厚善，晔败，以为义兴太守。

有司奏削彭城王义康爵，收付廷尉治罪。治，直之翻。丁酉，诏免义康及其男女皆为庶人，绝属籍，徙付安成郡；以宁朔将军沈邵为安成相，领兵防守。相，息亮翻。邵，璞之兄也。义康在安成，读书，见淮南厉王长事，废书叹曰："自古有此，我乃不知，得罪为宜也。"

庚戌，以前豫州刺史赵伯符为护军将军。伯符，孝穆皇后之弟子也。高祖母赵氏追谥孝穆皇后；后弟伦之。

27初，江左二郊无乐，宗庙虽有登歌，亦无二舞。是岁，南郊始设登歌。礼记郊特牲曰：奠酬而工升歌发德也。歌者在上，匏竹在下，贵人声也。二舞，文舞、武舞也。

28魏安南、平南府移书兖州，安南、平南二将军府。以南国侨置诸州多滥北境名号；又欲游猎具区。周官职方氏：扬州薮曰具区。师古曰：具区在吴。兖州答移曰："必若因土立州，则彼立徐、扬，岂有其地？复知欲游猎具区，复，扶又翻。观化南国。开馆饰邸，则有司存；呼韩入汉，厥仪未泯，馈饩之秩，每存丰厚。"馈，饷也。馈饩，饷客以生食及刍米也。诗传曰：牲腥曰饩。饩，许既翻。

二十三年（丙戌、四四六）

1春，正月，庚申，尚书左仆射孟颉罢。

2戊辰，魏主军至东雍州，雍，于用翻。临薛永宗垒，崔浩曰："永宗未知陛下自来，众心纵弛。今北风迅疾，宜急击之。"魏主从之，庚午，围其垒。永宗出战，大败，与家人皆赴汾水死。据南史薛安都传，诸薛家于河东汾阴，世为强族。其族人安都先据弘农，弃城来奔。

辛未，魏主南如汾阴，济河，至洛水桥。此华阴之洛水。史记秦孝公之元年所谓"魏筑长城自郑滨洛"者也。闻盖吴在长安北，帝以渭北地无谷草，欲渡渭南，循渭而西；以问崔浩，对曰："夫击蛇者先击其首，首破则尾不能掉。掉，徒吊翻。今盖吴营去此六十里，轻骑趋之，骑，奇寄翻。趋，七喻翻。一日可到，到则破之必矣。破吴，南向长安亦不过一日，一日之乏，未至有伤。若从南道，则吴徐入北山，猝未可平。"帝不从，自渭南向长安，庚辰，至戏水。戏，许宜翻。吴众闻之，悉散入北地山，"地"字衍。军无所获。帝悔之。二月，丙戌，帝至长安，丙申，如盩厔，盩厔，音舟窒。历陈仓，还，如雍城，雍，于用翻；下同。

所过诛民、夷与盖吴通谋者。乙拔等诸军大破盖吴于杏城。

吴复遣使上表求援，使，疏吏翻，下以义翻。诏以吴为都督关·陇诸军事、雍州刺史、北地公，使雍、梁二州发兵屯境上，为吴声援；遣使赐吴印一百二十一纽，使吴随宜假授。

3 初，林邑王范阳迈，虽进【章：十二行本"进"作"遣"；乙十一行本同；孔本同。】使入贡，而寇盗不绝，使【章：十二行本"使"作"所"；乙十一行本同；孔本同；张校同；退斋校同。】贡亦薄陋；帝遣交州刺史檀和之讨之。南阳宗悫，家世儒素，悫叔父少文，高尚不仕；诸子群从，皆爱好坟典。悫独好武事，好，呼到翻。常言"愿乘长风破万里浪"。及和之伐林邑，悫自奋请从军，诏以悫为振武将军，和之遣悫为前锋。阳迈闻军出，遣使请还所掠日南民，输金一万斤，银十万斤。帝诏和之："若阳迈果有款诚，亦许其归顺。"和之至朱梧戍，朱梧县，自汉以来属日南郡，时于其地置戍。宋白曰：汉日南郡治朱吾，又南行四百馀里至林邑国。遣府户曹参军姜仲基等诣阳迈，府者，交州刺史府。阳迈执之；和之乃进军围林邑将范扶龙于区粟城。水经注：卢容水出日南卢容县区粟城南高山，东径区粟城北，林邑兵器战具悉在城中。将，即亮翻。阳迈遣其将范毗沙达救之，宗悫潜兵迎击毗沙达，破之。

4 魏主与崔浩皆信重寇谦之，奉其道。浩素不喜佛法，喜，许记翻。每言于魏主，以为佛法虚诞，为世费害，宜悉除之。及魏主讨盖吴，至长安，入佛寺，沙门饮从官酒；从官入其室，饮，于鸩翻。从，才用翻。见大有兵器，出以白帝，帝怒曰："此非沙门所用，必与盖吴通谋，欲为乱耳。"命有司按诛阖寺沙门，阅其财产，大得酿具及州郡牧守、富人所寄藏物以万计，守，式又翻。又为窟室以匿妇女。窟，苦骨翻。浩因说帝悉诛天下沙门，毁诸经像，说，输芮翻。帝从之。寇谦之与浩固争，浩不从。先尽诛长安沙门，焚毁经像，并敕留台下四方，令一用长安法。魏王出征，太子居守，故谓平城为留台。下，遐稼翻。诏曰：“昔后汉荒君，信惑邪伪以乱天常，佛法自汉明帝时入中国，楚王英最先好之，至桓帝始事浮屠。自古九州之中，未尝有此。夸诞大言，不本人情，叔季之世，莫不眩焉。目无常主，不辩白黑，谓之眩。由是政教不行，礼义大坏，九服之内，鞠为丘墟。鞠，穷也。朕承天绪，欲除伪定真，复羲、农之治，治，直吏翻。其一切荡除，灭其踪迹。自今已后，敢有事胡神及造形像泥人、铜人者门诛。有非常之人，然后能行非常之事，非朕孰能去此历代之伪物！去，羌吕翻。有司宣告征镇诸军、刺史，诸有浮图形像及胡经，皆击破焚烧，沙门无少长悉坑之！”少，诗照翻。长，知两翻。太子晃素好佛法，好，呼到翻。屡谏不听；乃缓宣诏书，使远近豫闻之，得各为计，沙门多亡匿获免，或收藏经像，唯塔庙在魏境者无复孑遗。复，扶又翻。

5 魏主徙长安工巧二千家于平城。还，至洛水，分军诛李闰叛羌。

6 太原颜白鹿私入魏境，太原郡本属并州，江左以郡人南徙者侨立太原郡。晋安帝义熙中土断，立太原县，属泰山郡。元嘉十年，割济南泰山为太原郡境，属青州。为魏人所得，将杀之，诈云青州刺史杜骥使其归诚。魏人送白鹿诣平城，魏主喜曰：“我外家也。”魏主母杜氏，故谓骥为外家。使崔浩作书与骥，且命永昌王仁、高凉王那将兵迎骥，攻冀州刺史申恬于历城；杜骥遣其府司马夏侯祖欢等将兵救历城。魏人遂寇兖、青、冀三州，至清东而还，清东，清水之东也。杀掠甚众，北边骚动。考异曰：宋文帝纪：“三月，索虏寇兖、豫、青、冀，刺史申恬破之。”魏太武纪：“二月，永昌王仁至高平，禽刘义隆将王章，略金乡、方与，迁其民五千家于河北。高凉王那至济南东平陵，迁其民六千馀家于河北。”盖宋、魏各据奏到之月书之耳。宋索虏传又云：“虏破掠太原，得四千馀口”，盖魏人夸张其数，故不同耳。

帝以魏寇为忧，咨访群臣。御史中丞何承天上表，以为：“凡备匈奴之策，不过二科：武夫尽征伐之谋，儒生讲和亲之约。今欲追踪卫、霍，自非大田淮、泗，内实青、徐，使民有赢储，野有积谷，然后发精卒十万，一举荡夷，则不足为也。若但欲遣军追讨，报其侵暴，则彼必轻骑奔走，不肯会战；骑，奇寄翻。徒兴巨费，不损于彼，报复之役，将遂无已，斯策之最末者也。安边固守，于计为长。臣窃以曹、孙之霸，才均智敌，江、淮之间，不居各数百里。曹、孙，谓曹操、孙权也。何者？斥候之郊，非耕牧之地，故坚壁清野以俟其来，整甲缮兵以乘其弊；保民全境，不出此涂。要而归之，其策有四：一曰移远就近。今青、兖旧民及冀州新附，在界首者三万馀家，可悉徙置大岘之南，以实内地。岘，户典翻。二曰多筑城邑以居新徙之家，假其经用，春夏佃牧，佃，读曰田。秋冬入保。寇至之时，一城千家，堪战之士，不下二千，其馀羸弱，犹能登陴鼓噪，足抗群虏三万矣。羸，伦为翻。陴，音疲。三曰纂偶车牛以载粮械。纂，综集也。计千家之资，不下五百耦牛，为车五百两，两，力让翻。参合钩连以卫其众；设使城不可固，平行趋险，趋，七喻翻。贼所不能干，有急征发，信宿可聚。四曰计丁课仗。凡战士二千，随其便能，各自有仗，素所服习，铭刻由己，还保输之于库，出行请以自新。请器仗，各自磨砺使精新。弓簳利铁，民不得者，官以渐充之。簳，古旱翻。数年之内，军用粗备矣。粗，坐五翻。近郡之师，远屯清、济，近郡，谓南徐州所领诸侨郡及三吴，近在邦域之中者。济，子礼翻。功费既重，嗟怨亦深，以臣料之，未若即用彼众之易也。易，弋豉翻。今因民所利，导而帅之，帅，读曰率。兵强而敌不戒，国富而民不劳，比于优复队伍，复，方目翻。坐食粮廪者，不可同年而校矣。”

7 魏金城边固、【严："固"改"冏"；下同。】天水梁会，与秦、益杂民万馀户据上邽东城反，攻逼西城。秦、益二州刺史封敕文拒却之。氐、羌万馀人，休官、屠各二万馀人休官、屠各二种，屠，直于翻。皆起兵应固、会，敕文击固，斩之，馀众推会为主，与敕文相攻。

8 夏，四月，甲申，魏主至长安。

9 丁未，大赦。

10 仇池人李洪聚众，自言应王；梁会求救于氐王杨文德，文德曰："两雄不并立，若须我者，宜先杀洪。"会诱洪斩之，诱，音酉。送首于文德。五月，癸亥，魏主遣安丰公闾根帅骑赴上邽，帅，读曰率。骑，奇寄翻。未至，会弃东城走。敕文先掘重堑于外，重，直龙翻。严兵守之，格斗从夜至旦。敕文曰："贼知无生路，致死于我，多杀伤士卒，未易克也。"易，以豉翻。乃以白虎幡宣告会众，降者赦之，降，户江翻。会众遂溃；分兵追讨，悉平之。略阳人王元达聚众屯松多川，水经注：松多水出陇山，西南流，径降陇城北，又西南注秦水。敕文又讨平之。

11 盖吴收兵屯杏城，自号秦地王，声势复振。复，扶又翻。魏主遣永昌王仁、高凉王那督北道诸军讨之。北道诸军，谓魏兵分屯长安以北者。

12 檀和之等拔区粟，斩范扶龙，乘胜入象浦；象浦即卢容浦。卢容县即秦象郡象林县地，故亦谓之象浦。林邑王阳迈倾国来战，以具装被象，前后无际。马甲谓之具装。被，皮义翻。宗悫曰："吾闻外国有师子，威服百兽。"师子似虎，正黄，有髯耏，尾端茸毛大如斗。尔雅翼曰：穆天子传：狻猊日走五百里，其为物最猛，虽虎豹亦畏之。象至，以鼻卷泥自涂数尺，数数喷鼻隅立，师子直搏而杀之。乃制其形，与象相拒，象果惊走，林邑兵大败。和之遂克林邑，水经注：林邑国都治典冲，在寿泠县阿贲浦，西去海岸四十里。考异曰：本纪在六月，传在五月。当是六月赏檀和之等。今从传。阳迈父子挺身走。所获未名之宝，不可胜计，宗悫一无所取，还家之日，衣栉萧然。胜，音升。栉，侧瑟翻，梳枇总名。

13 六月，癸未朔，日有食之。

14 甲申，魏发冀、相、定三州兵二万人相，息亮翻。屯长安南山诸谷，以备盖吴窜逸。丙戌，又发司、幽、定、冀四州兵十万人筑畿上塞围，魏都平城，置司州于代都。宋白曰：唐云州云中郡是。起上谷，西至河，广纵千里。广，古旷翻。纵，子容翻。

15 帝筑北堤，立玄武湖，以其地在台城之后，故名玄武湖，在今建康府上元县北十里。祝穆曰：湖今为后军寨。筑景阳山于华林园。

16 秋，七月，辛未，以散骑常侍杜坦为青州刺史。坦，骥之兄也。初，杜预之子耽，避晋乱，居河西，仕张氏。前秦克凉州，子孙始还关中。高祖灭后秦，坦兄弟从高祖过江。时江东王、谢诸族方盛，北人晚渡者，朝廷悉以伧荒遇之，伧，助耕翻；南人呼北人为伧。荒，言其自荒外来也。虽复人才可施，皆不得践清涂。上尝与坦论金日磾，曰："恨今无复此辈人！"复，扶又翻。磾，丁奚翻。坦曰："日磾假生今世，养马不暇，岂办见知！"上变色曰："卿何量朝廷之薄也！"量，音良。坦曰："请以臣言之：臣本中华高族，晋氏丧乱，丧，息浪翻。播迁凉土，世业相承，不殒其旧；直以南渡不早，便以荒伧赐隔。日磾，胡人，身为牧圉；乃超登内侍，齿列名贤。金日磾事见二十二卷汉武帝后元二年。圣朝虽复拔才，臣恐未必能也。"上默然。

17 八月，魏高凉王那等破盖吴，获其二叔；诸将欲送诣平城，长安镇将陆俟曰："长安险固，风俗豪忮，将，即亮翻。忮，支义翻，狠也。平时犹不可忽，况承荒乱之馀乎！今不斩吴，则长安之变未已也。吴一身潜窜，非其亲信，谁能获之！若停十万之众以追一人，又非长策。不如私许吴叔，免其妻子，使自追吴，擒之必矣。”诸将咸曰：“今贼党众已散，唯吴一身，何所能至？”俟曰：“诸君不见毒蛇乎！不断其首，犹能为害。断，丁管翻。吴天性凶狡，今若得脱，必自称王者不死，以惑愚民，为患愈大。”诸将曰：“公言是也。但得贼不杀，而更遣之，若遂往不返，将何以任其罪？”俟曰：“此罪，我为诸君任之。”为，于伪翻。任，音壬。高凉王那亦以俟计为然，遂赦二叔，与刻期而遣之。及期，吴叔不至，诸将皆咎俟，俟曰：“彼伺之未得其便耳，必不负也。”后数日，吴叔果以吴首来，传诣平城。伺，相吏翻。传，知恋翻，又直恋翻。考异曰：宋索虏传云：“屠各反，吴自攻之，为流矢所中死。吴弟吾生率众入木面山，寻皆破散。”今从魏书。永昌王仁讨吴馀党白广平、路那罗，悉平之。以陆俟为内都大官。

会安定卢水胡刘超等聚众万馀人反，魏主以俟威恩著于关中，复加俟都督秦、雍二州诸军事，镇长安，复，扶又翻；下复选、复还同。谓俟曰：“关中奉化日浅，魏主平夏始得关中。恩信未洽，吏民数为逆乱。数，所角翻。今朕以重兵授卿，则超等必同心协力，据险拒守，未易攻也；易，以豉翻。若兵少，则不能制贼；少，诗沼翻。卿当自以方略取之。”俟乃单马之镇。超等闻之，大喜，以俟为无能为也。

俟既至，谕以成败，诱纳超女，与为姻戚以招之；超自恃其众，犹无降意。俟乃帅其帐下亲往见超，诱，音酉。降，户江翻。帅，读曰率。超使人逆谓俟曰：“从者过三百人，从，才用翻。当以弓马相待；不及三百人，当以酒食相供。”俟乃将二百骑诣超。将，即亮翻。骑，奇寄翻。超设备甚严，俟纵酒尽醉而还。

还，而宣翻，又如字。顷之，俟复选敢死士五百人出猎，复，扶又翻。因诣超营；约曰："发机当以醉为限。"既饮，俟阳醉，上马大呼，呼，火故翻。手斩超首，士卒应声纵击，杀伤千数，遂平之。魏主征俟还，为外都大官。

18 是岁，吐谷浑复还旧土。去年吐谷浑西奔。

聂崇岐标点王崇武覆校

资治通鉴卷第一百二十五

端明殿学士兼翰林侍读学士朝散大夫右谏议大夫充集贤殿修撰提举西京嵩山崇福宫上柱国河内郡开国侯食邑一千八百户食实封六百户赐紫金鱼袋臣 司马光 奉敕编集

后学天台 胡三省 音注

宋纪七 起强圉大渊献(丁亥)，尽上章摄提格(庚寅)，凡四年。

太祖文皇帝中之下

元嘉二十四年(丁亥、四四七)

1 春，正月，甲戌，大赦。

2 魏吐京胡及山胡曹仆浑等反；二月，征东将军武昌王提等讨平之。

3 癸未，魏主如中山。

4 魏师之克敦煌也，“敦煌”，当作“姑臧”。事见一百二十三卷十六年。沮渠牧犍使人斫开府库，沮，子馀翻。犍，居言翻。取金玉及宝器，因不复闭；复，扶又翻；下同。小民争入盗取之，有司索盗不获。索，山客翻；下同。至是，牧犍所亲及守藏者告之，藏，徂浪翻。且言牧犍父子多蓄毒药，潜杀人前后以百数；况复姊妹皆学左道。谓学昙无谶之术也。有司索牧犍家，得所匿物；魏主大怒，赐沮渠昭仪死，并诛其宗族，唯沮渠祖以先降得免。祖降亦见十六年。又有告牧犍犹与故臣民交通谋反者，三月，魏主遣崔浩就第赐牧犍死，谥曰哀王。

5 魏人徙定州丁零三千家于平城。

6 六月，魏西征诸将西征，谓讨盖吴之将也。将，即亮翻。扶风公处真等八人，处，昌吕翻。坐盗没军资及虏掠赃各千万计，并斩之。

7 初，上以货重物轻，改铸四铢钱。元嘉七年铸四铢钱，见一百二十一卷。民多翦凿古钱，取铜盗铸。上患之。录尚书事江夏王义恭建议，请以大钱一当两。夏，户雅翻。右仆射何尚之议曰："夫泉贝之兴，以估货为本，估，音古。事存交易，岂假多铸！数少则币重，少，诗沼翻；下同。数多则物重，多少虽异，济用不殊。况复以一当两，徒崇虚价者邪！复，扶又翻。若今制遂行，富人之赀自倍，贫者弥增其困，惧非所以使之均壹也。"上卒从义恭议。卒，子恤翻；下同。

8 秋，八月，乙未，徐州刺史衡阳文王义季卒。义季自彭城王义康之贬，义康贬见一百二十三卷十七年。遂纵酒不事事。帝以书诮责，且戒之；诮，才笑翻。义季犹酣饮自若，以至成疾而终。

9 魏乐安宣王范卒。

10 冬，十月，壬午，胡藩之子诞世杀豫章太守桓隆之，据郡反，胡藩家于豫章。欲奉前彭城王义康为主；前交州刺史檀和之去官归，过豫章，击斩之。过，工禾翻。

11 十一月，甲寅，封皇子浑为汝阴王。

12 十二月，魏晋王伏罗卒。考异曰：宋索虏传曰："焘所住屠苏为疾雷所击，屠苏倒，见压殆死。左右皆号泣，晋王独不悲。焘怒，赐死。"此出于传闻。今从后魏书。

13 杨文德据葭芦城，水经注：羌水出陇西羌道，东南流径宕昌城东，西北去仇池五百馀里，又东径葭芦城西。招诱氐、羌，武都等五郡氐皆附之。魏取仇池置武都、天水、汉阳、武阶、仇池五郡。诱，音酉。

二十五年（戊子、四四八）

1 春，正月，魏仇池镇将皮豹子帅诸军击之。将，即亮翻。帅，读曰率。文德兵败，弃城奔汉中。豹子收其妻子、僚属、军资及杨保宗所尚魏公主而还。还，从宣翻，又如字。

初，保宗将叛，保宗叛魏，见上卷二十年。公主劝之。或曰："奈何叛父母之国？"公主曰："事成，为一国之母，岂比小县公主哉！"魏主赐之死。

杨文德坐失守，免官，削爵土。宋免削之也。

2 二月，癸卯，魏主如定州，罢塞围役者；筑塞围见上卷二十三年。遂如上党，诛潞县叛民二千馀家，徙河西离石民五千馀家于平城。"河西"当作"西河"。

3 闰月，己酉，帝大蒐于宣武场。建康仿洛都之制，筑宣武场于台城北。

4 初，刘湛既诛，湛诛见一百二十三卷十七年。庾炳之遂见宠任，累迁吏部尚书，势倾朝野。炳之无文学，性强急轻浅。既居选部，好诟詈宾客，且多纳货赂；士大夫皆恶之。选，须绢翻。好，呼报翻。恶，乌路翻。

炳之留令史二人宿于私宅，尚书令史掌省中文案，不当宿尚书私家。为有司所纠。上薄其过，欲不问。仆射何尚之因极陈炳之之短曰："炳之见人有烛盘、佳驴，无不乞丐；选用不平，不可一二；言其罪不可一二数也。交结朋党，构扇是非，乱俗伤风，过于范晔，所少，贼一事耳。言所少者，唯不至如范晔作贼一事。少，诗沼翻。纵不加罪，故宜出之。"上欲以炳之为丹杨尹。尚之曰："炳之蹈罪负恩，方复有尹京赫赫之授，复，扶又翻。引用诗"赫赫师尹"以谕京尹。然诗所谓师尹者，乃太师尹氏也。乃更成其形势也。古人云：'无赏无罚，虽尧、舜不能为治。'汉宣帝诏曰：有功不赏，有罪不诛，虽唐、虞不能以化。治，直吏翻。臣昔启范晔，事见一百二十三卷十七年。亦惧犯颜，苟白愚怀，九死不悔。言，苟愚怀所欲吐者，虽冒九死犹将言之而不悔。历观古今，未有众过藉藉，藉，秦昔翻。受货数百万，更得高官厚禄如炳之者也。”上乃免炳之官，以徐湛之为丹杨尹。

5 彭城太守王玄谟上言：“彭城要兼水陆，魏人南寇，水行自清入泗，陆行自历城、瑕丘，皆凑彭城，故云要兼水陆。请以皇子抚临州事。”夏四月，乙卯，以武陵王骏为安北将军、徐州刺史。

6 五月，甲戌，魏以交趾公韩拔为鄯善王，魏书官氏志：内入诸姓，出大汗氏改为韩氏。鄯，上扇翻。镇鄯善，赋役其民，比之郡县。

7 当两大钱行之经时，公私不以为便；己卯，罢之。

8 六月，丙寅，荆州刺史南谯王义宣进位司空。

9 辛酉，魏主如广德宫。魏主起殿于阴山北，殿成而杨难当来朝，因命曰广德宫。

10 秋，八月，甲子，封皇子彧为淮阳王。彧，于六翻。

11 西域般悦国去平城万有馀里，据北史，“般悦”当作“悦般”。般，音钵。遣使诣魏，使，疏吏翻。请与魏东西合击柔然；魏主许之，中外戒严。

12 九月，辛未，以尚书右仆射何尚之为左仆射，领军将军沈演之为吏部尚书。

13 丙戌，魏主如阴山。

14 魏成周公万度归击焉耆，大破之，焉耆王鸠尸卑那奔龟兹。龟兹，音丘慈。魏主诏唐和与前部王车伊洛帅所部兵会度归讨西域。车伊洛，车师大帅也，世附于魏，魏封为前部王。帅，读曰率。和说降柳驴等六城，说，输芮翻。因共击波居罗城，拔之。

15 冬，十月，辛丑，魏弘农昭王奚斤卒，子它观【张：“观”下脱“应”字。】袭。魏主曰：“斤关西之败，事见一百二十一卷五年。罪固当死；朕以斤佐命先朝，朝，直遥翻。复其爵邑，使得终天年，君臣之分亦足矣。”分，扶问翻。乃降它观爵为公。

16 癸亥，魏大赦。

17 十二月，魏万度归自焉耆西讨龟兹，留唐和镇焉耆。柳驴戍主乙直伽谋叛，伽，求迦翻。和击斩之，由是诸胡咸服，西域复平。复，扶又翻；下复伐同。

18 魏太子朝于行宫，阴山之行宫也。朝，直遥翻。遂从伐柔然。至受降城，即汉武帝所筑受降城。降，户江翻。不见柔然，因积粮于城内，置戍而还。还，从宣翻，又如字。

二十六年（己丑、四四九）

1 春，正月，戊辰朔，魏主飨群臣于漠南。甲戌，复伐柔然。高凉王那出东道，略阳王羯儿出西道，羯，居谒翻。魏主与太子出涿邪山，邪，读曰耶。行数千里。柔然处罗可汗恐惧远遁。处，昌吕翻。可，从刊入声。汗，音寒。

2 二月，己亥，上如丹徒，谒京陵。三月，丁巳，大赦。募诸州乐移者数千家以实京口。乐，音洛。

3 庚寅，魏主还平城。

4 夏，五月，壬午，帝还建康。

5 庚寅，魏主如阴山。

6 帝欲经略中原，群臣争献策以迎合取宠。彭城太守王玄谟尤好进言，守，手又翻。好，呼到翻。帝谓侍臣曰：“观玄谟所陈，令人有封狼居胥意。”汉霍去病伐匈奴，封狼居胥，禅于姑衍，以临瀚海。御史中丞袁淑言于上曰：“陛下今当席卷赵、魏，卷，读曰捲。检玉岱宗；封泰山用玉检。臣逢千载之会，愿上封禅书。”载，子亥翻。上，时掌翻。上悦。淑，耽之曾孙也。袁耽见晋成帝纪。

秋，七月，辛未，以广陵王诞为雍州刺史。雍，于用翻。上以襄阳外接关、河，欲广其资力，乃罢江州军府，文武悉配雍州；沈约曰：晋孝武始于襄阳立雍州，并立侨郡县；至是，割荆州之襄阳、南阳、新野、顺阳、随五郡为雍州，而侨郡县犹寄寓在诸郡界。湘州入台租税，悉给襄阳。

7 九月，魏主伐柔然，高凉王那出东道，略阳王羯儿出中道。柔然处罗可汗悉国内精兵围那数十重；那掘堑坚守，【章：十二行本“守”下有“相持数日”四字；乙十一行本同；孔本同；张校同；退斋校同。】处罗数挑战，辄为那所败。重，直龙翻。掘，其月翻。堑，七艳翻。数，所角翻。挑，徒了翻。败，补迈翻。以那众少而坚，少，诗沼翻。疑大军将至，解围夜去；那引兵追之，九日九夜。处罗益惧，弃辎重，逾穹隆岭远遁；那收其辎重，重，直用翻。引军还，与魏主会于广泽。略阳王羯儿收柔然民畜凡百馀万。自是柔然衰弱，屏迹不敢犯魏塞。屏，必郢翻。冬，十二月，戊申，魏主还平城。

8 沔北诸山蛮寇雍州，建威将军沈庆之帅后军中兵参军柳元景、随郡太守宗悫等二万人讨之，帅，读曰率。八道俱进。先是，诸将讨蛮者皆营于山下以迫之，蛮得据山发矢石以击，官军多不利。乘高临下，矢石之势所及过于平原相遇者，故军多不利。先，悉荐翻。庆之曰：“去岁蛮田大稔，积谷重岩，重，直龙翻。不可与之旷日相守也。不若出其不意，冲其腹心，破之必矣。”乃命诸军斩木登山，鼓噪而前，群蛮震恐；因其恐而击之，所向奔溃。斩木登山，八道并进，蛮救首救尾之不暇，故震恐而奔溃。若一道而进，蛮聚兵据险拒战，虽欲斩木而登山，庸可得乎！

二十七年（庚寅、四五〇）

1 春，正月，乙酉，魏主如洛阳。

2 沈庆之自冬至春，屡破雍州蛮，因蛮所聚谷以充军食，前后斩首三千级，虏二万八千馀口，降者二万五千馀户。降，下江翻。幸诸山大羊蛮凭险筑城，守御甚固。庆之击之，命诸军连营于山中，开门相通，各穿池于营内，朝夕不外汲。顷之，风甚，蛮潜兵夜来烧营，诸军以池水沃火，多出弓弩夹射之，射，而亦翻。蛮兵散走。蛮所据险固，不可攻，庆之乃置六戍以守之。久之，蛮食尽，稍稍请降，悉迁于建康以为营户。史言沈庆之又能持久以弊诸蛮。降，户江翻。

3 魏主将入寇，二月，甲午，大猎于梁川。梁川，后魏天平二年置梁城郡于其地，领参合、旋鸿二县。帝闻之，敕淮、泗诸郡："若魏寇小至，则各坚守；大至，则拔民归寿阳。"边戍侦候不明，侦，丑郑翻。辛亥，魏主自将步骑十万奄至。将，即亮翻。骑，奇寄翻。考异曰：宋书："是月辛丑，南平王铄进号西平。辛巳，索虏寇汝南。"按长历，二月壬辰朔，十日辛丑，二十日辛亥。"巳"当作"亥"。南顿太守郑琨、南顿县本属汝南，晋惠帝分置南顿郡。颍川太守郑【章：十二行本"郑"作"郭"；乙十一行本同；孔本同；张校同。】道隐并弃城走。

是时，豫州刺史南平王铄镇寿阳，遣左军行参军陈宪行汝南郡事，守悬瓠，水经注：汝水自汝南上蔡县东径悬瓠城北，今豫州刺史，汝南郡治。汝水枝别左出，西北流，又屈西东转，又西南会汝，形若悬瓠，故以名城。瓠，户故翻，又音乎。城中战士不满千人，魏主围之。

三月，以军兴，减内外百官俸三分之一。

魏人昼夜攻悬瓠，多作高楼，临城以射之，射，而亦翻。矢下如雨，城中负户以汲，施大钩于冲车之端以牵楼堞，坏其南城；堞，达叶翻。坏，音怪。陈宪内设女墙，外立木栅以拒之。魏人填堑，肉薄登城，薄，迫也。堑，七艳翻。宪督厉将士苦战，将，即亮翻。积尸与城等。魏人乘尸上城，短兵相接，宪锐气愈奋，战士无不一当百，杀伤万计，城中死者亦过半。

魏主遣永昌王仁将步骑万馀，驱所掠六郡生口北屯汝阳。汝阳县本属汝南郡，江左分立汝阳郡。时徐州刺史武陵王骏镇彭城，帝遣间使命骏发骑，赍三日粮袭之。间，古苋翻。使，疏吏翻。骑，奇寄翻；下同。骏发百里内马得千五百匹，分为五军，遣参军刘泰之考异曰：后魏纪作“刘坦之”，今从宋书。帅安北骑兵行参军垣谦之、田曹行参军臧肇之、集曹行参军尹定、田曹，主营田；集曹，主安集流散，犹汉之安集掾也。时骏为安北将军，谦之等皆府僚也。武陵左常侍杜幼文、晋制：王国置左右常侍各一人。殿中将军程天祚等将之，将，即亮翻。直趋汝阳。趋，七喻翻。魏人唯虑救兵自寿阳来，不备彭城。丁酉，泰之等潜进，击之，杀三千馀人，烧其辎重，重，直用翻。魏人失【章：十二行本“失”作“奔”；乙十一行本同；孔本同；张校同；退斋校同；熊校同。】散，诸生口悉得东走。魏人侦知泰之等兵无继，侦，丑郑翻。复引兵击之。复，扶又翻。垣谦之先退，士卒惊乱，弃仗走。泰之为魏人所杀，肇之溺死，天祚为魏所擒，谦之、定、幼文及士卒免者九百馀人，马还者四百匹。

魏主攻悬瓠四十二日，帝遣南平内史臧质诣寿阳，与安蛮司马刘康祖共将兵救悬瓠。时南平王铄领安蛮校尉，以康祖为司马。魏主遣殿中尚书任城公乞地真将兵逆拒之。魏殿中尚书知殿内兵马仓库。任，音壬。质等击斩乞地真。康祖，道锡之从兄也。刘道锡见一百二十三卷十八年。从，才用翻。

夏，四月，魏主引兵还，还，从宣翻，又如字。癸卯，至平城。

壬子，安北将军武陵王骏降号镇军将军，垣谦之伏诛，尹定、杜幼文付尚方；输作尚方也。以陈宪为龙骧将军、汝南·新蔡二郡太守。骧，思将翻。

魏主遗帝书曰：“前盖吴反逆，扇动关、陇。彼复使人就而诱之，丈夫遗以弓矢，妇人遗以环钏；复，扶又翻。诱，音酉。遗，于季翻。通使盖吴事见上卷二十二年、二十三年。钏，尺绢翻，臂环也。是曹正欲谲诳取赂，谲，古穴翻。诳，居况翻。岂有远相服从之理！为大丈夫，何不自来取之，而以货诱我边民？募往者复除七年，是赏奸也。复，方目翻。我今来至此土所得多少，孰与彼前后得我民邪？

彼若欲存刘氏血食者，当割江以北输之，摄守南渡，摄，收也，言收江北守兵南渡江也。当【章：十二行本“当”上有“如此”二字；乙十一行本同；孔本同；张校同。】释江南使彼居之。不然，可善敕方镇、刺史、守宰严供帐之具，守，式又翻。“帐”，当作“张”，音竹亮翻。来秋当往取扬州。大势已至，终不相纵。彼往日北通蠕蠕，西结赫连、沮渠、吐谷浑，东连冯弘、高丽；事并见前。蠕，人兖翻。沮，子馀翻。吐，从暾入声。谷，音浴。丽，力知翻。凡此数国，我皆灭之。以此而观，彼岂能独立！

蠕蠕吴提、吐贺真皆已死，我今北征，先除有足之寇。柔然多马，故言其有足。彼若不从命，来秋当复往取之；复，扶又翻；下复纵、复非同。以彼无足，故不先讨耳。我往之日，彼作何计，为掘堑自守，为筑垣以自障也？堑，七艳翻。我当显然往取扬州，不若彼翳行窃步也。翳，于计翻，蔽也。言隐蔽其身而行也。彼来侦谍，我已擒之，复纵还。其人目所尽见，委曲善问之。侦，丑郑翻。

彼前使裴方明取仇池，既得之，疾其勇功，已不能容；有臣如此尚杀之，事见上卷二十年。乌得与我校邪！彼非我敌也。彼常欲与我一交战，我亦不痴，复非苻坚，何时与彼交战？观此，魏人犹有惮南兵之心，盖高祖之馀威，而边垂诸将犹为有人也。昼则遣骑围绕，夜则离彼百里外宿；骑，奇寄翻。离，力智翻。吴人正有斫营伎，伎，渠绮翻。彼募人以来，不过行五十里，天已明矣。彼募人之首，岂得不为我有哉！

彼公时旧臣虽老，犹有智策，知今已杀尽，谓谢晦、檀道济辈。岂非天资我邪！取彼亦不须我兵刃，此有善咒婆罗门，天竺国有婆罗门，善咒术。当使鬼缚以来耳。”

4 侍中、左卫将军江湛迁吏部尚书。湛性公廉，与仆射徐湛之并为主上所宠信，时称江、徐。

5 魏司徒崔浩，自恃才略及魏主所宠任，专制朝权，尝荐冀、定、相、幽、并五州之士数十人，皆起家为郡守。朝，直遥翻。相，息亮翻。守，式又翻。太子晃曰："先征之人，亦州郡之选也；先征之人，谓游雅、李灵、高允等。在职已久，勤劳未答，宜先补郡县，以新征者代为郎吏。且守令治民，宜得更事者。"守，手又翻。治，直之翻。更，工衡翻。浩固争而遣之。中书侍郎、领著作郎高允闻之，谓东宫博士管恬曰："崔公其不免乎！苟遂其非而校胜于上，将何以堪之！"

魏主以浩监秘书事，监，工衔翻。使与高允等共撰国记，撰，雏免翻，撰述也。曰："务从实录。"著作令史闵湛、郄标，郄，丑之翻。性巧佞，为浩所宠信。浩尝注易及论语、诗、书，湛、标上疏言："马、郑、王、贾不如浩之精微，马融、郑玄、王肃、贾逵也。乞收境内诸书，班浩所注，令天下习业。令习肄浩所注经以为家业。并求敕浩注礼传，传，直恋翻。令后生得观正义。"浩亦荐湛、标有著述才。湛、标又劝浩刊所撰国史于石，以彰直笔。高允闻之，谓著作郎宗钦曰："湛、标所营，分寸之间，恐为崔门万世之祸，吾徒亦无噍类矣！"噍，才笑翻。浩竟用湛、标议，刊石立于郊坛东，方百步，据水经注，平城西郭外有郊天坛。用功三百万。浩书魏之先世，事皆详实，列于衢路，往来见者咸以为言。北人无不忿恚，北人，谓其先世从拓跋氏来自北荒者。恚，於避翻。相与谮浩于帝，以为暴扬国恶。帝大怒，使有司按浩及秘书郎吏等罪状。

初，辽东公翟黑子有宠于帝，奉使并州，使，疏吏翻。受布千匹。事觉，黑子谋于高允曰："主上问我，当以实告，为当讳之？”允曰：“公帷幄宠臣，有罪首实，首，式救翻。庶或见原，原，赦也。不可重为欺罔也。”重，直用翻。中书侍郎崔览、公孙质曰：“若首实，罪不可测，不如讳之。”黑子怨允曰：“君奈何诱人就死地！”入见帝，不以实对，帝怒，杀之。诱，音酉。见，贤遍翻。帝使允授太子经。

及崔浩被收，被，皮义翻。太子召允至东宫，因留宿。明旦，与俱入朝，朝，直遥翻。至宫门，谓允曰：“入见至尊，吾自导卿；脱至尊有问，但依吾语。”允曰：“为何等事也？”为，于伪翻。太子曰：“入自知之。”太子见帝，言“高允小心慎密，且微贱；制由崔浩，请赦其死！”帝召允，问曰：“国书皆浩所为乎？”对曰：“太祖记，前著作郎邓渊所为；先帝记及今记，臣与浩共为之。然浩所领事多，总裁而已，谓总其大纲，裁其可否也。至于著述，臣多于浩。”帝怒曰：“允罪甚于浩，何以得生！”太子惧曰：“天威严重，允小臣，迷乱失次耳。臣向问，皆云浩所为。”帝问允：“信如东宫所言乎？”对曰：“臣罪当灭族，不敢虚妄。殿下以臣侍讲日久，哀臣，欲丐其生耳。丐，古大翻。实不问臣，臣亦无此言，不敢迷乱。”帝顾太子曰：“直哉！此人情所难，而允能为之！临死不易辞，信也；为臣不欺君，贞也。宜特除其罪以旌之。”遂赦之。

于是召浩前，临诘之。诘，去吉翻。浩惶惑不能对。允事事申明，皆有条理。帝命允为诏，诛浩及僚属宗钦、段承根等，下至僮吏，凡百二十八人，皆夷五族；允持疑不为。帝频使催切，允乞更一见，然后为诏。帝引使前，允曰：“浩之所坐，若更有馀衅，衅，许觐翻。非臣敢知；若直以触犯，罪不至死。”触犯，谓直书国恶，不为尊者讳也。帝怒，命武士执允。太子为之拜请，为，于伪翻；下欲为同。帝意解，乃曰：“无斯人，当有数千口死矣。”

六月，己亥，诏诛清河崔氏与浩同宗者无远近，及浩姻家范阳卢氏、太原郭氏、河东柳氏，并夷其族，浩所连姻，皆士望也，非有凭附属请之罪，以浩故皆赤其族。择耦可不谨哉！馀皆止诛其身。縶浩置槛内，送城南，槛，槛车也。后魏刑人必于城南。縶，陟立翻。卫士数十人溲其上，溲，所鸠翻，小便也。呼声嗷嗷，嗷，五刀翻。闻于行路。闻，音问。宗钦临刑叹曰：“高允其殆圣乎！”

他日，太子让允曰：“人亦当知机。吾欲为卿脱死，既开端绪；而卿终不从，激怒帝如此。每念之，使人心悸。”悸，其季翻。允曰：“夫史者，所以记人主善恶，为将来劝戒，故人主有所畏忌，慎其举措。崔浩孤负圣恩，以私欲没其廉洁，爱憎蔽其公直，此浩之责也。至于书朝廷起居，言国家得失，此为史之大体，未为多违。允言浩死非其罪。臣与浩实同其事，死生荣辱，义无独殊。诚荷殿下再造之慈，荷，下可翻。违心苟免，非臣所愿也。”太子动容称叹。允退，谓人曰：“我不奉东宫指导者，恐负翟黑子故也。”

初，冀州刺史崔赜，武城男崔模，与浩同宗而别族；赜，士革翻。别，分也，依宋祁国语补音：彼列翻。浩常轻侮之，由是不睦。及浩诛，二家独得免。赜，逞之子也。崔逞归魏，为太祖所杀。

辛丑，魏主北巡阴山。魏主既诛崔浩而悔之。会北部尚书【章：十二行本“书”下有“宣城公”三字；乙十一行本同；孔本同；张校同。】李孝伯病笃，魏北部尚书知北边州郡。或传已卒。魏主悼之曰：“李宣城可惜！”李孝伯封宣城公。既而曰：“朕失言；崔司徒可惜，李宣城可哀！”孝伯，顺之从父弟也，李顺亦为魏主所宠任，得罪而死。从，才用翻。自浩之诛，军国谋议皆出孝伯，宠眷亚于浩。

6 初，车师大帅车伊洛世服于魏，帅，所类翻。魏拜伊洛平西将军，封前部王。伊洛将入朝，沮渠无讳断其路，沮渠无讳时屯高昌。朝，直遥翻。断，丁管翻。伊洛屡与无讳战，破之。无讳卒，卒于元嘉二十一年。弟安周夺其子乾寿兵，伊洛遣人说乾寿，乾寿遂帅其民五百馀家奔魏；帅，读曰率。伊洛又说李宝弟钦等五十馀人下之，皆送于魏。说，输芮翻。伊洛西击焉耆，留其子歇守城，沮渠安周引柔然兵间道袭之，间，古苋翻。攻拔其城。歇走就伊洛，共收馀众，保焉耆镇，魏破焉耆以为镇。遣使上书于魏主，言："为沮渠氏所攻，首尾八年，元嘉十九年，无讳袭据高昌，自此与车师相攻。使，疏吏翻。百姓饥穷，无以自存。臣今弃国出奔，得免者仅三分之一，已至焉耆东境，乞垂赈救！"魏主诏开焉耆仓以赈之。赈，津忍翻。

7 吐谷浑王慕利延为魏所逼，上表求入保越嶲，唐时吐蕃与云南窥蜀，即此路也。盖自汉武帝开昆明之后，后人遂通此路耳。嶲，音髓。上许之；慕利延竟不至。

8 上欲伐魏，丹杨尹徐湛之、吏部尚书江湛、彭城太守王玄谟等并劝之；左军将军刘康祖以为"岁月已晚，请待明年。"上曰："北方苦虏虐政，义徒并起。顿兵一周，沮向义之心，不可。"沮，在吕翻。

太子步兵校尉沈庆之谏曰：时东宫置兵与羽林等，故亦有步兵校尉。南史曰：高祖永初二年，置东宫屯骑、步兵、翊军三校尉。"我步彼骑，其势不敌。骑，奇计翻。檀道济再行无功，营阳王景平二年，道济出师，元嘉七年，至济上，皆无功而还。到彦之失利而返。见一百二十一卷七年。今料王玄谟等，未逾两将，将，即亮翻。六军之盛，不过往时，恐重辱王师。"重，直用翻。上曰："王师再屈，别自有由，道济养寇自资，彦之中涂疾动。谓彦之目疾大动也。虏所恃者唯马；今夏水浩汗，河道流通，泛舟北下，碻磝必走，滑台小戍，易可覆拔。易，以豉翻。克此二城，馆谷吊民，馆谷，就食敌人所积之谷。虎牢、洛阳，自然不固。比及冬初，比，必利翻。城守相接，虏马过河，即成擒也。”庆之又固陈不可。上使徐湛之、江湛难之。难，乃旦翻。庆之曰：“治国譬如治家，耕当问奴，织当访婢。治，直之翻。陛下今欲伐国，而与白面书生辈谋之，事何由济！”上大笑。

太子劭及护军将军萧思话亦谏，上皆不从。

魏主闻上将北伐，复与上书曰：“彼此和好日久，而彼志无厌，复，扶又翻。和好，呼到翻。厌，于盐翻。诱我边民。诱，音酉。今春南巡，聊省我民，省，悉井翻。驱之便还。今闻彼欲自来，设能至中山及桑乾川，乾，音干。随意而行，来亦不迎，去亦不送。若厌其区宇者，可来平城居，我亦往扬州，相与易地。彼年已五十，未尝出户，虽自力而来，如三岁婴儿，与我鲜卑生长马上者果如何哉！观魏主与帝二书，诚有惮江南之心。大明以后，北不复惮南矣。长，知两翻。更无馀物，可以相与，今送猎马十二匹并毡、药等物。彼来道远，马力不足，可乘；或不服水土，药可自疗也。”

秋，七月，庚午，诏曰：“虏近虽摧挫，谓攻悬瓠不克而退也。兽心靡革。比得河朔、秦、雍华戎表疏，比，毗寐翻，近也。雍，于用翻。归诉困棘，棘，急也。跂望绥拯，跂，丘弭翻，又去智翻。举踵而望，脚跟不着地也。潜相纠结以候王师；芮芮亦遣间使芮芮，即蠕蠕，南人语转耳。间，古苋翻。远输诚款，誓为掎角；掎，居蚁翻。经略之会，实在兹日。可遣宁朔将军王玄谟帅太子步兵校尉沈庆之、镇军谘议参军申坦水军入河，受督于青、冀二州刺史萧斌；帅，读曰率。斌，音彬。太子左卫率臧质、骁骑将军王方回径造许、洛；率，所律翻。骁，坚尧翻。骑，奇寄翻。造，七到翻。徐、兖二州刺史武陵王骏、豫州刺史南平王铄各勒所部，东西齐举；梁、南·北秦三州刺史刘秀之震荡汧、陇；汧，苦坚翻。太尉、江夏王义恭出次彭城，为众军节度。"夏，户雅翻。坦，钟之曾孙也。申钟见九十五卷晋成帝咸和九年。

是时军旅大起，王公、妃主及朝士、牧守，下至富民，各献金帛、杂物以助国用。朝，直遥翻。又以兵力不足，悉发青、冀、徐、豫、二兖六州二兖，南兖、北兖也。三五民丁，倩使蹔行，三五者，三丁发其一，五丁发其二。倩，七政翻。符到十日装束；自符到之日，以十日为装束，过此期即行。缘江五郡集广陵，缘淮三郡集盱眙。缘江五郡，南东海、南兰陵、南琅邪、南东莞、晋陵也。缘淮三郡，临淮、淮陵、下邳也。盱眙，音吁怡。又募中外有马步众艺武力之士应科者，皆加厚赏。有司又奏军用不充，扬、南徐、兖、江四州此兖谓南兖州。富民家赀满五十万，僧尼满二十万，并四分借一，事息即还。

建武司马申元吉引兵趋碻磝。乙亥，魏济州刺史王买德弃城走。魏明元帝泰常八年，置济州于碻磝城。趋，七喻翻。济，子礼翻。考异曰：宋略云："虏济州刺史王淮败走，虏支解王淮，传示列戍。"今从宋书。萧斌遣将军崔猛攻乐安，魏青州刺史张淮之亦弃城走。乐安，千乘、博昌之地，唐青州千乘县，此时乐安郡也。斌与沈庆之留守碻磝，使王玄谟进围滑台。考异曰：宋略："九月庚申，玄谟前军次白马，与虏兖州刺史歌得跋战，破之；玄谟进攻滑台。"今从宋书。雍州刺史随王诞雍，于用翻。遣中兵参军柳元景、振威将军尹显祖、奋武将军曾方平、南史作"鲁方平"，参考水经，作"鲁"为是。建武将军薛安都、略阳太守庞法起将兵出弘农。庞，皮江翻。将，即亮翻。后军外兵参军庞季明，年七十馀，自以关中豪右，请入长安招合夷、夏，夏，户雅翻。诞许之；乃自赀谷入卢氏，卢氏民赵难纳之。赀谷在卢氏县南山之南。卢氏县，汉属弘农郡，晋分属上洛郡，唐属虢州。季明遂诱说士民，诱，音酉。说，输芮翻。应之者甚众，安都等因之，自熊耳山出；熊耳山在卢氏故县东。元景引兵继进。豫州刺史南平王铄遣中兵参军胡盛之出汝南，梁坦出上蔡向长社，考异曰：铄传作"到坦之"，今从宋略。魏荆州刺史鲁爽镇长社，弃城走。爽，轨之子也。轨，鲁宗之之子。幢主王阳儿击魏豫州刺史仆兰，破之，军有幢主、队主，总一军者谓之军主。仆兰，亦姓拓跋。魏书官氏志：内入诸姓，仆兰氏改为仆氏。幢，传江翻。仆兰奔虎牢；虎牢，魏豫州刺史治所也。铄又遣安蛮司马刘康祖将兵助坦，进逼虎牢。

魏群臣初闻有宋师，言于魏主，请遣兵救缘河谷帛。魏主曰："马今未肥，天时尚热，速出必无功。若兵来不止，且还阴山避之。国人本着羊皮袴，何用绵帛！国人，谓同自北荒来之种人也。着，陟略翻。展至十月，吾无忧矣。"展，宽也。

九月，辛卯，魏主引兵南救滑台，命太子晃屯漠南以备柔然，吴王馀守平城。庚子，魏发州郡兵五万分给诸军。

王玄谟士众甚盛，器械精严；而玄谟贪愎好杀。愎，弼力翻。好，呼到翻。初围滑台，城中多茅屋，众请以火箭烧之。杜佑曰：以小瓢盛油冠矢端，射城楼橹板木上，瓢败油散，因烧矢内簳中射油散处，火立燃，复以油瓢续之，则楼橹尽焚，谓之火箭。玄谟曰："彼，吾财也，何遽烧之！"城中即撤屋穴处。处，昌吕翻。时河、洛之民竞出租谷、操兵来赴者日以千数，操，千高翻。玄谟不即其长帅而以配私昵；即，就也，言不能就其长帅而用之，使各为部队，而以其人分配私所爱昵者。长，知两翻。帅，所类翻。昵，尼质翻。家付匹布，责大梨八百；由是众心失望。攻城数月不下，闻魏救将至，众请发车为营，玄谟不从。玄谟岂不知为车营可凭而战哉？盖于时已有走心矣。

冬，十月，癸亥，魏主至枋头，使关内侯代人陆真夜与数人犯围，潜入滑台，抚慰城中，且登城视玄谟营曲折还报。

乙丑，魏主渡河，众号百万，鞞鼓之声，震动天地；鞞，部迷翻。玄谟惧，退走。魏人追击之，死者万馀人，麾下散亡略尽，委弃军资器械山积。

先是，玄谟遣钟离太守垣护之以百舸为前锋，据石济，钟离县，汉属九江郡，晋属淮南郡，晋安帝分立钟离郡，属南兖州。沈约志，属徐州。水经曰：河水径东燕县故城北，则有济水自北来注之。注云：垣护之守石济，即此处。先，悉荐翻。舸，古我翻。守，手又翻。在滑台西南百二十里。护之闻魏兵将至，驰书劝玄谟急攻，曰："昔武皇攻广固，死没者甚众。事见一百一十五卷晋安帝义熙五年、六年。况今事迫于曩日，岂得计士众伤疲！愿以屠城为急。"玄谟不从；使玄谟从护之计，急攻而得滑台，魏兵随至，固无以善其后也。及玄谟败退，不暇报护之。魏人以所得玄谟战舰连以铁锁三重，断河舰，户黯翻。重，直龙翻。断，音短。以绝护之还路。河水迅急，护之中流而下，每至铁锁，以长柯斧断之，断，音短。魏不能禁；唯失一舸，馀皆完备而返。舸，古我翻。

萧斌遣沈庆之将五千人救玄谟，将，即亮翻。庆之曰："玄谟士众疲老，寇虏已逼，得数万人乃可进，小军轻往，无益也。"斌固遣之。会玄谟遁还，斌将斩之，庆之固谏曰："佛狸威震天下，魏主小字佛狸。佛，音弼。控弦百万，岂玄谟所能当！且杀战将以自弱，非良计也。"将，即亮翻。斌乃止。

斌欲固守碻磝，庆之曰："今青、冀虚弱，而坐守穷城，若虏众东过，清东非国家有也。东过，谓越碻磝而过，东入青、冀界。清东，谓清水以东也。碻磝孤绝，复作朱修之滑台耳。"朱修之事见一百二十二卷八年。复，扶又翻；下复召同。会诏使至，不听斌等退师。使，疏吏翻。斌复召诸将议之，并谓宜留，庆之曰："阃外之事，将军得以专之。诏从远来，不知事势。节下有一范增不能用，引汉高帝之言。空议何施！"斌及坐者并笑曰："沈公乃更学问！"

更，经也，历也，音工衡翻。庆之厉声曰："众人虽知古今，不如下官耳学也。"耳学，谓虽未尝目览书传，能以耳听人所讲说者而学之。斌乃使王玄谟戍碻磝，申坦、垣护之据清口，清水南通淮，北通河；此谓清水入河之口。水经：济水东北过寿张县西界安民亭南，汶水从东北来注之。注云：戴延之所谓清口也。自帅诸军还历城。帅，读曰率；下同。自此以上，皆王玄谟攻滑台事。

闰月，庞法起等诸军入卢氏，斩县令李封，以赵难为卢氏令，使帅其众为乡导。乡，读曰向。柳元景自百丈崖从诸军于卢氏。百丈崖，在温谷南。法起等进攻弘农，辛未，拔之，擒魏弘农太守李初古拔。薛安都留屯弘农；丙戌，庞法起进向潼关。自闰月以下，皆柳元景攻关、陕事。

魏主命诸将分道并进：永昌王仁自洛阳趋寿阳，尚书长孙真趣马头，沈约曰：马头郡故淮南当涂县地，晋安帝立马头郡，因山形而名，属南豫州，宋属徐州。将，即亮翻。趣，七喻翻；下同。楚王建趣钟离，高凉王那自青州趣下邳，魏主自东平趣邹山。

十一月，辛卯，魏主至邹山，考异曰：宋略云："戊子，至邹山。"今从后魏书。鲁郡太守崔邪利为魏所擒。宋鲁郡时治邹山。魏主见秦始皇石刻，使人排而仆之，秦始皇二十八年，上邹峄山，立石颂德。以太牢祠孔子。

楚王建自清西进，屯萧城；步尼公自清东进，屯留城。魏收地形志：沛郡萧县有萧城，彭城郡之留县有留城。武陵王骏遣参军马文恭将兵向萧城，江夏王义恭遣军主嵇玄敬将兵向留城。文恭为魏所败。败，补卖翻。步尼公遇玄敬，引兵趣苞桥，欲渡清西；沛县民烧苞桥，夜于林中击鼓，魏以为宋兵大至，争渡苞水，水经注：泡水亦曰丰水，水上承大荠陂，东径已氏及平乐县，又东径丰县故城南，又东合黄水。水上旧有梁，谓之苞桥，沛县民烧泡桥，魏兵溺死之地也。又东径沛县故城南。溺死者殆半。自此以上，魏主分遣诸将事也。

诏以柳元景为弘农太守。元景使薛安都、尹显祖先引兵就庞法起等于陕，元景于后督租。陕城险固，诸军攻之不拔。陕，失冉翻。魏洛州刺史张是连提考异曰：宋略作"张是连踶"，今从宋书。帅众二万度峭救陕，自洛至陕有三峭之险。帅，读曰率。安都等与战于城南。魏人纵突骑，诸军不能敌；骑，奇寄翻；下同。安都怒，脱兜鍪，解铠，鍪，音牟。唯着绛纳两当衫，着，陟略翻。前当心，后当背，谓之两当衫。马亦去具装，瞋目横矛，单骑突陈，所向无前，魏人夹射不能中。如是数四，杀伤不可胜数。去，羌吕翻。瞋，七人翻。陈，读曰阵。射，而亦翻。中，竹仲翻。胜，音升。会日暮，别将鲁元保引兵自函谷关至，魏兵乃退。元景遣军副柳元怙将步骑二千救安都等，一军之将谓之军主，副将谓之军副。夜至，魏人不之知。明日，安都等陈于城西南。陈，读曰阵。曾方平谓安都曰："今勍敌在前，勍，渠京翻。坚城在后，是吾取死之日。卿若不进，我当斩卿；我若不进，卿当斩我也！"安都曰："善，卿言是也！"遂合战。元怙引兵自南门鼓噪直出，旌旗甚盛，魏众惊骇。安都挺身奋击，流血凝肘，矛折，折，而设翻。易之更入，诸军齐奋。自旦至日昃，魏众大溃，斩张是连提及将卒三千馀级，其馀赴河堑死者甚众，生降二千馀人。昃，阻力翻。将，即亮翻。堑，七艳翻。降，下江翻。明日，元景至，让降者曰："汝辈本中国民，今为虏尽力，力屈乃降，何也？"为，于伪翻。皆曰："虏驱民使战，后出者灭族，以骑蹙步，未战先死，此将军所亲见也。"诸将欲尽杀之。元景曰："今王旗北指，当使仁声先路。"先，悉荐翻。尽释而遣之，皆称万岁而去。甲午，克陕城。

庞法起等进攻潼关，魏戍主娄须弃城走，法起等据之。关中豪桀所在蜂起，及四山羌、胡皆来送款。关中之地，四面阻山，时羌、胡皆依山而居，自为聚落。

上以王玄谟败退，魏兵深入，柳元景等不宜独进，皆召还。元景使薛安都断后，断，丁管翻。引兵归襄阳。诏以元景为襄阳太守。此以上柳元景攻关陕事。

魏永昌王仁攻悬瓠、项城，拔之。帝恐魏兵至寿阳，召刘康祖使还。癸卯，仁将八万骑追及康祖于尉武。将，即亮翻。骑，奇计翻。考异曰：宋略及南平王铄传皆作“尉氏”。按康祖传云：“去寿阳裁数十里”，然则非尉氏也。今从康祖及索虏传作“尉武”。今按沈约志，秦郡有尉氏县。秦郡治堂邑，属南兖州，非南平王铄所统，其地又不在寿阳北数十里。温公之考核精矣。按北史拓跋仑传：尉武，亭名；刘康祖战死于此。康祖有众八千人，军副胡盛之幢、队、军皆有主副。欲依山险间行取至，间，古苋翻。取至，谓取至寿阳也。康祖怒曰：“临河求敌，遂无所见；幸其自送，奈何避之！”乃结车营而进，下令军中曰：“顾望者斩首，转步者斩足！”魏人四面攻之，将士皆殊死战。自旦至晡，杀魏兵万馀人，流血没踝，踝，胡瓦翻，足踝也。康祖身被十创，被，皮义翻。创，初良翻。意气弥厉。魏分其众为三，且休且战。会日暮风急，魏以骑负草烧军营，康祖随补其阙。有流矢贯康祖颈，坠马死，馀众不能战，遂溃，魏人掩杀殆尽。考异曰：康祖传云：“大战一日一夜”，又云：“虏死者太半。”今从宋略。

南平王铄使左军行参军王罗汉以三百人戍尉武。魏兵至，众欲依卑林以自固，罗汉以受命居此，不去。魏人攻而擒之，锁其颈，使三郎将掌之；三郎将，盖主内三郎。魏谓卫士曰三郎将。将，即亮翻。罗汉夜断三郎将首，断，丁管翻。抱锁亡奔盱眙。盱眙，音吁怡。

魏永昌王仁进逼寿阳，焚掠马头、钟离；南平王铄婴城固守。自此以上，魏兵向寿阳事。

魏兵在萧城，去彭城十馀里。彭城兵虽多而食少，少，诗沼翻；下同。太尉江夏王义恭欲弃彭城南归。安北中兵参军沈庆之以为历城兵少食多，欲为函箱车陈，以精兵为外翼，奉二王及妃女直趋历城；陈，读曰阵。趋，七喻翻。分兵配护军萧思话，使留守彭城。太尉长史何勖欲席卷奔郁洲，东海郡赣榆县东海中有郁洲，今东海军是其地。泰始三年，于此侨立青州、齐、梁为青、冀二州刺史治所。卷，读曰捲。郁，音聿。自海道还京师。义恭去意已判，判，亦决也。惟二议弥日未决。沈庆之之议，自彭城趋历城犹曰主于进；何勖之议则主于奔退耳。安北长史沛郡太守张畅曰："若历城、郁洲有可至之理，下官敢不高赞！时沛郡治萧城。张畅以安北长史带沛郡太守。高，抗也；赞，助也；言抗声以助决其议也。今城中乏食，百姓咸有走志，但以关扃严固，欲去莫从耳。扃，古荧翻，外闭之关也。此言门守严固，百姓无从得去。一旦动足，则各自逃散，欲至所在，何由可得！今军食虽寡，朝夕犹未窘罄；窘，渠陨翻。岂有舍万安之术而就危亡之道！若此计必行，下官请以颈血污公马蹄。"污，乌故翻。武陵王骏谓义恭曰："阿父既为总统，去留非所敢干，义恭顿彭城为诸军节度，故曰总统。阿，读从安入声。道民忝为城主，而委镇奔逃，实无颜复奉朝廷，义恭于骏，诸父也。骏小字道民。徐州刺史治彭城，故曰城主。复，扶又翻。必与此城共其存没，张长史言不可异也。"义恭乃止。

壬子，魏主至彭城，立毡屋于戏马台以望城中。戏马台，在彭城城南，其高十仞，广袤百步，项羽所筑也。

马文恭之败也，队主蒯应没于魏。此上萧城之败也。蒯，苦怪翻。魏主遣应至小市门求酒及甘蔗；甘蔗，说文所谓诸蔗也。生于南方，北人嗜之。蔗，之夜翻。武陵王骏与之，仍就求橐驼。韦昭曰：橐驼，背肉似橐而善负物。颜师古曰：言能负橐而驮物，故曰橐驼。尔雅翼：驼，外国之奇畜，背有两封如鞍，其足三节，色苍褐，负物至千斤，日三百里。凡欲桩载，必先屈足受之，所载未尽其量，终不起。古语谓之橐佗。橐，囊也；

佗，负荷也。今云骆驼，盖橐音之转。明日，魏主使尚书李孝伯至南门，饷义恭貂裘，饷骏橐驼及骡，骡，卢戈翻；驴父马母，坚耐健走。且曰："魏主致意安北，可蹔出见我；蹔，与暂同。我亦不攻此城，何为劳苦将士，备守如此！"骏使张畅开门出见之曰："安北致意魏主，常迟面写，迟，直利翻，待也。但以人臣无境外之交，恨不蹔悉。悉，详尽也，言恨不蹔时得详尽所怀也。备守乃边镇之常，悦以使之，则劳而无怨耳。"易兑卦彖辞曰：悦以先民，民忘其劳。魏主求甘橘及借博具，皆与之；复饷毡及九种盐胡豉。孝伯传曰：凡此诸盐，各有所宜：白盐，食盐；主上日所食；黑盐，疗腹胀气满，末之六铢，以酒而服；胡盐，疗目痛；戎盐，疗诸疮；赤盐、驳盐、马齿盐四种并非食盐。豉，是义翻，说文曰：配盐幽尗也。胡豉，胡人所造。尗，与菽同，豆也。复，扶又翻。种，章勇翻。又借乐器，义恭应之曰："受任戎行，行，户刚翻。不赍乐具。"孝伯问畅："何为忽忽闭门绝桥？"畅曰："二王以魏主营垒未立，将士疲劳，此精甲十万，恐轻相陵践，故闭城耳。待休息士马，然后共治战场，刻日交戏。"左传：晋楚将战于城濮，楚令尹子玉遣使谓晋曰：请与君之士戏。践，息演翻。治，直之翻。孝伯曰："宾有礼，主则择之。"左传鲁大夫羽父语薛侯之言。畅曰："昨见众宾至门，未为有礼。"魏主使人来言曰："致意太尉、安北，何不遣人来至我所？彼此之情，虽不可尽，要须见我小大，知我老少，观我为人。若诸佐不可遣，亦可使僮干来。"诸佐，谓佐吏也。僮干，则给使令者耳。魏主此言，犹知宋为有人。畅以二王命对曰："魏主形状才力，久为来往所具。李尚书亲自衔命，不患彼此不尽，故不复遣使。"复，扶又翻；下无复同。孝伯又曰："王玄谟亦常才耳，南国何意作如此任使，以致奔败？自入此境七百馀里，主人竟不能一相拒逆。邹山之险，君家所凭，前锋始接，崔邪利遽藏入穴，诸将倒曳出之。邹山多石穴，土人谓穴为峄，相率入保藏以避兵，故孝伯云然。魏主赐其馀生，今从在此。”畅曰：“王玄谟南土偏将，不谓为才，但以之为前驱。大军未至，河冰向合，玄谟因夜还军，致戎马小乱耳。崔邪利陷没，何损于国！魏主自以数十万众制一崔邪利，乃足言邪！知入境七百里无相拒者，此自太尉神算，镇军圣略，武陵王骏降号镇军将军。用兵有机，不用相语。”语，牛倨翻。孝伯曰：“魏主当不围此城，自帅众军直造瓜步。瓜步山，在秦郡尉氏县界。尉氏，隋改为六合县。南北对境图曰：今桃叶山即瓜步镇之地。帅，读曰率。造，七到翻。南事若办，彭城不待围；若其不捷，彭城亦非所须也。我今当南饮江湖以疗渴耳。”畅曰：“去留之事，自适彼怀。若虏马遂得饮江，便为无复天道。”先是童谣云：先，悉荐翻。“虏马饮江水，佛狸死卯年。”佛，音弼。故畅云然。畅音容雅丽，孝伯与左右皆叹息。孝伯亦辩赡，且去，谓畅曰：“长史深自爱，相去步武，举足而行曰步，足迹曰武。恨不执手。”畅曰：“君善自爱，冀荡定有期，君【章：十二行本“君”上有“相见无远”四字；乙十一行本同；孔本同；张校同；退斋校同。】若得还宋朝，今为相识之始。”兵交，使在其间。史言行人善于辞令，亦足以增国威。朝，直遥翻。

上起杨文德为辅国将军，引兵自汉中西入，摇动汧、陇。汧，苦坚翻。文德宗人杨高帅阴平、平武群氐拒之，帅，读曰率。文德击高，斩之，阴平、平武悉平。阴平县，汉属广汉属国，晋泰始中置阴平郡。刘蜀分阴平置平广县，晋太康元年更名平武。阴平、平武，皆今龙州地也。宋白曰：阴平，今文州；平武，今龙州。梁、南秦二州刺史刘秀之遣文德伐啖提氐，不克，执送荆州；使文德从祖兄头戍葭芦，啖，徒览翻，又徒滥翻。从，才用翻。

9 丁未，大赦。

10 魏主攻彭城，不克。十二月，丙辰朔，引兵南下，使中书郎鲁秀出广陵，高凉王那出山阳，永昌王仁出横江，所过无不残灭，城邑皆望风奔溃。戊午，建康纂严。己未，魏兵至淮上。考异曰：魏本纪云："丁卯至淮。"按宋略："己未，虏至淮西。"宋本纪："乙丑，胡崇之等败。"今从之。

上使辅国将军臧质将万人救彭城，将，即亮翻。至盱眙，魏主已过淮。盱眙，音吁怡。质使冗从仆射胡崇之、积弩将军臧澄之营东山，冗，而陇翻。从，才用翻。考异曰：序传作"臧证之"，今从帝纪、质传作"澄之"。建威将军毛熙祚据前浦，东山、前浦皆在盱眙城左右：东山在今盱眙城东南，东山之北则高家山，高家山之东则陡山，稍南则都梁山，都梁山之东北则古盱眙城。城临遇明河，又东径杨茅涧口，又东径富陵河口，则君山。魏太武作浮桥于此，自此渡淮。稍东则龟山。质营于城南。考异曰：宋略云："质屯盱眙城北。"今从宋书。乙丑，魏燕王谭攻崇之等，三营皆败没，质按兵不敢救。澄之，焘之孙；臧焘，高祖敬皇后之兄。熙祚，修之之兄子也。毛修之从高祖为将，青泥之败，没于赫连，后入于魏。是夕，质军亦溃，质弃辎重器械，单将七百人赴城。重，直用翻。将，即亮翻。

初，盱眙太守沈璞到官，盱眙县，前汉属临淮郡，后汉属下邳国，晋复属临淮郡，晋安帝分立盱眙郡，今为招信军。王玄谟犹在滑台，江淮无警。璞以郡当冲要，乃缮城浚隍，积财谷，储矢石，为城守之备。僚属皆非之，朝廷亦以为过。及魏兵南向，守宰多弃城走。或劝璞宜还建康，璞曰："虏若以城小不顾，夫复何惧！夫，音扶。复，扶又翻。若肉薄来攻，此乃吾报国之秋，诸君封侯之日也，薄，伯各翻。奈何去之！诸君尝见数十万人聚于小城之下而不败者乎？昆阳、合肥，前事之明验也。"王寻、王邑以百万败于昆阳，诸葛恪以二十万败于合肥；故曰用兵之计，攻城最下。众心稍定。璞收集得二千精兵，曰："足矣。"及臧质向城，众谓璞曰："虏若不攻城，则无所事众；若其攻城，则城中止可容见力耳，见，贤遍翻。地狭人多，鲜不为患。鲜，息浅翻。且敌众我寡，人所共知。若以质众能退敌完城者，则全功不在我；若避罪归都，会资舟楫，必更相蹂践。蹂，人九翻。践，慈演翻。正足为患，不若闭门勿受。”璞叹曰：“虏必不能登城，敢为诸君保之。为，于伪翻。舟楫之计，固已久息。虏之残害，古今未有，屠剥之苦，众所共见，其中幸者，不过驱还北国作奴婢耳。彼虽乌合，宁不惮此邪！所谓‘同舟而济，胡、越一心’者也。王弼曰：同舟而济，则胡、越何患乎异心！今兵多则虏退速，少则退缓。吾宁可欲专功而留虏乎！”乃开门纳质。质见城中丰实，大喜，众皆称万岁；因与璞共守。

魏人之南寇也，不赍粮用，唯以抄掠为资。及过淮，民多窜匿，抄掠无所得，人马饥乏；抄，初交翻。闻盱眙有积粟，欲以为北归之资。既破崇之等，一攻城不拔，即留其将韩元兴以数千人守盱眙，守，言以兵相守也。将，即亮翻；下同。自帅大众南向。由是盱眙得益完守备。为明年魏主还攻盱眙不克张本。帅，读曰率。

庚午，魏主至瓜步，坏民庐舍，坏，音怪。及伐苇为筏，声言欲渡江。建康震惧，民皆荷担而立，荷担而立，急则迸走。荷，户可翻，又如字。担，丁滥翻。壬午，内外戒严。丹杨统内尽户发丁，人凡户见丁，无论多少尽发之。王公以下子弟皆从役。命领军将军刘遵考等将兵分守津要，游逻上接于湖，下至蔡洲，陈舰列营，周亘江滨，自采石至于暨阳，今太平州当涂县北三十里有采石山，山下有采石矶。暨阳，今江阴军。逻，郎佐翻。舰，户黯翻。亘，古邓翻。六七百里。太子劭出镇石头，总统水军，丹杨尹徐湛之守石头仓城，吏部尚书江湛兼领军，军事处置悉以委焉。处，昌吕翻。

上登石头城，有忧色，谓江湛曰：“北伐之计，同议者少。谓唯江、徐赞北伐之计，群臣之议多不同也。少，诗沼翻。今日士民劳怨，不得无惭，贻大夫之忧，予之过也。”又曰：“檀道济若在，岂使胡马至此！”上又登莫府山，幕府山在今建康府城西二十五里，晋元帝初渡江，丞相王导建幕府于其上。宋白曰：元帝渡江，秣陵荒落，以府第居县北幕府山，幕府之名自此。南史，幕府山在临沂县。观望形势，购魏主及王公首，许以封爵、金帛；又募人赍野葛酒置空村中，欲以毒魏人，竟不能伤。野葛有毒，食之杀人。

魏主凿瓜步山为蟠道，于其上设毡屋，考异曰：魏帝纪云：“癸未，车驾临江，起行宫于瓜步山，”盖谓此也。今从宋书。魏主不饮河南水，以橐驼负河北水自随。饷上橐驼、名马，并求和，请婚。上遣奉朝请田奇饷以珍羞、异味。奉朝请者，奉朝会请召而已。朝，直遥翻。魏主得黄甘，即啖之，甘即今之柑。啖，徒滥翻，又徒览翻。并大进酃酒。荆州记曰：长沙郡酃县有酃湖，周回二里；取湖水为酒，酒极甘美。杜佑曰：衡州衡阳县，汉酃县地。孟康曰：酃音零。左右有附耳语者，疑食中有毒。魏主不应，举手指天，以其孙示奇曰：“吾远来至此，非欲为功名，实欲继好息民，永结姻援。宋若能以女妻此孙，我以女妻武陵王，自今匹马不复南顾。”好，呼到翻。妻，七细翻。复，扶又翻。

奇还，上召太子劭及群臣议之，众并谓宜许，江湛曰：“戎狄无亲，许之无益。”劭怒，谓湛曰：“今三王在阨，谓江夏王义恭、武陵王骏在彭城，南平王铄在寿阳也。讵宜苟执异议！”声色甚厉。坐散，俱出，坐，徂卧翻。劭使班剑及左右排湛，湛几至僵仆。班剑，持剑为班，列在车前。几，居希翻。僵，居良翻。

劭又言于上曰：“北伐败辱，数州沦破，独有斩江湛、徐湛之可以谢天下。”上曰：“北伐自是我意，江、徐但不异耳。”言不持异议也。由是太子与江、徐不平，史言劭于此时已有弑逆之心。

魏亦竟不成婚。考异曰：魏帝纪云："甲申，义隆使献百牢，贡其方物，又请进女于皇孙以求和好。帝以师婚非礼，许和而不许婚，使散骑侍郎夏侯野报之。诏皇孙为书，致马通问。"此皆魏史夸辞，今从宋书。

聂崇岐标点王崇武覆校

资治通鉴卷第一百二十六

端明殿学士兼翰林侍读学士朝散大夫右谏议大夫
充集贤殿修撰提举西京嵩山崇福宫上柱国河内郡 司马光 奉敕编集
开国侯食邑一千八百户食实封六百户赐紫金鱼袋臣

后学天台胡三省音注

宋纪八 起重光单阏（辛卯），尽玄黓执徐（壬辰），凡二年。

太祖文皇帝下之上

元嘉二十八年（辛卯、四五一）

1 春，正月，丙戌朔，魏主大会群臣于瓜步山上，班爵行赏有差。魏人缘江举火；太子左【章：十二行本"左"作"右"；乙十一行本同；退斋校同。】卫率尹弘言于上曰："六夷如此，必走。"北兵欲退，虑南兵之追截，故举火以示威。尹弘习知北人军情，因言于上。自晋氏失驭，刘、石以来，始有六夷之名。率，所律翻。丁亥，魏掠居民，焚庐舍而去。

胡诞世之反也，见上卷二十四年。江夏王义恭等奏彭城王义康数有怨言，摇动民听，故不逞之族因以生心。夏，户雅翻。数，所角翻。不逞之族，谓废放之家不得逞志于时者也。请徙义康广州。上将徙义康，先遣使语之；使，疏吏翻。语，牛倨翻。义康曰："人生会死，吾岂爱生！必为乱阶，虽远何益！请死于此，耻复屡迁。"复，扶又翻。屡，力住翻，又如字。竟未及往。魏师至瓜步，人情恼惧。恼，许拱翻。上虑不逞之人复奉义康为乱；太子劭及武陵王骏、尚书左仆射何尚之屡启宜早为之所；武陵王骏时在彭城，盖驰密启言之也。上乃遣中书舍人严龙赍药赐义康死。义康不肯服，曰："佛教不许自杀；佛教谓自杀者不复得人身。愿随宜处分。"处，昌吕翻。分，扶问翻。使者以被揜杀之。

2 江夏王义恭以碻磝不可守，召王玄谟还历城；魏人追击败之，遂取碻磝。败，蒲卖翻。去年，萧斌使王玄谟戍碻磝。

初，上闻魏将入寇，命广陵太守刘怀之逆烧城府、船乘，守，手又翻。敌未至而先烧，故曰逆。乘，谓车也，音绳证翻。尽帅其民渡江。帅，读曰率。山阳太守萧僧珍悉敛其民入城，台送粮仗诣盱眙及滑台者，以路不通，皆留山阳；晋安帝义熙中土断，分广陵立山阳郡，境内有地名山阳，因以名郡，今楚州即其地。盱眙，音吁怡。蓄陂水令满，须魏人至，决以灌之。须，待也。魏人过山阳，不敢留，因攻盱眙。

魏主就臧质求酒，质封溲便与之；溲，踈鸠翻。便，毗连翻。魏主怒，筑长围，一夕而合；运东山土石以填堑，作浮桥于君山，绝水陆道。今盱眙县北七里有长围山。图经云：臧质守盱眙，魏太武于都梁山筑长城，造浮桥，绝水路，即此。堑，七艳翻。魏主遗质书曰：遗，于季翻。"吾今所遣斗兵，尽非我国人，国人，谓与拓跋氏同出北荒之子孙也。凡九十九姓。城东北是丁零与胡，南是氐、羌。设使丁零死，正可减常山、赵郡贼；丁零自翟真叛慕容皆投常山、赵郡界，阻山而居，故云然。胡死，减并州贼；自后汉纳南匈奴分居并州界，其地率皆杂处胡、汉；西河、离石以西则皆稽胡据之为寇。氐、羌死，减关中贼。自苻、姚据关中，其种类蕃滋，虽其国已灭，而其种实繁。卿若杀之，无所不利。"言于魏国无所不利。质复书曰："省示，具悉奸怀。省示，省来书所示也。悉，详也，尽也。省，悉景翻。尔自恃四足，屡犯边。恃四足，谓负戎马足也。王玄谟退于东，申坦散于西，按王玄谟自滑台败退，萧斌使申坦据清口。戴延之所谓清口在寿张县西界安民亭南，以水经注考之，其地不在滑台之西；此当谓梁坦出上蔡之师至虎牢溃散耳。尔知其所以然邪？尔独不闻童谣之言乎？盖卯年未至，故以二军开饮江之路耳；冥期使然，非复人事。谓冥冥之中，大期将至，天使之然，非由人事为之也。复，扶又翻；下容复同。寡人受命相灭，古者诸侯自称曰寡人。质自以当藩方之任，自称寡人。期之白登，师行未远。尔自送死，岂容复令尔生全，飨有桑乾哉！白登山、桑干川皆在平城左右。质言本期直指白登，师行至淮而逢魏兵，要当剿灭，不容令魏主生归，飨有桑干之地也。此嫚书也。两陈相向，恶声至，必反之，毋庸以此为据也。乾，音干。尔有幸得为乱兵所杀，不幸则生相锁缚，载以一驴，直送都市耳。我本不图全，若天地无灵，力屈于尔，齑之，粉之，细切姜蒜谓之齑，研碎米麦谓之粉。齑，笺西翻。屠之，裂之，犹未足以谢本朝。朝，直遥翻。尔智识及众力，岂能胜苻坚邪！今春雨已降，兵方四集，尔但安意攻城，勿遽走！粮食乏者可见语，语，牛倨翻；下尔语同。当出廪相贻。得所送剑刃，【章：十二行本“刃”作“刀”；乙十一行本同；张校同，云无注本亦作“刀”。】欲令我挥之尔身邪？”魏主大怒，作铁床，于其上施铁镵，镵，士衫翻，又士忏翻，刺也，锥也。曰：“破城得质，当坐之此上。”质又与魏众书曰：“尔语虏中诸士庶：佛狸所与书，相待如此。以魏主书言其兵斗死正减国中贼也，因而携之，术莫近乎此矣。魏主得质此书，岂不悔前所与质书乎？尔等正朔之民，何为自取糜灭，岂可不知转祸为福邪！”中原之民本禀汉、晋正朔，故谓之正朔之民。并写台格以与之云：“斩佛狸首，封万户侯，赐布、绢各万匹。”台格，宋台所立赏格也。佛，读如弼。

魏人以钩车钩城楼，城内系以弧絚，弧，恪侯翻。絚，古恒翻，大索也。数百人叫呼引之，车不能退。既夜，缒桶悬卒出，截其钩，获之。缒，驰伪翻。桶，他董翻；箍木为之。明旦，又以冲车攻城，城土坚密，每至，句绝。谓冲车至着城身也。颓落不过数升。

魏人乃肉薄登城，分番相代，坠而复升，复，扶又翻。莫有退者，杀伤万计，尸与城平。凡攻之三旬，不拔。会魏军中多疾疫，或告以建康遣水军自海入淮，水军自建康下江，自江出海，转料角则入淮。又敕彭城断其归路；断，丁管翻。二月，丙辰朔，魏主烧攻具退走。盱眙人欲追之，沈璞曰："今兵不多，虽可固守，不可出战，但整舟楫，示若欲北渡者：示若欲自盱眙渡淮而北以追截其后者。以速其走，计不须实行也。"

臧质以璞城主，使之上露版，露版者，书获捷之状，露版上闻，使天下悉知之也。上，时掌翻。璞固辞，归功于质。上闻，益嘉之。已嘉璞之功，又益嘉其让。

魏师过彭城，江夏王义恭震惧不敢击。夏，户雅翻。或告"虏驱南口万馀，夕应宿安王陂，去城数十里，今追之，可悉得。"诸将皆请行，义恭禁不许。明日，驿使至，使，疏吏翻。上敕义恭悉力急追。魏师已远，义恭乃遣镇军司马檀和之向萧城。魏人先已闻之，尽杀所驱者而去。程天祚逃归。天祚为魏所禽，见上卷二十六年。

魏人凡破南兖、徐、兖、豫、青、冀六州，残破六州之生聚耳，六州城守未尝失也。杀伤不可胜计，胜，音升。丁壮者即加斩截，婴儿贯于槊上，槊，色角翻。盘舞以为戏。所过郡县，赤地无馀，春燕归，巢于林木。室庐焚荡，燕无所归，故巢林木。魏之士马死伤亦过半，国人皆尤之。

上每命将出师，常授以成律，交战日时，亦待中诏，是以将帅趑趄，莫敢自决。将，即亮翻。帅，所类翻。趑，取私翻。趄，七馀翻。趑趄，不进也。又江南白丁，轻易进退，易，以豉翻。此其所以败也。自是邑里萧条，元嘉之政衰矣。史言亟用兵之祸。

癸酉，诏赈恤郡县民遭寇者，蠲其税调。赈，津忍翻。蠲，工玄翻。调，徒钓翻。

甲戌，降太尉义恭为骠骑将军、开府仪同三司。骠，匹妙翻。骑，奇计翻。

戊寅，魏主济河。自丙辰盱眙退师，二十三日始济河。

辛巳，降镇军将军武陵王骏为北中郎将。

壬午，上如瓜步。是日，解严。

初，魏中书学生卢度世，玄之子也，魏神䴥四年，征卢玄。坐崔浩事亡命，匿高阳郑罴家。崔浩事见上卷二十七年。高阳县，前汉属涿郡，后汉属河间国，晋分属高阳郡。吏囚罴子，掠治之。掠，音亮。罴戒其子曰："君子杀身成仁，论语载孔子之言。虽死不可言。"其子奉父命；吏以火爇其体，爇，如悦翻。终不言而死。及魏主临江，上遣殿上将军黄延年使于魏，自晋以来有殿中将军，殿上将军当是宋所置。使，疏吏翻。魏主问曰："卢度世亡命，已应至彼。"延年曰："都下不闻有度世也。"魏主乃赦度世及其族逃亡籍没者，凡度世之族逃亡而籍没其家者并赦之。度世自出，魏主以为中书侍郎。考异曰：宋柳元景传："元景从祖弟光世，先留乡里，索虏以为折冲将军、河北太守，封西陵男。光世姊夫为司徒崔浩，虏之相也。元嘉二十七年，虏主拓跋焘南寇汝、颍，浩密有异图。光世要河北义士与浩应接，谋泄被诛，河东大姓坐连谋夷灭者甚众，光世南奔得免，太祖以为振武将军。"与魏事〔书〕不同。今从魏书。度世为其弟娶郑罴妹以报德。为，于伪翻。

三月，乙酉，帝还宫。

己亥，魏主还平城，魏主戊寅济河，行二十二日至平城。饮至告庙，左传：凡公行告于庙，反行饮至，舍爵策勋焉，礼也。又曰：三年而治兵，入而振旅，归而饮至，以数军实。杜预注曰：饮于庙，以数车徒器械及所获也。以降民五万馀家分置近畿。近畿，谓环平城千里之地。降，户江翻。

初，魏主过彭城，遣人语城中曰：语，牛倨翻。"食尽且去，须麦熟更来。"及期，江夏王义恭议欲芟麦翦苗，移民堡聚。芟，所衔翻。镇军录事参军王孝孙曰：白氏六帖曰：州主簿、郡督邮，并今录事参军。馀按晋琅邪王睿都督扬州，以陈頵为录事参军。当时自别有州主簿、督邮之吏，亦犹存古；而录事之职，掌正违失，莅符印。“虏不能复来，复，扶又翻。既自可保；如其更至，此议亦不可立。百姓闭在内城，饥馑日久，方春之月，野采自资；一入堡聚，饿死立至，民知必死，何可制邪！虏若必来，芟麦无晚。”四坐默然，莫之敢对。坐，徂卧翻。长史张畅曰：“孝孙之议，实有可寻。”寻，绎理也，用也。左传：将寻师焉。又曰，日寻干戈。杜预注皆云：寻，用也。镇军府典签董元嗣侍武陵王骏之侧，进曰：“王录事议不可夺。”别驾王子夏曰：“此论诚然。”畅敛版白骏曰：版，手版。僚佐于府公之前敛版白事，崇敬也。“下官欲命孝孙弹子夏。”录事参军掌纠弹，故云然。弹，徒丹翻。骏曰：“王别驾有何事邪？”畅曰：“芟麦移民，可谓大议，一方安危，事系于此。子夏亲为州端，州别驾居群僚之右，故曰州端。曾无同异；及闻元嗣之言，则欢笑酬答。阿意左右，何以事君！”子夏、元嗣皆大惭，义恭之议遂寝。

3 初，鲁宗之奔魏，晋安帝义熙十一年，鲁宗之自襄阳奔秦，十三年，秦亡奔魏。其子轨为魏荆州刺史、襄阳公，镇长社，常思南归；以昔杀刘康祖及徐湛之父，刘康祖父虔之，徐湛之父逵之，义熙十一年为鲁轨所杀。故不敢来。轨卒，子爽袭父官爵。爽少有武干，少，诗照翻。与弟秀皆有宠于魏主。【章：十二行本“主”下有“秀为中书郎”五字；乙十一行本同；孔本同；张校同；退斋校同。】既而兄弟各有罪，魏主诘责之。爽粗中使酒多过失，秀以检校郏人谋反事，因病还迟，并为魏主所诘责。诘，去吉翻。爽、秀惧诛，从魏主自瓜步还，至湖陆，请曰：“奴与南有仇，每兵来，常恐祸及坟墓，爽祖父皆葬长社。乞共迎丧还葬平城。”魏主许之。爽至长社，杀魏戍兵数百人，帅部曲及愿从者千馀家奔汝南。自长社至汝南不及三百里。帅，读曰率。夏四月，爽遣秀诣寿阳，奉书于南平王铄以请降。铄，式灼翻。降，户江翻。上闻之，大喜，以爽为司州刺史，镇义阳；沈约曰：司州刺史，汉之司隶校尉也，晋江左以来，沦没戎寇。虽永和、太元，王化蹔及，及太和、隆安，还复湮陷。武帝北平关、洛，河南底定，置司州刺史，治虎牢，领河南、荥阳、弘农实土三郡。少帝景平初，司州复没。元嘉末，侨立，治汝南，是后遂治义阳，领义阳、随阳、安陆、南汝南郡。秀为颍川太守，考异曰：宋略云"荥阳太守"，今从宋书。馀谓帝盖以秀兄弟自颍川来降，遂因以颍川太守授秀。馀弟侄并授官爵，赏赐甚厚。魏人毁其坟墓。徐湛之以为庙算远图，特所奖纳，不敢苟申私怨，乞屏居田里；不许。屏，迸郢翻。

4 青州民司马顺则自称晋室近属，聚众号齐王。梁邹戍主崔勋之诣州，五月，乙酉，顺则乘虚袭梁邹城。梁邹县，汉属济南郡，晋省；宋置梁邹戍，为平原太守治所。水经注：济水自管县东过梁邹县北，又东北过临济县南。参而考之，其地盖在唐齐州临济县界。又有沙门自称司马百年，亦聚众号安定王以应之。

5 壬寅，魏大赦。

6 己巳，以江夏王义恭领南兖州刺史，徙镇盱眙，增督十二州诸军事。

7 戊申，以尚书左仆射何尚之为尚书令，太子詹事徐湛之为仆射、护军将军，晋志曰：自魏、晋迄于江左，仆射置二则分左、右，或不两置，但曰尚书仆射；令阙，则左为省主；若左右并阙，则置尚书仆射以主左事。今湛之盖以尚书仆射领护军将军也。尚之以湛之国戚，湛之，帝之甥，会稽公主之子。任遇隆重，每事推之。诏湛之与尚之并受辞诉。尚之虽为令，而朝事悉归湛之。朝，直遥翻。

8 六月，壬戌，魏改元正平。

9 魏主命太子少傅游雅、中书侍郎胡方回等更定律令，多所增损，凡三百九十一条。

10 魏太子晃监国，监，工衔翻。颇信任左右，又营园田，收其利，高允谏曰："天地无私，故能覆载；覆，敷又翻。王者无私，故能容养。今殿下国之储贰，万方所则；而营立私田，畜养鸡犬，畜，许六翻。乃至酤贩市廛，与民争利，廛，市中空地；一曰，居也。说文曰：廛，一亩半，一家之居也。孔颖达曰：市廛而不税者，廛，谓公家邸舍，使商人停物于中，直税其所舍之处，不税其在市所卖之物。市内空地曰廛，城内空地曰肆。按载师云：以廛里任国中之地。郑注云：廛里，邑居里矣，廛，民居之区域也。司农云：廛，市中空地未有肆，城中空地未有宅者也。遂人授民田，夫一廛，田百亩。诗：胡取禾三百廛兮。传云：一夫之居曰廛。谓一夫之田百亩也。扬子云：有田一廛，谓百亩之居，与诗传同。夫田之廛与市廛之廛，其义不同，各有攸当也。谤声流布，不可追掩。夫天下者，殿下之天下，富有四海，何求而无，乃与贩夫、贩妇竞此尺寸之利乎！昔虢之将亡，神赐之土田，注见前。汉灵帝私立府藏，事见五十七卷光和元年。藏，徂浪翻。皆有颠覆之祸；前鉴若此，甚可畏也。武王爱周、邵、齐、毕，所以王天下；史记周纪：武王即位，太公望为师，周公旦为辅，召公、毕公之徒左右王师，一戎衣而天下大定。王，于况翻。殷纣爱飞廉、恶来，所以丧其国。飞廉多力，恶来善走，父子俱以才力事纣。恶来善毁谗，诸侯以此益疏。丧，息浪翻。今东宫俊乂不少，顷来侍御左右者，恐非在朝之选。少，诗沼翻。朝，直遥翻。愿殿下斥去佞邪，亲近忠良；去，羌吕翻。近，其靳翻。所在田园，分给贫下；贩卖之物，以时收散；收，谓收藏其物；散，谓散与贫民。一曰：以时收散者，言获敛之时，民力可以偿称逋负则收之；停滞居物，至民所欲得之时则散之。如此，则休声日至，谤议可除矣。"不听。

太子为政精察，而中常侍宗爱，性险暴，多不法，太子恶之。恶，乌故翻。给事中仇尼道盛、侍郎任平城侍郎，即给事黄门侍郎。仇尼，复姓，出于徒河。任，音壬。有宠于太子，颇用事，皆与爱不协。爱恐为道盛等所纠，遂构告其罪。魏主怒，斩道盛等于都街，都街，即都市。东宫官属多坐死，帝怒甚。戊辰，太子以忧卒。考异曰：宋索虏传云："焘至汝南瓜步，晃私遣取诸营卤获甚众。焘归，闻知，大加搜检。晃惧，谋杀焘。焘乃诈死，使其近习召晃迎丧，于道执之；及国，罩以铁笼，寻杀之。"萧子显齐书亦云："晃谋杀佛狸，见杀。"宋略曰："焘既南侵，晃淫于内，谋欲杀焘。焘知之，归而诈死，召晃迎丧。晃至，执之，罩以铁笼，捶之三百，曳于丛棘以杀焉。"又索虏传云："晃弟秦王乌奕盱与晃对掌国事，晃疾之，诉其贪暴。焘鞭之二百，遣镇枹罕。"比皆江南传闻之语。今从后魏书。壬申，葬金陵，谥曰景穆。帝徐知太子无罪，甚悔之。为后宗爱弑帝张本。

11 秋，七月，丁亥，魏主如阴山。

12 青、冀二州刺史萧斌遣振武将军刘武之等击司马顺则、司马百年，皆斩之。斌，音彬。癸亥，梁邹平。

13 萧斌、王玄谟皆坐退败免官。上问沈庆之曰："斌欲斩玄谟而卿止之，何也？"对曰："诸将奔退，莫不惧罪，将，即亮翻。自归而死，将至逃散，故止之。"庆之谏斩玄谟事见上卷上年。

14 九月，癸巳，魏主还平城；冬十月庚申，复如阴山。复，扶又翻。

15 上遣使至魏，魏遣殿中将军郎法佑来修好。好，呼到翻。

16 己巳，魏上党靖王长孙道生卒。

17 十二月，丁丑，魏主封景穆太子之子濬为高阳王；既而以皇孙世嫡，不当为藩王，乃止。观此，则魏世祖立孙之意定矣。时濬生四年，聪达过人，魏主爱之，常置左右。徙秦王翰为东平王，燕王谭为临淮王，楚王建为广阳王，吴王馀为南安王。翰等皆魏主子。以国王徙封郡王，当考。

18 帝使沈庆之徙彭城流民数千家于瓜步，征北参军程天祚徙江西流民数千家于姑孰。彭城、江西流民，皆避魏寇而南者。

19 帝以吏部郎王僧绰为侍中。僧绰，昙首之子也，昙首辅政于元嘉之初。昙，徒含翻。幼有大成之度，众皆以国器许之。好学，有思理，好，呼到翻。思，相吏翻。思理，犹言思致也。练悉朝典。朝，直遥翻；下同。尚帝女东阳献公主。在吏部，谙悉人物，举拔咸得其分。谙，乌含翻。分，扶问翻。言能随其分量而授任也。及为侍中，年二十九，沈深有局度，有局则能处事，有度则能容物。沈，持林翻。不以才能高人。帝颇以后事为念，以其年少，少，诗照翻。欲大相付托，朝政大小，皆与参焉。帝之始亲政事也，委任王华、王昙首、殷景仁、谢弘微、刘湛，次则范晔、沈演之、庾炳之，最后江湛、徐湛之、何瑀之及僧绰，凡十二人。"何瑀之"，恐当作"何尚之"。

20 唐和入朝于魏，魏主厚礼之。唐和镇焉耆，有抚安西域之功，故厚礼之。

二十九年（壬辰、四五二）

1 春，正月，魏所得宋民五千馀家在中山者谋叛，州军讨诛之。州军，定州之军也。冀州刺史张掖王沮渠万年坐与叛者通谋，赐死。沮，子馀翻。

2 魏世祖追悼景穆太子不已；中常侍宗爱惧诛，二月甲寅，弑帝，年四十五，谥曰太武皇帝。考异曰：宋书作"庚申"，今从魏书。尚书左仆射兰延、魏书官氏志：北方诸姓，乌洛兰氏改为兰氏。侍中和疋、薛提等秘不发丧。疋【章：十二行本"疋"上有"延"字；乙十一行本同；孔本同；张校同。】以皇孙濬冲幼，欲立长君，疋，五下翻。长，知两翻。征秦王翰，置之秘室；秘室，秘密之室。提以濬嫡皇孙，不可废。议久不决。宗爱知之，自以得罪于景穆太子，而素恶秦王翰，恶，乌路翻。善南安王馀，乃密迎馀自中宫便门入禁中，矫称赫连皇后令召延等。赫连皇后，夏主勃勃之女也。延等以爱素贱，不以为疑，皆随入。爱先使宦者三十人持兵伏于禁中，延等入，以次收缚，斩之；杀秦王翰于永巷而立馀。大赦，改元承平，尊皇后为皇太后，以爱为大司马、大将军、太师、都督中外诸军事、领中秘书，封冯翊王。史言魏乱。

3 庚午，立皇子休仁为建安王。

4 三月，辛卯，魏葬太武皇帝于金陵，葬云中金陵。庙号世祖。

5 上闻魏世祖殂，更谋北伐，鲁爽等复劝之。复，扶又翻。上访于群臣，太子中庶子何偃以为“淮、泗数州淮、泗数州，谓青、冀、徐、兖、司、豫也。疮痍未复，不宜轻动。”上不从。偃，尚之之子也。

夏，五月，丙申，诏曰：“虐虏穷凶，著于自昔；未劳资斧，已伏天诛。拯溺荡秽，今其会也。可符骠骑、司空二府，时江夏王义恭降号骠骑将军，镇盱眙；南谯王义宣镇江陵，进位司空。骠，匹妙翻。骑，奇计翻。各部分所统，分，扶问翻。东西应接。归义建绩者，随劳酬奖。”于是遣抚军将军萧思话督冀州刺史张永等向碻磝，鲁爽、鲁秀、程天祚将荆州甲士四万出许、洛，据鲁爽传，天祚去年助戍彭城，为魏所获，劝爽弟秀南归，是年遂与爽、秀俱来奔，故并用之。将，即亮翻。雍州刺史臧质帅所领趣潼关。帅，读曰率。考异曰：索虏、徐爰、张永传，并云王玄谟亦北伐。玄谟传中不曾行，盖脱误。魏纪载：“六月，刘义隆将檀和之寇济州，梁坦及鲁安生军于亘、索，庞萌、薛安都寇恒农。”都不言萧思话等；而宋纪亦无此数人者。至七月云：“韩元兴讨之，和之退，梁坦、安生亦走”，不言思话之归。宋略有臧质遣柳元景徇蒲阪，元景传亦有之。今从宋书、宋略。今按考异所谓索虏、徐爰、张永传，亦宋书也。永，茂度之子也。张裕，字茂度，避武帝讳，以字行。沈庆之固谏北伐；上以其异议，不使行。

青州刺史刘兴祖上言，以为：“河南阻饥，书曰：黎民阻饥。孔安国注曰：阻，难也。野无所掠；脱诸城固守，非旬月可拔。稽留大众，转输方劳；应机乘势，事存急速。今伪帅始死，帅，所类翻。兼逼暑时，国内猜扰，不暇远赴。愚谓宜长驱中山，据其关要。自中山至代，有倒马关、飞狐关。冀州以北，民人尚丰，兼麦已向熟，因资为易，谓因敌取资，于事为易。易，弋豉翻。向义之徒，必应响赴。若中州震动，黄河以南，自当消溃。臣请发青、冀七千兵，遣将领之，将，即亮翻。直入其心腹。若前驱克胜，张永及河南众军，宜一时济河，使声实兼举，并建司牧，抚柔初附，西拒太行，北塞军都，欲因山险置兵，以苞举相、定、幽、冀之地。行，户刚翻。塞，息则翻。因事指挥，随宜加授，加授，谓仕于魏有官者，加其官，未有官而能聚众以应宋师者，先授之以官。畏威欣宠，人百其怀。言其怀恩百倍于常时也。若能成功，清壹可待；谓河南、北肃清，混壹之功可待也。若不克捷，不为大伤。并催促装束，伏听敕旨。"上意止存河南，亦不从。刘兴祖之言，上策也；上策，非命世之英不可行。上又使员外散骑侍郎琅邪徐爰随军向碻磝，衔中旨授诸将方略，临时宣示。散，悉亶翻。骑，奇计翻。

6 尚书令何尚之以老请置【章：十二行本"置"作"致"；乙十一行本同；孔本同。】仕，退居方山。方山在建康东北，有方山埭，截淮立埭于山南。曰方山者，山形方如印。议者咸谓尚之不能固志。既而诏书敦谕者数四，六月，戊申朔，尚之复起视事。复，扶又翻。御史中丞袁淑录自古隐士有迹无名者为真隐传以嗤之。有迹无名，如晨门、荷蒉、荷蓧、野王二老、汉阴丈人之类。

7 秋，七月，张永等至碻磝，引兵围之。考异曰：宋略："七月壬辰，永师及碻磝。"下又有"乙酉、壬辰"。按长历，此月丁丑朔，四日庚辰，六日壬午，十六日壬辰，疑永以庚辰、壬午至碻磝，非壬辰也。

8 壬辰，徙汝阴王浑为武昌王，淮阳王彧为湘东王。彧，于六翻。

9 初，潘淑妃生始兴王濬。考异曰：太子劭传云："濬母卒，使潘淑妃养之。"濬传及文九王传，皆云濬实潘子。南史亦云"淑妃养为子，淑妃爱濬，濬心不附。"今从濬本传。元皇后性妒，以淑妃有宠于上，恚恨而殂，袁皇后谥曰元。后殂于十七年。恚，於避翻。淑妃专总内政。由是太子劭深恶淑妃及濬。恶，乌故翻。濬惧为将来之祸，乃曲意事劭，劭更与之善。

吴兴巫严道育，严道育，女巫也，其夫为劫，坐没入奚官。自言能辟谷服食，役使鬼物；因东阳公主婢王鹦鹉出入主家。道育谓主曰："神将有符赐主。"主夜卧，见流光若萤，飞入书笥，笥，相吏翻，竹器也，簏也；圆曰箪，方曰笥。开视，得二青珠；由是主与劭、濬皆信惑之。劭、濬并多过失，数为上所诘责；使道育祈请，欲令过不上闻。数，所角翻。诘，去吉翻。闻，音问。道育曰："我已为上天陈请，为，于伪翻。上，时掌翻。必不泄露。"劭等敬事之，号曰天师。其后遂与道育、鹦鹉及东阳主奴陈天与、黄门陈庆国共为巫蛊，琢玉为上形像，埋于含章殿前；劭补天与为队主。

东阳主卒，卒，子恤翻。鹦鹉应出嫁，劭、濬恐语泄，虑巫蛊之语泄也。濬府佐吴兴沈怀远，素为濬所厚，以鹦鹉嫁之为妾。

上闻天与领队，以让劭曰："汝所用队主副，并是奴邪？"劭惧，以书告濬。濬复书曰："彼人若所为不已，正可促其馀命，或是大庆之渐耳。"据此，则弑逆之谋，濬实启之。劭在都，濬在京口，故以书往来。详察书意，则劭、濬逆谋岂一朝一夕之故哉！其所由来者渐矣。此书乃赞决其逆谋，非启之也。劭、濬相与往来书疏，常谓上为"彼人"，或曰"其人"，谓江夏王义恭为"佞人"。夏，户雅翻。

鹦鹉先与天与私通，既适怀远，恐事泄，白劭使密杀之。陈庆国惧，曰："巫蛊事，惟我与天与宣传往来。今天与死，我其危哉！"乃具以其事白上。上大惊，即遣收鹦鹉；封籍其家，得劭、濬书数百纸，皆咒咀巫蛊之言；咒，职救翻。咀，庄助翻。又得所埋玉人，命有司穷治其事。治，直之翻。道育亡命，捕之不获。

先是，濬自扬州【章：十二行本“州”下有“刺史”二字；乙十一行本同；孔本同；张校同。】出镇京口，十八年，濬为扬州刺史，出镇京口，史逸其事始。先，息荐翻。及庐陵王绍以疾解扬州，绍，帝第五子，出继庐陵王义真后。意谓己必复得之。既而上用南谯王义宣，濬殊不乐，乃求镇江陵；濬求代义宣镇江陵，然义宣未及离江陵，濬自京口至都，则弑逆之祸发矣。复，扶又翻；下同。乐，音洛。上许之。濬入朝，朝，直遥翻。遣还京口，为行留处分，至京口数日而巫蛊事发。上惋叹弥日，处，昌吕翻。分，扶问翻。惋，乌贯翻，惊惋也。谓潘淑妃曰：“太子图富贵，更是一理，虎头复如此，濬，小字虎头。非复思虑所及。汝母子岂可一日无我邪！”言一日无帝，则淑妃及濬将为劭所杀也。遣中使切责劭、濬，使，疏吏翻。劭、濬惶惧无辞，惟陈谢而已。上虽怒甚，犹未忍罪也。“当断不断，反受其乱。”文帝之谓也。

10 诸军攻碻磝，治三攻道：张永等当东道，济南太守申坦等当西道，扬武司马崔训当南道。攻之累旬不拔。自帝经略河南，到彦之之出师，四镇皆敛戍北去。王玄谟之出师，碻磝望风而下，滑台则坚壁矣。今之出师，碻磝亦固守以抗张永等。魏人固习知宋人之情态，以为无能为也。治，直之翻。济，子礼翻。八月，辛亥夜，魏人自地道潜出，烧崔训营及攻具；癸丑夜，又烧东围及攻具；寻复毁崔训攻道。复，扶又翻。张永夜撤围退军，不告诸将，将，即亮翻。士卒惊扰；魏人乘之，死伤涂地。萧思话自往，增兵力攻，旬馀不拔。是时，青、徐不稔，军食乏。丁卯，思话命诸军皆退屯历城，斩崔训，系张永、申坦于狱。

鲁爽至长社，魏戍主秃髠幡弃城走。“秃髠”，恐当作“秃发”。【章：“髠”十二行本正作“发”；孔本同；张校同。】鲁爽父子兄弟先居长社，以南兵来，声势既盛，秃发幡恐其有内应，故不能守而走。臧质顿兵近郊，谓顿兵襄阳之近郊也。杜子春周礼注曰：五十里为近郊，百里为远郊。不以时发，独遣冠军司马柳元景臧质以冠军将军镇襄阼，以柳元景为司马。冠，古玩翻；下同。帅后军行参军薛安都等【章：十二行本"等"下有"向潼关，元景等"六字；乙十一行本同；孔本同；张校同；退斋校同。】进据洪关。水经注：洛水自上洛县东北于拒城之西北分为二水，枝渠东北出为门水，门水又北历阳华之山，又东北历峡谓之鸿关水，水东有城，即关亭也；水西有堡，谓之鸿关堡。帅，读曰率。梁州刺史刘秀之遣司马马汪与左军中兵参军萧道成将兵向长安。道成，承之之子也。萧道成始见于此。萧承之有复汉中之功，见一百二十二卷元嘉十年。将，即亮翻。魏冠军将军封礼自洹津南渡，赴弘农。水经注：门水自鸿关东北流，又北径弘农县故城东。故城即故函谷关也。其水侧城北流，而注于河。河水于此有洹津之名。洹，音豆。九月，司空高平公兒乌干屯潼关，魏书官氏志：内入诸姓，贺兒氏为兒氏。平南将军黎公辽屯河内。

11 吐谷浑王慕利延卒，树洛干之子拾寅立，树洛干卒于晋安帝义熙十三年。始居伏罗川；居伏罗川，犹未敢远离白兰之险也。遣使来请命，亦请命于魏。丁亥，以拾寅为安西将军、西秦·河·沙三州刺史、河南王；魏以拾寅为镇西大将军、沙州刺史、西平王。

12 庚寅，鲁爽与魏豫州刺史拓跋仆兰战于大索，破之，杜预曰：成皋东有大索城。京相璠曰：京县有大索亭；小索亭，大、小索氏兄弟居之，故有大小之号。括地志曰：荥阳即大索城；小索故城在荥阳县北四里。进攻虎牢。闻碻磝败退，与柳元景皆引兵还。萧道成、马汪等闻魏救兵将至，还趣仇池。趣，七喻翻。己丑，诏解萧思话徐州，更领冀州刺史，镇历城。更，工衡翻。

上以诸将屡出无功，不可专责张永等，赐思话诏曰："虏既乘利，方向盛冬，若脱敢送死，兄弟父子自共当之耳。言诸将皆不可任也。言及增愤！可以示张永、申坦。"使示永、坦，欲以激厉之。又与江夏王义恭书曰："早知诸将辈如此，恨不以白刃驱之。今者悔何所及！”亦愦愦之辞也。义恭寻奏免思话官，从之。

13 魏南安隐王馀自以违次而立，馀以少子为宗爱所立，非次也。谥法：不显尸国曰隐。厚赐群下，欲以收众心；旬月之间，府藏虚竭。藏，徂浪翻。又好酣饮及声乐、畋猎，不恤政事。好，呼到翻。宗爱为宰相，录三省，魏盖以尚书、侍中、中秘书为三省，亦犹今以尚书、门下、中书为三省也。总宿卫，坐召公卿，专恣日甚。馀患之，谋夺其权，爱愤怒。冬，十月，丙午朔，馀夜祭东庙，魏书：明元帝永兴四年，立太祖道武庙于白登山，岁一祭，具太牢；无常月。又于白登山西太祖旧游之处，立昭成献明太祖庙，常以九月、十月之交，帝亲祭，牲用马牛羊。白登在平城东，故曰东庙。爱使小黄门贾周等就弑馀，而秘之，余立才二百二十馀日。惟羽林郎中代人刘尼知之。羽林郎，自汉以来有之。汉羽林郎秩比三百石，郎中可以概推矣。魏以刘尼为羽林郎中，与殿中尚书俱典兵宿卫，则其位任盖重于汉朝也。尼劝爱立皇孙濬，爱惊曰：“君大痴人！皇孙若立，岂忘正平时事乎！”景穆太子之死，魏正平元年也。正平元年即上年。尼曰：“若尔，今当立谁？”爱曰：“待还宫，当择诸王贤者立之。”

尼恐爱为变，密以状告殿中尚书源贺。贺时与尼俱典兵宿卫，乃与南部尚书陆丽谋曰：“宗爱既立南安，还复杀之。复，扶又翻。今又不立皇孙，将不利于社稷。”遂与丽定谋，共立皇孙。丽，俟之子也。史言陆俟父子皆有智略，忠于后魏。

戊申，贺与尚书长孙渴侯严兵守卫宫禁，使尼、丽迎皇孙于苑中。魏都平城有鹿苑。丽抱皇孙于马上，入平城，贺、渴侯开门纳之。尼驰还东庙，大呼曰：“宗爱弑南安王，大逆不道，呼，火故翻。刘尼仅以弑南安王为宗爱罪，不能正其弑世祖之罪也。皇孙已登大位，有诏，宿卫之士皆还宫！”众咸呼万岁，遂执宗爱、贾周等，勒兵而入，奉皇孙即皇帝位。帝讳濬，太武皇帝之嫡孙，景穆太子之长子也。萧子显曰：濬，字乌雷直勤。登永安殿，北史：魏太武帝始光二年，改东宫为万寿宫，起永安、安乐二殿。大赦，改元兴安。考异曰：宋索虏传："焘以乌弈肝有武略，用以为太子。会焘死，使嬖人宗爱立可博真为后。宗爱、博真恐为弈肝所危，矫杀之而自立，号年承平。博真懦弱，不为国人所附。晃子濬字乌雷直懃，素为焘所爱，燕王谓国人曰：'博真非正，不宜立；直懃嫡孙，应立耳。'乃杀博真及宗爱而立濬为主，号年正平。"与后魏书不同。又云在二十八年。皆宋书之误也。杀爱、周，皆具五刑，夷三族。

14 西阳五水群蛮反，水经注：蕲水出江夏蕲春县北山。水首受希水，枝津西南流，历蕲山，出蛮中，故以此水为五水蛮。五水，谓巴水、蕲水、希水、赤亭水、西归水。蛮左凭阻山川，世为抄暴。宋沈庆之于西阳上下诛讨，即五水蛮也。自淮、汝至于江、沔，咸被其患。南史曰：蛮所在深阻，种落炽盛，北接淮、汝，南极江、汉，地方数千里。沔，迷远翻。被，皮义翻；下同。诏太尉中兵参军沈庆之督江、豫、荆、雍四州兵讨之。为沈庆之以讨蛮之兵辅武陵王骏起义张本。雍，于用翻。

15 魏以骠骑大将军拓跋寿乐为太宰、都督中外诸军、录尚书事，寿乐，拓跋悉鹿之后。骠，匹妙翻。骑，奇计翻。乐，音洛。长孙渴侯为尚书令，加仪同三司。赏定策之功也。十一月，寿乐、渴侯坐争权，并赐死。

16 癸未，魏广阳简王建、临淮宣王谭皆卒。

17 甲申，魏主母闾氏卒。按北史，魏主母姓郁久闾氏，河东王毗之妹也。

18 魏南安王馀之立也，以古弼为司徒，张黎为太尉。及高宗立，弼、黎议不合旨，黜为外都大官；坐有怨言，且家人告其为巫蛊，皆被诛。古弼、张黎，魏世祖之所亲任者也。宗爱弑逆，不能声其罪而诛之；南安之立，首居公位；虽不为巫蛊，罪固不容于死矣。被，皮义翻。

19 壬寅，庐陵昭王绍卒。

20 魏追尊景穆太子为景穆皇帝，皇妣闾氏为恭皇后，尊乳母常氏为保太后。

21 陇西屠各王景文叛魏，屠，直于翻。署置王侯；魏统万镇将南阳王惠寿、外都大官于洛拔督四州之众讨平之，四州，谓秦、雍、河、凉。徙其党三千馀家于赵、魏。此言战国时赵、魏大界。

22 十二月，戊申，魏葬恭皇后于金陵。

23 魏世祖晚年，佛禁稍弛，魏禁佛见一百二十四卷二十三年。民间往往有私习者。及高宗即位，群臣多请复之。乙卯，诏州郡县众居之所，各听建佛图一区；民欲为沙门者，听出家，舍俗为僧谓之出家。大州五十人，小州四十人。于是向所毁佛图，率皆修复。佛图，即浮屠，或曰：佛图，即佛寺。魏主亲为沙门师贤等五人下发，为，于伪翻。下发，剃发也，亦谓之祝发。以师贤为道人统。道人统，犹宋之都僧录，北人谓之僧总摄。魏书：沙门师贤，本罽宾国王种人，少入道，东游凉州，凉平赴代。罢佛法时，师贤假为医术还俗，而守道不改。于修复日，即反沙门，为道人统。和平初，师贤卒，昙曜代之，更名沙门统。

24 丁巳，魏以乐陵王周忸为太尉，忸，女九翻。南部尚书陆丽为司徒，镇西将军杜元宝为司空。丽以迎立之功，受心膂之寄，朝臣无出其右者。朝，直遥翻；下同。赐爵平原王，丽辞曰："陛下，国之正统，世嫡皇孙，故曰正统。当承基绪；效顺奉迎，臣子常职，不敢慆天之功慆，义与叨同，贪也。以干大赏。"再三不受。魏主不许。丽曰："臣父奉事先朝，忠勤著效。陆俟事世祖，威行北镇，功著关中。今年逼桑榆，桑榆，晚景也。愿以臣爵授之。"帝曰："朕为天下主，岂不能使卿父子为二王邪！"戊午，进其父建业公俟爵为东平王。考异曰：魏纪曰"戊申"。按上有丁巳，下有癸亥，不当中有戊申；盖"戊午"字误耳。又命丽妻为妃，复其子孙，复，方目翻。丽力辞不受。帝益嘉之。

以东安公刘尼为尚书仆射，西平公源贺为征北将军，并进爵为王。帝班赐群臣，谓源贺曰："卿任意取之。"贺辞曰："南北未宾，府库不可虚也。"谓魏南有宋，北有柔然，不可一日弛备；府库所以供军国之用，不可虚于赏赐。固与之，乃取戎马一匹。示欲宣力于边垂。

高宗之立也，高允预其谋，陆丽等皆受重赏，而不及允，允终身不言。高允不言功，其后位遇隆厚，天岂啬其报也！

甲子，周恒坐事，赐死。时魏法深峻，源贺奏："谋反之家，男子十三以下本不预谋者，宜免死没官。"从之。

25 江夏王义恭还朝。自盱眙还也。夏，户雅翻。朝，直遥翻。辛未，以义恭为大将军、南徐州刺史，欲以代始兴王浚也。录尚书如故。

26 初，魏入中原，晋孝武帝太元二十一年，魏伐燕，至安帝隆安二年克中山，始得中原。用景初历，景初历，杨伟所造，曹魏明帝景初元年行之。世祖克沮渠氏，见一百二十三卷十六年。沮，子馀翻。得赵𢾺玄始历，遍考字书无"𢾺"字，以偏傍从"匪"从"文"，离而合之于上下，读如斐字。时人以为密，是岁，始行之。

聂崇岐标点王崇武覆校

资治通鉴卷第一百二十七

端明殿学士兼翰林侍读学士朝散大夫右谏议大夫
充集贤殿修撰提举西京嵩山崇福宫上柱国河内郡 **司马光** 奉敕编集
开国侯食邑一千八百户食实封六百户赐紫金鱼袋臣
后学天台 **胡三省** 音注

宋纪九 昭阳大荒落（癸巳），一年。

太祖文皇帝下之下

元嘉三十年（癸巳、四五三）

1 春，正月，戊寅，以南谯王义宣为司徒、扬州刺史。用义宣刺扬州，至是始出命。

2 萧道成等帅氐、羌攻魏武都，魏高平镇将苟莫于将突骑二千救之。帅，读曰率。将，即亮翻。骑，奇计翻。道成等引还南郑。南郑，宋梁、南秦二州刺史治所。兵志所谓"知难而退"，萧道成有焉。

3 壬午，以征北将军始兴王濬为荆州刺史。帝怒未解，故濬久留京口；既除荆州，乃听入朝。朝，直遥翻。

4 戊子，诏江州刺史武陵王骏统诸军讨西阳蛮，军于五洲。水经注：江水东径江夏轪县故城南。县故弦国也。城在山之阳，南对五洲。江中有五洲相接，故以为名，其地当在今黄州、江州之间。孟康曰：轪，音汰。师古曰：轪，又音徒系翻。

5 严道育之亡命也，道育亡命事始上卷上年。上分遣使者搜捕甚急。使，疏吏翻。道育变服为尼，匿于东宫，又随始兴王濬至京口，或出止民张旿家。旿，疑古翻。濬入朝，复载还东宫，复，扶又翻。欲与俱往江陵。丁巳，上临轩，濬入受拜。受拜荆州刺史之命。是日，有告道育在张旿家者，上遣掩捕，得其二婢，云道育随征北还都。濬为征北将军，故称之。上谓濬与太子劭已斥遣道育，而闻其犹与往来，惆怅惋骇，惆，丑鸠翻。惋，乌贯翻。乃命京口送二婢，须至检覆，乃治劭、濬之罪。言待二婢至，检核覆审其事，乃罪二子也。治，直之翻。

潘淑妃抱濬泣曰："汝前祝诅事发，事见上卷上年。祝，读与咒同，职救翻。犹冀能刻意思愆；何意更藏严道育！上怒甚，我叩头乞恩不能解，今何用生为！可送药来，当先自取尽，谓欲先自杀也。不忍见汝祸败也。"濬奋衣起曰："天下事寻自当判，愿小宽虑，必不上累！"累，力瑞翻。判，决也，欲决意为商臣之事也。濬辞气凶悖如此，潘妃承帝宠又如此，而不以濬言白上，何也？妇人之仁，知爱子而欲掩覆之，不知其变愈激也。

6 己未，魏京兆王杜元宝坐谋反诛；建宁王崇及其子济南王丽皆为元宝所引，赐死。史言魏难未已。济，子礼翻。

7 帝欲废太子劭，赐始兴王濬死，先与侍中王僧绰谋之；使僧绰寻汉魏以来废太子、诸王典故，典，经常之籍也。故，旧事也。送尚书仆射徐湛之及吏部尚书江湛。送典故与二人也。

武陵王骏素无宠，故屡出外藩，不得留建康；骏自彭城还，复出刺江州。南平王铄、建平王宏皆为帝所爱。铄妃，江湛之妹；随王诞妃，徐湛之之女也；湛劝帝立铄，湛之意欲立诞。史言江、徐各私其私以乱国杀身。僧绰曰："建立之事，仰由圣怀。臣谓唯宜速断，不可稽缓。'当断不断，反受其乱。'按汉书齐相召平所引道家之言。断，丁乱翻；下同。愿以义割恩，略小不忍；论语，孔子曰：小不忍则乱大谋。不尔，便应坦怀如初，谓坦怀待之，如父子天性之初也。无烦疑论。事机虽密，易致宣广，不可使难生虑表，取笑千载。"易，以豉翻。难，乃旦翻。载，祖亥翻。言祸难生于思虑之外，将取笑于后世也。帝曰：“卿可谓能断大事。然此事至重，不可不殷勤三思。且彭城始亡，彭城王义康死见上卷二十八年。三，息暂翻，又音如字。人将谓我无复慈爱之道。”复，扶又翻。僧绰曰：“臣恐千载之后，言陛下惟能裁弟，不能裁儿。”帝默然。江湛同侍坐，坐，徂卧翻。出阁，谓僧绰曰：“卿向言将不太伤切直！”僧绰曰：“弟亦恨君不直！”僧绰年少于湛，故自称为弟。

铄自寿阳入朝，既至，失旨。帝欲立宏，嫌其非次，建平王宏之齿未也，于兄弟长幼之序为非次。是以议久不决。每夜与湛之屏人语，或连日累夕。常使湛之自秉烛，绕壁检行，虑有窃听者。屏，必郢翻。帝自以为谋莫密于此矣。帝以其谋告潘淑妃，淑妃以告濬，左氏传有言：谋及妇人，宜其死也。宋文帝处此事，其识略又在吴孙亮之下。濬驰报劭。劭乃密与腹心队主陈叔儿、斋帅张超之等谋为逆。斋帅主斋内仗卫，又掌汤沐、灯烛、汛扫、铺设。帅，所类翻。

初，帝以宗室强盛，虑有内难，虑诸弟为难也。难，乃旦翻。特加东宫兵，使与羽林相若，事见一百二十三卷十六年。至有实甲万人。考异曰：宋元凶劭传云：“二十八年，彗星入太微，扫帝座。二十九年十一月，霖雨连雪，太阳罕曜。三十年正月，风霰且雷。上忧有窃发，辄加劭兵众，东宫实甲万人。”按二十九年，劭、濬巫蛊事已发，岂有因十二月及明年正月灾异而更加劭兵！今从宋略。劭性黠而刚猛，黠，下八翻，桀也，慧也。帝深倚之。及将作乱，每夜飨将士，或亲自行酒。王僧绰密以启闻。王僧绰又启闻此事，劭之逆状彰灼无可疑者，而帝犹豫不断，殆天夺之鉴也。将，即亮翻。会严道育婢将至，癸亥夜，考异曰：劭传云“二十一日夜”。按长历，是月甲辰朔。宋略云“癸亥夜”，乃二十日也。今从之。劭诈为帝诏云：“鲁秀谋反，汝可平明守阙，帅众入。”帅，读曰率。因使张超之等集素所畜养兵士二千馀人，皆被甲；畜，许六翻。被，皮义翻。召内外幢队主副，豫加部勒，云有所讨。幢，传江翻。夜，呼前中庶子右军长史萧斌、萧斌前尝为太子中庶子，而此时则为右军长史也。斌，音彬。左卫率袁淑、中舍人殷仲素、左积弩将军王正见晋武帝泰始四年罢振威、扬威护军，置左右积弩将军。宋、齐之制，东宫亦置左右积弩将军。并入宫。劭流涕谓曰："主上信谗，将见罪废。内省无过，不能受枉。省，所景翻。明旦当行大事，左传：楚潘崇谓商臣曰："能行大事乎？"对曰："能。"遂以宫甲围其父成王而弑之。望相与戮力。"因起，遍拜之，众惊愕，莫敢对。淑、【章：十二行本"淑"上有"久之"二字；乙十一行本同；孔本同；张校同。】斌皆曰："自古无此。愿加善思。"善思，犹今人言好思量也。劭怒，变色。斌惧，与众俱曰："当竭身奉令。"淑叱之曰："卿便谓殿下真有是邪？殿下幼尝患风，或是疾动耳。"言病风丧心，或致有是言。劭愈怒，因眄淑曰："事当克不？"眄，眠见翻，目偏合而斜视也。不，读曰否。淑曰："居不疑之地，何患不克！但恐既克之后，不为天地所容，大祸亦旋至耳。旋，还反也，疾也。假有此谋，犹将可息。"左右引淑出，曰："此何事，而云可罢乎！"淑还省，还左卫率省也。绕床行，至四更乃寝。更，工衡翻。

甲子，宫门未开，劭以朱衣加戎服上，乘画轮车，朱衣，太子入朝之服。晋志曰：画轮车，驾牛，以彩漆画轮毂，故名曰画轮车。上起四夹杖，左右开四望，绿油幢，朱丝络，其上形制事事如辇，其下犹如犊车耳。太子法驾亦谓之鸾路，非法驾则乘画轮车，两箱里饰以金锦、黄金，涂五采。与萧斌共载，卫从如常入朝之仪。从，才用翻。朝，直遥翻。呼袁淑甚急，淑眠不起，劭停车奉化门奉化门，东宫西门。催之相续。淑徐起，至车后；劭使登车，又辞不上，上，时掌翻。劭命左右杀之。守门开，停留以候门开曰守。从万春门入。万春门，台城东门。旧制，东宫队不得入城。言不得入台城也。劭以伪诏示门卫曰："受敕，有所收讨。"令后队速来。张超之等数十人驰入云龙门及斋阁，拔刀径上合殿。李延寿曰：晋世诸帝多处内房，朝宴所临，东、西二堂而已。孝武末年，清暑方构，永初受命，无所改作，所居惟称西殿，不制嘉名，文帝因之，亦有合殿之称。帝其夜与徐湛之屏人语至旦，烛犹未灭，门阶户席直卫兵尚寝未起。帝见超之入，举几捍之，五指皆落，遂弑之。年四十七。湛之惊起，趣北户，未及开，兵人杀之。趣，七喻翻。劭进至合殿中閤，闻帝已殂，出坐东堂。萧斌执刀侍直，呼中书舍人顾嘏，嘏震惧，不时出，既至，问曰："欲共见废，何不早启？"嘏未及答，即于前斩之。江湛直上省，侍中省有上省、下省，上省在禁中。湛时为侍中，入直上省。闻喧噪声，叹曰："不用王僧绰言，以至于此！"乃匿傍小屋中，劭遣兵就杀之。宿卫旧将罗训、徐罕皆望风屈附。南史卜天与传作"徐牢"。将，即亮翻。左细仗主、广威将军吴兴卜天与宋宿卫之官，有细铠主、细铠将、细仗主等。不暇被甲，被，皮义翻。执刀持弓，疾呼左右出战。徐罕曰："殿下入，汝欲何为！"天与骂曰："殿下常来，云何于今乃作此语！只汝是贼！"手射劭于东堂，几中之。射，而亦翻。几，居希翻。中，竹仲翻。劭党击之，断臂而死。队将张泓之、朱道钦、陈满与天与俱战死。断，丁管翻。将，即亮翻。左卫将军尹弘惶怖通启，求受处分。怖，普布翻。处，昌吕翻。分，扶问翻。劭使人从东閤入，东閤，东閤门也。杀潘淑妃及太祖亲信左右数十人，劭尊帝庙号中宗；孝武帝即位，改庙号曰太祖。急召始兴王濬使帅众屯中堂。

濬时在西州，濬自京口入朝，暂居西州。帅，读曰率。府舍人朱法瑜府舍人者，濬府之舍人也。自晋以来，诸王府舍人十人。奔告濬曰："台内喧噪，宫门皆闭，道上传太子反，未测祸变所至。"濬阳惊曰："今当奈何？"法瑜劝入据石头。濬未得劭信，不知事之济不，不，读曰否。骚扰不知所为。将军王庆曰："今宫内有变，未知主上安危，凡在臣子，当投袂赴难；难，乃旦翻。凭城自守，非臣节也。"濬不听，乃从南门出，径向石头，文武从者千馀人。时南平王铄戍石头，兵士亦千馀人。从，才用翻。史言濬、铄之众足以讨除逆乱。俄而劭遣张超之驰马召濬，濬屏人问状，屏，必郢翻。即戎服乘马而去。朱法瑜固止濬，濬不从；出中门，王庆又谏曰："太子反逆，天下怨愤。明公但当坚闭城门，坐食积粟，石头仓城有积粟。不过三日，凶党自离。公情事如此，今岂宜去！"濬曰："皇太子令，敢有复言者斩！"复，扶又翻。既入，见劭，劭【章：十二行本"劭"下有"谓濬"二字；乙十一行本同；孔本同；张校同。】曰："潘淑妃遂为乱兵所害。"濬曰："此是下情由来所愿。"枭食母，破獍食父，若濬者，兼枭獍之心以为心。

劭诈以太祖诏召大将军义恭、尚书令何尚之入，拘于内；内，谓台内。并召百官，至者才数十人。劭遽即位，下诏曰："徐湛之、江湛弑逆无状，吾勒兵入殿，已无所及，号惋崩衄，号，户刀翻。惋，乌贯翻。衄，女六翻。肝心破裂。今罪人斯得，元凶克殄，可大赦，改元太初。"

即位毕，亟称疾还永福省，永福省，太子所居也，在禁中。不敢临丧；以白刃自守，夜则列灯以防左右。以萧斌为尚书仆射、领军将军，以何尚之为司空，前右卫率檀和之戍石头，征虏将军营道侯义綦镇京口。义綦，义庆之弟也。义庆，长沙王道怜第二子，嗣临川王道规国。乙丑，悉收先给诸处兵还武库，杀江、徐亲党尚书左丞荀赤松、右丞臧凝之等。凝之，焘之孙也。以殷仲素为黄门侍郎，王正见为左军将军，张超之、陈叔儿皆拜官、赏赐有差。辅国将军鲁秀在建康，劭谓秀曰："徐湛之常欲相危，事见上卷二十八年。我已为卿除之矣。"为，于伪翻。使秀与屯骑校尉庞秀之对掌军队。骑，奇计翻。校，户教翻。军队，军主、队主所统之兵。劭不知王僧绰之谋，以僧绰为吏部尚书，王僧绰于此时不受劭官，继之以死，则人臣之节尽矣。司徒左长史何偃为侍中。

武陵王骏屯五洲，沈庆之自巴水来，咨受军略。水经：巴水出庐江雩娄县之巴山，南历蛮中，又南流注于江；今谓之巴河，在蕲州界；源出板石山。去年，帝使沈庆之讨蛮，是年，使武陵王骏统讨蛮诸军，故庆之来诣骏咨受军略。军略，谓用兵之策略也。三月，乙亥，典签董元嗣武陵王镇彭城，董元嗣已为府典签。自建康至五洲，具言太子杀逆，杀，读曰弑。【章：十二行本正作"弑"；孔本同；张校同。】骏使元嗣以告僚佐。宣劭弑逆之罪，将举兵也。沈庆之密谓腹心曰："萧斌妇人，言其怯弱无能为也。其馀将帅，皆易与耳。易，以豉翻。东宫同恶，不过三十人；谓张超之、陈叔儿等。此外屈逼，谓鲁秀、庞秀之等。必不为用。今辅顺讨逆，顺谓武陵王，逆谓劭也。不忧不济也。"沈庆之以此言作诸人义勇之气。

8 壬午，魏主尊保太后为皇太后，尊保太后见上卷上年。以乳母为母，非礼也。追赠祖考，官爵兄弟，皆如外戚。史言魏主宠秩私昵之过。

9 太子劭分浙东五郡为会州，以会稽名州也。会，古外翻。省扬州，立司隶校尉，浙东五郡本属扬州，分为会州，又改扬州为司隶校尉以统京畿，欲仿魏、晋都洛旧制。以其妃父殷冲为司隶校尉。冲，融之曾孙也。殷融见九十四卷晋成帝咸和三年。以大将军义恭为太保，荆【严："荆"改"扬"。】州刺史南谯王义宣为太尉，始兴王濬为骠骑将军，骠，匹妙翻。骑，奇计翻。雍州刺史臧质为丹杨尹，雍，于用翻。会稽太守随王诞为会州刺史。欲就会稽用诞统浙东五郡。

劭料检文帝巾箱料音聊。巾箱所以藏要密文书，便于寻阅。及江湛家书疏，得王僧绰所启飨士并前代故事，即所上废太子诸王典故。疏，所去翻。甲申，收僧绰，杀之。僧绰弟僧虔为司徒左西属，左西属，左西曹属也。旧制，司徒府有东西曹，曹有掾，有属。宋于西曹又分左、右。所亲咸劝之逃，僧虔泣曰："吾兄奉国以忠贞，抚我以慈爱，今日之事，苦不见及耳；若得同归九泉，犹羽化也。"羽化，犹言登仙，神仙家所谓飞升也。劭因诬北第诸王侯，云与僧绰谋反，诸王侯列第于台城北，故曰北第。此皆穆、武子孙也。杀长沙悼王瑾、瑾弟【章：十二行本“弟”下有“楷”字；乙十一行本同；孔本同；张校同；退斋校同。】临川哀王烨、临川王义庆本长沙王道怜之子，嗣临川王道规，今烨又以长沙王瑾弟嗣义庆。瑾，渠吝翻。桂阳孝侯觊、新渝怀侯玠，觊，音冀。“新渝”当作“新喻”。考异曰：劭传作“球”，今从长沙王道怜传。皆劭所恶也。恶，乌路翻。瑾，义欣之子；义欣，长沙王道怜之子。烨，义庆之子；觊、玠，义庆之弟子也。

劭密与沈庆之手书，令杀武陵王骏。庆之求见王，王惧，辞以疾。庆之突入，以劭书示王，王泣求入内与母诀，武陵王母路淑媛。庆之曰：“下官受先帝厚恩，今日之事，惟力是视；殿下何见疑之深！”王起再拜曰：“家国安危，皆在将军。”庆之即命内外勒兵。府主簿颜竣曰：竣，七伦翻。“今四方未知义师之举，劭据有天府，天府谓建康。若首尾不相应，首，谓武陵已倡义于九江；尾，谓诸方征镇。此危道也。宜待诸镇协谋，然后举事。”庆之厉声曰：“今举大事，而黄头小儿皆得参预，男女始生为黄头小儿。言其如婴儿，未有知识也。何得不败！宜斩以徇！”王令竣拜谢庆之，庆之曰：“君但当知笔札事耳！”于是专委庆之处分。旬日之间，内外整办，人以为神兵。宋帝纪曰：三月乙未，建牙于军门。是时多不悉旧仪，有一翁班白，自称少从武帝征伐，颇悉其事；因使指麾，事毕忽失所在。馀谓沈庆之甚练军事，西征北伐，久在兵间，安有不悉旧仪之理！或者举义之时，托武帝神灵以昭神人之助顺，启诸方赴义之心也。通鉴不语怪，故不书。处，昌吕翻。分，扶问翻。竣，延之之子也。颜延之与谢灵运俱以文义著称；灵运死，延之独擅名于时，时在建康。

庚寅，武陵王戒严誓众。以沈庆之领府司马；襄阳太守柳元景、随郡太守宗悫为谘议参军，领中兵；江夏内史朱修之行平东将军；记室参军颜竣为谘议参军，领录事，兼总内外；柳元景、宗悫以谘议参军领中兵参军，以前驱之任命二人也。颜竣本记室参军，升谘议，领录事参军，以总录军府之任命竣也。记室参军掌笺记。夏，户雅翻。谘议参军刘延孙为长史、寻阳太守，行留府事。延孙，道产之子也。刘道产镇襄阳有政绩，见一百二十四卷十九年。

南谯王义宣及臧质皆不受劭命，与司州刺史鲁爽同举兵以应骏。质、爽俱诣江陵见义宣，司、雍皆受督于义宣，故俱诣之。且遣使劝进于王。使，疏吏翻。辛卯，臧质子敦等在建康者闻质举兵，皆逃亡。考异曰：宋略："庚申，武陵王戒严。辛亥，臧敷逃。"按长历，是月甲戌朔，无庚申、辛亥。又宋略上有甲申，下有癸巳，此必庚寅、辛卯字误也。宋书"敷"作"敦"，今从之。劭欲相慰悦，下诏曰："臧质，国戚勋臣，臧质，高祖敬皇后之侄，故曰国戚；有边功，故曰勋臣。方翼赞京辇，谓用为丹杨尹也。而子弟波迸，良可怪叹。迸，北诤翻。可遣宣譬令还，咸复本位。"劭寻录得敦，毛晃曰：录，收拾也。使大将军义恭行训杖三十，以外戚子弟，行杖以训敕之，故曰训杖。厚给赐之。

10 癸巳，劭葬太祖于长宁陵，据齐书豫章王嶷传，长宁陵隧道出嶷第前路，则陵近台城矣。谥曰景皇帝，庙号中宗。史不用劭所上谥号，而用孝武帝所改谥号，正劭弑逆之罪，绝之也。

11 乙未，武陵王发西阳；丁酉，至寻阳。庚子，王命颜竣移檄四方，考异曰：宋略移檄亦在庚申日。按谢庄传曰："奉三月二十七日檄"，然则发檄在庚子日也。使共讨劭。州郡承檄，翕然响应。南谯王义宣遣臧质引兵诣寻阳，与骏同下，留鲁爽于江陵。

劭以兖、冀二州刺史萧思话为徐、兖二州刺史，起张永为青州刺史。思话自历城引部曲还平城，起兵以应寻阳；济南郡东平陵县有平陆城。馀谓"平城"当作"彭城"。还，从宣翻，又如字。建武将军垣护之在历城，亦帅所领赴之。帅，读曰率；下同。南谯王义宣版张永为冀州刺史。永遣司马崔勋之等将兵赴义宣。将，即亮翻。义宣虑萧思话与永不释前憾，思话系张永于狱，事见上卷上年。自为书与思话，使长史张畅为书与永，张畅，永之群从也，故义宣使之为书。劝使相与坦怀。

随王诞将受劭命，受会州刺史之命。参军事沈正说司马顾琛曰：说，输芮翻。“国家此祸，开辟未闻。今以江东骁锐之众，此江东，谓浙江之东也。骁，坚尧翻。唱大义于天下，其谁不响应！岂可使殿下北面凶逆，受其伪宠乎！”琛曰：“江东忘战日久，虽逆顺不同，然强弱亦异，琛意谓虽以顺讨逆，然建康强而江东弱，其势异也。当须四方有义举者，须，待也。然后应之，不为晚也。”正曰：“天下未尝有无父无君之国，宁可自安雠耻而责义于馀方乎！今正以弑逆冤酷，义不共戴天，礼记曰：父母之雠，不共戴天。举兵之日，岂求必全邪！冯衍有言：‘大汉之贵臣，将不如荆、齐之贱士乎！’此盖冯衍责田邑之言。荆、齐之贱士，谓申包胥赴秦求救以存荆，王孙贾杀淖齿以存齐也。况殿下义兼臣子，事实国家者哉！”琛乃与正共入说诞，诞从之。说，输芮翻。正，田子之兄子也。沈田子从武帝入关有功，后以杀王镇恶受诛。

劭自谓素习武事，语朝士曰：“卿等但助我理文书，勿措意戎旅；若有寇难，语，牛倨翻。朝，直遥翻。难，乃旦翻。吾自当之；但恐贼虏不敢动耳。”及闻四方兵起，始忧惧，戒严，悉召下番将吏，宿卫分上下番，更休迭代。今悉召下番将吏以自备，更不分番。迁淮南【章：十二行本“南”下有“岸”字；乙十一行本同；孔本同；退斋校同。】居民于北岸，秦淮南岸当新亭、石头来路，北岸即台城。迁淮南居民于北岸，欲阻淮以自固。尽聚诸王及大臣于城内，防其出奔也。移江夏王义恭处尚书下舍，分义恭诸子处侍中下省。处，昌吕翻。据南史，侍中下省在神虎门外。

夏，四月，癸卯朔，柳元景统宁朔将军薛安都等十二军发湓口，湓，音盆。司空中兵参军徐遗宝以荆州之众继之。南谯王义宣既进位司空，以徐遗宝为中兵参军。丁未，武陵王发寻阳，沈庆之总中军以从。从，才用翻。

劭立妃殷氏为皇后。

庚戌，武陵王檄书至建康，劭以示太常颜延之曰："彼谁笔也？"延之曰："竣之笔也。"劭曰："言辞何至于是！"延之曰："竣尚不顾老臣，安能顾陛下！"劭怒稍解。悉拘武陵王子于侍中下省，南谯王义宣子于太仓空舍。劭欲尽杀三镇士民家口。三镇，谓雍、荆、江。江夏王义恭、何尚之皆曰："凡举大事者不顾家；且多是驱逼，今忽诛其室累，正足坚彼意耳。"累，力瑞翻。劭以为然，乃下书一无所问。

劭疑朝廷旧臣皆不为己用，乃厚抚鲁秀及右军参军王罗汉，悉以军事委之；二人皆骁勇善战，故厚抚之，委以军事，冀得其力。以萧斌为谋主，殷冲掌文符。萧斌劝劭勒水军自上决战，不尔则保据梁山。上，时掌翻。今太平州当涂县西南三十里有天门山，亦曰蛾眉山。两山夹大江对峙，东曰博望山，西曰梁山。江夏王义恭以南军仓猝，船舫陋小，不利水战，江水东流至武昌以下，浙渐向北流。盖南纪诸山所迫，坡陀之势，渐使之然也。至于江宁，江流愈北。建康当下流都会，望寻阳、武昌皆直南，望历阳、寿阳皆直西，故建康谓历阳、皖城以西皆曰江西，而江西亦谓建康为江东。建康谓采石为南州，京口为北府，皆地势然也。江夏王义恭在建康，以义师为南军，即此义。舫，甫妄翻。乃进策曰："贼骏小年未习军旅，远来疲弊，宜以逸待之。今远出梁山，则京都空弱，东军乘虚，或能为患。东军，谓会稽随王诞之兵也。若分力两赴，则兵散势离，不如养锐待期，坐而观衅。割弃南岸，栅断石头，此先朝旧法，衅，许靳翻。断，丁管翻。朝，直遥翻。先朝旧法，谓晋明帝拒王含及武帝拒卢循时用兵之法。不忧贼不破也。"劭善之。斌厉色曰："南中郎二十年少，能建如此大事，岂复可量！时武陵王骏为南中郎将、江州刺史，故称之。武陵王时年二十四。少，诗照翻。复，扶又翻。量，音良。三方同恶，势据上流；三方，谓荆、雍、江。沈庆之甚练军事，柳元景、宗悫屡尝立功，沈庆之常与萧斌同在碻磝；柳元景讨蛮，出关、陕皆有功；宗悫有平林邑之功，又有讨蛮之功；故斌皆惮之。形势如此，实非小敌。唯宜及人情未离，尚可决力一战；端坐台城，何由得久！今主、相咸无战意，岂非天也！”弑逆事起，萧斌以宫僚之旧，逼于凶威，遂为同恶。其心惭负天地，无所自容，唯欲幸一战之胜，相与苟活。今劭不肯逆战，斌知必败，故归之天。相，息亮翻。劭不听。或劝劭保石头城。劭曰：“昔人所以固石头城者，俟诸侯勤王耳。我若守此，谁当见救！唯应力战决之；不然，不克。”日日自出行军，慰劳将士，行，下孟翻。劳，力到翻。亲督都水治船舰。都水，汉官，处处有之；前汉属水衡都尉，后汉属少府，其后分属郡国；晋属大司农。治，直之翻。壬子，焚淮南岸室屋、淮内船舫，悉驱民家渡水北。秦淮水之北也。

立子伟之为皇太子。以始兴王濬妃父褚湛之为丹杨尹。湛之，裕之之兄子也。褚裕之见一百十卷晋安帝义熙六年。濬为侍中、中书监、司徒、录尚书六条事，加南平王铄开府仪同三司，以南兖州刺史建平王宏为江州刺史。欲以代武陵王。太尉司马庞秀之自石头先众南奔，人情由是大震。劭委庞秀之以掌军队，秀之先奔南军，故人情大震。先，息荐翻。以营道侯义綦为湘州刺史，檀和之为雍州刺史。欲以代臧质。雍，于用翻。

癸丑，武陵王军于鹊头。鹊头在宣城郡界。左传：楚以诸侯伐吴，吴败之于鹊岸。唐志：宣州南陵县有鹊头镇兵，盖其地在鹊洲之头。宣城太守王僧达得武陵王檄，未知所从。客说之曰：“方今衅逆滔天，说，输芮翻。衅，许觐翻。古今未有。为君计，莫若承义师之檄，移告傍郡。苟在有心，谁不响应！谓凡有人心者，皆若响之应声。此上策也。如其不能，可躬帅向义之徒，帅，读曰率。详择水陆之便，致身南归，亦其次也。”僧达乃自候道南奔，候道，伺候边上警急之道也。今沿路列置烽台者即候道。逢武陵王于鹊头。王即以为长史。僧达，弘之子也。王弘历事武、文，位任隆重。王初发寻阳，沈庆之谓人曰："王僧达必来赴义。"人问其故。庆之曰："吾见其在先帝前议论开张，意向明决；以此言之，其至必也。"王氏江南冠族，僧达又名公之子也。沈庆之于建义之初，欲致之以为民望耳。

柳元景以舟舰不坚，惮于水战，乃倍道兼行，丙辰，至江宁步上，江宁县临江渚，晋咸和之后，以江外无事，于南浦置江宁县。宋白曰：江宁县本秣陵之地，晋置江宁县，在今县南七十里，故城存焉。隋开皇十年，移于冶城。按宋白所谓今县，乃天祐十四年杨氏所置县也。舰，户黯翻。上，时掌翻。使薛安都帅铁骑曜兵于淮上，秦淮之上也。移书朝士，为陈逆顺。朝，直遥翻。为，于伪翻。观柳元景用兵方略，固有必胜之理矣。

劭加吴兴太守汝南周峤冠军将军。随王诞檄亦至，峤素恇怯，回惑不知所从；冠，古玩翻。恇，去王翻。府司马丘珍孙杀之，举郡应诞。

戊午，武陵王至南洲，降者相属；南洲，属姑孰。降，户江翻；下同。属，之欲翻。己未，军于溧洲。溧，音栗。王自发寻阳，有疾不能见将佐，唯颜竣出入卧内，在室在舟，凡寝卧之所皆谓之卧内。将，即亮翻。拥王于膝，亲视起居。疾屡危笃，不任咨禀，竣皆专决。言病甚不能决事，凡内外咨禀，竣皆专决。任音壬。军政之外，间以文教书檄，应接遐迩，间，古苋翻。昏晓临哭，若出一人。临，力鸩翻。如是累旬，自舟中甲士亦不知王之危疾也。按是月丁未，王发寻阳，己未至溧洲，十三日耳，丙寅至江宁，方二十日；今曰累旬，当是以至江宁为限耳。

癸亥，柳元景潜至新亭，依山为垒。考异曰：宋略云："壬戌，元景次新林，依山为垒。"按本纪："癸亥，元景至新亭。"元景传："元景至新亭经日，劭乃水陆出军。"今从之。新降者皆劝元景速进，元景曰："不然。理顺难恃，同恶相济，轻进无防，实启寇心。”兵法所谓“先为不可胜以待敌之可胜”，柳元景以之。

元景营未立，劭龙骧将军詹叔儿觇知之，骧，思将翻。劝劭出战，劭不许。甲子，劭使萧斌统步军，褚湛之统水军，与鲁秀、王罗汉、刘简之精兵合万人，史言唯鲁秀、王罗汉、刘简之所部之兵精耳。攻新亭垒，劭自登朱雀门督战。元景宿令军中曰："鼓繁气易衰，叫数力易竭；宿令者，先未战之日而令之也。易，以豉翻。数，所角翻。但衔枚疾战，一听吾鼓声。"劭将士怀劭重赏，皆殊死战。元景水陆受敌，意气弥强，麾下勇士，悉遣出斗，左右唯留数人宣传。宣传号令也。劭兵势垂克，鲁秀击退鼓，劭众遽止。师之耳目在于旗鼓，鼓疾所以进众，鼓徐所以退众，鲁秀误鸣退鼓，天使之也。元景乃开垒鼓噪以乘之，劭众大溃，坠淮死者甚多。劭更帅馀众，自来攻垒，帅，读曰率。元景复大破之，所杀伤过于前战，士卒争赴死马涧，涧为之溢；死者塞涧，故涧水溢。复，扶又翻。为，于伪翻。劭手斩退者，不能禁。刘简之死，萧斌被创，被，皮义翻。创，初良翻。劭仅以身免，走还宫。鲁秀、褚湛之、檀和之皆南奔。

丙寅，武陵王至江宁。丁卯，江夏王义恭单骑南奔；夏，户雅翻。骑，奇计翻。劭杀义恭十二子。

劭、濬忧迫无计，以辇迎蒋侯神像置宫中，稽颡乞恩，拜为大司马，封钟山王；蒋侯，蒋子文也；庙食钟山。吴孙氏以其祖讳钟，改曰蒋山。稽，音启。拜苏侯神为骠骑将军。据齐书崔祖思传，苏侯神即苏峻。骠，匹妙翻。骑，奇计翻。以濬为南徐州刺史，与南平王铄并录尚书事。

戊辰，武陵王军于新亭，大将军义恭上表劝进。散骑侍郎徐爰在殿中诳劭，云自追义恭，遂归武陵王。因出追义恭，遂得归顺。散，悉亶翻。诳，居况翻。时王军府草创，不晓朝章；爰素所谙练。谙，乌含翻。乃以爰兼太常丞，撰即位仪注。己巳，王即皇帝位，大赦。文武赐爵一等，从军者二等。谓从军自寻阳至新亭，进爵二等以优之。改谥大行皇帝曰文，庙号太祖。以大将军义恭为太尉、录尚书六条事、南徐州刺史。是日，劭亦临轩拜太子伟之。大赦，唯刘骏、义恭、义宣、诞不在原例。此劭所下赦文所该也。庚子，以南谯王义宣为中书监、丞相、录尚书六条事、扬州刺史，随王诞为卫将军、开府仪同三司、荆州刺史，臧质为车骑将军、开府仪同三司、江州刺史，骑，奇计翻；下同。沈庆之为领军将军，萧思话为尚书左仆射。壬申，以王僧达为右仆射，柳元景为侍中、左卫将军，宗悫为右卫将军，张畅为吏部尚书，刘延孙、颜竣并为侍中。

五月，癸酉朔，臧质以雍州兵二万至新亭。雍，于用翻。豫州刺史刘遵考遣其将夏侯献之帅步骑五千军于瓜步。将，即亮翻。帅，读曰率。

先是，世祖遣宁朔将军顾彬之将兵东入，受随王诞节度。孝武帝庙号世祖。时初即位，而遽以庙号书之，盖因旧史耳。先，悉荐翻。诞遣参军刘季之将兵与彬之俱向建康，诞自顿西陵，为之后继。西陵，今绍兴府萧山县西兴镇是也。其地西临浙江，吴越王钱镠以陵非吉语，改曰西兴。将，音即亮翻。劭遣殿中将军燕钦等拒之，相遇于曲阿奔牛塘，今常州武进县有奔牛镇及奔牛堰，故老相传，云古有金牛奔此，因以名之。钦等大败。劭于是缘淮树栅以自守，又决破岗、方山埭以绝东军。破岗在晋陵郡延陵县西北，亦有埭。埭，音代。时男丁既尽，召妇女供役。

甲戌，鲁秀等募勇士攻大航，克之。大航，即朱雀航。航，户刚翻。考异曰：元凶传云"其月三日"。按宋略，甲戌乃二日也。王罗汉闻官军已渡，即放仗降，缘渚幢队以次奔散，渚，谓秦淮渚也。时劭兵缘渚备守以御义师，即秦淮北岸也。幢队，幢队主副所领兵也。降，户江翻。

器仗鼓盖，充塞路衢。塞，悉则翻。是夜，劭闭守六门，台城六门，大司马门、东华门、西华门、万春门、太阳门、承明门也。于门内凿堑立栅；城中沸乱，堑，七艳翻。丹杨尹尹弘等文武将吏争逾城出降。降，户江翻；下同。劭烧辇及衮冕服于宫庭。萧斌宣令所统，使皆解甲，自石头戴白幡来降；诏斩斌于军门。濬劝劭载宝货逃入海，劭以人情离散，不果行。

乙亥，辅国将军朱修之克东府，丙子，诸军克台城，各由诸门入会于殿庭，获王正见，斩之。张超之走至合殿御床之所，为军士所杀，刳肠割心，诸将脔其肉，生啖之。啖，徒览翻，又徒滥翻。建平等七王号哭俱出。七王，建平王宏及东海王祎、义阳王昶、武昌王浑、湘东王彧、建安王休仁；馀一人当是休佑，但未封。劭盖拘七王于宫中，故号哭俱出。号，户高翻。劭穿西垣，入武库井中，队副高禽执之。劭曰："天子何在？"禽曰："近在新亭。"至殿前，臧质见之恸哭，劭曰："天地所不覆载，丈人何为见哭？"覆，敷又翻。臧质，武敬皇后之侄，故劭呼为丈人。又谓质曰："劭可启得远徙不？"不，读曰否。质曰："主上近在航南，航南，谓大航之南。自当有处分。"处，昌吕翻。分，扶问翻。缚劭于马上，防送军门。时不见传国玺，玺，斯氏翻。以问劭，劭曰："在严道育处。"就取，得之。斩劭及四子于牙下。濬帅左右数十人挟南平王铄南走，帅，读曰率。遇江夏王义恭于越城。濬下马曰："南中郎今何所作？"义恭曰："上已君临万国。"又曰："虎头来得无晚乎？"义恭曰："殊当恨晚。"又曰："故当不死邪？"义恭曰："可诣行阙请罪。"天子出行幸，所居之所谓之行宫；豹尾之内同之禁中；旌门之外谓之行阙。又曰："未审能赐一职自效不？"不，读曰否。史言劭、濬狂愚望生。义恭又曰："此未可量。"量，音良。勒与俱归，于道斩之，及其三子。劭、濬父子首并枭于大航，枭，坚尧翻。暴尸于市。劭妃殷氏及劭、濬诸女、妾媵，皆赐死于狱。媵，以证翻。污潴劭所居斋。古者，臣弑君，子弑父，杀无赦；坏其室，污其宫而潴焉。郑玄曰：潴，都也。南方人谓都为潴，释停水曰潴。殷氏且死，谓狱丞江恪曰："汝家骨肉相残，何以枉杀无罪人？"恪曰："受拜皇后，非罪而何？"殷氏曰："此权时耳，当以鹦鹉为后。"褚湛之之南奔也，濬即与褚妃离绝，故免于诛。史言褚妃得免死之由。严道育、王鹦鹉并都街鞭杀，焚尸，扬灰于江。殷冲、尹弘、王罗汉及淮南太守沈璞皆伏诛。璞累为濬参佐，守于湖不迎义师，故诛。

庚辰，解严。辛巳，帝如东府，百官请罪，诏释之。甲申，尊帝母路淑媛为皇太后。淑媛，魏文帝所制。晋武帝采汉、魏之制，淑妃、淑媛、淑仪、修华、修仪、修容、婕妤、容华、充华，为九嫔，位视九卿。媛，于眷翻。太后，丹杨人也。乙酉，立妃王氏为皇后。后父偃，导之玄孙也。王导，东晋元臣，子孙为江左衣冠甲族。戊子，以柳元景为雍州刺史。雍，于用翻。辛卯，追赠袁淑为太尉，谥忠宪公；徐湛之为司空，谥忠烈公；江湛为开府仪同三司，谥忠简公；王僧绰为金紫光禄大夫，谥简侯。旌其死难也。壬辰，以太尉义恭为扬、南徐二州刺史，进位太傅，领大司马。

初，劭以尚书令何尚之为司空、领尚书令，子征北长史偃为侍中，父子并居权要。及劭败，尚之左右皆散，自洗黄阁。旧制，三公听事置黄阁。五代志曰：三公府三门，当中开黄阁，设内屏。殷冲等既诛，人为之寒心。为，于伪翻。帝以尚之、偃素有令誉，且居劭朝用智将迎，时有全脱，所谓全脱者，活三镇士民家口。朝，直遥翻。故特免之；复以尚之为尚书令，偃为大司马长史，位遇无改。

甲午，帝谒初宁、长宁陵。追赠卜天与益州刺史，谥壮侯，旌死节也。与袁淑等四家，长给禀禄。卜天与、袁淑、徐湛之、江湛四家。禀，笔锦翻，赐谷也，供给也；又力锦翻，禀食也。张泓之等各赠郡守。旌其战死也。戊戌，以南平王铄为司空，建平王宏为尚书左仆射，萧思话为中书令、丹杨尹。六月，丙午，帝还宫。还自谒陵也。

12 初，帝之讨西阳蛮也，屯五州时。臧质使柳元景将兵会之。及质起兵，欲奉南谯王义宣为主，潜使元景帅所领西还，帅，读曰率。还，从宣翻。元景即以质书呈帝，语其信曰：语，牛倨翻。信，使也。"臧冠军当是未知殿下义举耳。臧质以冠军将军镇襄阳，冠，古玩翻。方应伐逆，不容西还。"质以此恨之。及元景为雍州，雍，于用翻。质虑其为荆、江后患，建议元景当为爪牙，不宜远出。帝重违其言，戊申，以元景为护军将军，领石头戍事。

13 己酉，以司州刺史鲁爽为南豫州刺史。庚戌，以卫军司马徐遗宝为兖州刺史。为鲁爽、徐遗宝与臧质同反张本。

14 庚申，诏有司论功行赏，封颜竣等为公、侯。竣，七伦翻。

15 辛未，徙南谯王义宣为南郡王，随王诞为竟陵王，立义宣次子宜阳侯恺为南谯王。

16 闰月，壬申，以领军将军沈庆之为南兖州刺史，镇盱眙。盱眙，音吁怡。癸酉，以柳元景为领军将军。

17 乙亥，魏太皇太后赫连氏殂。

18 丞相义宣固辞内任及子恺王爵。甲午，更以义宣为荆、湘二州刺史，沈约曰：晋怀帝分荆州立湘州，成帝咸和三年省，安帝义熙八年复立，十二年又省，宋武帝永初三年又立，文帝元嘉八年省，十七年又立，二十九年又省，孝武帝孝建元年又立。今按是年四月，元凶劭以营道侯义綦为湘州刺史，盖以义宣以荆州举义，欲分其军府耳。帝既即位，遂以义宣为荆、湘二州刺史，湘州之立寔在是年也。更，工衡翻。恺为宜阳县王，将佐以下并加赏秩。将，即亮翻。以竟陵王诞为扬州刺史。

19 秋，七月，辛酉【章：十二行本"酉"作"丑"；乙十一行本同；孔本同。】朔，日有食之。甲寅，诏求直言。辛酉，诏省细作并尚方雕文涂饰；贵戚竞利，悉皆禁绝。宋有细作署令，大明四年改为左右御府令。

中军录事参军周朗上疏，以为："毒之在体，必割其缓处。历下、泗间，不足戍守。历下，谓历城；泗间，谓彭城湖陆。议者必以为胡衰不足避，当时议者，盖以魏连有内难，遂谓之衰。而不知我之病甚于胡矣。兵甲馈饵之费，虚内以给外，则吾国之疾甚于胡运之衰。今空守孤城，徒费财役。使虏但发轻骑三千，更互出入，骑，奇计翻。更，工衡翻。春来犯麦，秋至侵禾，水陆漕输，居然复绝；虏骑至则江南之人不敢至彭、泗，水陆漕输绝矣。复，扶又翻。于贼不劳而边已困，不至二年，卒散民尽，可蹻足而待也。蹻，巨骄翻。今人知不以羊追狼、蟹捕鼠，而令重车弱卒与肥马悍胡相逐，其不能济固宜矣。言不济事也。悍，下罕翻，又侯旰翻。又，三年之丧，天下之达丧；汉氏节其臣则可矣，薄其子则乱也。短丧自汉景帝始，详见十五卷汉文帝后七年。凡法有变于古而刻于情，则莫能顺焉；至乎败于礼而安于身，必遽而奉之。今陛下以大孝始基，宜反斯谬。言帝既能讨元凶劭之罪，当行三年之丧，以反短丧之谬。又，举天下以奉一君，何患不给？一体炫金，不及百两，炫，胡练翻；炫金，今之销金是也。一岁美衣，不过数袭；而必收宝连椟，集服累笥，目岂常视，身未时亲，是椟带宝、笥着衣也，着，陟略翻。何糜蠹之剧，惑鄙之甚邪！且细作始并，以为俭节；而市造华怪，即传于民。如此，则迁也，非罢也。此等语切中当时之病。凡欲言时政，若此可也；否则，迎合以徼利禄耳。凡厥庶民，制度日侈，见车马不辨贵贱，视冠服不知尊卑。尚方今造一物，小民明已睥睨；明，谓来旦也。睥，与睥同，匹诣翻。宫中朝制一衣，庶家晚已裁学。侈丽之源，实先宫阃。呜呼！我宋之将亡，其习俗亦如此，吾是以悲二宋之一辙也，呜呼！先，悉荐翻。又，设官者宜官称事立，人称官置。称，尺证翻。王侯识未堪务，不应强仕。此强仕，谓强之使仕也。强，其两翻。且帝子未官，人谁谓贱？但宜详置宾友，茂择正人，亦何必列长史、参军、别驾从事，然后为贵哉。此言亦深切宋藩王出镇之弊。又，俗好以毁沈人，不察其所以致毁；好，呼到翻。沈，持林翻；沈，言没人之实也。以誉进人，不察其所以致誉。誉，音馀；下同。毁徒皆鄙，则宜擢其毁者；誉党悉庸，则宜退其誉者。如此，则毁誉不妄，善恶分矣。论语：子贡问孔子曰："乡人皆好之，何如？"子曰："未可也。""乡人皆恶之何如？"子曰："未可也。不如乡人之善者好之，其不善者恶之。"周朗之言，正得此意。盖晋、宋以来，诸州中正品定人物，高下其手，毁誉之失实也久矣。凡无世不有言事，无时不有下令。然升平不至，昏危相继，何哉？设令之本非实故也。"朗指帝求言非实。书奏，忤旨，自解去职。朗，峤之弟也。周峤为丘珍孙所杀，事见上。忤，五故翻。

侍中谢庄上言："诏云：'贵戚竞利，悉皆禁绝。'此实允惬民听。若有犯违，则应依制裁纠；若废法申恩，便为明诏既下而声实乖爽也。爽，差也。臣愚谓大臣在禄位者，尤不宜与民争利。不审可得在此诏不？"不，读曰否。庄，弘微之子也。谢弘微进用于元嘉之初。

上多变易太祖之制，郡县以三周为满，宋之善政，于是乎衰。元嘉之制，守宰以六期为断。然自时厥后，率以三周为满，而又有数更数易，不及三周者。

20 乙丑，魏濮阳王闾若文、征西大将军永昌王仁皆坐谋叛，仁赐死于长安，若文伏诛。

21 南平穆王铄素负才能，意常轻上；又为太子劭所任，出降最晚。铄为始兴王濬所挟而走，遇江夏王义恭乃降，非本心也。降，户江翻。上潜使人毒之，己巳，铄卒，赠司徒，以商臣之谥谥之。楚世子商臣弑君父而自立，卒后谥曰穆。

22 南海太守萧简据广州反。简，斌之弟也。萧斌以逆党诛，其弟惧连坐而反。诏新南海太守南昌邓琬、考异曰：萧简传作"刘玩"，今从本纪。始兴太守沈法系讨之。法系，庆之之从弟也。从，才用翻。简诳其众曰："台军是贼劭所遣。"众信之，为之固守。诳，居况翻。为，于伪翻。琬先至，止为一攻道；法系至，曰："宜四面并攻；若守一道，何时可拔！"琬不从。法系曰："更相申五十日。"申，容也。又，缓为之期曰申。日尽又不克，乃从之。八道俱攻，一日即破之。九月，丁卯，斩简，广州平。法系封府库付琬而还。史言沈氏兄弟皆能宣力于一时。还，从宣翻，又如字。

23 冬，十一月，丙午，以左军将军鲁秀为司州刺史。为鲁秀从臧质等称兵张本。

24 辛酉，魏主如信都、中山。

25 十二月，癸未，以将置东宫，省太子率更令等官，中庶子等各减旧员之半。惩元凶劭之祸也。晋制：东宫中庶子四人，中舍人四人，庶子四人，舍人十六人，洗马八人。更，工衡翻。

26 甲午，魏主还平城。

聂崇岐标点王崇武覆校

资治通鉴卷第一百二十八

端明殿学士兼翰林侍读学士朝散大夫右谏议大夫
充集贤殿修撰提举西京嵩山崇福宫上柱国河内郡 司马光 奉敕编集
开国侯食邑一千八百户食实封六百户赐紫金鱼袋臣

后学天台胡三省音注

宋纪十 起阏逢敦牂（甲午），尽著雍阉茂（戊戌），凡五年。

世祖孝武皇帝上 讳骏，字休龙，小字道民，文帝第三子也。

孝建元年（甲午、四五四）

1 春，正月，己亥朔，上祀南郊，改元，大赦。上既平元凶之乱，依故事即位逾年而后改元。孝建者，盖欲以孝建平祸乱安宗庙之功。甲辰，以尚书令何尚之为左光禄大夫、护军将军，以左卫将军颜竣为吏部尚书、领骁骑将军。竣，七伦翻。骁，坚尧翻。骑，奇寄翻。

2 壬戌，更铸孝建四铢钱。更，工衡翻。

3 乙丑，魏以侍中伊馛为司空。馛，蒲拨翻。

4 丙子，【严：“子”改“寅”。】立皇子子业为太子。

5 初，江州刺史臧质，自谓人才足为一世英雄；太子劭之乱，质潜有异图，以荆州刺史南郡王义宣庸暗易制，易，以豉翻。欲外相推奉，因而覆之。质于义宣为内兄，臧质，武敬皇后之侄，年长于义宣，故为内兄。既至江陵，质初起兵与鲁爽同诣江陵，事见上卷上年。即称名拜义宣。义宣惊愕问故。质曰：“事中宜然。”谓国家多事之中，宜相推奉也。时义宣已奉帝为主，故其计不行。及至新亭，去年五月朔，质至新亭。又拜江夏王义恭，夏，户雅翻。曰："天下屯危，礼异常日。"屯，陟伦翻。

劭既诛，义宣与质功皆第一，由是骄恣，事多专行，凡所求欲，无不必从。必上之从己。义宣在荆州十年，文帝元嘉二十年义宣镇荆州。财富兵强；朝廷所下制度，意有不同，一不遵承。史历言义宣、质骄横之由。下，遐稼翻。质自建康之江州，舫千馀乘，部伍前后百馀里。舫，甫妄翻。乘，绳证翻。帝方自揽威权，而质以少主遇之，少，诗照翻。政刑庆赏，一不咨禀。擅用湓口、钩圻米，湓口米，荆、湘、郢三州之运所积也。钩圻米，南江之运所积也。水经注：赣水自南昌历郴丘城下，又历钩圻邸阁下，而后至彭泽。圻，音畿。台符屡加检诘，渐致猜惧。检诘，谓检校米斛，而诘问擅用之由也。诘，去吉翻。

帝淫义宣诸女，义宣由是恨怒。质乃遣密信说义宣，密信，密使也。说，输芮翻；下说诱同。以为"负不赏之功，挟震主之威，自古能全者有几？今万物系心于公，声迹已著；见几不作，将为他人所先。几，居希翻。先，悉荐翻。若命徐遗宝、鲁爽驱西北精兵来屯江上，徐遗宝刺兖州，直建康北；鲁爽刺南豫，直建康西。鲁爽素奉义宣，徐遗宝由义宣府参军起，故欲命之同逆。质帅九江楼船为公前驱，帅，读曰率。已为得天下之半。公以八州之众，徐进而临之，义宣都督荆、雍、梁、益、湘、交、广、宁八州。虽韩、白更生，不能为建康计矣。韩、白，谓韩信、白起。且少主失德，闻于道路；闻，音问，同。沈、柳诸将，亦我之故人，沈庆之与质同以武干事文帝，质为雍州，柳元景其部曲将也。将，即亮翻；下同。谁肯为少主尽力者！为，于伪翻；下为公同。夫不可留者年也，不可失者时也。质常恐溘先朝露，溘，苦答翻，又苦合翻。溘，奄也。朝露，言其易晞。溘先朝露，言奄然而死在朝露未晞之先。先，悉荐翻。不得展其旅力，毛苌曰：

旅，众也。考孔安国书注亦然。为公扫除，于时悔之何及。”义宣腹心将佐谘议参军蔡超、司马竺超民等咸有富贵之望，蔡超等以江州将佐从帝起义以得富贵，故怀非望。欲倚质威名以成其业，共劝义宣从其计。质女为义宣子采之妇。义宣谓质无复异同，复，扶又翻。遂许之。超民，夔之子也。景平、元嘉之间，竺夔守东阳有功。臧敦时为黄门侍郎，帝使敦至义宣所，道经寻阳，质更令敦说诱义宣，诱，音酉。义宣意遂定。

豫州刺史鲁爽有勇力，义宣【章：甲十一行本“宣”下有“质”字；乙十一行本同；孔本同；张校同。】素与之相结。义宣密使人报爽及兖州刺史徐遗宝，期以今秋同举兵。使者至寿阳，爽方饮醉，失义宣指，即日举兵。考异曰：宋本纪：“二月庚午，爽、臧质、南郡王义宣、徐遗宝举兵反。”义宣传云其年正月便反。宋略云：“二月，义宣等反。”按爽之反，帝犹遣质收鲁弘，则非同日反明矣。又按长历，是月戊辰朔；然则庚午三日也。义宣传，起兵在二月二十六日，但不知爽反在正月与二月耳。爽弟瑜在建康，闻之，逃叛。爽使其众戴黄标，戴黄以为标识。窃造法服，登坛，自号建平元年；疑长史韦处穆、中兵参军杨元驹、治中庾腾之不与己同，皆杀之。处，昌吕翻。徐遗宝亦勒兵向彭城。

二月，义宣闻爽已反，狼狈举兵。鲁瑜弟弘为质府佐，帝敕质收之，质即执台使，举兵。使，疏吏翻。

义宣与质皆上表，言为左右所谗疾，欲诛君侧之恶。义宣进爽号征北将军。爽于是送所造舆服诣江陵，使征北府户曹版义宣等，晋、宋之制，藩方权宜授官者谓之版授。文曰：“丞相刘，今补天子，名义宣；车骑臧，今补丞相，名质；平西朱，今补车骑，名修之：先是，臧质进号车骑将军，镇寻阳；朱修之进号平西将军，镇襄阳；进义宣丞相，辞不受。皆版到奉行。”义宣骇愕，爽所送法物并留竟陵，不听进。质加鲁弘辅国将军，下戍大雷。

义宣遣谘议参军刘谌之将万人就弘，谌，氏壬翻。将，即亮翻。召司州刺史鲁秀，欲使为谌之后继。秀至江陵见义宣，出，拊膺曰："吾兄误我，乃与痴人作贼，今年败矣！"

义宣兼荆、江、兖、豫四州之力，威震远近。帝欲奉乘舆法物迎之，乘，绳证翻。竟陵王诞固执不可，曰："奈何持此座与人！"乃止。竟陵王诞时为扬州刺史。

己卯，以领军将军柳元景为抚军将军；辛卯，以左卫将军王玄谟为豫州刺史。欲以代鲁爽。命元景统玄谟等诸将以讨义宣。癸巳，进据梁山洲，时梁山江中有洲，玄谟等舟师据之。于两岸筑偃月垒，水陆待之。义宣自称都督中外诸军事，命僚佐悉称名。

6 甲午，魏主诣道坛受图箓。寇谦之之遗教也。

7 丙申，以安北司马夏侯祖欢为兖州刺史。代徐遗宝。三月，己亥，内外戒严。考异曰：宋本纪、宋略皆作癸亥，下有辛丑。按长历，是月戊戌朔，癸亥二十六日，辛丑乃四日也；当作己亥。辛丑，以徐州刺史萧思话为江州刺史，欲以代臧质。柳元景为雍州刺史。欲以代朱修之。雍，于用翻。癸卯，以太子左卫率庞秀之为徐州刺史。欲以代萧思话。

义宣移檄州郡，加进位号，使同发兵。雍州刺史朱修之伪许之，而遣使陈诚于帝。遣使，疏吏翻；下同。益州刺史刘秀之斩义宣使者，遣中兵参军韦崧【严："崧"改"山松"。】将万人袭江陵。将，即亮翻；下使将同。

戊申，义宣帅众十万发江津，舳舻数百里。帅，读曰率。舳，音逐。舻，音卢。以子慆为辅国将军，与左司马竺超民留镇江陵。慆，土刀翻。檄朱修之使发兵万人继进，修之不从。义宣知修之贰于己，乃以鲁秀为雍州刺史，使将万馀人击之。王玄谟闻秀不来，鲁秀善战，故王玄谟惮之。喜曰："臧质易与耳。"易，以豉翻。

冀州刺史垣护之妻，徐遗宝之姊也，遗宝邀护之同反，护之不从，发兵击之。遗宝遣兵袭徐州长史明胤于彭城，不克。萧思话已离彭城，长史明胤守之。胤与夏侯祖欢、垣护之共击遗宝于湖陆，宋兖州治湖陆。遗宝弃众焚城，奔鲁爽。

义宣至寻阳，以质为前锋而进，爽亦引兵直趣历阳，趣，七喻翻。与质水陆俱下。殿中将军沈灵赐将百舸，破质前军于南陵，擒军主徐庆安等。舸，古我翻。质至梁山，夹陈两岸，与官军相拒。陈，读曰阵。

夏，四月，戊辰，以后将军刘义綦为湘州刺史；甲申，以朱修之为荆州刺史。义宣为荆、湘二州刺史而反，故二州皆命代，以朱修之效顺，使制其后，故命以荆州。

上遣左军将军薛安都、龙骧将军南阳宗越等戍历阳，骧，思将翻。与鲁爽前锋杨胡兴等战，斩之。考异曰：安都传作"胡与"，今从宗越传。爽不能进，留军大岘，使鲁瑜屯小岘。小岘在合肥之东，大岘又在小岘之东。岘，户典翻。上复遣镇军将军沈庆之济江，督诸将讨爽，复，扶又翻。爽食少，引兵稍退，自留断后；少，诗沼翻。断，音短；断后，古之所谓殿也。庆之使薛安都帅轻骑追之，帅，读曰率。骑，奇寄翻。丙戌，及爽于小岘。爽将战，饮酒过醉，安都望见爽，即跃马大呼，直往刺之，呼，火故翻。刺，七亦翻。应手而倒，左右范双斩其首。爽众奔散，瑜亦为部下所杀，遂进攻寿阳，克之。爽为南豫州刺史，镇寿阳。徐遗宝奔东海，东海人杀之。

李延寿论曰：凶人之济其身，非世乱莫由焉。鲁爽以乱世之情，而行之于平日，平日，谓安平无事之日。其取败也宜哉！考异曰：此语本出沈约宋书吴喜黄回传赞，而延寿取之。以约施用失所，故绌其名。

8 南郡王义宣至鹊头，庆之送爽首示之，并与书曰："仆荷任一方，而衅生所统。去年，庆之镇盱眙，今使之专征，盖兼督兖、豫。荷，下可翻。衅，许觐翻。近聊帅轻师，指往翦扑，轻师，言非重兵。扑，普卜翻。军锋裁及，贼爽授首。公情契异常，言义宣与爽相结，情契异于常人。或欲相见，及其可识，指送相呈。"爽累世将家，鲁爽父轨，轨父宗之，三世将家。骁猛善战，号万人敌；骁，坚尧翻。义宣与质闻其死，皆骇惧。

柳元景军于采石；王玄谟以臧质众盛，遣使来求益兵，使，疏吏翻。上使元景进屯姑孰。考异曰：垣护之传作"南州"，盖南州即姑孰也。按宋白续通典曰："桓玄居南州，以在国南，故曰南州，"载之宣州之下。晋书云："桓玄于南州起斋，号曰盘龙斋。刘毅小字盘龙。玄既败，毅以豫州刺史出镇姑孰，正居是斋。"桓玄既诛司马元显，出镇姑孰，起盘龙斋，盖是时也。晋书正指姑孰为南州，宋白误矣。

太傅义恭与义宣书曰："往时仲堪假兵，灵宝寻害其族；孝伯推诚，牢之旋踵而败。假兵、推诚事并见一百一十卷晋安帝隆安二年，桓玄杀殷仲堪见一百一十一卷三年。桓玄，字灵宝。王恭，字孝伯。臧质少无美行，弟所具悉。质少轻薄无检，为文帝所嫌。少，诗照翻。行，下孟翻。今籍西楚之强力，图济其私；凶谋若果，果，胜也，克也，决也。恐非复池中物也。"复，扶又翻。义宣由此疑之。五月，甲辰，义宣至芜湖，质进计曰："今以万人取南州，则梁山中绝；柳元景屯南州为梁山后镇，若取之，则梁山之路中绝。万人缀梁山，则玄谟必不敢动；下官中流鼓棹，直趣石头，此上策也。"沈庆之、薛安都等在江西，柳元景、王玄谟等与义宣相持；若质计得行，建康殆矣。趣，七喻翻。义宣将从之。刘谌之密言于义宣曰："质求前驱，此志难测。不如尽锐攻梁山，事克然后长驱，此万安之计也。"义宣乃止。

冗从仆射胡子反等守梁山西垒，会西南风急，质遣其将尹周之攻西垒；因西南风急而攻西垒，东垒之兵难以逆风赴救。冗，而陇翻。从，才用翻。将，即亮翻。子反方渡东岸就玄谟计事，闻之，驰归。【章：甲十一行本“归”下有“周之攻垒甚急”六字；乙十一行本同；孔本同；张校同；退斋校同。】偏将刘季之帅水军殊死战，帅，读曰率。求救于玄谟，玄谟不遣；大司马参军崔勋之固争，乃遣勋之与积弩将军垣询之救之。比至，城已陷，勋之、询之皆战死。比，必寐翻，及也。考异曰：义宣传曰：“五月十九日，西南风猛。”宋略曰：“己亥，质遣尹周之攻梁山西垒，陷之。”按长历，是月丁酉朔，三日己亥，八日甲辰，十八日甲寅。宋略于己亥上有甲辰，下有甲寅，然则决非十九日与己亥，或者是己酉与辛亥也。今不书日，阙疑。询之，护之之弟也。子反等奔还东岸。质又遣其将庞法起将数千兵趋南浦，欲自后掩玄谟，庞，皮江翻。趋，七俞翻。时玄谟使其将郑琨、武念戍南涓，其地则今之大信港也，俗谓之扁担河。游击将军垣护之引水军与战，破之。此以上皆梁山交战事。

朱修之断马鞍山道，水经注：檀溪水出襄阳西柳子山下，东为鸭湖，湖在马鞍山东北。按马鞍山今谓之望楚山，晋刘弘所改名也，高处有三磴。断，丁管翻。据险自守。鲁秀攻之，不克，屡为修之所败，败，补迈翻。乃还江陵，修之引兵蹑之。或劝修之急追，修之曰：“鲁秀，骁将也；兽穷则攫，不可迫也。”兵法有言：知彼知己，百战不殆。朱修之此战近之。骁，坚尧翻。将，即亮翻。

王玄谟使垣护之告急于柳元景曰：“西城不守，唯馀东城万人。贼军数倍，强弱不敌，欲退还姑孰，就节下协力当之，更议进取。”元景不许，曰：“贼势方盛，不可先退，吾当卷甲赴之。”护之曰：“贼谓南州有三万人，而将军麾下裁十分之一，若往造贼垒，造，七到翻。则虚实露矣。王豫州必不可来，不如分兵援之。”元景曰：“善！”乃留羸弱自守，悉遣精兵助玄谟，多张旗帜。羸，伦为翻。帜，昌志翻。梁山望之如数万人，皆以为建康兵悉至，众心乃安。

质自请攻东城。谘议参军颜乐之说义宣曰："质若复克东城，乐，音洛。说，输芮翻。复，扶又翻。则大功尽归之矣；宜遣麾下自行。"义宣乃遣刘谌之与质俱进。甲寅，义宣至梁山，顿兵西岸，义宣自鹊头至梁山西岸。质与刘谌之进攻东城。玄谟督诸军大战，薛安都帅突骑先冲其陈之东南，陷之，帅，读曰率。骑，奇寄翻。陈，读曰阵。斩谌之首，刘季之、宗越又陷其西北，质等兵大败。垣护之烧江中舟舰，烟焰覆水，舰，户黯翻。覆，敷又翻；下覆头同。延及西岸营垒殆尽；诸军乘势攻之，义宣兵亦溃。义宣单舸迸走，闭户而泣，舸，古我翻。迸，北孟翻。户，舰户也。荆州人随之者犹百馀舸。质欲见义宣计事，而义宣已去，质不知所为，亦走，其众皆降散。降，户江翻。己未，解严。

9 癸亥，以吴兴太守刘延孙为尚书右仆射。守，手又翻。

10 六月，丙寅，魏主如阴山。

11 臧质至寻阳，焚烧府舍，载妓妾西走；使嬖人何文敬领馀兵居前，至西阳。西阳太守鲁方平绐文敬曰：妓，渠绮翻。嬖，卑义翻，又博计翻。绐，荡亥翻。"诏书唯捕元恶，馀无所问，不如逃之。"文敬弃众亡去。质先以妹夫羊冲为武昌郡，晋起居注：武帝太康元年改江夏为武昌郡。又按晋志，吴主权以东鄂置武昌郡；今寿昌军是也。质往投之；冲已为郡丞胡庇之所杀，质无所归，乃逃于南湖，南湖今在寿昌军武昌县东八里。掇莲实啖之。掇，丁括翻。啖，徒滥翻，又徒览翻。追兵至，以荷覆头，自沈于水，出其鼻。沈，持林翻。戊辰，军主郑俱儿望见，射之，中心，射，而亦翻。中，竹仲翻。兵刃乱至，肠胃萦水草，斩首送建康，子孙皆弃市，并诛其党乐安太守【章：甲十一行本作"豫章太守乐安"六字；乙十一行本同；孔本同；张校云："党"下脱"豫章太守"四字，"安"下衍"太守"二字。】任荟之、任，音壬。荟，乌外翻。临川内史刘怀之、鄱阳太守杜仲儒。仲儒，虁之兄子也。杜虁，元嘉中刺青州。功臣柳元景等封赏各有差。

丞相义宣走至江夏，闻巴陵有军，巴陵之军，盖韦崧之兵也；或曰：湘州刺史刘遵考之兵也。夏，户雅翻。回向江陵，众散且尽，与左右十许人徒步，脚痛不能前，僦民露车自载，僦，即就翻，赁也。缘道求食。至江陵郭外，遣人报竺超民，超民具羽仪兵众迎之。时荆州带甲尚万馀人，左右翟灵宝诫义宣使抚慰将佐，翟，苌伯翻。将，即亮翻。以："臧质违指授之宜，用致失利。今治兵缮甲，更为后图。治，置之翻。昔汉高百败，终成大业……"而义宣忘灵宝之言，误云"项羽千败"，众咸掩口。掩口而笑也。鲁秀、竺超民等犹欲收馀兵更图一决；而义宣惛沮，无复神守，入内不复出，沮，在吕翻。复，扶又翻；下夜复同。左右腹心稍稍离叛。鲁秀北走，考异曰：宋略云："秀自襄阳败退，将及江陵，闻败北走。"今从宋书。义宣不能自立，欲从秀去，乃携息慆息，子也。及所爱妾五人，着男子服相随。着，陟略翻。城内扰乱，白刃交横，义宣惧，坠马，遂步进；竺超民送至城外，更以马与之，归而城守。守，手又翻。义宣求秀不得，左右尽弃之，夜，复还南郡空廨；南郡太守廨舍，盖在江陵城外。廨，古隘翻。旦日，超民收送刺奸。自汉以来，公府有刺奸掾。义宣止狱户，坐地叹曰："臧质老奴误我！"五妾寻被遣出，义宣号泣，语狱吏曰："常日非苦，今日分别始是苦。"被，皮义翻。号，户高翻。语，牛倨翻。别，如字；分别，犹分离也。鲁秀众散，不能去，还向江陵，城上人射之，射，而亦翻。秀赴水死，就取其首。

诏右仆射刘孝【章：甲十一行本"孝"作"延"；乙十一行本同；孔本同；张校同；退斋校同。】孙使荆、江二州，旌别枉直，使，疏吏翻。别，彼列翻。就行诛赏；且分割二州之地，议更置新州。由是遂分荆、湘、江、豫之地置郢州。

初，晋氏南迁，以扬州为京畿，谷帛所资皆出焉；以荆、江为重镇，甲兵所聚尽在焉；常使大将居之。将，即亮翻。三州户口，居江南之半，上恶其强大，故欲分之。恶，乌路翻；下同。癸未，分扬州浙东五郡置东扬州，治会稽；五郡：会稽、东阳、永嘉、临海、新安。会，工外翻。分荆、湘、江、豫州之八郡置郢州，治江夏；分荆州之江夏、竟陵、随、武陵、天门、湘州巴陵、江州武昌、豫州西阳凡八郡。永初郡国志及何承天志，江夏太守本治安陆，自此之后徙治夏口；今鄂州治江夏县即其地。夏，户雅翻；下夏口同。罢南蛮校尉，迁其营于建康。晋武帝置护南蛮校尉于襄阳，江左初省，寻又置于江陵。水经注：南蛮校尉府在方城；自油口以东，屯营相接，悉是南蛮府屯兵。校，户教翻。太傅义恭议使郢州治巴陵，尚书令何尚之曰："夏口在荆、江之中，正对沔口，通接雍、梁，实为津要。自夏口入沔，溯流而上，至襄阳，又溯流而上至汉中，故云通接雍、梁。雍，于用翻。由来旧镇，根基不易，夏口自吴以来为重镇。既有见城，见，贤遍翻。浦大容舫，于事为便。"守江之备，船舰为急，故以浦大容舫为便。舫，甫妄翻。上从之。既而荆、扬因此虚耗。尚之请复合二州，复，扶又翻。上不许。

12 戊子，省录尚书事。上恶宗室强盛，不欲权在臣下；太傅义恭知其指，故请省之。

13 上使王公、八座与荆州刺史朱修之书，晋志曰：五曹尚书、一仆射、二令为八座。宋盖二仆射，一令。令丞相义宣自为计。书未达，庚寅，修之入江陵，杀义宣，并诛其子十六人，及同党竺超民、从事中郎蔡超、谘议参军颜乐之等。超民兄弟应从诛，何尚之上言："贼既遁走，一夫可擒。若超民反覆昧利，即当取之，非唯免愆，亦可要不义之赏。而超民曾无此意，微足观过知仁。何尚之此言为竺超民兄弟道地耳。要，一遥翻。且为官保全城府，谨守库藏，为，于伪翻。藏，徂浪翻。端坐待缚。今戮及兄弟，则与其馀逆党无异，于事为重。”上乃原之。

14 秋，七月，丙申朔，日有食之。

15 庚子，魏皇子弘生；辛丑，大赦，改元兴光。

16 丙辰，大赦。

17 八月，甲戌，魏赵王深卒。

18 乙亥，魏主还平城。是年夏，书魏主如阴山。

19 冬，十一月，戊戌，魏主如中山，遂如信都；十二月，丙子，还，幸灵丘，灵丘县自汉以来属代郡，唐为蔚州。至温泉宫；庚辰，还平城。

二年（乙未、四五五）

1 春，正月，魏车骑大将军乐平王拔有罪赐死。骑，奇寄翻。

2 镇北大将军、南兖州刺史沈庆之请老；二月，丙寅，以为左光禄大夫、开府仪同三司。庆之固让，表疏数十上，又面自陈，乃至稽颡泣涕。上，时掌翻。稽，音启。上不能夺，听以始兴公就第，厚加给奉。顷之，上复欲用庆之，复，扶又翻；下同。使何尚之往起之。尚之累陈上意，庆之笑曰：“沈公不效何公，往而复返。”尚之不能固志，见一百二十六卷文帝元嘉二十八年。尚之惭而止。辛巳，以尚书右仆射刘延孙为南兖州刺史。

3 夏，五月，戊戌，以湘州刺史刘遵考为尚书右仆射。

4 六月，壬戌，魏改元太安。

5 甲子，大赦。

6 甲申，魏主还平城。史亦不书所如之地。

7 秋，七月，癸巳，立皇弟休佑为山阳王，休茂为海陵王，休业为鄱阳王。

8 丙辰，魏主如河西。

9 雍州刺史武昌王浑朱修之已赴江陵，柳元景又留建康，以浑刺雍州。

雍，于用翻。与左右作檄文，自号楚王，改元永光，备置百官，以为戏笑。长史王翼之封呈其手迹。八月，庚申，废浑为庶人，徙始安郡。上遣员外散骑侍郎东海戴明宝诘责浑，散，悉亶翻。骑，奇寄翻。诘，去吉翻。因逼令自杀，时年十七。

10 丁亥，魏主还平城。

11 诏祀郊庙，初设备乐，从前殿中曹郎荀万秋之议也。晋氏南渡草创，二郊无乐；宗庙虽有登歌，亦无二舞。及破苻坚，得乐工，始有金石之乐。文帝元嘉二十二年，南郊，始设登歌。此所谓备乐，非能备雅乐，魏、晋以来世俗之乐耳。顺帝升明二年，王僧虔所谓“朝廷礼乐多违旧典”，盖指此类。

12 上欲削弱王侯。冬，十月，己未，江夏王义恭、竟陵王诞奏裁【章：甲十一行本“裁”下有“损”字；乙十一行本同；孔本同。】王、侯车服、器用、乐舞制度，凡九事；上因讽有司奏增广为二十四条：听事，不得南面坐，施帐并蜡。蕃国官正、冬不得徒跣登国殿及夹侍国师，传令及油戟。公主、妃传令不得朱服。舆不得重栨。鄣扇不得雉尾。剑毦不得孔雀白鹭。夹毂队不得绛袄。平乘但马不得过二匹。胡伎不得彩衣。舞妓正、冬着袿衣，不得庄面蔽花。正、冬会不得剑舞、杯柈舞。长跷伎、透舒丸剑、博山伎、缘大橦伎、五案伎，自非正、冬会奏舞曲不得舞。诸妃、主不得着绲带。信幡，非台省官悉用绛。郡、县内史、相及封内官长，于其封君，既非在三，罢官则不复追敬；不合称臣，止宜上下官敬而已。诸镇常行车，前后不得过六队，白直夹毂不在其限；刀不得过银铜饰。诸王女封县主，诸王子孙袭封，王之妃及封侯者夫人，行并不得卤簿。诸王子继体为王，婚葬吉凶，悉依诸国公侯之礼，不得同皇弟、皇子。车舆非轺车不得油幢。平乘船皆平两头，作露平形，不得拟象龙舟。悉不得朱油帐。错不得作五花及竖笋形。听事不得南向坐；剑不得为鹿卢形；晋灼曰：古长剑，首以玉作井鹿卢形。内史、相及封内官长止称下官，不得称臣，罢官则不复追敬。长，知两翻。复，扶又翻。诏可。

13 庚午，魏以辽西王常英为太宰。

14 壬午，以太傅义恭领扬州刺史，竟陵王诞为司空、领南徐州刺史，建平王宏为尚书令。

15 是岁，以故氐王杨保宗子元和为征虏将军，杨头为辅国将军。头，文德之从祖兄也。元和虽杨氏正统，从，才用翻。杨保宗，氐王杨玄之子，故元和为杨氏正统。朝廷以其年幼才弱，未正位号；部落无定主。头先戍葭芦，母妻子弟并为魏所执，文帝元嘉二十年，魏克仇池，杨文德败走；头母妻子弟为魏所执，当在是年。二十七年，始使头戍葭芦。而头为宋坚守无贰心。为，于伪翻。雍州刺史王玄谟上言：雍，于用翻。上，时掌翻。"请以头为假节、西秦州刺史，用安辑其众。俟数年之后，元和稍长，使嗣故业。若元和才用不称，长，知两翻。称，尺证翻。便应归头。头能藩扞汉川，使无虏患，彼四千户荒州殆不足惜。若葭芦不守，汉川亦无立理。"上不从。

三年（丙申、四五六）

1 春，正月，庚寅，立皇弟休范为顺阳王，休若为巴陵王。戊戌，立皇子子尚为西阳王。

2 壬子，纳右卫将军何瑀女为太子妃。瑀，澄之曾孙也。甲寅，大赦。

3 乙卯，魏立贵人冯氏为皇后。后，辽西郡公朗之女也；冯朗降魏见一百二十二卷文帝元嘉九年。朗为秦、雍二州刺史，雍，于用翻。坐事诛，后由是没入宫。为冯后专魏政张本。

4 二月，丁巳，魏主立子弘为皇太子，先使其母李贵人条记所付托兄弟，然后依故事赐死。

5 甲子，以广州刺史宗悫为豫州刺史。故事，府州部内论事，皆签前直叙所论之事，置典签以主之。宋世诸皇子为方镇者多幼，时主皆以亲近左右领典签，近，其靳翻。典签之权稍重。至是，虽长王临藩，长，知两翻。素族出镇，典签皆出纳教命，执其枢要，刺史不得专其职任。及悫为豫州，临安吴喜为典签。吴分馀杭为临水县，晋武帝太康元年，更名临安，属吴兴郡。悫刑政所施，喜每多违执，悫大怒，曰："宗悫年将六十，为国竭命，为，于伪翻。正得一州如斗大，正，一作"止"。不能复与典签共临之！"喜稽颡流血，乃止。复，扶又翻。稽，音启。

6 丁零数千家匿井陉山中为盗，陉，音刑。魏选部尚书陆真初学记：汉成帝置列曹尚书四人，其一曰常侍曹；光武改常侍曹曰吏部，主选举；灵帝改吏部为选部。后魏初有殿中、乐部、驾部、南部、北部五尚书，选部尚书盖此时方置。与州郡合兵讨灭之。

7 闰月，戊午，以尚书左仆射刘遵考为丹杨尹。

8 癸酉，鄱阳哀王休业卒。

9 太傅义恭以南兖州刺史西阳王子尚有宠，将避之，乃辞扬州。秋，七月，解义恭扬州；丙子，以子尚为扬州刺史。时荧惑守南斗，上废西州旧馆，使子尚移治东城以厌之。厌，于叶翻，又于琰翻。斗，扬州分，故厌之。扬州别驾从事沈怀文曰："天道示变，宜应之以德。今虽空西州，恐无益也。"不从。怀文，怀远之兄也。

10 八月，魏平西将军渔阳公尉眷击伊吾，克其城，大获而还。李宝以伊吾、敦煌降魏。宝既入朝，伊吾复叛，故击之。尉，纡勿翻。还，从宣翻，又如字。

11 九月，壬戌，以丹杨尹刘遵考为尚书右仆射。

12 冬，十月，甲申，魏主还平城。亦不书所如之地。

13 丙午，太傅义恭进位太宰，领司徒。

14 十一月，魏以尚书西平王源贺为冀州刺史，更赐爵陇西王。更，工衡翻。贺上言："今北虏游魂，南寇负险，疆埸之间，犹须防戍。埸，音亦。臣愚以为，自非大逆、赤手杀人，其坐赃盗及过误应入死者，皆可原宥，谪使守边；则是已断之体受更生之恩，傜役之家蒙休息之惠。”魏高宗从之。久之，谓群臣曰：“吾用贺言，一岁所活不少，少，诗沼翻。增戍兵亦多。卿等人人如贺，朕何忧哉！”会武邑人石华告贺谋反，武邑县，前汉属信都，后汉属安平，晋武帝分立武邑郡，至隋唐为武邑、武强、衡水三县地。有司以闻，帝曰：“贺竭诚事国，朕为卿等保之，为，于伪翻。无此，明矣。”命精加讯验；华果引诬，自引服诬告之罪。帝诛之，因谓左右曰：“以贺忠诚，犹不免诬谤，不及贺者可无慎哉！”

15 十二月，濮阳太守姜龙驹、新平太守杨自伦弃【章：甲十一行本“弃”上有“帅吏民”三字；乙十一行本同；孔本同；张校同。】郡奔魏。按沈约志：濮阳、新平皆属兖州而不载治所，盖侨郡也。新平郡，又明帝泰始七年立，当考。又按五代志：鄄城县旧置濮阳郡。濮，博木翻。

16 上欲移青、冀二州并镇历城，议者多不同。青、冀二州刺史垣护之曰：“青州北有河、济，济，子礼翻。又多陂泽，非虏所向；每来寇掠，必由历城。二州并镇，此经远之略也。北又近河，归顺者易。近，其靳翻。易，以豉翻。近息民患，远申王威，安边之上计也。”由是遂定。青州本治东阳，冀州治历城，今并为一镇。

17 元嘉中，官铸四铢钱，轮郭、形制与五铢同，用费无利，言铸一钱之费适当一钱之用，无赢利也。故民不盗铸。及上即位，又铸孝建四铢，形式薄小，轮郭不成。钱，外圆为轮，内方为郭。于是盗铸者众，杂以铅、锡；翦凿古钱，钱转薄小。守宰不能禁，坐死、免者相继。盗铸益甚，物价踊贵，朝廷患之。去岁春，诏钱薄小无轮郭者悉不得行，民间喧扰。是岁，始兴郡公沈庆之建议，以为“宜听民铸钱，郡县置钱署，乐铸之家皆居署内，乐，音洛。平其准式，去其杂伪。去，羌吕翻。去春所禁新品，一时施用，今铸悉依此格。万税三千，严检盗铸。”

检，束也，勘察也。丹杨尹颜竣驳之，竣，七伦翻。驳，北角翻。以为“五铢轻重，定于汉世，汉武帝元狩五年行五铢钱。魏、晋以降，莫之能改；诚以物货既均，改之伪生故也。今云去春所禁一时施用；若巨细总行而不从公铸，利己既深，情伪无极，私铸、翦凿尽不可禁，财货未赡，大钱已竭，数岁之间，悉为尘土矣。今新禁初行，品式未一，须臾自止，不足以垂圣虑；唯府藏空匮，实为重忧。藏，徂浪翻；下同。今纵行细钱，官无益赋之理；百姓虽赡，赡，昌艳翻。无解官乏。唯简费去华，去，羌吕翻。专在节俭，求赡之道，莫此为贵耳。”议者又以为“铜转难得，欲铸二铢钱。”竣曰：“议者以为官藏空虚，宜更改铸；天下铜少，宜减钱式以救交弊，官藏空虚，无钱以赡用，而天下铜少，又无以铸钱，是交弊也。议者缘此欲改铸小钱以救之。少，诗沼翻。赈国舒民。赈，富也，又举救也。舒，缓也，宽也。赈，津忍翻。愚以为不然。今铸二铢，恣行新细，于官无解于乏，而民间奸巧大兴，天下之货将糜碎至尽；空严立禁，而利深难绝，不一二年，其弊不可复救。言不待一二年而弊甚也。复，扶又翻。民惩大钱之改，兼畏近日新禁，市井之间，必生纷扰。远利未闻，切患猥及，富商得志，贫民困窘，此皆甚不可者也。”乃止。窘，渠陨翻。

18 魏定州刺史高阳许宗之求取不节，深泽民马超谤毁宗之，深泽县，前汉属涿郡，后汉属安平，晋以来属博陵郡。后魏博陵郡属定州。唐以博陵郡为定州，后分定州置祁州，深泽县属焉。宗之殴杀超，殴，乌口翻，击也。恐其家人告状，上超诋讪朝政。上，时掌翻。魏高宗曰：“此必妄也。魏字衍。朕为天下主，何恶于超而有此言！恶，乌路翻。必宗之惧罪诬超。”案验，果然。斩宗之于都南。

19 金紫光禄大夫颜延之卒。延之子竣贵重，凡所资供，供，居用翻。延之一无所受，布衣茅屋，萧然如故。常乘羸牛笨车，笨，部本翻，竹里也；一曰，不精也。逢竣卤簿，即屏住道侧。导从之次第曰卤簿。屏，必郢翻。常语竣曰：“吾平生不憙见要人，语，牛倨翻。憙，许记翻。今不幸见汝！”竣起宅，延之谓曰：“善为之，无令后人笑汝拙也。”延之尝早诣竣，见宾客盈门，竣尚未起，延之怒曰：“汝出粪土之中，升云霞之上，遽骄傲如此，其能久乎！”物忌盛满。颜竣之祸，其父知之矣。竣丁父忧，丁，当也；郭璞曰：值也。裁逾月，起为右将军，丹杨尹如故。竣固辞，表十上；上，时掌翻。上不许，遣中书舍人戴明宝抱竣登车，载之郡舍，之，往也。郡舍，丹杨尹廨也。赐以布衣一袭，絮以彩纶，遣主衣就衣诸体。主衣，主御衣服，唐尚衣奉御之职也。就衣，于既翻。

大明元年（丁酉、四五七）

1 春，正月，辛亥朔，改元，大赦。

2 壬戌，魏主畋于崞山，崞山在雁门郡崞县。崞，古博翻。戊辰，还平城。

3 魏以渔阳王尉眷为太尉、录尚书事。尉，纡勿翻。

4 二月，魏人寇兖州，向无盐，败东平太守南阳刘胡。无盐县，自汉以来属东平郡。败，补迈翻。诏遣太子左卫率薛安都将骑兵，东阳太守沈法系将水军，向彭城以御之，率，所律翻。将，即亮翻。骑，奇寄翻。并受徐州刺史申坦节度。比至，比，必利翻，及也。魏兵已去。先是，群盗聚任城荆榛中，累世为患，谓之任榛。先，悉荐翻。任，音壬。任城县，前汉属东平郡，后汉分为任城国，后遂为郡。宋省郡为任城县，属高平郡。申坦请回军讨之。上许之。任榛闻之，皆逃散。时天旱，人马渴乏，无功而还。还，从宣翻，又如字。安都、法系坐白衣领职。坦当诛，群臣为请，莫能得。为，于伪翻。沈庆之抱坦哭于市曰：“汝无罪而死。我哭汝于市，行当就汝矣！”有司以闻，上乃免之。

5 三月，庚申，魏主畋于松山；己巳，还平城。

6 魏主立其弟新成为阳平王。

7 上自即吉之后，三年之丧既除而即吉。奢淫自恣，多所兴造。丹杨尹颜竣以藩朝旧臣，上为藩王时，竣为僚佐，是藩朝旧臣也。晋、宋之间，郡曰郡朝，府曰府朝，藩王曰藩朝。宋武帝为宋王，齐高帝为齐王，时曰霸朝。朝，直遥翻；下同。数恳切谏争，数，所角翻。争，则迸翻。无所回避，上浸不悦。竣自谓才足干时，恩旧莫比，当居中永执朝政，而所陈多不纳，疑上欲疏之，乃求外出以占上意。夏，六月，丁亥，诏以竣为东扬州刺史，竣始大惧。为帝杀竣张本。

8 癸卯，魏主如阴山。

9 雍州所统多侨郡县，雍，于用翻；下同。刺史王玄谟上言："侨郡县无有境土，新旧错乱，租课不时，请皆土断。"断，丁乱翻。秋，七月，辛未，诏并雍州三郡十六县为一郡。郡县流民不愿属籍，属土著之籍也。讹言玄谟欲反。时柳元景宗强，群从多为雍部二千石，柳元景，河东解人，南徙，侨居于雍部。群从，群从兄弟。从，才用翻。乘声皆欲讨玄谟。玄谟令内外晏然以解众惑，驰使启上，具陈本末。使，疏吏翻。上知其虚，遣主书吴喜抚慰之，主书，后汉尚书令史之职。汉尚书曹有主书令史二十一人；江左以来，中书省有主书。且报曰："七十老公，反欲何求！君臣之际，足以相保，聊复为笑，伸卿眉头耳。"复，扶又翻。玄谟性严，未尝妄笑，故上以此戏之。

10 八月，己亥，魏主还平城。

11 甲辰，徙司空、南徐州刺史竟陵王诞为南兖州刺史，以太子詹事刘延孙为南徐州刺史。初，高祖遗诏，以京口要地，去建康密迩，自非宗室近亲，不得居之。延孙之先虽与高祖同源，而高祖属彭城，延孙属莒县，南史延孙传作"吕县"。吕县属彭城郡，而莒县属东莞郡。详而考之，吕县为是。彭城、吕二县并属彭城郡，延孙与帝室同源同郡，特异县耳。从来不序昭穆。昭，读如字。上既命延孙镇京口，仍诏与延孙合族，使诸王皆序长幼。长，知两翻。

上闺门无礼，不择亲疏、尊卑，流闻民间，无所不至。诞宽而有礼，又诛太子劭、丞相义宣，皆有大功，诞起兵讨劭见上卷文帝元嘉三十年；劝止上迎义宣事见上。人心窃向之。诞多聚才力之士，蓄精甲利兵，上由是畏而忌之，不欲诞居中，使出镇京口；犹嫌其逼，更徙之广陵。南兖州时治广陵。以延孙腹心之臣，使镇京口以防之。为帝讨诞张本。

12 魏主将东巡，冬，十月，诏太宰常英起行宫于辽西黄山。魏收地形志，辽西郡肥如县有黄山。

13 十二月，丁亥，更以顺阳王休范为桂阳王。休范，孝建三年封顺阳王。更，工衡翻。

二年（戊戌、四五八）

1 春，正月，丙午朔，魏设酒禁，酿、酤、饮者皆斩之；酿者、酤者、饮者皆斩。吉凶之会，听开禁，有程日。魏主以士民多因酒致斗及议国政，故禁之。增置内外候官，伺察诸曹及州、镇，魏自道武帝以来有候官，今增其员。伺，相吏翻。或微服杂乱于府寺间，以求百官过失，有司穷治，讯掠取服；治，直之翻。百官赃满二丈者皆斩。又增律七十九章。

2 乙卯，魏主如广宁温泉宫，遂巡平州；魏平州之地，止辽西、北平二郡。庚午，至黄山宫；二月，丙子，登碣石山，观沧海；戊寅，南如信都，畋于广川。广川县，前汉属广川国，后汉属清河郡，晋属勃海郡，魏收地形志属长乐郡，长乐即信都也。五代志曰：北齐废广川入枣强。刘昫曰：隋于旧县东八十里置新县，寻改为长河县，属德州。

3 乙酉，以金紫光禄大夫褚湛之为尚书左仆射。

4 丙戌，建平宣简王宏以疾解尚书令；三月，丁未，卒。

5 丙辰，魏高宗还平城，起太华殿。郦道元曰：魏太和十六年，破太华、安昌诸殿，造太极殿东西堂及朝堂。是时，给事中郭善明，性倾巧，说帝大起宫室，说，输芮翻。中书侍郎高允谏曰：“太祖始建都邑，其所营立，必因农隙。况建国已久，永安前殿足以朝会，朝，直遥翻。西堂、温室足以宴息，紫楼足以临望；纵有修广，亦宜驯致，易曰：驯致其道。向秀曰：驯，从也。程颐曰：驯，谓习，习而渐至于盛。驯，似遵翻。不可仓猝。今计所当役凡二万人，老弱供饷又当倍之，期半年可毕。一夫不耕，或受之饥，况四万人之劳费，可胜道乎！胜，音升。此陛下所宜留心也。”帝纳之。

允好切谏，朝廷事有不便，允辄求见，帝常屏左右以待之。好，呼到翻。屏，必郢翻。屏左右者，欲其言无不尽。或自朝至暮，或连日不出；群臣莫知其所言。语或痛切，帝所不忍闻，命左右扶出，然终善遇之。时有上事为激讦者，帝省之，上，时掌翻。讦，居谒翻。省，悉景翻。谓群臣曰：“君、父一也。父有过，子何不作书于众中谏之？而于私室屏处谏者，屏，蔽也。屏处，隐蔽之处。屏，必郢翻。岂非不欲其父之恶彰于外邪！至于事君，何独不然。君有得失，不能面陈，而上表显谏，欲以彰君之短，明己之直，此岂忠臣所为乎！如高允者，乃【章：甲十一行本“乃”下有“真”字；乙十一行本同；孔本同。】忠臣也。朕有过，未尝不面言，至有朕所不堪闻者，允皆无所避。朕知其过而天下不知，可不谓忠乎！”

允所与同征者游雅等征允等见一百二十二卷文帝元嘉八年。皆至大官，封侯，部下吏至刺史、二千石者亦数十百人，部下吏，谓中书之吏尝事允在部下者。而允为郎，二十七年不徙官。魏世祖神䴥四年，允征拜中书博士，领著作郎，至是年二十五年耳。帝谓群臣曰：“汝等虽执弓刀在朕左右，徒立耳，言徒能侍立而不能规谏。未尝有一言规正；唯伺朕喜悦之际，伺，相吏翻。祈官乞爵，今皆无功而至王公。允执笔佐我国家数十年，为益不小，不过为郎，汝等不自愧乎！”乃拜允中书令。上云二十七年不徙官，意允拜中书令不在是年。

时魏百官无禄，允常使诸子樵采以自给。司徒陆丽言于帝曰：“高允虽蒙宠待，而家贫，妻子不立。”立，成也，置也，建也；谓不能建置家业也。帝曰：“公何不先言，今见朕用之，乃言其贫乎！”即日，至允第，惟草屋数间，布被，缊袍，孔安国曰：缊，枲着也。谓杂用枲麻以着袍。礼记曰：缊为袍。郑康成注曰：缊，旧絮也，又乱麻。缊，于粉翻。厨中盐菜而已。帝叹息，赐帛五百匹，粟千斛，拜长子悦【严：“悦”改“忱”。】为长乐太守。乐，音洛。守，手又翻。允固辞，不许。帝重允，常呼为令公而不名。

游雅常曰：“前史称卓子康、刘文饶之为人，卓茂，字子康。刘宽，字文饶。褊心者或不之信。褊，补典翻。馀与高子游处四十年，处，昌吕翻。未尝见其喜愠之色，愠，于问翻。乃知古人为不诬耳。高子内文明而外柔顺，其言呐呐不能出口。呐，如悦翻，又奴劣翻；呐呐，言缓也。昔崔司徒尝谓馀云：‘高生丰才博学，一代佳士，所乏者，矫矫风节耳。’馀亦以为然。及司徒得罪，起于纤微，诏指临责，司徒声嘶股栗，殆不能言；嘶，先齐翻；声破曰嘶。宗钦已下，伏地流汗，皆无人色。高子独敷陈事理，申释是非，辞义清辩，音韵高亮。人主为之动容，听者无不神耸，事见一百二十五卷文帝元嘉二十七年。为，于伪翻。此非所谓矫矫者乎！宗爱方用事，威振四海。尝召百官于都坐，魏有都坐大官。魏之都坐，犹唐之朝堂也。或曰都坐尚书。都坐即唐之政事堂。坐，徂卧翻。王公已下皆趋庭望拜，高子独升阶长揖。由此观之，汲长孺可以卧见卫青，何抗礼之有！言以高允之揖宗爱观之，则汲黯可以卧见卫青，与之抗礼，未为过也。汲黯字长孺；抗礼事见十九卷汉武帝元朔五年。此非所谓风节者乎！夫人固未易知；易，以豉翻。吾既失之于心，崔又漏之于外，发之于言，则是漏之于外。此乃管仲所以致恸于鲍叔也。”管仲曰：“生我者父母，知我者鲍子也。”致恸，盖感其知己之深。

6 乙丑，魏东平成王陆俟卒。

7 夏，四月，甲申，立皇子子绥为安陆王。

8 帝不欲权在臣下，六月，戊寅，分吏部尚书置二人，吏部尚书掌铨选，以其权重，江左谓之大尚书，言其位任与诸曹殊绝也。今置二人以分其权。以都官尚书谢庄、度支尚书吴郡顾觊之为之。汉置六曹尚书，中都官曹主水火盗贼事；魏、晋省，宋复置。隋改都官为刑部尚书，改度支为民部尚书。唐避太宗讳，改民部为户部。度，徒洛翻。觊音冀；下同。又省五兵尚书。曹魏置五兵尚书，隋改曰兵部尚书。

初，晋世，散骑常侍选望甚重，上之所遴简为选，时之所瞻属为望。散，悉亶翻。骑，奇寄翻。与侍中不异；其后职任闲散，散，悉但翻。用人渐轻。上欲重其选，乃用当时名士临海太守孔觊、司徒长史王彧为之。彧，于六翻。侍中蔡兴宗谓人曰：“选曹要重，常侍闲淡，改之以名而不以实，虽主意欲为轻重，人心岂可变邪！”既而常侍之选复卑，选部之贵不异。言选部贵重与前时无以异也。选部，须绢翻。复，扶又翻。觊，琳之之孙；孔琳之事桓玄，不务迎合，谏其废钱用谷帛，复肉刑。彧，谧之兄孙；兴宗，廓之子也。王谧识武帝于龙潜。蔡廓以方直著于宋初。

裴子野论曰：官人之难，先王言之，尚矣。书：皋陶曰：在知人。禹曰：惟帝其难之，知人则哲，能官人。周礼，始于学校，校，户教翻。论之州里，告诸六事，而后贡于王庭。六事，周之六卿也。其在汉家，州郡积其功能，五府举为掾属，掾，以绢翻。三公参其得失，尚书奏之天子；一人之身，所阅者众，阅，更历也。故能官得其才，鲜有败事。鲜，息浅翻。魏、晋易是，所失弘多。弘，大也。夫厚貌深衷，险如谿壑，择言观行，犹惧弗周；况今万品千群，俄折乎一面，行，下孟翻；下戒行同。折，之列翻，断也。一面，一觌面之顷也。庶僚百位，专断于一司，一司，谓选部。断，丁乱翻。于是嚣风遂行，不可抑止。嚣风，谓喧竞之风。干进务得，兼加谄渎；易大传曰：君子上交不谄，下交不渎。无复廉耻之风，谨厚之操；官邪国败，左传曰：国家之败，由官邪也。复，扶又翻。不可纪纲。假使龙作纳言，尚书，古之纳言也。舜居南面，而治致平章，不可必也，尧典曰：平章百姓。孔注曰：百姓，百官。平和章明，不可必言，不可必致也。治，直吏翻。况后之官人者哉！孝武虽分曹为两，谓吏部置两尚书。不能反之于周、汉，朝三暮四，其庸愈乎！庄子曰：狙公赋芧，曰："朝三而暮四。"众狙皆怒。曰："然则朝四而暮三。"众狙皆喜。名实未亏而喜怒为用。

9 丙申，魏主畋于松山；庚【章：甲十一行本"庚"上有"秋七月"三字；乙十一行本同；孔本同。】午，如河西。

10 南彭城民高阇、晋氏南渡，侨立南彭城郡于晋陵界。阇，视遮翻。沙门昙标以妖妄相扇，昙，徒贪翻。妖，于遥翻。与殿中将军苗允等谋作乱，立阇为帝。事觉，甲辰，皆伏诛，死者数十人。于是下诏沙汰诸沙门，设诸科禁，严其诛坐；自非戒行精苦，并使还俗。行，下孟翻。而诸尼多出入宫掖，此制竟不能行。

中书令王僧达，幼聪警能文，而跌荡不拘。跌，徒结翻。荡，徒浪翻。不拘，言其不拘常检也。帝初践阼，擢为仆射，居颜、刘之右。颜竣、刘延孙，帝之腹心也。自负才地，地，谓门地。谓当时莫及，一二年间，即望宰相。既而迁护军，怏怏不得志，怏，于两翻。累启求出。上不悦，由是稍稍下迁，五岁七徙，七徙官也。再被弹削。僧达既耻且怨，所上表奏，辞旨抑扬，又好非议朝政，上，时掌翻。好，呼到翻。朝，直遥翻。上已积愤怒。路太后兄子尝诣僧达，趋升其榻，僧达令舁弃之。路太后兄庆之尝为王氏门下驺，故僧达鄙其子。舁，音馀，又羊茹翻，对举也。孔光屈身于董贤以保其禄位，人以为谄；王僧达抗意于路琼之以杀其身，人以为褊躁。远小人不恶而严，君子盖必有道也。太后大怒，固邀上令必杀僧达。会高阇反，上因诬僧达与阇通谋，八月，丙戌，收付廷尉，赐死。

沈约论曰：夫君子、小人，类物之通称，蹈道则为君子，违之则为小人。称，尺证翻。是以太公起屠钓为周师，傅说去版筑为殷相，太公屠牛于朝歌，钓于渭滨，周文王迎以为师。傅说筑于傅岩之野，殷高宗求以为相。说，于悦翻。相，息亮翻。明敭幽仄，书曰：明明敭侧陋。敭，与扬同。唯才是与。逮于二汉，兹道未革：胡广累世农夫，致位公相；黄宪牛医之子，名重京师；非若晚代分为二途也。魏武始立九品，盖以论人才优劣，详见八十一卷晋武帝太康五年。非谓世族高卑。而都正俗士，随时俯仰，凭借世资，用相陵驾；都正，谓诸州中正也。因此相沿，遂为成法。周、汉之道，以智役愚；魏、晋以来，以贵役贱；士庶之科，较然有辨矣。

裴子野论曰：古者，德义可尊，无择负贩；苟非其人，何取世族！名公子孙，还齐布衣之伍；士庶虽分，本无华素之隔。华，荣也，辉也；故荣贵之族谓之华宗，其子弟谓之华胄。素，白也，质也；故白屋谓之素门，寒士谓之素士。自晋以来，其流稍改，草泽之士，犹显清途；降及季年，专限阀阅。史记：明其等曰阀，积其功曰阅。又，门在左曰阀，在右曰阅。阀，音伐。自是三公之子，傲九棘之家，周礼：朝士掌外朝之法：左九棘，孤、卿、大夫位焉；右九棘，公、侯、伯、子、男位焉。后世直谓九棘为九卿。黄散之孙，蔑令长之室；散，悉亶翻。长，知两翻。转相骄矜，互争铢两，唯论门户，不问贤能。以谢灵运、王僧达之才华轻躁，使其生自寒宗，犹将覆折；折，而设翻。重以怙其庇荫，召祸宜哉。重，直用翻。

11 九月，乙巳，魏主还平城。自河西还。

12 丙寅，魏大赦。

冬，十月，甲戌，魏主北巡，欲伐柔然，至阴山，会雨雪，魏主欲还，太尉尉眷曰："今动大众以威北狄，【章：甲十一行本"狄"作"敌"；乙十一行本同；孔本同。】去都不远而车驾遽还，虏必疑我有内难。尉尉，下纡勿翻。难，乃旦翻。将士虽寒，不可不进。"魏主从之，辛卯，军于车仑山。"车仑山"，北史作"车轮山"。魏收地形志：秀容郡敷城县有车轮泉神。

13 积射将军殷孝祖筑两城于清水之东。文帝元嘉九年置积射、强弩等将军。沈约曰：晋太康十年置。魏镇西将军封敕文攻之，清口戍主、振威将军傅乾爱拒破之。孝祖，羡之曾孙也。殷羡，殷浩之父。上遣虎贲主庞孟虬救清口，虎贲主，主虎贲士。贲，音奔。考异曰：宋颜师伯传云："魏遣清水公舍贲敕文寇清口，世祖遣孟虬及殷孝祖赴讨。"魏本纪："孝祖修两城于清水东，诏封敕文击之。"今从之。青、冀二州刺史颜师伯遣中兵参军苟思达助之，败魏兵于沙沟。按此清口非清水入淮之口，乃济水与汶水合之口，水经：济水东北过寿张县西安民亭南，汶水从东北来注之。注云：戴延之所谓清口也。济水又北过须昌、谷城、临邑、卢县，又东北与中川水合。注云：中川水与宾溪水合而北流，径卢县故城东，又北流入济，俗谓之沙沟水。败，补迈翻。师伯，竣之族兄也。上遣司空参军卜天生将兵会傅乾爱及中兵参军江方兴共击魏兵，屡破之，江方兴盖司空中兵参军。将，即亮翻；下同。斩魏将窟瓌公等数人。窟，苦骨翻。瓌，姑回翻。十一月，魏征西将军皮豹子等将三万骑助封敕文寇青州，颜师伯御之，辅国将【章：甲十一行本"将"作"参"；乙十一行本同；孔本同。】军焦度刺豹子坠马，获其铠矟具装，手杀数十人。度，本南安氐也。刺，七亦翻。铠，苦亥翻。矟，色角翻。

14 魏主自将骑十万、车十五万两击柔然，度大漠，旌旗千里。柔然处罗可汗远遁，其别部乌朱驾颓等帅数千落降于魏。骑，奇寄翻。两，音亮。可，从刊入声。汗，音寒。帅，读曰率。降，户江翻。魏主刻石纪功而还。还，从宣翻。

15 初，上在江州，山阴戴法兴、戴明宝、蔡闲为典签；及即位，皆以为南台侍御史兼中书通事舍人。御史台谓之南台。晋初置中书舍人、通事各一人，江左令舍人通事，谓之通事舍人，掌呈奏案，又掌诏命。是岁，三典签并以初举兵预密谋，赐爵县男；闲已卒，追赐之。

时上亲览朝政，朝，直遥翻。不任大臣；而腹心耳目，不得无所委寄。法兴颇知古今，素见亲待。鲁郡巢尚之，人士之末，涉猎文史，为上所知，亦以为中书通事舍人。凡选授【章：甲十一行本"授"下有"迁徙"二字；乙十一行本同；孔本同；张校同。】诛赏大处分，处，昌吕翻。分，扶问翻；下定分同。上皆与法兴、尚之参怀；宋、齐之间，凡参决机务，率皆谓之参怀。内外杂事，多委明宝。三人权重当时；而法兴、明宝大纳货贿，凡所荐达，言无不行，天下辐凑，门外成市，家产并累千金。

吏部尚书顾觊之独不降意于法兴等。蔡兴宗与觊之善，嫌其风节太峻，觊之曰："辛毗有言：'孙、刘不过使吾不为三公耳。'"魏明帝时，刘放、孙资制断时政，大臣莫不交好，而辛毗不与往来。毗子敞谏曰："刘、孙用事，众皆影附，大人宜少降意；不然，必有谤言。"毗正色曰："吾之立身，自有本末；就与孙、刘不平，不过不为三公。大丈夫欲为公而毁其高节邪！"觊，音冀。觊之常以为："人禀命有定分，分，扶问翻。非智力可移，唯应恭己守道；而暗者不达，妄意侥幸，侥，坚尧翻。徒亏雅道，无关得丧。"丧，息浪翻。乃以其意命弟子原著定命论以释之。"原"，南史作"愿"。

聂崇岐标点王崇武覆校

资治通鉴卷第一百二十九

端明殿学士兼翰林侍读学士朝散大夫右谏议大夫
充集贤殿修撰提举西京嵩山崇福宫上柱国河内郡 司马光 奉敕编集
开国侯食邑一千八百户食实封六百户赐紫金鱼袋臣

后学天台胡三省音注

宋纪十一 起屠维大渊献（己亥），尽阏逢执徐（甲辰），凡六年。

世祖孝武皇帝下

大明三年（己亥、四五九）

1 春，正月，己巳朔，兖州兵与魏皮豹子战于高平，兖州兵不利。

2 己丑，以骠骑将军柳元景为尚书令，骠，匹妙翻。骑，奇寄翻。右仆射刘遵考为领军将军。

3 己酉，魏河南公伊馛卒。馛，蒲拨翻。卒，子恤翻。

4 三月，乙卯，以扬州六郡为王畿；六郡：丹阳、淮南、宣城、吴郡、吴兴、义兴也。更以东扬州为扬州，徙治会稽，置东扬州见上卷孝建元年。会，工外翻。犹以星变故也。星变见上卷孝建三年。

5 三月，庚寅，以义兴太守垣阆为兖州刺史。阆，遵之子也。垣遵，即垣苗也。武帝西征长安，使遵守洛当城；城据河、济之会，后人谓之垣苗城。守，式又翻。

6 夏，四月，乙巳，魏主立其弟子推为京兆王。

7 竟陵王诞知上意忌之，亦潜为之备；因魏人入寇，修城浚隍，聚粮治仗。治，直之翻。诞记室参军江智渊知诞有异志，请假先还建康，假，古讶翻。假，休假也。上以为中书侍郎。智渊，夷之弟子也，江夷，江湛之父；夷之弟曰僧安。少有操行，少，诗照翻。操，七到翻。行，下孟翻。沈怀文每称之曰："人所应有尽有，人所应无尽无者，其唯江智渊乎！"

是时，道路皆云诞反。会吴郡民刘成上书称："息道龙昔事诞，息，子也。见诞在石头城修乘舆法物，习唱警跸。此盖言诞为扬州刺史时。诞时一心奉上，必无是事，刘成诬告之也。乘，绳证翻。道龙忧惧，私与伴侣言之，诞杀道龙。"考异曰：宋略、南史作"道就"。今从宋书。又豫章民陈谈之上书称："弟咏之在诞左右，见诞书陛下年纪姓讳，往巫郑师怜家祝诅。祝，职叔翻。诅，庄助翻。咏之密以启闻，诞诬咏之乘酒骂詈，杀之。"刘道龙、陈咏之盖先皆为诞所杀，其父兄希指诬告以报子弟之雠耳。詈，力智翻。上乃令有司奏诞罪恶，请收付廷尉治罪。治，直之翻。乙卯，诏贬诞爵为侯，遣之国。诏书未下，下，遐稼翻。先以羽林禁兵配兖州刺史垣阆，使以之镇为名，与给事中戴明宝袭诞。

阆至广陵，诞未悟也。明宝夜报诞典签蒋成，使明晨开门为内应。成以告府舍人许宗之，宗之，竟陵王府舍人也。宗之入告诞；诞惊起，呼左右及素所畜养数百人畜，许六翻。执蒋成，勒兵自卫。天将晓，明宝与阆帅精兵数百人猝至，而门不开；诞已列兵登陴，帅，读曰率。陴，频弥翻。自在门上斩蒋成，赦作徒、系囚，作徒，坐徒罪居作者。系囚，逮捕在狱者。开门击阆，杀之，考异曰：宋略云己亥杀阆。按本纪，乙卯贬诞爵，今从之。明宝从间道逃还。间，古苋翻。诏内外纂严。考异曰：宋略乙亥纂严。按长历，是月戊戌朔，无乙亥；盖己亥也。以始兴公沈庆之为车骑大将军、开府仪同三司、南兖州刺史，将兵讨诞。骑，奇寄翻。将，即亮翻；下同。甲子，上亲总禁兵顿宣武堂。

司州刺史刘季之，诞故将也，诞为会稽，季之为参军，及起兵讨元凶，以季之为将。素与都督宗悫有隙，宗悫为豫州，兼督司州。闻诞反，恐为悫所害，委官，间道自归朝廷，至盱眙，盱眙太守郑瑗疑季之与诞同谋，邀杀之。盱眙，音吁怡。

沈庆之至欧阳，水经注曰：吴城邗沟，通江、淮。自永和中，江都水断。其水上承欧阳，引江入埭，六十里至广陵城。徐据此地则今之真州闸也。诞遣庆之宗人沈道愍赍书说庆之，饷以玉环刀。庆之遣道愍反，数以罪恶。诞焚郭邑，驱居民悉使入城，闭门自守，说，输芮翻。数，所具翻。守，手又翻。分遣书檄，邀结远近。时山阳内史梁旷，家在广陵，诞执其妻子，遣使邀旷，旷斩使拒之；使，疏吏翻。诞怒，灭其家。

诞奉表投之城外曰："陛下信用谗言，遂令无名小人来相掩袭；不任枉酷，任，音壬。即加诛翦。雀鼠贪生，仰违诏敕。今亲勒部曲，镇扞徐、兖。先经何福，同生皇家？诞于帝同气也，故云然。今有何愆，便成胡、越？陵锋蹈【章：甲十一行本"蹈"作"奋"；乙十一行本同；孔本同。】戈，万没岂顾；万没，犹言万死也。荡定之期，冀在旦夕。"又曰："陛下宫帷之丑，岂可三缄！"家语：孔子观周，入后稷之庙，有金人，三缄其口而铭其背曰："古之慎言人也。"上大怒，凡诞左右、腹心、同籍、期亲在建康者并诛之，同籍，诸同宗属之籍者；期亲，谓期丧之亲也。死者以千数，或有家人已死，方自城内出奔者。

庆之至城下，诞登楼谓之曰："沈公垂白之年，白发下垂，故曰垂白。何苦来此！"庆之曰："朝廷以君狂愚，不足劳少壮故耳。"少，诗照翻。

上虑诞奔魏，使庆之断其走路，断，音短。庆之移营白土，去城十八里，又进军新亭。此新亭在广陵城外，非建康之新亭也。豫州刺史宗悫、徐州刺史刘道隆并帅众来会；帅，读曰率。兖州刺史沈僧明，庆之兄子也，亦遣兵助庆之。先是诞诳其众，云“宗悫助我”；悫至，绕城跃马呼曰：“我，宗悫也！”先，悉荐翻。呼，火故翻。诳，居况翻。

诞见诸军大集，欲弃城北走，留中兵参军申灵赐守广陵；自将步骑数百人，将，即亮翻。骑，奇寄翻。亲信并自随，声云出战，邪趋海陵道，晋安帝分广陵立海陵郡，今泰州也。诞自广陵北门声言出战，邪而趋东，则海陵之路。趋，七喻翻。庆之遣龙骧将军武念追之。骧，思将翻。诞行十馀里，众皆不欲去，互请诞还城，诞曰：“我还易耳，卿能为我尽力乎？”众皆许诺。诞乃复还，易，以豉翻。为，于伪翻。复，扶又翻。筑坛歃血以誓众，歃，色洽翻。凡府州文武皆加秩。府，司空、竟陵王府；州，南兖州。以主簿刘琨之为中兵参军；琨之，遵考之子也，刘遵考时在朝为尚书右仆射。辞曰：“忠孝不得并。琨之老父在，不敢承命。”诞囚之十馀日，终不受，乃杀之。

右卫将军垣护之、虎贲中郎将殷孝祖等击魏还，至广陵，上并使受庆之节度。贲，音奔。庆之进营，逼广陵城。诞饷庆之食，提挈者百馀人，出自北门；庆之不开视，悉焚之。诞于城上授函表，“授”，南史作“投”，当从之。请庆之为送，庆之曰：“我受诏讨贼，不得为汝送表。汝必欲归死朝廷，自应开门遣使，吾为汝护送。”诞之为此，以帝猜忍，欲以间庆之也。庆之峻绝之，盖亦自为谋耳。为，于伪翻。

8 东扬州刺史颜竣遭母忧，送丧还都，上恩待犹厚，竣时对亲旧有怨言，竣，七伦翻。或语及朝廷得失。会王僧达得罪，僧达死见上卷上年。疑竣谮之；将死，具陈竣前后怨望诽谤之语。上乃使御史中丞庾徽之劾奏，免竣官。郑樵曰：御史之名，周官有之，盖掌赞书而授法令，非今任也。战国时，秦、赵渑池之会，各命御史书事。

又，淳于髡谓齐王曰："御史在前，"则皆记事之任。至秦、汉为纠察之任。竣愈惧，上启陈谢，且请生命；上益怒，诏答曰："卿讪讦怨愤，已孤本望；乃复过烦思虑，惧不自全，讦，居谒翻。复，扶又翻；下复沈同。岂为下事上诚节之至邪！"及竟陵王诞反，上遂诬竣与诞通谋，五月，收竣付廷尉，先折其足，折，而设翻。然后赐死。妻子徙交州，至宫亭湖，宫亭湖，即彭蠡湖，在彭泽县西。复沈其男口。沈，持林翻。颜竣失职怨望，固为可罪；而自寻阳东下之时，保护之功，不可忘也。既杀其身，又沈其男口，孝武帝亦少恩哉！

9 六月，戊申，魏主如阴山。

10 上命沈庆之为三烽于桑里，桑里，在广陵城西南。若克外城，举一烽，克内城，举两烽，擒刘诞，举三烽；玺书督趣，前后相继。玺，斯氏翻。趣，读曰促。庆之焚其东门，塞堑，造攻道，立行楼、土山并诸攻具，塞，悉则翻。堑，七艳翻。为楼车推进以攻城，故曰行楼。值久雨，不得攻城。上使御史中丞庾徽之奏免庆之官，诏勿问，以激之。自四月至于秋七月，雨止，城犹未拔。上怒，命太史择日，将自济江讨诞；太宰义恭固谏，乃止。

诞初闭城拒使者，使，疏史翻。记室参军山阴贺弼固谏，诞怒，抽刀向之，乃止。诞遣兵出战屡败，将佐多逾城出降。将，即亮翻。降，户江翻；下同。或劝弼宜早出，弼曰："公举兵向朝廷，此事既不可从；荷公厚恩，又义无违背，荷，下可翻。背，蒲妹翻。唯当以死明心耳！"乃饮药自杀。参军何康之谋开门纳官军，不果，斩关出降。诞为高楼，置康之母于其上，暴露之，不与食，母呼康之，数日而死。诞以中军长史濮【章：甲十一行本"濮"作"济"；乙十一行本同；孔本同。】阳范义为左司马。濮，博木翻。义母妻子皆在城内，或谓义曰："事必不振，言诞必陷败不能振起也。子其行乎！"义曰："吾，人吏也；人吏，言为人之佐吏。子不可以弃母，吏不可以叛君。必若何康之而活，吾弗为也。"

沈庆之帅众攻城，身先士卒，亲犯矢石，帅，读曰率。先，悉荐翻。乙巳，克其外城；乘胜而进，又克小城。诞闻兵入，走趋后园，趋，七喻翻。队主沈胤之等追及之，击伤诞，坠水，引出，斩之。诞母、妻皆自杀。诞母，文帝殷修华；妻，徐妃。

上闻广陵平，出宣阳门，敕左右皆呼万岁。侍中蔡兴宗陪辇，上顾曰："卿何独不呼？"兴宗正色曰："陛下今日正应涕泣行诛，岂得皆称万岁！"谓同气相残，乃天理人伦之变；必若以义灭亲，应涕泣而行诛也。上不悦。

诏贬诞姓留氏；广陵城中士民，无大小悉命杀之。沈庆之请自五尺以下全之，其馀男子皆死，女子以为军赏；犹杀三千馀口。长水校尉宗越临决，皆先刳肠抉眼，抉，于决翻。或笞面鞭腹，苦酒灌创，然后斩之，苦酒，盖醯之类也。创，初良翻。越对之，欣欣若有所得。史言宗越之忍。上聚其首于石头南岸为京观，沈庆之盖悉献其首，故聚于石头南岸。观，古玩翻。侍中沈怀文谏，不听。史言当时近侍皆正人，但谏不行、言不听耳。

初，诞自知将败，使黄门吕昙济与左右素所信者将世子景粹匿于民间，将，携也。昙，徒含翻。谓曰："事若不济，思相全脱；如其不免，可深埋之。"谓深埋景粹之尸也。各分以金宝赍送。既出门，并散走；唯昙济不去，携负景粹十馀日，捕得，斩之。

临川内史羊璇坐与诞素善，下狱死。璇，音旋。下，遐稼翻。

擢梁旷为后将军，赠刘琨之给事黄门侍郎。

蔡兴宗奉旨慰劳广陵。兴宗与范义素善，收敛其尸，送丧归豫章。范义盖寓居豫章也。蔡兴宗之先亦济阳人。劳，力到翻。敛，力赡翻。上谓曰："卿何敢故触王宪？"兴宗抗言对曰："陛下自杀贼，臣自葬故交，何不可之有！"上有惭色。兄弟、朋友，皆天伦也。兴宗能不忘故交，而帝忍诛屠同气，故惭。

宗越治军严，善为营陈。每数万人止顿，越自骑马行前，使军人随其后，马止营合，未尝参差。治，直之翻。陈，读曰阵。参，初今翻；差，叉宜翻，又初佳翻；参差，不齐也。

11 辛未，大赦。广陵既平，故肆赦。

12 丙子，以丹杨尹刘秀之为尚书右仆射。

13 丙戌，以南兖州刺史沈庆之为司空，刺史如故。

14 八月，庚戌，魏主如云中；壬戌，还平城。

15 九月，壬辰，筑上林苑于玄武湖北。文帝元嘉二十二年，筑北堤，立玄武湖于乐游苑北。

16 初，晋人筑南郊坛于巳位，尚书右丞徐爰以为非礼，诏徙于牛头山西，牛头山在今建康府上元县南四十里，两峰如阙。直宫城之午位。及废帝即位，以旧地为吉，复还故处。复，扶又翻。史终言之。帝又命尚书左丞荀万秋造五路，依金根车，加羽葆盖。五路之制与金根车不同，加羽葆盖，愈非古矣。沈约曰：秦阅三代之车，独取殷制。古曰桑根车，秦曰金根车。

四年（庚子、四六〇）

1 春，正月，甲子朔，魏大赦，改元和平。

2 乙亥，上耕籍田，大赦。

3 己卯，诏祀郊庙，初乘玉路。

4 庚寅，立皇子子勋为晋安王，勋，古勳字。子房为寻阳王，子顼为历阳王，子鸾为襄阳王。

5 魏散骑侍郎冯阐来聘。散，悉亶翻。骑，奇寄翻。

6 二月，魏卫将军乐安王良讨河西叛胡。以下文叛胡诣长安首罪观之，此河西盖谓自龙门东至华阴河之西岸也。

7 三月，魏人寇北阴平，阴平道，汉属广汉属国都尉，晋武帝泰始中，分立阴平郡，宋分立南阴平、北阴平二郡。五代志：普安郡阴平县，宋立北阴平郡。宋白曰：文州阴平郡，战国时氐、羌所据。永嘉之后，羌虏数叛，遂立郡以遏之。舆地志云：晋永嘉末，太守王鉴以郡降李雄，晋人于是悉流移于蜀汉，其氐、羌并属杨茂搜，此郡不复预受正朔，故南史诸志悉无所录。其晋人流寓于蜀者，仍于益州立南、北二阴平；寓于汉中者，亦于梁州立南、北二阴平。朱提太守杨归子击破之。考异曰：宋帝纪：“索虏寇北阴平，孔堤太守杨归子击破之。”宋略云：“索虏寇壮降平，朱太守杨归子击破之。”按郡县名无“壮降平”及“孔堤”、“北阴平”，参酌二书，当为朱提。今按魏收地形志，武都郡有孔堤县。五代志：武都建威县，后周并西魏之孔堤郡及县入焉。此时魏人盖寇北阴平之孔堤，为北阴平太守杨归子所破也。当从宋纪。朱提郡在南中，时属宁州，去阴平甚远，盖考异误以宋纪、宋略二书所载合为朱提也，当读作孔堤，属上句。宋略所谓“壮降平”，亦“北阴平”三字之误，“朱”字于下文无所附着，当为衍字。

8 甲申，皇后亲桑于西郊，皇太后观礼。

9 夏，四月，魏太后常氏殂。本保太后，尊为太后，见一百二十七卷文帝元嘉三十年。五月，癸丑，魏葬昭太后于鸣鸡山。魏土地记曰：下洛城东北三十里有延河，东流，北有鸣鸡山。史记：赵襄子杀代王于夏屋，其姊为代王夫人，襄子迎之，至此，曰：“代已亡矣，吾将安归乎！”遂磨笄于山而自杀。代人怜之，为立祠焉，因名为磨笄山。每夜有野鸡群鸣王祠屋上，故亦谓之鸣鸡山。杜佑曰：妫州治怀戎县，有鸣鸡山，本名磨笄山。

10 丙戌，尚书左仆射褚湛之卒。

11 吐谷浑王拾寅两受宋、魏爵命，吐，从暾入声。谷，音浴。居止出入，拟于王者，魏人忿之。定阳侯曹安表言：“拾寅今保白兰，若分军出其左右，必走保南山，不过十日，人畜乏食，可一举而定。”六月，甲午，魏遣征西大将军阳平王新成等督统万、高平诸军出南道，南郡公中山李惠等督凉州诸军出北道，以击吐谷浑。

12 魏崔浩之诛也，见一百二十五卷宋文帝元嘉二十七年。史官遂废，至是复置。复，扶又翻。

13 河西叛胡诣长安首罪，乐安王良兵威临之，故首罪。首，式又翻。魏遣使者安慰之。

14 秋七月，遣使如魏。

15 甲戌，开府仪同三司何尚之卒。

16 壬午，魏主如河西。

17 魏军至西平，西平，汉落都之地；秃发所都乐都，即落都也；唐为鄯州。吐谷浑王拾寅走保南山。九月，魏军济河追之，会疾疫，引还，获杂畜三【章：甲十一行本“三”作“二”；乙十一行本同；孔本同。】十馀万。畜，许又翻。

18 庚午，魏主还平城。

19 丁亥，徙襄阳王子鸾为新安王。

20 冬，十月，庚寅，诏沈庆之讨缘江蛮。

21 前庐陵内史周朗，言事切直，见一百二十七卷文帝元嘉三十年。上衔之，使有司奏朗居母丧不如礼，传送宁州，传，知恋翻，又直恋翻。于道杀之。朗之行也，侍中蔡兴宗方在直，请与朗别；坐白衣领职。蔡兴宗立于猜暴之朝，葬范义，别周朗，犯时主之怒而不加刑，素行有以孚乎人也。

22 十一月，魏散骑常侍卢度世等来聘。散，悉亶翻。骑，奇寄翻。

23 是岁，上征青、冀二州刺史颜师伯为侍中。师伯以谄佞被亲任，被，皮义翻。群臣莫及，多纳货贿，家累千金。上尝与之樗蒲，上掷得雉，自谓必胜；师伯次掷，得卢，樗蒲采名：有黑犊，有雉，有卢；得卢者胜。上失色。师伯遽敛子曰：“几作卢！”子，五木也。此亦师伯为佞之一端。几，居希翻。是日，师伯一输百万。

24 柔然攻高昌，杀沮渠安周，灭沮渠氏，文帝元嘉十六年，魏克凉州，沮渠无讳与弟安周西走，保据高昌，今为柔然所灭。沮，子馀翻。以阚伯周为高昌王。高昌称王自此始。

五年（辛丑、四六一）

1 春，正月，戊午朔，朝贺。朝，直遥翻。雪落太宰义恭衣，有六出，义恭奏以为瑞；上悦。义恭以上猜暴，惧不自容，每卑辞逊色，曲意祇奉；由是终上之世，得免于祸。

2 二月，辛卯，魏主如中山；丙午，至邺，遂如信都。

3 三月，遣使如魏。使，疏吏翻。

4 魏主发并、肆州民五千人治河西猎道；魏道武天赐二年，分并州北境为九原镇，太武真君七年，置肆州。宋白曰：十三州志云：汉末大乱，匈奴侵边，自定襄已西，尽云中、雁门之间遂空。曹公集荒郡之户，聚之九原界，以立新兴郡，领五原等县，即唐忻州定襄县之地。后魏书云：太平二年，置肆州，寄理秀容城。秀容县，忻州所治，即汉末所置九原县也。治，直之翻。辛巳，还平城。

5 夏，四月，癸巳，更以西阳王子尚为豫章王。

6 庚子，诏经始明堂，直作大殿于丙、己之地，制如太庙，唯十有二间为异。

7 雍州刺史海陵王休茂，年十七，雍，于用翻。司马新野庾深之行府事。休茂性急，欲自专处决，处，昌吕翻。深之及主帅每禁之，主帅，典签也；又斋内亦有主帅，谓之斋帅。帅，所类翻。常怀忿恨。左右张伯超有宠，多罪恶，主帅屡责之。伯超惧，说休茂曰：说，输芮翻。"主帅密疏官过失，欲以启闻，如此恐无好。"疏，使去翻，记也。好，如字；无好，犹今人言无好处，言将得罪也。休茂曰："为之奈何？"伯超曰："惟有杀行事及主帅，行事，谓庾深之；江左率谓长史、司马行府州事者为行事。举兵自卫。此去都数千里，雍州镇襄阳，去建康，水行四千馀里。纵大事不成，不失入虏中为王。"休茂从之。

丙午夜，休茂与伯超等帅夹毂队，宋诸王有夹毂队，盖左右亲兵也，出则夹车为卫。帅，读曰率；下同。杀典签杨庆于城中，出金城，杀深之及典签戴双；征集兵众，建牙驰檄，使佐吏上已为车骑大将军，开府仪同三司，加黄钺。凡府州僚属皆谓之佐吏。上，时掌翻。骑，奇寄翻。侍读博士荀诜谏，侍读博士，授诸王经者也。诜，疏臻翻。休茂杀之。伯超专任军政，生杀在己，休茂左右曹万期挺身斫休茂，不克而死。

休茂出城行营，行，下孟翻，巡行也。谘议参军沈畅之等帅众闭门拒之。休茂驰还，不得入。义成太守薛继考为休茂尽力攻城，为，于伪翻。义成太守治襄阳；注详见前。克之，斩畅之及同谋数十人。其日，参军尹玄庆复起兵攻休茂，生擒，斩之，母、妻皆自杀，复，扶又翻。休茂母，文帝蔡美人。同党伏诛。城中扰乱，莫相统摄。中兵参军刘恭之，秀之之弟也，刘秀之，孝建元年不附义宣，时为尚书右仆射。众共推行府州事。继考以兵胁恭之，使作启事，言"继考立义"，自乘驿还都；上以为北中郎谘议参军，赐爵冠军侯；冠，古玩翻。事寻泄，伏诛。以玄庆为射声校尉。校，户教翻。

上自即位以来，抑黜诸弟；既克广陵，欲更峻其科。沈怀文曰："汉明不使其子比光武之子，前史以为美谈。见四十五卷汉明帝永平十五年。陛下既明管、蔡之诛，愿崇唐、卫之寄。"周成王既诛管叔，囚蔡叔，封叔虞于唐，封康叔于卫，以藩屏周室。及襄阳平，太宰义恭探知上指，【章：甲十一行本"请"上有"复上表"三字；乙十一行本同；孔本同。】请裁抑诸王，不使任边州，及悉输器甲，禁绝宾客；沈怀文固谏以为不可，乃止。

8 上畋游无度，尝出，夜还，敕开门。侍中谢庄居守，守，手又翻。以棨信或虚，棨，音启，传也，刻木为合符。执不奉旨，须墨敕乃开。墨敕，手敕也。上后因燕饮，从容曰："卿欲效郅君章邪？"郅恽，字君章。事见四十三卷汉光武建武十三年。从，千容翻。对曰："臣闻王者祭祀、畋游，出入有节。今陛下晨往宵归，宵，夜也。臣恐不逞之徒，妄生矫诈，是以伏须神笔，乃敢开门耳。"

9 魏大旱，诏："州郡境内，神无大小，悉洒扫致祷；洒，所卖翻；扫，素报翻；又各上声。俟丰登，各以其秩祭之。”于是群祀之废者皆复其旧。魏罢群祀，见一百二十四卷文帝元嘉二十七年。

10 秋，七月，戊寅，魏主立其弟小新成为济阳王，大明元年，魏主立其弟新成为阳平王。此小新成，又阳平王之弟也。济，子礼翻。加征东大将军，镇平原；平原，河津之要。时魏未得青、齐，故于此置镇。天赐为汝阴王，加征南大将军，镇虎牢；虎牢，宋旧镇，为司州刺史治所，魏得之，置孙州。万寿为乐浪王，加征北大将军，镇和龙；和龙，燕旧都，魏得之，以为镇，后为营州。乐浪，音洛琅。洛侯为广平王。

11 壬午，魏主巡山北；八月，丁丑，还平城。

12 戊子，立皇子子仁为永嘉王，子真为始安王。

13 九月，甲寅朔，日有食之。

14 沈庆之固让司空，柳元景固让开府仪同三司，诏许之；仍命庆之朝会位次司空，俸禄依三司，朝，直遥翻；下同。考异曰：宋略，此事在戊戌。按长历，是月甲寅朔，无戊戌。元景在从公之上。晋制：文官光禄三大夫，武官骠骑、车骑、卫将军及诸大将军开府者，位从公。从，从用翻。

庆之目不知书，家素富，产业累万金，童奴千计；再献钱千万，谷万斛。先有四宅，又有园舍在娄湖；按南史齐武帝永明元年，望气者云：新林娄湖东府西有王气。正月甲子，筑青溪旧宫，作新娄湖苑以厌之；则娄湖当在新林、东府间也。庆之一夕携子孙及中表亲戚徙居娄湖，以四宅输官。庆之多蓄妓妾，妓，渠绮翻。优游无事，尽意欢娱，非朝贺不出门；车马率素，从者不过三五人，从，才用翻。遇之者不知其为三公也。

15 甲戌，移南豫州治于湖。沈约宋志曰：晋江左胡寇强盛，豫部歼覆。元帝永昌元年，豫州刺史祖约自谯城退屯寿春。成帝咸和四年，侨立豫州，庾亮为刺史，镇芜湖。咸康四年，毛宝为刺史，镇邾城。八年，庾怿为刺史，又镇芜湖。穆帝永和元年，刺史赵胤镇牛渚。二年，刺史谢尚镇芜湖；四年，进屯寿春；九年，还镇历阳；十一年进马头。升平元年，刺史谢奕戍谯。哀帝隆和元年，刺史袁真自谯退守寿春。简文咸安元年，刺史桓熙戍历阳。孝武宁康元年，刺史桓冲戍姑孰。太元十年，刺史朱序戍马头。十二年，刺史桓石虔戍历阳。安帝义熙二年，刺史刘毅戍姑孰。宋武帝欲开拓河南，绥定豫土，九年，割扬州大江以西，大雷以北，悉属豫州，豫之基址因此而立。十三年，刺史刘义庆镇寿阳。永初二年，分淮东为南豫州，治历阳；淮西为豫州。文帝元嘉七年，又分……五年，割扬州之淮南，宣城又属焉，徙治姑孰。今按自宋元以来，分立两豫：豫州治淮西，南豫治寿阳。孝建之初，鲁爽以南豫州刺史镇寿阳，居然可知也。移南豫州于姑孰，实在大明五年。自永初至元嘉七年，两豫必尝复合；而所谓"五年割扬州之淮南，宣城又属焉，徙治姑孰"者，盖指帝之大明五年。后人传写沈志，于"文帝元嘉七年又分"上下文皆有漏脱。而刘义庆镇寿阳，通鉴在义熙十四年；罢南豫州入豫州，在元嘉二十二年。丁丑，以浔阳王子房为南豫州刺史。

16 闰月，戊子，皇太子妃何氏卒，谥曰献妃。

17 壬寅，更以历阳王子顼为临海王。考异曰：宋略作"子顼"，今从宋书。

18 冬，十月，甲寅，以南徐州刺史刘延孙为尚书左仆射，右仆射刘秀之为雍州刺史。雍，于用翻。

19 乙卯，以新安王子鸾为南徐州刺史。子鸾母殷淑仪，宠倾后宫，子鸾爱冠诸子，冠，古玩翻。凡为上所眄遇者，莫不入子鸾之府。眄，弥见翻，或作"盼"。及为南徐州，割吴郡以属之。吴郡自晋氏渡江以来属扬州，最为近畿大郡。

初，巴陵王休若为北徐州刺史，以山阴【章：甲十一行本"阴"下有"令"字；乙十一行本同；孔本同。】张岱为谘议参军，行府、州、国事。诸幼王临州，率置行府、州事，此命岱并巴陵国事行之。后临海王子顼为广州，豫章王子尚为扬州，晋安王子勋为南兖州，勋，古勋翻。岱历为三府谘议、三王行事，与典签、主帅共事，帅，所类翻。事举而情不相失。或谓岱曰："主王既幼，江左以来，诸王出镇，僚属呼为主王，诸公，府僚呼为主公。执事多门，而每能缉和公私，“缉”，一作“辑”。云何致此？”岱曰：“古人言：‘一心可以事百君。’我为政端平，待物以礼，悔吝之事，无由而及；明暗短长，更是才用之多少耳。”少，诗沼翻。及子鸾为南徐州，复以岱为别驾、行事。复，扶又翻。岱，永之弟也。

20 魏员外散骑常侍游明根等来聘。明根，雅之从祖弟也。散，悉亶翻。骑，奇寄翻。从，才用翻。

21 魏广平王洛侯卒。

22 十二月，壬申，以领军将军刘遵考为尚书右仆射。

23 甲戌，制民户岁输布四匹。

24 是岁，诏士族杂婚者皆补将吏。杂婚，谓与工商杂户为婚也。将，即亮翻。士族多避役逃亡，乃严为之制，捕得即斩之，往往奔窜湖山为盗贼。水则入湖，陆则阻山，皆依险而为盗贼。沈怀文谏，不听。

六年（壬寅、四六二）

1 春，正月，癸未，魏乐浪王万寿卒。乐浪，音洛琅。

2 辛卯，上初祀五帝于明堂，大赦。

3 丁未，策秀、孝于中堂。秀、孝，秀才、孝廉也。扬州秀才顾法对策曰：“源清则流洁，神圣则刑全。圣，当作“王”，音于况翻。刑，当作“形”。躬化易于上风，体训速于草偃。”顾法对策之意，欲帝谨厥身于宫帷、衽席之间，则可以化天下。易，以豉翻。上览之，恶其谅也，许慎说文曰：谅，信也。诸儒说经者莫能易此义。今此当以谅直为义。参考经典，则直自是直，谅自是谅。恶，乌路翻。投策于地。

4 二月，乙卯，复百官禄。文帝元嘉二十七年，以军兴减内外百官俸三分之一；继而国有内难，日不暇给，今始复百官禄。

5 三月，庚寅，立皇子子元为邵陵王。

6 初，侍中沈怀文，数以直谏忤旨。数，所角翻。忤，五故翻。

怀文素与颜竣、周朗善，竣，七伦翻。上谓怀文曰："竣若知我杀之，亦当不敢如此。"怀文嘿然。侍中王彧，言次称竣、朗人才之美，怀文与相酬和，彧，于六翻。和，胡卧翻。颜师伯以白上，上益不悦。上尝出射雉，自曹魏以来，人主率好自出射雉。射，而亦翻。风雨骤至，怀文与王彧、江智渊约相与谏。会召入雉场，怀文曰："风雨如此，非圣躬所宜冒。"彧曰："怀文所启，宜从。"智渊未及言，上注弩作色曰："卿欲效颜竣邪，何以恒知人事！"恒，户登翻。又曰："颜竣小子，恨不先鞭其面！"每上燕集，在坐者皆令沈醉，坐，徂卧翻。沈，持林翻。嘲谑无度。谑，迄却翻。怀文素不饮酒，又不好戏调，好，呼到翻。调，田聊翻。上谓故欲异己。谢庄尝戒怀文曰："卿每与人异，亦何可久！"怀文曰："吾少来如此，少，诗照翻。岂可一朝而变！非欲异物，性所得耳。"上乃出怀文为晋安王子勋征虏长史，子勋带号征虏将军，以怀文为长史。领广陵太守。子勋镇南兖州，故怀文以长史领广陵太守。

怀文诣建康朝正，朝正，谓赴元正朝会也。朝，直遥翻。事毕遣还，还，从宣翻，又如字；下同。以女病求申期，申，重也；申期，重为之期也。至是犹未发；免【章：甲十一行本"免"上有"为有司所纠"五字；乙十一行本同；孔本同；张校同。】官，禁锢十年。怀文卖宅，欲还东，怀文，吴兴人；吴兴在建康东。上闻，【章：甲十一行本"闻"下有"之"字；乙十一行本同；孔本同；张校同。】大怒，收付廷尉，丁未，赐怀文死。怀文三子，澹、渊、冲，行哭为怀文请命，见者伤之。澹，徒览翻。为，于伪翻。柳元景欲救怀文，言于上曰："沈怀文三子，涂炭不可见；见，视也；言其在涂炭之中，不堪着眼也。愿陛下速正其罪。"言速正其罪者，婉而导之，谓若正其罪，当不至于死也。上竟杀之。

7 夏，四月，淑仪殷氏卒。考异曰：南史曰：殷淑仪，南郡王义宣女也；义宣败后，帝密取之，假姓殷氏；左右宣泄者多死。或云，贵妃是殷琰家人，入义宣家，义宣败，入宫。今从宋书。追拜贵妃，谥曰宣。上痛悼不已，精神为之罔罔，罔罔，失志也，若有若无也。为，于伪翻。颇废政事。

8 五月，壬寅，太宰义恭解领司徒。

9 六月，辛酉，东昌文穆公刘延孙卒。沈约志，庐陵郡有东昌国，吴立；隋开皇十一年，省东昌入太和县。

10 庚午，魏主如阴山。

11 魏石楼胡贺略孙反，石楼胡，即吐京胡也。吐京有石楼山。隋废吐京郡为石楼县，唐属隰州。长安镇将陆真讨平之。将，即亮翻。魏主命真城长蛇镇。长蛇镇在南田县东南，有长蛇水；唐陇州吴山县即其地。氐豪仇傉檀反，傉，奴沃翻。真讨平之，卒城而还。卒，子恤翻。

12 秋，七月，壬寅，魏主如河西。

13 乙未，立皇子子云为晋陵王；是日卒，谥曰孝。

14 初，晋庾冰议使沙门敬王者，桓玄复述其议，复，扶又翻。并不果行。至是，上使有司奏曰："儒、法枝派，名、墨条分，班志：儒家助人君，顺阴阳，明教化；游文于六经之中，留意于仁义之际；祖述尧、舜，宪章文、武，宗师仲尼，以重其言，于道最为高。法家信赏必罚，以辅礼制。名家正名，名位不同，礼亦异数。墨家贵俭，兼爱，上贤，右鬼，非命，尚同。至于崇亲严上，厥猷靡爽。唯浮图为教，反经提传，释氏以自西天竺来者为经，中国沙门译而演其义者为传。提，拈掇也。传，直恋翻。拘文蔽道，在末弥扇。夫佛以谦卑自牧，忠虔为道，宁有屈膝四辈而简礼二亲，谓拜四辈而不拜父母也。释氏有所谓戒外四圣：佛，一也；菩萨，二也；圆觉，三也；声闻，四也。亦谓之四辈。稽颡耆腊而直体万乘者哉！沙门重戒腊，以舍俗为僧之年为始。耆，老也。直体，谓不屈身也。稽，音启。臣等参议，以为沙门接见，比当尽虔；比，毗志翻，并也，总也。礼敬之容，依其本俗。"九月，戊寅，制沙门致敬人主。及废帝即位，复旧。

15 乙未，以尚书右仆射刘遵考为左仆射，丹杨尹王僧朗为右仆射。僧朗，彧之父也。

16 冬，十月，壬申，葬宣贵妃于龙山。九域志：江宁府有龙山，山形似龙。江宁府即建康。凿冈通道数十里，民不堪役，死亡甚众；亡，逃亡也。自江南葬埋之盛，未之有也。又为之别立庙。古者，宗庙之制，妾祔于妾祖姑。汉氏以来，薄太后生文帝，钩弋夫人生昭帝，皆就园置寝庙，未尝别立庙也。史言帝溺于女宠，纵情败礼。为，于伪翻。

17 魏员外散骑常侍游明根等来聘。

18 辛巳，加尚书令柳元景司空。

19 壬寅，魏主还平城。自河西还也。

20 南徐州从事史范阳祖冲之自汉以来，诸州皆有从事史、假佐。上言，何承天【章：甲十一行本"天"下有"元嘉"二字；乙十一行本同；孔本同；张校同；退斋校同。】历疏舛犹多，何承天撰历，见一百二十四卷文帝元嘉二十一年。更造新历，更，工衡翻。以为："旧法，冬至日有定处，未盈百载，辄差二度。载，子亥翻。今令冬至日度，岁岁微差，将来久用，无烦屡改。又，子为辰首，位在正北；虚为北方列宿之中。今历，上元日度，发自虚一。又，日辰之号，甲子为先；今历，上元岁在甲子。又，承天法，日、月、五星各自有元。今法，交会、迟疾，悉以上元岁首为始。"所谓今历、今法，皆祖冲之更造者也。历家分上元、中元、下元甲子，各六十年，凡一百八十年，而下元甲子终矣，复于上元甲子。上令善历者难之，不能屈。会上晏驾，不果施行。难，乃旦翻。

七年(癸卯、四六三)

1 春，正月，丁亥，以尚书右仆射王僧朗为太常，卫将军颜师伯为尚书仆射。

上每因晏集，使【章：甲十一行本"使"上有"好"字；乙十一行本同；孔本同；张校同。】群臣自相嘲讦以为乐。诮人以成其过，谓之嘲；发人之阴私，谓之讦。讦，居谒翻。乐，音洛。吏部郎江智渊素恬雅，渐不会旨。会，合也。尝使智渊以王僧朗戏其子彧。智渊正色曰："恐不宜有此戏！"上怒曰："江僧安痴人，痴人自相惜。"僧安，智渊之父也。智渊伏席流涕，古人畏闻父母名，惟君所无私讳。今人虽各有家讳，然稠人广座中，往往不敢以为讳。吾是以叹隋世以前人士，犹为近古也。由是恩宠大衰。武帝以是怒江智渊，何异孙晧之怒韦昭邪！又议殷贵妃谥曰怀，上以为不尽美，甚衔之。他日与群臣乘马至贵妃墓，举鞭指墓前石柱，石柱，墓表也。谓智渊曰："此上不容有'怀'字！"智渊益惧，竟以忧卒。考异曰：宋略曰："帝既以僧安辱智渊，自是诋之无度，智渊不堪其耻，退而自杀。"今从宋书。

2 己丑，以尚书令柳元景为骠骑大将军、开府仪同三司。骠，匹妙翻。骑，奇寄翻。

3 二月，甲寅，上巡南豫、南兖二州；丁卯，【严："卯"改"巳"。】校猎于乌江；乌江县，始见于晋书，属淮南郡，不记置立；宋属历阳郡。宋白曰：晋太康六年于东城界置乌江县。校，户教翻。壬戌，大赦；甲子，如瓜步山；壬申，还建康。

4 夏，四月，甲子，诏："自非临军战陈，并不得专杀；其罪应重辟者，陈，读曰阵。辟，毗亦翻。皆先上须报；先上其罪状，待报乃行刑；此汉法也。上，时掌翻。违犯者以杀人论。"

5 五月，丙子，诏曰："自今刺史、守宰，动民兴军，皆须手诏施行；唯边隅外警及奸衅内发，变起仓猝者，不从此例。"衅，许觐翻。

6 戊辰，【严："辰"改"寅"。】以左民尚书蔡兴宗、曹魏置左民尚书。左卫将军袁粲为吏部尚书。粲，淑之兄子也。袁淑死于元凶劭之难。

上好狎侮群臣，好，呼到翻。自太宰义恭以下，不免秽辱。常呼金紫光禄大夫王玄谟为老伧，江南人呼中州人为伧。王玄谟，太原人也，故呼之为老伧。伧，助庚翻。仆射刘秀之为老慳，颜师伯为齴；齴，鱼蹇翻，露齿也。其馀短、长、肥、瘦，皆有称目。黄门侍郎宗灵秀体肥，拜起不便，每至集会，多所赐与，欲其瞻谢倾踣，以为欢笑。踣，蒲北翻。又宠一昆仑奴，昆仑奴者，言其状似昆仑国人也。昆仑国在林邑南。仑，卢昆翻。令以杖击群臣，尚书令柳元景以下皆不能免；唯惮蔡兴宗方严，不敢侵媟。媟，私列翻。颜师伯谓仪曹郎王耽之曰：曹魏置二十三郎，仪曹其一也。“蔡尚书常免昵戏，去人实远。”昵，尼质翻。耽之曰：“蔡豫章昔在相府，亦以方严不狎，武帝宴私之日，未尝相召。蔡豫章，兴宗父廓也，尝为豫章太守，故称之。相府，谓武帝相晋时，廓为司徒左长史也。相府，息亮翻。蔡尚书今日可谓能负荷矣。”左传：子产曰：“其父析薪，其子不克负荷。”荷，音下可翻，又如字。

7 壬寅，魏主如阴山。

8 六月，戊辰，以秦郡太守刘德愿为豫州刺史。德愿，怀慎之子也。

上既葬殷贵妃，数与群臣至其墓，数，所角翻。谓德愿曰：“卿哭贵妃，悲者当厚赏。”德愿应声恸哭，抚膺擗踊，涕泗交流。膺，胸也。擗，毗亦翻，以手击胸也。诗注曰：自目曰涕，自鼻曰泗。上甚悦，故用豫州刺史以赏之。“用”下当有“为”字。上又令医术人羊志哭贵妃，志亦呜咽极悲。他日有问志者曰：“卿那得此副急泪?”志曰：“我尔日自哭亡妾耳。”史言上淫荒，为下所侮弄。

上为人，机警勇决，学问博洽，文章华敏；省读书奏，能七行俱下。省，悉景翻。行，户刚翻。一注目间，能了七行文义。又善骑射，骑，奇寄翻。而奢欲无度。自晋氏渡江以来，宫室草创，朝宴所临，东、西二堂而已。晋孝武末，始作清暑殿。宋兴，无所增改。上始大修宫室，土木被锦绣，嬖妾幸臣，赏赐倾府藏。坏高祖所居阴室，被，皮义翻。藏，徂浪翻。坏，音怪。江左诸帝既崩，以其所居殿为阴室，藏诸御服。于其处起玉烛殿。与群臣观之，床头有土障，壁上挂葛灯笼、麻蝇拂。以葛为灯笼，以麻为蝇拂。侍中袁顗因盛称高祖俭素之德。上不答，独曰："田舍公得此，已为过矣。"周公无逸之书曰：否则侮厥父母，曰"昔之人无闻知。"宋孝武是也。顗，淑之兄子也。

9 秋，八月，乙丑，立皇子子孟为淮南王，子产为临贺王。

10 丙寅，魏主畋于河西；九月，辛巳，还平城。

11 庚寅，以新安王子鸾兼司徒。

12 丙申，立皇子子嗣为东平王。

13 冬，十月，癸亥，以东海王祎为司空。

14 己巳，上校猎姑孰。

15 魏员外散骑常侍游明根等来聘。明根奉使三返，上以其长者，礼之有加。明根连三年来聘。长，知两翻。

16 十一月，癸巳，上习水军于梁山。

十二月，丙午，如历阳。

甲寅，大赦。

17 己未，太宰义恭加尚书令。

18 癸亥，上还建康。

八年（甲辰、四六四）

1 春，正月，丁亥，魏主立其弟云为任城王。任，音壬。

2 戊子，以徐州刺史新安王子鸾领司徒。

夏，闰五月，壬寅，太宰义恭领太尉。

3 上末年尤贪财利，刺史、二千石罢还，必限使献奉，又以蒲戏取之，蒲戏，樗蒲之戏也。要令罄尽乃止。终日酣饮，少有醒时。少，诗沼翻。常凭几昏睡，或外有奏事，即肃然整容，无复酒态。复，扶又翻。由是内外畏之，莫敢弛惰。庚申，上殂于玉烛殿。年三十五。遗诏："太宰义恭解尚书令，加中书监；以骠骑将军、南兖州刺史柳元景领尚书令，入居城内。入居台城之内也。建康无外城，设六篱门而已。百官第宅皆在台城之外。骠，匹妙翻。骑，奇寄翻。事无巨细，悉关二公，大事与始兴公沈庆之参决；若有军旅，悉委庆之；尚书中事，委仆射颜师伯；外监所统，委领军将军王玄谟。"旧制：外监不隶领军，宜相统摄者，自有别诏。文帝元嘉十八年，以赵伯符为领军将军，始统领外监。李延寿曰：若征兵动众，大兴人役，优剧远近，断于外监之心。延寿之言，为宋末嬖幸专擅发也。是日，太子即皇帝位，讳子业，小字法师，孝武帝长子也。年十六；大赦。吏部尚书蔡兴宗亲奉玺绶，玺，斯氏翻。绶，音受。太子受之，傲惰无戚容。兴宗出，告人曰："昔鲁昭不戚，叔孙知其不终。左传：鲁襄公薨，立昭公。叔孙穆子曰："是人也，居丧而不哀，在戚而有嘉容。是谓不度。"比葬，三易衰，衰衽如故衰。于是昭公十九年矣，犹有童心，君子是以知其不终也。家国之祸，其在此乎！"为明年帝以狂暴见弑张本。

4 甲子，诏复以太宰义恭录尚书事，柳元景加开府仪同三司，领丹杨尹，解南兖州。

5 六月，丁亥，魏主如阴山。

6 秋，七月，己亥，以晋安王子勋为江州刺史。为明年子勋起兵张本。勋，古勳字。

7 柔然处罗可汗卒，子予成立，号受罗部真可汗，魏收曰：受罗部真，魏言惠也。可，从刊入声。汗，音寒。改元永康。部真帅众侵魏；帅，读曰率。辛丑，魏北镇游军击破之。

8 壬寅，魏主如河西。高车五部相聚祭天，众至数万。魏主亲往临视之，高车大喜。

9 丙午，葬孝武皇帝于景宁陵，景宁陵在丹杨秣陵县岩山。庙号世祖。

10 庚戌，尊皇太后曰太皇太后，皇后曰皇太后。

11 乙卯，罢南北二驰道，世祖大明五年，立南北二驰道，自阊阖门至于朱雀门，又自承明门至于玄武湖。及孝建以来所改制度，还依元嘉。尚书蔡兴宗于都座慨然谓颜师伯曰：此都座，谓尚书八座会坐之所，犹今之都堂也。“先帝虽非盛德之主，要以道始终。三年无改，古典所贵。论语曰：三年无改于父之道，可谓孝矣。今殡宫始撤，山陵未远，而凡诸制度兴造，不论是非，一皆刊削，虽复禅代，亦不至尔。复，扶又翻；下复非、复留同。天下有识，当以此窥人。”师伯不从。

太宰义恭素畏戴法兴、巢尚之等，虽受遗辅政，而引身避事，由是政归近习。法兴等专制朝权，朝，直遥翻。威行近远，诏敕皆出其手；尚书事无大小，咸取决焉，义恭与颜师伯但守空名而已。义恭录尚书事，师伯为仆射，而尚书事决于法兴等，是守空名也。

蔡兴宗自以职管铨衡，兴宗为吏部尚书。每至上朝，上，时掌翻。朝，直遥翻；下同。辄为义恭陈登贤进士之意，为，于伪翻。又箴规得失，博论朝政。义恭性恇挠，恇，怯也。挠，屈也。恇，去王翻。挠，奴教翻。阿顺法兴，恒虑失旨，恒，户登翻。闻兴宗言，辄战惧无答。兴宗每奏选事，选，须绢翻。选事，选曹事也。法兴、尚之等辄点定回换，仅有在者。兴宗于朝堂谓义恭、师伯曰：“主上谅闇，不亲万机；闇，音阴。而选举密事，多被删改，复非公笔，被，皮义翻。复，扶又翻；下同。亦不知是何天子意！”数与义恭等争选事，往复论执。义恭、法兴皆恶之。数，所角翻。恶，乌路翻；下同。左迁兴宗新昌太守；吴孙晧建衡三年，分交趾立新兴郡，晋武帝太康三年，更名新昌郡，属交州。五代志：交州嘉宁县，旧置新昌郡。既而以其人望，复留之建康。

12 丙辰，追立何妃曰献皇后。何妃，大明五年薨。

13 乙丑，新安王子鸾解领司徒。戴法兴等恶王玄谟刚严，八月，丁卯，以玄谟为南徐州刺史。

14 王太后疾笃，使呼废帝。帝曰："病人间多鬼，那可往！"太后怒，谓侍者："取刀来，剖我腹，那得生宁馨儿！"宁，相传读从去声。刘禹锡诗从平声。己丑，太后殂。

15 九月，辛丑，魏主还平城。自河西还也。

16 癸卯，以尚书左仆射刘遵考为特进、右光禄大夫。

17 乙卯，葬文穆皇后于景宁陵。王后从孝武帝谥，当作"武穆"。

18 冬，十二月，壬辰，以王畿诸郡为扬州，大明三年，以丹杨等六郡为王畿。以扬州为东扬州。以会稽为扬州，亦见三年。癸巳，以豫章王子尚为司徒、扬州刺史。

是岁，青州移治东阳。青州移治历城，见上卷孝建三年。

宋之境内，凡有州二十二，郡二百七十四，县千二百九十九，户九十四万有奇。此大较以沈约宋志为据，沈约作志，大较以是年为正，然是年止二十一州耳，沈志所谓二十二州，以明帝泰始七年分交广置越州足之；而此时又已省司州，盖止二十一州也。扬州，领丹杨、吴兴、淮南、宣城、义兴五郡。东扬州，领会稽、东阳、临海、永嘉、新安五郡。南徐州，领南东海、南琅邪、晋陵、吴、南兰陵、南东莞、淮陵、临淮、南彭城、南清河、南高平、南平昌、南济阴、南濮阳、南泰山、济阳、南鲁郡十七郡。徐州，领彭城、沛、下邳、兰陵、东海、东莞、东安、琅邪、阳平、济阴、北济阴十二郡。南兖州，领广陵、海陵、山阳、盱眙、秦郡、南沛、钟离、北沛、临江九郡。兖州，领泰山、高平、鲁、东平、阳平、济北六郡。南豫州，领历阳、南谯、庐江、南汝阴、南梁、晋熙、弋阳、安丰、南汝南、南新蔡、东郡、南颍、南颍川、西汝阴、南汝阳、南陈留、南陈左郡、边城左郡、光城左郡十九郡。豫州，领汝南、新蔡、谯、梁、陈、南顿、颍川、汝阴、汝阳、陈留、马头十一郡。江州，领寻阳、豫章、鄱阳、临川、庐陵、安成、南康、南新蔡、建安、晋安十郡。青州，领齐、济南、乐安、高密、平昌、北海、东莱、太原、长广九郡。冀州，领广川、平原、清河、乐陵、魏、河间、顿丘、高阳、勃海九郡。司州，领义阳、随阳、安陆、南汝南四郡。荆州，领南郡、南平、宜都、巴东、汶阳、南义阳、新兴、南河东、建平、长宁、武宁十一郡。郢州，领江夏、竟陵、随、武陵、天门、巴陵、武昌、西阳八郡。湘州，领长沙、衡阳、桂阳、零陵、营阳、湘东、邵陵、始兴、临庆、始安十郡。雍州，领襄阳、南阳、新野、顺阳、京兆、始平、扶风、南上洛、河南、广平、义成、冯翊、天水、建昌、华山、北河南、弘农十七郡。梁州，领汉中、魏兴、新兴、新城、上庸、晋寿、华阳、新巴、北巴西、北阴平、南阴平、巴渠、怀安、宋熙、白水、南上洛、北上洛、安康、南宕渠、怀安二十郡。秦州，领武都、略阳、安固、西京兆、南太原、南安、冯翊、陇西、始平、金城、安定、天水、西扶风、北扶风十四郡。益州，领蜀郡、广汉、巴西、梓潼、巴郡、遂宁、江阳、怀宁、宁蜀、越巂、汶山、南阴平、犍为、始康、晋熙、晋原、永宁、安固、南汉中、北阴平、武都、新城、南新巴、南晋寿、宋兴、南宕渠、天水、东江阳、沈黎二十九郡。宁州，领建宁、晋宁、牂柯、平蛮、夜郎、朱提、南广、建都、西平、西河阳、东河阳、兴宁、兴古、梁水十五郡。广州，领南海、苍梧、晋康、新宁、永平、郁林、桂林、高凉、新会、东官、义安、宋康、绥康、海昌、宋熙、宁浦、晋兴、乐昌、临鄣十九郡。交州，领交趾、武平、新昌、九真、九德、日南、合浦、义昌、宋平九郡。合二百六十八。盖以新立百梁、巃苏、永宁、安昌、富昌、南流六郡，足为二百七十四。其间荒外有郡而无县，有县而无户口，有户数而无口数，亦不能详也。奇，居宜翻。东方诸郡连岁旱饥，东方诸郡，谓三吴及浙江东五郡。米一升钱数百，建康亦至百馀钱，饿死什六七。

聂崇岐标点王崇武覆校

资治通鉴卷第一百三十

端明殿学士兼翰林侍读学士朝散大夫右谏议大夫充集贤殿修撰提举西京嵩山崇福宫上柱国河内郡开国侯食邑一千八百户食实封六百户赐紫金鱼袋臣 司马光 奉敕编集

后学天台 胡三省 音注

宋纪十二 旃蒙大荒落（乙巳），一年。

太宗明皇帝上之上 讳彧，字休景，小字荣期，文帝第十一子也。

泰始元年（乙巳、四六五）

1 春，正月，乙未朔，废帝改元永光，大赦。是岁八月，杀江夏王义恭、柳元景、颜师伯，改元景和，既弑废帝，改元泰始。一年凡三改元。

2 丙申，魏大赦。

3 二月，丁丑，魏主如楼烦宫。楼烦县，汉属雁门郡，魏、晋弃之荒外。魏收地形志：雁门郡原平县有楼烦城。贤曰：楼烦故城，在今代州崞县东北。馀按唐书，宪州，古楼烦地也。

4 自孝建以来，民间盗铸滥钱，事始一百二十八卷孝武帝孝建二年。商货不行。庚寅，更铸二铢钱，更，工衡翻。形式转细。官钱每出，民间即模效之，而更薄小，无轮郭，不磨鑢，谓之"耒子"。鑢，良倨翻，错也。耒，卢对翻。杜佑通典"耒子"作"来子"。

5 三月，乙巳，魏主还平城。

6 夏，五月，癸卯，魏高宗殂。年二十六，谥曰文成皇帝。初，魏世祖经营四方，国颇虚耗，重以内难，重，直用翻。难，乃旦翻。

内难，谓宗爱既弑世祖，又弑南安王馀。朝野楚楚。楚楚，酸痛之貌。朝，直遥翻。高宗嗣之，与时消息，消，衰减也；息，生长也。静以镇之，怀集中外，民心复安。复，扶又翻。甲辰，太子弘即皇帝位，弘，文成帝之长子也。萧子显曰：弘，字万民。大赦，尊皇后曰皇太后。

显祖魏献文帝庙号显祖。时年十二，侍中、车骑大将军乙浑专权，骑，奇寄翻。矫诏杀尚书杨保年、平阳公贾爱仁、南阳公张天度于禁中。侍中、司徒、平原王陆丽治疾于代郡温泉，魏土地记曰：代城北九十里有桑干城，城西渡桑干水，去桑干城十里，有温汤，疗疾有验。治，直之翻。乙浑使司卫监穆多侯召之。魏官有司卫监，典宿卫。多侯谓丽曰："浑有无君之心。今宫车晏驾，王德望素重，魏高宗之立，丽有功焉，而又忠笃，故德望重于一时。奸臣所忌，宜少淹留以观之；朝廷安静，然后入，未晚也。"少，诗沼翻。丽曰："安有闻君父之丧、虑患而不赴者乎！"即驰赴平城。乙浑所为多不法，丽数争之。数，所角翻。戊申，浑又杀丽及穆多侯。多侯，寿之弟也。穆寿事魏世祖，封宜都王。己酉，魏以浑为太尉、录尚书事，东安王刘尼为司徒，尚书左仆射代人和其奴为司空。殿中尚书顺阳公郁谋诛乙浑，浑杀之。主少国疑，奸臣擅命，屠戮忠贤；魏之不亡者幸也。

7 壬子，魏以淮南王它为镇西大将军、仪同三司，镇凉州。

8 魏【章：甲十一行本"魏"上有"六月"二字；乙十一行本同；孔本同；张校同；退斋校同。】开酒禁。魏设酒禁，见一百二十八卷孝武孝建三年。

9 壬午，加柳元景南豫州刺史，加颜师伯丹杨尹。

10 秋，七月，癸巳，魏以太尉乙浑为丞相，位居诸王上；事无大小，皆决于浑。

11 废帝幼而狷暴。狷，吉掾翻。及即位，始犹难太后、大臣及戴法兴等，未敢自恣。太后既殂，去年，太后殂。帝年渐长，长，知两翻。欲有所为，法兴辄抑制之，谓帝曰："官所为如此，欲作营阳邪！”营阳王事见一百二十卷文帝元嘉元年。废帝固狂暴，戴法兴此言亦足以取死。帝稍不能平。所幸阉人华愿儿，赐与无算，华，户化翻。法兴常加裁减，愿儿恨之。帝使愿儿于外察听风谣，愿儿言于帝曰：“道路皆言‘宫中有二天子：法兴真【章：甲十一行本“真”上有“为”字；乙十一行本同；孔本同。】天子，官为赝天子。’赝，五晏翻。考异曰：宋书作“应天子”，宋略作“雁天子”，按字书：赝，伪物也。韩愈诗曰：“居然见真赝，”书或作“雁”。今从宋略。且官居深宫，与人物不接，法兴与太宰、颜、柳共为一体，义恭录尚书事，柳元景为尚书令，颜师伯为仆射，而事皆法兴专决，故云然。往来门客恒有数百，恒，户登翻。内外士庶莫不畏服。法兴是孝武左右，久在宫闱；今与他人作一家，深恐此坐席非复官有。”坐，徂卧翻。复，扶又翻，又如字。帝遂发诏免法兴，免者，免其所居官也。遣还田里，仍徙远郡。八月，辛酉，赐法兴死；解巢尚之舍人。巢尚之自孝武时为中书通事舍人。

员外散骑侍郎东海奚显度，散，悉亶翻。骑，奇寄翻。亦有宠于世祖。常典作役，课督苛虐，捶扑惨毒，捶，止橤翻。扑，普卜翻，击也。人皆苦之。帝常戏曰：“显度为百姓患，比当除之。”比，毗寐翻。左右因唱诺，即宣旨杀之。

尚书右仆射、领卫尉卿、丹杨尹颜师伯居权日久，孝武大明四年，征颜师伯于历城，自侍中迁尚书仆射，居权要。骄【章：甲十一行本“骄”上有“海内辐凑”四字；乙十一行本同；孔本同；张校同；退斋校同。】奢淫恣，为衣冠所疾。帝欲亲朝政，朝，直遥翻。庚午，以师伯为尚书左仆射，解卿、尹，解卫尉卿及丹杨尹。以吏部尚书王彧为右仆射，分其权任。师伯始惧。彧，于六翻。

初，世祖多猜忌，王公、大臣，重足屏息，重，直龙翻。屏，必郢翻。莫敢妄相过从。过，古禾翻。世祖殂，太宰义恭等皆相贺曰：“今日始免横死矣。”横，户孟翻。甫过山陵，义恭与柳元景、颜师伯等声乐酣饮，不舍昼夜；酣，户甘翻。帝内不能平。既杀戴法兴，诸大臣无不震慑，慑，之涉翻。各不自安；于是元景、师伯密谋废帝，立义恭，日夜聚谋，而持疑不能决。元景以其谋告沈庆之；庆之与义恭素不厚，又师伯常专断朝事，不与庆之参怀，断，丁乱翻。朝，直遥翻；下同。孝武遗诏，令庆之参决大事，见上卷上年。谓令史曰：尚书令史也。“沈公，爪牙耳，安得预政事！”庆之恨之，乃发其事。

癸酉，帝自帅羽林兵讨义恭，杀之，并其四子。断绝义恭支体，分裂肠胃，挑取眼睛，以蜜渍之，谓之“鬼目粽”。宋人以蜜渍物曰粽。卢循以益智粽遗武帝，即蜜渍益智也。帅，读曰率。断，丁管翻。挑，土雕翻。睛，子盈翻，眼珠子也。渍，疾智翻。粽，子宋翻。别遣使者称诏召柳元景，以兵随之。使，疏吏翻；下同。左右奔告，“兵刃非常”。非常，言异于常时也。元景知祸至，入辞其母，整朝服乘车应召。弟车骑司马叔仁戎服，帅左右壮士欲拒命，元景苦禁之。既出巷，军士大至。元景下车受戮，容色恬然；并其八子、六弟及诸侄。获颜师伯于道，杀之，并其六子。又杀廷尉刘德愿。改元景和，文武进位二等。遣使诛湘州刺史江夏世子伯禽。义恭命其世子曰伯禽，是以周公自处矣。自是公卿以下，皆被捶曳如奴隶矣。卑贱之人，有所附属谓之隶，人之下者谓之奴。被，皮义翻。捶，止橤翻。

初，帝在东宫，多过失，世祖欲废之而立新安王子鸾，侍中袁觊盛称“太子好学，有日新之美”，世祖乃止；帝由是德之。既诛群公，欲引进觊，任以朝政，迁为吏部尚书，觊，鱼岂翻。好，呼到翻。为袁觊宠衰求出张本。与尚书右【章：甲十一行本“右”作“左”；乙十一行本同；孔本同；熊校同。】丞徐爰皆以诛义恭等功，赐爵县子。

徐爰便僻善事人，颇涉书传，便，毗连翻。传，直恋翻。自元嘉初，入侍左右，豫参顾问；既长于阿会，又饰以典文，故为太祖所任遇；大明之世，委寄尤重。时殿省旧人多见诛逐，唯爰巧于将迎，始终无迕；废帝待之益厚，迕，五故翻，迎也。群臣莫及。帝每出，常与沈庆之及山阴公主同辇，爰亦预焉。徐爰得志于大明、景和之间，宜也，而启宠实在于元嘉。便僻之足以惑人，虽明君不能免也。汉宣用恭、显而遗祸于元帝，事正如此。

山阴公主，帝姊也，适驸马都尉何戢。戢，偃之子也。何偃，尚之之子。戢，疾立翻。公主尤淫恣，尝谓帝曰："妾与陛下，男女虽殊，俱托体先帝。陛下六宫万数，而妾唯驸马一人，事太不均。"帝乃为公主置面首左右三十人；面，取其貌美，首，取其发美。进爵会稽郡长公主，秩同郡王。为，于伪翻。长，知两翻。吏部郎褚渊貌美，公主就帝请以自侍；帝许之。渊侍公主十馀日，备见逼迫，以死自誓，乃得免。渊，湛之之子也。褚湛之进用于元嘉、孝建之间。

帝令太庙别画祖考之像，画，读曰畫。帝入庙，指高祖像曰："渠大英雄，生擒数天子。"谓擒桓玄、慕容超、姚泓也。大，读曰太。指太祖像曰："渠亦不恶；但末年不免儿斫去头。"谓为元凶劭所弑也。指世祖像曰："渠大齄鼻，如何不齄？"立召画工令齄之。齄，壮加翻，鼻上疱也。柳宗元诗曰：嗜酒鼻成齄。

12 以建安王休仁为雍州刺史，雍，于用翻。湘东王彧为南豫州刺史，皆留不遣。

13 甲戌，以司徒、扬州刺史豫章王子尚领尚书令。以【章：甲十一行本"以"上有"乙亥"二字；乙十一行本同；孔本同；张校同。】始兴公沈庆之为侍中、太尉；庆之固辞。征青、冀二州刺史王玄谟为领军将军。

14 魏葬文成皇帝于金陵，庙号高宗。

15 九月，癸巳，帝如湖熟；湖熟，汉湖熟侯国，属丹阳郡；晋、宋为县；淳化中废为镇，属上元县。戊戌，还建康。

新安王子鸾有宠于世祖，事见上卷大明五年。帝疾之。辛丑，遣使赐子鸾死，又杀其母弟南海王子师及其母妹，发殷贵妃墓，殷贵妃，盖生子鸾、子师及一女。母弟、母妹，谓同母弟、妹也。又欲掘景宁陵，太史以为不利于帝，乃止。

初，金紫光禄大夫谢庄为殷贵妃诔诔，鲁水翻。诔丈夫者，述其功德；诔妇人者，述其容德也。曰："赞轨尧门。"帝以庄比贵妃于钩弋夫人，钩弋事见二十二卷汉武帝太始三年。欲杀之。或说帝曰："死者人之所同，一往之苦，不足为困。庄生长富贵，说，输芮翻。长，知两翻。谢庄，弘微之子，谢万之玄孙。诸谢自晋以来贵盛，故云然。今系之尚方，使知天下苦剧，剧，甚也。言庄享天下之所甚乐而未知天下之所甚苦，今系囚，则使知之。然后杀之，未晚也。"帝从之。

16 徐州刺史义阳王昶，素为世祖所恶，昶，丑两翻。昶，文帝子，世祖之诸弟也。恶，乌路翻。民间每讹言昶当反；是岁，讹言尤甚，废帝常谓左右曰："我即大位以来，遂未尝戒严，使人邑邑！"邑邑，不得志也。昶使典签蘧法生奉表诣建康，求入朝，蘧，姓也。春秋时，卫有大夫蘧伯玉。蘧，其于翻。朝，直遥翻。帝谓法生曰："义阳与太宰谋反，我正欲讨之。今知求还，甚善！"又屡诘问法生，诘，去吉翻。"义阳谋反，何故不启？"法生惧，逃还彭城；帝因此用兵。己酉，下诏讨昶，内外戒严。帝自将兵渡江，将，即亮翻。命沈庆之统诸军前驱。

法生至彭城，昶即聚兵反；移檄统内诸郡，沈约宋志，以大明八年为止，徐州统彭城、沛郡、下邳、兰陵、东海、东莞、东安、琅邪、淮阳、阳平、济阴、北济阴、钟离、马头等郡。皆不受命，斩昶使；将佐文武悉怀异心。昶知事不成，弃母、妻，携爱妾，夜与数十骑开北门奔魏。使，疏吏翻。将，即亮翻。骑，奇寄翻。昶颇涉学，能属文，属，之欲翻。魏人重之，使尚公主，拜侍中、征南将军、驸马都尉，赐爵丹杨王。为后魏挟刘昶以伐齐张本。

17 吏部尚书袁𫖮，始为帝所宠任，俄而失指，待遇顿衰，使有司纠奏其罪，白衣领职。𫖮惧，诡辞求出。甲寅，以𫖮督雍·梁【章：甲十一行本“梁”下有“等四州”三字；乙十一行本同；孔本同；张校同。】诸军事、雍州刺史。雍，于用翻。𫖮舅蔡兴宗谓之曰：“襄阳星恶，何可往？”兴宗盖以天道言之。𫖮曰：“白刃交前，不救流矢。言白刃交乎前，则流矢之来不暇救。祸近而急，故图出外以求赊死，后患非所计也。今者之行，唯愿生出虎口耳。且天道辽远，何必皆验！”

是时，临海王子顼为都督荆·湘等八州诸军事、荆州刺史，朝廷以兴宗为子顼长史、南郡太守，行府、州事，兴宗辞不行。𫖮说兴宗曰：说，输芮翻。“朝廷形势，人所共见。在内大臣，朝不保夕，舅今出居陕西，为八州行事，萧子显曰：江左大镇莫过荆、扬。弘农郡陕县，周世二伯主诸侯：周公主陕东，召公主陕西，故称荆州为陕西。𫖮在襄、沔，地胜兵强，去江陵咫尺，水陆流通。襄阳至江陵，水则由汉、沔，陆则由长林、当阳。沔，弥兖翻。若朝廷有事，可以共立桓、文之功，岂比受制凶狂、临不测之祸乎！今得间不去，间，隙也。谓得可行之隙，而兴宗不肯去。间，古苋翻。后复求出，岂可得邪！”复，扶又翻。兴宗曰：“吾素门平进。蔡兴宗，蔡廓之子，蔡谟之玄孙，以方严自处。官以序迁，谓之平进可也；谓之素门，可乎？盖江左以王、谢为高门，其馀有才望者，或以姻戚擢用，或以旧恩。兴宗此言，盖亦感切其甥，指其在世祖之世，调护昏狂，阶此以见宠任，宠衰则求出以避祸，进退皆无所据也。与主上甚疏，未容有患。宫省内外，人不自保，会应有变。若内难得弭，外衅未必可量。难，乃旦翻。衅，许觐翻。量，音良。汝欲在外求全，我欲居中免祸，各行其志，不亦善乎！”蔡兴宗可谓先见矣。

𫖮于是狼狈上路，狼狈者，仓皇而行，如恐不及之意。上，时掌翻。

犹虑见追；行至寻阳，喜曰："今始免矣。"邓琬为晋安王子勋镇军长史、寻阳内史，行江州事。子勋以镇军将军为江州刺史，镇寻阳，邓琬为长史，行事。颛与之款狎过常，每清闲，必尽日穷夜。颛与琬人地本殊，袁颛有清望，又名门也；邓琬性贪鄙，又寒族也；故云人地本殊。见者知其有异志矣。为颛、琬起兵奉子勋张本。寻复以蔡兴宗为吏部尚书。复，扶又翻。

18 戊午，解严。帝因自白下济江至瓜步。晋、宋都建康，新亭、白下皆江津要地，新亭在西，白下在东；白下盖今之龙湾也。按白下城合白石垒，唐武德中，移江宁县于此，名白下县。

19 沈庆之复启听民私铸钱，庆之始议，见一百二十八卷孝武帝孝建二年。由是钱货乱败。千钱长不盈三寸，大小称此，谓之"鹅眼钱"；称，尺证翻。劣于此者，谓之"綖环钱"；綖，与线同，私箭翻。贯之以缕，入水不沈，沈，持林翻。随手破碎。市井不复料数，料，音聊。料，量也。料数者，料其多少之数也。十万钱不盈一掬，郑玄曰：两手曰掬。斗米一万，商货不行。

20 冬，十月，丙寅，帝还建康。

21 帝舅东阳太守王藻尚世祖女临川长公主。公主妒，谮藻于帝。己卯，藻下狱死。王太后，晋丞相导之玄孙女。藻，后弟也。下，户稼翻。

会稽太守孔灵符，所至有政绩；以忤犯近臣，近臣谮之，帝遣使鞭杀灵符，并诛其二子。会，工外翻。忤，立故翻。使，疏吏翻。

宁朔将军何迈，瑀之子也，何瑀见一百二十八卷孝武孝建二年。尚帝姑新蔡长公主。主，文帝第十女也，名英媚。长，知两翻。帝纳主于后宫，谓之谢贵嫔；诈言公主薨，杀宫婢，送迈第殡葬，行丧礼。庚辰，拜贵嫔为夫人。嫔，毗宾翻。加鸾辂龙旂，出警入跸。迈素豪侠，多养死士，侠，户颊翻。谋因帝出游，废之，立晋安王子勋。事泄，十一月，壬辰，帝自将兵诛迈。

初，沈庆之既发颜、柳之谋，遂自昵于帝，数尽言规谏，将，即亮翻。昵，尼质翻。数，所角翻。帝浸不悦。庆之惧，杜门不接宾客。尝遣左右范羡至吏部尚书蔡兴宗所。兴宗使羡谓庆之曰："公闭门绝客，以避悠悠请托者耳。如兴宗，非有求于公者也，何为见拒？"庆之使羡邀兴宗。

兴宗往见庆之，因说之曰："主上比者所行，人伦道尽；言内乱也。说，输芮翻。比，毗至翻。率德改行，无可复望。行，下孟翻。复，扶又翻；下不复同。今所忌惮，唯在于公；百姓喁喁，喁，鱼容翻。喁，鱼口向上也，以喻百姓仰望如群鱼然。所瞻赖者，亦在公一人而已。瞻，仰视也。赖，倚恃也。公威名素著，天下所服。今举朝遑遑，遑遑，急也。朝，直遥翻。人怀危怖，怖，普布翻。指麾之日，谁不响应！如犹豫不断，断，丁乱翻。欲坐观成败，岂惟旦夕及祸，四海重责将有所归！言庆之自昵于废帝，今忤帝意，不惟行且及祸；若他人举事，必谓庆之从君于昏，庆之何所逃其责！仆蒙眷异常，故敢尽言，愿公详思其计。"庆之曰："仆诚知今日忧危，不复自保，但尽忠奉国，始终以之，当委任天命耳。言委之于天，任命所至。加老退私门，兵力顿阙，顿，读曰钝，又读如字。虽欲为之，事亦无成。"兴宗曰："当今怀谋思奋者，非欲邀功赏富贵，正求脱朝夕之死耳。殿中将帅，唯听外间消息；将，即亮翻。帅，所类翻。若一人唱首，则俯仰可定。况公统戎累朝，庆之自元嘉以来统兵，历事三世。朝，直遥翻。旧日部曲，布在宫省，受恩者多，谓宗越等。沈攸之辈皆公家子弟耳，沈攸之者，庆之从父兄子也。何患不从！且公门徒、义附，并三吴勇士。殿中将军陆攸之，公之乡人，陆攸之盖亦吴兴人。今入东讨贼，大有铠仗，在青溪未发。公取其器仗以配衣麾下，铠，可亥翻。衣，于既翻。使陆攸之帅以前驱，帅，读曰率；下同。仆在尚书中，自当帅百僚按前代故事，更简贤明以奉社稷，天下之事立定矣。又，朝廷诸所施为，民间传言公悉豫之。公今不决，当有先公起事者，公亦不免附从之祸。此兴宗所谓“重责将有所归”也。先，悉荐翻。闻车驾屡幸贵第，贵第，谓时贵之宅第也。酣醉淹留；又闻屏左右，屏，必郢翻。独入阁内；此万世一时，不可失也。”庆之曰：“感君至言。然此大事，非仆所能行；事至，固当抱忠以没耳。”事至，犹言若事果至如兴宗所言，当抱忠以死也。

青州刺史沈文秀，庆之弟子也，将之镇，帅部曲出屯白下，亦说庆之曰：说，输芮翻。“主上狂暴如此，祸乱不久，而一门受其宠任，万物皆谓与之同心。盈天地之间者万物，人亦物也，此万物谓人。且若人爱憎无常，猜忍特甚，若人，谓废帝。不测之祸，进退难免。今因此众力，图之易于反掌。易，以豉翻。机会难值，不可失也。”再三言之，至于流涕。庆之终不从。文秀遂行。沈庆之从君于昏狂，杜门以待死，伊、霍之事，固非常人所能行也。

及帝诛何迈，量庆之必当入谏。量，音良，度也。先闭青溪诸桥以绝之。庆之闻之，果往，不得进而还。还，从宣翻，又如字。帝乃使庆之从父兄子直阁将军攸之赐庆之药。庆之不肯饮，攸之以被揜杀之，攸之随庆之讨随王诞有功，庆之抑其赏，由是恨之，故果于杀。从，才用翻。时年八十。庆之子侍中文叔欲亡，恐如太宰义恭被支解，被，皮义翻。谓其弟中书郎文季曰：“我能死，尔能报。”中书郎，即中书侍郎。左传，楚平王信费无极之谮，执伍奢。无极曰：“奢之子材，若在吴，必忧楚国，盍以免其父召之。彼仁，必来；不然，将为患。”王使召之，曰：“来，吾免而父。”棠君尚谓其弟员曰：“尔适吴，我将归死，吾智不若；我能死，尔能报。”伍尚至，楚并奢杀之。员奔吴，借兵以报楚，入郢，鞭平王之墓。遂饮庆之之药而死。弟秘书郎昭明亦自经死。杜佑通典曰：后汉马融为秘书郎，诣东观典校书。晋掌中外三阁经书，校阅脱误，亦谓之郎中。武帝分秘图书籍为甲乙丙丁四部，使秘书郎中四人各掌其一；宋、齐尤为美职，皆为甲族起家之选，居职，例十日便迁。齐、梁末，多以贵游子弟为之，无其才实。文季挥刀驰马而去，追者不敢逼，遂得免。为后沈文季尽诛沈攸之亲属以报仇张本。帝诈言庆之病薨，赠侍中、太尉，谥曰忠武公，葬礼甚厚。

领军将军王玄谟数流涕谏帝以刑杀过差，数，所角翻。帝大怒。玄谟宿将，有威名，王玄谟自元嘉末为将，孝建初有破臧质、平义宣之功。将，即亮翻。道路讹言玄谟已见诛。蔡兴宗尝为东阳太守，玄谟典签包法荣家在东阳，玄谟使法荣至兴宗所。兴宗谓法荣曰："领军殊当忧惧。"法荣曰："领军比日殆不复食，夜亦不眠，比日，近日也。比，毗寐翻。复，扶又翻。恒言收已在门，不保俄顷。"收，谓帝将遣吏兵收之也。恒，户登翻。兴宗曰："领军忧惧，当为方略，那得坐待祸至！"因使法荣劝玄谟举事。玄谟使法荣谢曰："此亦未易可行，易，以豉翻。期当不泄君言。"

右卫将军刘道隆，为帝所宠任，专典禁兵。兴宗尝与之俱从帝夜出，从，才用翻。道隆过兴宗车后，兴宗曰："刘君！比日思一闲写。"闲写者，谓欲清闲写其所怀也。道隆解其意，解，户买翻，晓也。掐兴宗手掐，苦洽翻，以爪掐之也。曰："蔡公勿多言！"废昏立明，非常之谋也。蔡兴宗建非常之谋，既以告沈庆之，又以告王玄谟，又以擿发刘道隆，而人不敢泄其言，何也？昏暴之朝，人不自保；"时日害丧，予及汝皆亡，"盖人心之所同然也。

22 壬寅，立皇后路氏，太皇太后弟道庆之女也。

23 帝畏忌诸父，恐其在外为患，皆聚之建康，拘于殿内，殴捶陵曳，无复人理。亲亲悌长，人之常理；废帝悖之。殴，乌口翻。捶，止橤翻。复，扶又翻，又如字。湘东王彧、建安王休仁、山阳王休佑，皆肥壮，帝为竹笼，盛而称之，彧，于六翻。盛，时征翻；下同。称，敕陵翻，称其轻重也。以彧尤肥，谓之"猪王"，谓休仁为

"杀王"，休佑为"贼王"。以三王年长，尤恶之，长，知两翻。恶，乌路翻。常录以自随，不离左右。录，收也，摄也。离，力智翻。东海王祎性凡劣，劣，弱也，鄙也。祎，吁韦翻。谓之"驴王"；桂阳王休范、巴陵王休若年尚少，故并得从容。少，诗照翻。从，千容翻。尝以木槽盛饭，并杂食搅之，搅，古巧翻。掘地为坑，实以泥水，裸彧内坑中，使以口就槽食之，用为欢笑。裸，郎果翻。前后欲杀三王以十数；休仁多智数，每以谈笑佞谀说之，故得推迁。推，移也；迁，转也；言以谈笑佞谀转移帝意也。或曰，推迁，延缓之意。说，读曰悦。

少府刘曚妾孕临月，曚，谟蓬翻。将产之月曰临月。考异曰：宋书帝纪作"少府刘胜"，始安王休仁传作"廷尉刘曚"。宋略及南史帝纪皆作"少府刘曚"，休仁传作"廷尉刘蒙"；今从其多者。帝迎入后宫，俟其生男，欲立为太子。彧尝忤旨，帝裸之，缚其手足，贯之以杖，使人担付太官。忤，五故翻。裸，郎果翻。担，都甘翻，荷也。曰："今日屠猪！"休仁笑曰："猪未应死。"帝问其故。休仁曰："待皇子生，杀猪取其肝肺。"帝怒乃解，曰："且付廷尉。"一宿，释之。丁未，曚妾生子，名曰皇子，为之大赦，为，于伪翻。赐为父后者爵一级。

帝又以太祖、世祖在兄弟数皆第三，太祖，高祖第三子；世祖，太祖第三子。江州刺史晋安王子勋亦第三，子勋，世祖第三子。故恶之，恶，乌路翻。因何迈之谋，使左右朱景云送药赐子勋死。景云至湓口，停不进。子勋典签谢道迈、主帅潘欣之、侍书褚灵嗣闻之，诸王有侍读，掌授王经；有侍书，掌教王书。帅，所类翻。驰以告长史邓琬，泣涕请计。考异曰：子勋传云："景云遣信使告琬。"宋略曰："帝使道遇赍敕至浔阳，琬谓道遇"云云。今从琬传。琬曰："身南土寒士，邓琬，南昌人，起于寒素。蒙先帝殊恩，以爱子见托，岂得惜门户百口，期当以死报效。幼主昏暴，社稷危殆，虽曰天子，事犹独夫。犹，若也，似也。今便指帅文武，直造京邑，帅，读曰率。造，七到翻。与群公卿士，废昏立明耳。”戊申，琬称子勋教，令所部戒严。子勋戎服出听事，集僚佐，使潘欣之口宣旨谕之。四座未对，录事参军陶亮首请效死前驱，众皆奉旨。乃以亮为谘议参军，领中兵，总统军事；功曹张沈为谘议参军，统作舟舰；沈，持林翻。舰，户黯翻。南阳太守沈怀宝、岷山太守薛常宝、岷山，即汉武帝所开汶山郡也，宣帝地节三年，并入蜀郡，刘蜀复立。沈怀宝、薛常宝先常为郡守，因各以其官称之。守，手又翻。彭泽令陈绍宗等并为将帅。将，即亮翻。帅，所类翻。初，帝使荆州录送前军长史、荆州行事张悦至湓口，琬称子勋命，释其桎梏，桎，职日翻。梏，工沃翻。迎以所乘车，以为司马。悦，畅之弟也。张畅见一百二十五卷、六卷文帝元嘉二十六年、七年。琬、悦二人共掌内外众事，遣将军俞伯奇帅五百人断大雷，帅，读曰率。断，丁管翻。禁绝商旅及公私使命。遣使上诸郡民丁，遣使诣江州部内诸郡，籍民丁上之以为兵。使，疏吏翻。上，时掌翻。收敛器械；旬日之内，得甲士五千人，出顿大雷，于两岸筑垒。又以巴东、建平二郡太守孙冲之为谘议参军，领中兵，与陶亮并统前军。移檄远近。

24 戊午，帝召诸妃、主列于前，强左右使辱之。强，其两翻。南平王铄妃江氏不从。妃即江湛之妹。铄，式灼翻。帝怒，杀妃三子南平王敬猷、庐陵王敬先、安南侯敬渊，鞭江妃一百。

先是民间讹言湘中出天子，先，悉荐翻。帝将南巡荆、湘二州以厌之。厌，一涉翻。师古曰：塞，当也。明旦，欲先诛湘东王彧，然后发。

初，帝既杀诸公，恐群下谋己，以直阁将军宗越、谭金、童太一、沈攸之等有勇力，引为爪牙，赏赐美人、金帛，充牣其家。江左以直阁将军出入省阁，总领宿卫。牣，满也。越等久在殿省，众所畏服，皆为帝尽力；为，于伪翻。帝恃之，益无所顾惮，恣为不道，中外骚然。左右宿卫之士皆有异志，而畏越等不敢发。时三王久幽，不知所为。湘东王彧主衣会稽阮佃夫、内监始【章：甲十一行本“始”作“吴”；乙十一行本同；孔本同；张校同。】兴王道隆、江左之制，天子及诸王皆有内监。内监，斋监也。斋内自主帅以下，皆得监察之。会，工外翻。佃，音田。学官令临淮李道儿晋制：诸王国置学官令一人。与直阁将军柳光世及帝左右琅邪淳于文祖等谋弑帝。帝以立后故，假诸王阉人。阉，于廉翻。彧左右钱蓝生亦在中，彧密使候帝动止。

先是帝游华林园竹林堂，先，悉荐翻。竹林堂，华林园后堂也。使宫人倮相逐，倮，郎果翻。一人不从命，斩之，夜，梦在竹林堂，有女子骂曰：“帝悖虐不道，悖，蒲妹翻。明年不及熟矣！”帝于宫中求得一人似所梦者斩之。又梦所杀者骂曰：“我已诉上帝矣！”通鉴不语怪，而独书此事者，以明人不可妄杀，而天聪明为不可欺也。于是巫觋言竹林堂有鬼。是日晡时，帝出华林园。建安王休仁、山阳王休佑、会稽公主并从，觋，刑狄翻。晡，奔谟翻。从，才用翻。湘东王彧独在秘书省，秘书省，藏图书之所，在禁中。不被召，益忧惧。被，皮义翻。

帝素恶主衣吴兴寿寂之，见辄切齿，恶，乌路翻。风俗通：寿姓，吴王寿梦之后；又有大夫寿越。阮佃夫以其谋告寂之及外监典事东阳朱幼、李延寿恩幸传论曰：若征兵动众，大兴人役，优剧远近，断于内监之心；谴辱诋诃，恣于典事之口；抑符缓诏，奸伪非一。书死为生，请谒成市，左臂挥金，右手刊字，纸为铜落，笔为利染。细铠主南彭城姜产之、晋氏渡江，立南彭城郡于晋陵界。铠，可亥翻。考异曰：“产”，或作“彦”，宋书、宋略、南史皆作“产”，今从之。细铠将晋陵王敬则、吴分吴郡无锡以西为毗陵郡。晋东海王越世子名毗，而东海国故食毗陵，怀帝永嘉五年改为晋陵郡。将，即亮翻。中书舍人戴明宝，寂之等闻之，皆响应。幼豫约勒内外，使钱蓝生密报休仁、休佑。时帝欲南巡，腹心宗越等并听出外装束，唯队主樊僧整防华林阁。防守华林阁门也。柳光世与僧整，乡人，因密邀之；僧整即受命。柳氏本河东人，侨居襄阳；樊僧整盖亦河东人也。凡同谋十馀人。阮佃夫虑力少不济，更欲招合，少，诗沼翻。寿寂之曰："谋广或泄，不烦多人。"其夕，帝悉屏侍卫，屏，必郢翻。与群巫及彩女数百人彩女，仿后汉采女之制。射鬼于竹林堂。射，而亦翻；下射之同。事毕，将奏乐，寿寂之抽刀前入，姜产之次之，淳于文祖等皆随其后。休仁闻行声甚疾，谓休佑曰："事作矣！"相随奔景阳山。文帝元嘉二十三年，起景阳山于华林园。帝见寂之至，引弓射之，不中。彩女皆迸走，帝亦走，大呼"寂寂"者三，中，竹仲翻。迸，北孟翻。呼，火故翻。寂之追而弑之。年十七。宣令宿卫曰："湘东王受太皇太后令，除狂主，今已平定。"殿省惶惑，未知所为。

休仁就秘书省见湘东王，即称臣，引升西堂，登御座，召见诸大臣。见，贤遍翻。于时事起仓猝，王失履，跣至西堂，犹着乌帽。着，陟略翻。坐定，休仁呼主衣以白帽代之。江南，天子宴居着白纱帽。令备羽仪，虽未即位，凡事悉称令书施行。宣太皇太后令，数废帝罪恶，数，所具翻。命湘东王纂承皇极。及明，宗越等始入，湘东王抚接甚厚。废帝母弟司徒、扬州刺史豫章王子尚，顽悖有兄风，悖，蒲内翻，又蒲没翻；下同。己未，湘东王以太皇太后令，赐子尚及会稽公主死。会，工外翻。建安王休仁等始得出居外舍。外舍，外第也。释谢庄之囚。谢庄以诔殷贵妃被囚，事见上。废帝犹横尸太医阁口。蔡兴宗谓尚书右仆射王彧曰："此虽凶悖，要是天下之主，宜使丧礼粗足；若直如此，四海必将乘人。"言乘此以奉辞伐罪。王彧，湘东王妃兄也，故蔡兴宗与之言。粗，坐五翻。乃葬之秣陵县南。葬于秣陵县南郊坛西。

初，湘东王母沈婕妤早卒，婕妤，音接予。卒，子恤翻。路太后养之。王事太后甚谨，太后爱王亦笃。王既弑废帝，欲慰太后心，下令以太后弟子休之为黄门侍郎，茂之为中书侍郎。

论功行赏，寿寂之等十四人皆封县侯、县子。

十二月，庚申朔，以东海王祎为中书监、太尉。祎于湘东王，兄也。祎，吁韦翻。进镇军将军、江州刺史晋安王子勋为车骑将军、开府仪同三司。骑，奇寄翻。癸亥，以建安王休仁为司徒、尚书令、扬州刺史，以山阳王休佑为荆州刺史，桂阳王休范为南徐州刺史。乙丑，徙安陆王子绥为江夏王。

25 丙寅，湘东王即皇帝位，大赦，改元。至此始改元泰始。其废帝时昏制谬封，并皆刊削。

庚午，以右卫将军刘道隆为中护军。道隆昵于废帝，尝无礼于建安太妃；此废帝使左右辱妃主时事。昵，尼质翻。至是，建安王休仁求解职，明帝乃赐道隆死。书明帝者，因前史成文。

宗越、谭金，童太一等虽为上所抚接，内不自安；上亦不欲使居中，从容谓之曰：从，千容翻。“卿等遭罹暴朝，朝，直遥翻。勤劳日久，应得自养之地；兵马大郡，随卿等所择。”越等素已自疑，闻之，皆相顾失色，因谋作乱；以告沈攸之，攸之以闻。上收越等，下狱死。攸之复入直阁，沈攸之继此有平寻阳之功，遂总戎北讨，历居方面之任。下，户嫁翻。复，扶又翻。

26 辛未，徙临贺王子产为南平王，晋熙王子舆为庐陵王。

27 壬申，以尚书右仆射王景文为尚书仆射。景文，即彧也，避上名，以字行。

28 乙亥，追尊沈太妃曰宣太后，即上母沈婕妤也。陵曰崇宁。

29 初，豫州刺史山阳王休佑入朝，以长史、南梁郡太守【章：甲十一行本“守”下有“陈郡”二字；乙十一行本同；孔本同；张校同。】殷琰行府州事。晋孝武太元中，侨立南梁郡于淮南。安帝义熙中土断，始有淮南故地，属南豫州。五代志，淮南郡寿春县旧有南梁郡。朝，直遥翻。及休佑徙荆州，即以琰为督豫·司二州诸军事、豫州刺史。为殷琰举州以附寻阳张本。

30 有司奏路太后宜即前号，移居外宫；上不许。戊寅，尊路太后为崇宪皇太后，居崇宪宫，供奉礼仪，不异旧日。立妃王氏为皇后。后，景文之妹也。

31 罢二铢钱，禁鹅眼、綖环钱，二铢、鹅眼、綖环，并见卷首。綖，与线同。馀皆通用。

32 江州佐吏得上所下令书，皆喜，共造邓琬曰："暴乱既除，殿下又开黄阁，造，七到翻。时加子勋开府仪同三司，故云开黄阁。实为公私大庆。"琬以晋安王子勋次第居三，又以寻阳起事与世祖同符，世祖于兄弟次第三；以寻阳起兵事见一百二十七卷文帝元嘉三十年。谓事必有成。取令书投地曰："殿下当开端门，天子开端门。宫门正南门曰端门。黄阁是吾徒事耳！"众皆骇愕。琬更与陶亮等缮治器甲，征兵四方。治，直之翻。

袁觊既至襄阳，即与谘议参军刘胡缮修兵械，简集士卒，诈称被太皇太后令，使其起兵，觊，鱼岂翻。被，皮义翻。即建牙驰檄，奉表劝子勋即大位。

辛巳，更以山阳王休佑为江州刺史，欲以代子勋。更，工衡翻。荆州刺史临海王子顼即留本任。休佑不之荆州，留子顼本任以安之。

先是，废帝以邵陵王子元为湘州刺史，先，悉荐翻。中兵参军沈仲玉为道路行事，未至州，使为道路行事，沿涂之事，一以委之。至鹊头，闻寻阳兵起，不敢进。琬遣数百人劫迎之，令子勋建牙于桑尾，桑尾，即桑落洲尾。传檄建康，称："孤志遵前典，黜幽陟明。"子勋自称曰孤。黜幽陟明，即废昏立明。又谓上"矫害明茂，明茂，谓明德茂亲，谓上矫太皇太后令赐豫章王子尚死也。篡【章：甲十一行本“纂”作“簒”；乙十一行本同；张校同。】窃大宝，干我昭穆，礼，父为昭，子为穆。昭，时招翻。寡我兄弟。藐孤同气，犹有十三，左传：晋献公曰：“以是藐诸孤。”藐，谓小也。孝武帝二十八子，时存者子勋、子绥、子房、子顼、子仁、子真、子元、子舆、子孟、子嗣、子趋、子期、子悦凡十三人。藐，妙小翻，又亡角翻。圣灵何辜，而当乏飨。”圣灵，谓世祖之灵也。乏飨，不祀也。

郢州刺史安陆王子绥承子勋初檄，欲攻废帝；言初檄者，以别今此传建康之檄。闻废帝已陨，即解甲下标。初起兵，立标以募兵；罢兵，故下标。既而闻江、雍犹治兵，江，谓邓琬；雍，谓袁颉。雍，于用翻。治，直之翻。郢府行事荀【严：“荀”改“苟”。】卞之大惧，郢州居江、雍之间，惧其夹攻，以问罢兵之由。即遣谘议、领中兵参军郑景玄帅众驰下，并送军粮。帅，读曰率。荆州行事孔道存奉刺史临海王子顼，会稽将佐奉太守寻阳王子房，皆举兵以应子勋。会，工外翻。将，即亮翻。

聂崇岐标点王崇武覆校

中华国学文库

资治通鉴

八

〔宋〕司马光 编著

〔元〕胡三省 音注

中华书局

资治通鉴卷第一百八十四

端明殿学士兼翰林侍读学士朝散大夫右谏议大夫
充集贤殿修撰提举西京嵩山崇福宫上柱国河内郡 司马光 奉敕编集
开国侯食邑一千八百户食实封六百户赐紫金鱼袋臣

后学天台胡三省音注

隋纪八 起强圉赤奋若(丁丑)六月，不满一年。

恭皇帝下

义宁元年(丁丑、六一七)

1 六月，己卯，李建成等至晋阳。

2 刘文静劝李渊与突厥相结，厥，九勿翻。考异曰：创业注云：“突厥去，觇人来报，文武入贺。帝曰：‘且勿相贺，当为诸君召而使之。’即自手与突厥书。”盖温大雅欲归功高祖耳。今从唐书刘文静传。资其士马以益兵势。渊从之，自为手启，卑辞厚礼，遗始毕可汗遗，于季翻。可，从刊入声。汗，音寒。考异曰：创业注云：“仍命封题，署云‘名启’。所司请改启为书；帝不许。”按太宗云：“太上皇称臣于突厥，”盖谓此时，但温大雅讳之耳。云：“欲大举义兵，远迎主上，复与突厥和亲，如开皇之时。若能与我俱南，愿勿侵暴百姓；若但和亲，坐受宝货，亦唯可汗所择。”始毕得启，谓其大臣曰：“隋主为人，我所知也，若迎以来，必害唐公而击我无疑矣。苟唐公自为天子，我当不避盛暑，以兵马助之。”即命以此意为复书。使者七日而返，将佐皆喜，请从突厥之言，使，疏吏翻。将，即亮翻；下同。

渊不可。裴寂、刘文静皆曰："今义兵虽集而戎马殊乏，胡兵非所须，须者，意所欲也。而马不可失；若复稽回，复，扶又翻。恐其有悔。"渊曰："诸君宜更思其次。"寂等乃请尊天子为太上皇，立代王为帝，以安隋室；移檄郡县；改易旗帜，杂用绛白，以示突厥。隋色尚赤。今用绛而杂之以白，示若不纯于隋。帜，昌志翻。厥，九勿翻。渊曰："此可谓'掩耳盗钟，'此鄙语也；言盗钟者恶钟声之闻而掩耳盗之，此可以自欺而不可以欺人也。然逼于时事，不得不尔。"乃许之，遣使以此议告突厥。使，疏吏翻。厥，九勿翻。

西河郡不从渊命，甲申，渊使建成、世民将兵击西河；将，即亮翻，又音如字，领也。考异曰：创业注云："命大郎、二郎率众讨西河。"高祖、太宗实录但云"命太宗徇西河"，盖史官没建成之名耳。唐殷峤传："从隐太子攻西河"。今从创业注。命太原令太原温大有与之偕行，隋志，太原县，旧曰晋阳，开皇十年，分置太原县，而改后齐所置龙山县为晋阳县，二县并带太原郡。令，力正翻。曰："吾儿年少，少，诗照翻。以卿参谋军事；事之成败，当以此行卜之。"时军士新集，咸未阅习，建成、世民与之同甘苦，遇敌则以身先之。先，悉荐翻。近道菜果，非买不食，军士有窃之者，辄求其主偿之，亦不诘窃者，诘，去吉翻。军士及民皆感悦。至西河城下，民有欲入城者，皆听其入。郡丞高德儒闭城拒守，己丑，攻拔之。执德儒至军门，世民数之曰："汝指野鸟为鸾，以欺人主，取高官，事见一百八十二卷大业十一年。数，所具翻。又所主翻。吾兴义兵，正为诛佞人耳！"为，于伪翻。遂斩之。自馀不戮一人，秋毫无犯，各尉抚使复业，尉，与慰同。远近闻之大悦。义师初起，而人心如此，固可以取天下矣。建成等引兵还晋阳，往返凡九日。还，从宣翻，又音如字。渊喜曰："以此行兵，虽横行天下可也。"言世民行兵有纪律也。遂定入关之计。

渊开仓以赈贫民，赈，津忍翻。应募者日益多。渊命为三军，分左右，通谓之义士。裴寂等上渊号为大将军，上，时掌翻。癸巳，建大将军府；以寂为长史，长，知两翻。刘文静为司马，唐俭及前长安尉温大雅为记室，大雅仍与弟大有共掌机密，武士彟为铠曹，刘政会及武城崔善为、太原张道源为户曹，晋阳长上邽姜謩为司功参军，太谷长殷开山为府掾，此唐公开大将军府，署置官属，参用隋亲王府、大将军府、州郡官属之制也。隋制，唯亲王有掾、有属、有记室，大将军府有铠曹，州郡有户曹，皆行参军也。炀帝改州为郡，郡置诸司书佐，而书佐即参军之职，行书佐即行参军之职也。隋志，武城县，属清河郡；上邽县，带天水郡；太谷县，属太原郡，旧曰阳邑，开皇十八年改名。彟，一虢翻。铠，可亥翻。謩，与谟同。长，知两翻。掾，以绢翻。长孙顺德、刘弘基、窦琮及鹰扬郎将高平王长谐、天水姜宝谊、阳屯为左·右统军；高平县，后魏置高平郡，隋已改为平高县。炀帝改秦州为天水郡，因古郡名也。统军，后魏所置。将，即亮翻。统，他综翻。自馀文武，随才授任。又以世子建成为陇西公，左领军大都督，左三统军隶焉；世民为敦煌公，敦，大门翻。右领军大都督，右三统军隶焉；各置官属。以柴绍为右领军府长史；此左、右领军，以总领左、右军而名，非取隋十二卫左、右领军之职而名也。谘议谯人刘赡领西河通守。此大将军府谘议参军也。谯县属谯郡。赡，而艳翻。守，式又翻。道源名河，开山名峤，皆以字行。开山，不害之孙也。殷不害以孝行闻于陈、隋之间。

3 李密复帅众向东都，复，扶又翻；下同。帅，读曰率。丙申，大战于平乐园。此盖即汉、魏平乐观之地为园也。然汉、魏平乐观在洛城西，隋既迁营新都，则平乐园当在都城东。乐，音洛。密左骑、右步，骑，奇寄翻。中列强弩，鸣千鼓以冲之，东都兵大败，密复取回洛仓。

4 突厥遣其柱国康鞘利等厥，九勿翻。鞘，所交翻。送马千匹诣李渊为互市，许发兵送渊入关，多少随所欲。少，诗沼翻；下同。丁酉，渊引见康鞘利等，受可汗书，礼容尽恭，可，从刊入声。

汗，音寒。赠遗康鞘利等甚厚。择其马之善者，止市其半；义士请以私钱市其馀，渊曰："虏饶马而贪利，其来将不已，恐汝不能市也。吾所以少取者，示贫，且不以为急故也，当为汝贳之，为，于伪翻。贳，时制翻，赊也。不足为汝费。"

乙巳，灵寿贼帅郗士陵隋志，灵寿县属恒山郡。帅，所类翻。郗，丑之翻。帅众数千降于渊，渊以为镇东将军、燕郡公，帅，读曰率。降，户江翻。燕，因肩翻。仍置镇东府，补僚属，以招抚山东郡县。

己巳，康鞘利北还。渊命刘文静使于突厥以请兵，使，疏吏翻；下同。私谓文静曰："胡骑入中国，生民之大蠹也。骑，奇寄翻。吾所以欲得之者，恐刘武周引之共为边患；又，胡马行牧，不费刍粟，聊欲借之以为声势耳。数百人之外，无所用之。"观唐公之言，岂若肃、代及石晋之君所为哉！

5 秋，七月，炀帝遣江都通守王世充将江、淮劲卒，将军王隆帅邛黄蛮，按唐书，邛部有乌蛮、白蛮；又谓群蛮种类多不可记，意必有黄蛮也。守，式又翻；下同。充将，即亮翻，又音如字，领也。帅，读曰率；下同。邛，渠容翻。河北大使太常少卿韦霁、河南大使虎牙郎将王辩等二人盖皆讨捕大使也。使，疏吏翻。少，始照翻。将，即亮翻；下同。各帅所领同赴东都，相知讨李密。帅，读曰率。考异曰：杂记："四月，世充帅淮南兵万人援东都。世充行至彭城，惧密众之盛，自以兵少不敌，乃间行自黎阳济河而至。七月，世充帅留守兵二万击密无功。"今从略记、蒲山公传。霁，世康之子也。韦世康，开皇四大总管之一。

6 壬子，李渊以子元吉为太原太守，留守晋阳宫，后事悉以委之。守，式又翻。癸丑，渊帅甲士三万发晋阳，立军门誓众，并移檄郡县，谕以尊立代王之意；西突厥阿史那大奈亦帅其众以从。大业八年，分大奈之众居楼烦，故今亦从渊。帅，读曰率。厥，九勿翻。从，才用翻。甲寅，遣通议大夫张纶将兵徇稽胡。稽胡部落居郃〔汾〕、石间。丙辰，渊至西河，慰劳吏民，劳，力到翻。赈赡穷乏；民年七十以上，皆除散官，朝议等八郎，武骑等八尉，皆散官也。赈，津忍翻。赡，而艳翻。散，悉亶翻。其馀豪俊，随才授任，口询功能，手注官秩，一日除千馀人；受官皆不取告身，唐志：补官者皆给以符，谓之告身，犹今言付身也。各分渊所书官名而去。渊入雀鼠谷；壬戌，军贾胡堡，贾胡堡，在霍邑西北。括地志：汾州灵石县有贾胡堡。贾，音古。去霍邑五十馀里。代王侑遣虎牙郎将宋老生帅精兵二万屯霍邑，将，即亮翻。左武候大将军屈突通【章：十二行本"通"下有"将骁果数万"五字；乙十一行本同；孔本同；张校同；退斋校同。】屯河东以拒渊。屈，区勿翻。会积雨，渊不得进，遣府佐沈叔安等将羸兵还太原，更运一月粮。将，如字，即良翻。羸，伦为翻。还，从宣翻，又音如字。乙丑，张纶克离石，杀太守杨子崇。炀帝改石州为离石郡。

刘文静至突厥，见始毕可汗，请兵，且与之约厥，九勿翻。可，从刊入声。汗，音寒。考异曰：唐刘文静传曰："始毕曰：'唐公起事，今欲何为？'文静曰：'皇帝废冢嫡，传位后主，致斯祸乱。唐公国之懿戚，不忍坐观成败，故起义军，欲黜不当立者。'创业起居注先已再遣使至突厥，不容始毕方有此问。今不取。曰："若入长安，民众土地入唐公，金玉缯帛归突厥。"缯，慈陵翻。厥，九勿翻。始毕大喜，丙寅，遣其大臣级失特勒先至渊军，告以兵已上道。上，时掌翻。

渊以书招李密。考异曰：壶关录云："高祖屯寿阳，遣右卫将军张仁则赍书招李密。"蒲山公传："密答书曰：'使至，辱今月十九日书'，按长历是月己酉朔，十九日丁卯，不应已巳还至霍邑，又发书日不应犹在寿阳。今皆不取。密自恃兵强，欲为盟主，【章：十二行本"主"下有"己巳"二字；乙十一行本同；孔本同；张校同。】使祖君彦复书曰："与兄派流虽异，根系本同。唐公出于李虎，密出于李弼，是异派也。然李弼之先，本辽东襄平人。李虎祖西凉，本陇西成纪人。所谓根系，但同姓耳。自唯虚薄，为四海英雄共推盟主。“唯”，当作“惟”。惟，思也。详见审是。所望左提右挈，戮力同心，执子婴于咸阳，以谓代王。殪商辛于牧野，以谓炀帝。殪，于计翻。岂不盛哉！”且欲使渊以步骑数千自至河内，炀帝改怀州为河内郡。骑，奇寄翻。面结盟约。渊得书，笑曰：“密妄自矜大，非折简可致。吾方有事关中，若遽绝之，乃是更生一敌；不如卑辞推奖以骄其志，使为我塞成皋之道，缀东都之兵，塞成皋之道，则江都信使不通；缀东都之兵，则不得西应长安。折，之舌翻。为，于伪翻。塞，悉则翻。我得专意西征。俟关中平定，据险养威，徐观鹬蚌之势以收渔人之功，未为晚也。”战国策：赵且伐燕，苏代为燕说赵惠王曰：“今者臣来过易水，蚌方出曝，鹬啄其肉，蚌合而拑其喙，鹬曰：‘今日不雨，明日不雨，即有蚌脯。’蚌亦谓鹬曰：‘今日不出，明日不出，必见死鹬。’渔父见而并获之。今燕、赵相持，臣恐强秦之为渔父也。”唐公欲使李密与东都相持而己收渔人之利。鹬，馀律翻。乃使温大雅复书曰：“吾虽庸劣，幸承馀绪，出为八使，汉顺帝遣八使。唐公使山西、河东，故云然。使，疏吏翻；下同。入典六屯，隋制，六军十二卫，唐公尝为将军，故云。颠而不扶，通贤所责。所以大会义兵，和亲北狄，共匡天下，志在尊隋。天生烝民，必有司牧，当今为牧，非子而谁！老夫年逾知命，孔子曰：“五十而知天命。”愿不及此。欣戴大弟，攀鳞附翼，唯弟早膺图箓，以宁兆民！宗盟之长，属籍见容，属籍，宗属之籍。长，知两翻。复封于唐，斯荣足矣。殪商辛于牧野，所不忍言；执子婴于咸阳，未敢闻命。汾晋左右，尚须安辑；盟津之会，未暇卜期。”盟，读曰孟。密得书甚喜，以示将佐曰：“唐公见推，天下不足定矣！”将，即亮翻。自是信使往来不绝。

雨久不止，渊军中粮乏；刘文静未返，或传突厥与刘武周乘虚袭晋阳；渊召将佐谋北还。厥，九勿翻。还，从宣翻，又音如字。裴寂等皆曰：“宋老生、屈突通连兵据险，未易猝下。屈，居勿翻。易，以豉翻。李密虽云连和，奸谋难测。突厥贪而无信，唯利是视。武周，事胡者也。太原一方都会，且义兵家属在焉，不如还救根本，更图后举。"李世民曰："今禾菽被野，何忧乏粮！老生轻躁，一战可擒。被，皮义翻。躁，则到翻。李密顾恋仓粟，未遑远略。武周与突厥外虽相附，内实相猜。武周虽远利太原，岂可近忘马邑！本兴大义，奋不顾身以救苍生，当先入咸阳，号令天下。今遇小敌，遽已班师，恐从义之徒一朝解体，还守太原一城之地为贼耳，还，从宣翻，又音如字。何以自全！"李建成亦以为然。渊不听，促令引发。世民将复入谏，令，力丁翻。复，扶又翻。会日暮，渊已寝；世民不得入，号哭于外，声闻帐中。号，户刀翻。闻，音问。渊召问之，世民曰："今兵以义动，进战则克，退还则散；众散于前，敌乘于后，死亡无日，何得不悲！"渊乃悟曰："军已发，奈何？"世民曰："右军严而未发；严，装也。左军虽去，计亦未远，请自追之。"渊笑曰："吾之成败皆在尔，知复何言，复，扶又翻。唯尔所为。"世民乃与建成【章：十二行本"成"下有"分道"二字；乙十一行本同；孔本同；张校同。】夜追左军复还。复，音如字。考异曰：创业注："帝集文武官人及大郎、二郎等而谓之曰：'以天赞我而言，应无此势；以人事见机而发，无有不为。借遣吾当突厥、武周之地，何有不来之理。诸公谓云何？'议者以'老生、屈突通相去不远；李密谲诳，奸谋难测；突厥见利而行；武周，事胡者也；太原一都之会，义兵家属在焉。愚夫所虑，伏听教旨。'唐公顾谓大郎、二郎曰：'尔辈何如？'对曰：'武周位极而志满，突厥少信而贪利，外虽相附，内实相猜。突厥必欲求利太原，宁肯近忘马邑！武周悉其此势，未必同谋同志。老生、突厥奔竞来拒，进阙图南，退穷自北，还无所入，往无所之，畏溺先沈，近于斯矣。今禾菽被野，人马无忧，坐即有粮，行即得众。李密恋于仓粟，未遑远略。老生轻躁，破之不疑。定业取威，在兹一决。诸人保家爱命，言不可听。雨罢进军，若不杀老生而取霍邑，儿等敢以死谢！'唐公喜曰：'尔谋得之，吾其决矣。三占从二，何借舆言。懦夫之徒，几败乃公事耳。'"太宗实录尽以为太宗之策，无建成名，盖没之耳。据建成同追左军，则是建成意亦不欲还也。今从创业注。丙子，太原运粮亦至。

7 武威鹰扬府司马李轨，炀帝改凉州为武威郡。各郡置鹰扬府，有郎将、副郎将、长史、司马。家富，好任侠；好，呼到翻；下同。薛举作乱于金城，是年，夏四月，薛举起。轨与同郡曹珍、关谨、梁硕、李赟、安修仁等谋曰：赟，于伦翻。“薛举必来侵暴，郡官庸怯，势不能御，吾辈岂可束手并妻孥为人所虏邪！孥，音奴。邪，音耶。不若相与并力拒之，保据河右以待天下之变。”众皆以为然，欲推一人为主，各相让，莫肯当。曹珍曰：“久闻图谶李氏当王；谶，楚谮翻。今轨在谋中，乃天命也。”遂相与拜轨，奉以为主。丙辰，轨令修仁集诸胡，令，力丁翻。安氏，凉州豪望，世为民夷所附，故使之集诸胡。轨结民间豪杰，共起兵，执虎贲郎将谢统师、郡丞韦士政。贲，音奔。将，即亮翻。统，他综翻。轨自称河西大凉王，置官属并拟开皇故事。关谨等欲尽杀隋官，分其家赀，轨曰：“诸人既逼以为主，当禀其号令。今兴义兵以救生民，乃杀人取货，此群盗耳，将何以济！”于是以统师为太仆卿，士政为太府卿。西突厥阙度设据会宁川，大业八年，分阙度设居会宁。厥，九勿翻。自称阙可汗，请降于轨。可，从刊入声。汗，音寒。降，户江翻。

8 薛举自称秦帝，考异曰：唐高祖实录：“武德元年四月辛卯，举称尊号。”按今冬举败，问褚亮曰：“天子有降事否？”是则已称尊号也。今从唐书举传。立其妻鞠氏为皇后，子仁果为皇太子。遣仁果将兵围天水，克之，举自金城徙都之。仁果多力，善骑射，将，即亮翻。骑，奇寄翻。军中号万人敌；然性贪而好杀。尝获庾信子立，怒其不降，磔于火上，稍割以啖军士。庾信自梁入关，有文名。史言薛仁果在兵间不能收礼文艺名义之士，卒以败亡。好，呼到翻。降，户江翻。磔，陟格翻。啖，徒滥翻。及克天水，悉召富人，倒悬之，以醋灌鼻，责其金宝。举每戒之曰："汝之才略足以办事，然苛虐无恩，终当覆我国家。"

举遣晋王仁越将兵趋剑口，至河池郡；太守萧瑀拒却之。剑口，剑门关口。举指授仁越，使之趋剑口，未至，而萧瑀以河池拒之，遂退却。将，即亮翻；下同。趋，七喻翻，又逡须翻。瑀，音禹。守，式又翻。又遣其将常仲兴济河击李轨，与轨将李赟战于昌松，隋志：昌松县，属武威郡。仲兴举军败没。轨欲纵遣之，赟曰："力战获俘，复纵以资敌，将焉用之！不如尽坑之。"复，扶又翻；下同。焉，于干翻。轨曰："天若祚我，当擒其主，此属终为我有；若其无成，留之何益！"乃纵之。李轨不杀隋官，纵薛举兵，皆有人君之言；其才略不足以济，则徒言无益也。未几，攻张掖、敦煌、西平、枹罕，皆克之，几，居岂翻。敦，徒门翻。枹，音肤。尽有河西五郡之地。

9 炀帝诏左御卫大将军涿郡留守薛世雄将燕地精兵三万讨李密，燕，因肩翻。命王世充等诸将皆受世雄节度，所过盗贼，随便诛翦。世雄行至河间，军于七里井，七里井，盖其地去河间七里，故名。窦建德士众惶惧，悉拔诸城南遁，声言还入豆子𣺒。𣺒，各朗翻。世雄以为畏己，不复设备，建德谋还袭之。其处去世雄营百四十里，建德帅敢死士二百八十人先行，帅，读曰率。令馀众续发，建德与其士众约曰："夜至，则击其营；已明，则降之。"降，户江翻；下同。未至一里所，天欲明，建德惶惑议降；会天大雾，人咫尺不相辨，建德喜曰："天赞我也！"赞，助也。遂突入其营击之，世雄士卒大乱，皆腾栅走。世雄不能禁，与左右数十骑遁归涿郡，考异曰：革命记："帝以李密在洛口，征辽回日，令右翊卫将军薛世雄于留镇兵内简练精锐及幽、易骁勇讨密，经过之处，若有草窃，随便诛翦；仍令王世充等诸军并取世雄处分。世雄乃自领精兵六万，四月末，至河间郡城下作营，州县皆备牛酒军粮以待薛将军。时建德以无粮食，兵士先皆分散，馀军不满千人，在武强县境收麦充食，闻世雄兵至河间，惶惧无计。问一女巫：‘欲走避之，如何？’巫云：‘不免。’问：‘欲首如何？’巫云：‘亦不吉。’问：‘欲掩其不备击之，如何？’巫云：‘今夜天未明到，大吉。’卜时，日已午；卜处，去河间一百四十里。建德简精兵二百八十人先行，馀勒续发。建德与众决云：‘夜到即打，明即降之，吉凶之事，在此举耳。’遂行。去世雄营二里，天已属明，又闻吹角声拟发，建德惶惑欲降。须臾，大雾忽起，建德曰：‘此天助我也。’遂引兵入营攻之，兵遂大乱。世雄左右先已装束拟发，世雄遂得上马奔走，仍中数枪，仅而获免。幽、易之士，并不欲作留镇兵，先无斗意，既不知贼多少，悉弃甲奔亡，遂使山东贼势转盛。李密先招慰河北州县，多悉从之。世雄惭愤而卒。”唐窦建德传云：“七月，世雄讨之，建德帅敢死士千人袭之，世雄以数百骑遁去。”今从隋薛世雄传，以建德传、革命记参之。惭恚发病卒。恚，於避翻。卒，子恤翻。建德遂围河间。

10 八月，己卯，雨雾。庚辰，李渊命军中曝铠仗行装。铠，可亥翻。辛巳旦，东南由山足细道趣霍邑。趣，七喻翻，又逡须翻。渊恐宋老生不出，李建成、李世民曰：“老生勇而无谋，以轻骑挑之，挑，徒了翻。理无不出；脱其固守，则诬以贰于我。彼恐为左右所奏，安敢不出！”渊曰：“汝测之善，老生不能逆战贾胡，谓渊屯贾胡堡时，老生不能逆战。贾，音古。吾知其无能为也！”渊与数百骑先至霍邑城东数里以待步兵，使建成、世民将数十骑至城下，举鞭指麾，若将围城之状，且诟之。骑，奇寄翻。诟，苦候翻。老生怒，引兵三万自东门、南门分道而出，渊使殷开山趣召后军。趣，读曰促。后军至，渊欲使军士先食而战，世民曰：“时不可失。”渊乃与建成陈于城东，世民陈于城南。陈，读曰阵；下同。渊、建成战小却，世民与军头临淄段志玄自南原引兵驰下，新唐志曰：武德元年，改鹰扬郎将曰军头。盖起兵之初，已置军头也。后又改军头为骠骑将军。隋志，临淄县属北海郡。冲老生陈，出其背，世民手杀数十人，两刀皆缺，流血满袖，洒之复战。渊兵复振，复，扶又翻。因传呼曰：“已获老生矣！”老生兵大败，渊兵先趣其门，趣，七喻翻。门闭，老生下马投堑，刘弘基就斩之，僵尸数里。堑，七艳翻。僵，居良翻。日已暮，渊即命登城，时无攻具，将士肉薄而登，遂克之。

渊赏霍邑之功，军吏疑奴应募者不得与良人同，渊曰：“矢石之间，不辨贵贱，论勋之际，何有等差，宜并从本勋授。”壬午，渊引见霍邑吏民，劳赏如西河，劳，力到翻。选其丁壮使从军；关中军士欲归者，并授五品散官，炀帝置散职九大夫，朝请大夫正五品，朝散大夫从五品。散，悉但翻。遣归。既顺其归志，又以动关中士民之心。或谏以官太滥，渊曰：“隋氏吝惜勋赏，此所以失人心也，奈何效之！且收众以官，不胜于用兵乎！”

丙戌，渊入临汾郡，平阳，古郡名，后改置唐州，后改为晋州，开皇初，改郡曰平河；平阳县改曰临汾县，恶平阳之名也；大业初，改曰临汾郡。慰抚如霍邑。庚寅，宿鼓山。鼓山，在绛郡北。绛郡通守陈叔达拒守；通守，式又翻。炀帝改绛州为绛郡。辛卯，进攻，克之。叔达，陈高宗之子，有才学，渊礼而用之。

癸巳，渊至龙门，龙门县属河东郡，在郡东北。刘文静、康鞘利以突厥兵五百人、马二千匹来至。渊喜其来缓，谓文静曰：“吾西行及河，突厥始至，兵少马多，皆君将命之功也。”厥，九勿翻。少，诗沼翻。

汾阳薛大鼎说渊：按新唐书，薛大鼎，蒲州汾阴人。隋、唐志亦皆无汾阳县，“阳”当作“阴”。说，式芮翻。“请勿攻河东，自龙门直济河，据永丰仓，传檄远近，关中可坐取也。”渊将从之。诸将请先攻河东，乃以大鼎为大将军府察非掾。察非掾，言使之察奸非，若汉刺奸掾也。炀帝时左、右候卫府增置察非掾。诸将，即亮翻。掾，俞绢翻。

河东县户曹任瓌河东县，带河东郡，旧曰蒲坂，开皇十六年改名。隋制，县置金、户、兵、法、士等曹佐。任，音壬。瓌，古回翻。说渊曰：“关中豪杰皆企踵以待义兵。瓌在冯翊积年，瓌，仁寿中为冯翊韩城尉。说，式芮翻。企，去智翻。知其豪杰，请往谕之，必从风而靡。义师自梁山济河，指韩城，逼郃阳。梁山，在韩城县界，临河，即左传所谓梁山崩者也。韩城、郃阳二县皆属冯翊郡，隋所置也。杜佑曰：同州韩城县，汉为夏阳县，有梁山、龙门山。宋白曰：今韩城县西南三里有夏阳故城，乃韩国故城。今县理南二十五里有少梁故城。隋文帝分郃阳故城，于此置韩城县，以古韩城为名。郃，古沓翻。萧造文吏，必当望尘请服。孙华之徒，皆当远迎，然后鼓行而进，直据永丰，虽未得长安，关中固已定矣。"渊悦，以瓌为银青光禄大夫。隋制，银青光禄，散职，从三品。

时关中群盗，孙华最强；丙申，渊至汾阴，以书招之。汾阴县属河东郡。己亥，渊进军壶口，隋志：文城郡昌宁县有壶口山。河滨之民献舟者日以百数，仍置水军。壬寅，孙华自郃阳轻骑渡河见渊。骑，奇寄翻；下同。渊握手与坐，慰奖之，以华为左光禄大夫、武乡县公，领冯翊太守，隋制，散职左光禄，正二品。冯翊县，后魏曰华阴，西魏改曰武乡，大业初，改曰冯翊。今以开皇旧县名封华。守，式又翻。其徒有功者，委华以次授官，赏赐甚厚。使之先济；继遣左右统军王长谐、刘弘基及左领军长史陈演寿、陈演寿，建成府元僚。长，知两翻。金紫光禄大夫史大奈金紫光禄，散职，正三品。将步骑六千自梁山济，营于河西以待大军。以任瓌为招慰大使，瓌说韩城，下之。渊谓长谐曰："屈突通精兵不少，任，音壬。瓌，古回翻。使，疏吏翻。说，式芮翻。少，诗沼翻。相去五十馀里，不敢来战，足明其众不为之用。然通畏罪，不敢不出。若自济河击卿等，则我进攻河东，必不能守；若全军守城，则卿等绝其河梁：河梁，谓蒲津桥。前扼其喉，后拊其背，彼不走必为擒矣。"

11 骁果从炀帝在江都者多逃去，骁，坚尧翻。帝患之，以问裴矩，对曰："人情非有匹偶，难以久处，处，昌吕翻。请听军士于此纳室。"帝从之。九月，悉召江都境内寡妇、处女集宫下，恣将士所取；或先与奸者听自首，处，昌吕翻。将，即亮翻。首，手又翻。即以配之。

12 武阳郡丞元宝藏以郡降李密，炀帝改魏州为武阳郡。降，户江翻；下同。甲寅，密以宝藏为上柱国、武阳公。宝藏使其客钜鹿魏征为启谢密，隋志，钜鹿县属襄国郡。且请改武阳为魏州；又请帅所部西取魏郡，炀帝改相州为魏郡。帅，读曰率。南会诸将取黎阳仓。汲郡黎阳县有黎阳仓。将，即亮翻。密喜，即以宝藏为魏州总管，召魏征为元帅府文学参军，掌记室。帅，所类翻。征少孤贫，好读书，有大志，少，诗照翻。好，呼到翻。落拓不事生业。始为道士，宝藏召典书记。密爱其文辞，故召之。

初，贵乡长弘农魏德深，隋志：贵乡县，带武阳郡。刘昫曰：魏州，汉魏郡元城县之地。后魏天平二年，分馆陶西界于今州西北三十里古赵城置贵乡县。后魏建德七年，以赵城卑湿，西南移三十里，就孔思集寺为贵乡县。大象二年，于县置魏州，隋改名武阳郡。隋志，魏德深本钜鹿人，家弘农；隋河南郡陕县，后魏之弘农郡也。弘农郡之弘农县，后魏之西弘农郡也。魏避讳，"弘"作"恒"。长，知两翻。为政清静，不严而治。治，直吏翻。辽东之役，征税百端，使者旁午，责成郡县，民不堪命，唯贵乡闾里不扰，有无相通，不竭其力，所求皆给。元宝藏受诏捕贼，数调器械，数，所角翻。调，徒钓翻。动以军法从事。其邻城营造，皆聚于听事，听，读曰厅。官吏递相督责，昼夜喧嚣，犹不能济。德深听随便修营，官府寂然，恒若无事。恒，户登翻。唯戒吏以不须过胜馀县，使百姓劳苦；然民各自竭心，常为诸县之最，民爱之如父母。宝藏深害其能，遣将千兵赴东都。将，即亮翻。所领兵闻宝藏降密，思其亲戚，辄出都门，东向恸哭而返；或劝之降密，皆泣曰："我与魏明府同来，何忍弃去！"

河南、山东大水，饿殍满野，殍，平表翻。炀帝诏开黎阳仓赈之，吏不时给，死者日数万人。徐世勣言于李密曰："天下大乱，本为饥馑。为，于伪翻。今更得黎阳仓，大事济矣。"密遣世勣帅麾下五千人自原武济河，隋志：原武县属荥阳郡，开皇十六年置。帅，读曰率。会元宝藏、郝孝德、李文相及洹水贼帅张升、清河贼帅赵君德共袭破黎阳仓，据之，隋志：洹水县属魏郡，后周置。洹，于元翻，又音桓。帅，所类翻。考异曰：河洛记，今年四月，祖君彦檄云："又得回洛，复取黎阳，天下之仓尽非隋有。"而九月魏征启方劝取黎阳。盖君彦为檄，欲虚张声势，非事实也。开仓恣民就食，浃旬间，得胜兵二十馀万。浃，子协翻。胜，音升。考异曰：唐李勣传："勣初得黎阳仓，就食者数十万人。魏征、高季辅、杜正伦、郭孝恪皆客游其所，一见于众人中，即加礼敬，引之卧内，谈谑忘倦。"按征为元宝藏作启，方谋取黎阳仓，高季辅已为汲令，杜正伦为羽骑都尉，郭孝恪先在密所：足知此事为虚。今不取。余按隋置羽骑尉，"都"字衍。武安、永安、义阳、弋阳、齐郡相继降密。炀帝改洛州为武安郡，黄州为永安郡。义阳郡，齐、梁曰司州，后魏曰郢州，后周改申州，大业二年改义州，寻改为郡。改光州为弋阳郡。改齐州为齐郡。窦建德、朱粲之徒亦遣使附密，使，疏吏翻。密以粲为扬州总管、邓公。以粲总管扬州而爵为邓公也。泰山道士徐洪客献书于密，以为："大众久聚，恐米尽人散，师老厌战，难可成功。"劝密"乘进取之机，因士马之锐，沿流东指，直向江都，执取独夫，号令天下。"密壮其言，以书招之，洪客竟不出，莫知所之。

13 乙卯，张纶徇龙泉、文成等郡，炀帝改隰州为龙泉郡，治隰川县，汉之蒲子县也。改汾州为文城郡，治吉昌县，后魏定阳县也。皆下之，获文成太守郑元璹。元璹，译之子也。成隋文帝业者，郑译也。守，式又翻。璹，殊玉翻。

14 屈突通遣虎牙郎将桑显和将骁果数千人夜袭王长谐等营，长谐等战不利，将，即亮翻。考异曰：创业注云："桑显和帅骁果精兵数千人夜驰掩袭长谐等军营，谐及孙华等奉教备豫，故并觉之；伺和赴营，设伏分击，应时摧散。”唐高祖本纪云：“义师不利，太宗以游骑数百掩其后，显和溃散。按太宗时未过河西。今从高祖实录及唐史大奈传。孙华、史大奈以游骑自后击显和，大破之。骑，奇寄翻。显和脱走入城，仍自绝河梁。丙辰，冯翊大守萧造降于李渊。造，修之子也。梁宜丰侯。“修”，一作“循”。

戊午，渊帅诸军围河东，降，户江翻。帅，读曰率。考异曰：创业注：“戊午，唐公亲率诸军围河东郡，屈突通不敢出，闭门自守。城甚高峻，不易可攻，唐公观义士等志，试遣登之，南面千馀人应时而上。时值雨甚，公命旋师。军人时速上城，不时速下。公曰：‘屈突宿卫旧人，解安阵队，野战非其所长，婴城善为捍御。我师常胜，人必轻之，骁锐先登，恐无还路。今且示威而已，未是攻城之时；杀人得城，知何所用！’乃命还。”唐高祖实录云：“骁勇千馀人已登其南城，高祖在东原，不之见。会暴雨，高祖鸣角收众，由是不克。”温大雅因为虚美耳。今不取。屈突通婴城自守。

将佐复推渊领太尉，复，扶又翻。增置官属，渊从之。时河东未下，三辅豪杰至者日以千数。渊欲引兵西趣长安，趣，七喻翻，又逡须翻。犹豫未决。裴寂曰：“屈突通拥大众，凭坚城，吾舍之而去，若进攻长安不克，退为河东所踵，腹背受敌，此危道也。不若先克河东，然后西上。上，时掌翻。长安恃通为援，通败，长安必破矣。”李世民曰：“不然。兵贵神速，吾席累胜之威，抚归顺之众，鼓行而西，长安之人望风震骇，智不及谋，勇不及断，断，丁乱翻。取之若振槁叶耳。若淹留自弊于坚城之下，彼得成谋修备以待我，坐费日月，众心离沮，沮，在吕翻。则大事去矣。且关中蜂起之将，未有所属，不可不早招怀也。将，即亮翻；下同。屈突通自守虏耳，不足为虑。”渊两从之，留诸将围河东，自引军而西。

朝邑法曹武功靳孝谟，以蒲津、中潬二城降，隋志：朝邑县，属冯翊郡，后魏曰南五泉，西魏改焉。其地当蒲津桥西，唐改为河西县，梁大河为桥，故有中潬。朝，直遥翻。靳，居焮翻。潬，徒旱翻。降，户江翻；下同。华阴令李孝常以永丰仓降，隋志：华阴县属京兆郡。华，户化翻。仍应接河西诸军。孝常，圆通之子也。李圆通宠任于开皇之初。京兆诸县亦多遣使请降。使，疏吏翻。

15 王世充、韦霁、王辩及河内通守孟善谊、河阳郡尉独孤武都河阳非郡也。隋制，旧有兵处，州刺史带诸军事以统之。炀帝罢州置郡，别置都尉领兵，与郡不相知。"郡尉"，当作"都尉"。各帅所领会东都，帅，读曰率；下同。唯王隆后期不至。王隆，帅邛黄蛮者也。己未，越王侗使虎贲郎将刘长恭等帅留守兵，庞玉等帅偃师兵，与世充等合十馀万众，击李密于洛口，贲，音奔。守，式又翻。帅，读曰率。考异曰：略记作"乙丑"。河洛记作"十二日"。蒲山公传："九月十一日，师出东都。"按长历，是月己酉朔，乙丑十七日也。今从蒲山公传。与密夹洛水相守。炀帝诏诸军皆受世充节度。考异曰：略记云："世充击密，罔不摧破，露布相续而来，百姓忻忻欢咏于道。"蒲山公传云："自秋徂冬，凡经三十馀战，世充多败绩。"河洛记云："四十馀战，世充无功。"三书相违，莫知孰是，今皆不取，唯胜负有显状者存之。

帝遣摄江都郡丞冯慈明向东都，为密所获，密素闻其名，慈明事炀帝于并省，历位于朝，其名夙著。延坐劳问，劳，力到翻。礼意甚厚，因谓曰："隋祚已尽，公能与孤立大功乎？"慈明曰："公家历事先朝，朝，直遥翻。荣禄兼备。不能善守门阀，乃与玄感举兵，偶脱罔罗，得有今日，唯图反噬，未谕高旨。莽、卓、敦、玄王莽、董卓、王敦、桓玄。非不强盛，一朝夷灭，罪及祖宗。仆死而后已，不敢闻命！"密怒，囚之。慈明说防人席务本，说，输芮翻。使亡走。奉表江都，及致书东都论贼形势，至雍丘，为密将李公逸所获，将，即亮翻；下同。密又义而释之；出至营门，翟让杀之。慈明，子琮之子也。冯子琮事高齐，死于琅邪王俨之难。

密之克洛口也，是年二月，密克洛口。箕山府郎将张季珣固守不下，大业十二年，移箕山、公路二府守洛口仓。密以其寡弱，遣人呼之。季珣骂密极口，密怒，遣兵攻之，不能克。时密众数十万在其城下，季珣四面阻绝，所领不过数百人，而执志弥固，誓以必死。久之，粮尽水竭，城在原上，汲道不通，故水竭。士卒羸病，羸，伦为翻。季珣抚循之，一无离叛，自三月至于是月，城遂陷。季珣见密不肯拜，曰："天子爪牙，何容拜贼！"密犹欲降之，诱谕终不屈，乃杀之。降，户江翻。考异曰：隋书季珣传云："密攻之经三年，遂为所陷。"又云："密壮而释之；翟让从求金不得，遂杀之。"河洛记曰："自三月至九月不下，后为粮尽水竭，乃被摧陷。生获珣于牙门，遣人宣之，以降为度。珣更张目极骂，不肯低屈；遂杀之。"按密明年已降唐，安得三年攻守箕山之事，今参取二书，去其抵牾者而已。季珣，祥之子也。汉王谅举兵，张祥守井陉不下。

16 庚申，李渊帅诸军济河；帅，读曰率；下同。甲子，至朝邑，舍于长春宫，隋志：朝邑县有长春宫。关中士民归之者如市。丙寅，渊遣世子建成、司马刘文静帅王长谐等诸军数万人屯永丰仓，守潼关以备东方兵，慰抚使窦轨等受其节度；敦煌公世民帅刘弘基等诸军数万人徇渭北，慰抚使殷开山等受其节度。轨，琮之兄也。

冠氏长于志宁、安养尉颜师古冠氏，春秋邑名。隋分馆陶东界置冠氏县，属武阳郡。安养县，属襄阳郡。刘昫曰：汉邓城，古樊城也，宋改安养县，后周废山都、樊城二县入焉。使，疏吏翻。敦，徒门翻。及世民妇兄长孙无忌谒见渊于长春宫。兄长，知两翻。见，贤遍翻。师古名籀，以字行；籀，直又翻。志宁，宣敏之兄子；于宣敏见一百七十五卷陈宣帝太建十三年。师古，之推之孙也；颜之推见一百七十三卷陈宣帝太建九年。皆以文学知名，无忌仍有才略。渊皆礼而用之，以志宁为记室，师古为朝散大夫，无忌为渭北行军典签。朝散大夫，隋散职，从五品。自亲王府至州郡皆有典签。朝，直遥翻。

屈突通闻渊西入，署鹰扬郎将汤阴尧君素领河东通守，隋志：汤阴县属汲郡。使守蒲坂，隋河东郡治河东县，古蒲坂也。坂，音反。自引兵数万趣长安，趣，七喻翻。考异曰：唐书通传云："将自武关趋蓝田，赴长安。"疑其太迂，今但云趋长安。为刘文静所遏。将军刘纲戍潼关，屯都尉南城，隋潼关有守兵，故置都尉。通欲往依之，王长谐先引兵袭斩纲，据城以拒通，通退保北城。渊遣其将吕绍宗等攻河东，不能克。将，即亮翻。

柴绍之自长安赴太原也，是年五月，绍赴太原。谓其妻李氏曰："尊公举兵，今偕行则不可，留此则及祸，奈何？"李氏曰："君弟速行，弟，与第同。我一妇人，易以潜匿，易，以豉翻。当自为计。"绍遂行。李氏归鄠县别墅，隋志，鄠县属京兆郡。鄠，音户。墅，承与翻。散家赀，聚徒众。渊从弟神通在长安，从，才用翻；下之从同。亡入鄠县山中，与长安大侠史万宝等起兵以应渊。西域商胡何潘仁入司竹园为盗，隋志：京兆府盩厔县有司竹园。有众数万，劫前尚书右丞李纲为长史，长，知两翻。李氏使其奴马三宝说潘仁说，输芮翻。与之就神通，合势攻鄠县，下之。神通众逾一万，自称关中道行军总管，以前乐城长令狐德棻为记室。考之隋志，惟信安郡有乐城县。又河间郡乐寿县，旧曰乐城。长，知两翻。令，力定翻。棻，扶分翻；下同。德棻，熙之子也。令狐熙事宇文氏，著劳绩于河西。李氏又使马三宝说群盗李仲文、向善志、丘师利等，皆帅众从之。仲文，密之从父；师利，和之子也。丘和以馈食为炀帝所宠用。说，输芮翻。帅，读曰率。西京留守屡遣兵讨潘仁等，皆为所败。败，补迈翻。李氏徇盩厔、武功、始平，皆下之，盩厔，音舟窒。隋志，始平县属京兆郡。唐改曰兴平。众至七万。左亲卫段纶，文振之子也，娶渊女，段文振见一百八十一卷大业八年。考异曰：唐太宗实录云："隐太子以琅邪长公主妻之。"刘子玄唐高祖实录及新唐书皆云"高密大长公主适段纶。"盖改封。亦聚徒于蓝田，隋志：蓝田县属京兆郡。得万馀人。及渊济河，神通、李氏、绍各遣使迎渊。使，疏吏翻；下同。渊以神通为光禄大夫，子道彦为朝请大夫，绍为金紫光禄大夫；隋散职，光禄从一品，金紫正三品，朝请正五品。朝，直遥翻。使柴绍将数百骑并南山迎李氏。将，即亮翻。骑，奇寄翻。并，步浪翻。自华山而南，接盩厔、鄠、杜诸山，皆长安南山也。何潘仁、李仲文、向善志及关中群盗，皆请降于渊，渊一一以书慰劳授官，降，户江翻。劳，力到翻；下同。使各居其所，受敦煌公敦，徒门翻。世民节度。

刑部尚书领京兆内史卫文升年老，炀帝改京兆、河南尹为内史。闻渊兵向长安，忧惧成疾，不复预事，复，扶又翻。独左翊卫将军阴世师、京兆郡丞骨仪奉代王侑乘城拒守。己巳，渊如蒲津；庚午，自临晋济渭，朝邑，古临晋地。至永丰劳军，开仓赈饥民。赈，津忍翻。辛未，还长春宫；壬申，进屯冯翊。隋志：冯翊县，带郡。世民所至，吏民及群盗归之如流，世民收其豪俊以备僚属，营于泾阳，泾阳县属京兆郡。胜兵九万。胜，音升；下同。李氏将精兵万馀会世民于渭北，与柴绍各置幕府，号"娘子军"。

先是，平凉奴贼数万围扶风太守窦琎，帝改原州为平凉郡，岐州为扶风郡。先，悉荐翻。守，式又翻。琎，将邻翻。数月不下，贼中食尽。丘师利遣其弟行恭帅五百人负米麦持牛酒诣奴贼营，帅，读曰率。奴帅长揖，行恭手斩之，帅，所类翻。谓其众曰："汝辈皆良人，何故事奴为主，使天下谓之奴贼！"众皆俯伏曰："愿改事公。"行恭即帅其众与师利共谒世民于渭北，帅，读曰率；下同。世民以为光禄大夫。琎，琮之从子也。从，才用翻。隰城尉房玄龄谒世民于军门，考异曰：旧唐书玄龄传云："温彦博又荐焉。"按彦博时在罗艺所。今不取。世民一见如旧识，署记室参军，引为谋主。玄龄亦自以为遇知己，罄竭心力，知无不为。

渊命刘弘基、殷开山分兵西略扶风，有众六万，南渡渭水，屯长安故城。考异曰：创业注云："敦煌公自泾阳趋司竹，留弘基、开山屯长安故城。"今从唐书弘基传。城中出战，弘基逆击，破之。世民引兵趣司竹，李仲文、何潘仁、向善志皆帅众从之，顿于阿城，趣，七喻翻。帅，读曰率。阿城，即秦阿房宫城。胜兵十三万，军令严整，秋毫不犯。乙亥，世民自盩厔遣使白渊，请期日赴长安。渊曰："屈突东行不能复西，不足虞矣！"屈，居勿翻。复，扶又翻。乃命建成选仓上精兵自新丰趣长乐宫，新丰县属京兆郡；长乐宫，故汉宫也。乐，音洛。世民帅新附诸军北屯长安故城，自盩厔趣长安，故谓之北。至并听教。并至所期之地听教令。延安、上郡、雕阴皆请降于渊。丙子，渊引军西行，自冯翊西行。降，户江翻。所过离宫园苑皆罢之，出宫女还其亲属。冬，十月，辛巳，渊至长安，营于春明门之西北，春明门，长安城东面三门之中门也。诸军皆集，合二十馀万。渊命各依壁垒，毋得入村落侵暴。屡遣使至城下谕卫文升等以欲尊隋之意，不报。辛卯，命诸军进围城。甲午，渊迁馆于安兴坊。安兴坊，盖在安兴门外。雍录：长安城东面三门，通化、春明、安兴。帅，读曰率。

17 巴陵校尉鄱阳董景珍、雷世猛、旅帅郑文秀、许玄彻、万瓒、徐德基、郭华、沔阳张绣等谋据郡叛隋，隋志：巴陵郡，梁置巴州；平陈，改曰岳州，大业初，改曰罗州，寻改为郡。炀帝改大都督为校尉，帅都督为旅帅。沔阳郡，后置复州，大业初，改曰沔州，寻改为郡。校，户教翻，帅，所类翻；下同。瓒，藏旱翻。沔，弥兖翻。推景珍为主。景珍曰："吾素寒贱，不为众所服。罗川令萧铣，梁室之后，按隋书帝纪：罗川县即巴陵郡之罗县。铣，梁宣帝曾孙岩之孙。宽仁大度，请奉之以从众望。"乃遣使报铣。使，疏吏翻。铣喜从之，声言讨贼，召募得数千人。铣，岩之孙也。萧岩奔陈见开皇八〔祯明元〕年；

见杀见〔开皇〕九年。

会颍川贼帅沈柳生寇罗川，炀帝改许州为颍川郡。铣与战不利，因谓其众曰："今天下皆叛，隋政不行，巴陵豪杰起兵，欲奉吾为主。若从其请以号令江南，可以中兴梁祚，以此召柳生，亦当从我矣。"众皆悦，听命，乃自称梁公，改隋服色旗帜皆如梁旧。柳生即帅众归之，以柳生为车骑大将军。起兵五日，远近归附者至数万人，遂帅众向巴陵。景珍遣徐德基帅郡中豪杰数百人出迎，帜，昌志翻。帅，读曰率。骑，奇寄翻。未及见铣，柳生与其党谋曰："我先奉梁公，勋居第一。今巴陵诸将，皆位高兵多，我若入城，返出其下。不如杀德基，质其首领，将，即亮翻。质，音致。独挟梁公进取郡城，则无出我右者矣。"遂杀德基。入白铣，铣大惊曰："今欲拨乱反正，忽自相杀，吾不能为若主矣。"因步出军门。柳生大惧，伏地请罪，铣责而赦之，陈兵入城。景珍言于铣曰："徐德基建义功臣，而柳生无故擅杀之，此而不诛，何以为政！且柳生为盗日久，今虽从义，凶悖不移，悖，蒲妹翻，又蒲没翻。共处一城，处，昌吕翻。势必为变。失今不取，后悔无及！"铣又从之。景珍收柳生，斩之，其徒皆溃去。丙申，铣筑坛燔燎，自称梁王，改元鸣凤。

18 壬寅，王世充夜渡洛水，营于黑石，明日，分兵守营，自将精兵陈于洛北。李密闻之，引兵渡洛逆战，密兵大败，柴孝和溺死。密帅麾下精骑渡洛南，将，即亮翻。陈，读曰阵。帅，读曰率。馀众东走月城，月城，盖临洛水筑偃月城，与仓城相应。世充追围之。密自洛南策马直趣黑石，趣，七喻翻。营中惧，连举六烽，世充释月城之围，狼狈自救；密还与战，大破之，斩首三千馀级。

19 甲辰，李渊命诸军攻城，约"毋得犯七庙及代王、宗室，违者夷三族！”孙华中流矢卒。中，竹仲翻。十一月，丙辰，军头雷永吉先登，考异曰：唐高祖实录作“雷绍”，今从创业注。遂克长安。代王在东宫，左右奔散，唯侍读姚思廉侍侧。军士将登殿，思廉厉声诃之曰：“唐公举义兵、匡帝室，卿等毋得无礼！”众皆愕然，布立庭下。诃，虎何翻。愕，五各翻。渊迎王于东宫，迁居大兴殿后，大兴殿，隋宫正殿也，未即尊位，故居殿后。听思廉扶王至顺阳阁下，泣拜而去。思廉，察之子也。姚察，事陈，以文义称。渊还，舍于长乐宫，乐，音洛。与民约法十二条，悉除隋苛禁。

渊之起兵也，留守官发其坟墓，毁其五庙。隋制，诸公立五庙。至是，卫文升已卒，戊午，执阴世师、骨仪等，数以贪婪苛酷，且拒义师，俱斩之，卒，子恤翻。数，所具翻，又所主翻。按隋书称“阴世师少有节概，性忠厚，多武艺。骨仪性刚鲠，有不可夺之志。于时朝政浸乱，浊货公行，天下士大夫莫不变节，仪独厉志守常，介然独立。”如此，则皆隋之良也。唐公特以其发坟墓、毁家庙，拒守不下而诛之；数以贪婪苛酷，非其罪也。观通鉴所书，可谓微而显矣。婪，卢含翻。考异曰：隋书、北史卫玄传皆曰：“城陷，归于家，义宁中卒。”按文升与二人俱为留守官，不容独免。今从唐本纪。死者十馀人，馀无所问。

马邑郡丞三原李靖，素与渊有隙，隋志，三原县属京兆郡。炀帝改朔州为马邑郡。考异曰：柳芳唐历及唐书靖传云：“高祖击突厥于塞外。靖察高祖知有四方之志，因自锁上变，将诣江都，至长安，道塞不通而止。”按太宗谋起兵，高祖尚未知，知之犹不从。当击突厥之时，未有异志，靖何从察知之！又上变当乘驿取疾，何为自锁也！今依靖行状云：“昔在隋朝，曾经忤旨。及兹城陷，高祖追责旧言。公忼慨直论，特蒙宥释。”但行状题云魏征撰，非也。按征以贞观十七年卒，靖二十三年乃卒，盖后人为之，托征名。又叙靖事极怪诞无取，唯此可为据耳。渊入城，【章：十二行本“城”下有“收靖”二字；乙十一行本同；孔本同；退斋校同。】将斩之。靖大呼曰：呼，火故翻。“公兴义兵，欲平暴乱，乃以私怨杀壮士乎！”世民为之固请，为，于伪翻。乃舍之。世民因召置幕府。靖少负志气，有文武才略，其舅韩擒虎每抚之曰："可与言将帅之略者，独此子耳！"少，诗照翻。将，即亮翻。帅，所类翻。

20 王世充自洛北之败，坚壁不出；越王侗遣使劳之，侗，他红翻，又音同。使，疏吏翻。劳，力到翻。世充惭惧，请战于密。丙辰，世充与密夹石子河而陈，密布陈南北十馀里。陈，读曰阵。翟让先与世充战，不利而退；世充逐之，王伯当、裴仁基从旁横断其后，密勒中军击之，世充大败，西走。考异曰：前已有丙辰、戊午，欲各叙西京、东都事，使不相乱，故重出。按通鉴下文书"戊午，杀翟让"，考异于此兼言之。

翟让司马王儒信劝让自为大冢宰，总领众务，以夺密权，让不从。让兄柱国荥阳公弘，考异曰：河洛记作"洪"。今从蒲山公传。粗愚人也，谓让曰："天子汝当自为，奈何与人！汝不为者，我当为之！"让但大笑，不以为意，密闻而恶之。恶，乌路翻。总管崔世枢自鄢陵初附于密，鄢陵县，隋属颍川郡。鄢，谒晚翻，又于建翻，又音偃。让囚之私府，责其货，世枢营求未办，遽欲加刑。让召元帅府记室邢义期博，逡巡未就，杖之八十。帅，所类翻。逡，七旬翻。让谓左长史房彦藻曰："君前破汝南，长，知两翻。炀帝改蔡州为汝南郡。大得宝货，独与魏公，全不与我！魏公我之所立，事未可知！"彦藻惧，以状告密，因与左司马郑颋共说密曰："让贪愎不仁，颋，他鼎翻。说，式芮翻。愎，符逼翻。有无君之心，宜早图之。"密曰："今安危未定，遽相诛杀，何以示远！"颋曰："毒蛇螫手，壮士解腕，螫，音释。腕，乌贯翻。所全者大故也。彼先得志，悔无所及。"密乃从之，置酒召让。戊午，让与兄弘及兄子司徒府长史摩侯同诣密，密与让、弘、裴仁基、郝孝德共坐，单雄信等皆立侍，长，知两翻。郝，呼各翻。单，慈浅翻。考异曰：河洛记云："密让让兄子摩侯、王儒信同榻而坐。"今从蒲山公传。房彦藻、郑颋往来检校。密曰："今日与达官饮，不须多人，达官，犹言显官也。左右止留【章：十二行本"留"下有"数人"二字；乙十一行本同；孔本同；张校同。】给使而已。"密左右皆引去，让左右犹在。彦藻白密曰："今方为乐，乐，音洛。天时甚寒，司徒左右，请给酒食。"密曰："听司徒进止。"让曰："甚佳。"乃引让左右尽出，独密下壮士蔡建德持刀立侍。食未进，密出良弓，与让习射，让方引满，建德自后斫之，踣于床前，踣，蒲北翻。声若牛吼，并弘、摩侯、儒信皆杀之。徐世勣走出，门者斫之伤颈，王伯当遥诃止之。单雄信叩头请命，密释之。左右惊扰，莫知所为，密大言曰："与君等同起义兵，本除暴乱。司徒专行暴虐，陵辱群僚，无复上下；今所诛止其一家，诸君无预也。"命扶徐世勣置幕下，亲为傅疮。为，于伪翻。让麾下欲散，密使单雄信前往宣慰，密寻独骑入其营，独骑，犹言单骑也。骑，奇寄翻。历加抚谕，令世勣、雄信、伯当分领其众，中外遂定。让残忍，摩侯猜忌，儒信贪纵，故死之日，所部无哀之者；然密之将佐始有自疑之心矣。始，王世充知让与密必不久睦，冀其相图，得从而乘之。及闻让死，大失望，叹曰："李密天资明决，为龙为蛇，固不可测也！"

21 壬戌，李渊备法驾迎代王即皇帝位于天兴殿，天兴殿，当作大兴殿。时年十三，大赦改元，改元义宁。遥尊炀帝为太上皇。甲子，渊自长乐宫入长安。以渊为假黄钺、使持节、大都督内外诸军事、尚书令、大丞相，进封唐王。乐，音洛。使，疏吏翻。令，力定翻。相，息亮翻。以武德殿为丞相府，改教称令，日于虔化门视事。虔化门，在大兴殿前东偏。乙丑，榆林、灵武、平凉、安定诸郡皆遣使请命。使，疏吏翻。丙寅，诏军国机务，事无大小，文武设官，位无贵贱，宪章赏罚，咸归相府；唯郊祀天地，四时禘祫奏闻。祫，户夹翻。置丞相府官属，考异曰：唐帝纪在十二月癸未。今从创业注。以裴寂为长史，刘文静为司马。何潘仁使李纲入见，长，知两翻。见，贤遍翻。渊留之，以为丞相府司录，录者，总录一府之事。隋自文帝受禅后，不复有丞相府，亦无官属。唐公辅政，位绝群后，凡官属皆复特置之。专掌选事。选，宣恋翻。又以前考功郎中窦威为司录参军，使定礼仪。威，炽之子也。窦炽，隋初三公。渊倾府库以赐勋人，国用不足，右光禄大夫刘世龙献策，隋散职，左右光禄，从二品。以为"今义师数万，并在京师，樵苏贵而布帛贱；请伐六街及苑中树为樵，长安城中六街；苑城包汉故都，抵渭水。以易布帛，可得数十万匹。"渊从之。己巳，以李建成为唐世子，李世民为京兆尹、秦公，李元吉为齐公。

22 河南诸郡尽附李密，唯荥阳太守郇王庆、梁郡太守杨汪尚为隋守。庆，河间王弘之子；弘，高祖从祖弟也。炀帝改宋州为梁郡。郇，音荀。为，于伪翻；下同。密以书招庆，为陈利害，且曰："王之家世，本住山东，本姓郭氏，乃非杨族。芝焚蕙叹，事不同此。"初，庆祖父元孙早孤，随母郭氏养于舅族。及武元帝从周文【章：十二行本"文"下有"帝"字；乙十一行本同；孔本同。】起兵关中，杨忠，谥武元皇帝。元孙在邺，恐为高氏所诛，北齐高氏。冒姓郭氏，故密云然。庆得书惶恐，即以郡降密，降，户江翻；下同。复姓郭氏。

23 十二月，癸未，追谥唐王渊大父襄公为景王；考仁公为元王，夫人窦氏为穆妃。襄公，虎。仁公，昞。窦氏，毅之女，是为太穆皇后。谥，神至翻。

24 薛举遣其子仁果寇扶风，唐弼据汧源拒之。汧源县，隋属扶风郡。汧，苦坚翻。举遣使招弼，弼乃杀李弘芝，请降于举，唐弼立李弘芝见一百八十二卷大业十年。使，疏吏翻。降，户江翻。仁果乘其无备，袭破之，悉并其众。弼以数百骑走诣扶风请降，扶风太守窦琎杀之。举势益张，守，式又翻。张，知亮翻。众号三十万，谋取长安；闻丞相渊已定长安，遂围扶风。渊使李世民将兵击之。将，即亮翻。又使姜謩、窦轨俱出散关，大散关，在扶风郡陈仓县西南。散，悉亶翻。安抚陇右；左光禄大夫李孝恭招慰山南；府户曹张道源招慰山东。道源，丞相府户曹也。孝恭，渊之从父兄子也。从，才用翻。

癸巳，世民击薛仁果于扶风，大破之，追奔至垅坻而还。坻，丁礼翻，又丁计翻。还，从宣翻，又如字。薛举大惧，问其群臣曰："自古天子有降事乎？"黄门侍郎钱唐褚亮曰：隋志，钱唐县属馀杭郡。降，户江翻；下同。"赵佗归汉，事见汉高祖文帝纪。佗，徒何翻。刘禅仕晋，事见魏纪、晋纪。近世萧琮，至今犹贵。谓萧氏子弟也。转祸为福，自古有之。"卫尉卿郝瑗趋进曰："陛下失问！褚亮之言又何悖也！郝，呼各翻。瑗，于眷翻。悖，蒲妹翻。昔汉高祖屡经奔败，见本纪。蜀先主亟亡妻子，见汉献帝纪。亟，去吏翻。卒成大业；卒，子恤翻。陛下奈何以一战不利，遽为亡国之计乎！"举亦悔之曰："聊以此试君等耳。"乃厚赏瑗，引为谋主。

25 乙未，平凉留守张隆，丁酉，河池太守萧瑀及扶风汉阳郡相继来降。炀帝改成州为汉阳郡，武都仇池之地也。守，式又翻。降，户江翻。以窦琎为工部尚书、燕国公，琎，则邻翻。燕，因肩翻。萧瑀为礼部尚书、宋国公。瑀，音禹。

26 姜謩、窦轨进至长道，元魏分上禄置长道县，隋属汉阳郡。为薛举所败，引还。败，补迈翻。还，从宣翻。渊使通议大夫醴泉刘世让安集唐弼馀党，通议大大，隋散职，从四品。隋志，醴泉县属京兆郡，后魏之宁夷县，开皇十八年改名。与举相遇，战败，为举所虏。

27 李孝恭击破朱粲，诸将请尽杀其俘，将，即亮翻。孝恭曰："不可，自是以往，谁复肯降矣！"【章：十二行本"矣"下有"皆释之"

三字；乙十一行本同；孔本同；张校同；退斋校同。】复，扶又翻。于是自金川出巴、蜀，檄书所至，降附者三十馀州。隋志，金川县，带西城郡，汉西城县地；梁初曰上廉，后曰吉阳，西魏改曰吉安，后周以西城入焉；大业三年，改曰金川，以其地产金也。自金川出巴中，自巴中则至蜀矣。

28 屈突通与刘文静相持月馀，通复使桑显和夜袭其营，屈，居勿翻。复，扶又翻。文静与左光禄大夫段志玄悉力苦战，显和败走，尽俘其众，通势益蹙。或说通降，通泣曰："吾历事两主，两主，谓文帝、炀帝。说，式芮翻。降，户江翻；下同。恩顾甚厚。食人之禄而违其难，难，乃旦翻。吾不为也！"每自摩其颈曰："要当为国家受一刀！"劳勉将士，未尝不流涕，为，于伪翻。劳，力到翻。将，即亮翻。人亦以此怀之。丞相渊遣其家僮召之，通立斩之。及闻长安不守，家属悉为渊所虏，乃留显和镇潼关，引兵东出，将趣洛阳。趣，七喻翻，又逡须翻。通适去，显和即以城降文静。降，户江翻。文静遣窦琮等将轻骑与显和追之，及于稠桑。虢州湖城县有稠桑驿。琮，徂宗翻。将，即亮翻，又音如字，领也。骑，奇寄翻。通结陈自固，陈，读曰阵。窦琮遣通子寿往谕之，通骂曰："此贼何来！昔与汝为父子，今与汝为仇雠！"命左右射之。射，而亦翻。显和谓其众曰："今京城已陷，汝辈皆关中人，去欲何之！"众皆释仗而降。通知不免，下马东南向再拜号哭曰：号，户刀翻。"臣力屈至此，非敢负国，天地神祇实知之！"祇，其支翻。军人执通送长安，考异曰：革命记："高祖令诸将击通，通走出潼关。仍令通子寿随军唤父，至稠桑，追及之。寿告通云：'天下今既丧亡，相王举义兵，平定祸乱；大人须转祸为福，以自保全。单马轻身，将欲何往？'通叱寿云：'此贼何由可耐！'引弓射之。寿招唤通兵士，并悉放仗来降。寿乃驰走抱通，'请大人屈节归义。'通遂回首东南，雨泪号哭，口称至尊：'臣力屈以至于此，非臣敢亏名节，违背国恩。'然始收泪赴军，以见唐王。"今从唐书。唐裴矩传："屈突通败问至江都，炀帝问矩方略，矩曰：'太原有变，京畿不静，遥为处分，恐失事机；唯銮舆早还，方可平定。'"按隋失天下，皆因矩谄谀所致，岂敢辄劝帝西还！盖矩经事唐朝，其子孙及史官附益此语，欲盖其恶耳。今所不取。渊以为兵部尚书，赐爵蒋公，蒋，古国名。兼秦公元帅府长史。长，知两翻。

渊遣通至河东城下招谕尧君素，君素见通，歔欷不自胜，歔，音虚。欷，音希，又许既翻。胜，音升。通亦泣下沾衿，因谓君素曰："吾军已败，义旗所指，莫不响应，事势如此，卿宜早降。"君素曰："公为国大臣，主上委公以关中，代王付公以社稷，奈何负国生降，乃更为人作说客邪！降，户江翻。为，于伪翻。说，输芮翻。邪，音耶。公所乘马，即代王所赐也，公何面目乘之哉！"通曰："吁，君素，我力屈而来！"君素曰："方今力犹未屈，何用多言！"通惭而退。

29 东都米斗三钱，【章：十二行本"钱"作"千"；乙十一行本同；孔本"三"作"千"；退斋校同。】人饿死者什二三。

30 庚子，王世充军士有亡降李密者，密问："世充军中何所为？"军士曰："比见益募兵，再飨将士，不知其故。"比，毗至翻。密谓裴仁基曰："吾几落奴度中，几，居依翻。光禄知之乎？吾久不出兵，世充刍粮将竭，求战不得，故募兵飨士，欲乘月晦以袭仓城耳，宜速备之。"乃命平原公郝孝德、琅邪公王伯当、齐郡公孟让勒兵分屯仓城之侧以待之。郝，呼各翻。邪，音耶。其夕三鼓，世充兵果至，伯当先遇之，与战，不利。世充兵即陵城，总管鲁儒拒却之，伯当更收兵击之，世充大败，斩其骁将费青奴，骁，坚尧翻。将，即亮翻。费，扶沸翻。士卒战溺死者千馀人。世充屡与密战，不胜，考异曰：蒲山公传云："自洛北败至此，七十馀战。"河洛记云："四十馀战，再三失利。"今但云屡与密战。越王侗遣使劳之，侗，他红翻。使，疏吏翻。劳，力到翻。世充诉以兵少，数战疲弊；少，诗沼翻。数，所角翻。侗以兵七万益之。

31 刘文静等引兵东略地，取弘农郡，遂定新安以西。隋志：

河南郡陕县，旧置弘农郡，大业初置弘农宫。别自有弘农郡，领弘农、卢氏、长泉、朱阳等县。新安县亦属河南郡，其地在陕东。则取弘农郡，并弘农宫取之矣。

32 甲辰，李渊遣云阳令詹俊、武功县正李仲衮徇巴、蜀，下之。隋志：云阳、武功二县皆属京兆郡。炀帝改县尉为县正。詹，姓也。周有詹父，楚有詹尹。考异曰：创业注云："十一月甲子，遣使慰谕巴蜀。"实录在十二月甲辰，唐历在十二月丙午。未知创业注所云者即俊等邪，为别使也？今从实录。

33 乙巳，方与贼帅张善安袭陷庐江郡，隋志：方与县属彭城郡。炀帝改庐州为庐江郡。方与，音房豫。帅，所类翻。因渡江，归林士弘于豫章；士弘疑之，营于南塘上。炀帝改洪州为豫章郡。水经注：南昌县南塘，本通大江，汉永元中，太守张躬筑塘以通南路。大江，南江也。善安恨之，袭破士弘，焚其郛郭而去，士弘徙居南康。萧铣遣其将苏胡儿袭豫章，克之，将，即亮翻。士弘退保馀干。炀帝改虔州为南康郡。馀干县属鄱阳郡。

王崇武标点容肇祖聂崇岐覆校

资治通鉴卷第一百八十五

端明殿学士兼翰林侍读学士太中大夫
提举西京嵩山崇福宫上柱国河内郡开国公 司马光 奉敕编集
食邑二千二百户食实封九百户赐紫金鱼袋臣
后学天台 胡三省 音注

唐纪一 起著雍摄提格(戊寅)正月，尽七月，不满一年。

唐，古国名。陆德明曰：周成王母弟叔虞封于唐，其地帝尧、夏禹所都之墟。汉曰太原郡，在古冀州太行、恒山之西，太原、太岳之野。至唐之先，李虎与李弼等八人佐周伐魏有功，皆为柱国，号八柱国家。周闵帝受魏禅，虎已卒，乃追录其功，封唐国公，生子昞，袭封。昞生渊，袭封，起兵克长安，进封唐王，遂受隋禅，国因号曰唐。

高祖神尧大圣光孝皇帝上之上 讳渊，字叔德，本陇西成纪人。七世祖暠王西凉，是为凉武昭王。至曾孙熙家于武川；熙孙虎，从周文帝，始家长安。

武德元年(戊寅、六一八)是年五月受隋禅，始改元。

1 春，正月，丁未朔，隋恭帝诏唐王剑履上殿，赞拜不名。隋志：按汉自天子至于百官无不佩刀。蔡谟议云：大臣优礼者皆剑履上殿，非侍臣解之，盖防刃也。近代以木，未详所起；东齐著令，谓为象剑，言象于剑。周武帝时，百官燕会，并带刀升座。至开皇初，因袭旧式，朝服升殿，亦不解焉。十二年，因蔡征上事，始制凡朝会应登殿坐者，剑履俱脱；其不坐者，敕召奏事，及须升殿，亦就席解剑乃登。纳言、黄门、内史令、侍郎、舍人既夹侍之官则不脱，其剑皆真刃非假。又，准晋咸康元年定令，故事自天子以下皆衣冠带剑，今天子则玉具火珠镖首，惟侍臣带剑上殿；自王公已下，非殊礼，引升殿，皆就席，解而后升。复下曰舄，单下曰屦。诸非侍臣，皆脱屦升殿。舄唯冕服及具服着之；屦则诸服皆用。凡朝会赞拜，则曰某官某；不名，亦殊礼也。上，时掌翻。镖，纰招翻。

唐王既克长安，以书谕诸郡县，于是东自商洛，隋志：商洛县属上洛郡，取商山、洛水以名县也。南尽巴、蜀，郡县长吏及盗贼渠帅、氐、羌酋长，争遣子弟入见请降，有司复书，日以百数。长，知两翻。帅，所类翻。酋，才由翻。见，贤遍翻。降，户江翻。

2 王世充既得东都兵，进击李密于洛北，败之，败，补迈翻。遂屯巩北。巩县之北。辛酉，世充命诸军各造浮桥渡洛击密，桥先成者先进，前后不一。虎贲郎将王辩破密外栅，贲，音奔。将，即亮翻。密营中惊扰，将溃；世充不知，鸣角收众，密因帅敢死士乘之，帅，读曰率。世充大败，争桥溺死者万馀人。溺，奴狄翻。王辩死，世充仅自免，洛北诸军皆溃。世充不敢入东都，北趣河阳，趣，七喻翻，又逡须翻。是夜，疾风寒雨，军士涉水沾湿，道路冻死者又以万数。世充独与数千人至河阳，考异曰：隋书、北史李密传曰："世充复移营洛北，南对巩县，其后遂于洛水造浮桥，悉众以击密。密出击之，官军稍却，自相陷溺者数万人；世充仅而获免，不敢还东都，遂走河阳。其夜，雨雪尺馀，众随之者死亡殆尽。"王世充传曰："充败绩，赴水溺死者万馀人。时天寒大雪，兵士既渡水，衣皆沾湿，在道冻死者又数万人。"蒲山公传曰："世充移营就洛水之北，与密隔洛水以相望；密乃筑长城，掘深堑，周回七十里以自固。十五日，世充与密战于石窟寺东，密军退败，世充渡洛水以乘之，逼仓城为营堑，密纵兵疾战，世充兵马弃仗奔亡，沉溺死者不可胜数。密又令露布上府曰：'世充以今月十一日平旦屯兵洛北，偷入月城。其月十五日，世充及王辩才等又于仓城北偷渡水南，敢逼城堞。'"河洛记曰：十六日，"充与密战于石窟寺东。"又曰："其夜，遇风寒疾雨，士卒冻死，十不存一，充脱身宵遁，直向河阳。"馀如蒲山公传。略记曰："辛酉，王世充等移兵洛北，仍令诸军临岸布兵，军别造浮桥，桥先成者辄渡。既前后不一，而李密伏发，我师败绩，争桥赴水溺死者十五六。"杂记曰："十二月，越王遣太常少卿韦霁等率留守兵三万并受世充节度；"又曰："王辩纵等败，众军亦溃，争桥赴水，死者太半，王辩纵等皆没，唯世充败免，与数百骑奔大通城，败兵得还者，于道遭大雨，冻死者六七千人。世充停留大通十馀日，惧罪不还。十四年，正月，越王遣世充兄世恽往大通慰谕，赦世充丧师之罪。”按李道玄劝进于李密表云：“于时律始太蔟，未宜霡霂，而澍雨忽降，冻殕将尽。”今参取众书，日从蒲山公传，雨从河洛记。自系狱请罪，越王侗遣使赦之，侗，他红翻。使，疏吏翻。召还东都，赐金帛、美女以安其意。世充收合亡散，得万馀人，屯含嘉城，含嘉城，盖在都城之北。按旧书王世充传，含嘉，仓城也。不敢复出。复，扶又翻。

密乘胜进据金墉城，修其门堞、庐舍而居之，堞，达协翻。钲鼓之声，闻于东都；闻，音问。未几，拥兵三十万，陈于北邙，陈，读曰阵。南逼上春门。乙丑，金紫光禄大夫段达、民部尚书韦津出兵拒之；达望见密兵盛，惧而先还，密纵兵乘之，军遂溃，韦津死。考异曰：隋书列传不言战日。蒲山公传此战在四月九日。略记亦云：“四月，乙未，李密率众北据邙山，南接上春门。段达、韦津等出兵拒之，兵未交而达惧，先还入城，军遂溃乱。”乙未，二十一日也。今据河洛记，“正月十九日，世充又与密战于上春门外，韦津没焉。”又，二月，房彦藻与窦建德书亦云“幕府以去月十九日亲董貔虎，西取洛邑。”其蒲山公传四月已后月日，与事多差互不合。今日从河洛记，事从略记及隋段达传。于是偃师、柏谷及河阳都尉独孤武都、检校河内郡丞柳燮、职方郎柳续等隋制：职方郎，属兵部尚书。各举所部降于密。窦建德、朱粲、孟海公、徐圆朗等并遣使奉表劝进，降，户江翻。使，疏吏翻。考异曰：河洛记云：“卢祖尚亦通表于密。”按祖尚本起兵为隋，事恐不尔。今不取。密官属裴仁基等亦上表请正位号，上，时掌翻。密曰：“东都未平，不可议此。”

3 戊辰，唐王以世子建成为左元帅，秦公世民为右元帅，帅，所类翻。督诸军十馀万人救东都。

4 东都乏食，太府卿元文都等募守城不食公粮者进散官二品；于是商贾执象而朝者，不可胜数。象者，象笏也；西魏以来，五品已上通用象牙。贾，音古。朝，直遥翻。胜，音升。

5 二月，己卯，唐王遣太常卿郑元玮将兵出商洛，徇南阳，炀帝改邓州为南阳郡。玮，殊玉翻。将，即亮翻。左领军府司马安陆马元规徇安陆及荆、襄。隋十二卫府各有长史、司马。炀帝改安州为安陆郡；荆州，南郡；襄州，襄阳郡。

6 李密遣房彦藻、郑颋等颋，他鼎翻。东出黎阳，分道招慰州县。以梁郡太守杨汪为上柱国、宋州总管，炀帝改宋州为梁郡。守，式又翻。又以手书与之曰："昔在雍丘，曾相追捕，事见一百八十三卷大业十二年。射钩斩袂，不敢庶几。"管仲射齐桓公中带钩，桓公用之以相。晋、寺人披伐公子重耳，斩其袪，文公不怨。今以袪为袂。射，而亦翻。几，居希翻。汪遣使往来通意，密亦羁縻待之。使，疏吏翻。彦藻以书招窦建德，使来见密。建德复书，卑辞厚礼，托以罗艺南侵，请捍御北垂。彦藻还，至卫州，贼帅王德仁邀杀之。帅，所类翻；下同。德仁有众数万，据林虑山，卫州，隋为汲郡。林虑山，在魏郡林虑县。虑，音庐。四出抄掠，为数州之患。抄，楚交翻。

7 三月，己酉，以齐公元吉为镇北将军、考异曰：创业注，改太原留守为镇北府，在去年十二月己巳。盖因元吉进封齐公言之耳。今从实录。太原道行军元帅、都督十五郡诸军事，听以便宜从事。

8 隋炀帝至江都，大业十二年，炀帝至江都。荒淫益甚，宫中为百馀房，各盛供张，张，竹亮翻。实以美人，日令一房为主人。江都郡丞赵元楷掌供酒馔，馔，雏恋翻，又雏皖翻。帝与萧后及幸姬历就宴饮，酒卮不离口，从姬千馀人亦常醉。离，力智翻。从，才用翻。然帝见天下危乱，意亦扰扰不自安，退朝则幅巾短衣，策杖步游，遍历台馆，非夜不止，汲汲顾景，唯恐不足。

帝自晓占候卜相，好为吴语；朝，直遥翻。相，息亮翻。好，呼到翻。常夜置酒，仰视天文，谓萧后曰："外间大有人图侬，吴人率自称曰侬。然侬不失为长城公，卿不失为沈后，长城公，陈叔宝。叔宝后沈氏。且共乐饮耳！”乐，音洛。因引满沈醉。沈，持林翻。又尝引镜自照，顾谓萧后曰：“好头颈，谁当斫之！”后惊问故，帝笑曰：“贵贱苦乐，更迭为之，乐，音洛。更，工衡翻。亦复何伤！”复，扶又翻。

帝见中原已乱，无心北归，欲都丹阳，帝改蒋州为丹阳郡，盖欲都建康也。考异曰：大业记：“帝欲南巡会稽。”今从隋书。保据江东，命群臣廷议之，内史侍郎虞世基等皆以为善；右候卫大将军李才极陈不可，请车驾还长安，与世基忿争而出。门下录事衡水李桐客曰：隋制，门下省置录事、通事、令史各六人。衡水县属信都郡，开皇十六年分信都北界、武邑西界、下博南界置。宋白曰：衡水县，本汉桃县。“江东卑湿，土地险狭，内奉万乘，外给三军，民不堪命，亦恐终散乱耳。”御史劾桐客谤毁朝政。乘，绳证翻。劾，户概翻，又户得翻。朝，直遥翻。于是公卿皆阿意言：“江东之民望幸已久，陛下过江，抚而临之，此大禹之事也。”禹南巡狩，会诸侯于会稽。乃命治丹阳宫，将徙都之。治，直之翻。

时江都粮尽，从驾骁果多关中人，从，才用翻。骁，坚尧翻。久客思乡里，见帝无西意，多谋叛归，郎将窦贤遂帅所部西走，将，即亮翻；下同。帅，读曰率。帝遣骑追斩之，骑，奇寄翻。而亡者犹不止，帝患之。虎贲郎将扶风司马德戡素有宠于帝，贲，音奔。戡，音堪。帝使领骁果屯于东城，德戡与所善虎贲郎将元礼、直阁裴虔通谋曰：炀帝制左、右监门府有直阁各六人，正五品。“今骁果人人欲亡，我欲言之，恐先事受诛；先，悉荐翻。不言，于后事发，亦不免族灭，奈何？又闻关内沦没，李孝常以华阴叛，事见上卷上年。华，户化翻。上囚其二弟，欲杀之。我辈家属皆在西，能无此虑乎！”二人皆惧，曰：“然则计将安出？”德戡曰：“骁果若亡，不若与之俱去。”二人皆曰：“善！”因转相招引，内史舍人元敏、虎牙郎将赵行枢、鹰扬郎将孟秉、符玺郎牛【章：十二行本“牛”上有“李覆”二字；乙十一行本同；孔本同；张校同。】方裕、直长许弘仁、薛世良、城门郎唐奉义、医正张恺、勋侍杨士览等隋初，门下省统城门、尚食、尚药、符玺、御府、殿内等六局，各有直长。炀帝以城门、尚食、尚药、御府等五局隶殿内省；改符玺监为郎；城门置校尉，后又改校尉为城门郎；又置司医、医佐等官。意者医正即司医也。勋侍，三侍之一也。玺，斯氏翻。长，知两翻。皆与之同谋，日夜相结约，于广座明论叛计，无所畏避。有宫人白萧后曰：“外间人人欲反。”后曰：“任汝奏之。”宫人言于帝，帝大怒，以为非所宜言，斩之。其后宫人复白后，复，扶又翻。后曰：“天下事一朝至此，无可救者，何用言之，徒令帝忧耳！”令，力丁翻。自是无复言者。

赵行枢与将作少监宇文智及素厚，少，始照翻。杨士览，智及之甥也，二人以谋告智及；智及大喜。德戡等期以三月望日结党西遁，智及曰：“主上虽无道，威令尚行，卿等亡去，正如窦贤取死耳。今天实丧隋，丧，息浪翻。英雄并起，同心叛者已数万人，因行大事，此帝王之业也。”德戡等然之。行枢、薛世良请以智及兄右屯卫将军许公化及为主，结约既定，乃告化及。化及性驽怯，闻之，变色流汗，既而从之。考异曰：蒲山公传曰：“赵行枢、杨士览以司马德戡谋告化及，化及兄弟闻之大喜，因引德戡等相见。士及说德戡等曰：‘足下等因百姓之心，谋非常之事，直欲走逃，故非长策。’德戡曰：‘为之奈何？’士及曰：‘官家虽言无道，臣下尚畏服之，闻公叛亡，必急相追捕，窦贤之事，殷鉴在近。不如严勒士马，攻其宫阙，因人之欲，称废昏凶，事必克成；然后详立明哲，天下可安，吾徒无患矣。勋庸一集，公等坐延荣禄。纵事不成，威声大振，足得官家胆慑，不敢轻相追讨，迟疑之间，自延数日，比其议定，公等行亦已远。如此，则去住之计，俱保万全，不亦可乎！’德戡等大悦曰：‘明哲之望，岂惟杨家，众心实在许公，故是人天协契。’士及佯惊曰：‘此非意所及，但与公等思救命耳。’”革命记曰：“帝知历数将穷，意欲南渡江水；咸言不可。帝知朝士不欲渡，乃将毒药酝酒二十石，拟三月十六日为宴会而鸩杀百官。南阳公主恐其夫死，乃阴告之，而事泄，为此，始谋害帝以免祸。并是凶逆之旅妄构此词。于时上下离心，人怀异志，帝深猜忌，情不与人，酝若不虚，药须分付，有处遣何人！并酝二十石药酒，必其酒有鸩毒，一石堪杀千人。审欲拟杀群寮，谋之者必有三五，众谋自然早泄，岂得独在南阳！只是虔通等耻有杀害之名，推过恶于人主耳！"隋书化及传云："化及弑逆，士及在公主第，弗之知也。智及遣家僮庄桃树就第杀之，桃树不忍，执诣智及。久之，乃见释。"南阳公主传责士及云："但谋逆之日，察君不预知耳。"旧唐书士及传云："化及谋逆，以其主婿，深忌之而不告。"按士及仕唐为宰相，隋书亦唐初所修，或者史官为士及隐恶。贾、杜二书之言亦似可信，但杜儒童自知酝药酒为虚，则南阳阴告之事亦非其实。如贾润甫之说，则弑君之谋皆出士及，而智及为良人矣。今且从隋书而删去庄桃树事及南阳之语，庶几疑以传疑。

德戡使许弘仁、张恺入备身府，帝改左、右领左右府为左、右备身府。告所识者云："陛下闻骁果欲叛，多酝毒酒，欲因享会，尽鸩杀之，独与南人留此。"骁果皆惧，转相告语，语，牛倨翻。反谋益急。乙卯，德戡悉召骁果军吏，谕以所为，皆曰："唯将军命！"是日，风霾昼昏。霾，亡皆翻，雨土也。晡后，德戡盗御厩马，潜厉兵刃。是夕，元礼、裴虔通直阁下，专主殿内；唐奉义主闭城门，与虔通相知，诸门皆不下键。键，户偃翻。陈楚谓户钥牡为键。至三更，更，工衡翻。德戡于东城集兵得数万人，举火与城外相应。帝望见火，且闻外喧嚣，问何事。虔通对曰："草坊失火，外人共救之耳。"时内外隔绝，帝以为然。智及与孟秉于城外集千馀人，此城外，谓江都宫城之外。劫候卫虎贲冯普乐布兵分守衢巷。左、右候卫，主昼夜巡察，故劫之。普乐，盖虎贲郎将。贲，音奔。乐，音洛。燕王倓觉有变，倓，元德太子昭之子，代王侑之弟。倓，徒甘翻。夜，穿芳林门侧水窦而入，至玄武门，诡奏曰："臣猝中风，中，竹仲翻。命悬俄顷，请得面辞。"裴虔通等不以闻，执囚之。丙辰，天未明，德戡授虔通兵，以代诸门卫士。虔通自门将数百骑至成象殿，将，即亮翻。骑，奇寄翻。宿卫者传呼有贼，虔通乃还，闭诸门，独开东门，驱殿内宿卫者令出，皆投仗而走。右屯卫将军独孤盛谓虔通曰："何物兵势太异！"虔通曰："事势已然，不预将军事；将军慎毋动！"盛大骂曰："老贼，是何物语！"不及被甲，与左右十馀人拒战，为乱兵所杀。被，皮义翻。考异曰：蒲山公传："裴虔通于成象殿前遇将军独孤盛，时内直宿，陈兵廊下以拒之。诟曰：'天子在此，尔等何敢凶逆！'叱兵接战，兵皆倒戈。虔通谓盛曰：'公何暗于机会，恐他人以公为勋耳。'盛叱之曰：'国家荣宠盛者，正拟今日；且宿卫天居，唯当效之以死！'注弦不动。俄为乱兵所击，毙于阶下。"略记："诘旦，诸门已开，而外传叫有贼。虔通乃还闭诸门，唯开正东一门，而驱殿内执仗者出，莫不投仗乱走。屯卫大将军独孤盛挥刀叱之曰：'天子在此，尔等走欲何之！'然乱兵交萃，俄而毙于阶下。"今从隋书，亦采略记。盛，楷之弟也。独孤楷，见一百七十九卷文帝仁寿二年。千牛独孤开远炀帝制千牛十六人，掌执千牛刀，属领左右府。开远，独孤后之兄子。帅殿内兵数百人诣玄览门，叩阁请曰："兵仗尚全，犹堪破贼。陛下若出临战，人情自定；不然，祸今至矣。"竟无应者，军士稍散。贼执开远，义而释之。先是，帝选骁健官奴数百人置玄武门，先，悉荐翻。谓之给使，以备非常，待遇优厚，至以宫人赐之。司宫魏氏为帝所信，司宫，盖即尚宫之职。化及等结之使为内应。是日，魏氏矫诏悉听给使出外，仓猝际制无一人在者。

德戡等引兵自玄武门入，帝闻乱，易服逃于西阁。虔通与元礼进兵排左阁，魏氏启之，遂入永巷，问："陛下安在？"有美人出，指之。校尉令狐行达拔刀直进，校，户教翻。令，音铃。帝映窗扉谓行达曰："汝欲杀我邪？"邪，音耶。对曰："臣不敢，但欲奉陛下西还耳。"因扶帝下阁。还，从宣翻，又音如字。虔通，本帝为晋王时亲信左右也，帝见之，谓曰："卿非我故人乎！何恨而反？”对曰：“臣不敢反，但将士思归，欲奉陛下还京师耳。”将，即亮翻。帝曰：“朕方欲归，正为上江米船未至，夏口以上为上江。为，于伪翻。今与汝归耳！”虔通因勒兵守之。

至旦，孟秉以甲骑迎化及，骑，奇寄翻；下同。化及战栗不能言，人有来谒之者，但俛首据鞍称罪过。罪过，今世俗谦谢之辞。俛，音免。化及至城门，宫城门也。德戡迎谒，引入朝堂，号为丞相。朝，直遥翻；下同。号，户刀翻，呼也。裴虔通谓帝曰：“百官悉在朝堂，陛下须亲出慰劳。”劳，力到翻。进其从骑，逼帝乘之；从，才用翻。帝嫌其鞍勒弊，更易新者，乃乘之。虔通执辔挟刀出宫门，贼徒喜噪动地。化及扬言曰：“何用持此物出，亟还与手。”与手，魏、齐间人率有是言，言与之毒手而杀之也。宋孝建初，薛安都助顺有大功。从弟道生亦以军功为大司马参军；犯罪，为秣陵令薛淑之所鞭。安都大怒，乘马执矟，从数十人，欲往杀淑之。行至朱雀航，逢柳元景问何之，安都曰：“薛淑之鞭我从弟，指往刺杀之。”元景曰：“小子无宜适，卿往与手甚快！”安都既回马，元景复呼使入车，让止之。此与手之征也。亟，纪力翻。帝问：“世基何在？”贼党马文举曰：“已枭首矣！”于是引帝还至寝殿，虔通、德戡等拔白刃侍立。帝叹曰：“我何罪至此？”文举曰：“陛下违弃宗庙，巡游不息，外勤征讨，内极奢淫，使丁壮尽于矢刃，女弱填于沟壑，四民丧业，丧，息浪翻。盗贼蜂起；专任佞谀，饰非拒谏：何谓无罪！”帝曰：“我实负百姓；至于尔辈，荣禄兼极，何乃如是！今日之事，孰为首邪？”邪，音耶。德戡曰：“溥天同怨，何止一人！”化及又使封德彝数帝罪，数，所具翻，又所主翻。帝曰：“卿乃士人，何为亦尔？”德彝赧然而退。帝爱子赵王杲，年十二，在帝侧，号恸不已，虔通斩之，血溅御服。赧，奴板翻，惭而面赤也。号，户刀翻。溅，子贱翻。贼欲弑帝，帝曰：“天子死自有法，何得加以锋刃！取鸩酒来！”文举等不许，使令狐行达顿帝令坐。帝自解练巾授行达，缢杀之。令，力丁翻。缢，于赐翻，又于计翻，绞也。考异曰：蒲山公传、河洛记皆云"于洪达缢帝。"今从隋书及略记。初，帝自知必及于难，常以罂贮毒药自随，难，乃旦翻。罂，于耕翻。贮，丁吕翻。谓所幸诸姬曰："若贼至，汝曹当先饮之，然后我饮。"及乱，顾索药，索，山客翻。左右皆逃散，竟不能得。萧后与宫人撤漆床板为小棺，与赵王杲同殡于西院流珠堂。

帝每巡幸，常以蜀王秀自随，囚于骁果营。化及弑帝，欲奉秀立之，众议不可，乃杀秀及其七男。又杀齐王暕及其二子并燕王倓，隋氏宗室、外戚，无少长皆死。暕，古限翻。骁，坚尧翻。少，诗沼翻。长，知两翻。唯秦王浩素与智及往来，且以计全之。浩，秦王俊之子。齐王暕素失爱于帝，暕失爱事始一百八十一卷大业四年。恒相猜忌，帝闻乱，顾萧后曰："得非阿孩邪？"暕，小字阿孩。恒，户登翻。化及使人就第诛暕，暕谓帝使收之，曰："诏使且缓儿，使，疏吏翻。儿不负国家！"贼曳至街中，斩之，暕竟不知杀者为谁，父子至死不相明。又杀内史侍郎虞世基、御史大夫裴蕴、左翊卫大将军来护儿、秘书监袁充、右翊卫将军宇文协、千牛宇文皛、皛，户了翻。梁公萧钜等及其子。钜，琮之弟子也。萧琮，故梁主。琮，藏宗翻。

难将作，江阳长张惠绍驰告裴蕴，江阳县，带江都郡，旧广陵也，大业初更名。长，知两翻。与惠绍谋矫诏发郭下兵收化及等，扣门援帝。"与"上更有"蕴"字，文意乃明。议定，遣报虞世基；世基疑告反者不实，抑而不许。须臾，难作，难，乃旦翻。蕴叹曰："谋及播郎，竟误人事！"播郎，虞世基小字。虞世基宗人伋谓世基子符玺郎熙曰："事势已然，吾将济卿南渡，同死何益！"熙曰："弃父背君，玺，斯氏翻。背，蒲妹翻。求生何地！感尊之怀，尊，谓伋也。自此决矣！"世基弟世南抱世基号泣请【章：十二行本

"请"下有"以身"二字；乙十一行本同；孔本同；张校同。】代，化及不许。号，户刀翻。黄门侍郎裴矩知必将有乱，虽厮役皆厚遇之，厮，音斯。今人读如瑟。又建策为骁果娶妇；事见上卷上年。为，于伪翻。及乱作，贼皆曰："非裴黄门之罪。"既而化及至，矩迎拜马首，故得免。化及以苏威不预朝政，亦免之。朝，直遥翻。威名位素重，往参化及；化及集众而见之，曲加殊礼。百官悉诣朝堂贺，给事郎许善心独不至。许弘仁驰告之曰："天子已崩，宇文将军摄政，阖朝文武咸集，朝，直遥翻。天道人事自有代终，何预于叔而低回若此！"善心怒，不肯行。弘仁反走上马，泣而去。化及遣人就家擒至朝堂，既而释之。善心不舞蹈而出，化及怒曰："此人大负气！"复命擒还，杀之。其母范氏，年九十二，抚柩不哭，曰："能死国难，吾有子矣！"因卧不食，十馀日而卒。上，时掌翻。复，扶又翻。柩，音旧。难，乃旦翻。卒，子恤翻。唐王之入关也，张季珣之弟仲琰为上洛令，张季珣死节，见上卷上年。上洛县，隋带上洛郡。帅吏民拒守，部下杀之以降。帅，读曰率。降，户江翻。宇文化及之乱，仲琰弟琮为千牛左右，隋制，领左右府有千牛左右，司射左右。化及杀之，兄弟三人皆死国难，时人愧之。

化及自称大丞相，总百揆。以皇后令立秦王浩为帝，居别宫，令发诏画敕书而已，仍以兵监守之。令，力丁翻。监，古衔翻。化及以弟智及为左仆射，士及为内史令，裴矩为右仆射。

9 乙卯，徙秦公世民为赵公。

10 戊辰，隋恭帝诏以十郡益唐国，仍以唐王为相国，总百揆，唐国置丞相以下官，又加九锡。王谓僚属曰："此谄谀者所为耳。孤秉大政而自加宠锡，可乎！必若循魏、晋之迹，彼皆繁文伪饰，欺天罔人；考其实不及五霸，而求名欲过三王，此孤常所非笑，窃亦耻之。"或曰："历代所行，亦何可废！"王曰："尧、舜、汤、武，各因其时，取与异道，皆推其至诚以应天顺人，未闻夏、商之末必效唐、虞之禅也。若使少帝有知，必不肯为；少，诗照翻。若其无知，孤自尊而饰让，平生素心所不为也。"但改丞相为相国府，其九锡殊礼，皆归之有司。

11 宇文化及以左武卫将军陈棱为江都太守，综领留事。守，式又翻。壬申，令内外戒严，云欲还长安。皇后六宫皆依旧式为御营，营前别立帐，化及视事其中，仗卫部伍，皆拟乘舆。乘，绳证翻。夺江都人舟楫，取彭城水路西归。炀帝改徐州为彭城郡。檝，与楫同。以折冲郎将沈光骁勇，炀帝置折冲郎将，正四品，掌领骁果，属领左右府。将，即亮翻；下同。骁，坚尧翻。使将给使营于禁内。既立御营，以御营之内为禁内。行至显福宫，虎贲郎将麦孟才、虎牙郎钱杰炀帝制十二卫府，每卫置护军四人，掌副贰将军；寻改护军为虎贲郎将，而置虎牙郎将副焉。"虎牙郎"下当有"将"字。与光谋曰："吾侪受先帝厚恩，今俛首事雠，受其驱帅，侪，士皆翻。俛，音免。帅，读曰率；下同。何面目视息世间哉！吾必欲杀之，死无所恨！"光泣曰："是所望于将军也。"孟才乃纠合恩旧，恩旧，与之有旧恩者。帅所将数千人，期以晨起将发时袭化及。语泄，帅，读曰率。泄，息列翻。化及夜与腹心走出营外，留人告司马德戡等，使讨之。光闻营内喧，知事觉，即袭化及营，空无所获，值内史侍郎元敏，数而斩之。数，所具翻，又所主翻。德戡引兵入围之，杀光，其麾下数百人皆斗死，一无降者，降，户江翻。孟才亦死。孟才，铁杖之子也。铁杖死于度辽之役。

12 武康沈法兴，隋志，武康县属馀杭郡。刘昫曰：吴分乌程、馀杭二县立永安县，晋改为永康，又改为武康；唐分属湖州。世为郡著姓，宗族数千家。法兴为吴兴太守，守，式又翻。闻宇文化及弑逆，举兵以讨化及为名，考异曰：太宗实录、旧唐帝纪："二月法兴据丹阳起兵。"按法兴起兵讨化及，当在弑逆后。比至乌程，得精卒六万，遂攻馀杭、毗陵、丹阳，皆下之；按乌程县带吴兴郡。沈法兴既为吴兴守，而云举兵至乌程者，法兴传云：大业末，法兴为吴兴郡守，东阳贼楼世干略其郡，炀帝诏法兴与太仆丞元佑讨之。义宁二年，江都乱，法兴执佑举兵，名讨宇文化及。三月，发东阳，行收兵，趋江都，下馀杭，比至乌程，众六万。如此，则自东阳至乌程也。比，必寐翻。据江表十馀郡，自称江南道大总管，承制置百官。

13 陈国公窦抗，唐王之妃兄也，炀帝使行长城于灵武；行，循行也，音下孟翻。闻唐王定关中，癸酉，帅灵武、盐川等数郡来降。炀帝改灵州为灵武郡，盐州为盐川郡。帅，读曰率。

14 夏，四月，稽胡寇富平，隋志，富平县属京兆郡。杜佑曰：稽胡，一名步落稽，盖匈奴别种，自离石以西，安定以东，方七八百里。将军王师仁击破之。又五万馀人寇宜春，相国府谘议参军窦轨将兵讨之，战于黄钦山。"宜春"，当作"宜君"。隋志，宜君县属京兆郡，有清水。水经注：清水出云阳县之石门山，东南流径黄嵚山西。将，即亮翻；下同。稽胡乘高纵火，官军小却；轨斩其部将十四人，拔队中小校代之，勒兵复战。校，户教翻。复，扶又翻。轨自将数百骑居军后，令之曰："闻鼓声有不进者，自后斩之！"既而鼓之，将士争先赴敌，稽胡射之不能止，骑，奇寄翻。射，而亦翻。遂大破之，虏男女二万口。

15 世子建成等至东都，军于芳华苑；东都闭门不出，遣人招谕，不应。李密出军争之，小战，各引去。城中多欲为内应者，赵公世民曰："吾新定关中，根本未固，【章：十二行本"固"下有"悬军远来"四字；乙十一行本同；孔本同；张校同；退斋校同。】虽得东都，不能守也。"遂不受。戊寅，引军还。还，从宣翻，又音如字。世民曰："城中见吾退，必来追蹑。"乃设三伏于三王陵以待之；水经注：三王陵在河南县西南柏亭东北。三王，或言周景王、悼王、定王也。崔浩曰："定"，当为"敬"。子朝作乱，西周政弱人荒，悼、敬二王与景王俱葬于此，故世以三王名陵。段达果将万馀人追之，遇伏而败。世民逐北，抵其城下，东都城下。斩四千馀级。遂置新安、宜阳二郡，新安，后周置中州及东垣县，隋废州，改县名。宜阳，后魏置郡，隋开皇初废为县，与新安皆属河南郡。今并置郡。使行军总管史万宝、盛彦师【章：十二行本"师"下有"将兵"二字；乙十一行本同；孔本同。】镇宜阳，姓苑：后汉西羌传有北海太守盛苞，其先姓奭，避元帝讳改姓盛。余按战国策秦有盛桥，则盛姓尚矣。吕绍宗、任瓌将兵镇新安而还。任，音壬。瓌，古回翻。置二郡，内以蔽关辅，外以图东都。还，从宣翻，又如字。

16 初，五原通守栎阳张长逊炀帝改丰州为五原郡。新唐书：张长逊，京兆栎阳人。隋志，京兆无栎阳县。栎，音药。守，式又翻。以中原大乱，举郡附突厥，突厥以为割利特勒。郝瑗说薛举，厥，九勿翻。郝，呼各翻。瑗，子眷翻。说，输芮翻；下同。与梁师都及突厥连兵以取长安，举从之。时启民可汗之子咄苾可，从刊入声。汗，音寒。咄，当没翻。苾，毗必翻。号莫贺咄设，建牙直五原之北，举遣使与莫贺咄设谋入寇；咄，当没翻。使，疏吏翻；下同。莫贺咄设许之。唐王使都水监宇文歆赂莫贺咄设，开皇初，立都水台，置使者；大业改为都水监，改使者为监。且为陈利害，止其出兵，又说莫贺咄设遣张长逊入朝，以五原之地归之中国，莫贺咄设并从之。为，于伪翻。咄，当没翻。朝，直遥翻；下同。己卯，武都、宕渠、五原等郡皆降，武都，汉郡，西魏置武州，炀帝复为郡。宕渠，汉县，梁置渠州，炀帝改为宕渠郡。此二郡与五原同日来降，故连书之。宕，徒浪翻。王即以长逊为五原太守。守，式又翻。长逊又诈为诏书与莫贺咄设，示知其谋。莫贺咄设乃拒举、师都等，不纳其使。使，疏吏翻。

17 戊戌，世子建成等还长安。考异曰：创业注在三月。今从太宗实录。

18 东都号令不出四门，人无固志，朝议郎段世弘等谋应西师。会西师已还，西师，谓建成等之师。还，从宣翻，又音如字。乃遣人招李密，期以己亥夜纳之。事觉，越王命王世充讨诛之。密闻城中已定，乃还。

19 宇文化及拥众十馀万，据有六宫，自奉养一如炀帝。每于帐中南面坐，人有白事者，嘿然不对；下牙，方取启状与唐奉义、牛方裕、薛世良、张恺等参决之。刘冯事始曰：兵书曰：牙旗者，将军之精，凡始建牙，必以制日，制日者，其辰在五行以上克下之日也。又尚书〔纬〕曰：门旗二口，色红，八幅。大将牙门之旗，出引将军前列。又黄帝出军决曰：牙旗者，将军之精；金鼓者，将军之气。周礼司常职云：军旅会同置旌门。夫以旌为门，即旗门也，后世军中遂置牙门将，又有牙兵，典总此名者以押牙为名。至于官府，早晚军吏两谒，亦名为衙。呼谓既熟，虽天子正殿受朝谒，亦名正衙。以少主浩付尚书省，令卫士十馀人守之，少，始照翻。遣令史取其画敕，隋门下省，有录事、通事、令史各六人。百官不复朝参。至彭城，水路不通，复夺民车牛得二千两，复，扶又翻。朝，直遥翻。两，力让翻。并载宫人珍宝；其戈甲戎器，悉令军士负之，道远疲剧，军士始怨。司马德戡窃谓赵行枢曰："君大谬误我！行枢建言以化及为主。当今拨乱，必借英贤；化及庸暗，群小在侧，事将必败，若之何？"行枢曰："在我等耳，废之何难！"初，化及既得政，赐司马德戡爵温国公，加光禄大夫；以其专统骁果，心忌之。后数日，化及署诸将分部士卒，骁，坚尧翻。将，即亮翻。以德戡为礼部尚书，外示美迁，实夺其兵柄。德戡由是愤怨，所获赏赐，皆以赂智及；智及为之言，乃使之将后军万馀人以从。及为，于伪翻。将，即亮翻。从，才用翻。于是德戡、行枢与诸将李本、尹正卿、宇文导师等谋，以后军袭杀化及，更立德戡为主；遣人诣孟海公，结为外助，孟海公据曹州。迁延未发，待海公报。许弘仁、张恺知之，以告化及，化及遣宇文士及阳为游猎，至后军，德戡不知事露，出营迎谒，因执之。化及让之曰："与公戮力共定海内，出于万死。今始事成，方愿共守富贵，公又何反也？"德戡曰："本杀昏主，苦其淫虐；推立足下，而又甚之；逼于物情，不得已也。"化及缢杀之，并杀其支党十馀人。孟海公畏化及之强，帅众具牛酒迎之。帅，读曰率；下同。李密据巩洛以拒化及，洛水至巩入河，故曰巩洛。化及不得西，引兵向东郡，东郡通守王轨以城降之。守，式又翻。降，户江翻；下同。

20 辛丑，李密将井陉王君廓帅众来降。隋志，井陉县属恒山郡。将，即亮翻；下同。陉，音刑。帅，读曰率。考异曰：太宗实录曰："王君愕，邯郸人。君廓寇略邯郸，君愕往投之，因为君廓陈井陉之险，劝先往据之。君廓从其言，屯井陉山岁馀。会义师入定关中，乃与君廓率所部万馀人归顺，拜大将军。"与君廓事皆出太宗实录而不同如此。今据高祖实录。称李密将王君廓降，从君廓传。君廓本群盗，有众数千人，与贼帅韦宝、邓豹合军虞乡，刘昫曰：虞乡县，汉解县地，后魏分置虞乡县，隋志属河东郡。帅，所类翻。唐王与李密俱遣使招之。使，疏吏翻。宝、豹欲从唐王，君廓伪与之同，乘其无备，袭击，破之，夺其辎重，重，直用翻。奔李密；密不礼之，复来降，复，扶又翻。拜上柱国，假河内太守。

21 萧铣即皇帝位，置百官，准梁室故事。谥其从父琮为孝靖皇帝，谥，神至翻。从，才用翻。祖岩为河间忠烈王，父璇为文宪王，璇，音旋。封董景珍等功臣七人皆为王。遣宋王杨道生击南郡，下之，徙都江陵，炀帝改荆州为南郡，江陵带郡。修复园庙。引岑文本为中书侍郎，使典文翰，委以机密。又使鲁王张绣徇岭南，隋将张镇周、王仁寿等拒之；既而闻炀帝遇弑，皆降于铣。钦州刺史宁长真亦以郁林、始安之地附于铣。炀帝改钦州为宁越郡。长真刺史，文帝所命也。郁林郡，梁定州也，后改为南定州；平陈，改为尹州；大业初，改为郁州，寻改为郡；又改桂州为始安郡。汉阳太守冯盎以苍梧、高凉、珠崖、番禺之地附于林士弘。新唐书冯盎传曰：隋仁寿初，盎平潮、成叛獠，拜汉阳太守；隋亡，奔还岭表，据有诸郡。苍梧郡，梁置成州，开皇初改为封州，炀帝改为郡，改高州为高凉郡；崖州为珠崖郡。番禺，南海郡治。番，音潘。禺，音愚。铣、士弘各遣人招交趾太守丘和，炀帝改交州为交趾郡。和不从。铣遣宁长真帅岭南之兵自海道攻和，帅，读曰率；下同。和欲出迎之，司法书佐高士廉炀帝改郡诸司参军为书佐。说和曰："长真兵数虽多，悬军远至，不能持久，城中胜兵足以当之，说，输芮翻；下同。胜，音升。奈何望风受制于人！"和从之，以士廉为军司马，将水陆诸军逆击，破之，将，即亮翻。长真仅以身免，尽俘其众。既而有骁果自江都至，骁，坚尧翻。得炀帝凶问，亦以郡附于铣。士廉，劢之子也。高劢，北齐清河王岳之子。劢，音迈。

始安郡丞李袭志，迁哲之孙也，李迁哲见一百七十卷太建二年。隋末，散家财，募士得三千人，以保郡城；萧铣、林士弘、曹武彻迭来攻之，皆不克。闻炀帝遇弑，帅吏民临三日。临，力鸩翻。或说袭志曰："公中州贵族，按李袭志之先，陇西狄道人，后为金州安康人。此必出其家传，以门地自高耳。久临鄙郡，华、夷悦服。今隋室无主，海内鼎沸，以公威惠，号令岭表，尉佗之业可坐致也。"尉佗事见汉高帝纪。佗，徒何翻。袭志怒曰："吾世继忠贞，今江都虽覆，宗社尚存，尉佗狂僭，何足慕也！"欲斩说者，众乃不敢言。坚守二年，外无声援，城陷，为铣所虏，铣以为工部尚书，检校桂州总管。于是东自九江，炀帝改江州为九江郡。西抵三峡，南尽交趾，北距汉川，此汉川谓汉水以南之地，非汉中之汉川郡。铣皆有之，胜兵四十馀万。胜，音升。

22 炀帝凶问至长安，唐王哭之恸，曰："吾北面事人，失道不能救，敢忘哀乎！”

23 五月，山南抚慰使马元规击朱粲于冠军，破之。冠军县，属南阳郡。使，疏吏翻。冠，古玩翻。

24 王德仁既杀房彦藻，事见上二月。李密遣徐世勣讨之。德仁兵败，甲寅，与武安通守袁子干皆来降，诏以德仁为邺郡太守。炀帝改洺州为武安郡，相州为魏郡；此又改魏郡为邺郡也。守，式又翻。

25 戊午，隋恭帝禅位于唐，逊居代邸。隋开皇元年受禅，岁在辛丑，三主，三十八年而亡。考异曰：创业注此诏在四月，今从实录。甲子，唐王即皇帝位于太极殿，即隋大兴殿也；唐既受禅，改为太极殿。遣刑部尚书萧造告天于南郊，大赦，改元。改元武德。罢郡，置州，以太守为刺史。大业三年，改州为郡。推五运为土德，色尚黄。

26 隋炀帝凶问至东都，戊辰，留守官奉越王即皇帝位，越王侗，亦元德太子昭子。大赦，改元皇泰。是时于朝堂宣旨，以时钟金革，朝，直遥翻。说文曰：钟，当也。公私皆即日大祥。大祥而禫。追谥大行曰明皇帝，庙号世祖；追尊元德太子曰成皇帝，庙号世宗。尊母刘良娣为皇太后。以段达为纳言、陈国公，王世充为纳言、郑国公，隋制，门下省纳言二人。元文都为内史令、鲁国公，皇甫无逸为兵部尚书、杞国公；又以卢楚为内史令，隋初，内史省置监、令各一人，寻废监，置令二人。郭文懿为内史侍郎，赵长文为黄门侍郎，共掌朝政。长，知两翻。朝，直遥翻。时人号“七贵”。皇泰主眉目如画，温厚仁爱，风格俨然。

27 辛未，突厥始毕可汗遣骨咄禄特勒来，厥，九勿翻。可，从刊入声。汗，音寒。突厥官子弟曰特勒。咄，当没翻。宴之于太极殿，奏九部乐。杜佑曰：武德初，因隋旧制，九部乐：一燕乐，二清商，三西凉，四扶南，五高丽，六龟兹，七安国，八疏勒，九康国。前一百八十卷隋大业四年引杜佑注，九部乐与此不同。又考宋祁新唐志：唐有十部乐，有十四国技，以八国入十部；而不明指八国为何国，此亦异同而难考者也。时中国人避乱者多入突厥，突厥强盛，东自契丹、室韦，西尽吐谷浑、高昌，诸国皆臣之，契，欺讫翻，又音吃。吐，从暾入声。谷，音浴。控弦百馀万。帝以初起资其兵马，前后饷遗，不可胜纪。遗，于季翻。胜，音升。突厥恃功骄倨，每遣使者至长安，多暴横，使，疏吏翻。横，户孟翻。帝优容之。

28 壬申，命裴寂、刘文静等修定律令。置国子、太学、四门生，合三百馀员，唐六典：国子生，文武官三品已上及国公子孙、从二品已上曾孙。太学生，文武官五品已上及郡・县公子孙、从三品曾孙。四门生，文武官七品已上及侯、伯、子、男子若庶人子为俊士生者。后魏刘芳表云："太和二十年，立四门博士，于四门置学。按礼记云：天子设四学。郑玄注，周四郊之虞庠也。今以其辽远，故置于四门，请移与太学同处。"从之。郡县学亦各置生员。

29 六月，甲戌朔，以赵公世民为尚书令，黄台公瑗为刑部侍郎，黄台县公。东魏置黄台县于颍川，大业初废。瑗，于眷翻。相国府长史裴寂为右仆射、知政事，司马刘文静为纳言，司录窦威为内史令，李纲为礼部尚书、参掌选事，长，知两翻。选，宣绢翻。掾殷开山为吏部侍郎，掾，于绢翻。属赵慈景为兵部侍郎，韦义节为礼部侍郎，主簿陈叔达、博陵崔民干并为黄门侍郎，炀帝改定州为博陵郡。唐俭为内史侍郎，录事参军裴晞为尚书左丞；以隋民部尚书萧瑀为内史令，礼部尚书窦琎为户部尚书，按六典，贞观二十三年避太宗讳，始改民部尚书为户部尚书；史家以后来官名书之也。瑀，音禹。琎，则邻翻。蒋公屈突通为兵部尚书，屈，居勿翻。长安令独孤怀恩为工部尚书。瑗，上之从子；怀恩，舅子也。从，才用翻。

上待裴寂特厚，群臣无与为比，赏赐服玩，不可胜纪；胜，音升。命尚书奉御日以御膳赐寂，"尚书"当作"尚食"，六典：尚食奉御二人，属殿中省。视朝必引与同坐，入阁则延之卧内；言无不从，称为裴监而不名。寂仕隋为晋阳宫监；亲之，以旧官称之。朝，直遥翻。委萧瑀以庶政，事无大小，无不关掌。瑀亦孜孜尽力，绳违举过，人皆惮之，毁之者众，终不自理。上尝有敕而内史不时宣行，隋、唐之制，凡王言下内史省，皆宣署申覆而施行之。上责其迟，瑀对曰："大业之世，内史宣敕，或前后相违，有司不知所从，其易在前，其难在后；臣在省日久，瑀在隋朝为内史侍郎，故云然。易，以豉翻。备见其事。今王业经始，事系安危，远方有疑，恐失机会，故臣每受一敕必勘审，使与前敕不违，始敢宣行，稽缓之愆，实由于此。"上曰："卿用心如是，吾复何忧！"复，扶又翻。

30 初，帝遣马元规慰抚山南，南阳郡丞河东吕子臧独据郡不从；是年二月遣马元规。元规遣使数辈谕之，使，疏吏翻。皆为子臧所杀。及炀帝遇弑，子臧发丧成礼，然后请降；拜邓州刺史，南阳郡复为邓州。降，户江翻；下同。封南郡公。

31 废大业律令，颁新格。

32 上每视事，自称名，引贵臣同榻而坐。刘文静谏曰："昔王导有言：'若太阳俯同万物，使群生何以仰照！'事见九十卷晋元帝太兴元年。今贵贱失位，非常久之道。"上曰："昔汉光武与严子陵共寝，子陵加足于帝腹。事见后汉书严光传。今诸公皆名德旧齿，平生亲友，宿昔之欢，何可忘也。公勿以为嫌！"

33 戊寅，隋安阳令吕珉以相州来降，隋安阳县带相州。相，息亮翻。以为相州刺史。

34 己卯，祔四亲庙主。追尊皇高祖瀛州府君曰宣简公；皇曾祖司空曰懿王；皇祖景王曰景皇帝，庙号太祖，祖妣曰景烈皇后；皇考元王曰元皇帝，庙号世祖，妣独孤氏曰元贞皇后；追谥妃窦氏曰穆皇后。瀛州府君熙，司空天赐，景王虎，元王昞。

每岁祀昊天上帝、皇地祇、神州地祇，以景帝配，神州地祇，神州、迎州、冀州、戎州、拾州、柱州、营州、咸州、阳州、九州之祇也。祇，翘移翻。感生帝、明堂，以元帝配。古者帝王之兴，必感五精之气以生。隋以火德王，祀赤熛怒为感帝。唐以土德王，祀含枢纽为感帝。庚辰，立世子建成为皇太子，赵公世民为秦王，齐公元吉为齐王，宗室黄瓜公白驹为平原王，按白驹盖先封黄瓜县公。黄瓜县盖拓跋魏所置，在上邽界。水经注：黄瓜水发源黄瓜谷西，东流径黄瓜县北，又东北归于籍水。籍水既与黄瓜水合，又东径上邽城南。蜀公孝基为永安王，柱国道玄为淮阳王，长平公叔良为长平王，郑公神通为永康王，安吉公神符为襄邑王，柱国德良为新兴王，上柱国博义为陇西王，上柱国奉慈为勃海王。孝基、叔良、神符、德良，帝之从父弟；博义、奉慈，弟子；道玄，从父兄子也。从，才用翻。

35 癸未，薛举寇泾州，复以安定郡为泾州。后魏置泾州，治高平，因泾水为名。以秦王世民为元帅，将八总管兵以拒之。帅，所类翻。将，即亮翻。

36 遣太仆卿宇文明达招慰山东，以永安王孝基为陕州总管。义宁初，以河南陕县为弘农郡，今为陕州。陕，失冉翻。时天下未定，凡边要之州，皆置总管府，以统数州之兵。

37 乙酉，奉隋帝为酅国公。酅，户圭翻。诏曰："近世以来，时运迁革，前代亲族，莫不诛夷。兴亡之效，岂伊人力！其隋蔡王智积等子孙，并付所司，量才选用。"量，音良。

38 东都闻宇文化及西来，上下震惧。有盖琮者盖，古盍翻，姓也。上疏请说李密与之合势拒化及。说，输芮翻。元文都谓卢楚等曰："今雠耻未雪而兵力不足，若赦密罪使击化及，两贼自斗，吾徐承其弊。化及既破，密兵亦疲；又其将士利吾官赏，易可离间，易，以豉翻。间，古苋翻。并密亦可擒也。"楚等皆以为然，即以琮为通直散骑常侍，散，悉亶翻。骑，奇寄翻。赍敕书赐密。

39 丙申，隋信都郡丞东莱麴棱来降，拜冀州刺史。隋信都郡，入唐为冀州。东莱郡为莱州。宋白曰：莱州，古莱夷地，春秋莱子之国。齐灭莱，以在国之东，故曰东莱。降，户江翻。

40 万【章：十二行本“万”上有“丁酉”二字；乙十一行本同；孔本同；张校同；退斋校同。】年县法曹武城孙伏伽上表，周明帝二年，分长安为万年县，与长安并居京城，隋改为大兴县。唐受禅，复为万年，与长安并为赤县。万年县治宣扬坊，领朱雀街东五十四坊。长安县治长寿坊，领街西五十四坊。隋炀帝改县尉为县正，寻改正为户曹、法曹分司，以丞郡之六司，唐复为县尉，而六司各置佐史。孙伏伽，万年法曹，盖隋官也。武城县，汉之东武城也，唐志属贝州。伽，求加翻。以为：“隋以恶闻其过亡天下。陛下龙飞晋阳，远近响应，未期年而登帝位；徒知得之之易，不知隋失之之不难也。恶，乌路翻。易，以豉翻；下同。臣谓宜易其覆辙，务尽下情。凡人君言动，不可不慎。窃见陛下今日即位而明日有献鹞雏者，此乃少年之事，岂圣主所须哉！鹞，弋召翻。少，诗诏翻。又，百戏散乐，亡国淫声。百戏散乐，齐、周、隋所以亡国。散，悉亶翻。近太常于民间借妇女裙襦五百馀袭襦，人朱翻。以充妓衣，妓，渠绮翻。拟五月五日玄武门游戏，此亦非所以为子孙法也。凡如此类，悉宜废罢。善恶之习，朝夕渐染，渐，子廉翻。易以移人。皇太子、诸王参僚左右，宜谨择其人；其有门风不能雍睦，为人素无行义，专好奢靡，以声色游猎为事者，皆不可使之亲近也。行，下孟翻。好，呼到翻。近，其靳翻。自古及今，骨肉乖离，以至败国亡家，未有不因左右离间而然也。间，古苋翻。愿陛下慎之。”上省表大悦，省，悉景翻。下诏褒称，擢为治书侍御史，治，直之翻。赐帛三百匹，仍颁示远近。

41 辛丑，内史令延安靖公窦威薨。以将作大匠窦抗兼纳言，黄门侍郎陈叔达判纳言。兼、判皆非正官。

42 宇文化及留辎重于滑台，滑台，滑州治所。重，直用翻。以王轨为刑部尚书，使守之，引兵北趣黎阳。趣，七喻翻，又逡须翻。李密将徐世勣据黎阳，畏其军锋，以兵西保仓城。将，即亮翻。化及渡河，保黎阳，分兵围世勣。密帅步骑二万，壁于清淇，汲郡之卫县，古朝歌也。隋开皇十六年，分置清淇县，大业初废入卫县。李密盖壁于故县也。与世勣以烽火相应，深沟高垒，不与化及战。化及每攻仓城，密辄引兵以掎其后。掎，居岂翻。密与化及隔水而语，隔淇水也。密数之曰："卿本匈奴皂隶破野头耳；隋书宇文述传：本姓破野头，役属鲜卑俟豆归，从其主为宇文氏。数，所具翻。父兄子弟，并受隋恩，富贵累世，举朝莫二。朝，直遥翻。主上失德，不能死谏，反行弑逆，欲规篡夺。不追诸葛瞻之忠诚，诸葛瞻，亮之子。蜀之亡也，瞻死之。乃为霍禹之恶逆，霍禹，光之子，汉宣亲政，禹谋为大逆，遂以灭族。天地所不容，将欲何之！若速来归我，尚可得全后嗣。"化及默然，俯视良久，瞋目大言曰："与尔论相杀事，何须作书语邪！"嗣，祥吏翻。瞋，昌真翻。邪，音耶。密谓从者曰：从，才用翻。"化及庸愚如此，忽欲图为帝王，吾当折杖驱之耳！"化及盛修攻具以逼仓城，世勣于城外掘深沟以固守，化及阻堑，不得至城下。世勣于堑中为地道，出兵击之，堑，七艳翻。化及大败，焚其攻具。

时密与东都相持日久，又东拒化及，常畏东都议其后，见盖琮至，大喜，遂上表乞降，盖，古盍翻。上，时掌翻。降，户江翻。请讨灭化及以赎罪，送所获【章：十二行本"获"下有"凶党"二字；乙十一行本同；孔本同；张校同；退斋校同。】雄武郎将于洪建，炀帝募骁果，置左、右雄武府，雄武郎将以领之。将，即亮翻。遣元帅府记室参军李俭、上开府徐师誉等入见。皇泰主命戮洪建于左掖门外，如斛斯政之法。戮斛斯政见一百八十二卷大业十年。帅，所类翻；下同。见，贤遍翻；下同。元文都等以密降为诚实，盛饰宾馆于宣仁门东。六典：东都东城在皇城之东，东曰宣仁门。皇泰主引见俭等，以俭为司农卿，师誉为尚书右丞，使具导从，列铙吹，从，才用翻。铙，女交翻，似铃无舌。吹，昌瑞翻。还馆，玉帛酒馔，中使相望。馔，雏恋翻，又士免翻。册拜密太尉、尚书令、东南道大行台行军元帅、魏国公，令先平化及，然后入朝辅政。朝，直遥翻。以徐世勣为右武候大将军。仍下诏称密忠款，且曰："其用兵机略，一禀魏公节度。"

元文都喜于和解，谓天下可定，于上东门置酒作乐，六典：东都城东面三门，中曰建春，南曰永通，北曰上东。自段达已下皆起舞。王世充作色谓起居侍郎崔长文曰：六典：起居郎，因起居注以为名。起居注者，记录人君动止之事。汉献帝及西晋已后诸帝皆有起居注，皆史官所录，自隋置为职员，列为侍臣，专掌其事，每季为卷，送付史官。按隋志，炀帝减内史舍人员，加置起居舍人员，然未有侍郎。起居侍郎始见于此。长，知两翻。"朝廷官爵，乃以与贼，其志欲何为邪！"邪，音耶。文都等亦疑世充欲以城应化及，由是有隙，然犹外相弥缝，阳为亲善。

秋，七月，皇泰主遣大理卿张权、鸿胪卿崔善福赐李密书曰："今日以前，咸共刷荡，胪，陵如翻。使至以后，使，疏吏翻。彼此通怀。七政之重，伫公匡弼，日月五星谓之七政。伫，待也。九伐之利，委公指挥。"周官：大司马以九伐之法正邦国。权等既至，密北面拜受诏书。既无西虑，密军在巩洛，东都城在西。悉以精兵东击化及。密知化及军粮且尽，因伪与和；化及大喜，恣其兵食，冀密馈之。会密下有人获罪，亡抵化及，具言其情，化及大怒，其食又尽，乃渡永济渠，与密战于童山之下，隋志：汲郡卫县有同山。自辰达酉；密为流矢所中，堕马闷绝，左右奔散，追兵且至，唯秦叔宝独捍卫之，密由是获免。叔宝复收兵与之力战，化及乃退。中，竹仲翻。复，扶又翻。化及入汲郡求军粮，又遣使拷掠东郡吏民以责米粟。使，疏吏翻。拷，音考。掠，音亮。王轨等不堪其弊，遣通事舍人许敬宗诣密请降；隋内史省有通事舍人十六人。降，户江翻。以【章：十二行本“以”上有“密”字；乙十一行本同；孔本同；张校同；退斋校同。】轨为滑州总管，改东郡为滑州。滑州治白马，春秋卫之漕邑。宋、魏兵争，以滑台为重镇。隋开皇三年置滑州，取滑台为名也。以敬宗为元帅府记室，与魏征共掌文翰。敬宗，善心之子也。善心死于江都之难。房公苏威在东郡，随众降密，密以其隋氏大臣，虚心礼之。威见密，初不言帝室艰危，唯再三舞蹈，称“不图今日复睹圣明！”时人鄙之。化及闻王轨叛，大惧，自汲郡引兵欲取以北诸郡，其将陈智略帅岭南骁果万馀人，樊文超帅江淮排䂬，将，即亮翻。帅，读曰率。䂬，作管翻。张童儿帅江东骁果数千人，皆降于密。文超，子盖之子也。樊子盖事炀帝，有守东都之功。化及犹有众二万，北趣魏县；隋志，魏县属武阳郡。时李密改武阳郡为魏州。趣，七喻翻，又逡须翻。密知其无能为，西还巩洛，留徐世勣以备之。

43 乙巳，宣州刺史周超击朱粲，败之。宣州“宣”，当作宜州。败，补迈翻；下同。

44 丁未，梁师都寇灵州，复以灵武郡为灵州。宋白曰：灵州，汉富平县地，后魏孝昌二年置灵州。骠骑将军蔺兴粲击破之。义师初起，改隋鹰扬郎将曰军头，寻改军头曰骠骑将军。骠，匹妙翻。骑，奇寄翻。

45 突厥阙可汗遣使内附。西突厥阙度设处于会宁，隋乱，自称可汗。使，疏吏翻。可，从刊入声。汗，音寒。初，阙可汗附于李轨；隋西戎使者曹琼据甘州诱之，西戎使者，盖隋炀帝所置。宋白曰：西魏废帝二年，以张掖为甘州，隋大业以为张掖郡，唐复以张掖郡为甘州。诱，音酉。乃更附琼，与之拒轨；为轨所败，窜于达斗拔谷，与吐谷浑相表里，败，补迈翻。吐，从暾入声。谷，音浴。至是内附。【章：十二行本“附”下有“上厚加抚慰”五字；乙十一行本同；孔本同；退斋校同。】寻为李轨所灭。

46 薛举进逼高墌，新志：宁州定平县有高墌城。墌，章恕翻。游兵至于豳、岐，唐复以北地郡为豳州，扶风郡为岐州。详见下卷。秦王世民深沟高垒不与战。会世民得疟疾，疟，鱼约翻。委军事于长史·纳言刘文静、刘文静以纳言为秦王行军长史。长，知两翻。司马殷开山，殷开山以吏部侍郎为行军司马。且戒之曰："薛举悬军深入，食少兵疲，若来挑战，少，始绍翻。挑，徒了翻。慎勿应也。俟吾疾愈，为君等破之。"为，于伪翻。开山退，谓文静曰："王虑公不能办，故有此言耳。且贼闻王有疾，必轻我，宜曜武以威之。"乃陈于高墌西南，陈，读曰阵。恃众而不设备。举潜师掩其后，壬子，战于浅水原，新志：豳州宜禄县有浅水原。八总管皆败，士卒死者什五六，大将军慕容罗睺、李安远、刘弘基皆没。世民引兵还长安，举遂拔高墌，收唐兵死者为京观；观，古玩翻。文静等皆坐除名。

47 乙卯，榆林贼帅郭子和遣使来降，帅，所类翻。使，疏吏翻；下同。降，户江翻。以为灵州总管。

48 李密每战胜，必遣使告捷于皇泰主，隋人皆喜，王世充独谓其麾下曰："元文都辈，刀笔吏耳，吾观其势，必为李密所擒。且吾军士屡与密战，没其父兄子弟，前后已多，一旦为之下，吾属无类矣！"欲以激怒其众。文都闻之，大惧，与卢楚等谋因世充入朝，伏甲诛之。朝，直遥翻。段达性庸懦，懦，奴过翻，又奴乱翻。恐其事不就，遣其婿张志以楚等谋告世充。戊午夜三鼓，世充勒兵袭含嘉门。含嘉门，盖以通含嘉城而名。考异曰：河洛记："初，元文都欲自为御史，卢楚已为宣诏；王世充固执以为不可，乃止。文都大恨。卢楚私谓文都曰：'王世充是外军一将，非留守达官。比者领军，屡为奔徙。吾方恤外奸，且从舍过，翻更宰制人事，跋扈纵横，此而不除，恐为国患。'文都曰：'未可即杀，且欲当朝上奏，御前缚之，锁系于狱。'楚曰：'善。'文都怀奏入殿，临欲施行，赵季卿私告之，世充遂奔含嘉以作乱。是时宫中亦遣使传报世充，为皇姨故也。初，世充妻萧氏早亡，后有胡氏者，复在江都，皇泰主乃以皇姨嫁之。至是争权，遂起兵马。文都等令赵方海前后追世充，世充乃托疾不受召。"按世充正为与文都争李密事相诛耳，恐事不因此。今不取。元文都闻变，入奉皇泰主御乾阳殿，乾阳殿，隋东都宫正殿。陈兵自卫，命诸将闭门拒守。将，即亮翻。将军跋野纲将兵出，遇世充，下马降之。跋野，虏复姓。将军费曜、田阇战于门外，不利。费，父沸翻。阇，视遮翻，又音都。文都自将宿卫兵欲出玄武门以袭其后，玄武门，宫城北门。长秋监段瑜炀帝大业三年，改内侍省为长秋监。称求门钥不获，稽留遂久。天且曙，文都复欲引兵出太阳门逆战，还至乾阳殿，世充已攻太阳门得入。按旧书王世充传，太阳门宫城东门。皇甫无逸弃母及妻子，斫右掖门，西奔长安。六典：皇城在都城西北隅，南面三门：中曰端门，左曰左掖，右曰右掖。卢楚匿于太官署，太官署，在光禄寺。百僚廨署皆在皇城之内。世充之党擒之，至兴教门，见世充，皇宫南面三门，左曰兴教。世充令乱斩杀之；进攻紫微宫门。皇泰主使人登紫微观，观，门阙也，音古玩翻。问："称兵欲何为？"世充下马谢曰："元文都、卢楚等横见规图；横，户孟翻。请杀文都，甘从刑典。"段达乃令将军黄桃树执送文都。文都顾谓皇泰主曰："臣今朝死，陛下夕及矣！"皇泰主恸哭遣之，出兴教门，乱斩如卢楚，并杀卢、元诸子。段达又以皇泰主命开门纳世充，世充悉遣人代宿卫者，然后入见皇泰主于乾阳殿。见，贤遍翻；下同。皇泰主谓世充曰："擅相诛杀，曾不闻奏，岂为臣之道乎？公欲肆其强力，敢及我邪！"邪，音耶。世充拜伏流涕谢曰："臣蒙先皇采拔，粉骨非报。文都等苞藏祸心，欲召李密以危社稷，疾臣违异，深积猜嫌；臣迫于救死，不暇闻奏。若内怀不臧，违负陛下，天地日月，实所照临，使臣阖门殄灭，无复遗类。"复，扶又翻。词泪俱发。皇泰主以为诚，引令升殿，与语久之，因与俱入见皇太后；皇泰主之母刘良娣。世充被发为誓，称不敢有贰心。被，皮义翻。乃以世充为左仆射、总督内外诸军事。比及日中，比，必寐翻。捕获赵长文、郭文懿，杀之。二人盖卢、元之党。长，知两翻。然后巡城，告谕以诛元、卢之意。世充自含嘉城移居尚书省，渐结党援，恣行威福。用兄世恽为内史令，恽，于粉翻。入居禁中，子弟咸典兵马，分政事为十头，悉以其党主之，势震内外，莫不趋附，皇泰主拱手而已。

49 李密将入朝，朝，直遥翻。至温，隋志，温县属河内郡。闻元文都等死，乃还金墉。东都大饥，私钱滥恶，太半杂以锡镮，隋开皇初，见用之钱，皆须和以锡镴。锡镴既贱，求利者多，私铸之钱，不可禁约，乃诏禁出锡镴之处不得私采，立榜置样钱，不中样者不入于市。大业之季，王纲弛紊，私铸益多，钱转薄恶，初焉每千犹重二斤，渐轻至一斤，或剪铁鍱，裁皮糊纸以为钱，相杂用之，锡镮固宜多矣。镮，户关翻。其细如线，米斛直钱八九万。

50 初，李密尝受业于儒生徐文远。文远为皇泰主国子祭酒，自出樵采，为密军所执；密令文远南面坐，备弟子礼，北面拜之。文远曰："老夫既荷厚礼，荷，下可翻。敢不尽言！未审将军之志欲为伊、霍以继绝扶倾乎？则老夫虽迟暮，犹愿尽力；若为莽、卓，乘危邀利，则无所用老夫矣！"密顿首曰："昨奉朝命，备位上公，朝，直遥翻；下同。冀竭庸虚，匡济国难，难，乃旦翻。此密之本志也。"文远曰："将军名臣之子，李密，宽之子；宽为周将，以骁勇著名。失涂至此，若能不远而复，犹不失为忠义之臣！"及王世充杀元文都等，密复问计于文远。复，扶又翻。文远曰："世充亦门人也，其为人残忍褊隘，既乘此势，必有异图，将军前计为不谐矣。非破世充，不可入朝也。"朝，直遥翻。密曰："始谓先生儒者，不达时事，今乃坐决大计，何其明也！"文远，孝嗣之玄孙也。徐孝嗣，相萧齐。

51 庚申，诏隋氏离宫游幸之所并废之。

52 戊辰，遣黄台公瑗安抚山南。瑗，于眷翻。

53 己巳，以隋右武卫将军皇甫无逸为刑部尚书。

54 隋河间郡丞王琮守郡城以拒群盗，琮，祖宗翻。窦建德攻之，岁馀不下；闻炀帝凶问，帅吏士发丧，乘城者皆哭。建德遣使吊之，琮因使者请降，帅，读曰率。使，疏吏翻。降，户江翻；下同。建德退舍具馔以待之。琮言及隋亡，俯伏流涕，建德亦为之泣。馔，雏恋翻，又雏晼翻。为，于伪翻。诸将曰："琮久拒我军，杀伤甚众，力尽乃降，请烹之。"建德曰："琮，忠臣也，吾方赏之以劝事君，奈何杀之！往在高鸡泊为盗，容可妄杀人；今欲安百姓，定天下，岂得害忠良乎！"乃徇军中曰："先与王琮有怨敢妄动者，夷三族！"以琮为瀛州刺史。复以河间郡为瀛州。宋白曰：瀛州，汉为河间国，后汉为乐成国；后魏于乐成县立瀛州，取瀛海为名。于是河北郡县闻之，争附于建德。盗亦有道，岂欺我哉！

先是，建德陷景城，执户曹河东张玄素，将杀之，景城县，隋志属河间郡，旧曰成平，开皇十八年改名。张玄素为县户曹也。先，悉荐翻。县民千馀人号泣，请代其死，号，户刀翻。曰："户曹清慎无比，大王杀之，何以劝善！"建德乃释之，以为治书侍御史，固辞；及江都败，复以为黄门侍郎，玄素乃起。史言隋之故官，渐就仕于他姓。治，直之翻。复，扶又翻。饶阳令宋正本，隋志，饶阳县属河间郡。博学有才气，说建德以定河北之策，说，输芮翻。建德引为谋主。建德定都乐寿，隋志，乐寿县属河间郡，旧曰乐城，开皇十八年，改为广城，仁寿初改今名。刘昫曰：后魏移县东北，近古乐县〔寿〕亭，因改为乐寿焉。按瀛州河间郡，时治乐寿。宋白曰：太和十一年，河间郡自乐城移理于今乐寿县西一里乐寿亭城。隋开皇废郡，置瀛州，大业废州为河间郡。乐，音洛。命所居曰金城宫，备置百官。

王崇武标点容肇祖聂崇岐覆校

资治通鉴卷第一百八十六

端明殿学士兼翰林侍读学士太中大夫
提举西京嵩山崇福宫上柱国河内郡开国公 司马光 奉敕编集
食邑二千二百户食实封九百户赐紫金鱼袋臣

后学天台胡三省音注

唐纪二 起著雍摄提格(戊寅)八月，尽十二月，不满一年。

高祖神尧大圣光孝皇帝上之中

武德元年(戊寅、六一八)

1 八月，薛举遣其子仁果进围宁州，西魏置宁州于定安，置豳州于新平。隋志并定安、新平二县皆属北地郡。大业初，废新平之豳州，改定安之宁州为豳州。唐初析北地之新平、三水置豳州，而以北地郡为宁州，治定安。刺史胡演击却之。郝瑗言于举曰：郝，呼各翻。瑗，于眷翻。"今唐兵新破，关中骚动，宜乘胜直取长安。"举然之，会有疾而止。辛巳，举卒。卒，子恤翻。太子仁果立，居于折墌城，新志：泾州保定县有折墌故城。"折"，杜佑作"析"，音思历翻。墌，章恕翻。谥举曰武帝。

2 上欲与李轨共图秦、陇，薛举父子时据秦、陇。遣使潜诣凉州，复武威郡为凉州。宋白曰：凉州之地，本月氏居之，后为匈奴右地。汉武帝置凉州，兼统河、陇之地，而河西之地列置武威、酒泉、敦煌、张掖四郡。东都之季，河西诸郡以去州隔远，自求立州，为立雍州，晋惠帝末，张轨为凉州刺史，治姑臧，为会府。后分置诸州，而武威始专凉州之名。使，疏吏翻；下同。招抚之，与之书，谓之从弟。从，才用翻。轨大喜，遣其弟懋入贡。上以懋为大将军，命鸿胪少卿张俟德册拜轨为凉州总管，封凉王。胪，陵如翻。少，始照翻。

3 初，朝廷以安阳令吕珉为相州刺史，更以相州刺史王德仁为岩州刺史。是年五月，王德仁来降；先受朝命，德仁未能有相州也。六月，吕珉以相州来降，故正授之。新志以林虑县置岩州，正德仁所据地。朝廷，直遥翻。相，息亮翻。德仁由是怨愤，甲申，诱山东大使宇文明达入林虑山而杀之，诱，音酉。虑，音庐。叛归王世充。

4 己丑，以秦王世民为元帅，帅，所类翻。击薛仁果。

5 丁酉，临洮等四郡来降。后周武帝逐吐谷浑以置洮阳郡，寻置洮州；大业初，改州为临洮郡。洮，土刀翻。

6 隋江都太守陈棱求得炀帝之柩，取宇文化及所留辇辂鼓吹，粗备天子仪卫，守，式又翻。柩，音旧。吹，昌瑞翻。粗，坐五翻。改葬于江都宫西吴公台下，今扬州城西北有雷塘，塘西有吴公台，相传以为陈吴明彻攻广陵所筑弩台，以射城中。其王公以下，皆列瘗于帝茔之侧。瘗，于计翻。茔，音营。

7 宇文化及之发江都也，是年四月，化及发江都。以杜伏威为历阳太守；义宁元年春，伏威据历阳。伏威不受，仍上表于隋，皇泰主拜伏威为东道大总管，封楚王。

沈法兴亦上表于皇泰主，自称大司马、录尚书事、天门公，上，时掌翻。承制置百官，以陈杲仁为司徒，新书作"陈果仁"。孙士汉为司空，蒋元超为左仆射，殷芊为左丞，徐令言为右丞，刘子翼为选部侍郎，李百药为府掾。百药，德林之子也。李德林历事齐、周、隋。选，宣绢翻。掾，于绢翻。

8 九月，隋襄国通守陈君宾来降，拜邢州刺史。复以襄国郡为邢州。宋白曰：邢州，禹贡衡漳之地，春秋邢侯之国；邢迁于夷仪，即其地。秦兼天下，于此置信都郡，项羽改曰襄国，盖以赵襄子谥名之也。石氏置襄国郡。隋置邢州，取古邢国为名。守，式又翻。降，户江翻。君宾，伯山之子也。伯山，陈文帝之子。

9 虞州刺史韦义节义宁元年，以安邑、虞乡、夏三县置安邑郡，武德元年曰虞州。攻隋河东通守尧君素，久不下，军数不利；数，所角翻。壬子，以工部尚书独孤怀恩代之。

10 初，李密既杀翟让，见一百八十四卷义宁元年十一月。翟，苌伯翻。颇自骄矜，不恤士众；仓粟虽多，无府库钱帛，战士有功，无以为赏；又厚抚初附之人，众心颇怨。徐世勣尝因宴会刺讥其短；密不怿，使世勣出镇黎阳，虽名委任，实亦疏之。此叙密致败之由，非一时之事。

密开洛口仓散米，无防守典当者，当，主当也。当，丁浪翻。又无文券，取之者随意多少；或离仓之后，离，力智翻。力不能致，委弃衢路，自仓城至郛门，郛，郛郭也。米厚数寸，厚，户豆翻。为车马所辚践；辚，良刃翻。践，慈演翻。群盗来就食者并家属近百万口，近，其靳翻。无瓮盎，织荆筐淘米，洛水两岸十里之间，望之皆如白沙。密喜，谓贾闰甫曰："此可谓足食矣！"闰甫对曰："国以民为本，民以食为天。今民所以襁负如流而至者，以所天在此故也。襁，居两翻。而有司曾无爱吝，屑越如此，吝，惜也。屑越，犹言狼籍而弃之也。荀子曰：货财粟米者，彼将日月栖迟薛越之中野，我今将畜积并聚之于仓廪。窃恐一旦米尽民散，明公孰与成大业哉！"密谢之，即以闰甫判司仓参军事。

密以东都兵数败微弱，而将相自相屠灭，谓旦夕可平；王世充既专大权，厚赏将士，缮治器械，亦阴图取密。时隋军乏食，而密军少衣，数，所角翻。将，即亮翻。治，直之翻。少，诗沼翻。世充请交易，密难之；长史邴元真等各求私利，邴，即古丙姓。长，知两翻。劝密许之。先是，东都人归密者，日以百数；先，悉荐翻。既得食，降者益少，密悔而止。

密破宇文化及还，还，从宣翻。其劲卒良马多死，士卒疲病。世充欲乘其弊击之，恐人心不壹，乃诈称左军卫士张永通三梦周公，令宣意于世充，当勒兵相助击贼；乃为周公立庙，周公作洛，世充假之以作士气。令，力丁翻；下同。为，于伪翻。每出兵，辄先祈祷。世充令巫宣言周公欲令仆射急讨李密，当有大功，不即兵皆疫死。不，读曰否。世充兵多楚人，信妖言，皆请战。妖，于骄翻。世充简练精锐得二万馀人，马二千馀匹。壬子，出师击密，旗幡之上皆书永通字，军容甚盛。以张永通宣周公之意，故旗幡书永通字以表神助。癸丑，至偃师，营于通济渠南，作三桥于渠上。通济渠，大业元年所开。密留王伯当守金墉，自引精兵出偃师，阻邙山以待之。

密召诸将会议，将，即亮翻。裴仁基曰："世充悉众而至，洛下必虚，可分兵守其要路，令不得东，简精兵三万，傍河西出以逼东都。傍，步浪翻。世充还，还，从宣翻。我且按甲；世充再出，我又逼之。如此，则我有馀力，彼劳奔命，破之必矣。"密曰："公言大善。今东都兵有三不可当：兵仗精锐，一也；决计深入，二也；食尽求战，三也。我但乘城固守，蓄力以待之；彼欲斗不得，求走无路，不过十日，世充之头可致麾下。"陈智略、樊文超、单雄信皆曰："计世充战卒甚少，屡经摧破，悉已丧胆。少，诗沼翻。丧，息浪翻。兵法曰，'倍则战'，况不啻倍哉！且江、淮新附之士，望因此机展其勋效，及其锋而用之，可以得志。"于是诸将喧然，欲战者什七八，密惑于众议而从之。将，即亮翻。仁基苦争不能得，击地叹曰："公后必悔之。"魏征言于长史郑颋曰："魏公虽骤胜，而骁将锐卒多死，长，知两翻。颋，他鼎翻。骁，坚尧翻。将，即亮翻；下同。战士心怠，此二者难以应敌。且世充乏食，志在死战，难与争锋，未若深沟高垒以拒之，不过旬月，世充粮尽，必自退，追而击之，蔑不胜矣。”颋曰：“此老生之常谈耳。”征曰：“此乃奇策，何谓常谈！”拂衣而起。

程知节将内马军与密同营在北邙山上，单雄信将外马军营于偃师城北。单，慈浅翻。世充遣数百骑渡通济渠攻雄信营，密遣裴行俨与知节助之。行俨先驰赴敌，中流矢，坠于地；骑，奇寄翻；下同。中，竹仲翻。知节救之，杀数人，世充军披靡，披，普彼翻。乃抱行俨重骑而还；重，直龙翻。二人共骑一马曰重骑。还，从宣翻，又如字。为世充骑所逐，刺槊洞过，知节回身捩折其槊，刺，七亦翻。槊，色角翻。捩，练结翻，拗捩也。折，而设翻。兼斩追者，与行俨俱免。会日暮，各敛兵还营。密骁将孙长乐等十馀人皆被重创。骁，坚尧翻。乐，音洛。被，皮义翻。创，初良翻。

密新破宇文化及，有轻世充之心，不设壁垒。世充夜遣二百馀骑潜入北山，北山，即北邙山。伏溪谷中，命军士皆秣马蓐食。甲寅旦，将战，世充誓众曰：“今日之战，非直争胜负；死生之分，在此一举。若其捷也，富贵固所不论；若其不捷，必无一人获免。所争者死，非独为国，为，于伪翻。各宜勉之！”迟明，迟，直二翻。引兵薄密。密出兵应之，未及成列，世充纵兵击之。世充士卒皆江、淮剽勇，剽，匹妙翻。出入如飞。世充先索得一人貌类密者，缚而匿之，索，山客翻。战方酣，使牵以过陈前，陈，读曰阵。噪曰：“已获李密矣！”考异曰：革命记曰：“世充先于众中觅得一人眉目状似李密者，阴畜之而不令出。师至偃师城下，与李密未大相接，遽令数十骑驰将所畜人头来，云杀得李密。充佯不信，遣众共看，咸言是密头也。遂于城下勒兵，掷头与城中人，城中人亦言是密头也，遂以城降。”今从壶关录。士卒皆呼万岁。其伏兵发，乘高而下，驰压密营，纵火焚其庐舍。密众大溃，其将张童仁、陈智略皆降，压，于甲翻。将，即亮翻。降，户江翻；下同。密与万馀人驰向洛口。

世充夜围偃师；郑颋守偃师，其部下翻城纳世充。初，世充家属在江都，随宇文化及至滑台，又随王轨入李密，密留于偃师，欲以招世充。及偃师破，世充得其兄世伟、子玄应、虔【玄】恕、琼等，又获密将佐裴仁基、郑颋、祖君彦等数十人。世充于是整兵向洛口，得邴元真妻子、郑虔象母及密诸将子弟，皆抚慰之，令潜呼其父兄。令，力丁翻。

初，邴元真为县吏，坐赃亡命，从翟让于瓦冈；翟，苌伯翻。让以其尝为吏，使掌书记。及密开幕府，妙选时英，让荐元真为长史；密不得已用之，此义宁元年春二月事。长，知两翻。行军谋画，未尝参预。密西拒世充，留元真守洛口仓。元真性贪鄙，宇文温谓密曰："不杀元真，必为公患。"密不应。元真知之，阴谋叛密；杨庆闻之，以告密，密固疑焉。至是，密将入洛口城，元真已遣人潜引世充矣。密知而不发，因与众谋，待世充兵半济洛水，然后击之。世充军至，密候骑不时觉，比将出战，比，必寐翻。世充军悉已济矣。单雄信等又勒兵自据；密自度不能支，度，徒洛翻。帅麾下轻骑奔虎牢，元真遂以城降。降，户江翻。

初，雄信骁捷，善用马槊，名冠诸军，帅，读曰率；下同。冠，古玩翻。军中号曰"飞将"。将，即亮翻。彦藻以雄信轻于去就，劝密除之；彦藻，房彦藻也。是年二月彦藻死，此亦叙日前事。密爱其才，不忍也。及密失利，雄信遂以所部降世充。史叙邴元真、单雄信事，皆言李密当断不断，反受其乱。

密将如黎阳，或曰："杀翟让之际，徐世勣几死，事见一百八十四卷义宁元年十一月。几，居希翻。今失利而就之，安可保乎！"时王伯当弃金墉保河阳，密自虎牢归之，引诸将共议。密欲南阻河，北守太行，东连黎阳，以图进取。将，即亮翻。行，户刚翻。诸将皆曰："今兵新失利，众心危惧，若更停留，恐叛亡不日而尽。又人情不愿，难以成功。”密曰：“孤所恃者众也，众既不愿，孤道穷矣。”欲自刎以谢众。刎，扶粉翻。伯当抱密号绝，号，户刀翻。众皆悲泣，密复曰：复，扶又翻。“诸君幸不相弃，当共归关中；密身虽无功，诸君必保富贵。”府掾柳燮曰：“明公与唐公同族，兼有畴昔之好；谓自唐公起与之连和也。掾，于绢翻。好，呼到翻。虽不陪起兵，然阻东都，断隋归路，断，丁管翻。使唐公不战而据长安，此亦公之功也。”众咸曰：“然。”密又谓王伯当曰：“将军室家重大，岂复与孤俱行哉！”伯当曰：“昔萧何尽帅子弟以从汉王，汉王与项羽相距，萧何悉遣子弟诣军，天下既定，论功行封。上曰：“何举宗数十人随我。”复，扶又翻；下同。伯当恨不兄弟俱从，从，才用翻。岂以公今日失利遂轻去就乎！纵身分原野，亦所甘心！”左右莫不感激，从密入关者凡二【张：“二”作“三”。】万人。于是密之将帅、州县多降于隋。朱粲亦遣使降隋，将，即亮翻。帅，所类翻。降，户江翻。使，疏吏翻。皇泰主以粲为楚王。

11 甲寅，秦州总管窦轨击薛仁果，不利；骠骑将军刘感镇泾州，宋白曰：魏黄初中，分陇右为秦州，因秦初封也，与州同理冀城，冀城改为陇城县。时复以陇西郡为秦州，安定郡为泾州。骠，匹妙翻。骑，奇寄翻。仁果围之。城中粮尽，感杀所乘马以分将士，感一无所啖，唯煮马骨取汁和木屑食之。城垂陷者数矣；数，所角翻。会长平王叔良将士至泾州，“士”，当作“兵”。仁果乃扬言食尽，引兵南去；乙卯，又遣高墌人伪以城降。墌，章恕翻。考异曰：实录云：“乙卯，宇文歆攻高墌城，下之。”今从刘感传。叔良遣感帅众赴之；帅，读曰率；下同。己未，至城下，扣【章：十二行本“扣”下有“门”字；乙十一行本同；孔本同；张校同；退斋校同，云“城”字属下句。】城中人曰：“贼已去，可逾城入。”感命烧其门，城上下水灌之。感知其诈，遣步兵先还，自帅精兵为殿。帅，读曰率。殿，丁练翻。俄而城上举三烽，仁果兵自南原大下，战于百里细川，唐军大败，感为仁果所擒。仁果复围泾州，令感语城中云：语，牛倨翻。“援军已败，不如早降。”降，户江翻。感许之，至城下，大呼曰：呼，火故翻。“逆贼饥馁，亡在旦夕，秦王帅数十万众，四面俱集，城中勿忧，勉之！”仁果怒，执感，于城旁埋之至膝，驰骑射之；至死，帅，读曰率。骑，奇寄翻。射，而亦翻。声色逾厉。叔良婴城固守，仅能自全。感，丰生之孙也。刘丰生，高齐将，死于颍川。

12 庚申，陇州刺史陕人常达隋志：扶风汧源县，西魏之东秦州也，后改为陇州；大业三年，废州，并入扶风郡。义宁二年，析扶风郡之汧源、汧阳、南由，安定郡之华亭，置陇东郡。唐受禅，改为陇州。陕，失冉翻。击薛仁果于宜禄川，宜禄川，在豳、泾二州间，贞观二年，析豳之新平及泾之保定、灵台，置宜禄县。斩首千馀级。

13 上遣从子襄武公琛、从，才用翻。琛，丑林翻。太常卿郑元璹璹，殊玉翻。以女妓遗始【章：十二行本“始”上有“突厥”二字；乙十一行本同；孔本同；张校同；退斋校同。】毕可汗。妓，渠绮翻。遗，于季翻。可，从刊入声。汗，音寒。壬戌，始毕复遣骨咄禄特勒来。上受禅之后，骨咄禄尝来使。复，扶又翻。咄，当没翻。

14 癸亥，白马道士傅仁均白马县带滑州。造戊寅历成，唐受禅建国，岁在戊寅，故以名历。奏上，行之。上，时掌翻。

15 薛仁果屡攻常达，不能克，乃遣其将仵士政以数百人诈降，仵，姓也。姓苑：仵姓，望出襄阳。急就章有仵终古。将，即亮翻。仵，音疑古翻。降，户江翻；下同。达厚抚之。乙丑，士政伺隙以其徒劫达，拥城中二千人降于仁果。伺，相吏翻。考异曰：新、旧唐书皆云：“薛举遣仵士政伪降达，士政劫达以见举。”据实录，薛举前已死，此月达再击仁果及士政劫达，皆有日月。今从实录。达见仁果，词色不屈，仁果壮而释之。奴贼帅张贵谓达曰：“汝识我乎？”帅，所类翻。达曰：“汝逃死奴贼耳！”贵怒，欲杀之；人救之，得免。

16 辛未，追谥隋太上皇为炀帝。谥，神至翻。

17 宇文化及至魏县，张恺等谋去之；事觉，化及杀之。腹心稍尽，兵势日蹙，兄弟更无他计，但相聚酣宴，奏女乐。化及醉，尤智及曰：酣，户甘翻。尤，责过也。“我初不知，由汝为计，强来立我。智及创谋弑逆，故尤之。强，其两翻。今所向无成，士马日散，负弑君之名，天下所不容。今者灭族，岂不由汝乎！”持其两子而泣。智及怒曰：“事捷之日，初不赐尤，及其将败，乃欲归罪，何不杀我以降窦建德！”数相斗阋，降，户江翻。数，所角翻。阋，许激翻，恨也，戾也。言无长幼；醒而复饮，以此为恒。恒，常也。长，知两翻。复，扶又翻。恒，户登翻。其众多亡，化及自知必败，叹曰：“人生固当死，岂不一日为帝乎！”于是鸩杀秦王浩，即皇帝位于魏县，国号许，宇文化及袭封许公，因以为国号。改元天寿，署置百官。

18 冬，十月，壬申朔，日有食之。

19 戊寅，宴突厥骨咄禄，引骨咄禄升御坐以宠之。史言突厥骄倨，唐祖欲以结其心，适以滋其慢。厥，九勿翻。咄，当没翻。坐，徂卧翻。

20 李密将至，上遣使迎劳，相望于道。使，疏吏翻；下同。劳，力到翻。密大喜，谓其徒曰：“我拥众百万，一朝解甲归唐，山东连城数百，知我在此，遣使招之，亦当尽至；比于窦融，功亦不细，窦融以河西归汉光武，李密自谓过之。岂不以一台司见处乎！”处，昌吕翻。己卯，至长安，有司供待稍薄，所部兵累日不得食，众心颇怨。既而以密为光禄卿、上柱国，赐爵邢国公。密既不满望，朝臣又多轻之，朝，直遥翻。执政者或来求贿，意甚不平；为李密复叛去张本。独上亲礼之，常呼为弟，以舅子独孤氏妻之。妻，七细翻。

21 庚辰，诏右翊卫大将军淮安王神通为山东道安抚大使，山东诸军并受节度；以黄门侍郎崔民干为副。崔民干，山东望族，故使副神通以招抚诸郡县。使，疏吏翻。

22 邓州刺史吕子臧与抚慰使马元规击朱粲，破之。子臧言于元规曰："粲新败，上下危惧，请并力击之，一举可灭。若复迁延，复，扶又翻；下同。其徒稍集，力强食尽，致死于我，为患方深。"元规不从。子臧请独以所部兵击之，元规不许。既而粲收集馀众，兵复大振，自称楚帝于冠军，复，扶又翻，又音如字。冠，古玩翻。改元昌达，进攻邓州。子臧抚膺膺，胸也。谓元规曰："老夫今坐公死矣！"粲围南阳，南阳即邓州。会霖雨城坏，所亲劝子臧降。子臧曰："安有天子方伯降贼者乎！"帅麾下赴敌而死。降，户江翻。帅，读曰率。俄而城陷，元规亦死。是年二月遣马元规，今死。

23 癸未，王世充收李密美人珍宝及将卒十馀万人还东都，陈于阙下。将，即亮翻。乙酉，皇泰主大赦。丙戌，以世充为太尉、尚书令、内外诸军事，"内外诸军事"之上当有"总督"二字。【章：十二行本正有"总督"二字；乙十一行本同；孔本同；张校同；退斋校同。】仍使之开太尉府，备置官属，妙选人物。史言王世充篡形已成。世充以裴仁基父子骁勇，深礼之。骁，坚尧翻。徐文远复入东都，见世充，必先拜。或问曰："君倨见李密见上七月。而敬王公，何也？"文远曰："魏公，君子也，能容贤士；王公，小人也，能杀故人，吾何敢不拜！"

24 李密总管李育德以武陟来降，隋志：河内郡修武县，开皇十六年析置武陟郡。刘昫曰：武陟，汉怀县地，故城在今县西。降，户江翻；下同。考异曰：旧唐书高季辅传云："与李厚德来降。"按以武陟来降者乃育德，非厚德也。拜陟州刺史。新、旧志皆云，武德二年李厚德以修武县东北浊鹿城归顺，因置陟州。通鉴二年书厚德逐王世充殷州刺史，以获嘉来降，以厚德刺殷州。二志皆云四年置殷州。差殊如此，当考。育德，谔之孙也。李谔见一百七十六卷陈长城公至德三年。其馀将佐刘德威、贾闰甫、高季辅等，或以城邑，或帅众，相继来降。将，即亮翻。帅，读曰率。

初，北海贼帅綦公顺大业初，以青州为北海郡。綦，姓也。帅，所类翻。綦，音其。帅其徒三万攻郡城，已克其外郭，进攻子城；城中食尽，公顺自谓克在旦夕，不为备。明经刘兰成纠合城中骁健百馀人袭击之，刘兰成盖尝应明经科，因称之。新唐志曰：唐制取士之科，多因隋旧，则明经科起于隋也。帅，读曰率。骁，坚尧翻；下同。城中见兵继之，见，贤遍翻。公顺大败，弃营走，郡城获全。于是郡官及望族分城中民为六军，各将之，兰成亦将一军。将，即亮翻。有宋书佐者，离间诸军曰：炀帝改郡诸曹参军为书佐。间，古苋翻。“兰成得众心，必为诸人不利，不如杀之。”众不忍杀，但夺其兵以授宋书佐。兰成恐终及祸，亡奔公顺；公顺军中喜噪，欲奉以为主，固辞，乃以为长史，军事咸听焉。居五十馀日，兰成简军中骁健者百五十人，往抄北海。抄，楚交翻；下同。距城四十里，留十人，使多芟草，分为百馀积；芟，所衔翻。二十里，又留二十人，各执大旗；五六里，又留三十人，伏险要；兰成自将十人，夜，距城一里许潜伏；馀八十人分置便处，约闻鼓声即抄取人畜亟去，抄，楚交翻。亟，纪力翻。仍一时焚积草。明晨，城中远望无烟尘，皆出樵牧。日向中，兰成以十人直抵城门，城上钲鼓乱发；伏兵四出，抄掠杂畜十【章：十二行本“十”作“千”，乙十一行本同；孔本同。】馀头及樵牧者而去。畜，许又翻。兰成度抄者已远，徐步而还。度，徒洛翻。还，音旋，又如字。城中虽出兵，恐有伏兵，不敢急追；又见前有旌旗、烟火，遂不敢进而还。既而城中知兰成前者众少，悔不穷追。少，诗沼翻；下同。居月馀，兰成谋取郡城，更以二十人直抵城门。城中人竞出逐之，行未十里，公顺将大兵总至。将，即亮翻；下自将、主将同。郡兵奔驰还城，公顺进兵围之；兰成一言招谕，城中人争出降。降，户江翻。兰成抚存老幼，礼遇郡官，见宋书佐，亦礼之如旧，仍资送出境，内外安堵。

时海陵贼帅臧君相隋志：海陵县属江都郡。帅，所类翻。相，息亮翻。闻公顺据北海，帅其众五万来争之；帅，读曰率。公顺众少，闻之大惧。兰成为公顺画策曰：为，于伪翻。“君相今去此尚远，必不为备，请将军倍道袭击其营。”公顺从之，自将骁勇五千人，赍熟食，倍道袭之。骁，坚尧翻。将至，兰成与敢死士二十人前行，距君相营五十里，见其抄者负担向营，担，丁滥翻。兰成亦与其徒负担蔬米、烧器，担，亦负也，都甘翻。烧器，锅釜之属。诈为抄者，择空而行听察，得其号号，户告翻，军号也。及主将姓名；至暮，与贼比肩而入，负担巡营，知其虚实，得其更号。更号，持更之号。更，工衡翻。乃于空地燃火营食，至三鼓，忽于主将幕前交刀乱下，杀百馀人，贼众惊扰；公顺兵亦至，急攻之，君相仅以身免，考异曰：旧书作“刘兰”，云：“颇涉经史，善言成败。然性多凶狡，见隋末将乱，交通不逞，于时北海完富，兰利其子女玉帛，与群盗相应，破其乡城邑。武德中，淮安王神通为山东道安抚大使，兰率宗党归之。”革命记序其事颇详。今从之。俘斩数千，收其资粮甲仗以还。还，从宣翻。由是公顺党众大盛。及李密据洛口，公顺以众附之，密败，亦来降。降，户江翻。

25 隋末群盗起，冠军司兵李袭誉按新书李袭誉传：仕隋为冠军府司兵。考之隋志，冠军、辅国将军，从六品耳。其府司兵，当在流外小官也。冠，古玩翻。说西京留守阴世师守，式又翻。遣兵据永丰仓，发粟以赈贫乏，出库物赏战士，移檄郡县，同心讨贼。世师不能用。说，输芮翻。乃求募兵山南，世师许之。上克长安，自汉中召还，为太府少卿；隋避讳，以汉中为汉川郡，唐复曰汉中，仍改郡曰梁州。梁、洋等州皆在长安南山之南。少，始照翻。乙未，附袭誉籍于宗正。李袭誉之先，亦出于陇西，故附之属籍以亲之。宗正寺，掌天子族亲属籍，以别昭穆。袭誉，袭志之弟也。李袭志时事萧铣。

26 丙申，朱粲寇淅州，旧志：邓州内乡县，汉淅县地，后周改为中乡，隋改为内乡，武德二年置淅州。又按隋志，淅阳郡，西魏置淅州，治南乡县。朱粲所寇，盖南乡之淅州。淅，音析。遣太常卿郑元璹帅步骑一万击之。璹，殊玉翻。帅，读曰率。骑，奇寄翻。

27 是月，纳言窦抗罢为左武候大将军。

28 十一月，乙巳，凉王李轨即皇帝位，改元安乐。乐，音洛。考异曰：按轨传云，轨称凉王，即改元安乐。今据实录。

29 戊申，王轨以滑州来降。李密既败，王轨来降。降，户江翻；下同。

30 薛仁果之为太子也，去年秋七月，薛举称帝，仁果为太子。与诸将多有隙；及即位，众心猜惧。郝瑗哭举得疾，遂不起，由是国势浸弱。秦王世民至高墌，仁果使宗罗睺将兵拒之；罗睺数挑战，将，即亮翻。郝，呼各翻。瑗，于眷翻。墌，章恕翻。数，所角翻。挑，徒了翻。世民坚壁不出。诸将咸请战，世民曰："我军新败，士气沮丧，谓是年七月浅水原之败也。沮，在吕翻。丧，息浪翻。贼恃胜而骄，有轻我心，宜闭垒以待之。彼骄我奋，可一战而克也。"乃令军中曰："敢言战者斩！"相持六十馀日，仁果粮尽，其将梁胡郎等帅所部来降。将，即亮翻；下同。帅，读曰率；下同。世民知仁果将士离心，命行军总管梁实营于浅水原以诱之。诱，音酉。罗睺大喜，尽锐攻之，梁实守险不出；营中无水，人马不饮者数日。罗睺攻之甚急；世民度贼已疲，度，徒洛翻。谓诸将曰："可以战矣！"迟明，迟，直利翻。使右武候大将军庞玉陈于浅水原。陈，读曰阵；下同。罗睺并兵击之，玉战，几不能支，几，居依翻。世民引大军自原北出其不意，罗睺引兵还战。世民帅骁骑数十先陷陈，唐兵表里奋击，呼声动地，帅，读曰率。骁，坚尧翻。骑，奇寄翻；下同。陈，读曰阵。呼，火故翻。罗睺士卒大溃，斩首数千级。世民帅二千馀骑追之，骑，奇寄翻。窦轨叩马苦谏曰："仁果犹据坚城，虽破罗睺，未可轻进，请且按兵以观之。"睺，音侯。世民曰："吾虑之久矣，破竹之势，不可失也，杜预曰：兵威已振，譬如破竹，数节之后，迎刃而解。舅勿复言！"世民窦氏之出，呼轨为舅。复，扶又翻。遂进。仁果陈于城下，世民据泾水临之，仁果骁将浑干等数人临陈来降。骁，坚尧翻。将，即亮翻。浑，户昆翻。姓苑记其所出者多，左传郑有大夫浑罕，卫有浑良夫，唐浑瑊祖浑邪王。吐谷浑后为浑，其音户本翻；以为出于浑沌氏者，谬也。注又见后。降，户江翻。仁果惧，引兵入城拒守。日向暮，大军继至，遂围之。夜半，守城者争自投下。仁果计穷，己酉，出降；得其精兵万馀人，男女五万口。

诸将皆贺，因问曰："大王一战而胜，遽舍步兵，又无攻具，轻骑直造城下，造，七到翻。众皆以为不克，而卒取之，何也?"卒，子恤翻。世民曰："罗睺所将皆陇外之人，将骁卒悍；将，即亮翻，又音如字，领也。悍，户罕翻，又侯旰翻。吾特出其不意而破之，斩获不多。若缓之，则皆入城，仁果抚而用之，未易克也；易，以豉翻。急之，则散归陇外，折墌虚弱，仁果破胆，不暇为谋，此吾所以克也。""折"，当作"析"。音思历翻。墌，章恕翻。众皆悦服。世民所得降卒，悉使仁果兄弟及宗罗睺、翟长孙等将之，翟，苌伯翻。长，知两翻。与之射猎，无所疑间。间，古苋翻。贼畏威衔恩，皆愿效死。世民闻褚亮名，求访，获之，礼遇甚厚，引为王府文学。自隋时亲王府有文学。

上遣使谓世民曰：使，疏吏翻。"薛举父子多杀我士卒，必尽诛其党以谢冤魂。"李密谏曰："薛举虐杀无辜，此其所以亡也，陛下何怨焉！怀服之民，不可不抚！"乃命戮其谋首，馀皆赦之。

上使李密迎秦王世民于豳州，密自恃智略功名，见上犹有傲色；及见世民，不觉惊服，此岂独相表服之哉？威灵气焰足以服之也。私谓殷开山曰："真英主也，不如是，何以定祸乱乎！"

诏以员外散骑常侍姜謩为秦州刺史，曹魏末，置员外散骑常侍。散，悉亶翻。骑，奇寄翻。謩抚以恩信，盗贼悉归首，首，手又翻。士民安之。

31 徐世勣据李密旧境，未有所属。魏征随密至长安，【章：十二行本"安"下有"久不为朝廷所知"七字；乙十一行本同；孔本同；张校同。】乃自请安集山东，上以为秘书丞，汉献帝建安中，魏武为魏王，置秘书令及二丞。乘传至黎阳，遗徐世勣书，传，株恋翻。遗，于季翻。劝之早降。世勣遂决计西向，谓长史阳翟郭孝恪曰：隋志：阳翟县属襄城郡。降，户江翻。长，知两翻。"此民众土地，皆魏公有也；李密建国，称魏公。吾若上表献之，上，时掌翻。是利主之败，自为功以邀富贵也，吾实耻之。今宜籍郡县户口士马之数以启魏公，使自献之。"乃遣孝恪诣长安，又运粮以饷淮安王神通。神通时安抚山东。上闻世勣使者至，无表，止有启与密，甚怪之。孝恪具言世勣意，上乃叹曰："徐世勣不背德，不邀功，使，疏吏翻。背，蒲妹翻。真纯臣也！"赐姓李。时授世勣黎州总管，封英国公。通鉴书于明年闰二月。以孝恪为宋州刺史，复以梁郡为宋州，此时唐未能有宋州也。使与世勣经略虎牢以东，所得州县，委之选补。委之选补官吏也。

32 癸丑，独孤怀恩攻尧君素于蒲反。汉志作"蒲反"，后始作"蒲坂"。行军总管赵慈景尚帝女桂阳公主，为君素所擒，枭首城外，以示无降意。枭，坚尧翻。降，户江翻。

33 癸亥，秦王世民至长安，斩薛仁果于市，赐常达帛三百段。赏其不屈也。唐制，凡赐十段，其率绢三匹，布三端，绵四屯。若杂彩十段，则丝布二匹，绸二匹，绫二匹，缦四匹。赠刘感平原郡公，谥忠壮。以其死节也。扑杀仵士政于殿庭。扑，弼角翻，击也。以张贵尤淫暴，腰斩之。上享劳将士，因谓群臣曰："诸公共相翊戴以成帝业，若天下承平，可共保富贵。使王世充得志，公等岂有种乎！因薛仁果君臣以相戒。劳，力到翻。种，章勇翻。如薛仁果君臣，岂可不以为前鉴也！"己巳，以刘文静为户部尚书，领陕东道行台左仆射；复殷开山爵位。先是刘文静、殷开山皆以浅水原之败除名。

34 李密骄贵日久，又自负归国之功，朝廷待之不副本望，事见上。郁郁不乐。乐，音洛。尝遇大朝会，密为光禄卿，当进食，六典：光禄卿之职，掌邦国酒醴、膳羞之事，总太官、珍羞、良酝、掌醢四署之官，属朝会燕飨，则节其等差，量其丰约以供焉。故当进食。朝，直遥翻。深以为耻；退，以告左武卫大将军王伯当。伯当心亦怏怏，怏，于两翻。因谓密曰："天下事在公度内耳。今东海公在黎阳，密封徐世勣为东海公。襄阳公在罗口，襄阳公，未知为谁。按密将张善相时为伊州刺史，据襄城，自襄城北出则罗口。盖李密封善相为襄城公，伯当指言之也。"襄阳公"，疑当作"襄城公"。河南兵马，屈指可计，岂得久如此也！"密大喜，乃献策于上曰："臣虚蒙荣宠，安坐京师，曾无报效；山东之众皆臣故时麾下，请往收而抚之。凭借国威，取王世充如拾地芥耳！"颜师古曰：地芥，谓草芥之横在地上者；俯而拾之，言易而必得也。上闻密故将士多不附世充，亦欲遣密往收之，群臣多谏曰："李密狡猾好反，将，即亮翻。好，呼到翻。今遣之，如投鱼于泉，放虎于山，必不反矣！"上曰："帝王自有天命，非小子所能取。借使叛去，如以蒿箭射蒿中耳！蒿，蓬萧之属，丛生于地，人皆贱其无用。剡蒿为箭，射之蒿中，言其无用而不足惜也。北齐源文宗曰："国家视淮南同于蒿箭，"盖蒿箭之言尚矣。射，而亦翻。今使二贼交斗，吾可以坐收其弊。"辛未，遣密诣山东，收其馀众之未下者。密请与贾闰甫偕行，上许之，命密及闰甫同升御榻，赐食，传饮卮酒曰："吾三人同饮是酒以明同心，善建功名，以副朕意。丈夫一言许人，千金不易。有人确执不欲弟行，上呼李密为弟。朕推赤心于弟，非他人所能间也。”间，古苋翻。密、闰甫再拜受命。上又以王伯当为密副而遣之。考异曰：高祖实录：“未几，闻其下兵皆不附王世充，令密收集馀众以图洛阳。密言于高祖曰：‘臣入朝日浅，不愿违离。又在朝公卿，未甚委信，愿得陛下腹心左右与臣同去。’高祖曰：‘朕推赤心于人，终无疑阻，但有益国利人，即当专决。’”今从蒲山公传。

35 有大鸟五集于乐寿，乐，音洛。群鸟数万从之，经日乃去。窦建德以为己瑞，改元五凤。宗城人有得玄圭献于建德者，宋正本及景城丞会稽孔德绍皆曰：“此天所以赐大禹也，隋志：宗城县属清河郡，旧曰广宗，仁寿元年改焉，避炀帝讳也。景城县属河间郡，旧曰成平，开皇十八年改。隋改越州为会稽郡。禹平水土，锡玄圭，告厥成功，盖尧锡之也。宋正本等引为天瑞以谄建德，过矣。隋，县置令、丞。会，古外翻。请改国号曰夏。”窦建德初称长乐王。夏，户雅翻。建德从之。以正本为纳言，德绍为内史侍郎。

初，王须拔掠幽州，中流矢死，中，竹仲翻。考异曰：革命记云：“须拔众散奔突厥，突厥以为南面可汗。”今从唐书。其将魏刀儿代领其众，据深泽，掠冀、定之间，隋志，深泽县属博陵郡。刘昫曰：治滹沱河北。宋白曰：以界内水泽深广名县。时复信都郡为冀州，博陵郡为定州。将，即亮翻。众至十万，自称魏帝。建德伪与连和，刀儿弛备，建德袭击破之，遂围深泽；其徒执刀儿降，建德斩之，尽并其众。降，户江翻。

易、定等州皆降，唯冀州刺史麹棱不下。麹棱时附于唐。棱婿崔履行，暹之孙也，崔暹事齐高氏父子，以不畏强御称。自言有奇术，可使攻者自败，棱信之。履行命守城者皆坐，毋得妄斗，曰：“贼虽登城，汝曹勿怖，怖，普布翻。吾将使贼自缚。”于是为坛，夜，设章醮，然后自衣衰绖，衣，于既翻。衰，仓回翻。绖，徒结翻。杖竹登北楼恸哭；又令妇女升屋四面振裙。建德攻之急，棱将战，履行固止之。俄而城陷，履行哭犹未已。自古以来，信妖人之言以丧师亡城者多矣，然后世之人犹有信而不悟者，若高骈、李守贞之徒是也。建德见棱曰："卿忠臣也！"厚礼之，以为内史令。

36 十二月，壬申，诏以秦王世民为太尉、使持节、陕东道大行台，使，疏吏翻。其蒲州、河北诸府兵马并受节度。复以河东郡为蒲州。河北，谓大河以北，黎、相之地。诸府，诸总管府。

37 癸酉，西突厥曷娑那可汗厥，九勿翻。娑，苏何翻。可，从刊入声。汗，音寒。降，户江翻。自宇文化及所来降。隋炀帝以曷娑那自从，炀帝弑，从化及。

38 隋将尧君素守河东，将，即亮翻。上遣吕绍宗、韦义节、独孤怀恩相继攻之，俱不下。义宁元年九月，屈突通留尧君素守河东，吕绍宗攻之不克；以韦义节代之，又不克；武德元年九月，以独孤怀恩代之，仍不下。时外围严急，君素为木鹅，置表于颈，具论事势，浮之于河；河阳守者得之，达于东都。皇泰主见而叹息，拜君素金紫光禄大夫。庞玉、皇甫无逸自东都来降，上悉遣诣城下，为陈利害，为，于伪翻。君素不从。考异曰：高祖实录："令宇文士及为陈利害。"按宇文化及为窦建德所擒，士及乃自归于唐。实录误也。今从隋书。又赐金券，许以不死。其妻又至城下，谓之曰："隋室已亡，君何自苦！"君素曰："天下名义，非妇人所知！"引弓射之，应弦而倒。射，而亦翻。考异曰：实录云："妻号恸而去。"今从隋书。君素亦自知不济，然志在守死，每言及国家，未尝不歔欷。歔，音虚。欷，音希，又许既翻。谓将士曰："吾昔事主上于藩邸，隋书尧君素传：炀帝为晋王，君素以左右从。大义不得不死。必若隋祚永终，天命有属，属，之欲翻。自当断头以付诸君，听君等持取富贵。断，丁管翻。今城池甚固，仓储丰备，大事犹未可知，不可横生心也！"横，户孟翻。君素性严明，善御众，下莫敢叛。久之，仓粟尽，人相食；又获外人，微知江都倾覆。丙子，君素左右薛宗、李楚客杀君素以降，传首长安。降，户江翻；下同。君素遣朝散大夫解人王行本将精兵七百在他所，解，汉古县也，后魏曰安定，西魏改曰南解，又改曰绥化，又曰虞乡；武德元年，更名解县，别置虞乡县，并属蒲州。朝，直遥翻。散，悉亶翻。解，户买翻。将，即亮翻。闻之，赴救不及，因捕杀君素者党与数百人，悉诛之，复乘城拒守，复，扶又翻，又音如字。独孤怀恩引兵围之。

39 丁酉，【章：十二行本"酉"作"丑"；乙十一行本同；孔本同；张校同。】隋襄平太守邓暠以柳城、北平二郡来降，以暠为营州总管。隋置襄平、柳城郡，皆在辽西郡柳城县界。北平郡，即平州卢龙之地。时复以辽西郡为营州。守，式又翻。暠，工老翻。

40 辛巳，太常卿郑元璹击朱粲于商州，破之。复以上洛郡为商州。璹，殊玉翻。

41 初，宇文化及遣使招罗艺，艺曰："我隋臣也。"斩其使者，为炀帝发丧，临三日。使，疏吏翻。为，于伪翻。临，力鸩翻。窦建德、高开道各遣使招之，艺曰："建德、开道，皆剧贼耳！吾闻唐公已定关中，人望归之。此真吾主也，吾将从之，敢沮议者斩！"沮，在吕翻。会张道源慰抚山东，艺遂奉表，与渔阳、上谷等诸郡皆来降。癸未，诏以艺为幽州总管。隋大业初，置渔阳郡于无终。唐复以涿郡为幽州。考异曰：创业注："艺以武德元年二月降。"旧云三年，新书云二年，皆误也。今从实录。薛万均，世雄之子也，薛世雄死见一百八十四卷义宁元年。与弟万彻俱以勇略为艺所亲待，诏以万均为上柱国、永安郡公，万彻为车骑将军、武安县公。唐制，上柱国、郡公皆正二品，县公从二品；车骑将军则诸卫郎将之职也，正五品。骑，奇寄翻；下同。

窦建德既克冀州，兵威益盛，帅众十万寇幽州。帅，读曰率；下同。艺将逆战，万均曰："彼众我寡，出战必败，不若使羸兵背城阻水为陈，羸，伦为翻。背，蒲妹翻。陈，读曰阵。彼必渡水击我。万均请以精骑百人伏于城旁，俟其半渡击之，蔑不胜矣。”艺从之。建德果引兵渡水，万均邀击，大破之。建德竟不能至其城下，乃分兵掠霍堡及雍奴等县，霍堡，盖世乱，霍氏宗党筑堡以自固，因以为名。雍奴，汉古县，唐志属幽州，天宝改为武清县。艺复邀击，败之。复，扶又翻。败，补迈翻。凡相拒百馀日，建德不能克，乃还乐寿。乐，音洛。

艺得隋通直谒者温彦博，以为司马。隋炀帝置谒者台，有司朝谒者、通事谒者、通直谒者、将事谒者。艺以幽州归国，彦博赞成之；诏以彦博为幽州总管府长史，未几，征为中书侍郎。长，知两翻。几，居岂翻。兄大雅，时为黄门侍郎，与彦博对居近密，黄门侍郎居门下省，谓之东省；中书侍郎居中书省，谓之西省；故曰对居近密。时人荣之。

42 以西突厥曷娑那可汗为归义王，厥，九勿翻。娑，素那翻。可，从刊入声。汗，音寒。曷娑那献大珠，上曰：“珠诚至宝；然朕宝王赤心，珠无所用。”竟还之。

43 乙酉，车驾幸周氏陂，过故墅。【章：十二行本“墅”下有“丁亥还宫”四字；乙十一行本同；孔本同；张校同；退斋校同。】水经注：白渠尾入栎阳而东南注于渭。故渠径汉丞相周勃冢南，冢北有亚夫冢，故渠东南有周氏曲渠，又南径汉景帝陵南，又东南注于渭。周氏曲，即周氏陂也，在高陵县界。故墅，在高陵县西十里店，上旧所居也；武德六年，名龙跃宫。

44 初，羌豪旁企地以所部附薛举，旁，步光翻，羌姓也。及薛仁果败，企地来降，留长安。企地不乐，企，去智翻。乐，音洛。帅其众数千叛，入南山，出汉川，帅，读曰率。此自长安南山诸谷出汉川。汉川，即汉中。所过杀掠。武候大将军庞玉击之，为企地所败。败，补迈翻。企地【据张校补。】行至始州，普安，汉梓潼县，广汉郡治焉；宋置南安郡，梁置南梁州，后改安州，西魏改为始州；大业初，改为普安郡，唐复为始州，先天二年，改为剑州。掠女子王氏，与俱醉卧野外；王氏拔其佩刀，斩首送梁州，唐改汉川郡为梁州。其众遂溃。诏赐王氏号为崇义夫人。

45 壬辰，王世充帅众三万围谷州，新安县，后周置中州及东垣县，州寻废；开皇十六年置谷州，仁寿四年州废，又废新安入东垣；大业初，改名新安县，属河南郡；义宁二年，破段达，置新安郡；武德元年，改谷州，取谷水为名。帅，读曰率。刺史任瓌拒却之。任，音壬。瓌，古回翻。

46 上使李密分其麾下之半留华州，周宣王封其弟友于郑，自汉以来为郑县；后魏置东雍州及华山郡，西魏改曰华州；开皇初，州废；大业初，郡废为郑县，属京兆郡；义宁元年，析京兆之郑、华阴置华阴郡，寻改华州。华，户化翻。将其半出关。将，即亮翻。长史张宝德预在行中，恐密亡去，罪相及；上封事，言其必叛。长，知两翻。上，时掌翻。上意乃中变，又恐密惊骇，乃降敕书劳来，劳，力到翻。来，力代翻。令密留所部徐行，单骑入朝，更受节度。骑，奇寄翻。朝，直遥翻。

密至稠桑，得敕，谓贾闰甫曰："敕遣我去，无故复召我还，稠，直留翻。复，扶又翻。天子向云，'有人确执不许'，此谮行矣。吾今若还，无复生理，不若破桃林县，开皇十六年，分阌乡、陕置桃林县，取古桃林之塞以名县也，在陕西四十五里。收其兵粮，北走渡河。比信达熊州，宜阳县，后魏置宜阳郡，东魏置阳州，后周改曰熊州，开皇初，郡废，大业初，州废，属河南郡。义宁二年，破段达，置宜阳郡。武德元年，置熊州，取熊耳山以名州。杜佑曰：熊州，今福昌县。比，必寐翻。吾已远矣。苟得至黎阳，大事必成。言欲就徐世勣也。公意如何？"闰甫曰："主上待明公甚厚；况国家姓名，著在图谶，谶，楚谮翻。天下终当一统。明公既已委质，质，职日翻。复生异图；复，扶又翻；下同。任瓌、史万宝据熊、谷二州，任，音壬。瓌，古回翻。此事朝举，彼兵夕至，虽克桃林，兵岂暇集，一称叛逆，谁复容人！为明公计，不若且应朝命，朝，直遥翻。以明元无异心，自然浸润不行；论语曰：浸润之谮不行焉。闰甫引此。更欲出就山东，徐思其便可也。”密怒曰：“唐使吾与绛、灌同列，何以堪之！言不得如韩、彭割地而王使与周勃、灌婴同列。且谶文之应，彼我所共。今不杀我，听使东行，足明王者不死；纵使唐遂定关中，山东终为我有。天与不取，乃欲束手投人！公，吾之心腹，何意如是！若不同心，当斩而后行！”闫甫泣曰：“明公虽云应谶，近察天人，稍已相违。今海内分崩，人思自擅，强者为雄；明公奔亡甫尔，谁相听受！且自翟让受戮之后，翟，苌伯翻。人皆谓明公弃恩忘本，今日谁肯复以所有之兵束手委公乎！彼必虑公见夺，逆相拒抗，一朝失势，岂有容足之地哉！自非荷恩殊厚者，讵肯深言不讳乎！荷，下可翻。愿明公熟思之，但恐大福不再。楚灵王之言。苟明公有所措身，闫甫亦何辞就戮！”密大怒，挥刃欲击之；王伯当等固请，乃释之。闫甫奔熊州。伯当亦止密，以为未可；密不从。伯当乃曰：“义士之志，不以存亡易心。公必不听，伯当与公同死耳，然恐终无益也。”

密因执使者，斩之。庚子旦，密给桃林县官曰：“奉诏蹔还京师，使，疏吏翻。给，徒亥翻。蹔，与暂同。家人请寄县舍。”乃简骁勇数十人，着妇人衣，戴羃䍦，骁，坚尧翻。着，侧略翻。羃，莫狄翻。䍦，音离。藏刀裙下，诈为妻妾，自帅之入县舍，帅，读曰率；下同。须臾，变服突出，因据县城。驱掠徒众，直趣南山，趣，七喻翻，又逡须翻。乘险而东，遣人驰告故将伊州刺史襄城张善相，令以兵应接。五代志：襄城郡，东魏置北荆州；后周改曰和州；开皇初，改曰伊州；大业初，改曰汝州，寻改为郡。李密复开皇旧州名。杜佑曰：伊州，今陆浑县。将，即亮翻。相，息亮翻。

右翊卫将军史万宝镇熊州，谓行军总管盛彦师曰：“李密，骁贼也，骁，坚尧翻。又辅以王伯当，今决策而叛，殆不可当也。”彦师笑曰：“请以数千之众邀之，必枭其首。”枭，古尧翻。万宝曰："公以何策能尔?"彦师曰："兵法尚诈，不可为公言之。"为，于伪翻。即帅众逾熊耳山熊耳山，在熊州南。南，据要道，南字当属上句。令弓弩夹路乘高，刀楯伏于溪谷，楯，食尹翻。令之曰："俟贼半渡，一时俱发。"或问曰："闻李密欲向洛州，而公入山，何也?"洛州，谓洛阳。彦师曰："密声言向洛，实欲出人不意，走襄城，就张善相耳。走，音奏。相，息亮翻。若贼入谷口，我自后追之，山路险隘，无所施力，一夫殿后，必不能制。殿，丁练翻。今吾先得入谷，擒之必矣。"

李密既渡陕，以为馀不足虑，陕州之兵既不能邀密，密自以为逾山而南，他无邀阻，不足虑也。陕，失冉翻。遂拥众徐行，果逾山南出。彦师击之，密众首尾断绝，不得相救，遂斩密及伯当，俱传首长安。考异曰：河洛记："密因执驿使者斩之，晓入桃林，诈县官翻据县，城中惊悸，莫敢当者；驱掠畜产趋南山。时右翊卫将军、上柱国、太平公史万宝在熊州，既闻密叛，遣将刘善武领兵追蹑。善武兄善绩往在洛口，为密所屠，善武因此发愤，志在取密，十日十夜，倍道兼行，百方罗捕，无暂休息。追至陆浑县南七十里，与密相及，连战转斗，一步一前，驱密于邢公山，与王伯当死之。"今从实录及旧书。彦师以功赐爵葛国公，【章：十二行本"公"下有"拜武卫将军"五字；乙十一行本同；孔本同；张校同；退斋校同。】仍领熊州。"领"，当依旧书作"镇"。

李世勣在黎阳，上遣使以密首示之，告以反状。世勣北面拜伏号恸，表请收葬；使，疏吏翻。号，户刀翻。诏归其尸。世勣为之行服，备君臣之礼。世勣以此受知于太宗。为，于伪翻。大具仪卫，举军缟素，葬密于黎阳山南。缟，工老翻。密素得士心，哭者多欧血。

47 隋右武卫大将军李景守北平，高开道围之，岁馀不能克。辽西太守邓暠将兵救之，景帅其众迁于柳城；守，式又翻。暠，古老翻。将，即亮翻。帅，读曰率；下同。后将还幽州，于道为盗所杀。

开道遂取北平，进陷渔阳郡，有马数千匹，众且万，自称燕王，改元始兴，考异曰：实录、唐书皆无开道年号。柳璨注正闰位历年号天成，李昉历代年号亦如之。宋庠纪年通谱："武德元年，开道年号始兴。"云出历代纪要录。此号未知孰是。今从纪要。都渔阳。

怀戎沙门高昙晟刘昫曰：怀戎，后汉之潘县，属上谷郡；北齐改为怀戎县；隋属幽州涿郡。昙，徒含翻。晟，承正翻。因县令设斋，士民大集，昙晟与僧五千人拥斋众而反，杀县令及镇将，将，即亮翻。自称大乘皇帝，立尼静宣为邪输皇后，释氏以人之性识根业各差，故有大乘、小乘之说。改元法轮。遣使招开道，立为齐王。开道帅众五千人归之，使，疏吏翻。帅，读曰率。居数月，袭杀昙晟，悉并其众。

48 有犯法不至死者，上特命杀之。监察御史李素立谏曰：六典：监察御史，盖取秦监郡御史以名官。晋孝武太元中，创置检校御史。后周秋官府，有司宪旅下士，隋初改为监察御史，从八品上。监，工衔翻。"三尺法，王者所与天下共也；汉书：客谓杜周曰："君为廷尉，不循三尺法。"孟康注云：以三尺竹简书法律也。法一动摇，人无所措手足。陛下甫创洪业，奈何弃法！臣忝法司，不敢奉诏。"上从之。自是特承恩遇，命所司授以七品清要官；所司拟雍州司户，雍，于用翻。上曰："此官要而不清。"又拟秘书郎，上曰："此官清而不要。"遂擢授侍御史。六典：侍御史，从六品上。杜佑曰：唐侍御史之职有四，谓推、弹、公廨、杂事。推者，掌推鞫；弹者，掌弹举；公廨，知公廨事；杂事，台事总悉判之。素立，义深之曾孙也。李义深，赵郡著姓，事高齐，史云人位兼美。

上以舞胡安比【严："比"改"叱"。】奴为散骑侍郎。散，悉亶翻。骑，奇寄翻。礼部尚书李纲谏曰："古者乐工不与士齿，虽贤如子野、师襄，皆【章：十二行本"皆"下有"终身继"三字；乙十一行本同；孔本同；张校同；退斋校同。】世不易其业。子野，晋乐师旷字。襄，鲁乐师。唯齐末封曹妙达为王，安马驹为开府，有国家者以为殷鉴。齐后主亡国，亦此之由。诗云：殷监不远，在夏后之世。今天下新定，建义功臣，行赏未遍，高才硕学，犹滞草莱；而先擢舞胡为五品，使鸣玉曳组，趋翔廊庙，组，则古翻。非所以规模后世也。”上不从，曰：“吾业已授之，不可追也。”

陈岳论曰：受命之主，发号出令，为子孙法；一不中理，则为厉阶。中，竹仲翻。今高祖曰“业已授之，不可追”，苟授之而是，则已；授之而非，胡不可追欤！君人之道，不得不以“业已授之”为诫哉！

49 李轨吏部尚书梁硕，有智略，轨常倚之以为谋主。硕见诸胡浸盛，阴劝轨宜加防察，由是与户部尚书安修仁有隙。其后安修仁兄弟缚轨以归于唐，卒如梁硕所虑。轨子仲琰尝诣硕，硕不为礼，乃与修仁共谮硕于轨，诬以谋反，轨鸩硕，杀之。有胡巫谓轨曰：“上帝当遣玉女自天而降。”轨信之，发民筑台以候玉女，劳费甚广。河右饥，人相食，轨倾家财以赈之；不足，欲发仓粟，赈，津忍翻。召群臣议之，曹珍等皆曰：“国以民为本，岂可爱仓粟而坐视其死乎！”谢统师等皆故隋官，心终不服，谢统师等为轨所执，见一百八十四卷义宁元年七月。密与群胡为党，排轨故人，乃诟珍曰：诟，苦候翻。“百姓饿者自是羸弱，勇壮之士终不至此。国家仓粟以备不虞，岂可散之以饲羸弱！羸，伦为翻。饲，祥吏翻。仆射苟悦人情，不为国计，非忠臣也。”轨以为然，由是士民离怨。为李轨败亡张本。

王崇武标点容肇祖聂崇岐覆校

资治通鉴卷第一百八十七

端明殿学士兼翰林侍读学士太中大夫
提举西京嵩山崇福宫上柱国河内郡开国公 司马光 奉敕编集
食邑二千二百户食实封九百户赐紫金鱼袋臣

后学天台 胡三省 音注

唐纪三 起屠维单阏(己卯)正月，尽十月，不满一年。

高祖神尧大圣光孝皇帝上之下

武德二年(己卯、六一九)

1 春，正月，壬寅，王世充悉取隋朝显官、名士为太尉府官属，朝，直遥翻；下同。杜淹、戴胄皆预焉。胄，安阳人也。安阳县带相州。隋将军王隆帅屯卫将军张镇周、炀帝改左、右领军卫为左、右屯卫。帅，读曰率。考异曰：高祖实录作"镇州"。今从隋书陈棱传。都水少监苏世长等以山南兵始至东都。义宁元年七月，遣王隆会兵东都，今始至。少，始照翻。王世充专总朝政，事无大小，悉关太尉府；台省监署，莫不阒然。阒，苦鸱翻。世充立三牌于府门外：一求文学才识，堪济时务者；一求武勇智略，能摧锋陷敌者；一求身有冤滞，拥抑不申者。于是上书陈事【章：乙十一行本"事"下有"者"字；张校同。】日有数百，世充悉引见，躬自省览，省，悉景翻。殷勤慰谕，人人自喜，以为言听计从，然终无所施行。下至士卒厮养，析薪为厮，炊烹为养。厮，音斯。养，羊尚翻。世充皆以甘言悦之，而实无恩施。施，式智翻。

隋马军总管独孤武都为世充所亲任，其从弟司隶大夫机炀帝置司隶台，以大夫为之长，掌诸巡察，正四品。从，才用翻。与虞部郎杨恭慎、六典：周礼，地官有山虞、泽虞，盖虞部之职也。魏始有虞曹郎中，晋因之，梁、陈为侍郎；后周冬官有虞部下大夫；梁、陈、后魏、北齐并祠部尚书领之，隋工部尚书领之，炀帝曰虞曹郎。前勃海郡主簿孙师孝、炀帝改沧州为勃海郡。步兵总管刘孝元、李俭、崔孝仁谋召唐兵，使孝仁说武都曰："王公徒为儿女之态以悦下愚，而鄙隘贪忍，不顾亲旧，岂能成大业哉！图谶之文，应归李氏，人皆知之。说，输芮翻；下同。谶，楚谮翻。唐起晋阳，奄有关内，兵不留行，英雄景附。且坦怀待物，举善责功，不念旧恶，据胜势以争天下，谁能敌之！吾属托身非所，坐待夷灭。今任管公兵近在新安，任瓌以谷州刺史镇新安，封管国公。任，音壬。又吾之故人也，若遣间使召之，使夜造城下，间使，上古苋翻，下疏吏翻。造，七到翻。吾曹共为内应，开门纳之，事无不集矣。"武都从之。事泄，世充皆杀之。恭慎，达之子也。达，隋观德王雄之弟。

2 癸卯，命秦王世民出镇长春宫。长春宫在同州朝邑县，后周宇文护所建。

3 宇文化及攻魏州总管元宝藏，四旬不克。魏征往说之，丁未，宝藏举州来降。魏征本元宝藏官属。说，式芮翻。降，户江翻；下同。

4 戊午，淮安王神通击宇文化及于魏县，化及不能抗，东走聊城。聊城县时属魏州，武德四年，分为博州。神通拔魏县，斩获二千馀人，引兵追化及至聊城，围之。

5 甲子，以陈叔达为纳言。

6 丙寅，李密所置伊州刺史张善相来降。相，息亮翻。降，户江翻。

7 朱粲有众二十万，剽掠汉、淮之间，剽，匹妙翻。迁徙无常，每破州县，食其积粟未尽，复他适，复，扶又翻；下同。将去，悉焚其馀资；又不务稼穑，民馁死者如积。粲无可复掠，军中乏食，乃教士卒烹妇人、婴儿噉之，噉，徒滥翻，又徒览翻。曰："肉之美者无过于人，但使他国有人，何忧于馁！"隋著作佐郎陆从典、通事舍人颜愍楚六典：著作佐郎修国史。宋百官春秋云：常道乡公咸熙百官名，有著作佐郎三人。晋制，著作佐郎始到职，必撰名臣传一人。宋氏之初，国朝始建，未有合撰者，此制遂替。后周，春官府置著作中士，即著作佐郎之任。通事舍人，即秦之谒者。汉书百官表：谒者，掌宾赞受事。旧仪云：谒者有缺，选郎中美须眉大音者补。晋初中书置舍人、通事各一人，东晋令舍人、通事兼谒者之任，通事舍人之名由此始也。隋初，罢谒者官，置通事舍人。炀帝改通事舍人为通事谒者。颜愍楚，盖大业前为舍人。谪官在南阳，南阳邓州。粲初引为宾客，其后无食，阖家皆为所噉。愍楚，之推之子也。颜之推仕于高齐之季。又税诸城堡细弱以供军食，诸城堡相帅叛之。帅，读曰率；下同。

淮安土豪杨士林、田瓒起兵攻粲，后魏置东荆州于比阳，西魏改为淮州。梁置淮安县于桐柏，并立上川郡。隋开皇废郡，改淮安为桐柏县，改淮安郡曰显州，领比阳、平氏、桐柏等七县。大业改显州为淮安郡。瓒，藏旱翻。诸州皆应之。粲与战于淮源，水经注：淮水出平氏县桐柏大复山，山南有淮源庙。唐州桐柏淮源县〔庙〕碑，汉延熹六年立，其文曰："淮出平氏，始于大复，潜行地中，见于阳口。"大败，帅馀众数千奔菊潭。帅，读曰率。菊潭，旧曰郦县，开皇初改焉，时属邓州；山有菊，人饮其水多寿，故以名县。士林家世蛮酋，酋，慈由翻。隋末，士林为鹰扬府校尉，杀郡官而据其郡。校，户教翻。既逐朱粲，己巳，帅汉东四郡遣使诣信州总管庐江王瑗请降，大业改隋州为汉东郡。梁置信州于鱼复，大业改为巴东郡，唐复为信州。使，疏吏翻。瑗，于眷翻。诏以为显州道行台。宋白曰：后魏置东荆州于比阳，后改淮州；隋文帝改显州，取界内显望冈为名。士林以瓒为长史。

8 初，王世充既杀元、卢，元、卢，元文都、卢楚，世充杀之，事见一百八十五卷元年七月。虑人情未服，犹媚事皇泰主，礼甚谦敬。又请为刘太后假子，尊号曰圣感皇太后。既而渐骄横，尝赐食于禁中，还家大吐，横，户孟翻。吐，土故翻。疑遇毒，自是不复朝谒。复，扶又翻。朝，直遥翻。皇泰主知其终不为臣，而力不能制，唯取内库彩物大造幡花；又出诸服玩，令僧散施贫乏以求福。施，式智翻。世充使其党张绩、董浚守章善、显福二门，东都皇城南面三门，中曰应天，左曰兴教，右曰光政；兴教之内曰会昌，其北曰章善；光政之内曰广运，其北曰显福。宫内杂物，毫厘不得出。是月，世充使人献印及剑。又言河水清，欲以耀众，为己符瑞云。

9 上遣金紫光禄大夫武功靳孝谟安集边郡，靳，居焮翻。为梁师都所获。孝谟骂之极口，师都杀之。二月，诏追赐爵武昌县公，谥曰忠。

10 初定租、庸、调法，每丁租二石，绢二匹，绵三两；租、庸、调之法，以人丁为本，梁、陈、齐、周各有损益。唐制，凡授田者，丁岁输粟二斛，稻三斛，谓之租。丁，随乡所出，岁输绢二匹，绫絁二丈，布加五之一，绵三两，麻三斤；非蚕乡，则输银十四两，谓之调。用人之力，岁二十日，闰加二日；不役者日为绢三尺，谓之庸。有事而加役二十五日者，免调；三十日者，租调皆免；通正役不过五十日。调，徒钧翻；下同。自兹以外，不得横有调敛。横，户孟翻。敛，力赡翻。

11 丙戌，诏："诸宗姓居官者在同列之上，未仕者免其徭役；每州置宗师一人以摄总，别为团伍。"

12 张俟德至凉，去年八月，遣张俟德册拜李轨。李轨召其群臣廷议曰："唐天子，吾之从兄，从，才用翻；下同。今已正位京邑。一姓不可自争天下，吾欲去帝号，受其封爵，可乎？"去，羌吕翻。曹珍曰："隋失其鹿，天下共逐之，称王称帝者，奚啻一人！唐帝关中，凉帝河右，固不相妨。且已为天子，奈何复自贬黜！复，扶又翻。必欲以小事大，请依萧詧事魏故事。”萧詧事魏事见一百六十五卷梁元帝承圣三年。轨从之。戊戌，轨遣其尚书左丞邓晓入见，见，贤遍翻。奉书称“皇从弟大凉皇帝臣轨”而不受官爵。帝怒，拘晓不遣，始议兴师讨之。

初，隋炀帝自征吐谷浑，吐谷浑可汗伏允以数千骑奔党项，事见一百八十一卷炀帝大业五年。吐，从暾入声。谷，音浴。可，从刊入声。汗，音寒。骑，奇寄翻。炀帝立其质子顺为主，质，音致。使统馀众，不果入而还。会中国丧乱，还，从宣翻，又如字。丧，息浪翻。伏允复还收其故地。复，扶又翻。上受禅，顺自江都还长安，炀帝既弑，顺逃还长安。上遣使与伏允连和，使击李轨，许以顺还之。伏允喜，起兵击轨，数遣使入贡请顺，上遣之。为后太宗立顺以统吐谷浑之众张本。遣使，疏吏翻；下同。

13 闰月，朱粲遣使请降，降，户江翻。诏以粲为楚王，听自置官属，以便宜从事。

14 宇文化及以珍货诱海曲诸贼，贼帅王薄帅众从之，诱，羊久翻。贼帅，所类翻。薄帅，读曰率。与共守聊城。

窦建德谓其群下曰：“吾为隋民，隋为吾君；今宇文化及弑逆，乃吾雠也，吾不可以不讨！”乃引兵趣聊城。趣，七喻翻，又逡须翻。

淮安王神通攻聊城，化及粮尽，请降，神通不许。安抚副使崔世干劝神通许之，降，户江翻；下同。使，疏吏翻。神通曰：“军士暴露日久，贼食尽计穷，克在旦暮，吾当攻取以示国威，且散其玉帛以劳将士，劳，力到翻。若受其降，将何以为军赏乎！”世干曰：“今建德方至，若化及未平，内外受敌，吾军必败。夫不攻而下之，为功甚易，夫，音扶。易，以豉翻。奈何贪其玉帛而不受乎！”神通怒，囚世干于军中。去年十月，遣神通安抚山东，书崔民干为副，今书“世干”，当有一误。既而宇文士及自济北馈之，济北郡，济州。济，子礼翻。化及军稍振，遂复拒战。复，扶又翻；下同。神通督兵攻之，贝州刺史赵君德攀堞先登，时复以清河郡为贝州。宋白曰：贝州清河郡，春秋为晋东阳之地，亦为齐境；秦为钜鹿郡地；汉分钜鹿郡，置清河郡，理清阳。石赵移郡理平晋城，即今博州清平县。后周平齐，于清河县置贝州。清河，后汉之甘陵清阳县，又兼有汉贝丘县之地，贝州以此得名。堞，徒协翻。神通心害其功，收兵不战，君德大诟而下，诟，苦候翻。遂不克。建德军且至，神通引兵退。

建德与化及连战，大破之，化及复保聊城。建德纵兵四面急攻，王薄开门纳之。建德入城，生擒化及，先谒隋萧皇后，语皆称臣，素服哭炀帝尽哀；收传国玺及卤簿仪仗，玺，斯氏翻。抚存隋之百官，然后执逆党宇文智及、杨士览、元武达、许弘仁、孟景，集隋官而斩之，枭首军门之外。枭，坚尧翻。以槛车载化及并二子承基、承趾至襄国，斩之。炀帝改邢州为襄国郡。杜佑曰：邢州，古邢国，治龙冈县；秦为信都，项羽改襄国，隋改龙冈。考异曰：隋书云："载之河间，斩之。"唐书云："至大陆，斩之。"河洛记云："建德将化及并萧后、南阳公主随军，于时襄国郡尚为隋守，建德因其回兵，欲攻之，营于城下，遣大理官引化及出营东南二里许，宣令数其罪，并二子一号魏王，一号蜀王，同时受戮。"按蜀王乃士及所封，今不取。化及且死，更无馀言，但云："不负夏王！"夏，户雅翻。

建德每战胜克城，所得资财，悉以分将士，身无所取。又不啖肉，常食蔬，茹粟饭；妻曹氏，不衣纨绮，将，即亮翻。啖，徒览翻，又徒滥翻。衣，于既翻。纨，音丸。绮，区几翻。所役婢妾，才十许人。及破化及，得隋宫人千数，即时散遣之。以隋黄门侍郎裴矩为左仆射，掌选事，选，宣绢翻。兵部侍郎崔君肃为侍中，考异曰：革命记作"君秀"。今从旧建德传。少府令何稠为工部尚书，汉书百官表，少府，秦官。至北齐，不置少府，以其属官并太府寺。隋炀帝大业三年，始分太府为少府监，置监、少监，其后改监为令，少监为少令。少，始照翻。右司郎中柳调为左丞，六典：左右司郎中，前代不置。炀帝三年，尚书都司始置左右司郎各一人，掌都省之职，品同诸曹郎，从五品。司马彪续汉书云：尚书丞一人，秦所置，汉因之。成帝置列曹尚书，更置丞四人，至光武减其二，惟置左、右丞各一人。丞者，承也，言承助令仆、总理台事也。虞世南为黄门侍郎，欧阳询为太常卿。询，纥之子也。欧阳纥见一百七十卷陈宣帝太建元年。纥，下没翻。自馀随才授职，委以政事。其不愿留，欲诣关中及东都者亦听之，仍给资粮，以兵援之出境。隋骁果尚近万人，亦各纵遣，任其所之。骁，坚尧翻。近，其靳翻。又与王世充结好，好，呼到翻。遣使奉表于隋皇泰主，使，疏吏翻。皇泰主封为夏王。建德起于群盗，虽建国，未有文物法度，裴矩为之定朝仪，制律令，为，于伪翻。朝，直遥翻。建德甚悦，每从之谘访典礼。

15 甲辰，上考第群臣，以李纲、孙伏伽为第一，伽，求加翻。因置酒高会，谓裴寂等曰："隋氏以主骄臣谄亡天下，朕即位以来，每虚心求谏，然惟李纲差尽忠款，孙伏伽可谓诚直，馀人犹踵敝风，俛眉而已，岂朕所望哉！朕视卿如爱子，卿当视朕如慈父，有怀必尽，勿自隐也！"因命舍君臣之敬，极欢而罢。

16 遣前御史大夫段确使于朱粲。使，疏吏翻。

17 初，上为隋殿内少监，少，始照翻。宇文士及为尚辇奉御，隋尚辇局，属殿内省。上与之善。士及从化及至黎阳，上手诏召之，士及潜遣家僮间道诣长安，又因使者献金环。金环，言欲还长安。间，古苋翻。使，疏吏翻。化及至魏县，兵势日蹙，士及劝之归唐，化及不从，内史令封德彝说士及于济北征督军粮以观其变。说，输芮翻。济，子礼翻。化及称帝，立士及为蜀王。化及死，士及与德彝自济北来降。降，户江翻。时士及妹为昭仪，由是授上仪同。上以封德彝隋室旧臣，而谄巧不忠，深诮责之，诮，才笑翻。罢遣就舍。德彝以秘策干上，上悦，寻拜内史舍人，俄迁侍郎。

18 甲寅，隋夷陵郡丞安陆许绍帅黔安、武陵、澧阳等诸郡来降。梁置宜州于夷陵郡，西魏改曰拓州，后周改曰硖州。宋白曰：周武帝以州扼三峡之口，故名。隋炀帝改为夷陵郡，改安州为安陆郡，黔州为黔安郡。武陵郡，梁置武州，后改曰沅州，隋改曰朗州，大业复为郡。澧阳，隋初置澧州，大业改为郡。帅，读曰率。澧，音礼。考异曰：旧书传云世充篡位乃来降。按世充篡在四月。实录绍降在此，今从之。绍幼与帝同学；诏以绍为峡州刺史，赐爵安陆公。

19 丙辰，以徐世勣为黎州总管。后魏置黎阳郡于黎阳县，后置黎州，至隋，州郡并废，以黎阳县属汲郡。今复置黎州。

20 丁巳，骠骑将军张孝珉以劲卒百人袭王世充汜水城，入其郛，沈米船百五十艘。隋志：汜水县旧曰成皋，即虎牢也。后魏置东中府，东魏置北豫州，后周置荥州，开皇初，曰郑州。十八年，改成皋曰汜水。骠，匹妙翻。骑，奇寄翻；下同。汜，音祀。沈，持林翻。艘，苏遭翻。

21 己未，世充寇谷州。世充以秦叔宝为龙骧大将军，骧，思将翻。程知节为将军，待之皆厚。然二人疾世充多诈，知节谓叔宝曰："王公器度浅狭而多妄语，好为咒誓，此乃老巫妪耳，好，呼到翻。咒，职救翻。妪，威遇翻。岂拨乱之主乎！"世充与唐兵战于九曲，水经注：洛水自宜阳而东，径九曲南，其地十里，有坂九曲。穆天子传所谓"天子西征，升于九阿"，此是也。洛水又东与豪水会，豪水出新安县密山，南流历九曲东而南流入于洛。旧志：熊州寿安县，义宁元年，移治九曲城。叔宝、知节皆将兵在陈，将，即亮翻。陈，读曰阵。与其徒数十骑，西驰百许步，下马拜世充曰："仆荷公殊礼，荷，下可翻。深思报效；公性猜忌，喜信谗言，喜，许既翻。非仆托身之所，今不能仰事，请从此辞。"遂跃马来降。降，户江翻。考异曰：河洛记："二月，王世充将兵围新安，将军程咬金帅其徒以归义。"按新安乃谷州也。而梁载言十道志，九曲在寿安。寿安乃熊州也，或者世充亦寇熊州乎？世充不敢逼。上使事秦王世民，世民素闻其名，厚礼之，以叔宝为马军总管，知节为左三统军。时世充骁将又有骠骑武安李君羡、隋改洺州为武安郡。骁，坚尧翻。将，即亮翻；下守将同。骠，匹妙翻。骑，奇寄翻。征南将军临邑田留安，隋临邑县属齐郡。亦恶世充之为人，恶，乌路翻。帅众来降。帅，读曰率。降，户江翻。世民引君羡置左右，以留安为右四统军。

22 王世充囚李育德之兄厚德于获嘉，获嘉，汉县，武帝巡幸至此，闻破南越获吕嘉，因以名县；隋属河内郡。厚德与其守将赵君颖逐殷州刺史段大师，以城来降。以厚德为殷州刺史。隋开皇十六年于获嘉县置殷州。大业初，州废，王世充复置，今因以命厚德。

23 窦建德陷邢州，执总管陈君宾。

24 上遣殿内监窦诞、隋炀帝置殿内监，讳中，改为内；唐为殿中监。是时盖未改隋官名也。右卫将军宇文歆秦、汉始置卫将军，晋武帝分为左、右二卫，下至隋初，皆因之；炀帝改左、右翊卫，唐复旧。歆，许金翻。助并州总管齐王元吉守晋阳。诞，抗之子也，窦抗，后兄也。并，卑盈翻。尚帝女襄阳公主。元吉性骄侈，奴客婢妾数百人，好使之被甲，戏为攻战，好，呼到翻；下同。被，皮义翻；下同。前后死伤甚众，元吉亦尝被伤。其乳母陈善意苦谏，元吉醉，怒，命壮士殴杀之。殴，乌口翻。性好田猎，载罔罟三十车，尝言："我宁三日不食，不能一日不猎。"常与诞游猎，蹂践人禾稼。蹂，人九翻。又纵左右夺民物，当衢射人，观其避箭。射，而亦翻。夜，开府门，宣淫他室。百姓愤怨，歆屡谏不纳，乃表言其状。壬戌，元吉坐免官。为元吉失守张本。

25 癸亥，陟州刺史李育德按志，是年育德以修武县浊鹿城降，置陟州，因武陟为名。攻下王世充河内堡聚三十一所。乙丑，世充遣其兄子君廓侵陟州，李育德击走之，斩首千馀级。李厚德归省亲疾，使李育德守获嘉，李厚德盖归浊鹿省亲，而使育德守获嘉也。省，悉景翻。世充并兵攻之；丁卯，城陷，育德及弟三人皆战死。

26 己巳，李公逸以雍丘来降，拜杞州总管，以其族弟善行为杞州刺史。隋志：梁郡雍丘县，后魏置阳夏郡，开皇废郡置杞州，大业废州为县，李公逸因乱据之，今复置州。时边要州置总管及刺史。

27 隋吏部侍郎杨恭仁，从宇文化及至河北；化及败，魏州总管元宝藏获之，己巳，送长安。上与之有旧，拜黄门侍郎，寻以为凉州总管。恭仁素习边事，晓羌、胡情伪，民夷悦服，自葱岭已东，并入朝贡。按恭仁至长安时，李轨尚据河西，唐未得凉州也，安能远及葱岭乎！史终言恭仁事耳。是年五月，安兴贵执李轨，方遣杨恭仁安抚河西。朝，直遥翻。

28 突厥始毕可汗将其众渡河至夏州，夏州，汉朔方之地，赫连所都统万也，魏灭赫连，以为统万镇。魏太和十一年，置夏州，因赫连故国名以名州，隋大业改州为朔方郡，今复以朔方郡为夏州。厥，九勿翻。可，从刊入声。汗，音寒。夏，户雅翻。梁师都发兵会之，以五百骑授刘武周，欲自句注入寇太原。骑，奇寄翻。句，音钩，又如字，又音拘。会始毕卒，考异曰：高祖实录：“六月己酉，始毕可汗卒。”疑遣使告丧月日也。今从旧书本纪、列传。子什钵苾幼，未可立，苾，毗必翻。立其弟俟利弗设为处罗可汗。俟，渠之翻。处，昌吕翻。处罗以什钵苾为尼步设，使居东偏，直幽州之北。直，当也。尼，女夷翻。先是，上遣右武候将军高静奉币使于突厥，使，疏吏翻。至丰州，复以五原郡为丰州。丰州，汉朔方临戎县地，后周保定三年，置永丰镇，隋开皇五年，置丰州，因镇为名，大业废州为五原郡，唐复为州。大元以丰州置天德军节度，属大同府路。闻始毕卒，敕纳于所在之库。突厥闻之，怒，欲入寇；丰州总管张长逊遣高静以币出塞为朝廷致赙，为，于伪翻。赙，音附。货财曰赙。突厥乃还。还，从宣翻，又如字。

29 三月，庚午，梁师都寇灵州，长史杨则击走之。边要之州，置总管、刺史、长史、司马。长，知两翻。

30 壬申，王世充寇谷州，刺史史万宝战不利。

31 庚辰，隋北海通守郑虔符、文登令方惠整及东海、齐郡、东平、任城、平陆、寿张、须昌贼帅王薄等并以其地来降。炀帝以青州为北海郡。守，式又翻。文登县属东莱郡。以海州为东海郡，齐州为齐郡，郓州为东平郡，须昌县属焉。任城、平陆二县属鲁郡，寿张县属济北郡。任，音壬。帅，所类翻。降，户江翻。

32 王世充之寇新安也，外示攻取，实召文武之附己者议受禅。李世英深以为不可，曰："四方所以奔驰归附东都者，以公能中兴隋室故也。中，竹仲翻，又如字。今九州之地，未清其一，遽正位号，恐远人皆思叛去矣！"世充曰："公言是也！"长史韦节、杨续等曰："隋氏数穷，在理昭然。夫非常之事，固不可与常人议之。"夫，音扶。太史令乐德融曰："昔岁长星出，乃除旧布新之征；隋志：大业十三年六月，有星孛于太微五帝座，色黄赤，长三四尺许。今岁星在角、亢，亢，郑之分野。晋天文志：自轸十二度至氐四度为寿星，于辰在辰。郑之分野属兖州。陈卓、范蠡、鬼谷先生、张良、诸葛亮、京房、谯周、张衡并云角、亢、氐，郑、兖州。亢，音刚。分，扶问翻。若不亟顺天道，恐王气衰息。"世充从之。外兵曹参军戴胄外兵曹，隋官无之，世充取魏、晋以来官制而置之耳。言于世充曰："君臣犹父子也，休戚同之。明公莫若竭忠徇国，则家国俱安矣。"世充诡辞称善而遣之。世充议受九锡，胄复固谏，复，扶又翻。世充怒，出为郑州长史，使与兄子行本镇虎牢。长，知两翻。乃使段达等言于皇泰主，请加世充九锡。皇泰主曰："郑公近平李密，已拜太尉，事见去年九月、十月。自是以来，未有殊绩，俟天下稍平，议之未晚。"段达曰："太尉欲之。"皇泰主熟视达曰："任公！"辛巳，达等以皇泰主之诏命世充为相国，假黄钺，总百揆，进爵郑王，加九锡，郑国置丞相以下官。

33 初，宇文化及以隋大理卿郑善果为民部尚书，从至聊城，为化及督战，中流矢。为化，于伪翻；下何为同。中，竹仲翻。窦建德克聊城，王琮获善果，责之曰："公名臣之家，郑善果父诚，讨尉迟迥，以力战死，由是为隋名臣家。隋室大臣，奈何为弑君之贼效命，苦战伤痍至此乎！"善果大惭，欲自杀，宋正本驰往救止之；建德复不为礼，乃奔相州，相，息亮翻。淮安王神通送之长安。庚【严："庚"改"壬"。】午，善果至，上优礼之，拜左庶子、检校内史侍郎。隋室之臣若宇文士及、郑善果，安可复用乎！

34 齐王元吉讽并州父老诣阙留己；甲申，复以元吉为并州总管。复，扶又翻。

35 戊子，淮南五州皆遣使来降。使，疏吏翻。降，户江翻。

36 辛卯，刘武周寇并州。

37 壬辰，营州总管邓暠击高开道，败之。暠，古浩翻。败，补迈翻。

38 甲午，王世充遣其将高毗寇义州。新志：武德元年，以卫州之汲、新乡置义州，仍高齐旧州名也。将，即亮翻。

39 东都道士桓法嗣献孔子闭房记于王世充，言相国当代隋为天子。嗣，祥吏翻。相，息亮翻。世充大悦，以法嗣为谏议大夫。世充又罗取杂鸟，书帛系颈，自言符命而纵之。有得鸟来献者，亦拜官爵。于是段达以皇泰主命，加世充殊礼，世充奉表三让。百官劝进，设位于都堂。纳言苏威年老，不任朝谒，任，音壬。朝，直遥翻。世充以威隋氏重臣，欲以眩耀士民，每劝进，必冠威名。冠，古玩翻。及受殊礼之日，扶威置百官之上，然后南面正坐受之。

40 夏，四月，刘武周引突厥之众，军于黄蛇岭，岭在榆次县北。兵锋甚盛。厥，九勿翻。齐王元吉使车骑将军张达以步卒【章：十二行本"卒"下有"百人"二字；乙十一行本同；孔本同；张校同；退斋校同。】尝寇；尝，试也。骑，奇寄翻。达辞以兵少不可往，元吉强遣之，少，诗沼翻。强，其两翻。至则俱没。达忿恨，庚子，引武周袭榆次，陷之。榆次县属并州，汉古县也。

41 散骑常侍段确，性嗜酒，奉诏慰劳朱粲于菊潭。是年二月，段确以前御史大夫出使，今书散骑常侍，盖续命之。散，悉亶翻。骑，奇寄翻。劳，力到翻。辛丑，乘醉侮粲曰："闻卿好啖人，人作何味？"好，呼到翻。啖，徒滥翻，又徒览翻；下同。粲曰："啖醉人正如糟藏彘肉。"确怒，骂曰："狂贼入朝，为一头奴耳，复得啖人乎！"粲于座收确及从者数十人，悉烹之朝，直遥翻。复，扶又翻；下同。从，才用翻。以啖左右。遂屠菊潭，奔王世充，世充以为龙骧大将军。骧，思将翻。

42 王世充令长史韦节、杨续等及太常博士衡水孔颖达，长，知两翻。衡水县属冀州，本汉桃县，隋开皇十六年置衡水县。造禅代仪，遣段达、云定兴等十馀人入奏皇泰主曰："天命不常，郑王功德甚盛，愿陛下遵唐、虞之迹！"皇泰主敛膝据案，怒曰："天下，高祖之天下，若隋祚未亡，此言不应辄发；必天命已改，何烦禅让！公等或祖祢旧臣，祢，乃礼翻。或台鼎高位，既有斯言，朕复何望！"颜色凛冽，言严冷也。在廷者皆流汗。退朝，泣对太后。世充更使人谓之曰："今海内未宁，须立长君，朝，直遥翻。长，知两翻。俟四方安集，当复子明辟，必如前誓。"谓去年七月禁中被发之誓也。癸卯，世充称皇泰主命，禅位于郑，遣其兄世恽幽皇泰主于含凉殿，恽，于粉翻。虽有三表陈让及敕书敦劝，皇泰主皆不知也。遣诸将引兵入清宫城，又遣术人以桃汤苇火祓除禁省。将，即亮翻；下同。祓，敷勿翻。

43 隋将帅、郡县及贼帅前后继有降者，帅，所类翻。降，户江翻；下同。诏以王薄为齐州总管，齐州治历城县，古历下城也。汉为历城县，刘宋侨立冀州于此。魏为济南郡，隋立济州，唐复隋初之旧。伏德为济州总管，郑虔符为青州总管，綦公顺为淮州总管，济，子礼翻。宋白曰：济州，古碻磝城也，秦为东郡茌平地，宋置碻磝戍及济北郡，后魏立济州。

按綦公顺本起北海，新志云：是年分青州之北海、营丘、下密置潍州，盖以公顺为潍州总管。“淮”，当作“潍”。宋白曰：潍州取界内潍水为名。王孝师为沧州总管。宋白曰：沧州，禹疏九河在此州界，汉置勃海郡，理浮阳，后魏置沧州。

44 甲辰，遣大理卿新乐郎楚之安抚山东，旧志曰：新乐，古鲜虞子国，汉新市县，属中山郡，隋改为新乐县，唐属定州。宋白曰：隋开皇十六年，置新乐县。新乐者，汉成帝时中山孝王母冯昭仪随王就国，建宫于西乡，呼为西乐城，后语讹呼西为新，故曰新乐。乐，音洛。秘书监夏侯端安抚淮左。

45 乙巳，王世充备法驾入宫，即皇帝位；丙午，大赦，改元开明。

46 丁未，隋御卫将军陈棱以江都来降；以棱为扬州总管。扬州，汉广陵、江都之地，自汉以来，扬州所治不常厥邑，至唐广陵，始专有扬州之名。

47 戊申，王世充立子玄应为太子，玄恕为汉王，馀兄弟宗族十九人皆为王。奉皇泰主为潞国公。以苏威为太师，段达为司徒，云定兴为太尉，张仅为司空，杨续为纳言，韦节为内史，“内史”下当有“令”字。王隆为左仆射，韦霁为右仆射，齐王世恽为尚书令，杨汪为吏部尚书，杜淹为少吏部，少吏部，即吏部侍郎。恽，于粉翻。少，始照翻。郑颋为御史大夫。颋，他鼎翻。世恽，世充之兄也。又以国子助教吴人陆德明为汉王师，晋武帝立国子学，置助教，掌佐博士教授，后世因之。令玄恕就其家行束脩礼。论语：孔子曰：“自行束脩以上，吾未尝无诲焉”。朱子曰：脩，脯也。十脡为束。古者相见必执贽以为礼，束脩其至薄者。后世缘夫子之言，遂以为事师之礼。德明耻之，服巴豆散，卧称病，巴豆有毒，能痢人。散，悉但翻。玄恕入跪床下，对之遗利，竟不与语。德明名朗，以字行。陆德明过孔颖达远矣。

世充于阙下及玄武门等数处皆设榻，坐无常所，亲受章表；或轻骑历衢市，亦不清道，天子清道而后行。骑，奇寄翻。民但避路而已。世充按辔徐行，语之曰：语，牛倨翻。“昔时天子深居九重，重，直龙翻。在下事情无由闻彻。彻，敕列翻。今世充非贪天位，但欲救恤时危，正如一州刺史，亲览庶务，当与士庶共评朝政，尚恐门有禁限，今于门外设坐听朝，朝，直遥翻；下同。坐，徂卧翻。宜各尽情。”又令西朝堂纳冤抑，东朝堂纳直谏。于是献策上书者日有数百，条流既烦，上，时掌翻。条流，犹言条派。省览难遍，省，悉景翻。数日后，不复更出。复，扶又翻。

48 窦建德闻王世充【张：“充”下脱“废皇泰主”四字。】自立，乃绝之，始建天子旌旗，出警入跸，下书称诏，追谥隋炀帝为闵帝。齐王暕之死也，谥，神至翻。江都之难，齐王暕亦死。暕，古限翻。有遗腹子政道，建德立以为郧公，郧，音云。然犹依倚突厥以壮其兵势。厥，九勿翻。隋义成公主遣使迎萧皇后及南阳公主，建德遣千馀骑送之，使，疏吏翻。骑，奇寄翻。又传宇文化及首以献义成公主。

49 丙辰，刘武周围并州，齐王元吉拒却之。戊午，诏太常卿李仲文将兵救并州。将，即亮翻。

50 王世充将军丘怀义居门下内省，召越王君度、汉王玄恕、将军郭士衡杂妓妾饮博，侍御史张蕴古弹之。世充大怒，令散手执君度、玄恕，批其耳数十；散手者，散手仗也。凡朝会之仗，三卫番上，分为五仗：一曰供奉仗，以左、右卫为之；二曰亲仗，以亲卫为之；三曰勋仗，以勋卫为之；四曰翊仗，以翊卫为之；皆服鹖冠、绯衫夹。五曰散手仗，以亲、勋、翊卫为之，服绯绝裲裆，绣野马，列坐于东西廊下。唐谓之衙内五卫。唐盖因隋制，世充亦因隋制也。妓，渠绮翻。弹，徒丹翻。散，悉但翻。批，蒲鳖翻，又普迷翻。又命引入东上閤，杖之各数十。东都皇宫正殿曰乾阳殿，殿左曰东上閤，右曰西上閤，閤各有门。怀义、士衡不问。赏蕴古帛百段，迁太子舍人。君度，世充之兄子也。

世充每听朝，殷勤诲谕，言词重复，朝，直遥翻。重，直龙翻。千端万绪，侍卫之人不胜倦弊，胜，音升。百司奏事，疲于听受。御史大夫苏良谏曰："陛下语太多而无领要，领要，犹汉人言要领也。计云尔即可，何烦许辞也！"世充默然良久，亦不罪良，然性如是，终不能改也。

51 王世充数攻伊州，数，所角翻。总管张善相拒之；粮尽，援兵不至，癸亥，城陷，善相骂世充极口而死。帝闻，叹曰："吾负善相，善相不负吾也！"赐其子襄城郡公。相，息亮翻。"子"下当有"爵"字，蜀本然。【章：十二行本正有"爵"字；乙十一行本同；孔本同；张校同。】

52 五月，王世充陷义州，复寇西济州。新志：济源县，武德二年，王世充将丁伯德以县来降，置西济州。复，扶又翻。济，子礼翻。遣右骁卫大将军刘弘基将兵救之。骁，坚尧翻。基将，即亮翻；下同。

53 李轨将安修仁兄兴贵，仕长安，表请说轨，谕以祸福。说，式芮翻；下同。上曰："轨阻兵恃险，连结吐谷浑、突厥，吐，从暾入声。谷，音浴。厥，九勿翻。吾兴兵击之，尚恐不克，岂口舌所能下乎！"兴贵曰："臣家在凉州，奕世豪望，为民夷所附；弟修仁为轨所信任，子弟在机近者以十数。臣往说之，说，式芮翻。轨听臣固善，若其不听，图之肘腋，易矣！"腋，音亦。易，以豉翻。上乃遣之。

兴贵至武威，轨以为左右卫大将军。兴贵乘间说轨曰：间，古苋翻。"凉地不过千里，土薄民贫。今唐起太原，取函秦，宰制中原，战必胜，攻必取，此殆天启，非人力也。不若举河西归之，则窦融之功复见于今日矣！"窦融事见汉光武纪。复，扶又翻。轨曰："吾据山河之固，彼虽强大，若我何！汝自唐来，为唐游说耳。"为，于伪翻。兴贵谢曰："臣闻富贵不归故乡，如衣绣夜行，项羽之言。衣，于既翻。臣阖门受陛下荣禄，安肯附唐！但欲效其愚虑，可否在陛下耳。”于是退与修仁阴结诸胡起兵击轨，轨出战而败，婴城自守。兴贵徇曰：“大唐遣我来诛李轨，敢助之者夷三族！”城中人争出就兴贵。轨计穷，与妻子登玉女台，轨筑玉女台，见上卷上年。置酒为别。庚辰，兴贵执之以闻，河西悉平。

邓晓在长安，舞蹈称庆，上曰：“汝为人使臣，使，疏吏翻；下同。闻国亡，不戚而喜，以求媚于朕，不忠于李轨，肯为朕用乎！”遂废之终身。是年二月，李轨遣邓晓入见。

轨至长安，并其子弟皆伏诛。以安兴贵为右武候大将军、上柱国、凉国公，赐帛万段，安修仁为左武候大将军、申国公。

54 隋末，离石胡刘龙儿旧志云：离石，汉县，后周改名昌化郡，隋为离石郡，唐为石州。离石胡，匈奴种也，即稽胡。拥兵数万，自号刘王，以其子季真为太子；虎贲郎将梁德击斩龙儿。贲，音奔。将，即亮翻。至是，季真与弟六儿复举兵为乱，复，扶又翻。引刘武周之众攻陷石州，杀刺史王俭。季真自称突利可汗，可，从刊入声。汗，音寒。以六儿为拓定王。六儿遣使请降，降，户江翻。诏以为岚州总管。以楼烦郡置岚州。宋白曰：因界内岢岚山立名。岚，卢含翻。

55 壬午，以秦王世民为左武候大将军、使持节、凉·甘等九州诸军事、凉州总管，九州，凉、甘、瓜、鄯、肃、会、兰、河、廓，皆李轨所据之地也。其太尉、尚书令、雍州牧、陕东道行台并如故。雍，于用翻。陕，失冉翻。遣黄门侍郎杨恭仁安抚河西。

56 丙戌，刘武周陷平遥。平遥县属汾州，即汉平陶县。魏避国讳，改“陶”为“遥”。

57 癸巳，梁州总管、山东道安抚副使陈政为麾下所杀，携其首奔王世充。政，茂之子也。隋书陈茂传：政归唐，卒于梁州总管。不言死于山东。通鉴当是据实录诸书。但是时山东无梁州，或者政先为梁州总管，后安抚山东而死也。陈茂事隋文帝，典机密。

58 王世充以礼部尚书裴仁基、左辅大将军裴行俨有威名，忌之。仁基父子知之，亦不自安，乃与尚书左丞宇文儒童、儒童弟尚食直长温、隋制，尚食局属殿中省，有奉御、有直长。长，知两翻。散骑常侍崔德本谋杀世充及其党，散，悉亶翻。骑，奇寄翻。复尊立皇泰主；事泄，皆夷三族。齐王世恽言于世充曰："儒童等谋反，正为皇泰主尚在故也，复，扶又翻。恽，于粉翻。为，于伪翻；下同。不如早除之。"世充从之，遣兄子唐王仁则及家奴梁百年鸩皇泰主。皇泰主曰："更为请太尉，以往者之言，未应至此。"谓世充往有"复子明辟"之言，既不能践，今不应遽杀之也。百年欲为启陈，为，于伪翻。世恽不许；又请与皇太后辞诀，亦不许。乃布席焚香礼佛："愿自今已往，不复生帝王家！"饮药，不能绝，以帛缢杀之，谥曰恭皇帝。缢，于赐翻，又于计翻。谥，神至翻。世充以其兄楚王世伟为太保，齐王世恽为太傅，领尚书令。

59 六月，庚子，窦建德陷沧州。沧州，隋勃海郡。

60 初，易州贼帅宋金刚，有众万馀，与魏刀儿连结。易州，上谷郡。宋白曰：易州，六国时燕地，秦并天下，是为上谷郡。汉置涿郡。今州即涿郡故安县。地图经云：隋初，自今遂城县所理英雄城，移南营州，居燕之候台，仍改名易州，取州南易水为名。帅，所类翻。刀儿为窦建德所灭，去年十一月建德灭刀儿。金刚救之，战败，帅众四千西奔刘武周。帅，读曰率。武周闻其善用兵，得之，甚喜，号曰宋王，委以军事，中分家赀以遗之。遗，于季翻。金刚亦深自结，出其故妻，纳武周之妹。因说武周图晋阳，南向争天下。说，输芮翻。武周以金刚为西南道大行台，使将兵三万寇并州。将，即亮翻；下周将、人将同。丁未，武周进逼介州，义宁元年，以介休、平遥置介休郡。武德元年曰介州。沙门道澄以佛幡缒之入城，缒，他伪翻。遂陷介州；诏左武卫大将军姜宝谊、行军总管李仲文击之。武周将黄子英往来雀鼠谷，新志：介休县有雀鼠谷。将，即亮翻。数以轻兵挑战，数，所角翻。挑，徒了翻。兵才接，子英阳不胜而走，如是再三，宝谊、仲文悉众逐之，伏兵发，唐兵大败，宝谊、仲文皆为所虏。考异曰：旧裴寂传云："宝谊、仲文相次陷没。"按实录，二人败处皆在雀鼠谷，贼将黄子英阳不胜以诱之，遇伏而没，事迹并同，必一时共战，皆被擒耳。既而俱逃归，上复使二人将兵击武周。复，扶又翻。

61 己酉，突厥使来告始毕可汗之丧，厥，九勿翻。使，疏吏翻；下同。可，从刊入声。汗，音寒。上举哀于长乐门，六典：长安宫城南面三门：中曰承天，东曰长乐，西曰永安。乐，音洛。废朝三日，朝，直遥翻。诏百官就馆吊其使者。又遣内史舍人郑德挺吊处罗可汗，赙帛三万段。处，昌吕翻。赙，音附。

62 上以刘武周入寇为忧，右仆射裴寂请自行。癸亥，以寂为晋州道行军总管，晋州，曹魏之平阳郡，后魏真君四年，置东雍州，孝昌中，改为唐州，建义元年，又改为晋州，隋为临汾郡，唐复为晋州。讨武周，听以便宜从事。

63 秋，七月，初置十二军，分关内诸府以隶焉，皆取天星为名，以万年道为参旗军，长安道为鼓旗军，富平道为玄戈军，醴泉道为井钺军，同州道为羽林军，华州道为骑官军，宁州道为折威军，岐州道为平道军，豳州道为招摇军，西麟州道为苑游军，泾州道为天纪军，宜州道为天节军。以车骑府统之。每军将、副各一人，取威名素重者为之，骑，奇寄翻。将，即亮翻；下同。督以耕战之务。由是士马精强，所向无敌。

64 海岱贼帅徐圆朗以数州之地请降，言徐圆朗跨据数州，东至海，西距岱。帅，所类翻。降，户江翻；下同。拜兖州总管，兖州，隋之鲁郡。禹贡之兖州，东南据济，西北距河，封域广矣。后汉以来，兖州所治，不常厥邑，所部亦广。至是始专以鲁郡为兖州。封鲁国公。

65 王世充遣其将罗士信寇谷州，士信帅其众千馀人来降。

帅，读曰率；下同。先是，士信从李密击世充，兵败，为世充所得，先，悉荐翻。世充厚礼之，与同寝食。既而得邴元真等，待之如士信，士信耻之。士信有骏马，世充兄子赵王道询欲之，不与，世充夺之以赐道询；士信怒，故来降。上闻其来，甚喜，遣使迎劳，【章：十二行本"劳"下有"赐帛五千段"五字；乙十一行本同；孔本同；张校同；退斋校同。】使，疏吏翻。劳，力到翻。廪食其所部，食，祥吏翻。以士信为陕州道行军总管。陕，失冉翻。宋白曰：陕州，即周二伯分陕之地。后魏太和十一年置陕州。世充左龙骧将军临泾席辩新志：临泾县属泾州。骧，思将翻。与同列杨虔安、李君义皆帅所部来降。

66 丙子，王世充遣其将郭士衡寇谷州，刺史任瓌大破之，俘斩且尽。任，音壬。瓌，古回翻。

甲申，行军总管刘弘基遣其将种如愿袭王世充河阳城，种，音冲。毁其河桥而还。还，从宣翻，又如字。

67 乙酉，西突厥统叶护可汗、高昌王麹伯雅各布遣使入贡。

初，西突厥曷娑那可汗入朝于隋，隋人留之，国人立其叔父，号射匮可汗。事见一百八十一卷炀帝大业七年。厥，九勿翻。可，从刊入声。娑，素何翻。朝，直遥翻。射匮者，达头可汗之孙也，既立，拓地东至金山，按开元中以西州为金山都督府。又，突厥之先，兴于金山，在高昌西北，则知是山近高昌。西至海，此西海也。遂与北突厥为敌，建庭于龟兹北三弥山。龟兹，音丘慈。射匮卒，子统叶护【章：十二行本"护"下有"可汗"二字；乙十一行本同；孔本同。】立。统叶护勇而有谋，北并铁勒，控弦数十万，据乌孙故地，又移庭于石国北千泉；石国，康居枝庶之分王者也，治柘折城，汉时大宛北鄙也。西域诸国皆臣之，叶护各遣吐屯监之，督其征赋。监，工衔翻。

68 辛卯，宋金刚寇浩州，浃旬而退。唐初改西河郡为浩州。浃，子协翻。

69 八月，丁酉，酅公薨，酅，奚圭翻。谥曰隋恭帝；无后，以族子行基嗣。嗣，祥吏翻。

70 窦建德将兵十馀万趣洺州，洺州，隋之武安郡。淮安王神通帅诸军退保相州。己亥，建德兵至洺州城下。将，即亮翻；下充将、礼将同。趣，七喻翻；下同。洺，音名。帅，读曰率；下同。相，息亮翻。

71 丙午，将军秦武通军至洛阳，败王世充将葛彦璋。败，补迈翻。

72 丁未，窦建德陷洺州，总管袁子干降之。降，户江翻。考异曰：实录作"甲子"，盖奏到之日。今从革命记。乙卯，引兵趣相州，淮安王神通闻之，帅诸军就李世勣于黎阳。

73 梁师都与突厥合数千骑寇延州，延州，隋之延安郡。骑，奇寄翻。厥，九勿翻。行军总管段德操兵少不敌，闭壁不战，伺师都稍怠，九月，丙寅，遣副总管梁礼将兵击之。师都与礼战方酣，德操以轻骑多张旗帜，掩击其后，少，诗沼翻。伺，相吏翻。酣，户江翻。帜，昌志翻。师都军溃，逐北二百里，破其魏州，新志：绥州城平县，置魏州，因魏平关而名。虏男女二千馀口。德操，孝先之子也。段孝先柄用于高齐之季。

74 萧铣遣其将杨道生寇峡州，刺史许绍击破之。铣又遣其将陈普环帅舟师上峡，规取巴、蜀。将，即亮翻。上，时掌翻。绍遣其子智仁及录事参军李弘节等追至西陵，大破之，夷陵，孙吴之西陵，世谓之步阐垒。唐贞观九年，峡州徙治焉。隋之峡州，本治下牢戍，在步阐垒西南二十八里。水经注：江水径夷陵县南，又东径流头滩、狼尾滩、黄牛山之黄牛滩，而后径西陵峡，出峡东南流，而后径步阐垒。此盖自下牢追至西陵峡也。擒普环。铣遣兵戍安蜀城及荆门城。安蜀城在公安县界，荆门城在长林县界，皆荆州西南要地。

先是，上遣开府李靖诣夔州经略巴东郡旧置信州，是年改夔州。杜佑曰：避皇外祖独孤信讳改之。先，悉荐翻。萧铣。句断。靖至峡州，阻铣兵，久不得进。上怒其迟留，阴敕许绍斩之；不以明诏而阴敕，犹欲以宿憾杀之。绍惜其才，为之奏请，获免。为，于伪翻。

75 己巳，窦建德陷相州，杀刺史吕珉。相，息亮翻。考异曰：实录作“庚辰”，盖亦奏到之日。今从革命记。

76 民部尚书鲁公刘文静，自以才略功勋在裴寂之右而位居其下，意甚不平。每廷议，寂有所是，文静必非之，数侵侮寂，数，所角翻；下同。由是有隙。文静与弟通直散骑常侍文起饮，酒酣怨望，拔刀击柱曰：“会当斩裴寂首！”家数有妖，散，悉亶翻。骑，奇寄翻。妖，于骄翻。文起召巫于星下被发衔刀为厌胜。被，皮义翻。厌，于叶翻。文静有妾无宠，使其兄上变告之。上，时掌翻。上以文静属吏，属，之欲翻。遣裴寂、萧瑀问状，文静曰：“建义之初，忝为司马，计与长史位望略同。长，知两翻。今寂为仆射，据甲第；甲第，甲于诸第也。臣官赏不异众人，东西征讨，老母留京师，风雨无所庇，实有觖望之心，觖望，怨望也。觖，苦穴翻。因醉怨言，不能自保。”上谓群臣曰：“观文静此言，反明白矣。”李纲、萧瑀皆明其不反，秦王世民为之固请曰：“昔在晋阳，文静先定非常之策，始告寂知，事见一百八十四卷隋恭帝义宁元年。为，于伪翻。及克京城，任遇悬隔，令文静觖望则有之，令，力丁翻。非敢谋反。”裴寂言于上曰：“文静才略实冠时人，性复粗险，冠，古玩翻。复，扶又翻。今天下未定，留之必贻后患。”上素亲寂，低回久之，卒用寂言。卒，子恤翻。考异曰：高祖实录、唐书、唐历等皆以文静之死由于裴寂。今据实录，裴寂此年六月为晋州道行军总管，讨刘武周，此月丁丑，为宋金刚败于介州，去文静死才七日，此时不当在京师。实录曰：“高祖低回者久之。”盖寂未行时，先有此言，高祖未忍杀，至是乃决意耳。辛未，文静及文起坐死，籍没其家。

77 沈法兴既克毗陵，克毗陵见一百八十五卷元年三月。谓江、淮之南指㧑可定，㧑，与麾同。自称梁王，都毗陵，改元延康，置百官。性残忍，专尚威刑，将士小有过，即斩之，由是其下离怨。

时杜伏威据历阳，陈棱据江都，李子通据海陵，俱有窥江表之心。法兴军数败；会子通围棱于江都，棱送质求救于法兴将，即亮翻；下同。数，所角翻。质，音致。及伏威，法兴使其子纶将兵数万与伏威共救之。伏威军清流，纶军扬子，相去数十里。旧志：清流县，汉全椒县地，梁置南谯州，居桑根山之朝阳，在今县西南八十里，南谯州故城是也。北齐自南谯故城徙治于新昌郡城，今滁州治清流县是也。隋志，江都郡带江阳县，有江都宫、扬子宫。唐永淳元年，始分江都县置扬子县，今真州治其地。宋白曰：清流县因县东清流水为名，隋文帝更梁新昌县为清流县。子通纳言毛文深献策，募江南人诈为纶兵，夜袭伏威营，伏威怒，复遣兵袭纶。复，扶又翻。由是二人相疑，莫敢先进。子通得尽锐攻江都，克之，棱奔伏威。子通入江都，因纵击纶，大破之，伏威亦引去。子通即皇帝位，国号吴，改元明政。丹阳贼帅乐伯通帅众万馀降之，丹阳郡，隋初之蒋州。贼帅，所类翻。通帅，读曰率。降，户江翻。子通以为左仆射。

78 杜伏威请降；丁丑，以伏威为淮南安抚大使、和州总管。和州，汉历阳县地，九江都尉治所。晋氏南渡，置戍守以防江。侯景之乱，江西皆入高齐，置和州于历阳，以南北通和，往来之津要也。大业废州为历阳郡，今复以历阳郡为和州。使，疏吏翻。

79 裴寂至介休，介休，汉古县，因介子推介山而名，时为介州。宋金刚据城拒之。寂军于度索原，营中饮涧水，金刚绝之，士卒渴乏。寂欲移营就水，金刚纵兵击之，寂军遂溃，失亡略尽；寂一日一夜驰至晋州。先是，刘武周屡遣兵攻西河，浩州刺史刘赡拒之，浩州，隋之西河郡。先，悉荐翻。赡，而艳翻。李仲文引兵就之，与共守西河。及裴寂败，自晋州以北城镇俱没，唯西河独存。姜宝谊复为金刚所虏，谋逃归，金刚杀之。复，扶又翻。裴寂上表谢罪，上，时掌翻。上慰谕之，复使镇抚河东。刘文静浅水原之败，贬落不偶以至于诛；裴寂度索原之败，位任如故：唐高祖以赏罚驭臣，上下其手矣。

刘武周进逼并州，齐王元吉给其司马刘德威曰："卿以老弱守城，吾以强兵出战。"辛巳，元吉夜出兵，携其妻妾弃州奔还长安。给，荡亥翻。还，从宣翻。元吉始去，武周兵已至城下，晋阳土豪薛深以城纳武周。上闻之，大怒，谓礼部尚书李纲曰："元吉幼弱，未习时事，故遣窦诞、宇文歆辅之。歆，许今翻。晋阳强兵数万，食支十年，兴王之基，一旦弃之。闻宇文歆首画此策，我当斩之！"纲曰："王年少骄逸，窦诞曾无规谏，又掩覆之，少，诗照翻。覆，敷又翻。使士民愤怨，今日之败，诞之罪也。歆谏，王不悛，寻皆闻奏，事见上二月。悛，丑缘翻。乃忠臣也，岂可杀哉！"明日，上召纲入，升御座曰："我得公，遂无滥刑。元吉自为不善，非二人所能禁也。"并诞赦之。卫尉少卿刘政会在太原，为武周所虏，政会密【章：十二行本"密"下有"遣人奉"三字；乙十一行本同；孔本同。】表论武周形势。

武周据太原，遣宋金刚攻晋州，拔之，虏右骁卫大将军刘弘基，骁，坚尧翻。弘基逃归。金刚进逼绛州，陷龙门。宋白曰：绛州，晋都，左传所谓新田也。后周武成二年，置绛州。龙门，汉皮氏县也，后魏改为龙门县，隋、唐属蒲州。

80 西突厥曷娑那可汗与北突厥有怨；曷娑那在长安，北突厥遣使请杀之，厥，九勿翻。可，从刊入声。汗，音寒。使，疏吏翻。上不许。群臣皆曰："保一人而失一国，后必为患！"秦王世民曰："人穷来归，我杀之不义。"上迟回久之，不得已，丙戌，引曷娑那于内殿宴饮，既而送中书省，纵北突厥使者使杀之。

81 礼部尚书李纲领太子詹事，汉书百官表：詹事，秦官，掌皇后、太子家。应劭云：詹，省也，给也，言给事太子家。晋、宋及后魏用人渐重，北齐总东宫内外众事，无大小皆统之。后周置太子宫正、宫尹；隋复置詹事；唐统东宫三寺、十率府之政令。太子建成始甚礼之。久之，太子渐昵近小人，昵，尼质翻。近，其靳翻。疾秦王世民功高，颇相猜忌；纲屡谏不听，乃乞骸骨。上骂之曰："卿为何潘仁长史，乃耻为朕尚书邪！长，知两翻。邪，音耶。且方使卿辅导建成，而固求去，何也？"纲顿首曰："潘仁，贼也，每欲妄杀人，臣谏之即止，为其长史，可以无愧。为长史事见一百八十四卷义宁元年。陛下创业明主，臣不才，所言如水投石，言以水投石，虽沾湿而不能受水。言于太子亦然，臣何敢久污天台、辱东朝乎！"天台，谓尚书省。东朝，谓东宫。污，乌故翻。朝，直遥翻。上曰："知公直士，勉留辅吾儿。"戊子，以纲为太子少保，尚书、詹事如故。少，始照翻。纲复上书谏太子饮酒无节，及信谗慝，疏骨肉；复，扶又翻；下同。上，时掌翻。慝，吐得翻。太子不怿，而所为如故。纲郁郁不得志，是岁，固称老病辞职，诏解尚书，仍为少保。

82 淮安王神通使慰抚使张道源镇赵州。庚寅，窦建德陷赵州，抚使，疏吏翻。宋白曰：赵州，周穆王封造父于赵城，即此地。后魏置赵郡，隋大业初置赵州。考异曰：实录，今年三月建德陷赵州，此又云陷赵州，盖重复。或三月是贝州。唐统纪唯有九月陷赵州。今从之。执总管张志昂及道源。建德以二人及邢州刺史陈君宾不早下，欲杀之，国子祭酒凌敬谏曰："人臣各为其主用，为，于伪翻。彼坚守不下，乃忠臣也。今大王杀之，何以励群下乎！"建德怒曰："吾至城下，彼犹不降，力屈就擒，何可舍也！"敬曰："今大王使大将高士兴拒罗艺于易水，艺才至，兴即降，将，即亮翻。降，户江翻。大王之意以为何如？"建德乃悟，即命释之。

83 乙未，梁师都复寇延州，复，扶又翻。考异曰：太宗实录云："经数月，师都又来寇。"按丙寅九月朔，寇延州。乙未，九月晦也。今从高祖实录。段德操击破之，斩首二千馀级，师都以百馀骑遁去。骑，奇寄翻。德操以功拜柱国，赐爵平原郡公。鄜州刺史鄜城壮公梁礼战没。隋志：上郡，后魏置东秦州，后改为北华州，西魏为敷州，大业二年改为鄜城郡，后改为上郡，唐为鄜州。鄜，音肤。

84 冬，十月，己亥，就加凉州总管杨恭仁纳言；赐幽州总管燕公罗艺姓李氏，封燕郡王。自国公进封郡王。唐制，国公食邑三千户，郡王食邑五千户，皆从一品。燕，因肩翻。

辛丑，李艺破窦建德于衡水。衡水县，属冀州。宋白曰：衡水县本汉桃县，隋开皇十六年，置衡水县。

85 癸卯，以左武候大将军庞玉为梁州总管。时集州獠反，新志：武德元年，析梁州之难江、巴州之符阳、长池、白石，置集州。按旧志，汉宕渠，符阳之地也。宋白曰：后魏恭帝改梁之东巴州为集州，以东北集川水为名。獠，鲁皓翻。玉讨之，獠据险自守，军不得进，粮且尽。熟獠与反者皆邻里亲党，近边者为熟獠，远者为生獠。争言贼不可击，请玉还。玉扬言："秋谷将熟，百姓毋得收刈，一切供军，非平贼吾不返。"闻者大惧曰："大军不去，吾曹皆将馁死。"其中壮士乃入贼营，与所亲潜谋，斩其渠帅而降，帅，所类翻；下同。降，户江翻。馀党皆散，玉追讨，悉平之。

86 刘武周将宋金刚进攻浍州，陷之，新志：义宁元年以绛郡之翼城、绛县置浍州，因浍水而名。将，即亮翻；下同。浍，古外翻。军势甚锐。裴寂性怯，无将帅之略，唯发使骆驿，趣虞、泰二州居民入城堡，焚其积聚。骆驿，相继不绝也。新志：义宁元年，以蒲州之安邑、虞乡、夏置安邑郡，武德元年曰虞州。又义宁元年，以蒲州之汾阴、龙门置汾阴郡，武德元年曰泰州。使，疏吏翻。趣，读曰促。积聚，上子赐翻，下慈喻翻；今人多读如字，非也。民惊扰愁怨，皆思为盗，夏县民吕崇茂聚众自称魏王，以应武周，夏县，古虞公之地，稷山、虞坂皆在县界。隋属河东郡，时属虞州。杜佑曰：夏县，汉安邑县地；夏都安邑，城在县北十五里，盖以此名县。夏，户雅翻。寂讨之，为所败。败，补迈翻。诏永安王孝基、【章：十二行本"基"下有"工部尚书"四字；乙十一行本同；孔本同；张校同；退斋校同。】独孤怀恩、陕州总管于筠、内史侍郎唐俭等将兵讨之。陕，失冉翻。将，即亮翻；下同。

时王行本犹据蒲反，未下，亦与武周相应，去年十二月，隋将尧君素死，王行本据蒲反，事见上卷。关中震骇。上出手敕曰："贼势如此，难与争锋，宜弃大河以东，谨守关西而已。"所谓蒲津，关以西也。秦王世民上表曰："太原，王业所基，国之根本；河东富实，京邑所资，若举而弃之，臣窃愤恨。上，时掌翻。愿假臣精兵三万，必冀平殄武周，克复汾、晋。"上于是悉发关中兵以益世民所统，使击武周。乙卯，幸华阴，至长春宫以送之。华，户化翻。

87 窦建德引兵趣卫州。卫州，汉汲县地，东魏立义州，后周改卫州，治汲。宋白曰：其州城，隋已前谓之阵城，郡国县道记：武王伐纣，于此列阵，因名。建德每行军，常为三道，辎重、细弱居中央，步骑夹左右，相去三里许。趣，七喻翻。重，直用翻。骑，奇寄翻；下同。建德以千骑前行，过黎阳三十里，黎阳县，在卫州东北百二十里。李世勣遣骑将丘孝刚将三百骑侦之。侦，丑郑翻。孝刚骁勇，善马槊，骁，坚尧翻。槊，色角翻。与建德遇，遂击之，建德败走；右方兵救之，右方，用汉书语。此谓建德兵之在右者也。击斩孝刚。建德怒，还攻黎阳，克之，考异曰：实录，黎阳陷在十一月丙子，盖亦奏到之日。今从革命记。虏淮安王神通，李世勣父盖、魏征及帝妹同安公主。唯李世勣以数百骑走渡河，数日，以其父故，还诣建德降；卫州闻黎阳陷，亦降。降，户江翻；下同。建德以李世勣为左骁卫将军，使守黎阳，骁，坚尧翻。考异曰：革命记："使与其将高雅贤守新乡。"按是时新乡犹属王世充，使刘黑闼守之，世勣既事建德，乃为建德攻下新乡，虏黑闼耳。今从唐书。常以其父盖自随为质。质，音致。以魏征为起居舍人。滑州刺史王轨奴杀轨，携其首诣建德降。建德曰："奴杀主大逆，吾何为受之！"立命斩奴，返其首于滑州。吏民感悦，即日请降。于是其旁州县及徐圆朗等皆望风归附。己未，建德还洺州，筑万春宫，徙都之。置淮安王神通于下博，下博县时属冀州。宋白曰：下博，汉旧县。应劭云：泰山有博县，故此云下。故县在今县南二十里，今县后魏移于衡水北，俗谓之故县城，以周建德六年，又移县于今理也。今理，即后汉祭遵垒，北枕衡水。待以客礼。

88 行军总管罗士信帅勇士夜入洛阳外郭，纵火焚清化里而还。帅，读曰率。还，从宣翻。壬戌，士信拔青城堡。盖因青城宫为堡。

89 王世充自将兵徇地至滑台，临黎阳；尉氏城主时德叡、汴州刺史王要汉、亳州刺史丁叔则遣使降之。汴州，古大梁地，战国时为魏都，汉为陈留郡，东魏为梁州，后周改汴州，以城临汴水，因以为名。宋白曰：亳州，春秋为东国之焦邑，汉为谯县，魏为谯郡，后周武帝置亳州，遥取古南亳之名以名州。将，即亮翻。使，疏吏翻。以德叡为尉州刺史。要汉，伯当之兄也。

夏侯端至黎阳，是年四月，遣夏侯端安抚淮左。夏，户雅翻。李世勣发兵送之，自澶渊济河，隋开皇十六年，置澶渊县，时属黎州。澶，市连翻。传檄州县，东至于海，南至于淮，二十馀州，皆遣使来降。使，疏吏翻。行至谯州，旧志：亳州临涣县，隋置谯州。会汴、亳降于王世充，还路遂绝。端素得众心，所从二千人，虽粮尽不忍委去，端坐泽中，杀马以飨士，因歔欷谓曰：歔，音虚。欷，音希，又许既翻。“卿等乡里皆已从贼，特以共事之情，未能见委。委，弃也。我奉王命，不可从卿；卿有妻子，无宜效我。可斩吾首归贼，必获富贵。”众皆流涕曰：“公于唐室非有亲属，直以忠义，志不图存。某等虽贱，心亦人也，宁肯害公以求利乎！”端曰：“卿不忍见杀，吾当自刎。”刎，武粉翻。众抱持之，乃复同进，复，扶又翻。潜行五日，馁死及为贼所击奔溃相失者太半，唯馀五十二人同走，采 豆生食之。 豆，野豆也，音劳，鲁刀翻。端持节未尝离身，屡遣从者散，自求生，离，力智翻。从，才用翻。众又不可。时河南之地皆入世充，唯杞州刺史李公逸为唐坚守，遣兵迎端，馆给之。为，于伪翻。馆，古玩翻。世充遣使召端，解衣遗之，使，疏吏翻。遗，于季翻。仍送除书，以端为淮南郡公、尚书少吏部。少，始照翻。端对使者焚书毁衣，曰："夏侯端天子大使，岂受王世充官乎！汝欲吾往，唯可取吾首耳。"因解节旄怀之，置刃于竿，自山中西走，无复蹊径，冒践荆棘，昼夜兼行，得达宜阳，宜阳，唐熊州。从者坠崖溺水，为虎狼所食，又丧其半；从，才用翻；下同。丧，息浪翻。其存者鬓发秃落，无复人状。端诣阙见上，但谢无功，初不自言艰苦，上复以为秘书监。

郎楚之至山东，亦为窦建德所获，楚之不屈，竟得还。郎楚之与夏侯端同时出使。史言唐之兴也，使于四方者，皆能不辱君命。还，从宣翻。

王世充遣其从弟世辩以徐、亳之兵攻雍丘，李公逸遣使求救，从，才用翻。使，疏吏翻。上以隔贼境，不能救。公逸乃留其属李善行守雍丘，身帅轻骑入朝，帅，读曰率。骑，奇寄翻。朝，直遥翻。至襄城，为世充伊州刺史张殷所获，世充谓曰："卿越郑臣唐，其说安在？"公逸曰："我于天下，唯知有唐，不知有郑。"世充怒，斩之。善行亦没。上以公逸子为襄邑公。

90 甲子，上祠华山。新志：华山在华州华阴县，有岳祠。华，户化翻。

王崇武标点容肇祖聂崇岐覆校

资治通鉴卷第一百八十八

端明殿学士兼翰林侍读学士太中大夫
提举西京嵩山崇福宫上柱国河内郡开国公 司马光 奉敕编集
食邑二千二百户食实封九百户赐紫金鱼袋臣

后学天台胡三省音注

唐纪四 起屠维单阏（己卯）十一月，尽重光大荒落（辛巳）二月，凡一年有奇。

高祖神尧大圣光孝皇帝中之上

武德二年（己卯、六一九）

1 十一月，己卯，刘武周寇浩州。武周复寇西河。

2 秦王世民引兵自龙门乘冰坚渡河，屯柏壁，柏壁在龙门关东北。宋白曰：柏壁在正平县西南二十里。正平，绛州治所。与宋金刚相持。时河东州县，此河东，通言大河以东，非专指河东一郡。俘掠之馀，未有仓廪，人情恇扰，恇，去王翻。恇，惧也。聚入城堡，征敛无所得，敛，力赡翻。军中乏食。世民发教谕民，民闻世民为帅而来，莫不归附，此岂可以声音笑貌致之。帅，所类翻。自近及远，至者日多，然后渐收其粮食，军食以充。孔子曰："足食足兵，民信之矣。"民已信之，足食足兵，当知所先后也。乃休兵秣马，唯令偏裨乘间抄掠，间，古苋翻。抄，楚交翻。大军坚壁不战，由是贼势日衰。

世民尝自帅轻骑觇敌，帅，读曰率。骑，奇寄翻；下同。觇，丑廉翻，又丑艳翻；下同。骑皆四散，世民独与一甲士登丘而寝。俄而贼兵四合，初不之觉，会有蛇逐鼠，触甲士之面，甲士惊寤，遂白世民俱上马，史言世民之有天命。上，时掌翻。驰百馀步，为贼所及，世民以大羽箭射殪其骁将，史言世民不惟有天命，亦武艺绝人。射，而亦翻。殪，一计翻。骁，坚尧翻；下同。将，即亮翻；下同。贼骑乃退。

3 李世勣欲归唐，恐祸及其父，谋于郭孝恪。孝恪曰："吾新事窦氏，动则见疑，宜先立效以取信，然后可图也。"世勣从之。袭王世充获嘉，破之，是年闰二月，王世充杀李育德，取获嘉。多所俘获，以献建德，建德由是亲之。

初，漳南人刘黑闼，少骁勇狡狯，旧志：贝州漳南县，汉东阳县地；后魏省东阳县；隋开皇六年，分枣强、清平二县地，复置东阳县于东阳古城，十八年，改为漳南。宋白曰：取地居漳水之南为名。少，诗照翻。骁，坚尧翻。狯，古外翻。与窦建德善，后为群盗，转事郝孝德、李密、王世充。世充以为骑将，每见世充所为，窃笑之。世充使黑闼守新乡，旧志：隋分汲、获嘉二县地，于古新乐城置新乡县，时属义州，后属殷州。宋白曰：汉书，武帝将幸緱氏，至汲县之新中乡，即此地。新乐城，十六国时，燕乐安王臧所筑。李世勣击虏之，献于建德。建德署为将军，赐爵汉东公，常使将奇兵东西掩袭，或潜入敌境觇视虚实，黑闼往往乘间奋击，克获而还。间，古苋翻还，从宣翻。

4 十二月，庚申，上猎于华山。华，户化翻。

5 于筠说永安王孝基急攻吕崇茂，说，输芮翻。独孤怀恩请先成攻具，然后进，孝基从之。崇茂求救于宋金刚，金刚遣其将善阳尉迟敬德、寻相将兵奄至夏县。孝基表里受敌，军遂大败，将，即亮翻。旧志：朔州善阳县，汉定襄县地，有秦时马邑城、武周塞，后魏置桑干郡，隋大业初，置善阳县。尉，纡勿翻。寻，姓也。姓苑：晋有寻曾。相，息亮翻。是年十月，吕崇茂据夏县。夏，户雅翻。考异曰：高祖实录云："战于下邽县。"按下邽乃在关中，去夏县殊远，实录之误也，今从旧书孝基传。孝基、怀恩、筠、唐俭及行军总管刘世让皆为所虏。敬德名恭，以字行。

上征裴寂入朝，责其败军，下吏，朝，直遥翻。败，补迈翻。下，遐嫁翻。既而释之，宠待弥厚。

尉迟敬德、寻相将还浍州，浍，古外翻。秦王世民遣兵部尚书殷开山、总管秦叔宝等邀之于美良川，大破之，斩首二千馀级。顷之，敬德、寻相潜引精骑援王行本于蒲反，骑，奇寄翻；下同。世民自将步骑三千从间道夜趋安邑，安邑，古县，时属虞州。将，即亮翻。间，古苋翻。趋，七喻翻。邀击，大破之。敬德、相仅以身免，悉俘其众，复归柏壁。

诸将咸请与宋金刚战，世民曰："金刚悬军深入，精兵猛将，咸聚于是，将，即亮翻；下同。武周据太原，倚金刚为扞蔽。军【章：十二行本"军"上有"金刚"二字；乙十一行本同；孔本同；张校同。】无蓄积，以虏掠为资，利在速战。我闭营养锐以挫其锋，分兵汾、隰，冲其心腹，汾、隰，隋龙泉、西河二郡之地也。孙愐曰：汾州，本汉西河郡兹氏县地，魏于兹氏置西河郡，今州城是也。左传曰：重耳居蒲，即隰川县故蒲城是也。汉为蒲子县，后魏、齐、周之间为汾州，隋为隰州。尔雅曰：下湿曰隰。以州带泉泊下湿，故以隰名。彼粮尽计穷，自当遁走。当待此机，未宜速战。"

永安壮王孝基谋逃归，刘武周杀之。

6 李世勣复遣人说窦建德曰："曹、戴二州，户口完实，隋置曹州于济阴，戴州于成武；大业初，废二州，并为济阴郡；大业乱，复为州。复，扶又翻。说，式芮翻。孟海公窃有其地，与郑人外合内离；王世充国号郑。若以大军临之，指期可取。既得海公，以临徐、兖，王世充时遣王世辩据徐州，徐圆朗据兖州。河南可不战而定也。"建德以为然，欲自将徇河南，先遣其行台曹旦等将兵五万济河，考异曰：实录在来年正月。今从革命记。世勣引兵三千会之。

三年（庚辰、六二〇）

1 春，正月，将军秦武通攻王行本于蒲反。行本出战而败，粮尽援绝，欲突围走，无随之者，戊寅，开门出降。降，户江翻。辛巳，上幸蒲州，斩行本。蒲州治蒲反。宋白曰：蒲州，汉之河东郡蒲反县，本舜都，周为虞、虢、耿、扬、芮之地，战国时魏地，汉置河东郡，后魏初置雍州，延和元年，改泰州，后周改蒲州。秦王世民轻骑谒上于蒲州。骑，奇寄翻；下同。宋金刚围绛州。绛州治正平。癸巳，上还长安。

2 李世勣谋俟窦建德至河南，掩袭其营，杀之，冀得其父并建德土地以归唐。会建德妻产，久之不至。

曹旦，建德之妻兄也，在河南，多所侵扰，诸贼羁属者皆怨之。贼帅魏郡李文相，号李商胡，帅，所类翻。相，息亮翻。考异曰：革命记作“伤胡”。今从河洛记。聚五千馀人，据孟津中潬；此即河阳中潬城也。宋白曰：中潬城，东魏所筑，仍置河阳关。潬，徒旱翻。母霍氏，亦善骑射，自称霍总管。考异曰：革命记，商胡母张氏，号“女将军”。今从河洛记。世勣结商胡为昆弟，入拜商胡之母。母泣谓世勣曰：“窦氏无道，如何事之！”世勣曰：“母无忧，不过一月，当杀之，相与归唐耳！”世勣辞去，母谓商胡曰：“东海公许我共图此贼，事久变生，何必待其来，不如速决。”是夜，商胡召曹旦偏裨二十三人，饮之酒，尽杀之。饮，于鸩翻。旦别将高雅贤、阮君明尚在河北未济，商胡以巨舟四艘济河北之兵三百人，至中流，悉杀之。有兽医游水得免，兽医，以能医牛马从军。将，即亮翻。艘，苏遭翻。至南岸，告曹旦，旦严警为备。商胡既举事，始遣人告李世勣。世勣与曹旦连营，郭孝恪劝世勣袭旦，世勣未决，闻旦已有备，遂与孝恪帅数十骑来奔。帅，读曰率。商胡复引精兵二千复，扶又翻。北袭阮君明，破之。高雅贤收众去，商胡追之，不及而还。还，从宣翻，又如字。

建德群臣请诛李盖，建德曰：“世勣，唐臣，为我所虏，不忘本朝，乃忠臣也，朝，直遥翻。其父何罪！”遂赦之。

甲午，世勣、孝恪至长安。曹旦遂取济州，武德之初，张青特据济北。济北郡即济州。是后建德与唐相持于虎牢，张青特运粮为唐所获，盖先以济州降曹旦也。济，子礼翻。复还洺州。复，扶又翻；下同，又音如字。

3 二月，庚子，上幸华阴。华，户化翻。

4 刘武周遣兵寇潞州，陷长子、壶关。二县皆属潞州。宋白曰：潞州，春秋潞子国，秦、汉为上党郡；后周立潞州，以其浸分潞为名。潞州刺史郭子武不能御，上以将军河东王行敏助之。河东县带蒲州，即蒲反也。隋开皇十六年，析蒲反置县，大业初，并蒲反入焉。行敏与子武不叶，或言子武将叛，行敏斩子武以徇。乙巳，武周复遣兵寇潞州，行敏击破之。

5 壬子，开州蛮冉肇则陷通州。旧志：开州，隋巴东郡之盛山县；盛山，汉巴郡之朐䏰县也。义宁二年，析巴东之盛山、新浦、通川之万世、西流，置万州。武德元年，改开州。通州，汉宕渠县地，梁置万州，元魏改通州，隋为通川郡，武德元年复为通州。孙愐曰：通州本汉宕渠县，内有地万馀顷，因名为万州；后魏以万州居四达之路，改为通州；宋为达州。

6 甲寅，遣将军桑显和等攻吕崇茂于夏县。夏，户雅翻。

7 初，工部尚书独孤怀恩攻蒲反，久不下，失亡多，上数以敕书诮让之，数，所角翻。诮，才笑翻。怀恩由是怨望。上尝戏谓怀恩曰：“姑之子皆已为天子，谓隋炀帝及上也。次应至舅之子乎？”怀恩亦颇以此自负，或时扼腕曰：“我家岂女独贵乎？”周明帝后、隋文帝后及上母皆独孤氏。腕，乌贯翻。遂与麾下元君宝谋反。会怀恩、君宝与唐俭皆没于尉迟敬德，尉，纡勿翻。君宝谓俭曰：“独孤尚书近谋大事，若能早决，岂有此辱哉！”及秦王世民败敬德于美良川，败，补迈翻。怀恩逃归，上复使之将兵攻蒲反。复，扶又翻；下同。将，即亮翻；下同。君宝又谓俭曰："独孤尚书遂拔难得还，难，乃旦翻。复在蒲反，可谓王者不死！"俭恐怀恩遂成其谋，乃说尉迟敬德，说，输芮翻。尉，纡勿翻。请使刘世让还与唐连和，敬德从之，遂以怀恩反状闻。时王行本已降，降，户江翻；下同。怀恩入据其城，上方济河幸怀恩营，已登舟矣，世让适至。上大惊曰："吾得免，岂非天也！"乃使召怀恩，怀恩未知事露，轻舟来至，即执以属吏，属，之欲翻。分捕党与。甲寅，诛怀恩及其党。

8 窦建德攻李商胡，杀之。建德【张："德"下脱"至"字。】洺州劝课农桑，境内无盗，商旅野宿。

9 突厥处罗可汗迎杨政道，立为隋王。杨政道，齐王暕遗腹之子。厥，九勿翻。处，昌吕翻。可，从刊入声。汗，音寒。中国士民在北者，处罗悉以配之，有众万人。置百官，皆依隋制，居于定襄。此盖隋之定襄郡也，治大利城。

10 三月，乙丑，刘武周遣其将张万岁寇浩州，将，即亮翻。李仲文击走之，俘斩数千人。

11 改纳言为侍中，内史令为中书令，给事郎为给事中。复旧官名也。杜佑曰：汉制，给事中，日上朝谒、平尚书奏事，以有事殿中，故曰给事中。东汉省，魏复置，南北朝因之。后周天官之属有给事中，掌治六经，给事左右；其后别置给事中，在六官之外。隋初，于吏部置给事郎，至炀帝，移为门下之职，置员四人，以省读奏章，至是，改为给事中。龙朔二年，改东台舍人；咸亨元年，复旧。掌侍从读署奏抄，较正违失，分判省事。给事中盖因汉之名，行周、隋之职。

12 甲戌，以内史侍郎封德彝为中书令。

13 王世充将帅、州县来降者，时月相继。帅，所类翻。降，户江翻。世充乃峻其法，一人亡叛，举家无少长就戮，少，诗照翻。长，知两翻。父子、兄弟、夫妇许相告而免之。又使五家为保，有举家亡者，四邻不觉，皆坐诛。杀人益多而亡者益甚，至于樵采之人，出入皆有限数；公私愁窘，窘，渠陨翻。人不聊生。又以宫城为大狱，意所忌者，并其家属收系宫中；诸将出讨，亦质其家属于宫中，将，即亮翻。质，音致。禁止者常不减万口，馁死者日有数十。世充又以台省官为司、郑、管、原、伊、殷、梁、凑、嵩、谷、怀、德等十二州营田使，世充以洛州为司州，汜水为郑州，管城为管州，沁水为原州，襄城为伊州，获嘉为殷州，睢阳为梁州。凑州，阙；九域志：郑州古迹有凑水，当置凑州于此。嵩阳为嵩州，大谷为谷州，河内为怀州，武德为德州。丞、郎得为此行者，喜若登仙。丞、郎，尚书左右丞及诸曹郎也。史言王世充将败。

14 甲申，行军副总管张纶败刘武周于浩州，败，补迈翻。俘斩千馀人。

15 西河公张纶、此张纶即上张纶，上书其官，此书其爵。真乡公李仲文引兵临石州，石州，隋之离石郡。刘季真惧而诈降。乙酉，以季真为石州总管，赐姓李氏，封彭山郡王。

16 蛮酋冉肇则寇信州，按新志：信州，隋之巴东郡，武德二年改为夔州，史以旧州名书之。杜佑曰：夔州，春秋时为鱼国，梁置信州。唐武德二年，避皇外祖独孤信讳，改为夔州，治奉节县。酋，慈由翻。赵郡公孝恭与战，不利。李靖将兵八百，袭击，斩之，将，即亮翻。俘五千馀人；己丑，复开、通二州。孝恭又击萧铣东平王阇提，斩之。阇，视遮翻。考异曰：旧书萧铣传云："孝恭讨之，拔其开、通二州，斩其伪东平王萧阇提。"按实录云："冉肇则陷我通州。"又云："孝恭复开、通二州。"若二州本属铣，不当云"我"与"复"，盖肇则先据开州，又陷通州，以地附铣，铣使阇提助之耳。

17 夏，四月，丙申，上祠华山；壬寅，还长安。华，户化翻。从，还宣翻。

18 置益州道行台，以益、利、会、鄜，泾、遂六总管隶焉。益州，隋之蜀郡。利州，隋之义城郡，梁之黎州，晋之晋寿，蜀之汉寿，汉之葭萌也。会州，隋之凉川县会宁镇，西魏之会州也。鄜州，隋之上郡，西魏之敷州，后魏之北华州中部敷城郡也，太和中为东秦州。泾州，隋之安定郡。遂州，隋之遂宁郡，汉之广汉县也。是时益州行台所统，起蜀，跨陇而东北。

19 刘武周数攻浩州，为李仲文所败。数，所角翻。败，补迈翻。宋金刚军中食尽；丁未，金刚北走，秦王世民追之。

20 罗士信围慈涧，隋志：河南郡寿安县有慈涧。水经注：新安有孝水，孝水东十里有水，世谓之慈涧。王世充使太子玄应救之，【章：十二行本"救"作"拒"；乙十一行本同；孔本同。】士信刺玄应坠马，刺，七亦翻。人救之，得免。

21 壬子，以显州道行台杨士林为行台尚书令。去年正月，杨士林降。

22 甲寅，加秦王世民益州道行台尚书令。

23 秦王世民追及寻相于吕州，新志：义宁元年，以晋州之霍邑、赵城、汾西，汾州之灵石，置霍山郡，武德元年，曰吕州，吕州盖治霍邑也。相，息亮翻。大破之，乘胜逐北，一昼夜行二百馀里，战数十合。至高壁岭，总管刘弘基执辔谏曰："大王破贼，逐北至此，功亦足矣，深入不已，不爱身乎！且士卒饥疲，宜留壁于此，俟兵粮毕集，然后复进，未晚也。"复，扶又翻；下同。世民曰："金刚计穷而走，众心离沮；功难成而易败，机难得而易失，沮，在吕翻。易，以豉翻。必乘此势取之。若更淹留，使之计立备成，不可复攻矣。吾竭忠徇国，岂顾身乎！"遂策马而进，将士不敢复言饥。将，即亮翻。追及金刚于雀鼠谷，一日八战，皆破之，俘斩数万人。夜，宿于雀鼠谷西原，世民不食二日，不解甲三日矣，军中止有一羊，世民与将士分而食之。将，即亮翻。丙辰，陕州总管于筠自金刚所逃来。陕，失冉翻。去年十二月，筠为金刚将所擒。世民引兵趣介休，介休，介州治所。趣，七喻翻，又逡须翻。金刚尚有众二万，出【章：十二行本"出"上有"戊午"二字；乙十一行本同；孔本同；张校同；退斋校同。】西门，背城布陈，背，蒲妹翻。陈，读曰阵。南北七里。世民遣总管李世勣与战，小却，为贼所乘，世民帅精骑击之，帅，读曰率。骑，奇寄翻。出其陈后，金刚大败，斩首三千级。金刚轻骑走，世民追之数十里，至张难堡。张难，盖人姓名，筑堡自守，因以名之。浩州行军总管樊伯通、张德政据堡自守，世民免胄示之，堡中喜噪且泣，左右告以王不食，献浊酒、脱粟饭。

尉迟敬德收馀众守介休，尉，纡勿翻。世民遣任城王道宗、宇文士及往谕之，任，音壬。敬德与寻相举介休及永安降。永安，汉中阳县也。后魏更名，时属浩州。雀鼠谷，在永安、介休二县间。世民得敬德，甚喜，以为右一府统军，使将其旧众八千，与诸营相参。将，即亮翻；下同。屈突通虑其变，骤以为言，世民不听。

刘武周闻金刚败，大惧，弃并州走突厥。金刚收其馀众，欲复战，众莫肯从，亦与百馀骑走突厥。秦王之破刘武周、宋金刚，与破薛仁杲、宗罗睺方略一也。复，扶又翻。走，音奏；下同。厥，九勿翻。

世民至晋阳，武周所署仆射杨伏念以城降。降，户江翻。唐俭封府库以待世民，唐俭与于筠同被擒。武周所得州县皆入于唐。

未几，金刚谋走上谷，突厥追获，腰斩之。金刚本起于上谷。几，居岂翻。岚州总管刘六儿从宋金刚在介休，秦王世民擒斩之。其兄季真，弃石州，奔刘武周将马邑高满政，满政杀之。去年五月，刘六儿降，今年三月，季真降，而实附金刚、武周，今皆诛死。

武周之南寇也，其内史令苑君璋谏曰："唐主举一州之众，直取长安，所向无敌，此乃天授，非人力也。晋阳以南，道路险隘，县军深入，县，读曰悬。无继于后，若进战不利，何以自还！还，从宣翻。不如北连突厥，南结唐朝，厥，九勿翻。朝，直遥翻。南面称孤，足为长策。"武周不听，留君璋守朔州。及败，泣谓君璋曰："不用君言，以至于此。"久之，武周谋亡归马邑，事泄，突厥杀之。突厥又以君璋为大行台，统其馀众，仍令郁射设督兵助镇。

24 庚申，怀州总管黄君汉击王世充太子玄应于西济州，大破之；新志：武德二年，王世充将丁伯德以济源县来降，置西济州。曰“西”者，以别济北之济州。济，子礼翻。熊州行军总管史万宝邀之于九曲，又破之。

25 辛酉，王世充陷邓州。

26 上闻并州平，大悦。壬戌，宴群臣，赐缯帛，使自入御府，尽力取之。唐御府盖属内侍省内府局。六典：内府令掌中宫府藏宝货、给纳名数，凡朝会，五品已上赐绢及杂彩、金银器于殿庭者，并供之。今使各称力自取缯帛。缯，慈陵翻。复唐俭官爵，仍以为并州道安抚大使；使，疏吏翻。所籍独孤怀恩田宅资财，悉以赐之。赏其发怀恩反谋也。

世民留李仲文镇并州，刘武周数遣兵入寇，此言武周未死之前。数，所角翻。仲文辄击破之，下城堡百馀所。谓马邑郡界城堡也。诏仲文检校并州总管。检校官未为真。

27 五月，窦建德遣高士兴击李艺于幽州，不克，退军笼火城。艺袭击，大破之，斩首五千级。建德大将军王伏宝，勇略冠军中，冠，古玩翻。诸将疾之，将，即亮翻；下同。言其谋反，建德杀之，伏宝曰：“大王奈何听谗言，自斩左右手乎！”

28 初，尉迟敬德将兵助吕崇茂守夏县，上潜遣使赦崇茂罪，拜夏州刺史，盖以夏县为夏州。使，疏吏翻。夏，户雅翻。尉，纡勿翻。使图敬德，事泄，敬德杀之。敬德去，崇茂馀党复据夏县拒守。复，扶又翻。秦王世民引军自晋州还攻夏县，壬午，屠之。考异曰：高祖实录：“帝曰：‘平薛举之初，不杀奴贼，致生叛乱，若不尽诛，必为后患。’诏胜兵者悉斩之。”疑作实录者归太宗之过于高祖，今不取。

29 辛卯，秦王世民至长安。

30 是月，突厥遣阿史那揭多献马千匹于王世充，厥，九勿翻。揭，居谒翻。且求婚，世充以宗女妻之，妻，七细翻。并与之互市。

31 六月，壬辰，诏以和州总管、东南道行台尚书令楚王杜伏威为使持节、总管江·淮以南诸军事、扬州刺史、东南道行台尚书令、淮南道安抚使，进封吴王，赐姓李氏。使，疏吏翻；下同。以辅公祏为行台左仆射，封舒国公。祏，音石。

32 丙午，立皇子元景为赵王，元昌为鲁王，元亨为酆王。

33 显州行台尚书令楚公杨士林，虽受唐官爵，而北结王世充，南通萧铣，诏庐江王瑗与安抚使李弘敏讨之。瑗，于眷翻。兵未行，长史田瓒为士林所忌，甲寅，瓒杀士林，降于世充，世充以瓒为显州总管。长，知两翻。瓒，藏旱翻。降，户江翻。

34 秦王世民之讨刘武周也，突厥处罗可汗遣其弟步利设帅二千骑助唐。厥，九勿翻。处，昌吕翻。可，从刊入声。汗，音寒。帅，读曰率。骑，奇寄翻。武周既败，是月，处罗至晋阳，总管李仲文不能制；又留伦特勒，使将数百人，云助仲文镇守，自石岭以北，皆留兵戍之而去。石岭关在代州。杜佑曰：忻州定襄县、汉阳曲县，有石岭关，甚崄固。

35 上议击王世充，世充闻之，选诸州镇骁勇皆集洛阳，骁，坚尧翻。置四镇将军，募人分守四城。谓洛阳四城也。秋，七月，壬戌，诏秦王世民督诸军击世充。陕东道行台屈突通二子在洛阳，时命通判陕东道行台左仆射，从秦王东征。屈，区勿翻。上谓通曰："今欲使卿东征，如卿二子何？"通曰："臣昔为俘囚，分当就死，陛下释缚，加以恩礼。事见一百八十四卷义宁元年十二月。分，扶问翻。当是之时，臣心口相誓，期以更生馀年为陛下尽节，为，于伪翻。但恐不获死所耳。今得备先驱，二儿何足顾乎！"上叹曰："徇义之士，一至此乎！"

36 癸亥，突厥遣使潜诣王世充，潞州总管李袭誉邀击，败之，使，疏吏翻。败，补迈翻。虏牛羊万计。

37 骠骑大将军可朱浑定远可朱浑，虏三字姓。骠，匹妙翻。骑，奇寄翻。告“并州总管李仲文与突厥通谋，欲俟洛阳兵交，引胡骑直入长安。”甲戌，命皇太子镇蒲反以备之，又遣礼部尚书唐俭安抚并州，蹔废并州总管府，蹔，与暂同。征仲文入朝。朝，直遥翻。

38 壬午，秦王世民至新安；九域志：新安在洛州西七十里。考异曰：高祖实录：“丙戌，至新安。”盖据奏到之日。今从河洛记。王世充遣魏王弘烈镇襄阳，襄阳，襄州。荆王行本镇虎牢，宋王泰镇怀州，齐王世恽检校南城，楚王世伟守宝城，太子玄应守东城，汉王玄恕守含嘉城，鲁王道徇守曜仪城，六典：东都皇城在都城之西北隅，东城在皇城之东，皇城在东城之内，皇宫在皇城之北。以地望准之，南城盖在皇城之南，端门之外。曜仪城盖在东城之东，含嘉城则含嘉仓城，宝城即宝城朝堂，盖皇城也。恽，于粉翻。世充自将战兵，将，即亮翻；下同。左辅大将军杨公卿帅左龙骧二十八府骑兵，右游击大将军郭善才帅内军二十八府步兵，左游击大将军跋野纲跋野，虏复姓。帅，读曰率。骧，思将翻。骑，奇寄翻；下同。帅外军二十八府步兵，总三万人，以备唐。弘烈、行本，世伟之子；泰，世充之兄子也。

39 梁师都引突厥、稽胡兵入寇，厥，九勿翻。行军总管段德操击破之，斩首千馀级。

40 罗士信将前军围慈涧，世充自将兵三万救之。己丑，秦王【章：十二行本“王”下有“世民”二字；乙十一行本同；张校同，云无注本亦无。】将轻骑前觇世充，觇，丑廉翻，又丑艳翻。猝与之遇，众寡不敌，道路险阸，为世充所围。考异曰：太宗实录云：“师次谷州，王充以精兵三万来拒战，太宗帅轻骑挑之，众寡不敌，被围数重。太宗引弓驰射，皆应弦而倒，获其大将燕颀，贼乃退。”旧书太宗纪云：“太宗命左右先归，独留后殿。世充骁将单雄信数百骑夹道来逼，交枪竞进，太宗几为所败。太宗左右射之，无不应弦而倒，获其大将燕颀。”单雄信传云：“太宗围逼东都，雄信出军拒战，援枪而至，几及太宗。徐世勣呵止之曰：‘此秦王也！’雄信惶惧，遂退。太宗由是获免。”按刘悚小说：“英公勣与海陵王元吉围洛阳，元吉恃膂力，每亲行围。王世充召雄信告之，酌以金碗，雄信尽饮驰马而出，枪不及海陵者一尺。勣惶遽连呼曰：‘阿兄，此是勣主！’雄信乃揽辔而止，顾笑曰：‘胡儿不缘你，且竟！’”旧书盖承此致误耳。雄信若知是秦王，则取之尤切，安肯惶惧而退！借如小说所云，雄信既受世充之命，指取元吉，亦安肯以勣故而舍之。况元吉之围东都，勣乃从太宗在武牢。今不取。世民左右驰射，【章：十二行本“射”下有“皆应弦而毙”五字；乙十一行本同；孔本同；张校同；退斋校同。】获其左建威将军燕琪，燕，因肩翻。考异曰：高祖实录作“燕顼”，太宗实录作“燕倾”，旧太宗纪作“燕颀”。今从河洛记。世充乃退。世民还营，尘埃覆面，覆，敷又翻。军不复识，欲拒之，复，扶又翻。世民免胄自言，乃得入。旦日，帅步骑五万进军慈涧；帅，读曰率。骑，奇寄翻。世充拔慈涧之戍，归于洛阳。世民遣行军总管史万宝自宜阳南据龙门，此伊阙之龙门也。郦道元曰：伊水北入伊阙。昔大禹疏以通水，两山相对，望之若阙，故谓之伊阙。春秋，昭公二十六年，赵鞅使女宽守阙塞，即此。傅毅东都赋曰：因龙门以畅化，开伊阙以达聪。是后武后居东都，数游龙门，正此地也。将军刘德威自太行东围河内，行，户刚翻。上谷公王君廓自洛口断其饷道，断，丁管翻。怀州总管黄君汉自河阴攻回洛城；大军屯于北邙，连营以逼之。世充洧州长史繁水张公谨与刺史崔枢以州城来降。世充盖以扶沟、鄢陵置洧州。隋志，繁水县属武阳郡，唐贞观十八年，并入昌乐县，属魏州。洧，音于轨翻。降，户江翻；下同。

41 八月，丁酉，南宁西爨蛮遣使入贡。初，隋末蛮酋爨玩反，诛，诸子没为官奴，弃其地。爨玩见一百七十八卷隋文帝开皇十七年、十八年。使，疏吏翻。酋，慈由翻。帝即位，以玩子弘达为昆州刺史，新志：昆州，本隋置，隋乱废。武德元年，开南中复置，领晋宁、秦臧等县。令持其父尸归葬；益州刺史段纶因遣使招谕其部落，皆来降。

42 己亥，窦建德共州县令唐纲杀刺史，以州来降。新志：卫州共城县，武德元年置共州。去年窦建德破降李世勣，取卫州，故共州亦附建德。唐纲当是共城县令也。共，读曰恭。降，户江翻。

43 邓州土豪执王世充所署刺史来降。是年五月，王世充陷邓州。

44 癸卯，梁师都石堡留守张举帅千馀人来降。此石堡盖在夏州东，非开元、天宝间与吐蕃争之石堡城也。守，式又翻。帅，读曰率；下同。

45 甲辰，黄君汉遣校尉张夜叉以舟师袭回洛城，克之，以舟师自怀州渡河，袭破回洛。获其将达奚善定，断河阳南桥而还，降其堡聚二十馀。将，即亮翻。断，丁管翻。还，从宣翻。聚，才喻翻。世充使太子玄应帅杨公卿等攻回洛，不克，考异曰：革命记作"公乡"。河洛记、唐书作"公卿"，今从之。乃筑月城于其西，留兵戍之。

世充陈于青城宫，秦王世民亦置陈当之。今世以郊天斋宿大次为青城宫，其地当在都城之南。此青城宫若在洛城西北。按六典，洛城西禁苑，北拒北邙，西至孝水，南带洛水，支渠谷、洛二水会于其间，中有合璧、翠微、宿羽、青城等十一宫。陈，读曰阵。世充隔水谓世民曰："隋室倾覆，唐帝关中，郑帝河南，世充未尝西侵，王忽举兵东来，何也？"世民使宇文士及应之曰："四海皆仰皇风，唯公独阻声教，为此而来！"为，于伪翻。世充曰："相与息兵讲好，不亦善乎！"又应之曰："奉诏取东都，不令讲好也。"好，呼到翻。至暮，各引兵还。

46 上遣使与窦建德连和，建德遣同安长公主随使者俱还。同安长公主，上同母娼，黎阳之破，没于窦建德。使，疏吏翻。长，知两翻。

47 乙卯，刘德威袭怀州，入其外郭，下其堡聚。

48 九月，庚午，梁师都将刘旻以华池来降，以为林州总管。庆州华池县，西魏之蔚州也。后周州废，隋仁寿初，置华池县，今置林州。将，即亮翻。降，户江翻。

49 癸酉，王世充显州总管田瓒以所部二十五州来降；是年六月，田瓒降世充。瓒，藏旱翻。自是襄阳声问与世充绝。世充使王弘烈镇襄阳。自襄阳至洛，路出南阳。邓州既属唐，南阳之路不可由矣，则自显州出蔡、汝以至洛，显州今又降唐，故襄阳声问绝。

50 史万宝进军甘泉宫。汉甘泉宫在京兆醴泉县。史万宝自新安进军逼洛阳，不应至汉之甘泉宫。隋志：河南寿安县，后魏之甘棠县，有显仁宫。或者以显仁宫为甘棠宫也。“泉”，恐当作“棠”。丁丑，秦王世民遣右武卫将军王君廓攻轘辕，拔之。新志：洛州缑氏县东南有轘辕故关。轘，音环。王世充遣其将魏隐等击君廓，君廓伪遁，设伏，大破之，遂东徇地，至管城而还。隋志：荥阳郡管城县，旧曰中牟，开皇十六年，析置管城县，十八年，省内牟入焉。隋改中牟曰内牟，时为管州治所。将，即亮翻；下同。还，从宣翻。先是，王世充将郭士衡、许罗汉掠唐境，先，悉荐翻。君廓以策击却之，诏劳之曰：劳，力到翻。“卿以十三人破贼一万，自古以少制众，未之有也。”少，诗沼翻。

世充尉州刺史时德叡帅所部杞、夏、陈、随、许、颍、尉七州来降。王世充盖置杞州于雍丘，夏州于阳夏，陈州于宛丘；随州无所考，意洧州之误也；许州于长社，颍州于汝阴，尉州于尉氏。帅，读曰率。降，户江翻；下同。秦王世民以便宜命州县官并依世充所署，无所变易，改尉州为南汴州，于是河南郡县相继来降。

刘武周降将寻相等多叛去。诸将疑尉迟敬德，囚之军中，相，息亮翻。尉，纡勿翻。行台左仆射屈突通、尚书殷开山言于世民曰：“敬德骁勇绝伦，屈，九勿翻。骁，坚尧翻。今既囚之，心必怨望，留之恐为后患，不如遂杀之。”世民曰：“不然，敬德若叛，岂在寻相之后邪！”邪，音耶。遽命释之，引入卧内，赐之金，曰：“丈夫意气相期，勿以小嫌介意，吾终不信谗言以害忠良，公宜体之。必欲去者，以此金相资，表一时共事之情也。”辛巳，世民以五百骑行战地，骑，奇寄翻；下同。行视地形，可置陈处。行，下孟翻。登魏宣武陵。魏宣武陵曰景陵，在北邙山。魏世宗，谥宣武帝。王世充帅步骑万馀猝至，围之，单雄信引槊直趋世民，帅，读曰率；下同。槊，所角翻。趋，七喻翻。敬德跃马大呼，横刺雄信坠马，呼，火故翻。刺，七亦翻。世充兵稍却，敬德翼世民出围。世民、敬德更帅骑兵还战，出入世充陈，往反无所碍。屈突通引大兵继至，世充兵大败，仅以身免；擒其冠军大将军陈智略，陈，读曰阵；下同。冠，古玩翻。考异曰：实录："丙戌，太宗与世充相遇于魏宣武陵，击大破之，斩数千级，获陈智略。"旧书敬德传："太宗既释之，是日从猎于榆窠，世充引步骑数万来战，单雄信直趋太宗，敬德刺雄信坠马，翼太宗出围，更帅骑兵交战，擒陈智略。"据擒智略，则宣武、榆窠之战，共是一事也。实录据奏到日。河洛记在二十一日，今从之。斩首千馀级，获排稍兵六千。排稍，言执排执稍者也。稍，与槊同。世民谓敬德曰："公何相报之速也！"赐敬德金银一箧，箧，苦协翻。自是宠遇日隆。

敬德善避稍，每单骑入敌陈中，敌丛稍刺之，终莫能伤，又能夺敌稍返刺之。刺，七亦翻。齐王元吉以善马稍自负，闻敬德之能，请各去刃相与校胜负，敬德曰："敬德谨当去之，王勿去也。"既而元吉刺之，终不能中。去，羌吕翻。中，竹仲翻。秦王世民问敬德曰："夺稍与避稍，孰难？"敬德曰："夺稍难。"乃命敬德夺元吉稍。元吉操稍跃马，志在刺之，操，七刀翻。敬德须臾三夺其稍；元吉虽面相叹异，内甚耻之。

51 叛胡陷岚州。岚，卢含翻。

52 初，王世充以邴元真为滑州行台仆射。濮州刺史杜才干，隋志：东平郡鄄城县，旧置濮阳郡，开皇十六年置濮州，大业初废州，以鄄城县属东平；盖李密复置州也。濮，博木翻。李密故将也，将，即亮翻。恨元真叛密，叛密事见一百八十六卷元年九月。诈以其众降之。降，户江翻；下同。元真恃其官势，自往招慰，才干出迎，延入就坐，坐，徂卧翻。执而数之曰：数，所具翻，又所主翻。"汝本庸才，魏公置汝元僚，谓李密以为长史。不建毫发之功，乃构滔天之祸，今来送死，是汝之分！”分，扶问翻。遂斩之，遣人赍其首至黎阳祭密墓。壬午，以濮州来降。

53 突厥莫贺咄设寇凉州，总管杨恭仁击之，为所败，厥，九勿翻。咄，当没翻。败，补迈翻。掠男女数千人而去。

54 丙戌，以田瓒为显州总管，赐爵蔡国公。瓒，藏旱翻。

55 冬，十月，甲午，王世充大将军张镇周来降。

56 甲辰，行军总管罗士信袭王世充硖石堡，拔之。水经注：谷水自新安县东流径千秋亭，又东径雍谷溪，回岫萦纡，石路阻峡，故亦有峡石之称。考异曰：河洛记作“峡山堡”。今从实录。士信又围千金堡，此于古千金堨筑堡也。水经注：谷水径周乾祭门北，东至千金堨。河南境簿曰：河南县城东十五里有千金堨。洛阳记曰：千金堨，旧堨谷水，魏时更修此堨，谓之千金堨。堡中人骂之。士信夜遣百馀人抱婴儿数十至堡下，使儿啼呼，诈云“从东都来归罗总管”。既而相谓曰：“此千金堡也，吾属误矣。”即去。堡中以为士信已去，来者洛阳亡人，出兵追之。士信伏兵于道，伺其门开，突入，屠之。伺，相吏翻。

57 窦建德之围幽州也，是年五月，建德兵攻幽州。李艺告急于高开道，开道帅二千骑救之，建德兵引去，开道因艺遣使来降。帅，读曰率。骑，奇寄翻。使，疏吏翻。降，下江翻。戊申，以开道为蔚州总管，蔚州，隋雁门郡之灵丘、上谷郡之飞狐县地。蔚，纡勿翻。赐姓李氏，封北平郡王。开道有矢镞在颊，召医出之，医曰：“镞深，不可出。”开道怒，斩之。别召一医，曰：“出之恐痛。”又斩之。更召一医，医曰：“可出。”乃凿骨，置楔其间，楔，先结翻。骨裂寸馀，竟出其镞；开道奏妓进膳不辍。妓，渠绮翻。

58 窦建德帅众二十万复攻幽州。建德兵已攀堞，复，扶又翻。堞，达协翻。薛万均、万彻帅敢死士百人从地道出其背，掩击之，建德兵溃走，斩首千馀级。李艺兵乘胜薄其营，建德陈于营中，陈，读曰阵。填堑而出，奋击，大破之，堑，七艳翻。建德逐北，至其城下，攻之不克而还。还，从宣翻，又音如字。

59 李密之败也，见一百八十六卷元年九月。杨庆归洛阳，复姓杨氏。杨庆归密改姓，事见一百八十四卷义宁元年十一月。及王世充称帝，见上卷本年四月。庆复姓郭氏，世充以为管州总管，妻以兄女。妻，七细翻。秦王世民逼洛阳，庆潜遣人请降，降，户江翻。世民遣总管李世勣将兵往据其城。将，即亮翻；下四将、其将同。庆欲与其妻偕来，妻曰："主上使妾侍巾栉者，栉，阻瑟翻，梳也。欲结君之心也。今君既辜付托，辜，负也。徇利求全，妾将如君何！若至长安，则君家一婢耳，君何用为！愿送至洛阳，君之惠也。"庆不许。庆出，妻谓侍者曰："若唐遂胜郑，则吾家必灭；郑若胜唐，则吾夫必死。人生至此，何用生为！"遂自杀。庚戌，庆来降，复姓杨氏，拜上柱国、郇国公。郇，音荀。

时世充太子玄应镇虎牢，军于荥、汴之间，"荥"，当作"荥"。言军于荥泽、汴水之间。【章：十二行本正作"荥"；张校同。】闻之，引兵趣管城，趣，七喻翻，又逡须翻。李世勣击却之。使郭孝恪为书说荥州刺史魏陆，王世充盖以荥阳县置荥州；作"荣"亦误也。【章：十二行本正作"荥"；孔本同。】陆密请降。玄应遣大将军张志就陆征兵，丙辰，陆擒志等四将，举州来降。阳城令王雄帅诸堡来降，秦王世民使李世勣引兵应之，以雄为嵩州刺史，新志：阳城县属洛州。又云：武德四年，王世充伪令王雄来降，以阳城、嵩阳、阳翟置嵩州。与此所书稍差二三月。嵩南之路始通。嵩南，谓嵩山以南。魏陆使张志诈为玄应书，停其东道之兵，令其将张慈宝且还汴州，又密告汴州刺史王要汉使图慈宝，要汉斩慈宝以降。玄应闻诸州皆叛，大惧，奔还洛阳。诏以要汉为汴州总管，赐爵郳国公。郳，五稽翻。

60 王弘烈据襄阳，上令金州总管府司马泾阳李大亮安抚樊、邓以图之。十一月，庚申，大亮攻樊城镇，拔之，隋志：西城郡，梁置梁州，寻改曰南梁州，西魏改东梁州，寻改金州，置总管府，府置长史、司马。旧志：襄州邓城县，汉邓县，属南阳郡，古樊城也。宋改安养县。此时樊城镇当在安养县界。斩其将国大安，下其城栅十四。将，即亮翻。

61 萧铣性褊狭，多猜忌。诸将恃功恣横，好专诛杀，横，户孟翻。好，呼到翻。铣患之，乃宣言罢兵营农，实欲夺诸将之权。大司马董景珍弟为将军，怨望，谋作乱；事泄，伏诛。景珍时镇长沙，长沙，潭州治所。铣下诏赦之，召还江陵。景珍惧，甲子，以长沙来降，降，户江翻。诏峡州刺史许绍出兵应之。

62 云州总管郭子和，隋志：定襄郡，开皇五年置云州总管府，治大利城。先与突厥、梁师都相连结，既而袭师都宁朔城，克之。新志：宁朔县属夏州，后周置。先，悉荐翻。厥，九勿翻。又诇得突厥衅隙，诇，休正翻。衅，许觐翻。遣使以闻，为突厥候骑所获。使，疏吏翻。骑，奇寄翻。处罗可汗大怒，囚其弟子升。子和自以孤危，请帅其民南徙，处，昌吕翻。可，从刊入声。汗，音寒。帅，读曰率。考异曰：子和传云："四年，拔户口南徙。"按处罗可汗以今年卒，故置此。诏以延州故城处之。处，昌吕翻。

63 张举、刘旻之降也，是年八月，张举降。九月，刘旻降。梁师都大惧，遣其尚书陆季览说突厥处罗可汗曰："比者中原丧乱，说，输芮翻。比，毗至翻。丧，息浪翻。分为数国，势均力弱，故皆北面归附突厥。今定杨可汗既亡，是年四月，刘武周败亡。天下将悉为唐有。师都不辞灰灭，亦恐次及可汗，不若及其未定，南取中原，如魏道武所为，事见晋孝武帝纪。师都请为乡导。"乡，读曰向。处罗从之，谋使莫贺咄设入自原州，平凉郡置原州。处，昌吕翻。咄，当没翻。泥步设与师都入自延州，【章：十二行本"州"下有"处罗入自并州"六字；乙十一行本同；孔本同；张校同；退斋校同。】突利可汗与奚、霫、契丹、靺鞨入自幽州，可，从刊入声。汗，音寒。奚与契丹本皆东胡种，保乌丸山者，其后为奚，保鲜卑山者，其后为契丹。霫与突厥同俗，保冷陉山，南契丹，东靺鞨，西拔野古。靺鞨居肃慎地，亦曰挹娄，元魏时曰勿吉。霫，而立翻。契，欺讫翻，又音吃。靺，莫拨翻。鞨，户割翻。考异曰：旧突厥传："大业中，突利年数岁，始毕遣领东牙之兵，号泥步设，颉利嗣位，以为突利可汗。"按梁师都传，此际有泥步设，又有突利可汗。然则突利、处罗时已为小可汗，非颉利嗣位后也。高祖实录云："处罗欲分兵大掠中国，于怀戎、雁门、灵武、凉州四道俱入。"今从旧书梁师都传。会窦建德之师自滏口西入，会于晋、绛。滏口，滏水之口，在磁州滏阳县界。晋州，隋之临汾郡。绛州，隋之绛郡。滏，音釜。莫贺咄者，处罗之弟咄苾也；突利者，始毕之子什钵苾也。咄，当没翻。苾，毗必翻。

处罗又欲取并州以居杨政道，杨政道时居定襄。其群臣多谏，处罗曰："我父失国，赖隋得立，事见一百七十八卷隋开皇十九年。此恩不可忘。"将出师而卒。卒，子恤翻。义成公主以其子奥射设丑弱，废之，更立莫贺咄设，更，工衡翻。号颉利可汗。乙酉，颉利遣使告处罗之丧，使，疏吏翻。上礼之如始毕之丧。去年四月始毕卒。

64 戊子，安抚大使李大亮取王世充沮、华二州。襄州南漳县，后周置沮州。南漳，汉之临沮县也。隋废沮州。盖王世充复置。汉南县，宋置华山郡，西魏废郡，王世充盖取宋郡名而置华州也。汉南县，唐贞观八年省并入宜城。沮，子鱼翻。华，户化翻。

65 是月，窦建德济河击孟海公。考异曰：实录在十二月丙午。盖于时唐始闻之，遣刘世让攻洺州之日也。今从革命记。

初，王世充侵建德黎阳，建德袭破殷州以报之。殷州治获嘉，此皆去年冬事。自是二国交恶，信使不通。及唐兵逼洛阳，世充遣使求救于建德。使，疏吏翻。考异曰：隋季革命记曰："世充亦自遣使求救于建德云：'夏王或率领军师来相救援。王取东都、河、洛之地，北收并、汾，南尽扬、越，充乃取京师、蒲、绛以西，通蜀、荆、襄之境，并据山河之险，长为弟兄之国。'"按世充止有河、洛之地，岂肯遽以赂建德！借有是言，建德亦何由肯信！今从河洛记。建德中书侍郎刘彬说建德曰："天下大乱，唐得关西，郑得河南，夏得河北，共成鼎足之势。今唐举兵临郑，自秋涉冬，唐兵日增，郑地日蹙，唐强郑弱，势必不支，郑亡，则夏不能独立矣。说，输芮翻。夏，户雅翻。不如解仇除忿，发兵救之，夏击其外，郑攻其内，破唐必矣。唐师既退，徐观其变，若郑可取则取之，并二国之兵，乘唐师之老，天下可取也！"建德从之，遣使诣世充，许以赴援。又遣其礼部侍郎李大师等诣唐，请罢洛阳之兵，秦王世民留之，不答。

66 十二月，辛卯，王世充许、亳等十一州皆请降。许州，隋之颍川郡。亳州，隋之谯郡。亳，蒲博翻。降，户江翻。

67 壬辰，燕郡王李艺又击窦建德军于笼火城，破之。燕，因肩翻。

68 辛丑，王世充随州总管徐毅举州降。随州，隋之汉东郡。

69 癸卯，峡州刺史许绍攻萧铣荆门镇，拔之。荆门，在荆州长林县。绍所部与梁、郑邻接，峡州北境接郑之襄州，东境接梁之荆门。二境得绍士卒，皆杀之，绍得二境士卒，皆资给遣之。敌人愧感，不复侵掠，境内以安。复，扶又翻。

70 萧铣遣其齐王张绣攻长沙，董景珍谓绣曰："'前年醢彭越，往年杀韩信'，卿不见之乎，何为相攻！"引汉高祖杀功臣事，以恐动绣。绣不应，进兵围之，景珍欲溃围走，为麾下所杀；铣以绣为尚书令。绣恃功骄横，横，户孟翻。铣又杀之。由是功臣诸将皆有离心，兵势益弱。史言萧铣将亡。

71 王世充遣其兄子代王琬、长孙安世诣窦建德报聘，且乞师。长，知两翻。

72 突厥伦特勒在并州，大为民患，是年六月，突厥留伦特勒于并州。厥，九勿翻。并州总管刘世让设策擒之。上闻之，甚喜。张道源从窦建德在河南，去年九月，道源为建德所执。密遣人诣长安，请出兵攻洺州以震山东。窦建德都洺州。洺，音名。丙午，诏世让为行军总管，使将兵出土门，趣洺州。新志：恒州鹿泉县有故井陉关，一名土门关。鹿泉，汉之石邑也。

73 己酉，瓜州刺史贺拔行威执骠骑将军达奚暠，瓜州，隋之敦煌郡。骑，奇寄翻。骠，匹妙翻。暠，古老翻。举兵反。

74 是岁，李子通渡江攻沈法兴，取京口。京口时属扬州延陵县。法兴遣其仆射蒋元超拒之，战于庱亭，庱亭在毗陵西北。庱，丑拯翻，又耻陵翻。元超败死，法兴弃毗陵，奔吴郡。毗陵至吴郡百八十里。于是丹阳、毗陵等郡皆降于子通。降，户江翻。子通以法兴府掾李百药为内史侍郎、国子祭酒。掾，于绢翻。

杜伏威遣行台左仆射辅公祏祏，音石。将卒数千攻子通，将，即亮翻。以将军阚棱、王雄诞为之副。公祏渡江攻丹阳，克之，进屯溧水，隋志：丹阳郡治江宁；溧水以县属焉，本溧阳县，开皇十八年更名。自丹阳至溧水二百四十里。溧，音栗。子通帅众数万拒之。帅，读曰率。公祏简精甲千人，执长刀为前锋，简，选也，分别也。又使千人踵其后，曰：“有退者即斩之。”自帅馀众，复居其后。帅，读曰率。复，扶又翻；下同。子通为方陈而前，陈，读曰阵。公祏前锋千人殊死战，公祏复张左右翼以击之，子通败走，公祏逐之，反为所败，败，补迈翻。还，闭壁不出。王雄诞曰：“子通无壁垒，又狃于初胜，狃，女九翻。乘其无备，击之可破也。”公祏不从。雄诞以其私属数百人夜出击之，私属亲兵不在大军名籍者。因风纵火，子通大败，降其卒数千人。降，户江翻。子通食尽，弃江都，保京口，江西之地尽入于伏威，庐、和等州皆江西也。伏威徙居丹阳。

子通复东走太湖，太湖在苏州吴县东南五十里。收合亡散，得二万人，袭沈法兴于吴郡，大破之。法兴帅左右数百人弃城走，吴郡贼帅闻人遂安遣其将叶孝辩迎之，闻人，复姓，今吴中亦以为著姓。贼帅，所类翻。将，即亮翻。法兴中涂而悔，欲杀孝辩，更向会稽。会稽，越州。会，古外翻。孝辩觉之，法兴窘迫，赴江溺死。子通军势复振，【章：十二行本“振”下有“帅其群臣”四字；乙十一行本同；孔本同；张校同；退斋校同。】徙都馀杭，馀杭，杭州。尽收法兴之地，北自太湖，南至岭，岭，五岭也。东包会稽，西距宣城，按子通之地，西距宣城耳，南境安能至岭哉！史大而言之耳。会，古外翻。皆有之。

75 广、新二州贼帅高法澄、沈宝彻杀隋官，据州，附于林士弘，隋志：南海郡，广州。信安郡新兴县，梁置新州。宋白曰：新州，秦始皇所取陆梁地，汉为合浦临允县，晋置新宁郡，梁置新州。汉阳太守冯盎击破之。冯盎自大业之乱归岭南，未受朝命，故书隋官。守，式又翻。既而宝彻兄子智臣复聚兵于新州，盎引兵击之。贼始合，盎免胄大呼曰：呼，火故翻。“尔识我乎？”贼多弃仗肉袒而拜，冯盎自其祖母冼夫人以来，威令行于岭南，故然。遂溃，擒宝彻、智臣等，岭外遂定。

76 窦建德行台尚书令恒山胡大恩请降。恒山，恒州。恒，户登翻。降，户江翻。

四年（辛巳、六二一）

1 春，正月，癸酉，以大恩为代州总管，代州，隋之雁门郡。封定襄郡王，赐姓李氏。代州石岭之北，自刘武周之乱，寇盗充斥，大恩徙镇雁门，雁门，汉广武县，隋更名。隋、唐代州皆治雁门，汉雁门郡治阴馆。李大恩岂徙镇汉雁门邪？宋白曰：句注在代州西北三十五里，雁门界西陉山也。始皇十三年移楼烦于善无县，今句注山北下馆城是也，故续汉书云：雁门郡理阴馆。建安立新兴郡，陉北悉弃之，其地荒废。魏文帝移雁门郡，南渡句注，置广武城，即今州西广武故城是也。后魏明帝又移置广武东古上馆城内，即今州城是也。或曰李大恩自恒山请降，授代州总管，故自恒山徙镇雁门。讨击，悉平之。

2 稽胡酋帅刘仚成部落数万，为边寇；酋，慈由翻。帅，所类翻。仚，许延翻。辛巳，诏太子建成统诸军讨之。

3 王世充梁州总管程嘉会以所部来降。后魏置梁州于浚仪，因古大梁城以名州也。此时以浚仪为汴州，而隋之梁郡治宋城县。宋城，古睢阳也，汉梁国都之，后魏以来，以睢阳为梁郡，王世充当于此置梁州。

4 杜伏威遣其将陈正通、徐绍宗帅精兵二千，来会秦王世民击王世充，将，即亮翻。帅，读曰率。考异曰：旧书杜伏威传："太宗之围王世充，遣使招之，伏威请降，高祖遣使就拜东南道行台尚书令、江·淮以南安抚大使、上柱国，封吴王，赐姓李氏。"按伏威封吴王在太宗讨王世充前。今从高祖、太宗实录。甲申，攻梁，克之。梁县属伊州。杜佑曰：汝州梁县，汉旧县，战国时谓之南梁，以别大梁、少梁也。

5 丙戌，黔州刺史田世康黔州，隋之黔安郡，古黔中也。黔，音琴。攻萧铣五州、四镇，皆克之。

6 秦王世民选精锐千馀骑，皆皂衣玄甲，分为左右队，使秦叔宝、程知节、尉迟敬德、翟长孙分将之。骑，奇寄翻；下同。尉，纡勿翻。翟，苌伯翻。长，知两翻。将，即亮翻；下同。每战，世民亲被玄甲帅之为前锋，被，皮义翻。帅，读曰率；下同。乘机进击，所向无不摧破，敌人畏之。行台仆射屈突通、赞皇公窦轨屈，九勿翻。轨封赞皇县公。赞皇县属赵州，隋开皇十六年置。刘昫曰：取赞皇山为名。引兵按行营屯，行，下孟翻。猝与王世充遇，战不利。秦王世民帅玄甲救之，世充大败，获其骑将葛彦璋，考异曰：太宗实录云："初，罗士信取千金堡，太宗令屈突通守之。王充自来攻堡，通惧，举烽请救。太宗度通力堪自守，且缓救以骄世充，通举三烽以告急，太宗方出援之，左右未获从，以两骑而进，遇贼骑将葛彦璋，射之，应弦而坠，擒之于陈，后军亦继至，通军复振，表里奋击，王充大败，俘斩六千馀人，几获世充。"今从河洛记。俘斩六千馀人。世充遁归。

7 李靖说赵郡王孝恭以取萧铣十策，孝恭上之。说，输芮翻。上，时掌翻。考异曰：高祖实录："孝恭献平铣之策，帝嘉纳之。"太宗实录、李靖传："靖说赵郡王孝恭，陈伐萧铣之计，献以十策。高祖以孝恭未更戎旅，三军之任，一以委靖，授靖行军总管，兼摄孝恭长史事。"孝恭传："时李靖亦奉使江南，以策干孝恭，孝恭善之，委以军事。"盖靖画策使孝恭上之耳。二月，辛卯，改信州为夔州，以孝恭为总管，使大造舟舰，习水战。舰，户黯翻。以孝恭未更军旅，更，工衡翻。以靖为行军总管，兼孝恭长史，委以军事。靖说孝恭悉召巴、蜀酋长子弟，长，知两翻。酋，才由翻。量才授任，置之左右，外示引擢，实以为质。量，音良。质，音致。

8 王世充太子玄应将兵数千人，自虎牢运粮入洛阳，秦王世民遣将军李君羡邀击，大破之，玄应仅以身免。

世民使宇文士及奏请进围东都，上谓士及曰："归语尔王：语，牛倨翻。今取洛阳，止于息兵，克城之日，乘舆法物，图籍器械，乘，绳证翻。非私家所须者，委汝收之；其馀子女玉帛，并以分赐将士。"将，即亮翻。

辛丑，世民移军青城宫，壁垒未立，王世充帅众二万自方诸门出，凭故马坊垣堑，临谷水以拒唐兵，东都城西连禁苑，方诸门盖自都城出禁苑之门也。青城宫在禁苑中，谷、洛二水会于禁苑之中。帅，读曰率；下同。堑，七艳翻。诸将皆惧。世民以精骑陈于北邙，登魏宣武陵以望之，谓左右曰："贼势窘矣，悉众而出，徼幸一战，骑，奇寄翻；下同。陈，读曰阵；下同。徼，古尧翻。今日破之，后不敢复出矣！"复，扶又翻；下同。命屈突通帅步卒五千渡水击之，屈，居勿翻。戒通曰："兵交则纵烟。"烟作，世民引骑南下，身先士卒，先，悉荐翻。与通合势力战。世民欲知世充陈厚薄，与精骑数十冲之，直出其背，众皆披靡，披，普彼翻。杀伤甚众。既而限以长堤，与诸骑相失，将军丘行恭独从世民，世充数骑追及之，世民马中流矢而毙。行恭回骑射追者，发无不中，中，竹仲翻。射，而亦翻。追者不敢前。乃下马以授世民，行恭于马前步执长刀，距跃大呼，距跃，超距而跳跃也。杜预曰：距跃，超越也。呼，火故翻。斩数人，突陈而出，得入大军。世充亦帅众殊死战，散而复合者数四，自辰至午，世充兵始退。世民纵兵乘之，直抵城下，俘斩七千人，遂围之。骠骑将军段志玄与世充兵力战，深入，马倒，为世充兵所擒，两骑夹持其髻，骠，匹妙翻。骑，奇寄翻。髻，古诣翻。将渡洛水，志玄踊身而奋，二人俱坠马，志玄驰归，追者数百骑，不敢逼。

初，骠骑将军王怀文为唐军斥候，为世充所获，世充欲慰悦之，引置左右。壬寅，世充出右掖门，东都城南面三门，中曰端门，左曰左掖门，右曰右掖门，洛水径其前，有天津、永济、中桥三桥。临洛水为陈，怀文忽引槊刺世充，世充衷甲，槊折不能入，刺，七亦翻。折，而设翻。左右猝出不意，皆愕眙不知所为。怀文走趣唐军，眙，丑吏翻。趣，七喻翻，又逡须翻。至写口，洛城中水于此写放以流其恶，因名之为写口。追获，杀之。世充归，解去衷甲，去，羌吕翻。袒示群臣曰："怀文以槊刺我，卒不能伤，卒，子恤翻。岂非天所命乎！"

先是御史大夫郑颋不乐仕世充，多称疾不预事，郑颋，李密之臣，为世充所获，疾其多诈，故不乐仕焉。先，悉荐翻。颋，他鼎翻。乐，音洛。至是谓世充曰："臣闻佛有金刚不坏身，陛下真是也。臣实多幸，得生佛世，愿弃官削发为沙门，服勤精进，以资陛下之神武。"诡辞以求去。世充曰："国之大臣，声望素重，一旦入道，将骇物听。俟兵革休息，当从公志。"颋固请，不许。退谓其妻曰："吾束发从官，志慕名节，束发，谓幼小总角时也。不幸遭遇乱世，流离至此，侧身猜忌之朝，累足危亡之地，朝，直遥翻。累，力委翻。智力浅薄，无以自全，人生会有死，早晚何殊，姑从吾所好，好，呼到翻。死亦无憾。”遂削发被僧服。被，皮义翻。世充闻之，大怒曰：“尔以我为必败，欲苟免邪？邪，音耶。不诛之，何以制众！”遂斩颋于市。颋言笑自若，观者壮之。

诏赠王怀文上柱国、朔州刺史。朔州，隋之马邑郡。

9 并州安抚使唐俭密奏：“真乡公李仲文与妖僧志觉有谋反语，真乡县公也。西魏置真乡县，时属绥州。使，疏吏翻。妖，于骄翻。又娶陶氏之女以应桃李之谣。谄事可汗，甚得其意，可汗许立为南面可汗；可，从刊入声。汗，音寒。及在并州，赃贿狼籍。”上命裴寂、陈叔达、萧瑀杂鞫之。瑀，音禹。乙巳，仲文伏诛。

10 庚戌，王泰弃河阳走，去年七月，世充使泰守河阳。其将赵夐等以城来降。将，即亮翻。夐，休正翻。降，户江翻。别将单雄信、裴孝达与总管王君廓相持于洛口，单，慈浅翻。秦王世民帅步骑五千援之，至轘辕，雄信等遁去，君廓追败之。轘，音环。败，补迈翻。

11 壬子，延州总管段德操击刘仚成，破之，仚，许延翻。斩首千馀级。

12 乙卯，王世充怀州刺史陆善宗以城降。

13 秦王世民围洛阳宫城，城中守御甚严，大礮飞石重五十斤，掷二百步，礮，与炮同，匹貌翻。八弓弩箭如车辐，镞如巨斧，射五百步。八弓弩，八弓共一弮也，如古连弩，今之划车弩，亦其类也。辐，音福。世民四面攻之，昼夜不息，旬馀不克。城中欲翻城者凡十三辈，皆不果发而死。唐将士皆疲弊思归，总管刘弘基等请班师，世民曰：“今大举而来，当一劳永逸。东方诸州已望风款服，唯洛阳孤城，势不能久，功在垂成，奈何弃之而去！”乃下令军中曰：“洛阳未破，师必不还，还，从宣翻。敢言班师者斩！”众乃不敢复言。复，扶又翻。上闻之，亦密敕世民使还，世民表称洛阳必可克，又遣参谋军事封德彝入朝面论形势。参谋之官，盖始于此。朝，直遥翻。德彝言于上曰："世充得地虽多，率皆羁属，言羁縻属之而已。号令所行，唯洛阳一城而已，智尽力穷，克在朝夕。今若旋师，贼势复振，复，扶又翻，又音如字。更相连结，后必难图！"上乃从之。世民遗世充书，遗，于季翻。谕以祸福；世充不报。

14 戊午，王世充郑州司兵沈悦遣使诣左武候大将军李世勣请降。李世勣时屯管城。使，疏吏翻。降，户江翻。左卫将军王君廓夜引兵袭虎牢，王君廓时屯洛口。悦为内应，遂拔之，获其荆王行本及长史戴胄。长，知两翻。悦，君理之孙也。沈君理仕陈为仆射。

15 窦建德克周桥，虏孟海公。

王崇武标点容肇祖聂崇岐覆校

资治通鉴卷第一百八十九

端明殿学士兼翰林侍读学士太中大夫
提举西京嵩山崇福宫上柱国河内郡开国公　司马光　奉敕编集
食邑二千二百户食实封九百户赐紫金鱼袋臣

后　学　天　台　胡三省　音　注

唐纪五　起重光大荒落(辛巳)三月，尽十二月，不满一年。

高祖神尧大圣光孝皇帝中之中

武德四年(辛巳、六二一)

1 三月，庚申，以靺鞨渠帅突地稽为燕州总管。靺鞨有七种，粟末靺鞨居最南，本附高丽。隋炀帝初，其渠帅突地稽率其部来降，居之柳城。新志曰：隋于营州之境汝罗故城置辽西郡，以处靺鞨降人；武德元年曰燕州。“突地稽”，隋书作“度地稽。”帅，所类翻。靺，音末。鞨，音曷。燕，因肩翻。

2 太子建成获稽胡千馀人，释其酋帅数十人，酋，才由翻。帅，所类翻。授以官爵，使还，招其馀党，刘仚成亦降。仚，许延翻。降，户江翻；下同。建成诈称增置州县，筑城邑，命降胡年二十以上皆集，以兵围而杀之，死者六千馀人，考异曰：实录，前言四千馀户，后云六千馀计，盖前言户，后言口也。仚成觉变，亡奔梁师都。

3 行军总管刘世让攻窦建德黄州，拔之。黄州阙。洺州严备，世让不得进。会突厥将入寇，上召世让还。

窦建德所署普乐令平恩程名振来降，上遥除名振永宁令，新志：平恩县属洺州；又所领鸡泽县有普乐县，窦建德平后，废入鸡泽。永宁县属洺州；本熊耳，义宁二年更名，时属熊州。按旧书除名振永年令。此承新书之误。永年，汉广平县也，隋仁寿元年，改曰永年，带洺州。旧志曰：永年，本汉曲梁县地。杜佑曰：洺州，春秋赤狄之地。洺，弥并翻。厥，九勿翻。还，从宣翻，又音如字。乐，音洛。使将兵徇河北。名振夜袭邺，旧志：邺县属相州，后魏于邺置相州；周末尉迟迥既平，乃焚邺，以安阳为相州理所。炀帝复于邺故都大慈寺置邺县。将，即亮翻。俘其男女千馀人。去邺八十里，阅妇人乳有湩者，九十馀人，悉纵遣之，邺人感其仁，为之饭僧。湩，竹用翻；乳汁。为，于伪翻。饭，扶晚翻。

4 突厥颉利可汗承父兄之资，颉利者，启民之子，始毕、处罗之弟。厥，九勿翻。可，从刊入声。汗，音寒。士马雄盛，有凭陵中国之志。妻隋义成公主，公主从弟善经，从，才用翻。避乱在突厥，与王世充使者王文素共说颉利曰：使，疏吏翻；下同。说，式芮翻。"昔启民为兄弟所逼，脱身奔隋，赖文皇帝之力，有此土宇，事见隋文帝纪。子孙享之。今唐天子非文皇帝子孙，可汗宜奉杨政道以伐之，杨政道时居定襄。以报文皇帝之德。"颉利然之。上以中国未宁，待突厥甚厚，而颉利求请无厌，厌，于盐翻。言辞骄慢。甲戌，突厥寇汾阴。汾阴县本属蒲州，时为泰州治所。

5 唐兵围洛阳，掘堑筑垒而守之。堑，七艳翻。城中乏食，绢一匹直粟三升，布十匹直盐一升，服饰珍玩，贱如土芥。民食草根木叶皆尽，相与澄取浮泥，投米屑作饼食之，皆病，身肿脚弱，死者相枕倚于道。枕，职任翻。皇泰主之迁民入宫城也，见一百八十三卷隋义宁元年四月。凡三万家，至是无三千家。虽贵为公卿，糠核不充，孟康曰：核，麦糠中不破者也。晋灼曰：核，音纥。京师人谓粗屑为纥头。尚书郎以下，亲自负戴，负以肩背，戴以首。往往馁死。

窦建德使其将范愿守曹州，将，即亮翻；下同。悉发孟海公、徐圆朗之众，西救洛阳。至滑州，王世充行台仆射韩洪开门纳之。己卯，军于酸枣。酸枣县隋属郑州，此时属东梁州。

6 壬午，突厥寇石州，石州，隋之离石郡。刺史王集击却之。

7 窦建德陷管州，杀刺史郭士安；又陷荥阳、阳翟等县，荥阳县属郑州。阳翟县，隋属汝州，时属嵩州。水陆并进，泛舟运粮，溯河西上。上，时掌翻。王世充之弟徐州行台世辩徐州，隋之彭城郡。遣其将郭士衡将兵数千会之，将，即亮翻。合十馀万，号三十万，军于成皋之东原，筑宫板渚，成皋即虎牢；东原即东广武。水经：河水过成皋而东，合汜水，又东径板城北。注云：有津，谓之板城渚口。遣使与王世充相闻。

先是，建德遗秦王世民书，使，疏吏翻。先，悉荐翻。遗，于伪翻。请退军潼关，返郑侵地，复修前好。好，呼到翻。世民集将佐议之，将，即亮翻。皆请避其锋，郭孝恪曰："世充穷蹙，垂将面缚，建德远来助之，此天意欲两亡之也。宜据武牢之险以拒之，唐讳虎，改虎牢为武牢。伺间而动，破之必矣！"间，古苋翻。记室薛收曰："世充保据东都，府库充实，所将之兵，皆江、淮精锐，即日之患，但乏粮食耳。以是之故，为我所持，求战不得，守则难久。建德亲帅大众，远来赴援，帅，读曰率。亦当极其精锐。若【章：十二行本"若"上有"致死于我"四字；乙十一行本同；孔本同；张校同；退斋校同。】纵之至此，两寇合从，从，子容翻。转河北之粟以馈洛阳，则战争方始，偃兵无日，混一之期，殊未有涯也。今宜分兵守洛阳，深沟高垒，世充出兵，慎勿与战，大王亲帅骁锐，先据成皋，帅，读曰率。骁，坚尧翻。厉兵训士，以待其至，以逸待劳，决可克也。建德既破，世充自下，不过二旬，两主就缚矣！"世民善之。收，道衡之子也。薛道衡为隋炀帝所杀。隋之伐陈，道衡知其必克。收之识时审势，盖有父风。萧瑀、屈突通、封德彝皆曰："吾兵疲老，世充凭守坚城，未易猝拔，瑀，音禹。屈，居勿翻。易，以豉翻；下同。建德席胜而来，锋锐气盛，吾腹背受敌，非完策也，不若退保新安，以承其弊。”世民曰：“世充兵摧食尽，上下离心，不烦力攻，可以坐克。建德新破海公，将骄卒惰，吾据武牢，扼其咽喉。将，即亮翻；下同。咽，音烟。彼若冒险争锋，吾取之甚易。易，弋豉翻。若狐疑不战，旬月之间，世充自溃。城破兵强，气势自倍，一举两克，在此行矣。若不速进，贼入武牢，诸城新附，必不能守；两贼并力，其势必强，何弊之承！吾计决矣！”通等又请解围据险以观其变，世民不许。中分麾下，使通等副齐王元吉围守东都，世民将骁勇三千五百人东趣武牢。骁，坚尧翻。趣，七喻翻，又逡须翻。时正昼出兵，历北邙，抵河阳，趋巩而去。巩在东都之东一百一十里。时世民大军，据都城西北以临世充而围之，故出兵向武牢，历北邙，抵河阳而趋巩。趋，与趣同，音七喻翻。王世充登城望见，莫之测也，竟不敢出。

癸未，世民入武牢；甲申，将骁骑五百，出武牢东二十馀里，觇建德之营。觇，丑廉翻，又丑艳翻。缘道分留从骑，从，才用翻；下同。使李世勣、程知节、秦叔宝分将之，伏于道旁，才馀四骑，与之偕进。世民谓尉迟敬德曰：骑，奇寄翻。尉，纡勿翻。“吾执弓矢，公执槊相随，槊，色角翻。虽百万众若我何！”又曰：“贼见我而还，上策也。”还，从宣翻。去建德营三里所，建德游兵遇之，以为斥候也。世民大呼曰：“我秦王也。”引弓射之，呼，火故翻。射，而亦翻；下同。毙其一将。将，即亮翻。建德军中大惊，出五六千骑逐之，从者咸失色。从，才用翻。世民曰：“汝弟前行，吾自与敬德为殿。”弟，大计翻，但也。汉书多用此弟字，可考也。殿，丁练翻。于是按辔徐行，追骑将至，则引弓射之，辄毙一人。追者惧而止，止而复来，复，扶又翻；下同。如是再三，每来必有毙者，世民前后射杀数人，敬德杀十许人，追者不敢复逼。世民逡巡稍却以诱之，逡，七荀翻。诱，音酉；下同。入于伏内，世勣等奋击，大破之，斩首三百馀级，获其骁将殷秋、石瓒以归。瓒，藏旱翻。乃为书报建德，谕以"赵、魏之地，久为我有，为足下所侵夺。但以淮安见礼，公主得归，故相与坦怀释怨。武德二年，窦建德尽取赵、魏，虏淮安王神通及同安公主，待淮安以客礼，次年八月，遣公主归。世充顷与足下修好，已尝反覆，武德二年，王、窦结好；世充篡，建德绝之，寻有疆埸之争。好，呼到翻。今亡在朝夕，更饰辞相诱，足下乃以三军之众，仰哺他人，千金之资，坐供外费，兵法曰：兴师十万，日费千金。良非上策。今前茅相遇，彼遽崩摧，左传：随武子曰："前茅虑无。"杜预注云：军行前有斥候蹹伏。茅，明也，备虑有无也。或曰：以茅为旌识。郊劳未通，能无怀愧。古者诸侯相见有郊劳之礼。言建德来救世充，阻于唐兵，使命不得通也。劳，力到翻。故抑止锋锐，冀闻择善，欲使之择善而从。若不获命，恐虽悔难追。"

8 立秦王世民之子泰为卫王。

9 夏，四月，己丑，丰州总管张长逊入朝。时言事者多云，长逊久居丰州，张长逊，隋末守丰州，唐兴来降，至是入朝。丰州至长安二千六百六里。朝，直遥翻；下同。为突厥所厚，非国家之利。厥，九勿翻。长逊闻之，请入朝，上许之。会太子建成北伐稽胡，长逊帅所部会之，因入朝，拜右武候将军。帅，读曰率；下同。益州行台左仆射窦轨帅巴、蜀兵来会秦王击王世充，以长逊检校益州行台右仆射。

10 己亥，突厥颉利可汗寇雁门，李大恩击走之。可，从刊入声。汗，音寒。

11 壬寅，王世充骑将杨公卿、单雄信引兵出战，骑，奇寄翻。将，即亮翻。单，音善。齐王元吉击之，不利，行军总管卢君谔战死。

12 太子还长安。

13 王世充平州刺史周仲隐以城来降。洛州河阴县，古平阴也。王世充当于此置平州。降，户江翻。

14 戊申，突厥寇并州。初，处罗可汗与刘武周相表里，寇并州；上遣太常卿郑元琦往谕以祸福，处罗不从。未几，处罗遇疾卒，处，昌吕翻。琦，殊玉翻。几，居岂翻。卒，子恤翻。考异曰：旧书郑元琦传作“叱罗可汗”。今从实录。国人疑元琦毒之，留不遣。上又遣汉阳公瓌赂颉利可汗以金帛，颉利欲令瓌拜，瓌不从，亦留之。瓌，古回翻。又留左骁卫大将军长孙顺德。骁，坚尧翻。长，知两翻。上怒，亦留其使者。瓌，孝恭之弟也。孝恭时镇夔州。

15 甲寅，封皇子元方为周王，元礼为郑王，元嘉为宋王，元则为荆王，元茂为越王。

16 窦建德迫于武牢不得进，留屯累月，考异曰：旧书，停留七十馀日；新书，六十馀日。按二月戊午，沈悦始以武牢降唐，至五月己未，建德败，才六十二日。若沈悦今日降唐，明日建德即至，亦不能自固。又吴兢太宗勋史：“三月己卯，建德率兵十二万次于酸枣。”去败才四十一日，故但云“留屯累月”。战数不利，数，所角翻。将士思归。丁巳，秦王世民遣王君廓将轻骑千馀抄其粮运，抄，楚交翻。又破之，获其大将军张青特。

凌敬言于建德曰：“大王悉兵济河，攻取怀州、河阳，使重将守之，更鸣鼓建旗，逾太行，入上党，行，户刚翻。徇汾、晋，趣蒲津，趣，七喻翻。如此有三利：一则蹈无人之境，取胜可以万全；二则拓地收众，形势益强；三则关中震骇，郑围自解。为今之策，无以易此。”凌敬之策善矣。当是时，洛城危急，秦王定计而坚守之，盖计日而收功；吾恐建德未得至蒲州，洛城已破矣。建德将从之，而王世充遣使告急相继于道，王琬、长孙安世朝夕涕泣，请救洛阳，使，疏吏翻。长，知两翻。又阴以金玉啖建德诸将，以挠其谋。啖，徒滥翻；将，即亮翻。挠，奴巧翻，又奴教翻。诸将皆曰："凌敬书生，安知战事，其言岂可用也！"建德乃谢敬曰："今众心甚锐，天赞我也，因之决战，必将大捷，不得从公言。"敬固争之，建德怒，令扶出。令，力丁翻。其妻曹氏谓建德曰："祭酒之言不可违也。凌敬盖为建德国子祭酒。今大王自滏口乘唐国之虚，连营渐进以取山北，建德都洺州，时在山南，并、代、汾、晋，皆山北也。滏，音釜。又因突厥西抄关中，唐必还师自救，厥，九勿翻。抄，楚交翻。还，从宣翻，又音如字。郑围何忧不解！若顿兵于此，老师费财，欲求成功，在于何日？"建德曰："此非女子所知！吾来救郑，郑今倒悬，亡在朝夕，吾乃舍之而去，是畏敌而弃信也，不可。"

谍者告曰："建德伺唐军刍尽，牧马于河北，将袭武牢。"谍，达协翻。伺，相吏翻。五月，戊午，秦王世民北济河，南临广武，此西广武也。察敌形势，因留马千馀匹，牧于河渚以诱之，诱，音酉。夕还武牢。己未，建德果悉众而至，此所谓善战者，因其势而利导之也。自板渚出牛口置陈，北距大河，西薄汜水，南属鹊山，水经注：汜水南出浮戏山，亦谓之方山，北径虎牢城东，又北流注于河。陈，读曰阵；下同。汜，音祀。属，之欲翻。亘二十里，鼓行而进。诸将皆惧，将，即亮翻。惧其众也。世民将数骑升高丘而望之，将，音如字，领也。骑，奇寄翻。谓诸将曰："贼起山东，未尝见大敌，今度险而嚣，嚣，虚骄翻，喧也。是无纪律，逼城而陈，有轻我心；我按甲不出，彼勇气自衰，陈久卒饥，势将自退，所谓以计稽之也。追而击之，无不克者。与公等约，甫过日中，必破之矣！"甫，始也，才也。建德意轻唐军，遣三百骑涉汜水，距唐营一里所止。遣使与世民相闻曰："请选锐士数百与之剧。"汜，音祀。使，疏吏翻。剧，戏也；今俗谓戏为则剧。世民遣王君廓将长槊二百以应之，槊，色角翻。相与交战，乍进乍退，两无胜负，各引还。还，从宣翻，又音如字。王琬乘隋炀帝骢马，炀，余尚翻。马青白曰骢。铠仗甚鲜，迥出陈前以夸众。铠，可亥翻。迥，户顶翻。陈，读曰阵。世民曰："彼所乘真良马也！"尉迟敬德请往取之，世民止之曰："岂可以一马丧猛士。"尉，纡勿翻。丧，息浪翻。敬德不从，与高甑生、梁建方三骑直入其陈，擒琬，引其马驰归，众无敢当者。骑，奇寄翻。世民使召河北马，待其至乃出战。

建德列陈，自辰至午，士卒饥倦，皆坐列，杜预曰：士皆坐列，言无斗志。又争饮水，逡巡欲退。逡，七伦翻。世民命宇文士及将三百骑经建德陈西，驰而南上，所以尝敌也。将，即亮翻，又音如字。骑，奇寄翻；下同。上，时掌翻。戒之曰："贼若不动，尔宜引归，动则引兵东出。"士及至陈前，陈果动，世民曰："可击矣！"时河渚马亦至，乃命出战。世民帅轻骑先进，帅，读曰率；下同。大军继之，东涉汜水，直薄其陈。薄，迫也。建德群臣方朝谒，唐骑猝来，朝臣趋就建德，建德召骑兵使拒唐兵，骑兵阻朝臣不得过，建德挥朝臣令却，朝，直遥翻。进退之间，唐兵已至，建德窘迫，退依东陂。窦抗引兵击之，战小不利。世民帅骑赴之，所向皆靡。淮阳王道玄挺身陷陈，直出其后，复突陈而归，窘，渠陨翻。复，扶又翻，又音如字。再入再出，飞矢集其身如猬毛，猬，于贵翻；虫似豪猪而小。尔雅曰：汇毛刺是也。勇气不衰，射人，皆应弦而仆。世民给以副马，使从己。于是诸军大战，尘埃涨天。世民帅史大奈、程知节、秦叔宝、宇文歆等卷旆而入，歆，许今翻。卷，读曰捲。出其陈后，陈，读曰阵。张唐旗帜，帜，昌志翻。建德将士顾见之，大溃，将，即亮翻。追奔三十里，斩首三千馀级。建德中槊，中，竹仲翻。槊，色角翻。窜匿于牛口渚。车骑将军白士让、杨武威逐之，建德坠马，士让援槊欲刺之，骑，奇寄翻。援，于元翻。刺，七亦翻。建德曰："勿杀我，我夏王也，能富贵汝。”言得我以献则富贵也。夏，户雅翻。武威下擒之，下马擒之也。载以从马，从，才用翻。来见世民。世民让之曰：“我自讨王世充，何预汝事，而来越境，犯我兵锋！”建德曰：“今不自来，恐烦远取。”建德将士皆溃去，所俘获五万人，世民即日散遣之，使还乡里。

封德彝入贺，世民笑曰：“不用公言，得有今日。智者千虑，不免一失乎！”用李左车之言。德彝甚惭。

建德妻曹氏与左仆射齐善行将数百骑遁归洺州。洺，弥并翻。

甲子，世充偃师、巩县皆降。

乙丑，以太子左庶子郑善果为山东道抚慰大使。降，户江翻；下同。使，疏吏翻。

世充将王德仁弃故洛阳城而遁，此汉、魏故都之城也。亚将赵季卿以城降。秦王世民囚窦建德、王琬、长孙安世、郭士衡等至洛阳城下，以示世充。世充与建德语而泣，仍遣安世等入城言败状。世充召诸将议突围，南走襄阳，欲走襄阳就王弘烈、王泰。走，音奏。诸将皆曰：“吾所恃者夏王，夏王今已为擒，虽得出，终必无成。”考异曰：旧书世充传云：“诸将皆不答。”今从河洛记。丙寅，世充素服帅其太子、群臣、二千馀人诣军门降。帅，读曰率。降，户江翻。世民礼接之，世充俯伏流汗。世民曰：“卿常以童子见处，处，昌吕翻。今见童子，何恭之甚邪？”邪，音耶。世充顿首谢罪。于是部分诸军，分，扶问翻。先入洛阳，分守市肆，禁止侵掠，无敢犯者。

丁卯，世民入宫城，命记室房玄龄先入中书、门下省，收隋图籍制诏，已为世充所毁，无所获。命萧瑀、窦轨等封府库，收其金帛，颁赐将士。瑀，音禹。将，即亮翻。收世充之党罪尤大者段达、王隆、崔洪丹、薛德音、杨汪、孟孝义、单雄信、杨公卿、郭什柱、郭士衡、董叡、张童儿、王德仁、朱粲、郭善才等十馀人斩于洛水之上。单，慈浅翻。新书云：薛德音以移檄慢逆，崔弘丹以造弩多伤士，前诛之；次收段达等斩洛渚上。温公避国讳，改弘丹为洪丹。郭什柱意当作"什住"。初，李世勣与单雄信友善，誓同生死。及洛阳平，世勣言雄信骁健绝伦，骁，坚尧翻。请尽输己之官爵以赎之，世民不许。考异曰：旧传云："高祖不许。"按太宗得洛城即诛雄信，何尝禀命于高祖，盖太宗时史臣叙高祖时事，有诛杀不厌众心者，皆称高祖之命，以掩太宗之失，如屠夏县之类皆是也。世勣固请不能得，涕泣而退。雄信曰："我固知汝不办事。"世勣曰："吾不惜馀生，与兄俱死；但既以此身许国，事无两遂。且吾死之后，谁复视兄之妻子乎？"复，扶又翻。乃割股肉以啖雄信，曰："使此肉随兄为土，庶几不负昔誓也！"几，居希翻。士民疾朱粲残忍，竞投瓦砾击其尸，须臾如冢。砾，郎击翻。囚韦节、杨续、长孙安世等十馀人送长安。长孙之长，知两翻。士民无罪为世充所囚者，皆释之，所杀者祭而诔之。古者卿大夫殁，则君命有司累其功德，为文以哀之，曰诔。今诔之者，哀其无罪而死也。诔，鲁水翻。

初，秦王府属杜如晦叔父淹事王世充。淹素与如晦兄弟不协，谮如晦兄杀之，又囚其弟楚客，饿几死，几，居依翻，又音祁。楚客终无怨色。及洛阳平，淹当死，楚客涕泣请如晦救之，如晦不从。楚客曰："曩者叔已杀兄，今兄又杀叔，一门之内，自相残而尽，岂不痛哉！"欲自刭，刭，古顶翻。如晦乃为之请于世民，淹得免死。为，于伪翻。

秦王世民坐阊阖门，晋都洛阳，其城西面北来第三门曰阊阖。隋营新都，唐六典所载都城、皇城、宫城、苑城诸门，皆无阊阖，盖唐改之也。阖，户腊翻。苏威请见，称老病不能拜。世民遣人数之曰：见，贤遍翻。数，所具翻，又所主翻。"公隋室宰相，危不能扶，使君弑国亡。见李密、王世充皆拜伏舞蹈。今既老病，无劳相见。"及至长安，又请见，不许。既老且贫，无复官爵，卒于家，年八十二。史言苏威之寿不若早夭。卒，子恤翻。

秦王世民观隋宫殿，叹曰："逞侈心，穷人欲，无亡得乎！"命撤端门楼，焚乾阳殿，毁则天门及阙；唐六典：东都皇城南面三门，中曰端门。乾阳殿，唐后于此起乾元殿。宫城南面三门，中曰应天门，盖隋之则天门也。唐六典曰：毁建国门。隋志：东都城南面二门，正南曰建国。废诸道场，城中僧尼，留有名德者各三十人，馀皆返初。返初服也。尼，女夷翻。

17 前真定令周法明，真定县，隋带恒山郡，唐改郡为恒州。法尚之弟也，周法尚自陈入隋为将。隋末结客，袭据黄梅，隋志：黄梅县旧曰永兴，开皇初改曰新蔡，十八年改曰黄梅，因黄梅山以名县也。刘昫曰：黄梅，汉蕲春县地，宋分置新蔡郡，隋为县，属蕲春郡。遣族子孝节攻蕲春，蕲春，汉县，属江夏郡，吴为蕲春郡，晋改为西阳，又改为蕲阳，梁改曰蕲水，后齐改曰齐昌，隋开皇十八年复曰蕲春，带郡。蕲，音渠之翻。兄子绍则攻安陆，安陆，汉县，属江夏郡。宋分置安陆郡，梁置南司州，西魏置安州，隋复为安陆郡。子绍德攻沔阳，沔阳，汉竟陵县地，属江夏郡。后周置复州，大业初，改沔州，寻改为沔阳郡。沔，弥兖翻。皆拔之。庚午，以四郡来降。降，户江翻；下同。

18 壬申，齐善行以洺、相、魏等州来降。洺，音名。相，息亮翻。考异曰：革命记云："五月七日，善行等至洺州。"实录云"壬申，洺、相、魏等州降"者，盖降使到之日也。月末又云"裴矩等以八玺降"，盖玺到之日也。时建德馀众走至洺州，欲立建德养子为主，征兵以拒唐；又欲剽掠居民，还向海隅为盗。善行独以为不可，曰："隋末丧乱，剽，匹妙翻。丧，息浪翻；下同。故吾属相聚草野，苟求生耳。以夏王之英武，平定河朔，士马精强，一朝为擒，易如反掌，岂非天命有所属，夏，户雅翻。易，以豉翻。属，之欲翻。非人力所能争邪！邪，音耶。今丧败如此，守亦无成，逃亦不免，等为亡国，岂可复遗毒于民！复，扶又翻。不若委心请命于唐，必欲得缯帛者，缯，慈陵翻。当尽散府库之物，勿复残民也！”复，扶又翻。于是运府库之帛数十万段，置万春宫东街，万春宫，窦建德所筑。以散将卒，凡三昼夜乃毕。将，即亮翻。仍布兵守坊巷，得物者即出，无得更入人家。士卒散尽，然后与仆射裴矩、行台曹旦，帅其百官奉建德妻曹氏及传国八玺并破宇文化及所得珍宝请降于唐。武德二年，建德破化及，得八玺及珍宝。帅，读曰率。玺，斯氏翻。降，户江翻。上以善行为秦王左二护军，秦王所统置左三府、右三府，各有统军、护军。仍厚赐之。

初，窦建德之诛宇文化及也，隋南阳公主有子曰禅师，建德虎贲郎将於士澄问之曰：何承天姓苑有於姓，今浙间有此姓。禅，市连翻。贲，音奔。将，即亮翻。於，如字。“化及大逆，兄弟之子皆当从坐，若不能舍禅师，当相为留之。”为，于伪翻。公主泣曰：“虎贲既隋室贵臣，按隋书帝纪，大业初，造龙舟，於士澄已为上仪同，往江南采木。兹事何须见问。”建德竟杀之。公主寻请为尼。及建德败，公主将归长安，与宇文士及遇于洛阳，士及请与相见，公主不可。士及立于户外，请复为夫妇。公主曰：“我与君仇家，今所以不手刃君者，但谋逆之日，察君不预知耳。”诃令速去。诃，虎何翻。士及固请，公主怒曰：“必欲就死，可相见也。”士及知不可屈，乃拜辞而去。

19 乙亥，以周法明为黄州总管。黄州，治黄冈县，汉江夏郡西陵县地，齐曰南安，又置齐安郡，隋置黄州，寻改永安郡。

20 戊寅，王世充徐州行台杞王世辩以徐、宋等三十八州诣河南道安抚大使任瓌请降；使，疏吏翻。任，音壬。瓌，古回翻。降，户江翻。世充故地悉平。

21 窦建德博州刺史冯士羡隋志：武阳郡聊城县，开皇十六年置博州。复推淮安王神通为慰抚山东使，徇下三十馀州；建德之地悉平。

22 己卯，代州总管李大恩击苑君璋，破之。

23 突厥寇边，长平靖王叔良督五将击之，叔良中流矢；厥，九勿翻。将，即亮翻。中，竹仲翻。师旋，六月，戊子，卒于道。卒，子恤翻。

24 戊戌，孟海公徐党蒋善合以郓州，孟啖鬼以曹州来降。郓州，隋之东平郡。曹州，隋之济阴郡。郓，音运。啖，徒滥翻。降，户江翻。啖鬼，海公之从兄也。从，才用翻。

25 庚子，营州人石世则执总管晋文衍，营州，隋志之辽西郡。举州叛，奉靺鞨突地稽为主。靺，音末。鞨，音曷。

26 黄州总管周法明攻萧铣安州，拔之，萧铣盖亦置安州于隋安陆郡界。获其总管马贵迁。

27 乙巳，以右骁卫将军盛彦师为宋州总管，安抚河南。骁，坚尧翻。

28 乙卯，海州贼帅臧君相以五州来降，拜海州总管。海州，隋志之东海郡。宋白曰：魏武定七年置海州。帅，所类翻。

29 秋，七月，庚申，王世充行台王弘烈、王泰、左仆射豆卢行褒、右仆射苏世长以襄州来降。襄州，隋志之襄阳郡。宋白曰：襄州，春秋谷、邓、鄾、卢、罗、都之地，秦为南阳郡地，魏置襄阳郡，以其地在襄山之阳也。江左置雍州，西魏改襄州。上与行褒、世长皆有旧，先是，屡以书招之，先，悉荐翻。行褒辄杀使者；既至长安，上诛行褒而责世长。世长曰："隋失其鹿，天下共逐之。陛下既得之矣，岂可复忿同猎之徒，问争肉之罪乎！"使，疏吏翻。复，扶又翻。上笑而释之，以为谏议大夫。考异曰：旧本纪及唐历年代记、唐会要皆云五年六月，置谏议大夫。按世长自谏议历陕州长史、天策府军谘祭酒，四年十一月，已预十八学士。据旧职官志，四年，置谏议大夫，今从之。余按唐六典，秦、汉曰谏大夫，光武加议字。北齐集书省置谏议大夫七人，隋氏门下省亦置谏议大夫七人。四年以前，唐未及置，今始置之耳。尝从校猎高陵，如淳曰：合军聚众，有幡校击鼓也。周礼，校人，掌王田猎之马，故谓之校猎。师古曰：如说非也。此校，谓以木相贯穿为阑校耳。校人职云，六厩成校。是则以遮阑为义也。校猎者，大为阑校，以遮禽兽而猎取也。军之幡旗虽有校名，本因部校，此无豫也。原父曰：予谓校读如"犯而不校"，亦竞逐猎也。高陵县属京兆府。大获禽兽，上顾群臣曰："今日畋，乐乎？"世长对曰："陛下游猎，薄废万机，不满十旬，未足为乐！"乐，音洛。上变色，既而笑曰："狂态复发邪？"复，扶又翻。邪，音耶。对曰："于臣则狂，于陛下甚忠。"尝侍宴披香殿，程大昌雍录：庆善宫有披香殿。又云：庆善宫，高祖旧第也，在武功渭水北。余按下文世长言昔侍于武功，若此殿正在武功旧宅，世长纵是谲谏，不应引以为言，恐此殿不在庆善宫。酒酣，谓上曰："此殿炀帝之所为邪？"上曰："卿谏似直而实多诈，岂不知此殿朕所为，而谓之炀帝乎？"对曰："臣实不知，但见其华侈如倾宫、鹿台，纣为倾宫、鹿台。非兴王之所为故也。若陛下为之，诚非所宜。臣昔侍陛下于武功，见所居宅仅庇风雨，当时亦以为足。今因隋之宫室，已极侈矣，而又增之，将何以矫其失乎？"上深然之。

30 甲子，秦王世民至长安。世民被黄金甲，齐王元吉、李世勣等二十五将从其后，铁骑万匹，【章：十二行本"匹"下有"甲士三万人"五字；乙十一行本同；孔本同；张校同。】被，皮义翻。将，即亮翻。骑，奇寄翻。前后部鼓吹，鼓吹，军乐也；汉制，万人将军得之。司马法：军中有鼓笛，所以发壮勇。薛居正曰：义镜问鼓吹十二案，合于何所。答云：周礼，鼓人掌六鼓、四金。汉朝乃有黄门鼓吹。崔豹古今注云：张骞使西域，得摩诃兜勒一曲，李延年增之，分为二十八曲。梁置鼓吹清商令二人。唐又有㭬鼓、金钲、大鼓、长鸣歌箫、笳、笛，合为鼓吹十二案。吹，昌瑞翻。俘王世充、窦建德及隋乘舆、御物献于太庙，乘，绳证翻。考异曰：李勣传云："太宗为上将，勣为下将，与太宗俱服金甲，乘戎辂，告捷于太庙。"今从唐历。行饮至之礼以飨之。左传：归而饮至，以数军实。杜预注曰：饮于庙，以数车徒、器械及所获也。

31 乙丑，高句丽王建武遣使入贡。句，音驹。丽，邻知翻。建武，元之弟也。高元，见隋纪。

32 上见王世充而数之，数，所具翻，又所主翻。世充曰："臣罪固当诛，然秦王许臣不死。"丙寅，诏赦世充为庶人，与兄弟子侄【章：十二行本"侄"下有"徙"字；乙十一行本同；孔本同。】处蜀；处，昌吕翻。斩窦建德于市。

33 丁卯，以天下略定，大赦百姓，给复一年。复，方目翻；下同。陕、鼎、函、虢、虞、芮六州，转输劳费，陕州，治陕弘农县，本隋弘农郡，义宁元年曰凤林，领弘农、阌乡、湖城；武德元年曰鼎州，因鼎湖为名。武德三年，以永宁、崤置函州。又义宁元年，分卢氏、长水、桃林置虢郡，武德元年，曰虢州。义宁元年，以安邑、虞乡、夏置安邑郡，武德元年，曰虞州。二年，以芮城、河北、永乐置芮州。幽州管内，久隔寇戎，并给复二年。律、令、格、式，且用开皇旧制。赦令既下，而王、窦馀党尚有远徙者，治书侍御史孙伏伽上言："兵、食可去，信不可去，陛下已赦而复徙之，治，直之翻。伽，求加翻。上，时掌翻。去，羌吕翻。复，扶又翻，又音如字。是自违本心，使臣民何所凭依。且世充尚蒙宽宥，况于馀党，所宜纵释。"考异曰：伏伽表云："今月二日，发云雨之制。"而赦书乃十二日，或脱"十"字也。又云："常赦所不免，咸赦除之。"今赦无此文，岂实录录赦文不尽欤？上从之。

王世充以防夫未备，置雍州廨舍。按雍录，都城坊里图，雍州廨舍后为京兆府，在光德坊。雍，于用翻。廨，古隘翻。独孤机之子定州刺史修德帅兄弟至其所，帅，读曰率。矫称敕呼郑王；世充与兄世恽趋出，修德等杀之。武德二年正月，独孤机兄弟为世充所杀，故修德报仇。恽，于粉翻。考异曰：旧传作"独孤修"，今从河洛记。诏免修德官。其馀兄弟子侄等，于道亦以谋反诛。

34 隋末钱弊滥薄，言钱之弊也。至裁皮糊纸为之，民间不胜其弊。胜，音升。至是，初行开元通宝钱，重【章：十二行"重"上有"径八分”三字；乙十一行本同；孔本同；退斋校同。】二铢四参，按汉书律历志：权轻重者不失黍絫。应劭注曰：十黍为絫，十絫为铢。师古曰：絫，孟音来戈翻。此字读亦音累绁之累。二铢四絫，二百四十黍也。“参”当作“絫”，盖笔误也。积十钱重一两，轻重大小最为折衷，衷，竹仲翻。远近便之。命给事中欧阳询撰其文并书，回环可读。六典：汉书百官表云：给事中亦加官，所加或博士、大夫、议郎。汉仪注，诸给事中日上朝谒，平尚书奏事，分为左右，以有事殿中，故曰给事中。魏氏或为加官，或为正员。晋氏隶散骑省，宋、齐隶集书省；后周天官府置给事中士；隋曰给事郎，唐曰给事中，属门下省，掌侍奉左右，分判省事。凡百司奏抄，侍中审定，则先读而署之，以驳正违失。撰其文者，撰为八分篆、隶二体。考异曰：薛珰唐圣运图云：“初进蜡样，文德皇后掐一甲，故钱上有甲痕云。”凌璠唐录政要云窦皇后。按时窦皇后已崩，文德皇后未立，今皆不取。

35 以屈突通为陕东道大行台右仆射，镇洛阳；以淮阳王道玄为洛州总管。李世勣父盖竟无恙而还，诏复其官爵。屈，居勿翻。陕，失冉翻。李盖被虏，见一百八十七卷武德二年十月。恙，余亮翻。还，从宣翻。窦轨还益州。自平洛还。轨将兵征讨，或经旬月不解甲。性严酷，将佐有犯，无贵贱立斩之，鞭挞吏民，常流血满庭，所部重足屏息。将，即亮翻。重，直龙翻。屏，必郢翻。

36 癸酉，置钱监于洛、并、幽、益等诸州，秦王世民、齐王元吉赐三鑪，裴寂赐一鑪，听铸钱。赐以官炉也。鑪，音炉，炉冶也。自馀敢盗铸者，身死，家口配没。

37 河北既平，上以陈君宾为洺州刺史。将军秦武通等将兵屯洺州，欲使分镇东方诸州；又以郑善果等为慰抚大使，就洺州选补山东州县官。

窦建德之败也，其诸将多盗匿库物，及居闾里，暴横为民患，洺，弥并翻。将，即亮翻；下同。使，疏吏翻。横，户孟翻。唐官吏以法绳之，或加捶挞，捶，止橤翻。建德故将皆惊惧不安。高雅贤、王小胡家在洺州，欲窃其家以逃，官吏捕之，雅贤等亡命至贝州。贝州，隋志之清河郡。会上征建德故将范愿、董康买、曹湛及雅贤等，于是愿等相谓曰："王世充以洛阳降唐，降，户江翻。其将相大臣段达、单雄信等皆夷灭；相，息亮翻。单，慈浅翻。吾属至长安，必不免矣。吾属自十年以来，身经百战，当死久矣，今何惜馀生，不以之立事。且夏王得淮安王，遇以客礼，见一百八十七卷二年十月。夏，户雅翻。唐得夏王即杀之。吾属皆为夏王所厚，今不为之报仇，为，于伪翻。将无以见天下之士！"乃谋作乱，卜之，以刘氏为主吉，因相与之漳南，之，往也。旧志，漳南县属贝州，汉之东阳县。隋开皇十八年分枣强、清平二县地，置漳南县于古东阳城。见建德故将刘雅，以其谋告之。雅曰："天下适安定，吾将老于耕桑，不愿复起兵！"复，扶又翻。众怒，且恐泄其谋，遂杀之。故汉东公刘黑闼，时屏居漳南，汉东公，窦建德所封爵也。屏，必郢翻。诸将往诣之，告以其谋，黑闼欣然从之。黑闼方种蔬，即杀耕牛与之共饮食定计，聚众得百人。甲戌，袭漳南县据之。考异曰：革命记："七月二十七日，众立黑闼为汉东王，建元天造，即入漳南城，镣县官于狱，发使告贝州及诸镇戍等云：'今汉东王为夏王起义兵于漳南，请军会战。'"今据实录。甲戌，七月十九日。又黑闼陷相州乃称王改元，在五年正月。今不取。是时，诸道有事则置行台尚书省，无事则罢之。朝廷闻黑闼作乱，乃置山东道行台于洺州，朝，直遥翻。洺，弥并翻。魏、冀、定、沧并置总管府。沧州，隋志之勃海郡。丁丑，以淮安王神通为山东道行台右仆射。

38 辛巳，褒州道安抚使郭行方攻萧铣都州，拔之。"褒州"，当作"襄州"，详见辩误。新志：武德四年以竟陵之乐乡及襄州之率道、上洪置都州。上书郡，下书州；竟陵之乐乡，盖萧铣地也。都，音若。

39 孟海公与窦建德同伏诛，戴州刺史孟啖鬼不自安，新志：武德四年以曹州之成武，宋州之单父、楚丘置戴州。啖，徒滥翻。挟海公之子义以曹、戴二州反，以禹城令蒋善合为腹心；禹城县属齐州，隋之祝阿也。新、旧志皆云，天宝元年，改祝阿为禹城。此时未有禹城，当考。又前言蒋善合以郓州来降，此以“禹城令”书之，亦未知为谁所命也。善合与其左右同谋斩之。

40 八月，丙戌朔，日有食之。

41 丁亥，命太子安抚北边。

42 丁酉，刘黑闼陷鄃县，鄃县，属贝州。鄃，音输。魏州刺史权威、魏州，隋志之武阳郡。贝州刺史戴元祥与战，皆败死，黑闼悉取其馀众及器械。窦建德旧党稍稍出归之，众至二千人，为坛于漳南，祭建德，告以举兵之意，自称大将军。诏发关中步骑三千，使将军秦武通、定州总管蓝田李玄通击之；蓝田县属雍州。骑，奇寄翻。又诏幽州总管李艺引兵会击黑闼。

43 癸卯，突厥寇代州，厥，九勿翻。总管李大恩遣行军总管王孝基拒之，举军皆没。甲辰，进围崞县。崞县属代州。崞，音郭。乙巳，王孝基自突厥逃归，李大恩众少，少，诗沼翻。据城自守，突厥不敢逼，月馀引去。

44 上以南方寇盗尚多，丙午，以左武候将军张镇周为淮南道行军总管，大将军陈智略为岭南道行军总管，镇抚之。

45 丁未，刘黑闼陷历亭，旧志：历亭，汉东阳地，隋开皇十六年分鄃县置。隋志曰：分武城置。时属贝州。执屯卫将军王行敏，使之拜，不可，遂杀之。

46 初，洛阳既平，徐圆朗请降，拜兖州总管，兖州，隋志之鲁郡。降，户江翻。封鲁郡公。刘黑闼作乱，阴与圆朗通谋。上使葛公盛彦师安集河南，行至任城；任城县属兖州。任，音壬。辛亥，圆朗执彦师，举兵反。黑闼以圆朗为大行台元帅，帅，所类翻。兖、郓、陈、杞、伊、洛、曹、戴等八州豪右皆应之。圆朗厚礼彦师，使作书与其弟，令举虞城降。旧志：虞城县属宋州，隋分下邑县置，时置东虞州。令，力丁翻。彦师为书曰：“吾奉使无状，为贼所擒，使，疏吏翻；下同。为臣不忠，誓之以死；汝善侍老母，勿以吾为念。”圆朗初色动，而彦师自若。圆朗乃笑曰：“盛将军有壮节，不可杀也。”待之如旧。

河南道安抚大使任瓌行至宋州，属圆朗反，宋州治睢阳，时为宋城县。使，疏吏翻。瓌，古回翻。属，之欲翻。副使柳浚劝瓌退保汴州，宋州西至汴州二百八十五里。瓌笑曰：“柳公何怯也！”圆朗又攻陷楚丘，楚丘县，后魏之己氏县，隋开皇六年更名，时属戴州。引兵将围虞城，瓌遣部将崔枢、张公谨自鄢陵帅诸豪右质子百馀人守虞城。鄢陵县时属洧州。将，即亮翻；下同。鄢，谒晚翻，又于建翻，又音偃。帅，读曰率。质，音致；下同。浚曰：“枢与公谨皆王世充将，诸州质子父兄皆反，恐必为变。”瓌不应。枢至虞城，分质子使与土人合队共守城。合，音阁。贼稍近，质子有叛者，枢斩其队帅。于是诸队帅皆惧，帅，所类翻；下同。各杀其质子，枢不禁，梟其首于门外，遣使白瓌。梟，坚尧翻。使，疏吏翻。瓌阳怒曰：“吾所以使与质子俱者，欲招其父兄耳，何罪而杀之！”退谓浚曰：“吾固知崔枢能办此也。县人既杀质子，与贼深仇，吾何患乎！”贼攻虞城，果不克而去。

47 初，窦建德以鄱阳崔元逊为深州刺史，鄱阳县属饶州。隋开皇十六年，以定州安平置深州，大业初废。新志：武德四年，以定州之安平、瀛州之饶阳置深州，盖窦建德置，而唐因之耳。宋白曰：以州城西故深城名州。及刘黑闼反，元逊与其党数十人谋于野，伏甲士于车中，以禾覆其上，覆，敷又翻。【章：十二行本“上”下有“诈为农人”四字；乙十一行本同；孔本同；退斋校同。】直入听事，听，读曰厅。自禾中呼噪而出，执刺史裴晞杀之，传首黑闼。

48 九月，乙卯，文登贼帅淳于难请降，置登州，以难为刺史。文登，本汉牟平县地，后齐置文登县，因文登山而名。隋志，属东莱郡。时置登州兼领莱州之观阳县。降，户江翻；下同。

49 突厥寇并州，厥，九勿翻。并，卑名翻。遣左屯卫大将军窦琮等击之。戊午，突厥寇原州，遣行军总管尉迟敬德等击之。琮，徂宗翻。尉，纡勿翻。

50 辛酉，徐圆朗自称鲁王。

51 隋末，歙州贼汪华据黟、歙等五州，有众一万，歙州，本新安郡，隋平陈置歙州，黟、歙二县属焉。歙，音摄。黟，音伊；刘昫曰：音同黳。县南石墨岭出石墨故也。自称吴王。甲子，遣使来降；使，疏吏翻。降，户江翻。拜歙州总管。

52 隋末，弋阳卢祖尚纠合壮士以卫乡里，部分严整，群盗畏之。及炀帝遇弑，乡人奉之为光州刺史；弋阳，汉县；南齐为郡，梁置光州。分，扶问翻。时年十九，奉表于皇泰主。及王世充自立，祖尚来降，丙子，以祖尚为光州总管。考异曰：实录："丙子，以光州豪右卢祖尚为光州总管。"按旧传，世充自立，祖尚遂举州归款，而实录至此始见之，盖当时止为刺史，至此迁总管耳。

53 己卯，诏括天下户口。

54 徐圆朗寇济州，治中吴伋论击走之。济州，隋之济北郡。汉置州刺史，其属有治中从事、别驾从事，自是两官。唐武德元年，改郡太守曰州刺史，郡丞曰别驾。未尝置治中。今书济州治中吴伋论，岂即以别驾为治中邪？下文又书徐圆朗昌州治中，盖此时官称犹未定于一。济，子礼翻。

55 癸未，诏以太常乐工皆前代因罪配没，子孙相承，多历年所，所谓乐户也。良可哀愍；宜并蠲除为民，蠲，吉渊翻。且令执事，若仕宦入流，令，力丁翻。入流者为流内官。勿更追集。

56 甲申，灵州总管杨师道击突厥，破之。师道，恭仁之弟也。杨恭仁时镇凉州。厥，九勿翻。

57 诏发巴、蜀兵，以赵郡王孝恭为荆湘道行军总管，荆州南郡，湘州长沙郡。荆湘道，以南朝荆、湘所部言之；下荆郢道类此。李靖摄行军长史，长，知两翻。统十二总管，自夔州顺流东下；以庐江王瑗为荆郢道行军元帅，【章：十二行本“帅”下有“出襄州道”四字；乙十一行本同；孔本同；张校同；退斋校同。】郢州，隋之竟陵郡。瑗，于眷翻。帅，所类翻。黔州刺史田世康出辰州道，旧志：汉辰阳县，隋改辰阳为辰溪县，仍分置沅陵县。沅陵郡唐改为辰州，以沅陵为理所。黔，音琴。黄州总管周法明出夏口道，夏口即汉口。夏，户雅翻。以击萧铣。是月，孝恭发夔州。时峡江方涨，蜀江径三峡，谓之峡江。诸将请俟水落进军，将，即亮翻；下同。李靖曰：“兵贵神速。今吾兵始集，铣尚未知，若乘江涨，倏忽抵其城下，掩其不备，此必成擒；不可失也！”孝恭从之。

58 淮安王神通将关内兵至冀州，与李艺兵合。又发邢、洺、相、魏、恒、赵等兵合五万馀人，与刘黑闼战于饶阳城南，布陈十馀里；黑闼众少，依堤单行而陈以当之。宋白曰：饶阳，汉县，在饶河之阳，今县东北二十里饶阳故城是也。齐天保五年，移于今理。按饶阳县，则魏虏渠口，置虏口镇于此，后为县理。洺，音名。相，息亮翻。恒，户登翻。陈，读曰阵。行，户刚翻。会风雪，神通乘风击之，既而风返，神通大败，士马军资失亡三分之二。李艺居西偏，击高雅贤，破之，逐奔数里，闻大军不利，退保藁城；藁城县本属恒州，时属廉州。黑闼就击之，艺亦败，薛万均、万彻皆为所虏，截发驱之。万均兄弟亡归，艺引兵归幽州。黑闼兵势大振。

59 上以秦王【章：十二行本“王”下有“世民”二字；乙十一行本同；孔本同。】功大，前代官皆不足以称之，特置天策上将，位在王公上。冬，十月，以世民为天策上将，领司徒、陕东道大行台尚书令，增邑二万户，唐爵九等，王食邑万户；今倍之。陕，失冉翻。仍开天策府，置官属。天策府置长史、司马各一人，从事中郎二人，并掌通判府事。军谘祭酒二人，谋军事，赞相礼仪，应接宾客。典签四人，掌宣传导引之事。主簿二人，掌省覆教命。录事二人，记室参军事二人，掌书疏表启，宣行教命。功、仓、兵、骑、铠、士六曹参军各二人，参军事六人。以齐王元吉为司空。世民以海内浸平，乃开馆于宫西，延四方文学之士，出教以王府属杜如晦、记室房玄龄、虞世南、文学褚亮、姚思廉、主簿李玄道、参军蔡允恭、薛元敬、颜相时、谘议典签苏勖、天策府从事中郎于志宁、军谘祭酒苏世长、记室薛收、仓曹李守素、国子助教陆德明，孔颖达，信都盖文达、宋州总管府户曹许敬宗，诸王出命称教。相，息亮翻。盖，古盍翻。并以本官兼文学馆学士，考异曰：旧书，参军薛元敬承许敬宗下。今从太宗实录。谘议典签苏勉，旧书作军谘典签，今从实录。宋州总管府户曹许敬宗，旧书褚亮传作著作佐郎摄记室。敬宗传，拟涟州别驾。今从实录。分为三番，更日直宿，更，工衡翻。供给珍膳，恩礼优厚。世民朝谒公事之暇，辄至馆中，引诸学士讨论文籍，朝，直遥翻。论，卢昆翻。或夜分乃寝。又使库直阎立本图像，库直，隶亲事府。褚亮为赞，号十八学士。士大夫得预其选者，时人谓之"登瀛州"。自来相传海中有三神山，蓬莱、方丈、瀛洲，人不能至，至则成仙矣，故以为喻。允恭，大宝之弟子；蔡大宝辅后梁主萧詧。元敬，收之从子；从，才用翻。相时，师古之弟；颜师古以硕学名。立本，毗之子也。阎毗以巧思事隋炀帝。

初，杜如晦为秦王府兵曹参军，俄迁陕州长史。陕，失冉翻。长，知两翻。时府僚多补外官，世民患之。房玄龄曰："馀人不足惜，至于杜如晦，王佐之才，大王欲经营四方，非如晦不可。"世民惊曰："微公言，几失之。"几，居依翻。即奏为府属。与玄龄常从世民征伐，参谋帷幄，军中多事，如晦剖决如流。世民每破军克城，诸将佐争取宝货，玄龄独收采人物，致之幕府。又将佐有勇略者，玄龄必与之深相结，将，即亮翻。使为世民尽死力。为，于伪翻；下同。世民每令玄龄入奏事，上叹曰："玄龄为吾儿陈事，虽隔千里，皆如面谈。"

李玄道尝事李密为记室，密败，官属为王世充所虏，惧死，皆达曙不寐。独玄道起居自若，曰："死生有命，非忧可免！"众服其识量。

60 庚寅，刘黑闼陷瀛州，杀刺史卢士叡。观州人执刺史雷德备，以城降之。隋以东光县置观州，大业初，废。武德四年，以德州之弓高、胡苏、东光，冀州之阜城、蓨、安陵、观津，置观州。观，古唤翻。降，户江翻；下同。

61 辛卯，萧铣鄂州刺史雷长颖以鲁山来降。隋平陈，以江夏郡置鄂州，治江南之江夏，大业初，复为郡。萧铣盖置州于鲁山。

62 赵郡王孝恭帅战舰二千馀艘东下，帅，读曰率。舰，户黯翻。艘，苏遭翻。萧铣以江水方涨，殊不为备；孝恭等拔其荆门、宜都二镇，进至夷陵。萧铣置宜都镇于峡州夷道县。夷陵县带峡州。铣将文士弘将精兵数万屯清江，将，即亮翻。按水经注：清江即佷山夷水也，水色清照，十丈分沙，蜀人见其澄清，因名清江。吴分汉南郡之巫县立沙渠县，后周于县立施州，清江郡，隋废郡及州为清江县。癸巳，孝恭击走之，获战舰三百馀艘，杀溺死者万计，追奔至百里洲。自清江而东，过归州、峡州，而后至百里洲。士弘收兵复战，复，扶又翻。又败之，进入北江。百里洲，在枝江县江中，江水至此分流，出百里洲北而东流者，因谓之北江。败，补迈翻。铣江州总管盖彦举以五州来降。梁以汉夷道县置宜都郡、宜昌县，后周置江州，隋废为巴山县，属清江郡，萧铣盖复置江州于此。盖，古盍翻。

63 毛州刺史赵元恺魏州馆陶县旧置毛州，隋大业初，州废，窦建德复置，唐因之，领魏州之馆陶、冠氏，博州之堂邑，贝州之临清、清水。性严急，下不堪命。丁卯，州民董灯明等作乱，杀元恺以应刘黑闼。

64 盛彦师自徐圆朗所逃归。王薄因说青、莱、密诸州，皆下之。莱州东莱郡，后魏之光州也。密州高密郡，后魏之胶州也。说，输芮翻。

65 萧铣之罢兵营农也，见上卷三年。才留宿卫数千人，闻唐兵至，文士弘败，大惧，仓猝征兵，皆在江、岭之外，道涂阻远，不能遽集，乃悉见兵出拒战。见，贤遍翻。孝恭将击之，李靖止之曰："彼救败之师，策非素立，势不能久，不若且泊南岸，江陵南岸即马头岸。缓之一日，彼必分其兵，或留拒我，或归自守，兵分势弱，我乘其懈而击之，懈，古隘翻。蔑不胜矣。今若急之，彼则并力死战，楚兵剽锐，未易当也。"剽，匹妙翻。易，以豉翻。孝恭不从，留靖守营，自帅锐师出战，果败走，趣南岸。帅，读曰率。趣，七喻翻，又逡须翻。铣众委舟收掠军资，人皆负重，靖见其众乱，纵兵奋击，大破之，乘胜直抵江陵，入其外郭。又攻水城，拔之，大获舟舰，李靖使孝恭尽散之江中。诸将皆曰：将，即亮翻。"破敌所获，当借其用，奈何弃以资敌？"靖曰："萧铣之地，南出岭表，东距洞庭。洞庭湖在岳州巴陵县。吾悬军深入，若攻城未拔，援军四集，吾表里受敌，进退不获，虽有舟楫，将安用之？今弃舟舰，使塞江而下，塞，悉则翻。援兵见之，必谓江陵已破，未敢轻进，往来觇伺，觇，丑廉翻，又丑艳翻。伺，相吏翻。动淹旬月，吾取之必矣。"铣援兵见舟舰，果疑不进。其交州刺史【章：十二行本作"总管"；乙十一行本同；孔本同；张校同。】丘和、长史高士廉、司马杜之松将朝江陵，交州，隋交趾郡。长，知两翻。朝，直遥翻。闻铣败，悉诣孝恭降。降，户江翻；下同。

孝恭勒兵围江陵，铣内外阻绝，问策于中书侍郎岑文本，文本劝铣降。铣乃谓群下曰："天不祚梁，不可复支矣。复，扶又翻。若必待力屈，则百姓蒙患，奈何以我一人之故陷百姓于涂炭乎！"乙巳，铣以太牢告于太庙，下令开门出降，考异曰：高祖实录："癸巳，赵郡王孝恭与萧铣将文士弘相遇于清江合口，击之，获其战舰千馀艘，下宜昌、当阳、枝江、松滋四县。”旧书孝恭传：“攻其水城，克之，所得船散于江中。诸将皆曰：‘虏得贼船，当借其用，何为弃之，无乃资贼邪？’孝恭曰：‘不然。萧铣伪境，南极岭外，东至洞庭。若攻城未拔，援兵复到，我则内外受敌，进退不可，虽有舟楫，何所用之！今铣缘江州镇，忽见船舸乱下，必知铣败，未敢进兵，来去觇伺，动淹旬月，用缓其救，吾克之必矣。’铣救兵至巴陵，见船被江而下，果狐疑不敢轻进。”太宗实录孝恭传：“进师至清江，铣遣其将文士弘以兵拒战，击走之，追奔至于百里洲。士弘收兵复战，又败之，追入北江，铣悉兵以拒之。孝恭将战，李靖止之曰：‘楚人轻锐，难与争锋，今新失荆门，尽兵出战，此救败之师也，非其本图，势不能久。一日不战，贼必两分，留轻兵抗我，退羸师以自守，此即势携力弱，击之必捷。’孝恭不从，遣靖抚营，自以锐师水战。孝恭果败，奔于南岸。贼委舟大掠，人皆负重，靖见其军乱，进兵击之，贼大败，乘胜进军，入其郛郭。攻其水城，克之，悉取其舟楫，散于江中。贼救兵见之，谓城已陷，莫敢轻进。铣内外阻绝，城中携贰，由是惧而出降。”唐历：“孝恭、靖乘胜进兵，攻其水城，克之，悉取其船舰散于江中。诸将曰：‘弃之无乃资敌？’靖曰：‘不然，’”云云。如旧书所载孝恭语。“既而铣救兵见之，谓城已陷，莫敢轻进，铣由是惧而出降。”按十道志：荆门在峡州宜都县界。夷陵，峡州县名。清江，在峡州巴山县界。百里州，在荆州枝江县界。江自此洲派别，去江陵已近，故铣悉兵死战。太宗实录近为得实，今从之。其馀则参取四书之语。孝恭以李靖为谋主，盖靖画策而孝恭为诸将言之。今从唐历。守城者皆哭。铣帅群臣缌缞布帻诣军门，帅，读曰率。缞，仓回翻。曰：“当死者唯铣耳，百姓无罪，愿不杀掠。”孝恭入据其城，诸将欲大掠，岑文本说孝恭曰：“江南之民，自隋末以来，困于虐政，重以群雄虎争，将，即亮翻。说，输芮翻。重，直用翻。今之存者，皆锋镝之馀，跂踵延颈以望真主，踵不至地曰跂，音去智翻。是以萧氏君臣、江陵父老决计归命，庶几有所息肩。今若纵兵俘掠，【章：十二行本“掠”下有“使士民失望”五字；乙十一行本同；孔本同；张校同；退斋校同。】恐自此以南，无复向化之心矣！”几，居希翻。复，扶又翻。孝恭称善，遽禁止之。诸将又言：“梁之将帅与官军拒斗死者，其罪既深，请籍没其家，以赏将士。”李靖曰：“王者之师，宜使义声先路。彼为其主斗死，将，即亮翻。帅，所类翻。先，悉荐翻；下同。为，于伪翻。乃忠臣也，岂可同叛逆之科籍其家乎！”于是城中安堵，秋毫无犯。南方州县闻之，皆望风款附。铣降数日，援兵至者十馀万，闻江陵不守，皆释甲而降。

孝恭送铣于长安，上数之，铣曰：“隋失其鹿，天下共逐之。铣无天命，故至此；若以为罪，无所逃死！”竟斩于都市。诏以孝恭为荆州总管；李靖为上柱国，赐爵永康县公，永康县属婺州。仍使之安抚岭南，得承制拜授。

先是，铣遣黄门侍郎江陵刘洎略地岭表，得五十馀城，未还而铣败，洎以所得城来降，除南康州都督府长史。是年分端州之端溪置南康州，仍置都督府，督端、康、封、新、宋、泷等州。时改总管府为都督府。贞观初，始分上、中、下州。洎，其冀翻。长，知两翻。

66 戊申，徐圆朗昌州治中刘善行以须昌来降。圆朗盖以郓州之须昌置昌州。降，户江翻。

67 庚戌，诏陕东道大行台尚书省自令、仆至郎中、主事，六典曰：汉官云：光禄勋有南·北庐主事、三署主事，于诸郎之中，察茂才高弟者为之，秩四百石，次补尚书郎，出宰百里。谢承后汉书：胡伯蕃、范滂、公沙穆并以俊才举孝廉，除郎中、光禄勋主事。后魏尚书吏部、仪曹、三公、虞曹、都官、二千石、比部，各量事置掌故主事员，门下置主事令史，并从八品上。隋初，台省并置主事令史，炀帝三年，并去令史之名，其主事随曹闲剧而置，每十令史置一主事，不满十者亦置一人，杂用才术之士，至唐并用流外入流者补之。陕，失冉翻。品秩皆与京师同，而员数差少，少，诗沼翻。山东行台及总管府、诸州并隶焉。其益州、襄州、山东、淮南、河北等道令、仆以下，各降京师一等，员数又减焉。行台尚书令得承制补署。其秦王、齐王府官之外，各置左右六护军府，及左右亲事帐内府。护军，惟秦、齐二府有之，他国不得置也。亲王亲事府及帐内府各置典军二人，正五品上；副典军二人，从五品上。

68 闰月，乙卯，上幸稷州；武德三年，以京兆之武功、好畤、盩厔置稷州；又废郇州，以鄠、凤泉二县属焉。己未，幸武功旧墅；壬戌，猎于好畤，武德二年，分醴泉置好畤县，属雍州，因汉旧名也。乙丑，猎于九嵕；九嵕山，在雍州醴泉县。嵕，子红翻。丁卯，猎于仲山；戊辰，猎于清水谷，隋志：京兆宜君县有清水。遂幸三原；三原本属汉池阳县界，后周置建忠郡，隋置三原县，唐属雍州。辛未，幸周氏陂；壬申，还长安。

69 十一月，甲申，上祀圜丘。贞观礼：冬至祀昊天上帝于圜丘。

70 杜伏威使其将王雄诞击李子通，子通以精兵守独松岭。自宣州广德县东南过独松岭至湖州，岭路险狭。将，即亮翻；下同。雄诞遣其将陈当陈当之下合有"世"字，盖唐史避太宗讳，去"世"字也。将千馀人，乘高据险以逼之，多张旗帜，夜则缚炬火于树，布满山泽。子通惧，烧营走保杭州；雄诞追击之，又败之于城下。败，补迈翻。庚寅，子通穷蹙请降。降，户江翻。考异曰：实录：是月景申，会稽贼帅李子通伏诛。按子通因杜伏威入朝始谋叛伏诛，于时未也。旧纪：是月，子通以其地来降。新纪：庚寅，李子通降；丙申，谋反。亦不寤伏威未入朝也。伏威执子通并其左仆射乐伯通送长安；上释之。

先是，汪华据黟、歙，称王十馀年，雄诞还军击之，华拒之于新安洞口，唐歙州，隋之新安郡也。新安洞口即歙州隘道之口。先，悉荐翻。黟，音伊。歙，音摄。甲兵甚锐。雄诞伏精兵于山谷，帅羸弱数千犯其陈，帅，读曰率；下同。羸，伦为翻。陈，读曰阵。战才合，阳不胜，走还营，华进攻之，不能克，会日暮，引还，伏兵已据其洞口，华不得入，窘迫请降。

闻人遂安据昆山，无所属，伏威使雄诞击之，雄诞以昆山险隘，难以力胜，乃单骑造其城下，骑，奇寄翻。造，七到翻。陈国威灵，陈唐国之威灵也。示以祸福，遂安感悦，帅诸将出降。

于是伏威尽有淮南、江东之地，南至岭，东距海。雄诞以功除歙州总管，赐爵宜春郡公。袁州宜春郡。

71 壬辰，林州总管刘旻击刘仚成，仚，许延翻。大破之。旧志：庆州华池县，隋置；武德四年，置林州总管府。仚成仅以身免，部落皆降。降，户江翻。

72 李靖度岭，遣使分道招抚诸州，所至皆下。使，疏吏翻。萧铣桂州总管李袭志帅所部【章：十二行本"部"下有"诸州"二字；乙十一行本同；孔本同。】来降，桂州，隋志之始安郡。赵郡王孝恭即以袭志为桂州总管，明年入朝。朝，直遥翻。以李靖为岭南抚慰大使，检校桂州总管，引兵下九十六州，得户六十馀万。

73 壬寅，刘黑闼陷定州，执总管李玄通，黑闼爱其才，欲以为大将，将，即亮翻；下同。玄通不可。故吏有以酒肉馈之者，玄通曰："诸君哀吾幽辱，幸以酒肉来相开慰，当为诸君一醉。"为，于伪翻。酒酣，谓守者曰："吾能剑舞，愿假吾刀。"守者与之，玄通舞竟太息曰："大丈夫受国厚恩，镇抚方面，不能保全所守，亦何面目视息世间哉！"即引刀自刺，刺，七亦翻。溃腹而死。上闻，为之流涕，为，于伪翻。拜其子伏护为大将。

74 庚戌，杞州人周文举杀刺史王文矩，以城应徐圆朗。

75 幽州大饥，高开道许以粟赈之。赈，津忍翻。李艺遣老弱诣开道就食，开道皆厚遇之。艺喜，于是发民三千人，车数百乘，驴马千馀匹往受粟，开道悉留之，告绝于艺，复称燕王，赈，津忍翻。乘，绳证翻。复，扶又翻，又音如字。燕，因肩翻。北连突厥，南与刘黑闼相结，引兵攻易州不克，大掠而去。又遣其将谢棱诈降于艺，请兵援接，艺出兵应之。将至怀戎，旧志：北燕州怀戎县，后汉上谷之潘县也，北齐改为怀戎，妫水经其中，州所治也，贞观八年，改北燕州为妫州。棱袭击破之。开道与突厥连兵数入为寇，厥，九勿翻。数，所角翻。恒、定、幽、易咸被其患。恒，户登翻。被，皮义翻。

76 十二月，乙卯，刘黑闼陷冀州，杀刺史麹棱。黑闼既破淮安王神通，移书赵、魏，以战国时赵、魏大界言之。故窦建德将卒争杀唐官吏以应黑闼。庚申，遣右屯卫大将军义安王孝常将兵讨黑闼。黑闼将兵数万进逼宗城，将，即亮翻。黎州总管李世勣先屯宗城，弃城走保洺州。新志：武德二年，以黎阳县置黎州。宗城本广宗县，隋仁寿初，改为宗城县，避炀帝名也，属清河郡，时置宗州。洺，弥并翻。考异曰：实录："世勣与黑闼战于宋州，我师败绩。"革命记："李勣为大总管，张仕贵为副，领兵二万人入宋州。勣以五百骑自深，闻黑闼到南宫，驰至宋州，不入城而西过至洺州，骑马于南门外，唤陈君宾、党仁弘、秦武通等弃城西拔。永年县令程名振见武通狼狈走出，骑马向县取家口，入城，城人恐相劫掠，即闭城门自守。名振乃于城北门上以绳悬下，将母妻男女步走西去，不逾四五里，母妻等被劫散失，名振脱身而免。黑闼攻宋城，破之，仕贵以轻骑突围而走，投相州。数日，黑闼大军至洺州。"按旧地里志，武德四年置宗州于宗城县，"宋"字皆当作"宗"。世勣名将，必不至如革命记所云，但力不能拒而弃城耳。今从旧书黑闼传。甲子，黑闼追击世勣等，破之，杀步卒五千人，世勣仅以身免。丙寅，洺州土豪翻城应黑闼。黑闼于【章：十二行本"于"上有"筑坛"二字；乙十一行本同；孔本同；张校同；退斋校同。】城东南告天及祭窦建德而后入；后旬日，引兵攻拔相州，相，息亮翻。考异曰：实录，黑闼陷相州在来年正月乙酉，盖奏到之日也。今从革命记。执刺史房晃，右武卫将军张士贵溃围走。黑闼南取黎、卫二州，半岁之间，尽复建德旧境。又遣使北连突厥，颉利可汗遣俟斤宋邪那【张："宋"作"末"。】帅胡骑从之。使，疏吏翻；下同。厥，九勿翻。俟，渠之翻。邪，读曰耶。帅，读曰率。骑，奇寄翻。右武卫将军秦武通、洺州刺史陈君宾、永宁令程名振"永宁"当作"永年"。皆自河北遁归长安。

77 丁卯，命秦王世民、齐王元吉讨黑闼。

78 昆弥遣使内附。昆弥，即汉之昆明也。昆明蛮在爨蛮西，以西洱河为境。西洱河，即叶榆河也。嶲州治中吉弘纬通南宁，嶲州，汉越巂郡地，后周置严州，开皇六年改西宁州，十八年，改巂州。南宁，古南中味、升麻诸县之地，武德四年置南宁州。巂，音髓。至其国说之，遂来降。说，输芮翻。降，户江翻。

79 己巳，刘黑闼陷邢州、赵州；庚午，陷魏州，杀总管潘道毅；辛未，陷莘州。隋开皇十六年，以魏州之莘县置莘州，大业初废。是年，复以魏州之莘、临黄、武阳，博州之武水置莘州。考异曰：实录作"华州"，新书作"业州"。按地里志无业州，必莘州也。十道志：开皇十六年于莘县置莘州。旧志，武德五年置。

80 壬申，徙宋王元嘉为徐王。

王崇武标点容肇祖聂崇岐覆校

资治通鉴卷第一百九十

端明殿学士兼翰林侍读学士太中大夫
提举西京嵩山崇福宫上柱国河内郡开国公 司马光 奉敕编集
食邑二千二百户食实封九百户赐紫金鱼袋臣

后学天台胡三省音注

唐纪六

起玄黓敦牂（壬午），尽阏逢涒滩（甲申）五月，凡二年有奇。

高祖神尧大圣光孝皇帝中之下

武德五年（壬午、六二二）

1 春，正月，刘黑闼自称汉东王，改元天造，定都洺州。以范愿为左仆射，董康买为兵部尚书，高雅贤为右领军；征王琮为中书令，刘斌为中书侍郎；琮，藏宗翻。斌，音彬。窦建德时文武悉复本位。其设法行政，悉师建德，而攻战勇决过之。

2 丙戌，同安贼帅殷恭邃以舒州来降。舒州，隋之同安郡。宋白曰：舒州，汉皖县，属庐江郡；晋置晋熙郡，梁置南豫州，复为晋州；北齐改江州，隋初改熙州，大业改同安郡；唐改舒州，以其地古舒子之国也。帅，所类翻。降，户江翻。

3 丁亥，济州别驾刘伯通执刺史窦务本，以州附徐圆朗。济，子礼翻。

4 庚寅，东盐州治中王才艺杀刺史田华，以城应刘黑闼。沧州盐山县，本汉高成县地，去年，置东盐州，以清池县隶之。

5 秦王世民军至获嘉，按宋白续通典：隋开皇四年，移获嘉县于修武故城。刘黑闼弃相州，退保洺州。宋白曰：洺州城，春秋晋曲梁之地。相，息亮翻。丙申，世民复取相州，考异曰：实录云："禄州人杀刺史独孤彻以城应黑闼。"按地理志无禄州，盖字误耳；新书作相州，尤误也。按刘黑闼攻拔相州，执刺史房晃，秦王兵至，乃弃相州，故秦王复取之。新书帝纪，拔相州，杀房晃在正月乙酉，相州人杀独孤彻叛附黑闼在丙申，其误明矣。禄州既莫考其地，然黑闼之拔相州，与秦王之复相州，本末甚明，与禄州全不相干。而新书所书杀房晃，拔相州，月日亦误。复，扶又翻，又音如字。进军肥乡，肥乡县，汉魏郡邯沟县地，曹魏置肥乡县，属广平郡。武德初属紫州，去年废紫州，以肥乡属磁州。九域志：肥乡在洺州东南三十五里。列营洺水之上以逼之。水经：洺水东径曲梁城。曲梁即永年，洺州所治也。

6 萧铣既败，散兵多归林士弘，军势复振。林士弘为张善安所败，兵势自此衰，见一百八十四卷隋义宁元年。

7 己酉，岭南俚帅杨世略以循、潮二州来降。循州，龙川郡，秦、汉龙川、博罗县地；南朝置郡，隋置州。潮州，义安郡，汉南海郡揭阳县地；梁置东扬州，寻改瀛州，隋平陈，改潮州。俚，音里。帅，所类翻。降，户江翻；下同。

8 唐使者王义童下泉、睦、建三州。睦州，遂安郡，汉富春、歙县地。刘昫曰：武德四年，以建安郡之建安县置建州。盖隋置泉州建安郡治闽县，景云元年，改为闽州，开元十三年改为福州。圣历二年，分泉州之南安、龙溪、莆田三县置武荣州，景云二年，更武荣州为泉州。是今之福州乃唐初之泉州，今之泉州乃景云二年之泉州也。使，疏吏翻。

9 幽州总管李艺将所部兵数万会秦王世民讨刘黑闼，黑闼闻之，留兵万人，使范愿守洺州，自将兵拒艺。夜，宿沙河，隋以汉襄国县为龙冈县，又分龙冈置沙河县，时属邢州。宋白曰：沙河即湡水也。水经云：湡水出赵郡襄国县西山，东过沙河县，沙河在县南五里。范成大曰：临洺镇东去洺州三十五里，过洺河三十里至沙河县，二十五里至邢州。将，即亮翻；下同。程名振载鼓六十具，于城西二里堤上急击之，城中地皆震动。范愿惊惧，驰告黑闼；黑闼遽还，遣其弟十善与行台张君立将兵一万击艺于鼓城。壬子，战于徐河，鼓城县，旧曰曲阳，后齐废；隋开皇十六年分置晋阳县，十八年，改为鼓城。按水经注，下曲阳县有鼓聚，此因春秋鼓子之国以名县也；唐属赵州。水经：徐水出广昌县东南大岭下，东北径五回县，又径北平县界，东南出山，又东径清苑城北，又东至高阳入河。范成大曰：徐河在清苑北十里。十善、君立大败，所失亡八千人。

10 洺水人李去惑隋志：洺水县，旧曰斥漳，后齐省入平恩。开皇六年，分置曲周，大业初，废曲周入洺水；唐末，省洺水入曲周。云，羌吕翻。据城来降，秦王世民遣彭公王君廓将千五百骑赴之，入城共守。二月，刘黑闼引兵还攻洺水，癸亥，行至列人；列人县，汉属广平国，后汉属魏郡，晋复属广平，后魏复属魏郡，隋废。九域志：洺州有列人城，在汉斥丘县东北，武安县西南。杜佑曰：汉列人县古城，在肥乡县东北。骑，奇寄翻。秦王世民使秦叔宝邀击，破之。考异曰：实录："癸亥，秦王击刘黑闼于列人，大破之。"革命记："十一月，太宗渡河入相州，刘黑闼从洺州勒兵拒王师，置营于邺县东三十里。每日两军皆挑战，而大兵皆不出。经十馀日，洺水县人李去惑、李潘买、李开弼等为车骑、骠骑，领兵在刘黑闼营，去惑等背贼营来入洺州城，诳人云：'刘黑闼已败，先走得归。'乃唤得宗室子弟二百馀人，守城定，遣使间道以告太宗。太宗遣彭国公王君廓领马军一千五百骑入洺州。经十许日，黑闼引兵攻洺州，行至故列人城西，秦叔宝等以五千骑击之。叔宝等为闼所败，又以伏兵从河下起，横击黑闼，败之。会日暮，收军。其夜三更，贼兵总至洺州城东营，即于城两门掘壕竖栅，防王君廓之走。洺州城四面有水，阔五十步已上，深皆三四尺，黑闼于东北角两处，填柴运土，作甬道，以撞车攻城。太宗三度将兵击之，贼置阵拒官军，攻城愈急。"按高祖、太宗实录皆以去年十二月命太宗讨黑闼，今年正月始至河北，无十一月渡河之事。太宗实录亦无列人战事。盖叔宝破贼，秦王奏之耳。又按洺水，洺州属县。去惑、君廓所据者洺水县城，"水"字误作"州"耳。

11 豫章贼帅张善安以虔、吉等五州来降，拜洪州总管。洪州，豫章郡；虔州，南康郡；吉州，庐陵郡；皆隋平陈所置州。帅，所类翻。

12 戊辰，金乡人阳孝诚叛徐圆朗，以城来降。金乡县，汉属山阳郡，晋属高平郡，隋属曹州；武德四年，置金州，是年废州，以县属戴州。

13 己巳，秦王世民复取邢州。辛未，并州人冯伯让以城来降。隋开皇十六年，以恒州井陉县置井州，大业初废，武德元年复置。考异曰：实录作“并州”。按并州未尝失城。盖是时于井陉县置井州，字之误也。

14 丙子，李艺取刘黑闼定、栾、廉、赵四州，隋开皇十六年，分赵州广阿县置栾州，大业初，州废，并为赵州。新志：武德五年，改赵州为栾州。按赵州治平棘，栾州治广阿。窦建德、刘黑闼相继跨有山东，盖自置栾州。是年黑闼破走之后，始并赵州为栾州也。武德元年，分恒州藁城县置廉州。考异曰：实录作“定、率、廉、隋四州”。按河北无率、隋二州。今从唐统纪。获黑闼尚书刘希道，引兵与秦王世民会洺州。洺，弥并翻。

15 刘黑闼攻洺水甚急。城四旁皆有水，广五十馀步，广，古旷翻。黑闼于城东北筑二甬道以攻之；世民三引兵救之，黑闼拒之，不得进。世民恐王君廓不能守，召诸将谋之，将，即亮翻。李世勣曰：“若甬道达城下，城必不守。”行军总管郯勇公罗士信请代君廓守之。世民乃登城南高冢，以旗招君廓，君廓帅其徒力战，溃围而出；士信帅左右二百人乘之入城，代君廓固守。帅，读曰率。黑闼昼夜急攻，会大雪，救兵不得往，凡八日，丁丑，城陷。黑闼素闻其勇，欲生之，士信词色不屈，乃杀之，时年二十。考异曰：高祖实录：“王君廓知不可守，溃围而出，秦王谓诸将曰：‘谁能代者？’士信曰：‘愿以死守。’因遣之。”按君廓若已溃围而出，则黑闼围守益固，士信何以复得入城！革命记曰：“太宗知贼势盛，恐王君廓不能固，以问诸将，士信以为无虑，太宗使士信入守之。太宗登段王墓，以旗招王君廓从南门突围，不得；即向北门，并兵攻捉门人，少退，得出，士信亦以左右二百人入城。经八日，昼夜被攻，木石俱尽，士信被左右执之以降贼。五年正月，城陷，李去惑以数十人突围出，归太宗。去惑后授秦州都督，李潘买拜檀州刺史，李开弼城陷而没，赠上柱国，以公礼葬。”今从之。高祖实录，士信死时年二十八，旧传云年二十。按士信始从张须陀击王薄等，时年十四，若死时年二十八，则在大业四年，于时王薄未为盗。年二十，则在大业十二年，是岁须陀死。今从之。

16 戊寅，汴州总管王要汉攻徐圆朗杞州，拔之，获其将周文举。将，即亮翻；下同。

17 庚辰，延州道行军总管段德操延州，汉上郡肤施之地，元魏之末，置东夏州，西魏改曰延州，隋曰延安郡。击梁师都石堡城，师都自将救之；将，即亮翻。德操与战，大破之，师都以十六骑遁去。上益其兵，使乘胜进攻夏州，克其东城，骑，奇寄翻。夏，户雅翻。师都以数百人保西城。会突厥救至，厥，九勿翻。诏德操引还。还，从宣翻。

18 辛巳，秦王世民拔洺水。洺，弥并翻。三月，世民与李艺营于洺水之南，分兵屯水北。黑闼数挑战，数，所角翻。挑，徒了翻。世民坚壁不应，别遣奇兵绝其粮道。壬辰，黑闼以高雅贤为左仆射，军中高会。李世勣引兵逼其营，雅贤乘醉，单骑逐之，世勣部将潘毛刺之坠马，将，即亮翻。刺，七亦翻。左右继至，扶归，未至营而卒。卒，子恤翻。甲午，诸将复往逼其营，复，扶又翻。潘毛为王小胡所擒。黑闼运粮于冀、贝、沧、瀛诸州，水陆俱进，程名振以千馀人邀之，沈其舟，焚其车。沈，持林翻。

19 宋州总管盛彦师帅齐州总管王薄攻须昌，帅，读曰率。征军粮于潭州；刺史李义满与薄有隙，闭仓不与。及须昌降，降，户江翻。彦师收义满，系齐州狱，诏释之。使者未至，义满忧愤死狱中。使，疏吏翻。薄还，过潭州，戊戌夜，义满兄子武意执薄，杀之；"潭州"当作"谭州"，武德二年，李义满以齐州之章丘县来降，于平陵置谭州，并置平陵县，盖因春秋谭子之国以名州也。彦师亦坐死。坐死者，朝廷以义满之死为彦师罪而杀之。

20 上遣使赂突厥颉利可汗，且许结婚。使，疏吏翻。厥，九勿翻。可，从刊入声。汗，音寒。颉利乃遣汉阳公瓌、郑元璹、长孙顺德等还，瓌等被留，事见上卷四年。瓌，工回翻。璹，殊玉翻。长，知两翻。庚子，复遣使来修好，复，扶又翻。好，呼到翻。上亦遣其使者特勒热寒、阿史那德等还。还，从宣翻。并州总管刘世让屯雁门，颉利与高开道、苑君璋合众攻之，【章：十二行本“之”下有“不克”二字；乙十一行本同；孔本同；张校同；退斋校同。】月馀，乃退。考异曰：旧世让传云：“时鸿胪卿郑元璹先使在蕃，可汗令元璹来说之，世让厉声曰：‘大丈夫乃为夷狄作说客邪！’经月馀，虏乃退。及元璹还，述世让忠贞勇干，高祖下制褒美之。”按高祖称元璹苏武弗之过，安肯为可汗游说！脱或果尔，则元璹唯恐帝知之，安肯称世让忠贞，说之不下邪！据实录世让传无此事，今不取。

21 甲辰，以隋交趾太守丘和为交州总管，以交趾郡为交州。宋白曰：交州，周为越裳重译之地，汉交趾、日南二郡界。按交趾之称，今南方夷人，其足大指开广，若并足而立，其指相交，故曰交趾。吴黄武中，以交趾县远，分为二州，割合浦以北海东四郡立广州，交趾以南立交州。守，式又翻。和遣司马高士廉奉表请入朝，朝，直遥翻。诏许之，遣其子师利迎之。义师之向长安，丘师利以兵来附。

22 秦王世民与刘黑闼相持六十馀日。黑闼潜师袭李世勣营，世民引兵掩其后以救之，为黑闼所围，尉迟敬德帅壮士犯围而入，尉，纡勿翻。帅，读曰率。世民与略阳公道宗乘之得出。道宗，帝之从子也。从，才用翻。世民度黑闼粮尽，必来决战，度，徒洛翻。乃使人堰洺水上流，洺，弥并翻。谓守吏曰：“待我与贼战，乃决之。”丁未，黑闼帅步骑二万南渡洺水，压唐营而陈，陈，读曰阵。世民自将精骑击其骑兵，破之，乘胜蹂其步兵。蹂，人九翻。黑闼帅众殊死战，帅，读曰率。自午至昏，战数合，黑闼势不能支。王小胡谓黑闼曰：“智力尽矣，宜早亡去。”遂与黑闼先遁，馀众不知，犹格战。守吏决堰，洺水大至，深丈馀，洺，弥并翻。深，式禁翻。黑闼众大溃，斩首万馀级，溺死数千人，黑闼与范愿等二百骑奔突厥，山东悉平。骑，奇寄翻。厥，九勿翻。按秦王之讨黑闼，前后接战，黑闼之众皆决死确斗。特秦王大展方略，黑闼智力俱困而败走耳。秦王之平群盗，黑闼最为坚敌。

23 高开道寇易州，杀刺史慕容孝干。

24 夏，四月，己未，隋鸿胪卿宁长真以宁越、郁林之地请降于李靖，胪，陵如翻。降，户江翻。交、爱之道始通；以长真为钦州总管。宁越郡，钦州，汉合浦县地，宋为宋寿、宋广郡。郁林郡，郁州，汉古郡，隋置州。爱州，九真郡，汉古郡，梁置州。刘昫曰：交州至京师七千五百二十三里，爱州至京师八千八百里。

25 以夔州总管赵郡王孝恭为荆州总管。

26 徐圆朗闻刘黑闼败，大惧，不知所出。河间人刘复礼说圆朗曰："有刘世彻者，其才不世出，名高东夏，说，输芮翻。夏，户雅翻。且有非常之相，相，息亮翻。真帝王之器。将军若自立，恐终无成；若迎世彻而奉之，天下指挥可定。"圆朗然之，使复礼迎世彻于浚仪。浚仪县，汉、晋、后魏属陈留郡，周、隋、唐为汴州治所。或说圆朗曰："将军为人所惑，欲迎刘世彻而奉之，世彻若得志，将军岂有全地乎！仆不敢远引前古，将军独不见翟让之于李密乎？"李密、翟让事始一百八十三卷隋大业十二年，终一百八十四卷义宁元年。翟，苌伯翻。考异曰：革命记云："盛彦师以世彻有虚名于徐、兖，恐二人相得，为患益深，因说圆朗使不纳。"按实录，彦师奔王薄，与薄共杀李义满。三月，戊戌，王薄死，丁未，黑闼乃败。彦师在圆朗所时，黑闼未败也。今称或说以阙疑。圆朗复以为然。复，扶又翻；下同。世彻至，已有众数千人，顿于城外，以待圆朗出迎，圆朗不出，使人召之。世彻知事变，欲亡走，恐不免，乃入谒；圆朗悉夺其兵，以为司马，使徇谯、杞二州，东人素闻其名，所向皆下，圆朗遂杀之。

秦王世民自河北引兵将击圆朗，会上召之，使驰传入朝，乃以兵属齐王元吉。传，株恋翻。属，之欲翻，付也。庚申，世民至长安，上迎之于长乐。长乐坂在长安城东。乐，音洛。世民具陈取圆朗形势，上复遣之诣黎阳，会大军趋济阴。曹州治济阴县。趋，七喻翻。济，子礼翻。

27 丁卯，废山东行台。刘黑闼败走故也。

28 壬申，代州总管定襄王李大恩为突厥所杀。厥，九勿翻。先是，大恩奏称突厥饥馑，马邑可取，先，悉荐翻。诏殿内少监独孤晟将兵与大恩共击苑君璋，期以二月会马邑；失期不至，大恩不能独进，顿兵新城。新城，当在朔州南。杜佑曰：魏都平城，于马邑郡北三百馀里置怀朔镇；及迁洛后，于郡北三百馀里置朔州。魏初云中郡，在今郡北三百馀里定襄故城北；北齐置朔州在故都西南。新城，一名平城，后移于马邑，即今郡城也。马邑郡治善阳县，亦汉定襄县地。新城即魏之新平城也。晟，承正翻。将，即亮翻。颉利可汗遣数万骑与刘黑闼共围大恩，上遣右骁卫大将军李高迁救之。骑，奇寄翻。骁，坚尧翻。未至，大恩粮尽，夜遁，突厥邀之，众溃而死，上惜之。独孤晟坐减死徙边。

29 丙子，行台民部尚书史万宝攻徐圆朗陈州，拔之。宋白曰：陈州，楚襄王自郢徙此，谓之西楚，汉为淮阳国之地。后魏立陈郡，天平二年，置北扬州，隋改陈州，治宛丘。春秋陈国都也。

30 戊寅，广州贼帅邓文进、隋合浦太守宁宣、日南太守李晙并来降。合浦郡，越州，贞观改廉州。日南郡，德州，贞观改驩州。帅，所类翻。守，式又翻。晙，子峻翻。

31 五月，庚寅，瓜州土豪王干斩贺拔行威以降，瓜州，晋昌郡。是年分瓜州之常乐县置瓜州，旧瓜州为西沙州。贺拔行威反事始见一百八十八卷三年。瓜州平。

32 突厥寇忻州，忻州，新兴郡，义宁元年，以楼烦郡秀容县置。此秀容，汉汾阳县地，非后魏之北秀容也。李高迁击破之。

33 六月，辛亥，刘黑闼引突厥寇山东，诏燕郡王李艺击之。厥，九勿翻。燕，因肩翻。

34 癸丑，吐谷浑寇洮、旭、叠三州，岷州总管李长卿击破之。后周武帝逐吐谷浑，置叠州于叠川，旭州于洮源，岷州于临洮。义宁元年，改临洮于溢乐。后周书曰：于河州鸡鸣防置旭州，于宕州渠株川置岷州。吐，从噉入声。谷，音浴。洮，土刀翻。旭，吁玉翻。长，知两翻。

35 乙卯，遣淮安王神通击徐圆朗。

36 丁卯，刘黑闼引突厥寇定州。

37 秋，七月，甲申，为秦王世民营弘义宫，弘义宫，后改为大安宫，在宫城外西偏。为，于伪翻。使居之。世民击徐圆朗，下十馀城，声震淮、泗，杜伏威惧，请入朝。朝，直遥翻；下同。世民以淮、济之间略定，济，子礼翻。使淮安王神通、行军总管任瓌、李世勣攻圆朗；乙酉，班师。

38 丁亥，杜伏威入朝，延升御榻，拜太子太保，仍兼行台尚书令，留长安，位在齐王元吉上，以宠异之。以阚棱为左领军将军。汉建安中，魏武为丞相，始置中领军，北齐置领军府，炀帝改为御卫，唐改为领军卫。

李子通谓乐伯通曰："伏威既来，江东未定，我往收旧兵，可以立大功。"遂相与亡至蓝田关，雍州蓝田县有蓝田关。为吏所获，俱伏诛。

39 刘黑闼至定州，其故将曹湛、董康买亡命在鲜虞，鲜虞县，旧曰卢奴，开皇初更名，以其地春秋鲜虞子之国也；定州治所。复聚兵应之。复，扶又翻。甲午，以淮阳王道玄为河北道行军总管以讨之。

40 丙申，迁州人邓士政执刺史李敬昂以反。西魏以房陵置迁州，大业初，改曰房州，武德初，复曰迁州，房陵郡。

41 丁酉，隋汉阳太守冯盎承李靖檄，帅所部来降，守，式又翻。帅，读曰率。降，户江翻；下同。以其地为高、罗、春、白、崖、儋、林、振八州，高州，高凉郡。罗州，石城郡。春州，阳春郡。白州，南昌郡。崖州，珠崖郡。林州，桂林郡。振州，临振郡。罗州，今化州。白州，今郁林州之博白县。崖、儋、振皆在海外。振州，今吉阳军地。林州，后改绣州。投荒录：高州高凉郡，土厚而山环绕，高而稍污，故名。罗州，宋将檀道济于陵罗江口筑城，因置罗州，今废。陵罗县在化州北一百二十里。宋白曰：州在陵、罗二水之间。春州治阳春县，故名。白州以博白江名。崖州以珠崖名。儋州以儋耳名。林州以绥怀林邑名。振州以汉临振古县而名。儋，丁甘翻。以盎为高州总管，封耿国公。先是，或说盎曰："唐始定中原，未能及远，公所领二十州地已广于赵佗，赵佗，见汉纪。先，悉荐翻。说，输芮翻。佗，徒何翻。宜自称南越王。"盎曰："吾家居此五世矣，冯氏居高凉事始见一百六十三卷梁简文帝大宝元年。为牧伯者不出吾门，富贵极矣，常惧不克负荷，为先人羞，敢效赵佗自王一方乎！"荷，下可翻，又如字。王，于况翻。遂来降。于是岭南悉平。

42 八月，辛亥，以洺、荆、交、并、幽五州为大总管府。洺，弥并翻。并，卑名翻。

43 改葬隋炀帝于扬州雷塘。雷塘，汉所谓雷陂也，在今扬州城北平冈上。考异曰：实录，"武德二年六月癸巳，有诏葬隋帝及子孙"，此又云葬炀帝，盖三年李子通犹据江都，虽有是诏，不果葬也。

44 甲戌，吐谷浑寇岷州，败总管李长卿。吐，从暾入声。谷，音浴。败，补迈翻。长，知两翻。诏益州行台右仆射窦轨、渭州刺史且洛生救之。渭州，陇西郡。且，姓也，音子余翻。

45 乙卯，突厥颉利可汗寇边，厥，九勿翻。可，从刊入声。汗，音寒。遣左武卫将军段德操、云州总管李子和将兵拒之。子和本姓郭，郭子和，武德三年以榆林郡降。榆林之地，本属云州，隋割置胜州榆林郡。子和以榆林降，因命之为云州总管。以讨刘黑闼有功，赐姓。丙辰，颉利十五万骑入雁门，颉，奚结翻。骑，奇寄翻。己未，寇并州，别遣兵寇原州；庚子，【章：十二行本"子"作"申"；乙十一行本同；孔本同；退斋校同。】命太子出幽州道，"幽州"，当作"豳州"。秦王世民出秦州道以御之。"秦州"，当作"泰州"。出豳州以御原州之寇，出泰州以御并州之寇。泰州时治龙门。李子和趋云中，掩击可汗，汉云中古城，在榆林郡东北四十里。趋，七喻翻。段德操趋夏州，邀其归路。夏，户雅翻。

辛酉，上谓群臣曰："突厥入寇而复求和，厥，九勿翻。复，扶又翻。和与战孰利？"太常卿郑元璹曰："战则怨深，不如和利。"璹，殊玉翻。中书令封德彝曰："突厥恃犬羊之众，有轻中国之意，若不战而和，示之以弱，明年将复来。复，扶又翻。臣愚以为不如击之，既胜而后与和，则恩威兼著矣！"上从之。

己巳，并州大总管襄邑王神符破突厥于汾东；汾州刺史萧颉破突厥，浩州，西河郡，武德三年更名汾州。颉，鱼岂翻。斩首五千馀级。

46 吐谷浑寇【章：十二行本"寇"作"陷"；乙十一行本同；孔本同；退斋校同。】洮州，遣武州刺史贺【章：十二行本"贺"下有"拔"字；乙十一行本同；孔本同；退斋校同。】亮御之。武都郡，西魏置武州，唐后改曰阶州。洮，土刀翻。

47 丙子，突厥寇廉州；戊寅，陷大震关。大震关，在陇州汧源县，当陇山之路。程大昌曰：汉武帝至此，遇雷大震，因以为名。按寇廉州者，并州之寇，陷大震关者，原州之寇也。上遣郑元璹诣颉利。是时，突厥精骑数十万，自介休至晋州，数百里间，填溢山谷。元璹见颉利，责以负约，与相辨诘，诘，去吉翻。颉利颇惭。元璹因说颉利曰："唐与突厥，风俗不同，突厥虽得唐地，不能居也。今虏掠所得，皆入国人，于可汗何有？不如旋师，复修和亲，说，输芮翻。复，扶又翻。可无跋涉之劳，坐受金币，又皆入可汗府库，可，从刊入声。汗，音寒。孰与弃昆弟积年之欢，而结子孙无穷之怨乎！"颉利悦，引兵还。还，从宣翻。元璹自义宁以来，五使突厥，几死者数焉。使，疏吏翻。几，居依翻。数，所角翻。

48 九月，癸巳，交州刺史权士通、西魏置北秦州于上郡，废帝三年，改曰交州。弘州总管宇文歆、庆州弘化县，开皇十八年置弘州，大业初州废，盖唐复置也。灵州总管杨师道击突厥于三观山，破之。观，古玩翻。乙未，太子班师。丙申，宇文歆邀突厥于崇岗镇，大破之，斩首千馀级。歆，许今翻。壬寅，定州总管双士洛击突厥于恒山之南，双，姓也。姓苑曰：黄帝后，封于双蒙城。恒，户登翻。丙午，领军将军安兴贵击突厥于甘州，皆破之。甘州，张掖郡。

49 刘黑闼陷瀛州，杀刺史马匡武。盐州人马君德以城叛附黑闼。此盐州，即东盐州。高开道寇蠡州。武德五年，以瀛州之博野、清苑，定州之义丰，置蠡州，因汉蠡吾亭以名州也。

50 冬，十月，己酉，诏齐王元吉讨刘黑闼于山东。壬子，以元吉为领军大将军、并州大总管。癸丑，贝州刺史许善护与黑闼弟十善战于鄃县，鄃，音输。善护全军皆没。甲寅，右武候将军桑显和击黑闼于晏城，破之。隋开皇十六年，分冀州之鹿城置晏城县，大业初废入鹿城，盖其县名犹在。观州刺史刘会以城叛附黑闼。观，古唤翻。

51 契丹寇北平。北平郡，平州。契，欺讫翻，又音吃。

52 甲子，以秦王世民领左、右十二卫大将军。左·右卫、左·右骁卫、左·右武卫、左·右屯卫、左·右领军卫、左·右候卫，为十二卫。

53 乙丑，行军总管淮阳壮王道玄与刘黑闼战于下博，下博县，属冀州。考异曰：高祖实录谥曰忠。本传谥曰壮，盖后来改谥也。军败，为黑闼所杀。时道玄将兵三万，与副将史万宝不协；道玄帅轻骑先出犯陈，将，即亮翻。帅，读曰率。骑，奇寄翻。陈，读曰阵；下同。使万宝将大军继之。万宝拥兵不进，谓所亲曰："我奉手敕云，淮阳小儿，军事皆委老夫。今王轻脱妄进，若与之俱，必同败没，不如以王饵贼，王败，贼必争进，我坚陈以待之，破之必矣。"由是道玄独进败没。万宝勒兵将战，士卒皆无斗志，军遂大溃，万宝逃归。道玄数从秦王世民征伐，死时年十九，数，所角翻。世民深惜之，谓人曰："道玄常从吾征伐，见吾深入贼陈，心慕效之，以至于此。"为之流涕。为，于伪翻。世民自起兵以来，前后数十战，常身先士卒，先，悉荐翻。轻骑深入，虽屡危殆而未尝为矢刃所伤。史言秦王有天命。

54 林士弘遣其弟鄱阳王药师攻循州，刺史杨略与战，斩之，其将王戎以南昌州降。士弘惧，己巳，请降。寻复走保安成山洞，袁州人相聚应之；是年以洪州建昌县置南昌州。吉州安复，本吴所置安成县也，唐后改为安福。袁州，宜春郡。将，即亮翻。降，户江翻。复，扶又翻。洪州总管若干则遣兵击破之。会士弘死，其众遂散。隋大业十三年，林士弘起为盗，至是死散。

55 淮阳王道玄之败也，山东震骇，洺州总管庐江王瑗弃城西走，洺，弥并翻。瑗，于眷翻。州县皆叛附于黑闼，旬日间，黑闼尽复故地，乙亥，进据洺州。十一月，庚辰，沧州刺史程大买为黑闼所迫，弃城走。齐王元吉畏黑闼兵强，不敢进。

上之起兵晋阳也，皆秦王世民之谋，事见一百八十一卷隋义宁元年。上谓世民曰："若事成，则天下皆汝所致，当以汝为太子。"世民拜且辞。及为唐王，将佐亦请以世民为世子，将，即亮翻。上将立之，世民固辞而止。太子建成，性宽简，喜酒色喜，许记翻。游畋；句断。齐王元吉，多过失；皆无宠于上。世民功名日盛，上常有意以代建成，建成内不自安，乃与元吉协谋，共倾世民，各引树党友。

上晚年多内宠，小王且二十人，尹德妃生酆王元亨，莫嫔生荆王元景，孙嫔生汉王元昌，宇文昭仪生韩王元嘉、鲁王灵夔，瞿嫔生邓王元裕，杨嫔生江王元祥，小杨嫔生舒王元名，郭婕妤生徐王元礼，刘婕妤生道王元庆，杨美人生虢王凤，张美人生霍王元轨，张宝林生郑王元懿，柳宝林生滕王元婴，王才人生彭王元则，鲁才人生密王元晓，张氏生周王元方，凡十七人。且者，将及未及之辞。其母竞交结诸长子以自固。建成与元吉曲意事诸妃嫔，谄谀赂遗，无所不至，遗，于季翻。以求媚于上。或言蒸于张婕妤、尹德妃，宫禁深秘，莫能明也。是时，东宫、诸王公、妃主之家及后宫亲戚横长安中，横，户孟翻；下同。恣【章：十二行本“恣”上有“夺人田宅”四字；乙十一行本同；孔本同；张校同；退斋校同。】为非法，有司不敢诘。世民居承乾殿，阁本太极宫图：月华门内有承庆殿，无承乾殿。按新书，承乾殿在西宫。又按王溥会要，承乾殿在宫中。盖皆指太极宫。元吉居武德殿后院，武德殿在东宫西。按阁本太极宫图，武德殿在虔化门东，入门过内仓廪、立政殿、万春殿，即东上阁门。与上台、东宫昼夜通行，无复禁限。上台，谓帝居。复，扶又翻。太子、二王出入上台，皆乘马、携弓刀杂物，相遇如家人礼。太子令、秦·齐王教与诏敕并行，有司莫知所从，唯据得之先后为定。使唐之政终于如此，亡隋之续耳。世民独不奉事诸妃嫔，诸妃嫔争誉建成、元吉而短世民。誉，音余。

世民平洛阳，上使贵妃等数人诣洛阳选阅隋宫人及收府库珍物。贵妃等私从世民求宝货及为亲属求官，唐制，皇后而下有贵妃、淑妃、德妃、贤妃，是为夫人。昭仪、昭容、昭媛、修仪、修容、修媛、充仪、充容、充媛，是为九嫔。婕妤、美人、才人各九，合二十七，是为世妇。宝林、御女、采女各二十七，合八十一，是为御妻。为，于伪翻。世民曰：“宝货皆已籍奏，官当授贤才有功者。”皆不许，由是益怨。世民以淮安王神通有功，给田数十顷。张婕妤之父因婕妤求之于上，婕妤，音接予。上手敕赐之，神通以教给在先，不与。婕妤诉于上曰：“敕赐妾父田，秦王夺之以与神通。”上遂发怒，责世民曰：“我手敕不如汝教邪！”邪，音耶。他日，谓左仆射裴寂曰：“此儿久典兵在外，为书生所教，非复昔日子也。”尹德妃父阿鼠骄横，阿，乌葛翻。秦王府属杜如晦过其门，阿鼠家童数人曳如晦坠马，殴之，折一指，殴，乌口翻。折，而设翻。曰：“汝何人，敢过我门而不下马！”阿鼠恐世民诉于上，先使德妃奏云："秦王左右陵暴妾家。"上复怒复，扶又翻。责世民曰："我妃嫔家犹为汝左右所陵，况小民乎！"世民深自辩析，上终不信。

世民每侍宴宫中，对诸妃嫔，思太穆皇后早终，窦皇后谥太穆，帝未即位先崩，建成、世民、玄霸、元吉，皆其所生也。不得见上有天下，或歔欷流涕，上顾之不乐。歔，音虚。欷，音希，又许既翻。乐，音洛；下同。诸妃嫔因密共谮世民曰："海内幸无事，陛下春秋高，唯宜相娱乐，而秦王每独涕泣，正是憎疾妾等，陛下万岁后，妾母子必不为秦王所容，无孑遗矣！"言必皆诛翦，无有孑然见遗者也。因相与泣，且曰："皇太子仁孝，陛下以妾母子属之，属，之欲翻。必能保全。"上为之怆然。为，于伪翻。由是无易太子意，待世民浸疏，而建成、元吉日亲矣。考异曰：高祖实录曰："建成幼不拘细行，荒色嗜酒，好畋猎，常与博徒游，故时人称为任侠。高祖起义于太原，建成时在河东，本既无宠，又以今上首建大计，高祖不之思也，而今上白高祖，遣使召之，盘游不即往。今上急难情切，遽以手书谕之，建成乃与元吉间行赴太原，隋人购求之，几为所获。及义旗建而方至，高祖亦喜其获免，因授以兵。"又曰："建成帷薄不修，有禽犬之行，闻于远迩。今上以为耻，尝流涕谏之，建成惭而成憾。"又曰："太宗每总戎律，惟以抚接才贤为务，至于参请妃媛，素所不行。"太宗实录曰："隐太子始则流宕河曲，逸游是好，素无才略，不预经纶，于后虽统左军，非众所附。既升储两，坐构猜嫌，太宗虽备礼竭诚以希恩睦，而妒害之心日以滋甚。又，巢剌王性本凶愎，志识庸下，行同禽兽，兼以弃镇失守，罪戾尤多，反害太宗之能。于是潜苞毁谮，同恶相济，朕受日闻，虽大名徽号，礼冠群后，而情疏意隔，宠异曩时。"按建成、元吉虽为顽愚，既为太宗所诛，史臣不无抑扬诬讳之辞，今不尽取。

太子中允王珪、洗马魏征太子左春坊，左庶子为之长，掌侍从赞相，驳正启奏；中允为之贰。洗马，汉官，掌前马；唐为司经局长官，掌四库图籍缮写刊缉之事。唐六典曰：后汉太子官属有中允，在中庶子下，洗马上，其后无闻，唐始置太子中允。洗，悉荐翻。说太子曰："秦王功盖天下，中外归心；殿下但以年长位居东宫，说，输芮翻。长，知两翻。无大功以镇服海内。今刘黑闼散亡之馀，众不满万，资粮匮乏，以大军临之，势如拉朽，拉，卢合翻。殿下宜自击之以取功名，因结纳山东豪杰，庶可自安。”太子乃请行于上，上许之。珪，颁之兄子也。王颁，僧辩之子，死于隋汉王谅反时。颁，丘弭翻。甲申，诏太子建成将兵讨黑闼，其陕东道大行台及山东道行军元帅、河南·河北诸州并受建成处分，将，即亮翻。陕，失冉翻。帅，所类翻。处，昌吕翻。分，扶问翻。得以便宜从事。

56 乙酉，封宗室略阳公道宗等十八人为郡王。道宗，道玄从父弟也，从，才用翻。为灵州总管，梁师都遣弟洛儿引突厥数万围之，道宗乘间出击，大破之。厥，九勿翻。间，古苋翻。突厥与师都相结，遣其郁射设入居故五原，五原县属盐州，武德初，寄治灵州，故地为突厥所居。杜佑曰：盐州，西魏五原郡地，汉五原县城在今榆林郡界。道宗逐出之，斥地千馀里。毛晃曰：“斥，开拓也。”上以道宗武干如魏任城王彰，魏任城王彰，曹操之子，击乌丸有功。任，音壬。乃立为任城郡王。

57 丙申，上幸宜州。义宁二年，以京兆之华原、宜君、同官置宜君郡，武德元年曰宜州。

58 己亥，齐王元吉遣兵击刘十善于魏州，破之。

59 癸卯，上校猎于富平。富平县属雍州，汉富平县治，唐灵州回乐县界，后汉移宁州彭原县界，晋移怀德城，魏移于怀德城东北，今耀州东南富平县即其地。

60 刘黑闼拥兵而南，自相州以北州县皆附之，相，息亮翻。唯魏州总管田留安勒兵拒守。黑闼攻之，不下，引兵南拔元城，复还攻之。元城县，治古殷城，在朝城东北十二里。时魏州治贵乡县。相，息亮翻。复，扶又翻。考异曰：实录：“十二月甲子，黑闼攻魏州。”盖留安破黑闼奏到之日也。按革命记，黑闼攻魏州在十一月，今从之。

61 十二月，庚戌，立宗室孝友等八人为郡王。孝友，神通之子也。

62 丙辰，上校猎于华池。京兆三原县，武德四年改池阳，六年，改华池。

63 戊午，刘黑闼陷恒州，杀刺史王公政。恒，户登翻。恒州，汉常山郡，唐置恒州，因恒山为名。

64 庚申，车驾至长安。

65 癸亥，幽州大总管李艺复廉、定二州。

66 甲子，田留安击刘黑闼，破之，获其莘州刺史孟柱，魏州莘县，隋开皇十六年置莘州，大业二年废，唐复置。降将卒六千人。降，户江翻。将，即亮翻。是时，山东豪杰多杀长吏以应黑闼，长，知两翻。上下相猜，人益离怨；留安待吏民独坦然无疑，白事者无问亲疏，皆听直入卧内，每谓吏民曰："吾与尔曹俱为国御贼，为，于伪翻。固宜同心协力，必欲弃顺从逆者，但自斩吾首去。"吏民皆相戒曰："田公推至诚以待人，当共竭死力报之，必不可负。"有苑竹林者，本黑闼之党，潜有异志。留安知之，不发其事，引置左右，委以管钥；竹林感激，遂更归心，卒收其用。卒，子恤翻。以功进封道国公。

乙丑，并州刺史成仁重击范愿，破之。并，卑名翻。

67 刘黑闼攻魏州未下，太子建成、齐王元吉大军至昌乐，刘昫曰：晋置昌乐县，属阳平郡，今县西古城是也。隋废县入繁水，武德元年，复置，仍筑今治所。乐，音洛。黑闼引兵拒之，再陈，皆不战而罢。陈，读曰阵。魏征言于太子曰："前破黑闼，其将帅皆悬名处死，言亡命者先书其名，处以死罪也。将，即亮翻。帅，所类翻；下同。处，昌吕翻。妻子系虏；故齐王之来，虽有诏书赦其党与之罪，皆莫之信。今宜悉解其囚俘，慰谕遣之，则可坐视离散矣！"太子从之。黑闼食尽，众多亡，或缚其渠帅以降。帅，所类翻。降，户江翻。黑闼恐城中兵出，与大军表里击之，遂夜遁。至馆陶，永济桥未成，不得度。馆陶县属魏州，在州北，隋炀帝凿永济渠所经也。宋白曰：馆陶，春秋时晋冠氏邑，陶丘在县西北七里，赵时置馆于其侧，因为县名。壬申，太子、齐王以大军至，黑闼使王小胡背水而陈，背，蒲妹翻。陈，读曰阵。自视作桥成，即过桥西，众遂大溃，考异曰：高祖实录："壬申，太子与黑闼战于魏州城下，破之，闼抽军北遁。甲戌，追闼于毛州，贼背永济渠而陈，接战，又破之。"旧传："六年二月，太子破黑闼于馆陶。"革命记："闼遁至馆陶，二十五日，官军至，闼败走。"按馆陶即毛州也。长历，十二月壬申，二十五日。甲戌，二十七日。盖实录据奏到之日也。旧传尤疏。今从革命记。太宗实录云："黑闼重反，高祖谓太宗曰：'前破黑闼，欲令尽杀其党，使空山东，不用吾言，致有今日。'及隐太子征闼，平之，将遣唐俭往，使男子年十五已上悉坑之，小弱及妇女总驱入关，以实京邑。太宗谏曰：'臣闻唯德动天，唯恩容众。山东人物之所，河北蚕绵之乡，而天府委输，待以成绩。今一旦见其反覆，尽戮无辜，流离寡弱，恐以杀不能止乱，非行吊伐之道。'其事遂寝。"新书隐太子传云："黑闼败于洺水，太子建成问于洗马魏征曰：'山东其定乎？'对曰：'黑闼虽败，杀伤太甚，其魁党皆县名处死，妻子系虏，欲降无繇，虽有赦令，获者必戮，不大荡宥，恐残贼啸结，民未可安。'既而黑闼复振，庐江王瑗弃洺州，山东乱，命齐王元吉讨之。有诏降者赦罪，众不信。建成至，获俘，皆抚遣之，百姓欣悦。贼惧，夜奔，兵追战，黑闼众犹盛，乃纵囚使相告曰：'褫而甲还乡里，若妻子获者，既已释矣。'众乃散，或缚其渠长降，遂禽黑闼。"按高祖虽不仁，亦不至有"欲空山东"之理。史臣专欲归美太宗，其于高祖亦太诬矣。今采革命记及新书。舍仗来降。大军度桥追黑闼，度者才千馀骑，桥坏，由是黑闼得与数百骑亡去。降，户江翻；下同。骑，奇寄翻；下同。

68 上以隋末战士多没于高丽，是岁，赐高丽王建武书，使悉遣还；亦使州县索高丽人在中土者，遣归其国。丽，力知翻。索，山客翻。建武奉诏，遣还中国民前后以万数。

六年（癸未、六二三）

1 春，正月，己卯，刘黑闼所署饶州刺史诸葛德威执黑闼，举城降。时太子遣骑将刘弘基追黑闼，黑闼为官军所迫，奔走不得休息，至饶阳，饶阳县，前汉属涿郡，后汉属安平国，晋、魏属博陵郡，隋属河间郡，唐属深州，黑闼分置饶州。将，即亮翻。从者才百馀人，从，才用翻。馁甚。德威出迎，延黑闼入城，黑闼不可；德威涕泣固请，黑闼乃从之。至城旁市中憩止，憩，去例翻。德威馈之食；食未毕，德威勒兵执之，送诣太子，并其弟十善斩于洺州。洺，弥并翻。考异曰：革命记："刘黑闼走至深州，崔元逊为伪深州总管，黑闼欲至，城中陈列三千馀兵，拟纳黑闼，据城拒守，北勾突厥。城人诸葛德威为车骑，领当城之兵。有张善护者，先任乡长，来就军中，语三五少年曰：'可捉黑闼以取富贵，今若不捉，在后终是扰乱山东，废我等作生活。'诸少年咸云：'非诸葛车骑不可。'善护知德威非得酒食不肯出师，乃于家宰一肥猪，出酒一石，延德威而语之；德威许诺。黑闼至，元逊乃请之入城而不许，唯就市中遣铺设而坐食。元逊请以城中兵呈阅，言并精锐，必堪拒守，黑闼食而许之。元逊乃召兵以呈之，德威以前领健卒出，即就市中擒刘闼，送于洺州皇太子所。元逊与男野久奔突厥。斩黑闼于洺州城西，临刑乃叹"云云。今从实录，亦兼采革命记。黑闼临刑叹曰："我幸在家锄菜，为高雅贤辈所误至此！"

2 壬午，嶲州人王摩沙举兵，嶲，音髓。沙，读曰莎，苏何翻。自称元帅，改元进通，遣骠骑将军卫彦讨之。帅，所类翻。骠，匹妙翻。骑，奇寄翻；下同。

3 庚子，以吴王杜伏威为太保。唐制，太师、太傅、太保谓之三师，正一品；天子所师法，无所统职，功德崇重者乃使居之。

4 二月，庚戌，上幸骊山温汤；骊山在雍州新丰，有汤泉，天宝起华清宫于此。骊，力知翻。甲寅，还宫。

5 平阳昭公主薨。戊午，葬公主，诏加前后部鼓吹、班剑四十人，班，列也；持剑成列，夹道而行也。吹，昌瑞翻。武贲甲卒。武贲，虎贲也。唐讳"虎"字，改为"武"。贲，音奔。太常奏："礼，妇人无鼓吹。"上曰："鼓吹，军乐也。公主亲执金鼓，兴义兵以辅成大业，事见一百八十五卷隋义宁元年。岂与常妇人比乎！”

6 丙寅，徐圆朗穷蹙，与数骑弃城走，为野人所杀，其地悉平。

7 林邑王梵志遣使入贡。初，隋人破林邑，见一百八十卷隋大业元年。梵，扶泛翻。使，疏吏翻。分其地为三郡。三郡，比景、海阴、林邑也。及中原丧乱，丧，息浪翻。林邑复国，至是始入贡。

8 幽州总管李艺请入朝；朝，直遥翻。庚午，以艺为左翊卫大将军。

9 废参旗等十二军。十二军，详见一百八十八卷二年。参，疏簪翻。

10 三月，癸未，高开道掠文安、鲁城，文安县，前汉属勃海郡，后汉属河间国，晋属章武郡，隋、唐属瀛州。鲁城县，开皇十六年置，亦属瀛州。骠骑将军平善政邀击，破之。骠，匹妙翻。骑，奇寄翻。

11 庚子，梁师都将贺遂、索同以所部十二州来降。将，即亮翻。降，户江翻。

12 乙巳，前洪州总管张善安反，遣舒州总管张镇周等击之。舒州，同安郡，隋为熙州；武德四年改舒州，以古群舒之国也。

13 夏，四月，吐谷浑寇芳州，刺史房当树奔松州。吐，从暾入声。谷，音浴。西魏逐吐谷浑，置同昌郡及封德等县，后周以县立芳州，隋大业初废，武德元年，以同昌之常芬县置芳州，省封德。松州，交川郡，治嘉诚县，生羌之地，后魏时白水羌，舒彭遣使朝贡，始置甘松县，魏乱而绝，后周复招慰之，于此置龙涸防，天和六年，改置扶州，隋改甘松县为嘉诚县，属同昌郡，武德初，置松州，取甘松岭为名。

14 张善安陷孙州，旧唐志：武德五年分洪州置南昌州总管府，管南昌、西吴、靖、米、孙五州。南昌州领建昌、龙安、永修三县。八年，废南昌州及孙州，以南昌州新吴、永修、龙安入建昌县，以孙州之建昌入豫章县，而以豫章属洪州。新志：武德五年，以洪州南昌县置孙州，以建昌县置南昌州。执总管王戎而去。

15 乙丑，鄜州道行军总管段德操击梁师都，至夏州，俘其民畜而还。鄜，音肤。夏，户雅翻。还，从宣翻，又如字。

16 丙寅，吐谷浑寇洮、岷二州。洮，土刀翻。

17 丁卯，南州刺史庞孝恭、南越州民宁道明、高州首领冯暄俱反，陷南越州，进攻姜州；合州刺史宁纯引兵救之。武德四年，以合浦郡之南昌、合浦地置南州，六年，改白州。合浦郡旧置越州，隋改合州，武德四年复曰越州，加南字以别会稽之越州也。旧志：桂州总管府所管有姜州，武德五年，以合州之封山县置姜州，贞观十年，废入越州。雷州，海康郡，本合州徐闻郡，武德四年置，贞观更州郡名。"庞孝恭"，新书作"庞孝泰"。

18 壬申，立皇子元轨为蜀王、凤为豳王、元庆为汉王。考异曰：实录以皇子元真为邵王，鹤为豳王。新本纪封元琦为蜀王。按高祖子无名元真、鹤、元琦及封邵王者。今从旧传及唐历。

19 癸酉，以裴寂为左仆射，萧瑀为右仆射，瑀，音禹。杨恭仁为吏部尚书兼中书令，封德彝为中书令。

20 五月，庚辰，遣岐州刺史柴绍救岷州。岐州，扶风郡。

21 庚寅，吐谷浑及党项寇河州，吐，从暾入声。谷，音浴。河州，枹罕郡。党，底朗翻。刺史卢士良击破之。

22 丙申，梁师都将辛獠儿引突厥寇林州。将，即亮翻；下同。獠，卢皓翻。厥，九勿翻。旧志，庆州华池县，武德四年置林州总管府。

23 戊戌，苑君彰将高满政寇代州，骠骑将军林【章：十二行本"林"作"李"；乙十一行本同；孔本同；张校同；退斋校同。】宝言击走之。骠，匹妙翻。骑，奇寄翻。

24 癸卯，高开道引奚骑寇幽州，长史王诜击破之。长，知两翻。诜，疏臻翻。刘黑闼之叛也，突地稽引兵助唐，徙其部落于幽州之昌平城；昌平城在军都关南。高开道引突厥寇幽州，突地稽将兵邀击，破之。

25 六月，戊午，高满政以马邑来降。降，户江翻。先是，前并州总管刘世让除广州总管，将之官，上问以备边之策，先，悉荐翻。世让对曰："突厥比数为寇，比，毗至翻。数，所角翻；下同。良以马邑为之中顿故也。中顿者，谓中道有城有粮，可以顿食也。置食之所曰顿。唐人多言置顿。请以勇将戍崞城，崞，音郭。多贮金帛，贮，直吕翻。募有降者厚赏之，数出骑兵掠其城下，蹂其禾稼，败其生业，不出岁馀，彼无所食，必降矣。"数，所角翻。蹂，人九翻。败，补迈翻。上然其计，曰："非公，谁为勇将！"即命世让戍崞城，马邑病之。是时，马邑人多不愿属突厥，上复遣人招谕苑君璋。高满政说苑君璋尽杀突厥戍兵降唐，复，扶又翻。说，输芮翻。厥，九勿翻。君璋不从。满政因众心所欲，夜袭君璋，君璋觉之，亡奔突厥，满政杀君璋之子及突厥戍兵二百人而降。

26 壬戌，梁师都以突厥寇匡州。武德分绥州延福县地置北吉州、罗州、匡州。

27 丁卯，苑君璋与突厥吐屯设寇马邑，高满政与战，破之。以满政为朔州总管，封荣国公。朔州，马邑郡。

28 瓜州总管贺若怀广按部至沙州，隋以敦煌郡置瓜州，武德五年改沙州，分沙州之常乐县为瓜州晋昌郡。宋白曰：瓜州西至沙州二百八十里。若，人者翻。值州人张护、李通反，怀广以数百人保子城；凉州总管杨恭仁遣兵救之，为护等所败。败，补迈翻。

29 癸酉，柴绍与吐谷浑战，绍救岷州，遂与吐谷浑战。吐，从暾入声。谷，音浴。为其所围，虏乘高射之，射，而亦翻。矢下如雨。绍遣人弹胡琵琶，二女子对舞。虏怪之，驻弓矢相与聚观，绍察其无备，潜遣精骑出虏陈后，击之，虏众大溃。骑，奇寄翻。陈，读曰阵。

30 秋，七月，丙子，苑君璋以突厥寇马邑，右武候大将军李高迁及高满政御之，战于腊河谷，破之。

31 张护、李通杀贺拔怀广，考异曰：实录，上云"张护"，此云"高护”，今从上。余按“贺拔”意亦当从上作“贺若”。【章：十二行本正作“若”；乙十一行本同；孔本同。】立汝州别驾窦伏明为主，“汝”，当作“沙”。进逼瓜州；长史赵孝伦击却之。长，知两翻。

32 高开道掠赤岸镇及灵寿、九门、行唐三县而去。九域志：定州唐县有赤岸镇。三县皆属恒州，时以灵寿属并州。

33 丁丑，冈州刺史冯士翙据新会反，隋以新会郡置冈州，以地有金冈，故名。大业初废。武德四年，复以广州新会、义宁二县置冈州。翙，呼会翻。广州刺史【章：十二行本作“总管”；乙十一行本同；孔本同。】刘感讨降之，使复其位。降，户江翻。

34 辛巳，高开道所部弘阳、统汉二镇来降。

35 癸未，突厥寇原州；原州，汉高平县地，后魏立原州，取“高平曰原”以名州。厥，九勿翻。乙酉，寇朔州。李高迁为虏所败，行军总管尉迟敬德将兵救之。己亥，遣太子将兵屯北边，备原州之寇。败，补迈翻。尉，纡勿翻。将，即亮翻。秦王世民屯并州，备朔州之寇。以备突厥。八月，丙【章：十二行本“丙”作“甲”；乙十一行本同。】辰，突厥寇真州，旧志：武德二年，置绥州总管府，管云、银、真等十一州。真州盖置于银州真乡县也。又寇马邑。

36 壬子，淮南道行台仆射辅公祏反。考异曰：旧传云：“沈法兴据毗陵，公祏击破之。”按法兴，武德三年已为李子通所灭。旧传误也。初，杜伏威与公祏相友善，公祏年长，长，知两翻。伏威兄事之，军中谓之伯父，畏敬与伏威等。伏威浸忌之，乃署其养子阚棱为左将军，王雄诞为右将军，潜夺其兵权。公祏知之，怏怏不平，怏，于两翻。与其故人左游仙阳为学道、辟谷以自晦。及伏威入朝，入朝见上年。朝，直遥翻。留公祏守丹杨，此南朝之旧丹杨郡。令雄诞典兵为之副，阴谓雄诞曰：“吾至长安，苟不失职，勿令公祏为变。”伏威既行，左游仙说公祏谋反；说，输芮翻。而雄诞握兵，公祏不得发。乃诈称得伏威书，疑雄诞有贰心，雄诞闻之不悦，称疾不视事；公祏因夺其兵，使其党西门君仪谕以反计。雄诞始寤而悔之，曰："今天下方平，吴王又在京师，杜伏威封吴王。大唐兵威，所向无敌，奈何无故自求族灭乎！雄诞有死而已，不敢闻命。今从公为逆，不过延百日之命耳，大丈夫安能爱斯须之死而自陷于不义乎！"公祏知不可屈，缢杀之。缢，于赐翻，又于计翻。雄诞善抚士卒，得其死力，又约束严整，每破城邑，秋毫无犯，死之日，江南军中及民间皆为之流涕。为，于伪翻。公祏又诈称伏威不得还江南，贻书令其起兵，大修铠仗，铠，可亥翻。运粮储。寻称帝于丹杨，国号宋，修陈故宫室而居之，署置百官，以左游仙为兵部尚书、东南道大使、越州总管，使，疏吏翻；下同。与张善安连兵，以善安为西南道大行台。

37 己未，突厥寇原州。厥，九勿翻。

38 乙丑，诏襄州道行台仆射赵郡王孝恭以舟师趣江州，江州，南朝之寻阳郡，隋改为九江郡。趣，七喻翻，又逡须翻。考异曰：实录，八月乙丑已云遣孝恭率兵趣江州，至九月戊子又云。盖因徐绍宗等侵边而言之也。岭南道大使李靖以交、广、泉、桂之众趣宣州，宣州，宣城郡。怀州总管黄君汉出谯、亳，齐州总管李世勣出淮、泗自泗水入淮也。以讨辅公祏。孝恭将发，与诸将宴集，命取水，忽变为血，在坐者皆失色，坐，徂卧翻。孝恭举止自若，曰："此乃公祏授首之征也！"饮而尽之，众皆悦服。

39 丙寅，吐谷浑内附。吐，从暾入声。谷，音浴。

40 辛未，突厥陷原州之善和镇；癸酉，又寇渭州。渭州，陇西郡。

41 高开道以奚侵幽州，州兵击却之。

42 九月，【章：十二行本"月"下有"丙子"二字；乙十一行本同；孔本同；张校同。】太子班师。自豳州道班师。

43 戊子，辅公祏遣其将徐绍宗寇海州，陈政通寇寿阳。祏，音石。将，即亮翻。寿阳，寿州治所。

44 邛州獠反，邛州临邛郡，武德元年析雅州置。邛，渠容翻。獠，卢皓翻。遣沛公郑元璹讨之。璹，殊玉翻。

45 庚寅，突厥寇幽州。厥，九勿翻。

46 壬辰，诏以秦王世民为江州道行军元帅。欲使之讨辅公祏也。帅，所类翻。

47 乙未，窦伏明以沙州降。降，户江翻。考异曰：实录云："伏明斩贺拔威，以城来降。"按五年五月实录，瓜州人王干杀贺拔威以降。则威死久矣，此误也。按上文作贺若怀广死，而立窦伏明为沙州主，当考。

48 高昌王麹伯雅卒，卒，子恤翻。子文泰立。

49 丙申，渝州人张大智反，渝州，巴郡，汉江州县地。刺史薛敬仁弃城走。

50 壬寅，高开道引突厥二万骑寇幽州。骑，奇寄翻。

51 突厥恶弘农公刘世让为己患，恶，乌路翻。遣其臣曹般陁来，言世让与可汗通谋，欲为乱，般，蒲末翻。可，从刊入声。汗，音寒。上信之。冬，十月，丙午，杀世让，籍其家。听言之道，必以其事观之。突厥用间，高祖遽信之而杀干城之将，不明甚矣。

52 秦王世民犹在并州，己未，诏世民引兵还。太子与秦王分道备突厥，太子先已班师，故亦诏秦王引还。

53 上幸华阴。华，户化翻。

54 张大智侵涪州，涪州，涪陵郡，武德元年以渝州之涪陵镇置。涪，音浮。刺史田世康等讨之，大智以众降。

55 初，上遣右武候大将军李高迁助朔州总管高满政守马邑，宋白曰：朔州，春秋北狄之地，曹魏立为马邑县，西晋末，其地为猗卢所据，都代郡，此后魏为畿内之地，亦曾为怀朔镇，孝文迁洛之后，于定襄故城置朔州，高齐又于新平郡置朔州，天保八年，乃移于马邑城。苑君璋引突厥万馀骑至城下，满政击破之。颉利可汗怒，大发兵攻马邑。高迁惧，帅所部二千人斩关宵遁，虏邀之，失亡者半。颉利自帅众攻城，帅，读曰率。满政出兵御之，或一日战十馀合。上命行军总管刘世让救之，至松子岭，不敢进，松子岭，地阙。还保崞城。会颉利遣使求婚，使，疏吏翻。上曰："释马邑之围，乃可议婚。"颉利欲解兵，义成公主固请攻之。颉利以高开道善为攻具，召开道，与之攻马邑甚急。颉利诱满政使降，满政骂之。粮且尽，救兵未至，满政欲溃围走朔州，右虞候杜士远隋文帝于东宫置左右虞候府，掌斥候。是后州镇各置虞候，以为衙前之职，以备候不虞名官。以虏兵盛，恐不免，壬戌，杀满政降于突厥，按通鉴据新唐书高祖本纪自丙午至壬戌，排日书之，但十七日间，先书杀刘世让，后复书命世让救马邑及退保事，盖通鉴序突厥陷马邑事，书之不详，排日之近远也。苑君璋复杀城中豪杰与满政同谋者三十馀人。上以满政子玄积为上柱国，袭爵。丁卯，突厥复请和亲，复，扶又翻；下同。以马邑归唐；上以将军秦武通为朔州总管。

56 突厥数为边患，数，所角翻。并州大总管府长史窦静表请于太原置屯田以省馈运；议者以为烦扰，不许。静切论不已，敕征静入朝，长，知两翻。朝，直遥翻。使与裴寂、萧瑀、封德彝相论难于上前，瑀，音禹。难，乃旦翻。寂等不能屈，乃从静议，岁收谷数千斛，上善之，命检校并州大总管。静，抗之子也。窦抗，荣定之子。十一月，辛巳，秦王世民复请增置屯田于并州之境，从之。

57 黄州总管周法明将兵击辅公祏，黄州，汉邾县地，萧齐置齐安郡，隋置黄州。祏，音石。张善安据夏口，拒之。将，即亮翻。夏，户雅翻。法明屯荆口镇，盖当荆江之口置镇，其地在汉阳界。壬午，法明登战舰饮酒，舰，户黯翻。善安遣刺客数人诈乘鱼艓而至，艓，达协翻，丁度曰：舟名。见者不以为虞，遂杀法明而去。

58 甲申，舒州总管张镇周等击辅公祏将陈当世于猷州之黄沙，大破之。武德三年以宣州之泾县置南徐州，寻改曰猷州。

59 丁亥，上校猎于华阴。华，户化翻。己丑，迎劳秦王世民于忠武顿。秦王自并州还。劳，力到翻。

60 十二月，癸卯，安抚使李大亮诱张善安，执之。使，疏吏翻。诱，音酉。大亮击善安于洪州，与善安隔水而陈，陈，读曰阵。遥相与语。大亮谕以祸福，善安曰："善安初无反心，正为将士所误；欲降又恐不免。"将，即亮翻。大亮曰："张总管有降心，则与我一家耳。"因单骑渡水入其陈，与善安执手共语，示无猜间。降，下江翻。间，古苋翻。善安大悦，遂许之降。既而善安将数十骑诣大亮营，大亮止其骑于门外，引善安入，与语。久之，善安辞去，大亮命武士执之，从骑皆走。从，才用翻。善安营中闻之，大怒，悉众而来，将攻大亮。大亮使人谕之曰："吾不留总管。总管赤心归国，谓我曰：'若还营，恐将士或有异同，为其所制。'故自留不去耳，卿辈何怒于我！"其党复大骂曰："张总管卖我以自媚于人。"遂皆溃去。大亮追击，多所虏获。送善安于长安，善安自称不与辅公祏交通，祏，音石。上赦其罪，善遇之；及公祏败，得所与往还书，乃杀之。

61 甲寅，车驾至长安。

62 己巳，突厥寇定州，州兵击走之。

63 庚申，白简、白狗羌并遣使入贡。"白简"，恐当作"白兰"，隋书附国有白兰、白狗等种，风俗略同党项，或役属于吐谷浑，或附附国。新书：白兰羌，吐蕃谓之丁零，左属党项，右与多弥接，胜兵万人，勇战斗，善作兵器。武德六年，使者入朝，明年以其地为维、恭二州。白狗羌与东会州接，胜兵才千人。使，疏吏翻。

七年（甲申、六二四）

1 春，正月，依周、齐旧制，每州置大中正一人，州置大中正，周、齐又因魏、晋之制。掌知州内人物，品量望第，以本州门望高者领之，无品秩。

2 壬午，赵郡王孝恭击辅公祏别将于枞阳，破之。枞阳县，汉属庐江郡，梁置枞阳郡，隋废郡改为同安县，属庐州。祏，音石。将，即亮翻。枞，七容翻。

3 庚寅，邹州人邓同颖杀刺史李士衡反。唐初以齐州之邹平、长山置邹州。

4 丙申，以白狗等羌地置维、恭二州。维州，维川郡，以白狗羌降户，姜维故城置。其地乃汉蜀郡徼外冉駹之地，蜀将姜维、马忠讨汶山羌于此，故垒在焉。恭州，即西恭州，后改曰笮州。又戎州都督府所领羁縻州有曲州，本隋之恭州，隋乱废，武德元年开南中复置，八年改曲州，故朱提郡地，非此也。刘昫曰：维州，即古西戎地也。其地南界江阳，岷山连岭而西，不知其极，北望陇山，积雪如玉，东望成都，若在井底。地接石纽山，夏禹生于石纽是也。其城在岷山之孤峰，三面临江，距成都四百里许。杜佑曰：维州在当州北二百六十里。

5 二月，【章：十二行本“月”下有“辛丑”二字；乙十一行本同；孔本同。】辅公祏遣兵围猷州，刺史左难当婴城自守。宋白曰：宣州泾县，唐武德二年置南徐州于此，其年改为猷州。安抚使李大亮引兵击公祏，破之。使，疏吏翻；下同。赵郡王孝恭攻公祏鹊头镇，拔之。新志：宣州南陵县有鹊头镇。

6 丁未，高丽王建武遣使来请班历。遣使册建武为辽东郡王、高丽王；以百济王扶馀璋为带方郡王，新罗王金真平为乐浪郡王。丽，力知翻。乐浪，音洛郎。

7 始州獠反，始州，普安郡，后改剑州。獠，鲁皓翻。遣行台仆射窦轨讨之。

8 己酉，诏：“诸州有明一经以上未仕者，咸以名闻；州县及乡皆置学。”

9 壬子，行军副总管权文诞破辅公祏之党于猷州，拔其枚洄等四镇。

10 丁巳，上幸国子监，释奠；诏诸王公子弟各就学。

11 戊午，改大总管为大都督府。

12 己未，高开道将张金树杀开道来降。将，即亮翻。降，户江翻；下同。开道见天下皆定，欲降，自以数反覆不敢；高开道既降而复叛，自知有反覆之罪。数，所角翻。且恃突厥之众，遂无降意。其将卒皆山东人，思乡里，咸有离心。开道选勇敢士数百，谓之假子，常直阁内，使金树领之。故刘黑闼将张君立亡在开道所，与金树密谋取开道。金树遣其党数人入阁内，与假子游戏，向夕，潜断其弓弦，断，丁管翻。藏刀槊于床下，合暝，抱之趋出，人睡则目合而暝。槊，色角翻。暝，莫定翻。金树帅其党大噪，攻开道阁，帅，读曰率。噪，苏到翻。假子将御之，弓弦皆绝，刀槊已失，争出降；君立亦举火于外与相应，内外惶扰。开道知不免，乃擐甲持兵坐堂上，与妻妾奏乐酣饮，擐，音宦。酣，户甘翻。众惮其勇，不敢逼。天且明，开道缢缢，于赐翻，又于计翻。妻妾及诸子，乃自杀。金树陈兵，悉收假子斩之，并杀君立，死者五百馀人。遣使来降，诏以其地置妫州。以妫水名州。妫，俱为翻。壬戌，以金树为北燕州都督。妫州，妫川郡，治怀戎县。北齐置北燕州，本治怀戎，唐既以怀戎之地置妫州，又以北燕州都督之名宠金树也。燕，因肩翻。

13 戊辰，洋、集二州獠反，陷隆州晋城。洋州，洋川郡，治西乡县。西乡，汉成固县，蜀立西乡县，后魏于此置洋州，以水为名。洋，音祥。集州，符阳郡，武德元年，析梁州之难江、巴州之符阳·长池·白石置。隆州，巴西郡，汉阆中地。刘昫曰：西魏置隆州于阆中，隋为巴西郡，唐复为隆州。宋白曰：取其连冈地势高隆为名。后魏典略云：此州古有隆城坚险，因置隆州。晋城县亦阆中地，梁置木兰郡，西魏废郡，改西充国曰晋城。獠，鲁皓翻。

14 是月，太保吴王杜伏威薨。辅公祏之反也，诈称伏威之命以绐其众。绐，荡亥翻。及公祏平，赵郡王孝恭不知其诈，以状闻；诏追除伏威名，籍没其妻子。及太宗即位，知其冤，赦之，复其官爵。

15 三月，初定令，以太尉、司徒、司空为三公，次尚书、门下、中书、秘书、殿中、内侍为六省，次御史台，次太常至太府为九寺，太常、光禄、卫尉、宗正、太仆、大理、鸿胪、司农、太府，凡九寺。次将作监，次国子学，次天策上将府，将，即亮翻。次左、右卫至左、右领卫为十四卫；十二卫及左、右监门卫为十四卫。东宫置三师、三少、詹事及两坊、三寺、十率府；两坊：门下坊，典书坊。三寺：家令寺，率更寺，仆寺。十率府：左、右卫率，左、右宗卫率，左、右虞候率，左、右监门率，左、右内率。少，诗照翻。率，读如字。王、公置府佐、国官，公主置邑司，并为京职事官。王府有傅、谘议参军、友、文学、东·西阁祭酒、长史、司马、掾、属、主簿、史、记室、录事参军、录事、功·仓·户·兵·骑·法·士等七曹参军、参军事、行参军、典签。王国有国令、大农尉·丞、录事、典卫、舍人、学官长、食官长、厩牧长、典府长。公主邑司有令、丞、主簿、谒者、舍人、家吏，掌主家财出入、田园、征封之事。州、县、镇、戍为外职事官。自开府仪同三司至将仕郎，二十八阶，为文散官；开府仪同三司，从一品；特进，正二品；光禄大夫，从二品；金紫光禄大夫，正三品；银青光禄大夫，从三品；正议大夫，正四品；太中大夫，从四品上；中大夫，从四品下；中散大夫，正五品上；朝议大夫，正五品下；朝请大夫，从五品上；朝散大夫，从五品下；朝议郎，正六品上；承议郎，正六品下；奉议郎，从六品上；通直郎，从六品下；朝请郎，正七品上；宣德郎，正七品下；朝散郎，从七品上；宣义郎，从七品下；给事郎，正八品上；征事郎，正八品下；承奉郎，从八品上；承务郎，从八品下；儒林郎，正九品上；登仕郎，正九品下；文林郎，从九品上；将仕郎，从九品下。散，悉亶翻；下同。骠骑大将军至陪戎副尉三十一阶，为武散官；骠骑大将军，从一品；辅国大将军，正二品；镇军大将军，从二品；冠军大将军、怀化大将军，正三品上；怀化将军，正三品下；云麾将军、归德大将军，从三品上；归德将军，从三品下；忠武将军，正四品上；壮武将军，怀化中郎将，正四品下；宣威将军，从四品上；明威将军，归德中郎将，从四品下；

定远将军，正五品上；宁远将军，怀化郎将，正五品下；游骑将军，从五品上；游击将军，归德郎将，从五品下；昭武校尉，正六品上；昭武副尉，怀化司阶，正六品下；振威校尉，从六品上；振威副尉，归德司阶，从六品下；致果校尉，正七品上；致果副尉，怀化中候，正七品下；翊麾校尉，从七品上；翊麾副尉，归德中候，从七品下；宣节校尉，正八品上；宣节副尉，怀化司戈，正八品下；御侮校尉，从八品上；御侮副尉，归德司戈，从八品下；仁勇校尉，正九品上；仁勇副尉，怀化执戟长上，正九品下；陪戎校尉，从九品上；陪戎副尉，归德执戟长上，从九品下。骠，匹妙翻。骑，奇寄翻；下同。上柱国至武骑尉十二等，为勋官。勋级：十有二转为上柱国，视正二品；十有一转为柱国，视从二品；十转为上护军，视正三品；九转为护军，视从三品；八转为上轻车都尉，视正四品；七转为轻车都尉，视从四品；六转为上骑都尉，视正五品；五转为骑都尉，视从五品；四转为骁骑尉，视正六品；三转为飞骑尉，视从六品；二转为云骑尉，视正七品；一转为武骑尉，视从七品。

16 丙戌，赵郡王孝恭破辅公祏于芜湖，拔梁山等三镇。芜湖时在宣州当涂县界。梁山在和州历阳县南七十里，临江。祏，音石。辛卯，安抚使任瓌拔扬子城，广陵城主龙龛降。扬子城在扬州江都县界。扬州治江都，古广陵城也。姓苑：龙姓，古龙伯氏之后。任，音壬。瓌，古回翻。龛，口含翻。

17 丁酉，突厥寇原州。

18 戊戌，赵郡王孝恭克丹杨。

先是，辅公祏遣其将冯慧亮、陈当世将舟师三万屯博望山，天门山在宣州当涂县西南三十里，又名蛾眉山，夹江对峙，东曰博望，西曰梁山。先，悉荐翻。将，即亮翻；下同。考异曰：旧赵郡王孝恭传作"陈当时"。旧李靖传云："屯当涂。"今皆从高祖实录。陈正通、徐绍宗将步骑三万屯青林山，水经注：湖水出庐江郡之东陵乡，禹贡所谓"过九江至于东陵"者也。西南流，水积为湖，湖西有青林山。又今当涂县东南有青山。仍于梁山连铁锁以断江路，断，丁管翻。筑却月城，延袤十馀里，袤，音茂。又结垒江西以拒官军。孝恭与李靖帅舟师次舒州，李世勣帅步卒一万渡淮，拔寿阳，次硖石。帅，读曰率。慧亮等坚壁不战，孝恭遣奇兵绝其粮道，慧亮等军乏食，夜，遣兵薄孝恭营，孝恭坚卧不动。孝恭集诸将议军事，皆曰："慧亮等拥强兵，据水陆之险，攻之不可猝拔，不如直指丹杨，掩其巢穴，丹杨既溃，慧亮等自降矣！"降，户江翻。孝恭将从其议，李靖曰："公祏精兵虽在此水陆二军，然所自将亦不为少，今博望诸栅尚不能拔，公祏保据石头，岂易取哉！易，以豉翻。进攻丹杨，旬月不下，慧亮蹑吾后，腹背受敌，此危道也。李靖此议与长孙无忌安市之议略同。然李靖决胜而太宗无功，及安市班师，靖咎其不能用道宗之策。此用兵之所以难也。慧亮、正通皆百战馀贼，其心非不欲战，正以公祏立计使之持重，欲以老我师耳。我今攻其城以挑之，挑，徒了翻。一举可破也！"孝恭然之，使羸兵先攻贼营而勒精兵结陈以待之。羸，伦为翻。陈，读曰阵。攻垒者不胜而走，贼出兵追之，行数里，遇大军，与战，大破之。此左传楚五大夫破吴师以灭舒鸠之故智也。阚棱免胄谓贼众曰："汝曹不识我邪？邪，音耶。何敢来与我战！"贼多棱故部曲，皆无斗志，或有拜者，由是遂败。孝恭、靖乘胜逐北，转战百馀里，博山、青林两戍皆溃，慧亮、正通等遁归，杀伤及溺死者万馀人。溺，奴狄翻。李靖兵先至丹杨，公祏大惧，拥兵数万，弃城东走，欲就左游仙于会稽，李世勣追之。公祏至句容，句容县汉属丹杨郡，时属蒋州，在建康城东九十里。从兵能属者才五百人，从，才用翻。属，之欲翻。夜，宿常州，其将吴骚等谋执之。公祏觉之，弃妻子，独将腹心数十人，斩关走。至武康，吴分乌程、馀杭立永安县，晋改为永康，又改为武康，属湖州，在州西南一百七里。为野人所攻，西门君仪战死，执公祏，送丹杨枭首，枭，坚尧翻。分捕馀党，悉诛之，江南皆平。

己亥，以孝恭为东南道行台右仆射，李靖为兵部尚书。

顷之，废行台，以孝恭为扬州大都督，靖为府长史。上深美靖功，曰："靖，萧、辅之膏肓也。"谓萧铣、辅公祏皆为靖所杀也。肓，呼光翻。

阚稜功多，颇自矜伐。公祏诬稜与己通谋。会赵郡王孝恭籍没贼党田宅，籍没者，举籍贼党所有田宅，没而入官。稜及杜伏威、王雄诞田宅在贼境者，孝恭并籍没之；稜自诉理，忤孝恭，忤，五故翻。孝恭怒，以谋反诛之。

19 夏，四月，庚子朔，赦天下。是日，颁新律令，比开皇旧制增新格五十三条。

20 初定均田租、庸、调法：调，徒钓翻。丁、中之民，给田一顷，笃疾减什之六，寡妻妾减七，皆以什之二为世业，八为口分。分，扶问翻。每丁岁入租，粟二石。调随土地所宜，绫、绢、绝、布。岁役二旬；不役则收其佣，日三尺；新志：凡授田，丁岁输粟二斛，谓之租。丁，随乡所出，岁输绢二匹，绫绝二丈，布加五之一，绵三两，麻三斤，非蚕乡则输银十四两，谓之调。用人之力岁二十日，闰加三日；不役，收其庸，日三尺。绝，式支翻。缯，似布。有事而加役者，旬有五日，免其调；三旬，租、调俱免。水旱虫霜为灾，什损四以上免租，损六以上免调，损七已上课役俱免。凡民赀业分九等。上、中、下各有三等也。百户为里，五里为乡，四家为邻，四邻为保。考异曰：唐历云："四家为邻，五家为保。"按通典，四邻为保。唐历误也。在城邑者为坊，田野者为村。食禄之家，无得与民争利；工商杂类，无预士伍。男女始生为黄，四岁为小，十六为中，二十为丁，六十为老。岁造计帐，三年造户籍。

21 丁未，党项寇松州。

22 庚申，通事舍人李凤起击万州反獠，平之。后魏分朐䏰，置鱼泉县，后周改为万川，隋改为南浦，属信州，武德元年分置万州南浦郡。獠，鲁皓翻；下同。

23 五月，辛未，突厥寇朔州。

24 甲戌，羌与吐谷浑同寇松州，吐，从暾入声。谷，音浴。遣益州行台左仆射窦轨自翼州道，扶州刺史蒋善合自芳州道击之。西魏逐吐谷浑，置邓州，隋开皇七年，改曰扶州，同昌郡。武德元年，分会州之左封、翼斜，置翼州，临翼郡。唐制，上州刺史，从三品；中，正四品上；下，正四品下。

25 丙戌，作仁智宫于宜君。宜君县置于古祋祤城，隋属京兆郡，时属宜州。

26 丁亥，窦轨破反獠于方山，俘二万馀口。

王崇武标点容肇祖聂崇岐覆校

资治通鉴卷第一百九十一

端明殿学士兼翰林侍读学士太中大夫
提举西京嵩山崇福宫上柱国河内郡开国公 司马光 奉敕编集
食邑二千二百户食实封九百户赐紫金鱼袋臣

后学天台 胡三省 音注

唐纪七 起阏逢涒滩（甲申）六月，尽柔兆阉茂（丙戌）八月，凡二年有奇。

高祖神尧大圣光孝皇帝下之上

武德七年（甲申、六二四）

1 六月，辛丑，上幸仁智宫避暑。帝作仁智宫于宜州之宜君县。

2 辛亥，泷州、扶州獠作乱，遣南尹州都督李亮度等击平之。泷州，永熙郡，汉端溪县地。又泷州信义县，武德元年分置怀德县，仍置南扶州。南尹州，郁林郡，汉广郁县地。后汉谷永为郁林太守，降乌许人十馀万，开置七县，即此地也。泷，吕江翻。獠，鲁皓翻。

3 丙辰，吐谷浑寇扶州，此扶州以生羌之地置，注已见上。吐，从暾入声。谷，音浴。刺史蒋善合击走之。

4 壬戌，庆州都督杨文干反。庆州弘化郡，汉北地马岭、方渠县地。按宋白续通典：庆州弘化郡东南三里有不窋城，后魏大统十一年置朔州，隋文帝改置合川镇，十六年，置庆州，以庆美取其嘉名。今郡城名尉李城，在白马两川交口，亦曰不窋城。附郭安化县，隋置合水县，武德改合川县，贞观改弘化县，寻随郡改县名。管下华池县，汉归德县地；乐盘县，汉富平县地；马领、方渠，则为通远军地矣。史记正义曰：汉郁郅县，今庆州弘化县是。

初，齐王元吉劝太子建成除秦王世民，曰："当为兄手刃之！"为，于伪翻；下迭为、复为同。世民从上幸元吉第，元吉伏护军宇文宝于寝内，欲刺世民；刺，七亦翻。建成性颇仁厚，遽止之。元吉愠曰："为兄计耳，于我何有！"

建成擅募长安及四方骁勇二千馀人为东宫卫士，愠，于问翻。骁，坚尧翻。分屯左、右长林，号长林兵。东宫有左、右长林门。考异曰：旧传云："建成私召四方骁勇，并募长安恶少年二千馀人，畜为宫甲，分屯左、右长林，号长林兵。"实录云："元吉见秦王有大功，每怀妒害，言论丑恶，谮害日甚。每谓建成曰：'当为大哥手刃之。'建成性颇仁厚，初止之；元吉数言不已，建成后亦许之。元吉因令速发，遂与建成各募壮士，多匿罪人，赏赐之，图行不轨。其记室荣九思为诗以刺之曰：'丹青饰成庆，玉帛擅专诸。'而弗悟也。典签裴宣俨因免官改事秦府，谓泄其事，又鸩之。自杀斯人已后，人皆振恐，知其事，莫有敢言。后乃连结宫闱，与建成俱通德妃尹氏，以为内援。"旧传又云："厚赂中书令封德彝以为党助。由是高祖颇疏太宗而加爱元吉。"今但择取其可信者书之。又密使右虞候率可达志从燕王李艺发幽州突骑三百，置宫东诸坊，欲以补东宫长上。可达，虏复姓。骑，奇寄翻。燕，因肩翻。唐六典：凡应宿卫官，各从番第。诸卫将军、中郎将、郎将及诸卫率、副率、千牛备身、备身左右、太子千牛并上；折冲、果毅应宿卫者，并一日上，两日下；诸色长上若司阶、中候、司戈并五日上，十日下。上，时掌翻；下上变同。为人所告，上召建成责之，流可达志于巂州。巂，音髓。

杨文干尝宿卫东宫，建成与之亲厚，私使募壮士送长安。上将幸仁智宫，命建成居守，世民、元吉皆从。守，手又翻；下同。从，才用翻。建成使元吉就图世民，曰："安危之计，决在今岁。"又使郎将尔朱焕、校尉桥公山以甲遗文干。二人至豳州，上变，豳州，汉漆县地；汉末置新平郡，东北有古豳亭，后魏置豳州。尔朱焕等至豳州，言有急变，豳州以闻，遂得至仁智宫。遗，于季翻。将，即亮翻。校，户教翻。告太子使文干举兵，使【章：十二行本"使"作"欲"；乙十一行本同；孔本同；张校同。】表里相应；考异曰：统记云："建成遣郎将尔朱焕、校尉桥公山赍甲以赐文干，令起兵；焕等行至豳州，惧罪，告之。"刘悚小说云："人妄告东宫。"今从实录。又有宁州人杜凤举亦诣宫言状。上怒，托他事，手诏召建成，令诣行在。建成惧，不敢赴。太子舍人徐师謩劝之据城举兵；考异曰：统记作"师訔"。今从实录。詹事主簿赵弘智劝之贬损车服，屏从者，屏，必郢翻，又卑正翻。诣上谢罪，建成乃诣仁智宫。未至六十里，悉留其官属于毛鸿宾堡，后魏将毛鸿宾所筑，因以为名。宋白曰：三原县有鸿宾栅，后魏孝昌中，萧宝寅乱，毛鸿宾立栅捍之，其故城在县北一十五里。以十馀骑往见上，骑，奇寄翻。叩头谢罪，奋身自掷，几至于绝。几，居依翻。上怒不解，是夜，置之幕下，郑康成曰：在上曰幕，幕或在地展陈于上。饲以麦饭，饲，祥吏翻。使殿中监陈福防守，遣司农卿宇文颖驰召文干。汉初置治粟内史，景帝改曰大农，武帝加司字；梁置十二卿曰司农卿，掌邦国仓储委积之事。颖至庆州，以情告之，文干遂举兵反。上遣左武卫将军钱九陇与灵州都督杨师道击之。

甲子，上召秦王世民谋之，世民曰："文干竖子，敢为狂逆，计府僚已应擒戮；若不尔，正应遣一将讨之耳。"将，即亮翻。上曰："不然。文干事连建成，恐应之者众。汝宜自行，还，立汝为太子。吾不能效隋文帝自诛其子，当封建成为蜀王。蜀兵脆弱，脆，此芮翻。他日苟能事汝，汝宜全之；不能事汝，汝取之易耳！"易，以豉翻。

上以仁智宫在山中，恐盗兵猝发，夜，帅宿卫南出山外，帅，读曰率。行数十里，东宫官属【章：十二行本"属"下有"将卒"二字；乙十一行本同；孔本同。】继至，皆令三十人为队，分兵围守之。明日，复还仁智宫。考异曰：实录云："高祖之出山也，建成忧愤，卧于幕下。天策兵曹杜淹请因乱袭之，建成左右亦有斯请，今上并拒而不纳。"唐统纪云："太宗之从内出，夜经建成幕，度建成侍卫左右唯有十人，并来跪捧太宗足，皆云：‘今日之事，一听王旨，若遣屏除，今其时也。’太宗叱而止之。既而还向府僚说其事，众僚文武并进曰：‘文干为储君作逆，天下共知；假手宫臣，正合天意。’太宗曰：‘寡人始奉恩旨，何忍旋踵即有所违，卿与之言，必无此理。’府僚又请，终拒而不听。”按是时高祖无诛建成意，左右何敢辄杀之！今不取。

世民既行，元吉与妃嫔更迭为建成请，封德彝复为之营解于外，为，于伪翻。上意遂变，复遣建成还京师居守。惟责以兄弟不睦，归罪于太子中允王珪、左卫率韦挺、左右卫率掌东宫羽卫兵仗之政令，正四品上。率，所律翻。天策兵曹参军杜淹，并流于巂州。巂，音髓。挺，冲之子也。韦冲事隋文帝，招抚叛胡，以赴长城之役，又著绩于南方。初，洛阳既平，杜淹久不得调，调，徒吊翻。欲求事建成。房玄龄以淹多狡数，恐其教导建成，益为世民不利，乃言于世民，引入天策府。

5 突厥寇代州之武周城，武周县，汉属雁门郡，魏、晋省，后魏属代郡，隋废入朔州云内县。杜佑曰：朔州马邑郡治善阳县，有秦马邑城、武周塞。厥，九勿翻。州兵击破之。

6 秋，七月，己巳，苑君璋以突厥寇朔州，总管秦武通击却之。

7 杨文干袭陷宁州，宋白曰：宁州以安宁取称。九域志：北至庆州一百二十里。驱掠吏民出据百家堡。百家堡在庆州马岭县。秦王世民军至宁州，其党皆溃。癸酉，文干为其麾下所杀，传首京师。获宇文颖，诛之。

8 丁丑，梁师都行台白伏愿来降。降，户江翻。

9 戊寅，突厥寇原州；遣宁州刺史鹿大师救之，又遣杨师道趋大木根山。【章：十二行本“山”下有“邀其归路”四字；乙十一行本同；孔本同；张校同；退斋校同。】大木根山，在云中河之西，拓跋氏之先所居也。庚辰，突厥寇陇州；遣护军尉迟敬德击之。尉，纡勿翻。

10 吐谷浑寇岷州。辛巳，吐谷浑、党项寇松州。吐，从暾入声。谷，音浴。

11 癸未，突厥寇阴盘。阴盘县，汉属安定，晋属京兆，后魏置平凉郡，隋、唐属泾州，唐后改阴盘曰潘原。

12 甲申，扶州刺史蒋善合击吐谷浑于松州赤磨镇，破之。

13 己丑，突厥吐利设与苑君璋寇并州。

14 甲午，车驾还京师。

15 或说上曰：说，输芮翻。"突厥所以屡寇关中者，以子女玉帛皆在长安故也。厥，九勿翻。若焚长安而不都，则胡寇自息矣。"上以为然，遣中书侍郎宇文士及逾南山至樊、邓，行可居之地，逾长安南山出商州，即至樊、邓。行，下孟翻。将徙都之。太子建成、齐王元吉、裴寂皆赞成其策，萧瑀等虽知其不可而不敢谏。瑀，音禹。秦王世民谏曰："戎狄为患，自古有之。陛下以圣武龙兴，光宅中夏，夏，户雅翻。精兵百万，所征无敌，奈何以胡寇扰边，遽迁都以避之，贻四海之羞，为百世之笑乎！彼霍去病汉廷一将，犹志灭匈奴；霍去病曰："匈奴未灭，无以家为！"将，即亮翻。况臣忝备藩维，愿假数年之期，请系颉利之颈，致之阙下。颉，奚结翻。若其不效，迁都未晚。"上曰："善。"建成曰："昔樊哙欲以十万众横行匈奴中，事见十二卷汉惠帝三年。秦王之言得无似之！"世民曰："形势各异，用兵不同，樊哙小竖，何足道乎！不出十年，必定漠北，非【章：十二行本"非"下有"敢"字；乙十一行本同；孔本同。】虚言也！"为太宗灭突厥张本。上乃止。建成与妃嫔因共谮世民曰："突厥虽屡为边患，得赂即退。秦王外托御寇之名，内欲总兵权，成其篡夺之谋耳！"

上校猎城南，太子、秦、齐王皆从，从，才用翻。上命三子驰射角胜。建成有胡马，肥壮而喜蹶，喜，许记翻。以授世民曰："此马甚骏，能超数丈涧，弟善骑，骑，奇寄翻。试乘之。"

世民乘以逐鹿，马蹶，世民跃立于数步之外，马起，复乘之，复，扶又翻。如是者三，顾谓宇文士及曰："彼欲以此见杀，死生有命，庸何伤乎！"建成闻之，因令妃嫔谮之于上令，力丁翻。嫔，毗宾翻。曰："秦王自言，我有天命，方为天下主，岂有浪死！"上大怒，先召建成、元吉，然后召世民入，责之曰："天子自有天命，非智力可求；汝求之一何急邪！"邪，音耶。世民免冠顿首，请下法司案验。下，遐嫁翻。上怒不解，会有司奏突厥入寇，上乃改容劳勉世民，命之冠带，与谋突厥。厥，九勿翻。劳，力到翻。冠，古玩翻。闰月，己未，诏世民、元吉将兵出豳州以御突厥，将，即亮翻。上饯之于兰池。兰池，即秦始皇遇盗之地。史记注曰：地理志，渭城县有兰池宫。正义曰：括地志，兰池陂即古之兰池，在咸阳县界。秦记曰：始皇引渭水为池，筑为蓬瀛，刻石为鲸，长二百丈；遇盗之处也。上每有寇盗，辄命世民讨之，事平之后，猜嫌益甚。

16 初，隋末京兆韦仁寿为蜀郡司法书佐，按新书百官志：诸州法曹司法参军，掌鞫狱丽法，督盗贼，知赃贿没入。又有参军事，注云：武德初改行书佐曰行参军，寻又改曰参军事。则书佐即参军之任也。所论囚至市，犹西向为仁寿礼佛然后死。史言韦仁寿论刑，人自以为不冤。为，于伪翻。唐兴，爨弘达帅西南夷内附，朝廷遣使抚之，帅，读曰率。使，疏吏翻。类皆贪纵，远民患之，有叛者。仁寿时为巂州都督长史，上闻其名，命检校南宁州都督，寄治越巂，巂州，越巂郡。巂，音髓。长，知两翻。使之岁一至其地慰抚之。仁寿性宽厚，有识度，既受命，将兵五百人至西洱河，将，即亮翻。洱，仍吏翻。周历数千里，蛮、夷豪帅皆望风归附，来见仁寿。仁寿承制置七州、十五县，各以其豪帅为刺史、县令，按旧书地理志，是年置西宁、豫、西平、利、南云、磨、南宁七州。志又有西平州，亦是年置。帅，所类翻。法令清肃，蛮、夷悦服。将还，还，从宣翻，又音如字。豪帅皆曰："天子遣公都督南宁，何为遽去？"仁寿以城池未立为辞。蛮、夷即相帅为仁寿筑城，立廨舍，帅，读曰率。为，于伪翻。廨，古隘翻。旬日而就。仁寿乃曰："吾受诏但令巡抚，不敢擅留。"蛮、夷号泣送之，号，户高翻。因各遣子弟入贡。壬戌，仁寿还朝，朝，直遥翻。上大悦，命仁寿徙镇南宁，以兵戍之。

17 苑君璋引突厥寇朔州。厥，九勿翻。

18 八月，戊辰，突厥寇原州。

19 己巳，吐谷浑寇鄯州。鄯州西平郡，秃发氏所都之地。鄯，时战翻。

20 壬申，突厥寇忻州，丙子，寇并州；京师戒严。戊寅，寇绥州，绥州，雕阴郡。雕阴古县，汉属上郡，今延州以北横山之地也。孙愐曰：绥州，春秋时为白狄所居，秦为上郡，后魏置上州，又改为绥州，取绥德县为名。刺史刘大俱击却之。

是时，颉利、突利二可汗举国入寇，连营南上，颉，奚结翻。可，从刊入声。汗，音寒。上，时掌翻。秦王世民引兵拒之。会关中久雨，粮运阻绝，士卒疲于征役，器械顿弊，顿，读曰钝。朝廷及军中咸以为忧。世民与虏遇于豳州，勒兵将战。己卯，可汗帅万馀骑奄至城西，陈于五陇阪，帅，读曰率。骑，奇寄翻；下同。陈，读曰阵；下虏陈同。阪，音反。将士震恐。世民谓元吉曰："今虏骑凭陵，不可示之以怯，当与之一战，汝能与我俱乎？"元吉惧曰："虏形势如此，奈何轻出，万一失利，悔可及乎！"世民曰："汝不敢出，吾当独往，汝留此观之。"世民独出外以威示突厥，内以服元吉之心。世民乃帅骑驰诣虏陈，告之曰："国家与可汗和亲，何为负约，深入我地！我秦王也，可汗能斗，独出与我斗；若以众来，我直以此百骑相当耳。"颉利不之测，笑而不应。颉利素服秦王神武，恐其以百骑挑战，而伏大兵匹合以击之，故不敢应。世民又前，遣骑告突利曰："尔往与我盟，有急相救；今乃引兵相攻，何无香火之情也！"古者盟誓质诸天地山川鬼神，歃血而已；后世有对神立誓者，有礼佛立誓者，始有香火之事。突利亦不应。秦王以此疑颉利之心，突利恐因此为颉利所疑，故亦不敢应。世民又前，将渡沟水，颉利见世民轻出，又闻香火之言，疑突利与世民有谋，乃遣止世民曰："王不须渡，我无他意，更欲与王申固盟约耳。"乃引兵稍却。是后霖雨益甚，世民谓诸将曰："虏所恃者弓矢耳，将，即亮翻。今积雨弥时，筋胶俱解，弓不可用，彼如飞鸟之折翼；折，而设翻。吾屋居火食，刀槊犀利，犀，坚也。以逸制劳，此而不乘，将复何待！"复，扶又翻。乃潜师夜出，冒雨而进，突厥大惊。世民又遣说突利以利害，说，输芮翻。突利悦，听命。颉利欲战，突利不可，乃遣突利与其夹毕特勒阿史那思摩来见世民，请和亲，世民许之。思摩，颉利之从叔也。从，才用翻。突利因自托于世民，请结为兄弟；世民亦以恩意抚之，与盟而去。为后突利先来降张本。

庚寅，岐州刺史柴绍破突厥于杜阳谷。杜阳山在岐州扶风县。孔颖达诗谱曰：周原者，岐山阳地，属杜阳，地形险阻，而原田肥美。杜阳，汉县，属扶风，有杜阳山，山北有杜阳谷。

壬申，突厥阿史那思摩入见，见，贤遍翻。上引升御榻，慰劳之。劳，力到翻。思摩貌类胡，不类突厥，故处罗疑其非阿史那种，厥，九勿翻。种，章勇翻。历处罗、颉利世，常为夹毕特勒，终不得典兵为设。既入朝，处，昌吕翻。颉，奚结翻。朝，直遥翻。赐爵和顺王。

丁酉，遣左仆射裴寂使于突厥。使，疏吏翻。

21 九月，癸卯，日南人姜子路反，日南郡，德州，后改驩州。交州都督王志远击破之。

22 癸卯，突厥寇绥州，都督刘大俱击破之，获特勒三人。

冬，十月，己巳，突厥寇甘州。

23 辛未，上校猎于鄠之南山；鄠县属京兆，在南山下，北至长安城六十里。鄠，音户。癸酉，幸终南。郦道元曰：武功县太一山，古文以为终南山，在武功县西南。按鄠、长安之西南山皆曰终南山；“终”，亦作“中”。

24 吐谷浑及羌人寇叠州，陷合川。叠州，合川郡，治叠川，秦、汉以来为诸羌保据。后周武帝逐吐谷浑，取群山重叠之义，置叠州。合川县，后周置西疆郡，隋废为县，治吐谷浑马牧城，唐武德三年移治交戍城。吐，从暾入声。谷，音浴。

25 丙子，上幸楼观，谒老子祠；岐州盩厔县有楼观、老子祠。观，古玩翻。癸未，以太牢祭隋文帝陵；十一月，丁卯，上幸龙跃宫；京兆高陵县西四十里有龙跃宫。庚午，还宫。

26 太子詹事裴矩权检校侍中。太子詹事，正三品，掌东宫三寺、十率府之政令。唐改隋纳言为侍中。

八年（乙酉、六二五）

1 春，正月，丙辰，以寿州都督张镇周为舒州都督。寿州，淮南郡，南朝曰豫州，北朝曰扬州，隋开皇九年曰寿州。镇周以舒州本其乡里，到州，就故宅多市酒肴，召亲戚故人，与之酣宴，酣，户甘翻。散发箕踞，如为布衣时，凡十日。既而分赠金帛，泣，与之别，曰：“今日张镇周犹得与故人欢饮，明日之后，则舒州都督治百姓耳，治，直之翻。君民礼隔，不得复为交游。”复，扶又翻；下复置同。自是亲戚故人犯法，一无所纵，境内肃然。

2 丁巳，遣右武卫将军段德操徇夏州地。夏，户雅翻。

3 吐谷浑寇叠州。吐，从暾入声。谷，音浴。

4 是月，突厥、吐谷浑各请互市，诏皆许之。厥，九勿翻。先是，中国丧乱，民乏耕牛，至是资于戎狄，杂畜被野。先，悉荐翻。丧，息浪翻。畜，许救翻。被，皮义翻。

5 夏，四月，乙亥，党项寇渭州。党，底朗翻。

6 甲申，上幸鄠县，校猎于甘谷，鄠县有甘亭，夏启与有扈氏战之地。甘水出南山甘谷，北流径秦萯阳宫西，又北径甘亭西。鄠，音户。营太和宫于终南山；长安城南五十里有太和谷、太和宫。丙戌，还宫。

7 西突厥统叶护可汗遣使请婚，突厥大臣曰叶护，西突厥可汗自叶护为可汗，因号统叶护可汗。可，从刊入声。汗，音寒。使，疏吏翻。上谓裴矩曰："西突厥道远，缓急不能相助，今求婚，何如?"对曰："今北狄方强，为国家今日计，且当远交而近攻，用秦范睢之言。臣谓宜许其婚以威颉利；颉，奚结翻。俟数年之后，中国完实，足抗北夷，然后徐思其宜。"上从之。考异曰：新、旧传皆云封德彝之谋。今从实录。遣高平王道立至其国，统叶护大喜。道立，上之从子也。从，才用翻。

8 初，上以天下大定，罢十二军。见上卷上年。既而突厥为寇不已，辛亥，复置十二军，以太常卿窦诞等为将军，简练士马，议大举击突厥。

9 甲寅，凉州胡睦伽陀引突厥袭都督府，孙愐曰：睦，姓也。伽，求迦翻。入子城；长史刘君杰击破之。长，知两翻。

10 六月，甲子，上幸太和宫。

11 丙子，遣燕郡王李艺屯华亭县华亭县，隋大业初置，属安定郡，义宁二年，分置陇州，至元和三年，并入汧源县。燕，因肩翻。及弹筝峡，皆以守陇道。筝，音争。水部郎中姜行本断石岭道以备突厥。唐制：水部郎中掌天下川渎陂池之政令，以导达沟洫，堰决沟渠，凡舟楫灌溉之利，皆总而举之。凡诸曹郎中，从五品上；员外郎，从六品上。断，丁管翻。厥，九勿翻。

丙戌，颉利可汗寇灵州。颉，奚结翻。可，从刊入声。汗，音寒。丁亥，以右卫大将军张瑾为行军总管以御之，以中书侍郎温彦博为长史。先是，上与突厥书用敌国礼，先，悉荐翻。秋，七月，甲辰，上谓侍臣曰："突厥贪婪无厌，婪，卢南翻。厌，于盐翻。朕将征之，自今勿复为书，复，扶又翻。皆用诏敕。"

12 丙午，车驾还宫。

13 己酉，突厥颉利可汗寇相州。“相州”，疑当作“桓州”；此时突厥兵不能至相州也。

14 睦伽陀攻武兴。蜀有武兴镇，后魏置东益州，梁为武兴蕃王国，西魏改曰兴州顺政郡；此非睦伽陀所攻者也。按晋书地理志，永宁中，张轨为凉州刺史，镇武威，上表请合秦、雍流移人于姑臧西北置武兴郡：睦伽陀所攻者即此武兴故城。

15 丙辰，代州都督蔺謩与突厥战于新城，不利；新城在马邑南。复命行军总管张瑾屯石岭，李高迁趋大谷以御之。“大谷”，当作“太谷”，旧曰阳邑，隋开皇十八年更名太谷，属并州。宋白曰：并州太谷县，本汉阳邑县，今县东十五里阳邑故城是也。后魏太武景明二年，复置阳邑县，隋开皇十八年，改阳邑为太谷，因县西太谷为名。复，扶又翻。趋，七喻翻。丁巳，命秦王出屯蒲州以备突厥。考异曰：旧本纪，“八月六日，突厥寇定州，命皇太子往幽州，秦王往并州，以备突厥。”唐历亦同。今据实录，七月秦王出蒲州，八月无太子往幽州、秦王往并州事。

八月，壬戌，突厥逾石岭，寇并州；癸亥，寇灵州；丁卯，寇潞、沁、韩三州。沁源，汉谷远县地，后魏改名，隋恭帝义宁元年置义宁郡，武德元年置沁州，又以潞州之襄垣、黎城、涉、铜鞮、乡等县置韩州。沁，七鸩翻。

16 左武候大将军安修仁击睦伽陀于且渠川，破之。且，子余翻。且渠川，沮渠氏之墟也。沮渠蒙逊据凉州，川以是得名。

17 诏安州大都督李靖出潞州道，行军总管任瓌屯太行，以御突厥。行，户刚翻。厥，九勿翻。颉利可汗将兵十馀万大掠朔州。颉，奚结翻。可，从刊入声。汗，音寒。将，即亮翻。壬申，并州道行军总管张瑾与突厥战于太谷，全军皆没，瑾脱身奔李靖。行军长史温彦博为虏所执，长，知两翻。虏以彦博职在机近，中书侍郎，机近之官。问以国家兵粮虚实，彦博不对，虏迁之阴山。庚辰，突厥寇灵武。考异曰：实录、统纪并云寇广武。按北边地名无广武；下云灵州都督败之，盖“灵武”字误耳。今按旧唐志，代州雁门，汉广武县。或者寇广武即太谷乘胜之兵欤？史臣以汉古县名称雁门为广武耳。甲申，灵州都督任城王道宗击破之。道宗所破者，癸亥寇灵州之兵，详见通鉴举要。丙戌，突厥寇绥州。丁亥，颉利可汗遣使请和而退。使，疏吏翻。

九月，癸巳，突厥没贺咄设陷并州一县，丙申，代州都督蔺謩击破之。

18 癸卯，初令太府检校诸州权量。检校其轻重小大也。唐制：凡度以北方秬黍中者，一黍之广为分，十分为寸，十寸为尺，一尺二寸为大尺，十尺为丈。凡量以秬黍中者，容一千二百黍为龠，二龠为合，十合为升，十升为斗，三斗为大斗，十斗为斛。凡权衡以秬黍中者，百黍之重为铢，二十四铢为两，三两为大两，十六两为斤。其量制，公私又不用龠，合内之分，则有抄撮之细。程大昌曰：杜佑通典叙六朝赋税而论其总曰：其度量三升当今一升，秤则三两当今一两，尺则尺二寸当今一尺。注云：当今，谓即时。即时者，当佑之时也。

19 丙午，右领军将军王君廓破突厥于幽州，俘斩二千馀人。

突厥寇蔺州。蔺州，当置于汉西河郡蔺县界，而新、旧志并不载。

20 冬，十月，壬申，吐谷浑寇叠州，遣扶州刺史蒋善合救之。吐，从暾入声。谷，音浴。

21 戊寅，突厥寇鄯州，遣霍公柴绍救之。厥，九勿翻。突厥既能寇鄯州，则上之蔺州为兰州，未可知也。鄯，时战翻。

十一月，辛卯朔，上幸宜州。

22 权检校侍中裴矩罢判黄门侍郎。

23 戊戌，突厥寇彭州。武德元年，以宁州彭原县置彭州。

24 庚子，以天策司马宇文士及权检校侍中。

25 辛丑，徙蜀王元轨为吴王，汉王元庆为陈王。

26 癸卯，加秦王世民中书令，齐王元吉侍中。

27 丙午，吐谷浑寇岷州。

28 戊申，眉州山獠反。眉州，通义郡，本汉犍为郡南安县地，西魏置眉州，因峨眉山而名。獠，鲁皓翻。

29 十二月，辛酉，上还至京师。

30 庚辰，上校猎于鸣犊泉；辛巳，还宫。

31 以襄邑王神符检校扬州大都督。始自丹杨徙州府及居民于江北。由此广陵专扬州之名。

九年（丙戌、六二六）

1 春，正月，己亥，诏太常少卿祖孝孙等更定雅乐。少，始照翻。更，工衡翻。

2 甲寅，以左仆射裴寂为司空，日遣员外郎一人更直其第。

3 二月，庚申，以齐王元吉为司徒。

4 丙子，初令州县祀社稷，又令士民里闬相从立社。闬，侯旰翻，闾也。里门谓之闬。各申祈报，春夏祈而秋冬报。用洽乡党之欢。戊寅，上祀社稷。

5 丁亥，突厥寇原州，遣折威将军杨毛【严："毛"改"屯"。】击之。折威将军，十二军将军之一也。宁州道为折威军。

6 三月，庚寅，上幸昆明池；壬辰，还宫。

7 癸巳，吐谷浑、党项寇岷州。

8 戊戌，益州道行台尚书郭行方击眉州叛獠，破之。獠，鲁皓翻。

9 壬寅，梁师都寇边，陷静难镇。难，乃旦翻。

10 丙午，上幸周氏陂。

11 辛亥，突厥寇灵州。厥，九勿翻。

12 乙卯，车驾还宫。

13 癸丑，南海公欧阳胤奉使在突厥，帅其徒五十人谋掩袭可汗牙帐；使，疏吏翻。帅，读曰率。可，从刊入声。汗，音寒。考异曰：实录云五千人。按奉使安得五千人，盖"十"字误作"千"字耳。事泄，突厥囚之。

14 丁巳，突厥寇凉州，都督长乐王幼良击走之。乐，音洛。

15 戊午，郭行方击叛獠于洪、雅二州，大破之，历考新、旧志，剑南有雅州，无洪州。或曰：即眉州洪雅县，“二州”二字衍。隋开皇十三年，以西魏嘉州洪雅镇置县。宋白曰：因洪雅川为名。俘男女五千口。

16 夏，四月，丁卯，突厥寇朔州；庚午，寇原州；癸酉，寇泾州。戊寅，安州大都督李靖与突厥颉利可汗战于灵州之硖石，自旦至申，突厥乃退。

17 太史令傅奕上疏唐太史令从五品下，掌观察天文，稽定历数，凡日月星辰之变，风云气色之异。上，时掌翻。请除佛法曰：“佛在西域，言妖路远，妖，于骄翻。汉译胡书，恣其假托。使不忠不孝削发而揖君亲，游手游食易服以逃租赋。伪启三涂，谬张六道，释氏以地狱、饿鬼、畜生为三涂，言人之为恶者必堕此也。又添阿修罗、天神、地祇为六道。恐愒愚夫，愒，今人读如喝，呼葛翻。诈欺庸品。乃追忏既往之罪，忏，楚鉴翻。释氏以自陈悔过为忏。虚规将来之福；布施万钱，希万倍之报，施，式豉翻。持斋一日，冀百日之粮。遂使愚迷，妄求功德，不惮科禁，轻犯宪章；有造为恶逆，身坠刑网，方乃狱中礼佛，规免其罪。且生死寿夭，夭，于矫翻。由于自然，刑德威福，关之人主，贫富贵贱，功业所招，而愚僧矫诈，皆云由佛。窃人主之权，擅造化之力，其为害政，良可悲矣！降自羲、农，至于有汉，皆无佛法，君明臣忠，祚长年久。汉明帝始立胡神，西域桑门自传其法。事见四十五卷汉明帝永明八年。西晋以上，国有严科，不许中国之人辄行髡发之事。洎于苻、石，羌、胡乱华，主庸臣佞，政虐祚短，梁武、齐襄，足为明镜。谓梁武帝饿死台城，齐文襄为膳奴所弑也。今天下僧尼，数盈十万，翦刻缯彩，装束泥人，竞为厌魅，尼，女夷翻。缯，慈陵翻。厌，于琰翻。魅，音媚。迷惑万姓。请令匹配，即成十万馀户，产育男女，十年长养，一纪教训，可以足兵。

长，知两翻。四海免蚕食之殃，百姓知威福所在，则妖惑之风自革，淳朴之化还兴。妖，于骄翻。窃见齐朝章仇子佗表言：‘僧尼徒众，糜损国家，寺塔奢侈，虚费金帛。’沙门，或曰桑门，亦声相近，总谓之僧，皆胡言也。僧，译为和命众，桑门，为息心，比丘，为乞；俗人之信凭道法者，男曰优婆塞，女曰优婆夷。其为沙门者，初修十诫，曰沙弥，而终于二百五十，则具足成大僧。佛弟子收奉舍利，建宫宇，谓为塔，亦胡言，犹宗庙也，故世称塔庙。为诸僧附会宰相，对朝谗毁，言对朝廷而肆谗毁也。朝，直遥翻。佗，徒何翻。诸尼依托妃、主，潜行谤讟，子佗竟被囚絷，刑于都市。被，皮义翻。周武平齐，制封其墓。臣虽不敏，窃慕其踪。”

上诏百官议其事，唯太仆卿张道源称奕言合理。古有太仆正，汉九卿有太仆，梁十二卿有太仆卿。唐太仆卿掌邦国厩牧、车舆之政令。萧瑀曰：“佛，圣人也，而奕非之；非圣人者无法，引孝经之言。瑀，音禹。当治其罪。”治，直之翻。奕曰：“人之大伦，莫如君父。佛以世嫡而叛其父，以匹夫而抗天子。释典谓佛以王太子出家，故言以世嫡叛其父。释氏之法不拜君亲，故言以匹夫抗天子。萧瑀不生于空桑，昔有莘氏女采桑于伊川，得婴儿于空桑中，言其母孕于伊水之滨，梦神告之曰：“臼水出而东走。”母明而视之，臼水出焉，告其邻居而走，顾望其邑咸为水矣。其母化为空桑，子在其中。莘女取而献之，长有贤德，教以为尹，是谓伊尹。乃遵无父之教。非孝者无亲，瑀之谓矣！”亦以孝经之言难瑀。瑀不能对，但合手曰：“地狱之设，正为是人！”释氏之说，谓为善者则升天堂，为恶者堕地狱。为，于伪翻。

上亦恶沙门、道士苟避征徭，不守戒律，皆如奕言。又寺观邻接廛邸，溷杂屠沽，恶，乌路翻。观，古玩翻；下同。辛巳，下诏命有司沙汰天下僧、尼、道士、女冠，其精勤练行者，迁居大寺观，给其衣食，毋令阙乏。行，下孟翻。观，古唤翻。庸猥粗秽者，悉令罢道，【张：“道”作“遣”。】勒还乡里。京师留寺三所，观二所，诸州各留一所，馀皆罢之。

傅奕性谨密，既职在占候，杜绝交游，所奏灾异，悉焚其稿，人无知者。

18 癸未，突厥寇西会州。武德二年，以平凉郡之会宁镇置西会州。厥，九勿翻。

19 五月，戊子，虔州胡成郎等杀长史，叛归梁师都；“虔州”当作“庆州”。长，知两翻。都督刘旻追斩之。

20 壬辰，党项寇廓州。廓州，浇河郡，古邯川之地。党，底朗翻。

21 戊戌，突厥寇秦州。

22 壬寅，越州人卢南反，杀刺史宁道明。此岭南之越州，后改廉州。

23 丙午，吐谷浑、党项寇河州。吐，从暾入声。谷，音浴。

24 突厥寇兰州。兰州，金城郡，汉金城郡之枝阳县地，以皋兰山名州。

25 丙辰，遣平道将军柴绍将兵击胡。岐州道为平道军，柴绍为将军。绍将，即亮翻。

26 六月，丁巳，太白经天。汉天文志曰：太白经天，天下革，民更王。孟康注云：谓出东入西，出西入东也。太白阴星，出东当伏东，出西当伏西，过午则经天。晋灼云：日，阳也，日出则星亡。昼见午上为经天。刘向五纪论曰：太白少阴，弱不得专行，故以巳、未为界，不得经天而行，经天则昼见，其占为兵丧，为不臣，为更王，强国弱，小国强。

秦王世民既与太子建成、齐王元吉有隙，以洛阳形胜之地，恐一朝有变，欲出保之，乃以行台工部尚书温大雅镇洛阳，遣秦府车骑将军荥阳张亮将左右王保等千馀人之洛阳，骑，奇寄翻。亮将，即亮翻。之，往也。阴结纳山东豪杰以俟变，多出金帛，恣其所用。元吉告亮谋不轨，下吏考验；下，遐嫁翻。亮终无言，乃释之，使还洛阳。

建成夜召世民，饮酒而鸩之，世民暴心痛，吐血数升，吐，土故翻。淮安王神通扶之还西宫。西宫，盖即弘义宫。新书曰：秦王居西宫之承乾殿。上幸西宫，问世民疾，敕建成曰："秦王素不能饮，自今无得复夜饮。"复，扶又翻；下可复、不复、事复、能复同。因谓世民曰："首建大谋，削平海内，皆汝之功。吾欲立汝为嗣，汝固辞；事见前。嗣，祥吏翻。且建成年长，为嗣日久，吾不忍夺也。观汝兄弟似不相容，同处京邑，必有纷竞，长，知两翻。处，昌吕翻。当遣汝还行台，居洛阳，自陕以东皆主之。秦王时领陕东道大行台。陕，失冉翻。仍命汝建天子旌旗，如汉梁孝王故事。"梁孝王事见汉景帝纪。世民涕泣，辞以不欲远离膝下，离，力智翻。上曰："天下一家，东、西两都，道路甚迩，旧书地理志：东都在西都之东八百五十里。吾思汝即往，毋烦悲也。"将行，建成、元吉相与谋曰："秦王若至洛阳，有土地甲兵，不可复制；复，扶又翻。不如留之长安，则一匹夫耳，取之易矣。"乃密令数人上封事，言"秦王左右闻往洛阳，无不喜跃，观其志趣，恐不复来。"又遣近幸之臣以利害说上，易，以豉翻。上，时掌翻。说，输芮翻。上意遂移，事复中止。

建成、元吉与后宫日夜谮诉世民于上，后宫，即尹德妃、张婕妤等。上信之，将罪世民。陈叔达谏曰："秦王有大功于天下，不可黜也。且性刚烈，若加挫抑，恐不胜忧愤，或有不测之疾，胜，音升。陛下悔之何及！"上乃止。元吉密请杀秦王，上曰："彼有定天下之功，罪状未著，何以为辞？"元吉曰："秦王初平东都，顾望不还，散钱帛以树私恩，又违敕命，非反而何！但应速杀，何患无辞！"上不应。

秦府僚属皆忧惧不知所出。行台考功郎中房玄龄谓比部郎中长孙无忌曰：唐制：考功郎中属吏部，掌文武官吏之考课。考课之法有四善、二十七最。比部属刑部，掌勾诸司百僚俸料、公廨、赃赎，调敛徒役，课程逋悬数物，周知内外之经费而总勾之。比，音毗。"今嫌隙已成，一旦祸机窃发，岂惟府朝涂地，府朝，犹言府廷也。汉时郡僚谓本郡为郡朝，亦此类。朝，直遥翻。乃实社稷之忧；莫若劝王行周公之事以安家国。谓周公诛管、蔡也。存亡之机，间不容发，正在今日！”无忌曰：“吾怀此久矣，不敢发口；今吾子所言，正合吾心，谨当白之。”乃入言世民。世民召玄龄谋之，玄龄曰：“大王功盖天地，当承大业；今日忧危，乃天赞也，愿大王勿疑。”乃与府属杜如晦共劝世民诛建成、元吉。

建成、元吉以秦府多骁将，欲诱之使为己用，骁，坚尧翻。将，即亮翻。诱，音酉。密以金银器一车赠左二副护军尉迟敬德，时秦、齐府各置左右六府护军。尉，纡勿翻。并以书招之曰：“愿迂长者之眷，以敦布衣之交。”长，知两翻。敬德辞曰：“敬德，蓬户瓮牖之人，遭隋末乱离，久沦逆地，罪不容诛。秦王赐以更生之恩，事见一百八十八卷三年。今又策名藩邸，左传：狐突曰：“策名委质，贰乃辟也。”杜预注云：名书于所臣之策。唯当杀身以为报；于殿下无功，不敢谬当重赐。若私交殿下，乃是贰心，徇利忘忠，殿下亦何所用！”建成怒，遂与之绝。敬德以告世民，世民曰：“公心如山岳，虽积金至斗，斗，谓北斗。唐人诗曰：“身后堆金柱北斗。”盖时人常语也。知公不移。相遗但受，何所嫌也！遗，唯季翻。且得以知其阴计，岂非良策！不然，祸将及公。”既而元吉使壮士夜刺敬德，敬德知之，洞开重门，刺，七亦翻。重，直龙翻。安卧不动，刺客屡至其庭，终不敢入。畏其勇也。元吉乃谮敬德于上，下诏狱讯治，下，遐嫁翻。治，直之翻。将杀之，世民固请，得免。又谮左一马军总管程知节，出为康州刺史。武德元年，以成州同谷县置西康州。知节谓世民曰：“大王股肱羽翼尽矣，身何能久！知节以死不去，愿早决计。”又以金帛诱右二护军段志玄，志玄不从。诱，音酉。建成谓元吉曰：“秦府智略之士，可惮者独房玄龄、杜如晦耳。”皆谮之于上而逐之。

世民腹心唯长孙无忌尚在府中，与其舅雍州治中高士廉、右候车骑将军三水侯君集长，知两翻。右候车骑将军，以车骑将军属右候卫也。三水县，汉属安定郡，隋、唐属邠州。宋白曰：三水县以县界有罗川谷，三泉并流为名。雍，于用翻。骑，奇寄翻。及尉迟敬德等，尉，纡勿翻。日夜劝世民诛建成、元吉。世民犹豫未决，问于灵州大都督李靖，靖辞；问于行军总管李世勣，世勣辞；世民由是重二人。考异曰：统纪云："秦王惧，不知所为。李靖、李勣数言大王以功高被疑，靖等请申犬马之力。"刘餗小说："太宗将诛萧墙之恶以主社稷，谋于卫公靖，靖辞；谋于英公徐勣，勣亦辞。帝由是珍此二人。"二说未知谁得其实。然刘说近厚，有益风化，故从之。旧建成传又云："封德彝密劝太宗诛建成，世民不从。德彝更言于上曰：'秦王既有大功，终不为太子之下，若不立之，愿早为之所。'又说建成作乱，曰：'夫为四海者不顾其亲。汉高乞羹，此之谓矣。'"按许敬宗传云："敬宗父善心及虞世南兄世基，皆为宇文化及所杀，封德彝时为内史舍人，备见其事，尝谓人曰：'世基被诛，世南匍匐而请代；善心之死，敬宗舞蹈以求生。'人以为口实，敬宗衔之。及为德彝立传，盛加其恶。"疑此亦近诬，今不取。

会突厥郁射设将数万骑屯河南，入塞，围乌城，乌城，盖在盐州五原县乌盐池；或曰，在朔方乌水上。杜佑曰：武威郡南二里有乌城守捉。将，即亮翻。骑，奇寄翻。厥，九勿翻。建成荐元吉代世民督诸军北征，上从之，命元吉督右武卫大将军李艺、天纪将军张瑾等救乌城。关内十二军，泾州道曰天纪军，置将军一人。元吉请尉迟敬德、程知节、段志玄及秦府右三统军秦叔宝等与之偕行，简阅秦王帐下精锐之士以益元吉军。率更丞王晊密告世民曰：唐志：太子率更寺，令一人，从四品上；丞二人，从七品上。掌宗族次序、礼乐、刑罚及漏刻之政令。更，工衡翻。晊，之日翻。"太子语齐王：'今汝得秦王骁将精兵，拥数万之众，吾与秦王饯汝于昆明池，使壮士拉杀之于幕下，奏云暴卒，主上宜无不信。语，牛倨翻。拉，卢合翻。骁，坚尧翻。将，即亮翻。考异曰：旧传以为建成实有此言而晊告之。按建成前鸩秦王，高祖已知之。今若明使壮士拉杀而欺云暴卒，高祖岂有肯信之理！此说殆同儿戏。今但云晊告建成等，则事之虚实皆未可知，所谓疑以传疑也。吾当使人进说，令授吾国事。敬德等既入汝手，宜悉坑之，孰敢不服！’”世民以晊言告长孙无忌等，无忌等劝世民先事图之。先，悉荐翻。世民叹曰：“骨肉相残，古今大恶。吾诚知祸在朝夕，欲俟其发，然后以义讨之，不亦可乎！”敬德曰：“人情谁不爱其死！今众人以死奉王，乃天授也。祸机垂发，而王犹晏然不以为忧，大王纵自轻，如宗庙社稷何！大王不用敬德之言，敬德将窜身草泽，不能留居大王左右，交手受戮也！”无忌曰：“不从敬德之言，事今败矣。敬德等必不为王有，无忌亦当相随而去，不能复事大王矣！”敬德、无忌诡言逃去以激世民，使之速发。复，扶又翻；下同。世民曰：“吾所言亦未可全弃，公更图之。”敬德曰：“王今处事有疑，非智也；临难不决，非勇也。处，昌吕翻。且大王素所畜养勇士八百馀人，畜，吁玉翻。在外者今已入宫，擐甲执兵，擐，音宦。事势已成，大王安得已乎！”

世民访之府僚，皆曰：“齐王凶戾，终不肯事其兄。比闻护军薛实尝谓齐王曰：比，毗至翻。此齐府护军也。‘大王之名，合之成“唐”字，大王终主唐祀。’合，音阁。齐王喜曰：‘但除秦王，取东宫如反掌耳。’彼与太子谋乱未成，已有取太子之心。乱心无厌，厌，于盐翻。何所不为！若使二人得志，恐天下非复唐有。复，音扶又翻；下听复同，又并音如字。以大王之贤，取二人如拾地芥耳，奈何徇匹夫之节，忘社稷之计乎！”世民犹未决，众曰：“大王以舜为何如人？”曰：“圣人也。”众曰：“使舜浚井不出，则为井中之泥，涂廪不下，则为廪上之灰，安能泽被天下，法施后世乎！是以小杖则受，大杖则走，盖所存者大故也。”瞽瞍使舜浚井，既入，从而揜之，舜穿井为匿空旁出。使涂廪，捐阶，瞽瞍焚廪，舜以两笠自扞而下。家语：孔子曰："舜事瞽瞍，小杖则受，大杖则走。"被，皮义翻。世民命卜之，幕僚张公谨自外来，【章：十二行本"来"下有"见之"二字；乙十一行本同；孔本同；张校同；退斋校同。】取龟投地，说苑曰：灵龟五色，似玉似金，背阴向阳，上高象天，下平法地，易号为龟。曰："卜以决疑；今事在不疑，尚何卜乎！卜而不吉，庸得已乎！"于是定计。考异曰：唐历云："布卦未毕，张公谨适自外至，谏曰：'夫事不可疑而疑者，其祸立至。今假使卜之不吉，其可已乎！'遂折蓍。秦王曰：'善！'"今从旧唐书。

世民令无忌密召房玄龄等，曰："敕旨不听复事王；今若私谒，必坐死，不敢奉教！"房玄龄之言，亦以激发世民。世民怒，谓敬德曰："玄龄、如晦岂叛我邪！"邪，音耶。取所佩刀授敬德曰："公往观之，若无来心，可断其首以来。"断，丁管翻。敬德往，与无忌共谕之曰："王已决计，公宜速入共谋之。吾属四人，不可群行道中。"乃令玄龄、如晦着道士服，着，陟略翻。与无忌俱入，敬德自他道亦至。

己未，太白复经天。傅奕密奏："太白见秦分，见，贤遍翻。分，扶问翻。秦王当有天下。"上以其状授世民。于是世民密奏建成、元吉淫乱后宫，且曰："臣于兄弟无丝毫负，今欲杀臣，似为世充、建德报雠。臣今枉死，永违君亲，魂归地下，实耻见诸贼！"上省之，愕然，为，于伪翻。省，悉景翻。报曰："明当鞫问，汝宜早参。"明，谓明日也。参，谓朝参。

庚申，世民帅长孙无忌等入，伏兵于玄武门。玄武门，宫城北门。帅，读曰率。长，知两翻。张婕妤窃知世民表意，驰语建成。婕妤，音接予。语，牛倨翻。建成召元吉谋之，元吉曰："宜勒宫府兵，托疾不朝，以观形势。"朝，直遥翻。建成曰："兵备已严，当与弟入参，自问消息。"乃俱入，趣玄武门。趣，七喻翻；下同。上时已召裴寂、萧瑀、陈叔达等，欲按其事。瑀，音禹。

建成、元吉至临湖殿，觉变，即跋马东归宫府。跋，蒲拨翻。跋马者，摇骕马衔，偏促一辔，又以两足摇鼓马腹，使之回走。世民从而呼之，元吉张弓射世民，再三不彀，控弦不开，所以不至于彀，盖仓皇失措也。射，而亦翻；下同。世民射建成，杀之。尉迟敬德将七十骑继至，将，即亮翻。骑，奇寄翻；下同。左右射元吉坠马。世民马逸入林下，为木枝所絓，絓，胡卦翻。坠不能起。元吉遽至，夺弓将扼之，敬德跃马叱之。元吉步欲趣武德殿，敬德追射，杀之。翊卫车骑将军冯翊冯立太子左右卫率府所领，亦有亲、勋、翊三卫府。闻建成死，叹曰："岂有生受其恩而死逃其难乎！"难，乃旦翻。乃与副护军薛万彻、屈咥直府左车骑万年谢叔方屈咥直，即驱咥直也，属帐内府。咥，徒结翻，又丑栗翻。万年，赤县，本隋大兴县，武德元年更名。帅东宫、齐府精兵二千驰趣玄武门。帅，读曰率。趣，七喻翻。张公谨多力，独闭关以拒之，不得入。云麾将军敬君弘掌宿卫兵，屯玄武门，云麾将军，梁百二十五号将军之一也，唐为武散阶，从三品上。挺身出战，所亲止之曰："事未可知，且徐观变，俟兵集，成列而战，未晚也。"君弘不从，与中郎将吕世衡大呼而进，皆死之。唐诸卫中郎将皆正四品下。呼，火故翻。君弘，显儁之曾孙也。敬显儁仕北齐，官至尚书右仆射。守门兵与万彻等力战良久，万彻鼓噪欲攻秦府，将士大惧；将，即亮翻。尉迟敬德持建成、元吉首示之，尉，纡勿翻。宫府兵遂溃。万彻与数十骑亡入终南山。冯立既杀敬君弘，谓其徒曰："亦足以少报太子矣！"少，诗沼翻。遂解兵，逃于野。

上方泛舟海池，阁本太极宫图：太极宫中凡有三海池，东海池在玄武门内之东，近凝云阁；北海池在玄武门内之西；又南有南海池，近咸池殿。世民使尉迟敬德入宿卫，敬德擐甲持矛，直至上所。上大惊，问曰："今日乱者谁邪？邪，音耶。卿来此何为？"对曰："秦王以太子、齐王作乱，举兵诛之，恐惊动陛下，遣臣宿卫。"上谓裴寂等曰："不图今日乃见此事，当如之何？"萧瑀、陈叔达曰："建成、元吉本不预义谋，又无功于天下，疾秦王功高望重，共为奸谋。今秦王已讨而诛之，秦王功盖宇宙，率土归心，陛下若处以元良，太子谓之元良。瑀，音禹。处，昌吕翻；下处分、处决同。委之国事，无复事矣！"复，扶又翻。上曰："善！此吾之夙心也。"时宿卫及秦府兵与二宫左右战犹未已，敬德请降手敕，令诸军并受秦王处分，分，扶问翻。上从之。天策府司马宇文士及自东上阁门出宣敕，阁本太极宫图：太极殿有东上阁门、西上阁门。众然后定。上又使黄门侍郎裴矩至东宫晓谕诸将卒，皆罢散。将，即亮翻；下同。上乃召世民，抚之曰："近日以来，几有投杼之惑。"投杼，事见三卷周赧王七年。几，居希翻。世民跪而吮上乳，号恸久之。吮，徂兖翻。号，户高翻。

建成子安陆王承道、河东王承德、武安王承训、汝南王承明、巨鹿王承义，元吉子梁郡王承业、渔阳王承鸾、普安王承奖、江夏王承裕、义阳王承度皆坐诛，仍绝属籍。

初，建成许元吉以正位之后，立为太弟，故元吉为之尽死。为，于伪翻。诸将欲尽诛建成、元吉左右百馀人，籍没其家，尉迟敬德固争曰："罪在二凶，既伏其诛；若及支党，非所以求安也！"乃止。是日，下诏赦天下。凶逆之罪，止于建成、元吉，自馀党与，一无所问。其僧、尼、道士、女冠并宜依旧。是年四月，命有司沙汰僧、尼、道士、女冠。国家庶事，皆取秦王处分。处，昌吕翻；下同。

辛酉，冯立、谢叔方皆自出；薛万彻亡匿，世民屡使谕之，乃出。世民曰："此皆忠于所事，义士也。"释之。

癸亥，立世民为皇太子。又诏："自今军国庶事，无大小悉委太子处决，然后闻奏。"

臣光曰：立嫡以长，长，知两翻。礼之正也。然高祖所以有天下，皆太宗之功；隐太子以庸劣居其右，地嫌势逼，必不相容。向使高祖有文王之明，隐太子有泰伯之贤，太宗有子臧之节，文王舍伯邑考而立武王；泰伯让国于弟王季历；子臧辞曹国而不受。则乱何自而生矣！既不能然，太宗始欲俟其先发，然后应之，如此，则事非获已，犹为愈也。既而为群下所迫，遂至蹀血禁门，如淳曰：杀人流血滂沱为蹀血。师古曰：蹀，谓履涉之也。蹀，徒颊翻。推刃同气，推，吐雷翻。贻讥千古，惜哉！夫创业垂统之君，子孙之所仪刑也，夫，音扶。彼中、明、肃、代之传继，得非有所指拟以为口实乎！明皇不称庙号而称帝号者，温公避本朝讳耳。中宗、肃宗之季，玄宗、代宗并以兵清内难而后继大统。

27 戊辰，以宇文士及为太子詹事，长孙无忌、杜如晦为左庶子，高士廉、房玄龄为右庶子，尉迟敬德为左卫率，程知节为右卫率，虞世南为中舍人，褚亮为舍人，尉，纡勿翻。率，所律翻。东宫门下坊，左庶子二人，正四品上。掌侍从赞相，驳正启奏，皇太子出则版奏外辨中严，入则解严；凡令书下，则画诺覆审，留所画以为案，更写印署注令诺送詹事府典书坊。右庶子二人，正四品下。中舍人正五品上，舍人正六品上。舍人掌行令书、令旨及表启之事。太子通表如人臣之礼。宫臣上太子，大事以笺，小事以启，其封题皆曰“上右春坊”。通事舍人开封以进，其事可施行者，皆下于坊，舍人开，庶子参详之，然后进；不可者则否。盖门下坊犹上台之门下省，典书坊犹上台之中书省，唐初仍隋制也。龙朔改门下坊为左春坊，典书坊为右春坊。姚思廉为洗马。洗，悉荐翻；下同。悉以齐王国司金帛什器赐敬德。唐制：亲王国有国司，置国尉、国丞，掌判国司、勾稽、监印事。

初，洗马魏征常劝太子建成早除秦王，及建成败，世民召征谓曰：“汝何为离间我兄弟！”众为之危惧，间，古苋翻。为，于伪翻。征举止自若，对曰：“先太子早从征言，必无今日之祸。”世民素重其才，改容礼之，引为詹事主簿。詹事主簿，从七品上，掌印检、勾稽府事。亦召王珪、韦挺于巂州，去年六月，王珪等流巂州。巂，音髓。皆以为谏议大夫。

世民命纵禁苑鹰犬，罢四方贡献，听百官各陈治道，治，直吏翻。政令简肃，中外大悦。

以屈突通为陕东道行台左仆射，镇洛阳。陕，失冉翻。

益州行台仆射窦轨与行台尚书韦云起、郭行方不协。云起弟庆俭及宗族多事太子建成，建成死，轨诬云起与建成同反，收斩之。行方惧，逃奔京师，轨追之，不及。

28 吐谷浑寇岷州。吐，从暾入声。谷，音浴。

29 突厥寇陇州；辛未，寇渭州；遣右卫大将军柴绍击之。厥，九勿翻。左右卫大将军，掌统领宫庭警卫之法。

30 废益州大行台，置大都督府。

31 壬申，上以手诏赐裴寂等曰：“朕当加尊号为太上皇。”

32 辛巳，幽州大都督庐江王瑗反，瑗，于眷翻。右领军将军王君廓杀之，传首。

初，上以瑗懦怯非将帅才，懦，乃卧翻，又奴乱翻。将，即亮翻。帅，所类翻。使君廓佐之。君廓故群盗，勇悍险诈，悍，户旰翻。瑗推心倚仗之，许为婚姻。太子建成谋害秦王，密与瑗相结。建成死，诏遣通事舍人崔敦礼驰驿召瑗。通事舍人，秦谒者之官也。晋置舍人、通事各一人，隶中书，东晋曰通事舍人，唐从六品上。掌朝见引纳及辞谢者于殿庭。凡近臣入侍，文武就列，引以进退。凡四方通表，蛮夷纳贡，皆受而进之。瑗心不自安，谋于君廓。君廓欲取瑗以为功，乃说曰：说，输芮翻；下涉说同。“大王若入，必无全理。今拥兵数万，奈何受单使之召，自投罔罟乎！”使，疏吏翻；下同。因相与泣。瑗曰：“我今以命托公，举事决矣。”乃劫敦礼，问以京师机事；敦礼不屈，瑗囚之。发驿征兵，且召燕州刺史王诜赴蓟，与之计事。隋于营州之境汝罗故城置辽西郡，武德元年曰燕州。六年，自营州迁于幽州城中，又于怀戎置北燕州。武德六年，李艺自幽州入朝，王诜为长史，实掌州事，幽州之人素信服之。瑗欲反，故召之与计事。燕，因肩翻。诜，疏臻翻。兵曹参军王利涉说瑗曰："王君廓反覆，不可委以机柄，宜早除去，以王诜代之。"去，羌吕翻。瑗不能决。君廓知之，往见诜，诜方沐，握发而出，君廓手斩之，持其首告众曰："李瑗与王诜同反，囚执敕使，擅自征兵。今诜已诛，独有李瑗，无能为也。汝宁随瑗族灭乎，欲从我以取富贵乎？"众皆曰："愿从公讨贼。"君廓乃帅其麾下千馀人，逾西城而入，瑗不之觉；君廓入狱出敦礼，瑗始知之，遽帅左右数百人被甲而出，帅，读曰率。被，皮义翻。遇君廓于门外。君廓谓瑗众曰："李瑗为逆，汝何为随之入汤火乎！"众皆弃兵而溃。唯瑗独存，骂君廓曰："小人卖我，行自及矣！"遂执瑗，缢之。缢，于赐翻，又于计翻。壬午，以王君廓为左领军大将军兼幽州都督，以瑗家口赐之。敦礼，仲方之孙也。崔仲方仕周，献平齐之策；及隋，献平陈之策；孝芬之孙也。

33 乙酉，罢天策府。置天策府，见一百八十九卷四年。

34 秋，七月，己丑，柴绍破突厥于秦州，斩特勒一人，士卒首千馀级。厥，九勿翻。

35 以秦府护军秦叔宝为左卫大将军，又以程知节为右武卫大将军，尉迟敬德为右武候大将军。尉，纡勿翻。考异曰：唐历，三人除官皆在癸巳。今从实录。

36 壬辰，以高士廉为侍中，房玄龄为中书令，萧瑀为左仆射，长孙无忌为吏部尚书，杜如晦为兵部尚书。癸巳，以宇文士及为中书令，封德彝为右仆射；又以前天策府兵曹参军杜淹为御史大夫，中书舍人颜师古、刘林甫为中书侍郎，左卫副率侯君集为左卫将军，左虞候段志玄为骁卫将军，副护军薛万彻为右领军将军，右内副率张公谨为右武候将军，左虞候，即东宫左虞候率也。按唐书，"骁卫"之上当有"左"字。隋文帝置左、右内率，领东宫千牛备身侍奉之事，副率为之贰。瑀，音禹。长，知两翻。率，所律翻。骁，坚尧翻。右监门率长孙安业为右监门将军，汉、魏置城门校尉。唐置左、右监门卫大将军、将军，掌宫禁门籍之法，凡京司应入宫殿，门皆有籍，左将军判入，右将军判出。监，古衔翻。右内副率李客师为领左右军将军。"领"字当在"左右"之下，"左、右"二字亦当去其一，但未知当去何字耳。唐志：隋置左、右领军府，大业三年，改左、右屯卫，唐因屯卫名，改为左、右威卫；又采前代领军名，别置左、右领军卫，职掌如左、右卫。又按新志，武德五年，改左、右备身府为左、右府。或者李客师为领左、右将军，"左右"之下亦当去"军"字。显庆五年，改左、右府为千牛府。安业，无忌之兄；客师，靖之弟也。

37 太子建成、齐王元吉之党散亡在民间，虽更赦令，更，工衡翻。犹不自安，徼幸者争告捕以邀赏。徼，坚尧翻。谏议大夫王珪以启太子。丙子，太子下令："六月四日已前事连东宫及齐王，十七日前连李瑗者，并不得相告言，违者反坐。"瑗，于眷翻。反坐者，反以所告罪人之罪坐之。考异曰：太宗实录，"六月丙申"。唐历脱"七月"而在"壬辰"下。按六月无丙申。丙申，七月十日也。今从唐历。

丁酉，遣谏议大夫魏征宣慰山东，听以便宜从事。征至磁州，武德元年，以相州之滏阳、临水、成安置磁州，以其地产磁石名州。旧志：磁州在京师东北一千四百八十五里。磁，疾之翻。遇州县锢送前太子千牛李志安、齐王护军李思行诣京师，械锁而送之，谓之锢送。征曰："吾受命之日，前宫、齐府左右皆赦不问；今复送思行等，复，扶又翻。则谁不自疑！虽遣使者，人谁信之！使，疏吏翻。吾不可以顾身嫌，不为国虑。且既蒙国士之遇，敢不以国士报之乎！"遂皆解纵之。太子闻之，甚喜。

右卫率府铠曹参军唐临出为万泉丞，东宫十率府皆有仓、兵、铠三曹参军，从八品。武德元年，分蒲州之稷山、安邑、龙门、猗氏、汾阴置万泉县，属泰州，后属绛州。铠，可亥翻。率，所律翻。县有系囚十许人，会春雨，临纵之，使归耕种，皆如期而返。临，令则之弟子也。唐令则事隋太子勇，勇废，被诛。

38 八月，丙辰，突厥遣使请和。厥，九勿翻。使，疏吏翻；下同。

39 壬戌，吐谷浑遣使请和。吐，从暾入声。谷，音浴。

40 癸亥，制传位于太子；太子固辞，不许。甲子，太宗即皇帝位于东宫显德殿，赦天下；关内及蒲、芮、虞、泰、陕、鼎六州免二年租调，自馀给复一年。陕，失冉翻。调，徒吊翻。复，方目翻。

41 诏【章：十二行本"诏"上有"癸未"二字；乙十一行本同。】以"宫女众多，幽闷可愍，闷，兵媚翻。宜简出之，各归亲戚，任其适人。"

42 初，稽胡酋长刘屳成帅众降梁师都，事见一百八十九卷四年。酋，慈由翻。长，知两翻。屳，许延翻。帅，读曰率。降，户江翻；下同。师都信谗，杀之，由是所部猜惧，多来降者。降，户江翻。师都浸衰弱，乃朝于突厥，为之画策，朝，直遥翻。为，于伪翻。劝令入寇。于是颉利、突利二可汗合兵十馀万寇泾州，颉，奚结翻。可，从刊入声。汗，音寒。进至武功，京师戒严。

43 丙子，立妃长孙氏为皇后。长，知两翻。后少好读书，造次必循礼法，少，诗照翻。好，呼到翻。造，七到翻。上为秦王，与太子建成、齐王元吉有隙，后奉事高祖，承顺妃嫔，嫔，毗宾翻。弥缝其阙，甚有内助。及正位中宫，务存节俭，服御取给而已。上深重之，尝与之议赏罚，后辞曰："'牝鸡之晨，唯家之索'，书牧誓引古人之言。索，苏各翻，尽也。妾妇人，安敢豫闻政事！"固问之，终不对。

44 己卯，突厥进寇高陵。厥，九勿翻。高陵县，汉属冯翊，唐属京兆，在长安东北七十里。辛巳，泾州道行军总管尉迟敬德与突厥战于泾阳，泾阳县属京兆，在长安北七十里。杜佑曰：京兆泾阳县，乃秦封泾阳君之地，后汉及晋池阳之地。汉泾阳县在今平凉郡界，泾阳故城是。尉，纡勿翻。大破之。获其俟斤阿史德乌没啜，突厥官三十八等，俟斤在吐屯之下。阿史德别是一姓。俟，渠机翻。斩首千馀级。

癸未，颉利可汗进至渭水便桥之北，自长安出咸阳，过渭水便桥。遣其腹心执失思力入见，以观虚实。见，贤遍翻。思力盛称"颉利与突利二可汗将兵百万，今至矣。"颉，奚结翻。可，从刊入声。汗，音寒。将，即亮翻。上让之曰："吾与汝可汗面结和亲，赠遗金帛，前后无算。言不可算计其数也。遗，于季翻。汝可汗自负盟约，引兵深入，于我无愧！汝虽戎狄，亦有人心，何得全忘大恩，自夸强盛！我今先斩汝矣！"思力惧而请命。请贷其死命也。萧瑀、封德彝请礼遣之。上曰："我今遣还，虏谓我畏之，愈肆凭陵。"瑀，音禹。还，从宣翻，又音如字。乃囚思力于门下省。

上自出玄武门，与高士廉、房玄龄等六骑径诣渭水上，骑，奇寄翻；下同。与颉利隔水而语，责以负约。突厥大惊，皆下马罗拜。厥，九勿翻。俄而诸军继至，旌甲蔽野，颉利见执失思力不返，而上挺身轻出，军容甚盛，有惧色。上麾诸军使却而布陈，陈，读曰阵。独留与颉利语。萧瑀以上轻敌，叩马固谏，上曰："吾筹之已熟，非卿所知。突厥所以敢倾国而来，直抵郊甸者，以我国内有难，谓方有杀建成、元吉之难。难，乃旦翻。朕新即位，谓我不能抗御故也。我若示之以弱，闭门拒守，虏必放兵大掠，不可复制。复，扶又翻。故朕轻骑独出，示若轻之；又震曜军容，使之【严："之"改"知"。】必战；出虏不意，使之失图。虏入我地既深，必有惧心，故与战则克，与和则固矣。制服突厥，在此一举。卿第观之！"是日，颉利来请和，诏许之。上即日还宫。乙酉，又幸城西，斩白马，与颉利盟于便桥之上。突厥引兵退。颉，奚结翻。厥，九勿翻。考异曰：刘悚小说："武德末年，突厥至渭水桥，控弦四十万。太宗初亲庶政，驿召卫公问策。

时发诸州军未到，长安居人胜兵不过数万，胡人精骑腾突挑战，日数合。帝怒，欲击之。靖请倾府库赂以求和，潜军邀其归路，帝从其言，胡兵遂退。于是据险邀之，虏弃老弱而遁，获马数万匹，金帛一无遗焉。”今据实录、纪传，结盟而退，未尝掩袭，小说所载为误。

萧瑀请于上曰：“突厥未和之时，诸将争请战，陛下不许，瑀，音禹。厥，九勿翻。将，即亮翻。臣等亦以为疑，既而虏自退，其策安在？”上曰：“吾观突厥之众虽多而不整，君臣之志唯贿是求，当其请和之时，可汗独在水西，谓渭水之西。可，从刊入声。汗，音寒。达官皆来谒我，突厥言达官，犹中国言显官也。我若醉而缚之，因袭击其众，势如拉朽。拉，卢合翻。又命长孙无忌、李靖伏兵于幽州以待之，“幽州”当作“豳州”。自渭北北归，归路正经豳州，此史书传写误耳。开元十三年，以“豳”字类“幽”，改曰邠州，则当时亦病此矣。虏若奔归，伏兵邀其前，大军蹑其后，覆之如反掌耳。所以不战者，吾即位日浅，国家未安，百姓未富，且当静以抚之。一与虏战，所损甚多；虏结怨既深，惧而修备，则吾未可以得志矣。故卷甲韬戈，啖以金帛，卷，读曰捲。啖，徒滥翻。彼既得所欲，理当自退，志意骄惰，不复设备，复，扶又翻。然后养威伺衅，一举可灭也。衅，许覲翻。将欲取之，必固与之，老子曰：将欲夺之，必固与之。此之谓矣。卿知之乎？”瑀再拜曰：“非所及也。”言非己之智虑所能及也。

王崇武标点容肇祖聂崇岐覆校

资治通鉴卷第一百九十二

端明殿学士兼翰林侍读学士太中大夫
提举西京嵩山崇福宫上柱国河内郡开国公 司马光 奉敕编集
食邑二千二百户食实封九百户赐紫金鱼袋臣

后学天台胡三省音注

唐纪八 起柔兆阉茂(丙戌)九月，尽著雍困敦(戊子)七月，凡二年。

高祖神尧大圣光孝皇帝下之下

武德九年(丙戌、六二六)

1 九月，突厥颉利献马三千匹，羊万口；上不受，自是年八月甲子以后，凡称上者，皆太宗也。厥，九勿翻。但诏归所掠中国户口，征温彦博还朝。彦博没于突厥，见上卷八年。朝，直遥翻。

丁未，上引诸卫将卒习射于显德殿庭，是年八月，上即位于东宫显德殿，是后常御之。将，即亮翻；下同。谕之曰："戎狄侵盗，自古有之，患在边境少安，则人主逸游忘战，少，诗照翻；下同。是以寇来莫之能御。今朕不使汝曹穿池筑苑，专习弓矢，居闲无事，则为汝师，突厥入寇，则为汝将，庶几中国之民可以少安乎！"将，即亮翻。几，居希翻。少，始绍翻。于是日引数百人教射于殿庭，上亲临试，中多者赏以弓、刀、帛，其将帅亦加上考。唐考功之法，上、中、下皆分三等。中多之中，竹仲翻。帅，所类翻。群臣多谏曰："于律，以兵刃至御在所者绞。今使卑碎之人张弓挟矢于轩陛之侧，陛下亲在其间，万一有狂夫窃发，出于不意，非所以重社稷也。”韩州刺史封同人诈乘驿马入朝切谏。唐旧志：武德三年，分同州之河西、韩城、郃阳置西韩州；又于陕州界置南韩州。封同人当是自韩城乘驿入朝也。上皆不听，曰：“王者视四海如一家，封域之内，皆朕赤子，朕一一推心置其腹中，奈何宿卫之士亦加猜忌乎！”由是人思自励，数年之间，悉为精锐。

上尝言：“吾自少经略四方，颇知用兵之要，少，诗照翻。每观敌陈，则知其强弱，陈，读曰阵；下其陈同。常以吾弱当其强，强当其弱。彼乘吾弱，逐奔不过数十百步，吾乘其弱，必出其陈后反击之，无不溃败，所以取胜，多在此也！”

2 己酉，上面定勋臣长孙无忌等爵邑，长，知两翻。命陈叔达于殿下唱名示之，且曰：“朕叙卿等勋赏或未当，宜各自言。”当，丁浪翻。于是诸将争功，纷纭不已。将，即亮翻。淮安王神通曰：“臣举兵关西，首应义旗，事见一百八十四卷隋恭帝义宁元年。今房玄龄、杜如晦等专弄刀笔，功居臣上，臣窃不服。”上曰：“义旗初起，叔父虽首唱举兵，盖亦自营脱祸。及窦建德吞噬山东，叔父全军覆没；事见一百八十八卷武德二年。刘黑闼再合馀烬，叔父望风奔北。事见一百八十九卷四年。玄龄等运筹帷幄，坐安社稷，论功行赏，固宜居叔父之先。叔父，国之至亲，朕诚无所爱，但不可以私恩滥与勋臣同赏耳！”诸将乃相谓曰：“陛下至公，虽淮安王尚无所私，吾侪何敢不安其分。”遂皆悦服。侪，士皆翻。分，扶问翻。房玄龄尝言：“秦府旧人未迁官者，皆嗟怨曰：‘吾属奉事左右，几何年矣，今除官，返出前宫、齐府人之后。’”上曰：“王者至公无私，故能服天下之心。朕与卿辈日所衣食，皆取诸民者也。故设官分职，以为民也，为，于伪翻。当择贤才而用之，岂以新旧为先后哉！必也新而贤，旧而不肖，安可舍新而取旧乎！今不论其贤不肖而直言嗟怨，岂为政之体乎！”

3 诏：“民间不得妄立妖祠。妖，于骄翻。自非卜筮正术，其馀杂占，悉从禁绝。”

4 上于弘文殿聚四部书二十馀万卷，欧阳修曰：历代盛衰，文章与时高下，然其变态百出，不可穷极，何其多也！自汉以来，史官列其名氏篇第，以为六艺、七略，至唐始分为四类，曰经、史、子、集，以甲、乙、丙、丁为次，谓之四库书，亦曰四部书。置弘文馆于殿侧，唐会要：武德四年，于门下省置修文馆，至九年三月，改为弘文馆。至其年九月，太宗即位，于弘文殿聚四部书二十馀万卷，于殿侧置弘文馆，贞观三年移于纳义门西。按阁本太极宫图：弘文馆在门下省东，而不载弘文殿。纳义门在嘉德门之西。即我朝之崇文馆也，避宣祖讳，改“弘”为“崇”。精选天下文学之士虞世南、褚亮、姚思廉、欧阳询、蔡允恭、萧德言等，以本官兼学士，令更日宿直，听朝之隙，引入内殿，讲论前言往行，商榷政事，或至夜分乃罢。唐太宗以武定祸乱，出入行间，与之俱者，皆西北骁武之士。至天下既定，精选弘文馆学生，日夕与之议论商榷者，皆东南儒生也。然则欲守成者，舍儒何以哉！更，工衡翻。朝，直遥翻。行，下孟翻。榷，讫岳翻。又取三品已上子孙充弘文馆学士。【章：十二行本“士”作“生”；乙十一行本同；孔本同。】

5 冬，十月，丙辰朔，日有食之。

6 诏追封故太子建成为息王，谥曰隐；齐王元吉为剌【章：十二行本“剌”作“海陵”二字，“王”下有“谥曰剌”三字；乙十一行本同；孔本同；退斋校同。】王，息，古国名。谥法：隐拂不成曰隐。不思忘爱曰剌；暴戾无亲曰剌。谥，神至翻。剌，卢达翻。以礼改葬。葬日，上哭之于宜秋门，甚哀。太极宫图：宜秋门在千秋殿之西，百福门之东。魏征、王珪表请陪送至墓所，考异曰：高祖实录、建成元吉传：“太宗践阼，改葬加谥。”太宗实录及本纪皆不书葬月日，唯唐历在此年十月。贞观政要此表在二年。

据此年七月魏征为谏议大夫，宣慰山东，王珪亦未为黄门侍郎，葬建成、元吉恐在后，但别无年月日可附，今且从唐历。上许之，命宫府旧僚皆送葬。

7 癸亥，立皇子中山王承乾为太子，生八年矣。生于承乾殿，因以名之。

8 庚辰，初定功臣实封有差。唐爵九等：一曰王，食邑万户，正一品；二曰嗣王、郡王，食邑五千户，从一品；三曰国公，食邑三千户，从一品；四曰开国郡公，食邑二千户，正二品；五曰开国县公，食邑千五百户，从二品；六曰开国县侯，食邑千户，从三品；七曰开国县伯，食邑七百户，正四品上；八曰开国县子，食邑五百户，正五品上；九曰开国县男，食邑三百户，从五品上。凡封户，三丁以上为率，岁租三之一入于朝廷；食实封者，得真户分食诸州。

9 初，萧瑀荐封德彝于上皇，上皇以为中书令。及上即位，瑀为左仆射，德彝为右仆射。议事已定，德彝数反【章：十二行本"反"下有"之"字；乙十一行本同；孔本同；张校同；退斋校同。】于上前，瑀，音禹。射，寅谢翻。数，所角翻。由是有隙。时房玄龄、杜如晦新用事，皆疏瑀而亲德彝，太宗初政之时，以房、杜之贤，萧瑀之直，而不相亲，乃亲封德彝者，盖以瑀之疏直，难与共事于危疑之时，而封德彝之狡数，不与之亲密，则不能得其情也。后之为相者，其心无所权量，但曰亲君子，远小人，未有能济者也。瑀不能平，遂上封事论之，上，时掌翻。辞指寥落，由是忤旨。忤，五故翻。会瑀与陈叔达忿争于上前，庚辰，瑀、叔达皆坐不敬，免官。考异曰：旧传，"太宗以玄龄等功高，由是忤旨，废于家。俄拜少师，复为左仆射，坐与叔达忿争免。"按实录忿争在作少师前，今从之。

10 甲申，民部尚书裴矩奏"民遭突厥暴践者，厥，九勿翻。践，慈演翻。请户给绢一匹。"上曰："朕以诚信御下，不欲虚有存恤之名而无其实，户有大小，岂得雷同给赐乎！"于是计口为率。

11 初，上皇欲强宗室以镇天下，故皇再从、三从弟同曾祖为再从兄弟，同高祖为三从兄弟。从，才用翻。及兄弟之子，虽童孺皆为王，王者数十人。封宗室为郡王，见一百九十卷五年。上从容问群臣："遍封宗子，于天下利乎？"从，千容翻。封德彝对曰："前世唯皇子及兄弟乃为王，自馀非有大功，无为王者。上皇敦睦九族，大封宗室，自两汉以来未有如今之多者。爵命既崇，多给力役，力役，盖防阁、庶仆、白直之类。恐非示天下以至公也！"上曰："然。朕为天子，所以养百姓也，岂可劳百姓以养己之宗族乎！"十一月，庚寅，降宗室郡王皆为县公，惟有功者数人不降。

12 丙午，上与群臣论止盗。或请重法以禁之，上哂之笑不坏颜为哂。哂，式忍翻。曰："民之所以为盗者，由赋繁役重，官吏贪求，饥寒切身，故不暇顾廉耻耳。朕当去奢省费，去，羌吕翻。轻徭薄赋，选用廉吏，使民衣食有馀，则自不为盗，安用重法邪！"邪，音耶。自是数年之后，海内升平，路不拾遗，外户不闭，商旅野宿焉。

上又尝谓侍臣曰："君依于国，国依于民。刻民以奉君，犹割肉以充腹，腹饱而身毙，君富而国亡。故人君之患，不自外来，常由身出。夫欲盛则费广，费广则赋重，赋重则民愁，民愁则国危，国危则君丧矣。夫，音扶。丧，息浪翻。朕常以此思之，故不敢纵欲也。"

13 十二月，己巳，益州大都督窦轨奏称獠反，是年六月，废大行台，置大都督府。是后分诸州都督府为上、中、下三等：大州都督从二品，长史从三品，司马从四品；中州都督正三品，别驾正四品，长史正五品上，司马正五品下；下州都督从三品，别驾、长史、司马亦皆递降一品。獠，鲁皓翻。请发兵讨之。上曰："獠依阻山林，时出鼠窃，乃其常俗；牧守苟能抚以恩信，自然帅服，守，式又翻。帅，与率同。安可轻动干戈，渔猎其民，比之禽兽，岂为民父母之意邪！"邪，音耶。

竟不许。

14 上谓裴寂曰："比多上书言事者，比，毗志翻。朕皆粘之屋壁，粘，女廉翻。得出入省览，省，悉景翻。每思治道，或深夜方寝。公辈亦当恪勤职业，副朕此意。"

上厉精求治，数引魏征入卧内，访以得失；治，直吏翻。数，所角翻；下者数同。征知无不言，上皆欣然嘉纳。上遣使点兵，使，疏吏翻。封德彝奏："中男虽未十八，其躯干壮大者，亦可并点。"唐制：民年十六为中男，十八始成丁，二十一为丁，充力役。上从之。敕出，魏征固执以为不可，不肯署敕，按唐制，中书舍人则署敕。魏征时为谏议大夫，抑太宗亦使之联署邪？至于数四。上怒，召而让之曰："中男壮大者，乃奸民诈妄以避征役，取之何害，而卿固执至此！"对曰："夫兵在御之得其道，不在众多。陛下取其壮健，以道御之，足以无敌于天下，何必多取细弱以增虚数乎！且陛下每云：'吾以诚信御天下，欲使臣民皆无欺诈。'今即位未几，失信者数矣！"几，居岂翻。数，所角翻。上愕然曰："朕何为失信？"对曰："陛下初即位，下诏云：'逋负官物，悉令蠲免。'蠲，圭渊翻。有司以为负秦府国司者，非官物，征督如故。陛下以秦王升为天子，国司之物，非官物而何！又曰：'关中免二年租调，关外给复一年。'既而继有敕云：'已役已输者，以来年为始。'散还之后，方复更征，调，徒吊翻。给复，方目翻。方复，扶又翻；下复点同。言既散还其已输之物而复征之。百姓固已不能无怪。今既征得物，复点为兵，何谓以来年为始乎！又陛下所与共治天下者在于守宰，治，直之翻。守，式又翻。居常简阅，咸以委之；至于点兵，独疑其诈，岂所谓以诚信为治乎！"治，直吏翻；下同。上悦曰："向者朕以卿固执，疑卿不达政事，今卿论国家大体，诚尽其精要。夫号令不信，则民不知所从，天下何由而治乎！夫，音扶。治，直吏翻；下同。朕过深矣！”乃不点中男，赐征金瓮一。

上闻景州录事参军张玄素名，景州，汉平原郡鬲县地，隋置弓高县，属观州。唐平河北，分弓高置景州。上州录事参军，从七品上，掌勾稽省署抄目；录事掌受事发辰，兼勾稽失。召见，问以政道，对曰：“隋主好自专庶务，好，呼到翻。不任群臣；群臣恐惧，唯知禀受奉行而已，莫之敢违。以一人之智决天下之务，借使得失相半，乖谬已多，下谀上蔽，不亡何待！陛下诚能谨择群臣而分任以事，高拱穆清而考其成败以施刑赏，何忧不治！又，臣观隋末乱离，其欲争天下者不过十馀人而已，其馀皆保乡党、全妻子，以待有道而归之耳。乃知百姓好乱者亦鲜，但人主不能安之耳。”好，呼到翻。鲜，息善翻。上善其言，擢为侍御史。

前幽州记室直中书省张蕴古上大宝箴，唐诸州无记室，唯王国有记室参军，从六品上。蕴古盖庐江王瑗督幽州时为记室也。唐制，资序未至，以他官入省者为直。上，时掌翻。其略曰：“圣人受命，拯溺亨屯，屯，陟伦翻。故以一人治天下，不以天下奉一人。”又曰：“壮九重于内，所居不过容膝；治，直之翻。重，直龙翻。彼昏不知，瑶其台而琼其室。罗八珍于前，所食不过适口；周礼：膳夫，珍用八物。注云：珍，谓淳熬、淳毋、炮豚、炮牂、捣珍、渍、熬、肝膋也。淳，之纯翻。毋，莫胡翻，一音武由翻。牂，作郎翻。膋，力雕翻。惟狂罔念，丘其糟而池其酒。”又曰：“勿没没而暗，勿察察而明，虽冕旒蔽目而视于未形，虽黈纩塞耳而听于无声。”冕而前旒，所以蔽明。黈纩充耳，所以塞聪。师古曰：以黄绵为圜，用两组挂之于冕，垂两耳旁，示不外听也。黈，他口翻。塞，悉则翻。上嘉之，赐以束帛，唐制：凡赐十段，其率绢三匹，布三端，绵四屯；若杂彩十段，则丝布二匹，绸二匹，绫二匹，缦四匹；若赐蕃客锦彩，率十段，则锦一张，绫二匹，缦四匹，绵四屯；凡时服称一具者全给之，一副者减给之。正冬之会，称赐束帛有差者，五品已上五匹，六品已下二匹；命妇视其夫、子。除大理丞。大理丞，正六品，掌分判寺事。

15 上召傅奕，赐之食，谓曰："汝前所奏，几为吾祸。事见上卷是年六月。几，居依翻。然凡有天变，卿宜尽言皆如此，勿以前事为惩也。"上尝谓奕曰："佛之为教，玄妙可师，卿何独不悟其理？"对曰："佛乃胡中桀黠，黠，户八翻。诳耀彼土。中国邪僻之人，取庄、老玄谈，饰以妖幻之语，用欺愚俗，无益于民，有害于国，臣非不悟，鄙不学也。"上颇然之。

16 上患吏多受赇，枉法受赂曰赇。赇，音求。密使左右试赂之。有司门令史受绢一匹，司门郎，属刑部，掌天下门关出入往来之籍赋而审其政，有令史六人。唐令，布帛皆阔尺八寸长四丈为匹。上欲杀之，民部尚书裴矩谏曰："为吏受赂，罪诚当死；但陛下使人遗之而受，遗，于季翻。乃陷人于法也，恐非所谓'道之以德，齐之以礼。'"引论语孔子之言。道，读曰导。上悦，召文武五品已上告之曰："裴矩能当官力争，不为面从，傥每事皆然，何忧不治！"治，直吏翻。

臣光曰：古人有言：君明臣直。裴矩佞于隋而忠于唐，非其性之有变也；君恶闻其过，则忠化为佞，君乐闻直言，则佞化为忠。恶，乌路翻。乐，音洛。是知君者表也，臣者景也，表动则景随矣。

17 是岁，进皇子长沙郡王恪为汉王、宜阳郡王佑为楚王。

18 新罗、百济、高丽三国有宿仇，北史曰：新罗本辰韩种，在高丽东南，亦曰秦韩，相传秦世亡人避役，来适马韩，割东界居之，故名秦韩。始有六国，稍分为十二，新罗其一也。或称魏毌丘俭破高丽，奔沃沮，后复国，其留者为新罗，兼有沃沮、不耐、韩、涉之地。其王本百济人，自海逃入新罗，遂王其国，附庸百济；后致强盛，因与百济为敌。百济伐高丽，来请救，悉兵往破之。自是相攻不置，后获百济王，杀之，滋结怨。丽，力知翻。迭相攻击；上遣国子助教朱子奢往谕指，晋武帝咸宁四年立国子学，置祭酒、博士各一人，助教十五人，以教生徒。孝武太元十年，损助教为十人。唐助教五人，从六品上，掌佐博士分经教授。三国皆上表谢罪。上，时掌翻。

太宗文武大圣大广孝皇帝上之上

讳世民，高祖次子也。帝初谥文皇帝，庙号太宗；咸亨五年，追谥太宗文武圣皇帝；天宝八载，追尊太宗文武大圣皇帝；十三载，又加尊太宗文武大圣大广孝皇帝。

贞观元年（丁亥、六二七）观，古玩翻。

1 春，正月，乙酉，改元。

2 丁亥，上宴群臣，奏秦王破陈乐，陈，读曰阵。新志：太宗为秦王，破刘武周，军中相与作秦王破陈乐曲。上曰："朕昔受委专征，民间遂有此曲，虽非文德之雍容，然功业由兹而成，不敢忘本。"封德彝曰："陛下以神武平海内，岂文德之足比。"上曰："戡乱以武，守成以文，文武之用，各随其时。卿谓文不及武，斯言过矣！"德彝顿首谢。

3 己亥，制："自今中书、门下及三品以上入阁议事，皆命谏官随之，有失辄谏。"程大昌曰：唐西内太极殿，即朔望受朝之所，盖正殿也。太极之北有两仪殿，即常日视朝之所。太极殿两庑有东西二上阁，则是两阁皆有门可入，已又可转北而入两仪也。此太宗时入阁之制也。至高宗以后，多居东内，御宣政前殿，则谓之衙，衙有仗；御紫宸便殿，则谓之入阁。其不御宣政前殿而御紫宸也，乃自正衙唤仗，由阁门而入，百官候朝于衙者，因随而入见，谓之入阁。

4 上命吏部尚书长孙无忌等与学士、法官更议定律令，长，知两翻。宽绞刑五十条为断右趾，断，丁管翻。上犹嫌其惨，曰："肉刑废已久，宜有以易之。"蜀王法曹参军裴弘献唐制，诸王有功、仓、户、兵、骑、法、士等七曹参军，正七品上。请改为加役流，徙三千里，居作三年；诏从之。考异曰：新、旧刑法志皆云"居作二年"。今从王溥会要。

5 上以兵部郎中戴胄忠清公直，兵部郎中，掌判帐及天下武官之阶品、卫府之名数。擢为大理少卿。少，始照翻。上以选人多诈冒资荫，敕令自首，不首者死。选，息绢翻；下同。首，手又翻。未几，有诈冒事觉者，几，居岂翻。上欲杀之。胄奏：“据法应流。”上怒曰：“卿欲守法而使朕失信乎？”对曰：“敕者出于一时之喜怒，法者国家所以布大信于天下也。陛下忿选人之多诈，故欲杀之，而既知其不可，复断之以法，断，丁乱翻。此乃忍小忿而存大信也。”上曰：“卿能执法，朕复何忧！”复，扶又翻；下不复、朕复、何复同。胄前后犯颜执法，言如涌泉，上皆从之，天下无冤狱。

6 上令封德彝举贤，久无所举。上诘之，诘，去吉翻。对曰：“非不尽心，但于今未有奇才耳！”上曰：“君子用人如器，各取所长，古之致治者，岂借才于异代乎？治，直吏翻。正患己不能知，安可诬一世之人！”德彝惭而退。

御史大夫杜淹奏“诸司文案恐有稽失，请令御史就司检校。”上以问封德彝，对曰：“设官分职，各有所司。果有愆违，御史自应纠举；若遍历诸司，搜擿疵纇，擿，他狄翻。纇，卢对翻。太为烦碎。”淹默然。上问淹：“何故不复论执？”对曰：“天下之务，当尽至公，善则从之，德彝所言，真得大体，臣诚心服，不敢遂非。”上悦曰：“公等各能如是，朕复何忧！”

7 右骁卫大将军长孙顺德受人馈绢，事觉，长，知两翻。骁，坚尧翻。上曰：“顺德果能有益国家，朕与之共有府库耳，何至贪冒如是乎！”冒，莫北翻。犹惜其有功，不之罪，但于殿庭赐绢数十匹。大理少卿胡演曰：“顺德枉法受财，罪不可赦，奈何复赐之绢？”上曰：“彼有人性，得绢之辱，甚于受刑；如不知愧，一禽兽耳，杀之何益！”

8 辛丑，天节将军燕郡王李艺据泾州反。宜州道为天节军，置将军一人。燕，因肩翻。

艺之初入朝也，武德五年，艺引兵与太子建成会讨刘黑闼，遂入朝。朝，直遥翻。恃功骄倨，秦王左右至其营，艺无故殴之。殴，乌口翻。上皇怒，收艺系狱，既而释之。上即位，艺内不自安。曹州妖巫李五戒妖，于骄翻。谓艺曰："王贵色已发！"劝之反。艺乃诈称奉密敕，勒兵入朝。遂引兵至豳州，豳州治中赵慈皓驰出谒之，诸州治中，即别驾。艺入据豳州。诏吏部尚书长孙无忌等为行军总管以讨之。长，知两翻。赵慈皓闻官军将至，密与统军杨岌图之，岌，鱼及翻。事泄，艺囚慈皓。岌在城外觉变，勒兵攻之，艺众溃，弃妻子，将奔突厥。至乌氏，厥，九勿翻。汉乌氏县属安定郡，故城在弹筝峡东。氏，音支。左右斩之，传首长安。弟寿，为利州都督，亦坐诛。

9 初，隋末丧乱，丧、息浪翻。豪桀并起，拥众据地，自相雄长；唐兴，相帅来归，上皇为之割置州县以宠禄之，帅，读曰率。长，知两翻。为，于伪翻。由是州县之数，倍于开皇、大业之间。上以民少吏多，思革其弊；少，诗沼翻。二月，命大加并省，因山川形便，分为十道：一曰关内，二曰河南，三曰河东，四曰河北，五曰山南，六曰陇右，七曰淮南，八曰江南，九曰剑南，十曰岭南。京兆、同、华、商、岐、邠、陇、泾、原、宁、庆、鄜、坊、丹、延、灵、会、盐、夏、绥、银、丰、胜为关内道。洛、汝、陕、虢、郑、滑、许、颍、陈、蔡、汴、宋、亳、徐、濠、宿、郓、齐、曹、濮、青、淄、登、莱、棣、兖、海、沂、密为河南道。蒲、晋、绛、汾、隰、并、南汾、辽、沁、岚、石、忻、代、朔、蔚、泽、潞为河东道。怀、孟、魏、博、相、卫、澶、贝、邢、洺、磁、恒、冀、深、赵、沧、景、德、易、定、幽、涿、瀛、莫、燕、檀、营、平为河北道。荆、峡、归、夔、澧、朗、忠、涪、万、襄、唐、随、邓、均、房、郢、复、金、梁、洋、利、凤、兴、成、扶、文、壁、巴、蓬、通、开、隆、果、渠为山南道。秦、渭、河、鄯、兰、阶、洮、岷、廓、叠、宕、凉、瓜、沙、甘、肃为陇右道。杨、楚、滁、和、寿、庐、舒、光、蕲、黄、安、申为淮南道。润、常、苏、湖、杭、睦、越、衢、婺、括、台、福、建、泉、宣、歙、池、洪、江、鄂、岳、饶、信、虔、吉、袁、抚、潭、衡、永、道、郴、邵、黔、辰、夷、思、僰为江南道。益、嘉、眉、邛、简、资、巂、雅、南会、翼、维、松、姚、恭、戎、梓、遂、绵、剑、合、龙、普、渝、陵、荣、泸为剑南道。广、番、循、潮、南康、泷、端、新、封、南宕、春、罗、南石、高、南合、崖、振、邕、南方、南简、淳、钦、南尹、象、藤、桂、梧、贺、连、南昆、静、乐、南恭、融、容、牢、南林、南扶、南越、南义、交、陆、峰、爱、南德为岭南道。

10 三月，癸巳，皇后帅内外命妇亲蚕。内命妇，宫内女官，自贵妃至侍巾，亦分九品。外命妇有六：王、嗣王、郡王之母、妻为妃，一品之国公母、妻为国夫人，三品以上母、妻为郡夫人，四品母、妻为郡君，五品母、妻为县君，勋官四品有封者，母、妻为乡君。凡外命妇朝参，视夫、子之品。唐制，皇后以季春吉巳享先蚕，遂以亲桑。舆服志：皇后亲蚕，服鞠衣，黄罗为之。帅，读曰率。

11 闰月，癸丑朔，日有食之。

12 壬申，上谓太子少师萧瑀曰："朕少好弓矢，少，诗照翻。瑀，音禹。好，呼到翻。得良弓十数，自谓无以加，近以示弓工，乃曰'皆非良材'。朕问其故，工曰：'木心不直，则脉理皆邪，弓虽劲而发矢不直。'朕始寤向者辨之未精也。朕以弓矢定四方，识之犹未能尽，况天下之务，其能遍知乎！"乃令京官五品以上京官，即在京职事官也。更宿中书内省，更，工衡翻。数延见，问以民间疾苦，政事得失。数，所角翻；下数与同。

13 凉州都督长乐王幼良，性粗暴，乐，音洛。左右百馀人，皆无赖子弟，侵暴百姓；又与羌、胡互市。或告幼良有异志，上遣中书令宇文士及驰驿代之，并按其事。左右惧，谋劫幼良入北虏，又欲杀士及据有河西。复有告其谋者，复，扶又翻；下汗复、复与同。夏，四月，癸巳，赐幼良死。

14 五月，苑君璋帅众来降。帅，读曰率。降，户江翻；下同。初，君璋引突厥陷马邑，杀高满政，事见一百九十卷高祖武德六年。厥，九勿翻。退保恒安。隋朔州云内县之恒安镇，即后魏所都之平城也，唐后置云州及云中县。恒，户登翻。其众皆中国人，多弃君璋来降。君璋惧，亦降，请捍北边以赎罪，上皇许之。君璋请约契，上皇使雁门人元普赐之金券。雁门县带代州，汉广武县地。颉利可汗复遣人招之，颉，奚结翻。可，从刊入声。汗，音寒。君璋犹豫未决，恒安人郭子威说君璋以“恒安地险城坚，说，输芮翻。突厥方强，且当倚之以观变，未可束手于人。”君璋乃执元普送突厥，复与之合，数与突厥入寇。数，所角翻。至是，见颉利政乱，知其不足恃，遂帅众来降。苑君璋与刘武周同起，至是始降。上以君璋为隰州都督、芮国公。芮，古国名。

15 有上书请去佞臣者，上，时掌翻。去，羌吕翻。上问：“佞臣为谁？”对曰：“臣居草泽，不能的知其人，愿陛下与群臣言，或阳怒以试之，彼执理不屈者，直臣也，畏威顺旨者，佞臣也。”上曰：“君，源也；臣，流也；浊其源而求其流之清，不可得矣。君自为诈，何以责臣下之直乎！朕方以至诚治天下，见前世帝王好以权谲小数接其臣下者，常窃耻之。治，直之翻。好，呼到翻。谲，古穴翻。卿策虽善，朕不取也。”

16 六月，辛巳，右仆射密明公封德彝薨。谥法，思虑果远曰明。注云：自任近乎专。

17 壬辰，复以太子少师萧瑀为左仆射。萧瑀去年免官。复，扶又翻；下弟复同。少，始照翻。瑀，音禹。

18 戊申，上与侍臣论周、秦修短，萧瑀对曰：“纣为不道，武王征之。周及六国无罪，始皇灭之。得天下虽同，人心则异。”上曰：“公知其一，未知其二。周得天下，增修仁义；秦得天下，益尚诈力：此修短之所以殊也。盖取之或可以逆得，守之不可以不顺故也。”瑀谢不及。

19 山东大旱，诏所在赈恤，无出今年租赋。赈，忍津翻。

20 秋，七月，壬子，以吏部尚书长孙无忌为右仆射。无忌与上为布衣交，加以外戚，有佐命功，无忌，皇后之兄，以佐诛建成、元吉为功。长，知两翻。上委以腹心，其礼遇群臣莫及，欲用为宰相者数矣。欧阳修曰：唐因隋制，以三省之长，尚书令、侍中、中书令共议国政，此宰相职也。后以太宗为尚书令，臣下避不敢居其职，由是仆射为尚书省长官，与侍中、中书令号为宰相。其品位既崇，不欲轻以授人，故常以他官居宰相职而假以他名，如杜淹以吏部尚书参议朝政，魏征以秘书监参预朝政，或曰参议得失、参知政事之类，其名非一，皆宰相职也。数，所角翻。文德皇后固请曰：“妾备位椒房，家之贵宠极矣，诚不愿兄弟复执国政。吕、霍、上官，可为切骨之戒，幸陛下矜察！”上不听，卒用之。卒，子恤翻。

21 初，突厥性淳厚，政令质略。颉利可汗得华人赵德言，委用之。厥，九勿翻。颉，奚结翻。可，从刊入声。汗，音寒。华人，谓中国人也。华，读如字。德言专其威福，多变更旧俗，政令烦苛，国人始不悦。颉利又好信任诸胡而疏突厥，胡人贪冒，多反覆，兵革岁动；数兴兵讨其反覆者，故无宁岁。更，工衡翻。好，呼到翻。冒，莫北翻。会大雪，深数尺，深，式鸩翻。杂畜多死，连年饥馑，民皆冻馁。颉利用度不给，重敛诸部，畜，许救翻。敛，力赡翻。由是内外离怨，诸部多叛，兵浸弱。言事者多请击之，上以问萧瑀、长孙无忌瑀，音禹。长，知两翻。曰：“颉利君臣昏虐，危亡可必。今击之，则新与之盟；不击，恐失机会；如何而可？”瑀请击之。无忌对曰：“虏不犯塞而弃信劳民，非王者之师也。”上乃止。

22 上问公卿以享国久长之策，萧瑀言：“三代封建而久长，秦孤立而速亡。”上以为然，于是始有封建之议。

23 黄门侍郎王珪有密奏，附侍中高士廉，寝而不言。上闻之，八月，戊戌，出士廉为安州大都督。

24 九月，庚戌朔，日有食之。

25 辛酉，中书令宇文士及罢为殿中监，御史大夫杜淹参豫朝政。朝，直遥翻。考异曰：实录云"杜淹署位"，不知所谓署位何也，今从新书宰相表。是时宰相无定名，或云参预朝政，或云参知机务之类甚众，不知其人衔否也。如李靖"三两日一至门下、中书平章政事"，魏征"朝章国典，参议得失"之类，则决不入衔矣。他官参豫政事自此始。

淹荐刑部员外郎邸怀道，刑部郎，掌贰尚书、侍郎，举其典宪，而辩其轻重。邸，丁礼翻，姓也；后魏有邸珍。【严："邸"改"郅"。】上问其行能，行，下孟翻。对曰："炀帝将幸江都，召百官问行留之计，怀道为吏部主事，唐承隋制，尚书诸司皆有主事，从九品上。独言不可。臣亲见之。"上曰："卿称怀道为是，何为自不正谏？"对曰："臣尔时不居重任，又知谏不从，徒死无益。"上曰："卿知炀帝不可谏，何为立其朝？既立其朝，何得不谏？卿仕隋，容可云位卑；后仕王世充，尊显矣，何得亦不谏？"对曰："臣于世充非不谏，但不从耳。"上曰："世充若贤而纳谏，不应亡国；若暴而拒谏，卿何得免祸？"淹不能对。上曰："今日可谓尊任矣，可以谏未？"对曰："愿尽死。"上笑。

26 辛未，幽州都督王君廓谋叛，道死。

君廓在州，骄纵多不法，征入朝。朝，直遥翻，下同。长史李玄道，房玄龄从甥也，从，才用翻。凭君廓附书。君廓私发之，不识草书，疑其告己罪；行至渭南，后魏于新丰、郑县之间置渭南郡，隋废郡为县，属京兆尹，在长安东一百一十五里。杀驿吏而逃，将奔突厥，厥，九勿翻。为野人所杀。

27 岭南酋长冯盎、谈殿等迭相攻击，谈，姓；殿，名。姓谱：蜀录云：晋有征东将军谈巴。酋，慈由翻。长，知两翻。久未入朝，朝，直遥翻。诸州奏称盎反，前后以十数；上命将军蔺謩等发江、岭数十州兵讨之。魏征谏曰："中国初定，岭南瘴疠险远，不可以宿大兵。且盎反状未成，未宜动众。"上曰："告者道路不绝，何云反状未成？"对曰："盎若反，必分兵据险，攻掠州县。今告者已数年，而兵不出境，此不反明矣。诸州既疑其反，陛下又不遣使镇抚，使，疏吏翻；下同。彼畏死，故不敢入朝。若遣信臣示以至诚，彼喜于免祸，可不烦兵而服。"上乃罢兵。冬，十月，乙酉，遣员外散骑侍郎李公掩持节慰谕之，散，悉亶翻。骑，奇寄翻。考异曰：魏文贞公故事作"李公淹"，又有前蒲州刺史韦叔谐偕行。今从实录。盎遣其子智戴随使者入朝。上曰："魏征令我发一介之使，而岭表遂安，使，疏吏翻。朝，直遥翻。胜十万之师，不可不赏。"赐征绢五百匹。

28 十二月，壬午，左仆射萧瑀坐事免。瑀，音禹。

29 戊申，利州都督【章：十二行本"督"下有"义安王"三字；乙十一行本同；孔本同；张校同。】李孝常等谋反，伏诛。

孝常因入朝，留京师，与右武卫将军刘德裕及其甥统军元弘善、监门将军长孙安业互说符命，谋以宿卫兵作乱。监，工衔翻。长，知两翻。安业，皇后之异母兄也，嗜酒无赖；父晟卒，卒，子恤翻。弟无忌及后并幼，安业斥还舅氏。高士廉，无忌及后之舅也。及上即位，后不以旧怨为意，恩礼甚厚。及反事觉，后涕泣为之固请曰：泣为，于伪翻。"安业罪诚当万死。然不慈于妾，天下知之；今寘以极刑，人必谓妾所为，恐亦为圣朝之累。"累，力瑞翻。由是得减死，流巂州。巂，音髓。

30 或告右丞魏征私其亲戚，上使御史大夫温彦博按之，无状。言无其事状。彦博言于上曰："征不存形迹，远避嫌疑，远，于愿翻。心虽无私，亦有可责。"上令彦博让征，且曰："自今宜存形迹。"他日，征入见，见，贤遍翻；下进见同。言于上曰："臣闻君臣同体，宜相与尽诚；若上下俱存形迹，则国之兴丧尚未可知，丧，息浪翻。臣不敢奉诏。”上瞿然曰：“吾已悔之。”瞿，九遇翻。征再拜曰：“臣幸得奉事陛下，愿使臣为良臣，勿为忠臣。”上曰：“忠、良有以异乎？”对曰：“稷、契、皋陶，君臣协心，俱享尊荣，所谓良臣。契，息列翻。陶，音遥。龙逄、比干，面折廷争，身诛国亡，所谓忠臣。”逄，皮江翻。折，之舌翻。争，读曰诤。上悦，赐绢五百匹。

上神采英毅，群臣进见者，皆失举措；上知之，每见人奏事，必假以辞色，冀闻规谏。尝谓公卿曰：“人欲自见其形，必资明镜；君欲自知其过，必待忠臣。苟其君愎谏自贤，愎，符逼翻。其臣阿谀顺旨，君既失国，臣岂能独全！如虞世基等谄事炀帝以保富贵，炀帝既弑，世基等亦诛。事见一百八十五卷高祖武德元年。公辈宜用此为戒，事有得失，毋惜尽言！”

31 或上言秦府旧兵，宜尽除武职，追入宿卫。上，时掌翻。上谓之曰：“朕以天下为家，惟贤是与，岂旧兵之外皆无可信者乎！汝之此意，非所以广朕德于天下也。”

32 上谓公卿曰：“昔禹凿山治水而民无谤讟者，与人同利故也。治，直之翻。秦始皇营宫室而人怨叛者，病人以利己故也。夫靡丽珍奇，固人之所欲，夫，音扶。若纵之不已，则危亡立至。朕欲营一殿，材用已具，鉴秦而止。王公已下，宜体朕此意。”由是二十年间，风俗素朴，衣无锦绣，公私富给。

33 上谓黄门侍郎王珪曰：“国家本置中书、门下以相检察，中书诏敕或有差失，则门下当行驳正。中书出命，门下审驳。按唐制，凡诏旨制敕，玺书册命，皆中书舍人起草进画，既下，则署行而过门下省，有不便者，涂窜而奏还，谓之涂归。驳，北角翻。人心所见，互有不同，苟论难往来，务求至当，难，乃旦翻。当，丁浪翻。舍己从人，亦复何伤！比来或护己之短，遂成怨隙，复，扶又翻。比，毗至翻。

或苟避私怨，知非不正，言知其非而不加驳正也。顺一人之颜情，为兆民之深患，此乃亡国之政也。炀帝之世，内外庶官，务相顺从，当是之时，皆自谓有智，祸不及身。及天下大乱，家国两亡，虽其间万一有得免者，亦为时论所贬，终古不磨。卿曹各当徇公忘私，勿雷同也！”

34 上谓侍臣曰：“吾闻西域贾胡得美珠，剖身以藏之，贾，音古。有诸？”侍臣曰：“有之。”上曰：“人皆知【章：十二行本“知”下有“笑”字；乙十一行本同；张校同，云无注本亦无。】彼之爱珠而不爱其身也；吏受赇抵法，与帝王徇奢欲而亡国者，何以异于彼胡之可笑邪！”赇，音求。邪，音耶。魏征曰：“昔鲁哀公谓孔子曰：‘人有好忘者，徙宅而忘其妻。’孔子曰：‘又有甚者，桀、纣乃忘其身。’亦犹是也。”好，呼到翻。忘，巫放翻。上曰：“然。朕与公辈宜戮力相辅，庶免为人所笑也！”

35 青州有谋反者，州县逮捕支党，收系满狱，诏殿中侍御史安喜崔仁师覆按之。曹魏时，兰台遣御史二人居殿中，伺察奸非，遂称殿中侍御史；唐从七品下，掌朝廷供奉之仪式。安喜县，属定州，汉为卢奴、安险二县地，章帝改为安喜，慕容垂改安喜为不连，后魏复曰安喜；后齐废卢奴县入安喜，隋改曰鲜虞，唐复曰安喜。仁师至，悉脱去杻械，去，羌吕翻。杻，女九翻。与饮食汤沐，宽慰之，止坐其魁首十馀人，馀皆释之。还报，敕使将往决之。此时敕使非官，官凡奉敕出使者则谓之敕使。使，疏吏翻。大理少卿孙伏伽谓仁师曰：“足下平反者多，少，始照翻。反，音翻。人情谁不贪生，恐见徒侣得免，未肯甘心，深为足下忧之。”为，于伪翻；下不为、窃为同。仁师曰：“凡治狱当以平恕为本，岂可自规免罪，规，图也。治，直之翻。知其冤而不为伸邪！邪，音耶。万一暗短，误有所纵，以一身易十囚之死，亦所愿也。”伏伽惭而退。及敕使至，更讯诸囚，皆曰：“崔公平恕，事无枉滥，请速就死。”无一人异辞者。

36 上好骑射，好，呼到翻；下同。骑，奇寄翻。孙伏伽谏，以为：“天子居则九门，天门九重，人主之门亦曰九重。所谓禁卫九重，虎豹九关，皆言九门也。行则警跸，非欲苟自尊严，乃为社稷生民之计也。陛下好自走马射的以娱悦近臣，此乃少年为诸王时所为，少，诗照翻。非今日天子事业也。既非所以安养圣躬，又非所以仪刑后世，臣窃为陛下不取。”上悦。未几，以伏伽为谏议大夫。几，居岂翻。考异曰：韩琬御史台记：“伏伽，武德中自万年主簿上疏极谏，太宗怒，命引出斩之。伏伽曰：‘臣宁与关龙逄游于地下，不愿事陛下。’太宗曰：‘朕试卿耳。卿能若是，朕何忧社稷！’命授之三品。宰臣曰：‘伏伽匡陛下之过，自主簿授之三品，彰陛下之过深矣，请授之五品。’遂拜为谏议大夫。”按高祖实录，“武德元年，伏伽自万年县法曹上书，高祖诏授治书侍御史。”御史台记误也。今据魏征故事。

37 隋世选人，十一月集，至春而罢，人患其期促。至是，吏部侍郎观城刘林甫观县，古之观国。国语注曰：夏启子太康之弟所封也。观县，汉属东郡，光武改曰卫县，晋、魏属顿丘郡，曰卫国县，隋开皇六年改曰观城县，属魏州，唐属澶州。选，须绢翻；下同。观，古玩翻。奏四时听选，随阙注拟，人以为便。

唐初，士大夫以乱离之后，不乐仕进，官员不充。省符下诸州差人赴选，州府及诏使乐，音洛。下，遐稼翻。使，疏吏翻。诏使，即前所谓敕使。多以赤牒补官。至是尽省之，勒赴省选，集者七千馀人，林甫随才铨叙，各得其所，时人称之。诏以关中米贵，始分人于洛州选。

上谓房玄龄曰：“官在得人，不在员多。”命玄龄并省，留文武总六百四十三员。

38 隋秘书监晋陵刘子翼，晋陵县带常州。有学行，性刚直，朋友有过，常面责之。李百药常称：“刘四虽复骂人，刘子翼第四，唐人多以第行相呼。学行，下孟翻。复，扶又翻。人终不恨。”是岁，有诏征之，辞以母老，不至。

39 鄃令裴仁轨鄃县，汉、晋属清河郡，中废，隋开皇十六年置，属贝州。鄃，音输。私役门夫，上怒，欲斩之。殿中侍御史长安李乾佑谏曰："法者，陛下所与天下共也，非陛下所独有也。今仁轨坐轻罪而抵极刑，臣恐人无所措手足。"上悦，免仁轨死，以乾佑为侍御史。唐制，殿中侍御史，从七品下；侍御史，从六品下。

40 上尝语及关中、山东人，意有同异。殿中侍御史义丰张行成跪奏曰：义丰，汉中山安国县，隋开皇六年改曰义丰，属定州。"天子以四海为家，不当有东西之异；恐示人以隘。"上善其言，厚赐之。自是每有大政，常使预议。

41 初，突厥既强，敕勒诸部分散，有薛延陀、回纥、都播、骨利干、多滥葛、同罗、仆固、拔野古、思结、浑、斛薛、结、阿跌、契苾、白霫等十五部，皆居碛北，风俗大抵与突厥同；厥，九勿翻。敕勒，即铁勒也。薛延陀先与薛种杂居，后灭延陀部有之，号薛延陀，姓一利咥氏。回纥先曰袁纥，亦曰乌护，曰乌纥，至隋曰韦纥，后称回纥，姓药葛罗氏，居薛延陀北娑陵水上，距长安七千里。都播亦曰都波，其地北濒小海，西坚昆，南回纥。骨利干居瀚海北。多滥葛亦曰多览葛，在薛延陀东，濒同罗水。同罗在薛延陀北，多滥葛之东，距长安七千里而赢。仆固亦曰仆骨，在多滥葛之东，地最北。拔野古一曰拔野固，或为拔曳固，漫散碛北，地千里，直仆固，邻于鞑靼。思结在延陀故牙。浑在诸部最南。斛薛居多滥葛北。奚结在同罗北。阿跌一曰诃跌，或为跌跌。契苾一曰契苾羽，在焉耆西北鹰娑川，多滥葛之南。白霫居鲜卑故地，直京师东北五千里，与同罗、仆固接，避薛延陀，保奥支水冷陉山。"斛薛"之下"结"之上当有"奚"字。纥，音鹘。跌，徒结翻。契，欺讫翻。苾，毗必翻，又蒲结翻。霫，似入翻。碛，七迹翻。考异曰：旧书"敕勒"作"铁勒"。新书云：即元魏时高车。或曰："敕勒"讹为"铁勒"。今从新书。旧书"多滥葛"作"多览葛"，又作"多腊葛"。今从实录、唐统纪。又旧书"仆固"或作"仆骨"。按胡语难明，以中国字写之，故讹谬不壹。今从陈子昂集及仆固怀恩传。薛延陀于诸部为最强。

西突厥曷萨那可汗方强，敕勒诸部皆臣之。曷萨那征税无度，诸部皆怨。曷萨那诛其渠帅百馀人，敕勒相帅叛之，萨，桑葛翻。可，从刊入声。汗，音寒。渠帅，所类翻。相帅，读曰率。共推契苾哥楞为易勿真莫贺可汗，居贪于山北。楞，卢登翻。“贪于山”，新书作“贪汗山”。又以薛延陀乙失钵为也咥小可汗，咥，徒结翻。居燕末山北。燕，因肩翻。及射匮可汗兵复振，复，扶又翻。薛延陀、契苾二部并去可汗之号以臣之。此上皆序隋时事。去，羌吕翻。

回纥等六部在郁督军山者，东属始毕可汗。郁督军山在大漠外，直长安西北六千里。统叶护可汗势衰，乙失钵之孙夷男帅部落七万馀家，附于颉利可汗。帅，读曰率；下同。颉，奚结翻。考异曰：旧铁勒传云：“贞观二年，叶护可汗死，其国大乱，夷男始附于颉利。”按突厥传，元年，薛延陀已叛颉利，击走其欲谷设。安得二年始附颉利乎！颉利政乱，薛延陀与回纥、拔野古等相帅叛之。颉利遣其兄子欲谷设将十万骑讨之，新书阿史那社尔传，以欲谷设为颉利子。考异曰：旧阿史那社尔传，薛延陀、回纥等叛，在武德九年。今从突厥传。回纥酋长菩萨将五千骑，与战于马鬣山，大破之。将，即亮翻。骑，奇寄翻。酋，慈由翻。长，知两翻。菩，薄乎翻。萨，桑葛翻。欲谷设走，菩萨追至天山，部众多为所虏，回纥由是大振。薛延陀又破其四设，突厥号典兵者为设；四设，四部帅之典兵者也。颉利不能制。

颉利益衰，国人离散。会大雪，平地数尺，羊马多死，民大饥，颉利恐唐乘其弊，引兵入朔州境上，扬言会猎，实设备焉。鸿胪卿郑元璹使突厥还，周有大行人之官，秦为典客，汉景帝曰大行，武帝曰大鸿胪。梁置十二卿，鸿胪为冬卿，去“大”字；唐因之，掌宾客及凶仪之事。璹，殊玉翻。胪，陵如翻。言于上曰：“戎狄兴衰，专以羊马为候。今突厥民饥畜瘦，畜，许救翻；下同。此将亡之兆也，不过三年。”上然之。群臣多劝上乘间击突厥，上曰：“新与人盟而背之，不信；间，古苋翻。背，蒲妹翻。利人之灾，不仁；乘人之危以取胜，不武。纵使其种落尽叛，六畜无馀，朕终不击，必待有罪，然后讨之。”种，章勇翻。畜，许救翻。

西突厥统叶护可汗厥，九勿翻。可，从刊入声。汗，音寒。考异曰：高祖实录止云“叶护”，旧传作“统叶护”，今从之。遣真珠统俟斤与高平王道立来，高平王道立使西突厥，见上卷高祖武德八年。俟，渠之翻。献万钉宝钿金带，马五千匹，以迎公主。颉利不欲中国与之和亲，数遣兵入寇，数，所角翻。又遣人谓统叶护曰：“汝迎唐公主，要须经我国中过。”统叶护患之，未成婚。

二年（戊子、六二八）

1 春，正月，辛亥，右仆射长孙无忌罢。从无忌之请也。考下文可见。长，知两翻。时有密表称无忌权宠过盛者，上以表示之，曰：“朕于卿洞然无疑，若各怀所闻而不言，则君臣之意有不通。”又召百官谓之曰：“朕诸子皆幼，视无忌如子，非他人所能间也。”无忌自惧满盈，固求逊位，皇后又力为之请，间，古苋翻。为，于伪翻。上乃许之，以为开府仪同三司。

2 置六司侍郎，副六尚书；六司侍郎，吏部正四品上，馀皆正四品下。并置左右司郎中各一人。左、右司郎中，从五品上。尚书左丞勾吏、户、礼十二司，右丞管兵、刑、工十二司；左、右司郎中各掌副十二司之事，以举正稽违，省署符目。

3 癸丑，吐谷浑寇岷州，都督李道彦击走之。吐，从暾入声。谷，音浴。

4 丁巳，徙汉王恪为蜀王，卫王泰为越王，楚王佑为燕王。燕，因肩翻。

5 上问魏征曰：“人主何为而明，何为而暗？”对曰：“兼听则明，偏信则暗。昔尧清问下民，故有苗之恶得以上闻；书吕刑曰：皇帝清问下民，鳏寡有辞于苗。上，时掌翻。舜明四目，达四聪，故共、鲧、驩兜不能蔽也。舜明目达聪，而难任人，故四凶不能逃其罪也。共，音恭。秦二世偏信赵高，以成望夷之祸；事见秦纪。梁武帝偏信朱异，以取台城之辱；事见梁纪。隋炀帝偏信虞世基，以致彭城阁之变。事见隋炀帝纪及高祖武德元年。是故人君兼听广纳，则贵臣不得拥蔽，而下情得以上通也。"上曰："善！"

上谓黄门侍郎王珪曰："开皇十四年大旱，隋文帝不许赈给，而令百姓就食山东，比至末年，赈，津忍翻。比，必利翻，及也。天下储积可供五十年。炀帝恃其富饶，侈心无厌，厌，于盐翻。卒亡天下。卒，子恤翻；下同。但使仓廪之积足以备凶年，其馀何用哉！"

6 二月，上谓侍臣曰："人言天子至尊，无所畏惮。朕则不然，上畏皇天之监临，下惮群臣之瞻仰，兢兢业业，犹恐不合天意，未副人望。"魏征曰："此诚致治之要，治，直吏翻；下同。愿陛下慎终如始，则善矣。"

7 上谓房玄龄等曰："为政莫若至公。昔诸葛亮窜廖立、李严于南夷，亮卒而立、严皆悲泣，有死者，事见七十二卷魏明帝青龙二年。廖，力救翻，又力吊翻。卒，子恤翻。非至公能如是乎！又高颎为隋相，公平识治体，隋之兴亡，系颎之存没。事见隋纪。朕既慕前世之明君，卿等不可不法前世之贤相也！"相，息亮翻。

8 三月，戊寅【严："寅"改"申"。】朔，日有食之。

9 壬子，大理少卿胡演进每月囚帐；少，始照翻。囚帐，具每月禁系罪囚之姓名，犹今之禁历也。上命自今大辟辟，毗亦翻。皆令中书、门下四品已上自二省长贰而下至谏议大夫也。及尚书议之，庶无冤滥。既而引囚，至岐州刺史郑善果，上谓胡演曰："善果虽复有罪，复，扶又翻。官品不卑，岂可使与诸囚为伍。自今三品已上犯罪，不须引过，听于朝堂俟进止。"太极宫承天门左右有东西朝堂。朝，直遥翻；下同。

10 关内旱饥，民多卖子以接衣食；己巳，诏出御府金帛为赎之，归其父母。为，于伪翻。庚午，诏以去岁霖雨，今兹旱、蝗，赦天下。诏书略曰："若使年谷丰稔，天下乂安，移灾朕身，以存万国，是所愿也，甘心无吝。"会所在有雨，民大悦。

11 夏，四月，己卯，诏以"隋末乱离，因之饥馑，暴骸满野，伤人心目，宜令所在官司收瘗。"瘗，于计翻。

12 初，突厥突利可汗建牙直幽州之北，主东偏，奚、霫等数十部多叛突厥来降，厥，九勿翻。可，从刊入声。汗，音寒。霫，先立翻。降，户江翻。颉利可汗以其失众责之。及薛延陀、回纥等败欲谷设，颉，奚结翻。纥，下没翻。败，补迈翻。颉利遣突利讨之，突利兵又败，轻骑奔还。骑，奇寄翻。还，从宣翻。颉利怒，拘之十馀日而挞之，突利由是怨，阴欲叛颉利。颉利数征兵于突利，数，所角翻。突利不与，表请入朝。上谓侍臣曰："向者突厥之强，控弦百万，凭陵中夏，夏，户雅翻。用是骄恣以失其民。今自请入朝，非困穷，肯如是乎！朕闻之，且喜且惧。何则？突厥衰则边境安矣，故喜。然朕或失道，他日亦将如突厥，能无惧乎！卿曹宜不惜苦谏，以辅朕之不逮也。"

颉利发兵攻突利，丁亥，突利遣使来求救，颉，奚结翻。使，疏吏翻；下同。上谋于大臣曰："朕与突利为兄弟，有急不可不救。结兄弟，事见上卷高祖武德七年。然颉利亦与之有盟，谓渭桥之盟也，见上卷武德九年。奈何？"兵部尚书杜如晦曰："戎狄无信，终当负约，今不因其乱而取之，后悔无及。夫取乱侮亡，书仲虺之诰之辞。夫，音扶。古之道也。"

丙申，契丹酋长帅其部落来降。契，欺讫翻，又音吃。酋，慈由翻。长，知两翻。降，户江翻；下同。颉利遣使请以梁师都易契丹，上谓使者曰："契丹与突厥异类，今来归附，何故索之！索，山客翻。师都中国之人，盗我土地，暴我百姓，突厥受而庇之，我兴兵致讨，辄来救之，彼如鱼游釜中，何患不为我有！借使不得，亦终不以降附之民易之也。”

先是，上知突厥政乱，不能庇梁师都，先，悉荐翻。以书谕之，师都不从。上遣夏州都督长史刘旻、司马刘兰成图之，夏，户雅翻。长，知两翻。旻等数遣轻骑践其禾稼，多纵反间，离其君臣，其国渐虚，降者相属。数，所角翻。骑，奇寄翻。践，慈演翻。间，古苋翻。属，之欲翻。其名将李正宝等谋执师都，事泄，来奔，将，即亮翻。泄，息列翻。由是上下益相疑。旻等知可取，上表请兵。上，时掌翻。上遣右卫大将军柴绍、殿中少监薛万均击之，少，始照翻。又遣旻等据朔方东城以逼之。克东城见一百九十卷武德五年。师都引突厥兵至城下，刘兰成偃旗卧鼓不出。师都宵遁，兰成追击，破之。突厥大发兵救师都，柴绍等未至朔方数十里，与突厥遇，奋击，大破之，遂围朔方。突厥不敢救，城中食尽。壬寅，师都从父弟洛仁杀师都，以城降，梁师都，隋大业末起兵，至是而灭。从，才用翻。以其地为夏州。夏，户雅翻。

13 太常少卿祖孝孙，以梁、陈之音多吴、楚，周、齐之音多胡、夷，于是斟酌南北，考以古声，少，始照翻。作唐雅乐，凡八十四调、三十一曲、十二和。律有七声，十二律凡八十四调。隋有皇夏十四曲，孝孙制十二和，以法天之成数，凡三十一曲。十二和者，一曰豫和，二曰顺和，三曰永和，四曰肃和，五曰雍和，六曰寿和，七曰舒和，八曰太和，九曰昭和，十曰休和，十一曰正和，十二曰承和。调，徒吊翻。和如字。诏协律郎张文收与孝孙同修定。汉协律都尉，佩二千石印绶。唐协律郎，正八品上，属太常寺。六月，乙酉，孝孙等奏新乐。上曰：“礼乐者，盖圣人缘情以设教耳，治之隆替，岂由于此？”治，直吏翻。御史大夫杜淹曰：“齐之将亡，作伴侣曲，北齐之时，阳俊之多作六言歌辞，淫荡而拙，世俗流传，名为阳五伴侣。陈之将亡，作玉树后庭花，杜佑曰：玉树后庭花，堂堂黄鹂留，金钗两鬓垂，并陈后主所造，恒与宫中女学士及朝臣唱和为诗，太乐令何胥采其尤轻艳者为此曲。其声哀思，思，相吏翻。行路闻之皆悲泣，何得言治之隆替不在乐也！”上曰：“不然。夫乐能感人，故乐者闻之则喜，夫，音扶。故乐，音洛。忧者闻之则悲，悲喜在人心，非由乐也。将亡之政，民必愁苦，故闻乐而悲耳。今二曲具存，朕为公奏之，为，于伪翻。公岂悲乎？”右丞魏征曰：“古人称‘礼云礼云，玉帛云乎哉！乐云乐云，钟鼓云乎哉！’论语载孔子之言。乐诚在人和，不在声音也。”

臣光曰：臣闻垂能目制方圆，心度曲直，垂，古之巧人。度，徒洛翻。然不能以教人，其所以教人者，必规矩而已矣。圣人不勉而中，中，竹仲翻。不思而得，然不能以授人，其所以授人者，必礼乐而已矣。礼者，圣人之所履也；乐者，圣人之所乐也。圣人履中正而乐和平，所乐，音洛；下所乐、哀乐同。又思与四海共之，百世传之，于是乎作礼乐焉。故工人执垂之规矩而施之器，是亦垂之功已；王者执五帝、三王之礼乐而施之世，是亦五帝、三王之治已。治，直吏翻；下同。五帝、三王，其违世已久，后之人见其礼知其所履，闻其乐知其所乐，炳然若犹存于世焉，此非礼乐之功邪！所乐，音洛。邪，音耶。

夫礼乐有本、有文：夫，音扶。中和者，本也；容声者，末也；二者不可偏废。先王守礼乐之本，未尝须臾去于心，行礼乐之文，未尝须臾远于身。兴于闺门，著于朝廷，被于乡遂比邻，远，于愿翻。被，皮义翻。朝，直遥翻。比，毗至翻，又音毗。达于诸侯，流于四海，自祭祀军旅至于饮食起居，未尝不在礼乐之中；如此数十百年，然后治化周浃，凤凰来仪也。浃，即协翻。苟无其本而徒有其末，一日行之而百日舍之，求以移风易俗，诚亦难矣。是以汉武帝置协律，歌天瑞，非不美也，不能免哀痛之诏。见本纪。王莽建羲和，考律吕，非不精也，不能救渐台之祸。王莽令刘歆考定律吕，羲和掌之。班固取以志律历。渐台事见汉淮阳王纪。渐，子廉翻。晋武制笛尺，调金石，非不详也，不能弭平阳之灾。晋武帝使荀勖定钟律。平阳之灾，谓怀、愍二帝蒙尘也。梁武帝立四器、调八音，非不察也，不能免台城之辱。四器，谓制四通也。事见一百四十五卷天监元年。台城之辱见一百六十二卷太清三年。然则韶、夏、濩、武之音，具存于世，舜乐曰韶，禹乐曰夏，汤乐曰濩，周武王乐曰武。夏，户雅翻。濩，户故翻。苟其馀【张："馀"作"德"。】不足以称之，称，尺证翻。曾不能化一夫，况四海乎！是犹执垂之规矩而无工与材，坐而待器之成，终不可得也。况齐、陈淫昏之主，亡国之音，蹔奏于庭，乌能变一世之哀乐乎！蹔，与暂同。乐，音洛。而太宗遽云治之隆替不由于乐，何发言之易易，以豉翻。而果于非圣人也如此！

夫礼非威仪之谓也，夫，音扶。然无威仪则礼不可得而行矣。乐非声音之谓也，然无声音则乐不可得而见矣。譬诸山，取其一土一石而谓之山则不可，然土石皆去，山于何在哉！故曰："无本不立，无文不行。"记礼器之言。奈何以齐、陈之音不验于今世而谓乐无益于治乱，何异睹拳石而轻泰山乎！必若所言，则是五帝、三王之作乐皆妄也。"君子于其所不知，盖阙如也，"论语载孔子之言。惜哉！

14 戊子，上谓侍臣曰："朕观隋炀帝集，文辞奥博，亦知是尧、舜而非桀、纣，然行事何其反也！"魏征对曰："人君虽圣哲，犹当虚己以受人，故智者献其谋，勇者竭其力。炀帝恃其俊才，骄矜自用，故口诵尧、舜之言而身为桀、纣之行，行，下孟翻。曾不自知以至覆亡也。"上曰："前事不远，吾属之师也！"

15 畿内有蝗。辛卯，上入苑中，出玄武门北入禁苑。见蝗，掇数枚，掇，丁活翻，又陟劣翻，拾取也。祝之曰："民以谷为命，而汝食之，宁食吾之肺肠。"举手欲吞之，左右谏曰："恶物或成疾。"上曰："朕为民受灾，为，于伪翻。何疾之避！"遂吞之。是岁，蝗不为灾。

16 上曰："朕每临朝，欲发一言，未尝不三思，朝，直遥翻。三，息暂翻，又如字。恐为民害，是以不多言。"给事中知起居事杜正伦曰："臣职在记言，古者有左、右史，天子言则左史书之，动则右史书之。隋始置起居舍人。贞观二年，省起居舍人，移其职于门下省，置起居郎二员，其以他官兼者，谓之知起居注、知起居事。陛下之失，臣必书之，岂徒有害于今，亦恐贻讥于后。"上悦，赐帛二百段。

17 上曰："梁武帝君臣惟谈苦空，言所谈者惟苦行空寂也。侯景之乱，百官不能乘马。元帝为周师所围，犹讲老子，百官戎服以听。事见一百六十五卷梁元帝承圣三年。此深足为戒。朕所好者，好，呼到翻。唯尧、舜、周、孔之道，以为如鸟有翼，如鱼有水，失之则死，不可暂无耳。"

18 以辰州刺史裴虔通，隋炀帝故人，特蒙宠任，而身为弑逆，事见一百八十五卷高祖武德元年。按通鉴纪事各为段，凡改段处，率空一字，别为一节，此段头既空字，"以"字之上，合有"上"字，文乃明。虽时移事变，屡更赦令，更，工衡翻。幸免族夷，不可犹使牧民，乃下诏除名，流驩州。贞观元年，改德州日南郡曰驩州。虔通常言"身除隋室以启大唐"，自以为功，颇有觖望之色。觖，窥瑞翻，又于决翻，怨望也。及得罪，怨愤而死。

19 秋，七月，诏宇文化及之党莱州刺史牛方裕、绛州刺史薛世良、广州都督长史唐奉义、隋武牙郎将元礼并除名徙边。长，知两翻。武牙郎将即虎牙郎将，唐避讳，改"虎"曰"武"。将，即亮翻。

20 上谓侍臣曰："古语有之：'赦者小人之幸，君子之不幸。''一岁再赦，善人喑哑。'喑，于今翻。哑，乌下翻。夫养稂莠者害嘉谷，夫，音扶。稂，鲁当翻。莠，与久翻。稂莠皆恶草害稼。赦有罪者贼良民，故朕即位以来，不欲数赦，数，所角翻。恐小人恃之轻犯宪章故也！"

王崇武标点容肇祖聂崇岐覆校

资治通鉴卷第一百九十三

端明殿学士兼翰林侍读学士太中大夫
提举西京嵩山崇福宫上柱国河内郡开国公 司马光 奉敕编集
食邑二千二百户食实封九百户赐紫金鱼袋臣

后学天台 胡三省 音注

唐纪九 起著雍困敦(戊子)九月，尽重光单阏(辛卯)，凡三年有奇。

太宗文武大圣大广孝皇帝上之中

贞观二年(戊子、六二八)

1 九月，丙午，初令致仕官【章：十二行本“官”下有“位”字；乙十一行本同；孔本同；张校同。】在本品之上。按唐会要，是时诏内外文武官年老致仕者，参朝之班，宜在本品见任之上。观，古玩翻。

2 上曰：“比见群臣屡上表贺祥瑞，比，毗至翻。上，时掌翻。夫家给人足而无瑞，不害为尧、舜；百姓愁怨而多瑞，不害为桀、纣。夫，音扶。后魏之世，吏焚连理木，煮白雉而食之，岂足为至治乎！”治，直吏翻。丁未，诏：“自今大瑞听表闻，按仪制令，凡景星、庆云为大瑞，其名物六十有四；白狼、赤兔为上瑞，其名物三十有八；苍乌、朱雁为中瑞，其名物三十有二；嘉禾、芝草、木连理为下瑞，其名物十四。自外诸瑞，申所司而已。”唐六典：礼部郎中，凡祥瑞应见，皆辩其物名。尝有白鹊构巢于寝殿槐上，合欢如腰鼓，合，音阁。左右称贺。上曰：“我常笑隋炀帝好祥瑞。好，呼到翻。瑞在得贤，此何足贺！”命毁其巢，纵鹊于野外。

3 天少雨，少，诗沼翻。中书舍人李百药上言：上，时掌翻。“往年虽出宫人，窃闻太上皇宫及掖庭宫人，无用者尚多，岂惟虚费衣食，且阴气郁积，亦足致旱。”上曰：“妇人幽闭深宫，诚为可愍。洒扫之馀，亦何所用，洒，所卖翻；扫，素报翻；又并如字。宜皆出之，任求伉俪。”伉，苦浪翻。俪，郎计翻。于是遣尚书左丞戴胄、给事中洹水杜正伦洹水县，周建德六年分临漳东北界置，属魏州。洹，于元翻。于掖庭西门简出之，掖，音亦。前后所出三千馀人。

4 己未，突厥寇边。厥，九勿翻。朝臣或请修古长城，古长城，秦蒙恬所筑者也。自汉至隋，沿边所筑城障非一处，而长城之延袤未有如秦者也。朝，直遥翻。发民乘堡障，上曰：“突厥灾异相仍，颉利不惧而修德，暴虐滋甚，骨肉相攻，亡在朝夕。朕方为公扫清沙漠，为，于伪翻。安用劳民远修障塞乎！”

5 壬申，以前司农卿窦静为夏州都督。夏，户雅翻。静在司农，少卿赵元楷善聚敛，少，始照翻。敛，力赡翻；下重敛同。静鄙之，对官属大言曰：司农官属，有丞、主簿，上林、太仓、钩盾、导官四署令、丞，太仓、永丰、龙门等仓。司竹、庆善、石门、温泉汤等监，京都诸宫苑总监，诸园、苑监，苑四面监，九成宫监，诸盐池监，诸屯监，各有监副、监丞，苑总监又有主簿，诸盐池、诸屯监无副监。“隋炀帝奢侈重敛，司农非公不可；今天子节俭爱民，公何所用哉！”元楷大惭。

6 上问王珪曰：“近世为国者益不及前古，何也？”对曰：“汉世尚儒术，宰相多用经术士，故风俗淳厚；近世重文轻儒，参以法律，此治化之所以益衰也。”治，直吏翻。上然之。

7 冬，十月，御史大夫参预朝政安吉襄公杜淹薨。朝，直遥翻；下同。

8 交州都督遂安公寿以贪得罪，遂安公寿，宗室也。上以瀛州刺史卢祖尚才兼文武，廉平公直，征入朝，谕以“交趾久不得人，须卿镇抚。”祖尚拜谢而出，既而悔之，辞以旧疾。上遣杜如晦等谕旨曰：“匹夫犹敦然诺，敦然诺，犹重然诺也。言既许人，则必践言。奈何既许朕而复悔之！”祖尚固辞。戊子，上复引见，谕之，复，扶又翻。见，贤遍翻。祖尚固执不可。上大怒曰：“我使人不行，何以为政！”命斩于朝堂，阁本太极宫图：东西朝堂在承天门左右。承天门，外朝也。东朝堂之前有肺石，西朝堂之前有登闻鼓。寻悔之。他日，与侍臣论“齐文宣帝何如人？”魏征对曰：“文宣狂暴，然人与之争，事理屈则从之。有前青州长史魏恺使于梁还，除光州长史，不肯行，长，知两翻。使，疏吏翻；下同。杨遵彦奏之。文宣怒，召而责之。恺曰：‘臣先任大州，【章：十二行本“州”下有“长史”二字；乙十一行本同；孔本同；张校同。】使还，有劳无过，更得小州，此臣所以不行也。’文宣顾谓遵彦曰：‘其言有理，卿赦之。’此其所长也。”杨愔，字遵彦，相齐文宣帝，大见亲任。上曰：“然。向者卢祖尚虽失人臣之义，朕杀之亦为太暴，由此言之，不如文宣矣！”命复其官荫。复其官，则得荫其子若孙。唐制，凡用荫：一品，子正七品上；二品，子正七品下；三品，子从七品上；从三品，子从七品下；正四品，子正八品上；从四品，子正八品下；正五品，子从八品上；从五品及国公子，从八品下。三品以上，荫曾孙；五品以上，荫孙；孙降子一等，曾孙降孙一等，赠官降正官一等，死事者与正官同。郡、县公子视从五品孙，县男以上子降一等，勋官二品子又降一等，二王后孙视正三品。

征状貌不逾中人，而有胆略，善回人主意，每犯颜苦谏；或逢上怒甚，征神色不移，上亦为霁威。人主之威，重于雷霆。霁威，言犹雨霁则雷霆亦收威。为，于伪翻。尝谒告上冢，上，时掌翻。还，言于上曰：“人言陛下欲幸南山，外皆严装已毕，而竟不行，何也？”上笑曰：“初实有此心，畏卿嗔，故中辍耳。”嗔，昌真翻。上尝得佳鹞，自臂之，望见征来，匿怀中；征奏事固久不已，鹞竟死怀中。

9 十一月，辛酉，上祀圜丘。武德元年，制每岁冬至，祀昊天上帝于圜丘，以景皇帝配。

10 十二月，壬午，以黄门侍郎王珪为守侍中。上尝閒居，閒，读曰闲。与珪语，有美人侍侧，上指示珪曰："此庐江王瑗之姬也，庐江王瑗反死，见一百九十一卷武德九年。瑗，于眷翻。瑗杀其夫而纳之。"珪避席曰："陛下以庐江纳之为是邪，非邪？"邪，音耶。上曰："杀人而取其妻，卿何问是非！"对曰："昔齐桓公知郭公之所以亡，由善善而不能用，然弃其所言之人，管仲以为无异于郭公。齐桓公过郭氏之墟，问父老曰："郭何故亡？"对曰："善善恶恶。"公曰："若子之言，何至于亡？"对曰："善善而不能用，恶恶而不能去，此其所以亡也。"今此美人尚在左右，臣以为圣心是之也。"上悦，即出之，还其亲族。考异曰：实录、新旧书皆云"帝虽不出此美人而甚重其言"。按太宗贤主，既重珪言，何得反弃而不用乎！且是人泛侍左右，又非嬖宠著名之人，太宗何爱而留之！今从贞观政要。

上使太常少卿祖孝孙教宫人音乐，不称旨，少，始照翻。称，尺证翻。上责之。温彦博、王珪谏曰："孝孙雅士，今乃使之教宫人，又从而谴之，臣窃以为不可。"上怒曰："朕置卿等于腹心，当竭忠直以事我，乃附下罔上，为孝孙游说邪！"为，于伪翻。说，输芮翻。彦博拜谢。珪不拜，曰："陛下责臣以忠直，今臣所言岂私曲邪！邪，音耶。此乃陛下负臣，非臣负陛下！"上默然而罢。明日，上谓房玄龄曰："自古帝王纳谏诚难，朕昨责温彦博、王珪，至今悔之。考异曰：魏文贞公故事："太宗曰：'人皆以祖孝孙为知音，令教声曲，多不谐韵，此其未至精妙，为不存意乎？'乃敕所司令举其罪。公进谏曰：'陛下生平不爱音声，今忽为教女乐责孝孙，臣恐天下怪愕。'太宗曰：'汝等并是我心腹，应须中正，何乃附下罔上为孝孙辞！'温彦博等拜谢。公及王珪进曰：'陛下不以臣等不肖，置之枢近，今臣所言，岂是为私。不意陛下责臣至此！常奉明旨，"勿以临时嗔怒，即便曲从，成我大过，"臣等不敢失坠，所以每触龙鳞。今以为责，只是陛下负臣，臣终不负陛下。'太宗怒未已，懔然作色。公又曰：‘祖孝孙学问立身，何如白明达？陛下平生礼遇孝孙，复何如白明达？今过听一言，便谓孝孙可疑，明达可信，臣恐群臣众庶有以窥陛下。’太宗怒乃解。”今从旧传。公等勿为此不尽言也。”为，于伪翻；下为朕同。

11 上曰：“为朕养民者，唯在都督、刺史，朕常疏其名于屏风，坐卧观之，得其在官善恶之迹，皆注于名下，以备黜陟。县令尤为亲民，不可不择。”乃命内外五品已上，各举堪为县令者，以名闻。

12 上曰：“比有奴告其主反者，比，毗至翻。此弊事。夫谋反不能独为，必与人共之，何患不发，何必使奴告邪！邪，音耶。自今有奴告主者，皆勿受，仍斩之。”

13 西突厥统叶护可汗为其伯父所杀；伯父自立，是为莫贺咄侯屈利俟毗可汗。厥，九勿翻。可，从刊入声。汗，音寒。咄，当没翻。俟，渠之翻。国人不服，弩矢毕部推泥孰莫贺设为可汗，西突厥有五弩矢毕部，泥孰亦一啜之部帅。泥孰不可。统叶护之子咥力特勒咥，徒结翻，又丑栗翻。避莫贺咄之祸，亡在康居，泥孰迎而立之，是为乙毗钵罗肆叶护可汗，与莫贺咄相攻，连兵不息，俱遣使来请婚。使，疏吏翻。上不许，曰：“汝国方乱，君臣未定，何得言婚！”且谕以各守部分，勿复相攻。分，扶问翻。复，扶又翻。于是西域诸国及敕勒先役属西突厥者皆叛之。史言天方福华，东西突厥皆乱。厥，九勿翻。

14 突厥北边诸姓多叛颉利可汗归薛延陀，共推其俟斤夷男为可汗，颉，奚结翻。俟，渠之翻。夷男不敢当。上方图颉利，遣游击将军乔师望间道赍册书拜夷男为真珠毗伽可汗，间，古苋翻。伽，求迦翻。赐以鼓纛。纛，徒到翻。夷男大喜，遣使入贡，使，疏吏翻。建牙于大漠之郁督军山下，东至靺鞨，西至西突厥，南接沙碛，靺，音末。鞨，音曷。碛，七迹翻。北至俱伦水；回纥、拔野古、阿跌、同罗、仆骨、霫诸部皆属焉。史言突厥衰而薛延陀强于漠北。霫，而立翻。

三年（己丑、六二九）

1 春，正月，戊午，上祀太庙；癸亥，耕藉于东郊。初议藉田方面所在，给事中孔颖达曰：“礼，天子藉田于南郊，诸侯于东郊。晋武帝犹于东南。今于城东，不合古礼。”帝曰：“礼缘人情，亦何常之有。且虞书云：‘平秩东作。’则是尧、舜敬授人时，已在东矣。又乘青辂、载黛耜者，所以顺于春气，故知合于东方。且朕见居少阳之地，田于东郊，盖其宜也。”于是遂定。按帝自谓居少阳之地，盖以即位以来居东宫也。藉，秦昔翻。

2 沙门法雅坐妖言诛。妖，一遥翻。司空裴寂尝闻其言，辛未，寂坐免官，遣还乡里。寂请留京师，上数之曰：数，所具翻，又所主翻。“计公勋庸，安得至此！直以恩泽为群臣第一。武德之际，货赂公行，纪纲紊乱，皆公之由也，上皇闻帝此言，其心为如何？紊，音问。但以故旧不忍尽法。得归守坟墓，幸已多矣！”寂遂归蒲州。裴寂本蒲州桑泉人。未几，又坐狂人信行言寂有天命，寂不以闻，当死；流静州。武德四年，以始安郡之龙平、豪静，苍梧郡之苍梧置静州静平郡。几，居岂翻。会山羌作乱，以为山羌，则当是剑南之静州。然剑南之静州，武后时方置。若以为岭南之静州，则“羌”当作“蛮”。或言劫寂为主。上曰：“寂当死，我生之，必不然也。”俄闻寂率家僮破贼。上思其佐命之功，征入朝，会卒。帅，读曰率。朝，直遥翻；下同。卒，子恤翻。

3 二月，戊寅，以房玄龄为左仆射，杜如晦为右仆射，以尚书右丞魏征守秘书监，参预朝政。

4 三月，己酉，上录系囚。有刘恭者，颈有“胜”文，自云“当胜天下”，坐是系狱。上曰：“若天将兴之，非朕所能除；若无天命，‘胜’文何为！”乃释之。

5 丁巳，上谓房玄龄、杜如晦曰：“公为仆射，当广求贤人，随才授任，此宰相之职也。唐六典：左、右仆射，左、右丞相之职也，掌总领六官，纪纲百揆。比闻听受辞讼，比，毗至翻；下比见、比来同。日不暇给，安能助朕求贤乎！”因敕“尚书细务属左右丞，属，之欲翻，付也。唯大事应奏者，乃关仆射。”

玄龄明达政事，辅以文学，夙夜尽心，惟恐一物失所；用法宽平，闻人有善，若己有之，不以求备取人，不以己长格物。与杜如晦引拔士类，常如不及。至于台阁规模，皆二人所定。上每与玄龄谋事，必曰：“非如晦不能决。”及如晦至，卒用玄龄之策。盖元龄善谋，如晦能断故也。卒，子恤翻。断，丁乱翻。二人深相得，同心徇国，故唐世称贤相，推房、杜焉。玄龄虽蒙宠待，或以事被谴，辄累日诣朝堂，稽颡请罪，恐惧若无所容。史言房玄龄忠谨。被，皮义翻。朝，直遥翻。稽，音启。

玄龄监修国史，上语之曰：唐以宰相监修国史，至今因之。监，工衔翻。语，牛倨翻。“比见汉书载子虚、上林赋，浮华无用。其上书论事，词理切直者，朕从与不从，皆当载之。”太宗之存心如此，安有有献而不纳者乎！上，时掌翻。

6 夏，四月，乙亥，上皇徙居弘义宫，更名大安宫。唐会要：武德五年，营弘义宫，以帝有克定天下之功，别建此宫以居之。既禅位，高祖以弘义宫有山林胜景，雅好之，遂徙居焉，改名大安宫。马周所谓“大安宫在城之西”者也。更，工衡翻。上【章：十二行本“上”上有“甲午”二字；乙十一行本同；张校同，云无注本亦无。】始御太极殿，高祖之传位也，帝即位于东宫之显德殿，高祖徙居大安宫，帝始御太极殿。谓群臣曰：“中书、门下，机要之司，诏敕有不便者，皆应论执。比来唯睹顺从，不闻违异。若但行文书，则谁不可为，何必择才也！”房玄龄等皆顿首谢。

故事：凡军国大事，则中书舍人各执所见，杂署其名，谓之五花判事。中书侍郎、中书令省审之，给事中、黄门侍郎驳正之。上始申明旧制，由是鲜有败事。省，悉景翻。驳，北角翻。鲜，息善翻。

7 茌平人马周，茌平县，汉属东郡。应劭曰：在茌山之平地者也。后魏属东平原郡，后齐废，隋开皇初复置，属贝州，唐属博州。贤曰：汉茌平故城在博州之聊城县东北。茌，仕疑翻。客游长安，舍于中郎将常何之家。唐诸卫中郎将，正四品下。将，即亮翻。六月，壬午，以旱，诏文武官极言得失。何武人不学，不知所言，周代之陈便宜二十馀条。考异曰：旧传云贞观五年。据实录，诏在此年，五年不见有诏令百官上封事。今从唐历附此。上怪其能，以问何，对曰："此非臣所能，家客马周为臣具草耳。"为，于伪翻。上即召之；未至，遣使督促者数辈。及谒见，与语，甚悦，令直门下省，寻除监察御史，奉使称旨。郑樵曰：秦以御史监郡，谓之监御史，汉罢其名。晋孝武太元中，始置检校御史，掌行马外事；隋改检校御史为监察御史。使，疏吏翻。见，贤遍翻。监，工衔翻。使，疏吏翻；下同。称，尺证翻。上以常何为知人，赐绢三百匹。

8 秋，八月，己巳朔，日有食之。

9 丙子，薛延陀毗伽可汗伽，求迦翻。可，从刊入声。汗，音寒。遣其弟统特勒入贡，上赐以宝刀及宝鞭，谓曰："卿所部有大罪者斩之，小罪者鞭之。"夷男甚喜。突厥颉利可汗大惧，始遣使称臣，请尚公主，修婿礼。

代州都督张公谨上言突厥可取之状，以为"颉利纵欲逞暴，诛忠良，昵奸佞，一也。颉，奚结翻。上，时掌翻。昵，尼质翻。薛延陀等诸部皆叛，二也。薛延陀诸部叛突厥，事始上卷二年。突利、拓设、欲谷设皆得罪，无所自容，三也。突利得罪，见上卷二年。拓设，即阿史那社尔，与欲谷设分统敕勒诸部。欲谷设，即为回纥所破者也。按旧书李大亮传：颉利既亡之后，拓设诸种散在伊吾。塞北霜旱，糇粮乏绝，四也。糇，音侯。颉利疏其族类，亲委诸胡，胡人反覆，大军一临，必生内变，五也。华人入北，其众甚多，华人因隋末之乱，避而入北。比闻所在啸聚，保据山险，大军出塞，自然响应，六也。”比，毗至翻。上以颉利可汗既请和亲，复援梁师都，事见上卷上年。复，扶又翻。丁亥，命兵部尚书李靖为行军总管讨之，以张公谨为副。

九月，丙午，突厥俟斤九人帅三千骑来降。戊午，拔野古、仆骨、同罗、奚酋长并帅众来降。厥，九勿翻。俟，渠之翻。帅，读曰率。骑，奇寄翻。降，户江翻。酋，慈由翻。长，知两翻。

10 冬，十一月，辛丑，突厥寇河西，肃州刺史公孙武达、武德二年分甘州之福禄、瓜州之玉门，置肃州酒泉郡。甘州刺史成仁重与战，破之，甘、肃二州相去四百二十里。捕虏千馀口。

11 上遣使至凉州，都督李大亮有佳鹰，使者讽大亮使献之，大亮密表曰："陛下久绝畋游而使者求鹰。使，疏吏翻；下同。若陛下之意，深乖昔旨；昔旨，谓绝畋游之旨。如其自擅，乃是使非其人。"癸卯，上谓侍臣曰："李大亮可谓忠直。"手诏褒美，赐以胡瓶及荀悦汉纪。按旧书李大亮传：帝诏曰："今赐卿胡瓶一枚，虽无千镒之重，乃朕自用之物。荀悦汉纪，叙致既明，论议深博，极为治之体，尽君臣之义，今以赐卿，宜加寻阅。"

12 庚申，以行并州都督李世勣为通汉道行军总管，旧书李勣传作"通漠道"，当从之。后高宗朝裴行俭遣兵由通漠道掩取阿史那伏念辎重。兵部尚书李靖为定襄道行军总管，华州刺史柴绍为金河道行军总管，华，户化翻。灵州大都督薛万彻为畅武道行军总管，畅武，非地名也。营州边于东胡，故命万彻为总管，使之宣畅威武，以美名宠之耳。新书帝纪作营州都督薛万淑。众合十馀万，皆受李勣【章：十二行本"勣"作"靖"；乙十一行本同。】节度，分道出击突厥。

乙丑，任城王道宗击突厥于灵州，破之。任，音壬。

十二月，戊辰，突利可汗入朝，朝，直遥翻。上谓侍臣曰："往者太上皇以百姓之故，称臣于突厥，事见一百八十四卷隋恭帝义宁元年六月。一本此下有考异。朕常痛心。今单于稽颡，庶几可雪前耻。”稽，音启。几，居希翻。

壬午，靺鞨遣使入贡，靺，音末。鞨，音曷。使，疏吏翻。上曰：“靺鞨远来，盖突厥已服之故也。昔人谓御戎无上策，严尤谏王莽曰：“匈奴为害，所从来久，周、秦、汉征之，皆未有得上策者也；周得中策，汉得下策，秦无策焉。”朕今治安中国，而四夷自服，岂非上策乎！”

13 癸未，右仆射杜如晦以疾逊位，上许之。

14 乙酉，上问给事中孔颖达曰：“论语：‘以能问于不能，以多问于寡，有若无，实若虚。’曾子之言。何谓也？”颖达具释其义以对；且曰：“非独匹夫如是，帝王亦然。帝王内蕴神明，外当玄默，故易称‘以蒙养正，以明夷莅众。’易曰：蒙以养正，圣功也。明夷，君子以莅众，用晦而明。若位居尊极，炫耀聪明，炫，荧绢翻。以才陵人，饰非拒谏，则下情不通，取亡之道也。”上深善其言。

15 庚寅，突厥郁射设帅所部来降。厥，九勿翻。降，户江翻。

16 闰月，丁未，东谢酋长谢元深、南谢酋长谢强来朝。诸谢皆南蛮别种，在黔州之西。东谢蛮在西爨之南，居黔州之西三百里；南谢蛮在隋牂柯郡地南百里，有桂岭关。酋，慈由翻。长，知两翻。朝，直遥翻；下同。种，章勇翻。黔，音琴。诏以东谢为应州、南谢为庄州，隶黔州都督。宋白曰：黔州，黔中郡，秦置，汉通谓五溪之地，又为武陵郡之酉阳县地，武帝于此置涪陵县，蜀先主立黔安郡，后周建德三年置黔州，贞观四年，移州治于涪陵江东彭水之东。

是时远方诸国来朝贡者甚众，服装诡异，中书侍郎颜师古请图写以示后，作王会图，从之。考异曰：实录、新旧传皆云“正会图”。按汲冢周书有王会篇，柳宗元铙鼓歌、吕述黠戛斯朝贡图皆作“王会”，今从之。

乙丑，牂柯酋长谢能羽【严："能"改"龙"。】及充州蛮入贡，牂，音臧。柯，音哥。诏以牂柯为牂州；昆明东九百里，即牂柯蛮国，其王号鬼主，其别帅曰罗殿王，东距辰州二千四百里；其南一千五百里，即交州也。牂州之北一百五十里，有别部曰充州蛮。牂、柯，音臧、哥。党项酋长细封步赖来降，以其地为轨州；各以其酋长为刺史。党项地亘三千里，姓别为部，不相统壹，细封氏、费听氏、往利氏、颇超氏、野辞氏、旁【章：十二行本"旁"作"房"；乙十一行本同；张校同；退斋校同。】当氏、米擒氏、拓跋氏，皆大姓也。步赖既为唐所礼，馀部相继来降，以其地为崌、奉、岩、远四州。党项，汉西羌别种，魏、晋后微甚，周灭宕昌、邓至而党项始强。其地古析支也，东距松州，西叶护，南春桑、迷桑等羌，北吐谷浑。山谷崎岖，大抵三千里。拓跋氏之后，为西夏李继迁。党，底朗翻。酋，慈由翻。长，知两翻。降，户江翻。

17 是岁，户部奏：中国人自塞外归及四夷前后降附者，男女一百二十馀万口。

18 房玄龄、王珪掌内外官考，唐考法：凡百司之长，岁校其属功过，差以九等。流内之官，叙以四善：一曰德义有闻，二曰清慎明著，三曰公平可称，四曰恪勤匪懈。善状之外，有二十七最：一曰献可替否，拾遗补阙，为近侍之最；二曰铨衡人物，擢尽才良，为选司之最；三曰扬清激浊，褒贬必当，为考校之最；四曰礼制仪式，动合经典，为礼官之最；五曰音律克谐，不失节奏，为乐官之最；六曰决断不滞，与夺合理，为判事之最；七曰都统有方，警守无失，为宿卫之最；八曰兵士调习，戎装充备，为督领之最；九曰推鞫得情，处断平允，为法官之最；十曰雠校精审，明于刊定，为校正之最；十一曰承旨敷奏，吐纳明敏，为宣纳之最；十二曰训导有方，生徒充业，为学官之最；十三曰赏罚严明，攻战必胜，为军将之最；十四曰礼义兴行，肃清所部，为政教之最；十五曰详录典正，词理兼举，为文史之最；十六曰访察精审，弹举必当，为纠正之最；十七曰明于勘覆，稽失无隐，为司检之最；十八曰职事修理，供承强济，为监掌之最；十九曰功课皆充，丁匠无怨，为役使之最；二十曰耕耨以时，收获成课，为屯官之最；二十一曰谨于盖藏，明于出纳，为仓库之最；二十二曰推步盈虚，究理精密，为历官之最；二十三曰占候医卜，效验多著，为方术之最；二十四曰检察有方，行旅无壅，为关津之最；二十五曰市廛弗扰，奸滥不行，为市司之最；二十六曰牧养肥殖，蕃息滋多，为牧官之最；二十七曰边境清肃，城隍修理，为镇防之最。一最四善，为上上；一最三善，为上中；一最二善，为上下；无最而有二善，为中上；无最而有一善，为中中；职事粗理，善最不闻，为中下；爱憎任情，处断乖理，为下上；背公向私，职事废阙，为下中；居官谄诈，贪浊有状，为下下。凡定考皆集于尚书省，唱第然后奏。治书侍御史万年权万纪奏其不平，治，直之翻。上命侯君集推之。魏征谏曰："玄龄、珪皆朝廷旧臣，素以忠直为陛下所委，所考既多，其间能无一二人不当！当，丁浪翻。察其情，终非阿私。若推得其事，则皆不可信，岂得复当重任！且万纪比来恒在考堂，曾无驳正；复，扶又翻。比，毗至翻。恒，户登翻。及身不得考，乃始陈论。此正欲激陛下之怒，非竭诚徇国也。使推之得实，未足裨益朝廷；若其本虚，徒失陛下委任大臣之意。臣所爱者治体，治，直吏翻。非敢苟私二臣。"上乃释不问。

19 濮州刺史庞相寿坐贪污解任，濮，博木翻。庞，薄江翻。自陈尝在秦王幕府；上怜之，欲听还旧任。魏征谏曰："秦王左右，中外甚多，恐人人皆恃恩私，足使为善者惧。"上欣然纳之，谓相寿曰："我昔为秦王，乃一府之主；今居大位，乃四海之主，不得独私故人。大臣所执如是，朕何敢违！"赐帛遣之。相寿流涕而去。

四年(庚寅、六三〇)

1 春，正月，李靖帅骁骑三千自马邑进屯恶阳岭，恶阳岭，在定襄古城南。善阳岭，在白道川南。帅，读曰率。骁，坚尧翻。骑，奇寄翻。夜袭定襄，破之。旧志：朔州马邑郡治善阳县，汉定襄县地，有秦时马邑城、武周塞，后魏置桑干郡，隋置善阳县。又隋志，云州定襄郡治大利城，即文帝所筑以处突厥启民可汗者也。李靖所袭破者，当是此城。唐谓之北定襄城。又旧志曰：云州，隋马邑郡之云内县恒安镇也。贞观十四年，自朔州北定襄城移云州及定襄县置于此，即后魏所都平城也。开元二十年，改定襄为云中县，而武德四年已分忻州之秀容为定襄县。今见于九域志者，忻州之定襄，而北定襄自石晋割地入于北国，其名晦矣。宋祁曰：古定襄城其地南大河，北白道，畜牧广衍，龙荒之最壤。宋白曰：朔州北三百馀里，定襄故城，后魏初之云中也。突厥颉利可汗不意靖猝至，厥，九勿翻。颉，奚结翻。可，从刊入声。汗，音寒。大惊曰："唐不倾国而来，靖何敢孤军至此！"其众一日数惊，乃徙牙于碛口。大碛之口也。碛，七迹翻。靖复遣谍离其心腹，复，扶又翻。谍，达协翻。颉利所亲康苏密以隋萧后及炀帝之孙政道来降。萧后入突厥，见一百八十八卷高祖武德二年。降，户江翻；下同。乙亥，至京师。先是，有降胡言"中国人或潜通书启于萧后者"。先，悉荐翻。至是，中书舍人杨文瓘请鞫之，上曰："天下未定，突厥方强，愚民无知，或有斯事。今天下已安，既往之罪，何须问也！"

李世勣出云中，与突厥战于白道，大破之。汉地理志：云中郡，治云中县。郦道元曰：云中城东八十里，有成乐城。今云中郡治，一名石卢城。又有后魏云中宫，在云中故城东四十里。虞氏记云：赵武侯自五原河曲筑长城，东至阴山。又于河西造一大城，其一箱崩不就，乃改卜阴山河曲而祷焉，昼见群鹄游于云中，徘徊经日，见火光在其下。武侯曰："此为我乎！"乃即其处筑城，今云中故城是也。又有芒于水出塞外，南径阴山，东西千馀里。芒于水又西南径白道南谷口，有城在右，策带长城，背山面泽，谓之白道；自北出有高阪，谓之白道岭。芒于水又南西径云中城北。新志，云州云中县有阴山道、青坡道，皆出兵路。宋白曰：汉云中郡在唐胜州东北四十里榆林县界，云中故城是也。赵武侯所筑汉五原故城，亦在今胜州榆林县界。

2 二月，己亥，上幸骊山温汤。骊，力知翻。

3 甲辰，李靖破突厥颉利可汗于阴山。厥，九勿翻。颉，奚结翻。可，从刊入声。汗，音寒。

先是，颉利既败，窜于铁山，铁山，盖在阴山北。先，悉荐翻。馀众尚数万；遣执失思力入见，谢罪，请举国内附，身自入朝。见，贤遍翻。朝，直遥翻。上遣鸿胪卿唐俭等慰抚之，又诏李靖将兵迎颉利。胪，陵如翻。将，即亮翻。颉利外为卑辞，内实犹豫，欲俟草青马肥，亡入漠北。靖引兵与李世勣会白道，相与谋曰：考异曰：旧书靖传以为谋出于靖，勣传以为谋出于勣，盖二人相与谋耳。“颉利虽败，其众犹盛，若走度碛北，保依九姓，新书回鹘传有九姓：曰药罗葛，曰胡咄葛，曰啒罗勿，曰貊歌息讫，曰阿勿嘀，曰葛萨，曰斛嗢素，曰药勿葛，曰奚邪勿。此回纥后来强盛所服九姓。是时所谓九姓，即谓拔野古、延陀、回纥之属。道阻且远，追之难及。今诏使至彼，使，疏吏翻。虏必自宽，若选精骑一万，赍二十日粮往袭之，不战可擒矣。”骑，奇寄翻。以其谋告张公谨，公谨曰：“诏书已许其降，降，户江翻。使者在彼，奈何击之！”靖曰：“此韩信所以破齐也。谓汉遣郦食其说下齐，韩信乘其无备袭破之。使，疏吏翻。唐俭辈何足惜！”遂勒兵夜发，世勣继之，军至阴山，遇突厥千馀帐，俘以随军。颉利见使者大喜，意自安。靖使武邑苏定方帅二百骑为前锋，武邑县，前汉属信都，后汉属安平，晋属武邑郡，后齐废，隋开皇六年复置，属冀州。帅，读曰率；下同。乘雾而行，去牙帐七里，虏乃觉之。颉利乘千里马先走，靖军至，虏众遂溃。考异曰：旧书靖传曰：“靖军逼其牙帐十五里，虏始觉。”定方传曰：“靖使定方为前锋，乘雾而行。去贼一里许，忽然雾歇，望见其牙帐，掩击，杀数十百人，颉利畏威先走。”今从唐历。唐俭脱身得归。靖斩首万馀级，俘男女十馀万，获杂畜数十万，畜，许救翻。杀隋义成公主，擒其子叠罗施。颉利帅万馀人欲度碛，李世勣军于碛口，颉利至，不得度，其大酋长皆帅众降，颉，奚结翻。帅，读曰率。碛，七迹翻。世勣虏五万馀口而还。还，从宣翻，又如字。斥地自阴山北至大漠，此后方尽有隋恒安、定襄之地。露布以闻。

4 丙午，上还宫。

5 甲寅，以克突厥赦天下。厥，九勿翻。

6 以御史大夫温彦博为中书令，守侍中王珪为侍中；守户部尚书戴胄为户部尚书，参预朝政；太常少卿萧瑀为御史大夫，与宰臣参议朝政。朝，直遥翻。少，始照翻。瑀，音禹。

7 三月，戊辰，以突厥夹毕特勒阿史那思摩为右武候大将军。

四夷君长诣阙请上为天可汗，长，知两翻；下同。可，从刊入声。汗，音寒。上曰："我为大唐天子，又下行可汗事乎！"群臣及四夷皆称万岁。是后以玺书赐西北君长，皆称天可汗。玺，斯氏翻。

庚午，突厥思结俟斤帅众四万来降。俟，渠之翻。

丙子，以突利可汗为右卫大将军、北平郡王。

初，始毕可汗以启民母弟苏尼失为沙钵罗设，督部落五万家，牙直灵州西北。及颉利政乱，苏尼失所部独不携贰。尼，女夷翻。突利之来奔也，见去年十二月。颉利立之为小可汗。及颉利败走，往依之，将奔吐谷浑。吐，从暾入声。谷，音浴。大同道行军总管任城王道宗引兵逼之，新志曰：黄河东壖有古大同城，今大同城永济栅也。北径大泊，十七里至金河。任，音壬。使苏尼失执送颉利。颉利以数骑夜走，匿于荒谷。颉，奚结翻。骑，奇寄翻。苏尼失惧，驰追获之。庚辰，行军副总管张宝相帅众奄至沙钵罗营，俘颉利送京师，苏尼失举众来降，帅，读曰率。考异曰：太宗实录云："苏尼失举众归国，因以颉利属于军吏。"旧传云："苏尼失令子忠禽颉利以献。"盖宝相逼之，而苏尼失使忠献之也。漠南之地遂空。

8 蔡成公杜如晦疾笃，杜如晦先封蔡国公，薨后徙封莱国公。贺琛谥法：佐相克终曰成；民和臣福曰成。上遣太子问疾，又自临视之。甲申，薨。上每得佳物，辄思如晦，遣使赐其家。使，疏吏翻。久之，语及如晦，必流涕，谓房玄龄曰："公与如晦同佐朕，今独见公，不见如晦矣！"

9 突厥颉利可汗至长安。厥，九勿翻。夏，四月，戊戌，上御顺天楼，旧书帝纪曰，御顺天门。唐六典：皇城南门，中曰承天门，隋开皇二年作，初曰广阳门，仁寿元年，改曰昭阳门，武德元年，改曰顺天门，神龙元年，改曰承天门。若元正、冬至，大陈设燕会，赦过宥罪，除旧布新，受万国之朝贡，四夷之宾客，则御承天门以听政，盖古之外朝也。顺天楼，即顺天门楼。盛陈文物，引见颉利，数之曰："汝借父兄之业，纵淫虐以取亡，罪一也。数与我盟而背之，二也。恃强好战，暴骨如莽，三也。蹂我稼穑，掠我子女，四也。我宥汝罪，存汝社稷，而迁延不来，五也。然自便桥以来，不复大入为寇，便桥，事见一百九十一卷高祖武德九年。见，贤遍翻。数，所具翻，又所主翻。数与，所角翻。背，蒲妹翻。好，呼报翻。暴，步卜翻。复，扶又翻；下复何同。蹂，人九翻。以是得不死耳。"颉利哭谢而退。诏馆于太仆，厚廪食之。馆，古换翻。食，读曰饲。

上皇闻擒颉利，叹曰："汉高祖困白登，不能报；今我子能灭突厥，吾托付得人，复何忧哉！"复，扶又翻。上皇召上与贵臣十馀人及诸王、妃、主置酒凌烟阁，阁本太极宫图：两仪殿之北为延嘉殿，延嘉殿之东为功臣阁，功臣阁之东为凌烟阁。酒酣，上皇自弹琵琶，上起舞，公卿迭起为寿，逮夜而罢。

突厥既亡，厥，九勿翻。其部落或北附薛延陀，或西奔西域，其降唐者尚十万口，诏群臣议区处之宜。降，户江翻；下同。处，昌吕翻。朝士多言："北狄自古为中国患，今幸而破亡，宜悉徙之河南兖、豫之间，此兖、豫，言禹迹九州大界也。朝，直遥翻。分其种落，种，章勇翻；下种类同。散居州县，教之耕织，可以化胡虏为农民，永空塞北之地。"中书侍郎颜师古以为："突厥、铁勒皆上古所不能臣，陛下既得而臣之，请皆置之河北。河北，谓北河之北。分立酋长，领其部落，则永永无患矣。"酋，慈由翻。长，知两翻；下同。礼部侍郎李百药以为："突厥虽云一国，然其种类区分，各有酋帅。帅，所类翻。今宜因其离散，各即本部署为君长，长，知两翻。不相臣属；纵欲存立阿史那氏，唯可使存其本族而已。国分则弱而易制，势敌则难相吞灭，各自保全，必不能抗衡中国。仍请于定襄置都护府，为其节度，此安边之长策也。”酋，慈秋翻。长，知两翻。易，以豉翻；下未易、易为同。夏州都督窦静夏，户雅翻。以为：“戎狄之性，有如禽兽，不可以刑法威，不可以仁义教，况彼首丘之情，未易忘也。首，式又翻。记曰：狐死正丘首。置之中国，有损无益，恐一旦变生，犯我王略。莫若因其破亡之馀，施以望外之恩，假之王侯之号，妻以宗室之女，妻，七细翻。分其土地，析其部落，使其权弱势分，易为羁制，可使常为藩臣，永保边塞。”易，以豉翻。温彦博以为：“徙于兖、豫之间，则乖违物性，非所以存养之也。请准汉建武故事，置降匈奴于塞下，全其部落，顺其土俗，以实空虚之地，使为中国扞蔽，策之善者也。”魏征以为：“突厥世为寇盗，百姓之雠也；厥，九勿翻。今幸而破亡，陛下以其降附，不忍尽杀，宜纵之使还故土，不可留之中国。夫戎狄人面兽心，弱则请服，强则叛乱，固其常性。降，户江翻。今降者众近十万，数年之后，蕃息倍多，近，其靳翻。蕃，扶元翻。必为腹心之疾，不可悔也。晋初诸胡与民杂居中国，郭钦、江统，皆劝武帝驱出塞外以绝乱阶，郭钦论见八十一卷晋武帝太康元年。江统论见八十三卷惠帝永熙九年。武帝不从。后二十馀年，伊、洛之间，遂为毡裘之域，此前事之明鉴也！”彦博曰：“王者之于万物，天覆地载，靡有所遗。覆，敷救翻。今突厥穷来归我，奈何弃之而不受乎！孔子曰：‘有教无类。’若救其死亡，授以生业，教之礼义，数年之后，悉为吾民。选其酋长，使入宿卫，酋，慈由翻。长，知两翻。畏威怀德，何后患之有！”上卒用彦博策，处突厥降众，卒，子恤翻。处，昌吕翻。东自幽州，西至灵州；分突利故所统之地，置顺、佑、化、长四州都督府；又分颉利之地为六州，左置定襄都督府，右置云中都督府，以统其众。定襄都督府侨治宁朔，云中都督府侨治朔方之境。按宁朔县亦属朔方郡。旧书温彦博传曰：帝从彦博议，处降人于朔方之地。则二都督府侨治朔方明矣。

五月，辛未，以突利为顺州都督，使帅部落之官。顺州，侨治营州南之五柳戍。帅，读曰率。上戒之曰："尔祖启民挺身奔隋，隋立以为大可汗，奄有北荒，事见一百七十八卷隋文帝开皇十九年。可，从刊入声。汗，音寒。尔父始毕反为隋患。事见一百八十二卷炀帝大业十一年。天道不容，故使尔今日乱亡如此。我所以不立尔为可汗者，惩启民前事故也。今命尔为都督，尔宜善守中国法，勿相侵掠，非徒欲中国久安，亦使尔宗族永全也！"

壬申，以阿史那苏尼失为怀德郡王，阿史那思摩为怀化郡王。颉利之亡也，颉，奚结翻。诸部落酋长皆弃颉利来降，酋，慈由翻。长，知两翻。降，户江翻。独思摩随之，竟与颉利俱擒，上嘉其忠，拜右武候大将军，寻以为北开州都督，使统颉利旧众。考异曰：旧传云为化州都督。按化州乃突利故地，安得云统颉利部落也。

丁丑，以右武卫大将军史大奈为丰州都督，隋以五原郡置丰州，大业初废，唐初，张长逊降，复置丰州，寻废。是年，复以突厥降户，置丰州九原郡。其馀酋长至者，皆拜将军中郎将，布列朝廷，将，即亮翻。朝，直遥翻。五品已上百馀人，殆与朝士相半，因而入居长安者近万家。近，其靳翻。

10 辛巳，诏："自今讼者，有经尚书省判不服，听于东宫上启，委太子裁决。上，时掌翻。若仍不伏，然后闻奏。"

11 丁亥，御史大夫萧瑀劾奏李靖破颉利牙帐，御军无法，突厥珍物，虏掠俱尽，请付法司推科。瑀，音禹。劾，户概翻，又户得翻；下同。颉，奚结翻。厥，九勿翻。考异曰：旧传："御史大夫温彦博害其功，谮靖军无纲纪，致令虏中奇宝散于乱兵之手。”据实录，彦博二月已为中书令，三月始禽颉利。今从实录。上特敕勿劾。及靖入见，见，贤遍翻。上大加责让，靖顿首谢。久之，上乃曰：“隋史万岁破达头可汗，有功不赏，以罪致戮。可，从刊入声。汗，音寒。事见一百七十九卷隋文帝开皇二十年。朕则不然，录公之功，赦公之罪。”加靖左光禄大夫，赐绢千匹，加真食邑通前五百户。未几，上谓靖曰：“前有人谗公，今朕意已寤，公勿以为怀。”复赐绢二千匹。几，居岂翻。复，扶又翻。

12 林邑献火珠，唐书：婆利东有罗刹国，其人极陋，朱发黑身，兽牙鹰爪，与林邑人作市，以夜而来，自掩其面。其国出火珠，状如水精，日午时，以珠承日影，以艾承之，则火出。有司以其表辞不顺，请讨之，上曰：“好战者亡，好，呼到翻。隋炀帝、颉利可汗，皆朕目所亲见也。小国胜之不武，况未可必乎！语言之间，何足介意！”

13 六月，丁酉，以阿史那苏尼失为北宁州都督，以中郎将史善应为北抚州都督。尼，女夷翻。将，即亮翻。壬寅，以右骁卫将军康苏密为北安州都督。此三州与佑、化、长、北开四州后皆省。史善应亦阿史那种，史单书其姓耳。骁，坚尧翻。

14 乙卯，发卒修洛阳宫以备巡幸，给事中张玄素上书谏，上，时掌翻。以为：“洛阳未有巡幸之期而预修宫室，非今日之急务。昔汉高祖纳娄敬之说，自洛阳迁长安，事见十一卷汉高帝五年。岂非洛阳之地不及关中之形胜邪！邪，音耶。景帝用晁错之言而七国构祸，事见十六卷汉景帝三年。晁，直遥翻。错，七故翻。陛下今处突厥于中国，处，昌吕翻。厥，九勿翻。突厥之亲，何如七国？岂得不先为忧，而宫室可遽兴，乘舆可轻动哉！乘，绳证翻。臣见隋氏初营宫室，近山无大木，皆致之远方，二千人曳一柱，以木为轮，则戛摩火出，乃铸铁为毂，行一二里，铁毂辄破，别使数百人赍铁毂随而易之，毂，古禄翻。尽日不过行二三十里，计一柱之费，已用数十万功，则其馀可知矣。陛下初平洛阳，凡隋氏宫室之宏侈者皆令毁之，见一百八十九卷高祖武德四年。令，力丁翻。曾未十年，复加营缮，何前日恶之而今日效之也！复，扶又翻。恶，乌路翻。且以今日财力，何如隋世？陛下役疮痍之人，袭亡隋之弊，恐又甚于炀帝矣！"上谓玄素曰："卿谓我不如炀帝，何如桀、纣？"对曰："若此役不息，亦同归于乱耳！"上叹曰："吾思之不熟，乃至于是！"顾谓房玄龄曰："朕以洛阳土中，朝贡道均，意欲便民，故使营之。今玄素所言诚有理，宜即为之罢役。为，于伪翻。后日或以事至洛阳，虽露居亦无伤也。"仍赐玄素彩二百匹。

15 秋，七月，甲子朔，日有食之。

16 乙丑，上问房玄龄、萧瑀曰："隋文帝何如主也？"对曰："文帝勤于为治，每临朝，或至日昃，五品已上，引坐论事，卫士传餐而食；侍卫未得下牙，不皇坐食，故立驻传餐而食也。治，直吏翻；下同。朝，直遥翻。餐，千安翻。虽性非仁厚，亦励精之主也。"上曰："公得其一，未知其二。文帝不明而喜察；不明则照有不通，喜察则多疑于物，事皆自决，不任群臣。天下至广，一日万机，虽复劳神苦形，岂能一一中理！群臣既知主意，唯取决受成，虽有愆违，莫敢谏争，此所以二世而亡也。喜，许记翻。复，扶又翻。中，竹仲翻。争，读曰诤。朕则不然。择天下贤才，寘之百官，使思天下之事，关由宰相，审熟便安，然后奏闻。有功则赏，有罪则刑，谁敢不竭心力以修职业，何忧天下之不治乎！"因敕百司："自今诏敕行下有未便者，皆应执奏，毋得阿从，不尽己意。"

17 癸酉，以前太子少保李纲为太子少师，以兼御史大夫萧瑀为太子少傅。唐东宫三少，并正二品，掌教谕太子。少，始照翻。瑀，音禹。

李纲有足疾，上赐以步舆，步舆，即步挽舆也。使之乘至阁下，数引入禁中，问以政事。数，所角翻。每至东宫，太子亲拜之。太子每视事，上令纲与房玄龄侍【章：十二行本“侍”上有“王珪”二字；乙十一行本同；张校同。】坐。坐，徂卧翻。

先是，【章：十二行本“是”下有“上命”二字；乙十一行本同。】萧瑀与宰相参议朝政，先，悉荐翻。朝，直遥翻。瑀气刚而辞辩，房玄龄等皆不能抗，上多不用其言。考异曰：旧传云：“玄龄等心知其是，不用其言。”按玄龄若用心如此，安得为贤相！且事之用舍在太宗，非由玄龄。今不取。玄龄、魏征、温彦博尝有微过，瑀劾奏之，劾，户概翻，又户得翻。上竟不问。瑀由此怏怏自失，瑀，音禹。怏，于两翻。遂罢御史大夫，为太子少傅，不复预闻朝政。复，扶又翻。朝，直遥翻。

18 西突厥种落散在伊吾，伊吾，即汉伊吾卢之地，在大碛外，东至阳关二千七百三十里。是年置伊吾县及伊州、伊吾郡于其地。厥，九勿翻。种，章勇翻。诏以凉州都督李大亮为西北道安抚大使，于碛口贮粮，此碛，即伊吾东之碛。使，疏吏翻。碛，七迹翻。贮，丁吕翻。来者赈给，使者招慰，相望于道。赈，津忍翻。使，疏吏翻。大亮上言：上，时掌翻。“欲怀远者必先安近，中国如本根，四夷如枝叶，疲中国以奉四夷，犹拔本根以益枝叶也。臣远考秦、汉，近观隋室，外事戎狄，皆致疲弊。今招致西突厥，但见劳费，未见其益。况河西州县萧条，甘、凉、瓜、沙、肃等州，皆河西也。突厥微弱以来，始得耕获；今又供亿此役，民将不堪，不若且罢招慰为便。伊吾之地，率皆沙碛，其人或自立君长，求称臣内属者，羁縻受之，使居塞外，为中国藩蔽，此乃施虚惠而收实利也。”上从之。

19 八月，丙午，诏以“常服未有差等，自今三品以上服紫，四品、五品服绯，六品、七品服绿，八品服青；妇人从其夫色。”自四品以下，绯、绿、青有深浅之异，九品则服浅青。

20 甲寅，诏以兵部尚书李靖为右仆射。靖性沈厚，沈，持林翻。每与时宰参议，恂恂如不能言。

21 突厥既亡，营州都督薛万淑遣契丹酋长贪没折说谕东北诸夷，奚、霫、室韦等十馀部皆内附。说，输芮翻；下同。霫，先立翻。万淑，万均之兄也。

22 戊午，突厥欲谷设来降。厥，九勿翻。降，户江翻。欲谷设，突利之弟也。颉利败，欲谷设奔高昌，闻突利为唐所礼，遂来降。

23 九月，戊辰，伊吾城主入朝。朝，直遥翻。隋末，伊吾内属，置伊吾郡；隋乱，臣于突厥。颉利既灭，举其属七城来降，颉，奚结翻。降，户江翻。因以其地置西伊州。西伊州，六年改曰伊州。

24 思结部落饥贫，朔州刺史新丰张俭招集之，其不来者，仍居碛北，碛，七迹翻。亲属私相往还，俭亦不禁。及俭徙胜州都督，州司奏思结将叛，诏俭往察之。俭单骑入其部落说谕，徙之代州，即以俭检校代州都督，思结卒无叛者。骑，奇寄翻。说，式芮翻。卒，子恤翻。俭因劝之营田，岁大稔。俭恐虏蓄积多，有异志，奏请和籴以充边储。部落喜，营田转力，而边备实焉。

25 丙子，开南蛮地置费州、夷州。二州皆汉牂柯郡之地，武德四年，以思州宁夷县置夷州，贞观元年废。是年复以思州之都上县开南蛮，置夷州义泉郡，隋之明阳郡地也。费州涪川郡，隋黔安郡之涪川县地，是年分思州之涪川、扶阳并开南蛮置。宋白曰：费州因州界费水为名。

26 己卯，上幸陇州。后魏分泾、岐二州之地置东秦州，大统十七年，改陇州治汧源县，在长安西四百九十六里。

27 冬，十一月，壬辰，以右卫大将军侯君集为兵部尚书，参议朝政。

28 甲子，车驾还京师。

29 上读明堂针灸书，云"人五藏之系，咸附于背。"唐艺文志有黄帝明堂经、明堂偃侧人图、明堂人形图、明堂孔穴图，皆针灸之书也。藏，徂浪翻。针，诸深翻。灸，居又翻。戊寅，诏自今毋得笞囚背。

30 十二月，甲辰，上猎于鹿苑；武德元年，分京兆之高陵，置鹿苑县。乙巳，还宫。

31 甲寅，高昌王麹文泰入朝。西域诸国咸欲因文泰遣使入贡，朝，直遥翻。使，疏吏翻。上遣文泰之臣厌怛纥干往迎之。厌，于叶翻。怛，当割翻。纥，下没翻。魏征谏曰："昔光武不听西域送侍子，置都护，以为不以蛮夷劳中国。事见四十三卷汉光武建武二十三年。今天下初定，前者文泰之来，【章：十二行本"来"下有"所过"二字；乙十一行本同；孔本同；张校同，云无注本亦无。】劳费已甚，此即谓文泰入唐境之时。今借使十国入贡，其徒旅不减千人。边民荒耗，将不胜其弊。若听其商贾往来，与边民交市，则可矣，胜，音升。贾，音古。傥以宾客遇之，非中国之利也。"时厌怛纥干已行，上遽令止之。

32 诸宰相侍宴，上谓王珪曰："卿识鉴精通，复善谈论，复，扶又翻。玄龄以下，卿宜悉加品藻，且自谓与数子何如?"对曰："孜孜奉国，知无不为，臣不如玄龄。才兼文武，出将入相，臣不如李靖。敷奏详明，出纳惟允，臣不如温彦博。处繁治剧，众务毕举，臣不如戴胄。处，昌吕翻。治，直之翻。耻君不及尧、舜，以谏争为己任，臣不如魏征。至于激浊扬清，嫉恶好善，好，呼到翻。臣于数子，亦有微长。"上深以为然，众亦服其确论。确，克角翻。

33 上之初即位也，尝与群臣语及教化，上曰："今承大乱之后，恐斯民未易化也。"魏征对曰："不然。久安之民骄佚，骄佚则难教；经乱之民愁苦，愁苦则易化。譬犹饥者易为食，渴者易为饮也。”孟子之言。易，以豉翻。上深然之。封德彝非之曰：“三代以还，人渐浇讹，故秦任法律，汉杂霸道，盖欲化而不能，岂能之而不欲邪！魏征书生，未识时务，若信其虚论，必败国家。”败，补迈翻。征曰：“五帝、三王不易民而化，昔黄帝征蚩尤，颛顼诛九黎，汤放桀，武王伐纣，皆能身致太平，神农氏世衰，蚩尤为暴虐，黄帝征之，禽杀蚩尤。少皞氏衰，九黎乱德，颛顼诛之。成汤放桀于南巢。武王杀纣于牧野。岂非承大乱之后邪！若谓古人淳朴，渐至浇讹，则至于今日，当悉化为鬼魅矣，邪，音耶。浇，坚尧翻。魅，音媚。人主安得而治之！”上卒从征言。治，直之翻。卒，子恤翻。

元年，关中饥，米斗直绢一匹；二年，天下蝗；三年，大水。上勤而抚之，民虽东西就食，未尝嗟怨。是岁，天下大稔，流散者咸归乡里，米斗不过三四钱，终岁断死刑才二十九人。东至于海，南极五岭，皆外户不闭，断，丁乱翻。孔颖达曰：外户而不闭者，扉从外阖也；不闭者，不用关闭之也。重门击柝，本御暴客，既无盗窃乱贼，则户无俟于闭也；但为风尘入寝，故设扉耳，无所捍拒，故从外而掩也。行旅不赍粮，取给于道路焉。上谓长孙无忌曰：“贞观之初，上书者皆云：‘人主当独运威权，不可委之臣下。’又云：‘宜震耀威武，征讨四夷。’唯魏征劝朕‘偃武修文，中国既安，四夷自服。’朕用其言。今颉利成擒，其酋长并带刀宿卫，部落皆袭衣冠，征之力也，但恨不使封德彝见之耳！”封德彝薨于元年。征再拜谢曰：“突厥破灭，海内康宁，皆陛下威德，臣何力焉！”上曰：“朕能任公，公能称所任，称，尺证翻。则其功岂独在朕乎！”

34 房玄龄奏，“阅府库甲兵，远胜隋世。”上曰：“甲兵武备，诚不可阙；然炀帝甲兵岂不足邪！卒亡天下。卒，子恤翻。若公等尽力，使百姓乂安，此乃朕之甲兵也。”

35 上谓秘书监萧璟曰："卿在隋世数见皇后乎？"隋炀帝萧后，璟同产也，故帝问及之。数，所角翻。对曰："彼儿女且不得见，臣何人，得见之！"魏征曰："臣闻炀帝不信齐王，恒有中使察之，炀帝猜防齐王暕事略见隋纪。恒，户登翻。使，疏吏翻。闻其宴饮，则曰'彼营何事得遂而喜！'闻其忧悴，悴，秦醉翻。则曰'彼有他念故尔。'父子之间且犹如是，况他人乎！"上笑曰："朕今视杨政道，胜炀帝之于齐王远矣。"璟，瑀之兄也。瑀，音禹。

36 西突厥肆叶护可汗既先可汗之子，为众所附，莫贺咄可汗所部酋长多归之。厥，九勿翻。可，从刊入声。汗，音寒。咄，当没翻。酋，慈由翻。长，知两翻。肆叶护引兵击莫贺咄，莫贺咄兵败，逃于金山，为泥熟设所杀，诸部共推肆叶护为大可汗。肆叶护与莫贺咄相攻，事始上二年。

五年(辛卯、六三一)

1 春，正月，诏僧、尼、道士致拜父母。尼，女夷翻。

2 癸酉，上大猎于昆明池，四夷君长咸从。长，知两翻。从，才用翻。甲戌，宴高昌王文泰及群臣。丙子，还宫，亲献禽于大安宫。

3 癸未，朝集使赵郡王孝恭等上表，以四夷咸服，请封禅；朝，直遥翻。上，时掌翻。上手诏不许。此元正朝集既毕将归者。唐制：凡天下朝集使，皆以十月二十五日至京师，十一月一日，户部引见讫，于尚书省与群官礼见，然后集于考堂，应考绩之事。元日，陈其贡篚于殿庭。朝，直遥翻。使，疏吏翻。

4 有司上言皇太子当冠，用二月吉，请追兵备仪仗。上，时掌翻。冠，古玩翻。唐皇太子冠礼，详见新书礼乐志。上曰："东作方兴，宜改用十月。"少傅萧瑀奏："据阴阳【章：十二行本"阳"下有"书"字；乙十一行本同；孔本同。】不若二月。"少，始照翻。上曰："吉凶在人。若动依阴阳，不顾礼义，吉可得乎！循正而行，自与吉会。

农时最急，不可失也。”

5 二月，甲辰，诏：“诸州有京观处，观，古玩翻。无问新旧，宜悉划削，加土为坟，掩蔽枯朽，勿令暴露。”

6 己酉，封皇弟元裕为郐王，郐，古外翻。元名为谯王，灵夔为魏王，元祥为许王，元晓为密王。庚戌，封皇子愔为梁王，恽为郯王，愔，于今翻。恽，于粉翻。郯，音谈。贞为汉王，治为晋王，慎为申王，嚣为江王，简为代王。

7 夏，四月，壬辰，代王简薨。

8 壬寅，灵州斛薛叛，斛薛部内附，处之灵州，今叛。任城王道宗追击，破之。任，音壬。

9 隋末，中国人多没于突厥，厥，九勿翻。及突厥降，上遣使以金帛赎之。降，户江翻。使，疏吏翻；下同。五月，乙丑，有司奏，凡得男女八万口。

10 六月，甲寅，太子少师新昌贞公李纲薨。初，周齐王宪女，孀居无子，纲赡恤甚厚。纲薨，其女以父礼丧之。李纲先为齐王宪参军，事见一百七十三卷陈宣帝太建十年。

11 秋，八月，甲辰，遣使诣高丽，丽，力知翻。收隋氏战亡骸骨，葬而祭之。

12 河内人李好德得心疾，妄为妖言，好，呼到翻。妖，于骄翻。诏按其事。大理丞张蕴古奏：“好德被疾有征，征，明也，证也，验也。被，皮义翻；下同。法不当坐。”治书侍御史权万纪劾奏：“蕴古贯在相州，贯，乡籍也。治，直之翻。劾，户概翻，又户得翻。相，息亮翻。好德之兄厚德为其刺史，情在阿纵，按事不实。”上怒，命斩之于市，既而悔之，因诏：“自今有死罪，虽令即决，仍三覆奏乃行刑。”

权万纪与侍御史李仁发，俱以告讦有宠于上，讦，居谒翻。由是诸大臣数被谴怒。数，所角翻。魏征谏曰：“万纪等小人，不识大体，以讦为直，以谗为忠。陛下非不知其无堪，盖取其无所避忌，欲以警策群臣耳。而万纪等挟恩依势，逞其奸谋，凡所弹射，射，而亦翻。皆非有罪。陛下纵未能举善以厉俗，奈何昵奸以自损乎！”昵，尼质翻。上默然，赐绢五百匹。久之，万纪等奸状自露，皆得罪。为帝疏权万纪张本。

13 九月，上修仁寿宫，更命曰九成宫。又将修洛阳宫，民部尚书戴胄表谏，以“乱离甫尔，百姓凋弊，帑藏空虚，若营造不已，公私劳费，殆不能堪！”更，工衡翻。藏，徂浪翻。上嘉之曰：“戴胄于我非亲，但以忠直体国，知无不言，故以官爵酬之耳。”久之，竟命将作大匠窦琎修洛阳宫，琎凿池筑山，雕饰华靡。上【章：十二行本“上”下有“怒”字；乙十一行本同；孔本同；张校同。】遽命毁之，免琎官。琎，将邻翻，又则刃翻。

14 冬，十月，丙午，上逐兔于后苑，唐长安苑城袤远，包汉长安故城在其中。程大昌曰：唐太极宫之北有内苑，有禁苑；太极宫居都城之北，内苑又居宫北，禁苑又居内苑之北。禁苑广矣，西面全包汉之都城，东抵霸水，其西南两面，搀出太极宫前，与承天门相齐；承天门之西，排立三门，皆禁苑之门也，曰光化，曰芳林，曰景耀。六典曰：禁苑在大内宫城之北，北临渭水，东距浐川，西尽都城，其周一百二十里。左领军将军执失思力谏曰：“天命陛下为华、夷父母，奈何自轻！”上又将逐鹿，思力脱巾解带，跪而固谏，上为之止。为，于伪翻。

15 初，上令群臣议封建，魏征议以为：“若封建诸侯，则卿大夫咸资俸禄，必致厚敛。敛，力赡翻。又，京畿赋税不多，所资畿外，若尽以封国邑，经费顿阙。又，燕、秦、赵、代俱带外夷，燕，因肩翻。若有警急，追兵内地，难以奔赴。”礼部侍郎李百药以为：“运祚修短，定命自天，尧、舜大圣，守之而不能固；汉、魏微贱，拒之而不能却。今使勋戚子孙皆有民有社，易世之后，将骄淫自恣，攻战相残，害民尤深，不若守令之迭居也。”守，式又翻。中书侍郎颜师古以为：“不若分王诸【章：十二行本“诸”作“宗”；乙十一行本同；张校同，云无注本亦作“诸”。】子，勿令过大，间以州县，王，于况翻。间，古苋翻。杂错而居，互相维持，使各守其境，协力同心，足扶京室；为置官寮，皆省司选用，为，于伪翻。省司，谓尚书省主者。法令之外，不得擅作威刑，朝贡礼仪，具为条式。一定此制，万世无虞。”朝，直遥翻。十一月，【章：十二行本“月”下有“丙辰”二字；乙十一行本同；孔本同；张校同；退斋校同。】诏：“皇家宗室及勋贤之臣，宜令作镇藩部，贻厥子孙，非有大故，毋或黜免，所司明为条例，定等级以闻。”

16 丁巳，林邑献五色鹦鹉，鹦鹉，能言鸟也。万震南州志曰：鹦鹉有三种：一种白，一种青，一种五色。交州以南，诸国尽有之。白及五色者，性尤慧解。陆佃埤雅：鹦鹉人舌能言，青羽赤喙，盖青者又凡种也。旧说，众鸟足趾，前三后一，其目下睑眨上；惟鹦鹉四趾齐分，两睑俱动，如人目。睑，力俭翻，眼睑也。眨，侧洽翻，目动也。丁卯，新罗献美女二人；魏征以为不宜受。上喜曰：“林邑鹦鹉犹能自言苦寒，思归其国，况二女远别亲戚乎！”并鹦鹉，各付使者而归之。使，疏吏翻。

17 倭国遣使入贡，倭，乌禾翻。上遣新州刺史高表仁持节往抚之；表仁与其王争礼，不宣命而还。还，从宣翻，又如字。

18 丙子，上祀圜丘。

19 十二月，太仆寺丞李世南开党项之地十六州、四十七县。党，底朗翻。

20 上谓侍臣曰：“朕以死刑至重，故令三覆奏，盖欲思之详熟故也。而有司须臾之间，三覆已讫。又，古刑人，君为之彻乐减膳。朕庭无常设之乐，然常为之不啖酒肉，但未有著令。又，百司断狱，唯据律文，虽情在可矜，而不敢违法，其间岂能尽无冤乎！”丁亥，制：“决死囚者，二日中五覆奏，下诸州者三覆奏；行刑之日，尚食勿进酒肉，为，于伪翻。断，丁乱翻。唐尚食局，属殿中监，有奉御直长，掌御膳。内教坊及太常不举乐。武德中，置内教坊于禁中，有内教博士。太常寺有太乐署、鼓吹署。皆令门下覆视。有据法当死而情可矜者，录状以闻。”由是全活甚众。其五覆奏者，以决前一二日，至决日又三覆奏；唯犯恶逆者一覆奏而已。隋立十恶之科，四曰恶逆，谓殴及谋杀祖父母、父母，杀伯叔父母、姑、兄、子、外祖父母、夫、夫之祖父母、父母者；唐遵用之。

21 己亥，朝集使利州都督武士彟等复上表请封禅，朝，直遥翻。彟，一虢翻。复，扶又翻。不许。

22 壬寅，上幸骊山温汤；戊申，还宫。

23 上谓执政曰：“朕常恐因喜怒妄行赏罚，故欲公等极谏。公等亦宜受人谏，不可以己之所欲，恶人违之。恶，乌路翻。苟自不能受谏，安能谏人。”

24 康国求内附。康国，即汉康居国，一曰萨末鞬，亦曰飒末鞬，元魏谓之悉万斤。其王姓温，本月氏人，始居祁连北昭武城，为突厥所破，稍南依葱岭，即有其地，以昭武为姓，示不忘本也。上曰：“前代帝王，好招来绝域，以求服远之名，无益于用而糜弊百姓。今康国内附，傥有急难，于义不得不救。师行万里，岂不疲劳！劳百姓以取虚名，朕不为也。”遂不受。

谓侍臣曰：“治国如治病，病虽愈，犹宜将护，傥遽自放纵，病复作，则不可救矣。今中国幸安，四夷俱服，诚自古所希，然朕日慎一日，唯惧不终，故欲数闻卿辈谏争也。”好，呼到翻。难，乃旦翻。治，直之翻。复，扶又翻。数，所角翻。争，读曰诤。魏征曰：“内外治安，臣不以为喜，唯喜陛下居安思危耳。”治，直吏翻。

25 上尝与侍臣论狱，魏征曰：“炀帝时尝有盗发，帝令於士澄捕之，於，如字，姓也，出何承天姓苑。少涉疑似，皆拷讯取服，少，始沼翻。拷，音考。凡二千馀人，帝悉令斩之。令，力丁翻。大理丞张元济怪其多，试寻其状，内五人尝为盗，馀皆平民；竟不敢执奏，尽杀之。"上曰："此岂唯炀帝无道，其臣亦不尽忠。君臣如此，何得不亡！公等宜戒之！"

26 是岁，高州总管冯盎入朝。未几，罗窦诸洞獠反，窦州，汉端溪县地。隋为泷州怀德县，武德四年置南扶州，贞观六年更名窦州，取州界有罗窦洞为名。朝，直遥翻。几，居岂翻。獠，鲁皓翻。敕盎帅部落二万，为诸军前锋。帅，读曰率。獠数万人，屯据险要，诸军不得进。盎持弩谓左右曰："尽吾此矢，足知胜负矣。"连发七矢，中七人。中，竹仲翻。獠皆走，因纵兵乘之，斩首千馀级。上美其功，前后赏赐，不可胜数。胜，音升。盎所居地方二千里，奴婢万馀人，珍货充积；然为治勤明，所部爱之。治，直吏翻。

27 新罗王真平卒，卒，子恤翻。无嗣，国人立其女善德为王。

王崇武标点容肇祖聂崇岐覆校

资治通鉴卷第一百九十四

端明殿学士兼翰林侍读学士太中大夫
提举西京嵩山崇福宫上柱国河内郡开国公　司马光　奉敕编集
食邑二千二百户食实封九百户赐紫金鱼袋臣

后学天台　胡三省　音注

唐纪十　起玄黓执徐（壬辰），尽强圉作噩（丁酉）四月，凡五年有奇。

太宗文武大圣大广孝皇帝上之下

贞观六年（壬辰、六三二）观，古玩翻。

1 春，正月，乙卯朔，日有食之。

2 癸酉，静州獠反，将军李子和讨平之。獠，鲁皓翻。

3 文武官复请封禅，复，扶又翻。去年诸州朝集使请封禅。上曰："卿辈皆以封禅为帝王盛事，朕意不然。若天下乂安，家给人足，虽不封禅，庸何伤乎！昔秦始皇封禅，见七卷始皇二十八年。而汉文帝不封禅，后世岂以文帝之贤不及始皇邪！邪，音耶。且事天扫地而祭，礼记郊特牲曰：郊之祭也，大报天也。兆于南郊，就阳位也。扫地而祭，于其质也。何必登泰山之巅，封数尺之土，然后可以展其诚敬乎！"群臣犹请之不已，上亦欲从之，魏征独以为不可。考异曰：实录、唐书志及唐统纪皆以为太宗自不欲封禅，而魏文贞公故事及王方庆文贞公传录以为太宗欲封太山，征谏而止。意颇不同，今两存之。上曰："公不欲朕封禅者，以功未高邪？"曰："高矣！""德未厚邪？”曰：“厚矣！”“中国未安邪？”曰：“安矣！”“四夷未服邪？”曰：“服矣！”“年谷未丰邪？”曰：“丰矣！”“符瑞未至邪？”曰：“至矣！”“然则何为不可封禅？”对曰：“陛下虽有此六者，然承隋末大乱之后，户口未复，仓廪尚虚，而车驾东巡，千乘万骑，乘，绳证翻。骑，奇寄翻。其供顿劳费，未易任也。易，以豉翻。任，音壬。且陛下封禅，则万国咸集，远夷君长，皆当扈从；长，知两翻。从，才用翻。今自伊、洛以东至于海、岱，烟火尚希，灌莽极目，灌，木丛生也。莽，草深茂也。此乃引戎狄入腹中，示之以虚弱也。况赏赉不赀，未厌远人之望；给复连年，不偿百姓之劳；厌，于协翻。复，方目翻。崇虚名而受实害，陛下将焉用之！”焉，于虔翻。会河南、北数州大水，事遂寝。

4 上将幸九成宫，通直散骑常侍姚思廉谏。散，悉亶翻。骑，奇寄翻。上曰：“朕有气疾，暑辄顿剧，往避之耳。”赐思廉绢五十匹。

监察御史马周上疏，监，古衔翻。上，时掌翻。以为：“东宫在宫城之中，而大安宫乃在宫城之西，此因大安宫在西，遂谓帝所居为东宫耳。制度比于宸居，尚为卑小，于四方观听，有所不足。宜增修高大，以称中外之望。称，尺证翻。又，太上皇春秋已高，陛下宜朝夕视膳。今九成宫去京师三百馀里，太上皇或时思念陛下，陛下何以赴之？又，车驾此行，欲以避暑；太上皇尚留暑中，而陛下独居凉处，温凊之礼，窃所未安。记曲礼：凡为人子之礼，冬温而夏凊。凊，音七正翻。今行计已成，不可复止，复，扶又翻。愿速示返期，以解众惑。又，王长通、白明达皆乐工，韦槃提、斛斯正止能调马，纵使技能出众，正可赉之金帛，岂得超授官爵，鸣玉曳履，与士君子比肩而立，同坐而食，使，渠绮翻。坐，徂卧翻。臣窃耻之！”上深纳之。

5 上以新令无三师官，二月，丙戌，诏特置之。唐以太师、太傅、太保为三师，正一品，天子所师法，无所总职。

6 三月，戊辰，上幸九成宫。

7 庚午，吐谷浑寇兰州，吐，从暾入声。谷，音浴。州兵击走之。

8 长乐公主将出降，唐会要：长乐公主下嫁长孙冲。乐，音洛。上以公主，皇后所生，特爱之，敕有司资送倍于永嘉长公主。永嘉长公主，高祖女，下嫁窦奉节，又嫁贺兰僧伽。唐制：皇姑为大长公主，正一品；姊为长公主，女为公主，皆视一品。长，知两翻；下同。魏征谏曰："昔汉明帝欲封皇子，曰：'我子岂得与先帝子比！'皆令半楚、淮阳。事见四十五卷汉明帝永平十五年。今资送公主，倍于长主，得无异于明帝之意乎！"上然其言，入告皇后。后叹曰："妾亟闻陛下称重魏征，亟，去吏翻。不知其故，今观其引礼义以抑人主之情，乃知真社稷之臣也！妾与陛下结发为夫妇，曲承恩礼，每言必先候颜色，不敢轻犯威严；况以人臣之疏远，乃能抗言如是，陛下不可不从。"因请遣中使赍钱四百缗、绢四百匹以赐征，使，疏吏翻。考异曰：旧文德皇后传云："使赍帛五百匹，诣征第赐之。"魏文贞公故事云："遣中使赍钱二十万、绢百匹诣公宅宣命。"今从旧魏征传。且语之曰：语，牛倨翻。"闻公正直，乃今见之，故以相赏。公宜常秉此心，勿转移也。"上尝罢朝，怒曰："会须杀此田舍翁。"朝，直遥翻。后问为谁，上曰："魏征每廷辱我。"后退，具朝服立于庭，唐制：皇后之服，袆衣者，受册、助祭、朝会大事之服也。深青织成，为之画翚，赤质、五色、十二等，素纱中单，黼领，朱罗縠褾襈，蔽膝随裳色，以緅领为缘，用翟为章三等，青衣革带，大带随衣色，裨纽约佩，绶如天子，青袜，舄加金饰，首饰大小华十二树，以象衮冕之旒，又有两博鬓。朝，直遥翻。褾，彼小翻，袖耑。襈，皱恋翻，缘也。緅，仄鸠翻。上惊问其故。后曰："妾闻主明臣直；今魏征直，由陛下之明故也，妾敢不贺！"上乃悦。

9 夏，四月，辛卯，襄州都督邹襄公张公谨卒。卒，子恤翻。明日，上出次发哀。有司奏，辰日忌哭。彭祖百忌，辰不哭泣。上曰："君之于臣，犹父子也，情发于衷，安避辰日！"遂哭之。

10 六月，己亥，金州刺史酆悼王元亨薨。金州，西城郡，梁置南梁州，西魏置东梁州，寻改曰金州。辛亥，江王嚣薨。

11 秋，七月，丙辰，焉耆王突骑支遣使入贡。初，焉耆入中国由碛路，隋末闭塞，道由高昌。突骑支请复开碛路以便往来，骑，奇寄翻。使，疏吏翻。碛，七迹翻。塞，悉则翻。复，扶又翻，又音如字。上许之。由是高昌恨之，遣兵袭焉耆，大掠而去。焉耆国东邻高昌。为讨高昌张本。

12 辛未，宴三品已上于丹霄殿。上从容言曰：从，千容翻。"中外乂安，皆公卿之力。然隋炀帝威加夷、夏，夏，户雅翻。颉利跨有北荒，颉，奚结翻。统叶护雄据西域，今皆覆亡，此乃朕与公等所亲见，勿矜强盛以自满也！"

13 西突厥肆叶护可汗发兵击薛延陀，为薛延陀所败。厥，九勿翻。可，从刊入声。汗，音寒。败，补迈翻。

肆叶护性猜狠信谗，有乙利可汗，功最多，乙利，西突厥小可汗也。狠，户垦翻。肆叶护以非其族类，诛灭之，由是诸部皆不自保。肆叶护又忌莫贺设之子泥孰，阴欲图之，泥孰奔焉耆。设卑达官与弩失毕二部攻之，旧传作"设卑达官"，考异曰：新传作"没卑达干"。今从旧传。肆叶护轻骑奔康居，寻卒。肆叶护立见上卷三年。骑，奇寄翻。卒，子恤翻。国人迎泥孰于焉耆而立之，是为咄陆可汗，遣使内附。咄，常没翻。可，从刊入声。汗，音寒。使，疏吏翻。丁酉，遣鸿胪少卿刘善因立咄陆为奚利邲咄陆可汗。胪，陵如翻。少，始照翻。邲，毗必翻。咄陆即阿史那弥射。此当参观高宗显庆二年考异而详辨之。考异曰：旧传"册为吞阿妻状奚利邲咄陆可汗"，新传"册号吞阿娄拔利邲咄陆可汗"。今从实录。

14 闰月，乙卯，上宴近臣于丹霄殿，长孙无忌曰："王珪、魏征，昔为仇雠，谓其事隐太子，劝之图帝也。不谓今日得此同宴。"上曰："征、珪尽心所事，故我用之。然征每谏，我不从，我与之言辄不应，何也？"魏征对曰："臣以事为不可，故谏；陛【章：十二行本"陛"上有"若"字；乙十一行本同。】下不从而臣应之，则事遂施行，故不敢应。"上曰："且应而复谏，庸何伤！"复，扶又翻。对曰："昔舜戒群臣：'尔无面从，退有后言。'书益稷之言。臣心知其非而口应陛下，乃面从也，岂稷、契事舜之意邪！"契，息列翻。上大笑曰："人言魏征举止疏慢，我视之更觉妩媚，妩，罔甫翻；妩，亦媚也。正为此耳！"为，于伪翻。征起，拜谢曰："陛下开臣使言，故臣得尽其愚；若陛下拒而不受，臣何敢数犯颜色乎！"数，所角翻。

15 戊辰，秘书少监虞世南上圣德论，上，时掌翻。上赐手诏，称："卿论太高。朕何敢拟上古，但比近世差胜耳。然卿适睹其始，未知其终。若朕能慎终如始，则此论可传；如或不然，恐徒使后世笑卿也！"

16 九月，己酉，幸庆善宫，上生时故宅也，以高祖武功旧第为庆善宫。因与贵人宴，赋诗。起居郎清平吕才清平县，属博州。刘昫曰：本汉贝丘县，隋曰清平。被之管弦，被，皮义翻。命曰功成庆善乐，使童子八佾为九功之舞，大宴会，与破陈舞偕奏于庭。才有巧思，故命以所赋诗被之管弦以为乐章，以童子六十四人冠进德冠，紫袴褶，长袖，漆髻，屣履而舞，号九功舞，进蹈安徐，以象文德。破陈乐，号七德舞，击刺往来，发扬蹈厉，以象武功。陈，读曰阵。同州刺史尉迟敬德预宴，同州，冯翊郡。尉，纡勿翻。有班在其上者，敬德怒曰："汝何功，坐我上！"任城王道宗次其下，谕解之。敬德拳殴道宗，目几眇。任，音壬。殴，乌口翻。几，居希翻。考异曰：唐历云："尝因内宴，于御前殴宇文士及曰：'汝有何功，合居吾上！'太宗慰谕之，方止。"今从旧传。上不怿而罢，谓敬德曰："朕见汉高祖诛灭功臣，意常尤之，故欲与卿等共保富贵，令子孙不绝。令，力丁翻。然卿居官数犯法，乃知韩、彭葅醢，非高祖之罪也。国家纲纪，唯赏与罚，非分之恩，不可数得，分，扶问翻。数，所角翻。勉自修饬，无贻后悔！"敬德由是始惧而自戢。戢，阻立翻。

17 冬，十月，乙卯，车驾还京师。帝侍上皇宴于大安宫，帝与皇后更献饮膳及服御之物，更，工衡翻。夜久乃罢。帝亲为上皇捧舆至殿门，为，于伪翻。上皇不许，命太子代之。

18 突厥颉利可汗郁郁不得意，数与家人相对悲泣，容貌羸惫。厥，九勿翻。颉，奚结翻。可，从刊入声。汗，音寒。数，所角翻。羸，伦为翻。惫，蒲拜翻。上见而怜之，以虢州地多麋鹿，义宁元年，分弘农二县置虢州、虢郡。宋白曰：帝王世纪云，虢有三：周封虢仲于西虢，虢州之地也；封虢叔于东虢，今成皋也；陕郡平陆是北虢。可以游猎，乃以颉利为虢州刺史；颉利辞，不愿往。癸未，复以为右卫大将军。复，扶又翻；下勿复、不复同，又音如字。

19 十一月，辛巳，契苾酋长何力帅部落六千馀家诣沙州降，诏处之于甘、凉之间，契，欺结翻。苾，毗必翻。酋，慈由翻。长，知两翻。帅，读曰率。降，户江翻。处，昌吕翻。甘、凉相去五百里。以何力为左领军将军。

20 庚寅，以左光禄大夫陈叔达为礼部尚书。帝谓叔达曰："卿武德中有谠言，见一百九十一卷高祖武德九年。谠，音党，善言直言也。故以此官相报。"对曰："臣见隋室父子相残，以取乱亡，当日之言，非为陛下，为，于伪翻。乃社稷之计耳！"

21 十二月，癸丑，帝与侍臣论安危之本。中书令温彦博曰："伏愿陛下常如贞观初，则善矣。"帝曰："朕比来怠于为政乎？"观，古玩翻。比，毗至翻。魏征曰："贞观之初，陛下志在节俭，求谏不倦。比来营缮微多，谏者颇有忤旨，此其所以异耳！”比，毗至翻。忤，五故翻。帝拊掌大笑曰：“诚有是事。”

22 辛未，帝亲录系囚，见应死者，闵之，纵使归家，期以来秋来就死。仍敕天下死囚，皆纵遣，使至期来诣京师。

23 是岁，党项羌前后内属者三十万口。党，底朗翻。

24 公卿以下请封禅者前后相属，属，之欲翻。上谕以“旧有气疾，恐登高增剧，公等勿复言。”复，扶又翻。

25 上谓侍臣曰：“朕比来决事或不能皆如律令，公辈以为事小，不复执奏。夫事无不由小而致大，此乃危亡之端也。比，毗至翻。夫，音扶。昔关龙逄忠谏而死，逄，皮江翻。朕每痛之。炀帝骄暴而亡，公辈所亲见也。公辈常宜为朕思炀帝之亡，朕常为公辈念关龙逄之死，为，于伪翻。何患君臣不相保乎！”

26 上谓魏征曰：“为官择人，不可造次。朱元晦曰：造次，急遽苟且之时。造，七到翻。用一君子，则君子皆至；用一小人，则小人竞进矣。”对曰：“然。天下未定，则专取其才，不考其行；丧乱既平，行，下孟翻；下同。丧，息浪翻。则非才行兼备不可用也。”观此，则天下已定之后，可不为官择人乎！

七年（癸巳、六三三）

1 春，正月，更名破陈乐曰七德舞。更，工衡翻。左传：楚庄王曰：武有七德，禁暴、戢兵、保大、定功、安民、和众、丰财，故以为乐舞之名。新志：七德舞图，左圆右方，先偏后伍，交错屈伸，以象鱼丽鹅鹳。命吕才以图教乐工，百二十八人，被银甲执戟而舞。凡三变，每变为四阵，象击刺往来，歌者和，曰秦王破陈乐。杜佑曰：破陈乐舞图，左圆右方，先偏后伍，鱼丽鹅鹳，箕张翼舒，交错屈伸，首尾回互，以象战陈之形。凡为三变，每变有四阵，有来往疾徐击刺之象，以应歌节，发扬蹈厉，声韵慷慨。陈，读曰阵。癸巳，宴三品已上及州牧、蛮夷酋长于玄武门，奏七德、九功之舞。酋，慈由翻。长，知两翻。太常卿萧瑀上言：“七德舞形容圣功，有所未尽，瑀，音禹。上，时掌翻。请写刘武周、薛仁果、窦建德、王世充等擒获之状。”上曰：“彼皆一时英雄，今朝廷之臣往往尝北面事之，若睹其故主屈辱之状，能不伤其心乎！”瑀谢曰：“此非臣愚虑所及。”魏征欲上偃武修文，每侍宴，见七德舞辄俛首不视，见九功舞则谛观之。俛，音免。谛，都计翻，审也。

2 三月，戊子，侍中王珪坐漏泄禁中语，左迁同州刺史。庚寅，以秘书监魏征为侍中。

3 直太史雍人李淳风雍县，属岐州。雍，于用翻。奏灵台候仪制度疏略，但有赤道，请更造浑天黄道仪，更，工衡翻。浑，户本翻。许之。癸巳，成而奏之。时李淳风上言：舜在璇玑玉衡以齐七政，则浑天仪也。周礼：土圭正日景以求地中，有以见日行黄道之验也。暨于周末，此器乃亡。汉洛下闳作浑〔天〕仪，其后贾逵、张衡亦有之，而推验七曜，并循赤道。按冬至极南，夏至极北，而赤道常定于中，国〔全〕无南北之异，盖浑仪无黄道久矣。上异其说，因诏为之。仪，表里三重，下据准基，上如十字，末树鳌足，以张四表。一曰六合仪，有天经双规，金浑纬规，金常规，相结于四极之内，列二十八宿、十日〔干〕、十二辰，经纬三百六十五度。二曰三辰仪，圆径八尺，有璇玑规，日〔月〕游〔天宿〕规〔矩〕，列宿所行，转于六合之内。三曰四游仪，圆〔玄〕枢为轴，以连结玉衡游筒而贯约规矩，又玄极〔枢〕北树北辰，南矩地轴，傍转于内，玉衡在玄枢之间，而南北游，仰以观天之辰宿，下以识器之晷度。皆用铜为之。

4 夏，五月，癸未，上幸九成宫。

5 雅州道行军总管张士贵击反獠，破之。雅州，汉严道县地；隋废州，置临邛郡；唐复为雅州。獠，鲁皓翻。

6 秋，八月，乙丑，左屯卫大将军谯敬公周范卒。上行幸，常令范与房玄龄居守。卒，子恤翻。守，式又翻。范为人忠笃严正，疾甚，不肯出外，竟终于内省，与玄龄相抱而诀曰：“所恨不获再奉圣颜！”

7 辛未，以张士贵为龚州道行军总管，使击反獠。龚州，临江郡，汉猛陵县地，隋为永平郡武林县；贞观三年，置燕州于今州东，仍于燕州之故所置龚州。

8 九月，山东、河南四十馀州水，遣使赈之。使，疏吏翻。赈，津忍翻。

9 去岁所纵天下死囚凡三百九十人，无人督帅，皆如期自诣朝堂，帅，读曰率。朝，直遥翻。考异曰：四年实录云：天下断死罪，止二十九人，今年实录乃有二百九十九人，何顿多如此！事已可疑。又白居易乐府云："死囚四百来归狱。"旧本纪、统纪、年代记皆云"二百九十人"。今从新书刑法志。无一人亡匿者；上皆赦之。

10 冬，十月，庚申，上还京师。

11 十一月，壬辰，以开府仪同三司长孙无忌为司空，长，知两翻。无忌固辞，曰："臣忝预外戚，恐天下谓陛下为私。"上不许，曰："吾为官择人，惟才是与。为，于伪翻。苟或不才，虽亲不用，襄邑王神符是也；神符少威严，不为下所畏，又足不良于行，由是归第。如其有才，虽雠不弃，魏征等是也。今日所举，非私亲也。"

12 十二月，甲寅，上幸芙蓉园；景龙文馆记：芙蓉园在京师罗城东南隅，本隋世之离宫也；青林重复，绿水弥漫，帝城胜景也。丙辰，校猎少陵原。少陵原，在长安城南，属万年县界。少，始照翻。戊午，还宫，从上皇置酒故汉未央宫。汉故未央宫在长安宫城北禁苑之西偏。考异曰：旧高祖纪："八年，阅武于城西，高祖亲自临视，还，置酒于未央宫。"高祖实录不记年月，据太宗实录，八年正月，颉利可汗死。今从唐历。上皇命突厥颉利可汗起舞，又命南蛮酋长冯智戴咏诗，厥，九勿翻。颉，奚结翻。可，从刊入声。汗，音寒。酋，慈由翻。长，知两翻。既而笑曰："胡、越一家，自古未有也！"帝奉觞上寿上，时掌翻。曰："今四夷入臣，皆陛下教诲，非臣智力所及。昔汉高祖亦从太上皇置酒此宫，妄自矜大，汉高祖十年，置酒未央宫，奉玉卮为太上皇寿，曰："始大人常以臣亡赖，不能治产业，不如仲力。今某之业所就，孰与仲多?”臣所不取也。”上皇大悦。殿上皆呼万岁。

13 帝谓左庶子于志宁、右庶子杜正伦曰：“朕年十八，犹在民间，民之疾苦情伪，无不知之。及居大位，区处世务，犹有差失。况太子生长深宫，处，昌吕翻。长，知两翻。百姓艰难，耳目所未涉，能无骄逸乎！卿等不可不极谏!”太子好嬉戏，颇亏礼法，志宁与右庶子孔颖达数直谏，好，呼到翻。数，所角翻。上闻而嘉之，各赐金一斤，帛五百匹。

14 工部尚书段纶奏征巧工杨思齐，上令试之。纶使先造傀儡。傀儡，木偶戏也。杜佑曰：窟礧子，亦曰傀磊子，作偶人以戏，善歌舞。本丧乐也，汉末始用之于嘉会。北齐高纬尤所好，闾市盛行焉。余按列子，偃师以此伎奉周穆王，其来久矣。傀，口猥翻。儡，落猥翻。上曰：“得巧工庶供国事，卿令先造戏具，岂百工相戒无作淫巧之意邪!”月令：孟春之月，百工咸理，监工日号，毋或作为淫巧以荡上心。邪，音耶。乃削纶阶。唐制：工部尚书，正三品。削其阶则不得立于三品班中。

15 嘉、陵州獠反，嘉州，眉山郡，汉犍为南安县地。陵州，陵山郡，汉蜀郡广都、犍为郡武阳二县东界之地。獠，鲁皓翻。命邘江府统军牛进达击破之。唐扬州有邘江府兵。邘，胡安翻。

16 上问魏征曰：“群臣上书可采，及召对多失次，何也?”臣上，时掌翻。对曰：“臣观百司奏事，常数日思之，及至上前，三分不能道一。况谏者拂意触忌，拂，与咈同。非陛下借之辞色，岂敢尽其情哉!”上由是接群臣辞色愈温，尝曰：“炀帝多猜忌，临朝对群臣多不语。朝，直遥翻。朕则不然，与群臣相亲如一体耳。”

八年(甲午、六三四)

1 春，正月，癸未，突厥颉利可汗卒，厥，九勿翻。颉，奚结翻。可，从刊入声。汗，音寒。卒，子恤翻。命国人从其俗，焚尸葬之。

2 辛丑，行军总管张士贵讨东、西王洞反獠，平之。东、西王洞獠盖在龚州界。

3 上欲分遣大臣为诸道黜陟大使，使，疏吏翻。考异曰：实录、旧本纪但云"遣萧瑀等巡省天下。"按时止有十道，而会要、统纪皆云"发十六道黜陟大使"，据姓名止十三人，皆所未详，故但云诸道。未得其人；李靖荐魏征。上曰："征箴规朕失，不可一日离左右。"离，力智翻。乃命靖与太常卿萧瑀等凡十三人分行天下，"察长吏贤不肖，行，下孟翻。长，知两翻。问民间疾苦，礼高年，赈穷乏，【章：十二行本"乏"下有"褒善良"三字；乙十一行本同；退斋校同。】赈，津忍翻。起久淹，【章：十二行本"久"作"滞"；乙十一行本同；孔本作"淹滞"；退斋校同；熊校同。】俾使者所至，如朕亲睹。"

4 三月，庚辰，上幸九成宫。

5 夏，五月，辛未朔，日有食之。

6 初，吐谷浑可汗伏允吐，从暾入声。谷，音浴。可，从刊入声。汗，音寒。考异曰：实录，十年，立诸曷钵，诏称伏允为"顺步萨钵"。今从旧传。遣使入贡，未返，大掠鄯州而去。使，疏吏翻。宋白曰：鄯州西南至廓州广城县故承风岭，吐谷浑界，一百九十五里。上遣使让之，征伏允入朝，称疾不至，鄯，时战翻。朝，直遥翻。仍为其子尊王求婚；上许之，令其亲迎，为，于伪翻。迎，鱼敬翻。尊王又不至，乃绝婚，伏允又遣兵寇兰、廓二州。兰州，金城郡，以皋兰山名州。伏允年老，信其臣天柱王之谋，数犯边；数，所角翻。又执唐使者赵德楷，上遣使谕之，十返；又引其使者，临轩亲谕以祸福，伏允终无悛心。悛，丑缘翻。六月，遣左骁卫大将军段志玄为西海道行军总管，左骁卫将军樊兴为赤水道行军总管，将边兵及契苾、党项之众以击之。吐谷浑中有赤水城，近河源。骁，坚尧翻。将边，即亮翻。契，欺讫翻。苾，毗必翻。党，底朗翻。考异曰：实录，六年三月，吐谷浑寇兰州，不云遣志玄击之，吐谷浑寇兰、廓二州，无年月。新本纪，此夏遣志玄。实录，十月，志玄破吐谷浑。故参酌置此。又新书本纪，是夏，吐谷浑寇凉州，遣志玄等伐之。实录，十月辛丑，志玄破吐谷浑，而不书遣将日月，新纪亦无破吐谷浑月日。实录寇凉州在十一月。今参用之。

7 秋，七月，山东、河南、淮、海之间大水。

8 上屡请上皇避暑九成宫，上皇以隋文帝终于彼，恶之。九成宫，即隋之仁寿宫。隋文帝仁寿四年，崩于仁寿宫。恶，乌路翻。冬，十月，营大明宫，大明宫在禁苑东南，西接宫城之东北隅，曰东内。程大昌曰：大明宫地，本太极宫之后苑东南面射殿也，地在龙首山上。龙朔二年，高宗染风痹，恶太极宫卑下，就修大明宫，改曰蓬莱宫。以为上皇清暑之所。未成而上皇寝疾，不果居。

9 辛丑，段志玄击吐谷浑，破之，追奔八百馀里，去青海三十馀里，吐谷浑中有青海。阚骃曰：汉金城郡临羌县西有卑禾羌海，世谓之青海，东去西平二百五十里。西平，唐鄯州也。吐，从暾入声。谷，音浴。吐谷浑驱牧马而遁。

10 甲子，上还京师。

11 右仆射李靖以疾逊位，许之。十一月，辛未，以靖为特进，封爵如故，禄赐、吏卒并依旧给，俟疾小瘳，瘳，丑留翻。每三两日至门下、中书平章政事。唐初政事堂在门下省。欧阳修曰：平章事之名始此。

12 甲申，吐蕃赞普弃宗弄赞考异曰：太宗实录“赞普”作“赞府”。高宗实录“弃宗”作“器宗”。今从旧传。遣使入贡，仍请婚。使，疏吏翻。吐蕃在吐谷浑西南，近世浸强，蚕食他国，土宇广大，胜兵数十万，胜，音升。然未尝通中国。其王称赞普，俗不言姓，王族皆曰论，宦族皆曰尚。吐蕃本西羌属，盖百有五十种，散处河、湟、江、岷间。有发羌唐旄等，未始与中国通，居析支水西。祖曰鹘提勃悉野，健武多智，稍并诸羌，据其地。蕃、发声近，故其子孙曰吐蕃而姓勃窣野。或曰：南凉秃发乌孤之后，二子，曰樊尼，曰傉檀，为乞伏炽盘所灭，樊尼挈残部降沮渠蒙逊，沮渠灭，樊尼率兵西济河，逾积石，遂抚有群羌云。其俗谓强雄曰赞，丈夫曰普，故号君长为赞普。其地直长安八千里，距鄯善五百里。刘昫曰：吐蕃，秃发氏之后，语讹曰吐蕃。宋白曰：樊尼奔沮渠蒙逊，署临松郡丞。沮渠灭，建国西土，改姓勃窣野。时人谓丞为赞府，语讹为赞普。吐，从暾入声。弃宗弄赞有勇略，四邻畏之。上遣使者冯德遐往慰抚之。

13 丁亥，吐谷浑寇凉州。己丑，下诏大举讨吐谷浑。考异曰：旧传云："吐谷浑拘赵德楷，太宗遣使宣谕十馀返，竟无悛心。九年，诏李靖等讨伐。"太宗实录，己丑，吐谷浑拘我行人赵德楷，即下此诏。十二月，遣李靖等。今从实录。据旧传，拘德楷在前；据实录，先遣使宣谕，后拘德楷，即下诏伐之。今两存之。上欲得李靖为将，为其老，重劳之。重，难也。以其年老，难劳之以征伐之事也。将，即亮翻。为，于伪翻。靖闻之，请行；上大悦。十二月，辛丑，以靖为西海道行军大总管，节度诸军。兵部尚书侯君集为积石道、刑部尚书任城王道宗为鄯善道、凉州都督李大亮为且末道、岷州都督李道彦为赤水道、利州刺史高甑生为盐泽道行军总管，西海、鄯善、且末皆隋破吐谷浑所置郡名。积石山在隋河源郡。赤水城亦在河源郡。盐池在西海郡。任，音壬。鄯，时战翻。且，子馀翻。并突厥、契苾之众击吐谷浑。

14 帝聘隋通事舍人郑仁基女为充华，充华，旧有之。唐六宫之职无此官。诏已行，册使将发，使，疏吏翻。魏征闻其尝许嫁士人陆爽，遽上表谏。上，时掌翻。帝闻之，大惊，手诏深自克责，命停册使。房玄龄等奏称："许嫁陆氏，无显状，大礼既行，不可中止。"爽亦表言初无婚姻之议。帝谓征曰："群臣或容希合；爽亦自陈，何也？"对曰："彼以为陛下外虽舍之，或阴加罪谴，故不得不然。"帝笑曰："外人意或当如是。朕之言未能使人必信如此邪！"

15 中牟丞皇甫德参中牟县，汉属河南郡，晋属荥阳郡，后魏属广武郡，为治所；隋开皇十年，改曰郏城县，大业改曰圃田县，唐武德三年，更名中牟。丞，贰令治县事。上县丞从八品下，中、下县各以差降一品。上言："修洛阳宫，劳人；收地租，厚敛；俗好高髻，盖宫中所化。"上，时掌翻；下上书同。敛，力赡翻。好，呼到翻；下不好同。上怒，谓房玄龄等曰："德参欲国家不役一人，不收斗租，宫人皆无发，乃可其意邪！"欲治其谤讪之罪。治，直之翻。魏征谏曰："贾谊当汉文帝时上书，云'可为痛哭者一，可为流涕者二。'见十四卷汉文帝六年。自古上书不激切，不能动人主之心，所谓狂夫之言，圣人择焉，汉书李左车有是言。唯陛下裁察！"上曰："朕罪斯人，则谁敢复言！"复，扶又翻。乃赐绢二十匹。他日，征奏言："陛下近日不好直言，虽勉强含容，非曩时之豁如。"强，其两翻。上乃更加优赐，拜监察御史。监，古衔翻。

16 中书舍人高季辅上言：考异曰：贞观政要，季辅疏在三年；会要在八年。按旧传：季辅贞观初拜御史，累转中书舍人。故从会要置此。"外官卑品，犹未得禄，饥寒切身，难保清白。今仓廪浸实，宜量加优给，然后可责以不贪，严设科禁。又，密王元晓等皆陛下之弟，比见帝子拜诸叔，量，音良。比，毗至翻。叔皆答拜，紊乱昭穆，紊，音问。昭，时招翻。宜训之以礼。"书奏，上善之。

17 西突厥咄陆可汗卒，其弟同娥设立，是为沙钵罗咥利失可汗。咥，徒结翻，又丑栗翻。

九年（乙未、六三五）

1 春，正月，党项先内属者皆叛归吐谷浑。三月，庚辰，洮州羌叛入吐谷浑，杀刺史孔长秀。洮，土刀翻。

2 壬辰，【严："辰"改"午"。】赦天下。

3 乙酉，盐泽道行军总管高甑生击叛羌，破之。

4 庚寅，诏民赀分三等，未尽其详，宜分九等。唐会要：武德六年，三月，令天下户量其资产，定为三等。今分九等，盖于三等各分上、中、下也。

5 上谓魏征曰："齐后主、周天元皆重敛百姓，厚自奉养，力竭而亡。譬如馋人自啖其肉，肉尽而毙，何其愚也！敛，力瞻翻。馋，七咸翻。贪食而多取之为馋。啖，徒览翻，又徒滥翻。然二主孰为优劣？”对曰：“齐后主懦弱，政出多门；懦，乃卧翻，又奴乱翻。周天元骄暴，威福在己；虽同为亡国，齐主尤劣也。”

6 夏，闰四月，癸酉，任城王道宗败吐谷浑于库山。败，补迈翻；下儿败、等败之败同。考异曰：旧道宗传云：“贼闻军至，走入嶂山，已行数千里。诸将议欲息兵，道宗固请追讨，李靖然之，而君集不从。道宗遂帅偏师并行倍道，去大军十日，追及之。贼据险苦战，道宗潜遣千馀骑逾山袭其后。贼表里受敌，一时奔溃。”库山、嶂山不知其所以为同异。据嶂山已行数千里，今不取，今即以为库山之战也。吐谷浑可汗伏允悉烧野草，轻兵走入碛。碛，七迹翻。诸将以为“马无草，疲瘦，未可深入。”侯君集曰：“不然。向者段志玄军还，才及鄯州，虏已至其城下。盖虏犹完实，众为之用故也。今一败之后，鼠逃鸟散，斥候亦绝，君臣携离，父子相失，取之易于拾芥，易，以豉翻。此而不乘，后必悔之。”李靖从之。考异曰：旧道宗传云：“道宗固请追讨，李靖然之，而君集不从。”靖传云：“军次伏俟城，吐谷浑烧去野草以馁我师，退保大非川。诸将咸言：‘春草未生，马已羸瘦，不可赴敌。’唯靖决计而进，深入敌境，遂逾积石山。”按实录：“库山之捷，可汗谋将入碛以避官军，道宗复曰：‘柏海近河源，古来罕有至者。贼既西走，未知的处，今段之行，实资马力。今马疲粮少，远入为难，未若且向鄯州，待马肥之后，更图进取。’君集曰：‘不然。段志玄曩者才至鄯州，贼众便到城下，良由彼国尚完，凶徒阻命。今者一败以后，斥候亦绝，君臣相失，父子携离，乘其迫惧，取同俯拾，柏海虽遥，便可鼓行而至也。’靖又然之。”道宗传与实录相违。今从实录。中分其军为两道：靖与薛万均、李大亮由北道，君集与任城王道宗由南道。戊子，靖部将薛孤儿败吐谷浑于曼头山，斩其名王，大获杂畜，以充军食。畜，许救翻。癸巳，靖等败吐谷浑于牛心堆，水经注：湟水自临羌县东流，合龙驹川水，又东合晋昌川水，又东合长宁川水，又东合牛心川水；水出西南远山，东北流径牛心堆，又东径西平亭西，东北入于湟水。又败诸赤水源。考异曰：实录：“癸巳，李靖、侯君集、任城王道宗等破吐谷浑于赤水源。”按上文自库山中分士马为两道，靖趣北路出曼头山，逾赤水，君集、道宗趣南路，历破逻真谷。然则赤水之战，君集、道宗不在彼也，今删去其名。又吐谷浑传，获其高昌王慕容孝俊，不知在何战，今亦删去。侯君集、任城王道宗引兵行无人之境二千馀里，盛夏降霜，经破逻真谷，其地无水，人龁冰，马啖雪。逻，郎佐翻。龁，下没翻，又户结翻。五月，追及伏允于乌海，隋志：河源郡有乌海，在汉哭山西。与战，大破之，获其名王。薛万均、薛万彻又败天柱王于赤海。赤海盖即赤水深广处。考异曰：旧万彻传作赤水源，契苾何力传作赤水川。今从实录。

7 太上皇自去秋得风疾，庚子，崩于垂拱殿。旧书帝纪：崩于大安宫之垂拱前殿，年七十。甲辰，群臣请上准遗诰视军国大事，上不许。乙巳，诏太子承乾于东宫平决庶政。

8 赤水之战，薛万均、薛万彻轻骑先进，为吐谷浑所围，兄弟皆中枪，骑，奇寄翻；下同。中，竹仲翻。失马步斗，从骑死者什六七，左领军将军契苾何力将数百骑救之，竭力奋击，所向披靡，万均、万彻由是得免。从，才用翻。披，丕彼翻。李大亮败吐谷浑于蜀浑山，山在赤海西。获其名王二十人。将军执失思力败吐谷浑于居茹川。李靖督诸军经积石山河源，至且末，穷其西境。闻伏允在突伦川，考异曰：吐谷浑传云：“伏允西走图伦碛。”盖即突伦川，虏语转耳。今从契苾何力传。将奔于阗，契苾何力欲追袭之，薛万均惩其前败，固言不可。何力曰：“虏非有城郭，随水草迁徙，若不因其聚居袭取之，一朝云散，岂得复倾其巢穴邪！”复，扶又翻。自选骁骑千馀，直趣突伦川，万均乃引兵从之。骁，坚尧翻。趣，七喻翻。考异曰：吐谷浑传云：“万均率轻锐追奔，入碛数百里，及其馀党，破之。”盖何力先进，而万均从之也。碛中乏水，将士刺马血饮之。刺，七亦翻。袭破伏允牙帐，斩首数千级，获杂畜二十馀万，伏允脱身走，俘其妻子。侯君集等进逾星宿川，至柏海，还与李靖军合。畜，许救翻。宿，音秀。考异曰：吐谷浑传，“柏海”作“柏梁”。今从实录。实录及吐谷浑传，皆云“君集与李靖会于大非川。”按十道图：大非川在青海南，乌海、星宿海、柏海并在其西；且末又在其西极远。据靖已至且末，君集又过乌海、星宿川亖柏海，岂得复会于大非川，于事可疑，故不敢著其地。吐谷浑传又云：“两军会于大非川，至破逻真谷，大宁王顺乃降。”按实录历破逻真谷，又行月馀日，乃至星宿川。然则破逻真谷在星宿川东甚远矣，岂得返至其处邪！今从实录。

大宁王顺，隋氏之甥、伏允之嫡子也，为侍中【章：十二行本“中”作“子”；乙十一行本同；退斋校同；张校同，云无注本亦误“中”。】于隋，久不得归，伏允立侍【章：十二行本“侍”作“他”；乙十一行本同；退斋校同；张校同，云无注本亦误“侍”。】子为太子，及归，意常怏怏。顺归见一百八十七卷高祖武德二年。怏，于两翻。会李靖破其国，国人穷蹙，怨天柱王；顺因众心，斩天柱王，举国请降。伏允帅千馀骑逃碛中，十馀日，众散稍尽，为左右所杀。降，户江翻。帅，读曰率。考异曰：吐谷浑传云“自缢而死”。今从实录。国人立顺为可汗。壬子，李靖奏平吐谷浑。乙卯，诏复其国，以慕容顺为西平郡王、趉故吕【严：“故吕”改“胡吕”。】乌甘豆可汗。趉，渠讪翻，又九勿翻；杜佑巨屈翻。上虑顺未能服其众，仍命李大亮将精兵数千为其声援。

9 六月，己丑，群臣复请听政，上许之，其细务仍委太子，太子颇能听断。是后上每出行幸，常令居守监国。复，扶又翻。断，丁乱翻。守，手又翻。监，工衔翻。

10 秋，七月，庚子，盐泽道行军副总管刘德敏击叛羌，破之。

11 丁巳，诏：“山陵依汉长陵故事，长陵，汉高祖陵也。皇甫谧曰：长陵东西广百二十步，高十三丈。房玄龄云，高九丈。盖尺度之长短有古今之异也。务存隆厚。”期限既促，功不能及。秘书监虞世南上疏，以为：“圣人薄葬其亲，非不孝也，深思远虑，以厚葬适足为亲之累，上，时掌翻。累，力瑞翻。故不为耳。昔张释之有言：‘使其中有可欲，虽锢南山犹有隙。’见十四卷汉文帝三年。刘向言：‘死者无终极而国家有废兴，释之之言，为无穷计也。’见三十一卷汉成帝永始元年。其言深切，诚合至理。伏惟陛下圣德度越唐、虞，而厚葬其亲乃以秦、汉为法，臣窃为陛下不取。虽复不藏金玉，为，于伪翻。复，扶又翻；下同。后世但见丘垄如此其大，安知【章：十二行本“知”下有“其中”二字；乙十一行本同。】无金玉邪！且今释服已依霸陵，用汉文帝遗诏三十七日释服也。而丘垄之制独依长陵，恐非所宜。伏愿依白虎通班固等述白虎通义六卷。为三仞之坟，器物制度，率皆节损，仍刻石立之陵旁，别书一通，藏之宗庙，用为子孙永久之法。”疏奏，不报。世南复上疏，以为：“汉天子即位即营山陵，远者五十馀年；今以数月之间为数十年之功，恐于人力有所不逮。”上乃以世南疏授有司，令详处其宜。复，扶又翻。处，昌吕翻。房玄龄等议，以为：“汉长陵高九丈，原陵高六丈，原陵，汉光武陵也。高，去声。今九丈则太崇，三仞则太卑，请依原陵之制。”从之。

12 辛亥，诏：“国初草创，宗庙之制未备，今将迁祔，宜令礼官详议。”谏议大夫朱子奢请立三昭三穆而虚太祖之位。昭，时招翻。于是增修太庙，祔弘农府君及高祖并旧神主四为六室。弘农府君讳重耳。房玄龄等议以凉武昭王为始祖。凉王李暠谥武昭。左庶子于志宁议以为武昭王非王业所因，不可为始祖；上从之。

13 党项寇叠州。

14 李靖之击吐谷浑也，厚赂党项，使为乡导。乡，读曰向。党项酋长拓跋赤辞来，谓诸将曰：“隋人无信，喜暴掠我。喜，许记翻。今诸军苟无异心，我请供其资粮；如或不然，我将据险以塞诸军之道。”塞，悉则翻。诸将与之盟而遣之。赤水道行军总管李道彦行至阔水，阔水在党项羁縻阔州界。见赤辞无备，袭之，获牛羊数千头。于是群羌怨怒，屯野狐峡，道彦不得进；赤辞击之，道彦大败，死者数万，退保松州。左骁卫将军樊兴逗遛失军期，遛，音留。士卒失亡多。乙卯，道彦、兴皆坐减死徙边。

上遣使劳诸将于大斗拔谷，劳，力到翻。薛万均排毁契苾何力，自称己功。何力不胜忿，胜，音升。拔刀起，欲杀万均，诸将救止之。上闻之，以让何力，何力具言其状，具言赤水之战拔万均兄弟于围中及见排毁之状也。上怒，欲解万均官以授何力，何力固辞，曰："陛下以臣之故解万均官，群胡无知，以陛下为重胡轻汉，转相诬告，驰竞必多。且使胡人谓诸将皆如万均，将有轻汉之心。"上善之而止。寻令宿卫北门，检校屯营事，北门，玄武门也。按会要，贞观十二年于玄武门置左右屯营，以诸卫将军领之，其兵名曰飞骑。何力检校屯营，盖十二年以后事，史究言之。尚宗女临洮县主。洮，土刀翻。

15 岷州都督、盐泽道行军总管高甑生后军期，李靖按之。甑生恨靖，诬告靖谋反，按验无状。八月，庚辰，甑生坐减死徙边。或言："甑生，秦府功臣，宽其罪。"上曰："甑生违李靖节度，又诬其反，此而可宽，法将安施！且国家自起晋阳，功臣多矣，若甑生获免，则人人犯法，安可复禁乎！复，扶又翻。我于旧勋，未尝忘也，为此不敢赦耳。"为，于伪翻。李靖自是阖门杜绝宾客，虽亲戚不得妄见也。以李靖事太宗，然犹如此，岂非功名之际难居哉！

16 上欲自诣园陵，园陵，谓献陵。群臣以上哀毁羸瘠，固谏而止。羸，伦为翻。瘠，而尺翻。

17 冬，十月，乙亥，处月初遣使入贡。处月、处密，皆西突厥之别部也。

18 庚寅，葬太武皇帝于献陵，献陵在京兆三原县东之十八里。庙号高祖；以穆皇后祔葬，太穆皇后窦氏，初葬寿安陵，今祔献陵。加号太穆皇后。

19 十一月，庚戌，诏议于太原立高祖庙。秘书监颜师古议，以为："寝庙应在京师，汉世郡国立庙，非礼。"乃止。

20 戊午，以光禄大夫萧瑀为特进，复令参预政事。萧瑀罢预闻朝政，见上卷贞观四年。复，扶又翻。上曰："武德六年以后，高祖有废立之心而未定，我不为兄弟所容，实有功高不赏之惧。斯人也，不可以利诱，不可以死胁，真社稷臣也！"诱，音酉。因赐瑀诗曰："疾风知劲草，板荡识诚臣。"又谓瑀曰："卿之忠直，古人不过；然善恶太明，亦有时而失。"瑀再拜谢。魏征曰："瑀违众孤立，唯陛下知其忠劲，向不遇圣明，求免难矣！"

21 特进李靖唐六典：正二品曰特进。注曰：二汉及魏以为加官，从本官服，无吏卒，品第二，位次诸公，在开府骠骑上。江左皆兼官，梁班第十七。北齐，特进第二品；隋特进为正二品散官，唐因之。上书，请依遗诰，御常服，临正殿；弗许。上，时掌翻。

22 吐谷浑甘豆可汗久质中国，质，音致。国人不附，竟为其下所杀。子燕王诺曷钵立。诺曷钵幼，大臣争权，国中大乱。十二月，诏兵部尚书侯君集等将兵援之；先遣使者谕解，将，即亮翻。使，疏吏翻。有不奉诏者，随宜讨之。

十年（丙申、六三六）

1 春，正月，甲午，上始亲听政。

2 辛丑，以突厥拓设阿史那社尔为左骁卫大将军。骁，坚尧翻。社尔，处罗可汗之子也，年十一，以智略闻。可汗以为拓设，建牙于碛北，与欲谷设分统敕勒诸部，居官十年，未尝有所赋敛。敛，力赡翻。诸设或鄙其不能为富贵，社尔曰："部落苟丰，于我足矣。"诸设惭服。突厥谓子弟典兵者为设。与社尔同时典兵者非一人，故曰诸设。及薛延陀叛，攻破欲谷设，事见一百九十二卷元年。社尔兵亦败，将其馀众走保西陲。将，即亮翻。颉利可汗既亡，见上卷四年。西突厥亦乱，咄陆可汗兄弟争国。事见同上。社尔诈往降之，引兵袭破西突厥，取其地几半，降，户江翻。几，居希翻。有众十馀万，自称答【严："答"改"都"。】布可汗。社尔乃谓诸部曰："首为乱破我国者，薛延陀也，我当为先可汗报仇击灭之。"为，于伪翻。诸部皆谏曰："新得西方，宜且留镇抚。今遽舍之远去，西突厥必来取其故地。"社尔不从，击薛延陀于碛北，连兵百馀日。会咥利失可汗立，见上八年。社尔之众苦于久役，多弃社尔逃归。逃归咥利失。薛延陀纵兵击之，社尔大败，走保高昌，其旧兵在者才万馀家，又畏西突厥之逼，遂帅众来降。帅，读曰率。降，户江翻。敕处其部落于灵州之北，处，昌吕翻。留社尔于长安，尚皇妹南阳长公主，新、旧书皆作"衡阳长公主"。阳长，知两翻。典屯兵于苑内。

3 癸丑，徙赵王元景为荆王，鲁王元昌为汉王，郑王元礼为徐王，徐王元嘉为韩王，荆王元则为彭王，滕王元懿为郑王，吴王元轨为霍王，豳王元凤为虢王，陈王元庆为道王，魏王灵夔为燕王，自此以上皆皇弟也。蜀王恪为吴王，越王泰为魏王，燕王佑为齐王，梁王愔为蜀王，郯王恽为蒋王，汉王贞为越王，申王慎为纪王。自恪以下皇子也。燕，因肩翻。愔，于今翻。郯，音谈。恽，于粉翻。

二月，乙丑，以元景为荆州都督，元昌为梁州都督，元礼为徐州都督，元嘉为潞州都督，元则为遂州都督，灵夔为幽州都督，恪为潭州都督，泰为相州都督，佑为齐州都督，愔为益州都督，恽为安州都督，贞为扬州都督。泰不之官，以金紫光禄大夫张亮【章：十二行本“亮”下有“为长史”三字；乙十一行本同。】行都督事。唐制，凡注官，阶卑而拟高者则曰守，阶高而拟卑则曰行。今张亮行都督事，乃用宋、齐诸王典方面置行事之例，与注官之行不同。上以泰好文学，好，呼到翻。礼接士大夫，特命于其府别置文学馆，听自引召学士。为泰图东宫张本。

4 三月，丁酉，吐谷浑王诺曷钵遣使请颁历，行年号，遣子弟入侍，并从之。使，疏吏翻。丁未，以诺曷钵为河源郡王、乌地也拔勤豆可汗。

5 癸丑，诸王之藩，上与之别曰：“兄弟之情，岂不欲常共处邪！但以天下之重，不得不尔。诸子尚可复有，兄弟不可复得。”处，昌吕翻。复，扶又翻。因流涕呜咽不能止。上之流涕呜咽者，抑思建成、元吉之事乎？

6 夏，六月，壬申，以温彦博为右仆射，太常卿杨师道为侍中。

7 侍中魏征屡以目疾求为散官，散，悉亶翻。上不得已，以征为特进，仍知门下事，虽不居侍中之职，犹令知门下事。朝章国典，参议得失，朝，直遥翻。徒流以上罪，详事闻奏；其禄赐、吏卒并同职事。特进，散官也。禄赐、吏卒同职事官，所以优贤也。

8 长孙皇后性仁孝俭素，好读书，常与上从容商略古事，好，呼到翻。从，千容翻。因而献替，裨益弘多。上或以非罪谴怒宫人，后亦阳怒，请自推鞫，因命囚系，俟上怒息，徐为申理，由是宫壸之中，刑无枉滥。豫章公主早丧其母，后收养之，慈爱逾于所生。豫章公主，上女也，后下嫁唐义识。为，于伪翻。壸，苦本翻。丧，息浪翻。妃嫔以下有疾，后亲抚视，辍己之药膳以资之，宫中无不爱戴。训诸子，常以谦俭为先，太子乳母遂安夫人唐制，太子乳母封郡夫人。睦州，遂安郡。尝白后，以东宫器用少，请奏益之。少，诗沼翻。后不许，曰：“为太子，患在德不立，名不扬，何患无器用邪！”

上得疾，累年不愈，后侍奉，昼夜不离侧。离，力智翻。常系毒药于衣带，曰：“若有不讳，义不独生。”后素有气疾，前年从上幸九成宫，柴绍等中夕告变，上擐甲出阁问状，后扶疾以从，擐，音宦；从，才用翻。左右止之，后曰：“上既震惊，吾何心自安！”由是疾遂甚。太子言于后曰：“医药备尽而疾不瘳，瘳，丑留翻。请奏赦罪人及度人入道，庶获冥福。”后曰：“死生有命，非智力所移。若为善有福，则吾不为恶；如其不然，妄求何益！赦者国之大事，不可数下。数，所角翻。道、释异端之教，蠹国病民，皆上素所不为，奈何以吾一妇人使上为所不为乎！必行汝言，吾不如速死！”太子不敢奏，私以语房玄龄，语，牛倨翻。玄龄白上，上哀之，欲为之赦，为，于伪翻。后固止之。

及疾笃，与上诀。时房玄龄以谴归第，后言于帝曰：“玄龄事陛下久，小心慎密，奇谋秘计，未尝宣泄，苟无大故，愿勿弃之。妾之本宗，因缘葭莩以致禄位，汉书曰：非有葭莩之亲。张晏曰：葭，芦叶也。莩，叶里白皮也。晋灼曰：莩，葭里之白皮也。皆取喻于轻薄也。师古曰：葭，芦也。莩者，其筒中白皮至薄者也。葭莩喻著。莩，音孚。张言叶里白皮，非也。既非德举，易致颠危，欲使其子孙保全，慎勿处之权要，但以外戚奉朝请足矣。以无忌之贤不能自保，则后之所虑为深远矣。易，以豉翻。处，昌吕翻。朝，直遥翻。妾生无益于人，不可以死害人，用记檀弓成子高语意。愿勿以丘垄劳费天下，但因山为坟，器用瓦木而已。仍愿陛下亲君子，远小人，纳忠谏，屏谗慝，省作役，止游畋，远，于愿翻。屏，必郢翻。妾虽没于九泉，诚无所恨。儿女辈不必令来，见其悲哀，徒乱人意。”因取衣中毒药以示上曰：“妾于陛下不豫之日，誓以死从乘舆，不能当吕后之地耳。”吕后事见汉纪。乘，绳证翻。己卯，崩于立政殿。阁本太极宫图：东上阁门之东有万春殿，万春殿之东有立政殿。唐六典：太极殿之北有两仪殿，两仪殿之东曰万春殿。两仪之左曰献春门，献春门之左曰立政门，其内曰立政殿。

后尝采自古妇人得失事为女则三十卷，又尝著论驳汉明德马后以不能抑退外亲，使当朝贵盛，徒戒其车如流水马如龙，见四十六卷汉章帝建初二年。驳，北角翻。朝，直遥翻。是开其祸败之源而防其末流也。及崩，宫司并女则奏之，唐内职，有宫正，纠愆失。彤史，记功书过。六典，尚仪局有司籍二人，掌经史教学。奏女则者，盖司籍也。上览之悲恸，以示近臣曰："皇后此书，足以垂范百世。朕非不知天命而为无益之悲，但入宫不复闻规谏之言，复，扶又翻；下令复同。失一良佐，故不能忘怀耳！"乃召房玄龄，使复其位。

9 秋，八月，丙子，上谓群臣曰："朕开直言之路，以利国也，而比来上封事者多讦人细事，比，毗至翻。上，时掌翻。讦，居谒翻。自今复有为是者，朕当以谗人罪之。"

10 冬，十一月，庚午，葬文德皇后于昭陵。昭陵，在京兆醴泉县西北六十里。将军段志玄、宇文士及分统士众出肃章门。唐六典曰：西内太极殿，次北曰朱明门，门之左曰虔化门，右曰肃章门，肃章之西曰晖政门，又曰两仪殿，盖古之内朝也。承天门之东曰长乐门，北入恭礼门，又北入虔化门，则宫内也。承天门之西曰永安门，北入安仁门，又北入肃章门，则宫内也。帝夜使宫官至二人所，士及开营内之；志玄闭门不纳，曰："军门不可夜开。"使者曰："此有手敕。"志玄曰："夜中不辩真伪。"竟留使者至明。帝闻而叹曰："真将军也！"

帝复为文刻之石，使，疏吏翻。复，扶又翻；下复何、亦复同。称"皇后节俭，遗言薄葬，以为'盗贼之心，止求珍货，既无珍货，复何所求。'朕之本志，亦复如此。王者以天下为家，何必物在陵中，乃为己有。今因九嵕山为陵，嵕，祖红翻。凿石之工才百馀人，数十日而毕。不藏金玉，人马、器皿，皆用土木，形具而已，庶几奸盗息心，存没无累，几，居希翻。累，力瑞翻。当使百世子孙奉以为法。”

上念后不已，于苑中作层观观，古玩翻。以望昭陵，尝引魏征同登，使视之。征熟视之曰：“臣昏眊，不能见。”眊，莫报翻。上指示之，征曰：“臣以为陛下望献陵，若昭陵，则臣固见之矣。”上泣，为之毁观。为，于伪翻。

11 十二月，戊寅，朱俱波、甘棠遣使入贡。朱俱波在葱岭之北，去瓜州二【章：十二行本“二”作“三”；乙十一行本同。】千八百里。甘棠在大海南。朱俱波，亦曰朱俱槃；汉子合国也。甘棠在西海之南，昆仑人也。二国皆在西域。使，疏吏翻。上曰：“中国既安，四夷自服。然朕不能无惧，昔秦始皇威振胡、越，二世而亡，唯诸公匡其不逮耳。”

12 魏王泰有宠于上，或言三品以上多轻魏王。上怒，引三品以上，作色让之曰：“隋文帝时，一品以下皆为诸王所颠踬，踬，音致。彼岂非天子儿邪！邪，音耶。朕但不听诸子纵横耳，纵，如字，又子容翻。横，户孟翻，又如字。闻三品以上皆轻之，我若纵之，岂不能折辱公辈乎！”折，之舌翻。房玄龄等皆惶惧流汗拜谢。魏征独正色曰：“臣窃计当今群臣，必无敢轻魏王者。在礼，臣、子一也。春秋，王人虽微，序于诸侯之上。春秋：僖七年，公会王人、齐侯、宋公、卫侯、许男、曹伯、陈世子款、郑世子华盟于洮。公羊传曰：王人者何？微者也。曷为序乎诸侯之上？先王命也。三品以上皆公卿，陛下所尊礼。若纪纲大坏，固所不论；圣明在上，魏王必无顿辱群臣之理。隋文帝骄其诸子，使多行无礼，卒皆夷灭，又足法乎！”卒，子恤翻。上悦曰：“理到之语，不得不服。朕以私爱忘公义，向者之忿，自谓不疑，及闻征言，方知理屈。人主发言何得容易乎！”易，以豉翻。

13 上曰：“法令不可数变，数变则烦，官长不能尽记；数，所角翻。长，知两翻。又前后差违，吏得以为奸。自今变法，皆宜详慎而行之。”

14 治书侍御史权万纪上言：“宣、饶二州银大发采之，岁可得数百万缗。”治，直之翻。宋白曰：饶州，汉为鄱阳县，吴置鄱阳郡，梁置吴州，陈废州，复为郡，隋平陈，罢郡为饶州。徐湛鄱阳记云：北有尧山，又以地饶衍，遂加“食”为“饶”。今郡图又云：以山川蕴物珍奇，故名饶。上曰：“朕贵为天子，所乏者非财也，但恨无嘉言可以利民耳。与其多得数百万缗，何如得一贤才！卿未尝进一贤、退一不肖，而专言税银之利。昔尧、舜抵璧于山，投珠于谷，陆贾新语曰：圣人不用珠玉而宝其身，故舜弃黄金于巉岩之山，捐珠玉于五湖之川，以杜淫邪之欲也。汉之桓、灵乃聚钱为私藏，事见五十七卷汉灵帝光和元年。藏，徂浪翻。卿欲以桓、灵俟我邪！”邪，音耶。是日，黜万纪，使还家。

15 是岁，更命统军为折冲都尉，别将为果毅都尉。唐制：上府折冲都尉正四品上，中府正四品下，下府正五品下。上府果毅都尉从五品下，中府正六品上，下府从六品下。更，工衡翻。将，即亮翻。凡十道，置府六百三十四，而关内二百六十一，皆隶诸卫及东宫六率。东宫六率者：左、右卫率，拟上台左、右卫将军；左、右宗卫率，拟左、右领军将军；左、右监门率，拟左、右监门将军。后又置左、右虞候率，拟左、右金吾将军；左、右内率，拟左、右千牛将军。通谓之十率。凡上府兵千二百人，中府千人，下府八百人。三百人为团，团有校尉；校，户教翻。五十人为队，队有正；十人为火，火有长。长，知两翻。每人兵甲粮装各有数，皆自备，输之库，有征行则给之。年二十为兵，六十而免。其能骑射者为越骑，越骑者，言其劲勇能超越也。

骑，奇寄翻。其馀为步兵。每岁季冬，折冲都尉帅其属教战，帅，读曰率。当给马者官予其直市之。予，读曰与。凡当宿卫者番上，兵部以远近给番，远疏、近数，皆一月而更。时制，五百里为五番，千里七番，一千五百里八番，二千里十番，外为十二番。若简留宿卫者，五百里为七番，千里八番，二千里十番，外为十二番。上，时掌翻。数，所角翻。更，工衡翻。

十一年（丁酉、六三七）

1 春，正月，徙郐王元裕为邓王，郐，工外翻。谯王元名为舒王。

2 辛卯，以吴王恪为安州都督，晋王治为并州都督，纪王慎为秦州都督。将之官，上赐书戒敕曰："吾欲遗汝珍玩，恐益骄奢，遗，于季翻。不如得此一言耳。"

3 上作飞山宫。观明年废明德宫及飞山宫之玄圃院以给洛人之遭水坏庐舍者，则知飞山宫亦在洛阳。庚子，特进魏征上疏，上，时掌翻。以为："炀帝恃其富强，不虞后患，穷奢极欲，使百姓困穷，以至身死人手，社稷为墟。陛下拨乱返正，宜思隋之所以失，我之所以得，撤其峻宇，安于卑宫；若因基而增广，袭旧而加饰，此则以乱易乱，殃咎必至，难得易失，可不念哉！"易，以豉翻。

4 房玄龄等先受诏定律令，先，悉荐翻。以为："旧法，兄弟异居，荫不相及，而谋反连坐皆死；祖孙有荫，而止应配流。据礼论情，深为未惬。今定律，祖孙与兄弟缘坐者俱配役。"从之。自是比古死刑，除其太半，天下称赖焉。玄龄等定律五百条，立刑名二十等，笞刑五，自十至于五十。杖刑五，自六十至于百。徒刑五，自一年至于三年。流刑三，自千里至于三千里。死刑二，绞、斩。比隋律减大辟九十二条，辟，毗亦翻。减流入徒者七十一条，凡削烦去蠹，变重为轻者，不可胜纪。去，羌吕翻。胜，音升。又定令一千五百九十馀条。武德旧制，释奠于太学，以周公为先圣，孔子配飨；玄龄等建议停祭周公，以孔子为先圣，颜回配飨。又删武德以来敕格，定留七百条，至是颁行之。又定枷、杻、钳、鏁、杖、笞，皆有长短广狭之制。械其颈曰枷，械其手曰杻。钳，以铁劫束之也。鏁，以铁琅当之也。杖，长三尺五寸，削去节目。讯杖，大头径三分二厘，小头二分二厘。常行杖，大头二分七厘，小头一分七厘。笞杖，大头二分，小头一分有半。杻，女九翻。

自张蕴古之死，见上卷五年。法官以出罪为戒；时有失入者，又不加罪。上尝问大理卿刘德威曰："近日刑网稍密，何也？"对曰："此在主上，不在群臣，人主好宽则宽，好急则急。律文：失入减三等，失出减五等。今失入无辜，失出更获大罪，是以吏各自免，竞就深文，非有教使之然，畏罪故耳。陛下傥一断以律，则此风立变矣。"上悦，从之。由是断狱平允。好，呼到翻。断，丁乱翻。

5 上以汉世豫作山陵，免子孙苍猝劳费，又志在俭葬，恐子孙从俗奢靡。二月，丁巳，自为终制，因山为陵，容棺而已。

6 甲子，上行幸洛阳宫。

7 上至显仁宫，隋志：河南寿安县有显仁宫，炀帝大业元年所起。官吏以缺储偫，有被谴者。偫，直里翻。被，皮义翻。魏征谏曰："陛下以储偫谴官吏，臣恐承风相扇，异日民不聊生，殆非行幸之本意也。昔炀帝讽郡县献食，视其丰俭以为赏罚，见一百八十三卷大业十二年。故海内叛之。此陛下所亲见，奈何欲效之乎！"上惊曰："非公不闻此言。"因谓长孙无忌等曰："朕昔过此，买饭而食，僦舍而宿；僦，子就翻。今供顿如此，岂得嫌不足乎！”

8 三月，丙戌朔，日有食之。

9 庚子，上宴洛阳宫西苑，泛积翠池，洛阳西苑，北距北邙，西至孝水，南带洛水支渠，谷、洛二水会于其间，虑其泛溢，为三陂以御之：一曰积翠，二曰月陂，三曰上阳。苑墙周回一百二十六里。顾谓侍臣曰：“炀帝作此宫苑，结怨于民，筑西苑见一百八十卷大业元年。今悉为我有，正由宇文述、虞世基、裴蕴之徒内为谄谀，外蔽聪明故也，可不戒哉！”按隋炀帝大业二年，令宇文恺作洛阳西苑。“述”恐当作“恺”。

10 房玄龄、魏征上所定新礼一百三十八篇；上，时掌翻。丙午，诏行之。

11 以礼部尚书王珪为魏王泰师，唐初因魏、晋之制，诸王置师一人，开元改曰傅。上谓泰曰：“汝事珪当如事我。”泰见珪，辄先拜，珪亦以师道自居。珪子敬直尚南平公主。公主，上女也。先是，公主下嫁，先，悉荐翻。皆不以妇礼事舅姑，珪曰：“今主上钦明，动循礼法，吾受公主谒见，岂为身荣，所以成国家之美耳。”乃与其妻就席坐，令公主执笲行盥馈之礼。笲，音烦，竹器也，以盛枣栗腶脩。盥，音管，以盘水沃洗手也。妇以特豚馈。士昏礼曰：舅坐于阼阶西面，姑坐于房外南面。妇执笲枣栗，东面，拜奠于舅席讫，妇又执腶脩升进，北面，拜奠于姑席。舅姑入于室，妇盥馈特豚，明妇顺也。右胖载之舅俎，左胖载之姑俎，各以南为上。是后公主始行妇礼，自珪始。

12 群臣复请封禅，五年，诸州朝集使请封禅，六年，文武官请，今众臣复请。复，扶又翻。上使秘书监颜师古等议其礼，房玄龄裁定之。

13 夏，四月，己卯，魏征上疏，以为：“人主善始者多，克终者寡，岂取之易而守之难乎？上，时掌翻。易，以豉翻。盖以殷忧则竭诚以尽下，殷，音隐。安逸则骄恣而轻物；尽下则胡、越同心，轻物则六亲离德，虽震之以威怒，亦皆貌从而心不服故也。人主诚能见可欲则思知足，将兴缮则思知止，处高危则思谦降，临满盈则思挹损，遇逸乐则思撙节，处，昌吕翻。乐，音洛。撙，慈损翻。在宴安则思后患，防壅蔽则思延纳，疾谗邪则思正己，行爵赏则思因喜而僭，施刑罚则思因怒而滥，僭，僭差；滥，滥益也。兼是十思，而选贤任能，固可以无为而治，治，直吏翻。又何必劳神苦体以代百司之任哉！”

王崇武标点容肇祖聂崇岐覆校

资治通鉴卷第一百九十五

端明殿学士兼翰林侍读学士太中大夫
提举西京嵩山崇福宫上柱国河内郡开国公 司马光 奉敕编集
食邑二千二百户食实封九百户赐紫金鱼袋臣

后　学　天　台 胡三省 音　注

唐纪十一

起强圉作噩（丁酉）五月，尽上章困敦（庚子），凡三年有奇。

太宗文武大圣大广孝皇帝中之上

贞观十一年（丁酉、六三七）观，古玩翻。

1 五月，壬申，魏征上疏，以为："陛下欲善之志不及于昔时，闻过必改少亏于曩日，上，时掌翻。少，诗沼翻。谴罚积多，威怒微厉。乃知贵不期骄，富不期侈，非虚言也。书周官曰：位不期骄，禄不期侈。孔安国注曰：贵不与骄期而骄自至，富不与侈期而侈自至。魏征引之。且以隋之府库、仓廪、户口、甲兵之盛，考之今日，安得拟伦！然隋以富强动之而危，我以寡弱静之而安；安危之理，皎然在目。昔隋之未乱也，自谓必无乱；其未亡也，自谓必无亡。故赋役无穷，征伐不息，以至祸将及身而尚未之寤也。夫鉴形莫如止水，鉴败莫如亡国。夫，音扶。伏愿取鉴于隋，去奢从约，亲忠远佞，去，羌吕翻。远，于愿翻。以当今之无事，行畴昔之恭俭，则尽善尽美，固无得而称焉。夫取之实难，守之甚易，陛下能得其所难，岂不能保其所易乎！"去，羌吕翻。远，于愿翻。易，以豉翻。

2 六月，右仆射虞恭公温彦博薨。射，寅谢翻。谥法：尊贤敬让曰恭；执事坚固曰恭；执礼御宾曰恭。彦博久掌机务，知无不为。上谓侍臣曰："彦博以忧国之故，精神耗竭，我见其不逮，已二年矣，恨不纵其安逸，竟夭天年！"夭，于绍翻。

3 丁巳，上幸明德宫。显庆二年，改明德宫监为东都苑南面监。

4 己未，诏荆州都督荆王元景等二十一王所任刺史，咸令子孙世袭。令，力丁翻。戊辰，又以功臣长孙无忌等十四人为刺史，长，知两翻。亦令世袭；非有大故，无得黜免。

5 己巳，徙许王元祥为江王。

6 秋，七月，癸未，大雨，谷、洛溢入洛阳宫，按唐六典，洛阳都城，隋大业二年诏杨素、宇文恺移故都创造，南直伊阙之口，北倚邙山之塞，东出瀍水之东，西逾涧水之西，洛水贯都，有河汉之象焉。东去故都十八里。都城西连禁苑，谷、洛二水会于禁苑之间。至玄宗开元二十四年，以谷、洛二水或泛溢，疲费人功，遂出内库和雇，修三陂以御之，一曰积翠，二曰月陂，三曰上阳；尔后二水无劳役之患。坏官寺、民居，坏，音怪。溺死者六千馀人。溺，奴狄翻。

7 魏征上疏，以为："文子曰：'同言而信，信在言前；同令而行，诚在令外。'汉书艺文志曰：文子，老子弟子，与孔子并时。上，时掌翻。自王道休明，十有馀年，然而德化未洽者，由待下之情未尽诚信故也。今立政致治，必委之君子；治，直吏翻。事有得失，或访之小人。其待君子也敬而疏，遇小人也轻而狎；狎则言无不尽，疏则情不上通。夫中智之人，岂无小慧！夫，音扶。然才非经国，虑不及远，虽竭力尽诚，犹未免有败，况内怀奸宄，其祸岂不深乎！宄，音轨。夫虽君子不能无小过，苟不害于正道，斯可略矣。既谓之君子而复疑其不信，复，扶又翻。何异立直木而疑其影之曲乎！陛下诚能慎选君子，以礼信用之，何忧不治！治，直吏翻。不然，危亡之期，未可保也。”上赐手诏褒美曰：“昔晋武帝平吴之后，志意骄怠，何曾位极台司，不能直谏，乃私语子孙，自矜明智，事见八十乙卷晋怀帝永嘉三年。语，牛倨翻。此不忠之大者也。得公之谏，朕知过矣。当置之几案以比弦、韦。”用董安于、西门豹事。

8 乙未，车驾还洛阳，自明德宫还洛阳宫。还，从宣翻，又音如字。诏：“洛阳宫为水所毁者，少加修缮，才令可居。少，诗沼翻；下同。令，力丁翻。自外众材，给城中坏庐舍者。令百官各上封事，极言朕过。”上，时掌翻。壬寅，废明德宫及飞山宫之玄圃院，给遭水者。

9 八月，甲子，上谓侍臣曰：“上封事者皆言朕游猎太频。今天下无事，武备不可忘，朕时与左右猎于后苑，无一事烦民，夫亦何伤！”夫，音扶。魏征曰：“先王惟恐不闻其过。陛下既使之上封事，止得恣其陈述。苟其言可取，固有益于国；若其无取，亦无所损。”上曰：“公言是也。”皆劳而遣之。劳，力到翻。

10 侍御史马周上疏，上，时掌翻。以为：“三代及汉，历年多者八百，少者不减四百，良以恩结人心，人不能忘故也。自是以降，多者六十年，少者才二十馀年，皆无恩于人，本根不固故也。陛下当隆禹、汤、文、武之业，为子孙立万代之基，岂得但持当年而已！今之户口不及隋之什一，而给役者兄去弟还，道路相继。陛下虽加恩诏，使之裁损，然营缮不休，民安得息！故有司徒行文书，曾无事实。昔汉之文、景，恭俭养民，武帝承其丰富之资，故能穷奢极欲而不至于乱。向使高祖之后即传武帝，汉室安得久存乎！斯确论也。又，京师及四方所造乘舆器用及诸王、妃、主服饰，议者皆不以为俭。乘，绳证翻。夫昧爽丕显，后世犹怠，左传晋叔向引谗鼎之铭以为言。

杜预注曰：昧旦，早起也。丕，大也。言夙兴以务大显，后世犹懈怠。夫，音扶。陛下少居民间，知民疾苦，尚复如此，况皇太子生长深宫，不更外事，少，诗照翻。复，扶又翻。长，竹两翻。更，工衡翻。万岁之后，固圣虑所当忧也。臣观自古以来，百姓愁怨，聚为盗贼，其国未有不亡者，人主虽欲追改，不能复全。复，扶又翻；下不复同，又音如字。故当修于可修之时，不可悔之于已失之后也。盖幽、厉尝笑桀、纣矣，炀帝亦笑周、齐矣，不可使后之笑今如今之笑炀帝也！贞观之初，天下饥歉，观，古玩翻。歉，苦簟翻。穀梁传曰：一谷不升曰歉。斗米直匹绢，而百姓不怨者，知陛下忧念不忘故也。今比年丰穰，比，毗至翻。匹绢得粟十馀斛，而百姓怨咨者，知陛下不复念之，多营不急之务故也。复，扶又翻。自古以来，国之兴亡，不以畜积多少，在于百姓苦乐。少，诗沼翻。乐，音洛。且以近事验之，隋贮洛口仓而李密因之，贮，丁吕翻。东都积布帛而世充资之，西京府库亦为国家之用，至今未尽。夫畜积固不可无，要当人有馀力，然后收之，不可强敛以资寇敌也。夫，音扶。强，其两翻。敛，力赡翻。夫俭以息人，陛下已于贞观之初亲所履行，在于今日为之，固不难也。陛下必欲为久长之谋，不必远求上古，但如贞观之初，则天下幸甚。观，古玩翻。陛下宠遇诸王，颇有过厚者，时魏王泰有宠于帝，故周言及之。万代之后，不可不深思也。且【严：“且”改“昔”。】魏武帝爱陈思王，及文帝即世，囚禁诸王，但无缧绁耳。事见汉献帝纪及魏文帝纪。缧，力追翻。绁，息列翻。朱元晦曰：缧，黑索也。绁，挛也。古者狱以黑索拘挛罪人。然则武帝爱之，适所以苦之也。又，百姓所以治安，治，直吏翻。唯在刺史、县令，苟选用得人，则陛下可以端拱无为。今朝廷唯重内官而轻州县之选，刺史多用武人，或京官不称职始补外任，朝，直遥翻。称，尺证翻。边远之处，用人更轻。所以百姓未安，殆由于此。”疏奏，上称善久之，谓侍臣曰：“刺史朕当自选；县令，宜诏京官【章：十二行本“官”下有“五品”二字；乙十一行本同；张校同，云无注本亦无。】已上各举一人。”

11 冬，十月，癸丑，诏勋戚亡者皆陪葬山陵。唐制：凡功臣密戚请陪陵葬者听之，以文武分为左右而列。若宫人陪葬，则陵户为之成坟。唐会要载昭陵陪葬者，宫嫔、公主、主婿、勋贵及祖父陪陵而子孙从葬者，及四夷君长入宿卫而陪葬者，名氏最多，用此诏也。

12 上猎于洛阳苑，唐六典：洛阳苑在都城之西，北距北邙，西至孝水，南带洛水支渠，谷、洛二水会于其间，东面十七里，南面三十九里，西面五十里，北面二十里，周回一百二十六里。有群豕突出林中，上引弓四发，殪四豕。有豕突前，及马镫；殪，壹计翻。镫，都邓翻，鞍镫。民部尚书唐俭投马搏之，上拔剑斩豕，顾笑曰：“天策长史不见上将击贼邪，武德中，帝开天策上将府，以唐俭为长史。长，知两翻。将，即亮翻。邪，音耶。何惧之甚！”对曰：“汉高祖以马上得之，不以马上治之；汉陆贾谏高祖之言。治，直之翻。陛下以神武定四方，岂复逞雄心于一兽！”上悦，为之罢猎，复，扶又翻。为，于伪翻。寻加光禄大夫。

13 安州都督吴王恪数出畋猎，数，所角翻。颇损居人；侍御史柳范奏弹之。丁丑，恪坐免官，削户三百。上曰：“长史权万纪事吾儿，不能匡正，罪当死。”柳范曰：“房玄龄事陛下，犹不能止畋猎，岂得独罪万纪！”上大怒，拂衣而入。久之，独引范谓曰：“何面折我！”折，之舌翻。对曰：“陛下仁明，臣不敢不尽愚直。”古语有之：君仁则臣直。又曰：君明则臣直。故柳范云然。上悦。

14 十一月，辛卯，上幸怀州；丙午，还洛阳宫。

15 故荆州都督武士彟女，年十四，上闻其美，召入后宫，为才人。为武氏乱唐张本。彟，一虢翻。考异曰：旧则天本纪，崩时年八十三。唐历、焦璐唐朝年代记、统纪、马总唐年小录、圣运图、会要皆云八十一。唐录、政要，贞观十三年入宫。据武氏入宫年十四。今从吴兢则天实录为八十二，故置此年。

十二年(戊戌、六三八)

1 春，正月，乙未，礼部尚书王珪奏："三品已上遇亲王于路皆降乘，非礼。"乘，绳证翻。上曰："卿辈苟自崇贵，轻我诸子。"特进魏征曰："诸王位次三公，今三品皆九卿、八座，为王降乘，诚非所宜当。"为，于伪翻。上曰："人生寿夭难期，万一太子不幸，安知诸王他日不为公辈之主！何得轻之！"时太子承乾有足疾，魏王泰有宠；太宗此言，固有以泰代承乾之心矣。夭，于绍翻。对曰："自周以来，皆子孙相继，不立兄弟，所以绝庶孽之窥窬，塞祸乱之源本，孽，鱼列翻。塞，悉则翻。此为国者所深戒也。"上乃从珪奏。

2 吏部尚书高士廉、黄门侍郎韦挺、礼部侍郎令狐德棻、中书侍郎岑文本撰氏族志成，上之。令，音铃。棻，符分翻。撰，士免翻。上，时掌翻。先是，山东人士崔、卢、李、郑诸族，好自矜地望，先，悉荐翻。好，呼到翻。虽累叶陵夷，苟他族欲与为昏姻，白虎通曰：昏者，昏时行礼，故曰昏。姻者，妇人因夫，故曰姻。贤曰：妻父曰婚，婿父曰姻。必多责财币，或舍其乡里而妄称名族，或兄弟齐列而更以妻族相陵。上恶之，恶，乌路翻。命士廉等遍责天下谱谍，质诸史籍，考其真伪，辩其昭穆，谱，博古翻。谍，达协翻。昭，时招翻。第其甲乙，褒进忠贤，贬退奸逆，分为九等。士廉等以黄门侍郎崔民干为第一。上曰："汉高祖与萧、曹、樊、灌皆起闾阎布衣，卿辈至今推仰，以为英贤，岂在世禄乎！高氏偏据山东，梁、陈僻在江南，虽有人物，盖何足言！况其子孙才行衰薄，行，下孟翻；下德行同。官爵陵替，而犹卬然以门地自负，贩鬻松槚，依托富贵，弃廉忘耻，不知世人何为贵之！今三品以上，或以德行，或以勋劳，或以文学，致位贵显。行，下孟翻。彼衰世旧门，诚何足慕！而求与为昏，虽多输金帛，犹为彼所偃蹇，我不知其解何也！解，犹说也。今欲厘正讹谬，舍名取实，而卿曹犹以崔民干为第一，是轻我官爵而徇流俗之情也。"乃更命刊定，专以今朝品秩为高下，更，工衡翻。朝，直遥翻。于是以皇族为首，外戚次之，降崔民干为第三。九等之次，皇族为上之上，外戚为上之中，崔民干为上之下。凡二百九十三姓，千六百五十一家，颁于天下。

3 二月，乙卯，车驾西还；自洛阳西还长安。还，从宣翻，又音如字。癸亥，幸河北，观砥柱。自西还，便道幸河北县。河北县，汉、晋属河东郡，后魏置河北郡，隋废郡，复为县，属蒲州。县南河中有砥柱山。贞观元年，以河北县度属陕州。括地志曰：陕州河北县，本汉大阳县。

4 甲子，巫州獠反，贞观元年，分辰州之龙标县置巫州。獠，鲁皓翻。夔州都督齐善行败之，败，补迈翻。俘男女三千馀口。

5 乙丑，上祀禹庙；丁卯，至柳谷，观盐池。禹都安邑，后人立庙于其地。安邑有盐池，则柳谷亦当在安邑。庚午，至蒲州，刺史赵元楷课父老服黄纱单衣迎车驾，盛饰廨舍楼观，廨，古隘翻。观，古玩翻。又饲羊百馀头、鱼数百头以馈贵戚。饲，祥吏翻。上数之曰："朕巡省河、洛，数，所具翻，又所主翻。省，悉景翻。凡有所须，皆资库物。卿所为乃亡隋之弊俗也。"甲戌，幸长春宫。

6 戊寅，诏曰："隋故鹰击郎将尧君素，虽桀犬吠尧，有乖倒戈之志，而疾风劲草，实表岁寒之心；可赠蒲州刺史，仍访其子孙以闻。"将，即亮翻。尧君素事始一百八十四卷隋恭帝义宁元年，终一百八十六卷高祖武德二年。汉邹阳曰：桀之犬可使吠尧。武王伐纣，前徒倒戈，攻其后，以北。吠，扶废翻。

7 闰月，庚辰朔，日有食之。

8 丁未，车驾至京师。

9 三月，辛亥，著作佐郎邓世隆表请集上文章。上曰："朕之辞令，有益于民者，史皆书之，足为不朽。若为【章：十二行本"为"作"其"；乙十一行本同；退斋校同。】无益，集之何用！梁武帝父子、陈后主、隋炀帝皆有文集行于世，何救于亡！为人主患无德政，文章何为！"遂不许。

10 丙子，以皇孙生，宴五品以上于东宫。上曰："贞观之前，从朕经营天下，玄龄之功也。贞观以来，绳愆纠缪，魏征之功也。"观，古玩翻。皆赐之佩刀。上谓征曰："朕政事何如往年？"对曰："威德所加，比贞观之初则远矣；人悦服则不逮也。"上曰："远方畏威慕德，故来服；若其不逮，何以致之？"对曰："陛下往以未治为忧，故德义日新；今以既治为安，故不逮。"治，直吏翻。上曰："今所为，犹往年也，何以异？"对曰："陛下贞观之初，恐人不谏，常导之使言，中间悦而从之。今则不然，虽勉从之，犹有难色。所以异也。"上曰："其事可闻欤？"对曰："陛下昔欲杀元律师，孙伏伽以为法不当死，陛下赐以兰陵公主园，直百万。或云：'赏太厚，'兰陵公主，上女也，下嫁窦怀悊，上以其园赏孙伏伽。陛下云：'朕即位以来，未有谏者，故赏之。'此导之使言也。司户柳雄妄诉隋资，隋资，隋朝所授官资也。陛下欲诛之，纳戴胄之谏而止。是悦而从之也。近皇甫德参上书谏修洛阳宫，陛下恚之，虽以臣言而罢，勉从之也。"皇甫德参事见上卷八年。上，时掌翻。恚，於避翻。上曰："非公不能及此。人苦不自知耳！"

11 夏，五月，壬申，弘文馆学士永兴文懿公虞世南卒，唐六典：弘文馆学士无员数。后汉有东观，魏有崇文馆，宋元嘉有玄、史两馆，宋泰始至齐永明有总文馆，梁有士林馆，北齐有文林馆，后周有崇文馆；或典校理，或司撰著，或兼训生徒，若今弘文馆之任也。武德初，置修文馆，武德末，改为弘文馆。永兴县属鄂州。谥法：温柔贤善曰懿。卒，子恤翻。上哭之恸。

世南外和柔而内忠直，上尝称世南有五绝：一德行，行，下孟翻。二忠直，三博学，四文辞，五书翰。

12 秋，七月，癸酉，以吏部尚书高士廉为右仆射。

13 乙亥，吐蕃寇弘州。“弘”，恐当作“松”。吐，从暾入声。

14 八月，霸州山獠反。按天宝元年招附生羌置静戎郡，乾元元年，方置霸州。又松州都督府所管党项羁縻州有霸州，然当以其酋豪为刺史，而此霸州又是仪凤二年松州加督三十八州之数。獠，鲁皓翻。烧杀刺史向邵陵及吏民百馀家。

15 初，上遣使者冯德遐抚慰吐蕃，吐，从暾入声。吐蕃闻突厥、吐谷浑皆尚公主，厥，九勿翻。谷，音浴。遣使随德遐入朝，使，疏吏翻。朝，直遥翻。多赍金宝，奉表求婚；上未之许。使者还，言于赞普弃宗弄赞曰：“臣初至唐，唐待我甚厚，许尚公主。会吐谷浑王入朝，相离间，间，古苋翻。唐礼遂衰，亦不许婚。”弄赞遂发兵击吐谷浑。吐谷浑不能支，遁于青海之北，民畜多为吐蕃所掠。

吐蕃进破党项、白兰诸羌，帅众二十馀万屯松州西境，党，底朗翻。帅，读曰率。遣使贡金帛，云来迎公主。寻进攻松州，败都督韩威；败，补迈翻；下败吐同。羌酋阎州刺史别丛卧施、诸州刺史把利步利并以州叛归之。贞观五年，以党项降羌，置羁縻州，有阔州、诸州，皆属松州都督府，无阎州。酋，慈由翻。连兵不息，其大臣谏不听而自缢者凡八辈。缢，于计翻，又于赐翻。壬寅，以吏部尚书侯君集为当弥道行军大总管，甲辰，以右领军大将军执失思力为白兰道、左武卫将军牛进达为阔水道、左领军将军刘简【严：“简”改“兰”。】为洮河道行军总管，督步骑五万击之。洮，土刀翻。骑，奇寄翻。

吐蕃攻城十馀日，进达为先锋，九月，辛亥，掩其不备，败吐蕃于松州城下，宋白曰：松州之地，汉、魏诸羌居之，及晋内附，以其地属汶山郡。后魏时，邓至王像舒据之，遣使朝贡，始置甘松县，后周置龙涸防，唐置松州；去长安二千二百五十里。斩首千馀级。弄赞惧，引兵退，遣使谢罪，因复请婚。使，疏吏翻。复，扶又翻。上许之。

16 甲寅，上问侍臣："创业与守成孰难？"房玄龄曰："草昧之初，易曰：天造草昧。王弼注云：造物之始，始于冥昧，故曰草昧也。广雅：草，造也。董云：草昧，微物。与群雄并起角力而后臣之，创业难矣！"魏征曰："自古帝王，莫不得之于艰难，失之于安逸，守成难矣！"上曰："玄龄与吾共取天下，出百死，得一生，故知创业之难。征与吾共安天下，常恐骄奢生于富贵，祸乱生于所忽，故知守成之难。然创业之难，既已往矣；守成之难，方当与诸公慎之。"玄龄等拜曰："陛下及此言，四海之福也。"

17 初，突厥颉利既亡，北方空虚，厥，九勿翻。颉，奚颉翻。薛延陀真珠可汗帅其部落建庭于都尉犍山北、独逻水南，按薛延陀建庭之地在郁督军山，东南距京师才三千里而赢。新书曰：乌德犍山左右，嗢昆河、独逻河皆屈曲东北流，嗢昆在南，独逻在北，过回纥牙帐东北五百里而合流。可，从刊入声。汗，音寒。帅，读曰率。犍，居言翻。逻，郎佐翻。胜兵二十万，胜，音升。立其二子拔酌、颉利苾主南、北部。苾，毗必翻。上以其强盛，恐后难制，癸亥，拜其二子皆为小可汗，各赐鼓纛，纛，徒到翻。外示优崇，实分其势。

18 冬，十月，乙亥，巴州獠反。后汉于宕渠北界置汉昌县，后魏于县置大谷郡，又于郡北置巴州，隋改为清化郡，唐复为巴州。獠，鲁皓翻；下同。

19 己卯，畋于始平；曹魏置始平县，属扶风，晋分立始平郡，后魏复为县，属扶风，隋属京兆。九域志，在府西八十里。乙未，还京师。

20 钧州獠反；遣桂州都督张宝德讨平之。

21 十一月，丁未，初置左、右屯营飞骑于玄武门，以诸将军领之。又简飞骑才力骁健、善骑射者，号百骑，衣五色袍，乘骏马，以虎皮为鞯，骑，奇寄翻。骁，坚尧翻。衣，于既翻。鞯，则前翻。凡游幸则从焉。

22 己巳，明州獠反；吴置越裳县，属九德郡，以古越裳之地也；隋属驩州日南郡。武德五年，以越裳地置明州。遣交州都督李道彦讨平之。

23 十二月，辛巳，左武候将军上官怀仁击反獠于壁州，后汉和帝，分宕渠之东置宣汉县，梁分宣汉置始宁县，元魏分始宁县置诸水县，武德八年，分巴州之始宁县置壁州始宁郡。大破之，虏男女万馀口。

24 是岁，以给事中马周为中书舍人。周有机辩，中书侍郎岑文本常称："马君论事，援引事类，扬榷古今，毛晃曰：扬榷，大举，又掎也，举而引之也。榷，讫岳翻。举要删烦，会文切理，一字不可增，亦不可减，听之靡靡，令人忘倦。"

25 霍王元轨好读书，恭谨自守，举措不妄。为徐州刺史，与处士刘玄平为布衣交。好，呼到翻。处，昌吕翻。人问玄平王所长，玄平曰："无长。"问者怪之。玄平曰："夫人有所短乃见所长，夫，音扶。至于霍王，无所短，吾何以称其长哉！"

26 初，西突厥咥利失可汗分其国为十部，每部有酋长一人，酋，慈由翻。长，知两翻。可，从刊入声。汗，音寒。仍各赐一箭，谓之十箭。又分左、右厢，左厢号五咄陆，置五大啜，居碎叶以东；右厢号五弩失毕，置五大俟斤，居碎叶以西；通谓之十姓。咄陆五啜号：处木昆律啜，胡禄屋阙啜，摄舍提敦啜，突骑施贺逻施啜，鼠尼施处半啜。弩失毕五俟斤号：阿悉结阙俟斤，哥舒阙俟斤，拔塞干暾沙钵俟斤，阿悉结泥孰俟斤，阿舒虚半俟斤。碎叶城，在焉耆碎叶川。出安西西北千里至碎叶。杜佑曰：碎叶川，长千馀里，东头有热海，西头有怛逻斯城。咄，当没翻。啜，陟劣翻。康曰：俟，渠之切。咥利失失众心，为其臣统吐屯所袭。咥利失兵败，与其弟步利设走保焉耆。新书曰：焉耆国直京师西七千里而赢，横六百里，纵四百里；其国东高昌，西龟兹，南尉黎，北乌孙，汉旧国也。统吐屯等将立欲谷设为大可汗，会统吐屯为人所杀，欲谷设兵亦败，咥利失复得故地。复，扶又翻，又音如字。至是，西部竟立欲谷设为乙毗咄陆可汗。乙毗咄陆既立，与咥利失大战，杀伤甚众。因中分其地，自伊列水以西属乙咄陆，以东属咥利失。伊列水亦名伊丽水，注详见后。

27 处月、处密与高昌共攻拔焉耆五城，掠男女一千五百人，焚其庐舍而去。为伐高昌张本。

十三年（己亥、六三九）

1 春，正月，乙巳，车驾谒献陵；唐谒陵之制：设行宫，距陵十里，设坐于斋室，设小次于陵所道西南，大次于寝西南。侍臣次于大次西南，陪位者次又于西南，皆东向。文官于北，武官于南，朝集使又于其南，皆相地之宜。皇帝至行宫，即斋室，陵令以玉册进署，设御位于陵东南隅，西向；有冈麓之阂，则随地之宜。又设位于寝宫之殿东陛之东南，西向，尊坫陈于堂户东南。百官、行从宗室、客使位神道左右。寝宫则分方序立大次前。其日未明五刻，陈黄麾仗于陵寝，三刻，行事官及宗室亲五等、诸亲三等以上及客使之当陪者就位。皇帝素服、乘马、华盖、伞扇，侍臣骑从，诣小次。出次至位，再拜，又再拜，在位者皆再拜，又再拜。少选，太常卿请辞，皇帝再拜，又再拜。奉礼曰："奉辞。"在位者再拜。皇帝还小次，乘马诣大次，仗卫列立以俟行，百官、宗室诸亲、客使序立次前。皇帝步至寝宫南门，仗卫止，乃入，由东序，进殿陛东南位，再拜，升自东阶，北向再拜，又再拜，入省服玩，抆拭帐簀，进太牢之馔，加珍羞。皇帝出尊所酌酒，入三奠爵，北向立。太祝二人持玉册立于户外，东向跪读，皇帝再拜，又再拜，乃出户，当前北向立。太常卿请辞，皇帝再拜，出东门，还大次，宿行宫。丁未，还宫。

2 戊午，加左仆射房玄龄太子少师。玄龄自以居端揆十五年，左右仆射，尚书省长官，故曰端揆。按武德九年，房玄龄为中书令，贞观三年，为左仆射，至是财十一年，未及十五年也。少，始照翻。男遗爱尚上女高阳公主，女为韩王妃，韩王元嘉，高祖之子。深畏满盈，上表请解机务；上，时掌翻。上不许。玄龄固请不已，诏断表，乃就职。断，音短，丁管翻。今之让官者，奉表三让，不许，敕断来章，则阁门不复受其表，即唐制之断表也。太子欲拜玄龄，设仪卫待之，玄龄不敢谒见而归，时人美其有让。玄龄以度支系天下利害，尝有阙，求其人未得，乃自领之。唐制：度支郎中，掌天下租赋，物产丰约之宜，水陆道涂之利，岁计所出而支调之，以近及远，与中书、门下议定乃奏，国之大计所关也。玄龄审官求贤，未得其人，故自领之。唐中世以后，宰相多判度支，盖昉于此。度，徒洛翻。

3 礼部尚书永宁懿公王珪薨。永宁县，属洛州。珪性宽裕，自奉养甚薄。于令，三品已上皆立家庙，唐制：三品已上得立庙，祭三代。珪通贵已久，独祭于寝。为法司所劾，劾，户概翻，又户得翻。上不问，命有司为之立庙以愧之。司为，于伪翻；下上为同。

4 二月，庚辰，以光禄大夫尉迟敬德为鄜州都督。尉，纡勿翻。鄜，芳无翻。

上尝谓敬德曰："人或言卿反，何也？"对曰："臣反是实！臣从陛下征伐四方，身经百战，今之存者，皆锋镝之馀也。天下已定，乃更疑臣反乎！"因解衣投地，出其瘢痍。瘢，薄官翻。痍，音夷。上为之流涕，曰："卿复服，朕不疑卿，故语卿，何更恨邪！"邪，音耶。语，牛倨翻。

上又尝谓敬德曰："朕欲以女妻卿，何如？"妻，七细翻。敬德叩头谢曰："臣妻虽鄙陋，相与共贫贱久矣。臣虽不学，闻古人富不易妻，此非臣所愿也。"上乃止。

5 戊戌，尚书奏："近世掖庭之选，掖，音亦。或微贱之族，礼训蔑闻；谓由侍儿及歌舞得进者。或刑戮之家，忧怨所积。谓缘坐没入掖庭者。请自今，后宫及东宫内职有阙，皆选良家有才行者充，行，下孟翻。以礼聘纳；其没官口及素微贱之人，皆不得补用。"上从之。

6 上既诏宗室群臣袭封刺史，左庶子于志宁以为古今事殊，恐非久安之道，上疏争之。上，时掌翻；下同。侍御史马周亦上疏，以为："尧、舜之父，犹有朱、均之子。朱、均，谓丹朱、商均也。傥有孩童嗣职，万一骄愚，兆庶被其殃而国家受其败。孩，何开翻。被，皮义翻。正欲绝之也，则子文之治犹在；左传：楚鬬椒作乱，庄王灭若敖氏。既而思子文之治楚国也，曰："子文无后，何以劝善！"使其孫箴尹克黄复其所。治，直吏翻。正欲留之也，而栾黡之恶已彰。左传：秦伯问于士鞅曰："晋大夫其谁先亡？"对曰："其栾氏乎！栾黡汰虐已甚，犹可以免；其在盈乎！"秦伯曰："何故？"对曰："武子之德在民，如周人之思召公焉，爱其甘棠，况其子乎！栾黡死，盈之善未及民，武子所施没矣，而黡之怨实彰，将于是乎在。"与其毒害于见存之百姓，见，贤遍翻。则宁使割恩于已亡之一臣，明矣。然则向所谓爱之者，乃适所以伤之也。臣谓宜赋以茅土，畴其户邑，必有材行，随器授官，行，下孟翻。使其人得奉大恩而子孙终其福禄。"

会司空、赵州刺史长孙无忌等皆不愿之国，上表固让，长，知两翻。称："承恩以来，形影相吊，若履春冰；春来冰薄，履之则有陷溺之惧。宗族忧虞，如置汤火。缅惟三代封建，盖由力不能制，因而利之，礼乐节文，多非己出。两汉罢侯置守，蠲除曩弊，深协事宜。守，式又翻。今因臣等，复有变更，复，扶又翻。更，工衡翻。恐紊圣朝纲纪；紊，音问。朝，直遥翻。且后世愚幼不肖之嗣，或抵冒邦宪，自取诛夷，冒，莫北翻。更因延世之赏，致成剿绝之祸，良可哀愍。剿，子小翻。愿停涣汗之旨，赐其性命之恩。"无忌又因子妇长乐公主固请于上，主嫁无忌子冲。乐，音洛。且言"臣披荆棘事陛下，今海内宁一，奈何弃之外州，与迁徙何异！"上曰："割地以封功臣，古今通义，意欲公之后嗣，辅朕子孙，共传永久；而公等乃复发言怨望，朕岂强公等以茅土邪！"复，扶又翻。强，其两翻。邪，音耶。庚子，诏停世封刺史。

7 高昌王麹文泰多遏绝西域朝贡，朝，直遥翻；下同。伊吾先臣西突厥，既而内属，事见一百九十三卷四年。厥，九勿翻。文泰与西突厥共击之。上下书切责，下，遐嫁翻。征其大臣阿史那矩，欲与议事，文泰不遣，遣其长史麹雍来谢罪。长，知两翻。颉利之亡也，见一百九十三卷四年。中国人在突厥者或奔高昌，诏文泰归之，文泰蔽匿不遣。又与西突厥共击破焉耆，焉耆诉之。掠焉耆见上卷六年，又见上年。上遣虞部郎中李道裕往问状，虞部郎，掌京城街巷种植、山泽苑囿、草木薪炭、供顿田猎之事，属工部。且谓其使者曰："高昌数年以来，朝贡脱略，无藩臣礼，所置官号，皆准天朝，筑城掘沟，预备攻讨。我使者至彼，文泰语之云：'鹰飞于天，雉伏于蒿，猫游于堂，鼠噍于穴，使，疏吏翻。语，牛倨翻。噍，在笑翻。各得其所，岂不能自生邪！'又遣使谓薛延陀曰：'既为可汗，则与天子匹敌，何为拜其使者！'使，疏吏翻；下同。事人无礼，又间邻国，间，古苋翻。为恶不诛，善何以劝！明年当发兵击汝。"三月，薛延陀可汗遣使上言："奴受恩思报，请发所部为军导以击高昌。"可，从刊入声。汗，音寒。上，时掌翻。上遣民部尚书唐俭、右领军大将军执失思力赍缯帛赐薛延陀，与谋进取。缯，慈陵翻。

8 夏，四月，戊寅，上幸九成宫。

初，突厥突利可汗之弟结社率从突利入朝，厥，九勿翻。可，从刊入声。汗，音寒。朝，直遥翻。历位中郎将。将，即亮翻。居家无赖，怨突利斥之，乃诬告其谋反，上由是薄之，久不进秩。结社率阴结故部落，得四十馀人，谋因晋王治四鼓出宫，开门辟仗，辟，毗亦翻。驰入宫门，直指御帐，可有大功。甲申，拥突利之子贺逻鹘夜伏于宫外，逻，郎佐翻。鹘，户骨翻。会大风，晋王未出，结社率恐晓，遂犯行宫，逾四重幕，弓矢乱发，卫士死者数十人。折冲孙武开等帅众奋击，重，直龙翻。折，之舌翻。折冲，折冲都尉也。帅，读曰率。久之，乃退，驰入御厩，盗马二十馀匹，北走，渡渭，欲奔其部落，追获，斩之。原贺逻鹘，投于岭表。

9 庚寅，遣武候将军上官怀仁击巴、壁、洋、集四州反獠，平之，洋，音祥。獠，鲁皓翻。虏男女六千馀口。

10 五月，旱。甲寅，诏五品以上上封事。上封，时掌翻；下同。魏征上疏，以为："陛下志业，比贞观之初，渐不克终者凡十条。"观，古玩翻。其间一条，以为："顷年以来，轻用民力。乃云：'百姓无事则骄逸，劳役则易使。'易，以豉翻。自古未有因百姓逸而败、劳而安者也。此恐非兴邦之至言。"上深加奖叹，云："已列诸屏障，朝夕瞻仰，并录付史官。"仍赐征黄金十斤，厩马二匹。

11 六月，渝州人侯弘仁自牂柯开道，经西赵，出邕州，以通交、桂，东谢蛮西接牂柯蛮，南接西赵蛮。牂柯之别帅曰罗殿。今广西买马路，自桂州至邕州横山寨二十馀程，自横山至杞国二十二程，又至罗殿十程，此即侯弘仁所通者也。邕州，汉郁林郡领方县地，晋分郁林，置晋兴郡，隋废晋兴为宣化县，属郁林郡，唐武德四年，置南晋州，贞观六年改邕州朗宁郡。牂柯，音臧哥。蛮、俚降者二万八千馀户。俚，音里。降，户江翻。

12 丙申，立皇弟元婴为滕王。

13 自结社率之反，言事者多云突厥留河南不便，河南，谓北河之南，汉卫青击匈奴所收河南地是也。厥，九勿翻。秋，七月，庚戌，诏右武候大将军、化州都督、怀化郡王李思摩为乙弥泥孰俟利苾可汗，赐之鼓纛；俟，渠之翻。苾，毗必翻。纛，徒到翻。突厥及胡在诸州安置者，并令渡河，还其旧部，俾世作藩屏，屏，必郢翻。长保边塞。突厥咸惮薛延陀，不肯出塞。上遣司农卿郭嗣本赐薛延陀玺书，玺，斯氏翻。言"颉利既败，颉，奚结翻。其部落咸来归化，我略其旧过，嘉其后善，待其达官皆如吾百寮、部落皆如吾百姓。中国贵尚礼义，不灭人国，前破突厥，止为颉利一人为百姓害，止为，于伪翻。实不贪其土地，利其人畜，恒欲更立可汗，恒，户登翻；下同。故置所降部落于河南，任其畜牧。今户口蕃滋，蕃，扶元翻。吾心甚喜。既许立之，不可失信。秋中将遣突厥渡河，复其故国。尔薛延陀受册在前，延陀受册见一百九十三卷二年。突厥受册在后，后者为小，前者为大。尔在碛北，突厥在碛南，各守土疆，镇抚部落。其逾分故相抄掠，碛，七迹翻。分，扶问翻。抄，楚交翻。我则发兵，各问其罪。”薛延陀奉诏。于是遣思摩帅所部建牙于河北，河北，则大碛之南。帅，读曰率。上御齐政殿饯之，思摩涕泣，奉觞上寿曰：“奴等破亡之馀，分为灰壤，上寿，时掌翻。分，扶问翻。陛下存其骸骨，复立为可汗，复，扶又翻；下复下同。可，从刊入声。汗，音寒。愿万世子孙恒事陛下。”恒，户登翻。又遣礼部尚书赵郡王孝恭等赍册书，就其种落，筑坛于河上而立之。种，章勇翻。上谓侍臣曰：“中国，根干也；四夷，枝叶也；割根干以奉枝叶，木安得滋荣！朕不用魏征言，几致狼狈。”谓结社率之变也。魏征言见上卷四年。几，居希翻。又以左屯卫将军阿史那忠为左贤王，左武卫将军阿史那泥熟为右贤王。忠，苏尼失之子也，苏尼失见一百九十三卷四年。上遇之甚厚，妻以宗女；妻，七细翻。及出塞，怀慕中国，见使者必泣涕请入侍；诏许之。

14 八月，辛未朔，日有食之。

15 诏以“身体发肤，不敢毁伤。引孝经孔子之言。比来诉讼者或自毁耳目，比，毗至翻。自今有犯，先笞四十，然后依法。”依法处断其所诉之事也。

16 冬，十月，甲申，车驾还京师。自九成宫还也。

17 十一月，辛亥，以侍中杨师道为中书令。

18 戊辰，尚书左丞刘洎为黄门侍郎、参知政事。洎，其冀翻。

19 上犹冀高昌王文泰悔过，复下玺书，示以祸福，征之入朝；下，遐嫁翻。玺，斯氏翻。朝，直遥翻；下同。文泰竟称疾不至。十二月，壬申，遣交河行军大总管、吏部尚书侯君集，副总管兼左屯卫大将军薛万均等将兵击之。将，即亮翻。

20 乙亥，立皇子福为赵王。

21 己丑，吐谷浑王诺曷钵来朝，以宗女为弘化公主，妻之。妻，七细翻。

22 壬辰，上畋于咸阳，咸阳，秦都，汉为渭城县，属右扶风，晋废县，后魏置咸阳郡，隋废，武德元年，分泾阳、始平置咸阳县，属京兆。九域志：在府西四十里。癸巳，还宫。

23 太子承乾颇以游畋废学，右庶子张玄素谏，不听。

24 是岁，天下州府凡三百五十八，县一千五百一〔五〕十一。

25 太史令傅奕精究术数之书，而终不之信，遇病，不呼医饵药。有僧自西域来，善咒术，能令人立死，复咒之使苏。上择飞骑中壮者试之，皆如其言；咒，职救翻。复，扶又翻。骑，奇寄翻。以告奕，奕曰："此邪术也。臣闻邪不干正，请使咒臣，必不能行。"上命僧咒奕，奕初无所觉，须臾，僧忽僵仆，若为物所击，遂不复苏。僵，居良翻。复，扶又翻。又有婆罗门僧，天竺，汉身毒国也，或曰摩伽佗，曰婆罗门。言得佛齿，所击前无坚物。长安士女辐凑如市。奕时卧疾，谓其子曰："吾闻有金刚石，性至坚，物莫能伤，唯羚羊角能破之，杜佑曰：扶南国出金刚石，可以刻玉，状如紫石英。其所生乃在百丈水底盘石上，始如钟乳，人取之，竟日乃出，以铁锤之而不伤，铁乃自损，以羚羊角扣之，漼然冰泮。陶弘景曰：羚羊今出建平宜都蛮中及西域，多两角，一角者为胜；角甚多节，蹙蹙圆绕。陈藏器馀（?）曰：羚羊有神，夜宿，以角挂树，不着地。羚，音零。汝往试焉。"其子往见佛齿，出角叩之，应手而碎，观者乃止。奕临终，戒其子无得学佛书，时年八十五。又集魏、晋以来驳佛教者为高识传十卷，行于世。驳，北角翻。传，直恋翻。

26 西突厥咥利失可汗之臣俟利发与乙毗咄陆可汗通谋作乱，咥利失穷蹙，逃奔钹汗而死。新书曰：宁远者，本拔汗那，或曰钹汗，元魏所谓破洛那，居西鞬城，在真珠河之北，去京师八千里。厥，九勿翻。咥，徒结翻，又丑栗翻。可，从刊入声。汗，音寒。俟，渠之翻。咄，当没翻。钹，普活翻。弩失毕部落迎其弟子薄布特勒立之，是为乙毗沙钵罗叶护可汗。沙钵罗叶护既立，建庭于虽合水北，谓之南庭，自龟兹、鄯善、且末、吐火罗、焉耆、石、史、何、穆、康等国皆附之。龟兹，一曰丘兹，一曰屈兹，东距京师七千里而赢。自于阗东关东行，入大流沙，行千里，至故折摩驮那，古且末也。又千里至故纳缚波，古楼兰也。吐火罗，或曰吐豁罗，曰睹货罗，元魏谓之吐呼罗，居葱岭乌浒河之南，古大夏也。石国，或曰柘支，曰柘折，曰赭时，汉大宛北鄙也，去京师九千里，东北距西突厥，王姓石，治柘折城，故康居小王窳匿城也。史，或曰佉沙，曰羯霜那，居独莫水南康居小王苏薤城故地，南四百里，抵吐火罗。何，或曰屈霜弥伽，曰贵霜匿，即康居小王附墨城故地。新书，康，汉康居也，枝庶分王，曰安，曰曹，曰米，曰何，曰火寻，曰戊地，曰史，世谓九姓，意者穆亦康国枝庶欤！龟兹，音丘慈。鄯，时战翻。且，子余翻。咄陆建牙于镞曷山西，谓之北庭，旧书：自焉耆西北，七日行至其南庭，又正北，八日行至其北庭。镞，作木翻。自厥越失、拔悉弥、驳马、结骨、火焊、触水〔木〕昆等国皆附之，拔悉弥，盖即拔悉蜜，在葛逻禄之西。驳马，或曰弊刺，曰遏罗支，直突厥之北，距京师万四千里，北极于海，以马耕田，虽畜马而不乘，资湩酪以食，马色皆驳，故以名国。结骨，古坚昆国也，当伊吾西，焉耆北，白山之旁。坚昆，后语讹为结骨，稍号纥骨，亦曰纥扢斯，又曰黠戛斯。火焊，或为货利习弥，曰过利，居乌浒水之阳，西南与波斯接，西北抵突厥。驳，北角翻。焊，徐盐翻。以伊列水为境。伊列，汉时西域故国，在康居北，陈汤与甘延寿谋郅支曰："北击伊列，西取安息，"此其证也。考异曰：沙钵罗叶护传云："东以伊列河为界。"按乙毗咄陆传云："自伊列河以西属咄陆，以东属咥利失。"沙钵罗叶护既因咥利失之地，应云西以伊列河为界。今未知二传孰误，故但云伊列水为境。

十四年（庚子、六四〇）

1 春，正月，甲寅，上幸魏王泰第，赦雍州长安系囚大辟以下，免延康里今年租赋，赐泰府僚属及同里老人有差。魏王泰第在长安城中延康里。按雍州二赤县，长安、万年皆治长安城中。今止赦长安囚，盖延康里属长安县管。雍，于用翻。辟，毗亦翻。

2 二月，丁丑，上幸国子监，观释奠，按唐国子监在安上门西。唐制：仲春仲秋释奠于文宣王，皆以上丁、上戊，以祭酒、司业、博士三献。命祭酒孔颖达讲孝经，赐祭酒以下至诸生高第帛有差。周官有师氏、保氏。汉始置祭酒博士，晋始立国子学。唐国子祭酒，从三品，掌邦国儒学训导之政令。是时上大征天下名儒为学官，数幸国子监，使之讲论，学生能明一大经已上皆得补官。唐取士，以礼记、春秋左氏传为大经，诗、仪礼、周礼为中经，易、尚书、春秋公羊传、穀梁传为小经。数，所角翻。已上，时掌翻。增筑学舍千二百间，增学生满二千二百六十员，自屯营飞骑，亦给博士，使授以经，有能通经者，听得贡举。于是四方学者云集京师，乃至高丽、百济、新罗、高昌、吐蕃诸酋长亦遣子弟请入国学，升讲筵者至八千馀人。骑，奇寄翻。丽，力知翻。酋，慈由翻。长，知两翻。吐，从暾入声。考异曰：旧传云："八十馀人，"今从新书。上以师说多门，章句繁杂，命孔颖达与诸儒撰定五经疏，谓之正义，令学者习之。五经正义今行于世。撰，士免翻。疏，所去翻。令，力丁翻。

3 壬午，上行幸骊山温汤；骊，力知翻。辛卯，还宫。

4 乙未，诏求近世名儒梁皇甫侃、褚仲都，周熊安生、沈重，陈沈文阿、周弘正、张讥，隋何妥、刘炫等子孙以闻，当加引擢。妥，吐火翻。炫，荧绢翻。

5 三月，窦州道行军总管党仁弘击罗窦反獠，破之，俘七千馀口。獠，鲁皓翻。

6 辛丑，流鬼国遣使入贡。去京师万五千里，滨于北海，南邻靺鞨，流鬼国，直黑水靺鞨东北，少海之北，三面阻海，南与莫曳靺鞨邻，东南航海十五日，行乃至。人依岛屿散居，多沮泽，初附百济，后附新罗，东夷也。杜佑曰：流鬼国在北海之北。使，疏吏翻。靺，音末。鞨，音曷。未尝通中国，重三译而来。重，直龙翻。上以其使者佘志为骑都尉。孙愐曰：佘，视遮翻，姓也。

7 丙辰，置宁朔大使以护突厥。厥，九勿翻。

8 夏，五月，壬寅，徙燕王灵夔为鲁王。燕，因肩翻。

9 上将幸洛阳，命将作大匠阎立德行清暑之地。行，下孟翻。秋，八月，庚午，作襄城宫于汝州西山。秦置将作，掌营缮宫室，历代不改。汉景帝置将作大匠。唐从三品，掌供邦国修造、土木工匠之政令。新志：贞观中，置清暑宫于汝州临汝县鸣皋山南。按汝水睆广成泽。立德，立本之兄也。阎立本，高宗朝为相。

10 高昌王文泰闻唐兵起，谓其国人曰："唐去我七千里，沙碛居其二千里，地无水草，寒风如刀，热风如烧，安能致大军乎！往吾入朝，入朝见一百九十三卷四年。碛，七迹翻。朝，直遥翻。见秦、陇之北，城邑萧条，非复有隋之比。复，扶又翻。今来伐我，发兵多则粮运不给；三万已下，吾力能制之。当以逸待劳，坐收其弊。若顿兵城下，不过二十日，食尽必走，然后从而虏之。何足忧也！"及闻唐兵临碛口，忧惧不知所为，发疾卒，卒，子恤翻。子智盛立。

军至柳谷，新志：西州交河县北行二百一十里至柳谷渡。诇者言文泰刻日将葬，诇，休正翻，又古迥翻。国人咸集于彼，诸将请袭之，将，即亮翻；下同。侯君集曰："不可，天子以高昌无礼，故使吾讨之，今袭人于墟墓之间，非问罪之师也。"于是鼓行而进，至田城，考异曰：实录作"田地城"，今从旧传。按田城即曰地城也。麹嘉之王高昌也，置田地太守，封其二子，一为交河公，一为田地公。新书曰：田地城，即汉戊己校尉所治地。宋白曰：西州高昌县，本晋田地县之地。舆地志云：晋咸和二年，置高昌郡，立田地县，唐改高昌县。谕之，不下，诘朝攻之，诘，去吉翻。及午而克，虏男女七千馀口。以中郎将辛獠儿为前锋，夜，趋其都城，将，即亮翻。獠，鲁皓翻。趋，七喻翻。高昌逆战而败；大军继至，抵其城下。

智盛致书于君集曰："得罪于天子者，先王也，天罚所加，身已物故。智盛袭位未几，惟尚书怜察！"几，居岂翻。君集报曰："苟能悔过，当束手军门。"智盛犹不出。君集命填堑攻之，飞石雨下，城中人皆室处。堑，七艳翻。处，昌吕翻。又为巢车，高十丈，俯瞰城中。左传：楚子登巢车以望晋军。释文云：兵车高如巢，以望敌也。杜预曰：车上施橹。杜佑说见前。高，居傲翻。瞰，苦滥翻。有行人及飞石所中，皆唱言之。先是，文泰与西突厥可汗相结，中，竹仲翻。先，悉荐翻。厥，九勿翻。可，从刊入声。汗，音寒。考异曰：旧传云："与欲谷设约。"按欲谷设去岁已败死。今不取。约有急相助；可汗遣其叶护屯可汗浮图城，叶护，突厥达官也，为大臣之首。自交河城至浮图城三百七十里。为文泰声援。及君集至，可汗惧而西走千馀里，叶护以城降。智盛穷蹙，癸酉，开门出降。高昌自麹嘉有国，传九世，一百三十四年而亡。降，户江翻。君集分兵略地，下其二十二城，户八千四十六，口一万七千七百，考异曰：旧传，"户八千，口三万七千七百，"今从实录。地东西八百里，南北五百里。

上欲以高昌为州县，魏征谏曰："陛下初即位，文泰夫妇首来朝，文泰入朝见四年。其后稍骄倨，故王诛加之。罪止文泰可矣，宜抚其百姓，存其社稷，复立其子，则威德被于遐荒，四夷皆悦服矣。复，扶又翻。被，皮义翻。今若利其土地以为州县，则常须千馀人镇守，数年一易，往来死者什有三四，供办衣资，违离亲戚，离，力智翻。十年之后，陇右虚耗矣。陛下终不得高昌撮粟尺帛以佐中国，所谓散有用以事无用，臣未见其可。"上不从，九月，以其地为西州，以可汗浮图城为庭州，西州治高昌县，汉车师前王庭也。庭州治金满县，汉车师后王庭也。宋白曰：二州相去四百五十里。各置属县。乙卯，置安西都护府于交河城，留兵镇之。

君集虏高昌王智盛及其群臣豪杰而还。还，从宣翻，又如字。于是唐地东极于海，西至焉耆，南尽林邑，北抵大漠，皆为州县，凡东西九千五百一十里，南北一万九百一十八里。

侯君集之讨高昌也，遣使约焉耆与之合势，使，疏吏翻。焉耆喜，听命。及高昌破，焉耆王诣军门谒见君集，且言焉耆三城先为高昌所夺，君集奏并高昌所掠焉耆民悉归之。高昌掠焉耆见六年。

11 冬，十月，甲戌，荆王元景等复表请封禅，复，扶又翻。上不许。

12 初，陈仓折冲都尉鲁宁坐事系狱，自恃高班，慢骂陈仓尉尉氏刘仁轨，陈仓县，属岐州。唐制：畿县尉，正九品下；上县尉，从九品上；中下县，从九品下。仁轨杖杀之。州司以闻。上怒，命斩之，犹不解，曰："何物县尉，敢杀吾折冲！"命追至长安面诘之。仁轨曰："鲁宁对臣百姓辱臣如此，臣实忿而杀之。"辞色自若。魏征侍侧，曰："陛下知隋之所以亡乎？"上曰："何也？"征曰："隋末，百姓强而陵官吏，如鲁宁之比是也。"鲁宁官为折冲，本陈仓百姓。上悦，擢仁轨为栎阳丞。汉高皇帝葬太上皇于栎阳北原，号万年陵，改栎阳为万年县，至隋犹因之。唐都长安，改隋大兴县曰万年，而旧万年县复曰栎阳，属京兆。唐畿县丞，正八品下。

上将幸同州校猎，仁轨上言：上，时掌翻。"今秋大稔，民收获者什才一二，使之供承猎事，治道葺桥，动费一二万功，实妨农事。愿少留銮舆旬日，俟其毕务，则公私俱济。"上赐玺书嘉纳之，治，直之翻。少，诗沼翻。玺，斯氏翻。寻迁新安令。唐初置新安郡，贞观元年，废郡为县，属洛州。唐制：畿县令，正六品下；上县，从六品上；中县，正七品上；下县，从七品下。闰月，乙未，行幸同州；庚戌，还宫。

13 丙辰，吐蕃赞普遣其相禄东赞献金五千两及珍玩数百，以请婚。相，息亮翻。上许以文成公主妻之。文成公主，宗女也。妻，七细翻。

14 十一月，甲子朔，冬至，上祀南郊。时戊寅历以癸亥为朔，行戊寅历见一百八十七卷武德三年。宣义郎李淳风表称："古历分日起于子半，今岁甲子朔旦冬至，而故太史令傅仁均减馀稍多，子初为朔，遂差三刻，用乖天正，请更加考定。"众议以仁均定朔微差，淳风推校精密，请如淳风议，从之。

15 丁卯，礼官奏请加高祖父母服齐衰五月，嫡子妇服期，嫂、叔、弟妻、夫兄、舅皆服小功；从之。按新志："高祖"作"曾祖"，旧服齐衰三月。嫡子妇旧服大功，众子妇旧服小功，今加众子妇服大功，而嫂叔、弟妻、夫兄、舅旧服缌者，皆加服小功。齐，音咨。衰，士回翻。

16 丙子，百官复表请封禅，复，扶又翻。诏许之。更命诸儒详定仪注；以太常卿韦挺等为封禅使。使，疏吏翻。

17 司门员外郎韦元方给给使过所稽缓，唐司门郎掌天下诸门、诸关出入往来之籍。凡天下之关二十有六，所以限内外，隔华夷，设险作固，闲邪正禁者也。凡度关者，先经刑部司门请过所。给使，禁中给使令者，宦官也。唐内给使无常员，凡无官品者，号内给使，属宫闱署令。给使奏之；上怒，出元方为华阴令。华阴县属华州。华，户化翻。魏征谏曰："帝王震怒，不可妄发。前为给使，遂夜出敕书，为，于伪翻。事如军机，谁不惊骇！况宦者之徒，古来难养，轻为言语，易生患害，独行远使，深非事宜，渐不可长，易，以豉翻。使，疏吏翻。长，知两翻。所宜深慎。"上纳其言。

18 尚书左丞韦悰句司农木橦价贵于民间，悰，藏宗翻。句，古侯翻。橦，诸容翻，木一截也。唐式，柴方三尺五寸为一橦。按通典，韦悰句司农木檀七十价，百姓四十价，奏其干没。奏其隐没。上召大理卿孙伏伽书司农罪。伽，求迦翻。伏伽曰："司农无罪。"上怪，问其故，对曰："只为官檀贵，所以私檀贱。为，于伪翻。向使官檀贱，私檀无由贱矣。但见司农识大体，不知其过也。"上悟，屡称其善；顾谓韦悰曰："卿识用不逮伏伽远矣。"

19 十二月，丁酉，侯君集献俘于观德殿。观德殿，射殿也。阁本太极宫图，射殿在宜春门北。行饮至礼，大酺三日。酺，薄乎翻。寻以智盛为左武卫将军、金城郡公。上得高昌乐工，以付太常，增九部乐为十部。唐六典曰：凡大宴会，则设十部之伎于庭，以备华、夷。一曰宴乐伎，有景云乐之舞，庆善乐之舞，破陈乐之舞，承天乐之舞；二曰清乐伎，三曰西凉伎，四曰天竺伎，五曰高丽伎，六曰龟兹伎，七曰安国伎，八曰疏勒伎，九曰高昌伎，十曰康国伎。

君集之破高昌也，私取其珍宝；将士知之，将，即亮翻。竞为盗窃，君集不能禁，为有司所劾，诏下君集等狱。劾，户概翻，又户得翻。下，遐嫁翻。中书侍郎岑文本上疏，上，时掌翻。以为："高昌昏迷，陛下命君集等讨而克之，不逾旬日，并付大理。虽君集等自挂网罗，恐海内之人疑陛下唯录其过而遗其功也。臣闻命将出师，主于克敌，将，即亮翻。苟能克敌，虽贪可赏；若其败绩，虽廉可诛。是以汉之李广利、陈汤，晋之王浚，隋之韩擒虎，皆负罪谴，人主以其有功，咸受封赏。李广利事见二十卷汉武帝太初四年。陈汤事见二十九卷汉元帝竟宁元年。王浚事见八十一卷晋武帝太康元年。韩擒虎事见一百七十七卷隋文帝开皇九年。由是观之，将帅之臣，廉慎者寡，贪求者众。帅，所类翻。是以黄石公军势曰：'使智，使勇，使贪，使愚，故智者乐立其功，勇者好行其志，贪者急趋其利，愚者不计其死。'伏愿录其微劳，忘其大过，使君集重升朝列，乐，音洛。好，呼到翻。趋，七喻翻。重，直龙翻。朝，直遥翻。复备驱驰，复，扶又翻，又音如字。虽非清贞之臣，犹得贪愚之将，将，即亮翻。斯则陛下虽屈法而德弥显，君集等虽蒙宥而过更彰矣。”上乃释之。

又有告薛万均私通高昌妇女者，万均不服，内出高昌妇女付大理，与万均对辩。魏征谏曰：“臣闻‘君使臣以礼，臣事君以忠。’论语载孔子答鲁定公之言。今遣大将军与亡国妇女对辩帷箔之私，实则所得者轻，虚则所失者重。昔秦穆饮盗马之士，秦穆公亡马，岐下野人得而共食之者三百人。吏逐得，欲法之。公曰：“君子不以畜害人。吾闻食马肉不饮酒者，伤人。”乃饮之酒。其后穆公伐晋，三百人者闻穆公为晋所围，椎锋争死，以报食马之德，于是穆公获晋侯以归。饮，于禁翻。楚庄赦绝缨之罪，说苑：楚庄王赐群臣酒，日暮，酒酣，烛灭，有引美人之衣者，美人援绝其冠缨，告王趣火来上，视绝缨者。王曰：“赐人酒，使醉失礼，奈何欲显妇人之节而辱士乎！”乃命左右曰：“今日与寡人饮，不绝冠缨者不欢。”群臣皆绝去其缨而上火，尽欢而罢。后晋与楚战，有一臣常在前，五合五获首却敌，卒胜之。庄王怪问，乃夜绝缨者报王也。况陛下道高尧、舜，而曾二君之不逮乎！”上遽释之。

侯君集马病蚛颡，行军总管赵元楷亲以指沾其脓而齅之，蚛，直众翻；虫食曰蚛。齅，许救翻。御史劾奏其谄，左迁栝州刺史。永嘉郡，隋开皇九年置处州，十三年改曰栝州。劾，户概翻，又户得翻。

高昌之平也，诸将皆即受赏，行军总管阿史那社尔以无敕旨，独不受，及别敕既下，下，遐嫁翻。乃受之，所取唯老弱故弊而已。上嘉其廉慎，以高昌所得宝刀及杂彩千段赐之。

20 癸卯，上猎于樊川；郦道元曰：樊川在汉杜县，亦曰樊乡。汉高祖至栎阳，以樊哙灌废丘功最，赐食邑于此乡，因名樊川。程大昌曰：樊川，一名御宿川，在万年县南三十五里。乙巳，还宫。

21 魏征上疏，以为：“在朝群臣，当枢机之寄者，任之虽重，信之未笃，上，时掌翻。朝，直遥翻。是以人或自疑，心怀苟且。陛下宽于大事，急于小罪，临时责怒，未免爱憎。夫委大臣以大体，责小臣以小事，夫，音扶。为治之道也。今委之以职，则重大臣而轻小臣；至于有事，则信小臣而疑大臣。信其所轻，疑其所重，将求致治，其可得乎！治，直吏翻。若任以大官，求其细过，刀笔之吏，顺旨成风，舞文弄法，曲成其罪。自陈也，则以为心不伏辜；不言也，则以为所犯皆实；进退惟谷，莫能自明，诗桑柔曰：进退维谷。注：谷，穷也。则苟求免祸，矫伪成俗矣！"上纳之。

22 上谓侍臣曰："朕虽平定天下，其守之甚难。"魏征对曰："臣闻战胜易，守胜难，易，以豉翻。陛下之及此言，宗庙社稷之福也！"

23 上闻右庶子张玄素在东宫数谏争，数，所角翻。争，读曰诤。擢为银青光禄大夫，行左庶子。太子尝于宫中击鼓，玄素叩阁切谏；太子出其鼓，对玄素毁之。太子久不出见官属，玄素谏曰："朝廷选俊贤以辅至德，今动经时月，不见宫臣，将何以裨益万一！且宫中唯有妇人，不知有能如樊姬者乎。"樊姬，楚庄王姬也。庄王好田，樊姬为不食禽兽之肉。鄙笑虞丘子，虞丘子愧之，进孙叔敖为相，庄王以霸。太子不听。

玄素少为刑部令史，少，诗照翻。上尝对朝臣问之曰：朝，直遥翻。"卿在隋何官？"对曰："县尉。"又问："未为尉时何官？"对曰："流外。"按隋之视品，即唐之流外铨也。宋白曰：唐制，吏部郎中一人，掌考天下之文吏班秩阶品。一人掌小铨，亦分九品，通谓之行署。以其在九流之外，故谓之流外铨，亦谓之小选。杜佑曰：宋、齐流外，自诸卫录事及五省令史始。又问："何曹？"玄素耻之，出阁殆不能步，色如死灰。谏议大夫褚遂良上疏，上，时掌翻。以为："君能礼其臣，乃能尽其力。玄素虽出寒微，陛下重其才，擢至三品，翼赞皇储，岂可复对群臣穷其门户！复，扶又翻。弃宿昔之恩，成一朝之耻，使之郁结于怀，何以责其伏节死义乎！"上曰："朕亦悔此问，卿疏深会我心。”遂良，亮之子也。褚亮，始事薛举，武德中，为文学馆学士。孙伏伽与玄素在隋皆为令史，伏伽或于广坐自陈往事，一无所隐。史言孙伏伽识度过于张玄素。伽，求迦翻。坐，徂卧翻。

24 戴州刺史贾崇以所部有犯十恶者，十恶之条：一曰谋反，二曰谋大逆，三曰谋叛，四曰谋恶逆，五曰不道，六曰大不敬，七曰不孝，八曰不睦，九曰不义，十曰内乱。御史劾之。劾，户概翻，又户得翻；下同。上曰：“昔唐、虞大圣，贵为天子，不能化其子；况崇为刺史，独能使其民比屋为善乎！比，毗必翻，又毗至翻。若坐是贬黜，则州县互相掩蔽，纵舍罪人。自今诸州有犯十恶者，勿劾刺史，但令明加纠察，如法施罪，庶以肃清奸恶耳。”

25 上自临治兵，治，直之翻。以部陈不整，命大将军张士贵杖中郎将等；怒其杖轻，下士贵吏。陈，读曰阵。下，遐嫁翻；下同。郎将，即亮翻。魏征谏曰：“将军之职，为国爪牙；使之执杖，已非后法，况以杖轻下吏乎！”上亟释之。

26 言事者多请上亲览表奏，以防壅蔽。上以问魏征，对曰：“斯人不知大体，必使陛下一一亲之，岂惟朝堂，朝，直遥翻。州县之事亦当亲之矣。”

王崇武标点容肇祖聂崇岐覆校

资治通鉴卷第一百九十六

端明殿学士兼翰林侍读学士太中大夫
提举西京嵩山崇福宫上柱国河内郡开国公　司马光　奉敕编集
食邑二千二百户食实封九百户赐紫金鱼袋臣

后　学　天　台　胡三省　音　注

唐纪十二　起重光赤奋若（辛丑），尽昭阳单阏（癸卯）三月，凡二年有奇。

太宗文武大圣大广孝皇帝中之中

贞观十五年（辛丑、六四一）

1 春，正月，甲戌，以吐蕃禄东赞为右卫大将军。观，古玩翻。吐，从暾入声。上嘉禄东赞善应对，以琅邪公主外孙段氏妻之；妻，七细翻。辞曰："臣国中自有妇，父母所聘，不可弃也。且赞普未得谒公主，陪臣何敢先娶！"上益贤之，然欲抚以厚恩，竟不从其志。史言夷狄之人犹能以礼自处，而中国乃不能以礼处之。

丁丑，命礼部尚书江夏王道宗持节送文成公主于吐蕃。尚，辰羊翻。夏，户雅翻。吐，从暾入声。赞普大喜，见道宗，尽子婿礼，慕中国衣服、仪卫之美，为公主别筑城郭宫室而处之，自服纨绮以见公主。其国人皆以赭涂面，公主恶之，为，于伪翻。处，昌吕翻。恶，乌路翻。赞普下令禁之；亦渐革其猜暴之性，遣子弟入国学，受诗、书。

2 乙亥，突厥俟【张："俟"作"侯"。】利苾可汗始帅部落济河，前年受诏，今始济河。厥，九勿翻。苾，毗必翻。可，从刊入声。汗，音寒。帅，读曰率。建牙于故定襄城，杜佑曰：故定襄城，在朔州马邑郡北三百许里。有户三万，胜兵四万，胜，音升。马九万匹，仍奏言："臣非分蒙恩，为部落之长，分，扶问翻。长，知两翻。愿子子孙孙为国家一犬，守吠北门。若薛延陀侵逼，请从【章：十二行本"从"作"徙"；乙十一行本同。】家属入长城。"诏许之。

3 上将幸洛阳，命皇太子监国，监，古衔翻。留右仆射高士廉辅之。射，寅谢翻。辛巳，行及温汤。新丰有骊山温汤，华州有温汤府。卫士崔卿、刁文懿惮于行役，冀上惊而止，乃夜射行宫，射，而亦翻。矢及寝庭者五；皆以大逆论。十恶，二曰谋大逆。注云：为谋毁宗庙、山陵及宫阙。刑统议曰：此条之人，干纪犯顺，违道悖德，逆莫大焉，故曰大逆。以大逆论者，未是犯大逆正条，以其干纪犯顺，以大逆论罪。

三月，戊辰，幸襄城宫，地既烦热，复多毒蛇；复，扶又翻。庚午，罢襄城宫，分赐百姓，免阎立德官。营襄城宫见上卷上年。

4 夏，四月，辛卯朔，诏以来年二月有事于泰山。

5 上以近世阴阳杂书，讹伪尤多，命太常博士吕才汉叔孙通为博士，属太常，隋、唐最为清选。太常博士，从七品上，掌五礼之仪式，本先王之法制，适变随时而损益焉。与诸术士刊定可行者，凡四十七卷。己酉，书成，上之；上，时掌翻。才皆为之叙，质以经史。其叙宅经，以为："近世巫觋觋，刑狄翻。妄分五姓，如张、王为商，武、庾为羽，似取谐韵；至于以柳为宫，以赵为角，又复不类。或同出一姓，分属宫商；或复姓数字，莫辨徵羽。此则事不稽古，义理乖僻者也。"近世相传，以字学分五音，只在唇舌齿调之，舌居中者为宫，口开张者为商，舌缩却者为角，舌拄齿者为徵，唇撮聚者为羽。阴阳家以五姓分属五音，说正如此。徵，陟里翻。叙禄命，以为："禄命之书，多言或中，中，竹仲翻。人乃信之。然长平坑卒，未闻共犯三刑；长平之战，死者四十五万人。三刑：寅刑巳，巳刑申，申刑寅；丑刑戌，戌刑未，未刑丑；子刑卯，卯刑子。又辰辰、午午、酉酉、亥亥，谓之自刑。南阳贵士，何必俱当六合！子与丑合，寅与亥合，卯与戌合，辰与酉合，巳与申合，午与未合。汉光武中兴，南阳人士多贵。今亦有同年同禄而贵贱悬殊，共命共胎而寿夭更异。夭，于绍翻。按鲁庄公法应贫贱，又尪弱短陋，尪，乌黄翻。惟得长寿；秦始皇法无官爵，纵得禄，少奴婢，为人无始有终；少，诗沼翻。汉武帝、后魏孝文帝皆法无官爵；宋武帝禄与命并当空亡，甲己申酉，乙庚午未，丙辛辰巳，丁壬寅卯，戊癸子丑戌亥，谓之截路空亡。甲子旬戌亥，甲戌旬申酉，甲申旬午未，甲午旬辰巳，甲辰旬寅卯，甲寅旬子丑，谓之旬中空亡。唯宜长子，虽有次子，法当早夭；长，知两翻。夭，于绍翻；下寿夭同。此皆禄命不验之著明者也。"其叙葬，以为："孝经云：'卜其宅兆而安厝之，'盖以窀穸既终，杜预曰：窀，厚也。穸，夜也。厚夜，犹言长夜。窀，株伦翻。永安体魄，而朝市迁变，泉石交侵，不可前知，故谋之龟筮。近岁或选年月，或相墓田，朝，直遥翻。相，息亮翻。以为一事失所，祸及死生。按礼：天子、诸侯、大夫葬皆有月数，是古人不择年月也。古者天子七月而葬，同轨毕至；诸侯五月，同盟至；大夫三月，同位至。春秋：'九月丁巳，葬定公，雨，不克葬，戊午，日下昃，乃克葬，'是不择日也。郑葬简公，司墓之室当路，毁之则朝而窆，窆，必验翻。不毁则日中而窆，子产不毁，是不择时也。古之葬者皆于国都之北，兆域有常处，是不择地也。今葬书以为子孙富贵、贫贱、寿夭，皆因卜葬所致。夫子文为令尹而三已，柳下惠为士师而三黜，计其丘陇，未尝改移。而野俗无识，妖巫妄言，遂于擗踊之际，择葬地以希官爵；夫，音扶。妖，于骄翻。擗，频亦翻。荼毒之秋，选葬时以规财利。或云辰日不可哭泣，遂莞尔而对吊客；或云同属忌于临圹，遂吉服不送其亲。

伤教败礼，莫斯为甚！”术士皆恶其言，败，补迈翻。恶，乌路翻。而识者皆以为确论。

6 丁巳，果毅都尉席君买帅精骑百二十袭击吐谷浑丞相宣王，破之，斩其兄弟三人。帅，读曰率。骑，奇寄翻。吐，从暾入声。谷，音浴。相，息亮翻。考异曰：旧传云：“鄯州刺史杜凤举与威信王合兵击丞相王，破之，杀其兄弟三人。”今从实录。初，丞相宣王专国政，阴谋袭弘化公主，帝以宗室女为弘化公主，下嫁吐谷浑。劫其王诺曷钵奔吐蕃。诺曷钵闻之，轻骑奔鄯善城，隋炀帝破吐谷浑，置四郡。鄯善郡治鄯善城，即古之楼兰城。骑，奇寄翻。鄯，时战翻。其臣威信王以兵迎之，故君买为之讨诛宣王。为，于伪翻。国人犹惊扰，遣户部尚书唐俭等慰抚之。尚，辰羊翻。

7 五月，壬申，并州父老诣阙请上封泰山毕，还幸晋阳，上许之。并，卑名翻。

8 丙子，百济来告其王扶馀璋之丧，遣使册命其嗣子义慈。使，疏吏翻。嗣，祥吏翻。

9 己酉，有星孛于太微，太史令薛颐上言，未可东封。孛，蒲内翻。上，时掌翻。辛亥，起居郎褚遂良亦言之；丙辰，诏罢封禅。

10 太子詹事于志宁遭母丧，寻起复就职。按会要，武德年制，文官遭父母丧，听去职。起复者，起之于苫块之中而复其官职也，亦谓之夺情。太子治宫室，妨农功；又好郑、卫之乐；治，直之翻。好，呼到翻。志宁谏，不听。又宠昵宦官，常在左右，昵，尼质翻。志宁上书，以为：“自易牙以来，宦官覆亡国家者非一。今殿下亲宠此属，使陵易衣冠，不可长也。”上，时掌翻；下同。易，以豉翻。长，竹两翻。太子役使司驭等，半岁不许分番，太仆寺典厩署，有执驭一百人，旧番上二宫。六典，太子仆寺有厩牧署，有翼驭十五人，驾士三十人。又私引突厥达哥友入宫，新书作“达哥支”。志宁上书切谏，太子大怒，遣刺客张思政、纥干承基杀之。纥，下没翻。二人入其第，见志宁寝处苫块，孔颖达曰：寝苫枕块，谓孝子居于庐中，寝卧于苫，头枕于块。处，昌吕翻。竟不忍杀而止。

11 西突厥沙钵罗叶护可汗数遣使入贡。数，所角翻；下勿数同。使，疏吏翻；下同。秋，七月，甲戌，命左领军将军张大师持节即其所号立为可汗，赐以鼓纛。纛，徒到翻。上又命使者多赍金帛，历诸国市良马，魏征谏曰："可汗位未定而先市马，彼必以为陛下志在市马，以立可汗为名耳。使可汗得立，荷德必浅；荷，下可翻。若不得立，为怨实深。诸国闻之，亦轻中国。市或不得，得亦非美。苟能使彼安宁，则诸国之马，不求自至矣。"上欣然止之。

乙毗咄陆可汗与沙钵罗叶护互相攻，乙毗咄陆浸强大，西域诸国多附之。未几，乙毗咄陆使石国吐屯击沙钵罗叶护，擒之以归，杀之。吐屯，突厥官名，使分主诸国。沙钵罗叶护立见上卷十三年。几，居岂翻。

12 丙子，上指殿屋谓侍臣曰："治天下如建此屋，治，直之翻。营构既成，勿数改移；苟易一榱，榱，所追翻。屋橑，秦名为屋椽，周谓之榱，鲁谓之桷。正一瓦，践履动摇，必有所损。若慕奇功，变法度，不恒其德，劳扰实多。"恒，户登翻。

13 上遣职方郎中陈大德使高丽；职方，掌天下地图及城隍镇戍烽候之数，辨其邦国之远近及四夷之归化，凡五方之区域，都邑之废置，疆埸之争讼，举而正之。使，疏吏翻。丽，力知翻。八月，己亥，自高丽还。大德初入其境，欲知山川风俗，所至城邑，以绫绮遗其守者，曰："吾雅好山水，遗，于季翻。好，呼到翻。此有胜处，吾欲观之。"守者喜，导之游历，无所不至，往往见中国人，自云："家在某郡，隋末从军，没于高丽，高丽妻以游女，妻，七细翻。与高丽错居，殆将半矣。"因问亲戚存没，大德绐之曰："皆无恙。”给，荡亥翻。恙，余亮翻。咸涕泣相告。数日后，隋人望之而哭者，遍于郊野。大德言于上曰：“其国闻高昌亡，大惧，馆候之勤，加于常数。”上曰：“高丽本四郡地耳，汉武帝置临屯、真番、乐浪、玄菟四郡，高丽有其地。吾发卒数万攻辽东，彼必倾国救之，别遣舟师出东莱，自海道趋平壤，趋，七喻翻。水陆合势，取之不难。但山东州县凋瘵未复，吾不欲劳之耳！”观帝此言，已有取高丽之心。瘵，则界翻。

14 乙巳，上谓侍臣曰：“朕有二喜一惧。比年丰稔，比，毗至翻。长安斗粟直三、四钱，一喜也；北虏久服，边鄙无虞，二喜也。治安则骄侈易生，治，直吏翻。易，以豉翻。骄侈则危亡立至，此一惧也。”

15 冬，十月，辛卯，上校猎伊阙；壬辰，幸嵩阳；伊阙县，旧曰新城，隋开皇十八年更名；有伊阙。嵩阳县，旧曰颍阳，隋开皇六年，改曰武林，十八年，改曰轮氏，大业元年，改曰嵩阳；有嵩高山。并属洛州。辛丑，还宫。

16 并州大都督长史李世勣在州十六年，令行禁止，民夷怀服。上曰：“隋炀帝劳百姓，筑长城以备突厥，卒无所益。卒，子恤翻。朕唯置李世勣于晋阳而边尘不惊，其为长城，岂不壮哉！”十一月，庚申，以世勣为兵部尚书。

17 壬申，车驾西归长安。

18 薛延陀真珠可汗闻上将东封，谓其下曰：“天子封泰山，士马皆从，从，才用翻。边境必虚，我以此时取思摩，如拉朽耳。”拉，卢合翻。乃命其子大度设发同罗、仆骨、回纥、靺鞨、霫等兵纥，下没翻。靺鞨，音末曷。霫，而立翻。合二十万，度漠南，屯白道川，据善阳岭以击突厥。善阳岭，在朔州善阳县北。俟利苾可汗不能御，帅部落入长城，保朔州，遣使告急。苾，毗必翻。帅，读曰率；下同。使，疏吏翻；下同。

癸酉，上命营州都督张俭帅所部骑兵及奚、霫、契丹压其东境；以兵部尚书李世勣为朔州道行军总管，将兵六万，骑千二百，屯羽方；骑，奇寄翻；下同。“羽方”，新书作“朔州”。右卫大将军李大亮为灵州道行军总管，将兵四万，骑五千，屯灵武；灵武县属灵州灵武郡。将兵，即亮翻。右屯卫大将军张士贵将兵一万七千，为庆州道行军总管，出云中；凉州都督李袭誉为凉州道行军总管，出其西。

诸将辞行，上戒之曰：“薛延陀负其强盛，逾漠而南，行数千里，马已疲瘦。凡用兵之道，见利速进，不利速退。薛延陀不能掩思摩不备，急击之，思摩入长城，又不速退。吾已敕思摩烧薙秋草，薙，他计翻，耘除也。彼粮糗日尽，野无所获。顷侦者来，云其马啮林木枝皮略尽。卿等当与思摩共为掎角，糗，去久翻。侦，丑郑翻。掎，居蚁翻。不须速战，俟其将退，一时奋击，破之必矣。”

19 十二月，戊子，车驾至京师。

20 己亥，薛延陀遣使入见，请与突厥和亲。甲辰，李世勣败薛延陀于诸真水。出云中古城，西北行四百许里，至诸真水。见，贤遍翻。败，补迈翻。初，薛延陀击西突厥沙钵罗及阿史那社尔，皆以步战取胜；及将入寇，乃大教步战，使五人为伍，一人执马，四人前战，战胜则授以马追奔。于是大度设将三万骑逼长城，欲击突厥，而思摩已走，知不可得，遣人登城骂之。会李世勣引唐兵至，尘埃涨天，大度设惧，将其众自赤柯泺北走，将，即亮翻。骑，奇寄翻；下同。泺，匹各翻。自淮以北，率以积水处为泺。世勣选麾下及突厥精骑六千自直道邀之，逾白道川，追及于青山。大度设走累日，至诸真水，勒兵还战，陈亘十里。陈，读曰阵。突厥先与之战，不胜，还走，大度设乘胜追之，遇唐兵，薛延陀万矢俱发，唐马多死。世勣命士卒皆下马，执长矟，直前冲之。矟，色角翻。薛延陀众溃，副总管薛万彻以数千骑收其执马者。薛延陀失马，不知所为，唐兵纵击，斩首三千馀级，捕虏五万馀人。大度设脱身走，万彻追之不及。其众至漠北，值大雪，人畜冻死者什八九。

李世勣还军定襄，突厥思结部居五台者叛走，五台，本汉太原虑虒县，久废，后魏改曰驴夷，大业初，改曰五台，有五台山；属代州。州兵追之，会世勣军还，夹击，悉诛之。

丙子，【严："子"改"午"。】薛延陀使者辞还，上谓之曰："吾约汝与突厥以大漠为界，有相侵者，我则讨之。汝自恃其强，逾漠攻突厥。李世勣所将才数千骑耳，汝已狼狈如此！归语可汗：将，即亮翻。语，牛倨翻。厥，九勿翻。凡举措利害，可善择其宜。"

21 上问魏征："比来朝臣何殊不论事？"朝，直遥翻。比，毗至翻。对曰："陛下虚心采纳，必有言者。凡臣徇国者寡，爱身者多，彼畏罪，故不言耳。"上曰："然。人臣关说忤旨，动及刑诛，与夫蹈汤火冒白刃者亦何异哉！忤，五故翻。冒，莫北翻。是以禹拜昌言，见书三谟。良为此也。"为，于伪翻。

房玄龄、高士廉遇少府少监窦德素于路，秦置少府，掌山泽之税，汉掌内府珍货。梁始为卿，隋改为监；唐从三品，少监从四品，掌供百工伎巧之事，凡天子之服御，百官之仪制，展采备物，皆率其属以供之。问："北门近何营缮？"德素奏之。上怒，让玄龄等曰："君但知南牙政事，北门小营缮，何预君事！"唐正牙在南，故曰南牙；玄武门在北，曰北门。刘冯事始：兵书曰：牙旗者，将军之精。凡始建牙，必以制日。制日者，其辰之在五行，以上克下之日也。又尚书〔纬〕曰：门旗二口八幅，色红，大将牙门之旗，出引将军前列。又黄帝出军诀曰：牙旗者，将军之精；金鼓者，将军之气。周礼司常职云：军旅会同置旌门。夫以旌为门，即旗门也。后世军中遂置牙门将，又有牙兵；典总此兵，以押衙为名。至于官府，早晚军吏两谒，亦名为衙。呼谓既熟，虽天子正殿受朝谒，亦名正衙。玄龄等拜谢。魏征进曰："臣不知陛下何以责玄龄等，而玄龄等亦何所谢！玄龄等为陛下股肱耳目，于中外事岂有不应知者！使所营为是，当助陛下成之；为非，当请陛下罢之。问于有司，理则宜然。不知何罪而责，亦何罪而谢也！"上甚愧之。

22 上尝临朝谓侍臣曰："朕为人主，常兼将相之事。"给事中张行成退而上书，以为："禹不矜伐而天下莫与之争。书：舜谓禹曰：汝惟不矜，天下莫与汝争能；汝惟不伐，天下莫与汝争功。朝，直遥翻；下同。将，即亮翻。相，息亮翻。而上，时掌翻。陛下拨乱反正，群臣诚不足望清光；然不必临朝言之。以万乘之尊，乃与群臣校功争能，臣窃为陛下不取。"乘，绳证翻。为，于伪翻。上甚善之。

十六年（壬寅、六四二）

1 春，正月，乙丑，魏王泰上括地志。上，时掌翻；下同。泰好学，司马苏勖说泰，以古之贤王皆招士著书，故泰奏请修之。时泰奏引萧德言、颜胤、蒋亚卿、许偃等就府修撰。好，呼到翻。说，输芮翻。于是大开馆舍，广延时俊，人物辐凑，门庭如市。泰月给逾于太子，谏议大夫褚遂良上疏，以为："圣人制礼，尊嫡卑庶，世子用物不会，与王者共之。周礼：王及世子惟膳不会，其他服物，世子犹皆会。会，古外翻。庶子虽爱，不得逾嫡，所以塞嫌疑之渐，除祸乱之源也。若当亲者疏，当尊者卑，则佞巧之奸，乘机而动矣。昔汉窦太后宠梁孝王，卒以忧死；见汉景帝纪。塞，悉则翻。卒，子恤翻。宣帝宠淮阳宪王，亦几至于败。见宣帝、元帝纪。几，居希翻；下同。今魏王新出阁，宜示以礼则，训以谦俭，乃为良器，此所谓'圣人之教不肃而成'者也。"孝经载孔子之言。上从之。

上又令泰徙居武德殿；魏征上书，以为："陛下爱魏王，常欲使之安全，宜每抑其骄奢，不处嫌疑之地。处，昌吕翻。今移居此殿，乃在东宫之西，海陵昔尝居之，元吉追封海陵刺王。时人不以为可；虽时异事异，然亦恐魏王之心不敢安息也。”上曰：“几致此误。”遽遣泰归第。

2 辛未，徙死罪者实西州，其犯流徙则充戍，各以罪轻重为年限。

3 敕天下括浮游无籍者，限来年末附毕。附者，附籍也。

4 以兼中书侍郎岑文本为中书侍郎，专知机密。中书侍郎二员。时独用文本，故专典机密。

5 夏，四月，壬子，上谓谏议大夫褚遂良曰：“卿犹知起居注，唐六典曰：汉献帝及西晋以后，诸帝皆有起居注，皆史官所录。隋置起居舍人，始为职员，列为侍臣，专掌其事。每季为卷，送付史官。其以他官兼者，则谓之知起居注。所书可得观乎？”对曰：“史官书人君言动，备记善恶，庶几人君不敢为非，未闻自取而观之也！”几，居希翻。上曰：“朕有不善，卿亦记之邪？”邪，音耶。对曰：“臣职当载笔，记曲礼曰：史载笔。不敢不记。”黄门侍郎刘洎曰：“借使遂良不记，天下亦皆记之。”洎，其冀翻。上曰：“诚然。”

6 六月，庚寅，诏息隐王可追复皇太子，海陵刺王元吉追封巢王，息王、海陵王，皆帝践阼追封。剌，来达翻。谥并依旧。谥，神至翻。

7 甲辰，诏自今皇太子出用库物，所司勿为限制。于是太子发取无度，左庶子张玄素上书，以为：“周武帝平定山东，隋文帝混一江南，勤俭爱民，皆为令主；有子不肖，卒亡宗祀。谓天元及炀帝也。卒，子恤翻。圣上以殿下亲则父子，事兼家国，所应用物不为节限，恩旨未逾六旬，用物已过七万，骄奢之极，孰云过此！况宫臣正士，未尝在侧；群邪淫巧，昵近深宫。在外瞻仰，已有此失；居中隐密，宁可胜计！昵，尼质翻。近，其靳翻。胜，音升。苦药利病，苦言利行，因张良之言而品节之。伏惟居安思危，日慎一日。”太子恶其书，恶，乌路翻。令户奴伺玄素早朝，户奴、官奴，掌守门户。伺，相吏翻。朝，直遥翻。密以大马箠击之，几毙。箠，止蕊翻。几，居希翻，又音祁。

8 秋，七月，戊子，【章：十二行本“子”作“午”；乙十一行本同。】以长孙无忌为司徒，房玄龄为司空。

9 庚申，制：“自今有自伤残者，据法加罪，仍从赋役。”隋末赋役重数，人往往自折支体，谓之“福手”、“福足”；数，所角翻。折，而设翻。至是遗风犹存，故禁之。

10 特进魏征有疾，上手诏问之，且言：“不见数日，朕过多矣。今欲自往，恐益为劳。若有闻见，可封状进来。”征上言：上，时掌翻；下上表同。“比者弟子陵师，奴婢忽主，下多轻上，皆有为而然，渐不可长。”又言：“陛下临朝，常以至公为言，退而行之，未免私僻。或畏人知，横加威怒，比，毗至翻。为，于伪翻。长，知两翻。朝，直遥翻。横，户孟翻。欲盖弥彰，竟有何益！”征宅无堂，上命辍小殿之材以构之，程大昌曰：魏征宅在丹凤门直出南面永兴坊内。五日而成，仍赐以素屏风、素褥、几、杖等以遂其所尚。征上表谢，上手诏称：“处卿至此，盖为黎元与国家，岂为一人，处，昌吕翻。为，于伪翻。何事过谢！”

11 八月，丁酉，上曰：“当今国家何事最急？”谏议大夫褚遂良曰：“今四方无虞，唯太子、诸王宜有定分最急。”分，扶问翻。上曰：“此言是也。”时太子承乾失德，魏王泰有宠，群臣日有疑议，上闻而恶之，恶，乌路翻。谓侍臣曰：“方今群臣，忠直无逾魏征，我遣傅太子，用绝天下之疑。”九月，丁巳，以魏征为太子太师。征疾少愈，诣朝堂表辞，少，诗沼翻。朝，直遥翻。上手诏谕以：“周幽、晋献，废嫡立庶，危国亡家。周幽王废太子而立褒姒之子，为犬戎所杀，周室遂微。晋献公废世子，立骊姬之子，晋国大乱。汉高祖几废太子，赖四皓然后安。见汉高纪及考异。几，居希翻。我今赖公，即其义也。知公疾病，说文：病，疾加也。可卧护之。”征乃受诏。

12 癸亥，薛延陀真珠可汗遣其叔父沙钵罗泥熟俟斤来请婚，俟，渠之翻。献马三千，貂皮三万八千，马脑镜一。

13 癸酉，以凉州都督郭孝恪行安西都护、西州刺史。高昌旧民与镇兵及谪徙者杂居西州，镇兵，谓镇守之兵。谪徙，谓死罪流徙谪徙者。孝恪推诚抚御，咸得其欢心。

14 西突厥乙毗咄陆可汗既杀沙钵罗叶护，并其众，又击吐火罗，灭之。杜佑曰：吐火罗一名土壑宜，后魏时吐呼罗都葱岭西五百里，在乌浒河南，即妫水也。自恃强大，遂骄倨，拘留唐使者，侵暴西域，遣兵寇伊州，郭孝恪将轻骑二千自乌骨邀击，败之。将，即亮翻。骑，奇寄翻。败，补迈翻。乙毗咄陆又遣处月、处密二部围天山，西州西南有南平、安昌两城，又百二十里至天山军。孝恪击走之，乘胜进拔处月俟斤所居城，追奔至遏索山，降处密之众而归。俟，渠之翻。索，昔各翻。降，户江翻。

初，高昌既平，岁发兵千馀人戍守其地，褚遂良上疏，以为：“圣王为治，先华夏而后夷狄。上，时掌翻。治，直吏翻。先，悉荐翻。夏，户雅翻。后，户遘翻。陛下兴兵取高昌，数郡萧然，累年不复；不复，不能复承平之旧也。岁调千馀人屯戍，调，徒吊翻。远去乡里，破产办装。又谪徙罪人，皆无赖子弟，适足骚扰边鄙，岂能有益行陈！行，户刚翻。陈，读曰阵。所遣多复逃亡，徒烦追捕。复，扶又翻。加以道涂所经，沙碛千里，冬风如割，夏风如焚，行人往来，遇之多死。设使张掖、酒泉有烽燧之警，碛，七迹翻。掖，音亦。陛下岂得高昌一夫斗粟之用，终当发陇右诸州兵食以赴之耳。然则河西者，中国之心腹；高昌者，他人之手足；奈何糜弊本根以事无用之土乎！且陛下得突厥、吐谷浑，皆不有其地，为之立君长以抚之，高昌独不得与为比乎！叛而执之，服而封之，刑莫威焉，德莫厚焉。愿更择高昌子弟可立者，使君其国，子子孙孙，负荷大恩，永为唐室藩辅，内安外宁，不亦善乎！"为，于伪翻。长，知两翻。荷，下可翻。考异曰：贞观政要载遂良疏云："数郡萧然，五年不复。"下言"十六年，西突厥遣兵，寇西州。"按实录，此年唯有西突厥寇伊州，不云寇西州，盖以伊州隶西州属部，故云尔。自十四年灭高昌，距此适三年耳，何得云五年不复！或者"三"字误为"五"字耳。旧传置此疏于十八年，盖亦因此而误。十八年无西突厥寇西州事，故附于此。上弗听。及西突厥入寇，上悔之，曰："魏征、褚遂良劝我复立高昌，复，扶又翻，又如字。吾不用其言，今方自咎耳。"

乙毗咄陆西击康居，道过米国，破之。米国，一曰弥末，一曰弭秣贺，治末息德城，北百里距康居国。虏获甚多，不分与其下，其将泥熟啜辄夺取之，将，即亮翻；下同。啜，陟劣翻；下同。乙毗咄陆怒，斩泥熟啜以徇，众皆愤怨。泥熟啜部将胡禄屋袭击之，乙毗咄陆众散，走保白水胡城。于是弩失毕诸部及乙毗咄陆所部屋利啜等遣使诣阙，请废乙毗咄陆，更立可汗。使，疏吏翻；下同。更，工衡翻。上遣使赍玺书，立莫贺咄之子莫贺咄见一百九十三卷之二年。玺，斯氏翻。为乙毗射匮可汗。乙毗射匮既立，悉礼遣乙毗咄陆所留唐使者，帅所部击乙毗咄陆于白水胡城。帅，读曰率。乙毗咄陆出兵击之，乙毗射匮大败。乙毗咄陆遣使招其故部落，故部落皆曰："使我千人战死，一人独存，亦不汝从！"乙毗咄陆自知不为众所附，乃西奔吐火罗。考异曰：旧突厥传云："都护郭孝恪败咄陆。十五年，屋利啜等请立可汗。"按上已云"十五年册授沙钵罗叶护可汗"，下不应更云"十五年"，疑"六"字误为"五"字耳。二十年，实录叙咄陆兵散，居白水胡城事，亦云"是岁贞观十五年也"。按十六年实录，"九月癸酉，以凉州都督郭孝恪为安西都护。"则咄陆寇伊州应在其后，岂得十五年已败散乎！突厥传误，盖亦由此。今因孝恪为都护，并言之。乙毗咄陆立事见上卷十二年。

15 冬，十月，丙申，殿中监郢纵公宇文士及卒。贺琛谥法：败乱百度曰纵；怠德败礼曰纵。卒，子恤翻。上尝止树下，爱之，士及从而誉之不已，誉，音余。上正色曰："魏征常劝我远佞人，远，于愿翻。我不知佞人为谁，意疑是汝，今果不谬！"士及叩头谢。

16 上谓侍臣曰："薛延陀屈强漠北，屈，其勿翻。强，其两翻。今御之止有二策，苟非发兵殄灭之，则与之婚姻以抚之耳，二者何从？"房玄龄对曰："中国新定，兵凶战危，臣以为和亲便。"上曰："然。朕为民父母，苟可利之，何爱一女！"

先是左领军将军契苾何力母姑臧夫人及弟贺兰州都督沙门皆在凉州，先，悉荐翻。铁勒诸部初降，以契苾部置榆溪州，后又分置贺兰州。何力来降，见一百九十四卷六年。契，欺讫翻。苾，毗必翻。上遣何力归觐，且抚其部落。时薛延陀方强，契苾部落皆欲归之，何力大惊曰："主上厚恩如是，奈何遽为叛逆！"其徒曰："夫人、都督先已诣彼，若之何不往！"何力曰："沙门孝于亲，我忠于君，必不汝从。"其徒执之诣薛延陀，置真珠牙帐前。何力箕倨，拔佩刀东向大呼曰：呼，火故翻。"岂有唐烈士而受屈虏庭，天地日月，愿知我心！"因割左耳以誓。真珠欲杀之，其妻谏而止。

上闻契苾叛，曰："必非何力之意。"左右曰："戎狄气类相亲，何力入薛延陀，如鱼趋水耳。"趋，七喻翻。上曰："不然。何力心如铁石，必不叛我。"会有使者自薛延陀来，具言其状，上为之下泣，使，疏吏翻；下同。为，于伪翻。下泣，下泪也。谓左右曰："何力果如何？"即命兵部侍郎崔敦礼持节谕薛延陀，以新兴公主妻之，妻，七细翻。以求何力，新兴公主，皇女也。何力由是得还，拜右骁卫大将军。骁，坚尧翻。

17 十一月，丙辰，上校猎于武功。

18 丁巳，营州都督张俭奏高丽东部大人泉盖苏文弑其王武。泉，姓也。新书曰：盖苏文者，或号盖金，姓泉氏；自云生水中，以惑众。丽，力知翻。考异曰：旧传云"西部大人"。今从实录。盖苏文凶暴多不法，其王及大臣议诛之。盖苏文密知之，悉集部兵若校阅者，并盛陈酒馔于城南，馔，雏恋翻，又雏皖翻。召诸大臣共临视，勒兵尽杀之，死者百馀人。因驰入宫，手弑其王，断为数段，弃沟中，断，丁管翻。立王弟子藏为王；自为莫离支，其官如中国吏部兼兵部尚书也。于是号令远近，专制国事。盖苏文状貌雄伟，意气豪逸，身佩五刀，左右莫敢仰视。每上下马，常令贵人、武将伏地而履之。将，即亮翻。出行必整队伍，前导者长呼，则人皆奔迸，不避坑谷，路绝行者，国人甚苦之。呼，火故翻。迸，比孟翻。为征高丽张本。

19 壬戌，上校猎于岐阳，贞观七年，分岐州岐山、雍州上宜置岐阳县，属岐州。因幸庆善宫，召武功故老宴赐，极欢而罢。庚午，还京师。

20 壬申，上曰："朕为兆民之主，皆欲使之富贵。若教以礼义，使之少敬长、妇敬夫，则皆贵矣。轻徭薄敛，使之各治生业，则皆富矣。若家给人足，朕虽不听管弦，乐在其中矣。"少，诗照翻。长，知两翻。治，直之翻。敛，力赡翻。乐，音洛。

21 亳州刺史裴行庄奏请伐高丽，亳，旁各翻。丽，力知翻。上曰："高丽王武职贡不绝，为贼臣所弑，朕哀之甚深，固不忘也。但因丧乘乱而取之，虽得之不贵。且山东凋弊，吾未忍言用兵也。"

22 高祖之入关也，隋武勇郎将冯翊党仁弘将兵二千馀人归高祖于蒲阪，从平京城，此皆隋恭帝义宁元年事。将，即亮翻。党，抵朗翻。寻除陕州总管，大军东讨，仁弘转饷不绝，谓讨王世充时也。陕，失冉翻。历南宁、戎、广州都督。梁以犍为郡，置戎州，隋废州为郡，唐复改郡为州。仁弘有材略，所至著声迹，上甚器之。然性贪，罢广州，为人所讼，赃百馀万，罪当死。上谓侍臣曰："吾昨见大理五奏诛仁弘，五年制令，死罪囚，三日五覆奏。哀其白首就戮，方晡食，遂命撤案；然为之求生理，为，于伪翻。终不可得。今欲曲法就公等乞之。"十二月，壬午朔，上复召五品已上集太极殿前，复，扶又翻。谓曰："法者，人君所受于天，不可以私而失信。今朕私党仁弘而欲赦之，是乱其法，上负于天。欲席藁于南郊，日一进蔬食，以谢罪于天三日。"房玄龄等皆曰："生杀之柄，人主所得专也，何至自贬责如此！"上不许，群臣顿首固请于庭，自旦至日昃，上乃降手诏，自称："朕有三罪：知人不明，一也；以私乱法，二也；善善未赏，恶恶未诛，三也。恶恶，上乌路翻，下如字。以公等固谏，且依来请。"于是黜仁弘为庶人，徙钦州。

23 癸卯，上幸骊山温汤；甲辰，猎于骊山。骊，力知翻。上登山，见围有断处，顾谓左右曰："吾见其不整而不刑，则堕军法；堕，读曰隳。刑之，则是吾登高临下以求人之过也。"乃托以道险，引辔入谷以避之。乙巳，还宫。

24 刑部以"反逆缘坐律兄弟没官为轻，请改从死。"敕八座议之，议者皆以为"秦、汉、魏、晋之法，反者皆夷三族，今宜如刑部请为是。"给事中崔仁师驳曰："古者父子兄弟罪不相及，奈何以亡秦酷法变隆周中典！周礼秋官：刑平国，用中典。父子兄弟罪不相及，周法也。驳，北角翻。且诛其父子，足累其心，累，力瑞翻。此而不顾，何爱兄弟！"上从之。

25 上问侍臣曰："自古或君乱而臣治，或君治而臣乱，二者孰愈？"魏征对曰："君治则善恶赏罚当，治，直吏翻；下同。当，丁浪翻。臣安得而乱之！苟为不治，纵暴愎谏，愎，弼力翻。虽有良臣，将安所施！”上曰：“齐文宣得杨遵彦，非君乱而臣治乎？”对曰：“彼才能救亡耳，事见一百六十六卷梁敬帝太平元年。乌足为治哉！”

十七年（癸卯、六四三）

1 春，正月，丙寅，上谓群臣曰：“闻外间士人以太子有足疾，承乾病足不良行。魏王颖悟，多从游幸，遽生异议，徼幸之徒徼，坚尧翻。已有附会者。太子虽病足，不废步履。且礼，嫡子死，立嫡孙。记：公仪仲子之丧，舍其孙而立其子。檀弓曰：“我未之前闻也，”问子服伯子曰：“仲子舍其孙而立其子，何也？”曰：“昔文王舍伯邑考而立武王，微子舍其孙腯而立衍也。夫仲子亦犹行古之道也。”子游问诸孔子，曰：“否，立孙。”太子男已五岁，朕终不以孽代宗，启窥窬之源也！”孽，鱼列翻。孽，支庶也。宗，嫡子也。

2 郑文贞公魏征寝疾，上遣使者问讯，赐以药饵，相望于道。又遣中郎将李安俨宿其第，动静以闻。使，疏吏翻。将，即亮翻。上复与太子同至其第，指衡山公主欲以妻其子叔玉。复，扶又翻。妻，七细翻。戊辰，征薨，命百官九品以上皆赴丧，给羽葆鼓吹，陪葬昭陵。吹，昌瑞翻。其妻裴氏曰：“征平生俭素，今葬以一品羽仪，非亡者之志。”悉辞不受，以布车载柩而葬。柩，音旧。上登苑西楼，长安禁苑之西楼也。望哭尽哀。上自制碑文，并为书石。为，于伪翻。上思征不已，谓侍臣曰：“人以铜为镜，可以正衣冠，以古为镜，可以见兴替，以人为镜，可以知得失；魏征没，朕亡一镜矣！”

3 鄠尉游文芝告代州都督刘兰成谋反，鄠，音户。戊申，兰成坐腰斩。右武候将军丘行恭探兰成心肝食之；上闻而让之曰：“兰成谋反，国有常刑，何至如此！若以为忠孝，则太子诸王先食之矣，岂至卿邪！”行恭惭而拜谢。

4 二月，壬午，上问谏议大夫褚遂良曰：“舜造漆器，谏者十馀人。说苑：尧释天下，舜受之，作为饮器，斩木而裁之，犹漆黑之，诸侯侈，国之不服者十有三。此何足谏？”对曰：“奢侈者，危亡之本；漆器不已，将以金玉为之。忠臣爱君，必防其渐，若祸乱已成，无所复谏矣。”复，扶又翻。上曰：“然。朕有过，卿亦当谏其渐。朕见前世帝王拒谏者，多云‘业已为之’，或云‘业已许之’，终不为改。不为，于伪翻。如此，欲无危亡，得乎！”

时皇子为都督、刺史者多幼穉，遂良上疏，以为：“汉宣帝云：‘与我共治天下者，其惟良二千石乎！’见二十四卷汉宣帝地节二年。穉，与稚同，直利翻。上，时掌翻。治，直之翻。今皇子幼穉，未知从政，不若且留京师，教以经术，俟其长而遣之。”长，知两翻。上以为然。

5 壬辰，以太子詹事张亮为洛州都督。侯君集自以有功而下吏，见上卷十四年。下，遐嫁翻。怨望有异志。亮出为洛州，君集激之曰：“何人相排？”亮曰：“非公而谁！”君集曰：“我平一国来，逢嗔如屋大，嗔，昌真翻。安能仰排！”因攘袂曰：“郁郁殊不聊生！公能反乎？与公反！”亮密以闻。上曰：“卿与君集皆功臣，语时旁无他人，若下吏，君集必不服。如此，事未可知，卿且勿言。”待君集如故。

6 鄜州都督尉迟敬德表乞骸骨；鄜，音肤。尉，纡勿翻。乙巳，以敬德为开府仪同三司，五日一参。参，犹朝也。

7 丁未，上曰：“人主惟有一心，而攻之者甚众。或以勇力，或以辩口，或以谄谀，或以奸诈，或以嗜欲，辐凑攻之，各求自售，以取宠禄。人主少懈，而受其一，少，诗沼翻。懈，古隘翻。则危亡随之，此其所以难也。”

8 戊申，上命图画功臣赵公长孙无忌、赵郡元王孝恭、谥法：茂绩丕德曰元；主善行德曰元。莱成公杜如晦、如晦始封蔡国公，既薨，徙封莱国公。郑文贞公魏征、梁公房玄龄、申公高士廉、鄂公尉迟敬德、卫公李靖、宋公萧瑀、褒忠壮公段志玄、夔公刘弘基、蒋忠公屈突通、郧节公殷开山、谥法：好廉自克曰节。郧，音云；下同。谯襄公柴绍、柴绍，当作许绍。邳襄公长孙顺德、郧公张亮、陈公侯君集、郯襄公张公谨、卢公程知节、永兴文懿公虞世南、渝【严：“渝”改“鄃”。】襄公刘政会、莒公唐俭、英公李世勣、胡壮公秦叔宝等于凌烟阁。书爵不书谥者，其人存；书爵书谥者，其人已死。南部新书曰：凌烟阁在西内三清殿侧，画功臣皆北面。阁中有中隔，隔内北面写功高宰辅，南面写功高侯王，隔外面次第功臣。程大昌曰：阁中凡设三隔，内一层画功高宰辅，外一层写功高侯王，又外一层次第功臣。此三隔者虽分内外，其所画功臣象貌皆面北，恐是在三清殿侧，以北面为恭邪！余谓北面者，臣礼也，非以在三清殿侧之故。

9 齐州都督齐王佑，性轻躁，其舅尚乘直长阴弘智说之曰：尚乘局，属殿中监，有奉御，有直长，掌内外闲厩之马，辨其粗良而率其习驭者也。乘，绳证翻。长，知两翻。说，输芮翻。“王兄弟既多，陛下千秋万岁后，宜得壮士以自卫。”佑以为然。弘智因荐妻兄燕弘信，燕，因肩翻。佑悦之，厚赐金玉，使阴募死士。

上选刚直之士以辅诸王，为长史、司马，诸王有过以闻。佑昵近群小，好畋猎，昵，尼质翻。近，其靳翻。好，呼到翻。长史权万纪骤谏，不听。壮士昝君謩、梁猛彪得幸于佑，万纪皆劾逐之，昝，子感翻。劾，户概翻，又户得翻；下同。佑潜召还，宠之逾厚。上数以书切责佑，万纪恐并获罪，谓佑曰：“王审能自新，万纪请入朝言之。”乃条佑过失，迫令表首，数，所角翻。朝，直遥翻；下同。首，式又翻。佑惧而从之。万纪至京师，言佑必能悛改。悛，丑缘翻。上甚喜，勉万纪，而数佑前过，以敕书戒之。数，所具翻。佑闻之，大怒曰：“长史卖我！劝我而自以为功，言万纪劝佑令自首，而自以为匡辅之功，是为所卖也。必杀之。”上以校尉京兆韦文振谨直，用为佑府典军，唐诸府各有校尉，每一校尉领旅帅二人。王国亲事府、帐内府各有典军二人，正五品上，副典军二人，从五品上，掌率校尉以下守卫陪从之事。校，户教翻。文振数谏，佑亦恶之。数，所角翻。恶，乌路翻。

万纪性褊，专以刻急拘持佑，城门外不听出，悉解纵鹰犬，斥君謩、猛彪不得见佑。会万纪宅中有块夜落，块，苦对翻，土块。万纪以为君謩、猛彪谋杀己，悉收系，发驿以闻，并劾与佑同为非者数十人。劾，户概翻，又户得翻。上遣刑部尚书刘德威往按之，事颇有验，诏佑与万纪俱入朝。佑既积忿，遂与燕弘信兄弘亮等谋杀万纪。万纪奉诏先行，佑遣弘亮等二十馀骑追射杀之。骑，奇寄翻。射，而亦翻。佑党共逼韦文振欲与同谋，文振不从，驰走数里，追及，杀之。寮属股栗，稽首伏地，莫敢仰视。稽，音启。佑因私署上柱国、开府等官，开库物行赏，驱民入城，缮甲兵楼堞，置拓东王、拓西王等官。吏民弃妻子夜缒出亡者相继，佑不能禁。乘夜缒城而出，恐为逆党污染也。堞，达协翻。缒，驰伪翻。三月，丙辰，诏兵部尚书李世勣等发怀、洛、汴、宋、潞、滑、济、郓、海九州兵讨之。济，子礼翻。郓，音运。上赐佑手敕曰："吾常戒汝勿近小人，正为此耳。"近，其靳翻。为，于伪翻。

佑召燕弘亮等五人宿于卧内，馀党分统士众，巡城自守。佑每夜与弘亮等对妃宴饮，以为得志；戏笑之际，语及官军，弘亮等曰："王不须忧！弘亮等右手持酒卮，左手为王挥刀拂之！"为，于伪翻。佑喜，以为信然。传檄诸县，皆莫肯从。时李世勣兵未至，而青、淄等数州兵已集其境。淄州，淄川郡，武德元年，分齐州之淄川置为郡。齐府兵曹杜行敏等唐六典：王府有兵曹参军，专掌武官簿书、考课、仪卫、假使等事。阴谋执佑，佑左右及吏民非同谋者无不响应。庚申，夜，四面鼓躁，声闻数十里。闻，音问。佑党有居外者，众皆攒刃杀之。佑问何声，攒，徂丸翻。左右绐云："英公统飞骑已登城矣。"李世勣封英国公。飞骑，北门屯兵也。绐，荡亥翻。骑，奇寄翻；下同。行敏分兵凿垣而入，佑与弘亮等被甲执兵入室，闭扉拒战，垣，于元翻。被，皮义翻。行敏等千馀人围之，自旦至日中，不克。行敏谓佑曰："王昔为帝子，今乃国贼，不速降，立为煨烬矣。"煨，乌回翻。因命积薪欲焚之。佑自牖间谓行敏曰："即启扉，独虑燕弘亮兄弟死耳。"行敏曰："必相全。"佑等乃出。或抉弘亮目，投睛于地，抉，于决翻。睛，音精。馀皆挝折其股而杀之。执佑出牙前示吏民，还，锁之于东厢。齐州悉平。乙丑，敕李世勣等罢兵。佑至京师，赐死于内侍省，星经有宦者四星，在天市垣帝座之西。周官有巷伯、寺人之职，皆内官也。前汉宫官多用士人，后汉始用宦者为宫官。晋置大长秋卿为后宫官，以宦者为之。隋为内侍省，炀帝改为长秋监，武德初，复为内侍省。同党诛者四十四人，馀皆不问。

佑之初反也，齐州人罗石头面数其罪，援枪前，欲刺之，数，所具翻。援，于元翻。刺，七亦翻。为燕弘亮所杀。佑引骑击高村，村人高君状遥责佑曰："主上提三尺剑取天下，亿兆蒙德，仰之如天。王忽驱城中数百人欲为逆乱以犯君父，无异一手摇泰山，何不自量之甚也！"量，音良。佑纵击，虏之，惭不能杀。敕赠石头亳州刺史。以君状为榆社令，隋义宁元年，分上党之乡县，置榆社县，属并州，武德元年，属韩州，二年置榆州，六年，废州，以榆社属辽州。亳，旁各翻。以杜行敏为巴州刺史，封南阳郡公；其同谋执佑者官赏有差。

上检佑家文疏，得记室郏城孙处约谏书，郏城，即汉颍川郡之郏县也。后魏置郏城县及龙山县，隋开皇初，改龙山曰汝南，十八年，改汝南曰辅城，大业初，改辅城曰郏城，并后魏之郏城地属焉。师古曰：郏，音夹。处，昌吕翻。嗟赏之，累迁中书舍人。庚午，赠权万纪齐州都督，赐爵武都郡公，谥曰敬；韦文振左武卫将军，赐爵襄阳县公。

10 初，太子承乾喜声色及畋猎，喜，许记翻。所为奢靡，畏上知之，对宫臣常论忠孝，或至于涕泣，退归宫中，则与群小相亵狎。宫臣有欲谏者，太子先揣知其意，亵，息列翻。揣，初委翻。辄迎拜，敛容危坐，引咎自责，言辞辩给，宫臣拜答不暇。宫省秘密，外人莫知，故时论初皆称贤。

太子作八尺铜炉，六隔大鼎，募亡奴盗民间马牛，亡奴，谓官奴之亡命在逃者。亲临烹煮，与所幸厮役共食之。又好效突厥语及其服饰，厮，音斯，今人读若瑟。好，呼到翻。选左右貌类突厥者五人为一落，辫发羊裘而牧羊，作五狼头纛及幡旗，设穹庐，太子自处其中，纛，徒到翻。处，昌吕翻。敛羊而烹之，抽佩刀割肉相啖。啖，徒滥翻，又徒览翻。又尝谓左右曰："我试作可汗死，汝曹效其丧仪。"因僵卧于地，众悉号哭，僵，居良翻。号，户高翻。跨马环走，临其身，𠢐面。良久，太子欻起，环，音宦。欻，里之翻。𠢐，许勿翻。曰："一朝有天下，当帅数万骑猎于金城西，"金城"恐当作"金河"。帅，读曰率。骑，奇寄翻。然后解发为突厥，委身思摩，若当一设，不居人后矣。"自谓得为思摩典兵，当一设之任，必当表表自见。史言承乾之狂愚。

左庶子于志宁、右庶子孔颖达数谏太子，数，所角翻；下素数、上数同。上嘉之，赐二人金帛以风励太子，风，音讽，又如字。仍迁志宁为詹事。志宁与左庶子张玄素数上书切谏，太子阴使人杀之，不果。上，时掌翻。

汉王元昌所为多不法，元昌，上弟也。上数谴责之，由是怨望。太子与之亲善，朝夕同游戏，分左右为二队，太子与元昌各统其一，被毡甲，操竹矟，被，皮义翻。操，七高翻。矟，色角翻。布陈大呼交战，击刺流血，以为娱乐。陈，读曰阵。呼，火故翻。乐，音洛；下不乐同。有不用命者，披树梲之，披其手足，引之就树而梲之。梲，陟瓜翻。至有死者。且曰："使我今日作天子，明日于苑中置万人营，与汉王分将，将，即亮翻。观其战斗，岂不乐哉！"又曰："我为天子，极情纵欲，有谏者辄杀之，不过杀数百人，众自定矣。"

魏王泰多艺能，有宠于上，见太子有足疾，潜有夺嫡之志，折节下士以求声誉。折，而设翻。下，遐嫁翻。上命黄门侍郎韦挺摄泰府事，后命工部尚书杜楚客代之，二人俱为泰要结朝士。为，于伪翻。要，一遥翻。朝，直遥翻；下同。楚客或怀金以赂权贵，因说以魏王聪明，宜为上嗣；文武之臣，各有附托，潜为朋党。太子畏其逼，遣人诈为泰府典签上封事，其中皆言泰罪恶，敕捕之，不获。签上，时掌翻。

太子私幸太常乐童称心，乐童，童子能执乐，隶籍太常者。称心，其名也。旧书承乾传云：有太常乐人，年十馀岁，美姿容，善歌舞，承乾时加宠幸，号曰称心。与同卧起。道士秦英、韦灵符挟左道，得幸太子。上闻之，大怒，悉收称心等杀之，连坐死者数人，诮让太子甚至。诮，才笑翻。太子意泰告之，怨怒愈甚，思念称心不已，于宫中构室，立其像，朝夕奠祭，徘徊流涕。又于苑中作冢，私赠官树碑。

上意浸不怿，太子亦知之，称疾不朝谒者动涉数月；阴养刺客纥干承基等及壮士百馀人，谋杀魏王泰。纥，下没翻。

吏部尚书侯君集之婿贺兰楚石为东宫千牛，东宫左、右内率府有千牛十六人，掌执千牛刀，侍奉左右。太子知君集怨望，数令楚石引君集入东宫，问以自安之术，数，所角翻。君集以太子暗劣，欲乘衅图之，因劝之反，举手谓太子曰："此好手，当为殿下用之。"为，于伪翻。又曰："魏王为上所爱，恐殿下有庶人勇之祸，以隋事动太子。若有敕召，宜密为之备。"太子大然之。太子厚赂君集及左屯卫中郎将顿丘李安俨，顿丘县，汉属东郡，晋置顿丘郡，后齐省，隋开皇十六年，复置，属魏州；武德初，属澶州，贞观初，废澶州，以顿丘县还属于魏州。将，即亮翻。使诇上意，动静相语。安俨先事隐太子，隐太子败，安俨为之力战，诇，火迥翻，又休正翻。语，牛倨翻。为，于伪翻。上以为忠，故亲任之，使典宿卫。安俨深自托于太子。

汉王元昌亦劝太子反，且曰："比见上侧有美人，比，毗至翻。善弹琵琶，事成，愿以垂赐。"太子许之。洋州刺史开化公赵节，慈景之子也，赵慈景，高祖使之攻河东，为尧君素所杀。母曰长广公主，长广公主，高祖之女。驸马都尉杜荷，如晦之子也，尚城阳公主，上女也。皆为太子所亲昵，昵，尼质翻。预其反谋。凡同谋者皆割臂，以帛拭血，烧灰和酒饮之，誓同生死，潜谋引兵入西宫。西宫谓大内，以在东宫西，故称之。杜荷谓太子曰："天文有变，当速发以应之，殿下但称暴疾危笃，主上必亲临视，因兹可以得志。"太子闻齐王佑反于齐州，谓纥干承基等曰："我宫西墙，去大内正可二十步耳，与卿为大事，岂比齐王乎！"会治佑反事，连承基，承基坐系大理狱，当死。为纥干承基告变张本。治，直之翻。

王崇武标点容肇祖聂崇岐覆校

资治通鉴卷第一百九十七

端明殿学士兼翰林侍读学士太中大夫
提举西京嵩山崇福宫上柱国河内郡开国公 司马光 奉敕编集
食邑二千二百户食实封九百户赐紫金鱼袋臣

后学天台胡三省音注

唐纪十三 起昭阳单阏(癸卯)四月，尽旃蒙大荒落(乙巳)五月，凡二年有奇。

太宗文武大圣大广孝皇帝中之下

贞观十七年(癸卯、六四三)

1 夏，四月，庚辰朔，承基上变，告太子谋反。观，古玩翻。上，时掌翻。敕长孙无忌、房玄龄、萧瑀、李世勣与大理、中书、门下参鞫之，唐制：凡国之大狱，三司详决。三司，谓给事中、中书舍人与御史参鞫也。今令三省与大理参鞫，重其事。长，知两翻。瑀，音禹。反形已具。上谓侍臣："将何以处承乾？"处，昌吕翻。群臣莫敢对，通事舍人来济进曰："陛下不失为慈父，太子得尽天年，则善矣！"上从之。济，护儿之子也。来护儿，隋将也，死于宇文化及之难。

乙酉，诏废太子承乾为庶人，幽于右领军府。上欲免汉王元昌死，群臣固争，乃赐自尽于家，而宥其母、妻、子。元昌母，孙嫔。侯君集、李安俨、赵节、杜荷等皆伏诛。左庶子张玄素、右庶子赵弘智、令狐德棻等以不能谏争，皆坐免为庶人。令，音零。棻，符分翻。争，读曰诤。馀当连坐者，悉赦之。詹事于志宁以数谏，独蒙劳勉。数，所角翻。劳，力到翻。以纥干承基为佑川府折冲都尉，爵平棘县公。唐志：岷州有佑川府。隋志：岷州临洮县，后周置佑川郡。唐盖因周郡名以为府也。

侯君集被收，被，皮义翻。贺兰楚石复诣阙告其事，复，扶又翻。上引君集谓曰："朕不欲令刀笔吏辱公，故自鞫公耳。"君集初不承。引楚石具陈始末，又以所与承乾往来启示之，君集辞穷，乃服。上谓侍臣曰："君集有功，欲乞其生，可乎？"乞，如字，丐也。群臣以为不可。上乃谓君集曰："与公长诀矣！"因泣下。泣，泪也。君集亦自投于地，遂斩之于市。君集临刑，谓监刑将军曰："君集蹉跌至此！监，古衔翻。蹉，七何翻。跌，徒结翻。然事陛下于藩邸，上在藩时，引君集入幕府，数从征伐。击取二国，谓吐谷浑、高昌也。乞全一子以奉祭祀。"上乃原其妻及子，徙岭南。籍没其家，得二美人，自幼饮人乳而不食。

初，上使李靖教君集兵法，君集言于上曰："李靖将反矣。"上问其故，对曰："靖独教臣以其粗而匿其精，粗，读与麤同，仓乎翻。以是知之。"上以问靖，靖对曰："此乃君集欲反耳。今诸夏已定，夏，户雅翻；下同。臣之所教，足以制四夷，而君集固求尽臣之术，非反而何！"江夏王道宗尝从容言于上曰：从，千容翻。"君集志大而智小，自负微功，耻在房玄龄、李靖之下，虽为吏部尚书，未满其志。以臣观之，必将为乱。"上曰："君集材器，亦何施不可！朕岂惜重位，但次第未至耳，岂可亿度，朱子曰：亿，未见而意之也。度，徒洛翻。妄生猜贰邪！"及君集反诛，上乃谢道宗曰："果如卿言。"

李安俨父，年九十馀，上愍之，赐奴婢以养之。

太子承乾既获罪，魏王泰日入侍奉，上面许立为太子，岑文本、刘洎亦劝之；长孙无忌固请立晋王治。请立嫡也。上谓侍臣曰："昨青雀投我怀云：'臣今日始得为陛下子，乃更生之日也。泰，小字青雀。臣有一子，臣死之日，当为陛下杀之，为，于伪翻。传位晋王。'人谁不爱其子，朕见其如此，甚怜之。"谏议大夫褚遂良曰："陛下言大失。愿审思，勿误也！安有陛下万岁后，魏王据天下，肯杀其爱子，传位晋王者乎！杀子而立弟，非人情也。褚遂良探其心术之微而言之。陛下日者既立承乾为太子，复宠魏王，复，扶又翻；下复何同。礼秩过于承乾，以成今日之祸。前事不远，足以为鉴。陛下今立魏王，愿先措置晋王，始得安全耳。"遂良此语，亦以激帝。上流涕曰："我不能尔。"因起，入宫。魏王泰恐上立晋王治，谓之曰："汝与元昌善，元昌今败，得无忧乎？"治由是忧形于色。上怪，屡问其故，治乃以状告；上怃然，怃，文甫翻。始悔立泰之言矣。上面责承乾，承乾曰："臣为太子，复何所求！但为泰所图，时与朝臣谋自安之术，朝，直遥翻。不逞之人遂教臣为不轨耳。今若泰为太子，所谓落其度内。"

承乾既废，上御两仪殿，按唐六典，两仪殿在太极殿之后，盖古之内朝也，常日视朝而听事焉。群臣俱出，独留长孙无忌、房玄龄、李世勣、褚遂良，谓曰："我三子一弟，所为如是，三子，谓齐王佑、太子承乾、魏王泰；一弟，谓汉王元昌。我心诚无聊赖！"因自投于床，无忌等争前扶抱；上又抽佩刀欲自刺，刺，七亦翻。遂良夺刀以授晋王治。无忌等请上所欲，上曰："我欲立晋王。"无忌曰："谨奉诏；有异议者，臣请斩之！"上谓治曰："汝舅许汝矣，宜拜谢。"治因拜之。上谓无忌等曰："公等已同我意，未知外议何如？"对曰："晋王仁孝，天下属心久矣，属，之欲翻。乞陛下试召问百官，有不同者，臣负陛下万死。"上乃御太极殿，西内正门曰承天门，正殿曰太极，太极之后曰两仪殿。六典：朔望御太极殿视朝，盖古之中朝也。召文武六品以上，谓曰："承乾悖逆，悖，蒲内翻，又蒲没翻。泰亦凶险，皆不可立。朕欲选诸子为嗣，谁可者？卿辈明言之。"众皆讙呼曰："晋王仁孝，当为嗣。"讙，与喧同。上悦。是日，泰从百馀骑至永安门；六典：太极宫城南面三门，中曰承天，东曰长乐，西曰永安。敕门司尽辟其骑，辟，音闢。六典：门下省有城门郎四人，掌京城、皇城宫殿诸门开阖之节；置门仆八百人，分番上下。引泰入肃章门，幽于北苑。程大昌曰：太极宫之北有内苑，以其在宫北，故亦曰北苑。苑之北门曰启运门，又北即禁苑，禁苑广矣。

丙戌，诏立晋王治为皇太子，御承天门楼，赦天下，酺三日。治，直吏翻。酺，薄乎翻。上谓侍臣曰："我若立泰，则是太子之位可经营而得。自今太子失道，藩王窥伺者，皆两弃之，伺，相吏翻。传诸子孙，永为后法。且泰立，【章：十二行本"立"下有"则"字；乙十一行本同；孔本同；张校同。】承乾与治皆不全；治立，则承乾与泰皆无恙矣。"恙，余亮翻。

臣光曰：唐太宗不以天下大器私其所爱，以杜祸乱之原，可谓能远谋矣！

2 丁亥，以中书令杨师道为吏部尚书。尚，辰羊翻。初，长广公主适赵慈景，生节；慈景死，武德元年，慈景为尧君素所杀。更适师道。更，工衡翻。师道与长孙无忌等共鞫承乾狱，阴为赵节地道，由是获谴。上至公主所，公主以首击地，泣谢子罪，上亦拜泣曰："赏不避仇雠，罚不阿亲戚，此天下至公之道，不敢违也，以是负姊。"

己丑，诏以长孙无忌为太子太师，房玄龄为太傅，萧瑀为太保，东宫三师，并从一品。李世勣为詹事，瑀、世勣并同中书门下三品。同中书门下三品自此始。欧阳修曰：谓同侍中、中书令也。又以左卫大将军李大亮领右卫率，率，所律翻。前詹事于志宁、中书侍郎马周为左庶子，吏部侍郎苏勖、中书舍人高季辅为右庶子，刑部侍郎张行成为少詹事，少詹事，正四品，为詹事之贰。谏议大夫褚遂良为宾客。太子宾客，正三品。古无此官，唐始置，掌侍从规谏，赞相礼仪。

李世勣尝得暴疾，方云"须灰可疗"，上自翦须，为之和药。为，于伪翻；下同。须，与鬚同。和，户卧翻。世勣顿首出血泣谢。上曰："为社稷，非为卿也，何谢之有！"世勣尝侍宴，上从容谓曰：从，千容翻。"朕求群臣可托幼孤者，无以逾公，公往不负李密，见一百八十六卷武德元年。岂负朕哉！"世勣流涕辞谢，啮指出血，因饮沈醉，上解御服以覆之。啮，鱼结翻。沈，持林翻。覆，敷又翻。

癸巳，诏解魏王泰雍州牧、相州都督、左武候大将军，降爵为东莱郡王。雍，于用翻。相，息亮翻。泰府僚属为泰所亲狎者，皆迁岭表；以杜楚客兄如晦有功，免死，废为庶人。给事中崔仁师尝密请立魏王泰为太子，左迁鸿胪少卿。胪，陵如翻。

庚子，定太子见三师仪：迎于殿门外，殿门，东宫之殿门也。先拜，三师答拜；每门让于三师。三师坐，太子乃坐。其与三师书，前后称名、"惶恐"。

五月，癸酉，太子上表，上，时掌翻。以"承乾、泰衣服不过随身，饮食不能适口，幽忧可愍，乞敕有司，优加供给。"上从之。

黄门侍郎刘洎上言，以"太子宜勤学问，亲师友。今入侍宫闱，动逾旬朔，师保以下，接对甚希，伏愿少抑下流之爱，弘远大之规，则海内幸甚！"少，诗沼翻。上乃命洎与岑文本、褚遂良、马周更日诣东宫，更，工衡翻。与太子游处谈论。处，昌吕翻。

3 六月，己卯朔，日有食之。

4 丁亥，太常丞邓素使高丽还，请于怀远镇增戍兵以逼高丽，使，疏吏翻。丽，力知翻。上曰：“‘远人不服，则修文德以来之，’论语孔子之言。未闻一二百戍兵能威绝域者也！”

5 丁酉，右仆射高士廉逊位，许之，其开府仪同三司、勋封如故，勋，勋级；封，封邑也。仍同门下中书三品，知政事。

6 闰月，辛亥，上谓侍臣曰：“朕自立太子，遇物则诲之，见其饭，则曰：‘汝知稼穑之艰难，则常有斯饭矣。’书无逸曰：惟不知稼穑之艰难，乃逸。见其乘马，则曰：‘汝知其劳逸，不竭其力，则常得乘之矣。’颜渊曰：昔造父巧于使马，造父不穷其马力，是造父无佚马也。见其乘舟，则曰：‘水所以载舟，亦所以覆舟，民犹水也，君犹舟也。’孔子家语之言。见其息于木下，则曰：‘木从绳则正，后从谏则圣。’”书说命之言。

7 丁巳，诏太子知左、右屯营兵马事，其大将军以下并受处分。左右十二卫，屯营也。处，昌吕翻。分，扶问翻。

8 薛延陀真珠可汗可，从刋入声。汗，音寒。使其侄突利设来纳币，献马五万匹，牛、橐驼万头，羊十万口。庚申，突利设献馔，馔，雏恋翻，又雏皖翻。上御相思殿，按褚遂良疏云：“御幸北门，受其献食。”则相思殿盖在玄武门内。大飨群臣，设十部乐，增乐为十部，见一百九十五卷十四年。突利设再拜上寿，赐赉甚厚。

契苾何力上言：“薛延陀不可与婚。”上，时掌翻。契，欺讫翻。苾，毗必翻。上曰：“吾已许之矣，岂可为天子而食言乎！”何力对曰：“臣非欲陛下遽绝之也，愿且迁延其事。臣闻古有亲迎之礼，若敕夷男使亲迎，迎，鱼敬翻。虽不至京师，亦应至灵州；彼必不敢来，则绝之有名矣。夷男性刚戾，既不成婚，其下复携贰，复，扶又翻。不过一二年必病死，二子争立，则可以坐制之矣！”上从之，乃征真珠可汗使亲迎，仍发诏将幸灵州与之会。真珠大喜，欲诣灵州，其臣谏曰："脱为所留，悔之无及！"真珠曰："吾闻唐天子有圣德，我得身往见之，死无所恨，且漠北必当有主。我行决矣，勿复多言！"上发使三道，受其所献杂畜。薛延陀先无库厩，真珠调敛诸部，复，扶又翻。使，疏吏翻；下三使同。畜，许救翻。调，徒钓翻。敛，力赡翻。往返万里，道涉沙碛，无水草，碛，七迹翻。耗死将半，失期不至。议者或以为聘财未备而与为婚，将使戎狄轻中国，上乃下诏绝其婚，停幸灵州，追还三使。

褚遂良上疏，以为"薛延陀本一俟斤，良上，时掌翻。俟，渠之翻。陛下荡平沙塞，万里萧条，谓平突厥也，塞北皆沙碛，故曰沙塞。馀寇奔波，须有酋长，玺书鼓纛，立为可汗。见一百九十三卷二年。酋，慈由翻。长，知两翻。玺，斯氏翻。纛，徒到翻。比者复降鸿私，许其姻媾，比，毗至翻。复，扶又翻。见上卷十六年。西告吐蕃，吐，从暾入声。北谕思摩，中国童幼，靡不知之。御幸北门，受其献食，群臣四夷，宴乐终日。乐，音洛。咸言陛下欲安百姓，不爱一女，凡在含生，孰不怀德。今一朝生进退之意，有改悔之心，臣为国家惜兹声听；为，于伪翻。所顾甚少，所失殊多，少，诗沼翻。嫌隙既生，必构边患。彼国蓄见欺之怒，此民怀负约之惭，恐非所以服远人，训戎士也。陛下君临天下十有七载，载，子亥翻。以仁恩结庶类，以信义抚戎夷，莫不欣然，负之无力，此二语考之旧书褚遂良传亦是如此，然其意义难于强解。或曰："力"，当作"益"；言负延陀之约为无益也。何惜不使有始有卒乎！卒，子恤翻。夫龙沙以北，部落无算，匈奴庭谓之龙城，无常处，故沙幕因谓之龙沙。中国诛之，终不能尽，当怀之以德，使为恶者在夷不在华，失信者在彼不在此，则尧、舜、禹、汤不及陛下远矣！"上不听。

是时，群臣多言："国家既许其婚，受其聘币，不可失信戎狄，更生边患。"上曰："卿曹皆知古而不知今。昔汉初匈奴强，中国弱，故饰子女，捐金絮以饵之，得事之宜。今中国强，戎狄弱，以我徒兵一千，可击胡骑数万，骑，奇寄翻。薛延陀所以匍匐稽颡，惟我所欲，不敢骄慢者，以新为君长，杂姓非其种族，欲假中国之势以威服之耳。匍，薄乎翻。匐，蒲北翻。稽，音启。种，章勇翻。彼同罗、仆骨、回纥等十馀部，纥，下没翻。兵各数万，并力攻之，立可破灭，所以不敢发者，畏中国所立故也。今以女妻之，彼自恃大国之婿，杂姓谁敢不服！戎狄人面兽心，一旦微不得意，必反噬为害。今吾绝其婚，杀其礼，妻，七细翻；下可妻同。杀，所界翻。杂姓知我弃之，不日将瓜剖之矣，卿曹第志之！"瓜剖，犹瓜分也。志，犹记之。

臣光曰：孔子称去食、去兵，不可去信。见论语。去，羌吕翻。唐太宗审知薛延陀不可妻，则初勿许其婚可也；既许之矣，乃复恃强弃信而绝之，复，扶又翻。虽灭薛延陀，犹可羞也。王者发言出令，可不慎哉！

9 上曰："盖苏文弑其君而专国政，见上卷十六年。诚不可忍，以今日兵力，取之不难，但不欲劳百姓，吾欲且使契丹、靺鞨扰之，何如？"契，欺讫翻，又音吃。靺鞨，音末曷。长孙无忌曰："盖苏文自知罪大，畏大国之讨，必严设守备，陛下少为之隐忍，为，于伪翻。彼得以自安，必更骄惰，愈肆其恶，然后讨之，未晚也。"上曰："善！"观此，则知帝之雄心未尝一日不在高丽也。戊辰，诏以高丽王藏为上柱国、辽东郡王、高丽王，遣使持节册命。丽，力知翻。使，疏吏翻。

10 丙子，徙东莱王泰为顺阳王。

11 初，太子承乾失德，上密谓中书侍郎兼左庶子杜正伦曰：

“吾儿足疾乃可耳，但疏远贤良，狎昵群小，卿可察之。言承乾之足不良于行，犹云可也；若其远贤良，近群小，则不可不谏诲之。远，于愿翻。昵，尼质翻。果不可教示，当来告我。”正伦屡谏，不听，乃以上语告之。太子抗表以闻，上责正伦漏泄，对曰：“臣以此恐之，冀其迁善耳。”上怒，出正伦为谷州刺史。及承乾败，秋，七月，辛卯，复左迁正伦为交州都督。复，扶又翻。初，魏征尝荐正伦及侯君集有宰相材，请以君集为仆射，且曰：“国家安不忘危，不可无大将，诸卫兵马宜委君集专知。”上以君集好夸诞，不用。将，即亮翻。好，呼到翻。及正伦以罪黜，君集谋反诛，上始疑征阿党。又有言征自录前后谏辞以示起居郎褚遂良者，上愈不悦，乃罢叔玉尚主，而踣所撰碑。许婚、撰碑事见上卷本年。踣，蒲北翻，仆也。

12 初，上谓监修国史房玄龄曰：历代史官隶秘书省著作局，皆著作郎掌修国史。北齐诏魏收撰史，又诏平原王高隆之总监之，书名而已。贞观三年，始移史馆于禁中，在门下省北，宰相监修国史；自是著作郎始罢史职。监，古衔翻。“前世史官所记，皆不令人主见之，何也？”对曰：“史官不虚美，不隐恶，若人主见之必怒，故不敢献也。”上曰：“朕之为心，异于前世。帝王欲自观国史，知前日之恶，为后来之戒，公可撰次以闻。”撰，士免翻。谏议大夫朱子奢上言：上，时掌翻；下上之同。“陛下圣德在躬，举无过事，史官所述，义归尽善。陛下独览起居，于事无失，若以此法传示子孙，窃恐曾、玄之后或非上智，饰非护短，史官必不免刑诛。如此，则莫不希风顺旨，全身远害，悠悠千载，何所信乎！所以前代不观，盖为此也。”远，于愿翻。载，子亥翻。为，于伪翻。上不从。玄龄乃与给事中许敬宗等删为高祖、今上实录；癸巳，书成，上之。上见书六月四日事，语多微隐，谓诛建成、元吉事也。谓玄龄曰：“周公诛管、蔡以安周，季友鸩叔牙以存鲁，周公，弟也；

管叔，兄也。成王幼，周公摄政，管、蔡流言，挟武庚以叛，周公诛之以安周室。鲁公子庆父、叔牙、季友，皆桓公子也。庄公疾，问后于叔牙，牙曰："庆父才。"问季友，友曰："臣以死奉般。"遂鸩叔牙而立般。朕之所为，亦类是耳，史官何讳焉！"即命削去浮词，去，羌吕翻。直书其事。

13 八月，庚戌，以洛州都督张亮为刑部尚书，参预朝政；朝，直遥翻。以左卫大将军、太子右卫率李大亮为工部尚书。大亮身居三职，宿卫两宫，三职，即谓为工部尚书及卫两宫也。率，所律翻。恭俭忠谨，每宿直，必坐寐达旦。房玄龄甚重之，每称大亮有王陵、周勃之节，可当大位。

初，大亮为庞玉兵曹，为李密所获，同辈皆死，贼帅张弼见而释之，遂与定交。帅，所类翻。及大亮贵，求弼，欲报其德，弼时为将作丞，唐监丞，从六品下。自匿不言。大亮遇诸途而识之，持弼而泣，多推家赀以遗弼，推，吐雷翻。遗，于季翻。弼拒不受。大亮言于上，乞悉以其官爵授弼，上为之擢弼为中郎将。上为，于伪翻。将，即亮翻。时人皆贤大亮不负恩，而多弼之不伐也。

14 九月，庚辰，新罗遣使言百济攻取其国四十馀城，复与高丽连兵，使，疏吏翻。复，扶又翻。谋绝新罗入朝之路，乞兵救援。朝，直遥翻；下同。上命司农丞相里玄奖赍玺书赐高丽相里，姓；玄奖，名。姓谱：皋陶之后为理氏。商末，理证孙仲师遭难，去"王"姓"里"，至里克为晋所诛，其妻携少子逃居相城，因为相里氏。曰："新罗委质国家，朝贡不乏，质，职日翻。尔与百济各宜戢兵；戢，阻立翻。若更攻之，明年发兵击尔国矣！"

15 癸未，徙承乾于黔州。黔，其今翻。甲午，徙顺阳王泰于均州。武当县，汉属南阳郡，晋属顺阳郡，宋属始平郡；梁置武当郡及兴州，后周改丰州，隋开皇初改均州；大业初，废为武当县，属淅阳郡；义宁二年，分淅阳之武当、均阳置均州。孙愐曰：沟水出淅县北山入沔。"沟"，今作"均"。

隋置均州，以水名州也。上曰："父子之情，出于自然。朕今与泰生离，生离，谓生而离别也。楚辞曰：哀莫哀兮生别离。亦何心自处！然朕为天下主，但使百姓安宁，私情亦可割耳。"又以泰所上表示近臣曰："泰诚为俊才，朕心念之，卿曹所知；但以社稷之故，不得不断之以义，处，昌吕翻。上，时掌翻。断，丁乱翻。使之居外者，亦所以两全之耳。"

16 先是，诸州长官或上佐岁首亲奉贡物入京师，谓之朝集使，朝集使，自隋以来有之。先，悉荐翻。长，知两翻。朝，直遥翻。使，疏吏翻；下同。亦谓之考使；京师无邸，率僦屋与商贾杂居。上始命有司为之作邸。僦，即就翻。贾，音古。为，于伪翻。

17 冬，十一月，己卯，上祀圜丘。贞观礼：冬至祀昊天上帝于圜丘。

18 初，上与隐太子、巢剌王有隙，剌，卢达翻。密明公赠司空封德彝阴持两端。杨文干之乱，上皇欲废隐太子而立上，见一百九十一卷武德七年。德彝固谏而止。其事甚秘，上不之知，薨后乃知之。壬辰，治书侍御史唐临始追劾其事，请黜官夺爵。治，直之翻。劾，户概翻，又户得翻。上命百官议之，尚书唐俭等议："德彝罪暴身后，恩结生前，所历众官，不可追夺，请降赠改谥。"诏黜其赠官，改谥曰缪，削所食实封。谥法：名与实爽曰缪；蔽仁伤贤曰缪。六典曰：魏氏五等，皆以乡亭，多假空名，不食本邑。隋氏始立王公侯以下制度，至唐因之，率多虚名，其言食实封者乃得真户。旧制，户皆三丁已上，一分入国，开元中，定以三丁为限，租赋全入封家。

19 敕选良家女以实东宫；癸巳，太子遣左庶子于志宁辞之。上曰："吾不欲使子孙生于微贱耳。今既致辞，当从其意。"上疑太子仁弱，密谓长孙无忌曰："公劝我立雉奴，治，小字雉奴。雉奴懦，懦，奴卧翻，又万乱翻。恐不能守社稷，奈何！吴王恪英果类我，我欲立之，何如？"无忌固争，以为不可。上曰："公以愔非己之甥邪？”无忌曰：“太子仁厚，真守文良主；储副至重，岂可数易！数，所角翻。愿陛下熟思之。”上乃止。十二月，壬子，上谓吴王愔曰：“父子虽至亲，及其有罪，则天下之法不可私也。汉已立昭帝，燕王旦不服，阴图不轨，霍光折简诛之。见二十三卷汉昭帝元凤元年。为人臣子，不可不戒！”为后无忌杀愔张本。

20 庚申，车驾幸骊山温汤；庚午，还宫。骊，力知翻。

十八年（甲辰、六四四）

1 春，正月，乙未，车驾幸钟官城；汉钟官在上林苑中，至唐时盖故城犹存也，其地当在鄠、杜二县界。庚子，幸鄠县；鄠，音户。壬寅，幸骊山温汤。

2 相里玄奖至平壤，莫离支已将兵击新罗，破其两城，将，即亮翻。高丽王使召之，乃还。丽，力知翻。还，从宣翻，又音如字。玄奖谕使勿攻新罗，莫离支曰：“昔隋人入寇，新罗乘衅侵我地五百里，谓隋炀帝伐高丽时。自非归我侵地，恐兵未能已。”玄奖曰：“既往之事，焉可追论！焉，于虔翻。至于辽东诸城，本皆中国郡县，高丽之地，汉、魏皆为郡县，晋氏之乱，始与中国绝。中国尚且不言，高丽岂得必求故地。”莫离支竟不从。

二月，乙巳朔，玄奖还，具言其状。上曰：“盖苏文弑其君，贼其大臣，残虐其民，今又违我诏命，侵暴邻国，不可以不讨。”谏议大夫褚遂良曰：“陛下指麾则中原清晏，顾眄则四夷詟服，眄，眠见翻。詟，之涉翻。威望大矣。今乃渡海远征小夷，若指期克捷，犹可也。万一蹉跌，蹉，七何翻。跌，徒结翻。伤威损望，更兴忿兵，则安危难测矣。”李世勣曰：“间者薛延陀入寇，谓十五年击突厥思摩也。陛下欲发兵穷讨，魏征谏而止，使至今为患。向用陛下之策，北鄙安矣。”上曰：“然。此诚征之失；朕寻悔之而不欲言，恐塞良谋故也。”塞，悉则翻。

上欲自征高丽，褚遂良上疏，上，时掌翻。以为："天下譬犹一身：两京，心腹也；州县，四支也；四夷，身外之物也。高丽罪大，诚当致讨，但命二三猛将将四五万众，将，即亮翻；下名将同。仗陛下威灵，取之如反掌耳。今太子新立，年尚幼稚，稚，直二翻。自馀藩屏，陛下所知，屏，必郢翻。一旦弃金汤之全，逾辽海之险，以天下之君，轻行远举，皆愚臣之所甚忧也。"上不听。时群臣多谏征高丽者，上曰："八尧、九舜，不能冬种，野夫、童子，春种而生，得时故也。夫天有其时，人有其功。夫夭，音扶。盖苏文陵上虐下，民延颈待救，此正高丽可亡之时也，议者纷纭，但不见此耳。"

3 己酉，上幸灵口；新书作"零口"。九域志：京兆临潼县有零口镇。临潼，唐之昭应县；昭应，唐初之新丰县。按宋白续通典：京兆新丰县界有零水。零口盖零水之口。乙卯，还宫。

4 三月，辛卯，以左卫将军薛万彻守右卫大将军。上尝谓侍臣曰："于今名将，惟世勣、道宗、万彻三人而已，世勣、道宗不能大胜，亦不大败，万彻非大胜则大败。"

5 夏，四月，上御两仪殿，皇太子侍。上谓群臣曰："太子性行，外人亦闻之乎？"行，下孟翻。司徒无忌曰："太子虽不出宫门，天下无不钦仰圣德。"上曰："吾如治年时，颇不能循常度。治自幼宽厚，谚曰：'生【章：乙十一行本"生"下有"子如"二字，与"狼"字挤刊。】狼，犹恐如羊，'曹大家女诫曰：生男如狼，犹恐其羊；生女如鼠，犹恐其虎。盖古语也。冀其稍壮，自不同耳。"无忌对曰："陛下神武，乃拨乱之才，太子仁恕，实守文之德；趣尚虽异，各当其分，趣，七喻翻。分，扶问翻。此乃皇天所以祚大唐而福苍生者也。"无忌之保护太子至矣，追其后也，以元舅之亲，为妇人所间，不能保其身，保其家，而唐亦几于不祀；则太子不可谓之宽厚，谓之暗弱可也。

6 辛亥，上幸九成宫。壬子，至太平宫，京兆鄠县东南三十里有隋太平宫。谓侍臣曰："人臣顺旨者多，犯颜则少，少，诗沼翻。今朕欲自闻其失，诸公其直言无隐。"长孙无忌等皆曰："陛下无失。"刘洎曰："顷有上书不称旨者，陛下皆面加穷诘，无不惭惧而退，恐非所以广言路。"洎，其冀翻。上，时掌翻。称，尺证翻。诘，去吉翻。马周曰："陛下比来赏罚，微以喜怒有所高下，此外不见其失。"上皆纳之。

上好文学而辩敏，群臣言事者，上引古今以折之，比，毗至翻。好，呼到翻。折，之列翻。多不能对。刘洎上书谏曰："帝王之与凡庶，圣哲之与庸愚，上下相悬，拟伦斯绝。是知以至愚而对至圣，以极卑而对至尊，徒思自强，不可得也。陛下降恩旨，假慈颜，凝旒以听其言，虚襟以纳其说，犹恐群下未敢对敭；敭，与扬同。况动神机，纵天辩，饰辞以折其理，引古以排其议，欲令凡庶何阶应答！且多记则损心，多语则损气，心气内损，形神外劳，初虽不觉，后必为累，累，力瑞翻；下之累同。须为社稷自爱，岂为性好自伤乎！为，于伪翻。性好，谓性之所好也。好，呼到翻。至如秦政强辩，失人心于自矜；魏文宏才，亏众望于虚说。此材辩之累，较然可知矣。"上飞白答之飞白书也。曰："非虑无以临下，非言无以述虑，比有谈论，遂致烦多，比，毗至翻。轻物骄人，恐由兹道，形神心气，非此为劳。今闻谠言，虚怀以改。"谠，音党。己未，至显仁宫。是时幸九成宫，为避暑也，至八月甲子，始自九成宫还京师。显仁宫在河南寿安县，幸东都则为中顿，幸九成宫非其所经之路。岐州郿县有隋安仁宫。"显"，恐当作"安"。

7 上将征高丽，秋，七月，辛卯，敕将作大监【章：十二行本"监"作"匠"；乙十一行本同。】阎立德等诣洪、饶、江三州，造船四百艘以载军粮。艘，苏遭翻。甲午，下诏遣营州都督张俭等帅幽、营二都督兵及契丹、奚、靺鞨先击辽东以观其势。帅，读曰率。契，欺讫翻，又音吃。以太常卿韦挺为馈运使，使，疏吏翻。以民部侍郎崔仁师副之，自河北诸州皆受挺节度，听以便宜从事。又命太仆少卿萧锐运河南诸州粮入海。锐，瑀之子也。

8 八月，壬子，上谓司徒无忌等曰："人苦不自知其过，卿可为朕明言之。"为，于伪翻。对曰："陛下武功文德，臣等将顺之不暇，孝经：君子之事上也，将顺其美，匡救其恶。又何过之可言！"上曰："朕问公以己过，公等乃曲相谀悦，朕欲面举公等得失以相戒而改之，何如？"皆拜谢。上曰："长孙无忌善避嫌疑，应物敏速，决断事理，古人不过；而总兵攻战，非其所长。断，丁乱翻。高士廉涉猎古今，心术明达，临难不改节，当官无朋党；所乏者骨鲠规谏耳。难，乃旦翻。唐俭言辞辩捷，善和解人；事朕三十年，遂无言及于献替。帝未起兵时，俭在晋阳，雅与帝游。杨师道性行纯和，自无愆违；而情实怯懦，缓急不可得力。岑文本性质敦厚，文章华赡；而持论恒据经远，自当不负于物。刘洎性最坚贞，有利益；然其意尚然诺，私于朋友。马周见事敏速，性甚贞正，论量人物，直道而言，朕比任使，多能称意。行，下孟翻。赡，而艳翻。恒，户登翻。论，卢昆翻。量，音良。比，毗至翻。称，尺证翻。褚遂良学问稍长，性亦坚正，每写忠诚，亲附于朕，譬如飞鸟依人，人自怜之。"

9 甲子，上还京师。

10 丁卯，以散骑常侍刘洎为侍中，散，悉亶翻。骑，奇寄翻。行中书侍郎岑文本为中书令，太子左庶子中书侍郎马周守中书令。

文本既拜，还家，有忧色。母问其故，文本曰："非勋非旧，滥荷宠荣，位高责重，所以忧惧。"亲宾有来贺者，文本曰："今受吊，不受贺也。"

文本弟文昭为校书郎，喜宾客，荷，下可翻。唐校书郎，正九品上，掌雠校典籍，属秘书省。喜，许记翻。上闻之不悦；尝从容谓文本曰：“卿弟过尔交结，恐为卿累；从，千容翻。累，力瑞翻。朕欲出为外官，何如？”文本泣曰：“臣弟少孤，老母特所钟爱，未尝信宿离左右。少，诗照翻。离，力智翻。今若出外，母必愁悴，悴，秦醉翻。傥无此弟，亦无老母矣。”因歔欷呜咽，歔，音虚。欷，音希，又许既翻。上愍其意而止。惟召文昭严戒之，亦卒无过。卒，子恤翻。

11 九月，以谏议大夫褚遂良为黄门侍郎，参预朝政。黄门侍郎，即门下侍郎，正四品上，掌贰侍中之职，凡政之弛张，事之与夺，皆参预焉。朝，直遥翻；下同。

12 焉耆贰于西突厥，西突厥大臣屈利啜为其弟娶焉耆王女，啜，陟劣翻。为，于伪翻。由是朝贡多阙；安西都护郭孝恪请讨之。按唐六典，永徽中，始置安南、安西大都护。又按旧书郭孝恪传：贞观十六年，行安西都护、西州刺史。盖灭高昌后，便置安西都护，而加“大”字则在永徽中也。安西都护府时治西州，西至焉耆七百一十里。诏以孝恪为西州道行军总管，帅步骑三千出银山道以击之。帅，读曰率。骑，奇寄翻。会焉耆王弟颉鼻兄弟三人至西州，孝恪以颉鼻弟栗婆准为乡导。乡，读曰向。焉耆城四面皆水，恃险而不设备，孝恪倍道兼行，夜，至城下，命将士浮水而渡，将，即亮翻。比晓，登城，执其王突骑支，比，必寐翻。旧唐书作“龙突骑支”。骑，奇寄翻；下同。获首虏七千级，留栗婆准摄国事而还。还，从宣翻，又如字。孝恪去三日，屈利啜引兵救焉耆，不及，执栗婆准，以劲骑五千，追孝恪至银山，孝恪还击，破之，追奔数十里。

辛卯，上谓侍臣曰：“孝恪近奏称八月十一日往击焉耆，二十日应至，必以二十二日破之，朕计其道里，使者今日至矣！”使，疏吏翻；下同。言未毕，驿骑至。

西突厥处那啜使其吐屯摄焉耆，遣使入贡。上数之曰："我发兵击得焉耆，汝何人而据之！"吐屯惧，返其国。焉耆立栗婆准从父兄薛婆阿那支为王，仍附于处那啜。处那啜盖亦西突厥之部落酋长。数，所具翻。从，才用翻。

13 乙未，鸿胪奏"高丽莫离支贡白金。"胪，陵如翻。褚遂良曰："莫离支弑其君，九夷所不容，后汉书：东方有九夷，曰：畎夷、于夷、方夷、黄夷、白夷、赤夷、玄夷、风夷、阳夷。白虎通：夷者，蹲也，言无礼仪。或云：夷者，抵也，言仁而好生，抵地而出，故天性柔顺，易以道御。今将讨之而纳其金，此郜鼎之类也，春秋：桓公取郜大鼎于宋，纳于太庙，非礼也。郜，古到翻。臣谓不可受。"上从之。上谓高丽使者曰："汝曹皆事高武，有官爵。莫离支弑逆，汝曹不能复雠，今更为之游说以欺大国，罪孰大焉！"悉以属大理。为，于伪翻。属，之欲翻。

14 冬十月，辛丑朔，日有食之。

15 甲寅，车驾行幸洛阳，以房玄龄留守京师，守，手又翻。右卫大将军、工部尚书李大亮副之。

16 郭孝恪锁焉耆王突骑支及其妻子诣行在，敕宥之。丁巳，上谓太子曰："焉耆王不求贤辅，不用忠谋，自取灭亡，系颈束手，漂摇万里；人以此思惧，则惧可知矣。"

己巳，畋于渑池之天池；渑池县，汉、晋属弘农郡，后魏置渑池郡，后周置河南郡，大象中废郡，以县属洛州，唐属谷州。郦道元曰：熊耳山际有池，池水东南流，水侧有一池，世谓之渑池。渑，弥兖翻。十一月，壬申，至洛阳。

前宜州刺史郑元璹，已致仕，上以其尝从隋炀帝伐高丽，郑元璹仕隋，为右武候将军，从伐高丽。璹，殊玉翻。召诣行在；问之，对曰："辽东道远，粮运艰阻；东夷善守城，攻之不可猝下。"上曰："今日非隋之比，公但听之。"帝所谓恃国家之大，甲兵之强，算略之足，以取胜，欲见威于敌者也。

张俭等值辽水涨，久不得济，上以为畏懦，召俭诣洛阳。至，具陈山川险易，水草美恶；懦，乃卧翻，又奴乱翻。易，以豉翻。上悦。

上闻洺州刺史程名振善用兵，召问方略，嘉其才敏，劳勉之，曰：洺，音名。劳，力到翻。“卿有将相之器，将，即亮翻。相，息亮翻。朕方将任使。”名振失不拜谢，上试责怒，以观其所为，曰：“山东鄙夫，得一刺史，以为富贵极邪！敢于天子之侧，言语粗疏；又复不拜！”复，扶又翻。名振谢曰：“疏野之臣，未尝亲奉圣问，适方心思所对，故忘拜耳。”举止自若，应对愈明辩。上乃叹曰：“房玄龄处朕左右二十馀年，每见朕谴责馀人，颜色无主。此玄龄所以为忠谨也。处，昌吕翻。名振平生未尝见朕，朕一旦责之，曾无震慑，辞理不失，真奇士也！”即日拜右骁卫将军。慑，之涉翻。骁，坚尧翻。

甲午，以刑部尚书张亮为平壤道行军大总管，帅江、淮、岭、峡兵四万，硖中诸州，夔、硖、归是也。帅，读曰率；下同。长安、洛阳募士三千，战舰五百艘，自莱州泛海趋平壤；舰，户黯翻。艘，苏遭翻。趋，七谕翻。又以太子詹事、左卫率李世勣为辽东道行军大总管，帅步骑六万及兰、河二州降胡趣辽东，率，所律翻。骑，奇寄翻。降，户江翻。趣，与趋同，音七喻翻。两军合势并进。庚子，诸军大集于幽州，遣行军总管姜行本、少府少监丘行淹先督众工造梯冲于安萝山。时远近勇士应募及献攻城器械者不可胜数，上皆亲加损益，取其便易。胜，音升。易，以豉翻。又手诏谕天下，以“高丽盖苏文弑主虐民，情何可忍！今欲巡幸幽、蓟，问罪辽、碣，碣，其谒翻。所过营顿，无为劳费。”且言：“昔隋炀帝残暴其下，高丽王仁爱其民，以思乱之军击安和之众，故不能成功。今略言必胜之道有五：一曰以大击小，二曰以顺讨逆，三曰以治乘乱，治，直吏翻。四曰以逸待劳，五曰以悦当怨，何忧不克！布告元元，勿为疑惧！”太宗以高丽为必可克而卒不克，所谓常胜之家，难与虑敌也。于是凡顿舍供费之具，减者太半。

17 十二月，辛丑，武阳懿公李大亮卒于长安，卒，子恤翻。遗表请罢高丽之师。家馀米五斛，布三十匹。亲戚早孤为大亮所养，丧之如父者十有五人。丧，息郎翻。

18 壬寅，故太子承乾卒于黔州，上为之废朝，卒，子恤翻。为，于伪翻。葬以国公礼。

19 甲寅，诏诸军及新罗、百济、奚、契丹分道击高丽。

20 初，上遣突厥俟利苾可汗北渡河，见上卷十五年。薛延陀真珠可汗恐其部落翻动，意甚恶之，夷狄畏服大种，其天性也。俟利苾承祖父之馀威，依中国之大援，还主部落。薛延陀虽据漠北，突厥之种类，与铁勒诸部旧属突厥，闻俟利苾之来，恐翻而从之，故甚恶焉。恶，乌路翻。豫蓄轻骑于漠北，欲击之。上遣使戒敕，无得相攻。骑，奇寄翻。使，疏吏翻。真珠可汗对曰：“至尊有命，安敢不从！然突厥翻覆难期，当其未破之时，岁犯中国，杀人以千万计。臣以为至尊克之，当翦为奴婢，以赐中国之人；乃反养之如子，其恩德至矣，而结社率竟反。见一百九十五卷十三年。此属兽心，安可以人理待也！臣荷恩深厚，请为至尊诛之。”自是数相攻。荷，下可翻。为，于伪翻。数，所角翻。

俟利苾之北渡也，有众十万，胜兵四万人，胜，音升。俟利苾不能抚御，众不惬服。戊午，悉弃俟利苾南渡河，请处于胜、夏之间；上许之。群臣皆以为：“陛下方远征辽左，而置突厥于河南，距京师不远，胜州去京师一千八百三十里，夏州去京师一千一百一十里。处，昌吕翻。夏，户雅翻。岂得不为后虑！愿留镇洛阳，遣诸将东征。”上曰：“夷狄亦人耳，其情与中夏不殊。将，即亮翻。夏，户雅翻。人主患德泽不加，不必猜忌异类。盖德泽洽，则四夷可使如一家；猜忌多，则骨肉不免为雠敌。炀帝无道，失人已久，辽东之役，人皆断手足以避征役，断，丁管翻。玄感以运卒反于黎阳，见一百八十二卷隋炀帝大业九年。非戎狄为患也。朕今征高丽，皆取愿行者，募十得百，募百得千，其不得从军者，皆愤叹郁邑，岂比隋之行怨民哉！“行怨民”语法本之晁错。突厥贫弱，吾收而养之，计其感恩，入于骨髓，岂肯为患！且彼与薛延陀嗜欲略同，彼不北走薛延陀而南归我，其情可见矣。”顾谓褚遂良曰：“尔知起居，为我志之，走，音奏。为，于伪翻。自今十五年，保无突厥之患。”俟利苾既失众，轻骑入朝，骑，奇寄翻。朝，直遥翻。上以为右武卫将军。

十九年（乙巳、六四五）

1 春，正月，韦挺坐不先行视漕渠，运米六百馀艘至卢思台侧，据旧书，卢思台去幽州八百里。此漕渠盖即曹操伐乌丸所开泉州渠也，上承桑干河。行，下孟翻。艘，苏遭翻。浅塞不能进，塞，悉则翻。械送洛阳；丁酉，除名，以将作少监李道裕代之。崔仁师亦坐免官。

2 沧州刺史席辩坐赃污，二月，庚子，诏朝集使临观而戮之。朝，直遥翻。使，疏吏翻。

3 庚戌，上自将诸军发洛阳，以特进萧瑀为洛阳宫留守。将，即亮翻。守，手又翻。乙卯，诏：“朕发定州后，宜令皇太子监国。”开府仪同三司致仕尉迟敬德上言：“陛下亲征辽东，太子在定州，长安、洛阳心腹空虚，恐有玄感之变。且边隅小夷，不足以勤万乘，监，工衔翻。尉，纡勿翻。上，时掌翻。乘，绳证翻。愿遣偏师征之，指期可殄。”上不从。以敬德为左一马军总管，使从行。

4 丁巳，诏谥殷太师比干曰忠烈，所司封其墓，春秋祠以少牢，给随近五户供洒扫。少，诗照翻。洒，所卖翻；扫，素报翻；又并上声。

上之发京师也，命房玄龄得以便宜从事，不复奏请。复，扶又翻。或诣留台称有密，玄龄问密谋所在，对曰："公则是也。"玄龄驿送行在。上闻留守有表送告密人，上怒，使人持长刀于前而后见之，问告者为谁，曰："房玄龄。"上曰："果然。"叱令腰斩。玺书让玄龄以不能自信，玺，斯氏翻。"更有如是者，可专决之。"

癸亥，上至邺，自为文祭魏太祖，魏太祖葬邺城西。邺县本相州治所，后周大象二年，隋文帝辅政，尉迟迥起兵于邺，兵败，邺城破，文帝令焚邺城，徙其居人，南迁四十五里，以安阳城为相州治所。炀帝复于邺故都大慈寺置邺县。贞观八年，始筑今治所小城。曰："临危制变，料敌设奇，一将之智有馀，万乘之才不足。"将，即亮翻。乘，绳证翻。

是月，李世勣军至幽州。洛阳至幽州一千六百里。

三月，丁丑，车驾至定州。洛阳至定州一千二百里。丁亥，上谓侍臣曰："辽东本中国之地，隋氏四出师而不能得；隋文帝开皇十八年伐高丽，炀帝大业八年、九年、十年，三伐高丽。朕今东征，欲为中国报子弟之雠，言中国之人，其父兄死于高丽，今伐之，是为其子弟报父兄之雠。为，于伪翻。高丽雪君父之耻耳。言盖苏文弑其主，而其臣子不能讨，耻莫大焉，今讨其罪，是为高丽雪耻。且方隅大定，惟此未平，故及朕之未老，用士大夫馀力以取之。朕自发洛阳，唯啖肉饭，啖，徒滥翻，又徒览翻。虽春蔬亦不之进，惧其烦扰故也。"上见病卒，召至御榻前存慰，付州县疗之，士卒莫不感悦。有不预征名，谓不预东征之名籍者。自愿以私装从军，动以千计，皆曰："不求县官勋赏，惟愿效死辽东。"上不许。

上将发，太子悲泣数日，上曰："今留汝镇守，辅以俊贤，欲使天下识汝风采。夫为国之要，在于进贤退不肖，赏善罚恶，至公无私，汝当努力行此，悲泣何为!”命开府仪同三司高士廉摄太子太傅，与刘洎、马周、少詹事张行成、詹事，秦官，自汉以来，掌东宫内外众务，员一人；后魏置二人，分左右，寻复置一人。至唐又置少詹事一人，正四品上。洎，其冀翻。右庶子高季辅同掌机务，辅太子。长孙无忌、岑文本与吏部尚书杨师道从行。壬辰，车驾发定州，亲佩弓矢，手结雨衣于鞍后。命长孙无忌摄侍中，杨师道摄中书令。

李世勣军发柳城，柳城县，营州治所。多张形势，若出怀远镇者，营州有怀远守捉城。而潜师北趣甬道，出高丽不意。夏，四月，戊戌朔，世勣自通定济辽水，通定镇在辽水西，隋大业八年伐辽所置。甬道，隋起浮桥渡辽水所筑。趣，七喻翻。甬，余陇翻。至玄菟。陈寿曰：汉武帝开玄菟郡，治沃沮，后为夷貊所侵，徙郡句骊县。西北有辽山，辽水所出。高丽大骇，城邑皆闭门自守。壬寅，辽东道副大总管江夏王道宗将兵数千至新城，夏，户雅翻。将，即亮翻；下同。考异曰：唐历：“张俭惧敌，不敢深入。江夏王道宗固请将百骑觇贼，帝许之。因问往返几日，对曰：‘往十日，周览十日，返十日，总经一月，望谒陛下。’遂秣马束兵，经历险阻，直登辽东城南，观其地形险易，安营置陈之所。及还，贼已引兵断其归路，道宗击之尽殪，斩关而出，如期谒见。帝叹曰：‘贲、育之勇，何以过此！’赐金五十斤，绢千匹。”今从实录。折冲都尉曹三良引十馀骑直压城门，城中惊扰，无敢出者。骑，奇寄翻。营州都督张俭将胡兵为前锋，进渡辽水，趋建安城，自辽东城西行三百里至建安城，汉平郭县地。趋，七喻翻。破高丽兵，斩首数千级。

5 太子引高士廉同榻视事，又令更为士廉设案，士廉固辞。

6 丁未，车驾发幽州。上悉以军中资粮、器械、簿书委岑文本，文本夙夜勤力，躬自料配，筹、笔不去手，筹，所以计算；笔，所以书。精神耗竭，言辞举措，颇异平日。上见而忧之，谓左右曰："文本与我同行，恐不与我同返。"是日，遇暴疾而薨。其夕，上闻严鼓声，晋灼曰：严鼓，疾击之鼓。司马法曰：昏鼓四通为大鼜。曰："文本殒没，所不忍闻，命撤之。"时右庶子许敬宗在定州，与高士廉等同知机要，文本薨，上召敬宗，以本官检校中书侍郎。

7 壬子，李世勣、江夏王道宗攻高丽盖牟城。盖牟城在辽东城东北，唐取之，以其地为盖州。大元辽阳府路有盖州、辽海军节度，领建安、汤地、熊岳、秀岩四县。丁巳，车驾至北平。此古北平也。旧志：平州，隋为北平郡。癸亥，李世勣等拔盖牟城，获二万馀口，粮十馀万石。

张亮帅舟师自东莱渡海，袭卑沙城，帅，读曰率。其城四面悬绝，惟西门可上。上，时掌翻。程名振引兵夜至，副总管王文度先登，五月，己巳，拔之，获男女八千口。分遣总管丘孝忠等曜兵于鸭绿水。杜佑曰：鸭绿水，在平壤城西北四百五十里，源出靺鞨长白山，汉书谓之马訾水，今谓之混同江。李心传曰：鸭绿水发源契丹东北长白山。鸭绿水之源，盖古肃慎氏之地，今女真居之。

李世勣进至辽东城下。庚午，车驾至辽泽，泥淖二百馀里，淖，奴教翻。人马不可通，将作大匠阎立德布土作桥，军不留行。壬申，渡泽东。乙亥，高丽步骑四万救辽东，江夏王道宗将四千骑逆击之，骑，奇寄翻；下同。将，即亮翻；下同。军中皆以为众寡悬绝，不若深沟高垒以俟车驾之至。道宗曰："贼恃众，有轻我心，远来疲顿，击之必败。且吾属为前军，当清道以待乘舆，乃更以贼遗君父乎！""不以贼遗君父"，汉耿弇之言。乘，绳证翻。遗，于季翻。李世勣以为然。果毅都尉马文举曰："不遇勍敌，何以显壮士！"策马趋敌，所向皆靡，勍，渠京翻。趋，七喻翻。众心稍安。既合战，行军总管张君乂退走，唐兵不利，道宗收散卒，登高而望，见高丽陈乱，陈，读曰阵。与骁骑数十冲之，骁，坚尧翻。左右出入；李世勣引兵助之，高丽大败，斩首千馀级。丁丑，车驾渡辽水，撤桥，以坚士卒之心，军于马首山，劳赐江夏王道宗，超拜马文举中郎将，斩张君乂。有功必赏，退懦必诛，则将士知所惩劝矣。劳，力到翻。上自将数百骑至辽东城下，见士卒负土填堑，堑，七艳翻。上分其尤重者，于马上持之，从官争负土致城下。从，才用翻。李世勣攻辽东城，昼夜不息，旬有二日，上引精兵会之，围其城数百重，重，直龙翻。鼓噪声震天地。甲申，南风急，上遣锐卒登冲竿之末，爇其西南楼，爇，如劣翻。火延烧城中，因麾将士登城，高丽力战不能敌，遂克之，所杀万馀人，得胜兵万馀人，男女四万口，胜，音升。以其城为辽州。今大元辽阳府。

乙未，进军白岩城。丙申，右卫大将军李思摩中弩矢，上亲为之吮血；将士闻之，莫不感动。中，竹仲翻。为，于伪翻。乌骨城遣兵万馀为白岩声援，自登州东北海行至乌湖岛，又行五百里东傍海壖，过青泥浦、桃花浦、杏人浦、石人汪、橐驼湾，乃至乌骨江。将军契苾何力以劲骑八百击之，契，欺讫翻。苾，毗必翻。何力挺身陷陈，槊中其腰，陈，读曰阵。中，竹仲翻。尚辇奉御薛万备单骑往救之，拔何力于万众之中而还。还，从宣翻，又如字。何力气益愤，束疮而战，从骑奋击，从，才用翻。遂破高丽兵，追奔数十里，斩首千馀级，会暝而罢。暝，莫定翻。万备，万彻之弟也。

王崇武标点容肇祖聂崇岐覆校

资治通鉴卷第一百九十八

端明殿学士兼翰林侍读学士太中大夫
提举西京嵩山崇福宫上柱国河内郡开国公 司马光 奉敕编集
食邑二千二百户食实封九百户赐紫金鱼袋臣

后　学　天　台 胡三省 音　注

唐纪十四 起旃蒙大荒落(乙巳)六月，尽著雍涒滩(戊申)三月，凡二年有奇。

太宗文武大圣大广孝皇帝下之上

贞观十九年(乙巳、六四五)观，古玩翻。

1 六月，丁酉，李世勣攻白岩城西南，上临其西北。城主孙代音潜遣腹心请降，降，户江翻；下同。临城，投刀钺为信，且曰："奴愿降，城中有不从者。"上以唐帜与其使，帜，昌志翻。使，疏吏翻。曰："必降者，宜建之城上。"代音建帜，城中人以为唐兵已登城，皆从之。

上之克辽东也，白岩城请降，既而中悔。上怒其反覆，令军中曰："得城当悉以人物赏战士。"言以其男女及财物为赏也。李世勣见上将受其降，帅甲士数十人请曰："士卒所以争冒矢石，不顾其死者，贪虏获耳；帅，读曰率；下同。冒，莫比翻；下同。今城垂拔，奈何更受其降，孤战士之心！"观世勣此言，盖少年为盗之气习未除耳。上下马谢曰："将军言是也。然纵兵杀人而虏其妻孥，孥，音奴。朕所不忍。将军麾下有功者，朕以库物赏之，庶因将军赎此一城。”世勣乃退。得城中男女万馀口，上临水设幄受其降，仍赐之食，八十以上赐帛有差。他城之兵在白岩者悉慰谕，给粮仗，任其所之。

先是，辽东城长史为部下所杀，其省事奉妻【章：十二行本“妻”上有“其”字；乙十一行本同；张校同。】子奔白岩。省事，吏职也，自后魏以来有之，贺拔岳之攻尉迟菩萨也，菩萨使省事传语是也。先，悉荐翻。省，悉景翻。上怜其有义，赐帛五匹；为长史造灵舆，归之平壤。为，于伪翻；下自为、彼为、汝为、当为同。以白岩城为岩州，以孙代音为刺史。

契苾何力疮重，契，欺讫翻。苾，毗必翻。上自为傅药，推求得刺何力者高突勃，付何力使自杀之。何力奏称：“彼为其主冒白刃刺臣，乃忠勇之士也，刺，七亦翻。与之初不相识，非有怨雠。”遂舍之。怨，于元翻。

初，莫离支遣加尸城七百人戍盖牟城，李世勣尽虏之，其人请从军自效，上曰：“汝家皆在加尸，汝为我战，莫离支必杀汝妻子，得一人之力而灭一家，吾不忍也。”戊戌，皆廪赐遣之。

己亥，以盖牟城为盖州。

丁未，车驾发辽东，丙辰，至安市城，安市，汉古县，属辽东郡；旧书薛仁贵传作“安地城”。进兵攻之。丁巳，高丽北部耨萨延寿、惠真帅高丽、靺鞨兵十五万救安市。后汉书东夷传：高句骊有五族：有消奴部、绝奴部、顺奴部、灌奴部、桂娄部。贤曰：按今高丽五部：一曰内部，一名黄部，即桂娄部也；二曰北部，一名后部，即绝奴部也；三曰东部，一名左部，即顺奴部也；四曰南部，一名前部，即灌奴部也；五曰西部，一名右部，即消奴部也。据北史，高丽五部各有耨萨，盖其酋长之称也。耨，奴屋翻。新书：高丽大城置耨萨一，比都督也。丽，力知翻。靺鞨，音末曷。上谓侍臣曰：“今为延寿策有三：引兵直前，连安市城为垒，据高山之险，食城中之粟，纵靺鞨掠吾牛马，攻之不可猝下，欲归则泥潦为阻，坐困吾军，上策也。若高延寿出于上策，不知太宗何以应之！唯有江夏王道宗之计策耳。拔城中之众，与之宵遁，中策也。不度智能，来与吾战，下策也。度，徒洛翻。卿曹观之，必出下策，成擒在吾目中矣！”

高丽有对卢，年老习事，东夷传：高句骊置官，有相加、对卢、沛者。陈寿曰：其置官有对卢则不置沛者，有沛者则不置对卢。薛居正曰：高丽官，其大者号大对卢，比一品，总知国事。对卢以下官，总十一级。列置州县六十馀，大城置耨萨，比都督；小城置运使，比刺史。谓延寿曰：“秦王内芟群雄，芟，所衔翻。外服戎狄，独立为帝，此命世之材，今举海内之众而来，不可敌也。为吾计者，莫若顿兵不战，旷日持久，分遣奇兵断其运道，断，丁管翻。粮食既尽，求战不得，欲归无路，乃可胜也。”此即帝所谓上策也。延寿不从，引军直进，去安市城四十里。上犹恐其低徊不至，命左卫大将军阿史那社尔将突厥千骑以诱之，厥，九勿翻。骑，奇寄翻。诱，音酉。兵始交而伪走。高丽相谓曰：“易与耳！”竞进乘之，至安市城东南八里，依山而陈。易，以豉翻。陈，读曰阵；下为陈、陈于、布陈、其陈同。

上悉召诸将问计，长孙无忌对曰：“臣闻临敌将战，必先观士卒之情。臣适行经诸营，见士卒闻高丽至，皆拔刀结旆，喜形于色，此必胜之兵也。陛下未冠，冠，古玩翻。身亲行阵，行，户刚翻。凡出奇制胜，皆上禀圣谋，诸将奉成算而已。今日之事，乞陛下指踪！”以猎为喻，指示兽踪，则狗得以追杀。上笑曰：“诸公以此见让，朕当为诸公商度。”度，徒洛翻。乃与无忌等从数百骑乘高望之，观山川形势，可以伏兵及出入之所。高丽、靺鞨合兵为陈，长四十里。长，直亮翻。江夏王道宗曰：“高丽倾国以拒王师，平壤之守必弱，愿假臣精卒五千，覆其本根，则数十万之众可不战而降。”上不应。为上悔不用道宗策张本。夏，户雅翻。遣使给延寿曰：“我以尔国强臣弑其主，故来问罪；至于交战，非吾本心。入尔境，刍粟不给，故取尔数城，俟尔国修臣礼，则所失必复矣。”延寿信之，不复设备。使，疏吏翻。给，荡亥翻。复，扶又翻。

上夜召文武计事，命李世勣将步骑万五千陈于西岭；长孙无忌将精兵万一千为奇兵，自山北出于狭谷以冲其后；上自将步骑四千，挟鼓角，偃旗帜，登北山上；敕诸军闻鼓角齐出奋击。因命有司张受降幕于朝堂之侧。降，户江翻。朝，直遥翻。行营备宫省之制，故亦有朝堂。戊午，延寿等独见李世勣布陈，勒兵欲战。上望见无忌军尘起，命作鼓角，举旗帜，诸军鼓噪并进，延寿等大惧，欲分兵御之，而其陈已乱。会有雷电，方合战而雷电皆至。龙门人薛仁贵龙门，汉皮氏县地；后魏曰龙门县，并置龙门郡；隋废郡，以县属蒲州。唐武德初，为泰州治所；贞观十七年州废，属绛州。薛仁贵自编户应募。着奇服，大呼陷陈，着，陟略翻。呼，火故翻。所向无敌；高丽兵披靡，披，普彼翻。大军乘之，高丽兵大溃，斩首二万馀级。上望见仁贵，召拜游击将军。唐制，武散阶，游击将军，从五品下。仁贵，安都之六世孙，薛安都为将，以勇闻于宋、魏之间。名礼，以字行。

延寿等将馀众依山自固，上命诸军围之，长孙无忌悉撤桥梁，断其归路。断，丁管翻。己未，延寿、惠真帅其众三万六千八百人请降，考异曰：实录云：“李勣奏曰：‘向若陛下不自亲行，臣与道宗将数万人攻安市城未克，延寿等十馀万抽戈齐至，城内兵士复应开门而出，臣救首救尾，旋踵即败，必为延寿等缚送向平壤，为莫离支等所笑；今日臣敢谢陛下性命恩泽。’帝素狎勣，笑而颔之。”按勣后独将兵取高丽，岂必太宗亲行邪！此非史官虚美，乃勣谀辞耳。今不取。入军门，膝行而前，拜伏请命。上语之曰：“东夷少年，跳梁海曲，至于摧坚决胜，故当不及老人，自今复敢与天子战乎？”语，牛倨翻。少，诗照翻。复，扶又翻；下无复同。皆伏地不能对。上简耨萨以下酋长三千五百人，授以戎秩，迁之内地，酋，慈由翻。长，知两翻。馀皆纵之，使还平壤；皆双举手以颡顿地，欢呼闻数十里外。闻，音问。收靺鞨三千三百人，悉坑之，以靺鞨犯阵也。获马五万匹，牛五万头，铁甲万领，他器械称是。称，尺证翻。高丽举国大骇，后黄城、银城皆自拔遁去，数百里无复人烟。

上驿书报太子，仍与高士廉等书曰："朕为将如此，何如？”史言太宗有矜功之心。将，即亮翻。更名所幸山曰驻驆山。据旧史，其山本名六山。更，工衡翻。

秋，七月，辛未，上徙营安市城东岭。己卯，诏标识战死者尸，识，音志。俟军还与之俱归。戊子，以高延寿为鸿胪卿，胪，陵如翻。高惠真为司农卿。

张亮军过建安城下，壁垒未固，士卒多出樵牧，高丽兵奄至，军中骇扰。亮素怯，踞胡床，直视不言，将士见之，更以为勇。总管张金树等鸣鼓勒兵击高丽，破之。

八月，甲辰，候骑获莫离支谍者高竹离，反接诣军门，反接两手缚之也。骑，奇寄翻。谍，达协翻；下同。上召见，解缚问曰："何瘦之甚？”对曰："窃道间行，间，古苋翻；下同。不食数日矣。”命赐之食，谓曰："尔为谍，宜速反命。为我寄语莫离支：语，牛倨翻；下语尔同。欲知军中消息，可遣人径诣吾所，何必间行辛苦也！”竹离徒跣，上赐屩而遣之。屩，居灼翻，草履也。

丙午，徙营于安市城南。上在辽外，凡置营，但明斥候，不为堑垒，虽逼其城，高丽终不敢出为寇抄，堑，七艳翻。军士单行野宿如中国焉。史言帝威慑绝域，所谓善师者不陈。

上之【章：十二行本"之"下有"将"字；乙十一行本同；孔本同；张校同。】伐高丽也，薛延陀遣使入贡，使，疏吏翻。上谓之曰："语尔可汗：可，从刊入声。汗，音寒。今我父子东征高丽，汝能为寇，宜亟来！”真珠可汗惶恐，遣使致谢，且请发兵助军；上不许。及高丽败于驻驊山，莫离支使靺鞨说真珠，啖以厚利，真珠慑服不敢动。说，输芮翻。啖，徒览翻，又徒滥翻。慑，之涉翻。考异曰：实录：“上谓近臣曰：‘以我量之，延陀其死矣。’闻者莫能测。”按太宗虽明，安能料薛延陀之死！今不取。九月，壬申，真珠卒，卒，子恤翻。上为之发哀。为，于伪翻。

初，真珠请以其庶长子曳莽为突利失可汗，居东方，统杂种；长，知两翻。种，章勇翻。嫡子拔灼为肆叶护可汗，居西方，统薛延陀；诏许之，皆以礼册命。曳莽性躁扰，躁，则到翻。轻用兵，与拔灼不协。真珠卒，来会丧。既葬，曳莽恐拔灼图己，先还所部，拔灼追袭杀之，自立为颉利俱利薛沙多弥可汗。为薛延陀乱亡张本。

2 上之克白岩也，谓李世勣曰：“吾闻安市城险而兵精，其城主材勇，莫离支之乱，城守不服，莫离支击之不能下，因而与之。建安兵弱而粮少，少，诗沼翻。若出其不意，攻之必克。公可先攻建安，建安下，则安市在吾腹中，此兵法所谓‘城有所不攻’者也。”孙子兵法之言。对曰：“建安在南，安市在北，吾军粮皆在辽东；今逾安市而攻建安，若贼断吾运道，将若之何？断，丁管翻。不如先攻安市，安市下，则鼓行而取建安耳。”上曰：“以公为将，将，即亮翻。安得不用公策。勿误吾事！”世勣遂攻安市。

安市人望见上旗盖，辄乘城鼓噪，上怒，世勣请克城之日，男女皆坑之，安市人闻之，益坚守，攻久不下。高延寿、高惠真请于上曰：“奴既委身大国，不敢不献其诚，欲天子早成大功，奴得与妻子相见。安市人顾惜其家，人自为战，未易猝拔。易，以豉翻。今奴以高丽十馀万众，望旗沮溃，沮，在吕翻。国人胆破，乌骨城耨萨老耄，不能坚守，移兵临之，朝至夕克。其馀当道小城，必望风奔溃。然后收其资粮，鼓行而前，平壤必不守矣。”群臣亦言：“张亮兵在沙城，沙城即卑沙城。召之信宿可至，乘高丽凶惧，凶，许拱翻。并力拔乌骨城，渡鸭绿水，直取平壤，在此举矣。”上将从之，独长孙无忌以为：“天子亲征，异于诸将，不可乘危徼幸。徼，古尧翻。今建安、新城之虏，众犹十万，若向乌骨，皆蹑吾后，不如先破安市，取建安，然后长驱而进，此万全之策也。”上乃止。太宗之定天下，多以出奇取胜，独辽东之役，欲以万全制敌，所以无功。

诸军急攻安市，上闻城中鸡彘声，谓李世勣曰：“围城积久，城中烟火日微，今鸡彘甚喧，此必飨士，欲夜出袭我，宜严兵备之。”是夜，高丽数百人缒城而下。缒，驰伪翻。上闻之，自至城下，召兵急击，斩首数十级，高丽退走。

江夏王道宗督众筑土山于城东南隅，浸逼其城，城中亦增高其城以拒之。士卒分番交战，日六七合，冲车礮石，坏其楼堞，礮，与炮同，匹皃翻。坏，音怪。城中随立木栅以塞其缺。道宗伤足，上亲为之针。塞，悉则翻。为，于伪翻。筑山昼夜不息，凡六旬，用功五十万，山顶去城数丈，下临城中，道宗使果毅傅伏爱将兵屯山顶以备敌。山颓，压城，城崩；会伏爱私离所部，离，力智翻。高丽数百人从城缺出战，遂夺据土山，堑而守之。堑，七艳翻。上怒，斩伏爱以徇，命诸将攻之，三日不能克。道宗徒跣诣旗下请罪，上曰：“汝罪当死，但朕以汉武杀王恢，见十八卷元光二年。不如秦穆用孟明，秦穆公使孟明帅师东伐，再为晋师所败，穆公复用孟明。孟明增修其政，帅师伐晋，晋人不敢出，遂霸西戎。且有破盖牟、辽东之功，故特赦汝耳。”

上以辽左早寒，草枯水冻，士马难久留，且粮食将尽，癸未，敕班师。先拔辽、盖二州户口渡辽，乃耀兵于安市城下而旋，城中皆屏迹不出。屏，必郢翻。城主登城拜辞，上嘉其固守，赐缣百匹，缣，并丝缯也。以励事君。命李世勣、江夏王道宗将步骑四万为殿。殿，丁练翻。

乙酉，至辽东。丙戌，渡辽水。辽泽泥潦，车马不通，命长孙无忌将万人，翦草填道，水深处以车为梁，上自系薪于马鞘以助役。将，即亮翻。鞘，所交翻，鞭鞘也。按孔颖达礼记正义曰：弓头为鞘。此所谓马鞘，盖马鞍头也。冬，十月，丙申朔，上至蒲沟驻马，督填道诸军渡渤错水，蒲沟、渤错水，皆在辽泽中。暴风雪，士卒沾湿多死者，敕然火于道以待之。

凡征高丽，拔玄菟、横山、盖牟、磨米、辽东、白岩、卑沙、麦谷、银山、后黄十城，菟，同都翻。磨，莫卧翻。徙辽、盖、岩三州户口入中国者七万人。考异曰：实录上云，"徙三州户口入内地者，前后七万人"；下癸丑诏书云，"获户十万，口十有八万"。盖并不徙者言之耳。新城、建安、驻驆三大战，斩首四万馀级，战士死者几二千人，几，音祁，近也。战马死者什七八。上以不能成功，深悔之，叹曰："魏征若在，不使我有是行也！"命驰驿祀征以少牢，少，诗照翻。复立所制碑，踣碑见上卷十七年。召其妻子诣行在，劳赐之。劳，力到翻。

丙午，至营州。营州至洛阳二千九百一十里。诏辽东战亡士卒骸骨并集柳城东南，命有司设太牢，上自作文以祭之，临哭尽哀。其父母闻之，曰："吾儿死而天子哭之，死何所恨！"上谓薛仁贵曰："朕诸将皆老，思得新进骁勇者将之，将，即亮翻。骁，坚尧翻。无如卿者，朕不喜得辽东，喜得卿也。"

丙辰，上闻太子奉迎将至，从飞骑三千人驰入临渝关，汉辽西郡有临渝县。唐志，营州有渝关守捉城。杜佑曰：临渝关在平州卢龙县城东百八十里。骑，奇寄翻。师古曰：渝，音喻。道逢太子。上之发定州也，指所御褐袍谓太子曰："俟见汝，乃易此袍耳。"在辽左，虽盛暑流汗，弗之易。及秋，穿败，左右请易之，上曰："军士衣多弊，吾独御新衣，可乎?"至是，太子进新衣，乃易之。

诸军所虏高丽民万四千口，先集幽州，将以赏军士，上愍其父子夫妇离散，命有司平其直，悉以钱布赎为民，讙呼之声，三日不息。讙，许爰翻。十一月，辛未，车驾至幽州，高丽民迎于城东，拜舞呼号，号，户高翻。宛转于地，尘埃弥望。

庚辰，过易州境，司马陈元琦使民于地室蓄火种蔬而进之；上恶其谄，免元琦官。琦，殊玉翻。恶，乌路翻。

丙戌，车驾至定州。

丁亥，吏部尚书杨师道坐所署用多非其才，左迁工部尚书。

壬辰，车驾发定州。十二月，辛丑，上病痈，御步辇而行。戊申，至并州，太子为上吮痈，扶辇步从者数日。为，于伪翻。吮，徐兖翻。从，才用翻。辛亥，上疾瘳，百官皆贺。瘳，丑留翻。

上之征高丽也，使右领军大将军执失思力将突厥屯夏州之北以备薛延陀。力将，即亮翻；下同。夏，户雅翻。薛延陀多弥可汗既立，以上出征未还，引兵寇河南，河南者，北河之南，即朔方、新秦之地。上遣左武候中郎将长安田仁会与思力合兵击之。思力羸形伪退，诱之深入，及夏州之境，整陈以待之。羸，伦为翻。诱，音酉。陈，读曰阵。薛延陀大败，追奔六百馀里，耀威碛北而还。碛，七迹翻。还，从宣翻，又如字。考异曰：高宗实录云："会延陀死，耀威漠北而还。"其意指真珠为延陀也。按真珠惮太宗威灵，不敢入寇，又死在九月；而此云冬来寇，必非真珠也。田仁会传作十八年，亦误也。多弥复发兵寇夏州，复，扶又翻。己未，敕礼部尚书江夏王道宗，发朔、并、汾、箕、岚、代、忻、蔚、云九州兵镇朔州；武德三年，分并州之乐平、辽山、平城、石艾置辽州乐平郡；八年，改曰箕州。后周置蔚州于汉代郡之灵丘，隋废州，以灵丘县属肆州；唐武德六年，分肆州之灵丘、易州之飞狐地置蔚州。云州，云中郡，贞观十四年自朔州北定襄城徙治定襄县，其地实隋马邑郡之云内县恒安镇，即后魏所都平城也。开元十八年，改定襄县为云中县。蔚，纡勿翻。右卫大将军代州都督薛万彻，左骁卫大将军阿史那社尔，发胜、夏、银、绥、丹、延、鄜、坊、石、隰十州兵镇胜州；胜州，隋之榆林郡。后魏旧有银州，隋废为儒林县，属绥州；贞观二年，分绥州之儒林真乡县复置银州银川郡，汉西河之圁阴、圁阳县地也。圁，音银。杜佑曰：银州，春秋白狄地，治儒林县，汉圁阴县地。丹州，古孟门河西之地；西魏置汾州义川郡，后改州为丹州。隋废州及郡，以义川县属延州。义宁元年，分延州之义川、咸宁、汾川置丹州咸宁郡。坊州，春秋白狄之地；姚兴置中部县，后魏置中部郡。隋废郡，以中部县属敷州。武德二年分鄜州，置坊州中部郡，以周天和七年，元皇帝放牧鄜州，于此置马坊也。鄜，音肤。胜州都督宋君明，左武候将军薛孤吴，发灵、原、宁、盐、庆五州兵镇灵州；西魏于五原置西安州，后改为盐州，隋废州为盐川郡，贞观二年复置盐州。又令执失思力发灵、胜二州突厥兵，与道宗等相应。薛延陀至塞下，知有备，不敢进。

3 初，上留侍中刘洎辅皇太子于定州，仍兼左庶子、检校民部尚书，总吏、礼、户部三尚书事。刘洎既检校民部尚书，又总吏、礼，是为三尚书事，民部之外，安得复有户部哉！唐六典：贞观二十三年，始改民部为户部。洎，其冀翻。上将行，谓洎曰：“我今远征，尔辅太子，安危所寄，宜深识我意。”对曰：“愿陛下无忧，大臣有罪者，臣谨即行诛。”上以其言妄发，颇怪之，戒曰：“卿性疏而太健，必以此败，深宜慎之！”及上不豫，洎从内出，色甚悲惧，谓同列曰：“疾势如此，圣躬可忧！”或谮于上曰：“洎言国家事不足忧，但当辅幼主行伊、霍故事，大臣有异志者诛之，自定矣。”上以为然，因洎于上前先有诛有罪大臣之言，遂信谮者之言为然。庚申，下诏称：“洎与人窃议，窥窬万一，谋执朝衡，自处伊、霍，朝，直遥翻。处，昌吕翻。猜忌大臣，皆欲夷戮。

宜赐自尽，赐自尽，即赐死也，令自尽其命。考异曰：实录云："黄门侍郎褚遂良诬奏之曰：'国家之事不足虑也，正当辅少主行伊、霍，大臣有异志者诛之，自然定矣。'太宗疾愈，诏问其故，洎以实对。遂良执证之不已。洎引中书令马周以自明，太宗问周，周对与洎所陈不异。帝以诘遂良；又证周讳之，洎遂及罪。"按此事中人所不为，遂良忠直之臣，且素无怨仇，何至如此！盖许敬宗恶遂良，故修实录时以洎死归咎于遂良耳。今不取。免其妻孥。"孥，音奴。

中书令马周摄吏部尚书，以四时选为劳，四时选始一百九十二卷元年。选，须绢翻。请复以十一月选，至三月毕；从之。复，扶又翻。

4 是岁，右亲卫中郎将裴行方六典曰：隋氏左·右亲卫、左·右勋卫、左·右翊卫各置开府一人，武德七年改开府，各置中郎将一人，正四品下，掌各领其属以宿卫，而各总其府事。将，即亮翻。讨茂州叛羌黄郎弄，大破之，贞观八年，改会州汶山郡曰茂州，取界内茂滋山为名。后书：冉駹，其山有六夷、七羌、九氐各部落。穷其馀党，西至乞习山，临弱水而归。蜀之西山有弱水。

二十年(丙午、六四六)

1 春，正月，辛未，夏州都督乔师望、右领军大将军执失思力等击薛延陀，大破之，虏获二千馀人。多弥可汗轻骑遁去，骑，奇寄翻。部内骚然矣。

2 丁丑，遣大理卿孙伏伽等二十二人以六条巡察四方，用汉六条也。刺史、县令以下多所贬黜，其人诣阙称冤者，前后相属。属，之欲翻。上令褚遂良类状以闻，上亲临决，以能进擢者二十人，以罪死者七人，流以下除免者数百千人。

3 二月，乙未，上发并州。三月，己巳，车驾还京师。并州至京师一千三百六十里。上谓李靖曰："吾以天下之众困于小夷，何也？"靖曰："此道宗所解。"解，户买翻。上顾问江夏王道宗，具陈在驻驆时乘虚取平壤之言。上怅然曰："当时匆匆，吾不忆也。"是役也，不唯不用乘虚取平壤之策，乘胜取乌骨之策亦不用也。

4 上疾未全平，欲专保养，庚午，诏军国机务并委皇太子处决。于是太子间日听政于东宫，既罢，则入侍药膳，不离左右。处，昌吕翻。间，古苋翻。离，力智翻。上命太子暂出游观，太子辞不愿出；上乃置别院于寝殿侧，使太子居之。褚遂良请遣太子旬日一还东宫，与师傅讲道义；从之。

上尝幸未央宫，辟仗已过，辟仗者，卫士在驾前攘辟左右，止行人，所谓陈兵清道而后行也。辟，音闢。忽于草中见一人带横刀，横刀者，用皮襻带之，刀横掖下。诘之，诘，去吉翻。曰："闻辟仗至，惧不敢出，辟仗者不见，遂伏不敢动。"上遽引还，顾谓太子："兹事行之，则数人当死，汝于后速纵遣之。"又尝乘腰舆，腰舆，令人举之，其高至腰。有三卫误拂御衣，亲卫、勋卫、翊卫，谓之三卫。其人惧，色变。上曰："此间无御史，吾不汝罪也。"

5 陕人常德玄告刑部尚书张亮养假子五百人，与术士公孙常语，云"名应图谶"，陕，失冉翻。谶，楚谮翻。又问术士程公颖曰："吾臂有龙鳞起，欲举大事，可乎？"上命马周等按其事，亮辞不服。上曰："亮有假子五百人，养此辈何为？正欲反耳！"命百官议其狱，皆言亮反，当诛。独将作少匠李道裕言："亮反形未具，将作少匠，从四品下。罪不当死。"上遣长孙无忌、房玄龄就狱与亮诀曰："法者天下之平，与公共之。公自不谨，与凶人往还，陷入于法，今将奈何！公好去。"好去者，与之决别之辞。己丑，亮与公颖俱斩西市，籍没其家。

岁馀，刑部侍郎缺，上命执政妙择其人，拟数人，皆不称旨，既而曰："朕得其人矣。往者李道裕议张亮狱云'反形未具'，此言当矣，称，尺证翻。当，丁浪翻。朕虽不从，至今悔之。”遂以道裕为刑部侍郎。

6 闰月，癸巳朔，日有食之。

7 戊戌，罢辽州都督府及岩州。伐高丽所得二州。

8 夏，四月，甲子，太子太保萧瑀解太保，仍同中书门下三品。

9 五月，甲寅，高丽王藏及莫离支盖金遣使谢罪；使，疏吏翻；下同。并献二美女，上还之。金，即苏文也。

10 六月，丁卯，西突厥乙毗射匮可汗遣使入贡，且请婚；上许之，且使割龟兹、于阗、疏勒、朱俱波、葱岭五国以为聘礼。于阗时兼有汉戎卢、扜弥、渠勒、皮山五国故地。疏勒在葱岭东北。判汗国，治葱岭中都城。杜佑曰：朱俱波亦曰朱俱槃，汉子合国也，去疏勒八九百里。

11 薛延陀多弥可汗，性褊急，猜忌无恩，废弃父时贵臣，专用己所亲昵，昵，尼质翻。国人不附；多弥多所诛杀，人不自安。回纥酋长吐迷度与仆骨、同罗共击之，纥，下没翻。酋，慈由翻。长，知两翻。多弥大败。乙亥，诏以江夏王道宗、左卫大将军阿史那社尔为瀚海安抚大使；又遣右领卫大将军执失思力将突厥兵，右骁卫大将军契苾何力将凉州及胡兵，代州都督薛万彻、营州都督张俭各将所部兵，分道并进，以击薛延陀。

上遣校尉宇文法诣乌罗护、靺鞨，乌罗护直京师东北六千里，一曰乌罗浑，即后魏之乌洛侯也。东邻靺鞨，大抵风俗皆靺鞨也。将，即亮翻。骁，坚尧翻。契，欺讫翻。苾，毗必翻。校，户教翻。靺鞨，音末曷。遇薛延陀阿波设之兵于东境，法帅靺鞨击破之。薛延陀国中惊扰，曰：“唐兵至矣！”诸部大乱。多弥引数千骑奔阿史德时健部落，颉利灭，李靖徙突厥羸破数百帐于云中，以阿史德为之长，众稍盛。回纥攻而杀之，并其宗族殆尽，遂据其地。诸俟斤互相攻击，争遣使来归命。俟，渠之翻。

薛延陀馀众西走，犹七万馀口，共立真珠可汗兄子咄摩支为伊特勿失可汗，归其故地。寻去可汗之号，咄，当没翻。去，羌吕翻。遣使奉表，请居郁督军山之北；使兵部尚书崔敦礼就安集之。

敕勒九姓酋长，以其部落素服薛延陀种，闻咄摩支来，皆恐惧，朝议恐其为碛北之患，乃更遣李世勣与九姓敕勒共图之。上戒世勣曰："降则抚之，叛则讨之。"种，章勇翻。朝，直遥翻。碛，七迹翻。降，户江翻；下同。考异曰：旧李勣传云："诏勣以二百骑发突厥兵讨击。"今从铁勒传。己丑，上手诏，以"薛延陀破灭，其敕勒诸部，或来降附，或未归服，今不乘机，恐贻后悔，朕当自诣灵州招抚。其去岁征辽东兵，皆不调发。"调，徒钓翻。

时太子当从行，少詹事张行成上疏，以为："皇太子从幸灵州，不若使之监国，上，时掌翻。监，古衔翻。接对百寮，明习庶政，既为京师重镇，且示四方盛德。宜割私爱，俯从公道。"上以为忠，进位银青光禄大夫。

12 李世勣至郁督军山，考异曰：勣传作"乌德鞬山"。唐历云即"郁督军山"；虏语两音也。铁勒传云："至于天山。"今从唐历。其酋长梯真达官帅众来降。帅，读曰率。薛延陀咄摩支南奔荒谷，世勣遣通事舍人萧嗣业往招慰，咄摩支诣嗣业降。其部落犹持两端，世勣纵兵追击，前后斩五千馀级，虏男女三万馀人。秋，七月，咄摩支至京师，拜右武卫大将军。

13 八月，甲子，立皇孙忠为陈王。

14 己巳，上行幸灵州。

15 江夏王道宗兵既渡碛，遇薛延陀阿波达官众数万拒战，道宗击破之，斩首千馀级，追奔二百里。道宗与薛万彻各遣使招谕敕勒诸部，其酋长皆喜，顿首请入朝。朝，直遥翻。庚午，车驾至浮阳。浮阳，旧书作"泾阳"，当从之。泾阳县，前汉属安定郡，后汉、晋省，后魏属陇东郡，隋、唐属京兆。杜佑曰：京兆泾阳县，乃秦封泾阳君之地。汉泾阳县在今平凉郡界泾阳故城是。此时车驾盖至京兆之泾阳。回纥、拔野古、同罗、仆骨、多滥葛、思结、阿跌、契苾、跌结、浑、斛薛等十一姓各遣使入贡，跌，徒结翻。考异曰：旧回纥铁勒传作"多览葛"，今从实录及本纪、唐历。又回纥传、陈彭年唐纪作"斛萨"，铁勒传作"解薛"。今从实录。实录又有契丹、奚，云十三姓。按契丹、奚本非薛延陀所统，又内附已久，尝从征辽，非至此乃降。今从旧本纪。称："薛延陀不事大国，暴虐无道，不能与奴等为主，自取败死，部落鸟散，不知所之。奴等各有分地，分，扶问翻。不从薛延陀去，归命天子。愿赐哀怜，乞置官司，养育奴等。"上大喜。辛未，诏回纥等使者宴乐，颁赉拜官，乐，音洛。赐其酋长玺书，玺，斯氏翻。遣右领军中郎将安永寿报使。使，疏吏翻；下同。

壬申，上幸汉故甘泉宫，甘泉宫在京兆云阳县界磨石岭，又曰磨盘岭，又曰车盘岭。元和志曰：当其登山，必自车箱阪而上，阪在云阳县西北三十八里，萦纡曲折，单轨财通，上阪即平原宏敞，楼观相属。以其曲折，故名。诏以"戎、狄与天地俱生，上皇并列，流殃构祸，乃自运初。言戎、狄之流殃构祸，乃自唐兴运之初也。朕聊命偏师，遂擒颉利；始弘庙略，已灭延陀。铁勒百馀万户，散处北溟，处，昌吕翻。远遣使人，委身内属，请同编列，并为州郡；混元以降，太极元气，函三为一，混沌未分，谓之混元。殊未前闻，宜备礼告庙，仍颁示普天。"

庚辰，至泾州；丙戌，逾陇山，陇山时属陇州汧源县界。至西瓦亭，观马牧。原州平高县南有瓦亭故关。瓦亭水出陇山，东北斜趣，西南流，经成纪、略阳、显亲界，又东南出新阳峡，入于渭，故有东、西瓦亭之别。九月，上至灵州，灵州在京师西北千二百五十里。敕勒诸部俟斤遣使相继诣灵州者数千人，咸云："愿得天至尊为奴等天可汗，子子孙孙常为天至尊奴，死无所恨。"甲辰，上为诗序其事曰：

"雪耻酬百王，除凶报千古。"公卿请勒石于灵州；从之。

16 特进同中书门下三品宋公萧瑀，性狷介，与同寮多不合，狷，吉县翻。尝言于上曰："房玄龄与中书门下众臣，朋党不忠，执权胶固，陛下不详知，但未反耳。"上曰："卿言得无太甚！人君选贤才以为股肱心膂，当推诚任之。人不可以求备，必舍其所短，取其所长。朕虽不能聪明，何至顿迷臧否，乃至于是！"否，音鄙。瑀内不自得，既数忤旨，数，所角翻。忤，五故翻。上亦衔之，但以其忠直居多，未忍废也。

上尝谓张亮曰："卿既事佛，何不出家？"瑀因自请出家。上曰："亦知公雅好桑门，今不违公意。"好，呼到翻。瑀须臾复进曰：复，扶又翻。"臣适思之，不能出家。"上以瑀对群臣发言反覆，尤不能平；会称足疾不朝，或至朝堂而不入见。上知瑀意终怏怏，冬，十月，手诏数其罪曰：朝，直遥翻。见，贤遍翻。怏，于两翻。数，所具翻。"朕于佛教，非意所遵。求其道者未验福于将来，修其教者翻受辜于既往。至若梁武穷心于释氏，简文锐意于法门，倾帑藏以给僧祇，殚人力以供塔庙。帑，他朗翻。藏，徂浪翻。祇，巨支翻。事并见梁纪。及乎三淮沸浪，三淮本之诗，淮有三洲。五岭腾烟，谓侯景既乱，而萧勃、元兰又复乱于岭南也。假馀息于熊蹯，引残魂于雀鷇，熊蹯，楚成王事；雀鷇，赵武灵王事；引以喻梁武饿死于台城。蹯，音烦。鷇，苦候翻。子孙覆亡而不暇，社稷俄顷而为墟，报施之征，何其谬也！施，式豉翻。瑀践覆车之馀轨，袭亡国之遗风；弃公就私，未明隐显之际；身俗口道，莫辨邪正之心。修累叶之殃源，祈一躬之福本，上以违忤君主，下则扇习浮华。自请出家，寻复违异。复，扶又翻。一回一惑，在乎瞬息之间；自可自否，变于帷扆之所。帷扆之所，谓天子朝群臣之所。乖栋梁之体，岂具瞻之量乎！朕隐忍至今，瑀全无悛改。悛，丑缘翻。可商州刺史，商州，汉弘农上洛、商县地，晋置上洛郡，后魏置洛州，后周改商州。京师至商州二百八十一里。仍除其封。”

17 上自高丽还，盖苏文益骄恣，虽遣使奉表，其言率皆诡诞；又待唐使者倨慢，常窥伺边隙。屡敕令勿攻新罗，而侵陵不止。壬申，诏勿受其朝贡，更议讨之。使，疏吏翻。伺，相吏翻。朝，直遥翻。

18 丙戌，车驾还京师。

冬，十月，己丑，上以幸灵州往还，冒寒疲顿，欲于岁前专事保摄。十一月，己【张：“己”作“乙”。】丑，诏祭祀、表疏、胡客、兵马、宿卫，行鱼契给驿、祭祀，谓郊庙社稷明堂也。表疏，在朝群臣及四方所上者。胡客，四夷朝贡之客。兵马，调遣征伐及番上宿卫者也。符宝郎掌天子八宝及国之符节，辨其所用，有事则请之于内，既事则奉而藏之，藏其左而班其右，以合中外之契。一曰铜鱼符，所以起军旅，易守长。二曰传符，所以给邮驿，通制命。三曰随身鱼符，所以明贵贱，应征召。四曰木契，所以重镇守，慎出纳。五曰旌节，所以委良能，假赏罚。鱼符之制，王畿之内，左三右一，王畿之外，左五右一；左者在内，右者在外。行用之日，从第一为首，后事须用，以次发之，周而复始。大事兼敕书，小事但降符函封，遣使合而行之。传符之制，太子监国曰双龙符，左右各十。京都留守曰麟符。左二十，其右一十有九。东方曰青龙符，西方曰驺虞符，南方曰朱雀符，北方曰玄武符，左四右三，左者进内，右者付外。随身符之制，左二右一。太子以玉，亲王以金，庶官以铜，佩以为饰。刻姓名者，去官而纳焉；不刻者，传而佩之。木契之制，太子监国，则王畿之内，左右各三，王畿之外，左右各五；庶官镇守，则左右各十。旌节之制，命大将帅及遣使于四方，则请而假之。旌以专赏，节以专杀。授五品以上官及除解、决死罪皆以闻，馀并取皇太子处分。处，昌吕翻。分，扶问翻。

19 十二月，己丑，群臣累请封禅；从之。诏造羽卫送洛阳宫。

20 戊寅，回纥俟利发吐迷度、仆骨俟利发歌滥拔延、多滥葛俟斤末、拔野古俟利发屈利失、同罗俟利发时健啜、思结酋长乌碎及浑、斛薛、奚结、阿跌、契苾、白霫酋长，皆来朝。敕勒(原缺二十二字)庚辰，上赐宴于芳兰殿，按阁本大明宫图，玄武门右玄武殿后有紫兰殿，大乐宴胡客，率引入玄武门。今此芳兰殿，岂紫兰殿邪？命有司□□□□【章：十二行本“司”下四空格为“厚加给待”四字；乙十一行本同；孔本同；张校同；退斋校同；熊校同。】每五日一会。

21 癸未，上谓长孙无忌等曰：“今日吾生日，世俗皆为乐，乐，音洛；下宴乐同。在朕翻成伤感。今君临天下，富有四海，而承欢膝下，永不可得，此子路所以有负米之恨也。家语：子路见孔子曰：“昔由事二亲之时，常食藜藿之实，为亲负米百里之外。亲没之后，南游于楚，后车百乘，积粟万钟，累茵而坐，列鼎而食，愿欲食藜藿，为亲负米，不可得也。”子曰：“由也事亲，可谓生事尽力，死事尽思者也。”诗云：‘哀哀父母，生我劬劳。’诗蓼莪之辞。奈何以劬劳之日更为宴乐乎！”因泣数行下，行，户刚翻。左右皆悲。

22 房玄龄尝以微谴归第，褚遂良上疏，以为：“玄龄自义旗之始翼赞圣功，谓谒见于军门，署为记室时也。上，时掌翻。武德之季冒死决策，谓诛建成、元吉时也。贞观之初选贤立政，谓逊直于王、魏在朝，文武随能收叙也。观，古玩翻。人臣之勤，玄龄为最。自非有罪在不赦，搢绅同尤，不可遐弃。陛下若以其衰老，亦当讽谕使之致仕，退之以礼；不可以浅鲜之过，鲜，少也。鲜，息浅翻。弃数十年之勋旧。”上遽召出之。顷之，玄龄复避位还家。复，扶又翻。久之，上幸芙蓉园，芙蓉园在京城东南隅，秦之隑州、汉之乐游苑、唐之曲江，同此地也。长安志曰：隋营宫城，宇文恺以其地在京城东南隅，地高不便，故阙此地，不为居人坊巷，而凿之为池以厌胜之。又会黄渠水自城外南来，入城为芙蓉池，且为芙蓉园也。刘悚小说曰：园本古曲江，文帝恶其名“曲”，改曰芙蓉，为其水盛而芙蓉富也。玄龄敕子弟汛扫门庭，曰：“乘舆且至！”乘，绳证翻。有顷，上果幸其第，因载玄龄还宫。

二十一年（丁未、六四七）

1 春，正月，开府仪同三司申文献公高士廉疾笃；辛卯，上幸其第，流涕与诀；壬辰，薨。上将往哭之，房玄龄以上疾新愈，固谏，上曰："高公非徒君臣，兼以故旧姻戚，高士廉，长孙后之母舅也。士廉识帝于龙潜，因以甥女妻帝。岂得闻其丧不往哭乎！公勿复言！"复，扶又翻。帅左右自兴安门出，按六典，大明宫南面五门，次西曰兴安门。但贞观以前，人主常居太极宫，高宗龙朔之后，方居大明宫。然此时已营永安宫，永安即大明也。或者帝自永安宫而出兴安门欤？按旧书高士廉传：上出兴安门，至延喜门，长孙无忌迎谏马首。延喜门直皇城之东北隅，而兴安门直大明宫城之西南隅，由大明之兴安门至皇城之延喜门，其路迂且远，意太极宫中别自有兴安门也。帅，读曰率。长孙无忌在士廉丧所，闻上将至，辍哭，迎谏于马首曰："陛下饵金石，于方不得临丧，奈何不为宗庙苍生自重！为，于伪翻。且臣舅临终遗言，深不欲以北首、夷衾，辄屈銮驾。"死者北首。夷衾，覆尸之衾。郑氏曰：夷之言尸也，尸之槃曰夷槃，床曰夷床，衾曰夷衾，移尸曰夷于堂，皆依尸而为言者也。首，式又翻。上不听。无忌中道伏卧，流涕固谏，上乃还入东苑，南望而哭，涕下如雨。及柩出横桥，长安故城横门外有桥，曰横桥。柩，音旧。横，音光。上登长安故城西北楼，望之恸哭。

2 丙申，诏以回纥部为瀚海府，仆骨为金微府，考异曰：旧书作"金徽"。今从实录、唐历。多滥葛为燕然府，拔野古为幽陵府，同罗为龟林府，思结为卢山府，府者，都督府也。燕，因肩翻。浑为皋兰州，斛薛为高阙州，奚结为鸡鹿州，阿跌为鸡田州，契苾为榆溪州，思结别部为蹛林州，白霫为寘颜州；蹛，音带。寘，徒年翻。各以其酋长为都督、刺史，各赐金银缯帛及锦袍。缯，慈陵翻。敕勒大喜，捧戴欢呼拜舞，宛转尘中。及还，上御天成殿宴，设十部乐而遣之。诸酋长奏称：“臣等既为唐民，往来天至尊所，如诣父母，请于回纥以南、突厥以北开一道，谓之参天可汗道，置六十八驿，各有马及酒肉以供过使，使，疏吏翻。岁贡貂皮以充租赋，仍请能属文人，属，之欲翻。使为表疏。”疏，所去翻。上皆许之。于是北荒悉平，然回纥吐迷度已私自称可汗，官号皆如突厥故事。

3 丁酉，诏以明年仲春有事泰山，禅社首；应劭曰：社首山在汉泰山郡博县。晋灼曰：山在巨平县南十二里。唐志：兖州博城县有社首山。馀并依十五年议。

4 二月，丁丑，太子释奠于国学。

5 上将复伐高丽，复，扶又翻。朝议以为：“高丽依山为城，攻之不可猝拔。朝，直遥翻。前大驾亲征，国人不得耕种，所克之城，悉收其谷，继以旱灾，民太半乏食。今若数遣偏师，更迭扰其疆埸，数，所角翻。更，工衡翻。埸，音亦。使彼疲于奔命，释耒入堡，耒，卢对翻。数年之间，千里萧条，则人心自离，鸭绿之北，可不战而取矣。”上从之。三月，以左武卫大将军牛进达为青丘道行军大总管，相如子虚赋曰：“夫齐东陼巨海，观乎成山，射乎之罘，秋猎乎青丘，彷徨乎海外。”服虔曰：青丘国在海东三百里。晋天文志有青丘七星，在轸东南，蛮夷之国也。右武候将军李海岸副之，发兵万馀人，乘楼船自莱州泛海而入。又以太子詹事李世勣为辽东道行军大总管，右武卫将军孙贰朗等副之，将兵三千人，将，即亮翻。因营州都督府兵自新城道入。两军皆选习水善战者配之。

6 辛卯，上曰：“朕于戎、狄所以能取古人所不能取，臣古人所不能臣者，皆顺众人之所欲故也。昔禹帅九州之民，凿山槎木，帅，读曰率。槎，士下翻，逆斫木也。疏百川注之海，其劳甚矣，而民不怨者，因人之心，顺地之势，与民同利故也。”

7 是月，上得风疾，苦京师盛暑，夏，四月，乙丑，命修终南山太和废宫为翠微宫。杨大年曰：翠微宫在骊山绝顶。

8 丙寅，置燕然都护府，统瀚海等六都督、皋兰等七州，六都督、七州并见上。新书曰：置燕然都护府于古单于台。宋白曰：在西受降城东南四十里。以扬州都督府司马李素立为之。素立抚以恩信，夷落怀之，共率马牛为献；素立唯受其酒一杯，馀悉还之。

9 五月，戊子，上幸翠微宫。冀州进士张昌龄献翠微宫颂，上爱其文，命于通事舍人里供奉。资格浅不得除正官，命于通事舍人班里供奉。

初，昌龄与进士王公治【严："治"改"瑾"。】皆善属文，名振京师，考功员外郎王师旦知贡举，属，之欲翻。唐初以考功员外郎知贡举，至开元间，考功员外郎李昂为举人诋诃；帝以员外郎望轻，遂移贡举于礼部，以侍郎主之。礼部选士自此始。黜之，举朝莫晓其故。及奏第，上怪无二人名，诘之。朝，直遥翻。诘，去吉翻。师旦对曰："二人虽有辞华，然其体轻薄，终不成令器。若置之高第，恐后进效之，伤陛下雅道。"上善其言。

10 壬辰，诏百司依旧启事皇太子。

11 庚辰，上御翠微殿，翠微宫之正殿也。问侍臣曰："自古帝王虽平定中夏，不能服戎、狄。夏，户雅翻。朕才不逮古人而成功过之，自不谕其故，诸公各率意以实言之。"群臣皆称："陛下功德如天地，万物不得而名言。"上曰："不然。朕所以能及此者，止由五事耳。自古帝王多疾胜己者，朕见人之善，若己有之。人之行能，不能兼备，行，下孟翻。朕常弃其所短，取其所长。人主往往进贤则欲寘诸怀，退不肖则欲推诸壑，推，吐雷翻。朕见贤者则敬之，不肖者则怜之，贤不肖各得其所。人主多恶正直，恶，乌路翻。阴诛显戮，无代无之，朕践阼以来，正直之士，比肩于朝，未尝黜责一人。朝，直遥翻。自古皆贵中华，贱夷、狄，朕独爱之如一，故其种落皆依朕如父母。种，章勇翻。此五者，朕所以成今日之功也。”顾谓褚遂良曰：“公尝为史官，褚遂良尝知起居注；十八年，拜黄门侍郎，参综朝政，不复兼史职，故曰尝。如朕言，得其实乎？”对曰：“陛下盛德不可胜载，胜，音升。独以此五者自与，盖谦谦之志耳。”

12 李世勣军既渡辽，历南苏等数城，前汉书：玄菟郡高句骊县有南苏水，西北经塞外。高丽多背城拒战，背，蒲妹翻。世勣击破其兵，焚其罗郭而还。还，从宣翻，又如字。

13 六月，癸亥，以司徒长孙无忌领扬州都督，实不之任。

14 丁丑，诏以“隋末丧乱，丧，息浪翻。边民多为戎、狄所掠，今铁勒归化，宜遣使诣燕然等州，使，疏吏翻；下同。燕，因肩翻。与都督相知，访求没落之人，赎以货财，给粮递还本贯；其室韦、乌罗护、靺鞨三部人为薛延陀所掠者，亦令赎还。”

15 癸未，以司农卿李纬为户【严：“户”改“民”。】部尚书。纬，于贵翻。时房玄龄留守京师，守，手又翻。有自京师来者，上问：“玄龄何言？”对曰：“玄龄闻李纬拜尚书，但云李纬美髭鬓。”髭，即移翻。帝遽改除纬洛州刺史。考异曰：唐历云：“居无何，改纬太子詹事。”今从旧传。

16 秋，七月，牛进达、李海岸入高丽境，凡百馀战，无不捷，攻石城，拔之。进至积利城下，高丽兵万馀人出战，海岸击破之，斩首二千级。

17 上以翠微宫险隘，不能容百官，庚子，诏更营玉华宫于宜春【严：“春”改“君”。】之凤皇谷。玉华宫在宜春县西四十里。庚戌，车驾还宫。还，从宣翻，又音如字。

18 八月，壬戌，诏以薛延陀新降，土功屡兴，降，户江翻。屡，力句翻，又音如字。加以河北水灾，停明年封禅。

19 辛未，骨利干遣使入贡；丙戌，以骨利干为玄阙州，拜其俟斤为刺史。使，疏吏翻。俟，渠之翻。骨利干于铁勒诸部为最远，昼长夜短，日没后，天色正曛，煮羊脾适熟，日已复出矣。骨利干居瀚海北，产良马。其地北距海，至京师最远。又北渡海，则昼长夜短，盖近日出处。复，扶又翻。考异曰：实录、唐历皆作"羊胛"。僧一行大衍历义及旧天文志、唐统纪皆作"脾"。新天文志云："胹，羊髀。"按正言羊脾者，取其易熟故也。若煮羊胛及髀，则虽中国，通夕亦未烂矣。今从大衍历义。

20 己丑，齐州人段志冲上封事，上，时掌翻。请上致政于皇太子；太子闻之，忧形于色，发言流涕。长孙无忌等请诛志冲。长，知两翻。上手诏曰："五岳陵霄，四海亘地，纳污藏疾，无损高深。左传云：川泽纳污，山薮藏疾。亘，古邓翻。志冲欲以匹夫解位天子，言欲使天子解位也。朕若有罪，是其直也；若其无罪，是其狂也。譬如尺雾障天，不亏于大；寸云点日，何损于明！"

21 丁酉，立皇子明为曹王。明母杨氏，巢刺王之妃也，有宠于上；刺，卢达翻。文德皇后之崩也，欲立为皇后。魏征谏曰："陛下方比德唐、虞，奈何以辰嬴自累！"左传：晋太子圉为质于秦，秦穆公以女妻之，圉将逃归，谓之曰："与子归乎？"嬴氏不敢从，圉遂逃归。及晋公子重耳入秦，秦穆公纳女五人，怀嬴与焉，谓之辰嬴。贾季曰"辰嬴嬖于二君"是也。累，力瑞翻。乃止。寻以明继元吉后。

22 戊戌，敕宋州刺史王波利等发江南十二州工人造大船数百艘，欲以征高丽。十二州：宣、润、常、苏、湖、杭、越、台、婺、括、江、洪也。艘，苏遭翻。丽，力知翻。

23 冬，十月，庚辰，奴刺啜匐俟友帅其所部万馀人内附。奴刺部落居吐谷浑、党项之间。刺，来达翻。啜，陟劣翻。匐，蒲北翻。俟，渠之翻。帅，读曰率；下同。

24 十一月，突厥车鼻可汗遣使入贡。车鼻名斛勃，本突厥同族，世为小可汗。颉利之败，突厥馀众欲奉以为大可汗，时薛延陀方强，车鼻不敢当，帅其众归之。或说薛延陀："车鼻贵种，有勇略，说，输芮翻。种，章勇翻。为众所附，恐为后患，不如杀之。”车鼻知之，逃去。薛延陀遣数千骑追之，骑，奇寄翻。车鼻勒兵与战，大破之，乃建牙于金山之北，其地三垂斗绝，惟一面可容车骑，壤土夷博。自称乙注车鼻可汗，突厥馀众稍稍归之，数年间胜兵三万人，胜，音升。时出抄掠薛延陀。抄，楚交翻。及薛延陀败，车鼻势益张，张，知亮翻。遣其子沙钵罗特勒入见，见，贤遍翻。又请身自入朝。朝，直遥翻；下同。诏遣将军郭广敬征之。车鼻特为好言，初无来意，竟不至。考异曰：实录，“诏遣云麾将军安调遮、右屯卫郎将韩华迎之。车鼻徒饰其辞，初无来意。韩华将招歌逻禄共劫之，车鼻觉其谋，华与车鼻子陟苾特勒相射而死，调遮亦被杀。”今从旧突厥传。

25 癸卯，徙顺阳王泰为濮王。濮，博木翻。

26 壬子，上疾愈，三日一视朝。

27 十二月，壬申，西赵酋长赵磨帅万馀户内附，以其地为明州。东谢之南有西赵蛮，西抵昆明，南即西洱河，山穴阻深，赵氏世为酋长。酋，慈由翻。长，知两翻。

28 龟兹王伐叠卒，弟诃黎布失毕立，龟兹，音丘慈。诃，虎何翻。浸失臣礼，侵渔邻国。上怒，戊寅，诏使持节·昆丘道行军大总管·自古相传，西域有昆仑山，河源所出。又尔雅曰：三成为昆仑丘，故曰昆丘道。使，疏吏翻。左骁卫大将军阿史那社尔、副大总管·右骁卫大将军契苾何力、安西都护郭孝恪等将兵击之，仍命铁勒十三州、突厥、吐蕃、吐谷浑连兵进讨。骁，坚尧翻。契，欺讫翻。苾，毗必翻。将，即亮翻。吐，从暾入声。谷，音浴。

29 高丽王使其子莫离支任武入谢罪，上许之。

二十二年（戊申、六四八）

1 春，正月，己丑，上作帝范十二篇以赐太子，曰君体、建亲、求贤、审官、纳谏、去谗、戒盈、崇俭、赏罚、务农、阅武、崇文；去，羌吕翻。且曰：“修身治国，备在其中。治，直之翻。一旦不讳，更无所言矣。”又曰：“汝当更求古之哲王以为师，如吾，不足法也。夫取法于上，仅得其中；取法于中，不免为下。吾居位已来，不善多矣，锦绣珠玉不绝于前，宫室台榭屡有兴作，犬马鹰隼无远不致，隼，息尹翻。行游四方，供顿烦劳，此皆吾之深过，勿以为是而法之。顾我弘济苍生，其益多；肇造区夏，其功大。益多损少，故人不怨；功大过微，故业不堕；夏，户雅翻。少，诗沼翻。堕，读曰隳。然比之尽美尽善，固多愧矣。汝无我之功勤而承我之富贵，竭力为善，则国家仅安；骄惰奢纵，则一身不保。且成迟败速者，国也；失易得难者，位也；可不惜哉！可不慎哉！”太宗自疏其所行之过差者以戒太子，可谓至矣。然太子病于柔弱好内，乃无一言及此以警策之，人莫知其子之恶，信矣！易，以豉翻。

2 中书令兼右庶子马周病，上亲为调药；为，于伪翻。使太子临问；庚寅，薨。

3 戊戌，上幸骊山温汤。

4 己亥，以中书舍人崔仁师为中书侍郎，参知机务。

5 新罗王金善德卒，以善德妹真德为柱国，封乐浪郡王，遣使册命。卒，子恤翻。乐浪，音洛琅。使，疏吏翻。

6 丙午，诏以右武卫大将军薛万彻为青丘道行军大总管，右卫将军裴行方副之，将兵三万馀人及楼船战舰舰，户黯翻。自莱州泛海以击高丽。

7 长孙无忌检校中书令、知尚书·门下省事。长孙无忌盖总三省之事。

8 戊申，上还宫。

9 结骨自古未通中国，杜佑曰：结骨在回纥西北三千里。闻铁勒诸部皆服，二月，其俟利发失钵屈阿栈入朝。俟，渠之翻。屈，居勿翻。阿，乌葛翻。栈，士限翻。朝，直遥翻。其国人皆长大，赤发绿睛，睛，音精。有黑发者以为不祥。上宴之于天【张："天"作"大"。】成殿，谓侍臣曰："昔渭桥斩三突厥首，自谓功多，谓武德九年，颉利犯便桥时也。今斯人在席，更不以为怪邪！"失钵屈阿栈请除一官，"执笏而归，诚百世之幸。"戊午，以结骨为坚昆都督府，以失钵屈阿栈为右屯卫大将军、坚昆都督，隶燕然都护。燕，因肩翻。又以阿史德时健俟斤部落置祁连州，隶营【章：十二行本"营"作"灵"；乙十一行本同。】州都督。

是时四夷大小君长争遣使入献见，长，知两翻。使，疏吏翻。见，贤遍翻；下引见同。道路不绝，每元正朝贺，常数百千人。辛酉，上引见诸胡使者，谓侍臣曰："汉武帝穷兵三十馀年，疲弊中国，所获无几；几，居岂翻。岂如今日绥之以德，使穷发之地尽为编户乎！"陆德明经典释文曰：司马云：穷发，北极之下无毛之地也。崔云：北方无毛地也。按毛，草也。地理书曰：山以草木为发。

10 上营玉华宫，程大昌曰：玉华宫在坊州宜君县。务令俭约，惟所居殿覆以瓦，覆，敷又翻。馀皆茅茨；然备设太子宫、百司，苞山络野，所费已巨亿计。乙亥，上行幸玉华宫；己卯，畋于华原。华原、宜君、铜官，汉云阳祋祤之地。后魏于华原置北雍州，西魏改为宜州，又置北地郡。隋开皇初，郡废，大业初，州废，以县属京兆。唐初复置宜州，贞观十七年，州废，而以华原复属于京兆。

11 中书侍郎崔仁师坐有伏阁自诉者，仁师不奏，除名，流连州。连州，汉桂阳、阳山之地，梁置阳山郡，隋置连州，大业初，废州为熙平郡，唐复为连州。连州在京师南三千六百六十五里。考异曰：旧传"流龚州"。今从新、旧本纪。

12 三月，己丑，分瀚海都督俱罗勃部置烛龙州。

13 甲午，上谓侍臣曰："朕少长兵间，颇能料敌；少，诗照翻。长，知两翻。今昆丘行师，处月、处密二部及龟兹用事者羯猎颠、那利每怀首鼠，必先授首，弩失毕其次也。""弩失毕"当作

"布失毕"，龟兹王也。

14 庚子，隋萧后卒，诏复其位号，谥曰愍；使三品护葬，备卤簿仪卫，送至江都，与炀帝合葬。

15 充容长城徐惠唐会要曰：旧制，昭仪、昭容、昭媛、修仪、修容、修媛、充仪、充容、充媛各一人，为九嫔，正二品，晋武帝太康三年，分乌程立长城县，属吴兴郡，今湖州长兴县是也。惠，徐孝德之女。以上东征高丽，西讨龟兹，翠微、玉华，营缮相继，又服玩颇华靡，上疏谏，其略曰："以有尽之农功，填无穷之巨浪；图未获之他众，丧已成之我军。丧，息浪翻；下丧国同。昔秦皇并吞六国，反速危亡之基，晋武奄有三方，翻成覆败之业；魏、蜀、吴三方鼎峙，至晋混一。岂非矜功恃大，弃德轻邦，图利忘危，肆情纵欲之所致乎！是知地广非常安之术，人劳乃易乱之源也。"又曰："虽复茅茨示约，易，以豉翻。复，扶又翻。犹兴木石之疲，和雇取人，不无烦扰之弊。"又曰："珍玩伎巧，乃丧国之斧斤；伎，渠绮翻。丧，息浪翻。珠玉锦绣，寔迷心之鸩毒。"又曰："作法于俭，犹恐其奢；作法于奢，何以制后！"上善其言，甚礼重之。

王崇武标点容肇祖聂崇岐覆校

资治通鉴卷第一百九十九

端明殿学士兼翰林侍读学士太中大夫
提举西京嵩山崇福宫上柱国河内郡开国公 司马光 奉敕编集
食邑二千二百户食实封九百户赐紫金鱼袋臣
后学天台胡三省音注

唐纪十五

起著雍涒滩（戊申）四月，尽旃蒙单阏（乙卯）九月，凡七年有奇。

太宗文武大圣大广孝皇帝下之下

贞观二十二年（戊申、六四八）观，古玩翻。

1 夏，四月，丁巳，右武候将军梁建方击松外蛮，破之。松外诸蛮依阻山谷，亦属古南中之地，盖以其在松州之外而得名也。新志：松外蛮在巂州昌明县徼外。

初，巂州都督刘伯英上言："松外诸蛮蹔降复叛，请出师讨之，以通西洱、天竺之道。"此即汉武帝欲通之道，而为昆明所蔽者也。巂州，汉邛都夷之地，武帝开置越巂郡。后周武帝置严州，唐为巂州。巂，音髓。上，时掌翻。蹔，与暂同。降，户江翻。复，扶又翻。洱，乃吏翻。敕建方发巴蜀十三州兵讨之。十三州：益、眉、荣、梓、利、绵、遂、巴、卢、渠、达、集、渝也。蛮酋双舍帅众拒战，酋，慈由翻。帅，读曰率；下同。建方击败之，败，补迈翻。杀获千馀人。群蛮震慑，亡窜山谷。建方分遣使者谕以利害，慑，之涉翻。使，疏吏翻。皆来归附，前后至者七十部，户十万九千三百，建方署其酋长蒙和等为县令，长，知两翻；下同。各统所部，莫不感悦。因遣使诣西洱河，新书曰：西洱河蛮道，由郎州走三千里。时建方自巂州道千五百里遣奇兵奄至其地。其帅杨盛大骇，具船将遁，使者晓谕以威信，盛遂请降。帅，所类翻。降，户江翻。其地有杨、李、赵、董等数十姓，各据一州，大者六百，小者二三百户，无大君长，不相统壹，语虽小讹，其生业、风俗，大略与中国同，自云本皆华人，其所异者以十二月为岁首。

2 己未，契丹辱纥主曲据帅众内附，奚、契丹酋领皆称为辱纥主。契，欺讫翻，又音吃。帅，读曰率。以其地置玄州，以曲据为刺史，隶营州都督府。

3 甲子，乌胡镇将古神感乌胡镇当置于海中乌胡岛。自登州东北海行，过大谢岛、龟歆岛、淤岛而后至乌湖岛；又三百里北渡乌湖海。姓谱，周太王去邠适岐，称古公，因氏焉。将兵浮海击高丽，遇高丽步骑五千，战于易山，破之。"易山"，新书作"曷山"。将，即亮翻。丽，力知翻。骑，奇寄翻。其夜，高丽万馀人袭神感船，神感设伏，又破之而还。还，从宣翻，又如字。

4 初，西突厥乙毗咄陆可汗厥，九勿翻。咄，当没翻。可，从刊入声。汗，音寒。以阿史那贺鲁为叶护，居多逻斯水，在西州北千五百里，逻，郎佐翻。统处月、处密、始苏、歌逻禄、失毕五姓之众。乙毗咄陆奔吐火罗，见一百九十六卷十六年。乙毗射匮可汗遣兵迫逐之，部落亡散。乙亥，贺鲁帅其馀众数千帐内属，诏处之于庭州莫贺城，庭州西延城西六十里有沙钵城守捉，盖即莫贺城也；以贺鲁后立为沙钵罗叶护可汗，故改城名也。处，昌吕翻。拜左骁卫将军。骁，坚尧翻。贺鲁闻唐兵讨龟兹，请为乡导，龟兹，音丘慈。乡，读曰向。仍从数十骑入朝。朝，直遥翻。上以为昆丘道行军总管，厚宴赐而遣之。为贺鲁后叛张本。

5 五月，庚子，右卫率长史王玄策击帝那伏帝王阿罗那顺，大破之。东宫十率府，各有长史，正七品上。新书作"那伏帝阿罗那顺"，无

"王"字。率，所律翻。

初，中天竺王尸罗逸多兵最强，四天竺皆臣之，天竺国，汉身毒国也，或曰摩伽陀，或曰婆罗门，去京师九千六百里，居葱岭南，幅员三万里，分东、西、南、北、中五天竺。南天竺濒海，北天竺距雪山，东天竺际海，与扶南、林邑接，西天竺与罽宾、波斯接，中天竺在四天竺之会。都城曰茶镈和罗城。杜佑曰：天竺，塞种也。颜师古曰：塞，释也。玄策奉使至天竺，诸国皆遣使入贡。会尸罗逸多卒，国中大乱，其臣阿罗那顺自立，发胡兵攻玄策，玄策帅从者三十人与战，使，疏吏翻。卒，子恤翻。帅，读曰率。从，才用翻。力不敌，悉为所擒，阿罗那顺尽掠诸国贡物。玄策脱身宵遁，抵吐蕃西境，以书征邻国兵，吐蕃遣精锐千二百人，泥婆国遣七千馀骑赴之。泥婆罗国直吐蕃之西乐陵川，臣于吐蕃。吐，从暾入声。骑，奇寄翻。玄策与其副蒋师仁帅二国之兵进至中天竺所居茶镈和罗城，帅，读曰率。镈，音博。新书曰：茶镈和罗城滨伽毗黎河。连战三日，大破之，斩首三千馀级，赴水溺死者且万人。溺，奴狄翻。阿罗那顺弃城走，更收馀众，还与师仁战；又破之，擒阿罗那顺。馀众奉其妃及王子，阻乾陀卫江，水经注曰：昆仑山，释氏曰阿耨达山，河水出其东北陬，屈从其东南流注于蒲昌海，自蒲昌海潜行地下，南出积石而为中国河。其昆仑山西，有大水出焉，曰新头河，西南流径乌长国，又东南流径中天竺国，亦曰恒河，又西径四大塔北，又西径陀卫国北。所谓乾陀卫江盖即此也。师仁进击之，众溃，获其妃及王子，虏男女万二千人。于是天竺响震，城邑聚落降者五百八十馀所，降，户江翻。俘阿罗那顺以归。以玄策为朝散大夫。唐制：文散阶朝散大夫，从五品下。朝，直遥翻。散，悉亶翻。

6 六月，乙丑，以白霫〔别〕部为居延州。霫，而立翻。

7 癸酉，特进宋公萧瑀卒，太常议谥曰"德"，尚书议谥曰"肃"。周公谥法：刚德克就曰肃。谥，时利翻。上曰："谥者，行之迹，当得其实，行，下孟翻。可谥曰贞褊公。”贺琛谥法：直道不挠曰贞；俭啬无德曰褊；心隘政急曰褊。子锐嗣，尚上女襄城公主。上欲为之营第，为，于伪翻。公主固辞，曰：“妇事舅姑，当朝夕侍侧，若居别第，所阙多矣。”上乃命即瑀第而营之。

8 上以高丽困弊，议以明年发三十万众，一举灭之。或以为大军东征，须备经岁之粮，非畜乘所能载，宜具舟舰为水运。隋末剑南独无寇盗，属者辽东之役，剑南复不预及，畜，许救翻。乘，绳证翻。舰，户黯翻。属，之欲翻。复，扶又翻。其百姓富庶，宜使之造舟舰。上从之。秋，七月，遣右领左右府长史强伟领左右府，亦分为左、右，各有长史，此即左、右千牛府也。强，其两翻，姓也。于剑南道伐木造舟舰，大者或长百尺，其广半之。别遣使行水道，长，直亮翻。行，下孟翻。自巫峡抵江、扬，趣莱州。趣，七喻翻。

9 庚寅，西突厥相屈利啜请帅所部从讨龟兹。相，息亮翻。屈，居勿翻。啜，陟劣翻。帅，读曰率。

10 初，左武卫将军武连县公武安李君羡直玄武门，武连县时属始州，始州后改剑州。武安县，汉属魏郡，晋属广平郡，后周、隋属洺州。左、右武卫将军乃南牙诸卫将军；直玄武门，则掌北门宿卫。时太白屡昼见，太史占云：“女主昌。”民间又传秘记云：“唐三世之后，女主武王代有天下。”上恶之。见，贤遍翻。恶，乌路翻；下深恶同。会与诸武臣宴宫中，行酒令，行酒令者，一人为令伯，馀人以次行之。下文使各言小名，即酒令也。使各言小名。君羡自言名五娘，上愕然，因笑曰：“何物女子，乃尔勇健！”又以君羡官称封邑皆有“武”字，深恶之，后出为华州刺史。华，户化翻。有布衣员道信，自言能绝粒，晓佛法，君羡深敬信之，数相从，屏人语。员，音运，姓也。数，所角翻。屏，必郢翻。御史奏君羡与妖人交通，谋不轨。妖，于乔翻。壬辰，君羡坐诛，籍没其家。

上密问太史令李淳风："秘记所云，信有之乎？"对曰："臣仰稽天象，俯察历数，其人已在陛下宫中，为亲属，自今不过三十年，当王天下，王，于况翻。杀唐子孙殆尽，其兆既成矣。"上曰："疑似者尽杀之，何如？"对曰："天之所命，人不能违也。王者不死，徒多杀无辜。且自今以往三十年，其人已老，庶几颇有慈心，为祸或浅。几，居希翻。今借使得而杀之，天或生壮者肆其怨毒，恐陛下子孙，无遗类矣！"上乃止。

11 司空梁文昭公房玄龄留守京师，守，手又翻。疾笃，上征赴玉华宫，肩舆入殿，至御座侧乃下，相对流涕，因留宫下，闻其小愈则喜形于色；加剧则忧悴。悴，秦醉翻。玄龄谓诸子曰："吾受主上厚恩，今天下无事，唯东征未已，群臣莫敢谏，吾知而不言，死有馀责。"乃上表谏，上，时掌翻。以为："老子曰：'知足不辱，知止不殆。'陛下功名威德亦可足矣，拓地开疆亦可止矣，且陛下每决一重囚，必令三覆五奏，进素膳，止音乐者，见一百九十三卷五年。重人命也。今驱无罪之士卒，委之锋刃之下，使肝脑涂地，独不足愍乎！明谨用刑，重人命也。踊跃用兵，则忘人命之为重矣。引彼形此，玄龄之言可谓深切著明。向使高丽违失臣节，诛之可也；侵扰百姓，灭之可也；他日能为中国患，除之可也。今无此三条而坐烦中国，内为前代雪耻，外为新罗报雠，岂非所存者小，所损者大乎！说到此，分明见得高丽不必征。当时在朝之臣谏东征者，未有能及此者也，此是忠诚恳切中流出。为，于伪翻。愿陛下许高丽自新，焚陵波之船，罢应募之众，自然华、夷庆赖，远肃迩安。臣旦夕入地，傥蒙录此哀鸣，论语：曾子有疾，孟敬子问之，曾子言曰："鸟之将死，其鸣也哀；人之将死，其言也善。"死且不朽！"玄龄子遗爱尚上女高阳公主，上谓公主曰："彼病笃如此，尚能忧我国家。"上自临视，握手与诀，悲不自胜。胜，音升。癸卯，薨。

柳芳曰：玄龄佐太宗定天下，及终相位，凡三十二年，天下号为贤相；相，息亮翻。然无迹可寻，德亦至矣。故太宗定祸乱而房、杜不言功，王、魏善谏诤而房、杜让其贤，英、卫善将兵而房、杜行其道，新赞作“房、杜济以文”。将，即亮翻。理致太平，善归人主。为唐宗臣，宜哉！

12 八月，己酉朔，日有食之。

13 丁丑，敕越州都督府及婺、洪等州造海船及双舫千一百艘。东阳郡，隋平陈，置婺州。舫，甫妄翻。艘，苏遭翻。

14 辛未，遣左领军大将军执失思力出金山道击薛延陀馀寇。

15 九月，庚辰，昆丘道行军大总管阿史那社尔击处月、处密，破之，馀众悉降。降，户江翻。

16 癸未，薛万彻等伐高丽还。还，从宣翻，又如字。万彻在军中，使气陵物，裴行方奏其怨望，坐除名，流象州。裴行方副万彻东伐，见上卷上年。象州，汉潭中中溜县之地，隋为始安郡桂林县，唐武德四年，置象州桂林郡，以象山名州。

17 己丑，新罗奏为百济所攻，破其十三城。

18 己亥，以黄门侍郎褚遂良为中书令。

19 强伟等发民造船，役及山獠，雅、邛、眉三州獠反。强，其两翻。邛，渠容翻。獠，鲁皓翻。壬寅，遣茂州都督张士贵、右卫将军梁建方发陇右、峡中兵二万馀人以击之。蜀人苦造船之役，或乞输直雇潭州人造船；上许之。州县督迫严急，民至卖田宅、鬻子女不能供，谷价踊贵，剑外骚然。自剑门关以南谓之剑外，内京师而外诸夏也。上闻之，遣司农少卿长孙知人驰驿往视之。知人奏称：“蜀人脆弱，不耐劳剧。脆，此芮翻。大船一艘，庸绢二千二百三十六匹。山谷已伐之木，挽曳未毕，复征船庸，艘，苏遭翻。复，扶又翻。二事并集，民不能堪，宜加存养。”上乃敕潭州船庸皆从官给。

20 冬，十月，癸丑，车驾还京师。

21 回纥吐迷度兄子乌纥蒸其叔母。纥，下没翻。乌纥与俱陆莫贺达官俱罗勃，皆突厥车鼻可汗之婿也，相与谋杀吐迷度以归车鼻。乌纥夜引十馀骑袭吐迷度，杀之。燕然副都护元礼臣使人诱乌纥，许奏以为瀚海都督，乌纥轻骑诣礼臣谢，礼臣执而斩之，以闻。燕，因肩翻。诱，音酉。骑，奇寄翻。上恐回纥部落离散，遣兵部尚书崔敦礼往安抚之。久之，俱罗勃入见，上留之不遣。回纥由是又微。见，贤遍翻。

22 阿史那社尔既破处月、处密，引兵自焉耆之西趋龟兹北境，趋，七喻翻。分兵为五道，出其不意，焉耆王薛婆阿那支弃城奔龟兹，保其东境。社尔遣兵追击，擒而斩之，十六年，郭孝恪破焉耆，立栗婆准为王，而阿那支杀之，今也罪人斯得。立其从父弟先那准为焉耆王，新书曰：立突骑支弟婆伽利为王。此从旧书。从，才用翻。使修职贡。龟兹大震，守将多弃城走。社尔进屯碛口，去其都城三百里，"碛口"，新、旧书作"碛石"。龟兹都伊逻卢城，北倚白山，亦曰阿羯田山。将，即亮翻。碛，七迹翻。遣伊州刺史韩威帅千馀骑为前锋，帅，读曰率；下同。骑，奇寄翻。右〔骁〕卫将军曹继叔次之。至多褐城，龟兹王诃利布失毕、其相那利、羯猎颠帅众五万拒战。相，息亮翻。羯，居谒翻。锋刃甫接，威引兵伪遁，龟兹悉众追之，行三十里，与继叔军合。龟兹惧，将却，继叔乘之，龟兹大败，逐北八十里。

23 甲戌，以回纥吐迷度子前左屯卫大将军〔翊左郎将〕婆闰为左骁卫大将军、大俟利发、瀚海都督。骁，坚尧翻。俟，渠之翻。考异曰：旧回纥传云："诏西突厥可汗阿史那贺鲁统五啜，五俟斤，二十馀部，居多罗斯水南，去西州马行十五日程。回纥不肯西属突厥。"按贺鲁时为将军，自多逻斯水入居庭州，永徽二年乃西遁，自称可汗，所统咄陆五啜，弩失毕五俟斤，唐未尝以回纥隶之也。今不取。

24 十一月，庚子，契丹帅窟哥、奚帅可度者并帅所部内属。帅，所类翻；下别帅同。并帅，读曰率。以契丹部为松漠府，杜佑曰：松漠之地，在柳城郡之北。以窟哥为都督；又以其别帅达稽等部为峭落等九州，各以其辱纥主为刺史。峭落州、无逢州、羽陵州、白连州、徒何州、万丹州、疋黎州、赤山州、并松漠府为九州。峭，七笑翻。以奚部为饶乐府，以可度者为都督；乐，音洛。又以其别帅阿会等部为弱水等五州，弱水州、祁黎州、洛瓌州、太鲁州、渴野州。亦各以其辱纥主为刺史。辛丑，置东夷校尉官于营州。校，户教翻。

25 十二月，庚午，太子为文德皇后作大慈恩寺成。两京新记：西京外城，朱雀街东第三桥，皇城之东第一街进业坊，隋无漏寺之故基，太子即其地建寺，为文德皇后祈福，竹木森邃，为京城观游之最。雍录曰：慈恩寺在朱雀街东第三街，自北次南第十五坊，名曰进昌坊，寺南临黄渠，竹木森邃。为，于伪翻。

26 龟兹王布失毕既败，走保都城，阿史那社尔进军逼之，布失毕轻骑西走。社尔拔其城，使安西都护郭孝恪守之。沙州刺史苏海政、尚辇奉御薛万备帅精骑追布失毕，行六百里，布失毕窘急，保拨换城，自安西府西出柘厥关，渡白马河四百馀里至拨换城。骑，奇寄翻。帅，读曰率；下同。社尔进军攻之四旬，闰月，丁丑，拔之，擒布失毕及羯猎颠。那利脱身走，潜引西突厥之众并其国兵万馀人，袭击孝恪。孝恪营于城外，龟兹人或告之，孝恪不以为意。那利奄至，孝恪帅所部千馀人将入城，那利之众已登城矣，城中降胡与之相应，降，户江翻；下同。共击孝恪，矢刃如雨，孝恪不能敌，将复出，复，扶又翻；下利复同。死于西门。城中大扰，仓部郎中崔义超仓部郎，掌判天下仓储，受纳租税，出给禄廪之事，属户部。义超以是官从军。召募得二百人，卫军资财物，与龟兹战于城中，曹继叔、韩威亦营于城外，自城西北隅击之。那利经宿乃退，斩首三千馀级，城中始定。后旬馀日，那利复引山北龟兹万馀人趣都城，山北，盖白山之北也。趣，七喻翻。继叔逆击，大破之，斩首八千级。那利单骑走，龟兹人执之，以诣军门。

阿史那社尔前后破其大城五，遣左卫郎将权祗甫诣诸城，开示祸福，皆相帅请降，帅，读曰率。降，户江翻。凡得七百馀城，虏男女数万口。社尔乃召其父老，宣国威灵，谕以伐罪之意，立其王之弟叶护为王；龟兹人大喜。西域震骇，西突厥、于阗、安国争馈驼马军粮，阗，徒贤翻，又徒见翻。社尔勒石纪功而还。还，从宣翻，又如字。

27 戊寅，以昆丘道行军总管、左骁卫将军阿史那贺鲁为泥伏沙钵罗叶护，赐以鼓纛，使招讨西突厥之未服者。假贺鲁以羽翼，正速其叛耳。骁，坚尧翻。纛，徒到翻。

28 癸未，新罗相金春秋及其子文王入见。相，息亮翻。见，贤遍翻。春秋，真德之弟也。上以春秋为特进，文王为左武卫将军。春秋请改章服从中国，内出冬服赐之。

二十三年(己酉、六四九)

1 春，正月，辛亥，龟兹王布失毕及其相那利等至京师，上责让而释之，以布失毕为左武卫中郎将。龟兹，音丘慈，又音屈佳。将，即亮翻。考异曰：实录云"左武卫翊卫中郎将"，旧传为"武翊卫中郎将"。按会要，武德五年，改左、右翊卫为左、右卫。然则于时已无翊卫之名，且布失毕必不独兼两卫之官。今去"翊卫"字。按唐六典，左、右卫有亲、勋、翊三卫中郎将，其馀诸卫府各有翊卫中郎将，"翊卫"二字，恐不可去。

2 西南徒莫祗等蛮内附，以其地为傍、望、览、丘四州，隶朗州都督府。徒莫祗蛮在爨蛮之西。"朗州"，当作"郎州"。武德元年，开南中，仍旧置南宁州，贞观八年，改为郎州，以其地本夜郎国也。

3 上以突厥车鼻可汗不入朝，遣右骁卫郎将高侃发回纥、仆骨等兵袭击之。兵入其境，诸部落相继来降。拔悉密吐屯肥罗察降，以其地置新黎州。旧书云：车鼻长子羯漫陀，先统拔悉密部，遣其子庵铄入朝，帝嘉之，为置新黎州。朝，直遥翻。降，户江翻。考异曰：高宗实录云："初，突厥车鼻可汗遣其子车钵罗入贡，太宗遣使征之，不至。太宗大怒，遣右骁卫郎将高侃引回纥、仆骨等兵袭击之，其下诸部落相次归降。其子羯漫陀先统拔悉密部，泣谏其父，请归国；车鼻不听。羯漫陀遂背父来降，以其地为新黎州。"旧传云："二十三年，遣右骁卫郎将高侃潜引回纥、仆骨等兵众袭击之，其酋长歌逻禄泥执阙俟利发、乃拔塞匐、处木昆、莫贺咄俟斤等，帅部落，背车鼻，相继来降。车鼻长子羯漫陀先统拔悉密部，车鼻未败前，遣其子庵铄入朝，太宗嘉之，拜左屯卫将军，更置新黎州以统其众。"今从太宗实录。

4 二月，丙戌，置瑶池都督府，此因穆天子传西王母觞天子于瑶池之上而命名也。隶安西都护；戊子，以左卫将军阿史那贺鲁为瑶池都督。

5 三月，丙辰，置丰州都督府，使燕然都护李素立兼都督。

6 去冬旱，至是始雨。辛酉，上力疾至显道门外，赦天下。丁卯，敕太子于金液门听政。按唐六典：城门郎掌京城、皇城、宫殿诸门。明德等门为京城门，朱雀等门为皇城门，承天等门为宫城门，嘉德等门为宫门，太极等门为殿门。通内诸门，并同上阁门，显道、金液，其亦通内诸门之门欤？图志不能尽载耳。

7 夏，四月，乙亥，上行幸翠微宫。

8 上谓太子曰："李世勣才智有馀，然汝与之无恩，恐不能怀服。我今黜之，若其即行，俟我死，汝于后用为仆射，亲任之；若徘徊顾望，当杀之耳。"五月，戊午，以同中书门下三品李世勣为叠州都督；世勣受诏，不至家而去。史言太宗以机数御李世勣，世勣亦以机心而事君。杜佑曰：叠州去京师千三百四十里。孙愐曰：叠州自秦至魏，诸羌据焉，周武帝逐诸羌，乃置叠州，盖以山重叠名之。

9 辛酉，开府仪同三司卫景武公李靖薨。

10 上苦利增剧，太子昼夜不离侧，离，力智翻。或累日不食，发有变白者。上泣曰："汝能孝爱如此，吾死何恨！"丁卯，疾笃，召长孙无忌入含风殿。含风殿，在翠微宫。上卧，引手扪无忌颐，无忌哭，悲不自胜；胜，音升。上竟不得有所言，因令无忌出。己巳，复召无忌及褚遂良入卧内，复，扶又翻。谓之曰："朕今悉以后事付公辈。太子仁孝，公辈所知，善辅导之！"谓太子曰："无忌、遂良在，汝勿忧天下！"又谓遂良曰："无忌尽忠于我，我有天下，多其力也，我死，勿令谗人间之。"武、许之间二臣，玉几之命犹在高宗之耳，何遽忘之邪！间，古苋翻。仍令遂良草遗诏。有顷，上崩。年五十有三。

太子拥无忌颈，号恸将绝，无忌揽涕，请处分众事以安内外，太子哀号不已，号，户高翻。处，昌吕翻。分，扶问翻。无忌曰："主上以宗庙社稷付殿下，岂得效匹夫唯哭泣乎！"乃秘不发丧。庚午，无忌等请太子先还，飞骑、劲兵及旧将皆从。骑，奇寄翻。将，即亮翻。从，才用翻。辛未，太子入京城；大行御马舆，侍卫如平日，继太子而至，顿于两仪殿。以太子左庶子于志宁为侍中，少詹事张行成兼侍中，以检校刑部尚书、右庶子、兼吏部侍郎高季辅兼中书令。壬申，发丧太极殿，宣遗诏，太子即位。太极殿，西内正朝，于此发丧，太子于柩前即位。军国大事，不可停阙；平常细务，委之有司。诸王为都督、刺史者，并听奔丧，濮王泰不在来限。罢辽东之役及诸土木之功。四夷之人入仕于朝及来朝贡者数百人，闻丧皆恸哭，翦发、剺面、割耳，流血洒地。朝，直遥翻。剺，里之翻。

六月，甲戌朔，高宗即位，赦天下。

11 丁丑，以叠州都督李勣为特进、检校洛州刺史、洛阳宫留守。李世勣去"世"字，避太宗二名也。守，手又翻。

12 先是，太宗二名，令天下不连言者勿避；先，悉荐翻。至是，始改官名犯先帝讳者。孔颖达曰：曲礼，卒哭乃讳。注云：敬鬼神之名也。讳，避也。生者不相避名。卫侯名恶，大夫有名恶，君臣同名，春秋不非。按昭七年，卫侯恶卒。穀梁传云：昭元年有卫齐恶。今卫侯恶何？谓君臣同名也，君子不夺人亲所名也。

13 癸未，以长孙无忌为太尉，兼检校中书令，知尚书、门下二省事。无忌固辞知尚书省事，帝许之，仍令以太尉同中书门下三品。唐制：三公正一品。无忌既为太尉，而令同中书门下三品，当时朝议之失也。癸巳，以李勣为开府仪同三司、同中书门下三品。

14 阿史那社尔之破龟兹也，行军长史薛万备请因兵威说于阗王伏阇信入朝，说，输芮翻。阇，视遮翻。朝，直遥翻。社尔从之。秋，七月，己酉，伏阇信随万备入朝，诏入谒梓宫。

15 八月，癸酉，夜，地震，晋州尤甚，压杀五千馀人。

16 庚寅，葬文皇帝于昭陵，昭陵在京兆醴泉县西北六十里九嵕山。庙号太宗。自唐太宗后，为臣子者率称其君之庙号，岂非子孙臣民亦病其谥号太多非实，而古者祖有功宗有德之义微乎！阿史那社尔、契苾何力请杀身殉葬，上遣人谕以先旨不许。蛮夷君长为先帝所擒服者颉利等十四人，皆琢石为其像，刻名列于北司马门内。

17 丁酉，礼部尚书许敬宗奏弘农府君庙应毁，弘农府君，魏弘农太守重耳也，于高宗为七世祖，亲尽应毁。请藏主于西夹室，从之。太庙有东西夹室，夹太室两旁，故谓之夹室。

18 九月，乙卯，以李勣为左仆射。行先帝之治命也。

19 冬，十月，以突厥诸部置舍利等五州隶云中都督府，五州：舍利州、思辟州、阿史那州、绰州、白登州。苏农等六州隶定襄都督府。史只载苏农州、阿德州、执失州、拔延州，馀二州逸。

20 乙亥，上问大理卿唐临系囚之数，对曰："见囚五十馀人，见，贤遍翻。唯二人应死。"上悦。上尝录系囚，前卿所处者多号呼称冤，临所处者独无言。上怪问其故。囚曰："唐卿所处，本自无冤。"号，户高翻。处，昌吕翻。上叹息良久，曰："治狱者不当如是邪！"治，直之翻。

21 上以吐蕃赞普弄赞为驸马都尉，汉武帝置三都尉：曰奉车都尉，曰驸马都尉，曰骑都尉。唐以骑都尉为勋官，驸马都尉以授尚主者，奉车都尉不复除授。封西海郡王。赞普致书于长孙无忌等云："天子初即位，臣下有不忠者，当勒兵赴国讨除之。"吐蕃以太宗晏驾，固有轻中国之心矣。

22 十二月，诏濮王泰开府置僚属，车服珍膳，特加优异。

高宗天皇大圣大弘孝皇帝上之上

讳治，字为善，小字雉奴，太宗第九子也。文明元年，谥曰天皇大帝，庙号高宗；天宝八载，加尊号高宗天皇大圣皇帝；十三载，加尊号高宗天皇大圣大弘孝皇帝。

永徽元年（庚戌、六五〇）

1 春，正月，辛丑朔，改元。

2 丙午，立妃王氏为皇后。后，思政之孙也。王思政为西魏守颍川，没于东魏。以后父仁佑为特进、魏国公。

3 己未，以张行成为侍中。

4 辛酉，上召朝集使，朝，直遥翻。使，疏吏翻。谓曰："朕初即位，事有不便于百姓者悉宜陈，不尽者更封奏。"自是日引刺史十人入阁，问以百姓疾苦，及其政治。治，直吏翻。

有洛阳人李弘泰诬告长孙无忌谋反，上命立斩之。无忌与褚遂良同心辅政，上亦尊礼二人，恭己以听之，以帝之尊任二人如此，武后谮而去之，虽队诸渊不悔也。哲妇之为鸱枭也尚矣。故永徽之政，百姓阜安，有贞观之遗风。观，古玩翻。

5 太宗女衡山公主应适长孙氏，有司以为服既公除，欲以今秋成婚。于志宁上言："汉文立制，本为天下百姓。公主服本斩衰，上，时掌翻。为，于伪翻。衰，仓回翻。纵使服随例除，岂可情随例改，请俟三年丧毕成婚。"上从之。

6 二月，辛卯，立皇子孝为许王，上金为杞王，素节为雍王。帝后宫郑生孝，杨生上金，萧淑妃生素节。雍，于用翻。

7 夏，五月，壬戌，吐蕃赞普弄赞卒，卒，子恤翻。其嫡子早死，立其孙为赞普。赞普幼弱，政事皆决于国相禄东赞。相，息亮翻。禄东赞性明达严重，行兵有法，吐蕃所以强大，威服氐、羌，皆其谋也。

8 六月，高侃击突厥，至阿息山。车鼻可汗召诸部兵皆不赴，与数百骑遁去。侃帅精骑追至金山，擒之以归，其众皆降。骑，奇寄翻。帅，读曰率。降，户江翻。

9 初，阿史那社尔虏龟兹王布失毕，立其弟为王。事见太宗贞观二十二年。唐兵既还，其酋长争立，更相攻击。酋，兹由翻。长，知两翻。更，工衡翻。秋，八月，壬午，诏复以布失毕为龟兹王，复，扶又翻。遣归国，抚其众。

10 九月，庚子，高侃执车鼻可汗至京师，释之，拜左武卫将军，处其馀众于郁督军山，处，昌吕翻。置狼山都督府以统之。以高侃为卫将军。唐无卫将军，"卫"字之上须有脱字。于是突厥尽为封内之臣，分置单于、瀚海二都护府。单于领狼山、云中、桑乾三都督，苏农等一十四州；瀚海领瀚海、金徽、新黎等七都督，仙萼等八州；各以其酋长为刺史、都督。新书作"苏农二十四州"，旧书作"一十四州"。又考是后调露元年，温傅、奉职二部反，二十四州皆叛应之，则"二"字为是。然单于都护府所领见于史者，苏农等四州，舍利等五州及桑干府所领郁射、艺失、卑失、叱略等四州，呼延府所领贺鲁、葛逻、跌跌等三州，财十九州耳，其五州逸，无所考。又有定襄、呼延二都督而无狼山都督，是其废置离合，不可详也。狼山府，显庆三年废为州。"金徽"当作"金微"。瀚海都护府领瀚海、金微、新黎、幽陵、龟林、坚昆六都督府，其一逸；仙萼、浚稽、余吾、稽落、居延、寘颜、榆溪、浑河、烛龙凡八州。宋白曰：振武军旧为单于都护府，即汉定襄郡之盛乐县也，在阴山之阳，黄河之北，西南至东受降城百二十里。瀚海都护后移于回纥本部。乾，音干。

11 癸亥，上出畋，遇雨，问谏议大夫昌乐谷那律曰："油衣若为则不漏？"炙毂子曰：惟绢油之制及帽油，陈始有之。乐，音洛。对曰："以瓦为之，必不漏。"上悦，为之罢猎。悦为之为，于伪翻。考异曰：旧书那律传云：尝从太宗出猎，在涂遇雨，有此语，意欲太宗不为畋猎，太宗悦，赐帛二百段。唐录、政要高宗出猎有此月日，唐统纪亦在此年，今从之。

12 李勣固求解职；冬，十月，戊辰，解勣左仆射，以开府仪同三司、同中书门下三品。

13 己未，监察御史阳武韦思谦阳武县，汉属河南郡，自晋以来属荥阳郡。监，工衔翻。劾奏中书令褚遂良抑买中书译语人地。中书掌受四方朝贡及通表疏，故有译语人。劾，户概翻，又户得翻。大理少卿张叡册以为准估无罪。思谦奏曰："估价之设，备国家所须，臣下交易，岂得准估为定！估，音古。叡册舞文，附下罔上，罪当诛。"是日，左迁遂良为同州刺史，叡册循州刺史。思谦名仁约，以字行。

14 十二月，庚午，梓州都督谢万岁、兖州都督谢法兴、与黔州都督李孟尝讨琰州叛獠；"梓州，当作"牂州"。武德三年，牂柯蛮酋谢龙羽降，以其地置牂州。"兖州"当作"充州"，武德三年，以牂柯蛮别部置。琰州，亦蛮州，贞观四年置。皆属黔州都督府。黔，音琴。獠，鲁皓翻。万岁、法兴入洞招慰，为獠所杀。

二年（辛亥、六五一）

1 春，正月，乙巳，以黄门侍郎宇文节、中书侍郎柳奭并同中书门下三品。奭，亨之兄子，柳亨，西魏尚书左仆射庆之孙，窦诞之婿也，亨妻即襄阳公主之女。王皇后之舅也。

2 左骁卫将军、瑶池都督阿史那贺鲁骁，坚尧翻。招集离散，庐帐渐盛，闻太宗崩，谋袭取西、庭二州。庭州刺史骆弘义知其谋，表言之，上遣通事舍人桥宝明驰往慰抚。宝明说贺鲁，令长子咥运入宿卫，授右骁卫中郎将，寻复遣归。咥运乃说其父拥众西走，说，输芮翻。复，扶又翻。击破乙毗射匮可汗，并其众，建牙于双河及千泉，自双河西南抵贺鲁牙帐二百里。千泉属石国界，又在贺鲁牙帐西南。新书曰：素叶城西四百里至千泉，地赢二百里，南雪山，三垂平陆，多泉地，因名之。自号沙钵罗可汗，咄陆五啜、弩失毕五俟斤皆归之，胜兵数十万，咄，当没翻。啜，步劣翻。俟，渠之翻。胜，音升。与乙毗咄陆可汗连兵，处月、处密及西域诸国多附之。以咥运为莫贺咄叶护。咥，徒结翻。

3 焉耆王婆伽利卒，国人表请复立故王突骑支；卒，子恤翻。复，扶又翻。骑，奇寄翻。夏，四月，诏加突骑支右武卫将军，遣还国。

4 金州刺史滕王元婴骄奢纵逸，居亮阴中，畋游无节，数夜开城门，劳扰百姓，或引弹弹人，或埋人雪中以戏笑。数，所角翻。引弹，徒旦翻。上赐书切让之，且曰："取适之方，亦应多绪，晋灵荒君，何足为则！左传，晋灵公不君，从台上弹人以观其避丸。朕以王至亲，不能【张："能"作"忍"。】致王于法，今书王下上考以愧王心。"

元婴与蒋王恽皆好聚敛，恽，于粉翻。好，呼到翻。敛，力赡翻。上尝赐诸王帛各五百段，独不及二王，敕曰："滕叔、蒋兄自能经纪，不须赐物；给麻两车以为钱贯。"二王大惭。

5 秋，七月，西突厥沙钵罗可汗寇庭州，攻陷金岭城及蒲类县，西州交河县北行八十里入谷，又百三十里经柳谷，渡金沙岭，百六十里至庭州。蒲类县，属西州，后属庭州，又改为后庭县。杀略数千人。诏左武候【严："候"改"卫"。】大将军梁建方、右骁卫大将军契苾何力为弓月道行军总管，弓月城在庭州西千有馀里。右骁卫将军高德逸、右武候将军薛孤吴仁【严："薛"改"萨"。】为副，发秦、成、岐、雍府兵三万人成州，汉武都上禄、下辨之地，后魏置仇池郡。汉阳郡南秦州，西魏改曰成州。雍州，京兆郡。雍，于用翻。及回纥五万骑以讨之。纥，下没翻。

6 癸巳，诏诸礼官学士议明堂制度，以高祖配五天帝。太宗配五人帝，五天帝，注已见七十九卷晋武帝泰始二年。五人帝：东方帝太皞、西方帝少皞、南方帝炎帝、北方帝颛顼、中央帝黄帝。

7 八月，己巳，以于志宁为左仆射，张行成为右仆射，高季辅为侍中；志宁、行成仍同中书门下三品。

8 己卯，郎州白水蛮反，寇麻州，白水蛮与青蛉、弄栋接，隶郎州。麻州，贞观二十二年分郎州置。遣左领军将军赵孝祖等发兵讨之。

9 九月，癸巳，废玉华宫为佛寺。戊戌，更命九成宫为万年宫。更，工衡翻。

10 庚戌，左武候引驾卢文操逾墙盗左藏物，上以引驾职在纠绳，左、右武候，掌宫中及京城昼夜巡警之法，以执御非违；有引驾仗三卫六十人，引驾佽飞六十六人。左、右藏，晋始有之，唐因而不改，各有令一人。宋白曰：唐制：左、右金吾有引驾仗百四十人，以三卫人数充。左藏掌邦国库藏，右藏掌国宝货。藏，徂浪翻。乃自为盗，命诛之。谏议大夫萧钧谏曰："文操情实难原，然法不至死。"上乃免文操死，顾侍臣曰："此真谏议也！"

11 闰月，长孙无忌等上所删定律令式；上，时掌翻。甲戌，诏颁之四方。

12 上谓宰相曰："闻所在官司，行事犹互观颜面，多不尽公。"长孙无忌对曰："此岂敢言无；然肆情曲法，实亦不敢。至于小小收取人情，恐陛下尚不能免。"无忌以元舅辅政，凡有所言，上无不嘉纳。

13 冬，十有一月，辛酉，上祀南郊。

14 癸酉，诏："自今京官及外州有献鹰隼及犬马者，罪之。"隼，息允翻。

15 戊寅，特浪羌酋董悉奉求、辟惠羌酋卜檐莫各帅种落万馀户诣茂州内附。特浪、辟惠皆生羌也。是年，以其地置蓬鲁等三十二州，属茂州都督府。酋，兹由翻。檐，余廉翻。帅，读曰率。种，章勇翻。

16 窦州、义州蛮酋李宝诚等反，义州，汉猛陵县地，梁置永业郡，隋改为怀德县，属泷州，唐武德五年，置南义州，贞观二年，曰义州。桂州都督刘伯英讨平之。

17 郎州道总管赵孝祖讨白水蛮，蛮酋秃磨蒲及俭弥于帅众据险拒战，孝祖皆击斩之。会大雪，蛮饥冻，死亡略尽。孝祖奏言："贞观中讨昆州乌蛮，始开青蛉、弄栋为州县。昆州，汉益州郡地，隋置昆州，以乱废。唐武德初，开南中，复置。柘东两爨蛮，自曲州、靖州西南昆川、曲轭、晋宁、喻献、安宁距龙和城，通谓之西爨白蛮。自弥鹿、升麻二川，南至步头，谓之东爨乌蛮。青蛉，汉武帝开为县，属越嶲郡。弄栋县属益州郡，晋并属云南郡，后属兴宁郡。隋乱，与中国绝，唐以青蛉地置髳州，弄栋地置褒州。弄栋之西有小勃弄、大勃弄二川，勃弄属汉永昌郡界，唐武德七年，置南云州，贞观八年，更名匡州。恒扇诱弄栋，欲使之反。恒，户登翻。其勃弄以西与黄瓜、叶榆、西洱河相接，叶榆亦汉武帝开为县，有叶榆泽，属益州郡，后汉属永昌郡，晋属云南郡，后分属东河阳郡。人众殷实，多于蜀川，无大酋长，好结雠怨，好，呼到翻。今因破白水之兵，请随便西讨，抚而安之。"敕许之。

18 十二月，壬子，处月朱邪孤注杀招慰使单道惠，邪，音耶。单，音善。与突厥贺鲁相结。

19 是岁，百济遣使入贡，上戒之，使"勿与新罗、高丽相攻，不然，吾将发兵讨汝矣。"

三年（壬子、六五二）

1 春，正月，己未朔，吐谷浑、新罗、高丽、百济并遣使入贡。

2 癸亥，梁建方、契苾何力等大破处月朱邪孤注于牢山。新书：牢山亦曰赌蒲，东北距乌德犍山，度马行十五日。孤注夜遁，建方使副总管高德逸轻骑追之，骑，奇寄翻。行五百馀里，生擒孤注，斩首九千级。军还，御史劾奏梁建方兵力足以追讨，而逗留不进；高德逸敕令市马，自取骏者。劾，户概翻，又户得翻。上以建方等有功，释不问。大理卿李道裕奏言："德逸所取之马，筋力异常，请实中厩。"中厩，犹言内厩也。上谓侍臣曰："道裕法官，进马非其本职，妄希我意；岂朕行事不为臣下所信邪！朕方自咎，故不复黜道裕耳。"复，扶又翻。

3 己巳，以同州刺史褚遂良为吏部尚书、同中书门下三品。

4 丙子，上飨太庙；丁亥，飨先农，躬耕藉田。汉仪：天子正月亲耕藉田，告祠先农。先农即神农也，祠以太牢，百官皆从。唐制，天子以孟冬吉亥享先农，而遂以耕藉。

5 二月，甲寅，上御安福门楼，唐六典：长安皇城西面二门，北曰安福，南曰顺义；安福西直京城之开远门。观百戏。乙卯，上谓侍臣曰："昨登楼，欲以观人情及风俗奢俭，非为声乐。为，于伪翻。朕闻胡人善为击鞠之戏，鞠以韦为之，实以柔物，今谓之球子。尝一观之。昨初升楼，即有群胡击鞠，意谓朕笃好之也。好，呼到翻。帝王所为，岂宜容易。易，以豉翻。朕已焚此鞠，冀杜胡人窥望之情，亦因以为诫。"

6 三月，辛巳，以宇文节为侍中，柳奭为中书令，以兵部侍郎三原韩瑗守黄门侍郎、同中书门下三品。瑗，于眷翻。

7 夏，四月，赵孝祖大破西南蛮，斩小勃弄酋长殁盛，擒大勃弄酋长杨承颠。自馀皆屯聚保险，大者有众数万，小者数千人，孝祖皆破降之，降，户江翻。西南蛮遂定。

8 甲午，澧州刺史彭思王元则薨。澧，音礼。

9 六月，戊申，遣兵部尚书崔敦礼等将并、汾步骑万人往茂州。茂州，考之新、旧志无之，当置之于薛延陀故地也。将，即亮翻。发薛延陀馀众渡河，置祁连州以处之。

10 秋，七月，丁巳，立陈王忠为皇太子，赦天下。王皇后无子，柳奭为后谋，为，于伪翻。以忠母刘氏微贱，劝后立忠为太子，冀其亲己；外则讽长孙无忌等使请于上。上从之。乙丑，以于志宁兼太子少师，张行成兼少傅，高季辅兼少保。

11 丁丑，上问户部尚书高履行："去年进户多少？"户部尚书即民部尚书，避太宗讳，改焉。进户，新增进之户也。少，诗沼翻。履行奏："去年进户总一十五万。"因问隋代及今日见户，见，贤遍翻。履行奏："隋开皇中，户八百七十万，即今户三百八十万。"即今，犹言当今也，唐人多有此语。履行，士廉之子也。

12 九月，守中书侍郎来济同中书门下三品。

13 冬，十一月，庚寅，弘化长公主自吐谷浑来朝。弘化公主，贞观十三年降吐谷浑慕容诺曷钵。长，知两翻。

14 癸巳，濮【章：十二行本"濮"下有"恭"字；乙十一行本同；孔本同。】王泰薨于均州。濮，博木翻。

15 散骑常侍房遗爱尚太宗女高阳公主，散，悉亶翻。骑，奇寄翻。公主骄恣甚，房玄龄薨，公主教遗爱与兄遗直异财，既而反谮遗直。遗直自言，太宗深责让主，由是宠衰；主怏怏不悦。怏，于两翻。会御史劾盗，得浮屠辩机宝枕，浮屠，正号曰佛陀，与浮屠音声相近，皆西方言，其来转为二音，华言译之则谓之净觉，言灭秽成明道为圣悟。劾，户概翻，又户得翻。云主所赐。主与辩机私通，饷遗亿计，饷遗，唯季翻。更以二女子侍遗爱。太宗怒，腰斩辩机，杀奴婢十馀人；主益怨望，太宗崩，无戚容。上即位，主又令遗爱与遗直更相讼，直更，工衡翻。遗爱坐出为房州刺史，房州，古房陵、上庸地，西魏置光迁国，后周改曰迁州，隋改曰房州，寻废州为房陵郡，唐复曰房州。遗直为隰州刺史。又，浮屠智勖等数人私侍主，主使掖庭令陈玄运伺宫省禨祥。掖庭局令，从七品下，宦者为之，属内侍省，掌宫禁女工之事，凡宫人名籍，司其除附。禨，居希翻，又其既翻。

先是，驸马都尉薛万彻高祖女丹阳公主下嫁薛万彻。先，悉荐翻。坐事除名，徙宁州刺史，入朝，与遗爱款昵，朝，直遥翻。昵，尼质翻。对遗爱有怨望语，且曰："今虽病足，坐置京师，鼠辈犹不敢动。"因与遗爱谋，"若国家有变，当奉司徒荆王元景为主。"元景女适遗爱弟遗则，由是与遗爱往来。元景尝自言，梦手把日月。驸马都尉柴令武，绍之子也，柴绍尚高祖女平阳公主。尚巴陵公主，巴陵公主，太宗之女。除卫州刺史，托以主疾留京师求医，因与遗爱谋议相结。高阳公主谋黜遗直，夺其封爵，使人诬告遗直无礼于己。遗直亦言遗爱及主罪，云："罪盈恶稔，恐累臣私门。"累，力瑞翻。上令长孙无忌鞫之，令，力丁翻。长，知两翻。更获遗爱及主反状。

司空、安州都督吴王恪母，隋炀帝女也。恪有文武才，太宗常以为类己，欲立为太子，无忌固争而止，事见一百九十七卷贞观十七年。由是与无忌相恶。恪名望素高，为物情所向，无忌深忌之，欲因事诛恪以绝众望。遗爱知之，因言与恪同谋，冀如纥干承基得免死。事见一百九十六卷、一百九十七卷贞观十七年。

四年（癸丑、六五三）

1 春，二月，甲申，诏遗爱、万彻、令武皆斩，元景、恪、高阳、巴陵公主并赐自尽。上泣谓侍臣曰："荆王，朕之叔父，吴王，朕兄，欲丐其死，可乎？"丐，居大翻。兵部尚书崔敦礼以为不可，乃杀之。万彻临刑大言曰："薛万彻大健儿，留为国家效死力，岂不佳，尚，辰羊翻。为，于伪翻。乃坐房遗爱杀之乎！”吴王恪且死，骂曰：“长孙无忌窃弄威权，构害良善，宗社有灵，当族灭不久！”

乙酉，侍中兼太子詹事宇文节，特进、太常卿江夏王道宗、左骁卫大将军驸马都尉执失思力高祖女九江公主下嫁执失思力。夏，户雅翻。骁，坚尧翻。并坐与房遗爱交通，流岭表。节与遗爱亲善，及遗爱下狱，下，遐嫁翻。节颇左右之。左右，读曰佐佑。江夏王道宗素与长孙无忌、褚遂良不协，故皆得罪。戊子，废恪母弟蜀王愔为庶人，置巴州；愔，于今翻。房遗直贬春州铜陵尉，铜陵县，汉允吾县地，属合浦郡。宋置泷潭县，属新宁郡；隋改为铜陵县，属端州；唐初属春州。万彻弟万备流交州。罢房玄龄配飨。郑樵曰：盘庚云：兹予大享于先王，尔祖其从与享之。周制，凡有功者祭于大烝。汉制，祭功臣于庭。生时侍燕于庭，死则降在庭位，谓之配飨。

2 开府仪同三司李勣为司空。

3 初，林邑王范头利卒，卒，子恤翻。子真龙立，大臣伽独弑之，尽灭范氏。伽独自立，国人弗从，乃立头利之婿婆罗门为王。国人咸思范氏，复罢婆罗门，复，扶又翻。立头利之女为王。女不能治国，治，直之翻。有诸葛地者，头利之姑子也，父为头利所杀，南奔真腊，真腊，一名吉蔑，本扶南属国，去京师二万七百里，东距车渠，西属骠，南濒海，北与道明接，东北抵驩州，贞观初，并扶南，有其地。大臣可伦翁定遣使迎而立之，使，疏吏翻；下同。妻以女王，妻，七细翻。众然后定。夏，四月，戊子，遣使入贡。

4 秋，九月，壬戌，右仆射北平定公张行成薨。谥法：纯行不爽曰定。甲戌，以褚遂良为右仆射，同中书门下三品如故，仍知选事。选，须绢翻。

5 冬，十月，庚子，上幸骊山温汤；乙巳，还宫。

6 初，睦州女子陈硕真吴孙权分丹杨立新安郡，隋仁寿三年置睦州，大业初，废州为遂安郡，唐复为睦州。以妖言惑众，妖，于乔翻；下同。

与妹夫章叔胤举兵反，自称文佳皇帝，以叔胤为仆射。甲子夜，叔胤帅众攻桐庐，陷之。吴分富春立桐庐县，属吴郡，隋、唐属睦州。九域志：县在州东一百五里。项安世曰：桐庐县，魏黄初四年，吴置，以桐溪侧有大椅树，垂条偃盖，旁荫数亩，远望如庐，因谓之桐庐。帅，读曰率。硕真撞钟焚香，撞，直江翻。引兵二千攻陷睦州及於潜，於潜县，汉属丹杨郡，晋、宋属吴兴郡，梁、陈属钱唐郡，隋、唐属杭州。宋白曰：吴越春秋，秦徙大越鸟语之人寘之暨。阚骃十三州志："暨"，读为"潜"。吴录、地理志：县西有暨山。旧"暨"字无"水"，至隋加"水"。於，如字。进攻歙州，不克，歙，音摄。敕扬州刺史房仁裕发兵讨之。硕真遣其党童文宝将四千人寇婺州，将，即亮翻；下同。刺史崔义玄发兵拒之。民间讹言硕真有神，犯其兵者必灭族，士众凶惧。凶，许勇翻。司功参军崔玄籍曰：功、仓、户、兵、法、士参军，所谓州判司也。"起兵仗顺，犹且无成，况凭妖妄，其能久乎！"义玄以玄籍为前锋，自将州兵继之，至下淮戍，遇贼，与战。左右以楯蔽义玄，楯，食尹翻。义玄曰："刺史避箭，人谁致死！"命撤之。于是士卒齐奋，贼众大溃，斩首数千级。听其馀众归首；归首，式又翻。进至睦州境，降者万计。降，户江翻。十一月，庚戌，房仁裕军合，获硕真、叔胤，斩之，馀党悉平。义玄以功拜御史大夫。御史大夫，天子耳目官也，非以赏功。厥后崔义玄承中宫旨绳长孙无忌等，岂不忝厥官哉！

7 癸丑，以兵部尚书崔敦礼为侍中。

8 十二月，庚子，侍中蓨宪公高季辅薨。谥法：博闻多能曰宪。蓨，音条。

9 是岁，西突厥乙毗咄陆可汗卒，其子颉苾达度设号真珠叶护，始与沙钵罗可汗有隙，与五弩失毕共击沙钵罗，破之，斩首千馀级。

五年（甲寅、六五四）

1 春，正月，壬戌，羌酋冻就内附，以其地置剑州。冻就，特浪生羌卜楼大首领也。剑州羁縻，属松州都督府。

2 三月，戊午，上行幸万年宫。考异曰：实录戊午以下，皆为二月。按长历，二月丁丑朔，无戊午。戊午，三月十二日也。

3 庚申，加赠武德功臣屈突通等十三人官。

初，王皇后无子，萧淑妃有宠，考异曰：新、旧唐书或作"萧淑妃"，或作"萧良娣"。实录皆作"良娣"，废王后诏亦曰"良娣萧氏"。按当时后宫位号无良娣名，唯汉世太子宫有良娣。疑高宗在东宫时，萧为良娣，及即位，拜淑妃也。王后疾之。上之为太子也，入侍太宗，见才人武氏而悦之。才人，晋武帝所制爵，视千石以下；宋、齐之时，以为散职；梁于九嫔之下，置五职、三职，才人位列三职，比驸马都尉；唐承隋制，才人五人，正五品。太宗崩，武氏随众感业寺为尼。长安志曰：贞观二十三年五月，太宗上仙，其年即以安业坊济度尼寺为灵宝寺，尽度太宗嫔御为尼以处之。程大昌曰：以通鉴及长安志及吕大防长安图参定，通鉴言武氏在感业寺，长安志在安业寺，惟此差不同。然志能言寺之位置及始末，则安业者是也。忌日，上诣寺行香，见之，武氏泣，上亦泣。王后闻之，阴令武氏长发，长，知两翻。劝上内之后宫，欲以间淑妃之宠。间，古苋翻。武氏巧慧，多权数，初入宫，卑辞屈体以事后；后爱之，数称其美于上。数，所角翻。未几大幸，几，居岂翻。拜为昭仪，后及淑妃宠皆衰，更相与共谮之，上皆不纳。昭仪欲追赠其父而无名，故托以褒赏功臣，【章：十二行本"臣"下有"遍赠屈突通等"六字；乙十一行本同；孔本同；退斋校同。】而武士彟预焉。为废皇后、淑妃张本。彟，一虢翻。

4 乙丑，上幸凤泉汤；凤泉汤在岐州郿县。乙【章：十二行本"乙"作"己"；乙十一行本同；孔本同；张校同。】巳，还万年宫。

5 夏，四月，大食发兵击波斯，波斯国居达遏水之西，距京师万五千里而赢，东与吐火罗、康接，北邻突厥可萨部，西南皆濒海。其先波斯匿王，大月氏别裔，王因以姓，又以为国号。杜佑曰：波斯国即条支之故地，大月氏之别种，其先有波斯匿王，因以为号。大食本波斯地，隋大业中，有波斯国人牧于俱纷摩地，山有兽，言曰："山西三穴有利兵，黑质而白文，得之者王。"走视，如言。石文言当反，乃诡众裒亡命于恒曷水，劫商旅，保西鄙自王，移黑石宝之，国人往讨，皆大败而还，于是遂强。杀波斯王伊嗣侯，伊嗣侯之子卑路斯奔吐火罗。大食兵去，吐火罗发兵立卑路斯为波斯王而还。

6 闰月，丙子，以处月部置金满州。其地近古轮台，属北庭都护府。

7 丁丑，夜，大雨，山水涨溢，冲玄武门；此万年宫之玄武门也。唐离宫诸门，盖略仿宫城之制。宿卫士皆散走。右领军郎将薛仁贵曰：唐制：自左、右卫至左、右金吾卫，其属各有左、右中郎将府，有中郎将及左郎将、右郎将。将，即亮翻。"安有宿卫之士，天子有急而敢畏死乎！"乃登门桄大呼以警宫内。桄，枯黄翻，门前横木也。呼，火故翻。上遽出乘高，俄而水入寝殿，水溺卫士及麟游居人，隋文帝于岐州之北置仁寿宫。大业初，置普润县。义宁二年，于宫获白麟，因分普润于宫置麟游县。仁寿宫，唐改为九成宫，又改曰万年宫。溺，奴狄翻。死者三千馀人。

8 壬辰，新罗女王金真德卒，诏立其弟春秋为新罗王。

9 六月，丙午，恒州大水，呼沱溢，漂溺五千三百家。恒，户登翻。沱，徒何翻。

10 中书令柳奭以王皇后宠衰，内不自安，请解政事；癸亥，罢为吏部尚书。

11 秋，七【章：十二行本"七"作"九"；乙十一行本同；孔本同；退斋校同。】月，丁酉，车驾至京师。

12 戊戌，上谓五品以上曰："顷在先帝左右，见五品以上论事，或仗下面陈，唐制：常朝诸卫皆立仗，仗下宰执、谏官奏事。或退上封事，终日不绝；上，时掌翻。岂今日独无事邪，何公等皆不言也？”

13 冬，十月，雇雍州四万一千人筑长安外郭，三旬而毕。雇者，以钱若物酬其功庸，不徒役其力也。雍，于用翻。癸丑，雍州参军薛景宣上封事，言：“汉惠帝城长安，寻晏驾；事见十二卷汉惠帝三年、五年。上，时掌翻；下同。今复城之，复，扶又翻。必有大咎。”于志宁等以景宣言涉不顺，请诛之。上曰：“景宣虽狂妄，若因上封事得罪，恐绝言路。”遂赦之。

14 高丽遣其将安固将高丽、靺鞨兵击契丹；丽，力知翻。将，即亮翻。靺鞨，音末曷。契，欺讫翻，又音吃。松漠都督李窟哥御之，大败高丽于新城。窟，苦骨翻。败，补迈翻。

15 是岁大稔，洛州粟米斗两钱半，秔米斗十一钱。秔，音庚，稻之不黏者。

16 王皇后、萧淑妃与武昭仪更相谮诉，更，工衡翻。上不信后、淑妃之语，独信昭仪。后不能曲事上左右，母魏国夫人柳氏及舅中书令柳奭入见六宫，又不为礼。武昭仪伺后所不敬者，伺，相吏翻。必倾心与相结，所得赏赐分与之。由是后及淑妃动静，昭仪必知之，皆以闻于上。

后宠虽衰，然上未有意废也。会昭仪生女，后怜而弄之，后出，昭仪潜扼杀之，覆之以被。覆，敷又翻。上至，昭仪阳欢笑，发被观之，女已死矣，即惊啼。问左右，左右皆曰：“皇后适来此。”上大怒曰：“后杀吾女！”昭仪因泣数其罪。数，所具翻。后无以自明，上由是有废立之志。又畏大臣不从，乃与昭仪幸太尉长孙无忌第，酣饮极欢，席上拜无忌宠姬子三人皆为朝散大夫，朝，直遥翻。散，悉亶翻。仍载金宝缯锦十车以赐无忌。上因从容言皇后无子以讽无忌，从，千容翻。无忌对以他语，竟不顺旨，上及昭仪皆不悦而罢。昭仪又令母杨氏诣无忌第，屡有祈请，无忌终不许。礼部尚书许敬宗亦数劝无忌，无忌厉色折之。上于无忌官及庶孽又有横赐，意可知矣，无忌欲格其非心，则辞而不受可也。为无忌得罪张本。数，所角翻。折，之舌翻。

六年(乙卯、六五五)

1 春，正月，壬申朔，上谒昭陵；甲戌，还宫。

2 己丑，巂州道行军总管曹继叔破胡丛、显养、车鲁等蛮于斜山，拔十馀城。胡丛，剑山招讨使所领五部落之一也；显养、车鲁亦各蛮种。“车鲁”，新书作“东鲁”。巂，音髓。

3 庚寅，立皇子弘为代王，贤为潞王。

4 高丽与百济、靺鞨连兵，侵新罗北境，取三十三城；新罗王春秋遣使求援。使，疏吏翻。二月，乙丑，遣营州都督程名振、左卫中郎将苏定方发兵击高丽。将，即亮翻。

5 夏，五月，壬午，名振等渡辽水，高丽见其兵少，开门渡贵端水逆战，按旧书程名振传，贵端水当在新城西南。少，诗沼翻。名振等奋击，大破之，杀获千馀人，焚其外郭及村落而还。

6 癸未，以右屯卫大将军程知节为葱山道行军大总管，葱山即葱领。以讨西突厥沙钵罗可汗。

7 壬辰，以韩瑗为侍中，瑗，于眷翻。来济为中书令。

8 六月，武昭仪诬王后与其母魏国夫人柳氏为厌胜，厌，于叶翻，又一琰翻。考异曰：旧传云：“后惧不自安，密与母柳氏求巫祝厌胜，事发，故废。”今从实录。敕禁后母柳氏不得入宫。秋，七月，戊寅，贬吏部尚书柳奭为遂州刺史。奭行至扶风，武德元年，分岐山置沛川县，取沛水为名；贞观八年，更名扶风，属岐州。九域志：县在州东八十里。岐州长史于承素希旨奏奭漏泄禁中语，复贬荣州刺史。荣州，汉南安江阳之地，隋为大牢县，属资州，武德元年，分置荣州。复，扶又翻。

唐因隋制，后宫有贵妃、淑妃、德妃、贤妃皆视一品。上欲特置宸妃，以武昭仪为之，韩瑗、来济谏，以为故事无之，乃止。考异曰：唐历在此年四月，今据实录。四月，韩瑗、来济未为侍中、中书令。唐历又云："瑗、济谏，帝不从。"按立武后诏书，犹云昭仪武氏。然则未尝为宸妃也。今从会要。

中书舍人饶阳李义府为长孙无忌所恶，恶，乌路翻。左迁壁州司马。武德八年，析巴州始宁县地置壁州。敕未至门下，义府密知之，问计于中书舍人幽州王德俭，德俭曰："上欲立武昭仪为后，犹豫未决者，直恐宰臣异议耳。君能建策立之，则转祸为福矣。"义府然之，是日，代德俭直宿，叩阁上表，请废皇后王氏，立武昭仪，以厌兆庶之心。厌，于叶翻。上悦，召见，与语，赐珠一斗，留居旧职。昭仪又密遣使劳勉之，使，疏吏翻。劳，力到翻。寻超拜中书侍郎。考异曰：旧传云："高宗将立武后，义府密申叶赞，擢拜中书侍郎、同中书门下三品、监修国史，赐爵广平县男。"新书本纪、年表皆云"是岁七月，义府为中书侍郎参知政事"。实录但云"超拜中书侍郎"。宰辅图："十一月，自中书侍郎参知政事。"今从之。于是卫尉卿许敬宗、御史大夫崔义玄、中丞袁公瑜皆潜布腹心于武昭仪矣。

9 乙酉，以侍中崔敦礼为中书令。

10 八月，尚药奉御蒋孝璋员外特置，仍同正员。尚药局奉御，员二人，掌合和御药及诊候方脉之事。员外同正自孝璋始。

11 长安令裴行俭闻将立武昭仪为后，以国家之祸必自此始，与长孙无忌、褚遂良私议其事。袁公瑜闻之，以告昭仪母杨氏，行俭坐左迁西州都督府长史。唐制：长安、万年、河南、洛阳、太原、晋阳六县，谓之京县。京县令，正五品上。西州，中都督府；中都督府长史亦正五品上。但从辇毂下出佐边州，故为左迁。行俭，仁基之子也。裴仁基，隋将，归李密，为王世充所杀。

12 九月，戊辰，以许敬宗为礼部尚书。

上一日退朝，朝，直遥翻。召长孙无忌、李勣、于志宁、褚遂良入内殿。遂良曰："今日之召，多为中宫，上意既决，逆之必死。太尉元舅，司空功臣，不可使上有杀元舅及功臣之名。遂良起于草茅，无汗马之劳，致位至此，且受顾托，不以死争之，何以下见先帝！”勣称疾不入。无忌等至内殿，上顾谓无忌曰：“皇后无子，武昭仪有子，今欲立昭仪为后，何如？”遂良对曰：“皇后名家，先帝为陛下所娶。为，于伪翻。先帝临崩，执陛下手谓臣曰：‘朕佳儿佳妇，今以付卿。’此陛下所闻，言犹在耳。皇后未闻有过，岂可轻废！臣不敢曲从陛下，上违先帝之命！”上不悦而罢。明日又言之，遂良曰：“陛下必欲易皇后，伏请妙择天下令族，何必武氏。武氏经事先帝，众所具知，天下耳目，安可蔽也。万代之后，谓陛下为如何！愿留三思！臣今忤陛下，罪当死。”忤，五故翻。因置笏于殿阶，解巾叩头流血曰：“还陛下笏，乞放归田里。”上大怒，命引出。昭仪在帘中大言曰：“何不扑杀此獠！”无忌曰：“遂良受先朝顾命，有罪不可加刑。”扑，弼角翻，又普木翻。獠，鲁皓翻。朝，直遥翻。顾，音古。考异曰：唐历云：“无忌等将入，遂良曰：‘今者多为中宫事，遂良欲谏，何如？’无忌曰：‘公但极言，无忌接公。’及入，上再三顾无忌曰：‘莫大之罪，无过绝嗣。皇后无子，今欲废之，立武士彟女，何如？’无忌曰：‘自贞观二十三年后，先朝托付遂良，望陛下问其可否？’”按如此则是无忌卖遂良也。今不取。于志宁不敢言。

韩瑗因间奏事，间，古苋翻。涕泣极谏，上不纳。明日又谏，悲不自胜，胜，音升。上命引出。瑗又上疏谏曰：“匹夫匹妇，犹相选择，况天子乎！皇后母仪万国，善恶由之，故嫫母辅佐黄帝，汉书古今人表：㑄母，黄帝妃，生仓林。师古曰：㑄，音谟；即嫫母也。何承天纂文曰：嫫母，丑人也，黄帝爱幸之。嫫，音谟。妲己倾覆殷王，妲己，有苏氏之美女，纣爱之，唯妲己之言是从，卒以亡殷。妲，当割翻。诗云：‘赫赫宗周，褒姒灭之。’诗小雅正月之辞。韩瑗之意，谓嫫母以丑而佐黄帝有天下，妲己、褒姒以美艳而亡殷、周，女在德不在色也。每览前古，常兴叹息，不谓今日尘黩圣代。作而不法，后嗣何观！左传，曹刿谏鲁庄公之辞。愿陛下详之，无为后人所笑！使臣【张："臣"下脱"言"字。】有以益国，菹醢之戮，臣之分也！分，扶问翻。昔吴王不用子胥之言而麋鹿游于姑苏。汉伍被曰：昔子胥谏吴王，吴王不用，乃曰，"臣今见麋鹿游于姑苏之台也。"师古曰：姑苏，因山为台名，西南去吴国二十五里。范成大吴郡志曰：姑苏台在姑苏山。旧图经云：在吴县西三十里。续图经云：三十五里。史记正义曰：在吴县西南三十里，横山西北麓姑苏山上。臣恐海内失望，棘荆生于阙庭，宗庙不血食，期有日矣！"来济上表谏曰："王者立后，上法乾坤，必择礼教名家，幽闲令淑，副四海之望，称神祇之意。是故周文造舟以迎太姒，而兴关雎之化，百姓蒙祚；太姒，文王之妃也。诗云：文定厥祥，亲迎于渭，造舟为梁，不显其光。太姒佐文王以兴王业，故关雎美其德。称，尺证翻。造，七到翻。孝成纵欲，以婢为后，使皇统亡绝，社稷倾沦。事见汉成帝纪。有周之隆既如彼，大汉之祸又如此，惟陛下详察！"上皆不纳。褚遂良、韩瑗、来济言皆痛切。此时去贞观未远，士大夫敢言之气未衰，自三人者得罪，在朝之臣唯承武后风旨，安能言人所难言哉！

他日，李勣入见，见，贤遍翻。上问之曰："朕欲立武昭仪为后，遂良固执以为不可。遂良既顾命大臣，事当且已乎？"对曰："此陛下家事，何必更问外人！"自李勣有是言，李林甫袭取之以成明皇杀三子之祸。德宗舒王之议亦祖此说，微李泌，东宫殆哉！上意遂决。许敬宗宣言于朝曰："田舍翁多收十斛麦，尚欲易妇；况天子欲立后，何豫诸人事而妄生异议乎！"以田舍翁况天子，许敬宗之事君，不敬莫大乎是！朝，直遥翻。昭仪令左右以闻。庚午，贬遂良为潭州都督。潭州，在京师南二千四百四十五里。

王崇武标点容肇祖聂崇岐覆校

资治通鉴卷第二百

端明殿学士兼翰林侍读学士太中大夫
提举西京嵩山崇福宫上柱国河内郡开国公 司马光 奉敕编集
食邑二千二百户食实封九百户赐紫金鱼袋臣

后学天台 胡三省 音注

唐纪十六

起旃蒙单阏（乙卯）十月，尽玄黓阉茂（壬戌）七月，凡六年有奇。

高宗天皇大圣大弘孝皇帝上之下

永徽六年（乙卯、六五五）

1 冬，十月，己酉，下诏称："王皇后、萧淑妃谋行鸩毒，废为庶人，母及兄弟，并除名，流岭南。"许敬宗奏："故特进赠司空王仁佑告身尚存，使逆乱馀孽犹得为荫，唐制：凡受官者皆给以符，谓之告身。司空，正一品。凡三品以上，荫及曾孙。并请除削。"从之。

乙卯，百官上表请立中宫，上，时掌翻；下同。乃下诏曰："武氏门著勋庸，地华缨黻，往以才行选入后庭，行，下孟翻。誉重椒闱，德光兰掖。朕昔在储贰，特荷先慈，常得侍从，弗离朝夕，荷，下可翻。从，才用翻。离，力智翻。宫壸之内，恒自饬躬，恒，户登翻。嫔嫱之间，未尝迕目，嫱，慈良翻，妇官也。迕，五故翻。逆而视之，谓之迕目。圣情鉴悉，每垂赏叹，遂以武氏赐朕，事同政君，政君，事见二十七卷汉宣帝甘露三年。可立为皇后。"

丁巳，赦天下。是日，皇后上表称：“陛下前以妾为宸妃，韩瑗、来济面折庭争，事见上卷上年。瑗，于眷翻。折，之舌翻。争，读曰诤。此既事之极难，岂非深情为国，为，于伪翻。乞加褒赏。”上以表示瑗等，瑗等弥忧惧，屡请去位，上不许。

十一月，丁卯朔，临轩命司空李勣赍玺绶册皇后武氏。玺，斯氏翻。绶，音受。是日，百官朝皇后于肃义门。

故后王氏，故淑妃萧氏，并囚于别院，上尝念之，间行至其所，间，古苋翻。见其室封闭极密，惟窍壁以通食器，恻然伤之，呼曰：“皇后、淑妃安在？”王氏泣对曰：“妾等得罪为宫婢，何得更有尊称！”称，尺证翻。又曰：“至尊若念畴昔，使妾等再见日月，乞名此院为回心院。”上曰：“朕即有处置。”处，昌吕翻。武后闻之，大怒，遣人杖王氏及萧氏各一百，断去手足，捉【章：十二行本“捉”作“投”；乙十一行本同；孔本同；张校同。】酒瓮中，曰：“令二妪骨醉！”断，丁管翻。去，羌吕翻。妪，威遇翻。数日而死，又斩之。王氏初闻宣敕，再拜曰：“愿大家万岁！昭仪承恩，死自吾分。”淑妃骂曰：“阿武妖猾，乃至于此！愿他生我为猫，阿武为鼠，生生扼其喉。”由是宫中不畜猫。分，扶问翻。妖，于乔翻。畜，吁玉翻。寻又改王氏姓为蟒氏，蟒，莫朗翻。蛇最大者曰蟒。萧氏为枭氏。枭，古尧翻。武后数见王、萧为祟，被发沥血如死时状。后徙居蓬莱宫，复见之，数，所角翻。祟，虽遂翻。复，扶又翻。大明宫接西内，宫城之东北曰东内，本永安宫，贞观八年置，九月，更名大明宫，以备太上皇清暑。后高宗以风痹，厌西内湫湿，龙朔三年始大兴葺，曰蓬莱宫。故多在洛阳，终身不归长安。

己巳，许敬宗奏曰：“永徽爰始，国本未生，权引彗星，越升明两。易离卦大象曰：明两作离，大人以继明照四方。彗，祥岁翻。近者元妃载诞，正胤降神，言代王弘，武后之子，当立。重光日融，爝晖宜息。崔豹古今注曰：汉文（?）帝为太子，乐人歌四章以赞太子之德：

一曰日重光，二曰月重轮，三曰星重晖，四曰海重润。庄子曰：日月出矣而爝火不息，其于光也不亦难乎！重，直龙翻。爝，即略翻。安可反植枝干，久易位于天庭；倒袭裳衣，使违方于震位！震，长子也，以守社稷宗庙，为祭主也。又，父子之际，人所难言，汉武帝语田千秋之辞。事或犯鳞，必婴严宪，骊龙颔下有逆鳞径尺，婴之则死；谕人主之威不可犯也。煎膏染鼎，臣亦甘心。"上召见，问之，对曰："皇太子，国之本也，本犹未正，万国无所系心。且在东宫者，所出本微，今知国家已有正嫡，必不自安。窃位而怀自疑，恐非宗庙之福，愿陛下熟计之。"上曰："忠已自让。"对曰："能为太伯，愿速从之。"

2 西突厥颉苾达度设数遣使请兵讨沙钵罗可汗。厥，九勿翻。数，所角翻。使，疏吏翻。可，从刊入声。汗，音寒。甲戌，遣丰州都督元礼臣册拜颉苾达度设为可汗。礼臣至碎叶城，自弓月城过思浑川，渡伊丽河至碎叶界，又西行千里至碎叶城，属焉耆都督府界。沙钵罗发兵拒之，不得前。颉苾达度设部落多为沙钵罗所并，馀众寡弱，不为诸姓所附，礼臣竟不册拜而归。

3 中书侍郎李义府参知政事。义府容貌温恭，与人语，必嬉怡微笑，而狡险忌克，故时人谓义府笑中有刀；又以其柔而害物，谓之李猫。

显庆元年（丙辰、六五六）

1 春，正月，辛未，以皇太子忠为梁王、梁州刺史；立皇后子代王弘为皇太子，生四年矣。忠既废，官属皆惧罪亡匿，无敢见者；右庶子李安仁独候忠，泣涕拜辞而去。安仁，纲之孙也。李纲著节于隋、唐之间。

2 壬申，赦天下，改元。

3 二月，辛亥，赠武士彟司徒，赐爵周国公。彟，一虢翻。

4 三月，以度支侍郎杜正伦为黄门侍郎、同三品。显庆元年，改户部为度支。度，徒洛翻。

5 夏，四月，壬子，矩州人谢无灵举兵反，矩州诸蛮亦东谢蛮之种落。武德四年置矩州。黔州都督李子和讨平之。黔，音琴。

6 己未，上谓侍臣曰："朕思养人之道，未得其要，公等为朕陈之！"为，于伪翻。来济对曰："昔齐桓公出游，见老而饥寒者，命赐之食，老人曰：'愿赐一国之饥者。'赐之衣，曰：'愿赐一国之寒者。'公曰：'寡人之廪府安足以周一国之饥寒！'老人曰：'君不夺农时，则国人皆有馀食矣；不夺蚕要，则国人皆有馀衣矣！'故人君之养人，在省其征役而已。今山东役丁，岁别数万，役之则人大劳，取庸则人大费。臣愿陛下量公家所须外，馀悉免之。"量，音良。上从之。

7 六月，辛亥，礼官奏停太祖、世祖配祀，高祖受禅，追尊祖虎曰景皇帝，庙号太祖；考昺曰元皇帝，庙号世祖。以高祖配昊天于圜丘，太宗配五帝于明堂；武德初，立圜丘坛于明德门外道东二里，坛制四成，各广八尺一寸，下成广二十丈，再成广十五丈，三成广十丈，四成广五丈。每祀，则昊天上帝及配帝设位于平座，藉用藁秸，器用陶匏，五方上帝、日月、内官、中官、外官及众星，并皆从祀。其五方帝及日月七座，在坛之第二等内；五星已下官五十五座，在坛之第三等；二十八宿已下官一百三十五座，在坛之第四等；外官一百二十二座，在坛下外壝之内；众星三百六十座，在外壝之外。以景帝配圜丘，元帝配明堂。从之。

8 秋，七月，乙丑，西洱蛮酋长杨栋附、显和蛮酋长王郎【章：十二行本"郎"作"罗"；乙十一行本同。】祁、郎·昆·梨·盘四州酋长王伽冲等帅众内附。黎州本西宁州，武德七年，分南宁州二县置，贞观八年，更名黎州。其地北接昆州，晋梁水郡地也。盘州本西平州，武德四年置，贞观八年，更名，晋兴古郡地也。洱，乃吏翻。酋，慈由翻。帅，读曰率。

9 癸未，以中书令崔敦礼为太子少师、同中书门下三品。

八月，丙申，固安昭公崔敦礼薨。谥法：容仪恭美曰昭；昭德有劳曰昭。

10 辛丑，葱山道行军总管程知节击西突厥，与歌逻、【章：十二行本“逻”下有“禄”字；乙十一行本同；孔本同；退斋校同。】处月二部战于榆慕谷，处月、处密、姑苏、歌逻禄、弩失毕五姓之众，贺鲁为叶护时所统也。据新书，歌逻禄即葛逻禄也。“榆慕谷”，旧书本纪作“榆幕谷”。大破之，斩首千馀级。副总管周智度攻突骑施、处木昆等部于咽城，拔之，西突厥咄陆五啜，处木昆、突骑施皆一啜也。据新书，咽城即处木昆所居。处，昌吕翻。斩首三万级。

11 乙巳，龟兹王布失毕入朝。龟兹，音丘慈。朝，直遥翻。

12 李义府恃宠用事。洛州妇人淳于氏，美色，系大理狱，义府属大理寺丞毕正义枉法出之，属，之欲翻。将纳为妾，大理卿段宝玄疑而奏之。上命给事中刘仁轨等鞫之，义府恐事泄，逼正义自缢于狱中。缢，于计翻。上知之，原义府罪不问。

侍御史涟水王义方欲奏弹之，涟水，旧曰襄贲，置东海郡。东魏改曰海安郡。隋开皇初，废郡，改襄贲曰涟水，属海州，唐属泗州。涟，音连。先白其母曰：“义方为御史，视奸臣不纠则不忠，纠之则身危而忧及于亲为不孝，二者不能自决，奈何？”母曰：“昔王陵之母，杀身以成子之名。事见九卷汉高帝元年。汝能尽忠以事君，吾死不恨！”义方乃奏：“义府于辇毂之下，擅杀六品寺丞；唐六典：大理寺丞，从六品上。就云正义自杀，亦由畏义府威，杀身以灭口。如此，则生杀之威，不由上出，渐不可长，请更加勘当！”长，知两翻。当，丁浪翻。于是对仗，叱义府令下；义府顾望不退。义方三叱，上既无言，义府始趋出，义方乃读弹文。上释义府不问，而谓义方毁辱大臣，言辞不逊，贬莱州司户。

13 九月，【章：十二行本“月”下有“庚辰”二字；乙十一行本同。】括州暴风，海溢，溺四千馀家。新志：处州本括州永嘉郡，时兼有永嘉之地，上元元年，始析置温州。

14 冬，十一月，丙寅，生羌酋长浪我利波等帅众内附，以其地置柘、栱二州。柘州，蓬山郡。栱州，以钵南伏浪恐部置，皆属松州都督府。宋白曰：柘州以开拓为称，音达各翻。

15 十二月，程知节引军至鹰娑川，遇西突厥二万骑，别部鼠尼施等二万馀骑继至，鼠尼施，咄陆五啜之一也，居鹰娑川，后置鹰娑都督府。娑，素何翻。前军总管苏定方帅五百骑驰往击之，西突厥大败，追奔二十里，杀获千五百馀人，获马及器械，绵亘山野，不可胜计。胜，音升。副大总管王文度害其功，言于知节曰："今兹虽云破贼，官军亦有死伤，乘危轻脱，乃成败之法耳，何急而为此！自今常结方陈，置辎重在内，陈，读曰阵。重，直用翻。遇贼则战，此万全策也。"又矫称别得旨，以知节恃勇轻敌，委文度为之节制，遂收军不许深入。士卒终日跨马，被甲结陈，不胜疲顿，被，皮义翻；下同。陈，读曰阵。胜，音升。马多瘦死。定方言于知节曰："出师欲以讨贼，今乃自守，坐自困敝，若遇贼必败；懦怯如此，何以立功！且主上以公为大将，将，即亮翻。岂可更遣军副专其号令，事必不然。请囚文度，飞表以闻。"知节不从。

至恒笃城，新书作"怛笃城"。有群胡归附，文度曰："此属伺我旋师，还复为贼，伺，相吏翻。复，扶又翻。不如尽杀之，取其资财。"定方曰："如此乃自为贼耳，何名伐叛！"文度竟杀之，分其财，独定方不受。师旋，文度坐矫诏当死，特除名；知节亦坐逗遛追贼不及，减死免官。

16 是岁，以太常卿驸马都尉高履行为益州长史。高履行尚太宗女东阳公主。

17 韩瑗上疏，为褚遂良讼冤曰：上，时掌翻。为，于伪翻。"遂良体国忘家，捐身徇物，风霜其操，铁石其心，社稷之旧臣，陛下之贤佐。无闻罪状，斥去朝廷，内外甿黎，咸嗟举措。论语：孔子曰："举直错诸枉则民服，举枉错诸直则民不服。"臣闻晋武弘裕，不贻刘毅之诛；事见八十一卷太康三年。汉祖深仁，无恚周昌之直。注已见前。恚，於避翻。而遂良被迁，已经寒暑，违忤陛下，其罚塞焉。忤，五故翻。塞，悉则翻。伏愿缅鉴无辜，缅，远也。稍宽非罪，俯矜微款，以顺人情。"上谓瑗曰："遂良之情，朕亦知之。然其悖戾好犯上，悖，蒲内翻，又蒲没翻。好，呼到翻。故以此责之，卿何言之深也！"对曰："遂良社稷忠臣，为谗谀所毁。昔微子去而殷国以亡，殷纣暴虐日甚，微子抱乐器以奔周。武王乃告诸侯曰："殷有重罪，不可不伐。"遂伐纣，灭之。张华存而纲纪不乱。事见八十二卷至八十三卷。陛下无故弃逐旧臣，恐非国家之福！"上不纳。瑗以言不用，乞归田里；上不许。

18 刘洎之子讼其父冤，称贞观之末，为褚遂良所谮而死，事见一百九十八卷贞观十九年。洎，其冀翻。李义府复助之。复，扶又翻。上以问近臣，众希义府之旨，皆言其枉。给事中长安乐彦玮独曰："刘洎大臣，人主暂有不豫，岂得遽自比伊、霍！今雪洎之罪，谓先帝用刑不当乎？"当，丁浪翻。上然其言，遂寝其事。

二年（丁巳、六五七）

1 春，正月，癸巳，分哥逻禄部置阴山、大漠二都督府。以谋落部置阴山府，以炽俟部置大漠府，俱属北庭都护府。逻，郎佐翻。

2 闰月，壬寅，上行幸洛阳。

3 庚戌，以左屯卫将军苏定方为伊丽道行军总管，伊丽河，一名帝帝河。帅燕然都护渭南任雅相、燕然都护府在黄河北，北至阴山七十里，至回纥界七百里，去京师二千七百里；龙朔三年改曰瀚海都督府，总章二年，改为安北大都护府。杜佑曰：后为中受降城，南去朔方千三百馀里。后魏于渭南置渭南郡，隋废为县，属京兆。帅，读曰率。燕，因肩翻。任，音壬。相，息亮翻。副都护萧嗣业发回纥等兵，自北道讨西突厥沙钵罗可汗。嗣业，钜之子也。萧钜见一百八十一卷隋炀帝大业六年。

初，右卫大将军阿史那弥射及族兄左屯卫大将军步真，皆西突厥酋长，酋，慈由翻。长，知两翻。太宗之世，帅众来降；弥射，室点密可汗五世孙，世为莫贺咄叶护，贞观中，遣使立为可汗。族兄步真谋杀弥射而自立，弥射不能国，即入朝，步真遂自立为咄陆叶护，众不厌，去之，因亦与族人入朝。帅，读曰率。降，户江翻，至是，诏以弥射、步真为流沙安抚大使，考异曰：旧西突厥咄陆传："咄陆可汗泥熟，父莫贺设，贞观七年，遣鸿胪少卿刘善因册为吞阿娄状奚利苾咄陆可汗。明年，泥熟卒，弟同娥设立，为咥利失可汗。"弥射传云："弥射者，室点密可汗五代孙也，世统十姓部落，在本蕃为莫贺咄叶护，贞观六年，诏遣鸿胪少卿刘善因就蕃立为奚利邲咄陆可汗。其族兄步真欲自立，谋杀弥射，弥射既与步真有隙，以贞观十三年，率所部处月、处密部落入朝。其后步真遂自立为咄陆叶护，部落不服，步真复携家属入朝。弥射后从太宗征高丽有功，封平襄县伯，显庆二年，转右武卫大将军。"新传略同。今欲以咄陆、弥射为二人，则事多相类；以为一人，则事又相违，疑不能明，故但云西突厥酋长。余按弥射为咄陆可汗，唐所册也；步真为咄陆叶护，自称也。咄陆之号虽同，而可汗、叶护，位之尊卑有异，不必泥咄陆之号而传疑，而弥射、步真实二人也。余前注所引者新传也，其辞略，考异所引者旧传也，其辞详，大略同也。又参考新、旧书，刘善因册可汗事，与通鉴有六年、七年之差，而新、旧书可汗号有"娄拔"、"妻状"之差，旧书又多一"奚"字，而贞观中立弥射为奚利邲咄陆可汗，则新、旧书同。详而考之，刘善因册泥孰为奚利邲咄陆可汗，明年而泥孰死，弟同娥设立，为沙钵罗咥利失可汗，又三年而咥利失不为众所归，西部又立欲谷设为乙毗咄陆可汗。二可汗兵争，咥利失、乙毗相继走死他国，而射匮实承之。太宗崩，贺鲁反，而射匮为贺鲁所并。西突厥世次，晓然可考。而新、旧书于弥射传皆云：贞观中，遣刘善因立弥射为奚利邲咄陆可汗。以泥孰传观之，则善因所立者，泥孰也。以弥射传观之，则善因所立者，弥射也。考异所疑，当以此耳。自南道招集旧众。

4 二月，辛酉，车驾至洛阳宫。

5 庚午，立皇子显为周王。壬申，徙雍王素节为郇王。雍，于用翻。郇，音荀。

6 三月，甲辰，以潭州都督褚遂良为桂州都督。桂州至京师，水陆路四千七百六十里。

7 癸丑，以李义府兼中书令。

8 夏，五月，丙申，上幸明德宫避暑。上自即位，每日视事；庚子，宰相奏天下无虞，请隔日视事；许之。

9 秋，七月，丁亥朔，上还洛阳宫。

10 王玄策之破天竺也，见上卷贞观二十二年。得方士那罗迩娑婆寐以归，娑，素何翻。自言有长生之术，太宗颇信之，深加礼敬，使合长生药。太宗令娑婆寐于金飙门合延年药。合，音閤。发使四方求奇药异石，又发使诣婆罗门诸国采药。使，疏吏翻。其言率皆迂诞无实，苟欲以延岁月，药竟不就，乃放还。上即位，复诣长安，复，扶又翻。又遣归。玄策时为道王友，道王元庆，高祖之子。唐诸王府置友一人，从五品下，掌陪侍规讽。辛亥，奏言："此婆罗门实能合长年药，自诡必成，今遣归，可惜失之。"玄策退，上谓侍臣曰："自古安有神仙！秦始皇、汉武帝求之，疲弊生民，卒无所成，卒，子恤翻。果有不死之人，今皆安在！"李勣对曰："诚如圣言。此婆罗门今兹再来，容发衰白，已改于前，何能长生！陛下遣之，内外皆喜。"娑婆寐竟死于长安。

11 许敬宗、李义府希皇后旨，诬奏侍中韩瑗、中书令来济与褚遂良潜谋不轨，以桂州用武之地，授遂良桂州都督，欲以为外援。八月，丁卯，瑗坐贬振州刺史，济贬台州刺史，终身不听朝觐。台州，汉回浦县地，光武改回浦为章安县。吴孙亮分会稽东部都尉为临海郡，治章安，江左皆因之。隋平陈，废为临海县，属永嘉郡。唐武德四年，分置台州。诸州刺史有朝集，故禁绝二人，不得至京师。振州至京师八千六百六里。台州在京师东南四千一百七十七里。朝，直遥翻。又贬褚遂良为爱州刺史，荣州刺史柳奭为象州刺史。荣州至京师二千九百七十三里。象州至京师四千九百八十九里。考异曰：唐历："三月甲辰，贬遂良为桂州都督，奭爱州刺史。"据实录，"奭坐韩瑗又贬象州。"新旧书、唐历皆云爱州，误也。今从实录。

遂良至爱州，上表自陈：上，时掌翻。"往者濮王、承乾交争之际，臣不顾死亡，归心陛下。时岑文本、刘洎奏称'承乾恶状已彰，身在别所，其于东宫，不可少时虚旷，少，诗沼翻。请且遣濮王往居东宫。'臣又抗言固争，皆陛下所见。卒与无忌等四人共定大策。事见一百九十七卷贞观十七年。卒，子恤翻。及先朝大渐，独臣与无忌同受遗诏。见上卷贞观二十三年。朝，直遥翻。陛下在草土之辰，不胜哀恸，臣以社稷宽譬，陛下手抱臣颈。臣与无忌区处众事，咸无废阙，数日之间，内外宁谧。力小任重，动罹愆过，蝼蚁馀齿，乞陛下哀怜。"表奏，不省。胜，音升。处，昌吕翻。省，悉景翻。

12 己巳，礼官奏："四郊迎气，存太微五帝之祀；南郊明堂，废纬书六天之义。其方丘祭地之外，别有神州，亦请合为一祀。"从之。欧阳修曰：礼曰，以禋祀祀昊天上帝。此天也，郑玄以为天皇大帝者，北辰耀魄宝也。又曰：兆五帝于四郊，此五行精气之神也，玄以为青帝灵威仰，赤帝赤熛怒，黄帝含枢纽，白帝白招矩，黑帝叶光纪者，五天也。由是有六天之说。唐初贞观礼，冬至祀昊天上帝于圆丘，正月辛日，祀感生帝灵威仰于南郊以祈谷，而孟夏雩于南郊，季春大享于明堂，皆祀五天帝。至高宗时，礼官以谓太史圆丘图，昊天上帝在坛上，而耀魄宝在坛第一等，则昊天上帝非耀魄宝可知。许敬宗与礼官议曰：六天出于纬书，而南郊、圜丘一也，玄以为二物。郊及明堂，本以祭天，而玄皆以为祭太微五帝。传曰：凡祀，启蛰而郊，郊而后耕。故郊祀后稷以祈农事。而玄谓周祭感帝灵威仰，配以后稷，因而祈谷，皆缪说也。由是尽黜玄说。又武德中，冬至及孟夏雩祭皇地祇于方丘，神州地祇于北郊，今亦合为一祀。

13 辛未，以礼部尚书许敬宗为侍中，兼度支尚书杜正伦为兼中书令。

14 冬，十月，戊戌，上行幸许州。许州，汉颍川郡地，东魏立南郑州，后周改许州，因古许国以名州也。至京师一千二百里，至东都四百里。乙巳，畋于滍水之南。壬子，至汜水曲。滍，直几翻。汜水曲在郑州新郑县界。师古曰：汜，旧音凡，今俗读为祀。十二月，乙卯朔，车驾还洛阳宫。

15 苏定方击西突厥沙钵罗可汗，厥，九勿翻。可，从刊入声。汗，音寒。至金山北，先击处木昆部，大破之，其俟斤懒独禄等帅万馀帐来降，俟，渠之翻。帅，读曰率；下同。降，户江翻。定方抚之，发其千骑与俱。

右领军郎将薛仁贵上言："泥孰部素不伏贺鲁，泥孰部，弩失毕五俟斤之一也。骑，奇寄翻；下同。将，即亮翻；下同。上，时掌翻。为贺鲁所破，虏其妻子。今唐兵有破贺鲁诸部得泥孰妻子者，宜归之，仍加赐赉，使彼明知贺鲁为贼而大唐为之父母，则人致其死，不遗力矣。"上从之。泥孰喜，请从军共击贺鲁。

定方至曳咥河西，曳咥河在伊丽河东。沙钵罗帅十姓兵且十万，来拒战。咄陆五啜、弩失毕五俟斤，是为西突厥十姓。定方将唐兵及回纥万馀人击之。沙钵罗轻定方兵少，直进围之。纥，下没翻。少，诗沼翻。定方令步兵据南原，攒矟外向，矟，色角翻。自将骑兵陈于北原。陈，读曰阵；下布陈同。沙钵罗先攻步军，三冲不动，定方引骑兵击之，沙钵罗大败，追奔三十里，斩获数万人；明日，勒兵复进。复，扶又翻；下可复同。于是胡禄屋等五弩失毕悉众来降，沙钵罗独与处木昆屈律啜数百骑西走。降，户江翻。处，昌吕翻。啜，陟劣翻。骑，奇寄翻。时阿史那步真出南道，五咄陆部落闻沙钵罗败，皆诣步真降。定方乃命萧嗣业、回纥婆闰将胡兵趋邪罗斯川，旧书：贺鲁居多逻斯川，在西州直北一千五百里。此邪罗斯川当在伊丽水之西。咄，当没翻。嗣，祥吏翻。纥，下没翻。趋，读曰趣，音七喻翻。邪，读曰耶。追沙钵罗，定方与任雅相将新附之众继之。任，音壬。相，息亮翻。将，即亮翻，又音如字。会大雪，平地二尺，军中咸请俟晴而行，定方曰："虏恃雪深，谓我不能进，必休息士马，亟追之可及，若缓之，彼遁逃浸远，不可复追，省日兼功，在此时矣！"乃蹋雪昼夜兼行。所过收其部众，至双河，与弥射、步真合，去沙钵罗所居二百里，布陈长驱，径至其牙帐。贺鲁牙帐在金牙山，直石国东北。复，扶又翻。陈，读曰阵。沙钵罗与其徒将猎，定方掩其不备，纵兵击之，斩获数万人，得其鼓纛，纛，徒到翻，又徒沃翻。沙钵罗与其子咥运、婿阎啜等脱走，趣石国。咥，徒结翻。啜，陟劣翻。趣，七喻翻。定方于是息兵，诸部各归所居，通道路，置邮驿，掩骸骨，问疾苦，画疆埸，复生业，凡为沙钵罗所掠者，悉括还之，十姓安堵如故。乃命萧嗣业将兵追沙钵罗，定方引军还。埸，音亦。嗣，祥吏翻。还，从宣翻，又音如字。

沙钵罗至石国西北苏咄城，咄，当没翻。人马饥乏，遣人赍珍宝入城市马，城主伊沮达官沮，子余翻。诈以酒食出迎，诱之入，诱，音酉。闭门执之，送于石国。萧嗣业至石国，石国人以沙钵罗授之。

乙丑，分西突厥地置濛池、昆陵二都护府，濛池都护府居碎叶川西，昆陵都护府居碎叶川东。考异曰：旧书贺鲁传云："定方行至曳咥河西，贺鲁率胡禄居阙啜等二万馀骑，列陈而待。定方率任雅相等与之交战，贼众大败，斩大首领都搭达官等二百馀人，贺鲁及阙啜轻骑奔窜，渡伊西丽河，兵马溺死者甚众。弥射进军至伊丽水，处月、处密等部各帅众来降。弥射又进次双河，贺鲁先使步失达官鸠集散卒，据栅拒战，弥射、步真攻之，大溃，又与苏定方攻贺鲁于碎叶水，大破之。"旧书本纪："三年二月，定方平贺鲁；甲寅，西域平，以其地置濛池、昆陵二都督府。"据实录，擒贺鲁置二都督皆在此月。本纪又非奏到月日。今从实录。以阿史那弥射为左卫大将军、昆陵都护、兴昔亡可汗，押五咄陆部落；阿史那步真为右卫大将军、濛池都护、继往绝可汗，押五弩失毕部落。遣光禄卿卢承庆持节册命，仍命弥射、步真与承庆据诸姓降者，准其部落大小，位望高下，授刺史以下官。

16 丁卯，以洛阳宫为东都，唐六典：洛阳宫在东都皇城之北，东西四里一百八十步，南北二里八十五步，周回十三里二百四十一步。洛州官吏员品并如雍州。雍，于用翻。

17 是岁，诏："自今僧尼不得受父母及尊者礼拜，尼，女夷翻。所司明有法制禁断。"有，当作为。断，音短。

18 以吏部侍郎刘祥道为黄门侍郎，仍知吏部选事。选，须绢翻；下同。祥道以为："今选司取士伤滥，每年入流之数，过一千四百，杂色入流，曾不铨简。杂色补官者，谓之流外官；入流内叙品，谓之入流。即日内外文武官一品至九品，凡万三千四百六十五员，约准三十年，则万三千馀人略尽矣。即日者，即今日也。若年别入流者五百人，别，彼列翻。足充所须之数。望有厘革。"既而杜正伦亦言入流人太多。上命正伦与祥道详议，而大臣惮于改作，事遂寝。祥道，林甫之子也。刘林甫贞观初为吏部侍郎，请四时听选。

三年(戊午、六五八)

1 春，正月，戊子，长孙无忌等上所修新礼；诏中外行之。上，时掌翻。先是，议者谓贞观礼节文未备，先，悉荐翻。故命无忌等修之。时许敬宗、李义府用事，所损益多希旨，学者非之。太常博士萧楚材等以为豫备凶事，非臣子所宜言；敬宗、义府深然之，遂焚国恤一篇，由是凶礼遂阙。唐制：太常博士从七品上，掌六礼之仪式，本先王之法制，适变随时而损益焉。六礼既阙凶礼，遂为五礼焉。

2 初，龟兹王布失毕妻阿史那氏与其相那利私通，布失毕不能禁，布失毕归国，见上卷永徽元年。龟兹，音丘慈，又音屈佳。由是君臣猜阻，各有党与，互来告难。难，乃旦翻。上两召之，既至，囚那利，遣左领军郎将雷文成送布失毕归国。十四卫郎将，正五品上。至龟兹东境泥师城，龟兹大将羯猎颠发众拒之，仍遣使降于西突厥沙钵罗可汗。使，疏吏翻。布失毕据城自守，不敢进。诏左屯卫大将军杨胄发兵讨之。会布失毕病卒，胄与羯猎颠战，大破之，擒羯猎颠及其党，尽诛之，乃以其地为龟兹都督府。戊申，立布失毕之子素稽为龟兹王兼都督。

3 二月，丁巳，上发东都；甲戌，至京师。

4 夏，五月，癸未，徙安西都护府于龟兹，以旧安西复为西州都督府，镇高昌故地。贞观十四年平高昌，置安西都护府于交河城，今徙于龟兹。

5 六月，营州都督兼东夷都护程名振、右领军中郎将薛仁贵将兵攻高丽之赤烽镇，拔之，斩首四百馀级，捕虏百馀人。高丽遣其大将豆方娄帅众三万拒之，名振以契丹逆击，大破之，斩首二千五百级。考异曰：旧书仁贵传云："显庆二年，副程名振经略辽东，破高丽于贵端城，斩首三千级。"今从实录。

6 秋，八月，甲寅，播罗哀獠酋长多胡桑等帅众内附。播罗哀，罗窦生獠部落之名。獠，鲁皓翻。酋，慈由翻。长，知两翻。

7 冬，十月，庚申，吐蕃赞普来请婚。

8 中书令李义府有宠于上，诸子孩抱者并列清贵。而义府贪冒无厌，冒，莫北翻。厌，于盐翻。母、妻及诸子、女婿，卖官鬻狱，其门如市，多树朋党，倾动朝野。朝，直遥翻。中书令杜正伦每以先进自处，处，昌吕翻。义府恃恩，不为之下，由是有隙，与义府讼于上前。上以大臣不和，两责之。十一月，乙酉，贬正伦横州刺史，义府普州刺史。正伦寻卒于横州。横州，汉广郁高梁之地。晋武帝太康七年，置宁浦郡，梁分置简阳郡。隋置简州，大业废为宁浦县，属郁林郡。唐武德初，复置南简州，贞观八年，更名横州。至京师五千五百三十九里，至东都四千七百五里。普州，汉牛鞞、垫江、资中三县地。后周置安岳县，并置普州。隋废州，以县属资阳郡。唐武德二年，复置普州。至京师二千三百六十里，至东都三千二百三里。卒，子恤翻。

9 阿史那贺鲁既被擒，谓萧嗣业曰："我本亡虏，为先帝所存，事见上卷贞观二十二年。被，皮义翻。先帝遇我厚而我负之，今日之败，天所怒也。吾闻中国刑人必于市，愿刑我于昭陵之前以谢先帝。"上闻而怜之。贺鲁至京师，甲午，献于昭陵。敕免其死，分其种落为六都督府，以处木昆部为匐延都督府，突骑施索葛莫贺部为嗢鹿都督府，胡禄屋阙部为盐泊都督府，摄舍提暾部为双河都督府，鼠尼施处半部为鹰娑都督府。突骑施阿利施部为洁山都督府。种，章勇翻。其所役属诸国皆置州府，西尽波斯，并隶安西都护府。四镇都督府，州三十四；西域都督府十六，州七十二。贺鲁寻死，葬于颉利墓侧。

10 戊戌，以许敬宗为中书令，大理卿辛茂将为兼侍中。

11 开府仪同三司鄂忠武公尉迟敬德薨。尉，纡勿翻。敬德晚年闲居，学延年术，修饰池台，奏清商乐以自奉养，不交通宾客，凡十六年，年七十四，以病终，朝廷恩礼甚厚。

12 是岁，爱州刺史褚遂良卒。

13 雍州司士许祎与来济善，唐雍州士曹，司士参军事，正七品下，掌津梁舟车舍宅工艺。雍，于用翻。祎，吁韦翻。侍御史张伦与李义府有怨，吏部尚书唐临奏以祎为江南道巡察使，伦为剑南道巡察使。使，疏吏翻。是时义府虽在外，皇后常保护之，以临为挟私选授。

四年（己未、六五九）

1 春，二月，乙丑，免临官。

2 三月，壬午，西突厥兴昔亡可汗与真珠叶护战于双河，斩真珠叶护。真珠叶护事始上卷永徽四年。

3 夏，四月，丙辰，以于志宁为太子太师、同中书门下三品；乙丑，以黄门侍郎许圉师参知政事。考异曰：旧传云："二年，同中书门下三品。"新传无年。今从实录。按考异所谓旧传、新传，皆许圉师传也。

4 武后以太尉赵公长孙无忌受重赐而不助己，事见上卷永徽五年。深怨之。及议废王后，燕公于志宁中立不言，事见上卷永徽六年。燕，因肩翻。武后亦不悦。许敬宗屡以利害说无忌，无忌每面折之，敬宗亦怨。说，输芮翻。折，之舌翻。武后既立，无忌内不自安，后令敬宗伺其隙而陷之。伺，相吏翻。

会洛阳人李奉节告太子洗马韦季方、监察御史李巢朋党事，洗，悉荐翻。监，古衔翻。敕敬宗与辛茂将鞫之。敬宗按之急，季方自刺，不死，刺，七亦翻。敬宗因诬奏季方欲与无忌构陷忠臣近戚，使权归无忌，伺隙谋反，今事觉，故自杀。上惊曰："岂有此邪！舅为小人所间，间，古苋翻。小生疑阻则有之，何至于反！"敬宗曰："臣始末推究，反状已露，陛下犹以为疑，恐非社稷之福。"考异曰：实录："洛阳人李奉节上封事告太子洗马韦季方、监察御史李巢交通朝贵，有朋党之事。诏敬宗与侍中辛茂将鞫之，敬宗按之甚急，季方事迫，自刺，不死。又搜奉节，得私书，有题与赵师者，遂奏言：'赵师，即无忌也。阴为隐语，欲陷忠良，伺隙谋反。'上惊曰：'岂当有此，或容恶人间构，小生疑阻，至于即反，犹恐不然。'敬宗奏曰：'臣始末推勘，自奉节有赵师之言，又得伪书，是季方所作，即疑无忌欲反。使其潜行构间，斥除忠臣近戚，此计若行，自然权归无忌。踪迹已露，陛下犹有所疑，恐非社稷之福。'"旧无忌传云："敬宗使人上封事，称监察御史李巢与无忌交通谋反，诏敬宗与茂将鞫之。"唐历、统纪与实录略同。按奉节乃告事之人，推鞫者岂得反搜奉节之家。且与赵师者谁之私书，若是季方书，安得在奉节家！若在奉节家，奉节当执以兴讼，何待搜而后得！又既云赵师是无忌，乃是实与无忌书，何得谓之伪书！实录叙此事殊卤莽，首尾差舛，不可知其详实，故略取大意而已。旧传所云，虽为简径，然高宗初无疑无忌之心，故李弘泰告无忌反，高宗立斩之，何至奉节而独令敬宗鞫之也。且实录在前而详，列传在后而略，故亦未可据也。上泣曰："我家不幸，亲戚间屡有异志，往年高阳公主与房遗爱谋反，事见上卷永徽三年。今元舅复然，复，扶又翻。使朕惭见天下之人。兹事若实，如之何？”对曰：“遗爱乳臭儿，与一女子谋反，势何所成！无忌与先帝谋取天下，天下服其智；为宰相三十年，无忌自贞观初为相，至是三十馀年。天下畏其威；若一旦窃发，陛下遣谁当之！今赖宗庙之灵，皇天疾恶，因按小事，乃得大奸，实天下之庆也。臣窃恐无忌知季方自刺，窘急发谋，攘袂一呼，呼，火故翻。同恶云集，必为宗庙之忧。臣昔见宇文化及父述为炀帝所亲任，结以婚姬，委以朝政；述卒，化及复典禁兵，卒，子恤翻。复，扶又翻；下宗复同。一夕于江都作乱，先杀不附己者，臣家亦豫其祸，于是大臣苏威、裴矩之徒，皆舞蹈马首，唯恐不及，黎明遂倾隋室。事见一百八十六卷高祖武德元年。前事不远，愿陛下速决之！”上命敬宗更加审察。明日，敬宗复奏曰：“昨夜季方已承与无忌同反，臣又问季方：‘无忌与国至亲，累朝宠任，何恨而反？’季方答云：‘韩瑗尝语无忌云：语，牛倨翻。“柳奭、褚遂良劝公立梁王为太子，今梁王既废，上亦疑公，故出高履行于外。”履行，无忌舅子也，去年出为益州长史。自此无忌忧恐，渐为自安之计。后见长孙祥又出，韩瑗得罪，日夜与季方等谋反。’臣参验辞状，咸相符合，请收捕准法。”上又泣曰：“舅若果尔，朕决不忍杀之，【章：十二行本“之”下有“若杀之”三字；乙十一行本同；张校同，云无注本亦无。】天下将谓朕何，后世将谓朕何！”敬宗对曰：“薄昭，汉文帝之舅也，文帝从代来，昭亦有功，所坐止于杀人，文帝使百官素服哭而杀之，事见汉文帝纪。至今天下以文帝为明主。今无忌忘两朝之大恩，谋移社稷，其罪与薄昭不可同年而语也。幸而奸状自发，逆徒引服，陛下何疑，犹不早决！古人有言：‘当断不断，反受其乱。’道家之言。断，丁乱翻。安危之机，间不容发。无忌今之奸雄，王莽、司马懿之流也；陛下少更迁延，少，诗沼翻。臣恐变生肘腋，悔无及矣！”上以为然，竟不引问无忌。戊辰，下诏削无忌太尉及封邑，以为扬州都督，于黔州安置，准一品供给。唐六典，膳部郎中：一品食料，每日细白米二升，粳米、粱米各一斗五升，粉一升，油五升，盐一升半，醋三升，蜜三合，粟一斗，梨七颗，苏一合，干枣一升，木橦十根，炭十斤，葱韭豉蒜姜椒之类各有差。每月给羊二十口，猪肉六十斤，鱼三十头各一尺，酒九斗。黔，音琴。祥，无忌之从父兄子也，从，才用翻。前此自工部尚书出为荆州长史，故敬宗以此诬之。

敬宗又奏：“无忌谋逆，由褚遂良、柳奭、韩瑗构扇而成；奭仍潜通宫掖，谋行鸩毒，于志宁亦党附无忌。”于是诏追削遂良官爵，除奭、瑗名，免志宁官。于志宁欲以缄默免祸而卒不免，不若褚遂良无愧于昭陵也。遣使发道次兵援送无忌诣黔州。使，疏吏翻。无忌子秘书监驸马都尉冲等皆除名，流岭表。长孙冲尚太宗女长乐公主。遂良子彦甫、彦冲流爱州，于道杀之。益州长史高履行累贬洪州都督。自大都督府长史为远州都督为贬。益州，在京师西南二千三百七十九里，至东都三千二百一十六里。洪州在京师东南三千九十里，至东都二千二百一十一里。考异曰：旧传云三年，误也。今从唐历。

5 五月，丙申，兵部尚书任雅相、度支尚书卢承庆并参知政事。承庆，思道之孙也。卢思道仕于高齐，以文称。任，音壬。相，息亮翻。度，徒洛翻。

6 凉州刺史赵持满，多力善射，喜任侠，喜，许记翻。其从母为韩瑗妻，从，才用翻；下之从同。其舅驸马都尉长孙铨，无忌之族弟也，铨坐无忌，流巂州。巂，音髓。许敬宗恐持满作难，难，乃旦翻。诬云无忌同反，“诬云”之下，恐脱“与”字。驿召至京师，下狱，讯掠备至，终无异辞，曰：“身可杀也，辞不可更！”下，遐嫁翻。掠，音亮。更，工衡翻。吏无如之何，乃代为狱辞结奏。结奏，结其罪而奏之。戊戌，诛之，尸于城西，亲戚莫敢视。友人王方翼叹曰："栾布哭彭越，义也；事见十二卷汉高帝十一年。文王葬枯骨，仁也。下不失义，上不失仁，不亦可乎！"乃收而葬之。上闻之，不罪也。方翼，废后之从祖兄也。长孙铨至流所，县令希旨杖杀之。

7 六月，丁卯，诏改氏族志为姓氏录。

初，太宗命高士廉等修氏族志，事见一百九十五卷贞观十二年。升降去取，时称允当。当，丁浪翻。至是，许敬宗等以其书不叙武氏本望，奏请改之，乃命礼部郎中孔志约等比类升降，以后族为第一等，其馀悉以仕唐官品高下为准，凡九等。于是士卒以军功致位五品，豫士流，时人谓之"勋格"。

8 许敬宗议封禅仪，己巳，奏："请以高祖、太宗俱配昊天上帝，太穆、文德二皇后俱配皇地祇。"从之。

9 秋，七月，命御史往高州追长孙恩，象州追柳奭，振州追韩瑗，并枷锁诣京师，仍命州县簿录其家。恩，无忌之族弟也。

壬寅，命李勣、许敬宗、辛茂将与任雅相、卢承庆更共覆按无忌事。考异曰：唐历：是日以台州刺史来济为庭州刺史。按来济与韩瑗事同一体，瑗方下狱，济岂得移官。旧书云，五年徙庭州，近是。许敬宗又遣中书舍人袁公瑜等诣黔州，再鞫无忌反状，黔，音琴。至则逼无忌令自缢。诏柳奭、韩瑗所至斩决。使者杀柳奭于象州。考异曰：旧传云："奭累贬爱州刺史，高宗就爱州杀之。"今从实录。韩瑗已死，发验而还。发棺而验其尸。还，从宣翻，又如字。考异曰：旧瑗传云："四年卒官，明年，长孙无忌死，遣使杀之，使至，瑗已死。"褚遂良传："三年卒官，后二岁追削官爵。"实录或因无忌徙黔州，终言之。然诸书多在此月，盖因实录、年代记云，七月辛未，遣使逼无忌自缢。按长历，七月丙子朔，无辛未，不可据也。籍没三家，近亲皆流岭南为奴婢。常州刺史长孙祥坐与无忌通书，处绞。常州在京师东南二千八百四十三里，至东都一千九百八十三里。处，昌吕翻。长孙恩流檀州。檀州，汉渔阳郡𥈮奚县地。后魏置安州，后周改曰玄州。隋开皇十六年改檀州，大业初，废州为安乐郡，唐复为檀州。在京师东北二千五百六十七里，至东都一千八百四十四里。考异曰：唐统纪、唐历皆云“长孙思”，新书云“族弟恩”。统纪、唐历，长孙铨流巂州，县令希旨杀之，在此下。实录，“铨流巂州，许敬宗惧其甥赵持满作难，遂杀持满。”是铨流巂州在前，今从之。

10 八月，壬子，以普州刺史李义府兼吏部尚书、同中书门下三品。义府既贵，自言本出赵郡，与诸李叙昭穆；昭，市招翻。无赖之徒借其权势，拜伏为兄叔者甚众。给事中李崇德初与同谱，及义府出为普州，即除之。义府闻而衔之，及复为相，复，扶又翻。使人诬构其罪，下狱，自杀。下，遐稼翻。

11 乙卯，长孙氏、柳氏缘无忌、奭贬降者十三人。高履行贬永州刺史。永州旧零陵郡，隋平陈，置永州，在京师南三千二百七十四里，至东都三千六百六十五里。于志宁贬荣州刺史，于氏贬者九人。自是政归中宫矣。

12 九月，诏以石、米、史、大安、小安、曹、拔汗那、悒怛、疏勒、朱驹半等国置州县府百二十七。米国，或曰弥末，或曰弭秣贺，北百里距康国；其王治钵息德城。大安，一曰布豁，又曰捕喝，元魏谓忸密者，东北至小安四百里，西濒乌浒河，治河谧城，即康居小君长罽王故地。小安，一曰东安，曰喝汗，在那密水之阳，东距河二百里许，治喝汗城。曹亦有东、西、中国，东曹居波悉山之阴，汉贰师城地也，北至石，西至康，东北宁远，皆四百里。西曹者，隋时曹国也，南接史及波览，治瑟底痕城。中曹治迦底真城。拔汗那，即宁远，或曰钹汗，元魏所谓破洛那，去京师八千里，居西鞬城，在真珠河之北，后分为二：一治呼闷城，一治遏塞城。悒怛国，汉大月氏之种，大月氏为乌孙所夺，西过大宛，击大夏臣之，大夏即吐火罗也；厌哒，王姓也，后世以姓为国，讹为悒怛。杜佑曰：厌哒，或云高车之别种，或云大月氏之别种；悒怛亦大月氏别种。如佑所云，则厌哒、悒怛似是两国。疏勒，一名佉沙，距长安九千里而羸。悒，音邑。怛，当割翻。

13 冬，十月，丙午，太子加元服，赦天下。太子加元服，其仪备见于新书礼志。

14 初，太宗疾山东士人自矜门地，婚姻多责资财，命修氏族志例降一等；王妃、主婿皆取勋臣家，不议山东之族。而魏征、房玄龄、李勣家皆盛与为婚，常左右之，左右，读曰佐佑。由是旧望不减；或一姓之中，更分某房某眷，高下悬隔。李义府为其子求婚不获，恨之，为，于伪翻。故以先帝之旨，劝上矫其弊。壬戌，诏后魏陇西李宝、太原王琼、荥阳郑温、范阳卢子迁、卢浑、卢辅、清河崔宗伯、崔元孙、前燕博陵崔懿、晋赵郡李楷等子孙，不得自为婚姻。燕，因肩翻。仍定天下嫁女受财之数，毋得受陪门财。陪门财者，女家门望未高，而议姻之家非耦，令其纳财以陪门望。然族望为时所尚，终不能禁，或载女窃送夫家，或女老不嫁，终不与异姓为婚。其衰宗落谱，昭穆所不齿者，往往反自称禁婚家，益增厚价。厚取陪门之财也。昭，市招翻。

15 闰月，戊寅，上发京师，令太子监国。太子思慕不已，人少则慕父母。上闻之，遽召赴行在。戊戌，车驾至东都。监，古衔翻。

16 十一月，丙午，以许圉师为散骑常侍、检校侍中。散，悉亶翻。骑，奇寄翻。

17 戊午，侍中兼左庶子辛茂将薨。

18 思结俟斤都曼帅疏勒、朱俱波、谒般陀三国反，新书作"喝盘陀"，或曰"汉陀"，曰"渴馆檀"，亦谓"渴罗陀"；由疏勒西南入剑末谷不忍岭六百里，则其国也；距瓜州四千五百里，直朱俱波西南，距悬度山。俟，渠之翻。帅，读曰率。击破于阗。癸亥，以左骁卫大将军苏定方为安抚大使以讨之。骁，坚尧翻。使，疏吏翻。

19 以卢承庆同中书门下三品。

20 右领军中郎将薛仁贵等与高丽将温沙门战于横山，破之。

将，即亮翻。丽，力知翻。

21 苏定方军至业叶水，自庭州轮台县西行三百许里，至业叶河。思结保马头川。定方选精兵万人、骑三千匹驰往袭之，一日一夜行三百里，诘旦，至城下，骑，奇寄翻。诘，去吉翻。都曼大惊。战于城外，都曼败，退保其城。及暮，诸军继至，遂围之，都曼惧而出降。降，户江翻。

五年（庚申、六六〇）

1 春，正月，定方献俘于乾阳殿。乾阳殿在洛阳宫。法司请诛都曼。定方请曰："臣许以不死，故都曼出降，愿丐其馀生。"丐，古太翻。上曰："朕屈法以全卿之信。"乃免之。

2 甲子，上发东都；二月，辛巳，至并州。东都至并州八百八里。三月，丙午，皇后宴亲戚故旧邻里于朝堂，妇人于内殿，班赐有差。武后，并州文水县人。天子行幸所至，皆有朝堂。太宗伐高丽，张受降幕于朝堂之侧，是也。皇后所居为内殿。朝，直遥翻。诏："并州妇人年八十以上，皆版授郡君。"郡君有正四品、从四品、正五品之差。

3 百济恃高丽之援，数侵新罗；数，所角翻。新罗王春秋上表求救。辛亥，以左武卫大将军苏定方为神丘道行军大总管，新书作"神兵道"。帅左骁卫将军刘伯英等帅，读曰率。骁，坚尧翻。水陆十万以伐百济。考异曰：旧书定方传、新罗传皆云定方为熊津道大总管。实录定方传亦同。今从此年实录、新唐书本纪。又旧本纪、唐历皆云，"四年十二月癸亥，以定方为神丘道大总管，刘伯英为嵎夷道行军总管。"按定方时讨都曼，未为神丘道总管，旧书、唐历皆误。今从实录。以春秋为嵎夷道行军总管，因尧典"宅嵎夷曰旸谷"而命之。将新罗之众，与之合势。将，即亮翻。

4 夏，四月，丙【章：十二行本"丙"作"戊"；乙十一行本同。】寅，上发并州；癸巳，至东都。五月，作合璧宫。时改八关宫为合璧宫，在东都苑内。壬戌，上幸合璧宫。

5 戊辰，以定襄都督阿史德枢宾、左武候将军延陀梯真、梯真，薛延陀之种，因以为姓。居延州都督李合珠并为冷岍道行军总管，岍，与嶙同，即冷径山。奚与契丹依阻此山以自固。其地在潢水之南，黄龙之北。各将所部兵以讨叛奚，仍命尚书右丞崔馀庆充使总护三部兵，奚寻遣使降。将，即亮翻；下同。使，疏吏翻。降，户江翻。更以枢宾等为沙砖道行军总管，以讨契丹，擒契丹松漠都督阿卜固送东都。砖，职缘翻。

6 六月，庚午朔，日有食之。

7 甲午，车驾还洛阳宫。

8 房州刺史梁王忠，年浸长，颇不自安，或私衣妇人服以备刺客；长，知两翻。衣，于既翻。又数自占吉凶。数，所角翻。或告其事，秋，七月，乙巳，废忠为庶人，徙黔州，囚于承乾故宅。太宗贞观十七年，徙太子承乾于黔州。黔，音琴。

9 丁卯，度支尚书、同中书门下三品卢承庆坐科调失所免官。度支尚书，凡傜赋职贡之方，经费赒给之算，藏货赢缩之准，悉以咨之。今科调不得其所，为不任其职，故免所居官。调，徒吊翻。

10 八月，吐蕃禄东赞遣其子起政将兵击吐谷浑，以吐谷浑内附故也。吐，从暾入声。谷，音浴。

11 苏定方引兵自成山济海，百济据熊津江口以拒之。定方进击破之，百济死者数千人，馀皆溃走。定方水陆齐进，直趣其都城。北史：百济都俱拔城，亦曰固麻城，其外更有五方，中方曰古沙城，东方曰得安城，南方曰久知下城，西方曰刀先城，北方曰熊津城。趣，七喻翻。未至二十馀里，百济倾国来战，大破之，杀万馀人，追奔，入其郭。百济王义慈及太子隆逃于北境，定方进围其城；义慈次子泰自立为王，帅众固守。隆子文思曰："王与太子皆在，而叔遽拥兵自王，帅，读曰率；下同。王，于况翻。借使能却唐兵，我父子必不全矣。"遂帅左右逾城来降，百姓皆从之，泰不能止。定方命军士登城立帜，泰窘迫，开门请命。于是义慈、隆及诸城主皆降。降，户江翻。帜，昌志翻。百济故有五部，分统三十七郡、二百城、七十六万户，诏以其地置熊津等五都督府，熊津、马韩、东明、金连、德安五都督府。以其酋长为都督、刺史。酋，慈由翻。长，知两翻。

12 壬午，左武卫大将军郑仁泰将兵讨思结、拔也固、仆骨、同罗四部，拔也固即拔野古。仆骨即仆固。将，即亮翻。三战皆捷，追奔百馀里，斩其酋长而还。

13 冬，十月，上初苦风眩头重，目不能视，百司奏事，上或使皇后决之。后性明敏，涉猎文史，处事皆称旨。由是始委以政事，权与人主侔矣。史言后移唐祚，至是而势成。处，昌吕翻。称，尺证翻。

14 十一月，戊戌朔，上御则天门楼，唐六典：东都宫城南面三门，中曰应天，后以武后号则天，遂更曰则天也。受百济俘，自其王义慈以下皆释之。苏定方前后灭三国，皆生擒其主。谓贺鲁、都曼、义慈也。赦天下。

15 甲寅，上幸许州。十二月，辛未，畋于长社。长社，汉古县，属颍川郡，隋改长社曰颍川，唐复旧，带许州。己卯，还东都。

16 壬午，以左骁卫大将军契苾何力为浿江道行军大总管，浿水，在高丽国中。骁，坚尧翻。契，欺讫翻。浿，普盖翻。左武卫大将军苏定方为辽东道行军大总管，左骁卫将军刘伯英为平壤道行军大总管，蒲州刺史程名振为镂方道总管，将兵分道击高丽。青州刺史刘仁轨坐督海运覆船，以白衣从军自效。考异曰：旧传云："监统水军征辽，以后期坐免官。"按仁轨从军乃在百济，非征辽也。今从张鷟朝野佥载。

龙朔元年(辛酉、六六一)

1 春，正月，乙卯，募河南北、淮南六十七州兵，得四万四千馀人，诣平壤、镂方行营。戊午，以鸿胪卿萧嗣业为扶馀道行军总管，帅回纥等诸部兵诣平壤。胪，陵如翻。帅，读曰率。纥，下没翻。

2 二月，乙未晦，改元。

3 三月，丙申朔，上与群臣及外夷宴于洛城门，唐六典：洛阳宫城西北出曰洛城西门，其内曰德昌殿，德昌殿南出曰延庆门，又南曰韶晖门，西南曰洛城南门，其内曰洛城殿。观屯营新教之舞，谓之一戎大定乐。取一戎衣天下大定之义。舞者，百四十人，被五采甲，持槊而舞。刘昫曰：大定乐出自破陈乐，自破陈舞以下，皆雷大鼓，杂以龟兹之乐，声振百里，动荡山谷。大定乐加金钲，象平辽东而边隅大定也。杜佑曰：大定乐歌云："八纮同轨乐。"时上欲亲征高丽，以象用武之势也。

4 初，苏定方既平百济，留郎将刘仁愿镇守百济府城，又以左卫中郎将王文度为熊津都督，抚其馀众。文度济海而卒，卒，子恤翻。百济僧道琛、故将福信聚众据周留城，将，即亮翻。迎故王子丰于倭国而立之，倭，乌禾翻。引兵围仁愿于府城。诏起刘仁轨检校带方州刺史，带方州置于百济界，因古地名以名州。考异曰：金载云："刘仁愿以仁轨检校带方州刺史。"今从本传。将王文度之众，便道发新罗兵以救仁愿。将，即亮翻。仁轨喜曰："天将富贵此翁矣！"于州司请唐历及庙讳以行，按刘仁轨自青州刺史白衣从军，此盖于青州州司请之也。曰："吾欲扫平东夷，颁大唐正朔于海表！"仁轨御军严整，转斗而前，所向皆下。百济立两栅于熊津江口，仁轨与新罗兵合击，破之，杀溺死者万馀人。溺，奴狄翻。道琛乃释府城之围，退保任存城；任存城在百济西部任存山。考异曰：实录或作"任孝城"，未知孰是。今从其多者。新罗粮尽，引还。道琛自称领军将军，福信自称霜岑将军，招集徒众，其势益张。张，知亮翻。仁轨众少，与仁愿合军，休息士卒。少，诗沼翻。上诏新罗出兵，新罗王春秋奉诏，遣其将金钦将兵救仁轨等，至古泗，福信邀击，败之。将，即亮翻。败，补迈翻。钦自葛岭道遁还新罗，不敢复出。复，扶又翻。福信寻杀道琛，专总国兵。

5 夏，四月，丁卯，上幸合璧宫。

6 庚辰，以任雅相为浿江道行军总管，契苾何力为辽东道行军总管，苏定方为平壤道行军总管，与萧嗣业及诸胡兵凡三十五军，水陆分道并进。上欲自将大军继之；癸巳，皇后抗表谏亲征高丽；丽，力知翻。诏从之。

7 六月，癸未，以吐火罗、嚈哒、罽宾、波斯等十六国罽宾，隋漕国也，居葱岭南，距长安万二千里而羸。四国及诃达罗支国、解苏国、骨咄施国、帆延国、石汗那国、护时犍国、怛没国、乌拉喝国、多勒建国、俱蜜国、护蜜多国、久越得犍国，凡十六。嚈，益涉翻。哒，当割翻，又宅轧翻。罽，音计。置都督府八，州七十六，考异曰：唐历云："置州二十六"，今从统纪。今按新书地理志，时自于阗以西，波斯以东，凡十六国，各以其王都为都督府。吐火罗国都为月氏都督府，领州二十五。嚈哒国都为大汗都督府，领州十五。诃达罗支国都为条支都督府，领州九。解苏国都为天马都督府，领州二。骨咄施国都为高附都督府，领州二。罽宾国都为修鲜都督府，领州十。帆延国都为写凤都督府，领州四。石汗那国都为悦般州都督府，领州二。护时犍国都为奇沙州都督府，领州二。怛没国都为姑墨州都督府，领州一。乌拉喝国都为旅獒州都督府，多勒建国都为昆墟州都督府，俱蜜国都为至拔州都督府，护蜜多国都为鸟飞州都督府，领州一；久越得犍国都为王庭州都督府，波斯国都为波斯都督府。通鉴言置都督府八者，盖谓月氏、大汗、条支、天马、高附、修鲜、写凤、波斯八都督府，馀悦般等八州都督府不预也。新志所载领州七十二，其数亦与通鉴所引统纪不合。县一百一十，军府一百二十六，并隶安西都护府。

8 秋，七月，甲戌，苏定方破高丽于浿江，屡战皆捷，遂围平壤城。

9 九月，癸巳朔，特进新罗王春秋卒；以其子法敏为乐浪郡王、新罗王。卒，子恤翻。乐浪，音洛琅。

10 壬子，徙潞王贤为沛王。贤闻王勃善属文，属，之欲翻。召为修撰。撰，士免翻。勃，通之孙也。王通，隋末大儒，谥文中子。时诸王斗鸡，勃戏为檄周王鸡文。考异曰：旧传云"檄英王鸡"，按中宗为英王时，沛王贤已为太子，当云周王。上见之，怒曰："此乃交构之渐。"斥勃出沛府。

11 高丽盖苏文遣其子男生以精兵数万守鸭绿水，诸军不得渡。契苾何力至，值冰大合，何力引众乘冰渡水，鼓噪而进，高丽大溃，追奔数十里，斩首三万级，馀众悉降，降，户江翻。男生仅以身免。会有诏班师，乃还。

12 冬，十月，丁卯，上畋于陆浑；陆浑，古伊川，春秋时，秦、晋迁陆浑戎于此。汉因以名县，属弘农郡。后魏置伊川郡，隋废郡改县，曰伏流。大业初，复曰陆浑，属洛州。戊申，又畋于非山；癸酉，还宫。

13 回纥酋长婆闰卒，侄比粟毒代领其众，纥，下没翻。酋，慈由翻。长，知两翻。卒，子恤翻。考异曰：新书传云："婆闰卒，子比粟嗣。"今从旧传。与同罗、仆固犯边，诏左武卫大将军郑仁泰为铁勒道行军大总管，燕然都护刘审礼、左武卫将军薛仁贵为副，燕，因肩翻。鸿胪卿萧嗣业为仙萼道行军总管，碛北有仙萼河。右屯卫将军孙仁师为副，将兵讨之。将，即亮翻。审礼，德威之子也。刘德威见一百五十四卷太宗贞观十一年。

二年（壬戌、六六二）

1 春，正月，辛亥，立波斯都督卑路斯为波斯王。

2 二月，甲子，改百官名：以门下省为东台，中书省为西台，尚书省为中台；侍中为左相，中书令为右相，仆射为匡政，左、右丞为肃机，尚书为太常伯，侍郎为少常伯；其馀二十四司、御史台、九寺、七监、十六卫，并以义训更其名，而职任如故。改吏部为司列，司勋、司封如故，考功为司绩，户部为司元，度支为司度，金部为司珍，仓部为司庾，礼部为司礼，祠部为司禋，主客为司蕃，膳部为司膳，兵部为司戎，职方为司城，驾部为司舆，库部为司库，刑部为司刑，都官为司仆，比部为司计，司门为司关，工部为司平，屯田为司田，虞部为司虞，水部为司川，凡二十四司；郎中皆改为大夫。改御史台曰宪台，大夫曰大司宪，中丞曰司宪大夫。改太常寺曰奉常寺，光禄寺曰司宰寺，卫尉寺曰司卫寺，宗正寺曰司宗寺，太仆寺曰司驭寺，大理寺曰详刑寺，鸿胪寺曰同文寺，司农寺曰司稼寺，太府寺曰外府寺，凡九寺；卿皆曰正卿，少卿皆曰大夫。改秘书省曰兰台监，监曰太史，少监曰侍郎，丞曰大夫。殿中省为中御府监，监曰太监。国子监为司成馆，祭酒曰大司成，司业曰少司成。少府监为内府监。将作监为缮工监，大匠曰大监，少匠曰少监。都水监为司津监。凡七监。左·右卫府、骁卫府、武卫府皆省“府”字，左、右威卫曰左、右武威卫，左、右领军卫曰左、右戎卫，左、右候卫曰左、右金吾卫，左、右监门府曰左、右监门卫，左、右千牛府曰左、右奉宸卫，凡十六卫。

3 甲戌，浿江道大总管任雅相薨于军。雅相为将，浿，普大翻。任，音壬。相，息亮翻。将，即亮翻。未尝奏亲戚故吏从军，皆移所司补授，谓人曰：“官无大小，皆国家公器，岂可苟便其私！”由是军中赏罚皆平，人服其公。

4 戊寅，左骁卫将军白州刺史沃沮道总管庞孝泰白州，本汉合浦县地，武德四年置南州，六年，改白州。沮，子余翻。与高丽战于蛇水之上，军败，与其子十三人皆战死。苏定方围平壤久不下，会大雪，解围而还。

5 三月，郑仁泰等败铁勒于天山。败，补迈翻；下所败同。

铁勒九姓闻唐兵将至，合众十馀万以拒之，选骁健者数十人挑战，薛仁贵发三矢，杀三人，馀皆下马请降。仁贵悉坑之，度碛北，击其馀众，获叶护兄弟三人而还。骁，坚尧翻。挑，徒了翻。降，户江翻。碛，七亦翻。军中歌之曰：“将军三箭定天山，壮士长歌入汉关。”

思结、多滥葛等部落先保天山，闻仁泰等将至，皆迎降；仁泰等纵兵击之，掠其家以赏军。虏相帅远遁，帅，读曰率。将军杨志追之，为虏所败。候骑告仁泰："虏辎重在近，往可取也。"骑，奇寄翻；下同。重，直用翻。仁泰将轻骑万四千，倍道赴之，遂逾大碛，至仙萼河，新书：回鹘牙北六百里至仙娥河。不见虏，粮尽而还。值大雪，士卒饥冻，弃捐甲兵，杀马食之，马尽，人自相食，比入塞，比，必寐翻，及也。馀兵才八百人。

军还，司宪大夫杨德裔劾奏："仁泰等汉御史台有二丞，掌殿内秘书，谓之中丞。汉末改为御史长史，后汉复为中丞。后魏改为中尉正，北齐复曰中丞，后周曰司宪中大夫。隋讳"中"，改为治书御史，唐因之，贞观末，避高宗名，改为中丞。是年，改为司宪大夫，正五品上，掌贰大司宪，持邦国宪章以肃正朝廷。劾，户概翻；又户得翻。诛杀已降，降，户江翻。使虏逃散，不抚士卒，不计资粮，遂使骸骨蔽野，弃甲资寇。自圣朝开创以来，未有如今日之丧败者。仁贵于所监临，贪淫自恣，虽矜所得，不补所丧。并请付法司推科。"丧，息浪翻。监，古衔翻。推科者，推问而科处其罪。诏以功赎罪，皆释之。

以右骁卫大将军契苾何力为铁勒道安抚使，左卫将军姜恪副之，以安辑其馀众。何力简精骑五百，驰入九姓中，虏大惊，何力乃谓曰："国家知汝皆胁从，赦汝之罪，罪在酋长，得之则已。"酋，慈由翻。其部落大喜，共执其叶护及设、特勒等二百馀人以授何力，何力数其罪而斩之，数，所具翻。九姓遂定。

6 甲午，车驾发东都；辛亥，幸蒲州；夏，四月，庚申朔，至京师。

7 辛巳，作蓬莱宫。蓬莱宫即大明宫，亦曰东内。程大昌曰：大明宫地，本太极宫之后苑东北面射殿之地，在龙首山上。太宗初于其地营永安宫，以备太上皇清暑，虽尝改名大明宫，而太上皇仍居大安宫，不曾徙入。龙朔二年，高宗苦风痹，恶太极宫卑下，故就修大明宫，改名蓬莱宫，取殿后蓬莱池以为名。作，营造也。

8 五月，丙申，以许圉师为左相。相，息亮翻。

9 六月，乙丑，初令僧、尼、道士、女官致敬父母。尼，女夷翻。

10 秋，七月，戊子朔，赦天下。

11 丁巳，熊津都督刘仁愿、带方州刺史刘仁轨大破百济于熊津之东，拔真岘城。

初，仁愿、仁轨等屯熊津城，考异曰：去岁道琛、福信围仁愿于百济府城，今云尚在熊津城，或者共是一城。不则围解之后，徙屯熊津城耳。上与之敕书，以"平壤军回，一城不可独固，宜拔就新罗。若金法敏借卿留镇，宜且停彼；若其不须，即宜泛海还也。"将士咸欲西归。仁轨曰："人臣徇公家之利，有死无贰，岂得先念其私！主上欲灭高丽，故先诛百济，留兵守之，制其心腹；虽馀寇充斥而守备甚严，宜砺兵秣马，击其不意，理无不克。既捷之后，士卒心安，然后分兵据险，开张形势，飞表以闻，更求益兵。朝廷知其有成，必命将出师，声援才接，凶丑自歼。将，即亮翻。歼，息廉翻。非直不弃成功，实亦永清海表。今平壤之军既还，熊津又拔，拔，谓拔军就新罗，或拔军西还也。则百济馀烬，不日更兴，高丽逋寇，何时可灭！且今以一城之地居敌中央，苟或动足，即为擒虏，纵入新罗，亦为羁客，脱不如意，悔不可追。况福信凶悖残虐，君臣猜离，行相屠戮；正宜坚守观变，乘便取之，不可动也。"众从之。时百济王丰与福信等以仁愿等孤城无援，遣使谓之曰："大使等何时西还，当遣相送。"使，疏吏翻；下同。仁愿、仁轨知其无备，忽出击之，拔其支罗城及尹城、大山、沙井等栅，杀获甚众，分兵守之。福信等以真岘城险要，加兵守之。仁轨伺其稍懈，引新罗兵夜傅城下，攀草而上，比明，入据其城，伺，相吏翻。懈，古隘翻。傅，音附。上，时掌翻。比，必寐翻。遂通新罗运粮之路。

仁愿乃奏请益兵。诏发淄、青、莱、海之兵七千人以赴熊津。史言刘仁轨能坚忍伺间，待援兵以尽平百济。

福信专权，与百济王丰浸相猜忌。福信称疾，卧于窟室，欲俟丰问疾而杀之。丰知之，帅亲信袭杀福信；果如刘仁轨所料。帅，读曰率。遣使诣高丽、倭国乞师以拒唐兵。倭，乌禾翻。

王崇武标点容肇祖聂崇岐覆校

资治通鉴卷第二百一

端明殿学士兼翰林侍读学士太中大夫
提举西京嵩山崇福宫上柱国河内郡开国公 司马光 奉敕编集
食邑二千二百户食实封九百户赐紫金鱼袋臣

后学天台胡三省音注

唐纪十七

起玄黓阉茂(壬戌)八月，尽上章敦牂(庚午)，凡八年有奇。

高宗天皇大圣大弘孝皇帝中之上

龙朔二年(壬戌、六六二)

1 八月，壬寅，以许敬宗为太子少师、同东西台三品、知西台事。同中书门下三品、知中书事。

2 九月，戊寅，初令八品、九品衣碧。衣，于既翻。

3 冬，十月，丁酉，上幸骊山温汤，太子监国；监，古衔翻。丁未，还宫。

4 庚戌，西台侍郎陕人上官仪同东西台三品。西台侍郎，即中书侍郎。陕，失冉翻。

5 癸丑，诏以四年正月有事于泰山，仍以来年二月幸东都。

6 左相许圉师之子奉辇直长自然，游猎犯人田，奉辇直长，即尚辇直长。殿中六局直长，正七品。龙朔改尚辇局为奉辇局。相，息亮翻。长，知两翻。田主怒，自然以鸣镝射之。射，而亦翻。圉师杖自然一百而不以闻。田主诣司宪讼之，司宪大夫杨德裔不为治。治，直之翻。西台舍人袁公瑜遣人易姓名上封事告之，西台舍人，即中书舍人。为，于伪翻。上，时掌翻。上曰："囷师为宰相，侵陵百姓，匿而不言，岂非作威作福！"囷师谢曰："臣备位枢轴，以直道事陛下，不能悉允众心，故为人所攻讦。讦，居谒翻。至于作威福者，或手握强兵，或身居重镇；臣以文吏，奉事圣明，惟知闭门自守，何敢作威福！"上怒曰："汝恨无兵邪！"许敬宗曰："人臣如此，罪不容诛。"遽令引出。诏特免官。考异曰：旧本纪："十一月辛未，囷师下狱。"新本纪："十一月辛未，囷师贬虔州刺史。"今据实录，辛未，免官，久之，贬虔州刺史。旧纪，贬虔州刺史在三年二月。新本纪误。

7 癸酉，立皇子旭轮为殷王。旭轮后改名旦，是为睿宗。

8 十二月，戊申，诏以方讨高丽、百济，丽，力知翻。河北之民，劳于征役，其封泰山、幸东都并停。

9 𩹉海道总管苏海政𩹉，越笔翻。受诏讨龟兹，龟兹，音丘慈。敕兴昔亡、继往绝二可汗发兵与之俱。可，从刊入声。汗，音寒。至兴昔亡之境，继往绝素与兴昔亡有怨，事见上卷显庆二年注。密谓海政曰："弥射谋反，请诛之。"阿史那弥射是为兴昔亡可汗。时海政兵才数千，集军吏谋曰："弥射若反，我辈无噍类，噍，才笑翻。不如先事诛之。"先，悉荐翻。乃矫称敕，令大总管赍帛数万段赐可汗及诸酋长，兴昔亡帅其徒受赐，海政悉收斩之。其鼠尼施、拔塞干两部亡走，鼠尼施啜，咄陆五部之一也；拔塞干俟斤，弩失毕五部之一也。酋，慈由翻。长，知两翻。帅，读曰率。尼，女夷翻。海政与继往绝追讨，平之。军还，至疏勒南，弓月部复引吐蕃之众来，欲与唐兵战；海政以师老不敢战，以军资赂吐蕃，约和而还。由是诸部落皆以兴昔亡为冤，各有离心。继往绝寻卒，复，扶又翻。卒，子恤翻。十姓无主，有阿史那都支及李遮匐收其馀众附于吐蕃。为都支、遮匐连兵反张本。

10 是岁，西突厥寇庭州，刺史来济将兵拒之，厥，九勿翻。将，即亮翻。谓其众曰："吾久当死，幸蒙存全以至今日，当以身报国。"遂不释甲胄，赴敌而死。

三年(癸亥、六六三)

1 春，正月，左武卫大将军郑仁泰讨铁勒叛者馀种，悉平之。种，章勇翻。

2 乙酉，以李义府为右相，右相，中书令也。仍知选事。选，须绢翻。

3 二月，徙燕然都护府于回纥，更名瀚海都护；徙故瀚海都护于云中古城，更名云中都护。燕然都护置于贞观二十一年，见一百九十八卷。瀚海都护置于永徽元年，见一百九十九卷。燕，因肩翻。更，工衡翻。以碛为境，碛北州府皆隶瀚海，碛南隶云中。云中都护府治金河，即秦、汉云中旧城，东北至朔州三百七十里，麟德元年，更名单于大都护府。杜佑曰：单于都护府南至榆林郡百二十里，东南到马邑郡三百五十里。碛，七逆翻。

4 三月，许圉师再贬虔州刺史，虔州在京师东南四千一十七里，至东都三千四百里。杨德裔以阿党流庭州，圉师子文思、自然并免官。

5 右相河间郡公李义府典选，选，须绢翻。恃中宫之势，专以卖官为事，铨综无次，怨讟盈路，上颇闻之，从容谓义府曰："卿子及婿颇不谨，多为非法，我尚为卿掩覆，卿宜戒之！"从，千容翻。为，于伪翻。覆，敷又翻。义府勃然变色，颈、颊俱张，张，知亮翻。曰："谁告陛下？"上曰："但我言如是，何必就我索其所从得邪！"索，山客翻。义府殊不引咎，缓步而去。上由是不悦。

望气者杜元纪谓义府所居第有狱气，宜积钱二十万缗以厌之，厌，于协翻。义府信之，聚敛尤急。敛，力赡翻。义府居母丧，朔望给哭假，假，古讶翻。辄微服与元纪出城东，登古冢，候望气色，或告义府窥觇灾眚，阴有异图。觇，丑廉翻，又丑艳翻。眚，所景翻。又遣其子右司议郎津召长孙无忌之孙延，受其钱七百缗，除延司津监，唐东宫，司议郎四人，正六品上，掌启奏记注。龙朔改司议郎为左司议郎，太子舍人为右司议郎。汉官有都水长，属主爵，掌诸池沼，后改为使者，后汉改为河堤谒者。晋置都水台，有使者一人，掌舟楫之事；梁改为太舟卿；北齐亦曰都水台；隋改为都水监，唐因之，贞观改为使者，从六品；龙朔元年，改为司津监，掌川泽津梁之政令。右金吾仓曹参军杨行颖告之。夏，四月，乙丑，下义府狱，下，遐嫁翻。遣司刑太常伯刘祥道与御史、详刑共鞫之，司刑太常伯，即刑部尚书。详刑，大理也。唐自永徽以后，大狱以尚书刑部、御史台、大理寺官杂按，谓之三司。仍命司空李勣监焉。监，古衔翻。事皆有实。戊子，诏义府除名，流巂州；津除名，流振州；诸子及婿并除名，流庭州。朝野莫不称庆。巂，音髓。朝，直遥翻。

或作河间道行军元帅刘祥道破铜山大贼李义府露布，李义府，河间人，故云然。帅，所类翻。榜之通衢。义府多取人奴婢，及败，各散归其家，故其露布云："混奴婢而乱放，各识家而竞入。"此姑述时人快义府之得罪而有是，通鉴因采而志之以为世鉴。学者为文类有所祖，汉高帝为太上皇营新丰，后人志其事，其辞云："混鸡犬而乱放，各识家而竞入。"此语所祖，有自来矣。

6 乙未，置鸡林大都督府于新罗国，以金法敏为之。

7 丙午，蓬莱宫含元殿成，上始移仗居之，更命故宫曰西内。故宫，谓太极宫，自武德以来人主居之，自是以后，谓之西内。更，工衡翻。戊申，始御紫宸殿听政。蓬莱宫正殿曰含元殿，含元之后曰宣政殿，宣政殿北曰紫宸门，内有紫宸殿，即内衙之正殿。

8 五月，壬午，柳州蛮酋吴君解反；柳州，汉潭中县地，隋置马平县，唐武德四年，置南昆州，贞观八年改曰柳州。遣冀州长史刘伯英、右武卫将军冯士翙发岭南兵讨之。翙，呼外翻。

9 吐蕃与吐谷浑互相攻，各遣使上表论曲直，更来求援；吐，从暾入声。谷，音浴。使，疏吏翻。上，时掌翻。更，工衡翻，迭也。上皆不许。

吐谷浑之臣素和贵有罪，逃奔吐蕃，具言吐谷浑虚实。吐蕃发兵击吐谷浑，大破之，吐谷浑可汗曷钵与弘化公主帅数千帐弃国走依凉州，请徙居内地。旧唐书曰：吐谷浑自永嘉之末，始西度洮水，建国于群羌之故地，龙朔三年，为吐蕃所灭，凡三百五十年。帅，读曰率；下同。上以凉州都督郑仁泰为青海道行军大总管，帅右武卫将军独孤卿云、辛文陵等分屯凉、鄯二州，以备吐蕃。鄯，时战翻。凉、鄯相去五百八十里。六月，戊申，又以左武卫大将军苏定方为安集大使，节度诸军，为吐谷浑之援。

吐蕃禄东赞屯青海，遣使者论仲琮入见，吐蕃立国之初，有大论、小论以统国事，后因以为贵姓。见，贤遍翻。表陈吐谷浑之罪，且请和亲。上不许。遣左卫郎将刘文祥使于吐蕃，降玺书责让之。将，即亮翻。玺，斯氏翻。

10 秋，八月，戊申，上以海东累岁用兵，百姓困于征调，调，徒吊翻。士卒战溺死者甚众，溺，奴狄翻。诏罢三十六州所造船，遣司元太常伯窦德玄等司元太常伯，即户部尚书。分诣十道，问人疾苦，黜陟官吏。德玄，毅之曾孙也。窦毅，太穆皇后之父。

11 九月，戊午，熊津道行军总管、右威卫将军孙仁师等破百济馀众及倭兵于白江，拔其周留城。倭，乌禾翻。

初，刘仁愿、刘仁轨既克真岘城，克真岘城，见上卷二年。诏孙仁师将兵，浮海助之。将，即亮翻；下同。百济王丰南引倭人以拒唐兵，仁师与仁愿、仁轨合兵，势大振。诸将以加林城水陆之冲，欲先攻之，仁轨曰："加林险固，急攻则伤士卒，缓之则旷日持久。周留城，虏之巢穴，群凶所聚，除恶务本，书泰誓之言。宜先攻之，若克周留，诸城自下。”于是仁师、仁愿与新罗王法敏将陆军以进，仁轨与别将杜爽、扶馀隆将水军及粮船自熊津入白江，以会陆军，同趣周留城。趣，七喻翻。遇倭兵于白江口，四战皆捷，焚其舟四百艘，烟炎灼天，艘，苏遭翻。炎，读曰焰。海水皆赤。百济王丰脱身奔高丽，王子忠胜、忠志等帅众降，帅，读曰率；下之帅、皆帅同。降，户江翻；下同。百济尽平，唯别帅迟受信据任存城，不下。帅，所类翻。尉，纡勿翻。

初，百济西部人黑齿常之，长七尺馀，骁勇有谋略，长，直亮翻。骁，坚尧翻。仕百济为达率兼郡将，犹中国刺史也。新罗官有十六品，左平一品，达率二品。五方各有方领一人，以达率为之；方有十郡，郡有将三人，以德率为之；德率四品。百济置官，盖与新罗略同也。率，所类翻。苏定方克百济，常之帅所部随众降。定方縶其王及太子，纵兵劫掠，壮者多死。常之惧，与左右十馀人遁归本部，收集亡散，保任存山，结栅以自固，旬月间归附者三万馀人。定方遣兵攻之，常之拒战，唐兵不利；常之复取二百馀城，复，扶又翻。定方不能克而还。还，从宣翻，又如字。常之与别部将沙吒相如沙吒，夷人复姓。吒，陟加翻。各据险以应福信，百济既败，皆帅其众降。刘仁轨使常之、相如自将其众，取任存城，仍以粮仗助之。孙仁师曰：“此属兽心，何可信也！”仁轨曰：“吾观二人皆忠勇有谋，敦信重义；但向者所托，未得其人，今正是其感激立效之时，不用疑也。”遂给其粮仗，分兵随之，攻拔任存城，迟受信弃妻子，奔高丽。

诏刘仁轨将兵镇百济，召孙仁师、刘仁愿还。百济兵火之馀，比屋凋残，比，毗必翻，又毗至翻。僵尸满野，仁轨始命瘗骸骨，籍户口，理村聚，署官长，通道涂，立桥梁，补堤堰，复陂塘，课耕桑，赈贫乏，养孤老，立唐社稷，颁正朔及庙讳，卒如仁轨之志，所谓有志者事竟成也。僵，居良翻。瘗，于计翻。长，知两翻。赈，津忍翻。百济大悦，阖境各安其业。然后修屯田，储糗粮，训士卒，以图高丽。糗，去九翻。

刘仁愿至京师，上问之曰："卿在海东，前后奏事，皆合机宜，复有文理。复，扶又翻。卿本武人，何能如是？"仁愿曰："此皆刘仁轨所为，非臣所及也。"上悦，加仁轨六阶，勋有级，官有阶。正除带方州刺史，为筑第长安，厚赐其妻子，遣使赍玺书劳勉之。为，于伪翻。使，疏吏翻。劳，力到翻。上官仪曰："仁轨遭黜削而能尽忠，黜削，谓白衣从军自效也。仁愿秉节制而能推贤，皆可谓君子矣！"

12 冬，十月，辛巳朔，诏太子每五日于光顺门内视诸司奏事，唐六典：大明宫，紫宸殿内朝正殿也，殿之南面曰紫宸门，左曰崇明门，右曰光顺门。其事之小者，皆委太子决之。

13 十二月，庚子，诏改来年元。

14 壬寅，以安西都护高贤为行军总管，将兵击弓月以救于阗。

15 是岁，大食击波斯、拂菻，破之；拂菻，古大秦国也，居西海上，一曰海西国，去京师四万里，北直突厥可萨部，西濒海，东南接波斯。杜佑曰：大秦，前汉犁靬国也。菻，力锦翻，又力鸩翻。类篇曰偞菻。南侵婆罗门，吞灭诸胡，胜兵四十馀万。胜，音升。

麟德元年（甲子、六六四）去年绛州麟见，又含元殿前麟趾见，于是改元。

1 春，正月，甲子，改云中都护府为单于大都护府，以殷王旭轮为单于大都护。单，音蝉。

初，李靖破突厥，见一百九十三卷太宗贞观四年。厥，九勿翻。迁三百帐于云中城，阿史德氏为之长。长，知两翻。至是，部落渐众，阿史德氏诣阙，请如胡法立亲王为可汗以统之。上召见，谓曰："今之可汗，古之单于也。"故更为单于都护府，更，工衡翻，改也。而使殷王遥领之。

2 二月，戊子，上行幸万年宫。永徽元年，改九成宫为万年宫。

3 夏，四月，壬子，卫州刺史道孝王元庆薨。

4 丙午，魏州刺史郇公孝协坐赃，赐死。司宗卿陇西王博乂奏孝协父叔良死王事，司宗卿，即宗正卿。叔良，太祖之孙。高祖时，叔良击突厥，中流矢薨。郇，音荀。孝协无兄弟，恐绝嗣。上曰："画一之法，不以亲疏异制，汉书云：萧何为法，讲若画一。注云：画一，言整齐也。苟害百姓，虽皇太子亦所不赦。孝协有一子，何忧乏祀乎！"孝协竟自尽于第。

5 五月，戊申朔，遂州刺史许悼王孝薨。孝，上子也，后宫所生。

6 乙卯，于昆明之弄栋川置姚州都督府。刘昫曰：汉益州郡之云南县，古滇国，后汉属永昌郡。蜀刘氏分永昌为建宁郡，又分永昌、建宁置云南郡，而治于弄栋。晋改为晋宁郡，又置宁州。武德四年，安抚大使李英以此州人多姓姚，故置姚州。今升置都督府，管州三十二。

7 秋，七月，丁未朔，诏以三年正月有事于岱宗。

8 八月，丙子，车驾还京师，幸旧宅，旧宅，帝为晋王时所居也。留七日；壬午，还蓬莱宫。

9 丁亥，以司列太常伯刘祥道兼右相，司列太常伯，即吏部尚书。大司宪窦德玄为司元太常伯、检校左相。大司宪，即御史大夫。司元太常伯，即户部尚书。左相，即侍中。

10 冬，十月，庚辰，检校熊津都督刘仁轨上言：上，时掌翻。"臣伏睹所存戍兵，疲羸者多，勇健者少，羸，伦为翻。少，诗沼翻。衣服贫敝，唯思西归，无心展效。臣问以'往在海西，见百姓人人应募，争欲从军，或请自办衣粮，谓之"义征"，何为今日士卒如此？'咸言：'今日官府与曩时不同，人心亦殊。曩时东西征役，身没王事，并蒙敕使吊祭，使，疏吏翻。追赠官爵，或以死者官爵回授子弟，凡渡辽海者，皆赐勋一转。自显庆五年以来，征人屡经渡海，官不记录，其死者亦无人谁何。谁何，问也；问其为谁，缘何而死也。州县每发百姓为兵，其壮而富者，行钱参逐，皆亡匿得免；谓州县官发人为兵，其吏卒之参陪随逐者，富民行钱与之，相为掩蔽，得以亡匿。按元和四年，御史台奏：比来常参官入光范门及中书省，所将参从人数颇多。参从，犹参逐也。贫者身虽老弱，被发即行。顷者破百济及平壤苦战，破百济见上卷显庆五年。平壤苦战见龙朔二年。被，皮义翻。当时将帅号令，许以勋赏，无所不至；及达西岸，惟闻枷锁推禁，夺赐破勋，州县追呼，无以自存，公私困弊，不可悉言。以是昨发海西之日已有逃亡自残者，非独至海外而然也。又，本因征役勋级以为荣宠；而比年出征，皆使勋官挽引，比，毗至翻；挽引，谓挽引舟车。劳苦与白丁无殊，百姓不愿从军，率皆由此。'臣又问：'曩日士卒留镇五年，尚得支济，今尔等始经一年，何为如此单露？'咸言：'初发家日，惟令备一年资装；今已二年，未有还期。'臣检校军士所留衣，今冬仅可充事，来秋以往，全无准拟。陛下留兵海外，欲殄灭高丽。百济、高丽，旧相党援，倭人虽远，亦共为影响，若无镇兵，还成一国。今既资戍守，又置屯田，所借士卒同心同德，而众有此议，何望成功！自非有所更张，厚加慰劳，董仲舒曰：琴瑟不调，必改而更张之。更，工衡翻。劳，力到翻。明赏重罚以吉士心，若止如今日以前处置，恐师众疲老，立效无日。逆耳之事，或无人为陛下尽言，处，昌吕翻。为，于伪翻。故臣披露肝胆，昧死奏陈。"

上深纳其言，遣右威卫将军刘仁愿将兵渡海以代旧镇之兵，将，即亮翻。仍敕仁轨俱还。仁轨谓仁愿曰："国家悬军海外，欲以经略高丽，其事非易。易，以豉翻。今收获未毕，而军吏与士卒一时代去，军将又归。将，即亮翻；下军将同。夷人新服，众心未安，必将生变。不如且留旧兵，渐令收获，办具资粮，节级遣还；节级，犹今人言节次也。军将且留镇抚，未可还也。”仁愿曰：“吾前还海西，大遭谗谤，云吾多留兵众，谋据海东，几不免祸。几，居希翻。今日唯知准敕，准，与準同。本朝寇准为相，省吏避其名，凡文书准字皆去“十”，后遂因而不改。岂敢擅有所为！”仁轨曰：“人臣苟利于国，知无不为，岂恤其私！”乃上表陈便宜，上，时掌翻。自请留镇海东，上从之。仍以扶馀隆为熊津都尉，考异曰：实录作“熊津都督”。按时刘仁轨检校熊津都督，岂可复以隆为之！明年，实录称熊津都尉扶馀隆与金法敏盟。今从之。使招辑其馀众。

11 初，武后能屈身忍辱，奉顺上意，故上排群议而立之；及得志，专作威福，上欲有所为，动为后所制，上不胜其忿。有道士郭行真，出入禁中，尝为厌胜之术，胜，音升。厌，于协翻，又于琰翻。宦者王伏胜发之。上大怒，密召西台侍郎、同东西台三品上官仪议之。仪因言：“皇后专恣，海内所不与，请废之。”上意亦以为然，即命仪草诏。

左右奔告于后，后遽诣上自诉。诏草犹在上所，上羞缩不忍，复待之如初；复，扶又翻。犹恐后怨怒，因绐之曰：“我初无此心，皆上官仪教我。”仪先为陈王谘议，与王伏胜俱事故太子忠，忠自陈王立为皇太子。王府谘议参军，正五品上，掌讦谟左右。后于是使许敬宗诬奏仪、伏胜与忠谋大逆。十二月，丙戌，仪下狱，下，遐嫁翻。与其子庭芝、王伏胜皆死，籍没其家。戊子，赐忠死于流所。显庆五年，忠徙黔州。右相刘祥道坐与仪善，罢政事，为司礼太常伯，司礼太常伯，即礼部尚书。左肃机郑钦泰等左肃机，即尚书左丞。朝士流贬者甚众，皆坐与仪交通故也。朝，直遥翻。

自是上每视事，则后垂帘于后，政无大小，皆与闻之。与，读曰预。天下大权，悉归中宫，黜陟、杀生，决于其口，天子拱手而已，中外谓之二圣。考异曰：唐历："群臣朝谒，万方表奏，皆呼为二圣。帝坐于东间，后坐于西间。后随其爱憎，生杀在コ。"按武后虽悍戾，岂得高宗尚在，与高宗对坐受群臣朝谒乎！恐不至此。今从实录。

12 太子右中护·检校西台侍郎乐彦玮、龙朔改左、右庶子为左、右中护。西台侍郎孙处约并同东西台三品。

二年（乙丑、六六五）

1 春，正月，丁卯，吐蕃遣使入见，请复与吐谷浑和亲，见，贤遍翻。复，扶又翻。仍求赤水地畜牧，即河源之赤水也，本吐谷浑地。畜，吁玉翻。上不许。

2 二月，壬午，车驾发京师；丁酉，至合璧宫。

3 上语及隋炀帝，谓侍臣曰："炀帝拒谏而亡，朕常以为戒，虚心求谏；而竟无谏者，何也？"李勣对曰："陛下所为尽善，群臣无得而谏。"褚遂良、韩瑗之死，不唯拒谏，且杀谏者矣，群臣谁敢复谏乎！李勣献谀以苟禄利，而不知凶于其家。

4 三月，甲寅，以兼司戎太常伯姜恪同东西台三品。恪，宝谊之子也。司戎太常伯，即兵部尚书。姜宝谊从高祖起兵于太原。

5 辛未，东都乾元殿成。乾元殿，洛阳宫正殿也，武后垂拱四年，毁为明堂。闰月，壬申朔，车驾至东都。

6 疏勒弓月引吐蕃侵于阗，敕西州都督崔知辩、左武卫将军曹继叔将兵救之。将，即亮翻。考异曰：实录作"西川都督"。按于时未有西川之名，必西州也。

7 夏，四月，戊辰，左侍极陆敦信龙朔改左、右散骑常侍为左、右侍极。检校右相；句断。西台侍郎孙处约、太子右中护·检校西台侍郎乐彦玮并罢政事。处，昌吕翻。

8 秘阁郎中李淳风龙朔改太史局为秘阁局，令为郎中，丞为郎。以傅仁均戊寅历推步浸疏，乃增损刘焯皇极历，戊寅历始行，见一百八十七卷高祖武德二年。隋时，刘焯造甲子元历，谓之皇极历，为张宾所摈，不得行。焯，之若翻。更撰麟德历；五月，辛卯，行之。更，工衡翻。

9 秋，七月，己丑，兖州都督邓康王元裕薨。

10 上命熊津都尉扶馀隆与新罗王法敏释去旧怨；去，羌吕翻。八月，壬子，同盟于熊津城。刘仁轨以新罗、百济、耽罗、倭国使者浮海西还，耽罗国，一曰儋罗，居新罗武州南岛上，初附百济，后附新罗。会祠泰山，高丽亦遣太子福男来侍祠。

11 冬，十月，癸丑，皇后表称："封禅旧仪，祭皇地祇，太后昭配，而令公卿行事，礼有未安，至日，妾请帅内外命妇奠献。"内命妇，自三妃至采女，以备古者三夫人、九嫔、二十七世妇、八十一御妻。又有六尚、二十四司、二十四典、二十四掌。龙朔二年，又置赞德、宣议、承闺、承旨、卫仙、供奉、侍栉、侍巾，亦分为九品，皆内官也。外命妇，皇姑封大长公主，皇姊妹封长公主，皇女封公主，皇太子之女封郡主，王之女封县主。王母妻为妃，一品及国公母妻为国夫人，三品以上母妻为郡夫人，五品、勋官三品封母妻为县君；散官并同职事；勋官四品封母妻为乡君，其母并加太字，各视其夫、子之品。诏："禅社首以皇后为亚献，兖州博城县有社首山。越国太妃燕氏为终献。"燕氏，越王贞之母，盖太宗妃嫔此时唯燕氏在也。燕，因肩翻。壬戌，诏："封禅坛所设上帝、后土位，先用藁秸、陶匏等，秸，古黠翻。并宜改用茵褥、罍爵，其诸郊祀亦宜准此。"又诏："自今郊庙享宴，文舞用功成庆善之乐，武舞用神功破陈之乐。"陈，读曰阵。

丙寅，上发东都，从驾文武仪仗，数百里不绝。从，才用翻。列营置幕，弥亘原野。东自高丽，西至波斯、乌长诸国自吐火罗逾五种，至婆罗睹逻，北逾山，行六百里，得乌苌国。长，读曰苌。朝会者，各帅其属扈从，穹庐毳幕，牛羊驼马，填咽道路。时比岁丰稔，朝，直遥翻。帅，读曰率。从，才用翻。比，毗至翻。米斗至五钱，麦、豆不列于市。

十一月，戊子，上至濮阳，濮阳，颛顼之墟。春秋卫成公自楚丘徙此。汉为濮阳县，带东郡，晋分为濮阳郡，隋为县，属滑州，唐属濮州。濮，搏木翻。窦德玄骑从。骑，奇寄翻。从，才用翻。上问："濮阳谓之帝丘，何也？"德玄不能对。许敬宗自后跃马而前曰："昔颛顼居此，故谓之帝丘。"上称善。敬宗退，谓人曰："大臣不可以无学；吾见德玄不能对，心实羞之。"德玄闻之曰："人各有能有不能，吾不强对以所不知，此吾所能也。"强，其两翻。李勣曰："敬宗多闻，信美矣；德玄之言亦善也。"

寿张人张公艺九世同居，寿张县，前汉曰寿良，属东郡；光武改寿张，属东平国；隋属济州，唐属郓州。齐、隋、唐皆旌表其门。上过寿张，幸其宅，问所以能共居之故，公艺书"忍"字百馀以进。上善之，赐以缣帛。

十二月，丙午，车驾至齐州，留十日。丙辰，发灵岩顿，至泰山下，有司于山南为圆坛，山上为登封坛，社首山上为降禅方坛。

乾封元年（丙寅、六六六）

1 春，正月，戊辰朔，上祀昊天上帝于泰山南。己巳，登泰山，封玉牒，上帝册藏以玉匮，配帝册藏以金匮，皆缠以金绳，封以金泥，印以玉玺，藏以石碱。玺，斯氏翻。碱，古禫翻。庚午，降禅于社首，祭皇地祇。上初献毕，执事者皆趋下。宦者执帷，皇后升坛亚献，帷帟皆以锦绣为之；周礼注，在旁曰帷，在上曰帟。帟，幄中座上承尘也。帟，音亦。酌酒，实俎豆，登歌，皆用宫人。壬申，上御朝觐坛，受朝贺；朝，直遥翻；下同。赦天下，改元。文武官三品已上赐爵一等，四品已下加一阶。先是阶无泛加，皆以劳考叙进，至五品三品，仍奏取进止，先，悉荐翻。至是始有泛阶；比及末年，服绯者满朝矣。比，必利翻。

时大赦，惟长流人不听还，李义府忧愤发病卒。龙朔三年，李义府流嶲州。自义府流窜，朝士日忧其复入，及闻其卒，众心乃安。复，扶又翻。卒，子恤翻。

丙戌，车驾发泰山；辛卯，至曲阜，曲阜，鲁侯伯禽所都。应劭云：曲阜在鲁城中，委曲长七八里；隋始置曲阜县，属兖州。赠孔子太师，以少牢致祭。少，诗照翻。癸未，至亳州，谒老君庙，亳州谷阳县，汉苦县也，有老子祠，是年，改为真源县。亳州至东都八百九十八里。上尊号曰太上玄元皇帝。丁丑，至东都，留六日；甲申，幸合璧宫；夏，四月，甲辰，至京师，东都至京师八百五十里。谒太庙。

2 庚戌，左侍极兼检校右相陆敦信以老疾辞职，拜大司成，兼左侍极，罢政事。大司成，即国子祭酒。

3 五月，庚寅，铸乾封泉宝钱，一当十，俟期年尽废旧钱。期，读曰朞。

4 高丽泉盖苏文卒，长子男生代为莫离支，卒，子恤翻。长，知两翻。初知国政，出巡诸城，使其弟男建、男产知留后事。或谓二弟曰："男生恶二弟之逼，恶，乌路翻。意欲除之，不如先为计。"二弟初未之信。又有告男生者曰："二弟恐兄还夺其权，欲拒兄不纳。"男生潜遣所亲往平壤伺之，伺，相吏翻。二弟收掩，得之，乃以王命召男生。男生惧，不敢归；男建自为莫离支，发兵讨之。男生走保别城，使其子献诚诣阙求救。六月，壬寅，以右骁卫大将军契苾何力为辽东道安抚大使，将兵救之；以献诚为右武卫将军，使为乡导。骁，坚尧翻。契，欺讫翻。苾，毗必翻。大使，疏吏翻。将，即亮翻。乡，读曰向。又以右金吾卫将军庞同善、营州都督高侃为行军总管，同讨高丽。

5 秋，七月，乙丑朔，徙殷王旭轮为豫王。

以大司宪兼检校太子左中护刘仁轨为右相。

初，仁轨为给事中，按毕正义事，事见上卷显庆元年。李义府怨之，出为青州刺史。会讨百济，仁轨当浮海运粮，时未可行，海行非遇顺风不可。义府督之，遭风失船，丁夫溺死甚众，命监察御史袁异式往鞫之。溺，奴狄翻。监，古衔翻。义府谓异式曰："君能办事，不忧无官。"异式至，谓仁轨曰："君与朝廷何人为雠，宜早自为计。"仁轨曰："仁轨当官不职，国有常刑，公以法毙之，无所逃命。若使遽自引决以快雠人，窃所未甘！"乃具狱以闻。异式将行，仍自掣其锁。恐锁不入簧，行后得私开之也。掣，昌列翻。狱上，上，时掌翻。义府言于上曰："不斩仁轨，无以谢百姓。"舍人源直心曰："海风暴起，非人力所及。"上乃命除名，以白衣从军自效。事见上卷显庆五年。义府又讽刘仁愿使害之，仁愿不忍杀。及为大司宪，异式惧，不自安，仁轨沥觞告之曰："仁轨若念畴昔之事，有如此觞！"仁轨既知政事，异式寻迁詹事丞；詹事丞，正六品上。时论纷然；仁轨闻之，遽荐为司元大夫。司元大夫，即户部郎中。监察御史杜易简谓人曰：易，以豉翻。"斯所谓矫枉过正矣！"

6 八月，辛丑，司元太常伯兼检校左相窦德玄薨。

7 初，武士彟娶相里氏，彟，一虢翻。相，息亮翻。生男元庆、元爽；又娶杨氏，生三女，长适越王府法曹贺兰越石，长，知两翻。次皇后，次适郭孝慎。士彟卒，元庆、元爽及士彟兄子惟良、怀运皆不礼于杨氏，杨氏深衔之。越石、孝慎及孝慎妻并早卒，越石妻生敏之及一女而寡。后既立，杨氏号荣国夫人，越石妻号韩国夫人，唐制，国夫人，位一品。惟良自始州长史超迁司卫少卿，司卫少卿，即卫尉少卿。怀运自瀛州长史迁淄州刺史，元庆自右卫郎将为宗正少卿，此时已改宗正为司宗。元爽自安州户曹累迁少府少监。此时已改少府监为内府监。荣国夫人尝置酒，谓惟良等曰："颇忆畴昔之事乎？今日之荣贵复何如？"对曰："惟良等幸以功臣子弟，早登宦籍，揣分量才，不求贵达，岂意以皇后之故，曲荷朝恩，夙夜忧惧，不为荣也。”复，扶又翻。分，扶问翻。荷，下可翻。朝，直遥翻。荣国不悦。皇后乃上疏，请出惟良等为远州刺史，上，时掌翻。外示谦抑，实恶之也。恶，乌路翻；下后恶同。于是以惟良检校始州刺史，元庆为龙州刺史，元爽为濠州刺史。龙州，古江油，秦、汉、曹魏为无人之地。邓艾伐蜀，由阴平、景谷行无人之地七百里，始至江油。晋置阴平郡，于此置平武县，至梁有杨、李二姓大豪，分据其地。后魏平蜀，置龙州。濠州，汉钟离县地，晋安帝分置钟离郡，梁置北徐州，后齐曰西楚州，隋开皇二年，改曰豪州，唐曰濠州。始州至京师一千六百六十二里，至东都二千五百六十里。龙州至京师二千六百六十里，东都三千一百一十五里。豪州至京师二千一百五十里，东都一千三百一十三里。元庆至州，以忧卒。卒，子恤翻；下同。元爽坐事流振州而死。

韩国夫人及其女以后故出入禁中，皆得幸于上。韩国寻卒，其女赐号魏国夫人。上欲以魏国为内职，心难后未决，后恶之。会惟良、怀运与诸州刺史诣泰山朝觐，从至京师，惟良等献食。朝，直遥翻。从，才用翻。考异曰：旧传云：“后讽上幸杨氏宅，惟良等献食。”今从实录。后密置毒醢中，使魏国食之，暴卒，因归罪于惟良、怀运，丁未，诛之，改其姓为蝮氏。怀运兄怀亮早卒，其妻善氏尤不礼于荣国，坐惟良等没入掖庭，荣国令后以他事束棘鞭之，肉尽见骨而死。

8 九月，庞同善大破高丽兵，泉男生帅众与同善合。诏以男生为特进、辽东大都督，兼平壤道安抚大使，封玄菟郡公。帅，读曰率。使，疏吏翻；下同。菟，同都翻。

9 戊子，金紫光禄大夫致仕广平宣公刘祥道薨，子齐贤嗣。齐贤为人方正，上甚重之，为晋州司马。将军史兴宗尝从上猎苑中，因言晋州产佳鹞，刘齐贤今为司马，请使捕之。上曰：“刘齐贤岂捕鹞者邪！鹞，弋照翻。卿何以此待之！”

10 冬，十二月，己酉，以李勣为辽东道行军大总管，【章：十二行本“管”下有“兼安抚大使”五字；乙十一行本同；孔本同；张校同；退斋校同。】以司列少常伯安陆郝处俊副之，安陆县，汉属江夏郡，宋分属安陆郡，隋、唐属安州。处，昌吕翻。以击高丽。庞同善、契苾何力并为辽东道行军副大总管兼安抚大使如故；其水陆诸军总管并运粮使窦义积、独孤卿云、郭待封等，并受勣处分。处，昌吕翻。分，扶问翻。河北诸州租赋悉诣辽东给军用。待封，孝恪之子也。郭孝恪事太宗，战死于龟兹。

勣欲与其婿京兆杜怀恭偕行，以求勋效。怀恭辞以贫，勣赡之；复辞以无奴马，赡，昌艳翻；下同。复，扶又翻。又赡之。怀恭辞穷，乃亡匿岐阳山中，谓人曰：“公欲以我立法耳。”勣闻之，流涕曰：“杜郎疏放，今人犹呼婿为郎。此或有之。”乃止。

二年（丁卯、六六七）

1 春，正月，上耕藉田，有司进耒耜，加以雕饰。上曰：“耒耜农夫所执，岂宜如此之丽！”命易之。耒，卢对翻。既而耕之，九推乃止。耕藉之制，月令及郑玄注周礼，皆云天子三推，卢植注礼记曰：天子耕藉，一发九推耒。此用卢说也。推，吐雷翻。

2 自行乾封泉宝钱，谷帛踊贵，商贾不行；贾，音古。癸未，诏罢之。

3 二月，丁酉，涪陵悼王愔薨。愔，上弟也。涪，音浮。愔，于今翻。

4 辛丑，复以万年宫为九成宫。永徽二年，改九成宫为万年宫。复，扶又翻，又如字。

5 生羌十二州为吐蕃所破，三月，戊寅，悉罢之。

6 上屡责侍臣不进贤，众莫敢对。司列少常伯李安期对曰：“天下未尝无贤，亦非群臣敢蔽贤也。司列少常伯，即吏部侍郎。少，始照翻。比来公卿有所荐引，为谗者已指为朋党，滞淹者未获伸而在位者先获罪，是以各务杜口耳！陛下果推至诚以待之，其谁不愿举所知！此在陛下，非在群臣也。”上深以为然。安期，百药之子也。李百药，德林之子。比，毗至翻。

7 夏，四月，乙卯，西台侍郎杨弘武、戴至德、正谏大夫兼东台侍郎李安期、东台舍人昌乐张文瓘、司列少常伯兼正谏大夫河北赵仁本并同东西台三品。龙朔改给事中为东台舍人，谏议大夫为正谏大夫。乐，音洛。弘武，素之弟子；杨素仕隋贵显。至德，胄之兄子也。戴胄相太宗。时造蓬莱、上阳、合璧等宫，上阳宫在洛阳宫城之西南隅，南临洛水，西距谷水，东即宫城，北连禁苑。宫内正门正殿皆东向，正门曰提象，正殿曰观风，其内别殿亭观九所。上阳之西，隔谷水，有西上阳宫，虹梁跨谷，行幸往来。频征伐四夷，厩马万匹，仓库渐虚，张文瓘谏曰：“隋鉴不远，愿勿使百姓生怨。”上纳其言，减厩马数千匹。

8 秋，八月，己丑朔，日有食之。

9 辛亥，东台侍郎同东西台三品李安期出为荆州长史。荆州，京师东南一千七百三十里，至东都一千三百三十五里。宋白曰：荆州，秦南郡地，汉为临江国，江左置荆州以为重镇，拟周之分陕；唐为大都督府。

10 九月，庚申，上以久疾，命太子弘监国。监，古衔翻。

11 辛未，李勣拔高丽之新城，使契苾何力守之。勣初度辽，谓诸将曰：“新城，高丽西边要害，不先得之，馀城未易取也。”易，以豉翻。遂攻之，城人师夫仇等缚城主开门降。降，户江翻。勣引兵进击，一十六城皆下之。

庞同善、高侃尚在新城，泉男建遣兵袭其营，左武卫将军薛仁贵击破之。侃进至金山，与高丽战，不利，高丽乘胜逐北，仁贵引兵横击，大破之，斩首五万馀级，新书作斩馘五千。拔南苏、木底、苍岩三城，三城后皆置为州。与泉男生军合。

郭待封以水军自别道趣平壤，勣遣别将冯师本载粮仗以资之。趣，七喻翻。将，即亮翻。师本船破，失期，待封军中饥窘，欲作书与勣，恐为虏所得，知其虚实，乃作离合诗以与勣。离合诗，离析字画，合之成文，以见其意。勣怒曰："军事方急，何以诗为？必斩之！"行军管记通事舍人元【章：十二行本"元"上有"河南"二字；乙十一行本同；张校同，云无注本亦无。】万顷为释其义，管记，掌军中书檄。为，于伪翻。勣乃更遣粮仗赴之。

万顷作檄高丽文曰，"不知守鸭绿之险。"泉男建报曰："谨闻命矣！"即移兵据鸭绿津，唐兵不得渡。上闻之，流万顷于岭南。

郝处俊在高丽城下，未及成列，高丽奄至，军中大骇，处俊据胡床，方食乾糒，胡床，即今之交床。乾，音干。糒，音备。潜简精锐，击败之，败，补迈翻。将士服其胆略。

12 冬，十二月，甲午，诏："自今祀昊天上帝、五帝、皇地祇、神州地祇，并以高祖、太宗配，仍合祀昊天上帝、五帝于明堂。"此兼用贞观、显庆之礼。

13 是岁，海南獠陷琼州。琼州本隋朱崖郡之琼山县，贞观五年置琼州。獠，鲁皓翻。

总章元年（戊辰、六六八）以将作明堂改元。是年三月方改元。

1 春，正月，壬子，以右相刘仁轨为辽东道副大总管。

2 二月，壬午，李勣等拔高丽扶馀城。扶余国之故墟，故城存其名。薛仁贵既破高丽于金山，乘胜将三千人将攻扶馀城，诸将以其兵少，止之。仁贵曰："兵不在多，顾用之何如耳。"遂为前锋以进，与高丽战，大破之，杀获万馀人，遂拔扶馀城。扶馀川中四十馀城皆望风请服。

侍御史洛阳贾言忠奉使自辽东还，使，疏吏翻。上问以军事，言忠对曰："高丽必平。"上曰："卿何以知之？"对曰："隋炀帝东征而不克者，人心离怨故也；事见隋炀帝纪。先帝东征而不克者，高丽未有衅也。事见太宗纪。衅，许觐翻。今高藏微弱，权臣擅命，盖苏文死，男建兄弟内相攻夺，男生倾心内附，为我乡导，乡，读曰向。彼之情伪，靡不知之。以陛下明圣，国家富强，将士尽力，以乘高丽之乱，其势必克，不俟再举矣。且高丽连年饥馑，妖异屡降，妖，于乔翻。人心危骇，其亡可翘足待也。"上又问："辽东诸将孰贤？"谓征辽东之诸将也。对曰："薛仁贵勇冠三军；庞同善虽不善斗，而持军严整；高侃勤俭自处，忠果有谋；契苾何力沈毅能断，虽颇忌前，冠，古玩翻。处，昌吕翻。沈，持林翻。断，丁乱翻。忌前，忌人在己前也。而有统御之才；然夙夜小心，忘身忧国，皆莫及李勣也。"上深然其言。

泉男建复遣兵五万人救扶馀城，复，扶又翻。与李勣等遇于薛贺水，新书作"萨贺水"。合战，大破之，斩获三万馀人，进攻大行城，拔之。

3 朝廷议明堂制度略定，三月，庚寅，赦天下，改元。

4 戊寅，上幸九成宫。

5 夏，四月，丙辰，彗星见于五车。五车，五星，五帝车舍也，五帝坐也，主天子五兵；一曰：主五谷丰耗。西北大星曰天库，主太白，主秦；次东北曰狱，主辰星，主燕、赵；次东星曰天仓，主岁星，主鲁、卫；次东南曰司空，主填星，主楚；次西南曰卿星，主荧惑，主魏。五星有变，皆以其所占之。据旧纪，五车在昴、毕间。见，贤遍翻；下同。彗，祥岁翻。上避正殿，减常膳，撤乐。许敬宗等奏请复常，曰："彗见东北，高丽将灭之兆也。"上曰："朕之不德，谪见于天，岂可归咎小夷！且高丽百姓，亦朕之百姓也。"不许。戊辰，彗星灭。

6 辛巳，西台侍郎、同东西台三品杨弘武薨。

7 八月，辛酉，卑列道行军总管、右威卫将军刘仁愿坐征高丽逗留，流姚州。

8 癸酉，车驾还京师。

9 九月，癸巳，李勣拔平壤。勣既克大行城，诸军出他道者皆与勣会，进至鸭绿栅，高丽发兵拒战，勣等奋击，大破之，追奔二百馀里，拔辱夷城，诸城遁逃及降者相继。降，户江翻，下同。契苾何力先引兵至平壤城下，勣军继之，围平壤月馀，高丽王藏遣泉男产帅首领九十八人，持白幡诣勣降，勣以礼接之。帅，读曰率。泉男建犹闭门拒守，频遣兵出战，皆败。男建以军事委僧信诚，信诚密遣人诣勣，请为内应。后五日，信诚开门，勣纵兵登城鼓噪，焚城四月，"月"，当作"角"，否则作"周"。男建自刺，不死，刺，七亦翻。遂擒之。高丽悉平。

10 冬，十月，戊午，以乌荼国婆罗门卢迦逸多为怀化大将军。乌荼国，一曰乌苌，直天竺南，东距勃律六百里，西罽宾四百里。婆罗门，僧也。唐置怀化大将军，从三品，以授蕃官。逸多自言能合不死药，合，音阁。上将饵之。东台侍郎郝处俊谏曰："修短有命，非药可延。贞观之末，观，古玩翻。先帝服那罗迩娑婆寐药，竟无效；大渐之际，名医不知所为，议者归罪娑婆寐，将加显戮，恐取笑戎狄而止。娑婆寐事见上卷显庆二年。前鉴不远，愿陛下深察。"上乃止。

11 李勣将至，上命先以高藏等献于昭陵，具军容，奏凯歌，入京师，献于太庙。十二月，丁巳，上受俘于含元殿。东内正殿曰含元殿。唐六典曰：含元殿即龙首山之东趾，阶上高于平地四十馀尺，南去丹凤门四百馀步，东西广五百步，殿前玉阶三级，每级引出一螭头，其下为龙尾道，委蛇屈曲，凡七转。以高藏政非己出，赦以为司平太常伯、员外同正。司平太常伯，即工部尚书。按旧书，永徽五年，尚药奉御蒋孝璋员外特置，仍同正员。员外同正，自此始。以泉男产为司宰少卿，司宰少卿，即光禄少卿。僧信诚为银青光禄大夫，泉男生为右卫大将军。李勣以下，封赏有差。泉男建流黔中，黔，音琴。扶馀丰流岭南。分高丽五部、百七十六城、六十九万馀户，为九都督府、四十二州、新城州、辽城州、哥勿州、卫乐州、舍利州、居素州、越喜州，去旦州、建安州、凡有九都督府。四十二州，存于志者，南苏、盖牟、代那、仓岩、磨米、积利、黎山、延津、木底、安市、诸北、识利、拂涅、拜汉十四州而已。百县，置安东都护府于平壤以统之，擢其酋帅有功者为都督、刺史、县令，与华人参理。酋，慈由翻。帅，所类翻。理，犹治也，时避上名，以"治"为"理"，通鉴因唐史成文。以右威卫大将军薛仁贵检校安东都护，总兵二万人以镇抚之。

丁卯，上祀南郊，告平高丽，以李勣为亚献。己巳，谒太庙。

12 渭南尉刘延佑，弱冠登进士第，渭南县，属雍州，后魏之渭南郡，后周废为县。冠，古玩翻。政事为畿县最。唐雍州诸县，万年、长安为赤县，馀县为畿县。六典曰：城内为京县，城外为畿县。李勣谓之曰："足下春秋甫尔，遽擅大名，宜稍自贬抑，无为独出人右也。"史言李勣爱人以德。

13 时有敕，征辽军士逃亡，限内不首及首而更逃者，身斩，首，式又翻。妻子籍没。太子上表，上，时掌翻。以为："如此之比，其数至多：或遇病不及队伍，怖惧而逃；怖，普布翻。或因樵采为贼所掠；或渡海漂没；或深入贼庭，为所伤杀。军法严重，同队恐并获罪，即举以为逃，军旅之中，不暇勘当，当，丁浪翻。直据队司通状关移所属，妻子没官，情实可哀。书曰：'与其杀不辜，宁失不经。'书大禹谟之言。注云：经，常也。宁失不常之罪，不枉不辜之善。伏愿逃亡之家，免其配没。"从之。

14 甲戌，司戎太常伯姜恪兼检校左相，司平太常伯阎立本守右相。

15 是岁，京师及山东、江、淮旱，饥。

二年（己巳、六六九）

1 春，二月，辛酉，以张文瓘为东台侍郎，以右肃机、检校太子中护谯人李敬玄为西台侍郎，谯县带亳州。并同东西台三品。先是同三品不入衔，至是始入衔。先，悉荐翻。考异曰：陈〔统〕纪在乾封二年，文瓘始同三品时。今从旧本纪。"陈"字必误。

2 癸亥，以雍州长史卢承庆为司刑太常伯。雍，于用翻。承庆常考内外官，有一官督运，遭风失米，承庆考之曰："监运损粮，考中下。"监，古衔翻。其人容色自若，无言而退。承庆重其雅量，改注曰："非力所及，考中中。"既无喜容，亦无愧词。又改曰："宠辱不惊，考中上。"

3 三月，丙戌，东台侍郎郝处俊同东、西台三品。

4 丁亥，诏定明堂制度：其基八觚，觚，攻乎翻，方棱也。其宇上圆，覆以清阳玉叶，覆，敷又翻。时按淮南子，清阳为天，故覆明堂以清阳之色。玉叶，非必以玉为之，盖亦瓦之类。谓之叶者，尚朴之意，犹茨之以茅也；曰玉者，示宝贵之耳。其门墙阶级，窗棂楣栏，柳楶枅栱，说文曰：在墙曰牖，在屋曰窗。释名：窗，聪也，于内见外之聪明也。棂，卢经翻，楯间子窗隔也。楣，屋梠。说文曰：楣，屋櫋。毛晃曰：榇下横木曰楣。柱，楹也。柳，鱼刚翻。斜桷谓之飞柳。楶，子结翻，梁上欂栌。枅，坚奚翻，屋栌，所以承桁。栱，居竦翻，大杙，又栱科。皆法天地阴阳律历之数。诏下之后，众议犹未决，又会饥馑，竟不果立。

5 夏，四月，己酉朔，上幸九成宫。

6 高丽之民多离叛者，敕徙高丽户三万八千二百于江、淮之南，及山南、京西诸州空旷之地，留其贫弱者，使守安东。

7 六月，戊申朔，日有食之。

8 秋，八月，丁未朔，诏以十月幸凉州。时陇右虚耗，议者多以为未宜游幸。上闻之，辛亥，御延福殿，九成宫中有延福殿。召五品已上谓曰："自古帝王，莫不巡守，守，手又翻。故朕欲巡视远俗。若果为不可，何不面陈，而退有后言，何也？"

自宰相以下莫敢对。详刑大夫来公敏独进曰：详刑大夫，即大理少卿。“巡守虽帝王常事，然高丽新平，馀寇尚多，西边经略，亦未息兵。陇右户口凋弊，銮舆所至，供亿百端，诚为未易。易，以豉翻。外间实有窃议，但明制已行，故群臣不敢陈论耳。”上善其言，为之罢西巡。为，于伪翻。未几，擢公敏为黄门侍郎。几，居岂翻。

9 甲戌，改瀚海都护府为安北都护府。瀚海都护府，见上龙朔三年。

10 九月，丁丑朔，诏徙吐谷浑部落就凉州南山。议者恐吐蕃侵暴，使不能自存，欲先发兵击吐蕃。右相阎立本以为去岁饥歉，未可兴师。议久不决，竟不果徙。

11 庚寅，大风，海溢，漂永嘉、安固六千馀家。汉顺帝永建四年，分章安东瓯乡立永宁县，江左改曰永丰。隋平陈，改曰永嘉县。又，孙吴立罗阳县，孙晧改曰安阳县。晋平吴，改曰安固县，并属永嘉郡。唐初，属东嘉州，贞观元年，州废，二县属栝州。

12 冬，十月，丁巳，车驾还京师。

13 十一月，丁亥，徙豫王旭轮为冀王，更名轮。更，工衡翻。

14 司空、太子太师、英贞武公李勣寝疾，英者，封国名；贞武，其谥也。上悉召其子弟在外者，使归侍疾。上及太子所赐药，勣则饵之；子弟为之迎医，为，于伪翻；下亲为、非为、久为同。皆不听进，曰：“吾本山东田夫，遭值圣明，致位三公，年将八十，考异曰：旧传云“勣年七十六”，临终语弟弼云：“年将八十”，新传改云“年逾八十”。按新旧传、实录皆云，“大业末，翟让聚众为盗，勣年十七，往从之。”自大业十三年至此五十二年。若据新传年八十六，则年十七当在开皇时，不得云大业末也。总章元年，贾言忠对高宗云：“勣年登八十。”去此止一年。若据新传，勣灭高丽时年已八十五，亦不得云年登八十。今从实录。岂非命邪！修短有期，岂能复就医工求活！”复，扶又翻；下不复同。一旦，忽谓其弟司卫少卿弼曰："吾今日少愈，可共置酒为乐。"日少，诗沼翻。乐，音洛。于是子孙悉集，酒阑，谓弼曰："吾自度必不起，度，徒洛翻。故欲与汝曹为别耳。汝曹勿悲泣，听我约束。我见房、杜平生勤苦，仅能立门户，遭不肖子荡覆无馀。谓房遗爱、杜荷也。吾有此子孙，今悉付汝。葬毕，汝即迁入我堂，抚养孤幼，谨察视之。其有志气不伦，交游非类者，皆先挝杀，然后以闻。"以勣之智，盖知敬业必为变也，岂知敬业乃忠于唐室邪！挝，则瓜翻。自是不复更言。十二月，戊申，薨。上闻之悲泣，葬日，幸未央宫，登楼望輀车恸哭。起冢象阴山、铁山、乌德鞬山，輀，音而。輀车，丧车也，所以载柩。乌德鞬山在回纥牙帐西南。以旌其破突厥、薛延陀之功。勣破突厥见一百九十三卷贞观四年。破薛延陀见一百九十八卷二十年。厥，九勿翻。

勣为将，有谋善断；将，即亮翻。断，丁乱翻。与人议事，从善如流。战胜则归功于下，所得金帛，悉散之将士，故人思致死，所向克捷。临事选将，必訾相其状貌丰厚者遣之。訾，即移翻。訾之为言量也。相，息亮翻。或问其故，勣曰："薄命之人，不足与成功名。"

闺门雍睦而严。其姊尝病，勣已为仆射，亲为之煮粥，风回，爇其须鬓。爇，如悦翻。姊曰："仆妾幸多，何自苦如是！"勣曰："非为无人使令也，顾姊老，勣亦老，虽欲久为姊煮粥，其可得乎！"

勣常谓人："我年十二三时为亡赖贼，亡，读曰无。逢人则杀。十四五为难当贼，有所不惬则杀人。惬，苦叶翻。十七八为佳贼，临陈乃杀之。陈，读曰阵。二十为大将，用兵以救人死。"

勣长子震早卒，长，知两翻。卒，子恤翻。震子敬业袭爵。考异曰：刘悚小说云："高宗时群蛮为寇，讨之辄不利，乃除徐敬业为刺史。发卒郊迎，敬业尽放令还，单骑至府。贼闻新刺史至，皆缮理以待，敬业一无所问，处置他事已毕，方曰‘贼安在？’曰：‘在南岸。’乃从二佐吏而往观之，莫不骇愕。贼初持兵觇望，及见船中无人及兵仗，更闭营藏隐。敬业直入其营内，告云：‘国家知汝等为贪吏所害，非有他恶，可悉归田，后去者为贼。’唯召其帅，责以不早降之意，各杖数十而遣之，境内肃然。其祖英公壮其胆略，曰：‘吾不办此。然破我家必此儿也！’”按敬业，武后时举兵，旋踵败亡，若有智勇，何至如此！今不取。

15 时承平既久，选人益多，选，须绢翻；下同。是岁，司列少常伯裴行俭始与员外郎张仁祎唐制：尚书二十四司，各司有郎中二员，从五品上；员外郎二员，从六品上。祎，吁韦翻。设长名姓历榜，引铨注之法。又定州县升降、官资高下。其后遂为永制，无能革之者。

大略唐之选法，取人以身、言、书、判，唐择人之法有四：一曰身，取其体貌丰伟；二曰言，取其言辞辩正；三曰书，取其楷法遒美；四曰判，取其文理优长。计资量劳而拟官。始集而试，观其书、判；已试而铨，察其身、言；已铨而注，询其便利；已注而唱，集众告之。然后类以为甲，先简仆射，乃上门下，给事中读，侍郎省，侍中审之，不当者驳下。上，时掌翻。省，悉景翻。当，丁浪翻。驳，北角翻。既审，然后上闻，主者受旨奉行，各给以符，谓之告身。兵部武选亦然。武选，兵部主之。课试之法，以骑射及翘关、负米。翘关，长丈七尺，径二寸半，凡十举后，手持关距，出处无过一尺。负米者，负米五斛，行二十步，皆为中第。骑，奇寄翻。人有格限未至，而能试文三篇，谓之宏词，试判三条，谓之拔萃，入等者得不限而授。其黔中、岭南、闽中州县官，不由吏部，委都督选择土人补授。黔，音琴。闽，眉巾翻。选，如字。凡居官以年为考，六品以下，四考为满。

咸亨元年（庚午、六七〇）是年三月，始改元。

1 春，正月，丁丑，右相刘仁轨请致仕；许之。

2 三月，甲戌朔，以旱，赦天下，改元。

3 丁丑，改蓬莱宫为含元宫。即含元殿，以为宫名。

4 壬辰，太子少师许敬宗请致仕；许之。

5 敕突厥酋长子弟事东宫。酋，慈由翻。长，知两翻。西台舍人徐齐聃上疏，聃，他酣翻。上，时掌翻。以为："皇太子当引文学端良之士置左右，岂可使戎狄丑类入侍轩闼。"又奏："齐献公即陛下外祖，虽子孙有犯，岂应上延祖祢！今周忠孝公庙甚修，而齐献公庙毁废，齐献公，文德皇后父长孙晟也。周忠孝公，皇后父武士彟也。祢，乃礼翻。不审陛下何以垂示海内，彰孝理之风！"孝理即孝治，避上名，改"治"为"理"。上皆从之。齐聃，充容之弟也。齐聃姊入宫为充容，列于九嫔。

6 夏，四月，吐蕃陷西域十八州，又与于阗袭龟兹拨换城，陷之。罢龟兹、于阗、焉耆、疏勒四镇。阗，徒贤翻。龟兹，音丘慈。辛亥，以右威卫大将军薛仁贵为逻娑道行军大总管，逻娑川，吐蕃赞普牙在焉，有逻些城。左卫员外大将军阿史那道真、左卫将军郭待封副之，以讨吐蕃，且援送吐谷浑还故地。

7 庚午，上幸九成宫。

8 高丽酋长剑牟岑反，立高藏外孙安舜为主。以左监门大将军高侃为东州道行军总管，高丽在东，时已列置州府，故曰东州道。监，古衔翻。发兵讨之。安舜杀剑牟岑，奔新罗。

9 六月，壬寅朔，日有食之。

10 秋，八月，丁巳，车驾还京师。

11 郭待封先与薛仁贵并列，及征吐蕃，耻居其下，仁贵所言，待封多违之。军至大非川，自鄯州鄯城县西行三百馀里，至大非川。将趣乌海，乌海在汉哭山西，隋属河源郡界。杜佑曰：吐蕃国出鄯城五百里，过乌海，暮春之月，山有积雪，地有冷瘴，令人气急，不甚为害。趣，七喻翻。仁贵曰："乌海险远，军行甚难，辎重自随，难以趋利；重，直用翻；下同。趋，七喻翻。宜留二万人，为两栅于大非岭上，辎重悉置栅内，吾属帅轻锐，倍道兼行，掩其未备，破之必矣。”仁贵帅所部前行，击吐蕃于河口，大破之，河口，积石河口也。帅，读曰率。斩获甚众，进屯乌海以俟待封。待封不用仁贵策，将辎重徐进。未至乌海，遇吐蕃二十馀万，待封军大败，还走，悉弃辎重。仁贵退屯大非川，吐蕃相论钦陵将兵四十馀万就击之，将，即亮翻；下同。杜佑曰：禄东赞、论钦陵本姓薛氏，世为大论，后遂以官为氏。大论，吐蕃统理国事之官也。相，息亮翻。唐兵大败，死伤略尽。仁贵、待封与阿史那道真并脱身免，与钦陵约和而还。还，音旋，又如字。敕大司宪乐彦玮即军按其败状，械送京师，三人皆免死除名。

钦陵，禄东赞之子也，禄东赞事始一百九十五卷太宗贞观十四年。与弟赞婆、悉多于【张：“于”作“干”。】勃论皆有才略。禄东赞卒，卒，子恤翻；下氏卒同。钦陵代之，【章：十二行本“之”下有“秉政”二字；乙十一行本同；退斋校同；张校同，云无注本亦无。】三弟将兵居外，邻国畏之。

12 关中旱，饥，九月，丁丑，诏以明年正月幸东都。

13 甲申，皇后母鲁国忠烈夫人杨氏卒，敕文武九品以上及外命妇并诣宅吊哭。

14 闰月，癸卯，皇后以久旱，请避位，不许。

15 壬子，加赠司徒周忠孝公武士彟为太尉、太原王，夫人为王妃。

16 甲寅，以左相姜恪为凉州道行军大总管，以御吐蕃。

17 冬，十月，乙未，太子右中护、同东西台三品赵仁本为左肃机，罢政事。龙朔二年，改左、右庶子为左、右中护。

18 庚寅，诏官名皆复旧。改官名见上卷龙朔二年。按新书帝纪系十二月庚寅。

王崇武标点容肇祖聂崇岐覆校

资治通鉴卷第二百二

端明殿学士兼翰林侍读学士太中大夫
提举西京嵩山崇福宫上柱国河内郡开国公 司马光 奉敕编集
食邑二千二百户食实封九百户赐紫金鱼袋臣

后学天台胡三省音注

唐纪十八 起重光协洽（辛未），尽重光大荒落（辛巳），凡十一年。

高宗天皇大圣大弘孝皇帝中之下

咸亨二年（辛未、六七一）

1 春，正月，甲子，上幸东都。考异曰：旧本纪及太子弘传，“正月乙巳，幸东都，留太子于京师监国。”明年十月己未，又云“皇太子监国。”新本纪、唐历、统纪皆连岁言太子监国。按离长安时，已留太子监国，及自东都将还，岂得又令监国！按实录此月无监国事，唯明年十月有之。今从之。

2 夏，四月，甲申，以西突厥阿史那都支为左骁卫大将军兼匐延都督，显庆二年，平贺鲁，以处木昆部为匐延都督府。厥，九勿翻。骁，坚尧翻。匐，蒲北翻。以安集五咄陆之众。咄，当没翻。

3 初，武元庆等既死，事见上卷乾封元年。皇后奏以其姊子贺兰敏之为士彟之嗣，彟，一虢翻。袭爵周公，改姓武氏，累迁弘文馆学士、左散骑常侍。太宗在藩，于秦府置文学馆学士，其后弘文、崇文二馆皆有学士。散，悉亶翻。骑，奇寄翻。魏国夫人之死也，亦见乾封元年。上见敏之，悲泣曰：“向吾出视朝犹无恙，退朝已不救，何苍猝如此！”朝，直遥翻。敏之号哭不对。后闻之，曰：

“此儿疑我。”由是恶之。敏之貌美，蒸于太原王妃；及居妃丧，释衰绖，奏妓。号，户高翻。恶，乌路翻。衰，仓回翻。妓，渠绮翻。司卫少卿杨思俭女，有殊色，上及后自选以为太子妃，婚有日矣，敏之逼而淫之。后于是表言敏之前后罪恶，请加窜逐。六月，丙子，敕流雷州，复其本姓。至韶州，以马缰绞死。雷州，汉徐闻县地。梁置南合州，隋曰合州，仍置海康县，大业废州。唐武德五年，复置，贞观八年改曰雷州。韶州，汉南野县地。吴孙皓甘露元年，分立始兴郡。唐武德初，置番州，贞观元年，改韶州。旧志：雷州至京师六千五百四十七里，至东都五千八百三十六里。韶州至京师四千九百三十二里，至东都四千一百四十二里。缰，居良翻。朝士坐与敏之交游，流岭南者甚众。朝，直遥翻。

4 秋，七月，乙未朔，高侃破高丽馀众于安市城。丽，力知翻。

5 九月，丙申，潞州刺史徐王元礼薨。

6 冬，十一月，甲午朔，日有食之。

7 车驾自东都幸许、汝；十二月，癸酉，校猎于叶县；旧志：东都至许州四百里，至汝州百八十里。叶县旧属南阳郡，后并省，后齐置襄州，后周废州，置南襄城郡，隋废郡为叶县，属许州。叶，式涉翻。丙戌，还东都。

三年（壬申、六七二）

1 春，正月，辛丑，以太子左卫副率梁积寿为姚州道行军总管，太子十率府，各有副率，位四品。率，所律翻。将兵讨叛蛮。将，即亮翻。

2 庚戌，昆明蛮十四姓二万三千户内附，置殷、敦、总三州。爨蛮西有昆明蛮，一曰昆弥蛮，以西洱河为境，即叶榆河也，去长安九千里。殷州居戎州西北，总州居西南，敦州居南，远不过五百馀里，近三百里。

3 二月，庚午，徙吐谷浑于鄯州浩亹水南。汉书地理志：浩亹水东至允吾入湟。允吾，唐为鄯州龙支县。水经注：浩亹河出允吾西北塞外，东径浩亹县故城南，又东流注于湟水，俗呼为阁门河。吐，从暾入声。谷，音浴。鄯，时战翻。浩，音诰。亹，音门。吐谷浑畏吐蕃之强，不安其居，又鄯州地狭，寻徙灵州，以其部落置安乐州，时以灵州鸣沙县地置安乐州。乐，音洛。以可汗诺曷钵为刺史。可，从刊入声。汗，音寒。吐谷浑故地皆入于吐蕃。

4 己卯，侍中永安郡公姜恪薨。

5 夏，四月，庚午，上幸合璧宫。

6 吐蕃遣其大臣仲琮入贡，上问以吐蕃风俗，对曰："吐蕃地薄气寒，风俗朴鲁；然法令严整，上下一心，议事常自下而起，因人所利而行之，斯所以能持久也。"上诘以吞灭吐谷浑、见上卷龙朔三年。诘，去吉翻。败薛仁贵、见上卷咸亨元年。败，补迈翻。寇逼凉州事，吐蕃既灭吐谷浑，又破西域，则寇逼凉州矣。对曰："臣受命贡献而已，军旅之事，非所闻也。"上厚赐而遣之。癸未，遣都水使者黄仁素使于吐蕃。使，疏吏翻。

7 秋，八月，壬午，特进高阳郡公许敬宗卒。卒，子恤翻。太常博士袁思古议："敬宗弃长子于荒徼，徼，吉吊翻。嫁少女于夷貊。少，诗沼翻。貊，莫白翻。按谥法，'名与实爽曰缪，'请谥为缪。"缪，靡幼翻。敬宗孙太子舍人彦伯讼思古与许氏有怨，请改谥。太常博士王福畤议，畤，音止。以为：【章：十二行本"为"下有"谥者"二字；乙十一行本同；孔本同；张校同。】"得失一朝，荣辱千载。太常博士拟谥，皆迹其功行为之褒贬，大行大名之，小行小名之。载，子亥翻。若嫌隙有实，当据法推绳；如其不然，义不可夺。"户部尚书戴至德谓福畤曰："高阳公任遇如是，何以谥之为缪？"对曰："昔晋司空何曾既忠且孝，徒以日食万钱，秦秀谥之为'缪'。见八十卷晋武帝咸宁四年。许敬宗忠孝不逮于曾，而饮食男女之累过之，累，力瑞翻。谥之曰'缪'，无负许氏矣。"诏集五品已上更议，礼部尚书阳思敬议："按谥法，既过能改曰恭，请谥曰恭。”诏从之。敬宗尝奏流其子昂于岭南，又以女嫁蛮酋冯盎之子，多纳其货，酋，慈由翻。故思古议及之。福畤，勃之父也。王勃，见二百卷龙朔元年。

8 九月，癸卯，徙沛王贤为雍王。雍，于用翻。

9 冬，十月，己未，诏太子监国。监，古衔翻。

10 壬戌，车驾发东都。

11 十一月，戊子朔，日有食之。

12 甲辰，车驾至京师。

13 十二月，高侃与高丽馀众战于白水山，破之。新罗遣兵救高丽，侃击破之。

14 癸卯，以左庶子刘仁轨同中书门下三品。

15 太子罕接宫臣，典膳丞全椒邢文伟辄减所供膳，东宫典膳局郎，正六品上；丞，正八品上：掌进膳尝食。全椒县时属滁州。并上书谏太子。太子复书，谢以多疾及入侍少暇，嘉纳其意。上，时掌翻。顷之，右史缺，上曰：“邢文伟事吾子，能撤膳进谏，此直士也。”擢为右史。起居舍人，从六品上，属中书省，掌修记言之史，录天子之制诰德音，如记言之制，以纪时政之损益，季终，则授之于国史。龙朔改曰右史。

太子因宴集，命宫臣掷倒，唐散乐有舞盘伎、舞轮伎、长跻伎、跳铃伎、掷倒伎、跳剑伎、吞剑伎，皆梁之遗伎也。次至左奉裕率王及善，隋置太子内率府，拟上台千牛卫，掌东宫千牛备身侍奉之事，龙朔改为左、右奉裕率。率，所律翻。及善曰：“掷倒自有伶官，伶，卢经翻。臣若奉令，恐非所以羽翼殿下也。”太子谢之。上闻之，赐及善缣百匹，寻迁左千牛卫将军。千牛刀，即人主防身刀也，取庄子庖丁解数千牛，而芒刃不顿之义。后魏有千牛备身，掌宿卫侍从，隋炀帝置备身府，唐改千牛府。

四年（癸酉、六七三）

1 春，正月，丙辰，绛州刺史郑惠王元懿薨。

2 三月，丙申，诏刘仁轨等改修国史，以许敬宗等所记多不实故也。

3 夏，四月，丙子，车驾幸九成宫。

4 闰五月，燕山道总管、右领军大将军李谨行大破高丽叛者于瓠芦河之西，胡峤曰：黑车子之北，有牛蹄突厥，人身牛足。其地尤寒，水曰瓠䚩河，夏秋冰厚二尺，秋冬冰彻底，常烧器销冰，乃得饮。余按唐书刘仁轨传，此瓠芦河当在高丽南界，新罗七重城之北。燕，因肩翻；下同。俘获数千人，馀众皆奔新罗。时谨行妻刘氏留伐奴城，高丽引靺鞨攻之，刘氏擐甲帅众守城，久之，虏退。靺鞨，音末曷。擐，音宦。帅，读曰率。上嘉其功，封燕国夫人。谨行，靺鞨人突地稽之子也，突地稽见一百八十九卷高祖武德四年。武力绝人，为众夷所惮。

5 秋，七月，【章：十二行本"月"下有"辛巳"二字；乙十一行本同；孔本同；退斋校同。】婺州大水，溺死者五千人。婺，亡遇翻。溺，奴狄翻。

6 八月，辛丑，上以疟疾，令太子于延福殿受诸司启事。疟，逆约翻。

7 冬，十月，壬午，中书令阎立本薨。

8 乙巳，车驾还京师。

9 十二月，丙午，弓月、疏勒二王来降。降，江户翻；下同。西突厥兴昔亡可汗之世，诸部离散，弓月及阿悉吉皆叛。阿悉吉即阿悉结，弩失毕五俟斤之一也。苏定方之西讨也，见二百卷显庆二年。擒阿悉吉以归。弓月南结吐蕃，北招咽面，咽面，亦铁勒种，居得嶷海。咽，于甸翻。面，眠见翻。共攻疏勒，降之。上遣鸿胪卿萧嗣业发兵讨之。嗣业兵未至，弓月惧，与疏勒皆入朝；上赦其罪，遣归国。胪，陵如翻。朝，直遥翻。

上元元年（甲戌、六七四）是年八月方改元。

1 春，正月，壬午，以左庶子、同中书门下三品刘仁轨为鸡林道大总管，帝以新罗国为鸡林州。卫尉卿李弼、右领军大将军李谨行副之，发兵讨新罗。时新罗王法敏既纳高丽叛众，又据百济故地，使人守之。上大怒，诏削法敏官爵；其弟右骁卫员外大将军、临海郡公仁问在京师，骁，坚尧翻。立以为新罗王，使归国。

2 三月，辛亥朔，日有食之。

3 贺兰敏之既得罪，皇后奏召武元爽之子承嗣于岭南，乾封元年，元爽流振州。袭爵周公，拜尚衣奉御；尚衣奉御，属殿中省，掌衣服，详其制度，辩其名数。夏，四月，辛卯，迁宗正卿。

4 秋，八月，壬辰，追尊宣简公为宣皇帝，妣张氏为宣庄皇后；懿王为光皇帝，妣贾氏为光懿皇后；后魏金门镇将熙，太祖虎之祖也，谥宣简公；魏幢主天赐，太祖虎之父也，谥懿王。太武皇帝为神尧皇帝，太穆皇后为太穆神皇后；文皇帝为太宗文武圣皇帝，文德皇后为文德圣皇后。皇帝称天皇，皇后称天后，以避先帝、先后之称。实欲自尊，而以避先帝、先后之称为言，武后之意也。之称，尺证翻。改元，赦天下。

5 戊戌，敕："文武官三品以上服紫，金玉带；四品服深绯，金带；五品服浅绯，金带；六品服深绿，七品服浅绿，并银带；八品服深青，九品服浅青，并鍮石带；鍮石似金而非金。鍮，托侯翻。庶人服黄，铜铁带。自非庶人，不听服黄。"非庶人，谓工商杂户。

6 九月，癸丑，诏追复长孙晟、长孙无忌官爵，以无忌曾孙翼袭爵赵公，听无忌丧归，陪葬昭陵。无忌削官爵而死，见二百卷显庆四年。

7 甲寅，上御翔鸾阁，据旧书郝处俊传，翔鸾阁在含元殿东。唐六典，含元殿翼以二阁，左曰翔鸾，右曰栖凤，二阁之下，为东西朝堂。观大酺。

酺，薄胡翻。分音乐为东西朋，使雍王贤主东朋，周王显主西朋，角胜为乐，郝处俊谏曰："二王春秋尚少，志趣未定，当推梨让枣，梁元帝遗武陵王书有是言。乐，音洛。少，诗沼翻。推，吐雷翻。相亲如一。今分二朋，递相夸竞，俳优小人，言辞无度，恐其交争胜负，讥诮失礼，非所以崇礼义，劝敦睦也。"上瞿然曰：诮，才笑翻。瞿，九遇翻，惊视貌。"卿远识，非众人所及也。"遽止之。

是日，卫尉卿李弼暴卒于宴所，为之废酺一日。为，于伪翻。

8 冬，十一月，丙午朔，车驾发京师；己酉，校猎华山之曲武原；华山在华州华阴县南。曲武原在华山下。华，户化翻。戊辰，至东都。

9 箕州录事参军张君澈等诬告刺史蒋王恽及其子汝南郡王炜谋反，恽，于粉翻。炜，于鬼翻。敕通事舍人薛思贞驰传往按之。传，张恋翻。十二月，癸未，恽惶惧，自缢死，缢，于计翻。上知其非罪，深痛惜之，斩君澈等四人。

10 戊子，于阗王伏阇雄来朝。阗，徒贤翻。阇，视遮翻。朝，直遥翻；下同。

11 辛卯，波斯王卑路斯来朝。

12 壬寅，天后上表，以为："国家圣绪，出自玄元皇帝，老子姓李名耳；唐祖之，乾封元年，尊为玄元皇帝。上，时掌翻；下同。请令王公以下皆习老子，每岁明经，准孝经、论语策试。又请"自今父在，为母服齐衰三年。古礼，父在，为母服期。为，于伪翻。齐，音咨。衰，仓回翻。又，京官八品以上，宜量加俸禄。"京官，在京官也。量，音良。及其馀便宜，合十二条。诏书褒美，皆行之。

13 是岁，有刘晓者，上疏论选，选，须绢翻；下同。考异曰：会要作"刘峣"。今从统纪。以为："今选曹以检勘为公道，检勘者，谓考其功过，察其假名承伪，隐冒升降。书判为得人，殊不知考其德行才能。况书判借人者众矣。又，礼部取士，专用文章为甲乙，故天下之士，皆舍德行而趋文艺，有朝登甲科而夕陷刑辟者，虽日诵万言，何关理体！理体，即治道。行，下孟翻。趋，七喻翻；下同。辟，毗亦翻。文成七步，未足化人。况尽心卉木之间，极笔烟霞之际，以斯成俗，岂非大谬！夫人之慕名，如水趋下，上有所好，下必甚焉。陛下若取士以德行为先，文艺为末，则多士雷奔，四方风动矣！”趋，七喻翻。好，呼到翻；下怜好同。

二年（乙亥、六七五）

1 春，正月，丙寅，以于阗国为毗沙都督府，分其境内为十州，以于阗王尉迟伏阇雄为毗沙都督。阗，徒贤翻，又徒见翻。尉，纡勿翻。阇，视遮翻。

2 辛未，吐蕃遣其大臣论吐浑弥来请和，且请与吐谷浑复修邻好；吐，从暾入声；下同。复，扶又翻。谷，音浴。上不许。

3 二月，刘仁轨大破新罗之众于七重城；重，直龙翻。又使靺鞨浮海，略新罗之南境，斩获甚众。仁轨引兵还。靺，音末。鞨，音曷。还，从宣翻，又音如字。诏以李谨行为安东镇抚大使，使，疏吏翻；下同。屯新罗之买肖城以经略之，三战皆捷，新罗乃遣使入贡，且谢罪；上赦之，复新罗王法敏官爵。金仁问中道而还，使，疏吏翻。还，音旋，又如字。改封临海郡公。

4 三月，丁巳，天后祀先蚕于邙山之阳；汉仪：三月桑始生，皇后亲桑于苑中蚕室，养蚕千薄以上，祠以中牢羊豕。续汉志：三月，皇后帅公卿、诸侯夫人蚕，祠先蚕，礼以少牢。注云：今蚕神曰苑窳〔窳〕妇人，寓氏公主。唐制：皇后岁祀一，季春吉巳，享先蚕，遂以亲桑。蜀注曰：通典：先蚕，天驷也。百官及朝集使皆陪位。朝，直遥翻；下同。

5 上苦风眩甚，议使天后摄知国政。中书侍郎同三品郝处俊曰：“天子理外，后理内，天之道也。记昏义曰：天子听男教，后听女顺；天子理阳道，后治阴德；天子听外治，后听内职。教顺成俗，外内和顺，国家理治，此之谓盛德。昔魏文著令，虽有幼主，不许皇后临朝，所以杜祸乱之萌也。事见六十九卷魏文帝黄初三年。陛下奈何以高祖、太宗之天下，不传之子孙而委之天后乎！”中书侍郎昌乐李义琰曰：“处俊之言至忠，陛下宜听之！”乐，音洛。上乃止。

6 天后多引文学之士著作郎元万顷、唐著作郎，从五品上，掌修撰碑志、祝文、祭文，属秘书省。左史刘祎之等，龙朔改起居郎为左史。使之撰列女传、臣轨、百僚新戒、乐书，凡千馀卷。撰，士免翻。朝廷奏议及百司表疏，时密令参决，以分宰相之权，疏，所去翻。时人谓之北门学士。不经南衙，于北门出入，故云然。祎之，子翼之子也。刘子翼仕隋，以学行著。

7 夏，四月，庚辰，以司农少卿韦弘机为司农卿。弘机兼知东都营田，受诏完葺宫苑。有宦者于苑中犯法，弘机杖之，然后奏闻。上以为能，赐绢数十匹，曰：“更有犯者，卿即杖之，不必奏也。”

8 初，左千牛将军长安赵瓌尚高祖女常乐公主，生女为周王显妃。公主颇为上所厚，天后恶之。乐，音洛。恶，乌路翻。辛巳，妃坐废，幽闭于内侍省，食料给生者，防人候其突烟，已而数日烟不出，开视，死腐矣。瓌自定州刺史贬栝州刺史，令公主随之官，仍绝其朝谒。朝，直遥翻。

9 太子弘仁孝谦谨，上甚爱之；礼接士大夫，中外属心。属，之欲翻。天后方逞其志，太子奏请，数迕旨，迕，逆也。数，所角翻。迕，五故翻。由是失爱于天后。义阳、宣城二公主，萧淑妃之女也，坐母得罪，幽于掖庭，年逾三十不嫁。太子见之惊恻，遽奏请出降，上许之。天后怒，即日以公主配当上翊卫权毅、王遂古。亲、勋、翊三卫皆番上。上，时掌翻。己亥，太子薨于合璧宫，时人以为天后鸩之也。考异曰：新书本纪云："己亥，天后杀皇太子。"新传云："后将逞志，弘奏请数怫旨，从幸合璧宫，遇鸩薨。"唐历云："弘仁孝英果，深为上所钟爱。自升为太子，敬礼大臣鸿儒之士，未尝居有过之地。以请嫁二公主，失爱于天后，不以寿终。"实录、旧传皆不言弘遇鸩。按李泌对肃宗云："高宗有八子，睿宗最幼。天后所生四子，自为行第，故睿宗第四。长曰孝敬皇帝，为太子监国，仁明孝悌。天后方图临朝，乃鸩杀孝敬，立雍王贤为太子。"新书盖据此及唐历也。按弘之死，其事难明，今但云时人以为天后鸩之，疑以传疑。

壬寅，车驾还洛阳宫。五月，戊申，下诏："朕方欲禅位皇太子，而疾遽不起，宜申往命，加以尊名，可谥为孝敬皇帝。"帝子谥皇帝始此。谥，神至翻。

六月，戊寅，立雍王贤为皇太子，赦天下。雍，于用翻。

10 天后恶慈州刺史杞王上金，宋白曰：慈州，春秋廧咎如之国，汉为北屈县。隋为汾州，唐武德元年，为西汾州，五年，改南汾州；贞观八年，改南汾州为慈州，以州近慈乌戍，故名。孙愐曰：因慈氏县名之。上金，帝后宫刘氏所生。恶，乌路翻。有司希旨奏其罪；秋，七月，上金坐解官，澧州安置。

11 八月，庚寅，葬孝敬皇帝于恭陵。恭陵，在洛州缑氏县㬂来山，改名太平山。

12 戊戌，以戴至德为右仆射，庚子，以刘仁轨为左仆射，并同中书门下三品如故。张文瓘为侍中，郝处俊为中书令；李敬玄为吏部尚书兼左庶子，同中书门下三品如故。

刘仁轨、戴至德更日受牒诉，尚，辰羊翻。更，工衡翻。仁轨常以美言许之，至德必据理难诘，难，乃旦翻。诘，去吉翻。未尝与夺，实有冤结者，密为奏辩。为，于伪翻。由是时誉皆归仁轨。或问其故，至德曰："威福者人主之柄，人臣安得盗取之！"上闻，深重之。有老妪欲诣仁轨陈牒，误诣至德，至德览之未终，妪曰："本谓是解事仆射，乃不解事仆射邪！妪，威遇翻。解，户买翻。归我牒！”至德笑而授之。时人称其长者。长，知两翻。文瓘时兼大理卿，囚闻改官，皆恸哭。文瓘性严正，诸司奏议，多所纠驳，上甚委之。驳，北角翻。

仪凤元年（丙子、六七六）是年十一月，方改元。

1 春，正月，壬戌，徙冀王轮为相王。

2 纳州獠反，唐制，仪凤二年开山洞置纳州，属泸州都督府。獠，鲁皓翻。敕黔州都督发兵讨之。黔，音琴。

3 二月，甲戌，徙安东都护府于辽东故城；考异曰：实录，咸亨元年，杨昉、高侃讨安舜，始拔安东都护府，自平壤城移于辽东州。仪凤元年二月甲戌，以高丽馀众反叛，移安东都护府于辽东城。盖咸亨元年言移府者，终言之也；仪凤元年言高丽反者，本其所以移也。会要无咸亨元年移府事。此年云移于辽东故城，今从之。先是有华人任【章：十二行本“任”下有“安”字；乙十一行本同；孔本同；张校同。】东官者，悉罢之。先，悉荐翻。徙熊津都督府于建安故城；其百济户口先徙于徐、兖等州者，皆置于建安。

4 天后劝上封中岳；癸未，诏以今冬有事于嵩山。中岳嵩山，在河南阳城县。

5 丁亥，上幸汝州之温汤。汝州梁县西南五十里有温汤，可以熟米。又有黄女汤。帝置温泉顿。

6 三月，癸卯，黄门侍郎来恒、中书侍郎薛元超并同中书门下三品。恒，济之兄；元超，收之子也。来济尽忠而又死于封疆。薛收事太宗于潜跃。恒，户登翻。

7 甲辰，上还东都。还，从宣翻，又音如字。

8 闰月，吐蕃寇鄯、廓、河、芳等州，宋白曰：叠州常芬县，旧为吐谷浑所据，周武成三年，逐诸羌，始有其地，乃于三交筑城，置甘松防，又为三川县，以隶常香郡。建德三年，改三川为常芬县，仍立芳州，以邑隶焉，取地多芳草以名州。隋废州，唐复置。吐，从暾入声。鄯，时战翻。敕左监门卫中郎将令狐智通发兴、凤等州兵以御之。兴州，汉武都沮县地。后魏改为略阳县，江左为武兴藩王国。后魏以为武兴郡，置兴州，改略阳县为顺政县。凤州，汉故道、河池县地。晋为仇池氐所据，后魏置梁泉县，西魏废帝置凤州。鄯，时战翻。监，古衔翻。将，即亮翻。己卯，诏以吐蕃犯塞，停封中岳。乙酉，以洛州牧周王显为洮州道行军元帅，将工部尚书刘审礼等十二总管，并州大都督相王轮为凉州道行军元帅，将左卫大将军契苾何力等，以讨吐蕃。洮，土刀翻。帅，所类翻。将，即亮翻。并，卑经翻。契，欺讫翻。苾，毗必翻。二王皆不行。

9 庚寅，车驾西还。

10 甲寅，中书侍郎李义琰同中书门下三品。

11 戊午，车驾至九成宫。

12 六月，癸亥，黄门侍郎晋陵高智周同中书门下三品。

13 秋，八月，乙未，吐蕃寇叠州。

14 壬寅，敕："桂、广、交、黔等都督府，比来注拟土人，简择未精，自今每四年遣五品已上清正官充使，仍令御史同往注拟。"时人谓之南选。黔，音琴。比，毗至翻。使，疏吏翻。令，力丁翻。选，须绢翻。

15 九月，壬申，大理奏左威卫大将军权善才、左监门中郎将范怀义误斫昭陵柏，罪当除名；监，古衔翻。将，即亮翻。上特命杀之。大理丞太原狄仁杰奏："二人罪不当死。"太原，汉晋阳县，隋改为太原县，而以后齐所置龙山县为晋阳县，并带并州。上曰："善才等斫陵柏，我不杀则为不孝。"仁杰固执不已，上作色，令出，仁杰曰："犯颜直谏，自古以为难。臣以为遇桀、纣则难，遇尧、舜则易。易，以豉翻。今法不至死而陛下特杀之，是法不信于人也，人何所措其手足！且张释之有言：'设有盗长陵一抔土，陛下何以处之？'释之言，见十四卷汉文帝三年。抔，薄侯翻。处，昌吕翻。今以一株柏杀二将军，后代谓陛下为何如矣！

臣不敢奉诏者，恐陷陛下于不道，且羞见释之于地下故也。”上怒稍解，二人除名，流岭南。后数日，擢仁杰为侍御史。

初，仁杰为并州法曹，同僚郑崇质当使绝域。使，疏吏翻。崇质母老且病，仁杰曰：“彼母如此，岂可使之有万里之忧！”诣长史蔺仁基，请代之行。长，知两翻。蔺，良刃翻。仁基素与司马李孝廉不叶，因相谓曰：“吾辈岂可不自愧乎！”遂相与辑睦。

16 冬，十月，车驾还京师。还，从宣翻，又音如字。

17 丁酉，袷享太庙，用太学博士史璨议，禘后三年而袷，袷后二年而禘。欧阳修曰：禘袷，大祭也。袷以昭穆合食于太祖，而禘以审谛其尊卑，此禘袷之义。而为礼者失之，至于年数不同，祖宗失位，议者莫知所从。礼曰：三年一袷，五年一禘。传曰：五年再殷祭。高宗上元三年十月当袷，而有司议其年数。史璨等议，以为新君丧毕而袷，明年而禘，自是之后，五年而再祭。盖后禘去前禘五年，而袷常在禘后三年，禘常在袷后二年。鲁宣公八年，禘僖公，盖三年丧毕而袷，明年而禘，至八年而再禘。昭公二十年禘，至二十五年又禘，此可知也。时以其言有经据，遂从之。唐制：国子博士，正五品上，掌教文武官二品已上、国公子孙二品已上曾孙为生者。太学博士，正六品上，掌教文武官五品已上、郡县公子孙、从三品曾孙之为生者。袷，胡夹翻。璨，仓按翻。禘，大计翻。

18 郇王素节，萧淑妃之子也，郇，音荀。警敏好学。天后恶之，好，呼到翻。恶，乌路翻。自岐州刺史左迁申州刺史。申州，汉平氏、鄳县地，晋分置义阳郡，南齐置司州，后魏改郢州，后周改申州，隋改义州，唐复曰申州。岐州在京师西三百一十五里，至东都一千一百七十里。申州至京师一千七百九十六里，东都九百四十三里。乾封初，敕曰：“素节既有旧疾，不须入朝。”朝，直遥翻。而素节实无疾，自以久不得入觐，乃著忠孝论。王府仓曹参军张柬之因使潜封其论以进。后见之，诬以赃贿，丙午，降封鄱阳王，袁州安置。柬之封论以进，欲以感动帝心，岂知适所以速素节之罪乎！袁州在京师东南三千五百八十里，至东都二千一百六十一里。

19 十一月，壬申，改元，赦天下。

20 庚寅，以李敬玄为中书令。

21 十二月，戊午，以来恒为河南道大使，薛元超为河北道大使，尚书左丞鄢陵崔知悌、国子司业郑祖玄为江南道大使，隋大业三年，始置国子司业，唐从四品下，所职与祭酒同。使，疏吏翻。鄢，谒晚翻，又于建翻，又音偃。分道巡抚。

二年（丁丑、六七七）

1 春，正月，乙亥，上耕藉田。

2 初，刘仁轨引兵自熊津还，见上卷麟德二年。扶馀隆畏新罗之逼，不敢留，寻亦还朝。朝，直遥翻。二月，丁巳，以工部尚书高藏为辽东州都督，封朝鲜王，朝，音潮。鲜，音仙。遣归辽东，安辑高丽馀众；高丽先在诸州者，皆遣与藏俱归。又以司农卿扶馀隆为熊津都督，封带方王，亦遣归安辑百济馀众，仍移安东都护府于新城以统之。去年春，移安东都护府于辽东故城，今又移于新城。统，他综翻。时百济荒残，命隆寓居高丽之境。藏至辽东，谋叛，潜与靺鞨通；召还，徙邛州而死，丽，力知翻。还，从宣翻，又音如字。靺鞨，音末曷。邛，渠容翻。散徙其人于河南、陇右诸州，贫者留安东城傍。高丽旧城没于新罗，馀众散入靺鞨及突厥，厥，九勿翻。隆亦竟不敢还故地，高氏、扶馀氏遂亡。

3 三月，癸亥朔，以郝处俊、高智周并为左庶子，李义琰为右庶子。郝，呼各翻。处，昌吕翻。唐制，东宫左、右庶子，各二员。

夏，四月，左庶子张大安同中书门下三品。大安，公谨之子也。张公谨，太宗朝功臣。

4 诏以河南、北旱，遣御史中丞崔谧等分道存问赈给。侍御史宁陵刘思立上疏，宁陵县，汉属陈留郡，曹魏至元魏，属谯郡，后齐废，隋开皇六年复置，属宋州。赈，津忍翻。上，时掌翻。疏，所据翻。以为："今麦秀蚕老，农事方殷，敕使抚巡，人皆竦忭，忘其家业，冀此天恩，聚集参迎，妨废不少。使，疏吏翻。少，诗沼翻。既缘赈给，须立簿书，本欲安存，更成烦扰。望且委州县赈给，待秋务闲，出使褒贬。"疏奏，谧等遂不行。使，疏吏翻。

5 五月，吐蕃寇扶州之临河镇，擒镇将杜孝升，令赍书说松州都督武居寂使降，孝升固执不从。吐蕃军还，舍孝升而去，孝升复帅馀众拒守。吐，从暾入声。将，即亮翻。说，输芮翻。降，户江翻。复，扶又翻。帅，读曰率。诏以孝升为游击将军。晋官品令，游击将军第四品。唐从五品下。

6 秋，八月，徙周王显为英王，更名哲。更，工衡翻。

7 命刘仁轨镇洮河军。鄯州城内，有临洮军。洮，土刀翻。冬，十二月，乙卯，诏大发兵讨吐蕃。

8 诏以显庆新礼，多不师古，显庆三年行新礼，见二百卷。其五礼并依周礼行事。自是礼官益无凭守，每有大礼，临时撰定。撰，士免翻。

三年（戊寅、六七八）

1 春，正月，辛酉，百官及蛮夷酋长朝天后于光顺门。酋，慈由翻。长，知两翻。朝，直遥翻。

2 刘仁轨镇洮河，每有奏请，多为李敬玄所抑，由是怨之。仁轨知敬玄非将帅才，欲中伤之，仁轨以私怨奏用敬玄，以至败国殄民；矫情以容袁异式，挟怨以陷李敬玄，得为贤乎！将，即亮翻。帅，所类翻。中，竹仲翻。奏言："西边镇守，非敬玄不可。"敬玄固辞。上曰："仁轨须朕，朕亦自往，卿安得辞！"丙子，以敬玄代仁轨为洮河道大总管兼安抚大使，仍检校鄯州都督。使，疏吏翻。鄯，时战翻。考异曰：实录云："与仁轨相知镇守。而敬玄之败，仁轨不预"。新旧传皆云"以代仁轨"，今从之。又命益州大都督府长史李孝逸等发剑南、山南兵以赴之。孝逸，神通之子也。淮安王神通。

癸未，遣金吾将军曹怀舜等分往河南、北募猛士，不问布衣及仕宦。

3 夏，四月，戊申，赦天下，改来年元为通乾。

4 五月，壬戌，上幸九成宫。丙寅，山中雨，大寒，从兵有冻死者。从，才用翻。

5 秋，七月，李敬玄奏破吐蕃于龙支。龙支县，属鄯州，汉允吾县地。后汉改为龙耆县，后魏改为金城县，又改为龙支。积石山在今县南。

6 上初即位，不忍观破陈乐，命撤之。辛酉，太常少卿韦万石奏："久寝不作，惧成废缺。请自今大宴会复奏之。"上从之。陈，读曰阵。少，诗照翻。复，扶又翻，又如字。

7 九月，辛酉，车驾还京师。

8 上将发兵讨新罗，侍中张文瓘卧疾在家，自舆入见，见，贤遍翻。谏曰："今吐蕃为寇，方发兵西讨；新罗虽云不顺，未尝犯边，若又东征，臣恐公私不胜其弊。"上乃止。胜，音升。癸亥，文瓘薨。

9 丙寅，李敬玄将兵十八万与吐蕃将论钦陵战于青海之上，将，即亮翻；下同。兵败，工部尚书、右卫大将军彭城僖公刘审礼为吐蕃所虏。谥法：刚克曰僖；又，小心畏忌曰僖；又戴记，有伐有还曰僖。时审礼将前军深入，顿于濠所，为虏所攻，敬玄懦怯，按兵不救。闻审礼战没，狼狈还走，顿于承风岭，杜佑曰：承风岭在廓州广威县西南，东北去鄯州三百一十三里，故吐谷浑界。阻泥沟以自固，虏屯兵高冈以压之。左领军员外将军黑齿常之，夜帅敢死之士五百人袭击虏营，虏众溃乱，其将跋地设引兵遁去，帅，读曰率。将，即亮翻。敬玄乃收馀众还鄯州。考异曰：朝野佥载曰："中书令李敬玄为元帅，吐蕃至树敦城，闻刘尚书没蕃，着靴不得，狼狈而走，遗却麦饭，首尾千里，地上尺馀。"言之太过，今不取。

审礼诸子自缚诣阙，请入吐蕃赎其父，敕听次子易从诣吐蕃省之。比至，审礼已病卒，易，以豉翻。省，悉景翻。比，必利翻。卒，子恤翻。考异曰：新本纪："审礼死之。"按旧传，审礼永隆二年，卒于蕃中，新纪误也。今终言之。易从昼夜号哭不绝声；号，户高翻。吐蕃哀之，还其尸，易从徒跣负之以归。

上嘉黑齿常之之功，擢拜左武卫将军，充河源军副使。杜佑曰：河源军在鄯州西一百二十里。使，疏吏翻；下同。

李敬玄之西征也，监察御史原武娄师德应猛士诏从军，时诏募猛士以讨吐蕃，师德应募从军。监，古衔翻。及败，敕师德收集散亡，军乃复振。复，扶又翻，又如字。因命使于吐蕃，吐蕃将论赞婆迎之赤岭。宋白曰：石堡城西三十里有山，土石皆赤，北接大山，南连小雪山，号曰赤岭，去长安三千五百里。自鄯州鄯城县西行二百里，至赤岭。将，即亮翻。师德宣导上意，谕以祸福，赞婆甚悦，为之数年不犯边。为，于伪翻。师德迁殿中侍御史，充河源军司马，考异曰：御史台记，"充河源军使"。今从旧传。兼知营田事。

上以吐蕃为忧，悉召侍臣谋之，或欲和亲以息民；或欲严设守备，俟公私富实而讨之；或欲亟发兵击之。议竟不决，赐食而遣之。

太学生宋城魏元忠上封事，宋城县带宋州，旧睢阳县也，隋开皇十八年更名。上，时掌翻。言御吐蕃之策，以为："理国之要，在文与武。今言文者则以辞华为首而不及经纶，言武者则以骑射为先而不及方略，骑，奇寄翻。是皆何益于理乱哉！故陆机著辨亡之论，无救河桥之败，陆机痛吴之亡，著辨亡论，迹吴之所以兴及其所以亡，其论甚悉。河桥之败，见八十五卷晋惠帝太安二年。养由基射穿七札，不济鄢陵之师，左传：晋、楚遇于鄢陵，楚大夫养由基、潘党蹲甲而射之，彻七札焉。以示楚共王曰："君有二臣，何忧于战。"王怒曰："大辱国！诘朝，尔射，死艺。"及战，楚师败。杜预曰：济，益也。此已然之明效也。

古语有之：‘人无常俗，政有理乱；兵无强弱，将有巧拙。’故选将当以智略为本，勇力为末。今朝廷用人，类取将门子弟及死事之家，将，即亮翻；下同。彼皆庸人，岂足当阃外之任！李左车、陈汤、吕蒙、孟观，皆出贫贱而立殊功，李左车见十卷汉高帝三年。陈汤见二十九卷元帝建昭三年。吕蒙见献帝纪六十五卷至六十八卷。孟观见八十三卷晋惠帝元康九年。未闻其家代为将也。

夫赏罚者，军国之切务，苟有功不赏，有罪不诛，虽尧、舜不能以致理。议者皆云：‘近日征伐，虚有赏格而无事实。’盖由小才之吏，不知大体，徒惜勋庸，恐虚仓库。不知士不用命，所损几何！黔首虽微，不可欺罔。岂得悬不信之令，设虚赏之科，而望其立功乎！自苏定方征辽东，见二百卷龙朔元年、二年。李勣破平壤，见上卷总章元年。赏绝不行，勋仍淹滞，不闻斩一台郎，戮一令史，以谢勋人。尚书诸曹郎，皆谓之台郎。勋转淹滞，则司勋之责耳。司勋令史三十三人。大非川之败，薛仁贵、郭待封等不即重诛，见上卷咸亨元年。即，就也。向使早诛仁贵等，则自馀诸将岂敢失利于后哉！臣恐吐蕃之平，非旦夕可冀也。

又，出师之要，全资马力。臣请开畜马之禁，使百姓皆得畜马；畜，吁玉翻。若官军大举，委州县长吏以官钱增价市之，则皆为官有。彼胡虏恃马力以为强，若听人间市而畜之，乃是损彼之强为中国之利也。”先是禁百姓畜马，长，知两翻。畜，吁玉翻。先，悉荐翻。故元忠言之。上善其言，召见，令直中书省，仗内供奉。仗内供奉，朝会得随百官入见。

10 冬，十月，丙午，徐州刺史密贞王元晓薨。

11 十一月，壬子，黄门侍郎、同中书门下三品来恒薨。恒，户登翻。

12 十二月，诏停来年通乾之号，以反语不善故也。通乾，反语为天穷。

调露元年（己卯、六七九）按会要，是年六月十三日，方改元调露。

1 春，正月，己酉，上幸东都。

司农卿韦弘机作宿羽、高山、上阳等宫，按六典，宿羽、高山二宫，皆在东都禁苑中。制度壮丽。上阳宫临洛水，为长廊亘一里。宫成，上徙御之。侍御史狄仁杰劾奏弘机导上为奢泰，弘机坐免官。劾，户概翻，又户得翻。考异曰：旧传云："仪凤中，机坐家人犯盗，为宪司所劾，免官。"狄仁杰传云："时司农卿韦机兼领将作少府，造宿羽、高山、上阳等宫，莫不壮丽。仁杰奏其太过，机竟坐免官。"统纪云："驾幸东都，上游韦弘机所造宿羽、高山等宫，乘高临深，有登眺之美，乃敕弘机造高馆，及成，临幸，即上阳宫也。"今据实录，营宫在前。左司郎中王本立隋炀帝大业三年，尚书都司始置左、右司郎各一人，掌都省之职。唐置左、右司郎中，各掌付十有二司之事，以举正稽违，省署符目。恃恩用事，朝廷畏之。仁杰奏其奸，请付法司，上特原之，仁杰曰："国家虽乏英才，岂少本立辈！少，诗沼翻。陛下何惜罪人，以亏王法。必欲曲赦本立，请弃臣于无人之境，为忠贞将来之戒！"本立竟得罪。考异曰：御史台记曰："狄仁杰以司农发太原运，旬会欠米万馀斛。高宗怒曰：'仁杰偷我米。'命杀之。吏部侍郎魏玄同曰：'仁杰健而疏，只是句当失所，臣委知不偷，请以官爵保明。'久之，高宗意解，仁杰不坐。"按仁杰传未尝为司农，今不取。由是朝廷肃然。

2 庚戌，右仆射、太子宾客道恭公戴至德薨。道，古国名，左传之江、黄、道、柏是也。显庆元年，始置太子宾客四员，正三品，掌侍从规谏，赞相礼仪。谥法：尊贤让善曰恭。

3 二月，壬戌，吐蕃赞普卒，子器弩悉弄立，生八年矣。时器弩悉弄与其舅曲萨若诣羊同发兵，羊同，西戎国名。宋祁载刘元鼎之言曰：黄河上流，由洪济桥西南行二千里，水益狭，春可涉，秋夏乃胜舟。其南三百里，三山中高而四下，曰紫山，直大羊同国，古所谓昆仑者也，虏曰闷摩黎山，东距长安五千里，河源出其间。唐会要曰：大羊同国，东接吐蕃，西接小羊同，北直于阗，东西千里。萨，桑割翻。有弟生六年，在论钦陵军中。国人畏钦陵之强，欲立之，钦陵不可，与萨若共立器弩悉弄。

上闻赞普卒，【章：十二行本“卒”下有“嗣主未定”四字；乙十一行本同；孔本同；张校同。】命裴行俭乘间图之，卒，子恤翻。间，古苋翻。行俭曰：“钦陵为政，大臣辑睦，未可图也。”乃止。

4 夏，四月，辛酉，郝处俊为侍中。

5 偃师人明崇俨，以符咒幻术为上及天后所重，咒，职救翻。幻，户办翻。官至正谏大夫。五月，壬午，崇俨为盗所杀，求贼，竟不得。考异曰：御史台记：“郑仁恭，本荥阳人也，自监察累迁刑部郎中。仪凤中，明崇俨以奇术承恩宠，夜遇刺客，敕三司亟推鞫，妄承引，连坐者甚众。高宗怒，促有司行刑。仁恭奏曰：‘此辈必死之囚，愿假其数日之命。’高宗曰：‘卿以为枉邪？’仁恭曰：‘臣识虑浅短，非的以为枉，恐万一非实，则怨气生。’遂缓之。旬馀，果获贼矣。朝廷称之。”今从实录。赠崇俨侍中。

6 丙戌，命太子监国。监，古衔翻。太子处事明审，处，昌吕翻。时人称之。

7 戊戌，作紫桂宫于渑池之西。紫桂宫在渑池之西五里。渑，弥兖翻。

8 六月，辛亥，赦天下，改元。

9 初，西突厥十姓可汗阿史那都支及其别帅李遮匐与吐蕃连和，侵逼安西，帅，所类翻。匐，蒲北翻。朝议欲发兵讨之。吏部侍郎裴行俭曰：“吐蕃为寇，审礼覆没，干戈未息，岂可复出师西方！今波斯王卒，其子泥洹师为质在京师，波斯为大食所灭，其王卑路斯入朝，授武卫将军而死，其子为质在京师。朝，直遥翻。复，扶又翻。卒，子恤翻。洹，户官翻。质，音致。考异曰：实录作“泥浬师师”，旧传作“泥湟师师”，唐历作“泥洦师”。今从统纪。宜遣使者送归国，使，疏吏翻；下同。道过二虏，以便宜取之，可不血刃而擒也。”上从之，命行俭册立波斯王，过，工禾翻。考异曰：唐纪云，"波斯王卑路斯入朝未还，请遣使送归。"今从实录、唐历、统纪、旧传。仍为安抚大食使。行俭奏肃州刺史王方翼以为己副，仍令检校安西都护。使，疏吏翻。令，力丁翻。

10 秋，七月，己卯朔，诏以今年冬至有事于嵩山。

11 初，裴行俭尝为西州长史，见一百九十九卷永徽五年。长，知两翻。及奉使过西州，吏人郊迎，行俭悉召其豪杰子弟千馀人自随，且扬言天时方热，未可涉远，须稍凉乃西上。上，时掌翻。阿史那都支觇知之，遂不设备。觇，丑廉翻，又丑艳翻。行俭徐召四镇诸胡酋长四镇，龟兹、毗沙、焉耆、疏勒四都督府也。酋，慈由翻。谓曰："昔在西州，纵猎甚乐，乐，音洛。今欲寻旧赏，谁能从吾猎者？"诸胡子弟争请从行，近得万人。行俭阳为畋猎，校勒部伍，校，古效翻。数日，遂倍道西进。去都支部落十馀里，先遣都支所亲问其安否，外示闲暇，似非讨袭，续使促召相见。都支先与李遮匐约，秋中拒汉使，汉家威加四夷，故夷人率谓中国人为汉人，犹汉时匈奴谓汉人为秦人也。使，疏吏翻；下同。猝闻军至，计无所出，帅其子弟迎谒，遂擒之。帅，读曰率。因传其契箭，悉召诸部酋长，夷狄无符信，以箭为契信。西突厥沙钵咥利失可汗分其国为十部，部以一人统之，人授一箭，号十设，亦曰十箭，左五咄陆部，置五大啜，居碎叶东，右五弩失毕部，置五大俟斤，居碎叶西。执送碎叶城。简其精骑，轻赍，昼夜进掩遮匐，途中，获都支还使与遮匐使者同来；行俭释遮匐使者，使先往谕遮匐以都支已就擒，遮匐亦降。骑，奇寄翻。赍，则兮翻。匐，蒲北翻。降，户江翻。于是囚都支、遮匐以归，遣波斯王自还其国，留王方翼于安西，使筑碎叶城。碎叶城，焉耆都督府治所也。方翼筑四面十二门，为屈曲隐出伏没之状。

12 冬，十月，单于大都护府突厥阿史德温傅、奉职二部俱反，阿史德，姓也，温傅其名。奉职，亦一部酋长之名。单，音蝉。厥，九勿翻。立阿史那泥熟匐为可汗，二十四州酋长皆叛应之，众数十万，置二十四州，见一百九十九卷永徽元年。遣鸿胪卿单于大都护府长史萧嗣业、右领军卫将军花大智、何承天姓苑有花姓。胪，陵如翻。单，音蝉。长，知两翻。嗣，祥吏翻。右千牛卫将军李景嘉等将兵讨之。将兵，即亮翻，又音如字。嗣业等先战屡捷，因不设备；会大雪，突厥夜袭其营，嗣业狼狈拔营走，众遂大乱，为虏所败，死者不可胜数。厥，九勿翻。败，补迈翻。胜，音升。大智、景嘉引步兵且行且战，得入单于都护府。嗣业减死，流桂州，大智、景嘉并免官。

突厥寇定州，刺史霍王元轨命开门偃旗，虏疑有伏，惧而宵遁。州人李嘉运与虏通谋，事泄，泄，息列翻。上令元轨穷其党与，元轨曰："强寇在境，人心不安，若多所逮系，是驱之使叛也。"乃独杀嘉运，馀无所问，因自劾违制。上览表大喜，谓使者曰："朕亦悔之，向无王，失定州矣。"劾，户概翻，又户得翻。使，疏吏翻。自是朝廷有大事，上多密敕问之。朝，直遥翻。

13 壬子，遣左金吾卫将军曹怀舜屯井陉，井陉县，汉、晋、后魏皆属常山郡，唐属恒州。陉，音刑。右武卫将军崔献屯龙门，以备突厥。突厥扇诱奚、契丹侵掠营州，诱，羊久翻。契，欺讫翻，又音吃。都督周道务遣户曹始平唐休璟将兵击破之。曹魏置始平县，晋武帝置始平郡，后魏废郡，以县属扶风，隋、唐属雍州。

14 庚申，诏以突厥背诞，罢封嵩山。背，蒲妹翻。

15 癸亥，吐蕃文成公主遣其大臣论塞调傍来告丧，并请和亲，上遣郎将宋令文诣吐蕃会赞普之葬。将，即亮翻；下管将同。

16 十一月，戊寅朔，以太子左庶子、同中书门下三品高智周为御史大夫，罢知政事。

17 癸未，上宴裴行俭，谓之曰："卿有文武兼资，今授卿二职。”乃除礼部尚书兼检校右卫大将军。甲辰，以行俭为定襄道行军大总管，将兵十八万，并西军检校丰州都督程务挺、东军幽州都督李文暕暕，古限翻。总三十馀万以讨突厥，并受行俭节度。务挺，名振之子也。程名振为将，著功名于贞观、永徽之间。

永隆元年（庚辰、六八〇）按会要，是年八月二十三日，改元永隆。

1 春，二月，癸丑，上幸汝州之温汤；戊午，幸嵩山处士三原田游岩所居；处，昌吕翻。己未，幸道士宗城潘师正所居，考异曰：旧传，“师正，赵州赞皇人。”今从实录。上及天后、太子皆拜之。史言帝崇信异端。乙丑，还东都。

2 三月，裴行俭大破突厥于黑山，黑山一名杀胡山，在丰州中受降城正北，如东八十里，亦谓之呼延谷。擒其酋长奉职；句绝。可汗泥熟匐为其下所杀，以其首来降。降，户江翻。

初，行俭行至朔川，考异曰：旧传作“朔州”。今依实录及统纪。余按唐朔州治善阳县，汉定襄县地。单于府治金河县，汉云中郡城也。自朔州至单于府三百五十七里。以裴行俭军行次舍考之，先至朔州而后至单于府北，则旧传朔州为是。谓其下曰：“用兵之道，抚士贵诚，制敌贵诈。前日萧嗣业粮运为突厥所掠，士卒冻馁，故败。今突厥必复为此谋，复，扶又翻；下复为、可复同。宜有以诈之。”乃诈为粮车三百乘，每车伏壮士五人，各持陌刀、劲弩，陌刀，大刀也；一举刀可杀数人。唐六典曰：陌刀，长刀也，步兵所持，盖古之斩马剑。释名曰：弩，怒也，有怒势也。其柄曰臂，似人臂也。钩弦者曰牙，似牙齿也。牙外曰郭，为牙之规郭也。合名之曰机，言如机之巧也；亦言如门户枢机，开阖有节也。乘，绳证翻。以羸兵数百为之援，羸，伦为翻。且伏精兵于险要以待之。虏果至，羸兵弃车散走。虏驱车就水草，解鞍牧马，欲取粮，壮士自车中跃出，击之，虏惊走，复为伏兵所邀，杀获殆尽，自是粮运行者，虏莫敢近。近，其靳翻。

军至单于府北，抵暮，下营，掘堑已周，掘，其月翻。堑，七艳翻。行俭遽命移就高冈；诸将皆言士卒已安堵，不可复动，行俭不从，趣使移。趣，读曰促。是夜，风雨暴至，前所营地，水深丈馀，深，式禁翻。诸将惊服，问其故，行俭笑曰："自今但从我命，不必问其所由知也。"

奉职既就擒，馀党走保狼山。狼山，歌逻禄右厢部落所居也。永徽元年，置狼山州，属云中都护府。诏户部尚书崔知悌驰传诣定襄宣慰将士，且区处馀寇，传，知恋翻。处，昌吕翻。行俭引军还。

3 夏，四月，乙丑，上幸紫桂宫。

4 戊辰，黄门侍郎闻喜裴炎、崔知温、闻喜县，汉属河东郡。隋以汉闻喜县为绛县，以汉绛县为曲沃县，以桐乡置闻喜县，寻改为桐乡县；武德元年复曰闻喜，属绛州。中书侍郎京兆王德真并同中书门下三品。知温，知悌之弟也。

5 秋，七月，吐蕃寇河源，左武卫将军黑齿常之击却之。考异曰：实录："吐蕃大将赞婆及素和贵等帅众三万进寇河源，屯兵于良非川。辛巳，河西镇抚大使、中书令李敬玄统众与贼战于湟川，官军败绩。副使、左武卫将军黑齿常之帅精骑三千，夜袭贼营，杀获二千馀级，赞婆等遂退。擢常之为河源军经略大使，诏敬玄留镇鄯州以为之援。"按仪凤三年九月，敬玄已与吐蕃战败于青海，常之夜袭贼营，贼乃退，与此事颇相类。旧书敬玄传，止一败，无再败。常之传："仪凤中，从敬玄击吐蕃，走跋地设，充河源军副使。时赞婆等屯良非川，常之夜袭贼营，走之，擢为大使。"事似同时。新书敬玄传，战青海，又战湟川，凡再败。常之传：仪凤三年，袭跋地设。调露中，袭赞婆。唐历、统纪皆无今年敬玄败事。又实录，今年八月丁巳，敬玄贬衡州刺史。辛巳至丁巳，才三十七日。贾耽皇华四达记，自长安至鄯州约一千七百馀里。时高宗又在东都，若敬玄败后，累表称疾，得报乃来，至东都，必数日乃贬，非三十七日之内所能容也。今略去敬玄湟川败事，但云吐蕃寇河源，常之击却之而已。今按刘昫唐书地理志，鄯州在京师西一千九百一十三里。擢常之为河源军经略大使。常之以河源冲要，欲加兵戍之，而转输险远，乃广置烽戍七十馀所，开屯田五千馀顷，岁收五百馀万石，由是战守有备焉。

先是，剑南募兵，于茂州西南筑安戎城，以断吐蕃通蛮之路。宋白曰：茂州本冉駹之国，汉开为汶山郡。华阳国志云：宣帝地节三年，武都白马羌反，使骆武平定之。汶山吏民诣武自讼，一岁再度更赋至重，边人贫苦，无以供给，求省郡，遂省汶山郡，复置都尉。今州即汉蜀郡汶江县，梁普通三年，置绳州，取桃关之路以绳作桥以名州。后周为汶州，置汶山县。唐改茂州，取界内茂滋山而名。吐蕃以生羌为乡导，先，悉荐翻。断，丁管翻。乡，读曰向。攻陷其城，以兵据之，由是西洱诸蛮皆降于吐蕃。洱，而志翻。降，户江翻。吐蕃尽据羊同、党项及诸羌之地，东接凉、松、茂、嶲等州，南邻天竺，西陷龟兹、疏勒等四镇，党，底朗翻。嶲，音髓。龟兹，音丘慈。北抵突厥，地方万馀里，诸胡之盛，莫与为比。

6 丙申，郑州刺史江王元祥薨。郑州，汉荥阳县地。汉荥阳属河南郡，晋分为荥阳郡，后魏属北豫州，后置郑州，隋开皇十六年改曰管州，大业初，复曰郑州。

7 突厥馀众围云州，云州，汉平城县地。后魏为代都，北齐及后周为恒安镇，贞观七年，置云州及定襄县。代州都督窦怀悊、悊，与哲同。右领军中郎将程务挺将兵击破之。将，即亮翻。

8 八月，丁未，上还东都。

9 中书令、检校鄯州都督李敬玄，军既败，屡称疾请还；上许之。既至，无疾，诣中书视事；上怒，丁巳，贬衡州刺史。衡州，汉酃县、蒸阳、耒阳、荼陵县地。吴置湘东郡，梁、陈置衡山郡。隋平陈，置衡州。京师东南三千四百三里，至东都二千七百六十里。

10 太子贤闻宫中窃议，以贤为天后姊韩国夫人所生，内自疑惧。明崇俨以厌胜之术为天后所信，厌，于叶翻。常密称“太子不堪承继，英王貌类太宗”，又言“相王相最贵”。相，悉亮翻。天后尝命北门学士撰少阳正范颜延之曲水诗序曰：正体毓德于少阳。注云：东宫，少阳位也。少，诗照翻。及孝子传以赐太子，传，直恋翻。又数作书诮让之，数，所角翻。诮，才笑翻。太子愈不自安。

及崇俨死，贼不得，天后疑太子所为。太子颇好声色，与户奴赵道生等狎昵，好，呼到翻。昵，尼质翻。多赐之金帛，司议郎韦承庆上书谏，不听。上，时掌翻。天后使人告其事。诏薛元超、裴炎与御史大夫高智周等杂鞫之，于东宫马坊搜得皂甲数百领，以为反具；道生又款称太子使道生杀崇俨。上素爱太子，迟回欲宥之，天后曰："为人子怀逆谋，天地所不容；大义灭亲，何可赦也！"甲子，废太子贤为庶人，遣右监门中郎将令狐智通等送贤诣京师，监，古衔翻。将，即亮翻。幽于别所，党与皆伏诛，仍焚其甲于天津桥南以示士民。刘昫曰：东都，周之王城，平王东迁所都也。故城在今苑内东北隅。自赧王以后，及东汉、魏文、晋武皆都于今故洛城。隋大业元年，自故洛城西移十八里，置新都，今都城是也。北据邙山，南对伊阙，洛水贯都，有河汉之象，跨洛为桥，曰天津桥。唐世人主，往来东都、西京，而宅都长安，以长安为京师。承庆，思谦之子也。韦思谦见一百九十九卷永徽元年。

乙丑，立左卫大将军、雍州牧英王哲为皇太子，雍，于用翻。改元，赦天下。

太子洗马刘讷言常撰俳谐集以献贤，贤败，搜得之，上怒曰："以六经教人，犹恐不化，乃进俳谐鄙说，岂辅导之义邪！"流讷言于振州。旧志：振州与崖州同在大海洲中，至京师八千六百六里，至东都七千七百九十七里。洗，悉荐翻。撰，士免翻。俳，蒲皆翻。考异曰：新传云："除名为民，复坐事流死振州。"今从实录。

左卫将军高真行之子政为太子典膳丞，事与贤连，上以付其父，使自训责。政入门，真行以佩刀刺其喉，真行兄户部侍郎审行又刺其腹，真行兄子璇断其首，弃之道中。刺，七亦翻。璇，从宣翻。断，丁管翻。上闻之，不悦，贬真行为睦州刺史，审行为渝州刺史。真行，士廉之子也。旧志：睦州，京师东南三千六百五十九里，至东都二千八百二十一里。渝州，汉末之巴东郡，隋置渝州；京师西南二千七百四十八里，至东都三千四百三十里。高士廉，长孙无忌之舅。

左庶子、中【章：十二行本“中”上有“同”字；乙十一行本同；孔本同。】书门下三品张大安坐阿附太子，左迁普州刺史。旧志：普州，至京师二千三百六十里，至东都三千二百三里。其馀宫僚，上皆释其罪，使复位，左庶子薛元超等皆舞蹈拜恩；右庶子李义琰独引咎涕泣，时论美之。

11 九月，甲申，以中书侍郎、同中书门下三品王德真为相王府长史，罢政事。唐制，王府置长史、司马。长史，从四品上。司马，从四品下。长史、司马统领府僚，纪纲职务。相，悉亮翻。

12 冬，十月，壬寅，苏州刺史曹王明，苏州，古吴国，东汉为吴郡；隋置苏州，因姑苏山而名。沂州刺史嗣蒋王炜，沂州，汉琅邪国，后魏置北徐州；后周改沂州，以沂水名；隋为琅邪郡，唐复以琅邪郡置沂州。炜，于鬼翻。皆坐故太子贤之党，明降封零陵郡王，黔州安置；炜除名，道州安置。道州，汉零陵郡泠道、冯乘之地。隋以零陵郡置永州，武德四年，分置营州，贞观八年，改曰道州。旧志：黔州，京师南三千一百九十三里，至东都二千二百七十七里。

13 丙午，文成公主薨于吐蕃。

14 己酉，车驾西还。

15 十一月，壬申朔，日有食之。

开耀元年（辛巳、六八一）是年十月方改元，新书作九月。

1 春，正月，突厥寇原、庆等州。乙亥，遣右卫将军李知十等屯泾、庆二州以备突厥。

2 庚辰，以初立太子，敕宴百官及命妇于宣政殿，西京东内正殿曰含元，后殿曰宣政。引九部伎及散乐自宣政门入。杜佑曰：散乐，即百戏也。伎，渠绮翻。散，悉亶翻。太常博士袁利贞上疏，以为："正寝非命妇宴会之地，路门非倡优进御之所，上，时掌翻。倡，音昌。请命妇会于别殿，九部伎自东西门入，其散乐伏望停省。"上乃更命置宴于麟德殿；麟德殿，麟德中所作也。阁本大明宫图：翰林院密迩麟德殿。韦执谊曰：翰林院在右银台门内，麟德殿在西重廊之后。更，工衡翻。宴日，赐利贞帛百段。利贞，昂之曾孙也。

利贞族孙谊为苏州刺史，自以其先自宋太尉淑以来，尽忠帝室，袁淑死于宋元凶之难，袁顗以死奉子勋，袁昂尽节于齐室，袁宪尽忠于陈后主。谓琅邪王氏虽奕世台鼎，而为历代佐命，琅邪王氏股肱晋室，而王弘为宋室佐命，王俭为齐室佐命，梁室之兴，侯景之篡，王亮、王克为劝进之首。耻与为比，尝曰："所贵于名家者，为其世笃忠贞，才行相继故也。为，于伪翻。行，下孟翻。彼鬻婚姻求禄利者，又乌足贵乎！"时人是其言。因袁利贞并著袁谊之言，以其有益于名教也。

3 裴行俭军既还，突厥阿史那伏念复自立为可汗，复，扶又翻。杜佑曰：伏念，颉利从兄之子。与阿史德温傅连兵为寇。癸巳，以行俭为定襄道大总管，以右武卫将军曹怀舜、幽州都督李文暕为副，将兵讨之。暕，古限翻。将，即亮翻。

4 二月，天后表请赦杞王上金、鄱阳王素节之罪；以上金为沔州刺史，沔州，汉安陆之地。晋置沔阳县，江左为鲁山镇。隋开皇十七年，置汉阳县，属复州，复州治沔阳；大业初，改复州曰沔州。唐复以沔州为复州，分汉阳置沔州。素节为岳州刺史，岳州，汉下隽县地。吴置巴陵县，晋置建昌郡，梁置巴州。隋改曰岳州，因天岳山以名州。大业初，改罗州，唐复曰岳州。旧志：岳州，京师东南二千二百三十七里，至东都一千八百一十六里。仍不听朝集。朝，直遥翻。

5 三月，辛卯，以刘仁轨兼太子少傅，馀如故。仁轨先为尚书左仆射、同中书门下三品。以侍中郝处俊为太子少保，罢政事。

少府监裴匪舒，善营利，少，诗照翻。奏卖苑中马粪，岁得钱二十万缗。上以问刘仁轨，对曰："利则厚矣，恐后代称唐家卖马粪，非嘉名也。"乃止。匪舒又为上造镜殿，成，为，于伪翻。上与仁轨观之，仁轨惊趋下殿。上问其故，对曰："天无二日，土无二王，孟子载孔子之言。适视四壁有数天子，不祥孰甚焉！"上遽令剔去。去，羌吕翻。

6 曹怀舜与裨将窦义昭将前军击突厥。将，即亮翻；下同，又音如字。或告"阿史那伏念与阿史德温傅在黑沙，【章：十二行本"沙"下有"北"字；乙十一行本同；孔本同。】黑沙城，后突厥默啜以为南庭。左右才二十骑以下，可径往取也。"骑，奇寄翻。怀舜等信之，留老弱于瓠芦泊，水白为泊。帅轻锐倍道进，至黑沙，无所见，人马疲顿，乃引兵还。

会薛延陀部落欲西诣伏念，遇怀舜军，因请降。帅，读曰率。降，户江翻。怀舜等引兵徐还，至长城北，遇温傅，小战，各引去。至横水，横水去金河一百四十许里。遇伏念，怀舜、义昭与李文暕及裨将刘敬同四军合为方陈，陈，读曰阵。且战且行；经一日，伏念乘便风击之，军中扰乱，怀舜等弃军走，军遂大败，死者不可胜数。胜，音升。怀舜等收散卒，敛金帛以赂伏念，与之约和，杀牛为盟。伏念北去，怀舜等乃得还。还，从宣翻，又音如字。

夏，五月，丙戌，怀舜免死，流岭南。

7 己丑，河源道经略大使黑齿常之将兵击吐蕃论赞婆于良非川，破之，收其粮畜而还。畜，许救翻。常之在军七年，吐蕃深畏之，不敢犯边。

8 初，太原王妃之薨也，武士彟封太原王，妃从其爵，咸亨元年薨。天后请以太平公主为女官以追福。公主，天后女也。及吐蕃求和亲，请尚太平公主，上乃为立太平观，以公主为观主以拒之。

为，于伪翻。观，古玩翻。至是，始选光禄卿汾阴薛曜之子绍尚焉。绍母，太宗女城阳公主也。据会要，城阳公主先降杜荷，荷诛，降薛瓘。新书亦然。

秋，七月，公主适薛氏，自兴安门南至宣阳坊西，燎炬相属，自兴安门而南，历三坊至宣阳坊，万年县治在焉。属，之欲翻。夹路槐木多死。绍兄顗以公主宠盛，深忧之，顗，鱼岂翻。以问族祖户部郎中克构，唐户部郎，掌分理户口、井田之事，凡天下十道，任土所出，为贡赋之差。克构曰："帝甥尚主，国家故事，苟以恭慎行之，亦何伤！然谚曰：'娶妇得公主，无事取官府。'不得不为之惧也。"

天后以顗妻萧氏及顗弟绪妻成氏非贵族，欲出之，曰："我女岂可使与田舍女为妯娌邪！"为，于伪翻。妯，直六翻。娌，两耳翻。妯娌，娣姒妇也。或曰："萧氏，瑀之侄孙，国家旧姻。"萧瑀子锐尚太宗女襄城公主。乃止。

9 夏州群牧使安元寿奏："自调露元年九月以来，丧马一十八万馀匹，监牧吏卒为虏所杀掠者八百馀人。"夏，户雅翻。使，疏吏翻。丧，息浪翻。唐诸牧监，掌群牧孳课之事。凡诸群牧，立南、北、东、西四使以分统之，其马皆印，每岁终，监牧使巡按孳数，以功过相除，为之考课。此止夏州所丧失之数。

10 薛延陀达浑等五州四万馀帐来降。达浑都督领姑衍州、步讫若州、嵠弹州、鹘州、低粟州。降，户江翻。

11 甲午，左仆射兼太子少傅、同中书门下三品刘仁轨固请解仆射，许之。

12 闰七月，丁未，裴炎为侍中，崔知温、薛元超并守中书令。

13 上征田游岩为太子洗马，在东宫无所规益。右卫副率蒋俨右卫副率，从四品上。洗，悉荐翻。率，所律翻。以书责之曰："足下负巢、由之俊节，傲唐、虞之圣主，声出区宇，名流海内。主上屈万乘之重，申三顾之荣，三顾，用诸葛亮事。上幸嵩山，尝至游岩所居，故云然。乘，绳证翻。遇子以商山之客，汉四皓隐于商山。待子以不臣之礼，将以辅导储贰，渐染芝兰耳。渐，子廉翻。皇太子春秋鼎盛，圣道未周，仆以不才，犹参庭诤，足下受调护之寄，汉高帝谓四皓曰："烦公卒调护太子。"是可言之秋，唯唯而无一谈，悠悠以卒年岁。唯，于癸翻。卒，子恤翻。向使不餐周粟，夷、齐采薇西山，不食周粟。餐，千安翻。仆何敢言！禄及亲矣，以何酬塞？游岩有母。塞，悉则翻。想为不达，谨书起予。"孔子谓子夏曰："起予者商也。"为，于伪翻。游岩竟不能答。

14 庚申，上以服饵，令太子监国。监，古衔翻。

15 裴行俭军于代州之陉口，即雁门之陉岭关口。陉，音刑。多纵反间，由是阿史那伏念与阿史德温傅浸相猜贰。伏念留妻子辎重于金牙山，突厥之初，建牙于金山，其后分为东、西突厥，凡建牙之地，率谓之金牙山。苏定方直抵金牙山擒贺鲁，此西突厥可汗所居之金牙山也。裴行俭遣程务挺等掩金牙山，取伏念妻子，此东突厥可汗所居之金牙山也。可汗所居，谓之金帐，故亦以金牙言之。间，古苋翻；下同。重，直龙翻；下同。以轻骑袭曹怀舜。行俭遣裨将何迦密自通漠道，程务挺自石地道掩取之。骑，奇寄翻。将，即亮翻；下同。迦，居牙翻，又居伽翻。伏念与曹怀舜约和而还，比至金牙山，还，从宣翻。比，必利翻。失其妻子辎重，士卒多疾疫，乃引兵北走细沙，行俭又使副总管刘敬同、程务挺等将单于府兵追蹑之。伏念请执温傅以自效，然尚犹豫，又自恃道远，唐兵必不能至，不复设备。走，音奏。蹑，泥辄翻。复，扶又翻。单，音蝉。敬同等军到，伏念狼狈，不能整其众，遂执温傅，从间道诣行俭降。候骑告以尘埃涨天而至，将士皆震恐，行俭曰："此乃伏念执温傅来降，非他盗也。然受降如受敌，不可无备。"乃命严备，遣单使迎前劳之。少选，间，古苋翻。降，户江翻；下同。骑，奇寄翻。使，疏吏翻。劳，力到翻。少选，犹言少顷也。伏念果帅酋长缚温傅诣军门请罪。帅，读曰率。酋，慈由翻。长，知两翻。行俭尽平突厥馀党，以伏念、温傅归京师。厥，九勿翻。

16 冬，十月，丙寅朔，日有食之。

17 壬戌，裴行俭等献定襄之俘。乙丑，改元。改元开耀。丙寅，斩阿史那伏念、阿史德温傅等五十四人于都市。既书十月丙寅朔日食，方书壬戌裴行俭献俘，乙丑改元，又书丙寅斩阿史那伏念等，是十月一月内有二丙寅矣。此旧史之误，通鉴因之，失于检点也。新书是年九月乙丑改元，盖壬戌献俘，亦九月事，前年命行俭为定襄道行军大总管以讨突厥，故曰献定襄之俘。

初，行俭许伏念以不死，故降。裴炎疾行俭之功，奏言："伏念为副将张虔勖、程务挺所逼，又回纥等自碛北南向逼之，穷窘而降耳。"纥，下没翻。碛，七迹翻。遂诛之。行俭叹曰："浑、浚争功，事见八十一卷晋武帝太康元年。言若争伏念之死，则是与张虔勖、程务挺争功。古今所耻。但恐杀降，无复来者。"复，扶又翻。因称疾不出。

18 丁亥，新罗王法敏卒，卒，子恤翻。遣使立其子政明。

19 十一月，癸卯，徙故太子贤于巴州。旧志：巴州至京师二千三百六十里，东都二千五百八十二里。

王崇武标点容肇祖聂崇岐覆校

资治通鉴卷第二百三

端明殿学士兼翰林侍读学士太中大夫
提举西京嵩山崇福宫上柱国河内郡开国公　司马光　奉敕编集
食邑二千二百户食实封九百户赐紫金鱼袋臣

后学天台　胡三省　音注

唐纪十九　起玄黓敦牂（壬午），尽柔兆阉茂（丙戌），凡五年。

高宗天皇大圣大弘孝皇帝下

永淳元年（壬午、六八二）时以皇孙重照生改元。

1 春，二月，作万泉宫于蓝田。蓝田县，汉属京兆，后魏置蓝田郡；隋废郡为县，复属京兆。

2 癸未，改元，赦天下。

3 戊午，立皇孙重照为皇太孙。上欲令开府置官属，问吏部郎中王方庆，吏部掌考天下之文吏之班秩阶品。对曰："晋及齐皆尝立太孙，晋惠帝立太孙臧，齐武帝立太孙昭业。其太子官属即为太孙官属，未闻太子在东宫而更立太孙者也。"上曰："自我作古，可乎？"对曰："三王不相袭礼，叔孙通之言。何为不可！"乃奏置师傅等官。既而上疑其非法，竟不补授。方庆，裒之曾孙也。方庆，梁王褒之曾孙，江陵陷，褒徙入关，遂为咸阳人。裒，当作褒。名綝，以字行。綝，丑林翻。

4 西突厥阿史那车薄帅十姓反。厥，九勿翻。帅，读曰率；下同。

5 夏，四月，甲子朔，日有食之。

6 上以关中饥馑，米斗三百，将幸东都；丙寅，发京师，留太子监国，监，古衔翻；下同。使刘仁轨、裴炎、薛元超辅之。时出幸仓猝，扈从之士有饿死于中道者。从，才用翻；下以从同。上虑道路多草窃，命监察御史魏元忠检校车驾前后。元忠受诏，即阅视赤县狱，西京以长安万年为赤县。得盗一人，神采语言异于众；命释桎梏，桎，职日翻。梏，工沃翻。袭冠带，乘驿以从，从，才用翻。与之共食宿，既与之共食，又与之共宿。托以诘盗，诘，去吉翻。其人笑许诺。比及东都，比，必利翻。士马万数，不亡一钱。

7 辛未，以礼部尚书闻喜宪公裴行俭为金牙道行军大总管，此指西突厥之金牙山也。帅右金吾将军阎怀旦等三总管分道讨西突厥。师未行，行俭薨。

行俭有知人之鉴，初为吏部侍郎，前进士王勮、勮，其据翻。咸阳尉栾城苏味道刘昫曰：栾城，汉开县；后魏于汉开县古城置栾城县，属赵州。余考汉书地理志，常山郡有关县；又考宋白续通典，镇州栾城县本汉关县，魏太和十一年，于关县故城置栾城县；则刘昫误作开县明矣。皆未知名，行俭一见谓之曰："二君后当相次掌铨衡，仆有弱息，愿以为托。"弱息，弱子也。是时勮弟勃与华阴杨炯、范阳卢照邻、范阳，汉涿县地，魏文帝改为范阳郡；至隋废郡，复为涿县，属幽州；唐武德七年，改为范阳县。华，户化翻。炯，古迥翻。义乌骆宾王义乌，汉乌伤县地。后汉分乌伤，置长山县；晋以长山为东阳郡治所，乌伤别为县；武德七年，改乌伤为义乌县，属婺州。皆以文章有盛名，司列少常伯李敬玄尤重之，少，诗照翻。以为必显达。行俭曰："士之致远，当先器识而后才艺。勃等虽有文华，而浮躁浅露，岂享爵禄之器邪！杨子稍沈静，躁，则到翻。沈，持林翻。应至令长；馀得令终幸矣。"既而勃度海堕水，炯终于盈川令，黔州彭水县，汉酉阳县地；武德二年，分彭水，于巴江西置盈隆县；先天元年，避太子名，改曰盈川；

非此也。衢州龙丘县，武后如意元年，分置盈川县。县西有刑溪，陈时，土人留异恶“刑”字，改曰盈川，因为县名。长，知两翻。照邻恶疾不愈，赴水死，宾王反诛，谓同徐敬业反。勮、味道皆典选，如行俭言。选，须绢翻。行俭为将帅，所引偏裨如程务挺、张虔勖、王方翼、刘敬同、李多祚、黑齿常之，后多为名将。将，即亮翻；下同。帅，所类翻。裨，宾弥翻。

行俭常命左右取犀角、麝香而失之。又敕赐马及鞍，令史辄驰骤，马倒，鞍破。此礼部令史也。二人皆逃去，行俭使人召还，谓曰：“尔曹皆误耳，何相轻之甚邪！”谓惧罪责而逃，是以常人见待，相轻之甚也。待之如故。破阿史那都支，见上卷调露元年。得马脑盘，广二尺馀，马脑，文石也，琢以为盘。广，古旷翻。以示将士，军吏王休烈捧盘升阶，跌而碎之，跌，徒结翻。惶恐，叩头流血。行俭笑曰：“尔非故为，何至于是！”不复有追惜之色。诏赐都支等资产金器三千馀物，杂畜称是，复，扶又翻。畜，许救翻。称，尺证翻。并分给亲故及偏裨，数日而尽。

8 阿史那车薄围弓月城，安西都护王方翼引军救之，破虏众于伊丽水，自弓月城过思浑川、蛰失蜜城，渡伊丽河至碎叶界。斩首千馀级。俄而三姓咽面与车薄合兵拒方翼，方翼与战于热海，碎叶城东有热海，地寒不冻。咽，于甸翻。面，眠见翻。流矢贯方翼臂，方翼以佩刀截之，左右不知。所将胡兵谋执方翼以应车薄，方翼知之，悉召会议，阳出军资赐之，以次引出斩之，会大风，方翼振金鼓以乱其声，诛七十馀人，其徒莫之觉。既而分遣裨将袭车薄、咽面，大破之，擒其酋长三百人，酋，慈由翻。长，知两翻。西突厥遂平。阎怀旦竟不行。方翼寻迁夏州都督，征入，议边事。上见方翼衣有血渍，夏，户雅翻。渍，疾智翻。问之，方翼具对热海苦战之状，上视疮叹息；竟以废后近属，不得用而归。废后，方翼从祖女弟也。归者，复归夏州。

9 乙酉，车驾至东都。

10 丁亥，以黄门侍郎颍川郭待举、隋改长社为颍川县，武德四年复曰长社，属许州。兵部侍郎岑长倩、秘书员外少监·检校中书侍郎鼓城郭正一、吏部侍郎鼓城魏玄同鼓城，汉临平、下曲阳两县之地，属钜鹿郡。隋分稾城，于下曲阳故城东五里置昔阳县，寻改为鼓城，时属定州。并与中书门下同承受进止平章事。上欲用待举等，谓韦【章：十二行本“韦”作“崔”；乙十一行本同；孔本同。】知温曰：“待举等资任尚浅，且令预闻政事，未可与卿等同名。”自是外司四品已下知政事者，始以平章事为名。长倩，文本之兄子也。岑文本辅太宗。

先是，玄同为吏部侍郎，先，悉荐翻。上言铨选之弊，上，时掌翻。以为：“人君之体，当委任而责成功，所委者当，则所用者自精矣。者当，丁浪翻。故周穆王命伯冏为太仆正，曰：‘慎简乃僚。’见书冏命。是使群司各求其小者，而天子命其大者也。乃至汉氏，得人皆自州县补署，五府辟召，然后升于天朝，见后汉纪。朝，直遥翻。自魏、晋以来，始专委选部。选，须绢翻。夫以天下之大，士人之众，而委之数人之手，用刀笔以量才，按簿书而察行，量，音良。行，下孟翻。借使平如权衡，明如水镜，犹力有所极，照有所穷，况所委非人而有愚暗阿私之弊乎！愿略依周、汉之规以救魏、晋之失。”疏奏，不纳。

11 五月，【章：十二行本“月”下有“丙午”二字；乙十一行本同；孔本同；张校同。】东都霖雨。乙卯，洛水溢，溺民居千馀家。关中先水后旱、蝗，继以疾疫，米斗四百，两京间死者相枕于路，枕，之任翻。人相食。

12 上既封泰山，欲遍封□□，【章：十二行本空格作“五岳”二字；乙十一行本同；孔本同。】秋，七月，作奉天宫于嵩山南。奉天宫，在洛州嵩阳县。监察御史里行李善感谏曰：里行者，资序未至，未正除监察御史，令于监察御史班里行也。监，古衔翻。“陛下封泰山，告太平，致群瑞，与三皇、五帝比隆矣。数年以来，菽粟不稔，饿殍相望，四夷交侵，兵车岁驾；陛下宜恭默思道以禳灾谴，禳，如羊翻。乃更广营宫室，劳役不休，天下莫不失望。臣忝备国家耳目，窃以此为忧！”上虽不纳，亦优容之。自褚遂良、韩瑗之死，见二百卷显庆三年、四年。瑗，于眷翻。中外以言为讳，无敢逆意直谏，几二十年；及善感始谏，天下皆喜，谓之“凤鸣朝阳”。诗卷阿曰：凤皇鸣矣，于彼高冈；梧桐生矣，于彼朝阳。注云：梧桐，柔木也。山东曰朝阳。梧桐不生山冈，太平而后生朝阳。几，居依翻。

13 上遣宦者缘江徙异竹，欲植苑中。宦者科舟载竹，所在纵暴；过荆州，荆州长史苏良嗣囚之，上疏切谏，上，时掌翻；下同。以为：“致远方异物，烦扰道路，恐非圣人爱人之意。又，小人窃弄威福，亏损皇明。”上谓天后曰：“吾约束不严，果为良嗣所怪。”手诏慰谕良嗣，令弃竹江中。良嗣，世长之子也。苏世长见一百八十八卷高祖武德四年。

14 黔州都督谢佑希天后意，逼零陵王明令自杀，明徙黔州见上卷永隆元年。黔，音琴。上深惜之，黔府官属皆坐免官。佑后寝于平阁，与婢妾十馀人共处，处，昌吕翻。夜，失其首。垂拱中，明子零陵王俊、黎国公杰为天后所杀，有司籍其家，得佑首，漆为秽器，题云谢佑，乃知明子使刺客取之也。

15 太子留守京师，颇事游畋，薛元超上疏规谏；上闻之，遣使者慰劳元超，使，疏吏翻。劳，力到翻。仍召赴东都。

16 吐蕃将论钦陵寇柘、松、翼等州。显庆三年，开置柘州蓬山郡，属松州都督府。宋白作“拓”，曰“以开拓为称”。今按新、旧书皆作“柘”。翼州本汉蚕陵县地，故城在州西，有蚕陵山；隋为翼斜县，唐武德元年，置翼州。隋县名，唐州，取州南翼水为名。诏左骁卫郎将李孝逸、右卫郎将卫蒲山发秦、渭等州兵分道御之。骁，坚尧翻。将，即亮翻。

17 冬，十月，丙寅，黄门侍郎刘景先同中书门下平章事。

18 是岁，突厥馀党阿史那骨笃禄、骨笃禄亦曰骨咄禄，颉利族人也，云中都督舍利元英之部酋，世袭吐屯。阿史德元珍等招集亡散，据黑沙城反，杜佑曰：阿史德元珍，习知中国风俗，边塞虚实，在单于府检校降户部落，坐事为单于长史王本立所拘縶。会骨咄禄入寇，元珍请依旧检校部落，本立许之，因便投骨咄禄。骨咄禄得之甚喜，以为阿波大达干，令专统兵马事。入寇并州及单于府之北境，单，音蝉。杀岚州刺史王德茂。右领军卫将军、检校代州都督薛仁贵将兵击元珍于云州，虏问唐大将为谁，应之曰："薛仁贵"。虏曰："吾闻仁贵流象州，仁贵以大非川之败除名，起为鸡林道总管，复坐事贬象州。死久矣，何以给我！"给，荡亥翻。仁贵免胄示之面，虏相顾失色，下马列拜，稍稍引去。仁贵因奋击，大破之，斩首万馀级，捕虏二万馀人。

19 吐蕃入寇河源军，军使娄师德将兵击之于白水涧，白水涧有白水军，注见后。使，疏吏翻；下同。将，即亮翻；下同。八战八捷。上以师德为比部员外郎、左骁卫郎将、河源军经略副使，曰："卿有文武材，勿辞也！"比，音毗。骁，坚尧翻。

弘道元年（癸未、六八三）是年十二月改元。

1 春，正月，甲午朔，上行幸奉天宫。

2 二月，庚午，突厥寇定州，刺史霍王元轨击却之。乙亥，复寇妫州。复，扶又翻；下可复同。妫，居为翻。三月，庚寅，阿史那骨笃禄、阿史德元珍围单于都护府，执司马张行师，杀之。遣胜州都督王本立、夏州都督李崇义将兵分道救之。

3 太子右庶子、同中书门下三品李义琰改葬父母，使其舅氏迁旧墓；上闻之，怒曰："义琰倚势，乃陵其舅家，不可复知政事！"义琰闻之，不自安，以足疾乞骸骨，庚子，以义琰为银青光禄大夫，致仕。

4 癸丑，守中书令崔知温薨。旧制：凡九品已上职事官，皆带散位，谓之本品。职事则随才叙用，或去闲入剧，或去高就卑，迁徙出入，参差不定。散位则一切以门荫结品，然后以劳考进叙。武德令职事解散官，欠一阶不至为兼，职事卑者不解散官。贞观令以职事高者为守，职事卑者为行，仍带散位，其欠一阶仍旧为兼，或带散官，或为守，参而用之。其两职事亦为兼，颇相错乱。咸亨二年，始一切为守。其欠一阶之兼，古念翻；其两职事之兼，古恬翻；字同音异耳。

5 夏，四月，己未，车驾还东都。

6 绥州步落稽白铁余，步落稽，稽胡也。埋铜佛于地中，久之，草生其上，给其乡人曰："吾于此数见佛光。"给，荡亥翻。数，所角翻。择日集众掘地，果得之，因曰："得见圣佛者，百疾皆愈。"远近赴之。铁余以杂色囊盛之数十重，得厚施，乃去一囊。盛，时征翻。重，直龙翻。施，式豉翻。去，羌吕翻。数年间，归信者众，遂谋作乱。据城平县，自称光明圣皇帝，置百官，进攻绥德、大斌二县，城平及二县，皆属绥州，西魏所置也。宋白曰：二县皆汉肤施县地，魏神龟元年，置城中县，隋避讳，改为城平。大斌县，时理城平县界魏平故城。绥德县，亦肤施地，魏大统十二年，分上郡南界丘尼谷置县。欧阳修曰：大斌者，取稽胡怀化，文武杂半以为名。杀官吏，焚民居。遣右武卫将军程务挺与夏州都督王方翼讨之，甲申，攻拔其城，擒铁余，馀党悉平。考异曰：佥载云"延州稽胡"，又云"自号月光王"，又云"仪凤中务挺斩平之"，盖误也。今从实录。

7 五月，庚寅，上幸芳桂宫，仪凤二年，营紫桂宫于渑池县西五里，调露二年改曰避暑宫，永淳元年又改曰芳桂宫。至合璧宫，遇大雨而还。

8 乙巳，突厥阿史那骨笃禄等寇蔚州，杀刺史李思俭，蔚州时为忠顺军节度。丰州都督崔智辩将兵邀之于朝那山北，朝，丁度集韵音与郏同。牛头朝那山在丰州河北。兵败，为虏所擒。朝议欲废丰州，迁其百姓于灵、夏。丰州司马唐休璟都督府司马也。唐制，下都督府长史、司马，从五品上。上言，以为："丰州阻河为固，居贼冲要，自秦、汉已来，列为郡县；土宜耕牧。隋季丧乱，上，时掌翻。丧，息浪翻。迁百姓于宁、庆二州，致胡虏深侵，以灵、夏为边境；贞观之末，募人实之，西北始安。今废之则河滨之地复为贼有，复，扶又翻，又音如字。灵、夏等州人不安业，非国家之利也！”乃止。

9 六月，突厥别部寇掠岚州，偏将杨玄基击走之。厥，九勿翻。将，即亮翻。

10 秋，七月，己丑，立皇孙重福为唐昌王。重，直龙翻。

11 庚【严："庚"改"壬"。】辰，诏以今年十月有事于嵩山；寻以上不豫，改用来年正月。

12 甲辰，徙相王轮为豫王，更名旦。相，息亮翻。更，工衡翻。

13 中书令兼太子左庶子薛元超病瘖，乞骸骨，许之。瘖，于今翻。

14 八月，己丑，以将封嵩山，召太子赴东都；留唐昌王重福守京师，以刘仁轨为之副。冬，十月，己卯，太子至东都。

15 癸亥，车驾幸奉天宫。

16 十一月，丙戌，诏罢来年封嵩山，上疾甚故也。上苦头重，不能视，召侍医秦鸣鹤诊之，殿中省尚药局有侍御医四人，从六品上。诊，止忍翻。鸣鹤请刺头出血，可愈。刺，七亦翻。天后在帘中，不欲上疾愈，怒曰："此可斩也，乃欲于天子头刺血！"鸣鹤叩头请命。上曰："但刺之，未必不佳。"乃刺百会、脑户二穴。针灸经：百会，一名三阳五会，在前顶后寸半，顶中央旋毛中，可容豆针二分，得气即泻。脑户，一名合颅，在枕骨上强后寸半，禁针，针令人痖。旧传：鸣鹤针微出血，头疼立止。上曰："吾目似明矣。"后举手加额曰："天赐也！"自负彩百匹以赐鸣鹤。

17 戊戌，以右武卫将军程务挺为单于道安抚大使，招讨阿史那骨笃禄等。

18 诏太子监国，监，古衔翻。以裴炎、刘景先、郭正一同东宫平章事。

19 上自奉天宫疾甚，宰相皆不得见。丁未，还东都，百官见于天津桥南。见，贤遍翻。

20 十二月，丁巳，改元，赦天下。上欲御则天门楼宣赦，气逆不能乘马，乃召百姓入殿前宣之。是夜，召裴炎入，受遗诏辅政，上崩于贞观殿。年五十六。观，古玩翻。遗诏太子柩前即位，柩，音旧。军国大事有不决者，兼取天后进止。废万泉、芳桂、奉天等宫。

庚申，裴炎奏太子未即位，未应宣敕，有要速处分，处，昌吕翻。分，扶问翻。望宣天后令于中书、门下施行。甲子，中宗即位，尊天后为皇太后，政事咸取决焉。太后以泽州刺史韩王元嘉等，地尊望重，泽州，汉高都、端氏、泫氏之地。西燕慕容永置建兴郡，后魏置建州，隋改泽州；大业废州为长平郡，唐复曰泽州。宋白曰：取濩泽为名。恐其为变，并加三公等官以慰其心。

21 甲戌，以刘仁轨为左仆射，裴炎为中书令；戊寅，以刘景先为侍中。

故事，宰相于门下省议事，谓之政事堂，故长孙无忌为司空，房玄龄为仆射，魏征为太子太师，皆知门下省事。及裴炎迁中书令，始迁政事堂于中书省。

22 壬午，遣左威卫将军王果、左监门将军令狐智通、右金吾将军杨玄俭、右千牛将军郭齐宗分往并·益·荆·扬四大都督府，与府司相知镇守。以国有大故，备不虞也。监，古衔翻。并，卑经翻。

23 中书侍郎同平章事郭正一为国子祭酒，罢政事。

则天顺圣皇后上之上 后姓武氏，讳曌，并州文水人。后自制

"曌"字，读与照同，音之笑翻。天宝八载，追上尊号曰则天顺圣皇后。

光宅元年(甲申、六八四)是年九月，改元光宅。

1 春，正月，甲申朔，改元嗣圣，此太子即位逾年所改之元也。赦天下。

2 立太子妃韦氏为皇后；擢后父玄贞自普州参军为豫州刺史。此豫州，本春秋沈、蔡二国之地，汉为汝南郡，宋文帝立司州，治悬瓠城，以为重镇，魏改豫州，唐因之，后避代宗讳，改为蔡州。

3 癸巳，以左散骑常侍杜陵韦弘敏为太府卿、同中书门下三品。自汉宣帝起杜陵邑，至后魏为县，属京兆；隋迁京城，始并杜陵入大兴县，唐改大兴曰万年。散，悉亶翻。骑，奇寄翻。

4 中宗欲以韦玄贞为侍中，又欲授乳母之子五品官；裴炎固争，中宗怒曰："我以天下与韦玄贞何不可！而惜侍中邪！"炎惧，白太后，密谋废立。二月，戊午，太后集百官于乾元殿，裴炎与中书侍郎刘祎之、羽林将军程务挺、张虔勖汉置南北军，掌卫京师。南军若唐诸卫也，北军若唐羽林军也。汉武帝名羽林曰建章营骑，属光禄勋，后更名羽林骑，取六郡良家子及死事之孤为之。后汉置羽林监，南朝因之。后魏、周曰羽林率；隋左、右屯卫所领兵名曰羽林。贞观中，置北衙七营兵，选才力骁勇者充，龙朔二年曰左、右羽林军，置大将军各一员，将军各二员，品同诸卫，统领北衙禁兵之法令，而督摄左右厢飞骑之仪仗，以统诸曹之职。取府兵、越骑、步射，以为羽林军士，大朝会，则执仗以卫阶陛，行幸则夹驰道为内仗。邪，音耶。祎，吁韦翻。勒兵入宫，宣太后令，废中宗为庐陵王，扶下殿。下，遐嫁翻。中宗曰："我何罪？"太后曰："汝欲以天下与韦玄贞，何得无罪！"乃幽于别所。

己未，立雍州牧豫王旦为皇帝。雍，于用翻。政事决于太后，居睿宗于别殿，不得有所预。立豫王妃刘氏为皇后。后，德威之孙也。刘德威，审礼之父。

有飞骑十馀人饮于坊曲，置飞骑见一百九十五卷贞观十二年。骑，奇寄翻。一人言："向知别无勋赏，不若奉庐陵。"一人起，出诣北门告之。北门，玄武门也。座未散，皆捕得，系羽林狱。言者斩，馀以知反不告皆绞；告者除五品官。告密之端自此兴矣。

5 壬子，以永平郡王成器为皇太子，睿宗之长子也。赦天下，改元文明。改嗣圣为文明。

庚申，废皇太孙重照为庶人，命刘仁轨专知西京留守事。流韦玄贞于钦州。旧志：钦州至京师五千二百五十一里。

太后与刘仁轨书曰："昔汉以关中事委萧何，见汉高帝纪。今托公亦犹是矣。"仁轨上疏，辞以衰老不堪居守，守，式又翻。因陈吕后祸败事以申规戒。吕氏祸败事见汉高后纪。太后使秘书监武承嗣赍玺书慰谕之曰："今以皇帝谅闇不言，玺，斯氏翻。闇，音阴。眇身且代亲政；远劳劝戒，复辞衰疾。复，扶又翻。又云'吕氏见嗤于后代，禄、产贻祸于汉朝'，朝，直遥翻；下同。引喻良深，愧慰交集。公忠贞之操，终始不渝，劲直之风，古今罕比。初闻此语，能不罔然；静而思之，是为龟镜。况公先朝旧德，遐迩具瞻，愿以匡救为怀，无以暮年致请。"

6 辛酉，太后命左金吾将军丘神勣诣巴州，检校故太子贤宅以备外虞，其实风使杀之。风，读曰讽。神勣，行恭之子也。丘行恭为将，历事高祖、太宗。

7 甲子，太后御武成殿，唐六典：洛阳宫南三门：中曰应天，左曰兴教，右曰光政。光政之内曰广运，其北曰明福，明福之东曰武成门，其内曰武成殿。皇帝帅王公以下上尊号。帅，读曰率。上，时掌翻。丁卯，太后临轩，遣礼部尚书武承嗣册嗣皇帝。自是太后常御紫宸殿，唐六典，洛阳宫不载紫宸殿。以西京大明宫准之，紫宸殿内朝也，其位置当在乾元殿后。施惨紫帐以视朝。紫色之浅者为惨紫。朝，直遥翻。

8 丁丑，以太常卿、检校豫王府长史王德真为侍中；句断。中书侍郎、检校豫王府司马刘祎之同中书门下三品。

9 三月，丁亥，徙杞王上金为毕王，鄱阳王素节为葛王。

10 丘神勣至巴州，幽故太子贤于别室，逼令自杀。考异曰：则天实录，贤死在二月丘神勣往巴州下。旧本纪在三月。唐历，遣神勣、举哀、追封皆有日。今从之。太后乃归罪于神勣，戊戌，举哀于显福门，显福门，意即明福门，六典避中宗讳，改“显”为“明”耳。贬神勣为叠州刺史。己亥，追封贤为雍王。雍，于用翻。神勣寻复入为左金吾将军。复，扶又翻。

11 夏，四月，开府仪同三司、梁州都督滕王元婴薨。

12 辛酉，徙毕王上金为泽王，拜苏州刺史；葛王素节为许王，拜绛州刺史。

13 癸酉，迁庐陵王于房州；丁丑，又迁于均州故濮王宅。即贞观末濮王泰迁均州所居故宅。濮，博木翻。

14 五月，丙申，高宗灵驾西还。

15 闰月，以礼部尚书武承嗣为太常卿、同中书门下三品。

16 秋，七月，戊午，广州都督路元叡为昆仑所杀。昆仑国在林邑南，去交趾海行三百馀日，习俗文字与婆罗门同。仑，卢昆翻。元叡暗懦，僚属恣横。横，户孟翻。有商舶至，舶，音白。僚属侵渔不已，商胡诉于元叡；元叡索枷，欲系治之。索，山客翻。枷，音加。群胡怒，有昆仑袖剑直登听事，听，读曰厅。杀元叡及左右十馀人而去，无敢近者，近，其靳翻。登舟入海，追之不及。

17 温州大水，后汉分章安之东瓯乡置永宁县，属会稽郡。晋分为永嘉郡，隋废郡为永嘉县，属栝州。武德五年，复于永嘉置嘉州；贞观五年，废嘉州，以县属栝州。上元二年，分置温州。流四千馀家。

18 突厥阿史那骨笃禄等寇朔州。

19 八月，庚寅，葬天皇大帝于乾陵，乾陵在奉天县北五里梁山。庙号高宗。

20 初，尚书左丞冯元常为高宗所委，高宗晚年多疾，【章：十二行本“疾”下有“百司奏事”四字；乙十一行本同；孔本同；张校同。】每曰：

"朕体中不佳，可与元常平章以闻。"元常尝密言"中宫威权太重，宜稍抑损"。高宗虽不能用，深以其言为然。及太后称制，四方争言符瑞；嵩阳令樊文献瑞石，太后命于朝堂示百官，朝，直遥翻。元常奏："状涉谄诈，不可诬罔天下。"太后不悦，出为陇州刺史。旧志：陇州，京师西四百九十六里，至东都一千一百三十二里。元常，子琮之曾孙也。冯子琮仕于高齐。

21 丙午，太常卿、同中书门下三品武承嗣罢为礼部尚书。

22 栝州大水，流二千馀家。

23 九月，甲寅，赦天下，改元。改元光宅。旗帜皆从金色。帜，昌志翻。八品以下，旧服青者更服碧。青色之深者为碧。更，工衡翻。改东都为神都，宫名太初。又改尚书省为文昌台，左、右仆射为左、右相，六曹为天、地、四时六官；门下省为鸾台，中书省为凤阁，侍中为纳言，中书令为内史；御史台为左肃政台，增置右肃政台；左台专知京师百官及监诸军旅并承诏出使，右台专知诸州按察。杜佑曰：武后置左、右肃政台，左以察朝廷，右以澄郡县。后废右台，以其官隶左台。左台本御史台也。右台地，今太仆寺是也。其馀省、寺、监、率之名，秘书、殿中二省，九卿寺，少府、将作、国子、军器等监，东宫十率。悉以义类改之。

24 以左武卫大将军程务挺为单于道安抚大使，单，音蝉。使，疏吏翻。以备突厥。

25 武承嗣请太后追王其祖，王，于况翻。立武氏七庙，太后从之。裴炎谏曰："太后母临天下，当示至公，不可私于所亲。独不见吕氏之败乎！"太后曰："吕后以权委生者，故及于败。今吾追尊亡者，何伤乎！"对曰："事当防微杜渐，不可长耳！"长，知两翻。太后不从。己巳，追尊太后五代祖克己为鲁靖公，妣为夫人；高祖居常为太尉、北平恭肃王，曾祖俭为太尉、金城义康王，祖华为太尉、太原安成王，考士彟为太师、魏定王；獲，一虢翻。祖妣皆为妃。裴炎由是得罪。又作五代祠堂于文水。文水县，旧受阳，隋开皇十一年更名，属并州。

时诸武用事，唐宗室人人自危，众心愤惋。惋，乌贯翻。会眉州刺史英公李敬业及弟盩厔令敬猷、汉武帝置盩厔县，属扶风；后汉、晋省，后魏复置，后周置周南郡；隋废郡，以盩厔县属京兆；唐置岐州。盩厔，音舟窒。给事中唐之奇、长安主簿骆宾王、唐赤县主簿，从八品上。詹事司直杜求仁唐詹事司直，正九品上，掌弹劾宫僚，纠举职事。皆坐事，敬业贬柳州司马，敬猷免官，之奇贬栝苍令，汉会稽回浦县，后汉更名章安；光武分章安县之南乡，置松阳县；隋分松阳之东界，置栝苍县，带栝州，以栝苍山名县。宾王贬临海丞，吴分章安，置临海县，属临海郡；隋废郡，以县属栝州；唐分带台州。求仁贬黟令。黟县，汉属丹杨郡，吴分属新安郡，隋、唐属歙州。黟，师古音伊，刘昫音翳。求仁，正伦之侄也。杜正伦事太宗、高宗。盩厔尉魏思温尝为御史，复被黜。复，扶又翻。皆会于扬州，旧志：扬州，京师东南二千七百五十三里，至东都一千七百四十九里。各自以失职怨望，乃谋作乱，以匡复庐陵王为辞。

思温为之谋主，使其党监察御史薛仲璋求奉使江都，江都县带扬州。监，古衔翻。使，疏吏翻。令雍州人韦超诣仲璋告变，云"扬州长史陈敬之谋反"。仲璋收敬之系狱。居数日，敬业乘传而至，雍，于用翻。传，知恋翻。矫称扬州司马来之官，云"奉密旨，以高州酋长冯子猷谋反，酋，慈由翻。长，知两翻。发兵讨之。"于是开府库，令士曹参军李宗臣就钱坊，驱囚徒、工匠【章：十二行本"匠"下有"数百"二字；乙十一行本同。】授以甲。斩敬之于系所；考异曰：实录作"薛璋"。御史台记云："薛仲璋矫使扬府，与徐敬业等谋反，夜，与江都令韦知止子茂道计议。仓曹参军阎识微发之，长史陈敬之不察，抑识微，令逊谢。仲璋佯事竟，还出郭门，群官毕从。其党韦超遮道告密，复留系问，遂斩敬之。"今事从实录，仲璋从台记。录事参军孙处行拒之，亦斩以徇，处，昌吕翻。僚吏无敢动者。遂起一州之兵，复称嗣圣元年。复，扶又翻，又如字。开三府：一曰匡复府，二曰英公府，三曰扬州大都督府。敬业自称匡复府上将，领扬州大都督。将，即亮翻。以之奇、求仁为左、右长史，宗臣、仲璋为左、右司马，思温为军师，宾王为记室，旬日间得胜兵十馀万。胜，音升。

移檄州县，略曰："伪临朝武氏者，朝，直遥翻。人非温顺，地实寒微。昔充太宗下陈，陈，列也。战国策曰：美人充下陈。尝以更衣入侍，卫子夫以更衣得幸汉武帝，宾王用此事。更，工衡翻。洎乎晚节，秽乱春宫。东宫，亦谓之春宫。洎，其冀翻。密隐先帝之私，阴图后庭之嬖，践元后于翚翟，翚翟，后服也。翚，音晖。陷吾君于聚麀。"记曰：夫惟禽兽无礼，故父子聚麀。麀，于求翻。又曰："杀姊屠兄，姊，谓韩国夫人；兄谓元爽、元庆；事见二百一卷高宗乾封元年。弑君鸩母，此以高宗晏驾及太原王妃之死为后罪。人神之所同嫉，天地之所不容。"又曰："包藏祸心，窃窥神器。君之爱子，幽之于别宫；谓居睿宗于别殿。贼之宗盟，委之以重任。"谓用武承嗣等。又曰："一抔之土未乾，抔，蒲侯翻。乾，音干。六尺之孤安在！"又曰："试观今日之域中，竟是谁家之天下！"太后见檄，问曰："谁所为？"或对曰："骆宾王。"太后曰："宰相之过也。人有如此才，而使之流落不偶乎！"

敬业求得人貌类故太子贤者，绐众云："贤不死，亡在此城中，令吾属举兵。"绐，荡亥翻。因奉以号令。

楚州司马李崇福帅所部三县应敬业。楚州，本汉射阳、盐渎县地，晋置山阳郡，隋开皇初罢郡，十二年，置楚州，大业初，州废，唐初复置。帅，读曰率。所部三县：山阳、盐城、安宜也。盱眙人刘行举独据县不从，敬业遣其将尉迟昭攻盱眙。盱眙县，汉属临淮郡，后汉属下邳国，晋安帝分置盱眙郡，陈置北谯州，隋废为县，属江都郡，唐属楚州。盱眙，音吁贻。其将，即亮翻。尉，纡勿翻。诏【章：十二行本“诏”上有“行举拒却之”五字；乙十一行本同；孔本同；张校同；退斋校同。】以行举为游击将军，以其弟行实为楚州刺史。

甲申，以左玉钤卫大将军李孝逸为扬州道大总管，是年，改左、右领军卫为左、右玉钤卫。将兵三十万，以将军李知十、马敬臣为之副，以讨李敬业。

26 武承嗣与其从父弟右卫将军三思以韩王元嘉、鲁王灵夔属尊位重，从，才用翻。二王皆高祖子。屡劝太后因事诛之。太后谋于执政，刘祎之、韦思谦皆无言；祎，吁韦翻。内史裴炎独固争，太后愈不悦。三思，元庆之子也。

及李敬业举兵，薛仲璋，炎之甥也，炎欲示闲暇，不汲汲议诛讨。太后问计于炎，对曰：“皇帝年长，长，知两翻。不亲政事，故竖子得以为辞。若太后返政，则不讨自平矣。”监察御史蓝田崔詧闻之，上言：监，古衔翻。上，时掌翻。“炎受顾托，大权在己，若无异图，何故请太后归政？”太后命左肃政大夫金城骞味道、左肃政大夫，左御史大夫也。兰州五泉县，本汉金城县，隋更名，高宗咸亨二年，复为金城县。风俗通：骞姓，闵子骞后。侍御史栎阳鱼承晔鞫之，汉高帝改栎阳县为万年县，后世因之，至隋并属京兆。唐改隋大兴县曰万年，以汉万年县复曰栎阳，属华州。栎，音药。收炎下狱。下，遐嫁翻。考异曰：新传云：“炎谋乘太后出游龙门，以兵执之，还政天子；会久雨，太后不出而止。”若炎实有此谋，则太后杀之宜矣。且炎为此谋，必有同党；当炎下狱，崔詧、李景谌辈，无事犹欲陷之，况有此迹，其同党能不首告乎！又朝野佥载：“裴炎为中书令，时徐敬业欲反，令骆宾王画计取裴炎同起事。宾王足踏壁，静思食顷，乃为谣曰：‘一片火，两片火，绯衣小儿当殿坐。’教炎庄上小儿诵之，并都下童子皆唱。炎乃访学者令解之，召宾王，数啖以宝物锦绮，皆不言，又赂以音乐妓女骏马，亦不语；乃将古忠臣烈士图共观之，见司马宣王，宾王欻然起曰：‘此英雄丈夫也！’即说自古大臣执政，多移社稷。炎大喜。宾王曰：‘但不知谣谶何如耳。’炎告以谣言片火绯衣之事，宾王即下，北面而拜曰：'此真人矣！'遂与敬业等合谋。扬州兵起，炎从内应，书与敬业等合谋，唯有'青鹅'字。人有告者，朝臣莫之能解。则天曰：'此青字者十二月，鹅字者，我自与也。'遂诛炎。"此皆当时构陷炎者所言耳，非其实也。炎被收，辞气不屈。或劝炎逊辞以免，炎曰："宰相下狱，安有全理！"下，遐嫁翻；下同。

凤阁舍人李景谌证炎必反。凤阁舍人，中书舍人也。谌，氏壬翻。刘景先及凤阁侍郎义阳胡元范义阳，旧曰平阳，隋开皇初，改曰义阳。刘昫曰：义阳，汉平氏县之义阳乡也，魏分南阳置义阳郡，晋自石城徙居仁顺，今申州理所是也。皆曰："炎社稷元臣，有功于国，悉心奉上，天下所知，臣敢明其不反。"太后曰："炎反有端，顾卿不知耳。"对曰："若裴炎为反，则臣等亦反也。"太后曰："朕知裴炎反，知卿等不反。"文武间证炎不反者甚众，太后皆不听。俄并景先、元范下狱。丁亥，以骞味道检校内史同凤阁鸾台三品，李景谌同凤阁鸾台平章事。

27 魏思温说李敬业曰：说，输芮翻。"明公以匡复为辞，宜帅大众鼓行而进，直指洛阳，帅，读曰率。则天下知公志在勤王，四面响应矣。"薛仲璋曰："金陵有王气，且大江天险，足以为固，不如先取常、润，润州，江左为京口重镇，隋为延陵县，属江都郡。唐武德三年，置润州，取润浦以为州名。为定霸之基，然后北向以图中原，进无不利，退有所归，此良策也！"思温曰："山东豪杰以武氏专制，愤惋不平，惋，乌贯翻。闻公举事，皆自蒸麦饭为粮，伸锄为兵，以俟南军之至。不乘此势以立大功，乃更蓄缩自谋巢穴，远近闻之，其谁不解体！"敬业不从，使唐之奇守江都，将兵渡江攻润州。按旧志，扬州至润州四十八里。润州古朱方之地，汉为丹徒县，吴为京口，置京督以镇，又为徐陵督。尔雅，绝高曰京。其城因山为垒，缘江为境，因谓之京口。晋为南徐州。隋置润州，取州东润浦为名，寻废州，唐复置。思温谓杜求仁曰："兵势合则强，分则弱，敬业不并力渡淮，收山东之众以取洛阳，败在眼中矣！”

壬辰，敬业陷润州，执刺史李思文，考异曰：唐纪云：“李思文拒守四十馀日而陷。”按敬业九月丁丑起兵，十一月庚申败，才四十四日耳。今不取。以李宗臣代之。思文，敬业之叔父也，知敬业之谋，先遣使间道上变，使，疏吏翻。间，古苋翻。上，时掌翻。为敬业所攻，拒守久之，力屈而陷。思温请斩以徇，敬业不许，谓思文曰：“叔党于武氏，宜改姓武。”润州司马刘延嗣不降，降，户江翻。敬业将斩之，思温救之，得免，与思文皆囚于狱。刘延嗣，审礼从父弟也。刘审礼战没于青海。从，才用翻。曲阿令河间尹元贞引兵救润州，曲阿县，本云阳，秦始皇改曰曲阿。前汉属会稽郡，后汉属吴郡，晋属晋陵郡，隋属江都郡，唐属润州。河间，汉州乡县地，属涿郡，隋为河间县，属瀛州。战败，为敬业所擒，临以白刃，不屈而死。

28 丙申，斩裴炎于都亭。洛阳都亭。炎将死，顾兄弟曰：“兄弟官皆自致，炎无分毫之力，今坐炎流窜，不亦悲乎！”籍没其家，无甔石之储。甔，都滥翻。刘景先贬普州刺史，【章：十二行本“史”下有“又贬辰州刺史”六字；乙十一行本同；孔本同；张校同；退斋校同。】胡元范流琼州而死。旧志，琼州至两京，与崖州道里相类。裴炎弟子太仆寺丞伷先，伷，直又翻。年十七，上封事请见言事。太后召见，诘之曰：“汝伯父谋反，尚何言？”伷先曰：“臣为陛下画计耳，上，时掌翻。见，贤遍翻。诘，去吉翻。为，于伪翻。安敢诉冤！陛下为李氏妇，先帝弃天下，遽揽朝政，朝，直遥翻。变易嗣子，疏斥李氏，封崇诸武。臣伯父忠于社稷，反诬以罪，戮及子孙。陛下所为如是，臣实惜之！陛下早宜复子明辟，高枕深居，则宗族可全；不然，天下一变，不可复救矣！”枕，之任翻。复，扶又翻。太后怒曰：“胡白，胡，何也；白，陈也；言何等陈白也。小子敢发此言！”命引出，伷先反顾曰：“今用臣言，犹未晚。”如是者三。太后命于朝堂杖之一百，长流瀼州。贞观十二年，李弘节遣钦州首领宁师古寻刘方故道，行达交趾，开拓夷、獠，置瀼州，取瀼水以名州也。旧志曰：瀼州无两京地里，北至容州二百八十二里；容州至京师五千九百一十里，至东都五千四百八十五里。瀼，而章翻。

炎之下狱也，郎将姜嗣宗使至长安，刘仁轨问以东都事，嗣宗曰："嗣宗觉裴炎有异于常久矣。"仁轨曰："使人觉之邪？"嗣宗曰："然。"仁轨曰："仁轨有奏事，愿附使人以闻。"下，遐嫁翻。将，即亮翻。使，疏吏翻。邪，音耶。嗣宗曰："诺。"明日，受仁轨表而还，表言"嗣宗知裴炎反不言"。太后览之，命拉嗣宗于殿庭，绞于都亭。先拉其干，而后绞杀之。还，从宣翻，又音如字。拉，卢合翻。

29 丁酉，追削李敬业祖考官爵，发冢斲棺，复姓徐氏。

30 李景谌罢为司宾少卿，是年改鸿胪为司宾。谌，氏壬翻。少，始照翻。以右史武康沈君谅、著作郎崔詧为正谏大夫、同平章事。

31 徐敬业闻李孝逸将至，自润州回军拒之，屯高邮之下阿溪；高邮县，汉属广陵国，魏省，晋武帝复置；梁置广业郡，隋废郡，以高邮县属江都郡，唐属扬州。九域志：在州西北一百里。宋白曰：扬州天长县，本广陵县地，唐开元二十九年于下阿置千秋县，天宝五年改天长；梁曾于石梁置泾州。以此言之，盖下阿溪即今石梁河也。使徐敬猷逼淮阴，淮阴县，汉属临淮郡，晋属广陵郡，后魏置淮阴郡；隋废入山阳县，乾封元年分山阳复置，属楚州。别将韦超、尉迟昭屯都梁山。盱眙县有都梁山。将，即亮翻；下同。尉，纡勿翻。

李孝逸军至临淮，临淮，泗州。偏将雷仁智与敬业战不利，孝逸惧，按兵不进。【章：十二行本"进"下有"监军"二字；乙十一行本同；孔本同；张校同。】殿中侍御史魏元忠谓孝逸曰："天下安危，在兹一举。四方承平日久，忽闻狂狡，注心倾耳以俟其诛。今大军久留不进，远近失望，万一朝廷更命他将以代将军，将，即亮翻。更，工衡翻。将军何辞以逃逗挠之罪乎！"逗，音豆。挠，奴教翻。孝逸乃引军而前。壬寅，马敬臣击斩尉迟昭于都梁山。

十一月，辛亥，以左鹰扬大将军黑齿常之为江南道大总管，讨敬业。是年，改左、右武卫为左、右鹰扬卫。

韦超拥众据都梁山，诸将皆曰：“超凭险自固，士无所施其勇，骑无所展其足；且穷寇死战，攻之多杀士卒，不如分兵守之，大军直趣江都，覆其巢穴。”支度使薛克杨【章：十二行本“杨”作“构”；乙十一行本同；孔本同；张校同。】曰：唐制，凡天下边军有支度使，以计军资粮仗之用，所费皆申度支会计，以长行旨为准。趣，七喻翻。使，疏吏翻。“超虽据险，其众非多。今多留兵则前军势分，少留兵则终为后患，少，诗沼翻。不如先击之，其势必举，举都梁，则淮阴、高邮望风瓦解矣！”魏元忠请先击徐敬猷，诸将曰：“不如先攻敬业，敬业败，则敬猷不战自擒矣。若击敬猷，则敬业引兵救之，是腹背受敌也。”元忠曰：“不然。贼之精兵，尽在下阿，乌合而来，利在一决，万一失利，大事去矣！敬猷出于博徒，不习军事，其众单弱，人情易摇，易，以豉翻。大军临之，驻马可克。敬业虽欲救之，计程必不能及。我克敬猷，乘胜而进，虽有韩、白不能当其锋矣！今不先取弱者而遽攻其强，非计也。”孝逸从之，引兵击超，超夜遁，进击敬猷，敬猷脱身走。

庚申，敬业勒兵阻溪拒守，后军总管苏孝祥夜将五千人，以小舟渡溪先击之，兵败，孝祥死，士卒赴溪溺死者过半。将，即亮翻。溺，奴狄翻。过，古禾翻。左豹韬卫果毅渔阳成三朗为敬业所擒，是年，改左、右威卫为左、右豹韬卫。唐制，诸府各有果毅都尉：上府，从五品下；中府，正六品上；下府，从六品下。唐之奇绐其众曰：绐，荡亥翻。“此李孝逸也！”将斩之，三朗大呼曰：呼，火故翻。“我果毅成三朗，非李将军也。官军今大至矣，尔曹破在朝夕。我死，妻子受荣，尔死，妻子籍没，尔终不及我也！”遂斩之。

孝逸等诸军继至，战数不利。孝逸惧，欲引退，魏元忠与行军管记刘知柔言于孝逸曰："风顺荻乾，数，所角翻。乾，音干。此火攻之利。"固请决战。敬业置陈既久，士卒多疲倦顾望，陈不能整；孝逸进击之，因风纵火，敬业大败，斩首七千级，溺死者不可胜纪。陈，读曰阵。胜，音升。敬业等轻骑走入江都，挈妻子奔润州，将入海奔高丽；丽，力知翻。孝逸进屯江都，分遣诸将追之。乙丑，敬业至海陵界，阻风，海陵县，汉属临淮，后汉、晋属广陵；梁置海陵郡，隋废郡为县，属江都郡，唐属扬州，今为泰州。九域志：扬州东至海陵界九十八里，又自海陵东至海一百七里。其将王那相斩敬业、敬猷及骆宾王首来降。考异曰：唐纪："初，官军逆风不利，俄而风回甚劲，孝逸纵火，贼惧烧而溃。敬业、猷、之奇、求仁、宾王走归江都，焚簿书，携妻子潜算山下，手书召宗臣。敬业初与宗臣木契为约，时亡其契，宗臣疑而不赴，或云宗臣已归顺。敬业入海，欲奔东夷，至海陵界，阻风，伪将王那相斩之来降，徐党赴水死。"今从实录、唐统纪。馀党唐之奇、魏思温皆捕得，传首神都，扬、润、楚三州平。

陈岳论曰：敬业苟能用魏思温之策，直指河、洛，专以匡复为事，纵军败身戮，亦忠义在焉。而妄希金陵王气，是真为叛逆，不败何待！

敬业之起也，使敬猷将兵五千，循江西上，将，即亮翻。上，时掌翻。略地和州。前弘文馆学士历阳高子贡帅乡里数百人拒之，敬猷不能西。以功拜朝散大夫、成均助教。历阳县，汉属九江郡，晋置历阳郡。暨至北齐与梁通和，置和州，隋、唐因之。后改国子监为成均监。按唐六典：弘文馆，以五品以上为学士。国子助教则从六品上耳，掌佐博士分经以教授。朝散大夫，从五品下。帅，读曰率。朝，直遥翻。散，悉亶翻。

32 丁卯，郭待举罢为左庶子；以鸾台侍郎韦方质为凤阁侍郎、同平章事。方质，云起之孙也。韦云起仕隋、唐之间。

33 十二月，刘景先又贬吉州员外长史，郭待举贬岳州刺史。

岳州，京师东南二千二百三十七里，至东都一千八百一十六里。

初，裴炎下狱，单于道安抚大使、左武卫大将军程务挺密表申理，由是忤旨。下，遐嫁翻。单，音蝉。使，疏吏翻。忤，五故翻。务挺素与唐之奇、杜求仁善，或谮之曰，“务挺与裴炎、徐敬业通谋。”癸卯，遣左鹰扬将军裴绍业即军中斩之，考异曰：唐统纪曰：“既而太后震怒，召群臣谓曰：‘朕于天下无负，群臣皆知之乎？’群臣曰：‘唯。’太后曰：‘朕事先帝二十馀年，忧天下至矣！公卿富贵，皆朕与之；天下安乐，朕长养之。及先帝弃群臣，以天下托顾于朕，不爱身而爱百姓。今为戎首，皆出于将相，群臣何负朕之深也！且卿辈有受遗老臣，倔强难制过裴炎者乎？有将门贵种，能纠合亡命过徐敬业者乎？有握兵宿将，攻战必胜过程务挺者乎？此三人者，人望也，不利于朕，朕能戮之。卿等有能过此三者，当即为之；不然，须革心事朕，无为天下笑。’群臣顿首，不敢仰视，曰：‘唯太后所使。’”恐武后亦不至轻浅如此。今不取。籍没其家。突厥闻务挺死，所在宴饮相庆；又为务挺立祠，为，于伪翻。每出师，必祷之。

太后以夏州都督王方翼与务挺连职，素相亲善，且废后近属，征下狱，夏，户雅翻。下，遐嫁翻。流崖州而死。旧志：崖州至京师七千四百六十里，至东都六千三百里。

垂拱元年（乙酉、六八五）

1 春，正月，丁未朔，赦天下，改元。

2 太后以徐思文为忠，特免缘坐，拜司仆少卿。缘坐者，缘亲党而坐罪也。光宅改太仆为司仆。谓曰：“敬业改卿姓武，朕今不复夺也。”复，扶又翻。考异曰：实录云：“思文表请改姓武，许之。”盖太后有此言，思文因请之也。今从唐纪。

3 庚戌，以骞味道守内史。内史，中书令。

4 戊辰，文昌左相、同凤阁鸾台三品乐城文献公刘仁轨薨。文昌左相，即尚书左仆射。

5 二月，癸未，制：“朝堂所置登闻鼓及肺石，登闻鼓在西朝堂，肺石在东朝堂。朝，直遥翻。不须防守，有挝鼓立石者，令御史受状以闻。”挝，则瓜翻。

6 乙巳，以春官尚书武承嗣、秋官尚书裴居道、光宅以礼部为春官，刑部为秋官。尚，辰羊翻。嗣，祥吏翻。右肃政大夫韦思谦右肃政大夫，右御史大夫。并同凤阁鸾台三品。

7 突厥阿史那骨笃禄等数寇边，以左玉钤卫中郎将淳于处平为阳曲道行军总管，击之。厥，九勿翻。数，所角翻。钤，其廉翻。将，即亮翻。处，昌吕翻。阳曲县自汉以来属太原郡，隋恶其名，改曰阳直。武德三年，分置汾阳县，七年，省阳直县，改汾阳为阳曲县，仍移治阳直。

8 正谏大夫、同平章事沈君谅罢。

9 三月，正谏大夫、同平章事崔謷罢。

10 丙辰，迁庐陵王于房州。旧志：房州，京师南一千一百九十五里，至东都一千一百八十五里。杜佑曰：房州，古麇、庸二国之地，春秋楚子败麇师于房渚，即此。曹魏为新城郡竹山县。则古庸国，秦、汉之上庸县也。

11 辛酉，武承嗣罢。

12 辛未，颁垂拱格。

13 朝士有左迁诣宰相自诉者，内史骞味道曰：“此太后处分。”朝，直遥翻。处，昌吕翻。分，扶问翻。同中书门下三品刘祎之曰：“缘坐改官，由臣下奏请。”太后闻之，夏，四月，丙子，贬味道为青州刺史，加祎之太中大夫。太中大夫，从四品上。刘祎之本职豫王府司马。王府司马，从四品下。谓侍臣曰：“君臣同体，岂得归恶于君，引善自取乎！”

14 癸未，突厥寇代州；淳于处平引兵救之；至忻州，为突厥所败，败，补迈翻。死者五千馀人。

15 丙【章：十二行本“丙”上有“五月”二字；乙十一行本同；孔本同；张校同。】午，以裴居道为内史。纳言王德真流象州。象州至京师四千九百八十九里。

16 己酉，以冬官尚书苏良嗣为纳言。光宅改工部为冬官。

17 壬戌，制内外九品以上及百姓，咸令自举。令有才者咸得自言以求进用。令，力丁翻。

18 壬申，韦方质同凤阁鸾台三品。

19 六月，天官尚书韦待价同凤阁鸾台三品。光宅改吏部为天官。待价，万石之兄也。

20 同罗、仆固等诸部叛，遣左豹韬卫将军刘敬同发河西骑士出居延海以讨之，甘州删丹县北渡张掖河，西北行，出合黎山峡口，傍河东壖，屈曲东北行千里，有宁寇军，军东北有居延海。骑，奇寄翻。同罗、仆固等皆败散。敕侨置安北都护府于同城以纳降者。同城，即删丹之同城守捉，天宝二载改为宁寇军。降，户江翻。

21 秋，七月，己酉，以文昌左丞魏玄同为鸾台侍郎、同凤阁鸾台三品。文昌左丞，即尚书左丞。

22 诏自今祀天地，高祖、太宗、高宗皆配坐；坐，徂卧翻。用凤阁舍人元万顷等之议也。

23 九月，丁卯，广州都督王果讨反獠，平之。獠，鲁皓翻。

24 冬，十一月，癸卯，命天官尚书韦待价为燕然道行军大总管以讨吐蕃。【严：“吐番”改“突厥”】燕，因肩翻。吐，从暾入声。初，西突厥兴昔亡、继往绝可汗既死，十姓无主，部落多散亡，太后乃擢兴昔亡之子左豹韬卫翊府中郎将元庆唐诸卫皆有翊府中郎将、郎将。将，即亮翻。为左玉钤卫将军，兼昆陵都护，袭兴昔亡可汗押五咄陆部落。钤，其廉翻。可，从刊入声。汗，音寒。咄，当没翻。

25 麟台正字射洪陈子昂光宅改秘书省为麟台。正字，正九品下，掌刊正文字。射洪县，属梓州，汉郪县地；后魏分置射江县，以娄缕滩东六里有射江；西魏讹为射洪。上疏，以为：“朝廷遣使巡察四方，不可任非其人，上，时掌翻。使，疏吏翻；下同。及刺史、县令，不可不择。

比年百姓疲于军旅，不可不安。”比，毗至翻。其略曰：“夫使不择人，则黜陟不明，刑罚不中，夫，音扶。中，竹仲翻。朋党者进，贞直者退；徒使百姓修饰道路，送往迎来，无所益也。谚曰：‘欲知其人，观其所使。’不可不慎也。”又曰：“宰相，陛下之腹心；刺史、县令，陛下之手足；未有无腹心手足而能独理者也！”又曰：“天下有危机，祸福因之而生，机静则有福，机动则有祸，百姓是也。百姓安则乐其生，乐，音洛。不安则轻其死，轻其死则无所不至，祆逆乘衅，天下乱矣！”祆，于乔翻。又曰：“隋炀帝不知天下有危机，而信贪佞之臣，冀收夷狄之利，卒以灭亡，卒，子恤翻。其为殷鉴，岂不大哉！”

26 太后修故白马寺，以僧怀义为寺主。姚思廉曰：汉明帝时，西域以白马负佛经送洛，因立白马寺。魏收曰：汉立白马寺于洛城雍关西。按此故洛城也；唐之洛城，乃隋所迁。怀义，鄠人，鄠，音户。本姓冯，名小宝，卖药洛阳市，因千金公主以进，千金公主，高祖女。得幸于太后；太后欲令出入禁中，乃度为僧，名怀义。又以其家寒微，令与驸马都尉薛绍合族，命绍以季父事之。薛绍尚后女太平公主。出入乘御马，宦者十馀人侍从；从，才用翻。士民遇之者皆奔避，有近之者，近，其靳翻。辄挝其首流血，挝，其瓜翻。委之而去，任其生死。见道士则极意殴之，仍髡其发而去。朝贵皆匍匐礼谒，殴，乌口翻。朝，直遥翻。匍，薄乎翻。匐，蒲北翻。武承嗣、武三思皆执僮仆之礼以事之，为之执辔，为，于伪翻。怀义视之若无人。多聚无赖少年，度为僧，纵横犯法，少，诗照翻。横，下孟翻。人莫敢言。右台御史冯思勖屡以法绳之，右台，右肃政台也。怀义遇思勖于途，令从者殴之，几死。几，居依翻。

二年（丙戌、六八六）

1 春，正月，太后下诏复政于皇帝。睿宗知太后非诚心，奉表固让；太后复临朝称制。复，扶又翻。朝，直遥翻。辛酉，赦天下。

2 二月，辛未朔，日有食之。

3 右卫大将军李孝逸既克徐敬业，声望甚重；武承嗣等恶之，数谮于太后，左迁施州刺史。恶，乌路翻。数，所角翻。施州，汉巫县地；吴分巫，立沙渠县；后周于县置施州，隋废州为清江郡，唐复置施州。在京师南二千七百九里，至东都二千八百一十里。

4 三月，戊申，太后命铸铜为匦：【章：十二行本"匦"下有"置之朝堂以受天下表疏铭"十一字；乙十一行本同；孔本同；张校同；退斋校同。】匦，居洧翻。其东曰"延恩"，献赋颂、求仕进者投之；南曰"招谏"，言朝政得失者投之；西曰"伸冤"，有冤抑者投之；北曰"通玄"，言天象灾变及军机秘计者投之。四匦，各依其方色。命正谏、补阙、拾遗一人掌之，正谏，即谏议大夫也。垂拱元年，置左、右补阙各一人，从七品上；左、右拾遗各二人，从八品上；掌供奉讽谏，行立次左、右史之下；左属门下省，右属中书省。先责识官，识官，犹今之保识。乃听投表疏。疏，所去翻。

徐敬业之反也，侍御史鱼承晔之子保家教敬业作刀车及弩，敬业败，仅得免。太后欲周知人间事，保家上书，请铸铜为匦以受天下密奏。上，时掌翻。其器共为一室，中有四隔，上各有窍，以受表疏，可入不可出。太后善之。考异曰：统纪、唐历皆云八月作铜匦。今从实录、旧本纪。又朝野佥载作"鱼思咺"，云"上欲作匦，召工匠，无人作得者。思咺应制为之，甚合规矩，遂用之。"今从御史台记。未几，其怨家投匦怨，于元翻。几，居岂翻。告保家为敬业作兵器，杀伤官军甚众，遂伏诛。为，于伪翻。

太后自徐敬业之反，疑天下人多图己，又自以久专国事，且内行不正，行，下孟翻。知宗室大臣怨望，心不服，欲大诛杀以威之。乃盛开告密之门，有告密者，臣下不得问，皆给驿马，唐制：乘传日四驿，乘驿日六驿。凡给马者，一品八匹，二品六匹，三品五匹，四品、五品四匹，六品三匹，七品以下二匹。给传乘者，一品十马，二品九马，三品八马，四品、五品四马，六品、七品二马，八品、九品一马。三品已上敕召者，给四马，五品三马，六品已下有差。一驿，三十里。供五品食，唐六典：四品、五品，常食料七盘，每日细米二升，面二升三合，酒一升半，羊肉三分，瓜两颗，盐、豉、葱、姜、葵、韭之属各有差。新唐志：五品食料，杂用钱月六百。使诣行在。虽农夫樵人，皆得召见，廪于客馆，客馆，属鸿胪寺典客令。廪者，廪给之。见，贤遍翻。所言或称旨，则不次除官，称，尺证翻。无实者不问。于是四方告密者蜂起，人皆重足屏息。重，直龙翻。屏，必郢翻。

有胡人索元礼，索，苏各翻。知太后意，因告密召见，擢为游击将军，令案制狱。见，贤遍翻。令，力丁翻。元礼性残忍，推一人必令引数十百人，太后数召见赏赐以张其权。数，所角翻。张，知亮翻。于是尚书都事长安周兴、唐尚书都省有都事，管诸司主事、令史。尚，辰羊翻。万年人来俊臣之徒效之，纷纷继起。兴累迁至秋官侍郎，俊臣累迁至御史中丞，相与私畜无赖数百人，畜，吁玉翻。专以告密为事；欲陷一人，辄令数处俱告，事状如一。俊臣与司刑评事洛阳万国俊光宅改大理为司刑评事，从八品，掌出使推劾。共撰罗织经数千言，教其徒网罗无辜，织成反状，构造布置，皆有支节。太后得告密者，辄令元礼等推之，竞为讯囚酷法，【章：十二行本"法"下有"作大枷"三字；乙十一行本同；孔本同；张校同。】有"定百脉"、"突地吼"、"死猪愁"、"求破家"、"反是实"等名号。或以椽关手足而转之，谓之"凤皇晒翅"；或以物绊其腰，引枷向前，谓之"驴驹拔撅"；椽，重缘翻。晒，所卖翻。绊，博慢翻。撅，其月翻。或使跪捧枷，累甓其上，谓之"仙人献果"；或使立高木，【章：十二行本"木"下有"之上"二字；乙十一行本同；孔本同。】引枷尾向后，谓之"玉女登梯"；或倒悬石缒其首，或以醋灌鼻，或以铁圈毂其首而加楔，枷，音加。甓，扶历翻。缒，驰伪翻。圈，丘员翻。轂，呼角翻，急束也。楔，先结翻。至有脑裂髓出者。每得囚，辄先陈其械具以示之，皆战栗流汗，望风自诬。每有赦令，俊臣辄令狱卒先杀重囚，然后宣示。太后以为忠，益宠任之。中外畏此数人，甚于虎狼。

麟台正字陈子昂上疏：上，时掌翻。疏，所据翻。以为："执事者疾徐敬业首乱唱祸，将息奸源，穷其党与，遂使陛下大开诏狱，重设严刑，有迹涉嫌疑，辞相逮引，莫不穷捕考按。至有奸人荧惑，乘险相诬，纠告疑似，冀图爵赏，恐非伐罪吊人之意也。臣窃观当今天下，百姓思安久矣，故扬州构逆，殆有五旬，而海内晏然，纤尘不动。陛下不务玄默以救疲人，而反任威刑以失其望，臣愚暗昧，窃有大惑。伏见诸方告密，囚累百千辈，及其穷竟，百无一实。陛下仁恕，又屈法容之，遂使奸恶之党快意相雠，睚眦之嫌即称有密，一人被讼，被，皮义翻。百人满狱，使者推捕，冠盖如市。或谓陛下爱一人而害百人，天下喁喁，喁，鱼容翻。莫知宁所。臣闻隋之末代，天下犹平，杨玄感作乱，不逾月而败。天下之弊，未至土崩，蒸人之心，犹望乐业。蒸人，犹蒸民也，避太宗讳，改"民"为"人"。乐，音洛。炀帝不悟，遂使兵部尚书樊子盖专行屠戮，大穷党与，海内豪士，无不罹殃；遂至杀人如麻，流血成泽，事见一百八十二卷大业九年。天下靡然，始思为乱，于是雄杰并起而隋族亡矣。夫大狱一起，不能无滥，冤人吁嗟，感伤和气，群生疠疫，水旱随之，人既失业，则祸乱之心怵然而生矣。古者明王重慎刑法，盖惧此也。昔汉武帝时巫蛊狱起，使太子奔走，兵交宫阙，无辜被害者以千万数，宗庙几覆；赖武帝得壶关三老书，廓然感悟，夷江充三族，事见二十二卷汉武帝征和二年、三年。几，居依翻。馀狱不论，天下以安尔。古人云：'前事之不忘，后事之师。’史记太史公之言。伏愿陛下念之！”太后不听。

5 夏，四月，太后铸大仪，置北阙。北阙盖在玄武门外。

6 以岑长倩为内史。六月，辛未，以苏良嗣为左相，同凤阁鸾台三品韦待价为右相。己卯，以韦思谦为纳言。

苏良嗣遇僧怀义于朝堂，怀义偃蹇不为礼；良嗣大怒，命左右捽曳，批其颊数十。捽，昨没翻。批，蒲列翻，击也，又匹迷翻。怀义诉于太后，太后曰："阿师当于北门出入，阿，乌葛翻。南牙宰相所往来，勿犯也。"

太后托言怀义有巧思，思，相吏翻。故使入禁中营造。补阙长社王求礼上表，长社，汉县，隋改曰颍川，武德四年复旧，带许州。上，时掌翻。以为："太宗时，有罗黑黑善弹琵琶，太宗阉为给使，使教宫人。陛下若以怀义有巧性，欲宫中驱使者，臣请阉之，庶不乱宫闱。"表寝不出。

7 秋，九月，丁未，以西突厥继往绝可汗之子斛瑟罗为右玉钤卫将军，袭继往绝可汗押五弩失毕部落。

8 己巳，雍州言新丰县东南有山踊出，雍，于用翻。考异曰：统纪在十二月，今从实录。程大昌曰：武后改新丰为庆山县，其说曰：时因雷雨踊出一山，故取以为名。而其何以辄踊也，不言其以也，此即在位小人共加傅会也。至两京道里志则言其详矣，曰：庆山踊出，初时六、七尺，渐高至三百尺，则非一旦骤为三百尺也。自六、七尺，日日累增至三百尺，是积力为之，非一夜雷雨顿能突兀如许也。此为人力所成，大不难见。改新丰为庆山县。新丰自汉以来属京兆。四方毕贺。江陵人俞文俊上书：江陵县带荆州。"天气不和而寒暑并，人气不和而疣赘生，地气不和而塠阜出。疣，音尤。赘，之芮翻。塠，都回翻。今陛下以女主处阳位，反易刚柔，故地气塞隔塞，悉则翻。处，昌吕翻。而山变为灾。陛下谓之'庆山'，臣以为非庆也。臣愚以为宜侧身修德以答天谴；不然，殃祸至矣！"太后怒，流于岭外，后为六道使所杀。

六道使见后二百五卷长寿二年。使，疏吏翻。

9 突厥入寇，左鹰扬卫大将军黑齿常之拒之；至两井，遇突厥三千馀人，见唐兵，皆下马擐甲，常之以二百馀骑冲之，擐，音宦。骑，奇寄翻。皆弃甲走。日暮，突厥大至，常之令营中然火，东南又有火起，虏疑有兵相应，遂夜遁。

10 狄仁杰为宁州刺史。右台监察御史晋陵郭翰巡察陇右，所至多所按劾。监，古衔翻。劾，户概翻，又户得翻。入宁州境，耆老歌刺史德美者盈路；翰荐之于朝，朝，直遥翻。征为冬官侍郎。

王崇武标点容肇祖聂崇岐覆校

资治通鉴卷第二百四

端明殿学士兼翰林侍读学士太中大夫
提举西京嵩山崇福宫上柱国河内郡开国公 司马光 奉敕编集
食邑二千二百户食实封九百户赐紫金鱼袋臣

后学天台胡三省音注

唐纪二十 起强圉大渊献（丁亥），尽重光单阏（辛卯），凡五年。

则天顺圣皇后上之下

垂拱三年（丁亥、六八七）

1 春，闰正月，丁卯，封皇子成美为恒王，睿宗时为帝，故成美等皆为皇子。恒，户登翻。考异曰：唐历、旧本纪、新传皆作"成义"。今从实录。隆基为楚王，隆范为卫王，隆业为赵王。

2 二月，丙辰，突厥骨笃禄等寇昌平，昌平，后汉县，属广阳国，隋属涿郡，唐属幽州。命左鹰扬大将军黑齿常之帅诸军讨之。帅，读曰率。

3 三月，乙丑，纳言韦思谦以太中大夫致仕。

4 夏，四月，命苏良嗣留守西京。守，式又翻。考异曰：实录、新旧本纪、统纪，皆无良嗣出守西京年月。今据唐历。时尚方监裴匪躬检校京苑，光宅改少府监为尚方监。京苑，西京之苑。将鬻苑中蔬果以收其利。良嗣曰："昔公仪休相鲁，犹能拔葵、去织妇，董仲舒曰：公仪休相鲁，之其家，见织帛，怒而出。其妻食于舍而茹葵，愠而拔其葵。曰："吾已食禄，又夺园夫红女利乎！"相，息亮翻。去，羌吕翻。未闻万乘之主鬻蔬果也。”乘，绳证翻。乃止。

5 壬戌，裴居道为纳言。五月，丙寅，夏官侍郎京兆张光辅为凤阁侍郎、同平章事。考异曰：旧本纪在四月，传在平越王贞后，今从实录。

6 凤阁侍郎、同凤阁鸾台三品刘祎之窃谓凤阁舍人永年贾大隐曰：永年，本汉曲梁县。魏为广平郡治所，隋废郡为广平县，后改为鸡泽；仁寿元年改曰永元〔年〕，避太子广讳也；唐带洺州。“太后既废昏立明，安用临朝称制！朝，直遥翻。不如返正【章：十二行本“正”作“政”；乙十一行本同；退斋校同。】以安天下之心。”大隐密奏之，太后不悦，谓左右曰：“祎之我所引，刘祎之自北门学士至为相，故云然。乃复叛我！”或诬祎之受归诚州都督孙万荣金，贞观二十二年，以契丹别部置归诚州，属松漠都督府。复，扶又翻。又与许敬宗妾有私，太后命肃州刺史王本立推之。本立宣敕示之，祎之曰：“不经凤阁鸾台，何名为敕！”太后大怒，以为拒捍制使；使，疏吏翻。庚午，赐死于家。

祎之初下狱，睿宗为之上疏申理，下，遐嫁翻。为，于伪翻。上，时掌翻。亲友皆贺之，祎之曰：“此乃所以速吾死也。”临刑，沐浴，神色自若，自草谢表，立成数纸。麟台郎郭翰、光宅改秘书郎为麟台郎。太子文学周思钧太子宫司经局有太子文学一人，正六品，掌侍奉文章。称叹其文。太后闻之，左迁翰巫州司法，思钧播州司仓。贞观八年，以辰州龙标县置巫州；九年，以隋牂柯郡牂柯县置播州。旧志：巫州，京师南四千一百九十七里，东都三千九百里。播州，京师南四千四百五十里，东都四千九百六十里。

7 秋，七月，壬辰，魏玄同检校纳言。

8 岭南俚户旧输半课，交趾都护刘延佑使之全输，俚户不从，延佑诛其魁首。其党李思慎等作乱，攻破安南府城，高宗调露元年，改交州都督府为安南都护府。俚，音里。杀延佑。桂州司马曹玄静将兵讨思慎等，斩之。将，即亮翻。考异曰：旧书冯元常传云："元常自眉州刺史转广州都督。属安南首领李嗣仙杀都督刘延佑，剽陷州县，敕元常诛之，帅士卒济南海，先驰檄示以威恩，喻以祸福，嗣仙徒党多相帅归降，因纵兵诛其魁首，安慰居人而旋。"今从实录。

9 突厥骨笃禄、元珍寇朔州，遣燕然道大总管黑齿常之击之，燕，因肩翻。以左鹰扬大将军李多祚为之副，大破突厥于黄花堆，意即黄瓜堆。按朔州有黄花堆，在神武川。追奔四十馀里，突厥皆散走碛北。走，音奏。碛，七迹翻。多祚世为靺鞨酋长，靺鞨，音末曷。酋，慈由翻。长，知两翻。以军功得入宿卫。黑齿常之每得赏赐，皆分将士；有善马为军士所损，官属请笞之，常之曰："奈何以私马笞官兵乎！"卒不问。卒，子恤翻。

10 九月，己卯，虢州人杨初成诈称郎将，将，即亮翻；下同。矫制于都市募人迎庐陵王于房州；事觉，伏诛。

11 冬，十月，庚子，右监门卫中郎将爨宝璧与突厥骨笃禄、元珍战，全军皆没，宝璧轻骑遁归。监，古衔翻。骑，奇寄翻。

宝璧见黑齿常之有功，表请穷追馀寇。诏与常之计议，遥为声援。宝璧欲专其功，不待常之，引精卒万三千人先行，出塞二千馀里，掩击其部落；既至，又先遣人告之，使得严备，与战，遂败。太后诛宝璧；改骨笃禄曰不卒禄。卒，子恤翻。

12 命魏玄同留守西京。守，手又翻。

13 武承嗣又使人诬李孝逸自云"名中有兔，兔，月中物，当有天分。"谓有分为天子。分，扶问翻。太后以孝逸有功，十一月，戊寅，减死除名，流儋州而卒。儋州，旧儋耳县，武德五年置儋州。旧志：儋州至京师七千四百四十二里。儋，徒甘翻。卒，子恤翻。考异曰：新纪："天授元年五月己亥，杀梁郡公李孝逸。"孝逸初封梁郡公，以平徐敬业功，改封吴国公；垂拱三年，减死除名，配流儋州，当削爵矣。新传云："流儋州薨。"纪、传自相违。唐历云："四月十一日诛益州长史李孝逸。"亦旧任也。统纪:“诛李孝逸并其党崔元昉、裴安期。”唐历:“并其党崔知贤、董元昉、裴安期等。”今从实录及旧传。

14 太后欲遣韦待价将兵击吐蕃,考异曰:实录,“十二月壬辰,命待价为安息道大总管,督三十六总管以讨吐蕃。”不言师出胜败如何。至永昌元年五月,又云“命待价击吐蕃,七月败于寅识迦河。”按本传不云两曾将兵,今删此事。凤阁侍郎韦方质奏,请如旧制遣御史监军,监,古衔翻。太后曰:“古者明君遣将,阃外之事悉以委之。比闻御史监军,比,毗至翻。军中事无大小皆须承禀。以下制上,非令典也;且何以责其有功!”遂罢之。

15 是岁,天下大饥,山东、关内尤甚。

四年(戊子、六八八)

1 春,正月,甲子,于神都立高祖、太宗、高宗三庙,四时享祀如西庙之仪。西庙,西京宗庙也。又立崇先庙以享武氏祖考。太后命有司议崇先庙室数,司礼博士周悰请为七室,光宅改太常曰司礼。史言周悰之请,希旨迎合。又减唐太庙为五室。春官侍郎贾大隐奏:“礼,天子七庙,诸侯五庙,百王不易之义。今周悰别引浮议,广述异闻,直崇临朝权仪,朝,直遥翻。不依国家常度。皇太后亲承顾托,光显大猷,其崇先庙室应如诸侯之数,国家宗庙不应辄有变移。”太后乃止。

2 太宗、高宗之世,屡欲立明堂,诸儒议其制度,不决而止。及太后称制,独与北门学士议其制,不问诸儒。诸儒以为明堂当在国阳丙己之地,三里之外,七里之内。太后以为去宫太远。二月,庚午,毁乾元殿,于其地作明堂,以僧怀义为之使,使,疏吏翻。凡役数万人。

3 夏,四月,戊戌,杀太子通事舍人郝象贤。唐制,太子通事舍人正七品下,掌导引宫臣辞见及劳问之事。象贤,处俊之孙也。

初,太后有憾于处俊,谓上元二年谏高宗也。会奴诬告象贤反，太后命周兴鞫之，致象贤族罪。象贤家人诣朝堂，讼冤于监察御史乐安任玄殖。乐安郡，棣州。朝，直遥翻。监，古衔翻。玄殖奏象贤无反状，玄殖坐免官。象贤临刑，极口骂太后，发扬宫中隐慝，夺市人柴以击刑者；金吾兵共格杀之。太后命支解其尸，发其父祖坟，毁棺焚尸。自是终太后之世，法官每刑人，先以木丸塞其口。塞，悉则翻。

4 武承嗣使凿白石为文曰："圣母临人，永昌帝业。"末紫石杂药物填之。庚午，使雍州人唐同泰奉表献之，隋京兆郡，武德元年改曰雍州。雍，于用翻。称获之于洛水。太后喜，命其石曰"宝图"。擢同泰为游击将军。五月，戊辰，诏当亲拜洛，受"宝图"；有事南郊，告谢昊天；礼毕，御明堂，朝群臣。朝，直遥翻。命诸州都督、刺史及宗室、外戚以拜洛前十日集神都。乙亥，太后加尊号为圣母神皇。

5 六月，丁亥朔，日有食之。

6 壬寅，作神皇三玺。玺，斯氏翻。

7 东阳大长公主削封邑，并二子徙巫州。公主，太宗之女。长，知两翻。公主适高履行，太后以高氏长孙无忌之舅族，故恶之。恶，乌路翻。

8 江南道巡抚大使、冬官侍郎狄仁杰以吴、楚多淫祠，奏焚其一千七百馀所，独留夏禹、吴太伯、季札、伍员四祠。员，音云。

9 秋，七月，丁巳，赦天下。更命"宝图"为"天授圣图"；洛水为永昌洛水，更，工衡翻。封其神为显圣侯，加特进，禁渔钓，祭祀比四渎。唐制，岳渎为中祀。名图所出曰"圣图泉"，泉侧置永昌县。又改嵩山为神岳，封其神为天中王，拜太师、使持节、神岳大都督，禁刍牧。使，疏吏翻。又以先于汜水得瑞石，改汜水为广武。汜水，汉之成皋县，属河南郡；后魏为成皋郡，置东中府；隋开皇十八年改成皋为汜水，属郑州。县界有广武，楚、汉对垒处。后改县名以协其姓。汜，音祀。

太后潜谋革命，稍除宗室。绛州刺史韩王元嘉、青州刺史霍王元轨、邢州刺史鲁王灵夔、豫州刺史越王贞豫州，汉汝南郡地，后魏置豫州，唐因之；然唐之豫州非能尽得汉汝南郡之地。及元嘉子通州刺史黄公撰、撰，士免翻，又音铨。元轨子金州刺史江都王绪、虢王凤子申州刺史东莞公融、灵夔子范阳王蔼、贞子博州刺史琅邪王冲，在宗室中皆以才行有美名，行，下孟翻。太后尤忌之。元嘉等内不自安，密有匡复之志。考异曰：旧传，"垂拱三年七月"，误也。今从实录。

撰谬为书与贞云："内人病浸重，当速疗之，若至今冬，恐成痼疾。"及太后召宗室朝明堂，朝，直遥翻。诸王因递相惊曰："神皇欲于大飨之际，使人告密，尽收宗室，诛之无遗。"撰诈为皇帝玺书与冲云："朕遭幽絷，诸王宜各发兵救我。"冲又诈为皇帝玺书云："神皇欲移李氏社稷以授武氏。"玺，斯氏翻。八月，壬寅，冲召长史萧德琮等令募兵，考异曰：实录作丙午，盖据奏到之日也。旧传、本纪作壬寅。按冲以戊申死，而实录又云"冲起兵七日而败"，然则壬寅是也，今从之。分告韩、霍、鲁、越及贝州刺史纪王慎，令各起兵共趣神都。趣，七喻翻。太后闻之，以左金吾将军丘神勣为清平道行军大总管以讨之。博州有清平县，汉贝丘县也，隋更名。

冲募兵得五千馀人，欲渡河取济州；先击武水，武水，汉东郡阳平县地；隋改为清邑，又分清邑置武水县，唐属博州。济，子礼翻。武水令郭务悌诣魏州求救。莘令马玄素莘，亦汉阳平县地。后齐改曰乐平，隋开皇六年复曰阳平，八年改曰清邑，十六年置莘州；大业初，州废为莘县；唐属魏州。将兵千七百人中道邀冲，恐力不敌，入武水，闭门拒守。冲推草车塞其南门，推，吐雷翻。塞，悉则翻。因风纵火焚之，欲乘火突入；火作而风回，冲军不得进，由是气沮。堂邑董玄寂堂邑，汉县，后魏废，隋分清阳县复置，属博州。为冲将兵击武水，为，于伪翻。谓人曰："琅邪王与国家交战，此乃反也。"冲闻之，斩玄寂以徇，众惧而散入草泽，不可禁止，惟家僮左右数十人在。冲还走博州，走，音奏。戊申，至城门，为守门者所杀，考异曰：丘勣绩传云："为勋官吴希智、白丁孟青棒所杀"。今从实录及冲传。凡起兵七日而败。丘神勣至博州，官吏素服出迎，神勣尽【章：十二行本"尽"上有"挥刃"二字；乙十一行本同；孔本同；张校同，云"尽"下脱"挥刀"二字。按十二行本"刀"作"刃"，二字在"尽"上，两校微异。】杀之，凡破千馀家。

越王贞闻冲起，亦举兵于豫州，遣兵陷上蔡。上蔡县，汉属汝南郡。后魏曰临汝，隋开皇初改曰武津，大业初曰上蔡，唐属豫州。九域志，在州北五十五里。九月，丙辰，命左豹韬大将军麹崇裕为中军大总管，岑长倩为后军大总管，将兵十万以讨之，将，即亮翻；下同。又命张光辅为诸军节度。削【章：十二行本"削"下有'贞"字；乙十一行本同；张校同，云无注本亦无。】冲属籍，更姓虺氏。更，工衡翻；下更其同。贞闻冲败，欲自锁诣阙谢罪，会所署新蔡令傅延庆新蔡县，自汉以来属汝南郡，唐属豫州。九域志，在州东一百六十里。募得勇士二千馀人，贞乃宣言于众曰："琅邪已破魏、相数州，相，息亮翻。有兵二十万，朝夕至矣。"发属县兵共得五千，分为五营，使汝南县丞裴守德等将之，汝南县，旧曰上蔡，隋大业初改曰汝阳，带豫州。署九品以上官五百馀人。所署官皆受迫胁，莫有斗志，惟守德与之同谋，贞以其女妻之，妻，七细翻。署大将军，委以腹心。贞使道士及僧诵经以求事成，左右及战士皆带辟兵符。麹崇裕等军至豫州城东四十里，贞遣少子规及裴守德拒战，兵溃而归。少，诗照翻。贞大惧，闭阁自守。崇裕等至城下，左右谓贞曰："王岂可坐待戮辱！"贞、规、守德及其妻皆自杀。

考异曰：实录，“庚戌，贞举兵，九月，丙寅，豫州平。”又云，“举兵二十日而败。”庚戌至丙寅才十七日，盖皆据奏到之日耳。与冲皆枭首东都阙下。枭，坚尧翻。

初，范阳王蔼遣使语贞及冲曰：使，疏吏翻。语，牛倨翻；下我语同。“若四方诸王一时并起，事无不济。”诸王往来相约结，未定而冲先发，惟贞狼狈应之，诸王皆不敢发，故败。

贞之将起兵也，遣使告寿州刺史赵瓌，瓌妻常乐长公主常乐公主，高祖女。使，疏吏翻；下同。乐，音洛。长，知两翻。谓使者曰：“为我语越王：为，于伪翻；下似为同。语，牛倨翻。昔隋文帝将篡周室，尉迟迥，周之甥也，犹能举兵匡救社稷，事见一百七十四卷陈宣帝太建十四年。尉，纡勿翻。功虽不成，威震海内，足为忠烈。况汝诸王，先帝之子，岂得不以社稷为心！今李氏危若朝露，汝诸王不舍生取义，尚犹豫不发，欲何须邪！须，待也。祸且至矣，大丈夫当为忠义鬼，无为徒死也。”

及贞败，太后欲悉诛韩、鲁等诸王，命监察御史蓝田苏珦按其密状。珦讯问，皆无明验，或告珦与韩、鲁通谋，太后召珦诘之，珦抗论不回。监，古衔翻；下同。珦，式亮翻。诘，去吉翻。太后曰：“卿大雅之士，朕当别有任使，此狱不必卿也。”乃命珦于河西监军，更使周兴等按之，更，工衡翻；下同。于是收韩王元嘉、鲁王灵夔、黄公撰、常乐公主于东都，迫胁皆自杀，考异曰：旧传：“灵夔流振州，自缢死。”今从实录。更其姓曰“虺”，亲党皆诛。

以文昌左丞狄仁杰为豫州刺史。光宅改尚书左丞为文昌左丞。时治越王贞党与，治，直之翻。当坐者六七百家，籍没者五千口，司刑趣使行刑。司刑寺即大理寺。趣，读曰促。仁杰密奏：“彼皆诖误，诖，户卦翻。臣欲显奏，似为逆人申理；知而不言，恐乖陛下仁恤之旨。”太后特原之，皆流丰州。道过宁州，宁州父老迎劳之曰："我狄使君活汝邪？"劳，力到翻。仁杰刺宁州，见上卷垂拱二年。相携哭于德政碑下，设斋三日而后行。

时张光辅尚在豫州，将士恃功，多所求取，仁杰不之应。光辅怒曰："州将轻元帅邪？"将，即亮翻。帅，所类翻。仁杰曰："乱河南者一越王贞耳，河南，当作汝南。今一贞死，万贞生！"光辅诘其语，仁杰曰："明公总兵三十万，所诛者止于越王贞。城中闻官军至，逾城出降者四面成蹊，降，户江翻。明公纵将士暴掠，杀已降以为功，流血丹野，非万贞而何！恨不得尚方斩马剑，加于明公之颈，虽死如归耳！"光辅不能诘，归，奏仁杰不逊，左迁复州刺史。自紧州左迁上州，且自近州迁远州也。旧志：豫州，去京师一千五百四十里，至东都六百七十里；复州，京师东南一千八百里，至东都一千五百一十八里。

10 丁卯，左肃政大夫骞味道、夏官侍郎王本立并同平章事。

11 太后之召宗室朝明堂也，东莞公融密遣使问成均助教高子贡，朝，直遥翻。莞，音官。使，疏吏翻；下同。子贡曰："来必死。"融乃称疾不赴。越王贞起兵，遣使约融，融苍猝不能应，为官属所逼，执使者以闻，擢拜右赞善大夫。唐东宫左、右赞善大夫，正五品上，掌传令、讽过失、赞礼仪、以经教授诸郡王。未几，为支党所引，几，居岂翻。冬，十月，己亥，戮于市，籍没其家。高子贡亦坐诛。

济州刺史薛𫖮、𫖮弟绪、绪弟驸马都尉绍，皆与琅邪王冲通谋。济，子礼翻。𫖮，鱼岂翻。𫖮闻冲起兵，作兵器，募人；冲败，杀录事参军高纂以灭口。唐武德初改州主簿为录事参军，掌正违失，莅符印。十一月，辛酉，𫖮、绪伏诛，绍以太平公主故，杖一百，饿死于狱。绍以主婿免殊死。

十二月，乙酉，司徒、青州刺史霍王元轨坐与越王连谋，废徙黔州，旧志：黔州，京师南三千一百九十三里，至东都三千二百七十七里。黔，音琴。载以槛车，行至陈仓而死。江都王绪、殿中监郕公裴承先皆戮于市。承先，寂之孙也。裴寂，武德开国功臣。

12 命裴居道留守西京。守，式又翻。

13 左肃政大夫、同平章事骞味道素不礼于殿中侍御史周矩，屡言其不能了事。会有罗告味道者，敕矩按之。矩谓味道曰："公常责矩不了事，今日为公了之。"为，于伪翻。乙亥，味道及其子辞玉皆伏诛。考异曰：御史台记："味道陷周兴狱。"今从渠传。

14 己酉，太后拜洛受图，受唐同泰所献伪石也。皇帝、皇太子皆从，从，才用翻。内外文武百官、蛮夷【章：十二行本"夷"下有"酋长"二字；乙十一行本同；张校同，云无注本亦无。】各依方叙立，珍禽、奇兽、杂宝列于坛前，文物卤簿之盛，唐兴以来未之有也。

15 辛亥，明堂成，高二百九十四尺，方三百尺。凡三层：下层法四时，各随方色；中层法十二辰；上为圆盖，九龙捧之。上【章：十二行本"上"上有"上层法二十四气，亦为圆盖"十一字；乙十一行本同；孔本同；退斋校同。】施铁凤，高一丈，高，居傲翻。饰以黄金。中有巨木十围，上下通贯，栭栌樘棿藉以为本。栭，音而，梁上柱，说文曰：屋枅上标。栌，音卢，柱上柎曰欂栌，广韵，枅也，又曰柱也。樘，抽庚翻，斜柱也。棿，婢脂翻，屋梠也。下施铁渠，为辟雍之象。以铁为渠以通水。号曰万象神宫。宴赐群臣，赦天下，纵民入观。改河南为合宫县。又于明堂北起天堂五级以贮大像；怀义所作夹纻大像也。贮，丁吕翻。至三级，则俯视明堂矣。考异曰：旧薛怀义传云："明堂大屋凡三层，计高三百尺；又于明堂北起天堂，广袤亚明堂。"今从小说及通典。僧怀义以功拜左威卫大将军、梁国公。考异曰：实录云："怀义监造明堂，以功擢授左武卫大将军，固辞不拜。时有右玉钤卫将军王慈徵、长上果毅元肃然，请与怀义为儿，既而阴有异图，欲奉之为主，怀义密奏其状；由是慈徵等坐斩，进拜怀义辅国大将军，封卢国公，赐物三千段；又表辞不受。"今从旧传。

侍御史王求礼上书曰："古之明堂，茅茨不翦，采椽不斲。今者饰以珠玉，涂以丹青，铁鷟入云，上，时掌翻。鷟，士角翻。鸑鷟者，凤也。金龙隐雾，昔殷辛琼台，夏癸瑶室，无以加也。"殷辛，纣也；夏癸，桀也。太后不报。

16 太后欲发梁、凤、巴蜑，蜑，徒旱翻。自雅州开山通道，出击生羌，因袭吐蕃。贞观五年，太宗置西雅州以处生羌；八年，去"西"字。吐，从暾入声。正字陈子昂上书，上，时掌翻。以为："雅州边羌，自国初以来未尝为盗。今一旦无罪戮之，其怨必甚；且惧诛灭，必蜂起为盗。西山盗起，西山在成都西。松、茂二州都督府所统诸州，皆西山羌也。则蜀之边邑不得不连兵备守，兵久不解，臣愚以为西蜀之祸，自此结矣。臣闻吐蕃爱蜀富饶，欲盗之久矣，徒以山川阻绝，障隘不通，势不能动。今国家乃乱边羌，开隘道，使其收奔亡之种，为乡导以攻边，是借寇兵为贼除道，举全蜀以遗之也。种，章勇翻。乡，读曰向。为贼，于伪翻。遗，于季翻。蜀者国家之宝库，可以兼济中国。今执事者乃图侥幸之利以事西羌，侥，工尧翻。得其地不足以稼穑，财不足以富国，徒为糜费，无益圣德，况其成败未可知哉！夫蜀之所恃者险也，夫，音扶。人之所以安者无役也；今国家乃开其险，役其人，险开则便寇，人役则伤财，臣恐未见羌戎，已有奸盗在其中矣。且蜀人尪劣，尪，乌黄翻，弱也。不习兵战，山川阻旷，去中夏远，夏，户雅翻。今无故生西羌、吐蕃之患，臣见其不及百年，蜀为戎矣。国家近废安北，拔单于，弃龟兹，放疏勒，废安北，拔单于，以突厥畔援也；弃龟兹，放疏勒，以吐蕃侵逼也。单，音蝉。龟兹，音丘慈，又音屈佳。天下翕然谓之盛德者，盖以陛下务在养人，不在广地也。今山东饥，关、陇弊，而徇贪夫之议，谋动甲兵，兴大役，自古国亡家败，未尝不由黩兵，愿陛下熟计之。"既而役不果兴。

永昌元年(己丑、六八九)

1春，正月，乙卯朔，大飨万象神宫，太后服衮冕，搢大圭，执镇圭为初献，周礼注：大圭长三尺，杼上，终葵首，天子服之。镇圭尺有二寸，天子守之。镇圭饰四镇山，象其高；圭中约以组，防其坠。齐人谓椎为终葵。圭首六寸为抴，以下杀之。皇帝为亚献，太子为终献。先诣昊天上帝座，次高祖、太宗、高宗，次魏国先王，魏国先王，武士彠也。次五方帝座。太后御则天门，赦天下，改元。丁巳，太后御明堂，受朝贺。朝，直遥翻。戊午，布政于明堂，颁九条以训百官。己未，御明堂，飨群臣。

2二月，丁酉，尊魏忠孝王曰周忠孝太皇，妣曰忠孝太后，文水陵曰章德陵，咸阳陵曰明义陵。武氏之先葬文水，士彠及其妻葬咸阳。置崇先府官。戊戌，尊鲁公曰太原靖王，北平王曰赵肃恭王，金城王曰魏义康王，太原王曰周安成王。

3三月，甲子，张光辅守纳言。

4壬申，太后问正字陈子昂，当今为政之要。子昂退，上疏，上，时掌翻。以为"宜缓刑崇德，息兵革，省赋役，抚慰宗室，各使自安。"辞婉意切，其论甚美，凡三千言。

5癸酉，以天官尚书武承嗣为纳言，张光辅守内史。

6夏，四月，甲辰，杀辰州别驾汝南王炜、连州别驾鄱阳公諲等宗室十二人，徙其家于巂州。炜，恽之子；諲，元庆之子也。蒋王恽，太宗子；道王元庆，高祖子也。炜，于鬼翻。諲，音因。恽，于粉翻。

己酉，杀天官侍郎蓝田邓玄挺。玄挺女为諲妻，又与炜善。諲谋迎中宗于庐陵，以问玄挺；炜又尝谓玄挺曰："欲为急计，何如?"玄挺皆不应。故坐知反不告，同诛。

7五月，丙辰，命文昌右相韦待价为安息道行军大总管，击吐蕃。

8 浪穹州蛮酋傍时昔等二十五部，先附吐蕃，至是来降；酋，慈由翻。降，户江翻。以傍时昔为浪穹州刺史，令统其众。南诏六部号为六诏，浪穹诏其一也。

9 己巳，以僧怀义为新平军大总管，考异曰：旧传："为清平道大总管。"今从实录。余按：新平，豳州。军出豳州而北伐也。北讨突厥。行至紫河，隋志，定襄郡大利县有阴山，有紫河，即太宗遣思摩建牙之地。杜佑曰：胜州榆林县有金河、紫河，自马邑郡善阳县界流入。不见虏，于单于台刻石纪功而还。还，从宣翻，又如字。

10 诸王之起兵也，贝州刺史纪王慎独不预谋，亦坐系狱；秋七月，丁巳，槛车徙巴州，更姓虺氏，行及蒲州而卒。纪王慎徙巴州，盖令取道相、卫，自河北路西上，不得至东都，历绛至蒲而卒。更，工衡翻。卒，子恤翻。八男徐州刺史东平王续等，相继被诛，被，皮义翻。考异曰：旧传云："慎长子和州刺史东平王续，最知名，早卒。"今从实录。家徙岭南。

女东光县主楚媛，幼以孝谨称，适司议郎裴仲将，相敬如宾；姑有疾，亲尝药膳；接遇娣姒，皆得欢心。杜预曰：兄弟之妻相谓曰姒。盖妯娌相呼，以身年长少为名，年长为姒，少为娣，不以夫之长幼也。俗以兄之妻为姒，弟为娣，非也。尔雅曰：长妇谓稚妇为娣妇，娣妇谓长妇为姒妇。媛，于眷翻。时宗室诸女皆以骄奢相尚，诮楚媛独俭素，曰："所贵于富贵者，得适志也；今独守勤苦，将以何求？"楚媛曰："幼而好礼，今而行之，非适志欤！观自古女子，皆以恭俭为美，纵侈为恶。辱亲是惧，何所求乎；富贵傥来之物，何足骄人！"众皆惭服。及慎凶问至，楚媛号恸，呕血数升；好，呼到翻。号，户高翻。免丧，不御膏沐者垂二十年。

11 韦待价军至寅识迦河，据旧书待价传，寅识迦河当在弓月西南。与吐蕃战，大败。【章：十二行本"败"下有"会大雪，粮运不继"七字；乙十一行本同；孔本同；退斋校同。】待价既无将领之才，将，即亮翻。狼狈失据，士卒冻馁，死亡甚众，乃引军还。太后大怒，丙子，待价除名，流绣州，绣州，汉阿林县地，至隋犹属郁林郡；唐武德四年分置林州，六年改曰绣州；去长安六千九十里，至东都五千五百里。斩副大总管安西大都护阎温古。安西副都护唐休璟收其馀众，抚安西土，璟，俱永翻。太后以休璟为西州都督。

12 戊寅，以王本立同凤阁鸾台三品。

13 徐敬业之败也，事见上卷光宅元年。弟敬真流绣州，逃归，将奔突厥。过洛阳，厥，九勿翻。洛州司马弓嗣业、孙愐曰：弓，姓也。洛阳令张嗣明资遣之；至定州，为吏所获，嗣业缢死。缢，于计翻。嗣明、敬真多引海内知识，云有异图，冀以免死；于是朝野之士为所连引坐死者甚众。朝，直遥翻。嗣明诬内史张光辅，云"征豫州日，私论图谶、天文，阴怀两端。"谓征越王贞时。八月，甲申，光辅与敬真、嗣明等同诛，籍没其家。

乙未，秋官尚书太原张楚金、陕州刺史郭正一、凤阁侍郎元万顷、洛阳令魏元忠，并免死流岭南。陕，失冉翻。楚金等皆为敬真所引，云与敬业通谋。临刑，太后使凤阁舍人王隐客驰骑传声赦之。声达于市，当刑者皆喜跃讙呼，骑，奇寄翻。讙，读如喧。宛转不已；元忠独安坐自如，或使之起，元忠曰："虚实未知。"隐客至，又使起，元忠曰："俟宣敕已。"既宣敕，乃徐起，舞蹈再拜，竟无忧喜之色。是日，阴云四塞，既释楚金等，天气晴霁。塞，悉则翻。考异曰：唐历："七月二十四日，张楚金绞死；八月二十一日，郭正一绞死。"年代纪："七月甲戌，楚金绞死；八月辛亥，郭正一绞死。"新书纪："八月辛丑，杀郭正一。"今据实录，楚金等皆流配未死。旧书楚金、正一、万顷传，皆云流岭南。御史台记云："元忠将刑，至于市，神色自若。则天以扬楚功免死流放，复叙授御史中丞。复陷来俊臣狱，复至市，将刑，神色如初；其傍诸王子戮者三十馀尸，重叠委积，元忠顾视曰：

‘大丈夫少选居此积矣。’曾不介怀。会凤阁舍人王隐客驰骑传呼，敕罢刑，复放岭南。”又云“前后坐弃市、流放者四”。旧传云“前后三被流”。今从旧传。

14 九月，壬子，以僧怀义为新平道行军大总管，将兵二十万讨突厥骨笃禄。将，即亮翻。

15 初，高宗之世，周兴以河阳令召见，河阳县，自汉以来属河内郡，唐属怀州，又属孟州。见，贤遍翻。上欲加擢用，或奏以为非清流，罢之。周兴发身于尚书都事，流外官也。兴不知，数于朝堂俟命。数，所角翻。朝，直遥翻。诸相皆无言，相，息亮翻。地官尚书、检校纳言魏玄同，时同平章事，光宅改户部为地官。谓之曰：“周明府可去矣。”唐人呼县令为明府。兴以为玄同沮己，衔之。玄同素与裴炎善，时人以其终始不渝，谓之耐久朋。周兴奏诬玄同言：“太后老矣，不若奉嗣君为耐久。”为，于伪翻；下为长同。太后怒，闰月，甲午，赐死于家。监刑御史房济谓玄同曰：“丈人何不告密，冀得召见，可以自直！”见，贤遍翻。玄同叹曰：“人杀鬼杀，亦复何殊，复，扶又翻。岂能作告密人邪！”乃就死。又杀夏官侍郎崔詧于隐处。光宅改兵部为夏官。自馀内外大臣坐死及流贬者甚众。

彭州长史刘易从彭州，汉繁县之地，宋置晋寿郡，故城在州北三里；梁置东益州，后魏置天水郡，仍改繁县为九陇县，仍置濛州；隋省，唐武德初复置，寻省并益州，垂拱二年复分置彭州。易，以豉翻。亦为徐敬真所引；戊申，就州诛之。易从为人，仁孝忠谨，将刑于市，吏民怜其无辜，远近奔赴，竞解衣投地曰：“为长史求冥福。”为，于伪翻。有司平准，直十馀万。

周兴等诬右武卫大将军燕公黑齿常之谋反，征下狱。燕，因肩翻。下，遐嫁翻。冬，十月，戊午，常之缢死。缢，于计翻。

己未，杀宗室鄂州刺史嗣郑王璥等六人。鄂州，春秋夏汭之地。江夏记云：一名夏口，一名鲁口。吴始筑郡城，晋末始立郢州；隋平陈，改为鄂州，因鄂渚为名。璥，居影翻。璥，郑王元懿之子。考异曰：唐历云"抚州别驾"，旧传"璥"作"敬"。今从新本纪。庚申，嗣滕王修琦等六人免死，流岭南。考异曰：统纪云："元婴男修瑶等五人免死配流。"今从旧传。

16 丁卯，春官尚书范履冰、凤阁侍郎邢文伟并同平章事。

17 己卯，诏太穆神皇后、文德圣皇后宜配皇地祇，忠孝太后从配。太后尊其母为忠孝太后。从，才用翻。

18 右卫胄曹参军陈子昂唐诸卫府皆有胄曹参军，掌戎仗、器械及公廨兴造、决罚之事。上疏，以为："周颂成、康，汉称文、景，皆以能措刑故也。上，时掌翻。今陛下之政，虽尽善矣，然太平之朝，上下乐化，不宜有乱臣贼子，日犯天诛。比者大狱增多，逆徒滋广，朝，直遥翻。乐，音洛。比，毗至翻。愚臣顽昧，初谓皆实，乃去月十五日，陛下特察系囚李珍等无罪，百僚庆悦，皆贺圣明，臣乃知亦有无罪之人挂于疏网者。陛下务在宽典，狱官务在急刑，以伤陛下之仁，以诬太平之政，臣窃恨之。又，九月二十一日敕免楚金等死，初有风雨，变为景云。臣闻阴惨者刑也，阳舒者德也；圣人法天，天亦助圣，天意如此，陛下岂可不承顺之哉！今又阴雨，臣恐过在狱官。凡系狱之囚，多在极法，道路之议，或是或非，陛下何不悉召见之，自诘其罪！诘，去吉翻。罪有实者显示明刑，滥者严惩狱吏，使天下咸服，人知政刑，岂非至德克明哉！"

天授元年（庚寅、六九〇）是年九月方改元天授。

1 十一月，庚辰朔，日南至。太后享万象神宫，赦天下。始用周正，改永昌元年十一月为载初元年正月，以十二月为腊月，夏正月为一月。以周、汉之后为二王后，舜、禹、成汤之后为三恪，古者建国，有宾有恪，二王之后，宾也，待以客礼。师古曰：恪，敬也，待之加敬，亦如宾也。郑玄以二王、三恪通为五代，后人多祖其说。唐本以后周及隋后为二王后，今改之。周、隋之嗣同列国。此周谓后周。

2 凤阁侍郎河东宗秦客，河东，蒲州。改造“天”“地”等十二字以献，十二字：“照”为“曌”，“天”为“而”，“地”为“埊”，“日”为“㊐”，“月”为“团”，“星”为“〇”，“君”为“凮”，“臣”为“恧”，“人”为“𤯔”，“载”为“𠧋”，“年”为“𠦚”，“正”为“𠙺”。又有“证”为“鏊”，“圣”为“𨲢”二字。丁亥，行之。太后自名“曌”，改诏曰制。避后名也。秦客，太后从父姊之子也。从，才用翻。

3 乙未，司刑少卿周兴奏除唐亲属籍。

4 腊月，辛未，以僧怀义为右卫大将军，赐爵鄂国公。

5 春，一月，戊子，武承嗣迁文昌左相，岑长倩迁文昌右相、同凤阁鸾台三品，凤阁侍郎武攸宁为纳言，邢文伟守内史，左肃政大夫、同凤阁鸾台三品王本立罢为地官尚书。攸宁，士彟之兄孙也。彟，一虢翻。

时武承嗣、三思用事，宰相皆下之。下，遐嫁翻。地官尚书、同凤阁鸾台三品韦方质有疾，承嗣、三思往问之，方质据床不为礼。或谏之，方质曰：“死生有命，大丈夫安能曲事近戚以求苟免乎！”寻为周兴等所构，甲午，流儋州，籍没其家。儋，都甘翻。

6 二月，辛酉，太后策贡士于洛城殿。六典，洛城南门之西有丽景夹城，自此潜通上阳宫；洛城南门之内有洛城殿。贡士殿试自此始。

7 丁卯，地官尚书王本立薨。考异曰：新纪：“丁卯，杀王本立。”御史台记：“本立为周兴所诛。”今从实录。

8 三月，丁亥，特进、同凤阁鸾台三品苏良嗣薨。

9 夏，四月，丁巳，春官尚书、同平章事范履冰坐尝举犯逆者下狱死。考异曰：新纪“五月，戊子，杀范履冰。”今从实录、唐历。

10 醴泉人侯思止，醴泉，汉池阳、谷口之地。后魏置宁夷县，隋开皇十八年改曰醴泉，属雍州。始以卖饼为业，后事游击将军高元礼为仆，素诡谲无赖。恒州刺史裴贞杖一判司，唐谓州曹诸司参军为判司，韩愈诗所谓"判司卑官不堪说，未免箠楚尘埃间"是也。恒，户登翻。判司使思止告贞与舒王元名谋反，秋，七月，辛巳，元名坐废，徙和州，旧志：和州，京师东南二千六百八十三里，至东都一千八百一十一里。壬午，杀其子豫章王亶；贞亦族灭。擢思止为游击将军。时，告密者往往得五品，思止求为御史，太后曰："卿不识字，岂堪御史！"对曰："獬豸何尝识字，但能触邪耳。"异物志：东北荒中有兽名獬豸，一角，性忠直，见人斗，则触不直者，闻人论，则咋不直者。獬，胡买翻。豸，宅买翻。太后悦，即以为朝散大夫、侍御史。朝，直遥翻。散，悉亶翻。他日，太后以先所籍没宅赐之，思止不受，曰："臣恶反逆之人，恶，乌路翻。不愿居其宅。"太后益赏之。

衡水人王弘义，素无行，行，下孟翻。尝从邻舍乞瓜，不与，乃告县官，瓜田中有白兔；县官使人搜捕，蹂践瓜田立尽。蹂，人九翻。践，息浅翻。又游赵、贝，见闾里耆老作邑斋，遂告以谋反，杀二百馀人。擢授游击将军，俄迁殿中侍御史。或告胜州都督王安仁谋反，敕弘义按之。安仁不服，弘义即于枷上刎其首；又捕其子，适至，亦刎其首，函之以归。道过汾州，司马毛公与之对食，须臾，叱毛公下阶，下，遐嫁翻。斩之，枪揭其首入洛，见者无不震栗。揭，其谒翻。

时置制狱于丽景门内，唐六典曰：洛城南门之西有丽景夹城，自此潜通于上阳宫。又曰：洛阳皇城西面二门，南曰丽景，北曰宣耀。入是狱者，非死不出，弘义戏呼曰"例竟门"。竟，尽也，言入此门者，例尽其命也。刘昫曰：言入此门者，例皆竟也。朝士人人自危，相见莫敢交言，道路以目。或因入朝密遭掩捕，每朝，辄与家人诀曰："未知复相见否？"朝，直遥翻。复，扶又翻。

时法官竞为深酷，唯司刑丞徐有功、杜景俭司刑丞，即大理丞。考异曰：实录及新纪、表、传，皆作"景佺"，盖实录以草书致误，新书因承之耳。今从旧纪传。独存平恕，被告者皆曰："遇来、侯必死，遇徐、杜必生。"

有功，文远之孙也，徐文远见一百八十五卷高祖武德元年。名弘敏，以字行。初为蒲州司法，唐制：法曹司法参军，掌鞫狱、丽法、督盗贼、知赃贿没入。以宽为治，治，直吏翻。不施敲朴。吏相约有犯徐司法杖者，众共斥之。迨官满，不杖一人，职事亦修。累迁司刑丞，酷吏所诬构者，有功皆为直之，为，于伪翻；下右为同。前后所活数十百家。尝廷争狱事，太后厉色诘之，诘，去吉翻。左右为战栗，有功神色不挠，挠，奴教翻。争之弥切。太后虽好杀，好，呼到翻。知有功正直，甚敬惮之。景俭，武邑人也。武邑，汉县，属信都郡，后汉、晋属安平郡，后魏属武邑郡，隋、唐属冀州。

司刑丞荥阳李日知亦尚平恕。少卿胡元礼欲杀一囚，日知以为不可，往复数四，元礼怒曰："元礼不离刑曹，此囚终无生理！"日知曰："日知不离刑曹，此囚终无死法！"竟以两状列上，离，力智翻。上，时掌翻；下同。日知果直。

11 东魏国寺僧法明等撰大云经四卷，表上之，撰，士免翻。言太后乃弥勒佛下生，当代唐为阎浮提主，释氏以人世为阎浮提。制颁于天下。

12 武承嗣使周兴罗告隋州刺史泽王上金、隋州，春秋随子之国，汉为随县，属南阳郡，后魏置随州。旧志：隋州，京师东南一千三百八十八里，至东都一千八里。舒州刺史许王素节谋反，征诣行在。旧志：舒州，京师东南二千六百二十六里，至东都一千八百九十三里。素节发舒州，闻遭丧哭者，叹曰："病死何可得，乃更哭邪！"丁亥，至龙门，龙门山，在洛州河南县界。缢杀之。缢，于计翻。上金自杀。悉诛其诸子及支党。

13 太后欲以太平公主妻其伯父士让之孙攸暨，垂拱四年诛薛绍，太平公主寡居。妻，七细翻；下而妻同。攸暨时为右卫中郎将，将，即亮翻。太后潜使人杀其妻而妻之。公主方额广颐，多权略，太后以为类己，宠爱特厚，常与密议天下事。旧制，食邑，诸王不过千户，公主不过三百五十户；太平食邑独累加至三千户。此食实户也。若唐制以品为差，则异于是。刘昫曰：唐制，公主食封三百户，长公主加五百户，有至六百户。高宗以太平公主武后所生，逾于旧制，垂拱中，太平公主至一千二百户，圣历初至三千户，景云初增至五千户。

14 八月，甲寅，杀太子少保、纳言裴居道；癸亥，杀尚书左丞张行廉。辛未，杀南安王颍等宗室十二人，又鞭杀故太子贤二子，唐之宗室于是殆尽矣，其幼弱存者亦流岭南，又诛其亲党数百家。考异曰：实录作数千家。今从旧本纪。惟千金长公主以巧媚得全，自请为太后女，仍改姓武氏；太后爱之，更号延安大长公主。长，知两翻；下同。更，工衡翻。

15 九月，丙子，侍御史汲人傅游艺汲县，汉属河内郡，晋以来带汲郡，东魏置义州，隋废为汲县，贞观初，移卫州治焉。帅关中百姓九百馀人诣阙上表，帅，读曰率。上，时掌翻；下同。请改国号曰周，赐皇帝姓武氏。太后不许；擢游艺为给事中。于是百官及帝室宗戚、远近百姓、四夷酋长、沙门、道士合六万馀人，酋，慈由翻。俱上表如游艺所请，皇帝亦上表自请赐姓武氏。戊寅，群臣上言：有凤皇自明堂飞入上阳宫，还集左台梧桐之上，左台，左肃政台也。久之，飞东南去；及赤雀数万集朝堂。朝，直遥翻。

庚辰，太后可皇帝及群臣之请。壬午，御则天楼，则天门楼也。赦天下，以唐为周，改元。改元天授。乙酉，上尊号曰圣神皇帝，以皇帝为皇嗣，赐姓武氏；以皇太子为皇孙。

丙戌，立武氏七庙于神都，追尊周文王曰始祖文皇帝，妣姒氏曰文定皇后；姒，太姒也，姓谱：姒受姓自鲧。平王少子武曰睿祖康皇帝，妣姜氏曰康睿【章：十二行本“睿”作“惠”；乙十一行本同。】皇后；后远祖姬周，诬神甚矣，文王其肯飨非鬼之祭乎！太原靖王曰严祖成皇帝，妣曰成庄皇后；赵肃恭王曰肃祖章敬皇帝，魏义康王曰烈祖昭安皇帝，周安成王曰显祖文穆皇帝，忠孝太皇曰太祖孝明高皇帝，妣皆如考谥，称皇后。立武承嗣为魏王，三思为梁王，攸宁为建昌王，士彟兄孙攸归、重规、载德、攸暨、懿宗、嗣宗、攸宜、攸望、攸绪、攸止皆为郡王，诸姑姊皆为长公主。彟，一虢翻。长，知两翻。

又以司宾卿溧阳史务滋为纳言，光宅改鸿胪为司宾。溧阳县，汉属丹杨郡，江左因之，隋平陈，废丹杨郡，以溧阳县属宣州。溧，音栗。凤阁侍郎宗秦客检校内史，给事中傅游艺为鸾台侍郎、平章事。游艺与岑长倩、右玉钤卫大将军张虔勖、左金吾大将军丘神勣、侍御史来子珣等并赐姓武。秦客潜劝太后革命，故首为内史。游艺期年之中历衣青、绿、朱、紫，一年之间，自九品历至三品。衣，于既翻。时人谓之四时仕宦。

敕改州为郡；或谓太后曰：“陛下始革命而废州，不祥。”以州、周同音也。太后遽追止之。

命史务滋等十人巡【章：十二行本“巡”作“存”；乙十一行本同。】抚诸道。【章：十二行本“道”下有“癸卯”二字；乙十一行本同；孔本同；张校同；退斋校同。】太后立兄孙延基等六人为郡王。

16 冬，十月，甲子，检校内史宗秦客坐赃贬遵化尉，遵化县属钦州，隋开皇二十年置。弟楚客亦【章：十二行本“亦”上有‘晋卿”二字；乙十一行本同。】以奸赃流岭外。

17 丁卯，杀流人韦方质。考异曰：旧传云：“配流儋州，寻卒。”今从统纪、新本纪。

18 辛未，内史邢文伟坐附会宗秦客贬珍州刺史。珍州，汉夜郎郡地。贞观十六年开山洞，以旧播州城置珍州及夜郎县，以县界有隆珍山，因名。旧志：珍州至京师四千一百里，东都三千七百里。顷之，有制使至州，以奉制出使，故谓之制使，犹言诏使也。使，疏吏翻。文伟以为诛己，遽自缢死。缢，于计翻。

19 壬申，敕两京诸州各置大云寺一区，藏大云经，使僧升高座讲解，其撰疏僧云宣等九人皆赐爵县公，撰，士免翻。疏，所去翻。仍赐紫袈裟、银龟袋。西域胡僧衣毛衣，谓之袈裟；流入中国，以缯帛为之。常僧皆衣缁，惟赐紫者乃得衣紫。袈，音加；裟，音沙。唐制，给品官以随身鱼符，以明贵贱，应征召。高宗给五品以上以随身银鱼袋，以防召命之诈，出内必合之；三品以上金饰袋。垂拱中，都督、刺史始赐鱼。天授二年，改佩鱼皆佩龟。其后三品已上，龟袋饰以金，四品以银，五品以铜。中宗初罢龟袋，复给以鱼。

20 制天下武氏咸蠲课役。

21 西突厥十姓，自垂拱以来为东突厥所侵掠，东突厥，谓骨笃禄等。散亡略尽。濛池都护继往绝可汗斛瑟罗收其馀众六七万人入居内地，拜右卫大将军，改号竭忠事主可汗。可，从刊入声。汗，音寒。

22 道州刺史李行褒兄弟为酷吏所陷，当族，秋官郎中徐有功固争不能得。秋官侍郎周兴奏有功出【章：十二行本“出”上有“故”字；乙十一行本同；孔本同；张校同。】反囚，当斩，考异曰：新、旧传，有功争行褒，皆在争裴行本下。按行本得罪在长寿元年一月，时周兴已贬死矣。行褒坐谋复李氏，必在革命后。今置此年之末。太后虽不许，亦免有功官；然太后雅重有功，久之，复起为侍御史。复，扶又翻；下摩复同。有功伏地流涕固辞曰：“臣闻鹿走山林而命悬庖厨，势使之然也。陛下以臣为法官，臣不敢枉陛下法，必死是官矣。”太后固授之，远近闻者相贺。

23 是岁，以右卫大将军泉献诚为左卫大将军。太后出金宝，命选南北牙善射者五人赌之，献诚第一，以让右玉钤卫大将军薛咄摩，咄摩复让献诚。咄，当没翻。献诚乃奏言：“陛下令选善射者，今多非汉官，窃恐四夷轻汉，泉献诚，高丽泉男生之子。薛咄摩，薛延陀之种，故云然。请停此射。”太后善而从之。

二年（辛卯、六九一）

1 正月，癸酉朔，太后始受尊号于万象神宫，汉哀帝自称陈圣刘太平皇帝，尊号盖昉于此。太后以女主而受尊号，尤为非古。是后玄宗自先天三年至天宝十三载，五十年间，六受徽号，人主遂视为故常矣。旗帜尚赤。帜，昌志翻。甲戌，改置社稷于神都。辛巳，纳武氏神主于太庙；唐太庙之在长安者，更命曰享德庙。更，工衡翻。考异曰：按实录，此年三月己卯改唐太庙为享德庙。据此已祔武氏七庙主，不当至三月方改唐庙。新本纪，“元年十月辛未，改唐太庙为享德庙，以武氏七庙为太庙。”今从唐统纪。四时唯享高祖已下，馀【章：十二行本“馀”上有“三庙”二字；乙十一行本同；孔本作“四庙”；张校云，“馀”上脱“四庙”二字。】四室皆闭不享。四室：宣帝、元帝、光帝、景帝也。又改长安崇先庙为崇尊庙。垂拱四年，立崇先庙。乙酉，日南至，大享明堂，祀昊天上帝，百神从祀，从，才用翻。武氏祖宗配飨，唐三帝亦同配。

2 御史中丞知大夫事李嗣真以酷吏纵横，横，户孟翻。上疏，以为：“今告事纷纭，虚多实少，上，时掌翻。少，诗沼翻。恐有凶慝阴谋离间陛下君臣。间，古苋翻。古者狱成，公卿参听，王必三宥，然后行刑。记王制：成狱辞，史以狱成告于正，正听之；正以狱成告于大司寇，大司寇听之于棘木之下；大司寇以狱之成告于王，王命三公参听之；三公以狱之成告于王，王三宥，然后制刑。比日狱官单车奉使，推鞫既定，法家依断，不令重推；比，毗至翻。断，丁乱翻。重，直龙翻。或临时专决，不复闻奏。如此，则权由臣下，非审慎之法，傥有冤滥，何由可知！况以九品之官专命推覆，操杀生之柄，窃人主之威，按覆既不在秋官，省审复不由门下，复，扶又翻。操，七刀翻。省，悉景翻。国之利器，轻以假人，恐为社稷之祸。”太后不听。

3 饶阳尉姚贞亮等数百人表请上尊号曰上圣大神皇帝，不许。

4 侍御史来子珣诬尚衣奉御刘行感兄弟谋反，皆坐诛。

5 春，一月，地官尚书武思文及朝集使二千八百人，表请封中岳。中岳，嵩山。朝，直遥翻。

6 己亥，废唐兴宁、永康、隐陵署官，元帝陵曰兴宁，景帝陵曰永康。兴宁陵在咸阳，永康陵在三原北十八里。唐诸陵有署令一人，从五品上；府二人，史四人，主衣四人，主辇四人，主药四人，典事三人，掌固二人。又有陵令一人，掌山陵，率陵户守卫之；丞为之贰。唯量置守户。量，音良。

7 左金吾大将军丘神勣以罪诛。

8 纳言史务滋与来俊臣同鞫刘行感狱，俊臣奏务滋与行感亲密，意欲寝其反状。太后命俊臣并推之。【章：十二行本“之”下有“庚子”二字；乙十一行本同；张校同，云无注本亦无。】务滋恐惧自杀。

9 或告文昌右丞周兴与丘神勣通谋，太后命来俊臣鞫之，俊臣与兴方推事对食，谓兴曰：“囚多不承，当为何法？”兴曰：“此甚易耳！易，以豉翻。取大瓮，以炭四周炙之，令囚入中，何事不承！”俊臣乃索大瓮，火围如兴法，索，山客翻。因起谓兴曰：“有内状推兄，请兄入此瓮！”兴惶恐叩头伏罪。法当死，太后原之，二月，流兴岭南，在道，为仇家所杀。

兴与索元礼、来俊臣竞为暴刻，索，昔各翻。兴、元礼所杀各数千人，俊臣所破千馀家。元礼残酷尤甚，太后亦杀之以慰人望。

10 徙左卫大将军千乘王武攸暨为定王。乘，绳证翻。

11 立故太子贤之子光顺为义丰王。考异曰：旧传为安乐王。今从唐历、统纪。

12 甲子，太后命始祖墓曰德陵，睿祖墓曰乔陵，严祖墓曰节陵，肃祖墓曰简陵，烈祖墓曰靖陵，显祖墓曰永陵，改章德陵为昊陵，显义陵为顺陵。

13 追复李君羡官爵。君羡诛见一百九十九卷太宗贞观二十二年。

14 夏，四月，壬寅朔，日有食之。

15 癸卯，制以释教开革命之阶，谓大云经也。升于道教之上。

16 命建安王攸宜留守长安。守，手又翻。

17 丙辰，铸大钟，置北阙。

18 五月，以岑长倩为武威道行军大总管，击吐蕃，中道召还，军竟不出。

19 六月，以左肃政大夫格辅元为地官尚书，姓谱：格姓，允格之后；东观汉记有侍御史东平相格班。与鸾台侍郎乐思晦、凤阁侍郎任知古并同平章事。思晦，彦玮之子也。乐彦玮见二百卷高宗显庆元年。

20 秋，七月，徙关内户数十万以实洛阳。

21 八月，戊申，纳言武攸宁罢为左羽林大将军；夏官尚书欧阳通为司礼卿光宅改太常为司礼。兼判纳言事。

22 庚申，杀玉钤卫大将军张虔勖。来俊臣鞫虔勖狱，虔勖自讼于徐有功；俊臣怒，命卫士以刀乱斫杀之，枭首于市。钤，其廉翻。枭，坚尧翻。

23 义丰王光顺、嗣雍王守礼、永安王守义、长信县主等皆赐姓武氏，唐制：嗣王、郡王从一品。光顺兄弟皆章怀太子贤之子。嗣，祥吏翻。雍，于用翻。与睿宗诸子皆幽闭宫中，不出门庭者十馀年。守礼、守义，光顺之弟也。

24 或告地官尚书武思文初与徐敬业通谋；甲子，流思文于岭南，复姓徐氏。思文改姓见上卷光宅元年。

25 九月，乙亥，杀岐州刺史云弘嗣。来俊臣鞫之，不问一款，狱辞之出于囚口者为款。款，诚也，言所吐者皆诚实也。先断其首，乃伪立案奏之，断，都管翻。案，考也，据也。狱辞之成者曰案，言可考据也。凡官文书可考据者皆曰案。其杀张虔勖亦然。敕旨皆依，海内钳口。钳，其廉翻。

26 鸾台侍郎、同平章事傅游艺梦登湛露殿，以语所亲，语，牛倨翻。所亲告之；壬辰，下狱，自杀。下，遐嫁翻。

27 癸巳，以左羽林卫大将军建昌王武攸宁为纳言，洛州司马狄仁杰为地官侍郎，与冬官侍郎裴行本并同平章事。太后谓仁杰曰："卿在汝南，甚有善政，谓垂拱四年刺豫州时也。卿欲知谮卿者名乎？"仁杰谢曰："陛下以臣为过，臣请改之；知臣无过，臣之幸也，不愿知谮者名。"太后深叹美之。

28 先是，凤阁舍人修武张嘉福先，悉荐翻。修武，汉山阳县地。修武古地名也，魏、隋以名县，唐属怀州。杜佑曰：怀州修武县，本殷宁邑。韩诗外传曰：武王伐纣，勒兵于宁，故曰修武。汉山阳县故城在县西北。使洛阳人王庆之等数百人上表，上，时掌翻。考异曰：御史台记作千馀人。今从旧传。请立武承嗣为皇太子。文昌右相、同凤阁鸾台三品岑长倩以皇嗣在东宫，不宜有此议，嗣，祥吏翻。相，息亮翻。奏请切责上书者，告示令散。太后又问地官尚书、同平章事格辅元，辅元固称不可。由是大忤诸武意，令，力丁翻。忤，五故翻。故斥长倩令西征吐蕃，未至，征还，下制狱。下，遐嫁翻。承嗣又谮辅元。来俊臣又胁长倩子灵原，令引司礼卿兼判纳言事欧阳通等数十人，皆云同反。通为俊臣所讯，五毒备至，终无异词，俊臣乃诈为通款。冬，十月，己酉，长倩、辅元、通等皆坐诛。

王庆之见太后，见，贤遍翻；下同。太后曰："皇嗣我子，奈何废之？"庆之对曰："'神不歆非类，民不祀非族。'左传晋大夫狐突之言。今谁有天下，而以李氏为嗣乎！"太后谕遣之。庆之伏地，以死泣请，不去，太后乃以印纸遗之曰：遗，唯季翻。

"欲见我，以此示门者。"自是庆之屡求见，见，贤遍翻。太后颇怒之，命凤阁侍郎李昭德赐庆之杖。昭德引出光政门外，洛阳宫城南面三门，中曰应天，左曰兴教，右曰光政。以示朝士曰："此贼欲废我皇嗣，立武承嗣，"命扑之，朝，直遥翻。扑，弼角翻。耳目皆血出，然后杖杀之，考异曰：旧传云："延载初，凤阁舍人张嘉福令洛阳人王庆之率轻薄恶少数百人诣阙，上表请立武承嗣为皇太子，则天不许。"唐历，昭德，永昌元年自御史中丞贬振州凌水尉。实录，长寿元年始为相。旧传，杖杀庆之在为相后。按御史台记，昭德自中丞转凤阁侍郎。盖暂贬凌水，寻召还为凤阁侍郎也。杖杀庆之，据御史台记，乃是为凤阁侍郎时，非为相后也。旧传或误以载初为延载。庆之上表或在载初年。实录因岑长倩、格辅元之死说及耳。今参取实录、御史台记及旧传之语。其党乃散。

昭德因言于太后曰："天皇，陛下之夫；皇嗣，陛下之子。陛下身有天下，当传之子孙为万代业，岂得以侄为嗣乎！自古未闻侄为天子而为姑立庙者也！而为，于伪翻。且陛下受天皇顾托，若以天下与承嗣，则天皇不血食矣。"太后亦以为然。昭德，乾佑之子也。李乾佑，即贞观初救裴仁轨者也。

29 壬辰，杀鸾台侍郎·同平章事乐思晦、右卫将军李安静。安静，纲之孙也。李纲以刚直著节隋、唐之间；安静可谓无忝厥祖矣。太后将革命，王公百官皆上表劝进，安静独正色拒之。及下制狱，来俊臣诘其反状，上，时掌翻。下，遐嫁翻。诘，去吉翻。安静曰："以我唐家老臣，须杀即杀！若问谋反，实无可对。"俊臣竟杀之。

30 太学生王循之上表，乞假还乡；假，古讶翻，休假也。唐国子学生三百人，太学生五百人。太后许之。狄仁杰曰："臣闻君人者唯杀生之柄不假人，自馀皆归之有司。故左、右丞，徒以下不句；句，音钩。左、右相，流以上乃判，为其渐贵故也。相，息亮翻。为，于伪翻；下为之、普为同。彼学生求假，丞、簿事耳，唐国子监丞，从六品下，掌判监事；主簿从七品下。若天子为之发敕，则天下之事几敕可尽乎！必欲不违其愿，请普为立制而已。”太后善之。

贺昌群标点王崇武聂崇岐覆校

资治通鉴卷第二百五

端明殿学士兼翰林侍读学士太中大夫
提举西京嵩山崇福宫上柱国河内郡开国公 司马光 奉敕编集
食邑二千二百户食实封九百户赐紫金鱼袋臣

后学天台胡三省音注

唐纪二十一

起玄黓执徐（壬辰），尽柔兆涒滩（丙申），凡五年。

则天顺圣皇后中之上

长寿元年（壬辰、六九二）是年四月，改元如意；九月，改元长寿。自四月以前犹是天授三年。

1 正月，戊辰朔，太后享万象神宫。

2 腊月，立故于阗王尉迟伏阇雄之子瑕为于阗王。阗，徒贤翻。尉，纡勿翻。阇，视遮翻。

3 春，一月，丁卯，太后引见存抚使所举人，遣存抚使见上卷天授元年。见，贤遍翻。使，疏吏翻。无问贤愚，悉加擢用，高者试凤阁舍人、给事中，次试员外郎、侍御史、补阙、拾遗、校书郎。唐校书郎，正九品上。考异曰：统纪："天授二年二月，十道举人石艾县令王山龄等六十人，擢为拾遗、补阙，怀州录事参军霍献可等二十四人为御史，并州录事参军徐昕等二十四人为著作佐郎及评事，内黄尉崔宣道等二十二人为卫佐。"疑与此只是一事。试官自此始。时人为之语曰："补阙连车载，拾遗平斗量；容斋随笔以为此语出于张鷟。欋推侍御史，欋，其俱翻。释名曰：齐、鲁谓四齿杷为欋。推，吐雷翻。碗脱校书郎。"碗，乌管翻。坡诗："但信椟藏终自售，岂知碗脱本无模。"有举人沈全交续之曰："糊心存抚使，眯目圣神皇。"糊，户吴翻，面粘也。眯，莫礼翻，物入目中也；老子曰：播糠眯目。为御史纪先知所擒，劾其诽谤朝政，请杖之朝堂，然后付法，劾，户概翻，又户得翻。诽，敷尾翻。朝，直遥翻。太后笑曰："但使卿辈不滥，何恤人言！宜释其罪。"先知大惭。太后虽滥以禄位收天下人心，然不称职者，寻亦黜之，或加刑诛。挟刑赏之柄以驾御天下，政由己出，明察善断，故当时英贤亦竞为之用。称，尺证翻。断，丁乱翻。

4 宁陵丞庐江郭霸以谄谀干太后，宁陵县，属宋州，本战国时魏之宁城，汉高祖改为宁陵县。庐江，汉龙舒县地，属庐江郡，梁置湖州，隋废州为庐江县，属庐州。考异曰：新传，名弘霸。旧传、御史台记皆单名霸，唯统纪延载元年云弘霸。佥载云应革命举，盖正谓此时也。今从台记。拜监察御史。监，古衔翻。中丞魏元忠病，霸往问之，因尝其粪，喜曰："大夫粪甘则可忧；中丞而呼为大夫，过呼之也。今苦，无伤也。"元忠大恶之，恶，乌路翻。遇人辄告之。

5 戊辰，以夏官尚书杨执柔同平章事。执柔，恭仁弟之孙也，太后以外族用之。太后母杨氏。尚，辰羊翻。

6 初，隋炀帝作东都，见一百八十卷大业元年。炀，羊亮翻。无外城，仅有短垣而已，至是，凤阁侍郎李昭德始筑之。

7 左台中丞来俊臣罗告同平章事任知古、狄仁杰、裴行本、司礼【章：十二行本"礼"作"农"；乙十一行本同；孔本同；退斋校同。】卿崔【章：十二行本"崔"作"裴"；乙十一行本同；下同。】宣礼、前文昌左丞卢献、御史中丞魏元忠、潞州刺史李嗣真谋反。任，音壬。嗣，祥吏翻。考异曰：旧来俊臣传云："地官尚书狄仁杰、益州长史任令晖、冬官尚书李游道、秋官尚书袁智弘、司宾卿崔基、文昌左丞卢献等六人，并为罗告。"李峤传云："太后使给事中李峤与大理少卿张德裕、侍御史刘宪覆其狱，德裕等虽知其枉，惧罪，并从俊臣所奏。峤曰：'岂有知其枉滥而不为申明哉！孔子曰：

"见义不为，无勇也。"'乃与德裕等列其枉状，由是忤旨，出为涧州司马。"按峤平生行事，恐不能如此，今不取。先是，来俊臣奏请降敕，一问即承反者得减死。先，悉荐翻。及知古等下狱，下，遐嫁翻。俊臣以此诱之，诱，音酉。仁杰对曰："大周革命，万物惟新，唐室旧臣，甘从诛戮。反是实！"俊臣乃少宽之。少，诗沼翻；下同。判官王德寿谓仁杰曰：判官，俊臣之属官也。"尚书定减死矣。德寿业受驱策，欲求少阶级，烦尚书引杨执柔，可乎？"仁杰曰："皇天后土遣狄仁杰为如此事！"以头触柱，血流被面；德寿惧而谢之。被，皮义翻。

侯思止鞫魏元忠，元忠辞气不屈；思止怒，命倒曳之。元忠曰："我薄命，譬如坠驴，足絓于镫，为所曳耳。"絓，户挂翻。镫，都邓翻。思止愈怒，更曳之，元忠曰："侯思止，汝若须魏元忠头则截取，何必使承反也！"

狄仁杰既承反，有司待报行刑，不复严备。仁杰裂衾帛书冤状，置绵衣中，谓王德寿曰："天时方热，请授家人去其绵。"德寿许之。仁杰子光远得书，持之告变，得召见。复，扶又翻。去，羌吕翻。见，贤遍翻。则天览之，以问俊臣，对曰："仁杰等下狱，臣未尝褫其巾带，褫，池尔翻。寝处甚安，处，昌吕翻。苟无事实，安肯承反！"太后使通事舍人周綝往视之，俊臣暂假仁杰等巾带，罗立于西，使綝视之；綝不敢视，惟东顾唯诺而已。綝，丑林翻。唯，于癸翻。俊臣又诈为仁杰等谢死表，使綝奏之。

乐思晦男未十岁，没入司农，思晦死见上卷上年。上变，得召见，上，时掌翻。见，贤遍翻。太后问状，对曰："臣父已死，臣家已破，但惜陛下法为俊臣等所弄，陛下不信臣言，乞择朝臣之忠清、陛下素所信任者，朝，直遥翻。为反状以付俊臣，无不承反矣。"太后意稍寤，召见仁杰等，问曰："卿承反何也？"

对曰："不承，则已死于拷掠矣。"陆德明经典释文：掠，音亮。太后曰："何为作谢死表？"对曰："无之。"出表示之，乃知其诈，于是出此七族。庚午，贬知古江夏令，仁杰彭泽令，宣礼夷陵令，元忠涪陵令，献西乡令；江夏，本汉沙羡县地，属江夏郡，晋改沙羡为沙阳。江、汉二水会于县西，春秋谓之夏汭，晋宋谓之夏口，宋置江夏郡，治于此；隋因郡名置江夏县；唐属鄂州。彭泽，汉县，属豫章，隋更名龙城，唐复曰彭泽，属江州。涪陵县，汉属巴郡，刘蜀置涪陵郡；隋涪陵县，属渝州；唐武德元年分置涪州为州治所。西乡即汉成固县地，蜀置西乡县，后魏为洋州治所。夏，户雅翻。涪，音浮。流行本、嗣真于岭南。

俊臣与武承嗣等固请诛之，太后不许。俊臣乃独称行本罪尤重，请诛之；秋官郎中徐有功驳之，驳，北角翻。以为"明主有更生之恩，更，工衡翻。俊臣不能将顺，亏损恩信。"

殿中侍御史贵乡霍献可，后魏分馆陶西界，置贵乡县于赵城，周建德七年自赵城东南移三十里，以孔思集寺为县治所；大象二年于县置魏州。宣礼之甥也，言于太后曰："陛下不杀崔宣礼，臣请陨命于前。"以头触殿阶，血流沾地，以示为人臣者不私其亲。太后皆不听。献可常以绿帛裹其伤，微露之于幞头下，续事始曰：三代黔首以皂绢裹发，周武帝裁为四脚，名以幞头，马周请重系前脚。冀太后见之以为忠。

8 甲戌，补阙薛谦光上疏，上，时掌翻。以为："选举之法，宜得实才，取舍之间，风化所系。今之选人，咸称觅举，奔竞相尚，喧诉无惭。选，宣恋翻。至于才应经邦，惟令试策；武能制敌，止验弯弧。昔汉武帝见司马相如赋，恨不同时，及置之朝廷，终文园令，汉司马相如为子虚赋，武帝读而善之，曰："朕独不得与此人同时！"杨得意曰："臣邑人司马相如自言为此赋。"上召以为郎，后为孝文园令，病免而卒。知其不堪公卿之任故也。吴起将战，左右进剑，起曰：'将者提鼓挥桴，临敌决疑，一剑之任，非将事也。'将者、非将，即亮翻。桴，方无翻。然则虚文岂足以佐时，善射岂足以克敌！要在文吏察其行能，武吏观其勇略，考居官之臧否，行，下孟翻。否，音鄙。行举者赏罚而已。"

9 来俊臣求金于左卫大将军泉献诚，不得，诬以谋反，下狱，乙亥，缢杀之。下，遐嫁翻。缢，于计翻。

10 庚辰，司刑卿、检校陕州刺史李游道为冬官尚书、同平章事。陕，失冉翻。

11 二月，己亥，吐蕃党项部落万馀人内附，吐，从暾入声。党，底朗翻。分置十州。

12 戊午，以秋官尚书袁智弘同平章事。秋官，刑部。

13 夏，四月，丙申，赦天下，改元如意。如意元年起此。

14 五月，丙寅，禁天下屠杀及捕鱼虾。江淮旱，饥，民不得采鱼虾，饿死者甚众。后禁屠捕而杀人如刈草菅，可以人而不如物乎！虾，户加翻。

右拾遗张德，生男三日，私杀羊会同僚，补阙杜肃怀一餤，餤，徒滥翻，又弋廉翻，徒甘翻。上表告之。上，时掌翻。明日，太后对仗，谓德曰："闻卿生男，甚喜。"德拜谢。太后曰："何从得肉？"德叩头服罪。太后曰："朕禁屠宰，吉凶不预。然卿自今召客，亦须择人。"出肃表示之。肃大惭，举朝欲唾其面。朝，直遥翻。唾，吐卧翻。

15 吐蕃酋长曷苏帅部落请内附，以右玉钤卫将军张玄遇为安抚使，将精卒二万迎之。六月，军至大渡水西，曷苏事泄，为国人所擒。别部酋长昝捶帅羌蛮八千馀人内附，玄遇以其部落置莱川州而还。酋，慈由翻。长，知两翻。帅，读曰率。钤，其廉翻。使，疏吏翻。将，即亮翻，又音如字。昝，子感翻。捶，止蕊翻，新书作"插"。黎州都督府所管羁縻州有米川州，新书作"叶州"。还，从宣翻，又音如字。考异曰：唐纪作"沓摇"。今从实录。

16 辛亥，万年主簿徐坚上疏，以为："书有五听之道，上，时掌翻。疏，所据翻。周礼小司寇：以五听听狱讼，求民情：一曰辞听，观其所出言，不直则烦；二曰色听，观其颜色，不直则赧然；三曰气听，不直则喘；四曰耳听，观其听聆，不直则惑；五曰目听，观其眸子，不直则眊然。令著三覆之奏。见一百九十三卷太宗贞观五年。窃见比有敕推按反者，比，毗至翻。令使者得实，即行斩决。令，力丁翻。使，疏吏翻。人命至重，死不再生，万一怀枉，吞声赤族，岂不痛哉！此不足肃奸逆而明典刑，适所以长威福而生疑惧。臣望绝此处分，长，知两翻。处，昌吕翻；下处事同。分，扶问翻。依法覆奏。又，法官之任，宜加简择，有用法宽平，为百姓所称者，愿亲而任之；有处事深酷，不允人望者，愿疏而退之。"坚，齐聃之子也。处，昌吕翻。徐齐聃见二百一卷高宗咸亨元年。聃，它甘翻。

17 夏官侍郎李昭德密言于太后曰："魏王承嗣权太重。"夏官，兵部。嗣，祥吏翻。太后曰："吾侄也，故委以腹心。"昭德曰："侄之于姑，其亲何如子之于父？子犹有篡弑其父者，况侄乎！今承嗣既陛下之侄，为亲王，又为宰相，相，息亮翻。权侔人主，臣恐陛下不得久安天位也！"太后矍然曰："朕未之思。"矍，九缚翻。秋，八月，戊寅，以文昌左相、同凤阁鸾台三品武承嗣为特进，纳言武攸宁为冬官尚书，嗣，祥吏翻。冬官，工部。尚，辰羊翻。夏官尚书、同平章事杨执柔为地官尚书，并罢政事；以秋官侍郎新郑崔元综为鸾台侍郎，秋官，刑部。新郑，春秋郑国都。郑武公随周平王东迁，邑于虢、郐之间，庄公所谓"吾先君新邑于此"，是也。汉为新郑县，属河南郡，魏、晋省，隋开皇十六年复置，属郑州。夏官侍郎李昭德为凤阁侍郎，检校天官侍郎姚璹为文昌左丞，夏官，兵部。凤阁，中书。天官，吏部。改尚书为文昌。璹，殊玉翻。检校地官侍郎李元素为文昌右丞，与司宾卿崔神基地官，户部。司宾卿，即鸿胪卿。并同平章事。考异曰：旧昭德传："举明经，累迁至凤阁侍郎。长寿二年增置夏官侍郎，以昭德为之；是岁，迁凤阁鸾台平章事。”新纪、表、传皆云，“昭德自夏官侍郎迁凤阁侍郎同平章事。”盖昭德自凤阁为夏官，自夏官复为凤阁也。娄师德传：“长寿元年增置夏官侍郎。”今从之。“崔神基”，实录作“崔基”。今从新纪、表。琦，思廉之孙；姚思廉事隋及唐。元素，敬玄之弟也。李敬玄相高宗。辛巳，以营缮大匠王璇为夏官尚书、同平章事。光宅改将作监为营缮监。璇，似宣翻。承嗣亦毁昭德于太后，太后曰：“吾任昭德，始得安眠，此代吾劳，汝勿言也。”

是时，酷吏恣横，横，下孟翻。百官畏之侧足，昭德独廷奏其奸。太后好祥瑞，好，呼到翻。有献白石赤文者，执政诘其异，诘，去吉翻。对曰：“以其赤心。”昭德怒曰：“此石赤心，他石尽反邪？”邪，音耶。左右皆笑。襄州人胡庆以丹漆书龟腹曰：“天子万万年。”诣阙献之。昭德以刀刮尽，奏请付法。太后曰：“此心亦无恶。”命释之。

太后习猫，使与鹦鹉共处。处，昌吕翻。出示百官，传观未遍，猫饥，搏鹦鹉食之，太后甚惭。

太后自垂拱以来，任用酷吏，先诛唐宗室贵戚数百人，次及大臣数百家，其刺史、郎将以下，不可胜数。将，即亮翻。胜，音升。每除一官，户婢窃相谓曰：户婢，官婢之直宫中门户者。“鬼朴又来矣。”不旬月，辄遭掩捕、族诛。监察御史朝邑严善思，后魏分冯翊置澄城郡，仍置南五泉县，西魏改为朝邑县，隋、唐属司州。监，古衔翻。朝，直遥翻。公直敢言。时告密者不可胜数，胜，音升。太后亦厌其烦，命善思按问，引虚伏罪者八百五十馀人。罗织之党为之不振，为，于伪翻。乃相与构陷善思，坐流驩州。旧志：驩州至京师陆路一万二千四百五十二里，水路一万七千里，至东都一万一千五百九十五里，水路一万六千二百二十里。宋白曰：驩州，日南郡，尧放驩兜于崇山，即此。太后知其枉，寻复召为浑仪监丞。后改司天监为浑仪监。丞，从七品下。复，扶又翻。浑，户本翻。善思名譔，以字行。

撰，士免翻。

右补阙新郑朱敬则以太后本任威刑以禁异议，今既革命，众心已定，宜省刑尚宽，乃上疏，以为："李斯相秦，用刻薄变诈以屠诸侯，不知易之以宽和，卒至土崩，此不知变之祸也。事见秦纪。上，时掌翻。相，息亮翻。卒，子恤翻。汉高祖定天下，陆贾、叔孙通说之以礼义，传世十二，此知变之善也。说，输芮翻。事见汉纪。自文明草昧，天地屯蒙，草，造也；昧，蒙也。造物之始，始于冥昧，言后称制之初，改元文明，造始之时也。屯者物之始，蒙者物之稚，言后称制之初，犹天地生物之始。屯，涉伦翻。三叔流言，四凶构难，三叔，指韩、霍诸王；四凶，指徐敬业等。难，乃旦翻。不设钩距，无以应天顺人，不切刑名，不可摧奸息暴。故置神器，开告端，谓铸匭以开告密之门也。曲直之影必呈，包藏之心尽露，神道助直，无罪不除，苍生晏然，紫宸易主。然而急趋无善迹，以步趋为谕也。促柱少和声，以琴瑟为谕也。少，诗沼翻。向时之妙策，乃当今之刍狗也。刍狗，祭祀所用，既祭则弃之矣。伏愿览秦、汉之得失，考时事之合宜，审糟粕之可遗，以酒为谕，泲取其醇汁而去其糟粕。觉蘧庐之须毁，庄子曰：蘧庐可以一宿而不可以久处。郭象注云：蘧庐，传舍也。去萋菲之牙角，诗云：萋兮菲兮，成是贝锦。彼谮人者，亦已太甚！去，羌吕翻。顿奸险之锋芒，窒罗织之源，扫朋党之迹，使天下苍生坦然大悦，岂不乐哉！"乐，音洛。太后善之，赐帛三百段。

侍御史周矩上疏曰："推劾之吏皆相矜以虐，泥耳笼头，枷研楔毂，枷研，以重枷研其颈；楔毂，以铁圈毂其首而加楔。楔，先结翻。毂，呼角翻。折膺签爪，折，与拉同，力答翻，摧也，折也。膺，胸也。签爪，以竹签其爪甲，今鞫狱者十指下签，即其遗虐。悬发熏耳，号曰'狱持'。或累日节食，连宵缓问，昼夜摇撼，使不得眠，号曰'宿囚'。此等既非木石，且救目前，苟求赊死。赊，远也，言伏法而死，较死于狱中为稍赊也。臣窃听舆议，皆称天下太平，何苦须反！岂被告者尽是英雄，欲求帝王邪？但不胜楚毒自诬耳。被，皮义翻。胜，音升。愿陛下察之。今满朝侧息不安，朝，直遥翻。皆以为陛下朝与之密，夕与之雠，不可保也。周用仁而昌，秦用刑而亡。愿陛下缓刑用仁，天下幸甚！”太后颇采其言，制狱稍衰。考异曰：御史台记云：“书奏，遂授洛州司功。”旧薛怀义传云：“矩劾奏怀义，迁矩天官员外郎，竟为怀义所构，下狱免官。”御史台记又云：“时天官选曹无绪，敕矩监之。侍郎李景谋为矩所制，乃引为员外，不闲于吏道，自此左出矣。”据旧传：矩劾奏薛怀义在后。若此年出为洛州司功，则不当复劾怀义。但旧传矩疏在载初元年二月。是时制狱未息，今因朱敬则疏终言之。

18 太后春秋虽高，善自涂泽，虽左右不觉其衰。丙戌，敕以齿落更生，九月，庚子，御则天门，赦天下，改元。至是方改元长寿，自此以后方是长寿元年。更以九月为社。更，工衡翻。

19 制于并州置北都。

20 癸丑，同平章事李游道、王璇、袁智弘、崔神基、李元素、春官侍郎孔思元、益州长史任令辉，皆为王弘义所陷，流岭南。璇，似宣翻。长，知两翻。任，音壬。

21 左羽林中郎将来子珣坐事流爱州，寻卒。爱州至京师八千八百里，东都八千一百里。将，即亮翻。卒，子恤翻。

22 初，新丰王孝杰从刘审礼击吐蕃为副总管，与审礼皆没于吐蕃。新丰县属雍州，后改昭应县。刘审礼没，见二百二卷高宗仪凤三年。吐，从暾入声。赞普见孝杰泣曰：“貌类吾父。”厚礼之，后竟得归，累迁右鹰扬卫将军。光宅改左、右武卫为左、右鹰扬卫。孝杰久在吐蕃，知其虚实。会西州都督唐休璟请复取龟兹、于阗、疏勒、碎叶四镇，复，扶又翻，又音如字。龟兹，音丘慈，又音屈佳。阗，徒贤翻，又徒见翻。弃四镇见二百一卷高宗咸亨元年。敕以孝杰为武威军总管，与武卫大将军阿史那忠节将兵击吐蕃。此时既改武卫为鹰扬卫，不应复以旧官名命忠节。岂史家仍袭旧官名而书之邪？将，又音如字。冬，十月，丙戌，大破吐蕃，复取四镇。置安西都护府于龟兹，发兵戍之。

二年（癸巳、六九三）

1 正月，壬辰朔，太后享万象神宫，以魏王承嗣为亚献，梁王三思为终献。太后自制神宫乐，用舞者九百人。

2 户婢团儿为太后所宠信，有憾于皇嗣，乃谮皇嗣妃刘氏、德妃窦氏为厌咒。厌，于协翻。又，于琰翻。癸巳，妃与德妃朝太后于嘉豫殿，朝，直遥翻。既退，同时杀之，考异曰：新本纪："腊月癸亥，杀皇嗣妃刘氏、德妃窦氏。"旧传云"正月二日"，今从之。今按德妃窦氏即玄宗母也。瘗于宫中，莫知所在。瘗，于计翻。德妃，抗之曾孙也。窦抗，太穆皇后之从兄。皇嗣畏忤旨，不敢言，忤，五故翻。居太后前，容止自如。团儿复欲害皇嗣，有言其情于太后者，太后乃杀团儿。复，扶又翻。考异曰：刘子玄太上皇实录云："韦团儿谄佞多端，天后尤所信任。欲私于上而拒焉，怨望，遂作桐人潜埋于二妃院内，谮杀之，又矫制按问上。"今从则天实录。

是时，告密者皆诱人奴婢告其主，以求功赏。德妃父孝谌为润州刺史，有奴妄为妖异以恐德妃母庞氏，诱，音酉。谌，氏壬翻。妖，于乔翻。庞，皮江翻。庞氏惧，奴请夜祠祷解，因发其事。下监察御史龙门薛季昶按之，监，古衔翻。下，遐嫁翻。季昶诬奏，以为与德妃同祝诅，先涕泣不自胜，祝，职救翻。胜，音升。乃言曰："庞氏所为，臣子所不忍道。"太后擢季昶为给事中。庞氏当斩，其子希瑊瑊，古咸翻。诣侍御史徐有功讼冤，有功牒所司停刑，上奏论之，以为无罪；季昶奏有功阿党恶逆，请付法，法司处有功罪当绞。令史以白有功，侍御史之属，有令史十七人。上，时掌翻。处，昌吕翻。有功叹曰："岂我独死，诸人永不死邪！"既食，掩扇而寝。人以为有功苟自强，必内忧惧，密伺之，方熟寝。伺，相吏翻。太后召有功，迎谓曰：“卿比按狱，失出何多？”对曰：“失出，人臣之小过；好生，圣人之大德。”误出人罪，谓之失出。比，毗至翻。好，呼到翻。太后默然。由是庞氏得减死，与其三子皆流岭南，孝谌贬罗州司马，有功亦除名。考异曰：旧有功传：“有功为御史，坐庞氏除名，寻起为左司郎中。”窦孝谌传：“长寿二年，庞氏为酷吏所陷。”御史台记：“有功自秋官员外郎，坐庞氏除名为流人，月馀，授御史。”按实录，有功，“天授初，累补司刑丞、秋官员外郎，稍迁郎中，后以公事免，万岁通天元年，擢拜殿中侍御史。”今从之。

3 戊申，姚琇奏请令宰相撰时政记，会要：琇以为帝王谟训，不可阙于纪述，史官疏远，无因得书，请自今以后，所论军国政要，宰臣一人撰录，号为时政记。月送史馆。从之。时政记自此始。

4 腊月，丁卯，降皇孙成器为寿春王，恒王成义为衡阳王，恒，户登翻。楚王隆基为临淄王，卫王隆范为巴陵王，赵王隆业为彭城王，皆睿宗之子也。

5 春，一月，庚子，以夏官侍郎娄师德同平章事。师德宽厚清慎，犯而不校。与李昭德俱入朝，朝，直遥翻。师德体肥行缓，昭德屡待之不至，怒骂曰：“田舍夫！”师德徐笑曰：“师德不为田舍夫，谁当为之！”其弟除代州刺史，将行，师德谓曰：“吾备位宰相，汝复为州牧，复，扶又翻。荣宠过盛，人所疾也，将何以自免？”弟长跪曰：“自今虽有人唾某面，某拭之而已，庶不为兄忧。”师德愀然曰：愀，七小翻。“此所以为吾忧也！人唾汝面，怒汝也；汝拭之，乃逆其意，所以重其怒。夫唾，不拭自乾，乾，音干。当笑而受之。”

6 甲寅，前尚方监裴匪躬、内常侍范云仙坐私谒皇嗣腰斩于市。光宅改少府监为尚方监。内侍省有内常侍六人，正五品下，汉中常侍之职也。考异曰：旧来俊臣传云：“按张虔勖、范云仙于洛阳牧院，虔勖等不堪其苦，自讼于徐有功，俊臣命卫士以乱刀杀之。云仙亦言，历事先朝，称所司冤苦，俊臣命截去其舌。士庶胆破，无敢言者。”按张虔勖天授二年被杀，云仙此年坐谒皇嗣斩。今从实录。自是公卿以下皆不得见。又有告皇嗣潜有异谋者，太后命来俊臣鞫其左右，左右不胜楚毒，皆欲自诬。胜，音升。太常工人京兆安金藏时公卿不得见皇嗣，唯金藏等工人得在左右。大呼谓俊臣曰：“公既不信金藏之言，请剖心以明皇嗣不反。”即引佩刀自剖其胸，五藏皆出，流血被地。太后闻之，令轝入宫中，呼，火故翻。藏，徂浪翻。被，皮义翻。轝，羊茹翻。使医内五藏，以桑皮线缝之，傅以药，经宿始苏。太后亲临视之，叹曰：“吾有子不能自明，使汝至此。”即命俊臣停推。停其狱，不复推鞫也。睿宗由是得免。

7 罢举人习老子，更习太后所造臣轨。更，工衡翻。习老子见二百二卷高宗上元元年。

8 二月，丙子，新罗王政明卒，遣使立其子理洪为王。卒，子恤翻。使，疏吏翻。

9 乙亥，禁人间锦。侍御史侯思止私畜锦，李昭德按之，杖杀于朝堂。朝，直遥翻。

10 或告岭南流人谋反，太后遣司刑评事万国俊摄监察御史就按之。监，古衔翻。国俊至广州，悉召流人，矫制赐自尽。流人号呼不服，号，户高翻。国俊驱就水曲，尽斩之，一朝杀三百馀人。然后诈为反状，还奏，因言诸道流人，亦必有怨望谋反者，不可不早诛。太后喜，擢国俊为朝散大夫、行侍御史。朝，直遥翻。散，悉亶翻。更遣右翊卫兵曹参军刘光业、按武德四年已改左、右翊卫为左、右卫，疑“翊”字衍。兵曹参军掌五府武官宿卫番第，受其名数，而大将军配焉。司刑评事王德寿、苑南面监丞鲍思恭、唐京都苑各有四面监，监各一人，从六品下；副监一人，从七品下；丞一人，正八品下。各掌所管面苑内宫馆园池与其种植修葺之事；丞则掌判监事。尚辇直长王大贞、长，知两翻。右武威卫兵曹参军屈贞筠皆摄监察御史，诣诸道按流人。光业等以国俊多杀蒙赏，争效之，光业杀七百人，德寿杀五百人，自馀少者不减百人，其远年杂犯流人亦与之俱毙。太后颇知其滥，制："六道流人未死者并家属皆听还乡里。"国俊等亦相继死，或得罪流窜。考异曰：实录曰，光业等亦受鸾台侍郎傅游艺之旨。按天授二年，游艺已死。旧游艺传曰游艺请则天发六道使。虽身死之后，竟从其谋。武后本遣万国俊一使，国俊还言诸道流人亦反，故更遣五使耳，游艺岂豫知遣六道使！此所谓天下之恶皆归焉者也。潘远纪闻曰："补阙李秦授寓直中书，进封事曰：'陛下自登极，诛斥李氏及诸大臣，其家人亲族流放在外，以臣所料，且数万人，如一旦同心，招集为逆，出陛下不意，臣恐社稷必危。谶曰："代武者刘，"夫刘者流也，陛下不杀此辈，臣恐为祸深焉。'天后纳之，夜中召入，谓曰：'卿名秦授，天以卿授朕也，何启予心！'即拜考功员外郎，仍知制诰，赐朱绂，女妓十人，金帛称是，与谋发敕使十人于十道，安慰流者，其实赐墨敕与牧守，有流放者杀之。天后度流人已死，又使使者安抚流人曰：'吾前发十道使，安慰流人，何使者不晓吾意，擅加杀害，深为酷暴！其辄杀流人使并所在锁项，将至害流人处斩之，以快亡魂。诸流人未死或他事系者，兼家口放还。'"按当时止诛岭南一道，因万国俊言，更发五道使，非并发十道使也，十道在近地者，何尝有流人也！国俊既以多杀受赏，馀使或病死，或自以他罪流窜，必无并斩之理。今并从实录及旧传。

11 来俊臣诬冬官尚书苏干，云在魏州与琅邪王冲通谋，冲举兵，见上卷垂拱四年。夏，四月，乙未，杀之。

12 五月，癸丑，棣州河溢。【章：十二行本"溢"下有"流二千馀家"五字；乙十一行本同；孔本同；张校同；退斋校同。】棣州，后汉乐安郡，中废；唐武德四年，分沧州之厌次、阳信、滴河、乐陵置棣州。

13 秋，九月，丁亥朔，日有食之。

14 魏王承嗣等五千人表请加尊号曰金轮圣神皇帝。乙未，太后御万象神宫，受尊号，赦天下。作金轮等七宝，七宝，曰金轮宝，曰白象宝，曰女宝，曰马宝，曰珠宝，曰主兵臣宝，曰主藏臣宝。每朝会，陈之殿庭。朝，直遥翻。

庚子，追尊昭安皇帝曰浑元昭安皇帝，浑，户本翻。文穆皇帝曰立极文穆皇帝，孝明高皇帝曰无上孝明高皇帝；皇后从帝号。后又追尊其三世。

15 辛丑，以文昌左丞、同平章事姚璹为司宾卿，罢政事；以司宾卿万年豆卢钦望为内史，新书宰相世系表：豆卢氏本姓慕容氏，北地王精降后魏，北人谓归义为"豆卢"，因以为氏。文昌左丞韦巨源同平章事，秋官侍郎吴人陆元方为鸾台侍郎、同平章事。巨源，孝宽之玄孙也。韦孝宽事宇文氏为名将。

延载元年（甲午、六九四）是年五月改元。

1 正月，丙戌，太后享万象神宫。

2 突厥可汗骨笃禄卒，其子幼，弟默啜自立为可汗。腊月，甲戌，默啜寇灵州。

3 室韦反，北史曰：室韦盖契丹之类，其南者为契丹，在北者为室韦。新书：室韦，契丹别种，东胡之北边，盖丁零苗裔也。地据黄龙，北傍猺越河，直京师东北七千里，东黑水靺鞨，西突厥，南契丹，北濒海。其国无君长，惟大酋皆号莫贺咄，管摄其部而附于突厥。遣右鹰扬卫大将军李多祚击破之。

4 春，一月，以娄师德为河源等军检校营田大使。使，疏吏翻；下同。

5 二月，武威道总管王孝杰破吐蕃教论赞刃、【严："刃"改"与"。】突厥可汗俀子等于冷泉及大岭，俀子，西突厥部所立也。俀，吐猥翻，弱也。大岭，谷名。各三万馀人，碎叶镇守使韩思忠破泥熟俟斤等万馀人。俟，渠之翻。考异曰：此事诸书皆无，唯统纪有之。统纪又云："又破吐蕃万泥勋没驮城。"语不可晓，今删去。

6 庚午，以僧怀义为代北道行军大总管，考异曰：实录、新纪皆云"伐逆道"。今从旧怀义传。以讨默啜。

7 三月甲申，以凤阁舍人苏味道为凤阁侍郎、同平章事，李昭德检校内史。更以僧怀义为朔方道行军大总管，以李昭德为长史，苏味道为司马，帅契苾明、曹仁师、沙吒忠义等十八将军以讨默啜，帅，读曰率；下同。契，欺讫翻。苾，毗必翻。吒，陟加翻。未行，虏退而止。昭德尝与怀义议事，失其旨，怀义挞之，昭德惶惧请罪。

8 夏，四月，壬戌，以夏官尚书、武威道大总管王孝杰同凤阁鸾台三品。

9 五月，魏王承嗣等二万六千馀人上尊号曰越古金轮圣神皇帝。上，时掌翻。甲午，御则天门楼受尊号，赦天下，改元。

10 天授中，遣监察御史寿春裴怀古安集西南蛮。六月，癸丑，永昌蛮酋薰期帅部落二十馀万户内附。姚州境有永昌蛮，居永昌郡地。"薰期"新书作"董期"。监，古衔翻。酋，慈由翻。

11 河内有老尼居神都麟趾寺，与嵩山人韦什方等以妖妄惑众。尼，女夷翻。妖，于乔翻。尼自号净光如来，云能知未然；什方自云吴赤乌年【章：十二行本"年"上有"元"字；乙十一行本同；孔本同；张校同。】生。又有老胡亦自言五百岁，云见薛师已二百年矣，僧怀义本冯小宝也，太后使与薛绍通昭穆，故老胡谓之薛师。容貌愈少。少，诗照翻。太后甚信重之，赐什方姓武氏。秋，七月，癸未，以什方为正谏大夫、同平章事，制云："迈轩代之广成，庄子曰：广成子居崆峒之上，黄帝立于下风而问道。广成子曰："吾修身千二百岁矣，吾形未尝衰。"黄帝名轩辕，因曰轩代。逾汉朝之河上。"葛洪曰：河上公者，莫知其姓名也，汉文帝时，结草为庵于河之滨，文帝从之问老子，河上公曰："余注是经以来千七百馀年。"朝，直遥翻。八月，什方乞还山，制罢遣之。

12 戊辰，以王孝杰为瀚海道行军总管，仍受朔方道行军大总管薛怀义节度。

13 己巳，以司宾少卿姚𤦶为纳言；左肃政中丞原武杨再思为鸾台侍郎，洛州司马杜景俭为凤阁侍郎，并同平章事。

豆卢钦望请京官九品已上输两月俸以赡军，唐制：一品月俸八千，食料一千八百，杂用一千二百；二品月俸六千五百，食料一千五百，杂用一千；三品月俸五千一百，食料一千一百，杂用九百；四品月俸三千五百，食料七百，杂用七百；五品月俸三千，食料杂用六百；六品月俸二千，食料、杂用四百；七品月俸一千七百五十，食料杂用三百五十；八品月俸一千三百，食料三百，杂用二百五十；九品月俸一千五十，食料二百五十，杂用二百；行署月俸一百四十，食料三十。俸，扶用翻。赡，昌艳翻。转帖百官，令拜表。转帖者，止书一帖，使吏以转示百官。百官但赴拜，不知何事。拾遗王求礼谓钦望曰："明公禄厚，输之无伤；卑官贫迫，奈何不使其知而欺夺之乎？"钦望正色拒之。既上表，上，时掌翻。求礼进言曰："陛下富有四海，军国有储，何借贫官九品之俸而欺夺之！"姚琦曰："求礼不识大体。"求礼曰："如姚琦，为识大体者邪！"事遂寝。

14 戊寅，鸾台侍郎、同平章事崔元综坐事流振州。

15 武三思帅四夷酋长请铸铜铁为天枢，立于端门之外，端门，洛阳皇城正南门。铭纪功德，黜唐颂周；以姚琦为督作使。使，疏吏翻。诸胡聚钱百万亿，买铜铁不能足，赋民间农器以足之。

16 九月，壬午朔，日有食之。

17 殿中丞来俊臣坐赃贬同州参军。王弘义流琼州，曹魏初置殿中监，隋炀帝置少监及丞。旧志：琼州至两京与崖州道里相类。考异曰：统纪云："万岁通天元年五月，监察御史纪履忠劾奏御史中丞来俊臣犯状有五，请下狱理罪。"御史台记："履忠与来俊臣不协，具衣冠而弹之，不果，黜授颜城尉。俊臣诛，授右领军卫胄曹。"新传云："俊臣纳贾人金，为御史纪履忠所劾，下狱当死，后忠其上变，得不诛，免为民。"按旧传云："俊臣为履忠所告，下狱；长寿二年除殿中丞，又坐赃，出为同州参军；万岁通天元年召为合宫尉。"统纪云万岁通天元年纪履忠劾奏，误也。王弘义传云："延载元年，俊臣贬，弘义亦流琼州。"是俊臣长寿二年已前坐赃下狱，此年又坐赃贬。今从旧传。诈称敕追还，至汉北，侍御史胡元礼遇之，按验，得其奸状，杖杀之。

内史李昭德恃太后委遇，颇专权使气，人多疾之，前鲁王府功曹参军丘愔上疏攻之，唐诸王府功曹参军事，正七品上，掌文官簿书、考课陈设。愔，于今翻。上，时掌翻；下长上同。疏，所据翻。其略曰："陛下天授以前，万机独断。断，丁乱翻。自长寿以来，委任昭德，参奉机密，献可替否；事有便利，不预谘谋，要待画日将行，凡制敕皆进，画日而后行。方乃别生驳异。驳，北角翻。扬露专擅，显示于人，归美引愆，义不如此。"善则称君，过则称己，人臣之义也。又曰："臣观其胆，乃大于身，鼻息所冲，上拂云汉。"又曰："蚁穴坏堤，针芒写气，权重一去，收之极难。"长上果毅邓注，唐六典：长上折冲、果毅，应宿卫者，并一日上，两日下。又著石论数千言，述昭德专权之状。凤阁舍人逄弘敏取奏之，逄，皮江翻。太后由是恶昭德。壬寅，贬昭德为南宾尉，恶，乌路翻。南宾县属钦州，本汉合浦县地，隋开皇十八年置南宾县。寻又免死流窜。

18 太后出黎花一枝以示宰相，宰相皆以为瑞。杜景俭独曰："今草木黄落，而此更发荣，阴阳不时，咎在臣等。"因拜谢。太后曰："卿真宰相也！"相，悉亮翻。

19 冬，十月，壬申，以文昌右丞李元素为凤阁侍郎，左肃政中丞周允元检校凤阁侍郎，并同平章事。校，古效翻。允元，豫州人也。

20 岭南獠反，以容州都督张玄遇为桂、永等州经略大使以讨之。容州，汉合浦县地，隋为合浦郡之北流县，唐武德四年，分置铜州；贞观元年改容州，因容山为名。獠，鲁皓翻。使，疏吏翻。

天册万岁元年（乙未、六九五）是年九月改元天册万岁。

1 正月，辛巳朔，太后加号慈氏越古金轮圣神皇帝，赦天下，改元证圣。

2 周允元与司刑少卿皇甫文备奏内史豆卢钦望、同平章事韦巨源、杜景俭、苏味道、陆元方附会李昭德，不能匡正，钦望贬赵州，旧志：赵州至京师东北一千八百四十二里，东都一千三十三里。巨源贬麟州，考异曰：旧纪、传，新纪、表、传，皆作“鄜州”，统纪作“瀛州”。实录、唐历作“麟州”，今从之。景俭贬溱州，贞观五年置麟州以处生羌，属松州都督府；十六年开山洞置溱州，属黔州都督府。旧志：溱州至京师三千四百八十里，东都四千二百里。溱，侧诜翻。味道贬集州，元方贬绥州刺史。旧志：集州，京师西南一千四百二十五里，至东都二千六百里。绥州，京师东北一千里，至东都一千八百一十九里。

3 初，明堂既成，太后命僧怀义作夹纻大像，纻，直吕翻，苘属，今人谓之纻麻。夹纻者，以纻布夹缝为大像，后所谓麻主是也。其小指中犹容数十人，于明堂北构天堂以贮之。贮，丁吕翻。堂始构，为风所摧，更构之，日役万人，采木江岭，数年之间，所费以万亿计，府藏为之耗竭。藏，徂浪翻。为，于伪翻。怀义用财如粪土，太后一听之，无所问。每作无遮会，用钱万缗；士女云集，又散钱十车，使之争拾，相蹈践有死者。践，息浅翻。所在公私田宅，多为僧有。怀义颇厌入宫，多居白马寺，所度力士为僧者满千人。侍御史周矩疑有奸谋，固请按之。太后曰：“卿姑退，朕即令往。”矩至台，怀义亦至，乘马就阶而下，坦腹于床。矩召吏将按之，遽跃马而去。矩具奏其状，太后曰：“此道人病风，不足诘，所度僧，惟卿所处。”诘，去吉翻。处，昌吕翻。悉流远州。迁矩天官员外郎。

乙未，作无遮会于明【章：十二行本“明”作“朝”；乙十一行本同。】堂，凿地为坑，深五丈，深，式浸翻。结彩为宫殿，佛像皆于坑中引出之，云自地涌出。又杀牛取血，画大像，首高二百尺，云怀义刺膝血为之。高，居傲翻。刺，七亦翻。丙申，张像于天津桥南，设斋。时御医沈南璆唐六典：尚药局属殿中省，有侍御医四人，从六品上。璆，音求。亦得幸于太后，怀义心愠，愠，于问翻。是夕，密烧天堂，延及明堂，火照城中如昼，比明皆尽，比，必利翻。暴风裂血像为数百段。太后耻而讳之，但云内作工徒误烧麻主，遂涉明堂。时方酺宴，左拾遗刘承庆请辍朝停酺以答天谴，酺，音蒲。朝，直遥翻。太后将从之。姚璹曰："昔成周宣榭，卜代愈隆；汉武建章，盛德弥永。左传：宣十五年夏，成周宣榭火。班书曰：榭，所以藏乐器；宣，其名也。汉武时，柏梁台灾，乃大营建章。姚璹引二事，傅以己说，以逢君之恶。今明堂布政之所，非宗庙也，不应自贬损。"太后乃御端门，观酺如平日。命更造明堂、天堂，仍以怀义充使。使，疏吏翻。又铸铜为九州鼎神都鼎曰豫州，高一丈八尺，受千八百石。冀州鼎曰武兴，雍州鼎曰长安，兖州鼎曰日观，青州鼎曰少阳，徐州鼎曰东源，扬州鼎曰江都，荆州鼎曰江陵，梁州鼎曰咸都；八州鼎高一丈四尺，各受千二百石。考异曰：旧传云："怀义帅人作号头安置之。"按天册万岁元年二月，怀义死，神功元年九鼎始成，旧传误也，或怀义死时方铸耳。及十二神，十二神：子属鼠，丑属牛，寅属虎，卯属兔，辰属龙，巳属蛇，午属马，未属羊，申属猴，酉属鸡，戌属狗，亥属猪。皆高一丈，高，古犒翻。各置其方。

先是，河内老尼昼食一麻一米，夜则烹宰宴乐，畜弟子百馀人，淫秽靡所不为。武什方自言能合长年药，先，悉荐翻。乐，音洛。畜，吁玉翻。合，音阁。太后遣乘驿于岭南采药。及明堂火，尼入唁太后，唁，鱼变翻。太后怒叱之，曰："汝常言能前知，何以不言明堂火？"因斥还河内，弟子及老胡等皆逃散。又有发其奸者，太后乃复召尼还麟趾寺，弟子毕集，敕给使掩捕，尽获之，复，扶又翻。唐六典：北齐内职有散给使五十人，唐因之置内给使，无常员，属宫闱局。凡宦人无官品者称内给使。又有小给使学生五十人。皆没为官婢。什方还，至偃师，偃师县属河南府，在洛城东六十里。闻事露，自绞死。

庚子，以明堂火告庙，下制求直言。刘承庆上疏，以为：

"火发既从麻主，后及总章，所营佛舍，恐劳无益，请罢之。又，明堂所以统和天人，统，他综翻。一旦焚毁，臣下何心犹为酺宴！忧喜相争，伤于情性。又，陛下垂制博访，许陈至理，而左史张鼎以为今既火流王屋，弥显大周之祥，武王伐纣，既渡河，有火至于王屋，流为乌。马融曰：王屋，王所居屋。通事舍人逢敏奏称，弥勒成道时有天魔烧宫，七宝台须臾散坏，魔，莫婆翻。考异曰：佥载以七宝台散坏为姚璹之语。今从实录。斯实谄妄之邪言，非君臣之正论。伏愿陛下乾乾翼翼，易曰：君子终日乾乾，夕惕若。诗曰：小心翼翼。无戾天人之心而兴不急之役，则兆人蒙赖，福禄无穷。"

获嘉主簿彭城刘知几获嘉县，本汲县之新中乡，汉武帝南幸过此，闻获吕嘉，因置获嘉县，属河内郡。后周置修武郡，隋置殷州，寻废州为获嘉县，唐属怀州。彭城县带徐州。几，居希翻。表陈四事：其一，以为："皇业权舆，尔雅：权舆，始也。天地开辟，嗣君即位，黎元更始，更，工衡翻。时则借非常之庆以申再造之恩。今六合清晏而赦令不息，近则一年再降，远则每岁无遗，至于违法悖礼之徒，悖，蒲内翻；下同。无赖不仁之辈，编户则寇攘为业，当官则赃贿是求。而元日之朝，指期天泽，重阳之节，伫降皇恩，重，直龙翻。如其忖度，咸果释免。或有名垂结正，罪将断决，度，徒洛翻。断，丁乱翻。窃行货贿，方便规求，故致稽延，毕沾宽宥。用使俗多顽悖，时罕廉隅，为善者不预恩光，作恶者独承徼幸。徼，古尧翻。古语曰：'小人之幸，君子之不幸。'太宗亦尝引是言。斯之谓也。望陛下而今而后，颇节于赦，使黎氓知禁，奸宄肃清。"其二，以为："海内具僚九品以上，每岁逢赦，必赐阶勋，唐制，文散阶二十九，武散阶亦二十九，勋级十有二转。至于朝野宴集，公私聚会，绯服众于青衣，上元敕：四品服深绯，五品服浅绯，九品服深青。朝，直遥翻；下同。象板多于木笏；唐制，五品已上笏用象，九品以上用木。皆荣非德举，位罕才升，不知何者为妍蚩，何者为美恶。臣望自今以后，稍息私恩，使有善者逾效忠勤，无才者咸知勉励。”其三，以为：“陛下临朝践极，取士太广，六品以下职事清官，遂乃方之土芥，比之沙砾，砾，音历。若遂不加沙汰，臣恐有秽皇风。”其四，以为：“今之牧伯迁代太速，倏来忽往，蓬转萍流，既怀苟且之谋，何暇循良之政！望自今刺史非三岁以上不可迁官，仍明察功过，尤甄赏罚。”疏奏，太后颇嘉之。甄，稽延翻，别也。疏，所去翻。是时官爵易得而法网严峻，易，以豉翻。故人竞为趋进而多陷刑戮，知几乃著思慎赋以刺时见志焉。

4 丙午，以王孝杰为朔方道行军总管，击突厥。

5 春，二月，己酉朔，日有食之。

6 僧怀义益骄恣，太后恶之。恶，乌路翻。既焚明堂，心不自安，言多不顺；太后密选宫人有力者百馀人以防之。壬子，执之于瑶光殿前树下，使建昌王武攸宁帅壮士殴杀之，帅，读曰率。殴，乌口翻。考异曰：旧传云：“人有发其阴谋者，太平公主乳母张夫人，令壮士缚而缢杀之，送尸白马寺；其侍者僧徒皆流窜远恶处。”李商隐宜都内人传云：“武后篡既久，颇放纵，耽内习，不敬宗庙，四方日有叛逆，防豫不暇。时宜都内人以唾壶进，思有以谏者。后坐帷下，倚檀几与语，问四方事，宜都内人曰：‘大家知古女卑于男邪？’后曰：‘知。’内人曰：‘古有女娲，亦不正是天子，佐伏羲，理九州耳。后世娘姥有越出房闼断天下事者，皆不得其正，多是辅昏主，不然抱小儿。独大家革夫姓，改去钗钏，袭服冠冕，符瑞日至，大臣不敢动，真天子也。然今内之弄臣狎人朝夕进御者，久未屏去，妾疑此未当天意。’后曰：‘何？’内人曰：‘女，阴也；男，阳也。阳尊而阴卑，虽大家以阴事主天，然宜体取刚亢明烈以销群阳，阳销然后阴得志也。今狎弄日至，处大家夫宫尊位，其势阴求阳也，阳胜而阴亦微，不可久也。大家始今日能屏去男妾，独立天下，则阳之刚亢明烈可有矣。如是过万万世，男子益削，女子益专，妾之愿在此。’后虽不能尽用，然即日下令，诛作明堂者。”此盖文士寓言。今从实录。送尸白马寺，焚之以造塔。

7 甲子，太后去“慈氏越古”之号。去，羌吕翻。

8 三月，丙辰，凤阁侍郎、同平章事周允元薨。

9 夏，四月，天枢成，天枢，其制若柱。高一百五尺，高，古犒翻。径十二尺，八面，各径五尺。下为铁山，周百七十尺，以铜为蟠龙麒麟萦绕之；上为腾云承露盘，径三丈，四龙人立捧火珠，高一丈。工人毛婆罗造模，武三思为文，刻百官及四夷酋长名，高，古犒翻。酋，慈由翻。长，知两翻。太后自书其榜曰“大周万国颂德天枢”。

10 秋，七月，辛酉，吐蕃寇临洮，临洮，洮州。洮，土刀翻。以王孝杰为肃边道行军大总管以讨之。

11 九月，甲寅，太后合祭天地于南郊，加号天册金轮大圣皇帝，赦天下，改元。改元天册万岁。

12 冬，十月，突厥默啜遣使请降，使，疏吏翻。降，户江翻。太后喜，册授左卫大将军、归国公。

万岁通天元年（丙申、六九六）是年三月始改元。

1 腊月，甲戌，太后发神都；甲申，封神岳；后以嵩山为神岳。考异曰：统纪作壬午，实录作甲申。按去岁下制云：“腊月十六日有事于神岳。”长历：是月甲戌朔，壬午九日，甲申十一日，皆非十六日。今从实录。赦天下，改元万岁登封，天下百姓无出今年租税；大酺九日。酺，音蒲。丁亥，禅于少室；戴延之曰：嵩山三十六峰，东曰太室，西曰少室，相去十七里，嵩其总名也。谓之室，以其下各有石室焉。少室高八百六十丈，方十里，与太室相埒，但小耳。己丑，御朝觐坛受贺；朝，直遥翻。癸巳，还宫；甲午，谒太庙。

2 右千牛卫将军安平王武攸绪，少有志行，恬澹寡欲，扈从封中岳还，少，诗照翻。行，下孟翻。从，才用翻。即求弃官，隐于嵩山之阳。太后疑其诈，许之，以观其所为。攸绪遂优游岩壑，冬居茅椒，茅椒编之为室，性暖，可以御寒。夏居石室，一如山林之士。太后所赐及王公所遗野服器玩，遗，士季翻。攸绪一皆置之不用，尘埃凝积。买田使奴耕种，与民无异。考异曰：旧传云："圣历中，弃官隐嵩山。"今从实录。

3 春，一月，甲寅，以娄师德为肃边道行军副总管，击吐蕃。己巳，以师德为左肃政大夫，知政事如故。考异曰：实录云："己巳，秋官尚书娄师德为肃政御史大夫，知政事如故。"旧传云："万岁登封元年转左肃政御史大夫，仍依旧知政事。证圣元年吐蕃寇洮州，令师德与夏官尚书王孝杰讨之。"按证圣年号在登封前，此传尤为谬误。新传云："师德为河源、积石、怀远军及河、兰、鄯、廓州检校营田大使，入迁秋官尚书，改左肃政御史大夫并知政事，证圣中与王孝杰拒吐蕃于洮州。"今据实录，延载元年一月，自宰相出为营田大使。新书宰相表，"长寿二年师德平章事，延载元年出为营田大使，万岁通天元年一月甲寅，师德为左肃政御史大夫、肃边道行军总管。"统纪云："秋官尚书、知政事娄师德充副总管，讨吐蕃。"盖师德之出为营田大使，不解宰相之职也。今从实录、新本纪。

4 改长安崇尊庙为太庙。崇尊庙见上卷天授元年。

5 二月，辛巳，尊神岳天中王为神岳天中黄帝，灵妃为天中黄后；启为齐圣皇帝；封启母神为玉京太后。夏后启母石在嵩山。

6 三月，壬寅，王孝杰、娄师德与吐蕃将论钦陵赞婆战于素罗汗山，据娄师德传，素罗汗山在洮州界。将，即亮翻。唐兵大败；孝杰坐免为庶人，师德贬原州员外司马。考异曰：新纪，四月庚子贬师德，而无免孝杰日；新表，"三月壬寅孝杰免。"按实录"三月壬寅抚州火"下言孝杰等败，盖皆据奏到之日耳。二人同罪，贬必同时，不容隔月，不知果在何日。今但依实录，因其军败，终言贬官之事而已。师德因署移牒，惊曰："官爵尽无邪！"既而曰："亦善，亦善。"不复介意。复，扶又翻。

7 丁巳，新明堂成，高二百九十四尺，方三百尺，规模率小于旧。上施金涂铁凤，高二丈，高，古犒翻。后为大风所损；更为铜火珠，群龙捧之，更，工衡翻。号曰通天宫。赦天下，改元万岁通天。

8 大食请献师子。姚琦上疏，以为："师子专食肉，远道传致，传，知恋翻。肉既难得，极为劳费。陛下鹰犬不蓄，渔猎悉停，岂容菲薄于身而厚给于兽！"乃却之。

9 以检校夏官侍郎孙元亨同平章事。

10 夏，五月，壬子，营州契丹松漠都督李尽忠、归诚州刺史孙万荣举兵反，攻陷营州，开元十道志曰：舜筑柳城，即虞舜已前已有柳城之地，因有营州之称。郡国志云：当营室分，故曰营州。后汉末，辽西乌丸蹋顿所居。后魏于平州界置辽西郡，周平齐，犹为高宝宁所据，隋讨平宝宁，始置营州。松漠都督府及归诚州，太宗以内属契丹部落置。杀都督赵文翙。契，欺讫翻，又音吃。翙，呼会翻。尽忠，万荣之妹夫也，皆居于营州城侧。文翙刚愎，契丹饥不加赈给，视酋长如奴仆，故二人怨而反。愎，弼力翻。赈，津忍翻。酋，慈由翻。长，知两翻。乙丑，遣左鹰扬卫将军曹仁师、右金吾卫大将军张玄遇、左威卫大将军李多祚、司农少卿麻仁节等二十八将讨之。八将，即亮翻。秋，七月，辛亥，以春官尚书梁王武三思为榆关道安抚大使，榆关在胜州界，与突厥接，非所以备契丹也。营州城西四百八十里，有榆关守捉城，所谓"临渝之险"也。"榆"当作"渝"，史于此以后多以"渝"作"榆"，读者宜详考。使，疏吏翻。姚琦副之，以备契丹。改李尽忠为李尽灭，孙万荣为孙万斩。武后改突厥骨咄禄为不卒禄，又改李尽忠为李尽灭，孙万荣为孙万斩。此事何异王莽所为，顾有成败之异耳。

尽忠寻自称无上可汗，据营州，可，从刊入声。汗，音寒。以万荣为前锋，略地，所向皆下，旬日，兵至数万，进围檀州，檀州本汉渔阳郡傂奚县地，旧置安州，后周改为玄州，隋开皇十六年置檀州。清边前军副总管张九节击却之。

八月，丁酉，曹仁师、张玄遇、麻仁节与契丹战于硖石谷，平州有西硖石、东硖石二戍。唐兵大败。先是，契丹破营州，先，悉荐翻。获唐俘数百，囚之地牢，闻唐兵将至，使守牢霫给之曰：使霫守唐俘于地牢，故曰守牢霫。霫，而立翻。绐，荡亥翻。“吾辈家属，饥寒不能自存，唯俟官军至即降耳。”降，户江翻；下同。既而契丹引出其俘，饲以糠粥，慰劳之曰：饲，祥吏翻。劳，力到翻。“吾养汝则无食，杀汝又不忍，今纵汝去。”遂释之。俘至幽州，具言其状，诸军闻之，争欲先入。至黄獐谷，据旧书，黄獐谷在西硖石。虏又遣老弱迎降，故遗老牛瘦马于道侧。仁师等三军弃步卒，将骑兵先进。契丹设伏横击之，飞索以緆玄遇、仁节，生获之，将，即亮翻。骑，奇寄翻。索，昔各翻。字书无“緆”字，今读与搨同，德盍翻，或曰吐合翻。将卒死者填山谷，鲜有脱者。鲜，息浅翻。契丹得军印，诈为牒，令玄遇等署之，牒总管燕匪石、宗怀昌等云：“官军已破贼，若至营州，军将皆斩，兵不叙勋。”燕，因肩翻。将，即亮翻。匪石等得牒，昼夜兼行，不遑寝食以赴之，士马疲弊；契丹伏兵于中道邀之，全军皆没。

九月，制：“天下系囚及庶士家奴骁勇者，官偿其直，发以击契丹。”骁，坚尧翻。初令山东近边诸州置武骑团兵，以同州刺史建安王武攸宜为右武威卫大将军，充清边道行军大总管，以讨契丹。

右拾遗陈子昂为攸宜府参谋，以本官参谋军事，不列为品秩。上疏曰：“恩制免天下罪人及募诸色奴充兵讨击契丹，此乃捷急之计，非天子之兵。且比来刑狱久清，罪人全少，比，毗至翻。少，诗沼翻。奴多怯弱，不惯征行，惯，古患翻。纵其募集，未足可用。况今天下忠臣义士，万分未用其一，契丹小孽，孽，鱼列翻。假命待诛，何劳免罪赎奴，损国大体！臣恐此策不可威示天下。"

11 丁巳，突厥寇凉州，执都督许钦明。考异曰：实录云："吐蕃寇凉州，都督许钦明为贼所杀。"按明年正月默啜寇灵州，以钦明自随；又默啜将袭孙万荣，杀钦明以祭天。实录云吐蕃，误也。钦明，绍之曾孙也；许绍预凌烟阁二十四功臣之列。时出按部，突厥数万奄至城下，钦明拒战，为所虏。

钦明兄钦寂，时为龙山军讨击副使，与契丹战于崇州，龙山，即慕容氏和龙之山也。崇州，奚州也，武德五年，分饶乐都督府之可汗部置，贞观三年，徙治营州之废阳师镇。军败，被擒。虏将围安东，令钦寂说其属城未下者。说，输芮翻。安东都护裴玄珪在城中，高宗总章元年置安东都护府于平壤城，上元元年，徙辽东郡故城，仪凤二年又徙新城，开元二年徙平州，天宝二年徙辽西故郡城，疑此时已徙平州。宋白曰：营州东南二百七十里有保定军，旧安东都护府。钦寂谓曰："狂贼天殃，灭在朝夕，公但励兵谨守以全忠节。"虏杀之。

12 吐蕃复遣使请和亲，复，扶又翻。太后遣右武卫胄曹参军贵乡郭元振往察其宜。胄曹参军掌兵械、公廨兴善、罚谪，大朝会行从，则受黄质甲铠弓矢于卫尉。吐蕃将论钦陵请罢安西四镇戍兵，并求分十姓突厥之地。长寿元年置四镇戍兵。十姓突厥，五咄陆、五弩失毕也。元振曰："四镇、十姓与吐蕃种类本殊，种，章勇翻。今请罢唐兵，岂非有兼并之志乎？"钦陵曰："吐蕃苟贪土地，欲为边患，则东侵甘、凉，岂肯规利于万里之外邪！"乃遣使者随元振入请之。

朝廷疑未决，元振上疏，使，疏吏翻。朝，直遥翻。上，时掌翻。以为："钦陵求罢兵割地，此乃利害之机，诚不可轻举措也。今若直拒其善意，则为边患必深。四镇之利远，甘、凉之害近，不可不深图也。宜以计缓之，使其和望未绝则善矣。彼四镇、十姓，吐蕃之所甚欲也，而青海、吐谷浑，亦国家之要地也，吐，从暾入声。谷，音浴。今报之宜曰：'四镇、十姓之地，本无用于中国，所以遣兵戍之，欲以镇抚西域，分吐蕃之势，使不得并力东侵也。今若果无东侵之志，当归我吐谷浑诸部及青海故地，吐谷浑地没吐蕃，见二百二卷高宗咸亨三年，薛仁贵败于大非川，青海亦没。则五俟斤部亦当以归吐蕃。'西突厥五弩失毕部，各有酋长，曰五俟斤。俟，渠之翻。如此则足以塞钦陵之口，塞，悉则翻。而亦未与之绝也。若钦陵小有乖违，则曲在彼矣。且四镇、十姓款附日久，今未察其情之向背，事之利害，背，蒲妹翻。遥割而弃之，恐伤诸国之心，非所以御四夷也。"太后从之。考异曰：御史台记："论钦陵必欲得四镇及益州通市乃和亲，朝廷不许。制书至河源，纳言娄师德患之，曰：'制书到，彼必入寇，奈何！'监察御史南阳张彦先时按河源、积石诸军，谓师德曰：'但稽制书，虏必狐疑，吾乃先为之备，虏至必不捷矣。'师德从之。钦陵入寇，果无功，由是得罪于其国。"按师德延载元年一月日同平章事，充河源、积石、怀远等军营田大使，万岁通天元年一月为肃边道行军总管，与王孝杰同击吐蕃，败于素罗汗山，寻贬原州司马。是岁吐蕃复求和，钦陵请割四镇之地。神功元年正月，师德复同平章事，九月乃守纳言。御史台记误也。

元振又上言："吐蕃百姓疲于徭戍，早愿和亲；钦陵利于统兵专制，独不欲归款。若国家岁发和亲使，上，时掌翻。使，疏吏翻。而钦陵常不从命，则彼国之人怨钦陵日深，望国恩日甚，设欲大举其徒，固亦难矣。斯亦离间之渐，间，古苋翻。可使其上下猜阻，祸乱内兴矣。"太后深然之。元振名震，以字行。

13 庚申，以并州长史王方庆为鸾台侍郎，与殿中监万年李道广并同平章事。

14 突厥默啜请为太后子，并为其女求昏，悉归河西降户，帅其部众为国讨契丹。并为、众为，并于伪翻。帅，读曰率。太后遣豹韬卫大将军阎知微、龙朔改左右屯卫为左右武威卫，光宅又改为左右豹韬卫。左卫郎将摄司宾卿田归道册授默啜左卫大将军、迁善可汗。知微，立德之孙；归道，仁会之子也。阎立德以巧思称。田仁会，良吏也。

冬，十月，辛卯，契丹李尽忠卒，孙万荣代领其众。突厥默啜乘间袭松漠，虏尽忠、万荣妻子而去。卒，子恤翻。间，古苋翻。太后进拜默啜为颉跌利施大单于、立功报国可汗。颉，户结翻。跌，徒结翻。单，音蝉。

孙万荣收合馀众，军势复振，复，扶又翻。遣别帅骆务整、何阿小为前锋，帅，所类翻。阿，乌葛翻。攻陷冀州，杀刺史陆宝积，屠吏民数千人；又攻瀛州，河北震动。制起彭泽令狄仁杰长寿元年，仁杰贬。为魏州刺史。前刺史独孤思庄畏契丹猝至，悉驱百姓入城，缮修守备。仁杰至，悉遣还农，曰："贼犹在远，何烦如是！万一贼来，吾自当之。"百姓大悦。

时契丹入寇，军书填委，夏官郎中硖石姚元崇剖析如流，皆有条理，后魏太和十一年于崤陵置崤县，属恒农郡；隋并入熊耳县，属河南郡；唐武德元年复置，贞观十四年移治硖石坞，因更名硖石。太后奇之，擢为夏官侍郎。

15 太后思徐有功用法平，长寿二年，有功除名。擢拜左台殿中侍御史，闻【章：十二行本"闻"上有"远近"二字；乙十一行本同；孔本同；张校同。】者无不相贺。鹿城主簿宗城潘好礼鹿城，汉安定侯国，时县西七里故城是也。周、齐为安定县，隋改为鹿城县，唐属冀州。唐制，上县主簿正九品下，中下县从九品上。好，呼到翻。著论，称有功蹈道依仁，固守诚节，不以贵贱死生易其操履。设客问曰："徐公于今谁与为比？"主人曰："四海至广，人物至多，或匿迹韬光，仆不敢诬，若所闻见，则一人而已，当于古人中求之。"客曰："何如张释之？"主人曰："释之所行者甚易，徐公所行者甚难，难易之间，优劣见矣。易，以豉翻；下不易同。见，贤遍翻。张公逢汉文之时，天下无事，至如盗高庙玉环及渭桥惊马，守法而已，事见十四卷汉文帝三年。岂不易哉！徐公逢革命之秋，属惟新之运，属，之欲翻。唐朝遗老，或包藏祸心，使人主有疑。朝，直遥翻。如周兴、来俊臣，乃尧年之四凶也，崇饰恶言以诬盛德；而徐公守死善道，深相明白，几陷囹圄，数挂纲维，【章：十二行本“纲维”作“网罗”；乙十一行本同；孔本同；熊校同。】几，居希翻。囹，卢丁翻。圄，鱼巨翻。数，所角翻。此吾子所闻，岂不难哉！”考异曰：朝野佥载云：“时来俊臣罗织人罪，皆先进状，敕依，即奏籍没。徐有功出死囚，亦先进状，某人罪合免，敕好，然后断雪。有功好出罪，皆先奉进止，非是自专。”此盖时人见俊臣所诛，有功所雪，往往得其所欲，疑以为先进状耳。若有功一一先奉进止，何至三陷死刑乎！今不取。客曰：“使为司刑卿，乃得展其才矣。”主人曰：“吾子徒见徐公用法平允，谓可置司刑；仆睹其人，方寸之地，何所不容，若其用之，何事不可，岂直司刑而已哉！”

贺昌群标点王崇武聂崇岐覆校

资治通鉴卷第二百六

端明殿学士兼翰林侍读学士太中大夫
提举西京嵩山崇福宫上柱国河内郡开国公 司马光 奉敕编集
食邑二千二百户食实封九百户赐紫金鱼袋臣

后学天台胡三省音注

唐纪二十二 起强圉作噩（丁酉），尽上章困敦（庚子）六月，凡三年有奇。

则天顺圣皇后中之下

神功元年（丁酉、六九七）时以契丹破灭，九鼎就成，以九月大享，改元为神功。

1 正月，己亥朔，太后享通天宫。

2 突厥默啜寇灵州，以许钦明自随。钦明为默啜所禽，见上卷上年。厥，九勿翻。钦明至城下大呼，求美酱、粱米及墨，氾胜之曰：粱是秫粟。陶弘景曰：凡曰粱米皆是粟类，惟其牙头色异为分别耳。有青、黄、白三种，青粱味短色恶，不如黄白粱。呼，火故翻。意欲城中选良将、引精兵、夜袭虏营，将，即亮翻。而城中无谕其意者。

3 箕州刺史刘思礼学相人于术士张憬藏，憬藏谓思礼当历箕州，位至太师。思礼念太师人臣极贵，非佐命无以致之，乃与洛州录事参军綦连耀谋反，相，悉亮翻；下相术同。憬，居永翻。唐京都录事参军，正七品。綦连，虏姓也。魏收官氏志，西方诸姓有綦连氏。阴结朝士，朝，直遥翻。托相术，许人富贵，俟其意悦，因说以"綦连耀有天命，说，输芮翻。公必因之以得富贵。"凤阁舍人王劚兼天官侍郎事，劚，其据翻。用思礼为箕州刺史。

明堂尉吉【章：十二行本“吉”上有“河南”二字；乙十一行本同；孔本同；张校同。】顼闻其谋，以告合宫尉来俊臣，高宗总章元年，分西京万年县为明堂县；永昌元年，改东都河南县为合宫县。宋白曰：明堂县理京兆城中永乐坊。使上变告之。上，时掌翻；下同。太后使河内王武懿宗推之。懿宗令思礼广引朝士，许免其死，凡小忤意皆引之。忤，五故翻。于是思礼引凤阁侍郎同平章事李元素、夏官侍郎同平章事孙元亨、知天官侍郎事石抱忠、刘奇、给事中周譒譒，补过翻。及王劚兄泾州刺史勔、弟监察御史助等，勔，弥兖翻。监，古衔翻。凡三十六家，皆海内名士，穷楚毒以成其狱，壬戌，皆族诛之，亲党连坐流窜者千馀人。

初，懿宗宽思礼于外，使诬引诸人。诸人既诛，然后收思礼，思礼悔之。懿宗自天授以来，太后数使之鞫狱，喜诬陷人，数，所角翻。喜，许记翻。时人以为周、来之亚。

来俊臣欲擅其功，复罗告吉顼；复，扶又翻；下是复、宗复同。顼上变，得召见，仅免。见，贤遍翻。俊臣由是复用，而顼亦以此得进。

俊臣党人罗告司刑府史樊惎谋反，诛之。唐制，大理寺有府二十八人，史五十六人。惎，渠记翻。惎子讼冤于朝堂，朝，直遥翻。无敢理者，乃援刀自刳其腹。援，于元翻。秋官侍郎上邽刘如璇见之，上邽县，汉属陇西郡，古邽戎邑也，后汉属汉阳郡。后魏讳珪，改名上封，属天水郡；隋复旧，唐属秦州。璇，似宣翻。窃叹而泣。俊臣奏如璇党恶逆，下狱，处以绞刑；下，遐嫁翻。处，昌吕翻。制流瀼州。

4 尚乘奉御张易之，行成之族孙也，张行成事太宗。年少，美姿容，善音律。少，诗照翻。太平公主荐易之弟昌宗入侍禁中，昌宗复荐易之，兄弟皆得幸于太后，常傅朱粉，衣锦绣。昌宗累迁散骑常侍，散，悉亶翻。骑，奇寄翻。易之为司卫少卿；龙朔改卫尉为司卫，光宅因之。拜其母臧氏、韦氏为太夫人，赏赐不可胜纪，胜，音升。仍敕凤阁侍郎李迥秀为臧氏私夫。迥秀，大亮之族孙也。李大亮历事高祖、太宗。武承嗣、三思、懿宗、宗楚客、晋卿皆候易之门庭，争执鞭辔，谓易之为五郎，昌宗为六郎。

5 癸亥，突厥默啜寇胜州，平狄军副使安道买击破之。代州北有大武军，调露元年改曰神武军，天授二年改曰平狄军。使，疏吏翻。

6 甲子，以原州司马娄师德守凤阁侍郎、同平章事。

7 春，三月，戊申，清边道总管王孝杰、苏宏晖等将兵十七万与孙万荣战于东硖石谷，唐兵大败，孝杰死之。将，即亮翻。

孝杰遇契丹，帅精兵为前锋，帅，读曰率。力战。契丹引退，契，欺讫翻，又音吃。孝杰追之，行背悬崖；背，蒲妹翻。契丹回兵薄之，薄，伯各翻。宏晖先遁，孝杰坠崖死，将士死亡殆尽。考异曰：朝野佥载云："孝杰将四十万众，被贼诱退，逼就悬崖，渐渐挨排，一一落涧，坑深万丈，尸与崖平，匹马无归，单兵莫返。"张鷟语事多过其实，今不尽取。管记洛阳张说驰奏其事。太后赠孝杰官爵，遣使斩宏晖以徇；使者未至，宏晖以立功得免。说，读曰悦。使，疏吏翻；下同。

武攸宜军渔阳，渔阳，秦右北平郡所治也。隋为渔阳县，属幽州，在幽州东二百一十里。闻孝杰等败没，军中震恐，不敢进。契丹乘胜寇幽州，攻陷城邑，剽掠吏民，攸宜遣将击之，不克。剽，匹妙翻。将，即亮翻。

8 阎知微、田归道同使突厥，册默啜为可汗。可，从刊入声。汗，音寒。知微中道遇突厥使者，辄与之绯袍、银带，且上言："虏使至都，宜大为供张。"上，时掌翻；下同。供，他用翻。张，知亮翻。归道上言："突厥背诞积年，方今悔过，宜待圣恩宽宥。

今知微擅与之袍带，使朝廷无以复加；背，蒲妹翻。朝，直遥翻；下同。复，扶又翻。宜令反初服以俟朝恩。令，力丁翻。初服，突厥遣来所被之服。又，小虏使臣，不足大为供张。”太后然之。知微见默啜，舞蹈，吮其靴鼻；吮，如兖翻。归道长揖不拜。默啜囚归道，将杀之，归道辞色不挠，责其无厌，挠，奴教翻。厌，于盐翻。为陈祸福。为，于伪翻。阿波达干元珍曰：突厥官二十八等，自设至达干，皆世其官。此即阿史德元珍。“大国使者，不可杀也。”默啜怒稍解，但拘留不遣。

初，咸亨中，突厥有降者，皆处之丰、胜、灵、夏、朔、代六州，至是，默啜求六州降户及单于都护府之地，并谷种、缯帛、农器、铁，降，户江翻。处，昌吕翻。夏，户雅翻。单，音蝉。种，章勇翻。缯，慈陵翻。太后不许。默啜怒，言辞悖慢。悖，蒲内翻，又蒲没翻。姚琦、杨再思以契丹未平，请依默啜所求给之。麟台少监、知凤阁侍郎赞皇李峤曰：麟台少监即秘书少监。赞皇县，隋置，属赵州，取赞皇山以为名。少，诗照翻。“戎狄贪而无信，此所谓‘借寇兵资盗粮’也，秦李斯之言。不如治兵以备之。”治，直之翻。琦、再思固请与之，乃悉驱六州降户数千帐以与默啜，并给谷种四万斛，杂彩五万段，农器三千事，铁四万斤，并许其昏。默啜由是益强。

田归道始得还，与阎知微争论于太后前。归道以为默啜必负约，不可恃和亲，宜为之备。知微以为和亲必可保。考异曰：旧归道传云：“圣历初，默啜请和，遣阎知微册为立功报国可汗。知微擅与使者绯袍，归道上言不可。及默啜将至单于都护府，乃令归道摄司宾卿迎劳之。默啜请六胡州，不许，遂拘絷归道。”突厥传云：“李尽忠、孙万荣陷营府，默啜请为国讨契丹，许之。默啜部众渐盛，则天遣使册为立功报国可汗。”朝野佥载云：“归道为知微副，见默啜，不拜，默啜倒悬，将杀之；元珍谏，乃放之。”按神功元年八月，姚琦左迁益州长史。则与之谷帛，必在此前，非圣历初也。实录："万岁通天元年，九月，丁卯，以默啜不同契丹之逆，遣阎知微册为迁善可汗。"则于时未为立功报国可汗也。册拜此号，实录无之，不知的在何时。今因契丹未平，姚琦未出，附见于此。归道在朝为左卫郎将，何得预论默啜！盖在道见知微所为而上言耳。其事则兼采诸书可信者存之。

9 夏，四月，铸九鼎成，徙置通天宫。豫州鼎高丈八尺，受千八百石；馀州高丈四尺，受千二百石；豫州鼎独高大，神都畿也。高，古犒翻。各图山川物产于其上，共用铜五十六万七百馀斤。太后欲以黄金千两涂之，姚琦曰："九鼎神器，贵于天质自然。且臣观其五采焕炳相杂，不待金色以为炫耀。"炫，荧绢翻。太后从之。自玄武门曳入，令宰相、诸王帅南北牙宿卫兵十馀万人并仗内大牛、白象共曳之。帅，读曰率。

10 前益州长史王及善已致仕，会契丹作乱，山东不安，起为滑州刺史。太后召见，见，贤遍翻。问以朝廷得失，及善陈治乱之要十馀条。治，直吏翻。太后曰："外州末事，此为根本，卿不可出。"癸酉，留为内史。

11 癸未，以右金吾卫大将军武懿宗为神兵道行军大总管，与右豹韬卫将军何迦密将兵击契丹。迦，古牙翻，又居伽翻。将，即亮翻。五月，癸卯，又以娄师德为清边道副大总管，右武威卫将军沙吒忠义为前军总管，沙吒，虏姓。吒，初加翻。将兵二十万击契丹。

先是，有朱前疑者先，悉荐翻。上书云："臣梦陛下寿满八百。"即拜拾遗。又自言"梦陛下发白再玄，齿落更生"。迁驾部郎中。唐驾部郎掌邦国舆辇车乘、传驿、厩牧，官司马牛杂畜簿籍，辨其出入，司其名数。上，时掌翻；下同。出使还，上书曰："闻嵩山呼万岁。"赐以绯算袋，唐初职事官三品以上赐金装刀、砺石，一品以下则有手巾、算袋。开元以后，百官朔望朝参，外官衙日，则佩算袋，各随其所服之色，馀日则否。使，疏吏翻。时未五品，于绿衫上佩之。会发兵讨契丹，敕京官出马一匹供军，酬以五品。前疑买马输之，屡抗表求进阶；太后恶其贪鄙，恶，乌路翻。六月，乙丑，敕还其马，斥归田里。

12 右司郎中冯翊乔知之有美妾曰碧玉，知之为之不昏。为，于伪翻。武承嗣借以教诸姬，遂留不还。知之作绿珠怨以寄之，晋石崇有爱妾曰绿珠，事见八十三卷晋惠帝永康三年。碧玉赴井死。承嗣得诗于裙带，大怒，讽酷吏罗告，族之。考异曰：唐历："天授元年二月十日，诛乔知之。"新本纪："八月，壬戌，杀右司郎中乔知之。"卢藏用陈氏别传、赵儋陈子昂旌德碑皆云："契丹以营州叛，建安郡王武攸宜亲总戎律，特诏左补阙乔知之及公参谋帏幕。及军罢，以父年老，表乞归侍。"攸宜讨契丹在万岁通天元年，明年平契丹。子昂集有西还至散关答乔补阙诗云："昔君事胡马，余得奉戎旃，携手同沙塞，关河缅幽、燕。叹此南归日，犹闻北戍边。"疑知之之死在神功年后。但唐历、统纪、新纪杀知之皆在天授元年，今据子昂诗必无误者，然云"犹闻北戍边"，则军未罢也。又武后云，来俊臣死后，不闻有反者。故置于此。据朝野佥载，知之以婢碧玉事为武承嗣讽人罗告之，斩于市南，破家籍没。此时知之在边，盖承嗣先衔之，至此乃杀之耳。

13 司仆少卿来俊臣光宅改太仆为司仆。倚势贪淫，士民妻妾有美者，百方取之；或使人罗告其罪，矫称敕以取其妻，前后罗织诛人，不可胜计。胜，音升。自宰相以下，籍其姓名而取之。考异曰：朝野佥载云："俊臣尝以三月三日萃其党于龙门，竖石题朝士姓名以卜之，令投石遥击，倒者则先令告。至暮，投李昭德不中。"今不取。自言才比石勒。监察御史李昭德素恶俊臣，恶，乌路翻。又尝庭辱秋官侍郎皇甫丈【章：十二行本"丈"作"文"；乙十一行本同；孔本同；退斋校同。】备，二人共诬昭德谋反，下狱。下，遐嫁翻；下不下、乃下同。

俊臣欲罗告武氏诸王及太平公主，又欲诬皇嗣及庐陵王与南北牙同反，冀因此盗国权，河东人卫遂忠告之。诸武及太平公主恐惧，共发其罪，系狱，有司处以极刑。处，昌吕翻。太后欲赦之，奏上三日，不出。上，时掌翻。王及善曰："俊臣凶狡贪暴，国之元恶，不去之，必动摇朝廷。”去，羌吕翻。朝，直遥翻。太后游苑中，吉顼执辔，太后问以外事，对曰：“外人唯怪来俊臣奏不下。”太后曰：“俊臣有功于国，朕方思之。”顼曰：“于安远告虺贞反，既而果反，贞事见上卷垂拱四年。今止为成州司马。俊臣聚结不逞，诬构良善，赃贿如山，冤魂塞路，塞，悉则翻。国之贼也，何足惜哉！”太后乃下其奏。

丁卯，昭德、俊臣同弃市，时人无不痛昭德而快俊臣。仇家争啖俊臣之肉，斯须而尽，抉眼剥面，披腹出心，腾蹋成泥。啖，徒滥翻，又徒览翻。抉，于决翻。太后知天下恶之，乃下制数其罪恶，恶，乌路翻。数，所具翻。且曰：“宜加赤族之诛，以雪苍生之愤，可准法籍没其家。”士民皆相贺于路曰：“自今眠者背始帖席矣。”

俊臣以告綦连耀功，赏奴婢十人。俊臣阅司农婢，无可者，唐六典，司农丞掌凡官户奴婢，男女成人，先以本色媲偶；若给赐，许其妻子相随；若犯籍没，以其所能各配诸司，妇人巧者入掖庭。以西突厥可汗斛瑟罗家有细婢，善歌舞，欲得以为赏口，乃使人诬告斛瑟罗反。诸酋长诣阙割耳剺面讼冤者数十人。酋，慈由翻。长，知两翻。剺，里之翻。会俊臣诛，乃得免。

俊臣方用事，选司受其属请不次除官者，每铨数百人。俊臣败，侍郎皆自首。选，须绢翻。属，之欲翻。首，式又翻。太后责之，对曰：“臣负陛下，死罪！臣乱国家法，罪止一身；违俊臣语，立见灭族。”太后乃赦之。

上林令侯敏唐司农之属有上林署令，从七品下，掌苑囿园地之事，凡植果树蔬以供朝会祭祀，及季冬藏冰皆主之。素谄事俊臣，其妻董氏谏之曰：“俊臣国贼，指日将败，君宜远之。”远，于愿翻。敏从之。俊臣怒，出为武龙令。武龙县属田州，开蛮洞置。旧书作“武笼”，云失废置年月。又涪州有武龙县，武德二年分涪陵置。敏欲不往，妻曰："速去勿留！"俊臣败，其党皆流岭南，敏独得免。

太后征于安远为尚食奉御，擢吉顼为右肃政中丞。

14 以检校夏官侍郎宗楚客同平章事。

15 武懿宗军至赵州，闻契丹将骆务整数千骑将至冀州，丹将，即亮翻；下同。骑，奇寄翻；下同。懿宗惧，欲南遁。或曰："虏无辎重，重，直用翻。以抄掠为资，抄，楚交翻。若按兵拒守，势必离散，从而击之，可有大功。"懿宗不从，退据相州，相，悉亮翻。委弃军资器仗甚众。契丹遂屠赵州。

甲午，【严："午"改"申"。】孙万荣为奴所杀。

万荣之破王孝杰也，于柳城西北四百里依险筑城，留其老弱妇女，所获器仗资财，使妹夫乙冤羽守之，引精兵寇幽州。恐突厥默啜袭其后，遣五人至黑沙，语默啜曰：黑沙，突厥庭。语，牛倨翻。"我已破王孝杰百万之众，唐人破胆，请与可汗乘胜共取幽州。"三人先至，默啜喜，赐以绯袍。二人后至，默啜怒其稽缓，将杀之，二人曰："请一言而死。"默啜问其故，二人以契丹之情告。默啜乃杀前三人而赐二人绯，使为乡导，乡，读曰向。发兵取契丹新城，杀所获凉州都督许钦明以祭天；围新城三日，克之，新城，即前契丹所筑，在柳城西北者。尽俘以归。使乙冤羽驰报万荣。

时万荣方与唐兵相持，军中闻之，恟惧。恟，许勇翻。奚人叛万荣，神兵道总管杨玄基击其前，奚兵击其后，获其将何阿小。万荣军大溃，阿，乌葛翻。考异曰：朝野佥载："突厥破万荣新城，群贼闻之失色，众皆溃散。"不云为玄基等所破。实录但云为玄基及奚所破，不云突厥取新城。要之，契丹闻新城破，众心已离，唐与奚人击之遂溃耳。今两取之。帅轻骑数千东走。帅，读曰率。前军总管张九节遣兵邀之于道，万荣穷蹙，与其奴逃至潞水东，鲍丘水从塞外来，南过幽州潞县，谓之潞水。息于林下，叹曰："今欲归唐，罪已大。归突厥亦死，归新罗亦死。将安之乎！"奴斩其首以降，降，户江翻；下同。枭之四方馆门。汉有藁街蛮夷邸。后魏置诸国使邸，其后又作四馆以处四方来降者，事见一百四十九卷梁武帝普通元年。至隋炀帝置四方馆于建国门外，以待四方使客，各掌其方国及互市事，属鸿胪寺。唐以四方馆隶中书省，通事舍人主之。枭，坚尧翻。其馀众及奚、霫皆降于突厥。霫，而立翻。

16 戊子，特进武承嗣、春官尚书武三思并同凤阁鸾台三品。

17 辛卯，制以契丹初平，命河内王武懿宗、娄师德及魏州刺史狄仁杰分道安抚河北。懿宗所至残酷，民有为契丹所胁从复来归者，复，扶又翻。懿宗皆以为反，生刳取其胆。先是，何阿小嗜杀人，先，悉荐翻。河北人为之语曰："唯此两何，杀人最多。"武懿宗封河内王，与何阿小为"两何"。

18 秋，七月，丁酉，昆明内附，置窦州。

19 武承嗣、武三思并罢政事。

20 庚午，武攸宜自幽州凯旋。武懿宗奏河北百姓从贼者请尽族之，左拾遗王求礼庭折之曰：折，之舌翻。"此属素无武备，力不胜贼，苟从之以求生，岂有叛国之心！懿宗拥强兵数十万，望风退走，贼徒滋蔓，又欲委罪于草野诖误之人，蔓，音万。诖，户卦翻。为臣不忠，请先斩懿宗以谢河北！"懿宗不能对。司刑卿杜景俭亦奏："此皆胁从之人，请悉原之。"太后从之。

21 八月，丙戌，纳言姚琇坐事左迁益州长史，以太子宫尹豆卢钦望为文昌右相、凤阁鸾台三品。天授中改太子詹事为太子宫尹。"凤阁"之上当有"同"字。考异曰：新表，"庚子，狄仁杰兼纳言，武三思检校内史，钦望为文昌右相、同三品。"旧纪传及新纪皆无之。此月无庚子。仁杰、三思除命在明年。新表误重复。

22 九月，壬辰，大享通天宫，大赦，【章：十二行本无"大"字，

"赦"下有"天下"二字；乙十一行本同。】改元。改元神功。

23 庚戌，娄师德守纳言。

24 甲寅，太后谓侍臣曰："顷者周兴、来俊臣按狱，多连引朝臣，朝，直遥翻。云其谋反；国有常法，朕安敢违！中间疑其不实，使近臣就狱引问，得其手状，皆自承服，朕不以为疑。自兴、俊臣死，不复闻有反者，复，扶又翻；下无复、后复同。然则前死者不有冤邪？"夏官侍郎姚元崇对曰："自垂拱以来坐谋反死者，率皆兴等罗织，自以为功。陛下使近臣问之，近臣亦不自保，何敢动摇！所问者若有翻覆，惧遭惨毒，不若速死。赖天启圣心，兴等伏诛，臣以百口为陛下保，自今内外之臣无复反者；为，于伪翻；下多为同。若微有实状，臣请受知而不告之罪。"太后悦曰："向时宰相皆顺成其事，陷朕为淫刑之主；闻卿所言，深合朕心。"赐元崇钱千缗。

时人多为魏元忠讼冤者，太后复召为肃政中丞。元忠前后坐弃市流窜者四。考异曰：旧传云三被流，今从御史台记。按新书：元忠为洛阳令，陷周兴狱当死，以平扬、楚功，得流。岁馀，为来俊臣所构，将就刑，太后使王隐客宣诏赦之，此为二事。通鉴书王隐客宣赦事于永昌元年，至长寿元年又下狱贬，此为三事。及后长安三年又贬高要尉，此为四事。未知御史台记所书如何也。尝侍宴，太后问曰："卿往者数负谤，何也？"数，所角翻。对曰："臣犹鹿耳，罗织之徒欲得臣肉为羹，臣安所避之！"

25 冬，闰十月，甲寅，以幽州都督狄仁杰为鸾台侍郎，司刑卿杜景俭为凤阁侍郎，并同平章事。

仁杰上疏上，时掌翻。以为："天生四夷，皆在先王封略之外，故东拒沧海，西阻流沙，北横大漠，南阻五岭，此天所以限夷狄而隔中外也。自典籍所纪，声教所及，三代不能至者，国家尽兼之矣。诗人矜薄伐于太原，美化行于江、汉，诗六月，宣王北伐也。其诗云："薄伐玁狁，至于太原。"又汉广之诗，美文王之道被于南国，美化行乎江、汉之域。则三代之远裔，皆国家之域中也。若乃用武方外，邀功绝域，竭府库之实以争不毛之地，得其人不足增赋，获其土不可耕织，苟求冠带远夷之称，冠，古玩翻。称，尺证翻。不务固本安人之术，此秦皇、汉武之所行，非五帝、三王之事业也。始皇穷兵极武，务求广地，死者如麻，致天下溃叛。事见秦纪。汉武征伐四夷，百姓困穷，盗贼蜂起；末年悔悟，息兵罢役，故能为天所佑。事见汉武帝纪。近者国家频岁出师，所费滋广，西戍四镇，东戍安东，调发日加，调，徒钓翻。百姓虚弊。今关东饥馑，蜀、汉逃亡，江、淮已南，征求不息，人不复业，相率为盗，本根一摇，忧患不浅。其所以然者，皆以争蛮貊不毛之地，乖子养苍生之道也。貊，莫百翻。昔汉元纳贾捐之之谋而罢朱崖郡，事见二十八卷初元二年。宣帝用魏相之策而弃车师之田，事见二十五卷元康二年。岂不欲慕尚虚名，盖惮劳人力也。近贞观中克平九姓，立李思摩为可汗，使统诸部者，见一百九十卷贞观十三年。盖以夷狄叛则伐之，降则抚之，得推亡固存之义，书仲虺之诰曰：推亡固存，邦乃其昌。推，吐雷翻。无远戍劳人之役，此近日之令典，经边之故事也。窃谓宜立阿史那斛瑟罗为可汗，委之四镇，继高氏绝国，谓高丽也。使守安东。省军费于远方，并甲兵于塞上，使夷狄无侵侮之患则可矣，何必穷其窟穴，与蝼蚁校长短哉！但当敕边兵，谨守备，远斥候，聚资粮，待其自致，然后击之。以逸待劳则战士力倍，以主御客则我得其便，坚壁清野则寇无所得；自然二贼深入则有颠踬之虑，浅入必无寇获之益。如此数年，可使二虏不击而服矣。"二贼、二虏，皆谓突厥、吐蕃。事虽不行，识者是之。

26 凤阁舍人李峤知天官选事，选，须绢翻。始置员外官数千人。

27 先是历官以是月为正月，以腊月为闰。先，悉荐翻。太后欲正月甲子朔冬至，乃下制以为“去晦仍见月，有爽天经。去晦，谓前月晦也。可以今月为闰月，来月为正月。”

圣历元年（戊戌、六九八）

1 正月，甲子朔，冬至，太后享通天宫；考异曰：实录云：“正月，壬戌，享通天宫。”按长历，此年一月壬戌朔。实录误也。今从唐历、统纪、新本纪。赦天下，改元。

2 夏官侍郎宗楚客罢政事。

3 春，二月，乙未，文昌右相、同凤阁鸾台三品豆卢钦望罢为太子宾客。

4 武承嗣、三思营求为太子，数使人说太后曰：“自古天子未有以异姓为嗣者。”太后意未决。狄仁杰每从容言于太后曰：“文皇帝栉风沐雨，亲冒锋镝，以定天下，传之子孙。数，所角翻。说，输芮翻。从，千容翻。太宗谥文皇帝。大帝以二子托陛下。高宗谥天皇大帝。二子，谓庐陵王及皇嗣也。陛下今乃欲移之他族，无乃非天意乎！且姑侄之与母子孰亲？太后之于承嗣、三思，姑侄也。于庐陵王、皇嗣，母子也。陛下立子，则千秋万岁后，配食太庙，承继无穷；立侄，则未闻侄为天子而祔姑于庙者也。”太后曰：“此朕家事，卿勿预知。”仁杰曰：“王者以四海为家，四海之内，孰非臣妾，何者不为陛下家事！君为元首，臣为股肱，义同一体，况臣备位宰相，岂得不预知乎！”又劝太后召还庐陵王。庐陵王，光宅元年迁均州，垂拱元年迁房州。王方庆、王及善亦劝之。太后意稍寤。他日，又谓仁杰曰：“朕梦大鹦鹉两翼皆折，何也？”折，而设翻。对曰：“武者，陛下之姓，两翼，二子也。陛下起二子，则两翼振矣。”太后由是无立承嗣、三思之意。

孙万荣之围幽州也，移檄朝廷曰："何不归我庐陵王？"吉顼与张易之、昌宗皆为控鹤监供奉，是年置控鹤监以处近幸。易之兄弟亲狎之。顼从容说二人曰："公兄弟贵宠如此，非以德业取之也，天下侧目切齿多矣。不有大功于天下，何以自全？窃为公忧之！"为，于伪翻；下屡为、复为同。二人惧，流涕问计。顼曰："天下士庶未忘唐德，咸复思庐陵王。复，扶又翻。主上春秋高，大业须有所付；武氏诸王非所属意。属，之欲翻。公何不从容劝上立庐陵王以系苍生之望！如此，非徒免祸，亦可以长保富贵矣。"二人以为然，承间屡为太后言之。间，古苋翻。太后知谋出于顼，乃召问之，顼复为太后具陈利害，太后意乃定。考异曰：世有狄梁公传，云李邕撰，其辞鄙诞，殆非邕所为。其言曰："后纳诸武之议，将移宗社，拟立武三思为储副，迁庐陵王于房陵。诸武阴计，日夜献谋曰：'陛下姓武，合立武氏，未有天子而取别姓将为后者也。'天后既已许，礼问群臣曰：'朕年齿将衰，国无储主，今欲择善，谁可当之？朕虽得人，终在群议。'诸宰臣多闻计定，言皆希旨；仁杰独退立，寂无一言。天后问曰：'卿独无言，当有异见。'公曰：'有之。臣上观乾象，无易主之文；中察人心，实未厌唐德。'天后曰：'卿何以知之？'公曰：'顷者匈奴犯边，陛下使梁王三思于都市召募，一月之外，不满千人。后庐陵王踵之，未经二旬，数盈五万。以此观之，人心未去。陛下将欲继统，非庐陵王，馀实非臣所知。'天后震怒，命左右扶而去之。"按庐陵王为河北元帅，在立为太子后，且当是时睿宗为皇嗣，若仁杰请以庐陵王继统，则是劝太后废立也。此固未可信。或者仁杰以庐陵母子至亲而幽囚房陵，劝召还左右，则有之矣。谈宾录曰：'圣历二年，腊月，张易之兄弟贵宠逾分，惧不全，请计于天官侍郎吉顼。顼曰：'公兄弟承恩深矣，非有大功于天下，自古罕有全者。唯有一策，苟能行之，岂止全家，亦当享茅土之封耳；除此之外，非顼所谋。'易之兄弟泣请之。顼曰：'天下思唐德久矣，主上春秋高，武氏诸王殊非所属意。公何不从容请立庐陵，以系生人之望？'易之乃承间屡言之，则天意乃易；既知顼首谋，乃召问顼。顼曰：'庐陵、相王皆陛下之子，高宗切托于陛下，唯陛下裁之。'则天意乃定。"御史台记曰："则天置控鹤府，顼与易之、昌宗同于府供奉，与昌宗亲狎。昌宗自以贵宠逾分，惧不全，请计于顼，"云云，如谈宾录。盖太后宠信诸武，诛鉏李氏，虽己子庐陵亦废徙房陵，故仁杰劝召还左右，以强李氏，抑诸武耳。张、吉非能为唐社稷谋也，欲求己利耳。若仍立皇嗣，则己有何功！故劝太后立庐陵为太子，而太后从之。然则欲召还庐陵者，仁杰之志也；立为太子者，张、吉之谋也。谈宾言圣历二年及以顼为天官侍郎，台记谓睿宗为相王，则皆误也。新狄仁杰传云："张易之尝从容问自安计。仁杰曰：'唯劝迎庐陵王可以免祸。'"计仁杰亦安肯与易之深言此事！狄梁公传又云："后经旬，召公入，曰：'朕昨夜梦与人双陆，频不见胜，何也？'对曰：'双陆不胜，盖为宫中无子。此是上天之意，假此以示陛下，安可久虚储位哉？'天后曰：'是朕家事，断在胸中，卿岂合预焉！'仁杰对曰：'臣闻王者以天下为家，四海之内，悉为臣妾，何者不为陛下家事！君为元首，臣为股肱，臣安得不预焉！'又命扶出，竟不纳。"按于时皇嗣在宫中，不得言无子及久虚储位也。朝野佥载云："则天曾梦一鹦鹉，羽毛甚伟，两翅俱折。以问宰臣，群公默然。内史狄仁杰曰：'鹉者，陛下姓也。两翅折者，陛下二子庐陵、相王也。陛下起此二子，两翅全也。'魏王承嗣、武三思连项皆赤。后契丹反，围幽州，檄朝廷曰：'还我庐陵、相王来！'则天乃忆狄公之言，谓之曰：'卿曾为我占梦，今乃应矣。朕欲立太子，何者为得？'仁杰曰：'陛下内有贤子，外有贤侄，取舍详择，断在宸衷。'则天曰：'我自有圣子，承嗣、三思是何疥癣！'承嗣等惧，掩耳而走。即降敕追庐陵。河内王等奏，不许入城，龙门安置。贼徒转盛，陷没冀州。则天急，乃立庐陵王为太子，充元帅。初，募兵无有应者，闻太子行，北邙山头兵满，无容人处；贼自退散。"按是时睿宗未为相王。又仁杰若言内有贤子，外有贤侄，乃是怀两端也。今采众说之可信者存之。

三月，己巳，托言庐陵王有疾，遣职方员外郎瑕丘徐彦伯瑕丘，故春秋鲁之瑕邑，晋、宋置兖州于此，隋开皇十三年，置瑕丘县，带兖州。召庐陵王及其妃、诸子诣行在疗疾。戊子，庐陵王至神都。考异曰：统纪云："癸丑，遣职方员外郎徐彦伯往房州，召庐陵王男女入都医疗。"狄梁公传曰："后潜发内人十人至房州，宣敕云：'我儿在此，令内人就看。州县长吏，仰数出数入无令混杂。'阴令内人一人以代庐陵王；令庐陵王衣内人衣服，以旧数还，州县不悟。数日达京，朝廷百僚，一无知者。"旧传曰："庐陵王自房陵还宫，太后匿之帐中，又召狄仁杰，以庐陵为言。仁杰慷慨敷奏，言发涕流。遽出庐陵，谓仁杰曰：'还卿储君。'仁杰降阶泣贺。既已，奏曰：'太子还宫，人无知者，物议安审是非！'则天以为然，乃复置中宗于龙门，具礼迎归，人情感悦。"狄梁公传曰："天后御一小殿，垂帘于后，左右隐蔽，外不能知。乃命公坐于阶下，曰：'前者所议，事实非小，寤寐反覆，思卿所言，弥觉理非甚乖。朕意忠臣事主，岂在多违！今日之间，须易前见。以天下之位在卿一言，可朕意即两全，逆朕心即俱毙！'公从容言曰：'陛下所言，天子之位，可得专之。以臣所知，是太宗文武皇帝之位，陛下岂得而自有也！太宗身陷锋镝，经纶四海，所以不告劳者，盖为子孙，岂为武三思邪！陛下身是大帝皇后，大帝寝疾，权使陛下监国；大帝崩后，合归冢嫡。陛下遂奄有神器，十有馀年。今议缵承，岂可更异！且姑与母孰亲？子与侄孰近？'云云。天后于是歔欷流涕，命左右褰帘，手抚公背，大叫曰：'卿非朕之臣，是唐社稷之臣！'回谓庐陵王曰：'拜国老！今日国老与尔天子！'公免冠顿首，涕血洒地，左右扶策，久不能起。天后曰：'即具所言，宣付中外，择日礼册。'公挥涕而言曰：'自古以来，岂有偷人作天子！庐陵王留在房州，天下所悉知，今日在内，臣亦不知。臣欲奉诏，若同卫太子之变，陛下何以明臣？'天后曰：'安可却向房陵！只于石像驿安置，具法驾，陈百僚，就迎之。'于是大呼万岁，储位乃定。"按武后若密召庐陵王，宫人十人既知其谋，洛阳至房陵，往来道路甚远，岂得外人都不知乎！又，实录岂能构虚立徐彦伯往迎之事，及有庐陵王至自房州之日！又，于时若储位已定，岂可自三月来九月始立为太子！盖庐陵既至，太后以长幼之次欲立之，皇嗣亦以此逊位，故迁延半载。今皆取实录为正。

5 夏，四月，庚寅朔，太后祀太庙。

6 辛丑，以娄师德充陇右诸军大使，仍检校营田事。使，疏吏翻。

7 六月，甲午，命淮阳王武延秀入突厥，纳默啜女为妃；豹韬卫大将军阎知微摄春官尚书，右武卫郎将杨齐庄摄司宾卿，考异曰：实录作"杨鸾庄"。今从金载、旧传。赍金帛巨亿以送之。延秀，承嗣之子也。

凤阁舍人襄阳张柬之谏曰："自古未有中国亲王娶夷狄女者。"由是忤旨，忤，五故翻。出为合州刺史。襄阳县，汉属南郡，献帝建安十三年置襄阳郡；晋为荆州治所，宋、齐、梁为雍州，西魏为襄州。合州，汉垫江县地；南齐置东宕渠郡，西魏改垫江郡，置石镜县，寻置合州，隋改涪州，唐复为合州。旧志，合州，京师南二千四百五十里，至东都三千三百里。

8 秋，七月，凤阁侍郎、同平章事杜景俭罢为秋官尚书。

9 八月，戊子，武延秀至黑沙南庭。突厥默啜谓阎知微等曰："我欲以女嫁李氏，安用武氏儿邪！此岂天子之子乎！我突厥世受李氏恩，闻李氏尽灭，唯两儿在，我今将兵辅立之。"将，即亮翻。乃拘延秀于别所，以知微为南面可汗，言欲使之主唐民也。遂发兵袭静难、平狄、清夷等军，垂拱中置清夷军于妫州界。杜佑曰：在城内，南去范阳二百十里。难，乃旦翻。静难军使慕容玄崱以兵五千降之。使，疏吏翻。崱，士力翻。降，户江翻。虏势大振，进寇妫、檀等州。妫，居为翻。前从阎知微入突厥者，默啜皆赐之五品、三品之服，太后悉夺之。

默啜移书数朝廷曰：数，所具翻。"与我蒸谷种，种之不生，一也。金银器皆行滥，非真物，二也。谷种，章勇翻。行，户刚翻。市列为行，市列造金银器贩卖，率殽他物以求赢，俗谓之行作。滥，恶也。开元八年，颁租庸调法于天下，好不过精，恶不过滥。滥者，恶之极者也。我与使者绯紫皆夺之，三也。缯帛皆疏恶，四也。我可汗女当嫁天子儿，武氏小姓，门户不敌，罔冒为昏，五也。我为此起兵，欲取河北耳。"为，于伪翻。

监察御史裴怀古从阎知微入突厥，默啜欲官之，不受。囚，将杀之，逃归；抵晋阳，形容羸悴。监，古衔翻。羸，伦为翻。悴，秦醉翻。突骑噪聚，以为间谍，欲取其首以求功。有果毅尝为人所枉，怀古按直之，大呼曰："裴御史也。"救之，得全。至都，引见，迁祠部员外郎。间，古苋翻。谍，达协翻。呼，火故翻。见，贤遍翻。唐祠部郎掌祠祀、享祭、天文、漏刻、国忌、庙讳、卜筮、医药、僧尼之事，属礼部。

时诸州闻突厥入寇，方秋，争发民修城。卫州刺史太平敬晖后魏分汉临汾县地，置太平县，隋、唐属绛州。谓僚属曰："吾闻金汤非粟不守，奈何舍收获而事城郭乎？"悉罢之，使归田，百姓大悦。

10 甲午，鸾台侍郎、同平章事王方庆罢为麟台监。

11 太子太保魏宣王武承嗣，恨不得为太子，意怏怏，戊戌，病薨。怏，于两翻。

12 庚子，以春官尚书武三思检校内史，狄仁杰兼纳言。

太后命宰相各举尚书郎一人，仁杰举其子司府丞光嗣，光宅改太府曰司府。拜地官员外郎，已而称职。太后喜曰："卿足继祁奚矣。"左传：晋中军尉祁奚请老，晋侯问嗣焉。称解狐，其雠也，将立之，而卒。又问之。曰："午也可。"于是以祁午为中军尉。君子谓祁奚能举其善矣，称其雠不为谄，立其子不为比。称，尺证翻。

通事舍人河南元行冲，唐六典曰：通事舍人，即秦之谒者，晋武帝省谒者仆射，置舍人、通事各一人，隶中书。东晋令舍人通事兼谒者之任，通事舍人之名始此也。唐通事舍人十六人，掌朝见引纳及辞谢者于殿庭通奏；凡近臣文武就列，则引以进退而告其拜起出入之节；凡四方通表，华、夷纳贡，皆受而进之。博学多通，仁杰重之。行冲数规谏仁杰，且曰："凡为家者必有储蓄脯醢以适口，参术以攻疾。数，所角翻。参，所今翻，人参也。仆窃计明公之门，珍味多矣，行冲请备药物之末。"仁杰笑曰："吾药笼中物，何可一日无也！"笼，力董翻。行冲名澹，以字行。

13 以司属卿武重规为天兵中道大总管，光宅改宗正为司属。缘此，后置天兵军于并州城中。右武卫将军沙吒忠义为天兵西道总管，吒，初加翻。幽州都督下邽张仁愿为天兵东道总管，秦武公伐邽戎，置下邽县。陇西有上邽，故此加下字。汉属京兆，晋属冯翊，后魏置延寿郡，隋废郡，以下邽属同州，垂拱元年，属华州。将兵三十万以讨突厥默啜；

将，即亮翻。又以左羽林卫大将军阎敬容为天兵西道后军总管，将兵十五万为后援。

癸丑，默啜寇飞狐，汉代郡广昌县有飞狐口，隋改广昌为飞狐县，属易州，唐属蔚州。乙卯，陷定州，杀刺史孙彦高及吏民数千人。考异曰：朝野佥载曰："文昌左丞孙彦高，无他识用，性惟顽愚，出为定州刺史。岁馀，默啜贼至，围其郛郭，彦高却锁宅门，不敢诣听事，文案须征发者，于小窗内接人通判。仍简郭下精健，自援其家。贼既乘城，四面并入，彦高乃谓奴曰：'牢关门户，莫与钥匙。'其愚怯也皆此类。俄而陷没，刺史之宅先歼焉。"又曰："彦高被突厥围城数重，彦高乃入匮中藏，令奴曰：'牢掌钥匙，贼来索，慎勿与。'"恐不至此，今不取。

14 九月，甲子，以夏官尚书武攸宁同凤阁鸾台三品。

15 改默【章：十二行本"默"上有"突厥"二字；乙十一行本同；孔本同；张校同；退斋校同。】啜为斩啜。

默啜使阎知微招谕赵州，知微与虏连手蹋【张："蹋"下脱"歌"字。】万岁乐于城下。将军陈令英在城上谓曰："尚书位任非轻，乃为虏蹋歌，独无惭乎！"为，于伪翻。蹋歌者，连手而歌，蹋地以为节。万岁乐，歌曲之名。乐，音洛。知微微吟曰："不得已，万岁乐。"

戊辰，默啜围赵州，长史唐般若翻城应之。长，知两翻。般，北末翻。若，人者翻。刺史高叡与妻秦氏仰药诈死，虏舆之诣默啜，默啜以金狮子带、紫袍示之曰："降则拜官，不降则死！"降，户江翻。叡顾其妻，妻曰："酬报国恩，正在今日！"遂俱闭目不言。经再宿，虏知不可屈，乃杀之。虏退，唐般若族诛；赠叡冬官尚书，谥曰节。叡，颎之孙也。冬官，工部。尚，辰羊翻。谥，神至翻。高颎，隋初佐命。

16 皇嗣固请逊位于庐陵王，太后许之。壬申，立庐陵王哲为皇太子，复名显。嗣，祥吏翻。复，扶又翻，又音如字。赦天下。

甲戌，命太子为河北道元帅以讨突厥。行军元帅起于周、隋，至唐唯亲王及太子为元帅。帅，所类翻。考异曰：实录云丙子，据唐历，"甲戌，皇太子显充河北道行军大元帅”。狄梁公传亦云：“皇太子为元帅，以公为副”。是先立为太子，后为元帅也。今从新本纪。先是，募人月馀不满千人，先，悉荐翻。及闻太子为元帅，应募者云集，未几，数盈五万。几，居岂翻。

戊寅，以狄仁杰为河北道行军副元帅，右丞宋元爽为长史，右台中丞崔献为司马，左台中丞吉顼为监军使。后分御史台为左、右肃政台，各置中丞、侍御史等官。顼，吁玉翻。监，古衔翻。使，疏吏翻。时太子不行，命仁杰知元帅事，太后亲送之。

蓝田令薛讷，仁贵之子也，蓝田，畿县，属雍州。薛仁贵，健将也，事太宗、高宗。太后擢为左威卫将军、安东道经略。将行，言于太后曰：“太子虽立，外议犹疑未定；苟此命不易，丑虏不足平也。”太后深然之。王及善请太子赴外朝以慰人心，从之。朝，直遥翻。考异曰：实录，“辛巳，皇太子朝见。”或作“庙见”。盖睿宗为皇嗣时，止于宫中朝谒，不出外朝；今及善始请太子与群臣俱于外庭朝谒耳。

17 以天官侍郎苏味道为凤阁侍郎、同平章事。味道前后在相位数岁，依阿取容，尝谓人曰：“处事不宜明白，但摸棱持两端可矣。”时人谓之“苏摸棱”。天官，吏部。相，悉亮翻。处，昌吕翻。摸，音莫。

18 癸未，突厥默啜尽杀所掠赵、定等州男女万馀人，自五回道去，厥，九勿翻。啜，叱列翻。水经注：代郡广昌县东南有大岭，世谓之广昌岭。岭高四十馀里，二十里中委折五回，方得达其上岭，故岭有五回之名。时属易州易县界，至开元二十三年，分易县置五回县于五回山下。所过，杀掠不可胜纪。沙吒忠义等但引兵蹑之，不敢逼。胜，音升。吒，初加翻。蹑，泥辄翻。考异曰：旧突厥传云：“默啜尽寇掠赵、定等州男女八九万人。”统纪云：“河北积年丰熟，人畜被野，斩啜虏赵、定、恒、易等州财帛亿万，子女羊马而去。河朔诸州怖其兵威，不敢追蹑。”今从实录。狄仁杰将兵十万追之，无所及。将，即亮翻，又音如字。默啜还漠北，拥兵四十万，据地万里，西北诸夷皆附之，甚有轻中国之心。

19冬，十月，制：都下屯兵，命河内王武懿宗、九江王武攸归领之。

20癸卯，以狄仁杰为河北道安抚大使。时北【章：十二行本“北”上有“河”字；乙十一行本同；孔本同；张校同。】人为突厥所驱逼者，虏退，惧诛，往往亡匿。仁杰上疏，以为：“朝廷议者皆罪契丹、突厥所胁从之人，言其迹虽不同，心则无别。使，疏吏翻。上，时掌翻。别，彼列翻。诚以山东近缘军机调发伤重，调，徒吊翻。家道悉破，或至逃亡。重以官典侵渔，重以，直用翻。因事而起，枷杖之下，痛切肌肤，事迫情危，不循礼义。愁苦之地，不乐其生，有利则归，且图赊死，此乃君子之愧辱，小人之常行也。乐，音洛。行，下孟翻。又，诸城入伪，入伪，谓降贼者。或待天兵，将士求功，皆云攻得，臣忧滥赏，亦恐非辜。以攻取之赏赏将士，则为滥赏。以从虏之罪罪士民，则为非辜。以经与贼同，是为恶地，至于污辱妻子，污，乌故翻。劫掠货财，兵士信知不仁，簪笏未能以免，簪笏，谓士大夫，当官而行者也。乃是贼平之后，为恶更深。且贼务招携，秋毫不犯，言除贼务在招抚携贰，秋毫无所侵犯也。今之归正，即是平人，翻被破伤，岂不悲痛！被，皮义翻。夫人犹水也，壅之则为泉，疏之则为川，通塞随流，塞，悉则翻。岂有常性！今负罪之伍，必不在家，露宿草行，潜窜山泽，赦之则出，不赦则狂，山东群盗，缘兹聚结。臣以边尘蹔起，不足为忧，蹔，与暂同。中土不安，此为大事。罪之则众情恐惧，恕之则反侧自安，伏愿曲赦河北诸州，一无所问。”制从之。仁杰于是抚慰百姓，得突厥所驱掠者，悉递还本贯。散粮运以赈贫乏，修邮驿以济旋师。恐诸将及使者妄求供顿，乃自食疏粝，邮，音尤。将，即亮翻。使，疏吏翻。疏，粗也。粝，脱粟也。一斛粟得六斗米为粝。粝，郎葛翻。禁其下无得侵扰百姓，犯者必斩。河北遂安。

21 以夏官侍郎姚元崇、秘书少监李峤并同平章事。

22 突厥默啜离赵州，离，力智翻。乃纵阎知微使还。太后命磔于天津桥南，磔，陟格翻，张也，开也。使百官共射之，既乃冎其肉，射，而亦翻；下既射同。冎，古瓦翻，剔人肉至骨也。剉其骨，夷其三族，疏亲有先未相识而同死者。考异曰：朝野佥载云："则天磔知微于西市，命百官射之。河内王懿宗去七步射，一发皆不中，怯懦如此。知微身上箭如猬毛。剉其骨肉，夷其九族。小儿年七八岁，驱抱向西市。百姓哀之，掷饼果与者，仍相争夺以为戏笑。监刑御史不忍害，奏舍之。"今从实录。

褒公段瓒，志玄之子也，段志玄从起晋阳，征伐有功。瓒，藏旱翻。先没于突厥。突厥在赵州，瓒邀杨齐庄与之俱逃，齐庄畏懦，不敢发。懦，乃卧翻，又奴乱翻。瓒先归，太后赏之。齐庄寻至，敕河内王武懿宗鞫之；懿宗以为齐庄意怀犹豫，遂与阎知微同诛。既射之如猬，气殜殜未死，殜，余慑翻。乃决其腹，割心，投于地，犹趌趌然跃不止。趌，起逸翻。

擢田归道为夏官侍郎，甚见亲委。

23 蜀州每岁遣兵五百人戍姚州，蜀州，汉江源、武阳之地，李雄置江源郡，晋为晋原县，隋废郡，以县属益州，垂拱二年，分置蜀州。路险远，死亡者多。蜀州刺史张柬之上言，以为："姚州本哀牢之国，哀牢夷见四十五卷汉明帝永平十二年。荒外绝域，山高水深。国家开以为州，武德四年，以汉益州郡之云南县地置姚州，以其地人多姓姚故也。旧志，至京师四千九百里。麟德元年，移治弄栋川。未尝得其盐布之税，甲兵之用，而空竭府库，驱率平人，受役蛮夷，肝脑涂地，臣窃为国家惜之。窃为，于伪翻。请废姚州以隶嶲州，岁时朝觐，同之蕃国。嶲，音髓。朝，直遥翻。泸南诸镇亦皆废省，于泸北置关，泸，音卢。百姓非奉使，无得交通往来。"使，疏吏翻。疏奏，不纳。

二年（己亥、六九九）

1 正月，丁卯朔，告朔于通天宫。告，古沃翻，又如字。

2 壬戌，以皇嗣为相王，领太子右卫率。相，息亮翻。率，所律翻。

3 甲子，置控鹤监丞、主簿等官，先已置控鹤监，今方备官。率皆嬖宠之人，嬖，卑义翻，又博计翻。颇用才能文学之士以参之。以司卫卿张易之为控鹤监，银青光禄大夫张昌宗、左台中丞吉顼、殿中监田归道、夏官侍郎李迥秀、凤阁舍人薛稷、正谏大夫临汾员半千临汾县带晋州，本平阳县，隋更名。半千本彭城刘氏，十世祖凝之事宋，及齐受禅奔魏，以忠烈自比伍员，因自姓员。员，音云。皆为控鹤监内供奉。稷，元超之从子也。薛元超事高宗。从，才用翻。半千以古无此官，且所聚多轻薄之士，上疏请罢之；由是忤旨，上，时掌翻。忤，五故翻。左迁水部郎中。

4 腊月，戊子，以左台中丞吉顼为天官侍郎，右台中丞魏元忠为凤阁侍郎，并同平章事。

5 文昌左丞宗楚客与弟司农卿晋卿，坐赃贿满万馀缗及第舍过度，楚客贬播州司马，晋卿流峰州。峰州，汉交趾麊冷县地。吴置新兴郡，晋改新昌郡，齐置兴州，隋初改华州，十八年改峰州。大业废州，并入交趾为嘉宁县，唐武德四年复置峰州。旧志，播州去京师四千五百三十里，东都四千九百六十里。峰州至京师七千七百一十里。太平公主观其第，叹曰："见其居处，处，昌吕翻。吾辈乃虚生耳。"

6 辛亥，赐太子姓武氏；赦天下。

7 太后生重眉，成八字，重，直龙翻。百官皆贺。

8 河南、北置武骑团以备突厥。骑，奇寄翻。

9 春，一月，庚申，夏官尚书、同凤阁鸾台三品武攸宁罢为冬官尚书。

10 二月，己丑，太后幸嵩山，过缑氏，谒升仙太子庙。缑氏县属洛州。升仙太子，周王子晋也。世传晋升仙后，桓良遇之于嵩山，曰："七月七日，待我于缑氏山头。"果乘白鹤驻山顶，举手谢时人而云。后人因为立祠，后加号升仙太子。杜佑曰：缑氏县，古滑国。缑，工侯翻。壬辰，太后不豫，遣给事中栾城阎朝隐祷少室山。朝隐自为牺牲，朝，直遥翻。沐浴伏俎上，请代太后命。太后疾小愈，厚赏之。丁酉，自缑氏还。

11 初，吐蕃赞普器弩悉弄尚幼，论钦陵兄弟用事，皆有勇略，诸胡畏之。钦陵居中秉政，诸弟握兵分据方面，赞婆常居东边，为中国患者三十馀年。器弩悉弄浸长，长，知两翻。阴与大臣论岩谋诛之。会钦陵出外，赞普诈云出畋，集兵执钦陵亲党二千馀人，杀之，遣使召钦陵兄弟，钦陵等举兵不受命。赞普将兵讨之，钦陵兵溃，自杀。夏四月，赞婆帅所部千馀人来降，使，疏吏翻。将，即亮翻。帅，读曰率。降，户江翻。考异曰：实录："赞婆及其兄弟莽布支等来降，以莽布支为左羽林卫员外大将军，封安国公。"按赞婆弟名悉多于敷论。明年，吐蕃将曲莽布支寇凉州，与唐休璟战。未详实录所云。今删去。太后命左武卫铠曹参军郭元振与河源军大使夫蒙令卿将骑迎之，夫蒙，姓也。姓谱，夫蒙，羌复姓，后秦有建威将军夫蒙大羌。以赞婆为特进、归德王。钦陵子弓仁，以所统吐谷浑七千帐来降，拜左玉钤卫将军、酒泉郡公。

12 壬辰，以魏元忠检校并州长史，充天兵军大总管，以备突厥。

娄师德为天兵军副大总管，仍充陇右诸军大使，专掌怀抚吐蕃降者。

13 太后春秋高，虑身后太子与诸武不相容。壬寅，命太子、相王、太平公主与武攸暨等为誓文，告天地于明堂，铭之铁券，藏于史馆。

14 秋，七月，命建安王武攸宜留守西京，代会稽王武攸望。守，式又翻。会，工外翻。

15 丙辰，吐谷浑部落一千四百帐内附。吐，从暾入声。谷，音浴。

16 八月，癸巳，突骑施乌质勒遣其子遮努入见。西突厥既败，突骑施始盛。突骑施乌质勒者，西突厥之别种也，初隶斛瑟罗下，号莫贺达干。后斛瑟罗入朝，其地为乌质勒所并。骑，奇寄翻。见，贤遍翻。遣侍御史元城解琬安抚乌质勒及十姓部落。解，户买翻。

17 制："州县长吏，非奉有敕旨，毋得擅立碑。"长，知两翻。

18 内史王及善虽无学术，然清正难夺，有大臣之节。张易之兄弟每侍内宴，无复人臣礼；复，扶又翻。及善屡奏以为不可。太后不悦，谓及善曰："卿既年高，不宜更侍游宴，但检校阁中可也。"阁，谓省阁也。及善因称病，谒假月馀；假，古讶翻。太后不问。及善叹曰："岂有中书令而天子可一日不见乎！事可知矣！"乃上疏乞骸骨，上，时掌翻。疏，所去翻。太后不许。庚子，以及善为文昌左相，太子宫尹豆卢钦望为文昌右相，仍并同凤阁鸾台三品。相，悉亮翻；下同。考异曰：新纪表：及善同平章事。今从实录。朝野佥载曰："王及善才行庸猥，风神钝浊，为内史时，人号为'鸠集凤池'。俄迁文昌右相，无他政，但不许令史奴驴入台，终日迫逐，无时暂舍，时人号'驱驴宰相'"。此盖张文成恶及善，毁之耳。今从旧传。鸾台侍郎、同平章事杨再思罢为左台大夫。即左御史大夫。丁未，相王兼检校安北大都护。以天官侍郎陆元方为鸾台侍郎、同平章事。

19 纳言、陇右诸军大使娄师德薨。使，疏吏翻。

师德在河陇，前后四十馀年，恭勤不怠，民夷安之。性沈厚宽恕，狄仁杰之入相也，师德实荐之；而仁杰不知，意颇轻师德，数挤之于外。沈，持林翻。数，所角翻。挤，子西翻，又子细翻。太后觉之，尝问仁杰曰："师德贤乎？"对曰："为将能谨守边陲，将，即亮翻；下同。贤则臣不知。”又曰：“师德知人乎？”对曰：“臣尝同僚，未闻其知人也。”太后曰：“朕之知卿，乃师德所荐也，亦可谓知人矣。”仁杰既出，叹曰：“娄公盛德，我为其所包容久矣，吾不得窥其际也。”是时罗织纷纭，师德久为将相，独能以功名终，人以是重之。

20 戊申，以武三思为内史。

21 九月，乙亥，太后幸福昌；福昌县属东都，本宜阳县，武德二年更名，因隋福昌宫以名县也。戊寅，还神都。

22 庚子，邢贞公王及善薨。

23 河溢，漂济源百姓庐舍千馀家。济源本春秋时原邑，汉属河东垣县界，隋开皇十六年置济源县，属怀州。济，子礼翻。

24 冬，十月，丁亥，论赞婆至都，太后宠待赏赐甚厚，以为右卫大将军，使将其众守洪源谷。洪源谷在凉州昌松县界。使将，即亮翻。

25 太子、相王诸子复出阁。相王诸子幽宫中，见二百四卷天授二年。复，扶又翻；下不复同。

26 太后自称制以来，多以武氏诸王及驸马都尉为成均祭酒，博士、助教亦多非儒士。又因郊丘，明堂，拜洛，封嵩，郊丘，祭圜丘于南郊也。享万象神宫及享通天宫，皆明堂也。垂拱四年拜洛，万岁通天元年封嵩山。取弘文国子生为斋郎，斋郎者，执豆笾、奉樽彝罍洗以供祭祀之事。因得选补。由是学生不复习业，二十年间，学校殆废。而向时酷吏所诬陷者，其亲友流离，未获原宥。凤阁舍人韦嗣立上疏，上，时掌翻。疏，所去翻。以为：“时俗浸轻儒学，先王之道，弛废不讲。宜令王公以下子弟，皆入国学，不听以他岐仕进。又，自扬、豫以来，谓徐敬业起兵于扬州，越王贞起兵于豫州也。制狱渐繁，酷吏乘间，专欲杀人以求进。间，古苋翻。赖陛下圣明，周、丘、王、来相继诛殛，天授二年，周兴流死，丘神勣诛。延载元年王弘义诛，神功元年来俊臣诛。朝野庆泰，若再睹阳和。朝，直遥翻。至如仁杰、元忠，往遭按鞫，亦皆自诬，非陛下明察，则以为菹醢矣；今陛下升而用之，皆为良辅。何乃前非而后是哉？诚由枉陷与甄明耳。甄，稽延翻。臣恐向之负冤得罪者甚众，亦皆如是。伏望陛下弘天地之仁，广雷雨之施，施，式志翻。自垂拱以来，罪无轻重，一皆昭洗，死者追复官爵，生者听还乡里。如此，则天下知昔之枉滥，非陛下之意，皆狱吏之辜，幽明欢欣，感通和气。”太后不能从。

嗣立，承庆之异母弟也。母王氏，遇承庆甚酷，每杖承庆，嗣立必解衣请代；母不许，辄私自杖，母乃为之渐宽。为，于伪翻。承庆为凤阁舍人，以疾去职。嗣立时为莱芜令，莱芜县，汉属泰山郡，晋废，后魏于古城置嬴县，唐贞观初废入博城县，后复于废嬴县置莱芜县，属兖州。太后召谓曰：“卿父尝言，‘臣有两儿，堪事陛下。’卿兄弟在官，诚如父言。朕今以卿代兄，更不用他人。”即日拜凤阁舍人。

27 是岁，突厥默啜立其弟咄悉匐为左厢察，咄，当没翻。匐，蒲北翻；下同。骨笃禄子默矩为右厢察，各主兵二万馀人；其子匐俱为小可汗，位在两察上，主处木昆等十姓，兵四万馀人，又号为拓西可汗。处木昆十姓，西突厥所部也，故号拓西。

久视元年（庚子、七〇〇）是年五月始改元。

1 正月，戊寅，内史武三思罢为特进、太子少保。考异曰：新纪、表皆云，“戊午贬吉顼为琰川尉，壬申，三思罢”，中间未尝复入相。明年十一月壬申，又云三思罢。日及官皆同，盖误重复耳。今从实录。天官侍郎、同平章事吉顼贬安固尉。考异曰：实录但云坐事贬流。佥载、新书皆云贬琰川尉。今从御史台记。

太后以顼有干略，故委以腹心。顼与武懿宗争赵州之功于太后前。顼魁岸辩口，懿宗短小伛偻，伛，于庚翻。偻，力主翻。

项视懿宗，声气陵厉。太后由是不悦，曰："项在朕前，犹卑我诸武，况异时讵可倚邪！"他日，项奏事，方援古引今，太后怒曰："卿所言，朕饫闻之，饫，于据翻。无多言！太宗有马名师子骢，肥逸无能调驭者。朕为宫女侍侧，言于太宗曰：'妾能制之，然须三物，一铁鞭，二铁楇，三匕首。铁鞭击之不服，则以楇楇其首，又不服，则以匕首断其喉。'太宗壮朕之志。今日卿岂足污朕匕首邪！"楇，侧瓜翻。断，音短。污，乌故翻。项惶惧流汗，拜伏求生，乃止。诸武怨其附太子，共发其弟冒官事，由是坐贬。

辞日，得召见，见，贤遍翻；下再见同。涕泣言曰："臣今远离阙庭，离，力智翻。永无再见之期，愿陈一言。"太后命之坐，问之，项曰："合水土为泥，有争乎？"合，音阁。太后曰："无之。"又曰："分半为佛，半为天尊，有争乎？"曰："有争矣。"项顿首曰："宗室、外戚各当其分，则天下安。分，扶问翻。今太子已立而外戚犹为王，此陛下驱之使他日必争，两不得安也。"太后曰："朕亦知之。然业已如是，不可何如。"观太后使二子与诸武立誓，则诚知势有所必至而出此下策耳。

2 腊月，辛巳，立故太孙重润为邵王，其弟重茂为北海王。

3 太后问鸾台侍郎【章：十二行本"郎"下有"同平章事"四字；乙十一行本同；孔本同；张校同。】陆元方以外事，对曰："臣备位宰相，有大事不敢不以闻；人间细事，不足烦圣听。"由是忤旨。忤，五故翻。庚寅，罢为司礼卿。光宅改太常卿为司礼卿。

元方为人清谨，再为宰相，太后每有迁除，多访之，元方密封以进，未尝漏露。临终，悉取奏稿焚之，曰："吾于人多阴德，子孙其未衰乎！"

4 以西突厥竭忠事主可汗斛瑟罗为平西军大总管，镇碎叶。

5 丁酉，以狄仁杰为内史。

6 庚子，以文昌左丞韦巨源为纳言。考异曰：新纪、表：“庚子，文昌左相韦巨源为纳言；十月，丁巳，罢。”先时不言巨源为左相，旧纪、传皆无之，盖左丞误为左相耳。

乙巳，太后幸嵩山；春，一月，丁卯，幸汝州之温汤；戊寅，还神都。作三阳宫于告成之石淙。三阳宫去洛城一百六十里，万岁登封元年，改东都阳城县曰告成，以祀神岳告成也。淙，藏宗翻，又士江翻。

7 二月，乙未，同凤阁鸾台三品豆卢钦望罢为太子宾客。

8 三月，以吐谷浑青海王宣超为乌地也拔勤忠可汗。宣超，诺曷钵之孙也。

9 夏，四月，戊申，太后幸三阳宫避暑，有胡僧邀车驾观葬舍利，太后许之。狄仁杰跪于马前曰：“佛者夷狄之神，不足以屈天下之主。彼胡僧诡谲，直欲邀致万乘以惑远近之人耳。山路险狭，不容侍卫，非万乘所宜临也。”谲，古穴翻。乘，绳证翻。太后中道而还曰：“以成吾直臣之气。”

10 五月，己酉朔，日有食之。

11 太后使洪州僧胡超合长生药，合，音阁。三年而成，所费巨万。太后服之，疾小瘳。瘳，丑留翻。癸丑，赦天下，改元久视；去天册金轮大圣之号。去，羌吕翻。

12 六月，改控鹤为奉宸府，以张易之为奉宸令。太后每内殿曲宴，辄引诸武、易之及弟秘书监昌宗饮博嘲谑。嘲，陟交翻。谑，迄却翻。太后欲掩其迹，乃命易之、昌宗与文学之士李峤等修三教珠英于内殿。三教，儒、释、道。武三思奏昌宗乃王子晋后身。太后命昌宗衣羽衣，吹笙，乘木鹤于庭中；文士皆赋诗以美之。衣，于既翻。

太后又多选美少年为奉宸内供奉，少，诗照翻。右补阙朱敬则谏曰："陛下内宠有易之、昌宗，足矣。近闻右监门卫长史侯祥等，唐诸卫府各有长史，从六品上，各掌判其府诸曹之事。监，古衔翻。明自媒衒，衒，荧绢翻。丑慢不耻，求为奉宸内供奉，无礼无仪，溢于朝听。臣职在谏诤，不敢不奏。"太后劳之曰：劳，力到翻。"非卿直言，朕不知此。"赐彩百段。

易之、昌宗竞以豪侈相胜。弟昌仪为洛阳令，请属无不从。属，之欲翻。尝早朝，朝，直遥翻；下同。有选人姓薛，以金五十两并状邀其马而赂之。选，须绢翻。昌仪受金，至朝堂，以状授天官侍郎张锡。数日，锡失其状，以问昌仪，昌仪骂曰："不了事人！我亦不记，但姓薛者即与之。"锡惧，退，索在铨姓薛者六十馀人，悉留注官。索，山客翻。锡，文瓘之兄子也。张文瓘见二百一卷高宗乾封二年。

13 初，契丹将李楷固，善用绳索及骑射、舞槊，每陷陈，如鹘入乌群，所向披靡。将，即亮翻。骑，奇寄翻。槊，色角翻。陈，读曰阵。披，普彼翻。黄獐之战，张玄遇、麻仁节皆为所绳。事见上卷万岁通天元年。又有骆务整者，亦为契丹将，屡败唐兵。败，补迈翻。及孙万荣死，二人皆来降。降，户江翻。有司责其后至，奏请族之。狄仁杰曰："楷固等并骁勇绝伦，骁，坚尧翻。能尽力于所事，必能尽力于我，若抚之以德，皆为我用矣。"奏请赦之。所亲皆止之，仁杰曰："苟利于国，岂为身谋！"太后用其言，赦之。又请与之官，太后以楷固为左玉钤卫将军，务整为右武威卫将军，使将兵击契丹馀党，悉平之。

齐思和标点聂崇岐覆校

中华国学文库

资治通鉴

十

〔宋〕司马光 编著
〔元〕胡三省 音注

中华书局

资治通鉴卷第二百二十九

端明殿学士兼翰林侍读学士太中大夫
提举西京嵩山崇福宫上柱国河内郡开国公 司马光 奉敕编集
食邑二千二百户食实封九百户赐紫金鱼袋臣
后学天台胡三省音注

唐纪四十五 起昭阳大渊献（癸亥）十一月，尽阏逢困敦（甲子）正月，不满一年。

德宗神武圣文皇帝四

建中四年（癸亥、七八三）

1 十一月，乙亥，以陇州为奉义军，擢皋为节度使。泚又使中使刘海广许皋凤翔节度使；皋斩之。史言韦皋以此发身。使，疏吏翻。泚，且礼翻。

2 灵武留后杜希全、盐州刺史戴休颜、夏州刺史时常春会渭北节度使李建徽合兵万人入援，灵武节度使治灵州，夏州治朔方县，盐州治五原县，皆邻境相接。渭北节度使本治坊州，时徙治鄜州。夏，户雅翻。将至奉天，上召将相议道所从出。关播、浑瑊曰："漠谷道险狭，召将，即亮翻。相，息亮翻。浑，户昆翻，又户本翻。瑊，古衔翻。漠谷，在奉天城西北。恐为贼所邀。不若自乾陵北过，附柏城而行，山陵树柏成行，以遮迾陵寝，故谓之柏城。宋白曰：唐诸陵皆栽柏环之。贞元六年十一月，敕诸陵柏城四面各三里内，不得安葬。过，古禾翻，又古卧翻。营于城东北鸡子堆，与城中掎角相应，掎，居蚁翻。且分贼势。"卢杞曰："漠谷道近，若为贼所邀，则城中出兵应接可也。傥出乾陵，恐惊陵寝。”瑊曰：“自泚攻城，斩乾陵松柏，以夜继昼，其惊多矣。今城中危急，诸道救兵未至，惟希全等来，所系非轻，若得营据要地，则泚可破也。”杞曰：“陛下行师，岂比逆贼！若令希全等过之，是自惊陵寝。”泚，且礼翻，又音此。令，力丁翻。上乃命希全等自漠谷进。丙子，希全等军至漠谷，果为贼所邀，乘高以大弩、巨石击之，死伤甚众；城中出兵应接，为贼所败。是夕，四军溃，退保邠州。泚阅其辎重于城下，从官相视失色。自两河兵兴以至乘舆播迁，卢杞之言无一不误国，而德宗信之如故，庸昏甚矣！败，补迈翻。从，才用翻。邠，卑旻翻。泚，且礼翻，又音此。辎，庄持翻。重，直用翻。休颜，夏州人也。夏，户雅翻。

泚攻城益急，穿堑环之。泚移帐于乾陵，下视城中，动静皆见之，时遣使环城堑，七艳翻。使，疏吏翻。环，音宦。招诱士民，笑其不识天命。诱，音酉。

3 神策河北行营节度使李晟疾愈，前年五月，李晟疾甚，自易州还保定州，事见上卷。晟，成正翻。闻上幸奉天，帅众将奔命。帅，读曰率。张孝忠迫于朱滔、王武俊，倚晟为援，不欲晟行，数沮止之。数，所角翻。沮，在吕翻。晟乃留其子凭，使娶孝忠女为妇，又解玉带赂孝忠亲信，使说之，说，式芮翻。孝忠乃听晟西归，遣大将杨荣国将锐兵六百与晟俱。晟引兵出飞狐道，昼夜兼行，至代州。沈存中曰：北岳常岑，谓之大茂山者是也，半属契丹，以大茂山脊为界。飞狐路，在茂之西。自银冶寨北出倒马关，度虏界，却自石门子、令水铺入瓶形、梅回两寨之间，至代州。今此路已不通，惟北寨西出承天关路，可至河东，然路极峭狭。按存中所谓地界，乃石晋与契丹所分地界也。丁丑，加晟神策行营节度使。史言李晟前只节度河北神策出征兵行营，今又加节度神策行营兵出征河南者，此其所以得诛刘德信也。

4 王武俊、马寔攻赵州不克。辛巳，寔归瀛州，武俊送之五里，犒赠甚厚；武俊亦归恒州。恒，户登翻。

5 上之出幸奉天也，陕虢观察使姚明敭陕，失冉翻。敭，与扬同。以军事委都防御副使张劝，去诣行在。劝募兵得数万人。甲申，以劝为陕虢节度使。

6 朱泚攻围奉天经月，是年十月，上出奉天，才至奉天数日而朱泚继至，攻围至是月为经月。城中资粮俱尽。上尝遣健步出城觇贼，健步，今之急脚子是也。觇，丑廉翻。其人恳以苦寒为辞，跪奏乞一襦袴。襦，汝朱翻，短衣。上为之寻求不获，为，于伪翻。竟悯默而遣之。悯者，矜其寒；默者，无以为辞也。时供御才有粝米二斛，每伺贼之休息，夜，缒人于城外，采芜菁根而进之。本草曰：芜菁及芦菔，南北通有之。芜菁，即蔓菁；芦菔，即萝卜也。陶隐居云：芦菔是今温菘，其根可食，叶不中啖。芜菁根乃细于温菘，而叶似菘，好食。日华子曰：梗长叶瘦高者为菘；阔厚短肥而庳及梗细者为芜菁叶也。陆佃埤雅曰：旧说，菘菜，北种，初年半为芜菁，二年菘种都绝。芜菁南种亦然。菘之不生北土，犹橘柚之变于淮北矣。芜菁似菘而小，有臺，一名葑，一名须。史炤曰：本草注云，芜菁，北人又名蔓菁，根叶及子乃是菘类。诗云：采葑采菲。疏云：陆玑云，葑，芜菁，幽州人或谓之芥。方言云：丰荛，芜菁也。陈、楚谓之葑，齐、鲁谓之荛，关西谓之芜菁，赵、魏之部谓之大芥。粝，卢达翻。伺，相吏翻。缒，驰伪翻。上召公卿将吏谓曰："朕以不德，自陷危亡，固其宜也。公辈无罪，宜早降以救室家。"降，户江翻。群臣皆顿首流涕，期尽死力，故将士虽困急而锐气不衰。

上之幸奉天也，粮料使崔纵劝李怀光令入援，崔纵为魏县行营粮料使。怀光从之。纵悉敛军资与怀光皆来。怀光昼夜倍道，至河中，力疲，休兵三日。河中尹李齐运倾力犒宴，犒，口到翻。军【章：十二行本"军"下有"士"字；乙十一行本同；孔本同；张校同；退斋校同。】尚欲迁延。崔纵先辇货财渡河，谓众曰："至河西，悉以分赐。"开元八年，析河东县自蒲津以西为河西县。众利之，西屯蒲城，有众五万。齐运，恽之孙也。蒋王恽，太宗子也。恽，于粉翻。

李晟行且收兵，亦自蒲津济，军于东渭桥；其始有卒四千，晟善于抚御，与士卒同甘苦，人乐从之，晟，成正翻。乐，音洛。旬月间至万馀人。

神策兵马使尚可孤讨李希烈，将三千人在襄阳，自武关入援，军于七盘，使，疏吏翻。将，即亮翻，又音如字。七盘，即古绕溜之险。败泚将仇敬，仇敬，即仇敬忠。此因旧史书之。败，补迈翻。遂取蓝田。可孤，宇文部之别种也。种，章勇翻。

镇国军副使骆元光，肃宗上元元年，置镇国军于华州。其先安息人，骆奉先养以为子，将兵守潼关近十年，为众所服。潼，音童。近，其靳翻。朱泚遣其将何望之袭华州，刺史董晋弃州走行在。华，户化翻；下同。走，音奏。望之据其城，将聚兵以绝东道；元光引关下兵袭望之，走还长安。还，从宣翻，又音如字。元光遂军华州，召募士卒，数日，得万馀人。泚数遣兵攻元光，泚，且礼翻，又音此。数，所角翻。元光皆击却之，贼由是不能东出。上即以元光为镇国军节度使，镇国军节度，治华州。元光乃将兵二千西屯昭应。

马燧遣其行军司马王权及其子汇将兵五千人入援，屯中渭桥。燧，音遂。汇，于季翻。宋敏求长安志引三辅黄图曰：渭水贯都以象天汉，横桥南渡以法牵牛。盖指此之中桥而为若言也。桥之广至及六丈；其柱之多至于七百五十；约其地望，即唐太极宫之西而太仓之北也。程大昌曰：此桥旧止单名渭桥。水经叙渭曰"水上有梁谓之桥"者是也。后世加中以冠桥上者，为长安之西别有便门桥渡渭，万年县之东更有东渭桥，故不得不以中别之也。

于是泚党所据惟长安而已，援军游骑时至望春楼下。李忠臣等屡出兵皆败，求援于泚，泚恐民间乘弊抄之，望春楼近长乐城，临广运潭，玄宗所立。骑，奇寄翻。抄，楚交翻。所遣兵皆昼伏夜行。

泚内以长安为忧，乃急攻奉天，使僧法坚造云梯，【严："梯"改"桥"；下同。】高广各数丈，高，居傲翻。广，古旷翻。近世学者多各以音如字读之。考异曰：剧谈录曰："高九十馀尺，下瞰城中。"今从实录。裹以兕革，史炤曰：兕，色如野牛而青，一说雌犀也。余按山海经，兕，角重百斤，身重千斤，黄帝得之，以其皮冒鼓，声震百里。其说固诞矣。国语：叔向曰：唐叔殪兕，以为大甲。周官考工记：犀甲寿百年，兕甲寿二百年。兕甲固坚于犀甲矣。左传：宋华元之言曰：犀兕尚多。则兕者，世之常有也。然兕者今不常见。史言朱泚裹云梯以兕革，不过用牛皮耳。兕，序姊翻。下施巨轮，上容壮士五百人；城中望之恟惧。上以问群臣，浑瑊、侯仲庄对曰："臣观云梯势甚重，重则易陷，恟，许拱翻。浑，户昆翻，又户本翻。瑊，古衔翻。易，以豉翻。臣请迎其所来凿地道，积薪蓄火以待之。"神武军使韩澄曰：开元二十六年，分左、右羽林，置左、右神武军。使，疏吏翻。"云梯小伎，不足上劳圣虑，伎，渠绮翻。臣请御之。"乃度梯之所傃，度，徒洛翻。傃，桑故翻，向也。郑玄曰：攻城，攻其所傃。傃，犹向也。广城东北隅三十步，多储膏油松脂薪苇于其上。丁亥，泚盛兵鼓噪攻南城，韩游瓌曰："此欲分吾力也。"乃引兵严备东北。戊子，北风甚迅，噪，则灶翻。瓌，古回翻。迅，疾也。泚推云梯，推，吐雷翻。上施湿毡，悬水囊，载壮士攻城，翼以辕辒，辕，扶云翻。辒，于云翻。辕辒，攻城车也。兵法，修辕辒距堙者，三月而后成。置人其下，抱薪负土填堑而前，矢石火炬所不能伤。贼并兵攻城东北隅，矢石如雨，城中死伤者不可胜数。堑，七艳翻。胜，音升。贼已有登城者，上与浑瑊对泣，群臣惟仰首祝天。上以无名告身自御史大夫、实食五百户以下千馀通授瑊，无名告身，即空名告身，有功者则书填姓名以授之。实食，食实封也。使募敢死士御之，仍赐御笔，使视其功之大小书名给之，告身不足则书其身，谓若立功者多，所给告身千馀通酬功而不足，则书陈前所喝转阶勋于其身，以为照验，出给告身。且曰："今便与卿别。"期望浑瑊死战也。瑊俯伏流涕，上拊其背，歔欷不自胜。瑊，古衔翻。歔，音虚。欷，许既翻，又音希。胜，音升。时士卒冻馁，又乏甲胄，瑊抚谕，激以忠义，皆鼓噪力战。瑊中流矢，噪，则灶翻。中，竹仲翻。进战不辍，初不言痛。会云梯辗地道，一轮偏陷，不能前却，辗，猪辇翻，又尼展翻。地道者，浑瑊等所凿，以迎云梯者也。火从地中出，火亦浑瑊等所蓄以待云梯者。风势亦回，城上人投苇炬，散松脂，沃以膏油，讙呼震地。讙，许元翻。须臾，云梯及梯上人皆为灰烬，臭闻数里，闻，音问。贼乃引退。于是三门皆出兵，时朱泚攻奉天城东、南、北三面，故三门皆出兵与战。太子亲督战，贼徒大败，死者数千人。将士伤者，太子亲为裹疮。将，即亮翻。为，于伪翻。入夜，泚复来攻城，泚，且礼翻，又音此。复，扶又翻，又音如字。矢及御前三步而坠；上大惊。

李怀光自蒲城引兵趣泾阳，趣，七喻翻。并北山而西，并，读曰傍，步浪翻。先遣兵马使张韶微服间行诣行在，间，古苋翻；下得间同。藏表于蜡丸。韶至奉天，值贼方攻城，见韶，以为贱人，驱之使与民俱填堑；韶得间，逾堑抵城下呼曰："我朔方军使者也。"堑，七艳翻。呼，火故翻。使，疏吏翻。城上人下绳引之，比登，比，必利翻，及也。身中数十矢，中，竹仲翻。得表于衣中而进之。上大喜，舁韶以徇城，四隅欢声如雷。舁，音余，又羊茹翻。癸巳，怀光败泚兵于澧泉。败，补迈翻。泚闻之惧，引兵遁归长安。众以为怀光复三日不至，则城不守矣。史言李怀光解奉天之围，不为无功。泚，且礼翻，又音此。

泚既退，从臣皆贺。从，才用翻。汴滑行营兵马使贾隐林进言："陛下性太急，不能容物，若此性未改，虽朱泚败亡，忧未艾也！"上不以为忤，甚称之。使，疏吏翻。汴，皮变翻。使德宗果能以此心而受谏，何至追仇陆贽之尽言乎！忤，五故翻。侍御史萬俟著开金、商运路，"萬"当作"万"，莫北翻。俟，渠之翻。万俟，虏复姓也。开金、商运路，转江、淮财赋以至奉天。重围既解，重，直龙翻。诸道贡赋继至，用度始振。

朱泚至长安，但为城守之计，时遣人自城外来，周走呼曰：呼，火故翻。“奉天破矣！”欲以惑众。泚既据府库之富，不爱金帛以悦将士，公卿家属在城者皆给月俸。将，即亮翻。俸，扶用翻。神策及六军从车驾及哥舒曜、李晟者，泚皆给其家粮；加以缮完器械，日费甚广。及长安平，府库尚有馀蓄，见者皆追怨有司之暴敛焉。以此观之，赵赞辈不足责也；杜佑判度支，安能逃其罪乎！敛，力赡翻。

或谓泚曰：“陛下既受命，唐之陵庙不宜复存。”复，扶又翻。泚曰：“朕尝北面事唐，岂忍为此！”又曰：“百官多缺，请以兵胁士人补之。”泚曰：“强授之则人惧。强，其两翻。但欲仕者则与之，何必叩户拜官邪！”邪，音耶。泚所用者惟范阳、神策团练兵；团练兵，即团结兵，事见二百二十五卷代宗大历十二年。泾原卒骄，皆不为用，但守其所掠资货，不肯出战；又密谋杀泚，不果而止。泚，且礼翻，又音此。

李怀光性粗疏，粗，读与麤同。自山东来赴难，自魏县行营来赴奉天之难。魏县属魏州，其地在河山之东。难，乃旦翻；下同。数与人言卢杞、赵赞、白志贞之奸佞，数，所角翻。且曰：“天下之乱，皆此曹所为也！吾见上，当请诛之。”既解奉天之围，自矜其功，谓上必接以殊礼。礼绝百僚，谓之殊礼。或说王翃、赵赞曰：说，式芮翻。翃，户萌翻。“怀光缘道愤叹，以为宰相谋议乖方，乖方，犹言失所也。度支赋敛烦重，京尹犒赐刻薄；致乘舆播迁者，三臣之罪也。宰相，指卢杞。度支，指赵赞。京尹，指王翃。度，徒洛翻。敛，力赡翻。乘，绳证翻。今怀光新立大功，上必披襟布诚，询【章：十二行本“询”下有“访”字；乙十一行本同；孔本同；张校同。】得失，使其言入，岂不殆哉！”殆，危也。翃、赞以告卢杞，杞惧，从容言于上曰：从，千容翻；下同。“怀光勋业，社稷是赖，贼徒破胆，皆无守心，若使之乘胜取长安，则一举可以灭贼，此破竹之势也。今听其入朝，必当赐宴，留连累日，使贼入京城，得从容成备，恐难图矣！”上以为然。怀光矜功，厚望其上而求逞其欲。德宗欲速，逼使其下而不闵其劳。卢杞之心，自营免罪而捭阖于其间。是以虽急于平贼，而不知更生一贼也。朝，直遥翻。诏怀光直引军屯便桥，与李建徽、李晟及神策兵马使杨惠元刻期共取长安。怀光自以数千里竭诚赴难，破朱泚，解重围，而咫尺不得见天子，意殊怏怏，晟，成正翻。使，疏吏翻。难，乃旦翻。泚，且礼翻，又音此。重，直龙翻。怏，于两翻。曰：“吾今已为奸臣所排，事可知矣！”遂引兵去，至鲁店，鲁店，在奉天东南，咸阳陈涛斜西北。留二日乃行。为李怀光反与朱泚连兵张本。

7 剑南西山兵马使张朏以所部兵作乱，入成都，使，疏吏翻。剑南宿重兵于西山，以备吐蕃，崔宁以是兵杀郭英乂，张朏以是兵逐张延赏。朏，敷尾翻。西川节度使张延赏弃城奔汉州；武后垂拱二年，分益州置汉州。九域志：成都北至汉州九十五里。鹿头戍将叱干遂等讨之，鹿头关，在汉州德阳县。刘昫曰：成都北一百五十里，有鹿头山，扼两川之要。将，即亮翻。叱，尺栗翻。斩朏及其党，延赏复归成都。

8 淮南节度使陈少游将兵讨李希烈，屯盱眙，盱眙，汉县，唐初属楚州，建中四年，度属泗州。少，始照翻。盱，音吁。眙，音怡。闻朱泚作乱，归广陵，修堑垒，缮甲兵。浙江东、西节度使韩滉闭关梁，禁马牛出境，筑石头城，穿井近百所，缮馆第数十，修坞壁，泚，且礼翻，又音此。堑，七艳翻。滉，呼广翻。近，其靳翻。通俗文：营居曰坞。壁，垒也。释名曰：壁，辟也，所以辟御寇盗也。起建业，抵京岘，京岘山，在润州州治东五里。岘，户蹇翻。楼堞相属，属，之欲翻，联属也。堞，达协翻。以备车驾渡江，且自固也。少游发兵三千大阅于江北；滉亦发舟师三千曜武于京江以应之。大江径京口城北，谓之京江。

盐铁使包佶佶，巨乙翻。有钱帛八百万，将输京师。陈少游以为贼据长安，未期收复，言收复未有期也。欲强取之。强，如字。佶不可，少游欲杀之；佶惧，匿妻子于案牍中，急济江。少游悉收其钱帛；考异曰：奉天记曰："佶以财币一百八十万诶转输入城。少游强收之。"今从旧传。佶有守财卒三千，少游亦夺之。佶才与数十人俱至上元，复为韩滉所夺。上元县，时带升州。宋白曰：上元县，晋江宁县地，贞观七年移还旧郭，即今所置县也，九年改为江宁县；玄宗置升州，因县宇为州城；县元治凤皇山南，今移治会府。时包佶盖在扬子巡院也。史言天子播迁，藩镇阻兵，陵轹王人。复，扶又翻。

时南方藩镇各闭境自守，惟曹王皋数遣使间道贡献。曹王皋时节度江南西道。史言曹王皋悉心于帝室。数，所角翻。使，疏吏翻。间，古苋翻。李希烈攻逼汴、郑，江、淮路绝，朝贡皆自宣、饶、荆、襄趣武关。汴，皮变翻。朝，直遥翻。趣，逡喻翻；下同。皋治邮驿，平道路，由是往来之使，通行无阻。此谓江、浙往来之使。治，直之翻。邮，音尤。

9 上问陆贽以当今切务。贽以向日致乱，由上下之情不通，劝上接下从谏，乃上疏，上，时掌翻。疏，所据翻。其略曰："臣谓当今急务，在于审察群情，若群情之所甚欲者，陛下先行之，所甚恶者，陛下先去之。此即孟子"所欲与之聚之，所恶勿施"之意。恶，乌路翻；下同。去，羌吕翻。欲恶与天下同而天下不归者，自古及今，未之有也。夫理乱之本，系于人心，夫，音扶。况乎当变故动摇之时，在危疑向背之际，背，蒲妹翻。人之所归则植，植，立也。人之所去则倾，陛下安可不审察群情，同其欲恶，使亿兆归趣，以靖邦家乎！趣，向也。此诚当今之所急也。"又曰："顷者窃闻舆议，舆，众也。颇究群情，四方则患于中外意乖，百辟又患于君臣道隔。郡国之志不达于朝廷，朝廷之诚不升于轩陛。上泽阙于下布，下情壅于上闻，实事不必知，知事不必实，上下否隔于其际，真伪杂糅于其间，朝，直遥翻。否，皮鄙翻。

糅，女救翻。聚怨嚣嚣，腾谤籍籍，欲无疑阻，其可得乎！”又曰：“总天下之智以助聪明，顺天下之心以施教令，则君臣同志，何有不从！远迩归心，孰与为乱！”又曰：“虑有愚而近道，近，其靳翻。事有要而似迂。”

疏奏旬日，上无所施行，亦不诘问。诘，去吉翻。贽又上疏，上疏，音并同前。其略曰：“臣闻立国之本，在乎得众，得众之要，在乎见情。言洞见人情也。故仲尼以谓人情者圣王之田，记礼运以为仲尼之言。言理道所生也。”理道，犹言治道也。唐人避高宗讳，率以治为理。又曰：“易，乾下坤上曰泰，坤下乾上曰否，损上益下曰益，损下益上曰损。夫天在下而地处上，于位乖矣，而反谓之泰者，上下交故也。君在上而臣处下，否，皮鄙翻；下同。夫，音扶。处，昌吕翻。于义顺矣，而反谓之否者，上下不交故也。上约己而裕于人，人必说而奉上矣，说，读曰悦。岂不谓之益乎！上蔑人而肆诸己，人必怨而叛上矣，岂不谓之损乎！”陆贽此言，深究否、泰、损、益之义，诚足以箴砭德宗之失。又曰：“舟即君道，水即人情。舟顺水之道乃浮，违则没；君得人之情乃固，失则危。是以古先圣王之居人上也，必以其欲从天下之心，而不敢以天下之人从其欲。”祖左传臧文仲所谓“以欲从人则可，以人从欲鲜济”之语之意。又曰：“陛下愤习俗以妨理，理，治也。言德宗愤强藩之跋扈，习以成俗，有妨为治。任削平而在躬，以明威照临，以严法制断，断，丁乱翻。流弊自久，浚恒太深。易恒之初六曰：“浚恒贞，凶，无攸利。”象曰：“浚恒之凶，始求深也。”王弼注曰：始求深者，求深穷底，令物无馀蕴，渐以至此，人犹不堪，而况始求深者乎！以此为恒，无所施而利也。远者惊疑而阻命逃死之祸作，近者畏慑而偷容避罪之态生。慑，质涉翻。君臣意乖，上下情隔，君务致理，而下防诛夷，臣将纳忠，又上虑欺诞，此数语，亦深中当时君臣之病。诞，妄也。故睿诚不布于群物，物情不达于睿聪。臣于往年曾任御史，德宗初年，陆贽为监察御史。获奉朝谒，仅欲半年，朝，直遥翻。陛下严邃高居，未尝降旨临问，此可以见德宗初年临朝气象。群臣跼蹐趋退，跼，音局。蹐，音脊。亦不列事奏陈。轩陛之间，且未相谕，宇宙之广，何由自通！虽复例对使臣，别延宰辅，复，扶又翻，又音如字。使，疏吏翻。例对使臣，谓功臣节度及诸军使待制者，得随例以次对也。别延宰辅，谓朝谒之外，别延之与议天下事也。复，扶又翻。既殊师锡，书尧典：师锡帝曰。孔安国注云：师，众也；锡，与也。且异公言。未行者则戒以枢密勿论，已行者又谓之遂事不谏，论语载孔子责宰我之言。渐生拘碍，动涉猜嫌，由是人各隐情，以言为讳。至于变乱将起，亿兆同忧，独陛下恬然不知，方谓太平可致。德宗致乱之事，诚如贽言。陛下以今日之所睹验往时之所闻，孰真孰虚，何得何失，则事之通塞备详之矣！塞，悉则翻。人之情伪尽知之矣！"

上乃遣中使谕之曰："朕本性甚好推诚，好，呼到翻。亦能纳谏。将谓君臣一体，全不堤防，缘推诚不疑，多被奸人卖弄。今所致患害，朕思亦无他，其失反在推诚。此德宗猜防之心，发于言而不能自掩者也。被，皮义翻。又，谏官论事，少能慎密，例自矜衒，少，诗沼翻。衒，音炫。归过于朕以自取名。朕从即位以来，见奏对论事者甚多，大抵皆是雷同，道听涂说，孔子有言：道听而涂说，德之弃也。马融注曰：谓闻于道路，则传而说之。试加质问，遽即辞穷。若有奇才异能，在朕岂惜拔擢。朕见从前已来，事只如此，所以近来不多取次对人，言次对人敷奏，缘此多不取用其言。或曰，取次，唐人语也。亦非倦于接纳。卿宜深悉此意。"悉，详也。贽以人君临下，当以诚信为本。谏者虽辞情鄙拙，亦当优容以开言路，若震之以威，折之以辩，则臣下何敢尽言，乃复上疏，折，之舌翻。复，扶又翻。上，时掌翻。疏，所据翻。其略曰："天子之道，与天同方，天不以地有恶木而废发生，天子不以时有小人而废听纳。”又曰：“唯信与诚，有失无补。言人君所为，有失于诚信，则无补于治道。一不诚则心莫之保，一不信则言莫之行。陛下所谓失于诚信以致患害者，臣窃以斯言为过矣。”又曰：“驭之以智则人诈，示之以疑则人偷。上行之则下从之，上施之则下报之。施，式豉翻，或读如字。若诚不尽于己而望尽于人，众必怠而不从矣。不诚于前而曰诚于后，众必疑而不信矣。是知诚信之道，不可斯须而去身。愿陛下慎守而行之有加，恐非所以为悔者也！”因德宗之言，以为失在推诚，故陆贽极言诚信之不可去身，以开广上意。又曰：“臣闻仲虺赞扬成汤，不称其无过而称其改过；书仲虺之诰曰：“惟王改过不吝。”虺，许伟翻。吉甫歌诵周宣，不美其无阙而美其补阙。诗烝民曰：“衮职有阙，惟仲山甫补之。”尹吉甫所以美宣王之任贤使能也。是则圣贤之意较然著明，惟以改过为能，不以无过为贵。盖为人之行己，必有过差，盖为，于伪翻。上智下愚，俱所不免。智者改过而迁善，愚者耻过而遂非；迁善则其德日新，遂非则其恶弥积。”又曰：“谏官不密自矜，信非忠厚，其于圣德固亦无亏。陛下若纳谏不违，则传之适足增美；陛下若违谏不纳，又安能禁之勿传！”陆贽告君之言，可谓深切著明。又曰：“侈言无验不必用，德宗之信裴延龄，以侈言也。质言当理不必违。德宗之罢柳浑，以质言也。当，丁浪翻。辞拙而效速者不必愚，如萧复之谏幸凤翔是也。言甘而利重者不必智。赵赞、窦滂之苛征重敛是也。是皆考之以实，虑之以终，其用无他，唯善所在。”又曰：“陛下所谓‘比见奏对论事皆是雷同道听涂说者。’比，毗至翻。臣窃以众多之议，足见人情，必有可行，亦有可畏，恐不宜一概轻侮而莫之省纳也。省，悉景翻，察也。陛下又谓‘试加质问，即便辞穷。’臣但以陛下虽穷其辞而未穷其理，能服其口而未服其心。”“但以”若依上文作“窃以”，又觉文从字顺。又曰：“为下者莫不愿忠，为上者莫不求理。然而下每苦上之不理，上每苦下之不忠。若是者何？两情不通故也。下之情莫不愿达于上，上之情莫不求知于下，然而下恒苦上之难达，上恒苦下之难知。恒，户登翻。若是者何？九弊不去故也。所谓九弊者，上有其六而下有其三：好胜人，好，呼到翻；下同。耻闻过，骋辩给，眩聪明，厉威严，恣强愎，愎，符逼翻，很也。此六者，君上之弊也；谄谀，顾望，畏愞，愞，奴乱翻。此三者，臣下之弊也。上好胜必甘于佞辞，上耻过必忌于直谏，如是则下之谄谀者顺指而忠实之语不闻矣。上骋辩必剿说而折人以言，剿，初交翻，又初教翻。此所谓剿说者，人言未竟，剿绝其说而伸己之说也。折，之舌翻。上眩明必臆度而虞人以诈，度，徒洛翻。以胸臆之见料度人。如是则下之顾望者自便而切磨之辞不尽矣。上厉威必不能降情以接物，上恣愎必不能引咎以受规，如是则下之畏愞者避辜而情理之说不申矣。夫以区域之广大，生灵之众多，宫阙之重深，夫，音扶。重，直龙翻。高卑之限隔，自黎献而上，获睹至尊之光景者，逾亿兆而无一焉；黎献，众贤也。就获睹之中得接言议者，又千万不一；幸而得接者，犹有九弊居其间，则上下之情所通鲜矣。鲜，息浅翻。上情不通于下则人惑，下情不通于上则君疑；疑则不纳其诚，惑则不从其令；诚而不见纳则应之以悖，令而不见从则加之以刑；下悖上刑，不败何待！悖，蒲内翻，又蒲没翻。是使乱多理少，从古以然。”少，始绍翻。或谓“从古以然”，当作“从古而然”。今观文意，陆宣公所谓从古至今乱多治少者，正以下悖上刑故也。以之与而，辞义相去远矣。又曰：“昔赵武呐呐而为晋贤臣，晋赵文子名武，其言呐呐然如不出其口，为晋正卿，晋国以强，诸侯不叛。呐呐，舒小貌，音如劣翻，又奴劣翻。绛侯木讷而为汉元辅，绛侯事见汉文帝纪。程氏曰：木者，质朴；讷者，迟钝。然则口给者事或非信，辞屈者理或未穷。人之难知，尧、舜所病，书：皋陶曰：在知人，在安民。禹曰：吁！惟帝其难之。胡可以一酬一诘而谓尽其能哉！诘，去吉翻。以此察天下之情，固多失实，以此轻天下之士，必有遗才。”德宗所以成段平仲之名者正如此。又曰：“谏者多，表我之能好；谏者直，示我之能容；谏者之狂诬，明我之能恕；谏者之漏泄，彰我之能从；极言纳谏之美以诱掖其君。好，呼到翻。是【章：十二行本“是”上有“有一于斯，皆为盛德”八字；乙十一行本同；孔本同；张校同；退斋校同。】则人君与谏者交相益之道也。谏者有爵赏之利，君亦有理安之利；谏者得献替之名，君亦得采纳之名。然犹谏者有失中而君无不美，唯恐谠言之不切，天下之不闻，如此则纳谏之德光矣。”谠，音党。上颇采用其言。

10 李怀光顿兵不进，数上表暴扬卢杞等罪恶；数，所角翻。上，时掌翻。众论喧腾，亦咎杞等。上不得已，十二月，壬戌，贬杞为新州司马，白志贞为恩州司马，恩州，属汉合浦郡地。萧齐为齐安郡，隋废郡为海安县；唐贞观二十三年，以高州之西平、海安、杜陵置恩州，海安改曰恩平；天宝曰恩平郡，乾元复为恩州。宋平王则，改贝州曰恩州，遂以此州为南恩州。宋白谓此恩州濒海，最为蒸湿，当海南五郡泛海路。此路自广泛海，行数日方登陆，人惮海波，不由此路，多由新州陆去，唯健步出使，与递符牒经过耳。新州，治新兴县，秦取陆梁地置象郡，今州即其地。晋永和分苍梧郡，于此置新宁郡，梁武帝立新州。所谓新兴县，汉合浦郡临元县也。又按旧志云：恩州，京师东南六千六百里，西北六十里接广州界。新州至京师五千五十二里。赵赞为播州司马。播州，隋牂柯县，京师南四千四百五十里。宦者翟文秀，上所信任也，翟，苌伯翻。怀光又言其罪，上亦为杀之。亦为，于伪翻。

11 乙丑，以翰林学士、祠部员外郎陆贽为考功郎中，金部员外郎吴通微为职方郎中。祠部，属礼部，掌祠祀。考功，属吏部，掌文武官功过考法。以官职言之，祠部比考功、职方为清要。郎中，正五品上。员外郎，从六品上。贽上奏，辞以“初到奉天，扈从将吏上，时掌翻。

从，才用翻。例加两阶，今翰林独迁官。唐自至德以后，勋阶轻而职事官重，故云然。夫行罚先贵近而后卑远，则令不犯；行赏先卑远而后贵近，则功不遗。夫，音扶。先，悉荐翻。后，户构翻。望先录大劳，次遍群品，则臣亦不敢独辞。”上不许。

12 上在奉天，使人说田悦、王武俊、李纳，赦其罪，说，式芮翻。考异曰：燕南记，十二月二十四日前已云赦武俊等罪，而实录明年正月改元乃赦武俊等。盖上先已谕旨赦罪，及赦书出，始明言之耳。厚赂以官爵；悦等皆密归款，而犹未敢绝朱滔，各称王如故。滔使其虎牙将军王郅说悦曰：朱滔等仿汉官，置虎牙将军。按唐书：滔等之相王也，以左将军曰虎牙，右将军曰豹略。征以新书，虎牙将军，盖三郅也。“日者八郎有急，滔与赵王不敢爱其死，竭力赴救，幸而解围。田悦，第八。解围事见二百一十七卷三年。今太尉三兄受命关中，朱泚，第三。滔欲与回纥共往助之，愿八郎治兵，与滔渡河共取大梁。”纥，下没翻。治，直之翻。大梁，汴州，宣武节度治所。悦心不欲行而未忍绝滔，乃许之。滔复遣其内史舍人李琯见悦，审其可否，内史舍人，犹天朝中书舍人。复，扶又翻。琯，古缓翻。悦犹豫不决，密召扈崿议之。司武侍郎许士则曰：司武侍郎，犹天朝兵部侍郎也。“朱滔昔事李怀仙为牙将，与兄泚及朱希彩共杀怀仙而立希彩。将，即亮翻。泚，且礼翻，又音如字。杀李怀仙事见二百二十四卷代宗大历三年。考异曰：燕南记作“朱寀”，今从旧传。希彩所以宠信其兄弟至矣，滔又与判官李子瑗谋杀希彩而立泚。事见二百二十四卷大历七年。瑗，于眷翻。泚既为帅，帅，所类翻。滔乃劝泚入朝而自为留后，事见二百二十五卷大历九年。虽劝以忠义，实夺之权也。平生与之同谋共功如李子瑗之徒，负而杀之者二十馀人。今又与泚东西相应，使滔得志，泚亦不为所容，况同盟乎！滔为人如此，大王何从得其肺腑而信之邪！观时审势，量度彼己，世不为无其人，特其言有用不用耳。泚，且礼翻，又音此。邪，音耶。彼引幽陵、回纥十万之兵屯于郊坰，纥，下没翻。幽陵，即幽州。坰，古荧翻。邑外谓之郊，野外谓之林，林外谓之坰。大王出迎，则成擒矣。彼囚大王，兼魏国之兵，南向渡河，与关中相应，天下其孰能当之！大王于时悔之无及。为大王计，不若阳许偕行而阴为之备，厚加迎劳，劳，力到翻。至则托以他故，遣将分兵而随之。如此，大王外不失报德之名而内无仓猝之忧矣。”扈崿等皆以为然。王武俊闻李琯适魏，遣其司刑员外郎田秀驰见悦曰：崿，五各翻。琯，古瑗翻。司刑员外郎，犹天朝刑部员外郎。“武俊向以宰相处事失宜，相，息亮翻。处，昌吕翻。恐祸及身，又八郎困于重围，重，直龙翻。故与滔合兵救之。今天子方在隐忧，以德绥我，我曹何得不悔过而归之邪！舍九叶天子不事而事【章：十二行本“事”下有“泚及”二字；乙十一行本同；孔本同；张校同；退斋校同。】滔乎！自高祖、太宗、高宗、中宗、睿宗、玄宗、肃宗、代宗至帝，凡九叶。且泚未称帝之时，滔与我曹比肩为王，固已轻我曹矣。事见上卷本年。况使之南平汴、洛，与泚连衡，汴，皮变翻。汴州，宣武军。洛州，东都也。衡，读曰横。吾属皆为虏矣！八郎慎勿与之俱南，但闭城拒守；武俊请伺其隙，连昭义之兵，击而灭之，伺，相吏翻。与八郎再清河朔，复为节度使，共事天子，不亦善乎！”复，扶又翻，又音如字。使，疏吏翻。悦意遂决，绐滔云：“从行，必如前约。”绐，荡亥翻。

丁卯，滔将范阳步骑五万人，私从者复万馀人，将，即亮翻，又音如字。骑，奇寄翻。私从，才用翻。复，扶又翻。回纥三千人，发河间而南，辎重首尾四十里。纥，下没翻。瀛州，治河间县。重，直用翻。

13 李希烈攻李勉于汴州，李勉以宣武节度使，镇汴州。驱民运土木，筑垒道，以攻城；忿其未就，并人填之，谓之湿薪。勉城守累月，外救不至，将其众万馀人奔宋州。将，音同上。勉奔宋州，依刘洽也。庚午，希烈陷大梁。滑州刺史李澄以城降希烈，希烈以澄为尚书令兼永平节度使。勉上表请罪，滑州，治白马县。降，户江翻。尚，辰羊翻。上，时掌翻。上谓其使者曰："朕犹失守宗庙，勉宜自安。"待之如初。

刘洽遣其将高翼将精兵五千保襄邑，九域志：襄邑，在汴州东南一百七十里。希烈攻拔之，翼赴水死。希烈乘胜攻宁陵，九域志：宁陵县，在宋州西四十五里。江、淮大震。陈少游遣参谋温述送款于希烈曰："濠、寿、舒、庐，已令弛备，韬戈卷甲，伏俟指麾。"又遣巡官赵诜结李纳于郓州。少，始照翻。濠、寿、舒、庐四州之地，在淮、蔡东南。送款，遂言使弛备。令，力丁翻，使也。卷，读与捲同。诜，疏臻翻。郓，音运。

14 中书侍郎、同平章事关播罢为刑部尚书。

15 以给事中孔巢父为淄青宣慰使，国子祭酒董晋为河北宣慰使。宣慰者，宣上命以慰安反侧也。父，音甫。淄，庄持翻。

16 陆贽言于上曰："今盗遍天下，舆驾播迁，陛下宜痛自引过以感人心。昔成汤以罪己勃兴，左传：臧文仲曰：禹、汤罪己，其兴也勃焉。楚昭以善言复国。楚昭王遭阖闾之祸，国灭出亡，父老送之。王曰："父老反矣，何患无君！"父老曰："有君如是其贤也。"相与从之。或奔走赴秦，号哭请救，秦人怜之，为之出兵。二国并力，遂走吴师，昭王复国。陛下诚能不吝改过，以言谢天下，使书诏无所避忌，臣虽愚陋，可以仰副圣情，庶令反侧之徒革心向化。"上然之，故奉天所下书诏，虽骄将悍卒闻之，无不感激挥涕。令，力丁翻。下，遐稼翻。将，即亮翻。

术者上言："国家厄运，宜有变更以应时数。"上，时掌翻；下贽上音同。更，工衡翻。群臣请更加尊号一二字。上以问贽，贽上奏，以为不可，其略曰："尊号之兴，本非古制。上尊号，事始于开元元年。行于安泰之日，已累谦冲，累，力瑞翻。袭乎丧乱之时，丧，息浪翻。尤伤事体。”又曰：“嬴秦德衰，兼皇与帝，始总称之；见七卷秦始皇二十六年。流及后代，昏僻之君，乃有圣刘、天元之号。圣刘见三十四卷汉哀帝建平二年。天元见一百七十二卷陈宣帝太建十一年。是知人主轻重，不在名称。称，尺证翻；下美称同。损之有谦光稽古之善，崇之获矜能纳谄之讥。”又曰：“必也俯稽术数，须有变更，更，工衡翻。与其增美称而失人心，不若黜旧号以祗天戒。”上纳其言，但改年号而已。谓改明年号为兴元也。

上又以中书所撰赦文示贽，撰，如免翻。贽上言，以为：“动人以言，所感已浅，言又不切，人谁肯怀！今兹德音，悔过之意不得不深，引咎之辞不得不尽，洗刷疵垢，宣畅郁堙，疵，才支翻。使人人各得所欲，则何有不从者乎！应须改革事条，谨具别状同进。舍此之外，尚有所虞。窃以知过非难，改过为难；言善非难，行善为难。假使赦文至精，止于知过言善，犹愿圣虑更思所难。”上然之。

兴元元年（甲子、七八四）

1 春，正月，癸酉朔，赦天下，改元，制曰：“致理兴化，必在推诚；忘己济人，不吝改过。朕嗣服丕构，丕，大也。构，立屋也。书大诰曰：“若考作室，既底法，厥子乃弗肯堂，矧肯构。”丕构之语本诸此。君临万邦，失守宗祧，宗者，百世不毁之庙。远庙为祧。祧，他雕翻。越在草莽。用左传语。不念率德，诚莫追于既往；永言思咎，期有复于将来。明征其义，以示天下。征，证也。明征其义，言无所掩覆也。

小子惧德弗嗣，惧己德弗能嗣承先业。嗣，祥吏翻。罔敢怠荒，然以长于深宫之中，用礼记鲁哀公之言。长，知丈翻。暗于经国之务，积习易溺，易，以豉翻。居安忘危，不知稼穑之艰难，书无逸周公告成王之语。不恤征戍之劳苦，泽靡下究，情未上通，事既拥隔，人怀疑阻。犹昧省己，“拥”，恐当作“壅”。省，悉景翻。遂用兴戎，戎，兵也。征师四方，转饷千里，赋车籍马，远近骚然，行赍居送，众庶劳止，或一日屡交锋刃，或连年不解甲胄。祀奠乏主，室家靡依，死生流离，怨气凝结，力役不息，田莱多荒。郑玄曰：田莱多荒，茨棘不除也。陆德明曰：田废生草曰莱。暴令峻于诛求，疲甿空于杼轴，诗：小东大东，杼轴其空。杼，持纬器。布帛已织成者，以机轴卷之。转死沟壑，离去乡闾，离，力智翻。邑里丘墟，人烟断绝。天谴于上而朕不寤，人怨于下而朕不知，驯致乱阶，变兴都邑，驯，从也，言从此而致乱也。万品失序，九庙震惊，欧阳修曰：书云：七世之庙，可以观德，而礼家之说世数不同。然自礼记王制、祭法、礼器，大儒荀卿、刘歆、班固、王肃之徒，以为七庙者多。盖自汉、魏以来，创业之君特起，其上世又微，无功德以备祖宗，故其初皆不能立七庙。唐武德元年，始立四庙。高祖崩，朱子奢请立七庙，虚太祖之室以待。尚书八座议礼曰：天子三昭三穆，与太祖之庙而七。晋、宋、齐、梁皆立亲庙六，此故事也。于是宣简公、懿王、景、元二帝四庙，更祔弘农府君及高祖为六室。太宗崩，弘农以世远毁而祔太宗。高宗崩，又迁宣简而祔高宗，皆为六室。中宗神龙初，以景帝为始祖，而元帝不迁，而祔孝敬帝，由是为七室。中宗崩，孝敬别立庙而祔中宗，遂为七室。至睿宗崩，中宗立别庙而祔睿宗。开元十年，诏宣皇帝复祔正室，谥为献祖，并谥光帝为懿祖，又以中宗还祔太庙，于是太庙为九室。宝应二年，祧献、懿而祔玄宗、肃宗。代宗崩，又迁元皇帝而祔代宗。自是常为九室。上累于祖宗，累，力瑞翻。下负于蒸庶，痛心腼貌，腼，他典翻，惭恧也。罪实在予，永言愧悼，若坠泉谷。唐避高祖讳，改渊为泉。自今中外所上书奏，不得更言'圣神文武'之号。建中元年，群臣上尊号曰圣神文武皇帝，见二百二十六卷。

李希烈、田悦、王武俊、李纳等，咸以勋旧，各守藩维，朕抚御乖方，致其疑惧；皆由上失其道而下罹其灾，朕实不君，人则何罪！此等言语，强藩悍将闻之，宜其感服易心。宜并所管将吏等一切待之如初。

朱滔虽缘朱泚连坐，路远必不同谋，念其旧勋，务在弘贷，弘，大也。如能效顺，亦与惟新。

朱泚反易天常，君臣上下，天秩有典之常也。盗窃名器，暴犯陵寝，所不忍言，获罪祖宗，朕不敢赦。此等言语，可与诰誓相表里。其胁从将吏百姓等，但官军未到京城以前，去逆效顺并散归本道、本军者，并从赦例。所以携从逆之党。将，即亮翻；下同。

诸军、诸道应赴奉天及进收京城将士，并赐名奉天定难功臣。所以作勤王之心。难，乃旦翻。其所加垫陌钱、税间架、竹、木、茶、漆、榷铁之类，悉宜停罢。”所以顺人情之欲恶。垫陌钱，即赵赞所行除陌钱也。垫，丁念翻。榷，古岳翻。

赦下，四方人心大悦。及上还长安明年，上还长安之明年，贞元元年也。下，遐稼翻。还，从宣翻，又音如字。李抱真入朝为上言：朝，直遥翻。为，于伪翻。“山东宣布赦书，士卒皆感泣，臣见人情如此，知贼不足平也！”史究言兴元赦书感动人心之效。

2 命兵部员外郎李充为恒冀宣慰使。唐兵部员外郎二人，一人掌贡举、杂请，一人判南曹岁选。出使非本职，命以郎官出使耳。恒，户登翻。使，疏吏翻。

3 朱泚更国号曰汉，泚，且礼翻，又音此。朱泚初僭号，国号秦。更，工衡翻。自号汉元天皇，改元天皇。

4 王武俊、田悦、李纳见赦令，皆去王号，去，羌吕翻。上表谢罪。上，时掌翻。惟李希烈自恃兵强财富，遂谋称帝，遣人问仪于颜真卿，真卿曰：“老夫尝为礼官，所记惟诸侯朝天子礼耳！”颜真卿所以答李希烈者，辞不迫切而义甚严正。朝，直遥翻。希烈遂即皇帝位，考异曰：希烈称帝，实录、旧希烈传、颜真卿传皆无年月。今据奉天记、幸奉天录，皆云，“赦令既行，诸方莫不向化，惟李希烈长恶不悛，国号大楚。”又实录，今年闰月庚午，诏曰：“朕苟存拯物，不惮屈身，故于岁首，特布新令，赦其殊死，待以初诚。使臣才及于郊畿，巨猾已闻于僭窃。”然则希烈称帝，必在正月初也。国号大楚，改元武成。置百官，以其党郑贳为侍中，孙广为中书令，李绶、李元平同平章事。“李绶”，新书作“李绥”。以汴州为大梁府，分其境内为四节度。希烈遣其将辛景臻谓颜真卿曰：“不能屈节，当自焚！”积薪灌油于其庭。真卿趋赴火，景臻遽止之。

希烈又遣其将杨峰将，即亮翻。考异曰：旧传作“杨丰”，今从奉天记。赍赦赐陈少游及寿州刺史张建封。建封执峰徇于军，腰斩于市，少游闻之骇惧。建封具以少游与希烈交通之状闻，上悦，以建封为濠、寿、庐三州都团练使。少，始照翻。使，疏吏翻。希烈乃以其将杜少诚为淮南节度使，使将步骑万馀人先取寿州，后之江都，使将，即亮翻，又音如字。骑，奇寄翻。寿州，治寿春县。之，往也。淮南节度，治江都。建封遣其将贺兰元均、邵怡守霍丘秋栅。后周书贺兰祥传：其先与后魏俱起，有纥伏者，为贺兰莫弗，遂以为氏。霍丘，汉庐江松滋县地，梁置安丰郡，东魏废郡；隋开皇十六年，置霍丘县；唐属寿州。九域志：在州东一百二十里。宋白曰：霍丘，本春秋时蓼国，梁置霍丘戍，隋废戍为县。少诚竟不能过，遂南寇蕲、黄，欲断江路。蕲，渠希翻。断，音短。时上命包佶自督江、淮财赋，溯江诣行在；至蕲口，水经注：蕲水，源出蕲春县北大浮山，南过其县西，又南至蕲口，入于江。佶，其吉翻。溯，苏故翻。遇少诚入寇。曹王皋遣蕲州刺史伊慎将兵七千拒之，战于永安戍，永安戍，在黄州黄冈县界，梁尝置永安郡，后废为戍。大破之，少诚脱身走，斩首万级，包佶乃得前。后佶入朝，具奏陈少游夺财赋事；夺财赋事见上年。佶，巨乙翻。朝，直遥翻。少游惧，厚敛所部以偿之。敛，力赡翻。李希烈以夏口上流要地，鄂州治夏口，当江、汉之会。夏，户雅翻。使其骁将董侍募死士七千袭鄂州，刺史李兼偃旗卧鼓闭门以待之。侍撤屋材以焚门，兼帅士卒出战，大破之。骁，坚尧翻。将，即亮翻。鄂，逆各翻。鄂州，治江夏县，即夏口。帅，读曰率。上以兼为鄂、岳、沔都团练使。沔，弥兖翻。使，疏吏翻。于是希烈东畏曹王皋，西畏李兼，不敢复有窥江、淮之志矣。史言李希烈兵势稍挫。复，扶又翻。

5 朱滔引兵入赵境，王武俊大具犒享；犒，口到翻。入魏境，田悦供承倍丰，使者迎候，相望于道。丁丑，滔至永济，宋白曰：永济县，本汉贝丘县地，隋已后为临清县地，大历七年，田承嗣奏分临清置永济县，属贝州，以县西临永济渠为名。遣王郅见悦，约会馆陶，偕行渡河。馆陶县，属魏州，在州城东稍北。悦见郅曰："悦固愿从五兄南行，昨日将出军，将士勒兵不听悦出，曰：'国兵新破，谓先为马燧等所破也。战守逾年，资储竭矣。谓守魏州，与马燧等相持也。今将士不免冻馁，何以全军远征！大王日自抚循，犹不能安；若舍城邑而去，朝出，暮必有变！'悦之志非敢有贰也，如将士何！已令孟佑备步骑五千，从五兄供刍牧之役。"骑，奇寄翻。因遣其司礼侍郎裴抗等往谢滔。司礼侍郎，犹天朝礼部侍郎。滔闻之，大怒曰："田悦逆贼，向在重围，重，直龙翻。命如丝发，使我叛君弃兄，发兵昼夜赴之，事见二百二十七卷建中三年。幸而得存。许我贝州，我辞不取；尊我为天子，我辞不受。事见同上年。今乃负恩，误我远来，饰辞不出！"即日，遣马寔攻宗城、经城，经城，汉古县，时属贝州。宋白曰：后汉分前汉堂阳县，于今县西北二十里置经县，后魏省并南宫县，太和十年，又于今理置经县，寻置广宗郡于此，北齐省郡及县，移武强县于此，后周复于此置广宗郡，隋开皇三年，罢郡，复于此置经城县，宋省县为镇，入宗城。杨荣国攻冠氏，去年张孝忠遣其将杨荣国与李晟俱赴国难。及晟收京城，诸将中独杨荣国不见于史。今朱滔遣杨荣国攻冠氏，乃建中三年以深州降于朱滔者。冠氏，春秋邑名，隋分馆陶东界置冠氏县，唐属魏州。九域志：在州东北六十里。皆拔之；又纵回纥掠馆陶顿幄帟、器皿、车、牛以去。纥，下没翻。帟，音亦。三礼图：在上曰帟，四旁及上曰帷，上下四旁悉周曰幄。又曰：帟，平帐也。帟，主在幕，若幄中坐上承尘。悦闭城自守。壬午，滔遣裴抗等还，还，从宣翻，又音如字。分兵置吏守平恩、永济。平恩县，属洺州，治平恩川。

6丙戌，以吏部侍郎卢翰为兵部侍郎、同平章事。考异曰：实录、新旧纪、表皆同。盖翰罢领选，故自吏部迁兵部耳。翰，义僖之七世孙也。卢义僖仕元魏，当灵后临朝时，不附徐、郑。

7朱滔引兵北围贝州，引水环之，环，音宦。刺史邢曹俊婴城拒守；纵范阳及回纥兵大掠诸县，滔纵兵大掠。又拔武城，武城，即汉东武城县地，唐属贝州。九域志：在州东五十里。通德、棣二州，使给军食；建中二年，朱滔据有德、棣。遣马寔将步骑五千屯冠氏以逼魏州。

8以给事中杜黄裳为江淮宣慰副使。考异曰：实录，去年十二月癸酉，已云黄裳使江淮，此又有之。按旧纪，去年十二月，黄裳为给事耳。实录误也。

9上于行宫庑下贮诸道贡献之物，榜曰琼林大盈库。贮，直吕翻。陆贽以为战守之功，赏赍未行而遽私别库，则士卒怨望，无复斗志，上疏谏，复，扶又翻，又音如字。上，时掌翻。疏，所据翻。其略曰："天子与天同德，以四海为家，何必挠废公方，挠，奴教翻，屈曲也。方，法也。崇聚私货！降至尊而代有司之守，辱万乘以效匹夫之藏，乘，绳证翻。亏法失人，诱奸聚慝，以斯制事，岂不过哉！"诱，羊久翻。慝，吐得翻。又曰："顷者六师初降，降，读如字。天子之行，必有六师以为营卫。不敢指言自京师出居奉天，故微其辞曰六师初降。百物无储，外扞凶徒，内防危堞，昼夜不息，殆将五旬，冻馁交侵，死伤相枕，堞，达协翻。枕，职任翻。毕命同力，竟夷大艰。良以陛下不厚其身，不私其欲，绝甘以同卒伍，辍食以啖功劳。啖，徒滥翻，又徒览翻。无猛制而人不携，怀所感也；无厚赏而人不怨，悉所无也。悉，详体也。今者攻围已解，衣食已丰，而谣讟方兴，讟，怨谤也。军情稍阻，岂不以勇夫恒性，嗜利矜功，恒，户登翻。其患难既与之同忧而好乐不与之同利，难，乃旦翻。好，呼到翻。乐，音洛。苟异恬默，能无怨咨！”咨，咨嗟也。又曰：“陛下诚能近想重围之殷忧，重，直龙翻。殷，于谨翻。追戒平居之专欲，凡在二库货贿，尽令出赐有功，每获珍华，令，力丁翻。珍华，犹言珍丽也。先给军赏，如此，则乱必靖，贼必平，徐驾六龙，旋复都邑，天子之贵，岂当忧贫！是乃散其小储而成其大储，损其小宝而固其大宝也。”上即命去其榜。去，羌吕翻。

10 萧复尝言于上曰：“宦官自艰难以来，多为监军，恃恩纵横。监，工衔翻。横，户孟翻。此属但应掌宫掖之事，不宜委以兵权国政。”上不悦。又尝言：“陛下践阼之初，圣德光被，应，乙陵翻，当也。掖，音亦。被，皮义翻。自杨炎、卢杞黩乱朝政，以致今日。朝，直遥翻。陛下诚能变更睿志，臣敢不竭力。此必卢杞贬逐之后，萧复方有是言。更，工衡翻。傥使臣依阿苟免，臣实不能！”萧复盖朴而直者。又尝与卢杞同奏事，杞顺上旨，复正色曰：“卢杞言不正！”上愕然，退，谓左右曰：“萧复轻朕！”此事必在萧复、卢杞同列之时，史因德宗命复出使而序其事于此耳。戊子，命复充山南东·西、荆湖、淮南、江西、鄂岳、浙江东·西、福建、岭南等道宣慰、安抚使，实疏之也。鄂，五各翻。使，疏吏翻。既而刘从一及朝士往往奏留复，上谓陆贽曰：“朕思迁幸以来，江、淮远方，或传闻过实，欲遣重臣宣慰，谋于宰相及朝士，佥谓宜然。今乃反覆如是，朕为之怅恨累日。朝，直遥翻。相，息亮翻。为，于伪翻。意复悔行，使之论奏邪？意者，以意度之也。此亦德宗猜防臣下之一事。卿知萧复何如人？其不欲行，意趣安在？”贽上奏，以为：“复痛自修励，慕为清贞，用虽不周，行则可保。上，时掌翻。行，下孟翻。至于轻诈如此，复必不为。借使复欲逗留，从一安肯附会！今所言矛楯，韩非子：有鬻矛楯者，自誉其矛曰：“吾矛之利，物无不陷也。”又自誉其楯曰：“吾楯之坚，物莫能陷也。”或谓之曰：“以子之矛陷子之楯，可乎？”其人不能答。故后世谓议论自相反及为事自相反者，为自相矛楯。楯，食尹翻。愿陛下明加辩诘。诘，去吉翻。若萧复有所请求，则从一何容为隐！为，于伪翻。若从一自有回互，则萧复不当受疑。陛下何惮而不辩明，乃直为此怅恨也！夫明则罔惑，辩则罔冤；惑莫甚于逆诈而不与明，夫，音扶。逆者，未至而迎之也。诈，谓人欺己也。未见其诈，而逆以为诈，谓之逆诈。冤莫痛于见疑而不与辩。是使情伪相糅，糅，女救翻。忠邪靡分。兹实居上御下之要枢，惟陛下留意。”上亦竟不复辩也。复，扶又翻。

11 辛卯，以王武俊为恒、冀、深、赵节度使。壬辰，加李抱真、张孝忠并同平章事。丙申，加田悦检校左仆射。恒，户登翻。使，疏吏翻。校，古效翻。射，寅谢翻。以山南东道行军司马樊泽为本道节度使，前深、赵观察使康日知为同州刺史、奉诚军节度使，以赵州与王武俊，故徙康日知。乾元初，以同州为匡国军节度使，今又为奉诚军。曹州刺史李纳为郓州刺史、平卢节度使。李纳本为曹州刺史，建中二年，其父正己卒，纳自领军务，未有朝命，今方命以旌节，故先叙其本职，而加以新命。郓，音运。

12 戊戌，加刘洽汴、滑、宋、亳都统副使，知都统事，李勉悉以其众授之。李勉既失守汴州，命刘洽知都统事。汴，皮变翻。统，他综翻，俗多从上声。

13 辛丑，六军各置统军，此北门左·右羽林、龙武、神武六军也。考异曰：实录云：“诏六军各置军使一员。”又云：“因置统军。”按旧纪，独置统军耳。今从之。秩从三品，以宠勋臣。从，才用翻。

14 吐蕃尚结赞请出兵助唐收京城。庚子，遣秘书监崔汉衡使吐蕃，发其兵。吐，从暾入声。

容肇祖标点聂崇岐覆校

资治通鉴卷第二百三十

端明殿学士兼翰林侍读学士太中大夫
提举西京嵩山崇福宫上柱国河内郡开国公 司马光 奉敕编集
食邑二千二百户食实封九百户赐紫金鱼袋臣
后学天台胡三省音注

唐纪四十六 起阏逢困敦(甲子)二月，尽四月，不满一年。

德宗神武圣文皇帝五

兴元元年(甲子、七八四)

1 二月，戊申，诏赠段秀实太尉，谥曰忠烈，厚恤其家。段秀实死节事见二百二十八卷建中四年。谥，神至翻。时贾隐林已卒，赠左仆射，赏其能直言也。卒，子恤翻。射，寅谢翻。直言事见上卷上年。

2 李希烈将兵五万围宁陵，引水灌之；濮州刺史刘昌以三千人守之。将，即亮翻，又音如字。濮，博木翻。李希烈自建中四年攻宁陵。

滑州刺史李澄密遣使请降，李澄降贼见上卷上年。使，疏吏翻。降，户江翻。上许以澄为汴滑节度使。澄犹外事希烈；希烈疑之，遣养子六百人戍白马，汴，皮变翻。白马，滑州治所。召澄共攻宁陵。澄至石柱，使其众阳惊，烧营而遁。又讽养子令剽掠，令，力丁翻。剽，匹妙翻；下同。澄悉收斩之，以白希烈，希烈无以罪也。

刘昌守宁陵，凡四十五日不释甲。韩滉遣其将王栖曜将兵助刘洽拒希烈，栖曜以强弩数千游汴水，夜，入宁陵城。

滉，呼广翻。将，即亮翻；将兵之将，音同上。考异曰：新书柏良器传曰："良器为武卫中郎将，以兵隶浙西。希烈围宁陵，遏水灌之，亲令军中明日拔城。良器以救兵至，择弩手善游者沿河渠夜入，及旦，伏弩发，乘城者皆死。"疑韩滉遣栖曜及良器同救宁陵，旧栖曜传曰："将强弩数千夜入宁陵。"与此共是一事。今参取之。明日，从城上射希烈，射，而亦翻。及其坐幄，坐，才卧翻。希烈惊曰："宣、润弩手至矣！"遂解围去。

3 朱泚【章：十二行本"泚"下有"既"字；乙十一行本同。】自奉天败归，事见上卷建中四年。泚，且礼翻，又音此。李晟谋取长安。刘德信与晟俱屯东渭桥，刘德信屯东渭桥，事始见二百二十八卷建中四年。晟，成正翻。不受晟节制；晟因德信至营中，数以沪涧之败及所过剽掠之罪，斩之；数，所具翻，又所主翻。沪，侯古翻。剽，匹妙翻。沪涧之败见二百二十八卷建中四年。是年十一月，既加李晟神策行营节度，刘德信可得而不受节制乎！况又有败军及剽掠之罪，斩之宜矣。因以数骑驰入德信军，劳其众，劳，力到翻。骑，奇寄翻。无敢动者，遂并将之，军势益振。将，即亮翻，又音如字。

李怀光既胁朝廷逐卢杞等，事见上卷上年。朝，直遥翻。内不自安，遂有异志。又恶李晟独当一面，恶，乌路翻；下同。恐其成功，奏请与晟合军；诏许之。晟与怀光会于咸阳西陈涛斜，筑垒未毕，垒，鲁水翻。泚众大至。晟谓怀光曰："贼若固守宫苑，宫苑，谓宫城及苑城也。或旷日持久，未易攻取；易，以豉翻。今去其巢穴，敢出求战，此天以贼赐明公，不可失也！"怀光曰："军适至，马未秣，士未饭，饭，扶晚翻。岂可遽战邪！"邪，音耶。晟不得已乃就壁。晟每与怀光同出军，怀光军士多掠人牛马，晟军秋豪不犯。怀光军士恶其异己，分所获与之，晟军终不敢受。

怀光屯咸阳累月，逗留不进；逗，音豆。考异曰：实录云："怀光坚壁自守，凡八十馀日。"按怀光以十一月癸巳解奉天围，李晟以二月戊申徙东渭桥，其间才七十六日。实录所言，谓怀光奔河中以前耳。今但云累月。上屡遣中使趣之，使，疏吏翻。趣，读曰促。辞以士卒疲弊，且当休息观衅。诸将数劝之攻长安，将，即亮翻。数，所角翻；下同。怀光不从，密与朱泚通谋。【章：十二行本“谋”下有“事迹颇露”四字；乙十一行本同；孔本同；张校同；退斋校同。】泚，且礼翻；又音此。李晟屡奏，恐其有变，为所并，请移军东渭桥；晟，成正翻。李怀光既有异谋，李晟与之连营于咸阳，有不能一息安者，其奏请移军当也。然必归东渭桥者，晟之本规也。盖朱泚拥泾卒而据长安，其败也必当西奔，晟以师自东逼之，所以开其走路耳。兵法，围城为之阙，此其近之。上犹冀怀光革心，收其力用，寝晟奏不下。下，户嫁翻。

怀光欲缓战期，且激怒诸军，奏言：“诸军粮赐薄，神策独厚。厚薄不均，难以进战。”上以财用方窘，窘，巨陨翻。若粮赐皆比神策，则无以给之，不然，又逆怀光意，恐诸军觖望；觖，古穴翻，怨望也。乃遣陆贽诣怀光营宣慰，因召李晟参议其事。怀光意欲晟自乞减损，使失士心，沮败其功．沮，在吕翻。败，补迈翻。乃曰：“将士战斗同而粮赐异，何以使之协力！”将，即亮翻。贽未有言，数顾晟。晟曰：“公为元帅，得专号令；晟将一军，受指踪而已。数，所角翻。帅，所类翻。将，即亮翻，又音如字。至于增减衣食，公当裁之。”怀光默然，又不欲自减之，遂止。李晟之答怀光，气和而辞正，故能伐其谋。

时上遣崔汉衡诣吐蕃发兵，见上卷本年正月。吐，从暾入声。吐蕃相尚结赞相，息亮翻。言：“蕃法发兵，以主兵大臣为信；今制书无怀光署名，故不敢进。”上命陆贽谕怀光，怀光固执以为不可，曰：“若克京城，吐蕃必纵兵焚掠，谁能遏之！此一害也。前有敕旨，募士卒克城者人赏百缗，彼发兵五万，若援敕求赏，五百万缗何从可得！此二害也。虏骑虽来，必不先进，勒兵自固，观我兵势，胜则从而分功，败则从而图变，谲诈多端，不可亲信，此三害也。”李怀光虽欲养寇以自资，然其陈用吐蕃三害，其言亦各有理。缗，眉巾翻。骑，奇寄翻。谲，古穴翻。竟不肯署敕；尚结赞亦不进军。

陆贽自咸阳还，上言：“贼泚稽诛，保聚宫苑，上，时掌翻。还，从宣翻，又音如字。泚，且礼翻，又音此。朱泚自据长安，居白华殿，重兵多在苑中，故言保聚宫苑。势穷援绝，引日偷生。怀光总仗顺之师，乘制胜之气，谓醴泉之胜也。鼓行芟翦，易若摧枯，芟，所衔翻。易，以豉翻。而乃寇奔不追，师老不用，诸帅每欲进取，怀光辄沮其谋。诸帅，谓李晟、杨惠元等。帅，所类翻。沮，在吕翻。据兹事情，殊不可解。解，户买翻，晓也。陛下意在全护，委曲听从，观其所为，亦未知感。若不别务规略，渐思制持，惟以姑息求安，终恐变故难测。此诚事机危迫之秋也，固不可以寻常容易处之。易，弋豉翻。处，昌吕翻。今李晟奏请移军，适遇臣衔命宣慰，晟，成正翻。衔，户缄翻。怀光偶论此事，臣遂泛问所宜。怀光乃云：‘李晟既欲别行，某亦都不要藉。’要者，须其用；藉者，借其力。当时诸镇有要藉官，所以名官之意亦如此。臣犹虑有翻覆，因美其军盛强。怀光大自矜夸，转有轻晟之意。臣又从容问云：从，千容翻。‘回日，或圣旨顾问事之可否，决定何如？’怀光已肆轻言，不可中变，遂云：‘恩命许去，事亦无妨。’言上已许李晟去咸阳，则其移军于事体无妨也。要约再三，要，一遥翻。非不详审，虽欲追悔，固难为辞。伏望即以李晟表出付中书，敕下依奏，敕下李晟，依其所奏也。下，户嫁翻。别赐怀光手诏，示以移军事由。事由，犹言事因也。其手诏大意云：‘昨得李晟奏，请移军城东以分贼势。东渭桥在京城东，故云然。晟，成正翻。朕本欲委卿商量，适会陆贽回奏云，见卿语及于此，仍言许去事亦无妨，遂敕本军允其所请。’如此，则词婉而直，理顺而明，虽蓄异端，何由起怨！”上从之。

晟自咸阳结陈而行，结陈而行，以防李怀光追掩。陈，读曰阵。归东渭桥。时鄜坊节度使李建徽、神策行营节度使杨惠元犹与怀光联营，陆贽复上奏曰：“怀光当管师徒，鄜，音肤。使，疏吏翻。复，扶又翻。上，时掌翻。当管，犹言见管也。足以独制凶寇，逗留未进，抑有他由。所患太强，不资傍助。比者又遣李晟、李建徽、杨惠元三节度之众附丽其营，比，毗至翻，近也。无益成功，只足生事。何则？四军接垒，群帅异心，李晟、李建徽、杨惠元之军及李怀光之军为四军。帅，所类翻。论势力则悬绝高卑，言怀光之军最强，怀光之官最高，相去悬绝。据职名则不相统属。言怀光、晟、建徽、惠元四人并为节度使，各总一军，不相统属。怀光轻晟等兵微位下而忿其制不从心，晟等疑怀光养寇蓄奸而怨其事多陵己；端居则互防飞谤，欲战则递恐分功，龃龉不和，龃，壮所翻。龉，偶许翻。嫌衅遂构，俾之同处，必不两全。处，昌吕翻。强者恶积而后亡，弱者势危而先覆，陆贽言李怀光、李建徽、杨惠元之祸败，如烛照龟卜。覆亡之祸，翘足可期！人立而翘一足则不能久。翘足可期者，言祸来之速也。旧寇未平，新患方起，忧叹所切，实堪疚心！疚，病也。太上消慝于未萌，太上，犹言极上也。慝，恶也。其次救失于始兆，况乎事情已露，祸难垂成，难，乃旦翻。委而不谋，何以宁乱！李晟见机虑变，先请移军，【章：十二行本“军”下有“就东”二字；乙十一行本同；张校同，云无注本亦无。】建徽、惠元势转孤弱，为其吞噬，理在必然，晟，成正翻。噬，时制翻，啖也。他日虽有良图，亦恐不能自拔；拯其危急，唯在此时。拯，救也。今因李晟愿行，便遣合军同往，托言晟兵素少，少，诗绍翻。虑为贼泚所邀，借此两军迭为犄角，泚，且礼翻。犄，居蚁翻。仍先谕旨，密使促装，诏书至营，即日进路，怀光意虽不欲，然亦计无所施。是谓先人有夺人之心，左传赵宣子之言。先，悉荐翻。疾雷不及掩耳者也。淮南子之言。解斗不可以不离，救焚不可以不疾，理尽于此，惟陛下图之。”上曰：“卿所料极善。然李晟移军，怀光不免怅望，怅，丑亮翻，怨也。若更遣建徽、惠元就东，谓自咸阳东就李晟也。恐因此生辞，生辞，犹今人言生言语也。转难调息，调息，犹今人言调停也。且更俟旬时。”旬时，犹言旬日也。

4 辛酉，加王武俊同平章事兼幽州、卢龙节度使。欲使之讨朱滔也。使，疏吏翻。

5 李晟以为：“怀光反状已明，缓急宜有备，蜀、汉之路不可壅，此指汉蜀郡、汉中郡二郡大界而言。请以裨将赵光铣等为洋、利、剑三州刺史，三州，皆当入蜀之道之要。裨，宾弥翻。将，即亮翻。洋，音祥。各将兵五百以防未然。”将，音同上，又音如字。上疑未决，欲亲总禁兵幸咸阳，以慰抚为名，趣诸将进讨。趣，读曰促。或谓怀光曰：“此汉祖游云梦之策也！”游云梦事见十一卷汉高祖六年。怀光大惧，反谋益甚。

上垂欲行，怀光辞益不逊，上犹疑谗人间之，间，古苋翻。甲子，加怀光太尉，增实食，赐铁券，实食，食实封也。遣神策右兵马使李卞等往谕旨。使，疏吏翻；下同。考异曰：邠志曰：“十六日，诏加怀光太尉。”按实录，甲子二十三日。邠志误。幸奉天录、旧传“李弁”作“李昪”，今从奉天记。怀光对使者投铁券于地曰：“圣人疑怀光邪？唐之臣子，率称君父为圣人。邪，音耶。人臣反，赐铁券；怀光不反，今赐铁券，是使之反也！”辞气甚悖。悖，蒲妹翻，又蒲没翻。朔方左兵马使张名振当军门大呼曰：呼，火故翻。“太尉视贼不许击，待天使不敬，使，疏吏翻。朝廷所遣，谓之天使。盖谓君，天也；君之所遣，犹天之所遣也。果欲反邪！功高太山，一旦弃之，自取族灭，富贵他人，何益哉！言怀光反，是自取族灭，他人平其乱以为功而得富贵，是富贵他人也。我今日必以死争之。”怀光闻之，谓曰：“我不反，以贼方强，故须蓄锐俟时耳。”怀光又言：“天子所居必有城隍。”有水曰池，无水曰隍。乃发卒城咸阳，未几，移军据之。几，居岂翻。张名振曰：“乃者言不反，乃者，犹言昨者也。今日拔军此来，何也？何不攻长安，杀朱泚，取富贵，引军还邠邪！”泚，且礼翻，又音此。还，从宣翻，又音如字。邠，卑旻翻。怀光所统朔方军本屯邠州。怀光曰：“名振病心矣！”命左右引去，拉杀之。拉，落合翻。

右武锋兵马使石演芬，本西域胡人，怀光养以为子。怀光潜与朱泚通谋，演芬遣其客郜成义诣行在告之，泚，且礼翻，又音此。演，以浅翻。郜，古到翻。史炤曰：郜，姓也，出自周文王子，封郜国，国在济阴。晋有尚书高昌郜久。请罢其都统之权。成义至奉天，告怀光子璀；【严：“璀”改“琟”；下同。】统，他综翻，俗音从上声。璀，七罪翻。璀密白其父。怀光召演芬责之曰：“我以尔为子，奈何欲破我家！今日负我，死甘心乎？”演芬曰：“天子以太尉为股肱，太尉以演芬为心腹；太尉既负天子，演芬安得不负太尉乎！演芬胡人，不能异心，惟知事一人。一人，谓天子也。苟免贼名而死，死甘心矣！”怀光使左右脔食之，皆曰：“义士也！可令快死。”以刀断其喉而去。脔，力兖翻。令，力丁翻。断，音短。考异曰：邠志曰：“怀光投铁券于地，使者惧焉。名振呼于军门。”又曰：“二月二十一日，怀光拔其军居咸阳。”又曰：“三月三日，怀光巡咸阳城，名振曰：‘昨日言不反，今悉军此来，何也？’”又曰：“怀光既杀名振，召演芬责之。”按名振云“昨日言不反，今何此来？”则是呼军门之明日，怀光即移军咸阳。若至咸阳已十三日，因巡城而名振言之，何得云昨日！又何得云悉军此来！又名振与演芬同日死。按旧传云：“郜成义至奉天，乃反以其言告怀光子璀，璀密告其父怀光。”若三月三日，则车驾已幸梁、洋，不在奉天。且是时反状已彰灼如此，岂能尚欺人云不反邪！今从幸奉天录，悉因投铁券言之。

李卞等还，言怀光骄慢之状，还，从宣翻，又音如字。于是行在始严门禁，严门关出入之禁以防不虞。从臣皆密装以待。史炤曰：密具装束，所以备行。从，才用翻。

乙丑，加李晟河中、同绛节度使；上犹以为薄，德宗当患难之时，进人若将加诸膝；当事定之后，退人若将队诸渊。晟，成正翻。使，疏吏翻。丙寅，又加同平章事。

上将幸梁州，梁州，古汉中。山南节度使盐亭严震闻之，盐亭，汉广汉县地，梁置盐亭县，唐属梓州，以产盐名县。遣使诣奉天奉迎，又遣大将张用诚将兵五千至盩厔以来迎卫。至盩厔以来者，言若迎卫之兵至盩厔而乘舆未至，则当沿道渐进来前，以迎乘舆，不指定一处也。盩厔，音舟窒。将，即亮翻；诚将音同上，又音如字。用诚为怀光所诱，阴与之通谋，诱，音酉。上闻而患之。会震继遣牙将马勋奉表，上语之故；勋，许云翻。语，牛倨翻。勋请"亟诣梁州取严震符召用诚还府；若不受召，臣请杀之。"上喜曰："卿何时复至此?"还，从宣翻，又音如字。复，扶又翻，又音如字。勋刻日时而去。既得震符，请壮士五人与之俱出骆谷。用诚不知事泄，以数百骑迎之，汉中取凤翔之路，南谷曰褒，北谷曰骆。骑，奇寄翻。勋与之俱入驿。时天寒，勋多然藁火于驿外，然，与燃同。藁，禾秆也。军士皆往附火。勋乃从容出怀中符，以示用诚曰："大夫召君。"用诚错愕起走，从，千容翻。错愕，猝然惊也。壮士自后执其手擒之。用诚子在勋后，斫伤勋首。壮士格杀其子，仆用诚于地，跨其腹，以刀拟其喉曰："出声则死!"勋入其营，士卒已擐甲执兵矣。仆，方遇翻，顿也。擐，户惯翻。勋大言曰："汝曹父母妻子皆在汉中，一朝弃之，与张用诚同反，于汝曹何利乎！大夫令我取用诚，不问汝曹，无自取族灭!"众皆詟服。令，力丁翻。詟，之涉翻，失气也。勋送用诚诣梁州，震杖杀之，命副将领其众。将，即亮翻。勋裹其首，复命于行在，愆期半日。愆期，过期也。

李怀光夜遣人袭夺李建徽、杨惠元军，建徽走免，惠元将奔奉天，怀光遣兵追杀之。怀光又宣言曰："吾今与朱泚连和，车驾且当远避！”泚，且礼翻，又音此。

怀光以韩游瓌朔方将也，韩游瓌初事郭子仪，李怀光东征，游瓌为邠宁留后。瓌，古回翻。将，即亮翻。掌兵在奉天，与游瓌书，约使为变，游瓌密奏之；明日，又以书趣之。怀光又以书趣游瓌，游瓌盖又奏之也。若据考异，则后书为浑瑊所获，通鉴疑而不取。趣，读曰促。上【章：十二行本“上”上有“游瓌又奏之”五字；乙十一行本同；张校同，云无注本亦无。】称其忠义，因问：“策安出？”对曰：“怀光总诸道兵，故敢恃众为乱。今邠宁有张昕，灵武有宁景璇，邠，卑旻翻。昕，许斤翻。璇，似宣翻。河中有吕鸣岳，振武有杜从政，潼关有唐朝臣，渭北有窦觎，潼，音同。朝，直遥翻。觎，音俞。皆守将也。言此诸将各守其地也。陛下各以其地及其众授之，尊怀光之官，罢其权，则行营诸将各受本府指麾矣。罢怀光兵权，则诸路兵虽在行营，将不肯禀命于怀光而各禀本府之命。怀光独立，安能为乱！”上曰：“罢怀光兵权，若朱泚何？”言罢怀光，恐无以制朱泚。对曰：“陛下既许将士以克城殊赏，将士奉天子之命以讨贼取富贵，谁不愿之！邠府兵以万数，借使臣得而将之，将，即亮翻，又音如字。足以诛泚；况诸道必有杖义之臣，泚不足忧也！”上然之。

丁卯，怀光遣其将赵升鸾入奉天，约其夕使别将达奚小俊烧乾陵，考异曰：邠志作“达奚小进”，今从实录。令升鸾为内应以惊胁乘舆。令，力丁翻。乘，绳证翻。升鸾诣浑瑊自言，瑊遽以闻，且请决幸梁州。浑，户昆翻，又户本翻。瑊，古衔翻。考异曰：邠志：“二十六日，怀光又使持书促游瓌，浑公获而奏之，且使其卒物色我军。游瓌不知，不得以闻，又怒瑊之虞己也，慢骂于途。上疑其变，即日幸梁州。”今从实录。奉天记曰：“上初拔奉天，而车驾至宜寿县渭水之阳，谓侍臣曰：‘朕之此行，莫同永嘉之势！’因潸然流涕。浑瑊对曰：‘临大难无忧惧者，圣人之勇也。’言讫，济河。”按新传，李惟简追及上于盩厔西，然后浑瑊继至。则上至渭阳时瑊犹未来。今不取。上命瑊戒严，瑊出，部勒未毕，上已出城西，命戴休颜守奉天，朝臣将士狼狈扈从。朝，直遥翻。将，即亮翻。从，才用翻。戴休颜徇于军中曰："怀光已反！"遂乘城拒守。

朱泚之称帝也，朱泚称帝见二百二十八卷建中四年。泚，且礼翻，又音此。兵部侍郎刘乃卧病在家，泚召之，不起；使蒋镇自往说之，说，式芮翻。凡再往，知不可诱胁，诱，音酉。乃叹曰："镇亦忝列曹，不能舍生，以至于此，蒋镇仕唐为工部侍郎，故云亦忝列曹。为泚所得，不能死而受泚官，自愧不能舍生取义。岂可复以己之腥臊污漫贤者乎！"复，扶又翻。臊，苏遭翻。污，乌故翻。漫，谟官翻，涂也。歔欷而返。歔，音虚。欷，音希，又许既翻。乃闻帝幸山南，搏膺大呼，呼，火故翻。自投于床，不食数日而卒。梁州在长安南山之南。刘乃以乘舆播迁，浸以益远，故自绝于衾衽之间。

太子少师乔琳从上至盩厔，称老疾不堪山险，削发为僧，匿于仙游寺；泚闻之，召至长安，以为吏部尚书。于是朝士之窜匿者多出仕泚矣！刘乃以乘舆不能复还而自绝，义不臣贼也；乔琳等以乘舆不能复还，出仕于泚，苟性命而贪禄利也。唐于此时，亦云殆矣。少，始照翻。盩厔，音舟窒。尚，辰羊翻。

怀光遣其将孟保、考异曰：邠志作"孟廷宝"。今从实录。惠静寿、孙福达将精骑趣南山邀车驾，达将，即亮翻，又音如字。骑，奇寄翻。趣，逡喻翻。遇诸军粮料使张增于盩厔。使，疏吏翻。三将曰："彼使我为不臣，我以追不及报之，不过不使我将耳。"过，古禾翻，又古卧翻。将，即亮翻。言不过不使之为将也。因目增曰：目增，示之以意，欲因其言以绐众。"军士未朝食，如何？"增绐其众曰："此东数里有佛祠，吾贮粮焉。"三将帅众而东，纵之剽掠，绐，荡亥翻。贮，丁吕翻。帅，读曰率。剽，匹妙翻。由是百官从行者皆得入骆谷，以追不及还报，还，从宣翻，又音如字。考异曰：实录曰："才入骆谷，怀光遣其将孟保等以数百骑来袭，为后军将侯仲庄所拒而退，遂焚店驿而去。"旧严震传曰："赖山南兵击之而退，舆驾无警急之患。"今从邠志。怀光皆黜之。

6 河东将王权、马汇引兵归太原。将，即亮翻。汇，于贵翻。权、汇入援见上卷上年。以上幸山南，声问不接，故引兵归。史言马燧怠于勤王。

7 李晟得除官制，拜哭受命，谓河中、同、绛及加同平章事之命。晟，成正翻。谓将佐曰："长安，宗庙所在，天下根本，若诸将皆从行，谁当灭贼者！"乃治城隍，缮甲兵，为复京城之计。城隍，即为东渭桥营堑。治，直之翻。先是东渭桥有积粟十馀万斛，度支给李怀光军，几尽。先，悉荐翻。度，徒洛翻。几，居希翻。是时怀光、朱泚连兵，声势甚盛，车驾南幸，人情扰扰；晟以孤军处二强寇之间，泚，且礼翻，又音此。处，昌吕翻。内无资粮，外无救援，徒以忠义感激将士，故其众虽单弱而锐气不衰。又以书遗怀光，辞礼卑逊，遗，唯季翻。虽示尊崇而谕以祸福，劝之立功补过，故怀光惭恧，未忍击之。恧，女六翻。晟曰："畿内虽兵荒之馀，犹可赋敛。敛，力赡翻。宿兵养寇，患莫大焉！"乃以判官张彧假京兆尹，择四十馀人，假官以督渭北【章：十二行本"北"下有"诸县"二字；乙十一行本同；孔本同；张校同。】刍粟，不旬日，皆充羡；羡，弋线翻。乃流涕誓众，决志平贼。李怀光自河北千里赴难，不可谓不勇于勤王，以其兵力，固可以指期收复；君臣猜嫌，反忠为逆，张名振所谓"自取族灭，富贵他人"，有味乎其言也！后之观史者，观怀光之勤王始末与张名振所以谏怀光之言，与夫史家归功李晟之言，则凡居功名之际者，可不戒哉！

8 田悦用兵数败，事并见前。数，所角翻。士卒死者什六七，其下皆厌苦之。上以给事中孔巢父为魏博宣慰使。巢父性辩博，至魏州，对其众为陈逆顺祸福；为，于伪翻。悦及将士皆喜。兵马使田绪，承嗣之子也，凶险，多过失，悦不忍杀，杖而拘之。悦既归国，内外撤警备。三月，壬申朔，悦与巢父宴饮，绪对弟侄有怨言，其侄止之，绪怒，杀侄，既而悔之，曰：

"仆射必杀我！"仆射，谓田悦也。既夕，悦醉，归寝，绪与左右密穿后垣入，杀悦及其母、妻等十馀人，即帅左右执刀立于中门之内夹道。帅，读曰率。将旦，以悦命召行军司马扈崿、判官许士则、都虞候蒋济议事；府署深邃，外不知有变，士则、济先至，召入，乱斫杀之。绪恐既明事泄，乃出门，出中门也。遇悦亲将刘忠信方排牙，排牙者，牙前将士各执其物以立于庭下，俟节度使升听事，以次参谒也。绪疾呼谓众曰："刘忠信与扈崿谋反，昨夜刺杀仆射。"呼，火故翻；下同。刺，七亦翻。众大惊，喧哗。忠信未及自辩，众分裂杀之。扈崿来，及戟门遇乱，节镇外门列戟，故谓之戟门。招谕将士，将士从之者三分之一。绪惧，登城而立，田绪所登者，魏州牙城也。大呼谓众曰："绪，先相公之子，诸君受先相公恩，先相公，谓田承嗣也。若能立绪，兵马使赏缗钱二千，大将半之，下至士卒，人赏百缗，竭公私之货，五日取办。"于是将士回首杀扈崿，皆归绪，军府乃安。因请命于孔巢父，巢父命绪权知军府。后数日，众乃知绪杀其兄，田悦者，绪之从兄。虽悔怒，怒其杀兄而悔立之。而绪已立，无如之何。绪又杀悦亲将薛有伦等二十馀人。

李抱真、王武俊引兵将救贝州，闻乱，不敢进。朱滔闻悦死，喜曰："悦负恩，天假手于绪也！"即遣其执宪大夫郑景济等执宪大夫，犹天朝御史大夫。将步骑五千助马寔，合兵万二千人攻魏州。寔军王莽河，纵骑兵及回纥四出剽掠。滔别遣人【章：十二行本"人"下有"入城"二字；乙十一行本同。】说绪，许以本道节度使。绪方危急，遣随军侯臧诣贝州送款于滔，滔喜，遣臧还报，使亟定盟约。时绪部署城内已定，谓魏州城内也。李抱真、王武俊又遣使诣绪，许以赴援，如悦存日之约。绪召将佐议之，幕僚曾穆、卢南史曰："用兵虽尚威武，亦本仁义，然后有功。今幽陵之兵恣行杀掠，白骨蔽野，虽先仆射背德，背，蒲妹翻。其民何罪！今虽盛强，其亡可跂立而待也。跂，去智翻，举踵而立也。况昭义、恒冀方相与攻之，昭义，李抱真。恒冀，王武俊。奈何以目前之急欲从人为反逆乎！不若归命朝廷，天子方蒙尘于外，闻魏博使至必喜，官爵旋踵而至矣。"旋踵，转足也。绪从之，遣使奉表诣行在，城守以俟命。

9 上之发奉天也，谓自奉天幸山南。韩游瓌帅其麾下八百馀人还邠州。帅，读曰率；下同。考异曰：邠志曰："韩游瓌使其子钦绪扈从，怀光知之，以戴休颜代领其职，仍假游瓌邠州刺史，将使其党张昕害之。游瓌既失兵柄，未知所从。说客刘南金曰：'窃观人心，莫不恋主。邠有留甲，可以图变。公得之邠，殆天假也。'乃使麾下将范希朝、赵怀仙诱其军归邠，士皆从之。休颜率麾下卒据城门，士不得尽出，其从游瓌至邠者八百馀人。"按旧游瓌传无受怀光邠州刺史事。休颜传云："及李怀光叛据咸阳，使诱休颜，休颜集三军斩其使，婴城自守。怀光大骇，遂自泾阳夜遁。其月，拜检校工部尚书、奉天行营节度使。"且上幸山南，命休颜留守奉天，游瓌先发怀光阴谋，二人岂肯更受怀光节度！盖当时出幸苍卒，游瓌扈从不及，或以与浑瑊有隙，不敢南行，故帅麾下归邠州耳。李怀光以李晟军浸盛，恶之，恶，乌路翻。欲引军自咸阳袭东渭桥；三令其众，众不应，窃相谓曰："若与我曹击朱泚，惟力是视；若欲反，我曹有死，不能从也！"怀光知众不可强，强，其两翻。问计于宾佐，节度巡官良乡李景略曰：良乡，汉县，属涿郡，唐属幽州。"取长安，杀朱泚，散军还诸道，单骑诣行在，如此，臣节亦未亏，功名犹可保也。"顿首恳请，至于流涕，怀光许之。都虞候阎晏等劝怀光东保河中，徐图去就，怀光乃说其众曰：说，式芮翻。"今且屯泾阳，召妻孥于邠，俟至，与之俱往河中。春装既办，还攻长安，未晚也。东方诸县皆富实，军发之日，听尔俘掠。"众许之。东方诸县，谓泾阳以东诸县也。考异曰：幸奉天录："李晟至东渭桥，旬日之后，军用整备。怀光患之，稍移军泾阳，与朱泚约同灭晟军。"旧怀光传曰："怀光劫李建徽等军，移于好畤。”又曰：“居二旬，乃驱兵掠泾阳、富平，自同州往河中。”朱泚传曰：“怀光为泚所卖，惭怒愤耻，移于好畤。”按实录：“三月甲申，怀光自咸阳烧营走归河中。”幸奉天录曰：“三月，怀光拔咸阳，掠三原等十二县，鸡犬无遗，老小步骑百馀万。”皆不云移军好畤及泾阳。今从邠志及幸奉天录。怀光乃谓景略曰：“向者之议，军众不从，子宜速去，不且见害！”遣数骑送之。景略出军门，恸哭曰：“不意此军【章：十二行本“军”下有“一旦”二字；乙十一行本同；孔本同。】陷于不义！”朔方军平安、史，拒回纥、吐蕃，功高天下，备尽忠力，一旦从怀光反，是陷于不义。

怀光遣使诣邠州，令留后张昕悉发所留兵万馀人及行营将士家属会泾阳，仍遣其将刘礼等将三千馀骑胁迁之。韩游瓌说昕曰：说，式芮翻。“李太尉功高，自【章：十二行本“自”下有“弃己”二字；乙十一行本同；孔本同；张校同。】蹈祸机；中丞今日可以自求富贵，游瓌请帅麾下以从。”从，才用翻。昕曰：“昕微贱，赖李太尉得至此，不忍负也！”游瓌乃谢病不出，阴与诸将高固、杨怀宾等相结。时崔汉衡以吐蕃兵营于邠南，高固曰：“昕以众去，则邠城空矣。”乃诈为浑瑊书，召吐蕃使稍逼邠城。昕等惧，竟不敢出。昕等谋杀诸将之不从者，游瓌知之，先与高固等举兵杀昕，昕，许斤翻。将，即亮翻。瓌，古回翻。考异曰：邠志曰：“三月二十三日，张昕戒刘礼等衷甲而入，昕小吏李岌密报游瓌。游瓌伏甲先起，高固等帅众应之，遂斩昕于府中。游瓌既据邠府，遣李旻，怀光乃走蒲州。”按实录：“甲申，怀光自咸阳烧营，走归河中。”然则游瓌杀昕必在其前。今因怀光走见之。遣杨怀宾奉表以闻，且遣人告崔汉衡。汉衡矫诏以游瓌知军府事，军中大喜。怀光子旻在邠，邠，卑旻翻。游瓌遣之，或曰：“不杀旻，何以自明？”言遣旻则上疑游瓌与怀光通，将无以自明也。游瓌曰：“杀旻，怀光怒，其众必至，不如释旻以走之。”时杨怀宾子朝晟在怀光军中为右厢兵马使，朝，直遥翻。晟，成正翻。使，疏吏翻。闻之，泣白怀光曰：“父立功于国，言其父杀张昕，以邠城返正也。子当诛夷，不可典兵。”怀光囚之。为后赦朝晟张本。于是游瓌屯邠宁，戴休颜屯奉天，骆元光屯昭应，尚可孤屯蓝田，皆受李晟节度，晟军声大振。

始，怀光方强，朱泚畏之，与怀光书，以兄事之，约分帝关中，永为邻国。及怀光决反，逼乘舆南幸，泚，且礼翻，又音此。乘，绳证翻。其下多叛之，势益弱。泚乃赐怀光诏书，以臣礼待之，且征其兵。怀光惭怒，内忧麾下为变，外怒李晟袭之，遂烧营东走，掠泾阳等十二县，鸡犬无遗。考异曰：旧高郢传曰："怀光将归河中，郢言：'西迎大驾，岂非忠乎！'怀光不听。"按德宗因怀光迫逐，遂幸梁州。借使怀光欲迎驾，德宗岂肯来乎！今不取。及富平，怀光行及富平也。大将孟涉、段威勇将数千人奔于李晟，将士在道散亡相继。至河中，或劝河中守将吕鸣岳焚桥拒之，鸣岳以兵少恐不能支，遂纳之，若吕鸣岳焚蒲津桥，怀光将士之心已离，必溃散于河西，不得至河中矣。将，即亮翻。少，诗沼翻。河中尹李齐运弃城走。怀光遣其将赵贵先筑垒于同州，备唐兵讨之也。刺史李纾惧，奔行在；幕僚裴向摄州事，诣贵先，责以逆顺之理，贵先感寤，遂请降，同州由是获全。向，遵庆之子也。裴遵庆，肃宗朝为相。怀光使其将符峤袭坊州，据之，渭北守将窦觎帅猎团七百围之；团结猎户为兵，谓之猎团。帅，读曰率。峤请降。诏以觎为渭北行军司马。

10 丁亥，以李晟兼京畿、渭北、鄜、坊、丹、延节度使。鄜，音夫。

11 庚寅，车驾至城固。唐安公主薨，蜀州唐安郡。上长女也。

上在道，民有献瓜果者，上欲以散试官授之，散官，即文散阶、武散阶也。试官事始见二百五卷武后长寿元年。访于陆贽，贽上奏，以为："爵位恒宜慎惜，不可轻用。恒，户登翻。起端虽微，流弊必大。献瓜果者，止可赐以钱帛，不当酬以官。"上曰："试官虚名，无损于事。”贽又上奏，其略曰：“自兵兴以来，财赋不足以供赐，而职官之赏兴焉；青朱杂沓于胥徒，周礼六官之属，大夫、士之下有府史、胥徒。郑氏注曰：胥徒，民之给傜役者，若今卫士矣。胥，读如谞，谓其有才智为什长。胥，私吕翻，又思馀翻。金紫普施于舆皂。左传芈无宇曰：人有十等，王臣公，公臣大夫，大夫臣士，士臣皂，皂臣舆，舆臣隶，隶臣僚，僚臣仆，仆臣台。当今所病，方在爵轻，设法贵之，犹恐不重，若又自弃，将何劝人！夫诱人之方，惟名与利，名近虚而于教为重，利近实而于德为轻。近，其靳翻。专实利而不济之以虚，则耗匮而物力不给；专虚名而不副之以实，则诞谩而人情不趋。诞谩，虚言也。趋，七喻翻，又音如字。故国家命秩之制，有职事官，有散官，有勋官，有爵号，然掌务而授俸者，唯系职事之一官也，此所谓施实利而寓虚名者也。其勋、散、爵号三者所系，大抵止于服色、资荫而已，服色，谓紫、绯、浅绯、深绿、浅绿、深青、浅青及黄，其色各以品为差。资荫，谓随资品得荫其子若孙及曾孙也。此所谓假虚名而佐实利者也。今之员外、试官，颇同勋、散、爵号，虽则授无费禄，受不占员，占，之赡翻。然而突铦锋、排患难者则以是赏之，铦，息廉翻，利也。难，乃旦翻。竭筋力、展劳效者又以是酬之。若献瓜果者亦授试官，则彼必相谓曰，‘吾以忘躯命而获官，此以进瓜果而获官，是乃国家以吾之躯命同于瓜果矣。’视人如草木，谁复为用哉！复，扶又翻。今陛下既未有实利以敦劝，又不重虚名而滥施，人无藉焉。则后之立功者，将曷用为赏哉！”

贽在翰林，为上所亲信，居艰难中，虽有宰相，大小之事，上必与贽谋之，故当时谓之内相，相，息亮翻；下同。上行止必与之俱。梁、洋道险，尝与贽相失，经夕不至，上惊忧涕泣，募得贽者赏千金。久之，乃至，上喜甚，太子以下皆贺。然贽数直谏，迕上意，数，所角翻。迕，五故翻。卢杞虽贬官，杞贬官，见上卷上年。上心庇之。贽极言杞奸邪致乱，上虽貌从，心颇不悦，故刘从一、姜公辅皆自下陈登用，二人为相见上卷上年。刘从一自吏部郎中，姜公辅自翰林学士。下陈，犹下列也。贽恩遇虽隆，未得为相。为上追仇陆贽尽言而贬贽张本。

壬辰，车驾至梁州。山南地薄民贫，自安、史以来，盗贼攻剽，剽，匹妙翻。户口减耗太半，虽节制十五州，十五州，梁、洋、兴、凤、开、通、渠、集、蓬、利、壁、巴、阆、果、金也。租赋不及中原数县。及大驾驻跸，粮用颇窘。上欲西幸成都，严震言于上曰："山南地接京畿，李晟方图收复，借六军以为声援。若幸西川，则晟未有收复之期也。"众议未决，会李晟表至，言："陛下驻跸汉中，所以系亿兆之心，成灭贼之势；若规小舍大，规小，谓欲幸成都以便资用。舍大，谓舍兴复之功而苟安于一隅。迁都岷、峨，则士庶失望，虽有猛将谋臣，无所施矣！"上乃止。严震百方以聚财赋，民不至困穷而供亿无乏。牙将严砺，震之从祖弟也，震使掌转饷，事甚修辨。史言严震供奉车驾无阙之功。辨，读曰办。【章：十二行本正作"办"；乙十一行本同。】

12 初，奉天围既解，李楚琳遣使入贡，上不得已除凤翔节度使，而心恶之。恶其杀张镒而附朱泚，且在肘腋之下也。恶，乌路翻。议者言楚琳凶逆反覆，若不堤防，恐生窥伺；伺，相吏翻。由是楚琳使者数辈至，上皆不引见，见，贤遍翻。留之不遣。甫至汉中，欲以浑瑊代楚琳镇凤翔，陆贽上奏，以为："楚琳杀帅助贼，事见二百二十八卷建中四年。帅，所类翻。其罪固大，但以乘舆未复，大憝犹存，书云：元恶大憝。憝，亦恶也，音徒对翻。勤王之师悉在畿内，急宣速告，晷刻是争。言较晷刻而争迟速也。商岭则道迂且遥，骆谷复为盗所扼，复，扶又翻。仅通王命，唯在褒斜，据九域志，商州之路，达金、洋皆数百里，而洋又远于金。自商州西至长安复二百馀里，则其路迂遥，至长安盖一千一百馀里。自骆谷关至洋州亦五百馀里。

惟宝鸡南入大散关，至梁州五百里而近。宋白曰：兴元府东北至长安，取骆谷路六百五十二里，取斜谷路九百二十三里，驿路一千二百二十三里。此路若又阻艰，南北遂将夐绝。夐，休正翻。以诸镇危疑之势，居二逆诱胁之中，二逆，谓朱泚、李怀光也。诱，音酉。汹汹群情，各怀向背。背，蒲妹翻。傥或楚琳发憾，公肆猖狂，南塞要冲，塞，悉则翻。东延巨猾，则我咽喉梗而心膂分矣。咽，因肩翻。今楚琳能两端顾望，乃是天诱其衷，两端顾望，谓李楚琳外奉朝廷而阴事朱泚。杜预曰：衷，中也。陆德明曰：衷，音中，或丁仲翻。故通归涂，将济大业。陛下诚宜深以为念，厚加抚循，得其迟疑，便足集事。必欲精求素行，追抉宿疵，行，下孟翻。抉，于决翻。则是改过不足以补愆，自新不足以赎罪。凡今将吏，岂得尽无疵瑕，人皆省思，省，悉景翻。孰免疑畏！又况阻命之辈，胁从之流，自知负恩，安敢归化！斯衅非小，所宜速图。伏愿陛下思英主大略，勿以小不忍亏挠兴复之业也。”挠，奴教翻。上释然开悟，善待楚琳使者，优诏存慰之。

13 丁酉，加宣武节度使刘洽同平章事。

14 己亥，以行在都知兵马使浑瑊同平章事兼朔方节度使，朔方、邠宁、振武、永平、奉天行营兵马副元帅。将罢李怀光兵权，故先用浑瑊。

15 庚子，诏数李怀光罪恶，数，所具翻，又所主翻。叙朔方将士忠顺功名，犹以怀光旧勋，曲加容贷，其副元帅、太尉、中书令、河中尹并朔方诸道节度、观察等使，宜并罢免，将，即亮翻。贷，来戴翻。考异曰：旧高郢传曰：“怀光归河中，又欲悉众而西。时浑瑊军孤，群帅未集，郢与李墉誓死驻之。属怀光长子璀候郢，郢乃谕以逆顺曰：‘人臣所宜效顺，且自天宝以来，阻兵者今复谁在！况国家自有天命，非独人力，今若恃众西向，自绝于天，安知三军不有奔溃者乎！’李璀震惧，流泪气索。明年春，郢与都知兵马使吕鸣岳、都虞候张延英同谋，间道上表。及受密诏事泄，二将立死。怀光乃大集将卒，白刃盈庭，引郢诘之。郢挺然抗词，无所惭隐，愤气感发，观者泪下；怀光惭沮而止。”按实录：怀光以兴元元年三月甲申走归河中。己亥，以浑瑊为副元帅。四月辛丑朔，始临轩授瑊节钺，与邪传年月全不相应。今不取。授太子太保；其所管兵马，委本军自举一人功高望重者便宜统领，速具奏闻，当授旌旄，以从人欲。旌旄，犹言节旄也。

16 夏，四月，壬寅，以邠宁兵马使韩游瓌为邠宁节度使。癸卯，以奉天行营兵马使戴休颜为奉天行营节度使。

17 灵武守将宁景璇为李怀光治第，别将李如暹曰：“李太尉逐天子，而景璇为之治第，治，直之翻。为，于伪翻。是亦反也！”攻而杀之。

18 甲辰，加李晟鄜坊、京畿、渭北、商华副元帅。分李怀光兵柄以授李晟、浑瑊。鄜，音夫。华，户化翻。晟家百口及神策军士家属皆在长安，朱泚善遇之。军中有言及家者，晟泣曰：“天子何在，敢言家乎！”泚使晟亲近以家书遗晟遗，唯季翻。曰：“公家无恙。”晟怒曰：“尔敢为贼为间！”为贼，于伪翻。间，古苋翻。立斩之。军士未授春衣，盛夏犹衣裘褐，犹衣，于既翻。终无叛志。史言李晟以忠义感激士心。

乙巳，以陕虢防遏使唐朝臣为河中、同绛节度使。陕，失冉翻。前河中尹李齐运为京兆尹，供晟军粮役。役者，挽输浚筑之事。

19 庚戌，以魏博兵马使田绪为魏博节度使。

20 浑瑊帅诸军出斜谷，帅，读曰率。崔汉衡劝吐蕃出兵助之，尚结赞曰：“邠军不出，将袭我后。”韩游瓌闻之，遣其将曹子达将兵三千往会瑊军，吐蕃遣其将论莽罗依将兵二万从之。李楚琳遣其将石锽将卒七百从瑊拔武功，锽，户盲翻。庚戌，朱泚遣其将韩旻攻武功，锽以其众迎降。瑊战不利，收兵登西原。其地高平，在武功县西，故曰西原。会曹子达以吐蕃至，击旻，大破之于武亭川，考异曰：邠志云“十日破旻等”，而实录云“乙丑”，盖奏到之日也。今从邠志。斩首万馀级，旻仅以身免。瑊遂引兵屯奉天，与李晟东西相应，以逼长安。

21 上欲为唐安公主造塔，厚葬之，时唐安公主薨于城固。塔，浮图也。为，于伪翻。谏议大夫、同平章事姜公辅表谏，以为“山南非久安之地，公主之葬，会归上都，会，合也，要也。上都，谓长安。此宜俭薄，以副军须之急。”凡行军资粮器械所须者，皆谓之军须。上使谓陆贽曰：“唐安造塔，其费甚微，非宰相所宜论。公辅正欲指朕过失，自求名耳。相负如此，当如何处之？”相，息亮翻。处，昌吕翻。贽上奏，以为公辅任居宰相，遇事论谏，不当罪之，其略曰：“公辅顷与臣同在翰林，臣今据理辩直则涉于私党之嫌，希旨顺成则违于匡辅之义；涉嫌止贻于身患，违义实玷于君恩。徇身忘君，臣之耻也！”玷，都念翻，玉病也。又曰：“唯暗惑之主，则怨讟溢于下国而耳不欲闻，腥德达于上天而心不求寤，讟，徒牧翻，谤也。书吕刑曰：德刑发闻惟腥。迨乎颠覆，犹未知非。”又曰：“当问理之是非，岂论事之大小！虞书曰：‘兢兢业业，一日二日万几。’几，居希翻。见皋陶谟。唐、虞之际，主圣臣贤，虑事之微，日至万数。然则微之不可不重也如此，陛下又安可忽而不念乎！”又曰：“若以谏争为指过，争，读曰诤。则剖心之主不宜见罪于哲王；武王数纣之罪曰：斮朝涉之胫，剖贤人之心。以谏争为取名，则匪躬之臣不应垂训于圣典。”易曰：王臣蹇蹇，匪躬之故。应，一凌翻。又曰：“假有意将指过，谏以取名，但能闻善而迁，见谏不逆，则所指者适足以彰陛下莫大之善，所取者适足以资陛下无疆之休。因而利焉，所获多矣。傥或怒其指过而不改，则陛下招恶直之讥；恶，乌路翻，又如字。黜其取名而不容，则陛下被违谏之谤；被，皮义翻。是乃掩己过而过弥著，损彼名而名益彰。果而行之，所失大矣。”上意犹怒，甲寅，罢公辅为左庶子。

22 加西川节度使张延赏同平章事，赏其供亿无乏故也。上在汉中，借西川供亿，为张延赏入相张本。上，时掌翻。使，疏吏翻。

23 朱泚、姚令言数遣人诱泾原节度使冯河清，泚，且礼翻，又音此。数，所角翻。诱，音酉。使，疏吏翻。河清皆斩其使者。大将田希鉴密与泚通，杀河清，以军府附于泚；泚以希鉴为泾原节度使。将，即亮翻。考异曰：邠志曰：“兴元元年四月，浑公受钺专征，出斜谷，崔公劝吐蕃分军应援。尚结赞曰：‘邠军不出，乘我也。’韩公偾曹子达帅甲三千赴于浑公，吐蕃乃以二万馀从之。李楚琳使石锽以卒七百人从浑公进收武功，遂居之。十日，朱泚使韩旻、田旻以卒三千寇武功，浑公御之，陈于东郊。石锽以其卒降旻于陈。浑公军败，乃驰登西原，建旗收卒。会邠师以吐蕃至，贼不知，乃悉众追浑公，遂为吐蕃所覆，皆死焉。田旻以马逸获免。吐蕃既胜泚军，乃大掠而去。泾人相传，言吐蕃助国有功，将以叛卒之孥赏而归之。泾人曰：‘不杀冯公，虽吾亲族，亦将不免矣。’十四日，泾卒杀河清，以田希鉴请命于泚。泚授希鉴泾原节度大使，赐金帛，使和西戎，西戎皆受赂焉。希鉴疏泾将之不与己者以告朱泚，请杀之。泚曰：‘我曲彼直’，不许。”按希鉴杀河清，必有宿谋，或为此讹言以摇众耳。今从实录。河清死在三月，今从邠志。

24 上问陆贽：“近有卑官自山北来者，梁州，在山南。岐、雍，在山北。率非良士。有邢建者，论说贼势，语最张皇。皇，大也。察其事情，颇似窥觇，觇，丑廉翻，又丑艳翻。今已于一所安置。如此之类，更有数人，若不追寻，恐成奸计。卿试思之，如何为便？”贽上奏，以为今盗据宫阙，有冒涉险远来赴行在者，当量加恩赏，岂得复猜虑拘囚！量，音良。复，扶又翻。其略曰：“以一人之听览而欲穷宇宙之变态，以一人之防虑而求胜亿兆之奸欺，役智弥精，失道弥远。项籍纳秦降卒二十万，虑其怀诈复叛，一举而尽坑之，其于防虞，亦已甚矣。坑降卒事见九卷汉高祖元年。汉高豁达大度，天下之士至者，纳用不疑，其于备虑，可谓疏矣。疏，与疎同。然而项氏以灭，刘氏以昌，蓄疑之与推诚，其效固不同也。秦皇严肃雄猜，而荆轲奋其阴计；事见七卷秦始皇二十年。光武宽容博厚，而马援输其款诚。事见四十一卷汉世祖建武四年。岂不以虚怀待人，人亦思附；任数御物，物终不亲！情思附则感而悦之，虽寇雠化为心膂矣；意不亲则惧而阻之，虽骨肉结为仇慝矣。"又曰："陛下智出庶物，有轻待人臣之心；思周万机，有独驭区寓之意；谋吞众略，有过慎之防；明照群情，有先事之察；先，悉荐翻。严束百辟，有任刑致理之规；威制四方，有以力胜残之志。此数语，曲尽德宗心事，异日安免追仇乎！由是才能者怨于不任，忠荩者忧于见疑，荩，徐刃翻。诗：王之荩臣。毛氏传曰：荩，进也。著勋业者惧于不容，怀反侧者迫于及讨，驯致离叛，构成祸灾。天子所作，天下式瞻，小犹慎之，矧又非小！愿陛下以覆车之辙为戒，实宗社无疆之休。"

25 丁巳，以前山南东道节度使南皮贾耽为工部尚书。先是，耽使行军司马樊泽奏事行在，先，悉荐翻。泽既复命，方大宴，有急牒至，以泽代耽为节度使。事见上卷兴元元年。耽内牒怀中，宴饮如故，颜色不改；宴罢，召泽告之，且命将吏谒泽。牙将张献甫怒曰："行军为尚书问天子起居，为，于伪翻。乃敢自图节钺，夺尚书土地，事人不忠，【章：十二行本"忠"下有"众心不服"四字；乙十一行本同。】请杀之。"耽曰："是何言也！天子所命，即为节度使矣！"即日离镇，以献甫自随，军府遂安。即日离镇，既得"君命召，不俟驾"之义，亦所以遏乱原。以张献甫自随，则樊泽无所猜嫌，亦所以全献甫也。离，力智翻。

26 左仆射李揆自吐蕃还，甲子，薨于凤州。李揆入吐蕃见二百二十八卷建中四年。盖自吐蕃还赴兴元，至凤州而薨。

27 韩游瓌引兵会浑瑊于奉天。

28 丙寅，加平卢节度使李纳同平章事。

29 丁卯，义王玼薨。玼，玄宗子。玼，音此，又且礼翻。

30 朱滔攻贝州百馀日，马寔攻魏州亦逾四旬，皆不能下。贾林复为李抱真说王武俊复，扶又翻。为，于伪翻。说，输芮翻。曰："朱滔志吞贝、魏，复值田悦被害，复，扶又翻。傥旬日不救，则魏博皆为滔有矣。魏博既下，则张孝忠必为之臣。张孝忠时镇易、定。滔连三道之兵，三道，谓幽州、易定、魏博。益以回纥，时回纥遣兵助滔。进临常山，恒州常山郡，王武俊居之。明公欲保其宗族，得乎！常山不守，则昭义退保西山，自常山南至赵州，皆恒冀巡属。又西南抵邢州界，即昭义巡属，阻山以为固。河朔尽入于滔矣。不若乘贝、魏未下，与昭义合兵救之；滔既破亡，则关中丧气，朱泚不日枭夷，朱泚窃据关中，滔破则泚丧气矣。丧，息浪翻。銮舆反正，诸将之功，孰有居明公之右者哉！"武俊悦，从之。

戊辰，武俊军于南宫东南，抱真自临洺引兵会之，与武俊营相距十里。两军尚相疑，明日，抱真以数骑诣武俊营；宾客共谏止之，抱真命行军司马卢玄卿勒兵以俟，曰："吾之此举，系天下安危，若其不还，领军事以听朝命亦惟子，励将士以雪雠耻亦惟子。"言终，遂行。武俊严备以待之，抱真见武俊，叙国家祸难，难，乃旦翻。天子播迁，持武俊哭，流涕纵横。纵，子容翻。武俊亦悲不自胜，胜，音升。左右莫能仰视，遂与武俊约为兄弟，誓同灭贼。武俊曰："相公十兄名高四海，李抱真第十，故呼为十兄。向蒙开谕，得弃逆从顺，免菹醢之罪，享王公之荣。今又不间胡虏，间，古苋翻。王武俊本出于夷落。辱为兄弟，武俊当何以为报乎！滔所恃者回纥耳，不足畏也。战日，愿十兄按辔临视，武俊决为十兄破之。"决为，于伪翻。抱真退入武俊帐中，酣寝久之；武俊感激，待之益恭，指心仰天曰："此身已许十兄死矣！"史言抱真推心待武俊以成大功。遂连营而进。

31 山南地热，上以军士未有春服，亦自御裌衣。裌，音夹。

容肇祖标点聂崇岐覆校

资治通鉴卷第二百三十一

端明殿学士兼翰林侍读学士太中大夫
提举西京嵩山崇福宫上柱国河内郡开国公 **司马光** 奉敕编集
食邑二千二百户食实封九百户赐紫金鱼袋臣

后学天台 **胡三省** 音注

唐纪四十七 起阏逢困敦(甲子)五月，尽旃蒙赤奋若(乙丑)七月，凡一年有奇。

德宗神武圣文皇帝六

兴元元年(甲子、七八四)

1 五月，盐铁判官万年王绍以江、淮缯帛来至，万年，京县，属京兆。缯，慈陵翻。上命先给将士，然后御衫。始改御夹而御衫。衫，单衣也。将，即亮翻。韩滉欲遣使献绫罗四十担诣行在，滉，呼广翻。使，疏吏翻。罗，绮也。绫，文缯。丁度曰：古者芒氏初作罗。一曰，帛之美者。今人以丝缕织而交眼者为罗。担，都滥翻。肩负为担。天子所至为行在所。幕僚何士干请行；滉喜曰："君能相为行，为，于伪翻。请今日过江。"士干许诺，归别家，则家之薪米储偫已罗门庭矣；偫，直里翻。登舟，则资装器用已充舟中矣；下至厨筹，厨筹，当作"厕筹"。【章：乙十五行本"厨"正作"厕"；乙十一行本同；孔本同。】滉皆手笔记列，无不周备。每担夫，与白金一版置腰间。史言韩滉强敏精密。又运米百艘以饷李晟，艘，苏遭翻；下同。晟，成正翻。考异曰：柳玭叙训曰："上初至梁，省奏甚悦。又知西平聚兵必乏粮糗，命运米百艘。"按五月初梁州尚未春服，月末已克长安。梁、润相去数千里，诏命岂能遽达乎！今不取。自负囊米置舟中，将佐争举之，须臾而毕。艘置五弩手以为防援，有寇则叩舷相警，将，即亮翻。叩，击也。船边曰舷，音胡田翻。五百弩已彀矣。比至渭桥，彀，居候翻，引满。比，必利翻，及也。盗不敢近。近，其靳翻。时关中兵荒，米斗直钱五百；及滉米至，减五之四。滉为人强力严毅，自奉俭素，夫人常衣绢裙，衣，于既翻。绢，与掾翻。缣，帛织成而无纹，其精善者曰缯，俗亦谓之绢。破，然后易。

2 吐蕃既破韩旻等，吐，从暾入声。破韩旻见上卷是年四月。大掠而去。朱泚使田希鉴厚以金帛赂之，吐蕃受之；韩游瓌以闻。浑瑊又奏："尚结赞屡遣人约刻日共取长安，既而不至；闻其众今春大疫，近已引兵去。"泚，且礼翻，又音此。瓌，工回翻。浑，户昆翻，又户本翻。瑊，古衔翻。考异曰：实录、旧本纪皆云："乙丑，浑瑊与蕃将论莽罗衣众大破朱泚将韩旻等于武功武亭川。"吐蕃传亦同。邠志曰："李怀光竟不署敕，结赞亦不进军。"又曰："浑公出斜谷，曹子达赴浑公，吐蕃以二万骑从之，既胜泚军，大掠而去。泚使田希鉴以金帛赂之。"盖尚结赞虽引兵入塞，止屯邠南，但遣论莽罗衣将偏军助瑊破泚于武功，大掠而去。既受泚赂，遂引兵归国。瑊于吐蕃归国之时有此奏耳。上以李晟、浑瑊兵少，少，诗沼翻。欲倚吐蕃以复京城，闻其去，甚忧之，以问陆贽。贽以为吐蕃贪狡，有害无益，得其引去，实可欣贺；乃上奏，其略曰："吐蕃迁延顾望，反覆多端，深入郊畿，阴受贼使，使，疏吏翻。致令群帅进退忧虞：帅，所类翻。欲舍之独前，则虑其怀怨乘蹑；乘其虚、蹑其后也。蹑，尼辄翻。欲待之合势，则苦其失信稽延。戎若未归，寇终不灭。"又曰："将帅意陛下不见信任，且患蕃戎之夺其功；士卒恐陛下不恤旧劳，而畏蕃戎之专其利；贼党惧蕃戎之胜，不死则悉遗人禽；遗，唯季翻。百姓畏蕃戎之来，有财必尽为所掠。是以顺于王化者其心不得不怠，陷于寇境者其势不得不坚。"又曰："今怀光别保蒲、绛，吐蕃远避封疆，形势既分，腹背无患，瑊、晟诸帅，才力得伸。”又曰：“但愿陛下慎于抚接，勤于砥砺，中兴大业，旬月可期，不宜尚眷眷于犬羊之群，以失将士之情也。”

上复使谓贽曰：“卿言吐蕃形势甚善，然瑊、晟诸军当议规画，令其进取。朕欲遣使宣慰，卿宜审细条流【章：乙十一行本“流”作“疏”；孔本同。】以闻。”条，分也。流，派也。贽以为：“贤君选将，委任责成，故能有功。况今秦、梁千里，秦，谓咸阳。长安，古秦中之地。梁，谓梁州。兵势无常，遥为规画，未必合宜。彼违命则失君威，从命则害军事，进退羁碍，难以成功；史炤曰：羁，马络头也。碍，谓羁所挂碍也。余谓贽言羁碍者，盖谓欲进则有所羁而不得进，欲退则有所碍而不得退也。不若假以便宜之权，待以殊常之赏，则将帅感悦，智勇得伸。”乃上奏，其略曰：“锋镝交于原野而决策于九重之中，机会变于斯须而定计于千里之外，用舍相碍，否臧皆凶。易曰：师出以律，否臧凶。王弼注曰：齐众以律，失律则散。律不可失，失律而臧，何异于否。失令有功，法所不赦，故师出不以律，否臧皆凶。陆德明释文曰：否，音鄙，恶也。臧，作郎翻，善也。上有掣肘之讥，宓子贱为单父宰，请吏于鲁侯。鲁侯使二吏与之俱至单父，子贱使吏书而掣其肘，书恶则从而怒之。二吏归，以告鲁侯。鲁侯曰：“此谓吾挠其政也。”下无死绥之志。”兵志曰：将军死绥，有前无却。又曰：“传闻与指实不同，悬算与临事有异。”又曰：“设使其中有肆情干命者，陛下能于此时戮其违诏之罪乎？是则违命者既不果行罚，从命者又未必合宜，徒费空言，只劳睿虑，匪惟无益，其损实多。”又曰：“君上之权，特异臣下，惟不自用，乃能用人。”

3 癸酉，泾王侹薨。侹，肃宗子；音他顶翻。

4 徐、海、沂、密观察使高承宗卒，建中二年，李洧以徐州归国，明年，以为徐、沂、密观察使。洧卒，高承宗代之。甲戌，使其子明应知军事。

5 乙亥，李抱真、王武俊距贝州三十里而军。朱滔闻两军将至，急召马寔，寔昼夜兼行赴之。或谓滔曰："武俊善野战，不可当其锋，宜徙营稍前逼之，使回纥绝其粮道。我坐食德、棣之馔，馔，音运。粮运曰馔。依营而陈，陈，读曰阵。利则进攻，否则入保，待其饥疲，然后可制也。"滔疑未决。会马寔军至，滔命明日出战。寔言："军士冒暑困惫，惫，音蒲拜翻。请休息数日乃战。"

常侍杨布、滔仿天朝置常侍。将军蔡雄引回纥达干见滔，达干曰："回纥在国与邻国战，常以五百骑破邻国数千骑，如扫叶耳。今受大王金帛、牛酒前后无算，思为大王立效，为，于伪翻；下同。此其时矣。明日，愿大王驻马高丘，观回纥为大王翦武俊之骑，使匹马不返。"为，于伪翻。布、雄曰："大王英略盖世，举燕、蓟全军，将扫河南，清关中，今见小敌冘豫不击，冘，读与犹同。按后汉书马援传，计冘豫未决。章怀太子贤注曰：冘，行貌也，义见说文。豫，亦未定也。冘，音以林翻。毛晃曰：冘豫不定，后汉马援传计冘豫未决，字从犬曲其足，与古尤同。与侵韵冘韵不同。唐史冘豫音淫，误。今从晃。失远近之望，将何以成霸业乎！达干请战是也。"滔喜，遂决意出战。

丙子旦，武俊遣其兵马使赵琳将五百骑伏于桑林，桑林之地，在经城西南。抱真列方陈于后，陈，读曰阵；下同。武俊引骑兵居前，自当回纥。回纥纵兵冲之，武俊使其骑控马避之。回纥突出其后，将还，武俊乃纵兵击之，赵琳自林中出横击之，回纥败走。武俊急追之，滔骑兵亦走，自践其步陈，步骑皆东奔，滔不能制，遂走趣其营，趣，七喻翻；下同。抱真、武俊合兵追击之。时滔引三万人出战，死者万馀人，逃溃者亦万馀人，滔才与数千人入营坚守。会日暮，昏雾，两军不能进，抱真军其营之西北，武俊军其东北。滔夜焚营，引兵出南门，趣德州遁去，委弃所掠资财山积；两军以雾，不能追也。

滔杀杨布、蔡雄而归幽州，心既内惭，又恐范阳留守刘怦因败图己。怦，普耕翻。怦悉发留守兵夹道二十里，具仪仗，迎之入府，相对悲喜，时人多之。

6 初，张孝忠以易州归国，诏以孝忠为义武节度使，以易、定、沧三州隶之。事见二百二十七卷建中三年。沧州刺史李固烈，李惟岳之妻兄也，李惟岳，本姓张，故娶李氏。请归恒州，孝忠遣押牙安喜程华交其州事。安喜县，汉之卢奴县，属中山国，燕主慕容垂改为不连，北齐改为安喜，隋改为鲜虞，唐武德四年复为安喜，带定州。固烈悉取军府绫、缣、珍货数十车，将行，军士大噪曰："刺史扫府库之实以行，将士于后饥寒，奈何！"遂杀固烈，屠其家。程华闻乱，自窦逃出，乱兵求得之，请知州事；华不得已，从之。孝忠闻之，即版华摄沧州刺史。考异曰：旧张孝忠传曰："遣华往沧州交检府藏。"程日华传曰："孝忠令华诣固烈交郡，固烈死，孝忠版华知沧州事。"燕南记曰："孝忠差牙官程华与固烈交割，固烈死，孝忠闻之，当日差人送文牒，令摄刺史。"按固烈既去，则沧州无主，孝忠岂得但令华交检府藏！今从华传及燕南记。华素宽厚，推心以待将士，将士安之。

会朱滔、王武俊叛，更遣人招华，更，工衡翻，迭也。华皆不从。时孝忠在定州，自沧如定，必过瀛州，瀛隶朱滔，道路阻涩。涩，色立翻。史炤曰：阻，隔也。涩，不通滑也。沧州录事参军李宇说华，表陈利害，请别为一军，华从之，说，输芮翻；下同。遣宇奉表诣行在。上即以华为沧州刺史、横海军副大使、知节度事，赐名日华，令日华岁供义武租钱十二万缗。

王武俊又使人说诱之；时军中乏马，日华给使者曰："王大夫必欲相属，当以二百骑相助。"武俊给之，日华悉留其马，遣其士归。武俊怒，而方与马燧等相拒，不能攻取，日华由是获全。及武俊归国，日华乃遣人谢过，偿其马价，且赂之。

武俊喜，复与交好。骑，奇寄翻。好，呼到翻。

7 庚寅，李晟大陈兵，谕以收复京城。先是，姚令言等屡遣谍人觇晟进军之期，先，悉荐翻。谍，徒协翻。觇，丑廉翻。皆为逻骑所获。逻，郎佐翻，巡察者也。晟引示以所陈兵，谓曰："归语诸贼：语，牛倨翻。努力固守，勿不忠于贼也！"皆饮之酒，饮，于禁翻。给钱而纵之。遂引兵至通化门外，曜武而还，还，从宣翻，又如字。贼不敢出。晟召诸将，问兵所从入，皆请"先取外城，据坊市，然后北攻宫阙。"晟曰："坊市狭隘，贼若伏兵格斗，居人惊乱，非官军之利也。今贼重兵皆聚苑中，不若自苑北攻之，溃其腹心，贼必奔亡。如此，则宫阙不残，坊市无扰，策之上者也！"诸将皆曰："善！"乃牒浑瑊及镇国节度使骆元光、商州节度使尚可孤，刻期集于城下。京城之下也。

壬辰，尚可孤败泚将仇敬忠于蓝田西，斩之。败，补迈翻。乙未，李晟移军于光泰门外米仓村。光泰门，苑城东北门。程大昌曰：光泰门在通化门北，小城之东门，门东七里有长乐坡。吕大防长安图：光泰门者，京城东门，大明宫东苑之东。丙申，晟方自临筑垒，泚骁将张庭芝、李希倩引兵大至，晟谓诸将曰："始吾忧贼潜匿不出，今来送死，此天赞我，不可失也！"命副元帅兵马使吴诜等纵兵击之。时华州营在北，兵少，华州兵，骆元光之兵。华，户化翻。少，诗沼翻。贼并力攻之，晟命牙前将李演等帅精兵救之。演等力战，贼败走；演等追之，乘胜入光泰门；再战，又破之。会夜，晟敛兵还。贼馀众走入白华门，白华殿门也。夜，闻恸哭。希倩，希烈之弟也。

丁酉，晟复出兵，复，扶又翻。诸将请待西师至夹攻之。西师，谓浑瑊之师也。晟曰："贼数败，已破胆，数，所角翻。不乘胜取之，使其成备，非计也。"贼又出战，官军屡捷；骆元光败泚众于浐西。败，补迈翻。戊戌，晟陈兵于光泰门外，使李演及牙前兵马使王佖将骑兵，佖，蒲必翻。牙前将史万顷将步兵，直抵苑墙神麚村。按新书李晟传，神麚村在苑北。麚，古牙翻。晟先使人夜开苑墙二百馀步，比演等至，比，必利翻，及也。贼已树栅塞之，自栅中刺射官军，塞，悉则翻。刺，七亦翻。射，而亦翻。官军不得进。晟怒，叱诸将曰："纵贼如此，吾先斩公辈矣！"万顷惧，帅众先进，拔栅而入，帅，读曰率；下同。佖、演引骑兵继之，贼众大溃，诸军分道并入。姚令言等犹力战，晟命决胜军使唐良臣等步骑蹙之，且战且前，凡十馀合，贼不能支。至白华门，有贼数千骑出官军之背，晟帅百馀骑回御之，左右呼曰：呼，火故翻。"相公来！"贼皆惊溃。泾原将士素畏服李晟，故闻其来而惊溃。

先是，泚遣张光晟将兵五千屯九曲，先，悉荐翻。去东渭桥十馀里，光晟密输款于晟。及泚败，光晟劝泚出亡，泚乃与姚令言帅馀众西走，犹近万人。帅，读曰率。近，其靳翻。光晟送泚出城，还，降于晟。降，户江翻。晟遣兵马使田子奇以骑兵追泚。晟屯含元殿前，舍于右金吾仗，含元殿，唐东内之前殿也。左金吾仗，在殿之东；右金吾仗，在殿之西。令诸军曰："晟赖将士之力，克清宫禁。长安士庶，久陷贼庭，若小有震惊，非弔民伐罪之意。晟与公等室家相见非晚，五日内无得通家信。"命京兆尹李齐运等安慰居人。晟大将高明曜取贼妓，妓，渠绮翻，女乐也。尚可孤军士擅取贼马，晟皆斩之，军中股栗。公私安堵，秋毫无犯，远坊有经宿乃知官军入城者。史言李晟御军严整。

是日，浑瑊、戴休颜、韩游瓌亦克咸阳，败贼三千馀众，败，补迈翻。闻泚西走，分兵邀之。

己亥，晟使京西兵马使孟涉屯白华门，尚可孤屯望仙门，唐大明宫南面五门，其中曰丹凤门，丹凤之东为望仙门，又东为延政门；丹凤之西为建福门，又西为兴安门也。骆元光屯章敬寺，晟以牙前三千人屯安国寺，程大昌曰：章敬寺，在东城之外。安国寺，在大明宫东南。以镇京城；斩泚党李希倩、敬钎、彭偃等八人于市。

8 王武俊既破朱滔，还恒州，表让幽州、卢龙节度使，上许之。王武俊兼幽州、卢龙节度使，见上卷是年二月。恒，户登翻。

9 六月，癸卯，李晟遣掌书记吴人于公异作露布上行在上，时掌翻。曰："臣已肃清宫禁，祗谒寝园，钟簴不移，簴，其吕翻。说文曰：簴，钟鼓之柎也。饰为猛兽。释名曰：横曰栒，纵曰簴。又云：簴，天上神兽也，鹿头龙身，象之为簴，以架钟鼓。庙貌如故。"孔颖达曰：庙之言貌也。死者精神不可得而见，但以生时之宫室象貌为之耳。孝经注云：宗，尊也。庙，貌也。上泣下曰："天生李晟，以为社稷，非为朕也。"为，于伪翻。史言于公异为李晟作露布得体。

晟在渭桥，荧惑守岁，岁星所在，其国有福。荧惑守之，是为罚星。久之乃退，宾佐皆贺，曰："荧惑退舍，皇家之福也！宜速进兵。"晟曰："天子野次，臣下知死敌而已；天象高远，谁得知之！"既克长安，乃谓之曰："向非相拒也，吾闻五星赢、缩无常，前汉书天文志曰：凡五星早出为赢，赢为客；晚出为缩，缩为主人。晋书天文志曰：失次而上为赢，失次而下为缩。万一复来守岁，复，扶又翻。吾军不战自溃矣！"皆谢曰："非所及也！"

10 朱泚将奔吐蕃，其众随道散亡，比至泾州，比，必利翻，及也。才百馀骑。田希鉴闭城拒之，泚谓之曰："汝之节，吾所授也。朱泚以田希鉴为泾原节度使，见上卷是年四月。奈何临危相负！"使焚其门；希鉴取节投火中曰："还汝节！"泚众皆哭。泾卒遂杀姚令言，诣希鉴降。泚独与范阳亲兵及宗族、宾客北趣驿马关；趣，七喻翻。宁州刺史夏侯英拒之。至彭原西城屯，彭原，本彭阳县，隋开皇十八年更名，唐属宁州。其将梁庭芬射泚坠坑中，射，而亦翻。韩旻等斩之，诣泾州降。源休、李子平奔凤翔，李楚琳斩之，皆传首行在。

11 上命陆贽草诏赐浑瑊，使访求奉天所失裹头内人。裹头内人，在宫中给使令者也。内人给使令者皆冠巾，故谓之裹头内人。贽上奏，以为："巨盗始平，疲瘵之民，疮痍之卒，尚未循拊，瘵，仄介翻。而首访妇人，非所以副惟新之望也。谋始尽善，克终已稀；始而不谋，终则何有！所赐瑊诏，未敢承旨。"上遂不降诏，竟遣中使求之。

乙巳，诏吏部侍郎班宏充宣慰使，劳问将士，抚慰蒸黎。按诗传笺：蒸，众也；黎，亦众也。劳，力到翻。

丙午，李晟斩文武官受朱泚宠任者崔宣、洪经纶等十馀人；考异曰：袁皓兴元圣功录载李晟奏宥郭晞状曰："晞顷因銮舆顺动，山谷潜藏，逆贼所知，舁致城邑；迫胁授任，前后极多，苍黄之中，伪令仍及，坚卧当节，即惧严刑，随俗从官，又伤素业。然晞已染污俗，尚可昭明；子仪勋劳，书在王府，父为中兴之佐，子有疑谤之名，非止在于一身，实恐玷于先烈。况臣总领士马，孤立渭桥，频有帛书，累陈诚效。"按晞旧传，"泚欲令掌兵，晞阳瘖。泚以兵胁之，终不语。贼知其不可用，乃止。晞潜奔奉天，从驾还京。"不云终臣事泚；而皓载晟此状，恐非其实。今不取。又表守节不屈者刘乃、蒋沇等。刘乃，事见上卷是年二月。蒋沇，事见二百二十八卷建中四年。

己酉，以李晟为司徒、中书令，骆元光、尚可孤各迁官有差。赏收复京城之功也。以检校御史中丞田希鉴为泾原节度使。

12 诏改梁州为兴元府。以纪元为府号始此。

13 甲寅，以浑瑊为侍中，韩游瓌、戴休颜各迁官有差。赏扈卫之功也。

14 朱泚之败也，李忠臣奔樊川，郦道元水经注曰：樊川，即杜县之樊乡，汉高祖还定三秦，以樊哙灌废丘最，赐邑于此乡也。按其地在唐长安城南。程大昌曰：樊川，在万年县南三十五里。擒获，丙辰，斩之。

15 上问陆贽："今至凤翔有迎驾诸军，形势甚盛，欲因此遣人代李楚琳，何如？"贽上奏，以为："如此则事同胁执，以言乎除乱则不武，以言乎务理则不诚，用是时巡，后将安入！书周官，六年，王乃时巡，考制度于四岳，诸侯各朝于方岳。孔安国曰：春东、夏南、秋西、冬北，故谓之时巡。议者或谓之权，臣窃未谕其理。夫权之为义，取类权衡，衡，以平物。权，则权物之轻重，揆之以衡平。今辇路所经，首行胁夺，易一帅而亏万乘之义，得一方而结四海之疑，帅，读曰率。乘，绳证翻。乃是重其所轻而轻其所重，谓之权也，不亦反乎！以反道为权，以任数为智，君上行之必失众，臣下用之必陷身，历代之所以多丧乱而长奸邪，由此误也。陆贽此论，所以正汉儒反经合道为权之失。程氏曰：汉儒以反经合道为权，故有权变、权术之说，皆非也。权只是经字。自汉以下无人识权字。丧，息浪翻。长，知两翻。不如【章：乙十五行本"如"下有"俟"字；乙十一行本同；孔本同；张校同；退斋校同。】奠枕京邑，史炤曰：奠枕，安枕也。扬子曰：奠枕于京。征授一官，彼喜于恩宥，将奔走不暇，安敢辄有旅拒，史炤曰：旅，众也。拒，捍也。谓率众以相捍也。复劳诛鉏哉！"复，扶又翻。

戊午，车驾发汉中。

16 李晟综理长安以备百司，史炤曰：综，机缕也。理，治也。谓整治其事，使皆有纪，若机之综缕也。自请至凤翔迎扈，上不许。内常侍尹元贞奉使同华，辄诣河中招谕李怀光。此唐之中世阉宦之常态也。华，户化翻。晟奏："元贞矫制擅赦元恶，请理其罪！"理，治也。避高宗讳，以"治"为"理"。

17 秋，七月，丙子，车驾至凤翔，斩乔琳、蒋镇、张光晟等。李晟以光晟虽臣贼，而灭贼亦颇有力，欲全之；上不许。

18 副元帅判官高郢数劝李怀光归款，数，所角翻。高郢判李怀光幕府，怀光此时已罢副元帅而不肯释兵，史仍书郢元官。怀光遣其子璀诣行在谢罪，璀，七罪翻。请束身归朝。朝，直遥翻。庚辰，诏遣给事中孔巢父赍先除怀光太子太保敕怀光除见上卷本年三月。诣河中宣慰，朔方将士悉复官爵如故。朔方将士，怀光所部也。考异曰：兴元圣功录有李晟奏郢劝怀光归投状云："今怀光即欲束身，盖自郢之劝导。"今取之。

19 壬午，车驾至长安，浑瑊、韩游瓌、戴休颜以其众扈从，从，才用翻。李晟、骆元光、尚可孤以其众奉迎，步骑十馀万，旌旗数十里。晟谒见上于三桥，三桥，在望贤宫之东，京城之西。见，贤遍翻。先贺平贼，后谢收复之晚，伏路左请罪。上驻马慰抚，为之掩涕，为，于伪翻。掩面垂涕，谓之掩涕。命左右扶上马。上，时掌翻。至宫，每閒日，閒，读曰闲。唐世天子以只日视朝，双日谓之闲日。辄宴勋臣，赏赐丰渥，李晟为之首，浑瑊次之，诸将相又次之。

20 曹王皋遣其将伊慎、王锷围安州，李希烈遣其甥刘戒虚将步骑八千救之；皋遣其别将李伯潜逆【章：乙十五行本"逆"下有"击"字；乙十一行本同；孔本同；退斋校同。】之于应山，刘昫曰：应山，本汉南阳郡随县地；梁分随县置永阳县，隋改为应山，以县北山为名，唐属随州。九域志：应山县，在随州北一百八里。斩首千馀级。生擒戒虚，徇于城下，安州遂降，以伊慎为安州刺史。又击希烈将康叔夜于厉乡，走之。记祭法：厉山氏之有天下也，其子农，能殖百谷。注云：厉山氏，炎帝也，起于厉山。西汉书地理志注云：随，故厉国。皇甫谧曰：今随之厉乡。九域志：随州厉乡村有厉山。今自枣阳至厉乡，道路交错，号九十九冈。

21 丁亥，孔巢父至河中，李怀光素服待罪，巢父不之止。怀光左右多胡人，皆叹曰："太尉无官矣！"胡人不习朝章，见怀光素服待罪，故以为无官。巢父又宣言于众曰："军中谁可代太尉领军者？"于是怀光左右发怒喧噪；宣诏未毕，众杀巢父及中使啖守盈，怀光亦不之止，考异曰：邠志曰："七月十二日，驾还长安。上使谏议大夫孔巢父、中官谭怀仙持诏赦怀光曰：'奉天之时，非卿不能救朕；今日之事，非朕不能容卿。宜委军赴阙，以保官爵。'使者将至，怀光阴导其卒使留己。卒之蕃、浑者希怀光意，辄害二使，欲食其肉。怀光翼而覆之，全尸以闻。"今从实录。复治兵为拒守之备。复，扶又翻。治，直之翻。

22 辛卯，赦天下。

23 初，肃宗在灵武，见二百十九卷至德元载。上为奉节王，学文于李泌。代宗之世，泌居蓬莱书院，见二百二十四卷永泰元年。史炤曰：泌，兵媚切。上为太子，亦与之游。及上在兴元，泌为杭州刺史，上急诏征之，与睦州刺史杜亚俱诣行在。乙未，以泌为左散骑常侍，亚为刑部侍郎；命泌日直西省以候对，唐门下省谓之东省，中书省谓之西省。朝野皆属目附之。属，之欲翻。上问泌："河中密迩京城，朔方兵素称精锐，如达奚小俊【严："小俊"改"承俊"。】等皆万人敌，朕昼夕忧之，奈何？"对曰："天下事甚有可忧者；若惟河中，不足忧也。夫料敌者，料将不料兵。今怀光，将也；将，即亮翻；下同。小俊之徒乃兵耳，何足为意！怀光既解奉天之围，视朱泚垂亡之虏不能取，乃与之连和，使李晟得取以为功。今陛下已还宫阙，怀光不束身归罪，乃虐杀使臣，谓杀孔巢父、啖守盈也。使，疏吏翻。鼠伏河中，如梦魇之人耳！魇，于琰翻。但恐不日为帐下所枭，枭，古尧翻。使诸将无以藉手也。"

初，上发吐蕃以讨朱泚，事见二百二十九卷本年正月。许成功以伊西、北庭之地与之；及泚诛，吐蕃来求地，上欲召两镇节度使郭昕、李元忠还朝，昕、元忠见二百二十七卷建中二年。以其地与之。李泌曰："安西、北庭，人性骁悍，控制西域五十七国西域，汉时有三十六国，其后稍分，至唐有五十七国。及十姓突厥，西突厥有五弩失毕、五咄陆，凡十姓。又分吐蕃之势，使不能并兵东侵，谓东侵泾、邠、岐、陇诸州。奈何拱手与之！且两镇之人，势孤地远，尽忠竭力，为国家固守近二十年，代宗初，吐蕃陷河、陇，独安西、北庭为唐固守。为，于伪翻。近，其靳翻。诚可哀怜。一旦弃之以与戎狄，彼其心必深怨中国，他日从吐蕃入寇，如报私雠矣。况日者吐蕃观望不进，阴持两端，大掠武功，受赂而去，事见上卷本年四月。何功之有！”众议亦以为然，上遂不与。

24 李希烈闻李希倩伏诛，忿怒，八月，壬寅，遣中使至蔡州杀颜真卿。考异曰：颜氏行状：“其年八月二十四日，又使辛景臻等害公于龙兴寺。”又曰：“初遭难后，嗣曹王皋上表曰：‘臣见蔡州归顺脚力张希璨、王仕颙等说，去年八月二十四日，蔡州城中见封，有邻儿不得名字，云希烈令伪皇城使辛景臻、右军安华于龙兴寺杀颜真卿。’”实录及旧传云“三日”。今从之。中使曰：“有敕。”真卿再拜。中使曰：“今赐卿死。”真卿曰：“老臣无状，罪当死。不知使者几日发长安？”使者曰：“自大梁来，非长安也。”真卿曰：“然则贼耳，何谓敕邪！”遂缢杀之。

25 李晟以泾州倚边，屡害军帅，常为乱根，帝初即位，泾州有刘文喜之乱，既而又有姚令言之乱，既而田希鉴又杀冯河清。帅，所类翻；下同。奏请往理不用命者，理，即治也。力田积粟以攘吐蕃。癸卯，以晟兼凤翔、陇右节度等使及四镇、北庭、泾原行营副元帅，进爵西平王。时李楚琳入朝，晟请与俱至凤翔而斩之，以惩逆乱。上以新复京师，务安反仄，不许。

26 先是，上命浑瑊、骆元光讨李怀光军于同州，九域志：同州至河中七十五里。先，悉荐翻。怀光遣其将徐庭光以精卒六千军于长春宫以拒之，瑊等数为所败，不能进。数，所角翻。败，补迈翻。时度支用度不给，度支之度，徒洛翻。议者多请赦怀光，上不许。李怀光遣其妹婿要廷珍守晋州，要，于消翻，姓也。姓苑：吴人要离之后，后汉有河南令要兢。牙将毛朝敭守隰州，朝，直遥翻。敭，音扬。郑抗守慈州，马燧皆遣人说下之。晋、隰、慈三州，皆与马燧巡属接壤，故得说下之。宋白曰：慈州文城郡，赤狄廧咎如之国，郡西南有采桑津，晋里克败赤狄之地。汉为北屈县，隋为汾州，大业为文城郡；唐贞观为慈州；以州城内旧有慈乌戍，因名；治吉乡县，汉北屈县也。说，式芮翻。上乃加浑瑊河中、绛州节度使，充河中、同华、陕虢行营副元帅，加马燧奉诚军、晋·慈·隰节度使，充管内诸军行营副元帅，浑，户混翻，又户本翻。瑊，古咸翻。华，户化翻。是年正月置奉诚军于同州，以授康日知，事见二百二十九卷。帅，所类翻。陕，失冉翻。使，疏吏翻。与镇国节度使骆元光、肃宗上元二年，置镇国节度于华州，广德元年罢，今复置。鄜坊节度使唐朝臣合兵讨怀光。鄜，音肤。

初，王武俊急攻康日知于赵州，马燧奏请诏武俊与李抱真同击朱滔，以深、赵隶武俊，改日知为晋、慈、隰节度使，上从之。日知未至而三州降燧，降，户江翻；下同。故上使燧兼领之。燧表让三州于日知，且言因降而授，恐后有功者，踵以为常，上嘉而许之。燧遣使迎日知，既至，籍府库而归之。

27 甲辰，以凤翔节度使李楚琳为左金吾大将军。

28 丙午，加浑瑊朔方行营元帅。

29 李晟至凤翔，治杀张镒之罪，杀张镒见二百二十八卷建中四年。治，直之翻。镒，弋质翻。斩裨将王斌等十馀人。斌，音彬。

30 朱滔为王武俊所攻，殆不能军，上表待罪。上，时掌翻。

31 癸未，马燧将步骑三万攻绛州。绛州时属李怀光。将，即亮翻，又音如字。骑，奇寄翻。

32 度支以李怀光所部将士数万与怀光同反，不给冬衣，上曰："朔方军累代忠义，度，徒洛翻。自肃、代以来，朔方军输力王室，功高天下。今为怀光所制耳，将士何罪！"冬，十月，【章：乙十五行本"月"下有"己亥"二字；乙十一行本同；孔本同；张校同。】诏："朔方及诸军在怀光所者，冬衣及赏钱皆当别贮，贮，丁吕翻。俟道路稍通，即时给之。"

33 李勉累表乞自贬，以讨李希烈丧师失守也。辛丑，罢勉都统、节度使，建中间，勉以永平节度使都统讨李希烈之兵。其检校司徒、同平章事如故。

34 丙辰，李怀光将阎晏寇同州，官军败于沙苑。诏征邠州之军，韩游瓌将甲士六千赴之。

35 乙丑，马燧拔绛州，分兵取闻喜、万泉、虞乡、永乐、猗氏。武德元年，分芮县置永乐县，属芮州；州废，属鼎州；又废鼎州，以县属河中府。燧既取永乐，则兵逼河中矣。乐，音洛。

36 初，鱼朝恩既诛，代宗不复使宦官典兵。事见二百二十四卷大历五年。复，扶又翻；下同。上即位，悉以禁兵委白志贞，白志贞名白琇珪，典禁兵事始见二百二十五卷大历十四年。志贞得罪，见二百二十九卷建中四年。上复以宦官窦文场代之，从幸山南，两军稍集。两军，谓左、右神策军。上还长安，颇忌宿将握兵多者，稍稍罢之。戊辰，以文场监神策军左厢兵马使，王希迁监右厢兵马使，始令宦官分典禁旅。宦官握兵柄，自此不可夺矣。将，即亮翻。监，古衔翻。考异曰：旧窦文场传云："文场与霍仙鸣分统禁旅，"盖希迁寻罢而仙鸣代之也。今从实录。

37 闰月，丙子，以泾原节度使田希鉴为卫尉卿。

李晟初至凤翔，希鉴遣使参候，晟谓使者曰："泾州逼近吐蕃，近，其靳翻。万一入寇，州兵能独御之乎？欲遣兵防援，又未知田尚书意。"使者归，以告希鉴，希鉴果请援兵，晟遣腹心将彭令英等戍泾州。晟寻托巡边诣泾州，希鉴出迎，晟与之并辔而入，道旧结欢。希鉴妻李氏，以叔父事晟，晟谓之田郎。晟命具三日食，曰："巡抚毕，即还凤翔。"希鉴不复疑。复，扶又翻。晟置宴，希鉴与将佐俱至晟营。晟伏甲于外庑，既食而饮，彭令英引泾州诸将下堂，晟曰："我与汝曹久别，各宜自言姓名。"于是得为乱者石奇等三十馀人，让之曰："汝曹屡为逆乱，残害忠良，固天地所不容！"悉引出，斩之。希鉴尚在座，晟顾曰："田郎亦不得无过，以亲知之故，当使身首得完。"希鉴曰："唯。"唯，于癸翻。遂引出，缢杀之，并其子蕚。考异曰：旧晟传曰："晟至泾州，希鉴迎谒于座，执而诛之。还镇，表李观为泾原节度使。"幸奉天录："十月丁丑，李晟诛田希鉴于泾州。"实录："闰月癸酉，除李观泾原节度使。丙子，以希鉴为卫尉卿。丁丑，晟诛希鉴。"今从之。晟入其营，谕以诛希鉴之意，众股栗，无敢动者。

38 李希烈遣其将翟崇晖悉众围陈州，久之，不克。翟，苌伯翻。李澄知大梁兵少，不能制滑州，遂焚希烈所授旌节，誓众归国。李澄请降事始上卷上年。甲午，以澄为汴滑节度使。考异曰：二月已云上以澄为滑州节度使。盖于时但许之耳。

39 宋亳节度使刘洽遣马步都虞候刘昌与陇右、幽州行营节度使曲环等将兵三万救陈州，十一月，癸卯，败翟崇晖于州西，败，补迈翻。斩首三万五千级，擒崇晖以献。乘胜进攻汴州，李希烈惧，奔归蔡州。李澄引兵趣汴州，趣，七喻翻。至城北，恇怯不敢进；恇，去王翻。刘洽兵至城东。戊午，李希烈守将田怀珍开门纳之。明日，澄入，舍于浚仪；浚仪，带汴州。李澄盖舍于县治。舆地志：夷门之下，新里之东，浚水之北，象而仪之，以为邑名。汉武元年，废新里而立浚仪县。两军之士，日有忿阋。阋，许激翻；斗也，狠也，戾也，又相怨也。会希烈郑州守将孙液降于澄，澄引兵屯郑州。诏以都统司马宝鼎薛珏为汴州刺史。都统司马，宋、滑、河阳都统司马也。宝鼎县，属河中府，本汾阴县，开元十年获宝鼎，更名。珏，古岳翻。

李勉至长安，素服待罪；议者多以"勉失守大梁，勉失守事见二百二十九卷建中四年。不应尚为相。"相，息亮翻。李泌言于上曰："李勉公忠雅正，而用兵非其所长。及大梁不守，将士弃妻子而从之者殆二万人，足以见其得众心矣。且刘洽出勉麾下，勉至睢阳，睢阳，宋州。悉举其众以授之，卒平大梁，卒，子恤翻。亦勉之功也。"上乃命勉复其位。议者又言："韩滉闻銮舆在外，聚兵修石头城，事见二百二十九卷建中四年。阴蓄异志。"上疑之，以问李泌，对曰：“滉公忠清俭，自车驾在外，滉贡献不绝。事见上卷。且镇江东十五州，盗贼不起，皆滉之力也。唐时浙江东、西道所统，惟润、升、常、湖、苏、杭、睦、越、明、台、温、衢、处、婺十四州。前此滉遣宣、润弩手援宁陵，盖兼统宣州，为十五州也。所以修石头城者，滉见中原板荡，谓陛下将有永嘉之行，引晋永嘉之乱元帝南渡以为言。为迎扈之备耳。此乃人臣忠笃之虑，奈何更以为罪乎！滉性刚严，不附权贵，故多谤毁，愿陛下察之，臣敢保其无他。”上曰：“外议汹汹，章奏如麻，如麻，言其多如麻可束也。卿弗闻乎？”对曰：“臣固闻之。其子皋为考功员外郎，今不敢归省其亲，省，悉景翻，覲省也。正以谤语沸腾故也。”上曰：“其子犹惧如此，卿奈何保之？”对曰：“滉之用心，臣知之至熟。愿上章明其无他，愿上，时掌翻。乞宣示中书，使朝众皆知之。”朝众，谓在朝百官之众也。朝，直遥翻；下同。上曰：“朕方欲用卿，人亦何易可保！慎勿违众，恐并为卿累也。”易，以豉翻。累，良瑞翻。泌退，遂上章，请以百口保滉。他日，上谓泌曰：“卿竟上章，已为卿留中。为，于伪翻。虽知卿与滉亲旧，岂得不自爱其身乎！”对曰：“臣岂肯私于亲旧以负陛下！顾滉实无异心，臣之上章，以为朝廷，非为身也。”上曰：“如何其为朝廷？”为，于伪翻；下同。对曰：“今天下旱、蝗，关中米斗千钱，仓廪耗竭，而江东丰稔。愿陛下早下臣章下，户嫁翻；下同。以解朝众之惑，面谕韩皋使之归覲，归覲者，归覲省父母也。令滉感激无自疑之心，速运粮储，岂非为朝廷邪！”上曰：“善！朕深谕之矣。”即下泌章，令韩皋谒告归覲，面赐绯衣，谕以“卿父比有谤言，比，毗至翻。朕今知其所以，释然不复信矣。”复，扶又翻。因言：“关中乏粮，归语卿父，语，牛倨翻。宜速致之。”皋至润州，滉感悦流涕，即日，自临水滨发米百万斛，听皋留五日即还朝。皋别其母，啼声闻于外；闻，音问。滉怒，召出，挞之，自送至江上，冒风涛而遣之。既而陈少游闻滉贡米，亦贡二十万斛。陈少游时镇淮南。上谓李泌曰："韩滉乃能化陈少游贡米矣！"对曰："岂惟少游，诸道将争入贡矣！"

40 吏部尚书、同平章事萧复奉使自江、淮还，萧复出使见二百二十九卷兴元元年四月。还，从宣翻，又如字。与李勉、卢翰、刘从一俱见上。见，贤遍翻。勉等退，复独留，言于上曰："陈少游任兼将相，首败臣节，败，补迈翻。陈少游事见二百二十九卷建中四年。韦皋幕府下僚，独建忠义，韦皋事见二百二十八卷建中四年。请以皋代少游镇淮南。"【章：乙十五行本"南"下有"使善恶著明"五字；乙十一行本同；孔本同；张校同；退斋校同。】上然之。寻遣中使马钦绪揖刘从一，附耳语而去。诸相还阁。诸相在省中坐政事堂，既退，各居阁子。从一诣复曰："钦绪宣旨，令从一与公议朝来所言事，即奏行之，朝，如字；下朝来同。勿令李、卢知。敢问何事也？"复曰："唐、虞黜陟，岳牧佥谐。事见尧典、舜典。爵人于朝，与士共之。记王制之言。使李、卢不堪为相，则罢之。既在相位，朝廷政事，安得不与之同议而独隐此事乎！此最当今之大弊，朝来主上已有斯言，朝，早也，陟遥翻。复已面陈其不可，不谓圣意尚尔。复不惜与公奏行之，但恐浸以成俗，未敢以告。"竟不以语从一。从一奏之，语，牛倨翻。上愈不悦，复乃上表辞位，乙丑，罢为左庶子。

刘洽克汴州，得李希烈起居注，云"某月日，陈少游上表归顺。"史究言陈少游败臣节之事。少游闻之惭惧，发疾，十二月，乙亥，薨，赠太尉，赙祭如常仪。赙，符遇翻。

淮南大将王韶欲自为留后，令将士推己知军事，且欲大掠，韩滉遣使谓之曰："汝敢为乱，吾即日全军渡江诛汝矣！"韶等惧而止。上闻之喜，谓李泌曰："滉不惟安江东，又能安淮南，真大臣之器，卿可谓知人！”庚辰，加滉平章事、江淮转运使。滉运江、淮粟帛入贡府，谓朝廷受贡、藏财物之府。无虚月，朝廷赖之，使者劳问相继，使，疏吏翻。劳，力到翻。恩遇始深矣。

41 是岁蝗遍远近，草木无遗，惟不食稻，大饥，道殣相望。诗云：行有死人，尚或殣之。殣，渠吝翻，瘗尸也；又饿殍为殣。道殣相望，本左传之言。

贞元元年（乙丑、七八五）

1 春，正月，丁酉朔，赦天下，改元。

2 癸丑，赠颜真卿司徒，谥曰文忠。

3 新州司马卢杞卢杞贬新州见二百二十九卷建中四年。遇赦，移吉州长史，谓人曰："吾必再入。"未几，上果用为饶州刺史。几，居岂翻。给事中袁高应草制，执以白卢翰、刘从一曰："卢杞作相，致銮舆播迁，海内疮痍，奈何遽迁大郡！愿相公执奏。"翰等不从，更命他舍人草制。更，工衡翻；下更赦同。乙卯，制出，高执之不下，执之不肯书读。下，户嫁翻。且奏："杞极恶穷凶，百辟疾之若雠，六军思食其肉，何可复用！"复，扶又翻。上不听。补阙陈京、赵需等上疏曰："杞三年擅权，建中二年卢杞为相，四年贬。百揆失叙，书舜典：纳于百揆，百揆时叙。孔安国注曰：舜举八凯，使揆度百事，百事时叙，无废事业。今云失叙，谓事业废也。天地神祇所知，华夏、蛮貊同弃。傥加巨奸之宠，必失万姓之心。"丁巳，袁高复于正牙论奏。唐谓大明宫、含光殿为正牙，亦谓之南牙。上曰："杞已再更赦。"高曰："赦者止原其罪，不可为刺史。"陈京等亦争之不已，曰："杞之执政，百官常如兵在其颈；今复用之，则奸党皆唾掌而起。"上大怒，左右辟易，辟，读曰闢。易，如字。辟易，言开远而易其故处。谏者稍引却；京顾曰："赵需等勿退，此国大事，当以死争之。"上怒稍解。戊午，上谓宰相：

"与杞小州刺史，可乎？"李勉曰："陛下欲与之，虽大州亦可，其如天下失望何！"壬戌，以杞为澧州别驾。使谓袁高曰："朕徐思卿言，诚为至当。"当，丁浪翻。又谓李泌曰："朕已可袁高所奏。"泌曰："累日外人窃议，比陛下于桓、灵；今承德音，乃尧、舜之不逮也！"上悦。杞竟卒于澧州。高，恕己之孙也。袁恕己与张柬之等诛二张，中宗复辟。

4 三月，李希烈陷邓州。

5 戊午，以汴滑节度使李澄为郑滑节度使。汴州归刘洽，李澄得郑州，故以郑滑节授之。

6 以代宗女嘉诚公主妻田绪。嘉城，县名，隋置，唐为松州治所。妻，七细翻。

7 李怀光都虞候吕鸣岳密通款于马燧，事泄，怀光杀之，屠其家。事连幕僚高郢、李鄘，怀光集将士而责之，郢、鄘抗言逆顺，无所惭隐，怀光囚之。鄘，邕之侄孙也。李邕以谗死于天宝之末。马燧军宝鼎，败怀光兵于陶城，败，补迈翻。唐书地理志：河中有陶城府。郦道元曰：陶城，在蒲坂城西北，即舜所都也。舜陶河滨，盖即此地，与历山相近。按唐河中府治河东县。河东，古蒲坂也。斩首万馀级；分兵会浑瑊，逼河中。

8 夏，四月，丁丑，以曹王皋为荆南节度；"节度"之下，当有"使"字。李希烈将李思登以随州降之。

9 壬午，马燧、浑瑊破李怀光兵于长春宫南，遂掘堑围宫城；怀光诸将相继来降。诏以燧、瑊为招抚使。

10 五月，丙申，刘洽更名玄佐。更，工衡翻。

11 韩游瓌请兵于浑瑊，共取朝邑；朝，直遥翻。李怀光将阎晏欲争之，士卒指邠军曰："彼非吾父兄，则吾子弟，朔方军分屯河中、邠州，故云然。时韩游瓌将邠军以讨李怀光。奈何以白刃相向乎！"语甚嚣。嚣，喧也。晏遽引兵去。怀光知众心不从，乃诈称欲归国，聚货财，饰车马，云俟路通入贡，由是得复逾旬月。史言李怀光偷延视息。复，扶又翻。

12 六月，辛巳，以刘玄佐兼汴州刺史。

13 辛卯，以金吾大将军韦皋为西川节度使。为韦皋以功烈著于西南张本。

14 朱滔病死，将士奉前涿州刺史刘怦知军事。自朱滔得幽州，滔每出兵，皆以刘怦知留后事，素得众心，故滔死而众奉之。怦，普耕翻。

15 时连年旱、蝗，老子有言：师之所聚，荆棘生焉。大兵之后，必有凶年。度支资粮匮竭，度，徒洛翻。言事者多请赦李怀光。李晟上言："赦怀光有五不可：晟，成正翻。上，时掌翻。河中距长安才三百里，同州当其冲，多兵则未为示信，少兵则不足堤防，少，诗沼翻。忽惊东偏，同州在长安东北。何以制之！一也；今赦怀光，必以晋、绛、慈、隰还之，浑瑊既无所诣，康日知又应迁移，先已命浑瑊为蒲、绛节度使，康日知为晋、慈、隰节度使，故云然。浑，户昆翻，又户本翻。瑊，古咸翻。土宇不安，何以奖励！二也；陛下连兵一年，讨除小丑，兵力未穷，遽赦其反逆之罪；今西有吐蕃，北有回纥，南有淮西，吐，从暾入声。纥，下没翻。李希烈时据淮西僭号，故以之与二虏并言。皆观我强弱，不谓陛下施德泽，爱黎元，乃谓兵屈于人而自罢耳，必竞起窥觎之心，三也；觎，音俞。怀光既赦，则朔方将士皆应叙勋行赏，谓解奉天围勋赏也。将，即亮翻。今府库方虚，赏不满望，是愈激之使叛，四也；既解河中，罢诸道兵，赏典不举，怨言必起，五也。今河中斗米五百，刍藁且尽，墙壁之间，饿殍甚众。殍，彼表翻。且军中大将杀戮略尽，陛下但敕诸道围守旬时，彼必有内溃之变，何必养腹心之疾为他日之悔哉！"又请发兵二万，自备资粮，独讨怀光。秋，七月，甲午朔，马燧自行营入朝，奏称："怀光凶逆尤甚，赦之无以令天下，愿更得一月粮，必为陛下平之。”燧，音遂。朝，直遥翻。必为，于伪翻。考异曰：邺侯家传称：“李泌语曰：‘臣但恐枭于帐下太速，何足忧也！臣能为陛下取之。’上曰：‘未谕卿意，何故以太速为忧，而卿能取也？’对曰：‘臣为陛下忧，不在河中，乃在太原。今马燧亦蹭蹬矣，领河东十万之师，遣王权领五千人赴难。及再幸梁、洋，遂抽归本道。男畅在奉天，亦便北归。陛下更收复后，宜慰云，“王权擅抽兵马，畅不扈从，并宜释放。”此则尤不安矣。臣比年曾与之言，甚有心路，今之雄杰也。若使之有异志，则不比希烈、朱泚之徒，或能旰食。伏望陛下听臣之言，缓鞚远驭以羁之。’上曰：‘卿所欲何也？’对曰：‘马燧保全河东十馀州，以待陛下还宫，此亦功也。臣为常侍，与燧兄炫同列，然其兄弟素不相能，其语无益。臣重表兄郑叔规为宾佐，臣令以炫意请至京城，欲与相见，即至，臣激燧令其取李怀光自效，必可致也。因令燧为忠臣矣。’”又曰：“贞元元年，上因郊天改元，时马燧在太原，遣其行军司马郑叔规奏事，请因鸿恩以雪怀光，并致书信于先公。先公不与之报，留其信物，且令叔规谓之曰：‘比年展奉，得接语言，心期以为丈夫。且河东节度，以破灵曜之功，上所与也。奉天之难，握十万强兵而令怀光解围。及怀光图危社稷，车驾幸梁、洋，逢此际会，又令他人立盖代之功。今圣主已归宫阙，怀光蹭蹬在于近畿，旦夕为帐下所枭，乃尸居也，不速出军收取，以自解而快上心者，即不及矣！若河中既平，公即如怀光之蹭蹬矣！欲于滔、俊之下作倔强之臣，亦必不成。不言公才略不及也，缘腹中有三、二百卷书，蹭蹬至此，必自内惭，是进不立忠勋，退不能效夷狄，既而持疑，则舟中帐下皆敌国矣。可惜八尺之躯，声气如钟，而心不果决，乃妇人也，着裙可矣。欲奉答以裙衫，而家累在江东未至。今圣上收复之后，含垢匿瑕，与人更始，某又特蒙听信，已于上前保荐，可使司徒以取怀光。今弟来又请雪之，大失所望，且望弟速去为说。若河中既平，司徒何面目更来朝而与士人相见！今虽请雪，昨赦书亦许束身入朝矣。若以建中同征之故，当发一使谕之，准赦归朝，必为保全。如不奉诏，当领全师问罪，因速上表，求自征之。至河中轻骑入朝，亲禀庙略，乃天与之便也。能如是，当与司徒为中朝应接，有须陈奏，必闻圣听。若不能，何敢有书也！’叔规既去，具奏于上。上每忧河中骁将达奚小俊等突犯宫阙，居常不安。会东面苑墙有崩倒者，上大惊，以为有应之者，将启贼。上顾问泌，对曰：‘此贼不足忧也，乃犹机上肉耳。但恐枭悬太速，不得与马燧藉手为忧。’上曰：‘古人云：“轻敌者亡。”今卿心轻敌如是，朕甚忧之！’对曰：‘陛下初经难危，忧虑太过。“轻敌者亡”，诚如圣旨。至如怀光，岂可谓之敌乎！陛下比在梁、洋，元恶据宫阙，渠以朔方全军在河中，李晟保东渭桥，此时足以傍助逆顺之势。不然，苟欲偷安，胁为迟棋亦可，而竟如醉如魇，都不能动。今陛下复归京阙，又安足虑之哉！臣伏计马燧请讨之章即至。若以宗社之灵，此贼且未为帐下所图，得河东军有以藉手，陛下无忧矣。不喜平怀光，先喜得马燧也。'既而马燧表至，请全军南收河中，仍自供粮。上大悦，召先公对，曰：'马燧果请全军讨怀光来矣。兼请至行营已来自备军粮，何其畏伏卿如此也！'对曰：'此乃畏伏天威而然，于臣何有，而能使其畏伏！臣曾与之言，谙其为人颇见机识势，今之雄杰也。臣昨故令叔规传词以激怒之，且曰，"欲寄妇人之服。当艰虞之际，握十万强兵，收复功在他人。今圣主已还宫阙，惟有怀光，不速收取以立功自解，他时复何面目至朝廷与公卿相见！则蹭蹬之势，又不及怀光犹有解重围之功。"料以此告之，燧必能觉悟，果得如此。既以师至河中，旬月当平。而燧因此有功，便为忠臣矣。'上曰：'当尽月卿言。'初，叔规至太原，具以先公言告燧，燧拊髀惊曰：'有是哉，赖子之至京也！不然，燧几为怀光矣。非贤表兄，岂有告燧者乎！'即日上表请行。叔规又请'如泌言，先写表本示怀光，劝其束身归朝；彼必不从，然后表请全军往讨，则圣上信司徒诚心，又可以忠义告四邻。不然，朝救而夕请诛，恐中外尤疑。'燧曰：'诚然。'仍令叔规草书写表本，驰驿以告，怀光果不从，于是乃请全军南讨。寻发太原，使者相继奏事，及与先公书，言征讨之谋及须上闻者。先公因对，皆为奏之。又讽令下营讫，轻骑由临晋度朝谒，燧皆然之。七月，乃自临晋、夏阳来朝。上大悦，遂具告以先公言'卿才略必可使图怀光，初见卿请雪，朕所未谕，今乃果然。比亦有人毁卿，言词百端，闻于远近，惟先公保卿于朕，朕信其言。既见卿，益知先公忠谠，豁然体卿至诚奉国矣。'燧谢恩出，而请先公至中书，具说上言，泣下拜谢。后对，上曰：'马燧昨对，其器质意趣固不易有，且甚有心路，感而用之，必有成算，皆如卿言，信雄豪也。'按泌到长安数日，即除常侍，时兴元元年七月乙未也。八月癸卯，加燧晋、慈、隰节度使。然则癸卯之前，燧已取晋、慈、隰三州矣，故朝廷命为副元帅以讨怀光。十月，已拔绛州及猗氏等诸县矣。贞元元年正月，改元，赦。于时燧岂得犹在太原雪怀光邪！自乙未至癸卯才九日，自长安至晋阳千馀里，若因泌讽谕郑叔规始来京师，又令叔规还激劝燧，又使燧以书谕怀光，怀光不从，然后上表兴师伐之，事多如此，岂九日之内所能容也！此直李繁欲取马燧平河中之功皆归于其父耳。今从旧燧传。李肇国史补曰："马司徒面雪李怀光。上曰：'惟卿不合雪人。'惶恐而退。李令闻之，请全军自备资粮以讨凶逆。由此李、马不平。”邠志曰：“七月，马公朝于京师，请赦怀光。陇右节度李公晟闻之，上表请发兵二万独讨怀光，刍粮之费，军中自备。上以李公表示马公，因曰：‘朱泚之反，不得已也。怀光勃逆，使朕再迁，此而可赦，何者为罪！’马公雨泣曰：‘十日之内，请献其首。’上遣之。”按是时怀光垂亡，燧功已成八九，故自入朝争之，岂肯面雪怀光邪！今从旧传。上许之。

16 陕虢都【章：乙十五行本“都”下有“知”字；乙十一行本同；孔本同；张校同。】兵马使达奚抱晖鸩杀节度使张劝，代总军务，邀求旌节，且阴召李怀光将达奚小俊为援。上谓李泌曰：“若蒲、陕连衡，则猝不可制。蒲，李怀光。陕，谓抱晖。且抱晖据陕，则水陆之运皆绝矣。江、淮水陆之运，皆经陕州而后至长安。不得不烦卿一往。”辛丑，以泌为陕虢都防御水陆运使。上欲以神策军送泌之官，问“须几何人？”对曰：“陕城三面悬绝，攻之未可以岁月下也，臣请以单骑入之。”上曰：“单骑如何可入？”对曰：“陕城之人，不贯逆命，贯，读与惯同。此特抱晖为恶耳。若以大兵临之，彼闭壁定矣。臣今单骑抵其近郊，彼举大兵则非敌，若遣小校来杀臣，未必不更为臣用也。校，户教翻。且今河东全军屯安邑，马燧入朝，愿敕燧与臣同辞皆行，使陕人欲加害于臣，则畏河东移军讨之，此亦一势也。”以形临之谓之势。上曰：“虽然，朕方大用卿，宁失陕州，不可失卿，当更使他人往耳。”对曰：“他人必不能入。今事变之初，众心未定，故可出其不意，夺其奸谋。他人犹豫迁延，彼既成谋，则不得前矣。”上许之。泌见陕州进奏官及将吏在长安者，唐诸镇皆置进奏院在长安，以进奏官主之。语之曰：“主上以陕、虢饥，故不授泌节而领运使，欲令督江、淮米以赈之耳。语，牛倨翻。陕州行营在夏县，行营在夏县，亦以讨河中也。夏县，唐初属虞州，贞观十七年属绛州，时属陕州。其地跨河之南北。九域志：夏县在陕州北九十八里。夏，户雅翻。若抱晖可用，当使将之；有功，则赐旌节矣。”抱晖觇者驰告之，将，即亮翻。觇，丑廉翻。抱晖稍自安。泌具以语白上曰：“欲使其士卒思米，抱晖思节，必不害臣矣！”上曰：“善！”戊申，泌与马燧俱辞行。庚戌，加泌陕虢观察使。

泌出潼关，鄜坊节度使唐朝臣以步骑三千布于关外，朝臣时带鄜坊节，守潼关。曰：“奉密诏送公至陕。”泌曰：“辞日奉进止，自唐以来，率以奉圣旨为奉进止；盖言圣旨使之进则进，使之止则止也。程大昌曰：今奏札言取进止，犹言此札之或留或却，合禀承可否也。唐中叶遂以处分为进止，而不晓文义者，习而不察，概谓有旨为进止。如玉堂宣底所载，凡宣旨皆云有进止者，相承之误也。以便宜从事。此一人不可相蹑而来，来则吾不得入陕矣。”唐臣以受诏不敢去，“唐臣”当作“朝臣”。泌写宣以却之，沈存中曰：唐故事：中书舍人职掌诏诰，皆写四本，一本为底，一本为宣。此宣，谓行出耳，未以名书也。晚唐枢密使自禁中受旨，出付中书，即谓之宣，中书承受录之于籍，谓之宣底，如今之圣语簿也。余谓宣者，因奉宣上旨而得名，或以口传为宣，或以行文书为宣。口传为宣，多命中臣，而宰相亦有之。刘栖楚之叩墀也，牛僧孺宣曰：“所奏知，门外俟进止。”此宰相之口宣也。李泌写宣以却还唐朝臣之兵，此宰相行文书为宣也。因疾驱而前。

抱晖不使将佐出迎，惟侦者相继。侦，丑郑翻。泌宿曲沃，将佐不俟抱晖之命来迎，泌笑曰：“吾事济矣！”去城十五里，抱晖亦出谒。泌称其摄事保完城隍之功，曰：“军中烦言，不足介意。公等职事皆按堵如故。”抱晖出而喜。泌既入城视事，宾佐有请屏人白事者。屏，必郢翻，又卑正翻。泌曰：“易帅之际，军中烦言，乃其常理，杜预注左传曰：烦言，忿争也。余谓烦，杂碎也。此烦言，谓杂碎之言。帅，所类翻。泌到，自妥贴矣，史炤曰：妥，安也。贴，伏也，亦作“帖”。不愿闻也。”由是反仄者皆自安。泌但索簿书，治粮储。索，山客翻。治，直之翻。明日，召抱晖至宅，语之曰：宅者，观察所居也。唐诸镇将吏谓节度观察所居者为使宅。语，牛倨翻。“吾非爱汝而不诛，恐自今有危疑之地，朝廷所命将帅皆不能入，故丐汝馀生。汝为我赍版、币祭前使，为，于伪翻。前使，谓张劝。版以祝，币以燎。慎无入关，自择安处，潜来取家，保无他也。”泌之辞行也，上籍陕将预于乱者七十五人授泌，使诛之。泌既遣抱晖，日中，宣慰使至。泌奏：“已遣抱晖，馀不足问。”上复遣中使至陕，必使诛之。复，扶又翻。泌不得已，械兵马使林滔等五人送京师，恳请赦之。诏谪戍天德；天德军，在振武东北。宋白曰：天宝八年，张齐丘于可敦城置横塞军；十二年，安思顺奏废横塞军，请于大同城西筑城置军，玄宗赐名天安军；乾元后，改为天德军。缘居人校少，遂南移四里，权居永清栅，其城则隋大同城之故墟，在牟船山钳耳觜之北。岁馀，竟杀之。而抱晖遂亡命不知所之。

达奚小俊引兵至境，闻泌已入陕而还。

17 壬辰，【章：乙十五行本“辰”作“子”；乙十一行本同。】以刘怦为幽州、卢龙节度使。

18 大旱，灞、浐将竭，长安井皆无水。度支奏中外经费才支七旬。

容肇祖标点聂崇岐覆校

资治通鉴卷第二百三十二

端明殿学士兼翰林侍读学士太中大夫
提举西京嵩山崇福宫上柱国河内郡开国公 司马光 奉敕编集
食邑二千二百户食实封九百户赐紫金鱼袋臣
后学天台胡三省音注

唐纪四十八 起旃蒙赤奋若(乙丑)八月，尽强圉单阏(丁卯)七月，凡二年。

德宗神武圣文皇帝七

贞元元年(乙丑、七八五)

1 八月，甲子，诏凡不急之费及人冗食者皆罢之。冗，而陇翻。

2 马燧至行营，与诸将谋曰："长春宫不下，燧，音遂。将，即亮翻。围长春宫事始上卷是年四月。则怀光不可得。长春宫守备甚严，攻之旷日持久，我当身往谕之。"遂径造城下，造，七到翻。呼怀光守将徐庭光，庭光帅将士罗拜城上。将，即亮翻。帅，读曰率。燧知其心屈，徐谓之曰："我自朝廷来，可西向受命。"庭光等复西向拜。复，扶又翻。燧曰："汝曹自禄山已来，徇国立功四十馀年，天宝十四载，安禄山反，郭子仪、李光弼皆以朔方军讨贼立大功。其后回纥、吐蕃深入京畿，诸镇叛乱，外御内讨，亦倚朔方军以成功。至是年凡三十一年，今曰"四十馀年"，"四"字误也，当作"三"。何忽为灭族之计！从吾言，非止免祸，富贵可图也。"众不对。燧披襟曰：

"汝不信吾言，何不射我！"射，而亦翻。将士皆伏泣。燧曰："此皆怀光所为，汝曹无罪。弟坚守勿出。"弟，读曰第，但也。皆曰"诺。"

壬申，燧与浑瑊、韩游瓌进军逼河中，至焦篱堡；浑，户昆翻，又户本翻。瑊，户咸翻。瓌，古回翻。焦篱堡，在河中府河西县西。守将尉珪以七百人降。尉，纡勿翻，本复姓尉迟，后单姓尉以从便易。降，户江翻；下同。是夕，怀光举火，诸营不应。骆元光在长春宫下，使人招徐庭光；庭光素轻元光，遣卒骂之，又为优胡于城上以侮之，骆元光本安息胡人，故徐庭光为优胡以侮之。且曰："我降汉将耳！"元光使白燧，燧还至城下，庭光开门降。燧以数骑入城慰抚，其众大呼曰：还，从宣翻，又音如字。骑，奇寄翻。呼，火故翻。"吾辈复为王人矣！"复，扶又翻，又音如字。浑瑊谓僚佐曰："始吾谓马公用兵不吾远也，今乃知吾不逮多矣！"浑，户昆翻，又户本翻。瑊，古衔翻。不逮，不及也。诏以庭光试殿中监兼御史大夫。此谓之试官、兼官，以寄禄且宠衔也。

甲戌，燧帅诸军至河西，宋白曰：河西县，本同州旧朝邑之地，唐上元元年以朝邑地置河西县，大历三年复置朝邑县，仍析朝邑五乡，并割河东三乡，依旧为河西县，县境东西十四里。帅，读曰率。考异曰：旧燧传曰："燧帅诸军济河，兵凡八万，陈于城下。是日，牛名俊斩怀光首，以城降。"今从邠志。河中军士自相惊曰："西城擐甲矣！"又曰："东城娖队矣！"河中，夹河为两城，西城河西县，东城河东县，河中府治焉。擐，音宦。娖，侧角翻。须臾，军士皆易其号为"太平"字；怀光不知所为，乃缢而死。缢，于计翻，又于赐翻。

初，怀光之解奉天围也，事见二百二十九卷建中四年。上以其子璀为监察御史，璀，七罪翻。监，古衔翻。宠待甚厚。及怀光屯咸阳不进，事见上卷兴元元年。璀密言于上曰："臣父必负陛下，愿早为之备。臣闻君、父一也；人生在三，事之如一，谓君、父、师也。但今日之势，陛下未能诛臣父，而臣父足以危陛下。陛下待臣厚，胡【章：乙十六行本“胡”上有“臣”字；乙十一行本同；孔本同。】人性直，故不忍不言耳。”上惊曰：“知卿大臣爱子，当为朕委曲弥缝，而密奏之！”为，于伪翻；下同。言璀当委曲弥缝，使君臣之间无隙，不当密奏其事。对曰：“臣父非不爱臣，臣非不爱其父与宗族也；顾臣力竭，不能回耳。”上曰：“然则卿以何策自免？”对曰：“臣之进言，非苟求生；臣父败，则臣与之俱死矣，复有何策哉！复，扶又翻，下同；又音如字，下同。使臣卖父求生，陛下亦安用之！”上曰：“卿勿死，为朕更至咸阳谕卿父，使君臣父子俱全，不亦善乎！”璀至咸阳而还，更，古孟翻。还，音旋，又如字。曰：“无益也，愿陛下备之，勿信人言。臣今往，说谕万方，说，式芮翻。臣父言：‘汝小子何知！主上无信，吾非贪富贵也，直畏死耳，汝岂可陷吾入死地邪！’”邪，音耶。

及李泌赴陕，李泌赴陕，见上卷是年七月。泌，薄必翻。陕，失冉翻。上谓之曰：“朕所以再三欲全怀光者，诚惜璀也；卿至陕，试为朕招之。”对曰：“陛下未幸梁、洋，怀光犹可降也。陕，失冉翻。为，于季翻。洋，音祥。降，户江翻。今则不然。岂有人臣迫逐其君迫逐其君，谓怀光逼帝自奉天幸山南也。而可复立于其朝乎！纵彼颜厚无惭，人知愧者色见于面，不知愧者谓之颜厚。复，扶又翻，又音如字。朝，直遥翻；下同。陛下每视朝，何心见之！臣得入陕，借使怀光请降，臣不敢受，况招之乎！李璀固贤者，必与父俱死矣；若其不死，则亦无足贵也。”及怀光死，璀先刃其二弟，乃自杀。楚令尹子南之子与李璀者，皆处君臣父子大伦之变，以死继之，可哀也已！

朔方将牛名俊断怀光首出降。将，即亮翻。断，音短。河中兵犹万六千人，燧斩其将阎晏等七人，阎晏劝怀光东保河中称兵犯同州者也。考异曰：邠志云“八人”，今从旧马燧传。馀皆不问。燧自辞行至河中平，凡二十七日。戊申至甲戌，二十七日。史言马燧期以一月平怀光，不愆于素。燧出高郢、李鄘于狱，怀光囚郢、鄘见上卷本年。郢，以井翻。鄘，余封翻。皆奏置幕下。

韩游瓌之攻怀光也，杨怀宾战甚力，上命特原其子朝晟；李怀光囚杨朝晟，见二百三十卷元年三月。瓌，古回翻。朝，直遥翻。晟，成正翻。游瓌遂以朝晟为都虞候。为杨朝晟后帅邠宁张本。

上使问陆贽："河中既平，复有何事所宜区处？"处，昌吕翻。令悉条奏。令，力丁翻。贽以河中既平，虑必有希旨生事之人，以为王师所向无敌，请乘胜讨淮西者。李希烈必诱谕其所部及新附诸帅曰：新附诸帅，谓李纳、王武俊、田绪等。诱，音酉。"奉天息兵之旨，乃因窘【章：乙十六行本"窘"下有"急"字；乙十一行本同；孔本同；退斋校同。】而言，朝廷稍安，必复诛伐。"如此，则四方负罪者孰不自疑，河朔、青齐固当响应，窘，巨陨翻。复，扶又翻，又音如字。河朔，谓王武俊、田绪、刘怦；青齐，谓李纳。兵连祸结，赋役繁兴，建中之忧，行将复起。乃上奏，其略曰："福不可以屡徼，幸不可以常觊。上，时掌翻。徼，一遥翻。觊，音冀。臣【章：乙十六行本"臣"上有"又曰"二字；乙十一行本同；孔本同。】姑以生祸为忧，未敢以获福为贺。"又曰："陛下怀悔过之深诚，实心为诚。降非常之大号，此谓兴元赦书也。所在宣敭之际，闻者莫不涕流。敭，与扬同。假王叛换之夫，削伪号以请罪；王武俊、田悦、李纳去王号谢罪，见二百二十九卷兴元元年。观衅首鼠之将，一纯诚以效勤。"谓马燧、韩滉、陈少游。读通鉴者因其事而观其心迹，则知之矣。又曰："曩讨之而愈叛，今释之而毕来；曩以百万之师而力殚，今以咫尺之诏而化洽。是则圣王之敷理道，服暴人，理道，即治道，避高宗讳改之。任德而不任兵，明矣；群帅之悖臣礼，拒天诛，图活而不图王，又明矣。帅，所类翻；下同。悖，蒲内翻。是则好生以及物者，乃自生之方；施安以及物者，乃自安之术。挤彼于死地挤，子细翻，又子西翻。而求此之久生也，措彼于危地而求此之久安也，从古及今，未之有焉。”又曰：“一夫不率，率，循也。不率，谓不循上之教令也。阖境罹殃；一境不宁，普天致扰。”又曰：“亿兆污人，污，乌瓜翻，污下也。四三叛帅，感陛下自新之旨，悦陛下盛德之言，革面易辞，且修臣礼，其于深言密议固亦未尽坦然，必当聚心而谋，倾耳而听，观陛下所行之事，考陛下所誓之言。若言与事符，则迁善之心渐固；傥事与言背，则虑祸之态复兴。”陆贽斯言，亦可以谓之深切当时事情。背，蒲妹翻。复，扶又翻。又曰：“朱泚灭而怀光戮，怀光戮而希烈征，希烈傥平，祸将次及，则彼之蓄素疑而怀宿负者，能不为之动心哉！”为，于伪翻。又曰：“今皇运中兴，天祸将悔，以逆泚之偷居上国，泚，且礼翻，又音此。唐都长安，故谓之上国。以怀光之窃保中畿，开元八年，以河中为中都，河东、河西二县为次赤县，诸县为次畿县。岁未再周，相次枭殄，去年六月斩朱泚，今年八月平怀光。枭殄，谓枭其首而殄绝其类。枭，坚尧翻。实众慝惊心之日，众慝，犹言众恶也。慝，吐得翻。群生改观之时。观，古玩翻，又音如字。威则已行，惠犹未洽。诚宜上副天眷，下收物情，布恤人之惠以济威，乘灭贼之威以行惠。”又曰：“臣所未敢保其必从，唯希烈一人而已。揆其私心，非不愿从也；想其潜虑，非不追悔也。兴元赦文，李希烈不与朱泚同科，亦在肆赦之数。但以猖狂失计，已窃大号，虽荷陛下全宥之恩，然不能不自靦于天地之间耳。荷，下可翻。靦，他典翻，惭颜也。纵未顺命，斯为独夫，孟子曰：“残贼之人谓之独夫。”言人无亲辅之者。内则无辞以起兵，外则无类以求助，其计不过厚抚部曲，偷容岁时，心虽陆梁，势必不致。陛下但敕诸镇各守封疆，彼既气夺算穷，是乃狴牢之类，狴，边迷翻，又部礼翻。狴，犴；牢，狱；所以拘囚有罪。不有人祸，则当鬼诛。陆贽论李希烈事，曲尽情势。古之不战而屈人之兵者，此之谓欤！”兵法：百战百胜，不如不战而屈人之兵。

丁卯，诏以“李怀光尝有功，宥其一男，使续其后，赐之田宅，归其首及尸使葬。加马燧兼侍中，浑瑊检校司空；馀将卒赏赉各有差。燧，音遂。浑，户昆翻，又户本翻。瑊，古咸翻。校，古孝翻。将，即亮翻。赉，来戴翻。诸道与淮西连接者，宜各守封疆，非彼侵轶，不须进讨。轶，徒结翻，突也。李希烈若降，当待以不死；自馀将士百姓，一无所问。”行陆贽之言也。

3 初，李晟尝将神策军戍成都，盖大历十四年救蜀时也。将，即亮翻，又音如字。晟，成正翻。及还，以营妓高洪自随。还，从宣翻。妓，渠绮翻。西川节度使张延赏怒，追而还之，由是有隙。使，疏吏翻。至是，刘从一有疾，上召延赏入相，晟表陈其过恶；上重违其意，相，息亮翻。重，难也。以延赏为左仆射。李晟居功名之际，以一妇人之故，修怨于向用之臣。且天子命相而勋臣以私怨间之，其能自安乎！斯不学之由也。为延赏谗晟张本。射，寅谢翻。

4 骆元光将杀徐庭光，谋于韩游瓌瓌，古回翻。曰：“庭光辱吾祖考，谓为优胡以戏侮之也。吾欲杀之，马公必怒，公能救其死乎！”游瓌曰：“诺。”壬午，遇庭光于军门之外，揖而数其罪，数，所具翻，又所主翻。命左右碎斩之。考异曰：实录：“甲申，骆元光专杀徐庭光，上令宰相谕谏官勿论。”邠志曰：“二十日，骆公谋于韩公曰：‘徐庭光见诟，辱及祖父，义不同天。’是日，遂杀之。”按是月癸亥朔。甲申，二十二日，盖奏到之日也。今从邠志。入见马燧，顿首请罪，燧大怒曰：“庭光已降，受朝廷官爵，公不告辄杀之，是无统帅也！”燧，音遂。降，户江翻。朝，直遥翻。统，他综翻，俗从上声。帅，所类翻。欲斩之。游瓌曰：“元光杀裨将，公犹怒如此。公杀节度使，天子其谓何！”燧默然；浑瑊亦为之请，为，于伪翻。乃舍之。

浑瑊镇河中，尽得李怀光之众，朔方军自是分居邠、蒲矣。自郭子仪以来，朔方军亦分屯邠、蒲而统于一帅。今居邠者韩游瓌帅之，居蒲者浑瑊帅之，不相统属，故史言其始分。浑，户昆翻，又户本翻。邠，卑旻翻。

5 卢龙节度使刘怦疾病，使，疏吏翻。怦，普耕翻。疾甚曰病。九月，己亥，诏以其子行军司马济权知节度事；怦寻薨。薨，呼肱翻。

6 己未，中书侍郎、同平章事刘从一罢为户部尚书；庚申，薨。以疾罢而薨。尚，辰羊翻。

7 冬，十月，癸卯，上祀圜丘，赦天下。

8 十二月，甲戌，户部奏今岁入贡者凡百五十州。时河朔诸镇及淄青、淮西皆不入贡，河、陇诸州又没于吐蕃。

9 于阗王曜上言："兄胜让国于臣，事见二百二十一卷肃宗上元元年。阗，徒贤翻，又徒见翻。上，时掌翻。今请复立胜子锐。"上以锐检校光禄卿，还其国。胜固辞曰："曜久行国事，国人悦服。锐生长京华，复，扶又翻，又音如字。校，古孝翻。还，从宣翻，又音如字。长，知两翻。不习其俗，不可往。"上嘉之，以锐为韶王谘议。韶王暹，代宗子也。唐制：王府官谘议参军，正五品上。

二年(丙寅、七八六)

1 春，正月，壬寅，以吏部侍郎刘滋为左散骑常侍，与给事中崔造、中书舍人齐映并同平章事。滋，子玄之孙也。散，悉亶翻。骑，奇寄翻。刘子玄以史笔事武后、中宗。

造少居上元，少，始照翻。上元县，带升州。与韩会、卢东美、张正则为友，以王佐自许，时人谓之"四夔"。夔者，唐、虞之良臣。时人重四人者，以"四夔"称之。上以造在朝廷敢言，故不次用之。朝，直遥翻。滋、映多让事于造。造久在江外，疾钱谷诸使罔上之弊，奏罢水陆运使、度支巡院、江·淮转运使等，诸道租赋悉委观察使、刺史遣官部送诣京师。令宰相分判尚书六曹：齐映判兵部，李勉判刑部，刘滋判吏部、礼部，造判户部、工部；又以户部侍郎元琇判诸道盐铁、榷酒，使，疏吏翻。度，徒洛翻。尚，辰羊翻。琇，音秀。榷，古岳翻。吉中孚判度支两税。

2 李希烈将杜文朝寇襄州；二月，癸亥，山南东道节度使樊泽击擒之。将，即亮翻。朝，直遥翻。山南东道节度治襄州。

3 崔造与元琇善，故使判盐铁。韩滉奏论盐铁过失，为崔造、元琇得罪张本。滉，呼广翻。甲戌，以琇为尚书右丞。陕州水陆运使李泌奏："自集津至三门，泌，薄必翻。集津仓，在三门东。三门仓，在三门西。凿山开车道十八里，以避底柱之险。"底柱两山屹立河中，河水分流，包山而过，世谓之三门。车道者，陆运之道，舍舟而车运也。是月道成。

4 三月，李希烈别将寇郑州，义成节度使李澄击破之。代宗大历七年，赐滑亳节度为永平节度。贞元元年，永平军节度更号义成军节度。兴元元年，李澄得郑州。希烈兵势日蹙，会有疾，夏，四月，丙寅，大将陈仙奇使医陈山甫毒杀之；果如陆贽所料。因以兵悉诛其兄弟妻子，举众来降。降，户江翻。考异曰：杜牧窦烈女传曰："初，希烈入汴州，闻户曹参军窦良女美，使甲士至良门，取桂娘以去。将出门，顾其父曰：'慎无戚，必能灭贼，使大人取富贵于天子。'桂娘以才色在希烈侧，复能巧曲取信，凡希烈之密谋，虽妻子不知者，悉皆得闻。希烈归蔡州，桂娘谓希烈曰：'忠而勇，一军莫如陈先奇。其妻窦氏，先奇宠且信之，愿得相往来，以姊妹叙齿，因徐说之，使坚先奇之心。'希烈然之。桂娘因以姊事先奇妻，尝间曰：'为贼迟晚必败，姊宜早图遗种之地。'先奇妻然之。兴元元年四月，希烈暴死，其子不发丧，欲尽诛老将校，以卑少者代之，计未决。有献含桃者，桂娘白希烈子，请分遗先奇妻，且以示无事于外，因为蜡帛书曰：'前日已死，殡在后堂，欲诛大臣，须自为计。'以朱染帛，丸如含桃。先奇发丸见之，言于薛育。育曰：'两日希烈称疾，但怪乐曲杂发，昼夜不绝，此乃有诛未定，示暇于外，事不疑矣。'明日，先奇、薛育各以所部噪于牙门，请见希烈。希烈子迫，出拜曰：'愿去伪号，一如李纳。'先奇曰：'尔父勃逆，天子有命诛之。'因斩希烈及妻、子，函七首以献，暴其尸于市。后两月，吴少诚杀先奇；知桂娘谋，因亦杀之。"今从实录及旧传。甲申，以仙奇为淮西节度使。

5 关中仓廪竭，禁军或自脱巾呼于道曰：呼，火故翻。"拘吾于军而不给粮，吾罪人也！"上忧之甚，会韩滉运米三万斛至陕，李泌即奏之。上喜，遽至东宫，谓太子曰："米已至陕，吾父子得生矣！"滉，呼广翻。陕，失冉翻。泌，薄必翻。记王制曰：国无六年之蓄曰急，无三年之蓄曰国非其国也。况日阕无储者乎！日阕无储，有以继之犹可，况漕运不继，朝不及夕者乎！唐都关中，仰给东南之馔。德宗于兵荒之馀，其窘乏尤不可言。观其父子相与语，亦惩泾卒之变，发之于言语，有不能以自揜者。裴延龄知之，故得因以排陆贽。时禁中不酿，命于坊市取酒为乐。乐，音洛。又遣中使谕神策六军，军士皆呼万岁。

时比岁饥馑，比，毗至翻。兵民率皆瘦黑，至是麦始熟，市有醉人，当时以为嘉瑞。人乍饱食，死者复伍之一。复，扶又翻。数月，人肤色乃复故。

6 以横海军使程日华为节度使。沧州始别为节镇。以此观之，则以程日华为横海军副大使，上卷衍"大"字明矣。

7 秋，七月，淮西兵马使吴少诚杀陈仙奇，自为留后。少诚素狡险，为李希烈所宠任，故为之报仇。使，疏吏翻。少，始照翻。故为，于伪翻；下因为同。己酉，以虔王谅为申、光、随、蔡节度大使，以少诚为留后。

8 以陇右行营节度使曲环为陈许节度使。曲环时以陇西行营兵戍陈许。陈许荒乱之馀，户口流散。曲环以勤俭率下，政令宽简，赋役平均，数年之间，流亡复业，兵食皆足。

9 八月，癸未，义成节度使李澄薨，其子士【章：乙十六行本"士"作"克"；乙十一行本同；退斋校同；张校同，云无注本误"士"。】宁谋总军务，秘不发丧。

10 丙戌，吐蕃尚结赞大举寇泾、陇、邠、宁，掠人畜，芟禾稼，西鄙骚然，州县各城守。诏浑瑊将万人，骆元光将八千人屯咸阳以备之。

11 初，上与【章：乙十六行本“与”下有“常侍”二字；乙十一行本同；张校同，云无注本亦无。】李泌议复府兵，泌因为上历叙府兵自西魏以来兴废之由，西魏置府兵，见一百六十三卷梁简文帝大宝元年。府兵废见二百一十二卷玄宗开元十年。且言：“府兵平日皆安居田亩，每府有折冲领之，折冲以农隙教习战陈。陈，读曰阵。国家有事征发，则以符契下其州及府，府者，折冲果毅府。下，遐稼翻。参验发之，至所期处。发兵刻期所会之地。将帅按阅，有教习不精者，罪其折冲，甚者罪及刺史。军还，则赐勋加赏，便道罢之。罢兵，使各随便道归农，不必还至京师而后罢。行者近不逾时，远不经岁。高宗以刘仁轨为洮河镇守使以图吐蕃，见二百二卷高宗仪凤二年。于是始有久戍之役。武后以来，承平日久，府兵浸堕，堕，读曰隳。为人所贱；百姓耻之，至蒸熨手足以避其役。又，牛仙客以积财得宰相，事见二百一十四卷玄宗开元二十四年。边将效之；山东戍卒多赍缯帛自随，边将诱之寄于府库，昼则苦役，夜絷地牢，缯，慈陵翻。诱，音酉。絷，音执，缚也。利其死而没入其财。故自天宝以后，山东戍卒还者什无二三，其残虐如此。然未尝有外叛内侮，杀帅自擅者，诚以顾恋田园，恐累宗族故也。累，良瑞翻。自开元之末，张说始募长征兵，谓之彍骑，事见一百一十二卷开元十年、十三年。其后益为六军。六军分左、右为十二军。及李林甫为相，奏诸军皆募人为之；见二百一十六卷天宝八载。兵不土著，著，直略翻。又无宗族，不自重惜，忘身徇利，祸乱遂生，至今为梗。毛苌曰：梗，恶也。郑玄曰：始生此祸，乃至今日相梗不止。向使府兵之法常存不废，安有如此下陵上替之患哉！

侵犯为陵，偪下为替。陛下思复府兵，此乃社稷之福，太平有日矣。"上曰："俟平河中，当与卿议之。"因置十六卫上将军，先叙议复府兵之事。

九月，丁亥，诏十六卫各置上将军，以宠功臣；改神策左、右厢为左、右神策军，殿前射生左、右厢为殿前左、右射生军，各置大将军二人、将军二人。十六卫上将军，从二品。神策大将军，正二品。统军，从三品。将军，从五品。

12 庚寅，李克宁始发父澄之丧，杀行军司马马铉，墨缞出视事，墨缞，自晋襄公始。缞，仓回翻。增兵城门。刘玄佐出师屯境上以制之，且使告谕切至，克宁乃不敢袭位。丁酉，以东都留守贾耽为义成节度使。克宁悉取府库之财夜出，军士从而剽之，比明殆尽。剽，匹妙翻。比，必利翻，及也。淄青兵数千自行营归，过滑州，自李正己以来，淄青兵未尝应调发赴行营也，此必李纳遣兵自戍守其境，亦称行营耳。将佐皆曰："李纳虽外奉朝命，内蓄兼并之志，请馆其兵于城外。"朝，直遥翻。馆，古玩翻。贾耽曰："奈何与人邻道而野处其将士乎！"处，昌吕翻。命馆于城中。耽时引百骑猎于纳境，纳闻之，大喜，服其度量，不敢犯也。骑，奇寄翻。

13 吐蕃游骑及好畤；畤，音止。乙巳，京城戒严，复遣左金吾将军张献甫屯咸阳。民间传言上复欲出幸以避吐蕃，复，扶又翻。齐映见上言曰："外间皆言陛下已理装，具糗粮，见，贤遍翻。理装，治装也。糗，去久翻，干饭屑也。人情恟惧。夫大福不再，左传楚灵王之言。恟，许拱翻。夫，音扶。陛下奈何不与臣等熟计之！"因伏地流涕，上亦为之动容。为，于伪翻。

李晟遣其将王佖将骁勇三千伏于汧城，晟，成正翻。其将，即亮翻。佖，毗必翻；佖将，音同上，又音如字。骁，坚尧翻。陇州之东有汧阳县，汧城在其旁。汧，口坚翻。戒之曰："虏过城下，勿击其首；首虽败，彼全军而至，汝弗能当也。不若俟前军已过，见五方旗，虎豹衣，言其军士所服之衣画为虎豹文。乃其中军也，出其不意击之，必大捷。”佖用其言，尚结赞败走。军士不识尚结赞，仅而获免。

尚结赞谓其徒曰：“唐之良将，李晟、马燧、浑瑊而已，当以计去之。”燧，音遂。浑，户昆翻，又户本翻。瑊，古咸翻。为尚结赞间李晟、劫浑瑊、卖马燧张本。去，羌吕翻。入凤翔境内，无所俘掠，以兵二万直抵城下曰：“李令公召我来，俘，芳无翻。李晟时为中书令，故称之为令公。此尚结赞所以间晟也。何不出犒我！”经宿，乃引退。犒，口到翻。

冬，十月，癸亥，李晟遣蕃落使野诗良辅使，疏吏翻。野诗，蕃姓也；良辅，其名。与王佖将步骑五千袭吐蕃摧砂堡；壬申，遇吐蕃众二万，与战，破之，乘胜逐北，至堡下，攻拔之，斩其将扈屈律悉蒙，焚其蓄积而还。骑，奇寄翻。扈屈律，蕃人三字姓。还，从宣翻，又如字。尚结赞引兵自宁、庆北去，宁、庆，二州名。癸酉，军于合水之北；合水县，属庆州，隋开皇十六年置。九域志：合水县，在庆州东北四十五里。邠宁节度使韩游瓌遣其将史履程夜袭其营，杀数百人。吐蕃追之，游瓌陈于平川，邠，卑旻翻。使，疏吏翻。瓌，古回翻。将，即亮翻。吐，从暾入声。陈，读曰阵。潜使人鼓于西山；虏惊，弃所掠而去。

14 十一月，甲午，立淑妃王氏为皇后。

15 乙未，韩滉入朝。滉，呼广翻。自京口入朝。朝，直遥翻。

16 丁酉，皇后崩。

17 辛丑，吐蕃寇盐州，盐州，五原郡，汉五原县地。谓刺史杜彦光曰：“我欲得城，听尔率人去。”彦光悉众奔鄜州，九域志：庆州，东至鄜州三百五十里。吐蕃入据之。考异曰：邠志曰：“十二月三日，吐蕃围盐州，刺史杜彦光请委城以其众去；吐蕃许之，分军窃据。”今据实录在此月。

刘玄佐在汴，习邻道故事，习淄青、淮西及河朔故事。久未入朝。韩滉过汴，玄佐重其才望，以属吏礼谒之。汴，皮变翻。朝，直遥翻。滉，呼广翻。过，古禾翻，又古卧翻。韩滉镇二浙，虽王室播迁，而巡属宁晏，转输络绎，刘玄佐以是重其才。滉父休以刚直致位宰辅，滉所历任皆著声绩，刘玄佐以是重其望。滉为江、淮、河南诸道转运使，玄佐暘履之地，乃漕运之所经，以职分言之，则非属吏也。玄佐敬滉，故以属吏礼修谒。滉相约为兄弟，请拜玄佐母；其母喜，置酒见之。酒半，滉曰："弟何时入朝？"玄佐曰："久欲入朝，但力未办耳！"滉曰："滉力可及，弟宜早入朝。丈母垂白，诸父执行谓之丈人行。韩滉与刘玄佐结为兄弟，则视其父为丈人行，故呼其母谓之丈母也。不可使更帅诸妇女往填宫也！"凡反者家属皆没入掖庭，故云然。帅，读曰率。母悲泣不自胜。胜，音升。滉乃遗玄佐钱二十万缗，遗，唯季翻。备行装。滉留大梁三日，大出金帛赏劳，劳，力到翻。缗，眉巾翻。考异曰：柳氏叙训云："以绫二十万匹犒军。"今从国史补。一军为之倾动。为，于伪翻。玄佐惊服，既而遣人密听之，滉问孔目吏，孔目吏，今州部皆有之，谓之孔目官，亦谓之都吏，言一孔一目无不总也。"今日所费几何？"诘责甚细。诘，去吉翻。细，纤详也。玄佐笑曰："吾知之矣！"壬寅，玄佐与陈许节度使曲环俱入朝。韩滉既遗刘玄佐以入朝之资，又大出赏劳以动其一军之心，玄佐虽欲不入朝，得乎！使，疏吏翻。朝，直遥翻。考异曰：邺侯家传曰："韩相将入朝觐，先公令人报'比在阙庭已奏，来则必能致大梁入朝。今来，所望善谕以致之。'十二月，刘玄佐果入朝。"此盖李繁掠美。今从柳氏叙训。

18 崔造改钱谷法，事多不集。诸使之职，行之已久，中外安之。诸使，谓盐铁、转运诸使也。元琇既失职，谓解判盐铁而为右丞也。琇，音秀。造忧惧成疾，不视事。既而江、淮运米大至，上嘉韩滉之功，十二月，丁巳，以滉兼度支、诸道盐铁、转运等使；造所条奏皆改之。是年正月，崔造为相，改钱谷法及罢诸使。今更从旧。

19 吐蕃又寇夏州，亦令刺史托跋乾晖帅众去，遂据其城。托，与拓同。托跋起于鲜卑之裔，自谓托天而生，拔地而长，故以为姓，此后魏所本者也。若唐时党项诸部，亦自有拓跋一姓，我朝西夏其后也。夏，户雅翻。又寇银州，州素无城，吏民皆溃；吐蕃亦弃之，又陷麟州。宋白曰：银州，汉为西河郡圁阴县地，周武帝保定二年，于县城置银防，三年，置银州，因谷为名。旧有人收骢马于此谷，虏语骢马为乞银，故名；西北至夏州二百三十里，北至麟州三百里。

20 韩滉屡短元琇于上；庚申，崔造罢为右庶子，琇贬雷州司户。旧志：雷州，至京师六千五百一十二里。考异曰：实录曰："初，元琇判度支，关辅旱俭，请运江、淮租米以给京师。上以韩滉素著威名，加江、淮转运使，欲令专督运务。琇以滉性刚愎，难与集事，乃条奏，令滉督运江南米至扬子，凡一百十八里，自扬子以北皆琇主之。滉深怒于琇。琇以京师钱重货轻，乃于江东监院收获见钱四十馀万贯，令转送入关。滉不许，诬奏以为运千钱至京师，费钱万。上以问琇，琇奏曰：'千钱之重约与一斗米均，自江南水路至京师所费三二百耳。'上然之，遣中使赍手诏令运钱。滉坚执以为不可。及滉总度支，遂逞宿心，累诬奏琇，至是而贬焉。"旧崔造传曰："造与元琇素厚，罢使之后，以盐铁委之。而韩滉以司务久行，不可遽改，德宗复以滉为江、淮转运使，馀如造所条奏。其年秋初，江、淮漕米大至京师，德宗嘉其功，以滉专领度支、诸道盐铁、转运等使，造所条奏皆改。乃罢造知政事，贬琇雷州司户。"邺侯家传曰："时元琇判度支，江、淮进米相次已入汴州，而淄青及魏府蝗旱尤甚，人皆相食。李纳无计，欲束身入朝，元琇乃支米十五万石与之，纳军遂济。三月，入河运第一纲米三万石，自集津车般至三门，十日而毕，造入渭船亦成，米至陕。俄而度支牒至，支充河中军粮。先公忧迫，不知所为，欲使人闻奏，先令走马与韩相谋之。韩相报曰：'慎不可奏。某判度支，来在外，势不禁他，反被他更鼓作言语。待某今冬运毕，当请朝觐，此时面奏。'时蝗旱，运路阻涩，自四月初后，有一日之内七奉手诏者，皆为催米，且言'军国粮储，自今月半后，悉尽此米，所藉公忠副朕忧。属星夜发遣，以济忧勤。'其旨如此，而不知米皆被外支。盖琇及时宰忌韩相及先公运米功成，而不为朝廷大计，几至再乱。十月，韩相以馈运功成，请入朝。及对见，上大悦，言无不从，遂奏运事，且言："元琇支米与淄青、河中，臣在外，与先公皆不敢奏。'上大惊，即日贬琇为雷州司户。"二说相违，恐各有所私。今但取其大要。以吏部侍郎班宏为户部侍郎、度支副使。度，徒洛翻。使，疏吏翻。

21 韩游瓌奏请发兵攻盐州，吐蕃救之，则使河东袭其背。丙寅，诏骆元光及陈许兵马使韩全义将步骑万二千人会邠宁军，趣盐州，瓌，古回翻。吐，从暾入声。将，即亮翻，又音如字。骑，奇寄翻。邠，卑旻翻。趣，七喻翻。又命马燧以河东军击吐蕃。燧至石州，河曲六胡州皆降，迁于云、朔之间。燧，音遂。石州，昌化郡，汉离石地。河曲六胡州时已为宥州，盖诸部酋长，各以旧州名带刺史，故于时犹有六胡州之名。云州，云中郡，本魏平城地。朔州，马邑郡，汉马邑县地。降，户江翻。

22 工部侍郎张彧，李晟之婿也。晟在凤翔，以女嫁幕客崔枢，礼重枢过于彧；彧怒，遂附于张延赏；给事中郑云逵尝为晟行军司马，失晟意，亦附延赏；上亦忌晟功名。会吐蕃有离间之言，彧，于六翻。晟，成正翻。过，古禾翻，又古卧翻。吐，从暾入声。间，古苋翻。离间之言见上。延赏等腾谤于朝，无所不至。朝，直遥翻；下同。晟闻之，昼夜泣，目为之肿，苏轼有言，"木必先蠹而后虫生之，人必先疑也而后谗入之。"张延赏之谗间，亦因帝有忌晟之心而入之也。为，于伪翻。悉遣子弟诣长安，表请削发为僧，上慰谕，不许。辛未，入朝，见上，自陈足疾，恳辞方镇，上不许。韩滉素与晟善，上命滉与刘玄佐谕旨于晟，使与延赏释怨。晟奉诏，滉等引延赏诣晟第谢，结为兄弟，因宴饮尽欢；又宴于滉、玄佐之第，亦如之。滉因使晟表荐延赏为相。朝，直遥翻。见，贤遍翻。滉，呼广翻。相，息亮翻。

三年（丁卯、七八七）

1 春，正月，壬寅，以左仆射张延赏同平章事。李晟为其子请婚于延赏，射，寅谢翻。为，于伪翻。延赏不许；晟谓人曰：

"武夫性快，释怨于杯酒间，则不复贮胸中矣；贮，丁吕翻。非如文士难犯，外虽和解，内蓄憾如故，吾得无惧哉！"张延赏心事，李晟盖已洞见之矣。

2初，李希烈据淮西，选骑兵尤精者为左·右门枪、奉国四将，步兵尤精者为左、右克平十将。李希烈自建中初据淮西。骑，奇寄翻。枪，千羊翻。将，即亮翻。门枪、奉国各分左、右，凡四将。左、右克平军，则分十将领之。淮西少马，少，诗绍翻。精兵皆乘骡，谓之骡军。骡，力戈翻。

陈仙奇举淮西降，才数月，诏发其兵于京西防秋。仙奇遣都知兵马使苏浦悉将淮西精兵五千人以行。会仙奇为吴少诚所杀，少诚密遣人召门枪兵马使吴法超等使引兵归；浦不之知。法超等引步骑四千自鄜州叛归，浑瑊使其将白娑勒追之，娑，素和翻。反为所败。败，补迈翻。

丙午，上急遣中使敕陕虢观察使李泌发兵防遏，勿令济河。吴法超等自鄜州擅归，自鄜州，即东北济河下栈，盖道蒲趋陕。若从同、华至陕，则不必济河矣。泌遣押牙唐英岸将兵趣灵宝，九域志：灵宝县，在陕州西四十五里。趣，七喻翻。淮西兵已陈于河南矣。陈，读曰阵。泌乃命灵宝给其食，淮西兵亦不敢剽掠。剽，匹妙翻。明日，宿陕西七里。陕西者，陕州之西也，距城七里。泌不给其食，遣将将选士四百人选士，简选其骁勇者。分为二队，伏于太原仓之隘道，令之曰："贼十队过，东伏则大呼击之，西伏亦大呼应之，呼，火故翻。勿遮道，勿留行，常让以半道，随而击之。"遮道留行，贼必人自为战。让以半道，随而击之，前者得脱，后者务进，心不在战，此泌所以制胜。又遣虞候集近村少年各持弓、刀、瓦石蹑贼后，闻呼亦应而追之。又遣唐英岸将千五百人夜出南门，陈于涧北。陈，读曰阵。明日四鼓，淮西兵起行入隘，两伏发，贼众惊乱，且战且走，死者四之一；进遇唐英岸，邀而击之，贼众大败，擒其骡军兵马使张崇献。泌以贼必分兵自山路南遁，又遣都将燕子楚将兵四百自炭窦谷趣长水。长水，本隋弘农郡长渊县，唐初，避高祖名，更为长水。五代志曰：长渊县，后魏曰南陕，西魏更今名。唐志：长水县，属洛州河南府。宋白曰：长水县本汉卢氏县地，后魏延昌二年分卢氏东境库谷已西、沙渠谷已东为南陕县，废帝改为长渊县，以县洛水、长渊为名，唐改长水。九域志：在府西二百四十里。燕，于虔翻。趣，七喻翻；下同。贼二日不食，屡战皆败，英岸追至永宁东，贼皆溃入山谷。吴法超果帅其众太半趣长水，帅，读曰率。燕子楚击之，斩法超，杀其士卒三分之二。上以陕兵少，发神策军步骑五千往助泌，至赤水，闻贼已破而还。上命刘玄佐乘驿归汴，以诏书缘道诱之，得百三十馀人，至汴州，尽杀之。其溃兵在道，复为村民所杀，复，扶又翻。得至蔡者才四十七人。吴少诚以其少，少，诗绍翻。悉斩之以闻；且遣使以帀谢李泌，为其诛叛卒也。为，于伪翻。泌执张崇献等六十馀人送京师，诏悉腰斩于鄜州军门，以令防秋之众。

3 初，云南王阁罗凤陷嶲州，肃宗至德元载，嶲州陷，事见二百一十八卷。获西泸令郑回。西泸县，属嶲州，本汉邛都县地，江左置宣化郡，隋废郡，置可泉县，天宝元年改曰西泸。回，相州人，通经术，阁罗凤爱重之。其子凤迦异迦，求加翻。及孙异牟寻、曾孙寻梦凑皆师事之，每授学，回得挞之。及异牟寻为王，大历十四年，异牟寻立，见二百二十六卷。以回为清平官。清平官者，蛮相也，南诏官曰坦绰，曰布燮，曰久赞，谓之清平官，所以决国事轻重，犹唐宰相也。凡有六人，而国事专决于回。五人者事回甚卑谨，有过，则回挞之。

云南有众数十万，吐蕃每入寇，常以云南为前锋，赋敛重数，敛，力赡翻。重数，所角翻。又夺其险要立城堡，岁征兵助防，云南苦之。回因说异牟寻复自归于唐说，式芮翻。曰：“中国尚礼义，有惠泽，无赋役。”异牟寻以为然，而无路自致，凡十馀年。及西川节度使韦皋至镇，招抚境上群蛮，异牟寻潜遣人因群蛮求内附。皋奏：“今吐蕃弃好，好，呼到翻。暴乱盐、夏，夏，户雅翻。宜因云南及八国生羌有归化之心八国生羌：白狗君、哥邻君、逋租君、南水君、弱水君、悉董君、清远君、咄霸君。招纳之，以离吐蕃之党，分其势。”上命皋先作边将书以谕之，微观其趣。为南诏内附张本。

4 张延赏与齐映有隙，映在诸相中颇称敢言，上浸不悦；延赏言映非宰相器。壬子，映贬夔州刺史。刘滋罢为左散骑常侍，以兵部侍郎柳浑同平章事。

韩滉性苛暴，方为上所任，言无不从；他相充位而已，百【章：乙十六行本“百”下有“官群”二字；乙十一行本同；孔本同。】吏救过不赡。浑虽为滉所引荐，正色让之曰：“先相公以褊察为相，不满岁而罢，先相公，谓滉父休也。罢相事见二百一十三卷开元二十一年。今公又甚焉。奈何榜吏于省中，榜，音彭。至有死者！且作福作威，岂人臣所宜！”书洪范曰：臣无有作威作福，其害于而家，凶于而国。滉愧，为之少霁威严。为，于伪翻。

5 二月，壬戌，以检校左庶子崔浣充入吐蕃使。

6 戊寅，镇海节度使、同平章事、充江、淮转运使韩滉薨。滉久在二浙，大历十四年，滉观察二浙。建中二年建节。所辟僚佐，各随其长，无不得人。尝有故人子谒之，考其能，一无所长，滉与之宴，竟席，未尝左右视及与并坐交言。并坐，谓并肩而坐者。坐，徂卧翻。后数日，署为随军，使监库门。监，古衔翻。其人终日危坐，吏卒无敢妄出入者。

分浙江东、西道为三：浙西，治润州；浙东，治越州；宣、歙、池，治宣州；武德四年，以宣州之秋浦、南陵二县置池州；贞观元年，州废。永泰元年，复分宣州之秋浦、青阳，饶州之至德，置池州，治秋浦。秋浦，汉石城县地。宣、歙、池三州，属江南东道。唐初分十道，江南东、西道与二浙总为江南道。乾元置浙江西道观度使，兼领宣、歙、饶三州，其后罢领、复领不一。自分二浙为三道，而宣、歙、池三州属江南东道。各置观察使以领之。

上以果州刺史白志贞为浙西观察使，果州，南充郡，治南充县。建中四年十二月，白志贞贬恩州司马，中间盖转果州刺史，今自刺史复欲用为观察使。柳浑曰："志贞，憸人，憸，利于上，佞人也。又曰：憸，诐也，音息廉翻。不可复用。"复，扶又翻；下同。会浑疾，不视事；辛巳，诏下，用之。浑疾间，间，如字。遂乞骸骨；以言不用也。不许。

7 甲申，葬昭德皇后于靖陵。王后，谥昭德。靖陵，在奉天县东北十里。

8 三月，丁酉，以左庶子李铦充入吐蕃使。铦，思廉翻。吐，从暾入声。

初，吐蕃尚结赞得盐、夏州，各留千馀人戍之，退屯鸣沙；去年冬，吐蕃留兵戍盐、夏州。鸣沙县，属灵州，汉富平县地。宋白曰：见后。夏，户雅翻。自冬入春，羊马多死，粮运不继，又闻李晟克摧沙，马燧、浑瑊等各举兵临之，大惧，晟，成正翻。燧，音遂。浑，户昆翻，又户本翻。瑊，古咸翻。屡遣使求和，上未之许。乃遣使卑辞厚礼求和于马燧，且请修清水之盟而归侵地，清水盟见二百二十八卷建中四年。使者相继于路。燧信其言，留屯石州，不复济河，为之请于朝。为，于伪翻。以马燧智略功名而信尚结赞为之请，使其劫盟之谋获遂，则自损功名，而智略不足言。

李晟曰："戎狄无信，不如击之。"韩游瓌曰："吐蕃弱则求盟，强则入寇，今深入塞内而求盟，此必诈也！"韩滉曰："今两河无虞，若城原、鄯、洮、渭四州，使李晟、刘玄佐之徒将十万众戍之，河、湟二十馀州可复也。其资粮之费，臣请主办。”上由是不听燧计，趣使进兵。燧请与吐蕃使论颊热俱入朝论之，浑，呼广翻。鄯，以战翻，又音善。洮，土刀翻。将，即亮翻，又音如字。趣，读曰促。使，疏吏翻。朝，直遥翻。考异曰：邠志作“论莽热”，今从实录。会浑薨，燧、延赏皆与晟有隙，欲反其谋，争言和亲便。上亦恨回纥，谓陕州之辱也。欲与吐蕃和，共击之，得二人言，正会己意，计遂定。史言马燧、张延赏以私隙误国。

延赏数言“晟不宜久典兵，数，所角翻。请以郑云逵代之。”上曰：“当令自择代者。”令，力丁翻。乃谓晟曰：“朕以百姓之故，与吐蕃和亲决矣。大臣既与吐蕃有怨，不可复之凤翔，帝敬礼李晟，谓之大臣。之，往也。史言帝忌李晟，因吐蕃请和，将相有隙，而夺其兵柄。宜留朝廷，朝夕辅朕；自择一人可代凤翔者。”晟荐都虞候邢君牙。君牙，乐寿人也。乐寿，本汉河间乐城县，故城在今县东南十六里。后魏移县近古乐寿亭，因改为乐寿。唐初，属瀛州，永泰中，度属深州。丙午，以君牙为凤翔尹兼团练使。丁未，加晟太尉、中书令，勋、封如故；勋，上柱国；封，西平王。馀悉罢之。

晟在凤翔，尝谓僚佐曰：“魏征好直谏，好，呼到翻。余窃慕之。”行军司马李叔度曰：“此乃儒者所为，非勋德所宜。”晟敛容曰：“司马失言。晟任兼将相，知朝廷得失不言，何以为臣！”叔度惭而退。余谓李晟欲忠于君，李叔度之言亦可谓忠于李晟。及在朝廷，上有所顾问，极言无隐；性沈密，未尝泄于人。朝，直遥翻。沈，持林翻。

辛亥，马燧入朝。燧既来，诸军皆闭壁不战，尚结赞遽自鸣沙引归，宋白曰：鸣沙县，属灵州，本汉富平县地，后周保定二年于此置会州，建德六年立鸣沙镇，隋文帝立环州，以大河环曲为名，仍立鸣沙县属焉。此地人马行沙有声，异于馀沙，故曰鸣沙。其众乏马，多徒行者。

崔浣见尚结赞，责以负约。尚结赞曰：“吐蕃破朱泚，以武亭之功邀唐，事见二百三十卷元年四月。泚，且礼翻，又音此。未获赏，是以来，而诸州各城守，无由自达。盐、夏守将以城授我而遁，非我取之也。夏，户雅翻。将，即亮翻。今明公来，欲践修旧好，言欲践前言以修旧好。一曰，欲践前迹以修前好。践，慈演翻。好，呼到翻。固吐蕃之愿也。今吐蕃将相以下来者二十一人，浑侍中尝与之共事，言尝与浑瑊共讨朱泚。知其忠信。灵州节度使杜希全、泾原节度使李观皆信厚闻于异域，请使之主盟。"尚结赞欲因盟劫执二帅以取泾、灵耳。使，疏吏翻。观，古玩翻。

夏，四月，丙寅，浣至长安。辛未，以浣为鸿胪卿，复使入吐蕃语尚结赞曰：胪，陵如翻。复，扶又翻；下同。语，牛倨翻。"希全守灵，不可出境，李观已改官，今遣浑瑊盟于清水。"清水，汉故县，唐属秦州。考异曰：实录："崔浣至自鸣沙，传尚结赞言：'盟会之期及定界之所，唯命是听。君归奏决定，当以盐、夏相还。'又云：'清水之会，同盟者少，是以和好轻慢不成。今蕃相及元帅已下凡二十一人赴盟，灵州节度使杜希全禀性和善，外境所知，请令主此盟会。泾原节度使李观，亦请同主之。'辛未，以浣为鸿胪卿，充入吐蕃使，令浣报尚结赞：'希全职在灵州，不可出境，李观又已改官，遣侍中浑瑊充会盟使。'约以五月二十四日复盟于清水。"按尚结赞本怨浑瑊，故欲劫而执之。然则求瑊主盟，乃吐蕃意，非由唐出也。今从邺侯家传。且令先归盐、夏二州。令，力丁翻。夏，户雅翻。五月，甲申，浑瑊自咸阳入朝，以为清水会盟使。戊子，以兵部尚书崔汉衡为副使，司封员外郎郑叔矩为判官，特进宋奉朝为都监。宋奉朝，宦者也。朝，直遥翻；下同。己丑，瑊将二万馀人赴盟所。

乙巳，尚结赞遣其属论泣赞来言："清水非吉地，请盟于原州之土梨树；既盟而归盐、夏二州。"上皆许之。神策将马有麟奏："土梨树多阻险，恐吐蕃设伏兵，不如平凉川坦夷。"新唐书地理志：平凉西北五里有吐蕃会盟坛。时论泣赞已还，丁未，遣使追告之。

9 申蔡留后吴少诚，缮兵完城，欲拒朝命，朝，直遥翻。判官郑常、大将杨冀谋逐之，诈为手诏赐诸将申州刺史张伯元等；事泄，少诚杀常、冀、伯元。大将宋旻、曹济奔长安。

10 闰月，己未，韦皋复与东蛮和义王苴那时书，东蛮跨地二千里。勿邓、丰琶、两林，各有大鬼主为之长。苴那时，勿邓鬼主也。苴，子鱼翻使诇伺导达云南。诇，翾正翻，又火迥翻。诇伺，刺探之人也。

11 庚申，大省州、县官员，收其禄以给战士，张延赏之谋也。时新除官千五百人，而当减者千馀人，怨嗟盈路。

12 初，韩滉荐刘玄佐可使将兵复河、湟，上以问玄佐，玄佐亦赞成之。滉薨，玄佐奏言："吐蕃方强，未可与争。"上遣中使劳问玄佐，劳，力到翻。玄佐卧而受命。张延赏知玄佐不可用，奏以河、湟事委李抱真；抱真亦固辞。皆由延赏罢李晟兵柄，故武臣皆愤怒解体，不肯为用故也。史言张延赏妒功疾能之罪。

13 上以襄、邓扼淮西冲要，癸亥，以荆南节度使曹王皋为山南东道节度使，以襄、邓、复、郢、安、随、唐七州隶之。

14 浑瑊之发长安也，李晟深戒之以盟所为备不可不严。张延赏言于上曰："晟不欲盟好之成，好，呼到翻；下同。故戒瑊以严备。我有疑彼之形，则彼亦疑我矣，盟何由成！"上乃召瑊，切戒以推诚待虏，勿自为猜贰以阻虏情。

瑊奏吐蕃决以辛未盟，延赏集百官，以瑊表称诏示之称诏，以浑瑊表遍示百官。曰："李太尉谓吐蕃和好必不成，李晟时加太尉，故以称之。吐，从暾入声。好，呼到翻。此浑侍中表也，盟日定矣。"晟闻之，泣谓所亲曰："吾生长西陲，李晟，洮州人，长事王忠嗣、李抱玉，皆有功名。长，知两翻。备谙虏情，谙，乌含翻。谙，悉也。所以论奏，但耻朝廷为犬戎所侮耳！"朝，直遥翻。自古以来，谓西戎为犬戎。

上始命骆元光屯潘原，韩游瓌屯洛口，潘原县，属原州，本阴盘也，天宝更名，时其地已没于吐蕃。瓌，古回翻。洛口，即水洛口，在瓦亭川东北。以为瑊援。元光谓瑊曰："潘原距盟所且七十里，公有急，元光何从知之！请与公俱。"瑊以诏指固止之。元光不从，与瑊连营相次，距盟所三十馀里。元光壕栅深固，瑊壕栅皆可逾也。壕，音豪，堑也。栅，测革翻。元光伏兵于营西，韩游瓌亦遣五百骑伏于其侧，曰："若有变，则汝曹西趣柏泉以分其势。"骑，奇寄翻。趣，逡谕翻。唐书地理志：原州有百泉县。五代史志曰：后魏分平凉置长城郡及黄石县，隋大业初，改黄石为百泉。宋白曰：时已没蕃界。

尚结赞与瑊约，各以甲士三千人列于坛之东西，常服者四百人从至坛下。辛未，将盟，尚结赞又请各遣游骑数十更相觇索，更，工衡翻。觇，丑廉翻。索，山客翻。瑊皆许之。吐蕃伏精骑数万于坛西，游骑贯穿唐军，穿，尺绢翻。出入无禁；唐骑入虏军，悉为所擒，瑊等皆不知，入幕，易礼服。礼服，盟会之服。虏伐鼓三声，伐鼓，击鼓也。大噪而至，杀宋奉朝等于幕中。噪，则灶翻。朝，直遥翻。瑊自幕后出，偶得他马乘之，伏鬣入其衔，驰十馀里，衔方及马口，故矢过其背而不伤。唐将卒皆东走，虏纵兵追击，或杀或擒之，衔，户监翻。过，古禾翻，又古卧翻。将，即亮翻。死者数百人，是后刘昌为泾原帅，收聚劫盟将士亡没者骸骨，具棺槥衣服，葬于浅水原。擒者千馀人，崔汉衡为虏骑所擒。浑瑊至其营，则将卒皆遁去，营空矣。骆元光发伏成陈以待之，陈，读曰阵；下同。虏追骑愕眙。眙，丑吏翻；惊视也。瑊入元光营，追骑顾见邠宁军西驰，乃还。西驰者，韩游瓌所遣趣柏泉之军也。元光以辎重资瑊，重，直用翻。与瑊收散卒，勒兵整陈而还。

是日上临朝，谓诸相曰："今日和戎息兵，社稷之福！"马燧曰："然。"柳浑曰："戎狄，豺狼也，非盟誓可结。今日之事，臣窃忧之！"李晟曰："诚如浑言。"上变色曰："柳浑书生，不知边计；大臣亦为此言邪！"皆伏地顿首谢，因罢朝。朝，直遥翻。是夕，韩游瓌表言“虏劫盟者，兵临近镇。”近镇，言邠宁之近镇。上大惊，街递其表以示浑。仓猝之际，不及遣中使，令街使递其表以示浑。明旦，谓浑曰：“卿书生，乃能料敌如此其审乎！”上欲出幸以避吐蕃，大臣谏而止。

李晟大安园多竹，复有为飞语者，复，扶又翻。云“晟伏兵大安亭，谋因仓猝为变。”晟遂伐其竹。

癸酉，上遣中使王子恒赍诏遗尚结赞，遗，唯季翻。至吐蕃境，不纳而还。浑瑊留屯奉天。

甲戌，尚结赞至故原州，原州，自广德初没于吐蕃，城邑墟矣，故曰故。引见崔汉衡等曰：“吾饰金械，欲械瑊以献赞普。今失瑊，虚致公辈。”又谓马燧之侄弇曰：“胡以马为命，吾在河曲，春草未生，马不能举足，当是时，侍中渡河掩之，吾全军覆没矣！在河曲，谓屯鸣沙时，马燧时屯石州，不渡河。燧加侍中，故以称之。所以求和，蒙侍中力。今全军得归，今，当作令。奈何拘其子孙！”命弇与宦官俱文珍、浑瑊将马宁俱归。独遣弇归，尚结赞虽有此言，马燧讳之，掩覆而不传矣。俱文珍归，则必言之于帝。马宁归，则必言之于浑瑊。中外传播，燧不可得而掩也。所以间燧者，可谓巧矣。分囚崔汉衡等于河、廓、鄯州。上闻尚结赞之言，由是恶马燧。马燧信尚结赞之言而为之请和，既堕其计矣；德宗又信尚结赞之间而恶马燧，又堕其计焉。然德宗但知恶马燧，而不知恶张延赏，又何也？恶，乌路翻。

六月，丙戌，以马燧为司徒兼侍中，罢其副元帅、节度使。

初，吐蕃尚结赞恶李晟、马燧、浑瑊，曰：“去三人，则唐可图也。”于是离间李晟，恶，乌路翻。去，羌吕翻。间，古苋翻。因马燧以求和，欲执浑瑊以卖燧，使并获罪，因纵兵直犯长安，会失浑瑊而止。张延赏惭惧，谢病不视事。

15 以陕虢观察使李泌为中书侍郎、同平章事。

16 河东都虞候李自良从马燧入朝，上欲以为河东节度使，自良固辞曰："臣事燧日久，马燧初镇河东，即亲任李自良。不欲代之为帅。"帅，所类翻。乃以为右龙武大将军。明日，自良入谢，上谓之曰："卿于马燧，存军中事分，分，扶问翻。诚为得礼。然北门之任，非卿不可。"卒以自良为河东节度使。卒，子恤翻。

17 吐蕃之戍盐、夏者，馈运不继，人多病疫思归，尚结赞遣三千骑逆之，悉焚其庐舍，毁其城，驱其民而去。灵盐节度使杜希全遣兵分守之。

18 韦皋以云南颇知书，壬辰，自以书招谕之，令趣遣使入见。趣，读曰促。见，贤遍翻；下同。

19 李泌初视事，入政事堂视事也。壬寅，与李晟、马燧、柳浑俱入见。上谓泌曰："卿昔在灵武，已应为此官，卿自退让。事见二百一十九卷肃宗至德元载。朕今用卿，欲与卿有约，此亦帝猜忌发见之一端也。卿慎勿报仇，有恩者朕当为卿报之。"为，于伪翻。对曰："臣素奉道，不与人为仇。李辅国、元载皆害臣者，今自毙矣。素所善及有恩者，率已显达，或多零落，臣无可报也。"上曰："虽然，有小恩者，亦当报之。"对曰："臣今日亦愿与陛下为约，可乎？"上曰："何不可！"泌曰："愿陛下勿害功臣。臣受陛下厚恩，固无形迹。李晟、马燧有大功于国，闻有谗之者，虽陛下必不听，然臣今日对二人言之，欲其不自疑耳。陛下万一害之，则宿卫之士，方镇之臣，无不愤惋而反仄，惋，乌贯翻。恐中外之变不日复生也！复，扶又翻。人臣苟蒙人主爱信则幸矣，官于何有！臣在灵武之日，未尝有官，而将相皆受臣指画；陛下以李怀光为太尉而怀光愈惧，遂至于叛。此皆陛下所亲见也。今晟、燧富贵已足，苟陛下坦然待之，使其自保无虞，国家有事则出从征伐；无事则入奉朝请，何乐如之！乐，音洛。故臣愿陛下勿以二臣功大而忌之，二臣勿以位高而自疑，则天下永无事矣。”惋，乌贯翻。乐，音洛。李泌不特欲使李晟、马燧无自疑之心，亦以德宗猜忌，开广而言之耳。上曰：“朕始闻卿言，耸然不知所谓。及听卿剖析，乃知社稷之至计也！朕谨当书绅，二大臣亦当共保之。”晟、燧皆起，泣谢。

上因谓泌曰：“自今凡军旅粮储事，卿主之；吏、礼委延赏；刑法委浑。”泌曰：“不可。陛下不以臣不才，使待罪宰相。宰相之职，不可分也，非如给事则有吏过、兵过，吏部、兵部主文、武选。凡奏拟皆过门下省，百司奏抄，侍中既审，给事中读之，有违失则驳正。舍人则有六押；唐制：中书舍人六员，佐宰相判案，同署乃奏。六典：中书舍人六人，分押六司署。至于宰相，天下之事咸共平章。若各有所主，是乃有司，非宰相也。”上笑曰：“朕适失辞，卿言是也。”泌请复所减州、县官。是年闰月，用张延赏之言，大省州、县官。上曰：“置吏以为人也，为，于伪翻；下谁为、第为、具为同。今户口减于承平之时三分之二，而吏员更增，可乎？”对曰：“户口虽减，而事多于承平且十倍，吏得无增乎！且所减皆有职而冗官不减，此所以为未当也。当，丁浪翻。至德以来置额外官，敌正官三分之一，若听使计日得资然后停，加两选授同类正员官。停字，句断。谓计其在官之日叙资，然后随所减员而停其官。又加以文武两选，授以正员官，与其元所居官同类者。如此，则不惟不怨，兼使之喜矣。”又请诸王未出阁者不除府官，此泌所谓冗官不减者，因请减而不除。上皆从之。乙卯，诏先所减官，并复故。

20 初，张延赏在西川，与东川节度使李叔明有隙。上入骆谷，谓上自奉天幸山南时也。值霖雨，道涂险滑，卫士多亡归朱泚，叔明之子升考异曰：邺侯家传及旧叔明传皆作“昪”，今从实录及旧萧复传。及郭子仪之子曙、令狐彰之子建等六人，恐有奸人危乘舆，相与啮臂为盟，着行縢、钉鞋，乘，绳证翻。着，陟略翻。

"膌"，当作"縢"，徒登翻。行縢，以邪幅缠足胻肠。诗采菽：斜幅在下。传云：幅，偪也，所以自偪束也。笺云：邪幅，如今行縢也。偪束其胫，自足至膝。正义曰：邪缠于足，谓之邪幅。钉鞋，以皮为之，外施油蜡，底着铁钉。鞋，音户皆翻。更鞚上马以至梁州，更，工衡翻。鞚，苦贡翻。他人皆不得近。近，其靳翻。及还长安，上皆以为禁卫将军，宠遇甚厚。张延赏知升私出入郜国大长公主第，郜国，肃宗之女，初嫁裴徽，又嫁萧升。唐制：皇姑为大长公主，正一品。郜，古到翻。长，知丈翻。密以白上。上谓李泌曰："郜国已老，升年少，何为如是！泌，薄必翻。少，始照翻。殆必有故，卿宜察之。"泌曰："此必有欲动摇东宫者。谁为陛下言之？"上曰："卿勿问，第为朕察之。"为，于伪翻。泌曰："必延赏也。"上曰："何以知之？"泌具为上言二人之隙，言延赏与升父叔明有隙。且曰："升承恩顾，典禁兵，延赏无以中伤，中，竹仲翻。而郜国乃太子萧妃之母也，故欲以此陷之耳。"上笑曰："是也。"泌因请除升他官，勿令宿卫以远嫌。远，于愿翻。秋，七月，以升为詹事。郜国，肃宗之女也。

21 甲子，割振武之绥、银二州，以右羽林将军韩潭为夏、绥、银节度使，帅神策之士五千、朔方、河东之士三千镇夏州。夏，户雅翻。使，疏吏翻。帅，读曰率。

22 时关东防秋兵大集，国用不充，李泌奏："自变两税法以来，两税事始见二百二十六卷建中元年。藩镇、州、县多违法聚敛。继以朱泚之乱，争榷率、征罚以为军资，点募自防；敛，力赡翻。泚，且礼翻，又音此。榷率者，拘榷而敷率。征罚者，吏民有罪，罚使纳钱谷以免罪而如数征之也。凡此皆州镇以充军资，点募强壮以自防卫。榷，古岳翻。泚既平，自惧违法，匿不敢言。请遣使以诏旨赦其罪，但令革正，自非于法应留使、留州之外，悉输京师。令，力丁翻。留使者，留以应本道节度、观察使征调。留州者，留以给本州经用。其官典逋负，可征者征之，难征者释之，以示宽大；敢有隐没者，重设告赏之科而罪之。”重设赏格，告者依格给赏而罪其隐没者。上喜曰：“卿策甚长，然立法太宽，恐所得无几！”对曰：“兹事臣固熟思之，宽则获多而速，急则获少而迟。盖以宽则人喜于免罪而乐输，少，始绍翻。乐，音洛。急则竞为蔽匿，非推鞫不能得其实，财不足济今日之急而皆入于奸吏矣。”上曰：“善！”以度支员外郎元友直为河南、江、淮南句勘两税钱帛使。度，徒洛翻。句，音勾。使，疏吏翻。

初，河、陇既没于吐蕃，代宗初年，河、陇陷没。吐，从暾入声。自天宝以来，安西、北庭奏事及西域使人在长安者，归路既绝，人马皆仰给于鸿胪，礼宾委府、县供之，仰，牛向翻。胪，陵如翻。鸿胪掌四夷之客，有礼宾院。府县，谓京兆府及其所属赤县、畿县也。于度支受直。度支不时付直，长安市肆不胜其弊。度，徒洛翻。胜，音升。李泌知胡客留长安久者，或四十馀年，皆有妻子，买田宅，举质取利，举者，举贷以取倍称之利也。质者，以物质钱，计月而取其利也。安居不欲归，命检括胡客有田宅者停其给。凡得四千人，将停其给。胡客皆诣政府诉之，政府，谓相府也。泌曰：“此皆从来宰相之过，岂有外国朝贡使者留京师数十年不听归乎！朝，直遥翻。今当假道于回纥，或自海道各遣归国。有不愿归，当于鸿胪自陈，授以职位，给俸禄为唐臣。人生当乘时展用，岂可终身客死邪！”于是胡客无一人愿归者，泌皆分隶神策两军，王子、使者为散兵马使或押牙，散，悉亶翻。馀皆为卒，禁旅益壮。鸿胪所给胡客才十馀人，岁省度支钱五十万缗；市人皆喜。免供亿，故喜。

上复问泌以复府兵之策。上复，扶又翻。对曰：“今岁征关东卒戍京西者十七万人，计岁食粟二百四万斛。今粟斗直百五十，为钱三百六万缗。国家比遭饥乱，比，毗至翻。经费不充，就使有钱，亦无粟可籴，未暇议复府兵也。”上曰：“然则奈何？亟减戍卒归之，何如？”对曰：“陛下【章：乙十六行本“下”下有“诚能”二字；乙十一行本同；孔本同；张校同。】用臣之言，可以不减戍卒，不扰百姓，粮食皆足，粟麦日贱，府兵亦成。”上曰：“苟能如是，何为不用！”对曰：“此须急为之，过旬日则不及矣。今吐蕃久居原、会之间，【章：乙十六行本“会”作“兰”；乙十一行本同；退斋校同。】以牛运粮，粮尽，牛无所用，请发左藏恶缯染为彩缬，藏，徂浪翻。恶缯，积于库藏年深以致脆恶者。缬，户结翻。撮彩以线结之而后染色，既染则解其结，凡结处皆元色，馀则入染色矣，其色斑斓，谓之缬。因党项以市之，每头不过二三匹，计十八万匹，可致六万馀头。又命诸冶铸农器，籴麦种，种，章勇翻；下其种同。分赐沿边军镇，募戍卒，耕荒田而种之，约明年麦熟倍偿其种，其馀据时价五分增一，官为籴之。为，于伪翻。来春种禾亦如之。关中土沃而久荒，所收必厚。戍卒获利，耕者浸多。边地居人至少，军士月食官粮，粟麦无所售，其价必贱，名为增价，实比今岁所减多矣。”上曰：“善！”即命行之。

泌又言：“边地官多阙，请募人入粟以补之，可足今岁之粮。”上亦从之，因问曰：“卿言府兵亦集，如何？”对曰：“戍卒因屯田致富，则安于其土，不复思归。复，扶又翻。旧制，戍卒三年而代，及其将满，下令有愿留者，即以所开田为永业。家人愿来者，本贯给长牒续食而遣之。戍兵家口，发赴边镇者，本贯为给长牒，所过郡县续食，以至戍所。据应募之数，移报本道，虽河朔诸帅得免更代之烦，帅，所类翻。更，工衡翻。亦喜闻矣。喜，许记翻。不过数番，则戍卒【章：乙十六行本“卒”下有“皆”字；乙十一行本同；孔本同；张校同。】土著，著，直略翻。乃悉以府兵之法理之，理，治也。是变关中之疲弊为富强也。”上喜曰：“如此，天下无复事矣。”泌所谓复府兵之策，当以积渐而成。帝遽谓之天下无复事，是但喜其言之可听而不察其事非旦暮之可集也。泌曰：“未也。臣能不用中国之兵使吐蕃自困。”上曰：“计将安出？”对曰：“臣未敢言之，俟麦禾有效，然后可议也。”上固问，不对。泌意欲结回纥、大食、云南与共图吐蕃，令吐蕃所备者多；知上素恨回纥，恐闻之不悦，并屯田之议不行，故不肯言。既而戍卒应募，愿耕屯田者什五六。自李泌为相，观其处置天下事，姚崇以来未之有也。史臣谓其出入中禁，事四君，数为权幸所疾，常以智免。好纵横大言，时时谠议，能寤移人主意。然常持黄、老、鬼神说，故为人所讥。余谓泌以智免，信如史臣言矣。然其纵横大言，持黄、老、鬼神说，亦智也。泌处肃、代父子之间，其论兴复形势，言无不效。及张、李之间，所以保右代宗者，言无不行。元载之谗疾，卒能自免，可谓智矣。至其与德宗论天下事，若指诸掌。以肃、代之信泌而泌不肯为相，以德宗之猜忌而泌夷然当之，亦智也。呜呼！仕而得君，谏行言听，则致身宰辅宜也。历事三世，洁身远害，筋力向衰，乃方入政事堂与新贵人伍。所谓经济之略，向未能为肃、代吐者，尽为德宗吐之。岂德宗之度弘于祖父邪！泌盖量而后入耳。彼德宗之猜忌刻薄，直如萧、姜，谓之轻己卖直；功如李、马，忌而置之散地；而泌也恣言无惮。彼其心以泌为祖父旧人，智略无方，弘济中兴，其敬信之也久矣，泌之所以敢当相位者，其自量亦审矣，庸非智乎！其持黄、老、鬼神说，则子房欲从赤松游之故智也。但子房功成后为之，泌终始笃好之耳。

23 壬申，赐骆元光姓名李元谅。

24 左仆射、同平章事张延赏薨。射，寅谢翻。薨，呼肱翻。

容肇祖标点聂崇岐覆校

资治通鉴卷第二百三十三

端明殿学士兼翰林侍读学士太中大夫
提举西京嵩山崇福宫上柱国河内郡开国公 司马光 奉敕编集
食邑二千二百户食实封九百户赐紫金鱼袋臣

后学天台胡三省 音注

唐纪四十九 起强圉单阏（丁卯）八月，尽重光协洽（辛未），凡四年有奇。

德宗神武圣文皇帝八

贞元三年（丁卯、七八七）

1 八月，辛巳朔，日有食之。

2 吐蕃尚结赞遣五骑送崔汉衡归，吐，从暾入声。汉衡为吐蕃所擒见上卷是年五月。骑，奇寄翻。且上表求和；至潘原，李观语之以“有诏不纳吐蕃使者”，上，时掌翻。观，古玩翻。语，牛倨翻。使，疏吏翻。受其表而却其人。

3 初，兵部侍郎、同平章事柳浑与张延赏俱为相，浑议事数异同，相，息亮翻。数，所角翻。延赏使所亲谓曰：“相公旧德，但节言于庙堂，则重位可久。”浑曰：“为吾谢张公，为，于伪翻。柳浑头可断，断，音短。舌不可禁！”禁，居吟翻。由是交恶。上好文雅酝藉，好，呼到翻。酝，纡运翻。藉，慈夜翻。史炤曰：酝藉，有雅度之称。余谓炤说非也。记礼器云：礼有摈诏，乐有相步，温之至也。郑氏注云：皆为温藉重礼也。皇氏云：温，谓丞藉。凡玉以物缊里丞藉，君子亦以威仪摈相以自丞藉。温，与缊同。而浑质直轻侻，无威仪，侻，他活翻。于上前时发俚语。上不悦，欲黜为王府长史，李泌言："浑褊直无他。俚，音里。长，知丈翻。褊，补典翻。故事，罢相无为长史者。"又欲以为王傅，泌请以为常侍，上曰："苟得罢之，无不可者。"于此可以见帝之亲任泌。泌，薄必翻。己丑，浑罢为左散骑常侍。散，悉亶翻。

4 初，郜国大长公主适驸马都尉萧升；升，复之从兄弟也。郜，音告。长，知两翻。从，才用翻。公主不谨，詹事李升、蜀州别驾萧鼎、武后垂拱二年，分益州置蜀州、汉州。彭州司马李万、丰阳令韦恪，丰阳县，属商州，汉商县地，晋分商县置丰阳县，以川为名。旧治吉川城，麟德元年移治丰阳川。皆出入主第。主女为太子妃，始者上恩礼甚厚，主常直乘肩舆抵东宫；宗戚皆疾之。或告主淫乱，且为厌祷。厌，于琰翻，又一叶翻。上大怒，幽主于禁中，切责太子；太子不知所对，请与萧妃离婚。

上召李泌告之，且曰："舒王近已长立，长，知两翻。孝友温仁。"泌曰："何至于是！陛下惟有一子，考异曰：按德宗十一子，谊、諴其所生外，犹有九子。而泌云惟有一子者，盖当是时小王或未生，谊、諴之外尚有昭靖子也。奈何一旦疑之，欲废之而立侄，得无失计乎！"上勃然怒曰："卿何得间人父子！间，古苋翻。谁语卿舒王为侄者？"对曰："陛下自言之。大历初，陛下语臣，语，牛倨翻。'今日得数子'。臣请其故，陛下言'昭靖诸子，主上令吾子之。'昭靖太子，上弟邈也。今陛下所生之子犹疑之，何有于侄！当此之时，微李泌，孰能言及此者。舒王虽孝，自今陛下宜努力，勿复望其孝矣！"因父子天性，推而言及人情利害极处以感动之。复，扶又翻。上曰："卿不爱家族乎？"对曰："臣惟爱家族，故不敢不尽言。若畏陛下盛怒而为曲从，陛下明日悔之，必尤臣云：'吾独任汝为相，不力谏，使至此；必复杀而子。'而，汝也。臣老矣，馀年不足惜，若冤杀臣子，使臣以侄为嗣，臣未知得歆其祀乎！”因呜咽流涕。又以自家真情感动之。上亦泣曰：“事已如此，使朕如何而可？”对曰：“此大事，愿陛下审图之。臣始谓陛下圣德，当使海外蛮夷皆戴之如父母，岂谓自有子而疑之至此乎！臣今尽言，不敢避忌讳。自古父子相疑未有不亡国覆家者。陛下记昔在彭原，建宁何故而诛？”上曰：“建宁叔实冤，肃宗性急，谮之者深耳！”建宁王倓，德宗之叔也。倓冤死事见二百一十九卷肃宗至德元载。泌曰：“臣昔以建宁之故，固辞官爵，誓不近天子左右；近，其靳翻。不幸今日复为陛下相，又睹兹事。复，扶又翻。相，息亮翻。臣在彭原，承恩无比，竟不敢言建宁之冤，及临辞乃言之，肃宗亦悔而泣。事见二百二十卷至德二载。先帝自建宁之死，常怀危惧，臣亦为先帝诵黄台瓜辞以防谗构之端。”事见同上。为，于伪翻。上曰：“朕固知之。”意色稍解，乃曰：“贞观、开元皆易太子，何故不亡？”对曰：“臣方欲言之。昔承乾屡尝监国，监，古衔翻。托附者众，东宫甲士甚多，与宰相侯君集谋反，事觉，太宗使其舅长孙无忌与朝臣数十人鞫之，事状显白，然后集百官而议之。当时言者犹云：‘愿陛下不失为慈父，使太子得终天年。’太宗从之，并废魏王泰。事见一百九十有七卷贞观十七年。陛下既知肃宗性急，以建宁为冤，臣不胜庆幸。胜，音升。愿陛下戒覆车之失，从容三日，从，千容翻。究其端绪而思之，陛下必释然知太子之无他矣。若果有其迹，当召大臣知义理者二十人与臣鞫其左右，必有实状，愿陛下如贞观之法行之，并废舒王而立皇孙，则百代之后，有天下者犹陛下子孙也。至于开元之末，武惠妃谮太子瑛兄弟杀之，海内冤愤，事见二百一十四卷玄宗开元二十五年。此乃百代所当戒，又可法乎！且陛下昔尝令太子见臣于蓬莱池，大明宫中蓬莱殿北有太液池，池中有蓬莱山，所谓蓬莱池，盖即此也。观其容表，非有蜂目豺声商臣之相也，左传：楚成王将立太子商臣，令尹子上曰："不可，是人也，蜂目而豺声，忍人也。"不听，卒立之。商臣后果以宫甲围成王而杀之。正恐失于柔仁耳。又，太子自贞元以来常居少阳院，大明宫中有少阳院，在浴堂殿之东，温室殿西南。少，诗照翻。在寝殿之侧，德宗常居浴堂殿。未尝接外人，预外事，安有异谋乎！彼谮人者巧诈百端，虽有手书如晋愍怀，事见八十三卷西晋惠帝元康九年。衷甲如太子瑛，开元二十五年，杨洄复构太子瑛、鄂王瑶、光王琚与妃兄薛锈有异谋。武惠妃使人诡召太子。二王曰："宫中有贼，请甲以入。"太子从之。妃白帝曰："太子、二王谋反，甲而来！"帝使中人视之，如言。遂并废为庶人。犹未可信，况但以妻母有罪为累乎！累，良瑞翻；下累汝同。幸陛下语臣，语，牛倨翻。臣敢以家族保太子必不知谋。向使杨素、许敬宗、李林甫之徒承此旨，已就舒王图定策之功矣！"上曰："此朕家事，何豫于卿，而力争如此？"对曰："天子以四海为家。臣今独任宰相之重，四海之内，一物失所，责归于臣。况坐视太子冤横而不言，横，户孟翻。臣罪大矣！"上曰："为卿迁延至明日思之。"为，于伪翻。泌抽笏叩头而泣曰："如此，臣知陛下父子慈孝如初矣！然陛下还宫，当自审思，勿露此意于左右；露之，则彼皆欲树功于舒王，太子危矣！"上曰："具晓卿意。"泌归，谓子弟曰："吾本不乐富贵，而命与愿违，今累汝曹矣。"乐，音洛。累，力瑞翻。

太子遣人谢泌曰："若必不可救，欲先自仰药，何如？"言欲饮药而死也。泌曰："必无此虑。愿太子起敬起孝。起敬起孝，礼记之言。苟泌身不存，则事不可知耳。"

间一日，按经典释文：间，音间厕之间。上开延英殿独召泌，宋白曰：唐制：内中有公事商量，即降宣头付阁门开延英，阁门翻宣申中书，并榜正衙门。如中书有公事敷奏，即宰臣入榜子，奏请开延英，只是宰臣赴对。

流涕阑干，泣涕纵横为阑干。一曰：阑干，泪不断貌。抚其背曰："非卿切言，朕今日悔无及矣！皆如卿言，太子仁孝，实无他也。自今军国及朕家事，皆当谋于卿矣。"泌拜贺，因曰："陛下圣明，察太子无罪，臣报国毕矣。臣前日惊悸亡魂，悸，其季翻，心动也。不可复用，复，扶又翻。愿乞骸骨。"上曰："朕父子赖卿得全，方属子孙，属，之欲翻。使卿代代富贵以报德，何为出此言乎！"甲午，诏李万不知避宗，宜杖死。左传：齐卢蒲癸臣于庆舍，有宠，妻之以女。庆舍之士谓卢蒲癸曰："男女辨姓，子不避宗，何也？"癸曰："宗不余避，余独安避之！"李升等及公主五子，皆流岭南及远州。

5 戊申，吐蕃帅羌、浑之众寇陇州，连营数十里，京城震恐。帅，读曰率。九月，丁卯，遣神策将石季章戍武功，决胜军使唐良臣戍百里城。丁巳，吐蕃大掠汧阳、吴山、华亭，吴山县，属陇州，隋之长蛇县地，唐贞观元年更名，以县有吴山也。史炤曰：华亭，本属安定郡，后属陇州，垂拱二年更名曰亭川，元和三年省入汧源。汧，口坚翻。老弱者杀之，或断手凿目，弃之而去；断，音短。驱丁壮万馀悉送安化峡西，安化峡，当在秦州清水县界。九域志：平凉西南七十里有安化县。又陇州汧阳县有安化镇。将分隶羌、浑，乃告之曰："听尔东向哭辞乡国！"众大哭，赴崖谷死伤者千馀人。未几，几，居岂翻。吐蕃之众复至，围陇州，复，扶又翻。刺史韩清沔与神策副将苏太平夜出兵击却之。沔，弥兖翻。

6 上谓李泌曰："每岁诸道贡献，共直钱五十万缗，今岁仅得三十万缗。泌，薄必翻。缗，眉巾翻。言此诚知失体，然宫中用度殊不足。"泌曰："古者天子不私求财，春秋左传之言。今请岁供宫中钱百万缗，愿陛下不受诸道贡献及罢宣索。遣中使以圣旨就有司宣取财物，谓之宣索。索，山客翻。必有所须，请降敕折税，折，之舌翻。不使奸吏因缘诛剥。"上从之。

7 回纥合骨咄禄可汗屡求和亲，且请昏；上未之许。会边将告乏马，无以给之，纥，下没翻。咄，当没翻。可，从刊入声。汗，户汗翻。将，即亮翻。李泌言于上曰："陛下诚用臣策，数年之后，马贱于今十倍矣！"上曰："何故？"对曰："愿陛下推至公之心，屈己徇人，为社稷大计，臣乃敢言。"上曰："卿何自疑若是！"对曰："臣愿陛下北和回纥，南通云南，西结大食、天竺，如此，则吐蕃自困，马亦易致矣。"吐，从暾入声。易，弋豉翻。上曰："三国当如卿言，至于回纥则不可！"以陕州之辱，恨回纥也。泌曰："臣固知陛下如此，所以不敢早言。见上卷是年七月。为今之计，当以回纥为先，三国差缓耳。"三国，谓云南、大食、天竺。上曰："唯回纥卿勿言。"泌曰："臣备位宰相，事有可否在陛下，何至不许臣言！"相，息亮翻。上曰："朕于卿言皆听之矣，至于【章：乙十六行本"于"下有"和"字；乙十一行本同；孔本同；张校同。】回纥，宜待子孙；于朕之时，则固不可！"泌曰："岂非以陕州之耻邪！"上曰："然。韦少华等以朕之故受辱而死，事见二百二十二卷宝应元年。陕，失冉翻。邪，音耶。少，始照翻。朕岂能忘之！属国家多难，属，之欲翻。难，乃旦翻。未暇报之，和则决不可。卿勿更言！"泌曰："害少华者乃牟羽可汗，陛下即位，举兵入寇，未出其境，今合骨咄禄可汗杀之。然则今可汗乃有功于陛下，宜受封赏，又何怨邪！其后张光晟杀突董等九百馀人，杀牟羽、杀突董事并见二百二十六卷建中元年。合骨咄禄竟不敢杀朝廷使者，见二百二十七卷建中三年。然则合骨咄禄固无罪矣。"上曰："卿以和回纥为是，则朕固非邪？"对曰："臣为社稷而言，为，于伪翻。若苟合取容，何以见肃宗、代宗于天上！"凡人言死，则曰见某人于地下。人主之前，尊君之祖、父，则曰见于天上，言其神灵在天，死则将得见之。上曰："容朕徐思之。"自是泌凡十五馀对，未尝不论回纥事，上终不许。泌曰："陛下既不许回纥和亲，愿赐臣骸骨。"上曰："朕非拒谏，但欲与卿较理耳，何至遽欲去朕邪！"对曰："陛下许臣言理，此固天下之福也。"上曰："朕不惜屈己与之和，但不能负少华辈。"对曰："以臣观之，少华辈负陛下，非陛下负之也。"上曰："何故？"对曰："昔回纥叶护将兵助讨安庆绪，肃宗但令臣宴劳之于元帅府，先帝未尝见也。劳，力到翻。讨安庆绪之时，代宗以广平王为元帅。叶护固邀臣至其营，肃宗犹不许。及大军将发，先帝始与相见。所以然者，彼戎狄豺狼也，举兵入中国之腹，不得不过为之防也。陛下在陕，富于春秋，少华辈不能深虑，以万乘元子径造其营，造，七到翻。又不先与之议相见之仪，使彼得肆其桀骜，骜，五告翻。岂非少华辈负陛下邪？死不足偿责矣。且香积之捷，叶护欲引兵入长安，先帝亲拜之于马前以止之，叶护遂不敢入城。事见二百二十卷肃宗至德二载。当时观者十万馀人，皆叹息曰：'广平王真华、夷主也！'然则先帝所屈者少，所伸者多矣。叶护乃牟羽之叔父也。牟羽身为可汗，举全国之兵赴中原之难，难，乃旦翻。故其志气骄矜，敢责礼于陛下；陛下天资神武，不为之屈。当是之时，臣不敢言其他，若可汗留陛下于营中，欢饮十日，天下岂得不寒心哉！不敢察察言，故云尔。而天威所临，豺狼驯扰，驯，从也，善也。扰者，顺也。可汗母捧陛下于貂裘，叱退左右，亲送陛下乘马而归。陛下以香积之事观之，则屈己为是乎？不屈为是乎？陛下屈于牟羽乎？牟羽屈于陛下乎？"上谓李晟、马燧曰："故旧不宜相逢。朕素怨回纥，今闻泌言香积之事，朕自觉少理。此多少之少，音诗绍翻。卿二人以为何如？"对曰："果如泌所言，则回纥似可恕。"上曰："卿二人复不与朕，复，扶又翻。朕当奈何！"泌曰："臣以为回纥不足怨，向来宰相乃可怨耳。今回纥可汗杀牟羽，其国人有再复京城之勋，回纥，至德二载与代宗复两京，宝应元年又与帝复东京，是有再复京城之勋。夫何罪乎！吐蕃幸国之灾，陷河、陇数千里之地，又引兵入京城，使先帝蒙尘于陕，见二百二十三卷代宗广德元年。此乃【章：乙十六行本“乃”下有“百代”二字；乙十一行本同；孔本同；张校同；退斋校同。】必报之雠，况其赞普【章：乙十六行本“普”下有“至今”二字；乙十一行本同；孔本同；张校同。】尚存，言牟羽已死，则回纥为可恕；赞普尚存，则国雠当必复。宰相不为陛下别白言此，为，于伪翻。别，彼列翻。乃欲和吐蕃以攻回纥，此为可怨耳。”上曰：“朕与之为怨已久，又闻吐蕃劫盟，今往与之和，得无复拒我，为夷狄之笑乎？”复，扶又翻。对曰：“不然。臣曩在彭原，今可汗为胡禄都督，与今国相白婆帝皆从叶护而来，臣待之颇亲厚，故闻臣为相而求和，安有复相拒乎！臣今请以书与之约：称臣，为陛下子，每使来不过二百人，印马不过千匹，唐六典：有诸监马印。凡诸监马驹，以小官字印印左膊，以年辰印印右髀，以监名依左、右厢印印尾侧。若形容端正，拟送尚乘者，则不须印监名。至三岁起，脊量强弱渐以飞字印印右膊。细马、次马俱以龙形印印项左。送尚乘者，于尾侧依左、右闲印以三花。其馀杂马上乘者，以风字印印左膊，以飞字印印右髀。经印之后，简入别所者，各以新入处监名印印左颊。官马赐人者，以赐字印配诸军。及充传送驿者，以出字印并印右颊。诸蕃马印随部落各为印识。回纥马印[illegible]。此所谓印马者，回纥以马来与中国为互市，中国以印印之也。无得携中国人及商胡出塞。五者皆能如约，则主上必许和亲。如此，威加北荒，旁詟吐蕃，詟，之涉翻。足以快陛下平昔之心矣。”上曰：“自至德以来，与为兄弟之国，今一旦欲臣之，彼安肯和乎？”对曰：“彼思与中国和亲久矣，其可汗、国相素信臣言，若其未谐，但应再发一书耳。”上从之。

既而回纥可汗遣使上表称儿及臣，凡泌所与约五事，一皆听命。上大喜，谓泌曰：“回纥何畏服卿如此！”对曰：“此乃陛下威灵，臣何力焉！”上曰：“回纥则既和矣，所以招云南、大食、天竺奈何?”对曰:“回纥和,则吐蕃已不敢轻犯塞矣。次招云南,则是断吐蕃之右臂也。断,音短。云南自汉以来臣属中国,云南,本汉之哀牢夷,后汉永平之间,始臣属中国。其地在汉永昌郡界。杨国忠无故扰之使叛,臣于吐蕃,事见二百一十六卷玄宗天宝九载。苦于吐蕃赋役重,未尝一日不思复为唐臣也。大食在西域为最强,自葱岭尽西海,地几半天下,大食既并波斯,突骑施又亡,其地东尽葱岭,西南际海,方万馀里。几,居衣翻。与天竺皆慕中国,代与吐蕃为仇,臣故知其可招也。”

癸亥,遣回纥使者合阙将军归,许以咸安公主妻可汗,蓬州咸安郡。公主,上女也。妻,七细翻。考异曰:邺侯家传:九月,泌请与回纥和亲。十月,与回纥书。十二月,回纥遣聿支达干上表谢恩,皆请如宰相约和亲。按实录:“八月丁酉,回纥遣默啜达干来贡方物,且请和亲。九月癸亥,遣回纥使合阙将军归其国。初,合阙将其君命请昏,上许以咸安公主嫁之,命见于麟德殿,且令赍公主画图就示可汗,以马价绢五万还之,许互市而去。”十二月,无聿支入聘之事。回纥自大历十一年以来,未尝入寇,信使往来,亦无不和及求和之迹。盖德宗心恨回纥,而外迹犹羁縻不绝。今回纥请昏,则拒绝不许,而李泌劝与为昏耳。其月数之差,则恐李繁记之不详。或者聿支即默啜与合阙,皆不可知也,若以默啜即为请昏之使,合阙即为谢恩之人。又泌论回纥凡十五馀对,须半月以上。泌又云:“臣木夹中与书,令朝臣递,云一月可到,岁内报至。”自丁酉至癸亥,才二十六日耳。今依实录月日。因许嫁咸安,本其事而言之。归其马价绢五万匹。

8 吐蕃寇华亭及连云堡,皆陷之。连云堡,在泾州西界。宋祁曰:连云堡,泾要地也,三垂峭绝,北据高所,虏进退,烽火易通。考异曰:邺侯家传曰:“时京西诸镇报种麦已毕,绝万顷而皆亘野;上大喜。既而尚结赞来入寇,诸军闭壁;候夜,斫营,悉捷,结赞乃退归。上以十馀年来,边军尝被戎挫,皆入践京畿,此来始败,又不能更深入,且报种麦已毕而喜甚。”按实录:“吐蕃陷华亭及连云堡,驱掠邠、泾编户牛畜万计,悉送至弹筝峡。是秋,数州人无种麦者。”与家传相反。今从实录。甲戌,吐蕃驱二城之民数千人及邠、泾人畜万计而去,置之弹筝峡西。泾州恃连云为斥候,连云既陷，西门不开，门外皆为虏境，樵采路绝。每收获，必陈兵以扞之，多失时，得空穗而已。禾麦熟而不收获，其实陨落，故得空穗。由是泾州常苦乏食。

9 冬，十月，甲申，吐蕃寇丰义城，武德二年，分彭原置丰义县，属宁州。宋白曰：彭阳县，后魏于县置云州，周武保定二年，废州为防，隋文帝废防为丰义城，唐武德初分彭原县为丰义县，属彭州，贞观废彭州，以县属宁州，其城即后魏云州城。前锋至大回原，邠宁节度使韩游瓌击却之；乙酉，复寇长武城，复，扶又翻。又城故原州而屯之。

10 妖僧李软奴自言："本皇族，见岳、渎神岳，谓五岳。渎，谓四渎。妖，于遥翻。命己为天子；"结殿前射生将韩钦绪等谋作乱。丙戌，其党告之，上命捕送内侍省推之。推，鞫也。李晟闻之，遽仆于地曰："晟族灭矣！"李泌问其故。晟曰："晟新罹谤毁，事见上卷本年三月。中外家人千馀，若有一人在其党中，则兄亦不能救矣。"泌乃密奏："大狱一起，所连引必多，外间人情恟惧，请出付台推。"付御史台推鞫之也。上从之。钦绪，游瓌之子也，亡抵邠州；游瓌出屯长武城，留后械送京师。壬辰，腰斩软奴等八人，北军之士坐死者八百馀人，而朝廷之臣无连及者。韩游瓌委军诣阙谢，上遣使止之，委任如初。游瓌又械送钦绪二子；上亦宥之。

11 吐蕃以苦寒不入寇，而粮运不继；十一月，诏浑瑊归河中，考异曰：邺侯家传："十一月，以张献甫为邠、宁等州节度使，代韩游瓌，而以浑侍中为朔方、河中、绛、邠、宁、庆副元帅。先公乃令献甫修西界堡障、濠堑，南接泾州，于是塞内始有藩篱之固，尚结赞不能轻入窥边矣。"按献甫明年七月乃为邠宁节度。家传误也。李元谅归华州，刘昌分其众【章：乙十六行本"众"下有"五千"二字；乙十一行本同；孔本同；张校同；退斋校同。】归汴州，刘昌，本汴州将也，贞元三年入朝，诏以汴兵八千戍泾原，寻授泾原帅。华，户化翻。自馀防秋兵退屯凤翔、京兆诸县以就食。

12 十二月，韩游瓌入朝。

13 自兴元以来，是岁最为丰稔，米斗直钱百五十、粟八十，诏所在和籴。

庚辰，上畋于新店，入民赵光奇家，问："百姓乐乎?"对曰："不乐。"上曰："今岁颇稔，何为不乐?"乐，音洛。对曰："诏令不信。前云两税之外悉无他傜，今非税而诛求者殆过于税。后又云和籴，而实强取之，强，其良翻。曾不识一钱。始云所籴粟麦纳于道次，今则遣致京西行营，动数百里，车摧马【章：乙十六行本"马"作"牛"；乙十一行本同。】毙，破产不能支。愁苦如此，何乐之有！每有诏书优恤，徒空文耳！恐圣主深居九重，皆未知之也！"上命复其家。复，方目翻。复，除也，除其家赋役也。

臣光曰：甚矣唐德宗之难寤也！自古所患者，人君之泽壅而不下达，小民之情郁而不上通；故君勤恤于上而民不怀，勤恤者，切于忧民也。民愁怨于下而君不知，以至于离叛危亡，凡以此也。德宗幸以游猎得至民家，值光奇敢言而知民疾苦，此乃千载之遇也。载，子亥翻。固当按有司之废格诏书，格，音阁。残虐下民，横增赋敛，横，户孟翻。敛，力赡翻。盗匿公财，及左右谄谀日称民间丰乐者而诛之；乐，音洛。然后洗心易虑，一新其政，屏浮饰，屏，必郢翻，又卑正翻。废虚文，谨号令，敦诚信，察真伪，辨忠邪，矜困穷，伸冤滞，则太平之业可致矣。释此不为，乃复光奇之家；夫以四海之广，兆民之众，又安得人人自言于天子而户户复其傜赋乎！

14 李泌以李软奴之党犹有在北军未发者，请大赦以安之。恐其自疑而动于恶。

四年(戊辰、七八八)

1 春，正月，庚戌朔，赦天下；诏两税等第，自今三年一定。考异曰：实录：赦云："天下两税，更审定等第，仍加三年一定，以为常式。"按陆贽论两税状云："两税之立，惟以资产为宗，不以丁身为本。资产少者则其税少，资产多者则其税多。"然则当时税赋但以贫富为等第，若今时坊郭十等户、乡村五等户临时科配也。又云："额内官勿更注拟，见任者三考勒停。"此盖用李泌之策也。按邺侯家传："泌请罢天下额外官。"又云："陛下许复所减官员，臣因请停额外官，许其得资后停。额外官员当正官三分之一，则今年计已停一半。"据此，则似有额内官，又有额外官，皆在正员之外。不则"内"皆应作"外"，字之误也。

2 李泌奏京官俸太薄，请自三师以下悉倍其俸；唐以太师、太傅、太保为三师。倍俸，倍大历十二年所增之数也。泌，薄必翻。俸，扶用翻。考异曰：实录："辛巳，诏以中外给用除陌钱给文武官俸料，自是京官益重，颇优裕焉。初除陌钱隶度支，至是令户部别库贮之，给俸之馀，以备他用。"按兴元元年正月赦，其所加垫陌钱、税间架之类，悉宜停罢。今犹有除陌钱者，盖当时止罢所加之数，或私买卖者官不收垫陌钱，官给钱犹有除陌在故也。从之。

3 壬申，以宣武行营节度使刘昌为泾原节度使。甲戌，以镇国节度使李元谅为陇右节度使。泾原节度使治泾州。陇右节度使治秦州。刘昌以汴兵防秋，为行营节度使。李元谅本镇华州，领镇国军节度使。昌、元谅，皆帅卒力田，帅，读曰率；下同。数年，军食充羡，羡，弋线翻。泾、陇稍安。

4 韩游瓌之入朝也，军中以为必不返，以其子钦绪党逆，谓当连坐也。瓌，古回翻。朝，直遥翻。去年十二月游瓌入朝。饯送甚薄。游瓌见上，盛陈筑丰义城可以制吐蕃；上悦，遣还镇。见，贤遍翻。吐，从暾入声。还，从宣翻，又音如字。军中忧惧者众，游瓌忌都虞候虞乡范希朝有功名，得众心，虞乡县，属河中府。求其罪，将杀之。希朝奔凤翔，上召之，置于左神策军。游瓌帅众筑丰义城，二版而溃。城二尺为一版。上下相疑，故溃。

5 二月，元友直运淮南钱帛二十万至长安，元友直句勘东南两税钱帛，见上卷去年七月。李泌悉输之大盈库。然上犹数有宣索，泌，薄必翻。数，所角翻。索，山客翻。仍敕诸道勿令宰相知。泌闻之，惆怅而不敢言。相，息亮翻。惆，丑鸠翻。

臣光曰：王者以天下为家，天下之财皆其有也。阜天下之财以养天下之民，己必豫焉。或乃更为私藏，此匹夫之鄙志也。古人有言：贫不学俭。夫多财者，奢欲之所自来也。夫，音扶。李泌欲弭德宗之欲而丰其私财，财丰则欲滋矣。财不称欲，能无求乎！弭，眉比翻。称，尺证翻。是犹启其门而禁其出也！虽德宗之多僻，亦泌所以相之者非其道故也。

6 咸阳人或上言："臣见白起，令臣奏云：'请为国家扞御西陲。正月，吐蕃必大下，当为朝廷破之以取信。'"上，时掌翻。为，于伪翻。既而吐蕃入寇，边将败之，败，补迈翻。不能深入。上以为信然，欲于京城立庙，赠司徒，李泌曰："臣闻'国将兴，听于人。'左传虢史嚚之言。今将帅立功而陛下褒赏白起，臣恐边臣解体矣！若立庙京城，盛为祈祷，流闻四方，将长巫风。长，知两翻。言巫祝之风将由此盛。今杜邮有旧祠，白起死于杜邮，故有旧祠在焉。请敕府县葺之，则不至惊人耳目矣。且白起列国之将，赠三公太重，唐以太尉、司徒、司空为三公。请赠兵部尚书可矣。"上笑曰："卿于白起亦惜官乎！"对曰："人神一也。陛下傥不之惜，则神亦不以为荣矣。"上从之。

泌自陈衰老，独任宰相，精力耗竭，既未听其去，乞更除一相；上曰："朕深知卿劳苦，但未得其人耳。"上从容与泌论即位以来宰相从，千容翻。曰："卢杞忠清强介，人言杞奸邪，朕殊不觉其然。"泌曰："人言杞奸邪而陛下独不觉其奸邪，此乃杞之所以为奸邪也。考异曰：旧李勉传，勉对德宗已有此语，与邺侯家传述泌语略同，未知孰是。今两存之。一本泌语之下有“与勉”二字。傥陛下觉之，岂有建中之乱乎！杞以私隙杀杨炎，杀杨炎事见二百二十七卷建中二年。挤颜真卿于死地，事见二百二十八卷建中二年。挤，七细翻，又笺西翻。激李怀光使叛，事见二百二十九卷建中四年。赖陛下圣明窜逐之，人心顿喜，天亦悔祸。不然，乱何由弭！”上曰：“杨炎以童子视朕，每论事，朕可其奏则悦，与之往复论难，难，乃旦翻；下难之、问难同。即怒而辞位；观其意以朕为不足与言故也。以是交不可忍，交不可忍者，言炎既形之辞而帝亦心怀不平。非由杞也。建中之乱，术士豫请城奉天，事见二百二十六卷建中元年。此盖天命，非杞所能致也！”泌曰：“天命，他人皆可以言之，惟君相不可言。盖君相所以造命也。若言命，则礼乐刑政皆无所用矣。纣曰：‘我生不有命在天！’见书西伯戡黎篇。此商之所以亡也！”上曰：“朕好与人较量理体：好，呼到翻。量，音良。理体，犹言治体也。崔佑甫性褊躁，躁，则到翻。朕难之，则应对失次，朕常知其短而护之。杨炎论事亦有可采，而气色粗傲，难之辄勃然怒，无复君臣之礼，所以每见令人忿发。馀人则不敢复言。难，乃旦翻；下同。复，扶又翻。卢杞小心，朕所言无不从；又无学，不能与朕往复，故朕所怀常不尽也。”对曰：“杞言无不从，岂忠臣乎！夫‘言而莫予违’，此孔子所谓‘一言丧邦’者也！”见论语。丧，息浪翻。上曰：“惟卿则异彼三人者。朕言当，卿有喜色；不当，常有忧色。当，丁浪翻。虽时有逆耳之言，如向来纣及丧邦之类。朕细思之，皆卿先事而言，先，悉荐翻。如此则理安，理安，犹言治安也。如彼则危乱，言虽深切而气色和顺，无杨炎之陵傲。朕问难往复，卿辞理不屈，又无好胜之志，直使朕中怀已尽屈服而不能不从，此朕所以私喜于得卿也。”泌曰：“陛下所用相尚多，今皆不论，何也？”上曰：“彼皆非所谓相也。凡相者，必委以政事；如玄宗时牛仙客、陈希烈，可以谓之相乎！如肃宗、代宗之任卿，虽不受其名，乃真相耳。必以官至平章事为相，则王武俊之徒皆相也。”唐之使相，时主未尝不知名器之滥也。

7 刘昌复筑连云堡。去年九月，吐蕃陷连云堡。复，扶又翻。

8 夏，四月，乙未，更命殿前左、右射生曰神威军，更，工衡翻。考异曰：实录作“神武军”。今从新志。与左·右羽林、龙武、神武、神策号曰十军。神策尤盛，多戍京西，散屯畿甸。

9 福建观察使吴诜武德四年，分泉州之建安县置建州。轻其军士脆弱，苦役之。军士作乱，杀诜腹心十馀人，逼诜牒大将郝诫溢掌留务。诫溢上表请罪，上遣中使就赦以安之。

10 乙【严：“乙”改“丁”。】未，陇右节度使李元谅筑良原故城而镇之。良原县，隋大业初置，唐属泾州，贞元二年为吐蕃所破，今乃修复。九域志：良原，在泾州西南六十里。宋白曰：隋分安定、鹑觚置良原县，西南三十里有良原，因名。

11 云南王异牟寻欲内附，未敢自遣使，先遣其东蛮鬼主骠旁、苴梦冲、苴乌星入见。苴，子鱼翻。见，贤遍翻。五月，乙卯，宴之于麟德殿，赐赉甚厚，封王给印而遣之。封骠旁为和义王，苴梦冲为怀化王，苴乌星为顺政王。

12 辛未，以太子宾客吴凑为福建观察使，贬吴诜为涪州刺史。涪，音浮。

13 吐蕃三万馀骑寇泾、邠、宁、庆、鄜等州。先是，吐蕃常以秋冬入寇，及春多病疫而退。至是，得唐人，质其妻子，先，悉荐翻。质，音致。遣其将将之，盛夏入寇；诸州皆城守，无敢与战者，吐蕃俘掠人畜万计而去。

14 夏县人阳城以学行著闻，隐居柳谷之北，夏，户雅翻。柳谷，在安邑县中条山。行，下孟翻。李泌荐之；六月，征拜谏议大夫。

15 韩游瓌以吐蕃犯塞，自戍宁州；病，求代归。秋，七月，庚戌，加浑瑊邠宁副元帅，以左金吾将军张献甫为邠宁节度使，陈许兵马使韩全义为长武城行营节度使。献甫未至，壬子夜，游瓌不告于众，轻骑归朝。戍卒裴满等惮献甫之严，乘无帅之际，癸丑，帅其徒作乱，骑，奇寄翻。朝，直遥翻。无帅，所类翻。帅其，读曰率。曰："张公不出本军，我必拒之。"谓张献甫本不出于朔方军也。因剽掠城市，剽，匹妙翻。围监军杨明义所居，使奏请范希朝为节度使。都虞候杨朝晟避乱出城，闻之，复入，曰："所请甚契我心，我来贺也！"乱卒稍安。朝晟潜与诸将谋，晨勒兵，召乱卒谓曰："所请不行，张公已至邠州，汝辈作乱当死，不可尽杀，宜自推列唱帅者。"遂斩二百馀人，帅众迎献甫。帅，读曰率。上闻军众欲得范希朝，将授之。希朝辞曰："臣畏游瓌之祸而来，今往代之，非所以防窥觎，安反仄也。"上嘉之，擢为宁州刺史，以副献甫。游瓌至京师，除右龙武统军。

16 振武节度使唐朝臣不严斥候，己未，奚、室韦寇振武，李延寿曰：室韦，盖契丹之在南者为契丹，在北者为室韦。宋祁曰：室韦，契丹别种，东胡北边，盖丁零苗裔也。地据黄龙北，傍猺越河，直长安东北七千里。东黑水、靺鞨，西突厥，南契丹，北濒海。执宣慰中使二人，大掠人畜而去。时回纥之众逆公主者在振武，朝臣遣七百骑与回纥数百骑追之，回纥使者为奚、室韦所杀。

17 九月，庚申，吐蕃尚志【严："志"改"悉"。】董星寇宁州，张献甫击却之；吐蕃转掠鄜、坊而去。

18 元友直句检诸道税外物，事始见上卷上年。句，古侯翻。悉输户部，遂为定制，岁于税外输百馀万缗、斛，民不堪命。诸道多自诉于上，上意寤，诏："今年已入在官者输京师，未入者悉以与民；明年以后，悉免之。”于是东南之民复安其业。

19 回纥合骨咄禄可汗得唐许昏，甚喜，遣其妹骨咄禄毗伽公主及大臣妻并国相、跌跌都督跌，奚结翻。跌，徒结翻。跌跌与回纥同出铁勒而异种。以下千馀人来迎可敦，辞礼甚恭，曰：“昔为兄弟，今为子婿，半子也。若吐蕃为患，子当为父除之！”当为，于伪翻。因詈辱吐蕃使者以绝之。冬，十月，戊子，回纥至长安，可汗仍表请改回纥为回鹘；许之。考异曰：旧回纥传：“元和四年，里迦可汗遣使请改为回鹘，义取回旋轻捷如鹘。”崔铉续会要：“贞元五年七月，公主至衙帐，回纥使李义进请改‘纥’字为‘鹘’。”与统纪同。邺侯家传：“四年七月，可汗上表请改‘纥’字为‘鹘’，”与李繁北荒君长录及新回鹘传同。按李泌明年春薨，若明年七月方改，家传不应言之。今从家传、君长录、新书。

20 吐蕃发兵十万将寇西川，亦发云南兵；云南内虽附唐，外未敢叛吐蕃，亦发兵数万屯于泸北。泸北，泸水之北。泸水，即诸葛亮五月所渡者。韦皋知云南计方犹豫，乃为书遗云南王，叙其叛吐蕃归化之诚，贮以银函，遗，唯季翻。贮，丁吕翻。使东蛮转致吐蕃。吐蕃始疑云南，遣兵二万屯会川，会川，本邛都县，高宗上元二年徙县于会川，因更名。新志：会川县属巂州，有泸津关，在会川东南三十里。以塞云南趣蜀之路。塞，悉则翻。趣，逡谕翻，又逡须翻。云南怒，引兵归国。由是云南与吐蕃大相猜阻，归唐之志益坚；吐蕃失云南之助，兵势始弱矣。然吐蕃业已入寇，遂分兵四万攻两林骠旁，三万攻东蛮，七千寇清溪关，清溪关，在巂州界，自关而南七百二十里至巂州。洪源志：清溪关，在黎州西南界。五千寇铜山。新志：黎州有铜山要冲十一城。皋遣黎州刺史韦晋等与东蛮连兵御之，破吐蕃于清溪关外。

21 庚子，册命咸安公主，加回鹘可汗【章：乙十六行本“汗”下有“号”字；乙十一行本同；孔本同；张校同。】长寿天亲可汗。十一月，以刑部尚书关播为送咸安公主兼册回鹘可汗使。自此以后，通鉴皆依前史书“回鹘”。

22 吐蕃耻前日之败，谓上清溪关外之败也。复以众二万寇清溪关，一万攻东蛮；复，扶又翻。韦皋命韦晋镇要冲城，督诸军以御之。嶲州经略使刘朝彩出关连战，自乙卯至癸亥，大破之。

23 李泌言于上曰：“江、淮漕运【章：乙十六行本“运”下有“自淮入汴”四字；乙十一行本同；孔本同；退斋校同。】以甬桥为咽喉，咽，音烟。地属徐州，邻于李纳，徐州与李纳巡属邻境。刺史高明应年少不习事，高明应嗣镇徐州，始二百三十一卷兴元元年。少，诗照翻。若李纳一旦复有异图，复，扶又翻；下同。窃据徐州，是失江、淮也，国用何从而致！请徙寿、庐、濠都团练使张建封镇徐州，割濠、泗以隶之；复以庐、寿归淮南，则淄青惕息而运路常通，江、淮安矣。及今明应幼骙可代，骙，五骇翻。宜征为金吾将军。万一使他人得之，则不可复制矣。”上从之。以建封为徐、泗、濠节度使。建封为政宽厚而有纲纪，不贷人以法，犯法者，有诛无贷。故其下无不畏而悦之。

24 横海节度使程日华薨，子怀直自知留后。

25 吐蕃屡遣人诱胁云南。诱，音酉。

五年（己巳、七八九）

1 春，二月，丁亥，韦皋遗异牟寻书，称：“回鹘屡请佐天子共灭吐蕃，王不早定计，一旦为回鹘所先，遗，唯季翻。先，悉荐翻。则王累代功名虚弃矣。且云南久为吐蕃屈辱，今不乘此时依大国之势以复怨雪耻，后悔无及矣。”

2 戊戌，以横海留后程怀直为沧州观察使。怀直请分弓高、景城为景州，景城县，本属沧州，武德四年属瀛州，贞观元年属沧州，大历七年属瀛州。横海盖因朱滔之败，复得而有之，后寻属瀛州。弓高，汉古县，魏、晋废省，隋置弓高县于汉鬲县地，唐属沧州。仍请朝廷除刺史。上喜曰：“三十年无此事矣！”乃以员外郎徐伸为景州刺史。

3 中书侍郎、同平章事李泌屡乞更命相。上欲用户部侍郎班宏，泌言宏虽清强而性多凝滞，乃荐窦参通敏，可兼度支盐铁；董晋方正，可处门下。处，昌吕翻。上皆以为不可。参，诞之玄孙也，窦诞，武德中劝齐王元吉弃并州者也。时为御史中丞兼户部侍郎；晋为太常卿。至是泌疾甚，复荐二人。复，扶又翻。庚子，以董晋为门下侍郎，窦参为中书侍郎兼度支转运使，并同平章事。以班宏为尚书，依前度支转运副使。

参为人刚果峭刻，尚，辰羊翻。度，徒洛翻。使，疏吏翻。峭，七笑翻。无学术，多权数，每奏事，诸相出，相，悉亮翻。参独居后，以奏度支事为辞，实专大政，多引亲党置要地，使为耳目；董晋充位而已。然晋为人重慎，所言于上前者未尝泄于人，子弟或问之，晋曰："欲知宰相能否，视天下安危。所谋议于上前者，不足道也。"考异曰：韩愈作晋行状曰："在宰相位凡五年，所奏于上前者，皆二帝、三王之道，由秦、汉以降未尝言；退归，未尝言所言于上者于人。子弟有私问者，公曰：'宰相所职，系天下安危，宰相之能与否可见。欲知宰相之能与否，如此视之其可。凡所谋议于上前者，不足道也。'故其事卒不闻"。愈作行状，必扬美盖恶，叙其为相时事止于此，则其循默充位可知。然其重慎亦可称也。今略取行状。

三月，甲辰，李泌薨。泌有谋略而好谈神仙诡诞，泌，薄必翻。薨，呼肱翻。好，呼到翻。故为世所轻。考异曰：国史补曰："李泌相，以虚诞自任，常对客教家人速洒扫，今夜洪崖先生来宿。有人遗美酒一榼，会有客至，乃曰：'麻姑送酒，与君同倾。'倾未毕，门者曰：'某侍郎来取榼。'泌令倒还，略无愧色。"旧泌传曰："德宗初即位，尤恶巫祝、怪谭之士。及建中末，寇戎内梗，桑道茂有城奉天之说，上稍以时日禁忌为意，而雅闻泌长于鬼道，故自外征还，以至大用。时论不以为惬。及在相位，随时俯仰，无足可称。复引顾况辈轻薄之流，动为朝士戏侮，颇贻讥诮。泌放旷敏辩，好大言，自出入中禁，累为权幸忌嫉，恒由智免。终以言论纵横，上悟圣主，以跻相位。初，泌流放江南，与柳浑、顾况为人外之交，吟咏自适。而浑先达，故泌复得入官于朝。况，苏州人。”按泌虽诡诞好谈神仙，然其知略实有过人者。至于佐肃、代复两京，不受相位而去，代宗、顺宗之在东宫，皆赖泌得安，此其大节可重者也。旧传毁之太过。家传出于其子，虽难尽信，亦岂得尽不信！今择其可信者存之。

4 初，上思李怀光之功，欲宥其一子，事见二百三十二卷贞元元年。而子孙皆已伏诛；戊辰，诏以怀光外孙燕八八为怀光后，燕，于虔翻，姓也。赐姓名李承绪，除左卫率胄曹参军，赐钱千缗，使养怀光妻王氏率，所律翻。养，羊尚翻。及守其墓祀。

5 冬，十月，韦皋遣其将曹【章：乙十六行本“曹”作“王”；乙十一行本同；退斋校同。】有道将兵与东蛮、两林蛮及吐蕃青海、腊城二节度战于巂州台登谷，台登，汉县，唐属巂州。大破之，斩首二千级，投崖及溺死者不可胜数，杀其大兵马使乞藏遮遮。乞藏遮遮，虏之骁将也，既死，皋所攻城栅无不下；数年，尽复巂州之境。

6 易定节度使张孝忠兴兵袭蔚州，蔚，纡勿翻。驱掠人畜；诏书责之，逾旬还镇。

7 琼州自乾封中为山贼所陷，琼州在海中大洲上，中有黎母山，黎人居之，不输王赋。所谓山贼，盖黎人也。宋白曰：琼州北十五里，极大海，泛大船，使西南风，帆三日三夜到，地名崖山门，入江，一日至新会县。或便风，十日到广州。至是，岭南节度使李复遣判官姜孟京与崖州刺史张少迁攻拔之。

8 十二月，庚午，闻回鹘天亲可汗薨，戊寅，遣鸿胪卿郭锋册命其子为登里罗没密施俱录忠贞毗伽可汗。先是，安西、北庭皆假道于回鹘以奏事，为吐蕃所隔，河、陇之路不可由也，故假道于回鹘以入奏。先，悉荐翻。故与之连和。北庭去回鹘尤近，【章：乙十六行本“近”下有“回鹘”二字；乙十一行本同；张校同，云无注本亦无。】诛求无厌，厌，于盐翻。又有沙陀六千馀帐与北庭相依。沙陀，西突厥别部处月种也，居金娑山之阳，蒲类海之东，有大碛名沙陀，故自号沙陀。及三葛禄、白服突厥皆附于回鹘，三葛禄，葛逻禄三部也；一曰谋剌，二曰婆匐，三曰踏实力，在北庭西北，金山之西。"白服突厥"，新唐书作"白眼突厥"。回鹘数侵掠之。数，所角翻。吐蕃因葛禄、白服之众以攻北庭，回鹘大相颉干迦斯将兵救之。

9 云南虽贰于吐蕃，亦未敢显与之绝。壬辰，韦皋复以书招谕之。复，扶又翻。

六年(庚午、七九〇)

1 春，诏出岐山无忧王寺佛指骨迎置禁中，又送诸寺以示众，倾都瞻礼，施财巨万；施，式豉翻。二月，乙亥，遣中使复葬故处。

2 初，朱滔败于贝州，见二百三十一卷兴元元年。其棣州刺史赵镐以州降于王武俊，既而得罪于武俊，召之不至。田绪残忍，其兄朝，仕李纳为齐州刺史。或言纳欲纳朝于魏，绪惧；判官孙光佐等为绪谋，厚赂纳，且说纳招赵镐取棣州以悦之，为，于伪翻。说，式芮翻。因请送朝于京师；纳从之。丁酉，镐以棣州降于纳。三月，武俊使其子士真击之，不克。

3 回鹘忠贞可汗之弟弑忠贞而自立，考异曰：新传曰："可汗为少可敦叶公主所毒死，可汗之弟乃自立。"今从实录。其大相颉干迦斯西击吐蕃未还，夏，四月，次相帅国人杀篡者而立忠贞之子阿啜为可汗，年十五。相，息亮翻。帅，读曰率；下同。

4 五月，王武俊屯冀州，将击赵镐，镐帅其属奔郓州；郓，音运。李纳分兵据之。田绪使孙光佐如郓州，矫诏以棣州隶纳；武俊怒，遣其子士清伐贝州，取经城等四县。

5 回鹘颉干迦斯与吐蕃战不利，吐蕃急攻北庭。北庭人苦于回鹘诛求，与沙陀酋长朱邪尽忠皆降于吐蕃；为后沙陀来降张本。节度使杨袭古帅麾下二千人奔西州。六月，颉干迦斯引兵还国，次相恐其有废立，与可汗皆出郊迎，俯伏自陈擅立之状，曰："今日惟大相死生之。"盛陈郭锋所赍国信，悉以遗之。去年唐遣郭锋册忠贞可汗。遗，唯季翻。可汗拜且泣曰："儿愚幼，若幸而得立，惟仰食于阿多，国政不敢豫也。"虏谓父为阿多，仰，牛向翻。唐韵：北人呼父曰阿爹。爹，徒可翻。颉干迦斯感其卑屈，持之而哭，遂执臣礼，悉以所遗颁从行者，己无所受。国中由是稍安。

秋，颉干迦斯悉举国兵数万【章：乙十六行本"万"下有"召杨袭古"四字；乙十一行本同；孔本同；张校同；退斋校同。】将复北庭，又为吐蕃所败，败，补迈翻。史言回鹘衰乱。死者大半。袭古收馀众数百，将还西州，颉干迦斯绐之曰："且与我同至牙帐；"【章：乙十六行本"帐"下有"当送君还朝"五字；乙十一行本同；孔本同；退斋校同；张校云：脱"当送君还"四字，无"朝"字。】既而留不遣，竟杀之。安西由是遂绝，莫知存亡，北庭既陷于吐蕃，安西路绝，故莫知其音问。而西州犹为唐固守。为，于伪翻。

葛禄乘胜取回鹘之浮图川，浮图川，在乌德犍山西北。回鹘震恐，悉迁西北部落于牙帐之南以避之；遣达北特勒梅录随郭锋偕来，告忠贞可汗之丧，且求册命。先是，回鹘使者入中国，礼容骄慢，先，悉荐翻。刺史皆与之钧礼。梅录至丰州，刺史李景略欲以气加之，谓梅录曰："闻可汗新没，欲申吊礼。"景略先据高垄而坐，垄，即陇字。梅录俯偻前哭。俯，低头也。偻，曲背也。偻，力主翻。景略抚之曰："可汗弃代，助尔哀慕。"梅录骄容猛气，索然俱尽。索，苏各翻。自是回鹘使至，皆拜景略于庭，威名闻塞外。闻，音问。

冬，十月，辛亥，郭锋始自回鹘还。

6 十一月，庚午，上祀圜丘。

7 上屡诏李纳以棣州归王武俊，纳百方迁延，请以海州易之于朝廷；上不许。乃请诏武俊先归田绪四县；上从之。十二月，纳始以棣州归武俊。

七年（辛未、七九一）

1 春，正月，己巳，襄王僙薨。僙，肃宗子，音户光翻。

2 二月，癸卯，遣鸿胪少卿庾铤册回鹘奉诚可汗。铤，音蝉。考异曰：实录作“康铤”，今从新、旧传。

3 戊戌，诏泾原节度使刘昌筑平凉故城，旧书曰：城去原州一百五十里。以扼弹筝峡口；浃辰而毕，浃，与周礼“挟日而敛”之“挟”同。郑注云：从甲至甲谓之挟。此言浃辰，从子至子也。史炤曰：自子至亥曰辰。浃辰，十二日。分兵戍之。昌又筑朝谷堡；旧唐书作“胡谷堡”，东距平凉三十五里。甲子，诏名其堡曰彰信；旧书作“彰义”。泾原稍安。

4 初，上还长安，以神策等军有卫从之劳，从，才用翻；下同。皆赐名兴元元从奉天定难功臣，难，乃旦翻。宋白曰：唐玄宗平内难，赐卫士葛福顺等为唐元功臣，不过十数人。德宗驻跸奉天及幸山南，赐从驾立功将校为元从奉天定难功臣。谷口已来，元从将士赐名元从功臣。及僖、昭频年播迁，功臣差多。至后梁、后唐，遍及戎卒，非赏典也。以宦领之，抚恤优厚。禁军恃恩骄横，横，户孟翻。侵暴百姓，陵忽府县，至诟辱官吏，府，谓京兆府。县，谓赤县、畿县。诟，呼漏翻，詈也。毁裂案牍。府县官有不胜忿而刑之者，胜，音升。朝笞一人，夕贬万里，由是府县虽有公严之官，莫得举其职。市井富民，往往行赂寄名军籍，则府县不能制。辛巳，诏：神威、六军吏士与百姓讼者，委之府县，小事牒本军，大事奏闻。若军士陵忽府县，禁身以闻，北军十军：左·右羽林、龙武、神武、神威、神策也。神策尤盛，建中之前，未分左、右军。谓之神策六军者，指言神策军与左·右羽林、龙武、神武六军也。贞元二年，以神策左、右厢为左、右神策军，又以殿前射生左、右厢为左、右射生军。四年，以左、右射生军为左、右神威军。北军遂为十军。此时神策军既居北军之右，史家书此事，又专言神策恃恩陵暴而有是诏，则所谓神威、六军者亦当为神策、六军，“威”字误也。此神策、六军，提起左·右神策军以及左·右龙武、神武、神威六军也。不及左、右羽林军者，羽林置于唐初，龙武等军皆开元以来节次增置于禁卫，又亲近于羽林也。禁身者，囚禁其身。委御史台推覆。县吏辄敢笞辱，必从贬谪。

5 癸未，易定节度使张孝忠薨。

6 安南都护高正平重赋敛，安南都护府，本交州，调露二年置为安南都护府。敛，力赡翻。夏，四月，群蛮酋长杜英翰等起兵围都护府，正平以忧死，群蛮闻之皆降。史言蛮非好乱，苦于贪帅而乱。酋，慈由翻。长，知两翻。五月，辛巳，置柔远军于安南。

7 端王遇薨。遇，皇弟也。

8 韦皋比年致书招云南王异牟寻，比，毗至翻。韦皋书招云南，事始上卷三年。终未获报。然吐蕃每发云南兵，云南与之益少。少，诗绍翻。皋知异牟寻心附于唐，讨击副使段忠义，本阁罗凤使者也，阁罗凤者，异牟寻之祖。六月，丙申，皋遣忠义还云南，并致书敦谕之。敦，迫也，厚也。

9 秋，七月，戊寅，以定州刺史张升云为义武留后。

10 庚辰，以虔州刺史赵昌为安南都护，群蛮遂安。

11 八月，丙午，以翰林学士陆贽为兵部侍郎，馀职皆解；窦参恶之也。恶，乌路翻；下同。

12 吐蕃攻灵州，为回鹘所败，夜遁。败，补迈翻。九月，回鹘遣使来献俘；冬，十二月，甲午，又遣使献所获吐蕃酋长尚结心。酋，慈由翻。长，知两翻。

13 福建观察使吴凑，为治有声，福建皆古闽、越地，秦为闽中郡，汉为冶县，后汉为候官县。吴置建安郡，陈置闽州。隋改泉州。唐移泉州于晋江县，而闽州治闽县及候官县，而于建安县立建州。建安，吴孙策所置县也，以年号为名，本亦东候官之地。开元十三年，又改闽州为福州。自此福、建、泉三州始不相紊。治，直吏翻。窦参以私憾毁之，且言其病风；上召至京师，使之步以察之，知参之诬，由是始恶参。为窦参贬逐张本。丁酉，以凑为陕虢观察使以代参党李翼。

14 睦王述薨。述，亦皇弟。

15 吐蕃知韦皋使者在云南，遣使让之。云南王异牟寻绐之曰："唐使，本蛮也，皋听其归耳，无他谋也。"因执以送吐蕃。吐蕃多取其大臣之子为质，质，音致。云南愈怨。

勿邓酋长苴梦冲，潜通吐蕃，扇诱群蛮，隔绝云南使者。酋，慈由翻。长，知两翻。韦皋遣三部落总管苏峞将兵至琵琶川。峞，牛罪翻，又音嵬。三部落，两林、勿邓、丰琶也。琵琶川在巂州西南徼外。为下卷明年诛梦冲张本。

容肇祖标点聂崇岐覆校

资治通鉴卷第二百三十四

端明殿学士兼翰林侍读学士太中大夫
提举西京嵩山崇福宫上柱国河内郡开国公 司马光 奉敕编集
食邑二千二百户食实封九百户赐紫金鱼袋臣

后学天台胡三省音注

唐纪五十 起玄黓涒滩（壬申），尽阏逢阉茂（甲戌）五月，凡二年有奇。

德宗神武圣文皇帝九

贞元八年（壬申、七九二）

1 春，二月，壬寅，执梦冲，数其罪而斩之；数，所具翻，又所主翻。云南之路始通。

2 三月，丁丑，山南东道节度使曹成王皋薨。使，疏吏翻。皋谥曰成。薨，呼肱翻。

3 宣武节度使刘玄佐有威略，每李纳使至，玄佐厚结之，故常得其阴事，先为之备；纳惮之。孙子五间，有因间。因间者，因其乡人而用之。张预注云：因敌国人，知其底里，就而用之，可使伺候也。刘玄佐之制李纳，正用此术。其母虽贵，日织绢一匹，谓玄佐曰："汝本寒微，天子富贵汝至此，必以死报之。"故玄佐始终不失臣节。史言玄佐忠顺，母教也。此言盖本之刘氏母墓志。唐人志墓，不无溢美者。然此等言语，有益于世教。庚午，玄佐薨。

4 山南东道节度判官李实知留后事，性刻薄，裁损军士衣食。鼓角将杨清潭帅众作乱，将，即亮翻。鼓角将，掌军中鼓角者也。帅，读曰率。夜，焚掠城中，独不犯曹王皋家；曹王皋之家，盖已出次外馆，不居使宅。实逾城走免。明旦，都将徐诚缒城而入，缒，驰伪翻。号令禁遏，然后止；收清潭等六人斩之。实归京师，以为司农少卿。少，诗照翻。实，元庆之玄孙也。道王玄庆，高祖之子。丙子，以荆南节度使樊泽为山南东道节度使。

5 初，窦参为度支转运使，度，徒洛翻。使，疏吏翻。班宏副之。参许宏，俟一岁以使职归之，岁馀，参无归意；宏怒。司农少卿张滂，宏所荐也，少，始照翻。滂，普郎翻。参欲使滂分主江、淮盐铁，宏不可；滂知之，亦怨宏。及参为上所疏，乃让度支使于宏，又不欲利权专归于宏，乃荐滂于上；【章：乙十六行本“上”下有“以宏判度支”五字；乙十一行本同；孔本同；退斋校同。】以滂为户部侍郎、盐铁转运使，仍隶于宏以悦之。

窦参阴狡而愎，狡，古巧翻。愎，弼力翻。恃权而贪，每迁除，多与族子给事中申议之。申招权受赂，时人谓之“喜鹊”。窦参每迁除朝士，先与申议，申因先报其人，以招权纳赂。时人谓之喜鹊者，以人家有喜事，鹊必先噪于门庭以报之也。上颇闻之，谓参曰：“申必为卿累，累，良瑞翻。宜出之以息物议。”参再三保其无他，申亦不悛。悛，丑缘翻。左金吾大将军虢王则之，巨之子也，虢王巨，肃宗上元二年为段子璋所杀。与申善，左谏议大夫、知制诰吴通玄与陆贽不叶，窦申恐贽进用，阴与通玄、则之作谤书以倾贽；上皆察知其状。夏，四月，丁亥，贬则之昭州司马，昭州，汉荔浦县地，属苍梧郡，晋置平乐县，属始安郡，武德四年置乐州，贞观八年改曰昭州。宋白曰：郡北有昭山冈潭，因山冈为名。旧志：昭州至京师四千四百三十六里。通玄泉州司马，隋置泉州，治闽县，南安、莆田县属焉。武后圣历二年分泉州之南安、莆田、龙溪置武荣州，景云二年改武荣为泉州，而闽之泉州改为闽州，开元十三年又改闽州为福州。旧志：泉州，京师东南六千二百一十六里。申道州司马；寻赐通玄死。

6 刘玄佐之丧，将佐匿之，称疾请代，上亦为之隐，将，即亮翻。为，于伪翻。遣使即军中问"以陕虢观察使吴凑为代可乎？"监军孟介、行军司马卢瑗皆以为便，然后除之。陕，失冉翻。监，古衔翻。瑗，于眷翻。凑行至汜水，汜，音祀。汜水县，本属郑州，时属孟州。玄佐之柩将发，军中请备仪仗，瑗不许，又令留器用以俟新使；将士怒。玄佐之婿及亲兵皆被甲，拥玄佐之子士宁释衰绖，登重榻，被，皮义翻。衰，仓回翻。重，直龙翻。自【严："自"改"尊"。】为留后。执城将曹金岸、城将，使之领兵巡视城堞，晨夕警逻。浚仪令李迈，曰："尔皆请吴凑者！"遂冎之；冎，古瓦翻。卢瑗逃免。士宁以财赏将士，劫孟介以请于朝。上以问宰相，窦参曰："今汴人指李纳以邀制命，不许，将合于纳。"庚寅，以士宁为宣武节度使。考异曰：实录："士宁位未定，遣使通王武俊、刘济、田绪；以士宁未受诏有国，使皆留之。"旧传云："以士宁未受诏于国，皆留之。"新传云："诸镇不直之，皆执其使。"然则旧传是也。士宁疑宋州刺史翟良佐不附己，翟，直格翻。托言巡抚，至宋州，以都知兵马使刘逸准代之。考异曰：韩愈集作"逸淮"。今从旧传。逸准，正臣之子也。刘正臣，肃宗至德初为平卢节度使。

7 乙未，贬中书侍郎、同平章事窦参为郴州别驾，旧志：郴州，京师南三千三百里。郴，丑林翻。考异曰：柳珵上清传曰："贞元壬申岁春三月，相国窦公居光福里第，月夜闲步于中庭。有常所宠青衣上清者，乃曰：'今欲启事，即须到堂前，方敢言之。'窦公亟上堂。上清曰：'庭树上有人，恐惊郎，请谨避之。'窦公曰：'陆贽久欲倾夺吾权位，今有人在庭树上，吾祸将至。且此事奏与不奏，皆受祸，必窜死于道路。汝在辈流中不可多得，吾身死家破，汝定为宫婢。圣君若顾问，善为我辞焉。'上清泣曰：'诚如是，死生以之。'窦公下阶大呼曰：'树上君子，应是陆贽使来，能全老夫性命，敢不厚报。'树上应声而下，乃衣衰粗者也。曰：'家有大丧，贫甚，不办葬礼，伏知相公推心济物，所以卜夜而来，幸相公无怪。'公曰：'某罄所有，堂封绢千匹而已。方拟修私庙，今且辍赠可乎！’缞者拜谢。窦公答之如礼。又曰：‘便辞相公，请左右赍所赐绢掷于墙外。某先于街中俟之。’窦公依其请，命仆使侦其绝踪，旦，方敢归寝。翌日，执金吾先奏其事，窦公得次又奏之。德宗厉声曰：‘卿交通节将，蓄养侠刺，位崇台鼎，更欲何求！’窦公顿首曰：‘臣起自刀笔小才，官以至贵，皆陛下奖拔，实不由人。今不幸至此，抑乃仇家所为耳！陛下忽震雷霆之怒，臣便合万死。’中使下殿宣曰：‘卿且归私第，待候进止。’越月，贬郴州别驾。会宣武节度使刘士宁通好于郴州，廉使条疏上闻。德宗曰：‘交通节将，信而有征。’流窦公于驩州，没入家资，一簪不着。身竟未达流所，诏自尽。上清果隶名掖庭。后数年，以善应对，能煎茶，数得在帝左右。德宗谓曰：‘宫掖间人数不少，汝了事，从何得至此？’上清对曰：‘妾本故宰相窦参家女奴，窦某妻早亡，故妾得陪扫洒。及窦某家破，幸得填宫。既侍龙颜，如在天上。’德宗曰：‘窦某罪不止养侠刺，亦甚有赃污。前时纳官银器至多。’上清流涕而言曰：‘窦某自御史中丞历度支、户部、盐铁三使，至宰相，首尾六年，月入数十万，前后非时赏赐亦不知纪极。乃者郴州所送纳官银物，皆是恩赐。当部录日，妾在郴州，亲见州县希陆贽意指，刮去所进银器上刻作藩镇官衔姓名，诬为赃物。伏乞陛下验之。’于是宣索窦某没官银器，覆视其刮字处，皆如上清言。时贞元十二年。德宗又问蓄养侠刺事，上清曰：‘本实无，悉是陆贽陷害，使人为之。’德宗怒陆贽曰：‘这獠奴，我脱却伊绿衫便与紫衫着，又常唤伊作陆九。我任使窦参方称意次，须教我枉杀却他。及至权入伊手，其为软弱甚于泥团。’乃下诏雪窦参。时裴延龄探知陆贽恩衰，得恣行媒孽，贽竟受谴不回。后上清特敕丹书度为女道士，终嫁为金忠义妻。世以陆贽门生名位多显达者，不敢传说，故此事绝无人知。”信如此说，则参为人所劫，德宗岂得反云“蓄养侠刺”！况陆贽贤相，安肯为此！就使欲陷参，其术固多，岂肯为此儿戏！全不近人情。今不取。贬窦申锦州司户。以尚书左丞赵憬、兵部侍郎陆贽并为中书侍郎、同平章事。憬，仁本之曾孙也。憬，居永翻。赵仁本见二百一卷高宗咸亨元年。

8 张滂请盐铁旧簿于班宏，宏不与。滂与宏共择巡院官，莫有合者，阙官甚多。滂言于上曰：“如此，职事必废，臣罪无所逃。”丙午，上命宏、滂分掌天下财赋，如大历故事。大历元年，命第五琦、刘晏分理天下财赋，事见二百二十四卷。

9 壬子，吐蕃寇灵州，陷水口支渠，败营田。败，补迈翻。诏河东、振武救之，遣神策六军二千戍定远、怀远城；怀远县属灵州，后周置，隋五原郡在县界。宋白曰：定远县在灵州东北二百里。吐蕃乃退。

10 陆贽请令台省长官各举其属，长，知两翻。著其名于诏书，异日考其殿最，并以升黜举者。殿，丁练翻。所举得人，则升举主以昭进贤之赏；所举非人，则黜举主以昭失举之罚。五月，戊辰，诏行贽议。

未几，或言于上曰："诸司所举皆有情故，或受货赂，不得实才。"上密谕贽："自今除改，卿宜自择，勿任诸司。"诸司，即谓台省长官。贽上奏，其略曰："国朝五品以上，制敕命之，盖宰相商议奏可者也。六品以下则旨授，盖吏部铨材署职，诏旨画闻而不可否者也。六品以下告身，皆画"闻"字。开元中，起居、遗、补、御史等官，犹并列于选曹。言起居郎、舍人、拾遗、补阙及御史，皆由吏部奏拟。选，须绢翻。其后幸臣专朝，朝，直遥翻。舍佥议而重己权，废公举而行私惠，是使周行庶品，行，户刚翻；下班行同。苟不出时宰之意，则莫致也。"又曰："宣行以来，才举十数，议其资望，既不愧于班行，考其行能，又未闻于阙败。行，下孟翻。而议者遽以腾口，上烦圣聪。道之难行，亦可知矣！请使所言之人指陈其状，某人受贿，某举有情，付之有司，核其虚实；谬举者必行其罚，诬善者亦反其辜。谓反坐以罪也。何必贷其奸赃，不加辩诘，私其公议，不出主名，主名，告主之名也。使无辜见疑，有罪获纵，枉直同贯，人何赖焉！又，宰相不过数人，岂能遍谙多士！谙，乌含翻。若令悉命群官，理须展转询访；是则变公举为私荐，易明扬以暗投，公私明暗以相形，而文理自见。此作文之法。然"明扬"二字本之虞书，"暗投"二字本之汉书，作文又不可无来处。近世教人为文者类此，文讵止于此而已。情故必多，为弊益甚。所以承前命官，罕不涉谤。虽则秉钧不一，或自行情，亦由私访所亲，转为所卖。其弊非远，圣鉴明知。”又曰：“今之宰相则往日台省长官，今之台省长官乃将来之宰相，但是职名暂异，固非行举顿殊。行举者，台省长官举之，宰相行之。岂有为长官之时则不能举一二属吏，居宰相之位则可择千百具僚；物议悠悠，其惑斯甚。盖尊者领其要，卑者任其详，是以人主择辅臣，辅臣择庶长，庶长，庶官之长也。庶长择佐僚，将务得人，无易于此。夫求才贵广，考课贵精。往者则天欲收人心，进用不次，则天，谓武后也。非但人得荐士，亦得自举其才。然而课责既严，进退皆速，是以当代谓知人之明，累朝赖多士之用。”又曰：“则天举用之法伤易而得人，朝，直遥翻。易，以豉翻。陛下慎简之规书曰：慎简乃僚。太精而失士。”上竟追前诏不行。

11 癸酉，平卢节度使李纳薨，军中推其子师古知留后。

12 六月，吐蕃千馀骑寇泾州，掠田军千馀人而去。田军，屯田之军也。

13 岭南节度使奏：“近日海舶珍异，多就安南市易，欲遣判官就安南收市，乞命中使一人与俱。”上欲从之。陆贽上言，以为：“远国商贩，惟利是求，缓之斯来，【张：“缓”作“绥”。】扰之则去。广州素为众舶所凑，舶，音白。今忽改就安南，若非侵刻过深，则必招携失所，携，离也，言所以招携离者失其道也。左传，管仲曰：招携以礼。曾不内讼，论语，孔子曰：“吾未见能见其过而内自讼者也。注云：讼，犹责也，言人有过莫能自责。更荡上心。记月令：毋或作为淫巧以荡上心。注：荡，谓动摇之也。况岭南、安南，莫非王土，中使、外使，悉是王臣，岂必信岭南而绝安南，重中使以轻外使。所奏望寝不行。”

14 秋，七月，甲寅朔，户部尚书判度支班宏薨。尚，辰羊翻。

度，徒洛翻。薨，呼肱翻。陆贽请以前湖南观察使李巽权判度支，上许之。既而复欲用司农少卿裴延龄，使，疏吏翻。度，徒洛翻。复，扶又翻，又音如字。少，诗照翻。贽上言，以为："今之度支，准平万货，上，时掌翻。刻吝则生患，宽假则容奸。延龄诞妄小人，用之交骇物听。尸禄之责，固宜及于微臣；知人之明，亦恐伤于圣鉴。"上不从。己未，以延龄判度支事。为裴延龄谮贽张本。

河南、北、江、淮、荆、襄、陈、许等四十馀州大水，溺死者二万馀人，陆贽请遣使赈抚。上曰："闻所损殊少，溺，奴狄翻。少，诗沼翻。即议优恤，恐生奸欺。"贽上奏，其略曰："流俗之弊，多徇谄谀，揣所悦意则侈其言，度所恶闻则小其事，揣，初委翻。度，徒洛翻。恶，乌路翻。制备失所，恒病于斯。"制备，谓随事为之制而豫备也。恒，户登翻。又曰："所费者财用，所收者人心，苟不失人，何忧乏用！"上许为遣使，为，于伪翻。而曰："淮西贡赋既阙，不必遣使。"贽复上奏，复，扶又翻。以为："陛下息师含垢，宥彼渠魁，渠，大也。魁，率也。惟兹下人，所宜矜恤。昔秦、晋雠敌，穆公犹救其饥，左传：晋饥，秦输之粟。秦饥，晋闭之籴；穆公伐晋，执惠公。而晋又饥，穆公复饩之粟，曰："吾怨其君而矜其民。"况帝王怀柔万邦，唯德与义，宁人负我，无我负人。"反曹操之言，则有帝王气象。八月，遣中书舍人京兆奚陟等宣抚诸道水灾。

15 以前青州刺史李师古为平卢节度使。

16 韦皋攻【章：乙十六行本"攻"下有"吐蕃"二字；乙十一行本同；孔本同；张校同；退斋校同。】维州，代宗广德元年，维州没于吐蕃。获其大将论赞热。

17 陆贽上言，以边储不赡，由措置失当，当，丁浪翻。蓄敛乖宜，其略曰："所谓措置失当者，戍卒不隶于守臣，守臣不总于元帅。至有一城之将，一旅之兵，各降中使监临，监，古衔翻。皆承别诏委任。分镇亘千里之地，莫相率从；缘边列十万之师，不设谋主。每有寇至，方从中覆，比蒙征发赴援，比，必利翻，及也。寇已获胜罢归。吐蕃之比中国，众寡不敌，工拙不侔，然而彼攻有馀，我守不足。盖彼之号令由将，而我之节制在朝，将，即亮翻。朝，直遥翻。彼之兵众合并而我之部分离析故也。分，扶问翻。所谓蓄敛乖宜者，陛下顷设就军、和籴之法以省运，制与人加倍之价以劝农，此令初行，人皆悦慕。此李泌所行之法也，事见〔二百三十二〕卷〔贞元〕二年。而有司竞为苟且，专事纤啬，岁稔则不时敛藏，艰食则抑使收籴。遂使豪家、贪吏，反操利权，敛，力验翻。操，七刀翻。贱取于人以俟公私之乏。又有势要、近亲、羁游之士，委贱籴于军城，取高价于京邑，又多支绨纻充直。绨，五之翻。纻，直吕翻。穷边寒不可衣，鬻无所售，上既无信于下，下亦以伪应之，度支物估转高，度，徒洛翻。估，音古，价也。军城谷价转贵。度支以苟售滞货为功利，军城【章：乙十六行本“城”作“司”；乙十一行本同；孔本同。】以所得加价为羡馀。羡，弋线翻。虽设巡院，转成囊橐。元和四年十二月十二日，敕：“远处州使，率情违法，台司无由尽知。转运使、度支悉有巡院，委以访察当道使司及州县，有两税外榷率及违格敕文法等事状报台司。”盖刘晏始置巡院，自江、淮以来达于河、渭，其后遂及缘边诸道亦置之。至有空申簿帐，伪指囷仓，囷，区伦翻。囷仓，皆以藏谷；圆曰囷，方曰仓。计其数则亿万有馀，考其实则百十不足。”

又曰：“旧制以关中用度之多，岁运东方租米，至有斗钱运斗米之言。习闻见而不达时宜者，则曰：‘国之大事，不计费损，虽知劳烦，不可废也。’习近利而不防远患者，则曰：‘每至秋成之时，但令畿内和籴，既易集事，令，力丁翻。籴，亭历翻。易，以豉翻。又足劝农。’臣以两家之论，互有长短，将制国用，须权重轻。食不足而财有馀，则弛于积财而务实仓廪；廪，力锦翻。毛晃曰：仓有屋曰廪。食有馀而财不足，则缓于积食而啬用货泉。近岁关辅屡丰，公储委积，屡，力注翻。委，于伪翻。积，子智翻。足给数年；今夏江、淮水潦，米贵加倍，人多流庸。流，谓流徙。庸，谓庸雇。关辅以谷贱伤农，宜加价以籴而无钱；江、淮以谷贵人困，宜减价以粜而无米。粜，他吊翻。而又运彼所乏，益此所馀，斯所谓习见闻而不达时宜者也。今江、淮斗米直百五十钱，运至东渭桥，僦直又约二百，米糙且陈，僦，子就翻。糙，七到翻。米仅剥谷为糙。尤为京邑所贱。据市司月估，今之市令司，亦月具物价低昂之数以闻于上。斗粜三十七钱。耗其九而存其一，以江、淮之米，合运漕之僦直，率一斗为钱三百五十，而京师米价斗止三十七钱，是耗其九而存其一也。馁彼人而伤此农，制事若斯，可谓深失矣！顷者每年自江、湖、淮、浙运米百一十万斛，至河阴留四十万斛，贮河阴仓，至陕州又留三十万斛，贮太原仓，贮，丁吕翻。馀四十万斛输东渭桥。今河阴、太原仓见米犹有三百二十馀万斛，见，贤遍翻。京兆诸县斗米不过直钱七十，请令来年江、淮止运三十万斛至河阴，河阴、陕州以次运至东渭桥，其江、淮所停运米八十万斛，委转运使每斗取八十钱于水灾州县粜之，以救贫乏，粜，他吊翻。计得钱六十四万缗，减僦直六十九万缗。请令户部先以二十万缗付京兆，令籴米以补渭桥仓之缺数，渭桥仓，即东渭桥仓。斗用百钱以利农人；增价以籴则利农。以一百二万六千缗付边镇，使籴十万人一年之粮，馀十万四千缗以充来年和籴之价。籴，徒历翻。其江、淮米钱、僦直并委转运使折市绫、绢、絁、绵以输上都，折，之舌翻。絁，式支翻。缯之似布者，今谓之䌷。唐都长安，谓之上都。偿先贷户部钱。”

九月，诏西北边贵籴以实仓储，考异曰：实录云：“凡积米三十三万斛。”按陆贽论守备状云：“坐致边储，数逾百万，诸镇收籴，今已向终。”又云：“更经一年，可积十万人三岁之粮矣。”盖实录所言，今年之数，贽状通计来春也。边备浸充。

18 冬，十一月，壬子朔，日有食之。

19 吐蕃、云南日益相猜，每云南兵至境上，吐蕃辄亦发兵，声言相应，实为之备。辛酉，韦皋复遗云南王书，复，扶又翻。遗，唯季翻。欲与共袭吐蕃，驱之云岭之外，云南之地，本汉云南县也，汉属益州郡，后汉分属永昌郡。南中志曰：云南县西高山相连，众山之中，又有山特高大，状如扶风太一，郁然高峻，与云气相连，视之不见其山，固阴沍寒，虽五月盛暑不热，所谓云岭也。悉平吐蕃城堡，独与云南筑大城于境上，置戍相保，永同一家。

20 左庶子姜公辅久不迁官，诣陆贽求迁，贽密语之曰：语，牛倨翻。“闻窦相屡奏拟，上不允，今人谓圣旨不从所请为不允，习闻唐人之言也。有怒公之言。”公辅惧，请为道士。上问其故，公辅不敢泄贽语，以闻参言为对。上怒参归怨于君；己巳，贬公辅为吉州别驾，又遣中使责参。姜公辅居猜忌之朝不能安于命义，而由此重窦参之罪，亦陆贽之一言也。考异曰：实录：“初，公辅罢相为左庶子，以忧免，复除右庶子。数私谒窦参，参数奏公辅以他官；上不许，而有怒公辅之言。公辅恐，乃请免官为道士。久之，未报。因开延英奏之，上问其故，公辅对以参言。上晓之，固不已，大怒，贬之，而诏书责参推过于上。”公辅传曰：“陆贽知政事，以有翰林之旧，数告贽求官。贽密谓公辅曰：‘予常见郴州窦相，言为公奏拟数矣，上旨不允，有怒公之言。’公辅恐惧，上疏乞罢官为道士。久之，未报。后又庭奏，德宗问其故，公辅不敢泄贽言，便以参言为对。帝怒，贬公辅为泉州别驾，又遣中使赍诏责参。”贽传曰：“姜公辅奏：‘窦参常语臣云，陛下怒臣未已。’德宗怒，再贬参，竟杀之。时议云公辅奏窦参语得之于贽，云参之死，贽有力焉。”按贽请令长官举属吏状云：“亦由私访所亲，转为所卖，其弊非远，圣鉴明知。”此乃解参之语也。及参之死，贽救解甚至。由是观之，贽岂有杀参之意邪！且贽语公辅之时，安知公辅请为道士，及于上前以泄言之罪归参！此乃公辅之意，非贽意也。当时之人，见参、贽有隙，遂以己意猜之。史官不悦贽者，因归罪于贽耳。今不取。

21 庚午，山南西道节度使严震奏败吐蕃于芳州及黑水堡。败，补迈翻。芳州，高宗上元二年已为吐蕃所陷。郦道元曰：黑水出羌中，西南径黑水城西。其地盖在阴平西北，临洮西南，古沓中之地也。使，疏吏翻。败，补迈翻。堡，音保。

22 初，李纳以棣州蛤蜾有盐利，城而据之；又戍德州之南三汊城，以通田绪之路。棣，大计翻。蛤，古合翻。蜾，康音螺。余按集韵"螺"字下无"蜾"字；同韵有"垛"字，音都戈翻，小堆也。蜾，恐当作"垛"。汊，楚嫁翻。李纳之阻兵也，李长卿以棣州入朱滔，而蛤蜾为纳所据，因城而戍之。其后王武俊败朱滔，得德、棣二州，蛤蜾犹为纳戍。纳又于德州南跨河而城守之，谓之三汊，以交魏博，通田绪。及李师古袭位，王武俊以其年少，轻之，少，诗照翻。是月，引兵屯德、棣，将取蛤蜾及三汊城；师古遣赵镐将兵拒之。上遣中使谕止之，武俊乃还。镐，下老翻。将，即亮翻，又音如字。使，疏吏翻。还，从宣翻，又音如字。

23 初，刘怦薨，见二百三十二卷贞元元年。怦，普萌翻。薨，呼肱翻。刘济在莫州，其母弟澭在父侧，以父命召济而以军府授之。莫州治鄚县，在幽州南二百八十里。澭，于用翻。济以澭为瀛州刺史，瀛州，河间郡，幽州巡属大州也，其地在幽州南。许他日代己。既而济用其子为副大使，河朔三镇及淄青皆以其子为副大使，储帅也。澭怨之，擅通表朝廷，遣兵千人防秋。济怒，发兵击澭，破之。朝，直遥翻。为刘澭归朝张本。

24 左神策大将军柏良器，唐左、右神策大将军，正二品。史炤曰：柏皇氏，古帝号，后为氏。颛帝师柏亮父，帝喾师柏超之裔也。募才勇之士以易贩鬻者，监军窦文场恶之。恶，乌路翻。会良器妻族饮醉，寓宿宫舍。宫舍，宫中直宿之舍也。史言宦官恶柏良器能举其职，因其妻党犯卫禁而文致其罪。十二月，丙戌，良器坐左迁右领军。自是宦官始专军政。为宦官挟兵权以胁天子张本。右领军，十六卫之一也。时南牙诸卫，具位而已。北军掌禁兵，权重，故良器为左迁。

九年（癸酉、七九三）

1 春，正月，癸卯，初税茶。尔雅释木云：槚，苦荼。郭璞注云：树大小似栀子，冬生叶可煮作羹饮。今呼早采者为荼，晚采者为茗，一名荈，蜀人谓之苦荼是也。今通谓之茶。茶、荼声近，故呼之。春中始生嫩叶，蒸焙去苦水，末之，乃可吃，与古所食殊不同也。本草衍义曰：晋温峤上表，贡茶千斤，茗三百斤。郭璞曰：早采为茶，晚采为茗。茗或曰荈，茶叶老者也。古人谓其芽为雀舌、麦颗，言其至嫩也。又有新芽，一发便长寸馀，微粗如针。惟芽长为上品，其根干土力皆有馀故也。如雀舌、麦颗，又下品，前人未尽识。史言税茶始此，遂开利孔。凡州、县产茶及茶山外要路，皆估其直，什税一，从盐铁使张滂之请也。滂奏："去岁水灾减税，用度不足，请税茶以足之。自明年以往，税茶之钱，令所在别贮，俟有水旱，以代民田税。"自是岁收茶税钱四十万缗，未尝以救水旱也。榷茶之说，始于赵赞，至张滂而始行。

滂又奏："奸人销钱为铜器以求赢，请悉禁铜器。铜山听人开采，无得私卖。"

2 二月，甲寅，以义武留后张升云为节度使。

3 初，盐州既陷，盐州陷见二百三十二卷二年。塞外无复保障；吐蕃常阻绝灵武，侵扰鄜坊。既阻绝灵武往来之路，又侵扰鄜坊之民。辛酉，诏发兵三万五千人城盐州，考异曰：邠志："八年，诏追张公议筑盐、夏二城。张公奏曰：'师之进取，切藉骁将。神策散将魏茪者，朔方子弟，武艺冠绝；得茪，足以集事。'上遣之。张公以茪为邠宁马军兵马使。三月，师及诸军赴于五原，去城百里而军。茪独以其骑径至城下，陷城而入，逐吐蕃，召诸军城之；更引其军西掠境上，往复走望，为师耳目。蕃众距境而不敢入，官军城二郡而归。"白居易乐府城盐州注亦云"贞元壬申岁，特诏城之。"而实录在九年二月。盖去岁诏使城之，今年因命杜彦光等而言之。又诏泾原、山南、剑南各发兵深入吐蕃以分其势，城之二旬而毕；命盐州节度使杜彦光戍之，朔方都虞候杨朝晟戍木波堡，木波堡，在庆州方渠县界。九域志：方渠，宋朝改为通远县，置环州，有木波镇。由是灵、【章：乙十六行本“灵”下有“武银”二字；乙十一行本同；孔本同；张校同；退斋校同。】夏、河西获安。

4 上使人谕陆贽，以“要重之事，勿对赵憬陈论，当密封手疏以闻；”又“苗粲以父晋卿往年摄政，宝应间，连有国忧，晋卿摄冢宰。尝有不臣之言，诸子皆与古帝王同名，晋卿十子：发、丕、坚、垂，与帝王同名。今不欲明行斥逐，兄弟亦各除外官，勿使近屯兵之地；”近，其靳翻。又“卿清慎太过，诸道馈遗，遗，唯季翻。一皆拒绝，恐事情不通，如鞭靴之类，受亦无伤。”贽上奏，其略曰：“昨臣所奏，惟赵憬得闻，陛下已至劳神，委曲防护。是于心膂之内，尚有形迹之拘，迹同事殊，鲜克以济。鲜，息浅翻。恐爽无私之德，爽，差也。且伤不吝之明。”书曰：改过不吝。又曰：“爵人必于朝，刑人必于市，惟恐众之不睹，事之不彰。记曰：爵人于朝，与众共之；刑人于市，与众弃之。朝，直遥翻。君上行之无愧心，兆庶听之无疑议，受赏安之无怍色，当刑居之无怨言，此圣王所以宣明典章，与天下公共者也。凡是谮诉之事，多非信实之言，利于中伤，中，竹仲翻。惧于公辩。或云岁月已久，不可究寻；或云事体有妨，须为隐忍；为，于伪翻。或云恶迹未露，宜假他事为名；或云但弃其人，何必明言责辱。词皆近于情理，近，其靳翻。意实苞于矫诬，伤善售奸，莫斯为甚！若晋卿父子实有大罪，则当公议典宪；若被诬枉，岂令阴受播迁。夫听讼辨谗，必求情辨迹，情见迹著，见，贤遍翻。辞服理穷，然后加刑罚焉，是以下无冤人，上无谬听。”又曰：“监临受贿，盈尺有刑，律，诸监临之官，受所监临财物者，一尺笞四十。诸监临主司受财而枉法者，一尺杖一百。监，古衔翻。至于士吏之微，尚当严禁，矧居风化之首，反可通行！风化之首，谓宰相者风化之所自出。贿道一开，展转滋甚，鞭韡不已，必及金玉。韡，与靴同。目见可欲，何能自窒于心！古语有之，不见可欲，此心不乱。已与交私，何能中绝其意！谓既受其私馈，则难以绝其私谒。是以涓流不绝，溪壑成灾矣。"又曰："若有所受，有所却，则遇却者疑乎见拒而不通矣；若俱辞不受，则咸知不受者乃其常理，复何嫌阻之有乎！"复，扶又翻；下同。

5 初，窦参恶左司郎中李巽，恶，乌路翻。出为常州刺史。及参贬郴州，巽为湖南观察使。郴，丑林翻。汴州节度使刘士宁遗参绢五十匹，遗，唯季翻。巽奏参交结藩镇。上大怒，欲杀参，陆贽以为参罪不至死，上乃止，既而复遣中使谓贽曰："参交结中外，其意难测，社稷事重，卿速进文书处分。"处，昌吕翻。分，扶问翻；下无分同。贽上言："参朝廷大臣，诛之不可无名。昔刘晏之死，罪不明白，至今众议为之愤邑，为，于伪翻。叛臣得以为辞。见二百二十六卷建中元年、二年。参贪纵之罪，天下共知；至于潜怀异图，事迹暧昧。暧，音爱，不明貌。若不推鞫，遽加重辟，骇动不细。辟，音闢，刑辟。窦参于臣无分，言无契分之雅。分，扶问翻。陛下所知，岂欲营救其人，盖惜典刑不滥。"三月，更贬参驩州司马，男女皆配流。

上又命理其亲党，理，治也。贽奏："罪有首从，法有重轻，首，谓为头者。从，谓随从者。为首者重，随从者轻。参既蒙宥，亲党亦应末减；况参得罪之初，私党并已连坐，人心久定，请更不问。"从之。上又欲籍其家赀，贽曰："在法，反逆者尽没其财，赃污者止征所犯，皆须结正施刑，然后收籍。今罪法未详，陛下已存惠贷，若簿录其家，恐以财伤义。"时宦官左右恨参尤深，谤毁不已。参未至驩州，竟赐死于路。窦申杖杀，货财、奴婢悉传送京师。传，知恋翻。

6 海州团练使张升璘，升云之弟，李纳之婿也，以父大祥归于定州，海州，东海郡，淄青巡属。璘，离珍翻。婿，西计翻。定州，义武帅治所。子居父丧，再期而大祥。尝于公座骂王武俊，武俊奏之。夏，四月，丁丑，诏削其官，遣中使杖而囚之。使，所吏翻。定州富庶，武俊常欲之，因是遣兵袭取义丰，掠安喜、无极万馀口，徙之德、棣。义丰，属定州。安喜县，本定州治所，盖州治徙也。无极，汉古县，因无极山为名，唐属定州。按无极山碑云："无极山与天地俱生，从上至体，可三里所，立石为体，二丈五尺所。石上青，下黄白色，前正平，可布两大席。"在无极西南三十里。景福二年，以无极县为祁州。棣，大计翻。升云闭城自守，屡遣使谢之，乃止。

上命李师古毁三汉城，李纳筑三汉城，见上年。汉，楚嫁翻。师古奉诏；然常招聚亡命，有得罪于朝廷者，皆抚而用之。朝，直遥翻。

7 五月，甲辰，以中书侍郎赵憬为门下侍郎、同平章事；义成节度使贾耽为右仆射，右丞卢迈守本官，并同平章事。迈，翰之族子也。憬，居永翻。耽，都含翻。射，寅谢翻。兴元时，卢翰与李勉、刘从一同为相。憬疑陆贽恃恩，欲专大政，排己置之门下，政事堂在中书省，今憬迁东省，故疑贽排己。右仆射属门下省。多称疾不豫事，由是与贽有隙。为赵憬附裴延龄张本。考异曰：旧憬传曰："憬与陆贽同知政事，贽恃久在禁庭，特承恩顾，以国政为己任。才周岁，转憬为门下侍郎，憬由是深衔之，数以目疾请告，不甚当政事，因是不相协。"按憬迁门下犹为宰相，又益以贾耽、卢迈，贽岂得专政！盖憬以此心疑之耳。

8 陆贽上奏论备边六失，以为："措置乖方，课责亏度，财匮于兵众，力分于将多，怨生于不均，机失于遥制。自措置乖方以下，所谓六失也。上，时掌翻。将，即亮翻；下同。

关东戍卒，不习土风，身苦边荒，心畏戎虏。国家资奉若骄子，姑息如倩人。倩，七政翻。屈指计归，张颐待哺；或利王师之败，乘扰攘而东溃；或拔弃城镇，摇远近之心。岂惟无益，实亦有损。复有犯刑谪徙者，复，扶又翻；下同。既是无良之类，且加怀土之情，思乱幸灾，又甚戍卒。可谓措置乖方矣。此一失也。

自顷权移于下，柄失于朝，将之号令既鲜克行之於军，国之典常又不能施之于将，朝，直遥翻。鲜，息浅翻。将，即亮翻。务相遵养，遵，率也，言相率以养恶也。苟度岁时。欲赏一有功，翻虑无功者反仄；欲罚一有罪，复虑同恶者忧虞。罪以隐忍而不彰，功以嫌疑而不赏，姑息之道，乃至于斯。故使忘身效节者获诮于等夷，诮，才笑翻。率众先登者取怨于士卒，偾军蹙国者不怀于愧畏，偾，方问翻。缓救失期者自以为智能。此义士所以痛心，勇夫所以解体。可谓课责亏度矣。此二失也。

虏每入寇，将帅递相推倚，帅，所类翻。推，吐雷翻。无敢谁何，虚张贼势上闻，则曰兵少不敌。朝廷莫之省察，朝，直遥翻。省，悉景翻。唯务征发益师，无裨备御之功，重增供亿之弊。重，直用翻。闾井日耗，征求日繁，以编户倾家、破产之资，兼有司榷盐、税酒之利，榷，古岳翻。总其所入，岁以事边。可谓财匮于兵众矣。此三失也。

吐蕃举国胜兵之徒，胜，音升。胜兵，谓人之才力堪执兵以战者也。才当中国十数大郡而已，动则中国惧其众而不敢抗，静则中国惮其强而不敢侵，厥理何哉？良以中国之节制多门，蕃丑之统帅专一故也。帅，读曰率。夫统帅专一，则人心不分，号令不贰，进退可齐，疾徐如意，机会靡愆，愆，违也。气势自壮。斯乃以少为众，以弱为强者也。开元、天宝之间，控御西北两蕃，唯朔方、河西、陇右三节度。中兴以来，未遑外讨，抗两蕃者亦朔方、泾原、陇右、河东四节度而已。言西北两蕃者，以别奚、契丹两蕃。若开元、天宝以来，西则吐蕃，北则突厥。中兴以来，所谓两蕃，西则吐蕃，北则回纥。自顷分朔方之地，建牙拥节者凡三使焉，事见二百二十五卷大历十四年。使，疏吏翻。其馀镇军，数且四十，皆承特诏委寄，各降中贵监临，人得抗衡，莫相禀属。监，古衔翻。史炤曰：衡，车上横木。抗衡，谓两相抗拒，有若车衡相抗也。余谓衡所以揆平，首尾有所偏重则衡为之低昂，商轻重者所必争也。抗衡者，言无所低昂而平视之也。每俟边书告急，方令计会用兵，既无军法下临，惟以客礼相待。令，力丁翻。夫兵，以气势为用者也；气聚则盛，散则消；势合则威，析则弱。今之边备，势弱气消，可谓力分于将多矣。夫，音扶。将，即亮翻。此四失也。

理戎之要，在于练核优劣之科以为衣食等级之制，使能者企及，企，去智翻。否者息心，虽有厚薄之殊而无觖望之衅。觖，古穴翻。今穷边之地，长镇之兵，皆百战伤夷之馀，终年勤苦之剧，然衣粮所给，唯止当身，例为妻子所分，常有冻馁之色。而关东戍卒，怯于应敌，懈于服劳，衣粮所颁，厚逾数等。又有素非禁旅，本是边军，将校诡为媚词，因请遥隶神策，不离旧所，当，丁浪翻。懈，俱卖翻。离，去智翻。唯改旧【章：乙十六行本"旧"作"虚"；乙十一行本同；孔本同；张校同；退斋校同。】名，其于廪赐之饶，遂有三倍之益。夫事业未异而给养有殊，苟未忘怀，孰能无愠！可谓怨生于不均矣。愠，于问翻。此五失也。

凡欲选任将帅，必先考察行能，将，即亮翻。帅，所类翻。行，下孟翻。可者遣之，不可者退之，疑者不使，使者不疑，故将在军，君命有所不受。此孙子兵法之言。自顷边军去就，裁断多出宸衷，断，丁乱翻。选置戎臣，先求易制，易，以豉翻。多其部以分其力，轻其任以弱其心，遂令爽于军情亦听命，乖于事宜亦听命。戎虏驰突，迅如风飙，驲书上闻，驲，人质翻，驿传递马。旬月方报。守土者以兵寡不敢抗敌，分镇者以无诏不肯出师，贼既纵掠退归，此乃陈功告捷。其败丧则减百而为一，其捃获则张百而成千。丧，息浪翻。捃，居陨翻。将帅既幸于总制在朝，不忧罪累，累，良瑞翻。陛下又以为大权由己，不究事情。可谓机失于遥制矣。此六失也。

臣愚谓宜罢诸道将士防秋之制，令本道但供衣粮，募戍卒愿留及蕃、汉子弟以给之。又多开屯田，官为收籴，为，于伪翻。寇至则人自为战，时至则家自力农，与夫倏来忽往者，岂可同等而论哉！又宜择文武能臣为陇右、朔方、河东三元帅，分统缘边诸节度使，有非要者，随所便近而并之。然后减奸滥虚浮之费以丰财，定衣粮等级之制以和众，弘委任之道以宣其用，悬赏罚之典以考其成。如是，则戎狄威怀，疆埸宁谧矣！”上虽不能尽从，心甚重之。

9 韦皋遣大将董勔等将兵出西山，勔，弥兖翻。自彭州导江县西出蚕崖关，历维、茂，至当、悉诸州，皆西山也。破吐蕃之众，拔堡栅五十馀。

10 丙午，门下侍郎、同平章事董晋罢为礼部尚书。

11 云南王异牟寻遣使者三辈，一出戎州，宋白曰：戎州，汉僰道南安县地，梁置戎州，言以镇戎夷也。西南取曲、协州并南宁州、安宁、盐井路至南诏所居羊苴咩城二千三百里。旧志：戎州，在京师西南三千一百四里。一出黔州，一出安南，各赍生金、丹砂诣韦皋，金矿未经锻炼者为生金。丹砂，产石中，凿石取之。黔，音琴。金以示坚，丹砂以示赤心，三分皋所与书为信，皆达成都。异牟寻上表请弃吐蕃归唐，并遗皋帛书，遗，唯季翻。自称唐【章：乙十六行本“唐”下有“故”字；乙十一行本同；孔本同。】云南王孙、吐蕃赞普义弟日东王。吐蕃以云南王为弟，见二百一十六卷天宝十载。封日东王，见二百二十六卷代宗大历十四年。皋遣其使者诣长安，并上表贺。上赐异牟寻诏书，令皋遣使慰抚之。并上，时掌翻。令，力丁翻。使，疏吏翻。

12 贾耽、陆贽、赵憬、卢迈为相，百官白事，更让不言。耽，都含翻。憬，居永翻。相，息亮翻。更，工衡翻，互也。秋，七月，奏请依至德故事，宰相迭秉笔以处政事，事见二百一十九卷肃宗至德元载十月。处，昌吕翻；下同。旬日一易；诏从之。其后日一易之。

13 剑南、西山诸羌女王汤立志、女王，亦羌别种，东与吐蕃、党项、茂州接，西属三波诃，北距于阗，属雅州。罗女蛮白狼夷，以女为君，居康延川，岩险四缭，有弱水南流。“汤立志”，新书作“汤立悉”。杜阳编：女蛮国人，危髻金冠，璎珞被体，故谓之菩萨蛮。当时倡优遂因制菩萨蛮曲。哥邻王董卧庭、白狗王罗陀忽、弱水王董辟和、南水王薛莫庭、悉董王汤悉赞、清远王苏唐磨、咄霸王董邈蓬及逋租王，自哥邻以下诸种，皆散居西山。西山即雪山。今威州保宁县有雪山，连乳川白狗岭，有九峰，积雪春夏不消。白狗岭与雪山相连。威州，唐之维州也。先皆役属吐蕃，至是各帅众内附。韦皋处之于维、保、霸州，天宝元年，招附生羌，置霸州。给以耕牛种粮。种，章勇翻。立志、陀忽、辟和入朝，皆拜官，厚赐而遣之。

14 癸卯，户部侍郎裴延龄奏：“自判度支以来，检责诸州欠负钱八百馀万缗，收诸州抽贯钱三百万缗，呈样物三十馀万缗，请别置欠负耗剩季库以掌之，耗，亏减也。剩，赢馀也。剩，以证翻，又食证翻。三月为一季。凡三月终，则入物于库，故谓之季库。染练物则别置月库以掌之。”每月入物，故谓之月库。诏从之。欠负皆贫人无可偿，徒存其数者，抽贯钱给用随尽，呈样、染练皆左藏正物。藏，徂浪翻。延龄徙置别库，虚张名数以惑上。上信之，以为能富国而宠之，於实无所增也，於实者，於其实也。虚费吏人簿书而已。

京城西污湿地生芦苇数亩，延龄奏称长安、咸阳有陂泽数百顷，可牧厩马。上使有司阅视，无之，亦不罪也。

左补阙权德舆上奏，权本颛顼之后，为楚武王所灭，子孙以国为氏。上，时掌翻。以为：“延龄取常赋支用未尽者充羡馀以为己功。羡，弋线翻。县官先所市物，再给其直，用充别贮。贮，丁吕翻。

边军自今春以来并不支粮。陛下必以延龄孤贞独立，时人丑正流言，何不遣信臣覆视，究其本末，明行赏罚。今群情众口喧于朝市，朝，直遥翻。岂京城士庶皆为朋党邪！陛下亦宜稍回圣虑而察之。”上不从。

15 八月，庚戌，太尉、中书令、西平忠武王李晟薨。

16 冬，十月，甲子，韦皋遣其节度巡官崔佐时赍诏书诣云南，并自为帛书答之。节度巡官，在判官、推官之下，衙推之上。

17 十一月，乙酉，上祀圜丘，赦天下。

18 刘士宁既为宣武节度使，八年三月，命刘士宁为宣武节度使。诸将多不服。士宁淫乱残忍，出畋辄数日不返，军中苦之。都知兵马使李万荣得众心，士宁疑之，夺其兵权，令摄汴州事。十二月，乙卯，士宁帅众二万畋于外野；帅，读曰率。万荣晨入使府，召所留亲兵千馀人，诈之曰：“敕征大夫入朝，以吾掌留务，汝辈人赐钱三十缗。”众皆拜。又谕外营兵，皆听命。乃分兵闭城门，使驰白士宁曰：“敕征大夫，宜速即路，即，就也。少或迁延，当传首以献。”士宁知众不为用，以五百骑逃归京师，比至东都，比，必利翻，及也。所馀仆妾而已。至京师，敕归第行丧，禁其出入。

淮西节度使吴少诚闻变，发兵屯鄾城，鄾城，汉、晋之鄾县也。后魏省并入曲阳县，隋开皇初置鄾城县，属汴州，时属蔡州，蔡北鄙也。东有汉召陵县故城，东南有后汉征羌县故城。鄾，一战翻。遣使问故，问所以逐士宁之故。且请战。万荣以言戏之，戏之，示无所畏。少诚惭而退。

上闻万荣逐士宁，使问陆贽，贽上奏，以为今军州已定，宜且遣朝臣宣劳，劳，力到翻。徐察事情，冀免差失，其略曰：“今士宁见逐，虽是众情，万荣典军，且非朝旨。此安危强弱之机也，愿陛下审之慎之。”上复使谓贽：复，扶又翻；下同。“若更淹迟，恐于事非便。今议除一亲王充节度使，且令万荣知留后，其制即从内出。”贽复上奏，其略曰：“臣虽服戎角力谅匪克堪，而经武伐谋或有所见。夫制置之安危由势，付授之济否由才。势如器焉，惟在所置，置之夷地则平；才如负焉，唯在所授，授逾其力则踣。踣，蒲北翻。万荣今所陈奏，颇涉张皇，但露徼求之情，徼，一遥翻。殊无退让之礼，据兹鄙躁，殊异循良。又闻本是滑人，刘玄佐，滑州匡城人，万荣与同里相善。偏厚当州将士，当州，犹言本州，谓滑州也。与之相得，才止三千，诸营之兵已甚怀怨。据此颇僻，颇，滂何翻，偏也。亦非将材，若得志骄盈，不悖则败，悖则犯上，败则偾军。”将，即亮翻。悖，蒲内翻。偾，方问翻。又曰：“苟邀则不顺，苟允则不诚，君臣之间，势必嫌阻。邀，求也；非所当求而求之为苟邀。允，从也；非所当从而从之为苟允。下以不顺求之，上以不诚应之，其势必至于嫌阻。与其图之于滋蔓，左传曰：毋使滋蔓，蔓难图也。不若绝之于萌芽。”又曰：“为国之道，以义训人，将教事君，先令顺长。”长，知两翻；下独长同。又曰：“方镇之臣，事多专制，欲加之罪，谁则无辞！若使倾夺之徒便得代居其任，利之所在，人各有心，此源潜滋，祸必难救。非独长乱之道，亦关谋逆之端。”又曰：“昨逐士宁，起于仓卒，卒，读曰猝。诸郡守将固非连谋，将，即亮翻。一城师人亦未协志。各计度于成败之势，度，徒洛翻。回遑于逆顺之名，安肯捐躯与之同恶！”又曰：“陛下但选文武群臣一人命为节度，仍降优诏，慰劳本军。劳，力到翻。奖万荣以抚定之功，别加宠任，褒将士以辑睦之义，厚赐资装，揆其大情，理必宁息。万荣纵欲跋扈，势何能为！”又曰：“傥后事有愆素，左传曰：不愆于素。杜预注云：不过素所虑也。臣请受败桡之罪。”桡，奴教翻。上不从。壬戌，以通王谌为宣武节度大使，谌，氏壬翻。以万荣为留后。

19 丁卯，纳故驸马都尉郭暧女为广陵王淳妃。淳，太子之长子。是为宪宗。妃母，即升平公主也。

十年（甲戌、七九四）

1 春，正月，剑南、西山羌、蛮二万馀户来降；诏加韦皋押近界羌、蛮及西山八国使。八国，即前女王、哥邻等。弱水最弱小，不得预八国数。

2 崔佐时至云南所都羊苴哶城，蜀注：苴，徐嗟翻。哶，弥嗟翻。详见前。考异曰：旧传作“阳苴哶城”，今从新传。吐蕃使者数百人先在其国，云南王异牟寻尚不欲吐蕃知之，令佐时衣牂柯服而入。衣，于既翻。牂柯蛮，在昆明东九百里，东距辰州二千四百里，其南千五百里即交州。衣，于既翻；下同。佐时不可，曰：“我大唐使者，岂得衣小夷之服！”异牟寻不得已，夜迎之。佐时大宣诏书，大声以宣诏书。异牟寻恐惧，顾左右失色；业已归唐，事已成为业。乃歔欷流涕，俯伏受诏。歔，音虚。欷，许既翻，又音希。郑回密见佐时教之，郑回劝异牟归唐事见二百三十二卷三年。故佐时尽得其情，因劝异牟寻悉斩吐蕃使者，去吐蕃所立之号，献其金印，去，羌吕翻。吐蕃给云南金印，见二百一十一卷玄宗天宝十载。复南诏旧名；异牟寻皆从之。考异曰：旧韦皋传：“四年正月，皋遣判官崔佐时至苴哶城。”按西南夷事状：“四年，皋微闻异牟寻之意，始因诸蛮寓书于牟寻。自是比年招谕，至九年，牟寻始遣使分皋书以来。朝廷赐之诏书，皋乃遣佐时赍诏以往。牟寻犹欲使佐时易服而入。”皋传误也。仍刻金契以献。异牟寻帅其子寻梦凑等与佐时盟于点苍山神祠。帅，读曰率。

先是，吐蕃与回鹘争北庭，大战，死伤甚众，争北庭事见上卷五年、六年。先，悉荐翻。征兵万人于云南。异牟寻辞以国小，请发三千人，吐蕃少之；以为少也。少，诗绍翻。益至五千，乃许之。异牟寻遣五千人前行，自将数万人踵其后，昼夜兼行，袭击吐蕃，战于神川，大破之，取铁桥等十六城，铁桥，在施蛮东南。据新书：是战也，异牟寻破施、顺二蛮，并虏其王，置白崖城。又据新志：自戎州开边县南行，至白崖城，三千里而近。南诏传曰：南诏居永昌、姚州之间，铁桥之南。将，即亮翻；下同。虏其五王，降其众十馀万。戊戌，遣使来献捷。降，户江翻。使，疏吏翻。

3 瀛州刺史刘澭为兄济所逼，济、澭不协事始上卷八年。请西扞陇坻，坻，丁礼翻。遂将部兵千五百人、男女万馀口诣京师，号令严整，在道无一人敢取人鸡犬者。上嘉之，二月，丙午，以为秦州刺史、陇右经略军使，理普润。理，治也。以普润为治所。军中不击柝，不设音乐。士卒病者，澭亲视之，死者哭之。

4 乙丑，义成节度使李融薨。丁卯，以华州刺史李复为义成节度使。复，齐物之子也。李齐物，淮安王神通之孙。复辟河南尉洛阳卢坦为判官。监军薛盈珍数侵军政，数，所角翻。坦每据理以拒之。盈珍常曰："卢侍御所言公，我固不违也。"坦后卒能脱于盈珍之谮。侍御，坦之寄禄官，所谓宪衔也。

5 横海节度使程怀直入朝，厚赐遣归。

6 夏，四月，庚午，宣武军乱，留后李万荣讨平之。先是，宣武亲兵三百人素骄横，先，悉荐翻。横，户孟翻。万荣恶之，恶，乌路翻。遣诣京西防秋；亲兵怨之。大将韩惟清、张彦琳诱亲兵作乱，攻万荣；万荣击破之。亲兵掠而溃，多奔宋州，宋州刺史刘逸准厚抚之。史言李万荣不能制刘逸准。惟清奔郑州，彦琳奔东都。万荣悉诛乱者妻子数千人。有军士数人呼于市曰：呼，火故翻。"今夕兵大至，城当破。"万荣收斩之，奏称刘士宁所为。五月，庚子，徙士宁于郴州。郴，丑林翻。

7 钦州蛮酋黄少卿反，围州城，少卿者，西原黄洞蛮酋也。酋，慈由翻。邕管经略使孙公器奏请发岭南兵救之；上元后置邕管经略使，领邕、贵、党、横等州。上不许，遣中使谕解之。

8 陆贽上言："郊礼赦下已近半年，而窜谪者尚未沾恩。"乃为三状拟进。上使谓之曰："故事，左降官准赦量移，史炤曰：移，徙也，谓得罪远谪者，遇赦则量徙近地。不过三五百里，今所拟稍似超越，又多近兵马及当路州县，当路州县，谓其地当入京之路者。近，其靳翻。事恐非便。"贽复上言，复，扶又翻；下同。以为："王者待人以诚，有责怒而无猜嫌，有惩沮而无怨忌。斥远以儆其不恪，远，于愿翻。甄恕以勉其自新；甄，稽延翻，察也，免也。不儆则浸及威刑，不勉而复加黜削，虽屡进退，俱非爱憎。行法乃暂使左迁，念材而渐加进叙，又知复用，谁不增修！何忧乎乱常，何患乎蓄憾！如或以其贬黜，便谓奸凶，恒处防闲之中，处，昌吕翻。长从摈弃之例，则是悔过者无由自补，蕴才者终不见伸。凡人之情，穷则思变，含凄贪乱，或起于兹。凄，悲也，痛也。今若所移不过三五百里，则有疆域不离于本道，风土反恶于旧州，离，力智翻。风土之同道而独甚恶者，如广府统广、韶、端、康、封、冈、新、乐、泷、窦、义、雷、春、高、循、潮等州，而春、循、新瘴气特重于诸州是也。徒有徙家之劳，实增移配之扰。又，当今郡府，多有军兵，所在封疆，少无馆驿，示人疑虑，体又非弘。乞更赐裁审。"

上性猜忌，不委任臣下，官无大小，必自选而用之，宰相进拟，少所称可；称，尺证翻。称，惬也；下同。少，诗沼翻。及群臣一有谴责，往往终身不复收用；好以辩给取人，好，呼到翻；下同。不得敦实之士；艰于进用，群材滞淹。贽上奏谏，其略曰："夫登进以懋庸，懋，勉也。庸，功也。黜退以惩过，二者迭用，理如循环。进而有过则示惩，惩而改修则复进，既不废法，亦无弃人，虽纤介必惩而用材不匮；故能使黜退者克励以求复，登进者警饬而恪居，恪居，谓恪居官次也。上无滞疑，下无蓄怨。"又曰："明主不以辞尽人，不以意选士，如或好善而不择所用，悦言而不验所行，进退随爱憎之情，离合系异同之趣，是由舍绳墨而意裁曲直，弃权衡而手揣重轻，虽甚精微，不能无谬。”由，与犹同。揣，初委翻。又曰：“中人以上，迭有所长，苟区别得宜，别，彼列翻。付授当器，当，丁浪翻；下过当同。各适其性，各宜其能，及乎合以成功，亦与全才无异。但在明鉴大度，御之有道而已。”又曰：“以一言称惬为能惬，苦叶翻。而不核虚实，以一事违忤为咎而不考忠邪，忤，五故翻。其称惬则付任逾涯，不思其所不及，其违忤则罪责过当，不恕其所不能，是以职司之内无成功，君臣之际无定分。”上不听。分，扶问翻。

贽又请均节财赋，凡六条：

其一，论两税之弊，其略曰：“旧制赋役之法，曰租、调、庸。调，徒吊翻。丁男一人受田百亩，岁输粟二石，谓之租。每户各随土宜出绢若绫若絁共二丈，絁，式支翻。绵三两，不蚕之土输布二丈五尺，麻三斤，谓之调。每丁岁役，则收其庸，日准绢三尺，谓之庸。天下为家，法制均一，虽欲转徙，莫容其奸，故人无摇心而事有定制。及羯胡乱华，谓安禄山、史思明。黎庶云扰，版图堕于避地，堕，读曰隳。赋法坏于奉军。建中之初，再造百度，执事者知弊之宜革而所作兼失其原，知简之可从而所操不得其要。操，七刀翻。执事者，谓杨炎。凡欲拯其弊，须穷致弊之由，时弊则但理其时，法弊则全革其法，所为必当，其悔乃亡。易曰：革而当，其悔乃亡。当，丁浪翻。兵兴以来，供亿无度，此乃时弊，非法弊也。而遽更租、庸、调法，更，工衡翻。分遣使者，搜擿郡邑，擿，他狄翻。校验簿书，每州取大历中一年科率最多者以为两税定额。事见二百二十六卷建中元年。夫财之所生，必因人力，故先王之制赋入，必以丁夫为本。不以务穑增其税，不以辍稼减其租，则播种多；不以殖产厚其征，不以流寓免其调，则地著固；著，直略翻。不以饬励重其役，不以窳怠蠲其庸，则功力勤。窳，勇主翻，惰也。如是，故人安其居，尽其力矣。两税之立，惟以资产为宗，不以丁身为本；曾不寤资产之中，有藏于襟怀囊箧，物虽贵而人莫能窥；谓商贾居宝货，待时而取利者。其积于场圃囷仓，直虽轻而众以为富。谓力田而蓄谷粟者。有流通蕃息之货，数虽寡而计日收赢；蕃，读如繁，谓贷子钱而收利者。有庐舍器用之资，价虽高而终岁无利。谓美居室、侈服用而夸一时者。如此之比，其流实繁，一概计估算缗，宜其失平长伪。长，知两翻。由是务轻资而乐转徙者，恒脱于傜税；乐，音洛。敦本业而树居产者，每困于征求。此乃诱之为奸，驱之避役，诱，音酉。力用不得不弛，赋入不得不阙。复以创制之首，创制之首，犹言立法之初。复，扶又翻。不务齐平，供应有烦简之殊，牧守有能否之异，所在傜赋，轻重相悬，所遣使臣，意见各异，计奏一定，有加无除。又大历中供军、进奉之类，既收入两税，今于两税之外，复又并存，望稍行均减，以救凋残。”

其二，请二税以布帛为额，不计钱数，其略曰：“凡国之赋税，必量人之力，量，音良。任土之宜，故所入者惟布、麻、缯、纩缯，疾陵翻。纩，苦谤翻。与百谷而已。先王惧物之贵贱失平，而人之交易难准，又定泉布之法以节轻重之宜，班固曰：太公为周立九府圜法，货宝于金，利于刀，流于泉，布于布，束于帛。又郑氏周礼注曰：其藏曰泉，其行曰布。取名于水泉，其流行无不遍。敛散弛张，必由于是。盖御财之大柄，为国之利权，守之在官，不以任下。然则谷帛者，人之所为也；钱货者，官之所为也。是以国朝著令，租出谷，庸出绢，调出缯、纩、布，曷尝有禁人铸钱而以钱为赋者也！今之两税，独异旧章，但估资产为差，便以钱谷定税，临时折征杂物，谓折钱谷之价以征他杂物也。折，之舌翻。每岁色目颇殊，唯计求得之利宜，靡论供办之难易。易，以豉翻。所征非所业，所业非所征，遂或增价以买其所无，减价以卖其所有，一增一减，耗损已多。望勘会诸州初纳两税年绢布，定估比类当今时价，加贱减贵，酌取其中，总计合税之钱，折为布帛之数。”又曰：“夫地力之生物有大限，取之有度，用之有节，则常足。取之无度，用之无节，则常不足。生物之丰败由天，用物之多少由人，是以圣王立程，量入为出，虽遇灾难，难，乃旦翻。下无困穷。理化既衰，则乃反是，理化，犹言治化也。量出为入，不恤所无。桀用天下而不足，汤用七十里而有馀，是乃用之盈虚在节与不节耳。”

其三，论长吏以增户、加税、辟田为课绩，其略曰：“长人者罕能推忠恕易地之情，体至公徇国之意，迭行小惠，竞诱奸甿，长，知丈翻。甿，谟耕翻。以倾夺邻境为智能，以招萃逋逃为理化，舍彼适此者既为新收而有复，萃，聚也。复，方目翻。复，除也。倏往忽来者又以复业而见优。唯怀土安居，首末不迁者，则使之日重，敛之日加。敛，力赡翻；下同。是令地著之人恒代惰游赋役，何异驱之转徙，教之浇讹。恒，户登翻。浇，古尧翻。此由牧宰不克弘通，各私所部之过也。”又曰：“立法齐人，久无不弊，理之者若不知维御损益之宜，则巧伪萌生，恒因沮劝而滋矣。请申命有司，详定考绩。若当管之内，人益阜殷，所定税额有馀，任其据户口均减，以减数多少为考课等差。其当管税物通比，每户十分减三者为上课，减二者次焉，减一者又次焉。此不以增户为课最，而以户额增之税能减地著户之税额为课最也。如或人多流亡，加税见户，见，贤遍翻。比校殿罚亦如之。”殿，丁练翻。

其四，论税限迫促，其略曰：“建官立国，所以养人也；

赋人取财，所以资国也。明君不厚其所资而害其所养，故必先人事而借其暇力，先家给而敛其馀财。”先，悉荐翻。又曰：“蚕事方兴，已输缣税，农功未艾，遽敛谷租。上司之绳责既严，下吏之威暴愈促，有者急卖而耗其半直，无者求假而费其倍酬。望更详定征税期限。”

其五，请以税茶钱置义仓以备水旱，税茶，见上九年。其略曰：“古称九年、六年之蓄者，记王制曰：三年耕必有一年之食，九年耕必有三年之食。以三十年之通制国用，量入以为出。国无九年之蓄曰不足；无六年之蓄曰急；无三年之蓄曰国非其国也。率土臣庶通为之计耳，固非独丰公庾，不及编甿也。近者有司奏请税茶，岁约得五十万贯，元敕令贮户部，用救百姓凶饥。今以蓄粮，适副前旨。”

其六，论兼并之家，私敛重于公税，其略曰：“今京畿之内，每田一亩，官税五升，而私家收租殆有亩至一石者，是二十倍于官税也。降及中等，租犹半之。夫土地王者之所有，耕稼农夫之所为，而兼并之徒，居然受利。”又曰：“望凡所占田，占，之赡翻。约所条限，裁减租价，务利贫人。法贵必行，慎在深刻，裕其制以便俗，严其令以惩违，微损有馀，稍优不足。失不损富，【章：乙十六行本作“损不失富”；乙十一行本同；张校同；退斋校同。】优可赈穷。此乃安【章：乙十六行本“安”上有“古者”二字；乙十一行本同；张校同。】富恤穷之善经，不可舍也。”周礼地官：以保息六养万民：一曰慈幼，二曰养老，三曰振穷，四曰恤贫，五曰宽疾，六曰安富。

容肇祖标点聂崇岐覆校

资治通鉴卷第二百三十五

端明殿学士兼翰林侍读学士太中大夫
提举西京嵩山崇福宫上柱国河内郡开国公 司马光 奉敕编集
食邑二千二百户食实封九百户赐紫金鱼袋臣
后学天台胡三省音注

唐纪五十一

起阏逢阉茂(甲戌)六月，尽上章执徐(庚辰)，凡六年有奇。

德宗神武圣文皇帝十

贞元十年(甲戌、七九四)

1 六月，壬寅朔，昭义节度使李抱真薨。其子殿中侍御史缄与抱真从甥元仲经谋，秘不发丧，诈为抱真表，求以职事授缄；又诈为其父书，遣裨将陈荣诣王武俊假货财。武俊怒曰："吾与乃公厚善，欲同奖王室耳，岂与汝同恶邪！闻乃公已亡，乃，犹汝也。公，犹翁也。乃敢不俟朝命而自立，朝，直遥翻。又敢告我，况有求也！"使荣归，寄声质责缄。质，王也。以正义责之也。

昭义步军都虞候王延贵，汝州梁人也，梁县，汉、晋属河南郡，后魏置汝北郡，隋分置承休县，而梁县仍故。唐以承休县带汝州，故梁县在其西南四十五里。素以义勇闻。上知抱真已薨，遣中使第五守进往观变，且以军事委王延贵。守进至上党，昭义军，治上党。缄称抱真有疾不能见。三日，缄乃严兵诣守进，守进谓之曰：

"朝廷已知相公捐馆，捐，弃也。言死者弃其馆舍而逝也。令王延贵权知军事。侍御宜发丧行服。"瑊愕然，出，谓诸将曰："朝廷不许瑊掌事，诸君意如何？"莫对。瑊惧，乃归发丧，以使印及管钥授监军。使印，节度之印也。监，古衔翻。守进召延贵，宣口诏令视事，口宣所受诏旨，故曰口诏。趣瑊赴东都。趣赴东都，归私第。趣，读曰促。元仲经出走，延贵悉归罪于仲经，捕斩之。诏以延贵权知昭义军事。

2 云南王异牟寻遣其弟凑罗楝楝，郎甸翻。献地图、土贡及吐蕃所给金印，请复号南诏。夷语以王为诏。其先渠帅有六，自号六诏，曰蒙巂诏，越析诏，浪穹诏，邆睒诏，施浪诏，蒙舍诏。蒙舍诏在诸部南，故称南诏。至蒙归义，玄宗封为云南王，因号云南。癸丑，以祠部郎中袁滋为册南诏使，考异曰：旧南诏传："十年八月，遣凑罗楝献吐蕃印。"新传曰："异牟寻与崔佐时盟点苍山，败突厥于神川。明年六月，册异牟寻为南诏王。"按实录，乃今年六月，新、旧传皆误也。韦皋奏状皆称"云南王"，而窦滂云南别录曰："诏袁滋册异牟寻为南诏。"盖从其请，南诏之名自此始也。蛮语，诏即王也。新传云"南诏王"，亦误。余按异牟寻破吐蕃于神川，考异误作"突厥"。赐银窠金印，文曰"贞元册南诏印"。滋至其国，异牟寻北面跪受册印，稽首再拜，因与使者宴，出玄宗所赐银平脱马头盘二以示滋。又指老笛工、歌女曰："皇帝所赐龟兹乐，唐十部乐有龟兹乐，有弹筝、竖箜篌、琵琶、五弦、横笛、笙、箫、觱篥、答腊鼓、毛员鼓、都昙鼓、侯提鼓、鸡娄鼓、腰鼓、担鼓、齐鼓，具皆一，铜钹二，舞者四人。设五方师子，高丈馀，饰以方色，每师子有十二人，画衣，执红拂，首加红袜，谓之师子郎。龟兹，音丘慈。惟二人在耳。"滋曰："南诏当深思祖考，子子孙孙尽忠于唐。"异牟寻拜曰："敢不谨承使者之命！"

3 赐义武节度使张升云名茂昭。考异曰：旧传于其父孝忠卒时言改名。年代记在此年九月。今从实录。

4 御史中丞穆赞按度支吏赃罪，度，徒洛翻。裴延龄欲出之，庇吏，欲出其罪。赞不从；延龄谮之，贬饶州别驾，朝士畏延龄侧目。畏之不敢正视。赞，宁之子也。天宝末，安禄山反，穆宁起兵于河北以讨之。

5 韦皋奏破吐蕃于峨和城。武德元年，以汉蚕陵县地置翼州，管内有峨和城。

6 秋，七月，壬申朔，以王延贵为昭义留后，赐名虔休。

昭义行军司马、摄洺州刺史元谊闻虔休为留后，意不平，表请以磁、邢、洺别为一镇。昭义精兵多在山东，昭义军镇潞州，谓磁、邢、洺三州为山东。谊厚赉以悦之。上屡遣中使谕之，不从。

临洺守将夏侯仲宣以城归虔休，虔休遣磁州刺史马正卿督裨将石定蕃等将兵五千击洺州；定蕃帅其众二千叛归谊，帅，读曰率。正卿退还。诏以谊为饶州刺史，谊不行；虔休自将兵攻之，引洺水以灌城。

7 黄少卿陷钦、横、浔、贵等州，攻孙公器于邕州。

8 九月，王虔休破元谊兵，进拔鸡泽。鸡泽，汉广平县地，武德四年置鸡泽县，属洺州。九域志：在州东北六十里。

9 裴延龄奏称官吏太多，自今缺员请且勿补，收其俸以实府库。上欲修神龙寺，须五十尺松，不可得，延龄曰："臣近见同州一谷，木数千株，皆可八十尺。"上曰："开元、天宝间求美材于近畿犹不可得，今安得有之？"对曰："天生珍材，固待圣君乃出，开元、天宝，何从得之！"

延龄奏："左藏库司多有失落，近因检阅使置簿书，乃于粪土之中得银十三万两，其匹段杂货百万有馀。匹段杂货，使在粪土之中，已应腐烂不可用，虽甚愚之人亦知其妄诞也。德宗不加之罪，延龄复何所忌惮乎！此皆已弃之物，即是羡馀，羡，弋线翻。悉应移入杂库以供别敕支用。"太府少卿韦少华不伏，抗表称："此皆每月申奏见在之物，见，贤遍翻。请加推验。"执政请令三司详覆；

上不许，亦不罪少华。延龄每奏对，恣为诡谲，皆众所不敢言亦未尝闻者，延龄处之不疑。处，昌吕翻。上亦颇知其诞妄，但以其好诋毁人，好，呼到翻。冀闻外事，故亲厚之。德宗亲厚裴延龄，不特冀闻外事也，亦以进奉逢其欲耳。

群臣畏延龄有宠，莫敢言，惟盐铁转运使张滂、京兆尹李充、司农卿李铦铦，息廉翻。以职事相关，时证其妄，而陆贽独以身当之，日陈其不可用。十一月，壬申，贽上书极陈延龄奸诈，数其罪恶，数，所具翻。其略曰："延龄以聚敛为长策，敛，力赡翻。以诡妄为嘉谋，以掊克敛怨为匪躬，掊，蒲侯翻。以靖谮服谗为尽节，左传：少皞氏有不才子，毁信废忠，崇饰恶言，服谗搜慝，以诬盛德，天下之民谓之穷奇。总典籍之所恶以为智术，冒圣哲之所戒以为行能，恶，乌路翻。行，下孟翻。可谓尧代之共工，书尧典：帝曰："畴咨若予采！"驩兜曰："共工方鸠僝功。"帝曰："吁！靖言庸违，象恭滔天。"共，音恭。鲁邦之少卯也。家语：孔子为鲁司寇，摄行相事，七日而诛少正卯，戮之于两观之下。子贡进曰："夫少正卯，鲁之闻人也，夫子为政而始诛之，或者为失乎？"孔子曰："天下有大恶者五，而窃盗不豫焉。一曰心逆而险，二曰行伪而坚，三曰言伪而辩，四曰记丑而博，五曰顺非而泽。此五者，有一于人，则不免君子之诛，而少正卯皆兼有之。其居处足以撮徒成党，其谈说足以饬褒荣众，其强御足以返是独立，此乃人之奸雄，有不可以不除。"迹其奸蠹，日长月滋，长，知丈翻。阴秘者固未尽彰，败露者尤难悉数。"又曰："陛下若意其负谤，则诚宜亟为辩明。为，于伪翻。陛下若知其无良，又安可曲加容掩！"又曰："陛下姑欲保持，曾无诘问，延龄谓能蔽惑，不复惧思；移东就西，便为课绩，取此适彼，遂号羡馀，愚弄朝廷，有同儿戏。"又曰："矫诡之能，诬罔之辞，遇事辄行，应口便发，靡日不有，靡时不为，又难以备陈也。"又曰："昔赵高指鹿为马，事见八卷秦二世三年。臣谓鹿之与马，物理犹同；岂若延龄掩有为无，指无为有。"又曰："延龄凶妄，流布寰区，上自公卿近臣，下逮舆台贱品，左传：芊尹无宇曰：王臣公，公臣大夫，大夫臣士，士臣皂，皂臣舆，舆臣隶，隶臣僚，僚臣仆，仆臣台。喧喧谈议，亿万为徒，能以上言，上，时掌翻。其人有几！臣以卑鄙，任当台衡，情激于衷，虽欲罢而不能自默也。"书奏，上不悦，待延龄益厚。

10 十二月，王虔休乘冰合度壕，急攻洺州。元谊出兵击之，虔休不胜而返；日暮冰解，士卒死者太半。

11 中书侍郎、同平章事陆贽以上知待之厚，事有不可，常力争之。所亲或规其太锐，贽曰："吾上不负天子，下不负所学，他无所恤。"裴延龄日短贽于上。赵憬之入相也，贽实引之，既而有憾于贽，事见上卷八年、九年。密以贽所讥弹延龄事告延龄，故延龄益得以为计，上由是信延龄而不直贽。贽与憬约至上前极论延龄奸邪，上怒形于色，憬默而无言。壬戌，贽罢为太子宾客。考异曰：韩愈顺宗实录曰："德宗在位稍久，益自揽机柄，亲治细事，失人君大体，宰相益不得行其职，而议者乃云由贽而然。"按凡为宰相者皆欲专权，安肯自求失职。不任宰相，乃德宗之失，而归咎于贽，岂人情也！又贽论朝官缺员状云："顷之辅臣鲜克胜任，过蒙容养，苟备职员，致劳睿思，巨细经虑。"此乃谏德宗不任宰相、亲治细事之辞也。

12 初，勃海文王钦茂卒，子宏临早死，族弟元义立。元义猜虐，国人杀之，立宏临之子华屿，是为成王，改元中兴。华屿卒，复立钦茂少子嵩邻，复，扶又翻。是为康王，改元正历。勃海自大祚荣立国，开元之间，其子武艺立，益以强盛，东北诸夷皆畏而臣之，改元仁安。更五代以至于宋，耶律虽数加兵，不能服也。故通鉴历叙其世为详。

十一年（乙亥、七九五）

1 春，二月，乙巳，册拜嵩邻为忽汗州都督、勃海王。考异曰：实录："乙巳，册大岭嵩邻为勃海郡王。"今从新传。

2陆贽既罢相，裴延龄因谮京兆尹李充、卫尉卿张滂、前司农卿李铦党于贽。会旱，延龄奏言："贽等失势怨望，言于众曰，'天下旱，百姓且流亡，度支多欠诸军刍粮，军中人马无所食，其事奈何！'言其事势将奈之何。以动摇众心，其意非止欲中伤臣而已。"中，竹仲翻。言不独以此为延龄罪，且欲危社稷。后数日，上猎苑中，适有神策军士诉云："度支不给马刍。"上意延龄言为信，遽还宫。夏，四月，壬戌，贬贽为忠州别驾，充为涪州长史，滂为汀州长史，开元二十四年，开抚、福二州山洞，置汀州。旧志：忠州，京师南二千一百二十二里。汀州，京师东南六千一百七十三里。谯周巴记曰：后汉初平六年，立临江县，属永宁郡。今忠州城东临江古城是也。后魏废帝二年，改为临州，因临江县以名州也。隋废州，以其地并入巴东郡。贞观四年，置忠州，以其地连巴徼，心怀忠信为名。涪州，汉涪陵县地，隋置涪州，京师南二千三百五十里。铦为邵州长史。邵州，京师东南三千四百里。宋白曰：邵州，汉为昭陵县，吴改邵陵，分零陵北部为邵陵郡。隋立建州，寻废州，以邵陵县属潭州，唐贞观十一年置邵州。

初，阳城自处士征为谏议大夫，见二百三十二卷二年。处，昌吕翻。拜官不辞。未至京师，人皆想望风采，曰："城必谏诤，死职下。"及至，诸谏官纷纷言事细碎，天子益厌苦之。而城方与二弟及客日夜痛饮，人莫能窥其际，皆以为虚得名耳。前进士河南韩愈作争臣论以讥之，争，读曰诤。城亦不以屑意。有欲造城而问者，屑，洁也，顾也。造，七到翻。城揣知其意，辄强与酒。揣，初委翻。强，其两翻。客或时先醉仆席上，城或时先醉卧客怀中，不能听客语。及陆贽等坐贬，上怒未解，中外惴恐，惴，之睡翻。以为罪且不测，无敢救者。城闻而起曰："不可令天子信用奸臣，杀无罪人。"即帅拾遗王仲舒、归登、右补阙熊执易、崔邠等守延英门，延英门，延英殿门也。程大昌曰：按六典，宣政殿门西上閤门之西，即为延英门，门之左曰延英殿。故阳城欲救陆赞，约王仲舒等守延英殿阁上书，伏阁不去也。帅，读曰率。上疏论延龄奸佞，赞等无罪。上大怒，欲加城等罪。太子为之营救，为，于伪翻。上意乃解，令宰相谕遣之。于是金吾将军张万福闻谏官伏阁谏，趋往至延英门，大言贺曰："朝廷有直臣，天下必太平矣！"遂遍拜城与仲舒等，已而连呼"太平万岁！太平万岁！"万福，武人，年八十馀，自此名重天下。登，崇敬之子也。崇敬，明礼家学，历事玄、肃、代及帝四世。时朝夕相延龄，阳城曰："脱以延龄为相，城当取白麻坏之，唐故事，中书用黄、白二麻为纶命轻重之辩。其后翰林学士专掌内命，中书用黄麻，其白皆在翰林院，拜授将相、德音赦宥则用之。宋白曰：唐故事，白麻皆内庭代言，命辅臣、除节将、恤灾患、讨不庭则用之；宰臣于正衙受付。若命相之书，则通事舍人承旨，皆宣赞讫，始下有司。翰林志：凡赦书、德音、立后、建储、行大诛讨、拜免三公·宰相、命将日，并使白麻纸，不使印。双日起草，候阁门钥入而后进呈。至只日，百寮并班于宣政殿，枢密使引案，自东上阁门出。若拜免宰相，即便付通事舍人，馀付中书、门下，并通事舍人宣示。若机务急速，亦双日。甚速者，虽休假，亦追班宣示。案，制案也。册，则有册案。册公主亦自阁门出案。坏，音怪。恸哭于庭。"有李繁者，泌之子也，城尽疏延龄过恶，欲密论之，以繁故人子，阳城之除谏议，李泌之荐也。使之缮写，繁径以告延龄。延龄先诣上，一一自解。疏入，上以为妄，不之省。省，悉景翻。

3 丙寅，幽州奏破奚王啜利等六万馀众。

4 回鹘奉诚可汗卒，无子，国人立其相骨咄禄为可汗。骨咄禄本姓跌跌氏，跌，奚结翻。跌，徒结翻。跌跌与回纥司出铁勒而异种。辩慧有勇略，自天亲时回鹘天亲可汗，合骨咄禄也。典兵马用事，大臣诸酋长皆畏服之。既为可汗，冒姓药葛罗氏，回纥可汗姓药葛罗。骨咄禄舍其本姓，冒其姓以嗣其国。酋，慈由翻。长，知两翻。遣使来告丧。自天亲可汗以上子孙幼稚者，皆内之阙庭。唐之阙庭也。

5 五月，丁丑，以宣武留后李万荣、昭义左司马领留后王虔休皆为节度使。

6 甲申，河东节度使李自良薨。戊子，监军王定远奏请以行军司马李说为留后。说，神通之五世孙也。淮安王神通，高祖之从弟，起兵关西，首应义旗。说，读为悦；下同。

7 庚寅，遣秘书监张荐册拜回鹘可汗骨咄禄为腾里逻羽录没密施合胡禄毗伽怀信可汗。咄，当没翻。逻，郎佐翻。

8 癸巳，以李说为河东留后，知府事。说深德王定远，请铸监军印。【章：乙十六行本“印”下有“从之”二字；乙十一行本同；孔本同；张校同；退斋校同。】监军有印自定远始。

9 秋，七月，丙寅朔，阳城改国子司业，坐言裴延龄故也。

10 王定远自恃有功于李说，专河东军政，易置诸将；说不能尽从，由是有隙。定远以私怒拉杀大将彭令茵，拉，卢合翻。埋马矢中，将士皆愤怒。说奏其状，定远闻之，直诣说，拔刀刺之；刺，七亦翻。说走免。定远召诸将，以箱贮敕及告身二十馀通，箱，竹笥也。贮，丁吕翻。示之曰：“有敕，令说诣京师，以行军司马李景略为留后，李景略为李说所忌，盖起于此。诸君皆迁官。”众皆拜。大将马良辅窃视箱中，皆定远告身及所受敕也，乃麾众曰：“敕告皆伪，不可受也。”定远走登乾阳楼，乾阳楼，盖晋阳宫城南门楼。呼其麾下，莫应，逾城而坠，为枯桥所伤而死。桥，五葛翻。木之伐去者，其遗馀为桥。考异曰：旧说传曰：“定远杀彭令茵，说具以事闻。德宗以定远有奉天扈从功，恕死，停任。制未至，定远怒说奏闻，趋府谋杀说，升堂未坐，抽刀刺说；说走而获免。”又曰：“定远坠城下，槎桥伤而不死。寻有诏削夺，长流崖州。”今从实录。

11 八月，辛亥，司徒兼侍中北平庄武王马燧薨。

12 闰月，戊辰，元谊以洺州诈降；王虔休遣裨将将二千人入城，谊皆杀之。降，户江翻。将，即亮翻。

13 九月，丁巳，加韦皋云南安抚使。以安抚南诏为官名。

14 横海节度使程怀直，不恤士卒，猎于野，数日不归。怀直从父兄怀信为兵马使，因众心之怨，闭门拒之；怀直奔归京师。冬，十月，丁丑，以怀信为横海留后。

15 南诏攻吐蕃昆明城，取之；昆明城，在西爨西北，有盐池之利。又虏施、顺二蛮王。施、顺二蛮，皆乌蛮种。施蛮在铁桥西北，居大施睒、敛寻睒。顺蛮在剑睒西北四百里。睒，失冉翻。

十二年（丙子、七九六）

1 春，正月，庚子，元谊、石定蕃等帅洺州兵五千人及其家人万馀口奔魏州；帅，读曰率。上释不问，命田绪安抚之。

2 乙丑，以浑瑊、王武俊并兼中书令。己巳，加严震、田绪、刘济、韦皋并同平章事；天下节度、观察使，悉加检校官以悦其意。

3 三月，甲午，韦皋奏降西南蛮高万唐等二万馀口。降，户江翻。

4 乙巳，以闲厩、宫苑使李齐运为礼部尚书，闲厩、宫苑二使，李齐运盖兼为之。户部侍郎裴延龄为户部尚书，使职如故。齐运无才能学术，专以柔佞得幸于上，每宰相对罢，则齐运次进决其议；或病卧家，上欲有所除授，往往遣中使就问之。

5 丙子，【章：乙十六行本“子”作“辰”；乙十一行本同。】韶王暹薨。暹，皇弟也。

6 魏博节度使田绪尚嘉诚公主；有庶子三人，季安最幼，公主子之，以为副大使。夏，四月，庚午，绪暴薨；左右匿之，使季安领军事，年十五。乙亥，发丧，推季安为留后。

7 庚辰，上生日，故事，命沙门、道士讲论于麟德殿，至是，始命以儒士参之。四门博士韦渠牟嘲谈辩给，后魏刘芳表云：太和二十年，立四门博士于四门置学。按礼记云：天子设四学。郑注云：周四郊之虞庠也。今以其辽远，故置于四门，请移与太学同处，从之。唐百官志：四门馆博士，正七品上，掌教七品以上侯、伯、子、男子为生及庶人子为俊士生者。上悦之，旬月，迁右补阙，始有宠。

8 五月，丙申，邠宁节度使张献甫暴薨，监军杨明义请都虞候杨朝晟权知留后。甲辰，以朝晟为邠宁节度使。

9 六月，乙丑，以监句当左神策窦文场、监句当右神策霍仙鸣皆为护军中尉，监左神威军使张尚进、监右神威军使焦希望皆为中护军。句，古候翻。当，丁浪翻。左、右神策中尉，始于窦、霍，自此宦官之权日以益重，不可复制矣。下护军中尉一等为中护军，此职事官之掌禁兵者，非如唐初所置勋级，所谓上护军、护军也。宋白曰：德宗以梁、洋扈从之功，举西汉谒者随何下淮南功拜为中尉事，故命神策监军为中尉。初，上置六统军，视六尚书，以处节度使罢镇者，兴元元年置六统军，事见二百二十九卷。处，昌吕翻。相承用麻纸写制。至是，文场讽宰相比统军降麻。翰林学士郑絪絪，音因。奏言："故事惟封王、命相用白麻，今以命中尉，不识陛下特以宠文场邪，遂为著令也？"著令者，定著为令。上乃谓文场曰："武德、贞观时，中人不过员外将军同正耳，衣绯者无几。自辅国以来，堕坏制度。衣，于既翻。堕，读曰隳。坏，音怪。朕今用尔，不谓无私。若复以麻制宣告天下，必谓尔胁我为之矣。"复，扶又翻。文场叩头谢。遂焚其麻，命并统军自今中书降敕。明日，上谓絪曰："宰相不能违拒中人，朕得卿言方悟耳。"是时窦、霍势倾中外，藩镇将帅多出神策军，台省清要亦有出其门者矣。

10 宣武节度使李万荣病风，昏不知事，霍仙鸣荐宣武押牙刘沐可委军政。辛巳，以沐为行军司马。

11 宣歙观察使刘赞卒。

初，上以奉天窘乏，故还宫以来，尤专意聚敛。敛，力赡翻；下同。藩镇多以进奉市恩，皆云"税外方圆"，折则成方，转则成圆，言于常税之外，别自转折，以致货财也。亦云“用度羡馀”，其实或割留常赋，或增敛百姓，或减刻利【章：乙十六行本“利”作“吏”；乙十一行本同。】禄，或贩鬻蔬果，往往私自入，所进才什一二。李兼在江西有月进，韦皋在西川有日进。其后常州刺史济源裴肃以进奉迁浙东观察使，刺史进奉自肃始。济，子礼翻。及刘赞卒，判官严绶掌留务，竭府库以进奉，征为刑部员外郎，幕僚进奉自绶始。绶，蜀人也。史不能审其郡县，故止云蜀人。

12 李万荣疾病，其子乃为兵马使。甲申，乃集诸将责李湛、伊娄说、张丕以不忧军事，斥之外县。说，读为悦。上遣中使第五守进至汴州，宣慰始毕，军士十馀人呼曰：呼，火故翻；下同。“兵马使勤劳无赏；刘沐何人，为行军司马！”沐惧，阳中风，舁出。中，竹仲翻。舁，音余，又羊茹翻。军士又呼曰：“仓官刘叔何给纳有奸。”杀而食之。又欲斫守进，乃止之。乃又杀伊娄说、张丕。说，读曰悦。都虞候匡城邓惟恭与万荣乡里相善，万荣常委以腹心，乃亦倚之。至是，惟恭与监军俱文珍谋，执乃，送京师。秋，七月，乙未，以东都留守董晋同平章事，兼宣武节度使，以万荣为太子少保，贬乃虔州司马。丙申，万荣薨。

邓惟恭既执李乃，遂权军事，自谓当代万荣，不遣人迎董晋。晋既受诏，即与傔从十余人赴镇，傔，苦念翻。从，才用翻。不用兵卫。至郑州，迎者不至，九域志：郑州，东至汴州一百五十里。郑州人为晋惧，为，于伪翻。或劝晋且留观变。有自汴州出者，言于晋曰：“不可入。”晋不对，遂行。惟恭以晋来之速，不及谋；晋去城十馀里，惟恭乃帅诸将出迎。帅，读曰率。晋命惟恭勿下马，气色甚和，惟恭差自安。既入，仍委惟恭以军政。

初，刘玄佐增汴州兵至十万，遇之厚，李万荣、邓惟恭每加厚焉。士卒骄，不能禦，禦，一作御。乃置腹心之士，幕于公庭庑下，挟弓执剑以备之，时劳赐酒肉。庑，音武。劳，力到翻。晋至之明日，悉罢之。董晋之意，以谓此士前帅之腹心，吾新来为帅若亦恃为腹心，不足为吾卫而适足以生变，罢之则待诸军如一，且示无所猜间。

13 戊戌，韩王迥薨。迥，上弟也。

14 壬子，诏以宣武将士邓惟恭等有执送李乃功，各迁官赐钱；其为乃所胁，邀逼制使者，皆勿问。胁，所谓胁从也。言李乃以威力胁使其下以邀逼中使。唐时谓中使为敕使，亦谓之制使。使，疏吏翻。

15 八月，乙【严："乙"改"己"。】未朔，日有食之。

16 己巳，以田季安为魏博节度使。

17 丙子，以汝州刺史陆长源为宣武行军司马。朝议以董晋柔仁多可，恐不能集事，朝议，谓朝廷之议。多可，言凡人有请悉从，不能裁以理法。故以长源佐之。长源性刚刻，多更张旧事；更，工衡翻。晋初皆许之，案成则命且罢，由是军中得安。为长源以刚刻致祸张本。

18 丙戌，门下侍郎、同平章事赵憬薨。

19 初，上不欲生代节度使，常自择行军司马以为储帅。行军司马，掌弼戎政，居则习蒐狩，有役则申战守之法，器械、粮备、军籍、赐予皆专焉。帅，所类翻。李景略为河东行军司马，李说忌之。回鹘梅录入贡，过太原，说与之宴，梅录争坐次，说不能遏。景略叱之，梅录识其声，趋前拜之曰："非丰州李端公邪！"李景略折梅录，见二百三十三卷三年。唐人呼侍御为端公。李肇国史补曰：宰相相呼曰堂老，两省曰阁老，尚书曰院长，御史曰端公。又拜，遂就下坐。座中皆属目于景略。属，之欲翻。说益不平，乃厚赂中尉窦文场，使去之。去，羌吕翻。会有传回鹘将入寇者，上忧之，以丰州当虏冲，择可守者；文场因荐景略。九月，甲午，以景略为丰州都防御使。穷边气寒，土瘠民贫，景略以勤俭帅众，帅，读曰率。二岁之后，储备完实，雄于北边。

20 卢迈得风疾，庚子，贾耽私忌，父母及祖父母、曾祖父母死日为私忌。宰相绝班，言宰相班绝无一人。上遣中使召主书承旨。唐制：尚书省主书，从八品下，中书省，从七品上，堂吏也。

21 丙午，户部尚书、判度支裴延龄卒；中外相贺，上独悼惜之。

22 壬子，吐蕃寇庆州。

23 冬，十月，甲戌，以谏议大夫崔损、给事中赵宗儒并同平章事。损，玄暐之弟孙也，崔玄暐有诛二张、复中宗之功。尝为裴延龄所荐，故用之。

24 十一月，乙未，以右补阙韦渠牟为左谏议大夫。上自陆贽贬官，去年四月陆贽贬。尤不任宰相，自御史、刺史、县令以上皆自选用，中书行文书而已。然深居禁中，所取信者裴延龄、李齐运、户部郎中王绍、司农卿李实、翰林学士韦执谊及渠牟，皆权倾宰相，趋附盈门。绍谨密无损益；实狡险掊克；执谊以文章与上唱和，掊，蒲侯翻。和，胡卧翻。年二十馀，自右拾遗召入翰林；渠牟形神佻躁，佻，他雕翻。尤为上所亲狎，上每对执政，漏不过三刻，渠牟奏事率至六刻，语笑款狎往往闻外；闻，音问。所荐引咸不次迁擢，率皆庸鄙之士。

25 宣武都虞候邓惟恭内不自安，潜结将士二百馀人谋作乱；事觉，董晋悉捕斩其党，械惟恭送京师。己未，诏免死，汀州安置。投窜于荒远州郡，谓之安置。

十三年（丁丑、七九七）

1 春，正月，壬寅，吐蕃遣使请和亲；上以吐蕃数负约，数，所角翻。不许。

2 上以方渠、合道、木波皆吐蕃要路，欲城之，九域志：环州，治通远县，唐方渠县地，有木波、马岭、石昌、合道四镇。使问邠宁节度使杨朝晟："须几何兵？"对曰："邠宁兵足以城之，不烦他道。"上复使问之曰："向城盐州，城盐州见上卷九年。复，扶又翻。用兵七万，仅能集事。今三城尤逼虏境，兵当倍之，事更相反，何也？"对曰："城盐州之众，虏皆知之。今发本镇兵，不旬日至塞下，出其不意而城之，虏谓吾众亦不减七万，其众未集，不敢轻来犯我。不过三旬，吾城已毕，留兵戍之，虏虽至，无能为也。此后周韦孝宽城汾石之故智也。城旁草尽，不能久留，虏退则运刍粮以实之，此万全之策也。若大集诸道兵，逾月始至，虏亦集众而来，与我争战，胜负未可知，何暇筑城哉！"上从之。二月，朝晟分军为三，各筑一城。军吏曰："方渠无井，不可屯军。"判官孟子周曰："方渠承平之时，居人成市，无井何以聚人乎！"命浚眢井，眢井，废井也。眢，乌欢翻。果得甘泉。方渠县咸河，从土桥、归德州、同家谷三处发源来，咸苦不可食。甜河，在城西，从蕃部鼻家族北界来，供人饮食。三月，三城成。考异曰：实录："先是，邠宁杨朝晟奏：'方渠、合道、木波皆贼路也，请城其地以备之。'诏问：'须几何人？'"邠志曰："十三年春，诏问杨公曰：'方渠、合道、木波皆贼路也，城之可乎？若以为可，更要几兵？'二月十一日，起复除本官。十四日，制书到军。十八日，发军。二十六日，军次石堂谷。二十八日，功就三城。"今从邠志而不取其日。夏，四月，庚申，杨朝晟军还至马岭，唐马岭县，属庆州。刘昫曰：马岭，隋县，治天家堡，贞观八年移理新城，以县西有马岭坂。宋白曰：盐州治五原，即汉马岭县地。今州南抵庆州马岭县北界。杜佑：马岭县，汉旧牧地，川形似马领。吐蕃始出兵追之，相拒数日而去。朝晟遂城马岭而还，开地三百里，皆如其素。皆如其素所虑之期也。建中间，朔方兵破李纳军，朝晟为之也，盖其智略诚有足称者。还，从宣翻，又如字。

3 庚午，义成节度使李复薨。庚辰，以陕虢观察使姚南仲为义成节度使。监军薛盈珍方大会，闻之，言曰："姚大夫书生，岂将才也！”将，即亮翻。判官卢坦私谓人曰：“姚大夫外虽柔，中甚刚，监军侵之，必不受。军府之祸，自此始矣，吾恐为所留。”遂自他道潜去。南仲果以牒请之，不遇，得免。既而盈珍与南仲有隙，幕府多以罪贬，有死者。事见后十六年。史言卢坦庶乎见几。

4 吐蕃赞普乞立赞卒，子足之煎立。

5 六月，壬午，韦皋奏吐蕃入寇，嶲州刺史曹高仕破之于台登城下。台登，汉县，唐属嶲州，由清溪关西南至台登五百五十里。

6 光禄少卿同正张茂宗，员外置同正员，起于高宗之时。茂昭之弟也，茂昭时为义武节度使。许尚义章公主；义章公主，上女也。义章，县名，属郴州。宋白曰：汉郴县地，隋末萧铣分郴县立。未成婚，茂宗母卒，遗表请终嘉礼，上许之。秋，八月，癸酉，起复茂宗左卫将军同正。左拾遗义兴蒋乂上疏谏，考异曰：实录作“蒋武”，按旧传乂本名武。以为：“兵革之急，古有墨衰从事者，衰，仓回翻。左传：晋文公卒，未葬，秦穆公伐郑，晋襄公墨衰绖以败秦师于殽。未闻驸马起复尚主也。”上遣中使谕之，不止，乃特召对于延英，唐中世以后，召对宰辅，乃开延英，今蒋乂特以拾遗召对。谓曰：“人间多借吉成婚者，卿何执此之坚？”对曰：“婚姻、丧纪，人之大伦，吉凶不可渎也。委巷之家，不知礼教，委巷，曲巷也，言其屈曲僻陋。其女孤贫无恃，言贫而丧其亲也。或有借吉从人，未闻男子借吉娶妇者也。”太常博士韦彤、裴堪复上疏谏；复，扶又翻。上不悦，命趣下嫁之期，趣，读曰促。辛巳，成婚。

7 九月，己丑，中书侍郎、同平章事卢迈以病罢为太子宾客。

8 冬，十月，淮西节度使吴少诚擅开刀沟入汝，刀沟，新、旧书皆作司洧水。上遣中使谕止之，不从。命兵部郎中卢群往诘之，诘，去吉翻。少诚曰：“开此水，大利于人。”群曰：“君令臣行，虽利，人臣敢专乎！公承天子之令而不从，何以使下吏从公之令乎！”少诚遽为之罢役。为，于伪翻。史言杖大义者，犷悍不能不为之革面。

9 十二月，徐州节度使张建封入朝。先是，宫中市外间物，令官吏主之，随给其直。先，悉荐翻。比岁以宦者为使，比，毗至翻，近也。谓之宫市，抑买人物，稍不如本估。估者，价也。其后不复行文书，复，扶又翻；下同。置白望数百人于两市白望者，言使人于市中左右望，白取其物，不还本价也。两市，长安城中东市、西市也。隋名东市曰都会，西市曰利人。及要闹坊曲，阅人所卖物，但称宫市，则敛手付与，真伪不复可辨，无敢问所从来及论价之高下者，率用直百钱物买人直数千物，多以红紫染故衣、败缯，缯，慈陵翻。尺寸裂而给之，仍索进奉门户及脚价钱。索，山客翻。进奉门户者，言进奉所经由门户，皆有费用，如汉灵帝时所谓导行费也。脚价，谓僦人负荷进奉物入内，有雇脚之费。人将物诣市，将，赍持也。至有空手而归者，名为宫市，其实夺之。商贾有良货，皆深匿之；贾，音古。每敕使出，虽沽浆、卖饼者皆撤业闭门。尝有农夫以驴负柴，宦者称宫市取之，与绢数尺，又就索门户，索，山客翻。仍邀驴送柴至内。农夫啼泣，以所得绢与之；不肯受，曰，“须得尔驴。”须者，意所欲也。农夫曰：“我有父母妻子，待此然后食。言待此驴负物贸易，然后可以给食。今以柴与汝，不取直而归，汝尚不肯，我有死而已。”遂殴宦者。街吏擒以闻，殴，乌口翻。街吏，即金吾左右街使之属吏。诏黜宦者，赐农夫绢十匹。然宫市亦不为之改，谏官御史数谏，不听。为，于伪翻。数，所角翻。建封入朝，具奏之，上颇嘉纳；以问户部侍郎判度支苏弁，弁希宦者意，对曰：“京师游手万家，无土著生业，著，直略翻。仰宫市取给。”仰，牛向翻。上信之，故凡言宫市者皆不听。

十四年(戊寅、七九八)

1 春，二月，乙亥，名申、光、蔡军曰彰义。吴少诚时据淮西，有申、光、蔡三州。

2 夏，闰五月，庚申，以神策行营节度使韩全义为夏、绥、银、宥节度使。全义时屯长武城，诏帅其众赴镇。帅，读曰率。士卒以夏州碛卤，碛，沙碛。卤，咸卤。碛卤之地，五谷不生。碛，七迹翻。又盛夏，不乐徙居；乐，音洛。辛酉，军乱，杀大将王栖岩，全义逾城走。史言韩全义驽怯无御众之略，徒以凭结宦官致节钺。都虞候高崇文诛首乱者，众然后定。崇文，幽州人也。丙子，以崇文为长武城都知兵马使，不降敕，令中使口宣授之。口宣圣旨而授之官，使掌兵。史言德宗重宦臣而轻诏命。

3 秋，七月，壬申，给事中、同平章事赵宗儒罢为右庶子，以工部侍郎郑馀庆为中书侍郎、同平章事。

4 八月，初置左、右神策统军。观此则知神策在六军之外。时禁军戍边，禀赐优厚，禀，给也。诸将多请遥隶神策军，称行营，皆统于中尉，其军遂至十五万人。

5 京兆尹吴凑屡言宫市之弊。【章：乙十六行本"弊"下有"请委之府县"五字；乙十一行本同；孔本同；张校同；退斋校同，"府"作"州"。】宦者言凑屡奏宫市，皆右金吾都知赵洽、田秀嵓之谋也；丙午，洽、秀嵓坐流天德军。都知，金吾府吏，右职也。

6 九月，丙申，以陕虢观察使于頔为山南东道节度使。頔，音迪。

7 丁卯，杞王倕薨。倕，肃宗子。倕，音垂。

8 彰武节度使吴少诚遣兵掠寿州霍山，"彰武"，当作"彰义"。霍山，本汉庐江之灊城县，梁置霍州，隋置霍山县，唐属寿州，开元二十七年改霍山曰盛唐，天宝初析盛唐别置霍山县，其地属今寿州六安县界。杀镇遏使谢详，宋白曰：贞元六年，初置蓝田、渭桥等镇遏使。侵地五十馀里，置兵镇守。

9 太学生薛约师事司业阳城，坐言事，徙连州；城送之郊外。上以城党罪人，己巳，左迁城道州刺史。考异曰：实录、新、旧传无年月。柳宗元阳公遗爱碣曰："四年五月，皇帝以银印赤绂即隐所起阳公为谏议大夫。后七年，廷诤恳至，帝尤嘉异，迁为国子司业。又四年九月己巳，出拜道州刺史。太学生鲁郡季偿、庐江何蕃等百六十人投业奔走，稽首阙下，叫阍吁天，愿乞复旧。朝廷重更其事，如己巳诏。"今从之。城治民如治家，州之赋税不登，观察使数加诮让，治，直之翻。数，所角翻。诮，才笑翻。城自署其考曰："抚字心劳，征科政拙，考下下。"观察使遣判官督其赋，至州，城先自囚于狱。判官大惊，驰入，谒城于狱曰："使君何罪！某奉命来候安否耳。"留一二日未去，城不复复，扶又翻。归；馆门外有故门扇横地，城昼夜坐卧其上，判官不自安，辞去。其后又遣他判官往按之，他判官载妻子中道逸去。阳城之名德，人知敬之。彼不之知而使按之者，果何人也。

10 冬，十月，丁酉，通王谌薨。谌，上子也，音氏壬翻。

11 庚子，夏州节度使韩全义奏破吐蕃于盐州西北。

12 明州镇将栗锽姓谱：栗姓，栗陆氏之后。汉长安有富室栗氏。杀刺史卢云，诱山越作乱，攻陷浙东州县。明州山越，今慈溪、鄞县南界、奉化县西北界山民也。锽，户盲翻，又音皇。诱，音酉。

十五年（己卯、七九九）

1 春，正月，甲寅，雅王逸薨。逸，皇弟也。

2 二月，丁丑，宣武节度使董晋薨；乙酉，以其行军司马陆长源为节度使。长源性刻急，恃才傲物。判官孟叔度，轻佻淫纵，佻，他雕翻。好慢侮将士，军中皆恶之。恶，乌路翻。董晋薨，长源知留后，扬言曰："将士弛慢日久，当以法齐之耳！"众皆惧。或劝之发财以劳军，劳，力到翻。长源曰："我岂【章：乙十六行本"岂"下有"效"字；乙十一行本同；孔本同；张校同。】河北贼，以钱买健儿求节钺邪！”故事，主帅薨，帅，所类翻。给军士布以制服，长源命给其直；叔度高盐直，下布直，人不过得盐三二斤。军中怨怒，长源亦不为之备。是日，军士作乱，杀长源、叔度，脔食之，立尽。史言陆长源之死，唐朝用违其才耳。若孟叔度则死有馀罪。监军俱文珍以宋州刺史刘逸准久为宣武大将，得众心，密书召之；逸准引兵径入汴州，乱众乃定。

3 以常州刺史李锜为浙西观察使、诸道盐铁转运使。锜，国贞之子也。锜，鱼岂翻，又音奇。肃宗末，李国贞为绛州行营兵所杀。闲厩、宫苑使李齐运受其赂数十万，荐之于上，故用之。锜刻剥以事进奉，上由是悦之。为李锜以浙西叛张本。

4 庚辰，浙东观察使裴肃擒栗锽于台州，【章：乙十六行本“州”下有“送京师”三字；乙十一行本同，孔本同；退斋校同。】斩之。

5 己丑，以刘逸准为宣武节度使，赐名全谅。

6 三月，甲寅，吴少诚遣兵袭唐州，杀监军邵国朝、镇遏使张嘉瑜，掠百姓千馀人而去。

7 戊午，昭义节度使王虔休薨；戊辰，以河阳、怀州节度使李元淳为昭义节度使。

8 夏，四月，癸未，以安州刺史伊慎为安、黄等州节度使。【据章钰资治通鉴校宋记补。】

9 癸巳，山南西道节度使严震薨。

10 南诏异牟寻遣使与韦皋约共击吐蕃，皋以兵粮未集，请俟他年。韦皋有智略，恐南诏貌与而未悉其心也，故以兵粮未集辞。此可与智者道。

11 山南西道都虞候严砺谄事严震，震病，使知留后，遗表荐之。秋，七月，乙巳，以砺为山南西道节度使。

12 八月，【章：乙十六行本“月”下有“丙申”二字；乙十一行本同；孔本同；张校同；退斋校同。】陈许节度使曲环薨。乙未，吴少诚遣兵掠临颍，临颍，汉古县，唐属许州。九域志：在许州东南六十里。宋白曰：隋大业四年，自故城移于临颍皋，其地实冈阜也。陈州刺史上官涚知陈许留后，遣大将王令忠将兵三千救之，皆为少诚所虏。丙【张："丙"上脱"九月"。】午，以涚为陈许节度使，涚，舒芮翻。少诚遂围许州。涚欲弃城走，营田副使刘昌裔止之曰："城中兵足以办贼，但闭城勿与战，不过数日，贼气自衰，吾以全制其弊，蔑不克矣。"蔑，无也。少诚昼夜急攻，昌裔募勇士千人凿城出击少诚，大破之，城由是全。昌裔，兖州人也。少诚又寇西华，西华，汉县，唐属陈州。九域志：在州西八十里。陈许大将孟元阳拒却之。陈许都知兵马使安国宁与上官涚不叶，谋翻城应少诚；刘昌裔以计斩之。召其麾下，人给二缣；伏兵要巷，见持缣者悉斩之，无得脱者。

13 庚辰，【张："辰"作"戌"。】宣武节度使刘全谅薨。军中思刘玄佐之恩，推其甥都知兵马使匡城韩弘为留后。弘将兵，识其材鄙勇怯，指顾必堪其事。

14 丙辰，诏削夺吴少诚官爵，令诸道进兵讨之。

15 辛酉，以韩弘为宣武节度使。先是，少诚【章：乙十六行本"诚"下有"遣使"二字；乙十一行本同；孔本同；张校同。】与刘全谅约共攻陈许，先，悉荐翻。以陈州归宣武。使者数辈犹在馆，弘悉驱出斩之；选卒三千，会诸军击少诚于许下。少诚由是失势。无同恶相济，故失势。

16 冬，十月，乙丑，邕王源薨。源，徐园翻。太子之子也，上爱而子之，及薨，谥曰文敬太子。

17 山南东道节度使于頔、安黄节度使伊慎、知寿州事王宗与上官涚、韩弘进击吴少诚，屡破之。十一月，壬子，于頔奏拔吴房、朗山。后魏置襄城郡于汉汝南西平之地，仍置遂宁县，隋大业初改曰吴房。吴房，本汉县名。应劭曰：本房子国，楚以封吴夫概王，故曰吴房。朗山，汉安昌县地，后魏置初安郡，隋开皇十八年改安昌为朗山，唐并属蔡州，宋朝避圣祖讳，改朗山为确山。九域志：吴房，在蔡州西北七十里。朗山，在蔡州西南七十五里。

18 十二月，辛未，中书令、咸宁王浑瑊薨于河中。浑瑊封咸宁郡王。瑊性谦谨，虽位穷将相，无自矜大之色；每贡物必躬自阅视，受赐如在上前，由是为上所亲爱。上还自兴元，虽一州一镇有兵者，皆务姑息。瑊每奏事，不过，唐制：凡奏事得可者，皆过门下省、中书省；不过者，寝其奏不下也。辄私喜曰："上不疑我。"故能以功名终。

19 六州党项自永泰以来居于石州，代宗永泰之后，改为大历。六州党项部落，曰野利越诗，野利龙儿，野利厥律，儿黄，野海，野窣等，居庆州号东山部，夏州号平夏部。永泰之后，稍徙石州。永安镇将阿史那思暕侵渔不已，唐盖置永安镇将于石州，以绥御党项。暕，古限翻。党项部落悉逃奔河西。

20 诸军讨吴少诚者既无统帅，帅，所类翻。每出兵，人自规利，规，图也。进退不壹。乙未，诸军自溃于小溵水，溵，与濦同，音殷，又音隐。水经注：颍水东南过临颍县，小濦水注之，又东过西华县北，又南过汝阳县北，又东南过南顿县北，大濦水从西来注之。宋白曰：蔡州汝阳县，隋开皇十七年改为溵水，今界内水有大溵、小溵之名。其年又于上蔡县东北别置汝阳县。委弃器械、资粮，皆为少诚所有。于是始议置招讨使。

21 吐蕃众五万分击南诏及巂州，异牟寻与韦皋各发兵御之；吐蕃无功而还。还，音旋，又如字。

十六年（庚辰、八〇〇）

1 春，正月，【章：乙十六行本"月"下有"乙巳"二字；乙十一行本同；孔本同；张校同；退斋校同。】恒冀、易定、陈许、河阳四军与吴少诚战，皆不利而退。夏绥节度使韩全义本出神策军，中尉窦文场爱厚之，荐于上，使统诸军讨吴少诚。二月，乙酉，以全义为蔡州四面行营招讨使，十七道兵皆受全义节度。为韩全义丧师张本。

2 宣武军自刘玄佐薨，凡五作乱，贞元八年玄佐薨，汴卒拒吴凑而立其子士宁。李万荣既逐士宁，十年，韩惟清等乱。十二年，万荣死，其子乃以兵乱。董晋既入汴，邓惟恭复谋乱。十四年，晋薨，兵又乱，杀留后。凡五乱。士卒益骄纵，轻其主帅。帅，所类翻。韩弘视事数月，皆知其主名；有郎将刘锷，常为唱首。三月，弘陈兵牙门，召锷及其党三百人，数之以“数预于乱，数之之数，音所具翻。数预之数，所角翻。自以为功”，悉斩之，血流丹道。自是至弘入朝宪宗元和十四年，韩弘入朝。二十一年，士卒无一人敢讙呼于城郭者。讙，许元翻。呼，火故翻。

3 义成监军薛盈珍为上所宠信，欲夺节度使姚南仲军政，南仲不从，由是有隙。盈珍谮其幕僚马总，贬泉州别驾。福建观察使柳冕谋害总以媚盈珍，遣幕僚宝鼎薛戎摄泉州事，使按致总罪，戎为辩析其无辜；为，于伪翻。冕怒，召戎，囚之，使守卒恣为侵辱。如此弥月，徐诱之使诬总，戎终不从；总由是获免。冕，芳之子也。柳芳有史学，事玄宗、肃宗。

盈珍屡毁南仲于上，上疑之。盈珍乃【章：乙十六行本“乃”作“又”；乙十一行本同；孔本同。】遣小吏程务盈乘驿诬奏南仲罪。牙将曹文洽亦奏事长安，知之，晨夜兼行，追及务盈于长乐驿，长乐驿，在长安城东浐坡。与之同宿，中夜，杀之，沈盈珍表于厕中；自作表雪南仲之冤，且首专杀之罪，首，式又翻。亦作状白南仲，遂自杀。明旦，门不启，驿吏排之入，得表、状于文洽尸旁。上闻而异之，征盈珍入朝；南仲恐盈珍谗之益深，亦请入朝。夏，四月，丙子，南仲至京师，待罪于金吾；金吾，左右仗，凡内外官之待罪者诣焉。诏释之，召见。见，贤遍翻。上问：

"盈珍扰卿邪?"对曰:"盈珍不扰臣,但乱陛下法耳。且天下如盈珍辈,何可胜数!胜,音升。数,所具翻。虽使羊、杜复生,羊、杜,谓羊祜、杜预。复,扶又翻。亦不能行恺悌之政,成攻取之功也。"上默然,竟不罪盈珍,仍使掌机密。

盈珍又言于上曰:"南仲恶政,皆幕僚马少微赞之也。"诏贬少微江南官,遣中使送之,推坠江中而死。推,吐雷翻。

4 黔中观察使韦士宗,政令苛刻;黔,渠今翻。丁亥,牙将傅近等逐之,出奔施州。九域志:黔州,东北至施州四百一十一里。

5 新罗王敬则【严:"则"改"信"。】卒,庚寅,册命其嫡孙俊邕为新罗王。

6 韩全义素无勇略,专以巧佞货赂结宦官得为大帅,帅,所类翻。每议军事,宦者为监军者数十人坐帐中争论,纷然莫能决而罢。天渐暑,士卒久屯沮洳之地,沮,将预翻。洳,人恕翻。沮洳,渐湿也。多病疫,【章:乙十六行本"疫"下有"全义不存抚"五字;乙十一行本同;退斋校同;孔本同,"抚"作"恤";张校同,云:"抚"无注本作"恤"。】人有离心。五月,庚戌,与吴少诚将吴秀、吴少阳等战于溵南广利原,溵南,溵水之南也。锋镝才交,诸军大溃;秀等乘之,全义退保五楼。五楼,在溵水县西南。少阳,沧州清池人也。宋白曰:汉浮阳县,隋开皇十八年改曰清池,因县东南有清池为名。

7 山南东道节度使于頔因讨吴少诚,大募战士,缮甲厉兵,聚敛货财,恣行诛杀,有据汉南之志,专以慢上陵下为事。上方姑息藩镇,知其所为,无如之何。頔诬邓州刺史元洪赃罪,至德元载,升襄阳防御使为山南东道节度使,领襄、邓、随、唐、安、均、房、金、商九州。贞元元年,以邓州隶东都畿。以此观之,此时复领邓州矣。朝廷不得已流洪端州,遣中使护送至枣阳。枣阳,汉舂陵之地,隋置枣阳县,唐初属唐州,贞观十一年废,属随州。九域志:在州西北一百六十里，距襄州一百三十五里。頔遣兵劫取归襄州，中使奔归。頔表洪责太重，上复以洪为吉州长史；乃遣之。复，扶又翻。又怒判官薛正伦，奏贬峡州长史；比敕下，比，必利翻，及也。頔怒已解，复奏留为判官。上一一从之。

8 徐、泗、濠节度使张建封镇彭城十馀年，贞元四年，张建封镇彭城。军府称治，治，直吏翻。病笃，【章：乙十六行本“笃”下有“累表”二字；乙十一行本同；孔本同；张校同；退斋校同。】请除代人。辛亥，以苏州刺史韦夏卿为徐、泗、濠行军司马。敕下，建封已薨。夏卿，执谊之从祖兄也。徐州判官郑通诚知留后，恐军士为变，会浙西兵过彭城，通诚欲引入城为援。军士怒，壬子，数千人斧库门，出甲兵擐执之，擐，音患。围牙城，劫建封子前虢州参军愔令知军府事，愔，挹淫翻。杀通诚及大将段伯熊等数人，械系监军。上闻之，以吏部员外郎李鄘为徐州宣慰使。鄘直抵其军，鄘，余封翻。召将士宣朝旨，谕以祸福，朝，直遥翻；下同。脱监军械，使复其位，凶党不敢犯。愔上表称兵马留后，鄘以非朝命，不受，使削去，然后受之以归。去，羌吕翻。

9 灵州破吐蕃于乌兰桥。唐书地理志：会州乌兰县有乌兰关；桥当在关外黄河上。

10 丙寅，韦士宗复入黔中。是年四月，韦士宗为牙将傅近所逐。黔，音禽，又其廉翻。

11 湖南观察使河中吕渭奏发永州刺史阳履赃贿；履表称所敛物皆备进奉，上召诣长安，丁丑，【严：“丑”改“卯”。】命三司使鞫之，诘其物费用所归，履曰：“已市马进之矣。”又诘“马主为谁？马齿几何？”对曰：“马主，东西南北之人，今不知所之；按礼，齿路马有诛，曲礼之言。故不知其齿。”所对率如此。上悦其进奉之言，释之，但免官而已。德宗之猜忌，如杨炎、窦参位居宰辅，皆以归过于君，不置之地上。阳履以赃败而表称进奉，谓非归过于君可乎！德宗悦其进奉之言而释其罪。夫好货，非美名也，人虽有好货者，苟加以好货之名，则必怫然而不受。德宗果何为而安受此名也！余意阳履于赃贿既败之后，必有所进以求免于罪，德宗不徒悦其言而已。

12 丙戌，加淄青节度使李师古同平章事。

13 徐州乱兵为张愔表求旄节，为，于伪翻。朝廷不许；加淮南节度使杜佑同平章事，兼徐、濠、泗节度使，使讨之。佑大具舟舰，遣牙将孟准为前锋；济淮而败，佑不敢进。泗州刺史张伾出兵攻埇桥，大败而还。朝廷不得已除愔徐州团练使，以伾为泗州留后，濠州刺史杜兼为濠州留后，仍加佑兼濠泗观察使。分濠、泗隶淮南，以弱徐州之权。考异曰：实录："十二月癸卯，泗州、濠州，宜令淮南观察使收管。"今因此终言之。

兼，正伦五世孙也，杜正伦相太宗、高宗。性狡险强忍。建封之疾亟也，兼阴图代之，自濠州疾驱至府。幕僚李藩与同列，入问建封疾，出见之，泣曰："仆射疾危如此，张建封加仆射，故称之。公宜在州防遏，今弃州此来，欲何为也！宜速去，不然，当奏之。"兼错愕出不意，遂径归。建封薨，藩归扬州，兼诬奏藩于建封之薨摇动军情，上大怒，密诏杜佑使杀之；佑素重藩，怀诏旬日不忍发，因引藩论佛经曰，"佛言果报，有诸？"藩曰："有之。"佛经言，人所造作善恶为果，随其所作而应之以祸福为报。佑曰："审如此，君宜遇事无恐。"因出诏示藩。藩神色不变，曰："此真报也。"佑曰："君慎勿出口，吾已密论，用百口保君矣。"人谓其家之亲属为百口。上犹疑之，召藩诣长安，望见藩仪度安雅，乃曰："此岂为恶者邪！"即除秘书郎。

14 新罗王俊邕卒，国人立其子重熙。重，直龙翻。

15 秋，七月，吴少诚进击韩全义于五楼，诸军复大败，复，扶又翻；下同。全义夜遁，保溵水县城。溵水县，汉汝阳县地，隋置溵水县，废汝阳入焉，唐属陈州。九域志：在州西南八十里。

16 卢龙节度使刘济弟源为涿州刺史，不受济命；济引兵击擒之。

17 九月，癸卯，义成节度使卢群薨；甲戌，【严："戌"改"辰"。】以尚书左丞李元素代之。贾耽曰："凡就军中除节度使，必有爱憎向背，背，蒲妹翻。喜惧者相半，故众心多不安。自今愿陛下只自朝廷除人，庶无他变。"上以为然。

18 中书侍郎、同平章事郑馀庆与户部侍郎、判度支于頔素善，頔所奏事，馀庆多劝上从之。上以为朋比，頔，薄谐翻，又蒲回翻。比，毗至翻。庚戌，贬馀庆郴州司马，頔泉州司户。郴，丑林翻。宋白曰：泉州，江左之晋安郡，隋置泉州，旧理闽县，后移于南安县，唐圣历元年分泉州之南安、莆田、龙溪三县置武荣州，景云二年改泉州。旧志：泉州，京师东南七千三百里。考异曰：旧传曰："时岁旱，人饥，德宗与宰相议，将赈给禁卫十军，事未行，为中书吏所泄，馀庆贬郴州司马。"按实录：馀庆与于頔同贬。馀庆制辞云："乃乖正直，有涉比周，弃法弄情，公行党庇。"頔制辞云："性本纤狡，行惟党附，奏对每乖于事实，倾邪有蠹于彝章。"今从之。頔，頔之兄也。

19 癸丑，吴少诚进逼溵水数里置营，韩全义复帅诸军退保陈州。帅，读曰率；下同。宣武、河阳兵私归本道，独陈许将孟元阳、神策将苏光荣帅所部留军溵水。全义以诈诱昭义将夏侯仲宣、义成将时昂、河阳将权文变、【严："变"改"度"。】河中将郭湘等，斩之，欲以威众。全义至陈州，刺史刘昌裔登城谓之曰："天子命公讨蔡州，今乃来此，昌裔不敢纳，请舍于城外。"既而昌裔赍牛酒入全义营犒师，全义惊喜，心服之。己未，孟元阳等与吴少诚战，杀二千馀人。

20 庚申，以太常卿齐抗为中书舍人、同平章事。新书宰相表：齐抗为中书侍郎、同平章事。

21 癸亥，以张愔为徐州留后。

22 冬，十月，吴少诚引兵还蔡州。孟元阳折其锋，故退。先是，韦皋闻诸军讨少诚无功，先，悉荐翻。上言“请以浑瑊、贾耽为元帅，统诸军。浑瑊薨于去年十二月，韦皋盖上言于瑊未薨之前。若重烦元老，重，难也。则臣请以精锐万人下巴峡，出荆楚以翦凶逆。韦皋欲为元帅，然亦以大言衒朝廷耳。彼岂肯去西川邪！不然，因其请罪而赦之，罢两河诸军以休息公私，亦策之次也。若少诚一旦罪盈恶稔，为麾下所杀，则又当以其爵位授之，是除一少诚，生一少诚，为患无穷矣。”贾耽言于上曰：“贼意盖亦望恩贷，恐须开其生路；”上从之。会少诚致书币于监官军者求昭洗，监军奏之。戊子，诏赦少诚及彰义将士，复其官爵。考异曰：实录：“九月壬寅，宰相对于延英，贾耽奏：‘一昨韩全义五楼退军，贼不敢追趁者，应望国家恩贷，恐须开其生路。’上是之。”按全义自五楼退保溵水，少诚逼溵水下营，全义又退保陈州，非不敢追趁也！又云：“诸军讨蔡州，未尝整阵交锋，而王师累挫溃。吴少诚知王师无能，为致书币以告监军，愿求昭洗。上既纳贾耽之议，又得监军善奏，遂复其官爵。”按少诚知王师无能为，则愈当侵轶，岂肯从监军求昭洗！盖少诚起兵以来，不能无疲弊，故求休息耳。今不取。

23 己丑，河东节度使李说薨；甲午，以其行军司马郑儋为节度使。儋，都甘翻。上择可以代儋者，以刑部员外郎严绶尝以幕僚进奉，严绶进奉，事见上十二年。记其名，史言德宗好货，惟进奉者则牢记其姓名。即用为【章：乙十六行本“为”下有“河东”二字；乙十一行本同；孔本同。】行军司马。

24 吐蕃数为韦皋所败，数，所角翻；下同。败，补迈翻。是岁，其曩贡、腊城等九节度婴、笼官马定德帅其部落来降。定德有智略，吐蕃诸将行兵，皆禀其谋策，常乘驿计事，至是以兵数不利，恐获罪，遂来奔。据旧书云：吐蕃酋帅兼监统曩贡、腊城等九节度娶娶、笼官马定德与其大将八十七人举部落来降。定德有计划，娶娶知兵法及山川地形，至是以边功不立，惧得罪而来。如此，则娶娶别是一人，笼官马定德又是一人。考之字书，亦无“娶”字，然通鉴所书，全用旧书韦皋传文。盖旧书韦皋传与吐蕃传自相抵捂。帅，读曰率。

容肇祖标点聂崇岐覆校

资治通鉴卷第二百三十六

端明殿学士兼翰林侍读学士太中大夫
提举西京嵩山崇福宫上柱国河内郡开国公 司马光 奉敕编集
食邑二千二百户食实封九百户赐紫金鱼袋臣

后学天台 胡三省 音注

唐纪五十二 起重光大荒落(辛巳),尽旃蒙作噩(乙酉),凡五年。

德宗神武圣文皇帝十一

贞元十七年(辛巳、八〇一)

1 春,正月,甲寅,韩全义至长安,窦文场为掩其败迹;为,于伪翻;下同。上礼遇甚厚。全义称足疾,不任朝谒,任,音壬。朝,直遥翻。考异曰:旧全义传云:"令中使就第赐宴,自还至辞,都不谒见而去。议者以隳败法制,从古以还,未如贞元之甚。"按实录:"壬戌,宴全义于麟德殿。"又云:"自还及归,不见不辞于正朝。"盖非不谒也,但不于正朝耳。遣司马崔放入对。放为全义引咎,谢无功,为,于伪翻。上曰:"全义为招讨使,能招来少诚,其功大矣,何必杀人然后为功邪!"德宗之耳目为宦官所聋瞽率类此。闰月,甲戌,归夏州。夏,户雅翻。

2 韦士宗既入黔州,去年士宗复入黔州,事见上卷。黔,渠今翻,又其廉翻。妄杀长吏,人心大扰。士宗惧,三月,脱身亡走。夏,四月,辛亥,以右谏议大夫裴佶为黔州观察使。佶,其吉翻。

3 五月,壬戌朔,日有食之。

4 朔方邠、宁、庆节度使杨朝晟朔方兵分居邠，故仍以朔方军号冠之，其实只节度邠、宁、庆三州。防秋于宁州，乙酉，薨。

初，浑瑊遣兵马使李朝寀将兵戍定平。武德二年分宁州定安县置定平县，仍属宁州。九域志：在州南六十里。朝，直遥翻。寀，仓宰翻。将，即亮翻。瑊薨，朝寀请以其众隶神策军；诏许之。

杨朝晟疾亟，亟，讫力翻。召僚佐谓曰："朝晟必不起，朔方命帅多自本军，虽徇众情，殊非国体。帅，所类翻；下同。宁州刺史刘南金，练习军旅，宜使摄行军，且知军事，比朝廷择帅，比，必利翻，及也。必无虞矣。"又以手书授监军刘英倩，英倩以闻。军士私议曰："朝廷命帅，吾纳之，即命刘君，吾事之；若命帅于他军，彼必以其麾下来，吾属被斥矣，必拒之。"

己丑，上遣中使往察军情，军中多与南金。辛卯，上复遣高品薛盈珍赍诏诣宁州。唐内侍省有高品一千九百六十六人。复，扶又翻。六月，甲午，盈珍至军，宣诏曰："朝寀所将本朔方军，今将并之，以壮军势，威戎狄，以李朝寀为使，南金副之，军中以为何如？"诸将皆奉诏。

丙申，都虞候史经言于众曰："李公命收弓刀而送甲胄二千。"军士皆曰："李公欲内麾下二千为腹心，吾辈妻子其可保乎！"夜，造刘南金，造，七到翻。欲奉以为帅，南金曰："节度使固我所欲，然非天子之命则不可；军中岂无他将乎！"将，即亮翻。众曰："弓刀皆为官所收，惟军事府尚有甲兵，军事府，知军事所居也。欲因以集事。"南金曰："诸君不愿朝寀为帅，宜以情告敕使。若操甲兵，操，七刀翻。乃拒诏也。"命闭门不内。军士去，诣兵马使高固，固逃匿；搜得之，固曰："诸君能用吾言则可。"众曰："惟命。"固曰："毋杀人，毋掠金帛。"众曰："诺。"乃共诣监军，请奏之。众曰："刘君既得朝旨为副帅，必挠吾事。”挠，奴巧翻。诈称监军命，召计事，至而杀之。

戊戌，制以李朝寀为邠宁节度使。是日，宁州告变者至，上追还制书，复遣薛盈珍往诇军情。复，扶又翻；下同。诇，火迥翻，又翾正翻。壬寅，至军，军中以高固为请，盈珍即以上旨命固知军事。

或传戊戌制书至邠州，邠军惑，不知所从，薛盈珍已命高固知宁州军事，而又有传李朝寀制书至邠者，故留邠之军惑而不知所适从。奸人乘之，且为变。留后孟子周悉内精甲于府廷，日飨士卒，内以悦众心，外以威奸党。邠军无变，子周之谋也。

5 李锜既执天下利权，十五年李锜为诸道盐铁转运使，事见上卷。以贡献固主恩，以馈遗结权贵，遗，唯季翻。恃此骄纵，无所忌惮，盗取县官财，所部官属无罪受戮者相继。浙西布衣崔善贞诣阙上封事，言宫市、进奉及盐铁之弊，因言锜不法事。上览之，不悦，命械送锜。锜闻其将至，先凿坑于道旁；己亥，善贞至，并锁械内坑中，生瘗之。瘗，于计翻。远近闻之，不寒而栗。锜复欲为自全计，增广兵众，选有材力善射者谓之挽强，言其力能挽强弓也。杜甫诗：“挽弓当挽强。”胡、奚杂类谓之蕃落，胡、奚之俘配隶江南者，锜收养之。给赐十倍他卒。转运判官卢坦屡谏不悛，悛，丑缘翻。与幕僚李约等皆去之。约，勉之子也。李勉历事肃、代、德三朝，贞元中为相。

6 己酉，以高固为邠宁节度使。固，宿将，以宽厚得众，节度使忌之，置于散地，散，悉但翻。同列多轻侮之；及起为帅，一无所报复，【章：十二行本“复”下有“由是”二字；乙十一行本同。】军中遂安。

7 丁巳，成德节度使王武俊薨。

8 秋，七月，戊寅，吐蕃寇盐州。

9 辛巳，以成德节度副使王士真为节度使。

10 己丑，吐蕃陷麟州，杀刺史郭锋，夷其城郭，掠居人及党项部落而去。锋，曜之子也。曜，郭子仪之子也。

僧延素为虏所得。虏将有徐舍人者，谓延素曰："我英公五代孙也。李勣，封英国公。武后时，吾高祖建义不成，谓敬业也。事见二百二卷武后光宅元年。子孙流播异域，虽代居禄位典兵，然思本之心不忘，顾宗族大，无由自拔耳。今听汝归。"遂纵之。

上遣使敕韦皋出兵深入吐蕃以分其势，纾北边患。纾，缓也。皋遣将将兵二万分出九道，攻吐蕃维、保、松州及栖鸡、老翁城。宋白曰：保州本维州之定廉县，南接吐蕃，为夷落之极塞。开元二十八年，羌夷内附，置奉州。天宝改云山郡，八载，移治天保军，改为天保郡，寻没，乾元元年复归附，乃改为保州。按王涯传曰：绵州威蕃栅西抵栖鸡城。盖在茂州界。

11 河东节度使郑儋暴薨，不及命后事，军中喧哗，将有他变。中夜，十馀骑执兵召掌书记令狐楚至军门，诸将环之，环，音宦。使草遗表。楚在白刃之中，操笔立成。楚，德棻之族也。令狐德棻事太宗，疑"族"字下有"孙"及"曾、玄"等字。棻，抚文翻。八月，戊午，以河东行军司马严绶为节度使。

12 九月，韦皋奏大破吐蕃于雅州。宋白曰：雅州，即秦严道县地，后魏立蒙山郡，唐立雅州。按郡国志，汉源县有离山崋，蜀守李冰所凿。离，即古雅字也，州以此为名。旧志：雅州，京师西南二千七百二十三里。

13 左神策中尉窦文场致仕，以副使杨志廉代之。

14 韦皋屡破吐蕃，转战千里，凡拔城七，军镇五，焚堡百五十，斩首万馀级，捕虏六千，降户三千，遂围维州及昆明城。冬，十月，庚子，加皋检校司徒兼中书令，赐爵南康郡王。南诏王异牟寻虏获尤多，上遣中使慰抚之。

15 戊午，盐州刺史杜彦先弃城奔庆州。为吐蕃所逼也。盐州修筑距是年才八年。

十八年(壬午、八〇二)

1 春,正月,骠王摩罗思那遣其子悉利移入贡。骠国在南诏西南六千八百里,新书:骠,古朱波也,在永昌南二千里,云京师万四千里。骠,毗召翻。闻南诏内附而慕之,因南诏入见,见,贤遍翻。仍献其乐。

2 吐蕃遣其大相兼东鄙五道节度使论莽热将兵十万解维州之围,西川兵据险设伏以待之。吐蕃至,出千人挑战,挑,徒了翻。虏悉众追之,伏发,虏众大败,擒论莽热,士卒死者太半。维州、昆明竟不下,引兵还。还,从宣翻,又如字。乙亥,皋遣使献论莽热,考异曰:旧韦皋传云:"十月遣使献论莽热",今从实录。上赦之。

3 浙东观察使裴肃既以进奉得进,裴肃以进奉得廉车,事见上卷十二年。判【张:"判"上脱"肃卒"。】官齐总代掌后务,据新唐书:肃卒于官,齐总代掌后务。刻剥以求媚又过之。三月,癸酉,诏擢总为衢州刺史。给事中长安许孟容封还诏书,封还诏书,不肯书读,所谓纠驳也;亦谓之涂归,唐人语也。曰:"衢州无他虞,齐总无殊绩,忽此超奖,深骇群情。若总必有可录,愿明书劳课,然后超资改官,以解众疑。"诏遂留中。己亥,上召孟容,慰奖之。

4 秋,七月,辛未,嘉王府谘议高弘本正牙奏事,嘉王运,代宗之子。谘议参军,正五品上,掌计谋议事。唐东内以含元殿为正牙,西内以太极殿为正牙。唐制:天子居曰衙,行曰驾。牙,与衙同。自理逋债。逋,欠也。乙亥,诏"公卿庶僚自今勿令正牙奏事,如有陈奏,宜延英门请对。"议者以为:"正牙奏事,自武德以来未之或改,所以达群情,讲政事;弘本无知,黜之可也,不当因人而废事。"

5 淮南节度使杜佑累表求代,冬,十月,丁亥,以刑部尚书王锷为淮南副节度使兼行军司马。锷，五各翻。“副节度使”，恐当作“节度副使”。

6 己酉，鄜坊节度使王栖曜薨。中军将何朝宗谋作乱，夜，纵火；都虞候裴玢潜匿不救火，朝，直遥翻。玢，府巾翻。旦，擒朝宗，斩之。以同州刺史刘公济为鄜坊节度使，以玢为行军司马。

十九年（癸未、八〇三）

1 春，二月，丁亥，名安黄军曰奉义。以宠伊慎也。

2 己亥，安南牙将王季元逐其观察使裴泰，泰奔朱鸢。刘昫曰：朱鸢，汉县名，今县吴军平县地。晋武帝更名海平，江左置武平郡；隋废郡为朱鸢县，唐属交州。明日，左兵马使赵匀斩季元及其党，迎泰而复之。

3 甲辰，杜佑入朝。自淮南入朝。三月，壬子朔，以佑检校司空、同平章事；以王锷为淮南节度使。

4 鸿胪卿王权请迁献、懿二祖于德明、兴圣庙，玄宗天宝二年，尊咎繇为德明皇帝，凉武昭王为兴圣皇帝，立庙京师。胪，陵如翻。每禘祫，正太祖东向之位；从之。建中二年，奉献祖正东向之位，事见二百二十七卷。

5 乙亥，以司农卿李实兼京兆尹。实为政暴戾，上爱信之。实恃恩骄傲，许人荐引，不次拜官，及诬谮斥逐，皆如期而效，士大夫畏之侧目。

6 夏，四月，泾原节度使刘昌奏请徙原州治平凉；从之。七年刘昌筑平凉，事见二百三十三卷。原州本治高平，唐为平高县，为吐蕃所陷。

7 乙亥，吐蕃遣其臣论颊热入贡。

8 六月，辛卯，以右神策中尉副使孙荣义为中尉，与杨志廉皆骄纵招权，杨志廉时为左军中尉。考异曰：实录：“十七年六月，以中官杨志廉充左神策护军中尉。”“七月丙戌，以内给事杨志廉、孙荣义为左、右神策护军中尉副使。""九月戊寅，以志廉为左神策中尉。""十九年六月辛卯，以荣义为右神策中尉。""二十年十月戊申，以志廉为特进、右监军将军、左军中尉。"其重复差互如此。盖十七年六月摄领耳，七月始为副使，九月及十九年六月始正为中尉。二十年十月但进阶加官耳。旧传又云："先是窦文场致仕，十五年以后，志廉、荣义为左、右军中尉，亦踵窦之事。"此盖言其大略耳，未必为中尉适在十五年也。余按"右监军将军"当作"右监门将军"。依附者众，宦官之势益盛。

9 壬辰，遣右龙武大将军薛伾使于吐蕃。

10 陈许节度使上官涚薨，其婿田偁欲胁其子使袭军政；偁，齿绳翻。牙将王沛，亦涚之婿也，知其谋，以告监军范日用，讨擒之。乙未，以陈许行军司马刘昌裔为节度使。沛，许州人也。

11 自正月不雨至于秋七月。

12 己未，中书侍郎、同平章事齐抗以疾罢为太子宾客。

13 初，翰林待诏王伾善书，山阴王叔文善棋，山阴，汉古县，隋废山阴入会稽县，唐初复分会稽置山阴县。二县俱在越州郭下。俱出入东宫，娱侍太子。伾，杭州人也。

叔文谲诡多计，自言读书知治道，乘间常为太子言民间疾苦。谲，古穴翻。治，直吏翻。乘间，古苋翻。为，于伪翻。太子尝与诸侍读及叔文等论及宫市事，太宗时，晋王府有侍读，及为太子，亦置焉。其后或置或否，无常员，掌讲导经学。太子曰："寡人方欲极言之。"众皆称赞，独叔文无言。既退，太子自留叔文，谓曰："向者君独无言，岂有意邪?"叔文曰："叔文蒙幸太子，有所见，敢不以闻。太子职当视膳问安，世子之记曰：朝夕至于大寝之门外，问内竖曰："今日安否何如?"内竖曰"安"，世子乃有喜色。其有不安节，则内竖以告世子。世子色忧不满容。内竖言复初，然后亦复初。朝夕之食上，世子必在，视寒暖之节。食下，问所膳羞，必知所进，以命膳宰，然后退。若内竖言疾，则世子亲齐玄而养。膳宰之馔，必敬视之。疾之药，必亲尝之。尝馔善，则世子亦能食；尝馔寡，则世子亦不能饱。以至于复初，然后亦复初。不宜言外事。陛下在位久，如疑太子收人心，何以自解！”太子大惊，因泣曰：“非先生，寡人无以知此。”遂大爱幸，与王伾相依附。

叔文因为太子言：为，于伪翻。“某可为相，某可为将，幸异日用之。”密结翰林学士韦执谊及当时朝士有名而求速进者陆淳、吕温、李景俭、韩晔、韩泰、陈谏、柳宗元、刘禹锡等，定为死友。而凌准、程异等又因其党以进，日与游处，处，昌吕翻。踪迹诡秘，莫有知其端者。藩镇或阴进资币，与之相结。淳，吴人，尝为左司郎中；温，渭之子，时为左拾遗；吕渭见上卷十六年。景俭，瑀之孙，进士及第；瑀，宁王宪之子也，封汉中王。晔，滉之族子；韩滉，休之子，贞元中为相。谏，尝为侍御史；宗元、禹锡，时为监察御史。

左补阙张正一上书，得召见。考异曰：顺宗实录作“张正买”，今从德宗实录。正一与吏部员外郎王仲舒、主客员外郎刘伯刍等相亲善，考异曰：韩愈集有仲舒神道碑，云“讳弘中，字某。”按实录、新旧传皆名仲舒，字弘中。愈又作燕喜亭记，称为王弘中。然则弘中必字也，碑文误耳。顺宗实录云：“正买与王仲舒、刘伯刍、裴茝、常仲孺、吕洞相善，数游止。”今从德宗实录。叔文之党疑正一言己阴事，令执谊反谮正一等于上，云其朋党，游宴无度。九月，甲寅，正一等皆坐远贬，人莫知其由。为伾、叔文等乱顺宗初政张本。伯刍，乃之子也。刘乃见二百三十卷兴元元年。

14 盐夏节度判官崔文先权知盐州，为政苛刻。冬，闰十月，庚戌，部将李庭俊作乱，杀而脔食之。左神策兵马使李兴干戍盐州，杀庭俊以闻。

15 丁巳，门下侍郎、同平章事崔损薨。

16 十一月，戊寅朔，以李兴干为盐州刺史，得专奏事；李兴干出于神策军，宦官因其定乱之功而崇奖之。自是盐州不隶夏州。贞元三年，置夏州节度使，领绥、盐二州，今盐州得专达于朝廷。其后盐州属朔方节度，夏州节度又增银、宥、威三州隶之。

17 十二月，庚申，以太常卿高郢为中书侍郎，吏部侍郎郑珣瑜为门下侍郎，并同平章事。珣瑜，馀庆之从父兄弟也。郑馀庆，贞元十四年为相，十六年坐于頔贬。从，才用翻。

18 建中初，敕京城诸使及府县系囚，每季终委御史巡按，有冤滥者以闻；冤，枉屈也。滥，淫刑也。近岁，北军移牒而已。宦官势横，御史不敢复入北军按囚，但移文北司，牒取系囚姓名及事，因应故事而已，不问其有无冤滥。监察御史崔薳遇下严察，下吏欲陷之，引以入右神策军。军使以下骇惧，具奏其状。上怒，杖薳四十，流崖州。薳，韦委翻。

19 京兆尹嗣道王实务征求以给进奉，言于上曰："今岁虽旱而禾苗甚美。"由是租税皆不免，人穷至坏屋卖瓦木、麦苗以输官。坏，音怪。优人成辅端为谣嘲之；徒歌曰谣。实奏辅端诽谤朝政，杖杀之。朝，直遥翻。

监察御史韩愈上疏，以"京畿百姓穷困，应今年税钱及草粟等征未得者，请俟来年蚕麦"。愈坐贬阳山令。阳山，汉县，属桂阳郡，后汉省，晋平吴，分浛洭县复置，唐属连州，神龙元年移县治于浛水之北。考异曰：韩愈河南令张署墓志曰："自京兆武功尉拜监察御史，为幸臣所谗，与同辈韩愈、李方叔三人俱为县令南方。"又祭署文曰："贞元十九，君为御史，余以无能，同诏并峙。"又曰："我落阳山，以尹鼯猱。君飘临武，山林之牢。岁弊寒凶，雪虐风饕。"与署同贬当在此年冬。

二十年(甲申、八〇四)

1 春，正月，丙戌，天德军都防御团练使、丰州刺史李景略卒。初，景略尝宴僚佐，行酒者误以醯进。醯，呼西翻，醋也。判官京兆任迪简以景略性严，恐行酒者得罪，强饮之，任，音壬。强，其两翻。归而呕血；军士闻之泣下。及李景略卒，军士皆曰判官仁者，欲奉以为帅。帅，所类翻。监军抱置别室，军士发扃取之。监军以闻，诏以代景略。

2 吐蕃赞普死，其弟嗣立。考异曰：实录及旧传皆云："赞普以贞元十三年四月卒，长子立，一岁，又卒，次子嗣立。"韩愈顺宗实录张荐传云："二十年，赞普死，遣荐吊赠。"新传云："十三年，赞普死，其子足之煎立。二十年，赞普死，遣工部侍郎张荐吊祠，其弟嗣立。"疑实录、旧传误以是字为一字。今从顺宗录及新传。按"字"当作"事"。

3 夏，四月，丙寅，名陈许军曰忠武。

4 左金吾大将军李升云将禁兵镇咸阳，疾病，其子政諲諲，音因。与虞候上官望等谋效山东藩镇，使将士奏摄父事。六月，壬子，升云卒。甲寅，诏追削升云官爵，籍没其家。

5 昭义节度使李长荣薨，上使中使以手诏授本军大将，但军士所附者即授。时大将来希皓为众所服，中使将以手诏付之。希皓言于众曰："此军取人，合是希皓，但作节度使不得。唐人多读作如佐音。若朝廷以一束草来，希皓亦必敬事。"言若束草为节度使，亦必敬而事之。来希皓之忠纯如此，而其后不复见于史，必卢从史畏逼而去之也。中使言："面奉进止，只令此军取大将拔与节钺，朝廷不别除人。"希皓固辞。兵马使卢从史考异曰：杜牧上李司徒书作"押衙卢从史"。今从实录。其位居四，潜与监军相结，起出伍曰：出俦伍之中而言。"若来大夫不肯受诏，从史请且句当此军。"句，古候翻。当，丁浪翻。监军曰："卢中丞若如此，此亦固合圣旨。"中使因探怀取诏以授之。探，吐南翻。从史捧诏，再拜舞蹈。希皓亟回挥同列，北面称贺。军士毕集，更无一言。秋，八月，己未，诏以从史为节度使。

6 九月，太子始得风疾，不能言。

顺宗至德弘道大圣大安孝皇帝 讳诵，德宗长子。按此宣宗

大中三年追崇谥号也。考之会要，葬陵谥册与此追崇谥号一同。盖会要所载初谥误也。

永贞元年（乙酉、八〇五）是年八月，始改元永贞。

1 春，正月，辛未朔，诸王、亲戚入贺德宗，太子独以疾不能来，德宗涕泣悲叹，由是得疾，日益甚。凡二十馀日，中外不通，莫知两宫安否。

癸巳，德宗崩；年六十四。苍猝召翰林学士郑絪、卫次公等至金銮殿絪，音因。程大昌雍录曰：金銮坡者，龙首山之支陇，隐起平地而坡陁靡迤者也。其上有殿，名曰金銮殿。殿旁有坡，名曰金銮坡。又曰：金銮殿者，在蓬莱山正西微南，龙首山坡陇之北。殿西有坡，德宗即之以造东学士院，以其在开元学士院之东也。草遗诏。宦官或曰："禁中议所立尚未定。"众莫敢对。次公遽言曰："太子虽有疾，地居冢嫡，中外属心。属，之欲翻。必不得已，犹应立广陵王；广陵王纯，太子长子。不然，必大乱。"絪等从而和之，和，胡卧翻。议始定。次公，河东人也。太子知人情忧疑，紫衣麻鞋，考异曰：按秘丧则不应麻鞋，发丧则不应紫衣。盖当时苍猝偶着此服，非秘丧也。以未成服，故不衣缞绖耳。力疾出九仙门，雍录曰：九仙门在内西苑之东北角。右神策军、右羽林军、右龙武军列营于九仙门之西。按阁本大明宫图：宫城西面右银台门，又北为九仙门。召见诸军使，人心粗安。粗，坐五翻。

甲午，宣遗诏于宣政殿，考异曰：德宗实录："癸巳，宣遗诏。"今从顺宗实录。太子缞服见百官；缞，仓回翻。丙申，即皇帝位于太极殿。即位于西内前殿。卫士尚疑之，企足引领而望之，企，去智翻。曰："真太子也！"乃喜而泣。

时顺宗失音，不能决事，常居宫中施帘帷，独宦者李忠言、昭容牛氏侍左右；百官奏事，自帷中可其奏。自德宗大渐，王伾先入，称诏召王叔文，坐翰林中使决事。伾以叔文意入言于忠言，称诏行下，下，户嫁翻。外初无知者。以杜佑摄冢宰。二月，癸卯，上始朝百官于紫宸门。紫宸门，紫宸殿门也。长安志：宣政殿北曰紫宸门，门内有紫宸殿，即内衙之正殿。

2 己酉，加义武节度使张茂昭同平章事。

3 辛亥，以吏部郎中韦执谊为尚书左丞、同平章事。王叔文欲掌国政，首引执谊为相，己用事于中，与相唱和。和，户卧翻。

4 壬子，李师古发兵屯西境以胁滑州。时告哀使未至诸道，义成牙将有自长安还得遗诏者，节度使李元素以师古邻道，欲示无外，春秋公羊传曰：王者无外。此唐人以化外待藩镇，故有此语。遣使密以遗诏示之。师古欲乘国丧侵噬邻境，乃集将士谓曰："圣上万福，而元素忽传遗诏，是反也，宜击之。"遂杖元素使者，发兵屯曹州，考异曰：旧韩愈传云："撰顺宗实录，繁简不当，穆宗、文宗尝诏史臣添改。时愈婿李汉、蒋系在显位，诸公难之，而韦处厚竟别撰顺宗实录三卷。"景佑中，诏编次崇文总目，顺宗实录有七本，皆五卷，题曰"韩愈等撰"。五本略而二本详，编次者两存之。其中多异同，今以详、略为别。此李师古胁滑州事，详本有而略本无。详录又云："使衡密以其本示之。师古不受，杖衡几死。"衡盖使者之名而无姓。又云："遂以师至濮州，伺候为变。"按韩愈撰韩弘碑云："屯兵于曹。"今从之。且告假道于汴。九域志：曹州西北至滑州一百二十里。汴州北至滑州界一百里，东北至曹州界一百三里。三州之界，盖犬牙相入。宣武节度使韩弘使谓曰："汝能越吾界而为盗邪！有以相待，无为空言！"元素告急，弘使谓曰："吾在此，公安无恐。"或告："翦棘夷道，翦，芟截也。夷，平也。兵且至矣，请备之。"弘曰："兵来，不除道也。"不为之应。师古诈穷变索，索，苏各翻。索，散也，尽也。言韩弘逆得师古之情，其所设诡变索然散尽也。且闻上即位，乃罢兵。元素表请自贬，朝廷两慰解之。元素，泌之族弟也。李泌历事肃、代、德，贞元中为相。

吴少诚以牛皮鞵材遗师古，鞵，与鞋同。遗，唯季翻。师古以盐资少诚，潜过宣武界，事觉，弘皆留，输之库，曰："此于法不得以私相馈。”师古等皆惮之。

5 辛酉，诏数京兆尹道王实残暴掊敛之罪，数，所具翻。掊，蒲侯翻。敛，力赡翻。贬通州长史；宋白曰：通州，汉宕渠县地，后汉分置宣汉县。市井讙呼，皆袖瓦砾遮道伺之，实由间道获免。讙，许元翻。砾，郎击翻。间，古苋翻。

6 壬戌，以殿中丞王伾为左散骑常侍，依前翰林待诏，苏州司功王叔文为起居舍人、翰林学士。

伾寝陋、吴语，状貌寝陋，常操乡音，不能学华言。上所亵狎；而叔文颇任事自许，微知文义，好言事，好，呼到翻。上以故稍敬之，不得如伾出入无阻。叔文入至翰林，而伾入至柿林院，柿，鉏里翻。见李忠言、牛昭容计事。大抵叔文依伾，伾依忠言，忠言依牛昭容，转相交结。每事先下翰林，下，遐稼翻。使叔文可否，然后宣于中书，韦执谊承而行之。外党则韩泰、柳宗元【章：十二行本“元”下有“刘禹锡”三字；乙十一行本同；孔本同；张校同。】等主采听外事。谋议唱和，和，户卧翻。日夜汲汲如狂，互相推奖，曰伊、曰周、曰管、曰葛，以伊尹、周公、管仲、诸葛孔明互相比况。僩然自得，僩，下赧翻。僩然，劲忿貌。谓天下无人；荣辱进退，生于造次，朱氏曰：造次，急遽苟且之时。造，七到翻。惟其所欲，不拘程式。士大夫畏之，道路以目。国语，周厉王监谤，国人莫敢言，道路以目。韦昭注曰：不敢发言，以目相眄而已。素与往还者，相次拔擢，至一日除数人。除者，除官也。其党或言曰，“某可为某官，”不过一二日，辄已得之。于是叔文及其党十馀家之门，昼夜车马如市。客候见叔文、伾者，至宿其坊中饼肆、酒垆下，长安城中分为左右街，画为百有馀坊。饼肆，卖饼之家。酒垆，卖酒之处。颜师古曰：卖酒之处，累土为垆，以居酒瓮，四边隆起，其一面高，形如锻垆，故名垆耳。一人得千钱，乃容之。伾尤阘茸，阘，吐盍翻。茸，而陇翻。阘茸，狞劣也。史炤曰：颜师古曰：阘茸，猥贱也。阘，下也；

茸，细毛貌；谓非豪杰也。专以纳贿为事，作大匮贮金帛，贮，丁吕翻。夫妇寝其上。恐人盗之。

7 甲子，上御丹凤门，赦天下，诸色逋负，一切蠲免，蠲，除也。常贡之外，悉罢进奉。贞元之末政事为人患者，如宫市、五坊小儿之类，悉罢之。宫市事见上卷贞元十三年。五坊，一曰雕坊，二曰鹘坊，三曰鹞坊，四曰鹰坊，五曰狗坊。小儿者，给役五坊者也。唐时给役者多呼为小儿，如苑监小儿、飞龙小儿、五坊小儿是也。五坊属宣徽院。

先是，五坊小儿张捕鸟雀于闾里者，皆为暴横先，悉荐翻。横，户孟翻。以取人钱物，至有张罗网于门不许人出入者，或张井上使不得汲者，汲，汲水也。近之，辄曰"汝惊供奉鸟雀！"即痛殴之，近，其靳翻。殴，乌口翻，击也。出钱物求谢，乃去。或相聚饮食于酒食之肆，醉饱而去，卖者或不知，就索其直，多被殴詈；或时留蛇一囊为质，索，山客翻。被，皮义翻。质，音致。曰："此蛇所以致鸟雀而捕之者，今留付汝，幸善饲之，饲，与饮同，祥吏翻。勿令饥渴。"卖者愧谢求哀，乃携挈而去。上在东宫，皆知其弊，故即位首禁之。

8 乙丑，罢盐铁使月进钱。先是，盐铁月进羡馀羡，弋线翻。而经入益少；少，诗沼翻。至是，罢之。

9 三月，辛未，以王伾为翰林学士。

10 德宗之末，十年无赦，群臣以微过谴逐者皆不复叙用，至是始得量移。复，扶又翻。量，音良。壬申，追忠州别驾陆贽、郴州别驾郑馀庆、杭州刺史韩皋、道州刺史阳城赴京师。陆贽贬见上卷贞元十一年，阳城贬见十四年，郑馀庆贬见十六年，韩皋为京兆尹，十四年贬抚州员外司马，未几徙杭州刺史。追，犹召也。

贽之秉政也，贬驾部员外郎李吉甫为明州长史，贽疑吉甫党窦参，故贬之。既而徙忠州刺史。贽昆弟门人咸以为忧，至而吉甫忻然以宰相礼事之。贽初犹惭惧，后遂为深交。吉甫，栖筠之子。李栖筠事代宗，以直闻。韦皋在成都，屡上表请以贽自代。贽与阳城皆未闻追诏而卒。卒，子恤翻。

11 丙戌，加杜佑度支及诸道盐铁转运使。以浙西观察使李锜为镇海节度使，解其盐铁转运使。考异曰：旧锜传云："德宗于润州置镇海军。"新书方镇表："元和二年，升浙西观察使为镇海军节度使。"按实录：八月辛酉诏曰："顷年江、淮租赋，爰及榷税，委在藩服，使其平均。太上皇君临之初，务从省便，令使府归在中朝。"然则云德宗、元和者，皆误也。锜虽失利权而得节旄，故反谋亦未发。

12 戊子，名徐州军曰武宁，以张愔为节度使。

13 加彰义节度使吴少诚同平章事。

14 以王叔文为度支、盐铁转运副使。先是叔文与其党谋，先，悉荐翻。得国赋在手，则可以结诸用事人，取军士心，以固其权，又惧骤使重权，度支、盐铁转运，利权所在，权莫重焉。王叔文起于卑滐，遽领使职，自知其骤，其心不安而惧。使，疏吏翻。人心不服，借杜佑雅有会计之名，雅，素也。会，古外翻。位重而务自全，易可制，易，以豉翻。故先令佑主其名，而自除为副以专之。叔文虽判两使，度支，一使；盐铁转运，一使。不以簿书为意，日夜与其党屏人窃语，屏，必郢翻，又卑正翻。人莫测其所为。

以御史中丞武元衡为左庶子。德宗之末，叔文之党多为御史，元衡薄其为人，待之莽卤。莽，莫补翻。卤，郎古翻。莽卤，言不以为意也。元衡为山陵仪仗使，刘禹锡求为判官，不许。叔文以元衡在风宪，欲使附己，使其党诱以权利，诱，音酉。元衡不从，由是左迁。元衡，平一之孙也。武平一，武载德之子，武后时避事隐嵩山。

侍御史窦群奏屯田员外郎刘禹锡挟邪乱政，不宜在朝。唐屯田郎，掌天下屯田及京文武职田，诸司公廨钱，以品给之。朝，直遥翻。又尝谒叔文，揖之曰："事固有不可知者。"叔文曰："何谓也？"

群曰："去岁李实怙恩挟贵，气盖一时，公当此时，逡巡路旁，乃江南一吏耳。叔文本苏州司功，故云然。今公一旦复据其地，复，扶又翻。安知路旁无如公者乎！"其党欲逐之，韦执谊以群素有强直名，止之。考异曰：旧刘禹锡传曰："群即日罢官。"群传曰："其党议欲贬群官，韦执谊止之。"又曰："叔文虽异其言，竟不之用。"按顺宗实录凡为伾、文所排摈者无不载，未尝言群罢官。今从之。

15 上疾久不愈，时扶御殿，群臣瞻望而已，莫有亲奏对者，中外危惧；思早立太子，而王叔文之党欲专大权，恶闻之。恶，乌路翻；下同。宦官俱文珍、刘光琦、薛盈珍皆先朝任使旧人，朝，直遥翻。疾叔文、忠言等朋党专恣，乃启上召翰林学士郑絪、卫次公、李程、王涯入金銮殿，草立太子制。时牛昭容辈以广陵王淳英睿，恶之；絪不复请，书纸为"立嫡以长"字呈上；复，扶又翻；下同。长，知丈翻。上颔之。癸巳，立淳为太子，更名纯。更，工衡翻。程，神符五世孙也。神符，淮安王神通之弟也。

16 贾耽以王叔文党用事，心恶之，称疾不出，屡乞骸骨。丁酉，诸宰相会食中书。故事，宰相方食，百寮无敢谒见者。叔文至中书，欲与执谊计事，令直省通之，直省，吏职也，以直中书省，故名。直省以旧事告，叔文怒，叱直省。直省惧，入白。执谊逡巡惭赧，赧，奴版翻，惭而面赤也。竟起迎叔文，就其阁语良久。杜佑、高郢、郑珣瑜皆停箸以待，有报者云："叔文索饭，索，山客翻。韦相公已与之同食阁中矣。"佑、郢心知不可，畏叔文、执谊，莫敢出言。珣瑜独叹曰："吾岂可复居此位！"顾左右，取马径归，遂不起。二相皆天下重望，二相，谓贾耽、郑珣瑜。相次归卧，叔文、执谊益无所顾忌，远近大惧。史甚言其事。

17 夏，四月，壬寅，立皇弟谔为钦王，诚为珍王；子经为郯王，纬为均王，纵为溆王，纾为莒王，绸【严："绸"改"纲"。】为密王，总为郇王，约为邵王，结为宋王，缃为集王，绿为冀王，绮为和王，绚为衡王，缥为会王，绾为福王，纮为抚王，绲为岳王，绅为袁王，纶为桂王，缂为翼王。纾，式居翻。绸，直留翻。缃，思良翻。绿，音求。绚，许县翻。缥，许云翻。绲，古本翻。缂，充善翻。自经以下，皆皇子也。史提子字以别二弟。此所封诸王，或以古国名，然多以当时州名。

18 乙巳，上御宣政殿，册太子。百官睹太子仪表，退，皆相贺，至有感泣者，中外大喜。而王叔文独有忧色，口不敢言，但吟杜甫题诸葛亮祠堂诗曰："出师未捷身先死，长使英雄泪满襟。"闻者哂之。哂，矢忍翻。笑不坏颜为哂。

先是，太常卿杜黄裳为裴延龄所恶，留滞台阁，十年不迁，杜黄裳自佐朔方军入为侍御史，十年不迁。先，悉荐翻。恶，乌路翻。及其婿韦执谊为相，始迁太常卿。黄裳劝执谊帅群臣请太子监国，帅，读曰率。执谊惊曰："丈人甫得一官，奈何启口议禁中事！"黄裳勃然曰："黄裳受恩三朝，三朝，谓肃、代、德也。岂得以一官相买乎！"拂衣起出。

戊申，以给事中陆淳为太子侍读，仍更名质。避太子名也。韦执谊自以专权，恐太子不悦，故以质为侍读，使潜伺太子意，且解之。伺，相吏翻。及质发言，太子怒曰："陛下令先生为寡人讲经义耳，为，于伪翻。何为预他事！"质惶惧而出。

19 五月，辛未，以右金吾大将军范希朝为左·右神策京西诸城镇行营节度使。甲戌，以度支郎中韩泰为其行军司马。王叔文自知为内外所憎疾，欲夺取宦官兵权以自固，借希朝老将，使主其名，而实以泰专其事；此与用杜佑掌利权，同一计数也。人情不测其所为，益疑惧。

20 辛卯，以王叔文为户部侍郎，依前充度支、盐铁转运副使。俱文珍等恶其专权，削去翰林之职。恶，乌路翻。去，羌吕翻。叔文见制书，大惊，谓人曰："叔文日时至此商量公事，日时，犹云日日时时也，约言之耳。若不得此院职事，则无因而至矣。"此院，谓翰林学士院也。王伾即为疏请，为，于伪翻。不从。再疏，乃许三五日一入翰林，去学士名。叔文始惧。

21 六月，己亥，贬宣歙巡官羊士谔为汀州宁化尉。唐制：节度、观察，其属皆有巡官。开元二十六年，开山洞置黄连县，天宝元年更名宁化。九域志：在州东北一百八十里。士谔以公事至长安，遇叔文用事，公言其非。叔文闻之，怒，欲下诏斩之，执谊不可；则令杖煞之，煞，与杀同。执谊又以为不可；遂贬焉。由是叔文始大恶执谊，恶，乌路翻。往来二人门下者皆惧。

先时，刘辟以剑南支度副使将韦皋之意于叔文，唐六典：凡天下边军皆有支度之使，以计军资、粮仗之用。将，奉也，行也。先，悉荐翻。求都领剑南三川，剑南东川、西川及山南西道为三川。谓叔文曰："太尉使辟致微诚于公，太尉，谓韦皋。若与某三川，当以死相助；若不与，亦当有以相酬。"叔文怒，以辟以言胁之，故怒。亦将斩之，执谊固执不可。辟尚游长安未去，闻贬士谔，遂逃归。执谊初为叔文所引用，深附之，既得位，欲掩其迹，且迫于公议，故时时为异同；辄使人谢叔文曰："非敢负约，乃欲曲成兄事耳！"叔文诟怒，不之信，诟，呼漏翻，又古候翻。遂成仇怨。

22 癸丑，韦皋上表，以为："陛下哀毁成疾，重劳万机，重，直用翻。故久而未安，请权令皇太子亲监庶政，监，古衔翻。候皇躬痊愈，复归春宫。东宫，谓之春宫。臣位兼将相，今之所陈，乃其职分。"分，扶问翻。又上太子笺，以为："圣上远法高宗，亮阴不言，委政臣下，而所付非人。王叔文、王伾、李忠言之徒，辄当重任，赏罚任情，堕纪紊纲。堕，读曰隳。紊，亡运翻。

散府库之积以赂权门。树置心腹，遍于贵位；潜结左右，忧在萧墙。窃恐倾太宗盛业，危殿下家邦，愿殿下即日奏闻，斥逐群小，使政出人主，则四方获安。”皋自恃重臣，远处西蜀，度王叔文不能动摇，遂极言其奸。处，昌吕翻。度，徒洛翻。俄而荆南节度使裴均、河东节度使严绶笺表继至，意与皋同，考异曰：实录略本云：“寻而裴垍、严绶表继至，悉与皋同。”又云：“外有韦皋、裴垍、严绶等笺表。”详本“裴垍”皆作“裴均”。按裴垍时为考功员外郎，裴均为荆南节度使。今从详本。中外皆倚以为援，而邪党震惧。均，光庭之曾孙也。裴光庭相玄宗。

23 王叔文既以范希朝、韩泰主京西神策军，诸宦者尚未寤。会边上诸将各以状辞中尉，且言方属希朝。宦者始寤兵柄为叔文等所夺，乃大怒曰：“从其谋，吾属必死其手。”密令其使归告诸将曰：“无以兵属人。”希朝至奉天，诸将无至者。韩泰驰归白之，叔文计无所出，唯曰：“奈何！奈何！”无几，几，居岂翻。无几，言无多时也。其母病甚。丙辰，叔文盛具酒馔，与诸学士及李忠言、俱文珍、刘光琦等饮于翰林。馔，雏恋翻，又雏晥翻。叔文言曰：“叔文母病，以身任国事之故，不得亲医药，今将求假归侍。假，古暇翻。求假，请告也。叔文比竭心力，不避危难，皆为朝廷之恩。比，毗至翻。难，乃旦翻。为，于伪翻。一旦去归，百谤交至，谁肯见察以一言相助乎？”文珍随其语辄折之，折，之舌翻。叔文不能对，但引满相劝，酒数行而罢。丁巳，叔文以母丧去位。考异曰：实录详本曰：“叔文母将死前一日，叔文以五十人担酒馔入翰林，宴李忠言、刘光琦、俱文珍及诸学士等。中饮，叔文执盏”云云。又曰：“羊士谔毁叔文，叔文将杖杀之，而韦执谊懦不敢。刘辟以韦皋迫胁叔文求三川，叔文平生不识辟。叔文今日名位何如，而辟欲前执叔文手，岂非凶人邪！叔文时已令扫木场，将集众斩之，执谊又执不可。每念失此两贼，令人不快。又自陈判度支已来，所为国家兴利除害，出若干钱以为功能。俱文珍随语折之。叔文无以对，命满酌双卮对饮，酒数行而罢。方饮时，有暂起至厅侧者，闻叔文从人相谓曰：‘母死已臭，不欲棺敛，方与人饮酒，不知欲何所为！’归之明日，而其母死。或传母死数日乃发丧。”国史补曰：“王叔文以度支使设馔于翰林，大宴诸阉，袖金以赠。明日，又至，扬言‘圣人适于苑中射兔，上上马如飞，敢有异议者腰斩。’其日，丁母忧。”今从二本实录。

24 秋，七月，丙子，加李师古检校侍中。

25 王叔文既有母丧，韦执谊益不用其语。叔文怒，与其党日夜谋起复，必先斩执谊而尽诛不附己者，闻者恟惧。

自叔文归第，王伾失据，日诣宦官及杜佑请起叔文为相，杜佑时为首相，故请之。且总北军；既不获，则请以为威远军使、平章事，据旧郭子仪传：肃宗上元元年，以子仪为诸道兵马都统，令帅英武、威远等禁军及诸镇之师取范阳。既而为鱼朝恩所沮不行。则威远军，肃宗置也。至德宗时，以左、右威远营隶鸿胪。贾耽以鸿胪卿兼威远军使。至元和二年，敕：“左右威远营置来已久，著在国章，其英武军并合并入左、右威远营。”其后遂以宦官为使，不复隶鸿胪。宋白曰：左、右威远营本属鸿胪寺，建中元年七月隶金吾。又不得；其党皆忧悸不自保。悸，其季翻。是日，伾坐翰林中，疏三上，不报，上，时掌翻。知事不济，行且卧，至夜，忽叫曰：“伾中风矣！”中，竹仲翻。明日，遂舆归不出。己丑，以仓部郎中、判度支案陈谏为河中少尹；唐诸都各置尹一人；少尹二人，从四品下，掌贰府州之事，岁终则更次入计。伾、叔文之党至是始去。

26 癸巳，横海军节度使程怀信薨，以其子副使执恭为留后。考异曰：旧传曰：“程怀信死，怀直子执恭知留后事，乃遣怀直归沧州，十六年卒。执恭代袭父位，朝廷因而授之。”按怀信逐怀直而夺其位，安肯以怀直之子知留后！又德宗实录俱无此事，顺宗实录略本亦无，盖旧传误也。惟详本：“永贞元年七月癸巳，横海军节度使程怀信卒，以其子副使执恭为横海军节度使。”路隋宪宗实录：“元和元年五月丙子，以横海留后程执恭为节度使。”盖顺录“留后”字误为“使”字耳。

27 乙未，制以“积疢未复，疢，丑刃翻，病也。其军国政事，权令皇太子纯句当。”句，古候翻。当，丁浪翻。时内外共疾王叔文党与专恣，上亦恶之；恶，乌路翻。俱文珍屡启上请令太子监国，监，古衔翻。上固厌倦万机，遂许之。又以太常卿杜黄裳为门下侍郎，左金吾大将军袁滋为中书侍郎，并同平章事。俱文珍等以其旧臣，故引用之。杜黄裳代宗时已佐朔方军，袁滋建中初已位于朝，故以为旧臣。又以郑珣瑜为吏部尚书，高郢为刑部尚书，并罢政事。太子见百官于东朝堂，唐六典：大明宫含元殿夹殿有两阁：左曰翔鸾，翔鸾阁下为东朝堂；右曰栖凤，栖凤阁下为西朝堂。朝，直遥翻。百官拜贺；太子涕泣，不答拜。

八月，庚子，制“令太子即皇帝位，朕称太上皇，制敕称诰。”

辛丑，太上皇徙居兴庆宫，诰改元永贞，立良娣王氏为太上皇后。后，宪宗之母也。

壬寅，贬王伾开州司马，王叔文渝州司户。旧志：开州，京师南一千四百六十里。渝州，京师西南二千七百四十八里。伾寻病死贬所。明年，赐叔文死。

乙巳，宪宗即位于宣政殿。德宗大行在殡，上皇在兴庆宫，不敢于前殿即位。

28 丙午，升平公主献女口五十。公主，郭妃母也。上曰：“上皇不受献，朕何敢违！”遂却之。庚戌，荆南献毛龟二，上曰：“朕所宝惟贤。嘉禾、神芝，皆虚美耳，所以春秋不书祥瑞。自今凡有嘉瑞，但准令申有司，礼部掌祥瑞。勿复以闻。复，扶又翻。及珍禽奇兽，皆毋得献。”

29 癸丑，西川节度使南康忠武王韦皋薨。皋在蜀二十一年，德宗贞元元年，韦皋代张延赏镇蜀。重加赋敛，敛，力赡翻。丰贡献以结主恩，厚给赐以抚士卒，士卒婚嫁死丧，皆供其资费，以是得久安其位而士卒乐为之用，乐，音洛。服南诏，摧吐蕃。幕僚岁久官崇者则为刺史，已复还幕府，复，扶又翻。终不使还朝，恐泄其所为故也。朝，直遥翻；下同。府库既实，时宽其民，三年一复租赋，复，方目翻，除也。蜀人服其智谋而畏其威，至今画像以为土神，家家祀之。

支度副使刘辟自为留后。

30 朗州武陵、龙阳江涨，流万馀家。武陵，汉临沅县地，隋省临沅，置武陵县，唐带朗州。龙阳县，吴置。九域志：在州东南八十里。

31 壬午，奉义节度使伊慎入朝。自安州入朝。

32 辛卯，夏绥节度使韩全义入朝。全义败于溵水而还，不朝觐而去，事见上卷贞元十六年及上十七年。上在藩邸，闻其事而恶之；恶，乌路翻。全义惧，乃请入朝。

33 刘辟使诸将表求节钺，朝廷不许；己未，以袁滋为剑南东·西川、山南西道安抚大使。

34 度支奏裴延龄所置别库，皆减正库之物别贮之。贮，丁吕翻。裴延龄事见上卷贞元十年。请并归正库，从之。

35 辛酉，遣度支、盐铁转运副使潘孟阳宣慰江、淮，行视租赋、榷税利害，因察官吏否臧，百姓疾苦。行，下孟翻。否，音鄙。

36 癸亥，以尚书左丞郑馀庆同平章事。

37 九月，戊辰，礼仪使奏："曾太皇太后沈氏岁月滋深，迎访理绝。迎访事始见二百二十六卷德宗建中元年。按晋庾蔚之议，寻求三年之外，俟中寿而服之。晋荀组云："二亲陷没，万无一冀者，宜使依王法随例行丧。"庾蔚之云："二亲为戎狄所破，存亡未可知者，宜尽寻求之理。寻求之理绝，三年之外便宜婚宦，胤嗣不可绝，王政不可废故也。犹宜以哀素自居，不豫吉庆之事，俟中寿而服之也。若境内贼乱，清平肆眚之后，寻觅无踪迹者，便宜制服。"庄子曰：人生上寿一百，中寿八十，下寿六十。蔚，纡勿翻。伏请以大行皇帝启攒宫日，记檀弓曰：天子之殡也，菆涂龙辅，以椁，加斧于椁上，毕涂屋。郑玄注曰：天子之殡，居棺以龙辅，攒木，题凑象椁，四注如屋以覆之。尽涂之，及葬而启之。攒，才官翻。皇帝帅百官举哀，帅，读曰率。即以其日为忌；"从之。

38 壬申，监修国史韦执谊奏，始令史官撰日历。叶伯益曰：唐永贞初，韦执谊奏："修撰私家纪录非是，望令各撰日历，月终倌中撰定。"从之。此日历之所起也。

39 己卯，贬神策行军司马韩泰为抚州刺史，司封郎中韩晔为池州刺史，礼部员外郎柳宗元为邵州刺史，屯田员外郎刘禹锡为连州刺史。皆王伾、王叔文之党也。旧志：抚州，京师东南三千三百一十二里。连州，京师南三千六百六十五里。

40 冬，十月，丁酉，右仆射、同平章事贾耽薨。

41 戊戌，以中书侍郎、同平章事袁滋同平章事，充西川节度使；征刘辟为给事中。

42 舒王谊薨。

43 太常议曾太皇太后谥曰睿真皇后。

44 山人罗令则自长安如普润，矫称太上皇诰，征兵于秦州刺史刘澭，且说澭以废立；说，式芮翻。澭执送长安，并其党杖杀之。

45 己酉，葬神武孝文皇帝于崇陵，新书帝纪作"神武圣文皇帝"，当从之。崇陵在京兆云阳县北十五里嵯峨山。庙号德宗。

46 十一月，己巳，祔睿真皇后、德宗皇帝主于太庙。礼仪使杜黄裳等议，以为："国家法周制，太祖犹后稷，高祖犹文王，太宗犹武王，皆不迁。高宗在三昭三穆之外，请迁主于西夹室；"从之。

47 壬申，贬中书侍郎、同平章事韦执谊为崖州司马。执谊以尝与王叔文异同，且杜黄裳婿，故独后贬。然叔文败，执谊亦自失形势，知祸将至，虽尚为相，常不自得，奄奄无气，奄，衣廉翻。奄奄，言气息微也。闻人行声，辄惶悸失色，以至于贬。悸，其季翻。

48 戊寅，以韩全义为太子少保，致仕。

49 刘辟不受征，阻兵自守；袁滋畏其强，不敢进。上怒，贬滋为吉州刺史。

50 复以右庶子武元衡为御史中丞。是年三月，武元衡自御史中丞左迁右庶子，王叔文等恶之也。

51 朝议谓王叔文之党或自员外郎出为刺史，贬之太轻；朝，直遥翻。己卯，再贬韩泰为虔州司马，韩晔为饶州司马，柳宗元为永州司马，刘禹锡为朗州司马；旧志：虔州，京师东南四千一十七里；饶州，三千二百六十三里。永州，京师南三千二百七十四里；朗州，二千一百五十九里。又贬河中少尹陈谏为台州司马，和州刺史凌准为连州司马，岳州刺史程异为郴州司马。台州，京师东南四千一百七十七里；和州，二千六百八十三里；岳州，二千二百三十七里。

52 回鹘怀信可汗卒，遣鸿胪少卿孙杲临吊，册其嗣为腾里野合俱录毗伽可汗。自怀信立，回鹘药葛罗氏绝矣。此后史皆书册其嗣，以表怀信子孙也。

53 十二月，甲辰，加山南东道节度使于頔同平章事。

54 以奉义节度使伊慎为右仆射。

55 己酉，以给事中刘辟为西川节度副使、知节度事。西川节度使领益、彭、蜀、汉、眉、嘉、资、简、维、茂、黎、雅、松、扶、文、龙、戎、翼、邛、嶲、姚、柘、恭、当、悉、奉、叠、静等州，治成都。然西边诸州多沦于异域矣。上以初嗣位，力未能讨故也。右谏议大夫韦丹上疏，以为："今释辟不诛，则朝廷可以指臂而使者，惟两京耳。此外谁不为叛！"上善其言。壬子，以丹为东川节度使。丹，津之五世孙也。津，韦孝宽之子也。

56 辛酉，百官请上上皇尊号曰应乾圣寿太上皇；上尊号曰文武大圣孝德皇帝。上许上上皇尊号而自辞不受。

57 壬戌，以翰林学士郑絪为中书侍郎、同平章事。

58 以刑部郎中杜兼为苏州刺史。兼辞行，上书称李锜且反，必奏族臣；上然之，留为吏部郎中。

容肇祖标点聂崇岐覆校

资治通鉴卷第二百三十七

端明殿学士兼翰林侍读学士太中大夫
提举西京嵩山崇福宫上柱国河内郡开国公　司马光　奉敕编集
食邑二千二百户食实封九百户赐紫金鱼袋臣

后　学　天　台　胡三省　音　注

唐纪五十三

起柔兆阉茂（丙戌），尽屠维赤奋若（己丑）六月，凡三年有奇。

宪宗昭文章武大圣至神孝皇帝上之上　讳淳，改为纯，顺宗长子。通鉴书唐诸帝谥号，自玄宗已下，皆以葬陵谥册为正。帝本谥曰圣神章武孝皇帝，大中三年平河湟，始追崇谥号曰昭文章武大圣至神孝皇帝。中、睿之后，唯顺、宪、宣有尊崇谥号，故因而书之。

元和元年（丙戌、八〇六）

1 春，正月，丙寅朔，上帅群臣诣兴庆宫上上皇尊号。从百官之请也。帅，读曰率。上，时掌翻。

2 丁卯，赦天下，改元。

3 辛未，以鄂岳观察使韩皋为奉义节度使。德宗贞元十九年名安黄军曰奉义。癸酉，以奉义留后伊宥为安州刺史兼安州留后。宥，慎之子也。壬午，加成德节度使王士真同平章事。

4 甲申，上皇崩于兴庆宫。年四十六。

5 刘辟既得旌节，去年以辟知西川节度，见上卷。志益骄，求兼领三川，上不许。辟遂发兵围东川节度使李康于梓州，东川节度使，领梓、剑、绵、普、陵、荣、遂、合、渝、泸等州，治梓州。梓州，汉郪县地，刘禅置东广汉郡。梁武陵王纪置新州，隋为梓州。旧志：梓州至京师二千九十里。宋白曰：梓州，取梓潼江为名。欲以同幕卢文若为东川节度使。推官莆田林蕴力谏辟举兵，武德五年，分南安置莆田县，时属泉州。风俗通曰：林姓，林放之后。孙愐曰：周平王次子林开之后。鲁有林放、林雍，齐有林元。辟怒，械系于狱，引出，将斩之，阴戒行刑者使不杀，但数砺刃于其颈，数，所角翻。欲使屈服而赦之。蕴叱之曰："竖子，当斩即斩，我颈岂汝砥石邪！"辟顾左右曰："真忠烈之士也！"乃黜为唐昌尉。仪凤元年，分九陇、导江、郫，置唐昌县，属彭州。九域志：在州西二十八里。

上欲讨辟而重于用兵，谓以用兵为重事，不敢轻试也。公卿议者亦以为蜀险固难取，杜黄裳独曰："辟狂戆书生，戆，竹巷翻。取之如拾芥耳！臣知神策军使高崇文勇略可用，愿陛下专以军事委之，勿置监军，辟必可擒。"上从之。翰林学士李吉甫亦劝上讨蜀，上由是器之。器，所以适用；器之者，知其可用。戊子，命左神策行营节度使高崇文将步骑五千为前军，考异曰：实录云"为左军。"按有左必有右，而云李元奕为次军，则崇文必前军也。神策京西行营兵马使李元奕将步骑二千为次军，与山南西道节度使严砺同讨辟。时宿将名位素重者甚众，皆自谓当征蜀之选；及诏用崇文，皆大惊。高崇文虽不足以望韩信，而亦能动时人之惊者，所居之地然也。

上与杜黄裳论及藩镇，黄裳曰："德宗自经忧患，务为姑息，不生除节帅；帅，所类翻。有物故者，先遣中使察军情所与则授之。中使或私受大将赂，归而誉之，誉，音余。即降旄钺，未尝有出朝廷之意者。陛下必欲振举纲纪，宜稍以法度裁制藩镇，则天下可得而理也。"上深以为然，于是始用兵讨蜀，以至威行两河，皆黄裳启之也。史言杜黄裳开宪宗削平藩镇之略，其功不在裴度下。

高崇文屯长武城，练卒五千，常如寇至，卯时受诏，辰时即行，器械糗粮，糗，去久翻。熬米麦为糗。一无所阙。甲午，崇文出斜谷，斜，昌遮翻。谷，音浴，又如字。李元奕出骆谷，同趣梓州。崇文军至兴元，军士有食于逆旅，折人匕箸者，崇文斩之以徇。折，而设翻。

刘辟陷梓州，执李康。二月，严砺拔剑州，斩其刺史文德昭。严砺先拔剑州，故高崇文因以鼓行入蜀，砺之功为不可揜矣。宋白曰：剑州，汉广汉之梓潼县。华阳国志云：诸葛亮相蜀，凿石架空，为飞阁以通蜀、汉。晋以其地入梓潼郡，梁为安州。西魏伐蜀，先下安州，因克成都，改安州为始州，唐先天二年改为剑州。旧志：剑州至京师一千六百六十二里。

6 奚王诲落可入朝。丁酉，以诲落可为饶乐郡王，遣归。乐，音洛。

7 癸丑，加魏博节度使田季安同平章事。

8 戊午，上与宰相论"自古帝王，或勤劳庶政，或端拱无为，互有得失，何为而可?"杜黄裳对曰："王者上承天地宗庙，下抚百姓四夷，夙夜忧勤，固不可自暇自逸。然上下有分，分，扶问翻。纪纲有叙；苟慎选天下贤材而委任之，有功则赏，有罪则刑，选用以公，赏刑以信，则谁不尽力，何求不获哉！明主劳于求人而逸于任人，此虞舜所以能无为而治者也。孔子曰："无为而治者，其舜也欤!"治，直吏翻。至于【章：十二行本"于"下有"簿书"二字；乙十一行本同；孔本同；退斋校同。】狱市烦细之事，各有司存，非人主所宜亲也。昔秦始皇以衡石程书，史记卢生曰：始皇天性刚戾，天下之事无小大皆决于主上，至以衡石程书，日夜有程，不中程者不得休息。魏明帝自按行尚书事，见七十二卷太和六年。行，下孟翻。隋文帝卫士传餐，事见一百九十三卷太宗贞观四年。皆无补于当时，取讥于后来，其耳目形神非不勤且劳也，所务非其道也。夫人主患不推诚，人臣患不竭忠。苟上疑其下，下欺其上，将以求理，理，治也。不亦难乎！”上深然其言。

9 三月，丙寅，以神策行营京西【章：十二行本作“京西行营”；乙十一行本同；孔本同。】节度使范希朝为右金吾大将军。

10 高崇文引兵自阆州趣梓州，九域志：阆州，西南至梓州三百馀里。趣，七喻翻。刘辟将邢泚引兵遁去，崇文入屯梓州。辟归李康于崇文以求自雪，崇文以康败军失守，斩之。考异曰：刘崇远金华子杂编曰：“高骈在淮海、周宝在浙西为节度使，相与有隙。骈忽遣使悔叙离绝，愿复和好，请境会于金山。宝谓其使者曰：‘我非李康，更要作家门功勋，欺诳朝廷邪！’”注云：“元和中，李康镇东川，传有异志。骈祖崇文镇西川，乃伪设邻好，康不防备，来会于境，为崇文所斩。”补国史曰：“刘辟举兵下东蜀，连帅李康弃城奔走。崇文下剑阁日，长子日晖不当矢石，欲戮之以励众。师次绵州，斩李康。疏康擅离征镇，不为拒敌。”注云：“当时议论云，康任怀州刺史日，杖杀武陟尉，即崇文判官宋君平之父，乘此事为之复雠。”按金华子言，固不知李康为刘辟所围事，而云崇文诱诛之。补国史又不知被擒事，而云弃城走。此皆得于传闻，不可为据。今从旧传。丙子，严砺奏克梓州。丁丑，制削夺刘辟官爵。

11 初，韩全义入朝，以其甥杨惠琳知夏绥留后。朝，直遥翻。夏，户雅翻。杜黄裳以全义出征无功，骄蹇不逊，直令致仕；事见上卷永贞元年。以右骁卫将军李演为夏绥节度使。惠琳勒兵拒之，表称“将士逼臣为节度使”。河东节度使严绶表请讨之，诏河东、天德军合击惠琳，绶遣牙将阿跌光进及弟光颜将兵赴之。阿，乌葛翻。跌，徒结翻。光进本出河曲步落稽，兄弟在河东军，皆以勇敢闻。考异曰：旧李光进传曰：“肃宗自灵武观兵，光进从郭子仪破贼收两京。上元初，郭子仪为朔方节度，用光进为都知兵马使，寻迁渭北节度使。大历四年，葬母于京城南原，将相致祭者凡四十四幄。”此乃李光弼弟光进事也，而刘昫置之此传下，乃云“元和四年范希朝救易定，表光进为马步都虞候。”其疏谬如此。辛巳，夏州兵马使张承金斩惠琳，传首京师。

12 东川节度使韦丹至汉中，表言“高崇文客军远斗，无所资，若与梓州，缀其士心，必能有功”。夏，四月，丁酉，以崇文为东川节度副使、知节度事。考异曰：实录于此云为东川节度使，至十月除西川时，则云东川节度副使知节度事，盖此时误也。

13 潘孟阳所至，专事游晏，从仆三百人，多纳贿赂；从，才用翻。上闻之，甲辰，以孟阳为大理卿，罢其度支、盐铁转运副使。潘孟阳出使见上卷上年。

14 丙午，策试制举之士，欧阳修曰：唐选举之制，天子自诏曰制举，所以待非常之才焉。于是校书郎元稹、稹，止忍翻。监察御史独孤郁、校书郎下邽白居易、前进士萧俛、沈传师出焉。郁，及之子；独孤及见二百二十三卷代宗永泰元年。俛，华之孙；萧华见二百二十二卷肃宗上元二年。传师，既济之子也。沈既济见二百二十六卷代宗大历十四年。

15 杜佑请解财赋之职，仍举兵部侍郎、度支使、盐铁转运副使李巽自代。丁未，加佑司徒，罢其盐铁转运使，以巽为度支、盐铁转运使。自刘晏之后，居财赋之职者，莫能继之。巽掌使一年，掌使，言掌使职也。使，疏吏翻。征课所入，类晏之多，明年过之，又一年加一百八十万缗。然则李巽胜刘晏乎！曰：不如也。晏犹有遗利在民，巽则尽取之也。

16 戊申，加陇右经略使、秦州刺史刘澭保义军节度使。凤翔普润县，先置陇右军，今改名保义军。澭，于容翻，又于用翻。

17 辛酉，以元稹为左【章：十二行本“左”作“右”；乙十一行本同；孔本同。】拾遗，【章：十二行本“遗”下有“独孤郁为左拾遗”七字；乙十一行本同；孔本同；张校同；退斋校同。】白居易为盩厔尉、集贤校理，萧俛为右拾遗，集贤校理，开元八年置。俛，音免。沈传师为校书郎。

稹上疏论谏职，考异曰：稹自叙及新传，先上教本书，论谏职在后。今从旧传。以为：“昔太宗以王珪、魏征为谏官，宴游寝食未尝不在左右，又命三品以上入议大政，必遣谏官一人随之，以参得失，见一百九十二卷太宗贞观元年。故天下大理。大理，犹言大治也。今之谏官，大不得豫召见，次不得参时政，排行就列，朝谒而已。行，户刚翻。近年以来，正牙不奏事，德宗贞元十八年，罢正牙奏事，事见上卷。庶官罢巡对，巡对，犹今云转对。贞元十七年，令常参官每日引见二人，访以政事，谓之巡对。至元和元年，武元衡奏曰："正衙已有待制官两员，贞元七年又有次对；难议两置。"诏"今后每坐日两人待制正衙，退后于延英候对，中书、门下、御史台官依故事，并不待制。"则是自正衙待制以外，凡德宗所置次对皆罢矣。宋白曰：贞元七年，令常参官日二人引见，谓之巡对。二十一年，御史中丞李鄘奏："准贞元七年敕，常参官并令依次对者。伏以朝夕承命，已有待制官两员，足备顾问。今更置次对，恐烦圣听。"敕"宜停"。谏官能举职者，独诰命有不便则上封事耳。君臣之际，讽谕于未形，筹划于至密，尚不能回至尊之盛意，况于既行之诰令，已命之除授，而欲以咫尺之书收丝纶之诏，诚亦难矣。记曰：王言如丝，其出如纶。王言如纶，其出如綍。愿陛下时于延英召对，使尽所怀，岂可寘于其位而屏弃疏贱之哉！"屏，必郢翻，又卑正翻。

顷之，复上疏，复，扶又翻。以为："理乱之始，必有萌象。开直言，广视听，理之萌也。甘谄谀，蔽近习，乱之象也。自古人君即位之初，必有敢言之士，人君苟受而赏之，则君子乐行其道，【章：十二行本"道"下有"竞为忠说"四字；乙十一行本同；退斋校同。】小人亦贪得其利，不为回邪矣。元稹此二语，盖自道出心事也。乐，音洛。如是，则上下之志通，幽远之情达，欲无理得乎！理，治也；与乱对言。苟拒而罪之，则君子卷怀括囊以保其身，孔子曰：邦无道，则可卷而怀之。易坤之六四曰：括囊，无咎无誉。文言曰：天地闭，贤人隐。易曰：括囊，无咎无誉，盖言谨也。括，结也，方言云，闭也。小人阿意迎合以窃其位矣。如是，则十步之事，皆可欺也，欲无乱得乎！昔太宗初即政，孙伏伽以小事谏，太宗喜，厚赏之。见一百九十五卷贞观十二年。故当是时，言事者惟患不深切，未尝以触忌讳为忧也。太宗岂好逆意而恶从欲哉？好，呼到翻。恶，乌路翻。诚以顺适之快小，而危亡之祸大故也。陛下践阼，今以周岁，以，当作已。【章：乙十一行本正作“已”；孔本同。】未闻有受伏伽之赏者。臣等备位谏列，旷日弥年，不得召见，每就列位，屏气鞠躬，不敢仰视，又安暇议得失，献可否哉！供奉官尚尔，况疏远之臣乎！两省官，自遗、补以上，皆供奉官也。屏，卑郢翻。此盖群下因循之罪也。”因条奏请次对百官、复正牙奏事、禁非时贡献等十事。

稹又以贞元中王伾、王叔文以伎术得幸东宫，永贞之际几乱天下，伎，渠绮翻。几，居希翻。上书劝上早择修正之士使辅导诸子，以为：“太宗自为藩王，与文学清修之士十八人居。事见一百八十九卷高祖武德四年。后代太子、诸王，虽有僚属，日益疏贱，至于师傅之官，非眊聩废疾不任事者，眊，莫报翻，目昏也。聩，五怪翻，耳聋也。任，音壬。则休戎罢帅不知书者为之。帅，所类翻。其友谕赞议之徒，尤为冗散之甚，按唐制：王府有咨议参军，有友，有文学。元稹所谓友谕赞议者，盖谓友以谕教，谘议则赞议也。冗散之官，今谓之闲慢差遣。冗，而陇翻。散，苏旱翻。搢绅皆耻由之。就使时得僻老儒生，越月逾时，仅获一见，又何暇傅之德义，纳之法度哉！夫以匹士爱其子，犹知求明哲之师而教之，况万乘之嗣，系四海之命乎！”乘，绳证翻。上颇嘉纳其言，时召见之。

18 壬戌，邵王约薨。约，上弟也。

19 五月，丙子，以横海留后程执恭为节度使。

20 庚辰，尚书左丞、同平章事郑馀庆罢为太子宾客。

21 辛卯，尊太上皇后为皇太后。

22 刘辟城鹿头关，连八栅，屯兵万馀人以拒高崇文。六月，丁酉，崇文击败之。败，补迈翻。辟置栅于关东万胜堆。戊戌，崇文遣骁将范阳高霞寓攻夺之，下瞰关城；瞰，古滥翻。凡八战皆捷。

23 加卢龙节度使刘济兼侍中。己亥，加平卢节度使李师古兼侍中。

24 庚子，高崇文破刘辟于德阳；武德三年，分雒县置德阳县，属汉州。九域志：在州东北八十五里。癸卯，又破之于汉州；严砺遣其将严秦破辟众万馀人于绵州石碑谷。九域志：汉州绵竹县有石碑镇。意"州"字盖"竹"字之误也。

25 初，李师古有异母弟曰师道，常疏斥在外，不免贫窭。窭，其矩翻。师古私谓所亲曰："吾非不友于师道也，吾年十五拥节旄，自恨不知稼穑之艰难。况师道复减吾数岁，复，扶又翻。吾欲使之知衣食之所自来，且以州县之务付之，计诸公必不察也。"及师古疾笃，师道时知密州事，好画及觱篥。好，呼到翻。画，户卦翻。觱，壁吉翻。篥，力质翻。胡人吹葭管，谓之觱篥。乐府杂录：觱篥，葭管也，卷芦为头，截竹为管，出于胡地。制法角音，九孔漏声，五音。唐编入卤簿，名为笳管；用之雅乐，以为雅管；六窍之制，则为凤管。旋宫转器，以应律者也。杜佑曰：觱篥，一名悲篥，出于胡中，其声悲。东夷有以卷桃皮为之者。亦出南蛮。又乐府杂录曰：觱篥，本龟兹乐。师古谓判官高沐、李公度曰："迨吾之未乱也，迨，及也。疾病则乱。欲有问于子。我死，子欲奉谁为帅乎？"二人相顾未对。师古曰："岂非师道乎？人情谁肯薄骨肉而厚他人，顾置帅不善，则非徒败军政也，帅，所类翻；下同。败，蒲迈翻。且覆吾族。师道为公侯子孙，不务训兵理人，专习小人贱事以为己能，果堪为帅乎？幸诸公审图之！"闰月，壬戌朔，师古薨。沐、公度秘不发丧，潜逆师道于密州，奉以为节度副使。

26 秋，七月，癸丑，高崇文破刘辟之众万人于玄武。刘昫曰：

玄武，汉氏地道，晋改曰玄武。五代史志：玄武，旧曰伍城，后周置玄武郡；隋开皇初，废郡改县，曰玄武，唐属梓州。九域志：在州西九十里。甲午，诏："凡西川继援之兵，悉取崇文处分。"处，昌吕翻。分，扶问翻。

27 壬寅，葬至德大圣大安孝皇帝于丰陵，丰陵，在京兆富平县东三十里瓮金山。庙号顺宗。

28 八月，壬戌，以妃郭氏为贵妃。

29 丁卯，立皇子宁为邓王，宽为澧王，宥为遂王，察为深王，寰为洋王，寮为绛王，审为建王。此皆以当时州名为封国之名。

30 李师道总军务，久之，朝命未至。师道谋于将佐，或请出兵掠四境；高沐固止之，请输两税，申官吏，行盐法，以表谨事朝廷，不袭朝廷〔师古〕所为也。遣使相继奉表诣京师。杜黄裳请乘其未定而分之；上以刘辟未平，己巳，以师道为平卢留后、知郓州事。

31 堂后主书滑涣久在中书，堂后主书，即今之堂后官也。滑，户八翻，姓也。与知枢密刘光琦相结，宰相议事有与光琦异者，令涣达意，常得所欲，杜佑、郑絪等皆低意善视之。郑馀庆与诸相议事，涣从旁指陈是非，馀庆怒叱之；未几，罢相。四方赂遗无虚日，几，居岂翻。遗，唯季翻。中书舍人李吉甫言其专恣，请去之。去，羌吕翻。上命宰相阖中书四门搜掩，阖，辖腊翻。尽得其奸状，九月，辛丑，贬涣雷州司户，宋白曰：雷州，汉合浦郡之徐闻县地，梁分置合州，大同末以合肥为合州，以此为南合州，唐改雷州。寻赐死；籍没，家财凡数千万。

32 壬寅，高崇文又败刘辟之众于鹿头关；败，补迈翻。严秦败刘辟之众于神泉。神泉，汉涪城地，晋置西园县。隋改为神泉县，以县西有泉能愈疾也；唐属绵州。九域志：在州西北八十五里。河东将阿跌光颜将兵会高崇文于行营，愆期一日，愆，过也；愆期，过期也。惧诛，欲深入自赎，军于鹿头之西，断其粮道，断，音短。城中忧惧。

于是辟、绵江栅将李文悦、绵水，在绵州雒县东三十里，源出绵竹县紫岩山。鹿头守将仇良辅皆以城降于崇文；获辟婿苏强，士卒降者万计。崇文遂长驱直指成都，所向崩溃，军不留行；辛亥，克成都。刘辟、卢文若帅数十骑西奔吐蕃，帅，读曰率。崇文使高霞寓等追之，及于羊灌田；彭州有羊灌田守捉。辟赴江不死，擒之。文若先杀妻子，乃系石自沈。沈，持林翻。崇文入成都，屯于通衢，休息士卒，市肆不惊，珍货山积，秋豪不犯，槛刘辟送京师。斩辟大将邢泚、馆驿巡官沈衍，考异曰：林恩补国史曰："衍与段文昌，辟逼令判案，礼同上介，亦接诸公候谒。崇文目段公曰：'公必为将相，未敢奉荐。'揖起。沈衍令枭首摽于驿门。二人诛赏之异，未晓其意何如也。"馀无所问。军府事无巨细，命一遵韦南康故事，韦皋封南康郡王。从容指㧑，一境皆平。从，千容翻。㧑，许为翻。

初，韦皋以西山运粮使崔从知邛州事，刘辟反，从以书谏辟；辟发兵攻之，从婴城固守；辟败，乃得免。从，融之曾孙也。崔融事武后，以文华著。

韦皋参佐房式、韦乾度、独孤密、符载、郗士美、段文昌等素服麻屦，衔土请罪；崇文皆释而礼之，草表荐式等，厚赆而遣之。以货财送行曰赆。目段文昌曰："君必为将相，未敢奉荐。"载，庐山人；庐山，在江州寻阳，未尝置县。恐误。式，琯之从子；房琯相肃宗。文昌，志玄之玄孙也。段志玄，唐初开国功臣。

辟有二妾，皆殊色，监军请献之，崇文曰："天子命我讨平凶竖，当以抚百姓为先，遽献妇人以求媚，岂天子之意邪！崇文义不为此。"乃以配将吏之无妻者。史言高崇文受命专征，有可称者。

杜黄裳建议征蜀及指受高崇文方略，"受"，当作"授"。皆悬合事宜。崇文素惮刘澭，时京西诸镇诸将，刘澭持军号为严整，故崇文惮之。黄裳使谓之曰："若无功，当以刘澭相代。"故能得其死力。及蜀平，宰相入贺，上目黄裳曰："卿之功也！"

33 辛巳，诏征少室山人李渤为左拾遗；少室山，在河南登封县。少，诗沼翻。渤辞疾不至，然朝政有得失，渤辄附奏陈论。朝，直遥翻。

34 冬，十月，甲子，易定节度使张茂昭入朝。

35 制割资、简、陵、荣、昌、泸六州隶东川。资州，汉资中县地，隋置资阳郡，唐为资州。乾元二年，分资、泸、普、合四州之境置昌州。房式等未至京师，皆除省寺官。史言宪宗急于收拾人才以安反侧。丙寅，以高崇文为西川节度使。戊辰，以严砺为东川节度使。

庚午，以将作监柳晟为山南西道节度使。晟至汉中，府兵讨刘辟还，未至城，府兵，汉中之兵也。唐以汉中为兴元府，故谓之府兵，非唐初所谓府兵也。诏复遣戍梓州；军士怨怒，胁监军，谋作乱。晟闻之，疾驱入城，慰劳之，复，扶又翻；下可复同。劳，力到翻。既而问曰："汝曹何以得成功？"对曰："诛反者刘辟耳。"晟曰："辟以不受诏命，故汝曹得以立功，岂可复使他人诛汝以为功邪？"众皆拜谢，请诣戍所如诏书。军府由是获安。

36 壬申，【章：十二行本"申"作"午"；乙十一行本同；孔本同；张校云缺"壬午"二字。】以平卢留后李师道为节度使。

37 戊子，刘辟至长安，并族党诛之。

38 武宁节度使张愔有疾，上表请代。十一月，戊申，征愔为工部尚书，以东都留守王绍代之，王绍本名纯，避上名改焉。复以濠、泗二州隶武宁军。分濠、泗二州见二百三十五卷德宗贞元十六年。徐人喜得二州，故不为乱。

39 丙辰，以内常侍吐突承璀为左神策中尉。璀，七罪翻。承璀事上于东宫，以干敏得幸。为承璀丧师其甚几于乱国张本。

40 是岁，回鹘入贡，始以摩尼偕来，于中国置寺处之。回鹘之摩尼，犹中国之僧也；其教与天竺又异。按唐书会要十九卷：回鹘可汗王令明教僧进法入唐。大历三年六月二十九日，敕赐回鹘摩尼，为之置寺，赐额为大云光明。六年正月，敕赐荆、洪、越等州各置大云光明寺一所。唐史补卷：蕃人常与摩尼僧议政，京城为之立寺。其法，日晚乃食，饮水茹荤而不食乳酪。其大摩尼，数年一度来往本国，小者年转。唐史回鹘列传：元和初，再朝献，始以摩尼至，日晏乃食。可汗常与共国也。处，昌吕翻。其法日晏乃食，食荤而不食湩酪。荤，许云翻，辛臭菜也。湩，多贡翻，乳汁也。回鹘信奉之，可汗或与议国事。

二年（丁亥、八〇七）

1 春，正月，辛卯，上祀圜丘；赦天下。

2 上以杜佑高年重德，礼重之，常呼司徒而不名。佑以老疾，请致仕；诏令佑每月入朝不过再三，因至中书议大政；他日听归樊川。杜佑治亭观于樊川，与宾客置酒为乐。

3 门下侍郎、同平章事杜黄裳，有经济大略而不修小节，故不得久在相位。乙巳，以黄裳同平章事，充河中、晋、绛、慈、隰节度使。己酉，以户部侍郎武元衡为门下侍郎，翰林学士李吉甫为中书侍郎，并同平章事。吉甫闻之感泣，谓中书舍人裴垍曰："吉甫流落江、淮，逾十五年，德宗贞元七年，窦参贬，陆贽相，疑吉甫党于参，贬明州长史。至是为相，凡十六年。垍，其冀翻。一旦蒙恩至此。思所以报德，惟在进贤，而朝廷后进，罕所接识，君有精鉴，愿悉为我言之。"为，于伪翻。垍取笔疏三十馀人；数月之间，选用略尽。当时翕然称吉甫为得人。

4 二月，癸酉，邕州奏破黄贼，获其酋长黄承庆。黄贼，西原洞蛮也。酋，慈由翻。长，知两翻。

5 夏，四月，甲子，以右金吾大将军范希朝为朔方、灵、盐节度使，以右神策、盐州、定远兵隶焉，定远军，本属灵州。灵、盐接境，相距三百里，定远军在黄河北岸，盖分戍盐州也。又按宋白续通典：左神策，京西北八镇，普润镇、崇信城、定平镇、□□□、归化城、定远城、永安城、郃阳县也。右神策五镇，奉天镇、麟游镇、良原镇、庆州镇、怀远城也。今曰右神策，岂怀远兵欤？盐州前此得专奏事朝廷，今复属朔方。以革旧弊，任边将也。范希朝自宿卫出帅，故言以革任边将之弊。

6 秋，八月，刘济、王士真、张茂昭争私隙，迭相表请加罪。戊寅，以给事中房式为幽州、成德、义武宣慰使，和解之。宋白曰：乾元元年，户部尚书李峘除都统淮南、江东、江西节度观察宣慰处置使。宣慰之名始此。

7 九月，乙酉，密王绸薨。绸，上弟也。

8 夏、蜀既平，夏，杨惠琳。蜀，刘辟。藩镇惕息，言惕惕危惧，苟延气息也。多求入朝。镇海节度使李锜亦不自安，求入朝；上许之，遣中使至京口慰抚，且劳其将士。劳，力到翻。锜虽署判官王澹为留后，实无行意，屡迁行期，澹与敕使数劝谕之；数，所角翻。锜不悦，上表称疾，请至岁暮入朝。上以问宰相，武元衡曰："陛下初即政，锜求朝得朝，求止得止，可否在锜，将何以令四海！"上以为然，下诏征之。锜诈穷，遂谋反。

王澹既掌留务，掌留务者，掌留后事务。于军府颇有制置，锜益不平，密谕亲兵使杀之。会颁冬服，唐养兵之制，有春衣、冬衣。锜严兵坐幄中，澹与敕使入谒，有军士数百噪于庭曰："王澹何人，擅主军务！"曳下，脔食之；大将赵琦出慰止，又脔食之；注刃于敕使之颈，诟詈，将杀之；诟，许候翻；又苦候翻。锜阳惊，救之。

冬，十月，己未，诏征锜为左仆射，以御史大夫李元素为镇海节度使。庚申，锜表言军变，杀留后、大将。先是锜选腹心五人为所部五州镇将，先，悉荐翻。姚志安处苏州，李深处常州，赵惟忠处湖州，丘自昌处杭州，高肃处睦州，处，昌吕翻；下处置同。各有兵数千，伺察刺史动静。伺，相吏翻。至是，锜各使杀其刺史，遣牙将庾伯良将兵三千治石头。【章：十二行本"头"下有"城"字；乙十一行本同；退斋校同。】治，直之翻，修治也。常州刺史颜防用客李云计，矫制称招讨副使，斩李深，传檄苏、杭、湖、睦，请同进讨。湖州刺史辛秘潜募乡闾子弟数百，夜袭赵惟忠营，斩之。苏州刺史李素为姚志安所败，败，补迈翻。生致于锜，具桎梏钉于船舷，钉，丁定翻。舷，胡田翻。船边曰舷。未及京口，会锜败，得免。

乙丑，制削李锜官爵及属籍。李锜，宗室也，故著于属籍。以淮南节度使王锷统诸道兵为招讨处置使；征宣武、义宁、武昌兵此时无义宁军；新书作"武宁"，当从之。锷，五各翻。并淮南、宣歙兵俱出宣州，淮南兵与宣歙兵会于宣州界，乘上流之势以临京口。是时，宣州之地北尽当涂，至江浒。江西兵出信州，浙东兵出杭州，以讨之。

9 高崇文在蜀期年，一旦谓监军曰："崇文，河朔一卒，高崇文本幽州人。幸有功，致位至此。西川乃宰相回翔之地，崇文叨居日久，岂敢自安！"屡上表称"蜀中安逸，无所陈力，愿效死边陲"。考异曰：旧崇文传曰："崇文不通文字，厌大府案牍谘禀之烦，且以优富之地，无所陈力，乞居塞上以扞边戍，恳疏累上。"旧武元衡传曰："崇文理军有法，而不知州县之政，上难其代者。"今从补国史，参以旧传。上择可以代崇文者而难其人。丁卯，以门下侍郎、同平章事武元衡同平章事，充西川节度使。考异曰：孙光宪北梦琐言曰："李德裕太尉未出学院，盛有词藻，而不乐应举。吉甫相，俾亲表勉之。掌武曰：'好驴马不入行。'由是以品子叙官也。吉甫相，以武相元衡同列，事多不叶，每退公，词色不怿。掌武启白曰：'此出之何难！'乃请修狄梁公庙。于是武相渐求出镇。其智计已闻于早成矣。"今从实录及旧传。

10 李锜以宣州富饶，欲先取之，遣兵马使张子良、李奉仙、田少卿将兵三千袭之。三人知锜必败，与牙将裴行立同谋讨之。行立，锜之甥也，故悉知锜之密谋。三将营于城外，将发，召士卒谕之曰："仆射反逆，官军四集，常、湖二将继死，其势已蹙。今乃欲使吾辈远取宣城，宣州宣城郡。吾辈何为随之族灭！岂若去逆效顺，转祸为福乎！”众悦，许诺，即夜，还趋城。趋，七喻翻；下兵趋、趋山同。行立举火鼓噪，应之于内，引兵趋牙门。锜闻子良等举兵，怒，闻行立应之，抚膺曰：“吾何望矣！”跣走，匿楼下。亲将李钧引挽强三百趋山亭，欲战；行立伏兵邀斩之。锜举家皆哭，左右执锜，裹之以幕，缒于城下，缒，驰伪翻。械送京师。挽强、蕃落争自杀，尸相枕藉。锜养挽强、蕃落事见上卷德宗贞元十七年。枕，职任翻。藉，慈夜翻。癸酉，本军以闻。本军，为浙西军。乙亥，群臣贺于紫宸殿。紫宸殿，在宣政殿北。上愀然曰：愀，七小翻。“朕之不德，致宇内数有干纪者，数，所角翻。朕之愧也，何贺之为！”

宰相议诛锜大功以上亲，大功，谓从父兄、弟、姊、妹；以上，则期亲也。兵部郎中蒋乂曰：“锜大功亲，皆淮安靖王之后也。淮安王神通谥曰靖。淮安有佐命之功，陪陵、享庙，神通起兵以应义师，以功陪葬献陵，配享高祖庙廷。岂可以末孙为恶而累之乎！”累，力瑞翻。又欲诛其兄弟，乂曰：“锜兄弟，故都统国贞之子也，国贞死王事，事见二百二十二卷肃宗宝应元年。岂可使之不祀乎！”宰相以为然。辛巳，锜从父弟宋州刺史铦等皆贬官流放。铦，思廉翻。

十一月，甲申朔，锜至长安，上御兴安门，唐大明宫南面五门，兴安门西来第一门也。面诘之。对曰：“臣初不反，张子良等教臣耳。”上曰：“卿为元帅，子良等谋反，何不斩之，然后入朝？”锜无以对。乃并其子师回腰斩之。考异曰：实录：“诛锜后数日，上遣中使赍黄衣二袭，命有司收其尸并男，以庶人礼葬焉。”国史补曰：“李锜之擒也，得侍婢一人随之。锜夜则裂襟自书筦榷之功，言为张子良所卖。教侍婢曰：‘结之于带。吾若从容奏对，必当为宰相、杨益节度；不得从容，当受极刑矣。我死，汝必入内，上必问汝，当以此进之。’及锜伏法，京城大雾三日不解，或闻鬼哭。宪宗又得帛书，颇疑其冤，内出黄衣二袭赐锜及子，敕京兆收葬。”按李锜骄逆，何冤之有！今从实录。

有司请毁锜祖考冢庙，中丞卢坦上言：“李锜父子受诛，罪已塞矣。塞，悉则翻。昔汉诛霍禹，不罪霍光；诛霍禹见二十五卷汉宣帝地节四年。先朝诛房遗爱，不及房玄龄。诛房遗爱见一百九十九卷高宗永徽四年。康诰曰：‘父子兄弟，罪不相及。’左传晋胥臣引康诰之辞。今尚书康诰无有此语。况以锜为不善而罪及五代祖乎！”乃不毁。

有司籍锜家财输京师。翰林学士裴垍、李绛上言，以为：“李锜僭侈，割剥六州之人以富其家，或枉杀其身而取其财。六州，润、睦、常、苏、湖、杭也。陛下闵百姓无告，故讨而诛之，今辇金帛以输上京，恐远近失望。愿以逆人资财赐浙西百姓，代今年租赋。”上嘉叹久之，即从其言。

11 昭义节度使卢从史，内与王士真、刘济潜通，而外献策请图山东，时魏博、恒冀在太行山之东。擅引兵东出。上召令还，【章：十二行本“还”下有“上党”二字；乙十一行本同；孔本同；张校同；退斋校同。】从史托言就食邢、洺，不时奉诏；久之，乃还。考异曰：蒋阶李司空论事曰：“绛奏：‘从史比来事就彰露颇多，意不自安，务欲生事，所以曲陈利害，频献计谋，冀许用兵以求姑息。今请亲领士马，欲往邢、洺，假以就粮，实为动众。去就之际，情状可知。’”旧从史传曰：“前年丁父忧，朝旨未议起复。属王士真卒，从史窃献诛承宗计以希上意，用是起授，委其成功。及诏下讨贼，兵出，逗留不进，阴与承宗通谋，令军士潜怀贼号。”按三年九月戊戌，李吉甫罢相，出镇扬州。四年二月丁卯，郑絪罢相。三月乙酉，王士真卒，承宗始袭位。四月壬辰，从史起复。若以从史山东就粮即请讨承宗之时，则于时吉甫、絪皆已罢相，何得有谮絪之事！又贬从史制辞云：“况顷年上请就食山东，及遣旋师，不时恭命，致动其众，觊生其心。赖刘济抗忠正之辞，使邪竖绝迟回之计。加以遍毁邻境，密疏事情，反覆百端，高下在手。”若是讨承宗时朝廷不违其请，何尝使之旋师！盖李、郑未罢之前，从史尝毁邻道，乞加征讨，因擅引兵出山东。朝廷命旋师，托以就食邢、洺，不时奉诏，但不知事在何年月日，所欲攻讨者何人，刘济有何辞而从史肯旋，今因李绛论李锜家财事并言之。新书云“从史与承宗连和，有诏归潞”。误也。

他日，上召李绛对于浴堂，唐禁中有浴堂殿，德宗以来常居之。沈括曰：浴堂殿在翰林院北，翰林院别设北扉，以便于应召。按旧书裴延龄传：德宗谓延龄曰：“朕所居浴堂院殿一栿，以年多之故，似有损蠹，欲换之未能。”以此知德宗常居浴堂殿也。程大昌曰：沈氏谓学士院北扉，为在浴堂之南，便于应召，此误也。学士院在紫宸、蓬莱殿之西。浴堂殿自在紫宸之东，不在学士院南也。唐学士多对浴堂殿。李绛之极论中官，柳公权之濡纸继烛，皆其地也。然自六典以及吕图皆无此一殿。石林叶氏曰：学士院北扉者，浴堂之南，便于应召，此恐未审也。学士院之北为翰林院，翰林院之北为少阳院。设或浴堂在此，亦为寝殿、三殿之所间隔，不容有北门可以与之相属也。馆本唐图则有浴堂殿，而殿之位置乃在绫绮殿南也。绫绮者，长安志曰，在蓬莱殿东也。而夫学士院者，自在蓬莱正西也。东西既已相绝，中间多有别殿，无由有门可以相为南北也。长安志尝记浴堂门、浴堂殿、浴堂院矣，且曰文宗尝于此殿召对郑注，而于浴堂殿对学士焉。又别有浴堂院，亦同一处，可以知其必在大明矣，而不著其正在何地。故予意馆图所记在绫绮殿南者，是也。而元稹承旨厅记又有可证者，其说曰：乘舆奉郊庙，则承旨得乘厩马，自浴殿由内朝以从。若外宾进见于麟德，则止直禁中以俟。夫内朝也者，紫宸殿也。唐之郊庙皆在都城之南，人主有事郊庙，若非自丹凤门出，必由承天门出，决不向后迂出西银台门也。则浴堂之可趋内朝也，内朝之必趋丹凤门也，其理固已可必矣；又谓殿在蓬莱殿东，即与紫宸殿相属，又可必矣。然则馆图位置，其与元稹所记殆相发挥，大可信也。至于外宾客见于麟德，则麟德并学士院东，则不待班从而可居院以待也。合二语以想事宜，则浴堂也必在紫宸殿东，而不在其西也。语之曰：“事有极异者，朕比不欲言之。语，牛倨翻。比，毗至翻。朕与郑细议敕从史归上党，续征入朝。细乃泄之于从史，使称上党乏粮，就食山东。为人臣负朕乃尔，将何以处之？”处，昌吕翻。对曰：“审如此，灭族有馀矣！然细、从史必不自言，陛下谁从得之？”上曰：“吉甫密奏。”绛曰：“臣窃闻缙绅之论，称细为佳士，恐必不然。或者同列欲专朝政，朝，直遥翻。疾宠忌前，愿陛下更熟察之，勿使人谓陛下信谗也！”上良久曰：“诚然，细必不至此。非卿言，朕几误处分。”几，居希翻。处，昌吕翻。分，扶问翻。

上又尝从容问绛曰：从，千容翻。“谏官多谤讪朝政，皆无事实，朕欲谪其尤者一二人以儆其馀，何如?”对曰：“此殆非陛下之意，必有邪臣以壅蔽陛下之聪明者。人臣死生，系人主喜怒，敢发口谏者有几！就有谏者，皆昼度夜思，朝删暮减，比得上达，什无二三。度，徒洛翻。比，必利翻，及也。故人主孜孜求谏，犹惧不至，况罪之乎！如此，杜天下之口，非社稷之福也。”上善其言而止。

12 群臣请上尊号曰睿圣文武皇帝；丙申，许之。

13 盩厔尉、集贤校理白居易作乐府及诗百馀篇，规讽时事，流闻禁中；上见而悦之，召入翰林为学士。

14 十二月，丙辰，上谓宰相曰：“太宗以神圣之资，群臣进谏者犹往复数四，况朕寡昧，自今事有违，卿当十论，无但一二而已。”

15 丙寅，以高崇文同平章事，充邠宁节度、京西诸军都统。新志曰：天宝末，置天下兵马元帅，都统朔方、河东、河北、平卢节度使。都统之名始于此。

16 山南东道节度使于頔惮上英威，为子季友求尚主；为，于伪翻。上以皇女普宁公主妻之。普宁郡公主。容州普宁郡。妻，七细翻。翰林学士李绛谏曰：“頔，虏族；頔，于谨之裔孙。谨之先于栗磾，本姓勿忸于氏，从拓跋氏起于代北，故绛云然。季友，庶孽，不足以辱帝女，宜更择高门美才。”更，工衡翻。上曰：“此非卿所知。”己卯，公主适季友，恩礼甚盛；頔出望外，大喜。顷之，上使人讽之入朝谢恩，頔遂奉诏。考异曰：实录不见頔入朝月日，今因尚主终言之。

17 是岁，李吉甫撰元和国计簿上之，上，时掌翻。总计天下方镇四十八，州府二百九十五，县千四百五十三。其凤翔、鄜坊、邠宁、振武、泾原、银夏、灵盐、河东、易定、魏博、镇冀、范阳、沧景、淮西、淄青十五道七十一州不申户口外，凤翔、鄜坊、邠宁、振武、泾原、银夏、灵盐、河东皆被边，易定、魏博、镇冀、范阳、沧景、淮西、淄青皆藩镇世袭，故并不申户口，纳赋税。夏，户雅翻。每岁赋税倚办止于浙江东·西、宣歙、淮南、江西、鄂岳、福建、湖南八道四十九州，一百四十四万户，比天宝税户四分减三。宋白曰：国计簿比较数：天宝州郡三百一十五，元和见管总二百九十五，比较天宝应供税州郡计少九十七；天宝户总八百三十八万五千二百二十三，元和见在户总二百四十四万二百五十四，比较天宝数税户通计少百九十四万四千六百九十九；天宝租税、庸、调每年计钱、粟、绢、布、丝、绵约五千二百三十馀万端、匹、屯、贯、石，元和两税、榷酒、斛㪷、盐利、茶利总三千五百一十五万一千二百二十八贯、石，比较天宝所入赋税计少一千七百一十四万八千七百七十贯、石。歙，书涉翻。天下兵仰给县官者八十三万馀人，仰，牛向翻。比天宝三分增一，大率二户资一兵。其水旱所伤，非时调发，不在此数。水旱所伤，则量减赋税。非时调发，则出于常赋之外。调，徒钓翻。

三年(戊子、八〇八)

1 春，正月，癸巳，群臣上尊号曰睿圣文武皇帝；赦天下。"自今长吏诣阙，无得进奉。"知枢密刘光琦代宗永泰中，置内枢密使，以宦者为之，初不置司局，但有屋三楹，贮文书而已。其职掌惟受表奏，于内中进呈。若人主有所处分，则宣付中书门下施行。后僖、昭时，杨复恭、西门季玄欲夺宰相权，乃于堂状后帖黄，指挥公事。奏分遣诸使赍赦诣诸道，意欲分其馈遗，使，疏吏翻；下同。遗，唯季翻。翰林学士裴垍、李绛奏"敕使所至烦扰，不若但附急递"。急递，古之传遽，驰驿兼程而行。上从之。光琦称旧例，上曰："例是则从之，苟为非是，奈何不改！"

2 临泾镇将郝玼玼，音此，又且礼翻。以临泾地险要，水草美，吐蕃将入寇，必屯其地，言于泾原节度使段佑，考异曰：旧传作

"段佐"，新传作"佑"，今从实录。奏而城之，自是泾原获安。安、史乱后，原州没于吐蕃，是后遂以临泾为理所。

3 二月，戊寅，咸安大长公主薨于回鹘。蓬州，咸安郡。德宗贞元四年，咸安公主下嫁回鹘，见二百三十三卷。长，知亮翻。三月，回鹘腾里可汗卒。

4 癸巳，郇王总薨。总，上弟也。

5 辛亥，御史中丞卢坦奏弹前山南西道节度使柳晟、前浙东观察使阎济美违赦进奉。弹，唐干翻。弹其违是年正月癸巳之赦也。考异曰：旧晟传曰："罢镇入朝，以违诏进奉为御史元稹所劾；诏宥之。"今从实录。旧济美传："自福建观察使复为浙西观察使。"新传曰："自福建观察使徙浙西。"罢浙西也，方在道见诏而贡献无所还，故帝为言之。今据实录云："离越州后，方见赦文。"则是浙东。新、旧传误也。上召坦褒慰之，曰："朕已释其罪，不可失信。"坦曰："赦令宣布海内，陛下之大信也。晟等不畏陛下法，奈何存小信弃大信乎！"上乃命归所进于有司。

6 夏，四月，上策试贤良方正直言极谏举人，伊阙尉牛僧孺、陆浑尉皇甫湜、陆浑县，春秋陆浑戎所居也。东魏置伊川郡，领南陆浑县，隋开皇初废，改县曰伏流，大业初改曰陆浑，唐属洛州。前进士李宗闵皆指陈时政之失，无所避；李宗闵擢进士，调华州参军，故曰前进士。吏部侍郎杨於陵、於，音乌。吏部员外郎韦贯之为考策官，贯之署为上第。上亦嘉之，诏【章：十二行本"诏"上有"乙丑"二字；乙十一行本同；孔本同；退斋校同；张校同，云无注本亦无。】中书优与处分。处，昌吕翻。分，扶问翻。李吉甫恶其言直，恶，乌路翻。泣诉于上，且言"翰林学士裴垍、王涯覆策。审考为覆。湜，涯之甥也，涯不先言；垍无所异同"。上不得已，罢垍、涯学士，垍为户部侍郎，涯为都官员外郎，贯之为果州刺史。后数日，贯之再贬巴州刺史，涯贬虢州司马。旧志：果州，至京师二千五百二十八里；

巴州，二千三百六十里；虢州，四百二十里。乙亥，以杨於陵为岭南节度使，亦坐考策无异同也。僧孺等久之不调，调，徒钓翻。各从辟于藩府。僧孺，弘之七世孙；牛弘相隋。宗闵，元懿之玄孙；郑王元懿，高祖之子。贯之，福嗣之六世孙；韦福嗣见一百八十二卷隋炀帝大业九年。韦贯之本名淳，避上名改焉。湜，睦州新安人也。新安，汉歙县地。江左置新安郡，隋废郡为县，大业初改为雉山，唐文明元年复为新安，开元二十年改为还淳，永贞元年避上名改为清溪。此云新安，史依旧县名。

7 丁丑，罢五月朔宣政殿朝贺。唐制：元正、冬至于正牙受朝贺。至贞元七年，敕每年五月一日御宣政殿与文武百寮相见，京官九品以上，外官因朝奏在京者，并宜就列。本以五月一日阴生，臣子道长，君父道衰，非善月也，因创是日相见之仪。

8 以荆南节度使裴均为右仆射。均素附宦官得贵显，为仆射，自矜大。尝入朝，逾位而立；中丞卢坦揖而退之，均不从。坦曰："昔姚南仲为仆射，位在此。"均曰："南仲何人？"坦曰："是守正不交权幸者。"坦寻改右庶子。裴均恶之也。

9 五月，翰林学士、左拾遗白居易上疏，以为："牛僧孺等直言时事，恩奖登科，而更遭斥逐，并出为关外官。牛僧孺等从辟于藩府，故以为关外官。杨於陵等以考策敢收直言，裴垍等以覆策不退直言，皆坐谴谪。卢坦以数举职事黜庶子。数，所角翻。此数人皆今之人望，天下视其进退以卜时之否臧者也。否，音鄙。一旦无罪悉疏弃之，上下杜口，众心汹汹，陛下亦知之乎？且陛下既下诏征之直言，索之极谏，索，山客翻。僧孺等所对如此，纵未能推而行之，又何忍罪而斥之乎！昔德宗初即位，亦征直言极谏之士，策问天旱，穆质对云：'两汉故事，三公当免；卜式著议，弘羊可烹。'德宗深嘉之，自畿尉擢为左补阙。京兆府除两赤县外，馀为畿县。唐制：凡置都，其郭下县为赤县，馀县亦为畿县。今僧孺等所言未过于穆质，而遽斥之，臣恐非嗣祖宗之道也！”质，宁之子也。穆宁与颜真卿同讨安禄山。

10 丙午，册回鹘新可汗为爱登里啰汨密施合毗伽保义可汗。

11 西原蛮酋长黄少卿请降；六月，癸亥，以为归顺州刺史。黄少卿反见二百三十四卷德宗贞元十年。

12 沙陀劲勇冠诸胡，吐蕃置之甘州，沙陀降吐蕃见二百三十三卷贞元六年。冠，古玩翻。每战，以为前锋。回鹘攻吐蕃，取凉州；吐蕃疑沙陀贰于回鹘，欲迁之河外。沙陀惧，酋长朱邪尽忠与其子执宜谋复自归于唐，复，扶又翻。遂帅部落三万，循乌德鞬山而东。帅，读曰率；下同。乌德鞬山在回鹘牙帐之西，甘州东北。史炤曰：唐历云即郁督军山，虏语两音也。鞬，居言翻。行三日，吐蕃追兵大至，自洮水转战至石门，水经注：洮水至枹罕入河。枹罕，唐为河州。石门水，在高平县西八十里，唐于此置石门关，在原州平高县界。凡数百合；尽忠死，士众死者太半。执宜帅其馀众犹近万人，骑三千，诣灵州降。近，其靳翻。考异曰：赵凤后唐懿祖纪年录曰：“懿祖讳执宜，烈考讳尽忠，自曾祖入觐，复典兵于碛北。德宗贞元五年，回纥葛禄部及白眼突厥叛回纥忠贞可汗，附于吐蕃，因为乡导，驱吐蕃之众三十万寇我北庭。烈考谓忠贞可汗曰：‘吐蕃前年屠陷灵、盐，闻唐天子欲与赞普和亲，可汗数世有功，尚主，恩若骄儿，若赞普有宠于唐，则可汗必无前日之宠矣。’忠贞曰：‘若之何？’烈考曰：‘唐将杨袭古固守北庭，无路归朝，今吐蕃、突厥并兵攻之，傥无援助，陷亡必矣。北庭既没，次及于吾，可汗得无虑乎！’忠贞惧，乃命其将颉干迦斯与烈考将兵援北庭。贞元六年，与吐蕃战于碛口，颉干迦斯不利而退。烈考牙于城下以援袭古，吐蕃攻围经年，诸部继没。十二月，北庭之众劫烈考降于吐蕃，由是举族七千帐徙于甘州，臣事赞普。贞元十三年，回纥奉诚可汗收复凉州，大败吐蕃之众，或有间烈考于赞普者云：‘沙陀本回纥部人，今闻回纥强，必为内应。’赞普将迁烈考之牙于河外。时懿祖年已及冠，白烈考曰：‘吾家世为唐臣，不幸陷虏，为他效命，反见猜嫌，不如乘其不意，复归本朝。’烈考然之。贞元十七年，自乌德鞬山率其部三万东奔。居三日，吐蕃追兵大至，自洮河转战至石门关，委曲三千里，凡数百战，烈考战没，懿祖挟护灵舆，收合馀众，至于灵州，犹有马三千骑，胜兵一万。时范希朝为河西、灵盐节度使，闻懿祖至，自帅师蕃界，应接而归，以事奏闻。德宗遣中使赐诏慰劳，赏锡数十万，因于盐州置阴山府，以懿祖为都督，授特进、骁卫将军同正。宪宗即位，诏懿祖入觐。元和元年七月，帝自振武至长安，授特进、金吾卫将军，留宿卫。时范希朝亦征为金吾上将军。二年，吐蕃诱我党项部，寇犯河西，天子复命希朝为灵盐节度，命懿祖将兵佐之。贼平，戍西受降城。"据德宗实录，贞元十七年无沙陀归国事。范希朝传，德宗时为振武节度使，元和二年乃为朔方、灵盐节度使，诱致沙陀。元和元年亦无沙陀朝见。纪年录恐误。今从实录、旧传、新书。灵盐节度使范希朝闻之，自帅众迎于塞上，置之盐州，为市牛羊，广其畜牧，善抚之。为，于伪翻。诏置阴山府，以执宜为兵马使。未几，尽忠弟葛勒阿波又帅众七百诣希朝降；几，居岂翻。诏以为阴山府都督。自是，灵盐每有征讨，用之所向皆捷，灵盐军益强。为沙陀强盛得中夏张本。

13 秋，七月，辛巳朔，日有食之。

14 以右庶子卢坦为宣歙观察使。苏强之诛也，苏强，刘辟之婿也，元年，以逆党诛。兄弘在晋州幕府，自免归，人莫敢辟。坦奏："弘有才行，不可以其弟故废之，请辟为判官。"上曰："向使苏强不死，果有才行，犹可用也，行，下孟翻。况其兄乎！"坦到官，值旱饥，谷价日增，或请抑其价。坦曰："宣、歙土狭谷少，所仰四方之来者；若价贱，则商船不复来，益困矣。"既而米斗二百，商旅辐凑。【章：十二行本"凑"下有"民赖以生"四字；乙十一行本同；退斋校同；孔本同；张校同。】后人用此策以救荒者，卢坦发之也。仰，牛向翻。复，扶又翻。

15 九月，庚寅，以于頔为司空，同平章事如故；加右仆射裴均同平章事，为山南东道节度使。

淮南节度使王锷入朝。锷家巨富，厚进奉及赂宦官，求平章事。翰林学士白居易以【章：十二行本"以"上有"上言"二字；乙十一行本同；孔本同；张校同；退斋校同。】为："宰相人臣极位，非清望大功不应授。昨除裴均，外议已纷然，裴均，亦要结宦官者也。今又除锷，则如锷之辈皆生冀望。若尽与之，则典章大坏，又不感恩；不与，则厚薄有殊，或生怨望。幸门一启，无可奈何。且锷在镇五年，德宗贞元十九年，锷为淮南帅。百计诛求，货财既足，自入进奉。若除宰相，四方藩镇皆谓锷以进奉得之，竞为刻剥，则百姓何以堪之！”事遂寝。考异：按旧李藩、权德舆传、白居易集、李绛论事集，皆有谏加王锷平章事事。观其辞意，各是一时。居易所论者，云“淮南百姓，日夜无憀”，又云“锷归镇与在朝，望并不除宰相”，则是自淮南入朝未除河中时也。权、李同在中书受密旨，云“可兼宰相”，则初除河中时也。李司空论事云“至太原一二年间，财力赡足”，则是除太原以后六年十一月李绛作相前也。今附居易疏于初除太原之时。又旧锷传云在淮南四年，元和二年入朝。按实录，锷以贞元十九年镇淮南。居易状云“五年诛求”，又云“昨日裴均除平章事”，故置此。

16 壬辰，加宣武节度使韩弘同平章事。

17 丙申，以户部侍郎裴垍为中书侍郎、同平章事。上虽以李吉甫故罢垍学士，是年四月，罢垍学士。然宠信弥厚，故未几复擢为相。

初，德宗不任宰相，天下细务皆自决之，由是裴延龄辈得用事。上在藩邸，心固非之；及即位，选擢宰相，推心委之，尝谓垍等曰：“以太宗、玄宗之明，犹借辅佐以成其理，谓借房、杜、姚、宋以成贞观、开元之治也。理，治也。况如朕不及先圣万倍者乎！”垍亦竭诚辅佐。上尝问垍：“为理之要何先？”对曰：“先正其心。”旧制，民输税有三：一曰上供；二曰送使；三曰留州。建中初定两税，货重钱轻；是后货轻钱重，民所出已倍其初；其留州、送使者，所在又降省估就实估，以重敛于民。省估者，都省所立价也。敛，力赡翻。及垍为相，奏：“天下留州、送使物，请一切用省估；其观察使，先税所理之州以自给，不足，然后许税于所属之州。”由是江、淮之民稍苏息。

先是，执政多恶谏官言时政得失，先，悉荐翻。恶，乌路翻。垍独赏之。垍器局峻整，人不敢干以私。尝有故人自远诣之，垍资给优厚，从容款狎。其人乘间求京兆判司，从，千容翻。间，古苋翻。凡州府诸曹参军，皆谓之判司。垍曰："公不称此官，称，尺证翻。不敢以故人之私伤朝廷至公。他日有盲宰相怜公者，不妨得之，垍则必不可。"

18 戊戌，以中书侍郎、同平章事李吉甫同平章事，充淮南节度使。考异曰：旧吉甫传曰："初，裴均为仆射，判度支，交结权幸，欲求宰相。先是制试直言极谏科，其中有讥刺时政，忤犯权幸者，因此均党扬言皆执政教指，冀以摇动吉甫，赖谏官李约、独孤郁、李正辞、萧俛密疏陈奏，帝意乃解。吉甫早岁知奖羊士谔，擢为监察御史。又司封员外郎吕温有词艺，吉甫亦眷接之。窦群初拜御史中丞，奏请士谔为侍御史，温为郎中，知杂事。吉甫怒其不先关白，而所请又有超资者，持之数日不行，因而有隙。群遂伺得日者陈克明出入吉甫家，密捕以闻。宪宗诘之，无奸状。吉甫以裴垍久在翰林，宪宗亲信，必当大用，遂密荐垍代己，因自图出镇。其年九月，拜淮南节度使，在扬州，每有朝廷得失，皆密疏论列。"按牛僧孺等指陈时政之失，吉甫泣诉，故贬考覆官。裴均等虽欲为谗，若云执政自教指举人诋时政之失，岂近人情邪！吉甫自以诬构郑絪，贬斥裴垍等，盖宪宗察见其情而疏薄之，故出镇淮南。及子德裕秉政，掩先人之恶，改定实录，故有此说耳。

19 河中、晋绛节度使邠宣公杜黄裳薨。

20 冬，十二月，庚戌，置行原州于临泾，唐原州本治平高县，广德元年没于吐蕃，泾原节度使马璘表置行原州于灵台之百里城，贞元十九年徙治平凉，至是，徙治临泾。宋白曰：临泾，本隋之湫谷县。以镇将郝玼为刺史。玼，音此，且礼翻。

21 南诏王异牟寻卒，子寻阁劝立。

四年（己丑、八〇九）

1 春，正月，戊子，简王遘薨。遘，代宗子。

2 渤海康王嵩璘卒，子元瑜立，改元永德。

3 南方旱饥。庚寅，命左司郎中郑敬等为江、淮、二浙、荆、湖、襄、鄂等道宣慰使，赈恤之。将行，上戒之曰："朕宫中用帛一匹，皆籍其数，惟赒救百姓，则不计费，卿辈宜识此意，勿效潘孟阳饮酒游山而已。"事见元年。

4 给事中李藩在门下，制敕有不可者，即于黄纸后批之。批，匹迷翻。吏请更连素纸，藩曰："如此，乃状也，何名批敕！"裴垍荐藩有宰相器。上以门下侍郎、同平章事郑絪循默取容，二月，丁卯，罢絪为太子宾客，擢藩为门下侍郎、同平章事。藩知无不言，上甚重之。

5 河东节度使严绶，在镇九年，贞元十七年，严绶镇河东，见上卷。军政补署一出监军李辅光，绶拱手而已。裴垍具奏其状，请以李鄘代之。三月，乙酉，以绶为左仆射，以凤翔节度使李鄘为河东节度使。

6 成德节度使王士真薨，其子副大使承宗自为留后。为讨王承宗张本。河北三镇，相承各置副大使，以嫡长为之，父没则代领军务。长，知两翻。

7 上以久旱，欲降德音，翰林学士李绛、白居易上言，考异曰：李司空论事及居易集皆有此奏，语虽小异，大指不殊，盖同上奏耳。以为"欲令实惠及人，无如减其租税"。又言"宫人驱使之馀，其数犹广，事宜省费，物贵徇情"。冗食宫中，岁费给赐，则非省费矣。内多怨女，则非徇情矣。又请"禁诸道横敛以充进奉"。又言"岭南、黔中、福建风俗，多掠良人卖为奴婢，乞严禁止"。闰月，己酉，制降天下系囚，蠲租税，出宫人，绝进奉，禁掠卖，皆如二人之请。己未，雨。绛表贺曰："乃知忧先于事，故能无忧；先，悉荐翻。事至而忧，无救于事。"

8 初，王叔文之党既贬，事始见上卷永贞元年。有诏，虽遇赦无得量移。量，音良。吏部尚书、盐铁转运使李巽奏："郴州司马程异，吏才明辨，请以为杨子留后。"扬州扬子县，自大历以来，盐铁转运使置巡院于此，故置留后。上许之。巽精于督察，吏人居千里之外，战栗如在巽前。异句检簿籍，又精于巽，卒获其用。句，音钩。为程异以理财进用张本。卒，子恤翻。

9 魏征玄孙稠贫甚，以故第质钱于人，平卢节度使李师道请以私财赎出之。上命白居易草诏，居易奏言："事关激劝，宜出朝廷。师道何人，敢掠斯美！望敕有司以官钱赎还后嗣。"上从之，出内库钱二千缗赎赐魏稠，仍禁质卖。程大昌曰：魏征宅在丹凤坊，直出南面永兴坊内。会要曰：元和四年，上嘉魏征谏诤，诏访其故居，则质卖已更数姓，析为九家矣。上出内库钱二百万赎之，以还其家，禁其质卖。

10 王承宗叔父士则以承宗擅自立，恐祸及宗，与幕客刘栖楚俱自归京师；考异曰：旧传："栖楚为吏镇州，王承宗甚奇之。"今从实录。诏以士则为神策大将军。

11 翰林学士李绛等奏曰："陛下嗣膺大宝，四年于兹，而储闱未立，典册不行，是开窥觎之端，乖重慎之义，非所以承宗庙、重社稷也。伏望抑㧑谦之小节，行至公之大典。"丁卯，制立长子邓王宁为太子。宁，纪美人之子也。

12 辛未，灵盐节度使范希朝奏以太原【章：十二行本"原"下有"防秋"二字；乙十一行本同。】兵六百人衣粮给沙陀；许之。

13 夏，四月，山南东道节度使裴均恃有中人之助，于德音后进银器千五百馀两。是年正月，赦天下，禁无得进奉。翰林学士李绛、白居易等上言："均欲以此尝陛下，愿却之。"上遽命出银器付度支。度，徒洛翻。既而有旨谕进奏院："自今诸道进奉，无得申御史台；有访问者，辄以名闻。"白居易复以为言，考异曰：居易集奏状曰："伏见六七日来，向外传说，皆云有进止，令宣与诸道进奏院：‘自今已后，应有进奉，并不用申报御史台；如有人勘问，便录名奏来者。’内外相传，不无惊怪。臣伏料此事多是虚传，且有此闻，不敢不奏，”云云。又曰：“若此果虚，即望宣示中外，令知圣旨，使息虚声。”按禁止进奉，前后制敕非一，不止于昨闰三月德音也。去年三月，柳晟、阎济美违赦进奉，已为卢坦所弹。宪宗云“济美离越州，乃逢赦令，释其罪”。今裴均所进，假使在德音前，亦赦后矣，又云“赦书未到前已在道，舍其过”。是则宪宗深惑于左右之言，外示不受献，内实欲其来献也。然则居易所闻，不为虚矣；若其虚，必辩明也。实录及李司空论事皆以此为宪宗之美。今故直之。复，扶又翻。上不听。

14 上欲革河北诸镇世袭之弊，乘王士真死，欲自朝廷除人；不从则兴师讨之。裴垍曰：“李纳跋扈不恭，李纳之罪，以兴元赦令，遂蒙含贷。王武俊有功于国，谓与李抱真破朱滔也。陛下前许师道，言许李师道承袭。今夺承宗，沮劝违理，彼必不服。”由是议久不决。上以问诸学士，李绛等对曰：“河北不遵声教，谁不愤叹，然今日取之，或恐未能。成德自武俊以来，父子相承四十馀年，自建中三年王武俊始有恒冀，至是二十八年。人情贯习，不以为非。贯，读曰惯。惯习，犹言惯熟。况承宗已总军务，一旦易之，恐未必奉诏。又范阳、魏博、易定、淄青以地相传，与成德同体，彼闻成德除人，必内不自安，阴相党助，虽茂昭有请，亦恐非诚。【章：十二行本“诚”下有“所以然者”四字；乙十一行本同；孔本同；张校同；退斋校同。】张茂昭宿与王武俊有隙，故请代承宗。今国家除人代承宗，彼邻道劝成，进退有利。若所除之人得入，彼则自以为功；若诏令有所不行，彼因潜相交结；在于国体，岂可遽休！须兴师四面攻讨，彼将帅则加官爵，士卒则给衣粮，按兵玩寇，坐观胜负，而劳费之病尽归国家矣。自大历、贞元以来，用兵之弊正如此。今江、淮水，公私困竭，军旅之事，殆未可轻议也。”

左军中尉吐突承璀璀，七罪翻。欲希上意，夺裴垍权，自请将兵讨之。【章：十二行本“之”下有“上疑未决”四字；乙十一行本同；孔本同；张校同；退斋校同。】宗正少卿李拭奏称：“承宗不可不讨。承璀亲近信臣，宜委以禁兵，使统诸军，谁敢不服！”上以拭状示诸学士曰：“此奸臣也，知朕欲将承璀，故上此奏。卿曹记之，自今勿令得进用。”示诸学士者，盖以此时凡入翰林者，即日辅佐之选也。故使知其姓名，勿得拟用。然帝知李拭之迎逢，而卒将承璀，何邪！欲将，即亮翻。上，时掌翻。

昭义节度使卢从史遭父丧，朝廷久未起复；从史惧，因承璀说上，说，式芮翻。请发本军讨承宗。壬辰，起复从史左金吾大将军，馀如故。

15 初，平凉之盟，见二百三十二卷德宗贞元三年。副元帅判官路泌、会盟判官郑叔矩皆没于吐蕃。其后吐蕃请和，泌子随三诣阙号泣上表，乞从其请；路随表请和蕃，情切于其亲也。号，户刀翻。德宗以吐蕃多诈，不许。至是，吐蕃复请和，复，扶又翻。随又五上表，诣执政泣请，裴垍、李藩亦言于上，请许其和；上从之。五月，命祠部郎中徐复使吐蕃。

16 六月，以灵盐节度使范希朝为河东节度使。朝议以沙陀在灵武，迫近吐蕃，朝，直遥翻。近，其靳翻。虑其反覆，又部落众多，恐长谷价，长，知两翻。乃命悉从希朝诣河东。希朝选其骁骑千二百，号沙陀军，置使以领之，而处其馀众于定襄川。于是【章：十二行本“是”下有“朱邪”二字；乙十一行本同；孔本同；退斋校同。】执宜始保神武川之黄花堆。神武川在汉代郡桑干县界，后魏置神武郡，后周废郡为神武县，属朔州。此时其地在马邑善阳县界。处，昌吕翻。

17 左军中尉吐突承璀领功德使，唐初，置寺观监，天下僧、尼、道士、女官皆属鸿胪寺。武后以僧尼属祠部。开元十四年，以道士、女官属宗正寺。天宝二载，以道士属司封，崇玄馆置大学士，以宰相为之，领两京玄元宫及道院。贞元四年，崇玄馆罢大学士，置左右街大功德使、东都功德使，修功德，使总僧尼之籍及功役。元和二年，以道士、女官属左、右街功德使。盛修安国寺，唐会要：安国寺在长乐坊，景云元年敕舍龙潜旧宅为寺，便以本封安国为名。程大昌曰：长乐坊，在朱雀街东第四街。奏立圣德碑，高大一准华岳碑，玄宗立华岳碑于华岳祠前，高五十馀尺。华，户化翻。先构碑楼，请敕学士撰文，且言“臣已具钱万缗，欲酬之”。上命李绛为之，绛上言：“尧、舜、禹、汤，未尝立碑自言圣德，惟秦始皇于巡游所过，刻石高自称述，未审陛下欲何所法！且叙修寺之美，不过壮丽观游，岂所以光益圣德！”上览奏，承璀适在旁，上命曳倒碑楼。曳，读作拽，音以列翻；史炤音以制切，非。承璀言：“碑楼甚大，不可曳，请徐毁撤。”冀得延引，乘间再论，间，古苋翻。上厉声曰：“多用牛曳之！”承璀乃不敢言。凡用百牛曳之，乃倒。

容肇祖标点聂崇岐覆校

资治通鉴卷第二百三十八

端明殿学士兼翰林侍读学士太中大夫
提举西京嵩山崇福宫上柱国河内郡开国公 司马光 奉敕编集
食邑二千二百户食实封九百户赐紫金鱼袋臣
后学天台胡三省音注

唐纪五十四

起屠维赤奋若（己丑）七月，尽玄黓执徐（壬辰）九月，凡三年有奇。

宪宗昭文章武大圣至神孝皇帝上之下

元和四年（己丑、八〇九）

1 秋，七月，壬戌，御史中丞李夷简弹京兆尹杨凭，前为江西观察使贪污僭侈；丁卯，贬凭临贺尉。临贺，汉县，属苍梧郡，以临贺水，故名。唐带贺州。夷简，元懿之玄孙也。郑王元懿，高祖之子。上命尽籍凭资产，财物田园，人资以生，谓之资产。李绛谏曰："旧制，非反逆不籍其家。"上乃止。

凭之亲友无敢送者，栎阳尉徐晦独至蓝田与别。栎，音药。太常卿权德舆素与晦善，谓之曰："君送杨临贺，诚为厚矣，无乃为累乎！"累，良瑞翻。对曰："晦自布衣蒙杨公知奖，今日远谪，岂得不与之别！借如明公他日为谗人所逐，晦敢自同路人乎！"德舆嗟叹，称之于朝。朝，直遥翻。后数日，李夷简奏为监察御史。晦谢曰："晦平生未尝得望公颜色，公何从而取之！"夷简曰："君不负杨临贺，肯负国乎！"

2 上密问诸学士曰："今欲用王承宗为成德留后，割德、棣二州更为一镇以离其势，并使承宗输二税，请官吏，一如师道，何如？"李师道事，见上卷元年。李绛等对曰："德、棣之隶成德，为日已久，贞元初，王武俊破朱滔，取德、棣。今一旦割之，恐承宗及其将士忧疑怨望，得以为辞。况其邻道情状一同，各虑他日分割，或潜相构扇；万一旅拒，倍难处置，愿更三思。旅，众也。旅拒者，挟众而拒上命也。处，昌吕翻。三，息暂翻，又如字。所是二税、官吏，愿因吊祭使至彼，自以其意谕承宗，令上表陈乞如师道例，勿令知出陛下意。如此，则幸而听命，于理固顺，若其不听，体亦无损。"

上又问："今刘济、田季安皆有疾，若其物故，物故注已见汉纪。史炤曰：颜师古曰：物故，死也，言其同于鬼物而故也。一曰，不欲斥言，但云其所服用之物皆已故也。岂可尽如成德付授其子，天下何时当平！议者皆言'宜乘此际代之，不受则发兵讨之，时不可失。'如何？"对曰："群臣见陛下西取蜀，东取吴，蜀，谓刘辟。吴，谓李锜。易于反掌，易，以豉翻；下同。故谄谀躁竞之人躁，轻也。竞，争也。争献策画，劝开河北，不为国家深谋远虑，为，于伪翻。陛下亦以前日成功之易而信其言。臣等夙夜思之，河北之势与二方异。何则？西川、浙西皆非反侧之地，其四邻皆国家臂指之臣。臂指，用贾谊语意，言其顺使也。刘辟、李锜独生狂谋，其下皆莫之与，辟、锜徒以货财啖之，大军一临，则涣然离耳。故臣等当时亦劝陛下诛之，以其万全故也。成德则不然，内则胶固岁深，外则蔓连势广，胶固，如胶之附着坚固也。蔓连，如蔓草之曼衍连属也。其将士百姓怀其累代煦妪之恩，煦，吁句翻。妪，衣遇翻。郑玄曰：气曰煦，体曰妪。不知君臣逆顺之理，谕之不从，威之不服，将为朝廷羞。又，邻道平居或相猜恨，及闻代易，必合为一心，盖各为子孙之谋，亦虑他日及此故也。

万一馀道或相表里，兵连祸结，财尽力竭，西戎、北狄乘间窥窬，西戎，谓吐蕃；北狄，谓回鹘。间，古苋翻；下同。其为忧患可胜道哉！胜，音升。济、季安与承宗事体不殊，若物故之际，有间可乘，当临事图之；于今用兵，则恐未可。太平之业，非朝夕可致，愿陛下审处之。”处，昌吕翻。

时吴少诚病甚，绛等复上言：“少诚病必不起。复，扶又翻。上，时掌翻。淮西事体与河北不同，四旁皆国家州县，不与贼邻，无党援相助；朝廷命帅，帅，所类翻。今正其时，万一不从，可议征讨。臣愿舍恒冀难致之策，就申蔡易成之谋。脱或恒冀连兵，事未如意，蔡州有衅，势可兴师，南北之役俱兴，财力之用不足。傥事不得已，须赦承宗，绛等之言，后无不验。则恩德虚施，威令顿废。不如早赐处分，处，昌吕翻。分，扶问翻。以收镇冀之心，此时未改恒州为镇州，史以后来所改州名书之耳。坐待机宜，必获申蔡之利。”既而承宗久未得朝命，颇惧，累表自诉。八月，壬午，上乃遣京兆少尹裴武诣真定宣慰，恒州，古真定。承宗受诏甚恭，曰：“三军见迫，不暇俟朝旨，请献德、棣二州以明恳款。”

3 丙申，安南都护张舟奏破环王三万众。林邑国，至德后改号环王。

4 九月，甲辰朔，裴武复命。庚戌，以承宗为成德节度使、恒·冀·深·赵州观察使，德州刺史薛昌朝为保信军节度、德·棣二州观察使。考异曰：李司空论事：“初，武衔命使镇州，令谕王承宗割德、棣两州归朝廷。武飞表上言，一如朝廷意旨，遂除昌朝德、棣节度。及旌节至德州，而昌朝寻已追到镇州，朝命遂不行。比及武回，事宜与先上表参差。”按实录：“甲辰，武至自镇州。庚戌，除昌朝。”非武未还，据所上表除之也。论事集误，今从实录。昌朝，嵩之子，薛嵩亦安、史旧将，代宗初来降。王氏之婿也，故就用之。田季安得飞报，先知之，使谓承宗曰："昌朝阴与朝廷通，故受节钺。"承宗遽遣数百骑驰入德州，执昌朝，至真定，囚之。中使送昌朝节过魏州，季安阳为宴劳，留使者累日，比至德州，已不及矣。劳，力到翻。比，必利翻，及也。

上以裴武为欺罔，又有谮之者曰："武使还，使，疏吏翻。还，音旋。先宿裴垍家，明旦乃入见。"上怒甚，以语李绛，见，贤遍翻。语，牛倨翻。欲贬武于岭南，绛曰："武昔陷李怀光军中，守节不屈，盖贞元初李怀光据河中时也。岂容今日遽为奸回！盖贼多变诈，人未易尽其情。承宗始惧朝廷诛讨，故请献二州；既蒙恩贷，而邻道皆不欲成德开分割之端，计必有【章：甲十一行本"有"下有"阴行"二字；乙十一行本同；孔本同；张校同；退斋校同。】间说诱而胁之，使不得守其初心者，李绛可谓洞见田季安、王承宗之情。间，古苋翻。说，式芮翻。诱，音酉。非武之罪也。今陛下选武使入逆乱之地，使还，一语不相应，遽窜之遐荒，臣恐自今奉使贼庭者以武为戒，苟求便身，率为依阿两可之言，史炤曰：依阿，谓不特立其说，常附顺人言。两可，谓无所可否。莫肯尽诚具陈利害，如此，非国家之利也。且垍、武久处朝廷，处，昌吕翻。谙练事体，谙，乌含翻。岂有使还未见天子而先宿宰相家乎！臣敢为陛下必保其不然，为，于伪翻。此殆有谗人欲伤武及垍者，愿陛下察之。"上良久曰："理或有此。"遂不问。

5 丙辰，振武奏吐蕃五万馀骑至拂梯泉。史炤曰：拂，薄勿切。梯，天黎切。本又作"鹏鹈泉"，在丰州西受降城北三百里。辛未，丰州奏吐蕃万馀骑至大石谷，掠回鹘入贡还国者。

6 左神策军吏李昱贷长安富人钱八千缗，满三岁不偿，贷，吐得翻，假贷也。京兆尹许孟容收捕械系，立期使偿，曰："期满不足，当死。"一军大惊。中尉诉于上，上遣中使宣旨，付本军，孟容不之遣。中使再至，孟容曰："臣不奉诏，当死。然臣为陛下尹京畿，京兆以长安、万年为京县，馀属县为畿县。非抑制豪强，何以肃清辇下！钱未毕偿，昱不可得。”上嘉其刚直而许之，京城震栗。

7 上遣中使谕王承宗，使遣薛昌朝还镇；使之遣还德州。承宗不奉诏。冬，十月，癸未，制削夺承宗官爵，以左神策中尉吐突承璀为左·右神策、河中、河阳、浙西、宣歙等道行营兵马使、招讨处置等使。歙，书涉翻。开元二十年，置诸道采访处置使，专以观省风俗、黜陟幽明；其后伐叛讨有罪，则置招讨处置使。处，昌吕翻。

翰林学士白居易上奏，以为：“国家征伐，当责成将帅，近岁始以中使为监军。自古及今，未有征天下之兵，专令中使统领者也。今神策军既不置行营节度使，则承璀乃制将也；制将，言诸军进退皆受制于承璀。将，即亮翻。又充诸军招讨处置使，则承璀乃都统也。都统，谓都统诸军，唐中世以后，专征之任。臣恐四方闻之，必窥【章：甲十一行本“窥”作“轻”；乙十一行本同；孔本同；张校同。】朝廷；四夷闻之，必笑中国。白居易之言自春秋书“多鱼漏师”，左传“夙沙卫殿齐师”来。况吐突承璀以寺人专征乎！崇、观间，会人有所侮而动正如此。陛下忍令后代相传云以中官为制将、都统自陛下始乎！臣又恐刘济、茂昭及希朝、从史乃至诸道将校皆耻受承璀指麾，心既不齐，功何由立！此是资承宗之计而挫诸将之势也。陛下念承璀勤劳，贵之可也；怜其忠赤，富之可也。至于军国权柄，动关理乱，朝廷制度，出自祖宗，陛下宁忍徇下之情而自隳法制，从人之欲而自损圣明，何不思于一时之间而取笑于万代之后乎！”时谏官、御史论承璀职名太重者相属，属，之欲翻。上皆不听。戊子，上御延英殿，度支使李元素、盐铁使李鄘、京兆尹许孟容、御史中丞李夷简、【章：甲十一行本“简”下有“谏议大夫孟简”六字；乙十一行本同；孔本同；张校同；退斋校同。】给事中吕元膺、穆质、右补阙独孤郁等极言其不可；考异曰：旧承璀传曰：“谏官、御史上疏相属，皆言自古无中贵人为兵马统帅者。补阙独孤郁、段平仲尤激切。”吕元膺传：“元膺与给事中穆质、孟简、兵部侍郎许孟容等八人抗论不可。”若据承璀传，则是九人，又平仲时为谏议大夫，非补阙，恐误。今从实录。上不得已，明日，削承璀四道兵马使，改处置为宣慰而已。

李绛尝极言宦官骄横，横，户孟翻。侵害政事，谗毁忠贞，上曰：“此属安敢为谗！就使为之，朕亦不听。”绛曰：“此属大抵不知仁义，不分枉直，惟利是嗜，得赂则誉跖、蹻为廉良，怫意则毁龚、黄为贪暴，李奇曰：跖，秦大盗也。楚之大盗为庄蹻。师古曰：庄周云：跖，柳下惠之弟。盖寓言也。龚、黄，龚遂、黄霸也。誉，音余。蹻，居略翻。怫，符弗翻。能用倾巧之智，构成疑似之端，朝夕左右浸润以入之，陛下必有时而信之矣。自古宦官败国者，败，蒲迈翻。备载方册，陛下岂得不防其渐乎！”

己亥，吐突承璀将神策兵发长安，命恒州四面藩镇各进兵招讨。

8 初，吴少诚宠其大将吴少阳，名以从弟，从，才用翻。署为军职，出入少诚家如至亲，累迁申州刺史。少诚病，不知人，家僮鲜于熊儿诈以少诚命召少阳摄副使、知军州事。少诚有子元庆，少阳杀之。十一月，己巳，少诚薨，少阳自为留后。

9 是岁，云南王寻阁劝卒，子劝龙晟立。

10 田季安闻吐突承璀将兵讨王承宗，聚其徒曰：“师不跨河二十五年矣，自德宗讨田悦不克，王师不复跨河。今一旦越魏伐赵；赵虏，魏亦虏矣，计为之奈何？”其将有超伍而言者，超伍，出位而言也。盖超出侪伍之中而言。曰：“愿借骑五千以除君忧。”季安大呼曰：“壮哉！兵决出，格沮者斩！”呼，火故翻。格，音阁。

幽州牙将绛人谭忠为刘济使魏，为，于伪翻。使，疏吏翻。知其谋，入谓季安曰：“如某之谋，是引天下之兵也。何者？今王师越魏伐赵，不使耆臣宿将而专付中臣，耆，老也。宿，旧也。不输天下之甲而多出秦甲，关中之地，古秦地也。故谓关中之兵为秦甲。君知谁为之谋？此乃天子自为之谋，欲将夸服于臣下也。夸服，谓欲自衒于算略，以服臣下之心。若师未叩赵而先碎于魏，是上之谋反不如下，且【张："且"作"其"。】能不耻于天下乎！既耻且怒，必任智士画长策，仗猛将练精兵，毕力再举涉河，鉴前之败，必不越魏而伐赵，校罪轻重，必不先赵而后魏，先，悉荐翻。后，户遘翻。是上不上，下不下，当魏而来也。"季安曰："然则若之何？"忠曰："王师入魏，君厚犒之。于是悉甲压境，号曰伐赵；而可阴遗赵人书曰：犒，苦到翻。遗，唯季翻；下遗魏同。'魏若伐赵，则河北义士谓魏卖友；魏若与赵，则河南忠臣谓魏反君。卖友反君之名，魏不忍受。执事若能阴解陴障，遗魏一城，魏得持之奏捷天子以为符信，此乃使魏北得以奉赵，西得以为臣，长安在魏西。为臣，言能承上命，不悖臣道。于赵有角尖之耗，角尖，言所耗者小。于魏获不世之利，执事岂能无意于魏乎！'赵人脱不拒君，是魏霸基安矣。"季安曰："善！先生之来，是天眷魏也。"遂用忠之谋，与赵阴计，得其堂阳。堂阳，汉县，属钜鹿郡，唐属冀州，在州西南。

忠归幽州，谋欲激刘济讨王承宗；会济合诸将言曰："天子知我怨赵，今命我伐之，今，当作必。赵亦必大备我。伐与不伐孰利？"忠疾对曰："天子终不使我伐赵，赵亦不备燕。"济怒曰："尔何不直言济与承宗反乎！"命系忠狱。使人视成德之境，果不为备；后一日，诏果来，令济"专护北疆，勿使朕复挂胡忧，而得专心于承宗。"复，扶又翻。济乃解狱召忠曰："信如子断矣；解狱，谓释其囚也。断，丁乱翻。何以知之？"忠曰："卢从史外亲燕，内实忌之；外绝赵，内实与之。此为赵画曰：为，于伪翻。'燕以赵为障，虽怨赵，必不残赵，不必为备。'一且示赵不敢抗燕，二且使燕获疑天子。赵人既不备燕，潞人则走告于天子曰：卢从史镇潞州，故谓之潞人。‘燕厚怨赵，赵见伐而不备燕，是燕反与赵也。’此所以知天子终不使君伐赵，赵亦不备燕也。”济曰：“今则奈何？”忠曰：“燕、赵为怨，天下无不知。自朱滔以来，燕、赵交恶。今天子伐赵，君坐全燕之甲，一人未济易水，此正使潞人以燕卖恩于赵，败忠于上，言燕本忠于上而卢从史以计败之。败，补迈翻。两皆售也。卖物去手曰售。是燕贮忠义之心，卒染私赵之口，不见德于赵人，恶声徒嘈嘈于天下耳。贮，丁吕翻。卒，子恤翻。嘈，昨劳翻。惟君熟思之！”济曰：“吾知之矣。”乃下令军中曰：“五日毕出，后者醢以徇！”谭忠颇有战国说士之风，而心为唐。

五年（庚寅、八一〇）

1春，正月，刘济自将兵七万人击王承宗，时诸军皆未进，济独前奋击，拔饶阳、束鹿。

河东、河中、振武、义武四军为恒州北面招讨，会于定州。会望夜，军吏以有外军，请罢张灯。张茂昭曰：“三镇，官军也，三镇，谓河中、河东、振武。何谓外军！”命张灯，不禁行人，不闭里门，三夜如平日，亦无敢喧哗者。唐制：两京及诸州、县街巷率置逻卒，晓暝传呼，以禁夜行，惟元夕张灯，弛禁前后各一日。

丁卯，河东将王荣拔王承宗洄湟镇。吐突承璀至行营，威令不振，与承宗战，屡败；左神策大将军郦定进战死。定进，骁将也，郦定进，擒刘辟，有骁名。军中夺气。

2河南尹房式有不法事，东台监察御史元稹奏摄之，唐制：御史分司东都，谓之东台。摄，收也。擅令停务；朝廷以为不可，罚一季俸，召还西京。至敷水驿，华州华阴县西二十四里有敷水渠。九域志：华阴县有敷水镇。有内侍后至，破驿门呼骂而入，以马鞭击稹伤面；考异曰：实录云“中使仇士良与稹争厅”。按稹及白居易传皆云“刘士元”，而实录云“仇士良”，恐误。今止云内侍。上复引稹前过，贬江陵士曹。复，扶又翻。前过，谓擅令河南尹停务。上知曲在中官，故引前过以贬稹。翰林学士李绛、崔群言稹无罪。白居易上言：“中使陵辱朝士，中使不问而稹先贬，恐自今中使出外益暴横，横，户孟翻。人无敢言者。又，稹为御史，多所举奏，不避权势，切齿者众，恐自今无人肯为陛下当官执法，疾恶绳愆，为，于伪翻。有大奸猾，陛下无从得知。”上不听。

3 上以河朔方用兵，不能讨吴少阳。三月，己未，以少阳为淮西留后。果如李绛之言。

4 诸军讨王承宗者久无功，白居易上言，以为：“河北本不当用兵，今既出师，承璀未尝苦战，已失大将，谓郦定进战死也。与从史两军入贼境，迁延进退，不惟意在逗留，亦是力难支敌。希朝、茂昭至新市镇，竟不能过；新市，汉县名，属中山郡。唐初，新市县属观州，武德五年废州，并废新市为镇，属九门县。刘济引全军攻围乐寿，久不能下。按刘济时军瀛州而攻乐寿。乐寿时属深州，在瀛州南六十里。师道、季安元不可保，察其情状，似相计会，各收一县，遂不进军。谭忠之为田季安计者，白居易已窥见之矣。陛下观此事势，成功有何所望！以臣愚见，须速罢兵，若又迟疑，其害有四：可为痛惜者二，可为深忧者二。何则？

若保有成，即不论用度多少；既的知不可，即不合虚费赀粮。赀，财也；或曰：当作资。悟而后行，事亦非晚。今迟校一日则有一日之费，更延旬月，所费滋多，终须罢兵，何如早罢！以府库钱帛、百姓脂膏资助河北诸侯，转令强大。此臣为陛下痛惜者一也。为，于伪翻；下同。

臣又恐河北诸将见吴少阳已受制命，言制以吴少阳为淮西留后。必引事例轻重，同词请雪承宗。若章表继来，即义无不许。

请而后舍，体势可知，转令承宗胶固同类。如此，则与夺皆由邻道，恩信不出朝廷，实恐威权尽归河北。此为陛下痛惜者二也。

今天时已热，兵气相蒸，至于饥渴疲劳，疾疫暴露，驱以就战，人何以堪！纵不惜身，亦难忍苦。况神策乌杂城市之人，例皆不惯如此，忽思生路，【章：甲十一行本“路”下有“或有奔逃”四字；乙十一行本同；孔本同；张校同；退斋校同。】连兵不解，不死于战，亦死于久屯，必思逃奔溃散为求生之路。一人若逃，百人相扇，一军若散，诸军必摇，事忽至此，悔将何及！此为陛下深忧者一也。

臣闻回鹘、吐蕃皆有细作，细作，古之谍者。中国之事，小大尽知。今聚天下之兵，唯讨承宗一贼，自冬及夏，都未立功，则兵力之强弱，资费之多少，岂宜使西戎、北虏一一知之！忽见利生心，乘虚入寇，以今日之势力，可能救其首尾哉！兵连祸生，何事不有！万一及此，实关安危。此其为陛下深忧者二也。”“其”字衍。考异曰：白氏集云“五月十日进”，据此疏云：“从史虽经接战，与贼胜负略均。”则是未就缚也。此月戊戌，从史已流驩州，疑“五月”当为“四月”。故移于此。

5 卢从史首建伐王承宗之谋，事见上卷上年五月。及朝廷兴师，从史逗留不进，阴与承宗通谋，令军士潜怀承宗号；凡行军各有号，以相识别。又高刍粟之价以败度支，时吐突承璀总行营兵屯邢、赵界。邢州，昭义巡属也。度支刍粟，不能远致以给行营，就昭义市籴，故卢从史得高其价以牟利。度，徒洛翻。讽朝廷求平章事，诬奏诸道与贼通，不可进兵。上甚患之。

会从史遣牙将王翊元入奏事，裴垍引与语，为言为臣之义，为言，于伪翻。微动其心，翊元遂输诚，言从史阴谋及可取之状。垍令翊元还本军经营，复来京师，复，扶又翻。遂得其都知兵马使乌重胤等款要。款，诚也。垍言于上曰："从史狡猾骄很，必将为乱。今闻其与承璀对营，视承璀如婴儿，往来都不设备；失今不取，后虽兴大兵，未可以岁月平也。"上初愕然，熟思良久，乃许之。

从史性贪，承璀盛陈奇玩，视其所欲，稍以遗之；遗，唯季翻。从史喜，益相昵狎。昵，尼质翻。甲申，承璀与行营兵马使李听谋，召从史入营博，伏壮士于幕下，突出，擒诣帐后缚之，内车中，驰诣京师。考异曰：承璀传曰："承璀出师经年无功，乃遣密人告王承宗，令上疏待罪，许以罢兵为解；仍奏昭义节度使卢从史素与贼通，许为承宗求节钺。乃诱潞州牙将乌重胤谋，执从史送京师。"今从裴垍等传。左右惊乱，从史之左右也。承璀斩十馀人，谕以诏旨。从史营中士【章：甲十一行本"士"下有"卒"字；乙十一行本同。】闻之，皆甲以出，操兵趋哗。操，七刀翻。趋哗，言趋走而喧哗也。乌重胤当军门叱之曰："天子有诏，从者赏，敢违者斩！"士卒皆敛兵还部伍。会夜，车疾驱，未明，已出境。重胤，承洽之子；新书作"承玼之子"；韩愈乌氏先庙碑亦作"承玼"。一本云，"玼"或作"洽"。听，晟之子也。

6 丁亥，范希朝、张茂昭大破承宗之众于木刀沟。新唐书地理志：定州新乐县东南二十里有木刀沟，有民木刀居沟旁，因名之。

7 上嘉乌重胤之功，欲即授以昭义节度使；李绛以为不可，请授重胤河阳，以河阳节度使孟元阳镇昭义。会吐突承璀奏，已牒重胤句当昭义留后，句，古候翻。当，丁浪翻。绛上言："昭义五州据山东要害，五州，泽、潞、邢、洺、磁。要害者，于我为要，于敌为害。魏博、恒、幽诸镇蟠结，魏博一镇，恒一镇，幽一镇；谓之河朔三镇。朝廷惟恃此以制之。邢、磁、洺入其腹内，邢州临赵境，磁、洺临魏境，其界犬牙相入。诚国之宝地，安危所系也。向为从史所据，使朝廷旰食，今幸而得之，承璀复以与重胤，复，扶又翻。臣闻之惊叹，实所痛心！昨国家诱执从史，虽为长策，已失大体。不能明底从史之罪而行天讨，乃诱执之，是为失体。今承璀又以文牒差人为重镇留后，为之求旌节，为，于伪翻。无君之心，孰甚于此！陛下昨日得昭义，人神同庆，威令再立；今日忽以授本军牙将，物情顿沮，纪纲大紊。校计利害，校，数也，考也。计，算也，度也。更不若从史为之。何则？从史虽蓄奸谋，已是朝廷牧伯。重胤出于列校，校，户教翻。以承璀一牒代之，窃恐河南、北诸侯闻之，无不愤怒，耻与为伍；且谓承璀诱重胤逐从史而代其位，彼人人麾下各有将校，能无自危乎！傥刘济、茂昭、季安、执恭、韩弘、师道继有章表陈其情状，张茂昭、田季安、程执恭、李师道。并指承璀专命之罪，不知陛下何以处之？处，昌吕翻。若皆不报，则众怒益甚；若为之改除，为，于伪翻。则朝廷之威重去矣。”上复使枢密使梁守谦密谋于绛曰：复，扶又翻。“今重胤已总军务，事不得已，须应与节。”对曰：“从史为帅不由朝廷，事见二百三十六卷德宗贞元二十年。帅，所类翻；下同。故启其邪心，终成逆节。今以重胤典兵，即授之节，威福之柄不在朝廷，何以异于从史乎！重胤之得河阳，已为望外之福，岂敢更为旅拒！况重胤所以能执从史，本以杖顺成功；一旦自逆诏命，安知同列不袭其迹而动乎！重胤军中等夷甚多，必不愿重胤独为主帅。移之他镇，乃惬众心，惬，苦叶翻。何忧其致乱乎！”上悦，皆如其请。壬辰，以重胤为河阳节度使，元阳为昭义节度使。

戊戌，贬卢从史驩州司马。

8 五月，乙巳，昭义军三千馀人夜溃，奔魏州。溃奔者，卢从史之党也。刘济奏拔安平。

9 庚申，吐蕃遣其臣论思邪热入见，见，贤遍翻。且归路泌、郑叔矩之柩。平凉劫盟，泌、叔矩没于吐蕃。柩，巨救翻。郑注曰：在床曰尸，在棺曰柩。

10 甲子，奚寇灵州。

11 六月，甲申，白居易复上奏，以为："臣比请罢兵，易，以豉翻；下同。复，扶又翻；下同。上，时掌翻；下上言同。比，毗至翻。今之事势，又不如前，不知陛下复何所待！"是时，上每有军国大事，必与诸学士谋之；尝逾月不见学士，李绛等上言："臣等饱食不言，其自为计则得矣，如陛下何！陛下询访理道，理道，治道也。开纳直言，实天下之幸，岂臣等之幸！"上遽令"明日三殿对来"。三殿，麟德殿也；殿有三面，故曰三殿。三殿之西即翰林学士院。对来者，言明日当召对，可前来也。时召对廷臣，诏旨率有对来之语。

白居易尝因论事，言"陛下错"，上色庄而罢，密召承旨李绛，唐置翰林学士之始，无承旨。永贞元年，上始命郑絪为承旨，大诰令、大废置、丞相之密画、内外之密奏、上之所甚注意者，莫不专受专对。翰林学士凡十厅，南厅五间，北厅五间，中隔花砖道，承旨居北厅东第一间。谓"白居易小臣不逊，"白"当作"曰"。【章：甲十一行本正作"曰"；张校同。】须令出院。"欲出居易，不令复入翰林。绛曰："陛下容纳直言，故群臣敢竭诚无隐。居易言虽少思，少思，犹今人言欠入思虑也。少，诗绍翻。志在纳忠。陛下今日罪之，臣恐天下各思箝口，箝，其廉翻。非所以广聪明，昭圣德也。"上悦，待居易如初。考异曰：旧居易传曰："吐突承璀为招讨使，谏官上章者十七八。居易面论，辞情切至；既而又请罢河北用兵，凡数千百言，皆人之所难言者，上多听纳。唯谏承璀事切，上颇不悦，谓李绛曰：'白居易小子是朕拔擢，而无礼于朕，朕实难奈。'绛对曰：'居易所以不避死亡之诛，事无巨细必言者，盖欲酬陛下特力拔擢耳。陛下欲开谏诤之路，不宜阻居易言。'上曰：'卿言是也。'由是多见听纳。"今从李司空论事。

上尝欲近猎苑中，至蓬莱池西，蓬莱池在蓬莱殿之北，一曰太液池，池中有蓬莱山。自蓬莱池西出玄武门，入重元门，即苑中。重元门苑之南门，南对宫城玄武门。谓左右曰：“李绛必谏，不如且止。”

12 秋，七月，庚子，王承宗遣使自陈为卢从史所离间，间，古苋翻。乞输贡赋，请官吏，许其自新。李师道等数上表请雪承宗，数，所角翻。考异曰：实录：“淄青、幽州累有章表，请赦承宗。”按刘济素与成德有怨，攻之最力。白居易请罢兵状云：“刘济近日情似近忠，今忽罢兵，虑伤其意。又岂缘刘济一人惆怅而不顾天下远图！”然则济岂肯请赦承宗！今不取。朝廷亦以师久无功，丁未，制洗雪承宗，以为成德军节度使，复以德、棣二州与之；复，扶又翻。悉罢诸道行营将士，共赐布帛二十八万端匹；唐制：布帛六丈为端，四丈为匹。加刘济中书令。

13 刘济之讨王承宗也，以长子绲为副大使，长，知两翻。绲，古本翻。掌幽州留务。济军瀛州，次子总为瀛州刺史，济署行营都知兵马使，使屯饶阳。济有疾，总与判官张玘、玘，墟里翻。孔目官成国宝谋，诈使人从长安来，曰：“朝廷以相公逗留无功，已除副大使为节度使矣。”明日，又使人来告曰：“副大使旌节已至太原。”又使人走而呼曰：呼，火故翻。“旌节已过代州。”举军惊骇。济愤怒，不知所为，杀大将素与绲厚者数十人，追绲诣行营，以张玘兄皋代知留务。济自朝至日昃不食，渴索饮，索，山客翻。总因置毒而进之。乙卯，济薨。绲行至涿州，涿州，南至莫州一百六十里。莫州，南至瀛州八十里。总矫以父命杖杀之，遂领军务。

14 岭南监军许遂振以飞语毁节度使杨於陵于上，上命召於陵还，除冗官。杨於，音乌；召於同。冗官，散官也。冗，而陇翻。裴垍曰：“於陵性廉直，陛下以遂振故黜藩臣，不可。”丁巳，以於陵为吏部侍郎。遂振寻自抵罪。

15 八月，乙亥，上与宰相语及神仙，问：“果有之乎？”宪宗信方士之心已露于此。李藩对曰：“秦始皇、汉武帝学仙之效，具载前史，事各见本纪。太宗服天竺僧长年药致疾，事见二百一卷高宗总章二年。此古今之明戒也。陛下春秋鼎盛，方励志太平，宜拒绝方士之说。苟道盛德充，人安国理，何忧无尧、舜之寿乎！”

16 九月，己亥，吐突承璀自行营还，自讨王承宗还也。还，从宣翻，又如字。辛亥，复为左卫上将军，充左军中尉。裴垍曰："承璀首唱用兵，事见上卷上年四月。疲弊天下，卒无成功，卒，子恤翻。陛下纵以旧恩不加显戮，吐突承璀事帝于东宫，故言旧恩。岂得全不贬黜以谢天下乎！"给事中段平仲、吕元膺言承璀可斩。李绛奏称："陛下不责承璀，他日复有败军之将，何以处之？复，扶又翻。处，昌吕翻。若或诛之，则同罪异罚，彼必不服；若或释之，则谁不保身而玩寇乎！愿陛下割不忍之恩，行不易之典，有功必赏，败军必诛，此古今不易之典。使将帅有所惩劝。"间二日，间，如字。上罢承璀中尉，降为军器使；唐中世以后，置内诸司使，以宦官为之，军器库使其一也。宋白曰：军器本属军器监，中世置军器使，贞元四年废武库，其器械隶于军器使。中外相贺。

17 裴垍得风疾，上甚惜之，中使候问旁午于道。一纵一横为旁午。

18 丙寅，以太常卿权德舆为礼部尚书、同平章事。

19 义武节度使张茂昭请除代人，欲举族入朝。河北诸镇互遣人说止之，说，输芮翻。茂昭不从，凡四上表；上乃许之。以左庶子任迪简为义武行军司马。茂昭悉以易、定二州簿书管钥授迪简，遣其妻子先行，曰："吾不欲子孙染于污俗。"

茂昭既去，冬，十月，戊寅，虞候杨伯玉作乱，囚迪简。辛巳，义武将士共杀伯玉。兵马使张佐元又作乱，囚迪简，迪简乞归朝。既而将士复杀佐元，奉迪简主军务。复，扶又翻。时易定府库罄竭，闾阎亦空，周礼：五家为比，五比为闾。阎，里中门也。迪简无以犒士，乃设粝饭与士卒共食之，粝，卢达翻，脱粟饭也。身居戟门下经月；藩镇府门列戟，因谓之戟门。将士感之，共请迪简还寝，然后得安其位。上命以绫绢十万匹赐易定将士；壬辰，以迪简为义武节度使。宪宗用任迪简而得易定，穆宗用张弘靖而失幽燕，节镇命代，可不谨哉！甲午，以张茂昭为河中、慈、隰、晋、绛节度使，从行将校皆拜官。

20 右金吾大将军伊慎以钱三万缗赂右军中尉第五从直，求河中节度使；从直恐事泄，奏之。十一月，庚子，贬慎为右卫将军，坐死者三人。

初，慎自安州入朝，入朝，见上卷元和元年。留其子宥主留事，朝廷因以为安州刺史，未能去也。去，羌吕翻。会宥母卒于长安，宥利于兵权，不时发丧。鄂岳观察使郗士美遣僚属以事过其境，宥出迎，因告以凶问，凶问，母卒之问也。先备篮舆，即日遣之。篮舆，即今之轿也。

21 甲辰，会王纁薨。纁，上弟也。薨，呼肱翻。

22 庚戌，以前河中节度使王锷为河东节度使。上左右受锷厚赂，多称誉之，誉，音余。上命锷兼平章事，李藩固执以为不可。权德舆曰："宰相非序进之官。唐兴以来，方镇非大忠大勋，则跋扈者，朝廷或不得已而加之。今锷既无忠勋，朝廷又非不得已，何为遽以此名假之！"上乃止。考异曰：旧李藩传曰："锷以钱数千万赂遗权侍，求兼宰相。藩与权德舆在中书，有密旨曰：'王锷可兼宰相，宜即拟来。'藩遂以笔涂'兼宰相'字，却奏上云：'不可。'德舆失色曰：'纵不可，宜别作奏，岂可以笔涂诏邪！'曰：'势迫矣，出今日，便不可止，日又暮，何暇别作奏。'事果寝。"会要：崔铉曰："此乃不谙故事者之妄传，史官之谬记耳。既称奉密旨，宜拟状中陈论，固不假以笔涂诏矣。凡欲降白麻，若商量于中书、门下，皆前一日进文书，然后付翰林草麻。"又称藩曰："势迫矣，出今日，便不可止。"尤为疏阔。盖由史氏以藩有直亮之名，欲委曲成其美，岂所谓直笔哉！旧德舆传曰："初，锷来朝，贵幸多誉锷者，上将加平章事，李藩坚执以为不可，德舆继奏云云，乃止。”今从之。

锷有吏才，工于完聚。范希朝以河东全军出屯河北，谓讨王承宗也。耗散甚众；锷到镇之初，兵不满三万人，马不过六百匹，岁馀，兵至五万人，马有五千匹，器械精利，仓库充实。又进家财三十万缗，上复欲加锷平章事，李绛谏曰：“锷在太原，虽颇著绩效，今因献家财而命之，若后世何！”上乃止。复，扶又翻。

23 中书侍郎【章：甲十一行本“郎”下有“同平章事”四字；乙十一行本同；张校同，云无注本亦无。】裴垍数以疾辞位；数，所角翻。庚申，罢为兵部尚书。

24 十二月，戊寅，张茂昭入朝，请迁祖考之骨于京兆。张茂昭祖谧、父孝忠，皆葬河北。

25 壬午，以御史中丞吕元膺为鄂岳观察使。元膺尝欲夜登城，门已锁，守者不为开。鏁，苏果翻。不为，于伪翻。左右曰：“中丞也。”对曰：“夜中难辨真伪，虽中丞亦不可。”元膺乃还。还，音旋，又如字。明日，擢为重职。

26 翰林学士、司勋郎中李绛面陈吐突承璀专横，语极恳切。横，户孟翻。恳，诚至也。上作色曰：“卿言太过！”绛泣曰：“陛下置臣于腹心耳目之地，若臣畏避左右，爱身不言，是臣负陛下；言之而陛下恶闻，恶，乌路翻。乃陛下负臣也。”上怒解，曰：“卿所言皆人所不能言，使朕闻所不闻，真忠臣也。他日尽言，皆应如是。”己丑，以绛为中书舍人，学士如故。

绛尝从容谏上聚财，从，千容翻。上曰：“今两河数十州，皆国家政令所不及，河、湟数千里，沦于左衽，朕日夜思雪祖宗之耻，而财力不赡，故不得不蓄聚耳。不然，朕宫中用度极俭薄，多藏何用邪！”淮西既平，帝之所聚，适为骄侈之资耳。

六年（辛卯、八一一）

1春，正月，甲辰，以彰义留后吴少阳为节度使。

2庚申，以前淮南节度使李吉甫为中书侍郎、同平章事。二月，壬申，李藩罢为太子詹事。

3己丑，忻王造薨。造，代宗之子，皇叔祖也。

4宦官恶李绛在翰林，恶，乌路翻。以为户部侍郎，判本司。判本司者，判户部职事。唐自中世以后，户部侍郎或判度支，故以判户部为判本司，此二十四司之司也。上问：【章：甲十一行本"问"下有"绛"字；乙十一行本同；退斋校同。】"故事，户部侍郎皆进羡馀，羡，弋线翻。卿独无进，何也？"对曰："守土之官，厚敛于人以市私恩，天下犹共非之；况户部所掌，皆陛下府库之物，给纳有籍，安得羡馀！若自左藏输之内藏敛，力赡翻。藏，徂浪翻。以为进奉，是犹东库移之西库，臣不敢踵此弊也。"自玄宗时，王鉷岁进钱以供天子燕私，至裴延龄而其弊极矣。上嘉其直，益重之。

5乙巳，上问宰相："为政宽猛何先？"权德舆对曰："秦以惨刻而亡，汉以宽大而兴。太宗观明堂图，禁抶人背；事见一百九十三卷贞观四年。抶，丑栗翻。是故安、史以来，屡有悖逆之臣，皆旋踵自亡，悖，蒲内翻，又蒲没翻。由祖宗仁政结于人心，人不能忘故也。然则宽猛之先后可见矣。"上善其言。

6夏，四月，戊辰，以兵部尚书裴垍为太子宾客，李吉甫恶之也。恶，乌路翻。

7庚午，以刑部侍郎、盐铁转运使卢坦为户部侍郎、判度支。或告泗州刺史薛謇为代北水运使，有异马不以献；事下度支，謇，知辇翻。下，户嫁翻。使巡官往验，未返，上迟之，使品官刘泰昕按其事。唐内侍省有品官，白身，二千九百三十二人。昕，许斤翻。卢坦曰："陛下既使有司验之，又使品官继往，岂大臣不足信于品官乎！臣请先就黜免。"上召泰昕还。还，音旋，又如字。

8 五月，前行营粮料使于皋谟、董溪行营，谓前讨恒州行营。坐赃数千缗，敕贷其死；皋谟流春州，溪流封州，行至潭州，并追遣中使赐死。春州，汉合浦郡高凉县地，隋为高凉郡之阳春县，唐置春州，京师东南六千四百四十八里。封州，至京师水陆四千五百一十里。潭州，古长沙郡，晋置湘州，隋改潭州，京师南二千四百四十五里。权德舆上言，以为："皋谟等罪当死，陛下肆诸市朝，何晏曰：已刑而陈其尸曰肆。朝，直遥翻。谁不惧法！不当已赦而杀之。"溪，晋之子也。董晋相德宗，后镇宣武，薨于镇。

9 庚子，以金吾大将军李惟简为凤翔节度使。李惟简，惟岳之弟也。陇州地与吐蕃接，旧常朝夕相伺，伺，相吏翻。更入攻抄，更，工衡翻。抄，楚交翻。人不得息。惟简以为边将当谨守备，蓄财谷以待寇，不当睹小利，起事盗恩，生事邀功，窃取官赏，是为盗恩。禁不得妄入其地；禁妄入吐蕃界。益市耕牛，铸农器，以给农之不能自具者，增垦田数十万亩。属岁屡稔，属，之欲翻。屡，良遇翻，又如字。公私有馀，贩者流及他方。

10 赐振武节度使阿跌光进姓李氏。

11 六月，丁卯，李吉甫奏："自秦至隋十有三代，吉甫所谓十三代，以秦、汉、魏、晋、宋、齐、梁、陈、北魏、北齐、周、隋为数也。设官之多，无如国家者。天宝以后，中原宿兵，见在可计者八十余万，见，贤遍翻。其馀为商贾、僧、道不服田亩者什有五六，贾，音古。是常以三分劳筋苦骨之人奉七分待衣坐食之辈也。今内外官以税钱给俸者不下万员，天下〔千〕三百馀县，或以一县之地而为州，一乡之民而为县者甚众，请敕有司详定废置，吏员可省者省之，州县可并者并之，入仕之涂可减者减之。又，国家旧章，依品制俸，官一品月俸钱三十缗；永徽之制，一品月俸八千。开元二十四年，令百官防阁庶仆俸食杂用，以月给之，总称月俸，一品为钱三万一千。职田禄米不过千斛。唐初给一品职田六十顷、禄七百石。艰难以来，增置使额，厚给俸钱，自兵兴后，权臣增领诸使，月给厚俸，比开元制禄数倍。大历中，权臣月俸至九千缗，州无大小，刺史皆千缗。新志云：权臣月俸有至九十万者，刺史亦至十万，即此数也。常衮为相，始立限约，事见二百二十五卷代宗大历十二年。李泌又量其闲剧，随事增加，事见二百三十三卷德宗贞元四年。量，音良；下同。时谓通济，理难减削。然犹有名存职废，或额去俸存，闲剧之间，厚薄顿异。请敕有司详考俸料、杂给，量定以闻。”按常衮为相，增京官正员及诸道观察使、都团练使、副使以下料钱。李泌为相，又增百官及畿内官月俸，复置手力资课岁给钱。左、右卫上将军以下又有六杂给：一曰粮米；二曰盐；三曰私马；四曰手力；五曰随身；六曰春、冬服。私马则有刍豆，手力则有资钱，随身则有粮、米、盐，春、冬服则有布、绢、絁、紬、绵。射生、神策大将军增以鞋。州县官有手力、杂给钱。李吉甫请就加详校而量定之也。于是命给事中段平仲、中书舍人韦贯之、兵部侍郎许孟容、户部侍郎李绛同详定。

12 秋，九月，富平人梁悦报父仇，杀秦杲，自诣县请罪。敕：“复雠，据礼经则义不同天，礼记曰：父之雠不与共戴天。征法令则杀人者死。礼、法二事，皆王教之大端，有此异同，固资论辩，宜令都省集议闻奏。”都省，尚书都省。职方员外郎韩愈议，以为：“律无其条，非阙文也。盖以不许复雠，则伤孝子之心而乖先王之训；许复雠，则人将倚法专杀，无以禁止其端矣。故圣人丁宁其义于经，而深没其文于律，其意将使法吏一断于法，断，丁乱翻。而经术之士得引经而议也。宜定其制曰：‘凡复父雠者，事发，具申尚书省集议奏闻，酌其宜而处之。’处，昌吕翻。则经律无失其指矣。”敕：“梁悦杖一百，流循州。”循州，古龙川县地。旧志：至东都四千八百里。加东都至京师道里，从可知也。

13 甲寅，吏部奏准敕并省内外官计八百八员，诸司流外一千七百六十九人。

14 黔州大水坏城郭，黔，音禽，又其廉翻。坏，音怪。观察使窦群发溪洞蛮以治之；黔中观察使领辰、锦、施、叙、奖、夷、播、思、费、南、溪、溱等州，又有羁縻州五十，大率皆溪洞蛮也。治，直之翻。督役太急，于是辰、溆二州蛮反，叙州，本巫州，天授二年改沅州，开元十三年以沅、原声相近，复为巫州，大历五年更名叙州。考异曰：旧传作"辰、锦二州"，今从实录。群讨之，不能定。戊午，贬群开州刺史。开州，治开江县，因县名州，京师南一千四百六十里。

15 冬，十一月，弓箭库使刘希光唐内诸司使，弓箭库使在军器库使之下。受羽林大将军孙璹钱二万缗，为求方镇，璹，神六翻。为，于伪翻。事觉，赐死。事连左卫上将军、知内侍省事吐突承璀，丙申，以承璀为淮南监军。上问李绛："朕出承璀何如？"对曰："外人不意陛下遽能如是。"上曰："此家奴耳，向以其驱使之久，承璀事帝于东宫。故假以恩私；若有违犯，朕去之轻如一毛耳！"去，羌吕翻。

16 十六宅诸王既不出阁，考异曰：新李吉甫传作"十宅"。按旧纪，自此至唐末，皆云"十六宅"。新传误也。余按开元以来，皇子多居禁中．诏附苑城为大宫，分院而处，号十王宅，中人押之；就夹城参天子起居。其后增为十六宅。旧史曰：开元于安国寺东附苑城为大宅，分院而居，号十三宅。十王，谓庆、忠、棣、鄂、仪、颍、永、荣、延、济。其后盛、仪、寿、丰、恒、梁六王又就封入内宅，此十六宅得名之始也。其女嫁不以时，选尚者皆由宦官，率以厚赂自达。李吉甫上言："自古尚主必择其人，独近世不然。"十二月，壬申，诏封恩王等六女为县主，委中书、门下、宗正、吏部选门地人才称可者嫁之。称，尺证翻。

17 己丑，以户部侍郎李绛为中书侍郎、同平章事。考异曰：旧传曰："吐突承璀恩宠莫二，是岁，将用绛为宰相，前一日出璀为淮南监军；翌日降制，以绛同平章事。"新传曰："绛所言无不听，帝欲遂以为相。而承璀宠方盛，忌其进，阴有毁短，帝乃出承璀淮南监军；翌日，拜绛同平章事。"今据实录，出承璀至绛入相五十四日。旧传云："翌日"，误也。李吉甫为相，多修旧怨，上颇知之，故擢绛为相。吉甫善逢迎上意，而绛鲠直，数争论于上前；数，所角翻。上多直绛而从其言，由是二人有隙。

18 闰月，辛卯朔，黔州奏：辰、溆贼帅张伯靖寇播州、费州。溆，音叙。

19 试太子通事舍人李涉唐太子通事舍人属右春坊，员八人，正七品下，掌导宫臣辞见、承令劳问。此职事官也。若李涉则试官。知上于吐突承璀恩顾未衰，乃投匦上疏，称"承璀有功，希光无罪。承璀久委心腹，不宜遽弃。"知匦使、谏议大夫孔戣见其副章，诘责不受；涉乃行赂，诣光顺门通之。戣，渠龟翻。武后垂拱四年，置匦四枚，共为一室，列于朝堂：东方木位，主春，配仁，色青，仁者以亭育为本，以青匦置于东，有能告养人及劝农之事者投之，铭曰延恩匦；南方火位，主夏，色赤，配信，信者风化之本，以丹匦置于南，有能正谏、论时政得失者投之，铭曰招谏匦；西方金位，主秋，色白，配义，义者以断决为本，以素匦置于西，有欲自陈抑屈者投之，铭曰申冤匦；北方水位，主冬，色玄，配智，智者谋虑之本，以玄匦置于北，能告以谋智者投之，铭曰通玄匦。以谏议、补、拾充使于朝堂，知匦事。每日所有投书，至暮并即进入；其诣光顺门进状者，阁门使收而进之。宋朝改知匦使为理检使。宋白曰：光顺门外即昭庆门。匦，居洧翻。戣闻之，上疏极言"涉奸险欺天，请加显戮"。戊申，贬涉峡州司仓。峡州，古夷陵地，蜀置宜都郡，梁置宜州，后魏改拓州；取开拓之义；周武帝以州扼三峡之口，改曰峡州。旧志：峡州，京师东南一千八百八十八里。涉，渤之兄；李渤时隐于少室山。戣，巢父之子也。孔巢父死于李怀光之难。

20 辛亥，惠昭太子宁薨。宁立为太子，见上卷四年三月。

21 是岁，天下大稔，米斗有直二钱者。

七年(壬辰、八一二)

1 春，正月，辛未，以京兆尹元义方为鄜坊观察使。初，义方媚事吐突承璀，李吉甫欲自托于承璀，擢义方为京兆尹。李绛恶义方为人，故出之。恶，乌路翻。义方入谢，因言“李绛私其同年许季同，除京兆少尹，出臣鄜坊，专作威福，欺罔聪明”。上曰：“朕谙李绛不如是。谙，乌含翻。明日，将问之。”义方惶愧而出。明日，上以诘绛曰：“人于同年固有情乎！”对曰：“同年，乃九州四海之人偶同科第，或登科然后相识，情于何有！唐人谓同榜进士为同年，至今犹然。且陛下不以臣愚，备位宰相，宰相职在量才授任，若其人果才，虽在兄弟子侄之中犹将用之，况同年乎！避嫌而弃才，是乃便身，非徇公也。”上曰：“善，朕知卿必不尔。”遂趣义方之官。趣，读曰促。

2 振武河溢，毁东受降城。东受降城濒河，河溢，故毁城。

3 三月，丙戌，上御延英殿，李吉甫言：“天下已太平，陛下宜为乐。”乐，音洛；下同。李绛曰：“汉文帝时兵木无刃，家给人足，贾谊犹以为厝火积薪之下，不可谓安。见十四卷汉文帝六年。今法令所不能制者，河南、北五十馀州；犬戎腥羶，近接泾、陇，烽火屡惊；唐六典：烽候所置，大率三十里。若有山冈隔绝，须逐便安置，得相望见，不必要限三十里。其逼边境者，筑城而置之，每烽置帅副各一人。其放烽有一炬、两炬、三炬、四炬，随贼多少为差。加之水旱时作，仓廪空虚，此正陛下宵衣旰食之时，岂得谓之太平，遽为乐哉！”旰，古按翻。上欣然曰：“卿言正合朕意。”退，谓左右曰：“吉甫专为悦媚；如李绛，真宰相也！”

上尝问宰相：“贞元中政事不理，何乃至此？”李吉甫对曰："德宗自任圣智，不信宰相而信他人，是使奸臣得乘间弄威福。间，古苋翻。政事不理，职此故也。"上曰："然此亦未必皆德宗之过。朕幼在德宗左右，见事有得失，当时宰相亦未有再三执奏者，皆怀禄偷安，今日岂得专归咎于德宗邪！卿辈宜用此为戒，事有非是，当力陈不已，勿畏朕谴怒而遽止也。"

李吉甫尝言："人臣不当强谏，左传：宫之奇之为人也，懦而不能强谏。陆德明音义曰：强，其良翻，又其两翻。使君悦臣安，不亦美乎！"李绛曰："人臣当犯颜苦口，指陈得失，若陷君于恶，岂得为忠！"上曰："绛言是也。"吉甫至中书，卧不视事，长吁而已。李绛或久不谏，上辄诘之曰："岂朕不能容受邪，将无事可谏也？"

李吉甫又尝言于上曰："赏罚，人主之二柄，不可偏废。陛下践阼以来，惠泽深矣；而威刑未振，中外懈惰，懈，古隘翻，怠也。愿加严以振之。"上顾李绛曰："何如？"对曰："王者之政，尚德不尚刑，岂可舍成、康、文、景而效秦始皇父子乎！"上曰："然。"后旬馀，于頔入对，亦劝上峻刑。又数日，上谓宰相曰："于頔大是奸臣，劝朕峻刑，卿知其意乎？"皆对曰："不知也。"上曰："此欲使朕失人心耳。"吉甫失色，退而抑首不言笑竟日。上以于頔峻刑之言为奸，故吉甫愧前之失言。

4夏，四月，丙辰，以库部郎中、翰林学士崔群为中书舍人，学士如故。库部郎，掌戎器、卤簿、仪仗，属兵部。上嘉群谠直，谠，音党。命学士"自今奏事，必取崔群联署，然后进之。"群曰："翰林举动皆为故事。必如是，后来万一有阿媚之人为之长，长，知丈翻。则下位直言无从而进矣"。固不奉诏。章三上，上，时掌翻。上乃从之。

5 五月，庚申，上谓宰相曰："卿辈屡言淮、浙去岁水旱，近有御史自彼还，言不至为灾，事竟如何？"李绛对曰："臣按淮南、浙西、浙东奏状，皆云水旱，人多流亡，求设法招抚，设为法制以招抚流亡之民。其意似恐朝廷罪之者，岂肯无灾而妄言有灾邪！此盖御史欲为奸谀以悦上意耳，愿得其主名，按致其法。"上曰："卿言是也。国以人为本，闻有灾当亟救之，岂可尚复疑之邪！复，扶又翻。朕适者不思，失言耳。"命速蠲其租赋。上尝与宰相论治道于延英殿，治，直吏翻。日旰，暑甚，汗透御服，宰相恐上体倦，求退。上留之曰："朕入禁中，所与处者独宫人、宦官耳，故乐与卿等且共谈为理之要，殊不知倦也。"为理，犹言为治。唐避高宗讳，改治为理。处，昌吕翻。乐，音洛。

6 六月，癸巳，司徒、同平章事杜佑以太保致仕。

7 秋，七月，乙亥，立遂王宥为太子，更名恒。更，工衡翻。恒，户登翻。考异曰：旧澧王恽传曰："时吐突承璀恩宠特异，惠昭太子薨，议立储副，承璀独排群议属澧王，欲以威权自树。赖上明断不惑。"承璀传曰："八年，欲召承璀还，乃罢绛相位。承璀还，复为神策中尉。惠昭太子薨，承璀建议请立澧王宽为太子。宪宗不纳，立遂王宥。"崔群传曰："宪宗以澧王居长，又多内助。"新传亦曰："惠昭太子薨，承璀请立澧王，不从。"据实录："六年十一月，承璀监淮南军。闰十二月，惠昭太子薨。明年，承璀乃召还。"而新、旧传皆如此。穆宗卒以此杀承璀。盖宪宗末年，承璀欲废太子，立澧王耳，非惠昭初薨时也。恒，郭贵妃之子也。诸姬子澧王宽，长于恒；长，知两翻。上将立恒，命崔群为宽草让表，为，于伪翻。群曰："凡推己之有以与人谓之让。推，吐雷翻。遂王，嫡子也，宽何让焉！"史言崔群力为宪宗言立子以嫡不以长之义。上乃止。

8 八月，戊戌，魏博节度使田季安薨。

初，季安娶洺州刺史元谊女，元谊奔魏见二百三十五卷德宗贞元十二年。生子怀谏，为节度副使。新志：节度副使在行军司马之下，节度副大使则在行军司马之上，河北三镇以为储帅。牙内兵马使田兴，庭玠之子也，田庭玠见二百二十六卷德宗建中二年。有勇力，颇读书，性恭逊。季安淫虐，兴数规谏，数，所角翻。军中赖之。季安以为收众心，出为临清镇将，将【章：甲十一行本不重“将”字；乙十一行本同。】欲杀之。将欲，如字。兴阳为风痹，痹，必至翻，冷湿病也。灸灼满身，灸，居又翻，灼艾也。乃得免。季安病风，杀戮无度，军政废乱，夫人元氏召诸将立怀谏为副大使，知军务，时年十一；考异曰：论事集作“十二”，今从实录及旧传。迁季安于别寝，月馀而薨。召田兴为步射都知兵马使。

辛亥，以左龙武大将军薛平为郑滑节度使，欲以控制魏博。

上与宰相议魏博事，李吉甫请兴兵讨之，李绛以为魏博不必用兵，当自归朝廷。吉甫盛陈不可不用兵之状，上曰：“朕意亦以为然。”绛曰：“臣窃观两河藩镇之跋扈者，皆分兵以隶诸将，不使专在一人，恐其权任太重，乘间而谋己故也。间，古苋翻。诸将势均力敌，莫能相制，欲广相连结，则众心不同，其谋必泄；欲独起为变，则兵少力微，势必不成。加以购赏既重，刑诛又峻，是以诸将互相顾忌，莫敢先发，跋扈者恃此以为长策。然臣窃思之，若常得严明主帅能制诸将之死命者以临之，则粗能自固矣。帅，所类翻。粗，坐五翻，今读从去声。今怀谏乳臭子，不能自听断，断，丁乱翻。军府大权必有所归，诸将厚薄不均，怨怒必起，不相服从，则向日分兵之策，适足为今日祸乱之阶也。田氏不为屠肆，谓举家见屠，骨肉分裂，若屠家之屠羊豕然，挂肉于枅以为列肆。则悉为俘囚矣，何烦天兵哉！天子之兵，谓之天兵。彼自列将起代主帅，邻道所恶，莫甚于此。恶，乌路翻。彼不倚朝廷之援以自存，则立为邻道所齏粉矣。齏，与齑同，笺西翻，碎切姜蒜为之。故臣以为不必用兵，可坐待魏博之自归也。但愿陛下按兵养威，严敕诸道选练士马以须后敕。须，待也。使贼中知之，不过数月，必有自效于军中者矣。至时，惟在朝廷应之敏速，中其机会，中，竹仲翻。不爱爵禄以赏其人，使两河藩镇闻之，恐其麾下效之以取朝廷之赏，必皆恐惧，争为恭顺矣。此所谓不战而屈人兵者也。"上曰："善！"

他日，吉甫复于延英盛陈用兵之利，复，扶又翻；下同。且言刍粮金帛皆已有备。上顾问绛，顾，回视也。绛对曰："兵不可轻动。前年讨恒州，恒，户登翻。四面发兵二十万，又发两神策兵自京师赴之，天下骚动，所费七百馀万缗，讫无成功，为天下笑。谓吐突承璀讨王承宗也。今疮痍未复，人皆惮战；若又以敕命驱之，臣恐非直无功，或生他变。况魏博不必用兵，事势明白，愿陛下勿疑。"上奋身抚案曰："朕不用兵决矣。"抚，拍也。考异曰：新吉甫传："魏博节度使田季安疾甚，吉甫请任薛平为义成节度使，以重兵控邢、洺，因图上河北险要所在，帝张于浴堂门壁，每议河北事，必指吉甫曰：'朕日按图，信如卿料矣。'"按宪宗竟用李绛之策不用兵而魏博平，不如新传所言。今不取。绛曰："陛下虽有是言，恐退朝之后，复有荧惑圣听者。"上正色厉声曰："朕志已决，谁能惑之！"绛乃拜贺曰："此社稷之福也。"

既而田怀谏幼弱，军政皆决于家僮蒋士则，数以爱憎移易诸将，数，所角翻。众皆愤怒。朝命久不至，朝，直遥翻。军中不安。田兴晨入府，士卒数千人大噪，环兴而拜，环，音宦。请为留后。兴惊仆于地，众不散；久之，兴度不免，度，徒洛翻。

乃谓众曰："汝肯听吾言乎！"皆曰："惟命。"兴曰："勿犯副大使，守朝廷法令，申版籍，请官吏，然后可。"皆曰"诺。"兴乃杀蒋士则等十馀人，迁怀谏于外。代宗广德元年，田承嗣帅魏博，四世，四十九年而灭。

容肇祖标点聂崇岐覆校

资治通鉴卷第二百三十九

端明殿学士兼翰林侍读学士太中大夫
提举西京嵩山崇福宫上柱国河内郡开国公 司马光 奉敕编集
食邑二千二百户食实封九百户赐紫金鱼袋臣

后学天台 胡三省 音注

唐纪五十五

起玄黓执徐（壬辰）十月，尽柔兆涒滩（丙申），凡四年有奇。

宪宗昭文章武大圣至神孝皇帝中之上

元和七年（壬辰、八一二）

1 冬，十月，乙未，魏博监军以状闻，以魏兵废怀谏立田兴之状闻。上亟召宰相，谓李绛曰："卿揣魏博若符契。"揣，初委翻。李吉甫请遣中使宣慰以观其变，李绛曰："不可。今田兴奉其土地兵众，坐待诏命，不乘此际推心抚纳，结以大恩，必待敕使至彼，持将士表来为请节钺，然后与之，此大历、贞元之弊也。为，于伪翻；下亦为、正为、度为、当为同。则是恩出于下，非出于上，将士为重，朝廷为轻，其感戴之心亦非今日之比也。机会一失，悔之无及！"吉甫素与枢密使梁守谦相结，守谦亦为之言于上曰："故事，皆遣中使宣劳，劳，力到翻。今此镇独无，恐更不谕。"言恐其更不谕上意也。上竟遣中使张忠顺如魏博宣慰，欲俟其还而议之。癸卯，李绛复上言：复，扶又翻。"朝廷恩威得失，在此一举，时机可惜，奈何弃之！利害甚明，愿圣心勿疑。计忠顺之行，甫应过陕，甫，始也。陕，失冉翻。乞明旦即降白麻除兴节度使，犹可及也。”上且欲除留后，绛曰：“兴恭顺如此，言兴守朝廷法令，申版籍，请官吏，异乎河北诸镇之为也。自非恩出不次，则无以使之感激殊常。”上从之。甲辰，以兴为魏博节度使。忠顺未还，制命已至魏州。兴感恩流涕，士众无不鼓舞。

2 庚戌，更名皇子宽曰恽，察曰悰，寰曰忻，寮曰悟，审曰恪。更，工衡翻。恽，于粉翻。

3 李绛又言：“魏博五十馀年不沾皇化，魏博自田承嗣以来倔强拒命，至是四十九年。一旦举六州之地来归，六州，魏、博、贝、卫、澶、相。刳河朔之腹心，倾叛乱之巢穴，不有重赏过其所望，则无以慰士卒之心，使四邻劝慕。请发内库钱百五十万缗以赐之。”左右宦官以为“所与太多，后有此比，将何以给之？”上以语绛，语，牛据翻。绛曰：“田兴不贪专地之利，不顾四邻之患，归命圣朝，陛下奈何爱小费而遗大计，不以收一道人心！钱用尽更来，机事一失不可复追。复，扶又翻。借使国家发十五万兵以取六州，期年而克之，期，读曰朞。其费岂止百五十万缗而已乎！”上悦，曰：“朕所以恶衣菲食，蓄聚货财，正为欲平定四方；为，于伪翻；下同。不然，徒贮之府库何为！”贮，丁吕翻。十一月，辛酉，遣知制诰裴度至魏博宣慰，以钱百五十万缗赏军士，六州百姓给复一年。复，方目翻。复，除其赋役也。军士受赐，欢声如雷。成德、兖郓使者数辈见之，相顾失色，叹曰：“倔强者果何益乎！”兖郓，即淄青、平卢军也。郓，音运。倔，其勿翻。强，其两翻。

度为兴陈君臣上下之义，兴听之，终夕不倦，待度礼极厚，请度遍至所部州县，宣布朝命。朝，直遥翻。奏乞除节度副使于朝廷，诏以户部郎中河东胡证为之。证，之盛翻。兴又奏所部缺官九十员，请有司注拟，行朝廷法令，输赋税。田承嗣以来室屋僭侈者，皆避不居。

郓、蔡、恒遣游客间说百方，兴终不听。郓，李师道；蔡，吴少阳；恒，王承宗也。恒，户登翻。间，古苋翻。说，输芮翻。李师道使人谓宣武节度使韩弘曰："我世与田氏约相保援，今兴非田氏族，又首变两河事，言田兴悉心奉朝廷，变两河藩镇故事。亦公之所恶也！恶，乌路翻。我将与成德合军讨之。"弘曰："我不知利害，知奉诏行事耳。若兵北渡河，我则以兵东取曹州！"曹州，李师道巡属也。师道惧，不敢动。

田兴既葬田季安，送田怀谏于京师。辛巳，以怀谏为右监门卫将军。

4 李绛奏振武、天德左右良田可万顷，请择能吏开置营田，可以省费足食，上从之。绛命度支使卢坦经度用度，度支、经度，皆徒洛翻。四年之间，开田四千八百顷，收谷四千馀万斛，"千"，当作"十"。岁省度支钱二十馀万缗，边防赖之。

5 上尝于延英谓宰相曰："卿辈当为朕惜官，为，于伪翻。勿用之私亲故。"李吉甫、权德舆皆谢不敢。李绛曰："崔佑甫有言，'非亲非故，不谙其才。'谙者尚不与官，不谙者何敢复与！但问其才器与官相称否耳。谙，乌含翻。复，扶又翻。称，尺证翻。若避亲故之嫌，使圣朝亏多士之美，此乃偷安之臣，非至公之道也。苟所用非其人，则朝廷自有典刑，谁敢逃之！"上曰："诚如卿言。"

6 是岁，吐蕃寇泾州，及西门之外，先寇泾州界，进及泾州西门之外。驱掠人畜而去。上患之，李绛上言："京西、京北皆有神策镇兵，京西，凤翔、秦、陇、原、泾、渭也。京北，邠、宁、丹、延、鄜、坊、庆、灵、盐、夏、绥、银、宥也。镇兵注已见前。始，置之欲以备御吐蕃，使与节度使掎角相应也。今则鲜衣美食，坐耗县官，每有寇至，节度使邀与俱进，则云申取中尉处分；唐神策镇兵分屯于外，皆属左、右神策中尉。处，昌吕翻。分，扶问翻。比其得报，虏去远矣。比，必利翻，及也。纵有果锐之将，闻命奔赴，节度使无刑戮以制之，相视如平交，左右前却，莫肯用命，何所益乎！请据所在之地士马及衣粮、器械皆割隶当道节度使，使号令齐壹，如臂之使指，则军威大振，虏不敢入寇矣。"上曰："朕不知旧事如此，当亟行之。"既而神策军骄恣日久，不乐隶节度使，乐，音洛。竟为宦者所沮而止。

八年（癸巳、八一三）

1 春，正月，癸亥，以博州刺史田融为相州刺史。融，兴之兄也。融、兴幼孤；融长，养而教之。兄弟皆幼失父母，而兄年差长，故长养其弟而教之。长，知丈翻。兴尝于军中角射，角，竞也。角射者，以中为胜。一军莫及。融退而挟之挟，丑栗翻，打也。曰："尔不自晦，祸将及矣！"故兴能自全于猜暴之时。猜暴之时，谓田季安时也。

2 勃海定王元瑜卒，弟言义权知国务。庚午，以言义为勃海王。

3 李吉甫、李绛数争论于上前，礼部尚书、同平章事权德舆居中无所可否；上鄙之。数，所角翻。鄙，陋也。辛未，德舆罢守本官。

4 辛卯，赐魏博节度使田兴名弘正。

5 司空、同平章事于頔久留长安，郁郁不得志。二年頔入朝，见二百三十二卷。有梁正言者，自言与枢密使梁守谦同宗，能为人属请，为，于伪翻；下同。属，之欲翻。頔使其子太常丞敏重赂正言，求出镇。久之，正言诈渐露，敏索其赂不得，索，山客翻。诱其奴，支解之，弃溷中。诱，音酉。溷，户困翻，厕也。事觉，頔帅其子殿中少监季友等素服诣建福门请罪，门者不内；帅，读曰率。唐大明宫端门曰丹凤门，其西曰建福门。内，即纳字也。退，负南墙而立，遣人上表，阁门以无印引不受；唐制：凡四方章表，皆阁门受而进之。頔方请罪，既无职印，又无内引，所以不受。日暮方归，明日，复至。复，扶又翻。丁酉，頔左授恩王傅，仍绝朝谒；朝，直遥翻。敏流雷州，旧志：雷州，至京师六千五百一十二里。季友等皆贬官，僮奴死者数人；敏至秦岭而死。自蓝田关南出度秦岭。

事连僧鉴虚。鉴虚自贞元以来，以财交权幸，受方镇赂遗，遗，唯季翻。厚自奉养，吏不敢诘。至是，权幸争为之言，上欲释之，中丞薛存诚不可。上遣中使诣台宣旨曰："朕欲面诘此僧，非释之也。"存诚对曰："陛下必欲面释此僧，请先杀臣，然后取之，不然，臣期不奉诏。"上嘉而从之。三月，丙辰，杖杀鉴虚，没其所有之财。考异曰：实录在二月。按长历，二月乙酉朔，三月甲寅朔。丙辰，三月三日。甲子，武元衡入知政事，十一日也。实录脱不书月耳。

6 甲子，征前西川节度使、同平章事武元衡入知政事。元和二年，武元衡出镇西川，至是召还。

7 夏，六月，大水。上以为阴盈之象，辛丑，出宫人二百车。

8 秋，七月，【章：甲十一行本"月"下有"辛酉"二字；乙十一行本同；孔本同；张校同；退斋校同。】振武节度使李光进请修受降城，兼理河防。理，治也。时受降城为河所毁，河毁受降城见上卷七年。李吉甫请徙其徒于天德故城，天德故城，在东受降城西二百里大同川。乾元后，徙天德军于永济栅。宋白续通典作"永清栅"。其城，则隋大同城之旧墟。李绛及户部侍郎卢坦以为："受降城，张仁愿所筑，事见二百九卷中宗景龙元年。当碛口，据虏要冲，美水草，守边之利地。今避河患，退二三里可矣，奈何舍万代永安之策，徇一时省费之便乎！况天德故城僻处确瘠，处，昌吕翻。确，克角翻，硗确也。瘠，土薄也。去河绝远，烽候警急不相应接，虏忽唐突，势无由知，是无故而蹙国二百里也。”及城使周怀义奏利害，与绛、坦同。上卒用吉甫策，卒，子恤翻。以受降城骑士隶天德军。

李绛言于上曰：“边军徒有其数而无其实，虚费衣粮，将帅但缘私役使，缘私者，并缘公役之名而私使之。聚货财以结权幸而已，未尝训练以备不虞，此不可不于无事之时豫留圣意也。”时受降城兵籍旧四百人，及天德军交兵，止有五十人，考异曰：实录云：“李光进请修东受降城兼理河防。”又云：“以中受降城及所管骑士一千一百四十人隶于天德军。”旧传：“卢坦与李绛叶议，以为西城张仁愿所筑，不可废。”三者不同，莫知孰是。今但云受降城，所阙疑也。又李司空论事云：“中城旧属振武，有镇兵四百人，其时割属天德，交割惟有五十人。”人数如此不同，或者一千一百四十人是三城都数耳。器械止有一弓，自馀称是。称，尺证翻。故绛言及之。上惊曰：“边兵乃如是其虚邪！卿曹当加按阅。”会绛罢相而止。

9 乙巳，废天威军，元和初，并左、右神威为一军，号天威军。神威军，本殿前射生军也。以其众隶神策军。

10 丁未，辰、溆贼帅张伯靖请降。辰、溆贼反，事始上卷六年。辛亥，【章：甲十一行本“辛”上有“九月”二字；乙十一行本同；孔本同；张校同。】以伯靖为归州司马，委荆南军前驱使。委，属也，付也。

11 初，吐蕃欲作乌兰桥，新志：会州乌兰县有乌兰关，在县西南。吐蕃于河上作桥。先贮材于河侧，贮，丁吕翻。朔方常潜遣人投之于河，终不能成。虏知朔方、灵盐节度使王佖贪，佖，支笔翻，又频笔翻。先厚赂之，然后并力成桥，仍筑月城守之。自是朔方御寇不暇。

12 冬，十月，回鹘发兵度碛南，自柳谷西击吐蕃。新志：西州交河县北二百一十里，经柳谷渡。壬寅，振武、天德军奏回鹘数千骑至鸊鹈泉，鸊鹈泉，在西受降城北三百里。鸊，扶历翻。鹈，徒奚翻。边军戒严。

13 振武节度使李进贤，不恤士卒；判官严澈，绶之子也，于时严绶尚在。绶，音受。以刻核得幸于进贤。进贤使牙将杨遵宪将五百骑趣东受降城以备回鹘，所给资装多虚估；资装不给本色，虚估其价，给以他物。趣，七喻翻。至鸣沙，遵宪屋处处，昌吕翻。而士卒暴露；众发怒，夜，聚薪环其屋而焚之，环，音宦。卷甲而还。还，从宣翻，又如字。庚寅夜，焚门，攻进贤，进贤逾城走，军士屠其家，并杀严澈。进贤奔静边军。静边军在云州西一百八十里。

14 群臣累表请立德妃郭氏为皇后。上以妃门宗强盛，妃，郭暧之女，子仪之孙女也。恐正位之后，后宫莫得进，托以岁时禁忌，竟不许。

15 丁酉，振武监军骆朝宽奏乱兵已定，请给将士衣。上怒，以夏绥节度使张煦为振武节度使，煦，吁句翻。将夏州兵二千赴镇，仍命河东节度使王锷以兵二千纳之，听以便宜从事。骆朝宽归罪于其将苏若方而杀之。

16 发郑滑、魏博卒凿黎阳古河十四里，以纾滑州水患。大河故渎径黎阳山之东，后南徙，为滑州患，故复凿古河。

17 上问宰相："人言外间朋党大盛，何也？"李绛对曰："自古人君所甚恶者，莫若人臣为朋党，故小人谮君子必曰朋党。何则？朋党言之则可恶，恶，乌路翻。寻之则无迹故也。东汉之末，凡天下贤人君子，宦官皆谓之党人而禁锢之，遂以亡国。见汉桓、灵二帝纪。此皆群小欲害善人之言，愿陛下深察之！夫君子固与君子合，岂可必使之与小人合，然后谓之非党邪！"

九年（甲午、八一四）

1 春，正月，甲戌，王锷遣兵五千会张煦于善羊栅。"善羊"，当作“善阳”。唐朔州治善阳县，西北至单于府百二十里。栅盖立于县界。乙亥，煦入单于都护府，振武节度使，治单于都护府。诛乱者苏国珍等二百五十三人。二月，丁丑，贬李进贤为通州刺史。甲午，骆朝宽坐纵乱者，杖之八十，夺色，配役定陵。夺色者，夺其品色也。

2 李绛屡以足疾辞位；癸卯，罢为礼部尚书。

初，上欲相绛，先出吐突承璀为淮南监军，见上卷六年。相，息亮翻；下同。至是，上召还承璀，先罢绛相。甲辰，承璀至京师，复以为弓箭库使、观李绛立朝本末，亦庶乎有大臣之节矣。左神策中尉。承璀以丧师罢中尉为弓箭库使，今遂兼为之，此宪宗之巧，盖持两端以观朝议也。李绛既罢，谁敢复以为言乎！

3 李吉甫奏：“国家旧置六胡州于灵、盐之境，调露元年，于灵、夏南境以降突厥置鲁州、丽州、含州、塞州、依州、契州，以唐人为刺史，谓之六胡州。盐州与灵、夏接境。开元中废之，更置宥州以领降户；天宝中，宥州寄理于经略军，长安四年，并六胡州为匡、长二州。开元二十六年，以废匡州，置怀恩县，带宥州，县管内有榆多勒城。天宝中，王忠嗣奏置经略军，在宥州故城东北三百里。宋白曰：宥州应接天德，南援夏州，治长泽县，本汉三封县地。宝应以来，因循遂废。今请复之，以备回鹘，抚党项。”上从之。党，底朗翻。夏，五月，庚申，复置宥州，理经略军，取鄜城神策屯兵九千以实之。大历六年，置肃戎军于鄜州之鄜城。

先是，回鹘屡请昏，先，悉荐翻。朝廷以公主出降，其费甚广，故未之许。礼部尚书李绛上言，以为：“回鹘凶强，不可无备；淮西穷蹙，事要经营。今江、淮大县，岁所入赋有二十万缗者，足以备降主之费，陛下何爱一县之赋，不以羁縻劲虏！回鹘若得许昏，必喜而无猜，然后可以修城堑，蓄甲兵，边备既完，得专意淮西，功必万全。今既未降公主而虚弱西城；西城，谓西受降城。碛路无备，更修天德以疑虏心。谓徙受降城于天德也。万一北边有警，则淮西遗丑复延岁月之命矣！复，扶又翻。傥虏骑南牧，国家非步兵三万，骑五千，则不足以抗御！借使一岁而胜之，其费岂特降主之比哉！”上不听。

4 乙丑，桂王纶薨。纶，上弟也。

5 六月，壬寅，以河中节度使张弘靖为刑部尚书、同平章事。弘靖，延赏之子也。张延赏相德宗于贞元之间。

6 翰林学士独孤郁，权德舆之婿也。上叹郁之才美曰：“德舆得婿郁，我反不及邪！”先是尚主皆取贵戚及勋臣之家，先，悉荐翻。上始命宰相选公卿、大夫子弟文雅可居清贯者；史炤曰：贯，事也。清贯，犹言清职也。诸家多不愿，惟杜佑孙司议郎悰不辞。悰，藏宗翻。秋，七月，戊辰，以悰为殿中少监、驸马都尉，尚岐阳公主。公主，上长女，郭妃所生也。八月，癸巳，成昏。公主有贤行，行，下孟翻。杜氏大族，尊行不翅数十人，尊行之行，下浪翻。不翅，与不啻同。公主卑委怡顺，一同家人礼度，二十年间，人未尝以丝发间指为贵骄。始至，则与悰谋曰：“上所赐奴婢，卒不肯穷屈，卒，子恤翻，终也。奏请纳之，悉自市寒贱可制指者。”制指，谓可制御而指使者也。自是闺门落然不闻人声。

7 闰月，丙辰，彰义节度使吴少阳薨。考异曰：实录，少阳卒在九月己丑下，壬辰上，而并元济焚舞阳言之。统纪、旧纪，少阳卒皆在九月。按旧传曰：“少阳卒，凡四十日，不为辍朝。”唐纪：“张弘靖请为少阳废朝赠官。”而实录“辛丑赠少阳右仆射。”然则己丑至辛丑，才十二日耳。岂容四十日不辍朝乎！今从新纪。少阳在蔡州，阴聚亡命，牧养马骡，时抄掠寿州茶山以实其军。寿州有茶山。抄，楚交翻。其子摄蔡州刺史元济，匿丧，以病闻，自领军务。

上自平蜀，元和初平蜀。即欲取淮西。淮南节度使李吉甫上言："少阳军中上下携离，请徙理寿州以经营之。"淮南节度使治扬州，欲徙治寿州以经略淮西。会朝廷方讨王承宗，事见上卷四年、五年。未暇也。及吉甫入相，田弘正以魏博归附。事见七年。吉甫以为汝州扞蔽东都，河阳宿兵，本以制魏博，今弘正归顺，则河阳为内镇，不应屯重兵以示猜阻。辛酉，以河阳节度使乌重胤为汝州刺史，充河阳、怀、汝节度使，徙理汝州。己巳，弘正检校右仆射，赐其军钱二十万缗，弘正曰："吾未若移河阳军之为喜也。"喜者，喜朝廷之不猜防魏博。

九月，庚辰，以洺州刺史李光颜为陈州刺史，充忠武都知兵马使；九域志：陈州，西南至蔡州一百九十里。以泗州刺史令狐通为寿州防御使。通，彰之子也。肃宗时，令狐彰背史思明归顺。丙戌，以山南东道节度使袁滋为荆南节度使，以荆南节度使严绶为山南东道节度使。

吴少阳判官苏兆、杨元卿、大将侯惟清皆劝少阳入朝；元济恶之，恶，乌路翻。杀兆，囚惟清。元卿先奏事在长安，具以淮西虚实及取元济之策告李吉甫，请讨之。时元济犹匿丧，元卿劝吉甫，凡蔡使入奏者，所在止之。少阳死近四十日，不为辍朝，但易环蔡诸镇将帅，近，其靳翻。为，于伪翻；下同。朝，直遥翻。环，音宦。益兵为备。元济杀元卿妻及四男以圬射堋。圬，哀乎翻，墁也。堋，补邓翻，射埻也。淮西宿将董重质，吴少诚之婿也，元济以为谋主。

8 戊戌，加河东节度使王锷同平章事。

9 李吉甫言于上曰："淮西非如河北，四无党援，国家常宿数十万兵以备之，劳费不可支也。失今不取，后难图矣。"上将讨之，张弘靖请先为少阳辍朝、赠官，遣使吊赠，待其有不顺之迹，然后加兵，上从之，遣工部员外郎李君何吊祭。唐工部郎，掌城池土木之工役程式。元济不迎敕使，发兵四出，屠舞阳，舞阳，汉县，唐属许州。九域志：在州西南一百八十里。焚叶，叶，式涉翻。掠鲁山、襄城，关东震骇。君何不得入而还。还，从宣翻，又如字。

10 冬，十月，丙午，中书侍郎、同平章事赵公李吉甫薨。

11 壬戌，以忠武节度副使李光颜为节度使。甲子，以严绶为申、光、蔡招抚使，督诸道兵招讨吴元济；绶，音受。乙丑，命内常侍知省事崔潭峻监其军。考异曰：实录作“谈峻”。今从旧传。戊辰，以尚书左丞吕元膺为东都留守。

12 党项寇振武。

13 十二月，戊辰，以尚书右丞韦贯之同平章事。

十年(乙未、八一五)

1 春，正月，乙酉，加韩弘守司徒。弘镇宣武，十馀年不入朝，颇以兵力自负，朝廷亦不以忠纯待之。王锷加【章：甲十一行本，“加”下有“同”字；乙十一行本同；孔本同；张校同。】平章事，弘耻班在其下，与武元衡书，颇露不平之意。朝廷方倚其形势以制吴元济，故迁官使居锷上以宠慰之。

2 吴元济纵兵侵掠，及于东畿。东都畿也。己亥，制削元济官爵，命宣武等十六道进军讨之。严绶击淮西兵，小胜，不设备，淮西兵夜还袭之；二月，甲辰，绶败于磁丘，“磁丘”，当作“慈丘”，县属唐州，隋分比阳县置，取县界慈丘山为名，在州东北。却五十馀里，驰入唐州而守之。九域志：唐州，东至蔡州三百五十里。寿州团练使令狐通为淮西兵所败，败，补迈翻。走保州城，境上诸栅尽为淮西所屠。癸丑，以左金吾大将军李文通代之，贬通昭州司户。

诏鄂岳观察使柳公绰以兵五千授安州刺史李听，使讨吴元济，公绰曰：“朝廷以吾书生不知兵邪！”即奏请自行，许之。公绰至安州，李听属橐鞬迎之。属，之欲翻。橐，姑劳翻。鞬，居言翻。公绰以鄂岳都知兵马使、先锋行营兵马都虞候二牒授之，选卒六千以属听，戒其部校曰：校，户教翻。“行营之事，一决都将。”总诸部之军者，谓之都将。听感恩畏威，如出麾下。公绰号令整肃，区处军事，处，昌吕翻。诸将无不服。士卒在行营者，其家疾病死丧，厚给之，妻淫泆者，沈之于江，泆，弋质翻。沈，持林翻。士卒皆喜曰：“中丞为我治家，为，于伪翻。治，直之翻。我何得不前死！”故每战皆捷。公绰所乘马，踶杀圉人，踶，特计翻。圉人，掌养马者。公绰命杀马以祭之，或曰：“圉人自不备耳，此良马，可惜！”公绰曰：“材良性驽，何足惜也！”竟杀之。驽，音奴。

3 河东将刘辅杀丰州刺史燕重旰，王锷诛之，及其党。燕，于贤翻。旰，古案翻。

4 王叔文之党坐谪官者，凡十年不量移，永贞元年，贬王叔文之党，事见二百三十六卷。量，音良。执政有怜其才欲渐进之者，悉召至京师；谏官争言其不可，上与武元衡亦恶之，恶，乌路翻。三月，乙【严：“乙”改“己”。】酉，皆以为远州刺史，官虽进而地益远。永州司马柳宗元为柳州刺史，朗州司马刘禹锡为播州刺史。永州，古零陵郡，隋置永州，以永水为名，京师南三千二百七十四里。柳州，汉潭中县地，隋置马平县，唐初置昆州，贞观改柳州，至京师水陆相乘五千四百七十里。朗州，古武陵郡，梁置武州，隋为朗州，京师东南二千一百五十九里。播州，即汉夜郎、且兰二国西南隅之地，汉置牂柯郡，唐置播州，京师南四千四百五十里。宗元曰：“播非人所居，而梦得亲在堂，刘禹锡，字梦得。万无母子俱往理。”欲请于朝，愿以柳易播。会中丞裴度亦为禹锡言曰：为，于伪翻。“禹锡诚有罪，然母老，与其子为死别，良可伤！”上曰：“为人子尤当自谨，勿贻亲忧，此则禹锡重可责也。”重，直用翻。度曰：“陛下方侍太后，恐禹锡在所宜矜。”上良久，乃曰：“朕所言，以责为人子者耳；然不欲伤其亲心。”退，谓左右曰：“裴度爱我终切。”明日，禹锡改连州刺史。连州，汉桂阳阳山地，唐置连州，以郡南有黄连岭为名，京师南三千六百六十五里。考异曰：旧禹锡传：“元和十年，自武陵召还，宰相复欲置之郎署。时禹锡作游玄都观咏、看花、君子诗，语涉讥刺，执政不悦，复出为播州刺史。”禹锡集载其诗曰：“玄都观里桃千树，尽是刘郎去后栽。”按当时叔文之党，一切除远州刺史，不止禹锡一人，岂缘此诗！盖以此得播州恶处耳。实录曰：“中丞裴度奏：‘其母老，必与此子为死别，臣恐伤陛下孝理之风。’宪宗曰：‘为子尤须谨慎，恐贻亲之忧。禹锡更合重于他人，卿岂可以此论之！’度无以对，良久，帝改容而言曰：‘朕所言，是责人子之事，然终不欲伤其所亲之心。’明日，改授禹锡连州。”赵元拱唐谏诤集：“裴度曰：‘陛下方侍太后，以孝理天下，至如禹锡，诚合哀矜。’宪宗乃从之。明日，制授禹锡连州。既而语左右：‘裴度终爱我切。’”赵璘因话录曰：“宪宗初征柳宗元、刘禹锡至京城，俄而柳为柳州刺史，刘为播州刺史。柳以刘须侍亲，播州最为恶处，请以柳州换。上不许。宰相对曰：‘禹锡有老亲。’上曰：‘但要与郡，岂系母在！’裴晋公进曰：‘陛下方侍太后，不合发此言。’上有愧色。刘遂改为连州。”按柳宗元墓志，将拜疏而未上耳，非已上而不许也。禹锡除播州时，裴度未为相。今从实录及谏诤集。

宗元善为文，尝作梓人传，传，直恋翻。以为：“梓人不执斧斤刀锯之技，专以寻引、规矩、绳墨度群木之材，技，渠绮翻。引，羊晋翻。度，徒洛翻。视栋宇之制，相高深、圆方、短长之宜，指麾众工，各趋其事，不胜任者退之。相，息亮翻。趋，七喻翻。胜，音升。大夏既成，夏，与厦同，胡雅翻。【章：甲十一行本正作“厦”；乙十一行本同；孔本同。】则独名其功，受禄三倍。亦犹相天下者，立纲纪、整法度，择天下之士使称其职，称，尺证翻。居天下之人使安其业，能者进之，不能者退之，万国既理，而谈者独称伊、傅、周、召，召，读曰邵。其百执事之勤劳不得纪焉。或者不知体要，衒能矜名，衒，荧绢翻。亲小劳，侵众官，听听于府庭，听，鱼隐翻，又鱼巾翻。而遗其大者远者，是不知相道者也。”

又作种树郭橐驼传曰：“橐驼之所种，无不生且茂者。或问之，对曰：‘橐驼非能使木寿且孳也。孳，津之翻，生也。凡木之性，其根欲舒，其土欲故，既植之，勿动勿虑，去不复顾。其莳也若子，莳，音侍，更种也。其置也若弃，则其天全而性得矣。他植者则不然，根拳而土易，爱之太恩，忧之太勤，旦视而暮抚，已去而复顾，甚者爪其肤以验其生枯，爪，侧绞翻。摇其本以观其疏密，而木之性日以离矣。虽曰爱之，其实害之；虽曰忧之，其实雠之。故不我若也！为政亦然。吾居乡见长人者，长，知两翻。好烦其令，好，呼到翻。若甚怜焉而卒以祸之。卒，子恤翻。旦暮吏来，聚民而令之，促其耕获，督其蚕织，吾小人辍饔飧以劳吏之不暇，饔，于容翻。飧，苏昆翻。饔飧，熟食也。劳，力到翻。又何以蕃吾生而安吾性邪！蕃，音烦。凡病且怠，职此故也。’”杜预曰：职，主也。此其文之有理者也。梓人传以谕相，种树传以谕守令，故温公取之，以其有资于治道也。

5 庚子，李光颜奏破淮西兵于临颍。

6 田弘正遣其子布将兵三千助严绶讨吴元济。

7 甲辰，李光颜又奏破淮西兵于南顿。南顿，汉县，属汝南郡，唐属陈州。

8 吴元济遣使求救于恒、郓；王承宗、李师道数上表请赦元济，上不从。恒，户登翻。郓，音运。数，所角翻。是时发诸道兵讨元济而不及淄青，师道使大将将二千人趣寿春，趣，七喻翻。声言助官军讨元济，实欲为元济之援也。

师道素养刺客奸人数十人，厚资给之，其人说师道曰：说，输芮翻。“用兵所急，莫先粮储。今河阴院积江、淮租赋，请潜往焚之。募东都恶少年数百，劫都市，焚宫阙，则朝廷未暇讨蔡，先自救腹心。此亦救蔡一奇也。”师道从之。自是所在盗贼窃发。辛亥暮，盗数十人攻河阴转运院，杀伤十馀人，烧钱帛三十馀万缗匹，谷三万馀斛，于是人情恇惧。恇，去王翻，怯也。群臣多请罢兵，上不许。

9 诸军讨淮西久未有功，五月，上遣中丞裴度诣行营宣慰，察用兵形势。度还，还，音旋，又如字。言淮西必可取之状，且曰："观诸将，惟李光颜勇而知义，必能立功。"上悦。言有必克之势，故悦。

考功郎中、知制诰韩愈上言，以为："淮西三小州，三小州，申、光、蔡。残弊困剧之馀，而当天下之全力，其破败可立而待。此以大小强弱之势言也。然所未可知者，在陛下断与不断耳。"断，丁乱翻。此以大历、贞元以来积习言也。因条陈用兵利害，以为："今诸道发兵各二三千人，势力单弱，羁旅异乡，与贼不相谙委，望风慑惧。谙，乌含翻。慑，之涉翻。将帅以其客兵，待之既薄，使之又苦；或分割队伍，兵将相失，心孤意怯，难以有功。将，即亮翻；下同。又其本军各须资遣，道路辽远，劳费倍多。闻陈、许、安、唐、汝、寿等州与贼连接处，村落百姓悉有兵器，习于战斗，识贼深浅，比来未有处分，比，毗至翻，近也。处，昌吕翻。分，扶问翻。犹愿自备衣粮，保护乡里。若令召募，立可成军。贼平之后，易使归农。易，以豉翻。乞悉罢诸道军，募土人以代之。"又言："蔡州士卒皆国家百姓，若势力穷不能为恶者，不须过有杀戮。"

10 丙申，李光颜奏败淮西兵于时曲。时曲，在陈州殷水县西南。败，补迈翻。淮西兵晨压其垒而陈，陈，读曰阵；下同。光颜不得出，乃自毁其栅之左右，出骑以击之。光颜自将数骑冲其陈，出入数四，贼皆识之，矢集其身如猬毛；其子揽辔止之，揽，以手揽取也。光颜举刃叱去。于是人争致死，淮西兵大溃，杀数千人。上以裴度为知人。

11 上自李吉甫薨，悉以用兵事委武元衡。李师道所养客说李师道曰："天子所以锐意诛蔡者，元衡赞之也，请密往刺之。说，输芮翻；下同。刺，七亦翻。元衡死，则他相不敢主其谋，争劝天子罢兵矣。"师道以为然，即资给遣之。

王承宗遣牙将尹少卿奏事，为吴元济游说。为吴，于为翻。少卿至中书，辞指不逊，元衡叱出之；承宗又上书诋毁元衡。

六月，癸卯，天未明，元衡入朝，出所居靖安坊东门；有贼自暗中突出射之，从者皆散走，射，而亦翻。从，才用翻。贼执元衡马行十馀步而杀之，取其颅骨而去。颅，龙都翻，首骨也。又入通化坊击裴度，伤其首，坠沟中，度毡帽厚，得不死；傔人王义自后抱贼大呼，贼断义臂而去。傔，苦念翻。傔，从也。呼，火故翻。断，音短。京城大骇，于是诏宰相出入，加金吾骑士张弦露刃以卫之，所过坊门呵索甚严。呵，叱也。索，搜也。索，山客翻；下大索同。朝士未晓不敢出门。上或御殿久之，班犹未齐。

贼遗纸于金吾及府、县，遗，弃也。左、右金吾掌逻捕奸非。府，县，京兆府及两赤县。曰："毋急捕我，我先杀汝。"故捕贼者不敢甚急。兵部侍郎许孟容见上言："自古未有宰相横尸路隅而盗不获者，此朝廷之辱也！"因涕泣。又诣中书挥涕言："请奏起裴中丞为相，大索贼党，穷其奸源。"戊申，诏中外所在搜捕，获贼者赏钱万缗，官五品；敢庇匿者，举族诛之。于是京城大索，公卿家有复壁、重橑者皆索之。复壁，夹壁也。重橑，大屋覆小屋，上下施椽，其间皆可容物。橑，鲁皓翻，椽也，史炤怜萧切。

成德军进奏院有恒州卒张晏等数人，行止无状，无状者，无善状也。恒，户登翻。众多疑之。庚戌，神策将军王士则等告王承宗遣晏等杀元衡。吏捕得晏等八人，命京兆尹裴武、监察御史陈中师鞫之。癸亥，诏以王承宗前后三表出示百僚，议其罪。

裴度病疮，卧二旬，诏以卫兵宿其第，中使问讯不绝。或请罢度官以安恒、郓之心，上怒曰："若罢度官，是奸谋得成，朝廷无复纲纪。吾用度一人，足破二贼。"史言宪宗明断，故能成功。甲子，上召度入对。乙丑，以度为中书侍郎、同平章事。度上言："淮西，腹心之疾，不得不除；且朝廷业已讨之，两河藩镇跋扈者，将视此为高下，不可中止。"上以为然，悉以用兵事委度，讨贼甚急。初，德宗多猜忌，朝士有相过从者，过，古禾翻。金吾皆伺察以闻，伺，相吏翻。宰相不敢私第见客。度奏："今寇盗未平，宰相宜招延四方贤才与参谋议，"始请于私第见客，许之。

陈中师按张晏等，具服杀武元衡；张弘靖疑其不实，屡言于上，上不听。戊辰，斩晏等五人，杀其党十四人，李师道客竟潜匿亡去。考异曰：旧张弘靖传曰："初，盗杀元衡，京师索贼未得。时王承宗邸中有镇卒张晏辈数人，行止无状，人多意之。诏录付御史台御史陈中师按之，皆附致其罪，如京中所说。弘靖疑其不直，骤于上前言之；宪宗不听。及田弘正入郓，按簿书，亦有杀元衡者，但事暧昧，互有所说，卒未得其实。"按旧吕元膺传："获李师道将訾嘉珍、门察，皆称害武元衡者。"然则元衡之死，必师道所为也。但以元衡叱尹少卿，及承宗上表诋元衡，故时人皆指承宗耳。今从薛图存河南记。

12 秋，七月，庚午朔，灵武节度使李光进薨。光进与弟光颜友善，光颜先娶，其母委以家事。母卒，光进后娶，光颜使其妻奉管籥，籍财物，归于其姒。毛晃曰：杜预云：兄弟之妻相谓曰姒。盖妯娌相呼，以身年长少为名，年长曰姒，少曰娣，不以夫之长幼也。今俗呼兄之妻曰姒，弟之妻曰娣。姒，音详里翻。光进反之曰："新妇逮事先姑，先姑命主家事，不可易也。"因相持而泣。

13 甲戌，诏数王承宗罪恶，数，所具翻。绝其朝贡，曰："冀其翻然改过，束身自归。攻讨之期，更俟后命。"

14 八月，己亥朔，日有食之。

15 李师道置留后院于东都，本道人杂沓往来，吏不敢诘。本道人，谓兖、郓、淄、青人也。时淮西兵犯东畿，防御兵悉屯伊阙；师道潜内兵于院中，至数十百人，谋焚宫阙，纵兵杀掠，已烹牛飨士，明日，将发。其小卒诣留守吕元膺告变，元膺亟追伊阙兵围之；贼众突出，防御兵踵其后，不敢迫，吕元膺以东都防御使为留守，其所统兵曰防御兵。贼出长夏门，望山而遁。唐六典：东都城南面三门，中曰定鼎，左曰长夏，右曰厚载。东面三门，中曰建春，南曰永通，北曰上东。北面二门，东曰安喜，西曰徽安。西连禁苑，苑西四门，南迎秋，次游义，次笼烟，北灵溪。考异曰：河南记曰："贼帅訾嘉珍果于东都留后院潜召募一百馀人，兼造置兵仗，部署已定。会门子健儿有小过，被笞责之，遂使兄弟一人告河南府。当时饬两县驱丁壮，悉持弓矢刀棒，围兴道坊院数重。贼党迫蹙，递相蹂，四面矢下如雨，俄然殄灭，因纵火焚其院宇，悉为煨烬。"今从实录。是时都城震骇，留守兵寡弱；元膺坐皇城门，唐六典：东都皇城在都城西北隅，南面三门，中曰端门，左曰左掖门，右曰右掖门。东面一门，曰宾耀。西面二门，南曰丽景，北曰宣耀。元膺盖坐于左掖门下。指使部分，分，扶问翻。意气自若，都人赖以安。

东都西南接邓、虢，九域志：河南府，西南抵虢州界三百二十五里。稍南，抵邓州界六百里。皆高山深林，民不耕种，专以射猎为生，人皆趫勇，趫，丘妖翻，捷也。谓之山棚。元膺设重购以捕贼。数日，有山棚鬻鹿，贼遇而夺之，山棚走召其侪类，侪，士皆翻。且引官军共围之谷中，尽获之。按验，得其魁，乃中岳寺僧圆净；故尝为史思明将，勇悍过人，为师道谋，多买田于伊阙、陆浑之间，以舍山棚而衣食之。为师，于伪翻。舍，始夜翻。有訾嘉珍、门察者，訾，即移翻，姓也。门，亦姓也。潜部分以属圆净，圆净以师道钱千万，阳为治佛光寺，分，扶问翻。治，直之翻；下同。结党定谋，约令嘉珍等窃发城中，圆净举火于山中，集二县山棚入城助之。二县，陆浑、伊阙也。圆净时年八十馀，捕者既得之，奋锤击其胫，不能折。锤，直追翻。胫，户定翻，脚胫。释名曰：胫，茎也，直而长，似物茎。折，而设翻。圆净骂曰："鼠子，折人胫且不能，敢称健儿！"乃自置其胫，教使折之。临刑，叹曰："误我事，不得使洛城流血！"党与死者凡数千人。留守、防御将二人留守兵之将及防御兵之将也。及驿卒八人皆受其职名，职名，李师道私所署衙前管军职名，给帖者也。为之耳目。

元膺鞫訾嘉珍、门察，始知杀武元衡者乃师道也，元膺密以闻；以槛车送二人诣京师。上业已讨王承宗，不复穷治。复，扶又翻。元膺上言："近日藩镇跋扈不臣，有可容贷者。至于师道谋屠都城，烧宫阙，悖逆尤甚，不可不诛。"悖，蒲内翻，又蒲没翻。上以为然；而方讨吴元济，绝王承宗，故未暇治师道也。史说得宪宗心事出。

16 乙丑，李光颜败于时曲。

17 初，上以严绶在河东，所遣裨将多立功，谓李光颜等也。故使镇襄阳，襄阳，山南东道节度治所。且督诸军讨吴元济。绶无他材能，到军之日，倾府库，赉士卒，累年之积，一朝而尽；又厚赂宦官以结声援，拥八州之众万馀人屯境上，八州，襄、邓、唐、随、均、房、郢、复。闭壁经年，无尺寸功。裴度屡言其军无政。

九月，癸酉，以韩弘为淮西诸军都统。弘乐于自擅，乐，音洛。欲倚贼自重，不愿淮西速平。考异曰：旧传曰："弘镇汴州，当两河贼之冲要，朝廷虑其异志，欲以兵柄授之，而令李光颜、乌重胤实当旗鼓，乃授弘淮西诸军行营都统。弘虽居统帅，常不欲诸军立功，阴为逗挠之计，每闻献捷，辄数日不怡，其危国邀功如是。"按弘承宣武积乱之后，镇定一方，居强寇之间，威望甚著。若有异志，与诸镇连衡跋扈，如反掌耳。然观其始末，未尝失臣节。朝廷若疑其有异志而更用为都统，则光颜、重胤更受其节制，非所以防之也。且数日不怡，有何状可寻，恐毁之过其实耳。今从其可信者。李光颜在诸将中战最力，弘欲结其欢心，举大梁城索得一美妇人，宣武节度治大梁。索，山客翻。教之歌舞丝竹，饰以珠玉金翠，直数百万钱，遣使遗之。遗，唯季翻。使者先致书。光颜大【章：甲十一行本“大”上有“乃”字；乙十一行本同；孔本同；张校同。】飨将士，使者进妓，容色绝世，一座尽惊。光颜谓使者曰：“相公愍光颜羁旅，赐以美妓，荷德诚深。妓，渠绮翻。荷，下可翻。然战士数万，皆弃家远来，冒犯白刃，光颜何忍独以声色自娱悦乎！”因流涕，座者皆泣；“座”，恐当作“坐”为文从字顺。即于席上厚以缯帛赠使者，并妓返之，曰：“为光颜多谢相公，缯，慈陵翻。为，于伪翻。光颜以身许国，誓不与逆贼同戴日月，死无贰矣！”

18 冬，十月，庚子，始分山南东道为两节度，以户部侍郎李逊为襄、复、郢、均、房节度使；以右羽林大将军高霞寓为唐、随、邓节度使。朝议以唐与蔡接，故使霞寓专事攻战，而逊调五州之赋以饷之。调，徒吊翻。

19 辛丑，刑部侍郎权德舆奏：“自开元二十五年修格式律令事类后，唐六典叙文法之名，格二十四篇，式三十三篇，律十二篇，令二十七篇。会要曰：开元二十五年删缉成律十二卷，律疏三十卷，式二十卷，开元新格十卷。又撰格式律令事类四十卷，以类相从，便于省览。至今长行敕，近删定为三十卷，请施行。”从之。会要：开元十九年，裴光庭等奏令有司删撰格后长行敕六卷，今又删定二十五年以后长行敕为三十卷。

20 上虽绝王承宗朝贡，未有诏讨之。魏博节度使田弘正屯兵于其境，承宗屡败之；败，补迈翻；下同。弘正忿，表请击之，上不许。表十上，上，时掌翻。乃听至贝州。丙午，弘正军于贝州。

21 庚戌，东都奏盗焚柏崖仓。宋白曰：河清县有柏崖城。杜佑曰：柏崖城，侯景所筑，在河清县西。

22 十一月，寿州刺史李文通奏败淮西兵。

壬申，韩弘请命众军合攻淮西；从之。

李光颜、乌重胤败淮西兵于小溵水，拔其城。

乙亥，以严绶为太子少保。以讨淮西无功也。

盗焚襄州佛寺军储。尽徙京城积草于四郊以备火。

丁丑，李文通败淮西兵于固始。固始，前汉汝南郡之寝县，春秋之寝丘，后汉更名固始，唐属光州。九域志：在州东北一百四十五里。

戊寅，盗焚献陵寝宫、永巷。

23 诏发振武兵二千，会义武军以讨王承宗。

24 己丑，吐蕃款陇州塞，请互市，许之。

25 初，吴少阳闻信州人吴武陵名，邀以为宾友，武陵不答。及元济反，武陵以书谕之曰："足下勿谓部曲不我欺，人情与足下一也。足下反天子，人亦欲反足下。易地而论，则其情可知矣。"

26 丁酉，武宁节度使李愿奏败李师道之众。时师道数遣兵攻徐州，数，所角翻。败萧、沛数县，败，补迈翻。萧、沛皆汉县，唐属徐州。九域志：萧在州西五十里。沛在州西北一百四十里。愿悉以步骑委都押牙温人王智兴，击破之。十二月，甲辰，智兴又破师道之众，斩首二千馀级，逐北至平阴而还。平阴，古肥子国，汉肥城县之地。隋开皇十四年置榆山县，大业初改曰平阴，取界内平阴古城为名，时属郓州。九域志：在州东北一百二十里。还，从宣翻，又如字。愿，晟之子也。

27 东都防御使吕元膺请募山棚以卫宫城，从之。

28 乙丑，河东节度使王锷薨。

29 王承宗纵兵四掠，幽、沧、定三镇皆苦之，争上表请讨承宗。上欲许之，中书侍郎、同平章事张弘靖以为"两役并兴，两役，谓既讨淮西，又讨恒冀也。恐国力所不支，请并力平淮西，乃征恒冀。”恒，户登翻。上不为之止，为，于伪翻。弘靖乃求罢。

十一年（丙申、八一六）

1 春，正月，己巳，以弘靖同平章事，充河东节度使。【据章钰资治通鉴校宋记补。】

2 幽州节度使刘总奏败成德兵，拔武强，斩首千馀级。败，补迈翻。

3 庚辰，翰林学士、中书舍人钱徽，驾部郎中、知制诰萧俛，各解职，守本官。时群臣请罢兵者众，上患之，故黜徽、俛以警其馀。徽，吴人也。

4 癸未，制削王承宗官爵，命河东、幽州、义武、横海、魏博、昭义六道进讨。韦贯之屡请先取吴元济、后讨承宗，曰："陛下不见建中之事乎？始于讨魏及齐，而蔡、燕、赵皆应，卒致朱泚之乱，事见二百二十六卷，止二百二十八卷。卒，子恤翻。由德宗不能忍数年之愤邑，欲太平之功速成故也。"上不听。佳兵者不祥之器。张弘靖、韦贯之之言盖未可厚非。

5 甲申，盗断建陵门戟四十七枝。断，音短。

6 二月，西川奏吐蕃赞普卒，新赞普可黎可足立。

7 乙巳，以中书舍人李逢吉为门下侍郎、同平章事。逢吉，玄道之曾孙也。李玄道事太宗，为文学馆学士。

8 乙卯，昭义节度使郗士美奏破成德兵，郗，丑之翻。斩首千馀级。

9 南诏劝龙晟淫虐不道，上下怨疾，弄栋节度王嵯巅弑之，立其弟劝利。劝利德嵯巅，赐姓蒙氏，谓之"大容"。容，蛮言兄也。南诏置弄栋节度于唐姚州之地。程大昌曰：南诏有六节度，曰弄栋、永昌、银生、剑川、拓东、丽水。南诏王姓蒙氏。嵯，昨何翻。巅，音颠。

10 己未，刘总破成德兵，斩首千馀级。

11 荆南节度使袁滋父祖墓在朗山，袁兹，陈袁宪之后。陈亡，宪入中国，后居蔡州朗山县。宋白曰：朗山，汉安昌县，汉末改朗山，以界内朗山为名。刘昫曰：朗山，汉安昌县，隋改朗山。杜佑曰：朗山，汉朗陵县，宋避圣祖讳，改朗山为确山。请入朝，欲劝上罢兵。行至邓州，闻萧俛、钱徽贬官；及见上，更以必克劝之，更，工衡翻。仅得还镇。

12 辛酉，魏博奏败成德兵，拔其固城；乙丑，又奏拔其鸦城。固城、鸦城，当在冀州南宫县界。

13 三月，庚午，太后崩。太后王氏，上之母也。辛未，敕以国哀，诸司公事权取中书门下处分，只令宰相参决百司公事。处，昌吕翻。分，扶问翻。不置摄冢宰。唐中世以来，天子崩，置摄冢宰，仿古者百官总己以听于冢宰之制，然非能尽行古道也。

14 寿州团练使李文通奏败淮西兵于固始，拔鏉山。鏉，五高翻，又五到翻。己卯，唐邓节度使高霞寓奏败淮西兵于朗山，斩首千馀级，焚二栅。

15 幽州节度使刘总围乐寿。

16 夏，四月，庚子，李光颜、乌重胤奏败淮西兵于陵云栅，陵云栅，在溵水西南，郾城东北，蔡人立栅于此，以陵云为名。斩首三千级。

17 辛亥，司农卿皇甫镈以兼中丞权判度支。镈始以聚敛得幸。镈，补各翻。敛，力赡翻。

18 乙卯，刘总奏破成德兵于深州，斩首二千五百级。乙丑，义武节度使浑镐奏破成德兵于九门，杀千馀人。镐，瑊之子也。浑瑊事肃、代、德有大功。

19 宥州军乱，逐刺史骆怡；夏州节度使田进讨平之。

20 五月，壬申，李光颜、乌重胤奏败淮西兵于陵云栅，斩首二千馀级。

21 六月，甲辰，高霞寓大败于铁城，仅以身免。据旧书：霞寓自萧陂进至文城栅，遇伏而败。意铁城即文城栅，以其坚不可破，故谓之铁城耳。宋白曰：铁城，在新兴栅东北。新兴栅，在吴房县西南，文城东北。时诸将讨淮西者，胜则虚张杀获，败则匿之；至是，大败不可掩，始上闻，上，时掌翻。中外骇愕。宰相入见，见，贤遍翻。将劝上罢兵，上曰："胜负兵家之常，今但当论用兵方略，察将帅之不胜任者易之，不胜，音升。兵食不足者助之耳。岂得以一将失利，遽议罢兵邪！"于是独用裴度之言，他人言罢兵者亦稍息矣。己酉，霞寓退保唐州。

上责高霞寓之败，霞寓称李逊应接不至。李逊主饷，霞寓军因得以罪归之。秋，七月，【章：甲十一行本"月"下有"丁丑"二字；乙十一行本同；孔本同；张校同。】贬霞寓为归州刺史，归州，古之秭归，吴立建平郡，唐置归州，京师南二千二百六十八里。逊亦左迁恩王傅。恩王连，代宗之子。以河南尹郑权为山南东道节度使。以荆南节度使袁滋为彰义节度、申·光·蔡·唐·随·邓观察使，以唐州为理所。

壬午，宣武军奏破郾城之众二万，杀二千馀人，捕虏千馀人。

22 田弘正奏破成德兵于南宫，杀二千馀人。

23 中书侍郎、同平章事韦贯之，性高简，好甄别流品，好，呼到翻。甄，稽延翻，察也。别，彼列翻。又数请罢用兵；数，所角翻。左补阙张宿毁之于上，云其朋党，八月，壬寅，贯之罢为吏部侍郎。

24 诸军讨王承宗者互相观望，独昭义节度使郗士美引精兵压其境；己未，士美奏大破承宗之众于柏乡，杀千馀人，降者亦如之，为三垒以环柏乡。柏乡，汉县，属钜鹿郡，故城在今县西南十七里，今治在彭水之阳，隋所置也，属赵州。宋白曰：赵州柏乡县，春秋时晋鄗邑地。汉置鄗县，光武改曰高邑；北齐天保六年移高邑县于汉房子县东界，今高邑县是也。隋开皇十六年，于汉县故城南十八里置柏乡县，遥取汉柏乡之名。宋省柏乡为镇，属高邑。环，音宦。

25 庚申，葬庄宪皇后于丰陵。从顺宗也。

26 九月，乙亥，右拾遗独孤朗坐请罢兵，贬兴元府仓曹。朗，及之子也。独孤及事代宗，为文长于论议。

27 饶州大水，漂失四千七百户。

28 丙子，以韦贯之为湖南观察使，犹坐前事也。前事，谓请罢用兵也。辛巳，以吏部侍郎韦顗、考功员外郎韦处厚等皆为远州刺史，张宿谗之，以为贯之之党也。顗，见素之孙；韦见素，天宝末为相。处厚，敻之九世孙也。韦敻，后周韦孝宽之兄。敻，翾正翻。

29 乙酉，李光颜、乌重胤奏拔吴元济陵云栅。丁亥，光颜又奏拔石、越二栅；寿州奏败殷城之众，拔六栅。殷城，汉期思县，属汝南郡，宋置苞信县，隋改曰殷城，唐属光州。按九域志，固始县有殷城镇。

30 冬，十一月，壬戌朔，容管奏黄洞蛮为寇。乙丑，邕管奏击黄洞蛮，却之，复宾、蛮等州。"宾蛮"当作"宾峦"。武德四年，以故秦桂林郡地置淳州，永贞元年，更名峦州。

31 丙寅，加幽州节度使刘总同平章事。

32 李师道闻拔陵云栅而惧，诈请输款；上以力未能讨，加师道检校司空。

33 王锷家二奴告锷子稷改父遗表，匿所献家财，去年王锷薨。上命鞫于内仗，新书仪卫志：凡朝会之仗，三卫番上，分为五仗，号衙内五卫：一曰供奉仗，以左右卫为之；二曰亲仗，以亲卫为之；三曰勋仗，以勋卫为之；四曰翊仗，以翊卫为之；五曰散手仗，以亲、勋、翊卫为之。皆带刀捉仗，列坐东西廊下。每月以四十六人立内廊阁外，号曰内仗，以左、右金吾将军、当上中郎将一人押之。遣中使诣东都检括锷家财。裴度谏曰："王锷既没，其所献之财已为不少。今又因奴告检括其家，臣恐诸将帅闻之，各以身后为忧。”上遽止使者。己巳，以二奴付京兆，杖杀之。

34 庚午，以给事中柳公绰为京兆尹。公绰初赴府，赴京兆府，初治事也。有神策小将跃马横冲前导，公绰驻马，杖杀之。明日，入对延英，上色甚怒，诘其专杀之状，对曰：“陛下不以臣无似，无似，犹言不肖也。使待罪京兆。京兆为辇毂师表，今视事之初，而小将敢尔唐突，此乃轻陛下诏命，非独慢臣也。臣知杖无礼之人，不知其为神策军将也。”上曰：“何不奏？”对曰：“臣职当杖之，不当奏。”上曰：“谁当奏者？”对曰：“本军当奏；若死于街衢，金吾街使当奏；金吾左右街使各一人，掌分察六街徼巡。凡城内坊角有武候铺，卫士、彍骑分守，大城门百人，大铺三十人，小城门二十人，小铺五人。日暮，鼓八百声而门闭。乙夜，街使以骑卒巡行叫呼，武官暗探。五更二点，鼓自内发，诸街鼓承振，坊市门皆启，鼓三千挝而止。在坊内，左右巡使当奏。”程大昌雍录曰：长安四郭之内，纵横皆十坊，大率当为百坊，亦有一面不啻十坊者，故六典曰一百一十坊也。坊皆有垣、有门，随昼夜鼓声以行启闭。巡使掌左右街百坊之内谨启闭徼巡者也。宋白曰：广德二年九月，命御史中丞兼户部侍郎王延昌充左巡使，御史中丞源休充右巡使。辛亥，源休充都左、右巡使。元和八年，薛存诚奏：得两巡御史状，以承平旧例，两街本属台司，其所由，每月衙集，动静申报。如所报差缪，举勘悉在台中。又按唐监察御史十员，里行五员，掌内外纠察，分为左右巡，纠察违失，以承天朱雀街为界，每月一代，将晦，即巡刑部、大理、东西徒坊、金吾及县狱。上无以罪之，退，谓左右曰：“汝曹须作意此人，言须为此人作意，务自谨敕。朕亦畏之。”考异曰：柳氏叙训曰：“公穆宗朝为大京兆，有禁军校冒骀卒唱，驻马毙之。明日，延英对上云云。朝退，上顾左右曰：‘尔辈大须作意，如此神采，我亦怕他。’”因话录曰：“宪宗正色诘公专杀之状，公曰：‘京兆尹在取则之地，臣初受陛下奖擢，军中偏裨，跃马冲过，此乃轻陛下法，不独试臣。臣杖无礼之人，不打神策军将。’”按公绰，宪宗、穆宗朝俱尝为京兆尹。此事恐非穆宗所能为，叙训之误也。今从因话录。

35 讨淮西诸军近九万，近，其靳翻。上怒诸将久无功，辛巳，命知枢密梁守谦宣慰，因留监其军，授以空名告身五百通及金帛，以劝死事。庚寅，先加李光颜等检校官，而诏书切责，示以无功必罚。

36 辛卯，李文通奏败淮西兵于固始，斩首千馀级。

37 十二月，壬寅，程执恭奏败成德兵于长河，长河，汉信都广川县地。隋于广川县东八十里置长河县，元和四年移就白桥，于永济河西岸置县；十年又置于河东小胡城，属德州。斩首千馀级。

38 义武节度使浑镐与王承宗战屡胜，遂引全师压其境，距恒州三十里而军。恒，户登翻。承宗惧，潜遣兵入镐境，焚掠城邑，人心始内顾而摇。会中使督其战，镐引兵进薄恒州，薄，伯各翻。与承宗战，大败，奔还定州。九域志：恒州至定州一百三十五里。丙午，诏以易州刺史陈楚为义武节度使，军中闻之，掠镐及家人衣，至于倮露。倮，郎果翻。陈楚驰入定州，易州，南至定州百四十里。镇遏乱者，敛军中衣以归镐，敛军中所掠镐家之衣也。以兵卫送还朝。朝，直遥翻。楚，定州人，张茂昭之甥也。史言河朔之人习于叛乱，知奉其帅之亲党而已。

39 丁未，以翰林学士王涯为中书侍郎、同平章事。

40 袁滋至唐州，去斥候，去，羌吕翻。止其兵不使犯吴元济境，袁滋所谓"开门揖盗"者也。元济围其新兴栅，新兴栅，当在唐州东北界，新立之以备蔡人。滋卑辞以请之，元济由是不复以滋为意。复，扶又翻。朝廷知之，甲寅，以太子詹事李愬为唐、随、邓节度使。愬，听之兄也。愬、听皆李晟之子。

41 初置淮、颍水运使。杨子院米自淮阴溯淮入颍，至项城入溵，据旧史，时运米溯淮至寿州四百里，入颍口，又溯流至颍州沈丘界，五百里至于项城，又溯流五百里入溵河，又三百里输于郾城，得米五十万石，茭五百万束，省汴运之费七万六千缗。项城，汉项县，属汝南郡，唐属陈州。九域志：在州东南七十里。据水经注，溵水，汝水之别流。颍水至古南顿县，与溵水合。唐之溵水县，汉汝阳县地也。输于郾城，以馈讨淮西诸军，省汴运之费七万馀缗。郾，音偃。

42 己未，容管奏黄洞蛮屠岩州。容管统容、辨、白、牢、钦、岩、禺、汤、瀼、古等州。

容肇祖标点聂崇岐覆校

资治通鉴卷第二百四十

端明殿学士兼翰林侍读学士太中大夫
提举西京嵩山崇福宫上柱国河内郡开国公 司马光 奉敕编集
食邑二千二百户食实封九百户赐紫金鱼袋臣

后学天台胡三省音注

唐纪五十六 起强圉作噩(丁酉),尽屠维大渊献(己亥)正月,凡二年有奇。

宪宗昭文章武大圣至神孝皇帝中之下

元和十二年(丁酉、八一七)

1 春,正月,甲申,贬袁滋为抚州刺史。

李愬至唐州,军中承丧败之馀,丧,息浪翻。严绶慈丘之败,山南东道未分为二帅也。既分为二帅,而高霞寓败于铁城,袁滋代之又败。士卒皆惮战,愬知之,有出迓者,愬谓之曰:"天子知愬柔懦,能忍耻,故使来拊循尔曹。至于战攻进取,非吾事也。"众信而安之。

愬亲行视士卒,行,下孟翻。伤病者存恤之,不事威严。或以军政不肃为言,愬曰:"吾非不知也。袁尚书专以恩惠怀贼,贼易之,易,弋豉翻,轻易也。闻吾至,必增备,吾故示之以不肃。彼必以吾为懦而懈惰,然后可图也。"懈,古隘翻。淮西人自以尝败高、袁二帅,败,补迈翻。帅,所类翻。轻愬名位素微,遂不为备。为愬乘虚取蔡张本。考异曰:旧传曰:"愬沈勇长算,推诚待士,故能用其卑弱之势，出贼不意。居半岁，知人可用，乃谋袭蔡，表请济师；诏以河中、鄜坊骑兵二千人益之。"郑澥平蔡录曰："正月二十四日甲申，公至所部。先是，士卒经万胜、萧陂、铁城、新兴之败，人心皆惴恐，不敢言战。公佯曰，'战争非吾所能。'既而阴召大将计其事。是时，公以表请径袭元济，人皆笑其说，乃使观察判官王拟请师阙下，诏征义成、河中、鄜坊马步共二千以补其阙。"据此，则是始至便请益兵。又二月，即擒丁士良，降吴秀琳，是不待半岁然后知人可用，旧传恐误。然愬密谋袭蔡，岂可先泄之，而云"以表请袭元济，人皆笑其说，"则是人人知之，恐非也！今不取。

2 遣盐铁副【章：甲十一行本"副"上有"转运"二字；乙十一行本同。】使程异督财赋于江、淮。

3 回鹘屡请尚公主，有司计其费近五百万缗，近，其靳翻。时中原方用兵，故上未之许。二月，辛卯朔，遣回鹘摩尼僧等归国；摩尼来见二百三十七卷元年。史炤曰：元和初，回鹘再朝献，始以摩尼至。摩尼至京师，岁往来西市，商贾颇与囊橐为奸，至是遣归国也。命宗正少卿李诚使回鹘谕意，以缓其期。

4 李愬谋袭蔡州，表请益兵；诏以昭义、河中、鄜坊步骑二千给之。丁酉，愬遣十将马少良将十馀骑巡逻，十将，军中小校也。逻，郎佐翻。遇吴元济捉生虞候丁士良，与战，擒之。士良，元济骁将，常为东边患；言唐、邓之东边也。众请刳其心，愬许之。既而召诘之，士良无惧色。愬曰："真丈夫也！"命释其缚。士良乃自言："本非淮西士，贞元中隶安州，与吴氏战，为其所擒，自分死矣，分，扶问翻。吴氏释我而用之，我因吴氏而再生，故为吴氏父子竭力。为，于伪翻。昨日力屈，复为公所擒，复，扶又翻。亦分死矣，今公又生之，请尽死以报德。"愬乃给其衣服器械，署为捉生将。

5 己亥，淮西行营奏克蔡州古葛伯城。汉书陈留宁陵县，孟康注曰：古葛伯国，今葛乡是。此必韩弘奏捷也。

6 丁士良言于李愬曰："吴秀琳拥三千之众，据文城栅，文城栅，在蔡州西南一百二十里。按续通典，栅在吴房县界。为贼左臂，官军不敢近者，近，其靳翻。有陈光洽为之谋主也。光洽勇而轻，轻，牵正翻。好自出战，请为公先擒光洽，好，呼到翻。为，于伪翻；下同。则秀琳自降矣。”降，户江翻。戊申，士良擒光洽以归。

7 鄂岳观察使李道古引兵出穆陵关；黄州麻城县西北有穆陵关，在穆陵山上。甲寅，攻申州，克其外郭，进攻子城。城中守将夜出兵击之，道古之众惊乱，死者甚众。道古，皋之子也。曹成王皋，历江西、山南等镇，著功名。

8 淮西被兵数年，被，皮义翻。竭仓廪以奉战士，民多无食，采菱芡鱼鳖鸟兽食之，亦尽，芡，巨险翻，今谓之鸡头。相帅归官军者前后五千馀户；帅，读曰率。贼亦患其耗粮食，不复禁。复，扶又翻。庚申，敕置行县以处之，未能得其县，故权置行县以处来归之民。处，昌吕翻。为择县令，使之抚养，并置兵以卫之。

9 三月，乙丑，李愬自唐州徙屯宜阳栅。

10 郗士美败于柏乡，拔营而归，士卒死者千馀人。

11 戊辰，赐程执恭名权。

12 戊寅，王承宗遣兵二万入东光，断白桥路；东光县，属景州。宋白曰：东光，汉旧县也。故城在县东二十里，齐天保七年移于今县东南三十里陶氏故城，隋开皇三年又移于后魏废勃海旧城。县西四里有永济渠，渠上有桥，当自县通弓高之路。白桥跨永济渠，在德州长河县。断，音短。程权不能御，以众归沧州。浑镐既败，郗士美又败，程权又退归，王承宗之才，非诸帅所能制也。

13 吴秀琳以文城栅降于李愬。戊子，愬引兵至文城西五里，遣唐州刺史李进诚将甲士八千至城下，召秀琳，城中矢石如雨，众不得前。进诚还报：“贼伪降，未可信也。”愬曰：“此待我至耳。”即前至城下，秀琳束兵投身马足下；愬抚其背慰劳之，劳，力到翻。降其众三千人。秀琳将李宪有材勇，愬更其名曰忠义而用之，更，工衡翻。悉迁妇女于唐州。【章：甲十一行本“州”下有“入据其城”四字；乙十一行本同；退斋校同；张校同，云无注本亦无。】质其家于唐州，则文城之士心不敢怀反侧。于是唐、邓军气复振，人有欲战之志。贼中降者相继于道，随其所便而置之；闻有父母者，给粟帛遣之，曰：“汝曹皆王人，勿弃亲戚。”众皆感泣。自此以上李愬事。

官军与淮西兵夹溵水而军，诸军相顾望，无敢渡溵水者。陈许兵马使王沛先引兵五千渡溵水，据要地为城，于是河阳、宣武、河东、魏博等军相继皆渡，进逼郾城。丁亥，李光颜败淮西兵三万于郾城，按宋白续通典：郾城，在蔡州西平县北五十里。败，补迈翻。走其将张伯良，杀士卒什二三。自此以上攻郾城事。

己丑，李愬遣山河十将董少玢等分兵攻诸栅；其日，少玢下马鞍山，拔路口栅。时都畿及唐、邓皆募土人之材勇者为兵以讨蔡，号为山河子弟，置十将以领之。玢，府巾翻。按唐、蔡交兵，凡境上要地，处处置守，所谓马鞍山、路口栅，固不可尽详其处而强为之注也。夏，四月，辛卯，山河十将马少良下嵖岈山，嵖，锄加翻。岈，虚加翻。擒淮西将柳子野。此以上又李愬事。

吴元济以蔡人董昌龄为郾城令，质其母杨氏。质，音致。杨氏谓昌龄曰：“顺死贤于逆生，顺死，谓归顺而死。逆生，谓从逆而生。汝去逆而吾死，乃孝子也；从逆而吾生，是戮吾也。”会官军围青陵，绝郾城归路，青陵，在郾城西南。郾城守将邓怀金谋于昌龄，昌龄劝之归国。怀金乃请降于李光颜曰：“城人之父母妻子皆在蔡州，请公来攻城，吾举烽求救，救兵至，公逆击之，蔡兵必败，然后吾降，则父母妻子庶免矣。”光颜从之。乙未，昌龄、怀金举城降，光颜引兵入据之。吴元济闻郾城不守，甚惧。时董重质将骡军守洄曲，据新书李光颜传：洄曲，即时曲，盖溵水于此回曲，因以为名。元济悉发亲近及守城卒诣重质以拒之。此以上又李光颜事。

李愬山河十将妫雅、田智荣下冶炉城。妫，居为翻，姓也。九域志曰：蔡州冶炉城，韩国铸剑之地，时当在西平界。按新书，冶炉城在嵖岈山东。丙申，十将阎士荣下白狗、汶港二栅。白狗、汶港二栅，皆在蔡州真阳县界。萧梁置西淮州于真杨白狗堆，后齐废州为齐兴郡，寻废郡为白狗县，隋开皇初改县曰怀州，大业初省入真阳。隋志：真阳有汶水。癸卯，妫雅、田智荣破西平。西平，春秋柏国，汉为西平县，属汝南郡，唐属蔡州。九域志：在州西一百五里。丙午，游弈兵马使王义破楚城。楚城，在汝阳县西南，萧梁置西楚州及汝阳郡于此。

五月，辛酉，李愬遣柳子野、李忠义袭朗山，擒其守将梁希果。

14 六镇讨王承宗者事见上卷十一年。兵十馀万，回环数千里，既无统帅，又相去远，期约难壹，由是历二年无功，千里馈运，牛驴死者什四五。刘总既得武强，引兵出境才五里，出境，谓出武强之境。留屯不进，月给度支钱十五万缗。李逢吉及朝士多言“宜并力先取淮西，俟淮西平，乘其胜势，回取恒冀，如拾芥耳！”上犹豫，久乃从之。李逢吉等之言，即韦贯之等之言也。然宪宗有用不用者，前此兵势未屈，今则兵势已屈，不得不从也。丙子，罢河北行营，各使还镇。

15 丁丑，李愬遣方城镇遏使李荣宗击青喜城，拔之。方城县，本汉堵阳县地，后汉改为顺阳，隋改为方城县，唐属唐州。九域志：在州北一百六十里。县有青台镇，此作“青喜”，笔误也。

愬每得降卒，必亲引问委曲，由是贼中险易远近虚实尽知之。易，弋豉翻，平易也。愬厚待吴秀琳，与之谋取蔡。秀琳曰：“公欲取蔡，非李佑不可，秀琳无能为也。”佑者，淮西骑将，有勇略，守兴桥栅，兴桥栅，在张柴村东。常陵暴官军。陵者，加之以气。暴者，虐之以威。庚辰，佑率士卒刈麦于张柴村，张柴村，在文城栅东六十里。帅，读曰率。愬召厢虞候史用诚，厢虞候，掌左右厢之兵。戒之曰："尔以三百骑伏彼林中，又使人摇帜于前，帜，昌志翻。若将焚其麦积者。佑素易官军，易，弋豉翻，轻之也。必轻骑来逐之。尔乃发骑掩之，必擒之。"用诚如言而往，生擒佑以归。将士以佑向日多杀官军，争请杀之；愬不许，释缚，待以客礼。

时愬欲袭蔡，而更密其谋，独召佑及李忠义屏人语，屏，必郢翻，又卑正翻。或至夜分，夜半，为夜分。他人莫得预闻。诸将恐佑为变，多谏愬；愬待佑益厚。士卒亦不悦，诸军日有牒称佑为贼内应，且言得贼谍者具言其事。此行营诸军移文之言。谍，徒协翻。愬恐谤先达于上，己不及救，乃持佑泣曰："岂天不欲平此贼邪！何吾二人相知之深而不能胜众口也。"因谓众曰："诸君既以佑为疑，请令归死于天子。"归死，犹言致尸也。左传魏绛曰："请归死于司寇。"杜预注云：致尸于司寇，使戮之。乃械佑送京师，先密表其状，密表言与佑谋袭蔡之状。且曰："若杀佑，则无以成功。"诏释之，以还愬。愬见之喜，执其手曰："尔之得全，社稷之灵也！"李愬之期待佑者如此，佑安得不力！乃署散兵马使，散员兵马使，未得统兵。散，悉但翻。令佩刀巡警，出入帐中；或与之同宿，密语不寐达曙，有窃听于帐外者，但闻佑感泣声。时唐、随牙队三千人，牙队者，节度使牙卫从之队，犹今之簇帐部。号六院兵马，皆山南东道之精锐也。时山南东道分为两镇，八州精锐尽抽选赴唐州，使之攻战。愬又以佑为六院兵马使。

旧军令，舍贼谍者屠其家。旧军令，先时之军令也。舍者，停藏之于家也。愬除其令，使厚待之，谍反以情告愬，愬益知贼中虚实。乙酉，愬遣兵攻朗山，淮西兵救之，官军不利；众皆怅恨，愬独欢然曰："此吾计也！"贼恃胜而不备愬，则愬得以成入蔡之功，其计出此。乃募敢死士三千人，号曰突将，将，即亮翻。朝夕自教习之，使常为行备，欲以袭蔡。会久雨，所在积水，未果。

16 闰月，己亥，程异还自江、淮，得供军钱百八十五万缗。是年春，程异督财赋于江、淮。

17 谏议大夫韦绶兼太子侍读，每以珍膳饷太子，又悦太子以谐谑；绶，音受。谑，香略翻。上闻之，丁未，罢绶侍读，观宪宗之罢韦绶，亦知所谓谕教者矣。然观穆宗之临政也，习与性成，得非所急者固在于选左右欤！寻出为虔州刺史。旧志：虔州，京师东南四千一十七里。绶，京兆人。史著绶京兆人，以言其生长京邑，习见淫侈，非能以德义经术诱掖东宫。古言沃土之民不才，良有以也。

18 吴元济见其下数叛，数，所角翻。兵势日蹙，六月，壬戌，上表谢罪，愿束身自归。上遣中使赐诏，许以不死；而为左右及大将董重质所制，不得出。史言董重质之情。

19 秋，七月，大水，或平地二丈。

20 初，国子祭酒孔戣为华州刺史，戣，巨龟翻。华，户化翻。明州岁贡蚶、蛤、淡菜，蚶，呼甘翻，魁陆也。横从其理，五味自充，壳如瓦垄者，谓之瓦垄蚶。蛤，葛合翻。蛤小于蚶。蚶壳厚，其理如瓦垄。蛤壳薄，其文如贝。月令云：雀入大水化为蛤。说文云：百岁燕所化。又云：老伏翼所化。皆非也。蚶、蛤皆生于海濒潮汐往来舄卤之地。淡菜，状如蛖而小，黑壳，唇有须如茸，肉甘脆。蛖，蒲幸翻。水陆递夫劳费，戣奏疏罢之。华州，京畿辅郡，自东南来者，水陆递夫咸经焉。故得言其劳费而罢之。甲辰，岭南节度使崔咏薨，宰相奏拟代咏者数人，上皆不用，曰："顷有谏进蚶、蛤、淡菜者为谁，可求其人与之。"庚戌，以戣为岭南节度使。

21 诸军讨淮、蔡，四年不克，九年冬始讨淮西。馈运疲弊，民至有以驴耕者。牛毙于运转，民至无以耕。上亦病之，以问宰相。

李逢吉等竞言师老财竭，意欲罢兵；裴度独无言，上问之，对曰："臣请自往督战。"乙卯，上复谓度曰：复，扶又翻。"卿真能为朕行乎！"为，于伪翻。对曰："臣誓不与此贼俱生。臣比观吴元济表，比，毗至翻。势实窘蹙，但诸将心不壹，不并力迫之，故未降耳。若臣自诣行营，诸将恐臣夺其功，必争进破贼矣。"上悦，丙戌，以度为门下侍郎、同平章事、兼彰义节度使，仍充淮西宣慰招讨处置使。观裴度不附群议，请身督战，则韩愈平淮西碑推功于度，有以也。处，昌吕翻。又以户部侍郎崔群为中书侍郎、同平章事。制下，度以韩弘已为都统，不欲更为招讨，请但称宣慰处置使；仍奏刑部侍郎马总为宣慰副使，右庶子韩愈为彰义行军司马，判官、书记，皆朝廷之选，上皆从之。度将行，言于上曰："臣若贼灭，则朝天有期；贼在，则归阙无日。"上为之流涕。为，于伪翻；下为卿同。

八月，庚申，度赴淮西，上御通化门送之。通化门，长安城东面北来第一门。右神武将军张茂和，茂昭弟也，尝以胆略自衒于度；衒，荧绢翻。度表为都押牙，茂和辞以疾，度奏请斩之。上曰："此忠顺之门，茂和父孝忠、兄茂昭镇易定，比河朔诸镇为忠顺。为卿远贬。"辛酉，贬茂和永州司马。以嘉王傅高承简为都押牙。高承简为嘉王傅。盖嘉王运之子嗣为嘉王，故置府官。承简，崇文之子也。

李逢吉不欲讨蔡，翰林学士令狐楚与逢吉善，度恐其合中外之势以沮军事，翰林学士居禁中，宰相在外朝，恐其中外相应以上罢兵之议。沮，在吕翻。乃请改制书数字，且言其草制失辞；壬戌，罢楚为中书舍人。

22 李光颜、乌重胤与淮西战；癸亥，败于贾店。

23 裴度过襄城南白草原，淮西人以骁骑七百邀之；镇将楚丘曹华知而为备，击却之。楚丘，古己氏县，隋开皇六年改曰楚丘，唐属宋州。九域志：在州东北七十里。度虽辞招讨名，实行元帅事，以郾城为治所。甲申，至郾城。先是，诸道皆有中使监陈，监，古衔翻。陈，读曰阵。进退不由主将，胜则先使献捷，不利则陵挫百端；度悉奏去之，诸将始得专军事，战多有功。去，羌吕翻。

24 九月，庚子，淮西兵寇溵水镇，杀三将，焚刍藁而去。

25 初，上为广陵王，布衣张宿以辩口得幸；及即位，累官至比部员外郎。唐比部郎属刑部，掌句诸司百僚俸料、公廨赃赎、调敛徒役、课程逋悬数物，以周知内外之经费而总句之。比，音毗。宿招权受赂于外，门下侍郎、同平章事李逢吉恶之。恶，乌路翻。上欲以宿为谏议大夫，逢吉曰："谏议重任，必能可否朝政，始宜为之。朝，直遥翻。宿小人，岂得窃贤者之位！必欲用宿，请去臣乃可。"上由是不悦。逢吉又与裴度异议，上方倚度以平蔡；丁未，罢逢吉为东川节度使。

26 甲寅，李愬将攻吴房，吴房，汉县，属汝南郡。孟康曰：本房子国，楚灵王迁房于楚；吴王阖庐弟夫概奔楚，楚封之于此，为棠溪氏，故曰吴房。今吴房城棠溪亭是唐吴房县，属蔡州；平蔡后，改为遂平县。诸将曰："今日往亡。"阴阳家之说，八月以白露后十八日为往亡，九月以寒露后第二十七日为往亡。愬曰："吾兵少，不足战，宜出其不意。彼以往亡不吾虞，正可击也。"遂往，克其外城，斩首千馀级。馀众保子城，不敢出，愬引兵还以诱之，还，音旋，又如字。淮西将孙献忠果以骁骑五百追击其背；众惊，将走，愬下马据胡床，胡床，今谓之交床，其制本自虏来。隋以谶有胡，改曰交床。唐犹谓之胡床。令曰："敢退者斩！"返旆力战，献忠死，考异曰：旧传作"孙忠宪"，今从平蔡录。淮西兵乃退。或劝愬乘胜攻其子城，可拔也。愬曰："非吾计也。"定计入蔡，不在取吴房。引兵还营。

李佑言于李愬曰："蔡之精兵皆在洄曲，考异曰：旧元济传：

"李佑曰：'元济劲军多在时曲。'"按李光颜传曰："董重质弃洄曲军。"李愬传云："分五百人断洄曲路。"又云："洄曲子弟归求寒衣。"然则元济传误，当为洄曲。余意洄曲盖即时曲也。及四境拒守，守，音狩。守州城者皆羸老之卒，可以乘虚直抵其城。比贼将闻之，比，必利翻，及也。元济已成擒矣。"愬然之。冬，十月，甲子，遣掌书记郑澥至郾城，密白裴度。度曰："兵非出奇不胜，常侍良图也。"澥，胡买翻。李愬检校左散骑常侍，镇唐、邓、随，故裴度称之。

27 上竟用张宿为谏议大夫，崔群、王涯固谏，不听；乃请以为权知谏议大夫，许之。宿由是怨执政及端方之士，与皇甫镈相表里，谮去之。去，羌吕翻。

28 裴度帅僚佐观筑城于沱口，九域志：郾城县有沱口镇。沱，徒河翻。董重质帅骑出五沟，邀之，五沟，在洄曲之北。帅，读曰率。大呼而进，呼，火故翻。注弩挺刃，挺，拔也。势将及度。李光颜与田布力战，拒之，度仅得入城。贼退，布扼其沟中归路，贼下马逾沟，坠压死者千馀人。

29 辛未，李愬命马步都虞候、随州刺史史旻留镇文城，命李佑、李忠义帅突将三千为前驱，自与监军将三千人为中军，命田进诚将三千人殿其后。殿，丁练翻。军出，不知所之；愬曰："但东行！"行六十里，夜，至张柴村，尽杀其戍卒及烽子。唐凡烽候之所，有烽帅、烽副；烽子，盖守烽之卒，候望警急而举烽者也。杜佑曰：一烽六人，五人为烽子，递知更刻、观视动静一人；烽率知文书、符辞、转牒。据其栅，命士少休，少，诗沼翻。食干粮，整羁靮，糒，音备，干饭也。羁，马络头。靮，纼也，音丁历翻。留义成军五百人镇之，以断【章：甲十一行本"断"下有"朗山救兵命丁士良将五百人断"十三字；乙十一行本同；退斋校同；张校同，"人"下多一"以"字，云无注本亦无。】洄曲及诸道桥梁，断，音短。复夜引兵出门；复，扶又翻。诸将请所之，愬曰："入蔡州取吴元济！"诸将皆失色。监军哭曰："果落李佑奸计！”时大风雪，旌旗裂，人马冻死者相望。天阴黑，自张柴村以东道路，皆官军所未尝行，人人自以为必死；然畏愬，莫敢违。夜半，雪愈甚，行七十里，至州城；至蔡州城下也。近城有鹅鸭池，愬令击之以混军声。

自吴少诚拒命，官军不至蔡州城下三十馀年，德宗贞元二年，吴少诚据蔡州，至是三十二年。故蔡人不为备。壬申，四鼓，愬至城下，无一人知者。李佑、李忠义钁其城，为坎以先登，钁，居缚翻，锄也。壮士从之；守门卒方熟寐，尽杀之，而留击柝者，使击柝如故。遂开门纳众，及里城，亦然，城中皆不之觉。鸡鸣，雪止，愬入居元济外宅。节度使外宅也。或告元济曰："官军至矣！"元济尚寝，笑曰："俘囚为盗耳！晓当尽戮之。"又有告者曰："城陷矣！"元济曰："此必洄曲子弟就吾求寒衣也。"起，听于廷，闻愬军号令曰："常侍传语。"应者近万人。近，其靳翻。元济始惧，曰："何等常侍，能至于此！"乃帅左右登牙城拒战。帅，读曰率。

时董重质拥精兵万馀人据洄曲。愬曰："元济所望者，重质之救耳！"乃访重质家，厚抚之，遣其子传道持书谕重质；重质遂单骑诣愬降。

愬遣李进诚攻牙城，毁其外门，得甲库，取器械。癸酉，复攻之，烧其南门，民争负薪刍助之，城上矢如猬毛。愬军聚射，矢集城上如猬毛，言其多也。晡时，门坏，元济于城上请罪，进诚梯而下之。甲戌，愬以槛车送元济诣京师，德宗贞元二年，吴少诚得蔡州，三世，三十二年而灭。考异曰：旧愬传曰："其月七日，使判官郑澥告期于裴度。十日夜，以李佑率突将三千为先锋，愬自率中军三千，田进诚以后军三千殿而行。"元济传曰："十一月，愬夜出军，令李佑为前锋，其十日夜至蔡州城下。"实录曰："愬以十月将袭蔡州，先七日，使判官郑澥告师期于裴度。"按先七日，即是平蔡录所云"八日甲子"也；而愬传误云"七日"。而又云"十日夜帅军行”，亦误。元济传：“十一月，愬出军，”尤误。裴度传：“十月十一日，李愬袭破悬瓠城，擒元济，”亦误。按十月戊午朔，韩愈平淮西碑云：“壬申，愬用所得贼将，自文城，因天大雪，疾驰百二十里。”即十五日也。又曰：“用夜半到蔡，破其门，取元济以献。”即十六日也。实录“己卯执元济”，乃奏到日也。今从平蔡录。且告于裴度。是日，申、光二州及诸镇兵二万馀人相继来降。

自元济就擒，愬不戮一人，凡元济官吏、帐下、厨厩之卒，皆复其职，使之不疑，推赤心置人腹中。然后屯于鞠场以待裴度。鞠场，球场也。

30 以淮南节度使李鄘为门下侍郎、同平章事。

31 己卯，淮西行营奏获吴元济，光禄少卿杨元卿言于上曰：“淮西大有珍宝，臣能【张：“能”作“素”。】知之，往取必得。”元和九年，杨元卿以淮西节度判官入奏，输诚于朝廷，吴元济屠其家。今请将命往取淮西珍宝，其情可知也。上曰：“朕讨淮西，为人除害，为，于伪翻。珍宝非所求也。”

32 董重质之去洄曲军也，李光颜驰入其壁，悉降其众。庚辰，裴度遣马总先入蔡州慰抚。辛巳，度建彰义军节，将降卒万馀人入城，李愬具櫜鞬出迎，拜于路左。櫜，姑劳翻。鞬，居言翻。櫜以藏弓，鞬以藏箭。郑玄曰：道左，道东也。余按古者乘车尚左，故迎拜于车下者皆拜于道左。盖自北而来者以道东为左，自南而来者以道西为左，自东西而来者亦随车之所向而分左右也。郑玄举一隅耳。故孔颖达正义曰：凡言左右，据南乡西乡为正。盖南乡，君道也。西乡，主道也。度将避之，愬曰：“蔡人顽悖，不识上下之分，数十年矣，悖，蒲妹翻，又蒲没翻。分，扶问翻。愿公因而示之，使知朝廷之尊。”度乃受之。史言李愬识度非当时诸帅所及。

李愬还军文城，裴度既入蔡，李愬还军文城，此皆是识体统处，又非诸帅怙功欲专地为私利者比也。诸将请曰：“始公败于朗山而不忧，胜于吴房而不取，事并见上。冒大风甚雪而不止，孤军深入而不惧，然卒以成功，卒，子恤翻。皆众人所不谕也，敢问其故？”愬曰：“朗山不利，则贼轻我而不为备矣。取吴房，则其众奔蔡，并力固守，故存之以分其兵。风雪阴晦，则烽火不接，不知吾至。孤军深入，则人皆致死，战自倍矣。夫视远者不顾近，虑大者不详【章：甲十一行本“详”作“计”；乙十一行本同；张校同，云无注本作“详”。】细，若矜小胜，恤小败，先自挠矣，何暇立功乎！”众皆服。余按李愬入蔡，诚为奇功。史家称述其与诸将扬榷用兵方略所以取胜之由，遣文命意，实祖史、汉韩信战井陉事所书者。然愬平蔡之事，犹可以发扬，若唐末王式平裘甫事，则又祖李家述平蔡之功者也。若其所敌之坚脆，所规之广狭，固不可以欺衒识者，文之过实者多，学者其于是察之。挠，奴教翻。愬俭于奉己而丰于待士，知贤不疑，见可能断，断，丁乱翻。此其所以成功也。

裴度以蔡卒为牙兵，或谏曰：“蔡人反仄者尚多，不可不备。”度笑曰：“吾为彰义节度使，元恶既擒，蔡人则吾人也，又何疑焉！”蔡人闻之感泣。裴度平蔡，蔡人不复叛矣，识者知其所以然乎！先是吴氏父子阻兵，吴氏父子，谓少阳、元济也。先，悉荐翻。禁人偶语于涂，夜不然烛，有以酒食相过从者罪死。盗亦有道，此其以法束下，所以自防也。过，工禾翻。度既视事，下令惟禁盗贼，【章：甲十一行本“贼”下有“斗杀”二字；乙十一行本同；退斋校同；张校同，云无注本亦无。】馀皆不问，往来者不限昼夜，蔡人始知有生民之乐。解人之束缚，使得舒展四体，长欠大伸，岂不快哉！

甲申，诏韩弘、裴度条列平蔡将士功状及蔡之将士降者，皆差第以闻。史炤曰：谓将士有功者等差而次第之。余谓当时诏旨既令弘、度差第平蔡将士之功状，而蔡之将士归降者，有降于元济未就擒之前者，有降于元济既就擒之后者，有先尝拒杀官军势穷力屈而降者，有先通诚款欲降而未能自致者，亦令弘、度差第其状以闻。史炤之说，举其一而遗其一者也。淮西州县百姓，给复二年；复，方目翻。除其赋役二年，以优新附之民。近贼四州，免来年夏税。近贼四州，陈、许、颍、唐也；频遭蔡人攻剽，又供亿官军，故免来年夏税亦以优之。官军战亡者，皆为收葬，为，于伪翻。给其家衣粮五年；其因战伤残废者，勿停衣粮。死者葬其尸，又赡其家，残废者养之终身。残废，谓因战伤折腰膂手足，不复为完人、堪世用者。

十一月，【章：甲十一行本“月”下有“丙戌朔”三字；乙十一行本同；退斋校同；张校同，云无注本亦无。】上御兴安门受俘，大明宫南面五门，兴安门最在其西。遂以吴元济献庙社，斩于独柳之下。

初，淮西之人劫于李希烈、吴少诚之威虐，不能自拔，久而老者衰，幼者壮，安于悖逆，不复知有朝廷矣。悖，蒲内翻，又蒲没翻。自少诚以来，遣诸将出兵，皆不束以法制，听各以便宜自战，故人人得尽其才。韩全义之败于溵水也，事见二百三十五卷德宗贞元十六年。于其帐中得朝贵所与问讯书，少诚束以示众曰：“此皆公卿属全义书，属，之欲翻，托也。云破蔡州日，乞一将士妻女为婢妾。”由是众皆愤怒，以死为贼用；虽居中土，其风俗犷戾考之汉志，汝南户口为百郡之最，古人谓汝、颍多奇士，至唐而犷戾乃尔，习俗之移人也。过于夷貊。呜呼！吾恐后之视今，亦犹今之视昔。犷，古猛翻，悍也。貊，莫百翻。故以三州之众，举天下之兵环而攻之，环，音宦。四年然后克之。

官军之克元济也，李师道募人通使于蔡，察其形势，牙前虞候刘晏平应募，出汴、宋间，潜行至蔡。元济大喜，厚礼而遣之。晏平还至郓，师道屏人而问之，还，音旋。屏，必郢翻，又卑正翻。晏平曰：“元济暴兵数万于外，阽危如此，阽，余廉翻，临危也。而日与仆妾游戏博奕于内，奕，当作“弈”。弈，棋也。晏然曾无忧色。以愚观之，殆必亡，不久矣！”师道素倚淮西为援，闻之惊怒，寻诬以他过，杖杀之。以刘晏平之善觇，其智识必有过人者。李师道不能委心归计以求自安之术，乃怒而杀之，终亦必亡而已矣！

戊子，以李愬为山南东道节度使，赐爵凉国公；加韩弘兼侍中；李光颜、乌重胤等各迁官有差。

33 旧制，御史二人知驿；开元中，令监察御史兼巡传驿，至二十五年，以监察御史检校两京馆驿。大历十四年，两京以御史一人知馆驿，号馆驿使。壬辰，诏以宦者为馆驿使。左补阙裴潾谏曰：潾，力珍翻。"内臣外事，职分各殊，分，扶问翻。切在塞侵官之源，塞，悉则翻。绝出位之渐。事有不便，必戒于初；令或有妨，不必在大。"上不听。

34 甲午，恩王连薨。连，代宗子。

35 辛丑，以唐、随兵马使李佑为神武将军，知军事。会要：乾元四年十月四日，敕左·右羽林、左·右龙武、左·右神武军文武官，并升同金吾四卫。唐制：诸卫将军、大将军、上将军，类加以名号而不掌兵；知军事则掌兵矣。唐、随，谓当作唐、邓、随。

36 裴度以马总为彰义留后；癸丑，发蔡州。上封二剑以授梁守谦，使诛吴元济旧将；度至郾城，遇之，复与俱入蔡州，量罪施刑，量，音良。不尽如诏旨，仍上疏言之。

37 十二月，壬戌，赐裴度爵晋国公，复入知政事。以马总为淮西节度使。

38 初，吐突承璀方贵宠用事，为淮南监军；李鄘为节度使，性刚严，与承璀互相敬惮，故未尝相失。承璀归，吐突承璀六年出为淮南监军，九年召还。引鄘为相；是年十月相李鄘。鄘耻由宦官进，及将佐出祖，出城祖道，谓饯之也。乐作，鄘泣下曰："吾老安外镇，宰相非吾任也！"戊寅，鄘至京师，辞疾，不入见，见，贤遍翻。不视事，百官到门，皆辞不见。史言李鄘知耻。

39 庚辰，贬淮西降将董重质为春州司户。重质为元济谋主，屡破官军；上欲杀之，李愬奏先许重质以不死。

十三年（戊戌、八一八）

1 春，正月，乙酉朔，赦天下。

2 初，李师道谋逆命，判官高沐与同僚郭昈、李公度屡谏之。昈，侯古翻。考异曰：新传又有郭航名。按航，乃牙将，昈所使诣李愿者，非幕僚同谏者也。今从河南记。判官李文会、孔目官林英素为师道所亲信，涕泣言于师道曰："文会等尽心为尚书忧家事，心为，于伪翻。反为高沐等所疾，尚书奈何不爱十二州之土地，十二州，郓、兖、曹、濮、淄、青、齐、海、登、莱、沂、密也。以成沐等之功名乎！"师道由是疏沐等，出沐知莱州。莱州，古莱子之国，后魏置光州，隋改莱州。会林英入奏事，令进奏吏密申师道云："沐潜输款于朝廷。"文会从而构之，师道杀沐，并囚郭昈，凡军中劝师道效顺者，文会皆指为高沐之党而囚之。

及淮西平，师道忧惧，不知所为。李公度及牙将李英昙昙，徒含翻。因其惧而说之，使纳质献地以自赎。说，式芮翻。质，音致。师道从之，遣使奉表，请使长子入侍，并献沂、密、海三州。上许之。乙巳，遣左常侍李逊诣郓州宣慰。

3 上命六军修麟德殿；右龙武统军张奉国、大将军李文悦大将军，即右龙武大将军。以外寇初平，谓淮西初平。营缮太多，白宰相，冀有论谏；裴度因奏事言之。上怒，二月，丁卯，以奉国为鸿胪卿，壬申，以文悦为右武卫大将军，既出奉国于外朝，文悦又自北门诸卫迁南牙诸卫。胪，陵如翻。充威远营使。威远营，亦非北军也。于是浚龙首池，起承晖殿，土木浸兴矣。大明宫东面有东内苑，苑中有龙首殿。龙首池，龙首渠水自城南而注入于此池。宋白曰：龙首殿在右军。

4 李愬奏请判官、大将以下官凡百五十员；上不悦，谓裴度曰："李愬诚有奇功，然奏请过多。使如李晟、浑瑊，又何如哉！"遂留中不下。下，户嫁翻。

5 李鄘固辞相位，戊戌，以鄘为户部尚书。以御史大夫李夷简为门下侍郎、同平章事。

6 初，渤海僖王言义卒，弟简王明忠立，改元太始；一岁卒，从父仁秀立，改元建兴。乙巳，遣使来告丧。

7 横海节度使程权自以世袭沧景，德宗始命程日华为横海帅，传子怀直，为从兄怀信所逐。怀信死，子权嗣为帅。与河朔三镇无殊，内不自安；己酉，遣使上表，请举族入朝，许之。横海将士乐自擅，乐，音洛。不听权去，掌书记林蕴谕以祸福，权乃得出。诏以蕴为礼部员外郎。

8 裴度之在淮西也，布衣柏耆以策干韩愈曰："吴元济既就擒，王承宗破胆矣，愿得奉丞相书往说之，说，式芮翻。可不烦兵而服。"愈白度，为书遣之。承宗惧，求哀于田弘正，请以二子为质，质，音致。及献德、棣二州，输租税，请官吏。弘正为之奏请，为，于伪翻。上初不许；弘正上表相继，上表，时掌翻。上重违弘正意，乃许之。夏，四月，甲寅朔，魏博遣使送承宗子知感、知信及德、棣二州图印至京师。

幽州大将谭忠说刘总曰：说，式芮翻。"自元和以来，刘辟、李锜、田季安、卢从史、吴元济，阻兵冯险，冯，读曰凭。自以为深根固蒂，蒂，丁计翻。天下莫能危也。然顾盼之间，身死家覆，皆不自知，此非人力所能及，殆天诛也。况今天子神圣威武，苦身焦思，思，相吏翻。缩衣节食，缩，敛也，短也。以养战士，此志岂须臾忘天下哉！今国兵駸駸北来，国兵，谓王师也。駸駸，马行疾貌。赵人已献城十二，德州领安德、长河、平原、平昌、将陵、安陵六县。棣州领厌次、滴河、阳信、蒲台、渤海五县。程权之退，承宗又取景州之东光，今皆以归朝廷，故曰献城十二。忠深为公忧之。"为，于伪翻。总泣且拜曰："闻先生言，吾心定矣。"遂专意归朝廷。

9 戊辰，内出废印二纽，赐左、右三军辟仗使。龙武、神武、羽林三军各分左、右。辟，读如闢。旧制，以宦官为六军辟仗使，如方镇之监军，无印。监军有印，见二百三十五卷德宗贞元十一年。宋白曰：旧制，内官为三军辟仗使，监视刑赏、奏察违谬，犹方镇之监军使。及张奉国得罪，至是始赐印，得纠绳军政，事任专达矣。

10 庚戌，【章：甲十一行本"戌"作"辰"；乙十一行本同；张校同，云无注本作"戌"，按是月甲寅朔，无庚戌。】诏洗雪王承宗及成德将士，复其官爵。削王承宗官爵见上卷十一年。

11 李师道暗弱，军府大事，独与妻魏氏、奴胡惟堪、杨自温、婢蒲氏、袁氏及孔目官王再升谋之，大将及幕僚莫得预焉。魏氏不欲其子入质，质，音致。与蒲氏、袁氏言于师道曰："自先司徒以来，有此十二州，李正己初据有十五州。及李纳拒命，徐州入于朝廷，德、棣入于朱滔，有十二州而已。先司徒，谓李纳也。奈何无故割而献之！今计境内之兵不下数十万，不献三州，不过以兵相加。三州，谓请献沂、密、海。若力战不胜，献之未晚。"师道乃大悔，欲杀李公度，幕僚贾直言谓其用事奴曰："今大祸将至，岂非高沐冤气所为！若又杀公度，军府其危哉！"乃囚之。迁李英昙于莱州，未至，缢杀之。

李逊至郓州，师道大陈兵迎之，逊盛气正色，为陈祸福，为，于伪翻。责其决语，决语，决为一定之说，不依违持两端。欲白天子。师道退，与其党谋之，皆曰："弟许之，弟，与第同。他日正烦一表解纷耳。"师道乃谢曰："向以父子之私，且迫于将士之情，故迁延未遣。今重烦朝使，岂敢复有二三！"重，直用翻。朝，直遥翻。使，疏吏翻。复，扶又翻。朝使，谓朝廷所遣使者。逊察师道非实诚，归，言于上曰："师道顽愚反覆，恐必须用兵。"既而师道表言军情，不听纳质割地。上怒，决意讨之。

贾直言冒刃谏师道者二，舆榇谏者一，又画缚载槛车妻子系累者以献；师道怒，囚之。史炤曰：孟子曰：系累其子弟。赵氏注云：系累，缚结也。

五月，丙申，以忠武节度使李光颜为义成节度使，李光颜自许州徙镇滑州。谋讨师道也。以淮西节度使马总为忠武节度使、陈·许·溵·蔡州观察使。以申州隶鄂岳，光州隶淮南。不复以蔡州为节镇。

12 辛丑，以知勃海国务大仁秀为勃海王。

13 以河阳都知兵马使曹华为棣州刺史，诏以河阳兵【章：甲十一行本"兵"下有"二千"二字；乙十一行本同；退斋校同。】送至滴河。滴河，汉千乘湿沃县地，隋开皇十六年置滴河县，废湿沃入焉，唐属棣州。九域志：在州西南八十里。汉都尉许商凿此通海，故以商河为名，后人加水焉。宋白曰：县南有滴河，因以为名。会县为平卢兵所陷，平卢兵，李师道之兵也。华击却之，杀二千馀人，复其县以闻；诏加横海节度副使。

14 六月，癸丑朔，日有食之。

15 丁丑，复以乌重胤领怀州刺史，镇河阳。淮西已平，故乌重胤自汝州复还镇河阳。

16 秋，七月，癸未朔，徙李愬为武宁节度使。

乙酉，下制罪状李师道，令宣武、魏博、义成、武宁、横海兵共讨之，以宣歙观察使王遂为供军使。遂，方庆之孙也。王方庆，武后圣历中为相。歙，书涉翻。

上方委裴度以用兵，门下侍郎、同平章事李夷简自谓才不及度，求出镇。辛丑，以夷简同平章事，充淮南节度使。

17 八月，壬子朔，中书侍郎、同平章事王涯罢为兵部侍郎。

18 吴元济既平，韩弘惧，九月，自将兵击李师道，围曹州。

19 淮西既平，上浸骄侈。户部侍郎判度支皇甫镈、卫尉卿·盐铁转运【章：甲十一行本"运"下有"使"字；乙十一行本同。】程异晓其意，数进羡馀以供其费，史言镈、异逢君之恶。数，所角翻。羡，弋线翻。由是有宠。镈又以厚赂结吐突承璀。甲辰，镈以本官、异以工部侍郎并同平章事，判使如故。皇甫镈以户部侍郎相，判度支如故。程异进贰起部以相，盐铁转运使如故。制下，朝野骇愕，至于市井负贩者亦嗤之。下，户稼翻。嗤，丑之翻，笑也。

裴度、崔群极陈其不可，上不听。度耻与小人同列，表求自退；不许。度复上疏，复，扶又翻。上，时掌翻。以为："镈、异皆钱谷吏，佞巧小人，陛下一旦置之相位，中外无不骇笑。况镈在度支，专以丰取刻与为务，凡中外仰给度支之人无不思食其肉；仰，牛向翻。比者裁损淮西粮料，比，毗至翻，近也。谓讨吴元济时裁损淮西行营诸军粮料。军士怨怒；会臣至行营晓谕慰勉，仅无溃乱。今旧将旧兵悉向淄青，谓旧所遣讨蔡之将，讨蔡之兵，悉遣之讨李师道。闻镈入相，必尽惊忧，知无可诉之地矣。言镈在度支，减刻粮赐，军士犹可诉之于庙堂，今既为相，无可诉之地矣。程异虽人品庸下，然心事和平，可处烦剧，不宜为相。处，昌吕翻；下同。至如镈，资性狡诈，天下共知，唯能上惑圣聪，足见奸邪之极。言宪宗英明且为所惑，可以见其极奸邪。臣若不退，天下谓臣不知廉耻；臣若不言，天下谓臣有负恩宠。今退既不许，言又不听，臣如烈火烧心，众镝丛体。所可惜者，淮西荡定，河北底宁，承宗敛手削地，谓献德、棣二州。韩弘舆疾讨贼，谓自将讨李师道。岂朝廷之力能制其命哉？直以处置得宜，能服其心耳。陛下建升平之业，十已八九，何忍还自堕坏，堕，读曰隳。坏，音怪。使四方解体乎！"上以度为朋党，不之省。省，悉景翻。

镈自知不为众所与，益为巧谄以自固，奏减内外官俸以助国用；给事中崔植封还敕书，极论之，乃止。植，佑甫之弟子也。崔佑甫相德宗，有可称者。

时内出积年缯帛付度支令卖，镈悉以高价买之，以给边军。其缯帛朽败，随手破裂，边军聚而焚之。缯，慈陵翻。度因奏事言之，镈于上前引其足曰："此靴亦内库所出，臣以钱二千买之，坚完可久服。度言不可信。"上以为然。引足于君前，不敬大矣。宪宗溺于利，不惟不察其慢，又且然其言。由是镈益无所惮。为镈得罪张本。程异亦自知不合众心，能廉谨谦逊，为相月馀，不敢知印秉笔，时宰相更日知印秉笔。故终免于祸。

20 五坊使杨朝汶汶，音问。妄捕系人，迫以考捶，责其息钱，遂转相诬引，所系近千人。捶，止蕊翻。近，其靳翻。中丞萧俛劾奏其状，俛，音免。劾，汉书音义户概翻，今音户得翻。裴度、崔群亦以为言。上曰："姑与卿论用兵事，姑，且也。此小事朕自处之。"处，昌吕翻。度曰："用兵事小，所忧不过山东耳；五坊使暴横，恐乱辇毂。"横，户孟翻。史炤曰：毂者，辐所凑也。京都四方所辐凑，以辇毂取喻。余按汉书，京兆尹率自言待罪辇毂下，谓京兆在天子辇毂之下耳。上不悦，退，召朝汶责之曰："以汝故，令吾羞见宰相！"冬，十月，赐朝汶死，尽释系者。

21 上晚节好神仙，好，呼到翻。诏天下求方士。宗正卿李道古先为鄂岳观察使，以贪暴闻，恐终获罪，思所以自媚于上，乃因皇甫镈荐山人柳泌，云能合长生药。甲戌，诏泌居兴唐观炼药。合，音阁。唐会要：兴唐观，本司农园地，在长乐坊，开元十八年造。李道古荐柳泌以求媚免罪，不知适足以重罪也，泌既诛而道古亦贬矣。为上服泌药致疾张本。泌，薄必翻，又兵媚翻。

22 十一月，辛巳朔，盐州奏吐蕃寇河曲、夏州。灵武奏破吐蕃长乐州，克其外城。吐蕃长乐州当在灵州黄河外，定远城之西。夏，户雅翻。乐，音洛。

23 柳泌言于上曰："天台山神仙所聚，新志：台州唐兴县有天台山，宋朝改唐兴县为天台县。天台山在县西一百一十里。临海记：天台山超然秀出，山有八重，视之如一，高一万八千丈，周回八百里。多灵草，臣虽知之，力不能致，诚得为彼长吏，庶几可求。”上信之。长，知丈翻。几，居希翻。丁亥，以泌权知台州刺史，台州，汉回浦县地，会稽东部都尉理所，光武改回浦为章安县，吴分章安置临海县，唐武德四年置海州，五年改台州，因天台山为名。仍赐服金紫。谏官争论奏，以为："人主喜方士，喜，许记翻。未有使之临民赋政者。”赋，布也。上曰："烦一州之力而能为人主致长生，为，于伪翻。臣子亦何爱焉！”由是群臣莫敢言。

24 甲午，盐州奏吐蕃遁去。

25 壬寅，以河阳节度使乌重胤为横海节度使。丁未，以华州刺史令狐楚为河阳节度使。重胤以河阳精兵三千赴镇，河阳兵不乐去乡里，乐，音洛。中道溃归，又不敢入城，屯于城北，将大掠。令狐楚适至，单骑出，慰抚之，与俱归。

先是，田弘正请自黎阳渡河，会义成节度使李光颜讨李师道，先，悉荐翻。裴度曰："魏博军既渡河，不可复退，复，扶又翻。立须进击，方有成功。既至滑州，即仰给度支，义成节度使治滑州。魏博与滑州以河为界，兵至滑州为已出界。唐中世以来，命藩镇兵征讨，已出境，刍粮皆仰给于度支。惟裴度用兵于东平，李德裕用兵于上党，知其弊，有以制之。徒有供饷之劳，更生观望之势。又或与李光颜互相疑阻，益致迁延。一栖不两雄，又有宾主之形，疑阻或生，何事不有，其患岂止于迁延之役！与其渡河而不进，不若养威于河北。宜且使之秣马厉兵，俟霜降水落，自杨刘渡河，杨刘镇，在郓州东北东阿县，临河津。直指郓州，得至阳谷置营，隋置阳谷县，以阳谷台为名，唐属郓州。九域志：在州西一百三十里。宋白曰：阳谷县，本汉须昌县地，今县界有须昌故城。则兵势自盛，贼众摇心矣。”上文言得至，恐兵有利钝也。此言贼众摇心，指其成效也。上从之。是月，弘正将全师自杨刘渡河，距郓州四十里筑垒；此自杨刘直进，不复迂其路至阳谷也。旧史李师道传曰：距郓州九十里。田弘正传曰：四十里。考异曰：河南记云："营于阳谷西北。"今从实录。贼中大震。

26 功德使上言："凤翔法门寺塔有佛指骨，法门寺，在凤翔府岐山县。时功德使言法门寺有护国真身塔，塔内有释迦牟尼佛指骨一节。相传三十年一开，开则岁丰人安。来年应开，请迎之。"十二月，庚戌朔，上遣中使帅僧众迎之。帅，读曰率。

27 戊辰，以春州司户董重质为试太子詹事，委武宁军驱使，李愬请之也。时徙李愬镇武宁以讨李师道。

28 戊寅，魏博、义成军送所获李师道都知兵马使夏侯澄等四十七人，上皆释弗诛，各付所获行营驱使，曰："若有父母欲归者，优给遣之。朕所诛者，师道而已。"于是贼中闻之，降者相继。降，户江翻。

初，李文会与兄元规皆在李师古幕下。师古薨，师道立，薨、立，见二百三十七卷元年。元规辞去，文会属师道亲党请留。属，之欲翻。元规将行，谓文会曰："我去，身退而安全；汝留，必骤贵而受祸。"及官军四临，平卢兵势日蹙，将士喧然，皆曰："高沐、郭昈、李存为司空忠谋，为，于伪翻；下不为同。师道检校司空，故称之。李文会奸佞，杀沐，囚昈、存，以致此祸。"师道不得已，出文会摄登州刺史，召昈、存还幕府。

29 上常语宰相，语，牛倨翻。人臣当力为善，何乃好立朋党！朕甚恶之。好，呼到翻。恶，乌路翻。裴度对曰："方以类聚，物以群分，易大传之言。君子、小人志趣同者，势必相合。君子为徒，谓之同德；小人为徒，谓之朋党；外虽相似，内实悬殊，在圣主辨其所为邪正耳。"

30 武宁节度使李愬与平卢兵十一战，皆捷。乙【章：甲十一行本"乙"作"己"；乙十一行本同；张校同，云无注本亦误"乙"。】卯晦，进攻金乡，克之。金乡县，唐属兖州。宋白曰：金乡县本汉东缗县，今县理即古缗国城。陈留风俗传云：东缗者，故阳武户牖乡，后汉于任城县西南七十五里置金乡县，因穿山得金，故曰金乡。李师道性懦怯，自官军致讨，闻小败及失城邑，辄忧悸成疾，悸，其季翻。由是左右皆蔽匿，不以实告。金乡，兖州之要地也，既失之，其刺史驿骑告急，左右不为通，为，于伪翻。师道至死竟不知也。

十四年（己亥、八一九）

1 春，正月，辛巳，韩弘拔考城，杀二千馀人。考城，汉古县，唐属曹州。九域志：在汴州东一百八十里。

丙戌，师道所署沭阳令梁洞以县降于楚州刺史李听。沭阳，汉厚丘县，后魏曰沭阳，以其地在沭水之阳也，唐属海州。九域志：在州西南一百八十里。沭，食聿翻。

2 吐蕃遣使者论短立藏等来修好，未返，好，呼到翻。入寇河曲。上曰："其国失信，其使何罪！"庚寅，遣归国。

3 壬辰，武宁节度使李愬拔鱼台。鱼台，汉方与县地。唐属兖州，宝应元年改为鱼台，小城北有鲁公观鱼台而名之。观鱼台，即春秋鲁隐公如棠观鱼之地。元和四年，李师道请移县于黄台市。

4 中使迎佛骨至京师，上留禁中三日，乃历送诸寺，王公士民瞻奉舍施，惟恐弗及，有竭产充施者，施，式智翻。有然香臂顶供养者。供，居用翻。养，余亮翻。

刑部侍郎韩愈上表切谏，以为："佛者，夷狄之一法耳。自黄帝以至禹、汤、文、武，皆享寿考，百姓安乐，乐，音洛。当是时，未有佛也。汉明帝时，始有佛法。见四十五卷永平八年。其后乱亡相继，运祚不长。宋、齐、梁、陈、元魏已下，事佛渐谨，年代尤促。惟梁武帝在位四十八年，前后三舍身为寺家奴，竟为侯景所逼，饿死台城，国亦寻灭。事佛求福，乃更得祸。事并见前纪。由此观之，佛不足信亦可知矣！百姓愚冥，易惑难晓，苟见陛下如此，皆云'天子犹【章：甲十一行本"犹"上有"大圣"二字；乙十一行本同；退斋校同。】一心敬信，百姓微贱，于佛岂可更惜身命。’佛本夷狄之人，口不言先王之法言，身不服先王之法服，不知君臣之义、父子之恩。假如其身尚在，奉国命来朝京师，陛下容而接之，不过宣政一见，唐时四夷入朝贡者，皆引见于宣政殿。见，贤遍翻。礼宾一设，唐有礼宾院，凡胡客入朝，设宴于此。元和九年，置礼宾院于长兴里之北。宋白曰：属鸿胪寺。赐衣一袭，卫而出之于境，不令惑众也。况其身死已久，枯朽之骨，岂宜以入宫禁！古之诸侯行吊于国，尚【章：甲十一行本“尚”下有“令巫祝”三字；乙十一行本同；退斋校同。】先以桃茢祓除不祥，记曰：君临臣丧，以巫祝桃茢执戈，恶之也。注云：为有凶邪之气在侧。桃，鬼所恶也。茢，萑苕，可扫除不祥。左传：鲁襄公如楚，楚康王卒，楚人使公亲襚，公患之。叔孙穆子曰：“祓殡而襚，则布币也。”乃使巫以桃茢先祓殡。韩愈正引此事。茢，音列，又音例。祓，敷勿翻，又音废。今无故取朽秽之物亲视之，巫祝不先，先，悉荐翻。桃茢不用，群臣不言其非，御史不举其罪，臣实耻之！乞以此骨付有司，投诸水火，永绝根本，断天下之疑，断，丁乱翻，一音短。绝后代之惑，使天下之人知大圣人之所作为，出于寻常万万也，岂不盛哉！佛如有灵，能作祸福，凡有殃咎，宜加臣身。”

上得表，大怒，出示宰相，将加愈极刑。殊死谓之极刑。裴度、崔群为言：“愈虽狂，发于忠恳，为，于伪翻。恳，诚也。宜宽容以开言路。”癸巳，贬愈为潮州刺史。

自战国之世，老、庄与儒者争衡，更相是非。更，工衡翻。至汉末，益之以佛，然好者尚寡。好，呼到翻。晋、宋以来，日益繁炽，自帝王至于士民，莫不尊信。下者畏慕罪福，高者论难空有。难，乃旦翻。释氏之说，谈空以难有。独愈恶其蠹财惑众，力排之，恶，乌路翻。其言多矫激太过。惟送文畅师序最得其要，曰：“夫鸟俛而啄，仰而四顾，兽深居而简出，惧物之为己害也，犹且不免焉。弱之肉，强之食。今吾与文畅安居而暇食，优游以生死，与禽兽异者，宁可不知其所自邪！”原其所自，则圣人之所以垂世立教者也。

5 丙申，田弘正奏败淄青兵于东阿，败，蒲迈翻。东阿，汉古县，唐属郓州。九域志：在州西北六十里。杀万馀人。

6 沧州刺史李宗奭与横海节度使郑权不叶，程权既入朝，以郑权代镇横海。不受其节制；权奏之。上遣中使追之，宗奭使其军中留己，此谓沧州本州之军也。表称惧乱未敢离州。离，力智翻。诏以乌重胤代权，将吏惧，逐宗奭，惧重胤讨其党恶。宗奭奔京师，辛丑，斩于独柳之下。

7 丙午，田弘正奏败平卢兵于阳谷。

资治通鉴卷第二百四十一

端明殿学士兼翰林侍读学士太中大夫
提举西京嵩山崇福宫上柱国河内郡开国公 司马光 奉敕编集
食邑二千二百户食实封九百户赐紫金鱼袋臣

后学天台胡三省音注

唐纪五十七

起屠维大渊献(己亥)二月，尽重光赤奋若(辛丑)六月，凡二年有奇。

宪宗昭文章武大圣至神孝皇帝下

元和十四年(己亥、八一九)

1 二月，李听袭海州，克东海、朐山、怀仁等县。海州，治朐山，本汉朐县，后人加“山”字。东海，汉赣榆县地，后齐置东海县，属东海郡；隋废郡及县，入广饶县，隋仁寿元年改广饶曰东海，避太子讳也；唐属海州。九域志：在州东一十里。怀仁县，梁置南、北二青州，东魏废州，置义塘郡及怀仁县，隋废郡，以县属海州。九域志：在州北八十里。宋白曰：海州怀仁县，本汉赣馀县地。按汉赣馀，今县东北三十里赣馀古城是也，梁于此置黄郭戍，后魏置义塘郡，理黄郭城，领义唐、归义、怀仁三县，高齐移义唐郡及怀仁县并理今密州莒县界，隋开皇废郡，移怀仁县理此，今县理是也。李愬败平卢兵于沂州，拔丞县。丞，汉县，后魏置兰陵郡，隋废郡为兰陵县，武德四年改曰丞县，后属沂州。九域志：在州西南一百八十里。宋白曰：丞，汉旧县，春秋时鄫国也。晋置兰陵郡，理丞城。按前此丞县理在今县西一里，汉丞县故城是也。隋开皇十六年置鄫州及丞县，寻废州及县，仍移兰陵县置于废鄫州故城，中唐又改兰陵为丞县。县西北有丞水。败，补迈翻。丞，时证翻。

李师道闻官军侵逼，发民治郓州城堑，修守备，治，直之翻。堑，七艳翻。役及妇人，民益惧且怨。

都知兵马使刘悟，正臣之孙也，刘正臣见二百一十七卷肃宗至德元载。师道使之将兵万馀人屯阳谷以拒官军。悟务为宽惠，使士卒人人自便，军中号曰刘父。及田弘正渡河，悟军无备，战又数败。数，所角翻。或谓师道曰："刘悟不修军法，专收众心，恐有他志，宜早图之。"师道召悟计事，欲杀之。或谏曰："今官军四合，悟无逆状，用一人言杀之，诸将谁肯为用！是自脱其爪牙也。"师道留悟旬日，复遣之，厚赠金帛以安其意。悟知之，还营，阴为之备。师道以悟将兵在外，署悟子从谏门下别奏。门下别奏者，使厕员牙门下，俟别奏补官也。唐六典：凡诸军镇大使，三品已上，傔二十五人，别奏十人；副使，傔二十人，别奏八人。总管，三品已上，傔十八人，别奏六人；子总管，四品已上，傔十一人，别奏三人。若讨击、防御、游弈使副，傔准品各减三人，别奏各减二人。总管及子总管，傔准品各减二人，别奏各减一人。若镇守已下无副使或隶属大军镇者，使已下傔、奏并四分减一，所补傔、奏皆令自召以充。从谏与师道诸奴日游戏，颇得其阴谋，密疏以白父。

又有谓师道者曰："刘悟终为患，不如早除之。"丙辰，师道潜遣二使赍帖授行营兵马副使张暹，令斩悟首献之，勒暹权领行营。时悟方据高丘张幕置酒，去营二三里。二使至营，密以帖授暹。暹素与悟善，阳与使者谋曰："悟自使府还，还，音旋，又如字。颇为备，不可匆匆，暹请先往白之，云'司空遣使存问将士，兼有赐物，请都头速归，军中称都将为都头。同受传语。'传语，谓师道遣使者所传言语也。如此，则彼不疑，乃可图也。"使者然之。暹怀帖走诣悟，屏人示之。屏，必郢翻，又卑正翻。悟潜遣人先执二使，杀之。

时已向暮，悟按辔徐行还营，坐帐下，严兵自卫。召诸将，厉色谓之曰："悟与公等不顾死亡以抗官军，诚无负于司空。今司空信谗言，来取悟首。悟死，诸公其次矣。且天子所欲诛者独司空一人，今军势日蹙，吾曹何为随之族灭！欲与诸公卷旗束甲，卷，与捲同。还入郓州，奉行天子之命，言奉行诏旨，以诛李师道。岂徒免危亡，富贵可图也。诸公以为何如？”兵马使赵垂棘立于众首，良久，对曰：“事【章：十二行本“事”上有“如此”二字；乙十一行本同；孔本同；张校同。】果济否？”悟应声骂曰：“汝与司空合谋邪！”立斩之。遍问其次，有迟疑未言者，悉斩之，并斩军中素为众所恶者，恶，乌路翻。凡三十馀，尸于帐前。馀皆股栗，曰：“惟都头命，愿尽死！”

乃令士卒曰：“入郓，人赏钱百缗，惟不得近军帑。近，其靳翻。帑，他朗翻。其使宅及逆党家财，任自掠取；使宅，谓节度使所居也。有仇者报之。”使士皆饱食执兵，夜半听鼓三声绝即行，人衔枚，马缚口，遇行人，执留之，恐行人遇兵，走还城报师道，令执留之。人无知者。距城数里，天未明，悟驻军，使听城上柝声绝，天明，则柝声绝。使十人前行，宣言“刘都头奉帖追入城。”主帅文书下诸将谓之帖。门者请俟写简白使，古者联竹为简策以写书，后世因谓书为简。白使，谓白节度使。使，疏吏翻。十人拔刃拟之，皆窜匿；悟引大军继至，城中噪哗动地。比至，比，必利翻，及也。子城已洞开，惟牙城拒守，凡大城谓之罗城，小城谓之子城。又有第三重城以卫节度使居宅，谓之牙城。寻纵火斧其门而入。牙中兵不过数百，始犹有发弓矢者，俄知力不支，皆投于地。

悟勒兵升听事，使捕索师道。索，山客翻。师道与二子伏厕床下，索得之，索，山客翻。悟命置牙门外隙地，使人谓曰：“悟奉密诏送司空归阙，然司空亦何颜复见天子！”复，扶又翻。师道犹有幸生之意，其子弘方仰曰：“事已至此，速死为幸！”寻皆斩之。代宗永泰元年，李正己得淄青，四世，五十四年而灭。自卯至午，悟乃命两都虞候巡坊市，禁掠者，即时皆定。大集兵民于球场，亲乘马巡绕，慰安之。斩赞师道逆谋者二十馀家，文武将吏且惧且喜。【章：十二行本“喜”下有“皆入贺”三字；乙十一行本同；孔本同；张校同。】悟见李公度，执手歔欷；出贾直言于狱，直言被囚见上卷上年。置之幕府。

悟之自阳谷还兵趋郓也，趋，七喻翻。潜使人以其谋告田弘正：“事成，当举烽相白；万一城中有备不能入，愿公引兵为助。功成之日，皆归于公，悟何敢有之。”且使弘正进据己营。弘正见烽，知得城，遣使往贺。悟函师道父子三首遣使送弘正营，弘正大喜，露布以闻。淄、青等十二州皆平。

弘正初得师道首，疑其非真，召夏侯澄使识之。澄熟视其面，长号陨绝者久之，乃抱其首，舐其目中尘垢，复恸哭。弘正为之改容，义而不责。识，如字，辨识也。号，户刀翻。舐，直氏翻。复，扶又翻。为，于伪翻。夏侯澄禽见上卷上年。

2 壬戌，田弘正捷奏至。乙丑，命户部侍郎杨於陵为淄青宣抚使。己巳，李师道首函至。自广德以来，垂六十年，藩镇跋扈河南、北三十馀州，自除官吏，不供贡赋，至是尽遵朝廷约束。呜呼！兼并易也，坚凝之难！读史至此，盍亦知其所以得，鉴其所以失，则知资治通鉴一书不苟作矣。

上命杨於陵分李师道地，於陵按图籍，视土地远迩，计士马众寡，校仓库虚实，分为三道，使之适均：於，音乌。以郓、曹、濮为一道，郓，音运。濮，音卜。淄、青、齐、登、莱为一道，兖、海、沂、密为一道；上从之。

刘悟以初讨李师道诏云：“部将有能杀师道以众降者，师道官爵悉以与之。”意谓尽得十二州之地，遂补署文武将佐，更易州县长吏；更，工衡翻。谓其下曰：“军府之政，一切循旧。自今但与诸公抱子弄孙，夫复何忧！”复，扶又翻；下复须同。

上欲移悟他镇，恐悟不受代，复须用兵，密诏田弘正察之。弘正日遣使者诣悟，托言修好，实观其所为。悟多力，好手搏，好，呼到翻。得郓州三日，则教军中壮士手搏，与魏博使者庭观之，自摇肩攘臂，离坐以助其势。离，力智翻。坐，徂卧翻。弘正闻之，笑曰："是闻除改，除改，谓除书改授他镇。登即行矣，言登时即行也。何能为哉！"庚午，以悟为义成节度使。悟闻制下，手足失坠；言惊遽失守，不知所为。明日，遂行。弘正已将数道，比至城西二里，与悟相见于客亭，客亭，即驿亭，送迎使客之所。即受旌节，驰诣滑州，辟李公度、李存、郭旴、贾直言以自随。

悟素与李文会善，既得郓州，使召之，未至。李文会出登州见上卷上年。闻将移镇，旴、存谋曰："文会佞人，败乱淄青一道，败，补迈翻。灭李司空之族，万人所共雠也！不乘此际诛之，田相公至，务施宽大，将何以雪三齐之愤怨乎！"自项羽分齐为三，以王田市、田都、田安，遂有三齐之名。后人因而言之。乃诈为悟帖，遣使即文会所至，取其首以来。使者遇文会于丰齐驿，斩之。据梁敬翔编遗录，丰齐驿当在齐州东南三十里。宋白曰：齐州禹城县有汉祝阿故城，在丰齐驿东北二里。比还，比，必利翻，及也。还，音旋，又如字。悟及旴、存已去，无所复命矣。文会二子，一亡去，一死于狱，家赀悉为人所掠，田宅没官。

诏以淄青行营副使张暹为戎州刺史。刘悟奏言其功也。

癸酉，加田弘正检校司徒、同平章事。

先是，李师道将败数月，先，悉荐翻。闻风动鸟飞，皆疑有变，禁郓人亲识宴聚及道路偶语，犯者有刑。弘正既入郓，悉除苛禁，纵人游乐，乐，音洛。寒食七昼夜不禁行人。弘正特为此示郓人以宽大耳。按寒食之说不同，初学记曰：周礼司烜氏，仲春以木铎徇火禁于国中。注云：为季春将出火也。今寒食准节气是仲春之末。清明是三月之初。然则禁火并周制也。洪容斋曰：先贤传曰：太原旧俗以介子推焚骸，一月寒食。邺中记曰：并州俗，冬至后一百五日为子推断火，冷食三日。魏武以太原、上党、西河皆沍寒之地，令人不得寒食。此注已见前。或谏曰："郓人久为寇敌，今虽平，人心未安，不可不备。"弘正曰："今为暴者既除，宜施以宽惠，若复为严察，是以桀易桀也，庸何愈焉！"愈，贤也，胜也。复，扶又翻。

先是，贼数遣人入关，截陵戟，焚仓场，流矢飞书，以震骇京师，沮挠官军。事见二百三十九卷十年。数，所角翻。沮，在吕翻。挠，奴巧翻。有司督察甚严，潼关吏至发人囊箧以索之，索，山客翻。然终不能绝。及田弘正入郓，阅李师道簿书，有赏杀武元衡人王士元等及赏潼关、蒲津吏卒案，乃知向者皆吏卒受赂于贼，容其奸也。案，文案也，亦谓之案牍。史言关津不足以禁奸，乃所以容奸。

裴度纂述蔡、郓用兵以来上之忧勤机略，因侍宴献之，请内印出付史官。请自禁中用印而出付史官。上曰："如此，似出朕志，非所欲也。"弗许。史言宪宗此事得为君之体。

三月，戊子，以华州刺史马总为郓、曹、濮等州节度使。己丑，以义成节度使薛平为平卢节度、淄·青·齐·登·莱等州观察使。自是之后，淄青专平卢之号，而郓寻赐号天平军矣。以淄青四面行营供军使王遂为沂、海、兖、密等州观察使。为王遂以严酷召乱张本。

3 横海节度使乌重胤奏："河朔藩镇所以能旅拒朝命六十馀年者，由诸州县各置镇将领事，收刺史、县令之权，自作威福。向使刺史各得行其职，则虽有奸雄如安、史，必不能以一州独反也。臣所领德、棣、景三州，已举牒各还刺史职事，应在州兵并令刺史领之。"夏，四月，丙寅，诏诸道节度、都团练、都防御、经略等使所统支郡兵马，并令刺史领之。自至德以来，节度使权重，所统诸州各置镇兵，以大将主之，暴横为患，横，户孟翻。故重胤论之。其后河北诸镇，惟横海最为顺命，由重胤处之得宜故也。史言反侧之地，择帅不可不详。处，昌吕翻。

4 辛未，工部侍郎、同平章事程异薨。

5 裴度在相位，知无不言，皇甫镈之党阴挤之。挤，子细翻，又子西翻。考异曰：旧传曰："镈与宰相李逢吉、令狐楚合势挤度，故出镇。"按逢吉时在东川，楚在昭义，皆不为相。今不取。按后"昭义"当作"河阳"。丙子，诏度以门下侍郎、同平章事，充河东节度使。

皇甫镈专以掊克取媚，掊，蒲侯翻。人无敢言者，独谏议大夫武儒衡上疏言之。镈自诉于上，上曰："卿以儒衡上疏，将报怨邪！"镈乃不敢言。儒衡，元衡之从父弟也。从，才用翻。

6 史馆修撰李翱上言，贞观三年置史馆于门下省，有修撰四人，掌修国史。以为："定祸乱者，武功也；兴太平者，文德也。今陛下既以武功定海内，若遂革弊事，复高祖、太宗旧制：用忠正而不疑，屏邪佞而不迩；屏，必郢翻，又卑正翻。改税法，不督钱而纳布帛；自建中初，杨炎定两税法，不令民输其土之所产而督钱。绝进献，宽百姓租赋；厚边兵，以制戎狄侵盗；数访问待制官，以通塞蔽；数，所角翻。塞，悉则翻。此六者，政之根本，太平之所以兴也。陛下既已能行其难，若何不为其易乎！以陛下天资上圣，如不惑近习容悦之辞，任骨鲠正直之士，与之兴大化，可不劳而成也。若不以此为事，臣恐大功之后，逸欲易生。易，以豉翻。进言者必曰：'天下既平矣，陛下可以高枕自安逸，'枕，职任翻。如是，则太平未可期矣！"

7 秋，七月，丁丑朔，田弘正送杀武元衡贼王士元等十六人，诏使【章：十二行本"使"作"仗"；乙十一行本同；孔本同；熊校同。】内京兆府、御史台遍鞫之；皆款服。款，诚也，言吐诚而伏罪也。京兆尹崔元略以元衡物色询之，则多异同。元略问其故，对曰："恒、郓同谋遣客刺元衡，恒，户登翻。刺，七亦翻。而士元等后期，闻恒人事已成，遂窃以为己功，还报受赏耳。今自度为罪均，度，徒洛翻。终不免死，故承之。"上亦不欲复辨正，悉杀之。复，扶又翻。

8 戊寅，宣武节度使韩弘始入朝，蔡、郓既平，韩弘始入朝。上待之甚厚。弘献马三千，绢五千，【张："五千"作"五十万"。】杂缯三万，金银器千，缯，慈陵翻。而汴之库厩尚有钱百馀万缗，绢百馀万匹，马七千匹，粮三百万斛。史言韩弘善完聚。

9 己丑，群臣上尊号曰元和圣文神武法天应道皇帝；赦天下。

10 兖、海、沂、密观察使王遂，本钱谷吏，性狷急，无远识。狷，古掾翻。时军府草创，是年三月，方分四州置观察。人情未安，遂专以严酷为治，治，直吏翻。所用杖绝大于常行者；唐制：凡杖皆长三尺五寸，削去节目。讯杖，大头径三分三厘，小头二分二厘。常行杖，大头二分七厘，小头一分七厘。笞杖，大头二分，小头一分有半。每詈将卒，辄曰"反虏"；又盛夏役士卒营府舍，督责峻急；将卒愤怨。

辛卯，役卒王弁与其徒四人浴于沂水，沂州治临沂县，以临沂水名之也。密谋作乱，曰："今服役触罪亦死，奋命立事亦死，死于立事，不犹愈乎！明日，常侍与监军、副使有宴，军将皆在告，直兵多休息，常侍，谓王遂也。副使，谓观察副使也。在告，谓休假在私室也。直兵，直卫之兵也。吾属乘此际出其不意取之，可以万全。"四人皆以为然，约事成推弁为留后。

壬辰，遂方宴饮，日过中，弁等五人突入，于直房前取弓刀，直房，直兵之所舍之室也。径前射副使张敦实，杀之。射，而亦翻。遂与监军狼狈起走，弁执遂，数之以盛暑兴役，用刑刻暴，数，所具翻。立斩之。传声勿惊监军，弁即自称留后，升厅号令，与监军抗礼，召集将吏参贺，众莫敢不从。监军具以状闻。

11 甲午，韩弘又献绢二十五万匹，絁三万匹，絁，式支翻。银器二百七十；左右军中尉各献钱万缗。自淮西用兵以来，度支、盐铁及四方争进奉，谓之“助军”；贼平又进奉，谓之“贺礼”；后又进奉，谓之“助赏”；上加尊号又进奉，亦谓之“贺礼”。史历言元和进奉之弊。

12 丁酉，以河阳节度使令狐楚为中书侍郎、同平章事。楚与皇甫镈同年进士，故镈引以为相。裴度之视师也，令狐楚出翰林，今皇甫镈引而相之，亦所以杜度之再入。

13 朝廷闻沂州军乱，甲辰，以棣州刺史曹华为沂、海、兖、密观察使。

14 韩弘累表请留京师，八月，己酉，以弘守司徒，兼中书令。癸丑，以吏部尚书张弘靖同平章事，充宣武节度使。弘靖，宰相子，弘靖，张延赏之子。延赏相德宗。少有令闻，少，诗照翻。闻，音问。立朝简默；河东、宣武阙帅，帅，所类翻。朝廷以其位望素重，使镇之。弘靖承王锷聚敛之馀，韩弘严猛之后，王锷镇河东，韩弘镇宣武，弘靖皆承其后。敛，力赡翻；下同。两镇喜其廉谨宽大，故上下安之。张弘靖之简贵，施之并、汴可也，施之幽燕则败矣。

15 己未，田弘正入朝，上待之尤厚。

16 戊辰，陈许节度使郗士美薨，以库部员外郎李渤为吊祭使。渤上言：“臣过渭南，闻长源乡旧四百户，今才百馀户，阌乡县旧三千户，今才千户，阌，音旻。其他州县大率相似。迹其所以然，皆由以逃户税摊于比邻，摊，他干翻。比，音毗，又毗至翻。致驱迫俱逃，此皆聚敛之臣剥下媚上，敛，力赡翻。惟思竭泽，不虑无鱼。吕氏春秋曰：竭泽而渔，岂不得鱼，而明年无鱼。乞降诏书，绝摊逃之弊；尽逃户之产偿税，不足者乞免之。计不数年，人皆复于农矣。”执政见而恶之，执政，谓皇甫镈。恶，乌路翻。渤遂谢病，归东都。

17 癸酉，吐蕃寇庆州，庆州，隋弘化郡，开皇十六年改为庆州，以庆美取其嘉名，汉归德、富平县地。旧志：京师西北五百七十三里。营于方渠。

18 朝廷议兴兵讨王弁，恐青、郓相扇继变，青、郓与兖、海、沂、密，本一镇也。故恐其相扇而动。乃除弁开州刺史，遣中使赐以告身。中使绐之曰：“开州计已有人迎候道路，留后宜速发。”弁即日发沂州，导从尚百馀人，从，才用翻。入徐州境，所在减之，其众亦稍逃散。遂加以杻械，杻，敕久翻。乘驴入关。九月，戊寅，腰斩东市。

先是，三分郓兵以隶三镇，此言郓、青、沂分为三镇之初。先，悉荐翻。及王遂死，朝廷以为师道馀党凶态未除，命曹华引棣州兵赴镇以讨之。沂州将士迎候者，华皆以好言抚之，使先入城，慰安其馀，众皆不疑。华视事三日，大飨将士，伏甲士千人于幕下，乃集众而谕之曰：“天子以郓人有迁徙之劳，特加优给，宜令郓人处左，沂人处右。”处，昌吕翻；下聚处同。既定，令沂人皆出，因阖门，谓郓人曰：“王常侍以天子之命为帅于此，将士何得辄害之！”语未毕，伏者出，围而杀之，死者千二百人，无一得脱者。门屏间赤雾高丈馀，久之方散。兵死之气，凝为赤雾。

臣光曰：春秋书楚子虔诱蔡侯般杀之于申。见昭十一年。般，音班。彼列国也，孔子犹深贬之，恶其诱讨也，恶，乌路翻。况为天子而诱匹夫乎！

王遂以聚敛之才，殿新造之邦，殿，多见翻，镇也。用苛虐致乱。王弁庸夫，乘衅窃发，衅，隙也。苟沂帅得人，戮之易于犬豕耳，帅，所类翻。易，以豉翻。何必以天子诏书为诱人之饵乎！且作乱者五人耳，乃使曹华设诈，屠千馀人，不亦滥乎！然则自今士卒孰不猜其将帅，将帅何以令其士卒！上下盻盻，盻盻，恨视也，说文音五计翻，孙奭音五礼翻，又普苋翻。如寇雠聚处，处，昌吕翻。得间则更相鱼肉，间，古苋翻。更，工衡翻。惟先发者为雄耳，祸乱何时而弭哉！

惜夫！宪宗削平僭乱，几致升平，几，巨依翻。其美业所以不终，由苟徇近功不敦大信故也。

19 甲辰，以田弘正兼侍中，魏博节度使如故。弘正三表请留，上不许。弘正常恐一旦物故，魏人犹以故事继袭，故兄弟子侄皆仕诸朝，上皆擢居显列，朱紫盈庭，时人荣之。

20 乙巳，上问宰相："玄宗之政，先理而后乱，何也？"崔群对曰："玄宗用姚崇、宋璟、卢怀慎、苏颋、韩休、张九龄则理，用宇文融、李林甫、杨国忠则乱。故用人得失，所系非轻。人皆以天宝十四年安禄山反为乱之始，臣独以为开元二十四年罢张九龄相，专任李林甫，此理乱之所分也。愿陛下以开元初为法，以天宝末为戒，乃社稷无疆之福！"皇甫镈深恨之。皇甫镈自知以奸谄忝相位，故深恨崔群之言。

21 冬，十月，壬戌，容管奏安南贼杨清陷都护府，安南都护府，治交州。杀都护李象古及妻子、官属、部曲千馀人。象古，道古之兄也，以贪纵苛刻失众心。清世为蛮酋，象古召为牙将，清郁郁不得志。象古命清将兵三千讨黄洞蛮，黄洞蛮即西原蛮，其属黄氏者，谓之黄洞蛮。清因人心怨怒，引兵夜还，袭府城，陷之。

初，蛮贼黄少卿，自贞元以来数反覆，数，所角翻。桂管观察使裴行立、数，所角翻。唐桂管管桂、昭、蒙、富、梧、浔、龚、郁林、平琴、宾、澄、绣、象、柳、融等州。容管经略使阳旻欲徼幸立功，徼，坚尧翻。争请讨之；上从之。岭南节度使孔戣屡谏曰："此禽兽耳，但可自计利害，不足与论是非。"上不听，大发江、湖兵会容、桂二管入讨，士卒被瘴疠，死者不可胜计。被，皮义翻。胜，音升。安南乘之，遂杀都护。行立、旻竟无功，二管凋弊，惟戣所部晏然。岭南节度虽兼统五管，而广州所管自为巡属。刘昫曰：广州管韶、循、冈、贺、端、新、康、封、泷、恩、春、高、藤、义、窦、勤等州。戣，渠龟翻。

丙寅，以唐州刺史桂仲武为安南都护；赦杨清，以为琼州刺史。

22 是岁，吐蕃节度论三摩等将十五万众围盐州，党项亦发兵助之。刺史李文悦竭力拒守，凡二十七日，吐蕃不能克。灵武牙将史奉敬【严："奉敬"改"敬奉"；下同。】言于朔方节度使杜叔良，请兵三千，赍三十日粮，深入吐蕃以解盐州之围。叔良以二千五百人与之。奉敬行旬馀，无声问，朔方人以为俱没矣。以为与盐州俱没。无何，言无何时也。奉敬自他道出吐蕃背，吐蕃大惊，溃去。奉敬奋击，大破，不可胜计。当曰"奋击，大破之，杀获不可胜计"，文意乃为明畅。奉敬与凤翔将野诗良辅、泾原将郝玼皆以勇著名于边，吐蕃惮之。新、旧书皆作"史敬奉"。

23 柳泌至台州，驱吏民采药，岁馀，无所得而惧，泌知台州，见上卷上年。举家逃入山中；浙东观察使捕送京师。皇甫镈、李道古保护之，上复使待诏翰林；服其药，日加躁渴。躁，则到翻。

起居舍人裴潾上言，以为："除天下之害者受天下之利，同天下之乐者飨天下之福，乐，音洛。自黄帝至于文、武，享国寿考，皆用此道也。自去岁以来，所在多荐方士，转相汲引，其数浸繁。借令天下真有神仙，彼必深潜岩壑，惟畏人知。凡候伺权贵之门，以大言自衒奇技惊众者，伺，相吏翻。衒，荧绢翻。伎，渠锜翻。皆不轨徇利之人，岂可信其说而饵其药邪！夫药以愈疾，非朝夕常饵之物；况金石酷烈有毒，又益以火气，殆非人五藏之所能胜也。藏，徂浪翻。胜，音升。古者君饮药，臣先尝之，记曲礼之言。乞令献药者先自饵一年，则真伪自可辨矣。"上怒，十一月，己亥，贬潾江陵令。

24 初，群臣议上尊号，皇甫镈欲增"孝德"字，中书侍郎、同平章事崔群曰："言圣则孝在其中矣。"镈谮群于上曰："群于陛下惜'孝德'二字。"上怒。时镈给边军赐与，多不时得，又所给多陈败，陈，旧也。不可服用，军士怨怒，流言欲为乱。流言，放言也。李光颜忧惧，欲自杀；李光颜时帅邠宁。遣人诉于上，上不信。京师恟惧，群具以中外人情上闻。上闻，时掌翻。镈密言于上曰："边赐皆如旧制，而人情忽如此者，由群鼓扇，将以卖直，归怨于上也。"上以为然。十二月，乙卯，以群为湖南观察使，于是中外切齿于镈矣。小人去君子以为自安之谋，不知适所以自危也。

25 中书舍人武儒衡，有气节，好直言，好，呼到翻。上器之，顾待甚渥，人皆言且入相。令狐楚忌之，思有以沮之者，沮，在吕翻。乃荐山南东道节度推官狄兼谟才行。行，户孟翻。癸亥，擢兼谟左拾遗内供奉。以资序尚浅，未除正官，令于左拾遗班内供奉，犹监察御史里行也。兼谟，仁杰之族曾孙也。楚自草制辞，盛言"天后窃位，奸臣擅权，赖仁杰保佑中宗，克复明辟。"事见武后纪。儒衡泣诉于上，且言："臣曾祖平一，在天后朝，辞荣终老。"平一在武后时，畏祸居嵩山，修浮屠法，累诏不起。上由是薄楚之为人。

十五年（庚子、八二〇）

1 春，正月，沂、海、兖、密观察使曹华请徙理兖州；自沂州徙治兖州。许之。

2 义成节度使刘悟入朝。

3 初，左军中尉吐突承璀谋立澧王恽为太子，恽，于粉翻。上不许。及上寝疾，承璀谋尚未息；太子闻而忧之，密遣人问计于司农卿郭钊，钊曰："殿下但尽孝谨以俟之，勿恤其他。"钊，太子之舅也。钊，音昭。

上服金丹，多躁怒，左右宦官往往获罪，有死者，人人自危；庚子，暴崩于中和殿。年四十三。时人皆言内常侍陈弘志弑逆，考异曰：实录但云"上崩于大明宫之中和殿"。旧纪曰："时帝暴崩，皆言内官陈弘志弑逆，史氏讳而不书。"王守澄传曰："宪宗疾大渐，内官陈弘庆等弑逆。宪宗英武，威德在人，内官秘之，不敢除讨，但云药发暴崩。"新传曰："守澄与内常侍陈弘志弑帝于中和殿。"裴廷裕东观奏记云："宣宗追恨光陵商臣之酷，郭太后亦以此暴崩。"然兹事暧昧，终不能测其虚实。故但云暴崩。其党类讳之，不敢讨贼，但云药发，外人莫能明也。

中尉梁守谦与诸宦官马进潭、刘承偕、韦元素、王守澄等共立太子，杀吐突承璀及澧王恽，赐左、右神策军士钱人五十缗，六军、威远人三十缗，按新志：左、右龙武，左、右神武，左、右神策，号六军。今神策军赐钱既厚而复有六军，则明唐中世以后以左·右羽林、龙武、神武为六军也。威远别是一军。左、右金吾人十五缗。

闰月，丙午，穆宗即位于太极殿东序。是日，召翰林学士段文昌等及兵部郎中薛放、驾部员外郎丁公著对于思政殿。以嗣君即位于太极殿东序及下文辍西宫朝临征之，中和殿、思政殿疑皆在西内。实录言宪宗崩于大明宫之中和殿，则在东内。放，戎之弟；薛戎见二百三十五卷德宗贞元十六年。公著，苏州人；皆太子侍读也。上未听政，放、公著常侍禁中，参预机密，上欲以为相，二人固辞。

4 丁未，辍西宫朝临，西宫，即西内。大行在殡，臣子朝夕临。临，哭也。朝，如字，音陟遥翻。临，力浸翻。集群臣于月华门外。唐东、西内皆有月华门。西内则太极门内之东厢有日华门，西厢有月华门。东内则宣政殿东廊有日华门，西廊有月华门。贬皇甫镈为崖州司户；市井皆相贺。

5 上议命相，令狐楚荐御史中丞萧俛；辛亥，以俛及段文昌皆为中书侍郎、同平章事。楚、俛与皇甫镈皆同年进士，上欲诛镈，以其附吐突承璀欲立澧王也。俛及宦官救之，故得免。

壬子，杖杀柳泌及僧大通，自馀方士皆流岭表；贬左金吾将军李道古循州司马。以其荐柳泌，且保护之也。

6 癸丑，以薛放为工部侍郎，丁公著为给事中。

7 乙卯，尊郭贵妃为皇太后。

8 丁卯，上与群臣皆释服从吉。用汉文帝遗制也。

9 二月，丁丑，上御丹凤门楼，赦天下。事毕，盛陈倡优杂戏于门内而观之。倡，音昌。丁亥，上幸左神策军观手搏杂戏。

庚寅，监察御史杨虞卿上疏，以为："陛下宜延对群臣，周遍顾问，惠以气色，使进忠若趋利，趋，七喻翻。论攻若诉冤，如此而不致升平者，未之有也。"衡山人赵知微亦上疏谏上游畋无节。上虽不能用，亦不罪也。吴分湘南县置衡山县，唐初属潭州，神龙三年度属衡州。九域志：在州东北二百三十里。

10 壬辰，废邕管，命容管经略使阳旻兼领之。

11 安南都护桂仲武至安南，杨清拒境不纳。清用刑惨虐，其党离心；仲武遣人说其酋豪，说，式芮翻。数月间，降者相继，得兵七千馀人。朝廷以仲武为逗遛，甲午，以桂管观察使裴行立为安南都护。乙未，以太仆卿杜式方为桂管观察使。丙申，贬仲武为安州刺史。

12 丹王逾薨。逾，代宗子。

13 吐蕃寇灵武。

14 宪宗之末，回鹘遣合达干来求昏尤切；宪宗许之。三月，癸卯朔，遣合达干归国。

15 上见夏州观察判官柳公权书迹，爱之。辛酉，以公权为右拾遗、翰林侍书学士。使之侍书而已，不使任代言之职。上问公权："卿书何能如是之善?"对曰："用笔在心，心正则笔正。"上默然改容，知其以笔谏也。公权，公绰之弟也。

16 辛未，安南将士开城纳桂仲武，执杨清，斩之。裴行立至海门而卒；海门镇，在白州博白县东南。卒，子恤翻。复以仲武为安南都护。

17 吐蕃寇盐州。

18 初，膳部员外郎元稹为江陵士曹，宪宗元和五年，元稹贬江陵士曹，事见二百三十八卷。与监军崔潭峻善。上在东宫，闻宫人诵稹歌诗而善之；及即位，潭峻归朝，献稹歌诗百馀篇。上问"稹安在?"对曰："今为散郎。"郎中谓之正郎，员外郎谓之散郎。散，悉亶翻。夏，五月，庚戌，以稹为祠部郎中、知制诰；唐制：中书舍人六人，一人知制诰。开元初，以他官掌诏敕，未命，谓之兼知制诰。朝论鄙之。朝，直遥翻。会同僚食瓜于阁下，中书省曰凤阁，又有紫微阁。有青蝇集其上，中书舍人武儒衡以扇挥之曰："适从何来，遽集于此!"以蝇喻稹。同僚皆失色，儒衡意气自若。

19 庚申，葬神圣章武孝皇帝于景陵；景陵，在同州奉先县西北二十里金炽山。庙号宪宗。古者祖有功而宗有德，商之中宗、高宗是也。西汉以文帝为太宗，武帝为世宗，宣帝为中宗，犹彷佛古意。东汉自明帝至桓帝庙号皆称宗，非古也。唐十七宗，今人所称者，三宗而已。

20 六月，以湖南观察使崔群为吏部侍郎，召对别殿。上曰："朕升储副，知卿为羽翼。"事见二百三十八卷宪宗元和七年。对曰："先帝之意，久属圣明，臣何力之有!"崔群之对，词气和而正，处送往事居之间，当以为法。

21 太后居兴庆宫，每朔望，上帅百官诣宫上寿。帅，读曰率。宫上，时掌翻。上性侈，所以奉养太后尤为华靡。淮西既平，宪宗之政衰矣，况穆宗欲有以加之邪！

22 秋，七月，乙巳，以郓、曹、濮节度为天平军。郓，音运。濮，博木翻。郓州，古须句国，秦为薛郡，汉为东平国，隋置郓州，京师东北一千六百九十七里。曹州，汉济阴国，后魏置西兖州，后周改曹州，取古国名也，京师东北一千四百五十三里。濮州，汉东郡鄄城县地，后魏置濮阳郡，隋为濮州，京师东北一千五百七十里。

23 门下侍郎、同平章事令狐楚坐为山陵使，部吏盗官物，又不给工人佣直，收其钱十五万缗为羡馀献之，羡，式面翻。怨诉盈路，丁卯，罢为宣、歙、池观察使。以史氏所书令狐楚此事言之，则罢相诚是也；以宣宗之用令狐绹言之，则罢楚为非矣；观史必有能辨其是非者。宣州，秦鄣郡地，汉为丹杨郡，顺帝改为宣城郡，隋为宣州，京师东南三千五百五十一里。歙州，吴新都郡，晋改新安郡，隋为歙州，京师东南三千六百六十七里。池州，汉石城县地，梁昭明太子以其水出鱼美，改名贵池，唐置池州，东至宣州三百五里。歙，书涉翻。

24 八月，癸巳，发神策兵二千浚鱼藻池。鱼藻池在鱼藻宫。程大昌曰：禁池中有山，山中建鱼藻宫。王建宫词云："鱼藻宫中锁翠娥，先皇幸处不曾过。而今池底休铺锦，菱叶鸡头渐渐多。"先皇，谓德宗也。自东内苑玄化门入禁苑，鱼藻宫在其西。

25 戊戌，以御史中丞崔植为中书侍郎、同平章事。

26 己亥，再贬令狐楚衡州刺史。

27 上甫过公除，遵汉制三十七日释服，谓之公除。按此时以二十七日公除，下所谓易月也。即事游畋声色，赐与无节。九月，欲以重阳大宴，九月九日，谓之重阳。九，阳数也，故云。贞元五年，诏以二月一日、三月三日、九月九日为三令节，任文武百寮选胜地追赏为乐。拾遗李珏帅其同僚上疏曰："伏以元朔未改，珏，古岳翻。元朔未改，谓未逾年也。春秋书元年春王正月即位。园陵尚新，虽陛下就易月之期，俯从人欲；而礼经著三年之制，犹服心丧。谓公除易服，为天下也。而三年之慕，内切于心，不可变也。遵同轨之会始离京，左传：天子七月而葬，同轨毕至。离，力智翻。告远夷之使未复命。唐制：国有大丧，遣使宣遗诏于四夷，谓之告哀使。遏密弛禁，盖为齐人；书舜典曰：三载，四海遏密八音。孔安国注：遏，绝也。密，静也。齐人，犹言齐民。为，于伪翻。合乐后庭，事将未可。”上不听。

28 戊午，加邠宁节度使李光颜、武宁节度使李愬并同平章事。

29 冬，十月，王承宗薨；其下秘不发丧，子知感、知信皆在朝，宪宗元和十三年，王承宗以二子为质于朝，事见上卷。诸将欲取帅于属内诸州。帅，所类翻；下同。参谋崔燧以承宗祖母凉国夫人命，告谕诸将及亲兵，凉国夫人，盖王武俊之妻。立承宗之弟观察支使承元。

承元时年二十，考异曰：旧传作“年十八”。按承元，大和七年卒，年三十三。则于今年二十矣。今从实录。将士拜之，承元不受，泣且拜；诸将固请不已，承元曰：“天子遣中使监军，有事当与之议。”及监军至，亦劝之。承元曰：“诸公未忘先德，不以承元年少，少，诗照翻。欲使之摄军务，承元请尽节【章：十二行本“节”下有“天子”二字；乙十一行本同；孔本同；张校同。】以遵忠烈【章：十二行本“烈”下有“王”字；乙十一行本同；张校同。】之志，王武俊封清河郡王，谥忠烈。诸公肯从之乎！”众许诺。承元乃视事于都将听事，听，读曰厅。都将听事，都知兵马使之听事也。令左右不得谓己为留后，委事于参佐，密表请朝廷除帅。

庚辰，监军奏承宗疾亟，弟承元权知留后，并以承元表闻。

30 党项复引吐蕃寇泾州，复，扶又翻。连营五十里。

31 辛巳，遣起居舍人柏耆诣镇州宣慰。是年改恒州为镇州，避上名也。

32 壬午，群臣入阁。欧阳修曰：唐故事，天子日御殿见群臣，曰常参。

朔望荐食诸陵寝，有思慕之心，不能临前殿，则御便殿见群臣，曰入阁。宣政，前殿也，谓之衙，衙有仗。紫宸，便殿也，谓之阁。其不御前殿而御紫宸也，乃自正衙唤仗由阁门而入，百官俟朝于衙者因随而入见，故谓之入阁。程大昌曰：宣政之左有东上阁，宣政之右有西上阁，二阁在殿左右，而入阁者由之而入也。西内太极宫两仪殿左右有东、西阁门，而两廊下有日华、月华门。其曰阁者，即内殿也，非真有阁也。又曰：西内太极殿北有两仪殿，即常日视朝之所。太极殿两庑有东西二上阁，则是两阁皆有门可入已，又可转北而入两仪。按程大昌言西内二阁门，后说较为明白，而宣政殿入阁，则东内也。谏议大夫郑覃、崔郾等五人进言："陛下宴乐过多，郾，音偃。乐，音洛。畋游无度。今胡寇压境，谓吐蕃入寇也。忽有急奏，不知乘舆所在。乘，绳证翻。又晨夕与【章：十二行本"与"下有"近习"二字；乙十一行本同；孔本同；张校同；退斋校同。】倡优狎昵，倡，音昌。昵，尼质翻。赐与过厚。夫金帛皆百姓膏血，非有功不可与。虽内藏有馀，藏，徂浪翻。愿陛下爱之，万一四方有事，不复使有司重敛百姓。"复，扶又翻。敛，力赡翻。时久无阁中论事者，入阁，谏官论事，太宗之制也。上始甚讶之，讶，惊疑也。谓宰相曰："此辈何人？"对曰："谏官。"上乃使人慰劳之，劳，力到翻。曰："当依卿言。"宰相皆贺，然实不能用也。考异曰：旧崔郾传曰："上即位，荒于禽酒，坐朝常晚。郾与同列郑覃等延英切谏，上甚嘉之，畋游稍简。"杜牧郾行状曰："穆宗皇帝春秋富盛，稍以畋游声色为事，公晨朝正殿，挥同列进而言曰：'十一圣之功德，四海之大，万国之众之治之乱，悬于陛下。自山已东百城千里，昨日得之，今日失之。西望戎垒，距宗庙十舍，百姓憔悴，蓄积无有。愿陛下稍亲政事，天下幸甚。'诚至气直，天子为之动容敛袖，慰而谢之。"按是时未失山东，杜牧直取穆宗时事文饰以为郾谏辞耳。新传承而用之，皆误也。今从实录、旧传。覃，珣瑜之子也。郑珣瑜，永贞间为相。

33 上尝谓给事中丁公著曰："闻外间人多宴乐，乐，音洛。此乃时和人安，足用为慰。"公著对曰："此非佳事，恐渐劳圣虑。"上曰："何故？"对曰："自天宝以来，公卿大夫竞为游宴，沈酣昼夜，优杂子女，沈，持林翻。乐记：獶杂子女。郑注曰：獶，或为优。孔颖达曰：獶杂，谓猕猴也。言舞戏之时，状如猕猴间杂，男子妇人无别也。不愧左右。如此不已，则百职皆废，陛下能无独忧劳乎！愿少加禁止，乃天下之福也。”考异曰：实录：“明年二月景子，观神策杂伎。”因云“上尝召公著问”云云。旧纪遂云“其日，上欢甚，顾公著”云云。此误也。今因覃等谏荒宴事言之。

34 癸未，泾州奏吐蕃进营距州三十里，告急求救；以右军中尉梁守谦为左·右神策京西·北行营都监，将兵四千人，并发八镇全军救之；左、右神策军分屯近畿，凡八镇，长武、兴平、好畤、普闰、郃阳、良原、定平、奉天也。宋白所记与此稍异。赐将士装钱二万缗。以郯王府长史邵同为太府少卿兼御史中丞，充答吐蕃请和好使。郯王经，顺宗子也。将，即亮翻。缗，弥巾翻。郯，音谈。长，知两翻。少，始照翻。好，呼到翻。使，疏吏翻。

初，秘书少监田洎入吐蕃为吊祭使，按新书吐蕃传：帝即位，遣田洎往告哀。则以洎为告哀使，非吊祭使。吐蕃请与唐盟于长武城下，洎恐吐蕃留之不得还，唯阿而已。还，音旋。唯，于癸翻。老子曰：唯之与阿，相去几何。既而吐蕃为党项所引入寇，因以为辞曰：“田洎许我将兵赴盟。”于是贬洎郴州司户。党，底朗翻。洎，其冀翻。将，即亮翻，又音如字。郴，丑林翻。

35 成德军始奏王承宗薨。乙酉，徙田弘正为成德节度使，以王承元为义成节度使，刘悟为昭义节度使，李愬为魏博节度使。田弘正自魏博徙成德，刘悟自义成徙昭义，李愬初自武宁徙昭义，寻改魏博。又以左金吾将军田布为河阳节度使。

36 渭州刺史郝玼数出兵袭吐蕃营，所杀甚众。元和四年，以原州之平凉县置行渭州。数，所角翻。李光颜发邠宁兵救泾州。考异曰：旧传，光颜救泾州事在十四年，今从实录。邠宁兵以神策受赏厚，皆愠曰：“人给五十缗而不识战斗者，彼何人邪！谓上即位之赏也。愠，于问翻。常额衣资不得而前冒白刃者，此何人邪！”汹汹不可止。光颜亲为开陈大义以谕之，为，于伪翻。言与涕俱，然后军士感悦而行。将至泾州，吐蕃惧而退。丙戌，罢神策行营。罢梁守谦之军也。

西川奏吐蕃寇雅州；辛卯，盐州奏吐蕃营于乌、白池，盐州五原县有乌、白池，唐时盐州元管四池：乌池、白池、瓦窑池、细项池。青、白盐池在盐州北。寻亦皆退。

37 十一月，癸卯，遣谏议大夫郑覃诣镇州宣慰，赐钱一百万缗以赏将士。王承元既请朝命，诸将及邻道争以故事劝之；承元皆不听。及移镇义成，将士喧哗不受命，承元与柏耆召诸将以诏旨谕之，诸将号哭不从。号，户刀翻。承元出家财以散之，择其有劳者擢之，谓曰：“诸公以先代之故，不欲承元去，此意甚厚。然使承元违天子之诏，其罪大矣。昔李师道之未败也，朝廷尝赦其罪，师道欲行，诸将固留之；其后杀师道者亦诸将也。事见上卷元和十三年、十四年。诸将勿使承元为师道，则幸矣。”因涕泣不自胜，且拜之。胜，音升。十【严：“十”改“牙”。】将李寂等十馀人固留承元；承元斩以徇，军中乃定。丁未，承元赴滑州。考异曰：旧承元传曰：“承元与柏耆召诸将于馆驿，谕之，斩李寂等，军中始定。”旧郑覃传曰：“王承元移授郑滑，镇之三军留承元，不能赴镇。承元乞重臣宣谕，乃以覃为宣谕使。初，镇卒辞语不逊，覃至，宣诏，谕以大义，军人释然听命。”按实录：“辛亥，田弘正奏：‘今月九日王承元领兵二千人赴滑州。’”计覃于时犹未能到镇州，作传者推以为覃功耳。今从承元传。将吏或以镇州器用财货行，承元悉命留之。

38 上将幸华清宫，戊午，宰相率两省供奉官诣延英门，两省，以中书、门下言也。两省官自左、右常侍以下至遗、补、起居郎、舍人，皆供奉官也。延英门，延英殿门。三上表切谏，且言：“如此，臣辈当扈从。”从，才用翻；下同。求面对，皆不听。谏官伏门下，门下，谓延英门下。至暮，乃退。已未，未明，上自复道出城，幸华清宫，自复道至兴庆宫，因而出城，不欲出皇城，使百官知之而扈从也。独公主、驸马、中尉、神策六军使帅禁兵千馀人扈从，晡时还宫。帅，读曰率。

39 十二月，己巳朔，盐州奏：吐蕃千馀人围乌、白池。

40 庚辰，西川奏南诏二万人入界，请讨吐蕃。

41 癸未，容管奏破黄少卿万馀众，拔营栅三十六。时少卿久未平，国子祭酒韩愈上言："臣去年贬岭外，谓贬潮州也。熟知黄家贼事。其贼无城郭可居，依山傍险，傍，蒲浪翻。自称洞主，寻常亦各营生，急则屯聚相保。比缘邕管经略使比，毗至翻。多不得人，德既不能绥怀，威又不能临制，侵欺虏缚，以致怨恨；遂攻劫州县，侵暴平人，或复私雠，或贪小利，或聚或散，终亦不能为事。言不能为大事也。近者征讨本起裴行立、阳旻，事见上十四年。此两人者本无远虑深谋，意在邀功求赏。亦缘见贼未屯聚之时，将谓单弱，争献谋计。自用兵以来，已经二年，前后所奏杀获计不下二万馀人，傥皆非虚，贼已寻尽。至今贼犹依旧，足明欺罔朝廷。邕、容两管，经此凋弊，杀伤疾疫，十室九空，如此不已，臣恐岭南一道未有宁息之时。自南讨已来，贼徒亦甚伤损，察其情理，厌苦必深。贼所处荒僻，处，昌吕翻。假如尽杀其人，尽得其地，在于国计不为有益。若因改元大庆，谓即位逾年改元，大赦天下。赦其罪戾，遣使宣谕，必望风降伏。仍为选择有威信者为经略使，降，户江翻。仍为，于伪翻。苟处置得宜，处，昌吕翻。自然永无侵叛之事。"上不能用。

穆宗睿圣文惠孝皇帝上 讳恒，宪宗第三子。

长庆元年（辛丑、八二一）

1 春，正月，辛丑，上祀圜丘；赦天下，改元。河北诸道各令均定两税。以河北诸镇各奉图请吏，输赋税，故令均定之。

2 门下侍郎、同平章事萧俛，介洁疾恶，为相，重惜官职，少所引拔。俛，音免。少，诗沼翻。西川节度使王播大修贡奉，且以赂结宦官，求为相，段文昌复左右之；复，扶又翻。左，音佐。右，音佑。诏征播诣京师。俛屡于延英力争，言："播纤邪，物论沸腾，不可以污台司。"污，乌故翻，涴也。上不听，俛遂辞位。己未，播至京师。壬戌，俛罢为右仆射。俛固辞仆射，二月，癸酉，改吏部尚书。

3 卢龙节度使刘总既杀其父兄，事见二百三十八卷宪宗元和五年。心常自疑，数见父兄为祟；数，所角翻。祟，虽遂翻。常于府舍饭僧数百，饭，扶晚翻。使昼夜为佛事，每视事退则处其中，或处他室，则惊悸不敢寐。处，昌吕翻。悸，其季翻。晚年，恐惧尤甚；亦见河南、北皆从化，己卯，奏乞弃官为僧；考异曰：旧温造传曰："长庆元年，奉使河朔称旨，迁殿中侍御史。既而幽州刘总请以所部九州听朝旨，穆宗选可使者，或荐造，乃拜起居舍人，充太原、幽州、镇州宣谕使。造初至范阳，刘总具櫜鞬郊迎，乃宣圣旨，示以祸福。总俯伏流汗，若兵加于颈矣。及造使还，总遂移家入觐。"按实录：长庆元年正月己巳，以造为太原、镇州等道宣慰使。二月己卯，刘总奏乞为僧。计造奉使尚未还。三月癸亥，总已卒。八月丁亥，以殿中侍御史温造为起居舍人、充镇州四面诸军宣慰使。造前以京兆司录宣慰两河，众推其材，故有是命。旧传误也。仍乞赐钱百万缗以赏将士。

4 上面谕西川节度使王播令归镇，播累表乞留京师。会中书侍郎、同平章事段文昌请退，壬申，以文昌同平章事，充西川节度使；以翰林学士杜元颖为户部侍郎、同平章事；以播为刑部尚书，充盐铁转运使。元颖，淹之六世孙也。杜淹，太宗朝为相。

5 回鹘保义可汗卒。

6 三月，癸丑，以刘总兼侍中，充天平节度使；以宣武节度使张弘靖为卢龙节度使。

7 乙卯，以权知京兆尹卢士玫为瀛莫观察使。玫，莫杯翻。

丁巳，诏刘总兄弟子侄皆除官，大将僚佐亦宜超擢，百姓给复一年，复，方目翻。军士赐钱一百万缗。

8 戊午，立皇弟憬为鄜王，悦为琼王，惸为沔王，怿为婺王，愔为茂王，怡为光王，协为淄王，憺为衢王，惋为澶王；憬，居永翻。惸，渠营翻。愔，挹淫翻。憺，徒览翻，又徒滥翻。惋，乌贯翻。澶，时连翻。皇子湛为景王，涵为江王，凑为漳王，溶为安王，瀍为颍王。

9 刘总奏恳乞为僧，且以其私第为佛寺；诏赐总名大觉，寺名报恩，遣中使以紫僧服及天平节钺、侍中告身并赐之，惟其所择。

诏未至，总已削发为僧，将士欲遮留之，总杀其唱帅者十馀人，遮留者，遮道而留行。唱帅者，作唱以帅众。帅，读曰率。夜，以印节授留后张玘，遁去；张玘与总同谋杀其父兄者也。及明，军中始知之。玘奏总不知所在；考异曰：新传："总以节付张皋。皋，玘之兄，为涿州刺史，总之妻父也。"按实录："幽州留后张玘奏：'总以剃发为僧，不知所在。'"然则不以节付皋也。癸亥，卒于定州之境。德宗贞元元年，刘怦得幽州，三世，三十六年而灭。

10 翰林学士李德裕，吉甫之子也，以中书舍人李宗闵尝对策讥切其父，恨之。讥切事见二百三十七卷宪宗元和三年。宗闵又与翰林学士元稹争进取有隙。右补阙杨汝士与礼部侍郎钱徽掌贡举，西川节度使段文昌、翰林学士李绅各以书属所善进士于徽；及榜出，文昌、绅所属皆不预，属，之欲翻；下属书同。榜者，书取中进士姓名而揭示之。及第者，取中进士，谓之及第，言其文学及等第也。郑朗，覃之弟；裴撰，度之子；苏巢，宗闵之婿；杨殷士，汝士之弟也。

文昌言于上曰："今岁礼部殊不公，殊，绝也。所取进士皆子弟无艺，言皆公卿子弟，无艺能也。以关节得之。"唐人谓相属请为关节，此语至今犹然。上以问诸学士，德裕、稹、绅皆曰："诚如文昌言。"上乃命中书舍人王起等覆试。覆，审也。再引试取中进士以审其实才曰覆试。夏，四月，丁丑，诏黜朗等十人，考异曰：郑覃传曰："朗，长庆元年登进士甲科。"此盖言其始者登科耳。贬徽江州刺史，宗闵剑州刺史，汝士开江令。江州，京师东南二千九百四十八里。剑州，京师南一千六百六十二里。开江，汉朐䏰县地，梁置汉丰县，西魏改曰永宁县，隋改曰盛山，唐代宗广德元年改曰开江，带开州。

或劝徽奏文昌、绅属书，上必悟，徽曰："苟无愧心，得丧一致，丧，息浪翻。奈何奏人私书，岂士君子所为邪！"取而焚之，时人多之。绅，敬玄之曾孙；李敬玄，高宗朝为相。起，播之弟也。自是德裕、宗闵各分朋党，更相倾轧，垂四十年。更，工衡翻。

11 丙戌，册回鹘嗣君为登啰羽录没密施句主毗伽崇德可汗。按通鉴例，回鹘新可汗未尝书嗣君。唐会要曰：册回鹘可汗为君登里啰羽录密施句主毗伽崇德可汗。啰，鲁何翻。

12 五月，丙申朔，回鹘遣都督、宰相等五百馀人来逆公主。

13 壬子，盐铁使王播奏：约榷茶额，每百钱加税五十。右拾遗李珏等上疏，以为："榷茶近起贞元多事之际，见二百三十四卷德宗贞元九年。今天下无虞，所宜宽横敛之目；横，户孟翻。敛，力赡翻。而更增之，百姓何时当得息肩！"不从。

14 丙辰，建王恪薨。恪，上弟也。

15 癸亥，以太和长公主嫁回鹘。公主，上之妹也。吐蕃闻唐与回鹘婚，六月，辛未，寇青塞堡；新书吐蕃传作"清塞堡"。盐州刺史李文悦击却之。戊寅，回鹘奏：“以万骑出北庭，万骑出安西，拒吐蕃以迎公主。”

16 初，刘总奏分所属为三道：以幽、涿、营为一道，请除张弘靖为节度使；平、蓟、妫、檀为一道，请除平卢节度使薛平为节度使；瀛、莫为一道，请除权知京兆尹卢士玫为观察使。释名曰：幽州在北，幽昧之地，故曰幽，西南至涿州一百二十里。营州，以营室分为名。幽、涿接境。营州治柳城，道里绝远。刘总奏以为一道，必有说。平州西至蓟州二百里。蓟州西北至檀州二百十七里。檀州西至妫州二百五十里。瀛州北至莫州二百一十里。玫，莫回翻。

弘靖先在河东，以宽简得众，弘靖镇河东见二百三十九卷宪宗元和十一年。总与之邻境，幽、并二镇接壤。闻其风望，以燕人桀骜日久，燕，于贤翻。故举弘靖自代以安辑之。平，嵩之子，薛嵩从史思明为将，代宗初来降。知河朔风俗，而尽诚于国，故举之。士玫，则总妻族之亲也。

总又尽择麾下【章：十二行本“下”下有“宿将有功”四字；乙十一行本同；退斋校同；张校同，云无注本亦无。】伉健难制者都知兵马使朱克融等送之京师，伉，口浪翻。无所卑屈曰伉。乞加奖拔，使燕人有慕羡朝廷禄位之志。又献征马万五千匹，征马，战马也。然后削发委去。委，弃也。克融，滔之孙也。朱滔畔换于德宗之时。

是时上方酣宴，不留意天下之务，崔植、杜元颖无远略，不知安危大体，苟欲崇重弘靖，惟割瀛、莫二州，以士玫领之，自馀皆统于弘靖。朱克融等久羁旅京师，至假丐衣食，日诣中书求官，植、元颖不之省。丐，居大翻，乞也。省，悉景翻，察也。及除弘靖幽州，勒克融辈归本军驱使，克融辈皆愤怨。

先是，河北节度使皆亲冒寒暑，与士卒均劳逸。先，悉荐翻。及弘靖至，雍容骄贵，肩舆于万众之中，燕人讶之。讶者，见之而惊疑也。燕，于贤翻；下同。弘靖庄默自尊，涉旬乃一出坐决事，宾客将吏罕得闻其言，情意不接，政事多委之幕僚。而所辟判官韦雍辈多年少轻薄之士，嗜酒豪纵，出入传呼甚盛，或夜归烛火满街，皆燕人所不习也。诏以钱百万缗赐将士，弘靖留其二十万缗充军府杂用，雍辈复裁刻军士粮赐，复，扶又翻。绳之以法，数以反虏诟责吏卒，数，所角翻。诟，许候翻，又古候翻。谓军士曰："今天下太平，汝曹能挽两石弓，不若识一丁字！"由是军中人人怨怒。抚柔荒犷，宣流德化，适其俗、修其政者易为功。骇之以其所未尝见，惧之以其所未尝闻，鲜不速祸。

容肇祖标点聂崇岐覆校

资治通鉴卷第二百四十二

端明殿学士兼翰林侍读学士太中大夫
提举西京嵩山崇福宫上柱国河内郡开国公 司马光 奉敕编集
食邑二千二百户食实封九百户赐紫金鱼袋臣

后学天台 胡三省 音注

唐纪五十八 起重光赤奋若（辛丑）七月，尽玄黓摄提格（壬寅），凡一年有奇。

穆宗睿圣文惠孝皇帝中

长庆元年（辛丑、八二一）

1 秋，七月，甲辰，韦雍出，逢小将策马冲其前导，雍命曳下，欲于街中杖之。河朔军士不贯受杖，不服。韦雍欲以柳公绰治京兆之体治幽燕，然公绰行之则可肃清辇毂，韦雍行之则召祸兴戎，所居之地不同也。贯，读曰惯。雍以白弘靖，弘靖命军虞候系治之。治，直之翻。是夕，士卒连营呼噪作乱，将校不能制，遂入府舍，掠弘靖货财、妇女，囚弘靖于蓟门馆，蓟门馆，幽州驿馆也。杀幕僚韦雍、张宗元、考异曰：旧传作"张宗厚"。今从实录。崔仲卿、郑埙、埙，许元翻。都虞候刘操、押牙张抱元。明日，军士稍稍自悔，悉诣馆谢弘靖，请改心事之，凡三请，弘靖不应，军士乃相谓曰："相公无言，是不赦吾曹。军中岂可一日无帅！"乃相与迎旧将朱洄，奉以为留后。帅，所类翻。将，即亮翻。洄，克融之父也，时以疾废卧家，自辞老病，请使克融为之；众从之。或问："当乱军相率诣馆谢弘靖之时，弘靖若能以任迪简行于中山者行之，可以弭乱乎?"曰："否。迪简能与其下同甘苦，弘靖骄贵简默。弘靖妇女为兵所掠，僚佐为兵所杀，使燕人果能改心以事弘靖，亦徒建节帅空名于悍将凶卒之上耳。悍凶凭陵，无所不至，只重辱而已。"众以判官张彻长者，不杀。彻骂曰："汝何敢反，行且族灭！"众共杀之。考异曰：实录："彻到职才数日，军人不之杀，与弘靖同馆处之。后数日，军人恐彻与弘靖为谋，将移之他所。彻自疑就戮，因抗声大骂，复遇害。"旧传曰："续有张彻者，自远使回，军人以其无过，不欲加害，将引置馆中。彻不知其心，遂索弘靖所在，大骂军人，亦为乱兵所杀。"韩愈彻墓志曰："彻累官至范阳府监察御史。长庆元年，今牛宰相为中丞，奏君为御史，其府惜不敢留，遣之，而密奏'臣始至孤怯，须强佐乃济。'发半道，有诏以君还之。至数日，军乱，怨其府从事，尽杀之而囚其帅，且相约张御史长者，无庸杀，置之帅所。居月馀，闻有中贵人自京师至，君谓其帅：'公无负此土人，上使至，可因请见自辩，幸得脱免归。'即推门求出。守者以告其魁，魁与其徒皆骇曰：'张御史忠义，必为其帅告此馀人，不如迁之别馆。'即以众出君。君出门骂众曰：'汝何敢反！前日吴元济斩东市，昨日李师道斩于军中，同恶者父母妻子皆屠死，肉喂狗鼠鸱鸦，汝何敢反！'行且骂。众畏恶其言，不忍闻，且虞生变，即击君以死。君抵死口不绝骂。众皆曰：'义士！义士！'或收瘗之以俟。"据旧传："彻以弘靖囚时被杀。"实录云"后数日"，墓志云"居月馀"，三书各不同。按此月丁巳，弘靖已贬官。月馀则离幽州矣。今从实录，参以墓志。余谓韩愈墓志能纪张彻所以骂贼之言。实录及旧传能原张彻所以骂贼之心。若其月日，则考异已有所去取矣。

2 壬子，群臣上尊号曰文武孝德皇帝；赦天下。

3 甲寅，幽州监军奏军乱；丁巳，贬张弘靖为宾客、分司；贬为太子宾客，分司东都也。己未，再贬吉州刺史。考异曰：旧传："贬抚州刺史。"按明年乃改抚州。今从实录。庚申，以昭义节度使刘悟为卢龙节度使。悟以朱克融方强，奏请"且授克融节钺，徐图之。"乃复以悟为昭义节度使。

4 辛酉，太和公主发长安。

5 初，田弘正受诏镇成德，自以久与镇人战，有父兄之仇，宪宗之世，田弘正两出兵攻镇冀。乃以魏兵二千从赴镇，因留以自卫，奏请度支供其粮赐。旧制：诸镇兵出境，度支给其衣粮。户部侍郎、判度支崔倰，性刚褊，无远虑，倰，力曾翻。以为魏、镇各自有兵，恐开事例，不肯给。弘正四上表，不报；不得已，遣魏兵归。考异曰：旧弘正传云："七月，归卒于魏州。"王庭湊传云："六月，魏兵还镇。"崔倰传曰："遣魏卒还镇。不数日而镇州乱。"今从之。倰，沔之孙也。崔沔，开元初名臣。

弘正厚于骨肉，兄弟子侄在两都者数十人，竞为侈靡，弘正兄弟子侄皆仕于朝，分居东、西两都。日费约二十万，弘正辇魏、镇之货以供之，相属于道；属，之欲翻。河北将士颇不平。诏以钱百万缗赐成德军，度支辇运不时至，军士益不悦。

都知兵马使王庭湊，本回鹘阿布思之种也，廷湊曾祖五哥之，骁果善斗，王武俊养以为子，故冒姓王氏。阿布思者，天宝中以反诛。种，章勇翻。性果悍阴狡，悍，下罕翻，又侯旰翻。潜谋作乱，每抉其细故以激怒之，抉，一决翻，挑也。尚以魏兵故，不敢发。及魏兵去，壬戌夜，庭湊结牙兵噪于府署，杀弘正及僚佐、元从将吏并家属三百馀人。从，才用翻；下再从同。廷湊自称留后，逼监军宋惟澄奏求节钺。八月，癸巳，【严："癸"改"己"。】惟澄以闻，朝廷震骇。崔倰于崔植为再从兄，故时人莫敢言其罪。

初，朝廷易置魏、镇帅臣，左金吾将军杨元卿上言，以为非便，又诣宰相深陈利害；及镇州乱，上赐元卿白玉带。辛未，以元卿为泾原节度使。杨元卿以言验受赏，然无救于镇州之乱者，古之明君不徒赏言者而已，其言可行，必先从而行之。

瀛莫将士家属多在幽州，壬申，莫州都虞候张良佐潜引朱克融兵入城，刺史吴晖不知所在。莫州，北接幽、蓟，故先陷。

癸酉，王庭湊遣人杀冀州刺史王进岌，分兵据其州。

魏博节度使李愬闻田弘正遇害，素服令将士曰："魏人所以得通圣化，至今安宁富乐者，乐，音洛。田公之力也。今镇人不道，辄敢害之，是轻魏以为无人也。诸君受田公恩，宜如何报之?”众皆恸哭。深州刺史牛元翼，成德良将也，愬使以宝剑、玉带遗之，遗，唯季翻。曰：“昔吾先人以此剑立大勋，谓平朱泚也。吾又以之平蔡州，今以授公，努力翦庭凑。”元翼以剑、带徇于军，报曰：“愿尽死!”愬将出兵，会疾作，不果。元翼，赵州人也。

乙亥，起复前泾原节度使田布为魏博节度使，令乘驿之镇。布固辞不获，与妻子宾客诀曰：“吾不还矣!”悉屏去旌节导从而行，屏，必郢翻，又卑正翻。从，才用翻。未至魏州三十里，被发徒跣，号哭而入，居于垩室；被，皮义翻。号，户刀翻。垩，遏各翻，白墙也。按间传：父母之丧居倚庐，齐衰之丧居垩室。孔颖达正义曰：斩衰居倚庐，齐衰居垩室，论其正耳。亦有斩衰不居倚庐者，则杂记云：大夫居倚庐，士居垩室。是士服斩衰而居垩室。田布父为镇人所杀，寝苫枕戈之时也，今居垩室，盖用士礼也。月俸千缗，一无所取，卖旧产，得钱十馀万缗，皆以颁士卒，旧将老者兄事之。以田布所为，宜可以得魏卒之心，而卒不济者，人心已摇，而布之威略不振也。

丙子，瀛州军乱，执观察使卢士玫及监军僚佐送幽州，囚于客馆。

王庭凑遣其将王立攻深州，不克。

丁丑，诏魏博、横海、昭义、河东、义武诸军各出兵临成德之境，若王庭凑执迷不复，宜即进讨。成德大将王俭【严：“俭”改“位”。】等五人谋杀王庭凑，事泄，并部兵三千人皆死。

己卯，以深州刺史牛元翼为深冀节度使。深州，南至冀州八十五里。

丁亥，以殿中侍御史温造为起居舍人，充镇州四面诸军宣慰使，历泽潞、河东、魏博、横海、深冀、易定等道，谕以军期。造，大雅之五世孙也。高祖起兵，温大雅掌书翰。己丑，以裴度为幽、镇两道招抚使。

癸巳，王庭凑引幽州兵围深州。

6 九月，乙巳，相州军乱，杀刺史邢濋。濋，音楚。

7 吐蕃遣其礼部尚书论纳罗来求盟。庚戌，以大理卿刘元鼎为吐蕃会盟使。

8 壬子，朱克融焚掠易州、涞水、遂城、满城。涞水，汉涿郡遒县地。隋开皇元年以范阳为道，更置范阳县于此地，六年，改范阳曰固安，八年废，十年又置永阳县，十八年又改为涞水。周官职方：其浸涞、易，盖因涞水以名县也。涞，音来。遂城，汉北新城县地，属中山国。后魏置南营州于其地，置五郡十都，后省并为昌黎一郡，领永乐、新昌二县；隋废郡，因旧有武遂县置遂城县，唐属易州。宋以遂城县置威虏军，金以县置遂州，以满城县属保州。

9 自定两税以来，定两税见二百二十六卷德宗建中元年。钱日重，物日轻，民所输三倍其初，诏百官议革其弊。户部尚书杨於陵以为："钱者所以权百货，贸迁有无，所宜流散，贸，音茂。流散，谓钱流布于天下。不应蓄聚。今税百姓钱藏之公府；又，开元中天下铸钱七十馀炉，岁入百万，新志云：天宝末，天下炉九十九，绛州三十，扬、润、宣、鄂、蔚皆十，益、郴皆五，洋州三，定州一。盖天宝末又加多于开元矣。今才十馀炉，岁入十五万，又积于商贾之室贾，音古。及流入四夷。又，大历以前淄青、太原、魏博贸易杂用铅铁，岭南杂用金、银、丹砂、象齿，今一用钱。如此，则钱焉得不重，物焉得不轻！焉，于虔翻。今宜使天下输税课者皆用谷、帛，广铸钱而禁滞积积，子赐翻。及出塞者，钱出边关，则流入于夷狄。则钱日滋矣。"朝廷从之，始令两税皆输布、丝、纩；独盐、酒课用钱。

10 冬，十月，丙寅，以盐铁转运使、刑部尚书王播为中书侍郎、同平章事，使职如故。播为相，专以承迎为事，未尝言国家安危。

11 以裴度为镇州四面行营都招讨使。左领军大将军杜叔良，以善事权幸得进；时幽、镇兵势方盛，诸道兵未敢进，上欲功速成，宦官荐叔良，以为深州诸道行营节度使。为杜叔良丧师张本。以牛元翼为成德节度使。

12 癸酉，命宰相及大臣凡十七人与吐蕃论讷罗盟于城西；遣刘元鼎与讷罗入吐蕃，亦与其宰相以下盟。吐蕃国有大相、副相，史因亦以宰相书之。

13 乙亥，以沂州刺史王智兴为武宁节度副使。先是，副使皆以文吏为之，先，悉荐翻。上闻智兴有勇略，欲用之于河北，故以是宠之。为王智兴逐其帅崔群张本。

14 丁丑，裴度自将兵出承天军故关以讨王庭凑。承天军当在辽州界。故关，即娘子关也。宋朝废辽州，以平城、和顺二县为镇；以并州之乐平、平定二县为平定军，二镇属焉；以承天军为寨，属平定县。平定，唐之广阳县也。按沈存中笔谈：镇州通河东有两路：飞狐路在大茂山之西，大茂山，恒山之岑也。自银冶寨北出倒马关，却自石门子、令水铺入瓶形、梅回两寨之间至代州。自石晋割地与契丹，以大茂山分脊为界，此路已不通；惟北寨西出承天关路，可至河东，然路极峭峡。宋白曰：承天军，太原东鄙，土门路所冲也。

15 朱克融遣兵寇蔚州。妫州西南至蔚州二百四十里。蔚，纡勿翻。

16 戊寅，王庭凑遣兵寇蔚【章：十二行本“蔚”作“贝”；乙十一行本同；孔本同；退斋校同；熊校同。】州。

17 己卯，易州刺史柳公济败幽州兵于白石岭，败，补迈翻。杀千馀人。

18 庚辰，横海军节度使乌重胤奏败成德兵于饶阳。

19 辛巳，魏博节度使田布将全军三万人讨王庭凑，屯于南宫之南，拔其二栅。

20 翰林学士元稹与知枢密魏弘简深相结，求为宰相，由是有宠于上，每事咨访焉。元稹交结大阉，丧其素守，宪宗之过也。稹，止忍翻。稹无怨于裴度，但以度先达重望，恐其复有功大用，复，扶又翻。妨己进取，故度所奏画军事，多与弘简从中沮坏之。度乃上表极陈其朋比奸蠹之状，沮，在吕翻。坏，音怪。比，毗至翻。以为："逆竖构乱，震惊山东；逆竖，指王庭凑等。奸臣作朋，挠败国政。奸臣，指元稹等。挠，奴教翻。败，补迈翻，屈也。陛下欲扫荡幽、镇，先宜肃清朝廷。何者？为患有大小，议事有先后。河朔逆贼，只乱山东；禁闱奸臣，必乱天下；是则河朔患小，禁闱患大。小者臣与诸将必能翦灭，大者非陛下觉寤制断无以驱除。断，丁乱翻。今文武百寮，中外万品，有心者无不愤忿，愤，懑也。忿，怒也。有口者无不咨嗟，直以奖用方深，不敢抵触，恐事未行而祸已及，不为国计，且为身谋。臣自兵兴以来，所陈章疏，事皆要切，所奉书诏，多有参差，参，楚簪翻。差，楚宜翻。参差，不齐也。蒙陛下委付之意不轻，遭奸臣抑损之事不少。臣素与佞幸亦无雠嫌，正以臣前请乘传诣阙，面陈军事，传，株恋翻。乘传，乘驿马也。奸臣最所畏惮，恐臣发其过，百计止臣。臣又请与诸军齐进，随便攻讨，奸臣恐臣或有成功，曲加阻碍，逗遛日时；进退皆受羁牵，羁，马络头也。牵，牛纼也。谕以马牛动为人所制。意见悉遭蔽塞。塞，悉则翻。但欲令臣失所，使臣无成，则天下理乱，山东胜负，悉不顾矣。为臣事君，一至于此！若朝中奸臣尽去，则河朔逆贼不讨自平；若朝中奸臣尚存，则逆贼纵平无益。陛下傥未信臣言，乞出臣表，使百官集议，彼不受责，臣当伏辜。"表三上，上，时掌翻。上虽不悦，以度大臣，不得已，癸未，以弘简为弓箭库使，稹为工部侍郎。稹虽解翰林，恩遇如故。为相稹及于方事张本。

21 宿州刺史李直臣坐赃当死，宦官受其赂，为之请，为，于伪翻。御史中丞牛僧孺固请诛之。上曰："直臣有才，可惜！"僧孺对曰："彼不才者，无过温衣饱食以足妻子，安足虑！本设法令，所以擒制有才之人。安禄山、朱泚皆才过于人，法不能制者也。"上从之。

22 横海节度使乌重胤将全军救深州，时王庭凑围牛元翼于深州。诸军倚重胤独当幽、镇东南，横海，当镇州之东，幽州之南。重胤宿将，知贼未可破，按兵观衅。上怒，【章：十二行本"怒"下有"丙戌"二字；乙十一行本同。】以杜叔良为横海节度使，徙重胤为山南西道节度使。

23 灵武节度使李进诚奏败吐蕃三千骑于大石山下。败，补迈翻。大石山，在鲁州东南。鲁州，六胡州之一也。在灵夏西河曲之地。

24 十一月，辛酉，淄青节度使薛平奏突将马廷崟作乱，伏诛。崟，鱼音翻。时幽、镇兵攻棣州，平遣大将李叔佐将兵救之。刺史王稷供馈稍薄，军士怨怒，宵溃，推廷崟为主，行且收兵至七千馀人，径逼青州。城中兵少，不敌，平悉发府库及家财召募，得精兵二千人，逆战，大破之，斩廷崟，其党死者数千人。考异曰：河南记曰："韩国公之节制青州也，长庆元年，诏征数道兵马，且问罪于常山，平卢发二千馀人驻于无棣。临当回戈青州，所驻兵部内队长有马士端者，杀其首领，遂驱所部士卒，兼招召迫胁，比到博昌，已万馀人，便谋入青州有日矣，韩公闻之，便议除讨。大将等进计曰：'彼贼者凶顽一卒，无经远之谋，可令给以尚书已赴阙庭，三军将吏皆延颈以待留后，贼必信之，懈然无备，可伏甲而虏之。'韩公大然其策。于是贼心不复疑贰，翌日，引兵而来。遂于城北三十馀里三面伏兵，贼众果陷于我围。信旗一麾，步骑云合，贼众惊扰，不知所为，悉皆降伏。遂令投戈释甲，驱入青州，矫令还家，待以不死。遂条其数目，明立簿书，三千、二千，各屯一处。霜刀齐发，蚁众汤消，二万馀人，同命一日。贼帅马士端溃围奔走，寻于邹平渡口追获，磔于城北。于是具列其状以上闻，旋除左仆射。"据实录作"马廷崟"，旧传作"马狼儿”，河南记作“马士端”，今名从实录，事从旧传。明年二月，平加仆射，旧传云：“封魏国公”。河南记作“韩公”，恐误。

25 横海节度使杜叔良将诸道兵与镇人战，遇敌辄北；镇人知其无勇，常先犯之。十二月，庚午，监军谢良通奏叔良大败于博野，博野，汉涿郡蠡吾县之地，后汉分置博陵县，后魏改为博野，唐属深州，宋为永宁军治所。宋白曰：雍熙四年，于博野县置宁边军。失亡七千馀人。叔良脱身还营，丧其旌节。丧，息浪翻。

26 丁丑，义武节度使陈楚奏败朱克融兵于望都及北平，望都，汉县，属中山郡。张晏曰：都山在县南，尧母庆都所居。尧山在县北，登尧山望见都山，故以望都为名。北齐并望都入北平，唐武德四年复置望都县，属定州。九域志：县在州东北六十里。北平，亦汉古县，唐属定州。九域志：在州北九十里。宋白曰：定州北平县，汉曲逆县地，后汉改蒲阴；后魏孝昌中，于今县东北二十里置北平郡于北平城，唐为北平县。按汉志，北平县属中山国。败，补迈翻。斩获万馀人。

27 戊寅，以凤翔节度使李光颜为忠武节度使、兼深州行营节度使，代杜叔良。

28 自宪宗征伐四方，国用已虚，上即位，赏赐左右及宿卫诸军无节，及幽、镇用兵久无功，府藏空竭，势不能支。藏，徂浪翻。支，持也，当也。执政乃议：“王庭凑杀田弘正而朱克融全张弘靖，罪有重轻，请赦克融，专讨庭凑。”上从之。乙酉，以朱克融为平卢节度使。“平卢”，当作“卢龙”。

29 戊子，义武奏破莫州清源等三栅，斩获千馀人。栅，侧革翻。

二年（壬寅、八二二）

1 春，正月，丁酉，幽州兵陷弓高。先是，弓高守备甚严，弓高县，宋朝为永静军地。先，悉荐翻。有中使夜至，守将不内，旦，乃得入，中使大诟怒。诟，许候翻，又古候翻。贼谍知之，谍，达协翻。他日，伪遣人为中使，投夜至城下，守将遽内之；贼众随之，遂陷弓高。史言唐宦者陵轹守御捍敌之臣，使之失守。又围下博。中书舍人白居易上言，以为："自幽、镇逆命，朝廷征诸道兵，计十七八万，考异曰：白集作"七八十万"，计无此数，恐是十七八万误耳！四面攻围，已逾半年，王师无功，贼势犹盛。弓高既陷，粮道不通，下博、深州，饥穷日急。深州西南皆逼于王庭凑，惟恃弓高以通横海之饷。弓高既陷，粮道遂梗。九域志：弓高，东至沧州一百二十里，西北至深州二百里。盖由节将太众，其心不齐，莫肯率先，递相顾望。又，朝廷赏罚，近日不行，未立功者或已拜官，已败衄者不闻得罪；衄，女六翻。既无惩劝，以至迁延，若不改张，改张，犹更张也。董仲舒曰：譬如琴瑟不调，必改弦而更张之，乃可鼓也。必无所望。请令李光颜将诸道劲兵约三四万人从东速进，开弓高粮路，【章：十二行本"路"下有"合下博诸军"五字；乙十一行本同；退斋校同。】解深、邢重围，"深邢"当作"深州"。重，直龙翻。与元翼合势。令裴度将太原全军兼招讨旧职，西面压境，压镇州之境。观衅而动。若乘虚得便，即令同力翦除；若战胜贼穷，亦许受降纳款。降，户江翻。如此，则夹攻以分其力，招谕以动其心，必未及诛夷，自生变故。谓贼之麾下将有诛逆而效顺者。又请诏光颜选诸道兵精锐者留之，其馀不可用者悉遣归本道，自守土疆。盖兵多而不精，岂唯虚费衣粮，兼恐挠败军陈故也。挠，奴巧翻。败，补迈翻。陈，读曰阵。今既只留东、西二帅，谓令裴度居西，李光颜居东。请各置都监一人，诸道监军，一时停罢。如此，则众齐令一，必有成功。又，朝廷本用田布，令报父雠，令报王庭凑杀弘正之雠。今领全师出界，供给度支，言仰供给于度支。数月已来，都不进讨，非田布固欲如此，抑有其由。闻魏博一军，屡经优赏，自田弘正举魏博一军归朝，其后代〔伐〕恒，平蔡，平郓，朝廷犒赏优厚。兵骄将富，莫肯为用。况其军一月之费，计实钱二十八万缗，若更迁延，将何供给？此尤宜早令退军者也。若两道止共留兵六万，所费无多，两道，谓河东、横海。既易支持，易，以豉翻。自然丰足。今事宜日急，其间变故远不可知。苟兵数不抽，军费不减，食既不足，众何以安！不安之中，何事不有！况有司迫于供军，百端敛率，不许即用度交阙，尽许则人心无憀。指言将有建中之祸而微其辞。憀，落萧翻，无憀赖也。自古安危皆系于此，伏乞圣虑察而念之。”疏奏，不省。白居易之论事，李绛之流亚欤！顾宪、穆有用不用耳。省，悉景翻。

己亥，度支馈沧州粮车六百乘，至下博，尽为成德军所掠。时诸军匮乏，供军院所运衣粮，往往不得至院，此时供军院置于行营者，谓之北供军院；度支自南供军院运以给之。乘，绳证翻。在涂为诸军邀夺，其悬军深入者，皆冻馁无所得。

初，田布从其父弘正在魏，善视牙将史宪诚，屡称荐，至右职；及为节度使，遂寄以腹心，以为先锋兵马使，军中精锐，悉以委之。宪诚之先，奚人也，世为魏将；魏与幽、镇本相表里，及幽、镇叛，魏人固摇心。布以魏兵讨镇，军于南宫，上屡遣中使督战，而将士骄惰，无斗志，又属大雪，属，之欲翻。度支馈运不继。布发六州租赋以供军，魏、博、贝、卫、澶、相六州也。将士不悦，曰：“故事，军出境，皆给朝廷。言仰给于朝廷也。今尚书刮六州肌肉以奉军，虽尚书瘠己肥国，六州之人何罪乎！”宪诚阴蓄异志，因众心不悦，离间鼓扇之。以众情谕火，火本有炽烈之性，鼓鞴以吹之，摇扇以扇之，则愈炽烈矣。间，古苋翻。会有诏分魏博军与李光颜，使救深州，庚子，布军大溃，多归宪诚；布独与中军八千人还魏，壬寅，至魏州。

癸卯，布复召诸将议出兵，复，扶又翻。诸将益偃蹇，曰：“尚书能行河朔旧事，则死生以之；谓行田承嗣、李宝臣之事也。若使复战，则不能也！”布无如之何，叹曰：“功不成矣！”即日，作遗表具其状，略曰：“臣观众意，终负国恩；臣既无功，敢忘即死。即，就也。伏愿陛下速救光颜、元翼，不然者，忠臣义士皆为河朔屠害矣！”奉表号哭，号，户刀翻。拜授幕僚李石，乃入启父灵，孝子之丧其亲也，设几筵，朝夕具盥洗，上饮食，事之如生，俗谓之灵筵。抽刀而言曰：“上以谢君父，下以示三军。”遂刺心而死。刺，七亦翻。宪诚闻布已死，乃谕其众，遵河北故事。众悦，拥宪诚还魏，奉为留后。戊申，魏州奏布自杀。己酉，以宪诚为魏博节度使。宪诚虽喜得旄钺，外奉朝廷，然内实与幽、镇连结。

2 庚戌，以德州刺史王日简为横海节度使。日简，本成德牙将也。壬子，贬杜叔良为归州刺史。

王庭凑围牛元翼于深州，官军三面救之，裴度以河东军临其西，李光颜以横海诸军营其东，陈楚以易定军逼其北，是三面救之。皆以乏粮不能进，虽李光颜亦闭壁自守而已。军士自采薪刍，日给不过陈米一勺。陈，旧也。经年之米为陈米。勺，职略翻，又时灼翻。周礼：梓人为饮器，勺一升。按一升之勺，乃饮器也，非以量米。凡量，十勺为合，十合为升，十升为斗。以量言之，则一人日给一勺之陈米，有馁死而已。作史者盖极言其匮乏，犹武成血流漂杵之语。深州围益急，朝廷不得已，二月，甲子，以庭凑为成德节度使，军中将士官爵皆复其旧；以兵部侍郎韩愈为宣慰使。

上之初即位也，两河略定，萧俛、段文昌以为“天下已太平，渐宜消兵，请密诏天下，军镇有兵处，每岁百人之中限八人逃、死。”或以逃，或以死，除其籍。俛，音免。上方荒宴，不以国事为意，遂可其奏。军士落籍者众，皆聚山泽为盗；及朱克融、王庭凑作乱，一呼而亡卒皆集。呼，火故翻。诏征诸道兵讨之，诸道兵既少，少，诗沼翻。皆临时召募，乌合之众；又，诸节度既有监军，其领偏军者亦置中使监陈，监，古衔翻。陈，读曰阵。主将不得专号令，战小胜则飞驿奏捷，自以为功，不胜则迫胁主将，以罪归之；悉择军中骁勇以自卫，遣羸懦者就战，故每战多败。又凡用兵，举动皆自禁中授以方略，朝令夕改，不知所从；不度可否，度，徒洛翻。惟督令速战。中使道路如织，驿马不足，掠行人马以继之，人不敢由驿路行。取间道而行，由驿路则马为所掠故也。故虽以诸道十五万之众，裴度元臣宿望，乌重胤、李光颜皆当时名将，讨幽、镇万馀之众，屯守逾年，竟无成功，财竭力尽。

崔植、杜元颖为【章：十二行本“为”上有“王播”二字；乙十一行本同。】相，皆庸才，无远略。史宪诚既逼杀田布，朝廷不能讨，遂并朱克融、王庭凑以节授之。由是再失河朔，迄于唐亡，不能复取。史极言唐再失河朔之由。若以三叛得节之时言之，须有先后。复，扶又翻。

朱克融既得旌节，乃出张弘靖及卢士玫。去年七月，朱克融囚张弘靖，八月，囚卢士玫。

丙寅，以牛元翼为山南东道节度使，以左神策行营乐寿镇兵马使清河傅良弼为沂州刺史，乐寿镇即置于深州乐寿县。乐，音洛。以瀛州博野镇遏使李寰为忻州刺史。良弼、寰所戍在幽、镇之间，朱克融、王庭凑互加诱胁，良弼、寰不从，各以其众坚壁，贼竟不能取，故赏之。诱，音酉。

3 丙子，赐横海节度使王日简姓名为李全略。

4 辛巳，中书侍郎、同平章事崔植罢为刑部尚书，以工部侍郎元稹同平章事。考异曰：实录：“以御史中丞牛僧孺为户部侍郎，翰林学士李德裕为御史中丞。”旧李德裕传：“元和初，用兵伐叛，始于杜黄裳诛蜀；吉甫经画，欲定两河，方欲出师而卒；继之元衡、裴度，而韦贯之、李逢吉沮议，深以用兵为非，而韦、李相次罢相。故逢吉常怒吉甫、裴度。而德裕于元和时久之不调，逢吉、僧孺、宗闵以私怨恒排摈之。时德裕与李绅、元稹俱在翰林，以学识才名相类，情颇款密。逢吉之党深恶之，其月，自学士出为御史中丞。”按德裕元和中扬历清要，非为不调。此际元稹入相，逢吉在淮南，岂能排摈德裕！盖出于德裕党人之语耳。今不取。

5 癸未，加李光颜横海节度、沧景观察使，其忠武、深州行营节度如故。以横海节度使李全略为德棣节度使。时朝廷以光颜悬军深入，馈运难通，故割沧景以隶之。

王庭凑虽受旌节，不解深州之围。丙戌，以知制诰东阳冯宿为山南东道节度副使，权知留后，垂拱二年，分乌伤县置东阳县，取旧郡名以名县也，属婺州。九域志：在州东一百五十五里。仍遣中使入深州督牛元翼赴镇。裴度亦与幽、镇书，责以大义；朱克融即解围去，王庭凑虽引兵少退，犹守之不去。

元稹怨裴度，欲解其兵柄，故劝上雪廷凑而罢兵。丁亥，以度为司空、东都留守，平章事如故。考异曰：旧纪、传皆云"度守司徒，为东都留守。"实录此云"司徒"，后领淮南及拜相，皆云"司空"。新书：度自检校司空为守司空、东都留守，及领淮南，乃为司徒。盖实录此月误，纪、传遂因之。新传后云"司徒"，亦误。今据实录，除淮南及拜相制书，自此至罢相止，是守司空。旧裴度传又曰："元稹为相，请上罢兵，洗雪廷凑、克融，解深州之围，盖欲罢度兵柄故也。"按此月甲子雪廷凑，辛巳稹为相。盖稹未为相时劝上也。谏官争上言："时未偃兵，度有将相全才，不宜置之散地。"散，苏但翻。上乃命度入朝，然后赴东都。

以灵武节度使李听为河东节度使。初，听为羽林将军，有良马，上为太子，遣左右讽求之，听以职总亲军，不敢献。及河东缺帅，帅，所类翻。上曰："李听不与朕马，是必可任。"遂用之。

6 昭义监军刘承偕恃恩，宪宗之崩也，刘承偕预有援立穆宗之功，故恃恩。陵轹节度使刘悟，轹，郎狄翻。数众辱之，数，所角翻。众辱者，于众中慢辱之也。又纵其下乱法。阴与磁州刺史张汶谋缚悟送阙下，以汶代之；悟知之，讽其军士作乱，杀汶。围承偕，欲杀之，汶，音问。幕僚贾直言入，责悟曰："公所为如是，欲效李司空邪！此军中安知无如公者，李师道为司空，贾直言旧僚属也，故犹称其官。言李师道悖逆，刘悟倒戈取师道而得节钺，今悟效师道所为，昭义军中亦将有效悟所为而取节钺者。使李司空有知，得无笑公于地下乎！”悟遂谢直言，救免承偕，囚之府舍。考异曰：实录：“监军刘承偕颇恃恩侵权，尝对众辱悟，又纵其下乱法。悟不能平。异日，有中使至，承偕宴之，请悟，悟欲往。左右皆曰：‘往则必为其困辱矣。’军众因乱，悟不止之，遂擒承偕，杀其二傔，欲并害承偕。悟救之，获免。”新刘悟传曰：“承偕与都将张问谋缚悟送京师，以问代节度事。悟知之，以兵围监军，杀小使。其属贾直言质责悟，悟即㧑兵退，匿承偕，囚之。”新直言传，“张问”作“张汶”。杜牧上李司徒书亦云：“其军大乱，杀磁州刺史张汶。”又云：“汶既因依承偕谋杀悟，自取军人忌怒，遂至大乱。”盖军士围承偕必出于悟志，及奏朝廷，则云军众所为耳。今承偕名从实录，汶名从杜书。

7 初，上在东宫，闻天下厌苦宪宗用兵，故即位，务优假将卒以求姑息。三月，壬辰，【章：十二行本“辰”下有“朔”字；乙十一行本同。】诏：“神策六军使及南牙常参武官南牙常参武官，十六卫上将军、大将军、将军也。具由历、功绩，牒送中书，量加奖擢。由者，得官之由。历者，所历职任。量，音良。其诸道大将久次及有功者，悉奏闻，与除官。应天下诸军，各委本道据守旧额，不得辄有减省。”于是商贾、胥吏贾，音古。争赂藩镇，牒补列将而荐之，即升朝籍。朝，直遥翻。唐末藩镇列将带朝衔者，著之朝籍。奏章委积，士大夫皆扼腕叹息。腕，乌贯翻。

8 武宁节度副使王智兴将军中精兵三千讨幽、镇，节度使崔群忌之，奏请即用智兴为节度使，不则召诣阙，除以他官。不，读曰否。事未报，智兴亦自疑；会有诏赦王庭凑，诸道皆罢兵，智兴引兵先期入境。群惧，遣使迎劳，先，悉荐翻。劳，力到翻。且使军士释甲而入；智兴不从。乙巳，引兵直进，徐人开门待之，智兴杀不同己者十馀人，乃入府牙，见群及监军，见，贤遍翻。拜伏曰：“军众之情，不可如何！”为群及判官、从吏具人马及治装，为，于伪翻。从，才用翻；下同。治，直之翻。皆素所办也，遣兵卫从群，至埇桥而返。埇，余陇翻。考异曰：实录："群累表请追智兴，授以他官，事未行，诏班师。智兴帅众斩关而入。"旧智兴传亦同。旧群传则曰："群以智兴早得士心，表请因授智兴旄钺；寝不报。智兴回戈，城内皆是父兄，开关延入。"今兼取之。遂掠盐铁院钱帛，埇桥有盐铁院。及诸道进奉在汴中者，谓诸道进奉船在汴河中者。并商旅之物，皆三分取二。史言唐下陵上慢，无复纪纲。

9 丙午，加朱克融、王庭凑检校工部尚书。上闻其解深州之围，故褒之，然庭凑之兵实犹在深州城下。

韩愈既行，众皆危之；诏愈至境更观事势，勿遽入，愈曰："止，君之仁；死，臣之义。"言止之勿使遽入镇者，君之仁；不畏死而径往致命者，臣之义也。遂往。至镇，庭凑拔刃弦弓以逆之，及馆，甲士罗于庭。庭凑言曰："所以纷纷者，乃此曹所为，非庭凑心。"愈厉声曰："天子以尚书有将帅材，故赐之节钺，不知尚书乃不能与健儿语邪！"甲士前曰："先太师为国击走朱滔，王武俊赠太师，击走朱滔，见二百三十二卷德宗兴元元年。为，于伪翻。血衣犹在，此军何负朝廷，乃以为贼乎！"愈曰："汝曹尚能记先太师则善矣。夫逆顺之为祸福岂远邪！自禄山、思明以来，至元济、师道，其子孙有今尚存仕宦者乎！田令公以魏博归朝廷，子孙虽在孩提，皆为美官；田弘正之徙成德也，进兼中书令，子孙为美官，见上卷宪宗元和十四年。王承元以此军归朝廷，弱冠为节度使；见上卷元和十五年。冠，古玩翻。刘悟、李佑，今皆为节度使；汝曹亦闻之乎！"庭凑恐众心动，麾之使出；恐其众闻愈言而心动，有如刘悟、李佑者。谓愈曰："侍郎来，韩愈时为兵部侍郎，故称之。欲使庭凑何为？"愈曰："神策六军之将如牛元翼者不少，少，诗沼翻。但朝廷顾大体，不可弃之耳！尚书何为围之不置？"庭凑曰："即当出之。"因与愈宴，礼而归之。未几，牛元翼将十骑突围出，几，居岂翻。深州大将臧平等举城降，庭凑责其久坚守，杀平等将吏百八十馀人。

10 戊申，裴度至长安，见上，谢讨贼无功。先是，上诏刘悟送刘承偕诣京师，悟托以军情，不时奉诏。上问度："宜如何处置？"处，昌吕翻；下同。度对曰："承偕在昭义，骄纵不法，臣尽知之，悟在行营谓讨王承宗在行营时。与臣书，具论其事。时有中使赵弘亮在军中，持悟书去，云'欲自奏之'，不知尝奏不？"奏不，读曰否。上曰："朕殊不知也，且悟大臣，何不自奏！"对曰："悟武臣，不知事体。然今事状籍籍如此，颜师古曰：籍籍，犹纷纷也。臣等面论，陛下犹不能决，况悟当日单辞，岂能动圣听哉！"单辞，一人之言。上曰："前事勿论，直言此时如何处置？"对曰："陛下必欲收天下心，止应下半纸诏书，具陈承偕骄纵之罪，令悟集将士斩之，则藩镇之臣，孰不思为陛下效死！为，于伪翻。非独悟也。"上俛首良久，曰：俛，音免。"朕不惜承偕，然太后以为养子，今兹囚絷，太后尚未知之，况杀之乎！卿更思其次。"度乃与王播等奏请"流承偕于远州，必得出。"言既明底其罪，则悟必释承偕。上从之。后月馀，悟乃释承偕。

11 李光颜所将兵闻当留沧景，皆大呼西走，呼，火故翻。西走，欲归许州。光颜不能制，因惊惧成疾。己酉，上表固辞横海节，乞归许州；许之。李光颜本忠武节度使。许州，忠武军治所。考异曰：旧光颜传曰："光颜以朝廷制置乖方，贼帅连结，未可朝夕平定，事若差跌，即前功尽弃，乃恳辞兼镇。寻以疾作，表祈归镇。朝廷果以讨贼无功而赦庭凑。"今从实录。

12 壬子，以裴度为淮南节度使，馀如故。馀官如故也。

13 加刘悟检校司徒，馀如故。自是悟浸骄，欲效河北三镇，魏、镇、幽为河北三镇。招聚不逞，不逞者，欲为非而不得逞志者也。章表多不逊。

14 裴度之讨幽、镇也，回鹘请以兵从；从，才用翻。朝议以为不可，遣中使止之。回鹘遣其臣李义节将三千人已至丰州北，却之，不从；诏发缯帛七万匹以赐之，甲寅，始还。还，音旋，又如字。

15 王智兴遣轻兵二千袭濠州；丙辰，刺史侯弘度弃城奔寿州。

16 言事者皆谓裴度不宜出外，上亦自重之。戊午，制留度辅政；以中书侍郎、同平章事王播同平章事，代度镇淮南，仍兼诸道盐铁转运使。

17 李寰帅其众三千出博野，帅，读曰率。王庭凑遣兵追之；寰与战，杀三百馀人，庭凑兵乃还，馀众二千犹固守博野。

18 朝廷以新罢兵，力不能讨徐州，己未，以王智兴为武宁节度使。

19 复以德棣节度使李全略为横海节度使。李光颜既还许州，故全略复镇横海。

20 夏，四月，辛酉朔，日有食之。

21 甲戌，以傅良弼、李寰为神策都知兵马使。

22 户部侍郎、判度支张平叔上言："官自粜盐，粜，他吊翻。可以获利一倍；"又请"令所由将盐就村粜易；"所由，绾掌官物之吏也。事必经由其手，故谓之所由。又乞"令宰相领盐铁使；"又请"以粜盐多少为刺史、县令殿最；"殿，丁练翻。又乞"检责所在实户，据口团保，团保者，团结户口，使之互相保识。给一年盐，使其四季输价；"又"行此策后，富商大贾或行财贿，邀截喧诉，其为首者所在杖杀，连状人皆杖脊。"连状人，谓连名告状者也。诏百官议其可否。

兵部侍郎韩愈上言，以为："城郭之外，少有见钱少，诗绍翻。见，贤遍翻；下同。粜盐，当属上句。多用杂物贸易。盐商则无物不取，或赊贷徐还，鬻物而缓取直曰赊。贷，借也。用此取济，两得利便。今令吏人坐铺自粜，列物而鬻之谓之铺。铺，普故翻。非得见钱，必不敢受。如此，贫者无从得盐，自然坐失常课，如何更有倍利！又若令人吏将盐家至而户粜，必索百姓供应，索，山客翻。供应，言各供其物以应官吏所须也。骚扰极多。又，刺史、县令职在分忧，人君忧民，有不得其生者，故置守令以抚字之，是其职在分忧也。岂可惟以盐利多少为之升黜，不复考其理行！复，扶又翻。理行，犹言治行也。行，户孟翻。又，贫家食盐至少，或有淡食动经旬月，若据户给盐，依时征价，官吏畏罪，必用威刑，臣恐因此所在不安，此尤不可之大者也。"

中书舍人韦处厚议，以为："宰相处论道之地，处，昌吕翻。书曰：三公论道经邦。杂以鹾务，鹾，才何翻。记曲礼曰：盐曰咸鹾。实非所宜。窦参、皇甫镈皆以钱谷为相，名利难兼，卒蹈祸败。窦参事见德宗纪。皇甫镈事见宪宗纪。卒，子恤翻。又欲以重法禁人喧诉，谓为首告诉者杖杀，连名者杖脊也。夫强人之所不能，事必不立；强，其两翻。禁人之所必犯，法必不行矣。"事遂寝。考异曰：实录因三月壬寅平叔迁户部侍郎事，遂言变盐法及处厚驳议。按韩愈时奉使镇州犹未还。又壬寅三月十一日，愈论盐法状云："奉今月九日敕，"不知其何月也，今附于四月之末。

平叔又奏征远年逋欠。江州刺史李渤上言："度支征当州贞元二年逃户所欠钱四千馀缗，当州今岁旱灾，田损什九。刺史自以所守州为当州。陛下奈何于大旱中征三十六年前逋负！"诏悉免之。

23 邕州人不乐属容管，废邕管入容管，见上卷元和十五年。乐，音洛。刺史李元宗以吏人状授御史，使奏之。容管经略使严公素闻之，遣吏按元宗擅以罗阳县归蛮酋黄少度。罗阳，当在西原，羁縻县也。盖裴行立攻黄洞时得之，而元宗擅以归之也。酋，慈由翻。五月，壬寅，元宗将兵百人并州印奔黄洞。

24 王庭凑之围牛元翼也，和王傅于方欲以奇策干进，和王绮，顺宗子。言于元稹，请“遣客王昭、于友明考异曰：实录作“于友明”，后作“于启明”，旧元稹传作“王友明”。今从实录之初及新书。间说贼党，使出元翼。间，古苋翻。说，式芮翻。仍赂兵、吏部令史伪出告身二十通，文官告身，赂吏部令史伪为之；武官告身，赂兵部令史伪为之。令以便宜给赐。”稹皆然之。元稹方图进取，而先与兵、吏部令史为伪，曾是以为相业乎！有李赏者，知其谋，乃告裴度，云方为稹结客刺度，为，于伪翻。度隐而不发。赏诣左神策告其事。考异曰：旧裴度传曰：“初，度与李逢吉素不协。度自太原入朝，而恶度者以逢吉善于阴计，足能构度，乃自襄阳召逢吉入朝为兵部尚书。度既复知政事，而魏弘简、刘承偕之党在禁中，逢吉用族子仲言之谋，因医人郑注与中尉王守澄交结，内官皆为之助。五月，左神策军奏：‘告事人李赏称，于方受元稹所使，结客欲刺裴度。’”按恶度者不过元稹与宦官，彼欲害度，其术甚多，何必召逢吉！又如所谋，则稹当获罪，非所以害度也。又逢吉若使李赏告之，下御史按鞫，赏急，必连引逢吉，非所以自谋也。盖赏自告耳，非逢吉教令也。丁巳，诏左仆射韩皋等鞫之。

25 戊午，幽州节度使朱克融进马万匹，羊十万口，而表云先请其直充犒赏。史言朱克融玩弄朝廷。

26 三司按于方刺裴度事，皆无验。六月，甲子，度及元稹皆罢相，度为右仆射，稹为同州刺史；以兵部尚书李逢吉为门下侍郎、同平章事。

27 党项寇灵州、渭北，掠官马。先寇灵州，遂及渭北也。

28 谏官上言：“裴度无罪，不当免相。元稹与于方为邪谋，责之太轻。”上不得已，壬申，削稹长春宫使。长春宫在同州，元稹以出刺兼使，今削之。

29 吐蕃寇灵武。

30 庚辰，盐州奏党项都督拔跋万诚请降。党，底朗翻。“拔跋”，当作“托跋”。降，户江翻。

31 壬午，吐蕃寇盐州。

32 戊子，复置邕管经略使。复，扶又翻。

33 初，张弘靖为宣武节度使，弘靖代韩弘见上卷宪宗元和十四年。屡赏以悦军士，府库虚竭。李愿继之，性奢侈，赏劳既薄于弘靖时，劳，力到翻。又峻威刑，军士不悦。愿以其妻弟窦瑗典宿直兵，瑗骄贪；军中恶之。恶，乌路翻。牙将李臣则等作乱，秋，七月，壬辰夜，即帐中斩瑗头，因大呼，呼，火故翻。府中响应。愿与一子逾城奔郑州。汴州西至郑州一百五十里。乱兵杀其妻，推都押牙李齐为留后。齐，古拜翻。考异曰：实录：“戊戌，汴州监军使奏：六月四日夜，军乱，节度使李愿逾城以遁。”新纪亦云：“六月癸亥，李齐反，逐李愿。”按李愿若以六月四日夜被逐，不应至此月十日方奏到京师。疑实录“七”字误为“六”。旧纪止用此奏到日，今从愿传“七月四日”。

34 丙申，宋王结薨。结，顺宗子。

35 戊戌，宣武监军奏军乱。庚子，李齐自奏已权知留后。

乙巳，诏三省官与宰相议汴州事，三省官，自遗、补、舍人、丞、郎以上。皆以为宜如河北故事，授李齐节。李逢吉曰：“河北之事，盖非获已。今若并汴州弃之，则是江、淮以南皆非国家有也。”杜元颖、张平叔争之曰：“奈何惜数尺之节，不爱一方之死乎！”议未决，会宋、亳、颍三州【章：十二行本“州”下有“刺史”二字；乙十一行本同。】各上奏，请别命帅。三州，皆宣武巡属。帅，所类翻。上大喜，以逢吉议为然，遣中使诣三州宣慰。逢吉因请“以将军征齐入朝，以义成节度使韩充镇宣武。充，弘之弟，素宽厚得众心。韩弘镇宣武二十馀年，将士怀之，其弟又以宽厚得众，故逢吉请以代齐。脱齐旅拒，则命徐、许两军攻其左右而滑军蹙其北，徐帅，王智兴。许帅，李光颜。充必得入矣。”上皆从之。

丙午，贬李愿为随州刺史，随州，古随国，汉为随县，江左为随郡，西魏置随州，京师东南一千三百八十八里。以韩充为宣武节度兼义成节度使。征李㝏为右金吾将军，㝏不奉诏。宋州刺史高承简斩其使者，㝏遣兵二千攻之，陷宁陵、襄邑。宋州，西至汴州二百八十五里。宁陵，州西四十五里。襄邑，州西微北。宋州有三城，贼已陷其南城，承简保北二城，与贼十馀战。癸丑，忠武节度使李光颜将兵二万五千讨李㝏，屯尉氏。尉氏，在汴州西南，许州东北。兖海节度使曹华闻㝏作乱，不俟诏，即发兵讨之。㝏遣兵三千人攻宋州，适至城下，丙辰，华逆击，破之。丁巳，李光颜败宣武兵于尉氏，败，补迈翻；下同。斩获二千馀人。

36 八月，辛酉，大理卿刘元鼎自吐蕃还。元鼎去年使吐蕃。

37 甲子，韩充入汴境，军于千塔。千塔，当在汴州北。武宁节度使王智兴与高承简共破宣武兵，斩首千馀级，馀众遁去。壬申，韩充败宣武兵于郭桥，九域志：汴州祥符县有郭桥镇。斩首千馀级，进军万胜。九域志：汴州中牟县有万胜镇。

初，李㝏既为留后，以都知兵马使李质为腹心；及㝏除将军，不奉诏，质屡谏不听。会㝏疽发于首，遣李臣则等将兵拒李光颜于尉氏。既而官军四集，兵屡败，㝏疾甚，悉以军事属李质，属，之欲翻。卧于家。丙子，质与监军姚文寿擒㝏，杀之；诈为㝏牒，追臣则等，至，皆斩之；执㝏四子送京师。

韩充未至，质权知军务，时牙兵三千人，日给酒食，物力不能支。质曰：“若韩公始至而罢之，则人情大去矣！不可留此弊以遗吾帅。”遗，唯季翻。帅，所类翻。即命罢给而后迎充。丁丑，充入汴。

癸未，以韩充专为宣武节度使，以曹华为义成节度使，高承简为兖、海、沂、密节度使，加李光颜兼侍中，以李质为右金吾将军。

韩充既视事，人心粗定，乃密籍军中为恶者千馀人，一朝，并父母妻子悉逐之，曰："敢少留境内者斩。"于是军政大治。除乱而去其根，则乱无从生矣。治，直吏翻。

38 九月，戊子朔，浙西观察使京兆窦易直易，弋豉翻。奏大将王国清作乱，伏诛。初，易直闻汴州乱而惧，欲散金帛以赏军士，或曰："赏之无名，恐益生疑。"乃止。而外已有知之者，故国清作乱；易直讨擒之，并杀其党二百馀人。考异曰：旧易直传曰："时江、淮旱，水浅，转运司钱帛委积，不能漕。国清指以为赏，激讽州兵谋乱。先事有告者，乃收国清下狱，其党数千大呼，入狱中篡取国清而出之，因欲大剽。易直登楼谓将吏曰：'能诛为乱者，每获一人，赏千万。'众喜，倒戈击乱党，擒国清等三百馀人，皆斩之。"今从实录。

39 德州刺史王稷，承父锷馀赀，家富厚；横海节度使李景略利其财，李景略，当作李全略。丙申，密教军士杀稷，屠其家，纳其女为妾，以军乱闻。象有齿而焚其身，贿也。王锷仅能免其身而祸钟其子，君子是以知守富之难！

40 朝廷之讨李岕也，遣司门郎中韦文恪宣慰魏博，史宪诚表请授岕旌节，又于黎阳筑马头，为渡河之势，附河岸筑土植木夹之至水次，以便兵马入船，谓之马头。见文恪，辞礼倨慢；及闻岕死，辞礼顿恭，曰："宪诚，胡人，譬如狗，虽被捶击，终不离主耳。"捶，比蕊翻。离，力智翻。

41 冬，十一月，庚午，皇太后幸华清宫。辛未，上自复道幸华清宫，遂畋于骊山，即日还宫。太后数日乃返。

42 丙子，集王缃薨。缃，顺宗子。

43 庚辰，上与宦者击球于禁中，有宦者坠马，上惊，因得风疾，不能履地，自是人不闻上起居；宰相屡乞入见，不报。裴度三上疏请立太子，且请入见。见，贤遍翻。十二月，辛卯，上见群臣于紫宸殿，御大绳床，程大昌演繁露曰：今之交床，制本自虏来，始名胡床。隋以谶有胡，改名交床。唐穆宗于紫宸殿御大绳床见群臣，则又名绳床矣。余按交床、绳床，今人家有之，然二物也。交床以木交午为足，足前后皆施横木，平其底，使错之地而安；足之上端，其前后亦施横木而平其上，横木列窍以穿绳绦，使之可坐。足交午处复为圆穿，贯之以铁，敛之可挟，放之可坐；以其足交，故曰交床。绳床，以板为之，人坐其上，其广前可容膝，后有靠背，左右有托手，可以阁臂，其下四足着地。悉去左右卫官，去，羌吕翻。独宦者十馀人侍侧，人情稍安。李逢吉进言："景王已长，请立为太子。"裴度请速下诏，副天下望。既【章：十二行本"既"上有"上无言"三字；乙十一行本同；退斋校同；张校同，云无注本亦无。】而两省官亦继有请立太子者。癸巳，诏立景王湛为皇太子。考异曰：刘轲牛羊日历曰："穆宗不愈，宰臣议立敬宗为皇太子。时牛僧孺独怀异图，欲立诸子。僧孺乃昌言于朝曰：'梁守谦、王守澄将不利于上。'又使杨虞卿、汉公辈宣言于外曰：'王守澄欲谋废立。'又令其徒于街衢门墙上施榜，每于穆宗行幸处路傍或苑内草间削白而书之，冀谋大乱，其凶险如此。"此出于朋党之言，不足信也。上疾浸瘳。

44 是岁，初行宣明历。宪宗即位，司天徐昂上新历曰："观象起元和二年用之，然无蔀章之数，至于发敛启闭之候，循用旧法，测验不合。"上立，以累世缵绪，必更历纪，乃诏日官改撰历，名曰宣明。其气朔发敛、日躔月离，皆因大衍旧术，晷漏交会，则稍增损之。

容肇祖标点聂崇岐覆校

资治通鉴卷第二百四十三

端明殿学士兼翰林侍读学士太中大夫
提举西京嵩山崇福宫上柱国河内郡开国公 **司马光** 奉敕编集
食邑二千二百户食实封九百户赐紫金鱼袋臣

后学天台 **胡三省** 音注

唐纪五十九 起昭阳单阏(癸卯),尽著雍涒滩(戊申),凡六年。

穆宗睿圣文惠孝皇帝下

长庆三年(癸卯、八二三)

1 春,正月,癸未,赐两军中尉以下钱。二月,辛卯,赐统军、军使等绵彩、银器各有差。绵,当作“锦”。【章:十二行本正作“锦”。】

2 户部侍郎牛僧孺,素为上所厚。初,韩弘之子右骁卫将军公武为其父谋,以财结中外。为其,于伪翻。及公武卒,弘继薨,稚孙绍宗嗣,主藏奴与吏讼于御史府。藏,徂浪翻。上怜之,尽取弘财簿自阅视,凡中外主权,主权,谓中外官之有事权者。多纳弘货,独朱句细字曰:“某年月日,送户部牛侍郎钱千万,不纳。”句,古侯翻。上大喜,以示左右曰:“果然,吾不缪知人!”缪,靡幼翻。三月,壬戌,以僧孺为中书侍郎、同平章事。

时僧孺与李德裕皆有入相之望;德裕出为浙西观察使,

八年不迁，至文宗大和三年，用裴度荐，始征李德裕于浙西，又为李宗闵所排，出帅滑。以为李逢吉排己，引僧孺为相。由是牛、李之怨愈深。考异曰：旧德裕传曰："初，李逢吉自襄阳入朝，乃密赂纤人，构成于方狱。六月，元稹、裴度俱罢。逢吉代裴度为相，既得权位，锐意报怨。时德裕与僧孺俱有相望，逢吉欲引僧孺，惧绅与德裕禁中沮之，九月，出德裕浙西，寻引僧孺同平章事，繇是交怨愈深。"盖德裕以此疑怨逢吉，未必皆出逢吉之意也！

3 夏，四月，甲午，安南奏陆州獠攻掠州县。武德元年，以宁越郡之安海、玉山置玉山州；贞观元年，州废，属钦州；高宗上元二年，复置陆州，东至廉州界三百里。

4 丙申，赐宣徽院供奉官钱，紫衣者百二十缗，下至承旨各有差。唐中世以后，置宣徽院，以宦者主之。其大朝贺及圣节上寿，则宣徽使宣答。徐度却扫编曰："宣徽使，本唐宦者之官，故其所掌皆琐细之事。本朝更用士人，品秩亚二府，有南、北院，南院比北院资望尤优，然其职犹多因唐之旧。赐群臣新火，及诸司使至崇班、内侍、供奉、诸司工匠、兵卒名籍，及三班以下迁补、假故、鞫劾，春秋及圣节大宴，节度迎授恩命，上元张灯，四时祠祭，契丹朝贡，内庭学士赴上，督其供帐，内外进奉名物，教坊伶人岁给衣带，郊御殿、朝谒圣容，赐酺，国忌，诸司使下别籍分产，诸司工匠休假之类。"今观穆宗所赐，则宣徽院官员数多矣。

5 初，翼城人郑注，眇小，目下视，而巧谲倾谄，善揣人意，翼城县，属绛州，本汉绛县地，隋改翼城县，因县古翼城为名。揣，初委翻。以医游四方，羁贫甚。尝以药术干徐州牙将，牙将悦之，荐于节度使李愬。愬饵其药颇验，遂有宠，署为牙推，牙推，在节度推官之下。浸预军政，妄作威福，军府患之。监军王守澄以众情白愬，请去之，去，羌吕翻；下同。愬曰："注虽如是，然奇才也，将军试与之语，时中官多加诸卫将军，谓之内将军。苟无可取，去之未晚。"乃使注往谒守澄，守澄初有难色，不得已见之，坐语未久，守澄大喜，延之中堂，促膝笑语，恨相见之晚。明日，谓愬曰："郑生诚如公言。"自是又有宠于守澄，权势益张，张，知亮翻。愬署为巡官，列于宾席。注既用事，恐牙将荐己者泄其本末，密以他罪谮之于愬，愬杀之。及守澄入知枢密，挈注以西，为立居宅，赡给之；为，于伪翻。遂荐于上，上亦厚遇之。

自上有疾，去年冬十一月上有疾，事见上卷。守澄专制国事，势倾中外；注日夜出入其家，与之谋议，语必通夕，关通赂遗，遗，唯季翻。人莫能窥其迹。始则有微贱巧宦之士，或因以求进，数年之后，达官车马满其门矣。为郑注与李训诛王守澄及甘露之祸张本。工部尚书郑权，家多姬妾，禄薄不能赡，因注通于守澄以求节镇；己酉，以权为岭南节度使。

6 五月，壬申，以尚书左丞柳公绰为山南东道节度使。公绰过邓县，唐襄州之邓城县，汉南阳之邓县也，治古樊城。隋改为安养县，天宝元年改为临汉县；贞元二十一年移县古邓城，乃改为邓城县。九域志：在州北二十里。有二吏，一犯赃，一舞文，众谓公绰必杀犯赃者。公绰判曰："赃吏犯法，法在；奸吏乱法，法亡。"竟诛舞文者。考异曰：柳氏叙训曰："公为襄阳节度使，有名马，人争画为图。圉人洁其蹄尾，被蹴致毙，命斩于鞠场。宾吏请曰：'圉人备之不至，良马可惜！'公曰：'有良马之貌，含驽马之性，必杀之。'有齐缞者，哭且献状曰：'迁三世十二丧于武昌，为津吏所遏，不得出。'公览状，召军候擒之，破其十二柩，皆实以稻米。时岁俭，邻境尤甚，人以为神明之政。"按韩愈与公绰书曰："杀所乘马以祭踶死之士，"乃在鄂岳时事，叙训、旧传皆误也。察齐衰者，乃是闭粜，非美事。今不取。

7 丙子，以晋、慈二州为保义军，以观察使李寰为节度使。

8 六月，己丑，以吏部侍郎韩愈为京兆尹；六军不敢犯法，私相谓曰："是尚欲烧佛骨，事见二百四十卷宪宗元和十四年。何可犯也！"

9 秋，七月，癸亥，岭南奏黄洞蛮寇邕州，破左江镇。邕州宣化县有左江、右江二镇，左江出七源州界，至合江镇，与右江水合为一水，流入横州，号郁水。右江源出峨利州界，与云南大槃水通。左江道属太平、永平寨，右江道属横山寨，各管羁縻州。丙寅，邕州奏黄洞蛮破钦州千金镇，刺史杨屿奔石南砦。千金镇，当在钦州西南。屿，徐与翻。砦，与寨同，音豺夬翻。

10 南诏劝利卒，国人请立其弟丰佑。考异曰：实录："九月辛酉，南诏王立佺进其国信。"岁末又云："南诏请立蒙劝利之弟丰佑。"云立佺者，盖误也。今从新传。丰佑勇敢，善用其众，始慕中国，不与父连名。南诏父子连名，其先细奴逻，生逻盛炎，逻盛炎生炎阁，炎阁死而立其弟盛逻皮，盛逻皮生皮逻阁，皮逻阁生阁逻凤，阁逻凤生凤迦异，凤迦异生异牟寻，异牟寻生寻阁劝，寻阁劝生劝龙晟、劝利，皆连名也。为南诏强盛寇边张本。

11 八月，癸巳，邕管奏破黄洞蛮。

12 丙申，上自复道幸兴庆宫，至通化门楼，雍录：开元二十年，筑夹城，通芙蓉园，自大明宫夹东罗城复道，由通化、安兴门，次经春明门、延喜门，又可以达曲江芙蓉园，而外人不知也。按复道自大明宫至通化门便可入兴庆宫，若经春明、延兴、延喜门，则至芙蓉园矣。投绢二百匹施山僧。施，式豉翻。上之滥赐皆此类，不可悉纪。

13 癸卯，以左仆射裴度为司空、山南西道节度使，不兼平章事。李逢吉恶度，恶，乌路翻。右补阙张又新等附逢吉，竞流谤毁伤度，竟出之。又新，荐之子也。张荐事德宗，屡使吐蕃、回鹘。

14 九月，丙辰，加昭义节度使刘悟同平章事。

15 李逢吉为相，内结知枢密王守澄，势倾朝野。考异曰：李让夷敬宗实录曰："逢吉用族子仲言之谋，因郑注与守澄潜结上于东宫，且言逢吉实立殿下，上深德之。"又曰："张又新、李续之，皆逢吉藩僚，时又新为右补阙，续之为度支员外郎。"刘昫承之为逢吉传，亦言："逢吉令仲言赂注，求结于守澄。仲言辩谲多端，守澄见之甚悦，自是逢吉有助，事无违者。"其李训传则云："训自流所还，丁母忧，居洛中，时逢吉为留守，思复为相，乃使训因郑注结王守澄。"然则逢吉结守澄，乃在文宗时，非穆宗时也。二传自相违。逢吉结守澄，要为不诬，然未必因郑注。李让夷乃李德裕之党，恶逢吉，欲重其罪，使与李训、郑注皆有连结之迹，故云用训谋，因注以交守澄耳。又张又新、李续之为逢吉藩僚，乃在逢吉再镇襄阳后，于此时未也。今不取。惟翰林学士李绅每承顾问，常排抑之，拟状至内庭，绅多所臧否；拟状，谓进状所拟除目也。翰林学士院在内庭，盖李逢吉所进拟者，穆宗访其可否于李绅，故得言之。否，音鄙。逢吉患之，而上待遇方厚，不能远也。远，于愿翻。会御史中丞缺，逢吉荐绅清直，宜居风宪之地；上以中丞亦次对官，程大昌曰：德宗贞元七年，诏每御延英，令诸司长官二人奏本司事；俄又令常参官必日引见二人，访以政事，谓之巡对。则是待制之外，又别有巡对也。盖正谓待制者，诸司长官也。名为巡对者，未为长官而在常参之数，亦得更迭引对者也。其曰次对官者，即巡对官，许亚次待制而俟对者也。则次对不得正为待制矣。今人作文，凡言待制，皆以次对名之，则恐未审也。然称谓既熟，虽唐人亦自不辩。开成中，敕今后遇入阁日，次对官未要随班出，并于东阶松木下立，待宰臣奏事退，令齐至香案前各奏本司公事。左、右史待次对官奏事讫同出。案此所言，尝以诸司之长官待制者名为次对官矣。若究其制，实误以待制为次对官也。余考唐中世以后，宰相对延英，既退，则待制官、巡对官皆得引对，总可谓之次对官。所谓次对官者，谓次宰相之后而得对也，非次待制官而入对也。唐人本不误，程泰之自误耳。据宋白所纪，贞元七年十一月敕，则次对官者以常参官依次对为称。详已见前注。不疑而可之。会绅与京兆尹、御【章：十二行本“御”上有“兼”字；乙十一行本同。】史大夫韩愈争台参及他职事，文移往来，辞语不逊；故事，京尹新除，皆诣台参。逢吉欲激二人使争，以愈兼御史大夫免台参，而绅、愈果争。不逊，谓不相逊也。逢吉奏二人不协，冬，十月，丙戌，以愈为兵部侍郎，绅为江西观察使。

16 己丑，以中书侍郎、同平章事杜元颖同平章事、充西川节度使。为杜元颖以刻削致寇张本。

17 辛卯，安南奏黄洞蛮为寇。

18 韩愈、李绅入谢，上各令自叙其事，乃深寤。壬辰，复以愈为吏部侍郎，绅为户部侍郎。考异曰：穆宗实录曰：“绅性险果，交结权幸，自以望轻，颇忌朝廷有名之士；及居近署，封植己类以树党援，进修之士惧为伤毒，疾之。常指钧衡欲逞其私志，时宰病之，因以人情上论，谏官历献疏，方有江西之命。行有日矣，因延英对辞，又泣请留侍，故有是拜，人情忧骇。”此盖修穆宗实录者恶绅，故毁之如是。今从敬宗实录。

四年（甲辰、八二四）

1 春，正月，辛亥朔，上始御含元殿朝会。上即位四年矣，是岁元正，方御东内正牙大朝会。

2 初，柳泌等既诛，见二百四十一卷元和十五年。方士稍复因左右以进，复，扶又翻。上饵其金石之药。有处士张皋者上疏，以为：“神虑澹则血气和，嗜欲胜则疾疢作。澹，徒览翻。疢，丑刃翻。药以攻疾，无疾不可饵也。昔孙思邈有言，孙思邈，唐之名医。‘药势有所偏助，令人藏气不平，藏，徂浪翻。藏气，五藏之气也。借使有疾用药，犹须重慎。’庶人尚尔，况于天子！先帝信方士妄言，饵药致疾，此陛下所详知也，岂得复循其覆辙乎！复，扶又翻；下同。今朝野之人纷纭窃议，但畏忤旨，莫敢进言。臣生长蓬艾，长，知丈翻。麋鹿与游，无所邀求，但粗知忠义，欲裨万一耳！”上甚善其言，使求之，不获。

3 丁卯，岭南奏黄洞蛮寇钦州，杀将吏。旧制，钦州至京师五千二百五十一里。

4 庚午，上疾复作；壬申，大渐，命太子监国。宦官欲请郭太后临朝称制，太后曰：“昔武后称制，几危社稷。事见武后纪。几，居依翻。我家世守忠义，非武氏之比也。太子虽少，少，诗照翻。但得贤宰相辅之，卿辈勿预朝政，何患国家不安！自古岂有女子为天下主而能致唐、虞之理乎！”取制书手裂之。太后兄太常卿钊闻有是议，密上笺曰：“苟果徇其请，臣请先帅诸子纳官爵归田里。”帅，读曰率。太后泣曰：“祖考之庆，钟于吾兄。”是夕，上崩于寝殿。年三十。癸酉，以李逢吉摄冢宰。

丙子，敬宗即位于太极东序。

初，穆宗之立，神策军士人赐钱五十千，事见二百四十一卷元和十五年。宰相议以太厚难继，乃下诏称："宿卫之勤，诚宜厚赏，属频年旱歉，属，之欲翻。御府空虚，边兵尚未给衣，沾恤期于均济。神策军士人赐绢十匹、钱十千，畿内诸镇又减五千。仍出内库绫二百万匹付度支，充边军春衣。"时人善之。李逢吉为相，时人之所恶也。一事之善，则时人善之，非是非之公欤！度，徒洛翻。

5 自戊寅至庚辰，上赐宦官服色及锦彩金银甚众，或今日赐绿，明日赐绯。史言上昵于近习，赐予无度。

6 初，穆宗既留李绅，事见上年。李逢吉愈忌之。绅族子虞颇以文学知名，自言不乐仕进，乐，音洛。隐居华阳川。华阳川，在虢州华阳山南。华，户化翻。及从父耆为左拾遗，从，才用翻；下从子同。虞与耆书求荐，误达于绅；绅以书诮之，且以语于众人。诮，才笑翻。语，牛倨翻。虞深怨之，乃诣逢吉，悉以绅平日密论逢吉之语告之。逢吉益怒，使虞与补阙张又新及从子前河阳掌书记仲言等伺求绅短，扬之于士大夫间；伺，相吏翻。且言"绅潜察士大夫有群居议论者，辄指为朋党，白之于上。"由是士大夫多忌之。

及敬宗即位，逢吉与其党快绅失势，又恐上复用之，复，扶又翻。日夜谋议，思所以害绅者。楚州刺史苏遇楚州，汉射阳县地，晋立山阳郡，隋为楚州，至京师二千五百一里。谓逢吉之党曰："主上初听政，必开延英，有次对官，惟此可防。"恐绅因次对言事，而上复用之。其党以为然，亟白逢吉曰："事迫矣，若俟听政，悔不可追！"逢吉乃令王守澄言于上曰："陛下所以为储贰，臣备知之，皆逢吉之力也。如杜元颖、李绅辈，皆欲立深王。"深王察，后改名悰，宪宗之子，穆宗之弟也。度支员外郎李续之等继上章言之。上时年十六，疑未信。会逢吉亦有奏，言“绅不利于上，请加贬谪。”上犹再三覆问，然后从之。二月，癸未，贬绅为端州司马。端州，隋置，取界内端溪为名；炀帝初置信安郡，武德又为端州，天宝改为高安郡，乾元复为州。旧志：至京师四千九百三十五里。逢吉仍帅百官表贺，帅，读曰率。既退，百官复诣中书贺，复，扶又翻；下同。逢吉方与张又新语，门者弗内；良久，又新挥汗而出，旅揖百官曰：“端溪之事，又新不敢多让。”端州谓之端溪。众骇愕辟易，惮之。辟，音闢。易，音亦。右拾遗内供奉吴思独不贺，逢吉怒，以思为吐蕃告哀使。丙戌，贬翰林学士庞严为信州刺史，蒋防为汀州刺史。唐上元元年，割饶州之弋阳、衢州之玉山，建、抚二州各三乡，置信州，至京师东南三千八百里。开元二十六年，开福、抚二州山洞，置汀州，至京师六千一百七十三里。严，寿州人，与防皆绅所引也。给事中于敖，素与严善，封还敕书；人为之惧，为，于伪翻。曰：“于给事为庞、蒋直冤，犯宰相怒，诚所难也！”及奏下，乃言贬之太轻。逢吉由是奖之。

张又新等犹忌绅，日上书言贬绅太轻，上许为杀之；为，于伪翻。朝臣莫敢言，独翰林侍读学士韦处厚上疏，太宗选耆儒侍读，以质史籍疑义。开元中，集贤院置侍读直学士。时翰林有侍读学士，有侍书学士。指述“绅为逢吉之党所谗，人情叹骇。绅蒙先朝奖用，借使有罪，犹宜容假，以成三年无改之孝，论语：孔子曰：三年无改于父之道，可谓孝矣。况无罪乎！”于是上稍开寤，考异曰：处厚传曰：“敬宗即位，李逢吉用事，素恶李绅，乃构成其罪，祸将不测。处厚乃上疏云云。帝悟其事，绅得减死，贬端州司马。”今从实录。处厚上疏，在绅贬端州后。会阅禁中文书，有穆宗所封文书一箧，发之，得裴度、杜元颖、李绅疏请立上为太子，上乃嗟叹，悉焚人所上谮绅书，所上，时掌翻。虽未即召还，后有言者，不复听矣。

7 己亥，尊郭太后为太皇太后。

8 乙巳，尊上母王妃为皇太后。太后，越州人也。

9 丁未，上幸中和殿击球，自是数游宴、击球、奏乐，数，所角翻。赏赐宦官、乐人，不可悉纪。

10 三月，壬子，赦天下；诸道常贡之外，毋得进奉。

11 甲寅，上始对宰相于延英殿。

12 初，牛元翼在襄阳，牛元翼出深州，镇襄阳，见上卷二年。数赂王庭凑以请其家，数，所角翻。庭凑不与；闻元翼薨，甲子，尽杀之。

13 上视朝每晏，戊辰，日绝高尚未坐，百官班于紫宸门外，老病者几至僵踣。僵，居良翻。踣，蒲北翻。谏议大夫李渤白宰相曰："昨日疏论坐晚，论上坐朝之晚也。今晨愈甚，请出閤待罪于金吾仗。"金吾左、右仗，在宣政殿前。既坐班退，左拾遗刘栖楚独留，进言曰："宪宗及先帝皆长君，四方犹多叛乱。陛下富于春秋，嗣位之初，当宵衣求理；而嗜寝乐色，宵衣，未明而衣也。理，治也。乐，鱼教翻。日晏方起，梓宫在殡，鼓吹日喧，吹，尺伪翻。令闻未彰，闻，音问；下响闻同。恶声遐布。臣恐福祚之不长，请碎首玉阶以谢谏职之旷。"遂以额叩龙墀，见血不已，响闻閤外。考异曰：实录曰："庄周云：'为善无近名，为恶无近刑。'意者既能为近名之善，即必忍为近刑之恶。栖楚本王承宗小吏，果敢有闻，逢吉擢而用之，盖取其鹰犬之效耳。夫谏诤之道，是岂能知之乎！即如比干剖心，当文王与纣之事也。朱云折槛，恐汉氏之为新室也。时危事迫，不得不然，故忠臣有死谏之义。至如上年少嗜寝，坐朝稍晚，盖宰臣密勿、谏臣封事而可止者也，岂在暴扬面数，激讦于羽仪之前，致使上疑死谏为不难，谓细事皆当碎首，从此遂不览章疏，卒有克明之难，实栖楚兆之。况谏辞皆群党所作，而使栖楚道之哉！卖前直而资后诈，殊可叹骇。"按李让夷此论，岂非恶栖楚而强毁之邪！今所不取。李逢吉宣曰："刘栖楚休叩头，俟进止！"程大昌曰：奏札言取进止，犹言此札之或留或却，合禀承可否也。唐中叶遂以处分为进止，而不晓文义者习而不察，概谓有旨为进止。如玉堂宣底所载凡宣旨皆云有进止者，相承之误也。栖楚捧首而起，更论宦官事，上连挥令出。栖楚曰："不用臣言，请继以死。"牛僧孺宣曰："所奏知，门外俟进止！"此宰相宣上旨也。言所奏知者，谓所奏之事，上已知之也。栖楚乃出，待罪于金吾仗，于是宰相赞成其言。上命中使就仗，并李渤宣慰令归。寻擢栖楚为起居舍人，仍赐绯。栖楚辞疾不拜，归东都。

14 庚午，赐内教坊钱万缗，以备行幸。武德后，置内教坊于禁中，武后如意元年，改曰云韶府，以中官为使。开元二年，又置内教坊于蓬莱宫侧。京都有左、右教坊。

15 夏，四月，甲午，淮南节度使王播罢盐铁转运使。王播兼盐铁转运，见上卷二年。

16 乙未，以布衣姜洽为补阙，试大理评事陆洿、布衣李虞、刘坚为拾遗。六典注云：隋置大理评事。通典云：唐置评事十人，掌出使、推覆，后增为十二人。新志：评事八人，从八品下。陆洿特试官耳。洿，后五翻。时李逢吉用事，所亲厚者张又新、李仲言、李续之、李虞、刘栖楚、姜洽及拾遗张权舆、程昔范，又有从而附丽之者，时人恶逢吉者，目之为八关、十六子。附，依也。丽，着也。自张又新至程昔范八人，而附丽者又八人，皆任要剧，故目之为八关、十六子。关者，要也。考异曰：按宰相之门，何尝无特所亲爱之士，数蒙引接，询访得失，否臧人物，其间忠邪溷殽，固亦多矣。其疏远不得志者则从而怨疾之，巧立品目以相讥诮，此古今常态，非独逢吉之门有八关、十六子也。旧逢吉传以为"有求于逢吉者，必先经此八人纳赂，无不如意。"亦恐未必然；但逢吉之门，险诐者为多耳。此皆出于李让夷敬宗实录。按栖楚为吏，敢与王承宗争事，此乃正直之士，何得为佞邪之党哉！盖让夷，德裕之党，而栖楚为逢吉所善，故深诋之耳。

17 卜者苏玄明与染坊供人张韶善，染坊供人，供役于染坊者也。陆德明曰：染，如艳翻；刘而险翻。玄明谓韶曰："我为子卜，为，于伪翻。当升殿坐，与我共食。今主上昼夜球猎，多不在宫中，大事可图也。”韶以为然，乃与玄明谋结染工无赖者百馀人，丙申，匿兵于紫草，车载以入银台门，本草曰：紫草，出砀山山谷及楚地，今处处有之，人家园圃或种莳。其根，所以染紫也。尔雅谓之藐，广雅谓之茈萸。苗似兰香，节青，二月有花，紫白色，秋实，白，三月采根阴干。以下文清思殿征之，所入者左银台门也，在大明宫东面，又北则玄化门。伺夜作乱。伺，相吏翻。未达所诣，有疑其重载而诘之者，载，才代翻。韶急，即杀诘者，与其徒易服挥兵，大呼趣禁庭。

上时在清思殿击球，自左银台门西入，经太和殿至清思殿。清思殿之南则宣徽殿，北则珠镜殿。诸宦者见之，惊骇，急入闭门，走白上；盗寻斩关而入。先是右神策中尉梁守谦有宠于上，每两军角伎艺，先，悉荐翻。伎，渠绮翻。上常佑右军。至是，上狼狈欲幸右军，左右曰：“右军远，恐遇盗，不若幸左军近。”唐左神策军、左龙武军、左羽林军皆列屯东内苑，直左银台门东北角。上从之。左神策中尉河中马存亮闻上至，走出迎，捧上足涕泣，自负上入军中，遣大将康艺全将骑卒入宫讨贼。将，即亮翻。上忧二太后隔绝，二太后，太皇太后郭氏、上母太后王氏也。存亮复以五百骑迎二太后至军。复，扶又翻。

张韶升清思殿，坐御榻，与苏玄明同食，曰：“果如子言！”玄明惊曰：“事止此邪！”韶惧而走。会康艺全与右军兵马使尚国忠引兵至，合击之，杀韶、玄明及其党，死者狼藉。逮夜始定，馀党犹散匿禁苑中；明日，悉擒获之。

时宫门皆闭，上宿于左军，中外不知上所在，人情恇骇。恇，去王翻。丁酉，上还宫，宰相帅百官诣延英门贺，来者不过数十人。帅，读曰率。盗所历诸门，监门宦者三十五人法当死；己亥，诏并杖之，仍不改职任。两中尉及诸宦者右之也。壬寅，厚赏两军立功将士。

18 五月，乙卯，以吏部侍郎李程、户部侍郎·判度支窦易直并同平章事。上问相于李逢吉，逢吉列上当时大臣有资望者，程为之首，列上，时掌翻。故用之。上好治宫室，好，呼到翻。治，直之翻。欲营别殿，制度甚广，李程谏，请以所具木石回奉山陵，上即从之。

19 六月，己卯朔，以左神策大将军康艺全为鄜坊节度使。赏讨张韶、苏玄明之功也。

20 上闻王庭凑屠牛元翼家，叹宰辅非才，使凶贼纵暴。翰林学士韦处厚因上疏言："裴度勋高中夏，声播外夷，若置之岩廊，委其参决，河北、山东必禀朝算。夏，户雅翻。朝，直遥翻。管仲曰：'人离而听之则愚，合而听之则圣。'理乱之本，非有他术，顺人则理，违人则乱。伏承陛下当食叹息，恨无萧、曹，今有裴度尚不能留，此冯唐所以谓汉文得廉颇、李牧不能用也。事见十五卷汉文帝十四年。夫御宰相，当委之，信之，亲之，礼之，于事不效，于国无劳，则置之散寮，散，苏但翻，冗散也。黜之远郡，如此，则在位者不敢不厉，将进者不敢苟求。臣与逢吉素无私嫌，尝为裴度无辜贬官。宪宗时，韦处厚为考功郎，韦贯之罢相，处厚坐与之善，出刺开州。今之所陈，上答圣明，下达群议耳。"上见度奏状无平章事，以问处厚。处厚具言李逢吉排沮之状。上曰："何至是邪！"李程亦劝上加礼于度。丙申，加度同平章事。

21 张韶之乱，马存亮功为多，存亮不自矜，委权求出；秋，七月，以存亮为淮南监军使。

22 夏绥节度使李佑入为左金吾大将军，夏，户雅翻。壬申，进马百五十匹；上却之。甲戌，侍御史温造于阁内奏弹佑违敕进奉，因入阁而奏弹之也。违敕者，谓违三月壬子敕也。请论如法，诏释之。佑谓人曰："吾夜半入蔡州城取吴元济，事见二百四十卷宪宗元和十二年。未尝心动，今日胆落于温御史矣！"

23 八月，丁卯朔，安南奏黄蛮入寇。黄蛮，即黄洞蛮。

24 龙州刺史尉迟锐上言："牛心山素称神异，尉，纡勿翻。牛心山，在龙州江油县西一里。道教灵验记："李虎葬龙州之牛心山。"又牛心山灵异记："梁武陵王纪理益州，使李龙迁筑城于牛心山。龙迁既没，即葬于山侧，乡里为立祠。武德中，改为观。武氏革命，凿断山脉。明皇幸蜀，有老人苏坦奏曰：'牛心山，国之祖墓，今日蒙尘之祸，乃则天掘凿所致。'明皇即命修填如旧。明年，诛禄山，复宫阙。"以二记考之，则李虎与龙迁，即一人也。然虎仕西魏，未尝仕梁。有掘断处，请加补塞。"塞，悉则翻。从之。役数万人于绝险之地，东川为之疲弊。为，于伪翻。

25 九月，丁未，波斯李苏沙献沈香亭子材。左拾遗李汉上言："此何异瑶台、琼室！"上虽怒，亦优容之。杜佑曰：林邑出沈香，土人破断其木，积以岁年，朽烂而心节独在，置水中则沈，故名沈香。诸蕃志：沈香所出非一，形多异而名亦不一：有如犀角者，谓之犀角沈；如燕口者，谓之燕口沈；如附子者，谓之附子沈；如梭者，谓之梭沈；纹坚而理致者，谓之横阳沈。今其材可为亭子，则条段又非诸沈比矣。汉，道明之六世孙也。道明，淮阳王道玄之弟。

26 冬，十月，戊戌，翰林学士韦处厚谏上宴游曰："先帝以酒色致疾损寿，臣是时不死谏者，以陛下年已十五故也。今皇子才一岁，臣安敢畏死而不谏乎！"上感其言，赐锦彩百匹、银器四。

27 十一月，戊午，安南奏：黄蛮与环王合兵攻陷陆州，杀刺史葛维。

28 庚申，葬睿圣文惠孝皇帝于光陵；光陵，在同州奉先县北十五里尧山。庙号穆宗。

29 王播以钱十万缗赂王守澄，求复领利权，是年四月，王播罢盐铁、转运使。十二月，癸未，谏议大夫独孤朗、张仲方、起居郎柳公权、起居舍人宋申锡、拾遗李景让、薛廷老请开延英论其奸邪。上问："前廷争者不在中邪？"争，读曰诤。即日，除刘栖楚谏议大夫。景让，憕之曾孙；李憕，天宝末守东都，死于安禄山之难。憕，直陵翻。廷老，河中人也。

30 十二月，庚寅，加天平节度使乌重胤同平章事。

31 乙未，徐泗观察使王智兴以上生日，按唐会要：上以元和四年六月九日生。今王智兴于十二月请置戒坛，预请之也。请于泗州置戒坛，度僧尼以资福；释氏之法，凡初度僧尼，皆诣戒坛受戒，其未受戒者谓之沙弥；无知及避征役者争趋之。泗州有大圣塔，人敬事之，故王智兴请于此置戒坛。许之。自元和以来，敕禁此弊，智兴欲聚货，首请置之，于是四方辐凑，江、淮尤甚，智兴家赀由此累钜万。浙西观察使李德裕上言："若不钤制，钤，其廉翻。至降诞日方停，计两浙、福建当失六十万丁。"奏至，即日罢之。

32 是岁，回鹘崇德可汗卒，弟曷萨特勒立。

敬宗睿武昭愍孝皇帝 讳湛，穆宗长子也。谥法：夙夜警惕曰愍。

宝历元年（乙巳、八二五）

1 春，正月，辛亥，上祀南郊；还，御丹凤楼，赦天下，改元。

先是鄠令崔发闻外喧嚣，问之，曰："五坊人殴百姓。"先，悉荐翻。鄠，音户。嚣，虚骄翻。殴，乌口翻。发怒，命擒以入，曳之于庭。时已昏黑，良久，诘之，乃中使也。上怒，收发，系御史台。是日，发与诸囚立金鸡下，唐制：凡国有赦宥，刑部先集囚徒于阙下，卫尉建金鸡，置鼓宫城门之右，囚徒至则击之。宣制讫乃释其囚。忽有品官数十人玄宗天宝十三年，内侍省置高品一千六百九十六人，品官白身二千九百三十二人，皆群阉也。执梃乱捶发，破面折齿，梃，徒鼎翻，白木棓也。捶，止橤翻。折，而设翻。绝气乃去；数刻而苏，复有继来求击之者，复，扶又翻。台吏以席蔽之，仅免。上命复系发于台狱台狱，御史台狱也。而释诸囚。

2 中书侍郎、同平章事牛僧孺以上荒淫，嬖幸用事，嬖，卑义翻，又博计翻。又畏罪不敢言，但累表求出。乙卯，升鄂岳为武昌军，以僧孺同平章事、充武昌节度使。考异曰：皇甫松续牛羊日历曰："太牢既交恶党，潜豫奸谋。太牢乃元和中青衫外郎耳，穆宗世，因承和荐，不三二年，位兼将相。宪宗仙驾至灞上，以从官召知制诰。当时宰臣未尽兼职，而独综集贤、史馆两司；出镇未尽佩相印，而太牢同平章事，出夏口。夏口去节十五年，由太牢而加节焉。太牢早孤，母周氏，冶荡无检，乡里云云，兄弟羞赧，乃令改醮，既与前夫义绝矣。及贵，请以出母追赠。礼云：'庶氏之母死，何为哭于孔氏之庙乎！'又曰：'不为伋也妻者，是不为白也母。'而李清心妻配牛幼简，是夏侯铭所谓'魂而有知，前夫不纳于幽壤；殁而可作，后夫必诉于玄穹。'使其母为失行无适从之鬼，上罔圣朝，下欺先父，得曰忠孝智识者乎！作周秦行纪，呼德宗为沈婆儿。谓睿真皇太后为沈婆，此乃无君甚矣。"此朋党之论，今不取。

中旨复以王播兼盐铁转运使，复，扶又翻。谏官屡争之；上皆不纳。

牛僧孺过襄阳，山南东道节度使柳公绰服櫜鞬候于馆舍，櫜，姑劳翻。鞬，居言翻。将佐谏曰："襄阳地高于夏口，鄂州，谓之夏口。此礼太过！"公绰曰："奇章公甫离台席，牛弘相隋，封奇章公，僧孺其裔孙也，故唐人以称之。宰相之位，取象三台，故曰台席。离，力智翻。方镇重宰相，所以尊朝廷也。"竟行之。

3 上游幸无常，昵比群小，昵，尼质翻，狎也，近也。比，毗至翻，党也。视朝月不再三，朝，直遥翻；下同。大臣罕得进见。见，贤遍翻。二月，壬午，浙西观察使李德裕献丹扆六箴：扆，于岂翻。一曰宵衣，以讽视朝希晚；朝，直遥翻。二曰正服，以讽服御乖异；三曰罢献，以讽征求玩好；好，呼到翻。四曰纳诲，以讽侮弃谠言；谠，音党。五曰辨邪，以讽信任群小；六曰防微，以讽轻出游幸。其纳诲箴略曰："汉骜流湎，举白浮钟；事见三十一卷汉成帝永始二年。成帝讳骜，音五到翻。魏叡侈汰，陵霄作宫。事见七十三卷魏明帝青龙三年。明帝讳叡。忠虽不忤，善亦不从。忤，五故翻。以规为瑱，是谓塞聪。”左氏外传：楚灵王虐，白公子张骤谏。王曰：“不穀虽不能用，吾憖置之于耳。”对曰：“赖君之用也，故言；不然，犀牦兕象，其可尽乎！其又以规为瑱也。”韦昭注曰：瑱，所以塞耳也。言四兽之牙角可以为瑱难尽也，而又以规谏为之乎！瑱，他甸翻。塞，悉则翻；下同。防微箴曰：“乱臣猖獗，非可遽数。玄服莫辨，汉宣帝时，霍氏外孙任宣坐谋反诛。宣子章亡在渭城界，夜，玄服入庙，居廊间，执戟立庙门待。上至，欲为逆，发觉，伏诛。触瑟始仆。马何罗事，见二十二卷汉武帝征和四年。柏谷微行，豺豕塞路。睹貌献餐，斯可戒惧！”事见十七卷汉武帝建元三年。上优诏答之。

4 上既复系崔发于狱，复，扶又翻。给事中李渤上言：“县令不应曳中人，中人不应殴御囚，敕旨所囚系者，谓之御囚。其罪一也。然县令所犯在赦前，中人所犯在赦后。中人横暴，横，户孟翻。一至于此。若不早正刑书，臣恐四方藩镇闻之，则慢易之心生矣。”易，以豉翻。谏议大夫张仲方上言，略曰：“鸿恩将布于天下而不行御前，霈泽遍被于昆虫而独遗崔发。”被，皮义翻。自馀谏官论奏甚众，上皆不听。戊子，李逢吉等从容言于上曰：从，千容翻。“崔发辄曳中人，诚大不敬，律以对捍制使，无人臣之礼，为大不敬。今崔发曳中使，故先以此罪坐之。然其母，故相韦贯之之姊也，年垂八十，自发下狱，积忧成疾。下，遐稼翻。陛下方以孝理天下，此所宜矜念。”上乃愍然曰：“比谏官但言发冤，未尝言其不敬，亦不言有老母。如卿所言，朕何为不赦之！”此以母子天性感发之，易所谓“纳约自牖”者也。但逢吉以权数耳。比，毗至翻。即命中使释其罪，送归家，仍慰劳其母。劳，力到翻。母对中使杖发四十。

5 三月，辛酉，遣司门郎中于人文册回鹘曷萨特勒为爱登里啰汩没密於合【张："於合"作"施合"。】毗伽昭礼可汗。啰，鲁何翻。汩，越笔翻。

6 夏，四月，癸巳，群臣上尊号曰文武大圣广孝皇帝；赦天下。赦文但云："左降官已经量移者，宜与量移，"不言未量移者。翰林学士韦处厚上言："逢吉恐李绅量移，故有此处置。如此，则应近年流贬官，因李绅一人皆不得量移也。"量，音良。处，昌吕翻。上即追赦文改之。绅由是得移江州长史。

7 秋，七月，甲辰，盐铁使王播进羡馀绢百万匹。播领盐铁，诛求严急，正入不充而羡馀相继。正入，谓岁入有正额者。羡，弋线翻。

8 己未，诏王播造竞渡船二十艘，荆楚岁时记：屈原以五月五日死于汨罗，人伤其死，并以舟楫拯之，至今竞渡是其遗俗。自唐以来，治竞渡船，务为轻驶，前建龙头，后竖龙尾，船之两旁，刻为龙鳞而彩绘之，谓之龙舟。植标于中流，众船鼓楫竞进以争锦标，有破舟折楫至于沉溺而不悔者。运材于京师造之，计用转运半年之费。谏议大夫张仲方等力谏，乃减其半。

9 谏官言京兆尹崔元略以诸父事内常侍崔潭峻；丁卯，元略迁户部侍郎。

10 昭义节度使刘悟之去郓州也，以郓兵二千自随为亲兵。八月，庚戌，悟暴疾薨，子将作监主簿从谏匿其丧，考异曰：据李绛疏云：悟八月十日得病。计是日便死，故置此。馀从杜牧书。与大将刘武德及亲兵谋，以悟遗表求知留后。司马贾直言入责从谏曰："尔父提十二州地归朝廷，谓杀李师道，以郓、青等州归朝廷也。事见二百四十一卷宪宗元和十四年。其功非细，只以张汶之故，张汶，事见上卷穆宗长庆二年。汶，音问。自谓不洁淋头，今人为屎为不洁。竟至羞死。尔孺子，何敢如此！父死不哭，何以为人！"从谏恐悚不能对，乃发丧。

11 初，陈留人武昭罢石州刺史，为袁王府长史，石州，汉离石县地，唐置石州，京师东北一千二百九十一里。袁王绅，顺宗子。郁郁怨执政。李逢吉与李程不相悦，水部郎中李仍叔，程之族人，激怒之云，程欲与昭官，为逢吉所沮。昭因酒酣，对左金吾兵曹茅汇言欲刺逢吉，刺，七亦翻。为人所告。九月，庚辰，诏三司鞫之。前河阳掌书记李仲言谓汇曰："君言李程与昭谋则生，不然必死。"汇曰："冤死甘心！诬人自全，汇不为也！"狱成，冬，十月，甲子，武昭杖死，李仍叔贬道州司马，李仲言流象州，茅汇流崖州。汇，于贵翻。

12 上欲幸骊山温汤，左仆射李绛、谏议大夫张仲方等屡谏不听，拾遗张权舆伏紫宸殿下，叩头谏曰："昔周幽王幸骊山，为犬戎所杀；史记：周幽王爱褒姒，褒姒不好笑，王欲其笑万方，终不笑。幽王为烽燧，有寇至则举烽火，诸侯悉至而无寇，褒姒乃大笑。幽王悦之，为数举烽火。其后不信，诸侯益不至。西夷犬戎攻幽王，王举烽征兵，兵莫至，遂杀幽王骊山下。秦始皇葬骊山，国亡；玄宗宫骊山而禄山乱；先帝幸骊山，享年不长。"事并见前纪。上曰："骊山若此之凶邪？我宜一往以验彼言。"十一月，庚寅，幸温汤，即日还宫，谓左右曰："彼叩头者之言，安足信哉！"史言敬宗荒纵而愎谏。

13 丙申，立皇子普为晋王。

14 朝廷得刘悟遗表，议者多言上党内镇，与河朔异，不可许。左仆射李绛上疏，以为："兵机尚速，威断贵定，断，丁乱翻；下裁断同。人情未一，乃可伐谋。刘悟死已数月，朝廷尚未处分，处，昌吕翻。分，扶问翻。中外人意，共惜事机。今昭义兵众，必不尽与从谏同谋，纵使其半叶同，尚有其半效顺。从谏未尝久典兵马，威惠未加于人。又此道素贫，言昭义一道，素来贫薄，不比他道丰富。非时必无优赏。今朝廷但速除近泽潞一将充昭义节度使，令兼程赴镇，从谏未及布置，新使已至潞州，所谓'先人夺人之心'也。先，悉荐翻。左传赵宣子之言。使，疏吏翻；下同。新使既至，军心自有所系；从谏无位，何名主张，设使谋挠朝命，挠，奴教翻，又奴巧翻。其将士必不肯从。今朝廷久无处分，处，昌吕翻。分，扶问翻。彼军不晓朝廷之意，彼军，谓昭义军也。欲效顺则恐忽授从谏，欲同恶则恐别更除人，犹豫之间，若有奸人为之画策，虚张赏设钱数，军士觊望，尤难指挥。为，于伪翻。赏设，犹言赏犒也。觊，凡利翻。伏望速赐裁断，仍先下明敕，明敕，犹言明诏。断，丁乱翻。下，遐稼翻。宣示军众，奖其从来忠节，言泽潞一军，自李抱真以来，尽忠竭节于朝廷。赐新使缯五十万匹，使之赏设；缯，慈陵翻。续除刘从谏一刺史。从谏既粗有所得，必且择利而行，万无违拒。设不从命，臣亦以为不假攻讨。何则？臣闻从谏已禁山东三州军士不许自畜兵刀，昭义巡属邢、洺、磁三州，皆在山东。足明群心殊未得一，帐下之事亦在不疑。言帐下必有图从谏以为功者。熟计利害，决无即授从谏之理。"时李逢吉、王守澄计议已定，竟不用绛等谋。考异曰：实录："从谏以金币赂当权者。"旧从谏传曰："李逢吉、王守澄受其赂，曲为奏请。"事有无难明，今不取。十二月，辛丑，以从谏为昭义留后。刘悟烦苛，从谏济以宽厚，众颇附之。

15 李绛好直言，李逢吉恶之。故事，仆射上日，好，呼到翻。恶，乌路翻。上，时掌翻。宰相送之，百官立班，中丞列位于廷，尚书以下每月当牙。牙，牙参也。元和中，伊慎为仆射，太常博士韦谦上言旧仪太重，削去之。去，羌吕翻。御史中丞王播恃逢吉之势，与绛相遇于涂，不之避。绛引故事上言："仆射，国初为正宰相，唐初，太宗为尚书令，群臣不敢居其位，自是不除授，以左、右仆射为尚书省长官，其任为正宰相。所谓参议朝政、参知机务、同平章事虽皆宰相之职，然非正宰相也。礼数至重。傥人才忝位，自宜别授贤良；若朝命守官，岂得有亏法制。乞下百官详定。”议者多从绛议。朝，直遥翻。下，遐稼翻。上听行旧仪。甲子，以绛有足疾，除太子少师、分司。

16 言事者多称裴度贤，不宜弃之藩镇，上数遣使至兴元劳问度，数，所角翻。劳，力到翻。密示以还期；度因求入朝，逢吉之党大惧。

二年（丙午、八二六）

1 春，正月，壬辰，裴度自兴元入朝，李逢吉之党百计毁之。先是民间谣云：先，悉荐翻。“绯衣小儿坦其腹，天上有口被驱逐。”绯衣，裴字。天上有口，吴字。谓度能擒吴元济，其才为可用也。又，长安城中有横亘六冈，如乾象，度宅偶居第五冈。六冈横亘，如乾卦六画之象。裴度平乐里第偶居第五冈。程大昌曰：宇文恺之营隋都也，曰：朱雀街南北尽郭，有六条高坡，象乾卦六爻，故于九二置宫殿以当帝王之居，九三立百司以应君子之数，九五贵位，不欲常人居之，故置玄都观及兴善寺以镇其地。刘禹锡赋看花诗即此也。裴度宅在朱雀街东，自北而南则为第四坊，名永乐坊，略与玄都观东西相对，而其第之比观基，盖退北两坊，不正相当也。唐实录：裴度在兴元，自请入觐，李逢吉之党有张权舆者排之，以为“度名应图谶，宅据乾冈，不召而来，其意可见。”盖权舆之所谓宅据乾冈者，即龙首第五坡之馀势也。然度之所居，张说第在其西，尤与玄都观相近，而张嘉贞之第正在坊北，何独指度为占据乾冈也！小人挟私欺君皆此类。张权舆上言：“度名应图谶，宅占冈原，不召而来，其旨可见。”考异曰：旧逢吉传曰：“宝历初，度连上章请入觐，逢吉之党坐不安席，如矢攒身，乃相与为谋，欲沮其来。张权舆撰‘非衣小儿’之谣，传于闾巷，言度相有天分，名应谣谶。而韦处厚于上前解析权舆所撰之言。”按权舆若撰谣言，当更加以恶言，不止云“天上有口被驱逐”而已。盖民间先有此谣，权舆因言度名应谣谶，非撰之也。上虽年少，少，诗照翻。悉察其诬谤，待度益厚。

度初至京师，朝士填门，度留客饮。京兆尹刘栖楚附度耳语，侍御史崔咸举觞罚度曰：“丞相不应许所由官呫嗫耳语。”京尹任烦剧，故唐人谓府县官为所由官。项安世家说曰：今坊市公人谓之所由。呫，叱涉翻。嗫，而涉翻。呫嗫，细语，口动而声不远闻。度笑而饮之。栖楚不自安，趋出。

二月，丁未，以度为司空、同平章事。度在中书，左右忽白失印，闻者失色。度饮酒自如；顷之，左右白复于故处得印，度不应。或问其故，度曰：“此必吏人盗之以印书券耳，急之则投诸水火，缓之则复还故处。”或问：“当左右白得印之时，岂不可就诘其人以得印所自邪！”答曰：“晋公处此必有说，请自详度。”人服其识量。

2 上自即位以来，欲幸东都，宰相及朝臣谏者甚众，上皆不听，决意必行，已令度支员外郎卢贞按视，修东都宫阙及道中行宫。自长安历华、陕至洛，沿道皆有行宫，如华阴之琼岳宫、金城宫，郑县之神台宫，陕县之绣岭宫，渑池之芳桂宫，福昌之福昌宫，永宁之崎岫宫、兰峰宫，寿安之连昌宫、兴泰宫是也。裴度从容言于上曰：“国家本设两都以备巡幸，自多难以来，兹事遂废。从，千容翻。难，乃旦翻。今宫阙、营垒、百司廨舍率已荒阤，阤，施是翻，废也。陛下傥欲行幸，宜命有司岁月间徐加完葺，然后可往。”上曰：“从来言事者皆云不当往，如卿所言，不往亦可。”会朱克融、王庭凑皆请以兵匠助修东都。三月丁亥，敕以修东都烦扰，罢之，史言修东都之役，非以群臣论谏而罢，特畏幽、镇之称兵而罢耳。召卢贞还。

先是，朝廷遣中使赐朱克融时服，先，悉荐翻。克融以为疏恶，执留敕使；又奏“当道今岁将士春衣不足，乞度支给三十万端匹”；又奏“欲将兵马及丁匠五千助修宫阙”。上患之，以问宰相，欲遣重臣宣慰，仍索敕使。索，山客翻。裴度对曰：“克融无礼已甚，殆将毙矣！譬如猛兽，自于山林中咆哮跳踉，咆，蒲交翻，嗥也。哮，虚交翻，阚也。踉，吕张翻，又音郎。久当自困，必不敢辄离巢穴。离，力智翻。愿陛下勿遣宣慰，亦勿索敕使，旬日之后，徐赐诏书云：‘闻中官至彼，稍失去就，俟还，朕自有处分。时服，有司制造不谨，朕甚欲知之，已令区处。处，昌吕翻。分，扶问翻。其将士春衣，从来非朝廷征发，皆本道自备。朕不爱数十万匹物，但素无此例，不可独与范阳。’所称助修宫阙，皆是虚语，若欲直挫其奸，宜云‘丁匠宜速遣来，已令所在排比供拟。’比，毗至翻。彼得此诏，必苍黄失图。若且示含容，则云‘修宫阙事在有司，不假丁匠远来。’如是而已。不足劳圣虑也。”上悦，从之。

3 立才人郭氏为贵妃。妃，晋王普之母也。

4 横海节度使李全略薨；其子副大使同捷擅领留后，重赂邻道，以求承继。为文宗讨李同捷张本。

5 夏，四月，戊申，以昭义留后刘从谏为节度使。

6 五月，幽州军乱，杀朱克融及其子延龄，果如裴度之言。军中立其少子延嗣主军务。

7 六月，甲子，上御三殿，令左右军、教坊、内园为击球、手搏、杂戏。戏酣，有断臂、碎首者，夜漏数刻乃罢。

8 己卯，上幸兴福寺，唐会要：兴福寺在修德坊，本王君廓宅，贞观八年太宗为太穆皇后追福，立为弘福寺，神龙元年改名。元和十二年，筑夹城，自云韶门过芳林门，西至修德里，以通于兴福佛寺。观沙门文溆俗讲。释氏讲说，类谈空有，而俗讲者又不能演空有之义，徒以悦俗邀布施而已。溆，象吕翻。

9 癸未，衡王绚薨。绚，顺宗子，音翾县翻。

10 壬辰，宣索左藏见在银十万两金七千两，悉贮内藏，以便赐与。索，山客翻。贮，丁吕翻。藏，徂浪翻。见，贤遍翻。

11 道士赵归真说上以神仙，僧惟贞、齐贤、正简说上以祷祠求福，说，式芮翻。皆出入宫禁，上信用其言。山人杜景先请遍历江、岭，求访异人。有润州人周息元，自言寿数百岁，上遣中使迎之。八月，乙巳，息元至京师，润州至京师二千八百二十一里。上馆之禁中山亭。馆，古玩翻。

12 朱延嗣既得幽州，虐用其人；都知兵马使李载义与弟牙内兵马使载宁共杀延嗣，并屠其家三百馀人。载义权知留后，九月，数延嗣之罪以闻。数，所具翻。载义，承乾之后也。承乾，太宗长子，以罪废。

13 庚申，魏博节度使史宪诚妄奏李同捷为军士所逐，走归本道，请束身归朝；寻奏同捷复归沧州。史言史宪诚玩侮朝廷，公肆欺罔。

14 壬申，以中书侍郎、同平章事李程同平章事、充河东节度使。

15 冬，十月，己亥，【严："己"改"乙"。】以李载义为卢龙节度使。

16 十一月，甲申，以门下侍郎、同平章事李逢吉同平章事、充山南东道节度使。

17 上游戏无度，狎昵群小，昵，尼质翻。善击球，好手搏，好，呼到翻；下同。禁军及诸道争献力士，又以钱万缗付内园令召募力士，昼夜不离侧；离，力智翻。又好深夜自捕狐狸。性复褊急，复，扶又翻。力士或恃恩不逊，辄配流、籍没；宦官小过，动遭捶挞，皆怨且惧。十二月，辛丑，上夜猎还宫，与宦官刘克明、田务澄、许文端及击球军将苏佐明、王嘉宪、石从宽、阎惟直等二十八人饮酒。上酒酣，入室更衣，更，工衡翻。殿上烛忽灭，苏佐明等弑上于室内。年十八。刘克明等矫称上旨，命翰林学士路隋草遗制，以绛王悟权句当军国事。绛王悟，宪宗子。句，古侯翻。当，丁浪翻。壬寅，宣遗制，绛王见宰相百官于紫宸外庑。

克明等欲易置内侍之执权者，于是枢密使王守澄、杨承和、中尉魏从简、梁守谦定议，唐末谓两枢密、两中尉为四贵。以卫兵迎江王涵入宫，自十六宅迎入宫也。发左·右神策、飞龙兵进讨贼党，尽斩之。克明赴井，出而斩之。绛王为乱兵所害。

时事起苍猝，守澄以翰林学士韦处厚博通古今，一夕处置，皆与之共议。处，昌吕翻。守澄等欲号令中外，而疑所以为辞。处厚曰："正名讨罪，于义何嫌；安可依违，有所讳避!"又问："江王当如何践阼?"处厚曰："诘朝，当以王教布告中外以已平内难。诘，去吉翻。难，乃旦翻。然后群臣三表劝进，以太皇太后令册命即皇帝位。"当时皆从其言，时不暇复问有司，复，扶又翻。凡百仪法，皆出于处厚，无不叶宜。

癸卯，以裴度摄冢宰。百官谒见江王于紫宸外庑，见，贤遍翻。王素服涕泣。甲辰，见诸军使于少阳院。少阳院，以地望准之，当在宫城东北隅，太子居之，亦谓之东宫。今按阁本大明宫图：少阳院在浴堂殿东，其北又有温室、宣徽、清思、太和、珠镜等殿，不正在宫城东北隅也。考异曰：魏谟文宗实录，见军使事承见百官下，不云别日。今从敬宗实录。赵归真等诸术士及敬宗时佞幸者，皆流岭南或边地。

乙巳，文宗即位，更名昂。更，工衡翻。戊申，尊母萧氏为皇太后，王太后为宝历太后。是时，郭太后居兴庆宫，王太后居义安殿，萧太后居大内。上性孝谨，事三宫如一，自此以后，凡言上者，皆文宗也。每得珍异之物，先荐郊庙，次奉三宫，然后进御。萧太后，闽人也。

18 庚戌，以翰林学士韦处厚为中书侍郎、同平章事。

19 上自为诸王，深知两朝之弊，谓穆、敬两朝也。朝，直遥翻；下同。及即位，励精求治，去奢从俭。治，直吏翻。去，羌吕翻。诏宫女非有职掌者皆出之，出三千馀人。五坊鹰犬，准元和故事，量留校猎外，悉放之。量，音良。有司供宫禁年支物，并准贞元故事。省教坊、翰林、总监冗食千二百馀员，总监，苑总监也。

停诸司新加衣粮。诸司，内诸司也。衣粮，敬宗滥恩所加也。御马坊场及近岁别贮钱谷所占陂田，占，之赡翻。悉归之有司。先宣索组绣、雕镂之物，悉罢之。镂，郎豆翻。敬宗之世，每月视朝不过一二，上始复旧制，每奇日未尝不视朝，奇，纪宜翻，只也。唐制，天子以只日视朝。对宰相群臣延访政事，久之方罢。待制官旧虽设之，未尝召对，至是屡蒙延问。其辍朝、放朝皆用偶日，中外翕然相贺，以为太平可冀。欲治之主不世出，人君初政，傥有一二足以新民视听，天下之所望重矣。然卒无以副天下之望者，魏高贵乡公、晋怀帝、唐德宗、文宗是也。

文宗元圣昭献孝皇帝上之上 本名涵，即位更名昂，穆宗第三子。

太和元年（丁未、八二七）

1 春，二月，乙巳，赦天下，改元。

2 李同捷擅据沧景，朝廷经岁不问。去年三月，李同捷擅领横海留后。同捷冀易世之后或加恩贷，三月，壬戌朔，遣掌书记崔从长奉表与其弟同志、同巽俱入见，见，贤遍翻。请遵朝旨。

3 上虽虚怀听纳而不能坚决，与宰相议事已定，寻复中变。复，扶又翻。夏，四月，丙辰，韦处厚于延英极论之，因请避位；上再三慰劳之。劳，力到翻。

4 忠武节度使王沛薨。庚申，以太仆卿高瑀为忠武节度使。瑀，音禹。

自大历以来，节度使多出禁军，其禁军大将资高者，皆以倍称之息贷钱于富室，倍者，子钱倍于本钱。称者，子本相侔也。称，尺证翻。以赂中尉，动逾亿万，然后得之，未尝由执政；至镇，则重敛以偿所负。敛，力赡翻。及沛薨，裴度、韦处厚始奏以瑀代之。中外相贺曰："自今债帅鲜矣！"帅，所类翻。鲜，息浅翻，少也。

5 五月，丙子，以天平节度使乌重胤为横海节度使，以前横海节度副使李同捷为兖海节度使。朝廷犹虑河南、北节度使构扇同捷使拒命，乃加魏博史宪诚同平章事。丁丑，加卢龙李载义、平卢康志睦、成德王庭凑检校官。

6 盐铁使王播自淮南入朝，力图大用，所献银器以千计，绫绢以十万计。六月，癸巳，以播为左仆射、同平章事。

7 秋，七月，癸酉，葬睿武昭愍孝皇帝于庄陵；庄陵，在京兆三原县西北五里。庙号敬宗。

8 李同捷托为将士所留，不受诏；乙酉，武宁节度使王智兴奏请将本军三万人，自备五月粮以讨同捷，许之。八月，庚子，削同捷官爵，命乌重胤、王智兴、康志睦、史宪诚、李载义与义成节度使李听、义武节度使张璠各帅本军讨之。璠，扶元翻。帅，读曰率。

同捷遣其子弟以珍玩、女妓赂河北诸镇。妓，渠绮翻。戊午，李载义执其侄，并所赂献之。

史宪诚与李全略为婚姻，及同捷叛，密以粮助之。裴度不知其所为，谓宪诚无贰心。宪诚遣亲吏至中书请事，韦处厚谓曰："晋公于上前以百口保尔使主；裴度封晋国公。节度使为一道之主，故对其属吏称之为使主。使，疏吏翻。处厚则不然，但仰俟所为，自有朝典耳！"宪诚惧，不敢复与同捷通。读史者以为裴度于是时耄及之矣，韦处厚较聪明；不惟不知度，亦不知处厚矣。一推心以待之，一明法以示之，此正宽严相济，所以制御强藩。复，扶又翻。

王庭凑为同捷求节钺不获，为，于伪翻。乃助之为乱，出兵境上以挠魏师；挠，奴教翻。又遣使厚赂沙陀酋长朱邪执宜，欲与之连兵，执宜拒不受。酋，慈由翻。长，知丈翻。

冬，十月，天平、横海节度使乌重胤击同捷，屡破之。

十一月，丙寅，重胤薨。庚辰，以保义节度使李寰为横海节度使，穆宗长庆三年，以晋、慈二州为保义军。从王智兴之请也。

9 十二月，庚戌，加王智兴同平章事。

二年（戊申、八二八）

1 春，三月，己卯，王智兴攻棣州，焚其三门。

2 自元和之末，宦官益横，横，户孟翻。建置天子在其掌握，穆宗及上皆宦官所立。威权出人主之右，人莫敢言。上【章：十二行本"上"上有"辛巳"二字；乙十一行本同；退斋校同；张校同，云无注本亦无。】亲策制举人，贤良方正昌平刘蕡蕡，符分翻。对策，极言其祸，其略曰："陛下宜先忧者，宫闱将变、社稷将危、天下将倾、海内将乱。"又曰："陛下将杜篡弑之渐，则居正位而近正人，远刀锯之贱，亲骨鲠之直，近，其靳翻。远，于愿翻。辅相得以专其任，相，息亮翻。庶职得以守其官，奈何以亵近五六人总天下大政！祸稔萧墙，奸生帷幄，臣恐曹节、侯览复生于今日。"曹节、侯览见汉桓帝纪。复，扶又翻。又曰："忠贤无腹心之寄，阍寺持废立之权，陷先君不得正其终，致陛下不得正其始。"谓宦者弑敬宗而立上也。春秋穀梁传曰：定元年，春王不言正月，定无正也。定之无正何也？昭公之终，非正终也；定之始，非正始也。昭无正终，故定无正始。又曰："威柄陵夷，藩臣跋扈。或有不达人臣之节，首乱者以安君为名；不究春秋之微，称兵者以逐恶为义。微，为春秋之微指也。此二语，蕡盖虑夫强藩首乱称兵，以逐君侧恶臣为名者。则政刑不由乎天子，征伐必自于诸侯。"昭宗之世，岐、汴交兵，以诛宦官为名，卒如刘蕡之言。又曰："陛下何不塞阴邪之路，屏亵狎之臣，塞，悉则翻。屏，必郢翻，又卑正翻。制侵陵迫胁之心，复门户扫除之役，戒其所宜戒，忧其所宜忧！既不能治于前，当治于后；治，直之翻。既不能正其始，当正其终；则可以虔奉典谟，克承丕构矣。昔秦之亡也失于强暴，汉之亡也失于微弱。强暴则贼臣畏死而害上，谓赵高也。高亦宦者也。微弱则奸臣窃权而震主。谓外戚、宦官。蕡意专指宦官。伏见敬宗皇帝不虞亡秦之祸，不翦其萌。伏惟陛下深轸亡汉之忧，以杜其渐，蕡盖谓敬宗以荒暴丧身，又恐上以仁弱不能制宦官也。则祖宗之鸿业可绍，三、五之遐轨可追矣。"三、五，谓三皇、五帝。又曰："臣闻昔汉元帝即位之初，更制七十馀事，其略见二十八卷汉元帝初元元年、二年。其心甚诚，其称甚美，然而纪纲日紊，称，尺证翻。紊，音问。国祚日衰，奸宄日强，黎元日困者，以其不能择贤明而任之，失其操柄也。"引汉元以为戒者，盖以帝之去奢从俭似汉元，而优游不断亦类汉元也。又曰："陛下诚能揭国权以归相，持兵柄以归将，则心无不达，行无不孚矣。"行，下孟翻。又曰："法宜画一，官宜正名。今分外官、中官之员，立南司、北司之局，百官赴南牙朝会者，谓之外官，亦谓之南司。宦官列局于玄武门内，两军中尉护诸营于苑中，谓之中官，亦谓之北司。或犯禁于南则亡命于北，或正刑于外则破律于中，法出多门，人无所措，实由兵农势异而中外法殊也。"又曰："今夏官不知兵籍，止于奉朝请；朝，直遥翻。六军不主兵事，止于养勋阶。兵部，古夏官之职，六军，上将军、大将军、将军、统军皆以养勋阶。军容合中官之政，戎律附内臣之职。谓观军容使及诸监军使也。首一戴武弁，疾文吏如仇雠；足一蹈军门，视农夫如草芥。谋不足以翦除凶逆而诈足以抑扬威福，勇不足以镇卫社稷而暴足以侵轶里闾。羁绁藩臣，轶，徒结翻，又音逸，突也。绁，先列翻。干陵宰辅，隳裂王度，汩乱朝经。朝，直遥翻。张武夫之威，上以制君父；假天子之命，下以御英豪。有藏奸观衅之心，无伏节死难之义。难，乃旦翻。岂先王经文纬武之旨邪！"又曰："臣非不知言发而祸应，计行而身戮，盖痛社稷之危，哀生人之困，岂忍姑息时忌，窃陛下一命之宠哉！"周礼：一命受职。后世以授初品官为一命。

3 闰月，丙戌朔，史宪诚奏遣其子副大使唐、都知兵马使亓志绍将兵二万五千趣德州讨李同捷。开，苦坚翻。按考异从亓，当音渠之翻。二音皆姓也。趣，七喻翻。考异曰：实录或作“于志沼”，或作“开志沼”，或作“亓志绍”，旧纪作“开志绍”。新纪、传作“亓志沼”，今从之。据考异，“绍”当作“沼”。时宪诚欲助同捷，唐泣谏，且请发兵讨之；宪诚不能违。

4 甲午，贤良方正裴休、李郃、李甘、杜牧、马植、崔玙、王式、崔慎由等郃，曷阁翻。玙，音余。二十二人中第，皆除官。中，竹仲翻。考官左散骑常侍冯宿等见刘蕡策，皆叹服，而畏宦官，不敢取。诏下，物论嚣然称屈。嚣，虚骄翻，喧也。谏官、御史欲论奏，执政抑之。李郃曰：“刘蕡下第，我辈登科，能无厚颜！”乃上疏，以为：“蕡所对策，汉、魏以来无与为比。今有司以蕡指切左右，不敢以闻，恐忠良道穷，纲纪遂绝。况臣所对不及蕡远甚，乞回臣所授以旌蕡直。”不报。蕡由是不得仕于朝，终于使府御史。使府，节度使幕府也。御史，幕僚所带寄禄官，亦谓之宪官。牧，佑之孙；植，勋之子；杜佑历德、顺、宪三朝，位至公辅。马勋见二百三十卷德宗贞元元年。考异曰：旧传“勋”作“曛”，误也。勋事见德宗实录。式，起之子；慎由，融之玄孙也。王起见二百四十一卷穆宗长庆元年。崔融以文章显于武后朝。

5 夏，六月，晋王普薨；辛酉，谥【章：十二行本“谥”作“赠”；乙十一行本同。】悼怀太子。

6 初，萧太后幼去乡里，有弟一人；上即位，命福建观察使求访，莫知所在。有茶纲役人萧洪，凡茶商贩茶，各以若干为一纲而输税于官。自言有姊流落，商人赵缜引之见太后近亲吕璋之妻，缜，指忍翻。亦不能辩，与之俱见太后。上以为得真舅，甲子，以为太子洗马。为萧洪诈觉流死张本。先，悉荐翻。

7 峰州刺史王升朝叛；庚辰，安南都护武陵韩约讨斩之。旧志：峰州至京师一万一千五百里。宋白曰：峰州，治嘉宁县，汉麊泠县地。武陵，汉临沅县之地，隋置武陵县，唐带朗州。朝，直遥翻。

8 王庭凑阴以兵及盐粮助李同捷，上欲讨之；秋，七月，甲辰，诏中书集百官议其事。宰相以下莫敢违，卫尉卿殷侑独以为："廷凑虽附凶徒，事未甚露，宜且含容，专讨同捷。"己巳，下诏罪状廷凑，命邻道各严兵守备，听其自新。

9 九月，丁亥，王智兴奏拔棣州。

10 李寰自晋州引兵赴镇，不戢士卒，所过残暴，至则拥兵不进，但坐索供馈。索，山客翻。庚寅，以寰为夏绥节度使。夏，户雅翻。

11 甲午，诏削夺王庭凑官爵，命诸军四面进讨。

12 加王智兴守司徒，以前夏绥节度使傅良弼为横海节度使。

13 岳王绲薨。绲，顺宗子，音古本翻。

14 庚戌，容管奏安南军乱，逐都护韩约。

15 冬，十月，洋王忻薨。忻，宪宗子。

16 魏博败横海兵于平原，遂拔之。败，补迈翻。

17 十一月，癸未朔，易定节度使柳公济奏攻李同捷坚固寨，拔之；同捷筑寨于沧州西，以抗官军，以坚固为名。又破其兵于寨东。时河南、北诸军讨同捷久未成功，每有小胜，则虚张首虏以邀厚赏，朝廷竭力奉之，江、淮为之耗弊。

18 傅良弼至陕而薨。陕，失冉翻。乙酉，以左金吾大将军李佑为横海节度使。

19 甲辰，禁中昭德寺火，天火曰灾，人火曰火。延及宫人所居，烧死者数百人。

20 十二月，丁巳，王智兴奏兵马使李君谋将兵济河，破无棣。无棣，古齐国之北境，周封太公赐履所至也；汉为阳信县；界有无棣沟，通海；唐为无棣县，属沧州。九域志：在州东南一百七里。

21 壬申，中书侍郎、同平章事韦处厚薨。

22 李同捷军势日蹙，王庭凑不能救，乃遣人说魏博大将亓志绍说，式芮翻。使杀史宪诚父子取魏博；志绍遂作乱，引所部兵二万人还逼魏州。丁丑，命谏议大夫柏耆宣慰魏博，且发义成、河阳兵以讨志绍。

23 戊寅，以翰林学士路隋为中书侍郎、同平章事。

24 辛巳，史宪诚奏亓志绍兵屯永济，代宗大历七年，田承嗣分魏州之临清置永济县，属贝州。告急求援；诏义成节度使李听帅沧州行营诸军以讨志绍。帅，读曰率。

容肇祖标点聂崇岐覆校

资治通鉴卷第二百四十四

端明殿学士兼翰林侍读学士太中大夫
提举西京嵩山崇福宫上柱国河内郡开国公 司马光 奉敕编集
食邑二千二百户食实封九百户赐紫金鱼袋臣

后学天台胡三省音注

唐纪六十 起屠维作噩(己酉)，尽昭阳赤奋若(癸丑)，凡五年。

文宗元圣昭献孝皇帝上之下

太和三年(己酉、八二九)

1 春，正月，亓志绍与成德合兵掠贝州。贝州，在魏州北二百一十里。

2 义成行营兵三千人先屯齐州，使之禹城，之，往也，一作“屯”。禹城，汉祝阿县地，天宝元年改为禹城，以县西有禹息古城也，属齐州。九域志：在州西北一百三十里。中道溃叛；横海节度使李佑讨诛之。

3 李听、史唐合兵击亓志绍，破之；志绍将其众五千奔镇州。

4 李载义奏攻沧州长芦，拔之。沧州，治青池县。九域志：长芦镇属清池。

5 甲辰，昭义奏亓志绍馀众万五千人诣本道降，置之洺【章：十二行本“洺”作“洛”；乙十一行本同；孔本同。】州。

6 二月，横海节度使李佑帅诸道行营兵击李同捷，破之，帅，读曰率。进攻德州。九域志：德州，东北至沧州二百三十里。

7 武宁捉生兵马使石雄，勇敢，爱士卒；王智兴残虐，军中欲逐智兴而立雄，智兴知之，因雄立功，奏请除刺史。丙辰，以雄为壁州刺史。宋白曰：壁州本汉宕渠县地，后魏大统中于今州理置诸水县；唐武德八年立壁州，以县西一里壁山为名，京师西南一千八百二十二里。

8 史宪诚闻沧景将平而惧，其子唐劝之入朝。丙寅，宪诚使唐奉表请入朝，且请以所管听命。

9 石雄既去武宁，王智兴悉杀军中与雄善者百馀人。夏，四月，戊午，智兴奏雄摇动军情，请诛之。上知雄无罪，免死，长流白州。为武宗复用石雄张本。武德三年，析合浦县地置博白县，四年置南州，六年改白州，至京师六千七百一十五里。州县皆因博白江为名。

10 戊辰，李载义奏攻沧州，破其罗城。罗城，外城也。李佑拔德州，城中将卒三千馀人奔镇州。李同捷与佑书请降，降，户江翻。佑并奏其书，谏议大夫柏耆受诏宣慰行营，好张大声势以威制诸将，诸将已恶之矣；好，呼到翻。恶，乌露翻。及李同捷请降于佑，佑遣大将万洪代守沧州；耆疑同捷之诈，自将数百骑驰入沧州，以事诛洪，取同捷及其家属诣京师。乙亥，至将陵，将陵，汉安德县地，隋分安德，于将陵故城置县，唐属德州。或言王庭凑欲以奇兵篡同捷，篡，初患翻，夺也。乃斩同捷，传首，沧景悉平。

五月，庚寅，加李载义同平章事。考异曰：实录作"庚寅"，误。诸道兵攻李同捷，三年，仅能下之，上初元即讨同捷，至是三年。而柏耆径入城，取为己功，诸将疾之，争上表论列。辛卯，贬耆为循州司户。循州，古龙川地，隋置循州。考异曰：实录："四月，李佑收德州，同捷请降于佑。佑疑其诈，柏耆请以骑兵三百入沧州；佑从之。耆径入沧，收同捷与其家属赴京师。"又诏曰："假势张皇，乘险纵恣，指挥弹压，奏报蔑闻。擅入沧州，专杀大将，补署逆校，潜送凶渠。"旧传曰："沧、德平，诸将害耆邀功，争上表论列。上不获已，贬循州司户。”新传曰：“同捷请降，佑使万洪代守沧州，同捷未出也。耆以三百骑驰入沧，以事诛洪，与同捷朝京师。既行，谍言王庭凑欲以奇兵劫同捷，耆遂斩其首以献。诸将疾其功，比奏攒诋，文宗不获已，贬耆循州司户参军。”盖耆张皇邀功则有之，然诸将疾之而论奏，文宗不得已而贬黜，亦其实也。至于赐死，则因马国亮奏其受同捷奴婢、绫绢故也。李佑寻薨。

11 壬寅，摄魏博副使史唐奏改名孝章。

12 六月，丙辰，诏：“镇州四面行营各归本道休息，但务保境，勿相往来；惟庭凑效顺，为达章表，为，于伪翻。馀皆勿受。”

13 辛酉，以史宪诚为兼侍中、河中节度使；以李听兼魏博节度使。李听本帅义成，使兼魏博。分相、卫、澶三州，以史孝章为节度使。澶，时连翻。

14 初，李佑闻柏耆杀万洪，大惊，疾遂剧。上曰：“佑若死，是耆杀之也！”癸酉，赐耆自尽。

15 河东节度使李程奏得王庭凑书，请纳景州；考异曰：按景州本隶横海，盖因李同捷之乱，庭凑据有之。同捷既平，庭凑惧而复进之也。又奏亓志绍自缢。缢，于赐翻，又一计翻。

16 上遣中使赐史宪诚旌节，癸酉，至魏州。时李听自贝州还军馆陶，迁延未进，馆陶，在魏州北四十五里。宪诚竭府库以治行。【章：十二行本“行”下有“将士怒”三字；乙十一行本同；张校同，云无注本亦无。】治，直之翻。甲戌，军乱，杀宪诚，奉牙内都知兵马使灵武何进滔知留后。李听进至魏州，进滔拒之，不得入。秋，七月，进滔出兵击李听；听不为备，大败，溃走。考异曰：新进滔传曰：“进滔下令曰：‘公等既迫我，当听吾令。’众唯唯。‘孰杀前使及监军者，疏出之。’凡斩九十馀人，释胁从者。素服临哭，将吏皆入弔。诏拜留后。”按进滔结王庭凑以拒李听，又袭击听，大破之，安能如是！新传盖据柳公权德政碑云：“公谓将士曰：‘既迫以为长，当谨而听承。’命都将总事者谕之曰：‘害前使与监军凶党，籍其姓名，仍集之于庭，无使漏网。'卒获九十三人。白黑既分，善恶无误，会众显戮共弃，咸悦。公于是素服而哭，将吏序吊。"此恐涉溢美之辞耳。今从旧传。昼夜兼行，趣浅口，九域志：魏州馆陶县有浅口镇。趣，七喻翻。失亡过半，辎重兵械尽弃之。重，直用翻。昭义兵救之，听仅而得免，归于滑台。李听本镇滑州。

河北久用兵，馈运不给，朝廷厌苦之。八月，壬子，以进滔为魏博节度使，复以相、卫、澶三州归之。

17 沧州承丧乱之馀，丧，息浪翻。骸骨蔽地，城空野旷，户口存者什无三四。癸丑，以卫尉卿殷侑为齐、德、沧、景节度使。是年，始以齐州隶横海。侑至镇，与士卒同甘苦，招抚百姓，劝之耕桑，流散者稍稍复业。先是，本军三万人皆仰给度支，先，悉荐翻。仰，牛向翻。侑至一年，租税自能赡其半；二年，请悉罢度支给赐；三年之后，户口滋殖，仓廪充盈。史言方镇得其人，则可转荒残为富实。

18 王庭凑因邻道微露请服之意；壬申，赦庭凑及将士，复其官爵。

19 征浙西观察使李德裕为兵部侍郎，裴度荐以为相。会吏部侍郎李宗闵有宦官之助，甲戌，以宗闵同平章事。

20 上性俭素，九月，辛巳，命中尉以下毋得衣纱縠绫罗；衣，于既翻。听朝之暇，惟以书史自娱，声乐游畋未尝留意。驸马韦处仁尝着夹罗巾，处，昌吕翻。着，陟略翻。刘昫曰：武德已来，始有巾子，文官名流上平头小样者。则天时，朝贵臣内赐高头巾子，呼为武家诸王样。中宗景龙四年三月，因内宴，赐宰臣以下内样巾子。开元已来，文官士伍多以紫皂官絁为头巾，平头巾子，相仿为雅制。玄宗开元十九年十月，赐供奉及诸司长官罗头巾及宫样巾，迄于今服之。上谓曰："朕慕卿门地清素，故有选尚。处仁尚穆宗女新丰公主。如此巾服，听其他贵戚为之，卿不须尔。"

21 壬辰，以李德裕为义成节度使。李宗闵恶其逼己，恶，乌露翻。故出之。

22 冬，十月，丙辰，以李听为太子少师。

23 路隋言于上曰："宰相任重，不宜兼金谷琐碎之务，如杨国忠、元载、皇甫镈皆奸臣，所为不足法也。"上以为然。于是裴度辞度支；上许之。

24 十一月，甲午，上祀圜丘；赦天下。四方毋得献奇巧之物，其纤丽布帛皆禁之，焚其机杼。

25 丙申，西川节度使杜元颖奏南诏入寇。元颖以旧相，文雅自高，杜元颖，长庆初相穆宗。不晓军事，专务蓄积，减削士卒衣粮。西南戍边之卒，衣食不足，皆入蛮境钞盗以自给，钞，楚交翻。蛮人反以衣食资之；由是蜀中虚实动静，蛮皆知之。南诏自嵯颠谋大举入寇，嵯颠弑君立君，遂专南诏之政。嵯，才何翻。边州屡以告，元颖不之信；嵯颠兵至，边城一无备御。蛮以蜀卒为乡导，乡，读曰向。袭陷巂、戎二州。甲辰，元颖遣兵与战于邛州南，蜀兵大败；蛮遂陷邛州。邛，渠容翻。

26 武宁节度使王智兴入朝。

27 诏发东川、兴元、荆南兵以救西川；十二月，丁未朔，又发鄂岳、襄邓、陈许等兵继之。

28 以王智兴为忠武节度使。智兴自徐徙陈。

29 己酉，以东川节度使郭钊为西川节度使，兼权东川节度事。

嵯颠自邛州引兵径抵成都，九域志：自邛州东至成都二百六十里。庚戌，陷其外郭。杜元颖帅众保牙城以拒之，帅，读曰率。考异曰：实录："寇及子城，元颖方觉知。"按实录："十一月丙申，元颖奏南诏入寇。乙巳，奏围清溪关。十二月丙辰，奏官军失利，蛮陷邛州。"至此乃云"寇及子城，元颖方觉知。"似尤之太过，今不取。欲遁者数四。壬子，贬元颖为邵州刺史。

30 己未，以右领军大将军董重质为神策、诸道西川行营节度使，又发太原、凤翔兵赴西川。南诏寇东川，入梓州西川。【章：十二行本“川”作“郭”；乙十一行本同；知“川”字乃“郭”之误。退斋校云，下“川”字宋作“郭”。严：“西川”改“西郭”。】东川节度，治梓州。钊兵寡弱不能战，“钊”上当更有“郭”字，蜀本正如此。以书责嵯颠。嵯颠复书曰：“杜元颖侵扰我，故兴兵报之耳。”与钊修好而退。好，呼到翻。

蛮留成都西郭十日，其始慰抚蜀人，市肆安堵；将行，乃大掠子女、百工数万人及珍货而去。蜀人恐惧，往往赴江，流尸塞江而下。塞，悉则翻。嵯颠自为军殿，殿，丁练翻。及大度水，嵯颠谓蜀人曰：“此南吾境也，听汝哭别乡国。”众皆恸哭，赴水死者以千计。自是南诏工巧埒于蜀中。埒，龙辍翻，等也。

嵯颠遣使上表，称：“蛮比修职贡，比，毗至翻。岂敢犯边，正以杜元颖不恤军士，怨苦元颖，竞为乡导，祈我此行以诛虐帅。帅，所类翻。诛之不遂，无以慰蜀士之心，愿陛下诛之。”丁卯，再贬元颖循州司马。诏董重质及诸道兵皆引还。郭钊至成都，与南诏立约，不相侵扰。诏遣中使以国信赐嵯颠。

四年（庚戌、八三〇）

1 春，正月，辛巳，武昌节度使牛僧孺入朝。

2 戊子，立子永为鲁王。

3 李宗闵引荐牛僧孺；辛卯，以僧孺为兵部尚书、同平章事。于是二人相与排摈李德裕之党，排，挤也。摈，斥也。稍稍逐之。

4 南诏之寇成都也，诏山南西道发兵救之，事见上年。兴元兵少，山南西道节度，治兴元府。节度使李绛募兵千人赴之，未至，蛮退而还。还，从宣翻，又如字。

兴元兵有常额，诏新募兵悉罢之。二月，乙卯，绛悉召新军，谕以诏旨而遣之，仍赐以廪麦，皆怏怏而退。怏，于两翻。往辞监军，监军杨叔元素恶绛不奉己，以赐物薄激之。众怒，大噪，掠库兵，趋使牙。恶，乌露翻。趣，七喻翻。节度使所居为使宅，治事之所为使牙。使，疏吏翻。绛方与僚佐宴，不为备，走登北城。或劝缒而出，缒，驰伪翻。绛曰："吾为元帅，岂可逃去！"麾推官赵存约令去。存约曰："存约受明公知，何可苟免！"牙将王景延与贼力战死，绛、存约及观察判官薛齐皆为乱兵所害，贼遂屠绛家。考异曰：新传曰："杨叔元素疾绛，遣人迎说军士曰：'将收募直，而还为民。'士皆怒，乃噪而入，劫库兵。绛方宴，不设备，遂握节登陴。或言缒城可以免，绛不从，遂遇害。"实录："绛召诸卒，以诏旨谕而遣之，发廪麦以赏众，皆怏怏而退。出垒门，众有请辞监军者，而监军杨叔元贪财怙宠，素怨绛之不奉己，与绛为隙久矣，至是因以赏薄激之。散卒遂作乱。"今从之。

戊午，叔元奏绛收新军募直以致乱。庚申，以尚书右丞温造为山南西道节度使。是时，三省官上疏共论李绛之冤；谏议大夫孔敏行具呈叔元激怒乱兵，上始悟。

5 三月，乙亥朔，以刑部尚书柳公绰为河东节度使。先是，回鹘入贡及互市，先，悉荐翻。所过恐其为变，常严兵迎送防卫之。公绰至镇，回鹘遣梅录李畅以马万匹互市，公绰但遣牙将单骑迎劳于境，劳，力到翻。至则大辟牙门，受其礼谒。畅感泣，戒其下，在路不敢驰猎，无所侵扰。

陉北沙陀素骁勇，沙陀保神武川，在陉岭之北。陉，音刑。为九姓、六州胡所畏伏。公绰奏以其酋长朱邪执宜为阴山都督、代北行营招抚使，使居云、朔塞下，捍御北边。执宜与诸酋长入谒，公绰与之宴。执宜神彩严整，进退有礼，公绰谓僚佐曰："执宜外严而内宽，言徐而理当，酋，慈由翻。长，知两翻。邪，读曰耶。当，都浪翻。福禄人也。"执宜母妻入见，公绰使夫人与之饮酒，馈遗之。见，贤遍翻。遗，唯季翻。执宜感恩，为之尽力。为，于伪翻。塞下旧有废府十一，旧书作"废栅"，当从之，盖考之唐志，云、朔塞下无十一府也。执宜修之，使其部落三千人分守之，自是杂虏不敢犯塞。杂虏，谓退浑、回鹘、鞑靼、奚、室韦之属。

6 温造行至褒城，褒城，汉褒中县，唐属兴元府。九域志：褒城，在府西北四十五里。遇兴元都将卫志忠征蛮归，造密与之谋诛乱者，以其兵八百人为牙队，五百人为前军，入府，分守诸门。己卯，造视事，飨将士于牙门，造曰："吾欲问新军去留之意，宜悉使来前。"既劳问，劳，力到翻。命坐，行酒。志忠密以牙兵围之，既合，唱"杀！"围既合，唱声曰"杀！"众应声而进，杀之。新军八百馀人皆死。杨叔元起，拥造靴求生，造命囚之。其手杀绛者，斩之百段，馀皆斩首，投尸汉水，以百首祭李绛，三十首祭死事者，具事以闻。己丑，流杨叔元于康州。康州，汉端溪县地，武德四年置南康州，贞观十二年去"南"字；至京师五千七百五十里。

7 癸卯，加淮南节度使段文昌同平章事、为荆南节度使。

8 奚寇幽州，夏，四月，丁未，卢龙节度使李载义击破之；辛酉，擒其王茹羯以献。羯，居列翻。

9 裴度以高年多疾，恳辞机政。六月，丁未，以度为司徒、平章军国重事，平章军国重事者，平章大事，不复烦以细务，与同平章事之官不同。考异曰：宝历二年度入相时，犹守司空，自后未尝迁官。至此，实录直言司徒裴度。按制辞云："迁秩上公，式是殊宠。"又云："宜其首赞机衡，弘敷教典。"盖此时方迁司徒。实录先云"司徒裴度"，误也。俟疾损，三五日一入中书。疾损，犹言疾减也。

上患宦者强盛，宪宗、敬宗弑逆之党犹有在左右者；中尉王守澄尤专横，横，户孟翻。招权纳贿，上不能制。尝密与翰林学士宋申锡言之，申锡请渐除其偪。欲以渐去其威权偪上者。偪，音逼。上以申锡沈厚忠谨，可倚以事，擢为尚书右丞；七月，癸未，以申锡同平章事。疑则勿任，任则勿疑，文宗为负宋申锡矣。为申锡贬逐张本。

10 初，裴度征淮西，谓元和讨吴元济时也。奏李宗闵为观察判官，由是渐获进用。至是，怨度荐李德裕，因其谢病，九月，壬午，以度兼侍中，充山南东道节度使。

11 西川节度使郭钊以疾求代，冬，十月，戊申，以义成节度使李德裕为西川节度使。

蜀自南诏入寇，一方残弊，郭钊多病，未暇完补。德裕至镇，作筹边楼，图蜀地形，南入南诏，西达吐蕃。日召老于军旅、习边事者，虽走卒蛮夷无所间，蜀自清溪关则南入南诏，逾西山则西达吐蕃。间，古苋翻。访以山川、城邑、道路险易广狭远近，易，以豉翻。未逾月，皆若身尝涉历。

上命德裕修塞清溪关以断南诏入寇之路，塞，悉则翻；下同。断，音短。或无土，则以石垒之。德裕上言："通蛮细路至多，不可塞，惟重兵镇守，可保无虞；但黎、雅以来得万人，成都得二万人，精加训练，则蛮不敢动矣。边兵又不宜多，须力可临制。崔旰之杀郭英乂，见二百二十四卷代宗永泰元年。张朏之逐张延赏，见二百二十九卷德宗建中四年。皆镇兵也。"时北兵皆归本道，惟河中、陈许三千人在成都，有诏来年三月亦归，蜀人恟惧。恟，许拱翻。德裕奏乞郑滑五百人、陈许千人以镇蜀；且言："蜀兵脆弱，新为蛮寇所困，皆破胆，不堪征戍。战胜之威，士气百倍，败兵之卒，没世不复，正谓此也。脆，此芮翻。若北兵尽归，则与杜元颖时无异，蜀不可保。恐议者云蜀经蛮寇以来，已自增兵，向者蛮寇已逼，元颖始募市人为兵，得三千馀人，徒有其数，实不可用。郭钊募北兵仅得百馀人，臣复召募得二百馀人，复，扶又翻。此外皆元颖旧兵也。恐议者又闻一夫当关之说，一夫当关，万夫莫前，前人所以言蜀之险也。以为清溪可塞。臣访之蜀中老将，清溪之旁，大路有三，自馀小径无数，皆东蛮临时为之开通，勿邓、丰琶、两林，皆东蛮也。为，于伪翻。若言可塞，则是欺罔朝廷。要须大度水北更筑一城，迤逦接黎州，九域志：黎州南至大度河一百里。宋白曰：黎州，古沉黎地。迤，以尔翻。逦，力纸翻。以大兵守之方可。况闻南诏以所掠蜀人二千及金帛赂遗吐蕃，遗，唯季翻。若使二虏知蜀虚实，连兵入寇，诚可深忧。其朝臣建言者，盖由祸不在身，望人责一状，留入堂案，堂，谓政事堂。案，文案也。他日败事，不可令臣独当国宪。”宪，法也。败，补迈翻。朝廷皆从其请。德裕乃练士卒，葺堡鄣，积粮储以备边，蜀人粗安。

12 是岁，勃海宣王仁秀卒，子新德早死，孙彝震立，改元咸和。

五年（辛亥、八三一）

1 春，正月，丁巳，赐沧、齐、德节度名义昌军。张孝忠以程日华为沧州刺史。朱滔之乱，沧、定隔绝，日华以沧州自通于朝廷。贞元三年，以日华为横海军节度，领沧、景二州。元和十三年，王承宗献德、棣二州，而横海军领沧、景、德、棣四州；长庆元年，省景州；明年，复领景州；太和元年，增领齐州；明年，以棣州隶淄青、平卢节度；又明年，罢横海节度，更置齐德节度；寻平李同捷，得沧州，更号沧、齐、德节度；是年，赐号义昌军。

2 庚申，卢龙监军奏李载义与敕使宴于球场后院，副兵马使杨志诚与其徒呼噪作乱，载义与子正元奔易州；志诚又杀莫州刺史张庆初。宋白曰：幽州，南至莫州二百八十里。上召宰相谋之，牛僧孺曰：“范阳自安、史以来，非国所有，刘总蹔献其地，事见二百四十一卷穆宗长庆元年。朝廷费钱八十万缗而无丝毫所获。今日志诚得之，犹前日载义得之也；敬宗宝历二年，李载义得范阳，事见上卷。因而抚之，使捍北狄，不必计其逆顺。”上从之。载义自易州赴京师，上以载义有平沧景之功，平沧、景见上三年。且事朝廷恭顺；二月，壬辰，以载义为太保，同平章事如故。以杨志诚为卢龙留后。

臣光曰：昔者圣人顺天理、察人情，知齐民之莫能相治也，治，直之翻；下同。故置师长以正之；知群臣之莫能相使也，故建诸侯以制之；知列国之莫能相服也，故立天子以统之。自师长而上至天子，则所谓师长者，近民之官也。长，知丈翻。天子之于万国，能褒善而黜恶，抑强而扶弱，抚服而惩违，禁暴而诛乱，然后发号施令而四海之内莫不率从也。率，循也。从，顺也。一曰：相率而从上之令也。诗曰："勉勉我王，纲纪四方。"诗大雅棫朴之辞。载义藩屏大臣，屏，必郢翻。有功于国，无罪而志诚逐之，此天子所宜治也。若一无所问，因以其土田爵位授之，则是将帅之废置杀生皆出于士卒之手，天子虽在上，何为哉！国家之有方镇，岂专利其财赋而已乎！如僧孺之言，姑息偷安之术耳，岂宰相佐天子御天下之道哉！

3 新罗王彦升卒，子景徽立。

4 上与宋申锡谋诛宦官，申锡引吏部侍郎王璠为京兆尹，以密旨谕之。璠泄其谋，璠，孚袁翻。考异曰：按旧璠传：去年七月为京兆尹，十二月迁左丞。故申锡得罪时，京兆尹乃崔琯也。郑注、王守澄知之，阴为之备。

上弟漳王凑贤，有人望，注令神策都虞候豆卢著诬告申锡谋立漳王。戊戌，守澄奏之，上以为信然，甚怒。漳王固上之所忌，因其所忌而谗间之，此宋申锡之所以不免于罪也。守澄欲即遣二百骑屠申锡家，飞龙使马存亮固争曰："如此，则京城自乱矣！

宜召他相与议其事。”以马存亮定张韶之难及争宋申锡之事观之，则温公之取存亮，固不特一事也。飞龙使，掌飞龙厩。守澄乃止。

是日，旬休，一月三旬，遇旬则下直而休沐，谓之旬休，今谓之旬假是也。遣中使悉召宰相至中书东门。中使曰：“所召无宋公名。”申锡知获罪，望延英，以笏扣头而退。按阁本大明宫图：中书省与延英殿，其间仅隔殿中外院、殿中内院耳。宰相至延英，上示以守澄所奏，相顾愕眙。眙，丑吏翻。上命守澄捕豆卢著所告十六宅宫市品官晏敬则及申锡亲事王师文等，于禁中鞫之；亲事，常在左右者。今宰执侍从，犹有亲事官。师文亡命。三月，庚子，申锡罢为右庶子。自宰相大臣无敢显言其冤者，独京兆尹崔琯、大理卿王正雅连上疏请出内狱付外廷核实，鞫于禁中，故曰内狱。由是狱稍缓。正雅，翃之子也。王翃，见德宗纪。晏敬则等自诬服，称申锡遣王师文达意于王，结异日之知。

狱成，壬寅，上悉召师保以下及台省府寺大臣面询之。午际，午际，方交午漏初刻，非正午时也。左常侍崔玄亮、给事中李固言、谏议大夫王质、补阙卢钧、舒元褒、蒋系、裴休、韦温等复请对于延英，复，扶又翻；下同。乞以狱事付外覆按。上曰：“吾已与大臣议之矣。”屡遣之出，不退。玄亮叩头流涕曰：“杀一匹夫犹不可不重慎，况宰相乎！”上意稍解，曰：“当更与宰相议之。”乃复召宰相入，牛僧孺曰：“人臣不过宰相，今申锡已为宰相，假使如所谋，复与【章：十二行本“与”作“欲”；乙十一行本同；张校同，云无注本作“欲”。】何求！申锡殆不至此！”郑注恐覆按诈觉，乃劝守澄请止行贬黜。癸卯，贬漳王凑为巢县公，宋申锡为开州司马。存亮即日请致仕。“存亮”之上，更有一“马”字，姓名较明白。按马存亮自以知宋申锡之冤而不能救，恶王守澄之横而不能退，即日乞身致事，虽宦者而有古人之风。玄亮，磁州人；质，通五世孙；王通见一百七十九卷隋文帝仁寿三年；号文中子。系，义之子；蒋乂见二百三十五卷德宗贞元十三年。元褒，江州人也。晏敬则等坐死及流窜者数十百人，申锡竟卒于贬所。

5夏，四月，己丑，以李载义为山南西道节度使，杨志诚为幽州节度使。

6五月，辛丑，上以太庙两室破漏，逾年不葺，罚将作监、度支判官、宗正卿俸；将作监，掌土木工匠。度支，掌支调。宗正卿，掌太庙斋郎。宗庙不修，故皆罚俸。俸，扶用翻。亟命中使帅工徒，辍禁中营缮之材以葺之。帅，读曰率。左补阙韦温谏，以为："国家置百官，各有所司，苟为堕旷，堕，读曰隳。宜黜其人，更择能者代之。更，工衡翻。今旷官者止于罚俸，而忧轸所切即委内臣，是以宗庙为陛下所私而百官皆为虚设也。"上善其言，即追止中使，命有司葺之。

7丙辰，西川节度使李德裕奏遣使诣南诏索所掠百姓，索，山客翻。前年寇蜀所掠者也。得四千人而还。考异曰：德裕西南备边录曰："南诏以所虏男女五千三百六十四人归于我。"旧传曰："又遣人入南诏求其所俘工匠，得僧、道、工巧四千馀人，复归成都。"按实录云"约四千人"，今从之。

8秋，八月，戊寅，以陕虢观察使崔郾为鄂岳观察使。陕，式冉翻。郾，于幰翻。鄂岳地囊山带江，处百越、巴、蜀、荆、汉之会，处，昌吕翻。土多群盗，剽行舟，剽，匹妙翻。无老幼必尽杀乃已。郾至，训卒治兵，作蒙冲追讨，蒙冲，战船也。治，直之翻。岁中，悉诛之。郾在陕，以宽仁为治，治，直吏翻；下同。或经月不笞一人，及至鄂，严峻刑罚；或问其故，郾曰："陕土瘠民贫，吾抚之不暇，尚恐其惊；鄂地险民杂，夷俗慓狡为奸，慓，匹妙翻。非用威刑，不能致治。治，直吏翻。政贵知变，盖谓此也。"

9西川节度使李德裕奏："蜀兵羸疾老弱者，从来终身不简，臣命立五尺五寸之度，简去四千四百馀人，简，选也。去，羌吕翻。复简募少壮者千人以慰其心。复，扶又翻。少，诗照翻。所募北兵已得千五百人，与土兵参居，参，仓含翻，间厕也。转相训习，日益精练。又，蜀工所作兵器，徒务华饰不堪用；臣今取工于别道以治之，无不坚利。”治，直之翻。

九月，吐蕃维州副使悉怛谋请降，怛，当割翻。尽帅其众奔成都；德裕遣行维州刺史虞藏俭将兵入据其城。庚申，具奏其状，且言“欲遣生羌三千，烧十三桥，捣西戎腹心，可洗久耻，是韦皋没身恨不能致者也！”德宗之时，韦皋屡出兵攻维州，不能取。事下尚书省，集百官议，下，户嫁翻。皆请如德裕策。牛僧孺曰：“吐蕃之境，四面各万里，失一维州，未能损其势。比来修好，约罢戍兵，比，毗至翻。好，呼到翻。考异曰：旧僧孺传载僧孺语曰：“今论董勃才还，刘元鼎未至。”按穆宗实录：“长庆二年八月，大理卿刘元鼎使吐蕃回。”文宗实录：“太和六年三月，吐蕃遣论董勃藏入见，”不言元鼎再奉使。杜牧僧孺墓志亦无董勃等名，盖旧传误也。中国御戎，守信为上。彼若来责曰：‘何事失信？’养马蔚茹川，原州萧关县有蔚茹水，水西即白草军。蔚，纡勿翻。上平凉阪，上，时掌翻。阪，音反。万骑缀回中，怒气直辞，不三日至咸阳桥。此时西南数千里外，得百维州何所用之！徒弃诚信，有害无利。此匹夫所不为，况天子乎！”上以为然，诏德裕以其城归吐蕃，执悉怛谋及所与偕来者悉归之。吐蕃尽诛之于境上，极其惨酷。德裕由是怨僧孺益深。为武宗朝李德裕追论维州事张本。

10 冬，十月，戊寅，李德裕奏南诏寇嶲州，陷三县。嶲，音髓。

六年（壬子、八三二）

1 春，正月，壬子，诏以水旱降系囚。群臣上尊号曰太和文武至德皇帝；右补阙韦温上疏，以为：“今水旱为灾，恐非崇饰徽称之时。”称，尺证翻。上善之，辞不受。

2 三月，辛丑，以武宁节度使王智兴兼侍中，充忠武节度使；以邠宁节度使李听为武宁节度使。

3 回鹘昭礼可汗为其下所杀，从子胡特勒立。从，才用翻。考异曰：旧传云："七年三月，回鹘李义节等将驼马到，且报可汗二月二十七日薨，已册亲弟萨特勒。废朝三日。"今从新传。

4 李听之前镇武宁也，有苍头为牙将；考新、旧书，李听前此未尝镇武宁。窃意此苍头盖从听兄愿素镇武宁，遂得为牙将也。至是，听先遣亲吏至徐州慰劳将士，劳，力到翻。苍头不欲听复来，说军士复，扶又翻。说，式芮翻。杀其亲吏，脔食之。听惧，以疾固辞。辛酉，以前忠武节度使高瑀为武宁节度使。

5 夏，五月，甲辰，李德裕奏修邛崃关及移巂州理台登城。邛崃关，或作邛峡关，误也。邛崃关在雅州荣经县，所谓邛崃九折坂，王尊叱驭处也。祝穆曰：邛崃关在巂州北九十里。巂州先治越巂县。宋白曰：越巂，汉邛都地。台登，汉旄牛地。李心传曰：邛崃关，近荣经，去黎州六十里。

6 秋，七月，原王逵薨。逵，代宗子。

7 冬，十月，甲子，立鲁王永为太子。初，上以晋王普，敬宗长子，性谨愿，欲以为嗣；会薨，晋王普，太和二年薨，见上卷。上痛惜之，故久不议建储，至是始行之。

8 十一月，乙卯，以荆南节度使段文昌为西川节度使。西川监军王践言入知枢密，数为上言：数，所角翻。为，于伪翻。"缚送悉怛谋以快虏心，绝后来降者，非计也。"上亦悔之，尤中书侍郎、同平章事牛僧孺失策。附李德裕者因言"僧孺与德裕有隙，害其功。"上益疏之。尤者，以为愆过也。疏者，情不相亲也。僧孺内不自安，会上御延英，谓宰相曰："天下何时当太平，卿等亦有意于此乎！"责其尸位素餐，无佐理兴化之心。僧孺对曰："太平无象。今四夷不至交侵，百姓不至流散，虽非至理，至理，犹言至治也。亦谓小康。康，安也。陛下若别求太平，非臣等所及。”退，谓同列曰：“主上责望如此，吾曹岂得久居此地乎！”因累表请罢。十二月，乙丑，以僧孺同平章事，充淮南节度使。

臣光曰：君明臣忠，上令下从，俊良在位，佞邪黜远，礼修乐举，刑清政平，奸宄消伏，宄，音轨。兵革偃戢，诸侯顺附，四夷怀服，【章：十二行本“服”下有“时和年丰”四字；乙十一行本同；张校同，云无注本亦无。】家给人足，此太平之象也。于斯之时，阍寺专权，胁君于内，弗能远也；远，于愿翻。藩镇阻兵，陵慢于外，弗能制也；士卒杀逐主帅，拒命自立，弗能诘也；诘，起吉翻。军旅岁兴，赋敛日急，敛，力赡翻。骨血纵横于原野，纵，子容翻。杼轴空竭于里闾，而僧孺谓之太平，不亦诬乎！当文宗求治之时，僧孺任居承弼，进则偷安取容以窃位，退则欺君诬世以盗名，罪孰大焉！按书冏命，旦夕承弼厥辟，本不专指宰相。温公取翊辅之义，遂以为宰相之任。又公以进退之道责牛僧孺，亦有见于后之窃位盗名如僧孺者。治，直吏翻。

9 珍王诚薨。新书：“诚”作“諴”。諴，德宗子也。

10 乙亥，昭义节度使刘从谏入朝。

11 丁未，以前西川节度使李德裕为兵部尚书。

初，李宗闵与德裕有隙，事见二百四十一卷穆宗长庆元年。及德裕还自西川，上注意甚厚，朝夕且为相，宗闵百方沮之不能。京兆尹杜悰，沮，在吕翻。悰，徂宗翻。宗闵党也，尝诣宗闵，见其有忧色，曰：“得非以大戎乎？”兵部掌戎政，尚书其长也。故悰隐语谓之大戎。宗闵曰：“然。何以相救？”悰曰：“悰有一策，可平宿憾，恐公不能用。”宗闵曰：“何如？”悰曰：“德裕有文学而不由科第，常用此为慊慊，慊，苦簟翻。慊慊，不快之意。若使之知举，必喜矣。”知举，知贡举也。宗闵默然有间，曰：间，如字。

“更思其次。”悰曰：“不则用为御史大夫。”不，读曰否。宗闵曰：“此则可矣。”悰再三与约，乃诣德裕。德裕迎揖曰：“公何为访此寂寥？”悰曰：“靖安相公令悰达意。”李宗闵盖居靖安坊，因以称之；如后刘崇望居光德坊，呼为光德刘公之类。即以大夫之命告之。德裕惊喜泣下，曰：“此大门官，唐制：大朝会，御史大夫帅其属正百官之班序，迟明列于两观，故以为大门官。小子何足以当之！”寄谢重沓。重，直龙翻。宗闵复与给事中杨虞卿谋之，复，扶又翻。事遂中止。牛僧孺患失之心重，李德裕进取之心锐，所谓楚则失矣，齐亦未为得也。虞卿，汝士之从弟也。杨汝士见二百四十一卷穆宗长庆元年。

七年（癸丑、八三三）

1 春，正月，甲午，加昭义节度使刘从谏同平章事，遣归镇。初，从谏以忠义自任，入朝，欲请他镇；既至，见朝廷事柄不一，又士大夫多请托，心轻朝廷，考异曰：补国史曰：“文宗朝，刘从谏朝觐，渥泽甚厚。自谓河朔近无比伦，颇矜臣节，文武百辟尽凑其门。从谏广行金帛，赂诸权要，求登台席，人情多可，相国李公固言独无一言。从谏欲市其欢，玉不可染，欲谀其意，水不可穿，门馆不敢导其诚恳，遇休假，谒于私第，投诚沥恳，至于再三。相公正色谓曰：‘仆射先君以东平之功，镇潞二十馀年。及即世之后，仆射擅领戎务，坐邀朝命。朝廷以先君勋绩，不绝赏延，任居蕃阃，位剧南宫，岂是恩泽降于等伦，欲以何事效忠报国！仆射若请边陲一镇，大展筹谋，拓境复疆，乃为勋业。朝廷岂不以衮职之重，命赏封功；区区躁求，一何容易！某比谓仆射英雄忠义，首冠蕃臣；今求佩相印，拥节旄，荣归旧藩，亦河朔寻常倔强之臣所措履也，忠节安在，深为解体。’从谏矍然禁口无辞，再拜趋出。然从谏厚赂幸臣，旬日间果以本官加平章事，遽辞归镇。宰相饯于邮亭，李相公谓曰：‘相公少年昌盛，勉报国恩，幸望保家，勿殃后嗣。’从谏以笏扣头，洒泪而辞。及至本镇，谓从事将校曰：‘昨者入觐阙庭，遍观朝德，唯李公峻直贞明，凛然可惧，真社稷之重臣也！’”按固言此年未为相，其说妄也。今从实录。故归而益骄。为刘从谏倔强张本。

2 徐州承王智兴之后，士卒骄悖，节度使高瑀不能制；悖，蒲妹翻，又蒲没翻。考异曰：杜牧上崔相公书曰："高仆射宽厚闻名，不能治军事，举动汗流，拜于堂下。"此盖文士笔快耳，未必然也！上以为忧。甲寅，以岭南节度使崔珙为武宁节度使。珙至镇，宽猛适宜，徐人安之。珙，琯之弟也。崔琯，见上五年。珙，居竦翻。

3 二月，癸亥，加卢龙节度使、检校工部尚书杨志诚检校吏部尚书。进奏官徐迪徐迪，卢龙进奏官也。宋白曰：大历十二年正月，敕诸道先置上都留后便宜，并改充诸道都知进奏官。诣宰相言："军中不识朝廷之制，唯知尚书改仆射为迁，不知工部改吏部为美，敕使往，恐不得出。"晋、宋以来，以吏部尚书为大尚书，诸部尚书莫敢比焉。唐诸藩进奏官岂不知之。徐迪敢诣宰相出是言者，直以下陵上替，无所忌惮耳。敕使不得出，言必将拘留之也。辞气甚慢，宰相不以为意。

4 丙戌，以兵部尚书李德裕同平章事。德裕入谢，上与之论朋党事，对曰："方今朝士三分之一为朋党。"时给事中杨虞卿与从兄中书舍人汝士、弟户部郎中汉公、中书舍人张元夫、给事中萧浣等善交结，依附权要，上干执政，下挠有司，为士人求官及科第，无不如志，上闻而恶之，挠，奴高翻，又奴巧翻。为，于伪翻。恶，乌露翻。故与德裕言首及之；德裕因得以排其所不悦者。昔人有评牛、李事者，谓德裕以燕伐燕，有味乎其言也。初，左散骑常侍张仲方尝驳李吉甫谥，李吉甫薨，有司谥曰敬宪。度支郎中张仲方驳其太优，宪宗以是贬仲方，赐谥曰忠懿。宋白曰：唐制，诸职事官三品已上、散官二品已上身亡者，佐吏录行状申考功，责历任勘校，下太常寺拟谥讫，复申考功，都堂集省官议定，然后奏闻。若蕴德丘园，声实明著，虽无官爵，亦奏赐谥先生。谥，神至翻。及德裕为相，仲方称疾不出。三月，壬辰，以仲方为宾客分司。

5 杨志诚怒不得仆射，留官告使魏宝义并春衣使焦奉鸾、送奚·契丹使尹士恭；唐中世已后，凡藩镇加官，率遣中使奉命，谓之官告使。焦奉鸾以赐春衣，尹士恭以送两蕃使者，同时至幽州，故皆为所留。甲午，遣牙将王文颖来谢恩并让官。丙申，复以告身并批答赐之，自唐以来，凡让官者，皆有批答不允。复，扶又翻；下同。文颖不受而去。

6 和王绮薨。绮，顺宗子。

7 庚戌，以杨虞卿为常州刺史，张元夫为汝州刺史。唐以隋毗陵郡置常州；京师东南二千八百四十三里。隋置伊州于襄城郡，后改汝州；京师东九百八十二里。他日，上复言及朋党，李宗闵曰："臣素知之，故虞卿辈臣皆不与美官。"李德裕曰："给、舍非美官而何！"给、舍，谓给事中、中书舍人。宗闵失色。丁巳，以萧浣为郑州刺史。郑州至京师千一百五里。

8 夏，四月，丙戌，册回鹘新可汗为爱登里啰汨没密施合句禄毗伽彰信可汗。

9 六月，乙巳，以山南西道节度使李载义为河东节度使。先是，回鹘每入贡，所过暴掠，先，悉荐翻。州县不敢诘，但严兵防卫而已。载义至镇，回鹘使者李畅入贡，载义谓之曰："可汗遣将军入贡以固舅甥之好，唐公主出嫁回鹘，与为舅甥之国。好，呼到翻。非遣将军陵践上国也。将军不戢部曲，使为侵盗；践，慈演翻。戢，疾立翻。载义亦得杀之，勿谓中国之法可忽也。"于是悉罢防卫兵，但使二卒守其门。畅畏服，不敢犯令。

10 壬申，以工部尚书郑覃为御史大夫。初，李宗闵恶覃在禁中数言事，恶，乌露翻。数，所角翻。奏罢其侍讲。覃自工部侍郎进尚书，皆兼翰林侍讲学士。上从容谓宰相曰：从，千容翻。"殷侑经术颇似郑覃。"宗闵对曰："覃、侑经术诚可尚，然论议不足听。"李德裕曰："覃、侑议论，他人不欲闻，惟陛下欲闻之。"后旬日，宣出，除覃御史大夫。不由宰相进拟，出宣命而除之。宗闵谓枢密使崔潭峻曰："事一切宣出，安用中书！"潭峻曰："八年天子，上即位，至是八年矣。听其自行事亦可矣！"宗闵愀然而止。愀，七小翻。

11 乙亥，以中书侍郎、同平章事李宗闵同平章事、充山南西道节度使。

12 秋，七月，壬寅，以右仆射王涯同平章事、兼度支、盐铁转运使。

13 宣武节度使杨元卿有疾，朝廷议除代，李德裕请徙刘从谏于宣武，因拔出上党，不使与山东连结；上以为未可。癸丑，以左仆射李程为宣武节度使。

14 上患近世文士不通经术，李德裕请依杨绾议，进士试论议，不试诗赋。杨绾议见二百二十二卷代宗广德元年。德裕又言："昔玄宗以临淄王定内难，事见二百九卷睿宗景云元年。难，乃旦翻。自是疑忌宗室，不令出阁；天下议皆以为幽闭骨肉，亏伤人伦。向使天宝之末、建中之初，宗室散处方州，处，昌吕翻。虽未能安定王室，尚可各全其生；所以悉为安禄山、朱泚所鱼肉者，由聚于一宫故也。事并见前纪。陛下诚因册太子，制书听宗室年高属疏者出阁，且除诸州上佐，使携其男女出外婚嫁；此则百年弊法，一旦因陛下去之，去，羌吕翻。海内孰不欣悦！"上曰："兹事朕久知其不可，方今诸王岂无贤才，无所施耳！"八月，庚寅，册命太子，因下制：诸王自今以次出阁，授紧·望州刺史、上佐；开元中，定天下州府，自京都及诸都督护府外，以近畿同、华、岐、蒲为四辅，郑、陕、汴、怀、卫、绛为六雄，宋、亳、滑、许、汝、晋、洛、虢、魏、相为十望，又有十紧。其后入紧、望者浸多，凡商、宁、青、汾、贝、赵、襄、常、宣皆望州也。蔡、徐、郓、楚、鄂、彭、蜀为紧州，不及十数。又以汝、虢、郑、汴、魏、洋、苏为雄。盖升雄、望者既多，所以紧不及十。十六宅县主，以时出适；出阁而适人，使有配偶。进士停试诗赋。诸王出阁，竟以议所除官不决而罢。

15 壬寅，加幽州节度使杨志诚检校右仆射；考异曰：旧传曰：

"朝廷纳裴度言，务以含垢下诏谕之，因再遣使加尚书右仆射。"按此时度为襄阳节度使，旧传恐误。今从实录。仍别遣使慰谕之。

16 杜牧愤河朔三镇之桀骜，骜，五到翻。而朝廷议者专事姑息，乃作书，名曰罪言，大略以为："国家自天宝盗起，河北百馀城不得尺寸，人望之若回鹘、吐蕃，无敢窥者。齐、梁、蔡被其风流，因亦为寇。齐，李正己；梁，李灵曜；蔡，李希烈、吴氏。被，皮义翻。未尝五年间不战，焦焦然七十馀年矣。今上策莫如先自治，中策莫如取魏；最下策为浪战，不计地势，不审攻守是也。"

又伤府兵废坏，作原十六卫，以为："国家始踵隋制，开十六卫，自今观之，设官言无谓者，其十六卫乎！本原事迹，其实天下之大命也。唐承隋制，开十六卫，改左、右翊卫曰左、右卫府，左、右骁骑卫曰左、右骁卫府，左、右屯卫曰左、右威卫府，左、右御卫曰左、右领军卫府，左、右备身曰领左、右府。唯左·右武卫府、左·右监门府、左·右候卫府，仍隋不改。显庆五年，改左、右府曰左、右千牛府。龙朔二年，左·右卫府、骁卫府、武卫府皆省府字。左、右威卫曰左、右武威，左、右领军卫曰左、右戎卫，左、右候卫曰左、右金吾卫，左、右监门府曰左、右监门卫，左、右千牛府曰左、右奉宸卫，后复曰左、右千牛卫。咸亨元年，复改左、右戎卫曰领军卫。武后光宅元年，改左、右骁卫曰左、右武威卫，左、右武卫曰左、右鹰扬卫，左、右威卫曰左、右豹韬卫，左、右领军卫曰左、右玉钤卫。唐初，十六卫置大将军各一人，正三品；将军各二人，从三品。贞元二年，十六卫各置上将军一人，从二品。虽设官而无兵可掌，故当时以为无谓。贞观中，内以十六卫蓄养武臣，外开折冲、果毅府五百七十四，诸府，每府折冲都尉一人，上府正四品上，中府从四品下，下府正五品下。左、右果毅都尉各一人，上府从五品下，中府正六品上，下府正六品下。以储兵伍，有事则戎臣提兵居外，无事则放兵居内。其居内也，富贵恩泽以奉其身；所部之兵散舍诸府。散者，分散之散。舍者，居舍之舍。上府不越千二百人，三时耕稼，一时治武，籍藏将府，治，直之翻。将，即亮翻。伍散田亩，力解势破，人人自爱，虽有蚩尤为帅，亦不可使为乱耳。帅，所类翻；下同。及其居外也，缘部之兵被檄乃来，被，皮义翻。斧钺在前，爵赏在后，飃暴交捽，岂暇异略！飃，即飘字。捽，昨没翻。虽有蚩尤为帅，亦无能为叛也。此所谓实天下之大命也。自贞观至于开元百三十年间，戎臣兵伍未始逆篡，此大圣人所以能柄统轻重，制鄣表里，圣算神术【张："术"作"谟"。】也。至于开元末，愚儒奏章曰：'天下文胜矣，请罢府兵。'武夫奏章曰：'天下力强矣，请搏四夷。'于是府兵内铲，字书无"铲"字，今以类求之，音楚限翻。边兵外作，戎臣兵伍，湍奔矢往，内无一人矣。尾大中乾，乾，音干。成燕偏重，谓成安禄山偏重之势也。燕，于贤翻。而天下掀然，根萌烬然，七圣旰食，七圣，谓肃、代、德、顺、宪、穆、敬。求欲除之且不能也。由此观之，戎臣兵伍，岂可一日使出落钤【章：十二行本"铃"作"钤"；乙十一行本同。】键哉！然为国者不能无兵，居外则叛，居内则篡。使外不叛，内不篡，古今以还，法术最长，其置府立卫乎！近代以来，于其将也，弊复为甚，将，即亮翻。复，扶又翻；下同。率皆市儿辈多赍金玉、负倚幽阴、谓负倚宦官，行货赂以进取也。折券交货所能致也；绝不识父兄礼义之教，复无慷慨感概之气。百城千里，一朝得之，其强杰愎勃者则挠削法制，愎，弼力翻。挠，奴教翻。不使缚己，斩族忠良，不使违己，力一势便，罔不为寇；其阴泥巧狡者，"泥"，恐当作"昵"。亦能家算口敛，委于邪幸，由卿市公，去郡得都，郡，谓列郡。都，谓五都。四履所治，指为别馆；左传：管仲曰：赐我先君履，东至于海，西至于河，南至于穆陵，北至于无棣。杜预注云：履，所践履之界。后人言赐履者本此。此四履谓四境所至。或一夫不幸而寿，则戛割生人，略帀天下。帀，作答翻，周也。是以天下兵乱不息，齐人乾耗，乾，音干。靡不由是矣。呜呼！文皇帝十六卫之旨，其谁原而复之乎！"太宗文皇帝。

又作战论，以为：“河北视天下，犹珠玑也；言河北不资天下所产以为富。天下视河北，犹四支也。河北气俗浑厚，果于战耕，加以土息健马，息，生也。便于驰敌，是以出则胜，处则饶，处，昌吕翻。不窥天下之产，自可封殖；亦犹大农之家，不待珠玑然后以为富也。国家无河北，则精甲、锐卒、利刀、良弓、健马无有也，是一支，兵去矣。河东、盟津、滑台、大梁、彭城、东平，尽宿厚兵以塞虏冲，不可他使，是二支，兵去矣。河东，太原之全军。盟津，河阳军。滑台，义成军。大梁，宣武军。彭城，武宁军。东平，天平军。盟，读曰孟。塞，音悉则翻。六镇之师，厥数三亿，低首仰给，仰，牛向翻。横拱不为，横拱者，言横其两肱，拱立而事其帅，他无所为也。则沿淮已北，循河之南，东尽海，西叩洛，赤地尽取，才能应费，是三支，财去矣。才能之才，即才字，汉书作“财”，后人从省便，又去“贝”作“才”。咸阳西北，戎夷大屯，谓自咸阳西北，列大屯以防戎夷也。尽铲吴、越、荆、楚之饶以啖兵戍，啖，徒滥翻。是四支，财去矣。天下四支尽解，头腹兀然，其能以是久为安乎！今者诚能治其五败，则一战可定，四支可生。夫天下无事之时，殿寄大臣偷安奉私，殿寄大臣，谓受殿邦之寄者，牧盖谓当时节度使也。诗采菽，殿天子之邦，毛氏注云：殿，镇也。音丁练翻。战士离落，兵甲钝弊，是不搜练之过，其败一也。百人荷戈，荷，下可翻。仰食县官，则挟千夫之名，大将小裨，操其馀赢，小裨，谓裨将。操，七刀翻。以虏壮为幸，以师老为娱，是执兵者常少，縻食常多，此不责实料食之过，其败二也。战小胜则张皇其功，奔走献状以邀上赏，或一日再赐，或一月累封，凯还未歌，书品已崇，战胜，则奏凯歌而还。书品，谓书其官品也。还，音旋。爵命极矣，田宫广矣，田宫，犹言田宅也。金缯溢矣，缯，慈陵翻。子孙官矣，焉肯搜奇出死，勤于我矣！此厚赏之过，其败三也。焉，于虔翻。多丧兵士，颠翻大都，则跳身而来，刺邦而去；跳身而来，谓逃至京师也。刺邦而去，谓贬为刺史也。丧，息浪翻。回视刀锯，气色甚安，一岁未更，更，工衡翻。旋已立于坛墀之上矣，立坛墀之上，谓复登大将之坛也。此轻罚之过，其败四也。大将兵柄不得专，恩臣、敕使迭来挥之，恩臣，亦指宦官之怙恩者。堂然将陈，殷然将鼓，一则曰必为偃月，一则曰必为鱼丽，陈，读曰阵。丽，力知翻。偃月、鱼丽，皆陈名。偃月陈，中军偃居其中，张两角向前。左传：为鱼丽之陈，先偏后伍，伍承弥缝。三军万夫，环旋翔羊愰骇之间，翔羊，犹云徜徉，徘徊也。愰，呼广翻。虏骑乘之，遂取吾之鼓旗，此不专任责成之过，其败五也。今者诚欲调持干戈，洒扫垢污，【章：十二行本"污"下有"以为万世安"五字；乙十一行本同；退斋校同；张校同，云无注本亦无。】而乃踵前非，是不可为也。"

又作守论，以为："今之议者皆曰：夫倔强之徒，吾以良将劲兵为衔策，倔，渠勿翻。强，其两翻。衔策，所以驭马。高位美爵充饱其肠，安而不挠，外而不拘，挠，奴巧翻，又火高翻。亦犹豢扰虎狼而不拂其心，豢，养也。扰，驯也，顺也。拂，读曰咈。则忿气不萌；此大历、贞元所以守邦也，亦何必疾战，焚煎吾民，然后以为快也！愚曰：大历、贞元之间，适以此为祸也。当是之时，有城数十，千百卒夫，则朝廷别待之，贷以法度。于是阔视大言，自树一家，破制削法，角为尊奢，天子养威而不问，有司守恬而不呵。王侯通爵，越录受之；凡赏功者录其功而加之封爵，无功而超越授之以爵，是谓越录。受，读曰授。觐聘不来，几杖扶之；言不朝者赐之几杖，以安其心。逆息虏胤，皇子嫔之；息，子也。胤，继嗣也。河北蕃将之子，率多尚主。装缘采饰，无不备之。缘，以绢翻。是以地益广，兵益强，僭拟益甚，侈心益昌。于是土田名器，分划殆尽，划，呼麦翻，又音画。而贼夫贪心，未及畔岸，遂有淫名越号，或帝或王，盟诅自立，诅，庄助翻。恬淡不畏，走兵四略以饱其志者也。是以赵、魏、燕、齐卓起大唱，梁、蔡、吴、蜀蹑而和之；谓朱滔、王武俊、田悦、李纳相立为王。李希烈、李锜、刘辟继乱也。和，户卧翻。其馀混澒轩嚣，澒，户孔翻。欲相效者，往往而是。运遭孝武，谓宪宗。宵旰不忘，宵，宵衣也，谓未明求衣也。旰，旰食也，谓日旰而食也。前英后杰，夕思朝议，故能大者诛锄，小者惠来。不然，周、秦之郊，几为犯猎哉！周、秦之郊，谓河南、关内也。大抵生人油然多欲，欲而不得则怒，怒则争乱随之，是以教笞于家，刑罚于国，征伐于天下，此所以裁其欲而塞其争也。大历、贞元之间，尽反此道，提区区之有而塞无涯之争，区区之有，谓朝廷爵命。塞，悉则翻。是以首尾指支，几不能相运掉也。几，居于翻。掉，走吊翻。今者不知非此，而反用以为经。经，常也。愚见为盗者非止于河北而已，呜呼！大历、贞元守邦之术，永戒之哉！"

又注孙子，为之序，以为："兵者，刑也；大刑，用甲兵。刑者，政事也；为夫子之徒，实仲由、冉有之事也。不知自何代何人分为二道曰文、武，离而俱行，因使缙绅之士不敢言兵，或耻言之；苟有言者，世以为粗暴异人，人不比数。呜呼！亡失根本，斯最为甚！礼曰：'四郊多垒，此卿大夫之辱也。'记曲礼之言。历观自古，树立其国，灭亡其国，未始不由兵也。主兵者必圣贤、材能、多闻博识之士乃能有功，议于廊庙之上，兵形已成，然后付之于将。将，即亮翻。汉祖言'指踪者人也，指踪，谓指示兽踪。此与汉书因文取义小不同。获兔者犬也'，此其是也。彼为相者曰：'兵非吾事，吾不当知。'君子曰：'勿居其位可也！'"观温公取杜牧此语，则其平时讲明相业，可以见矣。

17 前邠宁行军司马郑注，依倚王守澄，权势熏灼，上深恶之。恶，乌露翻。九月，丙寅，侍御史李款阁内奏弹注："内通敕使，外连朝士，两地往来，两地，谓往来南牙、北司间也。使，疏吏翻。朝，直遥翻。卜射财贿，昼伏夜动，干窃化权，人不敢言，道路以目；请付法司。"旬日之间，章数十上。上，时掌翻。守澄匿注于右军，王守澄时为右军中尉，故得以匿注。左军中尉韦元素、枢密使杨承和、王践言皆恶注。恶，乌露翻。左军将李弘楚说元素曰：说，式芮翻。"郑注奸猾无双；卵㲉不除，㲉，苦角翻，鸟子未出者。使成羽翼，必为国患。今因御史所劾匿军中，弘楚请以中尉意，诈为有疾，召使治之，来则中尉延与坐，弘楚侍侧，伺中尉举目，擒出杖杀之。伺，相吏翻。中尉因见上叩头请罪，具言其奸，杨、王必助中尉进言。杨、王，谓杨承和、王践言也。况中尉有翼戴之功，元和末，穆宗立，韦元素亦以预有定策之功矣。岂以除奸而获罪乎！"元素以为然，召之。注至，蠖屈鼠伏，蠖，乌郭翻。易大传曰：尺蠖之屈，以求伸也。尔雅注：蠖行，若今以指步尺，屈而后伸。佞辞泉涌；元素不觉执手款曲，谛听忘倦。谛，都计翻，审也。弘楚诇伺【章：十二行本"伺"下有"往复"二字；乙十一行本同。】再三，元素不顾，以金帛厚遗注而遣之。诇，火迥翻，又翾正翻。遗，唯季翻。弘楚怒曰："中尉失今日之断，必不免他日之祸矣！"断，丁乱翻。为元素为注所去张本。因解军职去；顷之，疽发背卒。王涯之为相，注有力焉，是必因注以结王守澄也。且畏王守澄，遂寝李款之奏。守澄言注于上而释之；寻奏为侍御史，充右神策判官，考异曰：开成纪事曰："五年，金吾将军孟文亮出镇邠郊，以与注姻懿之故，奏为军司马。路经奉天，防遏使、御史大夫王从亮薄其为人，不为之礼。注毁从亮于守澄，竟为守澄诬构，决杖投荒。未几，文亮没，罢职还城，守澄潜置为军画。时泽潞刘从谏本欲诛注，忌其权势，因辟为节度副使。才至潞州，涉旬之间，会上乖愈，大和七年十一月，驿征之赴阙，偶遭其时，圣体获愈；上悦之。自此恩宠渐隆，凡台省府县军戎，莫不从风。七年九月十三日，侍御史李款弹注'内通敕使，外连朝臣，两地往来，卜射财货，昼伏夜动，干窃化权，人不敢言，道路以目。城社转固，恐为祸胎，罪不容诛，理合显戮，其郑注请付有司。'时王涯重处台司，注之所致，又虑守澄党援，遂寝不行。注潜遁军司矣。"李德裕文武两朝献替记曰："八年春暮，上对宰相叹天下无名医，便及郑注，精于服食。或欲置于翰林伎术院，或欲令为左神策判官。注自称衣冠，皆不愿此职。守澄遂托从谏奏为行军司马。及赴职，宗闵又自山南令判官杨俭至泽潞与从谏要约，令却荐入。"今从实录。朝野骇叹。

18 甲寅，以前忠武节度使王智兴为河中节度使。

19 群臣以上即位八年，未受尊号，冬，十二月，甲午，上尊号曰太和文武仁圣皇帝。会有五坊中使薛季棱自同、华还，同、华，同州、华州。华，户化翻。还，音旋。言闾阎凋弊。上叹曰："关中小稔，百姓尚尔，况江、淮比年大水，其人如何！比，毗至翻。吾无术以救之，敢崇虚名乎！"因以通天带赏季棱。通天犀带也。群臣凡四上表，竟不受。

20 庚子，上始得风疾，不能言。于是王守澄荐昭义行军司马郑注善医；上征注至京师，饮其药，颇有验，遂有宠。甘露之祸胎成矣。

容肇祖标点聂崇岐覆校

资治通鉴卷第二百四十五

端明殿学士兼翰林侍读学士太中大夫
提举西京嵩山崇福宫上柱国河内郡开国公 司马光 奉敕编集
食邑二千二百户食实封九百户赐紫金鱼袋臣
后学天台胡三省音注

唐纪六十一 起阏逢摄提格(甲寅),尽强圉大荒落(丁巳),凡四年。

文宗元圣昭献孝皇帝中

太和八年(甲寅、八三四)

1 春,正月,上疾小瘳;丁巳,御太和殿按阁本大明宫图,入左银台门稍北即太和殿,又西即清思殿。见近臣,然神识耗减,不能复故。

2 二月,壬午朔,日有食之。

3 夏,六月,丙戌,莒王纾薨。纾,顺宗子。纾,山於翻。

4 上以久旱,诏求致雨之方。司门员外郎李中敏上表,以为:"仍岁大旱,非圣德不至,直以宋申锡之冤滥,宋申锡事见上卷五年。郑注之奸邪。今致雨之方,莫若斩注而雪申锡。"表留中;中敏谢病归东都。考异曰:新、旧中敏传皆云六年夏上此疏。今据开成纪事、太和摧凶记,皆云八年六月。又,中敏疏言申锡临终。按申锡去年七月卒,若六年则申锡尚在。今从开成纪事。

5 郯王经薨。经亦顺宗子。

6 初，李仲言流象州，事见二百四十三卷敬宗宝历元年。遇赦，还东都。会留守李逢吉思复入相，复，扶又翻。仲言自言与郑注善，逢吉使仲言厚赂之。注引仲言见王守澄，守澄荐于上，云仲言善易；上召见之。时仲言有母服，难入禁中，乃使衣民服，衣，于既翻。号王山人。仲言仪状秀伟，倜傥尚气，倜，他历翻；倜傥，不羁也；史炤曰：卓异貌。颇工文辞，有口辩，多权数。上见之，大悦，以为奇士，待遇日隆。考异曰：旧传："李训初名仲言，居洛中。李逢吉为留守，思入相。训揣知其意，即以奇计动之，自言与郑注善。逢吉遗训金帛珍宝数百万，令持入长安以赂注。"又曰："初，注构宋申锡事，帝深恶之，欲令京兆尹杖杀。至是，以药稍效，始善遇之。"献替记曰："先是，上恶郑注极甚，尝谓枢密使曰：'卿知有善和端公，无叹京兆尹懦弱，不能毙于枯木！'"开成纪事曰："训除名，流象州，会恩归于东洛。投谒诸处困乏，逢吉叱之不顾。会郑注宾副上党，路经东都，于道投之，广以古今义烈披述衷款。注本凶邪，趋而附之，自此豁然相然诺，情契稠叠。及注征赴阙，训随而到京，别第安置。注因陈奏，言训文学优盛无比，上纳之。太和八年三月，以布衣在翰林，注之援也。"甘露记曰："训为人长大美貌，口辩无前，常以英雄自任。会郑注介上党，出洛阳。训慨然太息曰：'当世操权力者龌龊苛细，无足与言。吾闻郑注为人好义而求奇士，且通于内官，易为因缘。'乃往说之。注见训大惊，如旧相识，遂结为死交。及注赴阙，请训行京师，为卜居供给，日夕往来，乘间奏于上。"按实录，去年九月李款弹郑注，云"前邠州行军司马"，今年九月庚申，王守澄宣召郑注对于浴堂门。献替记："八年春暮，上对宰臣叹天下无名医，便及郑注精于服食。或欲置于伎术，或欲令为神策判官，注皆不愿此职。守澄遂托从谏奏为行军司马。"又云："去岁春夏李仲言犹丧母，已潜入城，称王山人，两度对于含元殿。今年八月十三日，欲与谏官。至九月三日，郑注自绛州至，便于宣徽对"。然则训自去年已因注谒守澄，得见上。注今年暮春后方从昭义辟。然则训旧与注善，去春已入长安见上，非注赴昭义时始定交，亦非去年十一月征注于潞州，又非训随注到京也。今从实录、献替记。

仲言既除服，秋，八月，辛卯，上欲以仲言为谏官，置之翰林。李德裕曰："仲言向所为，计陛下必尽知之，岂宜置之近侍？”两省官，皆近侍也。上曰：“然岂不容其改过？”对曰：“臣闻惟颜回能不贰过。彼圣贤之过，但思虑不至，或失中道耳。至于仲言之恶，著于心本，安能悛改邪！”著，直略翻。悛，丑缘翻。心本，犹言心根也。上曰：“李逢吉荐之，朕不欲食言。”对曰：“逢吉身为宰相，乃荐奸邪以误国，亦罪人也。”上曰：“然则别除一官。”对曰：“亦不可。”上顾王涯，涯对曰：“可。”德裕挥手止之，上回顾适见，色殊不怿而罢。始，涯闻上欲用仲言，草谏疏极愤激；既而见上意坚，且畏其党盛，遂中变。

寻以仲言为四门助教，四门助教，从八品。给事中郑肃、韩佽封还敕书。佽，七四翻。德裕将出中书，谓涯曰：“且喜给事中封敕！”涯即召肃、佽谓曰：“李公适留语，令二阁老不用封敕。”留语，谓将出之时所留下言语也。两省官相呼曰阁老。二人即行下，书读而行下之也。下，户稼翻。明日，以白德裕，德裕惊曰：“德裕不欲封还，当面闻，何必使人传言！且有司封驳，驳，北角翻。岂复禀宰相意邪！”复，扶又翻。二人怅恨而去。

九月，辛亥，征昭义节度副使郑注至京师。去年郑注出佐昭义军，事见上卷。王守澄、李仲言、郑注皆恶李德裕，以山南西道节度使李宗闵与德裕不相悦，引宗闵以敌之。壬戌，诏征宗闵于兴元。恶，乌路翻。李宗闵出师兴元，见上卷元年。兴元府至京师一千二百二十三里。

7 冬，十月，辛巳，幽州军乱，逐节度使杨志诚及监军李怀忤，忤，疑古翻。推兵马使史元忠主留务。

8 庚寅，以李宗闵为中书侍郎、同平章事。甲午，以中书侍郎、同平章事李德裕同平章事，充山南西道节度使。是日，以李仲言为翰林侍讲学士。给事中高铢、郑肃、韩佽、谏议大夫郭承嘏、中书舍人权璩等争之，不能得。承嘏，晞之孙；

晞，郭子仪之子。璩，德舆之子也。权德舆，元和初为相。璩，求于翻。

9 乙巳，贡院奏进士复试诗赋，从之。唐尚书省在朱雀门北正街之东，自占一坊，六部附丽其旁。省前一坊别有礼部南院，即贡院也。罢诗赋见上卷上年。李德裕罢相，故复之。

10 李德裕见上自陈，请留京师。丙午，以德裕为兵部尚书。

11 杨志诚过太原，李载义自殴击，欲杀之，杨志诚逐载义见上卷五年。殴，乌口翻。幕僚谏救得免，杀其妻子及从行将卒；朝廷以载义有功，不问。李载义有平沧景之功。将，即亮翻。载义母兄【张："兄"作"死"。】葬幽州，志诚发取其财。载义奏乞取志诚心以祭母，不许。

12 十一月，成德节度使王庭凑薨，军中奉其子都知兵马使元逵知留后。元逵改父所为，事朝廷礼甚谨。

13 史元忠献杨志诚所造衮衣及诸僭物。丁卯，流志诚于岭南，道杀之。

14 李宗闵言李德裕制命已行，不宜自便。以德裕自请留京师也。乙亥，复以德裕为镇海节度使，不复兼平章事。复，扶又翻。时德裕、宗闵各有朋党，互相挤援。非其党则相挤，同党则相援。挤，子西翻，又子细翻。援，于元翻，又于眷翻。上患之，每叹曰："去河北贼易，去朝廷朋党难！"去，羌吕翻；下同。

臣光曰：夫君子小人之不相容，犹冰炭之不可同器而处也。故君子得位则斥小人，小人得势则排君子，此自然之理也。然君子进贤退不肖，其处心也公，其指事也实；小人誉其所好，毁其所恶，处，昌吕翻。誉，音余。好，呼到翻。恶，乌路翻。其处心也私，其指事也诬。公且实者谓之正直，私且诬者谓之朋党，在人主所以辨之耳。是以明主在上：度德而叙位，量能而授官；荀卿子之言。度，徒洛翻。量，音良。有功者赏，有罪者刑；奸不能惑，佞不能移。夫如是，则朋党何自而生哉！彼昏主则不然。明不能烛，强不能断；断，丁乱翻。邪正并进，毁誉交至；取舍不在于己，威福潜移于人。于是谗慝得志而朋党之议兴矣。

夫木腐而蠹生，醯酸而蜹集，蜹，而锐翻。故朝廷有朋党，则人主当自咎而不当以咎群臣也。文宗苟患群臣之朋党，何不察其所毁誉者为实，为诬，誉，音余。所进退者为贤，为不肖，其心为公，为私，其人为君子，为小人！苟实也，贤也，公也，君子也，匪徒用其言，又当进之；诬也，不肖也，私也，小人也，匪徒弃其言，又当刑之。如是，虽驱之使为朋党，孰敢哉！释是不为，乃怨群臣之难治，治，直之翻。是犹不种不芸而怨田之芜也。朝中之党且不能去，况河北贼乎！温公此论为熙、丰发也。

15 丙子，李仲言请改名训。

16 幽州奏莫州军乱，刺史张元泛不知所在。

17 十二月，己卯，以昭义节度副使郑注为太仆卿。郭承嘏累上疏言其不可，上不听。于是注诈上表固辞，上遣中使再以告身赐之，不受。史极言郑注之奸状。

18 癸未，以史元忠为卢龙留后。考异曰：实录：十一月，镇州奏幽州留后史元忠为瀛莫三军逐出，不知所在。后不言元忠复归幽州，而至此有新命，盖因莫州军乱，镇州承传闻之误而奏之耳。

19 初，宋申锡与御史中丞宇文鼎受密诏诛郑注，使京兆尹王璠掩捕之。璠密以堂帖示王守澄，帖由政事堂出，故谓之堂帖。璠，孚袁翻。注由是得免，深德璠。璠又与李训善，于是训、注共荐之，自浙西观察使征为尚书左丞。王璠之险躁自可以得祸，史言其预甘露之难亦有所自来。

九年（乙卯、八三五）

1 春，正月，乙卯，以王元逵为成德节度使。

2 巢公凑薨，追赠齐王。漳王凑贬巢公，事见上卷五年。

3 郑注上言秦地有灾，宜兴役以禳之。辛卯，发左、右神策千五百人浚曲江及昆明池。雍录：唐曲江本秦隑州，至汉为乐游苑，基地最高，四望宽敞。隋营京城，宇文恺以其地在京城东南隅，地高不便，故阙此地不为居人坊巷，而凿为池以厌胜之。又会黄渠水自城外南来，故隋世遂从城外包之，入城为芙蓉池，且为芙蓉园也。汉武帝时，池周回六里馀，唐周七里，占地三十顷，又加展拓矣。其地在城东南升道坊龙华寺之南。昆明池，汉武帝所凿，在长安西南，周回四十里。三辅故事曰：池周三百二十顷。长安志曰：今为民田。夫既可以为民田，则非有水之地矣。然则汉于何取水也？长安志引水经曰：交水西至石堨，武帝穿昆明池所造。有石闼堰，在县西南三十二里。则昆明之周三百馀顷者，用此堰之水也。昆明基高，故其下流尚可壅激以为都城之用。于是并城疏别三派，城内外皆赖之。此池仍在。括地志曰：丰、镐二水皆已堰入昆明池，无复流派。括地志作于太宗之世，则唐初仍自壅堰不废，至文宗而犹尝加浚也。然则图经之作当在文宗后，故竭而为田也。

4 三月，冀王绒薨。绒，顺宗子。

5 丙辰，以史元忠为卢龙节度使。

6 初，李德裕为浙西观察使，漳王傅母杜仲阳坐宋申锡事放归金陵，诏德裕存处之。会德裕已离浙西，傅母，女师也。处，昌吕翻。离，力智翻。牒留后李蟾使如诏旨。德裕自浙西征见上卷三年，镇蜀见四年，宋申锡事见五年。系年差殊，当考。至是，左丞王璠、户部侍郎李汉奏德裕厚赂仲阳，阴结漳王，图为不轨。上怒甚，召宰相及璠、汉、郑注等面质之。璠、汉等极口诬之，路隋曰："德裕不至有此。果如所言，臣亦应得罪！"言者稍息。夏，四月，以德裕为宾客分司。

7 癸巳，以郑注守太仆卿，兼御史大夫，注始受之，仍举仓部员外郎李款自代曰："加臣之罪，虽于理而无辜；在款之诚，乃事君而尽节。"款奏注见上卷七年。考异：甘露记曰："时论或云款外沽直名而阴事注。"按款弹注之文皆讦其隐慝，岂有于人如此而能阴与之合乎！

此皆当时庸人见注举款自代，遂有此疑耳。今不取。时人皆哂之。笑不坏颜为哂。

8 丙申，以门下侍郎、同平章事路隋【章：十二行本“隋”下有“同平章事”四字；乙十一行本同；孔本同；张校同。】充镇海节度使，趣之赴镇，趣，读曰促。不得面辞；坐救李德裕故也。考异曰：旧隋传曰：“德裕贬袁州长史，隋不署奏状，始为郑注所忌，出镇浙西。”按实录，隋出镇在德裕贬前四日。今不取。

9 初，京兆尹河南贾餗，餗，苏谷翻。性褊躁轻率，与李德裕有隙，而善于李宗闵、郑注。上巳，赐百官宴于曲江，古者上巳，正用三月之上巳日；自魏以后但用三月三日，不复用巳。唐贞元间置三令节，使百官选胜行乐，三月三日其一也。故事，尹于外门下马，揖御史。餗恃其贵势，乘马直入，殿中侍御史杨俭、苏持与之争，餗骂曰：“黄面儿敢尔！”坐罚俸。餗耻之，求出，诏以为浙西观察使；尚未行，戊戌，以餗为中书侍郎、同平章事。

10 庚子，制以向日上初得疾，谓七年冬也。王涯呼李德裕奔问起居，德裕竟不至；又在西蜀征逋悬钱三十万缗，百姓愁困；贬德裕袁州长史。

11 初，宋申锡获罪，事见上卷五年。宦官益横；横，户孟翻。上外虽包容，内不能堪。李训、郑注既得幸，揣知上意，训因进讲，数以微言动上。揣，初委翻。数，所角翻。上见其才辨，意训可与谋大事；且以训、注皆因王守澄以进，冀宦官不之疑，遂密以诚告之。训、注遂以诛宦官为己任，考异曰：旧传以为上出易义以示群臣之时，已与训有诛宦官之谋。按补国史云：“许康佐进新注春秋列国经传六十卷，上问阍弑吴子馀祭事，康佐托以春秋义奥，臣穷究未精，不敢容易解陈。后上以问李仲言，仲言乃精为上言之。上曰：‘朕左右刑臣多矣，馀祭之祸安得不虑？’仲言曰：‘陛下留意于未萌，臣愿遵圣谋。’”实录：“今年四月癸亥，许康佐进纂集左氏传三十卷。五月，乙巳朔，以御集左氏列国经传三十卷宣付史馆。”然则上与训谋诛宦官必在此际矣。然文宗与训语时，宦官必盈左右，恐亦未敢班班显言，如补国史所云也。二人相挟，朝夕计议，所言于上无不从，声势炟赫。炟，当割翻。一作“烜”，况远翻。【章：乙十一行本正作“烜”；孔本同；张校同。】注多在禁中，或时休沐，宾客填门，赂遗山积。遗，唯季翻。外人但知训、注倚宦官擅作威福，不知其与上有密谋也。

上之立也，右领军将军兴宁仇士良有功；兴宁，汉龙川县地，江左置兴宁县，唐属循州。王守澄抑之，由是有隙。训、注为上谋，为，于伪翻。进擢士良以分守澄之权。五月，乙丑，以士良为左神策中尉，出韦元素，以士良代之。守澄不悦。

12 戊辰，以左丞王璠为户部尚书，判度支。

13 京城讹言郑注为上合金丹，合，音阁。须小儿心肝，民间惊惧，上闻而恶之。恶，乌路翻；下同。郑注素恶京兆尹杨虞卿，与李训共构之，云此语出于虞卿家人。上怒，六月，下虞卿御史狱。下，户稼翻。注求为两省官，中书侍郎、同平章事李宗闵不许，注毁之于上。会宗闵救杨虞卿，上怒，叱出之；壬寅，贬明州刺史。明州，后汉鄮县地，唐开元二十六年置明州，京师东南四千三百里。

14 左神策中尉韦元素、枢密使杨承和、王践言居中用事，与王守澄争权不叶，李训、郑注因之出承和于西川，元素于淮南，践言于河东，皆为监军。

15 秋，七月，甲辰朔，贬杨虞卿虔州司马。虔州，汉赣县，晋置南康郡，隋为虔州，京师东南四千一十七里。

16 庚戌，作紫云楼于曲江。紫云楼在曲江之南，洊经丧乱，颓圮不修，今再作之。

17 辛亥，以御史大夫李固言为门下侍郎、同平章事。

李训、郑注为上画太平之策，为，于伪翻。以为当先除宦官，次复河、湟，次清河北，开陈方略，如指诸掌。上以为信然，宠任日隆。

初，李宗闵为吏部侍郎，因驸马都尉沈𥡴结女学士宋若宪、知枢密杨承和得为相。𥡴，宜寄翻。宋若宪姊妹皆善属文，德宗召入宫，不以妾侍命之，呼学士。及贬明州，郑注发其事，壬子，再贬处州长史。代宗大历十四年，改括州为处州，京师东南四千二百七十八里。

著作郎、分司舒元舆与李训善，训用事，召为右司郎中，兼侍御史知杂，鞫杨虞卿狱；唐制：侍御史六人，以久次者一人知杂事，谓之知杂。癸丑，擢为御史中丞。元舆，元褒之兄也。舒元褒，见上卷五年。

贬吏部侍郎李汉为汾州刺史，刑部侍郎萧浣为遂州刺史，汾州，汉文帝封代王，都中都，即其地，去京师一千二百六里。遂州，本汉德阳县之旧垒，东晋置遂宁郡，后周置遂州，去京师二千三百二十九里。皆坐李宗闵之党。

是时李训、郑注连逐三相，三相，李德裕、路隋、李宗闵。威震天下，于是平生丝恩发怨无不报者。

18 李训奏僧尼猥多，耗蠹公私。丁巳，诏所在试僧尼诵经不中格者，皆勒归俗；中，竹仲翻。禁置寺及私度人。

19 时人皆言郑注朝夕且为相，侍御史李甘扬言于朝曰："白麻出，我必坏之于庭！"坏，音怪。癸亥，贬甘封州司马。考异曰：旧传曰："郑注入翰林侍讲，舒元舆既作相，注亦求入中书。甘昌言于朝云云，贬封州。"按是时元舆未作相，旧传误也。然李训亦忌注，不欲使为相，事竟寝。

20 甲子，以国子博士李训为兵部郎中、知制诰，依前侍讲学士。

21 贬左金吾大将军沈𥡴为邵州刺史。八月，丙子，又贬李宗闵潮州司户。赐宋若宪死。

22 丁丑，以太仆卿郑注为工部尚书，充翰林侍讲学士。注好服鹿裘，以隐沦自处，处，昌吕翻。上以师友待之。注之初得幸，上尝问翰林学士、户部侍郎李珏曰："卿知有郑注乎？亦尝与之言乎？"对曰："臣岂特知其姓名，兼深知其为人。其人奸邪，陛下宠之，恐无益圣德。臣忝在近密，安敢与此人交通！"戊寅，贬珏江州刺史。再贬沈𫓩柳州司户。江州，京师东南二千九百四十八里。

23 丙申，诏以杨承和庇护宋申锡，韦元素、王践言与李宗闵、李德裕中外连结，受其赂遗。遗，唯季翻。承和可驩州安置，元素可象州安置，践言可恩州安置，令所在锢送。锢送者，枷锢而防送之。象州至京师四千九百八十九里，恩州至京师六千五百里。杨虞卿、李汉、萧浣为朋党之首，贬虞卿虔州司户，汉汾州司马，浣遂州司马。寻遣使追赐承和、元素、践言死。韦元素卒如李弘楚之言。时崔潭峻已卒，亦剖棺鞭尸。

己亥，以前庐州刺史罗立言为司农少卿。立言赃吏，以赂结郑注而得之。

郑注之入翰林也，中书舍人高元裕草制，言以医药奉君亲，注衔之；奏元裕尝出郊送李宗闵，壬寅，贬元裕阆州刺史。阆州，古巴子国，秦为阆中县，西魏为隆州，唐先天中避讳改阆州，至京师一千九百一十五里。元裕，士廉之六世孙也。高士廉，长孙无忌之舅，事高祖、太宗。

时注与李训所恶朝士，皆指目为二李之党，恶，乌路翻。二李，谓德裕、宗闵。贬逐无虚日，班列殆空，廷中恟恟，上亦知之。训、注恐为人所摇，九月，癸卯朔，劝上下诏："应与德裕、宗闵亲旧及门生故吏，今日以前贬黜之外，馀皆不问。"人情稍安。

24 盐铁使王涯奏改江淮、岭南茶法，增其税。德宗贞元九年，初税茶，于出茶州县及茶山外商人要路，委所由定三等时估，每十税一。长庆元年，盐铁使王播奏茶税一百增之五十。今又改法而增其税愈重矣。

25 庚申，以凤翔节度使李听为忠武节度使，代杜悰。

26 宪宗之崩也，人皆言宦官陈弘志所为。见二百四十一卷元和十五年。时弘志为山南东道监军，李训为上谋召之，至青泥驿，训为，于伪翻。青泥驿在峣关南。癸亥，封杖杀之。考异曰：旧传曰："李训既秉权衡，即谋诛内竖。陈弘庆自元和末负弑逆之名，遣人封杖决杀。"按此时李训未为相。今从实录。

27 郑注求为凤翔节度使，门下侍郎、同平章事李固言不可。丁卯，以固言为山南西道节度使，考异曰：宋敏求宣宗实录曰："固言性狷急，无重望。时训、注用事，虽相之，中实恶与宗闵为党，乃出为兴元节度。"按固言锻炼杨虞卿狱，宗闵由是罢相而固言代之，岂得为宗闵党也！今从开成纪事。注为凤翔节度使。考异曰：开成纪事："注引舒元舆、李训俱擢相庭。注自诣宰臣李固言求凤翔节度使，固言刚劲不许，惟王涯、贾餗赞从其事。"九月二十五日，纪事误。今从实录。李训虽因注得进，及势位俱盛，心颇忌注。谋欲中外协势以诛宦官，故出注于凤翔。其实俟既诛宦官，并图注也。

注欲取名家才望之士为参佐，请礼部员外郎韦温为副使，节度副使也。温不可。或曰："拒之必为患。"温曰："择祸莫若轻。拒之止于远贬，从之有不测之祸。"卒辞之。卒，子恤翻。

28 戊辰，以右神策中尉、行右卫上将军、知内侍省事王守澄为左、右神策观军容使，兼十二卫统军。唐因隋制，置十六卫，以十二卫统诸府之兵，曰左、右卫，曰左、右骁骑卫，曰左、右武卫，曰左、右威卫，曰左、右领军卫，曰左、右候卫。至开元间，府兵之法浸坏，乃募彍骑十二万，分隶十二卫，每卫万人。其后洊更丧乱，十二卫之军无复承平之旧。李训、郑注为上谋，以虚名尊守澄，实夺之权也。为，于伪翻；下同。

29 己巳，以御史中丞兼刑部侍郎舒元舆为刑部侍郎，兵部郎中知制诰、充翰林侍讲学士李训为礼部侍郎，并同平章事。

仍命训三二日一入翰林讲易。元舆为中丞，凡训、注所恶者，则为之弹击，恶，乌路翻。由是得为相。又上惩李宗闵、李德裕多朋党，以贾餗及元舆皆孤寒新进，餗少孤，客江、淮间。元舆地寒，不与士齿。故擢为相，庶其无党耳。

训起流人，期年致位宰相，期，读曰朞。天子倾意任之。训或在中书，或在翰林，天下事皆决于训。王涯辈承顺其风指，惟恐不逮；自中尉、枢密、禁卫诸将，见训皆震慑，迎拜叩首。慑，之涉翻。

壬申，以刑部郎中兼御史知杂李孝本权知御史中丞。孝本，宗室之子，依训、注得进。

30 李听自恃勋旧，不礼于郑注。注代听镇凤翔，先遣牙将丹骏至军中慰劳，丹，姓；骏，名。姓谱：丹姓，丹朱之后。劳，力到翻。诬奏听在镇贪虐。冬，十月，乙亥，以听为太子太保、分司，复以杜悰为忠武节度使。

郑注每自负经济之略，上问以富人之术，注无以对，乃请榷茶。于是以王涯兼榷茶使，榷，古岳翻。涯知不可而不敢违，人甚苦之。

31 郑注欲收僧尼之誉，固请罢沙汰，从之。是年七月，李训乞沙汰僧尼。

32 李训、郑注密言于上，请除王守澄。辛巳，遣中使李好古就第赐鸩，杀之，好，呼到翻。赠扬州大都督。训、注本因守澄进，注事见二百二十三卷穆宗长庆三年，训事见上八年。卒谋而杀之，卒，子恤翻。人皆快守澄之受佞而疾训、注之阴狡，于是元和之逆党略尽矣。

乙酉，郑注赴镇。

33 庚子，以东都留守、司徒兼侍中裴度兼中书令，馀如故。李训所奖拔，率皆狂险之士，然亦时取天下重望以顺人心，如裴度、令孤楚、郑覃皆累朝耆俊，久为当路所轧，朝，直遥翻。轧，乙辖翻。置之散地，散，悉但翻。训皆引居崇秩。由是士大夫亦有望其真能致太平者，不惟天子惑之也。然识者见其横甚，横，户孟翻。知将败矣。

34 十一月，丙午，以大理卿郭行馀为邠宁节度使。癸丑，以河东节度使、同平章事李载义兼侍中。丁巳，以户部尚书、判度支王璠为河东节度使。戊午，以京兆尹李石为户部侍郎、判度支；以京兆少尹罗立言权知府事。石，神符之五世孙也。襄邑王神符，淮安王神通之弟。己未，以太府卿韩约为左金吾卫大将军。

始，郑注与李训谋，至镇，选壮士数百，皆持白棓，怀其斧，以为亲兵。棓，蒲项翻。白棓，犹言白梃也。是月，戊辰，王守澄葬于浐水，雍录：浐水源出蓝田县境之西，稍北行至白鹿原西，即趋京城。王守澄盖葬于白鹿原西南。注奏请入护葬事，因以亲兵自随。仍奏令内臣中尉以下尽集浐水送葬，注因阖门，令亲兵斧之，使无遗类。约既定，训与其党谋："如此事成，则注专有其功，不若使行馀、璠以赴镇为名，多募壮士为部曲，并用金吾、台府吏卒，先期诛宦者，先，悉荐翻。已而并注去之。"去，羌吕翻。行馀、璠、立言、约及中丞李孝本，皆训素所厚也，故列置要地，独与是数人及舒元舆谋之，他人皆莫之知也。

壬戌，上御紫宸殿。百官班定，韩约不报平安，唐制：凡朝，皇帝既升御座，金吾将军奏："左右厢内外平安。"奏称："左金吾听事后石榴夜有甘露，臣递门奏讫。"言夜中闻奏，禁门已扃，于隔门递入以奏也。因蹈舞再拜，宰相亦帅百官称贺。帅，读曰率；下同。训、元舆劝上亲往观之，以承天贶，上许之。百官退，班于含元殿。紫宸，内殿也；含元，前殿也。上欲往观甘露，故百官自紫宸退而出，立班于含元殿，以左、右金吾仗在含元殿前左右也。日加辰，上乘软舆出紫宸门，软舆，盖以裀褥积而为之，下施梱，令人举之。升含元殿。先命宰相及两省官诣左仗视之，良久而还。还，音旋，又如字。训奏："臣与众人验之，殆非真甘露，未可遽宣布，考异曰：按训与韩约共谋，诈为甘露，而自言恐非真瑞者，盖欲使宦官尽往金吾覆视，因伏兵诛之耳。故二十二日令狐楚所草制书亦云"凶渠仍请其覆视"。今从实录。恐天下称贺。"上曰："岂有是邪！"顾左、右中尉仇士良、鱼志弘帅诸宦者往视之。帅，读曰率。宦者既去，训遽召郭行馀、王璠曰："来受敕旨！"璠股栗不敢前，独行馀拜殿下。时二人部曲数百，皆执兵立丹凤门外，训已先使人召之，令入受敕。独东兵入，河东兵也，"东"上逸"河"字。【章：孔本正有"河"字。】邠宁兵竟不至。

仇士良等至左仗视甘露，韩约变色流汗，士良怪之曰："将军何为如是？"俄风吹幕起，见执兵者甚众，又闻兵仗声。士良等惊骇走出，门者欲闭之，士良叱之，关不得上。关，门牡也。上，时掌翻；下来上同。士良等奔诣上告变。训见之，遽呼金吾卫士曰："来上殿卫乘舆者，人赏钱百缗！"宦者曰："事急矣，请陛下还宫！"即举软舆，迎上扶升舆，决殿后罘罳，疾趋北出。唐宫殿中罘罳，以丝为之，状如网，以捍燕雀，非如汉宫阙之罘罳也。今诸宦者能决之而出，则可知矣。程大昌曰：罘罳者，镂木为之，其中疏通，可以透明。或为方空，或为连锁，其状扶疏，故曰罘罳，读如浮思，犹曰髣髴也。因其形似而想其本状，自可见矣。罘罳之名既立，于是随其所施而附着以为之名，其在宫阙则为阙上罘罳，臣朝于君，至阙下复思所奏是也。在陵垣则为陵上罘罳，王莽斫去陵上罘罳，而曰使人无复思汉者是也。却而求之上古，则礼记疏屏亦其物也。疏者，刻为云气而中空玲珑也。又有网户，刻为连文，递为缀属，其形如网也。宋玉曰"网户朱缀刻方连"是也。既曰刻，则是雕木为之，其状如网耳。后人因此遂有直织丝网而张之檐窗以护禽雀者。文宗甘露之变，出殿北门，裂断罘罳而去，是真网也。此又沿放楚辞而施网焉者也。元微之为承旨时诗曰："蕊珠深处少人知，网索西临太液池，浴殿晓闻天语后，步廊骑马笑相随。"自注云："网索在太液池上，学士候对歇于此。"予按网索，乃是无壁或有窗处，以索挂网，遮护飞雀，故云网索，犹挂铃之索为铃索也。宋元献喜子京召还为学士诗曰："网索轩窗邃，銮坡羽卫重。"用微之句也。若并今世俗语求之，则门屏镂明格子是也。其制与青琐同类，顾所施之地不同而名亦随异耳。训攀舆呼曰：呼，火故翻。"臣奏事未竟，陛下不可入宫！"金吾兵已登殿；罗立言帅京兆逻卒三百馀自东来，逻，郎佐翻。李孝本帅御史台从人二百馀自西来，从，才用翻。皆登殿纵击，宦官流血呼冤，死伤者十馀人。乘舆迤逦入宣政门，迤，移尔翻。逦，力尔翻。宣政门，宣政殿门也。训攀舆呼益急，上叱之，宦者郗志荣奋拳殴其胸，偃于地。郗，丑之翻。殴，乌口翻。偃者，偃仰而仆也。乘舆既入，门随阖，宦者皆呼万岁，百官骇愕散出。训知事不济，脱从吏绿衫衣之，衣，于既翻。走马而出，扬言于道曰："我何罪而窜谪！"人不之疑。王涯、贾𫗧、舒元舆还中书，相谓曰："上且开延英，召吾属议之。"两省官诣宰相请其故，皆曰："不知何事，诸公各自便！"士良等知上豫其谋，怨愤，出不逊语，上惭惧不复言。

士良等命左、右神策副使刘泰伦、魏仲卿等各帅禁兵五百人，露刃出阁门讨贼。复，扶又翻。帅，读曰率。王涯等将会食，诸宰相每日会食于政事堂。吏白："有兵自内出，逢人辄杀！"涯等狼狈步走，两省及金吾吏卒千馀人填门争出；门寻阖，其不得出者六百馀人皆死。士良等分兵闭宫门，索诸司，捕贼党。索，下客翻；下同。诸司吏卒及民酤贩在中者皆死，死者又千馀人，横尸流血，狼藉涂地，诸司印及图籍、帷幕、器皿俱尽。又遣骑各千馀出城追亡者，又遣兵大索城中。舒元舆易服单骑出安化门，安化门，长安南面西头第一门。禁兵追擒之。王涯徒步至永昌里茶肆，禁兵擒入左军。涯时年七十馀，被以桎梏，掠治不胜苦，被，皮义翻。桎，职日翻。梏，古沃翻。掠，音亮。治，直之翻。胜，音升。自诬服，称与李训谋行大逆，尊立郑注。王璠归长兴里私第，【章：十二行本“里”作“坊”；乙十一行本同；孔本同。】闭门，以其兵自防。河东节度之兵也。神策将至门，呼曰：“王涯等谋反，欲起尚书为相，鱼护军令致意！”鱼弘志时为右神策护军中尉。将，即亮翻。璠喜，出见之。将趋贺再三，将，即亮翻。璠知见绐，涕泣而行；至左军，见王涯曰：“二十兄自反，胡为见引？”涯曰：“五弟昔为京兆尹，不漏言于王守澄，王涯第二十，王璠第五。漏言事见上卷五年。岂有今日邪！”璠俛首不言。又收罗立言于太平里，及涯等亲属奴婢，皆入两军系之。户部员外郎李元皋，训之再从弟也，训实与之无恩，亦执而杀之。故岭南节度使胡证，家钜富，证，音正。禁兵利其财，托以搜贾𫗧入其家，执其子溵，杀之。溵，音殷。又入左常侍罗让、詹事浑鐬、翰林学士黎埴等家，左常侍，左散骑常侍也。鐬，火外翻。掠其赀财，扫地无遗。鐬，瑊之子也。坊市恶少年因之报私仇，杀人，剽掠百货，剽，匹妙翻。互相攻劫，尘埃蔽天。

癸亥，百官入朝，朝，直遥翻。日出，始开建福门，建福门，在大明宫丹凤门之右。惟听以从者一人自随，从，才用翻。禁兵露刃夹道。至宣政门，尚未开。时无宰相御史知班，百官无复班列。新书仪卫志曰：朝日，殿上设黼扆、蹑席、熏炉、香案，御史大夫领属官至殿西庑，从官朱衣传呼，促百官就列。文武班于两观，监察御史二人立于东西朝堂砖道以莅之。平明，传点毕，内门开，监察御史领百官入。夹阶监门校尉二人执门籍，曰唱籍，既视籍，曰“在”，入毕而止。次门亦如之。序班于通乾、观象门南，武班居文班之次。入宣政门，文班自东门而入，武班自西门而入，至阁门亦如之。夹阶校尉十人同唱，入毕而止。宰相两省官对班于香案前，百官班于殿庭，左右巡使二人分莅于鼓钟楼下。先一品班，次二品班，次三品班，次四品班，次五品班；每班尚书省官为首。武班供奉者立于横街之北，次千牛中郎将，次千牛将军，次过状中郎将一人，次接状中郎将一人，次押柱中郎将一人，次排阶中郎将一人，次押散手仗中郎将一人，次左右金吾卫大将军。凡殿中省监、少监、尚衣、尚舍、尚辇、奉御分左右，随伞扇而立。东宫官居上台之次，王府官又次之。唯三太、三少、宾客、庶子、王傅随本品。侍中奏外办，皇帝步出西序门，索扇，扇合；皇帝升御座，扇开，左右留扇各三。左右金吾将军一人奏"左右厢内外平安。"通事舍人赞，宰相、两省官再拜升殿。朝罢，皇帝步入东序门。观此，可以知甘露之乱，荡无朝仪矣。上御紫宸殿，问："宰相何为不来？"仇士良曰："王涯等谋反系狱。"因以涯手状呈上，召左仆射令狐楚、右仆射郑覃等升殿示之。上悲愤不自胜，胜，音升。谓楚等曰："是涯手书乎？"对曰："是也！""诚如此，罪不容诛！"因命楚、覃留宿中书，参决机务。使楚草制宣告中外。楚叙王涯、贾悚反事浮泛，其叙事浮泛，盖以王涯等非实反也。仇士良等不悦，由是不得为相。

时坊市剽掠者犹未止，命左、右神策将杨镇、靳遂良等各将五百人分屯通衢，靳，居焮翻。击鼓以警之，斩十馀人，然后定。

贾悚变服潜民间经宿，自知无所逃，素服乘驴诣兴安门，自言："我宰相贾悚也，为奸人所污，兴安门，大明宫南面西来第一门。污，乌故翻。可送我诣两军！"门者执送西军。西军，右神策军也，在大明宫西西内苑中。李孝本改衣绿，衣，于既翻。犹服金带，以帽障面，单骑奔凤翔，欲依郑注也。至咸阳西，追擒之。

甲子，以右仆射郑覃同平章事。

李训素与终南僧宗密善，往投之。宗密欲剃其发而匿之，其徒不可。训出山，剃，他计翻。山即谓终南山。将奔凤翔，为盩厔镇遏使宋楚所擒，盩厔，音舟窒。械送京师。至昆明池，训恐至军中更受酷辱，谓送者曰："得我则富贵矣！闻禁兵所在搜捕，汝必为所夺，不若取我首送之！"送者从之，斩其首以来。

乙丑，以户部侍郎、判度支李石同平章事，仍判度支。

前河东节度使李载义复旧任。王璠得罪，故载义复旧任。

左神策出兵三百人，以李训首引王涯、王璠、罗立言、郭行馀，右神策出兵三百人，拥贾𫗧、舒元舆、李孝本献于庙社，徇于两市。唐太庙在朱雀街东第一街之东北来第二坊。太社在街西第一街之西北来第二坊。两市，长安城中东市、西市也。命百官临视，腰斩于独柳之下，枭其首于兴安门外。亲属无问亲疏皆死，孩稚无遗，稚，直利翻。妻女不死者没为官婢。百姓观者怨王涯榷茶，或诟詈，或投瓦砾击之。诟，许候翻，又古候翻。詈，力智翻。砾，郎狄翻。

臣光曰：论者皆谓涯、𫗧有文学名声，初不知训、注之谋，横罹覆族之祸。【章：十二行本“祸”下有“愤叹其冤”四字；乙十一行本同；孔本同；退斋校同；张校同，云无注本亦无。】横，户孟翻。臣独以为不然。夫颠危不扶，焉用彼相！论语载孔子之言。焉，于虔翻。涯、𫗧安高位，饱重禄；训、注小人，穷奸究险，究，极也。力取将相。涯、𫗧与之比肩，不以为耻；国家危殆，不以为忧。偷合苟容，日复一日，复，扶又翻。自谓得保身之良策，莫我如也。若使人人如此而无祸，则奸臣孰不愿之哉！一旦祸生不虞，足折刑剭，易曰：鼎折足，覆公𫗧，其刑剭，凶。剭，音屋。剭者，诛杀不于市。周制，诛大臣适甸师谓之剭。折，而设翻。盖天诛之也，士良安能族之哉！

35 王涯有再从弟沐，从，才用翻。家于江南，老且贫。闻涯为相，跨驴诣之，欲求一簿、尉。留长安二岁馀，始得一见，涯待之殊落莫。落，冷落也。莫，薄也。落莫，唐人常语。久之，沐因嬖奴以道所欲，嬖，卑义翻，又博计翻。涯许以微官，自是旦夕造涯之门以俟命；造，七到翻。及涯家被收，被，皮义翻。沐适在其第，与涯俱腰斩。

舒元舆有族子守谦，愿而敏，元舆爱之，从元舆者十年，一旦忽以非罪怒之，日加谴责，奴婢辈亦薄之。守谦不自安，求归江南，元舆亦不留，守谦悲叹而去。夕，至昭应，闻元舆收族，守谦独免。王沐之并命，躁之祸也。舒守谦之幸免，愿之馀福也。祸福之应，天岂爽哉！

是日，以令狐楚为盐铁转运使，左散骑常侍张仲方权知京兆尹。考异曰：实录，乙丑，阁门使马元贽已宣授仲方京兆尹，至此又言者，盖当时止是口宣，至此乃降敕耳。时数日之间，杀生除拜，皆决于两中尉，考异曰：皮光业见闻录曰："崔慎由以元和元年登第，至开成，已入翰林。因寓直之夕，二更以来，有中使宣召，引入数重门。至一处，堂宇华焕，帘幕俱垂。见左右二广燃蜡而坐，谓慎由曰：'上不豫来已数日，兼自登极后圣政多亏。今奉太后中旨，命学士草废立令。'慎由大惊曰：'某有中外亲族数千口，列在搢绅，长行、兄弟、甥侄仅三百人，一旦闻此覆族之言，宁死不敢承命！况圣上高明之德，覆于八荒，岂可轻议！'二广默然无以为对。良久，启后户，引慎由至一小殿。见文宗坐于殿上，二广径登阶而疏文宗过恶，上唯俛首。又曰：'不为此拗木枕措大，不合更在此坐矣！'街谈以好拗为'拗木枕'。仍戒慎由曰：'事泄即是此措大也！'于是二广自执炬，送慎由出邃殿门，复令中使送至本院。慎由寻以疾出翰林，遂金縢其事付胤，故胤切于剿绝北司者由此也。诛北司后，胤方彰其事。"新传曰："慎由记其事，藏箱枕间。将没，以授其子胤。故胤恶中官，终讨除之。"按旧传，崔慎由大中初始入朝为右拾遗、员外郎、知制诰，文宗时未为翰林学士。盖崔胤欲重宦官之罪而诬之，新传承皮录之误也。上不豫知。

初，王守澄恶宦者田全操、刘行深、周元稹、薛士乾、似先义逸、刘英諓等，恶，乌路翻。似先，姓；义逸，名。諓，直严翻。李训、郑注因之遣分诣盐州、灵武、泾原、夏州、振武、凤翔巡边，夏，户雅翻。命翰林学士顾师邕为诏书赐六道，使杀之。会训败，六道得诏，皆废不行。六道即谓盐、灵、夏、泾原、振武、凤翔也。丙寅，以师邕为矫诏，下御史狱。下，遐稼翻。

先是，郑注将亲兵五百，已发凤翔，至扶风。宋白曰：扶风县本汉美阳县地，今京兆府武功县北美阳故城是也。隋开皇十六年，于今岐阳县置岐山县，武德三年分岐山县于围川城，置围川县，贞观八年改扶风县。九域志，凤翔府东至扶风八十里。先，悉荐翻。扶风令韩辽知其谋，不供具，携印及吏卒奔武功。注知训已败，复还凤翔。仇士良等使人赍密敕授凤翔监军张仲清令取注，仲清惶惑，不知所为。押牙李叔和说仲清曰："叔和为公以好召注，说，式芮翻。为，于伪翻。好，如字。以好召之，言示之以无恶意也。屏其从兵，于坐取之，屏，必郢翻，又卑正翻。从，才用翻。坐，徂卧翻。事立定矣！"仲清从之，伏甲以待注。注恃其兵卫，遂诣仲清。叔和稍引其从兵，享之于外，注独与数人入。既啜茶，啜，枢悦翻，饮也。叔和抽刀斩注，因闭外门，悉诛其亲兵。乃出密敕，宣示将士，遂灭注家，并杀副使钱可复、节度判官卢简能、观察判官萧杰、掌书记卢弘茂等及其枝党，死者千馀人。可复，徽之子；钱徽见二百四十一卷穆宗长庆元年。简能，纶之子；卢纶与吉中孚、韩翃、钱起、司空曙、苗发、崔峒、耿纬、夏侯审、李端皆以诗齐名，号大历十才子。杰，俛之弟也。萧俛事宪、穆，位至宰相。史言钱可复等皆名家子，以托身非人并命。朝廷未知注死，丁卯，诏削夺注官爵，令邻道按兵观变。以左神策大将军陈君奕为凤翔节度使。戊辰夜，张仲清遣李叔和等以注首入献，考异曰：据实录，甲子已传注首，而开成纪事二十六日方下诏削官爵，云郑注初诛，京师尚未知。李潜用乙卯记亦云丁卯张仲清诱注而杀之。与开成纪事同。但开成纪事注传云二十六日奏朝觐，恐误。乙卯记，注庚申入觐，十九日也。至扶风，闻训败，乃还。似近之。实录恐太在前。新本纪云戊辰张仲清杀注。今不书日以传疑。枭于兴安门，人情稍安，京师诸军始各还营。

诏将士讨贼有功及婞队者，官爵赐赉各有差。婞，则角翻。右神策军获韩约于崇义坊，己巳，斩之。仇士良等各进阶迁官有差。自是天下事皆决于北司，宰相行文书而已。宦官气益盛，迫胁天子，下视宰相，陵暴朝士如草芥。每延英议事，士良等动引训、注折宰相。折，之舌翻。郑覃、李石曰：“训、注诚为乱首，但不知训、注始因何人得进？”宦者稍屈，搢绅赖之。

时中书惟有空垣破屋，百物皆阙。江西、湖南献衣粮百二十分，充宰相召募从人。分，扶问翻。从，才用翻；下导从同。辛未，李石上言：“宰相若忠正无邪，神灵所佑，纵遇盗贼，亦不能伤。若内怀奸罔，虽兵卫甚设，鬼得而诛之。臣愿竭赤心以报国，止循故事，以金吾卒导从足矣；从，才用翻。其两道所献衣粮，并乞停寝。”从之。

十二月，壬申朔，顾师邕流儋州，至商山，赐死。儋，都甘翻。儋州，汉儋耳郡，至京师七千四百四十二里。商山即商岭乜，所谓“绕溜七盘”是也。贞元七年，刺史李西华患此路之险，自蓝田至内乡开新道七百馀里，回山取涂，人不病涉，谓之偏路，行旅便之。

36 榷茶使令狐楚奏罢榷茶，从之。王涯诛，乃罢榷茶。

37 度支奏籍郑注家赀，得绢百馀万匹，他物称是。称，尺证翻。

庚辰，上问宰相：“坊市安未？”李石对曰：“渐安。然比日寒冽特甚，比，毗至翻。盖刑杀太过所致。”郑覃曰：“罪人周亲前已皆死，周亲，孔安国曰：周，至也。其馀殆不足问。”时宦官深怨李训等，凡与之有瓜葛亲，瓜葛有所附丽。言非至亲，或群从中表相附丽以叙亲好，若瓜葛然。或蹔蒙奖引者，诛贬不已，故二相言之。

李训、郑注既诛，召六道巡边使。田全操追忿训、注之谋，在道扬言：“我入城，凡儒服者，无贵贱当尽杀之！”癸未，全操等乘驿疾驱入金光门，金光门，长安城西面北来第二门。京城讹言有寇至，士民惊噪纵横走，纵，子容翻。尘埃四起。两省诸司官闻之，皆奔散，有不及束带袜而乘马者。袜，勿发翻。

郑覃、李石在中书，顾吏卒稍稍逃去。覃谓石曰："耳目颇异，宜且出避之！"石曰："宰相位尊望重，人心所属，属，之欲翻。不可轻也！今事虚实未可知，坚坐镇之，庶几可定。若宰相亦走，则中外乱矣。且果有祸乱，避亦不免！"覃然之。石坐视文案，沛然自若。

敕使相继传呼："闭皇城诸司门！"六典：唐都城三重：外一重名京城，内一重名皇城，又内一重名宫城，亦名子城。左金吾大将军陈君赏帅其众立望仙门下，大明宫城南面五门，望仙门在丹凤门之左。帅，读曰率。谓敕使曰："贼至，闭门未晚，请徐观其变，不宜示弱！"至晡后乃定。是日，坊市恶少年皆衣绯皂，衣，于既翻。皂，在早翻。持弓刀北望，见皇城门闭，即欲剽掠，非石与君赏镇之，京城几再乱矣。剽，匹妙翻。几，居衣翻。时两省官应入直者，皆与其家人辞诀。

38 甲申，敕罢修曲江亭馆。以郑注之言而修之，注诛乃罢。

39 丁亥，诏："逆人亲党，自非前已就戮及指名收捕者，馀一切不问。诸司官【章：十二行本"官"下有"吏"字；乙十一行本同；孔本同；张校同。】虽为所胁从，涉于诖误，诖，古卖翻，又户卦翻。皆赦之。他人无得相告言及相恐愒。见亡匿者，勿复追捕，愒，许葛翻。见，贤遍翻。复，扶又翻。三日内各听自归本司。"

时禁军暴横，横，户孟翻。京兆尹张仲方不敢诘，宰相以其不胜任，胜，音升。出为华州刺史，华，户化翻。以司农卿薛元赏代之。元赏常诣李石第，闻石方坐听事与一人争辩甚喧，元赏使觇之，觇，丑廉翻。云有神策军将诉事。元赏趋入，责石曰："相公辅佐天子，纪纲四海。今近不能制一军将，使无礼如此，何以镇服四夷！"即趋出上马，命左右擒军将，俟于下马桥，阁本大明宫图：下马桥在建福门北。元赏至，则已解衣踞之矣。踞，其几翻。其党诉于仇士良，士良遣宦者召之曰：“中尉屈大尹。”元赏曰：“属有公事，属，之欲翻。行当继至。”遂杖杀之。考异曰：开成纪事以秘书少监王会为京兆尹。按薛元赏已为京兆尹，纪事误。乃白服见士良，白服，即待罪之素服。士良曰：“痴书生何敢杖杀禁军大将！”元赏曰：“中尉大臣也，宰相亦大臣也，宰相之人若无礼于中尉，如之何？中尉之人无礼于宰相，庸可恕乎！中尉与国同体，当为国惜法，为，于伪翻。元赏已囚服而来，惟中尉死生之！”士良知军将已死，无可如何，乃呼酒与元赏欢饮而罢。

初，武元衡之死，诏出内库弓矢、陌刀给金吾仗，使卫从宰相，事见二百三十九卷宪宗元和十年。从，才用翻。至建福门而退。至是，悉罢之。

开成元年（丙辰、八三六）

1 春，正月，辛丑朔，上御宣政殿，赦天下，改元。仇士良请以神策仗卫殿门，谏议大夫冯定言其不可，南牙十六卫之兵，至此虽名存实亡，然以北军卫南牙，则外朝亦将听命于北司，既紊太宗之纪纲，又增宦官之势焰，故冯定言其不可。乃止。定，宿之弟也。冯宿，穆宗长庆初知制诰。

2 二月，癸未，上与宰相语，患四方表奏华而不典，李石对曰：“古人因事为文，今人以文害事。”

3 昭义节度使刘从谏上表请王涯等罪名，且言：“涯等儒生，荷国荣宠，荷，下可翻。咸欲保身全族，安肯构逆！训等实欲讨除内臣，两中尉自为救死之谋，遂致相杀；诬以反逆，诚恐非辜。设若宰相实有异图，当委之有司，正其刑典，岂有内臣擅领甲兵，恣行剽劫，延及士庶，横被杀伤！剽，匹妙翻。横，户孟翻。流血千门，汉武帝起建章宫，度为千门万户，后世遂谓宫门为千门。僵尸万计，搜罗枝蔓，中外恫疑。恫，音通，痛也，又敕动翻。臣欲身诣阙庭，面陈臧否，恐并陷孥戮，否，音鄙。孥，音奴，子也。孥戮，戮及子也。事亦无成。谨当修饰封疆，训练士卒，内为陛下心腹，外为陛下藩垣。如奸臣难制，誓以死清君侧！”丙申，加从谏检校司徒。

4 天德军奏吐谷浑三千帐诣丰州降。

5 三月，壬寅，以袁州长史李德裕为滁州刺史。袁州，汉宜春县地，隋置袁州，京师东南三千五百八十里。滁州，二千五百六十四里。

6 左仆射令狐楚从容奏："王涯等既伏辜，从，千容翻。其家夷灭，遗骸弃捐。请官为收瘗，以顺阳和之气。"为，于伪翻。瘗，于计翻。月令：孟春掩骼埋胔，以死气逆生也。上惨然久之，命京兆收葬涯等十一人于城西，各赐一【章：十二行本"一"上有"衣"字；乙十一行本同；孔本同；退斋校同。】袭。考异曰：开成纪事云："京兆尹薛元赏于城西张村葬涯等七人。"今从新传。仇士良潜使人发之，弃骨于渭水。

7 丁未，皇城留守郭皎按旧制：车驾行幸，则京城置留守。今天子在上京而皇城置留守，当考。观下奏，则知置皇城留守，宦官之意也。奏："诸司仪仗有锋刃者，请皆输军器使，军器使即军器库使，内诸司使之一也。遇立仗别给仪刀！"从之。仪刀以木为之，以银装之，具刀之仪而已。

8 刘从谏复遣牙将焦楚长上表让官，让检校司徒。复，扶又翻。称："臣之所陈，系国大体。可听则涯等宜蒙湔洗，湔，则前翻。不可听则赏典不宜妄加！安有死冤不申而生者荷禄！"荷，下可翻。因暴扬仇士良等罪恶。辛酉，上召见楚长，慰谕遣之。时士良等恣横，横，户孟翻。朝臣日忧破家。及从谏表至，士良等惮之。由是郑覃、李石粗能秉政，粗，坐伍翻。天子倚之亦差以自强。

9 夏，四月，己卯，以潮州司户李宗闵为衡州司马。凡李训指为李德裕、宗闵党者，稍收复之。

10 淄王协薨。协，宪宗子。

11 甲午，以山南西道节度使李固言为门下侍郎、同平章事，以左仆射令狐楚代之。

12 戊戌，上与宰相从容论诗之工拙，从，千容翻。郑覃曰："诗之工者，无若三百篇，皆国人作之以刺美时政，王者采之以观风俗耳，不闻王者为诗也。后代辞人之诗，华而不实，无补于事。陈后主、隋炀帝皆工于诗，不免亡国，陛下何取焉！"史言郑覃能守经学以辅其君。覃笃于经术，上甚重之。

13 己酉，上御紫宸殿，宰相因奏事拜谢，外间因讹言："天子欲令宰相掌禁兵，已拜恩矣。"由是中外复有猜阻，复，扶又翻。人情恟恟，士民不敢解衣寝者数日。乙丑，李石奏请召仇士良等面释其疑。上为召士良等出，为，于伪翻。上及石等共谕释之，使毋疑惧，然后事解。

14 闰月，乙酉，以太子太保、分司李听为河中节度使。上尝叹曰："付之兵不疑，置之散地不怨，散，苏旱翻。惟听为可以然。"

15 乙未，李固言荐崔球为起居舍人，郑覃再三以为不可，上曰："公事勿相违！"覃曰："若宰相尽同，则事必有欺陛下者矣！"

16 李孝本二女配没右军，右军，右神策军。上取之入宫。秋，七月，右拾遗魏谟上疏，以为："陛下不迩声色，屡出宫女以配鳏夫。窃闻数月以来，教坊选试以百数，庄宅收市犹未已；唐内诸司有教坊使、庄宅使，皆宦者为之。又召李孝本女入宫，不避宗姓，大兴物论，臣窃惜之。昔汉光武一顾列女屏风，宋弘犹正色抗言，光武即撤之。光武时，宋弘为大司空，尝讌见，御座新屏风图画列女，帝数顾视之。弘正容言曰："未见好德如好色者！"帝即为撤之。笑谓弘曰："闻义则服，可乎？"对曰："陛下进德，臣不胜其喜！"陛下岂可不思宋弘之言，欲居光武之下乎！"上即出孝本女。考异曰：实录上云"取孝本女二人入内"，下魏谟疏云"取孝本次女一人入内"。所以如此不同者，盖孝本二女皆籍没在右军，先取长女入内，谟不之知；又取次女，谟乃知之上疏故也。擢谟为补阙，曰："朕选市女子，以赐诸王耳。怜孝本女【章：十二行本"女"下有"宗枝"二字；乙十一行本同；孔本同；张校同。】髫龀孤露，髫，于聊翻，小儿垂发也。龀，初觐翻，小儿毁齿也。故收养宫中。谟于疑似之间皆能尽言，可谓爱我，不忝厥祖矣！"命中书优为制辞以赏之。谟，征之五世孙也。魏征以直事太宗。

17 鄜坊节度使萧洪诈称太后弟，事始二百四十三卷大和二年。事觉；八月，甲辰，流驩州，于道赐死。赵缜、吕璋等皆流岭南。缜，止忍翻。

初，李训知洪之诈，洪惧，辟训兄仲京置幕府。先是，自神策军出为节度使者，军中皆资其行装，至镇，三倍偿之。有自左军出镇鄜坊左军，左神策军。未偿而死者，军中征之于洪，洪恃训之势，不与；又征于死者之子，洪教其子遮宰相自言，训判绝之。仇士良由是恨洪。

太后有异母弟在闽中，孱弱不能自达。孱，钽山翻。有闽人萧本从之得其内外族讳，因士良进达于上，且发洪之诈，洪由是得罪。上以本为真太后弟，戊申，擢为右赞善大夫。

18 九月，丁丑，李石为上言宋申锡忠直，为，于伪翻。为谗人所诬，窜死遐荒，未蒙昭雪，上俛首久之，既而流涕泫然，俛，美辨翻，俯也。泫，胡犬翻。曰："兹事朕久知其误，奸人逼我，以社稷大计，兄弟几不能保，谓漳王凑也。几，居衣翻。况申锡，仅全腰领耳。非独内臣，外廷亦有助之者。皆由朕之不明，向使遇汉昭帝，必无此冤矣！”谓汉昭帝知燕、盖、上官之诈也。郑覃、李固言亦共言其冤，上深痛恨，有惭色。庚辰，诏悉复申锡官爵，以其子慎微为成固尉。成固县属兴元府。

19 李石用金部员外郎韩益判度支桉，桉，与案同，文案也。句断。益坐赃三千馀缗，系狱；石曰：“臣始以益颇晓钱谷，故用之，不知其贪乃如是！”上曰：“宰相但知人则用，有过则惩，如此则人易得。易，以豉翻。卿所用人不掩其恶，可谓至公。从前宰相用人好曲蔽其过，不欲人弹劾，此大病也！”冬，十一月，丁巳，贬益梧州司户。梧州，因苍梧郡而名，至京师五千五百里。好，呼到翻。劾，户概翻，又户得翻。

20 上自甘露之变，意忽忽不乐，两军球鞠之会什减六七，乐，音洛。史炤曰：鞠以皮为之，今通谓之球。虽宴享音伎杂沓盈庭，沓，达合翻。未尝解颜；闲居或徘徊眺望，眺，他吊翻。或独语叹息。壬午，上于延英谓宰相曰：“朕每与卿等论天下事，则不免愁。”对曰：“为理者不可以速成。”为理，犹言为治也。上曰：“朕每读书，耻为凡主。”李石曰：“方今内外之臣，其间小人尚多疑阻，愿陛下更以宽御之，彼有公清奉法如刘弘逸、薛季棱者，陛下亦宜褒赏以劝为善。”甲申，上复谓宰相曰：复，扶又翻。“我与卿等论天下事，有势未得行者，退但饮醇酒求醉耳！”对曰：“此皆臣等之罪也。”

21 有司以左藏积弊日久，藏，徂浪翻。请行检勘，且言官典罪在赦前者，请宥之，上许之。既而果得缯帛妄称渍污者，渍，疾智翻。污，乌故翻。敕赦之，给事中狄兼谟封还敕书曰：“官典犯赃，理不可赦！”上谕之曰：“有司请检之初，朕既许之矣。与其失信，宁失罪人。卿能奉职，朕甚嘉之！”

22 十二月，庚戌，以华州刺史卢钧为岭南节度使。李石言于上曰："卢钧除岭南，朝士皆相贺。以为岭南富饶之地，近岁皆厚赂北司而得之；今北司不挠朝权，挠，奴巧翻，又奴教翻。陛下亦宜有以褒之。庶几内外奉法，此致理之本也。"上从之。钧至镇，以清惠著名。

23 己未，淑王纵薨。纵，顺宗子。

二年（丁巳、八三七）

1 春，二月，己未，上谓宰相："荐人勿问亲疏。朕闻窦易直为相，窦易直为相于长庆、宝历。未尝用亲故。若亲故果才，避嫌而弃之，是亦不为至公也。"

2 均王纬薨。纬，顺宗子。

3 三月，有彗星出于张，彗，祥岁翻，又旋芮翻，又徐醉翻。长八丈馀。长，直亮翻。壬申，诏撤乐减膳，以一日之膳分充十日。

4 夏，四月，甲辰，上对中书舍人、翰林学士兼侍书柳公权于便殿，柳公权先除翰林侍书学士，今以翰林学士兼侍书。上举衫袖示之曰："此衣已三浣矣！"浣，户管翻。众皆美上之俭德；公权独无言，上问其故，对曰："陛下贵为天子，富有四海，当进贤退不肖，纳谏诤，明赏罚，乃可以致雍熙。服浣濯之衣，乃末节耳。"上曰："朕知舍人不应复为谏议，杜佑通典曰：中书舍人，文士之极任，朝廷之盛选，诸官莫得比。以卿有诤臣风采，须屈卿为之。"乙巳，以公权为谏议大夫，馀如故。

5 戊戌，以翰林学士、工部侍郎陈夷行同平章事。

6 六月，河阳军乱，节度使李泳奔怀州；军士焚府署，杀泳二子，大掠数日方止。泳，长安市人，寓籍禁军，以赂得方镇，所至恃所交结，贪残不法，其下不堪命，故作乱。丁未，贬泳澧州长史。澧州，京师东南一千八百九十三里。澧，音礼。戊申，以左金吾将军李执方为河阳节度使。

7 秋，七月，癸亥，振武奏党项三百馀帐剽掠逃去。剽，匹妙翻；下同。

8 给事中韦温为太子侍读，晨诣东宫，日中乃得见，温谏曰："太子当鸡鸣而起，问安视膳，记：文王之为世子，鸡初鸣而衣服，至于寝门外，问内竖之御者曰："今日安否何如？"内竖曰："安。"文王乃喜。其有不安节，则内竖以告文王，文王色忧，行不能正履。至于复初，然后亦复初。食上必在视寒暖之节。史炤曰：熟食曰饔，具食曰膳。膳之为言善也。不宜专事宴安！"太子不能用其言，为太子不令终张本。温乃辞侍读；辛未，罢守本官。考异曰：旧传曰："兼太子侍读，每晨至少阳院，午见太子。温云云，太子不能行其言。温称疾，上不悦，改太常少卿。未几，拜给事中。"按温已为给事中，乃兼太子侍读。旧传误。今从新传。

9 振武突厥百五十帐叛，剽掠营田；戊寅，节度使刘沔击破之。

10 八月，庚戌，以昭仪王氏为德妃，昭容杨氏为贤妃。唐因隋制，有贵妃、淑妃、德妃、贤妃各一人，为夫人，正一品。立敬宗之子休复为梁王，执中为襄王，言扬为杞王，成美为陈王。癸丑，立皇子宗俭为蒋王。蒋，古国名。左传：凡、蒋、邢、茅、胙、祭。

11 河阳军士既逐李泳，日相扇，欲为乱。九月，李执方索得首乱者七十馀人，索，山客翻。悉斩之，馀党分隶外镇，然后定。

12 冬，十月，国子监石经成。刘昫曰：时上好文，郑覃以宰臣判国子祭酒，依后汉蔡邕刊碑列于太学，创立石壁九经，诸儒校正讹谬。上又令翰林勒字官校字体，又乖师法。故石经立后数十年，名儒皆不窥之，以为芜累。

13 福建奏晋江百姓萧弘称太后族人，晋江，故晋安郡晋安县地。吴置东安县，晋改曰晋安，隋改曰南安，开元八年分南安置晋江县，带泉州。诏御史台按之。

14 戊申，以门下侍郎、同平章事李固言同平章事，充西川节度使。

15 甲寅，御史台奏萧弘诈妄；诏递归乡里，令所过给食而递归也。不之罪，冀得其真。

周一良标点容肇祖聂崇岐覆校

资治通鉴卷第二百四十六

端明殿学士兼翰林侍读学士太中大夫
提举西京嵩山崇福宫上柱国河内郡开国公 **司马光** 奉敕编集
食邑二千二百户食实封九百户赐紫金鱼袋臣

后学天台 **胡三省** 音注

唐纪六十二 起著雍敦牂（戊午），尽玄黓阉茂（壬戌），凡五年。

文宗元圣昭献孝皇帝下

开成三年（戊午、八三八）

1 春，正月，甲子，李石入朝，中涂有盗射之，射，食亦翻。微伤，左右奔散，石马惊，驰归第。又有盗邀击于坊门，断其马尾，唐诸坊之南皆有门，以时启闭。断，音短。仅而得免。上闻之大惊，命神策六军遣兵防卫，敕中外捕盗甚急，竟无所获。乙丑，百官入朝者九人而已。京城数日方安。

2 丁卯，追赠故齐王凑为怀懿太子。知凑之冤也。凑被枉事见二百四十四卷太和五年。

3 戊申，以盐铁转运使、户部尚书杨嗣复，户部侍郎、判户部李珏并同平章事，考异曰：旧传："三年，杨嗣复辅政，荐珏，以本官同平章事。"按珏与嗣复并命，今从实录。判、使如故。判，谓判户部，使，谓盐铁转运使。嗣复，於陵之子也。杨於陵见二百三十七卷宪宗元和三年。于，音乌。

4 中书侍郎、同平章事李石，承甘露之乱，人情危惧，宦官恣横，横，户孟翻。忘身徇国，故纪纲粗立。仇士良深恶之，粗，坐五翻。恶，乌路翻；下同。潜遣盗杀之，不果。石惧，累表称疾辞位；上深知其故而无如之何。丙子，以石同平章事，充荆南节度使。

5 陈夷行性介直，恶杨嗣复为人，每议政事，多相诋斥。壬辰，夷行以足疾辞位，不许。

6 上命起居舍人魏谟献其祖文贞公笏。魏征谥曰文贞。郑覃曰："在人不在笏。"上曰："亦甘棠之比也。"言周人思召公，爱其甘棠而不敢翦伐，今思魏征之正直，则亦当宝爱其故笏。

7 杨嗣复欲援进李宗闵，复，扶又翻。援，于元翻；下同。恐为郑覃所沮，乃先令宦官讽上，上临朝，谓宰相曰："宗闵积年在外，宜与一官。"李宗闵贬，见上卷太和九年。郑覃曰："陛下若怜宗闵之远，止可移近北数百里，近，其靳翻。不宜再用；用之，臣请先避位。"陈夷行曰："宗闵向以朋党乱政，陛下何爱此纤人！"纤人，犹言小人也。杨嗣复曰："事贵得中，不可但徇爱憎。"上曰："可与一州。"覃曰："与州太优，止可洪州司马耳。"洪州，京师东南三千九十里。因与嗣复互相诋讦以为党。讦，居谒翻。上曰："与一州无伤。"覃等退，上谓起居郎周敬复、舍人魏谟曰："宰相喧争如此，可乎？"唐制：起居郎、起居舍人掌录天子起居法度。天子御正殿，则郎居左，舍人居右，有命，俯陛以听。每仗下，天子与宰相议政事，郎、舍人亦分侍左右。若仗在紫宸内阁，则夹香案分立殿下。覃等喧争既退，故上因问之。对曰："诚为不可。然覃等尽忠愤激，不自觉耳。"丁酉，以衡州司马李宗闵为杭州刺史。唐制：衡州，中。洪州，上，都督府。杭州，上。中州司马，从五品下。大都督府司马，从四品下。上州刺史，从三品。李固言与杨嗣复、李珏善，故引居大政以排郑覃、陈夷行，每议政之际，是非锋起，上不能决也。史言文宗明不足以烛理。

8 三月，牂柯寇涪州清溪镇，牂柯蛮在涪州东九百里，东距辰州二千四百里。涪，音浮。镇兵击却之。

9 初，太和之末，杜悰为凤翔节度使，有诏沙汰僧尼。事见上卷太和八年。时有五色云见于岐山，见，贤遍翻；下同。近法门寺，民间讹言佛骨降祥，佛骨在法门寺，故云然。以僧尼不安之故。监军欲奏之，悰曰："云物变色，何常之有！佛若果爱僧尼，当见于京师。"未几，获白兔，几，居岂翻。未几，言未得几何时也。监军又欲奏之，曰："此西方之瑞也。"悰曰："野兽未驯，且宜畜之。"驯，松伦翻。畜，吁玉翻。旬日而毙；监军不悦，以为掩蔽圣德，独画图献之。及郑注代悰镇凤翔，按通鉴上卷，太和八年，九月，庚申，以凤翔节度使李听为忠武节度使，代杜悰。丁卯，以郑注为凤翔节度使。注诬奏听在凤翔贪虐；冬，十月，乙亥，以听为太子太保、分司，复以杜悰为忠武节度使。若如上卷所书，则杜悰镇忠武，不在凤翔。奏紫云见，又献白雉。是岁，八月，有甘露降于紫宸殿前樱桃之上，上亲采而尝之，百官称贺。其十一月，遂有金吾甘露之变。

及悰为工部尚书、判度支，河中奏驺虞见，诗注：驺虞，义兽，白虎黑文，不食生物，有至信之德则应之。司马相如封禅书曰：般般之兽，乐我君囿，白质黑章，其仪可喜。师古注：谓驺虞也。山海经：驺虞如虎，五色，尾长于身。百官称贺。上谓悰曰："李训、郑注皆因瑞以售其乱，乃知瑞物非国之庆。卿前在凤翔，不奏白兔，真先觉也。"对曰："昔河出图，伏羲以画八卦；洛出书，大禹以叙九畴，皆有益于人，故足尚也。至于禽兽草木之瑞，何时无之！刘聪桀逆，黄龙三见；石季龙暴虐，得苍麟十六、白鹿七，以驾芝盖。石虎，字季龙，唐避庙讳，故称其字。以是观之，瑞岂在德！玄宗尝为潞州别驾，中宗时，玄宗为潞州别驾。及即位，潞州奏十九瑞，玄宗曰：'朕在潞州，惟知勤职业，此等瑞物，皆不知也。’愿陛下专以百姓富安为国庆，自馀不足取也。”上善之。他日，谓宰相曰：“时和年丰，是为上瑞；嘉禾灵芝，诚何益于事！”宰相因言：“春秋记灾异以儆人君，而不书祥瑞，用此故也！”意此必郑覃之言。

夏，五月，乙亥，诏：“诸道有瑞，皆无得以闻，亦勿申牒所司。其腊飨太庙唐制：四孟及腊享于太庙。唐腊用寅。及飨太清宫，玄宗天宝二年，以西京玄元皇帝庙为太清宫。元日受朝奏祥瑞，皆停。”六典：凡大祥瑞随即表奏，文武百寮诣阙奉贺。其他并年终具表以闻，有司告庙，百寮诣阙奉贺。又仪制令：大瑞即随表奏闻；中瑞、下瑞申报有司，元日闻奏。今皆停罢。考异曰：实录：“初，上谓宰臣曰：‘岁丰人安，岂非上瑞！’宰臣因言春秋不书祥瑞，上深然之，遂有此诏。”补国史以为因杜悰进言，今兼取之。

10 初，灵武节度使王晏平自盗赃七千馀缗，上以其父智兴有功，王智兴有讨横海之功。免死，长流康州。晏平密请于魏、镇、幽三节度使，魏帅，何进滔；镇帅，王元逵；幽帅，史元忠。使上表雪己；上不得已，六月，壬寅，改永州司户。

11 八月，己亥，嘉王运薨。运，代宗子。

12 太子永之母王德妃无宠，为杨贤妃所谮而死。唐因隋制，有贵妃、淑妃、德妃、贤妃各一人，为夫人，正一品。开元中，玄宗以后妃四星，一为后，有后而复置四妃，非典法。乃置惠妃、丽妃、华妃，以代三夫人。其后复置贵妃，盖复唐初四妃之制。太子颇好游宴，昵近小人，好，呼到翻。昵，尼质翻。近，其靳翻。贤妃日夜毁之。九月，壬戌，上开延英，召宰相及两省、御史、郎官，疏太子过恶，议废之，曰：“是宜为天子乎？”群臣皆言：“太子年少，少，诗照翻；下同。容有改过。国本至重，岂可轻动！”御史中丞狄兼谟论之尤切，至于涕泣。给事中韦温曰：“陛下惟一子，不教，陷之至是，岂独太子之过乎！”癸亥，翰林学士六人、神策六军军使十六人复上表论之，复，扶又翻。上意稍解。是夕，太子始得归少阳院；如京使王少华等唐置如京使，以武臣为之，内职也，未知所职何事。及宦官宫人坐流死者数十人。

13 义武节度使张璠在镇十五年，穆宗长庆三年，璠代陈楚镇义武。为幽、镇所惮；及有疾，请入朝，朝廷未及制置，疾甚，戒其子元益举族归朝，毋得效河北故事。及薨，军中欲立元益，观察留后李士季不可，众杀之，又杀大将十馀人。壬申，以易州刺史李仲迁为义武节度使。义武马军都虞侯何清朝自拔归朝，癸酉，以为仪州刺史。宋白曰：辽州乐平郡，唐武德三年置辽州，八年改为箕州，先天二年，以玄宗嫌名，改为仪州。

14 朝廷以义昌节度使李彦佐在镇久，太和六年，李彦佐代殷侑镇义昌。甲戌，以德州刺史刘约为节度副使，欲以代之。

15 开成以来，神策将吏迁官，多不闻奏，直牒中书令覆奏施行，迁改殆无虚日。甘露之变之后，宦官专横遂至于此。癸未，始诏神策将吏改官皆先奏闻，状至中书，然后检勘施行。先奏闻于上，禁中以其状付中书，方与检勘由历而施行之。

16 冬，十月，易定监军奏军中不纳李仲迁，请以张元益为留后。

17 太子永犹不悛，悛，丑缘翻，改也。庚子，暴薨，考异曰：按文宗后见缘橦者而泣曰："朕为天子，不能全一子！"遂杀刘楚材等，然则太子非良死也。但宫省事秘，外人莫知其详，故实录但云"终不悛过，是日暴薨。"谥曰庄恪。

18 乙巳，以左金吾大将军郭旼为邠宁节度使。旼，莫贫翻。考异曰：旧柳公权传作"皎"。按子仪子侄名皆连"日"旁。今从实录。

19 宰相议发兵讨易定。上曰："易定地狭人贫，军资半仰度支。仰，牛向翻。急之则靡所不为，缓之则自生变。但谨备四境以俟之。"乃除张元益代州刺史。顷之，军中果有异议，乃上表以不便李仲迁为辞，朝廷为之罢仲迁。为，于伪翻。十一月，【章：十二行本“月”下有“壬戌”二字；乙十一行本同；孔本同；张校同。】诏俟元益出定州；其义武将士始谋立元益者，皆赦不问。

20 以义昌节度使李彦佐为天平节度使，以刘约为义昌节度使。

21 丁卯，张元益出定州。考异曰：补国史曰：“易定张公播卒，三军请公播子元益继统军务。公播乃孝忠孙也。公播弥留之际，诫元益归阙。三军复效幽、镇、魏三道，自立连帅，坐邀制命。庙谋未决，丞相卫公欲伐而克之。贞穆公议未可兴师，且行吊赠礼，追元益赴阙，若拒命跋扈，讨之不迟。上前互陈短长，未行朝典。贞穆公有密疏，进追元益诏意云：‘敕张元益：卿太祖孝忠，功列鼎彝，垂于不朽。卿乃祖茂昭，克荷遗训，不坠义风。’云云。文宗览诏意，深叶睿谋。诏下定州，元益拜诏恸哭，焚墨衰，请死于众。三军将士南向稽首，蹈舞流涕，扶元益就苫庐，请监军使、幕府准诸道例各知留后。公播遂全家赴阙。诏以神策军使陈君赏为帅。”所谓贞穆公者，李珏也。按实录：播，定州牙将，非孝忠孙。又李德裕此年不为相。补国史盖传闻之说，不可据。今从实录。

22 庚午，上问翰林学士柳公权以外议，对曰：“郭旼除邠宁，外间颇以为疑。”上曰：“旼，尚父之侄，德宗以郭子仪为尚父。太后叔父，太后，即谓太皇郭太后。在官无过，自金吾作小镇，外间何尤焉？”对曰：“非谓旼不应为节度使也。闻陛下近取旼二女入宫，有之乎？”上曰：“然，入参太皇太后耳。”公权曰：“外间不知，皆云旼纳女后宫，故得方镇。”上俛首良久曰：“然则奈何？”对曰：“独有自南内遣归其家，则外议自息矣！”是日，太皇太后遣中使送二女还旼家。太皇太后居兴庆宫，兴庆宫谓之南内。使，疏吏翻。还，如字。

23 上好诗，好，呼到翻。尝欲置诗学士；李珏曰：“今之诗人浮薄，无益于理。”乃止。

24 甲戌，以蔡州刺史韩威为义武节度使。张元益既出定州，乃除韩威。

25 河东节度使、司徒、中书令裴度以疾求归东都，裴度治第东都集贤里，号绿野堂。十二月，辛丑，诏度入知政事，遣中使敦谕上道。上，时掌翻。

26 郑覃累表辞位，丙午，诏：三五日一入中书。

27 是岁，吐蕃彝泰赞普卒，弟达磨立。彝泰多病，委政大臣，由是仅能自守，久不为边患。达磨荒淫残虐，国人不附，灾异相继，吐蕃益衰。按：吐蕃衰，回鹘衰，而唐亦衰矣。考异曰：彝泰卒及达磨立，实录不书，旧传、续会要皆无之。今据补国史。

四年（己未、八三九）

1 春，闰正月，己亥，裴度至京师，以疾归第，此长安平乐里第也。不能入见。见，贤遍翻。上劳问赐赉，使者旁午。劳，力到翻。三月，丙戌，薨，谥曰文忠。上怪度无遗表，问其家，得半藁，以储嗣未定为忧，言不及私。度身貌不逾中人，而威望远达四夷，四夷见唐使，辄问度老少用舍；少，诗照翻。以身系国家轻重如郭子仪者，二十馀年。

2 夏，四月，戊辰，上称判度支杜悰之才，杨嗣复、李珏因请除悰户部尚书，陈夷行曰："恩旨当由上出，自古失其国未始不由权在臣下也。"珏曰："陛下尝语臣云，语，牛倨翻。人主当择宰相，不当疑宰相。"五月，丁亥，上与宰相论政事，陈夷行复言不宜使威福在下，复，扶又翻。李珏曰："夷行意疑宰相中有弄陛下威权者耳。臣屡求退，苟得王傅，臣之幸也。"王傅，散地，自宰执以下贬官者居之。郑覃曰："陛下开成元年、二年政事殊美，三年、四年渐不如前。"杨嗣复曰："元年、二年郑覃、夷行用事，三年、四年臣与李珏同之，罪皆在臣！"因叩头曰："臣不敢更入中书！"政事堂在中书省。遂趋出。上遣使召还，劳之劳，力到翻。曰："郑覃失言，卿何遽尔！"覃起谢曰："臣愚拙，意亦不属嗣复；属，之欲翻。而遽如是，乃嗣复不容臣耳。"嗣复曰："覃言政事一年不如一年，非独臣应得罪，亦上累圣德。"累，良瑞翻。退，三上表辞位，上遣中使召出之，癸巳，始入朝。丙申，门下侍郎、同平章事郑覃罢为右仆射，陈夷行罢为吏部侍郎。覃性清俭，夷行亦耿介，故嗣复等深疾之。史言小人排君子，不遗馀力。

3 上以盐铁推官、检校礼部员外郎姚勖能鞫疑狱，命权知职方员外郎，右丞韦温不听，上奏称："郎官朝廷清选，不宜以赏能吏。"上乃以勖检校礼部郎中，依前盐铁推官。姚勖权知职方员外郎，而韦温争之，检校礼部郎中，而温不复言者，盖唐制藩镇及诸使僚属率带检校官，而权知则为职事官故也。六月，丁丑，上以其事问宰相杨嗣复，对曰："温志在澄清流品。若有吏能者皆不得清流，则天下之事孰为陛下理之！为，于伪翻。恐似衰晋之风。"然上素重温，终不夺其所守。

4 秋，七月，癸未，以张元益为左骁卫将军，以其母侯莫陈氏为赵国太夫人，赐绢二百匹。易定之乱，侯莫陈氏说谕将士，说，式芮翻。且戒元益以顺朝命，故赏之。

5 甲辰，以太常卿崔郸同中书门下平章事。郸，郾之弟也。郸，多寒翻。崔郾见二百四十四卷太和五年。

6 八月，辛亥，鄜王憬薨。憬，宪宗子。

7 癸酉，昭义节度使刘从谏上言："萧本诈称太后弟，上下皆称萧弘是真，以本来自左军，故弘为台司所抑。萧本事见上卷元年。萧弘事见二年。台司，谓御史台官吏，主按验萧弘者。今弘诣臣，求臣上闻。上，时掌翻。乞追弘赴阙，与本对推，以正真伪。"诏三司鞫之。

8 冬，十月，乙卯，上就起居舍人魏谟取记注观之，记注，即起居注。贞观初，以给事中、谏议大夫兼知起居注，或知起居事。每仗下议记事，起居郎一人执笔记录于前，史官随之。其后复置起居舍人，分侍左右秉笔，随宰相入殿。若仗在紫宸内阁，则夹香案，分立殿下，直第二螭首。和墨濡笔，皆即坳处，时号"螭头"。高宗临朝不决事，有所奏，惟辞见而已。许敬宗、李义府为相，奏请多畏人之知也，命起居郎、舍人对仗承旨，仗下与百官皆出，不敢闻机务矣。长寿中，宰相姚璹建议：仗下后，宰相一人录军国政要，为时政记，月送史馆。然率推美让善，事非其实，未几亦罢。而起居郎因制敕稍稍笔削，以广国史之阙。起居舍人本记言之职，惟编诏书，不及他事。开元初，复诏修史官非供奉者，皆随仗而入，位于起居郎、舍人之次。及李林甫专权，又废。太和九年，诏起居郎、舍人，凡入阁日，具纸笔，立螭头下，复贞观故事。谟不可，曰："记注兼书善恶，所以儆戒人君。陛下但力为善，不必观史！"上曰："朕向尝观之。"对曰："此向日史官之罪也。若陛下自观史，则史官必有所讳避，何以取信于后！"上乃止。

9 杨妃请立皇弟安王溶为嗣，上谋于宰相，李珏非之。丙寅，立敬宗少子陈王成美为皇太子。为杨妃及成美见杀张本。

丁卯，上幸会宁殿作乐，有童子缘橦，橦，职容翻。字样曰：本音同，今借为木橦字。汉有都卢缘橦，即此伎也。一夫来往走其下如狂。上怪之，左右曰："其父也。"上泫然流涕曰："朕贵为天子，不能全一子！"泫，胡犬翻。以太子永死于非命也。召教坊刘楚材等四人，宫人张十十等十人责之曰："构会太子，皆尔曹也，今更立太子，更，工衡翻。复欲尔邪？"复，扶又翻。执以付吏，己巳，皆杀之。上因是感伤，旧疾遂增。

10 十一月，三司按萧本、萧弘皆非真太后弟。本除名，流爱州，弘流儋州。爱州，汉九真郡，梁置爱州，至京师八千八百里。而太后真弟在闽中，终不能自达。

11 乙亥，上疾少间，间，读如字。坐思政殿，召当直学士周墀，赐之酒，因问曰："朕可方前代何主？"对曰："陛下尧、舜之主也。"上曰："朕岂敢比尧、舜！所以问卿者，何如周赧、汉献耳？”赧，奴版翻。墀惊曰：“彼亡国之主，岂可比圣德！”上曰：“赧、献受制于强诸侯，今朕受制于家奴，以此言之，朕殆不如！”因泣下沾襟，墀伏地流涕，自是不复视朝。考异曰：高彦休唐阙史曰：“文宗开成后常郁郁不乐。五年，春，风痹稍间，坐思政殿，问周墀云云。既而龙姿掩抑，泪落衣襟。汝南公俯伏呜咽，再拜而退。自是不复视朝，以至厌代。”按实录，明年，正月，朔，上不康，不受朝贺。四日，帝崩。恐非五年春。今从新传，仍置于此。

12 是岁，天下户口四百九十九万六千七百五十二。

13 回鹘相安允合、特勒柴革谋作乱，彰信可汗杀之。相掘罗勿将兵在外，以马三百赂沙陀朱邪赤心，借其兵共攻可汗。可汗兵败，自杀，国人立𫎇𩨎特勒为可汗。𫎇，安盍翻。𩨎，先合翻。考异曰：后唐献祖纪年录曰：“开成四年，回鹘大饥，族帐离散，复为黠戛斯所逼，渐过碛口，至于榆林。天德军使温德彝请帝为援，遂帅骑赴之。时胡特勒可汗牙帐在近，帝遣使说回鹘相嗢没斯，为陈利害云云。嗢没斯然之，决有归国之约。俄而回鹘宰相勿笃公叛可汗，将图归义，遣人献良马三百，以求应接。帝自天德引军至碛口援之，为回鹘所薄，帝一战败之，进击可汗牙帐。胡特勒可汗势穷自杀，国昌因奏勿笃公为署飒可汗，是岁开成五年也。文宗崩，武宗即位，遣嗣泽王溶告哀于回鹘。使还，始知特勒可汗易代。”按朱邪赤心若奏勿笃公为可汗，安得因溶告哀始知易代乎！此则自相违矣。旧传：“开成初，其相有安允合者，与特勒柴革欲篡萨特勒可汗，可汗觉，杀柴革及安允合。又有回鹘相掘罗勿者，拥兵在外，怨诛柴革、安允合，又杀萨特勒可汗，以卢级特勒为可汗。”新传云：“开成四年，其相掘罗勿作难，引沙陀共攻可汗。可汗自杀，国人立𫎇𩨎特勒为可汗。”今从之。会岁疫，大雪，羊马多死，回鹘遂衰。赤心，执宜之子也。

五年（庚申、八四〇）

1 春，正月，己卯，诏立颍王瀍为皇太弟，瀍，直连翻。应军国事权令句当。句，古候翻。当，丁浪翻。且言太子成美年尚冲幼，未渐师资，渐，子廉翻。老子曰：善人者，不善人之师；不善人者，善人之资。可复封陈王。时上疾甚，命知枢密刘弘逸、薛季棱引杨嗣复、李珏至禁中，欲奉太子监国。中尉仇士良、鱼弘志以太子之立，功不在己，乃言太子幼，且有疾，更议所立。更，工衡翻。李珏曰："太子位已定，岂得中变！"士良、弘志遂矫诏立瀍为太弟。考异曰：唐阙史曰："武宗皇帝王夫人者，燕赵倡女也，武宗为颍王，获爱幸。文宗于十六宅西别建安王溶、颍王瀍院，上数幸其中，纵酒如家人礼。及文宗晏驾，后宫无子，所立敬宗男陈王，年幼且病，未任军国事。中贵主禁掖者，以安王大行亲弟，既贤且长，遂起左、右神策军及飞龙、羽林、骁骑数千众，即藩邸奉迎安王。中贵遥呼曰：'迎大者！迎大者！'如是者数四，意以安王为兄，即大者也。及兵仗至二王宅首，兵士相语曰：'奉命迎大者，不知安、颍孰为大者？'王夫人窃闻之，拥髻褰裙走出，矫言曰：'大者颍王也。大家左右以王魁梧颀长，皆呼为大王，且与中尉有死生之契，汝曹或误，必赤族矣！'时安王心云其次第合立，志少疑懦，惧未敢出。颍王神气抑扬，隐于屏间，夫人自后耸出之。众惑其语，遂扶上马，戈甲霜拥，前至少阳院。诸中贵知已误，无敢出言者，遂罗拜马前，连呼万岁。寻下诏，以颍王瀍立为皇太弟，权句当军国事。"新后妃传曰："武宗贤妃王氏，开成末，王嗣帝位，妃阴为助画，故进号才人。"盖亦取于阙史也。按立嗣大事，岂容缪误！阙史难信，今不取，从文宗、武宗实录。是日，士良、弘志将兵诣十六宅，迎颍王至少阳院，百官谒见于思贤殿。瀍沈毅有断，喜愠不形于色。见，贤遍翻。沈，持林翻。断，丁乱翻。愠，于问翻。与安王溶皆素为上所厚，异于诸王。

辛巳，上崩于太和殿。年三十三。以杨嗣复摄冢宰。

癸未，仇士良说太弟赐杨贤妃、安王溶、陈王成美死。说，式芮翻。考异曰：旧传曰："安王溶，穆宗第八子，母杨贤妃。武宗即位，李德裕秉政。或告文宗崩时，杨嗣复以与贤妃宗家，欲立安王为嗣，故王受祸，复贬官。"按是时德裕未入相。今从武宗实录。敕大行以十四日殡，成服。考异曰：武宗实录：裴夷直上言，"伏见二日敕，令有司以今月十四日攒敛成服。"按文宗以四日崩，岂得二日遽有此敕！必误也。谏议大夫裴夷直上言期日太远，不听。时仇士良等追怨文宗，以甘露之事也。凡乐工及内侍得幸于文宗者，诛贬相继。夷直复上言："陛下自藩维继统，是宜俨然在疚，记檀弓：秦穆公吊公子重耳曰："俨然在忧服之中。"诗：闵予小子，嬛嬛在疚。注：疚，病也；在忧病之中。复，扶又翻。以哀慕为心，速行丧礼，早议大政，以慰天下。而未及数日，屡诛戮先帝近臣，惊率土之视听，伤先帝之神灵，人情何瞻！国体至重，若使此辈无罪，固不可刑；若其有罪，彼已在天网之内，无所逃伏，旬日之外行之何晚！"不听。

辛卯，文宗始大敛。大行十一日而始大敛，非礼也。敛，力赡翻。武宗即位。甲午，追尊上母韦妃为皇太后。

二月，乙卯，赦天下。

丙寅，谥韦太后曰宣懿。

2 夏，五月，己卯，门下侍郎、同平章事杨嗣复罢为吏部尚书，以刑部尚书崔珙同平章事兼盐铁转运使。珙，居竦翻。

3 秋，八月，壬戌，葬元圣昭献孝皇帝于章陵，章陵在京兆富平县西北二十里。庙号文宗。

4 庚午，门下侍郎、同平章事李珏坐为山陵使龙輴陷，輴，敕伦翻。记：天子龙輴。輴，载柩车也，画龙于辕。罢为太常卿。贬京兆尹敬昕为郴州司马。郴，丑林翻。

5 义武军乱，逐节度使陈君赏。君赏募勇士数百人，复入军城，诛乱者。

6 初，上之立非宰相意，故杨嗣复、李珏相继罢去，召淮南节度使李德裕入朝；九月，甲戌朔，至京师，丁丑，以德裕为门下侍郎、同平章事。

庚辰，德裕入谢，言于上曰："致理之要，致理，犹言致治也。在于辩群臣之邪正。夫邪正二者，势不相容，正人指邪人为邪，邪人亦指正人为邪，人主辩之甚难。臣以为正人如松柏，特立不倚；邪人如藤萝，非附他物不能自起。故正人一心事君，而邪人竞为朋党。先帝深知朋党之患，然所用卒皆朋党之人，卒，子恤翻。良由执心不定，故奸人得乘间而入也。间，古苋翻；下疑间同。夫宰相不能人人忠良，或为欺罔，主心始疑，于是旁询小臣以察执政。如德宗末年，所听任者惟裴延龄辈，宰相署敕而已，此政事所以日乱也。陛下诚能慎择贤才以为宰相，有奸罔者立黜去，去，羌吕翻。常令政事皆出中书，推心委任，坚定不移，则天下何忧不理哉！”又曰：“先帝于大臣好为形迹，好，呼到翻。小过皆含容不言，日累月积，累，鲁水翻。以至祸败。兹事大误，愿陛下以为戒！臣等有罪，陛下当面诘之。诘，起吉翻。事苟无实，得以辩明；若其有实，辞理自穷。小过则容其悛改，悛，丑缘翻。大罪则加之诛谴，如此，君臣之际无疑间矣。”上嘉纳之。

初，德裕在淮南，敕召监军杨钦义，人皆言必知枢密，德裕待之无加礼，钦义心衔之。一旦，独延钦义，置酒中堂，情礼极厚；陈珍玩数床，罢酒，皆以赠之，钦义大喜过望。行至汴州，敕复还淮南，复，扶又翻。钦义尽以所饷归之。德裕曰：“此何直！”言此物所直能几何也。卒以与之。卒，子恤翻。其后钦义竟知枢密；德裕柄用，钦义颇有力焉。史言李德裕亦不免由宦官以入相。

7初，伊吾之西，焉耆之北，有黠戛斯部落，黠，下八翻。戛，讫黠翻。即古之坚昆，唐初结骨也，后更号黠戛斯，结骨入贡，见一百九十八卷太宗贞观二十二年。考异曰：李德裕会昌一品集安抚回鹘制作“纥吃斯”，又作“纥扢斯”。今从德裕会昌伐叛记、杜牧集、新、旧传、实录。乾元中为回鹘所破，自是隔阂不通中国。阂，牛代翻。其君长曰阿热，建牙青山，去回鹘牙，橐驼行四十日。青山在剑河西。其人悍勇，悍，户罕翻，又侯旰翻。吐蕃、回鹘常赂遗之，遗，唯季翻。假以官号。回鹘既衰，阿热始自称可汗。回鹘遣相国将兵击之，连兵二十馀年，数为黠戛斯所败，数，所角翻。败，补迈翻。詈回鹘曰：詈，力智翻。“汝运尽矣，我必取汝金帐！”金帐者，回鹘可汗所居帐也。

及掘罗勿杀彰信，立㕎驳，事见上年。回鹘别将句录莫贺引黠戛斯十万骑攻回鹘，大破之，杀㕎驳及掘罗勿，考异曰：旧传作“句录末贺”。今从新传。焚其牙帐荡尽，回鹘诸部逃散。其相驳职、特勒厖等十五部西奔葛逻禄，一支奔吐蕃，一支奔安西。逻，郎佐翻。可汗兄弟嗢没斯等嗢，乌没翻。及其相赤心、仆固、特勒那颉啜啜，枢悦翻。各帅其众抵天德塞下，就杂虏贸易谷食，帅，读曰率。贸，音茂。且求内附。冬，十月，丙辰，天德军使温德彝奏：“回鹘溃兵侵逼西城，西城，朔方西受降城也。亘六十里，不见其后。亘，横亘也。边人以回鹘猥至，恐惧不安。”诏振武节度使刘沔屯云迦关以备之。新志：单于府有云伽关。振武节度治单于府。迦，古牙翻，又居伽翻。考异曰：新传、实录作“云伽关”。今从一品集。

8 魏博节度使何进滔薨，军中推其子都知兵马使重顺知留后。

9 萧太后徙居兴庆宫积庆殿，号积庆太后。萧太后，文宗之母。

10 十一月，癸酉朔，上幸云阳校猎。

11 故事，新天子即位，两省官同署名。上之即位也，谏议大夫裴夷直漏名，由是出为杭州刺史。考异曰：新传曰：“武宗立，夷直视册牒不肯署。”今从武宗实录。

12 开府仪同三司、左卫上将军兼内谒者监仇士良请以开府荫其子为千牛，唐制：千牛备身掌执御刀，服花钿绣，衣绿，执象笏，宿卫侍从。宋白曰：唐制：千牛、进马，并系资荫。给事中李中敏判曰：“开府阶诚宜荫子，唐制：从五品以上皆得荫子。开府从一品，宜得荫子。谒者监何由有儿？”士良惭恚。恚，於避翻。李德裕亦以中敏为杨嗣复之党，恶之，恶，乌路翻。出为婺州刺史。婺州，春秋越之西界，汉为会稽郡乌伤县地。吴置东阳郡，陈置缙州。隋平陈为吴州，以其地于天文为婺女之分，改婺州。京师东南四千七百里。婺，亡遇翻。

13 十二月，庚申，以何重顺知魏博留后事。

14 立皇子峻为杞王。

武宗至道昭肃孝皇帝上 讳瀍，穆宗第五子。

会昌元年（辛酉、八四一）

1 春，正月，辛巳，上祀圜丘，赦天下，改元。

2 刘沔奏回鹘已退，诏沔还镇。自云迦关还镇。

3 二月，回鹘十三部近牙帐者立乌希特勒为乌介可汗，南保错子山。新志：鹛鹈泉北十里入碛，经麚鹿山、鹿耳山至错甲山。据李德裕言，错子山东距释迦泊三百里。考异曰：据伐叛记，乌介立在二月，今从之。后唐献祖系年录曰：王子乌希特勒者，曷萨之弟，胡特勒之叔，为黠戛斯所迫，帅众来归，至错子山，乃自立为可汗。二年七月，册为乌介可汗。

4 三月，甲戌，以御史大夫陈夷行为门下侍郎、同平章事。

5 初，知枢密刘弘逸、薛季棱有宠于文宗，仇士良恶之。恶，乌路翻。上之立，非二人及宰相意，故杨嗣复出为湖南观察使，李珏出为桂管观察使。士良屡谮弘逸等于上，劝上除之，乙未，赐弘逸、季棱死，遣中使就潭、桂州诛嗣复及珏。湖南观察使治潭州。桂管观察使治桂州。潭州，古长沙郡，京师南二千四百四十五里。秦取陆梁地为桂林郡，吴于桂林置始安郡，梁置桂州，至京师水陆路四千七百六十里。户部尚书杜悰奔马见李德裕曰："天子年少，少，诗照翻。新即位，兹事不宜手滑！"丙申，德裕与崔珙、崔郸、陈夷行三上奏，又邀枢密使至中书，使入奏。以为："德宗疑刘晏动摇东宫而杀之，中外咸以为冤，两河不臣者由兹恐惧，得以为辞；德宗后悔，录其子孙。刘晏之死见二百二一六卷德宗建中元年，李正己等请晏罪见二年。兴元初，帝寤，许晏归葬。贞元五年，擢晏子执经太常博士，宗经秘书郎。文宗疑宋申锡交通藩邸，窜谪至死；既而追悔，为之出涕。宋申锡窜事见二百四十四卷大和五年。追悔事见上卷开成元年。为，于伪翻。嗣复、珏等若有罪恶，乞更加重贬；必不可容，亦当先行讯鞫，俟罪状著白，诛之未晚。今不谋于臣等，遽遣使诛之，人情莫不震骇。愿开延英赐对！”至晡时，开延英，召德裕等入。

德裕等泣涕极言：“陛下宜重慎此举，毋致后悔！”上曰：“朕不悔。”三命之坐，德裕等曰：“臣等愿陛下免二人于死，勿使既死而众以为冤。今未奉圣旨，臣等不敢坐。”久之，上乃曰：“特为卿等释之。”特为，于伪翻。德裕等跃下阶舞蹈。上召升坐，坐，徂卧翻。叹曰：“朕嗣位之际，宰相何尝比数！李珏、季棱志在陈王，陈王，成美也。嗣复、弘逸志在安王。安王，溶也。陈王犹是文宗遗意，安王则专附杨妃。杨妃请立安王，故云然。嗣复仍与妃书云：‘姑何不效则天临朝！’向使安王得志，朕那复有今日？”复，扶又翻。德裕等曰：“兹事暧昧，虚实难知。”上曰：““杨妃尝有疾，文宗听其弟玄思入侍月馀，以此得通指意。朕细询内人，情状皎然，非虚也。”遂追还二使，二使一往潭，一往桂。更贬嗣复为潮州刺史，李珏为昭州刺史，昭州至京师四千四百三十六里。裴夷直为驩州司户。考异曰：旧纪：“开成五年八月十七日，葬文宗于章陵。知枢密刘弘逸、薛季棱率禁军护灵驾。二人素为文宗奖遇，仇士良恶之，心不自安，因是欲倒戈诛士良、弘志。卤簿使王起、山陵使崔郸觉其谋，先谕卤簿诸军。是日弘逸、季棱伏诛，以杨嗣复为湖南观察使，李珏为桂管观察使，中丞裴夷直为杭州刺史，皆坐弘逸、季棱也。”贾纬唐年补录曰：“五年八月，云是月诛枢密使刘弘逸、薛季棱。帝即位，尤忌宦官，季棱、弘逸深惧之。及将葬文宗于章陵，聚禁兵，欲议废立。赖山陵使崔郸、卤簿使王起等拒而获济，遂擒弘逸、季棱杀之。”旧王起传：“八月，充山陵卤簿使。枢密使刘弘逸、薛季棱惧诛，欲因山陵兵士谋废立。起与山陵使知其谋，密奏，皆伏诛。”旧嗣复传：“五年九月，贬湖南。明年，诛季棱、弘逸。中人言：‘二人顷附嗣复、李珏，不利于陛下。’武宗性急，立命中使往湖南、桂管杀嗣复与珏。”按去年八月若已诛弘逸、季棱，不当至此月始再贬嗣复等。旧纪、王起传与嗣复传自相违，今从实录。实录又曰：“时有再以其事动帝意者，帝赫怒，欲杀之。中使既发，虽宰相亦不知之。户部尚书、判度支杜悰奔马见德裕”云云。旧嗣复传曰：“宰相崔郸、崔珙等亟请开延英，极言”云云。献替记曰：“会昌元年三月二十四日，遇假在宅，向晚闻有中使一人向东，一人向南，处置二故相及裴夷直。余遣人问盐铁崔相、度支杜尚书、京兆卢尹，皆言闻有使去，不知其故。余遂草约奏状。二十五日早入中书，崔相珙续至，崔郸次至，陈相最后至，已巳时矣。余令三相会食，自归厅写状，请开延英赐对。进状后更无报答。至午又自写第二状封进，兼请得枢密使至中书问有此事无。枢密使对曰：‘向者不敢言。相公既知，只是二人：嗣复、李珏。’德裕言：‘此事至重，陛下都不访问，便遣使去，物情无不惊惧。请附德裕奏。圣旨若疑德裕情故，请先自远贬，惟此一事不可更行！德裕等至夜不敢离中书，请早开延英赐对。’至申时，报开延英。余邀得丞相、两省官谓曰：‘上性刚，若有一人进状伏问，必不舍矣。容德裕极力救解，继以叩头流血，德裕救不得，他人固不可矣。’及召入延英殿，德裕率三相公立当御榻奏事，呜咽流涕云云。上既舍之，又令德裕召丞郎、两省官宣示。”今从实录，亦采献替记。宋白曰：天福六年，修撰起居注贾纬奏：“伏睹史馆唐高祖至代宗已有纪传，德宗亦存实录，武宗至济阴废帝凡六代，惟有武宗实录一卷，馀皆阙落。臣今采访遗文及耆旧传说，编六十五卷，目为唐年补遗录，以备将来史馆修述。”诏褒美，付史馆。

6 夏，六月，乙巳，诏：“自今臣下论人罪恶，并应请付御史台按问，毋得乞留中，以杜谗邪。”

7 以魏博留后何重顺为节度使。

8 上命道士赵归真等于三殿建九天道场，亲授法箓。道家符箓起于张道陵，盛于寇谦之，崇而信之则后魏世祖、唐武宗也。“授”，当作“受”。右拾遗王哲上疏切谏，坐贬河南府士曹。考异曰：实录：“道士赵归真等八十一人于三殿建九天道场，帝亲传法箓。右拾遗王哲上疏，请不度进士、明经为道士，不从。又上书谏求仙事，词甚切直，贬河南府士曹参军。”旧纪：“以衡山道士刘玄静为崇玄馆学士，令与道士赵归真于禁中修法箓。

左补阙刘彦谟切谏，贬彦谟河南府户曹。”实录，去年九月已命归真建道场，亲受法箓。哲疏言，“王业之始，不宜崇信过笃。”至此又有此事，与旧纪刘彦谟事相类。今从实录。

9 秋，八月，加仇士良观军容使。

10 天德军使田牟、监军韦仲平欲击回鹘以求功，奏称：“回鹘叛将嗢没斯等侵逼嗢，乌没翻。塞下，吐谷浑、沙陀、党项皆世与为仇，请自出兵驱逐。”党，底朗翻。上命朝臣议之，议者皆以为嗢没斯叛可汗而来，不可受，宜如牟等所请，击之便。上以问宰相，李德裕以为：“穷鸟入怀，犹当活之。况回鹘屡建大功，谓助收两京，平安、史之乱也。今为邻国所破，部落离散，穷无所归，远依天子，无秋毫犯塞，奈何乘其困而击之！宜遣使者镇抚，运粮食以赐之，此汉宣帝所以服呼韩邪也。”呼韩邪事见二十七卷汉宣帝之甘露三年。陈夷行曰：“此所谓借寇兵资盗粮也，史记秦李斯之言。不如击之。”德裕曰：“彼吐谷浑等各有部落，见利则锐敏争进，不利则鸟惊鱼散，各走巢穴，走，音奏。安肯守死为国家用！今天德城兵才千馀，若战不利，城陷必矣。不若以恩义抚而安之，必不为患。纵使侵暴边境，亦须征诸道大兵讨之，岂可独使天德击之乎！”

时诏以鸿胪卿张贾为巡边使，使察回鹘情伪，胪，陵如翻。边使，疏吏翻。考异曰：‘一品集赐嗢没斯等诏曰：“天德军递至，览所奉表。”又曰：“方图镇抚，已命使臣。今又知坚昆等五族深入陵虐，可汗被害，公主及新可汗播越他所，特勒等相率遁逃，万里归命。”又曰：“岂非欲讨除外寇，匡复本蕃？”又曰：“但缘未知指的，难便听从。”又曰：“又虑边境守臣或怀疑沮。”又曰：“故遣张贾往安抚。”又曰：“秋热。”然则诏下必在此际也。未还。上问德裕曰：“嗢没斯等请降，可保信乎？”对曰：“朝中之人，臣不敢保，况敢保数千里外戎狄之心乎！然谓之叛将，则恐不可。若可汗在国，嗢没斯等帅众而来，则于体固不可受。今闻其国败乱无主，将相逃散，或奔吐蕃，或奔葛逻禄，惟此一支远依大国。观其表辞，危迫恳切，岂可谓之叛将乎！降，户江翻。朝，直遥翻。将，即亮翻。况嗢没斯等自去年九月至天德，今年二月始立乌介，自无君臣之分。分，扶问翻。愿且诏河东、振武严兵保境以备之，俟其攻犯城镇，然后以武力驱除。或于吐谷浑等部中少有抄掠，听自雠报，亦未可助以官军。先斗之以离其交，此在兵法，习者不察耳。抄，楚交翻。仍诏田牟、仲平毋得邀功生事，常令不失大信，怀柔得宜，彼虽戎狄，必知感恩。"辛酉，诏田牟约勒将士及杂虏，杂虏即吐谷浑、沙陀、党项等部落。毋得先犯回鹘。考异曰：旧纪："八月，乌介遣使告故可汗死，部人推为可汗。今奉公主南投大国。时乌介至塞上，嗢没斯与赤心相攻杀，赤心率数千帐近西城，田牟以闻。乌介又令其相颉干迦斯表借天德城，仍乞粮储牛羊。诏王会、李师偃往宣慰，令放公主入朝，赈粟二万石。"旧德裕传曰："开成末，回鹘为黠戛斯所破，部族离散，乌介奉太和公主南来。会昌二年二月，牙于塞上，遣使求助兵粮，收复本国，权借天德军。田牟请以沙陀、退浑诸部击之；下百寮议，议者多云如牟之奏。德裕云云。帝以为然，许借米三万石。"伐叛记曰："会昌元年二月，回鹘远涉沙漠，饥饿尤甚，将金宝于塞上部落博籴粮食。边人贪其财宝，生攘夺之心。至其年秋，城使田牟、监军韦仲平上表称退浑、党项与回鹘宿有嫌怨，愿出本部兵马驱逐。其时天德城内只有将士一千人，职事又居其半。上令宰臣商量，德裕面奏云云。八月二十四日，请赐田牟、仲平诏，汉兵及蕃、浑不得先犯回鹘，语在会昌集奏状中。"按旧纪、实录皆采集众书为之，事前后多差互。今从伐叛记、一品集。九月，戊辰朔，诏河东、振武严兵以备之。牟，布之弟也。田布，弘正之子，死于史宪诚之乱。

11 癸巳，卢龙军乱，杀节度使史元忠，推陈【章：十二行本"陈"上有"牙将"二字；乙十一行本同；退斋校同。】行泰主留务。

12 李德裕请遣使慰抚回鹘，且运粮三万斛以赐之，上以为疑；闰月，己亥，开延英，召宰相议之。陈夷行于候对之所，唐自德宗以后，群臣乞对延英，率于延英门请对。会要曰：元和十五年，诏于西上阁门西廊内开便门，以通宰臣自阁中赴延英路。宋申锡之得罪也，召诸宰相自中书入对延英。屡言资盗粮不可。德裕曰："今征兵未集，天德孤危。傥不以此粮啖饥虏，啖，徒滥翻。且使安静，万一天德陷没，咎将谁归！"李德裕之本计是也；至于此言，特以箝陈夷行之喙耳。若以用兵大势言之，固将不计一城得失也。此弊自唐及宋皆然，呜呼，可易言哉！夷行至上前，遂不敢言。上乃许以谷二万斛赈之。赈，止忍翻。考异曰：伐叛记云："降使赐米二万石，寻又乌介至天德。"按实录，十一月初犹未知公主所在，遣苗缜至嗢没斯处访问。月末始云公主遣使言乌介可汗乞册命，及降使宣慰。十二月，庚辰，制曰："公主遣使入朝，已知新立可汗寓居塞下，宜令王会慰问，仍赈米二万斛。"然则闰九月中乌介未至天德，德裕但欲赈嗢没斯等耳。上虽许赐米而未遣使，会闻乌介在塞下，因遣王会，并赐之二万斛耳，非再赐也。伐叛记终言其事，非以闰九月中即降使赐米也。

13 以前山南东道节度使、同平章事牛僧孺为太子太〔少〕师。先是汉水溢，坏襄州民居。先，悉荐翻。坏，音怪。故李德裕以为僧孺罪而废之。废之者，使居散地也。史言李德裕以私怨而废牛僧孺。

14 卢龙军复乱，复，扶又翻；下同。杀陈行泰，立牙将张绛。考异曰：旧纪："十月，幽州雄武军使张绛遣军吏吴仲舒入朝，言行泰惨虐，请以镇军加讨，许之。是月，诛行泰，遂以绛知兵马事。二年，正月，以绛知留后，仍赐名仲武。"以两人为一人，误也。今从旧仲武传、伐叛记、实录。

初，陈行泰逐史元忠，遣监军傔傔，苦念翻。监军傔，监军之傔从也。以军中大将表来求节钺。李德裕曰："河朔事势，臣所熟谙。比来朝廷遣使赐诏常太速，谙，乌含翻。比，毗至翻。故军情遂固。若置之数月不问，必自生变。今请留监军傔，勿遣使以观之。"既而军中果杀行泰，立张绛，复求节钺，朝廷亦不问。会雄武军使张仲武起兵击绛，雄武军，在蓟州广汉川。且遣军吏吴仲舒奉表诣京师，称绛惨虐，请以本军讨之。

冬，十月，仲舒至京师。诏宰相问状，仲舒言："行泰、绛皆游客，故人心不附。仲武幽州旧将，仲武，范阳旧将张光朝之子。性忠义，通书，习戎事，人心向之。向者张绛初杀行泰，召仲武，欲以留务让之，牙中一二百人不可；仲武行至昌平，绛复却之。今计仲武才发雄武，军中已逐绛矣。"李德裕问："雄武士卒几何？"对曰："军士八百，外有土团五百人。"团结土人为兵，故谓之土团。德裕曰："兵少，何以立功？"对曰："在得人心。苟人心不从，兵三万何益？"德裕又问："万一不克，如何？"对曰："幽州粮食皆在妫州及北边七镇，妫州南至幽州二百九十里，东至檀州二百五十里。檀州有大王、北来、保要、鹿固、赤城、邀虏、石子航七镇。妫，居为翻。万一未能入，则据居庸关，幽州昌平县军都陉西北三十五里有纳款关，即居庸故关，亦谓之军都关。按今居庸关在燕京之北一百一十里。绝其粮道，幽州自困矣！"李德裕因吴仲舒之言，固心服张仲武之方略矣，命掌燕留务，岂徒然哉！

德裕奏："行泰、绛皆使大将上表，胁朝廷，邀节钺，故不可与。今仲武先自【章：十二行本"自"下有"表请"二字；乙十一行本同；张校同；退斋校同。】发兵为朝廷讨乱，为，于伪翻。与之则似有名。"德裕既未敢保张仲武，又恐与其初论河朔事势者相违，故然。乃以仲武知卢龙留后。仲武寻克幽州。

15 上校猎咸阳。

16 十一月，李德裕上言："今回鹘破亡，太和公主未知所在。若不遣使访问，则戎狄必谓国家降主虏庭，本非爱惜，既负公主，又伤虏情。请遣通事舍人苗缜赍诏诣温没斯，缜，止忍翻。令转达公主，兼可卜温没斯逆顺之情。"从之。

17 上颇好田猎及武戏，武戏，谓球鞠、骑射、手搏等。好，呼到翻。五坊小儿得出入禁中，赏赐甚厚。尝谒郭太后，郭太后妃宪宗，于上为祖母，时居兴庆宫以养。从容问为天子之道，从，千容翻。太后劝以纳谏。上退，悉取谏疏阅之，多谏游猎。自是上出畋稍稀，五坊无复横赐。横，下孟翻。

18 癸亥，以中书侍郎、同平章事崔郸同平章事，充西川节度使。

19 初，黠戛斯既破回鹘，得太和公主；自谓李陵之后，唐书曰：黠戛斯人皆长大，赤发，皙面，绿瞳，以黑发者为不祥，黑瞳者必曰李陵苗裔也。与唐同姓，遣达干十人奉公主归之于唐。回鹘乌介可汗引兵邀击达干，尽杀之，质公主，南度碛，质，音致。碛，七迹翻。屯天德军境上。天德军境，北至碛口三百里。公主遣使上表，言可汗已立，求册命。乌介又使其相颉干伽斯等上表，借振武一城以居公主、可汗。考异曰：新传曰："达干奉主来归，乌介怒，击达干杀之，劫主南度碛，进攻天德城，刘沔屯云伽关拒却之。"按乌介方倚唐为援，岂敢攻天德！今从旧纪、传、实录。十二月，庚辰，制遣右金吾大将军王会等慰问回鹘，仍赈米二万斛。又赐乌介可汗敕书，谕以"宜帅部众渐复旧疆，帅，读曰率。漂寓塞垣，殊非良计。"又云："欲借振武一城，前代未有此比。比，毗至翻，例也。或欲别迁善地，求大国声援，亦须于漠南驻止。朕当许公主入觐，亲问事宜。傥须应接，必无所吝。"

二年（壬戌、八四二）

1 春，正月，以张仲武为卢龙节度使。

2 朝廷以回鹘屯天德、振武北境，以兵部郎中李拭为巡边使，察将帅能否。拭，鄘之子也。李鄘见二百四十卷元和十二年。

3 二月，淮南节度使李绅入朝。丁丑，以绅为中书侍郎、同平章事、判度支。

4 河东节度使苻澈修杷头烽旧戍以备回鹘。杷头烽北临大碛，东望云、朔，西望振武。杷，蒲巴翻。李德裕奏请增兵镇守，及修东、中二受降城以壮天德形势，从之。

5 右散骑常侍柳公权素与李德裕善，崔珙奏为集贤学士、判院事。玄宗开元十三年，改丽正修书院为集贤殿书院，五品以上为学士，六品以下为直学士，宰相一人为学士知院事，常侍一人为副知院事，又置判院一人，押院中使一人。元和四年，集贤御书院学士、直学士皆用五品，如开元故事，以学士一人年高者判院事。德裕以恩非己出，因事左迁公权为太子詹事。此德裕所以不能免朋党之祸也。

6 回鹘复奏求粮，复，扶又翻。及寻勘吐谷浑、党项所掠，又借振武城；诏遣内使杨观赐可汗书，谕以城不可借，馀当应接处置。处，昌吕翻。

三月，【章：十二行本"月"下有"戊申"二字；乙十一行本同；孔本同；退斋校同。】李拭巡边还，称振武节度使刘沔有威略，可任大事。时河东节度使苻澈疾病，疾甚曰病。庚申，以沔代之；以金吾上将军李忠顺为振武节度使。遣将作少监苗缜册命乌介可汗，使徐行，驻于河东，俟可汗位定，然后进。既而可汗屡侵扰边境，缜竟不行。

7 回鹘嗢没斯以赤心桀黠难知，黠，下八翻。先告田牟云，赤心谋犯塞；乃诱赤心并仆固杀之，那颉啜收赤心之众七千帐东走。考异曰：伐叛记曰："赤心宰相欲谋犯塞，嗢没斯先布诚于田牟，然后诱赤心同谒可汗，戮于可汗帐下。赤心所领兵马遂溃散东去，归投幽州。"一品集幽州纪圣功碑曰："赤心怙力负气，潜图厉阶；为嗢没斯所绐，诱以俱谒可汗，戮于帐下。其众大溃，东逼渔阳。"旧传曰："回鹘相赤心者与连位相姓仆固者与特勒那颉啜拥部众不宾乌介。赤心欲犯塞，乌介遣其属嗢没斯先布诚于田牟，然后诱赤心同谒乌介，戮赤心于可汗帐下，并仆固二人。那颉战胜，全占赤心下七千帐，东瞰振武、大同，据室韦、黑沙、榆林，东南入幽州雄武军西北界。"新传曰："嗢没斯以赤心奸桀，难得要领，即密约田牟，秀赤心斩帐下。"按一品集赐可汗敕书虽云"去岁嗢没斯已至近界，今可汗既立，彼又降附。"然赐可汗书意又云："嗢没斯自本国破亡之初，奔迸先至塞上，不随可汗、公主已是二年。"是则嗢没斯自有部众，虽遥降乌介，身未尝往也，安得斩赤心、仆固于可汗帐下乎！且赤心若不宾乌介，又安肯随嗢没斯同谒乌介乎！盖嗢没斯自恶赤心桀黠，诱至己之帐下而杀之耳。今从新传。又，伐叛记嗢没斯杀赤心，于乌介至天德下连言之，旧传亦然。新传在召诸道兵讨乌介下。按一品集，据回鹘到横水栅，未知是那颉特下，为复是可汗遣来。盖"那颉特"下脱"勒"字，即那颉啜也。然则虏犯横水在赤心死后，故置于此。河东奏："回鹘兵至横水，考异曰：实录：苻澈奏回鹘掠横水，事在正月李拭巡边前。按一品集此状云"宜密诏刘沔、忠顺，"则状必在李忠顺镇振武之后也。盖澈在太原时奏之，沔除河东后德裕方有此奏，故置于此。杀掠兵民，今退屯释迦泊东。"李德裕上言："释迦泊西距可汗帐三百里，乌介时移帐保错子山。未知此兵为那颉所部，为可汗遣来。宜且指此兵云不受可汗指挥，擅掠边鄙。密诏刘沔、仲武仲武，张仲武也。先经略此兵，如可以讨逐，事亦有名。摧此一支，可汗必自知惧。"

夏，四月，庚辰，天德都防御使田牟奏："回鹘侵扰不已，不俟朝旨，已出兵三千拒之。"壬午，李德裕奏："田牟殊不知兵。戎狄长于野战，短于攻城。牟但应坚守以待诸道兵集，今全军出战，万一失利，城中空虚，何以自固！望亟遣中使止之。如已交锋，即诏云、朔、天德以来羌、浑各出兵奋击回鹘，凡所虏获，并令自取。回鹘羁旅二年，粮食乏绝，人心易动。易，以豉翻。宜诏田牟招诱降者，给粮转致太原，不可留于天德。嗢没斯情伪虽未可知，然要早加官赏。考异曰：一品集异域归忠传序云："二年，四月，甲申，回鹘大特勒嗢没斯率其国特勒、宰相等内附。"而此四月十八日状已言嗢没斯送款者，盖嗢没斯自欲诛赤心之时已送款于田牟，至二十日乃帅众至天德耳。故其授左金吾大将军制云："屡献款诚，布于边将；寻执反虏，不遗君亲。戢其馁殍之徒，曾靡秋毫之犯。旋观所履，大节甚明。"盖回鹘乱亡，嗢没斯本与赤心等来归唐，而边吏疑阻，故赤心等怒欲犯塞。而嗢没斯先告边吏，诱赤心之众东走，而嗢没斯帅其众降唐也。纵使不诚，亦足为反间。间，古苋翻。且欲奖其忠义，为讨伐之名，令远近诸蕃知但责可汗犯顺，非欲尽灭回鹘。石雄善战无敌，请以为天德都团练副使，佐田牟用兵。"上皆从其言。

初，太和中，河西党项扰边，文宗召石雄于白州，雄流白州见二百四十四卷太和三年。隶振武军为裨将，屡立战功，以王智兴故，未甚进擢。至是，德裕举用之。

甲申，嗢没斯帅其国特勒、宰相等二千二百馀人来降。考异曰：一品集，嗢没斯特勒等状五月四日上，实录在五月丙申，盖据奏到之日也。今从归忠传序。

8 上信任李德裕，观军容使仇士良恶之。恶，乌路翻。会上将受尊号，御丹凤楼宣赦。或告士良，宰相与度支议草制减禁军衣粮及马刍粟，士良扬言于众曰："如此，至日，军士必于楼前喧哗！"德裕闻之，乙酉，乞开延英自诉。上怒，遽遣中使宣谕两军："赦书初无此事。且赦书皆出朕意，非由宰相，尔安得此言！"士良乃惶愧称谢。丁亥，群臣上尊号曰仁圣文武至神大孝皇帝；赦天下。

9 五月，戊申，遣鸿胪卿张贾安抚嗢没斯等，以嗢没斯为左金吾大将军、怀化郡王；其次酋长官赏有差。酋，慈由翻。长，知丈翻。赐其部众米五千斛，绢三千匹。

那颉啜帅其众自振武、大同，东因室韦、黑沙，南趣雄武军，窥幽州。趣，七喻翻。卢龙节度使张仲武遣其弟仲至将兵三万迎击，大破之，斩首捕虏不可胜计，胜，音升。悉收降其七千帐，分配诸道。那颉啜走，乌介可汗获而杀之。考异曰：伐叛记曰："仲武招降赤心下溃兵及可汗下部落前后三万馀人，分配诸道，回鹘种族遂至寡弱。"新、旧纪皆无仲武破回鹘事。旧回纥传曰："仲武大破那颉之众，全收七千帐，杀戮收擒老小共九万人。那颉中箭，透驼群潜脱，乌介获而杀之。"一品集幽州纪圣功碑曰："公前后受降三万人、特勒二人、可汗姊一人、大都督外宰相四人，其他裨王、骑将不可备载。"诸书皆不言仲武破那颉啜月日，故附于此。

时乌介众虽衰减，尚号十万，驻牙于大同军北闾门山。杨观自回鹘还，还，音旋。可汗表求粮食、牛羊，因杨观之还而上表。且请执送嗢没斯等。诏报以"粮食听自以马价于振武籴三千石；回鹘自肃、代以来，以马与中国互市，随其直而偿其价。牛，稼穑之资，中国禁人屠宰；羊，中国所鲜，鲜，息浅翻。出于北边杂虏，国家未尝科调。调，徒吊翻。嗢没斯自本国初破，先投塞下，不随可汗已及二年，虑彼猜嫌，彼谓乌介。穷迫归命。前可汗正以猜虐无亲，致内离外叛。今可汗失地远客，尤宜深矫前非。若复骨肉相残，复，扶又翻；下同。则可汗左右信臣谁敢自保！朕务在兼爱，已受其降。谓受嗢没斯降也。于可汗不失恩慈，于朝廷免亏信义，岂不两全事体，深叶良图！"

10 嗢没斯入朝。六月，甲申，以嗢没斯所部为归义军，以嗢没斯为左金吾大将军，充军使。

11 门下侍郎、同平章事陈夷行罢为左仆射。秋，七月，以尚书右丞李让夷为中书侍郎、同平章事。

12 岚州人田满川据州城作乱，刘沔讨诛之。

13 嗢没斯请置家太原，与诸弟竭力扞边；诏刘沔存抚其家。

乌介可汗复遣其相上表，借兵助复国，又借天德城，诏不许。

初，可汗往来天德、振武之间，剽掠羌、浑，剽，正妙翻。又屯杷头烽北。宋白曰：杷头烽在朔川。朝廷屡遣使谕之，使还漠南，可汗不奉诏。李德裕以为"那颉啜屯于山北，乌介恐其与奚、契丹连谋邀遮，故不敢远离塞下。离，扐智翻。望敕张仲武谕奚、契丹与回鹘共灭那颉啜，使得北还。"及那颉啜死，可汗犹不去。议者又以为回鹘待马价；诏尽以马价给之，又不去。八月，可汗帅众过杷头烽南，突入大同川，驱掠河东杂虏牛马数万，转斗至云州城门。宋白曰：云州，古平城之地，北至长城三百里即蕃界，今大元大同府治大同县，领云中、白登二县；又有云内州，领柔服、蛮川二县。刺史张献节闭城自守，吐谷浑、党项皆挈家入山避之。庚午，诏发陈、许、徐、汝、襄阳等兵屯太原及振武、天德，俟来春驱逐回鹘。考异曰：实录："六月，回鹘寇云州，刘沔出太原兵御之。”又云：“刘沔救云州，为回鹘所败。”七月又云：“乌介过天德，至杷头烽，突入大同川，驱太原部落牛马数万，转战至云州。”新纪：“正月，回鹘寇横水栅，略天德、振武军。三月，回鹘寇云、朔。六月，刘沔及回鹘战于云州，败绩。”按一品集奏回鹘事宜状：“臣等见杨观说，缘回鹘赤心下兵马多散在山北，恐与奚、契丹、室韦同邀截可汗，所以未敢远去。今因赐仲武诏，令谕以朝旨。缘回鹘曾有忠效，又因残破，归附国家，朝廷事体须有存恤。今奚、契丹等与其同力，讨除赤心下散卒，遣可汗渐出汉界，免有滞留。”此状虽无月日，约须在杨观自回鹘还、赤心死、那颉啜未败前也。又赐可汗书云：“一昨数使却回，皆言可汗只待马价。及令交付之次，又闻所止屡迁。”则是可汗邀求马价，而朝廷于此尽给之也。又七月十九日状云：“望赐可汗书：‘得嗢没斯表，称在本国之时各有本分马，其马价绢并合落下，请充进奉。以可汗本国残破，久在边陲，此已量与嗢没斯优当，其嗢没斯以下本分马价绢，便赐可汗。’”然则给其马价必在七月十九日前。当是时，回鹘必未寇云州，败刘沔，突入大同川，掠太原牛马，故朝廷曲徇其所求，欲其早离塞下北去，尚未有攻讨之意也。又实录：“八月，壬戌朔，李德裕奏请遣石雄斫营取公主，擒可汗。戊辰，又奏斫营事令且住。辛未，诏发陈、许、徐、汝、襄阳兵屯太原、振武、天德救援。”按一品集，德裕论讨袭回鹘状云：“臣频奉圣旨，缘回鹘渐逼杷头烽，早须讨袭。臣比闻戎虏不解攻城，只知马上驰突。臣料必无游弈伏道，又不会斫营。傥令石雄以义武马军兼退浑马骑，精选步卒以为羽翼，衔枚夜袭，必易成功。”状无月日。实录据七日状云，今月一日所商量石雄斫营事，望且令住，故置之朔日耳。此时犹云渐逼杷头烽，则是尚未知过杷头烽南也。又八月七日论回鹘事宜状云：“回鹘自至杷头烽北，已是数旬，奏报寂然，更无侵轶。察其情状，只与在天德、振武界首不殊。臣等今月一日所商量石雄斫营事，望且令住，更审候事势。”据此状意，则是殊未知可汗深入犯云州也。又八月十日请发陈许等兵状云：“臣等昨日已于延英面奏，请太原、振武、天德各加兵备，请更征发陈、许、徐、汝、襄阳等兵。至河冰合时，深虑可汗突出过河，兼与吐蕃连结，则为患不细，深要防虞。其所征诸道兵恐不可停，须令及冰未合前，各到所在。”然则回鹘突入大同川犯云州必在八月之初，一日、七日犹未知，九日始奏到，故议发兵守备驱逐。实录、新纪皆误。今从旧纪。

丁丑，赐嗢没斯与其弟阿历支、习勿啜、乌罗思皆姓李氏，名思忠、思贞、思义、思礼；嗢没斯曰思忠，阿历支曰思贞，习勿啜曰思义，乌罗思曰思礼。考异曰：旧纪："六月，嗢没斯等至京师，制以嗢没斯充归义军使，赐姓名李思忠。以回鹘宰相受邪勿为归义军副使，赐姓名李弘顺。"旧回鹘传曰："二年冬，三年春，回鹘七部共三万众相次降于幽州，诏配诸道。有嗢没斯、受邪勿等诸部降振武，皆赐姓李氏，及名思忠、思贞、思义。"今从实录。国相爱邪勿姓爱，名弘顺；仍以弘顺为归义军副使。

上遣回鹘石戒直还其国，赐可汗书，考异曰：旧纪此诏在刘沔、张仲武为招讨使下。按一品集八月十八日状："两日来臣等窃闻外议云，石诫直久在京城，事无巨细，靡不谙悉。昨缘收入鸿胪，惧朝廷处置，因求奉使，意在脱身。"又云："石诫直先有两男逃走，必是已入回鹘，料其此去岂肯尽心！伏望速诏刘沔，所在勒回。"然则遣石诫直赐可汗书必在此状之前，未知后来果曾勒回否也。谕以"自彼国为纥吃斯所破，黠戛斯一名纥吃斯，盖语音相近。来投边境，抚纳无所不至。今可汗尚此近塞，近，其靳翻。未议还蕃，或侵掠云、朔等州，或钞击羌、浑诸部。钞，楚交翻。遥揣深意，似恃姻好之情；谓质太和公主以邀中国。揣，初委翻。好，呼到翻。每观踪由，实怀驰突之计。中外将相咸请诛翦，朕情深屈己，未忍幸灾。可汗宜速择良图，无贻后悔！"

上又命李德裕代刘沔答回鹘相颉干迦斯书，以为："回鹘远来依投，当效呼韩邪遣子入侍，身自入朝。呼韩邪事见汉宣帝纪。及令太和公主入谒太皇太后，求哀乞怜，则我之救恤，无所愧怀。言无所愧于怀也。而乃睥睨边城，桀骜自若，睥，匹诣翻。睨，研计翻。骜，五到翻。邀求过望，如在本蕃，又深入边境，侵暴不已，求援继好，好，呼到翻。岂宜如是！来书又云胡人易动难安，若令忿怒，不可复制。复，扶又翻；下同。回鹘为纥吃斯所破，举国将相遗骸弃于草莽，累代可汗坟墓，隔在天涯，回鹘忿怒之心，不施于彼，彼，谓纥吃斯。而蔑弃仁义，逞志中华，天地神祇岂容如此！昔郅支不事大汉，竟自夷灭，事见汉宣帝、元帝纪。往事之戒，得不在怀！"

戊子，李德裕等上言，“若如前诏，河东等三道严兵守备，三道，河东、卢龙、振武也。俟来春驱逐，乘回鹘人困马羸之时，羸，伦为翻。又官军免盛寒之苦，则幽州兵宜令止屯本道以俟诏命。若虑河冰既合，回鹘复有驰突，须早驱逐，则当及天时未寒，决策于数月【章：十二行本“月”作“日”；乙十一行本同；孔本同。】之间。以河朔兵益河东兵，必令收功于两月之内。今闻外议纷纭，互有异同，傥不一询群情，终为浮辞所挠。挠，奴教翻，又奴巧翻。望令公卿集议！”诏从之。时议者多以为宜俟来春。

九月，以刘沔兼招抚回鹘使，如须驱逐，其诸道行营兵权令指挥；以张仲武为东面招抚回鹘使，其当道行营兵及奚、契丹、室韦等并自指挥。以李思忠为河西党项都将回鹘西南面招讨使；此河西，谓北河之西。皆会军于太原。令沔屯雁门关。雁门关在代州雁门县，即陉岭关。

初，奚、契丹羁属回鹘，各有监使，岁督其贡赋，且诇唐事。监，古衔翻。使，疏吏翻。诇，火迥翻，又翾正翻。张仲武遣牙将石公绪统二部，尽杀回鹘监使等八百馀人。仲武破那颉啜，得室韦酋长妻子。酋，慈由翻。长，知丈翻。室韦以金帛羊马赎之，仲武不受，曰：“但杀【章：十二行本“杀”下有“回鹘”二字；乙十一行本同；孔本同；张校同；退斋校同。】监使则归之！”

癸卯，李德裕等奏：“河东奏事官孙俦适至，云回鹘移营近南四十里。近，其靳翻。刘沔以为此必契丹不与之同，恐为其掩袭故也。据此事势，正堪驱除。臣等问孙俦，若与幽州合势，迫逐回鹘，更须益几兵。俦言不须多益兵，唯大同兵少，得易定千人助之足矣。”上皆从之。诏河东、幽州、振武、天德各出大兵，移营稍前，以迫回鹘。

14 上闻太子少傅白居易名，欲相之，易，以豉翻。相，息亮翻。以问李德裕。德裕素恶居易，恶，乌路翻。乃言居易衰病，不任朝谒。任，音壬。其从父弟左司员外郎敏中，辞学不减居易，且有器识。甲辰，以敏中为翰林学士。为敏中排德裕张本。

15 李思忠请与契苾、沙陀、吐谷浑六千骑合势击回鹘。乙巳，以银州刺史何清朝、蔚州刺史契苾通分将河东蕃兵诣振武，受李思忠指挥。通，何力之五世孙。契苾种帐，太和中附于振武；契苾何力，太宗时来朝，遂留宿卫。蔚，纡勿翻。契，欺讫翻。

16 冬，十月，丁卯，立皇子岘为益王，岐为兖王。

17 黠戛斯遣将军踏布合祖等至天德军，言"先遣都吕施合等奉公主归之大唐，至今无声问，不知得达，或为奸人所隔。今出兵求索，索，山客翻。上天入地，期于必得。"索，山客翻。上，时掌翻。又言"将徙就合罗川，居回鹘故国，回鹘旧居薛延陀北娑陵水上，去长安七千里。开元中破突厥，徙牙乌德鞬山昆河之间，南距汉高阙塞一千七百里。兼已得安西、北庭达靼等五部落。"李心传曰：达靼之先与女真同种，靺鞨之后也。靺鞨本臣高丽，唐灭高丽，其遗人迸入勃海，惟黑水完疆。及勃海盛，靺鞨皆役属。后为奚、契丹所攻，部族分散。其居混同江之上者曰女真，乃黑水遗种也。其居阴山者，自号为鞑靼。鞑靼之人皆勇悍善战，其近汉地者谓之熟鞑靼，尚能种秫穄，以平底瓦釜煮而食之。其远者谓之生鞑靼，以射猎为生，无器甲，矢贯骨镞而已。余谓李心传蜀人也，安能知直北事，特以所传闻书之。

18 十一月，辛卯朔，昭义节度使刘从谏上言，请出部兵五千讨回鹘，诏不许。

19 上遣使赐太和公主冬衣，命李德裕为书赐公主，略曰："先朝割爱降婚，义宁家国，谓回鹘必能御侮，安静塞垣。今回鹘所为，甚不循理，每马首南向，姑得不畏高祖、太宗之威灵！欲侵扰边疆，岂不思太皇太后之慈爱！为其国母，足得指挥；若回鹘不能禀命，则是弃绝姻好，今日已后，不得以姑为词！"太和公主，宪宗女也，于上为姑。

20 上幸泾阳校猎。乙卯，谏议大夫高少逸、郑朗于阁中谏曰："陛下比来游猎稍频，比，毗志翻。出城太远，侵星夜归，万机旷废。"上改容谢之。少逸等出，上谓宰相曰："本置谏官使之论事，朕欲时时闻之。"宰相皆贺。己未，以少逸为给事中，朗为左谏议大夫。

21 刘沔、张仲武固称盛寒未可进兵，请待岁首，唐以建寅之月为岁首，欲待来春进兵。李忠顺独请与李思忠俱进。十二月，丙寅，李德裕奏请遣思忠进屯保大栅，从之。

22 丁卯，吐蕃遣其臣论普热来告达磨赞普之丧，会要：会昌二年赞普卒，至十二月遣论赞等来告丧。考异曰：实录："丁卯，吐蕃赞普卒，遣使告丧，废朝三日。赞普立仅三十馀年，有心疾，不知国事，委政大臣焉。命将作少监李璟为吊祭使。"据补国史，彝泰卒后又有达磨赞普，此年卒者达磨也。文宗实录不书彝泰赞普卒，旧传及续会要亦皆无达磨。新书据补国史，疑文宗实录阙略，故他书皆因而误。彝泰以元和十一年立，至此二十七年，然开成三年已卒。达磨立至此五年，而实录云仅三十年，亦是误以达磨为彝泰也。命将作少监李璟为吊祭使。

23 刘沔奏移军云州。

24 李忠顺奏击回鹘，破之。

25 丙戌，立皇子峄为德王，嵯为昌王。峄，音亦。嵯，才何翻。

26 初，吐蕃达磨赞普有佞幸之臣，以为相；达磨卒，无子，佞相立其妃𬘭氏兄尚延力之子乞离胡为赞普，𬘭，丑林翻。才三岁，佞相与妃共制国事，吐蕃老臣数十人皆不得预政事。首相结都那见乞离胡不拜，曰："赞普宗族甚多，而立𬘭氏子，国人谁服其令，鬼神谁飨其祀！国必亡矣；比年灾异之多，乃为此也。比，毗至翻。为，于伪翻。老夫无权，不得正其乱以报先赞普之德，有死而已！"拔刀剺面，恸哭而出。佞相杀之，灭其族，国人愤怒。又不遣使诣唐求册立。

洛门川讨击使论恐热，洛门川在渭州陇西县东南，汉来歙破隗纯于落门，即此。考异曰：补国史曰：恐热姓末，名农力。吐蕃国法不呼本姓，但王族则曰论，官族则曰尚，其中字即蕃号也。热者，例皆言之，如中华呼郎。性悍忍，多诈谋，乃属其徒告之曰：属，之欲翻，聚会其徒也。“贼舍国族立綝氏，专害忠良以胁众臣，且无大唐册命，何名赞普！吾当与汝属举义兵，入诛綝妃及用事者以正国家。天道助顺，功无不成。”遂说三部落，得万骑。三部落，吐蕃种落之分居河、陇者；或云，吐浑、党项、嗢末。说，式芮翻。是岁，与青海节度使同盟举兵，自称国相。

至渭州，遇国相尚思罗屯薄寒山，恐热击之，思罗弃辎重西奔松州。王涯曰：从龙州青川镇入吐蕃界直抵故松州之城，是吐蕃旧置节度之所。恐热遂屠渭州。思罗发苏毗、吐谷浑、羊同等兵，合八万，保洮水，焚桥拒之。洮，土刀翻。恐热至，隔水语苏毗等曰：语，牛倨翻。“贼臣乱国，天遣我来诛之，汝曹奈何助逆！我今已为宰相，国内兵我皆得制之，汝不从，将灭汝部落！”苏毗等疑不战，恐热引骁骑涉水，苏毗等皆降。思罗西走，追获，杀之。恐热尽并其众，合十馀万。自渭川【章：十二行本“川”作“州”；乙十一行本同；张校同，云无注本作“川”。】至松州，所过残灭，尸相枕藉。枕，职任翻。藉，慈夜翻。

周一良标点　容肇祖　聂崇岐覆校

资治通鉴卷第二百四十七

端明殿学士兼翰林侍读学士太中大夫
提举西京嵩山崇福宫上柱国河内郡开国公 司马光 奉敕编集
食邑二千二百户食实封九百户赐紫金鱼袋臣

后学天台 胡三省 音注

唐纪六十三 起昭阳大渊献（癸亥），尽阏逢困敦（甲子）七月，凡一年有奇。

武宗至道昭肃孝皇帝中

会昌三年（癸亥、八四三）

1 春，正月，回鹘乌介可汗帅众侵逼振武，刘沔遣麟州刺史石雄、都知兵马使王逢帅沙陀朱邪赤心三部及契苾、拓跋三千骑袭其牙帐，拓跋，即党项部落也。帅，读曰率，契，欺讫翻。考异曰：旧回鹘传云丰州刺史石雄。后唐献祖纪年录云石州刺史石雄。按是时田牟为丰州刺史。今从实录。沔自以大军继之。雄至振武，登城望回鹘之众寡，见毡车数十乘，毡车，以毡为车屋。乘，绳证翻。从者皆衣朱碧，类华人；从，才用翻；下侍从同。衣，于既翻。华人，谓中国人也。使谍问之，曰："公主帐也。"雄使谍告之曰：谍，达协翻，间也。"公主至此，家也，当求归路！今将出兵击可汗，请公主潜与侍从相保，驻车勿动！"雄乃凿城为十馀穴，引兵夜出，直攻可汗牙帐，至其帐下，虏乃觉之。可汗大惊，不知所为，弃辎重走，重，直用翻。雄追击之；庚子，大破回鹘于杀胡山，杀胡山即黑山。可汗被疮，与数百骑遁去，雄迎太和公主以归。考异曰：旧石雄传曰："三年，回鹘大略云、朔，刘沔以太原之师屯于云州。沔谓雄曰：'国家以公主之故，不欲急攻；我辈捍边，但能除患，专之可也。'雄受教，自选劲骑，得沙陀部落，兼契苾、拓跋杂虏，夜发马邑，径趋乌介之牙。时虏帐逼振武，雄既入城，登堞视其众寡，见毡车数十云云。遂迎公主还太原。"回鹘传："乌介去幽州八十里下营。是夜，河东刘沔帅兵奄至。乌介惊走，东北依和解室韦下营，不及将太和公主同走。石雄兵遇公主帐，因迎归国。"后唐献祖纪年录曰："沔表帝为前锋。回鹘可汗树牙于杀胡山，帝与石雄衔枚夜进，围其牙帐，乌介可汗轻骑而遁。帝于牙帐谒见太和公主，奉而归国。"按一品集，会昌二年十月十七日状："访闻刘沔颇练边事，唯临机决策，不免迟疑。深恐过为慎重，渐失事机。望赐刘沔诏：'比缘回鹘未为侵扰，且务绥怀。今既杀戮边人，驱劫牛马，频已有诏速令驱除。自度便宜，临机应变，不得过怀疑虑，皆待朝廷指挥。既假以使名，令为诸军节制，边境之事皆以责成。向后或要移营进军，一切自取机便，不必皆候进止！'"实录：戊寅，诏刘沔云云如前。据德裕此状，则沔岂敢不俟诏旨，擅遣石雄袭击可汗牙帐，况已有不须闻奏之诏也。旧德裕传："德裕曰：'杷头烽北便是沙碛，彼中野战须用骑兵，若以步卒敌之，理难必胜。今乌介所恃者公主，如令勇将出骑，夺得公主，虏自败矣。'上然之，即令德裕草制处分。"伐叛记曰："上问讨袭之计，德裕奏：'若以步兵与回鹘野战，必无胜理。回鹘常质公主同行，臣思得一计。料回鹘必未知有斫营，石雄骁勇无敌，若令拣蕃、浑及汉兵锐卒，衔枚夜进，必取得公主，兼可汗可擒。'上从之。遂令石雄领蕃、浑及汉兵夜进，回鹘果无游弈伏道，直至帐幕方觉。遂取得公主，惟可汗轻骑而遁。"按德裕寻自请驻斫营事，而石雄于城上见公主牙帐迎得之，非因德裕之策。今不取。斩首万级，降其部落二万馀人。丙午，刘沔捷奏至。

李思忠入朝，自以回鹘降将，惧边将猜忌，降，户江翻。将，即亮翻。乞并弟思贞等及爱弘顺皆归阙庭。【章十二行本"庭"下有"上从之"三字；乙十一行本同；孔本同；张校同；退斋校同。】

庚戌，以石雄为丰州都防御使。赏破回鹘之功也。

乌介可汗走保黑车子族，胡峤曰：辖戛之北单于突厥，又北黑车子，善作车帐，其人知孝义，地贫无所产。详考新旧书，黑车子即室韦之一种。

按是时赐黠戛斯诏云，黑车子去汉界一千馀里。考异曰：旧回鹘传云："乌介惊走东北约四百里外，依和解室韦下营，嫁妹与室韦，依附之。"今从戈叛记、实录、新传。旧张仲武传又云："乌介既败，乃依康居求活，尽徙馀种寄托黑车子。"盖以李德裕纪圣功碑云："乌介并丁令以图安，依康居而求活，尽徙馀种，屈意黑车。"彼所谓康居，用郅支故事耳；致此误也。其溃兵多诣幽州降。

2 二月，庚申朔，日有食之。

3 诏停归义军，置归义军见上卷上年。以其士卒分隶诸道为骑兵，优给粮赐。

4 辛未，黠戛斯遣使者注吾合索献名马二；新书曰：注吾，虏姓也。合言猛，素者左也，谓武猛善左射者。"索"作"素"。宋白曰：索，上声。诏太仆卿赵蕃饮劳之。饮，于禁翻。劳，力到翻。甲戌，上引对，班在勃海使之上。

上欲令赵蕃就颉戛斯求安西、北庭，李德裕等上言："安西去京师七千馀里，北庭五千馀里，借使得之，当复置都护，复，扶又翻。以唐兵万人戍之。不知此兵于何处追发，馈运从何道得通，此乃用实费以易虚名，非计也。"考异曰：德裕传曰："三年二月，赵蕃奏黠戛斯攻安西、北庭都护府，宜出师影援。"德裕奏辞与此同。献替记曰："三年，二月十一日，延英，德裕奏：'九日奉宣，令臣等向赵蕃说，于黠戛斯处邀求安西、北庭。深恐不可，'"其下辞亦与此同。按实录："辛未，注吾合索始至，命赵蕃饮劳之。丙子，中书门下奏九日奉宣，"其辞亦与献替记同。不知宋据何书得此辛未及丙子日也。今且没其日，系于注吾合索入对之下以传疑。上乃止。

5 中书侍郎、同平章事崔珙罢为右仆射。

6 黠戛斯求册命，李德裕奏，宜与之结欢，令自将兵求杀使者罪人黠戛斯遣使者送太和公主，为回鹘所杀，事见上卷上年。及讨黑车子。上恐加可汗之名即不修臣礼，踵回鹘故事求岁遗及卖马，遗，唯季翻；下同。犹豫未决。德裕奏："黠戛斯已自称可汗，今欲借其力，恐不可吝此名。回鹘有平安、史之功，故岁赐绢二万匹，且与之和市。黠戛斯未尝有功于中国，岂敢遽求赂遗乎！若虑其不臣，当与之约，必如回鹘称臣，乃行册命；又当叙同姓以亲之，使执子孙之礼。”上从之。

7 庚寅，太和公主至京师，改封安定大长公主；太和公主以长庆元年嫁回鹘，至此得还。“安定”，新书作“定安”。长，知丈翻。诏宰相帅百官迎谒于章敬寺前。帅，读曰率。公主诣光顺门，去盛服，脱簪珥，谢回鹘负恩、和蕃无状之罪。唐公主入蕃者谓之“和蕃公主”，今太和公主以回鹘犯边，故自谢和蕃无状。去，羌吕翻。上遣中使慰谕，然后入宫。阳安等六［七］公主不来慰问安定公主，各罚俸物及封绢。阳安公主，顺宗之女。宋白曰：不至者，阳安、宣城、真宁、义宁、临真、真源、义昌六［七］公主。

8 赐魏博节度使何重顺名弘敬。

9 三月，以太仆卿赵蕃为安抚黠戛斯使。上命李德裕草赐黠戛斯可汗书，谕以“贞观二十一年黠戛斯先君身自入朝，“二十一年”，当作“二十二年”。授左屯卫将军、坚昆都督，迄于天宝，朝贡不绝。比为回鹘所隔，比，毗至翻。回鹘凌虐诸蕃，可汗能复雠雪怨，茂功壮节，近古无俦。今回鹘残兵不满千人，散投山谷，可汗既与为怨，须尽歼夷；歼，子廉翻，灭也。傥留馀烬，必生后患。又闻可汗受氏之源，与我同族，孔颖达曰：天子赐姓、赐氏；诸侯但得赐氏，不得赐姓，降于天子也。故隐八年左传云：无骇卒，公问族于众仲。众仲对曰：“天子建德，因生以赐姓，胙之土而命之氏。诸侯以字为谥，因以为族。官有世功，则有官族；邑亦如之。”以此言之，天子因诸侯先祖所生赐之曰姓。杜预注云：若舜生妫汭，赐姓曰妫；封舜之后于陈，以所封之土命为氏。舜后姓妫而氏曰陈。故郑驳异义云：炎帝姓姜，太皞之所赐也。黄帝姓姬，炎帝之所赐也。故尧赐伯夷姓曰姜，赐禹姓曰姒，赐契姓曰子，赐稷姓曰姬，著在书传。如郑此言，是天子赐姓也。诸侯赐卿大夫以氏。若同姓，公之子曰公子，公子之子曰公孙，公孙之子其亲已远，不得上达于公，故以王父字为氏。若適夫人之子，则以五十字伯、仲为氏，若鲁之仲孙、季孙是也。若庶子、妾子，则以二十字为氏，若臧氏、展氏是也。若异姓，则以父、祖官及所食之邑为氏：以官为氏者，则司马、司城是也；以邑为氏者，若韩、赵、魏是也。凡赐氏族者，此为卿乃赐，有大功者生赐以族，若叔孙得臣是也。虽公子之身，有大功德，则以公子之字赐以为族，若襄仲遂是也。其无功德，死后乃赐族，若无骇是也。若子孙若为卿，其君不赐族，自以王父字为族也。氏、族，对之为别，散则通也。故左传问族于众仲下云，“公命以字为展氏”是也。其姓与氏散亦得通，故春秋有姜氏、子氏，姜、子皆姓而云氏是也。国家承北平太守之后，可汗乃都尉苗裔。北平太守，谓李广。都尉，谓李陵。以此合族，尊卑可知。今欲册命可汗，特加美号，缘未知可汗之意，且遣谕怀。待赵蕃回日，别命使展礼。”自回鹘至塞上及黠戛斯入贡，每有诏敕，上多命德裕草之。德裕请委翰林学士，上曰：“学士不能尽人意，须卿自为之。”

10 刘沔奏：“归义军回鹘三千馀人及酋长四十三人准诏分隶诸道，皆大呼，连营据滹沱河，酋，慈由翻。长，知丈翻。呼，火故翻。章怀太子后汉书注曰：山海经注云：大戏之山，滹沱之水出焉，在今代州繁畤县东，流入定州深泽县界。九域志忻、代二州注皆有滹沱水。不肯从命，已尽诛之。回鹘降幽州者前后三万馀人，皆散隶诸道。”

11 李德裕追论维州悉怛谋事事见二百四十四卷文宗太和五年。云：“维州据高山绝顶，三面临江，在戎虏平川之冲，是汉地入兵之路；初，河、陇并没，唯此独存。吐蕃潜以妇人嫁此州门者，二十年后，两男长成，长，知两翻。窃开垒门，引兵夜入，遂为所陷，号曰无忧城。从此得并力于西边，更无虞于南路。并力于西边，谓吐蕃并力以攻岐、陇、邠、泾、灵、夏也。无虞于南路，谓西川在吐蕃之南也。自长安言之，西川亦在剑关之南。若吐蕃寇蜀，则南路自维、茂入，北路自巂州入。凭陵近甸，旰食累朝。朝，直遥翻。旰，古案翻。贞元中，韦皋欲经略河、湟，须此城为始。万旅尽锐，急攻数年，虽擒论莽热而还，还，从宣翻，又如字。城坚卒不可克。见二百三十六卷德宗贞元十七、十八年。卒，子恤翻。

臣初到西蜀，外扬国威，中缉边备。其维州熟臣信令，空壁来归，臣始受其降，南蛮震慑，山西八国，皆愿内属。其吐蕃合水、栖鸡等城，翼州有合江守捉城，与栖鸡城本皆唐地，没于吐蕃。既失险阨，自须抽归，可减八处镇兵，坐收千馀里旧地。且维州未降前一年，吐蕃犹围鲁州，鲁州，河曲六胡州之一也，在宥州西界。岂顾盟约！臣受降之初，指天为誓，面许奏闻，各加酬赏。当时不与臣者，望风疾臣，诏臣执送悉怛谋等令彼自戮，臣宁忍以三百馀人命弃信偷安！累表陈论，乞垂矜舍，答诏严切，竟令执还。体备三木，舆于竹畚，畚，布忖翻。及将就路，冤叫呜呜，将吏对臣，无不陨涕。其部送者更为蕃帅讥诮，云既已降彼，此言吐蕃谓中国为彼也。帅，所类翻。何用送来！复以此降人戮于汉境之上，复，扶又翻。恣行残忍，用固携离；谓戎蛮有携离内向之心者，畏吐蕃屠戮之惨，不敢复怀反侧，以威虐固制之。至乃掷其婴孩，承以枪槊。绝忠款之路，快凶虐之情，从古已来，未有此事。虽时更一纪，更，工衡翻。十二年为一纪。太和五年悉怛谋死，至是年适十二年。而运属千年，谓千载一遇之运也。属，之欲翻。乞追奖忠魂，各加褒赠！”诏赠悉怛谋右卫将军。

臣光曰：论者多疑维州之取舍，不能决牛、李之是非。臣以为昔荀吴围鼓，鼓人或请以城叛，吴弗许，曰：“或以吾城叛，吾所甚恶也，人以城来，吾独何好焉！恶，乌路翻。好，呼到翻；下同。吾不可以欲城而迩奸。”使鼓人杀叛者而缮守备。见春秋左氏传。是时唐新与吐蕃修好而纳其维州，以利言之，则维州小而信大；以害言之，则维州缓而关中急。然则为唐计者，宜何先乎？悉怛谋在唐则为向化，在吐蕃不免为叛臣，其受诛也又何矜焉！且德裕所言者利也，僧孺所言者义也，匹夫徇利而忘义犹耻之，况天子乎！譬如邻人有牛，逸而入于家，或劝其兄归之，或劝其弟攘之。劝归者曰："攘之不义也，且致讼。"劝攘者曰："彼尝攘吾羊矣，何义之拘！牛大畜也，畜，许救翻。鬻之可以富家。"以是观之，牛、李之是非，端可见矣。元祐之初，弃米脂等四寨以与西夏，盖当时国论大指如此。

12 夏，四月，辛未，李德裕乞退就闲局，上曰："卿每辞位，使我旬日不得所。不得所，犹言不安其所也。今大事皆未就，卿岂得求去！"

13 初，昭义节度使刘从谏累表言仇士良罪恶，见二百四十五卷文宗太和八年。士良亦言从谏窥伺朝廷。伺，相吏翻。及上即位，从谏有马高九尺，献之，上不受。周礼：马八尺以上为龙，七尺以上为騋，六尺以上为马。马高九尺，盖稀有也。高，古报翻。从谏以为士良所为，怒杀其马，由是与朝廷相猜恨。遂招纳亡命，缮完兵械，邻境皆潜为之备。

从谏榷马牧及商旅，岁入钱五万缗，榷，古岳翻。又卖铁、煮盐亦数万缗。大商皆假以牙职，牙职，牙前将校之职。使通好诸道，因为贩易。商人倚从谏势，所至多陵轹将吏，诸道皆恶之。好，呼到翻。轹，郎狄翻。恶，乌路翻。

从谏疾病，谓妻裴氏曰："吾以忠直事朝廷，而朝廷不明我志，诸道皆不我与。我死，他人主此军，则吾家无炊火矣！"乃与幕客张谷、陈扬庭谋效河北诸镇，以弟右骁卫将军从素之子稹为牙内都知兵马使，从子匡周为中军兵马使，稹，止忍翻。考异曰：实录作"庄周"。今从一品集。孔目官王协为押牙亲事【严："事"改"军"。】兵马使，以奴李士贵为使宅十将兵马使，刘守义、刘守忠、董可武、崔玄度分将牙兵。谷，郓州人；郓，音运。扬庭，洪州人也。

从谏寻薨，稹秘不发丧。王协为稹谋曰：为，于伪翻。"正当如宝历年样为之，敬宗宝历元年，刘悟死，从谏得袭，事见二百四十三卷。不出百日，旌节自至。但严奉监军，厚遗敕使，遗，唯季翻。四境勿出兵，城中暗为备而已。”使押牙姜崟奏求国医，上遣中使解朝政以医问疾。崟，鱼音翻。解，户买翻，姓也。稹又逼监军崔士康奏称从谏疾病，请命其子稹为留后。上遣供奉官薛士干往谕指云：“恐从谏疾未平，宜且就东都疗之；俟稍瘳，别有任使。仍遣稹入朝，必厚加官爵。”供奉官，亦宦者也。

上以泽潞事谋于宰相，宰相多以为：“回鹘馀烬未灭，边境犹须警备，复讨泽潞，复，扶又翻。国力不支，请以刘稹权知军事。”谏官及群臣上言者亦然。李德裕独曰：“泽潞事体与河朔三镇不同。河朔习乱已久，人心难化，是故累朝以来，置之度外。泽潞近处心腹，处，昌吕翻。一军素称忠义，尝破走朱滔，擒卢从史。走朱滔见二百三十一卷德宗贞元元年。擒卢从史见二百三十八卷宪宗元和三年。顷时多用儒臣为帅，帅，所类翻。如李抱真成立此军，见二百二十三卷代宗永泰元年。德宗犹不许承袭，使李缄护丧归东都。见二百三十五卷贞元十年。敬宗不恤国务，宰相又无远略，刘悟之死，因循以授从谏。从谏跋扈难制，累上表迫胁朝廷，事见文宗纪。今垂死之际，复以兵权擅付竖子。朝廷若又因而授之，则四方诸镇谁不思效其所为，天子威令不复行矣！”复，扶又翻。上曰：“卿以何术制之？果可克否？”对曰：“稹所恃者河朔三镇。但得镇、魏不与之同，则稹无能为也。若遣重臣往谕王元逵、何弘敬，王元逵，镇帅；何弘敬，魏帅也。以河朔自艰难以来，列圣许其传袭，已成故事，与泽潞不同。今朝廷将加兵泽潞，不欲更出禁军至山东。其山东三州隶昭义者，委两镇攻之；山东三州，谓邢、洺、磁也。兼令遍谕将士，以贼平之日厚加官赏。苟两镇听命，不从旁沮桡官军，沮，在吕翻。桡，奴教翻，又奴巧翻。则稹必成擒矣！”上喜曰：“吾与德裕同之，保无后悔。”遂决意讨稹，考异曰：按旧纪、传及实录所载德裕之语，皆出于伐叛记。伐叛记系于四月刘从谏始亡之时。至此，君相诛讨之意已决，百官集议及宰臣再议，皆备礼耳。德裕之言当在事初，实录置此，误也。群臣言者不复入矣。复，扶又翻；下同。

上命德裕草诏赐成德节度使王元逵、魏博节度使何弘敬，其略曰：“泽潞一镇，与卿事体不同，勿为子孙之谋，欲存辅车之势。古语云：辅车相依。车，尺遮翻。但能显立功效，自然福及后昆。”丁丑，上临朝，称其语要切，曰：“当如此直告之是也！”又赐张仲武诏，以“回鹘馀烬未灭，塞上多虞，专委卿御侮。”以乌介可汗尚在黑车子也。元逵、弘敬得诏，悚息听命。

解朝政至上党，考异曰：实录云：“时从谏死二十日矣。”按姜崟等云，自四月六日后不见本使。而辛巳为从谏辍朝，自六日至辛巳，才十八日耳。实录自相违，今不取。刘稹见朝政曰：“相公危困，不任拜诏。”任，音壬。朝政欲突入，兵马使刘武德、董可武蹑帘而立，朝政恐有他变，遽走出。稹赠赆直数千缗，赆，徐刃翻。复遣牙将梁叔文入谢。薛士干入境，俱不问从谏之疾，直为已知其死之意。都押牙郭谊等乃大出军，至龙泉驿迎候敕使，请用河朔事体；又见监军言之，崔士康懦怯，不敢违。于是将吏扶稹出见士众，发丧。士干竟不得入牙门，稹亦不受敕命。谊，兖州人也。解朝政复命，上怒，杖之，配恭陵；囚姜崟、梁叔文。

辛巳，始为从谏辍朝，为，于伪翻。赠太傅，诏刘稹护丧归东都。又召见刘从素，令以书谕稹，令父以书谕其子也。从素时在朝为右骁卫将军。见，贤遍翻。稹不从。丁亥，以忠武节度使王茂元为河阳节度使，邠宁节度使王宰为忠武节度使。茂元，栖曜之子；宰，智兴之子也。王栖曜见二百三十卷德宗兴元元年。王智兴始见二百二十七卷建中二年。

黄州刺史杜牧上李德裕书，自言："尝问淮西将董重质以三州之众四岁不破之由，重质以为由朝廷征兵太杂，客军数少，既不能自成一军，事须帖付地主。势羸力弱，心志不一，多致败亡。故初战二年，战则必胜，是多杀客军。及二年以后，客军殚少，止与陈许、河阳全军相搏，陈许，谓李光颜之兵；河阳，谓乌重胤之兵。纵使唐州兵不能因虚取城，唐州谓李愬之兵。蔡州事力亦不支矣。其时朝廷若使鄂州、寿州、唐州只保境，不用进战，但用陈许、郑滑两道全军，帖以宣、润弩手，令其守隘，即不出一岁，无蔡州矣。今者上党之叛，复与淮西不同。复，扶又翻。淮西为寇仅五十岁，其人味为寇之腴，见为寇之利，风俗益固，气焰已成，自以为天下之兵莫与我敌，根深源阔，取之固难。夫上党则不然。自安、史南下，不甚附隶；肃宗时蔡希德攻上党不能克。建中之后，每奋忠义；是以郧公抱真能窘田悦，走朱滔，郧，五稽翻。李抱真封郧公。窘田悦见二百二十七卷德宗建中二年、三年。常以孤穷寒苦之军，横折河朔强梁之众。折，之舌翻。以此证验，人心忠赤，习尚专一，可以尽见。刘悟卒，从谏求继，与扶同者，只郓州随来中军二千耳。扶同，犹今俗言扶合也。刘悟自郓帅滑，自滑徙潞，郓兵二千实从之，唐末所谓元从也。值宝历多故，因以授之。今才二十馀岁，按宝历元年，以昭义节授刘从谏，至是年才十九年。风俗未改，故老尚存，虽欲劫之，必不用命。今成德、魏博虽尽节效顺，亦不过围一城，攻一堡，系累稚老而已。累，伦追翻。稚，直二翻。若使河阳万人为垒，窒天井之口，天井关在泽州晋城县南，亦名太行关，关南有天井泉三所，故名。杜牧此说，欲杜潞人之南窥怀、洛也。高壁深堑，勿与之战。只以忠武、武宁两军，忠武，陈·许兵；武宁，徐州兵。帖以青州五千精甲，宣、润二千弩手，径捣上党，不过数月，必覆其巢穴矣！"时德裕制置泽潞，亦颇采牧言。

14 上虽外尊宠仇士良，内实忌恶之。恶，乌路翻。士良颇觉之，遂以老病求散秩。诏以左卫上将军兼内侍监、知省事。知内侍省事。

15 李德裕言于上曰："议者皆云刘悟有功，刘悟以诛李师道为功。稹未可亟诛，宜全恩礼。请下百官议，下，户稼翻。以尽人情。"上曰："悟亦何功，当时迫于救死耳，非素心徇国也。借使有功，父子为将相二十馀年，国家报之足矣，稹何得复自立！复，扶又翻。朕以为凡有功当显赏，有罪亦不可苟免也。"德裕曰："陛下之言，诚得理国之要。"

16 五月，李德裕言太子宾客、分司李宗闵与刘从谏交通，不宜寘之东都。戊戌，以宗闵为湖州刺史。史言李德裕修怨。考异曰：献替记曰："四月十九日，上言：'东都李宗闵，我闻比与从谏交通。今泽潞事如何？可别与一官，不要令在东都。'德裕曰：'臣等续商量。'上又云：'不可与方镇，只与一远郡！'德裕又奏云：'须与一郡！'"此盖德裕自以宿憾因刘稹事害宗闵，畏人讥议，故于献替记载此语以隐其迹耳。今从实录。

17 河阳节度使王茂元以步骑三千守万善；九域志：怀州河内县有万善镇。河东节度使刘沔步骑二千守芒车关，芒车关即昂车关。魏收地形志：上党郡沾县有昂车岭。其地当在唐仪州东南界石会关之西。新唐志：潞州武乡县北有昂车关。步兵一千五百军榆社；九域志：辽州辽山县有榆社镇，唐之榆社县也。宋白曰：榆社县，隋开皇十六年置，今潞州襄垣县理是也。因今县西北榆社故城为名。成德节度使王元逵以步骑三千守临洺，掠尧山；尧山本柏人县，天宝元年更名，属邢州。宋白曰：以唐尧大麓之地名之。洺，音名。河中节度使陈夷行以步骑一千守翼城，步兵五百益【严："益"改"掠"。】冀氏。冀氏，本汉猗氏县地，后魏于古猗氏县城南置冀氏郡及冀氏县，隋废郡存县，唐属晋州。九域志：在州东北二百八十里。辛丑，制削夺刘从谏及子稹官爵，以元逵为泽潞北面招讨使，何弘敬为南面招讨使，与夷行、刘沔、茂元合力攻讨。

先是河朔诸镇有自立者，先，悉荐翻。朝廷必先有吊祭使，次册赠使、宣慰使继往商度军情。度，徒洛翻。必不可与节，则别除一官；俟军中不听出，然后始用兵。故常及半岁，军中得缮完为备。至是，宰相亦欲且遣使开谕，上即命下诏讨之。考异曰：献替记曰："五月十一日，德裕疾病，先请假在宅。李相绅其日亦请假。李相让夷独对，上便决攻讨之意。李相归中书后，录圣意四纸，令德裕草制。至薄晚封进，明日遂降麻处分。"旧本纪，九月下制讨稹。今从实录。王元逵受诏之日，出师屯赵州。九域志：镇州南至赵州九十五里。

18 壬寅，以翰林学士承旨崔铉为中书侍郎、同平章事。翰林学士第一厅为承旨厅，以翰林学士久次者为之。考异曰：实录，李让夷引铉为相。今从补国史。铉，元略之子也。崔元略见二百四十三卷敬宗宝历元年。上夜召学士韦琮，以铉名授之，令草制，宰相、枢密皆不之知。时枢密使刘行深、杨钦义皆愿悫，不敢预事，老宦者尤之曰："此由刘、杨懦怯，堕败旧风故也。"堕，读曰隳。败，补迈翻。琮，乾度之子也。韦乾度宪宗朝为吏部郎中。

19 以武宁节度使李彦佐为晋绛行营诸军节度招讨使。

20 刘沔自代州还太原。以回鹘已破走也。

21 筑望仙观于禁中。会要，是年修望仙楼及廊舍，共五百三十九间。观，古玩翻。

22 六月，王茂元遣兵马使马继等将步骑二千军于天井关南科斗店，刘稹遣衙内十将薛茂卿将亲军二千拒之。

23 黠戛斯可汗遣将军温仵合入贡。仵，音午。上赐之书，谕以速平回鹘、黑车子，乃遣使行册命。

24 癸酉，仇士良以左卫上将军、内侍监致仕。其党送归私第，士良教以固权宠之术曰："天子不可令闲，常宜以奢靡娱其耳目，使日新月盛，无暇更及他事，然后吾辈可以得志。慎勿使之读书，亲近儒生，近，其靳翻。彼见前代兴亡，心知忧惧，则吾辈疏斥矣。"其党拜谢而去。观仇士良之教其党，则阉寺岂可亲近哉！

25 丙子，诏王元逵、李彦佐、刘沔、王茂元、何弘敬以七月中旬五道齐进，刘稹求降皆不得受。又诏刘沔自将兵取仰车关路以临贼境。仰车关即昂车关。

26 吐蕃鄯州节度使尚婢婢，世为吐蕃相，婢婢好读书，不乐仕进，好，呼到翻。乐，音洛。国人敬之；年四十馀，彝泰赞普强起之，使镇鄯州。彝泰，达磨之兄，文宗开成三年卒。强，其两翻。婢婢宽厚沈勇，有谋略，沈，持林翻。训练士卒多精勇。

论恐热虽名义兵，实谋篡国，论恐热起兵事始上卷二年。忌婢婢，恐袭其后，欲先灭之。是月，大举兵击婢婢，旌旗杂畜千里不绝。至镇西，镇西军，在河州西一百八十里。畜，许救翻。大风震电，天火烧杀裨将十馀人，杂畜以百数，恐热恶之，恶，乌路翻。盘桓不进。婢婢谓其下曰："恐热之来，视我如蝼蚁，以为不足屠也。今遇天灾，犹豫不进，吾不如迎伏以却之，使其志益骄而不为备，然后可图也。"乃遣使以金帛、牛酒犒师，且致书言："相公举义兵以匡国难，难，乃旦翻。阖境之内，孰不向风！苟遣一介，赐之折简，敢不承命！何必远辱士众，亲临下藩！婢婢资性愚僻，惟嗜读书，先赞普授以藩维，诚为非据，夙夜惭惕，惟求退居。相公若赐以骸骨，听归田里，乃惬平生之素愿也。"惬，诘叶翻。恐热得书喜，遍示诸将曰："婢婢惟把书卷，安知用兵！待吾得国，当位以宰相，坐之于家，亦无所用也。"乃复为书，勤厚答之，引兵归。婢婢闻之，抚髀笑曰："我国无主，则归大唐，岂能事此犬鼠乎！"

27 秋，七月，以山南东道节度使卢钧为昭义节度招抚使。朝廷以钧在襄阳宽厚有惠政，得众心，故使领昭义以招怀之。

28 上遣刑部侍郎兼御史中丞李回宣慰河北三镇，令幽州乘秋早平回鹘，镇、魏早平泽潞。回，太祖之八世孙也。太祖第六子祎生德良，六世至回。

甲辰，李德裕言于上曰："臣见向日河朔用兵，诸道利于出境仰给度支。仰，牛向翻。或阴与贼通，借一县一栅据之，自以为功，坐食转输，输，春遇翻。延引岁时。今请赐诸军诏指，令王元逵取邢州，何弘敬取洺州，王茂元取泽州，李彦佐、刘沔取潞州，毋得取县。"上从之。

晋绛行营节度使李彦佐自发徐州，行甚缓，又请休兵于绛州，兼请益兵。李德裕言于上曰："彦佐逗遛顾望，殊无讨贼之意，所请皆不可许，宜赐诏切责，令进军翼城。"九域志：翼城县在绛州东北一百里。宋白曰：翼城本汉绛县地。后魏明帝置北绛县于曲沃县东，隋改为翼城县，因县东古翼城而名。上从之。德裕因请以天德防御使石雄为彦佐之副，俟至军中，令代之。乙巳，以雄为晋绛行营节度副使，仍诏彦佐进屯翼城。

刘稹上表自陈："亡父从谏为李训雪冤，言仇士良罪恶，事见二百四十五卷文宗开成元年。为，于伪翻。由此为权幸所疾，谓臣父潜怀异志，臣所以不敢举族归朝。乞陛下稍垂宽察，活臣一方！"何弘敬亦为之奏雪，为，于伪翻。皆不报。李回至河朔，何弘敬、王元逵、张仲武皆具櫜鞬郊迎，櫜，姑劳翻。鞬，居言翻。立于道左，不敢令人控马，让制使先行，曰制使，以别宦官之敕使。自兵兴以来，未之有也。兵兴以来，谓天宝之后。回明辩有胆气，三镇无不奉诏。

王元逵奏拔宣务栅，宣务栅当在尧山县东北。击尧山；刘稹遣兵救尧山，元逵击败之。败，补迈翻。诏切责李彦佐、刘沔、王茂元，使速进兵逼贼境，且称元逵之功以激厉之。加元逵同平章事。

八月，乙丑，昭义大将李丕来降。议者或谓贼故遣丕降，欲以疑误官军。李德裕言于上曰："自用兵半年，未有降者，今安问诚之与诈！且须厚赏以劝将来，但不要置之要地耳。”

29 上从容言：“文宗好听外议，谏官言事多不著名，从，千容翻。好，呼到翻。著，陟略翻。有如匿名书。”李德裕曰：“臣顷在中书，文宗犹不尔。德裕谓太和间己为相时，文宗犹不如此。比乃李训、郑注教文宗以术御下，遂成此风。人主但当推诚任人，有欺罔者，威以明刑，孰敢哉！”上善之。

30 王元逵前锋入邢州境已逾月，九域志：赵州南至邢州境七十四里。何弘敬犹未出师，元逵屡有密表，称弘敬怀两端。丁卯，李德裕上言：“忠武累战有功，军声颇振。王宰年力方壮，谋略可称。自曲环、李光颜以来，忠武军屡立战功。王宰，智兴之子，于当时诸帅盖少年中之翘楚者。请赐弘敬诏，以‘河阳、河东皆阂山险，未能进军，河阳阂太行之险，河东阂石会、昂车之险。阂，牛代翻。贼屡出兵焚掠晋、绛。今遣王宰将忠武全军径魏博，直抵磁州，以分贼势。’弘敬必惧，此攻心伐谋之术也。”从之。诏宰悉选步骑精兵自相、魏趣磁州。趣，七喻翻；下同。磁，疾之翻。相州东至魏州百八十里，北至磁州六十里。

甲戌，薛茂卿破科斗寨，擒河阳大将马继等，焚掠小寨一十七，距怀州才十馀里。茂卿以无刘稹之命，故不敢入。言不敢入怀州。时议者鼎沸，以为刘悟有功，不可绝其嗣。又，从谏养精兵十万，粮支十年，如何可取！上亦疑之，以问李德裕，对曰：“小小进退，兵家之常。愿陛下勿听外议，则成功必矣！”上乃谓宰相曰：“为我语朝士：为，于伪翻。语，牛倨翻。朝，直遥翻。有上疏沮议者，我必于贼境上斩之！”议者乃止。沮，在吕翻。

何弘敬闻王宰将至，恐忠武兵入魏境，军中有变，苍黄出师。丙子，弘敬奏，已自将全军渡漳水，趣磁州。

庚辰，李德裕上言：“河阳兵力寡弱，自科斗店之败，贼势愈炽。王茂元复有疾，复，扶又翻。人情危怯，欲退保怀州。臣窃见元和以来诸贼，常视官军寡弱之处，并力攻之，一军不支，然后更攻他处。今魏博未与贼战，西军阂险不进，西军，谓河东晋、绛兵也。故贼得并兵南下。自太行南趋怀州谓之下。若河阳退缩，不惟亏沮军声，兼恐震惊洛师。东都，谓之洛师。书洛诰曰：朝至于洛师。望诏王宰更不之磁州，魏博既出师攻磁州，故请诏王宰移军。之，往也。亟以忠武军应援河阳；不惟扞蔽东都，兼可临制魏博。若令【章：十二行本“令”作“虑”；乙十一行本同；孔本同；张校同。】全军供饷难给，且令发先锋五千人赴河阳，亦足张声势。”张，知亮翻。甲申，又奏请敕王宰以全军继进，仍急以器械缯帛助河阳窘乏。上皆从之。缯，慈陵翻。

王茂元军万善，刘稹遣牙将张巨、刘公直等会薛茂卿共攻之，期以九月朔围万善。乙酉，公直等潜师先过万善南五里，焚雍店。巨引兵继之，过万善，觇知城中守备单弱，觇，丑廉翻。欲专有功，遂攻之。日昃，城且拔，乃使人告公直等。时义成军适至，时以河阳兵寡，令王宰以忠武军合义成兵援之。义成军，滑州兵。茂元困急，欲帅众弃城走。帅，读曰率。都虞候孟章谏【章：十二行本“谏”上有“遮马”二字；乙十一行本同；孔本同；退斋校同。】曰：“贼众自有前却，半在雍店，半在此，乃乱兵耳。今义成军才至，尚未食，闻仆射走，则自溃矣。愿且强留！”强，其两翻。茂元乃止。会日暮，公直等不至，巨引兵退，始登山，登太行阪也。微雨晦黑，自相惊曰：“追兵近矣！”皆走，人马相践，坠崖谷死者甚众。践，慈演翻。

上以王茂元、王宰两节度使共处河阳非宜，处，昌吕翻。庚寅，李德裕等奏：“茂元习吏事而非将才，将，即亮翻。请以宰为河阳行营攻讨使。茂元病愈，止令镇河阳，病困亦免他虞。”九月，辛卯，以宰兼河阳行营攻讨使。

何弘敬奏拔肥乡、平恩，肥乡，汉邯沟县地，曹魏置肥乡县，至唐，与平恩皆属洺州。九域志：肥乡在州东三十五里，平恩在州东九十里。杀伤甚众。得刘稹榜帖，皆谓官军为贼，云遇之即须痛杀。癸巳，上谓宰相：“何弘敬已克两县，可释前疑。谓王元逵密奏弘敬持两端也。既有杀伤，虽欲持两端，不可得已。”乃加弘敬检校左仆射。

丙午，河阳奏王茂元薨。李德裕奏：“王宰止可令以忠武节度使将万善营兵，不可使兼领河阳，恐其不爱河阳州县，恣为侵扰。又，河阳节度先领怀州刺史，常以判官摄事，割河南五县租赋隶河阳。见二百二十有七卷德宗建中二年。不若遂【章：十二行本“遂”下有“以五县”三字；乙十一行本同；孔本同；张校同。】置孟州，始置孟州，因孟津为名也。其怀州别置刺史。俟昭义平日，仍割泽州隶河阳节度，则太行之险不在昭义，而河阳遂为重镇，东都无复忧矣！”上采其言。戊申，以河南尹敬昕为河阳节度、怀孟观察使，王宰将行营以扞敌，昕供馈饷而已。昕，许斤翻。

庚戌，以石雄代李彦佐为晋绛行营节度使，考异曰：实录：“召彦佐入奉朝请，俟罢兵日赴镇。”按：彦佐前已罢武宁，今又罢晋绛，复赴何镇！实录误也。令自冀氏取潞州，仍分兵屯翼城以备侵轶。轶，徒结翻，突也。

31 是月，吐蕃论恐热屯大夏川，大夏川，在河州大夏县西，有大夏水，汉古县也。夏，户雅翻。尚婢婢遣其将厖结心及莽罗薛吕将精兵五万击之。至河州南，莽罗薛吕伏兵四万于险阻，厖结心伏万人于柳林中，以千骑登山，飞矢系书骂之。恐热怒，将兵数万追之，厖结心阳败走，时为马乏不进之状。恐热追之益急，不觉行数十里，伏兵发，断其归路，断，音短。夹击之。会大风飞沙，溪谷皆溢，恐热大败，伏尸五十里，溺死者不可胜数，胜，音升。恐热单骑遁归。

32 石雄代李彦佐之明日，即引兵逾乌岭，五代志：翼城县有乌岭山。破五寨，杀获千计。时王宰军万善，刘沔军石会，皆顾望未进。上得雄捷书，喜甚。冬，十月，庚申，临朝，谓宰相曰："雄真良将！"考异曰：献替、伐叛记皆云"十月五日，上言石雄破贼"，而实录己巳奏到，庚午对宰臣言，乃是十五日。恐误。李德裕因言："比年前潞州市有男子磬折唱曰：比，毗至翻。磬折，言屈折其身，如磬之形。折，之舌翻。'石雄七千人至矣！'刘从谏以为妖言，斩之。妖，于骄翻。破潞州者必雄也。"诏赐雄帛为优赏，雄悉置军门，自依士卒例先取一匹，馀悉分将士，故士卒乐为之致死。乐，音洛。为，于伪翻。

33 初，刘沔破回鹘，得太和公主，见上会昌三年。张仲武疾之，由是有隙；上使李回至幽州和解之，仲武意终不平。朝廷恐其以私憾败事，败，补迈翻。辛未，徙沔为义成节度使，以前荆南节度使李石为河东节度使。

34 党项寇盐州，以前武宁节度使李彦佐为朔方灵盐节度使。十一月，邠宁奏党项入寇。李德裕奏："党项愈炽，不可不为区处。处，昌吕翻。闻党项分隶诸镇，绥、银、灵、盐、夏、邠、宁、延、麟、胜、庆等州皆有党项，诸镇分领之。剽掠于此则亡逃归彼。剽，匹妙翻。节度使各利其驼马，不为擒送，为，于伪翻。以此无由禁戢。臣屡奏不若使一镇统之，陛下以为一镇专领党项权太重。臣今请以皇子兼统诸道，择中朝廉干之臣为之副，居于夏州，理其辞讼，庶为得宜。"乃以兖王岐为灵、夏等六道元帅岐，皇子也。夏，户雅翻。兼安抚党项大使，又以御史中丞李回为安抚党项副使，史馆修撰郑亚为元帅判官，令赍诏往安抚党项及六镇百姓。六镇，盐州、夏州、灵武、泾原及振武、邠宁也。

35 安南经略使武浑役将士治城，治，直之翻。将士作乱，烧城楼，劫府库。浑奔广州，监军段士则抚安乱众。

36 忠武军素号精勇，王宰治军严整，昭义人甚惮之。薛茂卿以科斗寨之功，意望超迁。或谓刘稹曰：“留后所求者节耳。茂卿太深入，多杀官军，激怒朝廷，此节所以来益迟也。”由是无赏。茂卿愠怼，愠，于问翻。怼，直类翻。密与王宰通谋，十二月，丁巳，宰引兵攻天井关，茂卿小战，遽引兵走，宰遂克天井关守之。关东西寨闻茂卿不守，皆退走，宰遂焚大小箕村。茂卿入泽州，密使谍召宰进攻泽州，当为内应；宰疑，不敢进，失期不至，茂卿拊膺顿足而已。稹知之，诱茂卿至潞州，杀之，并其族，诱，音酉。以兵马使刘公直代茂卿，安全庆守乌岭，李佐尧守雕黄岭，雕黄岭在潞州长子县西。郭僚守石会，康良佺守武乡。武乡，汉垣县，后魏改曰乡县，移治于南亭川，武后加“武”字，属潞州。僚，谊之侄也。

戊辰，王宰进攻泽州，考异曰：一品集，十月二十三日状：“缘王宰兵已深入，须取泽州。”按此月三日宰始得天井关，于十月之末岂能深入取泽州！盖十二月十三日状，“二”字误在“月”下耳。与刘公直战，不利，公直乘胜复天井关。甲戌，宰进击公直，大破之；遂围陵川，克之。陵川，汉泫氏县地，隋开皇十六年置陵川县，唐属泽州。九域志：在州东北一百五里。河东奏克石会关。

洺州刺史李恬，石之从兄也。石至太原，刘稹遣军将贾群诣石，以恬书与石云：“稹愿举族归命相公，奉从谏丧归葬东都。”石囚群，以其书闻。李德裕上言：“今官军四合，捷书日至，贼势穷蹙，故伪输诚款，冀以缓师，稍得自完，复来侵轶。轶，徒结翻。望诏石答恬书云：‘前书未敢闻奏。若郎君诚能悔过，举族面缚，待罪境上，则石当亲往受降，护送归阙。若虚为诚款，先求解兵，次望洗雪，则石必不敢以百口保人。’考异曰：一品集，正月四日状曰：“臣等得李石状，报刘稹潜有款诚”

云云。又曰："今馈运之费计至春末并足，如二月已来尚未殄灭，然议纳降，亦未为晚。"又草诏赐石曰："必不得因此迁延，令其得计。仍不得先受章表，便与奏闻。"实录："上贬崔碣，仍诏敢言罢兵者送贼境戮之。"德裕状正月四日上，然石发奏必在杨弁未乱前，故置于此。仍望诏诸道，乘其上下离心，速进兵攻讨，不过旬朔，必内自生变。"上从之。右拾遗崔碣上疏请受其降，碣，渠列翻。上怒，贬碣邓城令。

37 初，刘沔破回鹘，留兵三千戍横水栅；河东行营都知兵马使王逢奏乞益榆社兵，王逢时以河东兵屯榆社。诏河东以兵二千赴之。时河东无兵，守仓库者及工匠皆出从军，李石召横水戍卒千五百人，使都将杨弁将之诣逢，壬午，戍卒至太原。先是，军士出征，人给绢二匹。先，悉荐翻。刘沔之去，竭府库自随，石初至，军用乏，以己绢益之，人才得一匹。时已岁尽，军士求过正旦而行，监军吕义忠累牒趣之。趣，读曰促。杨弁因众心之怒，又知城中空虚，遂作乱。

四年（甲子、八四四）

1 春，正月，乙酉朔，杨弁帅其众剽剠城市，杀都头梁季叶，帅，读曰率。李石奔汾州。太原府西南至汾州二百馀里。弁据军府，释贾群之囚，使其侄与之俱诣刘稹，约为兄弟。稹大喜。石会关守将杨珍闻太原乱，复以关降于稹。

戊子，吕义忠遣使言状，朝议喧然。或言两地皆应罢兵，两地谓并、潞也。王宰又上言："游弈将得刘稹表，将，即亮翻。臣近遣人至泽潞，贼有意归附。若许招纳，乞降诏命！"李德裕上言："宰擅受稹表，遣人入贼中，曾不闻奏，观宰意似欲擅招抚之功。昔韩信破田荣，"荣"当作"横"，事见十卷汉高祖三年、四年。李靖擒颉利，见一百九十三卷太宗贞观四年。皆因其请降，潜兵掩袭。止可令王宰失信，岂得损朝廷威命！建立奇功，实在今日，必不可以太原小扰，失此事机。望即遣供奉官至行营，督其进兵，掩其无备，必须刘稹与诸将皆举族面缚，方可受纳。考异曰：一品集奏状云："如刘稹自来，却令送入，辄不得受。"按稹若自来，岂有却送入之理？恐是"稹"下脱"不"字。兼遣供奉官至晋绛行营，密谕石雄以王宰若纳刘稹，则雄无功可纪。雄于垂成之际，须自取奇功，勿失此便。"又为相府与宰书，言："昔王承宗虽逆命，犹遣弟承恭奉表诣张相祈哀，又遣其子知感、知信入朝，宪宗犹未之许。见二百四十卷元和十三年。今刘稹不诣尚书面缚，又不遣血属祈哀，血属，谓父子兄弟至亲同出于一气者。置章表于衢路之间，游弈将不即毁除，实恐非是。况稹与杨弁通奸，逆状如此，而将帅大臣容受其诈，是私惠归于臣下，不赦在于朝廷，事体之间，交恐不可。自今更有章表，宜即所在焚之。惟面缚而来，始可容受。"德裕又上言："太原人心从来忠顺，止是贫虚，赏犒不足。况千五百人何能为事！必不可姑息宽纵。且用兵未罢，深虑所在动心。顷张延赏为张朏所逐，逃奔汉州，还入成都。事见德宗纪。朏，敷尾翻。望诏李石、义忠还赴太原行营，召旁近之兵讨除乱者。"上皆从之。

是时，李石已至晋州，诏复还太原。辛卯，诏王逢悉留太原兵守榆社，以易定千骑、宣武兖海步兵三千讨杨弁；又诏王元逵以步骑五千自土门入，应接逢军。考异曰：实录："诏侧近行营量抽兵翦扑。又诏王元逵以兵五千扼土门，张仲武把雁门，以为声援。"今从伐叛记。忻州刺史李丕奏："杨弁遣人来为游说，说，式芮翻。臣已斩之，兼断其北出之路，断，音短。恐杨弁之军北出，扇动杂虏与回鹘馀众合，故断其路。发兵讨之。"

辛丑，上与宰相议太原事，李德裕曰："今太原兵皆在外，为乱者止千馀人，诸州镇必无应者。计不日诛翦，惟应速诏王逢进军，至城下必自有变。”上曰：“仲武见镇、魏讨泽潞有功，必有慕羡之心，使之讨太原何如？”德裕对曰：“镇州趣太原路最便近。九域志：镇州西至太原府四百三十里。武宗之意，盖欲使张仲武出兵道镇州趣太原耳。趣，七喻翻。仲武去年讨回鹘，与太原争功，恐其不戢士卒，平人受害。”乃止。

上遣中使马元实至太原，晓谕乱兵，且觇其强弱。杨弁与之酣饮三日，且赂之。戊申，元实自太原还，上遣诣宰相议之，元实于众中大言：“相公须早与之节！”李德裕曰：“何故？”元实曰：“自牙门至柳子列十五里曳地光明甲，柳子列，因其地列植柳树而名。若之何取之？”德裕曰：“李相正以太原无兵，李石，旧相也，故呼为李相。故发横水兵赴榆社。库中之甲尽在行营，弁何能遽致如此之众乎？”元实曰：“太原人劲悍，皆可为兵，弁召募所致耳。”德裕曰：“召募须有货财，李相止以欠军士绢一匹，无从可得，故致此乱，弁何从得之？”元实辞屈。德裕曰：“从其有十五里光明甲，必须杀此贼！”因奏称：“杨弁微贼，决不可恕。以其起于卒伍而逐节帅也。如国力不及，宁舍刘稹。”当时君相志叶议从，刘稹势已穷蹙，必不肯舍之而不讨。德裕此言，盖深激武宗，以明杨弁之决不可恕耳。河东兵戍榆社者闻朝廷令客军取太原，恐妻孥为所屠灭，乃拥监军吕义忠自取太原。壬子，克之，生擒杨弁，尽诛乱卒。

2 二月，甲寅朔，日有食之。

3 乙卯，吕义忠奏克太原。丙辰，李德裕言于上曰：“王宰久应取泽州，今已迁延两月。盖宰与石雄素不相叶，王宰父智兴奏石雄罪，流白州，故不叶。今得泽州，距上党犹二百里，而石雄所屯距上党才百五十里。宰恐攻泽州缀昭义大军，而雄得乘虚入上党独有其功耳。又宰生子晏实，其父智兴爱而子之，晏实今为磁州刺史，为刘稹所质。质，音致。宰之顾望不敢进，或为此也。”为，于伪翻。上命德裕草诏赐宰，督其进兵。且曰：“朕顾兹小寇，终不贷刑。亦知晏实是卿爱弟，将申大义，在抑私怀。”

4 丁巳，以李石为太子少傅、分司，以河中节度使崔元式为河东节度使，石雄为河中节度使。元式，元略之弟也。元略，时宰崔铉之父。

5 己未，石雄拔良马等三寨一堡。初，退浑李万江归李抱玉于潞州，牧津梁寺。地美水草，马如鸭而健，世谓之津梁种。良马寨盖置于其地。

6 辛酉，太原献杨弁及其党五十四人，皆斩于狗脊岭。按宋白续通典，狗脊岭在京城东市。

7 壬申，李德裕言于上曰：“事固有激发而成功者：陛下命王宰趣磁州，趣，七喻翻。而何弘敬出师；遣客军讨太原，而戍兵先取杨弁。今王宰久不进军，请徙刘沔镇河阳，仍令以义成精兵二千直抵万善，处宰肘腋之下。处，昌吕翻。若宰识朝廷此意，必不敢淹留。若宰进军，沔以重兵在南，声势亦壮。”上曰：“善！”戊寅，以义成节度使刘沔为河阳节度使。

8 王逢击昭义将康良佺，败之。败，补迈翻。良佺弃石会关，退屯鼓腰岭。佺，丑缘翻。鼓腰岭，当在潞州武乡县北。考异曰：实录：“王宰奏贼将康良佺败，弃石会关，移军入三十里，守鼓腰岭。”按石会关在潞州北，与河东接。宰时在泽州南，何以得败良佺！盖“逢”字误为“宰”耳。

9 黠戛斯遣将军谛德伊斯难珠等入贡，谛，音帝。言欲徙居回鹘牙帐，请发兵之期，集会之地。上赐诏，谕以“今秋可汗击回鹘、黑车子之时，当令幽州、太原、振武、天德四镇出兵要路，邀其亡逸，便申册命，并依回鹘故事。”

10 朝廷以回鹘衰微，吐蕃内乱，议复河、湟四镇十八州。开元之盛，陇右、河西分为两镇而已。盖沦陷之后，吐蕃分为四镇也。十八州：秦、原、河、渭、兰、鄯、阶、成、洮、岷、临、廓、叠、宕、甘、凉、瓜、沙也。乃以给事中刘濛为巡边使，考异曰：实录，以濛为巡边使在明年二月壬寅。壬寅，二十五日也。按一品集，会昌四年二月二十二日奏状曰："缘李回等称黠戛斯使云，今冬必欲就黑车子收回鹘可汗馀烬，切望国家兵马应接。黠戛斯使回日已赐敕书，许令幽州、太原、振武、天德各于要路出兵邀截。"又曰："仍令代北诸军掀掀排比。"又曰：其幽州兵马至多，不必先令排比，待至冬初续降中使赐诏。黠戛斯使来在四年二月，德裕奏状所谓今冬、防秋、冬初者，皆四年事也。不容至五年二月始以濛为巡边使。濛之奉使要在今年春夏，不知的何月日，且附于此。使之先备器械糗粮及诇吐蕃守兵众寡。糗，去久翻。诇，翾正翻，又火迥翻。又令天德、振武、河东训卒砺兵，以俟今秋黠戛斯击回鹘，邀其溃败之众南来者，皆委濛与节度团练使详议以闻。濛，晏之孙也。刘晏以谗死于建中之初。

11 以道士赵归真为右街道门教授先生。

12 吐蕃论恐热之将岌藏丰赞恶恐热残忍，降于尚婢婢。恶，乌路翻。降，户江翻。恐热发兵击婢婢于鄯州，婢婢分兵为五道拒之。恐热退保东谷，九域志：河州东南一十五里有东谷堡，宋熙宁七年置。婢婢为木栅围之，绝其水原。恐热将百馀骑突围走保薄寒山，馀众皆降于婢婢。

13 夏，四月，王宰进攻泽州。

14 上好神仙，好，呼到翻。道士赵归真得幸，谏官屡以为言。丙子，李德裕亦谏曰："归真，敬宗朝罪人，见二百四十三卷宝历二年。不宜亲近！"近，其靳翻。上曰："朕宫中无事时与之谈道涤烦耳。至于政事，朕必问卿等与次对官，虽百归真不能惑也。"德裕曰："小人见势利所在，则奔趣之，如夜蛾之投烛。闻旬日以来，归真之门，车马辐凑。愿陛下深戒之！"

15 戊寅，以左仆射王起同平章事，充山南西道节度使，起以文臣未尝执政，直除使相，前无此比，固辞；唐中世以后，节度使同平章事者则谓之使相。比，毗至翻，例也。上曰："宰相无内外之异，朕有阙失，卿飞表以闻！"

16 李德裕以州县佐官太冗，奏令吏部郎中柳仲郢裁减。六月，仲郢奏减一千二百一十四员。考异曰：献替记曰："减得二千二员。"新传曰："罢二千馀员。"旧柳仲郢传曰："减一千二百员"，今从之。仲郢，公绰之子也。柳公绰事宪、穆，历方镇、京尹，有声绩。

17 宦官有发仇士良宿恶，于其家得兵仗数千。诏削其官爵，籍没家赀。

18 秋，七月，辛卯，上与李德裕议以王逢将兵屯翼城，上曰："闻逢用法太严，有诸？"对曰："臣亦尝以此诘之，逢言：'前有白刃，法不严，其谁肯进！'"上曰："言亦有理，卿更召而戒之！"德裕因言刘稹不可赦。上曰："固然。"德裕曰："昔李怀光未平，京师蝗旱，米斗千钱，太仓米供天子及六宫无数旬之储。德宗集百官，遣中使马钦绪询之。左散骑常侍李泌取桐叶拷破，以授钦绪献之。德宗召问其故，对曰：'陛下与怀光君臣之分，如此叶不可复合矣！'分，扶问翻，或读如字。复，扶又翻。由是德宗意定。既破怀光，遂用为相，独任数年。"见德宗纪。上曰："亦大是奇士！"李泌相业，卓有可称，观此则可以传信，唐人毁之者皆妄也。

19 上闻扬州倡女善为酒令，倡，音昌。酒令者，行令而饮酒也。唐人多好为之。却扫编曰：皇甫松著醉乡日月，载骰子令，又有旗旛令、闪压令、抛打令。今人不复晓其法，惟优伶家犹用手打令以为戏云。敕淮南监军选十七人献之。监军请节度使杜悰同选，且欲更择良家美女，教而献之。悰曰："监军自受敕，悰不敢预闻！"监军再三请之，不从。监军怒，具表其状，上览表默然。左右请并敕节度使同选，上曰：“敕藩方选倡女入宫，岂圣天子所为！杜悰不徇监军意，得大臣体，真宰相才也。朕甚愧之！”遽敕监军勿复选。甲辰，以悰同平章事，考异曰：新表，悰入相在闰月壬戌。今从实录。兼度支、盐铁转运使。及悰中谢，既受命入谢，谓之中谢。上劳之曰：劳，力到翻。“卿不从监军之言，朕知卿有致君之心。今相卿，如得一魏征矣！”武宗之期望杜悰者如此，然悰在相位，其所论谏，史无称焉。

周一良标点容肇祖聂崇岐覆校

资治通鉴卷第二百四十八

端明殿学士兼翰林侍读学士太中大夫
提举西京嵩山崇福宫上柱国河内郡开国公 司马光 奉敕编集
食邑二千二百户食实封九百户赐紫金鱼袋臣

后学天台 胡三省 音注

唐纪六十四 起阏逢困敦(甲子)闰月，尽屠维大荒落(己巳)，凡五年有奇。

武宗至道昭肃孝皇帝下

会昌四年(甲子、八四四)

1 闰月，壬戌，以中书侍郎、同平章事李绅同平章事，充淮南节度使。

2 李德裕奏："镇州奏事官高迪方镇遣牙职入奏事，因谓之奏事官。密陈意见二事：其一，以为'贼中好为偷兵术，好，呼到翻。潜抽诸处兵聚于一处，官军多就迫逐，以致失利；经一两月，又偷兵诣他处。官军须知此情，自非来攻城栅，慎勿与战。彼淹留不过三日，须散归旧屯，如此数四空归，自然丧气。丧，息浪翻。官军密遣谍者诇其抽兵之处，乘虚袭之，无不捷矣。'诇，翾正翻，又火迥翻。其二，'镇、魏屯兵虽多，终不能分贼势。何则？下营不离故处，离，力智翻。每三两月一深入，烧掠而去。贼但固守城栅，城外百姓，贼亦不惜。宜令进营据其要害，以渐逼之。若止如今日，贼中殊不以为惧。'望诏诸将各使知之！”

刘稹腹心将高文端降，言贼中乏食，令妇人挼穗舂之以给军。挼，奴禾翻，两手相切摩也。德裕访文端破贼之策，文端以为：“官军今直攻泽州，恐多杀士卒，城未易得。易，以豉翻。泽州兵约万五千人，贼常分兵太半，潜伏山谷，伺官军攻城疲弊，则四集救之，官军必失利。伺，相吏翻。今请令陈许军过乾河立寨，乾，音干。自寨城连延筑为夹城，环绕泽州，环，音宦。日遣大军布陈于外以扞救兵。陈，读曰阵。贼见围城将合，必出大战；待其败北，然后乘势可取。”德裕奏请诏示王宰。

文端又言：“固镇寨四崖悬绝，势不可攻。九域志：磁州武安县有固镇镇，武安西北至辽州三百馀里。然寨中无水，皆饮涧水，在寨东【章：十二行本“东”下有“南”字；乙十一行本同；孔本同；张校同。】约一里许。宜令王逢进兵逼之，绝其水道，不过三日，贼必弃寨遁去，官军即可追蹑。前十五里至青龙寨，亦四崖悬绝，水在寨外，可以前法取也。其东十五里则沁州城。”沁州治沁源县，汉上党谷远县地。沁，七鸩翻。德裕奏请诏示王逢。

文端又言：“都头王钊将万兵戍洺州，刘稹既族薛茂卿，又诛邢洺救援兵马使谈朝义兄弟三人，钊自是疑惧；稹遣使召之，钊不肯入，士卒皆哗噪，钊必不为稹用。但钊及士卒家属皆在潞州，又士卒恐已降为官军所杀，招之必不肯来。惟有谕意于钊，使引兵入潞州取稹，事成之日，许除别道节度使，仍厚有赐与，庶几肯从。”几，居依翻。德裕奏请诏何弘敬潜遣人谕以此意。

刘稹年少懦弱，少，诗照翻。押牙王协、宅内兵马使李士贵用事，专聚货财，府库充溢，而将士有功无赏，由是人心离怨。刘从谏妻裴氏，冕之支孙也，裴冕相肃、代两朝。忧稹将败，其弟问，典兵在山东，欲召之使掌军政。士贵恐问至夺己权，且泄其奸状，乃曰："山东之事仰成于五舅，仰，牛向翻。裴问，第五。若召之，是无三州也。"乃止。三州，邢、洺、磁。

王协荐王钊为洺州都知兵马使；钊得众心，而多不遵使府约束，同列高元武、安玉言其有贰心。稹召之，钊辞以"到洺州未立少功，实所惭恨，乞留数月，然后诣府。"许之。

王协请税商人，每州遣军将一人主之，名为税商，实籍编户家赀，编户，犹言编民也。将，即亮翻。至于什器无所遗，皆估为绢匹，十分取其二，率高其估。民竭浮财及糗粮输之，不能充，皆恟恟不安。民财非地著，转易以致利者为浮财。糗，去久翻。恟，许拱翻。

军将刘溪尤贪残，刘从谏弃不用；溪厚赂王协，协以邢州富商最多，命溪主之。裴问所将兵号"夜飞"，多富商子弟，溪至，悉拘其父兄；军士诉于问，问为之请，为，于伪翻。溪不许，以不逊语答之。问怒，密与麾下谋杀溪归国，并告刺史崔嘏，嘏从之。丙子，嘏、问闭城，斩城中大将四人，请降于王元逵。时高元武在党山，闻之，亦降。"党山"，恐当作"尧山"。

先是使府赐洺州军士布，人一端，寻有帖以折冬赐。先，悉荐翻。以前所赐布折充冬赐。折，之舌翻。会税商军将至洺州，王钊因人不安，谓军士曰："留后年少，少，诗照翻。政非己出。今仓库充实，足支十年，岂可不少散之少，诗沼翻。以慰劳苦之士！使帖不可用也。"乃擅开仓库，给士卒人绢一匹，谷十二石，士卒大喜。钊遂闭城请降于何弘敬。安玉在磁州，闻二州降，亦降于弘敬。尧山都知兵马使魏元谈等降于王元逵，元逵以其久不下，皆杀之。

八月，辛卯，镇、魏奏邢、洺、磁三州降，宰相入贺。

李德裕曰："昭义根本尽在山东，三州降，则上党不日有变矣。"上曰："郭谊必枭刘稹以自赎。"德裕曰："诚如圣料。"上曰："于今所宜先处者何事？"处，昌吕翻。德裕请以【章：十二行本"以"下有"给事中"三字；乙十一行本同；孔本同；张校同；退斋校同。】卢弘止为三州留后，考异曰：旧纪、传皆作"弘正"。实录、新纪、传皆作"弘止"，今从之。曰："万一镇、魏请占三州，占，之赡翻。朝廷难于可否。"上从之。诏山南东道兼昭义节度使卢钧乘驿赴镇。

潞人闻三州降，大惧。郭谊、王协谋杀刘稹以自赎；稹再从兄中军使匡周兼押牙，再从兄，同曾祖。从，才用翻。谊患之，言于稹曰："十三郎在牙院，刘匡周，第十三。牙院，押牙治事之所。诸将皆莫敢言事，恐为十三郎所疑而获罪，以此失山东。今诚得十三郎不入，则诸将始敢尽言，采于众人，必获长策。"稹召匡周谕之，使称疾不入。匡周怒曰："我在院中，故诸将不敢有异图；我出院，家必灭矣！"稹固请之，匡周不得已，弹指而出。

谊令稹所亲董可武说稹曰：说，式芮翻。"山东之叛，事由五舅，城中人人谁敢相保！留后今欲何如？"五舅，谓裴问。刘稹自为留后，故称之。稹曰："今城中尚有五万人，且当闭门坚守耳。"可武曰："非良策也。留后不若束身归朝，如张元益，元益事见二百四十六卷文宗开成三年。不失作刺史。且以郭谊为留后，俟得节之日，徐奉太夫人及室家金帛归之东都，不亦善乎？"太夫人，谓从谏妻裴氏。稹曰："谊安肯如是？"可武曰："可武已与之重誓，必不负也。"乃引谊入。稹与之密约既定，乃白其母，母曰："归朝诚为佳事，但恨已晚。吾有弟不能保，谓裴问以邢州降也。安能保郭谊！汝自图之！"稹乃素服出门，以母命署谊都知兵马使。王协已戒诸将列于外厅，谊拜谢稹已，已，犹毕也。出见诸将，稹治装于内厅。治，直之翻。李士贵闻之，帅后院兵数千攻谊。帅，读曰率。谊叱之曰："何不自取赏物，乃欲与李士贵同死乎！"军士乃退，共杀士贵。谊易置将吏，部署军士，一夕俱定。

明日，使董可武入谒稹曰："请议公事。"稹曰："何不言之！"可武曰："恐惊太夫人。"乃引稹步出牙门，至北宅，北宅，昭义节度使别宅也，在使宅之北，故曰北宅。置酒作乐。酒酣，乃言："今日之事欲全太尉一家，刘悟赠太尉。须留后自图去就，则朝廷必垂矜闵。"稹曰："如所言，稹之心也。"可武遂前执其手，崔玄度自后斩之，因收稹宗族，匡周以下至襁褓中子皆杀之。襁，举两翻。褓，音保。穆宗长庆初，刘悟始帅昭义，三世，二十六年而灭。又杀刘从谏父子所厚善者张谷、陈扬庭、李仲京、郭台、王羽、韩茂章、茂实、王渥、贾庠等凡十二家，并其子侄甥婿无遗。仲京，训之兄；台，行馀之子；羽，涯之从孙；茂章、茂实，约之子；渥，璠之子；庠，𫗧之子也。甘露之乱，仲京等亡归从谏，从谏抚养之。李仲京等仅脱甘露之祸，卒与刘从谏之族俱屠，盖天聚而歼之也。凡军中有小嫌者，谊日有所诛，流血成泥。乃函稹首，遣使奉表及书，降于王宰。首过泽州，刘公直举营恸哭，亦降于宰。

乙未，宰以状闻。丙申，宰相入贺。李德裕奏："今不须复置邢、洺、磁留后，复，扶又翻；下同。但遣卢弘止宣慰三州及成德、魏博两道。"上曰："郭谊宜如何处之？"德裕曰："刘稹騃孺子耳，处，昌吕翻。騃，五骇翻，痴也。阻兵拒命，皆谊为之谋主；及势孤力屈，又卖稹以求赏。此而不诛，何以惩恶！宜及诸军在境，并谊等诛之！"上曰："朕意亦以为然。"乃诏石雄将七千人入潞州，以应谣言。谣言见上卷三年。杜悰以馈运不给，谓谊等可赦，上熟视不应。德裕曰："今春泽潞未平，太原复扰，自非圣断坚定，断，丁乱翻。二寇何由可平！外议以为若在先朝，赦之久矣。”上曰：“卿不知文宗心地不与卿合，安能议乎！”罢卢钧山南东道，专为昭义节度使。

戊戌，刘稹传首至京师。诏：“昭义五州给复一年，复，方目翻，除其赋役也。军行所过州县免今年秋税。昭义自刘从谏以来，横增赋敛，横，户孟翻。敛，力赡翻。悉从蠲免。所籍土团并纵遣归农。诸道将士有功者，等级加赏。”

郭谊既杀刘稹，日望旌节；既久不闻问，乃曰：“必移他镇。”于是阅鞍马，治行装；治，直之翻。及闻石雄将至，惧失色。雄至，谊等参贺毕，敕使张仲清曰：“郭都知告身来日当至；郭谊为昭义都知兵马使，故称之。诸高班告身在此，晚牙来受之！”诸高班，谓诸将。凡方镇及州县率早晚两牙，将校吏卒皆集。乃以河中兵环球场，河中兵，石雄所统入潞州者。环，读如宦。晚牙，谊等至，唱名引入，凡诸将桀黠拒官军者，黠，下八翻。悉执送京师。加何弘敬同平章事。丁未，诏发刘从谏尸，暴于潞州市三日；石雄取其尸置球场斩剉之。

戊申，加李德裕太尉、赵国公，德裕固辞。上曰：“恨无官赏卿耳！卿若不应得，朕必不与卿。”

初，李德裕以“韩全义以来，德宗遣韩全义讨吴少诚，败于溵水。将帅出征屡败，其弊有三：一者，诏令下军前，日有三四，下，户嫁翻。宰相多不预闻。二者，监军各以意见指挥军事，将帅不得专进退。三者，每军各有宦者为监使，悉选军中骁勇数百为牙队，其在陈战斗者，皆怯弱之士；每战，监使自有信旗，信旗者，别为一旗，军中视之以为进退。监，古衔翻。使，疏吏翻。乘高立马，以牙队自卫，视军势小却，辄引旗先走，陈从而溃。”陈，读曰阵。德裕乃与枢密使杨钦义、刘行深议，约敕监军不得预军政，每兵千人听监使取十人自卫，有功随例沾赏。二枢密皆以为然，白上行之。自御回鹘至泽潞罢兵，皆守此制。自非中书进诏意，更无他诏自中出者。号令既简，将帅得以施其谋略，故所向有功。史因李德裕之事而叙之，以见唐中世之所以败，武宗之所以胜。

自用兵以来，河北三镇每遣使者至京师，李德裕常面谕之曰："河朔兵力虽强，不能自立，须借朝廷官爵威命以安军情。归语汝使：语，牛倨翻。使，疏吏翻。与其使大将邀宣慰敕使以求官爵，何如自奋忠义，立功立事，结知明主，使恩出朝廷，不亦荣乎！且以耳目所及者言之，李载义在幽州，为国家尽忠平沧景，为，于伪翻。及为军中所逐，不失作节度使，后镇太原，位至宰相。杨志诚遣大将遮敕使马求官，及为军中所逐，朝廷竟不赦其罪。事并见前纪。此二人祸福足以观矣。"德裕复以其言白上，复，扶又翻。上曰："要当如此明告之。"由是三镇不敢有异志。

3 九月，诏以泽州隶河阳节度。用李德裕三年之议也。

4 丁巳，卢钧入潞州。钧素宽厚爱人，刘稹未平，钧已领昭义节度，事见上卷三年。襄州士卒在行营者，与潞人战，常对陈扬钧之美。陈，读曰阵。及赴镇，入天井关，昭义散卒归之者，钧皆厚抚之，人情大洽，昭义遂安。

刘稹将郭谊、王协、刘公直、安全庆、李道德、李佐尧、刘武德、董可武等至京师，皆斩之。

臣光曰："董重质之在淮西，事见宪宗纪。郭谊之在昭义，吴元济、刘稹，如木偶人在伎儿之手耳。伎，渠绮翻。彼二人始则劝人为乱，终则卖主规利，其死固有馀罪。然宪宗用之于前，武宗诛之于后，臣愚以为皆失之。何则？赏奸，非义也；杀降，非信也。失义与信，何以为国！昔汉光武待王郎、刘盆子止于不死，知其非力竭则不降故也。樊崇、徐宣、王元、牛邯之徒，岂非助乱之人乎？而光武不杀；事并见光武纪。盖以既受其降，则不可复诛故也。若既赦而复逃亡叛乱，复，扶又翻；下同。则其死固无辞矣！如谊等，免死流之远方，没齿不还，可矣；杀之，非也！

5 王羽、贾庠等已为谊所杀，李德裕复下诏称"逆贼王涯、贾悚等已就昭义诛其子孙"，宣告中外，识者非之。王涯、贾悚，非为逆也。设以其附丽非人，害于而家，凶于而国，罪亦不至于殄灭而无遗育。李德裕明底其罪，若真假手于郭谊而致天诛者，宜识者之非之也。刘从谏妻裴氏亦赐死；又令昭义降将李丕、高文端、王钊等疏昭义将士与刘稹同恶者，悉诛之，死者甚众。卢钧疑其枉滥，奏请宽之，不从。

昭义属城有尝无礼于王元逵者，元逵推求得二十馀人，斩之；馀众惧，复闭城自守。戊辰，李德裕等奏："寇孽既平，尽为国家城镇，岂可令元逵穷兵攻讨！望遣中使赐城内将士敕，招安之，仍诏元逵引兵归镇，并诏卢钧自遣使安抚。"从之。

乙亥，李德裕等请上尊号，且言："自古帝王，成大功必告天地；又，宣懿太后祔庙，上初即位，追谥母韦妃曰宣懿太后。陛下未尝亲谒。"上瞿然曰："郊庙之礼，诚宜亟行，至于徽称，非所敢当！"凡五上表，乃许之。瞿，纪具翻。瞿然，失其常度之貌。徽，美也。称，昌孕翻。

6 李德裕奏："据幽州奏事官言：诇知回鹘上下离心，诇，火迥翻，又翾正翻。可汗欲之安西，其部落言亲戚皆在唐，不如归唐；又与室韦已相失，计其不日来降，或自相残灭。望遣识事中使欲遣识事宜者出使。赐仲武诏，谕以镇、魏已平昭义，惟回鹘未灭，仲武犹带北面招讨使，宜早思立功。”

7 李德裕怨太子太傅·东都留守牛僧孺、湖州刺史李宗闵，言于上曰：“刘从谏据上党十年，太和中入朝，僧孺、宗闵执政，不留之，加宰相纵去，事见二百四十四卷文宗太和七年。以成今日之患，竭天下力乃能取之，皆二人之罪也。”德裕又使人于潞州求僧孺、宗闵与从谏交通书疏，无所得，乃令孔目官郑庆言从谏每得僧孺、宗闵书疏，皆自焚毁。诏追庆下御史台按问，下，遐嫁翻。中丞李回、知杂郑亚以为信然。唐制：御史台侍御史六人，以久次者一人知杂事，谓之杂端。河南少尹吕述与德裕书，言稹破报至，僧孺出声叹恨。此希德裕意而诬僧孺也。德裕奏述书，上大怒，以僧孺为太子少保、分司，宗闵为漳州刺史；戊子，再贬僧孺汀州刺史，宗闵漳州长史。垂拱元年，分福州西南境置漳州，以南有漳水为名。旧志：京师东南七千三百里。

8 上幸鄠校猎。鄠，音户。

9 十一月，复贬牛僧孺循州长史，宗【章：十二行本“宗”上有“李”字；乙十一行本同。】闵长流封州。复，扶又翻。

10 十二月，以忠武节度使王宰为河东节度使，河中节度使石雄为河阳节度使。考异曰：实录：“九月，卢钧奏，十七日，石雄回军赴孟州。”按雄于时未为河阳节度使，实录误也。

11 上幸云阳校猎。

五年（乙丑、八四五）

1 春，正月，己酉朔，群臣上尊号曰仁圣文武章天成功神德明道大孝皇帝，尊号始无“道”字，中旨令加之。是时帝崇信道士赵归真等，至亲受道箓，故旨令群臣于尊号中加“道”字；而不知其所谓道者，非吾之所谓道也。庚戌，上谒太庙；辛亥，祀昊天上帝，赦天下。

2 筑望仙台于南郊。

3 庚申，义安太后王氏崩。太和五年，宰相建白，以太皇太后与宝历太后称号未辨，前代诏令不敢斥言，皆以宫为称。今宝历太后居义安殿，宜曰义安太后。诏可。

4 以秘书监卢弘宣为义武节度使。弘宣性宽厚而难犯，为政简易，易，以豉翻。其下便之。河北之法，军中偶语者斩；弘宣至，除其法。河北诸帅防其下相与聚谋以图己，故严军中偶语之法，以刚制之。卢弘宣至中山，乃除其法。诏赐粟三十万斛，在飞狐西，计运致之费逾于粟价，弘宣遣吏守之。会春旱，弘宣命军民随意自往取之，粟皆入境，约秋稔偿之。时成德、魏博皆饥，独易定之境无害。

5 淮南节度使李绅按江都令吴湘盗用程粮钱，新书百官志：主客郎中，主蕃客。东南蕃使还者，给入海程粮；西北蕃使还者，给度碛程粮。至于官吏以公事有远行，则须计程以给粮，而粮重不可远致，则以钱准估，故有程粮钱。强娶所部百姓颜悦女，估其资装为赃，罪当死。湘，武陵之兄子也，吴武陵见二百三十九卷宪宗元和十年。李德裕素恶武陵。恶，乌路翻。议者多言其冤，谏官请覆按，诏遣监察御史崔元藻、李稠覆之。还言："湘盗程粮钱有实；颜悦本衢州人，尝为青州牙推，妻亦士族，与前狱异。"德裕以为无与夺，二月，贬元藻端州司户，稠汀州司户。不复更推，亦不付法司详断，即如绅奏，处湘死。复，扶又翻。断，丁乱翻。处，昌吕翻。为德裕以吴湘狱致祸张本。谏议大夫柳仲郢、敬晦皆上疏争之，不纳。稠，晋江人；宋白曰：泉州治晋江县，晋为晋安县地，隋废郡为邑。晦，昕之弟也。敬昕见上卷三年。

6 李德裕以柳仲郢为京兆尹；素与牛僧孺善，谢德裕曰："不意太尉恩奖及此，仰报厚德，敢不如奇章公门馆！"德裕不以为嫌。隋封牛弘为奇章公，牛僧孺盖其后也，故时人亦呼之为奇章公。宋白曰：奇章县属巴州，本汉葭萌县地，梁置奇章县，取县东八里奇章山为名。

7 夏，四月，壬寅，以陕虢观察使李拭为册黠戛斯可汗使。

陕，失冉翻。

8 五月，壬戌，葬恭僖皇后于光陵柏城之外。义安太后谥曰恭僖。后于穆宗非伉俪，故陪葬光陵而不合。

9 门下侍郎、同平章事杜悰罢为右仆射，中书侍郎、同平章事崔铉罢为户部尚书。乙丑，以户部侍郎李回为中书侍郎、同平章事，判户部如故。

10 祠部奏括天下寺四千六百，兰若四万，僧尼二十六万五百。祠部掌僧尼，故使括之。若，人者翻。释氏要览曰：兰若者，梵言阿兰若，唐言无诤也；四分律云，空静处；智度经云，远离处；大悲经云，离诸忿。

11 诏册黠戛斯可汗为宗英雄武诚明可汗。

12 秋，七月，丙午朔，日有食之。

13 上恶僧尼耗蠹天下，欲去之，恶，乌路翻。去，羌吕翻。道士赵归真等复劝之；复，扶又翻。乃先毁山野招提、兰若，释书曰：招提、菩萨，皆佛名，故号寺或谓之招提。增辉记曰：招提者，梵言拓斗提奢，唐言四方僧物。后人传写之误，以"拓"为"招"，又省去"斗奢"二字，只称招提，即今十方寺院是也。萨波论云：西天度地以四肘为一弓，去村店五百弓不远不近，以闲静为兰若。史炤曰：今若以唐尺计之，度二里许。敕【章：十二行本"敕"上有"至是"二字；乙十一行本同；孔本同；张校同。】上都、东都两街各留二寺，唐谓长安曰上都。时左街留慈恩、荐福，右街留西明、庄严。每寺留僧三十人；天下节度、观察使治所及同、华、商、汝州各留一寺，华，户化翻。分为三等：上等留僧二十人，中等留十人，下等五人。考异曰：实录："中书门下奏请上都、东都两街各留寺十所，每寺留僧十人，大藩镇各一所，僧亦依前诏。敕上都、东都每街各留寺两所，每寺僧各留三十人。中书门下奏，'奉敕诸道所留僧尼数宜令更商量，分为三等：上至二十人，中至十人，下至五人。今据天下诸道共五十处四十六道，合配三等：镇州、魏博、淮南、西川、山南东道、荆南、岭南、汴宋、幽州、东川、鄂岳、浙西、浙东、宣歙、湖南、江西、河南府，望每道许留僧二十人；山南西道、河东、郑滑、陈许、潞磁、郓曹、徐泗、凤翔、兖海、淄青、沧齐、易定、福建、同华州，望令每道许留十人；夏桂、邕管、黔中、安南、汝、金、商州、容管，望每道许留五人；一道河中已敕下留十三人。'"按镇州等凡五十六州，四十一道，今云五十处四十六道，误也。杜牧杭州南亭记曰："武宗即位，始去其山台野邑四万所，冠其徒几至十万人。后至会昌五年，始命西京留佛寺四，僧惟十人；东都二寺。天下所谓节度、观察、同、华、汝三十四治所得留一寺，僧准西京数；其他刺史州不得有寺。凡除寺四千六百，僧、尼笄冠二十六万五百。"实录注又云：按唐时石刻云，"两都留寺四，僧各十人；郡国留寺二，僧各三人。"数皆不同。今从实录前文。馀僧及尼并大秦穆护、祆僧皆勒归俗。大秦穆护又释氏之外教，如回鹘摩尼之类。是时敕曰："大秦穆护等祠，释教既已厘革，邪法不可独存。其人并勒还俗，递归本贯，充税户；如外国人送远处收管。"祆，呼烟翻，胡神也。唐制：祠部岁再祀礥西诸州火祆，而禁民祈祭。官品令有祆正，盖主祆僧也。寺非应留者，立期令所在毁撤，仍遣御史分道督之。财货田产并没官，寺材以葺公廨驿舍，廨，古隘翻。铜像、钟磬以铸钱。

14 以山南东道节度使郑肃检校右仆射、同平章事。

15 诏发昭义骑兵五百、步兵千五百戍振武，节度使卢钧出至裴村饯之；潞卒素骄，惮于远戍，乘醉，回旗入城，闭门大噪，钧奔潞城以避之。宋白曰：潞城县，春秋潞子婴儿之国，汉为潞县。十三州志云：潞水出焉。后魏太武改为刘陵县，隋开皇十三年置潞城县。九域志：潞城在潞州东北四十里。监军王惟直自出晓谕，乱兵击之，伤，旬日而卒。李德裕奏："请诏河东节度使王宰以步骑一千守石会关，三千自仪州路据武安，以断邢、洺之路；断，音短。又令河阳节度使石雄引兵守泽州，河中节度使韦恭甫发步骑千人戍晋州。如此，贼必无能为。"分守四境，使潞之乱卒不得越逸而奔他镇。皆从之。

16 八月，李德裕等奏："东都九庙神主二十六，今贮于太微宫小屋，玄宗天宝二年，改东都玄元皇帝庙曰太微宫。刘昫曰：东都太微宫本武后家庙。神龙初，中宗反正，废武氏庙主，立太祖已下神主祔主。安禄山陷洛阳，以庙为马厩，弃其神主，协律郎严郢收而藏之。史思明再陷洛阳，寻又散失。贼平，东都留守卢正己又募得之。庙已焚毁，乃寄主于太微宫。贮，丁吕翻。请以废寺材复修太庙。”

17 壬午，诏陈释教之弊，宣告中外。凡天下所毁寺四千六百馀区，归俗僧尼二十六万五百人，大秦穆护、祆僧二千馀人，毁招提、兰若四万馀区。考异曰：会要：元和二年，薛平奏请赐中条山兰若额为大和寺。盖官赐额者为寺，私造者为招提、兰若，杜牧所谓“山台野邑”是也。收良田数千万顷，奴婢十五万人。所留僧皆隶主客，不隶祠部。时中书门下奏：“据大唐六典，祠部掌天地宗庙大祭，与僧事殊不相当。又万务根本合归尚书省，隶鸿胪寺亦未为允当。又据六典，主客掌朝贡之国七十馀蕃，五天竺国并在数内。释氏出自天竺国，今陛下以其非中国之教，已有厘革。僧尼名籍便令系主客，不隶祠部及鸿胪寺，至为允当。”从之。百官奉表称贺。寻又诏东都止留僧二十人，诸道留二十人者减其半，留十人者减三人，留五人者更不留。

五台僧多亡奔幽州。五台在代州五台县，山形五峙，相传以为文殊示现之地。华严经疏云：清凉山者，即代州雁门五台山也。以岁积坚冰，夏仍飞雪，曾无炎暑，故曰清凉。五峰耸出，顶无林木，有如垒土之台，故曰五台。古传云：山在长安东北一千六百馀里，代州之所管。山顶至州城一百馀里。其山左邻恒山，右接天池，南属五台县，北至繁畤县，环基所至五百馀里。灵记云：五台山有四埵，去台各一百二十里。据古经所载，今北台即是中台，中台即是南台，大黄尖即是北台，栲栳山即是西台，漫天石即是东台。惟北台、中台古时无异，东台、西台古今无别。无恤台，恒山顶是也。昔赵襄子名无恤，曾登此山观代国，下瞰东海。西瞢薆山，有宫池古庙；隋炀帝避暑于此而居，因天池造立宫室，龙楼凤阁，遍满池边，号为西埵。南系舟山，上有铜环，船轴犹在。昔帝尧遭水，系舟于此。世传文殊见于南台，号为南埵。北有覆宿堆，即夏屋山也；后魏孝文皇帝避暑往复宿此，下见云州，谓之北埵。中台稍近西北，有太华泉，有古寺二十馀处。东台去太华泉四十二里，台上遥见沧、瀛诸州；日出时，下视大海犹陂泽焉，有古寺十五处。西台去太华泉四里，危嶝干云，乔林拂日，有古寺十二处。南台去太华泉八十里，最为幽寂，有古寺九处。

北台去太华泉十二里，有古寺八处，唐末所添寺不在其数。五台县本汉虑虒县。虑虒，音驴夷。隋大业二年改为五台县。李德裕召进奏官谓曰：“汝趣白本使，趣，读曰促。五台僧为将必不如幽州将，为卒必不如幽州卒，何为虚取容纳之名，染于人口！将，即亮翻。染，如艳翻，又而险翻。独不见近日刘从谏招聚无算闲人，竟有何益！”张仲武乃封二刀付居庸关曰：“有游僧入境则斩之。”

主客郎中韦博以为事不宜太过，李德裕恶之，恶，乌路翻。出为灵武节度副使。

18 昭义乱兵奉都将李文矩为帅；帅，所类翻。文矩不从，乱兵亦不敢害。文矩稍以祸福谕之，乱兵渐听命，乃遣人谢卢钧于潞城。钧还入上党，复遣之戍振武；行一驿，乃潜选兵追之；明日，及于太平驿，唐制：三十里一驿。太平驿在潞州北六十里。宋白曰：太平驿东南距潞州八十里。尽杀之。考异曰：献替记：“上信任宰臣，无不先访问，无独断之事。唯诛讨泽潞，不肯舍赴振武官健及诛翦党项，此二事并禁中发诏处分，更不顾问。振武官健回旗，不肯进发，先害监军傔一人，监军王惟直自出晓谕，又被伤痍，旬日而卒。禁中两军枢密已下，恨其不杀节将，唯害中人，所以激上之怒，尽须剿戮。上问宰臣曰：‘我送石雄领兵至泽潞，令卢钧不诛讨罪人，如何？’德裕曰：‘卢钧已失律，性又宽慢，必恐自诛不得。若便替却卢钧，乱卒罪恶转大，须兴兵讨伐。恐不如先除替，令新帅诛翦。’上谓德裕曰：‘勿惜卢钧！本非材将。救泽潞叛兵，疑李丕报嫌。往刘稹平后，处置泽潞与刘稹同恶，仅五千馀人，皆是取得高文端、王钊状，通姓名，勘李丕状同，然后处分。其间有三两人或王钊状无名，并不更问，足明是李丕不能逞其憾。’又云：‘惟务苟安、因循为政。凡方镇发兵，只合不出军城，严兵自卫，于城门阅过部伍，更令军将慰安。岂有自出送兵马，又令家口纵观！事同儿戏，实不足惜！’‘缘大兵之后，须有防虞，臣不敢隐默。’由是中诏处分，不复顾问。”按卢钧还入潞州，谕戍兵使赴振武，寻遣兵追击，尽杀之，非上不肯舍也。既云“不可便替”，又云“不如先除替”，语自相违。上云“勿惜卢钧”，是上语，下云“臣不敢隐默”，乃是德裕语。献替记至此差舛尤甚，不可复据。又处置泽潞五千馀人太多，必是“五十”字误耳。具以状闻，且请罢河东、河阳兵在境上者，从之。

19 九月，诏修东都太庙。如李德裕所奏也。

20 李德裕请置备边库，令户部岁入钱帛十二万缗匹，度支盐铁岁入钱帛十二万缗匹，明年减其三之一，凡诸道所进助军财货皆入焉，以度支郎中判之。

21 王才人宠冠后庭，冠，古玩翻。上欲立以为后；李德裕以才人寒族，且无子，恐不厌天下之望，厌，益涉翻，伏也，合也。乃止。

22 上饵方士金丹，性加躁急，喜怒不常。冬，十月，上问李德裕以外事，对曰："陛下威断不测，断，丁乱翻。外人颇惊惧。向者寇逆暴横，横，户孟翻。固宜以威制之；今天下既平，愿陛下以宽理之，但使得罪者无怨，为善者不惊，则为宽矣。"

23 以衡山道士刘玄静为银青光禄大夫、崇玄馆学士，赐号广成先生，为之治崇玄馆，置吏铸印。唐有崇玄署令，掌僧道，属宗正寺。又有崇玄学博士，掌教玄学生。玄宗天宝二年改崇玄学曰崇玄馆，改博士曰学士。为之，于伪翻。治，直之翻。玄静固辞，乞还山，许之。

24 李德裕秉政日久，好徇爱憎，好，呼到翻。人多怨之。自杜悰、崔铉罢相，宦官左右言其太专，上亦不悦。给事中韦弘质上疏，言宰相权重，不应更领三司钱谷。德裕奏称："制置职业，人主之柄。弘质受人教导，所谓贱人图柄臣，传曰：下轻其上爵，贱臣图柄臣，则国家动摇，而人不静。非所宜言。"十二月，弘质坐贬官，由是众怒愈甚。史言李德裕以自专自用速祸。

25 上自秋冬以来，觉有疾，而道士以为换骨。上秘其事，外人但怪上希复游猎，复，扶又翻；下同。宰相奏事者亦不敢久留。诏罢来年正旦朝会。以有疾也。

26 吐蕃论恐热复纠合诸部击尚婢婢，婢婢遣厖结藏将兵五千拒之，恐热大败，与数十骑遁去。婢婢传檄河、湟，数恐热残虐之罪数恐，所具翻。曰：“汝辈本唐人，吐蕃无主，则相与归唐，毋为恐热所猎如狐兔也！”于是诸部从恐热者稍稍引去。

27 是岁，天下户四百九十五万五千一百五十一。

28 朝廷虽为党项置使，帝以侍御史为使，分三部招定党项，以邠、宁、延属崔彦曾，盐、夏、长泽属李鄠，灵武、麟、胜属郑贺。党项侵盗不已，攻陷邠、宁、盐州界城堡，屯叱利寨。宰相请遣使宣慰；上决意讨之。

六年（丙寅、八四六）

1 春，二月，庚辰，以夏州节度使米暨为东北道招讨党项使。米姓出于西域，康居枝庶分为米国，复入中国，子孙遂以为姓。

2 上疾久未平，以为汉火德，改“洛”为“雒”；汉光武改洛阳为雒阳。唐土德，不可以王气胜君名，三月，下诏改名炎。王，于况翻。唐以土德王，而帝名瀍，瀍旁从水，土胜水，故言以王气胜君名。今改名炎，炎从火，火能生土，取以君名生王气也。帝未几而晏驾，厌胜果何益哉！

上自正月乙卯不视朝，考异曰：实录作“十五日”。按献替记：“自正月十三日后至三月二十日更不开延英，时见中诏处分，莫得预焉。”今从之。宰相请见，不许；见，贤遍翻。中外忧惧。

初，宪宗纳李锜妾郑氏，生光王怡。怡幼时，宫中皆以为不慧，太和以后，益自韬匿，群居游处，处，昌吕翻。未尝发言。文宗幸十六宅宴集，好诱其言以为戏笑，【章：十二行本“笑”下有“号曰光叔”四字；乙十一行本同；孔本同；张校同；退斋校同。】好，呼到翻。上性豪迈，尤所不礼。考异曰：韦昭度续皇王宝运录曰：“宣宗即宪皇第四子。自宪皇崩，便合绍位，乃与侄文宗。文宗崩，武皇虑有他谋，乃密令中常侍四人擒宣宗于永巷，幽之数日，沉于宫厕。宦者仇公武愍之，乃奏武宗曰：‘前者王子，不宜久于宫厕。诛之。’武宗曰：‘唯唯。’仇公武取出，于车中以粪土杂物覆之，将别路归家，密养之。三年后，武皇宫车晏驾，百官奉迎于玉宸殿立之。寻擢仇公武为军容使。”尉迟偓中朝故事曰：“敬宗、文宗、武宗相次即位，宣皇皆叔父也。武宗初登极，深忌焉。一日，会鞠于禁苑间，武宗召上，遥睹瞬目于中官仇士良。士良跃马向前曰：‘适有旨，王可下马！’士良命中官舆出军中，奏云：‘落马，已不救矣！’寻请为僧，游行江表间。会昌末，中人请还京，遂即位。”令狐澄贞陵遗事曰：“上在藩时，尝从驾回，而上误堕马，人不之觉。比二更，方能兴。时天大雪，四顾悄无人声。上寒甚，会巡警者至，大惊。上曰：‘我光王也。不悟至此，方困且渴，若为我求水！’警者即于旁近得水以进，遂委而去。上良久起，举瓯将饮，顾瓯中水尽为芳醪矣。上独喜自负，一举尽瓯。已而体微暖有力，遂步归藩邸。”此三事皆鄙妄无稽，今不取。及上疾笃，旬日不能言。诸宦官密于禁中定策，辛酉，下诏称：“皇子冲幼，须选贤德，光王怡可立为皇太叔，考异曰：旧纪：“三月一日，立为皇太叔。”武宗实录云“壬戌”。宣宗实录云“辛酉”。按献替记云，“自正月十三日后至三月二十日更不开延英”，盖二十一日则宣宗见百寮也。今从宣宗实录。更名忱，更，工衡翻。忱，时壬翻。应军国政事令权句当。”以武宗之英达，李德裕之得君，而不能定后嗣，卒制命于宦竖，北司掌兵，且专宫禁之权也。句，古候翻。当，丁浪翻；下咸当同。太叔见百官，哀戚满容；裁决庶务，咸当于理，人始知有隐德焉。当，丁浪翻。

甲子，上崩。年三十三。以李德裕摄冢宰。丁卯，宣宗即位。宣宗素恶李德裕之专，恶，乌路翻。即位之日，德裕奉册；既罢，谓左右曰：“适近我者非太尉邪？每顾我，使我毛发洒淅。”近，其靳翻。洒淅，肃然之意，言可畏惮也。夏，四月，辛未朔，上始听政。

3 尊母郑氏为皇太后。

4 壬申，以门下侍郎、同平章政事【章：十二行本无“政”字；乙十一行本同。】李德裕同平章事，充荆南节度使。考异曰：实录、新表、传皆云：“德裕自守太尉检校司徒为荆南节度使。”按制辞皆无责降之语，岂可遽自守太尉检校司徒！今从旧纪。又贞陵遗事曰：“上初即位于太极殿，时宰相李德裕与行册礼。及退，上谓宦侍云云。听政之二日，遂出为荆门。”旧德裕传曰：“五年，武宗上徽号，累表乞骸，不许。德裕病月馀，坚请解机务，乃以本官平章事兼江陵尹、荆南节度使。数月，追复知政事。宣宗即位，罢相，出为东都留守。”按旧纪、新表及诸书，武宗朝德裕未尝罢免。此年九月，方自江陵除东都留守。旧传谬误，今从实录。德裕秉权日久，位重有功，众不谓其遽罢，闻之莫不惊骇。甲戌，贬工部尚书、判盐铁转运使薛元赏为忠州刺史，弟京兆少尹、权知府事元龟为崖州司户，皆德裕之党也。

5 杖杀道士赵归真等数人，流罗浮山人轩辕集于岭南。五月，乙巳，赦天下。上京两街先听留两寺外，更各增置八寺；左街先留慈恩、荐福，今增置兴唐、保寿二寺。宝应寺改为资圣寺，青龙寺改为护国寺，菩提寺改为保唐寺，清禅寺改为安国寺。尼寺二所，法云寺改为唐安寺，崇敬寺改为唐昌寺。右街先留西明寺，改为福寿寺，庄严寺改为圣寿寺。添置僧寺一所，千福寺，尼寺一所，兴圣寺依旧名。化度寺改为崇福寺，永泰寺改为万寿寺，清国寺改为崇圣寺，经行寺改为龙兴寺，奉恩寺改为兴福寺。尼寺一所，万善寺改为延唐寺。考异曰：杭州南亭记曰：“今天子即位，天下州率与二寺，用齿衰男女为其徒，各止三十人，两京数倍其四五焉。”实录：“准五日敕，两街先留寺两所外，更添置八所。”注：唐石刻云，“京师两街各置十寺，寺僧五十人。”盖谓二年正月赦后，非今赦也。僧、尼依前隶功德使，不隶主客，唐初，天下僧、尼、道士、女官皆隶鸿胪寺。武后延载元年，以僧、尼隶祠部。开元二十四年，道士、女官隶宗正寺。天宝二载，以道士隶司封。贞元四年，崇玄馆罢大学士后，复置左・右街大功德使、东都功德使、修功德使，总僧、尼之籍及功役。元和二年，以道士、女官隶左、右街功德使。会昌二年，以僧、尼隶主客。太清宫置玄元馆，亦有学士，至六年废，而僧、尼复隶两街功德使，即是年也。所度僧、尼仍令祠部给牒。改武宗之政也。牒，即今祠部所给僧、道度牒也。

6 以翰林学士、兵部侍郎白敏中同平章事。

7 辛酉，立皇子温为郓王，渼为雍王，渼，音美。泾为雅王，滋为夔王，沂为庆王。

8 六月，礼仪使奏“请复代宗神主于太庙，开成五年，文宗升祔，代宗神主以亲尽祧迁，今请复之。以敬宗、文宗、武宗同为一代，于庙东增置两室，为九代十一室。”从之。

9 秋，七月，壬寅，淮南节度使李绅薨。

10 回鹘乌介可汗之众稍稍降散及冻馁死，所馀不及三千人；国相逸隐啜杀乌介于金山，乌介可汗自杀胡山之败，窜于黑车子族，今为其下所杀。立其弟特勒遏捻为可汗。捻，奴协翻。

11 八月，壬申，葬至道昭肃孝皇帝于端陵，端陵，在京兆三原县东十里。庙号武宗。

初，武宗疾困，顾王才人曰：“我死，汝当如何？”对曰：“愿从陛下于九泉！”武宗以巾授之。武宗崩，才人即缢。武宗之间，王才人之死，惩杨妃之祸也。上闻而矜之，赠贵妃，葬于端陵柏城之内。考异曰：蔡京王贵妃传曰：“帝疾亟，才人久视帝而彽燕息处，浓妆絜服如常日，乃取所玩用物散与内家净尽；持帝所授巾至帝前，已见升遐，容易自缢，而仆于御座下，以缢为名而得卒。”旧纪：“武宗葬端陵，德妃王氏祔焉。”李德裕献替记：“自上临御，王妃有专房之宠。至是，以娇妒忤旨，一夕而殒，群情无不惊惧，以谓上功成之后喜怒不测。德裕因以进谏。”在五年十月，与王贵妃传不同，恐献替记误。康骈剧谈录曰：“孟才人善歌，有宠于武宗。属一旦圣体不豫，召而问之曰：‘我或不讳，汝将何之？’对曰：‘若陛下万岁之后，无复生为！’是日令于御前歌河满子一曲，声调凄咽，闻者涕零。及宫车晏驾，哀恸数日而殒，窆于端陵之侧。”此事恐正是王才人，传闻不同。

12 以循州司马牛僧孺为衡州长史，封州流人李宗闵为郴州司马，恩州司马崔珙为安州长史，安州，汉安陆县地，京师东南二千五十一里。潮州刺史杨嗣复为江州刺史，昭州刺史李珏为郴州刺史。僧孺等五相皆武宗所贬逐，杨嗣复贬见二百四十六卷元年。三年，崔珙罢相，崔铉代之，奏珙妄费宋滑院盐铁钱九十万缗，又劾与刘从谏厚，数护其奸，贬澧州刺史，再斥恩州司马。僧孺、宗闵贬见上四年。至是，同日北迁。宗闵未离封州而卒。离，力智翻。

13 九月，以荆南节度使李德裕为东都留守，解平章事；以中书侍郎、同平章事郑肃同平章事、充荆南节度使。

14 以兵部侍郎、判度支卢商为中书侍郎、同平章事。商，翰之族孙也。卢翰相德宗于兴元、贞元之间。

15 册黠戛斯可汗使者以国丧未行，或以为僻远小国，不足与之抗衡；回鹘未平，不应遽有建置。诏百官集议，事遂寝。

16 蛮寇安南，经略使裴元裕帅邻道兵讨之。帅，读曰率。

17 以右常侍李景让为浙西观察使。右常侍，右散骑常侍也。

初，景让母郑氏，性严明，早寡，家贫，居于东都。诸子皆幼，母自教之。宅后古墙因雨隤陷，隤，杜回翻，下坠也。得钱盈船，奴婢喜，走告母；母往，焚香祝之曰："吾闻无劳而获，身之灾也。天必以先君馀庆，矜其贫而赐之，则愿诸孤他日学问有成，乃其志也，此不敢取！"遽命掩而筑之。三子景让、景温、景庄，皆举进士及第。景让官达，发已斑白，小有过，不免捶楚。捶，止橤翻。

景让在浙西，有左都押牙迕景让意，迕，五故翻。景让杖之而毙。军中愤怒，将为变。母闻之，景让方视事，母出坐听事，听，读曰厅。立景让于庭而责之曰："天子付汝以方面，国家刑法，岂得以为汝喜怒之资，妄杀无罪之人乎！万一致一方不宁，岂惟上负朝廷，使垂年之母衔羞入地，垂，末垂也；垂年，犹言末垂之年。何以见汝之先人乎！"命左右褫其衣坐之，褫，丑豸翻。将挞其背。将佐皆为之请，为，于伪翻。拜且泣，久乃释之，军中由是遂安。

景庄老于场屋，唐人谓贡院为场屋，至今犹然。每被黜，母辄挞景让。然景让终不肯属主司，属，之欲翻。主司，校文主司也，礼部侍郎知贡举者是也。曰："朝廷取士自有公道，岂敢效人求关节乎！”久之，宰相谓主司曰：“李景庄今岁不可不收，可怜彼翁每岁受挞！”由是始及第。

18 冬，十月，礼院奏禘祭祝文于穆、敬、文、武四室，但称“嗣皇帝臣某昭告”，从之。太常有礼院。帝于穆宗，弟也；于敬、文、武，叔也。

19 甲申，上受三洞法箓于衡山道士刘玄静。既杖杀赵归真而复受法箓，所谓尤而效之。会昌五年刘玄静还衡山。

20 十二月，戊辰朔，日有食之。

宣宗元圣至明成武献文睿智章仁神聪懿道大孝皇帝上

讳怡，即位改名忱，宪宗第十二子。按通鉴书唐诸帝号，自玄宗以后，皆以葬陵谥册为正。宣宗谥圣武献文孝皇帝，若元圣至明成武献文睿智章仁神聪懿道大孝，则咸通十三年追崇之号也。

大中元年（丁卯、八四七）

1 春，正月，甲寅，上祀圜丘，赦天下，改元。

2 二月，加【章：十二行本“加”上有“庚午”二字；乙十一行本同；退斋校同；张校同，云无注本亦无。】卢龙节度使张仲武同平章事，赏其破回鹘也。石雄独非破回鹘者乎！

3 癸未，上以旱故，减膳彻乐，出宫女，纵鹰隼，隼，耸尹翻。止营缮，命中书侍郎、同平章事卢商与御史中丞封敖疏理京城系囚。大理卿马植奏称：“卢商等务行宽宥，凡抵极法，一切免死。彼官典犯赃及故杀人，平日大赦所不免，今因疏理而原之，使贪吏无所惩畏，死者衔冤无告，恐非所以消旱灾、致和气也。昔周饥，克殷而年丰；左传宁庄子之言，为讨邢发也。卫旱，讨邢而雨降。是则诛罪戮奸，式合天意，雪冤决滞，乃副圣心也。乞再加裁定。”诏两省五品以上议之。两省五品以上官，自给事中、中书舍人以上也。

4 初，李德裕执政，引白敏中为翰林学士；见二百四十六卷会昌二年。及武宗崩，德裕失势，敏中乘上下之怒，竭力排之，使其党李咸讼德裕罪，考异曰：实录："白敏中、令狐绹，在会昌中，德裕不以朋党疑之，置之台阁。及德裕失势，抵掌戟手，同谋斥逐。而崔铉亦以会昌末罢相怨德裕，大中初，敏中复荐铉在中书，乃令其党人李咸者讼德裕辅政时阴事，罢德裕留守，以太子少保分司东都。"按旧传，绹以大中二年自湖州刺史入知制诰，铉以三年自河中节度使入为相，此时未也。实录误。今按通鉴所书令狐绹知制诰，在是年六七月之间。湖州刺史有"前"字。德裕由是自东都留守以太子少保、分司。分司东都也。

左谏议大夫张鹭等上言："陛下以旱理系囚，虑有冤滞。今所原死罪，无冤可雪，恐凶险侥幸之徒常思水旱为灾，宜如马植所奏。"诏从之，皆论如法。以植为刑部侍郎，充盐铁转运使。

植素以文学政事有名于时，李德裕不之重。及白敏中秉政，凡德裕所薄者，皆不次用之。以卢商为武昌节度使。以刑部尚书、判度支崔元式为门下侍郎，翰林学士、户部侍郎韦琮为中书侍郎，并同平章事。

5 闰〔三〕月，敕："应会昌五年所废寺，有僧能营葺者，听自居之，有司毋得禁止。"是时君、相务反会昌之政，相，息亮翻。故僧、尼之弊皆复其旧。观通鉴所书，则会昌、大中之是非可见矣。

6 己酉，积庆太后萧氏崩。萧后，文宗之母也，武宗时徙居积庆殿，故以称之。

7 五月，幽州节度使张仲武大破诸奚。

8 吐蕃论恐热乘武宗之丧，诱党项及回鹘馀众寇河西，诱，音酉。诏河东节度使王宰将代北诸军击之。代北诸军，谓陉岭以北诸军也。宰以沙陀朱邪赤心为前锋，自麟州济河，与恐热战于盐州，破走之。

9 六月，以鸿胪卿李业为册黠戛斯英武诚明可汗使。

10 上请白敏中曰："朕昔从宪宗之丧，道遇风雨，百官、六宫四散避去，惟山陵使长而多髯，髯，如占翻。攀灵驾不去，谁也？"对曰："令狐楚。"上曰："有子乎？"对曰："长子绪今为随州刺史。"上曰："堪为相乎？"对曰："绪少病风痹。少，诗照翻。痹，必至翻，脚冷湿病也。次子绹，前湖州刺史，有才器。"上即擢为考功郎中、知制诰。绹入谢，上问以元和故事，绹条对甚悉，绹，徒刀翻。悉，详也。上悦，遂有大用之意。为令狐绹柄用张本。

11 秋，八月，丙申，以门下侍郎、同平章事李回同平章事、充西川节度使。

12 葬贞献皇后于光陵之侧。积庆萧后，谥贞献。

13 上敦睦兄弟，作雍和殿于十六宅，会要，是年敕，亲亲楼号雍和殿，别造屋宇廊舍七百间。宋白曰：雍和殿在睦亲院。数临幸，置酒，作乐，击球尽欢。数，所角翻。诸王有疾，常亲至卧内存问，忧形于色。

14 突厥掠漕米及行商，振武节度使史宪忠击破之。考异曰：按突厥亡已久，盖犹有馀种在振武之北者。余谓此突厥馀种保塞内属者也。

15 九月，丁卯，以金吾大将军郑光为平卢节度使。光，润州人，太后之弟也。

16 乙酉，前永宁尉吴汝纳，讼其弟湘罪不至死，"李绅与李德裕相表里，欺罔武宗，枉杀臣弟，乞召江州司户崔元藻等对辨。"吴湘死见上卷武宗会昌五年。丁亥，敕御史台鞫实以闻。鞫实，穷治其实也。冬，十二月，庚戌，御史台奏，据崔元藻所列吴湘冤状，如吴汝纳之言。戊午，贬太子少保、分司李德裕为潮州司马。

17 吏部奏，会昌四年所减州县官内复增三百八十三员。读者至此，以减者为是邪？以于既减之后而复增者为是邪？

二年（戊辰、八四八）

1 正月，甲子，群臣上尊号曰圣敬文思和武光孝皇帝；思，相吏翻。赦天下。

2 初，李德裕执政，有荐丁柔立清直可任谏官者，德裕不能用。上即位，柔立为右补阙；德裕贬潮州，柔立上疏讼其冤。丙寅，坐阿附贬南阳尉。史言丁柔立有是非之心。南阳县，汉南阳郡所治宛县地也，隋改为南阳县，唐属邓州。九域志：在州东北一百二十里。

3 西川节度使李回、桂管观察使郑亚坐前不能直吴湘冤，乙酉，回左迁湖南观察使，亚贬循州刺史，李绅追夺三任告身。李绅已薨，故追夺。中书舍人崔嘏坐草李德裕制不尽言其罪，己丑，贬端州刺史。

4 回鹘遏捻可汗仰给于奚王石舍朗；仰，牛向翻。及张仲武大破奚众，见去年五月。回鹘无所得食，日益耗散，至是，所存贵人以下不满五百人，依于室韦。使者入贺正，此回鹘使者也。过幽州，张仲武使归取遏捻等；遏捻闻之，夜与妻葛禄、子特勒毒斯等九骑西走，馀众追之不及，相与大哭。室韦分回鹘馀众为七，七姓共分之；室韦有岭西部、山北部、黄头部、如者部、婆萵部、讷北部、骆丹部，凡七姓，悉居柳城东北，近者三千里，远者六千里而赢。居三日，黠戛斯遣其相阿播帅诸胡兵号七万来取回鹘，帅，读曰率。大破室韦，悉收回鹘馀众归碛北。犹有数帐，潜窜山林，钞盗诸胡；钞，楚交翻。其别部庞勒，先在安西，亦自称可汗，居甘州，总碛西诸城，种落微弱，时入献见。见，贤遍翻。回鹘至五季时入献见者皆庞勒种类也。种，章勇翻。

5 二月，庚子，以知制诰令狐绹为翰林学士。上尝以太宗所撰金镜金镜书，太宗所著也。授绹，使读之，“至乱未尝不任不肖，至治未尝不任忠贤，”治，直吏翻。上止之曰：“凡求致太平，当以此言为首。”又书贞观政要于屏风，每正色拱手而读之。观，古玩翻。上欲知百官名数，令狐绹曰：“六品已下，官卑数多，皆吏部注拟；五品以上，则政府制授，各有籍，命曰具员。”上命宰相作具员御览五卷，上之，上之，时掌翻。常置于案上。

6 立皇子泽为濮王。上欲作五王院于大明宫，以处皇子之幼者，处，昌吕翻。召术士柴岳明使相其地。岳明对曰：“臣庶之家，迁徙不常，故有自阳宅入阴宅，阴宅入阳宅。刑克祸福，师有其说，阴阳家所谓三刑，谓寅刑巳，巳刑申，申刑寅，丑刑戌，戌刑未，未刑丑，子刑卯，卯刑子，辰刑辰，午刑午，酉刑酉，亥刑亥。克，谓金克木，木克土，土克水，水克火，火克金。今陛下深拱法宫，如淳曰：法宫，路寝正殿也。万神拥卫，阴阳书本不言帝王家。”上善其言，赐束帛遣之。

7 夏，五月，己未朔，日有食之。

8 门下侍郎、同平章事崔元式罢为户部尚书；以兵部侍郎·判度支·户部周墀、刑部侍郎·盐铁转运使马植并同平章事。“并”，当作“並”。

初，墀为义成节度使，辟韦澳为判官，及为相，谓澳曰：“力小任重，何以相助？”澳曰：“愿相公无权。”墀愕然，不知所谓。澳曰：“官赏刑罚，与天下共其可否，勿以己之爱憎喜怒移之，天下自理，何权之有！”墀深然之。澳，贯之之子也。澳，乌到翻。韦贯之，元和中为相。

9 己卯，太皇太后郭氏崩于兴庆宫。

六月，礼院检讨官王皞贬句容令。唐太常寺有礼院修撰、检讨官各一员。宋白曰：贞元九年四月，敕太常寺宜署礼院修撰、检讨官各一员，使为定额。句容县，属升州。宋白曰：句容县，本汉县，以界内茅山本名句曲山，因立名。

初，宪宗之崩，上疑郭太后预其谋；又，郑太后本郭太后侍儿，有宿怨，故上即位，待郭太后礼殊薄。郭太后意怏怏，一日，登勤政楼，即玄宗所起勤政务本之楼，在兴庆宫。欲自陨；上闻之，大怒，是夕，崩，外人颇有异论。

上以郑太后故，不欲以郭后祔宪宗，有司请葬景陵外园；皞奏宜合葬景陵，神主配宪宗室，奏入，上大怒。白敏中召皞诘之，皞曰："太皇太后，汾阳王之孙，郭子仪封汾阳王。宪宗在东宫为正妃，逮事顺宗为妇。宪宗厌代之夕，事出暧昧；太皇太后母天下，历五朝，五朝，穆、敬、文、武、宣。岂得以暧昧之事遽废正嫡之礼乎！"敏中怒甚，皞辞气愈厉。诸相会食，周墀立于敏中之门以俟之，敏中使谢曰："方为一书生所苦，公弟先行。"弟，与第同。墀入，至敏中厅问其事，见皞争辨方急，墀举手加颡，叹皞孤直。明日，皞坐贬官。考异曰：实录："五月，戊寅，以太皇太后寝疾，权不听政，宰臣帅百寮问太后起居。己卯，复问起居，下遗令。是日，太后崩。初，上篡位，以宪宗遇弑，颇疑后在党中，至是，暴得疾崩，帝之志也。甲申，白敏中帅百寮上表请听政，不许。乙酉，又上表，不许。丙戌，三上表，乃依。六月，贬礼院检讨官王皞为润州句容令。"旧传曰："宣宗继统，即后之诸子也，恩礼愈异于前朝。大中年崩，祔景陵。后历位七朝，五居太母之尊，人君行子孙之礼，福寿隆贵四十馀年，虽汉之马、邓无以加焉，识者以为汾阳社稷之功未泯，复钟庆于懿安焉。"裴延裕东观奏记曰："宪宗皇帝晏驾之夕，上虽幼，颇记其事，追恨光陵商臣之酷，即位后，诛锄恶党，无漏网者。郭太后以上英察孝果，且怀惭惧，时居兴庆宫，一日，与一二侍儿同升勤政楼，倚衡而望，便欲殒于楼下，欲成上过；左右急持之，即闻于上。上大怒，其夕，太后暴崩，上志也。"又曰："懿安郭太后既崩，丧服许如故事。礼院检讨官王皞抗疏，请后合葬景陵，配飨宪宗庙室。既入，上大怒。宰臣白敏中召皞诘其事。皞对云云。翌日，皞贬润州句容县令；周墀亦免相。"按实录所言暴崩事，皆出于东观奏记。若实有此事，则既云是夕暴崩，何得前一日先下诏云，以太后寝疾，权不听政。若无此事，则廷裕岂敢辄诬宣宗！或者郭后实以病终，而宣宗以平日疑忿之心，欲黜其礼，故皞争之。疑以传疑，今参取之。东观奏记又曰："杜悰通贵日久，门下有术士姓李。悰任西川节度使，马植罢黔中赴阙，至西川，李术士一见植，谓悰曰：'马中丞非常人也，相公厚遇之。'悰未之信。术士一日密言于悰曰：'相公将有甚祸，非马中丞不能救，乞厚结之。'悰始惊信。发日，厚币赠之，仍令邸吏为植于阙下买宅，生生之费无阙焉。植至门，方知感悰，不知其旨。寻除光禄卿，报状至蜀。悰谓术士曰：'贵人到阙作光禄勋矣。'术士曰：'姑待之。'稍进大理卿，又迁刑部侍郎，充诸道盐铁使。悰始惊忧。俄而作相。懿安皇太后崩后，悰，懿安子婿也，忽一日，内榜子索检责宰相元载故事。植谕旨。翌日延英，上前万端营救。植素辩，能回上旨，事遂中寝。按植，会昌中已自黔中入为大理卿。悰今年二月始为西川节度。今不取。按裴延裕后作"廷裕"，必有一误。

10 秋，九月，甲子，再贬潮州司马李德裕为崖州司户，湖南观察使李回为贺州刺史。崖州去京师七千四百六十里。贺州，京师东南四千一百三十里。

11 前凤翔节度使石雄诣政府自陈黑山、乌岭之功，政府，即谓政事堂。黑山、乌岭功并见上卷武宗会昌三年。考异曰：此出范摅云溪友议。彼以乌岭为天井，误也。求一镇以终老。执政以雄李德裕所荐，曰："向日之功，朝廷以蒲、孟、岐三镇酬之，足矣。"蒲，河中。孟，河阳。岐，凤翔。除左龙武统军。雄怏怏而薨。

12 十一月，庚午，万寿公主适起居郎郑颢。颢，絪之孙，郑絪为相于元和之初。登进士第，为校书郎、右拾遗内供奉，以文雅著称。公主，上之爱女，故选颢尚之。有司循旧制请用银装车，上曰："吾欲以俭约化天下，当自亲者始。"令依外命妇以铜装车。唐制：公主乘厌翟车。外命妇一品，乘白铜厌犊车。诏公主执妇礼，皆如臣庶之法，戒以毋得轻夫族，毋得预时事。又申以手诏曰："苟违吾戒，必有太平、安乐之祸。"乐，音洛。颢弟颛，尝得危疾，上遣使视之，还，问"公主何在？"曰："在慈恩寺观戏场。”上怒，叹曰：“我怪士大夫家不欲与我家为婚，良有以也！”亟命召公主入宫，立之阶下，不之视。公主惧，涕泣谢罪。上责之曰：“岂有小郎病，不往省视，乃观戏乎！”自晋以来，嫂谓叔为小郎。省，悉景翻。遣归郑氏。由是终上之世，贵戚皆兢兢守礼法，如山东衣冠之族。

13 壬午，葬懿安皇后于景陵之侧。非礼也。宪宗不为正其始，以致宣宗不为正其终。

14 以中书侍郎、同平章事韦琮为太子宾客、分司。

15 十二月，凤翔节度使崔珙奏破吐蕃，克清水。清水先隶秦州，宋白曰：清水，汉旧县，其地即秦仲始所封。九域志：清水县在秦州九十里。宋白曰：长兴中，移清水县于上邽镇。九域志之清水，长兴所移也。诏以本州未复，权隶凤翔。

16 上见宪宗朝公卿子孙，多擢用之。刑部员外郎杜胜次对，上问其家世，对曰：“臣父黄裳，首请宪宗监国。”事见二百三十六卷永贞元年。朝，直遥翻。即除给事中。翰林学士裴谂，度之子也，上幸翰林，面除承旨。谂，式荏翻。以裴度相元和之功，自足以赏延于世，但翰林学士承旨非赏功之官耳。

17 吐蕃论恐热遣其将莽罗急藏将兵二万略地西鄙，尚婢婢遣其将拓跋怀光击之于南谷，大破之，急藏降。降，户江翻。

三年（己巳、八四九）

1 春，正月，上与宰相论元和循吏孰为第一，周墀曰：“臣尝守土江西，闻观察使韦丹功德被于八州，被，皮义翻。八州，洪、江、鄂、岳、虔、吉、袁、抚也。没四十年，老稚歌思，稚，直利翻。如丹尚存。”乙亥，诏史馆修撰杜牧撰丹遗爱碑以纪之，仍擢其子河阳观察判官宙为御史。

2 二月，吐蕃论恐热军于河州，尚婢婢军于河源军。河源军在鄯州东。宋白曰：河源军置在湼〔湟〕州东西，本赵充国亭堠也。婢婢诸将欲击恐热，婢婢曰："不可。我军骤胜而轻敌，彼穷困而致死，战必不利。"诸将不从。婢婢知其必败，据河桥以待之，诸将果败。婢婢收馀众，焚桥，归鄯州。据河桥，则兵败而退者有归路。败兵既渡，焚桥阻河，则可以截论恐热之追掩。史言尚婢婢善兵。

3 吐蕃秦、原、安乐三州及石门等七关来降；高宗时，吐谷浑为吐蕃所逼，徙于鄯州，不安其居，又徙于灵州之境。咸亨三年，以灵州故鸣沙县地置安乐州以居之。安、史之乱，吐蕃取安乐州，吐谷浑又徙朔方、河东之境。原州界有石门、驿藏、制胜、石峡、木靖、木峡、六盘七关。考异曰：实录："泾原节度使康季荣奏吐蕃宰相论恐热杀东道节度使，奉表以三州、七关来降。"献祖纪年录亦云"杀东道节度使，奉表。"按补国史叙论恐热事甚详。至五年五月始来降，此际未降也。又不云杀东道节度使。且恐热若以三州、七关来降，朝廷必官赏之，何故但赏边将而不及恐热。盖三州、七关，以吐蕃国乱，自来降唐，朝廷遣诸道应接抚纳之，非恐热帅以来。实录误耳。以太仆卿陆耽为宣谕使，诏泾原、灵武、凤翔、邠宁、振武皆出兵应接。

4 河东节度使王宰入朝，以货结权幸，求以使相领宣武；刑部尚书、同平章事周墀上疏论之，宰遂还镇。驸马都尉韦让求为京兆尹；墀言京兆尹非才望不可为，让议竟寝。墀又谏上开边，开边，谓经略河西也。由是忤旨。忤，五故翻。夏，四月，以墀为东川节度使。以御史大夫崔铉为中书侍郎、同平章事，兵部侍郎、判户部魏扶同平章事。

5 癸巳，卢龙奏节度使张仲武薨，军中立其子节度押牙直方。

6 翰林学士郑颢言于上曰："周墀以直言入相，亦以直言罢相。"上深感悟，甲午，墀入谢，加检校右仆射。

7 戊戌，以张直方为卢龙留后。

8 五月，徐州军乱，逐节度使李廓。廓，程之子也，李程见二百四十三卷长庆四年。在镇不治，治，直之翻。右补阙郑鲁上言其状，且曰："臣恐新麦未登，徐师必乱；速命良帅，救此一方。"帅，所类翻。上未之省。省，悉景翻。徐州果乱，上思鲁言，擢为起居舍人。

以义成节度使卢弘止为武宁节度使。武宁士卒素骄，有银刀都尤甚，屡逐主帅。弘止至镇，都虞候胡庆方复谋作乱；复，扶又翻。弘止诛之，抚循其馀，训以忠义，军府由是获安。

9 六月，戊申，以张直方为卢龙节度使。

10 泾原节度使康季荣取原州原州本治高平，安、史乱后没于吐蕃。及石门、驿藏、木峡、制胜、六磐、石峡六关。秋，七月，丁巳，灵武节度使朱叔明取长乐州。"长乐"当作"安乐"。宋白曰：安乐州置于灵州鸣沙县。乐，音洛；下同。甲子，邠宁节度使张君绪取萧关。萧关县，旧志，属原州。甲戌，凤翔节度使李玭取秦州。玭，蒲蠲翻。凡取，言易也。秦州本治上邽。宋白曰：时治成纪，在旧州南一百里。诏邠宁节度权移军于宁州以应接河西。

八月，乙酉，改长乐州为威州。宋白曰：灵州鸣沙县本汉富平县地；后周立会州，隋立环州，以大河环曲为名。唐神龙中，默啜寇掠，移县于废丰安城，咸通三年归复，以旧县基置安乐州，大中三年，改为威州。

河、陇老幼千馀人诣阙，考异曰：实录云数千人。今从旧传。己丑，上御延喜门楼见之，延喜门在皇城东北角。六典：皇城东面二门，北曰延喜，南曰景风。延喜门则承天门外横街，东直通化门。欢呼舞跃，解胡服，袭冠带，观者皆呼万岁。诏"募百姓垦辟三州、七关土田，五年不租税；自今京城罪人应配流者皆配十处；十处，三州、七关也。四道将吏能于镇戍之地营田者，官给牛及种粮。四道，泾原、邠宁、灵武、凤翔。宋白曰：史臣曰：营田之名，盖缘边多隙地，蕃兵镇戍，课其播殖以助军须，谓之屯田。其后中原兵兴，民户减耗，野多闲田，而治财赋者如沿边例开置，名曰营田。行之岁久，不以兵，乃招致农民强户，谓之营田户。复有主务败阙犯法之家，没纳田宅，亦系于此。自此诸道皆有营田务。种，章勇翻。温池盐利可赡边陲，委度支制置。神龙元年，置温池县，属灵州，是年度属威州，县有盐池。其三州、七关镇戍之卒，皆倍给衣粮，言衣粮倍于其他戍卒。仍二年一代。道路建置堡栅，有商旅往来贩易及戍卒子弟通传家信，关镇毋得留难。其山南、剑南边境有没蕃州县，亦令量力收复。"广德以来，西羌内侵山南巡内，阶、成陷没。文州移治剑南，西山诸州亦多有没于吐蕃者。按阶州时为武州。宋白曰：阶州，汉武都之地；后魏平武都，筑城于仙陵山，置武都镇，西魏始置武州。大历初，与秦州俱没于吐蕃，大中三年收复，复立武州，景历元年改阶州。

11 冬，十月，改备边库为延资库。备边库初置见上武宗会昌五年。

12 西川节度使杜悰奏取维州。

13 闰十一月，丁酉，宰相以克复河、湟请上尊号，上曰："宪宗常有志复河、湟，见二百三十八卷元和五年。以中原方用兵，谓方用兵于两河也。未遂而崩，今乃克成先志耳。其议加顺、宪二庙尊谥以昭功烈。"

14 卢龙节度使张直方，暴忍，喜游猎。喜，许记翻。军中将作乱，直方知之，托言出猎，遂举族逃归京师；军中推牙将周綝为留后。綝，丑林翻。考异曰：旧纪："十一月，幽州军乱，逐张直方，军人推周綝为留后。四年，九月，周綝卒，军人立张允伸为留后。"直方传曰："直方多不法，虑为将卒所图；三年冬，托以游猎，奔赴阙廷。"张允伸传曰："四年，戎帅周綝寝疾，表允伸为留后。"新纪："四年，八月，幽州军乱，逐张直方，张允伸自称留后。"传亦言直方出奔，即以允伸为留后。实录直方赴阙，亦在去年八月至九月。又云张允伸知留后。皆无周綝姓名。今从旧书。直方至京师，拜金吾大将军。

15 甲戌，追上顺宗谥曰至德弘道大圣大安孝皇帝；宪宗谥曰昭文章武大圣至神孝皇帝。仍改题神主。自天宝已来，加上诸帝谥号，陵中玉册及神主未尝改题。

16 己未，崖州司户李德裕卒。

17 山南西道节度使郑涯奏取扶州。刘昫曰：扶州，治同昌县，历代吐谷浑所据。西魏逐吐谷浑，于此置邓州及邓宁郡，盖以平定邓至羌为名。隋初，改置扶州及同昌县，在长安西南一千六百九十里。广德后没于吐蕃。

周一良容肇祖标点聂崇岐覆校

资治通鉴卷第二百四十九

端明殿学士兼翰林侍读学士太中大夫
提举西京嵩山崇福宫上柱国河内郡开国公 司马光 奉敕编集
食邑二千二百户食实封九百户赐紫金鱼袋臣

后学天台胡三省音注

唐纪六十五 起上章敦牂（庚午），尽屠维单阏（己卯），凡十年。

宣宗元圣至明成武献文睿智章仁神聪懿道大孝皇帝下

大中四年（庚午、八五〇）

1 春，正月，庚辰朔，赦天下。

2 二月，以秦州隶凤翔。秦州本属陇右节度，是时新复，以属凤翔。

3 夏，四月，庚戌，以中书侍郎、同平章事马植为天平节度使。上之立也，左军中尉马元贽有力焉，武宗之大渐也，马元贽为左神策护军中尉，立上为皇太叔。由是恩遇冠诸宦者，冠，古玩翻。植与之叙宗姓。上赐元贽宝带，元贽以遗植，遗，唯季翻。植服之以朝，朝，直遥翻。上见而识之，植变色，不敢隐。明日，罢相，收植亲吏董侔，下御史台鞫之，尽得植与元贽交通之状，下，户嫁翻。再贬常州刺史。常州，古延陵季子之邑，后为毗陵，晋为晋陵，唐为常州，京师东南二千八百四十三里。

4 六月，戊申，兵部侍郎、同平章事魏扶薨。以户部尚书、判度支崔龟从同平章事。

5 秋，八月，以白敏中判延资库。去年改备边库为延资库。

6 卢龙节度使周綝薨，军中表请以押牙兼马步都知兵马使张允伸为留后，九月，丁酉，从之。考异曰：四年七月，周綝薨，张允伸为留后。旧纪亦无朝廷命綝为节度使年月。至此但云“幽州节度使周綝卒，军人立张允伸为留后。”实录：“九月，幽州大将表请押衙张允伸知留后事。”旧允伸传曰：“大中四年，戎帅周綝寝疾，表允伸为留后，朝廷可其奏。”今参取之。注曰：今按通鉴书八月周綝薨。考异以为七月。

7 党项为边患，发诸道兵讨之，连年无功，戍馈不已；右补阙孔温裕上疏切谏，上怒，贬柳州司马。温裕，戣之兄子也。孔戣见二百四十卷宪宗元和十二年。

8 吐蕃论恐热遣僧莽罗蔺真将兵于鸡项关南造桥，以击尚婢婢，军于白土岭。水经注：左南津西六十里有白土城，城西北有白土川水。其地在唐河州凤林县西。以此推之，鸡项关亦在河州界。婢婢遣其将尚铎罗榻藏将兵据临蕃军以拒之，不利，复遣磨离罴子、烛卢巩力复，扶又翻。将兵据牦牛峡以拒之。牦，力之翻。巩力请“按兵拒险，勿与战，以奇兵绝其粮道，使进不得战，退不得还，不过旬月，其众必溃。”罴子不从。巩力曰：“吾宁为不用之人，不为败军之将。”称疾，归鄯州。罴子逆战，败死。婢婢粮乏，留拓跋怀光守鄯州，帅部落三千馀人就水草于甘州西。帅，读曰率。宋白曰：甘州，西南至肃州福禄县界赤柳涧三百三十里。肃州，南至吐蕃界四百里。恐热闻婢婢弃鄯州，自将轻骑五千追之，至瓜州，宋白曰：瓜州，东南至肃州界三百四十里。闻怀光守鄯州，遂大掠河西鄯、廓等八州，宋白曰：廓州，北至鄯州百八十里，东南至河州凤林县二百八十里。杀其丁壮，劓刖其羸老劓，鱼气翻。刖，鱼决翻。羸，伦为翻。及妇人，以槊贯婴儿为戏，焚其室庐，五千里间，赤地殆尽。

9 冬，十月，辛未，以翰林学士承旨、兵部侍郎令狐绹同平章事。考异曰：旧纪在十一月。今从实录、新纪。

10 十一月，壬寅，以翰林学士刘瑑为京西招讨党项行营宣慰使。瑑，持兖翻。

11 以卢龙留后张允伸为节度使。

12 十二月，以凤翔节度使李业、河东节度使李拭并兼招讨党项使。

13 吏部侍郎孔温业白执政求外官，白敏中谓同列曰："我辈须自点检，孔吏部不肯居朝廷矣。"温业，戣之弟子也。孔温业之操行不见于史，时人盖以其家世而敬之。

五年（辛未、八五一）

1 春，正【章：十二行本"正"作"二"；乙十一行本同；退斋校同。】月，壬戌，天德军奏摄沙州刺史张义潮遣使来降。降，户江翻；下同。沙州，东南至长安三千八百五十九里。义潮，沙州人也，时吐蕃大乱，义潮阴结豪杰，谋自拔归唐；一旦，帅众被甲噪于州门，帅，读曰率。被，皮义翻。唐人皆应之，吐蕃守将惊走，义潮遂摄州事，奉表来降。考异曰：补国史作"议潮"。今从实录、新、旧纪、传。以义潮为沙州防御使。

2 以兵部侍郎裴休为盐铁转运使。休，肃之子也。裴肃见二百三十五卷德宗贞元十二年。自太和以来，岁运江、淮米不过四十万斛，吏卒侵盗、沉没，舟达渭仓者什不三四，大堕刘晏之法，沈，持林翻。堕，读曰隳。刘晏法见二百二十六卷德宗建中元年。休穷究其弊，立漕法十条，岁运米至渭仓者百二十万斛。

3 上颇知党项之反由边帅利其羊马，数欺夺之，或妄诛杀，党项不胜愤怨，故反，帅，所类翻。数，所角翻。胜，音升。乃以右谏议大夫李福为夏绥节度使。自是继选儒臣以代边帅之贪暴者，行日复面加戒励，复，扶又翻。党项由是遂安。福，石之弟也。

4 上以南山、平夏党项久未平，党项居庆州者，号东山部；居夏州者，号平夏部；其窜居南山者，为南山党项。赵珣聚米图经：党项部落在银、夏以北，居川泽者，谓之平夏党项；在安、盐以南，居山谷者，谓之南山党项。考异曰：唐年补录曰："松州南有雪山，故曰南山。平夏，川名也。"余按唐年补录，乃末学肤受者之为耳。今不欲复言地理，姑以通鉴义例言之。考异者，考群书之同异而审其是，训释其义，付之后学。南山之说，既无同异之可考，今而引之，疑非考异本指也。颇厌用兵。崔铉建议，宜遣大臣镇抚。三月，以白敏中为司空、同平章事，充招讨党项行营都统、制置等使，职源曰：制置使始此。南北两路供军使兼邠宁节度使。敏中请用裴度故事，择廷臣为将佐，许之。裴度故事见二百四十卷宪宗元和十二年。夏，四月，以左谏议大夫孙景商为左庶子，充邠宁行军司马；知制诰蒋伸为右庶子，充节度副使。伸，系之弟也。蒋系见二百四十四卷文宗太和五年。

初，上令白敏中为万寿公主选佳婿，为，于伪翻。敏中荐郑颢；时颢已婚卢氏，行至郑州，堂帖追还，万寿公主适郑颢见上卷上年。郑州去京师一千一百五里。颢甚衔之，由是数毁敏中于上。敏中将赴镇，言于上曰："郑颢不乐尚主，数，所角翻。乐，音洛。怨臣入骨髓。臣在政府，无如臣何；今臣出外，颢必中伤，臣死无日矣！"中，竹仲翻。上曰："朕知之久矣，卿何言之晚邪！"命左右于禁中取小柽函以授敏中曰："此皆郑郎谮卿之书也。朕若信之，岂任卿以至今日！"敏中归，置柽函于佛前，焚香事之。柽，丑贞翻；说文曰：河柳也。

敏中军于宁州，壬子，定远城使史元破党项九千馀帐于三交谷，三交谷在夏州界。敏中奏党项平。辛未，诏："平夏党项，已就安帖。平夏，地名，在夏州界。宋朝李继迁之叛也，徙绥州吏民之半置平夏以为巢穴，盖银、夏之要地也。南山党项，闻出山者迫于饥寒，犹行钞掠，钞，楚交翻。平夏不容，穷无所归；宜委李福存谕，于银、夏境内授以闲田。如能革心向化，则抚如赤子，从前为恶，一切不问，或有抑屈，听于本镇投牒自诉。若再犯疆埸，或复入山林，复，扶又翻；下同。不受教令，则诛讨无赦。将吏有功者甄奖，甄，稽延翻。死伤者优恤，灵、夏、邠、鄜四道百姓，给复三年，邻道量免租税。鄜，音扶。复，方目翻。量，音良。向由边将贪鄙，致其怨叛，自今当更择廉良抚之。若复致侵叛，当先罪边将，后讨寇虏。”

5 吐蕃论恐热残虐，所部多叛；拓跋怀光使人说诱之，说，式芮翻。诱，以久翻，导引也。其众或散居【章：十二行本“居”作“归”；乙十一行本同；孔本同；张校同。】部落，或降于怀光。恐热势孤，乃扬言于众曰：“吾今入朝于唐，借兵五十万来诛不服者，然后以渭州为国城，请唐册我为赞普，谁敢不从！”五月，恐热入朝，上遣左丞李景让就礼宾院问所欲。恐热气色骄倨，语言荒诞，诞，徒旱翻，夸大也。求为河渭节度使；上不许，召对三殿，如常日胡客，劳赐遣还。劳，力到翻。还，从宣翻。恐热怏怏而去，复归落门川，聚其旧众，恐热本吐蕃落门讨击使。欲为边患。会久雨，乏食，众稍散，才有三百馀人，奔于廓州。

6 六月，立皇子润为鄂王。

7 进士孙樵上言：“百姓男耕女织，不自温饱，而群僧安坐华屋，美衣精馔，馔，雏晥翻，又雏恋翻。率以十户不能养一僧。武宗愤其然，愤其然，犹言愤其如此也。发十七万僧，言使僧长发复为齐民也。是天下一百七十万户始得苏息也。陛下即位以来，修复废寺，天下斧斤之声至今不绝，度僧几复其旧矣。几，居依翻。陛下纵不能如武宗除积弊，奈何兴之于已废乎！日者陛下欲修国东门，谏官上言，遽为罢役。为，于伪翻。今所复之寺，岂若东门之急乎？所役之功，岂若东门之劳乎？愿早降明诏，僧未复者勿复，寺未修者勿修，庶几百姓犹得以息肩也。”秋，七月，中书门下奏：“陛下崇奉释氏，群下莫不奔走，恐财力有所不逮，因之生事扰人，望委所在长吏量加撙节。撙，慈损翻。所度僧亦委选择有行业者，行，下孟翻。若容凶粗之人，则更非敬道也。乡村佛舍，请罢兵日修。”时用兵以复河、湟。从之。

8 八月，白敏中奏南山党项亦请降。时用兵岁久，国用颇乏，诏并赦南山党项，使之安业。

9 冬，十月，乙卯，中书门下奏：“今边事已息，而州府诸寺尚未毕功，望且令成之。其大县远于州府者，听置一寺，其乡村毋得更置佛舍。”从之。

10 戊辰，以户部侍郎魏谟同平章事，仍判户部。时上春秋已高，未立太子，群臣莫敢言。谟入谢，因言：“今海内无事，惟未建储副，使正人辅导，臣窃以为忧。”且泣。时人重之。重之者，以其能言人所不敢言也。

11 蓬、果群盗依阻鸡山，寇掠三川；鸡山在蓬、果二州之界，而群盗依阻以寇掠三川，则其结根也广矣。三川，谓东、西川及山南西道也。以果州刺史王贽弘充三川行营都知兵马使以讨之。

12 制以党项既平，罢白敏中都统，但以司空、平章事充邠宁节度使。

13 张义潮发兵略定其旁瓜、伊、西、甘、肃、兰、鄯、河、岷、廓十州，遣其兄义泽奉十一州图籍入见，十州并沙州为十一州。见，贤遍翻。宋白曰：瓜州，西至沙州二百八十里，西北至伊州九百里。西州，东至伊州七百五十里。甘州，西至肃州四百二十里。肃州，西至瓜州五百二十六里。兰州，西至鄯州四百九十里。鄯州，南至廓州二百八十里。河州，东北至兰州三百里。岷州，北至兰州狄道县五百三十四里，西北至河州大夏县三百六十三里。于是河、湟之地尽入于唐。十一月，置归义军于沙州，以义潮为节度使、考异曰：唐年补录、旧纪，义潮降在五年八月。献祖纪年录及新纪在十月。按实录："五年，二月，壬戌，天德军奏沙州刺史张义潮、安景旻及部落使阎英达等差使上表，请以沙州降。十月，义潮遣兄义泽以本道瓜、沙、伊、肃等十一州地图户籍来献。河、陇陷没百馀年，至是悉复故地。十一月，建沙州为归义军，以张义潮为节度使，河、沙等十一州观察、营田、处置等使。"新纪："五年，十月，沙州人张义潮以瓜、沙、伊、肃、鄯、甘、河、西、兰、岷、廓十一州归于有司。"新传："三州、七关降之明年，沙州首领张义潮奉十一州地图以献，擢义潮沙州防御使，俄号归义军，遂为节度使。"参考诸书，盖二月义潮使者始以得沙州来告，除防御使，十月又遣义泽以十一州图籍来上，除节度使也。今从实录。新传云三州降之明年，误也。十一州观察使；又以义潮判官曹义金为归义军长史。按新书百官志：节度使有行军司马、节度副使、判官、支使等；其兼都督、都护，则有长史。

14 以中书侍郎、同平章事崔龟从同平章事，充宣武节度使。

15 右羽林统军张直方坐出猎累日不还宿卫，贬左骁卫将军。

六年（壬申、八五二）

1 春，二月，王贽弘讨鸡山贼，平之。

是时，山南西道节度使封敖奏巴南妖贼言辞悖慢，上怒甚。妖，于骄翻。悖，蒲妹翻，又蒲没翻。崔铉曰："此皆陛下赤子，迫于饥寒，盗弄陛下兵于溪谷间，不足辱大军，但遣一使者可平矣。"乃遣京兆少尹刘潼诣果州招谕之。潼上言请不发兵攻讨，且曰："今以日月之明烛愚迷之众，使之稽颡归命，其势甚易。稽，音启。易，以豉翻。所虑者，武臣耻不战之功，议者责欲速之效耳。"潼至山中，盗弯弓待之，潼屏左右直前屏，必郢翻，又卑正翻。曰："我面受诏赦汝罪，使汝复为平人。闻汝木弓射二百步，今我去汝十步，汝真欲反者，可射我！"射，而亦翻。贼皆投弓列拜，请降。降，户江翻。潼归馆，而王贽弘与中使似先义逸引兵已至山下，竟击灭之。

2 三月，敕先赐右卫大将军郑光鄠县及云阳庄并免税役。

中书门下奏，以为："税役之法，天下皆同。陛下屡发德音，欲使中外画一，汉书：萧何为法，讲若画一。师古注曰：画一，言整齐也。今独免郑光，似稍乖前意。事虽至细，系体则多。"敕曰："朕以郑光元舅之尊贵，欲优异令免征税，初不细思。况亲戚之间，人所难议，卿等苟非爱我，岂进嘉言！庶事能尽如斯，天下何忧不理！有始有卒，卒，子恤翻。当共守之。并依所奏。"

3 夏，四月，甲辰，以邠宁节度使白敏中为西川节度使。

4 湖南奏，团练副使冯少端讨衡州贼帅邓裴，平之。帅，所类翻；下同。

5 党项复扰边，上欲择可为邠宁帅者而难其人，从容与翰林学士、中书舍人须昌毕諴论边事，諴援古据今，具陈方略。从，千容翻。諴，户嵒翻。援，于元翻。上悦曰："吾方择帅，不意颇、牧近在禁廷。卿其为朕行乎！"諴欣然奉命。上欲重其资履，为，于伪翻。资，以序进。履，所历之官也。六月，壬申，先以諴为刑部侍郎，癸酉，乃除邠宁节度使。考异曰：旧传，懿宗召问边事。今从实录。

6 雍王渼薨，追谥靖怀太子。渼，音美。

7 河东节度使李业纵吏民侵掠杂虏，又妄杀降者，由是北边扰动。闰月，庚子，以太子少师卢钧为河东节度使。业内有所恃，人莫敢言，魏谟独请贬黜；上不许，但徙义成节度使。

卢钧奏度支郎中韦宙为副使。宙遍诣塞下，悉召酋长，谕以祸福，酋，慈由翻。长，知丈翻。禁唐民毋得入虏境侵掠，犯者必死，杂虏由是遂安。

掌书记李璋杖一牙职，明日，牙将百馀人诉于钧，钧杖其为首者，谪戍外镇，馀皆罚之，曰："边镇百馀人，无故横诉，横，户孟翻。不可不抑。"璋，绛之子也。李绛相宪宗，以直谅闻；

帅梁，为乱卒所杀。

8 八月，甲子，以礼部尚书裴休同平章事。

9 獠寇昌、资二州。獠，鲁皓翻。资州，汉资中县地，宋、齐为资阳戍，西魏置资州，至京师三千五百六十里。

10 冬，十月，邠宁节度使毕诚奏招谕党项皆降。

11 骁卫将军张直方坐以小过屡杀奴婢，贬恩州司户。

12 十一月，立宪宗子惴为棣王。惴，之捶翻。

13 十二月，中书门下奏："度僧不精，则戒法堕坏；堕，读曰隳。造寺无节，则损费过多。请自今诸州准元敕许置寺外，有胜地灵迹许修复，繁会之县许置一院。繁会，谓人物浩繁，舟车所会之地。严禁私度僧、尼；若官度僧、尼有阙，则择人补之，仍申祠部给牒。此今所谓度牒者。其欲远游寻师者，须有本州公验。"从之。公验者，自本州给公文，所至以为照验。

七年(癸酉、八五三)

1 春，正月，戊申，上祀圜丘；赦天下。

2 夏，四月，丙寅，敕："自今法司处罪，处，昌吕翻。用常行杖。杖脊一，折法杖十；法杖，谓常行臀杖也。脊，资昔翻。折，之截翻。杖臀一，折笞五。臀，徒浑翻。使吏用法有常准。"

3 冬，十二月，左补阙赵璘请罢来年元会，止御宣政。上以问宰相，对曰："元会大礼，不可罢。况天下无事。"上曰："近华州奏有贼光火劫下邽，明火行劫，言盗无所惮。华，户化翻。关中少雪，少，诗沼翻。皆朕之忧，何谓无事！虽宣政亦不可御也。"

4 上事郑太后甚谨，不居别宫，朝夕奉养。养，余亮翻。舅郑光历平卢、河中节度使，上【章：十二行本"上"上有"入朝"二字；乙十一行本同；孔本同；张校同；退斋校同。】与之论为政，光应对鄙浅，上不悦，留为右羽林统军，使奉朝请。太后数言其贫，数，所角翻。上辄厚赐金帛，终不复任以民官。复，扶又翻。民官，谓治民之官。

5 度支奏："自河、湟平，每岁天下所纳钱九百二十五万馀缗，内五百五十万馀缗租税，八十二万馀缗榷酤，二百七十八万馀缗盐利。"榷，古岳翻。酤，工护翻。考异曰：续皇王宝运录具载是岁度支支收之数，舛错不可晓，今特存其可晓者。温公拳拳于史之阙文，盖其所重者，制国用也。

八年（甲戌、八五四）

1 春，正月，丙戌朔，日有食之。罢元会。

2 上自即位以来，治弑宪宗之党，宦官、外戚乃至东宫官属，诛窜甚众。宣宗绝郭后景陵之合葬，诛元和东宫之官属，则以为穆宗母子诚预陈弘志之谋者。然文宗于穆宗，父子也。文宗愤元和逆党，欲尽诛之而不克，以成甘露之祸。使父果为商臣，则子必为潘崇讳矣。虑人情不安，丙申，诏："长庆之初，乱臣贼子，顷搜擿馀党，流窜已尽，温公于郭后之崩，王皞之贬，既详书之矣；复书此诏。然王皞之议，卒伸于咸通之初，通鉴又书之。懿宗以子继父，而天理所在者公议所在，不可得而违也，不可得而揜也。读通鉴者宜以是观之。其馀族从疏远者，一切不问。"从，一从、再从、三从兄之亲。族，袒免以外之亲也。从，才用翻。

3 二月，中书门下奏，拾遗、补阙缺员，请更增补。上曰："谏官要在举职，不必人多，如张道符、牛丛、赵璘辈数人，使朕日闻所不闻足矣。"丛，僧孺之子也。李德裕排牛僧孺；上恶德裕，故亲僧孺之子。

久之，丛自司勋员外郎出为睦州刺史，睦州，吴置新都郡，隋置睦州，取俗阜人和、内外辑睦为义，京师东南三千六百五十九里。入谢，上赐之紫。丛既谢，前言曰：谢恩之后，前进而言。"臣所服绯，刺史所借也。"上遽曰："且赐绯。"上重惜服章，有司常具绯、紫衣数袭从行，以备赏赐，或半岁不用其一，故当时以绯、紫为荣。上重翰林学士，至于迁官，必校岁月，以为不可以官爵私近臣也。

4 秋，九月，丙戌，以右散骑常侍高少逸为陕虢观察使。有敕使过硖石，硖石，隋之崤县，贞观十四年移治硖石坞，改名硖石，属陕州。陕，失冉翻。怒饼黑，鞭驿吏见血；少逸封其饼以进。敕使还，还，音旋，又如字。上责之曰："深山中如此食岂易得！"易，以豉翻。谪配恭陵。

5 立皇子洽为怀王，汭为昭王，汶为康王。汶，音问。考异曰：唐年补录："五年，正月，甲戌朔，封三王。"今从实录、新纪。

6 上猎于苑北，此又出苑城而北猎。遇樵夫，问其县，曰："泾阳人也。""令为谁？"曰："李行言。""为政何如？"曰："性执。有强盗数人，军家索之，军家，谓北司诸军也。唐人谓诸道节度及观察为使家，诸州为州家，诸县为县家。索，山客翻。竟不与，尽杀之。"上归，帖其名于寝殿之柱。冬，十月，行言除海州刺史，入谢，上赐之金紫。问曰："卿知所以衣紫乎？"衣，于既翻；下至衣紫、衣黄并同。对曰："不知。"上命取殿柱之帖示之。

7 上以甘露之变，见二百四十五卷文宗大和八年。惟李训、郑注当死，自馀王涯、贾𫗧等无罪，诏皆雪其冤。

上召翰林学士韦澳，托以论诗，屏左右与之语曰："近日外间谓内侍权势何如？"对曰："陛下威断，非前朝之比。"澳，音奥。屏，必郢翻，又卑正翻。断，丁乱翻。朝，直遥翻。上闭目摇首曰："全未，全未！尚畏之在。句断。卿谓策将安出？"对曰："若与外廷议之，恐有太和之变，不若就其中择有才识者与之谋。"上曰："此乃末策。【章：十二行本"策"下有"朕已试之矣"五字；乙十一行本同；孔本同；张校同。】自衣黄、衣绿至衣绯，皆感恩，才衣紫则相与为一矣！"唐自上元以后，三品已上服紫，四品服深绯，五品服浅绯，六品服深绿，七品服浅绿，八品服绿，九品深青，流外官及庶人服黄。太宗定制，内侍省不置三品官；内侍是长官，阶四品，其职但在阁门守御，黄衣廪食而已。

至玄宗，宦官至三品将军，门施棨戟，得衣紫矣。衣，于既翻。上又尝与令狐绹谋尽诛宦官，绹恐滥及无辜，密奏曰："但有罪勿舍，有阙勿补，自然渐耗，至于尽矣。"宦者窃见其奏，由是益与朝士相恶，南北司如水火矣。

九年（乙亥、八五五）

1 春，正月，甲申，成德军奏节度使王元逵薨，军中立其子节度副使绍鼎，癸卯，以绍鼎为成德留后。

2 二月，以醴泉令李君奭为怀州刺史。初，上校猎渭上，有父老以十数，聚于佛祠，上问之，对曰："醴泉百姓也。县令李君奭有异政，考满当罢，诣府乞留，故此祈佛，冀谐所愿耳。"及怀州刺史阙，上手笔除君奭，宰相莫之测。君奭入谢，上以此奖厉，以所得于父老之言奖厉。众始知之。

3 三月，诏邠宁节度使毕諴还邠州。先是，以河、湟初附，党项未平，移邠宁军于宁州，事见上卷三年。先，悉荐翻。至是，南山、平夏【章：十二行本"夏"下有"党项"二字；乙十一行本同；孔本同；张校同。】皆安，威、盐、武三州军食足，五年，以原州之萧关置武州。故令还理所。理所，犹言治所。邠宁军本理邠州，北至宁州一百二十五里。

4 夏，闰四月，诏以"州县差役不均，自今每县据人贫富及役轻重作差科簿，送刺史检署讫，锁于令厅，锁，苏果翻。令厅，县令厅事也。每有役事委令，据簿定【章：十二行本"定"作"轮"；乙十一行本同；孔本同；张校同。】差。"今之差役簿始此。

5 五月，丙寅，以王绍鼎为成德节度使。

6 上聪察强记，宫中厮役给洒扫者，厮，音斯。洒，所买翻，又所卖翻。扫，苏老翻，又素报翻。皆能识其姓名，识，职吏翻。才性所任，任，音壬。呼召使令，无差误者。天下奏狱吏卒姓名，一览皆记之。度支奏渍污帛，污，乌故翻。误书渍为清，枢密承旨孙隐中谓上不之见，辄足成之。唐末，枢密承旨以院吏充，五代以诸卫将军充，宋朝以士人充，遂为清选。及中书覆入，内出度支奏付中书，中书宣署申覆，还而奏之，谓之覆入。上怒，推按擅改章奏者罚谪之。

上密令翰林学士韦澳纂次诸州境土风物及诸利害为一书，自写而上之，而上，时掌翻；下上疏同。虽子弟不知也，号曰处分语。他日，邓州刺史薛弘宗入谢，邓州，京师东南九百三十里。出，谓澳曰："上处分本州事惊人。"澳询之，皆处分语中事也。处，昌吕翻。分，扶问翻。澳在翰林，上或遣中使宣旨草诏；事有不可者，澳辄曰："兹事须降御札，方敢施行。"淹留至旦，上疏论之；上多从之。

7 秋，七月，浙东军乱，逐观察使李讷。讷，逊之弟子也，李逊见二百三十九卷宪宗元和十年。性卞急，杜预曰：卞，躁疾也，音皮彦翻。遇将士不以礼，故乱作。

8 淮南饥，民多流亡，节度使杜悰荒于游宴，政事不治。上闻之，甲午，以门下侍郎、同平章事崔铉同平章事，充淮南节度使；丁酉，以悰为太子太傅、分司。

9 九月，乙亥，贬李讷为朗州刺史，监军王宗景杖四十，配恭陵。仍诏"自今戎臣失律，并坐监军。"以礼部侍郎沈询为浙东观察使。询，传师之子也。传师者，沈既济之子。

10 冬，十一月，以吏部侍郎柳仲郢为兵部侍郎，充盐铁转运使。有闾阎医工刘集医工无职于尚药局，不待诏于翰林院，但以医术自售于闾阎之间，故谓之闾阎医工。因缘交通禁中，上敕盐铁补场官。凡铜铁盐场皆有官主之。仲郢上言："医工术精，宜补医官；若委务铜盐，何以课其殿最！殿，丁练翻。且场官贱品，非特敕所宜亲，臣未敢奉诏。"上遽批："刘集宜赐绢百匹，遣之。"他日，见仲郢，劳之曰：批，匹迷翻。劳，力到翻。"卿论刘集事甚佳。”

上尝苦不能食，召医工梁新诊脉，诊，止忍翻，切脉以候验受病之原。治之数日，良已。治，直之翻。新因自陈求官，上不许，但敕盐铁使月给钱三千【章：十二行本“千”作“十”；乙十一行本同；孔本同；熊校同。】缗而已。

11 右威卫大将军康季荣前为泾原节度使，擅用官钱二百万缗，事觉，季荣请以家财偿之。上以季荣有开河、湟功，季荣有功见上卷三年。许之。给事中封还敕书，唐制：凡诏敕有不便者，给事中涂窜而奏还之，谓之涂归。谏官亦上言，十二月，庚辰，贬季荣夔州长史。夔州，京师南二千二百四十三里。

12 江西观察使郑祗德以其子颢尚主通显，固求散地，散，悉但翻。甲午，以祗德为宾客、分司。太子宾客，分司东都。

十年（丙子、八五六）

1 春，正月，丁巳，以御史大夫郑朗为工部尚书、同平章事。

2 上命裴休极言时事，休请早建太子，上曰：“若建太子，则朕遂为闲人。”孰谓唐宣宗明察，吾不信也。休不敢复言。复，扶又翻。二月，丙戌，休以疾辞位；不许。

3 三月，辛亥，诏以“回鹘有功于国，世为婚姻，有功于国，谓讨安、史。世为婚姻，谓世尚公主。称臣奉贡，北边无警。会昌中虏廷丧乱，丧，息浪翻。可汗奔亡，属奸臣当轴，属，之欲翻。奸臣，谓李德裕。此大中君臣爱憎之论也。遽加殄灭。近有降者云，已厖历今为可汗，尚寓安西，已厖历，即厖勒，以华言译夷言，语转耳。厖勒立见上卷二年。俟其归复牙帐，当加册命。”

4 上以京兆久不理，夏，五月，丁卯，以翰林学士、工部侍郎韦澳为京兆尹。考异曰：贞陵遗事、东观奏记皆曰：“帝以崔罕、崔郢并败官，面除澳京兆尹。”按大中制集，澳代罕，郢代澳，云罕、郢并败官，误也。今从实录、新纪、旧纪、新传。澳为人公直，既视事，豪贵敛手。郑光庄吏恣横，【章：十二行本“横”下有“为闾里患”四字；乙十一行本同；孔本同；张校同；退斋校同。】庄吏，掌主家田租者也。横，户孟翻。积年租税不入，澳执而械之。上于延英问澳，澳具奏其状，上曰：“卿何以处之？”处，昌吕翻。澳曰：“欲置于法。”上曰：“郑光甚爱之，何如？”对曰：“陛下自内庭用臣为京兆，翰林学士院在内庭。欲以清畿甸之积弊；若郑光庄吏积年为蠹，得宽重辟，辟，毗亦翻。是陛下之法独行于贫户，臣未敢奉诏。”上曰：“诚如此。言韦澳所奏诚合于理。但郑光殢我不置；此实言牵于母党之爱。殢，他计翻。卿与痛杖，贷其死，可乎？”对曰：“臣不敢不奉诏，愿听臣且系之，俟征足乃释之。”上曰：“灼然可。言韦澳之言，灼然可行也。朕为郑光故桡卿法，为，于伪翻。桡，奴巧翻，又奴教翻。殊以为愧。”澳归府，府，谓京兆府。即杖之；督租数百斛足，乃以吏归光。考异曰：东观奏记曰：“太后为上言之，上于延英问澳。澳具奏本末。上曰：‘今日纳租足，放否？’澳曰：‘尚在限内。明日则不得矣。’上入奏太后曰：‘韦澳不可犯。且与送钱纳却。’顷刻而租入。”今从柳玭续贞陵遗事。

5 六月，戊寅，以中书侍郎、同平章事裴休同平章事，充宣武节度使。

6 司农卿韦廑欲求夏州节度使，廑，渠遴翻。夏，户雅翻。有术士知之，诣廑门曰：“吾善醮星辰，求官无不如意。”廑信之，夜，设醮具于庭。术士曰：“请公自书官阶一通。”既得之，仰天大呼曰：呼，火故翻。“韦廑有异志，令我祭天。”廑举家拜泣曰：“愿山人赐百口之命！”家之货财珍玩尽与之。逻者怪术士服鲜衣，逻，郎佐翻。执以为盗；术士急，乃曰：“韦廑令我祭天，我欲告之，彼以家财求我耳。”事上闻。上，时掌翻。秋，九月，上召廑面诘之，具知其冤，谓宰相曰：“韦廑城南甲族，京城之南，韦、杜二族居之，谓之韦曲、杜曲。语云：“城南韦、杜，去天尺五。"为奸人所诬，勿使狱吏辱之。"立以术士付京兆，杖死，贬厪永州司马。考异曰：东观奏记、实录，贬司农卿韦厪为永州司马；厪夜令术士为厌胜之术，御史台劾奏故也。范摅云溪友议曰：太仆卿韦厪欲求夏州节度使云云，贬潘州司马。今官名从东观奏记及实录，事采云溪友议。

7 户部侍郎、判户部、驸马都尉郑颢唐自中世以后，天下财赋皆属户部、度支、盐铁，率以他官分判。户部侍郎判户部，乃得知户部一司钱货、谷帛出入之事。驸马都尉，尚主者为之。营求作相甚切。其父祗德【章：十二行本"德"下有"闻之"二字；乙十一行本同；孔本同。】与书曰："闻汝已判户部，是吾必死之年；又闻欲求宰相，是吾必死之日也！"考异曰：刘崇远金华子杂编："颢既判户部，驰逐台司甚切。时家君犹镇山东，闻之，遣书谓颢"云云。按实录，九年十二月，颢父祗德以宾客、分司。金华子云镇山东，误也。颢惧，累表辞剧务。户部之务繁剧。冬，十月，乙酉，以颢为秘书监。

8 上遣使诣安西镇抚回鹘，使者至灵武，会回鹘可汗遣使入贡，十一月，辛亥，册拜为嗢禄登里罗汨没密施合俱录毗伽怀建可汗，以卫尉少卿王端章充使。

9 吏部尚书李景让上言："穆宗乃陛下兄，敬宗、文宗、武宗乃兄之子，陛下拜兄尚可，拜侄可乎！是使陛下不得亲事七庙也，宜迁四主出太庙，四主，谓穆、敬、文、武四宗神主。还代宗以下入庙。"诏百官议其事，不决而止。时人以是薄景让。薄其逢君之恶也。

10 敕"于灵感、会善二寺置戒坛，僧、【章：十二行本"僧"上有"诸道"二字；乙十一行本同；孔本同；张校同。】尼应填阙者委长老僧选择，给公凭，赴两坛受戒，两京各选大德十人主其事。僧之能持戒行者谓之大德。宋白曰：唐制：诸寺有纲维，有大德；大德主教授。有不堪者罢之，堪者给牒，遣归本州。不见戒坛公牒，毋得私容。仍先选旧僧、尼，旧僧、尼无堪者，乃选外人。"

11 壬辰，以户部侍郎、判户部崔慎由为工部尚书、同平章事。上每命相，左右无知者。前此一日，令枢密宣旨于学士院，以兵部侍郎、判度支萧邺同平章事。枢密使王归长、马公儒覆奏："邺所判度支应罢否？"上以为归长等佑之，佑，助也。即手书慎由名及新命付学士院，仍云"落判户部事"。邺，明之八世孙也。明，梁贞阳侯萧渊明也，唐讳渊，故止曰明。

12 内园使李敬寔内园使，亦内诸司之一。五代时，有内园栽接使。遇郑朗不避马，朗奏之，上责敬寔，对曰："供奉官例不避。"上曰："汝衔敕命，横绝可也；横度曰绝。岂得私出而不避宰相乎！"命剥色，配南牙。褫其本色，使配役南牙也。

十一年（丁丑、八五七）

1 春，正月，丙午，以御史中丞兼尚书右丞夏侯孜为户部侍郎、判户部事。先是，判户部有缺，先，悉荐翻。京兆尹韦澳奏事，上欲以澳补之。辞曰："臣比年心力衰耗，难以处繁剧，比，毗至翻。处，昌吕翻。屡就陛下乞小镇，圣恩未许。"上不悦。及归，其甥柳玭尤之，玭，蒲蠲翻，又蒲宾翻。澳曰："主上不与宰辅佥议，私欲用我，人必谓我以他歧得之，歧，路也。何以自明！且尔知时事浸不佳乎？由吾曹贪名位所致耳。"丙辰，以澳为河阳节度使。考异曰：旧传云"十二年"，误也。今从实录。玭，仲郢之子也。柳仲郢见上卷武宗会昌五年。

2 上欲幸华清宫，谏官论之甚切，上为之止。为，于伪翻。上乐闻规谏，乐，音洛。凡谏官论事、门下封驳，苟合于理，多屈意从之；得大臣章疏，必焚香盥手而读之。史炤曰：盥手，澡手也。

3 二月，辛巳，以门下侍郎、同平章事魏谟同平章事，充西川节度使。谟为相，议事于上前，他相或委曲规讽，谟独正言无所避，上每叹曰："谟绰有祖风，谓有魏征之风。我心重之。”然竟以刚直为令狐绹所忌而出之。

4 岭南溪洞蛮屡为侵盗；夏，四月，壬申，以右千牛大将军宋涯为安南、邕管宣慰使。五月，乙巳，以涯为安南经略使。容州军乱，逐经略使王球。六月，癸巳，以涯为容管经略使。

5 甲午，立皇子灌为卫王，滩为广王。滩，纡容翻，又纡用翻。

6 秋，七月，庚子，以兵部侍郎、判度支萧邺同平章事，仍判度支。

7 教坊祝汉贞，滑稽敏给，史记索隐曰：滑，谓乱也。稽，同也。以言辩捷之人，言非若是，说是若非，能乱同异也。崔浩云：滑，音骨。稽，流酒器也。转注吐酒，终日不已，言出口成章，辞不穷竭，若滑稽之吐酒。故扬雄酒赋云：“鸱夷滑稽，腹大如壶，尽日盛酒，人复借沽。”是也。又姚察曰：滑稽，俳谐也。滑，读如字。稽，音计。以言谐语滑利，其智计捷出，故云滑稽也。上或指物使之口占，摹咏有如宿构，由是宠冠诸优。冠，古玩翻。一日，在上前抵掌诙谐，颇及外事，上正色谓曰：“我畜养尔曹，正供戏笑耳，畜，吁玉翻。岂得辄预朝政邪！”自是疏之。会其子坐赃，杖死，流汉贞于天德军。考异曰：实录：“大中十一年，七月，贬嗣韩王乾裕于岭外。初，伶人祝汉贞宠冠诸优，复出入宫邸，乾裕以金帛结之，求刺史，虽已纳赂而未敢言。至是，为御史台劾奏，故贬；杖汉贞，流天德军。”今从贞陵遗事。

乐工罗程，善琵琶，自武宗朝已得幸；上素晓音律，尤有宠。程恃恩暴横，以睚眦杀人，横，户孟翻。睚，五懈翻。眦，士懈翻。睚眦，恨视也，又瞋目貌。颜师古曰：睚，举眼也。眦，即眥字，谓目匡睚眦，言举目相斥也。系京兆狱。诸乐工欲为之请，因上幸后苑奏乐，为，于伪翻。乃设虚坐，坐，徂卧翻。置琵琶，而罗拜于庭，且泣。上问其故，对曰：“罗程负陛下，万死，然臣等惜其天下绝艺，不复得奉宴游矣！”复，扶又翻。上曰：“汝曹所惜者罗程艺，朕所惜者高祖、太宗法。”竟杖杀之。

8 八月，成德节度使王绍鼎薨。绍鼎沈湎无度，沈，持林翻。湎，面善翻。饮酒齐色曰湎。韩诗云：饮酒闭门不出客曰湎。好登楼弹射人以为乐，好，呼到翻。弹，徒案翻，又徒丹翻。射，而亦翻。乐，音洛。众欲逐之；会病薨，军中立其弟节度副使绍懿。戊寅，以绍懿为成德留后。

9 九月，辛酉，以太子太师卢钧同平章事，充山南西道节度使。

10 冬，十月，己巳，以秦成防御使李承勋为泾原节度使。承勋，光弼之孙也。勋，与勳同。先是，吐蕃酋长尚延心以河、渭二州部落来降，拜武卫将军；先，悉荐翻。酋，慈由翻。长，知丈翻。承勋利其羊马之富，诱之入凤林关，河州凤林县北有凤林关。凤林，汉之白石县地，天宝元年以关名县。诱，音酉。居秦州之西。承勋与诸将谋执延心，诬云谋叛，尽掠其财，徙其众于荒远；延心知之，因承勋军宴，坐中谓承勋曰：宴于军中曰军宴。坐，徂卧翻。"河、渭二州，土旷人稀，因以饥疫。唐人多内徙三川，三川，平凉川、蔚茹川、落门川也。吐蕃皆远遁于叠宕之西，宕，徒浪翻。二千里间，寂无人烟。延心欲入见天子，见，贤遍翻。请尽帅部众分徙内地，为唐百姓，帅，读曰率。使西边永无扬尘之警，其功亦不愧于张义潮矣。"张义潮以沙、瓜等州归唐。承勋欲自有其功，犹豫未许，延心复曰："延心既入朝，部落内徙，但惜秦州无所复恃耳。"复，扶又翻；下同。承勋与诸将相顾默然。明日，诸将言于承勋曰："明公首开营田，置使府，拥万兵，仰给度支，使府，谓秦、成防御使府。仰，牛向翻。将士无战守之劳，有耕市之利。耕，谓营田之利。市，谓互市之利。若从延心之谋，则西陲无事，朝廷必罢使府，省戍兵，还以秦州隶凤翔，吾属无所复望矣。"承勋以为然，即奏延心为河、渭都游弈使，使统其众居之。史言唐之边镇，自将帅至于偏裨，详于身谋，略于国事，故夷人窥见其肺肝，亦得行其自全之谋。考异曰：此事出补国史。按张义潮以十一州降，河、渭已在其间。今延心复以河、渭降者，义潮所帅者汉民，延心所帅者蕃族也。又补国史不云延心以何年月降。新传但云张义潮降，其后河、渭州虏将尚延心以国破亡，亦献款。秦州刺史高骈诱降延心及浑末部万帐，遂收二州，拜延心武卫将军。骈收凤林关，以延心为河、渭等州都游弈使。按旧传，高骈懿宗时始为秦州刺史。新传误也。今从补国史。因承勋移镇泾原，并延心事置于此。

11 中书侍郎、同平章事郑朗以疾辞位；壬申，以朗为太子太师。

12 上晚节颇好神仙，遣中使迎道士轩辕集于罗浮山。流轩辕集见上卷会昌六年。罗浮山在循州博罗县西北三十里。汉志曰：浮山自会稽浮来，博于罗山，故曰博罗山，亦曰罗浮山。

13 王端章册立回鹘可汗，道为黑车子所塞，不至而还。王端章去年十一月使回鹘。还，从宣翻，又如字。辛卯，贬端章贺州司马。

14 十一月，壬寅，以成德军留后王绍懿为节度使。

15 十二月，萧邺罢判度支。

十二年（戊寅、八五八）

1 春，正月，以康王傅、分司王式为安南都护、经略使。康王汶，上子也。考异曰：旧纪：式为安南在二月。今从实录。式有才略，至交趾，树芀木为栅，可支数十年。史炤曰：芀，都聊切，又音调。余按广韵，芀，都聊切。又音调者，苇华也，其字从艸、从刀。又类篇有从艸、从力者，香菜也，历得切。昔尝见一书从艸从力者，读与棘同。棘，羊矢枣也，此木可以支久。深堑其外，泄城中水，堑外植竹，寇不能冒。范成大桂海虞衡志：竻竹，刺竹也，芒刺森然。广东新州素无城，桂林人黄齐守郡，始以此竹植之，羔豚不能径，号竹城，至今以为利。传闻交趾外城亦是此竹，正王式所植者也。竻，卢得翻。选教士卒甚锐。顷之，南蛮大至，【章：十二行本“至”下有“屯锦田步”四字；乙十一行本同；孔本同；张校同；退斋校同。】南蛮，谓南诏蛮也。去交趾半日程；唐制：凡陆行之程，马日七十里，步及驴日五十里，车三十里。水行之程，舟之重者溯河日三十里，江四十里，馀水四十五里。空舟溯河四十里，江五十里，馀水六十里。沿流之舟，则轻重同制，河日一百五十里，江一百里，馀水七十里。式意思安閒，思，相吏翻。遣译谕之，中其要害，中，竹仲翻。要害，谓谕之以守御之事，于我为要，于彼为害者。蛮一夕引去，遣人谢曰："我自执叛獠耳，非为寇也。"安南都校罗行恭，久专府政，都校，犹言都将也。獠，鲁皓翻。校，户教翻。麾下精兵二千，都护中军才羸兵数百；式至，杖其背，黜于边徼。羸，伦为翻。徼，吉吊翻。

2 初，户部侍郎、判度支刘瑑瑑，柱兖翻。为翰林学士，上器重之。时为河东节度使，手诏征入朝，瑑奏发河东，外人始知之。戊午，以瑑同平章事。考异曰：东观奏记曰："十一年，上手诏追之，既至，拜户部侍郎、判度支。十二月十七日，次对，上以御案历日付瑑，令于下旬择一吉日。瑑不谕上旨，上曰：'但择一拜官日即得。'瑑跪奏：'二十五日甚佳。'上笑曰：'此日命卿为相。'秘，世无知者。高湜为凤翔从事，湜即瑑旧僚也。二十四日，辞瑑于宣平里私第。湜曰：'窃度旬时，必副具瞻之望。'瑑笑曰：'来日具瞻，何旬时也！'湜不敢发。诘旦，果爰立矣，始以此事泄于湜。"实录，瑑传曰："明年正月十七日，次对，帝以历日付瑑，令择吉日。瑑跪奏：二十五日。"今从之。瑑，仁轨之五世孙也。刘仁轨事高宗、武后，出入将相。

瑑与崔慎由议政于上前，慎由曰："惟当甄别品流，甄，稽延翻。别，彼列翻。上酬万一。"瑑曰："昔王夷甫祖尚浮华，晋王衍字夷甫。妄分流品，致中原丘墟。今盛明之朝，当循名责实，使百官各称其职；朝，直遥翻。称，尺证翻。而遽以品流为先，臣未知致理之日！"慎由无以对。

3 轩辕集至长安，上召入禁中，问曰："长生可学乎？"对曰："王者屏欲而崇德，屏，必郢翻。则自然受大【章：孔本"大"作"天"；张校同。】遐福，何处更求长生！"留数月，坚求还山，乃遣之。轩辕集之求还，恐会昌末年之事也。

4 二月，甲子朔，罢公卿朝拜光陵及忌日行香，悉移宫人于诸陵。以陈弘志弑逆之罪归穆宗也。唐初，皇帝有谒陵之礼，天子不躬谒，则以太常卿行陵。高宗显庆五年，诏岁春秋季一巡，宜以三公行陵，太常少卿贰之。太常给卤簿，仍著于令。始，贞观礼岁以春秋仲月巡陵，至武后时，乃以四季月、生日、忌日遣使诣陵起居。贞元四年，国子祭酒包佶言："岁二月、八月，公卿朝拜诸陵，陵台所由，导至陵下，礼略，无以尽恭。"于是太常约旧礼草定其仪，公卿众官以次奉行，朝拜而还。忌日行香，即诣陵起居之礼也。又有忌日诣僧寺行香之礼。宋白曰：唐制：国忌行香，初只行于京城寺观。贞元五年，八月，敕天下诸上州并宜国忌日准式行香之礼。凡诸帝升遐，宫人无子者悉遣诣山陵供奉朝夕，具盥栉，治衾枕，事死如事生。朝，直遥翻。

5 戊辰，以中书侍郎、同平章事崔慎由为东川节度使。考异曰：唐阙史曰："丞相太保崔公一日备顾问于便殿，上欲御楼肆赦。太保奏云云。后旬日，罢知政事。"旧传："初，慎由与萧邺同在翰林，情不相洽，及慎由作相，罢邺学士。俄而邺自度支，平章事，恩顾甚隆，邺引瑑同知政事，遂出慎由东川。"东观奏记："刘瑑既入相，与慎由议政于上前。慎由曰：'唯当甄别品流。'瑑云云。慎由不能对。因此恩泽浸衰，寻罢相为东川节度使，削平章事。"今从唐阙史。

上欲御楼肆赦，唐初，天子居西内，肆赦率御承天门楼。自高宗以后，天子居东内，肆赦率御丹凤门楼。令狐绹曰："御楼所费甚广，事须有名；且赦不可数。"唐制：凡御楼肆赦，六军十二卫皆有恩赉，故云所费甚广。刘温叟曰：故事，非肆大眚不御楼，军庶皆有恩给。数，所角翻。上不悦，曰："遣朕于何得名！"慎由曰："陛下未建储宫，四海属望。属，之欲翻。若举此礼，虽郊祀亦可，况于御楼！"时上饵方士药，已觉躁渴，而外人未知，疑忌方深，闻之，俛首不复言。史言宣宗不早定国本，使王宗实得以立长而窃定策之功。复，扶又翻。旬日，慎由罢相。

6 勃海王彝震卒。癸未，立其弟虔晃为勃海王。

7 夏，四月，以右街使、驸马都尉刘异为邠宁节度使。左、右街使与左、右金吾将军，掌分察六街徼巡。异尚安平公主，上妹也。

8 庚子，岭南都将王令寰作乱，囚节度使杨发。发，苏州人也。

9 戊申，以兵部侍郎、盐铁转运使夏侯孜同平章事。

10 五月，丙寅，工部尚书、同平章事刘瑑薨。瑑病笃，犹手疏论事，上甚惜之。

11 以右金吾大将军李燧为岭南节度使，已命中使赐之节，给事中萧仿封还制书；上方奏乐，不暇别召中使，使优人追之，节及燧门而返。考异曰：此出东观奏记，而燧不知以何时除岭南。按实录，大中九年，韦曙除岭南节度使。今年正月薨，杨发代之。三月，萧仿言柳珪。四月，燧自司农卿为右金吾大将军。五月，闻岭南乱。盖于此除燧岭南；而仿封还，以燧为非定乱之才故也。今置于此。仿，俛之从父弟也。萧俛，穆宗长庆初为相。辛巳，以泾原节度使李承勋为岭南节度使，发邻道兵讨乱者，平之。

12 是日，湖南军乱，都将石载顺等逐观察使韩悰，杀都押牙王桂直。悰待将士不以礼，故及于难。难，乃旦翻。

13 六月，丙申，江西军乱，都将毛鹤逐观察使郑宪。

14 初，安南都护李涿考异曰：实录，或作"琢"，或作"涿"。樊绰蛮书亦作"涿"。实录及新书皆有李琢传，听之子也。大中三年，自洺州刺史除义昌节度使。九年，九月，自金吾将军除平卢节度使，不云曾为安南都护。按都护位卑，琢既为义昌节度使，不应为都护。疑作都护者别一李涿，非听子也。为政贪暴，强市蛮中马牛，一头止与盐一斗；又杀蛮酋杜存诚。群蛮怨怒，导南诏侵盗边境。考异曰：旧纪："琢侵刻獠民，群獠引林邑蛮攻安南府。"按蛮书，寇安南者南诏，非林邑也。

峰州有林西原，峰州在安南西北，林西原当又在峰州西。旧有防冬兵六千，南方炎瘴，至冬，瘴轻。蛮乘此时为寇，故置防冬兵。其旁七绾洞蛮，其酋长曰李由独，常助中国戍守，输租赋。酋，慈由翻。长，知丈翻。知峰州者言于涿，请罢戍兵，专委由独防遏；于是由独势孤，不能自立，南诏拓东节度使以书诱之，以甥妻其子，补拓东押牙，妻，七细翻。交趾在南诏东，南诏于东境置拓东节度，言将开拓东境也。又新志，自戎州开边县七十里，至曲州，又一千九百七十五里，至柘东城。柘，从木。又曰：柘东城有诸葛亮石刻，文曰："碑即仆，蛮为汉奴。"夷畏誓，常以石榰梧。由独遂帅其众臣于南诏。帅，读曰率。自是安南始有蛮患；是月，蛮寇安南。考异曰：实录无涿除安南年月。蛮书云："大中八年，安南都护擅罢林西原防冬戍卒，洞主李由独等七绾首领被蛮诱引，复为亲情，日往月来，渐遭侵轶。"又曰："桃花蛮本属由独管辖，亦为界上戍卒，自大中八年，被峰州知州官申文状与李涿，请罢防冬将健六千人，不要味、真、登等州界上防遏。其由独兄弟力不禁，被蛮柘东节度使与书信，将外甥嫁与由独小男，补柘东押衙，自此后七绾洞悉为蛮收管。"旧纪："咸通四年，十一月，刘蜕等言：令狐绹受李涿贿，除安南，生蛮寇。"实录："咸通二年六月，诏：'如闻李琢在安南日，杀害杜存诚，贪残颇甚，致令溪洞怀怨。'"据此，则本因李涿贪暴无谋以致蛮寇，明矣。然则大中八年至十一年，旧纪、实录不言蛮为边患，盖但时于边境小有钞盗，未敢犯州县；至此寇安南，而旧纪、实录始载之。又不知此寇安南，即郑言平剡录所谓至锦田步时非也。

15 秋，七月，丙寅，宣州都将康全泰作乱，逐观察使郑薰；薰奔扬州。

16 丁卯，右补阙内供奉张潜上疏，以为："藩府代移之际，皆奏仓库蓄积之数，以羡馀多为课绩，羡，弋线翻。朝廷亦因而甄奖。甄，稽延翻。窃惟藩府财赋，所出有常，苟非赋敛过差，及停废将士，减削衣粮，则羡馀何从而致！比来南方诸镇数有不宁，皆此故也。一朝有变，所蓄之财悉遭剽掠；比，毗至翻。数，所角翻。剽，匹妙翻。又发兵致讨，费用百倍，然则朝廷竟有何利！乞自今藩府长吏，不增赋敛，不减粮赐，独节游宴，省浮费，能致羡馀者，然后赏之。"上嘉纳之。

17 容管奏都虞候来正谋叛，经略使宋涯捕斩之。

初，忠武军精兵皆以黄冒首，号黄头军。李承勋以百人定岭南，宋涯使麾下效其服装，亦定容州。

安南有恶民，屡为乱，闻之，惊曰："黄头军渡海求袭我矣！""求"，当作"来"。【章：乙十一行本正作"来"。】相与夜围交趾城，鼓噪："愿送都护北归，我须此城御黄头军。"王式方食，或劝出避之。式曰："吾足一动，则城溃矣。"徐食毕，擐甲，擐，音宦。率左右登城，建大将旗，坐而责之，乱者反走。明日，悉捕诛之。有杜守澄者，自齐、梁以来拥众据溪洞，不可制。言杜守澄之先，自齐、梁以来不可制也。式离间其亲党，守澄走死。间，古苋翻。参考本末，则杜守澄，杜存诚之子也。存诚后为安南都护李鄠所杀。前又云李涿所杀。未知孰是。安南饥乱相继，六年无上供，上供者，钱帛之输京师以供上用者也。军中无犒赏，式始修贡赋，飨将士。占城、真腊皆复通使。占城在大海中，西直三佛齐，南与崖州对岸。真腊，一名吉蔑，本扶南属国，去长安二万八百里，东距车渠，西属骠，南滨海，北与道明接，东北抵驩州。

18 淮南节度使崔铉奏已出兵讨宣州贼；八月，甲午，以铉兼宣歙观察使。己亥，以宋州刺史温璋为宣州团练使。璋，造之子也。温造见二百四十四卷文宗太和四年。

19 河南、北、淮南大水，徐、泗水深五丈，深，式禁翻。漂没数万家。

20 冬，十月，建州刺史于延陵入辞，上曰："建州去京师几何？"对曰："八千里。"旧志：建州在长安东南四千九百三十五里。上曰："卿到彼为政善恶，朕皆知之，勿谓其远！此阶前则万里也，远，于愿翻。卿知之乎？"延陵悸慑失绪，悸，其季翻。慑，之涉翻。丝端曰绪。言延陵悸慑，应对错乱，失其端绪。上抚而遣之。到官，竟以不职贬复州司马。复州，京师东南一千八百里。

令狐绹拟李远杭州刺史，吴分馀杭立临水县，晋改临水为临安，陈为钱塘郡。隋置杭州，自临安移居钱塘，寻移州于柳浦西，依山筑城。京师东南三千五百五十六里。上曰："吾闻远诗云：'长日惟消一局棋，'安能理人！"绹曰："诗人托此为高兴耳，兴，许应翻。未必实然。"上曰："且令往试观之。"

上诏刺史毋得外徙，必令至京师，面察其能否，然后除之。令狐绹尝徙其故人为邻州刺史，便道之官。上见其谢上表，谢上，时掌翻。今诸州守臣有谢到任表。以问绹，对曰："以其道近，省送迎耳。"上曰："朕以刺史多非其人，为百姓害，故欲一一见之，访问其所施设，知其优劣以行黜陟。而诏命既行，直废格不用，格，音阁。宰相可畏【严："畏"改"谓"。】有权！"如令狐绹之欺蔽，罢其相而罪之可也。若任之为相而畏其有权，则宰相取充位而已。时方寒，绹汗透重裘。重，直龙翻。

上临朝，接对群臣如宾客，朝，直遥翻。虽左右近习，未尝见其有惰容。每宰相奏事，旁无一人立者，威严不可仰视。奏事毕，忽怡然曰："可以闲语矣！"因问闾阎细事，或谈宫中游宴，无所不至。一刻许，漏上一刻许也。复整容曰："卿辈善为之，朕常恐卿辈负朕，后日不复得相见。"复，扶又翻。乃起入宫。令狐绹谓人曰："吾十年秉政，大中四年，令狐绹为相，至懿宗即位方罢。最承恩遇；然每延英奏事，未尝不汗沾衣也！"

21 初，山南东道节度使徐商，以封疆险阔，素多盗贼，选精兵数百人别置营训练，号捕盗将。及湖南逐帅，事见上五月，将，即亮翻。帅，所类翻。诏商讨之。商遣捕盗将二百人讨平之。

22 崔铉奏克宣州，斩康全泰及其党四百馀人。

23 上以光禄卿韦宙父丹有惠政于江西，事见上卷三年。以宙为江西观察使，发邻道兵以讨毛鹤。

24 崔铉以宣州已平，辞宣歙观察使。十一月，戊寅，以温璋为宣歙观察使。

25 兵部侍郎、判户部蒋伸从容言于上曰："近日官颇易得，人思徼幸。”从，千容翻。易，以豉翻。徼，坚尧翻。上惊曰：“如此，则乱矣！”对曰：“乱则未乱；但徼幸者多，乱亦非难。”上称叹再三。伸【章：十二行本“伸”下有“三”字；乙十一行本同；孔本同。】起，上三留之，曰：“异日不复得独对卿矣。”次对官独坐，宰相皆同入对。复，扶又翻。伸不谕。不谕者，不解上旨。十二月，甲寅，以伸同平章事。

26 韦宙奏克洪州，斩毛鹤及其党五百馀人。宙过襄州，徐商遣都将韩季友帅捕盗将从行。宙至江州，季友请夜帅其众自陆道间行，比明，至洪州，帅，读曰率。间，古苋翻。比，必利翻，及也。江州西南至洪州一百九十五里。州人不知，即日讨平之。宙奏留捕盗将二百人于江西，以季友为都虞候。

十三年（己卯、八五九）

1 春，正月，戊午朔，赦天下。

2 三月，割河东云、蔚、朔三州隶大同军。时置大同军节度，治云州。宋白曰：朔州东至蔚州四百六十里，东北至故云州二百六十里。今云州治云中，本古平城地。

3 夏，四月，辛卯，以校书郎于琮为左拾遗内供奉。初，上欲以琮尚永福公主，既而中寝，宰相请其故，上曰：“朕近与此女子会食，对朕辄折匕箸。性情如是，岂可为士大夫妻！”乃更命琮尚广德公主。折，而设翻。更，工衡翻。二公主皆上女。琮，敖之子也。

4 武宁节度使康季荣不恤士卒，士卒噪而逐之。上以左金吾大将军田牟尝镇徐州，有能名，新书曰：牟三为武宁帅，皆有能名。按武宗会昌四年，田牟方为天德军使，则其初除武宁必在会昌之间，而史不记其岁月。复以为武宁节度使，一方遂安。贬季荣于岭南。

5 六月，癸巳，封宪宗子惕为彭王。惕，他历翻。

6 初，上长子郓王温，无宠，居十六宅，馀子皆居禁中。

夔王滋，第三子也，上爱之，欲以为嗣，为其非次，为其，于伪翻。故久不建东宫。

上饵医官李玄伯、道士虞紫芝、山人王乐药，疽发于背。八月，疽甚，宰相及朝士皆不得见。见，贤遍翻。上密以夔王属枢密使王归长、马公儒、宣徽南院使王居方，使立之。属，之欲翻。三人及右军中尉王茂玄，皆上平日所厚也。独左军中尉王宗实素不同心，三人相与谋，出宗实为淮南监军；宗实已受敕于宣化门外，将自银台门出，左军副使亓元实考异曰：或作“邢元实”。今从东观奏记、懿宗实录。亓，苦坚翻。海陵本作“亓”，渠之切，姓也。谓宗实曰：“圣人不豫逾月，中尉止隔门起居；中尉，谓王宗实。今日除改，未可辨也。何不见圣人而出？”宗实感寤，复入，诸门已踵故事增人守捉矣。亓元实翼导宗实直至寝殿，上已崩，年五十。东首环泣矣。首，式又翻。环，音宦。宗实叱归长等，责以矫诏；皆捧足乞命。乃遣宣徽北院使齐元简迎郓王。壬辰，下诏立郓王为皇太子，权句当军国政事，仍更名漼。句，古候翻。当，丁浪翻。郓，音运。更，工衡翻。漼，七罪翻。收归长、公儒、居方，皆杀之。癸巳，宣遗制，以令狐绹摄冢宰。

宣宗性明察沈断，沈，持林翻。断，丁管翻。考异曰：续贞陵遗事曰：“越守尝进女乐，有绝色者，上初悦之，数月，锡赉盈积。一旦晨兴，忽不乐，曰：‘玄宗只一杨妃，天下至今未平，我岂敢忘！’乃召美人曰：‘应留汝不得。’左右或奏‘可以放还。’上曰：‘放还我必思之，可命赐酒一杯。’”此太不近人情，恐誉之太过。今不取。用法无私，从谏如流，重惜官赏，恭谨节俭，惠爱民物，故大中之政，讫于唐亡，人思咏之，谓之小太宗。卫嗣君之聪察，不足以延卫；唐宣宗之聪察，不足以延唐。

丙申，懿宗即位。癸卯，尊皇太后为太皇太后。以王宗实为骠骑上将军。李玄伯、虞紫芝、王乐皆伏诛。考异曰：东观奏记：“毕諴在翰林，上恩顾特异，许用为相，深为丞相令狐绹缓其入相之谋。諴思有以结绹，在北门求得绝色，非人世所有，盛饰珠翠，专使献绹。绹一见之心动，谓其子曰：‘毕太原于吾无分，今以是饵吾，将倾吾家族也！’一见立返之。諴又沥血输启事于绹，绹终不纳，乃命邸货之。东头医官李玄伯，上所狎昵者，以钱七十万致于家，乃舍正堂坐之，玄伯夫妻执贱役以事焉。逾月，尽得其欢心矣，乃进于上。上一见惑之，宠冠六宫。玄伯烧伏火丹砂连进，以市恩泽，致上疮疾，皆玄伯之罪也。懿宗即位，玄伯与山人王岳、道士虞紫芝俱弃市。”今从实录。

7 九月，追尊上母晁昭容为元昭皇太后。

8 加魏博节度使何弘敬兼中书令，考异曰：东观奏记：“大中十三年，三月，魏博何弘敬就加中书令。”据实录，二月弘敬加太傅，此月乃加中书令，在懿宗即位后。东观奏记误也。幽州节度使张允伸同平章事。

9 冬，十月，辛卯，赦天下。

10 十一月，戊午，以门下侍郎、同平章事萧邺同平章事，充荆南节度使。

11 十二月，甲申，以翰林学士承旨、兵部侍郎杜审权同平章事。审权，元颖之弟子也。杜元颖，穆宗长庆初为相，后以帅西川致寇，贬。

12 浙东贼帅裘甫攻陷象山，孙愐曰：裘，本仇氏，避仇改作“裘”。或曰：卫大夫柳庄邑于裘氏。神龙元年，分宁海及鄮置象山县，属台州，广德二年，度属明州。帅，所类翻。考异曰：实录作“仇甫”。按平剡录作“裘甫”，今从之。官军屡败，明州城门昼闭，进逼剡县，剡，汉古县，唐属越州。九域志：在州东南一百八十里。有众百人，浙东骚动。观察使郑祗德遣讨击副使刘勍、勍，渠京翻。副将范居植将兵三百，合台州军共讨之。

13 司空、门下侍郎、同平章事令狐绹执政岁久，忌胜己者，中外侧目，其子滈颇招权受贿。滈，湖老翻。宣宗既崩，言事者竞攻其短，丁酉，以绹同平章事，充河中节度使。以前荆南节度使、同平章事白敏中守司徒、兼门下侍郎、同平章事。

14 初，韦皋在西川，开青溪道以通群蛮，青溪道即清溪关路。使由蜀入贡。又选群蛮子弟聚之成都，教以书数，欲以慰悦羁縻之，业成则去，复以他子弟继之。复，扶又翻。如是五十年，群蛮子弟学于成都者殆以千数，军府颇厌于禀给。又，蛮使入贡，利于赐与，所从傔人浸多，傔，苦念翻。杜悰为西川节度使，奏请节减其数，诏从之。南诏丰佑怒，其贺冬使者留表付嶲州而还。又索习学子弟，移牒不逊，还，从宣翻，又如字；下同。索，山客翻。自是入贡不时，颇扰边境。

会宣宗崩，遣中使告哀，时南诏丰佑适卒，子酋龙立，酋，慈秋翻。怒曰："我国亦有丧，朝廷不吊祭。又诏书乃赐故王。"遂置使者于外馆，礼遇甚薄。使者还，具以状闻。上以酋龙不遣使来告丧，又名近玄宗讳，龙字近玄宗讳。遂不行册礼。酋龙乃自称皇帝，国号大礼，至今云南国号大理。改元建极，遣兵陷播州。为南诏攻蜀、攻交趾张本。考异曰：旧纪、实录今年皆无陷播州事，惟新纪有之。实录："咸通六年三月，卢潘奏云：大中十三年，南蛮陷播州。"补国史曰："云南自大中初朝贡使及西川质子人数渐多，节度使奏请厘革减省，有诏许之，录诏报云南，云南回牒不逊。"新南诏传曰："朝贡岁至，从者多，杜悰自西川入朝，表无多内蛮傔。丰佑怒，即慢言索质子。"盖谓蛮子弟学成都者也。按杜悰以咸通二年十月入朝，而丰佑大中十三年已死，则建议减蛮傔者，必非悰入朝后事。新传误也。

容肇祖标点聂崇岐覆校

资治通鉴卷第二百五十

端明殿学士兼翰林侍读学士太中大夫
提举西京嵩山崇福宫上柱国河内郡开国公 司马光 奉敕编集
食邑二千二百户食实封九百户赐紫金鱼袋臣
后学天台 胡三省 音注

唐纪六十六 起上章执徐（庚辰），尽强圉大渊献（丁亥），凡八年。

懿宗昭圣恭惠孝皇帝上 讳漼，宣宗长子也。初讳温，嗣位更名。

咸通元年（庚辰、八六〇）是年十一月，始改元咸通。

1 春，正月，乙卯，浙东军与裘甫战于桐柏观前，桐柏观在台州唐兴县天台山，宋改唐兴县为天台县，桐柏观赐额崇道观。观，古玩翻。范居植死，刘勍仅以身免。乙丑，甫帅其徒千馀人陷剡县，帅，读曰率。开府库，募壮士，众至数千人；越州大恐。

时二浙久安，人不习战，甲兵朽钝，见卒不满三百；见，贤遍翻。郑祗德更募新卒以益之，军吏受赂，率皆得孱弱者。孱，钽山翻。祗德遣子将沈君纵、副将张公署、望海镇将李珪子将，小将也。望海镇在明州界，今定海县即其地。元和十四年，浙东观察使薛戎奏望海镇去明州七十馀里，俯临大海，与新罗、日本诸蕃接界。将，即亮翻；下同。将新卒五百击裘甫。二月，辛卯，与甫战于剡西，贼设伏于三溪之南，而陈于三溪之北，三溪，在今嵊县西南，一溪自新昌县东来，一溪自磕下山南来，与新昌溪会于湖塍，屈而西北流，溪流若三派然，故谓之三溪。壅溪上流，使可涉。既战，阳败走，官军追之，半涉，决壅，水大至，官军大败，三将皆死，官军几尽。几，居依翻。

于是山海诸盗及他道无赖亡命之徒，四面云集，众至三万，分为三十二队。其小帅有谋略者推刘晊，帅，所类翻。晊，于放翻，又乎旷翻。勇力推刘庆、刘从简。群盗皆遥通书币，求属麾下。甫自称天下都知兵马使，改元曰罗平，铸印曰天平。大聚资粮，购良工，治器械，声震中原。治，直之翻。

2 丙申，葬圣武献文孝皇帝于贞陵，此谥，正葬贞陵陵中册谥也。贞陵在京兆云阳县西北四十里。庙号宣宗。

3 丙午，白敏中入朝，坠陛，伤腰，肩舆以归。

4 郑祗德累表告急，且求救于邻道；浙西遣牙将凌茂贞将四百人、宣歙遣牙将白琮将三百人赴之。歙，书涉翻。祗德始令屯郭门及东小江，越州有东小江、西小江。东小江出剡溪，至曹娥百官渡而东入海。西小江出诸暨，至钱清渡而东入于海。皆曰小江者，以浙江为大江也。寻复召还府中以自卫。复，扶又翻。祗德馈之，比度支常馈多十三倍，而宣、润将士犹以为不足。史言元帅威令不振，则惠褒而将士不以为德。度，徒洛翻。宣、润将士请土军为导，以与贼战；诸将或称病，或阳坠马，其肯行者必先邀职级，职者，军职。级者，勋级。竟不果遣。贼游骑至平水东小江，越州，会稽县东南有平水镇，又东逾山，即小江也。北又一小江，源出大木山，南流合于剡江，故系平水东，以别东小江。城中士民储舟裹粮，夜坐待旦，各谋逃溃。

朝廷知祗德懦怯，议选武将代之。夏侯孜曰：“浙东山海幽阻，可以计取，难以力攻。西班中无可语者。唐凡朝会，文官班于东，武官班于西，故谓武臣为西班。前安南都护王式，虽儒家子，王式，王播弟起之子也，旧史以为播子。在安南威服华夷，名闻远近，闻，音问。可任也。”诸相皆以为然。相，息亮翻。遂以式为【章：十二行本“为”下有“浙东”二字；乙十一行本同；孔本同；张校同。】观察使，征祗德为宾客。太子宾客，闲慢局员也。

三月，辛亥朔，式入对，上问以讨贼方略。对曰：“但得兵，贼必可破。”有宦官侍侧，曰：“发兵，所费甚大。”式曰：“臣为国家惜费则不然。为，于伪翻。兵多贼速破，其费省矣。若兵少不能胜贼，延引岁月，贼势益张，张，知亮翻。则江、淮群盗将蜂起应之。国家用度尽仰江、淮，仰，牛向翻。若阻绝不通，则上自九庙，下及十军，肃宗以后，羽林、龙武、神武、神威、神策皆分左右，号北门十军。元和二年，省神武军，明年，又省神威军，以其兵骑分隶左右神策，而犹存十军之名。皆无以供给，其费岂可胜计哉！”胜，音升。上顾宦官曰：“当与之兵。”乃诏发忠武、义成、淮南等诸道兵授之。

裘甫分兵掠衢、婺州。婺州押牙房郅、散将楼曾、散将者，牙将之散员也。散，悉但翻。将，即亮翻；下同。衢州十将方景深将兵拒险，贼不得入。又分兵掠明州，明州之民相与谋曰：“贼若入城，妻子皆为葅醢，况货财，能保之乎！”乃自相帅出财募勇士，帅，读曰率。治器械，树栅，浚沟，断桥，为固守之备。治，直之翻。断，丁管翻。贼又遣兵掠台州，破唐兴。吴分章安之西界置始平县，晋改为始丰县，宋废。唐武德初，分临海置唐兴县，宋改曰天台。九域志：在台州西一百一十里。己巳，甫自将万馀人掠上虞，焚之。上虞，汉古县，唐属越州。九域志：在州东一百一十里。癸酉，入馀姚，杀丞、尉；馀姚，汉古县，唐属越州。九域志：在州东一百四十七里。宋白曰：馀姚旧县在余姚山西。风土记云：舜支庶所封。舜姓姚，故曰余姚。东破慈溪，入奉化，抵宁海，杀其令而据之；开元二十六年，分明州之鄮县置慈溪县，在州西三十七里；又分鄮县置奉化县，在州南八十里。武德四年，分临海县置宁海县，属台州。九域志：在州东北一百七十里。分兵围象山。所过俘其少壮，少，诗照翻。馀老弱者蹂践杀之。蹂，忍久翻。

践，慈演翻。

及王式除书下，浙东人心稍安。下，遐稼翻。裘甫方与其徒饮酒，闻之不乐。闻王式来，心有所惮。乐，音洛。刘晊叹曰："有如此之众而策画未定，良可惜也！今朝廷遣王中丞将兵来，王式盖检校御史中丞。闻其人智勇无敌，不四十日必至。兵马使宜急引兵取越州，凭城郭，据府库，遣兵五千守西陵，循浙江筑垒以拒之，西陵渡在越州西一百二十二里，今西兴渡是也。吴越王钱镠恶西陵之名，改曰西兴。大集舟舰。得间，则长驱进取浙西，间，古苋翻。过大江，掠扬州货财以自实，扬州，江、淮之都会也，转运盐铁使及度支之货财聚焉，故刘晊朵颐。还，修石头城而守之，宣歙、江西必有响应者。遣刘从简以万人循海而南，袭取福建。如此，则国家贡赋之地尽入于我矣；唐自中世以后，贡赋皆仰东南，故云然。但恐子孙不能守耳，终吾身保无忧也。"观刘晊策画，岂可以小盗待之乎！甫曰："醉矣，明日议之！"晊以甫不用其言，怒，阳醉而出。有进士王辂在贼中，贼客之。辂说甫曰："如刘副使之谋，乃孙权所为也。彼乘天下大乱，故能据有江东；今中国无事，此功未易成也。说，式芮翻。易，以豉翻。不如拥众据险自守，陆耕海渔，急则逃入海岛，此万全策也。"甫畏式，犹豫未决。

夏，四月，式行至柿口，义成军不整，式欲斩其将，久乃释之，将，即亮翻。自是军所过若无人。至西陵，裘甫遣使请降，式曰："是必无降心，直欲窥吾所为，且欲使吾骄怠耳。"乃谓使者曰："甫面缚以来，当免而死。"而，汝也。

乙未，式入越州，既交政，为郑祗德置酒，为，于伪翻。曰："式主军政，不可以饮，监军但与众宾尽醉。"迨夜，继以烛，曰："式在此，贼安能妨人乐饮！"乐，音洛；下同。丙申，饯祗德于远郊，复乐饮而归。杜子春周礼注曰：五十里为近郊，百里为远郊。以今地里考之，越州百里至萧山县，王式岂能送郑祗德至此邪！记事者华言耳。复，扶又翻。于是始修军令，告馈饷不足者息矣，称疾卧家者起矣，先求迁职者默矣。

贼别帅洪师简、许会能帅所部降，别帅，所类翻。能帅，读曰率。降，户江翻。式曰："汝降是也，当立效以自异。"立效，谓立功也。使帅其徒为前锋，帅，读曰率。与贼战有功，乃奏以官。

先是，贼谍入越州，军吏匿而饮食之。先，悉荐翻。谍，徒协翻。饮，于禁翻。食，祥吏翻。文武将吏往往潜与贼通，求城破之日免死及全妻子；或诈引贼将来降，实窥虚实；城中密谋屏语，屏，必郢翻。贼皆知之。式阴察知，悉捕索，斩之；刑将吏尤横猾者；索，山客翻。横，户孟翻。严门禁，无验者不得出入，警夜周密，贼始不知我所为矣。

式命诸县开仓廪以赈贫乏，或曰："贼未灭，军食方急，不可散也。"式曰："非汝所知。"

官军少骑卒，少，诗沼翻。式曰："吐蕃、回鹘比配江、淮者，比，毗至翻。其人习险阻，便鞍马，可用也。"举籍府中，得骁健者百馀人。凡吐蕃、回鹘之配隶浙东观察府者，举其籍而取之。虏久羁旅，所部遇之无状，无善状也。困馁甚；馁，与餧同。式既犒饮，又赒其父母妻子，皆泣拜讙呼，讙，与喧同。愿效死，悉以为骑卒，使骑将石宗本将之。凡在管内者，皆视此籍之，又奏得龙陂监马二百匹，龙陂，汉颍川郏县之摩陂也。唐在汝州界置马监。宋白曰：元和十三年，十一月，赐蔡州群牧号龙陂牧。于是骑兵足矣。

或请为烽燧以诇贼远近众寡，诇，翾正翻，又火迥翻。式笑而不应；选懦卒，使乘健马，少与之兵，以为候骑；少，诗沼翻。众怪之，不敢问。

于是阅诸营见卒见，贤遍翻。及土团子弟，得四千人，使导军分路讨贼；府下无守兵，更籍土团千人以补之。乃命宣歙将白琮、浙西将凌茂贞帅本军，北来将韩宗政等帅土团，合千人，石宗本帅骑兵为前锋，自上虞趋奉化，解象山之围，号东路军。将，即亮翻。帅，读曰率。趋，七喻翻。又以义成将白宗建、忠【张："忠"下脱"武"字。】将游君楚、唐无建忠军，按此时发忠武军从王式，史逸"武"字也。白宗建，人姓名。淮南将万璘帅本军与台州唐兴军合，号南路军。令之曰："毋争险易，易，以豉翻。毋焚庐舍，毋杀平民以增首级！平民胁从者，募降之。降，户江翻。得贼金帛，官无所问。俘获者，皆越人也，释之。"

癸卯，南路军拔贼沃州寨，沃洲，在今越州新昌县东南。甲辰，拔新昌寨，新昌，时属剡县界，今置新昌县，在越州东南二百二十里。破贼将毛应天，进拔【章：十二行本"拔"作"抵"；乙十一行本同；孔本同。】唐兴。

5 白敏中三表辞位，上不许。右补阙王谱上疏，以为："陛下致理之初，乃宰相尽心之日，不可暂阙。敏中自正月卧疾，今四月矣，陛下虽与他相坐语，未尝三刻，天下之事，陛下尝暇与之讲论乎！相，息亮翻。愿听敏中罢去，延访硕德，以资聪明。"己酉，贬谱为阳翟令。谱，珪之六世孙也。王珪事太宗，以直闻。谱，博古翻。五月，庚戌朔，给事中郑公舆封还贬谱敕书。上令宰相议之，宰相以为谱侵敏中，竟贬之。

6 辛亥，浙东东路军破贼将孙马骑于宁海。戊午，南路军大破贼将刘晊、毛应天于唐兴南谷，斩应天。

先是，王式以兵少，奏更发忠武、义成军及请昭义军，诏从之。先，悉荐翻。三道兵至越州，式命忠武将张茵将三百人屯唐兴，断贼南出之道；断，音短；下同。义成将高罗锐将三百人，益以台州土军，径趋宁海，趋，七喻翻。攻贼巢穴；昭义将跌跌戣将四百人，跌，奚结翻。跌，徒结翻。戣，渠龟翻。益东路军，断贼入明州之道。庚申，南路军大破贼于海游镇，海游镇，在宁海南九十里。贼入甬溪洞。甬溪洞，在宁海西南百馀里，属唐兴县界，又西则楢溪，产铁。戊辰，官军屯于洞口，贼出洞战，又破之。己巳，高罗锐袭贼别帅刘平天寨，破之。帅，所类翻。自是诸军与贼十九战，贼连败。刘暀谓裘甫曰："向从吾谋入越州，宁有此困邪！"王辂等进士数人在贼中，皆衣绿，衣，于既翻。暀悉斩之，曰："乱我谋者，此青虫也！"

高罗锐克宁海，收其逃散之民，得七千馀人。王式曰："贼窘且饥，必逃入海，入海则岁月间未可擒也。"命罗锐军海口以拒之。海口在宁海东北四十馀里。又命望海镇将云思益、浙西将王克容将水军巡海澨。澨，市制翻。水际曰澨。思益等遇贼将刘【章：孔本"刘"下有"从"字；张校同。】简于宁海东，贼不虞水军遽至，虞，度也。皆弃船走山谷，走，音奏。得其船十七，尽焚之。式曰："贼无所逃矣，惟黄罕岭可入剡，黄罕岭，在奉化县西北，剡县之东，其路深险。度黄罕岭，则平川四十里至剡。恨无兵以守之。虽然，亦成擒矣！"裘甫既失宁海，乃帅其徒屯南陈馆下，南陈馆在宁海西南六十馀里。帅，读曰率。众尚万馀人。辛未，东路军破贼将孙马骑于上畽村，上畽村在宁海西北四十馀里。畽，力留翻。今谓之上寮山。贼将王皋惧，请降。

7 壬申，右拾遗内供奉薛调上言，以为："兵兴以来，赋敛无度，上，时掌翻。敛，力赡翻。所在群盗，半是逃户，固须翦灭，亦可闵伤。望敕州县税外毋得科率，仍敕长吏严加纠察。"从之。

8 袁王绅薨。绅，顺宗子。

9 戊寅，浙东东路军大破裘甫于南陈馆，斩首数千级，贼委弃缯帛盈路，缯，慈陵翻。以缓追者。跌跌戣令士卒："敢顾者斩！”毋敢犯者。贼果自黄罕岭遁去，六月，甲申，复入剡。复，扶又翻；下同。诸军失甫，不知所在，义成将张茵在唐兴获俘，将苦之，俘曰：“贼入剡矣。苟舍我，我请为军导。”从之。茵后甫一日至剡，壁其东南。府中闻甫入剡，复大恐，王式曰：“贼来就擒耳！”命趣东、南两路军会于剡，趣，读曰促。辛卯，围之。贼城守甚坚，攻之，不能拔；诸将议绝溪水以渴之，剡城东南临溪，西北负山，城中多凿井以引山泉，非绝溪水所能渴，作史者乃北人臆说耳。今浙东诸县皆无城，独剡县有城，犹为完壮。贼知之，乃出战。三日，凡八十三战，贼虽败，官军亦疲。贼请降，诸将出【章：十二行本“出”作“以”；乙十一行本同；孔本同；熊校同。】白式，式曰：“贼欲少休耳，少，诗沼翻。益谨备之，功垂成矣。”贼果复出，又三战。庚子夜，裘甫、刘暀、刘庆从百馀人出降，遥与诸将语，离城数十步，官军疾趋，断其后，离，力智翻。断，音短。遂擒之。壬寅，甫等至越州，式腰斩暀、庆等二十馀人，械甫送京师。考异曰：平剡录曰：“诸军围贼于剡；贼悍甚，其所谓女军者，亦乘城摘砾以中人。三日，凡八十三战，贼虽衄，官军亦疲。裘甫佯言乞降，诸将使骑来白。公曰：‘贼惫蹔休耳，谨备之。’仍遣押牙薛敬义谓诸将曰：‘功成矣，勉之，勿怠也。’果复三战，二十一日夜，甫与刘暀、刘庆十馀辈又从百馀人出，遥与诸将语，伺我军之懈，将使勇者溃围焉。诸将得公诫，夜皆设伏于营前。甫辈离城数十步，伏兵疾走以间之，锐师数百复继之，城中贼不出。甫遽甚不知所为，遂成擒焉。至是，用兵六十六日矣。二十三日，缚致府城，公于衙门陈兵以见，执其徒刘暀、刘庆二十馀辈，三斩之，械裘甫献阙下。”玉泉子见闻录曰：“王式讨裘甫。甫始起于剡，既为官军所败，复入于剡，城坚卒锐，不可遽拔。式乃约降，许奏以金吾将军，甫许焉，其将刘暀独以为不可。比及越城，左右则械手以木，曳颈以组。甫曰：‘吾既已降，何用是为？’左右曰：‘法也。到越则释去，公且行，有命矣。’既至，式登南楼俟之，曰：‘裘甫何罪，罪皆刘暀辈。’命三斩之。暀顾谓甫曰：‘君竟拜金吾乎！’斩甫于长安东市。初，甫之入剡也，虽已累败，向使城守，期岁未可平也。玉泉子曰：古人有言，杀降不祥。李广所以不侯，良有以也！王公亦不闻大贵。郑公述平剡录一何曲笔哉！虽骤历清显，而卒以丧明不复起，可不慎哉！”按二书所言，莫知孰是。然裘甫在剡城，穷困已极，势不能久，式不必更以诈诱之，或者诸将为之，不可知也。甫之出降也，或欲突走，或被诱而来，皆不可知，要之为出城乞降，官军因邀断其后擒之耳。

剡城犹未下，诸将已擒甫，不复设备。刘从简帅壮士五百突围走；诸将追至大兰山，今明州奉化县西北有大兰山，山在越州分界。复，扶又翻。帅，读曰率。从简据险自守，秋，七月，丁巳，诸将共攻克之。台州刺史李师望募贼相捕斩之以自赎，所降数百人，得从简首，献之。大兰既破，刘从简走入台州界，方为其党所杀。

诸将还越，式大置酒。诸将乃请曰：“某等生长军中，久更行陈，长，知两翻。更，工衡翻。行，户刚翻。今年得从公破贼，然私有所不谕者，敢问：公之始至，军食方急，而遽散以赈贫乏，何也？”式曰：“此易知耳。易，以豉翻。贼聚谷以诱饥人，吾给之食，则彼不为盗矣。且诸县无守兵，贼至，则仓谷适足资之耳。”又问：“不置烽燧，何也？”式曰：“烽燧所以趣救兵也，趣，读曰促。兵尽行，城中无兵以继之，徒惊士民，使自溃乱耳。”又问：“使懦卒为候骑而少给兵，何也？”式曰：“彼勇卒操利兵，操，七高翻。遇敌且不量力而斗；斗死，则贼至不知矣。”皆曰：“非所及也！”自至德以来，浙东盗起者再，袁晁、裘甫是也。裘甫之祸不烈于袁晁。袁晁之难，张伯仪平之，通鉴所书，数语而已。今王式之平裘甫，通鉴书之，视张伯仪平袁晁事为详。盖唐中世之后，家有私史。王式，儒家子也，成功之后，纪事者不无张大。通鉴因其文而序之，弗觉其烦耳。容斋随笔曰：通鉴书讨裘甫事用平剡录，盖亦有见于此。考异三十卷，辩订唐事者居太半焉，亦以唐私史之多也。

10 封宪宗子愒为信王。愒，弥遣翻。

11 八月，裘甫至京师，斩于东市。加王式检校右散骑常侍，诸将官赏各有差。先是，上每以越盗为忧，先，悉荐翻。夏侯孜曰："王式才有馀，不日告捷矣。"孜与式书曰："公专以执裘甫为事，军须细大，此期悉力。"军须，谓行军所须粮仗衣物。悉力，谓尽力应办也。故式所奏求无不从，由是能成其功。

12 卫王灌薨。灌，上弟也。

13 九月，白敏中五上表辞位；辛亥，以敏中为司徒、中书令。

14 右【章：十二行本"右"上有"癸酉"二字；乙十一行本同；孔本同；张校同；退斋校同。】拾遗句容刘邺上言："李德裕父子为相，有声迹功效，李德裕父吉甫，相宪宗，德裕相武宗，皆有勋劳在于王室，备著前纪。窜逐以来，血属将尽，生涯已空，宜赐哀闵，赠以一官。"冬，十月，丁亥，敕复李德裕太子少保、卫国公，赠左仆射。德裕贬见二百四十八卷宣宗大中元年。考异曰：裴旦李太尉南行录，载咸通二年九月二十六日右拾遗内供奉刘邺表，略云："子晔，贬立山尉，去年获遇陛下惟新之命，覃作解之恩，移授郴县尉，今已没于贬所。"又曰："血属已尽，生涯悉空。"又曰："枯骨未归于茔域，一男又殒于江、湘。"又曰："其李德裕，请特赐赠官。"敕依奏。实录注引东观奏记云："令狐相绹梦德裕曰：'某已谢明时，幸相公哀之，许归葬故里。'绹具为其子滈言之。滈曰：'李卫公犯众怒，又崔相铉、魏相谟皆敌人也，见持政，必将上前异同，未可言也。'后数日，上将坐延英，绹又梦德裕曰：'某委骨海上，思还故里，与相公有旧，幸悯而许之。'既寤，复谓滈曰：'向见卫公精爽尚可畏，吾不言，必掇祸。明日入中书，且为同列言之。'既而于帝前论奏，许其子蒙州立山尉晔护丧归葬。"又，是时柳仲郢镇东蜀，设奠于荆南，命从事李商隐为文曰："恭承新渥，言还旧止。"又云："身留蜀郡，路隔伊川。"邺奏乃云："孤骨未归茔域。"晔，懿宗初才徙郴县尉，未详，或者后人伪作之，非邺本奏也。实录注又云："白敏中为中书令，时与右庶子段全纬书云：'故卫公、太尉，灾兴鹏鸟，怨结江鱼，亲交雨散于西园，子弟蓬飘于南土。尝蒙一顾，继履三台，保持获尽于天年，论请爰加于宠赠。'全纬尝为德裕西川从军，故敏中语及云。"按此似繇敏中开发，而数本追复赠官，多连邺奏。德裕素有恩于敏中，敏中前作相，既远贬之，至此又掠其美，鄙哉！按刘邺表云："去年获遇陛下惟新之命，覃作解之恩。"则上此表在咸通元年，非二年也。旧传："邺为翰林学士承旨，以李德裕贬死朱崖，大中朝，令狐绹当权，累有赦宥，不蒙恩列。懿宗即位，绹在方镇，属郊天大赦，邺奏论之。"李太尉南行录，邺此时未为翰林学士，因上此表，敕批"便令内养宣唤入翰林充学士，馀依奏。"金华子杂编曰："宣宗尝私行经延资库，见广厦连绵，钱帛山积，问左右曰：'谁为此库？'侍臣对曰：'宰相李德裕执政日，以天下每岁备用之馀尽实此，自是已来，边庭有急，支备无乏者，兹实有赖。'上曰：'今何在？'曰：'顷以坐吴湘狱贬于崖州。'上曰：'如有此功于国，微罪岂合深谴！'由是刘公邺得以进表乞追雪之。上一览表，遂许其加赠、归葬焉。"按宣宗素恶德裕，故始即位即逐之，岂有不知其在崖州而云"岂合深谴"！又刘邺追雪在懿宗时，此说殊为浅陋，今不取。

15 己亥，以门下侍郎、同平章事夏侯孜同平章事，充西川节度使。以户部尚书、判度支毕諴为礼部尚书、同平章事。

16 安南都护李鄠复取播州。播州属黔中道，大中十三年，为云南所陷。此非安南巡属也。李鄠越境收复，欲以为功，而不知蛮兵乘虚已陷安南也。鄠，音户。复，扶又翻。

17 十一月，丁丑，上祀圜丘；赦，改元。

18 十二月，戊申，安南土蛮引南诏兵合三万馀人乘虚攻交趾，陷之。考异曰：新南诏传："大中时，李琢为安南经略使，苛墨自私，以斗盐易一牛。夷人不堪，结南诏将段酋迁陷安南都护府，号白衣没命军。懿宗绝其朝贡，乃陷播州。安南都护李鄠屯武州，咸通元年，为蛮所攻，弃州走，天子斥鄠，以王宽代之。"按宣宗时，南诏未尝陷安南。据新传，则似大中时已陷安南，咸通元年又陷武州也。且李鄠安南失守，然后奔武州，非在武州而弃之。新传误也，今从实录。都护李鄠与监军奔武州。新志：邕管所领，又有显州、武州、沈州，后皆废省。据此，则武州当在宜州界。

二年（辛巳、八六一）

1 春，正月，诏发邕管及邻道兵救安南，击南蛮。

2 二月，以中书令白敏中兼中书令、充凤翔节度使；以左仆射、判度支杜悰兼门下侍郎同平章事。

一日，两枢密使诣中书，宣徽使杨公庆继至，独揖悰受宣，受宣，受宣命也。三相起，避之西轩。三相，毕诚、杜审权、蒋伸也。公庆出斜封文书以授悰，发之，乃宣宗大渐时【章：十二行本"时"下有"宦官"二字；乙十一行本同；孔本同；张校同；退斋校同。】请郓王监国奏也。且曰："当时宰相无名者，当以反法处之。"悰反复读处，昌吕翻。复，音覆，又如字。良久，曰："圣主登极，万方欣戴。今日此文书，非臣下所宜窥。"复封以授公庆，曰："主上欲罪宰相，当于延英面示圣旨，明行诛谴。"公庆去，悰复与两枢密坐，谓曰："内外之臣，事犹一体，宰相、枢密共参国政。今主上新践阼，未熟万机，资内外裨补，固当以仁爱为先，刑杀为后，岂得遽赞成杀宰相事！若主上习以性成，则中尉、枢密权重禁闱，时以两中尉、两枢密为四贵。岂得不自忧乎！言杀宰相，则上手滑矣，中尉、枢密亦将及祸，岂得不自以为忧！悰受恩六朝，六朝，谓宪、穆、敬、文、武、宣。所望致君尧、舜，不欲朝廷以爱憎行法。"两枢密相顾默然，徐曰："当具以公言白至尊，非公重德，无人及此。"惭悚而退。三相复来见悰，微请宣意，悰无言。三相惶怖，乞存家族，悰曰："勿为他虑。"既而寂然，无复宣命。及延英开，上色甚悦。意此亦是据杜悰家传书之，其辞旨抑扬容有过其实者。洪迈随笔曰：按懿宗即位之日，宰相四人：曰令狐绹，曰萧邺，曰夏侯孜，曰蒋伸。至是惟有伸在，三人者罢去矣。诚及审权乃懿宗自用者，无有斯事，盖野史之妄。温公以唐事属之范祖禹，其审取可谓详尽，尚如此。信乎修史之难哉！考异曰：新传云："宣宗大渐，枢密使王归长等矫诏迎郓王立之。懿宗即位，欲罪大臣，悰解之。"按立郓王者王宗实。新传云归长，误也。今从补国史。

是时士大夫深疾宦官，事有小相涉，则众共弃之。建州进士叶京尝预宣武军宴，识监军之面。既而及第，在长安与同年出游，遇之于涂，马上相揖；因之谤议喧然，遂沈废终身。其不相悦如此。东汉党锢之祸盖亦如此。但李、杜诸公风节凛凛，千载之下，读其事者犹使人心神肃然。晚唐诗人不能企其万一也，而亦以胎清流之祸，哀哉！沈，持林翻。

3 福王绾薨。绾，顺宗子。

4 夏，六月，癸丑，以盐州防御使王宽为安南经略使。时李鄠自武州收集土军，攻群蛮，复取安南；朝廷责其失守，贬儋州司户。鄠初至安南，杀蛮酋杜守澄，其宗党遂诱道群蛮陷交趾。道，读曰导。朝廷以杜氏强盛，务在姑息，冀收其力用，乃赠守澄父存诚金吾将军，再举鄠杀守澄之罪，长流崖州。刘昫曰：唐武德四年，以隋朱崖郡为崖州。自雷州徐闻县南，舟行四百三十里，渡大海，达崖州。宋白曰：宋开宝六年，割旧崖州之地属琼州，却改振州为崖州。考异曰：实录："又赐宽手诏云云，'如闻李琢在安南日，杀害杜存诚，李鄠又处置其子守澄，使诱导群蛮，陷没城邑。卿到镇日，于李鄠处索取前后敕诏，一一参详。'初，李琢在镇，蛮首领爱州刺史兼土军兵马使杜存诚密诱溪洞夷、獠为之乡导，琢察其不忠，戮死焉。及李鄠至镇，蛮陷安南，鄠走武州，召土军收复城邑，而存诚家兵甚众，朝廷务姑息，乃赠存诚金吾将军。鄠以失备贬儋州。"补国史："蛮陷安南，李鄠投武州，召土军收复，颇有功绩，杀首领杜存诚，以捍御盘桓，不戮力尽敌，兼洞夷獠为乡导之罪也。鄠贬儋州后，以存诚溪洞强犷，家兵数多，子弟继总军旅，皆输忠勇，军府倚赖方甚，朝廷亦加姑息，乃再举宪章，长流鄠崖州，赠存诚金吾将军，以诱其竭力。命前盐州刺史王宙为都护。"按鄠所杀存诚之子守澄，已为王式所逐，鄠至旬日杀之，非因扞御不戮力也。代鄠者乃王宽，非王宙。补国史误也。今独取鄠克复安南一事，馀皆从平剡录、实录。按唐朝若以杜守澄之戮为李鄠罪，则当赠守澄官，不当赠其父官，此余所以致疑于前也。

5 秋，七月，南诏【章：十二行本"诏"作"蛮"；乙十一行本同；孔本同。】攻邕州，陷之。先是，广、桂、容三道共发兵三千人戍邕州，三年一代。先，悉荐翻。经略使段文楚请以三道衣粮自募土军以代之，朝廷许之，所募才得五百许人。文楚入为金吾将军，经略使李蒙利其阙额衣粮以自入，悉罢遣三道戍卒，止以所募兵守左、右江，比旧什减七八，故蛮人乘虚入寇。时蒙已卒，经略使李弘源至镇才十日，无兵以御之，城陷，弘源与监军脱身奔峦州，宋白曰：邕州，古南越城，晋置晋兴郡，隋废郡为宣化县，唐武德四年，于此置南晋州，贞观六年，改邕州，至长安五千六百里。峦州，秦桂林郡地，唐置淳州，后改峦州，至京师五千三百里，西至邕州三百里。二十馀日，蛮去，乃还。还，从宣翻，又如字。弘源坐贬建州司户。文楚时为殿中监，复以为邕管经略使，至镇，城邑居人什不存一。文楚，秀实之孙也。段秀实死于朱泚之难。

6 杜悰上言："南诏向化七十年，贞元间，南诏复向化。蜀中寝兵无事，群蛮率服。率服，谓相率而服从也。今西川兵食单寡，未可轻与之绝，且应遣使吊祭，晓谕清平官等以新王名犯庙讳，故未行册命，事始见上卷大中十三年。待其更名谢恩，更，工衡翻。然后遣使册命，庶全大体。"上从之。命左司郎中孟穆为吊祭使；未发，会南诏寇巂州，攻邛崃关，穆遂不行。考异曰：实录在此年十二月。按补国史："杜邠公再入辅，建议遣使吊祭，令其改名。才命使臣，已破越巂城池，攻邛崃关镇，使臣逗留数月不发。"然则命穆充使当在寇巂州前，实录书于十二月，误也。按南诏已称帝，陷安南，岂可弥缝！悰但欲姑息，故阳不知其僭号及以陷安南者为土蛮耳。

7 冬，十月，以御史大夫郑涯为山南东道节度使；十一月，加同平章事。

三年（壬午、八六二）

1 春，正月，庚寅朔，群臣上尊号曰睿文明圣孝德皇帝；赦天下。

2 以中书侍郎、同平章事蒋伸同平章事，充河中节度使。

3 二月，棣王惴薨。

4 南诏复寇安南，经略使王宽数来告急，复，扶又翻。数，所角翻。朝廷以前湖南观察使蔡袭代之，考异曰：补国史："王宙有缉理抚众才，远人怀惠。才未周岁，南蛮复侵封部，请兵设备，累以危急上闻。乃命桂管都防御使蔡袭代之。"实录："以前湖南观察使蔡袭为安南经略等使。王宽亦制置失宜，诸部蛮相帅内寇，故命袭往代焉。”今从之。仍发许、滑、徐、汴、荆、襄、潭、鄂等道兵各三万人各三万人，则八道之兵为二十四万，不既多乎！疑“各”字误，否则“万”字误。蜀本作“合三万人”，良是。【章：十二行本正作“合”；孔本同。】授袭以御之。兵势既盛，蛮遂引去。考异曰：实录：“咸通三年，二月，以蔡袭为安南经略、招讨、处置等使。三月，以蔡京充荆襄以南宣慰安抚使。五月，以京为岭南西道节度使。”旧纪：“三年，十一月，遣蔡袭帅禁军三千赴援安南。”按补国史云：“咸通三年，使左庶子蔡京制置岭南事。”又云：“命桂管都防御使蔡袭代王宙。其明年，使蔡京制置岭南事。”然则袭除安南，似在咸通二年也。又按樊绰蛮书云：“臣咸通三年三月四日奉本使尚书蔡袭手示，密委臣深入贼帅朱道古营寨。三月八日，入贼重围之中，臣却回，一一白于都护王宽，领得臣书牒，全无指挥，擅放军回，苟求朝奖，致袭枉伤矢石，陷失城池，征之其由，莫非蔡京、王宽之过。”绰既谓袭为本使，为之入蛮，则是袭已到官。又云回白都护王宽，则是宽犹未去任也。不知绰不白袭而白宽何故也。又，袭将兵代宽，宽为已替之人，安能擅放军回，令袭陷没！疑蛮书“擅放军回”字上少“蔡京”二字。袭除安南，不知的在何年月。今从实录。邕管经略使段文楚坐变更旧制，谓募土军以代广、桂、容戍军。更，工衡翻。左迁威卫将军、分司。考异曰：补国史：“文楚到后，城邑牢落，人户凋残。才得数月，朝廷责其更改旧制，降授威卫分司。”盖文楚既之官，而朝议责邕州陷没由文楚请罢三道戍兵自募土军，故云更改旧制。而实录云：“及文楚再至，城池圮废，人户残耗，由是颇更旧制，未数月，朝廷虑致烦扰，复改命怀玉焉。”新传：“文楚数改条约，众不悦，以胡怀玉代之。”盖因补国史改更旧制之语，相承致误也。

5 左庶子蔡京，性贪虐多诈，时相以为有吏才，相，息亮翻。奏遣制置岭南事。三月，京还，奏事称旨，称，尺证翻。复以京权知太仆卿，充荆襄以南宣慰安抚使。为蔡京奔败张本。复，扶又翻。

6 夏，四月，己亥朔，敕于两街四寺各置戒坛，度人三七日。两街四寺，谓慈恩、荐福、西明、庄严也。三七，二十一日。上奉佛太过，怠于政事，尝于咸泰殿筑坛为内寺尼受戒，内寺尼，盖宫人舍俗者；就禁中为寺以处之，非教也。两街僧、尼皆入预；又于禁中设讲席，自唱经，手录梵夹；梵夹者，贝叶经也；以板夹之，谓之梵夹。段成式曰：贝多叶出摩伽陀西国土，用以写经，其树长六七丈，经冬不凋。又数幸诸寺，施与无度。数，所角翻。施，式豉翻。吏部侍郎萧仿上疏，以为："玄祖之道，慈俭为先，素王之风，仁义为首，玄祖，谓唐祖老子，尊为玄元皇帝也。素王，谓孔子也。垂范百代，必不可加。佛者，弃位出家，割爱中之至难，取灭后之殊胜，人情莫不爱其亲，莫不爱富贵；佛者弃父母之亲，舍王子之贵而出家，是割爱中之至难。又释氏为宏阔胜大之言，以为佛灭度后，诸天神王，供养庄严，皆人世所希有。后人又奉其法而尊事之，是取灭后之殊胜也。非帝王所宜慕也。愿陛下时开延英，接对四辅，力求人瘼，瘼，音莫，病也。虔奉宗祧；思缪赏与滥刑，其殃必至，知胜残而去杀，得福甚多。罢去讲筵，缪，靡幼翻。胜，音升。去，羌吕翻。讲筵，与僧、尼讲经之筵。躬勤政事。"上虽嘉奖，竟不能从。

7 岭南旧分五管，广、桂、邕、容、安南，皆隶岭南节度使，蔡京奏请分岭南为两道节度；从之。五月，敕以广州为东道，邕州为西道，又割桂管龚、象二州，容管藤、岩二州隶邕管。寻以岭南节度使韦宙为东道节度使，以蔡京为西道节度使。

蔡袭将诸道兵在安南，蔡京忌之，恐其立功，奏称："南蛮远遁，边徼无虞，徼，吉吊翻。武夫邀功，妄占戍兵，占，之赡翻。虚费馈运。盖以荒陬路远，陬，将侯翻。难于覆验，故得肆其奸诈。请罢戍兵，各还本道。"朝廷从之。袭累奏群蛮伺隙日久，不可无备，伺，相吏翻。乞留戍兵五千人；不听。袭以蛮寇必至，交趾兵食皆阙，谋力两穷，作十必死状申中书；时相信京之言，终不之省。时相苟求省馈运之费，故京之言易入，袭之请不行。省，悉景翻。

8 秋，七月，徐州军乱，逐节度使温璋。考异曰：旧传曰："璋，咸通末为徐泗节度使。徐州牙卒曰银刀军，颇骄横。璋至，诛其凶恶者五百馀人，自是军中畏法。"按诛银刀军者，王式也。旧传误。

初，王智兴既得徐州，募勇悍之士二千人，号银刀、雕旗、门枪、挟马等七军，常以三百馀人自卫，露刃坐于两庑夹幕之下，每月一更。更，工衡翻。其后节度使多儒臣，其兵浸骄，小不如意，一夫大呼，呼，火故翻。其众皆和之，和，户卧翻。节度使辄自后门逃去。前节度使田牟至与之杂坐饮酒，把臂拊背，或为之执板唱歌；为，于伪翻。犒赐之费，日以万计，风雨寒暑，复加劳来，复，扶又翻。劳，力到翻。来，力代翻。犹时喧哗，邀求不已。牟薨，璋代之，骄兵素闻璋性严，惮之。璋开怀慰抚，而骄兵终怀猜忌，赐酒食皆不历口，一旦，竟聚噪而逐之。朝廷知璋无辜，乙亥，以璋为邠宁节度使，以浙东观察使王式为武宁节度使。

9 以前西川节度使、同平章事夏侯孜为左仆射、同平章事。

10 忠武、义成两军从王式讨裘甫者犹在浙东，诏式帅以赴徐州，帅，读曰率。骄兵闻之，甚惧。八月，式至大彭馆，大彭馆在徐州城外。大彭，即彭祖，所谓"商有大彭霸诸侯"者也。一曰：彭祖姓篯，名铿，事帝尧，历虞、夏至商，年八百岁，封于彭城，故彭城人以名馆。始出迎谒。式视事三日，飨两镇将士，遣还镇，【章：十二行本"镇"作"既"；乙十一行本同；孔本同；张校云："还"下衍"镇"字，脱"既"字。】擐甲执兵，命围骄兵，尽杀之，银刀都将邵泽等数千人皆死。考异曰：旧传曰："式至镇，尽诛银刀等七军，徐方平定。"金华子杂编曰："温璋失律于徐州，自河阳移式往镇之，式领河阳全军赴任。徐州将士闻式到近境，先遣衙队三百人远接。式衩衣坐胡床受参，既毕，乃问其逐帅之罪，命皆斩于帐前，不留一人。既而相次继来，莫知前死者音耗，至则又斩之，亦无脱者。如是数日，银刀都数千人垂尽。虎狼之众，居常咸谓能吞噬于人，及于斯际，式衣袄子、半臂，曳屐危坐，逐人皆拱手就戮，无一敢旅拒者。其后亲戚相讶，不能自会焉。”按若顿杀数千人，岂有人不知者。又式自浙东除武宁，非河阳也。今从实录。甲子，敕以徐州先隶淄青道，李洧自归，始置徐海使额。见二百二十七卷德宗建中三年。及张建封以威名宠任，特帖濠、泗二州。见二百三十三卷贞元四年。当时本以控扼淄青、光蔡。自寇孽消弭，而武宁一道职为乱阶。今改为徐州团练使，隶兖海节度；复以濠州归淮南道，更于宿州置宿泗都团练观察使；宪宗元和四年，析徐州之符离、蕲，泗州之虹，置宿州，治埇桥，在徐州南界汴水上，当舟车之会。宋白曰：宿州，取古宿国为名。留将士三【章：十二行本“三”作“二”；乙十一行本同；孔本同；张校同。】千人守徐州，馀皆分隶兖、宿。且以王式为武宁节度使，兼徐、泗、濠、宿制置使。委式与监军杨玄质分配将士赴诸道讫，然后将忠武、义成两道兵至汴滑，各遣归本道，身诣京师。其银刀等军逃匿将士，听一月内自首，首，手又翻。一切勿问。

11 岭南西道节度使蔡京为政苛惨，设炮烙之刑，阖境怨之，遂为邕州军士所逐，岭南分二节镇，西道治邕州。奔藤州，藤州，汉猛陵县地，唐置藤州，至京师五千六百里。诈为敕书及攻讨使印，募乡丁及旁侧土军以攻邕州。众既乌合，动辄溃败，往依桂州，桂州人怨其分裂，不纳。以其割桂管巡属隶西道节度也。京无所自容，敕贬崖州司户，不肯之官；还，至零陵，敕赐自尽。以桂管观察使郑愚为岭南西道节度使。

12 冬，十月，丙申朔，立皇子佾为魏王，侹为凉王，佶为蜀王。侹，他鼎翻。佶，其吉翻。

13 十一月，立顺宗子缉为蕲王，宪宗子愤为荣王。

14 南诏帅群蛮五万寇安南，帅，读曰率。考异曰：补国史云：“四年，春，南蛮帅众五万攻安南。”按蛮书，“咸通三年，十二月二十一日，桃花人安南城西南角下营，茫蛮于苏历江岸屯聚，裸形蛮亦当陈面，二十七日，蛮贼逼交州城。”则是今年冬末，蛮已围交州也。今从实录。都护蔡袭告急，敕发荆南、湖南两道兵二千，桂管义征子弟三千，诣邕州义征子弟，因其应募从军名之。受郑愚节度。

15 岭南东道节度使韦宙奏："蛮寇必向邕州，若不先保护，遽欲远征，恐蛮于后乘虚扼绝饷道。"乃敕蔡袭屯海门，考异曰：实录："诏袭且住海门"。是令弃交趾，退屯海门也。按袭死时犹在交趾。盖诏书到时，袭已被围，不得通也。郑愚分兵备御。十二月，袭又求益兵，敕山南东道发弩手千人赴之。时南诏已围交趾，袭婴城固守，救兵不得至。

16 翼王绰薨。绰，顺宗子；音齿善翻。

17 是岁，嗢末始入贡。嗢末者，吐蕃之奴号也。嗢，乌没翻。吐蕃每发兵，其富室多以奴从，从，才用翻。往往一家至十数人，由是吐蕃之众多。及论恐热作乱，奴多无主，遂相纠合为部落，散在甘、肃、瓜、沙、河、渭、岷、廓、叠、宕之间，宕，徒浪翻。吐蕃微弱者反依附之。

四年(癸未、八六三)

1 春，正月，庚午，上祀圜丘；赦天下。

2 是日，南诏陷交趾，蔡袭左右皆尽，徒步力战，身集十矢，欲趣监军船，趣，七喻翻。船已离岸，遂溺海死；离，力智翻。蔡袭死矣，而十必死之状，曾无朝臣一人为之申理。自是之后，唐之纪纲大坏，凡藩镇有片言只字，则朝廷耸动，惟恐拂其意，朝臣反与之关通，依以为外主矣。幕僚樊绰携其印浮渡江。自白州博白县西南百里下北戍滩，出马门江，渡海，抵安南界。樊绰携印渡处，即此江。荆南、江西、鄂岳、襄州将士四百馀人，走至城东水际，荆南虞候元惟德等谓众曰："吾辈无船，入水则死，不若还向城与蛮斗，人以一身易二蛮，亦为有利。"遂还向城，入东罗门；东罗门，安南罗城东门也。蛮不为备，惟德等纵兵杀蛮二千馀人，考异曰：实录："二月，安南经略使蔡袭奏：'蛮贼杨思僭、罗伏州扶耶县令麻光高部领其众五六千人，于城西角下营。'岭南东道节度使韦宙奏：'蛮贼去十二月二十七日，逼安南城池，经略使检校工部尚书蔡袭出兵格斗，杀伤相当。正月三日，贼众围城，进攻甚急，袭城上以车弩射之，至七日，城陷，袭右膊中弩箭死，家口并元从七十馀人悉陨于贼，从事樊绰携印渡江。其荆南、江西、鄂岳、襄州兵突到城东水际，无船却回，相率入东罗门，杀蛮仅一二千人，至夜，贼救兵至，遂屠其城。'"按此二奏似后人采集蛮书为之，其中又多差舛。如杨思僭，蛮书中两处有之，皆作"杨思缙"，盖草书误为"僭"耳。彼虽蛮夷，岂肯名"思僭"也！张彭锦里耆旧传载高骈与云南牒，亦云杨思缙，善兰节度使。新书亦承此误为"僭"。又蛮书所云思缙、光高部领者，桃花蛮五六千人耳，非谓尽将群蛮也。补国史云蛮众五万攻安南，非止五六千人也。又十二月二十一日，裸形蛮、茫蛮、桃花人已在城下，岂至二十七日始逼安南也！蛮书言二十七日逼城者，但记见河蛮、寻传蛮之日耳；又言正月二日、三日者，但记以车弩射得苴子之日耳，非其日始围城也。且城陷奔迸之际，非樊绰身在其间，岂知其详！四道兵入城所杀人数，犹因僧无旱说始知之。韦宙身在广州，何得所奏一如樊绰之书，其伪明矣。新传曰："是夜，蛮遂屠城"，亦承实录而误。逮夜，蛮将杨思缙始自子城出救之，子城，城内小城也。惟德等皆死。南诏两陷交趾，所杀虏且十五万人。留兵二万，使思缙据交趾城，溪洞夷獠无远近皆降之。獠，鲁皓翻。降，户江翻。诏诸道兵赴安南者悉召还，分保岭南【章：十二行本"南"下有"东"字；乙十一行本同；张校同，云无注本"南东"二字误倒。】西道。

3 上游宴无节，左拾遗刘蜕上疏曰：蜕，输芮翻。"今西凉筑城，应接未决于与夺；西凉，即凉州，盖此时谋进筑也。南蛮侵轶，轶，徒结翻，突也。干戈悉在于道涂。旬月以来，不为无事。陛下不形忧闵以示远近，则何以责其死力！望节娱游，以待远人乂安，未晚。"言待远人乂安之后，然后娱游，尚未为晚。弗听。

4 二月，甲午朔，上历拜十六陵。十六陵，谓献陵、昭陵、乾陵、定陵、桥陵、泰陵、建陵、元陵、崇陵、丰陵、景陵、光陵、庄陵、章陵、端陵、贞陵。考异曰：拜十六陵，非一日可了，而旧史无还宫之日。唐年补录云：二月，庚子。一日拜十六陵，尤难信也。

5 置天雄军于秦州，代宗姑息田承嗣，以天雄军号宠魏博，寻以其悖傲，削之。今复于秦州置天雄军，至于唐末，魏博复天雄军号，秦州不复号天雄矣。以成、河、渭三州隶焉；以前左金吾将军王晏实为天雄观察使。晏实，宰之子。宰父智兴子之，见二百四十七卷会昌四年。

6 三月，归义节度使张义潮奏自将蕃、汉兵七千克复凉州。将，即亮翻；下同。

7 南蛮寇左、右江，浸逼邕州。郑愚惧，自言儒臣无将略，请任武臣。朝廷召义武节度使康承训诣阙，欲使之代愚，仍诏选军校数人、士卒数百人自随。就义武军中选之也。校，户教翻。

8 中书侍郎、同平章事毕諴以同列多徇私不法，称疾辞位；夏，四月，罢为兵部尚书。

9 庚戌，群盗入徐州，杀官吏；刺史曹庆讨平之。

10 康承训至京师，以为岭南西道节度使，发荆、襄、洪、鄂四道兵万人与之俱。

11 五月，戊辰，以翰学士承旨、兵部侍郎杨收同平章事。收，发之弟也。宣宗以开河、湟，追加顺、宪二宗尊号，有司议改造庙主，署新谥；发以为作主，求古无其文，执不可。知礼者韪之，由是知名。与左军中尉杨玄价叙同宗相结，故得为相。价，音介。为杨收与玄价交恶张本。

12 乙亥，废容管，隶岭南西道，【章：十二行本"道"下有"以供军食"四字；乙十一行本同；孔本同；张校同；退斋校同。】复以龚、象二州隶桂管。去年以龚、象隶岭南西道。

13 戊子，以门下侍郎、同平章事杜审权同平章事，充镇海节度使。

14 六月，废安南都护府，置行交州于海门镇；以右监门将军宋戎为行交州刺史，以康承训兼领安南及诸军行营。

15 闰月，以门下侍郎同平章事杜悰同平章事，充凤翔节度使；以兵部侍郎、判度支河南曹确同平章事。

16 秋，七月，辛卯朔，日有食之。

17 复置安南都护府于行交州，考异曰：实录以郡州为交州。补国史亦同。又云，夏侯贞孝公请用高骈为郡州进讨使。按地理志，无郡州。补国史又云：海门，今晏州。地理志，晏州乃属泸州都督府，岭南亦无之。以宋戎为经略使，发山东兵万人镇之。时诸道兵援安南者屯聚岭南，句断。江西、湖南、此四字衍。江西、湖南馈运者皆泝湘江入澪渠、漓水，郦道元曰：湘、漓同源，分为二水，南则漓水，北则湘川。湘、漓之间，陆地广百馀步，谓之始安峤。汉伐南越，出零陵，下漓水，即此路也。湘水出零陵始安县阳朔山，自零陵西南，谓之澪渠。新书曰：桂州有漓水，出海阳山。世言秦命史禄伐越，凿为漕。马援讨征侧，复治以通馈。后为江水溃毁，渠遂废浅。唐李渤复浚之。范成大桂海虞衡志曰：湘、漓二水，皆出灵川之海阳，行百里，分南北下，北下曰湘，稠滩急泷，又二千里至长沙，水始缓。南下曰漓，名滩三百六十，又千二百里至番禺以入海。又曰：灵渠在桂之兴安县，秦始皇戍岭时，史禄凿此以运之遗迹。湘水源于云泉之阳海山，在此下。灕江，牂柯下流，本南下广西兴安，水行其间，地势最高。二水远不相谋，禄始作此渠，派湘之流而注之灕，使北水南合，北舟逾岭。其作渠之法，于湘流沙磕中垒石作铧觜，锐其前，逆分湘流为两，激之，六十里行渠中，以入灕江，与俱南。渠绕兴安界，深不数尺，广丈馀，六十里间，置斗门三十六，土人但谓之斗。舟入一斗则复闸斗，伺水积渐进，故能循崖而上，建瓴而下，千斛之舟，亦可往来。治水巧妙，无如灵渠者。澪，音零。漓，音离。劳费艰涩，诸军乏食。润州人陈磻石上言，磻，薄官翻。请造千斛大舟，自福建运米泛海，不一月至广州，从之，军食以足。然有司以和雇为名，夺商人舟，委其货于岸侧，舟入海或遇风涛没溺，有司囚系纲吏、舟人，使偿其米，人颇苦之。

18 八月，岭南东道节度使韦宙奏，蛮必向邕州，请分兵屯容、藤州。容、藤二州相去二百七十里。

19 夔王滋薨。滋，上弟也。

20 敕以阁门使吴德应等为馆驿使。台谏上言：故事，御史巡驿，唐中世置阁门使，以宦者为之，掌供奉朝会，赞引亲王、宰相、百官、蕃客朝见、辞；唐初，中书通事舍人之职也。玄宗开元中，以监察御史兼巡传驿，至二十五年，以监察御史检校两京馆驿。大历十四年，两京以御史一人知馆驿，号馆驿使。宋白曰：元和初，征刘辟，邮传多事，宪宗命中人为馆驿使；监察御史薛存诚及谏官相继论奏，罢之。不应忽以内人【章：十二行本“人”作“臣”；乙十一行本同。】代之。上谕以敕命已行，不可复改。左拾遗刘蜕上言：“昔楚子县陈，得申叔一言而复封之；左传：楚子为陈夏氏乱，故伐陈，遂入陈，杀夏征舒，因县陈。申叔时不贺。楚子问其故，对曰：“夏征舒弑其君，其罪大矣，讨而戮之，君之义也。今县陈，贪其富也，无乃不可乎！”王曰：“善哉！”乃复封陈。太宗发卒修乾元殿，闻张玄素谏，即日罢之。见一百九十三卷贞观四年。自古明君所尚者，从谏如流，岂有已行而不改！且敕自陛下出之，自陛下改之，何为不可！”弗听。

21 黠戛斯遣其臣合伊难支表求经籍及每年遣使走马请历，又欲讨回鹘，使安西以来悉归唐，不许。

22 冬，十月，甲戌，以长安尉、集贤校理令狐滈为左拾遗。乙亥，左拾遗刘蜕上言：“滈专家无子弟之法，布衣行公相之权。”相，息亮翻。起居郎张云言：“滈父绹用李涿为安南，见上卷宣宗大中十二年。致南蛮至今为梗，由滈纳贿，陷父于恶。”十一月，丁酉，云复上言：“滈，父绹执政之时，复，扶又翻。人号‘白衣宰相’。”滈亦上表引避，乃改詹事府司直。唐太子詹事府有司直二人，正七品上，掌纠劾宫寮及率府之兵。

23 辛巳，废宿泗观察使，复以徐州为观察府，以濠、泗隶焉。去年八月，废徐州军额。

24 十二月，南诏寇西川。

25 昭义节度使沈询奴归秦，与询侍婢通，询欲杀之，未果；

乙酉，归秦结牙将作乱，攻府第，杀询。

五年(甲申、八六四)

1 春，正月，以京兆尹李蠙为昭义节度使，蠙，部田翻。取归秦心肝以祭沈询。

2 淮南节度使令狐绹为其子滈讼冤。为，于伪翻。贬张云兴元少尹，刘蜕华阴令，华，户化翻。敕曰："虽嘉蹇谔之忠，难逃疏易之责。"易，以豉翻。

3 丙午，西川奏，南诏寇巂州，刺史喻士珍破之，获千馀人。观明年喻士珍以贪狯而失守，则此捷虚张功状也。诏发右神策兵五千及诸道兵戍之。忠武大将颜庆复请筑新安、遏戎二城，从之。二城，盖筑于巂州界。

4 以容管经略使张茵兼句当交州事；句，古候翻。当，丁浪翻。时交州寄治海门，欲使张茵进取。益海门镇兵满二万五千人，令茵进取安南。

5 二月，己巳，以刑部尚书、盐铁转运使李福同平章事、充西川节度使。

6 甲申，前西川节度使萧邺左迁山南西道观察使。

7 三月，丁酉，彗星出于娄，长三尺。彗，祥岁翻，又徐醉翻，又音岁。长，直亮翻。己亥，司天监奏："按星经，是名含誉，瑞星也。"上大喜。唐司天监，正三品，掌察天文、稽历数。史言唐末司天官昏迷天象，以妖为祥。"请宣示中外，编诸史策。"从之。

8 康承训至邕州，蛮寇益炽，诏发许、滑、青、汴、兖、郓、宣、润八道兵以授之。承训不设斥候；南诏帅群蛮近六万寇邕州，帅，读曰率。近，其靳翻。将入境，承训乃遣六道兵凡万人拒之，以獠为导，绐之。炽，昌志翻。獠，音老。绐，徒亥翻。敌至，不设备，五道兵八千人皆没，惟天平军后一日至，得免。天平军，郓兵也。承训闻之，惶怖不知所为。怖，普布翻。节度副使李行素帅众治壕栅，甫毕，蛮军已合围。留四日，治攻具，将就，诸将请夜分道斫蛮营，承训不许；有天平小校再三力争，乃许之。小校将勇士三百，夜，缒而出，将，即亮翻。校，户教翻。缒，驰伪翻。散烧蛮营，斩首五百馀级。蛮大惊，间一日，解围去。承训乃遣诸军数千追之，所杀虏不满三百级，皆溪獠胁从者。承训腾奏告捷，云大破蛮贼，中外皆贺。

9 夏，四月，以兵部侍郎、判户部萧寘同平章事。寘，复之孙也。萧复相德宗。

10 加康承训检校右仆射，赏破蛮之功也。自馀奏功受赏者，皆承训子弟亲昵；昵，尼质翻。烧营将校不迁一级，由是军中怨怒，声流道路。

11 五月，敕："徐州土风雄劲，甲士精强，比因罢节，比，毗至翻。四年，罢徐州武宁节度。颇多逃匿，宜令徐泗团练使选募军士三千人赴邕州防戍，待岭外事宁，即与代归。"

12 秋，七月，西川奏两林鬼主邀南诏蛮，败之，史炤曰：两林部落，东蛮国也，去勿邓国七十里，地虽狭而诸部推为长，号大鬼主。败，补迈翻。杀获甚众；保塞城使杜守连不从南诏，帅众诣黎州降。帅，读曰率。降，户江翻。

13 岭南东道节度使韦宙具知康承训所为，以书白宰相；承训亦自疑惧，累表辞疾，乃以承训为右武卫大将军、分司，考异曰：补国史："岭南东道节度使韦宙兼领供军使，将吏在邕州者，潜令申报，事无巨细，莫不知之；复究寻克捷事多虚妄，具所闻启于丞相。承训已自怀疑惧，辞疾免，责授右武卫大将军、分司东都。"僖宗实录承训传曰："南蛮陷交趾，以承训为岭南西道节度使，逾岁，讨平之，加检校右仆射。与邻帅不叶，以右武卫大将军罢归。"盖其家行状云尔。今从补国史、懿宗实录、新传。以容管经略使张茵为岭南西道节度使，复以容管四州别为经略使。

新书方镇表，咸通元年，罢容管，以所管州隶邕管。

时南诏知邕州空竭，不复入寇，茵久之不敢进军取安南；夏侯孜荐骁卫将军高骈代之，考异曰：补国史：“茵骁将，无远略，经年不敢进军。丞相夏侯贞孝公独献密疏，请用骁卫将军高骈；有制，以本官充郡州进讨使，旋拜安南节度使。其茵所领兵并付高公指挥。”按今年正月，诏茵进军收复安南，若经年，则孜已罢相。今从实录附于此。实录，骈官为右领军上将军，太高。今从补国史。旧纪：“五年四月，南蛮寇邕管，以秦州经略使高骈率禁军五千，会诸道之师御之。”今不取。乃以骈为安南都护、本管经略招讨使，茵所将兵悉以授之。骈，崇文之孙也，宪宗朝，高崇文有定蜀之功。世在禁军。骈颇读书，好谈今古，好，呼到翻。两军宦官多誉之，两军，谓左、右神策两军也。誉，音余。累迁右神策都虞候；党项叛，将禁兵万人戍长武，屡有功，迁秦州防御使，复有功，故委以安南。复，扶又翻。

14 冬，十一月，以门下侍郎、同平章事夏侯孜同平章事，充河东节度使。

15 壬寅，以翰林学士承旨、兵部侍郎路岩同平章事；时年三十六。为路岩以高位疾偾张本。

六年（乙酉、八六五）

1 春，正月，丁巳，始以懿安皇后配飨宪宗室。时王皞复为礼院检讨官，更申前议，朝廷竟从之。王皞议见二百四十八卷宣宗大中二年。

2 诸道进私白者，唐时诸道岁进阉儿，号曰私白。闽中为多，故宦官多闽人。福建观察使杜宣猷每寒食遣吏分祭其先垄，宦官德之，庚申，以宣猷为宣歙观察使，时人谓之“敕使墓户”。

3 三月，中书侍郎、同平章事萧寘薨。

4 夏，四月，以前东川节度使高璩为兵部侍郎、同平章事。璩，元裕之子也。璩，其于翻。元裕见二百四十五卷文宗太和八年。

5 杨收建议，以“蛮寇积年未平，两河兵戍岭南冒瘴雾物故者什六七，请于江西积粟，募强弩三万人，以应接岭南，道近便，仍建节以重其权。”从之。五月，辛丑，置镇南军于洪州。

6 巂州刺史喻士珍贪狯，狯，古外翻。掠两林蛮以易金；南诏复寇巂州，复，扶又翻。两林蛮开门纳之，南诏尽杀戍卒，士珍降之。降，户江翻。

7 壬寅，以桂管观察使严撰为镇南节度使。撰，震之从孙也。撰，雏免翻。严震镇兴元，德宗播迁，震有迎奉之功。从，才用翻。

8 六月，高璩薨。

9 以御史大夫徐商为兵部侍郎、同平章事。

10 秋，七月，立皇子侃为郢王，俨为普王。

11 高骈治兵于海门，未进；监军李维周恶骈，欲去之，屡趣骈使进军。治，直之翻。恶，乌路翻。去，羌吕翻。趣，读曰促。骈以五千人先济，约维周发兵应援；骈既行，维周拥馀众，不发一卒以继之。九月，骈至南定，高祖武德四年，分交趾所管宋平县置南定县，时属安南府。安南府，即交趾。宋白曰：南定县，汉日南郡西卷县地。峰州蛮众近五万，方获田，近，其靳翻。刘昫曰：峰州，隋交趾郡之嘉宁县，唐武德四年置峰州嘉宁，汉麊泠县地。骈掩击，大破之，考异曰：旧纪、实录皆云五月骈奏于邕管大败林邑蛮。按林邑在海南，自至德后号环王，与中国久绝。刘昫但见南蛮则谓之林邑，误也。新南诏传亦云骈以选士五千渡江，败林邑兵于邕州，亦承此而误也。旧纪又云：“是岁秋，高骈自海门进军，破蛮军，收复安南府。”盖因骈今秋发海门，遂云复安南耳。复安南实在明年也。补国史云：“五年，九月，高公力战，破峰州蛮于南定县。”按张茵以五年正月句当交州，受诏收复安南。补国史云经年不进军，乃以骈代之。则骈岂得以其年九月已破峰州蛮乎！补国史又云：“骈破峰州蛮后，近四月馀日，表报不至，朝廷以王晏权代之。六月，高公进军收复安南。”亦不云几年六月。盖骈以六年九月破峰州蛮。七年六月破安南耳。实录又云：“九月，骈奏破蛮龙州营寨，并烧食粮等事。诏骈令于当界守备，缘近有赦文已许恩宥，伺其悛改，亦未要更深加讨逐。”按赦在明年十一月，此诏必在骈已平安南后，实录误也。新传又云骈击南诏龙州屯，蛮酋烧赀畜走。龙州，即安南所管龙编县也。收其所获以食军。获，户郭翻，刈稻也。食，祥吏翻。

12 冬，十二月，壬子，太皇太后郑氏崩。考异曰：旧传，大中末崩，误也。今从实录。

七年（丙戌、八六六）

1 春，二月，归义节度使张义潮奏北庭回鹘固俊克西州、北庭、轮台、清镇等城。北庭，本贞观所置之庭州，长安二年，置北庭都护府，西七百里有清海镇，又西延城，西行三百二十里至轮台县。“回鹘固俊”，新书及考异正文皆作“仆固俊”。考异曰：实录：“义潮奏俊收西河及部落胡、汉皆归伏，并表贺收西州等城事。”新吐蕃传曰：“七年，俊击取西州，收诸部。”按大中五年，义潮以十一州图籍来上，西州已在其中。今始云收西州者，盖当时虽得其图籍，其地犹为吐蕃所据耳。

论恐热寓居廓州，纠合旁侧诸部，欲为边患，皆不从；所向尽为仇敌，无所容。仇人以告拓跋怀光于鄯州，怀光引兵击破之。宋白曰：鄯州南至廓州一百八十里。考异曰：实录：“义潮又奏鄯州城使张季颙押领拓跋怀光下使送到尚恐热将，并随身器甲等，并以进奉。”新吐蕃传曰：“鄯州城使张季颙与尚恐热战，破之，收器铠以献。”今从补国史、实录。

2 三月，戊寅，以河东节度使刘潼为西川节度使。初，南诏围嶲州，东蛮浪稽部竭力助之，遂屠其城，谓去年陷嶲州也。卑笼部怨南诏杀其父兄，导忠武戍兵袭浪稽，灭之。南诏由是怨唐。

南诏遣清平官董成等诣成都，节度使李福盛仪卫以见之。故事，南诏使见节度使，拜伏于庭，成等曰：“骠信已应天顺人，南诏自寻梦凑以来，自称骠信，夷语君也，因僭号，自谓应天顺人。我见节度使当抗礼。”传言往返，自旦至日中不决；将士皆愤怒，福乃命捽而殴之，捽，昨没翻。殴，乌口翻。因械系于狱。刘潼至镇，释之，奏遣还国。诏召成等至京师，见于别殿，厚赐，劳而遣之。见，贤遍翻。劳，力到翻。

3 成德节度使王绍懿，在镇十年，大中十一年，绍懿袭镇。为政宽简，军民便之。疾病，召兄绍鼎之子都知兵马使景崇而告之曰："吾兄以汝之幼，以军政授我。汝今长矣，长，知两翻。我复以军政归汝。努力为之，上忠朝廷，下和邻藩，勿坠吾兄之业，汝之功也。"言竟而薨。史言王绍懿垂没，精神不乱。

4 闰月，吐蕃寇邠宁，节度使薛弘宗拒却之。

5 夏，四月，【章：十二行本"月"下有"辛巳"二字；乙十一行本同；孔本同；张校同。】贬前西川节度使李福为蕲王傅。以殴系南诏使者也。蕲王缉，顺宗子。

6 五月，葬孝明皇后于景陵之侧，主祔别庙。孝明皇后，宣宗母郑太后也，懿安郭后，宪宗之元妃也，配食于太庙。郑后，侧室也，祔别庙，礼也。

7 六月，魏博节度使何弘敬薨，军中立其子左司马全皞为留后。

8 以王景崇为成德留后。

9 南诏酋龙遣善阐节度使杨缉【章：十二行本"缉"下有"思"字；乙十一行本同；孔本同；张校同。】助安南节度使段酋迁守交趾，善阐府，南诏别都也，在交趾西北。以范昵些为安南都统，昵，尼质翻。些，苏个翻，又音细。赵诺眉为扶邪都统。按实录，扶邪县属罗伏州，盖南诏所置也。监陈敕使韦仲宰将七千人至峰州，监，古衔翻。陈，读曰阵。高骈得以益其军，进击南诏，屡破之。捷奏至海门，李维周皆匿之，数月无声问。上怪之，以问维周，维周奏骈驻军峰州，玩寇不进。上怒，以右武卫将军王晏权代骈镇安南，考异曰：补国史谓骈及晏权皆云安南节度使。按时安南止有都护、经略、招讨使耳，无节度使也。旧王智兴传，九子，无晏权名。实录亦云命晏权代骈为节度而无月日，盖阙漏也。召骈诣阙，欲重贬之。晏权，智兴之从子也。王智兴历德、顺、宪、穆四朝，后为武宁帅，尤贪横。是月，骈大破南诏蛮于交趾，杀获甚众，遂围交趾城。

10 秋，七月，以何全皞为魏博留后。

11 冬，十月，甲申，以门下侍郎、同平章事杨收为宣歙观察使。收性侈靡，门吏僮奴多倚为奸利。杨玄价兄弟受方镇之赂，屡有请托，收不能尽从；玄价怒，以为叛己，故出之。

12 拓跋怀光以五百骑入廓州，生擒论恐热，先刖其足，数而斩之，数，所具翻。传首京师。其部众东奔秦州，尚延心邀击，破之，悉奏迁于岭南。吐蕃自是衰绝，乞离胡君臣不知所终。乞离胡事始见二百四十六卷武宗会昌二年。

13 高骈围交趾十馀日，蛮困蹙甚，城且下，会得王晏权牒，已与李维周将大军发海门，骈即以军事授韦仲宰，与麾下百馀人北归。先是，仲宰遣小使王惠赞，骈遣小校曾衮入告交趾之捷，先，悉荐翻。至海中，望见旌旗东来，问游船，游船，游奕之船。云新经略使与监军也。二人谋曰："维周必夺表留我，"乃匿于岛间，维周过，即驰诣京师。上得奏，大喜，即加骈检校工部尚书，复镇安南。骈至海门而还。

王晏权暗懦，动禀李维周之命；维周凶贪，诸将不为之用，遂解重围，重，直龙翻。蛮遁去者太半。骈至，复督励将士攻城，复，扶又翻。遂克之，杀段酋迁及土蛮为南诏乡导者朱道古，乡，读曰向。蛮居安南界内者为土蛮。斩首三万馀级，考异曰：旧纪：十月，骈奏蛮寇悉平。实录："九月，骈奏杀戮蛮都统皈首迁、朱道古及斩首三千馀级。"十月丙申日下，又云"骈奏收复安南，蛮寇遁散。"又云"败杨缉思、段酋迁、朱道古，杀戮三万馀级。"新纪："十月，高骈克安南。"按皈首迁，即段酋迁字之误也。补国史收城与败缉思等共是一事。实录分在两月，不知其何所据也。新南诏传曰：“七年，六月，骈次交州，战数胜，士酣斗，斩其将张诠，李溠龙举众万人降，拔波风三壁。缉思出战败，还走城，士乘之，超堞入，斩酋迁、昵些、诺眉，上首三万级，安南平。”盖因骈以六月至安南，终言之耳，安南实不以六月平也。今从新、旧纪。南诏遁去。骈又破土蛮附南诏者二洞，诛其酋长，土蛮帅众归附者万七千人。酋，慈由翻。长，知两翻。帅，读曰率。

14 十一月，壬子，赦天下。诏安南、邕州、西川诸军各保疆域，勿复进攻南诏；委刘潼晓谕，如能更修日好，复，扶又翻。好，呼到翻；下同。一切不问。

15 置静海军于安南，以高骈为节度使。自此迄宋朝，安南遂为静海军节镇。自李涿侵扰安南，【章：十二行本“安南”作“群蛮”；乙十一行本同；孔本同；张校同；退斋校同。】事见上卷宣宗大中十二年。为安南患殆将十年，至是始平。骈筑安南城，周三千步，造屋四十馀万间。

16 十二月，黠戛斯遣将军乙支连几入贡，奏遣鞍马迎册立使及请亥年历日。是年丙戌；亥，明年也。

17 以成德留后王景崇为节度使。

18 上好音乐宴游，殿前供奉乐工常近五百人，近，其靳翻。每月宴设不减十馀，宴设，谓宫中置宴也。宋朝内臣谓之排当。水陆皆备，言殽膳备水陆之品。听乐观优，不知厌倦，赐与动及千缗。曲江、昆明、灞浐、南宫、北苑、南宫，即兴庆宫。禁苑，在皇城之北。昭应、咸阳，昭应有华清宫。咸阳有望贤楼。所欲游幸即行，不待供置，有司常具音乐、饮食、幄帟，帟，羊益翻。小幕曰帟。诸王立马以备陪从。从，才用翻；下同。每行幸，内外诸司扈从者十馀万人，所费不可胜纪。胜，音升。

八年（丁亥、八六七）

1 春，正月，以魏博留后何全皞为节度使。

2 二月，归义节度使张义潮入朝，宣宗大中五年，张义潮以沙州降，寻授以归义节，至是入朝。以为右神武统军，命其族子淮深守归义。

3 自安南至邕、广，海路多潜石覆舟，静海节度使高骈募工凿之，漕运无滞。

4 西川近边六姓蛮，六姓蛮：一曰蒙蛮，二曰夷蛮，三曰讹蛮，四曰狼蛮，五曰勿邓蛮，六曰白蛮。近，其靳翻。常持两端，无寇则称效顺，有寇必为前锋；卑笼部独尽心于唐，与群蛮为雠，朝廷赐姓李，除为刺史。节度使刘潼遣将将兵助之，将，即亮翻。讨六姓蛮，焚其部落，斩首五千馀级。

5 乐工李可及善为新声，三月，上以可及为左威卫将军，曹确谏曰："太宗定文武官六百馀员，谓房玄龄曰：'朕以待天下贤士，工商杂流，不可处也。'处，昌吕翻。大和中，文宗欲以乐工尉迟璋为王府率，尉，纡勿翻。东宫有十率，诸王有府率。拾遗窦洵直谏，即改光州长史。乞以两朝故事，别除可及官。"不从。

6 夏，四月，上不豫，群臣希进见。见，贤遍翻。

7 五月，丙辰，疏理天下系囚，非巨蠹不可赦者，皆递降一等。

8 秋，七月，壬寅，蕲王缉薨。缉，顺宗子。

9 怀州民诉旱，刺史刘仁规揭榜禁之，揭，其列翻。民怒，相与作乱，逐仁规，仁规逃匿村舍。民入州宅，掠其家赀，登楼击鼓，久之乃定。

10 甲子，以兵部侍郎、充诸道盐铁转运等使、驸马都尉于琮同平章事。

11 宣歙观察使杨收过华岳庙，华岳庙在华州华阴县。华，户化翻。

施衣物，施，式豉翻。使巫祈祷；县令诬以为收罪。右拾遗韦保衡复言，收前为相，除严撰江西节度使，受钱百万，又置造船务，人讼其侵隐。复，扶又翻。八月，庚寅，贬收端州司马。考异曰：旧传曰："韦保衡作相，又发收阴事，言前用严撰为江西节度，纳赂百万。明年，贬为端州司马。"按是时保衡未作相，旧传误。今从实录。

12 九月，上疾瘳。

13 冬，十二月，信王忻薨。忻，宪宗子，音弥兖翻。

14 加岭南东道节度使韦宙同平章事。

容肇祖标点聂崇岐覆校

资治通鉴卷第二百五十一

端明殿学士兼翰林侍读学士太中大夫
提举西京嵩山崇福宫上柱国河内郡开国公 **司马光** 奉敕编集
食邑二千二百户食实封九百户赐紫金鱼袋臣

后学天台 **胡三省** 音注

唐纪六十七　起著雍困敦（戊子），尽屠维赤奋若（己丑），凡二年。

懿宗昭圣恭惠孝皇帝中

咸通九年（戊子、八六八）

1 夏，六月，凤翔少尹李师望上言："嶲州控扼南诏，为其要冲，成都道远，难以节制，请建定边军，屯重兵于嶲州，以邛州为理所。"理所，犹言治所也。上，时掌翻。嶲，音髓。邛，渠容翻。朝廷以为信然，以师望为嶲州刺史，充定边军节度，眉、蜀、邛、雅、嘉、黎等州观察，统押诸蛮并统领诸道行营、制置等使。师望利于专制方面，故建此策；其实邛距成都才百六十里，嶲距邛千里，其欺罔如此。为李师望以定边军致寇张本。

2 初，南诏陷安南，见上卷四年。敕徐泗募兵二千赴援，分八百人别戍桂州，初约三年一代。徐泗观察使崔彦曾，慎由之从子也，崔慎由始见上卷宣宗大中十一年。从，才用翻；下从孙同。性严刻；朝廷以徐兵骄，命镇之。都押牙尹戡、教练使杜璋、大中六年五月，敕天下军府有兵马处，宜选会兵法、能弓马等人充教练使，每年合教习时，常令教习。兵马使徐行俭用事，军中怨之。戍桂州者已六年，屡求代还，戡言于彦曾，以军帑空虚，帑，他朗翻。发兵所费颇多，请更留戍卒一年；彦曾从之。戍卒闻之，怒。

都虞候许佶、佶，其吉翻。军校赵可立、姚周、张行实皆故徐州群盗，州县不能讨，招出之，补牙职。会桂管观察使李丛移湖南，新使未至，校，户教翻。使，疏吏翻。秋，七月，佶等作乱，杀都将王仲甫，将，即亮翻。推粮料判官庞勋为主，唐制，凡行军，置随军粮料使，兵少者置粮料判官。勋，许云翻。劫库兵北还，所过剽掠，劫桂州库兵北归徐州。还，音旋，又如字。剽，匹妙翻。州县莫能御。朝廷闻之，八月，遣高品张敬思赦其罪，新书百官志：内侍省有高品一千六百九十六人。部送归徐州，戍卒乃止剽掠。

3 以前静海节度使高骈为右金吾大将军。骈请以从孙浔代镇交趾，从之。浔，徐林翻。考异曰：补国史曰："高公侄孙浔将先锋军，每遇陈敌，身当矢石。及高公内举交代，朝廷命浔节制交趾。"实录但云高浔以下勒姓名于碑阴，不云浔为节度使。新传曰："骈之战，其从孙浔常为先锋，冒矢石以劝士。骈徙天平，荐浔自代；诏拜交州节度使。"按骈为金吾半岁始除天平。今从补国史。

4 九月，戊戌，以山南东道节度使卢耽为西川节度使；以有定边军之故，不领统押诸蛮安抚等使。既分西川置定边军，则诸蛮皆在定边军巡内。

5 庞勋等至湖南，湖南观察治潭州。监军以计诱之，使悉输其甲兵。诱，音酉。山南东道节度使崔铉严兵守要害，徐卒不敢入境，泛舟沿江东下。许佶等相与谋曰："吾辈罪大于银刀，银刀见上卷三年。朝廷所以赦之者，虑缘道攻劫，或溃散为患耳，若至徐州，必葅醢矣！"乃各以私财造甲兵旗帜。帜，昌志翻。过浙西，入淮南，淮南节度使令狐绹遣使慰劳，给刍米。劳，力到翻。刍，以饲马；米，以给军。

都押牙李湘言于绹曰："徐卒擅归，势必为乱；虽无敕令诛讨，藩镇大臣当临事制宜。高邮岸峡【章：十二行本"峡"作"峻"；乙十一行本同；张校同，云无注本作"峡"。】而水深狭，请将奇兵伏于其侧，焚荻舟以塞其前，塞，悉则翻。以劲兵蹙其后，可尽擒也。不然，纵之使得渡淮，至徐州，与怨愤之众合，为患必大。"绹素懦怯，且以无敕书，乃曰："彼在淮南不为暴，听其自过，馀非吾事也。"

勋招集银刀等都窜匿及诸亡命匿于舟中，众至千人。丁巳，至泗州。泗州，晋、宋宿豫之地，后魏置南徐州，又置宿豫郡，又改东徐州，又改东楚州，周大象三年改泗州，开元二十四年，移州治临淮县。临淮本汉徐城县地，当泗水口，南北冲要之所。刺史杜慆飨之于球场，慆，他刀翻。优人致辞；致辞者，今诸藩府有大宴，则乐部头当筵致辞，称颂宾主之美，所谓致语者是也。徐卒以为玩己，擒优人，欲斩之，坐者惊散。慆素为之备，徐卒不敢为乱而止。慆，悰之弟也。杜悰，历事穆、文、武、宣，屡入相位，咸通初，又为相。

先是，朝廷屡敕崔彦曾慰抚戍卒擅归者，勿使忧疑。先，悉荐翻。彦曾遣使以敕意谕之，道路相望。勋亦申状相继，辞礼甚恭。戊午，行及徐城，徐城县，属泗州，宋朝省徐城为镇，入临淮县，在泗州北百馀里，自此而西北，则入徐州界。然其道里迂远，故庞勋等西入宿州，至苻离，则距徐州才一百四十里耳。勋与许佶等乃言于众曰："吾辈擅归，思见妻子耳。今闻已有密敕下本军，至则支分灭族矣！下，户嫁翻。支分，谓被支解，而支体异处也，即冎刑。丈夫与其自投网罗，为天下笑，曷若相与戮力同心，赴蹈汤火，岂徒脱祸，兼富贵可求！况城中将士皆吾辈父兄子弟，吾辈一唱于外，彼必响应于内矣。然后遵王侍中故事，王侍中，谓王智兴也，事见二百四十二卷穆宗长庆二年。五十万赏钱，可翘足待也！"众皆呼跃称善。将士赵武等十二人独忧惧，欲逃去，悉【章：十二行本“悉”上有“勋”字；乙十一行本同；张校同。】斩之，遣使致其首于彦曾，且为申状，称：“勋等远戍六年，实怀乡里；而武等因众心不安，辄萌奸计。将士诚知诖误，诖，古卖翻。敢避诛夷！今既蒙恩全宥，辄共诛首恶以补愆尤。”冬，十月，甲子，使者至彭城，彦曾执而讯之，具得其情，乃囚之。丁卯，勋复于递中申状，复，扶又翻。递中，谓入邮筒递送使府。称：“将士自负罪戾，各怀忧疑，今已及苻离，尚未释甲。苻离，汉古县，时属宿州。九域志：宿州北至徐州一百二十里。宋白曰：尔雅：莞，苻离。此地尤多此草，故名。盖以军将尹戡、杜璋、徐行俭等狡诈多疑，必生衅隙，乞且停此三人职任，以安众心，仍乞戍还将士别置二营，共为一将。”将，并即亮翻。

时戍卒拒彭城止四驿，唐制：三十里一驿。四驿，百二十里。阖城恟惧。彦曾召诸将谋之，皆泣曰：“比以银刀凶悍，比，毗至翻。悍，侯旰翻，又下罕翻。使一军皆蒙恶名，歼夷流窜，不无枉滥。今冤痛之声未已，而桂州戍卒复尔猖狂，复，扶又翻；下同。若纵使入城，必为逆乱，如此，则阖境涂地矣！不若乘其远来疲弊，发兵击之，我逸彼劳，往无不捷。”彦曾犹豫未决。团练判官温廷【章：十二行本“廷”作“庭”；乙十一行本同；孔本同。】皓复言于彦曾曰：“安危之兆，已在目前，得失之机，决于今日。今击之有三难，而舍之有五害：诏释其罪而擅诛之，一难也。帅其父兄，讨其子弟，二难也。帅，读曰率。枝党钩连，刑戮必多，三难也。然当道戍卒擅归，不诛则诸道戍边者皆效之，无以制御，一害也。将者一军之首，而辄敢害之，谓戍卒杀都将王仲甫也。则凡为将者何以号令士卒！二害也。所过剽掠，剽，匹妙翻。自为甲兵，招纳亡命，此而不讨，何以惩恶！三害也。军中将士，皆其亲属，银刀馀党，潜匿山泽，一旦内外俱发，何以支梧！四害也。如淳曰：枝梧，犹枝扞也。薛瓒曰：小柱为枝，邪柱为梧，今屋梧邪柱是也。逼胁军府，诛所忌三将，又欲自为一营，三将，谓尹戡、杜璋、徐行俭。及乞别营，事并见上。从之则银刀之患复起，违之则托此为作乱之端，五害也。惟明公去其三难，去，羌吕翻。绝其五害，早定大计，以副众望。”

时城中有兵四千三百，彦曾乃命都虞候元密等将兵三千人讨勋，数勋之罪以令士众，数，所具翻。且曰：“非惟涂炭平人，实亦污染将士。污，乌故翻。染，如艳翻，又如险翻。傥国家发兵诛讨，则玉石俱焚矣！”书曰：火炎昆冈，玉石俱焚。天吏逸德，烈于猛火。又曰：“凡彼亲属，无用忧疑，罪止一身，必无连坐。”仍命宿州出兵苻离，泗州出兵于虹以邀之，虹，汉古县，宋、魏废省，古城在夏丘县界；武德置虹县于古虹城，贞观八年移治夏丘，故城时属宿州。九域志：在州东一百八十里。颜师古曰：虹，音贡，今音绛。且奏其状。彦曾戒元密无伤敕使。时张敬思尚在勋等军中。

戊辰，元密发彭城，军容甚盛。诸将至任山北数里，任山在彭城西南三十里。顿兵不进，共思所以夺敕使之计，欲俟贼入馆，乃纵兵击之，遣人变服负薪以诇贼。诇，翾正翻，又火迥翻。日暮，贼至任山，馆中空无人，又无供给，疑之，见负薪者，执而榜之，榜，音彭。果得其情。乃为偶人【章：十二行本“人”下有“执旗帜”三字；乙十一行本同；孔本同；张校同。】列于山下而潜遁。比夜，官军始觉之，比，必利翻，及也；下比官军、比追及，皆同音。恐贼潜伏山谷及间道来袭，间，古苋翻。复引兵退宿于城南，明旦，乃进追之。

时贼已至苻离，宿州戍卒五百人出战于濉水上，濉水，在虹县灵壁东。望风奔溃，贼遂抵宿州。时宿州阙刺史，观察副使焦璐摄州事，城中无复馀兵，庚午，贼攻陷之，璐走免。璐，音路。考异曰：旧纪：“九月，甲午，勋陷宿州。”今从郑樵彭门纪乱及新纪。贼悉聚城中货财，令百姓来取之，一日之中，四远云集，然后选募为兵，有不愿者立斩之，自旦至暮，得数千人。于是勒兵乘城，庞勋自称兵马留后。

再宿，官军始至，贼守备已严，不可复攻。先是，焦璐闻荷离败，先，悉荐翻。决汴水以断北路，断，音短。贼至，水尚浅可涉，比官军至，已深矣。壬申，元密引兵渡水，将围城，会大风，贼以火箭射城外茅屋，射，而亦翻。延及官军营，士卒进则冒矢石，退则限水火，贼急击之，死者近三百人。近，其靳翻。元密等以为贼必固守，但为攻取之计。

贼夜使妇人持更，夜有五更，使人各直一更，击鼓以警众，谓之持更。颜之推曰：一更、二更、三更、四更，皆以五为节。西都赋云："卫以严更之署。"所以尔者，假令正月建寅，斗柄夕则指寅，昼则指午，自寅至午，凡历五辰。冬、夏之月，虽复长短，然辰间辽阔，盈不至六，缩不至四，进退常在五者之间。更，历也，经也，故曰五更。更，工衡翻。掠城中大船三百艘，备载资粮，顺流而下，欲入江湖为盗；宿州，古汴河之会，漕运及商旅所经，故城中有大船沿汴而下，入淮，则可以入江湖矣。艘，苏遭翻。以千缣赠张敬思，遣骑送至汴之东境，此谓汴州东境也。纵使西归。谓西归长安。

明旦，官军知贼已去，狼狈追之，士卒皆未食，比追及，已饥乏。贼杈舟堤下而陈于堤外，陈，读曰阵；下同。伏千人于舟中，杈，鱼岂翻。官军将至，陈者皆走入陂中。密以为畏己，纵兵追之；贼自舟中出，夹攻之，自午及申，官军大败。密引兵走，陷于荷涫，涫，古丸翻。贼追及之，密等诸将及监陈敕使皆死，士卒死者殆千人，其馀皆降于贼，无一人还徐者。贼问降卒以彭城人情计谋，知其无备，始有攻彭城之志。

乙亥，庞勋引兵北渡濉水，逾山趣彭城。趣，七喻翻。其夕，崔彦曾始知元密败，移牒邻道求救；明日，塞门，塞，悉则翻。选城中丁壮为守备，内外震恐，无复固志。或劝彦曾奔兖州，九域志：徐州北至兖州三百六十里。彦曾怒曰："吾为元帅，城陷而死，职也！"立斩言者。

丁丑，贼至城下，众六七千人，鼓噪动地，民居在城外者，贼皆慰抚，无所侵扰，由是人争归之，不移时，克罗城。彦曾退保子城，罗城，外大城也。子城，内小城也。民助贼攻之，推草车塞门而焚之，推，吐雷翻。塞，悉则翻。城陷。考异曰：旧纪："九月，乙未，庞勋陷徐州，杀节度使崔彦曾、判官焦璐等。贼令别将梁丕守宿州，又遣刘行及、丁景琮、吴迥攻围泗州。"今从彭门纪乱及新纪。日彦曾传曰："九年九月十四日，贼逼徐州。十五日后，每旦大雾。十六日，彦曾并诛逆卒家口。十七日，昏雾尤甚，贼四面斩关而入。"实录，自勋知徐州出兵退至苻离已后，皆置于十一月。今从彭门纪乱。贼囚彦曾于大彭馆，执尹戡、杜璋、徐行俭，刳而剉之，刳其腹而寸剉之。尽灭其族。勋坐听事，徐州观察厅事也。听，读曰厅。盛陈兵卫，文武将吏伏谒，莫敢仰视。即日，城中愿附从者万馀人。

戊寅，勋召温庭皓，使草表求节钺，庭皓曰："此事甚大，非顷刻可成，请还家徐草之。"勋许之。明旦，勋使趣之，趣，读曰促。庭皓来见勋曰："昨日所以不即拒者，欲一见妻子耳。今已与妻子别，谨来就死。"勋熟视，笑曰："书生敢尔，不畏死邪！庞勋能取徐州，何患无人草表！"遂释之。

有周重者，每以才略自负，勋迎为上客，重为勋草表，重为，于伪翻。称："臣之一军，乃汉室兴王之地。汉高帝起于沛。唐沛县属徐州，故称之以自夸大。顷因节度使刻削军府，刑赏失中，遂致迫逐。言士卒所以迫逐主帅者，皆其所自致。陛下夺其节制，翦灭一军，见上卷三年。或死或流，冤横无数。横，户孟翻。今闻本道复欲诛夷，将士不胜痛愤，推臣权兵马留后，弹压十万之师，抚有四州之地。胜，音升。四州，谓徐、宿、濠、泗。臣闻见利乘时，帝王之资也。臣见利不失，遇时不疑；伏乞圣慈，复赐旌节。

不然，挥戈曳戟，诣阙非迟！”庚辰，遣押牙张琯奉表诣京师。

勋以许佶为都虞候，赵可立为都游弈使，党与各补牙职，分将诸军。又遣旧将刘行及将千五百人屯濠州，李圆将二千人屯泗州，梁丕将千人屯宿州，自馀要害县镇，悉缮完戍守。徐人谓旌节之至不过旬月，愿效力献策者远近辐凑，乃至光、蔡、淮、浙、兖、郓、沂、密群盗，皆倍道归之，阗溢郛郭，阗，停年翻。郛，芳无翻。旬日间，米斗直钱二百。人来从乱者多，故米踊贵。勋诈为崔彦曾请翦灭徐州表，其略曰：“一军暴卒，尽可翦除；五县愚民，各宜配隶。”五县，彭城、萧、丰、沛、滕也。又作诏书，依其所请，传布境内。徐人信之，皆归怨朝廷，曰：“微桂州将士回戈，吾徒悉为鱼肉矣！”

刘行及引兵至涡口，涡口至濠州，仅隔淮水耳。涡，音戈。道路附从者增倍，濠州兵才数百，刺史卢望回素不设备，不知所为，乃开门具牛酒迎之。行及入城，囚望回，自行刺史事。考异曰：旧纪、实录、新纪，濠州陷在十一月。按濠本徐之属郡，勋始得徐州，则遣行及取之，望回犹未及为备，岂得至十一月！今从彭门纪乱。泗州刺史杜慆闻勋作乱，完守备以待之，且求救于江、淮。李圆遣精卒百人先入泗州，封府库，慆遣人迎劳，劳，力到翻。诱之入城，悉诛之。诱，音酉。明日，圆至，即引兵围城，城上矢石雨下，贼死者数百，乃敛兵屯城西。勋以泗州当江、淮之冲，益发兵助圆攻之，众至万馀，终不能克。史于此略言其终，下文始详言其事。

初，朝廷闻庞勋自任山还趣宿州，趣，七喻翻。遣高品康道伟赍敕书抚慰之。十一月，道伟至彭城。勋出郊迎，自任山至子城三十里，大陈甲兵，号令金鼓响震山谷，城中丁壮，悉驱使乘城。宴道伟于球场，使人诈为群盗降者数千人，诸寨告捷者数十辈；复作求节钺表，复，扶又翻。附道伟以闻。

初，辛云京之孙谠，辛云京见二百二十二卷肃宗宝应二年。谠，多曩翻。寓居广陵，喜任侠，喜，许记翻。如淳曰：相与信为任，同是非为侠，所谓权行州里，力折公侯者也。或曰：侠之为言挟也，以权力侠辅人也。年五十不仕；与杜慆有旧，闻庞勋作乱，诣泗州，劝慆挈家避之，慆曰："安平享其禄位，危难弃其城池，难，乃旦翻。吾不为也！且人各有家，谁不爱之？我独求生，何以安众！誓与将士共死此城耳！"谠曰："公能如是，仆与公同死！"乃还广陵，与其家诀，壬辰，复如泗州。复，扶又翻。时民避乱，扶老携幼，塞涂而来，塞，悉则翻。见谠，皆止之曰："人皆南走，子独北行，取死何为！"谠不应。至泗州，贼已至城下，谠急棹小舟得入，慆即署团练判官。城中危惧，都押牙李雅有勇略，为慆设守备，帅众鼓噪，四出击贼，贼退屯徐城，众心稍安。

庞勋募人为兵，人利于剽掠，争赴之，帅，读曰率。剽，匹妙翻。至父遣其子，妻勉其夫，皆断钼首而锐之，据陆德明春秋左氏传释文：断，音丁管翻，读如短。齐景公使王黑以灵姑铚率，请断三尺而用之。楚令尹围为王旌以田，芈尹无宇断之，是也。执以应募。

邻道闻勋据徐州，各遣兵据要害，而官军尚少，贼众日滋，官军数不利。少，诗沼翻。数，所角翻。贼遂破鱼台近十县。近，其靳翻。宋州东有磨山，民逃匿其上，勋遣其将张玄稔围之。会旱，山泉竭，数万口皆渴死。

或说勋曰：说，式芮翻；下同。"留后止欲求节钺，当恭顺尽礼以事天子，外戢士卒，内抚百姓，庶几可得。"勋虽不能用，然国忌犹行香，唐自中世以后，每国忌日，令天下州府悉于寺观设斋焚香。开成初，礼部侍郎崔蠡以其事无经，据奏罢之，寻而复旧。毕仲荀幕府燕闲录曰：国忌行香，起于后魏。唐会要曰：天宝七年，敕华、同等州僧、尼、道士，国忌日各就龙兴寺行道散斋。至贞元五年，处州奏，"当州不在行香之数，乞同衢、婺等州行香。”有旨“依”。注又见前。飨士卒必先西向拜谢。凡方镇大飨将士，必朝服，帅将佐西向望阙谢恩，言皆出于君赐也。癸卯，勋闻敕使入境，以为必赐旌节，众皆贺。明日，敕使至，但责崔彦曾及监军张道谨，贬其官。勋大失望，遂囚敕使，不听归。

诏以右金吾大将军康承训为义成节度使、徐州行营都招讨使，神武大将军王晏权为徐州北面行营招讨使，羽林将军戴可师为徐州南面行营招讨使，考异曰：旧纪：“十年正月，以神武大将军王晏权为武宁节度使。晏权，智兴之从子也。以右神策大将军康承训充徐泗行营都招讨使，凡十八将，分董诸道之兵七万三千一十五人。正月一日，进军攻徐州。”又曰：“承训大军攻宿州，贼将梁伾出战，屡败，乃授承训义成节度使。”实录：“九年十二月，以右金吾大将军康承训为义成军节度使、充徐泗行营兵马都招讨使。承训不赴镇，以节度副使陈鲂句当留后，以王晏权为徐、泗、濠、宿等州观察使、充徐州北面行营招讨等使，羽林将军戴可师为徐州南面行营招讨等使。”彭门纪乱、新纪，承训等除招讨使皆在十一月。唐年补录：“十一月庚申，以太原节度使康承训为都统，讨徐州。”按庚申乃十二月一日，承训旧官亦非太原节度使。补录误也。今从彭门纪乱、新纪。大发诸道兵以隶三帅。帅，所类翻。承训奏乞沙陀三部落使朱邪赤心沙陀、萨葛、安庆分为三部。及吐谷浑、达靼、契苾酋长各帅其众以自随；靼，当葛翻。帅，读曰率。诏许之。

庞勋以李圆攻泗州久不克，遣其将吴迥代之。丙午，复进攻泗州，昼夜不息。时敕使郭厚本考异曰：旧纪、实录作“郗厚本”，今从彭门纪乱及旧传。将淮南兵千五百人救泗州，至洪泽，九域志：楚州淮阴县有洪泽镇。畏贼强，不敢进。辛谠请往求救，杜慆许之。丁未夜，乘小舟潜渡淮，至洪泽，说厚本，厚本不听，比明，复还。己酉，贼攻城益急，欲焚水门，城中几不能御；说，式芮翻。比，必利翻。几，居依翻。谠请复往求救。慆曰：“前往徒还，今往何益？”谠曰：“此行得兵则生返，不得则死之。”慆与之泣别。谠复乘小舟负户突围出，见厚本，为陈利害。为，于伪翻；下皆为同。厚本将从之，淮南都将袁公弁曰："贼势如此，自保恐不足，何暇救人！"说拔剑瞋目谓公弁曰：瞋，昌真翻。"贼百道攻城，陷在朝夕；公受诏救援而逗留不进，岂惟上负国恩！若泗州不守，则淮南遂为寇场，公讵能独存邪！我当杀公而后止【章：十二行本"止"作"死"；乙十一行本同；退斋校同；张校同，云无注本作"止"。】耳！"起，欲击之，厚本起，抱止之，公弁仅免。说乃回望泗州，恸哭终日，士卒皆为之流涕。为，于伪翻。厚本乃许分五百人与之，仍问将士，将士皆愿行。说举身【章：十二行本"身"下有"自掷"二字；乙十一行本同；孔本同；张校同。】叩头以谢将士，遂帅之抵淮南岸，帅，读曰率。望贼方攻城，有军吏言曰："贼势已似入城，还去则便。"惮贼不敢进兵，言还军而去，则于事为便也。说逐之，揽得其髻，揽，撮持也。举剑击之，士卒共救之，曰："千五百人判官，不可杀也。"说曰："临陈妄言惑众，陈，读曰阵。必不可舍！"众请不能得，乃共夺之。说素多力，众不能夺。说曰："将士但登舟，我则舍此人。"众竞登舟，乃舍之。士卒有回顾者，则斫之。驱至淮北，勒兵击贼。慆于城上布兵与之相应，贼遂败走，鼓噪逐之，至晡而还。还，从宣翻，又如字。

庞勋遣其将刘【张："刘"作"许"。】信将精兵数千助吴迥攻泗州，刘行及自濠州遣其将王弘立引兵会之。戊午，镇海节度使杜审权镇海军治润州。遣都头翟行约将四千人救泗州，翟，直格翻。己未，行约引兵至泗州，贼逆击于淮南，围之，城中兵少，不能救，行约及士卒尽死。先是，令狐绹遣李湘将兵数千救泗州，先，悉荐翻。与郭厚本、袁公弁合兵屯都梁城，都梁城，在泗州盱眙县北都梁山。项安世曰：都梁县有小山，山上水极清浅，其山中悉产兰草，绿叶紫茎，俗谓兰为都梁，因以名县。与泗州隔淮相望。贼既破翟行约，乘胜围之。十二月，甲子，李湘等引兵出战，大败，贼遂陷都梁城，执湘及郭厚本送徐州；考异曰：旧纪："十月，贼攻泗州势急，令狐绹虑失泗口，乃令大将李湘赴援，举军皆没。湘与都监郭厚本俱为贼所执，送徐州。"令狐绹传曰："贼闻湘来援，遣人致书于绹，辞情逊顺，言'朝廷累有诏赦宥，但抗拒者三两人耳，旦夕图去之，即束身请命，愿相公保任之。'绹即奏闻，请赐勋节钺，仍诫李湘但戍淮口，贼已招降，不得立异。繇是湘军解甲安寝，去警彻备，日与贼军相对，欢笑交言。一日，贼军乘间步骑径入湘垒，淮卒五千人皆被生絷，送徐州，为贼烝而食之。湘与监军郭厚本为庞勋断手足，以徇于康承训军。时浙西杜审权发军千人，与李湘约会兵，大将翟行约勇敢知名，浙军未至而湘军败。贼乃分兵，立淮南旗帜，为交斗之状，行约军望见，急趣之，千人并为贼所缚，送徐州。绹既丧师，朝廷以马举代绹为淮南节度使。"辛谠传曰："湘率五千来援，贼诈降，败于淮口，湘与郭厚本皆为贼所执。"彭门纪乱曰："勋以泗州坚守，遣刘佶共谋攻取。时淮南、宣、润三道发兵戍都梁山旧城，与泗州隔淮而已，贼众乃夜潜师渡淮，及明而逼城，濠州贼帅刘行及亦遣王弘立侵掠淮南，于是合众急攻，官军遂弃城出战。十一月三十日，贼乃大败官军，杀害二千人，生降七八百人，并虏其将李湘等，咸送于徐州，贼遂据有淮口，断绝驿路。"又曰："贼既破戴可师，令狐绹惧，乃遣使诱谕，约为奏请节旄。"续皇王宝运录曰："十一月二十九日，浙西节度使杜审权差都头翟行约将兵二千来救。三十日，行约领兵方欲入泗州，又被贼奔来，行约占山，寻被围合，城中兵士无可出救。贼又开围，行约不知是计，便走欲去，而筑著山下伏兵，须臾被杀，匹马不馀，贼遂围淮口镇。有淮南都押衙李湘、镇将袁公弁领马步三千人被围，从十一月三十日至十二月五日，李湘束甲出军，被袭逐杀尽，却入镇者，使竖降旗，镇内兵士老小一万馀人，被劫驱送濠州。郭厚本此时遇害。"今从续宝运录。据淮口，泗水入淮之口。漕驿路绝。谓东南漕驿入上都之路绝也。

康承训军于新兴，九域志：宋州宁陵县有新兴镇。贼将姚周屯柳子，九域志：宿州临汉县有柳子镇，在今宿州北九十里。范成大北使录曰：自临涣县北行四十五里，至柳子镇。张舜民郴行录曰：柳子镇在永城县南。九域志：永城属亳州，在州东北一百一十五里。出兵拒之。时诸道兵集者才万人，承训以众寡不敌，退屯宋州。庞勋以为官军不足畏，乃分遣其将丁从实等各将数千人南寇舒、庐，北侵沂、海，破沭阳、下蔡、乌江、巢县，沭阳，汉厚丘县，后魏改曰沭阳，唐属海州。九域志：在州西南一百八十里。下蔡，汉古县，唐属颍州。乌江，汉东城县之乌江亭也，隋置乌江县，唐属和州。九域志：在州东北三十五里。巢，汉居巢县，隋为襄安县，武德七年，改襄安为巢县，属庐州。沭，食聿翻。攻陷滁州，杀刺史高锡望。又寇和州，滁州南至和州百五十里。刺史崔雍遣人以牛酒犒之，引贼登楼共饮，命军士皆释甲，指所爱二人为子弟，乞全之，其馀惟贼所处。处，昌吕翻。贼遂大掠城中，杀士卒八百馀人。考异曰：彭门纪乱："光、蔡山中草贼数百，攻破滁州，杀刺史高锡望，归附庞勋。"旧纪："十一月，吴迥既执李湘，乃令小将张行简、吴约攻滁州，执刺史高锡望，手刃之，屠其城而去。行简又进攻和州，刺史崔雍登城楼，谓吴约云云，遂剽城中居民，杀判官张涿，以涿浚城濠故也。勋又令刘赞攻濠州，陷之，囚刺史卢望回于回车馆，望回郁愤而死。"实录："闰月，贼陷和州、濠州。"明年二月又云："勋遣张行简攻滁州，入城，害刺史高锡望。"新纪："十二月，贼陷滁、和。"今陷濠州从彭门纪乱，陷滁、和置执李湘下。

泗州援兵既绝，粮且尽，人食薄粥。闰月，己亥，辛谠言于杜慆，请出求救于淮、浙，夜，帅敢死士十人，执长柯斧，柯，斧柄也。帅，读曰率。乘小舟，潜往斫贼水寨而出。明旦，贼乃觉之，以五舟遮其前，以五千人夹岸追之。贼舟重行迟，谠舟轻行疾，力斗三十馀里，乃得免。癸卯，至扬州，见令狐绹；甲辰，至润州，见杜审权。扬州南至润州五十馀里。时泗州久无声问，或传已陷，谠既至，审权乃遣押牙赵翼将甲士二千人，与淮南共输米五千斛、盐五百斛以救泗州。

戴可师将兵三万渡淮，转战而前，贼尽弃淮南之守。可师欲先夺淮口，后救泗州，壬申，围都梁城；城中贼少，少，诗沼翻。拜于城上曰："方与都头议出降。"可师为之退五里。为，于伪翻。贼夜遁，明旦，惟空城。可师恃胜不设备，是日大雾，贼【章：十二行本"贼"上有"濠州"二字；退斋校同。】将王弘立引兵数万疾径奄至，疾径，犹言捷径也。不由正路，直径而行，取其便疾。纵击官军，官军不及成列，遂大败，将士触兵及溺淮死，得免者才数百人，亡器械、资粮、车马以万计，贼传可师及监军、将校首于彭城。考异曰：续宝运录曰："正月十八日，戴可师陷失，贼遂凶狂。"彭门纪乱曰："可师引兵三万欲先夺淮口，遂救泗州。十二月十三日，迟明，围贼于都梁山下，贼已就降，而可师自恃兵强，不为备，贼将王弘立者，将兵数万人，捷径赴救，奔突而前，官军溃乱，遂为所败，可师并监使、将校已下咸没于阵。于是庞勋自谓前无强敌矣。"旧纪："十二月，可师与贼转战，贼党屡败，尽弃淮南之守。十年正月，以可师充曹州行营招讨使。时贼将刘行及、吴迥攻围泗州，可师乘胜救之，屯于石梁驿。贼退去，可师追击，生擒行及。贼保都梁城，登城拜曰：'见与都头谋归降。'可师既知其窘，乃退军五里。其城西面有水，三面大军，贼乃夜中涉水而遁。明早，开城门，惟病妪数人而已。王师入垒未整，翌日，诘旦，重雾，贼军大至，可师方大醉，单马奔出，为虹县人郭真所杀，一军尽没。贼将吴迥进军复围泗州。"又曰："庞勋奏：'当道先发戍岭南兵士三千人春冬衣，今欲差人送赴邕管。'鄂岳观察使刘允章上书言：'庞勋聚徒十万，今若遣人达岭表，如戍卒与勋合势，则祸难非细。'寻诏庞勋止绝，兼令江、淮诸道纪纲捕之。"实录，可师败系于闰月下，而亦云十二月十三日。新纪，十二月壬申，亦用纪乱之日也。按纪乱上有腊月，又云，十二月十三日，其下无闰月，疑谓闰月十三日也。然据续宝运录，闰月十一日，辛谠离泗州，十四日，至扬州乞兵粮。若于时可师在都梁，则谠必不舍可师而诣扬、润也。若谠出在可师败后，则令狐绹方自救不暇，何暇救泗州！若可师败在正月，则新纪十二月已除马举南面招讨使。要之，必在辛谠适扬、润之后，故置于此。

庞勋自谓无敌于天下，作露布，散示诸寨及乡村，于是淮南士民震恐，往往避地江左。令狐绹畏其侵轶，轶，徒结翻。遣使诣勋说谕，说，式芮翻。许为奏请节钺，为，于伪翻。勋乃息兵俟命。由是淮南稍得收散卒，修守备。

时汴路既绝，江、淮往来皆出寿州，自寿州溯淮即入颍、汴路。贼既破戴可师，乘胜围寿州，掠诸道贡献及商人货，其路复绝。复，扶又翻；下同。勋益自骄，日事游宴，周重谏曰："自古骄满奢逸，得而复失，成而复败，多矣，况未得夫成而为之者乎！”

诸道兵大集于宋州，徐州始惧，应募者益少，而诸寨求益兵者相继。勋乃使其党散入乡村，驱人为兵。又见兵已及数万人，见，贤遍翻。资粮匮竭，乃敛富室及商旅财，什取其七八，坐匿财夷宗者数百家。又与勋同举兵于桂州者尤骄暴，夺人资财，掠人妇女，勋不能制，由是境内之民皆厌苦之，不聊生矣！

王晏权兵数退衄，数，所角翻。朝廷命泰宁节度使曹翔代晏权为徐州北面招讨使。兖海，号泰宁军。考异正文曰：曹翔、马举为徐州南、北招讨使。注曰：彭门纪乱作“马士举”，今从新纪。纪乱曰：“王晏权数为贼所攻，虽不败伤，亦时退缩。朝廷复除陇州牧曹翔领兖海节度使，充北面都统招讨等使。又魏博元帅何公遣行军薛尤将兵三万人掎角破贼。曹翔军于滕、沛，魏博军于丰、萧，其众都六七万人。”又言贼寇海州、寿州，皆败。又言辛谠救泗州，虽系正月之下，盖追叙以前之事。实录：“二月，以马举为淮南节度使，充南面招讨使。初，康承训率诸将正月一日进军攻徐州，不克，贼围寿州。王晏权数为贼所攻，退缩不敢出战，乃以曹翔为兖海等州节度使，充北面招讨使。魏博遣薛尤将兵三千，掎角讨贼，贼众攻海州，戍兵击之，大败。康承训率众屯于柳子之西。”皆承此而误也。新纪，翔、举除南、北招讨，在十二月而无闻。今因翔与魏博同讨徐州而见之，置于岁末。据考异，及明年马举解泗州围事，则通鉴正文，“曹翔为徐州北面招讨使”之下，当有以“马举为淮南节度使、充南面招讨使”十四字。传写逸之也。前天雄节度使何全皞按何全皞为魏博节度使。魏博本号天雄军，未尝徙他镇，疑史衍“前”字。或曰：是时秦州号天雄军，罢魏博军号，故加“前”字。遣其将薛尤将兵万三千人讨庞勋，考异曰：彭门纪乱曰：“尤将三万人，并曹翔军，都六七万人。”实录：“魏博奏请出兵三千人助讨徐、泗。”旧纪：“魏博何弘敬奏：当道点检兵马一万三千赴行营。”姓名虽误，今取其人数。翔军于滕、沛，尤军于丰、萧。四县皆属徐州。滕，春秋滕子之国，隋置滕县。宋白曰：以县西南四十里有滕城也。丰，汉古县。九域志：滕在州北一百九十五里。沛在西北一百四十里。

丰在西北一百四十里。萧在西五十里。萧县亦以古萧国为名。

6 是岁，江、淮旱，蝗。

十年（己丑、八六九）

1 春，正月，康承训将诸道军七万馀人屯柳子之西，自新兴至鹿塘三十里，壁垒相属。属，之欲翻。徐兵分戍四境，城中不及数千人，庞勋始惧。民多穴地匿其中，勋遣人搜掘为兵，日不过得三二十人。

勋将孟敬文守丰县，狡悍而兵多，谋贰于勋，自为符谶。勋闻之，会魏博攻丰，勋遣腹心将将三千助敬文守丰；敬文与之约共击魏博军，且誉其勇，"三千"之下，当有"人"字。将将，并即亮翻。誉，音余。使为前锋。新军既与魏博战，新军，谓庞勋新附之军。敬文引兵退走，新军尽没。勋乃遣使绐之曰：绐，徒亥翻。"王弘立已克淮南，留后欲自往镇之；悉召诸将，欲选一人可守徐州者。"敬文喜，即驰诣彭城。未至城数里，勋伏兵擒之，辛酉，杀之。

2 丁卯，同昌公主适右拾遗韦保衡，以保衡为起居郎、驸马都尉。同昌，隋郡名，唐为叠州常芬县。公主，郭淑妃之女，上特爱之，倾宫中珍玩以为资送，赐第于广化里，窗户皆饰以杂宝，井栏、药臼、槽匮亦以金银为之，编金缕以为箕筐，赐钱五百万缗，他物称是。称，尺证翻。

3 徐贼寇海州。徐贼者，庞勋所遣兵也。九域志：徐州东至海州四百八十里。时诸道兵戍海州者已数千人，断贼所过桥柱而弗殊，殊，绝也。断桥柱而不使绝，待贼过践踏而自陷。断，音短；下锁断、斧断同。仍伏兵要害以待之。贼过，桥崩，苍黄散乱，伏兵发，尽殪之。殪，壹计翻。其攻寿州者复为南道军所破，斩获数千人。南道军，淮、浙之兵也。复，扶又翻。

辛谠以浙西之军至楚州，敕使张存诚以舟助之。徐贼水陆布兵，锁断淮流，浙西军惮其强，不敢进，说曰：“我请为前锋，胜则继之，败则汝走。”犹不可；说乃募选军中敢死士数十人，牒补职名，先以米舟三艘、盐舟一艘乘风逆流直进，贼夹攻之，矢着舟板如急雨，夹攻者，两岸贼兵也。艘，苏遭翻。着，直略翻。及锁，说帅众死战，斧断其锁，乃得过。城上人喧呼动地，帅，读曰率。呼，火故翻。杜慆及将佐皆泣迎之。乙酉，城上望见舟师张帆自东来，识其旗浙西军也；去城十馀里，贼列火船拒之，帆止不进。慆令说帅死士出迎之，乘战舰冲贼陈而过，陈，读曰阵。见张存诚帅米舟九艘，曰：“将士在道前却，存诚屡欲自杀，惮敌而不敢进，故为之一前一却。仅得至此，今又不进。”说扬言：“贼不多，甚易与耳。”所以作众气而使之进。易，以豉翻。帅众扬旗鼓噪而前，帅，读曰率；下同。贼见其势猛锐，避之，遂得入城。

4 二月，端州司马杨收长流驩州，寻赐死，其僚属党友坐长流岭表者十馀人。

初，尚书右丞裴坦子娶收女，资送甚盛，器用饰以犀玉；坦见之，怒曰：“破我家矣！”立命坏之。坏，音怪。已而收竟以贿败。

5 康承训使朱邪赤心将沙陀三千骑为前锋，陷陈却敌，陈，读曰阵。十镇之兵伏其骁勇。十镇，谓义成、魏博、鄜延、义武、凤翔、横海、泰宁、宣武、忠武、天平也。承训尝引麾下千人渡涣水，宿州临涣县，以临涣水得名。南北对境图：涣水出亳州，南流入淮，正直五河口。贼伏兵围之，赤心帅五百骑奋檛冲围，拔出承训，贼势披靡，檛，则瓜翻。披，普彼翻。因合击，败之。败，补迈翻。承训数与贼战，数，所角翻。贼军屡败。

王弘立自矜淮口之捷，谓破戴可师也。请独将所部三万人破承训，庞勋许之。己亥，弘立引兵渡濉水，夜，袭鹿塘寨，黎明，围之。弘立与诸将临望，自谓功在漏刻。沙陀左右突围，出入如飞，贼纷扰移避，沙陀纵骑蹂之，蹂，人九翻。寨中诸军争出奋击，贼大败。官军蹙之于濉水，溺死者不可胜纪，胜，音升。自鹿塘至襄城，此襄城非汝州之襄城，盖徐、宿间别自有襄城也。伏尸五十里，斩首二万馀级。弘立单骑走免，所驱掠平民皆散走山谷，不复还营，复，扶又翻。委弃资粮、器械山积。时有敕，诸军破贼，得农民，皆释之，自是贼每与官军遇，其驱掠之民先自溃。庞勋、许佶以弘立骄惰致败，欲斩之，周重为之说勋曰：为，于伪翻；下为敌同。说，式芮翻。"弘立再胜未赏，再胜，谓取濠州，破戴可师。一败而诛之，弃功录过，为敌报雠，诸将咸惧矣；不若赦之，责其后效。"勋乃释之。弘立收散卒才数百人，请取泗州以补过，勋益其兵而遣之。

6 三月，辛未，以起居郎韦保衡为左谏议大夫，充翰林学士。

7 徙郢王侃为威王。侃，皇子也。

8 康承训既破王弘立，进逼柳子，与姚周一月之间数十战。丁亥，周引兵渡水，谓渡涣水也。官军急击之，周退走，官军逐之，遂围柳子。会大风，四面纵火，贼弃寨走，沙陀以精骑邀之，屠杀殆尽，自柳子至芳城，芳城，新书作"芳亭"。死者相枕，枕，职任翻。斩其将刘丰。周将麾下数十人奔宿州，宿州守将梁丕素与之有隙，开城听入，执而斩之。

庞勋闻之大惧，与许佶议自将出战。将，即亮翻。周重泣言于勋曰："柳子地要兵精，姚周勇敢有谋，今一旦覆没，危如累卵，不若遂建大号，悉兵四出，决力死战。"又劝杀崔彦曾以绝人望。术士曹君长亦言："徐州山川不容两帅，帅，所类翻。

今观察使尚在，故留后未兴。"贼党皆以为然。夏，四月，壬辰，勋杀彦曾及监军张道谨、宣慰使仇大夫，僚佐焦璐、温庭皓，并其亲属、宾客、仆妾皆死；断淮南监军郭厚本、都押衙李湘手足，断，丁管翻。以示康承训军。勋乃集众扬言曰："勋始望国恩，大言以播告曰扬言。望国恩，谓望旌节也。庶全臣节；今日之事，前志已乖。自此，勋与诸君真反者也，当扫境内之兵，戮力同心，转败为功耳。"众皆称善。于是命城中男子悉集球场，仍分遣诸将比屋大索，比，毗必翻。索，山客翻。敢匿一男子者族其家。选丁壮，得三万人，更造旗帜，更，工衡翻。帜，昌志翻。给以精兵。许佶等共推勋为天册将军、大会明王。勋辞王爵。

先是，辛谠复自泗州引骁勇四百人迎粮于扬、润，先，悉荐翻。复，扶又翻。贼夹岸攻之，转战百里，乃得出。至广陵，止于公馆，不敢归家，舟载盐米二万石，钱万三千缗，乙未，还至斗山。斗山，在今盱眙县，亦曰陡山，临淮流；斗山之东，则古盱眙。贼将王弘芝帅众万馀，拒之于盱眙，密布战舰百五十艘以塞淮流，帅，读曰率。塞，悉则翻。又纵火船逆之。谠命以长叉托过，自卯战及未，众寡不敌，官军不利。贼缚木于战舰，舰，户黯翻。旁出四五尺为战棚，棚，蒲庚翻。谠命勇士乘小舟入其下，矢刃所不能及，以枪揭火牛焚之，揭，其谒翻。火牛，缚草为之，爇以烧敌。今沿边州郡防城库积草，谓之火牛草。战舰既然，然，谓火燃也。贼皆溃走，官军乃得过入城。考异曰：续宝运录曰："二月七日，辛谠拣点骁勇，领空船十二只般粮，二十日，却到楚州，四月六日，离楚，八日，至斗山下，是日二更后，入泗州。"按正月二十七日，谠迎米船九只入泗州，二月六日，未应食尽复出。又二十日却到楚州，不应住四十五日然后离彼。又上有二月十日授谠御史，不应下云二月七日谠出般粮。疑是"三月"字也。

庞勋以父举直为大司马，与许佶等留守徐州。或曰："将军方耀兵威，不可以父子之亲，失上下之节。”乃令举直趋拜于庭，勋据桉而受之。时魏博屡围丰县，庞勋欲先击之，丙申，引兵发徐州。

9 戊戌，以前淮南节度使、同平章事令狐绹为太保、分司。以绹在淮南丧师，命马举代之。

10 庞勋夜至丰县，潜入城，魏博军皆不之知。魏博分为五寨，其近城者屯数千人，近，其靳翻。勋纵兵围之，诸寨救之，勋伏兵要路，杀官军二千人，馀皆返走。贼攻寨不克，至夜，解围去。官军畏其众，且闻勋自来，诸寨皆宵溃。曹翔方围滕县，闻魏博败，引兵退保兖州。曹翔，泰宁帅，本治兖州，故退保之。贼悉毁其城栅，运其资粮，传檄徐州，盛自夸大，谓官军为国贼云。

马举将精兵三万救泗州，乙巳，分军三道渡淮，至中流，大噪，声闻数里。闻，音问。贼大惊，不测众寡，敛兵屯城西寨。举就围之，纵火焚栅，贼众大败，斩首数千级；王弘立死，吴迥退保徐城，泗州之围始解。泗州被围凡七月，泗州自去年九月末受围。守城者不得寐，面目皆生疮。

庞勋留丰县数日，欲引兵西击康承训，或曰：“天时向暑，蚕麦方急，不若且休兵聚食，然后图之。”或曰：“将军出师数日，摧七万之众，谓破魏博之兵也。西军震恐，西军，谓康承训之军也，时屯柳子，其地在丰县之西。乘此声势，彼破走必矣，时不可失。”庞举直以书劝勋乘胜进军，勋意遂决。丁未，发丰县，庚戌，至萧，约襄城、留武、小睢诸寨兵合五六万人，以二十九日迟明攻柳子。迟，直利翻，待也。淮南败卒在贼中者，李湘、袁公弁之兵也。逃诣康承训，告以其期，承训得先为之备，秣马整众，设伏以待之。丙辰，襄城等兵先至柳子，遇伏，败走。庞勋既自失期，遽引兵自三十里外赴之，比至，比，必利翻。诸寨已败，勋所将皆市井白徒，睹官军势盛，皆不战而溃。承训命诸将急追之，以骑兵邀其前，步卒蹙其后，贼狼狈不知所之，自相蹈藉，僵尸数十里，藉，慈夜翻。僵，居良翻。死者数万人。勋解甲服布襦而遁，襦，汝朱翻，短衣也。收散卒，才及三千人，归彭城，考异曰：实录，勋败于柳子在五月。盖约奏到书之，其他皆如此，虽有月日，不可用。今从彭门纪乱。使其将张实分诸寨兵屯第城驿。第城驿在宿州西。

勋初起，下邳土豪郑镒镒，音逸。聚众三千，自备资粮器械以应之，勋以为将，谓之义军。五月，沂州遣军围下邳，下邳县，属徐州。九域志：在州东一百八十里。勋命镒救之，镒帅所部来降。帅，读曰率。

11 六月，陕民作乱，逐观察使崔荛。陕，失冉翻。荛，如招翻。荛以器韵自矜，不亲政事，民诉旱，荛指庭树曰："此尚有叶，何旱之有！"杖之。民怒，故逐之。荛逃于民舍，渴求饮，民以溺饮之。溺，奴吊翻。饮之，于鸩翻。坐贬昭州司马。

12 以中书侍郎、同平章事徐商同平章事，充荆南节度使。癸卯，以翰林学士承旨、户部侍郎刘瞻同平章事。考异曰：玉泉子闻见录曰："徐公商判鹾，以瞻为从事。商拜相，命官曾不及瞻。瞻出于羁旅，以杨玄翼枢密权重，可倚以图事，而密啖阍者谒焉。瞻有仪表，加之词辩俊利，玄翼一见悦之。每玄翼归第，瞻辄候之，由是日加亲熟，遂许以内廷之拜。既有日矣，瞻即复谒徐公曰：'相公过听，以某辱在门馆，幸遇相公登庸，四海之人孰不受相公之惠！某故相公从事，穷饥日加，且环岁矣；相公曾不以下位处之，某虽不佞，亦相公之恩不终也。今已别有计矣，请从此辞。'即下拜焉。商初闻瞻言，徒唯唯而已。迨闻别有计，不觉愕然，方欲逊谢，瞻已疾趋出矣。明日，内榜子出，以瞻为翰林学士。"旧瞻传："刘瑑作相，以宗人遇之，荐为翰林学士。"按瞻素有清节，必不至如玉泉子所云，恐出于爱憎之说。闻见录又云："玄翼为凤翔监军，瞻即出为太原亚尹，郑从谠为节度使，殊不礼焉。洎复入翰林而作相也，常谓人曰：'吾在北门，为郑尚书冷将息，不复病热矣。'

从谠南海之命，瞻所致也。”按旧传，瞻自户部侍郎承旨出为太原尹、河东节度使，瞻为学士，若非以罪谪，恐不为少尹。又旧纪，咸通十二年十二月，郑从谠自宣武节度使为广州，在瞻驩州后，故知玉泉子所记皆虚。今不取。瞻，桂州人也。

13 马举自泗州引兵攻濠州，拔招义、钟离、定远。招义，汉睢陵县地，宋置济阴郡，隋废郡为化明县，武德七年，改为招义。钟离，汉古县；定远，汉曲阳县地，梁改为定远；唐皆属濠州。九域志：招义在州东一百二十四里。定远在州南八十里。刘行及设寨于城外以拒守，举先遣轻骑挑战，挑，徒了翻。贼见其众少，争出寨西击之，举引大军数万自他道击其东南，遂焚其寨。贼入固守，举堑其三面而围之，北面临淮，贼犹得与徐州通。庞勋遣吴迥助行及守濠州，屯兵北津以相应，北津，淮水之北岸也。凡临水济渡之处谓之津。举遣别将渡淮击之，斩获数千，平其寨。

14 曹翔之退屯兖州也，留沧州卒四千人戍鲁桥，沧州卒，横海之兵也。九域志：济州任城县有鲁桥镇。卒擅还，翔曰：“以庞勋作乱，故讨之。今沧卒不从约束，是自乱也!”勒兵迎之，围于兖州城外，择违命者二千人，悉诛之。朝廷闻魏博军败，以将军宋威为徐州西北面招讨使，将兵三万屯于丰、萧之间，翔复引兵会之。复，扶又翻。

秋，七月，康承训克临涣，杀获万人，遂拔襄城、留武、小睢等寨。曹翔拔滕县，进击丰、沛。贼诸寨戍兵多相帅逃匿，保据山林，帅，读曰率。贼抄掠者过之，抄，楚交翻。辄为所杀，而五八村尤甚。有陈全裕者为之帅，帅，所类翻。凡叛勋者皆归之，众至数千人，战守之具皆备，环地数千【章：十二行本“千”作“十”；乙十一行本同；退斋校同；张校同，云无注本作“千”。】里，环，音宦。贼莫敢近。近，其靳翻。康承训遣人招之，遂举众来降，贼党益离。蕲县土豪李衮杀贼守将，举城降于承训。蕲，汉古县，唐属宿州。九域志：在州南三十六里。沛县守将李直诣彭城计事，裨将朱玫举城降于曹翔。玫，莫杯翻。直自彭城还，玫逆击，走之，翔发兵戍沛。玫，邠州人也。勋遣其将孙章、许佶各将数千人攻陈全裕、朱玫，皆不克而还。还，从宣翻。康承训乘胜长驱，拔第城，进抵宿州之西，筑城而守之。庞勋忧懑不知所为，但祷神饭僧而已。懑，莫困翻，心烦也。饭，扶晚翻。

15 初，庞勋怒梁丕专杀姚周，黜之，使徐州旧将张玄稔代之治州事，治，直之翻。以其党张儒、张实等将城中兵数万拒官军。儒等列寨数重于城外，环水自固；重，直龙翻。环，音宦。康承训围之。张实夜遣人潜出，以书白勋曰："今国兵尽在城下，国兵，谓官军也。西方必虚，将军宜引兵出其不意，掠宋、亳之郊，彼必解围而西，将军设伏要害，迎击其前，实等出城中兵蹙其后，破之必矣！"时曹翔使朱玫击丰，破之，乘胜攻徐城、下邳，皆拔之，斩获万计。勋方忧惧欲走，得实书，即从其策，使庞举直、许佶守徐州，引兵而西。

八月，壬子，康承训焚外寨，张儒等入保罗城，外寨，宿州城外之寨。罗城，宿州罗城也。官军攻之，死者数千人，不能克，考异曰：旧纪、实录皆云，八月，康承训攻柳子寨，垂克，而贼将王弘立救至，王师大败，承训退保宋州。庞勋乘胜自帅徐州劲卒并攻泗州，留其都将许佶守徐州。诏马举援泗州。按弘立救柳子，为承训所败。兼于时弘立已死于泗州，勋亦未尝亲攻泗州。旧纪、实录误也。承训患之，遣辩士于城下招谕之。张玄稔尝戍边有功，虽胁从于贼，心尝忧愤，心"尝"，当作"常"。时将所部兵守子城，夜，召所亲数十人谋归国，因稍令布谕，协同者众，乃遣腹心张皋夜出，以状白承训，约期杀贼将，举城降，至日，请立青旌为应，使众心无疑。木行色青，木主生，使立青旌以示不杀。承训大喜，从之。九月，丁巳，张儒等饮酒于柳溪亭，玄稔使部将董厚【严："厚"改"原"。】等勒兵于亭西，玄稔先跃马而前，大呼曰："庞勋已枭首于仆射寨中，呼，火故翻。仆射，谓承训也。此辈何得尚存！"士卒竞进，遂斩张儒等数十人。城中大扰，玄稔谕以归国之计，及暮而定。戊午，开门出降。玄稔见承训，肉袒膝行，涕泣谢罪。承训慰劳，劳，力到翻；下赏劳同。即宣敕，拜御史中丞，赐遗甚厚。遗，唯季翻。

玄稔复进言：复，扶又翻。"今举城归国，四远未知，请诈为城陷，引众趋苻离及徐州，趋，七喻翻；下同。贼党不疑，可尽擒也！"承训许之。宿州旧兵三万，承训益以数百骑，皆赏劳而遣之。玄稔复入城，暮发平安火如常日。己未向晨，玄稔积薪数千束，纵火焚之，如城陷军溃之状，直趋苻离，苻离纳之，既入，斩其守将，号令城中，皆听命，收其兵，复得万人，复，扶又翻。北趋徐州。庞举直、许佶闻之，婴城拒守。

辛酉，玄稔至彭城，引兵围之，按兵未攻，先谕城上人曰："朝廷唯诛逆党，不伤良人；汝曹奈何为贼城守？为，于伪翻。若尚狐疑，须臾之间，同为鱼肉矣！"于是守城者稍稍弃甲投兵而下。崔彦曾故吏路审中开门纳官军，庞举直、许佶帅其党保子城，帅，读曰率。日昃，贼党自北门出，玄稔遣兵追之，斩举直、佶首，馀党多赴水死，悉捕戍桂州者亲族，斩之，死者数千人，徐州遂平。

庞勋将兵二万自石山西出，所过焚掠无遗。庚申，承训始知，引步骑八万西击之，使朱邪赤心将数千骑为前锋。考异曰：彭门纪乱云"沙陀都头朱邪赤衷"，按献祖纪年录当作"赤心"，纪乱误也。勋袭宋州，陷其南城，刺史郑处冲守其北城，处，昌吕翻。贼知有备，舍去，渡汴，南掠亳州，九域志：宋州南至亳州一百二十里。沙陀追及之。勋引兵循涣水而东，将归彭城，为沙陀所逼，不暇饮食，至蕲，蕲，秦、汉古县，宋置谯郡，齐为北谯郡；时为县，属宿州。九域志：在州南三十六里。将济水，李衮发桥，勒兵拒之。贼惶惑不知所之，至县西，官军大集，纵击，杀贼近万人，近，其靳翻。馀皆溺死，降者才及千人，勋亦死而人莫之识，数日，乃获其尸。考异曰：彭门纪乱曰："初，庞勋之求节也，必希岁内得之，于是闾里小儿竞歌之曰：'得节不得节，不过十二月。'即庞勋九年十月十七日作乱，十年九月十九日就戮，通其闰月计之，正一岁而灭。"按六日，承训知勋掠亳、宋，即追之，至蕲县，得之。恐未至十九日，疑是九日也。新纪，九月癸酉，庞勋伏诛。用彭门纪乱也。贼宿迁等诸寨皆杀其守将而降。宿迁，晋宿豫县也，唐避代宗讳，改曰宿迁，属徐州，在下邳东南一百八十里。宋威亦取萧县，吴迥独守濠州不下。

冬，十月，以张玄稔为右骁卫大将军、御史大夫。

马举攻濠州，自夏及冬不克，城中粮尽，杀人而食之，官军深堑重围以守之。重，直龙翻。辛丑夜，吴迥突围走，举勒兵追之，杀获殆尽，迥死于招义。

以康承训为河东节度使、同平章事，以杜慆为义成节度使。上嘉朱邪赤心之功，置大同军于云州，以赤心为节度使，会昌中，已置大同军团练使于云州，寻为防御，今升为节镇。召见，留为左金吾上将军，赐姓名李国昌，其后李国昌父子卒以云州起兵，盖寻遣之还镇也。薛史曰：赤心赐姓名，系郑王房。见，贤遍翻。赏赉甚厚。以辛谠为亳州刺史。谠在泗州，犯围出迎兵粮，往返凡十二，及除亳州，上表言："臣之功，非杜慆不能成也！"赐和州刺史崔雍自尽，以其开门延贼也。考异曰：旧纪："八月，和州防虞行官石侔等讼雍罪，其月，赐自尽。"实录讼在八月，赐自尽在十月。今从之。家属流康州，兄弟五人皆远贬。

16 上荒宴，不亲庶政，委任路岩；岩奢靡，颇通赂遗，遗，唯季翻。左右用事。至德令陈蟠叟因上书召对，肃宗至德元载，分鄱阳秋浦置至德县，属饶州。言："请破边咸一家，可赡军二年。"上问："咸为谁？"对曰："路岩亲吏。"上怒，流蟠叟于爱州，自是无敢言者。

17 初，南诏遣使者杨酋庆来谢释董成之囚，释董成见上卷七年。定边节度使李师望欲激怒南诏以求功，遂杀酋庆。西川大将恨师望分裂巡属，谓分西川巡属邛、嶲等州别立定边军也，事见上九年六月。阴遣人致意南诏，使入寇。师望贪残，聚私货以百万计，戍卒怨怒，欲生食之，师望以计免。朝廷征还，以太府少卿窦滂代之。滂贪残又甚于师望，故蛮寇未至，而定边固已困矣。

是月，南诏骠信酋龙倾国入寇，引数万众击董春乌部，破之。董春乌部，西川附塞蛮也。十一月，蛮进寇嶲州，定边都头安再荣守清溪关，蛮攻之，再荣退屯大渡河北，与之隔水相射射，而亦翻。九日八夜。蛮密分军开【章：十二行本"开"上有"伐木"二字；乙十一行本同；张校同；退斋校同。】道，逾雪坡，奄至沐源川，雪坡，雪岭之坡也。沐源川在嘉州罗目县界，麟德二年，开生獠，置罗目县及沐州；后废沐州，以罗目属嘉州；宋朝又废罗目为镇，属峨眉县。又今嘉州犍为县有沐川镇。滂遣兖海将黄卓帅五百人拒之，举军覆没。帅，读曰率。十二月，丁酉，蛮衣兖海之衣，诈为败卒，至江岸呼船，蛮衣，于既翻。此江，青衣江也。已济，众乃觉之，遂陷犍为，纵兵焚掠陵、荣二州之境。犍为，汉郡名，后周置武阳县，隋开皇初，改名犍为，因山为名也，唐属嘉州。九域志：在州东南一百二十里。犍，居言翻。后数日，蛮军大集于陵云寺，与嘉州对岸，嘉州，汉犍为郡南安县地。梁武帝开通外徼，立青州，取青衣以为名。西魏改青州为眉州，取峨眉山以为名。后周复曰青州，又改曰嘉州，取汉嘉郡以为名。隋又改曰眉州，唐复曰嘉州，别置眉州于汉武阳县地。陵云寺在嘉州南山，开元中，僧海通于渎江、沫水、濛水三江之会，悍流怒浪之滨，凿山为弥勒大像，高逾三百六十尺，建七层阁以覆之。刺史杨忞忞，莫巾翻。与定边监军张允琼勒兵拒之。

蛮潜遣奇兵自东津济，夹击官军，杀忠武都将颜庆师，馀众皆溃，忞、允琼脱身走。壬子，陷嘉州。庆师，庆复之弟也。

窦滂自将兵拒蛮于大渡河，骠信诈遣清平官数人诣滂结和，滂与语未毕，蛮乘船栰争渡，忠武、徐宿两军结陈抗之。徐宿，旧武宁军，以其军数乱逆，罢节镇。陈，读曰阵。滂惧，自经于帐中。徐州将苗全绪解之，曰："都统何至于是！"全绪与安再荣及忠武将勒兵出战，滂遂单骑宵遁。三将谋曰："今众寡不敌，明旦复战，吾属尽矣；复，扶又翻。不若乘夜攻之，使之惊乱，然后解去。"于是夜入蛮军，弓弩乱发，蛮大惊，三将乃全军引去。蛮进陷黎、雅，民窜匿山谷，败军所在焚掠。滂奔导江。导江，本刘蜀所置都安县，后周改为汶山，唐改曰导江，属彭州。九域志：在州西九十里。邛州军资储偫皆散于乱兵之手，偫，丈里翻。蛮至，城已空，通行无碍矣。考异曰：张云咸通解围录曰："十年，十月，南蛮众击董春乌部落，倾其巢窟，春乌以其众保北栅。俄而蛮掩至沐源川，遂逼嘉州，南自清溪关寇黎、雅。"张彭锦里耆旧传曰："十一年，庚寅，节度使卢仆射耽。冬，云南蛮数万寇边，突破清溪关，犯大渡河，遂进陷沈黎，突邛崃，直过雅、邛。"按解围录、新、旧纪，蛮入寇皆在十年冬，而彭独以为十一年冬，误也。新传曰："十年，乃入寇，以兵缀清溪关，密引众伐木开道，径雪坡，盛夏，卒冻死者二千人，出沐源，窥嘉州。"按蛮以十一月至沐源川，非盛夏，新传误也。实录又曰："骠信以十月三日离善阐，每人止将米炒一斗随身。乃诏高骈乘其国内无兵备，进攻善阐，以解冲突。"按骈时为郓州节度使，不在安南，恐实录误也。

诏左神武将军颜庆复将兵赴援。

容肇祖标点聂崇岐覆校

资治通鉴卷第二百五十二

端明殿学士兼翰林侍读学士太中大夫
提举西京嵩山崇福宫上柱国河内郡开国公 司马光 奉敕编集
食邑二千二百户食实封九百户赐紫金鱼袋臣

后学天台胡三省音注

唐纪六十八

唐纪六十八 起上章摄提格（庚寅），尽柔兆涒滩（丙申），凡七年。

懿宗昭圣恭惠孝皇帝下

咸通十一年（庚寅、八七〇）

1 春，正月，甲寅朔，群臣上尊号曰睿文英武明德至仁大圣广孝皇帝；赦天下。

2 西川之民闻蛮寇将至，争走入成都。时成都但有子城，亦无壕，人所占地占，之赡翻。各不过一席许，雨则戴箕盎以自庇；又乏水，取摩诃池泥汁，澄而饮之。成都记：摩诃池在张仪子城内。隋蜀王秀取土筑广子城，因为池。有胡僧见之曰："摩诃宫毗罗。"盖胡僧谓"摩诃"为大，"宫毗罗"为龙，谓此池广大有龙耳。因名摩诃池。或曰萧摩诃所开，非也。池今在成都县东南十二里。

将士不习武备，节度使卢耽召彭州刺史吴行鲁使摄参谋，与前泸州刺史杨庆复考异曰：新传云"泸州刺史杨庆"。锦里耆旧传云"嘉州"，误也。今从解围录。共修守备，选将校，分职事，将，即亮翻；下同。校，户教翻。立战棚，具炮檑，棚，蒲庚翻。炮，普教翻。檑，卢对翻，檑木也；自城上下之以压敌。造器备，严警逻。先是，西川将士多虚职名，亦无禀给。先，悉荐翻。至是，揭榜募骁勇之士，逻，郎佐翻。揭，丘杰翻。补以实职，厚给粮赐，应募者云集。庆复乃谕之曰："汝曹皆军中子弟，年少材勇，少，诗照翻。平居无由自进，今蛮寇凭陵，乃汝曹取富贵之秋也，可不勉乎！"皆欢呼踊跃。于是列兵械于庭，使之各试所能，两两角胜，察其勇怯而进退之，得选兵三千人，号曰"突将"。行鲁，彭州人也。

戊午，蛮至眉州，耽遣同节度副使王偃等赍书见其用事之臣杜元忠，与之约和。蛮报曰："我辈行止，只系雅怀。"

3 路岩、韦保衡上言："康承训讨庞勋时，逗桡不进，上，时掌翻。逗，音豆。桡，奴教翻。又不能尽其馀党，又贪虏获，不时上功。"上，时掌翻。辛酉，贬蜀王傅、分司；蜀王佶，皇子也。考异曰：新传曰："宰相路岩、韦保衡劾承训讨贼逗桡，贪虏获，不时上功，贬蜀王傅、分司东都。"按此时保衡未为相，盖以尚主之故，上用其言，故得挤承训也。寻再贬恩州司马。

4 南诏进军新津，新津，汉武阳县，后周改为新津，唐属蜀州。九域志：在州东南七十里。定边之北境也。卢耽遣同节度副使谭奉祀致书于杜元忠，问其所以来之意；蛮留之不还。耽遣使告急于朝，朝，直遥翻。且请遣使与和，以纾一时之患。朝廷命知四方馆事、太仆卿支详为宣谕通和使。晏公类要曰：旧仪，于通事舍人中，以宿长一人总知馆事，谓之馆主，凡四方贡纳及章表皆受而进之。唐自中世以后，始以他官判四方馆事。蛮以耽待之恭，亦为之盘桓，为，于伪翻。而成都守备由是粗完。粗，坐五翻。

甲子，蛮长驱而北，陷双流。双流，汉广都县地，隋置双流县，唐属成都府。九域志：在府南四十里。庚午，耽遣节度副使柳槃往见之，杜元忠授槃书一通，曰："此通和之后，骠信与军府相见之仪也。"其仪以王者自处，处，昌吕翻。语极骄慢。又遣人负彩幕至城南，云欲张陈蜀王厅以居骠信。隋蜀王秀镇蜀，起听事，极为宏壮。厅，他经翻。

癸酉，废定边军，复以七州归西川。七州，邛、眉、蜀、雅、嘉、黎、巂也。

是日，蛮军抵成都城下。前一日，卢耽遣先锋游弈使王昼至汉州诇援军，且趣之。诇，翾正翻，又火迥翻。趣，读曰促。时兴元六千人、凤翔四千人已至汉州，会窦滂以忠武、义成、徐宿四千人自导江奔汉州，就援军以自存。丁丑，王昼以兴元、资、简兵三千馀人军于毗桥，毗桥，在汉州南界。遇蛮前锋，与战不利，退保汉州。时成都日望援军之至，而窦滂自以失地，谓失定边军也。欲西川相继陷没以分其责，每援军自北至，辄说之曰："蛮众多于官军数十倍，官军远来疲弊，未易遽前。"说，式芮翻。易，以豉翻。诸将信之，皆狐疑不进。成都十将李自孝阴与蛮通，欲焚城东仓为内应，城中执而杀之。后数日，蛮果攻城，久之，城中无应而止。

二月，癸未朔，蛮合梯冲四面攻成都，城上以钩缳挽之使近，梯，云梯；冲，冲车也。缳，于善翻，屈转其索如环钩，施于其端。投火沃油焚之，攻者皆死。卢耽以杨庆复、摄左都押牙李骧各帅突将出战，帅，读曰率。杀伤蛮二千馀人，会暮，焚其攻具三千馀物而还。蜀人素怯，其突将新为庆复所奖拔，且利于厚赏，勇气自倍，其不得出者，皆愤郁求奋。后数日，贼取民篱，重沓湿而屈之，以为蓬，重，直龙翻。"蓬"，当作"篷"。编竹以覆舟曰篷。言湿篱而屈之，状如舟之眠篷也。置人其下，举以抵城而劚之，劚，陟玉翻，斫也，掘也。矢石不能入，火不能然，然，与燃同，烧也。庆复镕铁汁以灌之，攻者又死。

乙酉，支详遣使与蛮约和。丁亥，蛮敛兵请和。戊子，遣使迎支详。时颜庆复以援军将至，详谓蛮使曰："受诏诣定边约和，今云南乃围成都，则与向日诏旨异矣。且朝廷所以和者，冀其不犯成都也。今矢石昼夜相交，何谓和乎！”蛮见和使不至，使，并疏吏翻。庚寅，复进攻城。复，扶又翻。辛卯，城中出兵击之，乃退。

初，韦皋招南诏以破吐蕃，既而蛮诉以无甲弩，皋使匠教之，数岁，蛮中甲弩皆精利。又，东蛮苴那时、勿邓、梦冲三部助皋破吐蕃有功，事见二百三十三卷德宗兴元五年。其后边吏遇之无状，东蛮怨唐深，自附于南诏，每从南诏入寇，为之尽力，为，于伪翻。得唐人，皆虐杀之。

朝廷贬窦滂为康州司户，以颜庆复为东川节度使，凡援蜀诸军，皆受庆复节制。癸巳，庆复至新都，九域志：新都县在成都府北四十五里。蛮分兵往拒之。甲午，与庆复遇，庆复大破蛮军，杀二千馀人，蜀民数千人争操芟刀、白棓以助官军，操，七刀翻。芟刀，农家所以芟草。棓，蒲项翻。呼声震野。呼，火故翻。乙未，蛮步骑数万复至，复，扶又翻。会右武卫上将军宋威以忠武【章：十二行本“武”下有“军”字；乙十一行本同；孔本同。】二千人至，即与诸军会战，蛮军大败，死者五千馀人，退保星宿山。宿，音秀。威进军沱江驿，沱江驿，在成都府新繁县。禹贡，岷山导江，别为沱。沱，徒河翻。距成都三十里。蛮遣其臣杨定保诣支详请和，详曰：“宜先解围退军。”定保还，蛮围城如故。城中不知援军之至，但见其数来请和，数，所角翻。知援军必胜矣。戊戌，蛮复请和，使者十返，城中亦依违答之。蛮以援军在近，攻城尤急，骠信以下亲立矢石之间。庚子，官军至城下与蛮战，夺其升迁桥，升迁桥，即升仙桥。秦时李冰所起，旧名七星桥。是夕，蛮自烧攻具遁去，比明，官军乃觉之。比，必利翻，及也。

初，朝廷使颜庆复救成都，命宋威屯绵、汉为后继。绵、汉，二州名。威乘胜先至城下，破蛮军功居多，庆复疾之。威饭士欲追蛮军，饭，扶晚翻。城中战士亦欲与北军合势俱进，庆复牒威，夺其军，勒归汉州。蛮至双流，阻新穿水，九域志：蜀州新津县有新穿镇。造桥未成，狼狈失度。失度者，失其常度也。三日，桥成，乃得过，断桥而去，断，丁管翻。甲兵服物遗弃于路，蜀人甚恨之。黎州刺史严师本收散卒数千保邛州，蛮围之，二日，不克，亦舍去。

颜庆复始教蜀人筑壅门城，城门之外，别筑垣墙以遮城门，谓之壅门，今人谓之八卦墙者是也。穿堑引水满之，植鹿角，分营铺，斩木为鹿角，植之城外，以限冲突，今人谓之排杈者是。分立寨屋，谓之营，以居士卒。城上分立小屋，使守卒居之以候望，谓之铺。铺，普故翻。蛮知有备，自是不复犯成都矣。复，扶又翻。

先是，西川牙将有职无官，先，悉荐翻。及拒却南诏，四人以功授监察御史，此所谓官也。堂帖，人输堂例钱三百缗；贫者苦之。有功授官而征其输钱；史言唐之纪纲大坏。

5 三月，左仆射、同平章事曹确同平章事，充镇海节度使。

6 夏，四月，丙午，以翰林学士承旨、兵部侍郎韦保衡同平章事。

7 徐贼馀党犹相聚闾里为群盗，散居兖、郓、青、齐之间，诏徐州观察使夏侯瞳招谕之。瞳，徒红翻。

8 五月，丁丑，以邛州刺史吴行鲁为西川留后。

9 光州民逐刺史李弱翁，弱翁奔新息。新息，汉古县，唐属蔡州。九域志：在州东南一百五十五里，去光州九十里。左补阙杨堪等上言："刺史不道，百姓负冤，当诉于朝廷，置诸典刑，岂得群党相聚，擅自斥逐，乱上下之分！此风殆不可长，分，扶问翻。长，知两翻。宜加严诛以惩来者。"

10 上令百官议处置徐州之宜。处，昌吕翻。六月，丙午，太子少傅李胶等状，以为："徐州虽屡构祸乱，谓银刀及桂州戍卒也。未必比屋顽凶；比，毗必翻。盖由统御失人，是致奸回乘衅。今使名虽降，谓降节度为观察。使，疏吏翻。兵额尚存，以为支郡则粮饷不给，分隶别藩则人心未服；或旧恶相济，更成披猖。惟泗州向因攻守，结衅已深，事见上卷九年、十年。宜有更张，庶为两便。"更，工衡翻。诏从之，徐州依旧为观察使，统徐、濠、宿三州，泗州为团练使，割隶淮南。

11 加幽州节度使张允伸兼侍中。

12 秋，八月，乙未，同昌公主薨。上痛悼不已，杀翰林医官韩宗劭等二十馀人，悉收捕其亲族三百馀人系京兆狱。中书侍郎、同平章事刘瞻召谏官使言之，谏官莫敢言者，乃自上言，上，时掌翻。以为："修短之期，人之定分。昨公主有疾，深轸圣慈。宗劭等诊疗之时，诊，止忍翻，候脉也。疗，力照翻，治疾也。惟求疾愈，备施方术，非不尽心，而祸福难移，竟成差跌，跌，徒结翻。原其情状，亦可哀矜。而械系老幼三百馀人，物议沸腾，道路嗟叹。奈何以达理知命之君，涉肆暴不明之谤！盖由安不虑危，忿不思难之故也。伏愿少回圣虑，宽释系者。"上览疏，不悦。瞻又与京兆尹温璋力谏于上前；上大怒，叱出之。

13 魏博节度使何全皞年少，骄暴好杀，少，诗照翻。好，呼到翻。又减将士衣粮。将士作乱，全皞单骑走，追杀之，何进滔得魏博，传三世，四十二年而灭。推大将韩君雄为留后。成德节度使王景崇为之请旌节；为之，于伪翻。九月，庚戌，以君雄为魏博留后。

14 丙辰，以刘瞻同平章事，充荆南节度使，贬温璋振州司马。璋叹曰："生不逢时，死何足惜！"是夕，仰药卒。仰，牛向翻。敕【章：十二行本"敕"上有"庚申"二字；乙十一行本同；孔本同；退斋校同。】曰："苟无蠹害，何至于斯！恶实贯盈，死有馀责。宜令三日内且于城外权瘗，瘗，于计翻。俟经恩宥，方许归葬，使中外快心，奸邪知惧。"己巳，贬右谏议大夫高湘、比部郎中知制诰杨知至、礼部郎中魏筜等于岭南，比，音毗。筜，都郎翻。皆坐与刘瞻亲善，为韦保衡所逐也。知至，汝士之子；汝士，虞卿从兄也，见二百四十一卷穆宗长庆元年。筜，扶之子也。魏扶见二百四十八卷宣宗大中三年。保衡又与路岩共奏刘瞻，云与医官通谋，误投毒药；谮言误投毒药，以致同昌公主于死。然既言误矣，又安可以为通谋邪！丙子，贬瞻康州刺史。康州去京师五千七百五十里。翰林学士承旨郑畋草瞻罢相制辞曰："安数亩之居，仍非己有；却四方之赂，惟畏人知。"岩谓畋曰："侍郎乃表荐刘相也！"坐贬梧州刺史。梧州，汉苍梧郡所治广信县地，唐置梧州，去京师五千五百里。御史中丞孙瑝坐为瞻所引用，亦贬汀州刺史。瑝，户盲翻，又音皇。路岩素与刘瞻论议多不叶，瞻既贬康州，岩犹不快，阅十道图，以驩州去长安万里，再贬驩州司户。驩州，陆路至长安一万二千四百五十二里，水路一万七千里。考异曰：实录、新传皆云"岩志欲杀之，赖幽州节度使张公素表论瞻冤，乃止。"按是时张允伸镇幽州，云公素，恐误也。

15 冬，十月，癸卯，以西川留后吴行鲁为节度使。

16 十一月，辛亥，以兵部尚书、盐铁转运使王铎为礼部尚书、同平章事。铎，起之兄子也。王起见二百四十一卷长庆元年。铎，起兄炎之子。

17 丁卯，复以徐州为感化军节度。徐州本武宁军，中有银刀之乱，罢节镇为观察，今复为感化军。

18 十二月，加成德节度使王景崇同平章事。以左金吾上将军李国昌为振武节度使。

十二年（辛卯、八七一）

1 春，正月，辛酉，葬文懿公主。同昌公主谥文懿。韦氏之人争取庭祭之灰，汰其金银。敕祭之于韦氏之庭，故曰庭祭。汰，淘也。凡服玩，每物皆百二十舆，以锦绣、珠玉为仪卫、明器，辉焕三十馀里；记檀弓：孔子谓为明器者，知丧道矣，备物而不可用也。其曰明器，神明之也，何取于辉焕乎！赐酒百斛，饼餤四十橐驼，以饲体夫。餤，于廉翻，又徒甘翻。饲，祥吏翻。体，蒲本翻。体夫，舁柩之夫也。上与郭淑妃思公主不已，乐工李可及作叹百年曲，其声凄惋，叹百年曲，历叙人自少而壮，自壮而老，少时娟好，壮时追欢极乐，老时衰飒之状；其声凄切，感动人心。惋，乌贯翻。舞者数百人，发内库杂宝为其首饰，以絁八百匹为地衣，舞罢，珠玑覆地。絁，式支翻。覆，敷救翻。

2 以魏博留后韩君雄为节度使。

3 门下侍郎、同平章事路岩与韦保衡素相表里，势倾天下。既而争权，浸有隙，保衡遂短岩于上。夏，四月，癸卯，以岩同平章事，充西川节度使。岩出城，路人以瓦砾掷之。砾，郎狄翻。权京兆尹薛能，岩所擢也，岩谓能曰："临行，烦以瓦砾相饯！"能徐举笏对曰："向来宰相出，府司无例发人防卫。"府司，谓京兆府所司。岩甚惭。能，汾州人也。能，音囊来切。

4 五月，上幸安国寺，赐僧重谦、僧澈沈檀讲座二，各高二丈。以沈香、檀香为讲座也。沈，持林翻。高，古号翻。设万人斋。

5 秋，七月，以兵部尚书卢耽同平章事，充山南东道节度使。

6 冬，十月，以兵部侍郎、盐铁转运使刘邺为礼部尚书、同平章事。

十三年（壬辰、八七二）

1 春，正月，幽州节度使张允伸得风疾，请委军政就医；许之，以其子简会知留后。疾甚，遣使上表纳旌节；丙申，薨。允伸镇幽州二十三年，宣宗大中四年，张允伸代周綝镇幽州。勤俭恭谨，边鄙无警，上下安之。

2 二月，丁巳，以兵部侍郎、同平章事于琮为山南东道节度使，以刑部侍郎、判户部奉天赵隐为户部侍郎、同平章事。

3 平州刺史张公素，素有威望，为幽人所服。张允伸薨，公素帅州兵来奔丧。帅，读曰率。张简会惧，三月，奔京师，以为诸卫将军。泛言诸卫将军，不言何卫，史略之也。

4 夏，四月，立皇子保为吉王，杰为寿王，倚为睦王。

5 以张公素为平卢留后。“平卢”，当作“卢龙”。

6 五月，国子司业韦殷裕诣阁门告郭淑妃弟内作坊使敬述阴事；内作坊使，内诸司使之一，掌造内库军器。上大怒，杖杀殷裕，籍没其家。考异曰：续宝运录曰：“内作使郭敬述与宰臣韦保衡、张能顺频于内宅饮酒，潜通郭妃，荒秽颇甚。每封进文书于金合内，诈称果子，内连郭妃、郭敬述，外结张能顺、国子司业韦殷裕，拟倾皇祚，别立太子，事泄，遽加贬降。五月十四日，内榜子，贬工部尚书严祈郴州刺史，给事中李晛勤州刺史，给事中张铎滕州刺史，左金吾大将军李敬仲儋州司户。国子司业韦殷裕，敕京兆府决痛杖一顿，处死，家资、妻女没官。又贬叙州刺史韦君卿爱州崇平县尉，右仆射、右羽林统军张直方康州司马。续又贬驸马于琮并扶会与韦保衡等同谋不轨事，其月十七日，又贬尚书左丞李当道州刺史，吏部侍郎王沨建州刺史，左常侍李都贺州刺史，翰林承旨张裼封州司马，中书舍人封彦卿潮州司户，谏议大夫杨塾新州司户。驸马韦保衡雷州刺史，又贬儋州澄迈县尉，又贬驩州长流百姓，又赐自尽，家赀没官，仍三族不许朝廷录用。”其语杂乱无稽。今从实录。乙亥，阁门使田献铦夺紫，改桥陵使，铦，思廉翻。以其受殷裕状故也。殷裕妻父太府【章：十二行本“府”作“仆”；乙十一行本同。】少卿崔元应、妻从兄中书舍人崔沆、从，才用翻。沆，下党翻。季父君卿皆贬岭南官；给事中杜裔休坐与殷裕善，亦贬端州司户。沆，铉之子也。崔铉见二百四十七卷武宗会昌三年。裔休，悰之子也。

7 丙子，贬山南东道节度使于琮为普王傅、分司，普王俨，皇子也，后践阼，是为僖宗。韦保衡谮之也。辛巳，贬尚书左丞李当、吏部侍郎王沨、沨，房戎翻。左散骑常侍李都、翰林学士承旨兵部侍郎张裼、裼，他计翻，又先击翻。前中书舍人封彦卿、左谏议大夫杨塾，癸未，贬工部尚书严祁、给事中李贶、给事中张铎、左金吾大将军李敬仲、起居舍人萧遘、李渎、郑彦特、李藻，皆处之湖、岭之南，处，昌吕翻。不详言各人所贬之地，以其无罪，故略之也。坐与琮厚善故也。贶，汉之子；遘，寘之子也。李汉见二百四十五卷文宗大和九年。萧寘见二百五十卷五年。甲申，贬前平卢节度使于琄为凉王府长史、分司，琄，胡犬翻。凉王侹，皇子也。前湖南观察使于瓌为袁州刺史。瓌、琄，皆琮之兄也。寻再贬琮韶州刺史。隋于曲江县置韶州，以县北八十里韶石为名，至京师四千九百三十二里。

琮妻广德公主，上之妹也，广德县，属宣州。与琮偕之韶州，行则肩舆门相对，坐则执琮之带，琮由是获全。时诸公主多骄纵，惟广德动遵法度，事于氏宗亲尊卑无不如礼，内外称之。

8 六月，以卢龙留后张公素为节度使。

9 韦保衡欲以其党裴条为郎官，惮左丞李璋方严，恐其不放上，尚书左、右丞，分总六曹、二十四司。郎官，凡除授非其人，左右丞得以纠劾之，不令赴省供职。上，时掌翻。先遣人达意。璋曰：“朝廷迁除，不应见问。”秋，七月，乙未，以璋为宣歙观察使。歙，书涉翻。

10 八月，归义节度使张义潮薨，沙州长史曹义金代领军府；制以义金为归义节度使。是后中原多故，朝命不及，回鹘陷甘州，自馀诸州隶归义者多为羌、胡所据。自唐末迄于宋朝，河、湟之地遂悉为戎，中国不能复取。朝，直遥翻。

11 冬，十二月，追上宣宗谥曰元圣至明成武献文睿智章仁神聪懿道大孝皇帝。上，时掌翻。

12 振武节度使李国昌，恃功恣横，横，户孟翻。专杀长吏。长，知丈翻。朝廷不能平，徙国昌为大同军防御使，国昌称疾不赴。史言沙陀跋扈，不待杀段文楚而后动于恶。

十四年（癸巳、八七三）

1 春，三月，癸巳，上遣敕使诣法门寺迎佛骨，群臣谏者甚众，至有言宪宗迎佛骨寻晏驾者。事见宪宗纪元和十四年。死者，人所甚讳也，况言之于人主之前乎！言之至此，人所难也。上曰："朕生得见之，死亦无恨！"广造浮图、宝帐、香轝、幡花、幢盖以迎之，幡，孚袁翻。幢，传江翻。史炤曰：幢，童也，其状童童然。皆饰以金玉、锦绣、珠翠。自京城至寺三百里间，道路车马，昼夜不绝。夏，四月，壬寅，佛骨至京师，导以禁军兵仗、公私音乐，沸天烛地，绵亘数十里；仪卫之盛，过于郊祀，元和之时不及远矣。富室夹道为彩楼及无遮会，竞为侈靡。上御安福门，降楼膜拜，膜拜，胡礼拜也。膜，莫乎翻。流涕沾臆，赐僧及京城耆老尝见元和事者金帛。迎佛骨入禁中，三日，出置安国崇化寺。宰相已下竞施金帛，不可胜纪。施，式豉翻。胜，音升。因下德音，降中外系囚。

2 五月，丁亥，以西川节度使路岩兼中书令。考异曰：锦里耆旧传："十二年八月，路公用边咸、郭筹策，奏于邛州置定边军节度使，复制扼大渡河，修邛崃关南路，米点檀丁子弟，教之斫刺刀，补义军将，主管教练兵士。"新传："岩至西川，承蛮盗边后，岩力拊循，置定边军于邛州，扼大渡，治故关，取檀丁子弟教击刺，补屯籍，由是西山八国来朝；以劳，迁兼中书令。"按置定边军乃李师望。耆旧传、新传皆误也。

3 南诏寇西川，又寇黔南，黔中经略使秦匡谋兵少不敌，弃城奔荆南；黔，渠今翻。少，诗沼翻。荆南节度使杜悰囚而奏之。六月，乙未，敕斩匡谋，籍没其家赀，亲族应缘坐者，令有司搜捕以闻。匡谋，凤翔人也。

4 以中书侍郎、同平章事王铎同平章事，充宣武节度使。时韦保衡挟恩弄权，以刘瞻、于琮先在相位，不礼于己，谮而逐之。王铎，保衡及第时主文也，唐礼部校文主司谓之主文。萧遘，同年进士也，二人素薄保衡之为人，保衡皆摈斥之。考异曰：旧传曰："保衡以杨收、路岩在中书，不加礼接，媒孽逐之。"按收获罪时，保衡未为相。盖保衡虽为学士，懿宗宠任之，故能谮收也。又曰："公主薨，自后恩礼渐薄。"按路岩、于琮、王铎、萧遘被摈，皆在公主薨后。今从实录。

5 秋，七月，戊寅，上疾大渐，左军中尉刘行深、右军中尉韩文约立少子普王俨。考异曰：范质五代通录："梁李振谓陕州护军韩彝范曰：'懿皇初升遐，韩中尉杀长立幼以利其权，遂乱天下。今将军复欲尔邪！'彝范，即文约孙也。"按懿宗八子，僖宗第五，馀子新、旧书不载长幼，又不言所终，不言所杀者果何王也。庚辰，制："立俨为皇太子，考异曰：续宝运录曰："其日，宰臣萧邺等直至寝幄问疾，上微道'朕'三字而止，群臣不觉号哭失声，中外悉皆垂泣。"按是时宰相韦保衡最在上，萧邺不为相。今不取。权句当军国政事。"句，古候翻。当，丁浪翻。辛巳，上崩于咸宁殿。年四十一。遗诏以韦保衡摄冢宰。僖宗即位。八月，丁未，追尊母王贵妃为皇太后，刘行深、韩文约皆封国公。

6 关东、河南大水。

7 九月，有司上先太后谥曰惠安。先太后，谓上母王贵妃也。上，时掌翻。

8 司徒、门下侍郎、同平章事韦保衡，怨家告其阴事，贬保衡贺州刺史。

乐工李可及流岭南。可及有宠于懿宗，尝为子娶妇，为，于伪翻。懿宗赐之酒二银壶，启之无酒而中实。右军中尉西门季玄屡以为言，懿宗不听。可及尝大受赐物，载以官车；季玄谓曰："汝他日破家，此物复应以官车载还；非为受赐，徒烦牛足耳！"及流岭南，籍没其家，果如季玄言。史言小人宠过而祸及。

9 以西川节度使路岩兼侍中，加成德节度使王景崇中书令，魏博节度使韩君雄、卢龙节度使张公素、天平节度使高骈并同平章事。君雄仍赐名允中。考异曰：旧传作“允忠”。实录、新传皆作“允中”。今从之。

10 冬，十月，乙未，以左仆射萧仿为门下侍郎、同平章事。

11 韦保衡再贬崖州澄迈令，澄迈，隋县，唐属琼州。九域志：在州西五十五里。寻赐自尽。又贬其弟翰林学士、兵部侍郎保乂为宾州司户，所亲翰林学士、户部侍郎刘承雍为涪州司马。涪，音浮。承雍，禹锡之子也。刘禹锡见二百三十六卷顺宗永贞元年。

12 癸卯，赦天下。

13 西川节度使路岩，喜声色游宴，喜，许记翻。委军府政事于亲吏边咸、郭筹，皆先行后申，上下畏之。尝大阅，二人议事，默书纸相示而焚之，军中以为有异图，惊惧不安。朝廷闻之，十一月，戊辰，徙岩荆南节度使。咸、筹潜知其故，遂亡命。

14 以右仆射萧邺同平章事，充河东节度使。

15 十二月，己亥，诏送佛骨还法门寺。

16 再贬路岩为新州刺史。

僖宗惠圣恭定孝皇帝上之上 初名俨，改名儇，懿宗第五子。

乾符元年（甲午、八七四）是年十一月方改元。

1 春，正月，丁亥，翰林学士卢携上言，上，时掌翻。以为：“陛下初临大宝，宜深念黎元。国家之有百姓，如草木之有根柢，柢，典礼翻，又丁计翻。若秋冬培溉，则春夏滋荣。臣窃见关东去年旱灾，自虢至海，自虢州东至于海也。麦才半收，秋稼几无，冬菜至少，贫者硙蓬实为面，蓄槐叶为齑；或更衰羸，亦难收【章：十二行本“收”作“采”；乙十一行本同；退斋校同。】拾。幾，居依翻。少，诗沼翻。硙，五对翻，礲也。面，眠见翻。齑，笺西翻。羸，伦为翻。常年不稔，则散之邻境；之，往也。今所在皆饥，无所依投，坐守乡闾，待尽沟壑。其蠲免馀税，实无可征；而州县以有上供及三司钱，户部、转运、盐铁为三司。督趣甚急，趣，读曰促。动加捶挞，虽撤屋伐木，雇妻鬻子，止可供所由酒食之费，所由，谓催督租税之吏卒。未得至于府库也。或租税之外，更有他徭；朝廷傥不抚存，百姓实无生计。乞敕州县，应所欠残税，并一切停征，以俟蚕麦；仍发所在义仓，亟加赈给。太宗置义仓及常平仓以备凶荒，高宗以后，稍假义仓以给他费，至神龙中略尽。玄宗即位复置之，安、史之乱复废。至文宗大和九年，以天下回残钱置常平义仓本钱，岁增市之以备赈给。至深春之后，有菜叶木牙，继以桑椹，渐有可食；在今数月之间，尤为窘急，行之不可稽缓。”敕从其言，而有司竟不能行，徒为空文而已。

2 路岩行至江陵，敕削官爵，长流儋州。儋，都甘翻。岩美姿仪，囚於江陵狱再宿，须发皆白。寻赐自尽，籍没其家。岩之为相也，密奏，“三品以上赐死，皆令使者剔取结喉三寸以进，结喉，喉咙上下相接之处。验其必死。”至是，自罹其祸，所死之处乃杨收赐死之榻也。史言天之报应不爽。杨收赐死见上卷咸通十年。边咸、郭筹捕得，皆伏诛。

初，岩佐崔铉于淮南，为支使，唐制，节度使幕属有掌书记；观察有支使，以掌表笺书翰，亦书记之任也。铉知其必贵，曰：“路十终须作彼一官。”岩，第十。作彼一官，谓作相也。既而入为监察御史，不出长安城，十年至宰相。其自监察入翰林也，铉犹在淮南，闻之，曰：“路十今已入翰林，如何得老！”皆如铉言。

3 以太子少傅于琮同平章事，充山南东道节度使。

4 二月，甲午，葬昭圣恭惠孝皇帝于简陵，简陵在京兆富平县西北四十五里。庙号懿宗。

5 以中书侍郎、同平章事赵隐同平章事，充镇海节度使；以华州刺史裴坦为中书侍郎、同平章事。华，户化翻。

6 以虢州刺史刘瞻为刑部尚书。瞻之贬也，懿宗咸通十二年瞻贬。人无贤愚，莫不痛惜。及其还也，长安两市人率钱雇百戏迎之。长安城中分东、西两市。瞻闻之，改期，由他道而入。考异曰：玉泉子见闻录曰："初，瞻南迁，无问贤不肖，一口皆为之痛惜。殆将至京，东西市豪侠共率泉帛，募集百戏，将逆于城外。瞻知之，差其期而易路焉。瞻为相，亦无他才能，徒以路岩遭时嫉怒，瞻为所排，而人心归向耳，其实未足谭也。"按瞻以清慎著闻，及懿宗暴怒，瞻独能不顾其身，救数百人之死，而玉泉子以为未足谈，不亦诬乎！

7 夏，五月，乙未，裴坦薨。以刘瞻为中书侍郎、同平章事。

初，瞻南迁，刘邺附于韦、路，共短之。韦、路，谓韦保衡、路岩。及瞻还为相，邺内惧。秋，八月，丁巳朔，邺延瞻，置酒于盐铁院，刘邺以盐铁转运使为相，故延刘瞻宴于盐铁院。瞻归而遇疾，辛未，薨；时人皆以为邺鸩之也。

8 以兵部侍郎、判度支崔彦昭为中书侍郎、同平章事。彦昭，群之从子也。崔群相宪、穆。从，才用翻。兵部侍郎王凝，正雅之从孙也，王正雅见二百四十四卷文宗大和五年。其母，彦昭之从母。母之姊妹谓之从母。凝、彦昭同举进士，凝先及第，尝衩衣见彦昭，衩，差卖翻。衩衣，便服不具礼也。且戏之曰："君不若举明经。"彦昭怒，遂为深仇。唐世重进士而轻明经，故当时有"焚香礼进士，设幕试明经"之语。崔彦昭之仇怒王凝，盖以此也。及彦昭为相，其母谓侍婢曰："为我多作袜履，为我，于伪翻。王侍郎母子必将窜逐，吾当与妹偕行。"彦昭拜且泣，谢曰："必不敢。"凝由是获免。考异曰：此出中朝故事，曰："彦昭代凝判盐铁，半载而入相。"按实录，彦昭不代凝为盐铁。其馀则取之。

冬，十月，以门下侍郎、同平章事刘邺同平章事，充淮南节度使。以吏部侍郎郑畋为兵部侍郎，翰林学士承旨、户部侍郎卢携守本官，并同平章事。考异曰：旧畋传曰："乾符四年，迁吏部侍郎；寻降制，可本官同平章事。"今从实录此年为相。

9 十一月，庚寅，日南至，冬至，日南至。夏至，日北至。群臣上尊号曰圣神聪睿仁哲孝皇帝；改元。改元乾符。上，时掌翻。

10 魏博节度使韩允中薨，军中立其子节度副使简为留后。

11 南诏寇西川，作浮梁，济大渡河。防河都知兵马使、黎州刺史黄景复俟其半济，击之，蛮败走，断其浮梁。断，丁管翻。蛮以中军多张旗帜当其前，而分兵潜出上、下流各二十里，夜，作浮梁，诘朝，俱济，诘，其吉翻。朝，陟遥翻，旦也。袭破诸城栅，夹攻景复。力战三日，景复阳败走，蛮尽锐追之，景复设三伏以待之，蛮过三分之二，乃发伏击之，蛮兵大败，杀二千馀人，追至大渡河南而还，还，从宣翻，又如字。复修完城栅而守之。蛮归，至之罗谷，遇国中发兵继至，新旧相合，新者，继至之兵。旧者，败归之兵。钲鼓声闻数十里。闻，音问。复寇大渡河，复，扶又翻。与唐夹水而军，诈云求和，又自上下流潜济，与景复战连日。西川援军不至，而蛮众日益，景复不能支，军遂溃。

12 十二月，党项、回鹘寇天德军。

13 感化军奏群盗寇掠，感化军治徐州。群盗，庞勋馀党也。州县不能禁；敕兖、郓等道出兵讨之。

14 南诏乘胜陷黎州，入邛崃关，攻雅州。大渡河溃兵奔入邛州，九域志：雅州，东北至邛州一百六十里。大渡河溃兵，黄景复之军也。成都惊扰，民争入城，或北奔他州。城中大为守备，而堑垒比向时严固。骠信使其坦绰遗节度使牛丛书云：坦绰，南诏清平官之首也。遗，唯季翻。"非敢为寇也，欲入见天子，面诉数十年为谗人离间冤抑之事。见，贤遍翻。间，古苋翻。傥蒙圣恩矜恤，当还与尚书永敦邻好。今假道贵府，欲借蜀王厅留止数日，即东上。"好，呼到翻。上，时掌翻。诈言将自成都而东上长安。从素懦怯，欲许之，杨庆复以为不可；斩其使者，留二人，授以书，遣还，书辞极数其罪，詈辱之，数，所具翻。蛮兵及新津而还。宋白曰：新津县，本汉犍为郡武阳县地。李膺益州记云：皂里江津之所，曰新津。市周北图记云：闵帝元年，于此立新津县。九域志：县在蜀州东南七十里。从恐蛮至，豫焚城外，民居荡尽，考异曰：锦里耆旧传："咸通十四年，十一月五日，云南蛮寇再犯大渡河，黄景复击败之。十一月二十五日，复攻大渡河，三十日，蛮乘胜进攻黎州。十二月二十八日，蛮来，只到新津前后蜀州界左右便退，竟不到城下。"按咸通十四年南诏寇西川事，旧纪、南诏传、唐年补录、唐录备阙、续宝运图皆无之，独耆旧传载之甚详，新书取之作南诏传。而实录但云，"十二月，西川奏南蛮入寇，黎州刺史黄景复击退之。"新纪但云，"十二月，云南蛮寇黎州。"盖亦出于耆旧传耳。旧纪："乾符元年冬，南诏蛮寇西蜀，诏河西、河东、山南西道、东川征兵赴援。"实录："乾符元年，十月，西川奏云南蛮入寇。十二月，云南蛮寇西川。坦绰致书于牛丛，欲求入觐，河东、山南西道及东川兵援之。"月末，又云："南蛮侵犯黎州，而成都守御无备，殊不拒敌，逾河越岭，洞无篱障，赖积雪丈馀，遂阻隔奔冲之势。又邛、雅二州刺史望风奔遁，蛮烧劫一空。牛丛不晓兵，失于探候，而奏报差戾；诏切责之。蛮劫略黎、雅间，破黎州，入邛崃关，成都闭三日，蛮乃去。"新纪："乾符元年，十二月，云南蛮寇黎、雅二州，河西、河东、山南东道、东川兵伐云南。"按实录，咸通十四年，十一月七日，路岩始移荆南，八日，牛丛始除西川。而耆旧传，蛮入寇皆丛任内事，恐误先一年也。实录、新纪因此于十四年十二月添云南寇黎州事，实皆在乾符元年冬也。蜀人尤之。诏发河东、山南西道、东川兵援之，仍命天平节度使高骈诣西川制置蛮事。

15 以韩简为魏博留后。

16 商州刺史王枢以军州空窘，减折籴钱，窘，巨陨翻。德宗时，度支以税物颁诸司，皆增本价为虚估给之，而缪以滥恶督州县剥价，谓之折纳。

其后又以税物折钱，使输米粟，谓之折籴。折，音之舌翻。民相帅以白梃殴之，帅，读曰率。梃，徒鼎翻，白棓也。殴，乌口翻。又殴杀官吏二人。朝廷更除刺史李诰到官，收捕民李叔汶等三十馀人，斩之。汶，音问。

17 初，回鹘屡求册命，诏遣册立使郗宗莒诣其国。会回鹘为吐谷浑、嗢末所破，嗢末者，吐蕃奴部也。虏法，出师必发豪室，皆以奴从，平居散处田牧。及论恐热乱，无所归，共相啸合数千人，以嗢末自号，居甘、肃、河、沙、瓜、渭、岷、廓、叠、宕间，其近蕃牙者最勇而马尤良。嗢，乌没翻。逃遁不知所之，诏宗莒以玉册、国信授灵盐节度使唐弘夫掌之，还京师。

18 上年少，少，诗沼翻。政在臣下，南牙、北司互相矛盾。自懿宗以来，奢侈日甚，用兵不息，赋敛愈急。敛，九赡翻。关东连年水旱，州县不以实闻，上下相蒙，百姓流殍，流，散也。殍，饿殍。殍，音被表翻。无所控诉，相聚为盗，所在蜂起。州县兵少，加以承平日久，人不习战，每与盗遇，官军多败。是后王仙芝、黄巢遂为大盗。史先言唐末所以致盗之由。是岁，濮州人王仙芝始聚众数千，起于长垣。滑州匡城县，本后齐之长垣县，开皇十六年改曰长城，是年又分韦城县置长垣县。新志：匡城有长垣县。宋朝以长垣县属开封府。九域志：在府东北一百五里。考异曰：实录："二年，五月，仙芝反于长垣。"按续宝运录："濮州贼王仙芝自称天补平均大将军、兼海内诸豪都统，传檄诸道，"檄末称"乾符二年正月三日"。则仙芝起必在二年前，今置于岁末。

二年（乙未、八七五）

1 春，正月，丙戌，以高骈为西川节度使。

2 辛巳，【严："巳"改"卯"。】上祀圜丘；赦天下。

3 高骈至剑州，先遣使走马开成都门。开成都城诸门也。考异曰：锦里耆旧传："郓州节度使高相公骈，乘急诏，除剑南西川节度副大使。乾符元年，正月二十一日，行李到剑州，先遣使走马开城门，并令放出百姓。二月十六日，至府，豁开城门，并放人出。"今从实录置今年。又剑州至成都止十二程，骈正月二十一日，自剑州遣使走马开城门，二月十六日始至府下。又云：骈三十日到上。按长历二月小，无三十日。盖二十六日误为二月十六日也。或曰："蛮寇逼近成都，相公尚远，万一豨突，奈何？"近，其靳翻。豨，香衣翻，又许岂翻。豨，豕也，豕健于突。骈曰："吾在交趾破蛮二十万众，事见二百五十卷懿宗咸通七年。蛮闻我来，逃窜不暇，何敢辄犯成都！今春气向暖，数十万人蕴积城中，生死共处，污秽郁蒸，将成疠疫，不可缓也！"使者至成都，开城纵民出，各复常业，乘城者皆下城解甲；民大悦。蛮方攻雅州，闻之，遣使请和，引兵去。骈又奏："南蛮小丑，易以枝梧。易，以豉翻。今西川新旧兵已多，所发长武、鄜坊、河东兵，徒有劳费，并乞勒还。"敕止河东兵而已。考异曰：旧纪，此奏在元年十二月，实录在二月，今因骈开成都门言之。

4 上之为普王也，小马坊使田令孜有宠，小马坊使，亦内诸司使之一，后梁改为天骥使，后唐复旧。长兴元年，改飞龙院为左飞龙院，小马坊为右飞龙院，宋太平兴国三年，改左右天厩坊，至雍熙二年，又改左右骐骥院使。及即位，使知枢密，遂擢为中尉。考异曰：旧本纪，此年正月，"令孜为右军中尉。"新传云："帝即位，擢为左神策中尉。"旧传但云"神策中尉"。今从之。上时年十四，专事游戏，考异曰：续宝运录曰："上是年十五岁。"中朝故事曰："僖宗皇帝以咸通三年降诞，十四年七月十九日即位，年十二。"按旧纪亦云："僖宗，咸通三年五月八日生于东内，即位年十二。"今从之。据考异，"四"，当作"二"。政事一委令孜，呼为"阿父"。阿，乌葛翻，一读如字。阿，保也。令孜颇读书，多巧数，招权纳贿，除官及赐绯紫皆不关白于上。每见，常自备果食两盘，与上相对饮啖，从容良久而退。见，贤遍翻。从，千容翻。上与内园小儿狎昵，赏赐乐工、伎儿，所费动以万计，府藏空竭。昵，尼质翻。伎，渠绮翻。藏，徂浪翻。令孜说上籍两市商旅宝货悉输内库，说，式芮翻。有陈诉者，付京兆杖杀之；宰相以下，钳口莫敢言。钳，其廉翻。

5 高骈至成都，明日，发步骑五千追南诏，至大渡河，杀获甚众，擒其酋长数十人，至成都，斩之。酋，慈由翻。长，知丈翻。修复邛崃关、大渡河诸城栅，又筑城于戎州马湖镇，号平夷军，马湖镇，当马湖江之要。又筑城于沐源川，皆蛮入蜀之要路也，各置兵数千戍之。自是蛮不复入寇。复，扶又翻。骈召黄景复，责以大渡河失守，腰斩之。考异曰：耆旧传曰："乾符元年，三月十五日，处置前黎州刺史、充大渡河把截制置土军都知兵马使黄景复。"实录："乾符二年，三月，骈奏斩景复。"今事从耆旧传，年从实录。骈又奏请自将本管本管，谓西川兵。及天平、昭义、义成等军共六万人击南诏，诏不许。

先是，南诏督爽屡牒中书，南诏清平官，坦绰、布燮、久赞之下，有幕爽，主兵；琮爽，主户籍；慈爽，主礼；罚爽，主刑；劝爽，主官人；厥爽，主工作；万爽，主财用；引爽，主客；禾爽，主商贾：亦皆清平官。爽，犹言省也。督爽，总三省也。先，悉荐翻。辞语怨望，中书不答。卢携奏称："如此，则蛮益骄，谓唐无以答，宜数其十代受恩以责之。南诏之先曰细奴逻，高宗朝，遣使入朝，生逻盛炎，逻盛炎生炎阁，炎阁死，弟盛逻皮立。盛逻皮生皮逻阁，玄宗赐名归义，于开元间合六诏为一，而国始强。归义子曰阁罗凤，阁罗凤子曰凤迦异，凤迦异子曰异牟寻，异牟寻子曰寻阁劝，寻阁劝子曰劝龙晟，劝龙晟弟曰劝利，劝利弟曰丰佑，丰佑死而酋龙立。自细奴逻至酋龙十三代，中间凤迦异未立而死，而丰佑、酋龙与唐为敌，是受恩十代也。数，所具翻。然自中书发牒，则嫌于体敌，请赐高骈及岭南西道节度使辛谠诏，使录诏白，牒与之。"录诏白，今谓之"录白"是也。从之。

6 三月，以魏博留后韩简为节度使。

7 去岁，感化军发兵诣灵武防秋，会南诏寇西川，敕往救援。【章：十二行本"援"下有"未至成都"四字；乙十一行本同；退斋校同。】蛮退，遣还；至凤翔，不肯诣灵武，欲擅归徐州。内养王裕本、都将刘逢搜擒唱帅者胡雄等八人，斩之，内养，亦宦者也。帅，读曰率；下同。众然后定。

8 初，南诏围成都，杨庆复以右职优给募突将以御之，事见上懿宗咸通十一年。将，即亮翻；下同。成都由是获全。及高骈至，悉令纳牒。牒，职牒也。又托以蜀中屡遭蛮寇，人未复业，停其禀给，既夺其职牒，又停其优给。突将皆忿怨。骈好妖术，每发兵追蛮，皆夜张旗立队，对将士焚纸画人马，好，呼到翻。妖，于遥翻。画，读曰畫。散小豆，曰："蜀兵懦怯，今遣玄女神兵前行。"军中壮士皆耻之。高骈之好妖术，终以此败。又索阖境官有出于胥吏者，皆停之。索，山客翻；下索之同。令民间皆用足陌钱，陌不足者皆执之，劾以行赂，取与皆死。劾，旧音户概翻，今纥得翻。刑罚严酷，由是蜀人皆不悦。

夏，四月，突将作乱，大噪突入府廷；骈走匿于厕间，厕，初利翻，圊也，溷也。突将索之，不获。索，山客翻。天平都将张杰帅所部数百人被甲入府击突将，高骈自天平徙西川，张杰盖元从部曲将。被，皮义翻。突将撤牙前仪注兵仗，节度使牙前，列兵仗以壮威容。无者奋梃挥拳，乘怒气力斗，天平军不能敌，走归营。突将追之，营门闭，不得入。监军使人招谕，许以复职名禀给，久之，乃肯还营。天平军复开门出，为追逐之势；至城北，时方修球场，役者数百人，天平军悉取其首，还，诣府，云"已诛乱者"。骈出见之，厚以金帛赏之。明日，榜谢突将，悉还其职名、衣粮。自是日令诸道将士从己来者更直府中，严兵自卫。备突将复为乱也。更，工衡翻。

9 加成德节度使王景崇兼侍中。

10 浙西狼山镇遏使王郢等六十九人有战功，今通州静海县南有狼山，五山相连，上接大江，下达巨海，绝江南渡，抵苏州常熟县福山镇，顺江东至崇明沙，扬帆乘顺，南抵明州定海县，陶隐居所谓“狼五山对句章岸”者也。节度使赵隐赏以职名而不给衣粮，郢等论诉不获，论，卢昆翻。遂劫库兵作乱，行收党众近万人，攻陷苏、常，苏、常，二州名，相去一百八十里。乘舟往来，泛江入海，转掠二浙，南及福建，大为人患。考异曰：新纪：“浙西突陈将王郢反。五月，遣右龙武大将军宋皓讨之。”按四年二月，郢执鲁寔，始命皓讨之。置此，误也。程匡柔唐补纪曰：“六月，浙西突将王郢反，聚党万众，烧劫苏、常。三年，正月，贬苏州刺史李绘，以郢乱弃城故也。”旧纪：“二年，四月，海贼王郢攻剽浙西郡邑。”实录：“乾符三年，二月，浙西奏突陈将王郢等六十九人劫库兵为乱。三月，浙西奏王郢聚众万人，攻陷州县。”续宝运录：“元年，王郢于两浙叛，敕差山北兵士讨之，不逾月而克，乃组颈于阙下。”今从旧纪。

11 五月，以太傅、分司令狐绹同平章事，充凤翔节度使。

12 司空、同平章事萧仿薨。考异曰：旧传曰：“俄而盗起河南，内官握兵，王室浊乱。仿气劲论直，同列忌之，罢知政事，出为广州刺史、岭南节度使，遇乱，不至京师而卒。”旧纪：“三年，春，正月，己卯朔，仿以病免，罢为太子太傅。”新纪，此月，萧仿薨，新传亦云卒于位，为岭南节度在前，旧纪、传皆误。今从实录。

13 六月，以御史大夫李蔚为中书侍郎、同平章事。蔚，纡勿翻。

14 辛未，高骈阴籍突将之名，使人夜掩捕之，围其家，挑墙坏户而入，挑，他凋翻；蜀本作“排”，读如字。坏，音怪。老幼孕病，悉驱去杀之，婴儿或扑于阶，扑，弼角翻。或击于柱，流血成渠，号哭震天，号，户高翻。死者数千人，夜，以车载尸投之于江。有一妇人，临刑，戟手大骂曰：“高骈！汝无故夺有功将士职名、衣粮，激成众怒；幸而得免，不省己自咎，省，悉景翻。乃更以诈杀无辜近万人，近，其靳翻。天地鬼神，岂容汝如此！我必诉汝于上帝，使汝他日举家屠灭如我今日，冤抑污辱如我今日，惊忧惴恐如我今日！”言毕，拜天，怫然就戮。

惴，之睡翻。怫，扶弗翻。观异日高骈之祸，则信如妇人之言矣。天地鬼神，临之在上，质之在旁，岂可多杀无辜以逞私忿！久之，突将有自戍役归者，骈复欲尽族之，复，扶又翻；下同。有元从亲吏王殷谏曰："相公奉道，宜好生恶杀，元从，言从高骈岁久，非隶新也。从，才用翻。好，呼到翻。恶，乌路翻。此属在外，初不同谋，若复诛之，则自危者多矣！"骈乃止。

15 王仙芝及其党尚君长攻陷濮州、曹州，濮，博木翻。众至数万；天平节度使薛崇出兵击之，为仙芝所败。败，补迈翻。

冤句人黄巢亦聚众数千人应仙芝。冤句，汉县，唐属曹州。九域志：在州西四十五里。颜师古曰：句，音朐。黄巢始此。巢少与仙芝皆以贩私盐为事，少，诗照翻。巢善骑射，喜任侠，粗涉书传，喜，许纪翻。粗，坐五翻。传，柱恋翻。屡举进士不第，遂为盗，与仙芝攻剽州县，剽，匹妙翻。横行山东，民之困于重敛者争归之，敛，力赡翻。数月之间，众至数万。

16 卢龙节度使张公素，性暴戾，不为军士所附。大将李茂勋，本回鹘阿布思之族，回鹘败，降于张仲武；李茂勋之降，盖在会昌间也。仲武使戍边，屡有功，赐姓名。纳降军使陈贡言者，幽之宿将，为军士所信服，纳降军，在幽州丁零川。茂勋潜杀贡言，声云贡言，举兵向蓟；公素出战而败，奔京师。茂勋入城，众乃知非贡言也，不得已，推而立之，朝廷因以【章：十二行本"以"下有"茂勋"二字；乙十一行本同。】为留后。

17 秋，七月，蝗自东而西，蔽日，所过赤地。言蝗之多，所过食草木叶及五谷皆尽。京兆尹杨知至奏"蝗入京畿，不食稼，皆抱荆棘而死。"宰相皆贺。杨国忠以霖雨不害稼，韩晃以霖雨不败盐，今杨知至以蝗不食稼抱荆棘而死，唐之臣以蒙蔽人主而成习，其来久矣。

18 八月，李茂勋为卢龙节度使。"八月"之下，当有"以"字。

19 九月，右补阙董禹谏上游畋、乘驴击球；上赐金帛以褒之。邠宁节度使李侃奏为假父华清宫使道雅求赠官，李侃为宦者假子。为，于伪翻。禹上疏论之，语颇侵宦官。枢密使杨复恭等列诉于上，冬，十月，禹坐贬郴州司马。谷永专攻上身，不失为九卿。王章斥言王凤，则死于牢狱。呜呼，有以也哉！复恭，钦义之养孙也。杨钦义见二百四十六卷文宗开成五年。

20 昭义军乱，大将刘广逐节度使高湜，湜，承职翻。自为留后。以左金吾大将军曹翔为昭义节度使。

21 回鹘还至罗川，唐宁州真宁县，隋罗川县也，其地即汉上郡阳周县地。宣宗大中二年，回鹘西奔，至是方还。十一月，遣使者同罗榆禄入贡；赐拯接绢万匹。

22 群盗侵淫，侵，当作浸。剽掠十馀州，至于淮南，多者千馀人，少者数百人；诏淮南、忠武、宣武、义成、天平五军节度使、监军亟加讨捕及招怀。十二月，王仙芝寇沂州，平卢节度使宋威表请以步骑五千别为一使，兼帅本道兵所在讨贼。帅，读曰率。仍【章：十二行本“仍”作“乃”；乙十一行本同；张校同，云无注本作“仍”。】以威为诸道行营招讨草贼使，仍给禁兵三千、甲骑五百。骑，奇寄翻。因诏河南方镇所遣讨贼都头并取威处分。处，昌吕翻。分，扶问翻。

三年（丙申、八七六）

1 春，正月，天平军奏遣将士张晏等救沂州，还，至义桥，闻北境复有盗起，复，扶又翻。留使扞御；晏等不从，喧噪趣郓州。趣，七喻翻。都将张思泰、李承佑走马出城，裂袖与盟，以俸钱备酒殽慰谕，然后定。诏本军宣慰一切，无得穷诘。诘，区吉翻。唐自中世以来，姑息藩镇，至其末也，姑息乱军，遂陵夷以至于亡。

2 敕【章：十二行本“敕”上有“二月”二字；乙十一行本同；孔本同；张校同。】福建、江西、湖南诸道观察、刺史，皆训练士卒；又令天下乡村各置弓刀鼓板以备群盗。

3 赐兖海节度号泰宁军。

4 三月，卢龙节度使李茂勋请以其子幽州左司马可举知留后，自求致仕。诏茂勋以左仆射致仕，以可举为卢龙留后。

5 门下侍郎、同平章事崔彦昭罢为太子太傅；以左仆射王铎兼门下侍郎、同平章事。

6 南诏遣使者诣高骈求和而盗边不息，骈斩其使者。蛮之陷交趾也，事见二百五十卷懿宗咸通六年。虏安南经略判官杜骧妻李瑶。瑶，宗室之疏属也。蛮遣瑶还，递木夹以遗骈，递牒，以木夹之，故云木夹。范成大桂海虞衡志曰：绍兴元年，安南与广西帅司及邕通信问，用两漆板夹系文书，刻字其上，谓之木夹。按宋白续通典，诸道州府巡院传递敕书，皆有木夹。是中国亦用木夹也。遗，唯季翻。称“督爽牒西川节度使”，辞极骄慢。骈送瑶京师。甲辰，复牒南诏，数其负累圣恩德、暴犯边境、残贼欺诈之罪，安南、大渡覆败之状，折辱之。数，所具翻。懿宗咸通七年，高骈破蛮于安南。上乾符二年，骈破蛮于大渡河。折，之舌翻。

7 原州刺史史怀操贪暴；夏，四月，军乱，逐之。

8 赐宣武、感化节度、泗州防御使密诏，选精兵数百人于巡内游弈，防卫纲船，五日一具上供钱米平安状闻奏。汴、徐、泗三镇，汴水所经，东南纲运输上都者，皆由此道。群盗从横，恐为所掠，故密诏选兵游弈防卫。

9 五月，昭王汭薨。汭，宣宗子。

10 以卢龙留后李可举为节度使。

11 六月，抚王纮薨。纮，顺宗子。

12 雄州地震裂，水涌，坏州城及公私庐舍俱尽。雄州，在灵州西南百八十里。坏，音怪。

13 秋，七月，以前岩州刺史高杰为左骁卫将军，充沿海水军都知兵马使，新志：调露二年，析横、贵二州，置岩州，因岩冈之北以为名。以讨王郢。

14 鄂王润薨。润，宣宗子。

15 加魏博节度使韩简同平章事。

16 宋威击王仙芝于沂州城下，大破之，考异曰：实录，去年十二月，"宋威自青州与副使曹全晸进军击王仙芝，仙芝败走。"按仙芝若以去年十二月败走，中间半年，岂能静处，盖实因威除招讨使连言之。其实仙芝败在此月，不在十二月也。仙芝亡去。威奏仙芝已死，纵遣诸道兵，身还青州；百官皆入贺。居三日，州县奏仙芝尚在，攻剽如故。剽，匹妙翻。时兵始休，诏复发之，复，扶又翻。士皆忿怨思乱。八月，仙芝陷阳翟、郏城，郏，讫洽翻。诏忠武节度使崔安潜发兵击之。安潜，慎由之弟也。崔慎由，相宣宗。又昭【章：十二行本"昭"上有"命"字；乙十一行本同；孔本同；张校同。】义节度使曹翔将步骑五千及义成兵卫东都宫，以左散骑常侍曾元裕为招讨副使，守东都，又诏山南东道节度使李福选步骑二千守汝、邓要路。仙芝进逼汝州，诏邠宁节度使李侃、凤翔节度使令狐绹选步兵一千、骑兵五百守陕州、潼关。陕，失冉翻。

17 加成德节度使王景崇兼中书令。

18 九月，乙亥朔，日有食之。

19 丙子，王仙芝陷汝州，执刺史王镣。镣，铎之从父兄弟也。镣，力雕翻，又力吊翻。从，才用翻。东都大震，九域志：汝州北至东都一百六十里。士民挈家逃出城。乙酉，敕赦王仙芝、尚君长罪，除官，以招谕之。仙芝陷阳武，攻郑州，昭义监军判官雷殷符屯中牟，中牟，汉古县，隋曰郏城，大业元年，改曰圃田，唐武德三年，改曰中牟，属郑州。九域志：在汴州西七十里。击仙芝，破走之。冬，十月，仙芝南攻唐、邓。

20 西川节度使高骈筑成都罗城，使僧景仙规度，度，徒洛翻。周二十五里，悉召县令庀徒赋役，成都府领成都、华阳、新都、犀浦、新繁、双流、广都、郫、温江、灵池十县。庀，匹婢翻，具也。赋，布也；分布使之就役也。吏受百钱以上皆死。蜀土疏恶，以甓甃之，环城十里内取土，皆划丘垤平之，甓，蒲力翻，砖也。甃，则救翻。环，音宦。划，初限翻，削也。垤，徒结翻。无得为坎埳以害耕种；埳，徒感翻。坎，旁入也。役者不过十日而代，众乐其均，乐，音洛。不费扑挞而功办。扑，普卜翻。自八月癸丑筑之，至十一月戊子毕功。

役之始作也，骈恐南诏扬声入寇，虽不敢决来，役者必惊扰，乃奏遣景仙托游行入南诏，说谕骠信使归附中国，仍许妻以公主，新书曰"浮屠景仙"，如此，则文意明。说，输芮翻。妻，七细翻。因与议二国礼仪，久之不决。骈又声言欲巡边，朝夕通烽火，至大渡河，而实不行，蛮中惴恐。惴，之睡翻。由是讫于城成，边候无风尘之警。先是，西川将吏入南诏，先，悉荐翻。将，即亮翻。骠信皆坐受其拜，骈以其俗尚浮屠，故遣景仙往，骠信果帅其大臣迎拜，帅，读曰率。信用其言。

21 王仙芝攻郢、复二州，陷之。

22 王郢因温州刺史鲁寔请降，寔屡为之论奏，为，于伪翻。敕郢诣阙。郢拥兵迁延，半年不至，固求望海镇使；朝廷不许，以郢为右率府率，唐有十率府率，右率府率其一也。仍令左神策军补以重职，其先所掠之财，并令给与。

23 十二月，王仙芝攻申、光、庐、寿、舒、通等州。按唐书地理志，通州属山南东道，宋之达州是也。周世宗以南唐静海军置通州，今淮东之通州是也，其地在唐则为扬州海陵县之东境。唐时淮南道未有通州，此必误。参考下文，"通"当作"蕲"。淮南节度使刘邺奏求益兵，敕感化节度使薛能选精兵数千助之。

郑畋以言计不行，称疾逊位，不许；乃上言："自沂州奏捷之后，谓宋威奏破王仙芝于沂州城下。上，时掌翻。仙芝愈肆猖狂，屠陷五六州，疮痍数千里。宋威衰老多病，自妄奏以来，诸道尤所不服，安奏，谓奏仙芝已死。今淹留亳州，殊无进讨之意。曾元裕拥兵蕲、黄，专欲望风退缩。若使贼陷扬州，则江南亦非国有。崔安潜威望过人，张自勉骁雄良将，宫苑使李瑑，西平王晟之孙，瑑，柱兖翻。言瑑奕世将家。严而有勇。请以安潜为行营都统，瑑为招讨使代威，自勉为副使代元裕。"考异曰：实录虽于此月载畋所上书，亦不言行与不行。新纪遂于此言"安潜为诸道行营都统，李瑑为招讨草贼使，张自勉副之。"按明年，威、元裕为使、副犹如故。新纪误也。上颇采其言。

24 青、沧军士戍安南，青州，平卢军；沧州，义昌军。还，至桂州，逐观察使李瓒。瓒，才但翻。考异曰：新纪在四年十二月，今从实录。瓒，宗闵之子也。李宗闵，大和中为相。以右谏议大夫张禹谟为桂州观察使。

桂管监军李维周骄横，横，户孟翻。瓒曲奉之，浸不能制。桂管有兵八百人，防御使才得百人，馀皆属监军；又预于逐帅之谋，强取两使印，两使印，谓观察使及防御使印也。帅，所类翻。使，疏吏翻；下同。擅补知州官，夺昭州送使钱。唐制，诸州之税分为三：一曰上供，以输京师；二曰送使，以输本道；三曰留州，留充本州经费。诏禹谟并按之。禹谟，彻之子也。张彻见二百四十二卷穆宗长庆元年。

25 招讨副使、都监杨复光奏尚君长弟让据查牙山，查，锄加翻。官军退保邓州。复光，玄价之养子也。杨玄价见二百五十卷懿宗咸通四年。

26 王仙芝攻蕲州。蕲州刺史裴偓，【章：十二行本"偓"作"渥"；下同；乙十一行本同；孔本同。】王铎知举时所擢进士也。王镣在贼中，为仙芝以书说偓。为，于伪翻；下同。偓与仙芝约，敛兵不战，许为之奏官；镣亦说仙芝许以如约。偓乃开城延仙芝及黄巢辈三十馀人入城，置酒，大陈货贿以赠之，表陈其状。诸宰相多言："先帝不赦庞勋，期年卒诛之。事见上卷咸通九年、十年。卒，子恤翻。今仙芝小贼，非庞勋之比，赦罪除官，益长奸宄。”长，知两翻。王铎固请，许之；乃以仙芝为左神策军押牙兼监察御史，遣中使以告身即蕲州授之。

仙芝得之甚喜，镣、偓【严：“偓”改“渥”。】皆贺。未退，黄巢以官不及己，大怒曰：“始者共立大誓，横行天下，今独取官赴左军，使此五千馀众安所归乎！”考异曰：仙芝、巢初起时，云数月间众至数万。至此才有五千者，盖乌合之众，聚散无常耳。因殴仙芝，伤其首，殴，乌口翻。其众喧噪不已。仙芝畏众怒，遂不受命，大掠蕲州，城中之人，半驱半杀，焚其庐舍。偓奔鄂州，敕使奔襄州，敕使，授告身之中使也。镣为贼所拘。贼乃分其军三千馀人从仙芝及尚君长，二千馀人从巢，各分道而去。考异曰：王坤惊听录曰：“乾符四年，丁酉，仲夏，天示彗星。草寇黄巢、尚君长奔突，即五年戊戌之岁。狂寇王仙芝起自郓、封，而侵汝、郑，即亦寇黄巢、尚君长并贼帅之徒党，仅一千馀人，攻陷汝州”云云。又曰：“黄巢望闽、广而去，仙芝指郓州南行，尚君长期陈、蔡间。取群凶之愿，三千馀寇属仙芝、君长，二千馀人属黄巢所管。”明年，二月，仙芝陷鄂州，巢陷郓州，则非巢趣闽、广，仙芝趣郓也。王坤此书，年月事迹差舛尤多，但择其可信者取之。

容肇祖标点聂崇岐覆校

中华国学文库

资治通鉴

十一

〔宋〕司马光 编著

〔元〕胡三省 音注

中华书局

资治通鉴卷第二百五十三

端明殿学士兼翰林侍读学士太中大夫
提举西京嵩山崇福宫上柱国河内郡开国公 司马光 奉敕编集
食邑二千二百户食实封九百户赐紫金鱼袋臣

后学天台胡三省音注

唐纪六十九 起强圉作噩(丁酉)，尽上章困敦(庚子)十月，凡三年有奇。

僖宗惠圣恭定孝皇帝上之下

乾符四年(丁酉、八七七)

1 春，正月，王郢诱鲁寔入舟中，执之，王郢因鲁寔请降，事见上卷上年。将士从寔者皆奔溃。朝廷闻之，以右龙武大将军宋皓为江南诸道招讨使，先征诸道兵外，更发忠武、宣武、感化三道、陈许，忠武军；汴宋，宣武军；徐州，感化军。宣、泗二州兵，新旧合万五千馀人，并受皓节度。二月，郢攻陷望海镇，掠明州，又攻台州，陷之；刺史王葆退守唐兴。唐兴，即今天台县，在台州西一百一十里。诏二浙、福建各出舟师以讨之。

2 王仙芝陷鄂州。

3 黄巢陷郓州，杀节度使薛崇。

4 南诏酋龙嗣立以来，为边患殆二十年，宣宗大中十三年，酋龙立。酋，慈由翻。中国为之虚耗，为，于伪翻。而其国中亦疲弊。酋龙卒，谥曰景庄皇帝；子法立，改元贞明承智大同，国号鹤拓，亦号大封人。考异曰：徐云虔南诏录曰："南诏别名鹤拓，其后亦自称大封人"，是以封为国号也。

法好畋猎酣饮，好，呼到翻。委国事于大臣。闰月，岭南西道节度使辛谠奏南诏遣陁西段瑳宝等来请和，南诏官有陁西，犹中国判官也。瑳，七何翻，又七可翻。且言"诸道兵戍邕州岁久，馈饷之费，疲弊中国，请许其和，使羸瘵息肩。"羸，伦为翻。瘵，侧介翻。诏许之。谠遣大将杜弘等赍书币，送瑳宝还南诏，但留荆南、宣歙数军戍邕州，歙，书涉翻。自馀诸道兵什减其七。

5 王郢横行浙西，镇海节度使裴璩严兵设备，璩，求于翻。不与之战，密招其党朱实降之，降，户江翻。散其徒六七千人，输器械二十馀万，舟航、粟帛称是。称，尺证翻。敕以实为金吾将军。于是郢党离散；郢收馀众，东至明州，甬桥镇遏使刘巨容以筒箭射杀之，刘巨容以宿州甬桥镇遏使将兵讨王郢。筒箭，长才尺馀，内之竹筒，注之弦上，系竹筒于手腕，彀弓既发，豁筒向后，激矢射敌，皆洞贯。详见辩误。乾符二年，王郢反，至是而平。射，而亦翻。馀党皆平。璩，谞之从曾孙也。裴谞见二百六卷代宗大历十四年。从，才用翻。

6 三月，黄巢陷沂州。

7 夏，四月，壬申朔，日有食之。

8 贼帅柳彦璋剽掠江西。帅，所类翻。剽，匹妙翻。

9 陕州军乱，逐观察使崔碣；贬碣怀州司马。陕，失冉翻。碣，其谒翻。

10 黄巢与尚让合兵保查牙山。考异曰：旧纪："四年三月，巢陷郓州。七月，入查牙山，与王仙芝合。五年二月，君长、仙芝皆死。尚让以兄遇害，大掠淮南。"旧传："五年八月，王铎斩王仙芝。先是，尚君长弟让以兄奉使见诛，帅部众入查牙山。黄巢、黄揆昆仲八人率盗数千依让。"按实录，乾符二年，仙芝陷曹、濮，巢已起兵应之。三年十二月，招讨副都监杨复光奏："草贼尚让据查牙山，官军退保邓州。"四年四月，黄巢引其众保查牙山。其年冬，君长乃死。惊听录："巢与仙芝俱入蕲州，以仙芝独受官而怒，殴仙芝伤面，由是分队。"时君长亦在座，非仙芝死后，巢方依让也。又按旧纪，仙芝死后，王铎始为都统讨贼。而旧传云"王铎斩仙芝"，又先云"杀张璘，乃陷广州"，先云"陷华州，方攻潼关"，叙事颠错不伦。今从实录。

11 五月，甲子，以给事中杨损为陕虢观察使。损至官，诛首乱者。损，嗣复之子也。杨嗣复事文宗。

12 初，桂管观察使李瓒失政，支使薛坚石屡规正之，瓒不能从。及瓒被逐，李瓒被逐见上卷上年。被，皮义翻。坚石摄留务，移牒邻道，禁遏乱兵，一方以安。诏擢坚石为国子博士。

13 六月，柳彦璋袭陷江州，执刺史陶祥，使祥上表，彦璋亦自附降状。上，时掌翻。降，户江翻。敕以彦璋为右监门将军，令散众赴京师；以左武卫将军刘秉仁为江州刺史。彦璋不从，以战舰百馀固湓江为水寨，湓江在江州城外，接于大江，故谓之湓江。湓，蒲奔翻。剽掠如故。剽，匹妙翻。

14 忠武都将李可封戍边还，至邠州，迫胁主帅，索旧欠粮盐，帅，所类翻。索，山客翻。留止四日，阖境震惊。秋，七月，还至许州，节度使崔安潜悉按诛之。

15 庚申，王仙芝、黄巢攻宋州，三道兵与战，不利，三道兵，平卢、宣武、忠武也。贼遂围宋威于宋州。甲寅，左威卫上将军张自勉将忠武兵七千救宋州，杀贼二千馀人，贼解围遁去。

王铎、卢携欲使张自勉以所将兵受宋威节度，郑畋以为威与自勉已有疑忿，若在麾下，必为所杀，不肯署奏。八月，辛未，铎、携诉于上，求罢免；庚辰，畋请归浐川养疾；浐川在长安东。浐，音产。上皆不许。史言僖宗不能定国是。

16 王仙芝陷安州。

17 盐州军乱，逐刺史王承颜，诏高品牛从珪往慰谕之；贬承颜象州司户。承颜及崔碣素有政声，以严肃为骄卒所逐，朝廷与贪暴致乱者同贬，时人惜之。史言唐末赏罚失当，且言主昏政乱，能吏不惟不得展其才，亦不免于罪。从珪自盐州还，军中请以大将王宗诚为刺史。诏宗诚诣阙，将士皆释罪，仍加优给。

18 乙卯，王仙芝陷随州，执刺史崔休征。山南东道节度使李福遣其子将兵救随州，战死。福奏求援兵，遣左武卫大将军李昌言将凤翔五百骑赴之，仙芝遂转掠复、郢。忠武大将张贯等四千人与宣武兵援襄州，自申、蔡间道逃归；间，古苋翻。诏忠武节度使崔安潜、宣武节度使穆仁裕遣人约还。约还者，戒约将士，使还赴援也。

19 冬，十月，邠宁节度使李侃奏遣兵讨王宗诚，斩之，馀党悉平。逐王承颜之党也。

20 郑畋与王铎、卢携争论用兵于上前，畋不胜，退，复上奏，复，扶又翻；下同。以为："自王仙芝俶扰，按孔安国尚书注：俶，始也。扰，乱也。俶，尺六翻。崔安潜首请会兵讨之，继发士卒，罄竭资粮；言竭本道所有以供征行士卒资粮。贼往来千里，涂炭诸州，独不敢犯其境。又以本道兵授张自勉，解宋州围，使江、淮漕运流通，不输寇手。今蒙尽以自勉所将七千兵令张贯将之，将，即亮翻；下同。隶宋威。句断。自勉独归许州，威复奏加诬毁。因功受辱，臣窃痛之。安潜出师，前后克捷非一，一旦强兵尽付他人，良将空还，若勍敌忽至，勍，渠京翻。何以枝梧！臣请以忠武四千人授威，馀三千人使自勉将之，守卫其境，既不侵宋威之功，又免使安潜愧耻。"时卢携不以为然，上不能决。畋复上言："宋威欺罔朝廷，败衄狼藉。衄，女六翻。藉，秦昔翻。又闻王仙芝七状请降，威不为闻奏。为，于伪翻。朝野切齿，以为宜正军法。迹状如此，不应复典兵权，愿与内大臣参酌，内大臣，谓两中尉、两枢密也。早行罢黜。"不从。

21 河中军乱，逐节度使刘侔，纵兵焚掠。以京兆尹窦璟为河中宣慰制置使。璟，俱永翻。

22 黄巢寇掠蕲、黄，蕲、黄相去一百六十五里。曾元裕击破之，斩首四千级。巢遁去。

23 十一月，己酉，以窦璟为河中节度使。

24 招讨副使、都监杨复光遣人说谕王仙芝，仙芝遣尚君长等请降于复光，监，古衔翻。说，输芮翻。降，户江翻。杨复光时屯邓州。宋威遣兵于道中劫取君长等。十二月，威奏与君长等战于颍州西南，生擒以献；复光奏君长等实降，非威所擒。诏侍御史归仁绍等鞫之，姓谱曰：左传，胡，子国，姓归，为楚所灭，子孙或以国为氏，或以姓为氏。竟不能明；斩君长等于狗脊岭。

25 黄巢陷匡城，遂陷濮州。匡城县，属滑州，本汉长垣县。宋白曰：隋开皇於妇姑城置匡城县，以县南有故匡城为名，即孔子所畏之所。濮，博木翻。诏颍州刺史张自勉将诸道兵击之。

26 江州刺史刘秉仁乘驿之官，单舟入柳彦璋水寨，贼出不意，即迎拜，秉仁斩彦璋，散其众。柳彦璋为盗九月而败。

27 王仙芝寇荆南。节度使杨知温，知至之兄也，杨知至见上卷懿宗咸通十一年。以文学进，不知兵，或告贼至，知温以为妄，不设备。时汉水浅狭，贼自贾堑渡。九域志：郢州长寿县有贾堑镇。堑，七艳翻。

五年（戊戌、八七八）

1 春，正月，丁酉朔，大雪，知温方受贺，凡元旦、冬至，诸州镇皆受将吏牙贺，下至县邑亦然。贼已至城下，遂陷罗城。将佐共治子城而守之，治，直之翻。及暮，知温犹不出。将佐请知温出抚士卒，知温纱帽皁裘而行，将佐请知温擐甲以备流矢。皁，才早翻。擐，音宦。知温见士卒拒战，犹赋诗示幕僚，遣使告急于山南东道节度使李福，福悉其众自将救之。时有沙陀五百在襄阳，福与之俱，至荆门，遇贼，晋分编县，置长林县。德宗贞元二十一年又分长林置荆门县，属江陵府。九域志：在府北一百六十许里。沙陀纵骑奋击，破之。仙芝闻之，焚掠江陵而去。江陵城下旧三十万户，至是死者什三四。

2 壬寅，招讨副使曾元裕大破王仙芝于申州东，所杀万人，招降散遣者亦万人。敕以宋威久病，罢招讨使，还青州；宋威本平卢帅，罢招讨使还镇。以曾元裕为招讨使，颍州刺史张自勉为副使。

3 庚戌，以西川节度使高骈为荆南节度使兼盐铁转运使。

4 振武节度使李国昌之子克用为沙陀副兵马使，戍蔚州。宋白曰：蔚州，秦、赵间亦为代郡之地，后魏置怀荒、御夷二镇于此。东魏于此置北灵丘郡，后周大象二年，置蔚州，唐开元初，移郡治于灵丘西南一百三十里，西至朔州三百八十里。时河南盗贼蜂起，谓王仙芝、黄巢等也。云州沙陀兵马使李尽忠与牙将康君立、薛志勤、程怀信、李存璋等谋曰："今天下大乱，朝廷号令不复行于四方，复，扶又翻。此乃英雄立功名富贵之秋也。吾属虽各拥兵众，然李振武功大官高，名闻天下，言李国昌讨平庞勋，于当时功为大；帅振武，于诸将官为高。闻，音问。其子勇冠诸军，冠，古玩翻。若辅以举事，代北不足平也。"众以为然。君立，兴唐人；隋分灵丘县置安边县，中废；唐开元十二年，复置，治横野军，至德三载，更名兴唐县，属蔚州。存璋，云州人；志勤，奉诚人也。贞观二十二年，以内属奚可度者部落置饶乐都督府，开元二十三年更名奉诚都督府。薛志勤，其府人也。

会大同防御使段文楚兼水陆发运使，宋白曰：朔州马邑县，贞观已来已为大同军职，开元五年，分鄯阳县之东三十里，置大同军以戍边，后于军内置马邑，征汉旧名也。建中间，马燧自鄯阳移朔州于马邑县。代北荐饥，荐，才甸翻，再也。再岁五谷不熟曰荐饥。漕运不继，文楚颇减军士衣米；又用法稍峻，军士怨怒。尽忠遣君立潜诣蔚州说克用起兵，除文楚而代之。说，式芮翻。克用曰："吾父在振武，俟我禀之。"君立曰："今机事已泄，缓则生变，何暇千里禀命乎！”言道里辽远，使命往返，则事必泄而害成。于是尽忠夜帅牙兵攻牙城，攻云州牙城也。帅，读曰率；下同。执文楚及判官柳汉璋系狱，自知军州事，遣召克用。克用帅其众趣云州，趣，七喻翻。行收兵，二月，庚午，至城下，众且万人，屯于斗鸡台下。壬申，尽忠遣使送符印，请克用为防御留后。癸酉，尽忠械文楚等五人送斗鸡台下，克用令军士冎而食之，以骑践其骸。冎，古瓦翻。践，慈演翻。甲戌，克用入府舍视事。考异曰：赵凤后唐太祖纪年录曰：“乾符三年，河南水灾，盗寇蜂起，朝廷以段文楚为代北水陆发运、云州防御使，以代支谟。时岁荐饥，文楚削军人衣米，诸军咸怨。太祖为云中防边督将，部下争诉以军食不充，请具闻奏。边校程怀信、康君立等十馀帐，日哗于太祖之门，请共除虐帅以谢边人。众因大噪，拥太祖上马，比及云中，众且万人，城中械文楚出以应太祖。”后唐闵帝时，史官张昭远撰庄宗功臣列传曰：“康君立为云中牙校，事防御使段文楚。时天下将乱，代北仍岁阻饥，诸部豪杰咸有啸聚邀功之志。文楚法令稍峻，军食转饷不给，戍兵咨怨。云州沙陀兵马使李尽忠私谓君立等曰：‘段公儒者，难与共事。方今四方云扰，皇威不振，丈夫不能于此时立功立事，非人豪也。吾等虽拥部众，然以雄劲闻于时者，莫若李振武父子，官高功大，勇冠诸军，吾等合势推之，则代北之地，旬月可定，功名富贵，事无不济也。’时武皇为沙陀三部落副兵马使，在蔚州，尽忠令君立私往图之，曰：‘方今天下大乱，天子付将臣以边事，岁偶饥荒，便削储给，我等边人，焉能守死！公家父子素以威惠及五部，当共除虐帅以谢边人。’武皇曰：‘予家尊在振武，万一相逼，俟予禀命。’君立曰：‘事机已泄，迟则变生。’咸通十三年十二月，尽忠夜帅牙兵攻牙城，执文楚及判官柳汉璋、陈韬等，系之于狱，遂自知军州事，遣君立召太祖于蔚州。是月，太祖与退浑、突厥三部落众万人趋云中，十四年正月六日，至斗鸡台，尽忠遣监军判官符印请太祖知留后事。七日，尽忠械文楚、汉璋等五人送斗鸡台，军人乱食其肉。九日，太祖权知留后。府牙受上三军表，请授太祖大同防御使，懿宗不悦。时已除卢简方代文楚，未至而文楚被害。”实录：“乾符元年，十二月，李克用杀大同军防御使段文楚，自称防御留后，塞下之乱自兹始矣。”薛居正五代史君立传皆与庄宗列传同，惟削去李尽忠名，但云君立与薛铁山、程怀信、王行审、李存璋等谋，悉以尽忠语为君立之语，云“君立等乃夜谒武皇，言曰：‘方今天下大乱’云云。众因聚噪，拥武皇，比及云州，众且万人，师营斗鸡台，城中械文楚以应。武皇之军既收城，推武皇为大同军防御留后，众状以闻。”旧纪：“咸通十三年十二月，李国昌小男克用，杀云州防御使段文楚，据云州，自称防御留后。乾符五年，正月，沙陀首领李尽忠陷遮虏军，窦浣遣康传圭率土团二千屯代州，将发，求赏呼噪，杀马步军使邓虔。”有唐末三朝见闻录者，不著撰人姓名，专记晋阳事，其书云：“乾符五年戊戌，窦浣自前守京兆尹拜河东节度使，在任，便值大同军变，杀防御使段文楚。正月二十六日，军于石窑。二十七日，到白泊。二十九日，至静边军。三十日，筑却四面城门。二月一日，在城将士三人共赏绢一匹，监军使差仇判官闻奏，李尽忠等准诏各赏马一匹，银鞍辔一副，银三铤，银碗一枚，绢一束，锦二匹，紫罗三匹，诸军将银碗绢等。三日，李尽忠却入。四日，两面马步五万馀人，城四面下营。五日，又赏土团牛酒。六日，监军使送牌印与李九郎。七日，城南门楼上系缚下段尚书、柳汉璋、雍侍御、陈韬等四人。寻分付军兵于斗鸡台西剐却，又令马军践踏却骸骨。八日，李九郎被土团马步军约一千人持弓刀送上。”与旧纪五年事微合。实录亦颇采之，云：“五年正月，壬戌，窦浣奏沙陀首领李尽忠寇石窑、白泊，至静边军。二月，奏李尽忠求赏，诏赏马一匹，银鞍勒、绵绢等。”按庄宗列传、旧纪，克用杀文楚在咸通十三年十二月，欧阳修五代史记取之；太祖纪年录在乾符三年，薛居正五代史、新沙陀传取之；见闻录在乾符五年二月，新纪取之；惟实录在乾符元年，不知其所据何书也。克用既杀文楚，岂肯晏然安处，必更侵扰边陲，朝廷亦须发兵征讨，而自乾符四年以前皆不见其事。唐末见闻录叙月日，今从之。令将士表求敕命；朝廷不许。

李国昌上言：“乞朝廷速除大同防御使；若克用违命，臣请帅本道兵讨之，终不爱一子以负国家。”朝廷方欲使国昌谕克用，会得其奏，乃以司农卿支详为大同军宣慰使，诏国昌语克用，令迎候如常仪，除克用官，必令称惬。李克用始此。语，牛倨翻。称，尺证翻。惬，诘叶翻。又以太仆卿卢简方为大同防御使。考异曰：旧纪：“咸通十三年七月，以前义昌节度使卢简方为太仆卿。十二月，以振武节度使李国昌为云州刺史、大同军防御等使。国昌称病，辞军务，乃以太仆卿卢简方为云州刺史，充大同军防御等使。上召简方于思政殿，谓之曰：‘卿以沧州节制，屈居大同。然朕以沙陀、退浑挠乱边鄙，以卿曾在云中，惠及部落，且忍屈为朕此行，具达朕旨，安慰国昌，勿令有所猜嫌也。’十四年正月，辛未，以云、朔暴乱，代北骚动，赐卢简方诏曰：‘近知大同军不安，杀害段文楚。李国昌小男克用主领兵权。’又曰：‘若克用暂勿主兵务，束手待朝廷除人，则事出权宜，不足猜虑。若便图军柄，欲奄大同，则患系久长，故难依允。料国昌输忠效节，必当已有指挥。’简方准诏谕之，国昌不奉诏。乃诏太原节度使崔彦昭、幽州节度使张公素出师讨之。三月，以简方为振武节度使，至岚州卒。”实录乾符元年十二月简方除大同。二年正月赐诏，亦不云使彦昭、公素讨之。盖旧纪、实录各随段文楚死之后，载除简方及诏书，使事相接续耳，恐皆未足据也。旧纪所云太原、幽州讨之，盖因叙后来事。实录所以不取者，方加招谕，未必攻讨也。唐末见闻录又云：“五年四月，敕除简方振武节度使；五月，卒。”实录亦在五年，而云六月卒。盖约奏到之月耳。今从三朝见闻录。

5 贬杨知温为郴州司马。以王仙芝犯江陵，城几失守，士民多为所杀略也。

6 曾元裕奏大破王仙芝于黄梅，黄梅县，属蕲州。宋白曰：宋分江夏郡置南新蔡郡；隋开皇十八年，改为黄梅县，界内有黄梅山，因名。杀五万馀人，追斩仙芝，传首，馀党散去。

黄巢方攻亳州未下，尚让帅仙芝馀众归之，帅，读曰率。考异曰：实录：“元裕奏大破仙芝于黄梅县，杀戮五万馀人；追至曹州南华县，斩仙芝，传首京师。”旧纪：“二月，王仙芝馀党攻江西，招讨使宋威出军，屡败之，仍宣诏书谕仙芝。仙芝致书于威，求节钺，威伪许之。仙芝令其大将尚君长、蔡温玉奉表入朝，威乃斩君长、温玉以徇。仙芝怒，急攻洪州，陷其郛。宋威赴援，与贼战，大败之，杀仙芝，传首京师。君长弟让与黄巢大掠淮南。”旧传曰：“齐克让为兖州节度使，以本军讨仙芝，仙芝惧，引众历陈、许、襄、邓，无少长，皆虏之，众号三十万。三年七月，陷江陵。十月，又遣将徐唐莒陷洪州。时仙芝表请符节，不允，以宋威为荆南节度招讨使，杨复光为监军。复光遣判官吴彦宏谕以朝旨，释罪，别加官爵。仙芝乃令尚君长、蔡温玉、楚彦威相次诣阙请罪，且求恩命。时宋威害复光之功，并擒送阙，敕于狗脊岭斩之。贼怒，悉精锐击官军，威军大败。复光收其馀众以统之，朝廷以王铎代为招讨。五年八月，收复荆州，斩仙芝首，献于阙下。”新传：“黄巢自蕲州与王仙芝分其众，尚君长入陈、蔡，巢北掠齐、鲁，众万人，入郓州，杀节度使薛崇，进陷沂州，由颍、蔡保查岈山，引兵复与仙芝合，围宋州。会自勉救兵至，仙芝解而南渡汉，攻荆南，陷之，贼不能守。巢攻和州未克。仙芝自围洪州，取之，使徐唐莒守，进破朗、岳，遂围潭州，观察使崔瑾拒却之。乃向浙西，扰宣、润，不能得所欲，身留江西，趣别部还入河南。帝诏崔安潜归忠武，复起宋威、曾元裕，以招讨使还之，而杨复光监军。复光以诏谕贼。仙芝遣尚君长等诣阙请罪，又遗威书求节度。威阳许之，上言与君长战，擒之。复光固言其降。命侍御史与中人即讯，不能明，卒斩之。仙芝怒，还攻洪州，入其郛。威自将往救，败仙芝于黄梅，斩五万级，获仙芝，传首京师。当此时，巢方围亳州未下，君长弟让帅仙芝溃党归巢。"新、旧传叙贼所经历皆不同，又云"宋威杀仙芝"。今皆从实录。推巢为主，号冲天大将军，改元王霸，考异曰：续宝运录："乾符元年，黄巢聚众于会稽反，建元曰王霸元年。"旧传："先是，尚君长弟让以兄见诛，率众入查牙山，黄巢、黄揆昆仲八人率盗数千依让，月馀，众至数万，陷汝州，虏刺史王镣，大掠关东，官军加讨，屡为所败，其众十馀万。尚让乃与群盗推巢为王，曰冲天大将军，仍署官属，藩镇不能制。"新传曰："尚君长弟让率仙芝溃党归巢，推巢为王，号冲天大将军，署拜官属，驱河南、山南之民十馀万，掠淮南，建元王霸。"今从之。署官属。巢袭陷沂州、濮州。既而屡为官军所败，乃遗天平节度使张杨【章：十二行本"杨"作"裼"；乙十一行本同；孔本同；熊校同。】书，败，补迈翻。遗，于季翻。裼，先击翻，又徒计翻。请奏之。诏以巢为右卫将军，令就郓州解甲；巢竟不至。考异曰：旧传："及王仙芝败，巢东攻亳州不下，乃袭破沂州据之，仙芝馀党悉附焉。"实录："巢自称黄王，建元王霸，连为王师所败，诣天平乞降，除右卫将军，复叛去，自是兵不能制。"新传曰："曾元裕败贼于申州，死者万人。帝以宋威杀尚君长非是，且讨贼无功，诏还青州，以元裕为招讨使，张自勉为副。巢破考城，取濮州，元裕军荆、襄，援兵阻，更拜自勉东北面行营招讨使，督诸军急捕巢。巢方掠襄邑、雍丘，诏滑州节度使李峄壁原武。巢寇叶、阳翟，欲窥东都。会左神武大将军刘景仁以兵五千援东都，河阳节度使郑延休兵三千壁河阴。巢兵在江西者为镇海节度使高骈所破；寇新郑、郏、襄城、阳翟者为崔安潜逐走；在浙西者为节度使裴璩斩二长，死者甚众。巢大沮畏，乃诣天平军乞降。诏授巢右卫将军。巢度藩镇不一，未足制己，即叛去，转寇浙东，执观察使崔璆。"与实录先后不同。今从实录。

7 加山南东道节度使李福同平章事，赏救荆南之功也。

8 三月，群盗陷朗州、岳州。朗、岳相去五百五十里。曾【章：十二行本“曾”上有“招讨使”三字；乙十一行本同；孔本同；张校同；退斋校同。】元裕屯荆、襄，荆、襄相去三百四十里。黄巢自滑【章：十二行本“滑”作“濮”；乙十一行本同；孔本同；张校同。】州略宋、汴，滑州南至汴州二百一十里，汴州东至宋州三百五十里。乃以副使张自勉充东南面行营招讨使。黄巢攻卫南，隋置楚丘县于古楚丘城，以曹有楚丘，改曰卫南，唐时属滑州。遂攻叶、阳翟。诏发河阳兵千人赴东都，与宣武、昭义兵二千人共卫宫阙；卫东都宫阙也。以左神武大将军刘景仁充东都应援防遏使，并将三镇兵，三镇，河阳、宣武、昭义。仍听於东都募兵二千人。景仁，昌之孙也。刘昌见德宗纪。又诏曾元裕将兵径还东都，发义成兵三千守轘辕、伊阙、河阴、武牢。河南缑氏县，北有轘辕故关。伊阙县北有伊阙故关。孟州汜水县有虎牢关。唐避先讳，以“虎”为“武”。

9 王仙芝馀党王重隐陷洪州，江西观察使高湘奔湖口。江州东北六十里有湖口镇，当彭蠡湖入江之口，宋朝置湖口县。贼转掠湖南，别将曹师雄掠宣、润。诏曾元裕、杨复光引兵救宣、润。

10 湖南军乱，都将高杰逐观察使崔瑾。瑾，郾之子也。崔郾见二百四十四卷文宗太和五年。郾，音偃。

11 黄巢引兵渡江，攻陷虔、吉、饶、信等州。

12 朝廷以李克用据云中，夏，四月，以前大同军防御使卢简方为振武节度使，以振武节度使李国昌为大同节度使，以为克用必无以拒也。是时朝议谓使李国昌以父临子，子必无以拒，岂知李国昌父子欲兼据两镇。考异曰：唐末见闻录：“遮虏军及代州告急，窦尚书差回鹘五百骑边界巡检，至四月三日，进发至五里堠北，副将康叔谭恃酒叛逆，射损都将赵归义、斫损将判官阎建弘擒缚入府。尚书令下于衙南门全家处斩，使司差副兵马使赵元掠领马军进发，阎建弘递送海西。当月内有敕送节到，除前大同军防御使卢简方充振武节度使，除振武节度使李尚书充大司军节度使。”实录云："戊辰，以简方为振武，国昌为大同。"盖误以康叔谭作乱之日为简方等建节之日也。新沙陀传曰："李克用既杀段文楚，诸校共丐克用为大同防御留后，不许，发诸道兵进捕。诸道不甚力，而黄巢方引兵渡江，朝廷度未能制，乃赦之，以国昌为大同军防御使。国昌不受命，诏河东节度使崔彦昭、幽州张公素共击之，无功。"据此，则是大同防御使，非节度使也。薛居正五代史纪曰："武皇杀段文楚，诸将列状以闻，请授武皇旄钺，朝廷不允，征诸道兵以讨之。乾符五年，黄巢渡江，其势滋蔓，天子乃悟其事，以武皇为大同军节度使、检校工部尚书。"是克用为大同军节度使，非国昌。实录国昌传及献祖纪年录、旧唐本纪俱不言国昌为大同节度使，独实录于此言之。下五月又云"国昌杀监军，不肯代。"必有所据。盖国昌父子俱不肯受代，朝廷以为用国昌代克用，必无违命，故徙国昌为大同军节度使，而以卢简方镇振武，二人竟不受命，故简方不得赴镇而死于岚州，国昌亦未尝赴大同也。

13 诏以东都军储不足，贷商旅富人钱谷以供数月之费，仍赐空名殿中侍御史告身五通，监察御史告身十通，有能出家财助国稍多者赐之。时连岁旱、蝗，寇盗充斥，耕桑半废，租赋不足，内藏虚竭，无所佽助。藏，徂浪翻。佽，音次，亦助也。兵部侍郎、判度支杨严三表自陈才短，不能济办，【章：十二行本"办"下有"乞解使务"四字；乙十一行本同；孔本同；张校同；退斋校同。】辞极哀切，诏不许。人见美官，谁不欲之，乃有辞而不获者，可以观世道矣。

14 曹师雄寇湖州，曹师雄自宣、润进寇湖州。镇海节度使裴璩遣兵击破之。王重隐死，其将徐唐莒据洪州。曹师雄、王重隐，皆王仙芝之党。

15 饶州将彭幼璋合义营兵克复饶州。饶州比为黄巢所陷。义营兵，饶州之起义者也。

16 南诏遣其酋望赵宗政来请和亲，南诏官有酋望，在大将之下，久赞之上，亦清平官也。酋，慈由翻。无表，但令督爽牒中书，请为弟而不称臣。诏百僚议之，礼部侍郎崔澹等以为："南诏骄僭无礼，高骈不识大体，反因一僧呫嗫卑辞诱致其使，呫，他协翻。

嗫，而涉翻，又之涉翻。僧，谓景仙也。景仙使南诏见上卷上年。若从其请，恐垂笑后代。”考异曰：实录置澹议于二月，至四月又云，“南诏遣酋望赵宗政来朝，且议和好。”今因卢、郑争蛮事置此。高骈闻之，上表与澹争辩，诏谕解之。澹，玙之子也。玙，珙之弟也。珙相武宗。

五月，丙申朔，郑畋、卢携议蛮事，携欲与之和亲，畋固争以为不可。携怒，拂衣起，袂罥砚堕地，破之。罥，古泫翻，系取也，挂也。释名曰：砚，研也，研墨使和濡也。上闻之，曰：“大臣相诟，诟，古候翻，又许候翻。何以仪刑四海！”丁酉，畋、携皆罢为太子宾客、分司。考异曰：旧纪：“六年五月，贼围广州，与李苕、崔璆书，求天平节钺。畋、携争论于中书，辞语不逊，俱罢，分司。”畋传曰：“五年，黄巢东渡江、淮，众百万，所经屡陷郡邑。六年，陷安南府，据之，致书与浙东观察使崔璆求郓州节钺。璆言：‘贼势难图，宜因授之，以绝北顾之患。’天子下百僚议。初，黄巢之起也，宰相卢携以浙西观察使高骈素有军功，奏为淮南节度使，令扼贼冲。寻以骈为诸道行营都统。及崔璆之奏，朝臣议之，有请假节以纾患者。畋采众议，欲以南海节制縻之。携以始用高骈，欲其立功以图胜，曰：‘高骈将略无双，淮土甲兵甚锐，今诸道之师方集，蕞尔纤寇，不足平殄，何事舍之示怯，而令诸军解体邪！’畋曰：‘巢贼之乱，本因饥岁，人以利合，乃至寖繁，江、淮以南，荐食殆半。国家久不用兵，皆忘战，所在节将闭门自守，尚不能枝，不如释咎包容，权降恩泽。彼本以饥年利合，一遇丰岁，孰不怀思乡土！其众一离，则巢贼几上肉耳。若此际不以计攻，全恃兵力，恐天下之忧未艾也！’群议然之。而左仆射于琮曰：‘南海有市舶之利，岁贡珠玑，如令妖贼所有，国藏渐当废竭。’上亦望骈成功，乃依携议。及中书商量制敕，畋曰：‘妖贼百万，横行天下，高公迁延玩寇，无意翦除，又从而保之，彼得计矣。国祚安危，在我辈三四人画度，公倚淮南用兵，吾不知税驾之所矣！’携怒，拂衣而起，染袂于砚，因投之。僖宗闻之，怒曰：‘大臣相诟，何以表仪四海！’二人俱罢政事。”携传曰：“五年，黄巢陷荆南、江西外郛及饶、吉、虔、信等州，自浙东陷福建，遂至岭南，陷广州，杀节度使李岧，遂抗表求节钺。初，王仙芝起河南，携举宋威、齐克让、曾衮等有将略，用为招讨使。及宋威杀尚君长，致贼充斥，朝廷遂以宰臣王铎为都统，携深不悦。浙帅崔璆等上表请假黄巢广州节钺，上令宰臣议。携以王铎为统帅，欲激怒黄巢，坚言不可假贼节制，止授率府率而已；与同列郑畋争论，投砚于地，由是两罢之。”实录：“五年五月，丙申朔，是日，宰臣郑畋、卢携议南蛮事，携请降公主通和，畋固争以为不可，抗论是非。携怒，拂衣而起，袂染于砚，因投碎之。丁酉，以畋、携并为太子宾客、分司。”注云：“旧史洎杂说皆云‘畋、携议黄巢节制，忿争赐罢。’而郑延昌撰畋行状乃云‘议蛮事’，无可证之。然当时所述恐不谬。”又畋传曰：“时黄巢攻陷江、浙，上表乞节钺，畋与同列卢携谋议攻讨及拔用将帅，事多异同。又南诏蛮请降公主和好，畋固争以为不可，遂抗论之，乃与携俱罢相。”又携传曰：“携人质甚陋，语亦不正，与郑畋俱李翱之外孙，及同辅政，议论不协。初，王仙芝起河南，携举宋威、齐克让、曾衮等有将略，用为招讨使，讨贼皆无功，致贼充斥。又主高骈之请，欲以公主和南诏蛮，郑畋执之，以为不可，帝前忿争，由是两罢之。”旧纪：“六年五月，贼围广州，仍与广南节度使李岧、浙东观察使崔璆书，求保荐，乞天平节钺，璆、岧上表论之。宰相郑畋、卢携争论于中书，词语不逊，俱罢为太子宾客、分司东都。”按新旧传、旧纪皆以畋、携罢相在六年。实录、新纪、表在此年五月。实录、新书皆自相矛楯。然宋氏多书，知二人罢在五月，必有所据，今从之。以翰林学士承旨、户部侍郎豆卢瑑为兵部侍郎，吏部侍郎崔沆为户部侍郎，并同平章事。

时宰相有好施者，常使人以布囊贮钱自随，施，式豉翻。贮，丁吕翻。行施丐者，每出，褴褛盈路。褴，力三翻，衣无缘也。褛，力主翻，衣丑敝也。有朝士以书规之曰：“今百姓疲弊，寇盗充斥，相公宜举贤任能，纪纲庶务，捐不急之费，杜私谒之门，使万物各得其所，则家给人足，自无贫者，何必如此行小惠乎！”宰相大怒。

17 邕州大将杜弘送段瑳宝至南诏，逾年而还。杜弘去年闰二月送段瑳宝。还，从宣翻。甲辰，辛谠复遣摄巡官贾宏、大将左瑜、曹朗使于南诏。复，扶又翻。

18 李国昌欲父子并据两镇，得大同制书，毁之，杀监军，不受代，与李克用合兵陷遮虏军，遮虏军在洪谷东北，亦曰遮虏平。

进击宁武及岢岚军。妫州怀戎县西有宁武军，非此；此当在遮虏平南。岚州岚谷县有岢岚军。按宋白续通典，云州东取宁武、妫州路，至幽州七百里。朔州西至岢岚军二百二十里。此李国昌合云、朔之兵东西攻掠，既陷遮虏，东击宁武，西击岢岚也。此即妫州之西宁武军。岢岚军在岚州东北百里。岢，枯我翻。岚，卢含翻。卢简方赴振武，至岚州而薨。

丁巳，河东节度使窦浣发民堑晋阳。己未，以都押牙康传圭为代州刺史，又发土团千人赴代州。土团至城北，娖队不发，娖，则角翻。言娖整其队而不行也。求优赏。时府库空竭，浣遣马步都虞候邓虔往慰谕之，土团冎虔，冎，古瓦翻。床舁其尸入府。舁，羊茹翻。浣与监军自出慰谕，人给钱三百，布一端，众乃定。押牙田公锷给乱军钱布，众遂劫之以为都将，赴代州，浣借商人钱五万缗以助军。考异曰：唐末见闻录："五月，振武损却别敕，不受除替。李尚书收却遮虏军，进打宁武及岢岚军；代州告急。二十二日，指挥在府三城，排门差夫一人齐掘四面壕堑。卢尚书发赴振武，至岚州，身薨。二十四日，拜都押牙康传圭充代州刺史。又发太原、晋阳两县点到土团子弟一千人往代州屯驻，至城北，卓队不发，索出军优赏。差马步都虞候邓虔安慰，寻被冎却，床舁尸柩入府。尚书、监军自出安慰，定每人各给钱三百文，布一端，差押牙田公锷给散，不放却回，便被请将充都将，发赴军前。使司有榜，借商人助军钱五万贯文。"实录："五月，李国昌杀监军使，不肯受代，起兵进打宁武及岢岚军，代州出兵御之。始，国昌遣克用以兵袭大同，三军表克用为留后，朝廷不允，乃以国昌命之，欲以其子无能拒也。时国昌贪其土地，欲父子分统，故拒命焉。"实录："六月，乙丑朔，岚州奏新除振武节度使卢简方卒。以太原府都押衙康传圭为代州刺史，发太原、晋阳土团千人戍代州，至城北，卓队不发，索优赏；马步都虞候邓虔安慰，为其众杀之；节度使窦浣自出抚慰，乃定。初，太原府帑空竭，每有赏赉，必科民家，至是尤窘迫，乃榜借商人助军钱五万。"此皆约唐末见闻录为之，而后其月日以象奏到之时耳。唐末见闻录又云："六月十一日，左散骑常侍支谟奉敕到府，充大同军制置使，兼摄河东节度副使、军前同指挥事。"此谓到府之日。而实录云"甲戌，以谟为制置使。"甲戌乃六月十日，亦误也。朝廷以浣为不才，六月，以前昭义节度使曹翔为河东节度使。

19 王仙芝馀党剽掠浙西，剽，匹妙翻；下同。朝廷以荆南节度使高骈先在天平有威名，高骈之威名，以破蛮于交趾而徙镇天平，郓人遂畏之耳。仙芝党多郓人，乃徙骈为镇海节度使。

20 沙陀焚唐林、崞县，入忻州境。武后证圣元年，分五台、崞置武延县，唐隆元年，更名唐林。崞，汉古县也，时并属代州。宋白曰：唐林本汉广武县地。九域志：崞在州西南五十里。崞，音郭。

21 秋，七月，曹翔至晋阳；己亥，捕土团杀邓虔者十三人，杀之。义武兵至晋阳，不解甲，讙噪求优赏，讙，与喧同。翔斩其十将一人，乃定。发义成、忠武、昭义、河阳兵会于晋阳，以御沙陀。八月，戊寅，曹翔引兵救忻州。沙陀攻岢岚军，陷其罗城，败官军于洪谷，洪谷在岢岚军南。败，补迈翻。晋阳闭门城守。

22 黄巢寇宣州，宣歙观察使王凝拒之，败于南陵。九域志：南陵县在宣州西一百五里。巢攻宣州不克，乃引兵攻浙东，开山路七百里，攻剽福建诸州。按九域志，自婺州至衢州界首一百九十里。衢州治所至建州七百五里。此路岂黄巢始开之邪！剽，匹妙翻。

23 九月，平卢军奏节度使宋威薨。老病而死，固其宜也。史书威死，以为握兵玩寇不能报国之戒。

24 辛丑，以诸道行营招讨使曾元裕领平卢节度使。

25 壬寅，曹翔暴薨。丙午，昭义兵大掠晋阳，坊市民自共击之，杀千馀人，乃溃。

26 中书侍郎、同平章事李蔚罢为东都留守。蔚，纡勿翻。守，手又翻。以吏部尚书郑从谠为中书侍郎、同平章事。从谠，馀庆之孙也。郑馀庆始见二百三十五卷德宗贞元十四年。

27 以户部尚书、判户部事李都同平章事兼河中节度使。

28 冬，十月，诏昭义节度使李钧、幽州节度使李可举与吐谷浑酋长赫连铎、白义诚、沙陀酋长安庆、萨葛酋长米海万，合兵讨李国昌父子于蔚州。参考新、旧书，安庆、萨葛，皆部落之名，更以后广明元年安庆都督史敬存证之可见。酋，慈由翻。长，知丈翻。萨，桑葛翻。十一月，【章：十二行本“月”下有“甲午”二字；乙十一行本同；孔本同；张校同；退斋校同。】岢岚军翻城应沙陀。丁未，以河东宣慰使崔季康为河东节度、代北行营招讨使。沙陀攻石州，庚戌，崔季康救之。

29 十二月，甲戌，黄巢陷福州，观察使韦岫弃城走。

30 南诏使者赵宗政还其国。是年四月，赵宗政来请和。中书不答督爽牒，但作西川节度使崔安潜书意，使安潜答之。

31 崔季康及昭义节度使李钧与李克用战于洪谷，两镇兵败，钧战死。昭义兵还至代州，士卒剽掠，剽，匹妙翻。代州民杀之殆尽，馀众自鸦鸣谷走归上党。鸦鸣谷在忻州秀容县东北。考异曰：旧纪：“河东节度使崔季康与北面行营招讨使李钧与沙陀李克用战于岢岚军之洪谷，王师大败，钧中流矢而卒。戊戌，至代州，昭义军乱，为代州百姓所杀殆尽。”此年实录略同。广明元年八月实录：“河东奏昭义节度使李钧为猛虎军所杀。”又曰：“诏统本道兵由雁门出讨云州，与贼战，败归，为其下杀之。”新纪：“庚辰，崔季康、李钧及李克用战于洪谷，败绩。”薛居正五代史纪曰：“乾符六年春，朝廷以昭义节度使李钧充北面招讨使，将上党、太原之师过石岭关，屯于代州，与幽州李可举会赫连铎同攻蔚州。献祖以一军御之，武皇以一军南抵遮虏城以拒李钧。是冬，大雪，弓弩折绝，南军苦寒，临战大败，奔归代州，李钧中流矢而卒。”唐末见闻录曰：“十九日，崔尚书发往岢岚军，请别敕贾敬嗣大夫权兵马留后，观察判官李劭权观察留后。昭义节度使李钧领本道兵马到代州，军变，被代州杀戮并尽，捉到李钧，残军溃散，取鸦鸣谷各归本道。”按昭义军变，必非李钧所为。代州百姓捉到李钧，不知如何处之。今从旧纪。

32 王郢之乱，事始上卷二年，终本卷四年。临安人董昌以土团讨贼有功，补石镜镇将。垂拱四年，分馀杭、於潜地，以故临水城置临安县，属杭州，有石镜山、石镜镇。九域志：临安县在州西一百二十里。临安志：

石镜山在临安县南一里，钱镠改为衣锦山。是岁，曹师雄寇二浙，杭州募诸县乡兵各千人以讨之，昌与钱塘刘孟安、阮结、富阳闻人宇、盐官徐及、新城杜棱、馀杭凌文举、临平曹信各为之都将，号杭州八都，钱唐、馀杭皆汉县。富阳，汉富春县，晋避讳，改为富阳。新城，吴县。盐官，汉海盐县地，有盐官，吴遂名县。临平镇，在钱唐北。隋之馀杭县，置杭州，后移州治钱唐，后又移于柳浦西，今州城是。九域志：富阳在州西南七十三里，盐官在州东一百二十九里，新城在州西南一百三十里，馀杭在州西北七十二里。将，即亮翻；下同。昌为之长。长，知两翻。其后宇卒，钱塘人成及代之。卒，子恤翻。临安人钱镠以骁勇事昌，以功为石镜都知兵马使。钱镠事始此。镠，力求翻。

六年（己亥、八七九）

1 春，正月，魏王佾薨。佾，懿宗子。

2 镇海节度使高骈遣其将张璘、梁缵考异曰：旧纪"张璘"作"张麟"，新纪、传、实录作"潾"。今从旧高骈、黄巢传及唐年补录、妖乱志、唐补纪、续宝运录。旧纪"梁缵"作"梁绩"，今从众书。分道击黄巢，屡破之，降其将秦彦、毕师铎、李罕之、许勍等数十人；降，户江翻。勍，渠京翻。为后秦彦、毕师铎反攻高骈张本。考异曰：郭廷诲妖乱志曰："初，黄巢将蹂践淮甸，委师铎为先锋，攻胁天长，累日不克，师铎之志沮焉。及巢北向，师铎遂降勃海。"按旧师铎传，骈败巢于浙西，皆师铎之效，故置于此。巢遂趣广南。趣，七喻翻。彦，徐州人；师铎，冤句人；罕之，项城人也。

3 贾宏等未至南诏，相继卒于道中，去年五月，辛谠使贾宏使南诏。卒，子恤翻。从者死亦太半。从，才用翻。时辛谠已病风痹，痹，必至翻，脚冷湿病也。召摄巡官徐云虔，执其手曰："谠已奏朝廷发使入南诏，而使者相继物故，奈何？使，疏吏翻；下同。吾子既仕则思徇国，能为此行乎？谠恨风痹不能拜耳。"因呜咽流涕。云虔曰："士为知己死！古语云：士为知己者死，女为悦己者容。为，于伪翻。明公见辟，恨无以报德，敢不承命！”说喜，厚具资装而遣之。史言辛谠垂死不忘国事。

二月，丙寅，云虔至善阐城，骠信见大使抗礼，受副使已下拜。己巳，骠信使慈双羽、杨宗就馆谓云虔曰：“贵府牒欲使骠信称臣，奉表贡方物；骠信已遣人自西川入唐，与唐约为兄弟，不则舅甥。不，读曰否。夫兄弟舅甥，书币而已，何表贡之有？”云虔曰：“骠信既欲为弟、为甥，骠信景庄之子，景庄岂无兄弟，酋龙谥景庄皇帝。于骠信为诸父，骠信为君，则诸父皆称臣，况弟与甥乎！且骠信之先，由大唐之命，得合六诏为一，事见二百一十四卷玄宗开元二十六年。恩德深厚，中间小忿，罪在边鄙。谓南诏与西川争恨细故，以致兴戎。今骠信欲修旧好，好，呼到翻。岂可违祖宗之故事乎！顺祖考，孝也；事大国，义也；息战争，仁也；审名分，礼也。分，扶问翻。四者，皆令德也，可不勉乎！”骠信待云虔甚厚，云虔留善阐十七日而还。骠信以木夹二授云虔，其一上中书门下，上，时掌翻。其一牒岭南西道，然犹未肯奉表称贡。

4 辛未，河东军至静乐，静乐，汉汾阳县地，齐、周之际改曰岢岚，隋开皇十八年改曰汾源，大业四年改曰静乐，唐属岚州。九域志：在州东北五十里。士卒作乱，杀孔目官石裕等。壬申，崔季康逃归晋阳。甲戌，都头张锴、郭昢帅行营兵攻东阳门，锴，器骇翻。昢，滂佩翻，又普罪翻，又普没翻。帅，读曰率。入府，杀季康。辛巳，以陕虢观察使高浔为昭义节度使；陕，失冉翻。以邠宁节度使李侃为河东节度使。考异曰：唐末见闻录：“二十日，安慰使到府，李侃充河东节度使。”实录因云“庚寅除侃”，误也。

5 三月，天平军节度使张裼薨，牙将崔君裕自知州事，淄州刺史曹全晸讨诛之。晸，知领翻。

6 夏，四月，庚申朔，日有食之。

7 西川节度使崔安潜到官不诘盗，蜀人怪之。诘，去吉翻。安潜曰："盗非所由通容则不能为。所由，谓捕盗官吏。今穷核则应坐者众，核，下格翻。搜捕则徒为烦扰。"甲子，出库钱千五百缗，分置三市，成都城中鬻花果、蚕器于一所，号蚕市；鬻香、药于一所，号药市；鬻器用者号七宝市。置榜其上曰："有能告捕一盗，赏钱五百缗。盗不能独为，必有侣，侣者告捕，释其罪，赏同平人。"未几，几，居岂翻。有捕盗而至者，盗不服，曰："汝与我同为盗十七年，赃皆平分，汝安能捕我！我与汝同死耳。"安潜曰："汝既知吾有榜，何不捕彼以来！则彼应死，汝受赏矣。汝既为所先，死复何辞！"先，悉荐翻。复，扶又翻。立命给捕者钱，使盗视之，然后冎盗于市，并灭其家。于是诸盗与其侣互相疑，无地容足，夜不及旦，散逃出境，境内遂无一人之盗。

安潜以蜀兵怯弱，奏遣大将赍牒诣陈、许募壮士，与蜀人相杂，训练用之，得三千人，分为三军，亦戴黄帽，号黄头军。袭忠武黄头军之名也。又奏乞洪州弩手，教蜀人用弩走丸而射之，选得千人，号神机弩营。蜀兵由是浸强。余尝谓兵之强弱，在将不在兵。以秦之兵强天下，而汉高祖以蜀兵定三秦。自唐以来，蜀兵号为懦怯，然韦皋用以制吐蕃而有馀，未尝借工于他道也。至李德裕始募工于他道以治器械，崔安潜盖仿李德裕之故智耳。诸葛孔明治蜀，作木牛、连弩之法，自晋以下，仿而为之。宋自女真侵噬，吴玠兄弟画境而守蜀，东南以西路兵为天下最。夫岂借工于别路哉！射，而亦翻。

8 凉王侹薨。侹，懿宗子，音他顶翻。

9 上以群盗为忧，王铎曰："臣为宰相之长，长，知两翻。在朝不足分陛下之忧，请自督诸将讨之。"乃以铎守司徒兼侍中，充荆南节度使、南面行营招讨都统。考异曰：旧纪："五年二月，铎自请督众讨贼。天子以宋威失策杀尚君长，乃以铎检校司徒兼侍中、门下侍郎、江陵尹、荆南节度使，充诸道兵马都统。”旧传：“四年，贼陷江陵，杨知温失守，宋威破贼失策。朝议统帅，卢携称高骈累立战功，宜付军柄；物议未允。铎廷奏：‘臣愿自率诸军荡涤群盗。’朝议然之。五年，以铎守司徒、门下侍郎、同平章事，兼江陵尹、荆南节度使，充诸道行营兵马都统。”今从实录及新纪、表。

10 五月，辛卯，敕赐河东军士银。牙将贺公雅所部士卒作乱，焚掠三城，新书地理志：唐自高祖起兵于晋阳，自天授已来，以为北都，而晋阳宫仍隋不废。宫在都之西北，宫城周二千五百二十步，崇四丈八尺。都城左汾右晋，潜丘在中，长四千三百二十一步，广三千一百二十步，周万五千一百五十三步，其崇四丈。汾东曰东城，贞观十一年长史李勣筑。两城之间有中城，武后时筑，以合东城。宫南有大明城，故宫城也。执孔目官王敬送马步司。节度使李侃与监军自出慰谕，为之斩敬于牙门，乃定。

11 泰宁节度使李系，晟之曾孙也，有口才而实无勇略，王铎以其家世良将，奏为行营副都统兼湖南观察使，官人以世而不考其才，古今之通患也。为铎、系失守殄民张本。使将精兵五万并土团屯潭州，以塞岭北之路，拒黄巢。塞，悉则翻。

12 河东都虞候每夜密捕贺公雅部卒，【章：十二行本“卒”下有“作乱者”三字；乙十一行本同；孔本同；张校同。】族灭之。丁巳，馀党近百人称“报冤将”，近，其靳翻。大掠三城，焚马步都虞候张锴、府城都虞候郭昢家。节度使李侃下令，以军府不安，曲顺军情，收锴、昢，斩于牙门，并逐其家；以贺公雅为马步都虞候。锴、昢临刑，泣言于众曰：“所杀皆捕盗司密申，今日冤死，独无烈士相救乎！”于是军士复大噪，篡取锴、昢归都虞候司。复，扶又翻；下巢复同。寻下令，复其旧职，并召还其家；收捕盗司元义宗等三十馀家，诛灭之。己未，以马步都教练使朱玫等为三城斩斫使，玫，莫杯翻。将兵分捕报冤将，悉斩之，军城始定。

13 黄巢与浙东观察使崔璆、岭南东道节度使李迢书，求天平节度使，璆，渠幽翻。二人为之奏闻；为，于伪翻。朝廷不许。巢复上表求广州节度使，考异曰：续宝运录曰："黄巢先求广府兼使相，朝廷不与。黄巢夏初兵屯广南，屡候敕旨不下，遂恣行攻劫。黄巢夏六月上表，称'义军百万都统兼韶、广等州观察处置等使。'末云'六月十五日表'。秋，遣内侍仇公度赍手诏并广南、邕府、安南、安东等道节度使、指挥观察使、开国公、食邑五百户官告六通，又赐节度将吏空名尚书仆射官告五十通。九月二十日，仇公度到广州，至十月一日，巢与公度杂匹段、药物等五驮、表函并所赐官告并却付公度。表末云：'广明元年十月一日上表。'公度等其年十月二十九日至京。"如宝运录所言，则是广明元年十月一日，巢犹在广州也。按其月巢已入长安。今从旧纪。上命大臣议之。左仆射于琮以为："广州市舶宝货所聚，舶，薄陌翻，大舟也。唐置市舶司于广州，以招来海中蕃舶。岂可令贼得之！"亦不许，乃议别除官。六月，宰相请除巢府【章：十二行本"府"上有"率"字；乙十一行本同；孔本同；张校同。】率，从之。考异曰：旧纪："五月，贼围广州，仍与广南节度使李迢、浙东观察使崔璆书求保荐，乞天平节钺。迢、璆上表论之。"实录："迢、璆上表论请，词甚恳激，乃诏公卿集议。巢又自表乞广州节度、安南都护。巢自春夏其众大疫，死者什三四，欲据有岭表，永为巢穴，乃继有是请。右仆射于琮议云云。时朝廷倚高骈成功，不允其奏，乃议除官。或云，以正员将军縻之；宰相亦沮其议，乃除率府率。"旧巢传曰："时高骈镇淮南，表请招讨贼，许之，议加都统。巢乃渡淮，伪降于骈，骈遣将张潾帅兵受降于天长镇。巢禽潾，杀之，因虏其众。寻南陷湖、湘，遂据交、广，托崔璆奏乞天平节度，朝议不允。又乞除官，时宰臣郑畋与枢密使杨复恭欲请授同正员将军；卢携驳其议，请授率府率，如其不受，请以高骈讨之。"新巢传曰："有诏，高骈为诸道行营都统。巢进寇广州，诒李迢书，求表为天平节度使，又胁崔璆言于朝。宰相郑畋欲许之，卢携、田令孜执不可。巢又乞安南都护、广州节度使，书闻，右仆射于琮议云云。乃拜巢率府率。"旧卢携传亦皆以为携议授巢率府率。按此时携已罢相。今从实录。

14 河东节度使李侃以军府数有乱，数，所角翻。称疾，请寻医。敕以代州刺史康传圭为河东行军司马，征侃诣京师。秋，八月，甲子，侃发晋阳。寻以东都留守李蔚同平章事，充河东节度使。蔚，音郁。

15 镇海节度使高骈奏："请以权舒州刺史郎幼复充留后，守浙西，遣都知兵马使张璘将兵五千于郴州守险，兵马留后王重任将兵八千于循、潮二州邀遮，臣将万人自大庾岭趣广州击黄巢。趣，七喻翻。巢闻臣往，必当遁逃，乞敕王铎以所部兵三万于梧、桂、昭、永四州守险。"诏不许。

16 九月，黄巢得率府率告身，大怒，诟执政，急攻广州，即日陷之，执节度使李迢，转掠岭南州县。巢使迢草表述其所怀，迢曰："予代受国恩，亲戚满朝，腕可断，表不可草。"朝，直遥翻。腕，乌贯翻。巢杀之。考异曰：惊听录曰："拥李迢在寇，复并爇海隅，又陷桂州，次攻湖南，屯衡州，方知王仙芝已山东没阵，又尚君长生送咸京，遂召李迢，怒而蹶害。"新纪："十一月，辛酉，黄巢陷江陵，杀李迢。"新传曰："其十月，巢据荆南，胁李迢草表报天子；迢不可，巢怒，杀之。"北梦琐言曰："黄巢入广州，执李佋，随军至荆州，令佋草表述其所怀。佋曰：'某骨肉满朝，世受国恩，腕即可断，表终不为领。'于江津害之。"今从实录。

17 冬，十月，以镇海节度使高骈为淮南节度使，充盐铁转运使，以泾原节度使周宝为镇海节度使，为骈、宝斗阋张本。以山南东道行军司马刘巨容为节度使。宝，平州人也。

18 黄巢在岭南，士卒罹瘴疫死者什三四，其徒劝之北还以图大事，巢从之。自桂州编大筏数十，乘暴水，沿湘江而下，历衡、永州，癸未，抵潭州城下。李系婴城不敢出战，巢急攻，一日，陷之，系奔朗州。九域志：自潭州至朗州三百八十馀里。巢尽杀戍兵，流尸蔽江而下。尚让乘胜进逼江陵，众号五十万。时诸道兵未集，江陵兵不满万人，王铎留其将刘汉宏守江陵，自帅众趣襄阳，九域志：自江陵至襄阳四百四十里。帅，读曰率。趣，七喻翻。云欲会刘巨容之师。铎既去，汉宏大掠江陵，考异曰：旧纪："广明元年二月，巢陷潭州，王铎弃江陵，奔襄阳，汉宏大掠。"实录："闰月，湖南奏：黄巢贼众自衡、永州下，十月二十七日攻陷潭州。"新巢传曰："广明初，贼自岭南寇湖南诸郡，攻潭州，陷之。"旧巢传："巢欲据南海之地，坐邀朝命。是岁，自春及夏，其众大疫，死者十三四。众劝请北归以图大利，巢不得已，广明元年北逾五岭，犯湖、湘、江、浙。"按旧纪、传皆云广明元年败王铎。今月日从实录，事从旧书。又据旧纪、传，则刘汉宏本王铎将，铎去而汉宏留江陵大掠，遂为盗也。实录用之，而于铎奔襄阳下添"先是"字。若铎在江陵，汉宏时为群盗，安能入其城大掠？借使汉宏先曾寇掠江陵，与黄巢事了不相干，何必言"后半月馀，贼众乃据其城"也！吴越备史云："汉宏本兖州小吏，领本州兵御巢寇，遂杀将首，劫辎重而叛。后命前濠州刺史崔锴招降之。"据此，则汉宏本群盗也。新传用之，而云铎招降之。或者汉宏本群盗，中间降铎为部将，铎去江陵，汉宏复大掠为盗，其后又降于崔锴，遂为唐臣也。焚荡殆尽，士民逃窜山谷。会大雪，僵尸满野。僵，居良翻。后旬馀，贼乃至。汉宏，兖州人也，帅其众北归为群盗。帅，读曰率。

19 闰月，丁亥朔，河东节度使李蔚有疾，以供军副使李邵权观察留后，监军李奉皋权兵马留后。己丑，蔚薨。都虞候张锴、郭昢署状绌邵，状，奏状。锴、昢因署状，黜李邵而进丁球。绌，丑律翻。以少尹丁球知观察留后。

20 十一月，戊午，以定州已来制置使万年王处存为义武节度使，河东行军司马、雁门关已来制置使康传圭为河东节度使。四朝志：宣宗大中五年，以白敏中充招讨党项行营都统制置等使。制置使之名始此。宋朝初不常置，掌经画边鄙军旅之事。政和中，熙、秦用兵，以内侍童贯为之。迄南渡之后，江、淮、荆、蜀皆置制置使，其任重矣。

21 黄巢北趣襄阳，趣，七喻翻。刘巨容与江西招讨使淄州刺史曹全晸合兵屯荆门以拒之。九域志：襄阳南至荆门二百七十馀里。贼至，巨容伏兵林中，全晸以轻骑逆战，阳不胜而走，贼追之，伏发，大破贼众，乘胜逐北，比至江陵，比，必利翻，及也。九域志：荆门南至江陵一百六十五里。俘斩其什七八。巢与尚让收馀众渡江东走。或劝巨容穷追，贼可尽也。巨容曰："国家喜负人，喜，许记翻。有急则抚存将士，不爱官赏，事宁则弃之，或更得罪；唐末之政，诚如刘巨容之言。不若留贼以为富贵之资。"众乃止。全晸渡江追贼，会朝廷以泰宁都将段彦谟代为招讨使，全晸亦止。由是贼势复振，复，扶又翻。攻鄂州，陷其外郭，转掠饶、信、池、宣、歙、杭十五州，众至二十万。

22 康传圭自代州赴晋阳，庚辰，至乌城驿；张锴、郭昢出迎，乱刀斫杀之，至府，又族其家。

23 十二月，以王铎为太子宾客、分司。以江陵之败也。

24 初，兵部尚书卢携尝荐高骈可为都统，至是，骈将张璘等屡破黄巢，乃复以携为门下侍郎、平章事，凡关东节度使，王铎、郑畋所除者，多易置之。为卢携倚高骈以误国张本。

25 是岁，桂阳贼陈彦谦陷郴州，杀刺史董岳。

广明元年（庚子、八八〇）

1 春，正月，乙卯朔，改元。

2 沙陀入雁门关，寇忻、代。二月，庚戌，沙陀二万馀人逼晋阳，辛亥，陷太谷。宋白曰：太谷县，本汉阳邑县，隋开皇十八年，改名太谷，因县西太谷为名。遣汝州防御使博昌诸葛爽帅东都防御兵救河东。博昌，汉古县名，后魏置乐安郡及乐安县，隋时改乐安县为博昌县，唐时属青州。帅，读曰率。

3 河东节度使康传圭，专事威刑，多复仇怨，强取富人财。遣前遮虏军使苏弘轸击沙陀於太谷，至秦城，遇沙陀，战不利而还，传圭怒，斩弘轸。时沙陀已还代北，传圭遣都教练使张彦球将兵三千追之。壬戌，至百井，百井镇，在太原阳曲县。军变，还趣晋阳。趣，七喻翻。传圭闭城拒之，乱兵自西明门入，杀传圭；监军周从寓自出慰谕，乃定，以彦球为府城都虞候。朝廷闻之，遣使宣慰曰："所杀节度使，事出一时，各宜自安，勿复忧惧。”复，扶又翻。

4 左拾遗侯昌业以盗贼满关东，而上不亲政事，专务游戏，赏赐无度，田令孜专权无上，天文变异，社稷将危，上疏极谏。上大怒，召昌业至内侍省，赐死。考异曰：续宝运录云：“司天少监侯昌业上疏，其略曰，‘陛下不纳李蔚、杜希敖之谏；’又曰，‘臣乃明祈五道，暗祝冥官，悚息于班列之中，愿早过于阎浮之世；’又曰，‘受爵不逢于有德之君，立戟每佐于无道之主；’又曰，‘不望尧、舜之年，得同先帝之日；’又曰，‘明取尹希复指挥，暗策王士成进状，强夺波斯之宝贝，抑取茶店之珠珍，浑取匮坊，全城般运；’又曰，‘莫是唐家合尽之岁，为复是陛下寿足之年；’又曰：‘伏惟陛下，暂停戏赏，救接苍生，于殿内立揭谛道场，以无私财帛供养诸佛，用资世禄，共力攘灾。’表奏，圣上龙威震怒，侍臣惊悸。宣徽使宣云：‘侯昌业付内侍省，候进止。’翌日午时，又内养刘季远宣口敕云：‘侯昌业出自寒门，擢居清近，不能修慎，妄奏闲词，讪谤万乘君王，毁斥百辟卿士，在我彝典，是不能容！其侯昌业宜赐自尽。’”北梦琐言曰：“唐自广明后，阉人擅权，置南北废置使，军容田令孜有回天之力，中外侧目；而王仙芝、黄巢剽掠江、淮，朝廷忧之。左拾遗侯昌业上疏极言时病，留中不出，命于仗内戮之。后有传侯昌业疏词不合事体，其末云，‘请开揭谛道场以销兵厉，’似为庸僧伪作也。必若侯昌业以此识见犯上，宜其死也。”今从之。

5 上好骑射、剑槊、法算，唐国子监有算学博士，掌教九章、海岛、孙子、五曹、张丘【建、夏侯】阳、周髀、五经算、缀术、缉古，为专业，皆法算也。好，呼到翻；下同。至于音律、蒱博，无不精妙；好蹴鞠、斗鸡，与诸王赌鹅，鹅一头至五十缗。考异曰：新田令孜传：“帝冲骙，喜斗鹅，一鹅至直五十万钱。”按鹅非可斗之物，至直五十万钱，亦恐失实，新传误也。今从续宝运录。尤善击球，尝谓优人石野猪曰：“朕若应击球进士举，须为状元。”对曰：“若遇尧、舜作礼部侍郎，恐陛下不免驳放。”驳，纠驳也。放，黜也。驳放者，纠驳其非是而放黜之也。驳，北角翻。上笑而已。

6 度支以用度不足，奏借富户及胡商货财；敕借其半。盐铁转运使高骈上言：“天下盗贼蜂起，皆出于饥寒，独富户、胡商未耳。”乃止。

7 高骈奏改杨子院为发运使。杨子院旧置留后，今改为发运使。宋朝江淮发运使本此。

8 三月，庚午，以左金吾大将军陈敬瑄为西川节度使。敬瑄，许州人，田令孜之兄也。田令孜本姓陈，咸通中，随义父入内侍省为宦者，遂冒田姓。

初，崔安潜镇许昌，许昌，许州也，忠武节度治所。令孜为敬瑄求兵马使，安潜不许。敬瑄因令孜得隶左神策军，数岁，累迁至大将军。令孜见关东群盗日炽，阴为幸蜀之计，奏以敬瑄及其腹心左神策大将军杨师立、牛勖、罗元杲镇三川，上令四人击球赌三川，敬瑄得第一筹，凡击球，立球门于球场，设赏格。天子按辔入球场，诸将迎拜。天子入讲武榭，升御座，诸将罗拜于下，各立马于球场之两偏以俟命。神策军吏读赏格讫，都教练使放球于场中，诸将皆驰马趋之，以先得球而击过球门者为胜。先胜者得第一筹，其馀诸将再入场击球，其胜者得第二筹焉。即以为西川节度使，代安潜。

9 辛未，以门下侍郎、同平章事郑从谠同平章事，充河东节度使。康传圭既死，河东兵益骄，故以宰相镇之，使自择参佐。从谠奏以长安令王调为节度副使，前兵部员外郎、史馆修撰刘崇龟为节度判官，前司勋员外郎、史馆修撰赵崇为观察判官，前进士刘崇鲁为推官。进士及第而于时无官，谓之前进士。时人谓之小朝廷，言名士之多也。崇龟、崇鲁，政会之七世孙也。刘政会，唐初功臣。时承晋阳新乱之后，日有杀掠，从谠貌温而气劲，多谋而善断，断，丁乱翻。将士欲为恶者，从谠辄先觉，诛之，奸轨惕息。惕，他历翻。为善者抚待无疑，如【章：十二行本“如”作“知”；乙十一行本同；孔本同；张校同。】张彦球有方略，百井之变，非其本心，独推首乱者杀之，召彦球慰谕，悉以兵柄委之，军中由是遂安。彦球为从谠尽死力，为，于伪翻。卒获其用。卒，子恤翻。

10 淮南节度使高骈遣其将张璘等击黄巢屡捷，卢携奏以骈为诸道行营【章：十二行本“营”下有“兵马”二字；乙十一行本同；孔本同；张校同。】都统。考异曰：续宝运录载骈上表及答诏云：“今以卿为诸道都统，应行营将士兵马，悉受指挥。”诏旨未到之间，朝廷猜贰，续敕：“却不许行军，只令固守封疆，不得擅行征讨。”于是高骈乃引淮水绕江都城三重，坐甲不讨，黄巢自此转盛。旧纪、传，王铎出镇荆南，亦为诸道行营都统，而实录及新纪、表，皆云“为南面行营都统。”旧纪：“乾符四年六月，以骈为镇海节度使、江西招讨使。六年十月，以骈为淮南节度使、江南行营招讨使。广明元年三月，朝廷以铎统众无功，乃授骈诸道行营兵马都统。”骈传：“四年，为镇海节度使，寻授诸道兵马都统。六年冬，徙淮南节度使，兵马都统如故。”卢携传曰：“及王铎失守，罢都统，以高骈代之。”实录：“五年六月，骈移镇海。六年正月，以骈为诸道行营兵马都统，”仍赐诏如宝运录所载者。八月骈上表亦如之。十月骈徙淮南，依前充都统。按骈表请追郎幼复备守浙西，则是在镇海时也。诏云“周旋六镇”，则是骈已移淮南后也。六镇，谓安南、天平、西川、荆南、镇海、淮南也。又诏云，“今以卿为诸道都统”，则似移淮南后方为都统也。疑骈在浙西方为招讨使，既数破巢军，乃以灭巢为己任，上表请布置诸军，自攻巢于广州。及王铎败，卢携遂以骈代之。携欲重其权，故为诸道都统。若骈先为诸道都统，铎但为南面都统，则铎已在骈统下，可以指挥，表不须云“乞降敕指挥铎”也。且铎自宰相都统诸将讨贼，故立都统之名，不应同时有两都统也。其在浙西领江西招讨使者，时黄巢方掠虔、吉、饶、信故也。今从旧纪及卢携传。骈乃传檄征天下兵，且广召募，得土客之兵共七万，土兵，谓淮南之兵也；客兵，谓诸道之兵也。威望大振，朝廷深倚之。为朝廷为骈所误张本。

11 安南军乱，节度使曾衮出城避之，诸道兵戍邕管者往往自归。

12 夏，四月，丁酉，以太仆卿李琢为蔚、朔等州招讨都统、行营节度使。琢，听之子也。听，李晟之子。考异曰：“琢”作“瑑”者，误也。

13 张璘渡江击贼帅王重霸，降之；帅，所类翻。重，直龙翻。屡破黄巢军，巢退保饶州，别将常宏以其众数万降。降，户江翻。璘攻饶州，克之，巢走。时江、淮诸军屡奏破贼，率皆不实，宰相已下表贺，朝廷差以自安。贾谊有言：厝火积薪之下，火未及然，因谓之安。唐则薪已然矣，尚可以自安邪！

14 以李琢为蔚朔节度使，仍充都统。

15 以杨师立为东川节度使，牛勖为山南西道节度使。田令孜之志也。

16 以诸葛爽为北面行营副招讨。

17 初，刘巨容既还襄阳，还襄阳见上年。荆南监军杨复光以忠武都将宋浩权知府事，泰宁都将段彦谟以兵守其城；诏以浩为荆南安抚使，彦谟耻居其下。浩禁军士翦伐街中槐柳，彦谟部卒犯令，浩杖其背，彦谟怒，挟刃驰入，并其二子杀之。复光奏浩残酷，为众所诛；诏以彦谟为朗州刺史，以工部侍郎郑绍业为荆南节度使。

18 五月，丁巳，以汝州防御使诸葛爽为振武节度使。

19 刘汉宏之党浸盛，侵掠宋、兖；甲子，征东方诸道兵讨之。东方诸道，宣武、忠武、义成、天平、泰宁、平卢、感化也。

20 黄巢屯信州，遇疾疫，卒徒多死。张璘急击之，巢以金啖璘，啖，徒滥翻。且致书请降于高骈，求保奏；骈欲诱致之，许为之求节钺。降，户江翻。诱，音酉。为，于伪翻。时昭义、感化、义武等军皆至淮南，骈恐分其功，乃奏贼不日当平，不烦诸道兵，请悉遣归；朝廷许之。贼诇知诸道兵已北渡淮，诇，翾正翻，又火迥翻。乃告绝于骈，且请战。骈怒，令璘击之，兵败，璘死，巢势复振。复，扶又翻。考异曰：旧纪，是岁春末，“贼在信州，疫疠，其徒多丧。淮南将张潾急击之，贼惧，以金啖潾，仍致书高骈乞保明归国。骈信之，许求节钺。时昭义、武宁、义武等军兵马数万，赴淮南，骈欲收功于己，乃奏贼已将殄灭，不假诸道之师，并遣还淮北。贼知诸军已退，以求节钺不获，暴怒，与骈绝，请战。骈怒，令张璘整军击之，为贼所败，临阵杀璘。贼遂乘胜渡江，攻天长、六合等县，骈不能拒，但自固而已。朝廷闻贼复振，大恐。"高骈传曰："广明元年夏，黄巢自岭表北趋江、淮，由采石渡江，璘勒兵天长，欲击之。"黄巢传曰："巢乃渡淮，伪降于骈，骈遣将张璘率兵受降于天长镇，巢擒璘，杀之。"实录，五月璘已为巢所杀，七月巢乃过江。其言璘所以死与旧纪同，新纪、传皆与实录同。据旧传，则璘死在江北也。旧纪及实录、新纪、传，璘死在江南也。按璘既死，巢又陷睦州、婺州、宣州，然后渡江。璘死在江南是也。

21 乙亥，以枢密使西门思恭为凤翔监军。丙子，以宣徽使李顺融为枢密使。皆降白麻，于阁门出案，与将相同。唐制，凡拜将相，先一日，中书纳案，迟明，降麻，于合门出案。会要：凡将相，翰林学士草制，谓之白麻。韦执谊翰林故事曰：故事，中书省用黄白二麻，为纶命重轻之辨。近者所出，独得黄麻；其白麻皆在翰林院，自非国之重事，拜授将相、德音赦宥，则不得由于斯。史言唐末宦官恣横，监军与枢密使，恩数埒于将相。程大昌曰：凡欲降白麻，若商量于中书门下省，皆前一日进文书，然后付翰林草麻制。注已见前。

22 西川节度使陈敬瑄素微贱，报至蜀，蜀人皆惊，莫知为谁。有青城妖人乘其声势，帅其党诈称陈仆射，【章：十二行本"射"下有"止逆旅，呼巡虞候索白马甚急"十二字；乙十一行本同；孔本同；张校同；退斋校同。】青城县，汉江源县地，南齐置齐基县，后周改为青城，以县西北三十二里有青城山也，唐属蜀州。九域志：县在州北五十里。帅，读曰率。马步使瞿大夫觉其妄，马步使，掌马步军，盖唐末节度牙前职也。执之，沃以狗血，即引服，悉诛之。六月，庚寅，敬瑄至成都。考异曰：锦里耆旧传云："敬瑄九月二十五日上任。"按实录，敬瑄除西川在三月庚午。又云南事状，敬瑄与布燮以下牒云："某谬膺朝寄，获授藩条，以六月八日到镇上讫。"今从之。

23 黄巢别将陷睦州、婺州。睦、婺相去一百八十里。

24 卢携病风不能行，谒告；谒告，谓请假居私第养疾也。己亥，始入对，敕勿拜，遣二黄门掖之。携内挟田令孜，外倚高骈，上宠遇甚厚，由是专制朝政，高下在心。朝，直遥翻。既病，精神不完，事之可否决于亲吏杨温、李修，货赂公行。豆卢瑑无他材，专附会携。崔沆时有启陈，常为所沮。沮，在吕翻。

25 庚子，李琢奏沙陀二千来降。琢时将兵万人屯代州，降，户江翻。将，即亮翻；下同。与卢龙节度使李可举、吐谷浑都督赫连铎共讨沙陀。李克用遣大将高文集守朔州，自将其众拒可举於雄武军。铎遣人说文集归国，说，式芮翻。文集执克用将傅文达，与沙陀酋长李友金、萨葛都督米海万、安庆都督史敬存皆降於琢，开门迎官军。酋，慈由翻。长，知两翻。萨，桑葛翻。考异曰：实录六月云："国昌遣文达守蔚州。"七月云："李琢、赫连铎奏破沙陀于蔚州，降傅文达等。"薛居正五代史记："武皇令军使傅文达起兵于蔚州，高文集等缚送李琢。"按国昌时在蔚州，何必令文达守之！今从薛史。友金，克用之族父也。

26 庚戌，黄巢攻宣州，陷之。

27 刘汉宏南掠申、光。

28 赵宗政之还南诏也，西川节度使崔安潜表以崔澹之说为是，崔澹议见上五年。且曰："南诏小蛮，本云南一郡之地；刘蜀分建宁、永昌置云南郡。今遣使与和，彼谓中国为怯，复求尚主，复，扶又翻。何以拒之！"上命宰相议之。卢携、豆卢瑑上言："大中之末，府库充实。自咸通以来，蛮两陷安南、邕管，一入黔中，四犯西川，咸通元年，蛮陷安南；二年，陷邕州；四年，又陷安南，进逼邕管；明年，又围邕州；十四年，寇黔中；咸通二年，寇嶲州；四年，寇西川；六年，陷嶲州；十年，寇西川；明年，逼成都；乾符元年，寇西川。事并见前纪。征兵运粮，天下疲弊，逾十五年，租赋太半不入京师，三使、内库由兹空竭，度支、户部、盐铁，谓之三使。战士死于瘴疠，百姓困为盗贼，致中原榛杞，皆蛮故也。前岁冬，蛮不为寇，由赵宗政未归。去岁冬，蛮不为寇，由徐云虔复命，蛮尚有觊望。今安南子城为叛卒所据，节度使攻之未下，节度使，谓曾衮。自馀戍卒，多已自归，事见上三月。邕管客军，又减其半。冬期且至，傥蛮寇侵轶，何以枝梧！不若且遣使臣报复，纵未得其称臣奉贡，且不使之怀怨益深，坚决犯边，则可矣。"乃作诏赐陈敬瑄，许其和亲，不称臣，考异曰：实录："六月，丙申，陈敬瑄奏请遣使和蛮。丁酉，中书奏请令百官集议。甲辰，百官议定。壬子，中书奏遣使。"按敬瑄此月八日上；丙申，乃十四日也，奏报岂能遽至！今不取。新传："先是，南诏知蜀强，故袭安南，陷之。会西川节度使陈敬瑄申和亲议，时卢携复辅政，与豆卢瑑皆厚高骈，乃议通和。"今从云南事状。云南事状又曰："中书奏：'玄宗册蒙归义为云南王，其子阁罗凤降于吐蕃，其孙异牟寻却归朝廷，自请改云南王，赐号南诏。德宗从之。至曾孙蒙丰佑，杜悰奏以入朝人多，减之，后索质子，渐为侮慢。'"卷末载陈敬瑄与云南书牒，或称鹤拓，或称大封人。云南事状不著撰人名，似是卢携奏草也。令敬瑄录诏白，并移书与之，仍增赐金帛。以嗣曹王龟年为宗正少卿充使，以徐云虔为副使，别遣内使，共赍诣南诏。内使，即中使。

29 秋，七月，黄巢自采石渡江，围天长、六合，采石戍，在宣州当涂县西北，渡江即和州界。天宝元年，分江都、六合、高邮三县地，置千秋县，天宝七载，改为天长。六合，汉堂邑县地，东晋属秦郡，北齐改秦州，后周改方州，隋为六合县，唐并属扬州。宋白曰：六合县，春秋时楚之棠邑，秦灭楚，以棠邑为县。九域志：天长在扬州西一百一十里。六合在真州西北七十里。兵势甚盛。淮南将毕师铎言于高骈曰："朝廷倚公为安危，今贼数十万众乘胜长驱，谓乘杀张璘之胜势也。若涉无人之境，不据险要之地以击之，使逾长淮，不可复制，复，扶又翻；下同。必为中原大患。"骈以诸道兵已散，张璘复死，自度力不能制，度，徒洛翻。畏怯不敢出兵，但命诸将严备，自保而已，且上表告急，称："贼六十馀万屯天长，去臣城无五十里。"先是，卢携谓"骈有文武长才，先，悉荐翻。若悉委以兵柄，黄巢不足平。"朝野虽有谓骈不足恃者，然犹庶几望之。几，居希翻。及骈表至，上下失望，人情大骇。诏书责骈散遣诸道兵，致贼乘无备渡江。骈上表言："臣奏闻遣归，亦非自专。今臣竭力保卫一方，必能济办；但恐贼迤逦过淮，迤，移尔翻。逦，力纸翻。宜急敕东道将士善为御备。"东道，谓关东诸道。遂称风痹，不复出战。痹，必至翻。考异曰：旧骈传："骈怨朝议有不附己者，欲贼纵横河、洛，令朝廷耸振，则从而诛之，大将毕师铎说骈云云。骈骇然曰：'君言是也。'即令出军。有爱将吕用之者，以左道媚骈，骈颇用其言。用之惧师铎等立功，即夺己权，从容谓骈曰：'相公勋业高矣，妖贼未殄，朝廷已有间言。贼若荡平，则威望震主，功居不赏，公安税驾邪！为公良画，莫若观衅，自求多福。'骈深然之，乃止诸将，但握兵保境而已。"惊听录："朝廷议骈以文以武，国之名将，今此黄巢，必丧于淮海也，寻淮南表至云：'今大寇忽至，入臣封巡，未肯绵伏狼狐，必能晦沈大众。但以山东兵士屯驻扬州，各忌故乡，臣遂放去，亦具闻奏，非臣自专。今奉诏书责臣无备，不合放回武勇，又告城危，致劳征兵劳于往返。臣今以寡击众，然曰武经，与贼交锋，已当数阵，粗成胜捷，不落奸谋，固护一方，臣必能了。但虑寇设深计，支梧官军，迤逦过淮，彼岸无敌，即东道将士以至藩臣，系朝廷速下明诏，上委中书门下，速与商量。'表至，中书咸有异议，遂京国士庶浮谤日兴，云淮南与巢衷私通连，自固城池，放贼过淮也。"妖乱志曰："广明元年七月，黄巢自采石北渡，直抵天长。时城内土客诸军尚十馀万，皆良将劲兵，议者虑狂寇有奔犯关防之患，悉愿尽力死战。用之等虑其立功之后，侵夺己权，谓勃海曰：'黄巢起于群盗，遂至横行，所在雄藩，望风瓦解，天时人事，断然可知。令公既统强兵，又居重地，只得坐观成败，不可更与争锋。若稍损威名，则大事去矣。'勃海深以为然，竟不议出军。巢遂至北焉。初，巢寇广陵也，江东诸侯以勃海屯数道劲卒，居将相重任，巢江海一逋逃耳，固可掉折箠而擒之，及闻安然渡淮，由是方镇莫不解体。"按骈宿将，岂不知贼过淮之后不可复制！若怨朝议不附己者，则尤欲破贼立功，以间执谗慝之口。若纵贼过淮，乃适足实议者之言，非所以消谤也。借使骈实有意使贼震惊朝廷，从而诛之，则贼入汝、洛之后，当晨夜追击以争功名，岂得返坐守淮南数年，逗留不出兵乎！又旧传吕用之云"恐成功不赏"，妖乱志云"恐败衄稍损威名"，夫大功既成，则有不赏之惧；岂有未战不知胜负，豫忧威望震主乎！骈为都统，控扼江、淮，而拥兵纵贼，使安然北渡，其于威名独无损乎！

虽用之浅谋无所不至，骈自无参酌，一至此邪！盖骈好骄矜大言，自恃累有战功，谓巢乌合疲弊之众，可以节钺诱致淮南，坐而取之。不意巢初无降心，反为所欺，张潾骁将，一战败死，巢奄济采石，诸军北去，见兵不多，狼狈惴恐，自保不暇，故敛兵退缩，任贼过淮，非故欲纵之，实不能制也。卢携暗于知人，致中原覆没；骈先锐后怯，致京邑丘墟；吕用之妖妄奸回，致广陵涂炭；皆人所深疾，故众恶归焉，未必实然也。又唐末见闻录："广明二年十二月五日，黄巢倾陷京国，转牒诸军，"据牒云："屯军淮甸，牧马颍陂。"则似在淮南时，非入长安后。又续宝运录云："王仙芝既叛，自称天补均平大将军兼海内诸豪帅都统，传檄诸道，"其文与此略同，末云："愿垂听知，谨告，乾符二年正月三日。"此盖当时不逞之士伪作此文，托于仙芝及巢以讥斥时病，未必二人实有此檄牒也。

30 诏河南诸道发兵屯溵水，泰宁节度使齐克让屯汝州，以备黄巢。

31 辛酉，以淄州刺史曹全晸为天平节度使、兼东面副都统。

32 刘汉宏请降；戊辰，以为宿州刺史。考异曰：实录："汉宏寇扰荆、襄，王铎遣前濠州刺史崔锴招之，至是，始归降。辛未，汉宏奏请于濠州倒戈归降，优诏褒之。"按铎奔襄阳，汉宏始掠江陵叛去。铎寻分司，盖未分司时遣锴招之。又戊辰汉宏除宿州，云至是始降，是已降也。辛未又云请于濠州归降者，朝廷闻其降，戊辰已除官，而辛未汉宏表方至也。

33 李克用自雄武军引兵还击高文集于朔州，李可举遣行军司马韩玄绍邀之于药儿岭，药儿岭，在雄武军西。大破之，杀七千馀人，李尽忠、程怀信皆死；尽忠、怀信，与克用同起兵于蔚、朔者也。又败之于雄武军之境，杀万人。败，补迈翻。李琢、赫连铎进攻蔚州，李国昌战败，部众皆溃，独与克用及宗族北入达靼。宋白曰：达靼者，本东北方之夷，盖靺鞨之部也。贞元、元和之后，奚、契丹渐盛，多为攻劫，部众分散，或投属契丹，或依于勃海，渐流徙于阴山，其俗语讹，因谓之达靼。唐咸通末，有首领每相温、于越相温部，帐于漠南，随草畜牧。李克用为吐浑所困，尝往依焉，达靼善待之。及授雁门节度使，二相温帅族帐以从克用，收复长安，逐黄巢于河南，皆从战有功，由是俾牙于云、代之间，恣其畜牧。诏以铎为云州刺史、大同军防御使；吐谷浑白义成为蔚州刺史；“白义成”，一作“白义诚”。萨葛米海万为朔州刺史；加李可举兼侍中。

达靼本靺羯之别部也，居于阴山。欧阳修曰：靺鞨本在奚、契丹东北，后为契丹所攻，部族分散，居阴山者自号达靼。洪景卢曰：蕃语以华言译之，皆得其近似耳。天竺，语转而为捐笃、身毒；秃发，语转而为吐蕃；达靼，乃靺鞨也。契丹之读如吃，惟新唐书有音。冒顿读如墨突，惟晋书音义有之。后数月，赫连铎阴赂达靼，使取李国昌父子，李克用知之，时与其豪帅游猎，置马鞭、木叶或悬针，射之无不中，帅，所类翻；下同。射，而亦翻。中，竹仲翻。豪帅心服。又置酒与饮，酒酣，克用言曰：“吾得罪天子，愿效忠而不得。今闻黄巢北来，必为中原患，一旦天子若赦吾罪，得与公辈南向共立大功，不亦快乎！人生几何，谁能老死沙碛邪！”达靼知无留意，乃止。赫连铎盖说诱达靼豪帅，以李克用父子才勇，久留达靼，必将并有其部落，故使杀之。而克用与其豪帅言，欲与之南向勤王，达靼豪帅知其志大，决不肯久居阴山，图并其部落，彼既无图我之心，我何苦杀之，于是遂止。

34 八月，甲午，以前西川节度使崔安潜为太子宾客、分司。卢携恶之也。

35 九月，东都奏：“汝州所募军李光庭等五百人自代州还，过东都，烧安喜门，焚掠市肆，由长夏门去。”烧洛城东北门，由东南门去。

36 黄巢众号十五万，曹全晸以其众六千与之战，颇有杀获；以众寡不敌，退屯泗上，泗上，即泗州。以俟诸军至，并力击之；而高骈竟不之救，贼遂击全晸，破之。

37 徐州遣兵三千赴溵水，过许昌。徐卒素名凶悖，悖，蒲妹翻，又蒲没翻。节度使薛能，自谓前镇彭城，乾符初，能镇徐州，今镇许。有恩信于徐人，馆之球场。馆，古玩翻。及暮，徐卒大噪，能登子城楼问之，对以供备疏阙，慰劳久之，方定；劳，力到翻。许人大惧。时忠武亦遣大将周岌诣溵水，岌，逆及翻。行未远，闻之，夜，引兵还，比明，入城，比，必利翻。袭击徐卒，尽杀之；且怨能之厚徐卒也，遂逐之。能将奔襄阳，乱兵追杀之，并其家。岌自称留后。汝、郑把截制置使齐克让恐为岌所袭，引兵还兖州，齐克让本泰宁节度使，引兵还镇。诸【章：十二行本"诸"上有"于是"二字；乙十一行本同；孔本同；张校同。】道屯溵水者皆散。黄巢遂悉众渡淮，所过不虏掠，惟取丁壮以益兵。志在攻长安。

38 先是征振武节度使吴师泰为左金吾大将军，以诸葛爽代之。先，悉荐翻。师泰见朝廷多故，使军民上表留己。冬，十月，复以师泰为振武节度使，以爽为夏绥节度使。夏，户雅翻。

39 黄巢陷申州，遂入颍、宋、徐、兖之境，所至吏民逃溃。

40 群盗陷澧州，杀刺史李询、判官皇甫镇。镇举进士二十三上，不中第，上礼部者二十三，而不中第，可谓老于场屋矣。上，时掌翻。中，竹仲翻。询辟之。贼至，城陷，镇走，问人曰："使君免乎？"曰："贼执之矣。"镇曰："吾受知若此，去将何之！"遂还诣贼，竟与同死。士为知己死，皇甫镇有焉。科举之设，乌足以尽天下之士哉！

容肇祖标点聂崇岐覆校

资治通鉴卷第二百五十四

端明殿学士兼翰林侍读学士太中大夫
提举西京嵩山崇福宫上柱国河内郡开国公 司马光 奉敕编集
食邑二千二百户食实封九百户赐紫金鱼袋臣

后学天台 胡三省 音注

唐纪七十 起上章困敦（庚子）十一月，尽玄黓摄提格（壬寅）四月，凡一年有奇。

僖宗惠圣恭定孝皇帝中之上

广明元年（庚子、八八〇）

1 十一月，河中都虞候王重荣作乱，剽掠坊市俱空。重，直龙翻。剽，匹妙翻。

2 宿州刺史刘汉宏怨朝廷赏薄，汉宏降见上卷七月。赏盗而盗怨其赏薄，彼固有以窥朝廷也。甲寅，以汉宏为浙东观察使。为汉宏为钱镠所灭张本。

3 诏河东节度使郑从谠以本道兵授诸葛爽及代州刺史朱玫，使南讨黄巢。玫，莫杯翻。乙卯，以代北都统李琢为河阳节度使。代北已定，李琢内徙，亦以备黄巢也。

4 初，黄巢将渡淮，豆卢瑑请以天平节钺授巢，黄巢初求天平节，豆卢瑑欲以是中其欲。俟其到镇讨之。卢携曰："盗贼无厌，厌，于盐翻。虽与之节，不能止其剽掠，剽，匹妙翻。不若急发诸道兵扼泗州，汴州节度使为都统，贼既前不能入关，必还掠淮、浙，偷生海渚耳！”从之。既而淮北相继告急，携称疾不出，考异曰：惊听录曰：“宰臣豆卢瑑奏：‘缘淮南九驿便至泗州，恐高骈固守城垒，不遮截大寇；黄巢必若过淮，落寇之计。又征兵不及，须且诱之，请降节旄，授郓州节度使，候其至止，讨亦不难。’宰臣卢携言之不可，奏以‘黄巢为国之患久矣，昨与江西节制，拥节而行，攻劫荆南。却夺其节，但征诸道骁勇，把截泗州，’因此不发内使，罢建双旌，乃发使臣诸道而去。寻汴州、徐州两道告急到京，报黄巢过淮，卢携托疾不出。”按朝廷未尝以江西节与巢；借使与之，安可复夺！此惊听录不足信也。京师大恐。庚申，东都奏黄巢入汝州境。

5 辛酉，以王重荣权知河中留后，以河中节度使同平章事李都为太子少傅。以王重荣作乱不能制，故召李都，以河中授之。

6 汝郑把截制置都指挥使齐克让奏黄巢自称天补大将军，转牒诸军云，“各宜守垒，勿犯吾锋！吾将入东都，即至京邑，自欲问罪，无预众人。”言自欲问罪于朝廷，于众人无预也。上召宰相议之。豆卢瑑、崔沆请发关内诸镇及两神策军守潼关。壬戌，日南至。上开延英，对宰相泣下。大盗将至，无以御之，君相相对洒泣，果何益哉！观军容使田令孜奏：“请选左右神策军弓弩手守潼关，臣自为都指挥制置把截使。”上曰：“侍卫将士，不习征战，恐未足用。”令孜曰：“昔安禄山构逆，玄宗幸蜀以避之。”崔沆曰：“禄山众才五万，比之黄巢，不足言矣。”豆卢瑑曰：“哥舒翰以十五万众不能守潼关，事见玄宗、肃宗纪。今黄巢众六十万，而潼关又无哥舒之兵。若令孜为社稷计，三川帅臣皆令孜腹心，谓陈敬瑄、杨师立、牛勖也。帅，所类翻。比于玄宗则有备矣。”上不怿，僖宗虽曰童昏，此时此意，岂不知高枕京邑之为乐，越在草莽之为可忧也哉！祸至而后忧之，则无及矣。古之明主居安而思危，所以能常有其安也。谓令孜曰：“卿且为朕发兵守潼关。”为，于伪翻。是日，上幸左神策军，亲阅将士。令孜荐左军马军将军张承范、右军步军将军王师会、左军兵马使赵珂。珂，丘可翻。上召见三人，见，贤遍翻。以承范为兵马先锋使兼把截潼关制置使，师会为制置关塞粮料使，珂为句当寨栅使，句，古候翻。当，丁浪翻。令孜为左右神策军内外八镇及诸道兵马都指挥制置招讨等使，飞龙使杨复恭为副使。

癸亥，齐克让奏："黄巢已入东都境，臣收军退保潼关，于关外置寨。将士屡经战斗，久乏资储，州县残破，人烟殆绝，东西南北不见王人，冻馁交逼，兵械刓弊，刓，吾官翻，钝也。各思乡闾，恐一旦溃去，乞早遣资粮及援军。"上命选两神策弩手得二千八百人，令张承范等将以赴之。将，即亮翻。

丁卯，黄巢陷东都，留守刘允章帅百官迎谒；巢入城，劳问而已，帅，读曰率。劳，力到翻。闾里晏然。允章，乃之曾孙也。刘乃见二百三十卷德宗兴元元年。允章可谓忝厥祖矣。田令孜奏募坊市人数千以补两军。

辛未，陕州奏东都已陷。壬申，以田令孜为汝、洛、晋、绛、同、华都统，将左、右军东讨。左、右神策军。陕，失冉翻。华，户化翻。是日，贼陷虢州。九域志：虢州东北至陕州八十五里。

7 以神策将罗元杲为河阳节度使。罗元杲亦田令孜之腹心。

8 以周岌为忠武节度使。周岌既杀薛能，遂以忠武节授之。岌，逆及翻。初，薛能遣牙将上蔡秦宗权调发至蔡州，调，徒吊翻。自元和末，废彰义军，以蔡州属忠武军，故得而调发之。闻许州乱，托云赴难，难，乃旦翻。选募蔡兵，遂逐刺史，据其城。及周岌为节度使，即以宗权为蔡州刺史。为秦宗权以蔡州称兵僭号张本。

9 乙亥，张承范等将神策弩手发京师。将，即亮翻。神策军士皆长安富家子，赂宦官窜名军籍，厚得禀赐，禀，给也。禀赐，犹言给赐也。但华衣怒马，怒马者，鞭之以发其怒而疾驰也。凭势使气，未尝更战陈；更，工衡翻。陈，读曰阵。闻当出征，父子聚泣，多以金帛雇病坊贫人代行，唐置病坊于京城以养病人。会要：开元五年，宋璟等奏："悲田病坊，从长安已来置使专知，乞罢之。"至二十二年，京城乞儿有疾病，分置诸寺病坊。至德二年，两京市各置普救病坊。病坊之置，其来久矣。往往不能操兵。操，七刀翻。是日，上御章信门楼临遣之。考异曰：新传曰："帝饯令孜章信门，赉遗丰优。"按令孜虽为招讨都统，赐节赉物，其实不离禁闼，是日所遣者承范等耳。新传云饯令孜，误也。承范进言："闻黄巢拥数十万之众，鼓行而西，齐克让以饥卒万人依托关外，复遣臣以二千馀人屯于关上，又未闻为馈饷之计，以此拒贼，臣窃寒心。愿陛下趣诸道精兵早为继援。"趣，读曰促。上曰："卿辈第行，兵寻至矣！"丁丑，承范等至华州。会刺史裴虔馀徙宣歙观察使，军民皆逃入华山，城中索然，华，户化翻。索，昔各翻。州库唯尘埃鼠迹，赖仓中犹有米千馀斛，军士裹三日粮而行。

十二月，庚辰朔，承范等至潼关，搜菁中，菁中，草茂密处也。史炤曰：林菁。得村民百许，使运石汲水，为守御之备；与齐克让军皆绝粮，士卒莫有斗志。是日，黄巢前锋军抵关下，白旗满野，不见其际，克让与战，贼小却，俄而巢至，举军大呼，声振河、华。呼，火故翻。华，户化翻。华山临河。言黄巢军声之盛，撼振河山也。克让力战，自午至酉始解，士卒饥甚，遂喧噪，烧营而溃，克让走入关。关左有谷，平日禁人往来，以榷征税，榷，讫岳翻。谓之"禁坑"。贼至仓猝，官军忘守之，忘，巫放翻。溃兵自谷而入，谷中灌木寿藤茂密如织，灌木，丛生之木。寿藤，即今之万岁藤。一夕践为坦涂。承范尽散其辎囊以给士卒，辎囊，谓辎重、囊橐也。辎重，随军之物。囊橐，私装也。遣使上表告急，称："臣离京六日，离，力智翻。甲卒未增一人，馈饷未闻影响。到关之日，巨寇已来，以二千馀人拒六十万众，外军饥溃，蹋开禁坑。蹋，与踏同。臣之失守，鼎镬甘心；朝廷谋臣，愧颜何寄！或闻陛下已议西巡，谓议幸蜀。苟銮舆一动，则上下土崩。臣敢以犹生之躯奋冒死之语，愿与近密及宰臣熟议，【章：十二行本“议”下有“未可轻动”四字；乙十一行本同；孔本同；张校同。】近密，谓两中尉、两枢密。急征兵以救关防，则高祖、太宗之业庶几犹可扶持，几，居依翻。使黄巢继安禄山之亡，微臣胜哥舒翰之死！”

辛巳，贼急攻潼关，承范悉力拒之，自寅及申，关上矢尽，投石以击之。关外有天堑，贼驱民千馀人入其中，掘土填之，堑，七艳翻。掘，其月翻。填，亭年翻。须臾，即平，引兵而度。夜，纵火焚关楼俱尽。承范分兵八百人，使王师会守禁坑，比至，比，必利翻。贼已入矣。壬午旦，贼夹攻潼关，关上兵皆溃，师会自杀，承范变服帅馀众脱走。至野狐泉，遇奉天援兵二千继至，承范曰：“汝来晚矣！”博野、凤翔军还至渭桥，博野军，即穆宗长庆二年李寰帅以归京师之兵也，见二百四十二卷。帅，读曰率。见所募新军衣裘温鲜，新军，即田令孜所募坊市人以补两军者也。怒曰：“此辈何功而然，我曹反冻馁！”遂掠之，更为贼乡导乡，读曰向。以趣长安。趣，七喻翻。

贼之攻潼关也，朝廷以前京兆尹萧廪为东道转运粮料使；廪称疾，请休官，贬贺州司户。贺州，汉苍梧郡之临贺县，吴置临贺郡，唐置贺州，京师东南四千一百三十里。

黄巢入华州，留其将乔钤守之。钤，其廉翻。河中留后王重荣请降于贼。降，户江翻。癸未，制以巢为天平节度使。

甲申，以翰林学士承旨、尚书左丞王徽为户部侍郎，翰林学士、户部侍郎裴澈为工部侍郎，并同平章事。以卢携为太子宾客、分司。田令孜闻黄巢已入关，恐天子责己，乃归罪于携而贬之，荐徽、澈为相。是夕，携饮药死。澈，休之从子也。裴休见二百四十九卷宣宗大中六年。

百官退朝，闻乱兵入城，布路窜匿。布路，分路也。朝，直遥翻。令孜帅神策兵五百奉帝自金光门出，帅，读曰率；下同。长安城西面三门，北来第一门曰开远门，第二门曰金光门，第三门曰延平门。惟福、穆、泽、寿四王及妃嫔数人从行，从，才用翻；下皆同。百官皆莫知之。上奔驰昼夜不息，从官多不能及。车驾既去，军士及坊市民竞入府库盗金帛。

晡时，黄巢前锋将柴存入长安，金吾大将军张直方帅文武数十人迎巢于霸上。巢乘金装肩舆，其徒皆被发，约以红缯，衣锦绣，执兵以从，甲骑如流，辎重塞涂，被，皮义翻。衣，於既翻。骑，奇寄翻。重，直龙翻。塞，悉则翻。千里络绎不绝。民夹道聚观，尚让历谕之曰："黄王起兵，本为百姓，为，于伪翻。非如李氏不爱汝曹，汝曹但安居无恐。"巢馆于田令孜第，其徒为盗久，不胜富，馆，古玩翻。胜，音升。见贫者，往往施与之。施，式豉翻。居数日，各出大掠，焚市肆，杀人满街，巢不能禁；尤憎官吏，得者皆杀之。

10 上趣骆谷，趣，七喻翻。凤翔节度使郑畋谒上于道次，考异曰：续宝运录："戊子，帝至骆谷婿水驿，乃下诏与牛勖、杨师立、陈敬瑄，云今月七日，已次骆谷婿水驿。"按此月庚辰朔，戊子九日，而诏云七日，"九"误为"七"也。实录："辛卯，车驾次凤翔，郑畋候谒于路。"旧畋传云候驾于斜谷。新纪："辛卯，次凤翔。丁酉，至兴元。"按甲申上离长安，辛卯始次凤翔，太缓，丁酉已至兴元，太速。又路出骆谷则不过凤翔及斜谷。盖车驾涉凤翔之境，而畋往见耳，非凤翔与斜谷也。实录："贼以数万众西追车驾。"而不言追不及，又不言为谁所拒而还。诸书皆无之。今不取。请车驾留凤翔。上曰："朕不欲密迩巨寇，且幸兴元，征兵以图收复。卿东扞贼锋，西抚诸蕃，纠合邻道，勉建大勋。"畋曰："道路梗涩，奏报难通，请得便宜从事。"许之。戊子，上至婿水，九域志：洋州兴道县有婿水镇，相传云仙人唐公昉尽室升天，其婿不得偕升，遂以名水；诞矣。诏牛勖、杨师立、陈敬瑄，谕以京城不守，且幸兴元，若贼势犹盛，将幸成都，宜豫为备拟。

庚寅，黄巢杀唐宗室在长安者无遗类。辛卯，巢始入宫。壬辰，巢即皇帝位于含元殿，画皂缯为衮衣，击战鼓数百以代金石之乐。登丹凤楼，下赦书；国号大齐，改元金统。谓广明之号，去唐下体而著黄家日月，以为己符瑞。著，侧略翻。言"唐"字去"⺺""口"而著"黄"字为"廣"字，合"日""月"为"明"字也。唐官三品以上悉停任，四品以下位如故。以妻曹氏为皇后。考异曰：实录、巢传，立妻曲氏为皇后。今从新传。以尚让为太尉兼中书令，赵璋兼侍中，崔璆、杨希古并同平章事，孟楷、盖洪为左右仆射、知左右军事，盖，古盍翻。黄巢自以其军分左右耳。费传古为枢密使。费，父沸翻，姓也。以太常博士皮日休为翰林学士。陆游老学庵笔记曰：该闻录言皮日休陷黄巢为翰林学士，巢败，被诛；今唐书取其事。按尹师鲁作大理寺丞皮子良墓志称："曾祖日休，避广明之难，徙籍会稽，依钱氏，官太常博士，赠礼部尚书。祖光业，为吴越丞相。父璨，为元帅府判官。三世皆以文雄江东。"据此，则日休未尝陷黄巢为其翰林学士被诛也。小说谬妄，无所不有。师鲁文章传世，且刚正有守，非欺后世者。璆，邠之子也，【严改"邠"为"郾"】崔邠，郾之兄也，德宗朝为右补阙，尝论裴延龄，有直声。"子"恐当作"孙"。时罢浙东观察使，在长安，巢得而相之。璆之在浙东也，固与巢信使往来，又为之表奏朝廷。

诸葛爽以代北行营兵屯栎阳，黄巢将砀山朱温屯东渭桥，砀山，在汉砀县界，后魏置安阳县，治麻城，隋开皇十八年改名砀山，唐属宋州。九域志：在单州东南九十里。砀，徒郎翻。朱温始此。巢使温诱说之，说，式芮翻。爽遂降于巢。温少孤贫，与兄昱、存随母王氏依萧县刘崇家，崇数笞辱之，按五代史，温凶悍无赖，崇患太祖慵惰不作业，数笞责之。独崇母怜之，时时自为栉沐，戒家人曰："朱三非常人也，宜善遇之。"数，所角翻。崇母独怜之，戒家人曰："朱三非常人也，汝曹善遇之。”朱温第三。巢以诸葛爽为河阳节度使，爽赴镇，罗元杲发兵拒之，士卒皆弃甲迎爽，元杲逃奔行在。

11 郑畋还凤翔，召将佐议拒贼，皆曰：“贼势方炽，宜且从容以俟兵集，从，千容翻。从容，舒徐不迫之貌。言欲以缓图之。乃图收复。”畋曰：“诸君劝畋臣贼乎！”因闷绝仆地，甃伤其面，郑畋以将佐怠于勤王，忠愤之气一时郁勃，至于闷绝而僵仆于地，故甃伤其面。甃，则救翻，甓也。自午至明旦，尚未能言。会巢使者以赦书至，监军袁敬柔与将佐序立宣示，代畋草表署名以谢巢。监军与巢使者宴，乐奏，将佐以下皆哭；使者怪之，幕客孙储曰：“以相公风痹不能来，故悲耳。”痹，必至翻。民间闻者无不泣。畋闻之曰：“吾固知人心尚未厌唐，贼授首无日矣！”乃刺指血为表，遣所亲间道诣行在，刺，七亦翻；下同。间，古苋翻。召将佐谕以逆顺，皆听命，复刺血与盟，复，扶又翻。然后完城堑，缮器械，训士卒，密约邻道合兵讨贼，邻道皆许诺发兵，会于凤翔。时禁兵分镇关中者尚数万，禁兵分镇关中，即神策八镇兵也。闻天子幸蜀，无所归，畋使人招之，皆往从畋，畋分财以结其心，军势大振。

12 丁酉，车驾至兴元，诏诸道各出全军收复京师。悉所统之军皆行，谓之全军。

13 己亥，黄巢下令，百官诣赵璋第投名衔者，复其官。名衔，题官位姓名也。豆卢瑑、崔沆及左仆射于琮、右仆射刘邺、太子少师裴谂、御史中丞赵蒙、刑部侍郎李溥、京兆尹李汤扈从不及，匿民间，巢搜获，皆杀之。广德公主曰：“我唐室之女，誓与于仆射俱死！”执贼刃不置，贼并杀之。发卢携尸，戮之于市。将作监郑綦、库部郎中郑系义不臣贼，举家自杀。唐屡更丧乱，至于广明，举家殉国犹不乏人，恩义有结之素也。左金吾大将军张直方虽臣于巢，多纳亡命，匿公卿于复壁；巢杀之。

14 初，枢密使杨复恭荐处士河间张浚，拜太常博士，处，昌吕翻。迁度支员外郎。黄巢逼潼关，浚避乱商山。上幸兴元，道中无供顿，汉阴令李康以骡负糗粮数百驮献之，汉阴，汉中安阳县地，晋武帝改为安康县，唐至德二载更名汉阴县，属金州。九域志：在州西北一百六十五里。驮，徒何翻。以驴马负物为驮。唐递驮，每驮一百斤。从行军士始得食。上问康："卿为县令，何能如是？"对曰："臣不及此，乃张浚员外教臣。"上召浚诣行在，拜兵部郎中。唐诸司郎中，从五品上；员外郎，从六品上。

15 义武节度使王处存闻长安失守，号哭累日，号，户高翻。不俟诏命，举军入援，遣二千人间道诣兴元卫车驾。

16 黄巢遣使调发河中，调，徒钓翻。前后数百人，吏民不胜其苦。胜，音升。王重荣谓众曰："始吾屈节以纾军府之患，屈节，谓臣贼也。纾，商居翻，缓也。今调财不已，又将征兵，吾亡无日矣！不如发兵拒之。"众皆以为然，乃悉驱巢使者杀之。巢遣其将朱温自同州，弟黄邺自华州，合兵击河中，重荣与战，大破之，获粮仗四十馀船，遣使与王处存结盟，引兵营于渭北。考异曰：旧王处存传曰："时李都守河中，降贼。会王重荣斩伪使，通使于处存，乃同盟誓，营于渭北。时巢贼僭号，天下藩镇多受其伪命，惟郑畋守凤翔，郑从谠守太原，处存、王重荣首倡义举。俄而郑畋破贼前锋，王铎自行在至，故诸镇翻然改图，以出勤王之师。"按铎中和二年始至，于时未也。王重荣传曰："初，重荣为河中马步都虞候，巢贼据长安，蒲帅李都不能拒，称臣于贼，贼伪授重荣节度副使。重荣以贼征求无已，欲拒之，都曰：'吾兵微力寡，绝之立见其患，愿以节钺假公。'翌日，都归行在，重荣知留后事，乃斩贼使，求援邻藩。"北梦琐言曰："重荣始为牙将，黄巢犯阙，元戎李都奉伪，畏重荣党附者多，因荐为副使。一日，忽谓都曰：'令公助贼，陷一邦于不忠，而又日加箕敛，众口纷纭，倏忽变生，何以遏也？'遽命斩其伪使。都无以对，因以军印授重荣而去。及都至行在，朝廷又以前京兆尹窦潏间道至河中代都，重荣迎之。潏前为京兆尹，有惨酷之名，时谓之'垛叠'。及至，翌日，进军校于庭，谓曰：

'天子命重臣作镇将，遏贼冲，安可轻议斥逐令北门出乎！且为恶者必一两人而已，尔等可言之。'潘不知军校皆重荣之亲党也，众皆不对。重荣乃屏肃佩剑历阶而上，谓潘曰：'为恶者非我而谁！'遂召潘之仆吏控马及阶，请依李都前例，乃云'速去！'潘不敢仰视，跃马复由北门而出。"新传取之。按十一月辛亥朔，重荣已作乱，掠坊市。辛酉，以重荣为留后，都为太子少傅，则都已去河中矣。及黄巢犯阙，都何尝奉伪，亦未尝闻以潘代都。今不取。

17 陈敬瑄闻车驾出幸，遣步骑三千奉迎，表请幸成都。时从兵浸多，兴元储偫不丰，偫，丈里翻。田令孜亦劝上；上从之。

中和元年（辛丑、八八一）是年七月方改元。

1 春，正月，车驾发兴元。加牛勖同平章事。陈敬瑄以扈从之人骄纵难制，从，才用翻。有内园小儿先至成都，唐时给役于坊厩及内园者，皆谓之小儿。游于行宫，笑曰："人言西川是蛮，今日观之，亦不恶！"敬瑄执而杖杀之，考异曰：新传曰："敬瑄杀五十人，尸诸衢。"锦里耆旧传曰："有内园小儿三个连手行绕行宫，数内一人笑云云。巡者乱打，执之。敬瑄咄之曰：'今日且欲棒杀汝三五十辈，必不令错。'"按三五十辈者，敬瑄语也，非实杀五十人也。新传误。由是众皆肃然。敬瑄迎谒于鹿头关。辛未，上至绵州，东川节度使杨师立谒见。东川治梓州，北至绵州一百六十八里。见，贤遍翻。壬申，以兵部侍郎、判度支萧遘同平章事。

2 郑畋约前朔方节度使唐【章：十二行本"唐"作"田"；乙十一行本同；孔本同；退斋校同。】弘夫、泾原节度使程宗楚同讨黄巢。巢遣其将王晖赍诏召畋，畋斩之，遣其子凝绩诣行在，凝绩追及上于汉州。自绵州西南至汉州一百九十里。

3 丁丑，车驾至成都，自汉州西南至成都八十五里。馆于府舍。馆，古玩翻。就西川府舍为行宫。

4 上遣【章：十二行本"遣"下有"中"字；乙十一行本同；孔本同；张校同。】使趣高骈讨黄巢，趣，读曰促。道路相望，骈终不出兵。上至蜀，犹冀骈立功，诏骈巡内刺史及诸将有功者，自监察至常侍，听以墨敕除讫奏闻。

5 裴澈自贼中奔诣行在。时百官未集，乏人草制，右拾遗乐朋龟谒田令孜而拜之，由是擢为翰林学士。张浚先亦拜令孜。令孜尝召宰相及朝贵饮酒，朝，直遥翻。浚耻于众中拜令孜，乃先谒令孜谢酒。及宾客毕集，令孜言曰："令孜与张郎中清浊异流，尝蒙中外，中外，谓与之相表里。既虑玷辱，何惮改更，更，工衡翻。今日于隐处谢酒则又不可。"浚惭惧无所容。

6 二月，乙【严："乙"改"己"。】卯朔，以太子少师王铎守司徒兼门下侍郎、同平章事。

7 丙申，加郑畋同平章事。

8 加淮南节度使高骈东面都统，加河东节度使郑从谠兼侍中，依前行营招讨使。代北监军陈景思考异曰：实录作"景斯"，今从薛居正五代史。帅沙陀酋长李友金及萨葛、安庆、吐谷浑诸部入援京师。帅，读曰率。酋，慈由翻。长，知两翻。萨，桑葛翻。至绛州，将济河；绛州刺史瞿稹，亦沙陀也，瞿，权俱翻。稹，止忍翻。谓景思曰："贼势方盛，未可轻进，不若且还代北募兵。"遂与景思俱还雁门。

9 以枢密使杨复光为京西南面行营都监。

10 黄巢以朱温为东南面行营都虞候，将兵攻邓州；三月，辛亥，陷之，执刺史赵戒，【章：十二行本"戒"作"戎"；乙十一行本同；孔本同；退斋校同。】因戍邓州以扼荆、襄。九域志：邓州南至襄州一百八十里，襄州南至荆州四百五十七里。

11 壬子，加陈敬瑄同平章事。甲寅，敬瑄奏遣左黄头军使李铤将兵击黄巢。西川黄头军，崔安潜所置也，事始见上卷乾符六年。铤，时延翻。

12 辛酉，以郑畋为京城四面诸军行营都统。赐畋诏："凡蕃、汉将士赴难有功者，难，乃旦翻。并听以墨敕除官。”畋奏以泾原节度使程宗楚为副都统，前朔方节度使唐弘夫为行军司马。黄巢遣其将尚让、王播帅众五万寇凤翔，“王播”，新书作“王璠”。畋使弘夫伏兵要害，自以兵数千，多张旗帜，疏陈于高冈。陈，读曰阵。贼以畋书生，轻之，鼓行而前，无复行伍，行，户刚翻。伏发，贼大败于龙尾陂，新、旧书皆作“龙尾坡”，惟旧纪作“陂”。凤翔府岐山县，唐初治张堡，武德七年移治龙尾城，在平阳故城之东北。斩首二万馀级，伏尸数十里。

13 有书尚书省门为诗以嘲贼者，尚让怒，应在省官及门卒，悉抉目倒悬之；抉，于决翻。大索城中能为诗者，索，山客翻。尽杀之，识字者给贱役，凡杀三千馀人。

14 瞿稹、李友金至代州，募兵逾旬，得三万人，皆北方杂胡，屯于崞西，代州崞县之西也。崞，音郭。犷悍暴横，犷，古猛翻。悍，下罕翻，又侯干翻。横，户孟翻。稹与友金不能制。友金乃说陈景思曰：说，式芮翻。“今虽有众数万，苟无威信之将以统之，终无成功。吾兄司徒父子，勇略过人，为众所服；骠骑诚奏天子赦其罪，召以为帅，李国昌以平庞勋功检校司徒。骠骑，唐制武散阶极品。唐自高力士以来，宦官多官至骠骑，故以称景思。则代北之人一麾响应，狂贼不足平也！”景思以为然，遣使诣行在言之；诏如所请。友金以五百骑赍诏诣达靼迎之，李克用入达靼，见上卷广明元年。李克用帅达靼诸部万人赴之。考异曰：实录：“陈景斯赍诏入达靼召李克用，军屯蔚州。克用因大掠雁门以北军镇。”薛居正五代史：“先是，景思与李友金发沙陀诸部五千骑南赴京师。友金，即武皇之族父也。中和元年二月，友金军至绛州，将渡河，刺史瞿稹谓景思曰：‘巢贼方盛，不如且还代北，徐图利害。’四月，友金旋军雁门，瞿稹至代州，半月之间，募兵三万，营于崞县之西，其军皆北边五部之众，不闲军法，瞿稹、李友金不能制。友金谓景思云云，景思然之，促奏行在。天子乃以武皇为雁门节度使，仍令以本军讨贼。李友金发五百骑赍诏召武皇于达靼，武皇即帅达靼诸部万人趋雁门。”按景思请赦国昌父子，而独克用至者，盖国昌已老，独使克用来耳。是岁，克用但攻掠太原，又陷忻、代二州。明年十二月，始自忻、代留后除雁门节度使。盖此际止赦其罪，复为大同防御使。及陷忻、代，自称留后，朝廷再召之，始除雁门。薛史误也。新表，“中和二年，以河东忻、代二州隶雁门节度，更大同节度为雁门节度，治代州。”此其证也。

15 群臣追从车驾者稍集成都，南北司朝者近二百人，朝，直遥翻。近，其靳翻。诸道及四夷贡献不绝，蜀中府库充实，与京师无异，赏赐不乏，士卒欣悦。

16 黄巢得王徽，逼以官，徽阳瘖，不从；月馀，逃奔河中，遣人间道奉绢表诣行在。间，古苋翻。诏以徽为兵部尚书。

17 前夏绥节度使诸葛爽复自河阳奉表自归，去年黄巢入关，诸葛爽降之。即以为河阳节度使。

18 宥州刺史拓跋思恭，开元十六年，以六胡州残人置宥州，乾元元年，理经略军，后移治长泽县。长泽，汉朔方郡三封县地。考异曰：欧阳修五代史作“拓跋思敬”，意谓薛史避国讳耳。按旧唐书、实录皆作“思恭”。实录：“天复二年九月，武定军节度使李思敬以城降王建。思敬本姓拓跋，鄜夏节度使思恭、保大节度使思孝之弟也。思孝致仕，以思敬为保大留后，遂升节度，又徙武定军。”新唐书党项传曰：“思恭为定难节度使，卒，弟思谏代为节度。思孝为保大节度，以老，荐弟思敬为保大留后，俄为节度。”然则思恭、思敬乃是两人。思敬后附李茂贞，或赐国姓，故更姓李。修合以为一人，误也。本党项羌也，新书：党项以姓别为部落，而拓跋氏最强。纠合夷、夏兵会鄜延节度使李孝昌于鄜州，同盟讨贼。夏，户雅翻。鄜，音夫。

奉天镇使齐克俭遣使诣郑畋求自效。甲子，畋传檄天下藩镇，合兵讨贼。时天子在蜀，诏令不通，天下谓朝廷不能复振，及得畋檄，争发兵应之。贼惧，不敢复窥京西。复，扶又翻。

19 夏，四月，戊寅朔，加王铎兼侍中。

20 以拓跋思恭权知夏绥节度使。为拓跋氏强盛遂跨据西夏张本。

21 黄巢以其将王玫为邠宁节度使，邠州通塞镇将朱玫起兵诛之，玫，莫杯翻。让别将李重古为节度使，自将兵讨巢。

是时，唐弘夫屯渭北，王重荣屯沙苑，王处存屯渭桥，拓跋思恭屯武功，郑畋屯盩厔。弘夫乘龙尾之捷，进薄长安。

壬午，黄巢帅众东走，程宗楚先自延秋门入，长安苑城有门，西出谓之延秋门。弘夫继至，处存帅锐卒五千夜入城。帅，读曰率；下同。坊市民喜，争讙呼出迎官军，讙，读曰喧。或以瓦砾击贼，砾，狼狄翻。或拾箭以供官军。宗楚等恐诸将分其功，不报凤翔、鄜夏，句断。军士释兵入第舍，掠金帛、妓妾。妓，渠绮翻。处存令军士系白𦈡为号，𦈡，询趋翻，缯头也；以约发谓之头𦈡。坊市少年或窃其号以掠人。贼露宿霸上，宿无室庐曰露宿。诇知官军不整，诇，翾正翻，又火迥翻。且诸军不相继，引兵还袭之，自诸门分入，大战长安中，宗楚、弘夫死，考异曰：旧纪、传、新传皆云弘夫败在二年二月，惊听录、唐年补录、新纪、实录皆在此年四月。新纪日尤详，今从之。军士重负不能走，是以甚败，死者什八九。处存收馀众还营。

丁亥，巢复入长安，怒民之助官军，纵兵屠杀，流血成川，谓之洗城。于是诸军皆退，贼势愈炽。

贼所署同州刺史王溥、华州刺史乔谦、商州刺史宋岩闻巢弃长安，皆率众奔邓州，朱温斩溥、谦，释岩，使还商州。

22 庚寅，拓跋思恭、李孝昌与贼战于土【章：十二行本“土”作“王”；乙十一行本同；孔本同；熊校同。】桥，不利。

23 诏以河中留后王重荣为节度使。

24 贼众上黄巢尊号曰承天应运启圣睿文宣武皇帝。

25 有双雉集广陵府舍，占者以为野鸟来集，城邑将空之兆。高骈恶之，恶，乌路翻。乃移檄四方，云将入讨黄巢，悉发巡内兵八万，舟二千艘，旌旗甲兵甚盛。五月，乙【章：十二行本“乙”

作“己”；乙十一行本同；孔本同；张校同。】未，出屯东塘。东塘，在今扬州城东，即今湾头至宜陵一带塘岸也。艘，苏遭翻。考异曰：妖乱志曰：“自五月十二日出东塘，至九月六日归府，九十馀日，禳雉雊之变也。”按五月十二日至九月六日，乃是一百六十三日，非九十馀日。今从旧传。诸将数请行期，数，所角翻。骈托风涛为阻，或云时日不利，竟不发。

26 李克用牒河东，称奉诏将兵五万讨黄巢，令具顿递，缘道设酒食以供军为顿，置邮驿为递。郑从谠闭城以备之。克用屯于汾东，从谠犒劳，犒，口到翻。劳，力到翻。给其资粮，累日不发。克用自至城下大呼，呼，火故翻。求与从谠相见，从谠登城谢之。癸亥，复求发军赏给，复，扶又翻。从谠以钱千缗、米千斛遗之。遗，唯季翻。甲子，克用纵沙陀剽掠居民，剽，匹妙翻。城中大骇。从谠求救于振武节度使契苾璋，契，期讫翻。璋引突厥、吐谷浑救之，破沙陀两寨，克用追战至晋阳城南，璋引兵入城，沙陀掠阳曲、榆次而归。

27 黄巢之克长安也，忠武节度使周岌降之。去年十一月授周岌忠武节，十二月而黄巢克长安。岌尝夜宴，急召监军杨复光，先是以杨复光为忠武监军，屯邓州，扼贼右冲。巢既陷长安，遣朱温屯邓州，复光遂至许州依周岌，故召之夜宴。左右曰：“周公臣贼，将不利于内侍，不可往。”唐内侍省以内侍监为之长，内侍为贰，故左右以称复光。复光曰：“事已如此，义不图全。”即诣之。酒酣，岌言及本朝，朝，直遥翻。复光泣下，良久，曰：“丈夫所感者恩义耳！公自匹夫为公侯，奈何舍十八叶天子而臣贼乎！”自高祖至僖宗十八世。岌亦流涕曰：“吾不能独拒贼，故貌奉而心图之。今日召公，正为此耳。”为，于伪翻。因沥酒为盟。史炤曰：以酒滴沥也。是夕，复光遣其养子守亮杀贼使者于驿。

时秦宗权据蔡州，不从岌命，复光将忠武兵三千诣蔡州，说宗权同举兵讨巢。说，式芮翻。宗权遣其将王淑将兵三千从复光击邓州，逗留不进，复光斩之，并其军，分忠武八千人为八都，遣牙将鹿晏弘、晋晖、王建、韩建、张造、李师泰、庞从等八人将之。考异曰：刘恕十国纪年上云八都，而下止有王建等七人姓名，诸书不可考故也。王建始此。王建，舞阳人；韩建，长社人；晏弘、晖、造、师泰，皆许州人也。复光帅八都与朱温战，败之，帅，读曰率。败，补迈翻。遂克邓州，逐北至蓝桥而还。蓝桥，在蓝田关南。还，从宣翻，又如字。

28 昭义节度使高浔会王重荣攻华州，克之。

29 六月，戊戌，以郑畋为司空兼门下侍郎、同平章事，都统如故。

30 李克用遇大雨，【章：十二行本"雨"下有"己亥"二字；乙十一行本同；孔本同；张校同。】引兵北还，陷忻、代二州，因留居代州。考异曰：唐末见闻录："六月三十日，沙陀军却回，收却忻、代州。"太祖纪年录："遇大雨，六月二十三日，班师雁门。"薛居正五代史与纪年录同。按忻、代先属河东，中和二年始割隶雁门。今从见闻录、实录。郑从谠遣教练使论安等军百井以备之。

31 邠宁节度副使朱玫屯兴平，兴平县，在长安西八十五里。余靖曰：周丈丘，今之兴平。黄巢将王播【严："播"改"璠"。】围兴平，玫退屯奉天及龙尾陂。

32 西川黄头军使李铤将万人，巩咸将五千人巩，姓也。周卿士巩简公，晋大夫巩朔。屯兴平，为二寨，与黄巢战，屡捷；陈敬瑄遣神机营使高仁厚将二千人益之。神机营，亦崔安潜置，事见上卷乾符六年。

33 秋，七月，丁巳，改元，赦天下。改元中和。

34 庚申，以翰林学士承旨、兵部侍郎韦昭度同平章事。

35 论安自百井擅还，郑从谠不解鞾衫斩之，灭其族。鞾，与靴同。考异曰：唐末见闻录："六月三十日，沙陀收却忻、代州，使司差教练使论安、军使王蟾、高弁、回鹘、吐蕃等军于百井下寨守御。当月内，论安等拔寨，却回到府。”按当月内，即三十日也。一日之中，不容有尔许事，必非也。又曰：“至七月十四日，相公排饭大将等，於坐上把起论安，不脱靴，于球场内处置，族灭其家。又差都头温汉臣将兵依前于百井下寨。当月内，契苾尚书领兵马却归振武。”今从之。更遣都头温汉臣将兵屯百井。契苾璋引兵还振武。

36 初，车驾至成都，蜀军赏钱人三缗。田令孜为行在都指挥处置使，每四方贡金帛，辄颁赐从驾诸军无虚日，【章：十二行本“日”作“月”；乙十一行本同；孔本同；熊校同。】不复及蜀军，复，扶又翻。蜀军颇有怨言。丙寅，令孜宴土客都头，土军，蜀军。客军，从驾诸军。唐之中世，以诸军总帅为都头。至其后也，一部之军谓之一都，其部帅呼为都头。以金杯行酒，因赐之，诸都头皆拜而受。西川黄头军使郭琪独不受，起言曰：“诸将月受俸料，丰赡有馀，常思难报，岂敢无厌！俸，扶用翻。厌，于盐翻。顾蜀军与诸军同宿卫，而赏赉悬殊，颇有觖望，觖，古穴翻，怨望。恐万一致变。愿军容减诸将之赐以均蜀军，使土客如一，则上下幸甚！”令孜默然有间，曰：间，如字。“汝尝有何功？”对曰：“琪生长山东，长，知两翻。征戍边鄙，尝与党项十七战，契丹十馀战，契，欺讫翻。金创满身；创，初良翻。又尝征吐谷浑，伤胁肠出，线缝复战。”复，扶又翻。令孜乃自酌酒于别樽以赐琪。琪知其毒，不得已，再拜饮之；归，杀一婢，吮其血以解毒，吐黑汁数升，吮，如兖翻。吐，土故翻。遂帅所部作乱，帅，读曰率。丁卯，焚掠坊市。令孜奉天子保东城，闭门登楼，命诸军击之。琪引兵还营，陈敬瑄命都押牙安金山将兵攻之，琪夜突围出，奔广都，隋改广都县为双流县，唐龙朔二年复分双流置广都县，属成都府。九域志：在府西四十五里。从兵皆溃，从，才用翻。独厅吏一人从，息于江岸。琪谓厅吏曰：“陈公知吾无罪；然军府惊扰，不可以莫之安也。汝事吾能始终，今有以报汝。汝赍吾印剑诣陈公曰：‘郭琪走渡江，我以剑击之，坠水，尸随湍流下矣；得其印剑以献。’陈公必据汝所言，榜悬印剑于市以安众。汝当获厚赏，吾家亦保无恙。吾自此适广陵，归高公，言欲奔扬州归高骈也。后数日，汝可密以语吾家也。”语，牛倨翻。遂解印剑授之而逸。厅吏以献敬瑄，果免琪家。

上日夕专与宦者同处，议天下事，待外臣殊疏薄。处，昌吕翻。外臣，谓外廷之臣，宰相以下百执事皆是也。庚午，左拾遗孟昭图上疏，以为："治安之代，遐迩犹应同心；治，直吏翻。多难之时，中外尤当一体。难，乃旦翻。去冬车驾西幸，不告南司，遂使宰相、仆射以下悉为贼所屠，谓豆卢瑑、崔沆及于琮等也。独北司平善。况今朝臣至者，皆冒死崎岖，远奉君亲，所宜自兹同休等戚。伏见前夕黄头军作乱，陛下独与令孜、敬瑄及诸内臣闭城登楼，并不召王铎已下及收朝臣入城；翌日，又不对宰相，又不宣慰朝臣。翌日，明日也。臣备位谏官，至今未知圣躬安否，况疏冗乎！冗，而陇翻，散也。傥群臣不顾君上，罪固当诛；若陛下不恤群臣，于义安在！夫天下者，高祖、太宗之天下，非北司之天下；天子者，四海九州之天子，非北司之天子。北司未必尽可信，南司未必尽无用。岂天子与宰相了无关涉，朝臣皆若路人！如此，恐收复之期，尚劳圣虑，尸禄之士，得以宴安。臣躬被宠荣，被，皮义翻。职在裨益，虽遂事不谏，而来者可追。"二语皆本之论语。疏入，令孜屏不奏。屏，必郢翻。辛未，矫诏贬昭图嘉州司户，遣人沉于蟆颐津，蟆颐山，在眉州眉山东七里，山状如蟆颐，因名。山临江津，今有孟拾遗祠。蟆，谟加翻。闻者气塞而莫敢言。天子杀谏臣者，必亡其国。以阉官而专杀谏臣，自古以来未之有也。此不特害于而国，实亦凶于而身。是以唐未亡而令孜之身先亡也。塞，悉则翻。

37 鄜延节度使李孝昌、权夏州节度使拓跋思恭屯东渭桥，黄巢遣朱温拒之。

以义武节度使王处存为东南面行营招讨使，以邠宁节度副使朱玫为节度使。

38 八月，己丑夜，星交流如织，或大如杯碗，至丁酉乃止。

39 武宁节度使支详按新书方镇表，懿宗咸通十一年，复徐州节镇，赐号感化军。自此迄于天复，未尝复武宁旧额。以下文以感化留后时溥为节度使证之，武宁误也，当作"感化"。遣牙将时溥、陈璠将兵五千人关讨黄巢，璠，孚袁翻。二人皆详所奖拔也。溥至东都，矫称详命，召师还与璠合兵，屠河阴，掠郑州而东。及彭城，详迎劳，犒赏甚厚。璠，音番。劳，力到翻。溥遣所亲说详曰：说，式芮翻。"众心见迫，请公解印以相授。"详不能制，出居大彭馆，溥自知留务。璠谓溥曰："支仆射有惠于徐人，不杀，必成后悔。"溥不许，送详归朝。朝，直遥翻。璠伏甲于七里亭，亭去彭城七里，因名。并其家属杀之。诏以溥为武宁留后。溥表璠为宿州刺史，璠到官贪虐，溥以都将张友代还，杀之。

40 杨复光奏升蔡州为奉国军，以秦宗权为防御使。寿州屠者王绪与妹夫刘行全聚众五百，盗据本州，月馀，复陷光州，复，扶又翻；下同。自称将军，有众万馀人；秦宗权表为光州刺史。固始县佐王潮世率以县丞为县佐。唐制，诸县丞、簿、尉之下有司功佐、司仓佐、司户佐、司兵佐、司法佐、司士佐，皆县佐也。路振九国志：王潮少为县佐史。或者传写逸"史"字欤？及弟审邽、审知皆以材气知名，绪以潮为军正，使典资粮，阅士卒，信用之。王潮兄弟始此，为潮废绪张本。

41 高浔与黄巢将李详战于石桥，石桥，即晋将王镇恶破秦兵处。浔败，奔河中，详乘胜复取华州。是年五月，高浔克华州。巢以详为华州刺史。

42 以权知夏绥节度使拓跋思恭为节度使。

43 宗正少卿嗣曹王龟年自南诏还，骠信上表款附，请悉遵诏旨。龟年使南诏，见上卷广明元年六月。上，时掌翻。

44 李【章：十二行本“李”上有“九月”二字；乙十一行本同；孔本同；退斋校同。】孝昌、拓跋思恭与尚让、朱温战于东渭桥，不利，引去。史言诸镇之勤王者，皆以师老迁延引退。

45 初，高骈与镇海节度使周宝俱出神策军，骈以兄事宝。及骈先贵有功，浸轻之；既而封壤相邻，数争细故，遂有隙。淮南与镇海军邻壤，止一江为界耳。数，所角翻。骈檄宝入援京师，宝治舟师以俟之，治，直之翻。怪其久不行；访诸幕客，或曰：“高公幸朝廷多故，有并吞江东之志，声云入援，其实未必非图我也！宜为备。”宝未之信，使人觇骈，殊无北上意。觇，丑廉翻。上，时掌翻。自淮南而北向勤王为北上。会骈使人约宝面会瓜洲议军事，宝遂以言者为然，辞疾不往，且谓使者曰：“吾非李康，高公复欲作家门功勋以欺朝廷邪！”高崇文斩李康，事见二百三十七卷宪宗之元和元年。骈怒，复遣使责宝，“何敢轻侮大臣？”复，扶又翻。宝诟之曰：“彼此夹江为节度使，汝为大臣，我岂坊门卒邪！”诟，古候翻，又许候翻。宝自言与骈等夷，非有贵贱之异也。长安城中百坊，坊皆有垣有门，门皆有守卒。由是遂为深仇。

骈留东塘百馀日，诏屡趣之，趣，读曰促。骈上表，托以宝及浙东观察使刘汉宏将为后患。辛亥，复罢兵还府，其实无赴难心，但欲禳雉集之异耳。难，乃旦翻。禳，如羊翻，厌除也。

46 高骈召石镜镇将董昌至广陵，欲与之俱击黄巢。昌将钱镠说昌曰：说，式芮翻。“观高公无讨贼心，不若以扞御乡里为辞而去之。”昌从之，骈听昌还。会杭州刺史路审中将之官，行至嘉兴，嘉兴，汉由拳县，吴改名，唐属苏州，在州西南百四十里。昌自石镜引兵入杭州，审中惧而还。昌自称杭州都押牙、知州事，遣将吏请于周宝。宝不能制，表为杭州刺史。

47 临海贼杜雄陷台州。

48 辛酉，立皇子震为建王。

49 昭义十将成麟杀高浔，成麟因高浔石桥败退而杀之。引兵还据潞州；天井关戍将孟方立起兵攻麟，杀之。考异曰：实录："泽潞牙将刘广据潞州叛，天井关戍将孟方立帅戍卒攻广，杀之，自称留后，仍移军额于邢州。初，高浔援京师，广帅师至阳平，谋为乱，不行，还据潞州，自称留后，用法严酷，三军畏之。方立乘虚袭杀焉。"又曰："贬昭义节度使高浔为端州刺史。"中和三年实录又曰："初，孟方立杀高浔自立。"薛居正五代史方立传曰："中和二年，为泽州天井关戍将，时黄巢犯关辅，州郡易帅有同博弈。先是，沈询、高湜相继为昭义节度，怠于军政，及有归秦、刘广之乱，方立见潞帅交代之际，乘其无备，率戍兵径入潞州，自称留后。"新纪："八月，昭义军节度使高浔及黄巢战于石桥，败绩，十将成麟杀浔，入于潞州。九月，己巳，昭义军戍将孟方立杀成麟，自称留后。"方立传惟以成麟为成邻，馀如新纪。按乾符二年实录，"十月，昭义军乱，逐节度使高湜，贬湜象州司户。"柳玭传云"贬高要尉"。三年十一月，诏魏博韩简云："刘广逐帅擅权"云云。是广逐湜，擅据潞州也。薛史孟方立传亦云沈询、高湜怠于军政，致有归秦、刘广之乱，是广乱在前也。旧纪："九月，高浔牙将刘广擅还据潞州。是月，浔天井关戍将孟方立攻广，杀之，自称留后，贬浔端州刺史。"此盖旧纪误，实录因之。薛史方立传曰："见潞帅交代之际，帅兵入潞州。"不言何帅交代，若不逐帅，何能据州！事无所因，殊为疏略。旧纪恐是误以高湜事为高浔事。实录此云杀广，明年又云杀浔，自相违。新纪、传皆云成麟杀浔，方立斩麟，月日事实颇详，必有所出。今从之。方立，洴【章：十二行本"洴"作"邢"；乙十一行本同；孔本同；张校同。】州人也。

50 忠武监军杨复光屯武功。

51 永嘉贼朱褒陷温州。宋白曰：温州永嘉郡，汉会稽郡之东境，后汉永和四年置永宁县，晋明帝立永宁郡，寻属永嘉郡，隋平陈，废郡，唐武德六年置嘉东州，贞观元年废州，以县属栝州，上元二年分栝州之永嘉、安固二县置温州，以温峤岭为名。

52 凤翔行军司马李昌言将本军屯兴平。时凤翔仓库虚竭，犒赏稍薄，粮馈不继，昌言知府中兵少，因激怒其众，冬，十月，引军还袭府城。郑畋登城与士卒言，其众皆下马罗拜曰："相公诚无负我曹。"畋曰："行军苟能戢兵爱人，为国灭贼，亦可以顺守矣。"逐帅为逆取，讨贼以取旌节为顺守。为，于伪翻。乃以留务委之。即日西赴行在。

53 天平节度使、南面招讨使曹全晸与贼战死，军中立其兄子存实为留后。

54 十一月，乙巳，孟楷、朱温袭鄜、夏二军于富平，二军败，奔归本道。二军，李孝昌、拓跋思恭之军也。

55 郑畋至凤州，自凤翔西至凤州三百九十五里。累表辞位；诏以畋为太子少傅、分司。以李昌言为凤翔节度行营招讨使。

56 以门下侍郎、同平章事裴澈为鄂岳观察使。

57 加镇海节度使周宝同平章事。

58 遂昌贼卢约陷处州。吴孙权赤乌二年，分太末立平昌县，晋武帝改曰遂昌，唐武德八年并入松阳，景云元年复置遂昌县，属处州。九域志：在州西二百四十里。按温、处二州本晋永嘉一郡之地，隋为栝州永嘉郡，唐武德置栝州，又分置东嘉州，始分为二州。东嘉州后为温州；栝州改为处州，避德宗名也。

59 十二月，江西将闵勖戍湖南，还，过潭州，逐观察使李裕，自为留后。考异曰：实录、新传作"闵顼"。今从程匡柔唐补纪。

60 以感化留后时溥为节度使。

61 赐夏州号定难军。难，乃旦翻。

62 初，高骈镇荆南，乾符五年，骈镇荆南。补武陵蛮雷满为牙将，领蛮军，从骈至淮南，逃归，聚众千人，袭朗州，杀刺史崔翥，翥，章恕翻。诏以满为朗州留后。岁中，率三四引兵寇荆南，入其郛，焚掠而去，大为荆人之患。

陬溪人周岳尝与满猎，争肉而斗，欲杀满，不果。陬溪，当在武陵界。陬，侧鸠翻。闻满据朗州，亦聚众袭衡州，逐刺史徐颢，诏以岳为衡州刺史。石门【章：十二行本“门”下有“洞”字；乙十一行本同；孔本同；张校同。】蛮向瓌亦集夷獠数千攻陷澧州，杀刺史吕自牧，自称刺史。吴分零阳县置天门郡，隋废为石门县，唐属澧州。九域志：在州西九十二里。

63 王铎以高骈为诸道都统无心讨贼，自以身为首相，发愤请行，恳款流涕，至于再三；上许之。恳款，恳诚也。枨，息亮翻。

二年（壬寅、八八二）

1 春，正月，辛亥，以王铎兼中书令，充诸道行营都都统，考异曰：旧纪：“中和元年七月，铎为都统。十二月，帅师三万至京畿，屯于盩厔。”旧铎传亦在元年。唐年补录：“元年十一月，乙巳，制以铎为都统。十二月，乙亥，铎屯盩厔。”续宝运录：“元年八月，铎拜天下都统。”唐补纪：“中和元年四月，高骈帅师驻泊东塘，自五月出府，九月却归。朝廷即以铎都统诸道兵马，收复长安。”铎为都统，诸书年月不同如此。新纪：“二年正月，辛亥，王铎为诸道行营都都统，高骈罢都统。”据实录四月答高骈诏，罢都统当在此年。今从实录。新纪、旧骈传云：“僖宗知骈无赴难意，乃以铎为京城四面诸道行营兵马都统，韦昭度领江淮盐铁转运使。骈既失兵柄，又落利权，攘袂大诟，累上章论列，语词不逊。”按骈罢都统，依前为诸道盐铁转运使，五月方罢。北梦琐言曰：“王铎初镇荆南，黄巢入寇，望风而遁。他日，将兵潼关，黄巢令人传语云：‘相公儒生，且非我敌，无污我锋刃，自取败亡也。’后到成都行朝，拜诸道都统。所以高骈上表，目之为败军之将也。”按铎自荆南丧师贬官，未尝将兵潼关。皮光业见闻录，为都统在此年二月，亦误。又旧纪、传、新传，铎止为都统。新纪作都都统，实录初除及罢时皆为都统，中间多云都都统。又西门思恭为都都监。按时诸将为都统者甚多，疑铎为都都统是也。权知义成节度使，俟罢兵复还政府。高骈但领盐铁转运使，罢其都统及诸使。听王铎自辟将佐，以太子少师崔安潜为副都统。辛未，以周岌、王重荣为都都统左右司马，诸葛爽及宣武节度使康实为左右先锋使，时溥为催遣纲运租赋防遏使。纲运自江、淮来者，皆由徐州巡内，故以溥任此职。以右神策观军容使西门思恭为诸道行营都都监。又以王处存、李孝昌、拓跋思恭为京城东北西面都统，以杨复光为南面行营都监使。又以中书舍人郑昌图为义成节度行军司马，给事中郑畯为判官，直弘文馆王抟为推官，畯，祖峻翻。抟，徒官翻。司勋员外郎裴贽为掌书记。昌图，从谠之从祖兄弟；畯，畋之弟；抟，玙之曾孙；王玙以祠祷历事玄肃，见前纪。贽，坦之子也。裴坦见二百五十一卷懿宗咸通十年。又以陕虢观察使王重盈为东面都供军使。重盈，重荣之兄也。陕，失冉翻。重，直龙翻。

2 黄巢以朱温为同州刺史，令温自取之。二月，同州刺史米诚奔河中，温遂据之。为朱温以同州归国张本。

3 己卯，以太子少傅、分司郑畋为司空兼门下侍郎、同平章事，召诣行在，军务一以咨之。以王铎判户部事。

4 朱温寇河中，王重荣击败之。败，补迈翻。

5 以李昌言为京城西面都统，朱玫为河南都统。朱玫时镇邠宁，安得出关东统河南诸镇！此河南，盖自龙门河东至蒲津一带大河南岸也。

6 泾原节度使胡公素薨，军中请命于都统王铎，承制以大将张钧为留后。

7 李克用寇蔚州，蔚，纡勿翻。三月，振武节度使契苾璋奏与天德、大同共讨克用。诏郑从谠与相知应接。

8 陈敬瑄多遣人历县镇诇事，诇，翾正翻，又火迥翻。谓之寻事人，所至多所求取。有二人过资阳镇，时盖置镇于资州资阳县。后魏分资中置资阳县，以其地在资水之阳也。九域志：资阳在资州西北一百二十里。独无所求。镇将谢弘让邀之，不至；自疑有罪，夜，亡入群盗中。明旦，二人去，弘让实无罪也。捕盗使杨迁诱弘让出首而执以送使，首，式又翻；下同。送使，送之节度使府也。使，疏吏翻。云讨击擒获，以求功。敬瑄不之问，杖弘让脊二十，钉于西城二七日，煎油泼之，又以胶麻掣其疮，钉，丁定翻。二七，十四日也。泼，普活翻。掣，尺列翻。备极惨酷，见者冤之。又有邛州牙官阡能，邛，渠容翻。考异曰：张彭锦里耆旧传作"千能"。句延庆锦里耆旧传作"仟能"。续宝运录作"玕能"。实录、新传作"阡能"。按北梦琐言，安仁土豪阡能。注云：姓纂无此，盖西南夷之种。今从之。因公事违期，避杖，亡命为盗，杨迁复诱之。复，扶又翻。能方出首，闻弘让之冤，大骂杨迁，发愤为盗，驱掠良民，不从者举家杀之，逾月，众至万人，立部伍，署职级，职级，谓牙前将吏自押牙、孔目官而下，分职各有等级。横行邛、雅二州间，攻陷城邑，所过涂地。先是，蜀中少盗贼，先，悉荐翻。少，诗沼翻。自是纷纷竞起，州县不能制。敬瑄遣牙将杨行迁将三千人，胡洪略、莫匡时各将二千人以讨之。

9 以右神策将军齐克俭为左右神策内外八镇兼博野、奉天节度使。

10 赐鄜坊军号保大。鄜，音夫。

11 夏，四月，甲午，加陈敬瑄兼侍中。

12 赫连铎、李可举与李克用战，不利。

13 初，高骈好神仙，好，呼到翻。有方士吕用之坐妖党亡命归骈，骈厚待之，补以军职。妖，于遥翻。用之，鄱阳茶商之子也，鄱阳，汉古县，唐带饶州，古县在今县东界。久客广陵，熟其人情，炉鼎之暇，炉鼎，所以炼金石，化丹砂为金银之类。颇言公私利病，故骈愈奇之，稍加信任。骈旧将梁缵、陈珙、冯绶、董瑾、俞公楚、姚归礼素为骈所厚，用之欲专权，浸以计去之，骈遂夺缵兵，族珙家，绶、瑾、公楚、归礼咸见疏。

用之又引其党张守一、诸葛殷共蛊惑骈。守一本沧、景村民，去，羌吕翻。张守一盖居沧、景二州间。以术干骈，无所遇，穷困甚，用之谓曰："但与吾同心，勿忧不富贵。"遂荐于骈，骈宠待埒于用之。埒，龙辍翻，等也。殷始自鄱阳来，用之先言于骈曰："玉皇以公职事繁重，辍左右尊神一人佐公为理，公善遇之；欲其久留，亦可縻以人间重职。"明日，殷谒见，诡辩风生，骈以为神，补盐铁剧职。骈严洁，甥侄辈未尝得接坐。殷病风疽，史炤曰：疽，千余切，又子与切，痒病。一本从"疒"，从"旦"，音多但翻，又音旦；释云，疮也。搔扪不替手，脓血满爪，骈独与之同席促膝，传杯器而食。左右以为言，骈曰："神仙以此试人耳！"骈有畜犬，搔，爬也。扪，摸也。替，废也。畜，吁玉翻。闻其腥秽，多来近之。近，其靳翻。骈怪之，殷笑曰："殷尝于玉皇前见之，道家谓天帝为玉皇大帝。别来数百年，犹相识。"骈与郑畋有隙，用之谓骈曰："宰相有遣剑客来刺公者，刺，七亦翻。今夕至矣！"骈大惧，问计安出。用之曰："张先生尝学斯术，可以御之。"骈请于守一，守一许诺。乃使骈衣妇人之服，衣，于既翻。潜于他室，而守一代居骈寝榻中，夜掷铜器于阶，令铿然有声，又密以囊盛彘血，铿，丘耕翻。盛，时征翻。彘，豕也。洒于庭宇，如格斗之状。及旦，笑谓骈曰："几落奴手！"几，居希翻。骈泣谢曰："先生于骈，乃更生之惠也！"厚酬以金宝。有萧胜者，赂用之，求盐城监，盐城，汉盐渎县地，久无城邑，唐武德七年置盐城县，有监〔盐?〕亭一百二十三，有监，属楚州。九域志：县在州东南二百四十里。骈有难色，用之曰："用之非为胜也，为，于伪翻。近得上仙书云，有官【章：十二行本"官"作"宝"；乙十一行本同；孔本同；熊校同。】剑在盐城井中，须一灵官往取之。以胜上仙左右之人，欲使取剑耳。"骈乃许之。胜至监数月，函一铜匕首以献，用之见，稽首曰：稽，音启。"此北帝所佩，得之，则百里之内五兵不能犯。"骈乃饰以珠玉，常置坐隅。坐，徂卧翻。用之自谓磻溪真君，谓守一乃赤松子，殷乃葛将军，胜乃秦穆公之婿也。各以其姓傅会以为仙。磻，蒲官翻。

用之又刻青石为奇字云："玉皇授白云先生高骈。"密令左右置道院香案。骈得之，惊喜。用之曰："玉皇以公焚修功著，将补真官，计鸾鹤不日当降此际。用之等谪限亦满，必得陪幢节，同归上清耳！"用之自言与守一、殷等本皆神仙，以谪降在人间，限期既满，当复升天，列于仙官。又道家之说，有太清、玉清、上清，是为三清之境。幢，传江翻。是后，骈于道院庭中刻木鹤，时着羽服跨之，着，陟略翻。日夕斋醮，炼金烧丹，费以巨万计。

用之微时，依止江阳后土庙，贞观十八年，分江都置江阳县，与江都俱在扬州郭下。后土庙，今扬州城东南隅蕃厘观是也。然扬州古城在蜀冈之上，北连雷塘，今城周世宗所徙，则此时后土庙在扬州城外也。宋白曰：宋武帝分江都县置广陵县；隋初，改为江阳县，以处江之正北，故曰江阳。举动祈祷。及得志，白骈崇大其庙，极江南工材之选，每军旅大事，以少牢祷之。少，诗照翻。用之又言神仙好楼居，用汉方士语。好，呼到翻。说骈作迎仙楼，说，式芮翻。费十五万缗，又作延和阁，高八丈。高，居傲翻。

用之每对骈呵叱风雨，仰揖空际，云有神仙过云表。骈辄随而拜之。然常厚赂骈左右，使伺骈动静，共为欺罔，骈不之寤。伺，相吏翻。左右小有异议者，辄为用之陷死不旋踵，但潜抚膺呜指，呜指，即弹指也。口不敢言。骈倚用之如左右手，公私大小之事皆决于用之，退贤进不肖，淫刑滥赏，骈之政事于是大坏矣！

用之知上下怨愤，恐有窃发，请置巡察使，骈即以用之领之，募险狯者百余人，纵横闾巷间，狯，古外翻。纵，子容翻。谓之"察子"，民间呵妻詈子，靡不知之。用之欲夺人货财，掠人妇女，辄诬以叛逆，搒掠取服，搒，音彭。掠，音亮。杀其人而取之，所破灭者数百家，道路以目，将吏士民虽家居，皆重足屏气。重，直龙翻。屏，必郢翻。

用之又欲以兵威胁制诸将，请选募诸军骁勇之士二万人，号左、右莫邪都。邪，读曰耶。骈即以张守一及用之为左、右莫邪军使，署置将吏如帅府，帅，所类翻。器械精利，衣装华洁，每出入，导从近千人。从，才用翻。近，其靳翻。

用之侍妾百馀人，自奉奢靡，用度不足，辄留三司纲输其家。三司纲，谓户部、度支、盐铁所发纲运输朝廷者。

用之犹虑人泄其奸谋，乃言于骈曰："神仙不难致，但恨学者不能绝俗累，累，良瑞翻。故不肯降临耳！"骈乃悉去宾客，【章：十二行本作"姬妾"；乙十一行本同；孔本同；退斋校同。】去，羌吕翻。谢绝人事，宾客、将吏皆不得见；有不得已见之者，皆先令沐浴斋祓，祓，敷勿翻，又方废翻，祓除秽恶也。然后见，拜起才毕，已复引出。由是用之得专行威福，无所忌惮，境内不复知有骈矣。为毕师铎讨用之杀骈张本。复，扶又翻。

14 王铎将两川、兴元之军屯灵感寺，泾原屯京西，易定、河中屯渭北，邠宁、凤翔屯兴平，保大、定难屯渭桥，难，乃旦翻。忠武屯武功，官军四集。黄巢势已蹙，号令所行不出同、华。黄巢将朱温时据同州，李详据华州，故号令之行止此二州。华，户化翻。民避乱皆入深山筑栅自保，农事俱废，长安城中斗米直三十缗。贼卖【章：十二行本"卖"作"买"；乙十一行本同；孔本同；张校同。】人于官军以为粮，官军或执山寨之民鬻之，人直数百缗，以肥瘠论价。

容肇祖标点聂崇岐覆校

资治通鉴卷第二百五十五

端明殿学士兼翰林侍读学士太中大夫
提举西京嵩山崇福宫上柱国河内郡开国公 司马光 奉敕编集
食邑二千二百户食实封九百户赐紫金鱼袋臣

后学天台 胡三省 音注

唐纪七十一 起玄黓摄提格（壬寅）五月，尽阏逢执徐（甲辰）五月，凡二年有奇。

僖宗惠圣恭定孝皇帝中之下

中和二年（壬寅、八八二）

1 五月，以湖南观察使闵勖权充镇南节度使。咸通六年，置镇南军于洪州。闵勖时据潭州，而以洪州节授之，欲使之与钟传相毙也。勖屡求于湖南建节，朝廷恐诸道观察使效之，不许。先是，王仙芝寇掠江西，先，悉荐翻。高安人钟传聚蛮獠，依山为堡，高安本汉豫章建城县，唐武德五年，改名高安，属洪州。九域志：在州南一百二十里。众至万人。仙芝陷抚州而不能守，传入据之，诏即以为刺史。至是，又逐江西观察使高茂卿，据洪州。抚州西北至洪州二百四十里。宋白曰：抚州临川郡，汉南昌县地，吴置临川郡；隋平陈，罢郡为州，时总管杨武通奉使安抚，即以抚为名。朝廷以勖本江西牙将，事见上卷上年。故复置镇南军，使勖领之；镇南军中废，今复置。若传不受代，令勖因而讨之。勖知朝廷意欲斗两盗使相毙，辞不行。

2 加淮南节度使高骈兼侍中，罢其盐铁转运使。骈既失兵柄，又解利权，攘袂大诟，是年春罢都统，已失兵柄；今解盐铁转运，又失利权。诟，古候翻，又许候翻。遣其幕僚顾云草表自诉，言辞不逊，其略曰："是陛下不用微臣，固非微臣有负陛下。"又曰："奸臣未悟，陛下犹迷，不思宗庙之焚烧，不痛园陵之开毁。"又曰："王铎偾军之将，谓乾符六年江陵之败也。偾，方问翻。崔安潜在蜀贪黩，崔安潜击贼屡捷，无以指擿，故言其在蜀贪黩。懿宗咸通六年，安潜镇蜀。岂二儒士能戢强兵！"又曰："今之所用，上至帅臣，下及裨将，以臣所料，悉可坐擒。"帅，所类翻。将，即亮翻。又曰："无使百代有抱恨之臣，千古留刮席之耻。刮席，汉淮阳王事，见汉纪。臣但恐寇生东土，刘氏复兴，言山东寇盗纵横，将有如刘季者复兴于其间。即轵道之灾，岂独往日！"又以秦子婴之事指斥乘舆。又曰："今贤才在野，憸人满朝，憸，思廉翻。朝，直遥翻。致陛下为亡国之君，此子等计将安出！"顾云盖序次高骈大诟之言以为表。上命郑畋草诏切责之，其略曰："绾利则牢盆在手，谓专江、淮盐利也。牢盆二语，见汉武帝纪。主兵则都统当权，直至京北、京西神策诸镇，悉在指挥之下，可知董制之权；而又贵作司徒，荣为太尉。按新书高骈传：骈帅西川；已，进检校司徒；两京陷后，天子犹冀骈立功，进检校太尉。以为不用，如何为用乎？"又曰："朕缘久付卿兵柄，不能翦荡元凶，自天长漏网过淮，事见二百五十三卷广明元年。不出一兵袭逐，奄残京国，首尾三年。广陵之师，未离封部，离，力智翻。忠臣积望，勇士兴讥，所以擢用元臣，诛夷巨寇。"又曰："从来倚仗之意，一旦控告无门，凝睇东南，睇，大计翻，目小视也。南楚曰睇。惟增凄恻！"又曰："谢玄破苻坚于淝水，见晋孝武帝纪。裴度平元济于淮西，见宪宗纪。未必儒臣不如武将。"又曰："宗庙焚烧，园陵开毁，龟玉毁椟，谁之过欤！"用论语孔子之言。宝龟宝玉，皆椟藏之，在椟而毁，典守者不得辞其过也。又曰："'奸臣未悟'之言，何人肯认！'陛下犹迷'之语，朕不敢当！"又曰："卿尚不能缚黄巢于天长，安能坐擒诸将！"又曰："卿云刘氏复兴，不知谁为魁首？比朕于刘玄、子婴，何太诬罔！"又曰："况天步未倾，皇纲尚整，三灵不昧，百度俱存，君臣之礼仪，上下之名分，所宜遵守，未可堕陵。分，扶问翻。堕，读曰隳。朕虽冲人，安得轻侮！"恶声至，必反之，较计是非，明己之直，此委巷小人相诟者之为耳。古者文告之辞，汉、魏以下数责其罪，何至如此！通鉴书之以为后世戒。骈臣节既亏，自是贡赋遂绝。

3 以天平留后曹存实为节度使。元年，曹全晸与贼战死，遂顺军中之请，命其兄子为帅。

4 黄巢攻兴平，兴平诸军退屯奉天。时凤翔、邠宁军屯兴平。

5 加河阳节度使诸葛爽同平章事。

6 六月，以泾原留后张钧为节度使。是年二月，王铎承制，以张钧为泾原留后，事见上卷。

7 荆南节度使段彦谟与监军朱敬玫相恶，敬玫别选壮士三千人，号忠勇军，自将之。玫，莫杯翻。将，即亮翻。彦谟谋杀敬玫；己亥，敬玫先帅众攻彦谟，杀之，段彦谟据荆南事始二百五十三卷广明元年。帅，读曰率。以少尹李燧为留后。

8 蜀人罗浑擎、句胡僧、罗夫子各聚众数千人以应阡能，句，古侯翻。今蜀人从去声。阡能反见上卷是年三月。考异曰：张彭耆旧传曰："二年，六月，补杨行迁为军前四面都指挥使，千能亦散于诸处下寨，官军频不利。八月，罗浑擎反。十月，句胡僧反。"又曰："九月，千能、浑擎、胡僧与官军大战于乾溪，官军不利。十二月，罗夫子反，众二三千。"句延庆耆旧传曰："二年，五月，罗浑擎反。六月，句胡僧反，有四千馀人。官军与阡能战于乾溪，官军大败。是月，罗夫子反，聚众三千人。"实录："六月，句胡僧反，有众二千馀。官军与能战乾溪，大败。"按张传上云十月胡僧反，下云九月胡僧与官军战，自相违；又阡能败差一年。今从实录，并附之六月。杨行迁等与之战，数不利，数，所角翻。求益兵；府中兵尽，陈敬瑄悉搜仓库门庭之卒以给之。是月，大战于乾溪，据下文，则此时诸盗至双流，与官军对垒。乾溪当在双流界。乾，音干。官军大败。行迁等恐无功获罪，多执村民为俘送府，日数十百人；敬瑄不问，悉斩之。其中亦有老弱及妇女，观者或问之，皆曰："我方治田绩麻，治，直之翻。官军忽入村，系虏以来，竟不知何罪！"

9 秋，七月，己巳，以钟传为江西观察使，从高骈之请也。传既去抚州，南城人危全讽复据之，南城，汉古县，唐属抚州。九域志，在抚州西二百二十里。又遣其弟仔倡据信州。仔，津之翻，史炤祖似切。倡，齿羊翻，又音唱。

10 尚让攻宜君寨，后魏太平真君七年，置宜君县于宜君川，后置宜君郡，隋废郡为宜君县，唐并宜君县入京兆华原县。是时勤王之师盖于宜君故县立寨也。会大雪盈尺，贼冻死者什二三。

11 蜀人韩求聚众数千人应阡能。考异曰：张彭耆旧传："三年六月，韩求反，其邛州界内贼首千能逦迤渐侵入蜀州界。"今从句延庆传及实录。

12 镇海节度使周宝奏高骈承制以贼帅孙端为宣歙观察使。帅，所类翻。歙，书涉翻。诏宝与宣歙观察使裴虔馀发兵拒之。

13 南诏上书请早降公主，嗣曹王龟年之使南诏也，上以宗室女为安化长公主，许婚。诏报以方议礼仪。考异曰：张彭耆旧传："中和元年九月三日，云南骠信差布燮杨奇肱等赍国信来通和，迎公主。太师借副使仪注郊迎，布燮始相见，揖副使云：'请不拜。'太师闻，极怒。朝廷告以俟更议车服制数定，续有旨命，竟空还。"今从云南事状及实录。

14 以保大留后东方逵为节度使，充京城东面行营招讨使。按李孝昌以鄜师勤王，去年为黄巢所攻，奔归本道。东方逵盖代李孝昌者也。

15 闰月，加魏博节度使韩简兼侍中。

16 八月，以兵部侍郎、判度支郑绍业同平章事、兼荆南节度使。

17 浙东观察使刘汉宏遣弟汉宥及马步都虞候辛约将兵二万

营于西陵，谋兼并浙西，杭州刺史董昌遣都知兵马使钱镠拒之。壬子，镠乘雾夜济江，袭其营，大破之，所杀殆尽，汉宥、辛约皆走。自此杭、越交兵，而刘汉宏为钱镠禽矣。镠，力求翻。

18 魏博节度使韩简亦有兼并之志，自将兵三万攻河阳，败诸葛爽于修武；败，补迈翻。爽弃城走，简留兵戍之，因掠邢、洺而还。还，从宣翻，又如字。

19 李国昌自达靼帅其族迁于代州。李克用既据代州，故其父帅其族自达靼还。帅，读曰率。

20 黄巢所署同州防御使朱温屡请益兵以扞河中，知右军事孟楷抑之，不报。温见巢兵势日蹙，知其将亡，亲将胡真、谢瞳劝温归国；九月，丙戌，温杀其监军严实，举州降王重荣。温以舅事重荣，温母王氏，以与重荣同姓，故以舅事重荣。监，古衔翻。降，户江翻。重，直龙翻。王铎承制以温为同华节度使，使瞳奉表诣行在。朱温因王重荣以归唐，而重荣之后夷于朱温之手，唐祚亦夷于温矣。华，户化翻；下同。瞳，福州人也。

李详以重荣待温厚，亦欲归之，为监军所告；黄巢杀之，详据华州见上卷上年。以其弟思邺为华州刺史。

21 桂〔邕〕州军乱，逐节度使张从训，以前容管经略使崔焯为岭南西道节度使。焯，职略翻。

22 平卢大将王敬武逐节度使安师儒，自为留后。

23 初，朝廷以庞勋降将汤群为岚州刺史，宋白曰：岚州，汉汾阳县地。汉末，其地无郡邑，曹公遂立新兴郡于此；后魏末于此置岚州，因界内岢岚山为名。降，户江翻。将，即亮翻。岚，卢含翻。群潜通沙陀；朝廷疑之，徙群怀州刺史，郑从谠遣使赍告身授之。冬，十月，庚子朔，群杀使者，据城叛，附于沙陀；壬寅，从谠遣马步都虞候张彦球将兵讨之。

24 贼帅韩秀升、屈行从起兵，断峡江路，屈，君勿翻。断，音短。断峡江之路，则荆、蜀之信使不通，王命将不得行于东南。癸丑，陈敬瑄遣押牙庄梦蝶将二千人讨之，考异曰：张彭耆旧传："三年，九月，峡路贼韩秀升，十月，峡路贼屈行从反。陈太师差押牙庄二梦将兵二千人，十月二十日，发往峡路。"句延庆耆旧传于中和二年七月韩求反下，又云"峡路韩秀升、屈行从反，川主选点兵士三千人，差押牙庄梦蝶押领，十月癸丑，发峡路，收讨韩秀升。"盖因十月讨之而言耳。实录取句传，而误于七月下云"韩秀升、屈行从为乱，敬瑄遣大将庄梦蝶以兵三千讨之。"新传曰："涪州刺史韩秀升等乱峡中。"今从句传。又遣押牙胡弘略将千人继之。

25 韩简复引兵击郓州，复，扶又翻。节度使曹存实逆战，败死。天平都将下邑朱瑄收馀众，婴城拒守，下邑，汉古县，唐属宋州。九域志：在州东一百二十里。将，即亮翻。简攻之不下。诏以瑄权知天平留后。考异曰：实录："曹存实继其叔父全晸为天平军节度使，未周岁而遇害。"旧传："瑄为青州王敬武牙卒。中和初，黄巢据长安，诏征天下兵，王敬武遣牙将曹全晸率兵三千赴难关西，瑄已为军候。会青州警急，敬武召全晸还，路由郓州，时郓将薛崇为草贼王仙芝所杀，崔君裕权知州事。全晸知其兵寡，袭杀君裕，据有郓州，自称留后。以瑄有功，署为濮州刺史，留将牙军。光启初，魏博韩简欲兼并曹郓，以兵济河，收郓，全晸出兵逆战，为魏军所败，全晸死之。瑄收合残卒，保州城，韩简攻围半年，不能拔。会魏军乱，退去。朝廷嘉之，授以节钺。"新传与之同。薛居正五代史瑄传："中和二年，张浚征兵于青州，敬武遣将曹全晸率军赴之，以瑄隶焉。贼败，出关，全晸以本军还镇。会郓帅薛崇卒，部将崔君预据城叛，全晸攻之，杀君预，因为留后，瑄以功授濮州刺史、郓州马步军都将。光启初，魏博韩允中攻郓，全晸为其所害。瑄据城自固，三军推为留后。允中败，朝廷以瑄为天平节度使。"按王仙芝死已久，曹全晸久为节度，去岁死，王敬武今岁始得青州，新、旧传、薛史皆误。今从实录。又新传，"瑄"作"宣"。欧阳修五代史记注云：今流俗以宣弟瑾，于名加"玉"者，非也。今从旧传、薛史、实录。

26 以朱温为右金吾大将军、河中行营招讨副使，赐名全忠。

27 李克用虽累表请降，而据忻、代州，数侵掠并、汾，争楼烦监。数，所角翻。楼烦监，本属陇右节度，以岚州刺史兼领之，至德后，属内飞龙使，贞元十五年，始别置监牧使。义武节度使王处存与克用世为婚姻，按新书王处存传，世籍神策军，家京兆万年县胜业里，为天下高赀。李国昌父子必利其富而与为婚姻也。诏处存谕克用："若诚心款附，宜且归朔州俟朝命；若暴横如故，朝，直遥翻。横，户孟翻。当与河东、大同军共讨之。"是时郑从谠帅河东，赫连铎帅大同。

28 以平卢大将王敬武为留后。王敬武既逐安师儒，朝廷遂命为留后。时诸道兵皆会关中讨黄巢，独平卢不至，王铎遣都统判官、谏议大夫张濬往说之。说，输芮翻。敬武已受黄巢官爵，不出迎，濬见敬武，责之曰："公为天子藩臣，侮慢诏使；不能事上，何以使下！"敬武愕然，谢之。既宣诏，将士皆不应，濬徐谕之曰："人生当先晓逆顺，次知利害。黄巢，前日贩盐虏耳，事见二百五十二卷乾符二年。公等舍累叶天子而臣之，果何利哉！今天下勤王之师皆集京畿，而淄青独不至；一旦贼平，天子返正，公等何面目见天下之人乎！不亟往分功名、取富贵，后悔无及矣！"将士皆改容引咎，顾谓敬武曰："谏议之言是也。"敬武即发兵从濬而西。

29 刘汉宏又遣登高镇将王镇将兵七万屯西陵，路振九国志作"屯渔浦"。按今渔浦在西陵上游，相去颇远。钱镠复济【章：十二行本"济"上有"夜"字；乙十一行本同；孔本同；张校同。】江袭击，大破之，斩获万计，复，扶又翻。得汉宏补诸将官伪敕二百馀通；镇奔诸暨。宋白曰：诸暨，秦旧县，县界有暨浦、诸山，因以为名，在越州西南一百四十一里。

30 黄巢兵势尚强，王重荣患之，谓行营都监杨复光曰："臣贼则负国，讨贼则力不足，奈何？"复光曰："雁门李仆射，时李克用据代州；代州，雁门郡也。诸家多以为克用时为雁门节度使。骁勇，有强兵，其家尊与吾先人尝共事相善，杨复光养父玄价尝监盐州军，沙陀之归国也，先由盐州。后玄价为中尉。执宜父子盖与之善。彼亦有徇国之志；所以不至者，以与河东结隙耳。诚以朝旨谕郑公而召之，必来，郑公，谓从谠也。结隙见上卷上年。朝，直遥翻。来则贼不足平矣！”东面宣慰使王徽亦以为然。时王铎在河中，乃以墨敕召李克用，谕郑从谠。王铎为都都统，便宜从事，凡征调除授，皆得用墨敕。十一月，克用将沙陀万七千自岚、石路趣河中，趣，七喻翻。岚州南至石州一百八十里。不敢入太原境，独与数百骑过晋阳城下与从谠别，从谠以名马、器币赠之。

31 李详旧卒共逐黄思邺，考异曰：实录：“李详下牙队兵斩伪刺史黄思邺，推华阴镇使王遇为首，降河中。王铎承制除遇为刺史。”按黄邺与黄巢俱死于虎狼谷，实录误也。今从新黄巢传。推华阴镇使王遇为主，以华州降于王重荣，王铎承制以遇为刺史。

32 阡能党愈炽，侵淫入蜀州境；侵淫，以痈疽侵食寖淫为喻。陈敬瑄以杨行迁等久无功，以押牙高仁厚为都招讨指挥使，将兵五百人往代之。未发前一日，有鬻面者，自旦至午，出入营中数四，逻者疑之，逻，郎佐翻。执而讯之，果阡能之谍也。谍，达协翻。仁厚命释缚，温言问之，对曰：“某村民，阡能囚其父母妻子于狱，云，‘汝诇事归，诇，古迥翻，又翾正翻。得实则免汝家；不然，尽死。’某非愿尔也。”仁厚曰：“诚知汝如是，我何忍杀汝！今纵汝归，救汝父母妻子，但语阡能云：‘高尚书来日发，语，牛倨翻；下赞语同。时滥授官爵，仁厚未立功，已检校尚书矣。所将止五百人，无多兵也。’然我活汝一家，汝当为我潜语寨中人云：‘仆射愍汝曹皆良人，为贼所制，情非得已。为我，于伪翻。语，牛倨翻。仆射，谓陈敬瑄。尚书欲拯救湔洗汝曹，湔，则前翻。湔，涤也，亦洗也。言百姓为贼所污染，湔洗与惟新。尚书来，汝曹各投兵迎降，降，户江翻。尚书当使人书汝背为“归顺”字，遣汝复旧业。所欲诛者，阡能、罗浑擎、句胡僧、罗夫子、韩求五人耳，必不使横及百姓也。’”横，户孟翻。谍曰：

"此皆百姓心上事，尚书尽知而赦之，其谁不舞跃听命！一口传百，百传千，川腾海沸，不可遏也。比尚书之至，比，必利翻；下比至同。百姓必尽奔赴如婴儿之见慈母，阡能孤居，立成擒矣！"【章：十二行本"矣"下有"遂遣之"三字；乙十一行本同；孔本同。】

明日，仁厚引兵发，至双流，把截使白文现出迎；仁厚周视堑栅，怒曰："阡能役夫，其众皆耕民耳，竭一府之兵，岁馀不能擒，今观堑栅重复牢密如此，重，直龙翻。复，方目翻。宜其可以安眠饱食，养寇邀功也！"命引出斩之；监军力救，久之，乃得免。命悉平堑栅，才留五百兵守之，馀兵悉以自随，又召诸寨兵，相继皆集。

阡能闻仁厚将至，遣罗浑擎立五寨于双流之西，伏兵千人于野桥箐以邀官军。蜀人谓篁竹之间为箐。李心传曰：箐，林箐也，音咨盈翻。又薛能工律诗，有边城作二联云："管排蛮户远，出箐鸟巢孤。"自注云：蜀人谓税户为排户，谓林为丛箐。史炤曰：箐，仓甸切，盖从去声，亦通。仁厚诇知，诇，火迥翻，又休正翻。引兵围之，下令勿杀，遣人释戎服入贼中告谕，如昨日所以语谍者。贼大喜，呼噪，争弃甲投兵请降，拜如摧山。仁厚悉抚谕，书其背，书其背作"归顺"字。使归语寨中未降者，寨中馀众争出降。浑擎狼狈逾寨【章：十二行本"寨"作"堑"；乙十一行本同；孔本同；张校云："弃寨"作"逾堑"。】走，其众执以诣仁厚，仁厚曰："此愚夫，不足与语。"械以送府。悉命焚五寨及其甲兵，惟留旗帜，所降凡四千人。

明旦，仁厚谓降者曰："始欲即遣汝归，而前涂诸寨百姓未知吾心，或有忧疑，借汝曹为我前行，过穿口、新津寨下，示以背字告谕之，穿口，即新津新穿口也。为，于伪翻。比至延贡，可归矣。"九域志，邛州安仁县有延贡寨。安仁，秦临邛县地，武德二年，置安仁县。九域志：县在邛州东北三十八里。乃取浑擎旗倒系之，系，古诣翻。取其旗而倒系之，示已得其渠帅也。每五十人为队，【章：十二行本

"队"下有"授以一旗，使前走"七字；乙十一行本同；孔本同；张校同；退斋校同。】扬旗疾呼曰：呼，火故翻。"罗浑擎已生擒，送使府，大军行至。汝曹居寨中者，速如我出降，立得为良人，无事矣！"至穿口，句胡僧置十一寨，寨中人争出降；胡僧大惊，拔剑遏之，众投瓦石击之，共擒以献仁厚，其众五千馀人皆降。

又明旦，焚寨，使降者执旗先驱，一如双流。至新津，韩求置十三寨皆迎降。求自投深堑，其众钩出之，已死，斩首以献。将士欲焚寨，仁厚止之曰："降人犹未食。"使先运出资粮，然后焚之。新降者竞炊爨，与先降来告者共食之，语笑歌吹，歌，呕唱也。吹，吹笙笛之类也。终夜不绝。

明日，仁厚纵双流、穿口降者先归，使新津降者执旗先驱，且曰："入邛州境，亦可散归矣。"罗夫子置九寨于延贡，其众前夕望新津火光，已不眠矣。及新津人至，罗夫子脱身弃寨奔阡能，其众皆降。

明日，罗夫子至阡能寨，与之谋悉众决战；计未定，日向暮，延贡降者至，阡能、罗夫子走马巡寨，欲出兵，众皆不应。仁厚引兵连夜逼之，明旦，诸寨知大军已近，呼噪争出，执阡能，阡能窘急赴井，为众所擒，不死；又执罗夫子，罗夫子自刭。刭，古鼎翻。众挈罗夫子首，缚阡能，驱之前迎官军，见仁厚，拥马首大呼泣拜曰："百姓负冤日久，无所控诉。自谍者还，即仁厚所纵黥面者也。百姓引领，度顷刻如期年。今遇尚书，如出九泉睹白日，已死而复生矣。"讙呼不可止。讙，与喧同。贼寨在他所者，分遣诸将往降之。仁厚出军凡六日，五贼皆平。按九域志，双流县在成都南四十里，自此而南，至新穿口，又南至新津，又南至延贡，又南至阡能寨，度其道里相去，各不过四五十里。高仁厚知蜀民之心非乐于从乱，而胁于五贼之威，因其心而诱导之，故胁从者皆望风降服，师不留行而五贼平矣。考异曰：张彭耆旧传："中和三年冬，千能转盛，官军战即不利。陈敬瑄乃遣仁厚讨之。十一月五日，仁厚进发，六日，擒罗浑擎，七日，擒句胡僧，得韩求首级，九日，擒千能，得罗夫子首级。十一月二十二日回戈，自城北门入。三日大设。五日议功。高公自检校兵部尚书检校左仆射，授眉州刺史。”张彭书语虽俚浅，或有抵牾，然叙事甚详。苟无此书，则仁厚功业悉沉没矣。句延庆传：“中和二年，仁厚枭五贼之首，凯旋归府。冬十二月戊寅，皇帝御大玄楼，高仁厚与将校等于清远桥朝见。至后三日，大设，高仁厚除授眉州刺史。”延庆不知据何书知千能败在二年冬，然要之仁厚擒韩秀升在三年十月前，则擒千能必更在前矣。十二月，己亥朔，无戊寅，日必误也。实录：“二年十月，草贼阡能于蜀州败官军，陈敬瑄遣高仁厚讨之。”实录见句传叙讨阡能事，承十月癸丑发峡路收讨韩秀升下，因附之十月，亦误也。实录又曰：“十二月，仁厚以阡能首来献，帝御大玄楼宣慰回戈将士，以仁厚为检校工部尚书、眉州防御使。”亦因句传而去其日。又此年十月戊辰，升眉、汉、彭、绵等州并为防御使，故改刺史为防御耳。今高仁厚擒阡能既不知决在何年月，故因实录附于此。每下县镇，辄补镇遏使，使安集户口。

于是陈敬瑄枭韩求、罗夫子首于市，钉阡能、罗浑擎于【章：十二行本“于”上有“句胡僧”三字；乙十一行本同；孔本同。】城西，七日而冎之。钉，丁定翻。冎，古瓦翻。阡能孔目官张荣，本安仁进士，屡举不中第，归于阡能，为之谋主，为草书檄，为草，于伪翻。阡能败，以诗启求哀于仁厚，仁厚送府，钉于马市；自馀不戮一人。

十二月，以仁厚为眉州防御使。

陈敬瑄榜邛州，凡阡能等亲党皆不问。未几，几，居岂翻。邛州刺史申捕获阡能叔父行全家三十五人系狱，请准法。准法，谓反逆亲属当从坐诛。敬瑄以问孔目官唐溪，对曰：“公已有榜，令勿问，而刺史复捕之，复，扶又翻。此必有故。今若杀之，岂惟使明公失大信，窃恐阡能之党纷纷复起矣！”敬瑄从之，遣押牙牛晕往，集众于州门，破械而释之，因询其所以然，果行全有良田，刺史欲买之，不与，故恨之。敬瑄召刺史，将按其罪，刺史以忧死。他日，行全闻其家由溪以免，密饷溪蚀箔金百两。博闻录：有蚀箔金法。金及分数者打成大薄片，以黄矾一两、鸡屎矾一两、胆矾半两、硇砂一分、信土一两、赤土一两衮研，以盐胆水调，金片上炙干，更搽更炙；如此三度已来，用牛粪灰一重，重鬲下大火煅一日取出，温汤洗净。其存者金也，其蚀出者银也。溪怒曰："此乃太师仁明，陈敬瑄检校太师，故称之。何预吾事，汝乃怀祸相饷乎！"还其金，斥逐使去。史言唐溪有古君子之风。

33 河东节度使郑从谠奏克岚州，执汤群，斩之。汤群以城附沙陀。

34 以忻、代等州留后李克用为雁门节度使。

35 初，朝廷以郑绍业为荆南节度使，时段彦谟方据荆南，绍业惮之，逾半岁，乃至镇。上幸蜀，召绍业还，以彦谟为节度使。彦谟为朱敬玫所杀，是年三月，朱敬玫杀段彦谟。复以绍业为节度使。绍业畏敬玫，逗遛不进，军中久无帅；至是，敬玫署押牙陈儒知府事。儒，江陵人也。

36 加奉天节度使齐克俭、河中节度使王重荣并同平章事。

37 李克用将兵四万至河中，考异曰：实录在明年正月。今从新太祖纪年录、薛居正五代史。遣从父弟克修先将兵五百济河尝贼。尝，试也。初，克用弟克让为南山寺僧所杀，其仆浑进通归于黄巢。自高浔之败，浔败，见上卷上年。诸军皆畏贼，莫敢进。及克用军至，贼惮之，曰："鸦军至矣，当避其锋。"克用军皆衣黑，衣，于既翻。故谓之鸦军。巢乃捕南山寺僧十馀人，遣使赍诏书及重赂，因浑进通诣克用以求和。克用杀僧，哭克让，受其赂以分诸将，焚其诏书，归其使者，考异曰：太祖纪年录："初，克让于潼关战败，避贼南山，隐于佛寺，夜，为山僧所害，纪纲浑进通冒刃获免，归黄巢。贼素惮太祖，闻其至也，将托情修好，捕害克让之僧十馀人，杀之。巢令其将米重威赍重赂、伪诏，因浑进通见太祖。乃召诸将，领其赂，燔其伪诏以徇。"薛史克让传曰："乾符中，以功授金吾将军，留宿卫。初，懿祖归朝，宪宗赐宅于亲仁坊。武皇之起云中杀段文楚也，天子诏巡使王处存夜围亲仁坊，捕克让。诘旦，兵合，克让与十馀骑弯弧跃马，突围而出，官军数千人追之，比至渭桥，死者数百。克让自夏阳掠船而济，归于雁门。"按克让于时犹在云州，此克让恐当作克用，云雁门，误也。后唐懿祖纪年录曰："其兄克恭、克俭皆伏诛。"按是时国昌犹自请讨克用，朝廷必未诛其子。盖国昌振武不受代后，克恭、克俭始被诛也。薛史又曰："明年，武皇昭雪，克让复入宿卫。黄巢犯阙，僖宗幸蜀，克让时守潼关，为贼所败。"按国昌以乾符五年不受代，朝廷发兵讨之。六年，克用未尝昭雪，克让何从得入宿卫！广明元年，国昌父子兵败，逃入达靼。其年冬，黄巢陷长安，克让何尝守潼关战败而死于佛寺！或者为朝廷所围捕时，逃入南山佛寺，为僧所杀，则不可知也。今事既难明，故但云为寺僧所杀而已。引兵自夏阳渡河，武德三年，分郃阳置河西县。乾元三年，更河西曰夏阳，属河中府，后属同州。夏，户雅翻。军于同州。

38 孟方立既杀成麟，见上卷元年。引兵归邢州，潞人请监军吴全勖知留后。是岁，王铎墨制以方立知邢州事，方立不受，囚全勖；与铎书，不受铎命而与铎书，期必济其私欲。愿得儒臣镇潞州，铎以郑昌图知昭义军事。既而朝廷以右仆射、租庸使王徽同平章事，充昭义节度使，徽以车驾播迁，中原方扰，方立专据山东邢、洺、磁三州，度朝廷力不能制，邢、洺、磁，于潞州为山东。度，徒洛翻。辞不行，请且委昌图。诏以徽为大明宫留守、京畿安抚制置修奉园陵使。大明宫即东内也。时黄巢犹据京师，大明宫为贼所窃处，园陵之开毁者亦多，以此职命授徽，以俟收复。昌图至潞州，不三月而去，方立遂迁昭义军于邢州，自称留后，表其将李殷锐为潞州刺史。为潞州叛孟方立张本。考异曰：实录："中和四年正月，以义成行军司马郑昌图为中书舍人。三月，邢州军乱，杀其帅成麟，以中书舍人郑昌图权知昭义留后。"按成麟前已为孟方立所杀，况不在邢州，邢州乃方立所治也。又于时潞州已为李克修所据，昌图安得更往彼为留后！又："其年五月，以右仆射王徽同平章事，充昭义节度使。徽上表恳述非便，乃复以本官充大明宫留守。"旧王徽传："初，潞州军乱，杀成麟，以兵部侍郎郑昌图权知昭义军事。时孟方立割据山东三州，别为一镇，上党支郡惟泽州耳，而军中之人多附方立，昌图不能制。宰相奏请以重臣镇之，乃授徽检校尚书左仆射、同平章事，泽、潞、邢、洺、磁观察等使。时銮辂未还，关东聚盗，而河东李克用与孟方立争泽潞，以朝廷兵力必不能加，上表诉之曰：'郑昌图主留累月，将结深根；孟方立专据三州，转成积衅。招其外则潞人胥怨，抚其内则邢将益疑。祸方炽于既焚，计奈何于已失。须观胜负，乃决安危。伏乞圣慈博求廷议，择其可付，理在从长。'天子乃以昌图镇之，以徽为诸道租庸供军等使。"新孟方立传曰："方立攻成麟，斩之，擅裂邢、洺、磁为镇，治邢为府，号昭义军。潞人请监军使吴全勖知兵马留后。时王铎领诸道行营都统，以潞未定，墨制假方立知邢州事。方立不受，囚全勖，以书请铎，愿得儒臣守潞。铎使参谋中书舍人郑昌图知昭义留事，欲遂为帅。僖宗自用旧相王徽领节度。时天子在西河，关中云扰，方立擅地而李克用窥潞州，徽度朝廷未能制，乃固让昌图。昌图治不三月，辄去。方立更表李殷锐为刺史，乃徙治龙冈。会克用为河东节度使，昭义监军祁审诲乞师，求复昭义军，克用杀殷锐，遂并潞州，表克修为留后。"按王铎以三年正月罢都统，则昌图知昭义留后必在二年也。昌图在潞不三月引去，今徽以潞让昌图，则徽除昭义必不在四年五月。实录年月皆误也。方立若已自称昭义留后，迁军额于邢州，则不止割据三州。若欲别为一镇，则应别立军名，必不与潞州并称昭义。若但以潞为支郡，当自除刺史，不以书与王铎更求儒臣；就使求之，铎亦当以昌图为潞州刺史，不云知昭义军事，又不得以泽州为支郡也。盖方立既杀成麟，以邢州乡里，欲徙镇之，故身往邢州，而潞人不从，故请全勖为留后。方立以众情未洽，未敢自立，故囚全勖，外示恭顺，托以中人不可为帅而请于王铎，乞除儒臣；其意以儒臣易制，欲外奉为帅而自专军府之政，渐谋代之也。既而昌图至潞，欲行帅职，而山东三州已为方立所制，不受帅命，独泽州在南，尚可号令耳。故王徽表云："昌图主留累月，已结深根。"言在泽潞已久，人心稍附，己所不如也。又云："方立专据三州，转成积衅。"谓昌图欲行帅权，而方立不率将职，互相窥觎，故积衅也。又云："招其外则潞人胥怨，抚其内则邢将益疑。"谓今邢、潞已成衅隙，己至彼欲加惠于邢则潞人怨其宠贼，加惠于潞则邢将疑其图己也。又云："须观胜负，乃决安危。"谓昌图能胜方立，然后昭义乃安也。昌图在潞终不自安，故以军府授方立而去。方立然后自称留后，徙军额于邢州，以潞为支郡，表殷锐为刺史。故新传徙治龙冈在殷锐为刺史下，此其证也。于是潞人怨而召沙陀，当徽除节制之时，克用犹未敢争泽潞也。吴全勖，疑是方立初入潞府时监军，故王铎使知留后，方立既因之，疑其遂斥去。祁审诲恐是郑昌图时监军。太祖纪年录云："方立虏审诲，自称留后。"薛居正五代史方立传云："方立以邢为府，以审诲知潞州事。"互说不同。且既虏审诲，必不以知潞州。方立表李殷锐为刺史，而审诲犹依旧，必是后来监军，方立以其未尝异己，故不疑之。若尝被囚虏，必不复留。此之不实，昭然可知。疑唐末昭义数逐帅，刘广、成麟作乱被杀，人皆知之。记事者不详考正，或以先者为后，后者为先，差互不同，故诸书多抵牾不合耳。又薛史安崇阮传云："安文佑初为潞州牙门将，光启中，军校刘广逐节度使高浔，据其城，僖宗诏文佑平之。既杀刘广，召赴行在，授邛州刺史。其后孟方立据邢、洺，攻上党，朝廷以文佑本潞人也，授昭义节度使，令讨方立，自蜀至泽州，与方立战，败殁于阵。"按诸书皆无文佑为昭义节度使事。况光启中，泽潞已为李克修所据，文佑来，当与克修战，不得与方立战也。其事恐虚，今不取。

39 和州刺史秦彦使其子将兵数千袭宣州，逐观察使窦潏而代之。潏，食聿翻，又音聿，又音决。秦彦降高骈见二百五十三卷乾符六年。其得和州，亦骈用之也。为彦以宣州兵入广陵张本。

三年(癸卯、八八三)

1 春，正月，李克用将李存贞败黄揆于沙苑；败，补迈翻。己巳，克用进屯沙苑。揆，巢之弟也。王铎承制以克用为东北面行营都统，以杨复光为东面都统监军使，陈景思为北面都统监军使。

乙亥，制以中书令、充诸道行营都统王铎为义成节度使，令赴镇。田令孜欲归重北司，称铎讨黄巢久无功，卒用杨复光策，召沙陀而破之，故罢铎兵柄以悦复光；罢王铎兵柄在正月，李克用破黄巢在四月。盖田令孜以黄巢之势已蹙，而杨复光之功必成，先以是悦之耳。卒，子恤翻。又以副都统崔安潜为东都留守，以都都监西门思恭为右神策中尉，充诸道租庸兼催促诸道进军等使。令孜自以建议幸蜀、收传国宝、列圣真容、散家财犒军为己功，令宰相藩镇共请加赏，上以令孜为十军兼十二卫观军容使。令孜从幸蜀，募神策新军为五十四都，离为十军，号神策十军。左・右卫、左・

右骁卫、左·右武卫、左·右威卫、左·右领军卫、左·右金吾卫，谓之南牙十二卫。

2 成德节度使常山忠穆王王景崇薨，军中立其子节度副使镕知留后事，时镕生十年矣。

3 以天平留后朱瑄为节度使。

4 二月，壬子，李克用进军乾坑，乾坑，在沙苑西南。乾，音干。与河中、易定、忠武军合；尚让等将十五万众屯于梁田陂，旧书作"良天坡"，在成店西三十里。明日，大战，自午至晡，贼众大败，俘斩数万，伏尸三十里。巢将王璠、黄揆袭华州，据之，王遇亡去。去年王遇据华州归国。璠，孚袁翻。

5 初，光州刺史李罕之为秦宗权所攻，弃州奔项城，李罕之与秦彦俱降高骈，盖骈使守光州。帅馀众归诸葛爽，帅，读曰率。爽以为怀州刺史。韩简攻郓州，半年，不能下；爽复袭取河阳，去年八月，韩简破诸葛爽，取河阳。十月，移兵攻郓州。朱瑄请和，简乃舍之，引兵击河阳。爽遣罕之逆战于武陟，魏军大败而还；大将澶州刺史乐行达先归，据魏州，军中共立行达为留后，简为部下所杀。懿宗咸通十一年，韩君雄得魏博，二世，十四年而灭。考异曰：旧传："简攻河阳，行及新郡，为诸葛爽所败，单骑奔回，忧愤，疽发背而卒，时中和元年十一月也。"新传亦同。今从实录。"新郡"当作"新乡"。己未，以行达为魏博留后。

6 甲子，李克用进围华州，黄思邺、黄揆婴城固守；克用分骑屯渭北。

7 以王镕为成德留后。

8 以郑绍业为太子宾客、分司，以陈儒为荆南留后。

9 峡路招讨指挥使庄梦蝶为韩秀升、屈行从所败，退保忠州，去年遣庄梦蝶讨韩秀升等。败，补迈翻。应援使胡弘略战亦不利；江、淮贡赋皆为贼所阻，百官无俸。时车驾在蜀，江、淮租赋溯峡江而上，今为韩秀升等所阻。云安、淯井路不通，民间乏盐。云安县，汉朐䏰地，后周改曰云安县，唐属夔州，有盐官。九域志：在州西一百三十三里。盐监又在县西三十里。淯井在泸州西南二百六十三里。史炤曰：淯井，汉犍为郡之汉阳县地，唐置长宁州。淯，音育。按"汉阳"当作"江阳"。陈敬瑄奏以眉州防御使高仁厚为西川行军司马，将三千兵讨之。考异曰：张彭耆旧传曰："中和四年，甲辰，春三月，峡路招讨指挥使庄梦蝶尚书为韩秀升所败，退至忠州。川主太师召眉州刺史高仁厚使讨秀升等，许以成功除梓帅，即日闻奏，拜行军司马，将步卒千人，三月五日进发。"句延庆耆旧传："中和三年二月，庄梦蝶为贼所败，川主唤仁厚，奏授峡路招讨都指挥使，将兵三千人，三月辛丑进发。"实录："三年二月，梦蝶为贼所败。陈敬瑄奏，以仁厚代梦蝶，将兵三千进讨，诏拜行军司马。"是月丁卯朔，无辛丑。辛丑乃四月五日，延庆误也。实录："三年二月，敬瑄奏仁厚代梦蝶。"盖亦用句传年月。今从之。

10 加凤翔节度使李昌言同平章事。

11 黄巢兵数败，食复尽，数，所角翻。复，扶又翻。阴为遁计，发兵三万搤蓝田道，搤蓝田道，所以通自武关南走之路。搤，于革翻。三月，壬申，遣尚让将兵救华州；李克用、王重荣引兵逆战于零口，破之。克用进军渭桥，骑军在渭北，克用每夜令其将薛志勤、康君立潜入长安，燔积聚，斩虏而还，零口，在京兆昭应县。积，子智翻。聚，从遇翻，又慈庾翻。还，从宣翻。贼中大惊。

12 以淮南押牙合肥杨行愍为庐州刺史。考异曰：十国纪年云："杨行密，六合人。"今从薛居正五代史、徐铉吴录。行愍本庐州牙将，勇敢，屡有战功，都将忌之，白刺史郎幼复遣使出戍于外。行愍过辞，过，古禾翻。过都将而辞行也。都将以甘言悦之，问其所须，须者，意之所欲。行愍曰："正须汝头耳！"遂起斩之，并将诸营，自称八营都知兵马使。幼复不能制，荐于高骈，请以自代。骈以行愍为淮南押牙，知庐州事，朝廷因而命之。行愍闻州人王勖贤，召，欲用之，固辞。问其子弟，曰："子潜，好学慎密，可任以事；弟子稔，有气节，可为将。”行愍召潜置门下，以稔及定远人季章为骑将。杨行愍后改名行密，事始此。定远，汉曲阳县地，梁改为定远县，唐属濠州。九域志：在州南八十里。骑，奇寄翻。将，即亮翻。

初，吕用之因左骁雄军使俞公楚得见高骈；用之横甚，横，户孟翻。或以咎公楚，公楚数戒用之少自敛，毋相累；数，所角翻。少，诗沼翻。敛，力俨翻。累，力瑞翻。用之衔之。右骁雄军使姚归礼，气直敢言，尤疾用之所为，时面数其罪，数，所具翻。常欲手刃之。癸未夜，用之与其党会倡家，归礼潜遣人爇其室，倡，音昌。爇，如悦翻，烧也。杀貌类者数人，用之易服得免。明旦，穷治其事，治，直之翻。获纵火者，皆骁雄之卒；用之于是日夜谮二将于骈。未几，骈使二将将骁雄卒三千袭贼于慎县，慎县，汉九江浚遒县地，古城在今县南。隋置慎县，唐属庐州。九域志：在州东北六十里。几，居岂翻。用之密以语杨行愍云：“公楚、归礼欲袭庐州。”行愍发兵掩之，二将不为备，举军尽殪，语，牛倨翻。殪，壹计翻。以二将谋乱告骈；骈不知用之谋，厚赏行愍。为杨行愍以庐州起张本。

13 己丑，以河中行营招讨副使朱全忠为宣武节度使，俟克复长安，令赴镇。

14 癸巳，李克用等拔华州，黄揆弃城走。

15 刘汉宏分兵屯黄岭、岩下、贞女三镇，三镇，皆当在婺、越间。钱镠将八都兵自富春击之，自富春渡江击三镇。富春即富阳县。破黄岭，擒岩下镇将史弁、贞女镇将杨元宗。汉宏以精兵屯诸暨，镠又击破之，汉宏走。

16 庄梦蝶与韩秀升、屈行从战，又败。其败兵纷纭还走，所在慰谕，不可遏；遇高仁厚于路，叱之，即止；仁厚斩都虞候一人，更令修娖部伍。娖，侧角翻。娖，整队伍也。乃召耆老，询以山川蹊径及贼寨所据，喜曰：“贼精兵尽在舟中，使老弱守寨，资粮皆在寨中，此所谓重战轻防，其败必矣！”乃扬兵江上，为欲涉之状。贼昼夜御备，遣兵挑战，挑，徒了翻。仁厚不与交兵，潜发勇士千人执兵负藁，夜，由间道攻其寨，且焚之。间，古苋翻。贼望见，分兵往救之，不及，资粮荡尽，众心已摇。仁厚复募善游者凿其舟，相继皆沈，复，扶又翻。沈，持林翻。贼往来惶惑，不能相救，仁厚遣兵于要路邀击，且招之，贼众皆降。秀升、行从见众溃，挥剑乱斫，欲止之，众愈怒，共执二人诣仁厚，仁厚诘之曰：“何故反？”秀升曰：“自大中皇帝晏驾，大中皇帝，谓宣宗。天下无复公道，纽解纲绝。今日反者，岂惟秀升！成是败非，机上之肉，惟所烹醢耳！”仁厚愀然，命善食而械之。愀，七小翻。食，祥吏翻。善食，善以酒食食之也。夏，四月，庚子，献于行在，斩之。考异曰：张彭耆旧传：“中和四年，高仆射将步卒千人，三月五日进发，庄尚书三月二十日齐进。四月十四日，峡路申：四月一日，大破峡贼。”句延庆耆旧传：“三年，四月庚午，擒韩秀升，捷书到府。”按是月丁酉朔，无庚午。实录：“中和三年，四月庚子，仁厚擒韩秀升，献于行在。初，仁厚至峡，与贼战，其众大败，贼中小校缚秀升出降。”据郑畋集，有覆黔南观察使陈佹奏涪州韩秀升谋乱已收管在州候敕旨状云：“秀升劫害黔府，俘掠帅臣，占据涪陵，扼截江路，遽怀僭妄，求作察廉。陈佹爰命毛玭部领甲士直趋巢穴，便破城池，迫逐渠魁，剿除逆党。”而诸家之说皆云仁厚所获。新传：“众怒，执秀升以降，仁厚槛车送行在，斩于市。”张彭耆旧传：“中和二年，三月，阡能反，八月，罗浑擎反，十月，句胡僧反，十二月，罗夫子反。三年，北路奏黄巢正月十日败走，收复长安。正月，阡能遣罗浑擎于新穿堰下二十七寨，把断水陆官路。六月，韩求反，其邛州贼首阡能逦迤渐侵入蜀州界。九月，峡路贼韩秀升反。十月，峡路贼屈行从反。川主陈太师差押衙庄二梦将兵二千，十月二十日发往峡路讨韩秀升、屈行从等。十一月五日，高仁厚进发讨阡能，九日，收邛州境内诸寨。十日，州县豁平。二十二日，回戈朝见。三日，大设。五日，议功，授眉州刺史。四年三月，庄梦蝶退至忠州。川主差高仁厚将兵，三月五日进发。庄尚书三月二十日齐进。四月十四日申：四月一日大破峡贼，擒秀升等。十五日，东川杨师立反。"句延庆耆旧传止于钞改张传为之，别无外事，但移浑擎反于中和二年五月，胡僧、罗夫子反于六月，韩求反于其年七月，庄梦蝶讨韩秀升、屈行从以其年十月癸丑进发。高仁厚破阡能等五贼回朝见，在其年十二月戊寅。三年二月，庄梦蝶为贼所败，川主遣高仁厚将兵，三月辛丑进发，四月庚午擒韩秀升，捷书到府。是月，杨师立反。四年，北路奏黄巢正月十日败走，收复长安。不知延庆改移年月别有所据邪，将率意为之也？至于三年杨师立反，四年收复长安，其为乖谬尤甚于彭。实录，千能、韩秀升等事，率依句传，而误以韩秀升反置七月，高仁厚讨阡能置十月，削戊寅、辛丑两日，改庚午为庚子，此其异于句传也。新纪："三年十一月壬申，西川行军司马高仁厚及阡能战于邛州，败之。"续宝运录："中和三年，涪州韩秀升反；冬，阡能反，高仁厚讨平之。"按贾纬唐年补录及实录所载铁券文皆云，"维中和三年岁次癸卯，十月甲午朔，十六日己酉，皇帝赐功臣陈敬瑄铁券。"其文有"戮阡能如薅草，除秀升若焚巢。"然则秀升之败，必在此日前也。张传破秀升在四年四月。其四年十月十日，亦载赐川主太师铁券，乃云："维中和三年岁次癸卯，十月甲子朔，五日戊辰。"文与补录、实录同，其昏耄如此。句传取张事而改其年，实录用句年而改其日。其阡能、韩秀升等起灭，不知的在何时。今从实录。

17 李克用与忠武将庞从、河中将白志迁等引兵先进，与黄巢军战于渭南，一日三战，皆捷；义成、义武等诸军继之，贼众大奔。甲辰，克用等自光泰门入京师，黄巢力战不胜，焚宫室遁去。考异曰：旧纪："四月，庚子，沙陀等军趋长安，贼拒之于渭桥，大败而还。李克用乘胜追之。己卯，黄巢收残众，由蓝田关而遁。庚辰，收京城，杨复光告捷。"按是月丁酉朔，无己卯、庚辰。敬翔梁太祖编遗录："四月乙巳，巢焚宫闱、省寺、居第略尽，拥残党越蓝田而逃。明日，上与诸军收复长安。"实录："甲辰，李克用与忠武将庞从、河中将白志迁、横野将满存、朝邑将康师贞三败贼于渭桥，大破之。义成、义武等军继进。乙巳，巢贼燔长安宫室，收馀众自光泰门东走，由蓝田关以遁。诸军进收京师。"新纪："三月壬申，李克用及黄巢战于零口，败之。四月甲辰，又败之于渭桥。丙午，复京师。"旧传曰："四月八日，克用合忠武骑将庞从遇贼于渭南，决战三捷，大败贼军。十日夜，贼巢散走。诘旦，克用由光泰门入，收京师，巢贼出蓝田七盘路东走关东。”新传曰：“克用遣部将杨守宗率河中将白志迁、忠武将庞从等最先进击贼渭桥，三战三北，于是诸节度兵皆奋，无敢后。入自光泰门，贼崩溃，逐北至望春，入升阳殿闼。巢夜奔，众犹十五万，声趋徐州，出蓝田，入商山。”程匡柔唐补纪曰：“杨复光帅十道行营节度使王重荣、李克用等兵士二万馀人自光泰门入袭，逐至升阳殿下，杀贼盈万。黄巢军败，阵上奔逃，取蓝田关出。”后唐太祖纪年录：“乙巳，巢败，焚宫室东走，太祖进收京师。”唐年补录：“八日，克用等战渭南，三败贼军。九日，巢走。”按杨复光露布云：“今月八日，杨守宗等随克用自光泰门先入京师。”又云：“贼尚为坚阵，来抗官军，自卯至申，群凶大溃，即时奔遁，南入商山。”然则官军以八日入城，贼战不胜而走，此最可据，今从之。渭南之战，必在八日以前，诸书皆误也。贼死及降者甚众，降，户江翻。官军暴掠，无异于贼，长安室屋及民所存无几。几，居岂翻。巢自蓝田入商山，黄巢先遣兵搤蓝田道，故得由此路遁去。多遗珍宝于路，官军争取之，不急追，贼遂逸去。

杨复光遣使告捷，考异曰：张彭耆旧传：“中和三年，北路奏黄巢正月十日败走，收复长安城讫。三月，北路行营收城，将士并回讫。”句延庆耆旧传曰：“四年，北路奏黄巢正月十日败走，收复长安。三月，北路行营破黄巢将士并回。”延庆悉移彭四年事于三年，三年事于四年，而不移其月日，其为差谬又甚于彭。今但云告捷，更不著月日。百官入贺。诏留忠武等军二万人，委大明宫留守王徽及京畿制置使田从异部分，守卫长安。分，扶问翻。五月，加朱玫、李克用、东方逵同平章事。升陕州为节度，以王重盈为节度使。又建延州为保塞军，以保大行军司马延州刺史李孝恭为节度使。赏破黄巢、复京城之功也。克用时年二十八，于诸将最少，少，诗照翻。而破黄巢，复长安，功第一，兵势最强，诸将皆畏之。克用一目微眇，眇，弥沼翻，一目小也。时人谓之“独眼龙”。

诏以崔璆家贵身显，为黄巢相首尾三载，不逃不隐，于所在斩之。载，子亥翻。

18 黄巢使其骁将孟楷将万人为前锋，击蔡州，节度使秦宗权逆战而败；贼进攻其城，宗权遂称臣于巢，与之连兵。

初，巢在长安，陈州刺史宛丘赵犨谓将佐曰：宛丘，后魏项县也，隋改曰宛丘，唐属陈州；管下项城县，乃东魏侨置秣陵县地，隋改曰项城。犨，昌牛翻。“巢不死长安，必东走，陈其冲也。且巢素与忠武为仇，巢自初起，与宋威、张自勉等累战，皆忠武兵也。不可不为之备。”乃完城堑，缮甲兵，积刍粟；六十里之内，民有资粮者，悉徙之入城。多募勇士，使其弟昶珝、子麓林分将之。将，即亮翻。孟楷既下蔡州，移兵击陈，军于项城；犨先示之弱，伺其无备，袭击之，杀获殆尽，生擒楷，斩之。巢闻楷死，惊恐，悉众屯溵水，珝，况羽翻。项城在陈州东南，溵水在西南。六月，与秦宗权合兵围陈州，掘堑五重，重，直龙翻。百道攻之。陈人大恐，犨谕之曰：“忠武素著义勇，陈州号为劲兵，况吾家久食陈禄，誓与此州存亡。男子当求生于死中，且徇国而死，不愈于臣贼而生乎！有异议者斩！”数引锐兵开门出击贼，破之。数，所角翻。巢益怒，营于州北，立宫室百司，为持久之计。时民间无积聚，贼掠人为粮，生投于碓硙，碓，都内翻。硙，五对翻。并骨食之，号给粮之处曰“舂磨寨”。舂磨寨，即设碓硙处。碓以舂，硙以磨。磨，莫卧翻。纵兵四掠，自河南、许、汝、唐、邓、孟、郑、汴、曹、濮、徐、兖等数十州，咸被其毒。此河南，谓洛州河南府。被，皮义翻。

19 初，上蔡人刘谦为岭南小校，节度使韦宙奇其器，咸通中，韦宙帅岭南。以兄女妻之。妻，七细翻。考异曰：新传：“宙弟岫，亦有名。宙在岭南，以从女妻小校刘谦。或谏止之，岫曰：‘吾子孙或当依之。’”薛居正五代史：“韦宙出镇南海，谦时为牙校，宙以犹女妻之。”北梦琐言曰：“丞相韦公宙出镇南海，有小将刘谦者，职级甚卑，气宇殊异，乃以从女妻之。其内以非我族类，虑招物议，讽诸幕僚谏止之。丞相曰：‘此人非常流也，他日吾子孙或可依之。’谦以军功拜封州刺史，韦夫人生子曰隐、曰岩。”十国纪年曰：“刘谦望，字德光，亦名知谦，后止名谦，唐咸通中为广州牙将，韦宙以兄女妻之。”

新传云岫知谦，恐误。今从琐言、纪年。谦击群盗，屡有功，辛丑，以谦为封州刺史。刘谦始此。

20 加东川节度使杨师立同平章事。

21 宣武节度使朱全忠帅所部数百人赴镇，帅，读曰率。秋，七月，丁卯，至汴州。时汴、宋荐饥，公私穷竭，内外【张："外"作"则"。】骄军难制，外为大敌所攻，无日不战，众心危惧，而全忠勇气益振。诏以黄巢未平，加全忠东北面都招讨使。为朱全忠以宣武兵并吞诸镇、卒移唐祚张本。

22 南诏遣布燮杨奇肱来迎公主。诏陈敬瑄与书，辞以"銮舆巡幸，仪物未备，俟还京邑，然后出降。"奇肱不从，直前至成都。

23 李克用自长安引兵还雁门，寻有诏，以克用为河东节度使，召郑从谠诣行在。克用乃自东道过榆次，诣雁门省其父。省，悉景翻。克用寻榜河东，安慰军民曰："勿为旧念，各安家业。"以河东之人前此数与克用战，恐其不自安，故榜谕之。考异曰：旧纪："五月，李克用充河东节度使。七月，诏郑从谠赴行在。"新纪："五月，从谠为司空同平章事。"贾纬唐年补录："五月，制：'李讳可同平章事，充河东节度使。'（注云：按薛史："晋天福六年，二月，贾纬撰唐年补录上之。"又曰："贾纬，真定获鹿人，以唐诸帝实录，自武宗以下缺而不纪，乃采掇近代传闻之事及诸家小说第其年月，编为唐年补录，凡六十五卷。历事唐、晋、汉、周，故不敢称克用名"。）旧从谠传："三年，克用授河东节度，代从谠。五月十五日，从谠离太原，道途多寇，行次绛州，留驻数月。冬，诏使追赴行在，复辅政。"唐末见闻录曰："五月，敕除李尚书雁门节度使。六月二十五日，雁门节度使李仆射般次于府东路过。六月内，有除目到，相公除替赴阙，雁门节度李相公除河东节度使。十五日，相公取西明门进发。当月内，新使李相公有榜示，安抚在城军人百姓，曰：'无怀旧念，各仰安家。'"又曰："晋王讳克用，中和三年五月一日，自雁门节度使拜平章事，充河东节度使。"按克用除河东及从谠复辅政，诸书月日不同。旧纪五月除克用，七月从谠赴行在，不言入相。新纪五月已为相，尤误。旧从谠传，五月十五日离太原，又与纪相违。唐年补录五月制，止褒赏克用、朱玫、东方逵三人，制词鄙俚，疑其非实。唐末见闻录初云六月除河东，后复云五月一日。据实录、后唐太祖纪年录、薛居正五代史皆在七月，今从之。从谠此年九月为东都留守，光启二年二月方再入相。

24 左骁卫上将军杨复光卒于河中；复光慷慨喜忠义，喜，许记翻。善抚士卒，军中恸哭累日，八都将鹿晏弘等各以其众散去。田令孜素畏忌之，闻其卒，甚喜，因摈斥其兄枢密使复恭为飞龙使。令孜专权，人莫与之抗，惟复恭数与之争得失，故令孜恶之，复恭因称疾归蓝田。数，所角翻。恶，乌路翻。

25 以成德留后王镕、魏博留后乐行达、天平留后朱瑄为本道节度使。

26 司徒、门下侍郎、同平章事郑畋，虽当播越，犹谨法度。田令孜为判官吴圆求郎官，吴圆，田令孜之属官。为，于伪翻。畋不许；陈敬瑄欲立于宰相之上，畋以故事，使相品秩虽高，皆居真相之下，固争之；唐末，凡节度使带平章事及检校三省长官、三公、三师者，皆谓之使相。二人乃令凤翔节度使李昌言上言："军情猜忌，不可令畋扈从过此。"元年，昌言逐畋以攘凤翔，故二人嗾之上言，以罢畋相。自是之后，朝廷进退宰相，率受制于藩镇矣。从，才用翻。畋亦累表辞位，乃罢为太子太保，又以其子兵部侍郎凝绩为彭州刺史，使之就养。宋白曰：唐垂拱三年，以益州九陇县置彭州，取古天彭关为名。养，羊尚翻。以兵部尚书判度支裴澈为中书侍郎、同平章事。

27 八月，甲辰，李克用至晋阳，李克用自此以晋阳为争天下根本。诏以前振武节度使李国昌为代北节度使，镇代州。

28 升湖南为钦化军，以观察使闵勖为节度使。

29 九月，加陈敬瑄兼中书令，进爵颍川郡王。

30 感化节度使时溥营于溵水；遏黄巢之兵，且为陈州声援也。加溥东面兵马都统。

31 以荆南留后陈儒为节度使。

32 昭义节度使孟方立，以潞州地险人劲，屡篡主帅，欲渐弱之，乃迁治所于邢州，事见上年。帅，所类翻。大将家及富室皆徙山东，潞人不悦。监军祁审诲因人心不安，使武乡镇使安居受潜以蜡丸乞师于李克用，请复军府于潞州。武乡与河东巡属辽州邻境，故使其镇将乞师。是后方镇率分置镇将于诸县，县令不得举其职矣。宋白曰：武乡县本汉涅县地，晋始置武乡郡，县属焉。冬，十月，克用遣其将贺公雅等赴之，为方立所败；败，补迈翻。又遣李克修击之，辛亥，取潞州，考异曰：实录：“克用表李克修为节度使，于是分昭义军五州为二镇。”薛居正五代史孟方立传曰：“潞人阴乞师于武皇，中和三年十月，武皇遣李克修将兵赴之，方立拒战，大败之。由是连收泽、潞二郡，乃以克修为节度使。”按薛史张全义传：“诸葛爽表全义为泽州刺史，爽卒，李罕之据泽州。”盖克修止得潞州，泽为河阳所取也。杀其刺史李殷锐。是后克用每岁出兵争山东，三州之人半为俘馘，野无稼穑矣。昭义邢、洺、磁三州在山东。

33 以宗女为安化长公主，庆州安化郡。妻南诏。妻，七细翻。

34 刘汉宏将十馀万众出西陵，将击董昌；戊午，钱镠济江迎战，大破之，汉宏易服持鲙刀而遁。使敌人见之以为庖丁，不疑为汉宏也。己未，汉宏收馀众四万又战，镠又破之，斩其弟汉容及将辛约。

35 十一月，甲子朔，秦宗权围许州。

36 忠武大将鹿晏弘帅所部自河中南掠襄、邓、金、洋，所过屠灭，声云西赴行在。宋白曰：金州，汉汉中郡之西城县也。魏文帝置西城郡，后改魏兴郡；梁置北梁州，寻改为南梁州；西魏置东梁州，因其地出金，改为金州。洋州，汉成固县地，后汉封班超于此。晋为南乡县，寻改西乡，西魏置洋州。帅，读曰率。洋，音祥。十二月，至兴元，逐节度使牛勖，勖奔龙州西山。龙州西山，松、茂二州界，时已没于蛮中。晏弘据兴元，自称留后。

37 武宁节度使时溥“武宁”，当作“感化”。因食中毒，中，竹仲翻。疑判官李凝古而杀之。凝古父损，为右散骑常侍，在成都，溥奏凝古与父同谋；田令孜受溥赂，令御史台鞫之。侍御史王华为损论冤，令孜矫诏移损下神策狱，为，于伪翻。下，户嫁翻。华拒而不遣。萧遘奏：“李凝古行毒，事出暧昧，已为溥所杀，父损相别数年，声问不通，安得诬以同谋！溥恃功乱法，陵蔑朝廷，欲杀天子侍臣；若徇其欲，行及臣辈，朝廷何以自立！”由是损得免死，归田里。时令孜专权，群臣莫敢迕视，迕，五故翻。惟遘屡与争辩，朝廷倚之。

38 升浙东为义胜军，以刘汉宏为节度使。

39 赵犨遣人间道求救于邻道，间，古苋翻。于是周岌、时溥、朱全忠皆引兵救之。全忠与黄巢之党战于鹿邑，败之，斩首二千馀级，遂引兵入亳州而据之。鹿邑，后魏陈留武平县也，隋开皇十八年，更名鹿邑，唐属亳州。九域志：在州西一百三十里。败，补迈翻。

四年（甲辰、八八四）

1 春，正月，以鹿晏弘为兴元留后。

2 赐魏博节度使乐行达名彦祯。

3 东川节度使杨师立以陈敬瑄兄弟权宠之盛，田令孜、陈敬瑄兄弟也。心不能平。敬瑄之遣高仁厚讨韩秀升也，见上二月。语之曰：“成功而还，语，牛倨翻。还，从宣翻。当奏天子，以东川相赏。”师立闻之，怒曰：“彼此列藩，而遽以我疆土许人，是无天地也！”田令孜恐其为乱，因其不发兵防遏，征师立为右仆射。

4 黄巢兵尚强，周岌、时溥、朱全忠不能支，共求救于河东节度使李克用。二月，克用将蕃、汉兵五万出天井关；河阳节度使诸葛爽辞以河桥不完，谓河阳桥也。屯兵万善以拒之。

克用乃还兵自陕、河中渡河而东。考异曰：唐末见闻录：“晋王三月十三日发大军讨黄巢。”太祖纪年录：“正月，太祖帅师五万自泽潞将下天井关，河阳屯万善，乃改辕蒲、陕渡河。”薛居正五代史但云四年春。按四月已与巢战，三月十三日发晋阳，似太晚。又克用表云：“昨二月内，频得陈、许、徐、汴书牒。”今从旧传。又克用自诉上表云：“遂从陕服，径达许田。”是于蒲、陕两道度兵也。

5 杨师立得诏书，怒，不受代，杀官告使及监军使，官告使，奉右仆射告身以征师立者也。监军使，东川监军。举兵，以讨陈敬瑄为名，大将有谏者辄杀之，进屯涪城，涪城，汉涪县地，东晋置始平郡，后魏改为涪城及潼县，隋改潼为涪城，唐初属绵州，后属梓州。九域志：在州西北五十五里。涪，音浮。遣其将郝蠲袭绵州，不克。丙午，以陈敬瑄为西川、东川、山南西道都指挥、招讨、安抚、处置等使。处，昌吕翻。三月，甲子，杨师立移檄行在百官及诸道将吏士庶，数陈敬瑄十罪，考异曰：张彰耆旧传：“中和四年，四月十五日，东川杨师立反。”下载师立檄文，则云“三月三日”，自相违。今从实录。数，所具翻。自言集本道将士、八州坛丁共十五万人，按新书路岩传，岩帅西川，置定边军于邛州，扼大度，治故关，取坛丁子弟，教击刺，使补屯籍。则坛丁者，蜀中边郡民兵也。又按路振九国志，石处温事孟知祥，补万州管内诸坛点检指挥使。见得蜀中诸郡皆有坛丁。长驱问罪。诏削师立官爵，以眉州防御使高仁厚为东川留后，将兵五千讨之，以西川押牙杨茂言为行军副使。

6 朱全忠击黄巢瓦子寨，拔之；黄巢撤民居以为寨屋，谓之瓦子寨。巢将陕人李唐宾、楚丘王虔裕降于全忠。陕，失冉翻。降，户江翻。

7 婺州人王镇执刺史黄碣，降于钱镠。碣，其谒翻。刘汉宏遣其将娄赍杀镇而代之，浦阳镇将蒋瓌召镠兵共攻婺州，水经注：浦阳江源出乌伤县，东径诸暨县，与泄溪合。唐婺州，汉乌伤之地也，天宝十三载，分婺州之义乌、兰溪及杭州之富阳，置浦阳县。擒赍而还。碣，闽人也。

8 高骈从子左骁卫大将军澞，从，才用翻。澞，虞俱翻。疏吕用之罪状二十馀幅，密以呈骈，且泣曰："用之内则假神仙之说，蛊惑尊听；外则盗节制之权，残贼百姓；将佐惧死，莫之敢言。岁月浸深，羽翼将成，苟不除之，恐高氏奕代勋庸，一朝扫地矣！"因呜咽不自胜。胜，音升。骈曰："汝醉邪！"命扶出。明日，以澞状示用之，用之曰："四十郎尝以空乏见告，澞第四十。未获遵命，故有此憾。"因出澞手书数幅呈之。骈甚惭，遂禁澞出入；后月馀，以澞知舒州事。

群盗陈儒攻舒州，澞求救于庐州。杨行愍力不能救，谋于其将李神福，神福请不用寸刃而逐之。乃多赍旗帜，间道入舒州，九域志：庐州南至舒州四百二十里。间，古苋翻。顷之，引舒州兵建庐州旗帜而出，指画地形，若布大陈状；贼惧，宵遁。贼畏庐州兵，故宵遁。兵有先声而后实，此其近之。陈，读曰阵。神福，洺州人也。路振九国志曰：李神福，洺州人，隶上党军籍。高骈兼诸道行营都统，神福从州将戍淮海，因投杨行密。

久之，群盗吴迥、李本复攻舒州，复，扶又翻。澞不能守，弃城走，骈使人就杀之。杨行愍遣其将合肥陶雅、清流张训等将兵击吴迥、李本，擒斩之，合肥，汉古县，唐带庐州。清流，汉全椒县地，隋置清流县，唐带滁州。以雅摄舒州刺史。秦宗权遣其弟将兵寇庐州，据舒城，开元二十三年，分合肥、庐江置舒城县，属庐州。九域志：在州西南一百一十里。杨行愍遣其将合肥田頵击走之。頵，于伦翻。

9 前杭州刺史路审中客居黄州，路审中为董昌所拒，见上卷元年。闻鄂州刺史崔绍卒，募兵三千人入据之。武昌牙将杜洪亦逐岳州刺史而代之。

10 黄巢围陈州几三百日，几，居依翻。赵犨兄弟与之大小数百战，虽兵食将尽，而众心益固。李克用会许、汴、徐、兖之军于陈州；时尚让屯太康，太康，汉阳夏县，隋改曰太康，以县东有太康城也，唐属陈州。夏，四月，癸巳，诸军进拔太康。黄思邺屯西华，西华，汉县，唐属陈州。九域志：在州西八十里。诸军复攻之，复，扶又翻；下同。思邺走。黄巢闻之惧，退军故阳里，故阳里，在陈州城北。陈州围始解。

朱全忠闻黄巢将至，引军还大梁。五月，癸亥，大雨，平地三尺，黄巢营为水所漂，且闻李克用将至，遂引兵东北趣汴州，趣，七喻翻。屠尉氏。尚让以骁骑五千进逼大梁，至于繁台；繁台，本师旷吹台，梁孝王增筑。水经注：吹台，在浚仪城南牧泽之右。牧泽者，今之蒲关泽，即此泽也。宣武将丰人朱珍、南华庞师古击却之。丰，汉县，唐属徐州。九域志：在徐州西北一百四十里。全忠复告急于李克用，丙寅，克用与忠武都监使田从异发许州，戊辰，追及黄巢于中牟北王满渡，按旧书帝纪，王满渡乃汴河所经津济之地。乘其半济，奋击，大破之，杀万馀人，贼遂溃。尚让帅其众降时溥，帅，读曰率；下同。别将临晋李谠、曲周霍存、甄城葛从周、冤句张归霸及【章：十二行本“及”下有“从”字；乙十一行本同；孔本同；张校同。】弟归厚帅其众降朱全忠。临晋，古地名，隋分猗氏，置桑泉县，天宝十三载，改为临晋，属河中府。九域志：在府北六十五里。曲周，汉古县，中废，隋分洺水复置，唐属洺州，宋废为镇，属鸡泽县。“甄城”，当作“鄄城”，亦汉古县，唐带濮州。史言朱全忠后吞诸镇，多用所降黄巢将。鄄，吉掾翻。考异曰：崇文院有梁功臣列传，不著撰人名氏，云：“张归厚，祖兴，父处让。归厚中和末，与伯季自冤句相率来投。”薛居正五代史：“张归霸祖进言，父实。”归厚传无父、祖，但云与兄归霸皆来降。据梁功臣传，父祖与归霸不同，当是从弟。巢逾汴而北，己巳，克用追击之于封丘，又破之。庚午夜，复大雨，贼惊惧东走，克用追之，过胙城、匡城。胙城，汉南燕县，隋改曰胙城，唐属滑州。九域志：在州南九十里。宋白曰：胙城县，本古之胙国，又为古之燕国，汉为南燕县。隋文帝因览奏状，见南燕县名，因曰：“今天下一统，何南燕之有！”遂改为胙城。巢收馀众近千人，东奔兖州；近，其靳翻。辛未，克用追至冤句，骑能属者才数百人，属，之欲翻。昼夜行二百馀里，人马疲乏，粮尽，乃还汴州，欲裹粮复追之，获巢幼子及乘舆器服符印，乘，绳证翻。得所掠男女万人，悉纵遣之。

11 癸酉，高仁厚屯德阳，杨师立遣其将郑君雄、张士安据鹿头关以拒之。

12 甲戌，李克用至汴州，营于城外；朱全忠固请入城，馆于上源驿。晋天福五年，改东京上源驿为都亭驿。全忠就置酒，声乐、馔具皆精丰，礼貌甚恭；克用乘酒使气，语颇侵之，馔，雏恋翻，又雏晥翻。李克用盖言全忠从黄巢为寇，触其实也。全忠不平。薄暮，罢酒，从者皆沾醉，沾醉，言饮酒大醉，胸襟沾湿，不能自持也。从，才用翻。宣武将杨彦洪密与全忠谋，连车树栅以塞衢路，塞，悉则翻。发兵围驿而攻之，呼声动地。克用醉，不之闻；亲兵薛志勤、史敬思等十馀人格斗，侍者郭景铢灭烛，扶克用匿床下，以水沃其面，徐告以难，呼，火故翻。难，乃旦翻。克用始张目援弓而起。志勤射汴人，死者数十。援，于元翻。射，而亦翻。须臾，烟火四合，会大雨震电，天地晦冥，志勤扶克用帅左右数人帅，读曰率。逾垣突围，乘电光而行，汴人扼桥，力战得度，史敬思为后拒，战死。克用登尉氏门，尉氏门，汴城南门也，梁开平元年改为高明门，晋天福三年改为薰风门。缒城得出，监军陈景思等三百馀人，皆为汴人所杀。杨彦洪谓全忠曰：“胡人急则乘马，见乘马则射之。”是夕，彦洪乘马适在全忠前，全忠射之，殪。射，而亦翻。殪，壹计翻。考异曰：梁太祖编遗录：“甲戌，并帅自曹南旋师，上出封丘门迎劳之。克用坚请入州内，上初止之，乃于门外陈设次舍，将安泊之。克用不诺，因纵蕃骑突入，驰至上源驿。既不可遏，上乃与之并辔，送至驿亭。是日晚备宴，宴罢，复张乐，继烛而饮。克用酒酣使气，广须乐妓，颇恣无厌之欲；又以丑言陵侮于上。时蕃将皆被甲胄以卫克用。上既甚不欢，遽起图之，遂令都将杨彦洪潜率甲士入驿戮之。时夜将半，克用沈醉，忽大雷雨暴至，克用不觉，近侍人乃灭烛推于床下藏之。蕃戎与我师斗，战移时方败，杨彦洪中流矢而毙。是时阴黑，克用遇一卒，背负登尉氏门，因得悬缒而出，乘牛行数里以投其众，馀亲卫数百人，皆剿之。其后克用至太原，以是事表诉于唐帝，蒲帅亦继驰书请上与克用和解，上终不释憾。”此乃敬翔饰非，今不取。实录：“甲戌，李克用次汴州，驻军近郊，朱全忠请馆于上源驿，乃以腹心三百馀自卫。全忠以克用兵从简少，大军在远，谋害之。是夜，置酒，宴罢，以兵围驿，纵火焚之。”薛居正五代史梁太祖纪曰：“五月，甲戌，帝与晋军振旅归汴，馆克用于上源驿，既而备犒宴之礼。克用乘醉任气，帝不平之。是夜，命甲士围而攻之。”后唐武皇纪曰：“班师过汴，汴帅迎劳于封禅寺，请武皇休于府第，乃馆于上源驿。是夜，张乐陈宴席，武皇酒酣，戏诸侍妓，与汴帅握手，叙破贼事以为乐。汴帅素忌武皇，乃与其将杨彦洪密谋窃发，攻传舍。”按全忠是时兵力尚微，天下所与为敌者，非特患克用一人，而借使杀之，不能并其军，夺其地也。盖克用恃功，语或轻慢，全忠出于一时之忿耳。今从薛史梁纪。

克用妻刘氏，多智略，左右先脱归者以汴人为变告，刘氏神色不动，立斩之，阴召大将约束，谋保军以还。比明，克用至，还，从宣翻。比，必利翻，及也。欲勒兵攻全忠，刘氏曰：“公比为国讨贼，救东诸侯之急，比，毗至翻，近也。为，于伪翻。东诸侯，用左传语，谓东方诸镇。今汴人不道，乃谋害公，自当诉之朝廷。若擅举兵相攻，则天下孰能辨其曲直！且彼得以有辞矣。”克用从之，引兵去，但移书责全忠。全忠复书曰：“前夕之变，仆不之知，朝廷自遣使者与杨彦洪为谋，彦洪既伏其辜，惟公谅察。”

克用养子嗣源，年十七，从克用自上源出，矢石之间，独无所伤。嗣源本胡人，名邈佶烈，无姓。李嗣源始此。佶，极吉翻。克用择军中骁勇者，多养为子，名回鹘张政之子曰存信，按薛居正五代史，存信本名张污落。振武孙重进曰存进，许州王贤曰存贤，安敬思曰存孝，皆冒姓李氏。此所谓义儿也。欧阳修曰：唐自沙陀起代北，其所与俱，皆一时雄杰虓武之士，往往养为儿，号义儿军。

丙子，克用至许州故寨，求粮于周岌，岌辞以粮乏，乃自陕济河还晋阳。

13 郑君雄、张士安坚壁不出，高仁厚曰："攻之则彼利我伤，围之则彼困我逸。"遂列十二寨围之。丁丑，夜二鼓，夜二鼓，夜二更也。持更者每一更则鼓一声，二更则鼓二声，故谓二更为二鼓，亦谓之乙夜。君雄等出劲兵掩击城北副使寨，杨茂言不能御，帅众弃寨走，帅，读曰率；下同。其旁数寨见副使走，亦走。东川人并兵南攻中军，仁厚闻之，大开寨门，设炬火照之，自帅士卒为两翼伏道左右。贼至，见门开，不敢入，还去，仁厚发伏击之，东川兵大奔，追至城下，蹙之壕中，斩获甚众而还。

仁厚念诸弃寨走者，明旦所当诛杀甚多，乃密召孔目官张韶，谕之曰："尔速遣步探子将数十人分道追走者，步探子，遣之间步以刺探敌人，因名之。探，他绀翻。自以尔意谕之曰：'仆射幸不出寨，皆不知，仁厚以平阡能等之功，进检校仆射。汝曹速归，来旦牙参，【章：十二行本"参"下有"如常"二字；乙十一行本同；孔本同；张校同；退斋校同。】勿忧也。'"凡行营诸将，每旦赴大将营牙参。韶素名长者，长，知两翻。众信之，至四鼓，皆还寨；惟杨茂言走至张把，乃追及之。九域志：梓州郪县有张杷镇。"把"，当作"杷"。仁厚闻诸寨漏鼓如故，喜曰："悉归矣！"诘旦，诸将牙集，诘，去吉翻。以为仁厚诚不知也。坐良久，仁厚谓茂言曰："昨夜闻副使身先士卒，走至张把，有诸？"先，悉荐翻。对曰："昨夜闻贼攻中军，左右言仆射已去，遂策马参随，既而审其虚，复还寨中。"仁厚曰："仁厚与副使俱受命天子，将兵讨贼，若仁厚先走，副使当叱下马，行军法，代总军事，然后奏闻。今副使既先走，又为欺罔，理当何如？"茂言拱手曰："当死。"仁厚曰："然！"命左右扶下，斩之，诸将股栗。仁厚乃召昨夜所俘虏数十人，释缚纵归。纵俘，使归言其事。君雄等闻之惧，曰："彼军法严整如是，自今兵不可复出矣！"左传：晋人伐郑，蒐焉而还，中行桓子之谋也。曰："示之以整，使谋而来。"郑于是惧。其后卒请成于晋。用兵严整，敌人惧之，盖自古然矣。复，扶又翻。

14 庚辰，时溥遣其将李师悦将兵万人追黄巢。

15 癸未，高仁厚陈于鹿头关城下，陈，读曰阵；下同。郑君雄等悉众出战。仁厚设伏于陈后，阳败走，君雄等追之，伏发，君雄等大败；是夕，遁归梓州。陈敬瑄发兵三千以益仁厚军，进围梓州。

容肇祖标点聂崇岐覆校

资治通鉴卷第二百五十六

端明殿学士兼翰林侍读学士太中大夫
提举西京嵩山崇福宫上柱国河内郡开国公 司马光 奉敕编集
食邑二千二百户食实封九百户赐紫金鱼袋臣

后学天台胡三省音注

唐纪七十二

起阏逢执徐(甲辰)六月，尽强圉协洽(丁未)三月，凡二年有奇。

僖宗惠圣恭定孝皇帝下之上

中和四年(甲辰、八八四)

1 六月，壬辰，东川留后高仁厚奏郑君雄斩杨师立出降。仁厚围梓州久不下，乃为书射城中，道其将士曰："仁厚不忍城中玉石俱焚，为诸君缓师十日，射，而亦翻。道，读曰导。为，于伪翻。使诸君自成其功。若十日不送师立首，当分见兵为五番，见，贤遍翻。番分昼夜以攻之，于此甚逸，于彼必困矣。五日不下，四面俱进，克之必矣。诸君图之！"数日，君雄大呼于众曰：呼，火故翻。"天子所诛者元恶耳，他人无预也。"众呼万岁，大噪，突入府中，师立自杀，君雄挈其首出降。考异曰：张彰耆旧传："四年，七月一日，高仆射羽檄入城云云，师立自杀。七月三日，张、郑二将持师立首级出降。七月七日，高仆射上东川。"句延庆传曰：三年，五月，高公进军东川城下，飞檄入城，师立自刎。七月辛酉，师立首级至成都。"实录："六月丙申，高仁厚奏东川都将郑君雄枭斩杨师立，传首于行在。是日，诏以仁厚为东川节度使。"续宝运录："二月，梓州观察使杨师立反，敕差蜀将高仁厚等讨平。六月三日，收得梓州并杨师立首级至驾前。”新纪：“七月辛酉，杨师立伏诛。”今日从续宝运录，事从实录。仁厚献其首及妻子于行在，陈敬瑄钉其子于城北，钉，丁定翻。敬瑄三子出观之，钉者呼曰：呼，火故翻。“兹事行及汝曹，汝曹于后努力领取！”三子走马而返。以高仁厚为东川节度使。

2 甲辰，武宁将李师悦与尚让追黄巢至瑕丘，败之。宋白曰：春秋以邾子益来，囚诸负瑕。杜预注云：鲁邑也，高平郡南平阳县西北有瑕丘城，汉为瑕丘县。败，补迈翻。巢众殆尽，走至狼虎谷，狼虎谷，在泰山东南莱芜界。丙午，巢甥林言斩巢兄弟妻子首，将诣时溥；遇沙陀博野军，夺之，并斩言首以献于溥。黄巢乾符三年起兵为盗，至是凡十年而灭。考异曰：续宝运录曰：“尚让降徐州，黄巢走至碣山，路被诸军趁逼甚，乃谓外甥朱彦之云云。外甥再三不忍下手，黄巢乃自刎过与外甥。外甥将至，路被沙陀博野夺却，兼外甥首级一时送都统军中。”旧纪：“七月，癸酉，贼将林言斩黄巢、黄揆、黄秉三人首级降。”旧传：“巢入泰山，徐帅时溥遣将张友与尚让之众掩捕之。至狼虎谷，巢将林言斩巢及二弟邺、揆等七人首并妻子函送徐州。”新纪：“七月壬午，黄巢伏诛。”新传：“巢计蹙，谓林言曰：‘汝取吾首献天子，可得富贵，毋为他人利。’言，巢甥也，不忍。巢乃自刎，不殊，言因斩之，函首将诣时溥，而太原博野军杀言与巢首俱上。”今从新传。

3 蔡州节度使秦宗权纵兵四出，侵噬邻道；天平节度使朱瑄，有众三万，从父弟瑾，勇冠军中。瑄，荀缘翻，当作“宣”。瑾，渠吝翻。冠，古玩翻。宣武节度使朱全忠为宗权所攻，势甚窘，窘，渠陨翻。求救于瑄，瑄遣瑾将兵救之，败宗权于合乡。败，补迈翻。全忠德之，与瑄约为兄弟。朱全忠反覆小人也，兵势单弱，则与朱瑄为兄弟，兵势既强，则反眼为仇敌，必诛屠以快其志而后已，如斯人可与共功名哉！

4 秋，七月，壬午，时溥遣使献黄巢及家人首并姬妾，上御大玄楼受之。大玄楼，成都罗城正南门楼。高骈之筑成都罗城，既讫功，以周易筮之，得大畜。骈曰：“畜者，养也。济以刚健笃实，辉光日新，吉孰大焉！文宜去下存上。”因名大玄城。宣问姬妾：“汝曹皆勋贵子女，世受国恩，何为从贼？”其居首者对曰：“狂贼凶逆，国家以百万之众，失守宗祧，播迁巴、蜀；祧，他雕翻。今陛下以不能拒贼责一女子，置公卿将帅于何地乎！”上不复问，皆戮之于市。复，扶又翻。人争与之酒，其馀皆悲怖昏醉，居首者独不饮不泣，至于就刑，神色肃然。考异曰：张彭耆旧传：“中和三年，五月二十日，北路军前进到黄巢首级、妻、男。”今不取其年月而取其事。

5 朱全忠击秦宗权，败宗权于溵水。败，补迈翻。

6 李克用至晋阳，大治甲兵，治，直之翻。遣榆次镇将雁门李承嗣奉表诣行在，自陈“有破黄巢大功，为朱全忠所图，仅能自免，将佐已下从行者三百馀人，并牌印皆没不返。古者授官赐印绶，常佩之于身，至解官则解印绶。至唐始置职印，任其职者，传而用之。其印盛之以匣，当官者寘之卧内，别为一牌，使吏掌之，以谨出入，印出而牌入，牌出则印入，故谓之牌印。全忠仍榜东都、陕、孟，云臣已死，行营兵溃，令所在邀遮屠翦，勿令漏失，将士皆号泣冤诉，号，户刀翻。请复仇雠。臣以朝廷至公，当俟诏命，拊循抑止，复归本道。乞遣使按问，发兵诛讨，臣遣弟克勤将万骑在河中俟命。”时朝廷以大寇初平，方务姑息，得克用表，大恐，但遣中使赐优诏和解之。克用前后凡八表，称：“全忠妒功疾能，阴狡祸贼，异日必为国患。惟乞下诏削其官爵，臣自帅本道兵讨之，不用度支粮饷。”唐旧制，诸镇兵出境征讨，皆仰给度支。帅，读曰率。上累遣杨复恭等谕指，称：“吾深知卿冤，方事之殷，杜预曰：殷，盛也。余谓殷，众也，言方事之众多也。姑存大体。”克用终郁郁不平。时藩镇相攻者，朝廷不复为之辩曲直。复，扶又翻。为，于伪翻。由是互相吞噬，惟力是视，皆无所禀畏矣！

7 八月，李克用奏请割麟州隶河东，麟州，本属振武节度。考异曰：新方镇表：“中和二年，河东节度增领麟州。”误也。今从唐末见闻录。又请以弟克修为昭义节度使，皆许之。由是昭义分为二镇。泽、潞为一镇，邢、洺、磁为一镇。进克用爵陇西郡王。克用奏罢云蔚防御使，依旧隶河东，武宗会昌三年，分河东云、蔚、朔三州置大同军都团练使，次年，升为都防御使。从之。

8 九月，己未，加朱全忠同平章事。

9 以右仆射、大明宫留守王徽知京兆尹事。上以长安宫室焚毁，故久留蜀未归。徽招抚流散，户口稍归，复缮治宫室，百司粗有绪。治，直之翻。粗，坐五翻。冬，十月，关东藩镇表请车驾还京师。

10 朱全忠之降也，义成节度使王铎为都统，承制除官。事见上卷二年。降，户江翻。全忠初镇大梁，事铎礼甚恭，铎依以为援。汴、滑邻道，而铎于全忠有恩，故欲依以为援。而全忠兵浸强，益骄倨，铎知不足恃，表请还朝，朝，直遥翻。徙铎为义昌节度使。

11 鹿晏弘之去河中，王建、韩建、张造、晋晖、李师泰各帅其众与之俱；见上卷本年。帅，读曰率。及据兴元，以建等为巡内刺史，不遣之官。晏弘猜忌，众心不附，王建、韩建素相亲善，晏弘尤忌之，数引入卧内，数，所角翻。待之加厚，二建相谓曰："仆射甘言厚意，疑我也，祸将至矣！"田令孜密遣人以厚利诱之，十一月，二建与张造、晋晖、李师泰帅众数千逃奔行在，诱，音酉。考异曰：实录："九月，山南西道节度使鹿晏弘为禁军所讨，弃城奔许州。晏弘大将韩建、王建、张造、晋晖、李师泰各帅本军降。田令孜以建等杨复光故将，薄其赏，皆除诸卫将军。十一月戊午朔，建等以军三千至行在，田令孜录为假子，统以旧军，号随驾五都。"按建等既降，始遣禁军讨晏弘。实录云九月晏弘弃城去，太早。十一月又云建等降，重复。上云赏薄，下云为假子，自相违。新传："帝还，晏弘惧见讨，引兵走许州。王建帅义勇四军迎帝西县。"按帝尚在成都，云迎帝西县，亦误也。今月从实录，事从薛居正五代史王建、韩建传。令孜皆养为假子，赐与巨万，拜诸卫将军，使各将其众，号随驾五都。田令孜先已募新军五十四都分隶两神策军，今得王建、韩建、张造、晋晖、李师泰五将之兵，不敢分其众隶两军，别号随驾五都。又遣禁兵讨晏弘，晏弘弃【章：十二行本“弃”上有“率众”二字；乙十一行本同；张校同。】兴元走。鹿晏弘得兴元，未期年而弃之。

12 初，宦者曹知悫，本华原富家子，有胆略。黄巢陷长安，知悫归乡里，集壮士，据嵯峨山南，为堡自固，嵯峨山在京兆云阳县北十五里。巢党不敢近。近，其靳翻。知悫数遣壮士变衣服语言，效巢党，夜入长安攻贼营，数，所角翻。贼惊以为鬼神；又疑其下有叛者，由是心不自安。朝廷闻而嘉之，就除内常侍，赐金紫。知悫闻车驾将还，谓人曰：“吾施小术，使诸军得成大功，曹知悫自言贼众病于己之宵攻，已无固志，诸镇大军临之，因得成收复京城之功。从驾群臣但平步往来，俟至大散关，当阅其可归者纳之。”从，才用翻。行在闻之，恐其为变；田令孜尤恶之，恶，乌路翻。密以敕旨谕邠宁节度使王行瑜，使诛之，按光启二年，王行瑜斩朱玫，三年，始命为邠宁节度使，此时盖为邠宁将也。行瑜潜师自嵯峨山北乘高攻之，知悫不为备，举营尽殪。令孜益骄横，禁制天子，不得有所主断。上患其专，时语左右而流涕。殪，壹计翻。横，户孟翻。断，丁乱翻。语，牛倨翻。

13 鹿晏弘引兵东出襄州，秦宗权遣其将秦诰、赵德諲将兵会之，諲，伊真翻。共攻襄州，陷之；山南东道节度使刘巨容奔成都。刘巨容不肯追灭黄巢，欲养寇以自资，自以襄阳为菟裘也，而地夺于赵德諲，身死于田令孜之手，玩寇而邀君，果何益哉！考异曰：实录：“光启元年四月，蔡贼攻陷襄州，刘巨容死焉。”新传：“晏弘引麾下东出襄、邓，宗权遣赵德諲合晏弘兵攻襄州，巨容不能守，奔成都。龙纪元年，田令孜杀之。”按晏弘中和四年十一月已据许州，又，巨容所以奔成都，以天子在蜀故也。今从新传。德諲，蔡州人也。晏弘引兵转掠襄、邓、均、房、庐、寿，复还许州；鹿晏弘自许州从杨复光勤王，见二百五十四卷中和元年。宋白曰：均州，汉武当县地，齐永明七年，于今郧乡县置齐兴郡，西魏置兴州，寻改丰州，周武成元年，自今郧乡城移延岑城，今郡理是也。隋改均州，因均水为名。忠武节度使周岌闻其至，弃镇走，晏弘遂据许州，考异曰：实录："鹿晏弘陷许州，杀节度使周岌，据其镇。"又曰："初，晏弘据有兴元，都将王建等帅众归行在，乃诏禁兵讨之。晏弘惧，弃城归乡里。周岌闻其至，遁去。晏弘自称留后，朝廷因以节旄命之。"始云"杀"，后云"遁去"，自相违，今从其后。自称留后，朝廷不能讨，因以为忠武节度使。

14 十二月，己丑，陈敬瑄表辞三川都指挥、招讨、制置、安抚等使；从之。去年以杨师立举兵，敬瑄兼三川都指挥等使，师立既死，故辞之。

15 初，黄巢转掠福建，见二百五十三卷乾符五年。建州人陈岩聚众数千保乡里，号九龙军，福建观察使郑镒奏为团练副使。泉州刺史、左厢都虞候李连有罪，亡入溪洞，【章：十二行本"洞"下有"合众攻福州"五字；乙十一行本同；孔本同；张校同；退斋校同。】岩击败之。败，补迈翻。镒畏岩之逼，表岩自代，壬寅，以岩为福建观察使。岩为治有威惠，闽人安之。治，直吏翻。考异曰：实录："七月，泉州刺史陈岩逐福建观察使郑镒，自知使务。"又曰："十二月壬寅，以岩为福建观察使。岩既逐镒，逼镒荐己为代，朝廷因命之。"按岩既逐镒，则镒不在福州，岩安能逼之荐己！新王潮传亦曰："黄巢将窃有福州，王师不能下，建人陈岩帅众拔之。又逐观察使郑镒，自领州，诏即授刺史。"按刘恕闽录："黄巢陷闽越，岩聚众千馀人，号九龙军，福建观察使郑镒奏为团练副使。左厢都虞候李连骄慢不法，纵其徒为郡人患，岩将按诛之，连奔溪洞中，合众攻福州，岩击破之。镒表岩自代，拜观察使。"今从之。

16 义昌节度使兼中书令王铎，厚于奉养，过魏州，侍妾成列，服御鲜华，如承平之态；魏博节度使乐彦祯之子从训，伏卒数百于漳南高鸡泊，围而杀之，及宾僚从者三百馀人皆死，掠其资装侍妾而还。史言王铎以承平之态处乱世，至于丧身亡家，海盗诲淫，自取之也。从，才用翻。还，从宣翻，又如字。彦祯奏云为盗所杀，朝廷不能诘。

17 赐邠宁军号曰静难。难，乃旦翻。

18 是岁，馀杭镇使陈晟逐睦州刺史柳超，颍州都知兵马使汝阴王敬荛逐其刺史，汝阴，汉县，唐带颍州。荛，如招翻。各领州事，朝廷因命为刺史。

19 均州贼帅孙喜聚众数千人，谋攻州城，刺史吕烨不知所为。都将武当冯行袭伏兵江南，武当，汉县，唐带均州。江南，汉江之南也。帅，所类翻。将，即亮翻。自乘小舟迎喜，谓曰："州人得良牧，无不归心，然公所从之卒太多，州人惧于剽掠，剽，匹妙翻。尚以为疑。不若置军江北，独与腹心轻骑俱进，行袭请为前道，道，读为导，一读如字。以请为前道告谕为一句，言先路告谕均州之人也。请为，于伪翻。告谕州人，无不服者矣。"喜以为然，从之；既渡江，军吏迎谒，伏兵发，行袭手击喜，斩之，从喜者皆死，从，才用翻。江北军望之俱溃。山南东道节度使上其功，上，时掌翻。考异曰：薛居正五代史行袭传曰："洋州节度使葛佐奏辟为行军司马，请将兵镇谷口，通秦、蜀道，由是益知名。"新传曰："行袭乘胜逐刺史吕烨，据均州，刘巨容因表为刺史。武定节度使杨守忠表为行军司马，使领兵搤谷口以通秦、蜀。"新纪："光启元年，四月，武当贼冯行袭陷均州，逐刺史吕烨。"在刘巨容奔成都后。行袭传云巨容以功上言，误也。今从薛史。按若以薛史为据，当言洋州节度使上其功。诏以行袭为均州刺史。州西有长山，当襄、邓入蜀之道，群盗据之，抄掠贡赋，抄，楚交翻。行袭讨诛之，蜀道以通。

20 凤翔节度使李昌言病，表弟昌符知留后。昌言薨，制以昌符为凤翔节度使。考异曰：诸书皆无昌言卒年月，惟实录于李昌符传中云："李昌言病，请昌符权留后，昌言死，诏除节度使。"按实录，中和三年五月，昌言加检校司徒，光启元年二月，昌符始见。故以昌言薨附于中和四年之末。

21 时黄巢虽平，秦宗权复炽，复，扶又翻。命将出兵，寇掠邻道，陈彦侵淮南，秦贤侵江南，秦诰陷襄、唐、邓，孙儒陷东都、孟、陕、虢，张晊陷汝、郑，卢瑭攻汴、宋，自孙儒以下，事皆在是年之后，史概言之。所至屠翦焚荡，殆无孑遗。晊，之日翻。孑，吉列翻。毛苌曰：孑遗，孑然遗失也。按孑，单也，孤也。无孑遗者，言无孤单之遗余也。其残暴又甚于巢，军行未始转粮，车载盐尸以从。以死人尸实之以盐，以供军粮。从，才用翻。北至卫、滑，西及关辅，东尽青、齐，南出江、淮，州镇存者仅保一城，极目千里，无复烟火。上将还长安，畏宗权为患。

光启元年（乙巳、八八五）是年三月改元。

1 春，正月，戊午，下诏招抚之。

2 己卯，车驾发成都，陈敬瑄送至汉州而还。

3 荆南监军朱敬玫所募忠勇军暴横，【章：十二行本"横"下有"节度使"三字；乙十一行本同；退斋校同。】陈儒患之。郑绍业之镇荆南也，广明元年，朱敬玫募忠勇军；郑绍业镇荆南，亦是年也。事并见上卷。横，户孟翻。遣大将申屠琮将兵五千击黄巢于长安；军还，儒告琮，使除之。忠勇将程君从闻之，帅其众奔朗州，奔雷满也。帅，读曰率。琮追击之，杀百馀人，【章：十二行本"人"下有"馀众皆溃"四字；乙十一行本同；退斋校同；孔本有"皆溃"二字，无"馀众"二字。】自是琮复专军政。复，扶又翻。

雷满屡攻掠荆南，儒重赂以却之。淮南将张瓌、韩师德叛高骈，据复、岳二州，自称刺史，儒请瓌摄行军司马，师德摄节度副使，将兵击雷满。师德引兵上峡大掠，上，时掌翻。峡，巫峡也。归于岳州；瓌还兵逐儒而代之。儒将奔行在，瓌劫还，囚之。中和二年，陈儒代郑绍业，至是而败。瓌，渭【严："渭"改"滑"。】州人，性贪暴，荆南旧将夷灭殆尽。

先是，朱敬玫屡杀大将及富商以致富，先，悉荐翻。朝廷遣中使杨玄晦代之。敬玫留居荆南，尝曝衣，瓌见而欲之，遣卒夜攻之，杀敬玫，尽取其财。瓌恶牙将郭禹慓悍，恶，乌路翻。慓，匹妙翻。悍，下罕翻，又侯旰翻。欲杀之，禹结党千人亡去，庚申，袭归州，据之，自称刺史。禹，青州人成汭也，因杀人亡命，更其姓名。禹先为盗，诣陈儒降，以为将。更，工衡翻。按薛史，成汭少年任侠，乘醉杀人，为雠家所捕，因落发为僧，冒姓郭氏。

4 南康贼帅卢光稠陷虔州，自称刺史，以其里人谭全播为谋主。南康，汉南野县地，吴分南野置南安县，晋改为南康，唐属虔州。九域志，在州西八十里。考异曰：欧阳修五代史曰："卢光稠、谭全播皆南康人。光稠状貌雄伟，无他材能，而全播勇敢有识略，然全播常奇光稠为人。唐末群盗起，全播聚众，立光稠为帅。是时王潮攻陷岭南，全播攻潮，取其虔、韶二州。"十国纪年："全播推光稠为之谋主，所向克捷，光启初，据虔州，光稠自称刺史。天复中，陷韶州，光稠使其子延昌守之。"按新纪，光启元年正月，光稠陷虔州，天复二年，陷韶州。欧阳修以为同时取虔、韶二州，误也，今从新纪。

5 秦宗权责租赋于光州刺史王绪，绪不能给；宗权怒，发兵击之。绪惧，悉举光、寿兵五千人，驱吏民渡江，以刘行全为前锋，转掠江、洪、虔州，是月，陷汀、漳二州，然皆不能守也。王绪之兵自此入闽，为王潮兄弟割据之资。

6 秦宗权寇颍、亳，朱全忠败之于焦夷。焦夷在亳州城父县界。按薛史梁纪，龙德元年，改亳州焦夷县为夷父。则焦夷时已为县。败，补迈翻。"夷父"，当作"城父"。

7 二月，丙申，车驾至凤翔。三月，丁卯，至京师；荆棘满城，狐兔纵横，纵，子容翻。上凄然不乐。乐，音洛。己巳，赦天下，改元。改元光启。时朝廷号令所行，惟河西、山南、剑南、岭南数十州而已。

8 秦宗权称帝，置百官，考异曰：旧宗权传，但云巢贼既诛，僭称帝号。实录："明年十月，襄王即位，宗权已称帝。不从。"新、旧纪皆无之，不知宗权以何年月称帝，今因时溥为都统书之。诏以武宁节度使时溥为蔡州四面行营兵马都统以讨之。

9 卢龙节度使李可举、成德节度使王镕恶李克用之强，恶，乌路翻。考异曰：太祖纪年录、薛居正五代史作"王景崇"，误也，今从旧纪。而义武节度使王处存与克用亲善，为侄邺娶克用女。为，于伪翻。又，河北诸镇，惟义武尚属朝廷，可举等恐其窥伺山东，此山东，谓恒山以东。伺，相吏翻。终为己患，乃相与谋曰："易、定，燕、赵之馀也。"易州之地，本燕南界，中山本属赵国，故曰燕、赵之馀。约共灭处存而分其地；又说云中节度使赫连铎使攻克用之背。说，式芮翻。可举遣其将李全忠将兵六万攻易州，镕遣将将兵攻无极。无极，汉古县，因无极山而名。唐属定州。九域志：在州南九十里。处存告急于克用，克用遣其将康君立等将兵救之。

10 闰月，秦宗权遣其弟宗言寇荆南。

11 初，田令孜在蜀募新军五十四都，每都千人，分隶两神策，为十军以统之，又南牙、北司官共万馀员，是时藩镇各专租税，河南·北、江、淮无复上供，三司转运无调发之所，度支惟收京畿、同、华、凤翔等数州租税，不能赡，调，徒吊翻。度，徒洛翻。华，户化翻。赏赉不时，士卒有怨言。令孜患之，不知所出。先是，安邑、解县两池盐皆隶盐铁，置官榷之；宋白曰：两池盐务，旧隶度支，其职是诸道巡院。贞元十六年，史牟以金部郎中主池务，遂奏置榷盐使。解，户买翻。榷，讫岳翻。中和以来，河中节度使王重荣专之，天子幸蜀，内外百司各失其官守，王重荣窃据河中，得专盐池之利。岁献三千车以供国用，令孜奏复如旧制隶盐铁。夏，四月，令孜自兼两池榷盐使，唐会要：元和十五年，改河北税盐使为榷盐使，其后复失河北，止于安邑、解县两池，置榷盐使。收其利以赡军。重荣上章论诉不已，论，卢昆翻，说也，辩也。遣中使往谕之，重荣不可。时令孜多遣亲信觇藩镇，觇，丑廉翻。有不附己者，辄图之。令孜养子匡佑使河中，使，疏吏翻。重荣待之甚厚，而匡佑傲甚，举军皆愤怒。重荣乃数令孜罪恶，数，所具翻。责其无礼，监军为讲解，为，于伪翻。仅得脱去；匡佑归，以告令孜，劝图之。五月，令孜徙重荣为泰宁节度使，以泰宁节度使齐克让为义武节度使，以义武节度使王处存为河中节度使，仍诏李克用以河东兵援处存赴镇。为李克用、王重荣连兵犯阙张本。

12 卢龙兵攻易州，裨将刘仁恭穴地入城，遂克之。仁恭，深州人也。李克用自将救无极，败成德兵；败，补迈翻。成德兵退保新城，克用复进击，大破之，复，扶又翻；下同。拔新城，成德兵走，追至九门，斩首万馀级。卢龙兵既得易州，骄怠，王处存夜遣卒三千蒙羊皮造城下，造，七到翻。卢龙兵以为羊也，争出掠之，处存奋击，大破之，复取易州，李全忠走。

13 加陕虢节度使王重盈同平章事。

14 李全忠既丧师，丧，息浪翻。恐获罪，收馀众还袭幽州；六月，李可举窘急，举族登楼自焚死，乾符二年，李茂勋得幽州，二世，十一年而灭。全忠自为留后。

15 东都留守李罕之与秦宗权将孙儒相拒数月；罕之兵少食尽，弃城，西保渑池，宗权陷东都。九域志：渑池县在都城西一百五十六里。渑，弥兖翻。孙儒陷东都，而曰宗权者，儒，宗权将也。

16 秋，七月，以李全忠为卢龙留后。

17 乙巳，右补阙常濬上疏，以为："陛下姑息藩镇太甚，是非功过，骈首并足，言齐是非，一功过，无所差别也。致天下纷纷若此，犹未之寤，岂可不念骆谷之艰危，复怀西顾之计乎！复，扶又翻；下同。宜稍振典刑以威四方。"田令孜之党言于上曰："此疏传于藩镇，岂不致其猜忿！"庚戌，贬濬万州司户，寻赐死。宋白曰：万州，春秋夔国之地，秦、汉为朐䏰县地。后魏分朐䏰之地置安乡及鱼泉县，后周置万川郡兼立南州；唐置浦州，贞观初，改万州，以旧万川郡为称。考异曰：实录不言令孜党为谁。按萧遘等请诛令孜表云："韦昭度无致君许国之心，多丑正比顽之迹。"令孜党，盖谓昭度也。续宝运录曰："七月三日，表入，上览之，不悦，顾谓侍臣曰：'藩镇若见此表，深为忿恨。自此猜间，其何可堪！'至二十八日，敕贬浚为万州司户。"疑三日脱误，当为二十三日。今从实录。

18 沧州军乱，逐节度使杨全玫，立牙将卢彦威为留后，全玫奔幽州。以保銮都将曹诚为义昌节度使，保銮，神策五十四都之一也。以彦威为德州刺史。

19 孙儒据东都月馀，烧宫室、官寺、民居，大掠席卷而去，卷，读曰捲。城中寂无鸡犬。李罕之复引其众入东都，筑垒于市西而居之。城大难守，且无居人，故筑垒以自保聚。

20 王重荣自以有复京城功，见上卷中和三年。为田令孜所摈，不肯之兖州，累表论令孜离间君臣，间，古苋翻。数令孜十罪；数，所具翻。令孜结邠宁节度使朱玫、凤翔节度使李昌符以抗之。王处存亦上言："幽、镇兵新退，臣未敢离易、定。幽、镇兵，谓李可举、王镕之兵。离，力智翻。且王重荣无罪，有大功于国，不宜轻有改易。"【章：十二行本"易"下有"摇藩镇心"四字；乙十一行本同；张校同，云无注本亦无。】诏趣其上道，趣，读曰促。上，时掌翻。八月，处存引军至晋州，刺史冀君武闭城不内而还。河中节度统晋、绛、慈、隰等州，君武，重荣之巡属。冀，晋大夫冀芮之后，以采邑为姓。还，从宣翻，又如字。

21 洺州刺史马爽，与昭义行军司马奚忠信不叶，起兵屯邢州南，胁孟方立请诛忠信；既而众溃，爽奔魏州，忠信使人赂乐彦祯而杀之。

22 秦宗权攻邻道二十馀州，陷之；唯陈州距蔡百馀里，兵力甚弱，刺史赵犨日与宗权战，宗权不能屈。诏以犨为蔡州节度使。犨德朱全忠之援，自中和三年以来，黄巢攻陈州，后为秦宗权所攻逼，惟倚朱全忠为援。与全忠结婚，凡全忠所调发，无不立至。调，力钓翻。奉全忠者，赵犨也。蹙梁祚者，赵犨子孙也。

23 王绪至漳州，以道险粮少，少，诗沼翻。令军中“无得以老弱自随，犯者斩！”唯王潮兄弟扶其母董氏崎岖从军，崎，丘奇翻。岖，音区。绪召潮等责之曰：“军皆有法，未有无法之军。汝违吾令而不诛，是无法也。”三子曰：王潮兄弟三人从绪。“人皆有母，未有无母之人；将军奈何使人弃其母！”绪怒，命斩其母。三子曰：“潮等事母如事将军，既杀其母，安用其子！请先母死。”先，悉荐翻。将士皆为之请，乃舍之。为，于伪翻；下窃为、为之同。

有望气者谓绪曰：“军中有王者气。”于是绪见将卒有勇略逾己及气质魁岸者皆杀之。刘行全亦死，众皆自危，曰：“行全亲也，行全，绪妹夫也，故云然。且军锋之冠，犹不免，况吾属乎！”行至南安，冠，古玩翻。吴置东安县，晋武帝更名晋安，隋改曰南安，唐属泉州。九域志：南安，在州西一十二里。王潮说其前锋将曰：说，式芮翻。“吾属违坟墓，捐妻子，羁旅外乡为群盗，谓弃光、寿而入闽也。岂所欲哉！乃为绪所迫胁故也。今绪猜刻不仁，妄杀无辜，军中孑孑者受诛且尽，孑孑，特立之貌。子须眉若神，骑射绝伦，又为前锋，吾窃为子危之！”窃为，于伪翻。前锋将执潮手泣，问计安出。潮为之谋，伏壮士数十人于篁竹中，伺绪至，挺剑大呼跃出，挺剑，拔剑也。呼，火故翻。就马上擒之，反缚以徇，军中皆呼万岁。中和元年，王绪起兵为盗，至是为王潮所囚。按新书王潮传，缚王绪者即刘行全也，与此小异。通鉴所书，本之路振九国志。潮推前锋将为主，前锋将曰：“吾属今日不为鱼肉，皆王君力也。天以王君为主，谁敢先之！”先，悉荐翻。相推让数四，推，吐雷翻。卒奉潮为将军。卒，子恤翻。绪叹曰：“此子在吾网中不能杀，岂非天哉！”

潮引兵将还光州，约其属，所过秋豪无犯。行及沙县，永徽六年，分建安置沙县，属汀州。九域志：在南剑州西一百二十四里。宋白曰：沙县，古南平馀迹也。晋为延平县，太元四年，改为沙戍；唐武德初，立为沙县。泉州人张延鲁等以刺史廖彦若贪暴，廖，力救翻，今俗音力吊翻，姓也。帅耆老奉牛酒遮道，请潮留为州将，帅，读曰率。将，即亮翻。潮乃引兵围泉州。

24 九月，戊申，以陈敬瑄为三川及峡内诸州都指挥、制置等使。唐分三川各自为一镇，峡内诸州归、峡，属荆南节度，今陈敬瑄皆指挥制置之，田令孜右之也。

25 蔡军围荆南，蔡军，秦宗权所遣秦宗言之军也。马步使赵匡谋奉前节度使陈儒以出，是年正月，张瓌囚陈儒。留后张瓌觉之，杀匡及儒。

26 冬，十月，癸丑，秦宗权败朱全忠于八角。九域志：汴州浚仪县有八角镇。败，补迈翻。

27 王重荣求救于李克用，考异曰：太祖纪年录曰："朱玫、李昌符每连衡入觐于天子，指陈利害，规画方略，不佑太祖，党庇逆温，太祖拗怒滋甚。时田令孜恶太祖与河中胶固，奏云：'王重荣北引太原，其心可见，不可处之近辅。定州王处存忠孝尽心，请授以蒲帅，移重荣于定州。'天子从之。重荣愤愤不悦，告于太祖曰：'主上新返正，大臣播弃，此际无辜遽被斥逐，明公当鉴其深心。今日使仆安归！'会太祖愤怒朱玫辈，即报曰：'当与公提鼓出汜水关，诛逆贼之后，则去此鼠辈，如疾风之去鸿毛耳。'重荣曰：'吾地迫邠、岐，公若师出关东，二凶必傅吾城下。不若先灭一凶，去其君侧。'"欧阳修五代史："重荣使人绐克用曰：'天子诏重荣，俟克用至，与处存共诛之。'因伪为诏书示克用曰：'此是朱全忠之谋也。'克用信之。"按时朝廷疏忌重荣，克用亦知之，恐无是事。今从纪年录。克用方怨朝廷不罪朱全忠，朱全忠攻克用于上源驿，朝廷不能治其罪，故克用以为怨。选兵市马，聚结诸胡，议攻汴州，报曰："待吾先灭全忠，还扫鼠辈如秋叶耳！"重荣曰："待公自关东还，吾为虏矣。不若先除君侧之恶，退擒全忠易矣。"

易，以豉翻。时朱玫、李昌符亦阴附朱全忠，克用乃上言："玫、昌符与全忠相表里，欲共灭臣，臣不得不自救，已集蕃、汉兵十五万，决以来年济河，自渭北讨二镇；不近京城，保无惊扰。近，其靳翻。既诛二镇，乃旋师灭全忠以雪雠耻。"上遣使者谕释，释，解也。冠盖相望。

朱玫欲朝廷讨克用，数遣人潜入京城，烧积聚，数，所角翻。积，子赐翻。聚，从遇翻，又皆如字。或刺杀近侍，刺，七亦翻。声云克用所为，于是京师震恐，日有讹言。令孜遣玫、昌符将本军及神策鄜、延、灵、夏等军各【章：十二行本"各"作"合"。】三万人刺，七亦翻。按是时诸镇分裂，如鄜如延，以一州为一镇，使扫境出师，一镇亦恐不及三万人之数，田令孜张大言之耳。屯沙苑，以讨王重荣，考异曰：新令孜传云："令孜自将讨重荣，帅玫等兵三万壁沙苑。"今从实录。重荣发兵拒之，告急于李克用，克用引兵赴之。十一月，重荣遣兵攻同州，刺史郭璋出战，败死。重荣与玫等相守月馀，克用兵至，与重荣俱壁沙苑，表请诛令孜及玫、昌符；诏和解之，克用不听。十二月，癸酉，合战，玫、昌符大败，考异曰：新传曰："克用上书请诛令孜、玫，帝和之，不从；大战沙苑，王师败。玫走还邠州，与昌符皆耻为令孜用，还与重荣合。神策兵溃，克用逼京师。令孜计穷，乃劫帝夜启开远门出奔。自贼破长安，火宫室、庐舍十七，后京兆王徽葺复粗完，至是，令孜唱曰：'王重荣反。'命火宫城，唯昭阳、蓬莱三宫仅存。"按令孜奉车驾幸近藩避乱，其志亦俟兵退复还，何为火宫城！殆必不然。实录："六月，令孜遣邠、岐讨重荣，九月，邠、岐始屯沙苑，重荣求援于克用。十一月，克用、重荣对垒于沙苑，表请诛令孜、朱玫。十二月癸酉，合战，朱玫败走。"太祖纪年录："十一月，重荣遣使乞师，且言二镇欲加兵于己，太祖欲先讨朱温，重荣请先灭二镇。太祖表言二镇党庇朱温，请自渭北讨之。"亦不言其附令孜，攻河中也。又言重荣与邠、凤兵对垒月馀，十二月，太祖渡河，与朱玫战，朱玫败走。若自九月至十二月，非止月馀矣。疑实录遣邠、岐讨河中及邠、岐屯沙苑太近前，今并因十二月战沙苑见之。各走还本镇，玫还邠州，昌符还凤翔。溃军所过焚掠。克用进逼京城，乙亥夜，令孜奉天子自开远门出幸凤翔。开远门，长安城西面北来第一门。

初，黄巢焚长安宫室而去，诸道兵入城纵掠，焚府寺民居什六七，王徽累年补葺，仅完一二，自中和三年黄巢东走，王徽即补葺长安宫室。葺，七入翻。至是复为乱兵焚掠，无孑遗矣。复，扶又翻。

28 是岁，赐河中军号护国。

二年（丙午、八八六）

1 春，正月，镇海牙将张郁作乱，攻陷常州。考异曰：皮光业见闻录曰："郁，润州小将也。周宝差郁押兵士三百人戍于海次，因正旦酗酒，杀使府安慰军将，度不免祸，遂作乱。润州差拓跋从领兵讨之，郁自常熟县取江阴而入常州。刺史刘革到任方一月，亲执牌印于戟门而降。"新纪曰："正月辛巳，郁陷常州。"按皮录但言郁以正旦杀安慰军将耳，非当日即陷常州。新纪误也。

2 李克用还军河中，与王重荣同表请大驾还宫，因罪状田令孜，请诛之。上复以飞龙使杨复恭为枢密使。田令孜摈斥杨复恭，见上卷中和三年。

戊子，令孜请上幸兴元，上不从。是夜，令孜引兵入宫，此宫，谓行宫也。劫上幸宝鸡，黄门卫士从者才数百人，从，才用翻。宰相朝臣皆不知。翰林学士承旨杜让能宿直禁中，天子行幸所至，宿次之地，宿卫将士外设环卫，近臣宿直各有其次，与宫禁无异，故行宫内亦谓之禁中。闻之，步追乘舆，乘，绳证翻。出城十馀里，得人所遗马，遗马弃而不及收者。无羁勒，解带系颈而乘之，独追及上于宝鸡；九域志：宝鸡县，在凤翔西南六十五里。明日，乃有太子少保孔纬等数人继至。让能，审权之子，杜审权见二百四十九卷宣宗大中十三年。纬，戣之孙也。孔戣见宪宗纪。宗正奉太庙神主至鄠，鄠，音户。九域志：鄠县在长安南六十里。遇盗，皆失之。朝士追乘舆者至盩厔，九域志：盩厔，在凤翔东南二百里，音舟窒。为乱兵所掠，衣装殆尽。

庚寅，上以孔纬为御史大夫，使还召百官，上留宝鸡以待之。

时田令孜弄权，再致播迁，帝始焉避黄巢而奔蜀，今又避并、蒲之兵而出，再致播迁，其祸皆本于田令孜弄权。天下共忿疾之；朱玫、李昌符亦耻为之用，且惮李克用、王重荣之强，更与之合。

萧遘因邠宁奏事判官李松年至凤翔，唐末藩镇遣其属奏事，皆谓之奏事官。判官，幕府右职也，朱玫遣之奏事行在所，故曰奏事判官，以别于寻常奏事官。萧遘为相，天子播越而不扈从，恶得无罪！遣召朱玫亟迎车驾，朱玫寻有异图，萧遘既不能制，又不能死，为法受恶，基于此矣。癸巳，玫引步骑五千至凤翔。孔纬诣宰相，欲宣诏召之；萧遘、裴澈以令孜在上侧，不欲往，辞疾不见。纬令台吏趣百官诣行在，趣，读曰促。皆辞以无袍笏，纬召三院御史，唐志：御史大夫之属有三院：一曰台院，侍御史属焉；二曰殿院，殿中侍御史属焉；三曰察院，监察御史属焉。泣谓："布衣亲旧有急，犹当走之。岂有天子蒙尘，为人臣子，累召而不往者！"御史请办装数日而行，纬拂衣起曰："吾妻病垂死且不顾，诸君善自为谋，请从此辞！"乃诣李昌符，请骑卫送至行在，昌符义之，赠装钱，遣骑送之。

邠宁、凤翔兵追逼乘舆，败神策指挥使杨晟于潘氏，钲鼓之声闻于行宫。败，补迈翻。闻，音问。田令孜奉上发宝鸡，留禁兵守石鼻为后拒。潘氏，在宝鸡东北。石鼻，在宝鸡西南，亦曰灵壁。苏轼曰：凤翔府宝鸡县武城镇，即俗所谓石鼻寨也，诸葛武侯所筑城，去宝鸡三十里。置感义军于兴、凤二州，以杨晟为节度使，守散关。兴州，汉武都郡沮县地，自晋及宋、魏为武兴藩王杨氏之国。魏灭杨氏，为武兴镇，寻改东益州，唐为兴州，今州城即古武兴城也。凤州，汉武都郡故道、河池二县之地，后魏为仇池镇，孝昌中置南岐州；废帝三年，改为凤州，以西界有凤凰山而名。时军民杂糅，锋镝纵横，糅，女救翻。纵，子容翻。以神策军使王建、晋晖为清道斩斫使，建以长剑五百前驱奋击，乘舆乃得前。考异曰：毛文锡王建纪事云："光启二年，正月辛巳，车驾次陈仓。二月辛亥，朱玫遣兵攻逼行在，庚申，陷虢县。三月甲午，将移幸梁、洋，以上为清道斩斫使。戊戌，邠师至石鼻，己亥，石鼻不守。庚子，寇逼宝鸡。辛丑，车驾南引。"今但取其事，不取其月日。上以传国宝授建负之以从，登大散岭。从，才用翻。大散岭，在凤州梁泉县松陵堡南。李昌符焚阁道丈馀，将摧折，折，而设翻。王建扶掖上自烟焰中跃过；夜，宿板下，上枕建膝而寝，既觉，始进食，枕，之鸩翻。觉，居效翻。解御袍赐建曰："以其有泪痕故也。"车驾才入散关，朱玫已围宝鸡。石鼻军溃，玫长驱攻散关，不克。嗣襄王煴，肃宗之玄孙也，煴，肃宗子襄王僙之曾孙，音于云翻，又于问翻。有疾，从上不及，留遵涂驿，据煴传，遵涂驿在石鼻，亦谓之石鼻驿。为玫所得，与俱还凤翔。

庚戌，李克用还太原。

3 二月，王重荣、朱玫、李昌符复上表请诛田令孜。复，扶又翻。

4 以前东都留守郑从谠为守太傅兼侍中。考异曰：新宰相表，从谠入三公门，不为真相。按新传，拜司空，复秉政，进太傅兼侍中，从至兴元，以太子太保还第。新表误也。

5 朱玫、李昌符使山南西道节度使石君涉栅绝险要，烧邮驿，上由他道以进；山谷崎岖，邠军迫其后，邠军，朱玫之军。危殆者数四，仅得达山南。三月，壬午，石君涉弃镇逃归朱玫。石君涉党于邠、岐，车驾猝至，故弃镇而逃。

癸未，凤翔百官萧遘等罪状田令孜及其党韦昭度，请诛之。初，昭度因供奉僧澈结宦官，得为相。昭度为相，见二百五十四卷广明元年。澈师知玄鄙澈所为，昭度每与同列诣知玄，皆拜之，知玄揖使诣澈啜茶。

山南西道监军冯翊严遵美迎上于西县，节度使既逃，故监军自迎车驾。后魏分汉沔阳县置嶓冢县，隋大业初，改曰西县。唐属兴元府。九域志：县在府西一百里。宋白曰：西县本名白马城，又曰浕江城，宋于此城侨立华阳郡，后魏置嶓冢县，隋大业三年改为西县。丙申，车驾至兴元。考异曰：皮光业见闻录："正月乙酉，车驾次宝鸡。"王建纪事："正月辛巳，次陈仓。二月辛亥，朱玫将踣跌师瑀逼行在，破杨晟于潘氏。庚申，陷虢县。三月甲午，僖宗将移幸梁、洋，戊戌，邠师至石鼻。己亥，石鼻不守。庚子，寇逼宝鸡。辛丑，车驾南引。四月庚申，达褒中。"旧纪："正月戊子，田令孜迫乘舆幸兴元。庚寅，次宝鸡。癸巳，朱玫至凤翔，令孜闻邠军至，奉帝入散关。三月丙申，车驾至兴元。"唐年补录："三月十七日，车驾至兴元"，即丙申也。实录："正月乙酉，车驾次宝鸡"，戊子、癸巳、三月丙申，与旧纪同。新纪："正月戊子，如兴元，癸巳，朱玫叛，寇凤翔。三月丙申，次兴元。"诸书月日不同如此。若依新、旧纪、实录，则离宝鸡六十四日乃至兴元，似太缓。若依纪事，则宝鸡危逼之地，车驾留彼八十日，似太久。要之，僖宗以栈道烧绝，自他道崎岖至山南，容有六十馀日之久；至于留宝鸡八十日，必无此理。今从新、旧纪。

戊戌，以御史大夫孔纬、翰林学士承旨·兵部尚书杜让能并为兵部侍郎、同平章事。

保銮都将李鋋等败邠军于凤州。鋋，音蝉。败，补迈翻。

诏加王重荣应接粮料使，【章：十二行本"使"下重"使"字；乙十一行本同。】调本道谷十五万斛以济国用。调，徒钓翻。重荣表称令孜未诛，不奉诏。

以尚书左丞卢渥为户部尚书，充山南西道留后。以严遵美为内枢密使，遣王建帅部兵戍三泉，武德四年，分利州之绵谷置三泉县，时属兴元府。宋白曰：三泉县本汉葭萌县地，后魏正始中，分置三泉县，以界内三泉山为名。九域志：在府西南二百一十里。帅，读曰率。晋晖及神策军使张造帅四都兵屯黑水，从驾五都，王建以一都戍三泉，晖、造以四都屯黑水。黑水，在兴元成固县西北太白山，南流入汉。诸葛亮笺所谓"朝发南郑，夕宿黑水"者也。修栈道以通往来。以建遥领壁州刺史。将帅遥领州镇自此始。

6 陈敬瑄疑东川节度使高仁厚，欲去之。去，羌吕翻；下同。遂州刺史郑君立【严："立"改"雄"。】起兵攻陷汉州，进向成都；敬瑄遣其将李顺之逆战，君立败死。敬瑄又发维、茂羌军击仁厚，杀之。考异曰：张彭耆旧传不言仁厚所终。惟数敬瑄六错云："太师杀高仁厚，一错。"又云："高仆射权谋智勇，累有大功于太师，又极忠孝，若在，王司徒不过梓潼。"昭宗实录，文德元年八月，仁厚、杨师立、罗元杲、王师本俱赠官，云皆先朝以疑似获罪。今从新纪、新传，参以二书，自他仁厚事更无所见。

7 朱玫以田令孜在天子左右，终不可去，言于萧遘曰："主上播迁六年，中原将士冒矢石，百姓供馈饷，战死饿死，什减七八，仅得复京城。天下方喜车驾还宫，主上更以勤王之功为敕使之荣，勤王之功，杨复光实预有之。田令孜以其出于北司，眩惑人主以为己荣。委以大权，使堕纲纪，骚扰藩镇，召乱生祸。堕，读曰隳。言田令孜易置王重荣以召乱。玫昨奉尊命来迎大驾，言遘召玫使迎车驾。不蒙信察，反类胁君。吾辈报国之心极矣，战贼之力殚矣，安能垂头弭耳，受制于阉寺之手哉！李氏孙尚多，相公盍改图以利社稷乎？"遘曰："主上践阼十馀年，无大过恶；正以令孜专权肘腋，致坐不安席，上每言之，流涕不已。近日上初无行意，令孜陈兵帐前，迫胁以行，不容俟旦。罪皆在令孜，人谁不知！足下尽心王室，正有引兵还镇，拜表迎銮。废立重事，伊、霍所难，遘不敢闻命！"玫出，宣言曰："我立李氏一王，敢异议者斩！"

夏，四月，壬子，玫逼凤翔百官奉襄王煴权监军国事，承制封拜指挥，仍遣大臣入蜀迎驾，盟百官于石鼻驿。玫使萧遘为册文，遘辞以文思荒落；思，相吏翻。乃使兵部侍郎判户部郑昌图为之。乙卯，煴受册，玫自兼左、右神策十军使，考异曰：实录："玫自补大丞相。"按唐无此官。又下五月，玫自加侍中。盖唐末著小说者，谓平章事或侍中为大丞相耳，实录因其文而误也。帅百官奉煴还京师；事至于此，萧遘无所逃于天地之间。帅，读曰率。以郑昌图同平章事、判度支、盐铁、户部，各置副使，三司之事一以委焉。河中百官崔安潜等上襄王笺，贺受册。上之出长安，百官不扈从而奔河中者，谓之河中百官。

8 田令孜自知不为天下所容，乃荐枢密使杨复恭为左神策中尉、观军容使，自除西川监军使，考异曰：旧纪、实录皆云"二月，以令孜为西川监军。"旧传云："令孜惧，引杨复恭代己，从幸梁州，求为西川监军。"新传云："令孜留不去，及帝病，乃赴成都，表解官求医。"盖取张彭之说耳。按王建纪事："四月，庚申，达褒中。令孜以罪衅贯盈，且虑祸及，于是自授西川监军使，以避指斥，复规与敬瑄为巢窟。"今从之。往依陈敬瑄。为敬瑄、令孜并命张本。复恭斥令孜之党，出王建为利州刺史，晋晖为集州刺史，张造为万州刺史，李师泰为忠州刺史。王建等归田令孜，见上中和四年十一月。

9 五月，朱玫以中书侍郎、同平章事萧遘为太子太保，自加侍中、诸道盐铁、转运等使；加裴澈判度支，郑昌图判户部；以淮南节度使高骈兼中书令，充江·淮盐铁、转运等使、诸道行营兵马都统；淮南右都押牙、和州刺史吕用之为岭南东道节度使；大行封拜以悦藩镇。遣吏部侍郎夏侯潭宣谕河北，户部侍郎杨陟宣谕江、淮，诸藩镇受其命者什六七，高骈仍奉笺劝进。史言僖宗再幸山南，天下已绝望矣，其得还者幸也。

吕用之建牙开幕，一与骈同，凡骈之腹心及将校能任事者，皆逼以从己，诸所施为，不复咨禀。复，扶又翻。骈颇疑之，阴欲夺其权，而根蒂已固，无如之何。用之知之，甚惧，访於其党前度支巡官郑杞、前知庐州事董瑾，杞曰："此固为晚矣。"言骈早不知觉。用之问策安出，杞曰："曹孟德有言：'宁我负人，无人负我。'"后汉末，曹操避董卓之难，间行东归，过故人吕伯奢，伯奢出五子备宾主礼。操闻食器声，以为图己，手剑杀八人而去。既而凄怆曰："宁我负人，无人负我。"孟德，曹操字也。郑杞盖劝用之图骈。明日，与瑾共为书一缄授用之，其语秘，人莫有知者。杞、瑾谋见下卷光启三年。

萧遘称疾归永乐。按新书，遘弟蘧为永乐令，遘往从之。永乐县，属河中府，武德初置。宋白曰：永乐县本汉河北县地，周武帝武成二年，改为永乐，保定二年省，以地属芮城，唐武德二年，分芮城复置。乐，音洛。

初，凤翔节度使李昌符与朱玫同谋立襄王，既而玫自为宰相专权；昌符怒，不受其官，更通表兴元。诏加昌符检校司徒。

朱玫遣其将王行瑜将邠宁、河西兵五万追乘舆，自代宗时，河西没于吐蕃，宣宗复河、湟，张义潮收凉州，河西复羁属于唐。感义节度使杨晟战数却，数，所角翻。弃散关走，行瑜进屯凤州。

是时，诸道贡赋多之长安，不之兴元，之，往也。从官卫士皆乏食，从，才用翻。上涕泣，不知为计。杜让能言于上曰："杨复光与王重荣同破黄巢，复京城，相亲善；事见上卷中和三年。复恭其兄也。若遣重臣往谕以大义，且致复恭之意，宜有回虑归国之理。"上从之，遣右谏议大夫刘崇望使于河中，赍诏谕重荣，重荣即听命，遣使表献绢十万匹，且请讨朱玫以自赎。

戊戌，襄王煴遣使至晋阳赐李克用诏，言"上至半涂，六军变扰，苍黄晏驾，吾为藩镇所推，今已受册。"朱玫亦与克用书，克用闻其谋皆出于玫，大怒。大将盖寓说克用曰："銮舆播迁，天下皆归咎于我，盖，古盍翻。说，式芮翻。寓言上之播越，由克用与王重荣兵逼京城，为天下之所归咎。今不诛玫，黜李煴，无以自湔洗。"湔，则前翻。考异曰：实录："杨复恭兄弟，于李克用、王重荣有破贼连衡之旧，乃奏遣刘崇望赍诏宣谕，兼达复恭之意，重荣、克用皆听命。"按后唐太祖纪年录："伪使至太原，太祖诘其事状，曰：'皆朱玫所为。'将斩之以徇，大将盖寓等言云云。太祖燔伪诏，械其使，驰檄喻诸镇曰：'今月二十日，得襄王伪诏及朱玫文字，云："田令孜胁迁銮驾，播越梁、洋，行至半涂，六军变扰，遂至苍黄而晏驾，不知杀逆者何人。永念丕基不可无主。昨四镇藩后推朕纂承，已于正殿受册毕，改元大赦者。"李煴出自赘疣，名污藩邸，智昏菽麦，识昧机权。李符虏之以塞辞，朱玫卖之以为利；吕不韦之奇货，可见奸邪，萧世诚之土囊，期于匪夕。近者当道径差健步，奉表起居，行朝见驻巴、梁，宿卫比无骚动。而朱玫胁其孤骇，自号台衡，敢首乱阶，明言晏驾，荧惑藩镇，凌弱庙朝'云云。"按旧复恭、崇望传及诸家五代史，亦不言克用因复恭、崇望而推戴僖宗，今不取。又于时煴未即位，改元伪诏，亦恐非也。编遗录："二年，春正月壬午，唐室有襄王之乱，僖宗驻跸梁、洋，襄王遂下伪命，以检校太傅，令邸吏左环赍所授伪官告一通。左环至，具事以闻。上怒，切责环，将加其罪，久乃赦之，遂令焚毁于庭。"按正月，朱玫未立襄王。编遗录亦误也。今从薛居正五代史梁纪。克用从之，燔诏书，囚使者，移檄邻道，称："玫敢欺藩方，明言晏驾。当道已发蕃、汉三万兵进讨凶逆，当共立大功。"寓，蔚州人也。蔚，纡勿翻。

10 秦贤寇宋汴，朱全忠败之于尉氏南；败，补迈翻。癸巳，遣都将郭言将步骑三万击蔡州。

11 六月，以扈跸都将杨守亮为金商节度、京畿制置使，扈跸都，亦神策五十四都之一。将兵二万出金州，与王重荣、李克用共讨朱玫。守亮本姓訾，名亮，訾，即移翻。汉书功臣表有楼虚侯訾顺。曹州人，与弟信皆为杨复光假子，更名守亮、守信。更，工衡翻。

李克用遣使奉表称："方发兵济河，除逆党，迎车驾，愿诏诸道与臣协力。"先是，山南之人皆言克用与朱玫合，先，悉荐翻。人情恟惧；表至，上出示从官，并谕山南诸镇，由是帖然。然克用表犹以朱全忠为言，上使杨复恭以书谕之云："俟三辅事宁，汉以京兆、冯翊、扶风为三辅，唐京畿之地是也。别有进止。”

12 衡州刺史周岳发兵攻潭州，钦化节度使闵勖招淮西将黄皓入城共守，淮西将，秦宗权将也。皓遂杀勖。中和元年，闵勖据潭州，至是而败。岳攻拔州城，擒皓，杀之。

13 镇海节度使周宝遣牙将丁从实袭常州，考异曰：新纪："武宁军将丁从实陷常州。"今从皮氏见闻录。逐张郁；郁奔海陵，是年正月，张郁陷常州。依镇遏使南昌高霸。霸，高骈将也，镇海陵，有民五万户，兵三万人。

14 秋，七月，秦宗权陷许州，杀节度使鹿晏弘。中和四年，晏弘据许州，至是败亡。

15 王行瑜进攻兴州，感义节度使杨晟弃镇走，据文州，诏保銮都将李铤、扈跸都将李茂贞、陈佩屯大唐峰以拒之。茂贞，博野人，本姓宋，名文通，以功赐姓名。李茂贞始此。

16 更命钦化军曰武安，湖南观察升钦化军见上卷中和三年。更，工衡翻。以衡州刺史周岳为节度使。

17 八月，卢龙节度使李全忠薨，以其子匡威为留后。

18 王潮拔泉州，杀廖彦若。去年八月王潮围泉州，至是乃拔之。考异曰：新纪："八月，王潮陷泉州，刺史刘彦若死之。"按诸书皆云"廖彦若"，新纪作"刘"，恐误。潮闻福建观察陈岩威名，不敢犯福州境，遣使降之，使，疏吏翻。降，户江翻。岩表潮为泉州刺史。潮沈勇有智略，沈，持林翻。既得泉州，招怀离散，均赋缮兵，吏民悦服。幽王绪于别馆，绪惭，自杀。

19 九月，朱玫将张行实攻大唐峰，李铤等击却之。金吾将军满存与邠军战，破之，复取兴州，复，扶又翻。进守万仞寨。

20 李克修攻孟方立，甲午，擒其将吕臻于焦冈，拔故镇、武安、临洺、邯郸、沙河；九域志：洺州武安县有固镇镇。以大将安金俊为邢州刺史。

21 长安百官太子太师裴璩等劝进于襄王煴。璩，其于翻。冬，十月，煴即皇帝位，改元建贞，遥尊上为太上元皇圣帝。

22 董昌谓钱镠曰："汝能取越州，吾以杭州授汝。"考异曰：实录："辛未，以杭州刺史董昌为浙东观察使。"按此年十一月，镠始拔越州。十二月擒汉宏，昌始自称知浙东军府事。实录误也。镠曰："然，不取终为后患。"遂将兵自诸暨趋平水，趋，七喻翻。凿山开道五百里，出曹娥埭，九域志：越州会稽县有平水镇、曹娥镇。平水，今在越州东南四十馀里，自此南逾山，出小江，沿剡溪而东二十里，至曹娥埭。埭，徒耐翻。浙东将鲍君福帅众降之。帅，读曰率。降，户江翻。镠与浙东军战，屡破之，进屯丰山。

23 感化牙将张雄、冯弘铎得罪于节度使时溥，徐州本号武宁军，自咸通罢节镇之后，寻复节镇，改为感化军，中间有书武宁者，误也。是后时溥既死，朱梁始复徐州为武宁军。聚众三百，走渡江，袭苏州，据之。雄自称刺史，稍聚兵至五万，战舰千馀，自号天成军。

24 河阳节度使诸葛爽薨，大将刘经、张全义立爽子仲方为留后。全义，临濮人也。武德四年，分雷泽县置临濮县，属濮州。九域志：在州南六十里。濮，博木翻。

25 李克修攻邢州，不克而还。考异曰：太祖纪年录："邢人出战，又败之。孟方立求救于镇州王镕，出兵三万赴援，我军乃退。"旧镕传："是时天子蒙尘，九有羹沸。河东李克用虎视山东，方谋吞据，镕以重赂结纳，以修和好。晋军讨孟方立于邢州，镕常奉以刍粮。"据此，则镕助克用攻邢州也。未知孰是。今皆不取。

26 十一月，丙戌，钱镠克越州，刘汉宏奔台州。考异曰：实录，汉宏被杀在董昌除浙东前。据范埛吴越备史，汉宏败走至十二月死皆有日，今从之。

27 义成节度使安师儒委政于两厢都虞候夏侯晏、杜标，二人骄恣，军中忿之；小校张骁潜出，聚众二千攻州城，师儒斩晏、标首谕之，军中稍息。天平节度使朱瑄谋取滑州，遣濮州刺史朱裕将兵诱张骁，杀之。朱全忠先遣其将朱珍、李唐宾袭滑州，入境，遇大雪，珍等一夕驰至壁下，百梯并升，遂克之，虏师儒以归。考异曰：实录："告于行在，命全忠兼领义成节度使。"按大顺元年始以全忠兼宣义节度使，全忠犹辞，以授胡真，此际未也。实录误。全忠以牙将江陵胡真知义成留后。义成自此属朱全忠。

28 田令孜至成都请寻医，许之。解西川监军使。

29 十二月，戊寅，诸军拔凤州，以满存为凤州防御使。

30 杨复恭传檄关中，称"得朱玫首者，以静难节度使赏之。"以朱玫职任授之也。难，乃旦翻。王行瑜战数败，屡为李铤、满存等所破。数，所角翻。恐获罪于玫，与其下谋曰："今无功，归亦死；曷若与汝曹斩玫首，【章：十二行本"首"下有"定京城"三字；乙十一行本同；退斋校同；张校同，云无注本亦无。】迎大驾，取邠宁节钺乎？"众从之。甲寅，行瑜自凤州擅引兵归京师，此诸军所以于戊寅得取凤州。玫方视事，闻之，怒，召行瑜，责之曰："汝擅归，欲反邪？"行瑜曰："吾不反，欲诛反者朱玫耳！"遂擒斩之，并杀其党数百人。诸军大乱，焚掠京城，士民无衣冻死者蔽地。裴澈、郑昌图帅百官二百馀人奉襄王奔河中，帅，读曰率。王重荣诈为迎奉，执煴，杀之，襄王煴自监国至窃号，涉八月而败。囚澈、昌图；百官死者殆半。

31 台州刺史杜雄诱刘汉宏，执送董昌，斩之。广明元年，刘汉宏得浙东，至是而亡。考异曰：十国纪年："十二月，丙午，杜雄执汉宏。"按十二月丙子朔，无丙午。纪年误。昌徙镇越州，自称知浙东军府事，以钱镠知杭州事。为钱镠以杭州跨有二浙张本。

32 王重荣函襄王煴首至行在，刑部请御兴元城南楼献馘，百官毕贺。太常博士殷盈孙议，以为："煴为贼臣所逼，正以不能死节为罪耳。礼，公族罪在大辟，君为之素服不举。记文王世子：公族其有死罪者，有司谳于公曰："某之罪在大辟。"公三宥之，有司不对，走出，致刑于甸人。公又使人追之曰："虽然，必赦之。"对曰："无及也。"反命于公。公素服不举，为之变，如其伦之丧，无服，亲哭之。为，于伪翻。今煴已就诛，宜废为庶人，令所在葬其首。其献馘称贺之礼，请俟朱玫首至而行之。"从之。盈孙，侑之孙也。殷侑见二百四十二卷文宗大和二年。

33 河阳大将刘经，畏李罕之难制，自引兵镇洛阳，袭罕之于渑池，为罕之所败；败，补迈翻；下同。经弃洛阳走，罕之追杀殆尽。罕之军于巩，巩，汉古县，唐属河南府。九域志：在府东一百一十里。将渡河，经遣张全义将兵拒之。时诸葛仲方幼弱，政在刘经，诸将多不附，全义遂与罕之合兵攻河阳，为经所败，罕之、全义走保怀州。

34 初，忠武决胜指挥使孙儒与龙骧指挥使朗山刘建锋戍蔡州，拒黄巢，扶沟马殷隶军中，以材勇闻。扶沟，汉县，中废，隋复置，唐属许州。陈留风俗传：小扶亭有洧水之沟，因以名县。九域志：县在汴州南一百九十里。马殷始此。及秦宗权叛，儒等皆属焉。宗权遣儒【章：十二行本"儒"下有"将兵"二字；乙十一行本同。】攻陷郑州，刺史李璠奔大梁。璠，孚袁翻。儒进陷河阳，留后诸葛仲方奔大梁。广明元年，诸葛爽得河阳，及子而败。儒自称节度使，张全义据怀州，李罕之据泽州以拒之。

初，长安人张佶为宣州幕僚，恶观察使秦彦之为人，弃官去；过蔡州，宗权留以为行军司马。佶谓刘建锋曰："秦公刚鸷而猜忌，亡无日矣，吾属何以自免！"建锋方自危，遂与佶善。佶，其吉翻。恶，乌路翻。为刘建锋、张佶协力取湖南张本。

35 寿州刺史张翱考异曰：妖乱志作"张敖"，吴录作"张璈"。今从十国纪年。遣其将魏虔将万人寇庐州，庐州刺史杨行愍遣其将田頵、李神福、张训拒之，败虔于褚城。败，补迈翻。滁州刺史许勍袭舒州，刺史陶雅奔庐州。中和四年，行愍使雅取舒州。高骈命行愍更名行密。更，工衡翻。

36 是岁，天平牙将朱瑾逐泰宁节度使齐克让，考异曰：薛居正五代史云虏克让。今从旧传。自称留后。瑾将袭兖州，求婚于克让，乃自郓盛饰车服，私藏兵甲以赴之。亲迎之夕，甲士窃发，逐克让而代之。迎，鱼敬翻。朝廷因以瑾为泰宁节度使。

37 安陆贼帅周通攻鄂州，路审中亡去；中和四年，路审中据鄂州。帅，所类翻；下同。岳州刺史杜洪乘虚入鄂，自称武昌留后，朝廷因以授之。湘阴贼帅邓进思复乘虚陷岳州。湘阴，汉罗县地，宋分置湘阴县，唐武德八年，省罗县入焉，属岳州。九域志：在州西南二百七十里。复，扶又翻。

38 秦宗言围荆南二年，去年九月围荆南。张瓌婴城自守，城中米斗直钱四十，食甲鼓皆尽，击门扉以警夜，死者相枕。枕，职任翻。宗言竟不能克而去。

三年（丁未、八八七）

1 春，正月，以邠州都将王行瑜为静难军节度使，以朱玫之官赏之。难，乃旦翻。扈跸都头李茂贞领武定节度使，据旧纪以洋州为武定节镇。扈跸都头杨守宗为金商节度使，右卫大将军顾彦朗为东川节度使，金商节度使杨守亮为山南西道节度使。彦朗，丰县人也。

2 辛巳，以董昌为浙东观察使，钱镠为杭州刺史。

3 秦宗权自以兵力十倍于朱全忠，而数为所败，耻之，数，所角翻。败，补迈翻。欲悉力以攻汴州。全忠患兵少，二月，以诸军都指挥使朱珍为淄州刺史，募兵于东道，淄州本平卢巡属，全忠欲募兵于东方，辄以刺史授珍。期以初夏而还。薛居正五代史曰：使朱珍募兵于东道，惧蔡人暴其麦，期以夏首回归。

4 戊辰，削夺三川都监田令孜官爵，长流端州。然令孜依陈敬瑄，竟不行。考异曰：实录载敕曰："令孜虽已削夺在身官爵，宜剥服色，配端州长流百姓。”新传曰：“削官爵，流儋州，然犹依敬瑄不行。”张彭耆旧传曰：“大驾广明二年春孟到蜀，叟尝接识北司诸官子弟，有光启门承旨，似先大夫，为叟言：去年黄巢凌犯，圣上苍忙就路，诸王多是徒行。寿王至斜谷，行不得，袜一足，跣一足，偃卧磻石上。田军容在后收拾，驱寿王。寿王起告军容：‘行不得，与个马骑。’军容云：‘山谷间何处得马！’以鞭一抶之令行，虽回首无言，衷心深衔此恨。尔后经今八年，僖宗皇帝在宝鸡行宫寝疾月馀，弥留，臣下皆知不起于疾，内外属望在于寿王。寿王仁孝大度，弘宽有断，众所归心。军容闻，大恐，就御寝问：‘识臣否？’帝目瞪不语。军容大惊，寻时矫制除西川监军使，仍驰驿赴任，遂将拱宸、奉銮两都自卫，星夜倍程。军容才到西川，僖宗已崩，国朝果册寿王登极皇帝位，于是积年怨恨，今日逞其志矣。”新令孜传取之。据实录：令孜光启二年为西川监军，此月流端州，在昭宗即位前，自为杨复恭所摈耳。十国纪年曰：“三月，僖宗东还，诏流令孜儋州，敬瑄端州，皆拒朝命。”此据张彭耆旧传致误耳。今从实录。

5 代北节度使李国昌薨。考异曰：薛居正五代史武皇纪：“国昌，中和三年薨。”唐末见闻录：“中和三年，十月，老司徒薨。”旧书：“中和三年，十月，国昌卒。”后唐献祖纪年录：“光启中，薨于位。”新沙陀传：“光启三年，国昌卒。”太祖纪年录光启三年正月云：“是岁献祖文皇帝之丧，太祖哀毁行服，不获专征。”实录置此年二月。今从之。

6 三月，癸未，诏伪宰相萧遘、郑昌图、裴澈，于所在集众斩之，皆死于岐山。岐山，在凤翔东四十里。按旧书帝纪：河中械送伪宰相裴澈、郑昌图，命斩之于岐山县，太子少师致仕萧遘赐死于永乐县。与此不同。时朝士受煴官者甚众，法司皆处以极法；法司，谓刑部。处，昌吕翻。杜让能力争之，免者什七八。

7 壬辰，车驾至凤翔，节度使李昌符，恐车驾还京虽不治前过，前过，谓与朱玫迫逐乘舆也。治，直之翻。恩赏必疏，乃以宫室未完，固请驻跸府舍，从之。

8 太傅兼侍中郑从谠罢为太子太保。

9 镇海节度使周宝募亲军千人，号后楼兵，禀给倍于镇海军；镇海军皆怨，而后楼兵浸骄不可制。宝溺于声色，不亲政事，筑罗城二十馀里，建东第，人苦其役。宝与僚属宴后楼，有言镇海军怨望者，宝曰："乱则杀之！"度支催勘使薛朗以其言告所善镇海军将刘浩，戒之使戢士卒，浩曰："惟反可以免死耳！"是夕，宝醉，方寝，浩帅其党作乱，帅，读曰率；下同。攻府舍而焚之。宝惊起，徒跣叩芙蓉门呼后楼兵，后楼兵亦反矣。宝帅家人步走出青阳门，遂奔常州，考异曰：实录宝被逐在四月，恐四月奏到耳。吴越备史三月壬辰。新纪癸巳，今从之。依刺史丁从实。浩杀诸僚佐，癸巳，迎薛朗入府，推为留后。为钱镠诛薛朗张本。宝先兼租庸副使，城中货财山积，是日，尽于乱兵之手。

高骈闻宝败，列牙受贺，遣使馈以齑粉。骈与宝为仇，故幸其败。为仇事见二百五十四卷中和元年。齑，子西翻。细切为齑，碎磨为粉。宝怒，掷之地曰："汝有吕用之在，他日未可知也！"扬州连岁饥，城中馁死者日数千人，坊市为之寥落，灾异数见，骈悉以为周宝当之。史言高骈阽于死亡而不悟。为，于伪翻。数，所角翻。见，贤遍翻。

10 山南西道节度使杨守亮忌利州刺史王建骁勇，屡召之；建惧，不往。利州，山南西道巡属也，建惧为守亮所杀，故不敢往。前龙州司仓周庠路振九国志，作"周博雅"。说建曰："唐祚将终，藩镇互相吞噬，皆无雄才远略，不能戡济多难。说，式芮翻；下同。难，乃旦翻。公勇而有谋，得士卒心，立大功者非公而谁！然葭萌四战之地，利州，古葭萌之地，世传古蜀王封其弟葭萌于此，因以名邑。难以久安。阆州地僻人富，杨茂实，陈、田之腹心，不修职贡，若表其罪，兴兵讨之，可不【章：十二行本"不"作"一"；乙十一行本同；孔本同；张校同。】战而擒也。"建从之，召募溪洞酋豪，有众八千，沿嘉陵江而下，袭阆州，西汉水出秦州嘉陵谷，亦谓之嘉陵水，东南过葭萌，又东南过阆中。阆州，东川巡属。酋，慈由翻。逐其刺史杨茂实而据之，自称防御使，招纳亡命，军势益盛，守亮不能制。

部将张虔裕说建曰："公乘天子微弱，专据方州，若唐室复兴，公无种矣。种，章勇翻。宜遣使奉表天子，杖大义以行师，蔑不济矣。"部将綦毋谏复说建养士爱民以观天下之变。綦毋，姓也。毋，音无。建【章：十二行本"建"下有"皆"字；乙十一行本同；孔本同。】从之。庠、虔裕、谏，皆许州人也。汝、颍多奇士，自古然也。史言英雄角逐，天必生人才以羽翼之。

初，建与东川节度使顾彦朗俱在神策军，同讨贼；建既据阆州，彦朗畏其侵暴，数遣使问遗，数，所角翻。遗，唯季翻。馈以军食，建由是不犯东川。豺狼不噬，要非仁也，力未及耳。观后顾彦晖之事可见已。

11 初，周宝闻淮南六合镇遏使徐约兵精，诱之使击苏州。为下卷徐约逐张雄始事。

王崇武标点容肇祖聂崇岐覆校

资治通鉴卷第二百五十七

端明殿学士兼翰林侍读学士太中大夫
提举西京嵩山崇福宫上柱国河内郡开国公 司马光 奉敕编集
食邑二千二百户食实封九百户赐紫金鱼袋臣

后学天台 胡三省 音注

唐纪七十三 起强圉协洽（丁未）四月，尽著雍涒滩（戊申），凡一年有奇。

僖宗惠圣恭定孝皇帝下之下

光启三年（丁未、八八七）

1 夏，四月，甲辰朔，约逐苏州刺史张雄，考异曰：吴越备史："四月，六合镇将徐约攻陷苏州。约，曹州人也，初从黄巢攻天长，遂归高骈，骈用为六合镇将。浙西周宝子婿杨茂实为苏州刺史，约攻破之，遂有其地。"据实录，宝以其婿为苏州刺史，朝廷已除赵载代之。张雄据苏州必在载后，备史恐误。今从新纪、传。帅其众逃入海。此句上更有一"雄'字，文意乃足。张雄据苏州见上卷上年。帅，读曰率。

2 高骈闻秦宗权将寇淮南，遣左厢都知兵马使毕师铎将百骑屯高邮。铎将以下皆即亮翻。

时吕用之用事，宿将多为所诛，师铎自以黄巢降将，常自危。毕师铎降高骈，见二百五十三卷乾符六年。师铎有美妾，用之欲见之，师铎不许；用之因师铎出，窃往见之，师铎惭怒，出其妾，由是有隙。

师铎将如高邮，用之待之加厚，师铎益疑惧，谓祸在旦夕。师铎子娶高邮镇遏使张神剑女，师铎密与之谋，神剑以为无是事。神剑名雄，人以其善用剑，故谓之“神剑”。考异曰：十国纪年：“张雄，淮南人，善剑，号张神剑。”今欲别于前苏州刺史张雄，故从妖乱志，但称神剑。时府中籍籍，亦以为师铎且受诛，汉书：事籍籍如此。颜师古注云：籍籍，纷纷也。其母使人语之曰：“设有是事，汝自努力前去，勿以老母、弱子为累！”语，牛倨翻。累，良瑞翻。师铎疑未决。

会骈子四十三郎者素恶用之，恶，乌路翻。欲使师铎帅外镇将吏疏用之罪恶，闻于其父，帅，读曰率。密使人绐之曰：“用之比来频启令公，比，毗至翻，近也。襄王煴加骈中书令，故称令公。绐，徒亥翻。欲因此相图，已有委曲在张尚书所，当时机密文书谓之委曲。张尚书，谓神剑。宜备之！”师铎问神剑曰：“昨夜使司有文书，使司，谓淮南节度使司。翁胡不言？”以婚姻呼之为翁。神剑不寤，曰：“无之。”师铎不自安，归营，谋于腹心，皆劝师铎起兵诛用之，师铎曰：“用之数年以来，人怨鬼怒，安知天不假手于我诛之邪！淮宁军使郑汉章，我乡人，按新书高骈传：骈置淮宁军于淮口。毕师铎、郑汉章皆冤句人。昔归顺时副将也，谓去黄巢归高骈时也。素切齿于用之，闻吾谋，必喜。”乃夜与百骑潜诣汉章，汉章大喜，悉发镇兵及驱居民合千馀人从师铎至高邮。师铎诘张神剑以所得委曲，诘，极吉翻。神剑惊曰：“无有。”师铎声色浸厉，神剑奋曰：“公何见事之暗！用之奸恶，天地所不容。况近者重赂权贵得岭南节度，复不行，事见上卷上年。复，扶又翻。或云谋窃据此土，使其得志，吾辈岂能握刀头事此妖物邪！要冎此数贼以谢淮海，何必多言！”冎，古瓦翻。禹贡曰：淮海惟扬州。汉章喜，遂命取酒，割臂血沥酒，共饮之。乙巳，众推师铎为行营使，为文告天地，移书淮南境内，言诛用之及张守一、诸葛殷之意。以汉章为行营副使，神剑为都指挥使。

神剑以师铎成败未可知，请以所部留高邮，曰：“一则为公声援，二则供给粮饷。”师铎不悦，汉章曰：“张尚书谋亦善，苟终始同心，事捷之日，子女玉帛相与共之，今日岂可复相违！”复，扶又翻。师铎乃许之。戊申，师铎、汉章发高邮。

庚戌，诇骑以白高骈，自高邮东南至扬州一百里。诇，翾正翻，又火迥翻。吕用之匿之。

3 朱珍至淄青旬日，应募者万馀人，又袭青州，获马千匹；时王敬武镇淄青，朱珍以他镇之将来募兵，既不能制，又为所袭。盖群盗纵横，力强者胜，莫適为主故也。辛亥，还，至大梁，朱全忠喜曰：“吾事济矣！”

时蔡人方寇汴州，其将张晊屯北郊，秦贤屯板桥，北郊，谓汴州城北郊原之地，即赤冈也。据旧史，板桥在汴州城西。各有众数万，列三十六寨，连延二十馀里。全忠谓诸将曰：“彼蓄锐休兵，方来击我，未知朱珍之至，谓吾兵少，畏怯自守而已；宜出其不意，先击之。”乃自引兵攻秦贤寨，士卒踊跃争先；贤不为备，连拔四寨，斩万馀级，蔡人大惊，以为神。

全忠又使牙将新野郭言募兵于河阳、陕、虢，得万馀人而还。陕，失冉翻。还，从宣翻，又如字。

4 毕师铎兵奄至广陵城下，城中惊扰。壬子，吕用之引麾下劲兵，诱以重赏，出城力战。诱，音酉。师铎兵少却，用之始得断桥塞门为守备。是日，骈登延和阁，断，丁管翻。塞，悉则翻。延和阁，骈所起，见二百五十四卷中和二年。闻喧噪声，左右以师铎之变告。骈惊，急召用之诘之，用之徐对曰：“师铎之众思归，为门卫所遏，适已随宜区处，处，昌吕翻。计寻退散；傥或不已，正烦玄女一力士耳，愿令公勿忧！”骈曰：“近者觉君之妄多矣，君善为之，勿使吾为周侍中！”周侍中，谓周宝也，事见上卷本年。言毕，惨沮久之，用之惭懅而退。懅，亦惭也，音遽。

师铎退屯山光寺，山光寺，在广陵城北。以广陵城坚兵多，甚有悔色；癸丑，遣其属孙约与其子诣宣州，乞师于观察使秦彦，且许以克城之日迎彦为帅。帅，所类翻。会师铎馆客毕慕颜自城中逃出，言“众心离散，用之忧窘，若坚守之，不日当溃。”师铎乃悦。

是日未明，骈召用之，问以事本末，用之始以实对，骈曰：“吾不欲复出兵相攻，复，扶又翻。君可选一温信大将，温，柔和也。信，诚实不妄言者也。以我手札谕之，若其未从，当别处分。”处，昌吕翻。按书及春秋“分器”。记曲礼“分毋求多”，汉书“分职”、“分部”，并音扶问翻；则处分之分亦当同音。今人读为分判之分，误也。用之退，念诸将皆仇敌，必【章：十二行本“必”上有“往”字；乙十一行本同。】不利于己，甲寅，遣所部讨击副使许戡，赍骈委曲委曲，即骈手札也。及用之誓状并酒殽出劳师铎，劳，力到翻。师铎始亦望骈旧将劳问，得以具陈用之奸恶，披泄积愤，披，开也，分也。决壅为泄。见戡至，大骂曰：“梁缵、韩问何在，乃使此秽物来！”戡未及发言，已牵出斩之。乙卯，师铎射书入城，射，而亦翻。用之不发，即焚之。

丁巳，用之以甲士百人入见骈于延和阁下，骈大惊，匿于寝室，久而后出，曰：“节度使所居，无故以兵入，欲反邪！”命左右驱出。用之大惧，出子城南门，举策指之曰：“吾不可复入此！”复，扶又翻。自是高、吕始判矣。

是夜，骈召其从子前左金吾卫将军杰密议军事；戊午，署杰都牢城使，泣而勉之，以亲信五百人给之。

用之命诸将大索城中丁壮，索，山客翻。无问朝士、书生，悉以白刃驱缚登城，令分立城上，自旦至暮，不得休息；又恐其与外寇通，数易其地，数，所角翻。家人饷之，莫知所在。

由是城中人亦恨师铎入城之晚也。

骈遣大将石锷锷，逆各翻。以师铎幼子及其母书并骈委曲至扬子谕师铎，师铎遽遣其子还，曰："令公但斩吕、张以示师铎，师铎不敢负恩，愿以妻子为质。"质，音致。骈恐用之屠其家，收师铎母妻子置使院。使院，节度使司官属治事之所。

辛酉，秦彦遣其将秦稠将兵三千至扬子助师铎。壬戌，宣州军攻南门，不克；癸亥，又攻罗城东南隅，城几陷者数四。几，居依翻。甲子，罗城西南隅守者焚战格以应师铎，战格，列木为之，汉人谓之笓格，今谓之排杈。师铎毁其城以内其众。用之帅其众千人力战于三桥北，帅，读曰率。师铎垂败，会高杰以牢城兵自子城出，欲擒用之以授师铎，用之乃开参佐门北走。骈召梁缵以昭义军百馀人保子城。

乙丑，师铎纵兵大掠。骈不得已，命彻备，与师铎相见于延和阁下，交拜如宾主之仪，署师铎节度副使、行军司马，仍承制加左仆射，郑汉章等各迁官有差。

左莫邪都虞候申及，本徐州健将，高骈置左、右莫邪都，见二百五十四卷中和二年。入见骈，说之曰：说，式芮翻。"师铎逆党不多，【章：十二行本"多"下有"诸门尚未有守者"七字；乙十一行本同；孔本同；张校同；退斋校同。】请令公及此选元从三十人，及此，言及此时也。从，才用翻。夜自教场门出，比师铎觉之，追不及矣。比，必利翻，及也。然后发诸镇兵，还取府城，此转祸为福也。若一二日事定，浸恐艰难，及亦不得在左右矣。"言之，且泣，骈犹豫不听。楚灵王有言："大福不再，只取辱耳。"高骈盖知行留皆祸，故犹豫不听。及恐语泄，遂窜匿，会张雄至东塘，张雄弃苏州逃入海，又自海泝江而上，至扬州东塘。及往归之。

丙寅，师铎果分兵守诸门，搜捕用之亲党，悉诛之。师铎入居使院，秦稠以宣军千人分守使宅及诸仓库。使，疏吏翻。

丁卯，骈牒请解所任，以师铎兼判府事。

师铎遣孙约至宣城，趣秦彦过江。趣，读曰促。或说师铎曰：说，式芮翻。“仆射向者举兵，盖以用之辈奸邪暴横，横，户孟翻。高令公坐自聋瞽，不能区理，区，分别也。理，调治也。故顺众心为一方去害。去，羌吕翻。今用之既败，军府廓然，仆射宜复奉高公而佐之，但总其兵权以号令，谁敢不服！用之乃淮南一叛将耳，移书所在，立可枭擒。如此，外有推奉之名，内得兼并之实，虽朝廷闻之，亦无亏臣节。使高公聪明，必知内愧；如其不悛，悛，丑缘翻，改也。乃机上肉耳，奈何以此功业付之他人，岂惟受制于人，终恐自相鱼肉！前日秦稠先守仓库，其相疑已可见。且秦司空为节度使，庐州、寿州其肯为之下乎！庐州，杨行密。寿州，张翱。仆见战攻之端未有穷已，岂惟淮南之人肝脑涂地，窃恐仆射功名成败未可知也！不若及今亟止秦司空亟，纪力翻，急也。勿使过江，彼若粗识安危，必不敢轻进；粗，坐五翻。就使他日责我以负约，犹不失为高氏忠臣也。”师铎大以为不然，明日，以告郑汉章，汉章曰：“此智士也！”散求之，其人畏祸，竟不复出。复，扶又翻。

戊辰，骈迁家出居南第，师铎以甲士百人为卫，其实囚之也。是日，宣军以所求未获，焚进奉两楼数十间，宝货悉为煨烬。新书高骈传：骈自乾符以来，贡献不入天子，宝货山积于进奉楼。按骈乾符末始自浙西徙淮南，中和二年罢兵权利权，贡献始绝矣。煨，乌回翻。烬，徐刃翻。己巳，师铎于府厅视事，凡官吏非有兵权者皆如故，复迁骈于东第。复，扶又翻；下同。自城陷，诸军大掠【章：十二行本“掠”下有“昼夜”二字；乙十一行本同；孔本同；张校同。】不已，至是，师铎始以先锋使唐宏为静街使，禁止之。

骈先为盐铁使，乾符六年，骈为盐铁转运使，中和二年，解使职。积年不贡奉，货财在扬州者，填委如山。骈作郊天、御楼六军立仗仪服，郊天及御楼肆赦，六军皆立仗。及大殿元会、内署行幸供张器用，皆刻镂金玉、蟠龙蹙凤数十万事，悉为乱兵所掠，归于闾阎，张陈寝处其中。供，居用翻。张，知亮翻；张陈同。镂，郎豆翻。处，昌吕翻。

庚午，获诸葛殷，杖杀之，弃尸道旁，怨家抉其目，断其舌，抉，于决翻。断，都管翻；下断手同。众以瓦石投之，须臾成冢。吕用之之败也，其党郑杞首归师铎，师铎署杞知海陵监事。海陵监，笐榷鬻盐。杞至海陵，阴记高霸得失，闻于师铎。高霸时为海陵镇遏使。霸获其书，杖杞背，断手足，刳目截舌，然后斩之。

5 蔡将卢瑭屯于万胜，万胜镇在中牟县。夹汴水而军，以绝汴州运路，薛史梁纪曰：卢瑭于圃田北夹汴水为梁，以扼运路。宋白亦曰：万胜寨在圃田北。朱全忠乘雾袭之，掩杀殆尽。考异曰：薛居正五代史云"四月庚午。"按长历，四月甲辰朔，无庚午。薛史误。于是蔡兵皆徙就张晊，屯于赤冈；赤冈在汴城北。全忠复就击之，杀二万馀人。蔡人大惧，或军中自相惊，全忠乃还大梁，养兵休士。

6 辛未，高骈密以金遗守者，骈冀守者恩之，因以求出。遗，唯季翻。毕师铎闻之，壬午，复迎骈入道院，道院，高骈所起以迎神仙。收高氏子弟甥侄十馀人同幽之。

7 前苏州刺史张雄帅其众自海溯江，屯于东塘，遣其将赵晖入据上元。张雄、冯弘铎由此得据升州。帅，读曰率。

8 毕师铎之攻广陵也，吕用之诈为高骈牒，署庐州刺史杨行密行军司马，追兵入援。庐江人袁袭说行密曰："高公昏惑，用之奸邪，师铎悖逆，凶德参会，三者合集为参会。说，式芮翻。而求兵于我，此天以淮南授明公也，趣赴之。"趣，读曰促。行密乃悉发庐州兵，复借兵于和州刺史孙端，复，扶又翻。考异曰：妖乱志："中和三年，高骈差梁缵知和州。缵以孙端窥伺和州已久，不如因而与之以责其效。骈强之，既行，果为端所败。及归，和州寻陷于端。”盖端自是遂据和州也。合数千人赴之，五月，至天长。郑汉章之从师铎也，留其妻守淮口，用之帅众攻之，帅，读曰率。旬日不克，汉章引兵救之。用之闻行密至天长，引兵归之。为用之为行密所诛张本。

9 丙子，朱全忠出击张晊，大破之。秦宗权闻之，自郑州引精兵会之。宗权引兵会晊以击全忠。

10 张神剑求货于毕师铎，师铎报以俟秦司空之命，神剑怒，亦以其众归杨行密；及海陵镇遏使高霸、曲溪人刘金、盱眙人贾令威悉以其众属焉。扬州盱眙县西南十里有曲溪。刘金，曲溪屯将也。行密众至万七千人，张神剑运高邮粮以给之。

11 朱全忠求救于兖、郓，朱瑄、朱瑾皆引兵赴之，义成军亦至。二年，朱全忠并义成军，征其兵以击蔡人。辛巳，全忠以四镇兵攻秦宗权于边孝村，大破之，边孝村，在汴州北郊。斩首二万馀级；宗权宵遁，全忠追之，至阳武桥而还。阳武桥在郑州阳武县，县在汴州西北九十里。还，从宣翻，又如字。全忠深德朱瑄，兄事之。蔡人之守东都、河阳、许、汝、怀、郑、陕、虢者，闻宗权败，皆弃去。宗权发郑州，孙儒发河阳，皆屠灭其人，焚其庐舍而去，宗权之势自是稍衰。朝廷以扈驾都头杨守宗知许州事，朱全忠以其将孙从益知郑州事。

12 钱镠遣东安都将杜棱、浙江都将阮结、静江都将成及将兵讨薛朗。九域志：杭州新城县有东安镇。浙江、静江二都，盖分屯杭州城外沿江一带，自定山下至海门。讨薛朗，以其逐周宝也。

13 甲午，秦彦将宣歙兵三万馀人，乘竹筏沿江而下，赵晖邀击于上元，杀溺殆半。歙，书涉翻。丙申，彦入广陵，自称权知淮南节度使，【章：十二行本“使”作“事”；乙十一行本同；张校同，云无注本作“使”。】仍以毕师铎为行军司马，补池州刺史赵锽为宣歙观察使。锽，户盲翻。戊戌，杨行密帅诸军抵广陵城下，为八寨以守之，帅，读曰率；下同。秦彦闭城自守。考异曰：妖乱志："六月，癸卯朔，秦彦命郑汉璋等守诸门。"按寇至城下，即应城守，岂有戊戌行密至，癸卯始守城乎！今不取。

14 六月，戊申，天威都头杨守立天威，亦神策五十四都之一。与凤翔节度使李昌符争道，麾下相殴，殴，乌口翻，击也。帝命中使谕之，不止。是夕，宿卫皆严兵为备。己酉，昌符拥兵烧行宫，庚戌，复攻大安门。复，扶又翻。守立与昌符战于通衢，昌符兵败，帅麾下走保陇州。九域志：凤翔西至陇州一百五十里。杜让能闻难，挺身步入侍；韦昭度质其家于军中，难，乃旦翻。质，音致。誓诛反贼，故军士力战而胜之。守立，复恭之假子也。壬子，以扈驾都将、武定节度使李茂贞李茂贞时领武定节宿卫。为陇州招讨使，以讨昌符。

15 甲寅，河中牙将常行儒杀节度使王重荣。重荣用法严，末年尤甚；行儒尝被罚，耻之，被，皮义翻。遂作乱。夜，攻府舍，重荣逃于别墅；墅，承与翻。明旦，行儒得而杀之。制以陕虢节度使王重盈为护国节度使，又以重盈子珙权知陕虢留后。珙，居勇翻。重盈至河中，执行儒，杀之。旧书帝纪云：常行儒杀王重荣，推重荣兄重盈为兵马留后。

16 戊午，秦彦遣毕师铎、秦稠将兵八千出城，西击杨行密，稠败死，士卒死者什七八。城中乏食，樵采路绝，宣州军始食人。宣州军，秦彦兵也。

17 壬戌，亳州将谢殷逐其刺史宋衮。

18 孙儒既去河阳，李罕之召张全义于泽州，去年，孙儒陷河阳，张全义据怀州，李罕之据泽州以拒之。盖怀州逼近河阳，全义寻退屯泽州也。旧书帝纪云：李罕之自泽州收河阳，怀州刺史张全义收洛阳。与之收合馀众。罕之据河阳，全义据东都，共求援于河东；李克用以其将安金俊为泽州刺史，将骑助之，考异曰：太祖纪年录："七月，癸已，泽州刺史张全义弃城而遁，太祖以安金俊为泽州刺史。”薛居正五代史亦云：“七月，武皇以金俊为泽州刺史。”按实录，六月，全义已除河南尹。薛史罕之传，罕之求援，克用遣泽州刺史安金俊助之，盖二人先以泽州赂克用，非七月也。表罕之为河阳节度使，全义为河南尹。考异曰：薛居正五代史：“克用表张言为河南尹、东都留守。”实录：“以泽州刺史李罕之为河阳节度使，怀州刺史张全义为河南尹。”按诸葛爽表全义为泽州刺史，及仲方败，罕之据泽州，全义据怀州耳，非刺史也。

初，东都经黄巢之乱，遗民聚为三城以相保，继以秦宗权、孙儒残暴，仅存坏垣而已。全义初至，白骨蔽地，荆棘弥望，居民不满百户，全义麾下才百馀人，相与保中州城，城在二城之中间，故谓之中州城。四野俱无耕者。全义乃于麾下选十八人材器可任者，人给一旗一榜，谓之屯将，将，即亮翻。使诣十八县故墟落中，植旗张榜，招怀流散，劝之树艺。河南二十县，河南、洛阳二县在城中，其外偃师、巩、缑氏、阳城、登封、陆浑、伊阙、新安、渑池、福昌、长水、永宁、寿安、密、河清、颍阳、伊阳、王屋，凡十八县。惟杀人者死，馀但笞杖而已，无严刑，无租税，民归之者如市。又选壮者教之战陈，以御寇盗。陈，读曰阵。数年之后，都城坊曲，渐复旧制，诸县户口，率皆归复，桑麻蔚然，野无旷土。蔚，音郁。不耕之土曰旷土。旷，空也。其胜兵者，胜，音升。大县至七千人，小县不减二千人，乃奏置令佐以治之。治，直之翻。全义明察，人不能欺，而为政宽简。出，见田畴美者，辄下马，与僚佐共观之，召田主，劳以酒食；劳，力到翻。有蚕麦善收者，蚕四伏无病而成茧，麦就实黄熟而丰厚，为善收。或亲至其家，悉呼出老幼，赐以茶彩衣物。民间言：“张公不喜声伎，喜，许记翻。伎，渠绮翻。见之未尝笑；独见佳麦良茧则笑耳。”有田荒秽者，则集众杖之；或诉以乏人牛，乃召其邻里责之曰：“彼诚乏人牛，何不助之！”众皆谢，乃释之。由是邻里有无相助，故比户皆有蓄积，比，毗至翻，又毗必翻。凶年不饥，遂成富庶焉。史究言张全义治河南之绩效。

19 杜棱等败薛朗将李君晊于阳羡。败，补迈翻。晊，于放翻。阳羡，汉古县，晋立义兴郡，隋废郡，改阳羡为义兴县。唐武德七年，分义兴置阳羡县，寻省并入义兴。九域志：义兴县在常州西南百二十里。

20 秋，七月，癸未，淮南将吴苗帅其徒八千人逾城降杨行密。帅，读曰率。

21 八月，壬寅朔，李茂贞奏陇州刺史薛知筹以城降，斩李昌符，灭其族。中和元年，李昌言逐郑畋据岐，兄弟七年而灭。

22 朱全忠引兵过亳州，遣其将霍存袭谢殷，斩之。是年六月，谢殷杀刺史，据亳州。

23 丙子，以李茂贞同平章事、充凤翔节度使。为李茂贞以岐兵跋扈张本。

24 以韦昭度守太保、兼侍中。

25 朱全忠欲兼兖、郓，而以朱瑄兄弟有功于己，朱瑄兄弟救汴州，破蔡兵。攻之无名，乃诬瑄招诱宣武军士，移书诮让。瑄复书不逊，考异曰：编遗录："八月，丙午，都指挥使朱珍以诸都将士日有逃逸者，初未晓其端，今乃知为郓帅朱瑄因前年与我师会合讨伐蔡寇，睹将士骁勇，潜有窥觇之心，密于境上悬金帛招诱，如至者皆厚而纳焉。积亡既多，上察之，且不平是事，因移文追索亡者，朱瑄来言不逊，上益怒其欺罔，乃议举兵伐之。"新传："全忠与朱瑄情好笃密，而内忌其雄，且所据皆劲兵地，欲造怨，乃图之，即声言瑄纳汴亡命，移书诋让，瑄以新有恩于全忠，故答檄恚望。全忠由是显结其隙。"高若拙后史补曰："梁太祖皇帝到梁园，深有大志，然兵力不足，常欲外掠，又虞四境之难，每有郁然之状。时有荐敬秀才于门下，乃白梁祖曰：'明公方欲图大事，轻重必为四境所侵，但令麾下将士诈为叛者而逃，即明公奏于主上及告四邻，以自袭叛徒为名。'梁祖曰：'天降奇人以佐于吾。'初从其谋，一出而致众十倍。"盖翔为温画策，诈令军士叛归瑄，以为衅端也。全忠遣其将朱珍、葛从周袭曹州，壬子，拔之，杀刺史丘弘礼。又攻濮州，与兖、郓兵战于刘桥，刘桥，在曹州乘氏县东北，濮州范县西南。按薛史，战于临濮之刘桥。杀数万人，朱瑄、朱瑾仅以身免。全忠与兖、郓始有隙。

26 秦彦以张雄兵强，冀得其用，以仆射告身授雄，以尚书告身三通授裨将冯弘铎等。此等告身，盖高骈为诸道都统时，朝廷所给空名告身也。广陵人竞以珠玉金缯诣雄军贸食，贸，音茂。以物易物曰贸。通犀带一，得米五升，通犀带，通天犀带也。陆佃埤雅曰：犀形似水牛，大腹庳脚，脚有三蹄，黑色；三角，一在项上，一在额上，一在鼻上，鼻上即食角也，小而不椭。亦有一角者。旧说犀之通天者恶影，常饮浊水，重雾厚露之夜不濡其里，白星彻端，世云："犀望星而彻角，"即此也，可以破水、骇鸡。又犀之美者有光，故鸡见影而惊。其次，角理复有正插、倒插。正插者角腰以上通，倒插者角腰以下通。亦曰，尖花小而根花大，谓之倒插。犀亦绝爱其角，堕角，即自埋之。王粲游海赋曰："群犀代角，巨象解齿，"是也。交州记曰：犀有二角，鼻上角长，额上角短。或曰：三角者，水犀也；二角者，山犀也；在顶者谓之顶犀，在鼻者谓之鼻犀。犀有四辈。其文或如桑椹，或如狗鼻者，上；黔犀无文，螺犀文旋，牸犀文细，牯犀文大而匀。锦衾一，得糠五升。雄军既富，不复肯战，未几，复助杨行密。几，居岂翻。复，扶下翻；下同。

丁卯，彦悉出城中兵万二千人，遣毕师铎、郑汉章将之，陈于城西，延袤数里，杨行密军于扬子，盖并广陵之西山，以逼广陵城。陈，读曰阵；下同。袤，音茂。军势甚盛。行密安卧帐中，曰："贼近告我。"牙将李宗礼曰："众寡不敌，宜坚壁自守，徐图还师。"李涛怒曰："吾以顺讨逆，何论众寡，大军至此，去将安归！涛愿将所部为前锋，保为公破之！"保为，于伪翻。涛，赵州人也。行密乃积金帛麰米于一寨，麰，音牟，小麦也。使羸弱守之，多伏精兵于其旁，自将千馀人冲其陈。兵始交，行密阳不胜而走，广陵兵追之，入空寨，争取金帛麰米，伏兵四起，广陵众乱，行密纵兵击之，俘斩殆尽，积尸十里，沟渎皆满，师铎、汉章单骑仅免。自是秦彦不复言出师矣。

27 九月，以户部侍郎、判度支张浚为兵部侍郎、同平章事。

28 高骈在道院，秦彦供给甚薄，左右无食，至然木像、煮革带食之，有相啖者。彦与毕师铎出师屡败，疑骈为厌胜，厌，于涉翻，又于琰翻。外围益急，恐骈党有为内应者。有妖尼王奉仙言于彦曰："扬州分野极灾，分，扶问翻。必有一大人死，自此喜矣。"甲戌，命其将刘匡时杀骈，并其子弟甥侄无少长皆死，同坎瘗之。瘗，于计翻。乙亥，杨行密闻之，帅士卒缟素向城大哭三日。帅，读曰率。

29 朱珍攻濮州，朱瑄遣弟罕将步骑万人救之；辛卯，朱全忠逆击罕于范，范，汉县，唐属濮州。九域志：在州东六十里。擒斩之。

30 冬，十月，秦彦遣郑汉章将步骑五千出击张神剑、高霸寨，破之，神剑奔高邮，霸奔海陵。张神剑、高霸各奔归旧屯之地。

31 丁未，朱珍拔濮州，刺史朱裕奔郓；珍进兵攻郓。九域志：濮州东至郓州一百八十里。瑄使裕诈遗珍书，遗，唯季翻。约为内应，珍夜引兵赴之，瑄开门纳汴军，闭而杀之，死者数千人，汴军乃退。瑄乘胜复取曹州，复，扶又翻。以其属郭词为刺史。

32 甲寅，立皇子升为益王。

33 杜棱等拔常州，丁从实奔海陵。光启二年，六月，丁从实取常州，至是而败。考异曰：实录："五月，镠攻常州，丁从实投高霸。"吴越备史在十月。新纪："十月，甲寅，陷常州。"今从之。钱镠奉周宝归杭州，属櫜鞬，具部将礼，郊迎之。杭州，本镇海巡属，故镠以部将礼迎宝。属，音之欲翻。櫜，音羔。鞬，其言翻。

34 杨行密围广陵且半年，秦彦、毕师铎大小数十战，多不利；城中无食，米斗直钱五十缗，草根木实皆尽，以堇泥为饼食之，堇，居隐翻。堇泥，黏土也。饿死者太半。宣军掠人诣肆卖之，驱缚屠割如羊豕，讫无一声，积骸流血，满于坊市。彦、师铎无如之何，嚬蹙而已。攒眉为嚬，皱頞为蹙。外围益急，彦、师铎忧懑，殆无生意，懑，音闷。相对抱膝，终日悄然。悄，七小反。诗曰：忧心悄悄。行密亦以城久不下，欲引还。欲引还庐州。己巳夜，大风雨，吕用之部将张审威帅麾下士三百，晨，伏于西壕，帅，读曰率；下同。俟守者易代，潜登城，启关纳其众，守者皆不斗而溃。先是，彦、师铎信重尼奉仙，虽战陈日时，赏罚轻重，皆取决焉。先，悉荐翻。陈，读曰阵。至是复咨于奉仙曰："何以取济？"复，扶又翻。奉仙曰："走为上策！"乃自开化门出奔东塘。行密帅诸军合万五千人入城，以梁缵不尽节于高氏，为秦、毕用，斩于戟门之外；唐设戟之制，庙社宫殿之门二十有四，东宫之门一十有八，一品之门十六，二品及京兆、河南、太原尹、大都督、大都护之门十四，三品及上都督、中都督、上都护、上州之门十二，下都督、下都护、中州、下州之门各十。设戟于门，故谓之戟门。韩问闻之，赴井死。梁缵、韩问，一体之人，缵既诛，问知不免于罪，故赴井而死。以高骈从孙愈摄副使，使改殡骈及其族。城中遗民才数百家，饥羸非复人状，行密辇西寨米以赈之。杨行密寨在广陵城西，此饷军之米也。行密自称淮南留后。

35 秦宗权遣其弟宗衡将兵万人渡淮，与杨行密争扬州，以孙儒为副，张佶、刘建锋、马殷及宗权族弟彦晖皆从。从，才用翻。十一月，辛未，抵广陵城西，据行密故寨，攻守之势，地有所必争。杨行密之攻广陵也，寨于城西；蔡人之攻行密，又据其故寨。盖争形胜者难以他图也。行密辎重之未入城者，为蔡人所得。重，直用翻。秦彦、毕师铎至东塘，张雄不纳，将渡江趣宣州；秦彦欲还趣旧治。趣，七喻翻。宗衡召之，乃引兵还，与宗衡合。

未几，宗权召宗衡还蔡，拒朱全忠。孙儒知宗权势不能久，称疾不行；宗衡屡促之，儒怒，甲戌，与宗衡饮酒，坐中手刃之，传首于全忠。坐，徂卧翻。宗衡将安仁义降于行密。仁义，本沙陀将也，路振九国志：安仁义初事李国昌于塞上，以过奔河阳，因入秦宗权军中。行密悉以骑兵委之，列于田頵之上。杨行密起于合肥，一时诸将，田頵为冠，一旦得安仁义，列于頵上，卒收其力用。史言其知人善任。儒分兵掠邻州，未几，众至数万，孙儒未即攻广陵，先掠邻州以益其众。几，居岂翻。以城下乏食，与彦、师铎袭高邮。

36 初，宣武都指挥使朱珍与排陈斩斫使李唐宾，勇略、功名略相当，陈，读曰阵。全忠每战，使二人偕，往无不捷；然二人素不相下。珍使人迎其妻于大梁，不白全忠，全忠怒，追还其妻，杀守门者，使亲吏蒋玄晖召珍，以汉宾代总其众。"汉宾"，当作"唐宾"。馆驿巡官冯翊敬翔谏曰：唐制，节度使属官有行军司马、副使、判官、支使、掌书记、巡官、衙推各一人，同节度副使十人，馆驿巡官四人。"朱珍未易轻取，易，以豉翻。恐其猜惧生变。"全忠悔，使人追止之。珍果自疑，丙子夜，珍置酒召诸将。唐宾疑其有异图，斩关奔大梁，珍亦弃军单骑继至。全忠两惜其才，皆不罪，遣还濮州，为珍杀唐宾张本。因引兵归。

全忠多权数，将佐莫测其所为，惟敬翔能逆知之，往往助其所不及，全忠大悦，自恨得翔晚，凡军机、民政悉以咨之。全忠之移唐祚，敬翔之力也，李振之徒何关成败之数哉！薛史翔传曰：太祖初镇大梁，有观察支使王发者，翔里人也，往依之，发无由荐达。翔久之计窘，乃与人为笺刺，往往有警句，传于军中。太祖不知书，喜浅近语，闻翔所作，爱之，召署馆驿巡官。太祖与蔡贼相拒，机略之间，翔颇预之，太祖大悦，恨得翔之晚。考异曰：薛居正五代史翔传曰："翔每有所裨赞，亦未尝显谏上，俛仰顾步间，微示持疑尔，而太祖已察，必改行之，故裨佐之迹，人莫得知。"按张昭远庄宗列传曰："温狡谲多谋，人不测其际，唯翔视彼举错，即揣知其心，或有所不备，因为之助。温大悦，自以为得翔之晚，故军谋政术，一切谘之。"薛史误。

37 辛巳，高邮镇遏使张神剑帅麾下二百人逃归扬州；帅，读曰率。丙戌，孙儒屠高邮。戊子，高邮残兵七百人溃围而至，杨行密虑其为变，分隶诸将，一夕尽坑之，明日，杀神剑于其第。张神剑反覆于吕、毕之间，而死于杨行密之手，挟狡用数者有时而穷也。

杨行密恐孙儒乘胜取海陵，壬寅，命镇遏使高霸帅其兵民悉归府城，扬州府城。曰："有违命者，族之。"于是数万户弃资产、焚庐舍、挈老幼迁于广陵。戊戌，霸与弟晊、晊，于放翻。部将余绕山、史炤曰：风俗通：余姓，秦由余之后。前常州刺史丁从实至广陵，行密出郭迎之，与霸、晊约为兄弟，甘言以安其心。置其将卒于法云寺。今扬州城中江都县廨之西有法云寺，然非其旧也。

38 己亥，秦宗权陷郑州。宗权既弃郑州，今复攻陷之。

39 朝廷以淮南久乱，闰月，以朱全忠兼淮南节度使、东南面招讨使。为朱全忠与杨行密争淮南张本。考异曰：旧纪："十一月，秦彦引孙儒之兵攻广陵，行密遣使求援于朱全忠，制授全忠兼淮南节度使、行营兵马都统。"薛居正五代史梁太祖纪，朝廷就加帝兼领淮南节度，在八月。十国纪年曰："初，僖宗闻淮南乱，以朱全忠兼淮南节度使。至是，行密遣使以破贼告全忠"，在十月行密初入扬州时。今从实录。

40 陈敬瑄恶顾彦朗与王建相亲，恶，乌路翻。恐其合兵图己，谋于田令孜，令孜曰："建，吾子也，令孜养建为子，见上卷中和四年。不为杨兴元所容，故作贼耳。杨兴元，谓杨守亮，事见上卷三年。今折简召之，可致麾下。"乃遣使以书召之，建大喜，诣梓州见彦朗曰："十军阿父见召，令孜先为神策十军观军容使，待建同父子，故称之。当往省之。省，悉景翻。因见陈太师，帝之自成都东还也，陈敬瑄进检校太师，故称之。求一大州，若得之，私愿足矣！"乃留其家于梓州，顾彦朗治梓州。帅麾下精兵二千，帅，读曰率。与从子宗鍨、从，才用翻。鍨，火外翻。假子宗瑶、宗弼、宗侃、宗弁俱西。宗瑶，燕人姜郅；燕，于贤翻。宗弼，许人魏弘夫；宗侃，许人田师侃；宗弁，鹿弁也。

建至鹿头关，西川参谋李乂谓敬瑄曰："王建，虎也，奈何延之入室？彼安肯为公下乎！”敬瑄悔，亟遣人止之，且增修守备。建怒，破关而进，败汉州刺史张顼于绵竹，绵竹，汉县，江左置晋熙郡，隋废郡为李水县，大业三年，改曰绵竹，唐属汉州。九域志：在州东北九十三里。败，补迈翻；下同。遂拔汉州，进军学射山，又败西川将句惟立于蚕此，九域志：成都府成都县有蚕此镇。句，古侯翻，又古候翻。又拔德阳。敬瑄遣使让之，对曰：“十军阿父召我来，及门而拒之，重为顾公所疑，重，直用翻。进退无归矣。”田令孜登楼慰谕之，建与诸将于清远桥上髡发罗拜，成都南门楼，即大玄楼也，楼前有清远桥。曰：“今既无归，且辞阿父作贼矣！”顾彦朗以其弟彦晖为汉州刺史，发兵助建，急攻成都，考异曰：始，建宿卫之时，尝领壁州刺史，光启二年四月，已出为利州刺史，而旧纪、薛居正五代史、实录、新纪皆云以壁州刺史攻成都，误也。张彭耆旧传曰：“光启四年戊申，十月十日，田军容除西川监军使，此月到。十一月一日，僖宗皇帝晏驾，昭宗即位，改文德元年。文德二年己酉，太师有除未下。闻朝廷降使，三军百姓僧道诣驿，就使车诉论二十年铁券。有一人择亭截耳，时有微雨，卧踝于泥。天使视之无言，良久曰：‘不必不必，’索马挥鞭便发。太师军容专差亲信于人众中，探使有何言。既闻，二人神色俱丧，乃理兵讲武，更创置三都，黄头都以亲密者管之，诸军频阅队。十月，探知朝廷除韦相公授西川节度使，已宣麻。军容甚有惧色，乃以书召阆州王司徒，计其过绵州，即出兵拒之，令其怒，怒必攻诸州，所在发兵交战。此是军容计，恐韦相公来交代，以兵隔之，言王司徒来侵我，我所举兵，盖与王氏相敌，欲遮其反名。十二月二十日，驱人上城，一更，出兵数千人，排于城外北面堤上。二十一日，王司徒大军已至城下，于城北街去来斗数合。巳时，川军被一时筑过桥，堤上排者大走，并收入城。至暮，王司徒收军，宿七里亭。二十二日早，又进军逼城，至午又退，止七里亭。二十三日早，引军入新繁、濛阳诸县界，城内出军，日有相持。此年十一月，改元龙纪元年己酉。二月二十五日，大战三郊。（“郊”当作“交”。）乃各下数寨相守，所至县邑，大遭焚烧，户口逃窜。”十国纪年曰：“王建起兵攻成都，诸书岁月不同，盖建事成之后，其徒以擅举兵侵盗为耻，为之隐恶，袭据阆州，多言除移，尤讳光启末寇西川攻陈敬瑄事。或移在文德年韦昭度镇蜀敬瑄不受代后，或云朝廷削夺敬瑄官爵，建始会昭度讨伐，皆若受命勤王之师。故李昊蜀书、毛文锡纪事、张彭锦里耆旧传、杨堪平蜀德政碑、吴融生祠堂碑、冯涓大厅壁记、收复邛州壁记，皆当是时撰录，而自相抵牾。吴融云：岁在作噩之年，相国韦公奉命伐蜀。又云：圣上即位之明年，诏大丞相韦公镇蜀，起兵属丞相以讨不庭。寻拜公永平节度兼都指挥使。”今按旧僖宗纪：“光启三年，十二月，东川顾彦朗、壁州刺史王建连兵五万攻成都，陈敬瑄告难于朝，诏中使谕之。”唐年补录：“光启三年，十二月，以西川陈敬瑄、东川顾彦朗相持，诏李茂贞移书和解。”与唐庄宗功臣列传、唐烈祖实录、五代史王建传、庄宗实录、范质五代通录王衍传所载略同。韦昭度以文德元年六月始除西川节度使，十月至成都，陈敬瑄不受代。昭度表敬瑄叛，十二月丁亥，除昭度招讨使，王建永平节度使。据长历，是年十二月甲子朔，丁亥，二十四日也。龙纪元年丁酉岁正月，诏命始至成都。吴融据昭度受招讨使岁月，故云作噩之年伐蜀，是岁乃昭宗即位之明年，韦公镇蜀在前一年，盖融误以伐蜀为镇蜀耳。旧纪云：“文德元年六月，以韦昭度为西川节度、两川招抚制置使。”新书昭宗本纪：“文德元年十月，陈敬瑄反。十二月丁亥，韦昭度为招讨使。”皆是也。而旧纪误云龙纪元年正月，除昭度东都留守。五月，王建陷成都，自称留后。新书陈敬瑄传全用张彭耆旧传，云先除昭度节度使，然后田令孜召建以限朝廷，与本纪及韦昭度传自相违戾，最为差缪。张彭自言年仅八十，追记为儿童以来平生见闻，为耆旧传，故其叙事鄙俚倒错，与旧史年月不相符合。今从五代史王建传。又新纪：“文德元年六月，王建陷汉州，执刺史张顼。”实录：“龙纪元年正月，建破鹿头关，张顼来拒战，败之。”按光启三年十二月，韦昭度讨陈敬瑄，以汉州刺史顾彦晖为军前指挥使，盖其年冬，建破汉州，顾彦朗即以彦晖为刺史。新纪、实录皆误。今从十国纪年。三日不克而退，还屯汉州。

敬瑄告难于朝，难，乃旦翻。朝，直遥翻。诏遣中使和解之；又令李茂贞以书谕之，皆不从。

41 杨行密欲遣高霸屯天长以拒孙儒，袁袭曰：“霸，高氏旧将，常挟两端，我胜则来，不胜则叛。今处之天长，处，昌吕翻。是自绝其归路也，不如杀之。”己酉，行密伏甲执霸及丁从实、余绕山，皆杀之。高霸之死，犹张神剑之死也。又遣千骑掩杀其党于法云寺，死者数千人。是日，大雪，寺外数坊地皆赤。

高睢出走，明日，获而杀之。

吕用之之在天长也，是年五月，用之归行密于天长。给杨行密曰："用之有银五万铤，铤，徒鼎翻。埋于所居，克城之日，愿备麾下一醉之资。"庚戌，行密阅士卒，顾用之曰："仆射许此曹银，何食言邪！"因牵下械系，命田頵鞫之，云："与郑杞、董瑾谋因中元夜，邀高骈至其第建黄箓斋，道书以正月十五为上元，七月十五为中元，十月十五为下元。黄箓大斋者，普召天神、地祇、人鬼而设醮焉，追忏罪根，冀升仙界，以为功德不可思议，皆诞说也。乘其入静，道家所谓入静，即禅家入定而稍异。入静者，静处一室，屏去左右，澄神静虑，无思无营，冀以接天神。缢杀之，声言上升。因令莫邪都帅诸军推用之为节度使。"帅，读曰率。是日，腰斩用之，怨家刳割立尽，并诛其族党。军士发其中堂，得桐人，书骈姓名于胸，桎梏而钉之。钉，丁定翻。

袁袭言于行密曰："广陵饥弊已甚，蔡贼复来，民必重困，蔡贼，谓孙儒也。复，扶又翻。重，直用翻；下辎重同。不如避之。"甲寅，行密遣和州将延陵宗以其众二千人归和州，孙端所遣助杨行密者，今遣还。乙卯，又命指挥使蔡俦将兵千人，辎重数千两，归于庐州。为蔡俦背杨行密张本。

42 赵晖据上元，会周宝败，浙西溃卒多归之，周宝败见上卷本年。上元县近京口，故浙西溃卒多归之。众至数万。晖遂自骄大，治南朝台城而居之，隋之平陈也，悉毁建康台城，平荡耕垦，更于石头城置蒋州。唐废蒋州，以其地隶润州。光启二年，复置升州，治上元县。盖台城之堙废久矣。治，直之翻。服用奢僭。张雄在东塘，晖不与通问；雄溯江而上，上，时掌翻。晖以兵塞其中流。塞，悉则翻。雄怒，戊午，攻上元，拔之。晖奔当涂，未至，为其下所杀。馀众降，雄悉坑之。是年夏，张雄遣赵晖入据上元，今忿其拒己而坑其降者。降，户江翻。

43 朱全忠遣内客将张廷范致朝命于杨行密，致闰月之朝命也。以行密为淮南节度副使，又以宣武行军司马李璠为淮南留后，遣牙将郭言将兵千人送之。

感化节度使时溥自以于全忠为先进，官为都统，顾不得领淮南，而全忠得之，意甚恨望。全忠以书假道于溥，溥不许。璠至泗州，溥以兵袭之，郭言力战得免而还，徐、汴始构怨。自此以后，岂特徐、汴构怨哉，朱全忠以得朝命，遂与杨行密争淮南，再交兵而再不得志，然后息心耳。璠，孚袁翻。

44 十二月，考异曰：长历，闰十一月庚子朔，十二月己巳朔。新、旧纪闰月无事，不见。新纪十二月癸巳在此月，是亦以十一月为闰。妖乱志有后十一月。十国纪年亦闰十一月，惟薛居正五代史、梁纪十二月后有闰月。实录，闰十二月庚子朔。今不取。癸巳，秦宗权所署山南东道留后赵德諲陷荆南，节【张："节"上脱"杀"字。】度使张瓌，留其将王建肇守城而去，光启元年，张瓌据荆南，至是而败。新书：城陷，瓌死，人无识者，并投于井。复州长史陈璠从瓌至江陵，密断首置囊中，走京师献之，授安州刺史。与此异。遗民才数百家。

45 饶州刺史陈儒陷衢州。按路振九国志：陈儒，同安贼也。九域志：饶州东南至衢州七百二十九里。宋白曰：衢州，春秋越西鄙之地，晋为东阳之境。舆地志云：汉献帝初平三年，分太末立新安县，晋太康元年，以弘农有新安，改名信安；唐武德四年，析婺州西境于信安县置衢州，先有洪水，派山为三道，因曰三衢，州以是名。

46 上蔡贼帅冯敬章陷蕲州。帅，所类翻。地名解：蕲州，以水限多蕲菜，因名。州北有蕲水，南入于江。蕲，渠希翻。

47 乙未，周宝卒于杭州。考异曰：吴越备史："宝病卒。"实录："镠迎至郡，气卒于樟亭驿。"新纪："十月丁卯，镠杀周宝。"十国纪年："此月乙未，宝卒。或曰：镠杀之。"新传云："镠迎宝舍樟亭，未几，杀之。"今从吴越备史。

48 钱镠以杜稜为常州制置使。命阮结等进攻润州，丙申，克之；刘浩走，擒薛朗以归。光启三年，刘浩逐周宝而奉薛朗，至是而败。又，自是而后，杨行密、孙儒之兵迭争常、润，二州之民死于兵荒，其存者什无一二矣。考异曰：吴越备史：“明年，正月丙寅，克润州，斩薛朔。”按朗斩于杭州，必不同在一日。今从十国纪年。

文德元年（戊申、八八八）是年二月改元。

1 春，正月，甲寅，孙儒杀秦彦、毕师铎、郑汉章。彦等之归【章：十二行本“归”下有“秦”字；乙十一行本同；退斋校同；张校同，云无注本亦无。】宗衡也，其众犹二千馀人，其后稍稍为儒所夺；裨将唐宏知其必及祸，恐并死，乃诬告彦等潜召汴军。儒杀彦等，以宏为马军使。

2 张守一与吕用之同归杨行密，复为诸将合仙丹，复，扶又翻。为，于伪翻。合，音阁。又欲干军府之政，行密怒而杀之。张守一之死宜哉，嗜利而招权，弗可改也已。

3 蔡将石璠将万馀人寇陈、亳，陈、亳二州。朱全忠遣朱珍、葛从周将数千骑击擒之。癸亥，以全忠为蔡州四面行营都统，代时溥，考异曰：新纪：“正月癸亥，全忠为蔡州都统。”编遗录：“二月癸未，上以时溥阻我兼镇，具事奏闻。丙戌，上奉唐帝正月二十五日制命，授蔡州四面行营都统。”则丙戌乃全忠受诏之日。实录、薛居正五代史皆云二月丙戌，因此而误也。旧纪：“五月丁酉朔，制以全忠为蔡州都统。”月日尤误。今从编遗录、新纪。诸镇兵皆受全忠节度。

4 张廷范至广陵，杨行密厚礼之；及闻李璠来为留后，怒，有不受之色。廷范密使人白全忠，宜自以大军赴镇，全忠从之；至宋州，廷范自广陵逃来，曰：“行密未可图也。”甲子，李璠至，言徐军遮道，徐军，谓时溥军。全忠乃止。

5 丙寅，钱镠斩薛朗，考异曰：新纪：“丙寅，薛朗伏诛。镠陷润州。”十国纪年：“丁巳，斩朗。”今从吴越备史。剖其心以祭周宝，薛朗逐周宝，见上卷上年。以阮结为润州制置使。

6 二月，朱全忠奏以杨行密为淮南留后。

7乙亥，上不豫；壬午，发凤翔，己丑，至长安。庚寅，赦天下，改元。以韦昭度兼中书令。

8魏博节度使乐彦祯，骄泰不法，发六州民六州，魏、博、贝、相、澶、卫。筑罗城，方八十里，罗城，魏州罗城也。人苦其役；其子从训，尤凶险；既杀王铎，事见上卷中和四年。魏人皆恶之。恶，乌路翻。从训聚亡命五百馀人为亲兵，谓之子将，牙兵疑之，籍籍不安；魏博牙兵始于田承嗣，废置主帅率由之。今乐从训复置亲兵，牙兵疑其见图，故不安。将，即亮翻。从训惧，易服逃出，止于近县，彦祯因以为相州刺史。从训遣人至魏运甲兵、金帛，交错于路，牙兵益疑。彦祯惧，请避位，居龙兴寺为僧，中和三年，乐彦祯得魏博，至是而败。考异曰：旧传："彦祯危惧而卒。"实录："彦祯惧，自求避位，退居龙兴寺，军众迫令为僧。"旧纪："魏博军乱，逐彦祯。"若卒，不应云逐。今从实录。众推都将赵文玣知留后事。玣，皮变翻。

从训引兵三万至城下；文玣不出战，众复杀之，复，扶又翻。推牙将贵乡罗弘信知留后事。先是，人有言"见白须翁，言弘信当为地主"者，先，悉荐翻。文玣既死，众群聚呼曰：呼，火故翻。"谁欲为节度使者？"弘信出应曰："白须翁已命我矣。"众环视曰："可也。"遂立之。弘信引兵出，与从训战，败之。旧书帝纪书是年魏博军乱，逐其帅乐彦祯。彦祯子相州刺史从训帅众攻魏州，牙军立其小校罗宗弁为留后，出兵拒之。盖并赵文玣、罗弘信姓名为一人。败，补迈翻。从训收馀众保内黄，内黄，汉县，时属魏州。九域志：县在州西南一百二十四里。宋白曰：魏以河北为内，河南为外，以陈留有外黄，此为内黄。故县城在今县西北十九里。魏人围之。

先是，朱全忠将讨蔡州，遣押牙雷邺以银万两请籴于魏；先，悉荐翻。牙兵既逐彦祯，杀邺于馆。从训既败，乃求救于全忠。

9初，河阳节度使李罕之与【章：十二行本"与"下有"河南尹"三字；

乙十一行本同；孔本同；张校同。】张全义刻臂为盟，相得欢甚。罕之勇而无谋，性复贪暴，复，扶又翻。意轻全义，闻其勤俭力穑，笑曰："此田舍一夫耳！"全义闻之，不以为忤。忤，五故翻。罕之屡求谷帛，全义皆与之；而罕之征求无厌，厌，于盐翻。河南不能给，小不如所欲，辄械河南主吏至河阳杖之，九域志：河南东北至河阳八十五里。河南将佐皆愤怒。全义曰："李太尉【章：十二行本"尉"作"傅"；乙十一行本同。】所求，奈何不与！"竭力奉之，状若畏之者，罕之益骄。罕之所部不耕稼，专以剽掠为资，啖人为粮，剽，匹妙翻。啖，徒滥翻。至是悉其众攻绛州，绛州刺史王友遇降之；进攻晋州，护国节度使王重盈密结全义以图之。全义潜发屯兵，张全义尹河南，十八县各置屯将以领屯兵，屯兵即民兵也。夜，乘虚袭河阳，黎明，入三城，河阳有南城、北城、中潬城。罕之逾垣步走，全义悉俘其家，遂兼领河阳节度使。罕之奔泽州，九域志：河阳北至泽州九十里。求救于李克用。

10 三月，戊戌朔，日有食之，既。考异曰：旧纪："僖宗百僚上徽号曰圣文睿德光武弘孝皇帝。三月，戊戌朔，御正殿受册。"昭宗纪："大顺元年，正月，戊子朔，百僚上徽号曰圣文睿德光武弘孝皇帝。"岂有二帝徽号正同！今从新纪，止是昭宗尊号。

11 己亥，上疾复作，复，扶又翻。壬寅，大渐。皇弟吉王保，长而贤，群臣属望。属，之欲翻。十军观军容使杨复恭请立其弟寿王杰；是日，下诏，立杰为皇太弟，监军国事。考异曰：唐年补录："僖宗御楼后，疾复作，暴崩。杨复恭等秘丧不发，时十六宅诸王从行，乃于六宅中推帝为监国。帝之上有盛王、仪王，皆懿宗之子，帝居六宅之第三人。"旧纪："群臣以吉王最贤，又在寿王之上，将立之，唯杨复恭请以寿王监国。"按昭宗，懿宗第七子。吉王保，第六。新、旧传懿宗八子，无盛王、仪王。今从旧纪。右军中尉刘季述遣兵迎杰于六王宅，帝兄弟八人，侹早薨，见王六人，居六王宅。入居少阳院，少，诗照翻。宰相以下就见之。癸卯，上崩于灵符殿。年二十七。遗制，太弟杰更名敏，更，工衡翻。以韦昭度摄冢宰。

昭宗即位，体貌明粹，有英气，喜文学，喜，许记翻。以僖宗威令不振，朝廷日卑，有恢复前烈之志，尊礼大臣，梦想贤豪，践阼之始，中外忻忻焉。人心厌乱思治，承僖宗之后，见昭宗之初政，意其足以有为也。

12 朱全忠裹粮于宋州，将攻秦宗权；会乐从训来告急，乃移军屯滑州，遣都押牙李唐宾等将步骑三万攻蔡州，遣都指挥使朱珍等分兵救乐从训。考异曰：薛居正五代史珍传曰："珍军于内黄，败乐从训万馀人。"按珍往救从训而云败从训，误也。葛从周传曰："从太祖渡河，拔黎阳、李固、临河等镇，至内黄，破魏军万馀众。"据薛史纪、传，皆云太祖遣朱珍等救从训，独从周传云从太祖，恐误也。自白马济河，下黎阳、临河、李固三镇；元丰九域志，澶州有临河县，在州西六十里。魏州魏县有李固镇。薛史晋纪：邺西有栅曰李固，清淇合流在其侧。进至内黄，败魏军万馀人，获其将周儒等十人。败，补迈翻。

13 李克用以其将康君立为南面招讨使，督李存孝、薛阿檀、史俨、安金俊、安休休五将、骑七千，助李罕之攻河阳。张全义婴城自守，城中食尽，求救于朱全忠，以妻子为质。质，音致。

14 王建攻彭州，陈敬瑄救之，乃去。建大掠西川，十二州皆被其患。西川统益、彭、蜀、汉、嘉、眉、邛、简、资、雅、黎、茂十二州。被，皮义翻。

15 夏，四月，庚午，追尊上母王氏曰恭宪皇后。

16 壬午，孙儒袭扬州，克之；考异曰：实录儒陷扬州在五月，恐是约奏到日。今据旧纪云四月戊辰朔，壬午，新纪云戊辰，妖乱志云四月癸未朔，甲申，儒陷扬州。吴录、十国纪年无日，但云四月。今从旧纪、纪年。杨行密出走，儒自称淮南节度使。行密将奔海陵，袁袭劝归庐州，再为进取之计，从之。

17 朱全忠遣其将丁会、葛从周、牛存节将兵数万救河阳。李存孝令李罕之以步兵攻城，自帅骑兵逆战于温，温县，属孟州。孟州治河阳。九域志：温在河阳东七十里。帅，读曰率。河东军败，安休休惧罪，奔蔡州。汴人分兵欲断太行路，断，都管翻。行，户刚翻。太行路在河阳北，河东兵之归路也。康君立等惧，引兵还。全忠表丁会为河阳留后，复以张全义为河南尹。会，寿春人；存节，博昌人也。全义德全忠出己，由是尽心附之，朱全忠至此又并有洛、孟矣。全忠每出战，全义主给其粮仗无乏。

李罕之为泽州刺史，领河阳节度使。罕之留其子颀事克用，颀，渠希翻。身还泽州，专以寇钞为事，钞，楚交翻。自怀、孟、晋、绛数百里间，州无刺史，县无令长，田无麦禾，邑无烟火者，殆将十年。令，力正翻。长，知两翻。河中、绛州之间有摩云山，绝高，民保聚其上，寇盗莫能近，近，其靳翻。罕之攻拔之，时人谓之"李摩云"。

18 乐从训移军洹水，罗弘信遣其将程公信击从训，斩之，与父彦祯皆枭首军门。癸巳，遣使以厚币犒全忠军，请修好，好，呼到翻。全忠乃召军还。诏以罗弘信权知魏博留后。

19 归州刺史郭禹击荆南，逐王建肇，王建肇去年据荆南。建肇奔黔州。诏以禹为荆南留后。荆南兵荒之馀，止有一十七家，禹励精为治，抚集凋残，通商务农，晚年殆及万户。昭宗天复三年，成汭为淮南将李神福所败而死。所谓晚年，殆此时也。治，直吏翻。时藩镇各务兵力相残，莫以养民为事，独华州刺史韩建招抚流散，劝课农桑，数年之间，民富军赡。时人谓之北韩南郭。

秦宗权别将常厚据夔州，禹与其将汝阳许存攻夺之。久之，朝廷以禹为荆南节度使，建肇为武泰节度使。黔州武泰军。

禹奏复姓名为成汭。禹奏姓名事见上卷光启元年。

20 加李克用兼侍中。

21 五月，己亥，加朱全忠兼侍中。

22 赵德諲既失荆南，荆南时为成汭所夺。且度秦宗权必败，度，徒洛翻。壬寅，举山南东道来降，中和四年，秦宗权遣赵德諲据襄阳，至是来降。降，户江翻。且自托于朱全忠。全忠表请以德諲自副，制以山南东道为忠义军，以德諲为节度使，充蔡州四面行营副都统。

23 朱全忠既得洛、孟，无西顾之忧，乃大发兵击秦宗权，大破宗权于蔡州之南，旧书帝纪云：蔡州行营奏大破贼于龙陂，遂进兵以逼贼城。克北关门；宗权屯守中州，中州，蔡州中城也。全忠分诸将为二十八寨以环之。环，音宦。

24 加凤翔节度使李茂贞检校侍中。

25 陈敬瑄方与王建相攻，贡赋中绝。言敬瑄前此常输贡赋，中困于兵，以致断绝，王建因以为敬瑄罪而间之。建以成都尚强，退无所掠，欲罢兵，周庠、綦毋谏以为不可，庠曰："邛州城堑完固，食支数年，可据之以为根本。"邛，渠容翻。建曰："吾在军中久，观用兵者不倚天子之重，则众心易离；易，以豉翻。不若疏敬瑄之罪，表请朝廷，命大臣为帅而佐之，则功庶可成。"帅，所类翻。乃使庠草表，请讨敬瑄以赎罪，因求邛州。顾彦朗亦表请赦建罪，移敬瑄他镇以靖两川。王建于东川巡内起兵以攻西川，连兵不决，两川皆为之不安。

初，黄巢之乱，上为寿王，从僖宗幸蜀。事见二百五十四卷僖宗广明元年。时事出仓猝，诸王多徒行至山谷中，寿王疲乏，不能前，卧磻石上；田令孜自后至，趣之行，磻，蒲官翻。趣，读曰促。王曰："足痛，幸军容给一马。"令孜曰："此深山，安得马！"以鞭抶王使前，抶，丑栗翻，击也。王顾而不言，心衔之。

及即位，遣人监西川军，令孜不奉诏。令孜倚陈敬瑄，不肯离西川。上方愤藩镇跋扈，欲以威制之。会得彦朗、建表，以令孜所恃者敬瑄耳，六月，以韦昭度兼中书令，充西川节度使，兼两川招抚制置等使，征敬瑄为龙武统军。

王建军新都，时绵竹土豪何义阳、安仁费师懃等武德三年，分临邛、依政置安仁县，属邛州。九域志：在州东北三十八里。费，父沸翻。懃，巨斤翻。所在拥兵自保，众或万人，少者千人；建遣王宗瑶说之，说，式芮翻。皆帅众附于建，帅，读曰率。给其资粮，建军复振。复，扶又翻。

26 置佑国军于河南府，以张全义为节度使。

27 秋，七月，李罕之引河东兵寇河阳，丁会击却之。

28 升凤州为节度府，割兴、利州隶之，以凤州防御使满存为节度使、同平章事。僖宗中和二年，以兴、凤二州置感义军，杨晟为节度使，以守散关，未及立军府。晟既败走，不再除帅。今始立军府于凤州，就除满存为节度使。

29 以权知魏博留后罗弘信为节度使。

30 八月，戊辰，朱全忠拔蔡州南城。

31 杨行密畏孙儒之逼，欲轻兵袭洪州，袁袭曰："钟传定江西已久，中和二年，钟传据洪州。兵强食足，未易图也。赵锽新得宣州，去年赵锽得宣州。锽，户觥翻。怙乱残暴，众心不附。公宜卑辞厚币，说和州孙端、上元张雄说，式芮翻。使自采石济江侵其境，彼必来逆战，公自铜官济江会之，今池州东北一百四十里铜陵县有铜官渚。破锽必矣。"行密从之，使蔡俦守庐州，帅诸将济自糁潭。九域志：无为军无为县有糁潭镇。今江行自糁潭口东过泥汊口，又东过栅江口。帅，读曰率；下同。糁，桑感翻。

孙端、张雄为赵锽所败，败，补迈翻。锽将苏塘、漆朗将兵二万屯曷山。宣州当涂县西南有曷山，其东则东梁山。袁袭曰："公引兵急趋曷山，趋，七喻翻。坚壁自守，彼求战不得，谓我畏怯，因其怠，可破也。”行密从之。塘等大败，遂围宣州。锽兄乾之自池州帅众救宣州，武德四年，以宣州之秋浦、南陵二县置池州，贞观元年，州废；永泰元年，复分宣州之秋浦、青阳、饶州之至德置池州。九域志：池州东至宣州三百二十五里。行密使其将陶雅击乾之于九华，破之。九华山，在池州青阳县界，旧名九子山，李白以峰有如莲华，改曰九华。乾之奔江西，以雅为池州制置使。

32 九月，朱全忠以馈运不继，且秦宗权残破不足忧，引兵还。丙申，遣朱珍将兵五千送楚州刺史刘瓒之官。朱全忠自以兼领淮南，楚州其巡属也，故自除刺史。

33 钱镠遣其从弟球将兵攻徐约于苏州。球，音求。

34 冬，十月，徐兵邀朱珍、刘瓒不听前，徐兵，时溥之兵也。珍等击之，取沛、滕二县，斩获万计。

35 孟方立遣其将奚忠信将兵三万袭辽州，辽州本汉上艾、沾二县之地，晋置乐平郡，武德三年，置辽州，八年，改曰箕州，先天元年，避玄宗名，改曰仪州，中和三年，复曰辽州。李克修邀击，大破之，擒忠信送晋阳。

36 辛卯，葬惠圣恭定孝皇帝于靖陵，靖陵，在京兆奉天县东北十里。庙号僖宗。

37 陈敬瑄、田令孜闻韦昭度将至，治兵完城以拒之。治，直之翻。

38 十一月，时溥自将步骑七万屯吴康镇，薛居正五代史，朱珍攻丰，下之。时溥以全师会战丰南吴康里。朱珍与战，大破之。朱全忠又遣别将攻宿州，刺史张友降之。降，户江翻；下同。

39 丙申，秦宗权别将攻陷许州，执忠武留后王蕴，复取许州。去年宗权为全忠所败，弃许州，王蕴盖全忠所命也。

40 十二月，蔡将申丛执宗权，折其足而囚之，折，而设翻。降于全忠，全忠表从为蔡州留后。

41 初，感义节度使杨晟既失兴、凤，见上卷光启二年。走据文、龙、成、茂四州。王建攻西川，田令孜以晟己之故将，假威戎军节度使，使守彭州。杨晟，故神策指挥使。王建攻彭州，陈敬瑄眉州刺史山行章将兵五万壁新繁以救之。新繁，汉繁县，蜀后主加“新”字，唐属成都府。九域志：在府西北二十五里。宋白曰：新繁本汉繁县，蜀后主延熙十年，凉州胡率众降禅，居之繁县，移户于此，俗谓之新繁。县名因俗而改。

42 丁亥，以韦昭度为行营招讨使，山南西道节度使杨守亮副之，东川节度使顾彦朗为行军司马；割邛、蜀、黎、雅置永平军，以王建为节度使，治邛州，充行营诸军都指挥使。

戊子，削陈敬瑄官爵。

43 山南西道节度使杨守厚【张：“厚”作“亮”。】陷夔州。按新书，杨守亮时帅山南西道，守厚为绵州刺史，无亦杨守亮遣守厚陷夔州欤？

王崇武标点容肇祖聂崇岐覆校

资治通鉴卷第二百五十八

端明殿学士兼翰林侍读学士太中大夫
提举西京嵩山崇福宫上柱国河内郡开国公 司马光 奉敕编集
食邑二千二百户食实封九百户赐紫金鱼袋臣
后学天台 胡三省 音注

唐纪七十四 起屠维作噩（己酉），尽重光大渊献（辛亥），凡三年。

昭宗圣穆景文孝皇帝上之上 讳杰，懿宗第七子，及即位，改名敏，又改名晔。

龙纪元年（己酉、八八九）

1 春，正月，癸巳朔，赦天下，改元。考异曰：唐年补录曰："正月，癸巳，改文德二年为龙纪元年，百寮上帝徽号曰圣文睿德光武弘孝皇帝。"新、旧纪、实录，明年正月乃上尊号，补录误也。旧纪又云："以剑南西川节度、两川招抚制置使韦昭度为东都留守。"按昭度大顺二年乃为留守，旧纪误也。今皆从实录。

2 以翰林学士承旨、兵部侍郎刘崇望同平章事。

3 汴将庞师古拔宿迁，军于吕梁。九域志：徐州彭城县有吕梁洪镇。时溥逆战，大败，还保彭城。

4 壬子，蔡将郭璠杀申丛，送秦宗权于汴，璠，孚袁翻。考异曰：实录："申丛、裴涉欲复立宗权为帅，汴将李璠知之，斩丛、涉，以宗权送汴州。"薛居正五代史："初，申丛缚宗权，折足而囚之，虽纳款于太祖，欲自献于长安以邀旌钺。及奸谋不就，乃欲复奉宗权以接取其柄，为其将郭璠所杀，絷宗权送于太祖，即以播为留后。太祖遣都统判官韦震奏事，且疏时溥之罪，愿委讨伐，仍请降沧、兖二帅之命。”按全忠若自求兼领沧、兖二镇，则明年朝廷命兼领滑州，全忠犹辞不受，今岂敢遽求沧、兖邪！若为沧、兖二帅求之，则兖帅朱瑾，乃仇雠也。当时不知全忠欲以何人为沧帅，诸书皆无其名。薛史、实录皆云申丛欲复立宗权，按丛折宗权足而囚之，岂有复奉为帅之理！盖郭播欲夺其功，诬之云尔。新、旧纪、五代纪、传皆云郭播杀申丛，而实录云李播，误也。李播乃槛送宗权者。告朱全忠云：“丛谋复立宗权。”全忠以播为淮西留后。朱全忠又并淮西以连襄、邓，其势愈盛矣。

5 戊申，王建大破山行章于新繁，杀获近万人，行章仅以身免。杨晟惧，徙屯三交，行章屯濛阳，与建相持。仪凤二年，分九陇、雒、什邡三县置濛阳县，属彭州。九域志：在州东三十一里。宋白曰：县在濛江之北，故曰蒙阳。

6 二月，朱全忠送秦宗权至京师，斩于独柳。考异曰：旧纪：“二月己丑，汴州行军司马李播监送秦宗权并妻赵氏以献，斩于独柳。”实录：“三月，全忠献宗权，斩于独柳。”新纪：“二月戊辰，朱全忠俘宗权以献。己丑，宗权伏诛。”按宗权正月离汴，不应三月始至长安；戊辰献俘，不应至己丑始伏诛。故但云二月。京兆尹孙揆监刑，监，古衔翻。宗权于槛车中引首谓揆曰：“尚书察宗权岂反者邪？但输忠不效耳。”观者皆笑。揆，逖之族孙也。孙逖仕至刑部侍郎，揆五世从孙也。

7 三月，加朱全忠兼中书令，进爵东平郡王。考异曰：旧纪在四月，封东平郡王。薛居正五代史在三月，亦云封东平。今从实录，止加中书令。据考异，则“进爵东平郡王”六字合汰。然按旧书帝纪，光启元年，封全忠沛郡王。此时虽未进爵东平，固已封王矣。全忠既克蔡州，军势益盛。

加奉国节度使赵德諲中书令，僖宗中和二年，以蔡州为奉国军，命秦宗权为节度使。文德元年，以襄州为忠义军，命赵德諲为节度使。宗权既亡，未尝以奉国节授人，赵德諲亦未尝兼奉国节，当改“奉国”为“忠义”。加蔡州节度使赵犨同平章事，充忠武节度使，以陈州为理所。忠武本治许州；赵犨，陈人也，又守陈有功，因徙治所于陈。犨，昌牛翻。会犨有疾，悉以军府事授其弟昶，表乞骸骨，诏以昶代为忠武节度使。未几，犨薨。几，居岂翻。考异曰：薛居正五代史赵犨传曰："文德元年，蔡州平，朝廷议勋，犨检校司徒，充泰宁军节度使，又改授浙西节度使，不离宛丘，兼领二镇。龙纪元年，三月，又以平巢、蔡功，就加平章事，充忠武军节度使，仍以陈州为理所。犨一日念弟昶共立军功，乃下令尽以军州事付于昶，遂上表乞骸。后数月，寝疾卒。"昶传曰："犨遥领泰宁军节度使，以昶为本州刺史。俄而犨有疾，遂以军州尽付于昶。诏授兵马留后，旋迁忠武军节度使，亦以陈州为理所。时宗权未灭，陈、蔡封疆相接，昶每选精锐深入蔡境，蔡贼虽众，终不能抗，以至宗权败焉。"上云"蔡州平，以犨为忠武节度使"，下云"昶为节度使，时宗权未灭"，自相违。今从犨传。

8 丙申，钱銶【章：十二行本"銶"作"铢"；乙十一行本同。】拔苏州，去年冬，钱銶攻苏州，事见上卷。徐约亡入海而死。光启三年，徐约据苏州，今走死。钱镠以海昌都将沈粲权知苏州。

9 夏，四月，赐陕虢军号保义。陕，失冉翻。

10 五月，甲辰，润州制置使阮结卒，钱镠以静江都将成及代之。

11 李克用大发兵，遣李罕之、李存孝攻孟方立。六月，拔磁、洺二州。方立遣大将马溉、袁奉韬将兵数万拒之，战于琉璃陂，方立兵大败，二将皆为所擒，克用乘胜进攻邢州。方立性猜忌，诸将多怨，至是皆不为方立用，方立惭惧，饮药死。中和二年，孟方立据邢州。弟摄洺州刺史迁，素得士心，众奉之为留后，考异曰：实录："克用以弟克修守潞，遣泽州刺史安金俊讨方立。方立因结诸镇救援，其将奚忠信攻辽州。克用复遣李罕之等急攻，方立将马溉出战，为罕之所擒。溉谓曰：'欲图邢州，当先取磁州。'及并师围磁州，方立与奚忠信帅兵大战，军败，陷磁州，而方立单骑还邢州，忠信死焉。方立愧之，乃自图死。三军立其弟迁，求援汴州。朱全忠遣王虔裕赴之，镇州王镕遗克用书和解而退。"唐年补录："方立有谋将石元佐为安金俊所获，金俊问之，元佐请攻磁州，破奚忠信，金俊乃杀之。方立果与忠信引兵入磁，金俊与之战，大败，忠信死，方立单骑入邢州，愧见父老，遂自裁。"薛居正五代史方立传：

"六月，李存孝下洺、磁两郡，方立遣马溉、袁奉韬尽率其众逆战于琉璃陂，存孝击之，尽殪，生获马溉、奉韬。初，方立性苛急，恩不逮下，攻围累旬，夜自巡城慰谕，守陴者皆倨。方立知其不可，乃饮鸩而卒。其从弟洺州刺史迁，素得士心，众乃推为留后，求援于汴。时梁祖方攻时溥，援兵不出。"按李罕之攻下磁州，进攻洺州，乃擒马溉。实录云"溉为罕之谋取磁州"，盖误以石元佐为溉也。又，奚忠信去年已为李克修所擒，乃云"与方立率兵大战"，亦误也。旧纪："六月，邢、洺节度使孟方立卒，三军推其弟洺州刺史迁为留后，李克用出军攻之。"新纪："六月，李克用寇邢州，昭义军节度使孟方立卒，其弟迁自称留后。"按唐年补录载王镕奏得邢洺大将等状，以"孟方立奄辞昭代，三军、百姓同以亲弟摄洺州刺史迁权知兵马留后事。"及新、旧纪、实录、薛史方立传皆云立其弟迁，唯太祖纪年录及薛史武皇纪云立其侄迁，恐误。今从诸书。求援於朱全忠。全忠假道于魏博，罗弘信不许；全忠乃遣大将王虔裕将精甲数百，间道入邢州共守。间，古苋翻。为孟迁执王虔裕降河东张本。

12 杨行密围宣州，城中食尽，人相啖，指挥使周进思据城逐赵锽；锽将奔广陵，田頵追擒之。未几，城中执进思以降。几，居岂翻。降，户江翻。行密入宣州，诸将争取金帛，徐温独据米囷，为粥以食饿者。温，朐山人也。囷，去伦翻。仓圆曰囷。食，祥吏翻。徐温之远略已见于此矣。锽将宿松周本，勇冠军中，行密获而释之，以为裨将。宿松，汉皖县地，梁置高塘郡，隋废郡，置宿松县，唐属舒州。九域志：在州西南一百四十里。宋白曰：宿松县，汉元始中为松滋县，属庐江郡，晋武帝以荆州有松滋县，遂改为宿松。冠，古玩翻。锽既败，左右皆散，惟李德诚从锽不去，行密以宗女妻之。妻，七细翻。李德诚自此遂委质于杨氏。海陵让皇之世，此心复能如从锽之时乎？德诚，西华人也。行密表言于朝，诏以行密为宣歙观察使。朝，直遥翻。歙，书涉翻。

朱全忠与赵锽有旧，遣使求之；行密谋于袁袭，袭曰："不若斩首以遗之。"遗，唯季翻。行密从之。未几，袭卒，行密哭之曰："天不欲成吾大功邪，何为折吾股肱也！折，而设翻。吾好宽而袭每劝我以杀，好，呼到翻。此其所以不寿与！"与，读曰欤。

孙儒遣兵攻庐州，蔡俦以州降之。降，户江翻。

13 朱珍拔萧县，据之，与时溥相拒，朱全忠欲自往临之。珍命诸军皆葺马厩，李唐宾部将严郊独惰慢，军吏责之，唐宾怒，见珍诉之；珍亦怒，以唐宾为无礼，拔剑斩之，珍、唐宾交恶久矣，乘怒杀之，不复顾虑。遣骑白全忠，云唐宾谋叛。淮南左司马敬翔，恐全忠乘怒，仓猝处置违宜，处，昌吕翻。故留使者，逮夜，然后从容白之，从，千容翻。朱全忠兼领淮南节度，以敬翔为左司马。逮夜而后言，则全忠虽怒而未能发其暴。全忠果大惊。翔因为画策，为，于伪翻；下为之同。诈收唐宾妻子系狱，遣骑往慰抚，全忠从之，军中始安。秋，七月，全忠如萧县，未至，珍出迎，命武士执之，责以专杀而诛之。敬翔为全忠谋取朱珍，犹用前计。诸将霍存等数十人叩头为之请，全忠怒，以床掷之，乃退。使全忠不杀朱珍，珍其肯为全忠用乎？霍存等为之请，弗思尔矣。为，于伪翻。丁未，至萧县，以庞师古代珍为都指挥使。八月，丙子，全忠进攻时溥壁，会大雨，引兵还。

14 冬，十月，平卢节度使王敬武薨；子师范，年十六，军中推为留后，棣州刺史张蟾不从。诏以太子少师崔安潜兼侍中，充平卢节度使。蟾迎安潜至州，与之共讨师范。为王师范杀张蟾张本。

15 以给事中杜孺休为苏州刺史。钱镠不悦，以知州事沈粲为制置指挥使。沈粲制其兵权，杜孺休直寄坐耳。

16 杨行密遣马步都虞候田頵等攻常州。时钱镠将杜棱守常州。

17 十一月，上改名晔。

18 上将祀圜丘。故事，中尉、枢密皆褛衫侍从；僖宗之世，已具襕笏；褛，睽桂翻，衣裾分也。襕，音阑，即今之袍也。下施横幅，因谓之襕。新志曰：唐初士人以棠苎襕衫为上服，贵女功之始也。一命以黄，再命以黑，三命以纁，四命以绿，五命以紫。中书令马周上议：礼无服衫之文，三代之制有深衣；请加襕袖褾襈，为士人上服；间骻者为缺骻衫，庶人服之。长孙无忌又议，服袍者下加襕，绯紫皆视其品。从，才用翻。至是，又令有司制法服，法服，谓冕服剑佩也。孔纬及谏官、礼官皆以为不可，上出手札谕之曰："卿等所论至当。当，丁浪翻。事有从权，勿以小瑕遂妨大礼。"于是宦官始服剑佩侍祠。考异曰：按田令孜、杨复恭虽威权震主，官不过金吾卫上将军，则其馀宦官必卑矣，但诸书不见当时宦官所欲衣者何品秩之法服也。己酉，祀圜丘，赦天下。

上在藩邸，素疾宦官，及即位，杨复恭恃援立功，援立见上卷上年。所为多不法，上意不平；政事多谋于宰相，孔纬、张浚劝上举大中故事抑宦者权。复恭常乘肩舆至太极殿。太极殿，西内前殿也。他日，上与宰相言及四方反者，孔纬曰："陛下左右有将反者，况四方乎！"上矍然问之，纬指复恭曰："复恭陛下家奴，乃肩舆造前殿，矍，居缚翻。造，七到翻。多养壮士为假子，使典禁兵，或为方镇，非反而何！"杨复恭以假子守立为天威军使，守信为玉山军使，守贞为龙剑节度，守忠为武定节度，守厚为绵州刺史，其馀假子为州刺史者甚众，号外宅郎君。又养子六百人，监诸道军。复恭曰："子壮士，欲以收士心，卫国家，岂反邪！"上曰："卿欲卫国家，何不使姓李而姓杨乎？"复恭无以对。

复恭假子天威军使杨守立，本姓胡，名弘立，勇冠六军，冠，古玩翻。人皆畏之。上欲讨复恭，恐守立作乱，谓复恭："朕欲得卿胡子在左右。"复恭见守立于上，见，贤遍翻。上赐姓名李顺节，使掌六军管钥，北军六军，皆分屯苑中，屯营各有门，晨夕启闭。不期年，擢至天武都头，领镇海节度使，俄加同平章事。天武亦神策五十四都之一。期，读曰朞。及谢日，台吏申请班见百僚，孔纬判不集；判台申，不使集百官。顺节至中书，色不悦。他日，语微及之，纬曰："宰相师长百僚，长，知两翻。故有班见。相公职为都头，而于政事堂班见百僚，于意安乎？"顺节不敢复言。复，扶又翻。

朱全忠求领盐铁，孔纬独执以为不可，谓进奏吏曰："朱公须此职，非兴兵不可！"全忠乃止。史言孔纬相唐，欲振纪纲，惜制于时，不得行其志耳。

19 田頵攻常州，为地道入城；中宵，旌旗甲兵出于制置使杜棱之寝室，遂虏之，以兵三万戍常州。

20 朱全忠遣庞师古将兵自颍上趋淮南，击孙儒。宋侨置楼烦县于汝阴郡界，后魏以县为下蔡郡治所，后齐废郡，隋改为颍上县，唐属颍州。九域志：在州东一百一十七里。趋，七喻翻。

21 十二月，甲子，王建败山行章及西川骑将宋行能于广都；败，补迈翻。行能奔还成都，行章退守眉州。壬申，行章请降于建。

22 戊寅，孙儒自广陵引兵渡江，壬午，逐田頵，取常州，以刘建锋守之。儒还广陵，建锋又逐成及，取润州。成及为钱镠守润州。

23 前山南东道节度使刘巨容之在襄阳也，有申屠生教之烧药为黄金。田令孜之弟过襄阳，巨容出金示之。及寓居成都，中和四年，巨容自襄阳奔成都。令孜求其方，不与，恨之，是岁，令孜杀巨容，灭其族。

大顺元年（庚戌、八九〇）

1 春，正月，戊子朔，群臣上尊号曰圣文睿德光武弘孝皇帝；改元。上，时掌翻。

2 李克用急攻邢州，孟迁食竭力尽，执王虔裕及汴兵以降。僖宗中和二年，孟方立据邢、磁、洺三州，至是而亡。考异曰：唐末见闻录：

“龙纪元年，大军守破邢州城，孟迁投来，拜李存孝邢州刺史。十一月四日，孟迁补充教练使。”太祖纪年录及薛居正五代史太祖纪，皆曰“大顺元年，李存孝攻邢州急，邢帅孟迁以邢、洺、磁三州归于我，执朱温之将王虔裕等三百人以献”，而无月。太祖纪年录又曰：“太祖徙孟迁于太原，以大将安金俊为邢洺团练使。”薛史孟迁传曰：“大顺元年，二月，迁执王虔裕等乞降，武皇令安金俊代之。”今从实录。薛史虔裕传曰：“时太祖大军方讨兖、郓，未及救援，邢人困而携贰，迁乃絷虔裕送于太原，寻为所杀。”按是时全忠方攻时溥，未讨兖、郓也。虔裕传误。克用以安金俊为邢洺团练使。

3 壬寅，王建攻邛州，邛，渠容翻。陈敬瑄遣其大将彭城杨儒将兵三千助刺史毛湘守之，湘出战，屡败。杨儒登城，见建兵盛，叹曰：“唐祚尽矣，王公治众，严而不残，殆可以庇民乎！”治，直之翻。遂帅所部出降。帅，读曰率。降，户江翻。建养以为子，更其姓名曰王宗儒。更，工衡翻。乙巳，建留永平节度判官张琳为邛南招安使，引兵还成都。复攻陈敬瑄也。琳，许州人也。

陈敬瑄分兵布寨于犀浦、郫、导江等县，垂拱二年，分成都县置犀浦县。郫，汉古县，唐并属成都府。九域志：郫县在府西四十五里。发城中民户一丁，不计其家丁数多少，一户则发一丁。昼则穿重壕，采竹木，运砖石，重，直龙翻。史炤曰：古史考：乌曹作砖。夜则登城，击柝巡警，无休息。

韦昭度营于唐桥，王建营于东闾门外；建事昭度甚谨。

辛亥，简州将杜有迁执刺史员虔嵩降于建，员，音云，又音运，姓也。建以有迁知州事。

4 汴将庞师古等众号十万，渡淮，声言救杨行密，攻下天长，壬子，下高邮。下者，降下。

5 二月，己未，资州将侯元绰执刺史杨戡降于王建，建以元绰知州事。

6 乙丑，加朱全忠守中书令。

7 庞师古引兵深入淮南，己巳，与孙儒战于陵亭，九域志：泰州兴化县有陵亭镇。师古兵败而还。还，从宣翻，又如字。

8 杨行密遣其将马敬言将兵五千，乘虚袭据润州。李友将兵二万屯青城，将攻常州。安仁义、刘威、田頵败刘建锋于武进，去年，孙儒使刘建锋据常、润。晋分曲阿县置武进县，梁改为兰陵，隋废，唐垂拱二年，又分晋陵置武进县，属常州。九域志，县有青城镇。敬言、仁义、威屯润州。友，合肥人；威，慎县人也。

9 李克用将兵攻云州防御使赫连铎，克其东城。铎求救于卢龙节度使李匡威，匡威将兵三万赴之。丙子，邢洺团练使安金俊中流矢死，中，竹仲翻。考异曰：实录："四月，丙辰朔，李克用遣安金俊率师攻云州，赫连铎求援于幽州李匡威，匡威出师赴之，战于蔚州，太原府军大败，燕师执金俊，献于朝。"据太祖纪年录，攻云州在三月。旧纪、实录皆在四月，恐是约奏到。然纪年录不言克用败，盖讳之也。今从唐末见闻录。又纪年录、唐末见闻录皆云金俊战死。实录云执献之，亦误。河东万胜军使申信叛降于铎。会幽州军至，克用引还。

10 时溥求救于河东，李克用遣其将石君和将五百骑赴之。

11 李克用巡潞州，以供具不厚，怒昭义节度使李克修，诟而笞之；诟，古候翻，又许候翻。克修惭愤成疾，三月，薨。考异曰：太祖纪年录："太祖遣李罕之、李存孝攻邢州。十月，且命班师，由上党而归。克修性吝啬，太祖左右征赂于克修，旬日间，费数十万，尚以为供张不丰，掎其事，笞克修而归太原。俄而克修愤耻寝疾。"薛史克修传曰："龙纪元年，武皇大举以伐邢洺，及班师，因抚封于上党。"按太祖纪但遣罕之、存孝攻邢州，不云亲行。盖罕之、存孝围邢州，克用但以大军屯境上为之声援，去十月先还，罕之、存孝犹围邢州，故正月孟迁降也。克用表其弟决胜军使克恭为昭义留后。为潞州叛克用张本。

12 赐宣歙军号宁国，以杨行密为节度使。

13 夏，四月，宿州将张筠逐刺史张绍光，附于时溥；去年朱全忠取宿州。朱全忠帅诸军讨之。帅，读曰率。溥出兵掠砀山，砀，徒郎翻。全忠遣牙内都指挥使朱友裕击之，杀三千馀人，擒石君和。考异曰：鄗象梁太祖实录，前云四月丙辰，后云乙卯溥出兵。按长历，乙卯，三月晦日。实录误也。友裕，全忠之子也。

14 乙丑，陈敬瑄遣蜀州刺史任从海将兵二万救邛州，战败，欲以蜀州降王建；敬瑄杀之，任，音壬。以徐公鈢代为蜀州刺史。鈢，时橘翻。丙寅，嘉州刺史朱实举州降于建。丙子，僰道土豪文武坚执戎州刺史谢承恩降于建。僰道，故僰侯国，汉立县，为犍为郡治所，梁置戎州。僰，蒲北翻。

15 赫连铎、李匡威表请讨李克用。乘其不利也。朱全忠亦上言：“克用终为国患，今因其败，臣请帅汴、滑、孟三军，汴、滑、孟三镇，时皆属全忠。帅，读曰率。与河北三镇共除之。河北三镇，谓卢龙李匡威、成德王镕、魏博罗弘信。乞朝廷命大臣为统帅。”帅，所类翻。

初，张浚因杨复恭以进，事见二百五十四卷僖宗广明元年。复恭中废，更附田令孜而薄复恭。更，工衡翻，改也。附令孜事见中和元年。及复恭再用事，深恨之。襄王煴之乱，田令孜往依陈敬瑄，自是之后，复恭再用事。上知浚与复恭有隙，特亲倚之；考异曰：旧传：“再幸山南，复恭代令孜为中尉，罢浚知政事。昭宗初在藩邸，深疾宦官，复恭有援立大勋，恃恩任事，上心不平之。当时趋向者多言浚有方略，能画大计，复用为宰相，判度支。”据旧纪、实录、新纪、表，浚自光启三年九月拜平章事，至大顺二年兵败坐贬，中间未尝罢免。旧传误也。今从新传。浚亦以功名为己任，每自比谢安、裴度。克用之讨黄巢屯河中也，见二百五十五卷僖宗中和二十三年。浚为都统判官。王铎为都统，张浚为判官。克用薄其为人，闻其作相，私谓诏使曰：“张公好虚谈而无实用，好，呼到翻。倾覆之士也。主上采其名而用之，他日交乱天下，必是人也。”浚闻而衔之。

上从容与浚论古今治乱，从，千容翻。浚曰："陛下英睿如此，而中外制于强臣，言中则制于宦官，外则制于方镇。此臣日夜所痛心疾首也。"上问以当今所急，对曰："莫若强兵以服天下。"上于是广募兵于京师，至十万人。

及全忠等请讨克用，上命三省、御史台四品以上议之，三省：尚书省、门下省、中书省也。四品以上，尚书左右丞及六部侍郎，门下、中书省自左右谏议以上，御史台自中丞以上，皆四品也。以为不可者什六七，杜让能、刘崇望亦以为不可。杜让能、刘崇望，二相也。浚欲倚外势以挤杨复恭，宰相主兵，则外廷之势重。挤，子细翻，又子西翻。乃曰："先帝再幸山南，沙陀所为也。谓光启二年，事见二百五十六卷。臣常虑其与河朔相表里，致朝廷不能制。今两河藩镇共请讨之，河南独朱全忠、河北独李匡威请讨克用耳，馀皆不欲也。此千载一时。载，子亥翻。但乞陛下付臣兵柄，旬月可平。失今不取，后悔无及。"考异曰：旧浚传曰："会朱全忠诛秦宗权，安居受杀李克恭，以潞州降全忠，幽州李匡威、云州赫连铎等奏请出军讨太原。"按时安居受未杀李克恭，旧传误也。太祖纪年录曰："太祖中和破贼时，浚为谏议大夫，出军判官，常以虚诞诱太祖，太祖薄其为人。及闻浚入中书，太祖常私于诏使曰：'张公倾覆之士，先帝知其为人，不至大任。主上付之重位，必乱天下。'浚知之，阴衔太祖。"按浚自僖宗时为宰相，纪误。孔纬曰："浚言是也。"复恭曰："先朝播迁，虽藩镇跋扈，亦由居中之臣措置未得其宜。今宗庙甫安，不宜更造兵端。"上曰："克用有兴复大功，谓破黄巢、复京城也。今乘其危而攻之，天下其谓我何？"纬曰："陛下所言，一时之体也；张浚所言，万世之利也。昨计月兵、馈运、犒赏之费，一二年间未至匮乏，在陛下断志行之耳。"上以二相言叶，僶俛从之，断，丁乱翻。僶，民尹翻。僶俛，勉强不得已之意。曰："兹事今付卿二人，无贻朕羞！"观帝此言，亦知河东之不可伐矣。

五月，诏削夺克用官爵、属籍，克用赐姓，故编之属籍，注已见前。以浚为河东行营都招讨制置宣慰使，京兆尹孙揆副之，以镇国节度使韩建为都虞候兼供军粮料使，以朱全忠为南面招讨使，李【章：十二行本“李”上有“王镕为东面招讨使”八字；乙十一行本同；孔本同；张校同；退斋校同。】匡威为北面招讨使，赫连铎副之。

浚奏给事中牛徽为行营判官，徽曰：“国家以丧乱之馀，丧，息浪翻。欲为英武之举，横挑强寇，挑，徒了翻。离诸侯心，吾见其颠沛也！”沛，音贝。遂以衰疾固辞。徽，僧孺之孙也。牛僧孺，文宗太和中为相。

16 李克恭骄恣不晓军事；潞人素乐李克修之简俭，乐，音洛。且死非其罪，潞人怜之，由是将士离心。初，潞人叛孟氏，牙将安居受等召河东兵以取潞州；见二百五十五卷僖宗中和三年。及孟迁以邢、洺、磁州归李克用，克用宠任之，以迁为军城都虞候，群从皆补右职，从，才用翻。其后孟知祥见任于庄宗，亦迁之兄子也。居受等咸怨且惧。

昭义有精兵，号“后院将”。克用既得三州，将图河朔，令李克恭选后院将尤骁勇者五百人送晋阳，潞人惜之。克恭遣牙将李元审及小校冯霸部送晋阳，至铜鞮，铜鞮，汉县，唐属潞州。九域志：在州西北一百四十五里。校，户教翻。鞮，丁奚翻。霸招【章：十二行本“招”作“劫”；乙十一行本同；孔本同；退斋校同。】其众以叛，循山而南，至于沁水，沁水，汉县名。唐之沁水，后魏泰宁郡地也。北齐废郡，为永安县，隋开皇十八年，改曰沁水，唐属泽州。九域志：在州西北二百里。众已三千人。李元审击之，为霸所伤，归于潞。考异曰：元审与霸同部送后院将，霸所以能独叛而元审所以得不死者，盖后院将有叛有不叛者，叛者从霸，不叛者从元审，故克用益元审兵使讨霸也。此段考异疑有阙文。庚子，克恭就元审所馆视之，安居受帅其党作乱，帅，读曰率。攻而焚之，克恭、元审皆死。众推居受为留后，附于朱全忠。居受使召冯霸，不至。居受惧，出走，为野人所杀。霸引兵入潞，自为留后。考异曰：编遗录："八月，甲寅，冯霸杀李克恭来降，上请河阳帅朱崇节领兵入潞，兼充留后。戊辰，李克用围之。上遣葛从周率骁勇夜衔枚斫营突入上党，以壮潞人之心。"薛居正五代史梁太祖纪亦同。按克用未尝自围潞也。克恭传："李元审战伤，收军于潞，五月十五日，克恭视元审于孔目吏刘崇之第，是日，州县将安居受引兵攻克恭，克恭、元审并遇害，州民推居受为留后。居受遣人召冯霸于沁水，霸不受命；居受惧，将奔归朝廷，至长子，为野人所杀，传首冯霸军。霸乃引众据潞州，自称留后，求援于汴。武皇令康君立讨之，汴将葛从周来援霸。"唐末见闻录曰："五月十七日，昭义状申军变，杀节使，当日点汾州五县土团将士赴昭义。二十三日，昭义仆射家累入府。"新纪："五月，壬寅，安居受杀李克恭。"按壬寅，十七日，乃报到太原日也。今从太祖纪年录、薛史克恭传、旧纪，"五月丙午，潞州军乱，杀李克恭。监军使薛绩本函克恭首献之于朝，浚方起兵，朝廷称贺。"此盖克恭首到日也。旧纪又曰："七月，全忠遣从周帅千骑入潞州。"唐太祖纪年录、薛史唐纪，五月葛从周入潞，太早。盖因克恭死终言之。编遗录、薛史梁纪，八月克恭死，太晚。盖因从周入潞推本之。又从周入潞，全忠始请孙揆赴镇，当在揆被执前也。今克恭死从纪年录。从周入潞从旧纪。

时朝廷方讨克用，闻克恭死，朝臣皆贺。全忠遣河阳留后朱崇节将兵入潞州，权知留后。克用遣康君立、李存孝将兵围之。

壬子，张浚帅诸军五十二都及邠、宁、鄜、夏杂虏合五万人发京师，帅，读曰率；下同。鄜，音夫。夏，户雅翻。上御安喜楼饯之。安喜楼，安喜门楼也。按杨复恭之乱，上御安喜门，刘崇望谓禁军曰："天子亲在街东督战。"窃意安喜门即朱雀街东之安上门也。浚屏左右言于上曰：屏，必郢翻，又必正翻。"俟臣先除外忧，然后为陛下除内患。"为，于伪翻。杨复恭窃听，闻之。两军中尉饯浚于长乐坂，长乐坂，在长安城东，即浐坡。乐，音洛。坂，音反。复恭属浚酒，属，之欲翻。浚辞以醉，复恭戏之曰："相公杖钺专征，作态邪？"浚曰："俟平贼还，方见作态耳！"未能成事而先为大言，比张浚之疏也。复恭益忌之。

癸丑，削夺李罕之官爵；以附李克用也。六月，以孙揆为昭义节度使，充招讨副使。

17 丁巳，茂州刺史李继昌帅众救成都，己未，王建击斩之。辛酉，资简都制置应援使谢从本杀雅州刺史张承简，举城降建。资、简相去二百十六里。简州北至成都百五十里。雅州与邛州接壤，相去二百七十里。王建图邛州以为根本，兵威所及，故谢从本以雅州降之。

18 孙儒求好于朱全忠，全忠表为淮南节度使。未几，全忠杀其使者，遂复为仇敌。好，呼到翻。几，居岂翻。复，扶又翻。

19 光启末，【严：“末”改“初”。】德州刺史卢彦威逐义昌节度使杨全玫，自称留后，见二百五十六卷僖宗光启元年。玫，莫杯翻。求旌节，朝廷未许。至是，王镕、罗弘信因张浚用兵，为之请，为，于伪翻。乃以彦威为义昌节度使。

20 张浚会宣武、镇国、静难、凤翔、保大、定难诸军于晋州。难，乃旦翻。

21 更命义成军曰宣义；辛未，以朱全忠为宣武、宣义节度使。按方镇表，全忠以父名诚，请改义成曰宣义。更，工衡翻。全忠以方有事徐、杨，征兵遣戍，殊为辽阔，乃辞宣义，请以胡真为节度使，从之；然兵赋出入，皆制于全忠，一如巡属。及胡真入为统军，竟以全忠为两镇节度使，罢淮南不领焉。领淮南见上卷僖宗光启三年。

22 秋，七月，官军至阴地关，汾州灵石县西南有阴地关。考异曰：旧纪：“七月，乙酉朔，王师屯于阴地，太原大将康君立以兵拒战。”按君立时围潞州，何暇至阴地关！又不言胜负。今不取。朱全忠遣骁将葛从周将千骑潜自壶关夜抵潞州，犯围入城。九域志：壶关西至潞州二十五里。宋白曰：壶关县以山形似壶，古于此置关，故名。考异曰：旧纪、实录皆云：从周权知留后。又，汴人围泽州，呼李罕之云：“葛司空已入潞府。”李存孝围潞州，呼城上人云：“葛仆射可归大梁。”似从周实为留后也。然薛居正五代史梁太祖纪云："帝请以河阳节度使朱崇节为潞州留后。"实录："明年五月，以前昭义节度使朱崇节为河阳节度使。"按河阳自解张全义围以来，常附属于汴，朱全忠以部将丁会、张宗厚等为之留后，非一人，崇节盖亦汴将为河阳留后，全忠使权昭义留后，既不能守，复归河阳耳。诸书因谓之节度使，盖误也。从周但与崇节共守潞州，以其名著，故外人但称从周，不数崇节也。又遣别将李谠、李重胤、邓季筠将兵攻李罕之于泽州，又遣张全义、朱友裕军于泽州之北，为从周应援。考异曰：编遗录："八月，遣从周入上党。九月，壬寅，上往河阳，令李谠救应朱崇节，又命朱友裕、张全义管精锐过山，于泽州北应接，取崇节、从周以归。"薛居正五代史梁太祖纪："九月，壬寅，上至河阳，遣李谠引军趋泽潞，为晋人所败。帝又遣朱友裕、张全义率精兵至泽州北，以为应援。既而崇节、从周弃潞来归，戊申，帝斩李重裔，遂班师。"按谠等初围泽州时，语城上人云："张相公围太原，葛司空已入潞府，"是当时南兵方盛，非孙揆就擒，从周弃潞州之后也。故置于此。季筠，下邑人也。全忠奏：臣已遣兵守潞州，请孙揆赴镇。张浚亦恐昭义遂为汴人所据，分兵三【章：十二行本"三"作"二"；乙十一行本同。】千，使揆将之趣潞州。趣，七喻翻。

八月，乙丑，揆发晋州，九域志：自晋州东至潞州，三百八十五里。李存孝闻之，以三百骑伏于长子西谷中。长子，汉县，唐属潞州。九域志：在州西南四十五里。揆建牙杖节，褒衣大盖，拥众而行；凡节度使，其行前建牙旗，杖所赐节。褒衣，大袖博裾之衣。大盖，即今之清凉伞。存孝突出，擒揆及赐旌节中使韩归范、牙兵五百馀人，追击馀众于刁黄岭，尽杀之。存孝械揆及归范，纻以素练，纻，充夜翻，维絷之也。徇于潞州城下曰："朝廷以孙尚书为潞帅，命韩天使赐旌节，韩归范衔天子之命，故谓之天使。帅，所类翻。使，疏吏翻。葛仆射可速归大梁，令尚书视事。"遂纻以献于克用。克用囚之，既而使人诱之，欲以为河东副使，诱，音酉。揆曰："吾天子大臣，兵败而死，分也，分，扶问翻。岂能伏事镇使邪！"节度使任居方镇，孙揆鄙薄之，呼为镇使。复，扶又翻。克用怒，命以锯锯之，锯不能入。揆骂曰：“死狗奴！锯人当用板夹，汝岂知邪！”乃以板夹之，至死，骂不绝声。

23 丙寅，孙儒攻润州。

24 苏州刺史杜孺休到官，去年朝廷命杜孺休刺苏州。钱镠密使沈粲害之。会杨行密将李友拔苏州，粲归杭州；镠欲归罪于粲而杀之，粲奔孙儒。

25 王建退屯汉州。自成都退屯汉州。

26 陈敬瑄括富民财以供军，置征督院，逼以桎梏箠楚，使各自占；凡有财者如匿赃、虚占，急征，箠，止橤翻。占，之瞻翻。无其财而自占为有，谓之虚占。咸不聊生。

27 李罕之告急于李克用，为汴兵所围也。克用遣李存孝将五千骑救之。

28 九月，壬寅，朱全忠军于河阳。汴军之初围泽州也，呼李罕之曰：“相公每恃河东，轻绝当道；当道，犹云本道，汴军自谓也。今张相公围太原，葛仆射入潞府，张相公，谓张浚；葛仆射，谓葛从周。旬月之间，沙陀无穴自藏，相公何路求生邪！”及李存孝至，选精骑五百，绕汴寨呼曰：呼，火故翻。“我，沙陀之求穴者也，欲得尔肉以饱士卒；可令肥者出斗！”汴将邓季筠，亦骁将也，引兵出战，存孝生擒之。是夕，李谠、李重胤收众遁去，存孝、罕之随而击之，至马牢山，大破之，斩获万计，追至怀州而还。存孝复引兵攻潞州，复，扶又翻。葛从周、朱崇节弃潞州而归。戊申，全忠庭责诸将桡败之罪，桡，奴教翻。斩李谠、李重胤而还。考异曰：唐太祖纪年录：“六月，李崇节、葛从周据潞州，李重胤、邓季筠、张全义将兵七万攻泽州，李存孝将三千骑赴援。初，汴军攻城门，呼李罕之云云。李存孝愤其言，引铁骑五百追击，入季筠营门，生获其都将十数。是夜，汴将李谠收军而遁，存孝、罕之追击至马牢山，斩首万级，追袭掩击，至于怀州而还。存孝复引军攻潞州，九月二日，葛从周帅众弃城而遁。”唐末见闻录：“闰九月，昭义军前状申昭义军人拔灭逃遁，收下城池，擒获到馀党五十人，巾缚送上；至二十日，行营都指挥使李存孝回戈归府。”薛居正五代史梁太祖纪：“九月，壬寅，帝至河阳，遣李谠引军趋泽潞，行至马牢川，为晋人所败。帝又遣朱友裕、张全义率精兵至泽州北以为应援。既而崇节、从周弃潞来归。戊申，帝廷责诸将败军之罪，斩李重胤以徇，遂班师焉。”实录：“九月，甲申朔，康君立急攻潞州，朱全忠驻河阳，遣李谠引军趋泽潞，至马牢山川，与并师大战，不利，邓季筠被执。复遣朱友裕、张全义至泽州北应援，葛从周、朱崇节率众弃潞州归。”按六月李存孝若已破李谠，追至怀州，怀州去河阳止一程，岂得九月方到河阳！谠之败必在九月戊申前一两日也。盖纪年录因从周据潞州事终言之。九月，甲申朔，十九日壬寅，二十五日戊申。若全忠至河阳始遣谠等趣泽潞，既败，而从周等弃潞来归，七日之间，岂容许事！盖薛史因谠败，追本前事耳。若九月二日从周已弃潞州，何得十九日后攻泽州者，犹云葛司空入潞府乎！盖实录承纪年录而误也。今全忠往来月日从薛史，事则兼采诸书。

李克用以康君立为昭义留后，李存孝为汾州刺史。存孝自谓擒孙揆功大，当镇昭义，而君立得之，愤恚不食者数日，纵意刑杀，始有叛克用之志。

李匡威攻蔚州，虏其刺史邢善益，赫连铎引吐蕃、黠戛斯众数万攻遮虏军，【章：十二行本“军”作“平”；乙十一行本同；孔本同；熊校同。】杀其军使刘胡子。克用遣其将李存信击之，不胜；更命李嗣源为存信之副，遂破之。克用以大军继其后，匡威、铎皆败走，考异曰：太祖纪年录：“是月，幽帅李匡威会赫连铎，引吐蕃、黠戛斯之众十万寇我北鄙，攻遮虏军，太祖御亲军出塞，营于浑河川之田村。李存孝引前锋与贼战于乐安镇，贼军大败，遁走。”旧纪：“九月，幽州、云州蕃、汉兵三万攻雁门，太原府将李存信、薛阿檀击败之。”实录：“闰月，甲寅朔，幽州李匡威下蔚州，克用援兵至，匡威大败。赫连铎引吐蕃、黠戛斯之众攻遮虏军，克用营浑河川，战于乐安镇，破之，铎乃退军。”此盖约奏到日。唐末见闻录：“十一月十五日，发往向北打鹿，有使报称幽州李匡威收却蔚州，十六日至十八日，旋发诸州兵士至军前。二十九日，大捷，有榜晓告杀燕军三万馀人。十九日，知客押衙苗仲周赍榜到，杀得退浑一千帐。”二十九日下复云十九日，亦误。今但系此月，不书日。获匡威之子武州刺史仁宗新志：河东道有武州，领文德县，阙其建置之年。及铎之婿，俘斩万计。

李嗣源性谨重廉俭，诸将相会，各自诧勇略，诧，丑亚翻，夸也。嗣源独默然，徐曰："诸君喜以口击贼，喜，许记翻。嗣源但以手击贼耳。"众惭而止。

29 杨行密以其将张行周为常州制置使。闰月，孙儒遣刘建锋攻拔常州，杀行周，遂围苏州。考异曰：吴录："十一月，孙儒攻破望亭、无锡诸屯，遂至苏州。"今从吴越备史，在闰月。

30 邛州刺史毛湘，本田令孜亲吏，王建攻之急，食尽，救兵不至。壬戌，湘谓都知兵马使任可知曰："吾不忍负田军容，吏民何罪！尔可持吾头归王建。"乃沐浴以俟刃。可知斩湘及二子降于建，士民皆泣。甲戌，建持永平旌节入邛州，以节度判官张琳知留后。时朝命以邛州建永平军，王建为节度使。是年正月，建攻邛州，至是克之。缮完城隍，抚安夷獠，经营蜀、雅。九域志：邛州北至蜀州七十里，西南至雅州一百六十里。獠，鲁皓翻。冬，十月，癸未朔，建引兵还成都，蜀州将李行周逐徐公钵，举城降建。钵，辛律翻。

31 乙酉，朱全忠自河阳如滑州视事，朱全忠既领宣义节，遂如滑州视事。遣使者请粮马及假道于魏以伐河东，罗弘信不许，又请于镇，镇人亦不许；全忠乃自黎阳济河击魏。

32 加邠宁节度使王行瑜侍中，佑国节度使张全义同平章事。

33 官军出阴地关，游兵至于汾州。李克用遣薛志勤、李承嗣将骑三千营于洪洞，洪洞，汉杨县，义宁元年，改曰洪洞，取县北洪洞岭为名，属晋州。九域志：在州北五十五里，又北二百九十五里至汾州。李存孝将兵五千营于赵城。义宁元年，分霍邑置赵城县，以春秋时晋献公灭耿以赐赵夙，因谓之赵城，属晋州。九域志：在州北八十五里。宋白曰：史记：周穆王封造父于赵城。注云：在河东永安县。余按宋白既以赵城为造父所封之地，此又引史记注，何所折衷哉！镇国节度使韩建以壮士三百夜袭存孝营，存孝知之，设伏以待之；建兵不利，静难、凤翔之兵不战而走。【章：十二行本“走”下有“禁军自溃”四字；乙十一行本同；孔本同；张校同；退斋校同。】难，乃旦翻。河东兵乘胜逐北，抵晋州西门；张浚出战，又败，官军死者近三千人。近，其靳翻。静难、凤翔、保大、定难之军先渡河西归，浚独有禁军及宣武军合万人，与韩建闭城拒守，自是不敢复出。复，扶又翻。存孝引兵攻绛州，九域志：晋州南至绛州一百二十五里。十一月，刺史张行恭弃城走。存孝进攻晋州，三日，与其众谋曰：“张浚宰相，俘之无益；天子禁兵，不宜加害。”乃退五十里而军；李存孝虽悍，犹不敢攻执宰相，犯猎禁兵，分尚存故也。浚、建自含口遁去。水经注：洮水源出河东闻喜县清襄山，其水东径大岭下西流，出，谓之含口，又西，合于涑水，即含山之口也。存孝取晋、绛二州，大掠慈、隰之境。

先是，克用遣韩归范归朝，韩归范与孙揆俱擒，李克用遣之归朝。附表讼冤，考异曰：实录：“十一月，王师入阴地关，至汾隰，李克用遣将薛阿檀、李承嗣拒之。李存信以兵五千围赵城，韩建以华州兵战，存信设伏击破之；邠、凤之师未战而走，禁军自溃，由是大败。存信直压晋州西门，引军攻绛州。十二月，壬午朔，晋州刺史张行恭弃城而遁。韩建以诸军保晋州，李存信追击，战败，退保绛州。张浚以汴卒、禁军屯晋州，存信攻之三日，浚、建拔晋、绛遁还，存信收二州。”旧纪：“克用遣李存信、薛阿檀拒王师于阴地，三战三捷，由是河西、鄜、夏、邠、岐之军渡河西归。韩建以诸军保平阳，存信追之，建军又败，建退保绛州。张浚在晋州，存信攻之三日，相与谋云云，遂退舍五十里。十二月，壬午朔，浚、建拔晋、绛遁去。存信收晋、绛，大掠河中四郡。”张浚传曰：“十月，浚军至阴地，邠、岐、华三镇之师营平阳，李存孝击之，一战而败，进攻晋州。”薛居正五代史武皇纪曰：“十月，张浚之师入晋州，游军至汾隰。武皇遣薛铁山、李承嗣将骑三千出阴地关，营于洪洞，遣李存孝将兵五千营于赵城。华州韩建以壮士三百人冒犯存孝之营，存孝追击，直压晋州西门，张浚之师出战，为存孝所败，自是闭壁不出。存孝引军攻绛州。”李存孝传曰：“十月，存孝引收潞之师围张浚于平阳云云。存孝引军攻绛州。十一月，刺史张行恭弃城而去，张浚、韩建亦由含口而遁，存孝收晋、绛。”太祖纪年录：“十月，张浚之师入阴地关，犯汾隰，令薛铁山、李承嗣将骑三千出阴地，继发李存孝将兵五千进击，营于赵城，败韩建，直压晋州西门，自是闭壁不出。存孝攻绛州。十二月，晋州刺史张行恭弃城遁，建、浚由含山路逃遁，遂收晋、绛。初，浚部禁军至晋州，邠、凤之师望风遁归，盖杨复恭阴沮之也。”唐末见闻录曰：“八月五日，相公差晋州捉到天使閤大夫入京奏事，兼贡表曰：‘臣某乙言：今月二十六日，臣所部南界晋州长宁关使张承晖等投臣当道赍到宰臣张浚榜一道，内称招讨处置使兼录到诏白，云陛下削臣属籍，夺臣本官，仍欲会兵讨问’”云云。唐补纪曰：“朱全忠自攻破徐州，频贡章表，‘克用与朱玫同立襄王以为大逆，其朱玫以下并已诛锄，克用时最为魁首，据其罪状，请举天兵。臣率师关东，犄角相应。’朝廷遂以宰臣张浚为都统，授崔胤为河中节度应援使。大军行到同州，克用领蕃、汉马步称三十万入河北界。其张浚使人探朱全忠兵马，并不来相应，乃于昭义西与太原交战，不利而回。朝廷知为全忠所卖，便差使至克用所，与赏给令回，贬都统张浚于云梦，除崔胤于岭外。”薛史李承嗣传：“初，大军入阴地，薛志勤与承嗣率骑三千抗之，败韩建之军于蒙坑，进收晋、绛，以功授忻州刺史。时凤翔军营霍邑，承嗣帅一军收之，岐人夜遁，追击至赵城，合大军攻平阳，旬有三日而拔。”按李存信传无攻晋、绛事。盖旧纪，十月存孝已背太原，故此战皆云存信，实录因之而误。据五代纪、传、太祖纪年录，当是存孝。又隰州隶河中节度，所云入阴地关犯汾隰者，盖谓汾水之旁，下湿曰隰耳。又纪年录、实录以张行恭为晋州刺史，亦误也。今从薛史。晋州刺史若已走，则浚、建安能保城！实录误也。今从李存孝传。唐补纪云崔胤为河中节度，尤为疏缪。自馀诸书参取之。言：“臣父子三代，受恩四朝，破庞勋，翦黄巢，黜襄王，存易定，执宜、国昌、克用三代历武、宣、懿、僖四朝。破庞勋见二百五十一卷懿宗咸通十年。翦黄巢见二百五十五卷僖宗中和三年、四年。黜襄王见二百五十六卷光启二年。存易定见光启元年。致陛下今日冠通天之冠，日冠，古玩翻。佩白玉之玺，未必非臣之力也！若以攻云州为臣罪，则拓跋思恭之取鄜延，拓跋思恭取鄜延，以授其弟思孝。朱全忠之侵徐、郓，谓朱全忠攻时溥于徐，攻朱瑄于郓，事并见上。何独不讨？赏彼诛此，臣岂无辞！且朝廷当阽危之时，则誉臣为韩、彭、伊、吕；阽，余廉翻，又丁念翻。临危曰阽危。誉，音余，称誉。及既安之后，则骂臣为戎、羯、胡、夷。今天下握兵立功之人，独不惧陛下他日之骂乎！况臣果有大罪，六师征之，自有典刑，何必幸臣之弱而后取之邪！今张浚既出师，则固难束手，已集蕃、汉兵五十万，欲直抵蒲、潼，与浚格斗；若其不胜，甘从削夺。不然，方且轻骑叩阍，顿首丹陛，诉奸回于陛下之扆坐，扆，隐岂翻。记：天子负扆南面而立。扆，画斧屏风也，设之户牖间。坐，徂卧翻。纳制敕于先帝之庙庭，然后自拘司败，恭俟铁质。”司败，即司寇之官。表至，浚已败，朝廷震恐。浚与韩建逾王屋至河阳，撤民屋为筏以济河，河南王屋县有王屋山。王屋，汉河东垣县地，后魏置长平县，后周置王屋郡，隋废郡为县。九域志：县在孟州西北一百三十里。考异曰：实录明年二月云：“时张浚、韩建兵败后，为克用骑将李存信所追，至是，方自含山逾王屋，出河清，达于河阳。河溢无舟楫，建坏民庐舍为木罂数百渡河，人多覆溺。”似太晚。今因浚、建走，终言之。师徒失亡殆尽。

是役也，朝廷倚朱全忠及河朔三镇；及浚至晋州，全忠方连兵徐、郓，虽遣将攻泽州而身不至。行营乃求兵粮于镇、魏，镇、魏倚河东为扞蔽，皆不出兵；惟华、邠、凤翔、鄜、夏之兵会之。华，户化翻。“鄜”，当作“鄜”。详见辩误。兵未交而孙揆被擒，幽、云俱败，幽，李匡威；云，赫连铎。杨复恭复从中沮之，故浚军望风自溃。复从，扶又翻。史言张浚志节可怜。

34 十二月，【章：十二行本“月”下有“己丑”二字；乙十一行本同；张校同。】孙儒拔苏州，杀李友。考异曰：庄宗列传：“杨行密，寿州寿春人。初据本州，秦宗权遣孙儒及行密同攻陷扬州，儒专据之。龙纪元年，儒出军攻宣州，行密袭据扬州，称留后，北通时溥，儒引军攻之。大顺元年，行密御备力竭，率众夜遁，出据宣州。”此说最为差误。国朝开宝中，薛居正修五代史，江南未平，不见本国旧史，据昭远所记及唐年补录作行密传，但知行密非寿春人，改为庐州；又知行密非受宗权命与孙儒同陷扬州，馀皆无次叙。今按吴录太祖纪及高远唐烈祖实录行密传云：“光启三年，十月，秦彦、毕师铎出走，行密入扬州。十一月，孙儒围扬州。文德元年，四月，儒陷扬州，行密奔庐州。八月，自庐州帅兵攻宣州。龙纪元年，六月，陷宣州，杀赵锽。大顺二年，七月，孙儒再渡江攻宣州。景福元年，六月，执斩儒，复归扬州。”且龙纪元年孙儒方强，行密新得宣州，安能袭据扬州逾年哉！近修唐书行密传，全用吴录事迹，乃云“儒进攻行密，行密复入扬州，北通时溥，扞儒。朱全忠遣庞师古助行密，败于高邮，行密惧，退还宣州。”盖承庄宗列传、五代史之误而不考正也。安仁义等闻之，焚润州庐舍，夜遁。儒使沈粲守苏州，又遣其将归传道守润州。杨行密遣安仁义破钱镠之兵而取常、苏、润，孙儒又从而夺之，民之死于兵者，不知其几矣。

35 辛丑，汴将丁会、葛从周击魏，渡河，取黎阳、临河，黎阳，汉古县，唐属卫州。九域志：在州东北一百二十里，隋分黎阳县置临河县，唐属相州。庞师古、霍存下淇门、卫县，卫，汉朝歌县；纣所都朝歌城，在今县西；隋大业二年，改曰卫县，唐属卫州。九域志：卫州汲县有淇门镇。朱全忠自以大军继之。

36 是岁，置升州于上元县，以张雄为刺史。至德二载，以润州江宁县置升州，上元二年废，今复置。考异曰：新地理志：“光启三年，以上元等四县置升州。”张雄传：“大顺初，以上元为升州，授雄刺史。”吴录冯弘铎传：“大顺元年，复以上元为升州，命弘铎为刺史。”按是时雄尚存。今从雄传。

二年（辛亥、八九一）

1 春，正月，罗弘信军于内黄。丙辰，朱全忠击之，五战皆捷，至永定桥，斩首万馀级。弘信惧，遣使厚币请和。全忠命止焚掠，归其俘，还军河上。魏博自是服于汴。

2 庚申，制以太保、门下侍郎、同平章事孔纬为荆南节度使，中书侍郎、同平章事张浚为鄂岳观察使。二人罢相，以晋、绛丧师也。以翰林学士承旨、兵部侍郎崔昭纬同平章事，御史中丞徐彦若为户部侍郎、同平章事。昭纬，慎由从子；崔慎由相宣宗。从，才用翻。彦若，商之子也。徐商见二百四十九卷宣宗大中十二年。

杨复恭使人劫孔纬于长乐坡，长乐坡即长乐坂。斩其旌节，资装俱尽，纬仅能自免。李克用复遣使上表曰：复，扶又翻。“张浚以陛下万代之业，邀自己一时之功，知臣与朱温深仇，私相连结。臣今身无官爵，名是罪人，不敢归陛下藩方，且欲于河中寄寓，进退行止，伏俟指麾。”窃谓克用此表，杨复恭密教之也。诏再贬孔纬均州刺史，张浚连州刺史。赐克用诏，悉复其官爵，使归晋阳。考异曰：旧纪：“太原军屯晋州，克用遣中使韩归范还朝，因上表诉冤，言‘贼臣张浚依倚全忠，离间功臣’。朝廷欲令释憾，下群臣议其可否，左仆射韦昭度等议”云云。在十二月。按是年昭度讨陈敬瑄，旧纪误。今从实录。

3 孙儒尽举淮、蔡之兵济江，癸酉，自润州转战而南，田頵、安仁义屡败退，杨行密城戍皆望风奔溃。儒将李从立奄至宣州东溪，东溪，在宣城，今谓之宛溪。行密守备尚未固，众心危惧，夜，使其将合肥台濛将五百人屯溪西；溪西，即宛溪之西。濛使士卒传呼，往返数四，从立以为大众继至，遽引去。儒前军至溧水，溧水，汉溧阳县，隋分置溧水县，时属升州。九域志：在州东八十五里。行密使都指挥使李神福拒之。神福阳退以示怯，儒军不设备，神福夜帅精兵袭之，俘斩千人。帅，读曰率；下同。

4 二月，加李克用守中书令，复李罕之官爵；再贬张浚绣州司户。

5 韦昭度将诸道兵十馀万讨陈敬瑄，三年不能克，文德元年遣昭度讨西川，至是三年矣。馈运不继，朝议欲息兵。三月，乙亥，制复敬瑄官爵，考异曰：新纪：“二月，乙巳，赦陈敬瑄。己未，诏王建罢兵，不受命。”十国纪年亦曰：“二月，乙巳，复敬瑄官爵。”按二月辛巳朔，无己未，新纪误也。今从实录。令顾彦朗、王建各帅众归镇。使顾彦朗归梓州，王建归邛州。

6 王师范遣都指挥使卢弘击棣州刺史张蟾，弘引兵还攻师范，师范使人以重赂迎之，曰：“师范童騃，騃，语骇翻，痴愚也。

不堪重任，愿得避位，使保首领，公之仁也。”弘以师范年少，信之，不设备；少，诗照翻。师范密谓小校安丘刘鄩曰：安丘，汉县，古根牟国；唐属密州。九域志：在州西北一百二十里。校，户教翻。鄩，徐心翻。“汝能杀弘，吾以汝为大将。”弘入城，师范伏甲而享之，鄩杀弘于座及其党数人。师范慰谕士卒，厚赏重誓，自将以攻棣州，执张蟾，斩之；崔安潜逃归京师。师范以鄩为马步副都指挥使。诏以师范为平卢节度使。

师范和谨好学，好，呼到翻。每本县令到官，师范辄备仪卫往谒之；令不敢当，师范命客将挟持，令坐于听事，客将，主唱导，傧赞宾客，汉、晋铃下威仪之职。将，即亮翻。令，力丁翻。听，读曰厅。自称“百姓王师范”，拜之于庭。僚佐或谏，师范曰：“吾敬桑梓，所以教子孙不忘本也！”诗：维桑与梓，必恭敬止。注云：父之所树，子不敢不恭敬。

7 张浚至蓝田，逃奔华州依韩建，与孔纬密求救于朱全忠。全忠上表为纬、浚讼冤，为，于伪翻。朝廷不得已，并听自便。纬至商州而还，亦寓居华州。

8 邢洺节度使安知建潜通朱全忠，安金俊既死，李克用以安知建代镇邢、洺。李克用表以李存孝代之。知建惧，奔青州，朝廷以知建为神武统军。知建帅麾下三千人将诣京师，过郓州，朱瑄与克用方睦，伏兵河上，斩之，薛史：安知建奔青州，自棣州溯河归朝，朱瑄邀斩之河上。帅，读曰率。传首晋阳。

9 夏，四月，有彗星见于三台，斗魁下六星两两而比曰三台。见，贤遍翻。东行入太微，长十丈馀。长，直两翻。甲申，赦天下。

10 成都城中乏食，弃儿满路。父子不能相赡，至于弃之。民有潜入行营贩米入城者，逻者得之，逻，郎佐翻。以白韦昭度，昭度曰：“满城饥甚，忍不救之！”释勿问。亦有白陈敬瑄者，敬瑄曰：“吾恨无术以救饿者，彼能如是，勿禁也！”由是贩者浸多，然所致不过斗升，截筒，径寸半，深五分，量米而鬻之，每筒百馀钱，饿殍狼籍。深，式禁翻。量，音良。殍，被表翻。军民强弱相陵，将吏斩之不能禁；乃更为酷法，或断腰，或斜劈，断，都管翻。劈，普壁翻。死者相继而为者不止，人耳目既熟，不以为惧。吏民日窘，窘，巨陨翻。多谋出降，敬瑄悉捕其族党杀之，惨毒备至。内外都指挥使、眉州刺史成都徐耕，性仁恕，所全活数千人。田令孜曰："公掌生杀而不刑一人，有异志邪?"耕惧，夜，取俘囚戮于市。

王建见罢兵制书，曰："大功垂成，奈何弃之!"谋于周庠，庠劝建请韦公还朝，独攻成都，克而有之。朝，直遥翻。建表请：【章：十二行本作"称"；乙十一行本同；张校同，云无注本亦误"请"。】"陈敬瑄、田令孜罪不可赦，"请"，恐当作"称"。考异曰：十国纪年：朝议以建不奉诏，而不能制，更授西川行营招讨制置使。按此命盖在昭度还朝之后也。愿毕命以图成功。"昭度无如之何，由是未能东还。建说昭度曰："今关东藩镇迭相吞噬，此腹心之疾也，相公宜早归庙堂，与天子谋之。敬瑄，疥癣耳，癣，与癣同，音息浅翻。当以日月制之，责建，可办也!"昭度犹豫未决。庚子，建阴令东川将唐友通等擒昭度亲吏骆保于行府门，脔食之，韦昭度攻成都，置行府以治事。脔，力兖翻。云其盗军粮。昭度大惧，遽称疾，以印节授建，牒建知三使留后三使，节度使、招抚使、制置使也。兼行营招讨使，即日东还。建送至新都，跪觞马前，泣拜而别。跪觞，跪而奉觞也。昭度甫出剑门，剑门，诸葛亮立关，唐圣历二年，分普安、永归、阴平，置剑门县，属剑州。九域志：在州东北五一五里。即以兵守之，不复内东军。复，扶又翻。昭度至京师，除东都留守。考异曰：旧纪："龙纪元年，正月，昭度为东都留守。"实录：'大顺二年，三月，乙亥，复陈敬瑄官爵。丙子，以昭度为东都留守。"按昭度若已除留守，不领西川节度及招讨使，则便应释兵东归，不应更留在彼；纵使强留，诸军亦安肯禀服，王建亦何必更说之云“相公宜早归庙堂，与天子筹之”！旧传：“建胁说昭度，奏请还都。建以重兵守剑门，急攻成都。昭度还，以检校司空充东都留守。”新传亦同。盖今年三月，既复敬瑄官爵，但召昭度还朝。王建不肯罢兵，昭度为所牵率，亦同执奏，以为敬瑄不可赦。既而为建所胁，授兵东归，朝廷责其进退失据，故左迁留守，如新、旧传所云者是也。今从之。又昭度初围成都，杨守亮为招讨副使，顾彦朗为行军司马，王建为都指挥使，同在成都城下。及昭度东归，时独建在彼，以兵授之。不见二人者，按三月乙亥诏书，但云令彦朗各归本镇，则是守亮先已归也。彦朗得此诏必亦归，独昭度与建留在彼耳。然建令东川将唐友通食骆保，是彦朗身归而留兵共攻成都也。

建急攻成都，环城烽堑亘五十里。环，音患。有狗屠王鹞，鹞，亦肖翻。请诈得罪亡入城说之，说，式芮翻。使上下离心，建遣之。鹞入见陈敬瑄、田令孜，则言“建兵疲食尽，将遁矣”，出则鬻茶于市，阴为吏民称建英武，兵势强盛；为，于伪翻。由是敬瑄等懈于守备懈，古隘翻。而众心危惧。建又遣其将京兆郑渥诈降以觇之，敬瑄以为将，使乘城，既而复以诈得归。复，扶又翻，又如字。建由是悉知城中虚实，以渥为亲从都指挥使，更姓名曰王宗渥。从，才用翻。更，工衡翻。

11 以武安节度使周岳为岭南西道节度使。方镇表：中和三年，升湖南观察为钦化军节度，光启元年，改武安军。

12 李克用大举击赫连铎，败其兵于河上，北河之上。败，补迈翻。进围云州。

13 杨行密遣其将刘威、朱延寿将兵三万击孙儒于黄池，九域志：宣州当涂县有黄池镇。威等大败。延寿，舒城人也。孙儒军于黄池，五月，大水，诸营皆没，乃还扬州，使其将康暀据和州，暀，于放翻。安景思据滁州。和、滁，相去一百五十里。

14 丙午，立皇子佑为德王。

15 杨行密遣其将李神福攻和、滁，康暀降，降，户江翻。安景思走。

16 秋，七月，李克用急攻云州，赫连铎食尽，奔吐谷浑部，赫连铎，本吐谷浑酋长，开成中，其父帅种人三千帐自归，守云州十五年，至是而亡。考异曰：旧纪、实录皆云，"克用率兵出井陉，屯常山，大掠深、赵。卢龙李匡威自率步骑万馀援王镕。"按唐太祖纪年录，是时克用方攻赫连铎，既平云州，乃讨王镕。实录盖因旧纪之误。又纪年录曰："七月，太祖进军，至于柳城，会赫连铎力屈食尽，奔入吐浑"云云。实录云："克用遣将急攻云州。"盖以前云克用亲讨王镕故也。按纪年录，讨王镕在后。实录误。既而归于幽州。克用表大将石善友为大同防御使。

17 朱全忠遣使与杨行密约共攻孙儒。儒恃其兵强，欲先灭行密，后敌全忠，移牒藩镇，数行密、全忠之罪，且曰："俟平宣、汴，当引兵入朝，除君侧之恶。"数，所具翻。于是悉焚扬州庐舍，尽驱丁壮及妇女渡江，杀老弱以充食。行密将张训、李德诚潜入扬州，灭馀火，得谷数十万斛以赈饥民。扬州之民仇孙儒而德杨行密，使孙儒不死于宣州，扬州之民亦必归杨行密矣。泗州刺史张谏贷数万斛以给军，训以行密之命馈之，谏由是德行密。为张谏降行密张本。

18 邢洺节度使李存孝劝李克用攻镇州，克用从之。八月，克用南巡泽潞，遂涉怀孟之境。

19 朱全忠遣其将丁会攻宿州，克其外城。元年，夏，四月，宿州将张筠附于时溥。

20 乙未，孙儒自苏州出屯广德，沈约曰：广德县，疑吴所立。刘昫曰：广德县，汉故障也；宋分宣州之广德，吴兴之故障，置绥安县，唐至德二年，改为广德，以县界广德故城为名，属宣州。九域志：在州东一百二十里。杨行密引兵拒之。儒围其寨，行密将上蔡李简帅百馀人力战，破寨，拔行密出之。帅，读曰率。

21 王建攻陈敬瑄益急，敬瑄出战辄败，巡内州县率为建所取。威戎节度使杨晟时馈之食，建以兵据新都，彭州道绝。田令孜以彭州为威戎军。敬瑄出，慰勉士卒，皆不应。

辛丑，田令孜登城谓建曰："老夫向于公甚厚，何见困如是?"建曰："父子之恩岂敢忘！言令孜养建为假子也。但朝廷命建讨不受代者，不得不然。傥太师改图，建复何求！"太师，谓陈敬瑄。复，扶又翻。是夕，令孜自携西川印节诣建营授之，旧书：龙纪元年，五月壬辰朔，汉州刺史王建陷成都，迁陈敬瑄于雅州，建自称兵马留后，复用田令孜为监军。记事既有不同，而纪年前后复有两年之差。将士皆呼万岁。建泣谢，请复为父子如初。

先是，建常诱其将士曰："成都城中繁盛如花锦，一朝得之，金帛子女恣汝曹所取，节度使与汝曹迭日为之耳！"先，悉荐翻。壬寅，敬瑄开门迎建。僖宗广明元年，陈敬瑄镇西川，至是而亡。建署其将张勍为马步斩斫使，使先入城。乃谓将士曰："吾与汝曹三年百战，今始得城，汝曹不忧不富贵，慎勿焚掠坊市。吾已委张勍护之矣，彼幸执而白我，我犹得赦之；若先斩而后白，吾亦不能救也！"既而士卒有犯令者，勍执百馀人，皆捶其胸而杀之，积尸于市，众莫敢犯。故时人谓勍为"张打胸"。勍，渠京翻。捶，止橤翻。

癸卯，建入城，自称西川留后。小校韩武数于使厅上马，牙司止之，使厅，节度使厅事也。牙司，吏也，掌使牙之事。数，所角翻。上，持掌翻。武怒曰："司徒许我迭日为节度使；上马何为！"建密遣人刺杀之。刺，七亦翻。

初，陈敬瑄之拒朝命也，田令孜欲盗其军政，谓敬瑄曰："三兄尊重，敬瑄第三。朝，直遥翻。军务烦劳，不若尽以相付，日具记事咨呈，兄但高居自逸而已。"敬瑄素无智能，忻然许之。自是军事皆不由己，以至于亡。建表敬瑄子陶为雅州刺史，使随陶之官，明年，罢归，寓居新津，以一县租赋赡之。

癸丑，建分遣士卒就食诸州，更文武坚姓名曰王宗阮，谢从本曰王宗本。更其姓名，以为假子。更，工衡翻。陈敬瑄将佐有器干者，建皆礼而用之。史言王建所以能有蜀。

22 六军十二卫观军容使、左神策军中尉杨复恭总宿卫兵，专制朝政，诸假子皆为节度使、刺史，又养宦官子六百人，皆为监军。假子龙剑节度使守贞、武定节度使守忠不输贡赋，上表讪薄朝廷。龙剑节度，领龙、剑、利、阆四州。武定节度，领洋、果、阶、扶四州。

上舅王瓌求节度使，上访于复恭，复恭以为不可，瓌怒，诟之。诟，古候翻，又许候翻。瓌出入禁中，颇用事，复恭恶之，奏以为黔南节度使，是时以黔中节度为永泰军，黔中以南则羁縻诸蛮州矣。未知黔南节度置于何所，岂杨复恭欲杀王瓌，特创置此镇以授之邪？恶，乌路翻。黔，渠今翻。至吉柏津，利州益昌县有桔柏津，益昌驿有古柏，土人谓之桔柏，因以名津。据杨复恭传，王瓌取道兴元至桔柏津。令山南西道节度使杨守亮覆诸江中，宗族宾客皆死，以舟败闻。上知复恭所为，深恨之。

李顺节既宠贵，与复恭争权，尽以复恭阴事告上，上乃出复恭为凤翔监军；复恭愠怼，不肯行，愠，于运翻，怒也。怼，直类翻，怨也。称疾，求致仕。九月，乙卯，以复恭为上将军致仕，赐以几杖。使者致诏命还，复恭潜遣腹心张绾刺杀之。刺，七亦翻。

23 加护国节度使王重盈兼中书令。

24 东川节度使顾彦朗薨，军中推其弟彦晖知留后。

25 冬，十月，壬午，宿州刺史张筠降于丁会。

26 癸未，以永平节度使王建为西川节度使；甲申，废永平军。去年置永平节镇于邛州以授王建。建既得西川，受以西川节而废永平军，建志也。建既得西川，留心政事，容纳直言，好施乐士，好，呼到翻。施，式豉翻。用人各尽其才，谦恭俭素；然多忌好杀，诸将有功名者，多因事诛之。

27 杨复恭居第近玉山营，据旧史，杨复恭居第在昭化里。近，其靳翻。假子守信为玉山军使，数往省之。数，所角翻。省，悉景翻。或告复恭与守信谋反，乙酉，上御安喜楼，陈兵自卫，命天威都将李顺节、神策军使李守节将兵攻其第。张绾帅家众拒战，家众，杨复恭私所蓄养之人也。帅，读曰率。守信引兵助之，顺节等不能克。丙戌，禁兵守含光门，含光门，皇城南面西来第一门也。俟其开，欲出掠两市，遇刘崇望，立马谕之曰："天子亲在街东督战，汝曹皆宿卫之士，当于楼前杀贼立功，勿贪小利，自取恶名！"众皆曰："诺。"遂从崇望而东。守信之众望见兵来，遂溃走。守信与复恭挈其族自通化门出，趣兴元，通化门，长安城东面北来第一门。趣，七喻翻。永安都头权安追之，擒张绾，斩之。永安都，亦神策五十四都之一。复恭至兴元，杨守亮、杨守忠、杨守贞及绵州刺史杨守厚同举兵拒朝廷，以讨李顺节为名。守厚，亦复恭假子也。

28 李克用攻王镕，大破镇兵于龙尾冈，斩获万计，遂拔临城，攻元氏、柏乡；薛居正曰：龙尾冈在临城西北。临城本房子，天宝元年更名，与元氏、柏乡皆属赵州。九域志：临城在赵州西南一百三十里。考异曰：唐太祖纪年录曰："攻元氏，斩首千级，进拔鄗水，攻柏乡。"按鄗水属易州。克用方攻镇州以救易、定，必不取其地，恐误也。李匡威引幽州兵救之。克用大掠而还，军于邢州。

29 十一月，曹州都将郭铢杀刺史郭词，降于朱全忠。曹州，天平节度使朱瑄巡属也。

30 泰宁节度使朱瑾将万馀人攻单州。唐末，以宋州之单父、砀山，曹州之成武，兖州之鱼台，置单州。九域志：兖州西南至单州二百八十里。单州时属朱全忠。单，音善。

31 乙丑，时溥将刘知俊帅众二千降于朱全忠。帅，读曰率。知俊，沛人，徐之骁将也，溥军自是不振。全忠以知俊为左右开道指挥使。

32 辛未，寿州将刘弘鄂恶孙儒残暴，恶，乌路翻；下同。举州降朱全忠。

33 十二月，乙酉，汴将丁会、张归霸与朱瑾战于金乡，大破之，杀获殆尽，瑾单骑走免。

34 天威都将李顺节恃恩骄横，横，户孟翻。出入常以兵自随。两军中尉刘景宣、西门君遂恶之，白上，恐其作乱。戊子，二人以诏召顺节，顺节入至银台门，二人邀顺节于仗舍坐语，供奉官似先知自后斩其首，似先知，宦官也。旧书帝纪作部将嗣光审斩顺节头。考异曰：唐补纪："景福二年，四月，十七日夜，见扫星长十馀丈。承旨陈匡用奏，'当有乱臣，将入宫内。'昭宗乳母名曰芥子，自即位加夫人，众呼白婆。左神策军天威都军使胡弘立，先是军中马骑官，巧佞取容，朝廷达官多重之。杨复恭为军主，与改姓名为杨守节。主上每出畋游，经天威军内，其杨守节以检巧趋附，乞与主上为儿，既而允从，颇生骄纵。于是引圣人入堂室，令妻妾对于庭檐，或入内中，经旬不出，致主有抚楹之咎，为臣怀通室之非。承醉奏云：'玉印金箱，儿未曾识，望阿郎略将宣示，以慰平生。'其白婆在侧，曰：'此宝非凡人得见，不用发言！'于是奏曰：'除此老妪，才应太平。'从此白婆得罪，不见踪由。两神策军以其事渐乖，必为大祸，与诸王商议，须急去除。于重阳节向枢密院中排宴，唤入谢恩，却出宣化门，供奉官似先知袖剑挥之，诸王相次剸刃，以为菹醢。"按胡弘立，即顺节也。新、旧纪及诸书，景福二年皆无此事。盖程匡柔传闻之误。今日从实录，事则参取诸书。从者大噪而出。从，才用翻。于是天威、捧日、登封三都大掠永宁坊，三都，皆神策五十四都之数。至暮乃定。百官表贺。

35 孙儒焚掠苏、常，引兵逼宣州，钱镠复遣兵据苏州。苏州自此为钱氏所有。复，扶又翻。儒屡破杨行密之兵，旌旗辎重亘百馀里。重，直用翻。行密求救于钱镠，镠以兵食助之。

36 以顾彦晖为东川节度使，遣中使宋道弼赐旌节。杨守亮使杨守厚囚道弼，夺旌节，发兵攻梓州。癸卯，彦晖求救于王建；甲辰，建遣其将华洪、李简、王宗侃、王宗弼救东川。华，户化翻，姓也。建密谓诸将曰："尔等破贼，彦晖必犒师，汝曹于行营报宴，因而执之，无烦再举。"宗侃破守厚七砦，砦，与寨同；音士卖翻。守厚走归绵州。彦晖具犒礼，诸将报宴，宗弼以建谋告之，彦晖乃以疾辞。

初，李茂贞养子继臻据金州，均州刺史冯行袭攻下之，九域志：均州西至金州七百里。诏以行袭为昭信防御使，治金州。方镇表：僖宗光启元年，置昭信防御于金州。考异曰：薛居正五代史："行袭破杨守亮兵，诏升金州节镇，以戎昭为军额，即以行袭为节度使。"按实录，光化元年正月，始以昭信防御使冯行袭为昭信节度使。新方镇表，光启元年，升金商都防御使为节度使，是年，罢节度，置昭信军防御使，治金州。光化元年，始升昭信军防御使为节度使；天佑二年，赐号戎昭军。薛史误也。杨守亮欲自金、商袭京师，行袭逆击，大破之。

37 是岁，赐泾原军号曰彰义，考异曰：新表在乾宁元年。今从实录。增领渭、武二州。

38 福建观察使陈岩疾病，遣使以书召泉州刺史王潮，欲授以军政，未至而岩卒。岩妻弟都将范晖讽将士推己为留后。【章：十二行本"后"下有"发兵拒潮"四字；乙十一行本同；孔本同；张校同；退斋校同。】考异曰：蒋文怿闽中实录云："大顺中，岩薨。"十国纪年在大顺二年，昭宗实录在明年三月：恐约奏到。今从闽中录、十国纪年。又薛史、闽中录、闽书皆云范晖，岩婿，馀书皆云妻弟。林仁志王氏启运图载监军程克谕表云妻弟，此最得实，今从之。

王崇武标点容肇祖聂崇岐覆校

资治通鉴卷第二百五十九

端明殿学士兼翰林侍读学士太中大夫
提举西京嵩山崇福宫上柱国河内郡开国公 司马光 奉敕编集
食邑二千二百户食实封九百户赐紫金鱼袋臣

后 学 天 台 胡三省 音 注

唐纪七十五 起玄黓困敦（壬子），尽阏逢摄提格（甲寅），凡三年。

昭宗圣穆景文孝皇帝上之中

景福元年（壬子、八九二）

1 春，正月，丙寅，赦天下，改元。

2 凤翔李茂贞、静难王行瑜、难，乃旦翻。镇国韩建、同州王行约、秦州李茂庄五节度使上言：杨守亮容匿叛臣杨复恭，事见上卷上年。上，时掌翻。请出军讨之，乞加茂贞山南西道招讨使。朝议以茂贞得山南，不可复制，复，扶又翻。下诏和解之，皆不听。

3 王镕、李匡威合兵十馀万攻尧山，李克用遣其将李嗣勋击之，大破幽、镇兵，斩获三万。考异曰：实录在二月，恐约奏到。今从唐太祖纪年录。

4 杨行密谓诸将曰："孙儒之众十倍于我，吾战数不利，数，所角翻。欲退保铜官，何如？"刘威、李神福曰："儒扫地远来，利在速战。宜屯据险要，坚壁清野以老其师，时出轻骑抄其馈饷，抄，楚交翻。夺其俘掠。彼前不得战，退无资粮，可坐擒也！”戴友规曰：“儒与我相持数年，僖宗光启三年，杨行密、孙儒争扬州，至是五年矣。胜负略相当。今悉众致死于我，我若望风弃城，正堕其计。淮南士民从公渡江及自儒军来降者甚众，公宜遣将先护送归淮南，降，户江翻。将，即亮翻。使复生业；儒军闻淮南安堵，皆有思归之心，人心既摇，安得不败！”行密悦，从之。以孙儒驱淮南人以攻杨行密，故其谋云尔。为行密擒孙儒张本。友规，庐州人也。

5 威戎节度使杨晟僖宗文德元年，置威戎军于彭州。与杨守亮等约攻王建，二月，丁丑，晟出兵掠新繁、汉州之境，使其将吕荛将兵二千会杨守厚攻梓州；荛，如招翻。梓州，东川节度使顾彦晖治所。建遣行营都指挥使李简击荛，斩之。

6 戊寅，朱全忠出兵击朱瑄，遣其子友裕将兵前行，军于斗门。据旧书李师道传，斗门城在濮阳县界。

7 李茂贞、王行瑜擅举兵击兴元。不以天子之命举兵，故曰擅。茂贞表求招讨使不已，遗杜让能、西门君遂书，遗，唯季翻。杜让能时为相，西门君遂时为神策中尉，此内外二大臣也。陵蔑朝廷。上意不能容，御延英，召宰相、谏官议之。时宦官有阴与二镇相表里者，宰相相顾不敢言，上不悦。给事中牛徽曰：“先朝多难，茂贞诚有翼卫之功；此谓僖宗再幸山南时也。难，乃旦翻。诸杨阻兵，亟出攻讨，其志亦在疾恶，但不当不俟诏命耳。比闻兵过山南，比，毗至翻。杀伤至多。陛下傥不以招讨使授之，使用国法约束，则山南之民尽矣！”上曰：“此言是也。”乃以茂贞为山南西道招讨使。牛徽之言，上所以诱掖其君，下所以弥缝悍将；若以之为国谋则未也。

8 甲申，朱全忠至卫南，朱瑄将步骑万人袭斗门，朱友裕弃营走，瑄据其营。全忠不知，乙西，引兵趣斗门，趣，七喻翻。至者皆为郓人所杀。全忠退军瓠河，九域志：濮州雷泽县有瓠河镇。丁亥，瑄击全忠，大破之，全忠走。张归厚于后力战，全忠仅免，考异曰：归厚传云十一月，误也。今从梁纪。副使李璠等皆死。璠，音烦。

9 朱全忠奏贬河阳节度使赵克裕，考异曰：实录在正月末，云"全忠欲全义得河阳，乃奏克裕有诬谤之言而贬。"新纪云，"己未，朱全忠陷孟州，逐河阳节度使赵克裕。"今从编遗录。以佑国节度使张全义兼河阳节度使。二镇时皆属朱全忠，或贬或兼，唯其所奏。

10 孙儒围宣州。初，刘建锋为孙儒守常州，将兵从儒击杨行密，甘露镇使陈可言帅部兵千人据常州。润州城东角土山上有甘露寺，前对北固山，后枕大江。宝历中，李德裕建寺，适有甘露降，因以名之。孙儒盖因此寺而置甘露镇也。帅，读曰率。行密将张训引兵奄至城下，可言仓猝出迎，训手刃杀之，遂取常州。考异曰：新纪："景福二年二月，杨行密陷常州。"按行密自宣归扬，过常州，已叹张训之功；新纪误也。今从十国纪年。行密别将又取润州。杨行密自此遂有润州，而与钱氏争常州矣。

11 朱全忠连年攻时溥，光启三年，徐、汴始交兵。徐、泗、濠三州民不得耕获，兖、郓、河东兵救之，皆无功，复值水灾，复，扶又翻。人死者什六七。溥困甚，请和于全忠，全忠曰："必移镇乃可。"溥许之。全忠乃奏请移溥他镇，仍命大臣镇徐州。诏以门下侍郎、同平章事刘崇望同平章事，充感化节度使，以溥为太子太师。溥恐全忠诈而杀之，据城不奉诏，崇望及华阴而还。华，户化翻。还，从宣翻，又如字。

12 忠义节度使赵德諲薨，子匡凝代之。考异曰：实录，此月以前，忠义军节度使赵匡凝起复某官，不言德諲卒在何时。新传、薛史但云"匡凝为唐州刺史兼七州马步军都校；及德諲卒，自为襄州留后，朝廷即以旄钺授之。"亦不言年月。今附于此。

13 范晖骄侈失众心，范晖据福州，见上卷上年。王潮以从弟彦复为都统，弟审知为都监，将兵攻福州。从，才用翻。监，古衔翻。民自请输米饷军，平湖洞及滨海蛮夷皆以兵船助之。平湖洞在泉州莆田县界外。九域志曰：今兴化军大飞山，地本平湖数顷，一夕风雨暴至，旦见此山耸峙，一名大飞。

14 辛丑，王建遣族子嘉州刺史宗裕、雅州刺史王宗侃、威信都指挥使华洪、茂州刺史王宗瑶将兵五万攻彭州，按九域志：彭州距成都九十馀里。此其壤地相接，烟火相望，所谓"卧榻之侧，岂容他人鼾睡"者也。王建安得而不急攻之邪！杨晟逆战而败，宗裕等围之。杨守亮遣其将符昭救之，径趋成都，营三学山。趋，七喻翻。汉州金堂县东北十里有三学山。建亟召华洪还。洪疾驱而至，王建一时诸将唯华洪饶智略，建所倚也，故亟召之以御符昭。华，户化翻。后军尚未集，以数百人夜去昭营数里，多击更鼓；昭以为蜀军大至，引兵宵遁。更，工衡翻。更鼓，持更之鼓，官府及行军，每更击之以为节。更鼓多则敌人以为营寨多，故宵遁。

15 三月，以户部尚书郑延昌为中书侍郎、同平章事。延昌，从谠之从兄弟也。僖宗乾符间，郑从谠镇河东有声绩。之从，才用翻。

16 左神策勇胜三都都指挥使杨子实、子迁、子钊，皆守亮之假子也，勇胜三都，亦神策五十二都之数。自渠州引兵救杨晟，知守亮必败，壬子，帅其众二万降于王建。帅，读曰率。

17 李克用、王处存合兵攻王镕，癸丑，拔天长镇。天长镇，在滹沱河东北。戊午，镕与战于新市，大破之，杀获三万馀人；新市，汉古县，唐并入镇州九门县。辛酉，克用退屯栾城。诏和解河东及镇、定、幽四镇。

18 杨晟遗杨守贞、杨守忠、杨守厚书，遗，于季翻。使攻东川以解彭州之围，守贞等从之。神策督将窦行实戍梓州，守厚密诱之为内应；诱，音酉。守厚至涪城，行实事泄，顾彦晖斩之。考异曰：实录明年正月，"杨守厚攻东川，以窦行实为内应。事泄，行实死，守厚遁去。”因李茂贞与王建争东川，追叙今年事耳。今从十国纪年。守厚遁去。守贞、守忠军至，无所归，盘桓绵、剑间，绵、剑，二州名。宋白曰：绵州，汉涪城县地，西魏置潼州；隋置绵州，以绵水为称。九域志：绵州东北至剑州二百九十四里。王建遣其将吉谏袭守厚，破之。癸亥，西川将李简邀击守忠于钟阳，九域志：绵州巴西县有钟阳镇。斩获三千馀人。夏，四月，简又破守厚于铜锋，锋，亡侯翻。斩获三千馀人，降万五千人；守忠、守厚皆走。

19 乙酉，置武胜军于杭州，以钱镠为防御使。

20 天威军使贾德晟，以李顺节之死，颇怨愤，李顺节死见上卷上年。西门君遂恶之，恶，乌路翻。奏而杀之。德晟麾下千馀骑奔凤翔，李茂贞由是益强。

21 李匡威出兵侵云、代，壬寅，李克用始引兵还。自镇州引还。

22 时溥遣兵南侵，至楚州，杨行密将张训、李德诚败之于寿河，败，补迈翻；下同。遂取楚州，执其刺史刘瓒。朱全忠以刘瓒刺楚州，见二百五十七卷僖宗光启三年。张训等既破徐兵，乘胜遂取汴之楚州。考异曰：新纪，“三月乙巳，杨行密陷楚州，执刺史刘瓒。”十国纪年，“三月，时溥遣兵三万南侵至楚州；四月，杨行密将张训、李德诚败徐兵于寿河，俘斩三千级，取楚州，执瓒。”今从之。

23 加【章：十二行本“加”上有“五月”二字；乙十一行本同；孔本同；张校同；退斋校同。】邠宁节度使王行瑜兼中书令。

24 杨行密屡败孙儒兵，破其广德营，广德营，孙儒之兵营于广德者也。败，补迈翻。张训屯安吉，断其粮道。义宁二年，沈法兴分乌程置安吉县，唐因之，属湖州。九域志：在州西南百七十一里。断，音短。儒食尽，士卒大疫，遣其将刘建锋、马殷分兵掠诸县。六月，行密闻儒疾痁，痁，逆约翻，疾而寒热迭作，谓之痁。戊寅，纵兵击之。会大雨、晦冥，儒军大败，安仁义破儒五十馀寨，田頵擒儒于陈，陈，读曰阵。斩之，传首京师，儒众多降于行密。光启三年，孙儒始与行密交兵，至是而败。孙儒以十倍之众攻行密，其智勇亦无以大相过，而卒毙于行密者，儒专务杀掠，人心不附，又后无根本。行密虽为儒所困，分遣张训、李德诚略淮、浙之地以自广，又斥馀廪以饲饥民，既得人心，又有根本，所以胜也。刘建锋、马殷收馀众七千，南走洪州，走，音奏。推建锋为帅，殷为先锋指挥使，张【章：十二行本“张”上有“以行军司马”五字；乙十一行本同；孔本同；张校同；退斋校同。】佶为谋主，比至江西，众十馀万。帅，所类翻。比，必利翻，及也。

丁酉，杨行密帅众归扬州；帅，读曰率。考异曰：十国纪年，“行密过常州，谓左右曰：‘常州大城也，张训以一剑下之，不亦壮哉！’”旧纪：“大顺二年三月，淮南节度使孙儒为宣州观察使杨行密所杀。初，行密扬州失守，据宣州，孙儒以兵攻围三年。是春，淮南大饥，军中疫疠。是月，孙儒亦病，为帐下所执，降行密；行密乃并孙儒之众，复据广陵。”薛居正五代史行密传曰：“大顺元年，行密危蹙，出据宣州，儒复入扬州。二年，儒攻行密。属江、淮疾疫，师人多死，儒亦卧病，为部下所执，送于行密，杀之。行密自宣城长驱入于广陵。”唐补纪：“大顺二年六月，孙儒兵败于宛陵城下，杨行密进首级于西京。”吴录曰：“景福元年，六月六日，太祖尽率诸将晨出击儒，田頵临陈擒儒以献，斩儒于市，传首京师。”新纪、实録、十国纪年皆据此。旧纪、薛史、唐补纪皆误。秋，七月，丙辰，至广陵，表田頵守宣州，安仁义守润州。

先是，扬州富庶甲天下，先，悉荐翻。时人称扬一、益二，言扬州居一，益州为次也。及经秦、毕、孙、杨兵火之馀，秦彦、毕师铎、孙儒、杨行密也。江、淮之间，东西千里扫地尽矣。

25 王建围彭州，久不下，民皆窜匿山谷；诸寨日出俘掠，谓之“淘虏”，都将先择其善者，馀则士卒分之，以是为常。将，即亮翻。

有军士王先成者，新津人，本书生也，世乱，为兵，度诸将惟北寨王宗侃最贤，乃往说之曰：度，徒洛翻。说，式芮翻。

“彭州本西川之巡属也，陈、田召杨晟，割四州以授之，见二百五十七卷文德元年，陈、田，谓陈敬瑄、田令孜。伪署观察使，与之共拒朝命。朝，直遥翻。今陈、田已平而晟犹据之，州民皆知西川乃其大府巡属诸州，以节度使府为大府，亦谓之会府。而司徒乃其主也，时朝命以王建检校司徒，故称之。故大军始至，民不入城而入山谷避之，以俟招安。今军至累月，未闻招安之命，军士复从而掠之，复，扶又翻。与盗贼无异，夺其赀财，驱其畜产，分其老弱妇女以为奴婢，使父子兄弟流离愁怨；其在山中者暴露于暑雨，残伤于蛇虎，孤危饥渴，无所归诉。彼始以杨晟非其主而不从，今司徒不加存恤，彼更思杨氏矣。”宗侃恻然，不觉屡移其床前问之，先成曰：“又有甚于是者：今诸寨每旦出六七百人，入山淘虏，薄暮乃返，薄，迫也。曾无守备之意。赖城中无人耳，万一有智者为之画策，为，于伪翻。使乘虚奔突，先伏精兵千人于门内，登城望淘虏者稍远，出弓弩手、礮手各百人，礮，与炮同，匹貌翻。攻寨之一面，随以役卒五百，负薪土填壕为道，然后出精兵奋击，且焚其寨；又于三面城下各出耀兵，耀兵者，以耀敌使不知所备。诸寨咸自备御，无暇相救，城中得以益兵继出，如此，能无败乎！”宗侃矍然曰：矍，居缚翻。“此诚有之，将若之何？”

先成请条列为状以白王建，宗侃即命先成草之，大指言：“今所白之事，须四面通共，时西川兵围彭州，四面下寨，宗裕、宗侃、华洪、宗瑶各当一面。宗侃所司止于北面，或所白可从，乞以牙举施行。”牙举，谓从使牙检举而见之施行。事凡七条：“其一，乞招安山中百姓。其二，乞禁诸寨军士及子弟无得一人辄出淘虏，仍表诸寨之旁七里内听樵牧，敢越表者斩。其三，乞置招安寨，中容数千人，以处所招百姓，处，昌吕翻。宗侃请选所部将校谨干者为招安将，使将三十人昼夜执兵巡卫。其四，招安之事须委一人总领，今榜帖既下，下，户嫁翻。诸寨必各遣军士入山招安，百姓见之无不惊疑，如鼠见狸，谁肯来者！狸，捕鼠者也。鼠见狸则知必死，特恨不可得而走耳，讵肯前就之哉！故以为喻。欲招之必有其术，愿降帖付宗侃专掌其事。其五，乞严勒四寨指挥使，悉索前日所虏彭州男女老幼集于营场，有父子、兄弟、夫妇自相认者即使相从，牒具人数，部送招安寨，有敢私匿一人者斩；仍乞勒府中诸营，亦令严索，府，谓成都府。索，山客翻。有自军前先寄归者，量给资粮，量，音良。悉部送归招安寨。其六，乞置九陇行县于招安寨中，彭州治九陇县，彭州未下，故乞置行县。九陇故汉繁县地，后魏改曰九陇，以州西有九陇山为名。九陇，一伏陇，二豆陇，三秋陇，四龙奔陇，五走马陇，六骆驼陇，七千秋陇，八较车陇，九横担陇。以前南郑令王丕摄县令，南郑，汉古县，唐带兴元府。设置曹局，抚安百姓，择其子弟之壮者，给帖使自入山招其亲戚；彼知司徒严禁侵掠，前日为军士所虏者，皆获安堵，必欢呼踊跃，相帅下山，帅，读曰率。如子归母，不日尽出。其七，彭州土地宜麻，益州记：彭之地号小郫，言土地肥良，比之郫邑也。百姓未入山时多沤藏者，沤，乌候翻，久渍也。宜令县令晓谕，各归田里，出所沤麻鬻之，以为资粮，必渐复业。”建得之大喜，即行之，悉如所申。考异曰：张彭耆旧传曰：“五月二十日，诸军马步兵士到彭州城下。至七月初，已经五十馀日，诸军兵士始到，刈麦充粮。至七月初，麦尽，并无颗粒。兵士但托求食，乃每日远去入山，虏劫逃避百姓。有一军士，本是儒生，乃往北面寨说于统帅”云云。十国纪年：“王先成谓王宗侃云云。先成上招携七事，建皆纳之。先成，蜀州新津人。”按十国纪年，王建自二月辛丑遣王宗裕等击杨晟，遂围彭州。又晟遗杨守忠书云：“弊邑虽小，围守三年矣。”而张彭云五月二十日方围彭州，或者先围之不克而再往欤？彭但云有一军士，而十国纪年姓王名先成，不知其本出何书也。

明日，榜帖至，威令赫然，无敢犯者。三日，山中民竞出，赴招安寨如归市，寨不能容，斥而广之；浸有市井，又出麻䴠之。民见村落无抄暴之患，抄，楚交翻。稍稍辞县令，复故业。月馀，招安寨皆空。

26 己巳，李茂贞克凤州，感义节度使满存奔兴元。僖宗光启二年，满存得凤州，至是而败。奔兴元，就杨守亮。茂贞又取兴、洋二州，皆表其子弟镇之。考异曰：薛居正五代史茂贞传曰："大顺二年，杨复恭得罪奔山南，与杨守亮据兴元叛，茂贞与王行瑜讨平之。诏以徐彦若镇兴元。茂贞违诏，表其假子继徽为留后，坚请旄钺，昭宗不得已而授之。自是茂贞始萌问鼎之志。既而逐泾原节度使张球、洋州节度使杨守忠、凤州刺史满存，皆夺据其地。"云大顺二年，误也。今从新纪。

27 八月，以杨行密为淮南节度使、同平章事，以田頵知宣州留后，安仁义为润州刺史。

孙儒降兵多蔡人，降，户江翻。行密选其尤勇健者五千人，厚其禀赐，以皂衣蒙甲，禀，笔锦翻，给也。皂，才早翻。号"黑云都"，每战，使之先登陷陈，陈，读曰阵。四邻畏之。

行密以用度不足，欲以茶盐易民布帛，掌书记舒城高勖曰："兵火之馀，十室九空，又渔利以困之，记坊记：诸侯不下渔色。注曰：象捕鱼然，中网取之，是无所择。渔利之"渔"犹渔色之"渔"。将复离叛。复，扶又翻；下同。不若悉我所有易邻道所无，足以给军；选贤守令劝课农桑，数年之间，仓库自实。"行密从之。守，式又翻。令，力正翻。田頵闻之曰："贤者之言，其利远哉！"

行密驰射武伎，皆非所长，伎，渠绮翻。而宽简有智略，善抚御将士，与同甘苦，推心待物，无所猜忌。尝早出，从者断马鞦，取其金，从，才用翻。断，音短。鞦，七由翻，史炤曰：马紂也。行密知而不问，他日，复早出如故，人服其度量。

淮南被兵六年，光启三年，毕师铎乱，淮南始被兵。被，皮义翻。士民转徙几尽；几，居依翻；下几复同。行密初至，赐与将吏，将，即亮翻。帛不过数尺，钱不过数百；而能以勤俭足用，非公宴，未尝举乐。招抚流散，轻傜薄敛，敛，力赡翻。未及数年，公私富庶，几复承平之旧。复，还也，读如字。

28 李克用北巡至天宁军，代州西有天安军，天宝十二载置。闻李匡威、赫连铎将兵八万寇云州，遣其将李君庆发兵于晋阳。克用潜入新城，伏兵于神堆，神堆在云州城南，新城又在神堆东南。神堆，即神武川之黄花堆，新城在其侧，盖克用祖执宜保黄花堆时所筑也。按薛史唐纪，李克用生于神武川之新城。宋白曰：云州西南至神堆栅九十里。擒吐谷浑逻骑三百；逻，郎佐翻。匡威等大惊。丙申，君庆以大军至，克用迁入云州。丁酉，出击匡威等，大破之。己亥，匡威等烧营而遁；追至天成军，蔚州东北有天成军。斩获不可胜计。胜，音升。

29 辛丑，李茂贞攻拔兴元，杨复恭、杨守亮、杨守信、杨守贞、杨守忠、满存奔阆州。光启三年，杨守亮镇兴元，至是而败。考异曰：旧纪："景福元年十一月辛丑，凤翔、邠宁之众攻兴元，陷之，节度使杨守亮、前中尉杨复恭、判官李巨川突围而遁。十二月，辛未，华州刺史韩建奏于乾元县遇兴元散兵，击败之，斩杨守亮、杨复恭，传首。"实录："乾宁元年七月，凤翔、邠宁之兵攻兴元，陷之，杨守亮、杨复恭突围而遁。"新纪："景福元年八月，茂贞寇兴元，守亮、满存奔阆州。乾宁元年七月，茂贞陷阆州，八月，守亮伏诛。"新复恭传："景福元年，茂贞攻兴元，破其城，复恭、守亮、守信奔阆州。"十国纪年蜀史："景福元年十月，行瑜、茂贞表守亮招纳叛臣，请讨之。感义节度使满存救守亮，为茂贞所败，奔兴元。十一月，邠、岐攻陷兴元，杨复恭帅守亮、守贞、守忠、满存同奔阆州。十二月，壬午，华洪败守亮等于州。"按实录，景福二年正月移茂贞山南，于时守亮不应犹在山南。今年月从新纪，事则参取诸书。茂贞表其子继密权知兴元府事。

30 九月，加荆南节度使成汭同平章事。

31 时溥迫监军奏称将士留己，是年二月，召时溥为太子太师。冬，十月，复以溥为侍中、感化节度。朱全忠奏请追溥新命；诏谕解之。

32 初，邢、洺、磁州留后李存孝，与李存信俱为李克用假子，不相睦。存信有宠于克用，存孝在邢州，欲立大功以胜之，乃建议取镇冀；见上卷大顺二年。存信从中沮之，不时听许。及王镕围尧山，存孝救之，不克。克用以存信为蕃、汉马步都指挥使，与存孝共击之，二人互相猜忌，逗留不进；克用更遣李嗣勋等击破之。事见上是年正月。存信还，谮存孝无心击贼，疑与之有私约。存孝闻之，自以有功于克用，而信任顾不及存信，顾，反也。愤怨，且惧及祸，乃潜结王镕及朱全忠，上表以三州自归于朝廷，考异：实录："大顺元年十月，太原将邢州刺史李存孝自晋州帅行营兵据邢州。"旧纪："十一月，癸丑朔，太原将邢州刺史李存孝自恃擒孙揆功，合为昭义帅，怨克用授康君立。存孝自晋州帅行营兵归邢州，据城，上表归明，仍致书与张浚、王镕求援。"唐末见闻录："十月二一四日，李存孝领兵打晋州，遁归邢州，背叛，与宰臣张浚状曰：'某自主三郡，已近二年。'又曰：'常思安知建在此之日，归顺朝廷之时。四邻不有保持，一家俄受涂炭，以此犹豫，莫敢申明，遂至去年遽绝邻好。岂是某之情愿，盖因李某之指挥。'又曰：'自今春战争之后，实愿休罢戈铤。自九月十五日以来，有李某之人，使促令某南面进军至赵州牵胁，李某即土门路入，直届镇州。今月十四日，昭义军人百姓等众请某权知兵马留后，归顺朝廷。'大王闻存孝致逆，大震雄威，令下，先差大将进军，速至邢州，仍候指挥，不得辄有斗敌，但围小垒，专俟大军。"据唐太祖纪年录、薛居正五代史纪、传、实录、新纪，皆云景福元年十月，存孝叛太原，归朝廷；而旧纪、唐末见闻录在大顺元年十月。旧纪恐是连言以后事。按二年三月，安知建方叛太原，而此书中已说知建。又云："自主三郡，已近二年。"存孝大顺二年方为邢、洺、磁节度，至景福元年，乃二年也。然则实录云邢州刺史据邢州，亦因旧纪之误。见闻录所载存孝书，盖与王镕，误云与张浚也。乞赐旌节及会诸道兵讨李克用；诏以存孝为邢、洺、磁节度使，不许会兵。

33 十一月，时溥濠州刺史张璲、泗州刺史张谏以州附于朱全忠。璲，徐醉翻。史言时溥巡属皆附于汴，溥仅保徐州。

34 乙未，朱全忠遣其子友裕将兵十万攻濮州，拔之，执其刺史邵伦，濮州，朱瑄巡属。濮，博木翻。遂令友裕移兵击时溥。

35 孙儒将王坛陷婺州，刺史蒋瓌奔越州。中和四年，蒋瓌据婺州。

36 庐州刺史蔡俦发杨行密祖父墓，光启三年，杨行密留蔡俦守庐州；明年，俦以州附孙儒；儒既败，俦遂阻兵以拒行密。与舒州刺史倪章连兵，遣使送印于朱全忠以求救。全忠恶其反覆，恶，乌路翻。纳其印，不救，且牒报行密；行密谢之。行密遣行营都指挥使李神福将兵讨俦。

37 宣明历浸差，穆宗立，以为累世缵绪，必更历纪，乃诏日官改撰历术，名曰宣明。太子少詹事边冈造新历成，十二月，上之。命曰景福崇玄历。边冈与司天少监胡秀林、均州司马王墀改治新历，然术一出于冈。冈用算巧，能驰骋反复于乘除间，由是简捷超径等接之术兴，而经制远大衰序之法废矣。虽筹策便易，然皆冥于本原。上，时掌翻。

38 壬午，王建遣其将华洪击杨守亮于阆州，破之。建遣节度押牙延陵郑项使于朱全忠；延陵，汉曲阿县地，晋分置延陵郡，隋移治丹徒。武德三年，移于旧郡治，属润州。今丹阳县之延陵镇即其地。全忠问剑阁，项极言其险。全忠不信，项曰："苟不以闻，恐误公军机。"全忠大笑。

39 是岁，明州刺史钟文季卒，其将黄晟自称刺史。路振九国志：黄晟，明州鄞县人，历为将领，会刺史钟文季卒，遂据其郡。

二年（癸丑、八九三）

1 春，正月，时溥遣兵攻宿州，刺史郭言战死。大顺二年，朱全忠取宿州，事见上卷。

2 东川留后顾彦晖既与王建有隙，大顺二年，杨守亮攻东川，王建遣兵救之，欲因而取之，不克，由是与顾彦晖有隙，事亦见上卷。李茂贞欲抚之使从己，奏请更赐彦晖节；大顺二年，朝廷遣中使赐顾彦晖节，杨守厚邀而夺之，故请更赐。诏以彦晖为东川节度使。申前命也。茂贞又奏遣知兴元府事李继密救梓州，梓州未受兵而救之，何也？非救之也，遣兵助顾彦晖以致西川之师耳。未几，建遣兵败东川、凤翔之兵于利州。几，居岂翻。败，补迈翻；下同。彦晖求和，请与茂贞绝；乃许之。

3 凤翔节度使李茂贞自请镇兴元，诏以茂贞为山南西道兼武定节度使，以中书侍郎、同平章事徐彦若同平章事，充凤翔节度使，考异曰：旧纪在七月癸未。今从实录、新纪。又割果、阆二州隶武定军。茂贞欲兼得凤翔，不奉诏。

4 二月，甲戌，加西川节度使王建同平章事。

5 李克用引兵围邢州，王镕遣牙将王藏海致书解之。克用怒，斩藏海，进兵击镕，败镇兵于平山。平山，汉蒲吾县，隋为房山县，至德元年，改为平山县，属镇州。九域志：在州西六十五里。辛巳，攻天长镇，旬日不下。镕出兵三万救之，克用逆战于叱日岭下，大破之，斩首万馀级，馀众溃去。河东军无食，脯其尸而啖之。啖，徒滥翻。

6 时溥求救于朱瑾，朱全忠遣其将霍存将骑兵三千军曹州以备之。瑾将兵二万救徐州，存引兵赴之，与朱友裕合击徐、兖兵于石佛山下，大破之，石佛山近彭城。薛史曰：石佛山在彭门南。述征记：彭城南有石佛山，顶方二丈二尺。瑾遁归兖州。辛卯，徐兵复出，存战死。霍存恃胜而不虞徐兵之复出，故战败而死。复，扶又翻。

7 李克用进下井陉，李存孝将兵救王镕，遂入镇州，与镕计事。镕又乞师于朱全忠，全忠方与时溥相攻，不能救，但遗克用书，遗，唯季翻。言"邺下有十万精兵，抑而未进。"克用复书："傥实屯军邺下，颙望降临；颙，鱼容翻，仰也。必欲真决雌雄，愿角逐于常山之尾。"甲午，李匡威引兵救镕，败河东兵于元氏，败，补迈翻。克用引还邢州。镕犒匡威于藁城，辇金帛二十万以酬之。

8 朱友裕围彭城，时溥数出兵，友裕闭壁不战。去年十一月，朱全忠遣友裕攻彭城。此言其积时相持之事。数，所角翻。朱瑾宵遁，友裕不追，谓石佛山下战时。都虞候朱友恭以书谮友裕于全忠，全忠怒，驿书下都指挥使庞师古，下，户嫁翻。使代之将，且按其事。书误达于友裕，友裕大惧，以二千骑逃入山中，按薛史元贞张后传作"二十骑"，朱友裕传作"数骑"。二千骑太多，当以二十骑为是。潜诣砀山，匿于伯父全昱之所。朱全忠兄弟本居砀山；全昱，全忠长兄也。砀，音唐。全忠夫人张氏闻之，使友裕单骑诣汴州见全忠，泣涕拜伏于庭；全忠命左右捽抑，将斩之，捽者，持其髻；抑者，按其颈。捽，昨没翻。夫人趋就抱之，泣曰："汝舍兵众，束身归罪，无异志明矣。"全忠悟而舍之，使权知许州。友恭，寿春人李彦威也，幼为全忠家僮，考异曰：薛居正五代史高季兴传，以友恭为汴之贾人李七郎，十国纪年以为寿春贾人。友恭传云："彦威丱角事太祖。"今从之。全忠养以为子。张夫人，砀山人，多智略，全忠敬惮之，虽军府事，时与之谋议；或将兵出，中涂，夫人以为不可，遣一介召之，全忠立为之返。为，于伪翻。

庞师古攻佛山寨，拔之；佛山寨，即石佛山寨。自是徐兵不敢出。

9 李匡威之救王镕也，将发幽州，家人会别，家人悉会于使宅以送别。弟匡筹之妻美，匡威醉而淫之。二月，匡威自镇州还，至博野，匡筹据军府自称留后，以符追行营兵。匡威众溃归，但与亲近留深州，深州在博野东南一百五十里。进退无所之，遣判官李抱真【张："抱真"作"正抱"。】入奏，请归京师。京师屡更大乱，更，工衡翻，经也。闻匡威来，坊市大恐，曰："金头王来图社稷。"士民或窜匿山谷。王镕德其以己故致失地，德其救己以致失幽州。迎归镇州，为筑第，父事之。为，于伪翻。为李王威劫王镕而死张本。薛史曰：镕馆匡威于宝寿佛寺。

10 以渝州刺史柳玭为泸州刺史。九域志：渝州西至泸州七百六十里。玭，部田翻。考异曰：新传："玭坐事贬泸州刺史，卒。"北梦琐言亦云谪授泸州。新、旧书，玭贬官无年月。今据实录。此月玭自渝为泸州刺史，当是初贬渝州后移泸州；新传、北梦琐言误也。柳氏自公绰以来，世以孝悌礼法为士大夫所宗。言自元和以来为名家。玭为御史大夫，上欲以为相，宦官恶之，恶，乌路翻。故久谪于外。玭尝戒其子弟曰："凡门地高，可畏不可恃也。立身行己，一事有失，则得罪重于他人，死无以见先人于地下，此其所以可畏也。门高则骄心易生，族盛则为人所嫉；懿行实才，人未之信，行，下孟翻；下同。小有玼颣，玼，疾移翻。颣，卢对翻。玉病曰玼；丝节曰颣。众皆指之：此其所以不可恃也。故膏粱子弟，学宜加勤，行宜加励，仅得比他人耳！"使柳氏子侄常能守玭之戒，各务修饬，虽至今为名家可也。

11 王建屡请杀陈敬瑄、田令孜，朝廷不许。夏，四月，乙亥，建使人告敬瑄谋作乱，杀之新津。陈敬瑄居新津，见上卷大顺二年。又告令孜通凤翔书，下狱死。下，遐嫁翻。建使节度判官冯涓草表奏之曰："开匣出虎，孔宣父不责他人；当路斩蛇，孙叔敖盖非利己。论语：孔子责冉有、季路曰："虎兕出于柙，是谁之过欤！"楚孙叔敖为婴儿，出游而还，忧而不食。其母问其故，泣而对曰："今日吾见两头蛇，恐去死无日矣。"母曰："今蛇安在？"曰："吾闻见两头蛇者死，吾恐他人复见，已埋之也。"母曰："无忧，汝不死。吾闻之，有阴德者天报以福。"人闻之，皆谕其为仁也。专杀不行于阃外，先机恐失于彀中。"彀，古候翻。涓，宿之孙也。冯宿事见二百四十五卷开成元年。涓，圭渊翻。

12 汴军攻徐州，累月不克。自去年十一月攻徐州，至是五月矣。通事官张涛以书白朱全忠云："进军时日非良，故无功。"全忠以为然。敬翔曰："今攻城累月，所费甚多，徐人已困，旦夕且下，使将士闻此言，则懈于攻取矣。"全忠乃焚其书。癸未，全忠自将如徐州；戊子，庞师古拔彭城，时溥举族登燕子楼自焚死。僖宗中和元年，时溥据徐州，至是而亡。张建封之镇徐也，有爱妓曰盼盼。建封既殁，张氏旧第有小楼，名燕子，盼盼念旧爱而不嫁，居是楼十馀年，幽独怅然。出白乐天集。考异曰：实录："五月，汴州奏拔徐州。"旧纪："四月，汴将王重师、牛存节陷徐州。"旧传："溥求援于兖州朱瑾，出兵救之，值大雪，粮尽而还。汴将王重师、牛存节夜乘梯而入，溥与妻子登楼自焚而卒。景福二年也。"新纪："四月，戊子，朱全忠陷徐州，时溥死之。"薛居正五代史梁纪："丁亥，师古下彭门，枭溥首以献。"唐太祖纪年录："四月，泽州李罕之上言：'怀孟降人报汴将庞师古于今月八日攻陷徐州，徐帅时溥举族皆没。'"温既下徐，方诈请朝廷命帅，昭宗乃以兵部尚书孙储为徐帅，既而温以他词斥去，自以其将镇之。四月八日，盖河东传闻之误。今从编遗录、新纪。己丑，全忠入彭城，以宋州刺史张廷范知感化留后，奏乞朝廷除文臣为节度使。

13 李匡威在镇州，为王镕完城堑，缮甲兵，【章：十二行本"兵"下有"训士卒"三字；乙十一行本同；孔本同；张校同。】视之如子。匡威以镕年少，且乐真定土风，为，于伪翻；下为之同。镇州，汉之真定国也。乐，音洛。潜谋夺之。李抱真自京师还，为之画策，阴以恩施悦其将士。施，式豉翻。王氏在镇久，镇人爱之，不徇匡威。匡威忌日，镕就第吊之，父母终之日，子以为忌日。第者，李匡威寓第也。匡威素服衷甲，伏兵劫之，镕趋抱匡威曰："镕为晋人所困，几亡矣，晋人，谓河东李克用之兵。几，居依翻。赖公以有今日；公欲得四州，此固镕之愿也，镇、冀、深、赵四州。不若与公共归府，以位让公，则将士莫之拒矣。"匡威以为然，与镕骈马，骈马，并马也。陈兵入府。会大风雷雨，屋瓦皆震。匡威入东偏门，此镇州牙城之东偏门也。镇之亲军闭之，既入门而为镇兵所闭，绝其继至者。有屠者墨君和自缺垣跃出，拳殴匡威甲士，殴，乌口翻。挟镕于马上，负之登屋。镇人既得镕，攻匡威，杀之，并其族党。考异曰：实录，杀匡威在五月，恐约奏到。旧纪："六月乙卯，幽州李匡威谋害王镕，恒州三军攻匡威，杀之。"旧传、唐太祖纪年录皆云五月。新纪，四月丁亥。按匡筹奏云四月十九日。是月己巳朔，十九日，丁亥也。今从之。镕时年十七，体疏瘦，为君和所挟，颈痛头偏者累日。李匡筹奏镕杀其兄，请举兵复冤；诏不许。

14 幽州将刘仁恭将兵戍蔚州，过期未代，士卒思归。会李匡筹立，戍卒奉仁恭为帅，还攻幽州，蔚，纡勿翻。帅，所类翻。至居庸关，为府兵所败。府兵，幽州节度使府之兵也。败，补迈翻。仁恭奔河东，李克用厚待之。为李克用取幽州张本。

15 李神福围庐州；甲午，杨行密自将诣庐州，田頵自宣州引兵会之。初，蔡人张颢以骁勇事秦宗权，后从孙儒，儒败，归行密，行密厚待之，使将兵戍庐州。蔡俦叛，颢更为之用。及围急，颢逾城来降，降，户江翻。行密以隶银枪都使袁稹。使，疏吏翻。稹，止忍翻。稹以颢反覆，白行密，请杀之，行密恐稹不能容，置之亲军。为张颢杀杨渥张本。稹，陈州人也。稹，止忍翻。

16 王彦复、王审知攻福州，久不下。去年二月，王潮遣彦复等攻福州。范晖求救于威胜节度使董昌，僖宗中和三年，升浙东观察为义胜节度；光启三年，改为威胜节度。昌与陈岩婚姻，发温、台、婺州兵五千救之。彦复、审知以城坚，援兵且至，士卒死伤多，白王潮，欲罢兵更图后举，潮不许。请潮自临行营，潮报曰："兵尽添兵，将尽添将，兵将俱尽，吾当自来。"将，即亮翻。彦复、审知惧，亲犯矢石急攻之。五月，城中食尽，晖知不能守，夜，以印授监军，弃城走，援兵亦还。庚子，彦复等入城。辛丑，晖亡抵沿海都，为将士所杀。文德二年，范晖据福州。潮入福州，自称留后，素服葬陈岩，以女妻其子延晦，厚抚其家。妻，七细翻。汀、建二州降，岭海间群盗二十馀辈皆降溃。言群盗或降或溃也。王氏自此遂据有七闽矣。降，户江翻。

17 闰月，以武胜防御使钱镠为苏杭观察使。钱镠以杭并苏，因以命之。又以扈跸都头曹诚为黔中节度使，耀德都头李鋋为镇海军节度使，宣威都头孙惟晟为荆南节度使，耀德、宣威，亦皆神策五十二都之数。黔，渠今翻。鋋，音蝉。六月，以捧日都头陈佩为岭南东道节度使，并同平章事。时李茂贞跋扈，上以武臣难制，欲用诸王代之，故诚等四人皆加恩，解兵柄，令赴镇。后四人不闻至镇，盖各有分据者，四人不得而赴也。考异曰：旧纪："三月庚子，以陈佩为岭南东道节度使，曹诚为黔中节度使，李鋋为镇海节度使，孙惟晟为荆南节度使。时朝议以茂贞傲侮王命，武臣难制，故罢五将之权。"今从实录，止是四将。

18 李匡筹出兵攻王镕之乐寿、武强，以报杀匡威之耻。

19 秋，七月，王镕遣兵救邢州；李克用败之于平山，败，补迈翻。壬申，进击镇州。镕惧，请以兵粮二十万助攻邢州，克用许之。克用治兵于栾城，合镕兵三万进屯任县，任，汉古县，中废。唐之任，汉南䜌县地。武德四年，置任县，治苑乡城，在邢州东南。治，直之翻。李存信屯琉璃陂。琉璃陂，在邢州龙冈县界。

20 丁亥，杨行密克庐州，斩蔡俦。左右请发俦父母冢，行密曰："俦以此得罪，吾何为效之！"蔡俦发行密祖父冢，见上年。

21 加天雄节度使李茂庄同平章事。时以秦州为天雄军。

22 钱镠发民夫二十万及十三都军士筑杭州罗城，周七十里。钱镠以八都兵起，后其众日盛，置十三都。今杭州罗城，镠所筑也。

23 升州刺史张雄卒，考异曰：新纪八月庚子，盖约奏到之日。今从十国纪年。冯弘铎代之为刺史。

24 李茂贞恃功骄横，上表及遗杜让能书，横，户孟翻。上，时掌翻。遗，唯季翻。辞语不逊。上怒，欲讨之。茂贞又上表，略曰："陛下贵为万乘，不能庇元舅之一身；元舅，谓王瓌，事见上卷大顺二年。尊极九州，不能戮复恭之一竖。”又曰：“今朝廷但观强弱，不计是非。”又曰：“约衰残而行法，随盛壮以加恩；李茂贞之表辞固慢，然当时之政事实亦如此。体物锱铢，言体物有锱铢之重，则待之亦重；有锱铢之轻，则待之亦轻。看人衡纩。”刘峻广绝交论曰：衡所以揣其轻重，纩所以属其鼻息。注云：谓操衡揣势之轻重，持纩量气之粗细。又曰：“军情易变，戎马难羁，唯虑甸服生灵，因兹受祸，古之王者，畿方千里，以为甸服。未审乘舆播越，自此何之！”乘，绳证翻。上益怒，决讨茂贞，命杜让能专掌其事，让能谏曰：“陛下初临大宝，国步未夷，茂贞近在国门，按九域志，凤翔东距长安二百八十里耳。臣愚以为未宜与之构怨，万一不克，悔之无及。”上曰：“王室日卑，号令不出国门，此乃志士愤痛之秋。药弗瞑眩，厥疾弗瘳。书说命之辞。注云：如服药，必瞑眩极，其病乃除。瞑，莫遍翻。眩，玄遍翻。瞑眩，困极也。朕不能甘心为孱懦之主，孱，钮山翻。愔愔度日，愔，于禽翻。愔愔，深静貌。坐视陵夷。卿但为朕调兵食，为，于伪翻。调，徒钓翻。朕自委诸王用兵，成败不以责卿！”让能曰：“陛下必欲行之，则中外大臣共宜协力以成圣志，不当独以任臣。”上曰：“卿位居元辅，杜让能时为首相。与朕同休戚，无宜避事！”让能泣曰：“臣岂敢避事！况陛下所欲行者，宪宗之志也；顾时有所未可，势有所不能耳。但恐他日臣徒受晁错之诛，不能弭七国之祸也。晁错事见汉景帝纪。敢不奉诏，以死继之！”杜让能固已知必死矣。上乃命让能留中书，计画调度，月馀不归。不归私第也。调，徒吊翻。崔昭纬阴结邠、岐，为之耳目，让能朝发一言，二镇夕必知之。李茂贞使其党纠合市人数百千人，拥观军容使西门君遂马诉曰：“岐帅无罪，岐帅，谓李茂贞。凤翔本岐州。帅，所类翻。不宜致讨，使百姓涂炭。”君遂曰：“此宰相事，非吾所及。”市人又邀崔昭纬、郑延昌肩舆诉之，旧制：朝臣入朝，皆乘马。宋建炎播迁，以扬州街路滑，始许朝士乘担子。观此，则唐末宰相亦有乘肩舆者矣。二相曰："兹事主上专委杜太尉，吾曹不预知。"市人因乱投瓦石，二相下舆走匿民家，仅自免，丧堂印及朝服。上命捕其唱帅者诛之，丧，息浪翻。朝，直遥翻；下同。帅，读曰率。用兵之意益坚。京师民或亡匿山谷，严刑所不能禁。八月，以嗣覃王嗣周为京西招讨使，考异曰：按顺宗子经封郯王，嗣周当是其后。会昌后，避武宗讳，改"郯"作"覃"。按武宗讳瀍，后改讳炎。如考异所云，盖避"郯"字旁从"炎"字也。神策大将军李锷副之。锷，火外翻。

25 丙辰，杨行密遣田頵将宣州兵二万攻歙州；歙州刺史裴枢城守，久不下。歙，书涉翻。时诸将为刺史者多贪暴，独池州团练使陶雅宽厚得民，歙人曰："得陶雅为刺史，请听命。"行密即以雅为歙州刺史，歙人纳之。雅尽礼见枢，送之还朝。枢，遵庆之曾孙也。裴遵庆见二百二十二卷肃宗上元二年。

26 朱全忠命庞师古移兵攻兖州，与朱瑾战，屡破之。

27 九月，丁卯，以钱镠为镇海节度使。升杭州武胜防御使为镇海节度使。唐本置镇海军于润州，今以命钱镠于杭州，至光化元年，镠遂请徙军于杭州。考异曰：今年五月，以李铤为镇海节度使，令赴镇。今复除镠者，按是时安仁义已据润州，又孙惟晟除荆南，时成汭已据荆南，二人安得赴镇！盖但欲罢其军权，其实不至镇而返耳。实录云，仍徙镇海军额于杭州。按吴越备史，是岁镠初除镇海节度使，犹领润州刺史，至光化元年，始移镇海军于杭州。实录误也。

28 李存孝夜犯李存信营，虏奉诚军使孙考老。李克用自引兵攻邢州，掘堑筑垒环之。环，音宦。存孝时出兵突击，堑垒不能成。河东牙将袁奉韬密使人谓存孝曰："大王惟俟堑成即归晋阳，尚书所惮者独大王耳，李克用时封陇西郡王，存孝盖亦检校尚书。诸将非尚书敌也。大王若归，咫尺之堑，安能沮尚书之锋锐邪！"存孝以为然，按兵不出。旬日，堑垒成，飞走不能越，存孝由是遂穷。汴将邓季筠从克用攻邢州，轻骑逃归。邓季筠被擒，见上卷大顺元年。朱全忠大喜，使将亲军。将，即亮翻。

29 乙亥，覃王嗣周帅禁军三万送凤翔节度使徐彦若赴镇，军于兴平。帅，读曰率。考异曰：旧纪："覃王率扈驾五十四军进攻岐阳。"今从实录。李茂贞、王行瑜合兵近六万，军于盩厔以拒之。近，其靳翻。禁军皆新募市井少年，茂贞、行瑜所将皆边兵百战之馀，壬午，茂贞等进逼兴平，禁军皆望风逃溃，茂贞等乘胜进攻三桥，京城大震，士民奔散，市人复守阙请诛首议用兵者。复，扶又翻。崔昭纬心害太尉、门下侍郎、同平章事杜让能，密遗茂贞书曰："用兵非主上意，皆出于杜太尉耳。"遗，于季翻。甲申，茂贞陈于临皋驿，临皋驿，在长安城西。表让能罪，请诛之。让能言于上曰："臣固先言之矣，请以臣为解。"言归罪于让能以解兵也。上涕下不自禁，禁，居吟翻。曰："与卿诀矣！"是日，贬让能梧州刺史，梧州去京师五千五百里。宋白曰：汉武帝置苍梧郡，理广信县；隋置苍梧郡，理苍梧县；唐为梧州。制辞略曰："弃卿士之臧谋，构藩垣之深衅，咨询之际，证执弥坚。"又流观军容使西门君遂于儋州，内枢密使李周潼于崖州，段诩于驩州。乙酉，上御安福门，斩君遂、周潼、诩，再贬让能雷州司户。遣使谓茂贞曰："惑朕举兵者，三人也，非让能之罪。"以内侍骆全瓘、刘景宣为左右军中尉。

壬辰，以东都留守韦昭度为司徒、门下侍郎、同平章事，御史中丞崔胤为户部侍郎、同平章事。胤，慎由之子也，崔慎由历事文、武、宣，大中间为相。外宽弘而内巧险，与崔昭纬深相结，故得为相。季父安潜谓所亲曰："吾父兄刻苦以立门户，终为缁郎所坏！"坏，音怪。考异曰：旧传，胤初拜平章事，安潜有此言。按安潜去年卒，必先时尝有此言也。缁郎，胤小字也。

李茂贞勒兵不解，请诛杜让能然后还镇，崔昭纬复从而挤之。复，扶又翻；下同。挤，笺西翻，又子细翻。冬，十月，赐让能及其弟户部侍郎弘徽自尽。考异曰：续宝运录曰："大顺二年，相国杜让能、孔纬值上京频婴离乱，朝纲紊坠，是时徇意诸道，扈驾兵五十四都，坊坊皆满，兼近藩连帅，要行征讨，便自统军。至如岐阳李茂贞，先朝封为太子，本姓宋，洋州牧，先祖讨昭义刘从谏有功，子孙爵赏不绝。洎寿王登位后，遣礼部侍郎薛廷珪持玺书具礼，册为岐王。茂贞先中和年中，投判军容使田令孜作养男，姓田名彦宾，盖趋其势也。汴州朱温先朝册东平王，至今上，又遣薛廷珪为礼仪使，延王为册命使，封为梁王。且岐王与北司，人情方洽，宰相甚不和睦，累表章云：'臣今驻旆咸阳，未敢入中书问罪，杜让能等请置极法。'表奏，上不悦，遂诏孔、杜二相国令往咸阳谢过；及二相到咸阳见岐王，战不能言。岐王大怒，却令归中书省过。才到中书，上又发遣，令祈谢岐王。如是往来三度。岐王又奏曰：'二相见臣，并不措一言。如此旷官，有辱圣代，请行朝典，别选英贤。'上不乐，敕罢知政事，不得已除孔纬荆南节度，杜让能河中节度；三日后，贬于岭表；出国门三十里，并赐自尽。时岐王率骁果五千人住咸阳，及贬二相，乃退。"此皆误谬之说。今从实录。复下诏布告中外，称"让能举枉错直，用论语孔子之言，谓枉者举之，直者错而不用也。衰乱之朝，安有公是非邪！错，千故翻。爱憎系于一时；鬻狱卖官，聚敛逾于巨万。"敛，力赡翻。自是朝廷动息皆禀于邠、岐，南、北司往往依附二镇以邀恩泽。有崔鋋、王超者，鋋，音蝉。为二镇判官，凡天子有所可否，其不逞者，辄诉于鋋、超，二人则教茂贞、行瑜上章论之，朝廷少有依违，其辞语已不逊。

制复以茂贞为凤翔节度使兼山南西道节度使、守中书令，于是茂贞尽有凤翔、兴元、洋、陇秦等十五州之地。凤翔本一镇，兴元山南西道又一镇，洋州武定军又一镇，秦陇天雄军又一镇；史言李茂贞兼有四镇之地。以徐彦若为御史大夫。

30 戊戌，以泉州刺史王潮为福建观察使。

31 舒州刺史倪章弃城走，倪章与蔡俦连兵，俦已败，故章走。杨行密以李神福为舒州刺史。

32 邠宁节度使、守侍中兼中书令王行瑜求为尚书令；韦昭度密奏："太宗以尚书令执政，遂登大位，自是不以授人臣。惟郭子仪以大功拜尚书令，终身避让。行瑜安可轻议！"十一月，以行瑜为太师，赐号尚父，仍赐铁券。

33 十二月，朱全忠请徙盐铁于汴州以便供军；崔昭纬以为全忠新破徐、郓，兵力倍增，若更判盐铁，不可复制，复，扶又翻。乃赐诏开谕之。

34 汴将葛从周攻齐州刺史朱威，朱瑄、朱瑾引兵救之。按方镇表，齐州时属平卢节度。以后乾宁三年朱琼降汴之事观之，则齐州已为兖、郓所并也。考异曰：编遗录云十月乙未。今从薛居正五代史梁纪。

35 初，武安节度使周岳杀闵勖，据潭州，见二百五十六卷僖宗光启二年。邵州刺史邓处讷闻而哭之，诸将入吊，处讷曰："吾与公等咸受仆射大恩，闵勖检校尚书右仆射、钦化节度使，以处讷刺邵州，故言受恩。路振九国志，邓处讷自唐乾符中，从闵勖征蛮于安南。勖帅潭，署处讷邵州兵马留后。处，昌吕翻。今周岳无状杀之，吾欲与公等竭一州之力，为仆射报仇，可乎？"为，于伪翻。皆曰："善！"于是训卒厉兵，八年，乃结朗州刺史雷满雷满与周岳有争肉之仇。共攻潭州，克之，斩岳，自称留后。邓处讷甫得潭州，而刘建锋、马殷已拟其后矣。

乾宁元年(甲寅、八九四)

1 春，正月，乙丑朔，赦天下，改元。

2 李茂贞入朝，大陈兵自卫，数日归镇。

3 以李匡筹为卢龙节度使。

4 二月，朱全忠自将击朱瑄，军于鱼山。鱼山，在郓州须昌、东阿两县之间。瑄与朱瑾合兵攻之，兖、郓兵大败，死者万馀人。

5 以右散骑常侍郑綮为礼部侍郎、同平章事。綮，康礼翻。考异曰：旧传云"光化初为相"，恐误。北梦琐言曰："綮虽有诗名，本无廊庙之望。尝典庐州，吴王杨行密为本州步奏官，因有遗阙而笞责之；然其儒懦清慎，弘农常重之。昭宗时，吴王雄据淮海，朝廷务行姑息，因盛言郑公之德，由是登庸，中外惊骇。太原兵至渭北，天子震恐，渴于攘却。相国奏对，请于文宣王谥号中加一'哲'字。其不究时病，率此类也。"按明年李克用举兵至渭北，綮已罢相。今从实录、新纪。綮好诙谐，好，呼到翻。多为歇后诗，讥嘲时事；歇后者，叙所以为诗而歇后语不发。上以为有所蕴，手注班簿，命以为相，班簿，著在朝者姓名。闻者大惊。堂吏往告之，綮笑曰："诸君大误，使天下更无人，未至郑綮！"吏曰："特出圣意。"綮曰："果如是，奈人笑何！"既而贺客至，綮搔首言曰："歇后郑五作宰相，郑綮第五，为歇后诗，时谓之歇后郑五体。时事可知矣！"累让不获，乃视事。

6 以邵州刺史邓处讷为武安节度使。

7 彰义节度使张钧薨，表其兄镭为留后。时以泾州为彰义节度。镭，甫袁翻。

8 三月，黄州刺史吴讨举州降杨行密。黄州时隶鄂岳，鄂岳，武昌军也。按新书杜洪传，吴讨，鄂州永兴县民，以土团帅起，据黄州。

9 邢州城中食尽，甲申，李存孝登城谓李克用曰："儿蒙王恩得富贵，苟非困于谗慝，安肯舍父子而从仇雠乎！愿一见王，死不恨！"克用使刘夫人视之。夫人引存孝出见克用，存孝泥首谢罪曰："儿粗立微劳，存信逼儿，失图至此！"粗，坐五翻。克用叱之曰："汝遗朱全忠、王镕书，毁我万端，遗，唯季翻。亦存信教汝乎！"囚之，归于晋阳，车裂于牙门。考异曰：太祖纪年录："先获汴将邓筠、安康八、军吏刘藕子、潞州所俘供奉官韩归范，皆与存孝连坐，同日诛之。骑将薛阿檀惧，自刺。"按旧纪，克用擒归范，寻遣归，因附表诉冤，不闻复往晋阳也。薛居正五代史邓季筠传，后复自邢州逃归汴。纪年录误也。存孝传曰："武皇出井陉，将逼真定，存孝面见王镕，陈军机。武皇暴怒，诛先获汴将安康八耳。"存孝骁勇，克用军中皆莫及；常将骑兵为先锋，所向无敌，身被重铠，腰弓髀槊，独舞铁楇陷陈，万人辟易。被，皮义翻。重，直龙翻。杕，陟瓜翻。陈，读曰阵；下同。辟，读曰闢。易，如字。每以二马自随，马稍乏，言马稍疲而乏力也。就陈中易之，出入如飞。克用惜其才，意临刑诸将必为之请，为，于伪翻；下同。因而释之。既而诸将疾其能，竟无一人言者。既死，克用为之不视事者旬日，私恨诸将，而于李存信竟无所谴。又有薛阿檀者，其勇与存孝相侔，诸将疾之，常不得志，密与存孝通；存孝诛，恐事泄，遂自杀。自是克用兵势浸弱，而朱全忠独盛矣。史言克用自翦羽翼，故不竞于汴。克用表马师素为邢洺节度使。

10 朱全忠遣军将张从晦慰抚寿州。从晦陵侮刺史江彦温而与诸将夜饮；彦温疑其谋己，明日，尽杀在席诸将，以书谢全忠而自杀。军中推其子从顼知军州事，全忠为之腰斩从晦。

11 五月，加镇海节度使钱镠同平章事。

12 刘建锋、马殷引兵至澧陵，"澧"，当作"醴"。醴陵，在汉临湘县界，后汉分为醴陵县，隋废；武德四年，分长沙置醴陵县，属潭州。九域志：在州东一百六十里。邓处讷遣邵州指挥使蒋勋、邓继崇将步骑三千守龙回关。殷先至关下，遣使诣勋，勋等以牛酒犒师。殷使说勋曰："刘骧智勇兼人，观后姚彦章说马殷曰："公与刘龙骧一体之人，"此必逸"龙"字。说，式芮翻。术家言当兴翼、轸间。翼、轸，楚荆州分；长沙入轸十六度。今将十万众，精锐无敌，而君以乡兵数千拒之，难矣。按新书，蒋勋、邓继崇皆邵州土豪，所领之兵皆其土人，故谓之乡兵。不如先下之，取富贵，还乡里，不亦善乎！"勋等然之，谓众曰："东军许吾属还。"刘建锋等兵从东来，故蒋勋等谓之东兵。士卒皆欢呼，弃旗帜铠仗遁去。建锋令前锋衣其甲，张其旗，趋潭州。衣，于既翻。趋，七喻翻。潭人以为邵州兵还，不为备。建锋径入府，处讷方宴，擒斩之。戊辰，建锋入潭州，自称留后。

13 王建攻彭州，城中人相食，彭州内外都指挥使赵章出降。降，户江翻。王先成请筑龙尾道，属于女墙。自城外筑蹬道，陂陀而上，属于城上短垣，其道前高后庳，后塌于地，若龙之垂尾然，故谓之龙尾道。属，之欲翻。女墙，即城上短垣，所谓陴也。丙子，西川兵登城，杨晟犹帅众力战，帅，读曰率。刀子都虞候王茂权斩之。文德元年，杨晟得彭州。王建攻彭州，逾两期而后克，亦惫矣。获彭州马步使安师建，建欲使为将，师建泣谢曰："师建誓与杨司徒同生死，不忍复戴日月，复，扶又翻。惟速死为惠。"再三谕之，不从，乃杀之，礼葬而祭之。更赵章姓名曰王宗勉，王茂权名曰宗训，又更王钊名曰宗谨，李绾姓名曰王宗绾。更，工衡翻。

14 辛卯，中书侍郎、同平章事郑延昌罢为右仆射。

15 朱瑄、朱瑾求救于河东，李克用遣骑将安福顺及弟福庆、福迁督精骑五百假道于魏，渡河应之。

16 武昌节度使杜洪攻黄州，以吴讨叛附杨行密也。杨行密遣行营都指挥使朱延寿等救之。

17 六月，甲午，以宋州刺史张廷范为武宁节度使，从朱全忠之请也。徐州先时改感化军，既属朱全忠，复为武宁军。

18 蕲州刺史冯敬章邀击淮南军，朱延寿攻蕲州，不克。蕲州，武昌巡属也。

19 戊午，以翰林学士承旨、礼部尚书李溪同平章事；方宣制，水部郎中知制诰刘崇鲁出班掠麻恸哭。强夺取之为掠。上召崇鲁，问其故，对言："溪奸邪，依附杨复恭、西门君遂，得在翰林，无相业，恐危社稷。"溪竟罢为太子少傅。溪，鄘之孙也。李鄘见宪宗纪。上师溪为文，崔昭纬恐溪为相，分己权，故使崇鲁沮之。溪十表自讼，丑诋"崇鲁父符受赃枉法，事觉自杀；弟崇望与杨复恭深交，崇鲁庭拜田令孜，为朱玫作劝进表，为，于伪翻。乃云臣交结内臣，何异抱赃唱贼！且故事，絁巾慘带，不入禁庭。絁巾，绢巾也。慘，浅色。絁，式支翻。臣果不才，崇鲁自应上章论列，上，时掌翻；下上表同。岂于正殿恸哭！“岂”下有“宜”字或“当”字，文意乃明。为国不祥，无人臣礼，乞正其罪。”诏停崇鲁见任。见，贤遍翻。溪犹上表不已，乞行诛窜，表数千言，诟詈无所不至。诟，古候翻，又许候翻。刘崇鲁固可罪，李溪亦褊矣。当是时，强藩遥制朝廷，视当朝宰相特鬼朴耳，李溪急于作相，将以何为！此其所以有都亭驿之祸也。

20 李克用大破吐谷浑，杀赫连铎，擒白义诚。考异曰：旧纪：“六月壬辰，克用攻陷云州，执赫连铎，以薛志勤守云中。”按唐太祖纪年录、庄宗列传、薛居正五代史武皇纪皆云，大顺二年，武皇拔云州，铎奔吐谷浑；误也。新纪：“六月，赫连铎及李克用战于云州，死之。”太祖纪年录：“十月，讨李匡筹，师次新城，边兵愿从者众。赫连铎、白义诚数败，至是穷蹙无归，自縶膝行，诣于军门。太祖微数其罪，命笞而脱之。”薛史武皇纪、吐谷浑传亦云“铎等来归，命笞而释之”。薛志勤传云：“王晖据云州叛，讨平之，以志勤为大同防御使。”与旧纪异。唐末见闻录，“六月，收云州，处置赫连铎，活擒白义诚，进兵幽州界，巡检回府。”新纪盖据此。今从之。

21 秋，七月，李茂贞遣兵攻阆州，拔之，杨复恭、杨守亮、杨守信帅其族党犯围走。杨复恭等奔阆州，见上景福元年。帅，读曰率。

22 礼部侍郎、同平章事郑綮自以不合众望，累表避位，诏以太子少保致仕；以御史大夫徐彦若为中书侍郎兼吏部尚书、同平章事。

23 绵州刺史杨守厚卒，其将常再荣举城降王建。

24 杨复恭、守亮、守信将自商山奔河东，至乾元，万岁通天元年，分商州丰阳置安业县，乾元元年，更名乾元县，属商州。遇华州兵，获之。八月，韩建献于阙下，斩于独柳。复恭父子至是夷矣。李茂贞献复恭遗守亮书，诉致仕之由遗，唯季翻。杨复恭致仕，见上卷大顺元年。云："承天门乃隋家旧业，承天门，长安太极宫南门，隋文帝使宇文恺所营。本名昭阳门，唐改曰承天门，故复恭云然。大侄但积粟训兵，勿贡献。守亮，复光养子，故呼为侄。吾于荆榛中立寿王，上本封寿王。才得尊位，废定策国老，有如此负心门生天子！"

25 昭义节度使康君立诣晋阳谒李克用。己未，克用会诸将饮博，酒酣，克用语及李存孝，流涕不已。君立素与李存信善，一言忤旨，克用拔剑斫之，囚于马步司。唐末诸镇皆于马步司置狱，今谓之兵马司。忤，五故翻。九月，庚申朔，出之，君立已死。考异曰：薛居正五代史："李存孝既死，武皇深惜之，怒诸将无解愠者；君立以一言忤旨，武皇赐鸩而殂。"唐末见闻录曰："八月三十日，相公于左衙宅夜饮，行剑斫损昭义节度使康君立，把送马步司收禁，至九月一日，放出，寻已身薨。"薛史赐鸩，恐是文饰其事。克用表云州刺史薛志诚为昭义留后。

26 冬，十月，【章：十二行本"月"下有"丁酉"二字；乙十一行本同；孔本同。】封皇子祤为棣王，禊为虔王，祤，兄羽翻。禊，胡计翻。禋为沂王，祎为遂王。

27 刘仁恭数因盖寓献策于李克用，数，所角翻；下同。盖，古盍翻。愿得兵万人取幽州。克用方攻邢州，分兵数千，欲纳仁恭于幽州，不克。此言是年十一月以前事。李匡筹益骄，数侵河东之境。数，所角翻。克用怒，十一月，大举兵攻匡筹，拔武州，进围新州。新州，领永兴、矾山、怀安、龙门四县。史失其建置之始，其地在妫州西北。考异曰：唐太祖纪年录："十一月，壬辰，大军拔截寇，进收杨门、九子；戊戌，下武州。甲寅，攻新州，营于西北隅。"按十一月己未朔，无壬辰、戊戌、甲寅。纪年录误。今从实录。

28 以泾原留后张镭为彰义节度使。

29 朱全忠遣使至泗州，陵【章：十二行本"陵"上有"使者"二字；乙十一行本同；孔本同；退斋校同。】慢刺史张谏，谏举州降杨行密。泗州，本徐州巡属，自此遂为杨行密所有。行密遣押牙唐令回持茶万馀斤如汴宋贸易，贸，音茂。全忠执令回，尽取其茶。扬、汴始有隙。为全忠攻行密张本。

30 十二月，李匡筹遣大将将步骑数万救新州，李克用选精兵逆战于段庄，大破之，段庄，在新州东南。斩首万馀级，生擒将校三百人，以练纤之，纤，充夜翻。徇于城下。是夕，新州降。辛亥，进攻妫州。宋白曰：妫州东南至幽州二百八十里，西南至蔚州二百四十里。妫，居为翻。壬子，匡筹复发兵出居庸关，复，扶又翻；下同。克用使精骑当其前以疲之，遣步将李存审自他道出其背夹击之，幽州兵大败，杀获万计。甲寅，李匡筹挈其族奔沧州，义昌节度使卢彦威利其辎重、妓妾，遣兵攻之于景城，杀之，尽俘其众。重，直用翻。僖宗光启元年，李全忠得幽州，三世十年而灭。景城，汉成平县，唐属沧州，宋废为镇，属瀛州乐寿县。九域志：乐寿在瀛州南六十里。宋白曰：自幽州东南至沧州五百五十里。妓，渠绮翻。考异曰：唐太祖纪年录作"匡俦"，今从新旧纪、传、实录。存审本姓符，宛丘人，克用养以为子。薛史，符存审初从李罕之；罕之为诸葛爽所逼，出保怀州，部下分散，存审乃归李克用。丙辰，克用进军幽州，其大将请降。匡筹素暗懦，初据军府，兄匡威闻之，谓诸将曰："兄失弟得，不出吾家，亦复何恨！但惜匡筹才短，不能保守，得及二年，幸矣。"景福二年，匡筹得幽州，至是仅及二年。

31 加匡国节度使王行约检校侍中。

32 吴讨畏杜洪之逼，杜洪攻吴讨见上五月。纳印请代于杨行密，行密以先锋指挥使瞿章权知黄州。为瞿章为汴兵攻执张本。

33 是岁，黄连洞蛮二万围汀州，黄连洞，在汀州宁化县南，今潭飞磜即其地。福建观察使王潮遣其将李承勋将万人击之；蛮解去，承勋追击之，至浆水口，破之。闽地略定。潮遣僚佐巡州县，劝农桑，定租税，交好邻道，好，呼到翻。保境息民，闽人安之。

34 封州刺史刘谦卒，子隐居丧于贺江，贺水源出贺州富川县石龙，置〔亘〕州城，合桂岭水，谓之贺江。土民百馀人谋乱，隐一夕尽诛之。岭南节度使刘崇龟召补右都押牙兼贺水镇使；未几，表为封州刺史。刘隐始此。

35 义胜节度使董昌【章：十二行本“昌”下有“为政”二字；乙十一行本同；孔本同；张校同。】苛虐，详考下卷，浙东乃威胜节度。又按新书方镇表，广明三年，升浙东道观察为义胜军节度，光启三年，改威胜军。威胜为是。于常赋之外，加敛数倍，以充贡献及中外馈遗，敛，力赡翻。遗，唯季翻。每旬发一纲，金万两，银五千铤，越绫万五千匹，他物称是，称，尺证翻，适相等也。用卒五百人，或遇雨雪风水违程，则皆死。唐制：陆行之程，马日七十里，步及驴五十里，车三十里。水行之程，舟之重者溯河日三十里，江四十里，馀水四十五里。空舟溯河四十里，江五十里，馀水六十里。沿流之舟则轻重同制，河日一百五十里，江一百里，馀水七十里。转运征敛送纳，皆准程节其迟速。其三峡、砥柱之类，不拘此限。若遇风水浅不得行者，即于随近官司申牒验记，听折半；功不及是，则为违程。董昌盖计日限程以至长安，又不许以雨雪风水准折也。贡奉为天下最，由是朝廷以为忠，宠命相继，官至司徒、同平章事，爵陇西郡王。

昌建生祠于越州，制度悉如禹庙，禹庙，在越州会稽县东南七里。命民间祷赛者，赛，先代翻。先祈福于神，其后报祠谓之赛。无得之禹庙，皆之生祠。昌求为越王，朝廷未之许，昌不悦曰：“朝廷欲负我矣，我累年贡献无算而惜【章：十二行本“惜”下有“一”字；乙十一行本同；孔本同。】越王邪！”有谄之者曰：“王为越王，曷若为越帝。”于是民间讹言时世将变，竞相帅填门喧噪，请昌为帝。帅，读曰率。昌大喜，遣人谢之曰：“天时未至，时至我自为之。”其僚佐吴瑶、都虞候李畅之等皆劝成之，吏民献谣谶符瑞者不可胜纪，胜，音升。其始赏之以钱数百缗，既而献者日多，稍减至五百、三百而已。昌曰：“谶云‘兔子上金床’，此谓我也。我生太岁在卯，明年复在卯，复，扶又翻。二月卯日卯时，吾称帝之秋也。”为董昌僭号，钱镠举兵讨之张本。

王崇武标点容肇祖聂崇岐覆校

资治通鉴卷第二百六十

端明殿学士兼翰林侍读学士太中大夫
提举西京嵩山崇福宫上柱国河内郡开国公 司马光 奉敕编集
食邑二千二百户食实封九百户赐紫金鱼袋臣

后学天台胡三省音注

唐纪七十六 起旃蒙单阏(乙卯),尽柔兆执徐(丙辰),凡二年。

昭宗圣穆景文孝皇帝上之下

乾宁二年(乙卯、八九五)

1 春,正月,辛酉,幽州军民数万以麾盖歌鼓迎李克用入府舍;克用命李存审、刘仁恭将兵略定巡属。幽、涿、瀛、莫、妫、檀、蓟、顺、营、平、新、武等州,皆卢龙巡属也。

2 癸未,【严:"未"改"亥"。】朱全忠遣其将朱友恭围兖州,朱瑾据兖州,屡为汴人所败,兵力俱困,至是受围。朱瑄自郓以兵粮救之,友恭设伏,败之于高梧,败,补迈翻。高梧,即春秋鲁国之高鱼。杜预注曰:高鱼在东郡廪丘县东南。续汉志:廪丘有郓城、高鱼城。尽夺其饷,擒河东将安福顺、安福庆。去年河东遣安福顺等救兖、郓,事见上卷。

3 己巳,以给事中陆希声为户部侍郎、同平章事。希声,元方五世孙也。陆元方见二百五卷武后长寿二年。

4 壬申,护国节度使王重盈薨,军中请以重荣子行军司马珂知留后事。珂,重盈兄重简之子也,重荣养以为子。为王珙、王珂争河中张本。重，直龙翻。珂，丘何翻。

5 杨行密表朱全忠罪恶，请会易定、兖、郓、河东兵讨之。

6 董昌将称帝，集将佐议之。节度副使黄碣曰：碣，其谒翻。“今唐室虽微，天人未厌。齐桓、晋文皆翼戴周室以成霸业。大王兴于畎亩，昌爵陇西郡王，故称之。畎，古泫翻。受朝廷厚恩，位至将相，富贵极矣，奈何一旦忽为族灭之计乎！碣宁死为忠臣，不生为叛逆！”昌怒，以为惑众，斩之，投其首于厕中，骂之曰：“奴贼负我！好圣明时三公不能待，而先求死也！”并杀其家八十口，同坎瘗之。瘗，于计翻。又问会稽令吴镣，会，古外翻。镣，力雕翻，又力吊翻。对曰：“大王不为真诸侯以传子孙，乃欲假天子以取灭亡邪！”“乃欲”之下有“为”字，文意方足。昌亦族诛之。又谓山阴令张逊曰：“汝有能政，吾深知之，俟吾为帝，命汝知御史台。”逊曰：“大王起石镜镇，见二百五十三卷僖宗乾符五年。建节浙东，荣贵近二十年，近，其靳翻。何苦效李锜、刘辟之所为乎！李锜、刘辟以反诛，事皆见宪宗纪。浙东僻处海隅，处，昌吕翻。巡属虽有六州，大王若称帝，彼必不从，台、明、温、处、婺、衢，浙东巡属也；时豪杰并起，各自为刺史，昌羁縻而已。徒守空【章：十二行本“空”作“孤”；乙十一行本同；张校同，云无注本作“空”。】城，为天下笑耳！”昌又杀之，谓人曰：“无此三人者，则人莫我违矣！”

二月，辛卯，昌被衮冕登子城门楼，即皇帝位。被，皮义翻。考异曰：吴越备史云，“癸卯，昌僭号”。按会稽录，“昌自云应兔子之谶，欲以二月二日僭号，取卯月卯日也”，而实录、长历皆云“二月己丑朔”，非当时历误，即今日历误。要之昌必以二月辛卯日僭号。悉陈瑞物于庭以示众。先是，咸通末，先，悉荐翻。吴、越间讹言山中有大鸟，四目三足，声云“罗平天册”，见者有殃，民间多画像以祀之，及昌僭号，曰：“此吾鸑鷟也。”鸑，五角翻。鷟，士角翻。鸑鷟，凤属。乃自称大越罗平国，改元顺天，考异曰：吴越备史曰，“癸卯，昌僭称皇帝，建元顺天，国号罗平。”年号或云天册，或云大圣，皆非也。罗隐撰吴越行营露布曰：“罗平者，启国之名；顺天者，建元之始。”又曰：“将军门称天册之楼，以会府为宣室之地。明告我其所称，曰‘权即罗平国位’。”昌状印文曰‘顺天治国之印’。十国纪年亦云“年号顺天”。会稽录云天册，盖误。今从备史。署城楼曰天册之楼，令群下谓己曰“圣人”。以前杭州刺史李邈、前婺州刺史蒋瓌、两浙盐铁副使杜郢、前屯田郎中李瑜为相。又以吴瑶等皆为翰林学士、李畅之等皆为大将军。

昌移书钱镠，告以权即罗平国位，以镠为两浙都指挥使。镠遗昌书曰：遗，唯季翻。“与其闭门作天子，与九族、百姓俱陷涂炭，岂若开门作节度使，终身富贵邪！及今悛悔，悛，丑缘翻，改也。尚可及也！”昌不听，镠乃将兵三万诣越州城下，至迎恩门迎恩门，越州城西门。见昌，再拜言曰：“大王位兼将相，奈何舍安就危！镠将兵此来，以俟大王改过耳。【章：十二行本“耳”下有“若天子命将出师”七字；乙十一行本同；退斋校同；张校同，云无注本亦无。】纵大王不自惜，乡里士民何罪，随大王族灭乎！”昌惧，致犒军钱二百万，执首谋者吴瑶及巫觋数人送于镠，犒，苦到翻。觋，刑狄翻。且请待罪天子。镠引兵还，以状闻。闻于朝也。

7 王重盈之子保义节度使珙、王重盈先镇陕虢；王重荣为其下所杀，重盈代镇河中，以其子珙继镇陕虢。陕虢号保义军。珙，居勇翻。晋【严："晋"改"绛"。】州刺史瑶举兵击王珂，表言珂非王氏子。与朱全忠书，言“珂本吾家苍头，不应为嗣。”珂上表自陈，珂，丘何翻。上，时掌翻。且求援于李克用。上遣中使谕解之。

8 上重李溪文学，乙未，复以溪为户部侍郎、同平章事。去年命李溪为相，刘崇鲁沮之而止，事见上卷。

9 朱【章：十二行本“朱”上有“己酉”二字；乙十一行本同；孔本同；张校同；退斋校同。】全忠军于单父，单父县，时带单州。单，音善。父，音甫。

为朱友恭声援。朱友恭时围朱瑾于兖州。

10 李克用表刘仁恭为卢龙留后，留兵戍之；壬子，还晋阳。

妫州人高思继兄弟，有武干，为燕人所服，克用皆以为都将，分掌幽州兵；部下士卒，皆山北之豪也，妫、檀诸州皆在幽州山北，亦谓之山后。仁恭惮之。久之，河东兵戍幽州者暴横，横，户孟翻。思继兄弟以法裁之，所诛杀甚多。克用怒，以让仁恭，仁恭诉称高氏兄弟所为，克用俱杀之。仁恭欲收燕人心，复引其诸子置帐下，厚抚之。为仁恭叛克用张本。复，扶又翻；下同。

11 崔昭纬与李茂贞、王行瑜深相结，得天子过失，朝廷机事，悉以告之。邠宁节度副使崔铤，昭纬之族也，铤，音蝉。李溪再入相，昭纬使铤告行瑜曰："向者尚书令之命已行矣，而韦昭度沮之，事见上卷景福二年。今又引李溪为同列，相与荧惑圣听，恐复有杜太尉之事。"杜让能，事亦见上卷景福二年。行瑜乃与茂贞表称溪奸邪，昭度无相业，宜罢居散秩。散，悉亶翻。上报曰："军旅之事，朕则与藩镇图之；至于命相，当出朕怀。"行瑜等论列不已，三月，溪复罢为太子少师。复，扶又翻。

12 王珙、王瑶请朝廷命河中帅，帅，所类翻；下同。诏以中书侍郎、同平章事崔胤同平章事，充护国节度使；以户部侍郎、判户部王抟为中书侍郎、同平章事。

13 王珂，李克用之婿也。克用表重荣有功于国，言破黄巢、黜襄王，王重荣皆有功也。请赐其子珂节钺。王珙厚结王行瑜、李茂贞、韩建三帅，更上表称珂非王氏子，更，工衡翻，迭也。请以珂为陕州、珙为河中。上谕以先已允克用之奏，不许。允，从也。为三帅称兵入京城，克用诛王瑶讨三帅张本。陕，失冉翻。

14 加王镕兼侍中。

15 杨行密浮淮至泗州，防御使台濛盛饰供帐，姓苑：台姓，台骀之后，后汉有高士台佟，晋有术士台彦，前赵有特进台彦皋。供，居用翻。

行密不悦。既行，濛于卧内得补绽衣，驰使归之。“绽”，当作“袒”，丈苋翻。袒，亦补也。使，疏吏翻。行密笑曰：“吾少贫贱，不敢忘本。”少，诗照翻。濛甚惭。

行密攻濠州，拔之，执刺史张璲。璲附朱全忠见上卷景福元年。

行密军士掠得徐州人李氏之子，生八年矣，行密养以为子，南唐世家曰：李昪，徐州人，李荣之子。荣遇乱不知所终。昪少孤，流寓濠、泗间，杨行密攻濠州得之，养为子。行密长子渥憎之；行密谓其将徐温曰：“此儿质状性识，颇异于人，吾度渥必不能容，度，徒洛翻。今赐汝为子。”温名之曰知诰。知诰事温，勤孝过于诸子。尝得罪于温，温笞而逐之；及归，知诰迎拜于门。温问：“何故犹在此？”知诰泣对曰：“人子舍父母将何之！父怒而归母，人情之常也。”温以是益爱之，使掌家事，家人无违言。及长，喜书善射，长，知两翻。喜，许既翻。识度英伟。行密常谓温曰：“知诰俊杰，诸将子皆不及也。”徐知诰事始此，后复姓李，名昪。

丁亥，行密围寿州。

16 上以郊畿多盗，至有逾垣入宫或侵犯陵寝者，欲令宗室诸王将兵巡警，又欲使之四方抚慰藩镇。南北司用事之臣恐其不利于己，交章论谏。上不得已，夏，四月，下诏悉罢之。

17 朝廷以董昌有贡输之勤，输，春遇翻。今日所为，类得心疾，诏释其罪，纵归田里。

18 户部侍郎、同平章事陆希声罢为太子少师。

19 杨行密围寿州，不克，将还；庚寅，其将朱延寿请试往更攻，一鼓拔之，以行密将还而懈于守备，故一鼓而拔。执刺史江从勖。高彦温举寿州附朱全忠，全忠以江从勖为刺史，杨行密执之，遂有濠、寿二州。行密以延寿权知寿州团练使。

未几，几，居岂翻。汴兵数万攻寿州，州中兵少，吏民恟惧。恟，许勇翻。延寿制，军中每旗二十五骑。命黑云队长李厚将十旗击汴兵，不胜；延寿将斩之，长，知两翻。厚称众寡不敌，愿益兵更往，不胜则死。都押牙汝阳柴再用亦为之请，路振九国志：柴再用始名存，事孙儒，与一小校结死友。有告小校反，儒斩之。执存至，诘何故反，不对。又问，对曰："与彼结死友，彼反则某反，公诛之，复何问焉！"儒奇之曰："汝果不反，吾再用汝。"因改名。为，于伪翻。乃益以五旗。厚殊死战，再用助之，延寿悉众乘之，汴兵败走。厚，蔡州人也。李厚者，孙儒之遗兵。

行密又遣兵袭涟水，拔之。史言杨行密壤地浸广。泗州涟水县，杜佑曰：汉仇犹县。宋白曰：按厹犹城，今宿豫县也，魏曰海安县，晋为宿豫之境，宋置东海郡，后魏改海安郡，隋废郡，置涟水县。

20 钱镠表董昌僭逆，不可赦，请以本道兵讨之。钱镠本有并董昌之心，因其僭号，仗大顺而请讨之。

21 太傅、门下侍郎、同平章事韦昭度以太保致仕。

22 戊戌，以刘建锋为武安节度使。建锋以马殷为内外马步军都指挥使。为马殷代建锋张本。

23 杨行密遣使诣钱镠，言董昌已改过，宜释之；杨行密欲存董昌以制钱镠之后，使不得与己争衡耳。亦遣诣昌，使趣朝贡。趣，读曰促。朝，直遥翻；下同。

24 河东遣其将史俨、李承嗣以万骑驰入于郓，李克用遣史俨等再往救兖、郓，则不得还矣。劳师远图，自古忌之。朱友恭退归于汴。

25 五月，诏削董昌官爵，委钱镠讨之。

26 初，王行瑜求尚书令不获，见上卷景福二年。由是怨朝廷。畿内有八镇兵，隶左右军。左、右神策军也。郃阳镇近华州，韩建求之；郃阳，汉县，唐属同州。九域志：县在州东一百二十里。郃，音合。近，其靳翻；下同。良原镇近邠州，王行瑜求之。良原县，属泾州。宦官曰："此天子禁军，何可得也！"王珂、王珙争河中，行瑜、建及李茂贞皆为珙请，不能得，耻之。珙使人语三帅曰：为，于伪翻。语，牛倨翻。帅，所类翻。“珂不受代而与河东婚姻，必为诸公不利，请讨之。”行瑜使其弟匡国节度使行约攻河中，时以同州为匡国军。九域志：同州东至河中七十五里。珂求救于李克用。行瑜乃与茂贞、建各将精兵数千人朝，甲子，至京师，坊市民皆窜匿。上御安福门以待之，三帅盛陈甲兵，拜伏舞蹈于门下。上临轩，亲诘之曰：宇末曰轩。诘，去吉翻。“卿等不奏请俟报，辄称兵入京城，其志欲何为乎？若不能事朕，今日请避贤路！”行瑜、茂贞流汗不能言，独韩建粗述入朝之由。粗，坐五翻。上与三帅宴，三帅奏称：“南、北司互有朋党，隳紊朝政。隳，读曰隳。紊，音问。韦昭度讨西川失策，讨西川事见二百五十七卷、二百五十八卷。李溪作相，不合众心，请诛之。”上未之许。是日，行瑜等杀昭度、溪于都亭驿，都亭驿，在朱雀门外西街，含光门北来第二坊。又杀枢密使康尚弼及宦官数人。又言：“王珂、王珙嫡庶不分，请除王珙河中，徙王行约于陕，王珂于同州。”上皆许之。始，三帅谋废上，立吉王保；至是，闻李克用已起兵于河东，行瑜、茂贞各留兵二千人宿卫京师，与建皆辞还镇。贬户部尚书杨堪为雅州刺史。堪，虞卿之子，杨虞卿见文宗纪。昭度之舅也。

27 初，崔胤除河中节度使，河东进奏官薛志勤扬言曰：“崔公虽重德，以之代王珂，不若光德刘公于我公厚也。”光德刘公者，太常卿刘崇望也。光德，里名，在长安城中。唐末，大臣有时望者，时人率以其所居里称之。光德坊，朱雀街西第三街北来第六坊，京兆府在焉。及三帅入朝，闻志勤之言，贬崇望昭州司马。李克用闻三镇兵犯阙，即日遣使十三辈发北部兵，北部兵，代北诸蕃落兵也。期以来月渡河入关。

28 六月，庚寅，以钱镠为浙东招讨使；镠复发兵击董昌。

复，扶又翻。

29 辛卯，以前均州刺史孔纬、绣州司户张浚并为太子宾客。壬辰，以纬为吏部尚书，复其阶爵；癸巳，拜司空，兼门下侍郎、同平章事。以张浚为兵部尚书、诸道租庸使。孔纬、张浚贬见二百五十八卷大顺元年。今欲复用之。时纬居华州，浚居长水，上以崔昭纬等外交藩镇，朋党相倾，思得骨鲠之士，故骤用纬、浚。纬以有疾，扶舆至京师，见上，涕泣固辞；上不许。

30 李克用大举蕃、汉兵南下，上表称王行瑜、李茂贞、韩建称兵犯阙，贼害大臣，请讨之，李克用实党王珂，声三帅之罪而表请致讨。又移檄三镇，行瑜等大惧。克用军至绛州，刺史王瑶闭城拒之；克用进攻，旬日，拔之，斩瑶于军门，杀城中违拒者千馀人。秋，七月，丙辰朔，克用至河中，王珂迎谒于路。

匡国节度使王行约败于朝邑，朝，直遥翻。戊午，行约弃同州走，己未，至京师。行约弟行实时为左军指挥使，神策左军非此。帅众与行约大掠西市。朱雀街西，谓之西市。行实奏称同华已没，沙陀将至，请车驾幸邠州。庚申，枢密使骆全瓘奏请车驾幸凤翔。上曰："朕得克用表，尚驻军河中。就使沙陀至此，朕自有以枝梧，卿等但各抚本军，勿令摇动。"

右军指挥使李继鹏，茂贞假子也，程大昌雍录曰：北军左、右两军，皆在苑内。左三军在内东苑之东，大明宫苑东也。右三军在九仙门之西，九仙在内东苑之西北角。左三军，左神策、左龙武、左羽林军也。右三军，右神策、右龙武、右羽林军也。余按雍录所云左、右六军，代、德以后宿卫者也。僖宗广明幸蜀，此六军溃散，田令孜於成都募新军五十二都，分属左、右神策军；自时厥后，凡所谓左、右军者，皆此军也，分营于京城内外，又不专在苑中。若此时王行实、李继鹏为左、右军指挥使，疑是邠、岐二帅所留兵以宿卫者自分为左、右也。本姓名阎珪，与骆全瓘谋劫上幸凤翔；中尉刘景宣与王行实知之，欲劫上幸邠州；孔纬面折景宣，以为不可轻离宫阙。折，之舌翻。离，力智翻。向晚，继鹏连奏请车驾出幸，于是王行约引左军攻右军，鼓噪震地。上闻乱，登承天楼，欲谕止之，捧日都头李筠将本军，于楼前侍卫。李继鹏以凤翔兵攻筠，王行约以李继鹏欲先劫车驾幸岐，故攻右军。李继鹏当与行约战，而乃攻李筠者，以筠卫上，不得而劫幸也。矢拂御衣，着于楼桷，着，直略翻。桷，榱也。椽方曰桷。左右扶上下楼；继鹏复纵火焚宫门，烟炎蔽天。时有盐州六都兵屯京师，炎，读与焰同。盐州六都兵，孙德昭等所领兵也。素为两军所惮，上急召令入卫；既至，两军退走，各归邠州及凤翔。城中大乱，互相剽掠，剽，匹妙翻。上与诸王及亲近幸李筠营，护跸都头李居实帅众继至。护跸都亦神策五十四都之一，或曰即扈跸都。帅，读曰率。

或传王行瑜、李茂贞欲自来迎车驾，上惧为所迫，辛酉，以筠、居实两都兵自卫，出启夏门，启夏门，长安城南面东来第一门。趣南山，宿莎城镇。莎城镇，在长安城南，近郊之地也。趣，七喻翻。士民追从车驾者数十万人，比至谷口，暍死者三之一，谷口，南山谷口也。暍，于歇翻。暍死者，中热而死。比，必寐翻。夜，复为盗所掠，哭声震山谷。时百官多扈从不及，从，才用翻。户部尚书、判度支及盐铁转运使薛王知柔独先至，知柔，薛王业之曾孙。上命权知中书事及置顿使。

壬戌，李克用入同州。崔昭纬、徐彦若、王抟至莎城。甲子，上徙幸石门镇，路振九国志：昭宗出启夏门，驻华严寺，晡晚，出幸南山之莎城，驻于石门山之佛寺。与此稍异。命薛王知柔与知枢密院刘光裕还京城，制置守卫宫禁。丙寅，李克用遣节度判官王瓌奉表问起居。丁卯，上遣内侍郗廷昱新书百官志：内寺在内侍监之下，内常侍之上，员四人，从四品上。郗，丑之翻。赍诏诣李克用军，令与王珂各发万骑同赴新平。赴新平以讨王行瑜。邠州新平郡。又诏彰义节度使张镭以泾原兵控扼凤翔。

李克用遣兵攻华州；韩建登城呼曰：呼，火故翻。“仆于李公未尝失礼，何为见攻？”克用使谓之曰：“公为人臣，逼逐天子，公为有礼，孰为无礼者乎！”会郗廷昱至，言李茂贞将兵三万至盩厔，王行瑜将兵至兴平，皆欲迎车驾，克用乃释华州之围，移兵营渭桥。考异曰：唐太祖纪年录：“王师攻华州，俄而郗廷昱至，且言茂贞领兵三万至盩厔，行瑜领军至兴平，欲往石门迎驾，乃解华围，进营渭桥。”按实录，八月延王戒丕至河中，克用已发前锋至渭北。己丑克用进营渭桥。又纪年录载诏曰：“省表，已部领大军，前月二十七日离河中。”盖克用不亲围华州，但遣别将将兵往，及闻邠、岐谋迎驾，乃遣华兵诣渭桥，即所谓前锋者也。克用既以七月二十七日离河中，则戒丕至彼必在其前，实录云八月至河中，误也。今从纪年录。

以薛王知柔为清海节度使、是年，赐岭南节度使军额曰清海。同平章事，仍权知京兆尹、判度支，充盐铁转运使，俟反正日赴镇。

上在南山旬馀，士民从车驾避乱者日相惊曰：“邠、岐兵至矣！”上遣延王戒丕诣河中，趣李克用令进兵。延王邠，玄宗子，戒丕其后也。趣，读曰促。壬午，克用发河中。上遣供奉官张承业诣克用军。张承业，内供奉官也。承业，同州人，屡奉使于克用，因留监其军。为张承业尽心于李克用父子张本。己丑，克用进军渭桥，遣其将李存贞为前锋；辛卯，拔永寿，又遣史俨将三千骑诣石门侍卫。癸巳，遣李存信、李存审会保大节度使李思孝攻王行瑜梨园寨，梨园寨，在京兆云阳县。九域志：云阳在华州西北九十里。考异曰：庄宗列传曰：“三镇乱长安，李存信从太祖入关，以前军先自夏阳渡河，攻同华属邑，下之。时太祖在渭北，伶官群小或劝太祖入朝自握兵柄。太祖亦以全忠图己，朝廷不能断，心微有望，月馀不进军。存信与盖寓乘间密启曰：‘大王家世效忠，此行讨逆，上为邠、凤不臣，但令臣节为天下所知，即三贼不足平也。而悠悠之徒，不达大体，或以弗询之画苟悦台情，虽俳优之言，不宜纵其如此。京师咫尺，天听非遥，实无益于英德也。今三凶已殪，须速图之，事留变生，无宜犹豫。’太祖曰：‘公言是也。’即日出师，下梨园砦。”按克用谋大事，固非伶官所豫。又实录，己丑克用进营渭桥，癸巳克梨园，中间四日耳，无月馀不进事。且既云群小劝入朝，即当诣行在，不当留渭北。此特李存信之人欲归功于存信耳。今不取。擒其将王令陶等，献于行在。思孝本姓拓跋，思恭之弟也。李茂贞惧，斩李继鹏，传首行在，李茂贞委劫乘舆之罪于继鹏。上表请罪，且遣使求和于克用。上复遣延王戒丕、丹王允谕克用，丹王逾，代宗子，允其后也。复，扶又翻。令且赦茂贞，并力讨行瑜，俟其殄平，当更与卿议之。且命二王拜克用为兄。

31 以前河中节度使崔胤为中书侍郎、同平章事。

32 戊戌，削夺王行瑜官爵。癸卯，以李克用为邠宁四面行营都招讨使，保大节度使李思孝为北面招讨使，定难节度使李思谏为东面招讨使，难，乃旦翻。彰义节度使张鐇为西面招讨使。命李克用自南临讨之。克用遣其子存勖诣行在，李存勖始此。考异曰：实录作“存贞”。据后唐实录、薛居正五代史，庄宗未尝名存贞。实录盖误。年十一，上奇其状貌，抚之曰：“儿方为国之栋梁，他日宜尽忠于吾家。”克用表请上还京；上许之。令克用遣骑三千驻三桥为备御。辛亥，车驾还京师。

壬子，司空兼门下侍郎、同平章事崔昭纬罢为右仆射。

33 以护国留后王珂、卢龙留后刘仁恭各为本镇节度使。李克用之志也。

34 时宫室焚毁，未暇完葺，上寓居尚书省，程大昌曰：尚书省，在朱雀门正街之东，自占一坊，六部附丽其旁。百官往往无袍笏仆马。

35 以李克用为行营都统。

36 九月，癸亥，司空兼门下侍郎、同平章事孔纬薨。

37 辛未，朱全忠自将击朱瑄，战于梁山；新志：郓州寿张县有刀梁山。水经注，梁山在寿张县，济水径其东。瑄败走还郓。

38 李克用急攻梨园，王行瑜求救于李茂贞，茂贞遣兵万人屯龙泉镇，九域志：邠州三水县有龙泉镇，在州东北。自将兵三万屯咸阳之旁。克用请诏茂贞归镇，仍削夺其官爵，欲分兵讨之。上以茂贞自诛继鹏，前已赦宥，不可复削夺诛讨，复，扶又翻。但诏归镇，仍令克用与之和解。以昭义节度使李罕之检校侍中，充邠宁四面行营副都统。史俨败邠宁兵于云阳，败，补迈翻；下同。擒云阳镇使王令诲等，献之。

39 王建遣简州刺史王宗瑶等将兵赴难；难，乃旦翻。甲戌，军于绵州。春秋之法，书救而书次者，以次为贬。贬者，以其顿兵观望不进，无救难解急之意也。王建遣兵赴难而军于绵州，何日至长安邪！

40 董昌求救于杨行密，行密遣泗州防御使台濛攻苏州以救之，苏州时属钱镠，攻之，所以牵制镠兵不得专攻董昌。且表昌引咎，愿修职贡，请复官爵。又遗钱镠书，称："昌狂疾自立，已畏兵谏，遗，唯季翻。春秋左氏传，鬻拳强谏，楚子不从，临之以兵。执送同恶，谓董昌执首谋者吴瑶及巫觋数人送于镠也。不当复伐之。"复，扶又翻。

41 冬，十月，丙戌，河东将李存贞败邠宁军于梨园北，杀千馀人。败，补迈翻。自是梨园闭壁不敢出。

42 贬右仆射崔昭纬为梧州司马。以党附邠、岐也。

43 魏国夫人陈氏，才色冠后宫；冠，古玩翻。戊子，上以赐李克用。薛史曰：后克用薨，陈氏为尼，至晋天福中乃卒。

克用令李罕之、李存信等急攻梨园；城中食尽，弃城走。罕之等邀击之，所杀万馀人，克梨园等三寨，获王行瑜子知进及大将李元福等；克用进屯梨园。庚寅，王行约、王行实烧宁州遁去。九域志：宁州南至邠州一百二十五里。克用奏请以匡国节度使苏文建为静难节度使，趣令赴镇，且理宁州，招抚降人。以苏文建代王行瑜也；时邠州未下，故令且治宁州。趣，读曰促。降，户江翻。

44 上迁居大内。葺理稍完，自尚书省还居大内。

45 朱全忠遣都将葛从周击兖州，自以大军继之。癸卯，围兖州。是年春，汴兵围兖州，以河东救至而退，今复围之。

46 杨行密遣宁国节度使田頵、景福元年，升宣歙团练使为宁国节度使。润州团练使安仁义攻杭州镇戍以救董昌，昌使湖州将徐淑会淮南将魏约共围嘉兴。钱镠遣武勇都指挥使顾全武救嘉兴，破乌墩、光福二寨。九域志：湖州乌程县有乌墩镇。墩，都昆翻。淮南将柯厚破苏州水栅。全武，馀姚人也。

47 义武节度使王处存薨，军中推其子节度副使郜为留后。郜，古到翻。

48 以京兆尹武邑孙偓为兵部侍郎、同平章事。

49 王行瑜以精甲五千守龙泉寨，李克用攻之；李茂贞以兵五千救之，营于镇西。镇西，龙泉镇之西也。李罕之击凤翔兵，走之，十一月，丁巳，拔龙泉寨。行瑜走入邠州，遣使请降于李克用。

50 齐州刺史朱琼举州降于朱全忠。为朱瑾诱斩琼张本。考异曰：薛居正五代史梁纪，琼降及死皆在十月。按编遗录："十一月丁巳，琼遣军将王自新奉檄归义。壬申，琼自来，辛巳，死。"今从之。琼，瑾之从父兄也。从，才用翻。

51 衢州刺史陈儒卒，弟岌代之。

52 李克用引兵逼邠州，王行瑜登城，号哭号，户刀翻。谓克用曰："行瑜无罪，迫胁乘舆，皆李茂贞及李继鹏所为，请移兵问凤翔，行瑜愿束身归朝。"乘，绳证翻。朝，直遥翻。克用曰："王尚父何恭之甚！王行瑜赐号尚父，时已削夺，克用称之以戏之。仆受诏讨三贼臣，谓王行瑜、李茂贞、韩建也。公预其一，束身归朝，非仆所得专也。”丁卯，行瑜挈族弃城走。克用入邠州，封府库，抚居人，命指挥使高爽权巡抚军城，奏趣苏文建赴镇。趣，读曰促。行瑜走至庆州境，部下斩行瑜，传首。光启三年，王行瑜得静难节，至是而诛。

53 朱瑄遣其将贺瓌、柳存及河东将薛【章：十二行本“薛”作“何”；乙十一行本同；孔本同。】怀宝将兵万馀人袭曹州，曹州降汴，见二百五十八卷大顺二年。以解兖州之围。瓌，濮阳人也。濮，博木翻。丁卯，全忠自中都引兵夜追之，比明，至钜野南，及之，比，必利翻。中都，汉平陆县，天宝元年改曰中都；钜野，汉古县：唐并属郓州。九域志，中都县在州东南六十里；钜野县在州南百八十里。屠杀殆尽，生擒瓌、存、怀宝，俘士卒三千馀人。是日晡后，大风沙尘晦冥，全忠曰：“此杀人未足耳！”下令所得之俘尽杀之。庚午，缚瓌等徇于兖州城下，谓朱瑾曰：“卿兄已败，何不早降！”

54 丁丑，雅州刺史王宗侃攻拔利州，执刺史李继颙，斩之。王宗侃，西川将。李继颙，凤翔将。

55 朱瑾伪遣使请降于朱全忠，因其诱降而行诈。全忠自就延寿门下与瑾语。延寿门，盖兖州城门也。瑾曰：“欲送符印，愿使兄琼来领之。”

辛巳，全忠使琼往，瑾立马桥上，述骁果董怀进于桥下，琼至，怀进突出，擒之以入，须臾，掷首城外。全忠乃引兵还，全忠知瑾无降心，攻之未易猝下，故还。以琼弟玭为齐州防御使，玭，蒲田翻。杀柳存、怀【章：十二行本“怀”上有“何”字；乙十一行本同；张校“何”作“薛”，云“存”下脱“薛”字。】宝；闻贺瓌名，释而用之。贺瓌自此遂为朱氏用。

56 李克用旋军渭北。自邠宁回屯渭北。

57 加静难节度使苏文建同平章事。

58 蒋勋求为邵州刺史，刘建锋不许，乾宁二年，蒋勋弃回龙关，以开刘建锋之取长沙，故邀之以求邵州。勋乃与邓继崇起兵，连飞山、梅山蛮寇湘潭，飞山蛮，在邵州西北界，今其山在靖州北十五里，比诸山为最高峻，四面绝壁千仞。梅山蛮，在潭州界，宋朝开为安化县，在州西三百二十里。湘潭，后汉湘南县地，吴分湘南置衡阳县，天宝八年，移治于洛口，因改名湘潭县，属潭州。九域志：在州南一百六十里。据邵州，使其将申德昌屯定胜镇定胜镇，在邵州东北界。以扼潭人。

59 十二月，甲申，阆州防御使李继雍、蓬州刺史费存、费，父沸翻。渠州刺史陈璠各帅所部兵奔王建。三人皆凤翔将。帅，读曰率。

60 乙酉，李克用军于云阳。

61 王建奏："东川节度使顾彦晖不发兵赴难，而掠夺辎重，遣泸州刺史马敬儒断峡路，请兴兵讨之。"难，乃旦翻。重，直用翻。观此，则去年王宗瑶赴难之军，非真有勤王之心，特借此以开东川兵端耳。断，音短。戊子，华洪大破东川兵于楸林，俘斩数万，拔楸林寨。楸，七由翻。

62 乙未，进李克用爵晋王，自陇西郡王进爵晋王。加李罕之兼侍中，以河东大将盖寓领容管观察使；盖，古盍翻。领，遥领也。自馀克用将佐、子孙并进官爵。克用性严急，左右小有过辄死，无敢违忤；惟盖寓敏慧，能揣其意，忤，五故翻。揣，初委翻。婉辞裨益，无不从者。克用或以非罪怒将吏，寓必阳助之怒，克用常释之；有所谏诤，必征近事为喻；由是克用爱信之，境内无不依附，权与克用侔。朝廷及邻道遣使至河东，其赏赐赂遗，先入克用，次及寓家。朱全忠数遣人间之，遗，于季翻。数，所角翻。间，古苋翻。及扬言云盖寓已代克用，而克用待之益厚。自古英雄之争天下，必倚勇智之士以为用；而出入左右，伺候颜色者，亦有敏慧软媚之人，若盖寓之于李克用是也。

63 丙申，王建攻东川，别将王宗弼为东川兵所擒，路振九国志曰：王宗弼掠地飞乌，为顾彦晖所获。顾彦晖畜以为子。畜，吁玉翻。戊戌，通州刺史李彦昭将所部兵二千降于建。通州，今之达州。李彦昭亦凤翔将。

64 李克用遣掌书记李袭吉入谢恩，景凤元年，行军府置掌书记；开元以后，诸节镇皆置之；掌朝觐、聘慰、荐祭祀、祈祝之文，与号令、升绌之事。密言于上曰："比年以来，比，毗至翻。关辅不宁，关，谓蒲、潼、陇、蜀、蓝田诸关。辅，谓三辅。关内，即汉三辅之地。乘此胜势，遂取凤翔，一劳永逸，时不可失。臣屯军渭北，专俟进止。"上谋于贵近，或曰："茂贞复灭，复，扶又翻；下同。则沙陀大盛，朝廷危矣！"上乃赐克用诏，褒其忠款，款，诚也。而言："不臣之状，行瑜为甚。自朕出幸以来，茂贞、韩建自知其罪，不忘国恩，职贡相继，且当休兵息民。"克用奉诏而止。既而私于诏使曰："观朝廷之意，似疑克用有异心也。然不去茂贞，去，羌吕翻。关中无安宁之日。"其后李茂贞再犯京师，克用亦不能救矣。又诏免克用入朝，将佐或言："今密迩阙庭，岂可不入见天子！"见，贤遍翻。克用犹豫未决，盖寓言于克用曰："向者王行瑜辈纵兵狂悖，悖，蒲妹翻，又蒲没翻。致銮舆播越，百姓奔散。今天子还未安席，人心尚危，大王若引兵渡渭，窃恐复惊骇都邑。盖寓言李克用既不可释兵入朝，若以众入，是复邠、岐、华三帅之事耳。人臣尽忠，在于勤王，不在入觐，愿熟图之！"克用笑曰："盖寓尚不欲吾入朝，况天下之人乎！"乃表称："臣总帅大军，帅，读曰率。不敢径入朝觐，且惧部落士卒侵扰渭北居人。"辛亥，引兵东归。表至京师，上下始安。诏赐河东士卒钱三十万缗。克用既去，李茂贞骄横如故，横，下孟翻。河西州县多为茂贞所据，河西，谓凉、瓜、沙、肃诸州。以其将胡敬璋为河西节度使。

65 朱全忠之去兖州也，朱瑄死而全忠还。留葛从周将兵守之，朱瑾闭城不复出。从周将还，乃扬言“天平、河东救兵至，引兵西北邀之，”夜半，潜归故寨。瑾以从周精兵悉出，果出兵攻寨。从周突出奋击，杀千馀人，擒其都将孙汉筠而还。

66 加镇海节度使钱镠兼侍中。

67 彰义节度使张鐇薨，以其子琏权知留后。琏，力展翻。

68 朱瑄、朱瑾屡为朱全忠所攻，民失耕稼，财力俱弊。告急于河东，李克用遣大将史俨、李承嗣将数千骑假道于魏以救之。史俨、李承嗣自此遂与朱瑾入淮南矣。

69 安州防御使家晟姓苑：家姓，周大夫家父之后；又鲁公族有子家氏。与朱全忠亲吏蒋玄晖有隙，恐及祸，与指挥使刘士政、兵马监押陈可璠将兵三千袭桂州，杀经略使周元静而代之。自安州远袭桂州而克之者，江、湘城邑荒残，守兵单弱，道无邀截之患，桂人不意其至，遂杀其帅而代之。璠，孚袁翻。晟醉侮可璠，可璠手刃之，推士政知军府事，可璠自为副使。诏即以士政为经【章：十二行本“经”上有“桂管”二字；乙十一行本同；孔本同；退斋校同。】略使。玄晖，吴人也。为刘、陈又为马殷所并张本。

三年（丙辰、八九六）

1 春，正月，西川将王宗夔攻拔龙州，杀刺史田昉。此时龙州当属李茂贞。昉，方往翻。

2 丁巳，刘建锋遣都指挥使马殷将兵讨蒋勋，攻定胜寨，破之。去年，蒋勋遣兵守定胜寨。

3 辛未，安仁义以舟师至湖州，欲渡江应董昌，安仁义自润州以舟师至湖州，何从而渡江哉！盖欲自湖州舟行入柳浦而渡西陵耳，然钱镠在杭，未容得至西陵。钱镠遣武勇都指挥使顾全武、都知兵马使许再思守西陵，仁义不能渡。昌遣其将汤臼守石城，会稽志：石城山在山阴县东北三十里。袁邠守馀姚。

4 闰月，克用遣蕃、汉都指挥使李存信此又是一段起事；“克用”

之上当有“李”字。将万骑假道于魏以救兖、郓，军于莘县。朱全忠使人谓罗弘信曰：“克用志吞河朔，师还之日，贵道可忧。”存信戢众不严，戢，则立翻。侵暴魏人，弘信怒，发兵三万夜袭之。存信军溃，退保洺州，丧士卒什二三，按九域志，莘县西距魏州九十里。罗弘信欲袭李存信，亦必朝出军而后能乘夜而至；李存信之败，斥候不明故也。丧，息浪翻。委弃资粮兵械万数；史俨、李承嗣之军隔绝不得还。弘信自是与河东绝，专志于汴。全忠方图兖、郓，畏弘信议其后，弘信每有赠遗，遗，于季翻。全忠必对使者北向拜授之，曰：“六兄于予，倍年以长，固非诸邻之比。”“授”当作“受”。罗弘信，第六。记曲礼：年长以倍，则父事之。朱全忠岂知礼者？缪为恭敬以离并、魏之交耳。长，知两翻。诸邻，谓与宣武邻道诸帅也。弘信信之，全忠以是得专意东方。谓专意攻兖、郓也。

5 丁亥，果州刺史张【严：“张”改“周”。】雄降于王建。宋白曰：果州南充郡，刘璋初分垫江已上置巴郡，理此。建安六年，璋改郡为巴西，徙理阆中。今郡在嘉陵江之西。魏平蜀，于今州北三十七里石苟堨置南宕渠郡，其县亦移就郡理。隋废郡，并入阆中，复为巴西县地，仍移巴西县，理安汉城。开皇十八年，改为南充县。唐武德四年，分置果州，以郡南八里有果山为名。

6 二月，戊辰，顾全武、许再思败汤臼于石城。败，补迈翻；下同。上用杨行密之请，赦董昌，复其官爵；钱镠不从。

7 以通王滋判侍卫诸将事。通王滋，宣宗子。

8 朱全忠荐兵部尚书张浚，上欲复相之；李克用表请发兵击全忠，且言“浚朝为相，臣则夕至阙庭！”观李克用此表，谓非胁君，吾不信也。京师震惧，上下诏和解之。

9 三月，以天雄留后李继徽为节度使。

10 保大节度使李思孝表请致仕，荐弟思敬自代，诏以思孝为太师，致仕，思敬为保大留后。

11 朱全忠遣庞师古将兵伐郓州，败郓兵于马颊，马颊，禹疏九河之一也。水经注：济水自须昌县北径鱼山东，左合马颊水；水首受济，西北流，历安民山北，又径桃城东，又东北径鱼山南，又东注于济，曰马颊口。败，补迈翻。遂抵其城下。

12 己酉，顾全武等攻馀姚，明州刺史黄晟遣兵助之；董昌遣其将徐章救馀姚，全武击擒之。

13 夏，四月，辛酉，河涨，将毁滑州城，朱全忠命决为二河，夹滑城而东，为害滋甚。

14 李克用击罗弘信，报李存信之败也。攻洹水，洹，于元翻。杀魏兵万馀人，进攻魏州。

15 武安节度使刘建锋既得志，小人之器易盈，刘建锋甫得长沙，已得志矣。嗜酒，不亲政事。长直兵陈赡妻美，建锋私之，赡袖铁挝击杀建锋；诸将杀赡，迎行军司马张佶为留后。佶将入府，马忽踶啮，伤左髀。佶，巨乙翻。踶，大计翻。啮，五结翻。时马殷攻邵州未下，是年正月，刘建锋遣马殷攻邵州。佶谢诸将曰："马公勇而有谋，宽厚乐善，吾所不及，真乃主也。"乃，汝也。乐，音洛。乃以牒召之。殷犹豫未行，听直军将姚【章：十二行本"姚"上有"汝南"二字；乙十一行本同；孔本同；张校同。】彦章说殷曰："公与刘龙骧、张司马，一体之人也，听，读曰厅。直厅事之军将也。刘建锋、张佶、马殷同在孙儒军中，儒败，三人者叶力成军以取湖南，故彦章云然。路振曰：乾符中，黄巢乱，诏遣忠武决胜指挥使孙儒、龙骧指挥使刘建锋戍淮西，隶秦宗权。宗权为巢所败，遂降之，儒等皆为所胁制。今龙骧遇祸，司马伤髀，天命人望，舍公尚谁属哉！"属，之欲翻。殷乃使亲从都副指挥使李琼留攻邵州，从，才用翻。径诣长沙。

16 淮南兵与镇海兵战于皇天荡，大江过升州界，浸以深广，自老鹳觜渡白沙，横阔三十馀里，俗呼为皇天荡。是时淮南兵既败浙兵于皇天荡，遂围苏州，则非前所言皇天荡矣。宋熙宁三年，昆山人郏亶上疏言水利，谓长洲县界有长荡、黄天荡，其水上承湖，下通海，正淮、浙兵战处也。镇海兵不利，杨行密遂围苏州。

17 钱镠、钟传、杜洪畏杨行密之强，皆求援于朱全忠；其后锺、杜皆不能保其土，而钱氏独传子及孙，以此知有国有家者，久近存乎其人。全忠遣许州刺史朱友恭将兵万人渡淮，听以便宜从事。

18 董昌使人觇钱镠兵，觇，丑廉翻。有言其强盛者辄怒，斩之；言兵疲食尽，则赏之。戊寅，袁邠以馀姚降于镠；顾全武、许再思进兵至越州城下。五月，昌出战而败，婴城自守，全武等围之。昌始惧，去帝号，去，羌吕翻。复称节度使。

19 马殷至长沙，张佶肩舆入府，坐受殷拜谒，已，乃命殷升听事，以留后让之，即趋下，帅将吏拜贺，坐受拜谒，留后受将校牙参之礼；帅将吏拜贺，行军司马贺新留后之礼。帅，读曰率。复为行军司马，代殷将兵攻邵州。

20 癸未，苏州常熟镇使陆郢以州城应杨行密，虏刺史成及。行密阅及家所蓄，惟图书、药物，贤之，归，署行军司马。及拜且泣曰："及百口在钱公所，失苏州不能死，敢求富贵！愿以一身易百口之死！"引佩刀欲自刺。刺，七亦翻。行密遽执其手，止之，馆于府舍。馆，古玩翻。其室中亦有兵仗，行密每单衣诣之，与之共饮膳，无所疑。使杨行密待俘虏皆如成及，不亦泛乎？是必有所见也。

钱镠闻苏州陷，急召顾全武，使趋西陵备行密，趋，七喻翻。既恐其得苏而乘胜攻杭，又恐其自海道趋西陵也。全武曰："越州贼之根本，奈何垂克弃【章：十二行本"弃"上有"而"字；乙十一行本同；孔本同。】之！请先取越州，后复苏州。"镠从之。史言顾全武颇识用兵先后。

21 淮南将朱延寿奄至蕲州，围其城。大将贾公铎方猎，不得还，伏兵林中，命勇士二人衣羊皮夜入延寿所掠羊群，潜入城，约夜半开门举火为应，复衣皮反命。衣，于既翻。公铎如期引兵至城南，门中火举，力战，突围而入。延寿惊曰："吾常恐其溃围而出，反溃围而入，如此，城安可猝拔!”乃白行密，求军中与公铎有旧者持誓书金帛往说之，许以婚。说，式芮翻。寿州团练副使柴再用请行，临城与语，为陈利害。为，于伪翻。数日，公铎及刺史冯敬章请降。以敬章为左都押牙，淮南左都押牙也。公铎为右监门卫将军。此是领环卫官。僖宗光启三年，冯敬章陷蕲州，至是降。路振九国志曰：贾铎生于上蔡，叛秦宗权，渡淮，遇故人冯敬章，导之袭破蕲春，推敬章为帅，铎为牙将，堑城砺兵以自固。延寿进拔光州，杀刺史刘存。杨行密自此全有淮南之地。

22 丙戌，上遣中使诣梓州和解两川，王建虽奉诏还成都，然犹连兵未解。

23 崔昭纬复求救于朱全忠。戊子，遣中使赐昭纬死，行至荆南，追及，斩之，中外咸以为快。崔昭纬结邠、岐以杀杜让能、韦昭度、李溪，卒亦以杀其身；朋比为奸，果何益哉！

24 荆南节度使成汭与其将许存溯江略地，尽取滨江州县；武泰节度使王建肇弃黔州，收馀众保丰都。丰都，汉巴郡枳县地，后汉置平都县，因山以名县也。梁置临江郡，隋废郡为县。义宁二年，分临江置丰都县。唐属忠州。九域志：在州西九十里。存又引兵西取渝、涪二州，汭以其将赵武为黔中留后，存为万州刺史。

汭知存不得志，使人诇之，曰：“存不治州事，日出蹴鞠。”汭曰：“存将逃走，先匀足力也。”诇，古迥翻，又翾正翻。治，直之翻。蹴，子六翻。鞠，居六翻。蹴，蹋也；鞠，球也。颜师古曰：鞠以皮为之，实以毛。崔豹曰：蹴鞠起黄帝，习用兵之势。匀，于伦翻。遣兵袭之，存弃城走；成汭不见容于张瓌，而己又不能容许存；忌贤疾能，常人之情也。其众稍稍归之，屯于茅坝。坝，必驾翻。蜀人谓平川为坝。宋白曰：渝州江津县有茅坝驿。赵武数攻丰都，王建肇不能守，文德元年，王建肇得黔中节，今败走。数，所角翻。与存皆降于王建。建忌存勇略，欲杀之，掌书记高烛曰：“公方总揽英雄以图霸业，彼穷来归我，奈何杀之！”建使戍蜀州，阴使知蜀州王宗绾察之。宗绾密言存忠勇谦谨，有良将才，建乃舍之，更其姓名曰王宗播，更，工衡翻。而宗绾竟不使宗播知其免己也。宗播元从孔目官柳修业，每劝宗播慎静以免祸。从，才用翻。其后宗播为建将，遇强敌诸将所惮者，以身先之，先，悉荐翻。及有功，辄称病，不自伐，由是得以功名终。

25 甲午，夜，顾全武急攻越州，乙未旦，克其外郭，董昌犹据牙城拒之。戊戌，镠遣昌故将骆团绐昌云：“奉诏，令大王致仕归临安。”昌乃送牌印，出居清道坊。今越州牙城外东街犹有桥曰清道桥。己亥，全武遣武勇都监使吴璋以舟载昌如杭州，至小江南，斩之，据新书董昌传，小江，西江也，盖钱清江也，源出诸暨县界，东流过钱清镇，又东入于海，去越州四十五里，又西至杭州八十里。光启二年，董昌得越州，至是而亡。监，古衔翻。并其家三百馀人，宰相李邈、蒋瓌以下百馀人。昌在围城中，贪吝日甚，口率民间钱帛，计口而率之。减战士粮。及城破，库有【章：十二行本“有”下有“金帛”二字；乙十一行本同；孔本同；退斋校同。】杂货五百间，仓有粮三百万斛。钱镠传昌首于京师，散金帛以赏将士，开仓以振贫乏。

26 李克用攻魏博，侵掠遍六州。魏、博、贝、卫、澶、相六州。朱全忠召葛从周于郓州，使将兵营洹水以救魏博，葛从周，汴之骑将也。沙陀便于鞍马，故召使敌之。留庞师古攻郓州。六月，克用引兵击从周，汴人多凿坎于陈前，陈，读曰阵。战方酣，克用之子铁林指挥使落落马遇坎而踬，踬，陟利翻。汴人生擒之；考异曰：唐太祖纪年录、薛居正五代史武皇纪、实录，禽落落皆在七月。葛从周、李存信传在五月。今从梁太祖纪。克用自往救之，马亦踬，几为汴人所获；克用顾射汴将一人，毙之，几，居依翻。射，而亦翻。乃得免。克用请修好以赎落落，全忠不许，以与罗弘信，使杀之。罗弘信既杀李克用之子，则与克用为深仇，而汴、魏之交益固矣；此全忠之术也。好，呼到翻。克用引军还。

葛从周自洹水引兵济河，屯于杨刘，复击郓，复，扶又翻。及兖、郓、河东之兵战于故乐亭，破之。兖、郓属城皆为汴人所据，屡求救于李克用，克用发兵赴之，为罗弘信所拒，不得前，兖、郓由是不振。

27 初，李克用屯渭北，谓自邠宁还屯渭北时也。李茂贞、韩建惮之，事朝廷礼甚恭。克用去，谓归河东也。二镇贡献渐疏，表章骄慢。上自石门还，于神策两军之外，更置安圣、捧宸、保宁、宣化等军，选补数万人，使诸王将之；嗣延王戒丕、嗣覃王嗣周又自募麾下数千人。茂贞以为欲讨己，语多怨望，嫌隙日构。茂贞亦勒兵扬言欲诣阙讼冤；京师士民争亡匿山谷。上命通王滋及嗣周、戒丕分将诸军以卫近畿，戒丕屯三桥。茂贞遂表言"延王无故称兵讨臣，臣今勒兵入朝请罪。"考异曰：薛居正五代史："五月，制授茂贞东川节度使，仍命通王、覃王治禁军于阙下，如茂贞违诏，即讨之。茂贞惧，将赴镇。王师至兴平，夜，自惊溃，茂贞因出乘之，官军大败。"唐补纪曰："五月，朝廷除覃王为凤翔节度使，除茂贞为兴元节度使。茂贞拒命不发，亦无向阙之心，自是京国人心惊忧，出投郊坰，京城为之一空，上潜谋行幸。"按实录、新、旧纪诸书，茂贞未尝除东川，薛史误。移镇兴元，乃景福二年事，唐补纪误。今从实录。上遽遣使告急于河东。丙寅，茂贞引兵逼京畿，覃王与战于娄馆，官军败绩。娄馆，盖在京兆兴平县西。考异曰：旧纪："是月，茂贞请入觐，上令通王、覃王、延王分统四军以卫近畿。丙寅，凤翔军犯京畿，覃王拒之于娄馆，接战不利。"实录："命延王部神策诸军于三桥防遏。茂贞上言：'延王称兵讨臣，臣有何罪！'言将朝觐。丙寅，李茂贞大军犯京师，覃王拒之于娄馆，王师战不利。"新纪："六月，庚戌，李茂贞犯京师，嗣延王戒丕御之，丙寅，及茂贞战于娄馆，败绩。"今从旧纪。

秋，七月，茂贞进逼京师。果如李克用之言。延王戒丕曰：

"今关中藩镇无可依者，不若自鄜州济河，幸太原，自鄜州济河，道汾、隰至太原，路甚回远，以韩建在华州，李茂贞养子继瑭在同州，不敢由同州出河中也。鄜，音夫。臣请先往告之。"辛卯，诏幸鄜州；壬辰，上出至渭北；韩建遣其子从允奉表请幸华州，上不许。华，户化翻。以建为京畿都指挥、安抚制置及开通四面道路、催促诸道纲运等使。而建奉表相继，上及从官亦惮远去，从，才用翻。癸巳，至富平，遣宣徽使元公讯召建，面议去留。甲午，建诣富平见上，顿首涕泣言："方今藩臣跋扈者，非止茂贞。陛下若去宗庙园陵，远巡边鄙，臣恐车驾济河，无复还期。今华州兵力虽微，控带关辅，亦足自固。臣积聚训厉，十五年矣，按韩建从鹿晏弘至兴元之时，僖宗在蜀，遂奔行在，中和四年也。僖宗还长安，光启元年也。建刺华州，当在此时，至是才十二年耳。西距长安不远，九域志：华州西至长安一百五十里。愿陛下临之，以图兴复。"上乃从之。乙未，宿下邽；丙申，至华州，九域志：自富平至下邽三十五里。自下邽至华州六十五里。以府署为行宫；建视事于龙兴寺。茂贞遂入长安，自中和以来所葺宫室、市肆，燔烧俱尽。黄巢之乱，宫室燔毁，中和以来，留守王徽补葺粗完。襄王之乱，又为乱兵所焚，及僖宗还京，复加完葺。上出石门，重罹烧爇，还又葺之，至是为茂贞所燔。

乙巳，以中书侍郎、同平章事崔胤同平章事，充武安节度使。上以胤，崔昭纬之党也，故出之。

28 丙午，以翰林学士承旨、尚书左丞陆扆为户部侍郎、同平章事。扆，陕人也。扆，隐岂翻。陕，失冉翻。

29 水部郎中何迎新书百官志：水部郎中，属工部尚书，掌津济、船舻、渠梁、堤堰、沟洫、渔捕、运漕、碾硙之事。此时惟具官，不复能举其职矣。表荐国子毛诗博士襄阳朱朴，才如谢安，唐制：国子监置五经博士各二人，掌以其经之学教国子。周易、尚书、毛诗、左氏春秋、礼记为五经。道士许岩士亦荐朴有经济才。上连日召对，朴有口辩，上悦之，曰："朕虽非太宗，得卿如魏征矣！"赐以金帛，并赐何迎。

30 以徐彦若为大明宫留守，兼京畿安抚制置等使。

31 杨行密表请上迁都江淮，王建请上幸成都。皆欲迎天子，挟之以令诸侯。

32 宰相畏韩建，不敢专决政事。八月，丙辰，诏建关议朝政；建上表固辞，乃止。韩建非避权势者，目不知书，故辞耳。朝，直遥翻。上，时掌翻。

韩建移檄诸道，令共输资粮诣行在。李克用闻之，叹曰："去岁从余言，岂有今日之患！"谓欲讨李茂贞，上不许也。又曰："韩建天下痴物，为贼臣弱帝室，为，于伪翻。是不为李茂贞所擒，则为朱全忠所虏耳！"因奏将与邻道发兵入援。曰将入援，亦虚言耳。

33 加钱镠兼中书令。

34 癸丑，以王建为凤翔西面行营招讨使。欲使王建讨李茂贞也。

35 甲寅，以门下侍郎、同平章事王抟同平章事，充威胜节度使。先是已升浙东观察使为威胜节度使。方镇表：乾宁元年，以乾州置威胜军节度。参考下文，则朝议以董昌已诛，欲以王抟代镇浙东。然则此时藩镇有两威胜军邪？

36 上愤天下之乱，思得奇杰之士不次用之。国子博士朱朴自言："得为宰相，月馀可致太平。"上以为然。乙王，以朴为左谏议大夫、同平章事。考异曰：旧传曰："朴腐儒，木强无他才伎。道士许岩士出入禁中，常依朴为奸利，从容上前，荐朴有经济才。昭宗召见，对以经义，甚悦，即日拜平章事。在中书，与名公齿，笔札议论，动为笑端。"唐补纪曰："朴亦有文词，托识诸王下吏人以通意旨，言：'方今宰相皆非时才，致令宗社不安，频有倾动；若使朴在相位，月馀能致太平。'诸王以为然，乃奏天听。翌日，宣唤，顾问机宜，便入中书，令参知政事。诸相座愕然莫测，听其筹谟；经四五月，并无所闻，遂贬出岭外。"按朴虽庸鄙，恐不至如旧传所云。

唐补史亦恐得之传闻，非详实。今从新传。朴为人庸鄙迂僻，无他长。制出，中外大惊。

37 丙寅，加韩建兼中书令。

38 九月，庚辰，升福建为威武军，以观察使王潮为节度使。

39 以湖南留后马殷判湖南军府事。殷以高郁为谋主，郁，扬州人也。殷畏杨行密、成汭之强，议以金帛结之，高郁曰："成汭不足畏也。行密公之雠，言马殷从孙儒攻杨行密，积年交战，已为仇雠。虽以万金赂之，安肯为吾援乎！不若上奉天子，下奉【章：乙十一行本"奉"作"抚"；孔本同；张校同。】士民，训卒厉兵，以修霸业，则谁与为敌矣。"殷从之。史言马殷能用高郁以保据湖南。

40 崔胤出镇湖南，出崔胤为武安节度，见上。韩建之志也。胤密求援于朱全忠，且教之营东都宫阙，表迎车驾。全忠与河南尹张全义表请上迁都洛阳，全忠仍请以兵二万迎车驾，且言崔胤忠臣，不宜出外。韩建惧，复奏召胤为相，遣使谕全忠以且宜安静，全忠乃止。乙未，复以胤为中书侍郎、同平章事。崔胤自此与朱全忠相为表里。考异曰：旧传："胤检校兵部尚书、岭南东道节度使。胤密致书全忠求援，全忠上疏理之。胤已至湖南，复召拜平章事。"新传，"昭纬以罪诛，罢为武安节度使，陆扆当国。时南、北司各树党结藩镇，胤素厚朱全忠，委心结之。全忠为言胤有功，不宜处外，故还相而逐扆。"按胤出为清海节度使在后，非此年，旧传误。今从实录。以翰林学士承旨、兵部侍郎崔远同平章事。远，珙弟玙之孙也。崔珙见二百四十六卷开成五年。珙，居勇翻。玙，音余。

丁酉，贬中书侍郎、同平章事陆扆为硖州刺史。考异曰：旧传曰："九月，覃王率师送徐彦若赴凤翔。师之起也，扆坚请曰：'播越之后，国步初集，不宜与近辅交恶，必为他盗所窥。加以亲王统兵，物议腾口，无益于事，只贻后患。'昭宗已发兵，怒扆沮议，是月十九日，责授硖州刺史。师出，果败，车驾出幸。"按此乃景福二年杜让能讨凤翔事，时扆未为相。旧传误，新传亦同。今从实录。崔胤恨扆代己，事见上。诬扆，云党于李茂贞而贬之。

己亥，以朱朴兼判户部，凡军旅财赋之事，上一以委之。以孙偓为凤翔四面行营都统，又以前定难节度使李思谏为静难节度使，兼副都统。皆欲使之讨李茂贞。难，乃旦翻。

41 以保大留后李思敬为节度使。

42 河东将李存信攻临清，败汴将葛从周于宗城北，败，补迈翻；下同。乘胜至魏州北门。九域志：临清县在魏州北一百五十里。宗城县在魏州西北一百七十里。

43 冬，十月，壬子，加孙偓行营节度、招讨、处置等使。处，昌吕翻。丁巳，以韩建权知京兆尹，兼把截使。考异曰：李巨川许国公勤王录："十月十日，敕命公权知京兆尹，并充把截使。"实录作癸丑。是月戊申朔。今从勤王录。戊午，李茂贞上表请罪，愿得自新，仍献助修宫室钱；考异曰：旧纪、实录皆云茂贞进钱十五万，助修京阙。按十五万乃百五十贯，太少，盖脱"贯"字耳。韩建复佐佑之，复，扶又翻；下同。竟不出师。

44 钱镠令两浙吏民上表，请以镠兼领浙东；朝廷不得已，复以王抟为吏部尚书、同平章事，以镠为镇海、威胜两军节度使。钱镠自此遂跨有浙东、西。丙子，更名威胜曰镇东军。更，工衡翻。

45 李克用自将攻魏州，败魏兵于白龙潭，按薛史梁太祖纪："乾化元年，九月，丙辰，幸魏县。戊辰，幸邑西白龙潭。"则其地在魏县西也。追至观音门。薛史，魏州罗城西门曰观音门，晋天福五年闰三月，改曰金明门。朱全忠复遣葛从周救之，屯于洹水，全忠以大军继之，克用乃还。

46 加河中节度使王珂同平章事。

47 十一月，朱全忠还大梁，复遣葛从周东会庞师古，攻郓州。

48 湖州刺史李师悦求旌节，诏置忠国军于湖州，以师悦为节度使。赐告身旌节者未入境，戊子，师悦卒。杨行密表师悦子前绵州刺史彦徽知州事。考异曰：实录：“乾宁二年，四月，忠国节度使李师悦卒，以其孙彦徽知留后。”今从新纪、十国纪年。

49 淮南将安仁义攻婺州。

50 十二月，东川兵焚掠汉、眉、资、简之境。汉、眉、资、简四州，皆西川巡属。

51 清海节度使薛王知柔行至湖南，广州牙将卢琚、谭弘玘据境拒之，使弘玘守端州。弘玘结封州刺史刘隐，许妻以女。隐伪许之，托言亲迎，玘，起里翻。妻，七细翻。迎，鱼敬翻。伏甲舟中，夜入端州，斩弘玘；遂袭广州，斩琚；按九域志，自封州东南历康州界而后至端州，自端州东至广州二百四十里。具军容迎知柔入视事。具军容以迎新帅，如承平仪注。知柔表隐为行军司马。

王崇武标点容肇祖聂崇岐覆校

资治通鉴卷第二百六十一

端明殿学士兼翰林侍读学士太中大夫
提举西京嵩山崇福宫上柱国河内郡开国公 司马光 奉敕编集
食邑二千二百户食实封九百户赐紫金鱼袋臣

后学天台 胡三省 音注

唐纪七十七 起强圉大荒落（丁巳），尽屠维协洽（己未），凡三年。

昭宗圣穆景文孝皇帝中之上

乾宁四年（丁巳、八九七）

1 春，正月，甲申，韩建奏："防城将张行思等张行思，华州防城将也。将，即亮翻。告睦、济、韶、通、彭、韩、仪、陈八王皆嗣王也。睦、韶、韩，代宗之后；彭，肃宗之后；陈，文宗之后；史皆逸其名及其世系。谋杀臣，劫车驾幸河中。"建恶诸王典兵，恶，乌路翻。故使行思等告之。上大惊，召建谕之；建称疾不入。令诸王诣建自陈，建表称："诸王忽诣臣理所，不测事端。建言诸王为变，事出不测也。臣详酌事体，不应与诸王相见。"又称："诸王当自避嫌疑，不可轻为举措。陛下若以友爱含容，请依旧制，令归十六宅，妙选师傅，教以诗书，不令典兵预政。"援开元、天宝旧制，不令诸王出阁。且曰"乞散彼乌合之兵，用光麟趾之化。"诗序曰：关雎之化行，虽衰世之公子，皆信厚如麟趾之时。建虑上不从，引麾下精兵围行宫，以兵胁君。表疏连上。上，时掌翻。上不得已，是夕，诏诸王所领军士并纵归田里，诸王勒归十六宅，其甲兵并委韩建收掌。建又奏："陛下选贤任能，足清祸乱，何必别置殿后四军！四军，即安圣、捧宸、保宁、宣化也。置见上卷上年。显有厚薄之恩，乖无偏无党之道。书曰：无偏无党，王道荡荡。韩建安识书语，李巨川教之耳，宜其不免于诛也。一本"厚"下更有"有"字。且所聚皆坊市无赖奸猾之徒，平居犹思祸变，临难必不为用，难，乃旦翻。而使之张弓挟刃，密迩皇舆，臣窃寒心，乞皆罢。"诏【章：十二行本"诏"上有"遣"字；乙十一行本同；张校同；孔本有"遣"字，无"亦"字。】亦从之。于是殿后四军二万馀人悉散，天子之亲军尽矣。捧日都头李筠，石门扈从功第一，石门扈从事见上卷二年。从，才用翻。建复奏斩于大云桥。复，扶又翻。大云桥，在华州大云寺前。武后时令天下诸州各置大云寺以藏大云经，著受命之符也。建又奏："玄宗之末，永王璘暂出江南，遽谋不轨。事见肃宗纪至德元载、二载。代宗时吐蕃入寇，光启中朱玫乱常，皆援立宗支以系人望。谓吐蕃立广武王承宏、朱玫立襄王煴也，事各见前纪。援，于元翻。今诸王衔命四方者，乞皆召还。"指言延王戒丕等。又奏："诸方士出入禁庭，眩惑圣听，宜皆禁止，无得入宫。"指言许岩士等。诏悉从之。建既幽诸王于别第，知上意不悦，乃奏请立德王为太子，欲以解之。丁亥，诏立德王佑为皇太子，仍更名裕。更，工衡翻。考异曰：勤王录曰："公以储副之设，国之大本，上表云云，敕宜从允，时正月十一日也。当四日之间，而储君奉冢祀，宗室归藩邸，蓬头突鬓之士不入于禁门，文成、五利之徒不陈其左道，君父开悟，遐迩咏歌，人不震惊，市无易肆，公之力也。"李巨川著书，矫诬善恶乃至于此！今从实录。

2 庞师古、葛从周并兵攻郓州，朱瑄兵少食尽，不复出战，但引水为深壕以自固。辛卯，师古等营于水西南，命为浮梁。癸巳，潜决濠水。丙申，浮梁成，师古夜以中军先济。瑄闻之，弃城奔中都，按九域志，中都县在郓州东南六十里。葛从周逐之，野人执瑄及妻子以献。僖宗中和二年，朱瑄得郓州，至是而亡。考异曰：薛居正五代史梁太祖纪："辛卯，营于济水之次，庞师古令诸将撤木为桥。乙未夜，师古以中军先济，朱瑄弃壁夜走，葛从周擒瑄并妻男以献。"按济水自王莽时大旱，不复能绝河而南，自是河南无济水。编遗录曰："五月，遣骑于郓州军前追从周，径往洹水董师，以代侯言，师古留攻郓。"梁太祖实录："四年正月，复以洹水之师大举伐郓，十五日辛卯，营其西南河外，庞师古命诸将撤木为桥以图宵济。癸巳，前军以心膂百人盗决河口，甲午，浮桥集水次。乙未夜，师古中军先济，声振壁内。朱瑄闻之，弃壁走。"编遗录："四年正月己卯，朱瑄兵少粮尽，不敢出战，然深沟高垒，难越也。从周、师古乃取清河为小舟，采野葛草茅，索之以为巨缆，乃于其墙南建浮桥。丙申，功就，我师度桥，朱瑄奔遁。"皆不云济水。师古去年三月已败郓兵于马颊，追至西门，据故洛亭子为寨。乙未夜先济，盖郓城下清河水，疑朱瑄引之以环城固守，故师古等为浮桥以济师。河既可决，明非自然之水也。旧纪："癸未，庞师古陷郓州，朱瑄与妻荣氏溃围走。瑄至中都，为野人所杀，荣氏俘于军。"新纪："丙申，全忠陷郓州。"实录："二月，丙午朔，陷郓州，瑄至中都，为乱兵所杀，妻荣至汴为尼。"据薛史，辛卯营于济水，则癸未郓未破也。新纪云丙申陷郓，实录二月，盖约奏到。今从编遗录、新纪。

3 己亥，罢孙偓凤翔四面行营节度等使，赦李茂贞，故罢凤翔四面行营。以副都统李思谏为宁塞节度使。按方镇表，光化元年，更延州保塞节度为宁塞节度。

4 钱镠使行军司马杜棱救婺州。安仁义移兵攻睦州，不克而还。安仁义攻婺州见上卷上年。还，从宣翻，又如字。

5 朱全忠入郓州，以庞师古为天平留后。考异曰：旧纪、梁太祖实录、薛居正五代史师古传皆云师古为郓州留后。编遗录、薛史梁纪皆云"友裕"。按编遗录，"三月，丙子，以友裕为郓州留后，师古为徐州留后。"盖初以师古守郓州，后以友裕代之，而徙师古于徐州也。

朱瑾留大将康怀贞守兖州，与河东将史俨、李承嗣掠徐州之境以给军食。九域志：兖州南一百一十里，即徐州界。全忠闻之，遣葛从周将兵袭兖州。怀贞闻郓州已失守，汴兵奄至，遂降。

二月，戊申，从周入兖州，获瑾妻子。朱瑾还，无所归，帅其众趋沂州，刺史尹处宾不纳，走保海州，降，户江翻。帅，读曰率。趋，七喻翻。九域志，兖州三百四十五里，东至沂州。沂，古琅邪也。沂州东至海州一百八十里。为汴兵所逼，与史俨、李承嗣拥州民渡淮，奔杨行密。光启二年，朱瑾取兖州，至是而败。行密逆之于高邮，表瑾领武宁节度使。领，遥领也。

全忠纳瑾之妻，引兵还，张夫人逆于封丘，九域志：封丘县，在汴州北六十里。全忠以得瑾妻告之。夫人请见之，瑾妻拜，夫人答拜，且泣曰："兖、郓与司空同姓，约为兄弟，以小故恨望，起兵相攻，使吾姒辱于此。他日汴州失守，吾亦如吾姒之今日乎！"姒，详里翻。长妇曰姒，又兄弟之妻相呼曰姒，互相尊称之辞也。全忠乃送瑾妻于佛寺为尼，斩朱瑄于汴桥。于是郓、齐、曹、棣、兖、沂、密、徐、宿、陈、许、郑、滑、濮皆入于全忠。郓、齐、曹、棣，天平军；兖、沂、密，泰宁军；徐、宿，感化军；陈、许，忠武军；郑、滑、濮，宣义军。此五镇之地也。惟王师范保淄青一道，亦服于全忠。李存信在魏州，闻兖、郓皆陷，引兵还。

淮南旧善水战，不知骑射，及得河东、兖、郓兵，军声大振。史俨、李承嗣皆河东骁将，李克用深惜之，遣使间道诣杨行密请之；间，古苋翻。行密许之，亦遣使诣克用修好。好，呼到翻。

6 戊午，王建遣邛州刺史华洪、彭州刺史王宗佑将兵五万攻东川，邛，渠容翻。华，户化翻。以戎州刺史王宗谨为凤翔西面行营先锋使，败凤翔将李继徽等于玄武。玄武，汉氐道县，晋改曰玄武，唐初属益州，时属梓州，宋朝改曰中江，在梓州西九十里。败，补迈翻。继徽本姓杨，名崇本，茂贞之假子也。

7 己未，赦天下。考异曰：实录："降德音，曲赦天下。"云德音即非赦。既云曲赦即不及天下。实录误也。

8 上飨行庙。时驻跸华州，太常礼院请权立行庙以备告飨。

9 庚申，王建以决云都知兵马使王宗侃为应援开峡都指挥使，将兵八千趋渝州；决胜都知兵马使王宗阮为开江防送进奉使，将兵七千趋泸州。辛酉，【章：十二行本"酉"作"未"；乙十一行本同。】宗侃取渝州，降刺史牟崇厚。癸酉，宗阮拔泸州，斩刺史马敬儒，峡路始通。渝、泸，皆东川巡属。王建志在广地，假通峡路进奉以为名耳。趋，七喻翻。

凤翔将李继昭救梓州，留偏将守剑门，西川将王宗播击擒之。

10 乙亥，门下侍郎、同平章事孙偓罢守本官，中书侍郎、同平章事朱朴罢为秘书监。朴既秉政，所言皆不效，朱朴自诡月馀可致太平见上卷上年。外议沸腾。太子詹事马道殷以天文，将作监许岩士以医得幸于上，韩建诬二人以罪而杀之，且言偓、朴与二人交通，故罢相。马道殷、许岩士在上左右，二相因之以白事，此必有之。

11 诏以杨行密为江南诸道行营都统，以讨武昌节度使杜洪。按新书洪传，洪附朱全忠，绝东南贡献路，命杨行密讨之者以此。

12 张佶克邵州，擒蒋勋。潭兵攻蒋勋事始上卷三年正月。佶，巨乙翻。

13 三月，丙子，朱全忠表曹州刺史葛从周为泰宁留后，朱友裕为天平留后，庞师古为武宁留后。朱全忠表以三镇授三将以树党。此时盖复改感化为武宁。

14 保义节度使王珙攻护国节度使王珂，珂求援于李克用，珙求援于朱全忠。宣武将张存敬、杨师厚败河中兵于猗氏南；河东将李嗣昭败陕兵于猗氏，又败之于张店，遂解河中之围。败，补迈翻。陕，失冉翻。师厚，斤沟人，九域志，颍州万寿县有斤沟镇。万寿，唐汝阴县之百尺镇也，宋朝开宝六年置县。嗣昭，克用弟克柔之假子也。

15 更名感义军曰昭武，更，工衡翻。治利州，以前静难节度使苏文建为节度使。难，乃旦翻。

16 夏，四月，以同州防御使李继瑭为匡国节度使。考异曰：实录："赐同州号匡国军，以防御使李继瑭为匡国节度使。"按新方镇表，乾宁二年，赐同州号匡国军。王行约已尝为匡国节度使，盖行约死，继瑭但为防御使，今始复旧名耳。继瑭，茂贞之养子也。

17 以右谏议大夫李洵为两川宣谕使，和解王建及顾彦晖。

18 辛亥，钱镠遣顾全武等将兵三千自海道救嘉兴，己未，至城下，击淮南兵，大破之。淮南围嘉兴，始上卷二年。

19 杜洪为杨行密所攻，求救于朱全忠，全忠遣其将聂金掠泗州，聂，尼辄翻，姓也。朱友恭攻黄州。行密遣右黑云都指挥使马珣等救黄州。黄州刺史瞿章闻友恭至，弃城，拥众南保武昌寨。武昌，汉古县，唐属鄂州。九域志：在州东北一百八十里，今置寿昌军。

20 癸亥，两浙将顾全武等破淮南十八营，虏淮南将士魏约等三千人。淮南将田頵屯驿亭埭，埭，徒耐翻。两浙兵乘胜逐之。甲戌，頵自湖州奔还，自嘉兴退军，取道湖州，还宣州。两浙兵追败之，败，补迈翻。頵众死者千馀人。

21 韩建恶刑部尚书张祎等数人，皆诬奏，贬之。恶，乌路翻。祎，吁韦翻。考异曰：实录："贬刑部尚书张祎、赵崇、苏循等为衡州司马。韩建恶之，诬奏贬焉。"祎等必不皆为刑部尚书，皆贬衡州司马。实录误也。

22 五月，加奉国节度使崔洪同平章事。

23 辛巳，朱友恭为浮梁于樊港，武昌西三里有樊山，山下有樊溪，注于江，谓之樊口。朱友恭盖跨江为浮梁，抵樊口，以攻武昌也。进攻武昌寨，壬午，拔之，执瞿章，遂取黄州；考异曰：薛居正五代史梁纪："五月丁丑，朱友恭遣使上言，大破淮寇于武昌，收复黄、鄂二州。"新纪："壬午，全忠陷黄州，刺史瞿章死之。”朱友恭传云翟章，十国纪年作瞿章。吴录云：执刺史瞿章，当可据。马珣等皆败走。

24 丙戌，王建以节度副使张琳守成都，张琳，王建之腹心。建之攻陈敬瑄也，亦使之守邛州。自将兵五万攻东川。更华洪姓名曰王宗涤。华洪累战有功，王建于是养以为子以收其力用，然杀洪之心盖已萌于此时矣。华，户化翻。

25 六月，己酉，钱镠如越州，受镇东节钺。

26 李茂贞表："王建攻东川，连兵累岁，不听诏命。"王建岂特攻东川哉！李茂贞山南巡属诸州，建取之亦多矣；力不能制，欲挟天子之令以临之。甲寅，贬建南州刺史。新志：武德三年，开黔南蛮，置南州。宋白曰：南州，战国时为巴国界，秦则巴郡之地，汉为江州之境。唐武德三年，割渝州之东界，置南州。乙卯，以茂贞为西川节度使。以覃王嗣周为凤翔节度使。

27 癸亥，王建克梓州南寨，执其将李继宁。丙寅，宣谕使李洵至梓州，四月，李洵受命而使，六月始至。己巳，见建于张杷砦，建指执旗者曰："战士之情，不可夺也。"

28 覃王赴镇，李茂贞不受代，李茂贞之狡悍，岂肯以凤翔授人，涉险而争蜀邪！围覃王于奉天。

29 置宁远军于容州，以李克用大将盖寓领节度使。李克用之平王行瑜也，盖寓以功领容管观察使，今升领节度使。

30 秋，七月，加荆南节度使成汭兼侍中。

31 韩建移书李茂贞；茂贞解奉天之围，覃王归华州。

32 以天雄节度使李继徽为静难节度使。李继徽自秦州徙邠州，邠宁亦为李茂贞有矣。难，乃旦翻。

33 庚戌，钱镠还杭州，自越还杭。遣顾全武取苏州；乙未，拔松江；松江，在苏州南四十里，淮南立寨以守之。戊戌，拔无锡；无锡，汉县，唐属常州。九域志，在州东九十一里。辛丑，拔常熟、华亭。宋白曰：常熟县，后汉至吴为司盐都尉，晋置南沙县，梁置常熟县，今昆山县东一百三十里，常熟故城是也。九域志，在苏州北七十五里。天宝十载，分嘉兴置华亭县，属苏州，在州西南；今属秀州。

34 初，李克用取幽州，见二百五十九卷乾宁元年。表刘仁恭为节度使，留戍兵及腹心将十人典其机要，租赋供军之外，悉输晋阳。及上幸华州，克用征兵于仁恭，又遗成德节度使王镕、义武节度使王郜书，遗，唯季翻。郜，音告。欲与之共定关中，奉天子还长安。仁恭辞以契丹入寇，洪遵曰：契丹之读如吃，惟新唐书有音。今从欺讫翻。须兵扞御，请俟虏退，然后承命。克用屡趣之，趣，读曰促。使者相继，数月，兵不出。克用移书责之，仁恭抵书于地，慢骂，囚其使者，欲杀河东戍将，戍将遁逃获免。克用留兵戍幽州，见上卷乾宁二年。克用大怒，八月，自将击仁恭。为克用计者，先举河东之甲以勤王，事定之后，然后移兵临燕以问罪，刘仁恭安所逃其死乎！不知出此，遽兴忿兵，其败宜矣。

35 上欲幸奉天亲讨李茂贞，令宰相议之；宰相切谏，乃止。议者率谓昭宗忿不思难，然亦可悲矣。

36 延王戒丕还自晋阳，戒丕使晋阳见上卷上年。韩建奏："自陛下即位以来，与近辅交恶，近辅，邠、岐、同、华也。皆因诸王典兵，凶徒乐祸，乐，音洛。致銮舆不安。比者臣奏罢兵权，比，毗至翻，近也。实虑不测之变。今闻延王、覃王尚苞阴计，愿陛下圣断不疑，断，丁乱翻。制于未乱，周书云：制治于未乱。建奏引之，李巨川之辞也。则社稷之福。"韩建欲杀诸王久矣，惮李克用，故未敢发。延王既还，知克用之兵不能至，故决请杀之。上曰："何至于是！"数日不报。建乃与知枢密刘季述矫制发兵围十六宅，诸王被发，或缘垣，或升屋，呼【章：十二行本"升"作"登"；"呼"上有"或升木"三字；乙十一行本同；张校同，云无注本脱误与吴本同。】曰："宅家救儿！"被，皮义翻。呼，火故翻。唐末宫中率称天子曰宅家。建拥通、沂、睦、济、韶、彭、韩、陈、覃、延、丹十一王至石堤谷，尽杀之，石堤谷，在华州西。欧阳修集古录云：骰坑君祠，今谓之五部神庙，其像有石堤西戍树谷五楼先生、东台御史王剪将军，莫晓其义。其碑云："石堤树谷，南通商、雒。"又云："前世通利，吏民兴贵，有御史大夫、将军牧伯，故为立祠以报其功。"乃知五部之号，自汉有之。如此，则石堤者，石堤谷之神，五部神之一也。唐韩建杀诸王于石堤谷，盖此谷也。骰坑神祠，在华州郑县。考异曰：旧纪："是日，通、覃以下十一王并其侍者皆为建兵所拥，至石堤谷，无长少，皆杀之。"唐补纪曰："六宅诸王，准前商量，请置殿后都。韩建忿怒，进状争论，与诸王互说短长。上乃缚韩王克良已下十人送韩建府。建以棘刺围于大厅，经宿不与相见。军吏谏，遂请诸王归宫，散却殿后都。"新纪："八月，韩建杀通王滋、沂王湮、韶王、彭王、嗣韩王、嗣陈王、嗣覃王嗣周、嗣延王戒丕、嗣丹王允。"按旧纪韩建奏，睦王、济王、韶王、通王、彭王、韩王、仪王、陈王八人。新宗室传，初帝遣嗣延王戒丕，嗣丹王允往见李克用，又有覃王嗣周，则是十一人。新纪、传"仪"作"沂"。按昭宗子禋封沂王，不应更封宗室。旧纪仪王，恐可据。以谋反闻。

37 贬礼部尚书孙偓为南州司马。秘书监朱朴先贬夔州司马，再贬郴州司户。考异曰：实录："朴贬郴州司户。"薛廷珪凤阁书词有朴自秘书监责除蜀王傅、分司东都制云："苞藏莫顾于朝纲，进见不由于相府。"复云："犹希顾问之间，来挠澄清之化。"又贬渠州司马制云："争臣条奏，宪府极言，指陈负国之谋，忿嫉崇奸之计。"与此稍异。今从实录。朴之为相，何迎骤迁至右谏议大夫，至是亦贬湖州司马。何迎荐朱朴见上卷上年。

38 钟传欲讨吉州刺史襄阳周琲，琲帅其众奔广陵。琲，部浼翻，又蒲昧翻。帅，读曰率。

39 王建与顾彦晖五十馀战，九月，癸酉朔，围梓州。蜀州刺史周德权言于建曰："公与彦晖争东川三年，士卒疲于矢石，百姓困于输挽。挽，音晚。东川群盗多据州县，彦晖懦而无谋，欲为偷安之计，皆啖以厚利，啖，徒滥翻。恃其救援，故坚守不下。今若遣人谕贼帅以祸福，帅，所类翻。来者赏之以官，不服者威之以兵，则彼之所恃，反为我用矣。"建从之，彦晖势益孤。德权，许州人也。

40 丁丑，李克用至安塞军，安塞军在蔚州之东，妫州之西。新志：幽州丁零川西南有安塞军。辛巳，攻之。幽州将单可及引骑兵至，单，上演翻，姓也；又都寒翻，亦姓也。元魏孝文帝改代北内入诸渴单氏为单氏。克用方饮酒，前锋白："贼至矣！"克用醉，曰："仁恭何在？"对曰："但见可及辈。"克用瞋目曰：瞋，昌真翻。"可及辈何足为敌！"亟命击之。是日大雾，不辨人物，幽州将杨师侃伏兵于木瓜涧，据新书，木瓜涧亦在蔚州界。河东兵大败，失亡太半。史言李克用轻敌，又不得天时，故败。会大风雨震电，幽州兵解去。史言克用败而得免者亦天也。克用醒而后知败，责大将李存信等曰："吾以醉废事，汝曹何不力争！"邢州之叛，莘县之溃，木瓜涧之败，皆李存信之罪也。克用终亲任之，可谓失刑矣。

41 湖州刺史李彦徽欲以州附于杨行密，去年杨行密表彦徽知湖州，故欲附之。其众不从；彦徽奔广陵，都指挥使沈攸以州归钱镠。钱镠自此遂有湖州。

42 以彰义节度使张琏为凤翔西北行营招讨使，以讨李茂贞。

43 复以王建为西川节度使、同平章事。加义武节度使王郜同平章事。削夺新西川节度使李茂贞官爵，复姓名宋文通。始以李茂贞之请而讨王建，既而又以茂贞拒命，赦王建而讨茂贞。朝廷号令，朝出而暮改，诸侯其孰尊而信之！皇威不振，自取之也。李茂贞赐姓名见二百五十六卷光启二年。

44 朱全忠既得兖、郓，甲兵益盛，乃大举击杨行密，遣庞师古以徐、宿、宋、滑之兵七万壁清口，清口，即今之清河口。将趋扬州，趋，七喻翻；下同。葛从周以兖、郓、曹、濮之兵壁安丰，将趋寿州，安丰，汉六县，故城在县南；后汉置安丰县；至唐属寿州。九域志曰：安丰县，在州东南六十馀里。盖唐之寿州，治寿春县，即六朝寿阳之地。五代之末，周世宗克寿州，徙治下蔡，故宋朝安丰在寿州东南。全忠自将屯宿州；淮南震恐。

45 匡国节度使李继瑭闻朝廷讨李茂贞而惧，韩建复从而摇之，复，扶又翻。继瑭奔凤翔。冬，十月，以建为镇国、匡国两军节度使。韩建始兼有同、华。

46 壬子，知遂州侯绍帅众二万，乙卯，知合州王仁威帅众千人，戊午，凤翔李继溥以援兵二千，皆降于王建。帅，读曰率。建攻梓州益急。庚申，顾彦晖聚其宗族及假子共饮，遣王宗弼自归于建；王宗弼为东川兵所擒事见上卷二年。酒酣，命其假子瑶杀己及同饮者，然后自杀。僖宗光启三年，顾彦朗得东川，传至弟彦晖，至是而灭。建入梓州，乾宁二年，王建始攻东川，盖三年而后克之。城中兵尚七万人，建命王宗绾分兵徇昌、普等州，以王宗涤为东川留后。

47 刘仁恭奏称："李克用无故称兵见讨，本道大破其党于木瓜涧，请自为统帅以讨克用。"帅，所类翻。诏不许。又遗朱全忠书。遗，唯季翻。全忠奏加仁恭同平章事，朝廷从之。仁恭又遣使谢克用，陈去就不自安之意。克用复书略曰："今公仗钺控兵，理民立法，擢士则欲其报德，选将则望彼酬恩；己尚不然，人何足信！克用言仁恭背己，人亦将背之也。将，即亮翻。仆料猜防出于骨肉，嫌忌生于屏帷，持干将而不敢授人，捧盟盘而何词著誓！"

48 甲子，立皇子秘为景王，祚为辉王，祺为祁王。

49 加彰义节度使张琏同平章事。

50 杨行密与朱瑾将兵三万拒汴军于楚州，别将张训自涟水引兵会之，乾宁二年，杨行密始取涟水，令张训守之。行密以为前锋。庞师古营于清口，或曰："营地污下，不可久处。"不听。污，乌瓜翻。处，昌吕翻。师古恃众轻敌，居常弈棋。朱瑾壅淮上流，欲灌之；或以告师古，师古以为惑众，斩之。十一月，癸酉，瑾与淮南将侯瓒瓒，才旱翻。将五千骑潜渡淮，用汴人旗帜，自北来趣其中军，趣，七喻翻。张训逾栅而入；士卒苍黄拒战，淮水大至，汴军骇乱。行密引大军济淮，与瑾等夹攻之，汴军大败，斩师古及将士首万馀级，馀众皆溃。葛从周营于寿州西北，寿州团练使朱延寿击破之，退屯濠州，闻师古败，奔还。行密、瑾、延寿乘胜追之，及于淠水。水经注：淠水出庐江潜县西南，霍山东北，又东北过六县东，又西北过安丰县故城西，北入于淮。类篇：淠，必至切，水名，在弋阳。按今淠河在来远镇西十里，来远镇即东正阳也，东至寿州二百里。从周半济，淮南兵击之，杀溺殆尽，从周走免。遏后都指挥使牛存节弃马步斗，诸军稍得济淮，凡四日不食，会大雪，汴卒缘道冻馁死，还者不满千人；全忠闻败，亦奔还。行密遗全忠书曰："庞师古、葛从周，非敌也，公宜自来淮上决战。"遗，于季翻。

行密大会诸将，谓行军副使李承嗣曰："始吾欲先趣寿州，趣，七喻翻。副使云不如先向清口，师古败，从周自走，今果如所料。"赏之钱万缗，赏其胜算先定。表承嗣领镇海节度使。行密待承嗣及史俨甚厚，第舍、姬妾，咸选其尤者赐之，故二人为行密尽力，屡立功，竟卒于淮南。为，于伪翻。卒，子恤翻。史言杨行密能用人。安仁义亦沙陀也，行密待之非不厚，而终于叛行密，狼子野心，固自有难驯养者。行密由是遂保据江、淮之间，全忠不能与之争。

51 戊寅，立淑妃何氏为皇后。后，东川人，生德王、辉王。

52 威武节度使王潮弟审知，为观察副使，有过，潮犹加捶挞，捶，止橤翻。审知无怨色。潮寝疾，舍其子延兴、延虹、延丰、延休，命审知知军府事。十二月，丁未，潮薨。审知以让其兄泉州刺史审邽，审邽以审知有功，辞不受。审知自称福建留后，表于朝廷。

53 壬戌，王建自梓州还；戊辰，至成都。

是岁，南诏骠信舜化有上皇帝书函及督爽牒中书木夹，年号中兴。朝廷欲以诏书报之。王建上言："南诏小夷，不足辱诏书。臣在西南，彼必不敢犯塞。"从之。

黎、雅间有浅蛮曰刘王、郝王、杨王，各有部落，黎、雅西南大山长谷，皆蛮居之，所在深远，而三王部落居近汉界，故曰浅蛮。西川岁赐缯帛三千匹，使觇南诏，亦受南诏赂诇成都虚实。缯，慈陵翻。觇，丑廉翻，又丑艳翻。诇，古迥翻，又翾正翻。每节度使到官，三王帅酋长诣府，帅，读曰率。酋，慈由翻。长，知两翻。节度使自谓威德所致，表于朝廷；而三王阴与大将相表里，节度使或失大将心，则教诸蛮纷扰。先是节度使多文臣，先，悉荐翻。不欲生事，故大将常借此以邀姑息，而南诏亦凭之屡为边患。及王建镇西川，绝其旧赐，斩都押牙山行章以惩之。山行章，陈、田旧将，王建因其与浅蛮表里而斩之，既以威示诸蛮，亦除旧务尽。邛崃之南，不置鄣候，不戍一卒，谓邛崃关以南也。蛮亦不敢侵盗。其后遣王宗播击南诏，三王漏泄军事，召而斩之。史言安边之术，惟洞知近塞蕃落情伪而折其奸，则外夷不敢有所侮而动。

54 右拾遗张道古上疏，称："国家有五危、二乱。昔汉文帝即位未几，明习国家事。几，居岂翻。见十三卷汉文帝元年。今陛下登极已十年，帝文德元年践阼，至此十年；若以即位逾年改元数之，则九年。而曾不知为君驭臣之道。太宗内安中原，外开四夷，海表之国，莫不入臣。今先朝封域日蹙几尽。几，居依翻。臣虽微贱，窃伤陛下朝廷社稷始为奸臣所弄，终为贼臣所有也！"汉、唐之亡，诚如张道古之言。上怒，贬道古施州司户。宋白曰：施州，汉巫县地；吴大帝分巫县立沙渠县；后周建德三年于此置施州；唐因之。旧志：施州，京师南二千七百九里。仍下诏罪状道古，宣示谏官。昭宗处艰危之中，犹罪言者，其亡宜矣。道古，青州人也。张道古见于通鉴者惟此事，著其州里，盖伤之。

光化元年（戊午、八九八）是年八月还京，方改元。

1春，正月，两浙、江西、武昌、淄青各遣使诣阙，请以朱全忠为都统，讨杨行密；两浙钱镠，江西钟传，武昌杜洪，淄青王师范，皆惮杨行密之强，而党附朱全忠者也。诏不许。

2加平卢节度使王师范同平章事。淄青，平卢军。

3以兵部尚书刘崇望同平章事，充东川节度使；以昭信防御使冯行袭为昭信节度使。方镇表，光化元年置昭信防御使，治金州，与此异。

4上下诏罪己息兵，复李茂贞姓名官爵，应诸道讨凤翔兵皆罢之。韩建之志也。

5壬辰，河中节度使王珂亲迎于晋阳，迎，鱼敬翻。李克用遣其将李嗣昭守河中。

6李茂贞、韩建皆致书于李克用，言大驾出幸累年，乞修和好，好，呼到翻。同奖王室，兼乞丁匠助修宫室；克用许之。

7初，王建攻东川，顾彦晖求救于李茂贞，茂贞命将出兵救之，事见上。不暇东逼乘舆，诈称改过，与韩建共翼戴天子。及闻朱全忠营洛阳宫，累表迎车驾，茂贞、韩建惧，请修复宫阙，奉上归长安。诏以韩建为修宫阙使。考异曰：实录："建以行宫卑庳，无眺览之所，表献城南别墅。建初修南庄，起楼观，疏池沼，欲为南内，行废立之事。其叔父圭见其跛扈，谓建曰：'汝陈、许间一民，乘时危乱，位至方镇，不能感君父之惠，而欲以同、华两州百里之地行废立，覆族在旦莫矣。吾不如先自裁，免为汝所累。'由是建稍弭其志。及李茂贞表请助营宫苑，又闻朱全忠缮治洛阳，累表迎驾，建惧，故急营葺长安，率诸道助役，而又亲程功焉。"按建若欲废立，何必先营南内！今不取。诸道皆助钱及工材；建使都将蔡敬思督其役。既成，二月，建自往视之。

8 钱镠请徙镇海军于杭州，从之。镇海军本治润州，今迁军额于杭州。

9 复以李茂贞为凤翔节度使。

10 三月，己丑，以王审知充威武留后。

11 朱全忠遣副使万年韦震入奏事，求兼镇天平，朝廷未之许，震力争之；穆、敬以后，威令已不振，然藩镇所遣奏事官不敢力争于朝也。朝廷不得已，以全忠为宣武、宣义、天平三镇节度使。全忠以震为天平留后，以前台州刺史李振为天平节度副使。按欧史李振传，振为金吾卫将军，拜台州刺史。盗起浙东，不果行，乃西归过汴，以策干朱全忠；全忠留之，遂为全忠用。振，抱真之曾孙也。代、德之间，李抱真镇昭义，有大功。

12 淮南将周本救苏州，两浙将顾全武击破之。淮南将秦裴以兵三千人拔昆山而戍之。昆山，汉娄县地；梁分娄县置信义县，又分信义置昆山县，取县界昆山为名；唐属苏州。九域志，在州东七十里。

13 以潭州刺史、判湖南军府事马殷知武安留后。时湖南管内七州，贼帅杨师远据衡州，唐世旻据永州，蔡结据道州，陈彦谦据郴州，鲁景仁据连州，路振九国志：唐旻、蔡结皆以郡人聚兵据郡。陈彦谦桂阳人，杀刺史黄岳，据郴州。鲁景仁本从黄巢，以病留连州，遂据之。帅，所类翻。郴，丑林翻。殷所得惟潭、邵而已。为马殷尽取诸州张本。

14 义昌节度使卢彦威，性残虐，又不礼于邻道；与卢龙节度使刘仁恭争盐利，仁恭遣其子守文将兵袭沧州，彦威弃城，挈家奔魏州；罗弘信不纳，乃奔汴州。光启元年，卢彦威得沧、景，至是而亡。仁恭遂取沧、景、德三州，以守文为义昌留后。仁恭兵势益盛，并幽、沧两镇之兵，故势益盛。自谓得天助，有并吞河朔之志，为守文请旌节，为，于伪翻；下为吾同。朝廷未许。会中使至范阳，仁恭语之曰：语，牛倨翻。“旌节吾自有之，但欲得长安本色耳，何为累章见拒！为吾言之！”其悖慢如此。悖，蒲内翻，又蒲没翻。

15 朱全忠与刘仁恭修好，好，呼到翻。会魏博兵击李克用。夏，四月，丁未，全忠至钜鹿城下，败河东兵万馀人，逐北至青山口。五代志：邢州龙冈县，隋文帝开皇十六年置青山县，炀帝大业初省入龙冈。败，补迈翻。

16 以护国节度使王珂兼侍中。珂，丘何翻。

17 丁卯，朱全忠遣葛从周分兵攻洺州，戊辰，拔之，斩刺史邢善益。

18 五月，己巳朔，赦天下。

19 葛从周攻邢州，刺史马师素弃城走。辛未，磁州刺史袁奉滔自刭。全忠以从周为昭义留后，守邢、洺、磁三州而还。并、汴自此岁争邢、洺、磁三州。

20 以武定节度使李继密为山南西道节度使。李继密自洋州徙兴元。

21 朝廷闻王建已用王宗涤为东川留后，乃召刘崇望还，为兵部尚书，仍以宗涤为留后。

22 湖南将姚彦章言于马殷，请取衡、永、道、连、郴五州，仍荐李琼为将。殷以琼及秦彦晖为岭北七州游弈使，张图英、李唐副之，五州，并潭、邵为七。将兵攻衡州，斩杨师远，引兵趣永州，趣，七喻翻。围之月馀，唐世旻走死。殷以李唐为永州刺史。

23 六月，以濠州刺史赵珝为忠武节度使。珝，犨之弟也。珝，况羽翻。犨，昌牛翻。

24 秋，七月，加武贞节度使雷满同平章事，方镇表：光化元年，置武贞节度，领澧、朗、溆三州，治澧州。加镇南节度使钟传兼侍中。

25 忠义节度使赵匡凝闻朱全忠有清口之败，忠义军，山南东道。

清口之败见去年十一月。阴附于杨行密。全忠遣宿州刺史尉氏氏叔琮将兵伐之，丙申，拔唐州，擒随州刺史赵匡璘，败襄州兵于邓城。败，补迈翻。

26 八月，庚戌，改华州为兴德府。以车驾驻跸故也。

27 戊午，汴将康怀贞袭邓州，克之，擒刺史国湘。赵匡凝惧，遣使请服于朱全忠，全忠许之。为朱全忠再攻赵匡凝张本。

28 己未，车驾发华州；壬戌，至长安；甲子，赦天下，改元。改元光化。

上欲藩镇相与辑睦，以太子宾客张有孚为河东、汴州宣慰使，赐李克用、朱全忠诏，又令宰相与之书，使之和解。克用欲奉诏，而耻于先自屈，乃致书王镕，使通于全忠；全忠不从。朱全忠兵力方强，故不从。

29 九月，乙亥，加韩建守太傅、兴德尹；先是，上驻跸华州，因以华州为兴德府。加王镕兼中书令，罗弘信守侍中。

30 己丑，东川留后王宗涤言于王建，以东川封疆五千里，文移往还，动逾数月，请分遂、合、泸、渝、昌五州别为一镇；建表言之。

31 顾全武攻苏州；城中及援兵食皆尽，甲申，淮南所署苏州刺史台濛弃城走，金城汤池，非粟不守，台濛虽淮南良将，奈之何哉！援兵亦遁。全武克苏州，乾宁三年，淮南陷苏州，今果如顾全武之言而复之。追败周本等于望亭。九域志：常州无锡县有望亭镇，在苏州北四十五里，又四十五里至无锡。败，补迈翻。独秦裴守昆山不下，全武帅万馀人攻之；帅，读曰率。裴屡出战，使病者被甲执矛，壮者彀弓弩，全武每为之却。见其弓弩之力及远，故为之却。彀，居候翻。为，于伪翻。全武檄裴令降。降，户江翻；下同。全武尝为僧，裴封函纳款，全武喜，召诸将发函，乃佛经一卷，全武大惭，曰：

"裴不忧死，何暇戏予！"益兵攻城，引水灌之，城坏，食尽，裴乃降。钱镠设千人馔以待之，馔，雏皖翻，又雏恋翻。乃出，"乃"，当作"及"。【章：乙十一行本正作"及"。】羸兵不满百人。观通鉴上文，秦裴以三千人取昆山而守之，及其降也，羸兵不满百人，则其兵死于战守者殆尽，其存者仅三十之一耳。镠怒曰："单弱如此，何敢久为旅拒！"旅，众也。怙众而拒捍，曰旅拒。对曰："裴义不负杨公，今力屈而降耳，非心降也。"镠善其言。顾全武亦劝镠宥之，镠从之。时人称全武长者。顾全武甚识而度，所以能佐钱镠保据一方。长，知两翻。

32 魏博节度使罗弘信薨，考异曰：薛居正五代史梁纪、弘信传、太祖纪年录皆云弘信八月卒。按八月昭宗还京，弘信犹加官。旧纪、传九月卒，今从之。实录十月，约奏到也。军中推其子节度副使绍威知留后。

33 汴将朱友恭将兵还自江、淮，过安州，朱友恭克黄州，还过安州。九域志：黄州西至安州三百里。或告刺史武瑜潜与淮南通，谋取汴军，冬，十月，己亥，友恭攻而杀之。

34 李克用遣其将李嗣昭、周德威将步骑二万出青山，将复山东三州。山东三州，邢、洺、磁也；是年五月，葛从周取之。壬寅，进攻邢州；葛从周出战，大破之。嗣昭等引兵退入青山，从周追之，将扼其归路；步兵自溃，嗣昭不能制。会横冲都将李嗣源以所部兵至，薛史明宗纪曰：罗弘信袭破李存信于莘县，帝奋命殿军而还，武皇嘉其功，即以所属五百骑号曰横冲都。谓嗣昭曰："吾辈亦去，则势不可支矣，我试为公击之。"为，于伪翻。嗣昭曰："善！我请从公后。"嗣源乃解鞍厉镞，乘高布陈，陈，读曰阵。左右指画，邢人莫之测。嗣源直前奋击，嗣昭继之，从周乃退。德威，马邑人也。马邑，秦、汉旧县名，久废；开元五年，分朔州善阳县，置马邑县于古大同军城，属朔州。

35 癸卯，以威武留后王审知为节度使。

36 以罗绍威知魏博留后。

37 丁巳，以东川留后王宗涤为节度使。

38 加佑国节度使张全义兼侍中。

39 王珙引汴兵寇河中，珙，居勇翻。王珂告急于李克用；克用遣李嗣昭救之，败汴兵于胡壁，九域志：河中府荣河县有胡壁镇。荣河，唐宝鼎县也，宋祥符中更名。败，补迈翻。汴人走。

前常州刺史王柷，柷，之六翻。性刚介，有时望；诏征之，时人以为且入相。相，息亮翻。过陕，王柷就征，道过陕州。陕，失冉翻。王珙延奉甚至，请叙子侄之礼拜之，柷固辞不受。珙怒，珙以柷同姓，年辈在前行，且入相，请叙子侄之礼，以亲结之，而柷辞不受。珙以柷薄其门地本出寒微而绝之也，故怒。使送者杀之，考异曰：柷为给事中并遇害，旧纪、实录皆无年月，今因珙伐河中事附此。并其家人悉投诸河，掠其资装，以覆舟闻。朝廷不敢诘。史言唐之威令不行，藩镇暴横，王柷罹其虐杀而不敢问。诘，去吉翻。

40 闰月，钱镠以其将曹圭为苏州制置使，遣王球攻婺州。

41 十一月，甲寅，立皇子祯为雅王，祥为琼王。

42 以魏博留后罗绍威为节度使。

43 衢州刺史陈岌请降于杨行密，钱镠使顾全武讨之。降，户江翻。

44 朱全忠以奉国节度使崔洪与杨行密交通，淮西，淮南邻道也。遣其将张存敬攻之；洪惧，请以弟都指挥使贤为质，质，音致。考异曰：十国纪年："洪托以将士不受节制，遣兄贤质于汴。"按旧纪，"十月，汴将张存敬以兵袭蔡州，刺史崔洪纳款，请以弟贤质于汴，许之。"实录亦云"弟贤"，今从之。且言："将士顽悍，悍，下罕翻，又侯旰翻。不受节制，请遣二千人诣麾下从征伐。"全忠许之，为朱全忠遣崔贤征兵、蔡将杀贤劫洪奔淮南张本。召存敬还。存敬，曹州人也。

45 十二月，昭义节度使薛志勤薨。

李克用之平王行瑜也，见上卷乾宁二年。李罕之求邠宁于克用。克用曰："行瑜恃功邀君，故吾与公讨而诛之。昨破贼之日，吾首奏趣苏文建赴镇。事见同上。趣，读曰促。今才达天听，遽复二三，复，扶又翻；下同。朝野之论，必喧然谓吾辈复如行瑜所为也。吾与公情如同体，固无所爱，俟还镇，当更为公论功赏耳。"为，于伪翻；下同。罕之不悦而退，私于盖寓曰："罕之自河阳失守，依托大庇，盖，古盍翻。李罕之失河阳见二百五十七卷僖宗文德元年。岁月已深。比来衰老，比，毗至翻，近也。倦于军旅，若蒙吾王与太傅哀愍，王，谓李克用，太傅，谓盖寓。赐一小镇，使数年之间休兵养疾，然后归老闾阎，幸矣。"寓为之言，克用不应。每藩镇缺，议不及罕之，罕之甚郁郁。寓恐其有他志，亟为之言，亟，去吏翻，频也，数也。克用曰："吾于罕之岂爱一镇，但罕之，鹰也，饥则为用，饱则背飞！"祖曹操驾御吕布之意而言之。背，蒲妹翻。

及志勤薨，旬日无帅，罕之擅引泽州兵夜入潞州，据之，九域志：泽州北至潞州一百六十五里。帅，所类翻。以状白克用，曰："薛铁山死，薛志勤从克用起代北，初名铁山。州民无主，虑不逞者为变，故罕之专命镇抚，取王裁旨。"裁旨者，旨裁其可否也。克用怒，遣人让之。罕之遂遣其子【章：十二行本"子"下有"颢"字；乙十一行本同；孔本同；张校同。】请降于朱全忠，执河东将马溉等及沁州刺史傅瑶送汴州。克用遣李嗣昭将兵讨之，自此，李克用不能与朱全忠争邢、洺、磁而争泽、潞矣。嗣昭先取泽州，收罕之家属送晋阳。先取泽州，既掩李罕之不备，且俘其家。史言李嗣昭用兵有方略。

46 杨行密遣成及【章：十二行本"及"下有"等"字；乙十一行本同。】归两浙以易魏约等，淮南禽成及见上卷乾宁三年。两浙擒魏约见上去年四月。杨、钱争苏州，台濛、周本、秦裴皆淮南名将也，为浙人所困，终不能守。杨行密知钱镠未易可轻，故归成及以易魏约，意在讲解也。钱镠许之。钱镠亦自知不如杨行密之强，故许之之速。

47 韶州刺史曾衮举兵攻广州，州将王瓌帅战舰应之；帅，读曰率。清海行军司马刘隐一战破之。韶州将刘潼复据浈、浛，复，扶又翻。浈、浛当在韶州浈昌县界。或曰：刘潼据浈阳、浛洭二县之间。浈，痴贞翻。浛，胡南翻。隐讨斩之。

二年（己未、八九九）

1 春，正月，丁未，中书侍郎兼吏部尚书【章：十二行本“书”下有“同平章事”四字；乙十一行本同；孔本同；张校同。】崔胤罢守本官；以兵部尚书陆扆同平章事。崔胤、陆扆迭为拜罢。

2 朱全忠表李罕之为昭义节度使，又表权知河阳留后丁会、武宁留后王敬荛、荛，如招翻。彰义留后张珂并为节度使。河阳、武宁皆附属朱全忠，独张珂在泾州，而为之请节钺，亦所以结之。

3 杨行密与朱瑾将兵数万攻徐州，军于吕梁，朱全忠遣骑将张归厚救之。

4 刘仁恭发幽、沧等十二州兵十万，十二州：幽、涿、瀛、莫、平、营、蓟、妫、檀、沧、景、德也。幽州巡属更有蔚、新、武三州，刘仁恭留以备河东，不发其兵。欲兼河朔；攻贝州，拔之，城中万馀户，尽屠之，投尸清水。清水，即清河之水。由是诸城各坚守不下。仁恭进攻魏州，营于城北；魏博节度使罗绍威求救于朱全忠。

5 朱全忠遣崔贤还蔡州，崔洪以弟贤为质，见上年。发其兵二千诣大梁。二月，蔡将崔景思等杀贤，劫崔洪，悉驱兵民渡淮奔杨行密。兵民稍稍遁归，安土重迁，人情之常也。至广陵者不满二千人。全忠命许州刺史朱友裕守蔡州。

6 朱全忠自将救徐州，杨行密闻之，引兵去；汴人追及之于下邳，下邳，古县，唐属徐州。九域志，在徐州东一百八十里。杀千馀人。全忠行至辉州，是年，朱全忠表以宋州之砀山、虞城、单父，曹州之成武，置辉州，即单州之封域也。闻淮南兵已退，乃还。

7 三月，朱全忠遣其将李思安、张存敬将兵救魏博，屯于内黄；九域志：内黄县在魏州西南二百一十四里。癸卯，全忠以中军军于滑州。刘仁恭谓其子守文曰："汝勇十倍于思安，当先虏鼠辈，后擒绍威耳！"乃遣守文及其妹婿单可及将精兵五万击思安于内黄。丁未，思安使其将袁象先伏兵于清水之右，淇水东过内黄，谓之白沟水，亦谓之清河水。思安逆战于繁阳，繁阳，汉古县，唐并省入内黄。杜佑曰：汉繁阳县故城在内黄县西北。阳不胜而却；守文逐之，及内黄之北，思安勒兵还战，伏兵发，夹击之。幽州兵大败，斩可及，杀获三万人，守文仅以身免。可及，幽州骁将，号"单无敌"，燕军失之丧气。李克用轻单可及而有木瓜涧之败，刘仁恭轻李思安而单可及丧元，是以用兵者戒于轻敌。丧，息浪翻。思安，陈留人也。

时葛从周自邢州将精骑八百已入魏州。戊申，仁恭攻上水关、馆陶门，馆陶门，魏州城北门，由此门出，趣馆陶县，因以为门名。从周与宣义牙将贺德伦出战，顾门者曰："前有大敌，不可返顾。"命阖其扉。阖，辖腊翻。扉，门扇也。从周等殊死战，仁恭复大败，复，扶又翻；下同。擒其将薛突厥、王郐郎。郐，古外翻。明日，汴、魏乘胜合兵击仁恭，破其八寨，仁恭父子烧营而遁。汴、魏之人长驱追之，至临清，拥其众入永济渠，杀溺不可胜纪。胜，音升。镇人亦出兵邀击于东境，镇人，王镕之兵，深、冀，赵之东境。自魏至沧五百里间，僵尸相枕。僵，居良翻。枕，职任翻。仁恭自是不振，而全忠益横矣。幽、并之兵势皆挫，故全忠益横。横，户孟翻。德伦，河西胡人也。薛史：贺德伦，其先河西部落人，父怀庆，隶滑州军，为小校，故德伦少为滑牙将。

刘仁恭之攻魏州也，罗绍威遣使修好于河东，好，呼到翻。且求救。壬午，李克用遣李嗣昭将兵救之。会仁恭已为汴兵所败，败，补迈翻。绍威复与河东绝，自李存信莘县之败，魏与并绝矣，今因求救而通好；并兵未至，而汴人有功，故复与并绝。嗣昭引还。

8 葛从周乘破幽州之势，自土门攻河东，拔承天军；别将氏叔琮自马岭入，马岭，在太原府太谷县东南八十里。拔辽州乐平，晋分汉沾县置乐平县，唐属辽州。进军榆次；榆次，古县，唐属太原府。李克用遣内牙军副周德威击之。

叔琮有骁将陈章，号“陈夜叉”，为前锋，俗言阴府有鬼使曰夜叉；时人以陈章鸷悍可畏如夜叉然，因称之。请于叔琮曰：“河东所恃者周杨五，周德威小字杨五。请擒之，求一州为赏。”克用闻之，以戒德威，德威曰：“彼大言耳。”战于洞涡，洞涡水出沾县北山，东流南屈，过受阳县故城东，西过榆次县南。此据水经注也。魏收地形志：“同过水一出木瓜岭，一出沾岭，一出大廉山，一出原过祠下，五水合流，故曰同过。”后语转为洞涡。按高欢建大丞相府于晋阳，魏收已策名霸府。齐受魏禅，以晋阳为别都。魏收多从其主往来晋阳宫，宜知地名之的。德威微服往挑战，挑，徒了翻。谓其属曰：“汝见陈夜叉即走。”章果逐之，德威奋铁楇击之坠马，楇，侧瓜翻。生擒以献。因击叔琮，大破之，斩首三千级。叔琮弃营走，德威追之，出石会关，又斩千馀级。从周亦引还。

9 丁巳，朱全忠遣河阳节度使丁会攻泽州，下之。去年十二月，河东兵取泽州。考异曰：实录：“丁巳，葛从周复取泽州。”按编遗录：“丁巳，河阳丁会收复泽州。”实录云从周，误也。唐太祖纪年录：“三月，周德威败氏叔琮于洞涡驿。先是逆温令丁会将兵助李罕之，戍潞州。至是，葛从周复入潞州以代丁会，贼复陷我泽州。”梁实录、薛史梁纪皆云六月方遣从周入潞州，纪年录于此连言后事耳。

10 婺州刺史王坛为两浙所围，去年闰月，两浙兵攻婺州。求救于宣歙观察使田頵，按宣歙观察，先是已升宁国军，以田頵为节度使。歙，书涉翻。夏，四月，頵遣行营都指挥使康儒等救之。

11 五月，甲午，置武信军于遂州，以遂、合等五州隶之。王建之志也。

12 李克用遣蕃、汉马步都指挥使李君庆将兵攻李罕之，己亥，围潞州。朱全忠出屯河阳，辛丑，遣其将张存敬救之，壬寅，又遣丁会将兵继之；大破河东兵，君庆解围去。克用诛君庆及其裨将伊审、李弘袭；以李嗣昭为蕃、汉马步都指挥使，代之攻潞州。

13 庚戌，康儒等败两浙兵于龙丘，龙丘，本汉太末县，贞观八年更名龙丘，即今龙游县。九域志：属衢州，在州东七十五里。败，补迈翻。擒其将王球，王球为主将，以攻婺州而见擒于龙丘，盖以浙兵逆与宣兵战也。遂取婺州。景福元年，王坛得婺州，至是失之。

14 六月，乙丑，李罕之疾亟。亟，纪力翻。丁卯，全忠表罕之为河阳节度使，以丁会为昭义节度使；未几，几，居岂翻。又以其将张归霸守邢州，遣葛从周代会守潞州。考异曰：编遗录："六月，乙丑，李罕之疾甚，请归河阳。丁卯，上令抽大军回，以丁会权制置，绥怀上党，上乃东归。"不言遣从周入潞。薛居正五代史梁纪："六月，帝表丁会为潞州节度使，以李罕之疾亟故也。又遣葛从周由固镇路入于潞州，以援丁会。"梁实录、后唐纪皆云代会。自此至潞州破，贺德伦走，不复见会名。或者李罕之既卒，复召会守河阳，以从周代之，不可知也。今因会镇潞，终言之。

15 以西川大将王宗佶为武信节度使。王建之请也。宗佶，本姓甘，洪州人也。

16 丁丑，李罕之薨于怀州。李罕之自潞州赴河阳，至怀州而卒。

17 保义节度使王珙，性猜忍，虽妻子亲近，常不自保；至是军乱，为麾下所杀，僖宗中和初，王重盈镇陕，传子珙，至是而亡。推都将李璠为留后。璠，音烦。

18 秋，七月，朱全忠海州戍将陈汉宾请降于杨行密。淮海游弈使张训以汉宾心未可知，与涟水防遏使庐江王绾将兵二千直趣海州，遂据其城。杨行密自此遂有海州。趣，七喻翻。

19 加荆南节度使成汭兼中书令。

20 马殷遣其将李唐攻道州，蔡结聚群蛮，伏兵于隘以击之，大破唐兵。唐曰："蛮所恃者山林耳，若战平地，安能败我！"败，补迈翻。乃命因风燔林，火烛天地，群蛮惊遁，遂拔道州，擒结，斩之。

21 朱全忠召葛从周于潞州，使贺德伦守之。八月，丙寅，李嗣昭引兵至潞州城下，分兵攻泽州。己巳，汴将刘玘弃泽州走，河东兵进拔天井关，以李孝璋为泽州刺史。"李孝璋"，当作"李存璋"。贺德伦闭城不出，李嗣昭日以铁骑环其城，捕刍牧者，环，音宦。附城三十里禾黍皆刈之。乙酉，德伦等弃城宵遁，趣壶关，贺德伦之兵既不得出城刍牧，城外禾黍又空，粮援俱绝，宜其遁也。九域志：壶关县在潞州东二十五里。趣，七喻翻。河东将李存审李存审，即符存审。伏兵邀击之，杀获甚众。葛从周以援兵至，闻德伦等已败，乃还。

22 九月，癸卯，以凤翔节度使李茂贞为凤翔、彰义节度使。是年，春正月，朱全忠表张珂为彰义节度使。张氏镇泾州，凡三帅矣，今命李茂贞兼领之。

23 李克用表汾州刺史孟迁为昭义留后。为孟迁以潞州叛李克用张本。

24 淄青节度使王师范以沂、密内叛，当是时，朱全忠尽有河南一道之地，王师范亦附属焉。若沂、密内叛，将安归邪？又不乞师于全忠而乞师于杨行密，此事当考。乞师于杨行密。冬，十月，行密遣海州刺史台濛、副使王绾将兵助之，拔密州，归于师范；将攻沂州，先使觇之，觇，丑廉翻。曰："城中皆偃旗息鼓。"绾曰："此必有备，而救兵近，不可击也。"诸将曰："密已下矣，沂何能为！"绾不能止，乃伏兵林中以待之。诸将攻沂州不克，救兵至，引退；此救兵果谁兵欤？州兵乘之，绾发伏击败之。败，补迈翻。

25 十一月，陕州都将朱简杀李璠，自称留后，附朱全忠，仍请更名友谦，预于子侄。朱全忠又兼有陕、虢。更，工衡翻。

26 加忠义节度使赵匡凝兼中书令。

27 马殷遣其将李琼攻郴州，执陈彦谦，斩之；进攻连州，鲁景仁自杀，湖南皆平。马殷始尽有湖南之地。

28 十二月，加魏博节度使罗绍威同平章事。

王崇武标点容肇祖聂崇岐覆校

资治通鉴卷第二百六十二

端明殿学士兼翰林侍读学士太中大夫
提举西京嵩山崇福宫上柱国河内郡开国公 司马光 奉敕编集
食邑二千二百户食实封九百户赐紫金鱼袋臣

后学天台 胡三省 音注

唐纪七十八 起上章涒滩（庚申），尽重光作噩（辛酉），凡二年。

昭宗圣穆景文孝皇帝中之中

光化三年（庚申、九〇〇）

1 春，正月，宣州将康儒攻睦州；宣州将，田頵所遣将也。钱镠使其从弟銶拒之。从，才用翻。銶，音求。

2 二月，庚申，以西川节度使王建兼中书令。

3 壬申，加威武节度使王审知同平章事。

4 壬午，以吏部尚书崔胤同平章事，充清海节度使。

5 李克用大发军民治晋阳城堑，惧朱全忠之攻逼也。治，直之翻。押牙刘延业谏曰："大王声振华、夷，宜扬兵以严四境，不宜近治城堑，损威望而启寇心。"克用谢之，赏以金帛。

6 夏，四月，加定难军节度使李承庆同平章事。难，乃旦翻。

7 朱全忠遣葛从周帅兖、郓、滑、魏四镇兵十万击刘仁恭，帅，读曰率。五月，庚寅，拔德州，斩刺史傅公和；己亥，围刘守文于沧州。仁恭复遣使卑辞厚礼求援于河东，复，扶又翻。李克用遣周德威将五千骑出黄泽，攻邢、洺以救之。黄泽关，在辽州辽山县黄泽岭。

8 邕州军乱，逐节度使李𬭎；懿宗咸通三年，升邕管经略使为岭南西道节度使。𬭎，呼会翻。𬭎借兵邻道讨平之。

9 六月，癸亥，加东川节度使王宗涤同平章事。

10 司空、门下侍郎、同平章事王抟，明达有度量，时称良相。以其时言之，称为良相，所谓彼善于此也。上素疾宦官枢密使宋道弼、景务修专横，横，户孟翻。崔胤日与上谋去宦官，去，羌吕翻。宦官知之。由是南、北司益相憎嫉，各结藩镇为援以相倾夺。抟恐其致乱，从容言于上曰：从，千容翻。"人君当务明大体，无所偏私。宦官擅权之弊，谁不知之！顾其势未可猝除，宜俟多难渐平，以道消息。难，乃旦翻。以道消息者，言恶者以渐杀其势，则久而自消；善者以渐培其根，则久而自长。愿陛下言勿轻泄以速奸变。"胤闻之，谮抟于上曰："王抟奸邪，已为道弼辈外应。"上疑之。及胤罢相，去年胤罢相，见上卷。意抟排己，愈恨之。及出镇广州，遗朱全忠书，具道抟语，是年二月，出胤广州，抟语即从容言于上者。遗，唯季翻。令全忠表论之。全忠上言："胤不可离辅弼之地；上，时掌翻；下连上同。离，力智翻。抟与敕使相表里，同危社稷。"表连上不已。上虽察其情，迫于全忠，不得已，胤至湖南复召还。复，扶又翻。丁卯，以胤为司空、门下侍郎、同平章事，抟罢为工部侍郎。以道弼监荆南军，务修监青州军。监，古衔翻。戊辰，贬抟溪州刺史；己巳，又贬崖州司户；道弼长流驩州，务修长流爱州；是日，皆赐自尽。抟死于蓝田驿，道弼、务修死于霸桥驿。蓝田驿在蓝田县。霸桥驿在长安城南，近霸桥。于是胤专制朝政，势震中外，朝，直遥翻。宦官皆侧目，不胜其愤。为刘季述、韩全海之乱张本。胜，音升。

11 刘仁恭将幽州兵五万救沧州，营于乾宁军，乾宁军，在沧州西一百里，盖乾宁间始置此军也。宋白曰：乾宁军，本古芦台军地，后为冯桥镇，临御河之岸，接沧、幽二州之界。周显德六年，收复关南，始建为乾宁军。九域志云：太平兴国七年始置军。葛从周留张存敬、氏叔琮守沧州寨，自将精兵逆战于老鸦堤，老鸦堤，在乾宁军东南。大破仁恭，斩首三万级，仁恭走保瓦桥。瓦桥，在涿州归义县南，至莫州三十里。宋白曰：瓦桥亦谓之瓦子济桥，在涿州南，易州东。周显德收复三关，以其地控幽、蓟，建为雄州。秋，七月，李克用复遣都指挥使李嗣昭将兵五万攻邢、洺以救仁恭，败汴军于内丘。复，扶又翻。败，补迈翻；下同。范成大北使录，内丘县至邢州三十五里。考异曰：唐太祖纪年录："七月，嗣昭攻尧山，至内丘，遇汴军三千，战败之，擒其将李瓌。"薛居正五代史后唐纪与纪年录同。惟唐末见闻录：八月二十五日，嗣昭领马步五万取马岭，进军下山东，某日山东告捷，收得洺州。九月二日，嗣昭兵士失利却回。"新纪："八月，庚辰，陷洺州。"薛史唐纪："九月，嗣昭弃城归。"盖据此也。按编遗录，八月中云，"前月二十五日，上于球场飨士，忽有大风骤起，占者云贼风。果于是时李进通领蕃寇出攻洺州。"然则嗣昭出兵，乃七月二十五日也。编遗录又曰："八月，乙丑，出兵救洺州。"乙丑，九日也。又进通败奔归太原在八月，见闻录误。今从编遗录、纪年录、梁纪。王镕遣使和解幽、汴，会久雨，朱全忠召从周还。沧州下湿，雨水，难以驻军，且欲救邢、洺，故召还。

12 庚戌，以昭义留后孟迁为节度使。

13 甲寅，以西川节度使王建兼东川、信武军两道都指挥制置等使。时置武信军于遂州。"信武"，当作"武信"。王建兼指挥制置两道，则可以制宗涤、宗佶，盖讽朝廷以此命之。

14 八月，李嗣昭又败汴军于沙门河，"沙门河"，疑当作"沙河"，即邢州沙河县也。考异曰：编遗录："七月二十五日，李进通领蕃寇出并州来攻洺州。八月乙丑，发大军救应之。上寻亦自领衙军相继北征，翌日，达滑台。军前驰报，洺州已陷，刺史朱绍宗因逾堞，堕而伤足，为贼所擒。"唐太祖纪年录："八月，李嗣昭又遇汴军于沙门河，击而败之。进攻洺州，刺史朱绍宗挈其族夜遁，我师追及，擒之。"唐末见闻录："八月二十五日，嗣昭进军下山东，某日山东告捷，收得洺州，捉得刺史朱温侄男。"旧纪："八月，庚辰，嗣昭攻洺州，下之。”薛史梁纪：“八月，河东遣李进通袭陷洺州。”新纪亦在庚辰，乃二十五日也。实录在九月，约奏到。今从编遗录。进攻洺州。乙丑，朱全忠引兵救之，未至，嗣昭拔洺州，擒刺史朱绍宗。全忠命葛从周将兵击嗣昭。

15 宣州将康儒食尽，自清溪遁归。康儒是年正月攻睦州。清溪，汉歙县地，后分置新安县，隋改为雉山，文明元年，复为新安，开元二十年，改为还淳，永贞元年，避宪宗名，改曰清溪，属睦州。九域志：县在州西一百六十六里。

16 九月，葛从周自邺县渡漳水，营于黄龙镇；朱全忠自将中军三万涉洺水置营。李嗣昭弃城走，弃洺州城而走。从周设伏于青山口，邀击，大破之。考异曰：唐太祖纪年录：“葛从周攻洺州，嗣昭弃城而归。是役也，王郃郎、杨师悦陷贼，洺州复为汴有。”唐末见闻录：“九月二日，嗣昭兵士失利却回，被汴州捉到王郃郎。”编遗录、薛居正五代史梁纪：“八月，帝遣葛从周屯黄龙镇，亲领中军涉洺而寨，晋人惧而宵遁，洺州复平。”唐纪：“九月，汴帅自将兵三万围洺州，嗣昭弃城而归，葛从周伏青山口，嗣昭军不利。”实录：“九月，嗣昭弃洺州，败于青山口。”今从唐末见闻录、唐纪、实录。按考异所录唐纪，盖后唐纪。

17 崔胤以太保、门下侍郎、同平章事徐彦若位在己上，恶之；恶，乌路翻。彦若亦自求引去。徐彦若可谓知遥增击而去之之意者。时藩镇皆为强臣所据，惟嗣薛王知柔在广州，知柔镇广州见二百六十卷乾宁元年。乃求代之。乙巳，以彦若同平章事，充清海节度使。初，荆南节度成汭以澧、朗本其巡属，为雷满所据，肃宗至德二载，置荆南节度，领荆、澧、朗、郢、复、夔、峡、忠、万、归十州，其后增领分隶不一，自雷满据澧、朗，又分置武贞军节度。屡求割隶荆南，朝廷不许，汭颇怨望。薛史曰：汭奏请割隶，彦若为相，执不行，汭由是衔之。及彦若过荆南，汭置酒，从容以为言。从，千容翻。彦若曰：“令公位尊方面，自比桓、文，成汭进中书令，故称之为令公。雷满小盗不能取，乃怨朝廷乎！”汭甚惭。

18 丙午，中书侍郎兼吏部尚书、同平章事崔远罢守本官，以刑部尚书裴贽为中书侍郎、同平章事。贽，坦之弟子也。裴坦见二百五十一卷懿宗咸通十年。

19 升桂管为静江军，以经略使刘士政为节度使。

20 朱全忠以王镕与李克用交通，移兵伐之，自洺州移兵伐赵。下临城，逾滹沱，攻镇州南门，焚其关城。全忠自至元氏，镕惧，遣判官周式诣全忠请和。全忠盛怒，谓式曰："仆屡以书谕王公，竟不之听！今兵已至此，期于无舍！"式曰："镇州密迩太原，镇州与太原仅隔山耳。九域志：镇州西距太原四百三十里。困于侵暴，李克用自得河东以来，屡攻赵。四邻各自保，莫相救恤，王公与之连和，乃为百姓故也。为，于伪翻；下为人、为之同。今明公果能为人除害，则天下谁不听命，岂惟镇州！明公为唐桓、文，当崇礼义以成霸业；若但穷威武，则镇州虽小，城坚食足，明公虽有十万之众，未易攻也！况王氏秉旄五代，庭凑、元逵、绍鼎、绍懿、景崇及镕为五世，盖绍鼎、绍懿兄弟也，共为一世。时推忠孝，人欲为之死，庸可冀乎！"全忠笑揽式袂，延之帐中，曰："与公戏耳！"周式之说朱全忠，犹屈完之说齐桓公也；而当时汴、镇攻守之势，诚亦如此。全忠易怒为笑而延之，以其言中其要害也。乃遣客将开封刘捍入见镕，客将，主宾客，掌通名赞谒。镕以其子节度副使昭祚及大将子弟为质，质，音致。以文缯二十万犒军；文缯，绢之有文者，今谓之花绢。全忠引还，以女妻昭祚。还，从宣翻，又如字。妻，七细翻。

成德判官张泽言于王镕曰："河东，勍敌也，勍，渠京翻。今虽有朱氏之援，譬如火发于家，安能俟远水乎！彼幽、沧、易定，犹附河东，不若说朱公乘胜兼服之，幽，刘仁恭；沧，刘守文；易定，王郜。说，式芮翻；下同。使河北诸镇合而为一，则可以制河东矣。"镕复遣周式往说全忠。复，扶又翻。全忠喜，遣张存敬会魏博兵击刘仁恭；甲寅，拔瀛州；冬，十月，丙辰，拔景州，执刺史刘仁霸；辛酉，拔莫州。

21 静江节度使刘士政闻马殷悉平岭北，湖南之地在五岭之北。大惧，遣副使陈可璠屯全义岭以备之。璠，孚袁翻。武德四年，分始安置临源县，大历三年，更名全义，属桂州。国朝改全义为兴安县，在桂州东北一百五十里。殷遣使修好于士政，好，呼到翻。可璠拒之；殷遣其将秦彦晖、李琼等将兵七千击士政。湖南军至全义，士政又遣指挥使王建武屯秦城。范成大桂海虞衡志曰：秦城在桂林城北八十里，相传以为始皇发戍五岭之地。城在湘水之南，灕、漓二水之间，遗址尚存，石甃亦无恙。城北二十里有严关，群山环之，鸟道不可方轨。秦取百粤，以其地为桂林、象郡，而戍兵乃止湘南。盖岭有喉衿在是，稍南又不可以宿兵也。可璠掠县民耕牛以犒军，县民怨之，请为湖南乡导，犒，苦到翻。乡，读曰向。曰："此西南有小径，距秦城才五十里，仅通单骑。"彦晖遣李琼将骑六十、步兵三百袭秦城，中宵，逾垣而入，擒王建武，比明，复还，絏之以练，造可璠壁下示之，比，必利翻，及也。絏，充夜翻，絷缚也。造，七到翻。可璠犹未之信；斩其首，投壁中，桂人震恐。琼因勒兵击之，擒可璠，降其将士二千，皆杀之。引兵趣桂州，趣，七喻翻；下同。自秦城以南二十馀壁皆望风奔溃，遂围桂州；数日，士政出降，乾宁二年，刘士政袭据桂州，至是而败。桂、宜、岩、柳、象五州宜州之地，秦属象郡，汉属交趾、日南二郡界，后没于蛮。唐初，开置粤州，乾封中，更曰宜州。皆降于湖南。马殷又兼有桂管。考异曰：唐烈祖实录、新唐书本纪、路振九国志楚世家皆云光化二年殷克桂州。马氏行年记及王举大定录云天复元年。惟曹衍湖湘马氏故事云："天复甲子，宣晟自安州入桂州。天佑四年丁卯，十二月，收岭北七州；明年十月，平桂州。"差缪极甚。新唐书方镇表："光化三年，升桂管经略使为静江节度使。"而本纪："乾宁二年，安州防御使宣晟陷桂州，静江军节度使周元静部将刘士政死之。"岁月既已倒错，又以士政为元静部将同死，尤为乖误。今据武安节度掌书记林崇禧撰武威王庙碑云："我王临位五岁而桂林归款。”自乾宁三年至光化三年，五年矣，又与实录合，故从之。马殷以李琼为桂州刺史；未几，几，居岂翻。表为静江节度使。

22 张存敬攻刘仁恭，下二十城，将自瓦桥趣幽州，道泞不能进；泞，乃定翻，泥淖也。乃引兵西攻易定，辛巳，拔祁州，景福二年，王处存表以定州无极、深泽二县置祁州。杀刺史杨约。

23 癸未，以保义留后朱友谦为节度使。朱全忠请之也。

24 张存敬攻定州，义武节度使王郜郜，居号翻。遣后院都知兵马使王处直将兵数万拒之。唐中世以来，方镇多置后院兵。处，昌吕翻。处直请依城为栅，俟其师老而击之。孔目官梁汶曰："昔幽、镇兵三十万攻我，汶，音问，薛史作"问"。僖宗光启元年，幽州李可举、镇州王镕攻王处存，事见二百五十六卷。于时我军不满五千，一战败之。败，补迈翻。今存敬兵不过三万，我军十倍于昔，奈何示怯，欲依城自固乎！"郜乃遣处直逆战于沙河，沙河，在新城北，望都县南。易定兵大败，死者过半，馀众拥处直奔还。甲申，王郜弃城奔晋阳，王处存素睦于晋，又婚姻也，故郜奔之。军中推处直为留后。存敬进围定州，丙申，朱全忠至城下；处直登城呼曰：呼，火故翻。"本道事朝廷甚【章：十二行本"甚"作"尽"；乙十一行本同；孔本同；张校同。】忠，义武自张孝忠以来，事朝廷最为忠顺。于公未尝相犯，何为见攻？"全忠曰："何故附河东？"对曰："吾兄与晋王同时立勋，谓王处存与李克用同平黄巢立功。封疆密迩，自定州出飞狐，即河东之境。且婚姻也，修好往来，乃常理耳；好，呼到翻。请从此改图。"全忠许之。定州城池高深，朱全忠知不可猝攻而拔，故许其和。乃归罪于梁汶而族之，以谢全忠，以缯帛十万犒师；全忠乃还，仍为处直表求节钺。为，于伪翻。处直，处存之母弟也。

刘仁恭遣其子守光将兵救定州，军于易水之上；易水，在易州遂城县界。遂城县于宋为安肃军。昔燕太子丹送荆轲于易水之上，即此地。全忠遣张存敬袭之，杀六万馀人。由是河北诸镇皆服于全忠。

史言河北诸镇皆羁服于全忠，全忠不能并有其地也。

先是王部告急于河东，先，悉荐翻。李克用遣李嗣昭将步骑三万下太行，攻怀州，拔之，行，户刚翻。进攻河阳。河阳留后侯言不意其至，狼狈失据，嗣昭坏其羊马城。坏，音怪。城外别立短垣以屏蔽，谓之羊马城。会佑国军将阎宝引兵救之，河南府佑国军，东北至河阳八十五里。力战于壕外，河东兵乃退。宝，郓州人也。

25 初，崔胤与帝密谋尽诛宦官，及宋道弼、景务修死，事见上六月。宦官益惧。上自华州还，光化元年，上还自华州，事见上卷。还，从宣翻，又如字。忽忽不乐，乐，音洛。多纵酒，喜怒不常，左右尤自危。于是左军中尉刘季述、右军中尉王仲先、枢密使王彦范、薛齐偓等阴相与谋曰："主上轻佻多变诈，难奉事；佻，土雕翻。专听任南司，时宦官谓之北司，谓南牙百官为南司。吾辈终罹其祸。不若奉太子立之，尊主上为太上皇，引岐、华兵为援，岐，李茂贞；华，韩建。华，户化翻。控制诸藩，谁能害我哉！"

十一月，上猎苑中，禁苑，在宫城北。因置酒，夜，醉归，手杀黄门、侍女数人。明旦，日加辰巳，宫门不开。季述诣中书白崔胤曰："宫中必有变，我内臣也，得以便宜从事，请入视之。"乃帅禁兵千人破门而入，帅，读曰率。访问，具得其状。出，谓胤曰："主上所为如是，岂可理天下！废昏立明，自古有之，为社稷大计，非不顺也。"胤畏死，不敢违。庚寅，季述召百官，陈兵殿庭，陈兵以胁百官也。作胤等连名状，请太子监国，以示之，使署名；胤及百官不得已皆署之。监，古衔翻。上在乞巧楼，按刘季述传，乞巧楼在思玄门内，近思政殿。季述、仲先伏甲士千人于门外，即宣化门外。与宣武进奏官程岩等十馀人入请对。季述、仲先甫登殿，将士大呼，呼，火故翻。突入宣化门，至思政殿前，逢宫人，辄杀之。上见兵入，惊堕床下，起，将走，季述、仲先掖之令坐。宫人走白皇后，后趋至，拜请曰："军容勿惊宅家，有事取军容商量。"量，音良。今人谓议事为商量。季述等乃出百官状白上，曰："陛下厌倦大宝，中外群情，愿太子监国，请陛下保颐东宫。"颐，养也；言于少阳院自保养也。上曰："昨与卿曹乐饮，不觉太过，乐，音洛。何至于是！"对曰："此非臣等所为，皆南司众情，不可遏也。愿陛下且之东宫，之，往也。待事小定，复迎归大内耳。"后曰："宅家趣依军容语！"趣，读曰促。即取传国宝以授季述，宦官扶上与后同辇，嫔御侍从者才十馀人，从，才用翻。适少阳院。季述以银梲画地数上曰：梲，侧加翻。数，所具翻，俗从上声。"某时某事，汝不从我言，其罪一也。"如此数十不止。历数之，至数十不止。乃手锁其门，镕铁锢之，锢，音固。遣左军副使李师虔将兵围之，上动静辄白季述，穴墙以通饮食。凡兵器针刀皆不得入，上求钱帛俱不得，求纸笔亦不与。时大寒，嫔御公主无衣衾，号哭闻于外。号，户刀翻。闻，音问。季述等矫诏令太子监国，迎太子入宫。考异曰：按此月乙酉朔，己丑五日，庚寅六日也。废立之日，旧纪云庚寅，旧宦者传、唐年补纪皆云六日，无云五日者；而实录、新纪云己丑，误也。唐太祖纪年录，先云六日，后云七日，尤误也。崔胤所恃者昭宗耳，季述议废立，安肯即从之！补录、纪年录言胁之以兵，是也。唐补纪云"皇后穴墙取太子"，又云"令旨宣告大臣与社稷为主"，又云"后白军容，令圣上养疾。"皆程匡柔为宦者讳耳，不可信也。辛卯，矫诏令太子嗣位，更名缜。更，工衡翻；下同。缜，止忍翻。以上为太上皇，皇后为太上皇后。甲午，太子即皇帝位，更名少阳院曰问安宫。

季述加百官爵秩，与将士皆受优赏，欲以求媚于众。杀睦王倚；倚，上弟也。凡宫人、左右、方士、僧、道为上所宠信者，皆榜杀之。榜，音彭。每夜杀人，昼以十车载尸出，一车或止一两尸，欲以立威。将杀司天监胡秀林，武德四年，改太史监曰太史局，有令、有丞。高宗龙朔二年，改太史局曰秘书阁，局令曰秘书阁郎中。

武后光宅元年，改太史局曰浑天监，俄改曰浑仪监，长安二年，复曰太史局。中宗景龙二年，改太史局曰太史监，乾元元年，改曰司天台。置监一人，正三品，掌察天文，稽历数。秀林曰："军容幽囚君父，更欲多杀无辜乎！"季述惮其言正而止。季述欲杀崔胤，而惮朱全忠，但解其度支盐铁转运使而已。【章：十二行本"已"下有"崔胤密致书全忠，使兴兵图返正"十三字；乙十一行本同；张校同；退斋校同；孔本同，"返"作"反"。】考异曰：旧传："刘季述畏朱全忠之强，不敢杀崔胤，但罢知政事，落使务，守本官而已。胤复致书于全忠，请出师返正，故全忠令张存敬急攻晋、绛、河中。"按旧纪、新纪、新宰相表，此际皆无胤罢相事。全忠攻晋、绛、河中，乃在明年返正后。今不取。

左仆射致仕张浚在长水，乾宁三年，上复欲相张浚，以李克用言而止，浚遂致仕居长水。宋白曰：长水，本汉卢氏县地，后魏延昌二年，分卢氏东境库谷已西、沙渠谷已东，为南陕县。北有陕县，故名南陕。废帝元年，改为长渊，以县东洛水长渊为名。唐以犯唐祖讳，改名长水。九域志：在河南府西二百四十里。见张全义于洛阳，劝之匡复；又与诸藩镇书劝之。

进士无棣李愚客华州，上韩建书，略曰："仆每读书，见父子君臣之际，有伤教害义者，恨不得肆之市朝。上，时掌翻。朝，直遥翻；下并同。明公居近关重镇，盖谓华州控扼潼关，距关为近。君父幽辱月馀，坐视凶逆而忘勤王之举，仆所未谕也。仆窃计中朝辅弼，虽有志而无权；外镇诸侯，虽有权而无志。惟明公忠义，社稷是依。往年车辂播迁，号泣奉迎，累岁供馈，再复庙、朝，谓乾宁三年建〔迎〕上驻跸华州，光化元年归长安也。庙、朝，谓宗庙、朝廷也。号，户刀翻。义感人心，至今歌咏。此时事势，尤异前日；明公地处要冲，处，昌吕翻。位兼将相。自宫闱变故，已涉旬时，旬时，即旬日也。若不号令率先以图反正，迟疑未决，一朝山东侯伯唱义连衡，衡，读曰横。鼓行而西，明公求欲自安，其可得乎！言山东勤王之师若至华州，韩建亦不得安其位矣。其后朱全忠攻岐，遂徙建许州，卒如李愚之言。此必然之势也。不如驰檄四方，谕以逆顺，军声一振，则元凶破胆，旬浃之间，二竖之首传于天下，旬浃，谓一日、二日至于十日。浃，即协翻。二竖，谓刘季述、王仲先。计无便于此者。"建虽不能用，厚待之。愚坚辞而去。

朱全忠在定州行营，闻乱，丁未，南还；十二月，戊辰，至大梁。季述遣养子希度诣全忠，许以唐社稷输之；又遣供奉官李奉本以太上皇诰示全忠。刘季述矫为之诰也。全忠犹豫未决，会僚佐议之，或曰："朝廷大事，非藩镇所宜预知。"天平节度副使李振独曰："王室有难，难，乃旦翻。此霸者之资也。今公为唐桓、文，安危所属。李振以齐桓、晋文谄朱全忠。属，之欲翻。季述一宦竖耳，乃敢囚废天子，公不能讨，何以复令诸侯！复，扶又翻。且幼主位定，则天下之权尽归宦官矣，是以太阿之柄授人也。"全忠大悟，即囚希度、奉本，遣振如京师诇事。诇，火迥翻，又翾正翻。既还，又遣亲吏蒋玄晖如京师，与崔胤谋之；又召程岩赴大梁。考异曰：薛居正五代史李振传："十一月，太祖遣振入奏于长安，邸吏程岩白振曰：'刘中尉命其侄希贞来计大事。'既至，岩乃先启曰：'主上严急，内官忧恐，左中尉欲行废黜，敢以事告。'振顾希贞曰：'百岁奴事三岁主，乱国不义，废君不祥，非敢闻也。况梁王以百万之师匡辅天子，幸熟计之！'希贞大沮而去。振复命，刘季述果作乱，程岩率诸道邸吏牵帝下殿以立幼主。振至陕，陕已贺矣。护军韩彝范言其事，振曰：'懿皇初升遐，韩中尉杀长立幼以利其权，遂乱天下；今将军复欲尔邪！'彝范，即文约孙也，由是不敢言。"编遗录："上虽闻其事，未知摭实，但怀愤激。丁未，上离定州军前，十二月，戊辰，达大梁，欲潜谋返正，乃遣李振侦视其事。振回，益详其宜也，寻驰蒋玄晖与崔胤密图大义。"薛史梁纪："季述幽昭宗，立德王裕为帝，仍遣其养子希度来言，愿以唐之神器输于帝。时帝方在河朔，闻之，遽还于汴，大计未决。会李振自长安使回，因言于帝云云。帝悟，因请振复使于长安，与时宰潜谋返正。"按季述废立之前，李振若已尝立异，今岂敢复入长安与崔胤谋返正乎！今从编遗录。（注曰：贞明中，史臣李琪、张衮、郄殷象、冯锡嘉修撰太祖实录，事多漏略，敬翔别纂成三十卷补其阙，号曰大梁编遗录。）又按唐太祖纪年录及旧张浚传皆云浚劝诸藩匡复，而梁实录及李振传皆云浚劝全忠附中官，与纪年录及旧传相违，恐梁实录误，振传据实录也。唐补纪曰：“自监国居位，将及五旬，笺表不来，朝野惊虞，亢旱时多，虹蜺背璚。崔胤睹其不祥，便谋内变，潜行书檄于关外，播扬辞舌于街衢。朱全忠封崔胤檄书并手札等与季述云：‘彼已翻覆，早宜别图。’无何，季述以此书示于崔胤曰：‘比来同匡社稷，却为斗乱藩方，不审相公何至于此！’胤唯云‘无此事，遭人反图。刻蜡伪名，自古乃有。军容若行怪怒，则乞俯存家族。’季述乃与言，誓相保始终。胤其夜便致书谢全忠云：‘昨以丹诚谘挠尊听，却蒙封示左军刘公，其人已知意旨。今日与胤设盟，不相损害，然远托令公为主，方应保全，兼送女仆二人，细马两匹。’全忠览书大诟曰：‘刘季述，我与伊同王事十二三年，兄弟之故，特令报渠；不能自谋，却示崔相，道我两头三面，实是难容！我若不杀此公，不姓朱也！’乃掷于地，囚其使者，走一健步直申崔公，从兹与大梁同谋大事。”按崔胤向来内倚昭宗，外挟全忠，与宦官为敌。今昭宗既废，胤所以得未死者，以与全忠亲密故也，全忠安肯以其书示季述！季述恨胤深入骨髓，若得此书，立当杀胤，岂肯复以示胤而与之盟誓也！此殊不近人情，皆由程匡柔党宦官，疾胤之乱耳。

26 清海节度使薛王知柔薨。

27 是岁，加杨行密兼侍中。

28 睦州刺史陈晟卒，弟询自称刺史。

29 太子即位累旬，藩镇笺表多不至。王仲先性苛察，素知左、右军多积弊，及为中尉，钩校军中钱谷，得隐没为奸者，痛捶之，捶，止橤翻。急征所负；将士颇不安。有盐州雄毅军使孙德昭为左神策指挥使，自刘季述废立，常愤惋不平。惋，乌贯翻。崔胤闻之，遣判官石戬与之游。判官，度支盐铁判官也。戬，即浅翻。德昭每酒酣必泣，戬知其诚，乃密以胤意说之曰：“自上皇幽闭，中外大臣至于行间士卒，孰不切齿！说，式芮翻。行，户刚翻。今反者独季述、仲先耳，公诚能诛此二人，迎上皇复位，则富贵穷一时，忠义流千古；苟狐疑不决，则功落他人之手矣！”德昭谢曰：“德昭小校，校，户教翻。国家大事，安敢专之！苟相公有命，不敢爱死。”戬以白胤。胤割衣带，手书以授之。德昭复结右军清远都将董彦弼、周承诲，清远都，亦神策五十四都之一。复，扶又翻。谋以除夜伏兵安福门外以俟之。

天复元年（辛酉、九〇一）是年四月，方改元。

1 春，正月，乙酉朔，王仲先入朝，至安福门，孙德昭擒斩之，驰诣少阳院，叩门呼曰：呼，火故翻。“逆贼已诛，请陛下出劳将士。”劳，力到翻。何后不信，曰：“果尔，以其首来！”德昭献其首，上乃与后毁扉而出。扉，门扇也。崔胤迎上御长乐门楼，新书仪卫志：太极宫端门曰承天门，承天门分为东西廊下门，自东廊下入长乐门，自西廊下入永安门。凡朝会之仗，门内各有挟门队。乐，音洛。帅百官称贺。帅，读曰率。周承诲擒刘季述、王彦范继至，方诘责，已为乱梃所毙。诘，去吉翻。梃，徒鼎翻。薛齐偓赴井死，出而斩之。灭四人之族，并诛其党二十馀人。宦官奉太子匿于左军，献传国宝。上曰：“裕幼弱，为凶竖所立，非其罪也。”命还东宫，黜为德王，复名裕。裕之为宦官所立也，更名缜，今复其旧名。丙戌，以孙德昭同平章事，充静海节度使，静海军，安南；孙德昭遥领也。赐姓名李继昭。

丁亥，崔胤进位司徒，胤固辞；上宠待胤益厚。

己丑，朱全忠闻刘季述等诛，折程岩足，折，而设翻。薛史梁纪曰：昭宗之废也，汴之邸吏程岩牵昭宗衣下殿。帝召岩至汴，折其足，至长安，杀之。械送京师，并刘希度、李奉本等皆斩于都市，由是益重李振。李振请诛刘季述等见上。

庚寅，以周承诲为岭南西道节度使，赐姓名李继诲，董彦弼为宁远节度，赐姓李，并同平章事；与李继昭俱留宿卫，十日乃出还家，即旬休之制也。赏赐倾府库，时人谓之“三使相”。未几，周承诲、董彦弼复朋比宦官，独孙德昭不肯尔。

癸巳，进朱全忠爵东平王。考异曰：旧纪："二月，以全忠守中书令，进封梁王。"薛居正五代史梁纪："正月，癸巳，进封帝为梁王，酬返正之功也。"实录："癸巳，沛郡王朱全忠加定谋宣力功臣，进封东平王。"新纪："二月，辛未，封全忠为梁王。"按编遗录，此年二月辛未表让梁王。三年二月制云："兔苑名邦，睢阳奥壤，光膺简册，大启封疆；可守太尉、中书令，进封梁王。"或者今年已曾封梁王，全忠让不受，改封东平王，至三年乃进封梁王。而三年制辞，前官爵已称梁王，盖误也。今从实录。

2 丙午，敕："近年宰臣延英奏事，枢密使侍侧，争论纷然；既出，又称上旨未允，复有改易，桡权乱政。复，扶又翻。桡，奴教翻，或奴巧翻。自今并依大中旧制，俟宰臣奏事毕，方得升殿承受公事。"大中故事，凡宰相对延英，两中尉先降，枢密使候旨殿西，宰相奏事已毕，枢密使案前受事。赐两军副使李师度、徐彦孙自尽，皆刘季述之党也。

3 凤翔、彰义节度使李茂贞来朝；加茂贞守尚书令，唐自太宗以尚书令即阼，不复授人。郭子仪有大功，虽授之而不敢受；王行瑜怙强力，虽求之而终不获。盖君臣上下，犹知守先朝之法也。今以授李茂贞，唐法荡然，于此极矣。兼侍中，进爵岐王。

刘季述、王仲先既死，崔胤、陆扆上言：上，时掌翻。"祸乱之兴，皆由中官典兵。乞令胤主左军，扆主右军，则诸侯不敢侵陵，王室尊矣。"上犹豫两日未决。李茂贞闻之，怒曰："崔胤夺军权未得，已欲翦灭诸侯！"上召李继昭、李继诲、李彦弼谋之，皆曰："臣等累世在军中，未闻书生为军主；若属南司，必多所变更，更，工衡翻。不若归之北司为便。"上乃谓胤、扆曰："将士意不欲属文臣，卿曹勿坚求。"于是以枢密使韩全诲、凤翔监军使张彦弘为左、右中尉。全诲，亦前凤翔监军也。为韩全诲劫上幸凤翔张本。又征前枢密使致仕严遵美为两军中尉、观军容处置使。遵美曰："一军犹不可为，况两军乎！"按新书宦者传，严遵美尝历左神策观军容使，故云然。处，昌吕翻。固辞不起。以袁易简、周敬容为枢密使。

李茂贞辞还镇。崔胤以宦官典兵，终为肘腋之患，欲以外兵制之，讽茂贞留兵三千于京师，充宿卫，以茂贞假子继筠将之。左谏议大夫万年韩偓以为不可，胤曰："兵自不肯去，非留之也。"偓曰："始者何为召之邪？"胤无以应。新书韩偓传，胤召李茂贞入朝，使留族子继筠宿卫，故斥言之而胤无以应。偓，於角翻。偓曰："留此兵则家国两危，不留则家国两安。"胤不从。李继筠卒与宦官劫帝幸凤翔。考异曰：唐补纪曰："其月八日，李茂贞朝觐，留二千人在右街侍卫而回。崔胤申朱全忠，请三千人在南坊宅侧安下。凤翔劫驾西去，朱全忠又暗以车子载器仗，称是紬绢进奉，推车子人皆是官健，入崔胤宅中。人心惊惶，不同前后。崔胤累差人唤召朱全忠不到。"新传："韩全诲等知崔胤必除己乃已，因讽茂贞留选士四千宿卫，以李继徽总之；胤亦讽朱全忠纳兵二千居南司，以娄敬思领之。"盖取唐补纪耳。按韩偓金銮密记，偓对昭宗云："当留兵之时，臣五六度与崔胤力争，胤曰：'某实不留兵，是兵不肯去。'臣曰：'其初何用召来？'又胤云：'且喜岐兵只留三千人。'"据此，则是胤召茂贞入朝，仍留其兵也。又旧纪、梁实录、编遗录、薛居正五代史梁纪等诸书，皆不言全忠尝遣兵宿卫京师。若如唐补纪所言，岐、汴各遣兵数千人戍京师，则昭宗欲西幸时，两道兵必先斗于阙下，不则汴兵皆为宦官所诛，不则先遁去。今皆无此事，盖程匡柔得于传闻，又党于宦官，深疾崔胤，未足信也。然胤所以欲留茂贞兵为己援者，盖以茂贞自以诛刘季述为己功，必能与己同心僇疾；宦官以利诱之，遂复与宦官为一耳。今从金銮记。

4 朱全忠既服河北，欲先取河中以制河东，己亥，召诸将谓曰："王珂驽材，恃太原自骄汰。驽，音奴。王珂恃李克用翁婿之亲而不事朱全忠，故云然。吾今断长蛇之腰，诸君为我以一绳缚之！"言河东、河中两镇连衡以通长安，今若取河中，是断李克用之腰也。断，丁管翻。为，于伪翻。庚子，遣张存敬将兵三万自汜水渡河出含山路以袭之，含山，在绛州东。张浚之败也，出含口至河阳，渡河西归，即此路。全忠以中军继其后；戊申，存敬至绛州。晋、绛不意其至，皆无守备，庚戌，绛州刺史陶建钊降之；钊，音昭。降，户江翻。壬子，晋州刺史张汉瑜降之。全忠遣其将侯言守晋州，何絪守绛州，絪，音因。屯兵二万以扼河东援兵之路。朝廷恐全忠西入关，急赐诏和解之；全忠不从。

珂遣间使告急于李克用，道路相继，间，古苋翻。克用以汴兵先据晋、绛，兵不得进。九域志：太原西南二百六十里至汾州，汾州南三百五十里至晋州，晋州南百二十五里至绛州，绛州西南六十五里至河中府。援兵择便利投间隙而行，固不尽由驿道。但汴兵已屯晋、绛以塞其冲，并兵纵由捷径得进，汴兵遮前险，守后要，进不得援河中，退不得归太原也。珂妻遗李克用书曰：遗，唯季翻；下又遗同。"儿旦暮为俘虏，大人何忍不救！"克用报曰："今贼兵塞晋、绛，塞，悉则翻。众寡不敌，进则与汝两亡，不若与王郎举族归朝。"自晋以来，妇翁皆呼婿为郎，迨今犹然。珂又遗李茂贞书，言："天子新返正，诏藩镇无得相攻，同奖王室。今朱公不顾诏命，首兴兵相加，其心可见。河中若亡，则同华、邠、岐俱不自保。同华，韩建；邠，李茂贞养子继徽；岐，茂贞所镇也。天子神器拱手授人，其势必然矣。公宜亟帅关中诸镇兵，固守潼关，赴救河中。帅，读曰率。仆自知不武，愿于公西偏授一小镇，此地请公有之。关中安危，国祚修短，系公此举，愿审思之！"茂贞素无远图，不报。此时李茂贞若能救河中以连河东，异时凤翔必无受围之困。

5 二月，甲寅朔，河东将李嗣昭攻泽州，拔之。

乙卯，张存敬引兵发晋州；己未，至河中，遂围之。王珂势穷，将奔京师，而人心离贰，会浮梁坏，流澌塞河，舟行甚难，浮梁，谓蒲津之浮梁也。河中府治河东县，架浮梁以通河西县，自此路西入长安。塞，悉则翻。珂挈其族数百欲夜登舟，亲谕守城者，皆不应。牙将刘训曰："今人情扰扰，若夜出涉河，必争舟纷乱，一夫作难，事不可知。不若且送款存敬，徐图向背。"珂从之。壬戌，珂植白幡于城隅，难，乃旦翻。背，蒲妹翻。植，直吏翻，又如字。遣使以牌印请降于存敬。存敬请开城，珂曰："吾于朱公有家世事分，珂父重荣，朱全忠以舅事之。分，扶问翻。请公退舍，俟朱公至，吾自以城授之。"存敬从之，且使走白全忠。

乙丑，全忠至洛阳，闻之喜，凡用兵者，拥强大之众以临弱小，必曰"以此众战，谁能御之，以此攻城，何城不克，"此以声形临敌者也。而弱小者能坚力一心而守之，以大众困于坚城之下者亦多矣。故善用兵者不以大众为可恃，而以攻城为最下。王珂之迎降，朱全忠之所以喜也。驰往赴之；戊辰，至虞乡，九域志，虞乡，在河中府东六十里。先哭于重荣之墓，尽哀；河中人皆悦。珂欲面缚牵羊出迎，全忠遽使止之曰："太师舅之恩何可忘！全忠由重荣归国，故云然。若郎君如此，使仆异日何以见舅于九泉！"乃以常礼出迎，握手歔欷，歔，音虚。欷，音希，又许既翻。联辔入城。全忠表张存敬为护国军留后，王珂举族迁于大梁，僖宗广明元年，王重荣据河中，传兄重盈以及子珂，凡二十二年而亡。朱全忠自此有河中、晋、绛。其后全忠遣珂入朝，遣人杀之于华州。全忠闻张夫人疾亟，遽自河中东归。张夫人，全忠之妻也。

李克用遣使以重币请修好于全忠；好，呼到翻。全忠虽遣使报，而忿其书辞蹇傲，决欲攻之。考异曰：唐末见闻録："乾宁四年六月，差军将发往汴州为使，其书云云，汴州回书云云。"据全忠书，有"前年洹水曾获贤郎，去岁青山又擒列将，"又云"镇、定归款，蒲、晋求和，"则非乾宁四年明矣。唐年补录："天复元年五月壬午，制以朱全忠兼领河中，仍诏与太原通和。初，朝廷以全忠吞并河朔，又收下蒲津，必恐兵起相侵，乃下诏太原、夷门，使务和好。时太原意亦以全忠渐强，先以书聘全忠。"书辞与见闻录同。全忠答太原书，又进表云："臣与太原曾于顷岁首缔欢盟，及其偶掇猜嫌，止为各争言气。"又云："但以来书意指，未息披攘。"又云："臣详兹来意，益切愤怀，不敢遂与通和，必恐有孤朝寄，已遣诸军进讨讫。"续宝运录载全忠表云："臣当道先自河府抽军，便赴太原进讨，已累具状，分析闻奏讫。臣今月二十三日，部领牙队到东都，李克用差到专使张特与臣书一封，并驼马、弓箭、银器、匹段等，与臣通和。其张特，臣且与回书放归讫。当月河府抽回兵士，即勒权于河阳屯驻；见排比收复潞州，便逦迤赴太原进讨次。其李克用与臣书一封，谨随状封进。天复四年二月奏。”其年三月二日，表到驾前，奉襄宗三月八日敕云云。云天复四年，尤误也。编遗录：“天复元年二月，李克用遣军将张特执缴厚币而来释憾，亦差军将持函以为报。”又曰：“辛巳，上欲北回军，便征北虏。近者李克用以甘言重币，请通和好，遂具事奏闻。”语与补录同。唐太祖纪年录：“天复元年六月，太祖以梁寇方强，难以兵伏，阳降心以缓其谋，乃遣押牙张特持币马书檄以谕之，请复旧好，书词大陈北边五部士马之盛，皆吾外援。朱温视之不怿，令敬翔修报，词旨疏拙，人士嗤之。”薛居正五代史梁纪：“天复元年二月，李克用遣牙将张特来聘，帝亦遣使报命。”李袭吉传：“天复中，武皇议欲修好于梁，命袭吉为书以贻梁祖。”书辞与见闻录同，其年月日各参差不同。据全忠答太原书云“今月二十二日使至”，又上表云“先自河阳抽军赴太原”，又云“二十三日到东都”，则克用书达全忠，必在天复元年二月下旬。今从编遗录、梁纪。

6 以翰林学士、户部侍郎王溥为中书侍郎、同平章事。以吏部侍郎裴枢为户部侍郎、同平章事。溥，正雅之从孙也，王正雅见二百四十四卷文宗大和五年。从，才用翻。常在崔胤幕府，故胤引之。

7 赠谥故睦王倚曰恭哀太子。倚为宦官所杀，见上年。

8 加幽州节度使刘仁恭、魏博节度使罗绍威并兼侍中。

9 三月，癸未朔，朱全忠至大梁。自河中归至大梁。癸卯，遣氏叔琮等将兵五万攻李克用，入自太行，魏博都将张文恭入自磁州新口，武宗之讨刘稹也，自辽州开新路，达于磁州武安县，故谓之新口。葛从周以兖、郓兵会成德兵入自土门，洺州刺史张归厚入自马岭，义武节度使王处直入自飞狐，沈括曰：北岳常山之岑，谓之大茂山，自石晋割燕、云与契丹，以大茂山分脊为界。飞狐路，在大茂山西，自银冶寨北出倒马关，度北界，却自石门子、令水铺入瓶形、梅回两寨之间，至代州。今大茂祠中多唐人古碑，殿前一亭有李克用题名云：“太原河东节度使李克用亲领步骑五十万，问罪幽陵，回师自飞狐路，即归雁门。”权知晋州侯言以慈、隰、晋、绛兵入自阴地。叔琮入天井关，进军昂车。昂车，即昂车关，在泽州昂车岭。辛亥，沁州刺史蔡训【严："训"改"诃"。】以城降。河东都将盖璋【严："璋"改"玮"。】诣侯言降，即令权知沁州。盖，古盍切，姓也。壬子，叔琮拔泽州，李【章：十二行本"李"上有"刺史"二字；乙十一行本同；孔本同；张校同；退斋校同。】存璋弃城走。叔琮进攻潞州，昭义节度使孟迁降之。河东屯将李审建、王周将步军一万、骑二千诣叔琮降；叔琮进趣晋阳。趣，七喻翻。夏，四月，乙卯，叔琮出石会关，营于洞涡驿。洞涡驿，临洞涡水。张归厚引兵至辽州，丁巳，辽州刺史张鄂降。别将白奉国会成德兵自井陉入，陉，音刑。己未，拔承天军，与叔琮烽火相应。

10 甲戌，上谒太庙；丁丑，赦天下，改元。雪王涯等十七家。王涯等诛夷见二百四十五卷文宗太和九年。崔胤将诛宦官，故先雪王涯等。

11 初，杨复恭为中尉，借度支卖麹一年之利以赡两军，自是不复肯归。度，徒洛翻。复，扶又翻；下同。至是，崔胤草赦，草赦文及诸条件。欲抑宦官，听酤者自造麹，但月输榷酤钱；两军先所造麹，趣令减价卖之，过七月无得复卖。榷，讫岳翻。酤，音故。复，扶又翻。会要：会昌六年九月，敕扬州等八道州府置榷酤，并置官店酤酒，代百姓纳榷酒钱，并充资助军用；如有人私酤酒及置私麹者，罪止一身，不得没入家产。盖榷酤卖麹，本皆属度支。

12 东川节度使王宗涤以疾求代，王建表马步使王宗裕为留后。

13 氏叔琮等引兵抵晋阳城下，数挑战，数，所角翻。挑，徒了翻。城中大恐；李克用登城备御，不遑饮食。时大雨积旬，城多颓坏，随加完补。河东将李嗣昭、李嗣源凿暗门，夜出攻汴垒，屡有杀获；李存进败汴军于洞涡。败，补迈翻。时汴军既众，刍粮不给，久雨，士卒疟利，疟，逆约翻。寒热迭作为疟。泄下为利。全忠乃召兵还。五月，叔琮等自石会关归，考异曰：编遗录："四月，壬戌，上以李克用遣张特赍书请寻欢盟，乃指挥诸军所在且驻留，见差发专人之太原，许通欢好。兼并州地寒，节候甚晚，戎马既多，野草不足于刍牧，寻令氏叔琮回戈。"后唐太祖纪："五月，氏叔琮及四面贼军皆退。"薛史梁纪，班师在四月。后唐纪，汴军退在五月。盖全忠以四月命班师，而叔琮等以五月离晋阳，故国史记之各异也。诸道军亦退。河东将周德威、李嗣昭以精骑五千蹑之，杀获甚众。先是，汾州刺史李瑭举州附于汴军，先，悉荐翻。克用遣其将李存审攻之，三日而拔，执瑭，斩之。氏叔琮过上党，孟迁挈族随之南徙。朱全忠遣丁会代守潞州。为丁会归李克用张本。

14 朱全忠奏乞除河中节度使，而讽吏民请己为帅；帅，读曰率。癸卯，以全忠为宣武、宣义、天平、护国四镇节度使。当是时，自蒲、陕以东，至于海，南距淮，北距河，诸镇皆为朱全忠所有。使全忠以邻道自广，则当兼领佑国、河阳、陕虢，不应越此三镇而领河中；全忠所以领河中者，上以制朝廷，下以制李克用也。

15 己酉，加镇海、镇东节度使钱镠守侍中。

16 崔胤之罢两军卖麹也，并近镇亦禁之。李茂贞惜其利，表乞入朝论奏，李茂贞在凤翔，近镇也，故争卖麹之利。韩全诲请许之。茂贞至京师，全诲深与相结。崔胤始惧，阴厚朱全忠益甚，与茂贞为仇敌矣。

17 以佑国节度使张全义兼中书令。

18 六月，癸亥，朱全忠如河中。考异曰：薛居正五代史梁纪："庚申，帝发自大梁。"今从编遗录。

19 上之返正也，中书舍人令狐涣、给事中韩偓皆预其谋，故擢为翰林学士，数召对，访以机密。涣，绹之子也。数，所角翻。令狐绹相宣宗。时上悉以军国事委崔胤，每奏事，上与之从容，从，千容翻。或至然烛。宦官畏之侧目，【章：十二行本"目"下有"事无大小"四字；乙十一行本同；孔本同；张校同；退斋校同。】皆咨胤而后行。胤志欲尽除之，韩偓屡谏曰："事禁太甚。此辈亦不可全无，恐其党迫切，更生他变。"胤不从。丁卯，上独召偓，问曰："敕使中为恶者如林，何以处之？"处，昌吕翻；下同。对曰："东内之变，敕使谁非同恶！处之当在正旦，谓诛刘季述等时也。今已失其时矣。"上曰："当是时，卿何不为崔胤言之？"为，于伪翻。对曰："臣见陛下诏书云，'自刘季述等四家之外，其馀一无所问。'夫人主所重，莫大于信，既下此诏，则守之宜坚；若复戮一人，则人人惧死矣。复，扶又翻。然后来所去者已为不少，去，羌吕翻。少，诗沼翻。此其所以忷忷不安也。陛下不若择其尤无良者数人，明示其罪，置之于法，然后抚谕其馀曰：'吾恐尔曹谓吾心有所贮，贮，丁吕翻，藏蓄也。自今可无疑矣。'乃择其忠厚者使为之长。长，知两翻。其徒有善则奖之，有罪则惩之，咸自安矣。今此曹在公私者以万数，公，谓有职名于官者；私，谓乞丐携养于宦者私家未有名籍在于官者。岂可尽诛邪！夫帝王之道，当以重厚镇之，公正御之，至于琐细机巧，此机生则彼机应矣，终不能成大功，所谓理丝而棼之者也。治丝而棼，左传鲁众仲之言。杜预注云：丝见棼缊，益所以乱。况今朝廷之权，散在四方；苟能先收此权，则事无不可为者矣。"上深以为然，曰："此事终以属卿。"呜乎！世固有能知之言之而不能究于行者，韩偓其人也。属，之欲翻。

20 李克用遣其将李嗣昭、周德威将兵出阴地关，攻隰州，刺史唐礼降之；进攻慈州，刺史张瓌降之。

21 闰月，以河阳节度使丁会为昭义节度使，考异曰：薛居正五代史会传："自河阳以疾致政于洛阳。梁祖季年猜忌，故将功大者多遭族灭，会阴有避祸之志，称疾者累年。天复元年，梁祖奄有河中、晋、绛，乃起会为昭义节度使。"按光化二年六月，会自河阳为昭义节度使。九月，李克用取潞州，表孟迁为节度使。时罕之已卒，必是会却领河阳，至此才二年，则非致政称疾累年也。又，是时全忠未尝诛戮大将；疑会降河东后，作传者误以天佑中事在前言之耳。孟迁为河阳节度使，从朱全忠之请也。

22 道士杜从法以妖妄诱昌、普、合三州民作乱，妖，一遥翻。诱，音酉。昌州，乾元中割泸、普、渝、资等州界置。普州，汉牛鞞、资中、垫江、德阳四县之境，梁置普慈郡，后周置普州。合州，汉垫江地，宋置东宕渠郡，西魏置合州。九域志：普州东至昌州一百七十五里；昌州东至合州一百八十里。王建遣行营兵马使王宗黯将兵三万会东川、武信兵讨之。宗黯，即吉谏也。

23 崔胤请上尽诛宦官，但以宫人掌内诸司事；时宦官分领内诸司使。宦官属耳，颇闻之，属，之欲翻。韩全诲等涕泣求哀于上，上乃令胤，“有事封疏以闻，勿口奏。”宦官求美女知书者数人，内之宫中，阴令诇察其事，诇，古永翻，又翾正翻。尽得胤密谋，上不之觉也。全诲等大惧，每宴聚，流涕相诀别，日夜谋所以去胤之术。胤时领三司使，去，羌吕翻。三司，户部、度支、盐铁。全诲等教禁军对上喧噪，诉胤减损冬衣；上不得已，解胤盐铁使。

时朱全忠、李茂贞各有挟天子令诸侯之意，全忠欲上幸东都，茂贞欲上幸凤翔。胤知谋泄，事急，遗朱全忠书，遗，唯季翻。称被密诏，被，皮义翻。令全忠以兵迎车驾，且言：“昨者返正，皆令公良图，胤言返正之谋皆出于全忠。按旧书帝纪，全忠并河中，进检校太师兼中书令，故称令公。而凤翔先入朝抄取其功。李茂贞入朝，见上正月。抄，楚交翻。今不速来，必成罪人，岂惟功为他人所有，且见征讨矣！”全忠得书，秋，七月，甲寅，遽归大梁发兵。考异曰：唐太祖纪年录：“会汴入寇同华，宦者知崔胤之谋。时胤专掌三司泉货，韩全诲教禁兵，伺胤出，聚而呼噪，诉以冬衣减损；军人又上前披诉。天子徇众情，罢崔胤知政事。崔胤怒，急召朱温，请以兵师入辅。”唐补纪：“时朱全忠在河中，胤潜作急诏令全忠入朝，又修书云云。全忠得此书诏，便发河中，还汴。”按是时全忠未寇同华，胤亦未罢，纪年录误。今从唐补纪。

24 西川龙台镇使王宗侃等讨杜从法，平之。九域志：普州安岳县有龙台镇。

25 八月，甲申，上问韩偓曰："闻陆扆不乐吾返正，乐，音洛；下同。正旦易服，乘小马出启夏门，有诸？"启夏门，京城南面东来第一门。夏，户雅翻。对曰："返正之谋，独臣与崔胤辈数人知之，扆不知也。一旦忽闻宫中有变，人情能不惊骇！易服逃避，何妨有之！陛下责其为宰相无死难之志则可也，难，乃旦翻。至于不乐返正，恐出谗人之口，愿陛下察之！"上乃止。

韩全诲等惧诛，谋以兵制上，乃与李继昭、李继诲、李彦弼、李继筠深相结；继昭独不肯从。他日，上问韩偓："外间何所闻？"对曰："惟闻敕使忧惧，与功臣及继筠交结，功臣，谓李继昭、李继诲、李彦弼也。将致不安，亦未知其果然不耳。"然不，读曰否。上曰："是不虚矣。比日继诲、彦弼辈语渐倔强，比，毗至翻。倔，其勿翻。强，其两翻。令人难耐。令狐涣欲令朕召崔胤及全诲等于内殿，置酒和解之，何如？"对曰："如此则彼凶悖益甚。"悖，蒲昧翻，又蒲没翻。上曰："为之奈何？"对曰："独有显罪数人，速加窜逐，馀者许其自新，庶几可息。几，居依翻。若一无所问，彼必知陛下心有所贮，益不自安，事终未了耳。"贮，丁吕翻。上曰："善！"既而宦官自恃党援已成，稍不遵敕旨；上或出之使监军，或黜守诸陵，黜守诸陵者，剥色配役诸陵也。皆不行，上无如之何。

26 或告杨行密云，钱镠为盗所杀。行密遣步军都指挥使李神福等将兵取杭州，两浙将顾全武等列八寨以拒之。

27 九月，癸丑，上急召韩偓，谓曰："闻全忠欲来除君侧之恶，大是尽忠，然须令与茂贞共其功；若两帅交争，则事危矣。帅，所类翻。卿为我语崔胤，速飞书两镇，为，于伪翻。语，牛倨翻。两镇，谓汴、岐。使相与合谋，则善矣。"壬戌，上又谓偓曰："继诲、彦弼辈骄横益甚，横，户孟翻。累日前与继筠同入，辄于殿东令小儿歌以侑酒，侑，佐也。令人惊骇。"对曰："臣必知其然；兹事失之于初。当正旦立功之时，谓诛刘、王，迎上反正时。但应以官爵、田宅、金帛酬之，不应听其出入禁中。此辈素无知识，数求入对，【章：十二行本"对"下有"或妄论朝政"五字；乙十一行本同；张校同；退斋校同。】或僭易荐人，数，所角翻。易，以豉翻。稍有不从，则生怨望；况惟知嗜利，为敕使以厚利雇之，言韩全诲等以利啖继诲、彦弼，惟其所指使而为之用，若受佣雇然。令其如此耳。崔胤本留卫兵，欲以制敕使也，言留岐兵以制宦官，事见是年正月。今敕使、卫兵相与为一，将若之何！汴兵若来，必与岐兵斗于阙下，臣窃寒心。"上但愀然忧沮而已。愀，子小翻。

冬，十月，戊戌，朱全忠大举兵发大梁。考异曰：薛居正五代史："十月，戊戌，奉密诏赴长安。是时朝廷军国大政，专委崔胤，崔每事裁抑宦官，宦官侧目。崔一日于便殿奏，欲尽去之，全诲等属垣闻之。中官视崔眦裂，以重赂甘言诱藩臣，以为城社，时因谯聚，则相向流涕。时崔专掌三司货泉，全诲等教禁兵于昭宗前诉之；昭宗不得已罢崔知政事。崔急召太祖，请以兵入辅，故有是行。"按帝幸凤翔前，崔胤未罢相，此与太祖纪年录略同，亦误。

28 李神福与顾全武相拒久之，神福获杭俘，使出入卧内。神福谓诸将曰："杭兵尚强，我师且当夜还。"杭俘走告全武，神福命勿追，逸杭俘使之告全武以诱之。暮遣羸兵先行，神福为殿，羸，伦为翻。殿，丁练翻。使行营都尉吕师造伏兵青山下。沈括曰：临安县有青山镇。路振九国志作设伏青山路。全武素轻神福，出兵追之；神福、师造夹击，大破之，斩首五千级，生擒全武。钱镠闻之，惊泣曰："丧我良将！"丧，息浪翻。神福进攻临安；临安县，钱镠所起之地，衣锦军在焉。九域志：临安县在杭州西一百二十里。两浙将秦昶帅众三千降之。帅，读曰率。

29 韩全诲闻朱全忠将至，丁酉，令李继筠、李彦弼等勒兵劫上，请幸凤翔，宫禁诸门皆增兵防守，考异曰：按金銮记："二十日入直，隔夜，崔公传语，明日请相看。侵早到门，崔出御札相示。"然则添人把门及降御札，皆十九日事。实录："己亥，差人把门。"己亥，乃二十一日。实录误也。人及文书出入搜阅甚严。上遣人密赐崔胤御札，言皆凄怆，怆，楚亮翻。末云："我为宗社大计，势须西行，卿等但东行也。西行，谓将幸凤翔。使胤等东行，趣朱全忠进兵。惆怅，惆怅！"惆，丑留翻。怅，丑亮翻。

戊戌，上遣赵国夫人出语韩偓：命宫人出至学士院语之也。新、旧书帝纪曰：赵国夫人宠颜。语，牛倨翻。"朝来彦弼辈无礼极甚，欲召卿对，其势未可。"且言："上与皇后但涕泣相向。"自是，学士不复得对矣。

癸卯，韩全诲等令上入阁召百官，百官自阁门入见于内殿，谓之入阁。追寝正月丙午敕书，丙午敕书依大中旧制，见上。悉如咸通以来近例。是日，开延英，全诲等即侍侧，同议政事。

丁未，神策都指挥使李继筠遣部兵掠内库宝货、帷帐、法物，韩全诲遣人密送诸王、宫人先之凤翔。之，往也。

戊申，朱全忠至河中，表请车驾幸东都，京城大骇，士民亡窜山谷。是日，百官皆不入朝，阙前寂无人。

十一月，己酉朔，李继筠等勒兵阙下，禁人出入，诸军大掠。士民衣纸及布襦者，满街极目。衣，于既翻。襦，汝朱翻。韩建以幕僚司马邺知匡国留后。朱全忠引四镇兵七万趣同州，四镇兵，宣武、宣义、天平、护国兵也。趣，七喻翻。邺迎降。

30 韩全诲等以李继昭不与之同，遏绝不令见上。时崔胤居第在开化坊，按五代史孙德昭传，开化坊在长安东街。继昭帅所部六十徐人"六十"，当作"六千"。【章：十二行本"十"正作"千"。】帅，读曰率。及关东诸道兵在京师者共守卫之；史言崔胤所以不死于群阉之手。百官及士民避乱者，皆往依之。依李继昭之兵以避禁兵及岐兵暴掠。庚戌，上遣供奉官张绍孙召百官，崔胤等皆表辞不至。

壬子，韩全诲等陈兵殿前，言于上曰："全忠以大兵逼京师，欲劫天子幸洛阳，求传禅；臣等请奉陛下幸凤翔，收兵拒之。"上不许，杖剑登乞巧楼。全诲等逼上下楼，上行才及寿春殿，李彦弼已于御院纵火。御院，天子及后妃所居之地。是日冬至，上独坐思政殿，翘一足，一足蹋阑干，蹋，与踏同。阑干，殿槛也。庭无群臣，旁无侍者。顷之，不得已，与皇后、妃嫔、诸王百馀人皆上马，恸哭声不绝，出门，回顾禁中，火已赫然。是夕，宿鄠县。九域志：鄠县，在长安南六十里。考异曰：续宝运录："其年十月，朱全忠发士马；十一月，入长安。圣上幸凤翔，宰臣裴谂、翰林学士令狐涣等扈从。其皇后王氏及千官、太子、玉印、龙服，并是汴州迎在华州，相次修东都宫室，旋迎赴东都。其年十一月初，凤翔士马入京，劫掠街西诸坊宝货士女至甚。及七日，汴州士马入京赴救，长安士庶并走，攒在开化坊。"其说妄谬，今不取。

朱全忠遣司马邺入华州，谓韩建曰："公不早知过自归，又烦此军少留城下矣。"司马邺本韩建幕僚，以同州降，因使之谕建。少，诗沼翻。是日，全忠自故市引兵南渡渭，韩建遣节度副使李巨川请降，献银三万两助军；全忠乃西南趣赤水。趣，七喻翻。

癸丑，李茂贞迎车驾于田家硙，硙，五对翻。上下马慰接之。史言昭宗屈体以接李茂贞。甲寅，车驾至盩厔；乙卯，留一日。

朱全忠至零口西，宋白曰：昭应县界有零口，天授二年于此置鸿州，于郭下置鸿门县，盖古鸿门之地也。昭应，汉新丰县地，宋又改昭应为临潼。九域志：临潼县有零口镇。闻车驾西幸，与僚佐议，复引兵还赤水。左仆射致仕张浚说全忠曰：张浚时居长水。说，式芮翻。"韩建，茂贞之党，不先取之，必为后患。"全忠闻建有表劝天子幸凤翔，乃引兵逼其城。建单骑迎谒，全忠责之，对曰："建目不知书，凡表章书檄，皆李巨川所为。"全忠以巨川常为建画策，斩之军门。李巨川之诛晚矣。常为，于伪翻。谓建曰："公许人，可即往衣锦。"汉人曰："富贵不归故乡，如衣锦夜行。"韩建，许州长社人也。衣，于既翻。丁巳，以建为忠武节度使，理陈州，唐置忠武军于许州。黄巢之自长安东出也，赵犨，陈人也，守陈州有功，朝廷以忠武节授之，奏徙忠武军治陈州。按是时天子已西幸，韩建自华徙陈，皆朱全忠为之，未经表授，即以为忠武节度使，何所禀命乎！以兵援送之。虑韩建中路逸而归岐；又虑其在华久，其将士有劫夺之者。考异曰：编遗录："上引兵逼华州，韩建轻骑出墙归投。上于西溪亭子与建饮膳毕，却归赤水营。旬日，乃请建充忠武节度使。"梁太祖实录："乙卯，大军及华州，建来降。甲辰，署建权知华州事，仍以宣武牙推龚麟佐之。"唐太祖纪年录："丙辰，汴军攻华州，九日，建以城降。"唐补纪："同州刺史王行约闭城登垒，全忠斫开城门，屠之，不留噍类。华州韩建闻此，出城三十里迎之，只于迎处云：'令公本贯许州，便仰衣锦。'乃差人押出关东。"旧传："建令李巨川至河中送款，敬翔疾其文笔，劝全忠害之。"薛居正五代史梁祖纪："丙辰，帝表建权知忠武军事，促令赴任。'实录："乙卯，全忠取华州。丙辰，次武功，徙建为忠武节度使。"按此月无甲辰，盖丙辰字误也。全忠乙卯取华州，丙辰岂能遽至武功！唐补纪又云："昭宗不知崔胤伪行诏命，闻朱全忠平陷两州，十一月三日亥时，奔波西去。"按行约乃克用取同州时节度使也。程匡柔妄谬多此类。今取华州日从梁太祖实录，李巨川死从昭宗实录。以前商州刺史李存权知华州，徙忠武节度使赵珝为匡国节度使。赵珝徙节同州，亦非天子出命。车驾之在华州也，乾宁三年、四年，车驾在华州。商贾辐凑，贾，音古。天子行在所，从兵及百司供亿浩繁，故商贾辐凑以牟利。辐凑者，盖以车辐皆内凑于毂为谕。夫三十辐共一毂，毂者众辐聚凑之所；四方之商贾内向而聚凑焉，故曰辐凑。韩建重征之，二年，得钱九百万缗。至是，全忠尽取之。史言自古聚财者，率为他人积。

是时京师无天子，行在无宰相，崔胤使太子太师卢渥等二百馀人列状请朱全忠西迎车驾，又使王溥至赤水见全忠计事。考异曰：编遗录："于时长安无人主，朝廷无救画，帝在岐下无辅臣，自汉、魏以来，丧乱未若今日。胤请王溥自西京至赤水，请上进军迎驾。戊午，离赤水。”薛居正五代史梁纪：“己未，发赤水。”按唐太祖纪年录：“朱温至长乐，崔胤帅百官班迎。”编遗录：“胤请王溥自西京至赤水军前商议。”实录云“胤东寓华州”，又云“胤召溥至赤水”，皆误也。旧纪亦云：“胤令溥至赤水，促全忠迎驾。”今从之。发赤水日从编遗录。全忠复书曰：“进则惧胁君之谤，退则怀负国之惭；然不敢不勉。”戊午，全忠发赤水。

31 辛酉，以兵部侍郎卢光启权句当中书事。时无宰相，权使之句当。句，古候翻。当，丁浪翻。车驾留岐山三日，壬戌，至凤翔。

32 朱全忠至长安，宰相帅百官班迎于长乐坡；明日行，复班辞于临皋驿。班迎、班辞，非藩臣所得当。崔胤之奉朱全忠至此，为一身脱死计，非为唐社稷计也。宦官既诛，胤亦死于全忠之手，宜矣。帅，读曰率。乐，音洛。复，扶又翻。全忠赏李继昭之功，以其能保卫崔胤及百官也。初令权知匡国留后，复留为两街制置使，赐与甚厚；继昭尽献其兵八千人。孙德昭畏朱温之雄猜也。

全忠使判官李择、裴铸入奏事，称：“奉密诏及得崔胤书，令臣将兵入朝。”韩全诲等矫诏答以：“朕避灾至此，非宦官所劫，密诏皆崔胤诈为之，卿宜敛兵归保土宇。”茂贞遣其将符道昭屯武功以拒全忠，九域志：武功县，在长安西北一百五十里。癸亥，全忠将康怀贞击破之。

33 丁卯，以卢光启为右谏议大夫，参知机务。参知机务，唐久不除授，卢光启自权句当中书为之。

34 戊辰，朱全忠至凤翔，军于城东。考异曰：实录：“乙丑，全忠驻军岐城之东；丙寅，全忠军至城下。”按全忠癸亥离长安，乙丑、丙寅至岐，太速。今从编遗录、新纪。李茂贞登城谓曰：“天子避灾，非臣下无礼；谗人误公至此。”全忠报曰：“韩全诲劫迁天子，今来问罪，迎扈还宫。岐王苟不预谋，何烦陈谕！”上屡诏全忠还镇，全忠乃拜表奉辞。屡诏全忠归镇，韩全诲、李茂贞挟天子以令之也。全忠拜表奉辞，若不敢逆诏指者，然其意则有在矣。辛未，移兵北趣邠州。

全忠之意在此。茂贞养子继徽镇邠；邠、岐，辅车之援也，若先得邠则岐孤。九域志：凤翔东北至邠州二百二十二里。趣，七喻翻；下同。考异曰：金銮记曰："十七日早，闻岐师昨夜二更却回，云军大衄。汴令有表迎驾，并述行止。汴军在岐东下寨。十八日、十九日，白麻：'卢光启可谏议大夫、参知机务。'二十日，翰林学士姚洎兼知外制诰。二十四日，汴令有表，奉辞东去。二十五日，汴军离发延英门。"旧纪："癸酉，全忠辞去。"今从编遗录。

甲戌，制：守司空兼门下侍郎、同平章事崔胤责授工部尚书，考异曰：实录载制辞曰："四居极位，一无可称。"又曰："无功及人，为国生事。"按旧传，前云罢知政事、落使务，后云同平章事、盐铁转运使，实录前云罢胤盐铁使，至此制官位中复带盐铁使，皆误。户部侍郎、同平章事裴枢罢守本官。皆宦官之意也；时宰相皆不扈从。

乙亥，朱全忠攻邠州；丁丑，静难节度使李继徽请降，复姓名杨崇本。全忠质其妻于河中，令崇本仍镇邠州。难，乃旦翻。质，音致。为朱全忠渔色，邠、岐复连兵张本。

全忠之西入关也，韩全诲、李茂贞以诏命征兵河东，茂贞仍以书求援于李克用。克用遣李嗣昭将五千骑自沁州趣晋州，与汴兵战于平阳北，破之。汉平阳县，隋改为临汾，晋州治焉。唐府兵未废时有平阳府。

乙亥，全忠发邠州；戊寅，次三原。自邠州东南至三原，一百五十馀里。十二月，癸未，崔胤至三原见全忠，趣之迎驾。趣，读曰促。己丑，全忠遣朱友宁攻盩厔，不下。戊戌，全忠自往督战，盩厔降，屠之。九域志：盩厔县在凤翔府东南二百里。盩，音辀。厔，音窒。全忠令崔胤帅百官及京城居民悉迁于华州。帅，读曰率。

诏以裴贽充大明宫留守。

35 清海节度使徐彦若薨，遗表荐行军司马刘隐权留后。刘隐始得广州。

36 李神福知钱镠定不死，或言钱镠为盗所杀，见上文八月。而临安城坚，久攻不拔，欲归，恐为镠所邀，自临安退还宣州，有千秋岭之险。乃遣人守卫镠祖考丘垄，禁樵采，钱镠，临安人，其祖父丘垄在焉。又使顾全武通家信；镠遣使谢之。神福于要路多张旗帜为虚寨，镠以为淮南兵大至，遂请和；神福受其犒赂而还。还，音旋，又如字。

37 朱全忠之入关也，是年十一月，朱全忠入关。戎昭节度使冯行袭遣副使鲁崇矩听命于全忠。按光化元年，以冯行袭为昭信军节度使，天佑二年，始改昭信军为戎昭军。韩全诲遣中使二十馀人分道征江、淮兵屯金州，以胁全忠，行袭尽杀中使，收其诏敕送全忠。冯行袭以昭信节度使治金州，故得尽杀中使。又遣使征兵于王建，朱全忠亦遣使乞师于建。建外修好于全忠，罪状李茂贞，好，呼到翻。而阴劝茂贞坚守，许之救援；以武信节度使王宗佶、前东川节度使王宗涤等为扈驾指挥使，将兵五万，声言迎车驾，其实袭茂贞山南诸州。为王建取山南西道张本。

38 江西节度使钟传将兵围抚州刺史危全讽，天火烧其城，士民讙惊。讙，与喧同。诸将请急攻之，传曰："乘人之危，非仁也。"乃祝曰："全讽之罪，无为害民。"火寻止。全讽闻之，谢罪听命，以女妻传子匡时。妻，七细翻。

传少时尝猎，少，诗照翻。醉遇虎，与斗，虎搏其肩，而传亦持虎腰不置，旁人共杀虎，乃得免。既贵，悔之，常戒诸子曰："士处世贵智谋，勿效吾暴虎也。"诗曰：袒裼暴虎。注云：暴虎，空手以搏之也。处，昌吕翻。

39 武贞节度使雷满薨，子彦威自称留后。

王崇武标点容肇祖聂崇岐覆校

资治通鉴卷第二百六十三

端明殿学士兼翰林侍读学士太中大夫
提举西京嵩山崇福宫上柱国河内郡开国公　司马光　奉敕编集
食邑二千二百户食实封九百户赐紫金鱼袋臣

后学天台　胡三省　音注

唐纪七十九

起玄黓阉茂（壬戌），尽昭阳大渊献（癸亥）正月，凡一年有奇。

昭宗圣穆景文孝皇帝中之下

天复二年（壬戌、九〇二）

1 春，正月，癸丑，朱全忠复屯三原，又移军武功。将复逼凤翔也。宋白曰：三原县，本汉池阳县地，苻坚于巀嶭北置三原护军，以其地南有酆原，西有孟侯原，北有白鹿原，是为三原。后魏太平真君七年，罢护军，置县。河东将李嗣昭、周德威攻慈、隰，以分全忠兵势。朱全忠兼有河中，慈、隰二州，其巡属也。

2 丁卯，以给事中韦贻范为工部侍郎、同平章事。

3 丙子，以给事中严龟充岐、汴和协使，赐朱全忠姓李，与李茂贞为兄弟；全忠不从。

时茂贞不出战。全忠闻有河东兵，二月，戊寅朔，还军河中。考异曰：实录在正月。按编遗录："二月戊寅，上以久驻兵车于三原，乃议东归蒲阪，遂取高陵、栎阳、左冯入于蒲津。"梁太祖实录："正月，戊申朔，上总御戎马，发自三原，复至武功县驻焉；贡章奉辞，回军赴蒲阪。"今从唐年补录、旧纪。

李嗣昭等攻慈、隰，下之，进逼晋、绛。己丑，全忠遣兄子友宁将兵会晋州刺史氏叔琮击之。李嗣昭袭取绛州，汴将康怀英复取之。康怀英即康怀贞，后避梁均王友贞名，始改名怀英，斯时未改也；史杂书之。嗣昭等屯蒲县；乙未，汴军十万营于蒲南，蒲，汉古县，唐属隰州。九域志：在州东南九十五里。按汉蒲反县，古蒲邑也，属河东郡。河东郡又有蒲子县，春秋晋公子所居蒲城也。汴州长垣县，古名蒲邑，子路所治之地也。古邑之以蒲名者，盖非一处。宋白曰：后魏孝文帝改蒲子为长寿县，隋开皇十八年改为隰川。后魏孝武帝于蒲子东南置石城县，寻废；后周大象元年，于废县置蒲子县，取古蒲子为名；隋大业二年改为蒲县，移今理。叔琮夜帅众断其归路帅，读曰率。断，音短。而攻其垒，破之，杀获万馀人。己亥，全忠自河中赴之，乙巳，至晋州。

4 盗发简陵。简陵，懿宗陵。

5 西川兵至利州，昭武节度使李继忠弃镇奔凤翔；王建以剑州刺史王宗伟为利州制置使。光启二年，升兴、凤二州为感义军节度使；时僖宗在山南，欲以捍东兵也。文德元年，感义军增领利州。至乾宁四年，更感义军曰昭武军，徙镇利州。李茂贞既兼山南，欲以镇兵捍王建而终不能捍也。建自此遂有利州。

6 三月，庚戌，上与李茂贞及宰相、学士、中尉、枢密宴，酒酣，茂贞及韩全诲亡去。上问韦贻范："朕何以巡幸至此？"对曰："臣在外不知。"固问，不对。上曰："卿何得于朕前妄语云不知？"又曰："卿既以非道取宰相，当于公事如法；谓处事当皆如国法。若有不可，必准故事。"谓贬窜之也。怒目视之，怒，奴古翻。微言曰："此贼兼须杖之二十。"顾谓韩偓曰："此辈亦称宰相！"贻范屡以大杯献上，上不即持，贻范举杯直及上颐。史言昭宗以酣酗纳侮。

7 戊午，氏叔琮、朱友宁进攻李嗣昭、周德威营。时汴军横陈十里，陈，读曰阵。而河东军不过数万，深入敌境，众心恟惧。恟，许拱翻。德威出战而败，密令嗣昭以后军前去，德威寻引骑兵亦退。叔琮、友宁长驱乘之，河东军惊溃，禽克用子廷鸾，兵仗辎重委弃略尽。重，直用翻。朱全忠令叔琮、友宁乘胜遂攻河东。

李克用闻嗣昭等败，遣李存信以亲兵逆之，李克用亲兵皆代北杂虏，最为骁劲。至清源，清源县在晋阳南五十里。遇汴军，存信走还晋阳；众寡不敌，故走。汴军取慈、隰、汾三州。辛酉，汴军围晋阳，营于晋祠，晋阳有晋王祠。攻其西门。周德威、李嗣昭收馀众依西山得还。汾水过晋阳东；晋阳西南接界休县之介山、绵山。城中兵未集，叔琮攻城甚急，每行围，行，下孟翻。褒衣博带，以示闲暇。

克用昼夜乘城，不得寝食。召诸将议保云州，李嗣昭、李嗣源、周德威曰："儿辈在此，必能固守。考异曰：唐太祖纪年录："嗣昭与今上日夜入贼营，斩将搴旗，贼多惊扰。"梁太祖实录："三月，癸丑，虏众悉出，友宁以飞骑犯其左右翼，虏大败北，掩杀不知其数，擒克用男廷鸾及将校健卒数千人。"实录："朱友宁围太原营西北隅，攻其西门，城内大恐。克用欲奔云中，弟克宁止之。又遣李嗣昭与克用子存勖日夜扰贼营，友宁乃烧营而遁。"按纪年录所谓今上者，乃明宗，非庄宗也。实录误。王勿为此谋，动摇人心！"李存信曰："关东、河北皆受制于朱温，我兵寡地蹙，守此孤城，彼筑垒穿堑环之，环，音宦。以积久制我，我飞走无路，坐待困毙耳。今事势已急，不若且入北虏，徐图进取。"嗣昭力争之，克用不能决。刘夫人言于克用曰："存信，北川牧羊儿耳，代北之地谓之北川，以陉岭之北皆平川也。安知远虑！王常笑王行瑜轻去其城，死于人手，王行瑜死见二百六十卷乾宁二年。今日反效之邪！且王昔居达靼，几不自免，赖朝廷多事，乃得复归。事见二百五十三卷僖宗广明元年。几，居依翻。今一足出城，则祸变不测，塞外可得至邪！"克用乃止。居数日，溃兵复集，军府浸安。克用弟克宁为忻州刺史，闻汴寇至，中涂复还晋阳，晋阳北至忻州一百七十馀里。复，扶又翻。曰："此城吾死所也，去将何之！"众心乃定。

壬戌，朱全忠还河中，遣朱友宁将兵西击李茂贞，军于兴平、武功之间。兴平县在长安西，武功县在长安西北。李嗣昭、李嗣源数将敢死士夜入氏叔琮营，数，所角翻。将，即亮翻；下同。斩首捕虏，汴军惊扰，备御不暇。会大疫，丁卯，叔琮引兵还。嗣昭与周德威将兵追之，及石会关，叔琮留数马及旌旗于高冈之巅。嗣昭等以为有伏兵，乃引去，复取慈、隰、汾三州。自是克用不敢与全忠争者累年。兵少力疲，故闭境养晦以俟时。

克用以使引咨幕府使引，节度府所行文引。谋事曰咨。今北人以文书达于上曰咨。使，疏吏翻。曰："不贮军食，何以聚众？不置兵甲，何以克敌？不修城池，何以扞御？利害之间，请垂议度！"贮，丁吕翻。度，徒洛翻。掌书记李袭吉献议，略曰："国富不在仓储，兵强不由众寡，人归有德，神固害盈。书咸有一德曰：非商求于下民，惟民归于一德。易谦卦彖辞曰：鬼神害盈而福谦。聚敛宁有盗臣，大学载孟献子之言曰："与其有聚敛之臣，宁有盗臣。"敛，力赡翻。苛政有如猛虎，记檀弓载孔子之言曰："苛政猛于虎也。"所以鹿台将散，周武以兴；武王伐纣，散鹿台之财，一戎衣而天下大定。齐库既焚，晏婴入贺。"韩诗外传曰：晋平公之藏台火，救火，三日三夜，乃胜之。公子晏束帛而贺曰："臣闻王者藏于天下，诸侯藏于百姓，农夫藏于囷庾。今百姓乏于外，而赋敛无已。昔桀、纣残贼，为天下戮。今皇天降灾于藏台，是君之福也。"李袭吉以为齐库焚而晏婴入贺，盖别有所据。又曰："伏以变法不若养人，温公读此语，感熙、丰之政，盖深有味乎其言也。改作何如旧贯！论语：鲁人为长府，闵子骞曰："仍旧贯，如之何，何必改作！"韩建蓄财无数，首事朱温；事见上卷上年十一月。王珂变法如麻，一朝降贼；事见上卷上年正月。珂，丘何翻。降，户江翻。中山城非不峻，谓王郜不能守定州城。蔡上兵非不多；谓秦宗权恃众，卒为朱温禽。自韩建以下，又以克用耳目之所睹记者动悟之。前事甚明，可以为戒。且霸国无贫主，强将无弱兵。伏愿大王崇德爱人，去奢省役，去，羌吕翻。设险固境，训兵务农。定乱者选武臣，制理者选文吏，制理，犹言制治也，避唐庙讳。钱谷有句，出纳之籍明，则奸弊自无所容。句，读曰钩。刑法有律。依律定刑，则吏手不得而轻重。诛赏由我，则下无威福之弊；近密多正，则人无谮谤之忧。顺天时而绝欺诬，敬鬼神而禁淫祀，则不求富而国富，不求安而自安。外破元凶，元凶，指朱温。内康疲俗，名高五霸，杜预曰：五霸：夏昆吾，商大彭、豕韦，周齐桓、晋文。又曰：齐桓、晋文、宋襄、秦穆、楚庄为五霸。道冠八元。冠，古玩翻。高辛氏有才子八人，伯奋、叔堪、叔献、季仲、伯虎、仲熊、叔豹、季狸，忠肃恭懿，宣慈惠和，天下之民谓之八元。至于率闾阎，定间架，增麹蘗，蘗，鱼列翻。检田畴，开国建邦，恐未为切。”

克用亲军皆沙陀杂虏，喜侵暴良民，喜，许记翻。河东甚苦之。其子存勖以为言，克用曰：“此辈从吾攻战数十年，比者帑藏空虚，比，毗至翻。帑，他朗翻。藏，才浪翻。诸军卖马以自给；今四方诸侯皆重赏以募士，我若急之，则彼皆散去矣，吾安与同保此乎！此高欢告杜弼之说也。异时庄宗既得天下，儿郎寒冷，遮马邀求，以养成骄军之祸，得非此语误之邪！俟天下稍平，当更清治之耳。”如此语，则克用之意盖有待也。庄宗得天下之后，岂不复记忆此语邪！治，直之翻。存勖幼警敏，有勇略，克用为朱全忠所困，封疆日蹙，忧形于色。存勖进言曰：“物不极则不返，恶不极则不亡。朱氏恃其诈力，穷凶极暴，吞灭四邻，人怨神怒。今又攻逼乘舆，窥觎神器，乘，绳证翻。觎，音俞。此其极也，殆将毙矣！吾家世袭忠贞，谓自朱邪执宜以来，皆输力于唐室。势穷力屈，无所愧心。大人当遵养时晦诗酌之篇曰：於铄王师，遵养时晦。毛传曰：遵，率；养，取；晦，昧也。郑笺曰：文王之用师，率殷之叛国以事纣，养是暗昧之君以老其恶。以待其衰，奈何轻为沮丧，丧，息浪翻。使群下失望乎！”克用悦，即命酒奏乐而罢。

刘夫人无子；克用宠姬曹氏生存勖，刘夫人待曹氏加厚。克用以是益贤之，诸姬有子，辄命夫人母之；夫人教养，悉如所生。

8 上以【章：乙十一行本“以”下有“左”字；张校同。】金吾将军李俨为江、淮宣谕使，书御札赐杨行密，拜行密东面行营都统、中书令、吴王，以讨朱全忠。以朱瑾为平卢节度使，冯弘铎为武宁节度使，朱延寿为奉国节度使。平卢军，青州；武宁军，徐州；奉国军，蔡州：朱瑾等皆遥领耳。加武安节度使马殷同平章事。淮南、宣歙、湖南等道立功将士，听用都统牒承制迁补，然后表闻。俨，张浚之子也，赐姓李。考异曰：唐补纪：“二年，昭宗自凤翔遣金吾将军李俨赍御札自巫峡间道潜行，宣告吴王杨行密为讨伐逆贼朱全忠事。李俨者，宰臣张浚男。其张浚先为都统讨太原，退军，朝贬，韩建力救，不赴贬所，只在三峰，其男留行在，乃授金吾将军。昭宗差来，宣告于吴王行密。朱全忠探知，张浚一门尽遭杀戮。”按此年浚未死，俨赐姓李，见此年十月注。

9 夏，四月，丁酉，崔胤自华州诣河中，泣诉于朱全忠，恐李茂贞劫天子幸蜀，宜以时迎奉势不可缓。全忠与之宴，胤亲执板，为全忠歌以侑酒。板，拍板也。古乐无之。玄宗时，教坊散乐用横笛一，拍板一，腰鼓三。后人因之，歌舞率以板为节，以木若象凡八片，以韦贯之，两手各执其外一片而拍之。为，于伪翻。

10 辛丑，回鹘遣使入贡，请发兵赴难；难，乃旦翻。上命翰林学士承旨韩偓答书许之。乙巳，偓上言：“戎狄兽心，不可倚信。彼见国家人物华靡，而城邑荒残，甲兵凋弊，必有轻中国之心，启其贪婪。婪，卢含翻。且自会昌以来，回鹘为中国所破，事见二百四十七卷武宗会昌三年。恐其乘危复怨。所赐可汗书，宜谕以小小寇窃，不须赴难，虚愧其意，实沮其谋。”从之。

兵部侍郎参知机务卢光启罢为太子太保。

11 杨行密遣顾全武归杭州以易秦裴；顾全武为淮南兵所禽见上卷上年。秦裴降钱镠见二百六十一卷光化元年。钱镠大喜，遣裴还。

12 汴将康怀贞击凤翔将李继昭于莫谷，莫谷，即漠谷，在奉天城北。大破之。继昭，蔡州人也，本姓符，名道昭。为继昭降汴复旧姓名张本。

13 五月，庚戌，温州刺史朱褒卒，兄敖自称刺史。薛史：朱褒，温州人，兄弟皆为本州牙校。刺史胡璠卒，朱诞据郡，褒逼诞而代之。与通鉴稍异。

14 凤翔人闻朱全忠且来，皆惧；癸丑，城外居民皆迁入城。己未，全忠将精兵五万发河中，考异曰：金銮记："五月三日，岐马步军败，回戈伤中不少。八日，闻四面百姓尽般移入城内。二十一日，闻汴帅于郿县筑城及宝鸡下寨。二十三日，闻汴帅至石鼻，又至横渠。二十四日，闻汴帅至城南十里。"按编遗录："六月，全忠始离渭桥。"此盖全忠下游兵耳。实录据金銮记云，"癸亥，朱全忠引军在石鼻，乙丑，至横渠，己巳，驻师城南"，误也。至东渭横桥，遇霖雨，留旬日。

15 庚午，工部侍郎、平章事韦贻范遭母丧，"平章事"之上，当有"同"字。宦官荐翰林学士姚洎为相。洎，渠至翻。洎谋于韩偓，偓曰："若图永久之利，则莫若未就为善；傥出上意，固无不可。且汴军旦夕合围，孤城难保，家族在东，可不虑乎！"洎乃移疾，移文称有疾。上亦自不许。

16 镇海、镇东节度使彭城王钱镠进爵越王。自郡王进爵国王。

17 六月，丙子，以中书舍人苏检为工部侍郎、同平章事。时韦贻范在草土，居丧者寝苫枕块，故曰草土。荐检及姚洎于李茂贞。上既不用洎，茂贞及宦官恐上自用人，协力荐检，遂用之。

18 丁丑，朱全忠军于虢县。九域志：虢县，在凤翔府南三十五里。宋白曰：虢县，礼记注谓"虢"为"郭"，在武都南一百里有虢叔城是也。又案地理志云：虢，汉并于雍。今虢县，后魏立为武都郡，西魏大统十三年，迁同州洛邑县城于武都城西，置洛邑县；隋大业三年，改洛邑为虢县。

19 武宁节度使冯弘铎介居宣、扬之间，宣，田頵；扬，杨行密。冯弘铎以升州居二镇之间。常不自安；然自恃楼船之强，不事两道。宁国节度使田頵欲图之，頵，居筠翻。募弘铎工人造战舰，舰，户黯翻。工人曰："冯公远求坚木，故其船堪久用，今此无之。"頵曰："第为之，第，但也。吾止须一用耳。"弘铎将冯晖、颜建说弘铎先击頵，弘铎从之，帅众南上，说，式芮翻。上，时长翻。声言攻洪州，钟传据洪州。实袭宣州也。杨行密使人止之；不从。杨行密时为南面诸道都统，故欲制其行师进止。辛巳，頵帅舟师逆击于葛山，大破之。新书作"曷山"，当从之。张舜民郴行录曰：褐山矶在大信口稍西，南去芜湖县四十馀里。帅，读曰率。

20 甲申，李茂贞大出兵，自将之，与朱全忠战于虢县之北，大败而还，将，即亮翻；下同。还，音旋，又如字。死者万馀人。丙戌，全忠遣其将孔勍出散关勍，渠京翻。散关，在凤翔府宝鸡县西南。自诸葛亮以来，多以自蜀出师为出散关，今朱全忠自虢县遣孔勍进攻凤州为出散关，彼我之说也。攻凤州，拔之。丁亥，全忠进军凤翔城下。全忠朝服向城而泣，曰："臣但欲迎车驾还宫耳，朱全忠借正说以行其谲。朝，直遥翻。不与岐王角胜也。"遂为五寨环之。环，音宦。考异曰：梁太祖实录："六月，丁丑，暨虢县。辛未，文通涸兵骤出，布陈俟敌。我之将卒跃进决斗，始辰暨午，寇大败，尸仆万馀人。命诸军徙寨，逼其垒。自是岐人继出师，靡不丧衄。六月，乙亥，上以盩厔有博野军与岐人往来以窥我，命李晖讨平。丙戌，复遣孔勍领兵由大散关取凤州。"按六月乙亥朔，无辛未。前云丁丑，后云辛未，又再云六月，皆误。从唐实录。

21 冯弘铎收馀众沿江将入海，僖宗光启元年，张雄据上元；雄死，弘铎继之，至是而亡；杨行密遂有升州。杨行密恐其为后患，遣使犒军，且说之曰：说，式芮翻。"公徒众犹盛，胡为自弃沧海之外！吾府虽小，足以容公之众，使将吏各得其所，如何？"弘铎左右皆恸哭听命。众心既携，冯弘铎欲不归杨行密，其可得乎！弘铎至东塘，行密自乘轻舟迎之，从者十馀人，从，才用翻。常服，不持兵，升弘铎舟，慰谕之，举军感悦。署弘铎淮南节度副使，馆给甚厚。馆，古玩翻。

初，弘铎遣牙将丹徒尚公乃诣行密求润州，行密不许。公乃大言曰："公不见听，但恐不敌楼船耳。"至是，行密谓公乃曰："颇记求润州时否？"公乃谢曰："将吏各为其主，为，于伪翻。但恨无成耳。"行密笑曰："尔事杨叟如事冯公，无忧矣！"为田頵、朱延寿之乱，尚公乃尽忠力于杨行密张本。

行密以李神福为升州刺史。杨行密用李神福刺升州，以横制宣、润。

22 杨行密发兵讨朱全忠，以副使李承嗣权知淮南军府事。军吏欲以巨舰运粮，都知兵马使徐温曰："运路久不行，葭苇堙塞，黄巢作乱，高骈不臣，江、淮之运不复至京师，故其路久不行。塞，悉则翻。请用小艇，庶几易通。"军至宿州，会久雨，重载不能进，士有饥色，而小艇先至，艇，徒鼎翻。载，昨代翻。行密由是奇温，始与议军事。为徐温窃杨氏三世国命以成养子张本。行密攻宿州，不克，竟以粮运不继引还。

23 秋，七月，孔勍取成、陇二州，士卒无斗者。至秦州，州人城守，乃自故关归。九域志：凤州西至成州二百七十里，北至陇州二百五十里；又自陇州西至秦州亦二百五十里。孔勍自凤州西取成州，自成州北取陇州，又自陇州西至秦州。三州时皆属李茂贞。又，秦州清水县东五十里有大震关，大中六年，陇州防御使薛逵徙筑安戎关于陇山，由是谓大震关为故关。今陇州之西有故关山，又西南则清水县。大中六年，陇州防御使薛逵奏："伏以汧源西境，切在故关，虽有堤防，全无制置。僻在重冈之上，苟务高深，今移要会之中，实堪控扼，伏乞改为安戎关。"

24 韦贻范之为相也，多受人赂，许以官；既而以母丧罢去，日为债家所噪。噪，喧聒也。亲吏刘延美，所负尤多，故汲汲于起复，日遣人诣两中尉、枢密及李茂贞求之。甲戌，命韩偓草贻范起复制，偓曰："吾腕可断，腕，乌贯翻。断，音短。此制不可草！"即上疏论贻范遭忧未数月，遽令起复，实骇物听，伤国体。学士院二中使怒曰："学士勿以死为戏！"时韩全诲等使二中使监学士院，以防上与之密议国事，兼掌传宣回奏。以偓不肯草制，故怒。偓以疏授之，解衣而寝；二使不得已奏之。上即命罢草，罢草制也。仍赐敕褒赏之。八月，乙亥朔，班定，无白麻可宣；班定，谓百官立班已定也。学士不草制，故无麻可宣。宦官喧言韩侍郎不肯草麻，闻者大骇。茂贞入见上曰：见，贤遍翻。"陛下命相而学士不肯草麻，与反何异！"上曰："卿辈荐贻范，朕不之违；学士不草麻，朕亦不之违。况彼所陈，事理明白，若之何不从！"茂贞不悦而出，至中书，见苏检曰："奸邪朋党，宛然如旧。"扼腕者久之。贻范犹经营不已，茂贞语人曰："我实不知书生礼数，为贻范所误，语，牛倨翻。李茂贞因此乃知居丧起复之非礼。会当于邠州安置。"言将出贻范。贻范乃止。【章：十二行本"止"下有"刘延美赴井死"六字；乙十一行本同；孔本同；张校同；退斋校同。】

25 保大节度使李茂勋将兵屯三原，救李茂贞；朱全忠遣其将康怀贞、【章：十二行本"贞"作"英"；乙十一行本同。】孔勍击之，茂勋遁去。茂勋，茂贞之从弟也。从，才用翻。

26 初，孙儒死，见二百五十九卷景福元年。其士卒多奔浙西，钱镠爱其骁悍，悍，下罕翻，又侯旰翻。以为中军，号武勇都。行军司马杜棱谏曰："狼子野心，他日必为深患，请以土人代之。"不从。土人，谓浙西人也。

镠如衣锦军，钱镠，临安人，既贵，改所居营曰衣锦营，又升曰衣锦城；每游衣锦城，宴故老，山林皆覆以锦。命武勇右都指挥使徐绾帅众治沟洫；治衣锦军沟洫。帅，读曰率。治，直之翻。洫，泥逼翻。镇海节度副使成及闻士卒怨言，白镠请罢役，不从。甲【章：乙十一行本“甲”作“丙”；张校同。】戌，镠临飨诸将，绾谋杀镠于座，不果，称疾先出。镠怪之，丁亥，命绾将所部兵先还杭州。及外城，纵兵焚掠。武勇左都指挥使许再思以迎候兵与之合，迎候兵者，许再思以钱镠将还，领兵迎候。进逼牙城。镠子传瑛瑛，音英。与三城都指挥使马绰等闭门拒之，牙将潘长击绾，绾退屯龙兴寺。镠还，及龙泉，龙泉即龙井，在杭州城西南风篁岭上，去城十五里。闻变，疾驱至城北，使成及建镠旗鼓与绾战，镠微服乘小舟夜抵牙城东北隅，逾城而入。宋自高宗驻跸杭州，以杭州牙城为宫城。东北隅，则今之和宁门外也。直更卒凭鼓而寐，更，工衡翻。鼓，更鼓也。镠亲斩之，城中始知镠至。武安都指挥使杜建徽自新城入援，九域志：新城县，在杭州西南一百三十里。徐绾聚木将焚北门，建徽悉焚之。建徽，棱之子也。湖州刺史高彦闻难，遣其子渭将兵入援，至灵隐山，九域志：湖州南至杭州一百五十五里。灵隐山，在杭州城西十二里，有灵隐寺。难，乃旦翻。绾伏兵击杀之。

初，镠筑杭州罗城，事见二百五十九卷景福二年。谓僚佐曰：“十步一楼，可以为固矣。”掌书记徐姚【章：十二行本‘姚”作“杭”；乙十一行本同；孔本同；张校同。】罗隐曰：“楼不若内向。”至是人以隐言为验。楼，谓城上敌楼也。楼外向，所以御敌。今徐绾据杭州罗城，而钱镠自外攻之，故人以罗隐不若内向之言为验。

27 庚戌，李茂贞出兵夜袭奉天，虏汴将倪章、邵棠以归。乙未，茂贞大出兵，与朱全忠战，不胜；暮归，汴兵追之，几入西门。几，居依翻。西门，凤翔城之西门。

28 己亥，再起复前户部侍郎、同平章事韦贻范，使姚洎草制。贻范不让，即表谢，明日，视事。

29 西川兵请假道于兴元，言假道以勤王。山南西道节度使李继密遣兵戍三泉以拒之；辛丑，西川前锋将王宗播攻之，不克，退保山寨。亲吏柳修业谓宗播曰："公举族归人，不为之死战，何以自保?"柳修业，王宗播元从孔目官也。王宗播，许存也；归王建见二百六十卷乾宁二年。为，于伪翻。宗播令其众曰："吾与汝曹决战，取功名；不尔，死于此!"遂破金牛、黑水、西县、褒城四寨。武德三年，分利州之绵谷置金牛县，宝历元年，省入兴元府西县。今三泉县东六十里有金牛驿。舆地广记：大剑山有小石门，穿山通道，六丈有馀。昔秦欲伐蜀而不知道，乃作五石牛，以金置尾下，言能粪金，欲以遗蜀。蜀王负力而贪，乃令五丁开道引之。秦因使张仪、司马错引兵伐蜀，灭之，谓之石牛道；置牛之地，谓之金牛驿。褒城，汉褒中县，古褒国也，隋改曰褒城，唐属兴元府。九域志：县在府西四十五里；又有褒城镇。军校秦承厚攻西县，矢贯左目，达于右目，镞不出。王建自舐其创，脓溃镞出。王建髣髴吴起吮疽、太宗吮血之意。校，户教翻。舐，直氏翻。创，初良翻。王宗播攻马盘寨，继密战败，奔还汉中。西川军乘胜至城下，王宗涤帅众先登，遂克之，帅，读曰率。继密请降，迁于成都；光化二年，李继密得兴元，至是而败。王建遂并有山南西道。降，户江翻。得兵三万，骑五千，宗涤入屯汉中。王建曰："继密残贼三辅，李继密从李茂贞，茂贞犯猎畿甸，继密盖预有罪，故王建云然。以其降，不忍杀。"复其姓名曰王万弘，不时召见。诸将陵易之，易，以豉翻。万弘终日纵酒，俳优辈亦加戏诮；万弘不胜忧愤，醉投池水而卒。诮，才笑翻。胜，音升。

诏以王宗涤为山南西道节度使。宗涤有勇略，得众心，王建忌之。建作府门，绘以朱丹，蜀人谓之"画红楼"，建以宗涤姓名应之，宗涤本姓华名洪。更姓名见二百六十一卷乾宁四年。王宗佶等疾其功，复构以飞语。佶，巨乙翻。复，扶又翻。建召宗涤至成都，诘责之，宗涤曰："三蜀略平，东、西川及汉川为三蜀。诘，去吉翻。大王听谗，杀功臣可矣。"建命亲随马军都指挥使唐道袭夜饮之酒，缢杀之，饮，于禁翻。成都为之罢市，连营涕泣，如丧亲戚。为，于伪翻。华洪，王建之一将耳，其死也，连营涕泣，谓其有勇略、得士心可也；而蜀人为之罢市，是必有以得民者，宜乎不能免于雄猜之主也！为，于伪翻。丧，息浪翻。建以指挥使王宗贺权兴元留后。道袭，阆州人也，始以舞童事建，后浸预谋画。为王建太子元膺杀唐道袭张本。

30 九月，乙巳，朱全忠以久雨，士卒病，召诸将议引兵归河中。亲从指挥使高季昌、左开道指挥使刘知俊曰："天下英雄，窥此举一岁矣；朱全忠自去年冬举兵，至此时几一岁。从，才用翻。今茂贞已困，奈何舍之去！"全忠患李茂贞坚壁不出，季昌请以谲计诱致之。谲，古穴翻。诱，音酉。募有能入城为谍者，谍，达协翻，间也。骑士马景请行，曰："此行必死，愿大王录其妻子。"录，收恤之也。全忠恻然止之，景不可。时全忠遣朱友伦发兵于大梁，明日将至，当出兵迓之。迓，鱼驾翻，迎也。景请因此时给骏马杂众骑而出，全忠从之，命诸军皆秣马饱士。丁未旦，偃旗帜潜伏，【章：十二行本"伏"下有"无得妄出"四字；乙十一行本同；孔本同；张校同；退斋校同。】营中寂如无人。景与众骑皆出，忽跃马西去，诈为逃亡，入城告茂贞曰："全忠举军遁矣，独留伤病者近万人守营，近，其靳翻。今夕亦去矣，请速击之！"于是茂贞开门，悉众攻全忠营；全忠鼓于中军，百营俱出，纵兵击之，又遣数百骑据其城门，遮其归路也。凤翔军进退失据，自蹈藉，藉，慈夜翻。杀伤殆尽。茂贞自是丧气，丧，息浪翻。始议与全忠连和，奉车驾还京，不复以诏书勒全忠还镇矣。复，扶又翻。全忠表季昌为宋州团练使。赏其谋也。季昌，硖石人，本朱友恭之仆夫也。欧史：高季昌、董璋皆为汴富人李让家奴，世呼为李七郎者也。朱全忠养以为子，更姓名曰朱友恭。十国纪年以为友恭本寿州贾人李彦威；通鉴从之。今按欧史据薛史，十国纪年与王举天下大定录同。

31 戊申，武定节度使李思敬以洋州降王建。王建又并有洋州之地。

32 辛亥，李茂贞尽出骑兵于邻州就刍粮。壬子，朱全忠穿蚰蜒壕围凤翔，设犬铺、铃架以绝内外。蚰，与周翻。蜒，以然翻。蚰蜒，虫也，多涎，天阴雨则出行，地皆有迹。穿壕堑如蚰蜒行地之状，故谓之蚰蜒壕。凡行军下营，四面设犬铺，以犬守之。敌来则群吠，使营中知所警备。铃架者，绕营设架，挂铃其上，敌来触之则鸣。

33 癸亥，以茂贞为凤翔、静难、武定、昭武四镇节度使。武定、昭武时已为王建所取。

34 或劝钱镠渡江东保越州，以避徐、许之难。徐、许，徐绾、许再思也。难，乃旦翻；下同。杜建徽按剑叱之曰："事或不济，同死于此，岂可复东渡乎！"复，扶又翻。

镠恐徐绾等据越州，遣大将顾全武将兵戍之。全武曰："越州不足往，不若之广陵。"之，亦往也。广陵杨行密所治。镠曰："何故？"对曰："闻绾等谋召田頵；田頵至，淮南助之，不可敌也。"建徽曰："孙儒之难，王尝有德于杨公，难，乃旦翻。事见二百五十八卷大顺二年。今往告之，宜有以相报。"镠命全武告急于杨行密，全武曰："徒往无益，请得王子为质。"质，音致。镠命其子传璙【章：十二行本"璙"下有"微服"二字；乙十一行本同；孔本同；张校同；退斋校同。】为全武仆，璙，力吊翻，又力小翻。与偕之广陵，且求婚于行密。过润州，团练使安仁义爱传璙清丽，将以十仆易之；全武夜半赂阍者逃去。安仁义号淮南名将，居专城之任，而门关出入之禁不严，非善守者也。

绾等果召田頵，頵引兵赴之，先遣亲吏何饶谓镠曰："请大王东如越州，空府廨以相待，廨，古隘翻。无为杀士卒！"镠报曰："军中叛乱，何方无之！公为节帅，乃助贼为逆。战则亟战，帅，所类翻。亟，纪力翻。又何大言！"頵筑垒绝往来之道，镠患之，募能夺其地者赏以州。衢州制置使陈璋将卒三百出城奋击，遂夺其地，镠即以为衢州刺史。观此，则当时诸州制置使在刺史下。

顾全武至广陵，说杨行密曰："使田頵得志，必为王患。王召頵还，钱王请以子传璙为质，且求婚。"行密许之，以女妻传璙。说，式芮翻。妻，七细翻。

35 冬，十月，李俨至扬州，考异曰：十国纪年注，李昊蜀书张格传云："弟休，仕唐为御史，奉使扬州，闻长水之祸，改姓名为李俨。"九国志云："李俨本左仆射张浚之少子，名播，起家校书郎，迁右拾遗。浚为朱全忠所害，播自长水奔凤翔，昭宗赐其姓名，来使，欲征兵复雠。"行密与朱全忠书云："选张述于谏省，俾衔命于敝藩，授秩执金，赐编属籍。"新旧唐书昭宗纪及浚传皆云："天复三年，十二月，全忠杀浚于长水。"然则俨来使时，浚犹未死，"述"字与"休"字相乱，或一名播乎？实录，是月，始以俨为江淮宣谕使，以行密充吴王、东面行营都统；误也。据行密书，则俨父在时，已赐姓李，宣谕行密以讨全忠。明年春，全忠既克凤翔，俨遂留淮南，不敢归朝耳。杨行密始建制敕院，每有封拜，辄以告俨，于紫极宫玄宗像前陈制书，再拜然后下。玄宗诏天下州郡，皆立紫极宫以奉玄元皇帝。下，户嫁翻。

36 王建攻拔兴州，以军使王宗浩为兴州刺史。王建又并有兴州。宋白曰：兴州，汉武都之沮县也。蜀置武兴督，后魏为武兴镇，后改为东益州。隋改州为顺政郡，唐武德置兴州，因武兴为州名。

37 戊寅夜，李茂贞假子彦询帅三团步兵奔于汴军；帅，读曰率；下同。己卯，李彦韬继之。庚辰，朱全忠遣幕僚司马邺奉表入城；考异曰：实录："庚辰，司马鄴奉表。壬午，对全忠使司马鄴。"薛居正五代史司马邺传："大军在岐下，遣奏事于昭宗，再入复出。"实录作"鄴"，误也。甲申，又遣使献熊白；陆佃埤雅曰：熊脂一名熊白。熊，山居，冬蛰，当心有白脂如玉，味甚美，俗呼熊白。自是献食物、缯帛相继。缯，慈陵翻。上皆先以示李茂贞，使启视之，茂贞亦不敢启。丙戌，复遣使请与茂贞议连和，复，扶又翻；下同。民出城樵采者皆不抄掠。抄，楚交翻。丁亥，全忠表请修宫阙及迎车驾。己丑，遣国子司业薛昌祚、内使王延绩赍诏赐全忠。内使，即中使。往往梁臣避朱全忠名，改中为内耳。绩，户外翻，又户对翻。

癸巳，茂贞复出兵击汴军城西寨，败还。全忠以绛袍衣降者，衣，于既翻。降，户江翻。使招呼城中人，凤翔军夜缒去缒，驰伪翻。及因樵采去不返者甚众。是后茂贞或遣兵出击汴军，多不为用，散还。茂贞疑上与全忠有密约，壬寅，更于御院北垣外增兵防卫。

38 十一月，癸卯朔，保大节度使李茂勋帅其众万馀人救凤翔，屯于城北阪上，阪，音反。与城中举烽相应。

39 甲辰，上使赵国夫人诇学士院二使皆不在，诇，古迥翻，又翾正翻。二使，二中使之直学士院者。韩全诲等置之以防上密召对学士，前此怒韩偓者即其人也。亟召韩偓、姚洎，窃见之于土门外，执手相泣。洎请上速还，恐为他人所见；上遽去。

40 朱全忠遣其将孔勍、李晖将兵乘虚袭鄜、坊；鄜，音夫；下同。壬子，拔坊州。甲寅，大雪，汴军冒之夕进，五鼓，抵鄜州城下。九域志：坊州北至鄜州一百一十里。鄜人不为备，汴军入城，城中兵尚八千人，格斗至午，鄜人始败，格斗者，短兵接斗，两两相当，以力角力。考异曰：编遗录："十二月癸酉，遣孔勍、李晖领兵袭鄜州，以牵李周彝之兵。己亥，我师攻陷鄜墙，获周彝亲族，遂令李晖权知鄜畤军事。不数日，周彝乃遣幕宾投分通好，然后上许抽兵。"梁太祖实录："十一月癸卯，鄜帅李周彝统州兵万馀人屯于老聃祠之下，上命孔勍、李晖乘虚捷取之。壬子，勍等破中部郡。甲寅，大雨雪，大军冒之夕进，五鼓，及其垒，克之。"按癸卯距己亥近六十日，鄜、汴相守，岂得全不交兵！今从唐、梁二实录。擒留守【章：十二行本"守"作"后"；乙十一行本同；孔本同；张校同。】李继瑭。勍抚存李茂勋及将士之家，按堵无扰，命李晖权知军府事。茂勋闻之，引兵遁去。重战轻防，此李茂勋之所以败也；厚抚其家以携之，茂勋所以归心于朱全忠也。

汴军每夜鸣鼓角，城中地如动。攻城者诟城上人云"劫天子贼”，乘城者诟城下人云“夺天子贼”。诟，古候翻，又许候翻。是冬，大雪，城中食尽，冻馁死者不可胜计；或卧未死已为人所冎。胜，音升。冎，古瓦翻。市中卖人肉，斤直钱百，犬肉直五百。茂贞储偫亦竭，偫，丈里翻。以犬彘供御膳。上鬻御衣及小皇子衣于市以充用，削渍松柹以饲御马。柹，方废翻，斫木札也，详见辩误。饲，祥吏翻。

41 丙子，户部侍郎、同平章事韦贻范薨。

42 癸亥，朱全忠遣人薙城外草以困城中。薙，他计翻，除草也。甲子，李茂贞增兵守宫门，行宫门也。诸宦者自度不免，互相尤怨。

苏检数为韩偓经营入相，度，徒洛翻。数，所角翻。为，于伪翻。言于茂贞及中尉、枢密，且遣亲吏告偓，偓怒曰：“公与韦公自贬所召归，旬月致位宰相，讫不能有所为，今朝夕不济，乃欲以此相污邪！”污，乌路翻。

43 田頵急攻杭州，仍具舟将自西陵渡江；钱镠遣其将盛造、朱郁拒破之。

44 十二月，李茂勋遣使请降于朱全忠，更名周彝。更，工衡翻。于是茂贞山南州镇皆入王建，关中州镇皆入全忠，坐守孤城；乃密谋诛宦官以自赎，遗全忠书曰：遗，唯季翻。“祸乱之兴，皆由全诲；仆迎驾至此，以备他盗。公既志匡社稷，请公迎扈还宫，仆以弊甲凋兵，从公陈力。”弊甲凋兵，用战国张仪语。半残为凋。全忠复书曰：“仆举兵至此，正以乘舆播迁；乘，绳证翻。公能协力，固所愿也。”

45 杨行密使人召田頵曰：“不还，吾且使人代镇宣州。”顾全武之说行矣。庚辰，頵将还，征犒军钱二十万缗于钱镠，且求镠子为质，将妻以女。质，音致。妻，七细翻。镠谓诸子：谓，语之也。句断。“孰能为田氏婿者？”莫对。镠欲遣幼子传球，传球不可。

镠怒，将杀之。次子传瓘请行，吴夫人泣曰："奈何置儿虎口！"传瓘曰："纾国家之难，纾，缓也。难，乃旦翻。安敢爱身！"再拜而出，镠泣送之。当此之时，钱镠置后之意，固已属于传瓘矣。传瓘从数人缒北门而下。敌情叵测，不敢开城门直出，故缒而下。頵与徐绾、许再思同归宣州。镠夺传球内牙兵印。以其不肯出质也。

越州客军指挥使张洪以徐绾之党自疑，客军，盖亦孙儒散卒。帅步兵三百奔衢州，刺史陈璋纳之。帅，读曰率。温州将丁章逐刺史朱敖，敖奔福州。僖宗中和元年，朱褒陷温州，至是而败。王审知时据福州。章据温州，田頵遣使招之，道出衢州；陈璋听其往还，钱镠由是恨璋。为钱镠图陈璋张本。按田頵时镇宣州。九域志：宣州南至歙州，自歙州南至睦州，自睦州南至婺州，自婺州南至处州，自处州东至温州，其路径捷。今自温州取道衢州者，盖睦州两浙巡属，其守不与田頵通，頵使不敢由此道也。自衢州取婺州，自婺州取处州，自处州取温州，更无他岐。时卢约据处州，亦两浙巡属也。钱镠不恨约而恨璋者，以卢约犹是羁縻，而陈璋乃其部曲将故也。

46 丁酉，上召李茂贞、苏检、李继诲、李彦弼、李继岌、李继远、李继忠食，【张："食"作"入"。】议与朱全忠和，上曰："十六宅诸王以下，冻馁死者日有数人。在内诸王及公主、妃嫔，十六宅诸王，上之兄弟及群从也。在内诸王及公主，皇子、皇女也。一日食粥，一日食汤饼，汤饼者，硙麦为面，以面作饼，投之沸汤煮之，黄庭坚所谓"煮饼深注汤"是也。程大昌续演繁露曰：释名：饼，并也；溲麦使合并也。蒸饼，汤饼之属，各随形名之。今亦竭矣。卿等意如何？"皆不对。上曰："速当和解耳！"

凤翔兵十馀人遮韩全诲于左银台门，长安大明宫城门有左、右银台门，而凤翔行宫亦设此门，示若在长安宫中也。喧骂曰："阖境涂炭，阖城馁死，正为军容辈数人耳！"为，于伪翻。全诲叩头诉于茂贞，茂贞曰："卒辈何知！"命酹酒两杯，对饮而罢。又诉于上，上亦谕解之。李继昭谓全诲曰："昔杨军容破杨守亮一族，见二百五十九卷景福元年、乾宁元年。今军容亦破继昭一族邪！"慢骂之，遂出降于全忠，降，户江翻。复姓符，名道昭。

47 是岁，虔州刺史卢光稠攻岭南，陷韶州，韶、虔二州相去虽六百馀里，特以大庾岭为阻，而实邻境也。考异曰：新纪，是岁光稠卒，牙将李图自称知州事。按十国纪年、欧阳修五代史光稠传，开平五年方卒。新纪误也。使其子延昌守之，进围潮州。清海【章：十二行本"海"下有"留后"二字；乙十一行本同；孔本同；张校同；退斋校同。】刘隐发兵击走之，乘胜进攻韶州。隐弟陟以为延昌有虔州之援，未可遽取；隐不从，遂围韶州。会江涨，馈运不继，自广州运粮以馈韶州行营，当溯流而上；江涨则水湍急，不可以溯，馈运由此不继。光稠自虔州引兵救之；其将谭全播伏精兵万人于山谷，以羸弱挑战，羸，伦为翻。挑，徒了翻。大破隐于城南，隐奔还。全播悉以功让诸将，光稠益贤之。

48 岳州刺史邓进思卒，弟进忠自称刺史。

三年（癸亥、九〇三）

1 春，正月，甲辰，遣殿中侍御史崔构、供奉官郭遵诲诣朱全忠营；丙午，李茂贞亦遣牙将郭启期往议和解。

2 平卢节度使王师范，颇好学，好，呼到翻。以忠义自许，为治有声迹。声闻于时而治有实迹，所谓名与实称。好，呼到翻。治，直吏翻。朱全忠围凤翔，韩全诲以诏书征藩镇兵入援乘舆，师范见之，泣下沾衿，曰："吾属为帝室藩屏，乘，绳证翻。衿，音今。屏，必郢翻。岂得坐视天子困辱如此；各拥强兵，但自卫乎！"会张浚自长水亦遗之书，遗，于季翻。劝举义兵。师范曰："张公言正会吾意，夫复何疑！夫，音扶。复，扶又翻。虽力不足，当死生以之。"

时关东兵多从全忠在凤翔，师范分遣诸将诈为贡献及商贩，包束兵仗，载以小车，入汴、徐、兖、郓、齐、沂、河南、孟、滑、河中、陕、虢、华等州，诸州皆朱全忠所有之地。郓，音运。陕，失冉翻。华，户化翻。期以同日俱发，讨全忠。适诸州者多事泄被擒，独行军司马刘鄩取兖州。鄩，徐林翻。时泰宁节度使葛从周悉将其兵屯邢州，朱全忠攻凤翔，使葛从周悉泰宁之兵屯邢州以备河东。鄩先遣人为贩油者入城，诇其虚实及兵所从入；诇，古永翻，又翾正翻。丙午，鄩将精兵五百夜自水窦入，比明，军城悉定，市人皆不知。比，必利翻，及也。军城，泰宁军牙城也。以此观之，军人与市人异处，营屋之立，自唐然矣。考异曰：旧纪："丙午，青州牙将刘鄩陷全忠之兖州，又令牙将张厚入奏，是日，亦窃发于华州，杀州将娄敬思。"唐太祖纪年录："是月四日，青州帅王师范将刘鄩窃据兖州。同日，师范将张厚辇戈甲十乘至华州，为华人所诘，因窃发，燔其郛，杀华州指挥使娄敬思而去。"新纪："丙午，师范取兖州。"梁太祖实录："丙辰，青州纲将乱于华而败；是日，刘鄩陷我兖州。"唐实录亦在丙辰。按长历，丙午，正月四日；丙辰，十四日。编遗录云："魏师及朱友宁告急，刘鄩正月四日袭陷兖州"，与纪年录等同。梁太祖实录多谬误，恐难据，今从诸书，移置丙午。唐祖补纪云天复二年，尤误。鄩据府舍，拜从周母，每旦省谒；待其妻子，甚有恩礼；子弟职掌、供亿如故。省，悉景翻。鄩料从周必还攻兖州，故善视其家。

是日，青州牙将张居厚帅壮士二百将小车至华州东城，帅，读曰率；下同。知州事娄敬思疑其有异，剖视之；其徒大呼，呼，火故翻。杀敬思，攻西城。崔胤在华州，帅众拒之，天复元年十二月，崔胤帅百官迁于华州，事见上卷。不克，为崔胤所拒，遂不能克华州。走至商州，追获之。九域志：华州南至商州一百八十里。

全忠留节度判官裴迪守大梁，师范遣走卒赍书至大梁，迪问以东方事，走卒色动。走卒，谓卒之备趋走者。后汉志有门阑走卒。迪察其有变，屏人问之，屏，必郢翻，又卑正翻。走卒具以实告。迪不暇白全忠，亟请马步都指挥使朱友宁将兵万馀人东巡兖、郓。亟，纪力翻。将，即亮翻；下同。友宁召葛从周于邢州，共攻师范。全忠闻变，亦分兵先归，使友宁并将之。为朱友宁战死、朱全忠后夷王师范张本。

3 戊申，李茂贞独见上，见，贤遍翻。中尉韩全诲、张彦弘、枢密使袁易简、周敬容皆不得对。易，以豉翻。茂贞请诛全诲等，与朱全忠和解，奉车驾还京。上喜，即遣内养帅凤翔卒四十人收全诲等，斩之。内养，亦宦者也。帅，读曰率。以御食使第五可范为左军中尉，御食使，掌御膳，亦唐末所置内诸司使之一也。宣徽南院使仇承坦为右军中尉，王知古为上院枢密使，杨虔朗为下院枢密使。枢密分东西院，东院为上院，西院为下院。是夕，又斩李继筠、李继诲、李彦弼及内诸司使韦处廷等十六人。处，昌吕翻。己酉，遣韩偓及赵国夫人诣全忠营；又遣使囊全诲等二十馀人首以示全忠，考异曰：旧纪："丁巳，蒋玄晖与中使押送全诲等二十人首级，告谕四镇兵士回銮之期。"新纪："正月，戊申，杀全诲等。"唐太祖纪年录："正月，甲辰，凤翔李茂贞杀其子继筠、观军容韩全诲、张彦弘、枢密使袁易简、周敬容等二十二人，皆斩首囊盛，押领出城，以示朱温。"金銮记："六日，诛全诲等。"唐年补录："正月，癸卯，赐朱全忠诏。"唐补纪云："天复三年，二月，诛全诲等八人。"其全诲等伏诛日，今从金銮记、实录、新纪。按金銮记、唐年补录、唐实录、后唐纪年录载六日所诛宦官名，可见者全诲等四人，处廷等十六人，而金銮记云，"是夜处置内官一十九人。"唐年补录云，"全诲以下二十二人首级。"纪年录云，"杀全诲等二十二人。"北梦琐言亦云"二十二人首。"新传云："继筠、继诲、彦弼皆伏诛。是夜，诛内诸司使韦处廷等二十二人。"若并继筠等数之，则多一人；若只数宦官，则少二人；若如金銮记，是夜又诛十九人，则多一人。或者二人名不见欤？曰："向来胁留车驾，惧罪离间，间，古苋翻。不欲协和，皆此曹也。今朕与茂贞决意诛之，卿可晓谕诸军以豁众愤。"辛亥，全忠遣观察判官李振奉表入谢。朱全忠先此以李振为天平节度副使，今盖为四镇观察判官。

全诲等已诛，而全忠围犹未解。茂贞疑崔胤教全忠欲必取凤翔，白上急召胤，令帅百官赴行在。帅，读曰率。凡四降诏，三赐朱书御札，薛史载庄宗朝段徊奏曰："唐制，或岁时灾歉，国用不足，天子将求经济之要，则内出朱书御札以访群臣。"言甚切至，悉复故官爵，胤竟称疾不至。茂贞惧，自致书于胤，辞甚卑逊。全忠亦以书召胤，且戏之曰："吾未识天子，须公来辨其是非。"胤始来。崔胤其初所以未敢来者，待朱全忠之命耳。然君命累召而不来，朱全忠一书而遽至，人臣事君者，必知所先后轻重矣。

甲寅，凤翔始启城门。丙辰，全忠巡诸寨，至城北，有凤翔兵自北山下，全忠疑其逼己，遣兵击之，擒其将李继钦。上遣赵国夫人、冯翊夫人诣全忠营诘其故，二夫人于内命妇爵秩有国郡之殊。诘者，诘其已和解而复遣兵相击。全忠遣亲吏蒋玄晖奉表入奏。

李茂贞请以其子侃尚平原公主，又欲以苏检女为景王秘妃以自固。平原公主，何后之女也，后意难之，上曰："且令我得出，呜呼！唐昭宗惟幸于得出，徐令全忠取平原，茂贞必不敢距；岂知夫妇委命于全忠，不复有能取之者乎！何忧尔女！"后乃从之。壬戌，平原公主嫁宋侃；嫌于同姓嫁娶，故复侃本姓。纳景王妃苏氏。古者犹谓师婚为非礼，唏矣！

时凤翔所诛宦官已七十二人，朱全忠又密令京兆搜捕致仕不从行者，诛九十人。

甲子，车驾出凤翔，幸全忠营。全忠素服待罪；命客省使宣旨释罪，时客省使，盖通知阁门事，故令宣旨释罪。去三仗，止报平安，唐制：正衙有亲、勋、翊三卫立仗，左、右金吾将军以一人报平安。去三仗者，恐全忠以羽卫之严不敢入也。考异曰：王禹偁五代史阙文曰："昭宗佯为鞋系脱，呼梁祖曰：'全忠为吾系鞋。'梁祖不得已，跪而结之，流汗浃背。时天子扈跸尚有卫兵，昭宗意谓左右擒梁祖以杀之，其如无敢动者。自是梁祖被召多不至；其后尽去昭宗禁卫，皆用汴人矣。"按全忠时拥十万之众，昭宗方脱茂贞虎口，托身全忠，岂敢遽为此谋！或者欲效汉高祖之折黥布，亦恐昭宗不能办耳。今不取。去，羌吕翻。以公服入谢。唐章服之制，有朝服、公服。朝服，具服也；公服，从省服也。全忠见上，顿首流涕；上命韩偓扶起之。上亦泣，曰："宗庙社稷，赖卿再安；朕与宗族，赖卿再生。"亲解玉带以赐之。少休，即行。全忠单骑前导十馀里，上辞之；此皆朱全忠缪为恭敬也。全忠乃令朱友伦将兵扈从，自留部分后队，焚撤诸寨。从，才用翻；下同。分，扶问翻。友伦，存之子也。存，全忠仲兄也。

是夕，车驾宿岐山；丁卯，至兴平，崔胤始帅百官迎谒，帅，读曰率。复以胤为司空、门下侍郎、同平章事，领三司如故；车驾至凤翔，贬崔胤官，今复之。己巳，入长安。

庚午，全忠、崔胤同对。胤奏："国初承平之时，宦官不典兵预政。天宝以来，宦官浸盛。贞元之末，分羽林卫为左、右神策军以便卫从，始令宦官主之，以二千人为定制。神策军入卫苑中，自代宗鱼朝恩始。德宗贞元末始分为左、右。从，才用翻。自是参掌机密，夺百司权，上下弥缝，共为不法，大则构扇藩镇，倾危国家；小则卖官鬻狱，蠹害朝政。朝，直遥翻。王室衰乱，职此之由，不翦其根，祸终不已。请悉罢诸司使，其事务尽归之省寺，诸道监军俱召还阙下。"上从之。是日，全忠以兵驱宦官第五可范等数百人于内侍省，尽杀之，考异曰：旧纪："辛未，内官第五可范已下七百人，并赐死于内侍省。"金銮记："二十八日，处置第五可范已下四百五十人。"太祖纪年录："内诸司百馀人及随驾凤翔群小二百馀人，一时斩首于内侍省。"旧传与纪年录同。新传："胤、全忠议诛第五可范等八百馀人于内侍省。"梁太祖实录："己巳翌日，诛宦官第五可范等五百馀人于内侍省，仍命畿内及诸道搜索处置以尽厥类。"唐年补录云："诛宝官七百一十人。"按旧纪、编遗录皆云"正月辛未，诛可范等"。而梁实录、唐补纪、续宝运录、金銮记、唐年补录、薛居正五代史梁纪、新唐纪，或云己巳翊日，或云二十八日，今从之。盖全忠、胤虽奏云罢诸司使务，追监军赴阙，其实即日已擅诛之，至二月癸酉始下诏赐死，故昭宗哀而祭之耳。冤号之声，彻于内外。号，户刀翻。彻，敕列翻。其出使外方者，诏所在收捕诛之，使，疏吏翻；下同。止留黄衣幼弱者三十人以备洒扫。宦官品秩之卑者衣黄。洒，所卖翻，又如字。扫，苏报翻，又如字。又诏成德节度使王镕选进五十人充敕使，取其土风深厚，人性谨朴也。上愍可范等或无罪，为文祭之。自是宣传诏命，皆令宫人出入；其两军内外八镇兵悉属六军，谓左、右神策所统内外八镇兵也。以崔胤兼判六军十二卫事。

臣光曰：宦官用权，为国家患，其来久矣。盖以出入宫禁，人主自幼及长，长，知两翻。与之亲狎，非如三公六卿，进见有时，可严惮也。见，贤遍翻。其间复有性识儇利，儇，许缘翻，智也，疾也，利也。语言辩给，【章：十二行本"给"下有"善"字；乙十一行本同；孔本同；张校同。】伺候颜色，承迎志趣，伺，相吏翻。受命则无违迕之患，使令则有称惬之效。迕，五故翻。称，尺证翻。惬，与惬同，诘叶翻。自非上智之主，烛知物情，虑患深远，侍奉之外，不任以事，则近者日亲，远者日疏，甘言卑辞之请有时而从，浸润肤受之诉有时而听。论语：孔子曰："浸润之谮，肤受之诉，不行焉，可谓明也已矣。"朱熹注云：浸润，如水之浸灌，滋润渐渍而不骤也。肤受，谓肌肤所受利害切身者也。于是黜陟刑赏之政，潜移于近习而不自知，如饮醇酒，嗜其味而忘其醉也。黜陟刑赏之柄移而国家不危乱者，未之有也。

东汉之衰，宦官最名骄横，横，户孟翻。然皆假人主之权，依凭城社，言宦官在人主左右有所依凭，如城狐、社鼠，不畏熏烧。以浊乱天下，未有能劫胁天子如制婴儿，废置在手，东西出其意，使天子畏之若乘虎狼而挟蛇虺虺，许鬼翻。如唐世者也。所以然者非他，汉不握兵，唐握兵故也。

太宗鉴前世之弊，深抑宦官无得过四品。明皇始隳旧章，是崇是长，宋祁曰：太宗诏内侍省不立三品官，以内侍为之长，阶第四，不任以事，惟门阁守御、廷内扫除、禀食而已。武后时，稍增其人。至中宗，黄衣乃二千员，七品以上员外置千员，然衣朱紫者尚少。玄宗承平日久，财用富足，志大事奢，不爱惜赏赐爵位，开元、天宝中，宦官黄衣以上三千员，衣朱紫者千馀人，其称旨者辄拜三品将军，列戟于门，其在殿头供奉，委任华重。长，知两翻。晚节令高力士省决章奏，省，悉景翻。乃至进退将相，时与之议，自太子王公皆畏事之，宦官自此炽矣。及中原板荡，肃宗收兵灵武，李辅国以东宫旧隶参豫军谋，宠过而骄，不能复制，复，扶又翻。遂至爱子慈父皆不能庇，以忧悸终。悸，其季翻。代宗践阼，仍遵覆辙，程元振、鱼朝恩相继用事，窃弄刑赏，壅蔽聪明，视天子如委裘，贾谊曰：卧赤子天下之上而安，植遗腹，朝委裘，而天下不乱。孟康注云：委裘若容衣，天子未坐朝，事天子裘衣也。朝，直遥翻；下同。陵宰相如奴虏。是以来瑱入朝，遇谗赐死；吐蕃深侵郊甸，匿不以闻，致狼狈幸陕；陕，失冉翻。李光弼危疑愤郁，以陨其生；郭子仪摈废家居，不保丘垄；仆固怀恩冤抑无诉，遂弃勋庸，更为叛乱。更，工衡翻，改也。德宗初立，颇振纲纪，宦官稍绌。绌，读曰黜。而返自兴元，猜忌诸将，以李晟、浑瑊为不可信，悉夺其兵，而以窦文场、霍仙鸣为中尉，使典宿卫，自是太阿之柄，落其掌握矣。宪宗末年，吐突承璀欲废嫡立庶，以成陈洪志之变。宝历狎昵群小，璀，七罪翻。昵，尼质翻。刘克明与苏佐明为逆，其后绛王及文、武、宣、懿、僖、昭六帝，皆为宦官所立，势益骄横。王守澄、仇士良、田令孜、杨复恭、刘季述、韩全诲为之魁杰，至自称“定策国老”，目天子为门生，根深蒂固，疾成膏肓，不可救药矣！左传：晋侯疾病，求医于秦，秦伯使医缓为之，未至。公梦疾为二孺子曰："彼良医也，惧伤我，焉逃之？"其一曰："居肓之上，膏之下，若我何！"医至，曰："疾不可为也，在肓之上，膏之下，攻之不可，达之不及，药不至焉，不可为也。"肓，音荒，鬲也。心下为膏。文宗深愤其然，志欲除之，以宋申锡之贤，犹不能有所为，反受其殃；况李训、郑注反覆小人，欲以一朝谲诈之谋，谲，古穴翻。翦累世胶固之党，遂至涉血禁涂，积尸省户，公卿大臣，连颈就诛，阖门屠灭，天子阳瘖纵酒，饮泣吞气，自比赧、献，不亦悲乎！瘖，于金翻。赧，奴板翻。以宣宗之严毅明察，犹闭目摇首，自谓畏之。况懿、僖之骄侈，苟声色球猎足充其欲，则政事一以付之，呼之以父，固无怪矣。贼污宫阙，污，乌故翻。两幸梁、益，皆令孜所为也。昭宗不胜其耻，力欲清涤，而所任不得其人，所行不由其道。始则张浚覆军于平阳，增李克用跋扈之势；复恭亡命于山南，启宋文通不臣之心；李茂贞本宋文通，以军功赐姓名。终则兵交阙庭，矢及御衣，漂泊莎城，流寓华阴，幽辱东内，劫迁岐阳。莎，素何翻。华，户化翻。崔昌遐无如之何，崔胤字昌遐；通鉴称其字，避宋朝太祖庙讳也。更召朱全忠以讨之。连兵围城，再罹寒暑，御膳不足于糗糒，糗，去久翻。糒，音备。王侯毙踣于饥寒，踣，蒲北翻。然后全诲就诛，乘舆东出，翦灭其党，靡有孑遗，而唐之庙社因以丘墟矣！此论历叙唐宦官之祸，其事皆具见前纪。乘，绳证翻。然则宦官之祸，始于明皇，盛于肃、代，成于德宗，极于昭宗。易曰："履霜坚冰至。"为国家者，防微杜渐，可不慎其始哉！易坤之初六曰：履霜坚冰至。象曰：履霜坚冰，阴始凝也；驯致其道，至坚冰也。文言曰：臣弑其君，子弑其父，非一朝一夕之故，其所由来者渐矣。此其为患，章章尤著者也。自馀伤贤害能，召乱致祸，卖官鬻狱，沮败师徒，败，补迈翻。

蠹害烝民，不可遍举。

去【章：十二行本“去”作“夫”；乙十一行本同；孔本同；退斋校同；熊校同。】寺人之官，寺，音侍。自三王之世，具载于诗、礼，诗有巷伯之篇。礼有寺人之职。所以谨闺闼之禁，通内外之言，安可无也。如巷伯之疾恶，周幽王之时，寺人伤于谗而作巷伯之诗。记曰：好贤如缁衣，恶恶如巷伯。寺人披之事君，左传：晋献公信谗，使寺人披伐公子重耳于蒲城；重耳逾垣而出，披斩其袪。及其反国，披请见，公使让之曰：“蒲城之役，君命一宿，汝即至。其后予从狄君，以田渭滨，汝为惠公来求杀余，命汝三宿，汝中宿至。虽有君命，何其速也！”对曰：“君命无二，古之制也。除君之恶，惟力是视，蒲人狄人，予何有焉！今君即位，其无蒲、狄乎？”公见之，以吕、郤之难告，公由是得免。郑众之辞赏，事见四十八卷汉和帝永元元年。吕彊之直谏，事见五十七卷汉灵帝光和二年，五十八卷中平元年。曹日升之救患，马存亮之弭乱，杨复光之讨贼，严遵美之避权，事并见前纪。张承业之竭忠，事见后梁纪。其中岂无贤才乎！顾人主不当与之谋议政事，进退士大夫，使有威福足以动人耳。果或有罪，小则刑之，大则诛之，无所宽赦；如此，虽使之专横，孰敢焉！横，户孟翻。岂可不察臧否，不择是非，欲草薙而禽狝之，否，音鄙。薙，他计翻。狝，息浅翻。杜预曰：狝，杀也。能无乱乎！是以袁绍行之于前而董卓弱汉，事见汉灵、献纪。崔昌遐袭之于后而朱氏篡唐，虽快一时之忿而国随以亡。是犹恶衣之垢而焚之，恶，乌路翻。患木之蠹而伐之，其为害岂不益多哉！孔子曰：“人而不仁，疾之已甚，乱也。”见论语。斯之谓矣！

王师范遣使以起兵告李克用，克用贻书褒赞之。河东监军张承业亦劝克用发兵救凤翔，克用攻晋州，闻车驾东归，乃罢。

5 杨行密承制加朱瑾东面诸道行营副都统、同平章事，以升州刺史李神福为淮南行军司马、鄂岳行营招讨使，舒州团练使刘存副之，将兵击杜洪。洪将骆殷戍永兴，弃城走，县民方诏据城降。神福曰："永兴大县，馈运所仰，已得鄂之半矣！"永兴，汉鄂县地；吴分鄂置新阳县，隋改新阳曰永兴，唐属鄂州。九域志：在鄂州东南四百五里，今寿昌军即其地。降，户江翻。

王崇武标点容肇祖聂崇岐覆校

资治通鉴卷第二百六十四

端明殿学士兼翰林侍读学士太中大夫
提举西京嵩山崇福宫上柱国河内郡开国公 司马光 奉敕编集
食邑二千二百户食实封九百户赐紫金鱼袋臣

后学天台 胡三省 音注

唐纪八十

起昭阳大渊献（癸亥）二月，尽阏逢困敦（甲子）闰月，凡一年有奇。

昭宗圣穆景文孝皇帝下之上

天复三年（癸亥、九〇三）

1 二月，壬申朔，诏："比在凤翔府所除官，一切停。"比，毗至翻，近也。停所除官者，以皆出李茂贞、韩全诲之意也。

时宦官尽死，惟河东监军张承业、幽州监军张居翰、清海监军程匡柔、西川监军鱼全禋及致仕严遵美，为李克用、刘仁恭、杨行密、王建所匿得全，斩他囚以应诏。禋，伊真翻。严遵美时隐蜀之青城山。据通鉴所书，程匡柔，盖杨行密匿之。

2 甲戌，门下侍郎、同平章事陆扆责授沂王傅、分司。沂王礼，皇子也。"礼"，一作"禋"。车驾还京师，赐诸道诏书，独凤翔无之。扆曰："茂贞罪虽大，然朝廷未与之绝；今独无诏书，示人不广。"考异曰：旧传："帝还京后赦诸道，皆降诏书，独凤翔无诏，扆奏"云云。按是时未赦，恐止是降诏书；或赦前扆议如此，故胤怒耳。崔胤怒，奏贬之。宫人宋柔等十一人皆韩全诲所献，献宋柔等见上卷元年。及僧、道士与宦官亲厚者二十馀人，并送京兆杖杀。

3 上谓韩偓曰："崔胤虽尽忠，然比卿颇用机数。"对曰："凡为天下者，万国皆属之耳目，属，之欲翻。安可以机数欺之！莫若推诚直致，虽日计之不足而岁计之有馀也。"用庄子语。

4 丙子，工部侍郎、同平章事苏检，吏部侍郎卢光启，并赐自尽；丁丑，以中书侍郎、同平章事王溥为太子宾客、分司，皆崔胤所恶也。（自"丁丑"至"所恶也"二十六字，据章钰资治通鉴校宋记增。）苏检、卢光启皆凤翔所命相，崔胤恶其党附韩全诲、李茂贞，故杀之。考异曰：实录："检、光启并赐自尽。一说，检长流环州。"唐太祖纪年录："初从幸凤翔，命卢光启、韦贻范为相，又命苏检平章事。及车驾还宫，胤积前事怒之，不一月，皆贬谪之，左迁陆扆沂王傅，王溥太子宾客，苏检自尽。"续宝运录："二月五日，应是岐王驾前宰臣卢光启等一百馀人，并赐自尽。"新纪："朱全忠杀苏检、卢光启。"旧胤传："昭宗初幸凤翔，命卢光启、韦贻范、苏检等作相，及还京，胤皆贬斥之。"新光启传云"检长流环州，光启赐死"，与宝运录注同。"检流环州"，不见本出何书。

5 戊寅，赐朱全忠号回天再造竭忠守正功臣，赐其僚佐敬翔等号迎銮协赞功臣，诸将朱友宁等号迎銮果毅功臣，都头以下号四镇静难功臣。难，乃旦翻。

上议褒崇全忠，欲以皇子为诸道兵马元帅，以全忠副之；崔胤请以辉王祚为之，上曰："濮王长。"帅，所类翻。濮，博木翻。长，知两翻。胤承全忠密旨，利祚冲幼，固请之，己卯，以祚为诸道兵马元帅。考异曰：金銮记："上曰：'朕以濮王处长'"云云。新传："帝十七子，德王裕、棣王祤、虔王禊、沂王禋、遂王祎、景王秘、辉王祚、祁王祺、雅王禛、琼王祥、端王禛、丰王祁、和王福、登王禧、嘉王祐、颍王禔、蔡王佑。何皇后生裕及祚，馀皆失其母之氏位。"旧传云昭宗十子，无端王祯以下七人。按新、旧传，昭宗诸子皆无濮王。孙光宪续通历："濮王名纲，昭宗之子，母曰太后王氏。哀帝被杀，朱全忠册纲为天子，改元天寿；明年，禅位于梁。"此乃光宪传闻谬误也。昭宗亦无王皇后。金銮记所云濮王，盖德王改封耳。

庚辰，加全忠守太尉，充副元帅，进爵梁王。以胤为司徒兼侍中。

胤恃全忠之势，专权自恣，天子动静皆禀之。禀，笔锦翻。朝臣从上幸凤翔者，凡贬逐三十馀人。党附宦官者可罪，扈从天子者何罪邪！朝，直遥翻。刑赏系其爱憎，爱者赏之，憎者刑之。中外畏之，重足一迹。重，直龙翻。史言崔胤怙权，不知死期将至。

以敬翔守太府卿，朱友宁领宁远节度使。宁远军，容州，时为庞巨昭所据。五季以来有名号节度使，此类是也。全忠表符道昭同平章事，充天雄节度使，遣兵援送之秦州，之，往也。不得至而还。岐兵塞道，故不得至。还，从宣翻，又如字。

6 初，翰林学士承旨韩偓之登进士第也，御史大夫赵崇知贡举。上返自凤翔，欲用偓为相，偓荐崇及兵部侍郎王赞自代；上欲从之，崔胤恶其分己权，恶，乌路翻。使朱全忠入争之。全忠见上曰：见，贤遍翻。"赵崇轻薄之魁，王赞无才用，韩偓何得妄荐为相！"上见全忠怒甚，不得已，癸未，贬偓濮州司马。上密与偓泣别，偓曰："是人非复前来之比，谓朱全忠也。臣得远贬及死乃幸耳，不忍见篡弑之辱！"呜呼！韩偓何见之晚也！然昭宗闻偓此言，亦何以为怀哉！惟有纵酒而已。

7 己丑，上令朱全忠与李茂贞书，取平原公主；茂贞不敢违，遽归之。平原公主嫁茂贞子宋侃，见上卷上年。

8 壬辰，以朱友裕为镇国节度使。考异曰：实录："壬辰，以兴德府复为华州，赐名感化军，以友裕为节度使。"按编遗录，天佑三年，闰十二月乙丑敕，"镇国之号，兴德之名，并宜停。"薛居正五代史地理志："华州，梁为感化军。"梁功臣传："天复三年，友裕权知镇国军留后。"今从实录。

9 乙未，全忠奏留步骑万人于故两军，时神策两军已散，而营署尚存。以朱友伦为左军宿卫都指挥使；又以汴将张廷范为宫苑使，王殷为皇城使，蒋玄晖充街使。于是全忠之党布列遍于禁卫及京辅。唐北门禁卫之兵，皆屯于宫苑；百司庶府及南衙诸卫，皆分居皇城之内；百官私第及坊市居人，皆分居朱雀街之左右街。今全忠悉以腹心为使，则京辅之权一归之矣。去虺得虎，昭宗之谓也。

戊戌，全忠辞归镇，辞归大梁。留宴寿春殿，又饯之于延喜楼。上临轩泣别，令于楼前上马。示宠异之也。前上，时掌翻。上又赐全忠诗，全忠亦和进；和，胡卧翻。又进【章：十二行本“进”作“赐”；乙十一行本同。】杨柳枝辞五首。杨柳枝辞，即今之令曲也。今之曲如清平调、水调歌、柘枝、菩萨蛮、八声甘州，皆唐季之馀声。又唐人多赋杨柳枝，皆是七言四绝，相传以为出于开元梨园乐章，故张祜有折杨柳词云：“莫折宫前杨柳枝，玄宗曾向笛中吹。”百官班辞于长乐驿。崔胤独送至霸桥，以唐制驿程考之，霸桥驿当在长乐驿东三十里。自置饯席，夜二鼓，胤始还入城；上复召对，复，扶又翻。问以全忠安否；置酒奏乐，至四鼓乃罢。史言帝征召不时，宴饮无节。

10 以清海节度使裴枢为门下侍郎、同平章事。【章：十二行本“事”下有“朱全忠荐之也”六字；乙十一行本同；孔本同。】裴枢以朱全忠之荐而相，以忤朱全忠之意而死。白马之祸，皆自取之也。

11 李克用使者还晋阳，言崔胤之横，横，户孟翻。克用曰：“胤为人臣，外倚贼势，内胁其君，既执朝政，又握兵权。权重则怨多，势侔则衅生，破家亡国，在眼中矣！”史言李克用有识。朝，直遥翻。

12 朱全忠将行，奏：“克用于臣，本无大嫌，乞厚加宠泽，遣大臣抚慰，俾知臣意。”进奏吏以白克用，河东进奏吏也。克用笑曰：“贼欲有事淄青，畏吾掎其后耳！”有事淄青，谓攻王师范。史言朱全忠狡谲，李克用已逆知其情。掎，居蚁翻。

13 三月，戊午，朱全忠至大梁。王师范弟师鲁围齐州，朱全忠并兖、郓，遂兼有齐州。九域志：兖州北至齐州三百六十里。朱友宁引兵击走之。师范遣兵益刘鄩军，友宁击取之。由是兖州援绝，葛从周引兵围之。刘鄩取兖州见上卷本年正月。友宁进攻青州；戊辰，全忠引四镇及魏博兵十万继之。

14 淮南将李神福围鄂州，是年正月，杨行密遣李神福攻杜洪，事始上卷。望城中积荻，谓监军尹建峰曰："今夕为公焚之。"为，于伪翻。建峰未之信。时杜洪求救于朱全忠，神福遣部将秦皋乘轻舟至滠口，滠口在武口之上，对岸即夏浦。滠，书涉翻。举火炬于树杪；杪，弭沼翻。洪以为救兵至，果焚荻以应之。

15 夏，四月，己卯，以朱全忠判元帅府事。辉王冲幼，以朱全忠判元帅府事，则天下兵权尽归之矣。

16 知温州事丁章为木工李彦所杀，丁章得温州见上卷二年。未有朝命为刺史，止称知州事。其将张惠据温州。

17 王师范求救于淮南，乙未，杨行密遣其将王茂章以步骑七千救之，又遣别将将兵数万攻宿州。全忠遣其将康怀英救宿州，淮南兵遁去。"康怀英"当作"怀贞"，是时未改名也。

18 杨行密遣使诣马殷，言朱全忠跋扈，请殷绝之，约为兄弟。湖南大将许德勋曰："全忠虽无道，然挟天子以令诸侯，明公素奉王室，不可轻绝也。"言绝全忠，则道路梗塞，并绝朝廷贡奉。殷从之。马殷附汴之心，自此坚矣。

19 杜洪求救于朱全忠，全忠遣其将韩勍将万人屯滠口，勍，渠京翻。遣使语荆南节度使成汭、武安节度使马殷、武贞节度使雷彦威，语，牛倨翻。曰语者，无朝廷诏敕，以意谕之。令出兵救洪。汭畏全忠之强，且欲侵江、淮之地以自广，发舟师十万，沿江东下。汭作巨舰，三年而成，舰，户黯翻。制度如府署，谓之"和舟载"，署，廨舍也；言其舟长阔，和荆州皆载其上。"舟"，当作"州"。【章：十二行本正作"州"；乙十一行本同。】其馀谓之"齐山"、"截海"、"劈浪"之类甚众。齐山，言其高也。截海，言其长也。劈浪，言其轻疾也。劈，匹历翻。掌书记李珽谏曰：珽，他鼎翻。"今每舰载甲士千人，稻米倍之，缓急不可动也。吴兵剽轻，剽，匹妙翻。轻，苦定翻。

难与角逐；武陵、长沙，皆吾雠也；武陵，谓雷彦威。长沙，谓马殷。岂得不为反顾之虑乎！不若遣骁将屯巴陵，九域志：巴陵东北至鄂州三百五十里。大军与之对岸，坚壁勿战，不过一月，吴兵食尽自遁，鄂围解矣。”杨行密时封吴王，故谓其兵为吴兵。汭不听。珽，憕之五世孙也。李憕，天宝之末死于安禄山之难。珽后归中原，仕于梁。

20 王建出兵攻秦、陇，乘李茂贞之弱也；遣判官韦庄入贡，亦修好于朱全忠。好，呼到翻。全忠遣押牙王殷报聘，建与之宴。殷言：“蜀甲兵诚多，但乏马耳。”建作色曰：“当道江山险阻，骑兵无所施；然马亦不乏，押牙少留，当共阅之。”乃集诸州马，大阅于星宿山，官马八千，私马四千，部队甚整。殷叹服。王建以多马炫王殷，殷遽叹服，非善觇者也。宿，音秀。建本骑将，王建从杨复光起许州，及扈从昭宗，皆为骑将。故得蜀之后，于文、黎、维、茂州市胡马，十年之间，遂及兹数。史言蜀中互市，可以得西蕃之马。然王建取兴元而得骑五千，则东、西川之马亦必多，此一万二千之数，盖集成都近州耳。

21 五月，丁未，李克用云州都将王敬晖杀刺史刘再立，叛降刘仁恭；克用遣李嗣昭、李存审将兵讨之。李存审，即符存审。降，户江翻。仁恭遣将以兵五万救敬晖，嗣昭退保乐安，畏燕兵之强也。敬晖举众弃城而去。乘嗣昭之退，弃城而走。先是，振武将契苾让先，悉荐翻。契，欺讫翻。逐戍将石善友，据城叛；嗣昭等进攻之，让自燔死；复取振武城，杀吐谷浑叛者二千馀人。吐谷浑自赫连铎与克用作敌，铎虽败死，其部落终未肯心服，故屡叛。克用怒嗣昭、存审失王敬晖，皆杖之，削其官。尔朱荣以失万俟道洛而杖尔朱天光，事亦如此。

22 成汭行未至鄂州，马殷遣大将许德勋将舟师万馀人，雷彦威遣其将欧阳思将舟师三千馀人会于荆江口，大江自蜀东流入荆州界，谓之荆江。荆江口，即洞庭之水与大江之水会处。乘虚袭江陵，庚戌，陷之，尽掠其人及货财而去。将士亡其家，皆无斗志。此言成汭之将士也。

李神福闻其将至，自乘轻舟前觇之，觇，丑廉翻，又丑艳翻。谓诸将曰："彼战舰虽多而不相属，易制也，属，之欲翻。易，以豉翻。当急击之！"壬子，神福遣其将秦裴、杨戎将众数千逆击汭于君山，君山在洞庭湖中，方六十里，亦名洞庭之山。巴陵志曰：湘君所游，故曰君山。将，即亮翻。大破之，因风纵火，焚其舰，士卒皆溃，汭赴水死，僖宗文德元年，成汭袭据荆南，至是败亡。考异曰：新纪："彦威之弟彦恭陷江陵。"今从编遗录。旧纪及薛居正五代史、十国纪年皆云："汭未至鄂渚，江陵已陷，将士亡其家，皆无斗志。"按新纪、十国纪年皆云："壬子，汭败死。"壬子，此月十二日也，而编遗录云二十二日陷江陵，今不取。北梦琐言云天佑中汭死，尤误也。获其战舰二百艘。艘，苏遭翻。韩勍闻之，亦引兵去。

许德勋还过岳州，刺史邓进忠开门具牛酒犒军，德勋谕以祸福，进忠遂举族迁于长沙。僖宗光启二年，邓进思取岳州，传弟进忠，至是而亡。考异曰：马氏行年记："天复三年，自荆南振旅还，遂入岳州，降刺史邓进思。"九国志楚世家："天佑二年七月，岳州刺史邓进忠帅其众来降。"许德勋传云："天佑二年，领兵略地荆南，还经岳州，刺史邓进忠以城归附。"新纪全用九国志年月。湖湘故事言："开平中，收荆南回，进忠以城降。"又载何致雍天策寺碑铭云："乃克桂林，乃袭荆渚，彼岳之阳，旋师而取。"天佑二年十月，朱全忠谋讨襄州赵匡凝，九月，克襄州，始命杨师厚攻荆南。然则七月许德勋何繇略地荆南！盖九国志之误。天复三年，成汭败死，德勋及雷彦威袭江陵，还取岳州，与何致雍碑意略同，故以行年记为据。马殷以德勋为岳州刺史，以进忠为衡州刺史。

雷彦威狡狯残忍，有父风，狯，古外翻。雷彦威父满。常泛舟焚掠邻境，荆、鄂之间，殆至无人。

23 李茂贞畏朱全忠，自以官为尚书令，在全忠上，朱全忠守中书令，茂贞为尚书令，官在其上。累表乞解去；诏复以茂贞为中书令。

24 崔胤奏："左右龙武、羽林、神策等军此崔胤所判六军也。名存实亡，侍卫单寡；请每军募步兵四将，每将二百五十人，骑兵一将百人，合六千六百人，六军，各军步兵千人，骑兵百人，合六千六百人。选其壮健者，分番侍卫。"从之。令六军诸卫副使、京兆尹郑元规立格召募于市。朱全忠自此疑崔胤而有图之之心。

25 朱全忠表颍州刺史朱友恭为武宁节度使。

26 朱友宁攻博昌，博昌，汉县，唐属青州。十三州志云：昌水，其势平，故曰博昌。后唐避庙讳，改曰博兴。九域志：博兴，在青州西北一百二十里，管下有博昌镇。月馀不拔；朱全忠怒，遣客将刘捍往督之。今阃府州军皆有客将，主赞导宾客，盖古之舍人、中涓，汉之铃下、威仪之职。唐末藩镇置客将，往往升转至大官，位望不轻。捍至，友宁驱民丁十馀万，负木石，牵牛驴，诣城南筑土山，既成，并人畜木石排而筑之，冤号声闻数十里。俄而城陷，尽屠之。争城而战，杀人盈城，朱友宁之陨身丧元，未足以谢冤魂也。号，户刀翻。闻，音问。考异曰：唐太祖纪年录："师范之举兵也，朱温令朱友宁讨之。三月，己酉，朱温至汴州，大举四镇、魏博之众十万击师范。朱友宁、杨师厚攻博兴，旬馀不下，攻城之众，死者太半。俄而朱温至，大怒，斩其主将，复起土山，翌日而拔，城中无少长皆屠之，仍毁其垣。四月，进陷临淄，傅青州。别将攻北海，渡胶水，寇登、莱等郡。"实录据此而置于四月。梁太祖实录："四月，丙子，上至郓领事。辛卯，从子友宁帅师破青州之博昌、临淄二邑，杀戮五千馀众，暨北海焉。"编遗录："五月，辛亥，却离历下，宿丰齐驿。甲寅，上到汶阳。乙卯，奏王师范逆状。己未，上又往历下。壬戌，上以兵士攻取博昌，寨下少树木，时当炎毒，却勒亲从骑兵皆归齐州，因又前行。夜将半，客将刘捍谋曰：'捍请驰赴军前传谕上意，敦将士，令戮力速攻，必可克也。今请上却归历下。'上悦而从之，便令捍驰骑东往，上乃西归汶阳。丙寅，捷音至，攻拔博昌，尽戮其党矣。"据此，则破博昌在五月。今从朱友宁传。进拔临淄，临淄，汉古县，久废；隋复置于古齐国城；唐属青州。九域志在州西北四十里。抵青州城下，遣别将攻登、莱。

淮南将王茂章会王师范弟莱州刺史师诲攻密州，拔之，斩其刺史刘康乂，九域志：莱州南至密州三百里，东北至登州二百四十里。刘康乂，朱全忠所用也。以淮海都游弈使张训为刺史。杨行密据有淮南，西尽淮源，东暨于海，边面延袤数千里，故置都游弈使，以谨防遏也。

六月，乙亥，汴兵拔登州。师范帅登、莱兵拒朱友宁于石楼，为两栅。据旧书石楼近临淄。丙子，夜，友宁击登州栅，栅中告急，师范趣茂章出战，趣，读曰促。茂章按兵不动。友宁破登州栅，进攻莱州栅。比明，茂章度其兵力已疲，比，必利翻，及也。度，徒洛翻；下同。乃与师范合兵出战，大破之。友宁旁自峻阜驰骑赴敌，马仆，青州将张土枭斩之，枭，坚尧翻。传首淮南。两镇兵逐北至米河，王师范以平卢之兵，王茂章以淮南之兵，是两镇兵也。俘斩万计，魏博之兵殆尽。

全忠闻友宁死，自将兵二十万昼夜兼行赴之，秋，七月，壬子，至临朐，临朐，汉县，唐属青州。九域志曰：在州东南四十里。命诸将攻青州。王师范出战，汴兵大破之。王茂章闭垒示怯，伺汴兵稍懈，伺，相吏翻。懈，古隘翻。毁栅而出，驱驰疾战，战酣退坐，召诸将饮酒，已而复战。全忠登高望见之，问降者，降，户江翻。知为茂章，叹曰："使吾得此人为将，天下不足平也！"朱全忠见王茂章临敌整暇，故欲得之。然茂章后归梁，攻淮南、攻镇，并皆折北而不振，人固未易知也。至晡，汴兵乃退。茂章度众寡不敌，度，徒洛翻。是夕，引军还。全忠遣曹州刺史杨师厚追之，及于辅唐。辅唐，汉安丘县，乾元二年，移治古昌安城，因改曰辅唐，属密州。九域志：在州西北一百二十里。薛史地理志曰：密州辅唐县，梁开平二年，改为安丘，唐同光元年，复旧名；晋天福七年，改为胶西，避庙讳也；宋复曰安丘。茂章命先锋指挥使李虔裕将五百骑为殿，殿，丁练翻；下同。虔裕殊死战，师厚擒而杀之。李虔裕以死全王茂章之军，其勇难能也。杨师厚自此受知于朱全忠矣。师厚，颍州人也。

张训闻茂章去，谓诸将曰："汴人将至，何以御之？"诸将请焚城大掠而归。训曰："不可。"封府库，植旗帜于城上，遣羸弱居前，植，直吏翻。帜，昌志翻。羸，伦为翻。自以精兵殿其后而去。全忠遣左踏白指挥使王檀攻密州，凡军行，前军之前有踏白队，所以踏伏、候望敌之远近众寡。既至，望旗帜，数日乃敢入城；疑其有伏，故迟迟不敢进。见府库城邑皆完，遂不复追。复，扶又翻。训全军而还。史言杨行密所以能保有江、淮，一时诸将皆能尽其智力。全忠以檀为密州刺史。

27 丁卯，以山南西道留后王宗贺为节度使。王建之请也。

28 睦州刺史陈询叛钱镠，举兵攻兰溪，咸亨五年，分婺州之金华西界置兰溪县，因溪水为名。九域志：在州西北五十五里。镠遣指挥使方永珍击之。武安都指挥使杜建徽与询连姻，镠疑之，建徽不言。会询亲吏来奔，得建徽与询书，皆劝戒之辞，镠乃悦。建徽从兄建思谮建徽私蓄兵仗，谋作乱；镠使人索之，从，才用翻。索，山客翻。建徽方食，使者直入卧内，使，疏吏翻。建徽不顾，镠以是益亲重之。

29 八月，戊辰朔，朱全忠留齐州刺史杨师厚攻青州，身归大梁。朱全忠以朱友宁之死，兴忿兵以攻青州，岂不欲一鼓而屠之；乃置之而归汴者，知青州城坚而王师范兵力尚强，未易以旦夕取，故使杨师厚围守之。

30 庚辰，加西川节度使西平王王建守司徒，进爵蜀王。自郡王进国王。

31 前渝州刺史王宗本王宗本前此刺渝州，亦王建命之也，罢官归成都，故称前。言于王建，请出兵取荆南；建从之，以宗本为开道都指挥使，将兵下峡。峡，三峡也。

32 初，宁国节度使田頵破冯弘铎，事见上卷二年。诣广陵谢杨行密，因求池、歙为巡属，唐置宣、歙、池观察使。二州本宣州巡属，故田頵因有功而求之。行密不许。与之则田頵愈强，故不许。行密左右下及狱吏，皆求赂于頵，以其破冯弘铎多得宝货也。頵怒曰："吏知吾将下狱邪！"下，户嫁翻。及还，指广陵南门曰："吾不可复入此矣！"复，扶又翻；下复出同。頵兵强财富，好攻取；好，呼到翻。行密既定淮南，欲保境息民，每抑止之，頵不从。及解释钱镠，事见上卷二年。頵尤恨之，阴有叛志。李神福言于行密曰："頵必反，宜早图之。"行密曰："頵有大功，田頵从杨行密起庐州，破赵锽、孙儒、冯弘铎，皆有大功。反状未露，今杀之，诸将人人自危矣！"頵有良将曰康儒，与頵谋议多不合，行密知之，擢儒为庐州刺史。擢儒，所以间頵也。頵以儒为贰于己，族之。儒曰："吾死，田公亡无日矣！"頵遂与润州团练使安仁义同举兵，考异曰：十国纪年："朱全忠闻田頵等叛，矫制削夺王官爵，命頵及杜洪、钟传、钱镠充四面招讨使，布制书于境上。王知其诈妄。"按新、旧纪、实录、梁太祖纪，皆无削夺行密官爵、命杜洪等为招讨使事。今不取。仁义悉焚东塘战舰。东塘，即扬州东塘，淮南之战舰聚焉。对岸即润州界，故仁义得焚之。舰，户黯翻。

頵遣二使诈为商人，诣寿州约奉国节度使朱延寿，朝廷命朱延寿领奉国节度使，见上卷二年。使，疏吏翻。行密将尚公乃遇之，曰："非商人也。"杀一人，得其书，以告行密。尚公乃归行密，见上卷二年。行密召李神福于鄂州，神福恐杜洪邀之，宣言奉命攻荆南，勒兵具舟楫；及暮，遂沿江东下，始告将士以讨田頵。

己丑，安仁义袭常州，九域志：润州东南至常州一百七十一里。常州刺史李遇逆战，极口骂仁义，仁义曰："彼敢辱我，必有备。"乃引去。壬辰，行密以王茂章为润州行营招讨使，击仁义，不克，使徐温将兵会之。温易其衣服旗帜，皆如茂章兵，仁义不知益兵，复出战，复，扶又翻。温奋击，破之。李存审救河中，擒梁骑兵，亦用此术。

行密夫人，朱延寿之姊也。行密狎侮延寿，延寿怨怒，阴与田頵通谋。书旅獒曰：德盛不狎侮。狎侮君子，罔以尽其心；狎侮小人，罔以尽其力。杨行密狎侮朱延寿，几至于亡国丧家，盖危而后济耳，可不戒哉！頵遣前进士杜荀鹤至寿州，与延寿相结；又遣至大梁告朱全忠，全忠大喜，遣兵屯宿州以应之。朱全忠喜杨行密有隙之可乘，而不能举大兵以掎其后者，内有淄青未服，而西又有凤翔、北又有太原，恐其乘间动摇朝廷也。荀鹤，池州人也。

33 杨师厚屯临朐，声言将之密州，留辎重于临朐。九域志：临朐县在青州东南四十里，又二百六十里至密州。朐，音劬。重，直用翻。九月，癸卯，王师范出兵攻临朐，师厚伏兵奋击，大破之，杀万馀人，获师范弟师克。明日，莱州兵五千救青州，师厚邀击之，杀获殆尽，遂徙寨抵其城下。考异曰：梁太祖实录：“九月，癸卯，杨师厚励众决斗，青人大败，北走，杀戮一万人，擒师范弟师克。翌日，东莱郡遣州兵洎土团等五千人将援青垒，我师邀截翦扑，无一二存焉，即时徙寨逼其阛阓。”唐实录略与此同。编遗录：“冬，十月，丁卯，杨师厚继告捷，于临朐北及青州四面，累杀破贼党，擒斩颇众。至十一月，莱州刺史王师克领六千人欲径入青丘，助其守御；师厚伏兵邀之，杀戮将尽。”下又有“丁亥，上诞辰，闻朱友伦死。”诞辰乃十月二十一日，友伦死亦十月中事也。下又别有十一月。疑上十一月，是“十一日”字或“七日”字。又曰：“一日，师范请降，”疑脱“二十”字。二十一日，即戊午也。今从梁实录。

34 朱延寿谋颇泄，朱延寿与田頵通谋，久而颇露。杨行密诈为目疾，对延寿使者多错乱所见，或触柱仆地。见甲以为乙，见犬以为猫，是错乱所见也。柱至易见者，而行触之，皆诈为失明以愚人。谓夫人曰：“吾不幸失明，诸子皆幼，军府事当悉以授三舅。”夫人屡以书报延寿；夫人，即延寿姊也，延寿第三。行密又自遣召之，阴令徐温为之备。延寿至广陵，行密迎及寝门，执而杀之；按尚公乃执田頵二使，田頵继遣杜荀鹤至寿州，朱延寿亦必知前二使之见执矣。杨行密召之，了不自疑，至于送死，岂其智有所不及邪？抑天夺之鉴也！部兵惊扰，徐温谕之，皆听命，徐温从杨行密起庐州，与刘威、陶雅之徒号三十六英雄，是必有以服朱延寿部兵之心矣，故谕之皆听命。遂斩延寿兄弟，黜朱夫人。

初，延寿赴召，其妻王氏谓曰："君此行吉凶未可知，愿日发一使以安我！"一日，使不至，王氏曰："事可知矣！"部分僮仆，使，疏吏翻；下同。分，扶问翻。授兵阖门，捕骑至，乃集家人，聚宝货，发百燎焚府舍，曰："妾誓不以皎然之躯为雠人所辱。"赴火而死。史言朱延寿妻有智识而能守节。

延寿用法严，好以寡击众，好，呼到翻。尝遣二百人与汴兵战，有一人应留者，请行，延寿以违命，立斩之。

35 田頵袭升州，得李神福妻子，善遇之。天复二年，田頵克升州，杨行密以李神福为升州刺史；时行密遣神福攻鄂，故頵乘虚袭之。九域志：宣州北至升州三百六十里。神福自鄂州东下，頵遣使谓之曰："公见机，与公分地而王；不然，妻子无遗！"神福曰："吾以卒伍事吴王，杨行密封吴王，故称之。今为上将，义不以妻子易其志。頵有老母，不顾而反，三纲且不知，或疑行密留田頵之母于广陵。详考本末，田頵母殷自从頵在宣州，李神福盖言頵有母在，不当轻为举措，称兵而败，则祸必及母也。三纲者，谓君为臣纲，父为子纲，夫为妻纲。乌足与言乎！"斩使者而进，士卒皆感励。頵遣其将王坛、汪建将水军逆战。光化二年，田頵将康儒取婺州，王坛归之。丁未，神福至吉阳矶，与坛、建遇，坛、建执其子承鼎示之，神福命左右射之。射，而亦翻。神福谓诸将曰："彼众我寡，当以奇取胜。"及暮，合战，神福佯败，引舟溯流而上；逆流曰溯。溯，苏故翻。上，时掌翻。坛、建追之，神福复还，顺流击之。坛、建楼船大列火炬，神福令军中曰："望火炬辄击之。"望坛、建所在而击之。船列火炬，不能以自照见，而敌人望之，洞见表里，聚而攻之，安有不败者乎！坛、建军皆灭火，旗帜交杂，神福因风纵火，焚其舰，坛、建大败，李神福之阳败也，必逆风而战，故引舟顺风溯流而上；其纵火焚坛、建之舰也，必因风转，乘风水之势以破之，居然可知也。士卒焚溺死者甚众；戊申，又战于皖口，舒州怀宁县有皖口镇，当皖水入江之口。皖，胡板翻。坛、建仅以身免。获徐绾，行密以槛车载之，遗钱镠；镠剖其心以祭高渭。徐绾杀高渭事见上卷二年。遗，唯季翻。

頵闻坛、建败，自将水军逆战。神福曰："贼弃城而来，此天亡也！"临江坚壁不战，遣使告行密，请发步兵断其归路；断，音短。行密遣涟水制置使台濛将兵应之。王茂章攻润州，久未下，行密命茂章引兵会濛击頵。安仁义虽善战而兵弱，自守虏耳。田頵兵势方挫，故命合兵击之。

36 辛亥，汴将刘重霸拔棣州，执刺史邵播，杀之。全忠灭朱瑄，已得棣州。邵播又以州叛附王师范。重，直龙翻。

37 甲寅，朱全忠如洛阳，遇疾，复还大梁。考异曰：梁实录云壬戌。唐实录云十月丁卯朔。今从编遗录。

38 戊午，王师范遣副使李嗣业及弟师悦请降于杨师厚，曰："师范非敢背德，降，户江翻；下同。背，蒲妹翻。韩全诲、李茂贞以朱书御札使之举兵，师范不敢违。"仍请以其弟师鲁为质。质，音致。时朱全忠闻李茂贞、杨崇本将起兵逼京畿，邠、岐连兵，其事详见后。岐本亦京畿，李茂贞据之，遂为强藩。今所谓京畿，特京兆府之京县、畿县耳。恐其复劫天子西去，复，扶又翻。欲迎车驾都洛阳，乃受师范降，考异曰：旧纪及薛居正五代史刘鄩传皆云："十一月，师范降"。编遗录曰："十一月，败莱州刺史王师克。一日，师范差人捧款檄至军前，请举墙归降。"按梁太祖实录、薛史梁纪、唐实录皆云九月戊午。今从之。选诸将使守登、莱、淄、棣等州，即以师范权淄青留后。史言朱全忠本欲杀王师范而力有所未及，为后屠师范一家张本。师范仍言先遣行军司马刘郡将兵五千据兖州，事始见上卷本年。非其自专，愿释其罪；亦遣使语郡。语，牛倨翻。

39 田颙闻台濛将至，自将步骑逆战，留其将郭行悰以精兵二万及王坛、汪建水军屯芜湖，悰，徂宗翻。芜湖，汉古县。晋氏南渡，以上党、襄垣遗民侨立郡县于芜湖，江左遂为襄垣县；隋废襄垣入当涂；至唐，芜湖之地入当涂、太平二县界，唐末，始复置芜湖县，属宣州；今以属太平州。九域志：在太平州西南六十五里。以拒李神福。觇者言："濛营寨褊小，才容二千人。"颙易之，觇，昌占翻，又丑艳翻。褊，补典翻。易，以豉翻。不召外兵。濛入颙境，番陈而进，番陈者，分兵为数部，更番列陈，整兵而后进，以备仓猝薄战。陈，读曰阵。军中笑其怯，濛曰："颙宿将多谋，不可不备。"将，即亮翻。冬，十月，戊辰，与颙遇于广德，九域志：广德西至宣州一百八十里。宋白曰：广德县，秦鄣郡地，汉为故鄣县。濛先以杨行密书遍赐颙将，皆下马拜受；濛因其挫伏，挫伏者，言其将士之气摧挫而厌伏也。纵兵击之，颙兵遂败。又战于黄池，兵交，濛伪走；颙追之，遇伏，大败，奔还宣州城守，濛引兵围之。颙亟召芜湖兵还，不得入。郭行悰、王坛、汪建及当涂、广德诸戍皆帅其众降。帅，读曰率。行密以台濛已破田颙，命王茂章复引兵攻润州。知台濛兵力足以制田颙，故命王茂章复攻安仁义。复，扶又翻。

40 初，夔州刺史侯矩从成汭救鄂州，汭死，矩奔还。成汭死见上四月。会王宗本兵至，【章：十二行本"至"下有"甲戌"二字；乙十一行本同；孔本同；退斋校同。】矩以州降之，宗本遂定夔、忠、万、施四州。夔、忠、万，荆南巡属；施，黔中巡属。王建复以矩为夔州刺史，更其姓名曰王宗矩。更，工衡翻。宗矩，易州人也。蜀之议者，以瞿唐，蜀之险要，瞿唐峡，在夔州东一里，旧名西陵峡；乃三峡之门，两崖对峙，中贯一江，望之如门。乃弃归、峡，屯军夔州。荆南自此止领荆、归、峡三州。

建以宗本为武泰留后。武泰军旧治黔州，宗本以其地多瘴疠，请徙治涪州，建许之。史言王建全据峡、江之险。九域志：自黔州西北至涪州一百八十二里。黔，其今翻，又其炎翻。瘴，之亮翻。涪，音浮。

41 葛从周急攻兖州，刘鄩使从周母乘板舆登城，谓从周曰："刘将军事我不异于汝，新妇辈皆安居，人各为其主，汝可察之。"从周歔欷而退，攻城为之缓。新妇，谓葛从周妻也。为，于伪翻。歔，音虚。欷，音希，又许既翻。刘鄩用兵，十步九计，自得兖州，先定此策以伐葛从周之心。鄩悉简妇人及民之老疾不足当敌者出之，独与少壮者少，诗照翻。同辛苦，分衣食，坚守以扞敌；号令整肃，兵不为暴，民皆安堵。久之，外援既绝，节度副使王彦温逾城出降，城上卒多从之，不可遏。鄩遣人从容语彦温曰：从，千容翻。语，牛倨翻。"军士非素遣者，勿多与之俱。"又遣人徇于城上曰："军士非素遣从副使而敢擅往者，族之！"士卒皆惶惑不敢出。敌人果疑彦温，斩之城下，由是众心益固。及王师范力屈，谓屡为汴兵所败也。从周以祸福谕之，鄩曰："受王公命守此城，一旦见王公失势，不俟其命而降，非所以事上也。"及师范使者至，王师范所遣语鄩使降者也。丁丑，始出降。考异曰：梁实录："四年，正月，辛丑，刘鄩自兖州来降。"旧纪："十一月，鄩以兖州降。"实录："十一月，鄩降。"薛居正五代史梁纪："十一月丁酉，鄩降。"鄩传曰："天复三年十一月，师范告降，且先差鄩领兵入兖州，请释其罪，亦以告鄩；鄩即出城听命。"新纪："十月丁丑，刘鄩以兖州叛附于朱全忠。"按青、兖相距不远，师范之降，亦以告鄩，岂有自戊午至丁酉四十日师范使者始至兖州邪！十月丁丑，日差近；今从新纪。

从周为具赍装，送鄩诣大梁。鄩曰："降将未受梁王宽释之命，安敢乘马衣裘乎！"为，于伪翻。衣，于既翻。乃素服乘驴至大梁。素服，囚服也。渠帅俘虏，载以驴。全忠赐之冠带，辞；请囚服入见，不许。全忠慰劳，饮之酒，辞以量小。劳，力到翻。饮，于禁翻。量，音亮。饮酒之多少各有量。全忠曰："取兖州，量何大郛！”以为元从都押牙。从，才用翻。是时四镇将吏皆功臣、旧人，朱全忠迎车驾于凤翔，诸将皆赐迎銮果毅功臣。旧人，与全忠出入于行间最久者。郛一旦以降将居其上，诸将具军礼拜于廷，郛坐受自如，全忠益奇之；刘郛自降将擢为四镇牙前右职，而居之若固有之，自知其才之足以当之也，全忠以此益奇之。未几，表为保大留后。几，居岂翻。保大军鄜州，以捍李茂贞。

葛从周久病，全忠以康怀英为泰宁节度使代之。“怀英”，当作“怀贞”。

42 宿【章：十二行本“宿”上有“辛巳”二字；乙十一行本同；孔本同；张校同。】卫都指挥使朱友伦与客击球于左军，坠马而卒。考异曰：编遗录：“丁亥，赵廷隐自长安驰来告，今月十四日，朱友伦坠马而卒。”十四日，则庚辰也。后唐纪年录、薛居正五代史、昭宗实录皆云辛巳，今从之。全忠悲怒，疑崔胤故为之，有为为之谓之故。凡与同戏者十馀人尽杀之，遣其兄子友谅代典宿卫。

43 山南东道节度使赵匡凝遣兵袭荆南，朗人弃城走，朗人，雷彦威之兵。成汭既死，荆南无帅，朗人遂守之。匡凝表其弟匡明为荆南留后。时天子微弱，诸道贡赋多不上供，惟匡明兄弟委输不绝。唐二税，有上供以输京师。供，居用翻。输，舂遇翻。

44 杨行密求兵于钱镠，镠遣方永珍屯润州，从弟镒屯宣州；屯润州以助攻安仁义，屯宣州以助攻田頵。从，才用翻。镒，弋质翻。又遣指挥使杨习攻睦州。陈询时据睦州，背钱镠而睦于田頵。

45 凤翔、邠州屡出兵近京畿，凤翔，李茂贞；邠，李继徽。近，其靳翻。朱全忠疑其复有劫迁之谋，复，扶又翻。十一月，发骑兵屯河中。

46 十二月，乙亥，田頵帅死士数百出战，帅，读曰率。台濛阳退以示弱。頵兵逾濠而斗，濛急击之；頵不胜，还走城，走，音奏。桥陷坠马，斩之。其众犹战，以頵首示之，乃溃，濛遂克宣州。景福元年，田頵镇宣州，至是而亡。

初，行密与頵同闾里，少相善，约为兄弟，少，诗照翻。及頵首至广陵，行密视之泣下；赦其母殷氏，行密与诸子皆以子孙礼事之。行密以通家诸子礼事殷氏，其子以诸孙礼事之。史言行密虽以法裁部曲，而有恩于故旧。

行密以李神福为宁国节度使；欲以代田頵。神福以杜洪未平，固让不拜。宣州长史【章：十二行本"史"下有"合肥"二字；乙十一行本同；孔本同；张校同；退斋校同。】骆知祥善治金谷，治，直之翻。观察牙推沈文昌为文精敏，尝为頵草檄骂行密，尝为，于伪翻。行密以知祥为淮南支计官，支计官，盖唐世节度支度判官之属，唐末藩镇变其名称耳。文昌为节度牙推。唐制，节度观察牙推在巡官之下，幕府右职也。文昌，湖州人也。

初，頵每战不胜，辄欲杀钱传瓘，其母及宣州都虞候郭师从常保护之。师从，合肥人，頵之妇弟也。頵败，传瓘归杭州，钱传瓘质于田頵见上卷上年。钱镠以师从为镇东都虞候。

47 辛巳，以礼部尚书独孤损为兵部侍郎、同平章事。损，及之从曾孙也。独孤及见二百二十三卷代宗永泰元年。从，才用翻。中书侍郎兼户部尚书、同平章事裴贽罢为左仆射。

48 左仆射致仕张浚居长水，王师范之举兵，浚豫其谋。事见上卷上年。朱全忠将谋篡夺，恐浚扇动藩镇，讽张全义使图之。丙申，全义遣牙将杨麟将兵诈为劫盗，围其墅而杀之。张浚之死，夷考本末，过于白马朝士远矣。墅，承与翻。永宁县吏叶彦素为浚所厚，知麟将至，密告浚子格曰："相公祸不可免，郎君宜自为谋。"浚谓格曰："汝留则俱死，去则遗种。"种，章勇翻。格哭拜而去，叶彦帅义士三十人送之渡汉而还，帅，读曰率。还，从宣翻，又如字。格遂自荆南入蜀。张格入蜀，而亡王氏者格也。

49 卢龙节度使刘仁恭习知契丹情伪，常选将练兵，乘秋深入，逾摘星岭击之，契丹畏之。每霜降，仁恭辄遣人焚塞下野草，契丹马多饥死，常以良马赂仁恭买牧地。北荒寒早，至秋，草先枯死。近塞差暖，霜降草犹未尽衰，故契丹南并塞放牧；焚其野草，则马无所食而饥死。契，欺讫翻。契丹王【章：十二行本"王"下有"邪律"二字；乙十一行本同。】阿保机遣其妻兄阿【章：十二行本"阿"上有"述律"二字；乙十一行本同；退斋校同；孔本"述律"二字在"阿"字下。】钵将万骑寇渝关，契丹阿保机始此。宋白曰：平州东北至榆关守捉一百九十里。渝，汉书音义音喻，今读如榆。仁恭遣其子守光戍平州，守光伪与之和，设幄犒飨于城外，犒，苦到翻。酒酣，伏兵执之以入。虏众大哭，契丹以重赂请于仁恭，然后归之。考异曰：薛居正五代史及庄宗列传皆云："光启中，守光禽舍利王子，其王钦德以重赂赎之。"按是时仁恭犹未得幽州也。今从薛史萧翰传及王皞唐馀录。

50 初，崔胤假朱全忠兵力以诛宦官，事始二百六十二卷天复元年，终上卷三年。全忠既破李茂贞，并吞关中，威震天下，遂有篡夺之志。胤惧，与全忠外虽亲厚，私心渐异，乃谓全忠曰："长安密迩茂贞，不可不为守御之备。六军十二卫，但有空名，请召募以实之，使公无西顾之忧。"全忠知其意，由从之，阴使麾下壮士应募以察其变。胤不之知，与郑元规等缮治兵仗，日夜不息。及朱友伦死，募兵见上五月；朱友伦死见上十月。治，直之翻。全忠益疑胤，且欲迁天子都洛，恐胤立异。恐其立异论以沮迁洛之计。

天佑元年（甲子、九〇四）是年四月方改元。

1 春，正月，全忠密表司徒兼侍中、判六军十二卫事、充盐铁转运使、判度支崔胤专权乱国，离间君臣，间，古苋翻。并其党刑部尚书兼京兆尹・六军诸卫副使郑元规、威远军使陈班等，皆请诛之。乙巳，诏责授胤太子少傅、分司，贬元规循州司户，班溱州司户。时无溱州，"溱"当作"溱"。丙午，下诏罪状胤等；以裴枢判左三军事、充盐铁转运使，独孤损判右三军事、兼判度支；胤所募兵并纵遣之。以兵部尚书崔远为中书侍郎，翰林学士、左拾遗柳璨为右谏议大夫，并同平章事。考异曰：旧传："崔胤得罪前一日，召璨入内殿草制敕。胤死之日，既夕，璨自内出，前驱传呼'相公来'；人未见制敕，莫测所以。"新传曰："崔胤死，昭宗密许璨相，外无知者。日暮，自禁中出，传呼宰相，人大惊。"按胤未死，璨已除平章事；新、旧传云胤死后，误也。璨，公绰之从孙也。自元和以来，柳氏以清正文雅，世济其美，至柳璨而陨其家声，所谓"九世卿族一举而灭之"，柳玭之家训为空言矣。从，才用翻。戊申，朱全忠密令宿卫都指挥使朱友谅以兵围崔胤第，杀胤及郑元规、陈班并胤所亲厚者数人。崔胤有误国之罪，无负国之心。考异曰：旧传："全忠攻凤翔，胤寓居华州，为全忠画图王之策。"又曰："天子还宫，全忠东归，胤以事权在己，虑全忠急于篡代，乃与郑元规谋招致兵甲，以扞茂贞为辞。全忠知其意，从之，令汴州军人入关应募者数百人。及友伦死，全忠怒，遣其子宿卫军使友谅诛胤，而应募者突然而出。"唐太祖纪年录曰："及事权既大，知朱温怀篡夺之志，虑一朝祸发，与国俱亡，因图自安之计，与朱温外貌相厚，私心渐异；与元规密为计划，倍招兵数，缮治铠甲，朝夕不止。朱温察之，乃阴令部下骁果数千，给为散卒，于京师应募。胤每日教阅弓弩，梁卒伪示怯懦，或倒弓背矢，有若不能，胤莫之识。俄而朱友伦打球坠死，温愈不悦。又闻胤欲挟天子出幸荆襄，温乃抗言：'胤将交乱天下，倾覆朝廷，宜急诛之，无令事发。'天子将罢胤知政事，贬太子宾客，郑元规循州司户。事未行，温子友谅引兵攻胤，诘旦，擒之，又攻郑元规于京府，擒之，崔、郑俱献首岐下。"实录："胤重世宰相，而志灭唐祚。"按崔胤阴狡险躁，其罪固多；然本召全忠，欲假其兵力以除宦官耳。宦官既诛，全忠兵势益强，遂有篡夺之心。胤复欲以谲诈并图全忠，故全忠觉而杀之。若云唐室因胤而亡则可矣；旧传云"胤为全忠画图王之策"，实录云"胤志灭唐祚"，恐未必然也。胤仕唐已为上相，灭唐立梁，于己何益！假令胤实有此志，则惟患全忠篡代之不速，何故复谋拒之！此所谓天下之恶皆归焉者也。纪年录序朱、崔之情，近得其实，今从之；然纪年录云传首岐下，误也。又，全忠之去长安也，留步骑万人，何患无兵，何必更令汴卒应募！若在训练之际突出擒胤，犹须此卒，胤既贬官家居，一夫可制，安用此计邪！盖全忠以胤募兵既多，或能图己，故使汴卒应募，察其动静以坏其谋，非借此兵以诛胤也。人始不知，及诛胤之际皆突出，人方知是汴卒耳。

2 初，上在华州，乾宁三年、四年，上在华州，事见二百六十卷、二百六十一卷。朱全忠屡表请上迁都洛阳，发此机者，则崔胤之罪也。上虽不许，全忠常令东都留守佑国军节度使张全义缮修宫室。

全忠之克邠州也，质静难军节度使杨崇本妻子于河中。事见二百六十二卷天复元年。质，音致。难，乃旦翻。崇本妻美，全忠私焉，既而归之。崇本怒，使谓李茂贞曰："唐室将灭，父何忍坐视之乎！"李茂贞养崇本为子，更姓名曰李继徽，故呼之为父。遂相与连兵侵逼京畿，复姓名为李继徽。杨崇本复本姓名，见二百六十二卷天复元年。

己酉，全忠引兵屯河中。丁巳，上御延喜楼，朱全忠遣牙将寇彦卿奉表，称邠、岐兵逼畿甸，请上迁都洛阳；及下楼，裴枢已得全忠移书，促百官东行。裴枢为首相，且朱全忠所荐也，故使之促百官；以此观之，谓非朋附全忠可乎！戊午，驱徙士民，号哭满路，号，户刀翻。骂曰："贼臣崔胤召朱温来倾覆社稷，使我曹流离至此！"归罪于天复元年胤召朱全忠诛宦官，其祸遂至此，胤不得不任其责也。老幼繈属，月馀不绝。繈，举两翻，钱贯也。属，之欲翻。言老幼相随而东，若繈之贯钱，相属不绝也。

壬戌，车驾发长安，全忠以其将张廷范为御营使，时以天子东迁，扈卫兵士为御营，置使以提举一行事务。御营使之官始此。毁长安宫室百司及民间庐舍，取其材，浮渭沿河而下，长安自此遂丘墟矣。

全忠发河南、北诸镇丁匠数万，时河南、北诸镇皆附于朱全忠，发丁匠必不及镇、定、幽、沧四镇。令张全义治东都宫室，治，直之翻。江、浙、湖、岭诸镇附全忠者，皆输货财以助之。江则鄂岳杜洪，洪州钟传，浙则钱镠，湖则潭州马殷，澧州雷彦威，岭则广州刘隐，皆附全忠者也。

甲子，车驾至华州，民夹道呼万岁，上泣谓曰："勿呼万岁，朕不复为汝主矣！"馆于兴德宫，复，扶又翻。馆，古玩翻。光化元年，上将自华州还长安，以华州为兴德府，以所居府署为兴德宫。谓侍臣曰："鄙语云：'纥干山头冻杀雀，何不飞去生处乐。'乐，音洛。朕今漂泊，不知竟落何所！"因泣下沾襟，左右莫能仰视。

二月，乙亥，车驾至陕，陕，失冉翻。考异曰：梁实录："丁巳，诏以今月二十二日，先遣士庶出京，朕将翌日命驾。壬戌，襄宗发自秦、雍；甲子，暨华州。二月，丁卯，上至河中。乙亥，天子驻跸陕郡，翌日，上来觐于行在。"编遗录："正月，丁酉，上闻阙下人心不遑，遂往河中以审都邑动静。己酉，离梁园，行至汜水，闻崔胤死。是时皆言崔胤已下潜谏帝，不令东迁雒阳，又密与岐、凤交通，及斯祸也。洎上至蒲津，帝谋东幸，决取二十一日属车离长安。是日丁巳，玉銮东指；癸亥，到甘棠。二月乙亥，上离河中；丁丑，到陕郊；戊寅，朝。上欲躬往洛下催促百工，壬辰朝辞，明日东迈。"唐太祖纪年录，丁巳下诏，与梁实录同。又曰："壬戌，昭宗发长安，迁幸洛阳，丁卯，车驾次华州，乙亥，驻跸陕州。丙子，朱温自汴州迎觐，见已先发，自此人使相望于路，请驾早行幸洛阳。"旧纪："正月己酉，全忠帅师屯河中，遣牙将寇彦卿奉表请车驾迁都洛阳。丁巳，车驾发京师；癸亥，次陕州，全忠迎谒于路。二月丙寅朔。乙亥，全忠辞赴洛阳，亲督工作。"薛居正五代史梁纪："正月，辛酉，帝发自大梁，西赴河中，京师闻之，为之震惧。"唐年补录："丁巳，帝御延喜楼，全忠迎扈表至。及还宫，至暮，全忠已移书宰臣裴枢促百官东行，是日下诏。"与梁实录同。"寻以张廷范为御营使，便毁拆宫室，沿河而下；仍起豪民从行，贫者亦继焉。车驾以其月二十三日己未至华州。二月，丙寅，车驾驻陕郊。"又曰："三月三日戊辰，车驾离华下。"其差舛如此。实录："丁巳，全忠遣牙将寇彦卿奉表言：'虑邠、岐兵士侵迫，请车驾迁都洛阳，'乃下诏。"与梁实录同。"二月丙寅朔。丁卯，次华州，时朱全忠屯河中。乙亥，驻陕州。丙子，全忠来朝。又赐王建绢诏云：'正月二十日，朕登楼。二十二日，东军兵士拥胁朕东去。'"新纪："正月戊午，全忠迁唐都于洛阳。二月戊寅，次陕州，朱全忠来朝。"按梁实录、唐纪年录、唐年补录、唐实录所载诏书，皆云"二十二日遣士庶出京，朕翌日命驾"，而诸书月日各不同，莫有与此诏相应者。编遗，汴人所录，比唐纪年宜得其实，而正月二十一日丁巳，全忠请迁都表始至长安。车驾当日岂能便发！长安去陕犹八程，而癸亥已到甘棠，首尾七日，太似匆遽。实录全用纪年录，正月二十六日始离长安，二月二日至华州，驻留数日，故同以十日至陕，差似相近。今从之。以东都宫室未成，驻留于陕。丙子，全忠自河中来朝，上延全忠入寝室见何后，后泣曰："自今大家夫妇委身全忠矣！"

3 甲申，立皇子祯为端王，祈为丰王，福为和王，禧为登王，佑为嘉王。

4 上遣间使以御札告难于王建，间，古苋翻。使，疏吏翻；下同。难，乃旦翻。建以邛州刺史王宗祐为北路行营指挥使，邛，渠容翻。将兵会凤翔兵迎车驾，至兴平，遇汴兵，不得进而还。建始自用墨制除官，云"俟车驾还长安表闻。"杨行密以便宜除官，犹曰以李俨将命为据，至王建则自为之矣。

5 三月，丁未，以朱全忠兼判左、右神策及六军诸卫事。崔胤既诛，朱全忠遂专总禁卫；其实布分私人于天子左右，而驾言判其事耳。癸丑，全忠置酒私第，朱全忠奔走兵间，得陕州，何暇建私第！其实以到陕州所即安之地即为私第耳。邀上临幸。天王狩于河阳，晋文公以诸侯见也。仲尼曰："以臣召君，不可以训。"安有置酒私第邀人主临之者乎！乙卯，全忠辞上，先赴洛阳督修宫室。上与之宴群臣，既罢，上独留全忠及忠武节度使韩建饮，皇后出，自捧玉卮以饮全忠，以饮，于禁翻。晋国夫人可证附上耳语。建蹑全忠足，蹑，尼辄翻。全忠以为图己，不饮，阳醉而出。全忠奏以长安为佑国军，光启三年，置佑国军节度于洛阳。今迁都洛阳，故徙佑国军于长安。考异曰：按河南府先已为佑国军，今京兆府乃与同名者。盖车驾既在河南，则无用军额，故移其名于京兆耳。天佑二年，郑赍犹为西京留守判官。然则虽立军额，京名尚在耳。以韩建为佑国节度使，以郑州刺史刘知俊为匡国节度使。

丁巳，上复遣间使以绢诏告急于王建、杨行密、李克用等，令纠帅藩镇以图匡复，上复，扶又翻。帅，读曰率。考异曰：续宝运录："天复四年，三月二十二日丑时，襄宗在陕府行营，密遣绢诏告晋、楚、蜀，末云，'三月二十三日。'四月二十七日赍到西川，颁示管内州县。"实录，此月绢诏在四月。据十国纪年，杨行密三月、王建四月得诏。与宝运录略相应。今移置此月。曰："朕至洛阳，则为所幽闭，诏敕皆出其手，朕意不复得通矣！"昭宗绢诏，当时居方面者未必动心，而读其书者往往掩卷。

6 杨行密遣钱传瓘及其妇并顾全武归钱塘。钱传瓘为质于杨行密，见上卷天复二年。

以淮南行军司马李神福为鄂岳招讨使，复将兵击杜洪。田頵已平，故复遣李神福击杜洪。朱全忠遣使诣行密，请舍鄂岳，复修旧好。行密报曰："俟天子还长安，然后罢兵修好。"杨行密之心在广土，朱全忠之心在篡唐。全忠力不能救杜洪，故有是言。行密之报，假天讨以折其辞，其所志不在此也。好，呼到翻。

7 夏，四月，辛巳，朱全忠奏洛阳宫室已成，请车驾早发，表章相继。上屡遣宫人谕以皇后新产，未任进路，任，音壬，堪也。请俟十月东行。全忠疑上徘徊俟变，疑上徘徊以待诸道勤王之师。怒甚，谓牙将寇彦卿曰："汝速至陕，即日促官家发来！"以臣迎君，此何等语！华督有无君之心而后动于恶，君子于其攻孔氏之时始知之。若朱全忠之心，征于色，发于声，为有君乎，为无君乎！又按西汉群臣谓天子为"县官"，东汉以来谓为"国家"，唐时宫中率呼天子为"宅家"。又群小呼之为"官家"。或曰：其义盖取五帝官天下，三王家天下。闰月，丁酉，车驾发陕；壬寅，全忠逆于新安。九域志：新安县在洛阳西七十里。上之在陕也，司天监奏："星气有变，期在今秋，不利东行。"此椒殿弑逆之征也。天之垂象示戒，岂不昭昭也哉！故上欲以十月幸洛。至是，全忠令医官许昭远告医官使阎佑之、司天监王墀、内都知韦周、晋国夫人可证等谋害元帅，悉收杀之。唐末置医官使以主医官。内都知，盛唐知内侍省之职事也。至宋，沿唐之制，有内侍省左·右班都都知、左·右班都知、副都知。阎佑之、王墀之死，以言星气也；韦周、可证之死，以附耳语也。元帅，朱全忠。

癸卯，上憩于谷水。谷水，在洛城西。憩，音去例翻。自崔胤之死，六军散亡俱尽，所馀击球供奉、内园小儿共二百馀人，从上而东。考异曰：后唐纪年录云五百人；实录据之。今从旧纪、薛史。全忠犹忌之，为设食于幄，尽缢杀之。为，于伪翻。缢，一计翻，又于赐翻。豫选二百馀人大小相类者，衣其衣服，衣其，于既翻。代之侍卫。上初不觉，累日乃寤。自是上之左右职掌使令令，音零。皆全忠之人矣。

甲辰，车驾发谷水，入宫，御正殿，受朝贺，时以贞观殿为正殿，崇勋殿为入阁。朝，直遥翻。乙巳，御光政门，时迁洛之后，易宫门名，改长乐门为光政门。赦天下，改元。改元天佑。更命陕州曰兴唐府。更，工衡翻。诏讨李茂贞、杨崇本。

戊申，敕内诸司惟留宣徽等九使时惟留宣徽两院、小马坊、丰德库、御厨、客省、阁门、飞龙、庄宅九使。外，馀皆停废，仍不以内夫人充使。考异曰：编遗录曰："戊申，銮舆初到洛都，经费甚广；况国用未丰，庶事草创，因删略闲冗司局，今后除留宣徽等九使外，馀并停废，仍不差内中夫人充使。"盖初诛宦官后，内诸司使皆以内夫人领之，至比始用外人也。而实录改充使为宣事，误也。按宦官既诛，以内夫人宣传诏命及充内诸司使。夫既宣传诏命，则实录云宣事，亦未为误。但天佑三年，方罢宫人宣传诏命，故以实录为误。以蒋玄晖为宣徽南院使兼枢密使，王殷为宣徽北院使兼皇城使，张廷范为金吾将军、充街使，以韦震为河南尹兼六军诸卫副使，又征武宁留后朱友恭为左龙武统军，保大节度使氏叔琮为右龙武统军，典宿卫，皆全忠之腹心也。

癸丑，以张全义为天平节度使。

乙卯，以全忠为护国、宣武、宣义、忠武四镇节度使。朱全忠先为宣武、天平、宣义、护国四镇节度使；以张全义有积年葺理洛阳之功，今洛阳建都，不为节镇，故以天平授全义，而己兼忠武为四镇。

8 镇海、镇东节度使越王钱镠求封吴越王；朝廷不许。朱全忠为之言于执政，乃更封吴王。天复元年，钱镠封越王。为，于伪翻。更，工衡翻。

9 更命魏博曰天雄军。代宗以魏博为天雄军以宠田承嗣；至德宗时，田悦逆命，后复归顺，命为魏博节度使。今复旧天雄军号。癸亥，进天雄节度使长沙郡王罗绍威爵邺王。

王崇武标点容肇祖聂崇岐覆校

资治通鉴卷第二百六十五

端明殿学士兼翰林侍读学士太中大夫
提举西京嵩山崇福宫上柱国河内郡开国公 司马光 奉敕编集
食邑二千二百户食实封九百户赐紫金鱼袋臣

后学天台胡三省音注

唐纪八十一 起阏逢困敦(甲子)五月，尽柔兆摄提格(丙寅)，凡二年有奇。

昭宗圣穆景文孝皇帝下之下

天佑元年(甲子、九〇四)

1 五月，丙寅，加河阳节度使张汉瑜同平章事。

2 帝宴朱全忠及百官于崇勋殿，时以洛阳宫前殿为贞观殿，内朝为崇勋殿。既罢，复召全忠宴于内殿；复，扶又翻。全忠疑，不入。帝曰："全忠不欲来，可令敬翔来。"全忠擿翔使去，曰："翔亦醉矣。"全忠疑帝欲图己，敬翔其腹心也，故亦不使之入。擿，他狄翻。辛未，全忠东还；还，从宣翻，又如字。乙亥，至大梁。

3 忠义节度使赵匡凝遣水军上峡攻王建夔州，赵匡凝以襄阳之甲窥夔门。夔在三峡上游，溯流攻之，故曰上峡。上，时掌翻。知渝州王宗阮等击败之。万州刺史张武作铁絙绝江中流，立栅于两端，谓之"锁峡"。败，补迈翻。絙，古恒翻。锁，即锁字。

4 六月，李茂贞、王建、李继徽传檄合兵以讨朱全忠；全忠以镇国节度使朱友裕为行营都统，将步骑击【章：十二行本"击"

上有“数万”二字；乙十一行本同；孔本同。】之；当是时，蜀兵不出，朱全忠之兵力不能及也，令朱友裕击岐、邠耳。命保大节度使刘鄩弃鄜州，引兵屯同州。刘鄩在鄜州，逼近李茂贞、继徽，声援不接，故使弃鄜还屯同州，与朱友裕合势。鄜，音夫。癸丑，全忠引兵自大梁西讨茂贞等；秋，七月，甲子，过东都入见；见，贤遍翻。壬申，至河中。

5 西川诸将劝王建乘李茂贞之衰，攻取凤翔。建以问节度判官冯涓，涓，圭渊翻。涓曰：“兵者凶器，残民耗财，不可穷也。言不可穷兵。极其兵力，好战不休，是穷兵也。今梁、晋虎争，势不两立，梁，朱全忠。晋，李克用。若并而为一，举兵向蜀，虽诸葛亮复生，不能敌矣。复，扶又翻。凤翔，蜀之藩蔽，不若与之和亲，结为婚姻，无事则务农训兵，保固疆埸，埸，音亦。有事则觇其机事，观衅而动，可以万全。”觇，丑廉翻，又丑艳翻。衅，许覲翻。建曰：“善！茂贞虽庸才，然有强悍之名，悍，下罕翻，又侯旰翻。远近畏之，与全忠力争则不足，自守则有馀，使为吾藩蔽，所利多矣。”乃与茂贞修好。王建既并山南诸州，阻关而守，关外倚李茂贞为藩蔽，故与之修好。好，呼到翻。丙子，茂贞遣判官赵锽如西川，为其侄天雄节度使继勋求婚；锽，户盲翻。为，于伪翻。此天雄军治秦州，属李茂贞。建以女妻之。妻，七细翻。茂贞数求货及甲兵于建，建皆与之。堕军实以厚寇雠，岂王建之本心哉！倚以自蔽，不厌其数也。数，所角翻。

王建赋敛重，人莫敢言。冯涓因建生日献颂，先美功德，后言生民之苦。建愧谢曰：“如君忠谏，功业何忧！”赐之金帛。自是赋敛稍损。史言冯涓因献颂而进规，故其谏易入。敛，力赡翻。

6 初，朱全忠自凤翔迎车驾还，见二百六十三卷天复三年。还，从宣翻，又如字。见德王裕眉目疏秀，且年齿已壮，恶之，恶，乌路翻。全忠欲篡，利立庸幼；德王裕貌秀而齿长，立之非己之利也，故恶之。私谓崔胤曰：“德王尝奸帝位，谓为刘季述所立也。事见二百六十二卷光化三年、天复元年。岂可复留！奸，音干。复，扶又翻。公何不言之！”胤言于帝。帝问全忠，全忠曰：“陛下父子之间，臣安敢窃议，此崔胤卖臣耳。”史言朱全忠之狡猾。帝自离长安，日忧不测，与皇后终日沈饮，或相对涕泣。离，力智翻。是年正月壬戌，帝离长安而东。沈，持林翻。全忠使枢密使蒋玄晖伺察帝，动静皆知之。伺，相吏翻。帝从容谓玄晖曰：“德王朕之爱子，全忠何故坚欲杀之？”因泣下，啮中指血流。玄晖具以语全忠，史言昭宗之轻脱以速祸。从，千容翻。啮，五结翻。语，牛倨翻。全忠愈不自安。

时李茂贞、杨崇本、李克用、刘仁恭、王建、杨行密、赵匡凝移檄往来，皆以兴复为辞。全忠方引兵西讨，西讨岐、邠。以帝有英气，恐变生于中，欲立幼君，易谋禅代。易，以豉翻。乃遣判官李振至洛阳，与玄晖及左龙武统军朱友恭、右龙武统军氏叔琮等图之。

八月，壬寅，帝在椒殿，椒殿，皇后殿也。史炤曰：椒殿亦犹椒房之称。玄晖选龙武牙官史太等百人夜叩宫门，言军前有急奏，军前，谓西讨行营军前也。欲面见帝。夫人裴贞一开门见兵，曰：“急奏何以兵为？”史太杀之。玄晖问：“至尊安在？”昭仪李渐荣临轩呼曰：呼，火故翻。“宁杀我曹，勿伤大家！”帝方醉，遽起，单衣绕柱走，史太追而弑之。年三十八。渐荣以身蔽帝，太亦杀之。又欲杀何后，后求哀于玄晖，乃释之。何后祈生于蒋玄晖而卒以玄晖死，屈节以苟岁月之生，岂若以身殉昭宗之不失节也！

癸卯，蒋玄晖矫诏称李渐荣、裴贞一弑逆，宜立辉王祚为皇太子，更名柷，更，工衡翻。柷，昌六翻。监军国事。监，古衔翻。又矫皇后令，太子于柩前即位。宫中恐惧，不敢出声哭。丙午，昭宣帝即位，时年十三。

7 李克用复以张承业为监军。李克用匿张承业见上卷天复三年。监，古衔翻。

8 淮南将李神福攻鄂州未下，天复三年，李神福始攻鄂州，天佑元年又攻鄂州，事并见上卷。会疾病，还广陵，杨行密以舒州团练使泌阳刘存代为招讨使；泌阳，汉湖阳县地，后魏置石马县，后讹为上马，贞观元年废，开元十六年复割湖阳置上马县，天宝元年改曰泌阳，属唐州。宋白曰：泌阳县本汉舞阴县地云云，同上。唐改泌阳，以地在泌水之阳也，唐州治焉。泌，兵媚翻。神福寻卒。宣州观察使台濛卒，卒，子恤翻。杨行密以其子牙内诸军使渥为宣州观察使，右牙都指挥使徐温谓渥曰："王寝疾而嫡嗣出藩，此必奸臣之谋。他日相召，非温使者及王令书，慎无亟来！"诸侯下令于境内，谓之令书，以异于天子所下制、诏、敕之书也。亟，纪力翻。为徐温召渥张本。渥泣谢而行。

9 九月，己巳，尊皇后为皇太后。

10 朱全忠引兵北屯永寿，南至骆谷，军永寿，所以致邠兵；自此而南至骆谷，所以致岐兵。凤翔、邠宁兵竟不出。辛未，东还。

11 冬，十月，辛卯朔，日有食之。

12 朱全忠闻朱友恭等弑昭宗，阳惊，号哭号，户刀翻。自投于地，曰："奴辈负我，令我受恶名于万代！"癸巳，至东都，自军前东还至东都。伏梓宫恸哭流涕，又见帝自陈非己志，请讨贼。帝，昭宣帝也。贼，弑君之贼。先是，护驾军士有掠米于市者，先，悉荐翻。甲午，全忠奏朱友恭、氏叔琮不戢士卒，侵扰市肆，以此为二人罪，犹不敢昌然以弑逆之罪罪之。友恭贬崖州司户，复姓名李彦威，李彦威，寿州人，客汴州，殖财任侠，朱全忠爱而子之。考异见二百五十九卷景福二年。叔琮贬白州司户，寻皆赐自尽。彦威临刑大呼曰："卖我以塞天下之谤，呼，火故翻。塞，悉则翻。如鬼神何！行事如此，望有后乎！"

丙申，天平节度使张全义来朝。丁酉，复以全忠为宣武、护国、宣义、天平节度使；以全义为河南尹兼忠武节度使、判六军诸卫事。朱全忠兼忠武，张全义帅天平，见上卷上年。朱友恭、氏叔琮既诛，以全义领宿卫。乙巳，全忠辞赴镇，庚戌，至大梁。

13 镇国节度使朱友裕薨于梨园。死于梨园行营。

14 光州叛杨行密，降朱全忠，降，户江翻。行密遣兵围之，与鄂州皆告急于全忠。杨行密使其将刘存攻杜洪于鄂州。十一月，戊辰，全忠自将兵五万自颍州济淮，自颍州颍上县取正阳济淮。军于霍丘，九域志，霍丘县在寿州东一百二十七里。按元丰之寿州治下蔡。分兵救鄂州。淮南兵释光州之围还广陵，按兵不出战，全忠分命诸将大掠淮南以困之。

15 钱镠潜遣衢州罗城使叶让杀刺史陈璋，事泄；钱镠恨陈璋见二百六十二卷天复二年。十二月，璋斩让而叛，降于杨行密。降，户江翻。

16 初，马殷弟賨，性沈勇，賨，徂宗翻。沈，持林翻。事孙儒，为百胜指挥使；以百战百胜名军。儒死，事杨行密，屡有功，迁黑云指挥使。行密尝从容问其兄弟，从，千容翻。乃知为殷之弟，大惊曰："吾常怪汝器度瓌伟，瓌，古回翻。果非常人。当遣汝归。"賨泣辞曰："賨淮西残兵，马賨从秦宗权、孙儒起于淮西，故云然。大王不杀而宠任之；湖南地近，尝得兄声问，賨事大王久，不愿归也。"行密固遣之。是岁，賨归长沙，行密亲饯之郊。

賨至长沙，殷表賨为节度副使。他日，殷议入贡天子，賨曰："杨王地广兵强，杨行密封吴王，故称之。与吾邻接，不若与之结好，好，呼到翻。大可以为缓急之援，小可通商旅之利。"殷作色曰："杨王不事天子，一旦朝廷致讨，罪将及吾。汝置此论，勿为吾祸！"史言马殷畏朱全忠。

17 初，清海节度使徐彦若遗表荐副使刘隐权留后，事见二百六十二卷天复元年。朝廷以兵部尚书崔远为清海节度使。远至江陵，闻岭南多盗，且畏隐不受代，不敢前，朝廷召远还。隐遣使以重赂结朱全忠，乃奏以隐为清海节度使。史言刘隐自托于朱全忠。

昭宣光烈孝皇帝 讳祚，即位更名柷，昭宗第九子。后唐明宗天成三年立庙于曹州，四年乃追崇谥号。

天佑二年（乙丑、九〇五）

1 春，正月，朱全忠遣诸将进兵逼寿州。是时寿州治寿春，朱全忠自霍丘遣诸将进逼之。

2 润州团练使安仁义勇决得士心，故淮南将王茂章攻之，逾年不克。王茂章攻润州事，始上卷天复三年八月。杨行密使谓之曰："汝之功吾不忘也，安仁义归杨行密，破赵锽、孙儒，平宣、润，皆有功。能束身自归，当以汝为行军副使，但不掌兵耳。"仁义不从。茂章为地道入城，遂克之。仁义举族登楼，众不敢逼。安仁义在淮南军中号最善射，众惮之，故不敢逼。先是攻城诸将见仁义辄骂之，先，悉荐翻。惟李德诚不然，至是仁义召德诚登楼，谓曰："汝有礼，吾今以为汝功。"且以爱妾赠之。【章：十二行本"之"下有"乃掷弓于地"五字；乙十一行本同；孔本同；张校同；退斋校同。】德诚掖之而下，并其子斩于广陵市。田頵、朱延寿、安仁义，淮南诸将中之鎗鎗者也。三叛连衡，不足以病杨行密。期年之馀，相次禽殄，行密未易才也。

3 两浙兵围陈询于睦州，陈询叛钱镠事始上卷天复三年。杨行密遣西南招讨使陶雅将兵救之；军中夜惊，士卒多逾垒亡去，左右及裨将韩球奔告之，雅安卧不应，须臾自定，亡者皆还。史言御众之术，惟静足以制动。钱镠遣其从弟镒及指挥使顾全武、王球御之，为雅所败，从，才用翻。镒，夷质翻。败，补迈翻。虏镒及球以归。

4 庚午，朱全忠命李振知青州事，代王师范。朱全忠宽西顾之虞，然后命李振代王师范。

5 全忠围寿州，州人闭壁不出。全忠乃自霍丘引归，朱全忠遣诸将逼寿州城下，而留屯霍丘为后势。二月辛卯，至大梁。霍丘至大梁九百馀里。

6 李振至青州，王师范举族西迁，至濮阳，素服乘驴而进；至濮阳已入朱全忠巡属，故囚服乘驴以请罪。濮，博木翻。至大梁，全忠客之。表李振为青州留后。

7 戊戌，以安南节度使、同平章事朱全昱为太师，致仕。全昱，全忠之兄也，戆朴无能，戆，竹巷翻。先领安南，全忠自请罢之。

8 是日社，自古以来，以戊日社。戊，土也。立春以后历五戊则社日。全忠使蒋玄晖邀昭宗诸子德王裕、棣王祤、虔王禊、沂王禋、遂王祎、景王秘、祁王琪、【章：十二行本"琪"作"祺"；乙十一行本同；孔本同。】雅王禛、禛，之人翻。琼王祥，置酒九曲池，九曲池在洛苑中。酒酣，悉缢杀之，投尸池中。

9 朱全忠遣其将曹延祚将兵与杜洪共守鄂州，庚子，淮南将刘存攻拔之，天复二年正月，淮南兵攻鄂州，逾两期而后克。执洪、延祚及汴兵千馀人送广陵，悉诛之。僖宗光启二年，杜洪据鄂州，至是而亡。行密以存为鄂岳观察使。

10 己酉，葬圣穆景文孝皇帝于和陵，和陵在河南缑氏县懊来山，是年更名太平山。庙号昭宗。

11 三月，庚午，以王师范为河阳节度使。

12 戊寅，以门下侍郎、同平章事独孤损同平章事，充静海节度使；罢独孤损政事耳。静海军治交州，在岭海之外，损安得至邪！以礼部侍郎河间张文蔚同平章事。蔚，纡勿翻。甲申，以门下侍郎、同平章事裴枢为左仆射，崔远为右仆射，并罢政事。

初，柳璨及第，不四年为宰相，性倾巧轻佻。佻，他雕翻。时天子左右皆朱全忠腹心，璨曲意事之。同列裴枢、崔远、独孤损皆朝廷宿望，意轻之，璨以为憾。和王傅张廷范，和王福亦昭宗之子。本优人，有宠于全忠，奏以为太常卿。枢曰："廷范勋臣，幸有方镇，言幸有方镇可以处之。何借乐卿！太常卿掌礼乐，故曰乐卿。言勋人处之之职当各当其分，不借乐卿以荣。恐非元帅之旨。"朱全忠时为诸道元帅，故称之。持之不下。下，户嫁翻。全忠闻之，谓宾佐曰："吾常以裴十四器识真纯，不入浮薄之党；裴枢，第十四。观此议论，本态露矣。"言其犹持清议也。璨因此并远、损谮于全忠，故三人皆罢。

以吏部侍郎杨涉同平章事。涉，收之孙也。杨收见懿宗纪，为相，以罪贬死。为人和厚恭谨，闻当为相，与家人相泣，谓其子凝式曰："此吾家之不幸也，必为汝累。"累，良瑞翻。

13 加清海节度使刘隐同平章事。

14 壬辰，河东都押牙盖寓卒，遗书劝李克用省营缮，薄赋敛，求贤俊。史言盖寓垂殁不忘效忠于李克用。盖，古盍翻，姓也。省，所景翻。

15 夏，四月，庚子，有彗星出西北。彗，祥岁翻，又徐醉翻，又音岁。

16 淮南将陶雅会衢、睦兵攻婺州，光化三年，田頵取婺州。既而頵为杨行密所攻，钱镠取婺州，使沈夏守之。钱镠使其弟镖将兵救之。镖，匹烧翻。

17 五月，礼院奏，皇帝登位应祀南郊；敕用十月甲午行之。为朱全忠杀柳璨、蒋玄晖张本。

18 乙丑，彗星长竟天。彗所以除旧布新，易姓之征也。薛居正五代史曰：是年正月甲辰，有彗出于北河，贯文昌，其长三丈馀。五月乙丑，复出轩辕、大角，及于天市垣，光耀严猛。

柳璨恃朱全忠之势，恣为威福。会有星变，占者曰："君臣俱灾，宜诛杀以应之。"璨因疏其素所不快者于全忠曰："此曹皆聚徒横议，怨望腹非，横，户孟翻。非，亦作诽。宜以之塞灾异。”塞，悉则翻。李振亦言于朱全忠曰：“朝廷所以不理，良由衣冠浮薄之徒紊乱纲纪；紊，音问。且王欲图大事，谓篡夺也。此曹皆朝廷之难制者也，不若尽去之。”去，羌吕翻。全忠以为然。癸酉，贬独孤损为棣州刺史，裴枢为登州刺史，崔远为莱州刺史。乙亥，贬吏部尚书陆扆为濮州司户，工部尚书王溥为淄州司户。庚辰，贬太子太保致仕赵崇为曹州司户，兵部侍郎王赞为潍州司户。潍，音维。唐武德二年分青州北海县置潍州，八年州废，以北海还属青州。此时盖复置潍州也。自馀或门胄高华，或科第自进，居三省台阁，以名检自处，处，昌吕翻。声迹稍著者，皆指为浮薄，贬逐无虚日，搢绅为之一空。为，于伪翻。辛巳，再贬裴枢为泷州司户，刘昫曰：泷州治泷水县，本汉端溪县地。晋分端溪立龙乡县，隋改龙乡为平原县，又改为泷水。唐平萧铣，置泷州。泷，闾江翻。独孤损为琼州司户，崔远为白州司户。

19 甲申，忠义节度使赵匡凝遣使修好于王建。赵匡凝东结淮南，西通巴蜀，欲交邻以抗朱全忠也，适以动朱全忠之兵。好，呼到翻。

20 六月，戊子朔，敕裴枢、独孤损、崔远、陆扆、王溥、赵崇、王赞等并所在赐自尽。

时全忠聚枢等及朝士贬官者三十馀人于白马驿，白马驿在滑州白马县。一夕尽杀之，投尸于河。初，李振屡举进士，竟不中第，中，竹仲翻。故深疾搢绅之士，言于全忠曰：“此辈常自谓清流，宜投之黄河，使为浊流！”全忠笑而从之。

振每自汴至洛，朝廷必有窜逐者，时人谓之鸱枭。朝，直遥翻；下同。枭，坚尧翻。见朝士皆颐指气使，以颐指麾，以气使令，言其怙朱全忠之势而肆其骄豪也。旁若无人。

全忠尝与僚佐及游客坐于大柳之下，全忠独言曰：“此柳宜为车毂。”毂，古鹿翻。众莫应。有游客数人起应曰：“宜为车毂。”全忠勃然厉声曰：“书生辈好顺口玩人，皆此类也！好，呼到翻。言顺口附和以玩狎人。车毂须用夹榆，说文：榆，白枌。所谓夹榆，乃今之田榆也，生田塍间，其皮类槐，其肉理坚致而赤，锯以为器，坚而耐久。车毂众辐所凑，其木宜坚致者。吕忱曰：桥榆宜作车毂。尔雅云，白枣也。桥，相稽翻。柳木岂可为之！”顾左右曰：“尚何待！”左右数十人，捽言“宜为车毂”者悉扑杀之。捽，昨没翻。扑，弼角翻。

己丑，司空致仕裴贽贬青州司户，寻赐死。

柳璨馀怒所注，犹不啻十数，张文蔚力解之，乃止。

时士大夫避乱，多不入朝，壬辰，敕所在州县督遣，无得稽留。前司勋员外郎李延古，德裕之孙也，去官居平泉庄，李德裕有平泉庄，在河南府界。德裕平泉记曰：先公眺想，属注伊川，吾于是有退居河洛之志。于龙门得乔处士故居，翦荆棘，驱狐狸而为之。康骈曰：平泉庄去洛城三十里。诏下未至，【章：十二行本“至”下有“戊申”二字；乙十一行本同；退斋校同。】责授卫尉寺主簿。

秋，七月，癸亥，太子宾客致仕柳逊贬曹州司马。

21 庚午夜，天雄牙将李公佺与牙军谋乱，罗绍威觉之；公佺焚府舍，剽掠，奔沧州。为罗绍威诛牙将张本。佺，且缘翻。剽，匹妙翻。时刘守文据沧州。

22 八月，王建遣前山南西道节度使王宗贺等将兵击昭信节度使冯行袭于金州。冯行袭附朱全忠。

23 朱全忠以赵匡凝东与杨行密交通，西与王建结婚，乙未，遣武宁节度使杨师厚将兵击之；己亥，全忠以大军继之。考异曰：梁太祖实录、薛居正五代史梁纪皆云：“七月庚午，遣杨师厚帅前军讨赵凝于襄州，辛未，帝南征。”唐实录：“七月，全忠奏匡凝擅通好西川、淮南，又遣弟专领荆南，请削夺官爵，已遣都将杨师厚讨之。翌日，全忠自帅军以进。”编遗录：“八月壬辰，先抽武宁杨师厚，是日到，乃议伐襄州帅赵匡凝。乙未，大发车徒，委杨师厚总其军政。己亥，上领亲从步骑继大军之后，是夜宿尉氏。”今从之。薛史：“太祖将图禅代，以匡凝兄弟并据藩镇，乃遣使先谕旨焉。凝对使者流涕，答以‘受国恩深，岂敢随时妄有他志！’使者复命，太祖大怒。天佑二年秋七月，遣杨师厚帅师讨之。辛未，全忠南征，表匡凝罪状，请削官爵。”按全忠劫迁昭宗于洛阳，匡凝与行密等移檄诸道共讨之，全忠安肯以禅代问之！今不取。

24 处州刺史卢约使其弟佶攻陷温州，佶，巨乙翻。考异曰：新纪：“正月，约陷温州。”十国纪年在此月戊戌，今从之。张惠奔福州。天复三年，张惠据温州，至是而败。王审知时据福州。自温州南出平阳县渡海涓即福州界。九域志，温州东南至福州界三百二十里，自界首至福州五百二十里。

25 钱镠遣方永珍救婺州。淮南兵自正月攻婺州。

26 初，礼部员外郎知制诰司空图弃官居虞乡王官谷，王官谷在虞乡县中条山。昭宗屡征之，不起。柳璨以诏书征之，图惧，诣洛阳入见，见，贤遍翻。阳为衰野，坠笏失仪。璨乃复下诏，略曰：“既养高以傲代，类移山以钓名。”又曰：“匪夷匪惠，难居公正之朝。复，扶又翻。柳璨言司空图既非伯夷之清，又非柳下惠之和。且朝政如彼，而自谓公正。通鉴直叙其辞而媺恶自见。可放还山。”图，临淮人也。

27 杨师厚攻下唐、邓、复、郢、随、均、房七州，七州皆忠义军巡属。朱全忠军于汉北。九月，辛酉，命师厚作浮梁于阴谷口，襄州谷城县有阴城镇。按旧史，阴谷口在襄州西六十里。癸亥，引兵渡汉。浮梁成而渡。甲子，赵匡凝将兵二万陈于汉滨，陈，读曰阵。师厚与战，大破之，遂傅其城下。傅，读如附。是夕，匡凝焚府城，帅其族及麾下士沿汉奔广陵。僖宗中和四年，赵德諲据襄州，传子匡凝，至是而亡。杨行密时据广陵，匡凝沿汉入江，顺流东下而奔归之。帅，读曰率；下同。乙丑，师厚入襄阳；丙寅，全忠继至。

匡凝至广陵，杨行密戏之曰：“君在镇，岁以金帛输全忠，今败，乃归我乎？”匡凝曰：“诸侯事天子，岁输贡赋乃其职也，岂输贼乎！输，春遇翻。今日归公，正以不从贼故耳。”行密厚遇之。

28 丙寅，封皇弟禔为颍王，禔，是支翻，又是兮翻。佑为蔡王。

29 丁卯，荆南节度使赵匡明帅众二万，弃城奔成都。天复三年，赵匡凝遣匡明据有荆南。匡凝既败，匡明亦走。戊辰，朱全忠以杨师厚为山南东道留后，引兵击江陵；荆南军府治江陵。至乐乡，九域志，江陵府长林县有乐乡镇。荆南牙将王建武遣使迎降。全忠以都将贺瓌为荆南留后。降，户江翻。瓌，古回翻。全忠寻表师厚为山南东道节度使。

30 王宗贺等攻冯行袭，所向皆捷。丙子，行袭弃金州，奔均州；其将全师朗以城降。禧宗大顺二年，冯行袭取金州，至是而败，行袭遂归于朱全忠。九域志，金州东至均州七百里。考异曰：李昊蜀书高祖纪作"全行思"，后主纪作"全行宗"，林思谔、王宗播、王承规传作"全行宗"，桑弘志传作"全行朗"。新书冯行袭传作"金行全"。盖传写差误，不可考正。按后蜀后主实录云：金州招安指挥使全师郁，世居金州，疑是师朗昆弟族人也。今从十国纪年。王建更师朗姓名曰王宗朗，更，工衡翻；下诏更同。补金州观察使，割渠、巴、开三州以隶之。宋白曰：渠州，春秋巴国。秦灭巴，置巴郡，汉为宕渠县地。蜀先主分巴郡置宕渠郡，梁大同三年于郡理置渠州。巴州亦汉宕渠地，后汉分宕渠北界置汉昌县，今州理是也。后魏于汉昌县理置大谷郡，又于郡北置巴州。开州，汉朐䏰县地，后汉建安二年分朐䏰西北界置汉丰县，后周置开江郡，隋改郡为开州。

31 乙酉，诏更用十一月癸酉亲郊。

32 淮南将陶雅、陈璋拔婺州，执刺史沈夏以归。杨行密以雅为江南都招讨使，歙、婺、衢、睦观察使；杨行密本用陶雅为歙州。以璋为衢、婺副招讨使。璋攻暨阳，此暨阳即越州诸暨县也，与婺州东阳县接境。两浙将方习败之。败，补迈翻。习进攻婺州。

33 濠州团练使刘金卒，杨行密以金子仁规知濠州。

34 杨行密长子宣州观察使渥，长，知两翻；下子长同。素无令誉，令，善也。令，力正翻。军府轻之。行密寝疾，命节度判官周隐召渥。隐性惷直，惷，书容翻，愚也，又陟降翻。对曰："宣州司徒轻易信谗，喜击球饮酒，杨渥时守宣州，盖加官司徒。易，以豉翻。喜，许记翻。非保家之主；馀子皆幼，未能驾驭诸将。庐州刺史刘威，从王起细微，必不负王，不若使之权领军府，考异曰：按徐温谓隐为奸人。隐若欲为乱，当密召刘威，岂肯对其父斥渥短，请以军府授威！隐乃戆直之人耳。俟诸子长以授之。"长，知两翻。行密不应。左右牙指挥使徐温、张颢言于行密曰："王平生出万死，冒矢石，为子孙立基业，为，于伪翻。安可使他人有之！"行密曰："吾死瞑目矣。"瞑，莫定翻，闭目也。隐，舒州人也。

他日，将佐问疾，行密目留幕僚严可求；众出，可求曰："王若不讳，如军府何？"行密曰："吾命周隐召渥，今忍死待之。"可求与徐温诣隐，隐未出见，牒犹在案上，可求即与温取牒，遣使者如宣州召之。为杨渥不终张本。可求，同州人也。路振九国志曰：严可求本冯翊人，父实，仕唐为江、淮陆运判官，由是家于江都。行密以润州团练使王茂章为宣州观察使。杨行密以宣州地接杭州，使良将居之，岂知杨渥与王茂章构怨乎。为茂章奔两浙张本。

35 冬，十月，丙戌朔，以朱全忠为诸道兵马元帅，别开幕府。别开元帅府。

是日，全忠部署将士，将归大梁，将自襄阳归大梁。忽变计，欲乘胜击淮南。洛阳以丙戌除全忠诸道元帅，全忠犹在行营，以是日变计，欲攻淮南。敬翔谏曰："今出师未逾月，平两大镇，谓荆、襄两镇。辟地数千里，远近闻之，莫不震慑。慑，之涉翻。此威望可惜，不若且归息兵，俟衅而动。"敬翔知淮南之不可攻。衅，许觐翻。不听。

36 改昭信军为戎昭军。【章：十二行本"军"下有"仍割均州隶之"六字；乙十一行本同；孔本同；张校同；退斋校同。】昭信军本置于金州，时已为王建所取。

37 辛卯，朱全忠发襄州；壬辰，至枣阳，枣阳县属随州。自襄阳至枣阳一百三十馀里。遇大雨。自申州抵光州，宋白曰：申州，春秋之申国。汉置平氏县，魏文帝立义阳郡，宋立司州，入魏改为郢州，周武帝改郢州为申州。光州，春秋弦国。汉为西阳县，魏置弋阳郡，梁末于光城置光州，北齐置南郢州，后周为淮南郡，隋复为光州。九域志，自申州东南至光州三百五十五里。考异曰：梁太祖实录："十月壬申，上御大军发自襄州，由安、黄，涉申、光，暨寿春之霍丘驻焉。"十国纪年："十月，朱全忠自襄州帅众二十万趋光、寿。"按十月丙戌朔，无壬申，梁实录误。今从编遗录。道险狭涂潦，人马疲乏，士卒尚未冬服，多逃亡。全忠使人谓光州刺史柴再用曰："下，我以汝为蔡州刺史；柴再用汝阳人也，故以衣锦啖之。不下，且屠城！"再用严设守备，戎服登城，见全忠，拜伏甚恭，曰："光州城小兵弱，不足以辱王之威怒。王苟先下寿州，敢不从命。"全忠留其城东旬日而去。

38 起居郎苏楷，礼部尚书循之子也，裴枢等既死而苏循等进矣，奉唐玺绶而输之梁者此辈也。素无才行，行，下孟翻。乾宁中登进士第，昭宗覆试黜之，仍永不听入科场。洪迈随笔曰：昭宗乾宁三年，试进士，刑部尚书崔凝以下二十五人发榜。诏于武德殿前覆试，但放十五人，自状头张贻范以下重落，其六人许再入举场；四人所试最下，不许再入，苏楷其一也。唐人谓贡院为科场，亦谓之场屋，言由此而决科进取，争名之场也。甲午，楷帅同列上言："谥号美恶，臣子不得而私。先帝谥号多溢美，乞更详议。"按旧书帝纪，楷时帅起居郎罗衮、起居舍人卢鼎上驳议。楷目不知书，仅能执笔，其文罗衮作也。帅，读曰率。上，时掌翻。事下太常，下，户嫁翻。丁酉，张廷范奏改谥恭灵庄愍孝皇帝，庙号襄宗，诏从之。

39 杨渥至广陵。渥自宣州至广陵。辛丑，杨行密承制以渥为淮南留后。

40 戊申，朱全忠发光州，迷失道百馀里，又遇雨，比及寿州，九域志，光州东至寿州三百五十里。比，必利翻。寿人坚壁清野以待之。全忠欲围之，无林木可为栅，乃退屯正阳。淮水流出颍、寿之间，夹淮有正阳镇；东正阳属寿州安丰县界，西正阳属颍州颍上县界。

41 癸丑，更名成德军曰武顺。以朱全忠父名诚，故改成德为武顺。更，工衡翻。

42 十一月，丙辰，朱全忠渡淮而北，柴再用抄其后军，抄，楚交翻。斩首三千级，获辎重万计。全忠悔之，悔不用敬翔之言也。躁忿尤甚。躁，则到翻。丁卯，至大梁。

先是，全忠急于传禅，先，悉荐翻。密使蒋玄晖等谋之。玄晖与柳璨等议：以魏、晋以来皆先封大国，加九锡、殊礼，然后受禅，当次第行之。乃先除全忠诸道元帅，以示有渐，仍以刑部尚书裴迪为送官告使，全忠大怒。宣徽副使王殷、赵殷衡疾玄晖权宠，欲得其处，蒋玄晖时为枢密使，内专朝廷之权，外结朱全忠之宠。因谮之于全忠曰："玄晖、璨等欲延唐祚，故逗遛其事以须变。"须，待也。玄晖闻之惧，自至寿春，具言其状。时朱全忠在寿春行营，蒋玄晖惧罪，故自往言状。全忠曰："汝曹巧述闲事以沮我，沮，在吕翻，止也。借使我不受九锡，岂不能作天子邪！"禅代之事，先封大国，次加九锡、殊礼，此王莽创为之也。魏、晋踵而行之，讳其名而受其实。魏文帝所谓"舜、禹之事吾知之矣"，其言虽不至如朱全忠之凶暴，其欲篡之心则一也。玄晖曰："唐祚已尽，天命归王，愚智皆知之。玄晖与柳璨等非敢有背德，背，蒲妹翻。但以今兹晋、燕、岐、蜀皆吾勍敌，晋，李克用。燕，刘仁恭。岐，李茂贞。蜀，王建。勍，渠京翻。王遽受禅，彼心未服，不可不曲尽义理，然后取之，欲为王创万代之业耳。"为，于伪翻。全忠叱之曰："奴果反矣！"玄晖惶遽辞归，与璨议行九锡。时天子将郊祀，百官既习仪，唐制：大祀，百官皆先习仪，受誓戒，散斋，致斋，而后行事。裴迪自大梁还，裴迪先至寿春行营，从朱全忠还大梁，自大梁还洛阳。言全忠怒曰："柳璨、蒋玄晖等欲延唐祚，乃郊天也。"璨等惧，庚午，敕改用来年正月上辛。殷衡本姓孔名循，为全忠家乳母养子，故冒姓赵，后渐贵，复其姓名。

43 壬申，赵匡明至成都，正月丁卯，弃荆南，至是方至成都。王建以客礼遇之。

昭宗之丧，朝廷遣告哀使司马卿宣谕王建，至是始入蜀境。西川掌书记韦庄为建谋，为，于伪翻；下思为同。使武定节度使王宗绾谕卿曰：武定节度使治洋州，蜀之东北鄙也，故使谕卿。"蜀之将士，世受唐恩，去岁闻乘舆东迁，凡上二十表，乘，绳证翻。上，时掌翻。皆不报。寻有亡卒自汴来，闻先帝已罹朱全忠弑逆。蜀之将士方日夕枕戈，枕，职任翻。思为先帝报仇。不知今兹使来以何事宣谕？舍人宜自图进退。"司马卿抑时为中书舍人欤？否则，唐制中书通事舍人掌受四方章奏及宣传诏命，今以卿将命出使，故称之欤？卿乃还。还，从宣翻。

44 庚辰，吴武忠王杨行密薨。年五十四。考异曰：十国纪年注、吴录、唐烈祖实录及吴史官王振撰杨本纪，皆云"天佑二年十一月庚辰，行密卒"。敬翔梁编遗录云："天佑三年三月，颍州获河东谍者，言去年十一月持李克用绢书往淮南，十二月至扬州，方知杨行密已死。"与庄宗功臣列传行密传所载略同。沈颜行密神道碑、殷文圭行密墓志、游恭渥墓志皆云"天佑三年丙寅，二月十三日丙申卒"，薛居正五代史行密传亦云"天佑三年卒"。行密之亡，嗣君幼弱，不由朝命承袭，或始死未敢发丧，赴以明年二月，疑沈颜等从而书之。墓志云，十一月，吴王寝疾，付渥后事，授淮南使。或本纪等误以此月为行密卒。王振、沈颜、殷文圭、游恭皆仕吴，而记录差异，固不可考。今从旧史而存碑志年月，以广传闻。将佐共请宣谕使李俨承制授杨渥淮南节度使、东南诸道行营都统，兼侍中、弘农郡王。杨行密请李俨承制，见二百六十三卷天复二年。渥字承天，杨行密长子。

45 柳璨、蒋玄晖等议加朱全忠九锡，朝士多窃怀愤邑，朝，直遥翻。礼部尚书苏循独扬言曰："梁王功业显大，历数有归，朝廷速宜揖让。"朝士无敢违者。辛巳，以全忠为相国，总百揆。以宣武、宣义、天平、护国、天雄、武顺、佑国、河阳、义武、昭义、保义、戎昭、武定、泰宁、平卢、忠武、匡国、镇国、武宁、忠义、荆南等二十一道为魏国，宣武领汴、宋、亳、单，宣义领汝、郑、滑，天平领郓、曹、濮、济，护国领河中、晋、绛、慈、隰，天雄领魏、博、贝、卫、澶、相，武顺领镇、冀、深、赵，佑国领京兆、商、华，河阳领孟、怀，义武领定、祁、易，昭义军领潞、泽，保义领邢、洺、磁，戎昭领金、均、房，武定领洋，泰宁领兖、沂、密，平卢领青、淄、齐、棣、登、莱，忠武领陈、许，匡国领同，镇国领陕、虢，武宁领徐、宿，忠义领襄、邓、随、郢、唐、复、安，荆南领荆、归、峡。进封魏王，仍加九锡。全忠怒其稽缓，让不受。十二月，戊子，命枢密使蒋玄晖赍手诏诣全忠谕指。癸巳，玄晖自大梁还，言全忠怒不解。甲午，柳璨奏称："人望归梁王，陛下释重负，今其时也。"即日遣璨诣大梁达传禅之意，全忠拒之。

初，璨陷害朝士过多，谓白马之祸也。全忠亦恶之。恶，乌路翻。璨与蒋玄晖、张廷范朝夕宴聚，深相结，为全忠谋禅代事。为，于伪翻。何太后泣遣宫人阿虔、阿秋达意玄晖，语以他日传禅之后，求子母生全。阿，乌葛翻。语，牛倨翻。帝及德王裕皆何太后子也。昭宗已弑，裕与诸弟稍长，相继而死。事已至此，后之母子能独全乎！后素号多智，临难乃尔，盖当时以能随时上下以全生者为智也。王殷、赵殷衡谮玄晖，云"与柳璨、张廷范于积善堂【章：十二行本"堂"作"宫"；乙十一行本同；孔本同；张校同。】夜宴，对太后焚香为誓，期兴复唐祚。"何太后时居积善宫。全忠信之，乙未，收玄晖及丰德库使应顼、御厨使朱建武击河南狱；河南府狱。以王殷权知枢密，赵殷衡权判宣徽院事。全忠三表辞魏王、九锡之命；丁酉，诏许之，朱全忠怿怒，正欲杀蒋玄晖等乃复行魏、晋之事。表辞者，敬翔教之也；诏许之者，王殷等承朱全忠之风指也。更以为天下兵马元帅，然全忠已修大梁府舍为宫阙矣。史诛其心迹以示天下后世。是日，斩蒋玄晖，杖杀应顼、朱建武。庚子，省枢密使及宣徽南院使，独置宣徽使一员，以王殷为之，赵殷衡为副使。辛丑，敕罢宫人宣传诏命天复三年诛宦官，以内夫人宣传诏命。考异见前。及参随视朝。开元礼疏曰：晋康献褚后临朝不坐，则宫人传命百僚。周、隋相因，国家承之不改。唐六典曰：宫嫔司赞掌朝会赞相之事，凡朝，引客立于殿庭。至天佑三年诏曰："宫嫔女职，本备内任。今后遇延英坐日，只令小黄门祗候引从，宫人不得出内。"正是年诏敕也。追削蒋玄晖为凶逆百姓，令河南揭尸于都门外，聚众焚之。河南，河南府也。揭，其谒翻，举也。

玄晖既死，王殷、赵殷衡又诬玄晖私侍何太后，令阿秋、阿虔通导往来。己酉，全忠密令殷、殷衡害太后于积善宫，敕追废太后为庶人，子而废母，是复晋峻阳之事也。阿秋、阿虔皆于殿前扑杀。扑，弼角翻。庚戌，以皇太后丧，废朝三日。既废母为庶人，又废朝三日。废为庶人，天性灭矣，废朝三日，既非丧母之礼，又不足以塞天性之伤，唐之臣子非唐之臣子也。朝，直遥翻。

辛亥，敕以宫禁内乱，罢来年正月上辛谒郊庙礼。唐不复郊矣。

癸丑，守司空兼门下侍郎、同平章事柳璨贬登州刺史，太常卿张廷范贬莱州司户。甲寅，斩璨于上东门外，车裂廷范于都市。自罢谒郊庙以下，皆朱全忠之夙心。璨临刑呼曰："负国贼柳璨，死其宜矣！"呼，火故翻。

46 西川将王宗朗不能守金州，焚其城邑，奔成都。王宗朗守金州才三月耳。戎昭节度使冯行袭复取金州，奏请【章：十二行本"请"作"称"；乙十一行本同；张校同。】"金州荒残，乞徙理均州，"从之。更以行袭领武安军。考异曰：实录云改为武宁军，新表云改为武定军。按武宁乃徐州军额，武定乃洋州军额，不应同名。续宝运录注云："天复七年秋，汴军都头号冯青面，改姓朱，授全忠印绶，为洋州刺史（"授"当作"受"）。洋州自景福元年刺史杨守佐归顺凤翔，后被朱全忠除。此年秋，蜀第二指挥使王宗绾收获金州，都押衙全贵帅众降，赐姓王，名宗朗，拜金州刺史。"又编遗录，天佑三年二月云："行袭已于均州建节，因署韩恭知金州事，请朝廷落下防御使，并不建戎昭军。"以此诸书参验，似是今者以行袭兼领洋州节制，非改戎昭为武定军，实录、新表皆误，续宝运录天复七年亦误也。按考异，则"武安军"当作"武定军"，参考新、旧书亦然。

47 陈询不能守睦州，奔于广陵，为两浙兵所逼也。僖宗中和四年，陈晟据睦州，至询而败。淮南招讨使陶雅入据其城。

48 杨渥之去宣州也，欲取其幄幕及亲兵以行，观察使王茂章不与，渥怒。既袭位，遣马步都指挥使李简等将兵袭之。杨渥袭位曾几何时，而修怨于一州将，其褊量如此，固不足以君国子民。

49 湖南兵寇淮南，淮南牙内指挥使杨彪击却之。

三年（丙寅、九〇六）

1 春，正月，壬戌，灵武节度使韩逊奏吐蕃七千馀骑营于宗高谷，将击嗢末及取凉州。赵珣聚米图经曰：灵武自贺兰山路过，西至凉州九百里。

2 李简兵奄至宣州，王茂章度不能守，度，徒洛翻。帅众奔两浙。帅，读曰率。亲兵上蔡刁彦能辞以母老，不从行，登城谕众曰："王府命我招谕汝曹，杨渥父子皆以王爵镇广陵，故称淮南军府为王府。大兵行至矣。"众由是定。陶雅畏茂章断其归路，断，音短。引兵还歙州，钱镠复取睦州。睦州自此属钱氏，杨氏不能争。歙，书涉翻。镠以茂章为镇东节度副使，更名景仁。更，工衡翻。

3 乙丑，加静海节度使曲承裕同平章事。曲承裕乘乱据有安南。

4 初，田承嗣镇魏博，选募六州骁勇之士五千人为牙军，事见二百二十二卷代宗广德元年。厚其给赐以自卫，为腹心；自是父子相继，亲党胶固，岁久益骄横；横，户孟翻。小不如意，辄族旧帅而易之，帅，所类翻。自史宪诚以来皆立于其手。穆宗长庆二年立史宪诚，文宗大和三年立何进滔，懿宗咸通十一年立韩允中，僖宗中和三年立乐彦祯，文德元年立赵文玢，寻立罗弘信。天雄节度使罗绍威心恶之，力不能制。恶，乌路翻。朱全忠之围凤翔也，围凤翔见昭宗天复元年、二年、三年。绍威遣军将杨利言密以情告全忠，欲借其兵以诛之。全忠以事方急，未暇如其请，阴许之。及李公佺作乱，去年七月李公佺乱，见上。绍威益惧，复遣牙将臧延范趣全忠。趣，读曰促。全忠乃发河南诸镇兵十万，遣其将李思安将之，会魏、镇兵屯深州乐城；魏、镇，魏博、镇冀两镇。“乐城”恐当作“乐寿”。声言击沧州，讨其纳李公佺也。会全忠女适绍威子廷规者卒，卒，子恤翻。全忠遣客将马嗣勋实甲兵于橐中，有底曰囊，无底曰橐。橐，挞各翻。选长直兵千人为担夫，长直兵，盖选骁勇之士，长使之直卫，不以番代者也。担，都滥翻。帅之入魏，帅，读曰率；下同。诈云会葬；全忠自以大军继其后，云赴行营；牙军皆不之疑。庚午，绍威潜遣人入库断弓弦、甲襻，断，音短。襻，普患翻。是夕，绍威帅其奴客数百，与嗣勋合击牙军，牙军欲战而弓甲皆不可用，遂阖营殪之，殪，一计翻。凡八千家，婴孺无遗。诘旦，全忠引兵入城。诘，去吉翻。

5 辛未，以权知宁远留后庞巨昭、岭南西道留后叶广略并为节度使。二人皆能保据本道，因而命之。

6 庚辰，钱镠如睦州。九域志，杭州西南至睦州三百一十五里。

7 西川将王宗阮攻归州，获其将韩从实。归州属荆南。

8 陈璋闻陶雅归歙，自婺州退保衢州。两浙将方永珍等取婺州，进攻衢州。去年九月，淮南兵取婺州。陈璋本以衢州附淮南，今自婺州退保之。

9 杨渥遣先锋指挥使陈知新攻湖南。三月，乙丑，知新拔岳州，逐刺史许德勋，昭宗天复三年，湖南将许德勋取岳州，今弃之。渥以知新为岳州刺史。为陈知新等覆军张本。

10 戊寅，以朱全忠为盐铁、度支、户部三司都制置使。三司之名始于此。全忠辞不受。

11 夏，四月，癸未朔，日有食之。

12 罗绍威既诛牙军，魏之诸军皆惧，绍威虽数抚谕之，数，所角翻。而猜怨益甚。朱全忠营于魏州城东数旬，将北巡行营，会天雄牙将史仁遇作乱，聚众数万据高唐，高唐，汉古县，唐属博州。九域志，在州东北一百一十里。自称留后，天雄巡内诸县多应之。全忠移军入城，遣使召行营兵还攻高唐，至历亭，历亭县属贝州。九域志，在州东九十里。宋白曰：历亭县之地，自后魏至高齐，其地属鄃县，隋开皇十六年于永济渠南置历亭县，遥取汉历城县为名。按汉地理志，历城属信都郡，在蓚县界，王莽改曰历亭。唐万岁登封元年移就盘河置，在古历城西七十里。魏兵在行营者作乱，与仁遇相应。元帅府左司马李周彝、右司马苻道昭击之，所杀殆半，进攻高唐，克之，城中兵民无少长皆死。少，诗照翻。长，知两翻。擒史仁遇，锯杀之。

先是，仁遇求救于河东及沧州，先，悉荐翻。李克用遣其将李嗣昭将三千骑攻邢州以救之。时邢州兵才二百，团练使牛存节守之，嗣昭攻七日不克。全忠遣右长直都将张筠将数千骑助存节守城，筠伏兵于马岭，击嗣昭，败之，败，补迈翻。嗣昭遁去。

义昌节度使刘守文遣兵万人攻贝州，又攻冀州，拔蓚县，进攻阜城。蓚、阜城，并汉古县，唐属冀州。九域志，蓚县在州东北一百五十里；阜城在州东一百六十里。蓚，音条。时镇州大将王钊攻魏州叛将李重霸于宗城。宗城县属魏州。九域志，在州西北一百七十里。全忠遣归救冀州，沧州兵去。沧州兵即刘守文所遣。丙午，重霸弃城走，汴将胡规追斩之。

13 镇南节度使钟传以养子延规为江州刺史。传薨，军中立其子匡时为留后。延规恨不得立，遣使降淮南。考异曰：实录："初，钟传养上蓝院僧为子，曰延圭，补江州刺史。传卒，遂召淮师陷其城。"今从十国纪年、吴史。

14 五月，丁巳，朱全忠如洺州，遂巡北边，视戎备，还，入于魏。

15 丙子，废戎昭军，并均、房隶忠义军；并属山南东道。以武定节度使冯行袭为匡国节度使。冯行袭自均州徙同州。

16 杨渥以升州刺史秦裴为西南行营都招讨使，将兵击钟匡时于江西。钟延规启之也。

17 六月，甲申，复以忠义军为山南东道。僖宗文德元年以山南东道为忠义军。

18 朱全忠以长安邻于邠、岐，数有战争，九域志，长安西北至邠州二百七十五里，西至凤翔三百九里。数，所角翻。奏徙佑国节度使韩建于淄青，韩建本与李茂贞连结者也，朱全忠恐其复然，故徙之。以淄青节度使长社王重师为佑国节度使。

19 秋，七月，朱全忠克相州。时魏之乱兵散据贝、博、澶、相、卫州，【章：十二行本“州”下有“及魏之诸县”五字；乙十一行本同；孔本同；张校同。】澶，时连翻。相，息亮翻。全忠分命诸将攻讨，至是悉平之，引兵南还。考异曰：实录在六月。今从编遗录、唐太祖纪年录。编遗录：“七月癸未，上起兵离魏都。”按长历，是月壬子朔，无癸未，编遗录误也。

全忠留魏半岁，自正月入魏，至是半岁。罗绍威供亿，所杀牛羊豕近七十万，资粮称是，所赂遗又近百万；比去，蓄积为之一空。近，其靳翻。称，尺证翻。遗，唯季翻。比，必利翻。为，于伪翻。绍威虽去其逼，去，羌吕翻。而魏兵自是衰弱。绍威悔之，谓人曰：“合六州四十三县铁，不能为此错也！”魏州领贵乡、元城、魏、馆陶、冠氏、莘、朝城、昌乐、临河、洹水、成安、内黄、宗城、永济十四县。博州领聊城、博平、武水、清平、堂邑、高唐六县。相州领安阳、邺、汤阴、林虑、尧城、临漳六县。卫州领汲、卫、共城、新乡、黎阳五县。贝州领清河、清阳、武城、经城、临清、漳南、历亭、夏津八县。澶州领顿丘、清丰、观城、临黄四县。错，镳也，铸为之；又释错为误。罗以杀牙兵之误，取铸错为谕。

壬申，全忠至大梁。考异曰：编遗录云壬辰，亦误。

20 秦裴至洪州，军于蓼洲。诸将请阻水立寨，裴不从；钟匡时果遣其将刘楚据之。诸将以咎裴，裴曰："匡时骁将独楚一人耳，若帅众守城，不可猝拔，帅，读曰率；下同。吾故以要害诱致之耳。"诱，音酉。未几，裴破寨，执楚，几，居岂翻。遂围洪州，饶州刺史唐宝请降。降，户江翻。

21 八月，乙酉，李茂贞遣其子侃为质于西川；质，音致。王建以侃知彭州。

22 朱全忠以幽、沧相首尾为魏患，幽，刘仁恭；沧，刘守文；父子相为首尾。欲先取沧州，甲辰，引兵发大梁。

23 两浙兵围衢州，此即方永珍之兵也。衢州刺史陈璋告急于淮南，杨渥遣左厢马步都虞候周本将兵迎璋。本至衢州，浙人解围，陈于城下，璋帅众归于本，两浙兵取衢州。淮南与浙人争婺、睦、衢三州，至是复悉归于钱氏。陈，读曰阵。帅，读曰率。吕师造曰："浙人近我而不动，轻我也，请击之！"吕师造狃于青山之捷，气陵浙人。近，其靳翻。本曰："吾受命迎陈使君，今至矣，何为复战！彼必有以待我也。"遂引兵还。本为之殿，浙人蹑之，复，扶又翻。殿，丁练翻。蹑，尼辄翻。本中道设伏，大破之。

24 九月，辛亥朔，朱全忠自白马渡河，丁卯，至沧州，军于长芦；杜佑曰：沧州长芦县，汉参芦〔户〕县地，宋废县为长芦镇，属清池县。沧人不出。罗绍威馈运，自魏至长芦五百里，不绝于路；又建元帅府舍于魏，所过驿亭供酒馔、幄幕、什器，馔，雏皖翻，又，雏恋翻。上下数十万人，无一不备。罗绍威厚奉朱全忠，不惟以报德，亦惧因伐虢之便而取虞也。

25 秦裴拔洪州，虏钟匡时等五千人以归。僖宗中和二年，钟传据洪州，至匡时而亡。杨渥自兼镇南节度使，以裴为洪州制置使。淮南杨氏遂兼有江西之地。

26 静难节度使杨崇本以凤翔、保塞、彰义、保义之兵攻夏州，“保义”当作“保大”，盖保义军领邢、洺、磁，在山东；而保大军领鄜、坊，与邠、岐等镇皆在关西也。难，乃旦翻。夏，户雅翻。匡国节度使刘知俊邀击坊州之兵，斩首三千馀级，擒坊州刺史刘彦晖。坊州，保大军巡属也。以此证上文“保义”，其误明矣。

27 刘仁恭救沧州，战屡败。乃下令境内：“男子十五以上，七十以下，悉自备兵粮诣行营，军发之后，有一人在闾里，刑无赦！”或谏曰：“今老弱悉行，妇人不能转饷，此令必行，滥刑者众矣。”乃命胜执兵者尽行，胜，音升。文其面曰“定霸都”，士人则文其腕或臂腕，乌贯翻。曰“一心事主”，于是境内士民，稚孺之外无不文者。稚，直利翻。得兵十万，军于瓦桥。

时汴军筑垒围沧州，鸟鼠不能通。仁恭畏其强，不敢战。城中食尽，丸土而食，或互相掠啖。啖，徒滥翻。朱全忠使人说刘守文曰：说，式芮翻。“援兵势不相及，何不早降！”守文登城应之曰：“仆于幽州，父子也。梁王方以大义服天下，若子叛父而来，将安用之！”全忠愧其辞直，为之缓攻。为，于伪翻。

28 冬，十月，丙戌，王建始立行台于蜀，考异曰：续宝运录曰，天复六年十月六日行下此榜帖。则是此年十月也。建东向舞蹈，号恸，号，户刀翻。称：“自大驾东迁，谓昭宗迁洛也。制命不通，请权立行台，用李晟、郑畋故事，承制封拜。”按李晟讨朱泚，屯东渭桥，但请假裨佐赵光铣、唐良臣、张彧为洋、利、剑三州刺史，以通蜀、汉喉衿，上不暇从也。其后假张彧京兆少尹以调畿内刍米，表李怀光降将孟涉、段威勇以要官，未尝承制封拜也。郑畋便宜从事见二百五十四卷僖宗广明元年。仍以榜帖告谕所部藩镇州县。

29 刘仁恭求救于河东，前后百馀辈；李克用恨仁恭返覆，刘仁恭以幽州叛李克用，又约朱全忠共攻之，此克用之所深恨也。竟未之许，其子存勖谏曰："今天下之势，归朱温者什七八，虽强大如魏博、镇、定莫不附之。自河以北，能为温患者独我与幽、沧耳，今幽、沧为温所困，我不与之并力拒之，非我之利也。夫为天下者不顾小怨，且彼尝困我而我救其急，以德怀之，乃一举而名实附也。此乃吾复振之时，不可失也。"史言李存勖智识能辅其父所不逮。克用以为然，与将佐谋召幽州兵与攻潞州，曰："于彼可以解围，于我可以拓境。"乃许仁恭和，召其兵。仁恭遣都【章：十二行本"都"下有"指"字；乙十一行本同；孔本同；熊校同。】挥使李溥将兵三万诣晋阳，克用遣其将周德威、李嗣昭将兵与之共攻潞州。

30 夏州告急于朱全忠；戊戌，全忠遣刘知俊及其将康怀英救之。杨崇本将六镇之兵五万，军于美原。据上文，则杨崇本所将者五镇之兵耳，盖并将秦、陇之兵为六镇。知俊等击之，崇本大败，归于邠州。

31 武贞节度使雷彦威【章：十二行本"威"作"恭"；乙十一行本同；孔本同。】屡寇荆南，留后贺瓌闭城自守；去年九月，汴将贺瓌守荆南。朱全忠以为怯，以颍州防御使高季昌代之，高季昌自此遂据有荆南。又遣驾前指挥使倪可福将兵五千戍荆南以备吴、蜀。倪可福自此遂委质于高季昌。朗兵引去。朗兵，雷彦威之兵也。

32 十一月，刘知俊、康怀贞以此观之，上文误作"怀英"。乘胜攻鄜、延等五州，下之；加知俊同平章事，以怀贞为保义节度使。恐即命康怀贞以鄜畤，"保义"当作"保大"；以通鉴明年书保平节度使康怀贞证之，又恐自是保义。西军自是不振。西军，谓邠、岐军也。

33 湖州刺史高彦卒，子澧代之。澧，音礼。

34 十二月，乙酉，钱镠表荐行军司马王景仁；诏以景仁领宁国节度使。王景仁即王茂章，是年正月弃宣州归钱镠。考异曰：薛居正五代史："镠辟为两府行军司马，具以状闻。太祖复命遥领宣州节度使、同平章事。”欧阳修五代史曰：“镠表景仁领宣州节度使。”今从之。

35 朱全忠分步骑数万，遣行军司马李周彝将之，自河阳救潞州。

36 闰月，乙丑，废镇国军兴德府复为华州，隶匡国节度，割金、商州隶佑国军。并同、华为一镇，割金、商以隶佑国，皆欲厚其资力以扞邠、岐。

37 初，昭宗凶讣至潞州，讣，音赴，告丧曰讣。昭义节度使丁会帅将士缟素流涕久之。帅，读曰率。及李嗣昭攻潞州，会举军降于河东。考异曰：唐太祖纪年录：“丁酉，丁会开门迎降，闰十二月，太祖以李嗣昭为潞帅。”薛居正五代史梁纪在闰月，后唐纪在十二月。今从新、旧唐纪、薛史梁纪及编遗录。李克用以嗣昭为昭义留后。会见克用，泣曰：“会非力不能守也。梁王陵虐唐室，会虽受其举拔之恩，诚不忍其所为，故来归命耳。”无是非之心非人也，丁会其有是非之心者乎！克用厚待之，位于诸将之上。

己巳，朱全忠命诸军治攻具，将攻沧州。治，直之翻。壬申，闻潞州不守；甲戌，引兵还。

先是，调河南北刍粮，水陆输军前，先，悉荐翻。调，徒吊翻。输，春遇翻。诸营山积，全忠将还，悉命焚之，烟炎数里，在舟中者凿而沈之。炎，读曰焰。沈，持林翻。朱全忠举两河之兵力以攻刘守文，沧州孤城，破在旦夕，遽以潞州内叛烧营而退者，岂不知功坏于垂成哉？盖潞州天下之脊，而河东之兵，全忠之所素惮者也。自潞州而南下太行，直抵怀、孟之郊，可以进据洛都，一正唐室，全忠之篡事不成矣。此其所以狼狈而返。刘守文使遗全忠书曰：“王以百姓之故，赦仆之罪，解围而去，王之惠也。城中数万口，不食数月矣，与其焚之为烟，沈之为泥，愿乞其馀以救之。”全忠为之留数囷以遗之，刘守文之辞卑而情可矜，故全忠之凶暴亦为之感动。遗，惟季翻。乞，音气。为，于伪翻。沧人赖以济。

河东兵进攻泽州，不克而退。

38 吉州刺史彭玕遣使请降于湖南。钟氏既亡，故彭玕请降于马氏。玕，音干。路振九国志作"玗"。玕本赤石洞蛮酋，钟传用为吉州刺史。酋，慈由翻。

邓广铭标点聂崇岐覆校

资治通鉴卷第二百六十六

端明殿学士兼翰林侍读学士太中大夫
提举西京嵩山崇福宫上柱国河内郡开国公 司马光 奉敕编集
食邑二千六百户食实封一千户赐紫金鱼袋臣

后学天台 胡三省 音注

后梁纪一

起强圉单阏（丁卯），尽著雍执徐（戊辰）七月，凡一年有奇。

朱氏本砀山人。砀山，战国时属梁地。太祖以宣武节度使创业，宣武军治汴州，古大梁也；寖益强盛，进封梁王，国遂号曰梁。通鉴以前纪已有萧梁，故此称曰后梁。

太祖神武元圣孝皇帝上 姓朱氏，名温，宋州砀山午沟里人。背黄巢归唐，赐名全忠。即位，改名晃。

开平元年（丁卯、九〇七）是年四月即位，始改元。

1 春，正月，辛巳，梁王休兵于贝州。自沧州还，休兵贝州，且因魏博粮饷也。

2 淮南节度使兼侍中、东面诸道行营都统弘农郡王杨渥既得江西，谓并钟匡时也。事见上卷天佑三年。骄侈益甚，谓节度判官周隐曰："君卖人国家，何面复相见！"遂杀之。以隐言其不克负荷，欲属国于刘威也。事见上卷天佑二年。复，扶又翻。由是将佐皆不自安。既逐王茂章，又杀周隐，宜馀人之不自安也。

黑云都指挥使吕师周与副指挥使綦章将兵屯上高，上高在洪州高安县界，宋置上高县，属筠州，在州西南九十五里。宋白曰：上高县本高安县之上镇，以地形高上，故曰上高。南唐升元中立上高场，保大十年升为县。师周与湖南战，屡有功，渥忌之。师周惧，谋于綦章曰："马公宽厚，谓马殷也。吾欲逃死焉，可乎？"章曰："兹事君自图之，吾舌可断，不敢泄！"断，都管翻。师周遂奔湖南，章纵其孥使逸去。路振九国志：吕师周父珂以勇敢事杨行密，累有功，拜黑云都指挥使。珂卒，师周代之，自言"三代将家不可保富贵"，每恣为杯酌，醉必起舞，或击节狂歌，慷慨泣下。行密闻而疑之，密使人侦其动静。师周不自安，乃谋于綦章而奔湖南。据此则为渥所疑，非行密也。孥，音奴，子也。师周，扬州人也。

渥居丧，居其父行密之丧也。昼夜酣饮酣，户甘翻，乐饮也，湛嗜也，应劭曰：洽也，张晏曰：中酒也。作乐，句断。然十围之烛以击球，一烛费钱数万。或单骑出游，从者奔走道路，不知所之。从，才用翻。之，往也。左、右牙指挥使张颢、徐温泣谏，蜀注曰：牙者，旗名，执牙者因以名之。分左、右队，故称左、右牙。余谓牙兵以卫府牙。渥怒曰："汝谓我不才，何不杀我自为之！"二人惧。渥选壮士，号"东院马军"，广署亲信为将吏；所署者恃势骄横，横，户孟翻。陵蔑勋旧。颢、温潜谋作乱。渥父行密之世，有亲军数千营于牙城之内，蜀注曰：古者军行有牙，尊者所在。后人因以所治为衙，曰牙城，即衙城也。渥迁出于外，以其地为射场，颢、温由是无所惮。史言杨渥自去其爪牙。

渥之镇宣州也，天佑元年，杨渥镇宣州，二年召为嗣。命指挥使朱思勍、范思从、陈璠将亲兵三千；勍，渠京翻。璠，音番。及嗣位，召归广陵。颢、温使三将从秦裴击江西，因戍洪州，诬以谋叛，命别将陈佑往诛之。史言张颢、徐温又翦去渥之爪牙。佑间道兼行，间，古苋翻。六日至洪州，微服怀短兵径入秦裴帐中，裴大惊，佑告之故，告之以所以径入之故。乃召思勍等饮酒，佑数思勍等罪，数，所具翻；下因数同；俗从所主翻。执而斩之。渥闻三将死，益忌颢、温，欲诛之。丙戌，渥晨视事，颢、温帅牙兵二百，露刃直入庭中，帅，读曰率。渥曰："尔果欲杀我邪？"对曰："非敢然也，欲诛王左右乱政者耳！"因数渥亲信十馀人之罪，曳下，以铁檛击杀之。檛，侧瓜翻。考异曰：欧阳史："四年正月，渥视事，陈璠等侍侧。温、颢拥牙兵入，拽璠等下，斩之。渥不能止，由是失政。"按璠等已死于宣州。今从十国纪年。按通鉴本文，"宣州"当作"洪州"。谓之"兵谏"。左传：鬻拳强谏楚子，不从；临之以兵，惧而从之，遂自刖也。张颢、徐温以兵谏自文，鬻拳之罪人也。诸将不与之同者，颢、温稍以法诛之，于是军政悉归二人，渥不能制。为颢、温弑渥张本。

3 初，梁王以河北诸镇皆服，惟幽、沧未下，故大举伐之，欲以坚诸镇之心。既而潞州内叛，王烧营而还，事见上卷天佑三年。还，从宣翻，又如字。威望大沮。沮，在吕翻。恐中外因此离心，欲速受禅以镇之。丁亥，王入馆于魏，馆，古玩翻。有疾，卧府中；【章：十二行本"中"下有"魏博节度使"五字；乙十一行本同；孔本同。】罗绍威恐王袭之，入见王曰："今四方称兵为王患者，皆以翼戴唐室为名，王不如早灭唐以绝人望。"王虽不许而心德之，乃亟归。亟，纪力翻。壬寅，至大梁。

甲辰，唐昭宣帝遣御史大夫薛贻矩至大梁劳王，劳，力到翻。贻矩请以臣礼见，见，贤遍翻。王揖之升阶，贻矩曰："殿下功德在人，三灵改卜，三灵，天、地、人之灵也。言天、地、人之心皆已去唐室，改卜君而命之。皇帝方行舜、禹之事，臣安敢违！"乃北面拜舞于庭。王侧身避之。贻矩还，言于帝曰："元帅有受禅之意矣！"帝乃下诏，帝，皆谓唐昭宣帝。元帅，谓梁王。以二月禅位于梁。又遣宰相以书谕王；王辞。

4 河东兵犹屯长子，欲窥泽州。九域志：长子，西南至泽州一百四十里。王命保平节度使康怀贞悉发京兆、同华之兵屯晋州以备之。宋太宗皇帝太平兴国元年始改保义军为保平军，避藩邸旧名也。此因史臣避庙讳而书之。然观令康怀贞发京兆、同华兵屯晋州，则恐自鄜州而东发两镇兵屯晋州。盖怀贞若自邢州发京兆、同华兵，道里隔涉，邢州与潞州相近，亦当备河东兵之来，无缘使怀贞离邢州而屯晋州。窃谓“保平”亦当作“保大”。据欧史怀英传亦书“保义”，盖以美原之捷方除保义节。朱全忠急于篡唐，未暇举兵攻潞州，自备而已，故潞州益得以严备。

5 二月，唐大臣共奏请昭宣帝逊位。壬子，诏宰相帅百官诣元帅府劝进；梁王建元帅府于大梁。相帅，读曰率。王遣使却之。于是朝臣、藩镇乃至湖南、岭南上笺劝进者相继。朝，直遥翻。上，时掌翻。

6 三月，癸未，王以亳州刺史李思安为北路行军都统，将兵击幽州。击刘仁恭也。

7 庚寅，唐昭宣帝诏薛贻矩再诣大梁谕禅位之意，又诏礼部尚书苏循赍百官笺诣大梁。

8 镇海、镇东节度使吴王钱镠遣其子传璙、传瓘讨卢佶于温州。璙，力小翻，又力吊翻。佶，其吉翻。

9 甲辰，唐昭宣帝降御札禅位于梁。考异曰：实录、薛居正五代史、唐馀录皆云四月，唐帝御札敕宰臣张文蔚等备法驾奉迎梁朝，而无日。五代通录云四月丁未。丁未，四月一日也。旧唐书云三月甲辰。甲辰，三月二十七日也。唐年补录：三月二十七日甲子降此御札，四月戊辰朱全忠即位。尤为差误。按此年三月戊寅朔，四月丁未朔。今从旧唐书。以摄中书令张文蔚为册礼使，礼部尚书苏循副之；册礼使，奉传禅册宝，押金吾仗卫、太常卤簿等。摄侍中杨涉为押传国宝使，唐有传国八宝。武后恶玺字，改为宝，其受命传国八宝并改雕宝字。翰林学士张策副之；御史大夫薛贻矩为押金宝使，唐六典曰：天子八宝，其用以玉，其封以泥。皇后及太子之信曰宝，其用以金。尚书左丞赵光逢副之；帅百官备法驾诣大梁。唐六典：大驾备五辂，五辂皆有副车；又有指南车、记里鼓车、白鹭车、鸾旗车、辟恶车、皮轩车、耕根车、安车、四望车、羊车、黄钺车、豹尾车，属车一十有二。若法驾则减五副辂，白鹭、辟恶、安车、四望车，四分属车之一。帅，读曰率。

杨涉子直史馆凝式贞观三年，置史馆于门下省，以他官兼领，或卑位有才者亦以直馆称，以宰相莅修撰。天宝后，他官兼史职者曰史馆修撰，初入为直馆。元和元年，宰臣裴垍建议，登朝领史职者为修撰，以官高人判馆事，未登朝者为直馆。言于涉曰："大人为唐宰相，而国家至比，不可谓之无过。况手持天子玺绶与人，虽保富贵，奈千载何！盍辞之！"玺，斯氏翻。绶，音受。载，子亥翻。考异曰：陶岳五代史补曰："凝式恐事泄，即日佯狂，时谓之'风子'。"按周世宗实录凝式本传，仕梁未尝有疾；唐同光初知制诰，始以心疾罢。明宗时及清泰帝末，俱以心恙罢官。天福初致仕在洛，有"风子"之号。非梁初佯狂也。今不取。涉大骇曰："汝灭吾族！"神色为之不宁者数日。杨涉之相也，知必为凝式之累；今乃骇凝式之言，何邪？为，于伪翻。

策，敦煌人。敦，徒门翻。光逢，隐之子也。赵隐见二百五十二卷懿宗咸通之十三年。

10 卢龙节度使刘仁恭，骄侈贪暴，常虑幽州城不固，筑馆于大安山，薛史：幽州西有名山曰大安山。曰："此山四面悬绝，可以少制众。"其栋宇壮丽，拟于帝者。选美女实其中。与方士炼丹药，求不死。悉敛境内钱，瘗于山颠；令民间用堇泥为钱。瘗，于计翻。堇，几隐翻。堇泥，黏土也。又禁江南茶商无得入境，自采山中草木为茶，鬻之。

仁恭有爱妾罗氏，其子守光通焉。仁恭杖守光而斥之，不以为子数。不齿之于诸子之列。李思安引兵入其境，所过焚荡无馀。夏，四月，己酉，直抵幽州城下。仁恭犹在大安山，城中无备，几至不守。几，居依翻。守光自外引兵入，登城拒守；又出兵与思安战，思安败退。守光遂自称节度使，令部将李小喜、元行钦将兵攻大安山。仁恭遣兵拒战，为小喜所败。败，补迈翻。虏仁恭以归，囚于别室。仁恭将佐及左右，凡守光素所恶者皆杀之。恶，乌路翻。

银胡簶都指挥使王思同帅部兵三千，簶，卢谷翻。胡簶，箭室也。帅，读曰率。山后八军巡检使李承约帅部兵二千卢龙以妫、檀、新、武四州为山后。奔河东；奔李克用。守光弟守奇奔契丹，未几，亦奔河东。几，居岂翻。为刘守奇引河东兵伐燕张本。河东节度使晋王克用以承约为匡霸指挥使，思同为飞腾指挥使。思同母，仁恭之女也。匡霸、飞腾，皆晋王所置军都之号。

11 梁【章：十二行本"梁"上有"庚戌"二字；乙十一行本同；退斋校同。】王始御金祥殿，王溥五代会要：梁受禅都大梁，改正衙殿为崇元殿，东殿为玄德殿，内殿为金祥殿，万岁堂为万岁殿，门如殿名。薛史曰：梁自谓以金德王，又以福建上献鹦鹉，诸州相继上白乌、白兔洎白莲之合蒂者，以为金行应运之兆，故名殿曰金祥。受百官称臣，此梁所自置百官也。下书称教令，自称曰寡人。辛亥，令诸笺、表、簿、籍皆去唐年号，但称月、日。去，羌吕翻。丙辰，张文蔚等至大梁。

12 卢佶闻钱传璙等将至，将水军拒之于青澳。青澳在温州东北海中，俗谓之青澳门。由青澳门而进舟则入温州，其外则大洋也。澳，乌到翻。海之隈厓曰澳。钱传瓘曰："佶之精兵尽在于此，不可与战。"乃自安固舍舟，间道袭温州。安固，后汉之章安也。间，古苋翻。戊午，温州溃，擒佶斩之。天佑二年，卢佶陷温州，至是败亡。吴王镠以都监使吴璋为温州制置使，监，古衔翻。命传璙等移兵讨卢约于处州。

13 壬戌，梁王更名晃。更，工衡翻。薛史曰：时将受禅，下教以本名二字异帝王之称，故改名。王兄全昱闻王将即帝位，谓王曰："朱三，尔可作天子乎！"

甲子，张文蔚、杨涉乘辂自上源驿从册宝，诸司各备仪卫卤簿前导，百官从其后，此唐之百官。从，才用翻。至金祥殿前陈之。王被衮冕，被，皮义翻。即皇帝位。张文蔚、苏循奉册升殿进读，杨涉、张策、薛贻矩、赵光逢以次奉宝升殿，读已，已者，毕也。降，帅百官舞蹈称贺。帅，读曰率。帝遂与文蔚等宴于玄德殿。帝举酒曰："朕辅政未久，此皆诸公推戴之力。"文蔚等惭惧，俯伏不能对，独苏循、薛贻矩及刑部尚书张祎祎，许韦翻。盛称帝功德宜应天顺人。

帝复与宗戚饮博于宫中，宗，同姓也；戚，异姓之亲也。复，扶又翻。酒酣，朱全昱忽以投琼击盆中迸散，鲍宏博经曰：楚辞琨蔽象棋有六博。琨蔽，玉箸也，各投六箸，行六棋，故云六博。用十二棋，六棋白，六棋黑，所掷头谓之琼。琼有五采，刻为一画者谓之塞，刻为两画者谓之白，刻为三画者谓之黑。不刻者，五塞之间，谓之五塞。据欧史，此所谓投琼，即骰子也。迸，北孟翻。考异曰：王仁裕玉堂闲话曰："骰子数匝，广王全昱忽驻不掷，顾而白梁祖，再呼'朱三'，梁祖动容。广王曰：'你爱他尔许大官职，久远家族得安否？'于是大怒，掷戏具于阶下，抵其盆而碎之，喑呜眦睚，数日不止。"今从王禹偁五代史阙文。睨帝曰："朱三，汝本砀山一民也，从黄巢为盗，天子用汝为四镇节度使，梁王始兼四镇，见二百六十二卷唐昭宗天复元年。富贵极矣，奈何一旦灭唐家三百年社稷，唐武德元年受禅，岁在著雍摄提格，禅位于梁，岁在强圉单阏，享国二百九十年。自称帝王！行当族灭，奚以博为！"帝不怿而罢。

乙丑，命有司告天地、宗庙、社稷。丁卯，遣使宣谕州、镇。皆言受禅于唐也。戊辰，大赦，考异曰：梁实录、编遗录、薛史、唐馀录皆不云大赦；今从欧阳史。改元，改元开平。国号大梁。奉唐昭宣帝为济阴王，曹州济阴郡。济，子礼翻。皆如前代故事；唐中外旧臣官爵并如故。以汴州为开封府，命曰东都；以故东都为西都；废故西京，以京兆府为大安府，置佑国军于大安府。唐以长安为西京，洛阳为东京。今梁都大梁，在洛阳之东，故以洛阳为西都，大梁为东都，而以长安为大安府。更名魏博曰天雄军。通鉴二百六十四卷昭宗天佑元年四月，已书"更命魏博曰天雄军"，盖亦出朱全忠之意，此复出也，但未知更军额的在何年。更，工衡翻。迁济阴王于曹州，之以棘，用左传语。栫，在甸翻，围也。使甲士守之。

14 辛未，以武安节度使马殷为楚王。马殷不由郡王，径封国王，即位之初特恩也。

15 以宣武掌书记、太府卿敬翔知崇政院事，梁崇政院即唐枢密院之职，后遂废枢密院入崇政院。以备顾问，参谋议，于禁中承上旨，宣于宰相而行之。宰相非进对时有所奏请及已受旨应复请者，皆具记事因崇政院以闻，得旨则复宣于宰相。翔为人沈深沈，持林翻。有智略，在幕府三十馀年，僖宗光启间，敬翔入汴幕，至此时二十年，史误以“二十”为“三十”耳。军谋、民政，帝一以委之。翔尽心勤劳，昼夜不寐，自言惟马上乃得休息。帝性暴戾难近，近，其靳翻。人莫能测，惟翔能识其意趣。或有所不可，翔未尝显言，但微示持疑；帝意已悟，多为之改易。为，于伪翻。禅代之际，翔谋居多。

16 追尊皇高祖考、妣以来皆为帝、后；五代会要：梁以舜臣朱虎为始祖，四十二代至黯，追尊肃祖宣元皇帝，妃范氏谥宣僖皇后；黯子茂琳谥敬祖光献皇帝，妃杨氏谥孝皇后；茂琳子信谥宪祖昭武皇帝，妃刘氏谥昭懿皇后。信子诚。皇考诚为烈祖文穆皇帝，妣王氏为文惠皇后。

17 初，帝为四镇节度使，凡仓库之籍，置建昌院以领之；至是，以养子宣武节度副使友文为开封尹、判院事，掌凡国之金谷。友文本康氏子也。

18 乙亥，下制削夺李克用官爵。李克用称唐官，用唐年号，岂梁得而削夺之哉！史姑书梁之初政耳。是时惟河东、凤翔、淮南称“天佑”，西川称“天复”年号；天复四年，梁王劫唐昭宗迁洛，改元曰天佑。河东、西川谓劫天子迁都者梁也，天佑非唐号，不可称，乃称天复五年。是岁梁灭唐，河东称天佑四年，西川仍称天复。馀皆禀梁正朔，称臣奉贡。

蜀王与弘农王移檄诸道，淮南杨渥爵弘农王。云欲与岐王、晋王会兵兴复唐室，卒无应者。卒，子恤翻。蜀王乃谋称帝，下教谕统内吏民；又遗晋王书云：遗，唯季翻。“请各帝一方，俟朱温既平，乃访唐宗室立之，退归藩服。”晋王复书不许，曰：“誓于此生靡敢失节。”史言李克用虽出于夷狄而终身为唐臣，亦天性之忠纯也。

唐末之诛宦官也，诏书至河东，晋王匿监军张承业于斛律寺，斩罪人以应诏。见二百六十四卷唐昭宗天复三年。斛律寺，盖高齐建霸府于晋阳，斛律氏贵盛时所立。至是，复以为监军，待之加厚，承业亦为之竭力。为，于伪翻。

岐王治军甚宽，待士卒简易。治，直之翻。易，以豉翻。有告部将符昭反者，岐王直诣其家，悉去左右，熟寝经宿而还；还，从宣翻。由是众心悦服；然御军无纪律。及闻唐亡，以兵羸地蹙，羸，伦为翻。不敢称帝，但开岐王府，置百官，名其所居为宫殿，妻称皇后，李茂贞自为岐王，而妻称皇后，妻之贵逾于其夫矣。卒伍之雄，乘时窃号，私立名字以相署置，岂可与之言礼乎哉！将吏上书称笺表，鞭、扇、号令多拟帝者。鞭，鸣鞭；扇，雉尾扇也。唐制：天子视朝，从禁中出则鸣鞭传警；既出西序门索扇，扇合，天子升御座；扇开，百官毕朝。

镇海节度判官罗隐说吴王镠举兵讨梁，说，式芮翻。曰：“纵无成功，犹可退保杭、越，自为东帝；奈何交臂事贼，为终古之羞乎！”镠始以隐为不遇于唐，必有怨心，及闻其言，虽不能用，心甚义之。

19 五月，丁丑朔，以御史大夫薛贻矩为中书侍郎、同平章事。

20 加武顺节度使赵王王镕守太师，天雄节度使邺王罗绍威守太傅，义武节度使王处直兼侍中。

21 契丹遣其臣袍笏梅老来通好，好，呼到翻。帝遣太府少卿高颀报之。颀，渠希翻。

初，契丹有八部，欧阳修曰：契丹君长曰大贺氏，后分为八部：一曰但利皆部，二曰乙室活部，三曰实活部，四曰纳尾部，五曰频没部，六曰内会鸡部，七曰集解部，八曰奚嗢部。部之长号大人。路振九国志：契丹，古匈奴之种也。代居辽泽之中，潢水南岸，南距榆关一千一百里，榆关南距幽州七百里。考异曰：苏逢吉汉高祖实录曰："契丹本姓大贺氏，后分八族：一曰利皆邸，二曰乙失活邸，三曰实活邸，四曰纳尾邸，五曰频没邸，六曰内会鸡邸，七曰集解邸，八曰奚嗢邸。管县四十一，县有令。八族之长，皆号大人，称刺史，常推一人为王，建旗鼓以尊之。每三年，第其名以相代。"庄宗列传曰："咸通末，其王曰习尔，疆土稍大，累来朝贡。光启中，其王曰钦德，乘中原多故，北边无备，遂蚕食诸部，达靼、奚、室韦之属，咸被驱役。"汉高祖实录、唐馀录皆曰："僖、昭之际，其王邪律阿保机怙强恃勇，距诸族不受代，自号天皇王。后诸族邀之，请用旧制。保机不得已，传旗鼓，且曰：'我为长九年，所得汉人颇众，欲以古汉城领本族，率汉人守之，自为一部。'诸族诺之。俄设策复并诸族，僭称皇帝，土地日广。大顺中，后唐武皇遣使与之连和，大会于云州东城，延之帐中，约为昆弟。"庄宗列传又曰："及钦德政衰，阿保机族盛，自称国王。天佑二年，大寇我云中。太祖遣使连和，因与之面会于云州东城，延入帐中，约为兄弟，谓曰：'唐室为贼臣所篡，吾以今冬大举，弟助我精骑二万，同收汴、洛。'保机许诺。保机既还，钦德以国事传之。"贾纬备史云："武皇会保机故云州城，结以兄弟之好。时列兵相去五里，使人马上持杯往来，以展酬酢之礼。保机喜，谓武皇曰：'我蕃中酋长，旧法三年则罢，若他日见公，复相礼否？'武皇曰：'我受朝命镇太原，亦有迁移之制，但不受代则可，何忧罢乎！'保机由此用其教，不受诸族之代。"赵志忠虏庭杂纪云："太祖讳亿，番名阿保谨，又讳斡里。太祖生而智，八部落主爱其雄勇，遂退其旧主阿辇氏归本部，立太祖为王。"又云："凡立王，则众部酋长皆集会议，其有德行功业者立之。或灾害不生，群牧孳盛，人民安堵，则王更不替代；苟不然，其诸酋长会众部别选一名为王；故王以番法，亦甘心退焉，不为众所害。"又曰："有韩知古、韩颖、康枚、王奏事、王郁，皆中国人，共劝太祖不受代。"新唐书载契丹八部名与汉高祖实录所载八部名多不同，盖年祀相远，虏语不常耳，其实一也。阿保机云"我为长九年"，则其在国不受代久矣，非因武皇之教也。今从汉高祖实录。又唐馀录前云"乾宁中，刘仁恭镇幽州，保机入寇，仁恭擒其妻兄述律阿钵，由此十馀年不能犯塞"，下乃云"大顺中与武皇会于云中"，按大顺在乾宁前，乾宁二年仁恭方为幽州节度，大顺中末也。又武皇谓曰："唐室为贼臣所篡，吾以今冬大举。"此非大顺中事，唐馀录误也。又编遗录："开平二年五月，契丹王阿保机及前国王钦德贡方物。"然则于时七部犹在也。部各有大人，相与约，推一人为王，建旗鼓以号令诸部，每三年则以次相代。咸通末，有习尔者为王，土宇始大。其后钦德为王，乘中原多故，时入盗边。及阿保机为王，尤雄勇，五姓奚五姓奚，一阿会部，二处和部，三奥失部，四度稽部，五元俟折部，各有辱纥主为之酋领。欧阳修曰：奚当唐末居阴凉川，在营府之西，幽州之西北，皆数百里，分为五部：一曰阿荟部，二曰啜米部，三曰粤质部，四曰怒皆部，五曰黑讫支部。后徙居幽州之东北数百里。宋白曰：奚居阴凉川，东去营府五百里，西南去幽州九百里，东南接海，山川三千里。后徙居琵琶川。及七姓室韦、室韦本有二十馀部，其近契丹者七姓。达靼咸役属之。阿保机姓邪律氏，欧史四夷附录曰：阿保机以其所居横帐地名为姓，曰世里。世里，译者谓之邪律。恃其强，不肯受代。久之，阿保机击黄头室韦还，七部动之于境上，求如约。如三年一代之约。阿保机不得已，传旗鼓，且曰："我为王九年，得汉人多，请帅种落帅，读曰率。种，章勇翻。居古汉城，与汉人守之，别自为一部。"七部许之。汉城，故后魏滑盐县也。汉志，滑盐县属渔阳郡。后汉明帝改曰盐田。水经注：大榆河自密云城南东南流，径后魏安州旧渔阳郡之滑盐县南。滑盐，世谓之斛盐城，西北去御夷镇二百里。欧阳修曰：汉城在炭山东南栾河上。宋白曰：契丹居辽泽之中，潢水南岸。辽泽去渝关一千一百三十里，渝关去幽州一百七十四里。其地东南接海，东际辽河，西包冷陉，北界松陉山。东西三千里，地多松柳，泽多蒲苇。阿保机居汉城，在檀州西北五百五十里。城北有龙门山，山北有炭山，炭山西是契丹、室韦二界相连之地。其地滦河上源，西有盐泊之利，则后魏滑盐县也。地宜五谷，有盐池之利。其后阿保机稍以兵击灭七部，复并为一国。又北侵室韦、女真，女真，肃慎氏之遗种，黑水靺鞨即其地也。入辽东著籍者号熟女真，界外野处者号生女真，极边远者号黄头女真。西取突厥故地，击奚，灭之，复立奚王而使契丹监其兵。监，古衔翻。东北诸夷皆畏服之。

是岁，阿保机帅众三十万寇云州，晋王与之连和，面会东城，约为兄弟，延之帐中，纵酒，握手尽欢，约以今冬共击梁。考异曰：唐太祖纪年录："太祖以阿保机族党稍盛，召之。天佑二年五月，阿保机领其部族三十万至云州东城，帐中言事，握手甚欢，约为兄弟，旬日而去。留男骨都舍利、首领沮禀梅为质，约冬初大举渡河反正，会昭宗遇盗而止。"欧阳史曰："梁将篡唐，晋王李克用使人聘于契丹，阿保机以兵三十万会克用于云州东城，握手约为兄弟，期共举兵击梁。"按云州之会，庄宗列传、薛史皆在天佑四年，而纪年录独在天佑二年；又云"约今年冬同收汴、洛，会昭宗遇盗而止"。如此则应在天佑元年昭宗崩已前，不应在二年也。且昭宗遇盗则尤宜兴兵讨之，何故止也！按武皇云"唐室为贼臣所篡"，此乃四年语也；其冬武皇寝疾，盖以此不果出兵耳。今从之。或劝晋王："因其来，可擒也，"王曰："雠敌未灭而失信夷狄，自亡之道也。"阿保机留旬日乃去，晋王赠以金缯数万。阿保机留马三千匹，杂畜万计以酬之。阿保机归而背盟，更附于梁，缯，慈陵翻。畜，许救翻。背，蒲妹翻。更，工衡翻。遣使通好，是附梁也。晋王由是恨之。通鉴于唐纪书"李克用"，君臣之分也；于梁纪书"晋王"，敌国之体也。吴、蜀义例同。

22 己卯，以河南尹兼河阳节度使张全义为魏王；镇海、镇东节度使吴王钱镠为吴越王；加清海节度使刘隐、威武节度王审知兼侍中，"威武节度"之下当有"使"字。仍以隐为大彭王。自宋武帝以彭城之裔兴于江南，后多以彭城之刘为名族。刘隐封大彭王，意盖取此。

癸未，以权知荆南留后高季昌为节度使。荆南旧统八州，荆、归、硖、夔、忠、万、澧、朗，共八州。乾符以来，寇乱相继，诸州皆为邻道所据，独馀江陵。季昌到官，城邑残毁，户口凋耗。季昌安集流散，民皆复业。

23 乙酉，立兄全昱为广王，子友文为博王，友珪为郢王，友璋为福王，友贞为均王，友雍为贺王，友徽为建王。友文以养子居诸子之上，友珪弑逆，祸胎于此。

24 辛卯，以东都旧第为建昌宫，改判建昌院事为建昌宫使。薛史曰：初，帝创业之时，以四镇兵马仓库籍繁总，因置建昌院以领之，至是改为宫，盖重其事也。宋白曰：是年中书门下奏改判建昌院事为建昌宫使，仍请在京上旧邸为建昌宫。

25 壬辰，命保平节度使康怀贞将兵八万会魏博兵攻潞州。攻晋将李嗣昭也。

26 甲午，诏废枢密院，其职事皆入于崇政院，以知院事敬翔为院使。考异曰：实录："四月辛未，以翔知崇政院事，五月甲午，诏枢密院宜改为崇政院，始命翔为院使。"盖崇政院之名先已有之，至是始并枢密院职事悉归崇政院耳。

27 礼部尚书苏循及其子起居郎楷自谓有功于梁，唐昭宣帝天佑二年苏循鼓成禅代之事，故自以为有功。当不次擢用；循朝夕望为相。帝薄其为人，旧唐书帝纪：昭宣帝天佑二年，苏楷上议驳昭宗谥。全忠雄猜鉴物，自楷驳谥后深鄙之，既传代之后，父子皆斥逐，不令在朝。敬翔及殿中监李振亦鄙之。翔言于帝曰："苏循，唐之鸱枭，卖国求利，不可以立于惟新之朝。"朝，直遥翻。戊戌，诏循及刑部尚书张祎等十五人并勒致仕，楷斥归田里。循父子乃之河中依朱友谦。为同光之初苏循谄唐庄宗张本。

28 卢约以处州降吴越。僖宗中和元年，卢约据处州，至是而亡。降，户江翻。

29 弘农王以鄂岳观察使刘存为西南面都招讨使，岳州刺史陈知新为岳州团练使，庐州观察使刘威为应援使，别将许玄应为监军，将水军三万以击楚。楚王马殷甚惧，静江军使杨定真贺曰："我军胜矣！"殷问其故，定真曰："夫战惧则胜，骄则败。今淮南兵直趋吾城，趋，七喻翻。是骄而轻敌也；而王有惧色，吾是以知其必胜也。"

殷命在城都指挥使秦彦晖在城都指挥使，尽统潭州在城之兵。将水军三万浮江而下，水军副指挥使黄璠帅战舰三百屯浏阳口。吴分长沙置浏阳县，隋废；景龙二年于故城复置，属潭州。九域志：县在州东北一百六十里。水经注：湘水北过汉临湘县西，浏水从县西北流注之，有浏口戍。璠，孚袁翻。浏，力周翻。六月，存等遇大雨，引兵还至越堤北，彦晖追之。存数战不利，乃遗殷书诈降。数，所角翻。遗，唯季翻。彦晖使谓殷曰："此必诈也，勿受！"存与彦晖夹水而陈，陈，读曰阵。存遥呼曰：呼，火故翻。"杀降不祥，公独不为子孙计耶！"彦晖曰："贼入吾境而不击，奚顾子孙！"鼓噪而进。存等走，黄璠自浏阳【章：十二行本"阳"下有"引兵"二字；乙十一行本同。】绝江，与彦晖合击，大破之，执存及知新，考异曰：编遗录："天佑四年四月，湖南军陈卲告捷。淮南、朗州水陆合势奔冲其境，马殷出舟师于浏阳江口大破贼党，生擒伪鄂州节度使刘存。"按薛史梁纪，马殷奏破淮寇在六月；十国纪年吴史，刘存攻楚在五月，败在六月，楚史亦然；编遗录误也。裨将死者百馀人，士卒死者以万数，获战舰八百艘。威以馀众遁归，彦晖遂拔岳州。陈知新取岳州见上卷上年。舰，户黯翻。艘，苏遭翻。殷释存、知新之缚，慰谕之。二人皆骂曰："丈夫以死报主，肯事贼乎！"遂斩之。史言刘存、陈知新忠壮。许玄应，弘农王之腹心也，常预政事，张颢、徐温因其败，收斩之。

30 楚王殷遣兵会吉州刺史彭玕攻洪州，不克。彭玕附楚见上卷唐昭宣帝天佑三年。

31 康怀贞至潞州，晋昭义节度使李嗣昭、副使李嗣弼闭城拒守。怀贞昼夜攻之，半月不克，乃筑垒穿蚰蜒堑而守之，堑，七艳翻。内外断绝。晋王以蕃、汉都指挥使周德威为行营都指挥使，周德威尽统蕃、汉之兵，河东大将也。帅马军都指挥使李嗣本、马步都虞候李存璋、先锋指挥使史建瑭、铁林都指挥使安元信、五季之世，诸镇各有都指挥使，而命官之职分有不同者，如周德威蕃、汉都指挥使，则蕃、汉之兵皆受指挥也；行营都指挥使，则行营兵皆受指挥也；铁林都指挥使安元信，则铁林军一都之指挥使耳。读史者宜各以义类求之。横冲指挥使李嗣源、骑将安金全救潞州。史言晋倾国救潞州。帅，读曰率。嗣弼，克修之子；克修，晋王之弟，见唐僖、昭纪。嗣本，本姓张；建瑭，敬思之子；史敬思见二百五十五卷唐僖宗中和四年。金全，代北人也。

32 晋兵攻泽州，攻泽州以拟康怀贞之后。帝遣左神勇军使范居实将兵救之。

33 甲寅，以平卢节度使韩建守司徒、同平章事。

34 武贞节度使雷彦恭会楚兵攻江陵，荆南节度使高季昌引兵屯公安，公安，汉孱陵县。汉末，刘备屯于此，改名公安。唐属江陵府。九域志：在府南九十里。绝其粮道；彦恭败，楚兵亦走。

35 刘守光既囚其父，事见上四月。自称卢龙留后，遣使请命。秋，七月，甲午，以守光为卢龙节度使、同平章事。

36 静海节度使曲裕卒，曲裕即曲承裕。丙申，以其子权知留后颢为节度使。考异曰：诸书不见颢于裕何亲。按薛史："六月，丙辰，裕卒，七月，丙申，以静海行营司马权知留后曲颢起复为安南都护，充节度使。"既云"起复"，知其子也。"行营"当作"行军"。

37 雷彦恭攻岳州，不克。雷彦恭既与楚攻荆南，寻又攻楚岳州，可以见其反覆矣。

38 丙【章：十二行本"丙"上有"八月"二字；乙十一行本同；孔本同；张校同。】午，赐河南尹张全义名宗奭。帝旧名全忠，故更全义名宗奭。

39 辛亥，以吴越王镠兼淮南节度使，楚王殷兼武昌节度使，各充本道招讨制置使。欲使两浙、湖南攻弘农王杨渥，先分授以杨氏所统二镇。

40 晋周德威壁于高河，高河在潞州屯留县东南。康怀贞遣亲骑都头秦武将兵击之，武败。亲骑，梁之亲兵，马军也。

丁巳，帝以亳州刺史李思安代怀贞为潞州行营都统，黜怀贞为行营都虞候。思安将河北兵西上，上党地高，在河北诸镇之西，故曰西上。上，时掌翻。至潞州城下，更筑重城，重，直龙翻。内以防奔突，外以拒援兵，谓之夹寨。调山东民馈军粮，德威日以轻骑抄之，调，徒吊翻。抄，楚交翻。思安乃自东南山口筑甬道，属于夹寨。属，之欲翻。德威与诸将互往攻之，排墙填堑，一昼夜间数十发，梁兵疲于奔命。夹寨中出刍牧者，德威辄抄之，于是梁兵闭壁不出。

41 九月，雷彦恭攻涔阳、公安，九域志：江陵府公安县有涔阳镇。涔，锄针翻。高季昌击败之。败，补迈翻。彦恭贪残类其父，雷彦恭，满之子也。专以焚掠为事，荆、湖间常被其患；被，皮义翻。又附于淮南。丙申，诏削彦恭官爵，命季昌与楚王殷讨之。

42 蜀王会将佐议称帝，皆曰："大王虽忠于唐，唐已亡矣，此所谓'天与不取'者也！"冯涓独献议请以蜀王称制，曰："朝兴则未爽称臣，朝，直遥翻。爽，乖也。言若唐朝复兴，则为臣之节未乖也。贼在则不同为恶。"王不从，涓杜门不出。冯涓，冯宿之孙，于唐室既亡之后，义存故主，视韦庄、张格辈有间矣。王用安抚副使、掌书记韦庄之谋，帅吏民哭三日；帅，读曰率。己亥，即皇帝位，王建字光图，许州舞阳人。考异曰：庄宗列传："太祖厌代，建自帝于成都，年号武成。"薛史、唐馀录："天佑五年九月，建自帝于成都，年号武成。"九国志："此年七月即皇帝位，明年改元。"宋庠纪年通谱："天佑四年秋称帝，次年改元。"欧阳史、十国纪年："天复七年九月即位，明年改元。"今从之。国号大蜀。辛丑，以前东川节度使兼侍中王宗佶为中书令，韦庄为左散骑常侍、判中书门下事，阆州防御使唐道袭为内枢密使。庄，见素之孙也。韦见素，天宝之末为相。

蜀主虽目不知书，好与书生谈论，好，呼到翻。粗晓其理。粗，坐五翻。是时唐衣冠之族多避乱在蜀，蜀主礼而用之，使修举故事，故其典章文物有唐之遗风。史言蜀主起于卒伍而能亲用儒生。

蜀主长子校书郎宗仁幼以疾废，立其次子秘书少监宗懿为遂王。

43 冬，十月，高季昌遣其将倪可福会楚将秦彦晖攻朗州，雷彦恭遣使乞降于淮南，且告急。弘农王遣将泠业将水军屯平江，泠，卢经翻，姓也。平江县本汉罗县地，后汉分立汉昌县，孙吴立汉昌郡，后又为吴昌县，隋省。唐神龙元年分湘阴置昌江县，属岳州，五代改曰平江。盖后唐既灭梁，楚人为之避庙讳昌字也。九域志：平江县在岳州东南二百五十七里。李饶将步骑屯浏阳以救之，楚王殷遣岳州刺史许德勋将兵拒之。泠业进屯朗口，朗水西南自辰、锦州入朗州界，经州城入大江，谓之朗口。德勋使善游者五十人，以木枝叶覆其首，覆，扶又翻。持长刀浮江而下，夜犯其营，且举火，业军中惊扰。德勋以大军进击，大破之，追至鹿角镇，擒业；又破浏阳寨，擒李饶；掠上高、唐年而归。唐天宝二年开山洞，置唐年县，属鄂州。斩业、饶于长沙市。

44 十一月，甲申，夹马指挥使尹皓攻晋江猪岭寨，拔之。梁西都有夹马营。江猪岭在潞州长子县西，由北路达雕窠岭。

45 义昌节度使刘守文闻其弟守光幽其父，集将吏大哭曰："不意吾家生此枭獍！枭，坚尧翻，不孝鸟也，食母；獍，卖如镜。破獍，恶兽也，食父。吾生不如死，誓与诸君讨之！"乃发兵击守光，互有胜负。

天雄节度使邺王绍威谓其下曰："守光以窘急归国，窘，巨陨翻。谓上七月刘守光遣使请命也。守文孤立无援，沧州可不战服也。"乃遗守文书，遗，唯季翻。谕以祸福。守文亦恐梁乘虚袭其后，戊子，遣使请降，以子延佑为质。帝拊手曰："绍威折简，胜十万兵！"质，音致。折，之舌翻。加守文中书令，抚纳之。

46 初，帝在藩镇，用法严，将校有战没者，所部兵悉斩之，谓之跋队斩，将，即亮翻。校，户教翻。跋，卜末翻，又蒲末翻。士卒失主将者，多亡逸不敢归。帝乃命凡军士皆文其面以记军号。军士或思乡里逃去，关津辄执之关，往来必由之要处；津，济度必由之要处。送所属，无不死者，其乡里亦不敢容。由是亡者皆聚山泽为盗，大为州县之患。壬寅，诏赦其罪，自今虽文面亦听还乡里。盗减什七八。

47 淮南右都押牙米志诚等将兵渡淮袭颍州，克其外郭。刺史张实据子城拒守。

48 晋王命李存璋攻晋州，以分上党兵势。十二月，壬戌，诏河中、陕州发兵救之。陕，失冉翻。

49 甲子，诏发步骑五千救颍州，米志诚等引去。

50 丁卯，晋兵寇洺州。此救潞州之游兵也。

51 淮南兵攻信州，刺史危仔倡求救于吴越。危全讽以仔倡守信州之地。仔，子之翻。倡，音昌，又尺亮翻。

二年(戊辰、九〇八)

1 春，正月，癸酉朔，蜀主登兴义楼。有僧抉一目以献，蜀主命饭僧万人以报之。抉，于决翻。饭，扶晚翻。翰林学士张格曰："小人无故自残，赦其罪已幸矣，不宜复崇奖以败风俗。"复，扶又翻。败，补迈翻。蜀主乃止。

2 丁丑，蜀以韦庄为门下侍郎、同平章事。

3 辛巳，蜀主祀南郊；壬午，大赦，改元武成。

4 晋王疽发于首，病笃。周德威等退屯乱柳。乱柳在潞州屯留县界。晋王命其弟内外蕃汉都知兵马使·振武节度使克宁、监军张承业、大将李存璋、吴珙、珙，居勇翻。掌书记卢质立其子晋州刺史存勖为嗣，考异曰：五代史阙文："世传武皇临薨，以三矢付庄宗曰：'一矢讨刘仁恭，汝不先下幽州，河南未可图也。一矢击契丹，且曰阿保机与吾把臂而盟，结为兄弟，誓复唐家社稷，今背约附梁，汝必伐之。一矢灭朱温。汝能成善志，死无恨矣！'庄宗藏三矢于武皇庙庭。及讨刘仁恭，命幕吏以少牢告庙，请一矢，盛以锦囊，使亲将负之以为前驱。凯旋之日，随俘馘纳矢于太庙。伐契丹，灭朱氏，亦如之。"按薛史契丹传："庄宗初嗣位亦遣使告哀，赂以金缯，求骑军以救潞州。契丹答其使曰：'我与先王为兄弟，儿即吾儿也，宁有父不助子邪！'许出师，会潞平而止。"广本："刘守光为守文所攻，屡求救于晋，晋王遣将部兵五千救之。"然则于时庄宗未与契丹及守光为仇也。此盖后人因庄宗成功，撰此事以夸其英武耳。余按晋王实怨燕与契丹，垂没以属庄宗，容有此理。庄宗之告哀于阿保机与遣兵救刘守光，此兵法所谓"将欲取之、必固与之"也，其心岂忘父之治命哉！观后来之事可见已。曰："此子志气远大，必能成吾事，尔曹善教导之！"辛卯，晋王谓存勖曰："嗣昭厄于重围，谓李嗣昭为梁兵围于潞州也。重，直龙翻。吾不及见矣。俟葬毕，汝与德威辈速竭力救之！"又谓克宁等曰："以亚子累汝！"累，良瑞翻。亚子，存勖小名也。言终而卒。年五十三。克宁纲纪军府，中外无敢喧哗。

克宁久总兵柄，有次立之势，兄死弟及，以长幼之次，有自立之势。时上党围未解，军中以存勖年少，多窃议者，人情恟恟。少，诗照翻。恟，许勇翻。存勖惧，以位让克宁。克宁曰："汝冢嗣也，且有先王之命，谁敢违之！"将吏欲谒见存勖，见，贤遍翻。存勖方哀哭未出。张承业入谓存勖曰："大孝在不坠基业，多哭何为！"因扶存勖出，袭位为河东节度使、晋王。张承业之扶李存勖出嗣位，犹张昭之于孙权也。李克宁首帅诸将拜贺，帅，读曰率。王悉以军府事委之。

以李存璋为河东军城使、马步都虞候。先王之时，多宠借胡人及军士，侵扰市肆，先王，谓李克用。存璋既领职，执其尤暴横者戮之，横，户孟翻。旬月间城中肃然。

5 吴越王镠遣兵攻淮南甘露镇，以救信州。牵制淮南之兵，使之不得急攻危仔倡。

6 蜀中书令王宗佶，于诸假子为最长，王宗佶本姓甘，王建为忠武军卒，掠得之，养以为子；及长为将，数有功。长，知两翻。且恃其功，专权骄恣。唐道袭已为枢密使，宗佶犹以名呼之；道袭心衔之而事之逾谨。宗佶多树党友，蜀主亦恶之。恶，乌路翻。二月，甲辰，以宗佶为太师，罢政事。为王宗佶见杀张本。

7 蜀以户部侍郎张格为中书侍郎、同平章事。格为相，多迎合主意；有胜己者，必以计排去之。去，羌吕翻。为张格乱蜀张本。

8 初，晋王克用多养军中壮士为子，宠遇如真子。及晋王存勖立，诸假子皆年长握兵，心怏怏不伏，长，知两翻。怏，于两翻。或托疾不出，或见新王不拜。李克宁权位既重，人情多向之。假子李存颢阴说克宁曰：说，式芮翻；下同。“兄终弟及，自古有之。殷人之制，兄终弟及。自周以来，父子相继，未有能易之者也。李存颢以殷制动克宁耳。以叔拜侄，于理安乎！天与不取，后悔无及！”克宁曰：“吾家世以慈孝闻天下，闻，音问。先王之业苟有所归，吾复何求！复，扶又翻。汝勿妄言，我且斩汝！”克宁妻孟氏，素刚悍，悍，下罕翻，又侯旰翻。诸假子各遣其妻入说孟氏，李克用义儿百馀人必不尽然，独存颢等为此耳。史概言之曰诸假子。孟氏以为然，且虑语泄及祸，数以迫克宁。克宁性怯，朝夕惑于众言，心不能无动；又与张承业、李存璋相失，数诮让之；数，所角翻。诮，才笑翻。又因事擅杀都虞候李存质；又求领大同节度使，以蔚、朔、应州为巡属。唐末置应州，领金城、混〔浑〕源二县。蔚，纡勿翻。晋王皆听之。

李存颢等为克宁谋，因晋王过其第，为，于伪翻。过，音戈。杀承业、存璋，奉克宁为节度使，举河东九州附于梁，河东领并、辽、沁、汾、石、忻、代、岚、宪九州。执晋王及太夫人曹氏送大梁。太原人史敬镕，少事晋王克用，居帐下，见亲信，少，诗照翻。克宁欲知府中阴事，召敬镕，密以谋告之。敬镕阳许之，入告太夫人，太夫人大骇，召张承业，指晋王谓之曰："先王把此儿臂授公等，如闻外间谋欲负之，但置吾母子有地，勿送大梁，自他不以累公。"累，力瑞翻。承业惶恐曰："老奴以死奉先王之命，此何言也！"晋王以克宁之谋告，且曰："至亲不可自相鱼肉，吾苟避位，则乱不作矣。"承业曰："克宁欲投大王母子于虎口，不除之岂有全理！"乃召李存璋、吴珙及假子李存敬、长直军使朱守殷，使阴为之备。壬戌，置酒会诸将于府舍，伏甲执克宁、存颢于座。晋王流涕数之曰：数，所具翻。"儿向以军府让叔父，叔父不取。今事已定，奈何复为此谋，复，扶又翻；下同。忍以吾母子遗仇雠乎！"遗，唯季翻。仇雠，谓梁也。克宁曰："此皆谗人交构，夫复何言！"是日，杀克宁及存颢。李克宁之奉存勖，初焉非不忠顺，其后外摇于谗口，内溺于悍妻，以至变节而杀其身。地亲而属尊者，居主少国疑之时，可不戒哉！

9 癸亥，鸩杀济阴王于曹州，追谥曰唐哀皇帝。年十七，葬于济阴县之定陶乡。济，子礼翻。

10 甲子，蜀兵入归州，归州，荆南巡属。不地曰入，言入之而不能有其地。执刺史张瑭。

11 辛未，以韩建为侍中，兼建昌宫使。

12 李思安等攻潞州，久不下，士卒疲弊，多逃亡。晋兵犹屯余吾寨，前汉书地理志，上党郡有余吾县。章怀太子贤曰：余吾故城在潞州屯留县西北。帝疑晋王克用诈死，欲召兵还，恐晋人蹑之，乃议自至泽州应接归师，且召匡国节度使刘知俊将兵趣泽州。趣，七喻翻。三月，壬申朔，帝发大梁；丁丑，次泽州。辛巳，刘知俊至。壬午，以知俊为潞州行营招讨使。

13 癸巳，门下侍郎、同平章事张文蔚卒。蔚，纡勿翻。

14 帝以李思安久无功，亡将校四十馀人，士卒以万计，更闭壁自守，遣使召诣行在。甲午，削思安官爵，勒归本贯充役；充役，使充齐民之役。斩监押杨敏贞。

晋李嗣昭固守逾年，前年十二月，李嗣昭入潞州，去年五月康怀贞始攻之；至夹寨破则是年五月也。城中资用将竭，嗣昭登城宴诸将作乐。流矢中嗣昭足，矢中，竹仲翻。嗣昭密拔之，座中皆不觉。李嗣昭登城宴乐，示敌以馀暇也；中矢而密拔之，所以安众也。帝数遣使赐嗣昭诏，谕降之；数，所角翻。嗣昭焚诏书，斩使者。

帝留泽州旬馀，欲召上党兵还，遣使就与诸将议之。诸将以为李克用死，馀吾兵且退，上党孤城无援，请更留旬月以俟之。夹寨之败，正坐此也。帝从之，命增运刍粮以馈其军。刘知俊将精兵万馀人击晋军，斩获甚众，刘知俊之小捷，所以骄梁兵而歼之也。天之厌梁，于此可见。表请自留攻上党，车驾宜还京师。帝以关中空虚，虑岐人侵同华，岐人，谓李茂贞之兵。命知俊休兵长子旬日，退屯晋州，俟五月归镇。

15 蜀太师王宗佶既罢相，怨望，阴畜养死士，谋作乱。畜，吁玉翻。上表以为："臣官预大臣，亲则长子，长，知两翻。国家之事，休戚是同。今储贰未定，必生厉阶。陛下若以宗懿才堪继承，宜早行册礼，以臣为元帅，兼总六军；傥以时方艰难，宗懿冲幼，臣安敢持谦不当重事！陛下既正位南面，军旅之事宜委之臣下。臣请开元帅府，铸六军印，征戍征发，臣悉专行。太子视膳于晨昏，微臣握兵于环卫，万世基业，惟陛下裁之。"蜀主怒，隐忍未发，以问唐道袭，对曰："宗佶威望，内外慑服，足以统御诸将。"蜀主益疑之。己亥，宗佶入见，见，贤遍翻。辞色悖慢；悖，蒲内翻，又蒲没翻。蜀主谕之，宗佶不退，蜀主不堪其忿，命卫士扑杀之。扑，弼角翻。以华洪之得众心，犹不免于祸，况甘佶之骄恃轻脱哉，其死宜矣。贬其党御史中丞郑骞为维州司户，卫尉少卿李钢为汶川尉，钢，古郎翻。汶川，汉绵虒地，晋置汶川县，唐属茂州。九域志，在州南一百里，玉垒山、石纽山皆在县界。汶，读曰岷。皆赐死于路。

16 初，晋王克用卒，周德威握重兵在外，国人皆疑之。晋王存勖召德威使引兵还。还，从宣翻，又如字。夏，四月，辛丑朔，德威至晋阳，留兵城外，独徒步而入，伏先王柩，哭极哀；退，谒嗣王，礼甚恭。众心由是释然。史言周德威临敌勇而事上敬。

17 癸卯，门下侍郎、同平章事杨涉罢为右仆射；以吏部侍郎于兢为中书侍郎，翰林学士承旨张策为刑部侍郎，并同平章事。兢，琮之兄子也。于琮，见唐宣纪、僖纪。

18 夹寨奏余吾晋兵已引去，帝以援兵不能复来，复，扶又翻；下同。潞州必可取，丙午，自泽州南还；壬子，至大梁。梁兵在夹寨者亦不复设备。兵不可以无备也，有备无患。今梁之为兵也，主骄于上，将惰于下，其败宜矣。晋王与诸将谋曰："上党，河东之藩蔽，无上党，是无河东也。潞州，上党郡。且朱温所惮者独先王耳，闻吾新立，以为童子未闲军旅，闲，习也。必有骄怠之心。若简精兵倍道趣之，趣，七喻翻；下同。出其不意，破之必矣。取威定霸，左传晋先轸之言。在此一举，不可失也！"张承业亦劝之行。乃遣承业及判官王缄乞师于凤翔，岐王李茂贞据凤翔。又遣使赂契丹王阿保机求骑兵。岐王衰老，兵弱财竭，竟不能应。晋王大阅士卒，以前昭义节度使丁会为都招讨使。丁会以潞州降晋，见二百六十四卷唐昭宣帝天佑三年。甲子，帅周德威等发晋阳。帅，读曰率。

19 淮南遣兵寇石首，唐武德四年分华容县置石首县，取县北石首山而名，属江陵府。九域志在府东南二百里。孙鉴曰：自安陆至竟陵，两驿皆平地，南至大江，并无丘陵之阻；渡江至石首，始有浅山。谓之竟陵，陵至此而竟；谓之石首，石至此而首也。襄州兵败之于澭港。澭，士咸翻。败，补迈翻；下同。又遣其将李厚将水军万五千趣荆南，高季昌逆战，败之于马头。荆南治江陵，在江北；南岸曰马头岸，正对沙市。

20 己巳，晋王军于黄碾，距上党四十五里。黄碾村在潞州潞城县。碾，纽善翻。五月，辛未朔，晋王伏兵三垂冈下，三垂冈在屯留县东南。诘旦大雾，诘，去吉翻。进兵直抵夹寨。梁军无斥候，不意晋兵之至，将士尚未起，军中惊扰。晋王命周德威、李嗣源分兵为二道，德威攻西北隅，嗣源攻东北隅，填堑烧寨，鼓噪而入。梁兵大溃，南走，招讨使符道昭马倒，为晋人所杀；失亡将校士卒以万计，校，户教翻。委弃资粮、器械山积。

周德威等至城下，呼李嗣昭曰："先王已薨，今王自来，破贼夹寨。贼已去矣，可开门！"嗣昭不信，曰："此必为贼所得，使来诳我耳。"欲射之。诳，居况翻。射，而亦翻。左右止之，嗣昭曰："王果来，可见乎？"王自往呼之。嗣昭见王白服，大恸几绝，气几绝也。几，居依翻。城中皆哭，遂开门。初，德威与嗣昭有隙，晋王克用临终谓晋王存勖曰："进通忠孝，吾爱之深。今不出重围，重，直龙翻。岂德威不忘旧怨邪！汝为吾以此意谕之。若潞围不解，吾死不瞑目。"为，于伪翻。瞑，莫定翻，闭目也。进通，嗣昭小名也。晋王存勖以告德威，德威感泣，由是战夹寨甚力；既与嗣昭相见，遂欢好如初。好，呼到翻。

康怀贞以百馀骑自天井关遁归。帝闻夹寨不守，大惊，既而叹曰："生子当如李亚子，克用为不亡矣！至如吾儿，豚犬耳！"诏所在安集散兵。

周德威、李存璋乘胜进趣泽州，趣，七喻翻。刺史王班素失人心，众不为用。龙虎统军牛存节自西都将兵应接夹寨溃兵，龙虎军即唐龙武军号。梁受唐禅，改"武"为"虎"。王溥五代会要曰：开平元年，四月，改左、右长直为左、右龙虎军。又梁以洛阳为西都。至天井关，谓其众曰："泽州要害地，不可失也；虽无诏旨，当救之。"众皆不欲，曰："晋人胜气方锐，且众寡不敌。"存节曰："见危不救，非义也；畏敌强而避之，非勇也。”遂举策引众而前。策，马策也。至泽州，城中人已纵火喧噪，欲应晋王，班闭牙城自守，存节至，乃定。考异曰：欧阳史云：“存节从康怀英攻潞州，为行营排陈使。晋兵已破夹城，存节以馀兵归，行至天井关，闻晋兵攻泽州而救之。”梁列传：“泽州将陷，河南尹张宗奭召龙虎统军牛存节谋之，存节帅本军及右神武、羽林等军往应接上党回师，至天井关，即引众前救泽州。”薛史亦同。按存节若自夹城遁归，则先过泽州，后至天井关，岂得已过而返救之也。今从梁列传及薛史。晋兵寻至，缘城穿地道攻之，存节昼夜拒战，凡旬有三日；刘知俊自晋州引兵救之，先是命刘知俊休兵晋州。九域志：晋州东南至泽州三百一十里。德威焚攻具，退保高平。高平，汉泫氏县地，后魏置高平县，唐属泽州。九域志：在州东北八十三里。考异曰：庄宗列传朱温传云：“李存璋进攻泽州，刺史王班弃城而去，泽、潞皆平。”今不取。

晋王归晋阳，休兵行赏，以周德威为振武节度使、同平章事。命州县举贤才，黜贪残，宽租赋，抚孤穷，伸冤滥，禁奸盗，境内大治。治，直吏翻。以河东地狭兵少，乃训练士卒，令骑兵不见敌无得乘马；部分已定，无得相逾越，及留绝以避险；分，扶问翻。逾越，谓左军不得越右军，后部不得逾前部之类。留绝，谓军行须联属，不得或留止而中绝，或避险而不整。分道并进，期会无得差晷刻。后期必斩，军法也。晷，居洧翻，日景也。期以日中，日晷过中而不至则为差；馀以类推。昼、夜分百刻。犯者必斩。故能兼山东，取河南，由士卒精整故也。

初，晋王克用平王行瑜，见二百六十卷唐昭宗乾宁二年。唐昭宗许其承制封拜。时方镇多行墨制，王耻与之同，每除吏必表闻。至是，晋王存勖始承制除吏。

晋王德张承业，德其除李克宁之难。以兄事之，每至其第，升堂拜母，赐遗甚厚。遗，唯季翻。

潞州围守历年，士民冻馁死者太半，市里萧条。李嗣昭劝课农桑，宽租缓刑，数年之间，军城完复。史究言李嗣昭镇潞之绩效。

21 静江节度使、同平章事李琼卒，李琼取静江，见二百六十二卷唐昭宗光化三年。楚王殷以其弟永州刺史存知桂州事。

22 壬申，更以许州忠武军为匡国军，同州匡国军为忠武军，陕州保义军为镇国军。更，工衡翻。陕，失冉翻。

23 乙亥，楚兵寇鄂州，淮南所署知州秦裴击破之。

24 淮南左牙指挥使张颢、右牙指挥使徐温专制军政，弘农威王心不能平，杨渥谥威王。欲去之而未能。去，羌吕翻。二人不自安，共谋弑王，分其地以臣于梁。戊寅，颢遣其党纪祥等弑王于寝室，考异曰：吴录："颢使纪祥、陈晖、黎璠、孙殷等执渥于寝室，弑之。"不言徐温，盖徐铉为温讳耳。薛史因之。而江南别录有独用左衙兵事。欧阳史云："温、颢共遣盗杀渥，约分其地以臣于梁。"按温与颢分掌牙兵，温若不同谋，颢必不敢独弑渥。今从江南别录。十国纪年："张颢欲称淮南留后，送款于梁，以淮南易蔡州节制。徐温曰：'扬州距汴州往返仅三千里，军府逾月无主必乱，不若有所立，然后图之。'"按颢称留后，则有主矣。今不取。诈云暴薨。年二十三。

己卯，颢集将吏于府庭，夹道及庭中堂上各列白刃，令诸将悉去卫从然后入。去，羌吕翻。从，才用翻。颢厉声问曰："嗣王已薨，军府谁当主之？"三问，莫应，颢气色益怒。幕僚严可求前密启曰："军府至大，四境多虞，非公主之不可；然今日则恐太速。"颢曰："何谓速也？"可求曰："刘威、陶雅、李遇、李简刘威在庐州，陶雅在歙州，李遇在宣州，李简在常州。皆先王之等夷，公今自立，此曹肯为公下乎？不若立幼主辅之，诸将孰敢不从！"颢默然久之。可求因屏左右，屏，必郢翻，又卑正翻。急书一纸置袖中，麾同列诣使宅贺，节度使所居为使宅。贺者欲贺新君。使，疏吏翻。众莫测其所为；既至，可求跪读之，乃太夫人史氏教也。按路振九国志，渥母史氏封武昌郡君，盖渥嗣位后尊为太夫人。大要言："先王创业艰难，此一段，凡言先王皆指杨行密。嗣王不幸早世，隆演次当立，诸将宜无负杨氏，善开导之。"辞旨明切。颢气色皆沮，以其义正，不敢夺，遂奉威王弟隆演称淮南留后、东面诸道行营都统。杨隆演字鸿源，行密第二子。薛史及路振九国志皆以"隆演"为"渭"。既罢，副都统朱瑾诣可求所居，曰："瑾年十六七即横戈跃马，冲犯大敌，未尝畏慑，慑，之涉翻。今日对颢，不觉流汗，公面折之如无人；折，之舌翻。乃知瑾匹夫之勇，不及公远矣。"因以兄事之。

颢以徐温为浙西观察使，镇润州。严可求说温曰：说，式芮翻；下同。"公舍牙兵而出外藩，颢必以弑君之罪归公。"温惊曰："然则奈何？"可求曰："颢刚愎而暗于事，公能见听，请为公图之。"愎，蒲逼翻。为，于伪翻。时副使李承嗣李承嗣时为淮南行军副使。参预军府之政，可求又说承嗣曰："颢凶威如此，今出徐于外，意不徒然，恐亦非公之利。"承嗣深然之。可求往见颢曰："公出徐公于外，人皆言公欲夺其兵权而杀之，多言亦可畏也。"颢曰："右牙欲之，右牙者，以官称徐温。非吾意也。业已行矣，事已成为业。奈何？"可求曰："止之易耳。"易，以豉翻。明日，可求邀颢及承嗣俱诣温，可求瞋目责温曰：瞋，昌真翻。"古人不忘一饭之恩，况公杨氏宿将！今幼嗣初立，多事之时，乃求自安于外，可乎？"温谢曰："苟诸公见容，温何敢自专！"由是不行。颢知可求阴附温，夜，遣盗刺之；刺，七亦翻。可求知不免，请为书辞府主。府主，谓隆演也。盗执刀临之，可求操笔无惧色；操，七刀翻。盗能辨字，见其辞旨忠壮，曰："公长者，长，知两翻。吾不忍杀。"掠其财以复命，曰："捕之不获。"颢怒曰："吾欲得可求首，何用财为！"

温与可求谋诛颢,可求曰:“非钟泰章不可。”泰章者,合肥人,时为左监门卫将军。考异曰:吴录作“钟章”。十国纪年作“钟泰章”,今从之。温使亲将【章:十二行本“将”下有“彭城”二字;乙十一行本同;孔本同;张校同。】翟虔告之。翟,直格翻,姓也。泰章闻之喜,密结壮士三十人,夜,刺血相饮为誓;刺,七亦翻。饮,于禁翻。丁亥旦,直入斩颢于牙堂,牙堂,左右牙指挥使治事之所。并其亲近。温始暴颢弑君之罪,暴者,发露其罪,音如字。轘纪祥等于市。轘,音患,车裂也。诣西宫白太夫人。广陵西宫,杨行密妃史夫人居之。太夫人恐惧,大泣曰:“吾儿冲幼,祸难如此,难,乃旦翻。愿保百口归庐州,公之惠也!”温曰:“张颢弑逆,不可不诛,夫人宜自安!”初,温与颢谋弑威王,温曰:“参用左、右牙兵,心必不一;不若独用吾兵。”颢不可,温曰:“然则独用公兵。”颢从之。至是,穷治逆党,皆左牙兵也,由是人以温为实不知谋也。原情定罪,徐温宜与张颢同科;而徐温得免弑君之名,遂专吴国之政,殆天启之也。治,直之翻。隆演以温为左、右牙都指挥使,军府事咸取决焉。以严可求为扬州司马。

温性沈毅,沈,持林翻。自奉简俭,虽不知书,使人读狱讼之辞而决之,皆中情理。中,竹仲翻。先是,张颢用事,先,悉荐翻。刑罚酷滥,纵亲兵剽夺市里。剽,匹妙翻。温谓严可求曰:“大事已定,吾与公辈当力行善政,使人解衣而寝耳。”乃立法度,禁强暴,举大纲,军民安之。古人有言:“盗亦有道。”然盗货者小盗也,盗国者大盗也。观徐温之盗国,斯言岂欺我哉!温以军旅委严可求,以财赋委支计官骆知祥,支计官,犹天台度支郎之任也。皆称其职,称,尺证翻。淮南谓之“严、骆”。

25 己丑,契丹王阿保机遣使随高颀入贡,高颀报使契丹见上年五月。且求册命。夷狄觇国势而为去来,彼以梁为强,则其背晋宜矣。帝复遣司农卿浑特复，扶又翻。浑特，人姓名。浑，户昆翻，又户本翻。赐以手诏，约共灭沙陀，乃行封册。

26 壬辰，夹寨诸将诣阙待罪，皆赦之。夹寨以辛未败，壬辰诸将方诣阙待罪，经二十二日。帝赏牛存节全泽州之功，以为六军马步都指挥使。

27 雷彦恭引沅江环朗州以自守，沅水径朗州城南，去城二十步。环，音宦。秦彦晖顿兵月馀不战，彦恭守备稍懈；懈，古隘翻。彦晖使裨将曹德昌帅壮士夜入自水窦，帅，读曰率。内外举火相应，城中惊乱，彦晖鼓噪坏门而入，坏，音怪。彦恭轻舟奔广陵。雷满，唐僖宗中和元年据朗州，传至彦恭而亡。考异曰：梁太祖实录云："丁酉，朗州军前奏捷，彦恭没溺于江。"今从纪年。彦晖虏其弟彦雄，送于大梁。淮南以彦恭为节度副使。先是，澧州刺史向瓌与彦恭相表里，至是亦降于楚，向瓌亦以中和元年据澧州。楚始得澧、朗二州。其后破楚者亦澧、朗之兵也。

28 蜀主遣将将兵会岐兵五万攻雍州，梁受禅，改京兆府为雍州大安府。雍，于用翻。晋张承业亦将兵应之。六月，壬寅，以刘知俊为西路行营都招讨使以拒之。

29 金吾上将军王师范家于洛阳，朱友宁之妻泣诉于帝曰："陛下化家为国，宗族皆蒙荣宠。妾夫独不幸，因王师范叛逆，死于战场；朱友宁死见二百六十四卷唐昭宗天复三年。今仇雠犹在，妾诚痛之！"帝曰："朕几忘此贼！"几，居依翻。己酉，遣使就洛阳族之。使者先凿坑于第侧，乃宣敕告之；师范盛陈宴具，与宗族列坐，谓使者曰："死者人所不免，况有罪乎！予不欲使积尸长幼无序。"酒既行，命自幼及长，引于坑中戮之，死者凡二百人。

30 丙辰，刘知俊及佑国节度使王重师大破岐兵于幕谷，幕谷，即漠谷。晋、蜀兵皆引归。

31 蜀立遂王宗懿为太子。为宗懿不终张本。

32 帝欲自将击潞州，丁卯，诏会诸道兵。

33 湖南判官高郁请听民自采茶卖于北客，收其征以赡军，楚王殷从之。秋，七月，殷奏于汴、荆、襄、唐、郢、复州置回图务，回图务，犹今之回易场也。运茶于河南、北，卖之以易缯纩、战马而归，缯，慈陵翻。纩，苦谤翻。仍岁贡茶二十五万斤，诏许之。湖南由是富赡。

34 壬申，淮南将吏请于李俨，承制授杨隆演淮南节度使、东面诸道行营都统、同平章事、弘农王。李俨承制事始二百六十三卷唐昭宗天复二年。

钟泰章赏薄，杀张颢之赏也。泰章未尝自言；后逾年，因醉与诸将争言而及之。或告徐温，以泰章怨望，请诛之，温曰："是吾过也。"擢为滁州刺史。

邓广铭标点顾颉刚聂崇岐覆校

资治通鉴卷第二百六十七

端明殿学士兼翰林侍读学士太中大夫
提举西京嵩山崇福宫上柱国河内郡开国公　司马光　奉敕编集
食邑二千六百户食实封一千户赐紫金鱼袋臣

后学天台　胡三省　音注

后梁纪二

起著雍执徐（戊辰）八月，尽重光协洽（辛未）二月，凡二年有奇。

太祖神武元圣孝皇帝中

开平二年（戊辰、九〇八）

1 八月，吴越王镠遣宁国节度使王景仁奉表诣大梁，王茂章奔两浙，见二百六十五卷唐昭宣帝天佑三年。陈取淮南之策。景仁即茂章也，避梁讳改焉。帝曾祖讳茂琳。按薛史梁纪，元年六月，司天监上言，请改月辰内“戊”字为“武”，避讳也。

淮南遣步军都指挥使周本、南面统军使吕师造击吴越，九月，围苏州。吴越将张仁保攻常州之东洲，拔之。宋白曰：通州海门县东南，隔水二百馀里，本东洲镇。淮南兵死者万馀人。淮南以池州团练使陈璋为水陆行营都招讨使，帅柴再用等诸将救东洲，帅，读曰率。大破仁保于鱼荡，复取东洲。复，扶又翻。柴再用方战舟坏，长矟浮之，仅而得济。矟，所角翻。家人为之饭僧千人，再用悉取其食以犒部兵，为，于伪翻。饭，扶晚翻。犒，苦到翻。曰：“士卒济我，僧何力焉！”史言柴再用善养士卒而不惑于异端。

2 丙子，蜀立皇后周氏。后，许州人也。周氏盖蜀主建糟糠之妻也。

3 晋周德威、李嗣昭将兵三万出阴地关，攻晋州，刺史徐怀玉拒守；帝自将救之，丁丑，发大梁，乙酉，至陕州。将，即亮翻。陕，式冉翻。戊子，岐王所署延州节度使胡敬璋寇上平关，金人疆域图：隰州石楼县有上平关。按延州东至隰州百三十里耳，胡敬璋盖渡河来寇也。刘知俊击破之。周德威等闻帝将至，乙未，退保隰州。九域志，晋州西北至隰州二百五十五里。

4 荆南节度使高季昌遣兵屯汉口，汉口，汉水入江之口，其地在鄂州汉阳县东大别山下。绝楚朝贡之路；楚王殷遣其将许德勋将水军击之，至沙头，沙头即今江陵城南沙头市。季昌惧而请和。殷又遣步军都指挥使吕师周将兵击岭南，吕师周降马殷，见上卷元年。与清海节度使刘隐十馀战，取昭、贺、梧、蒙、龚、富六州。蒙州，隋始安郡之隋化县，唐武德四年置南恭州，贞观二年更名蒙州。龚州，本汉猛陵县地，隋为永平郡武林县，唐贞观三年置燕州，七年移燕州于今州东，仍于燕州旧所置龚州。又武德四年以始安郡之龙平、豪静及苍梧郡之苍梧置富州。九域志，昭州东至贺州三百二十五里，南至梧州四百九十里，南稍斜至龚州五百五十里。宋开宝废富州，以龙平县隶昭州，在州东南百六十二里。熙宁五年废蒙州，以立山县隶昭州，在州南二百十二里。殷土宇既广，乃养士息民，湖南遂安。

5 冬，十月，蜀主立后宫张氏为贵妃，徐氏为贤妃，其妹为德妃。张氏，郪人，宗懿之母也。郪，汉县，唐带梓州。二徐，耕之女也。徐耕见二百五十八卷唐昭宗大顺二年。为徐妃亡蜀张本。

6 华原贼帅温韬聚众嵯峨山，帅，所类翻。嵯，才何翻。峨，音俄。暴掠雍州诸县，唐帝诸陵发之殆遍。温韬传：韬在华原七年，唐诸陵在其境内者悉发掘之，取其所藏金宝。而昭陵最固，韬从埏道下，见宫室制度闳丽，不异人间。中为正寝，东西厢列石床，床上石函中为铁匣，悉藏前代图书，钟、王笔迹，纸墨如新，韬悉取之，遂传人间。惟乾陵，风雨不可发。雍，于用翻。

7 庚戌，蜀主讲武于星宿山，步骑三十万。宿，音秀。

8 丁巳，帝还大梁。考异曰：编遗录在乙卯。今从实录、薛史。

9 辛酉，以刘隐为清海、静海节度使，兼交、广二镇也。然刘氏终不能有安南。以膳部郎中赵光裔、右补阙李殷衡充官告使，隐皆留之。史言群雄割据，各收拾衣冠之胄以为用。光裔，光逢之弟；殷衡，德裕之孙也。

10 依政进士梁震，依政，秦蒲阳县，汉临邛县，后魏置蒲阳郡及依政县，唐属邛州。九域志，在州东南五十里。唐末登第，至是归蜀；过江陵，高季昌爱其才识，留之，欲奏为判官。震耻之，高季昌出于奴仆，故梁震耻为之僚属。欲去，恐及祸，乃曰："震素不慕荣宦，明公不以震为愚，必欲使之参谋议，但以白衣侍樽俎可也，何必在幕府！"季昌许之。震终身止称前进士，不受高氏辟署。季昌甚重之，以为谋主，呼曰先辈。唐人呼进士为先辈，至今犹然。

11 帝从吴越王镠之请，以亳州团练使寇彦卿为东南面行营都指挥使，击淮南。十一月，彦卿帅众二千袭霍丘，帅，读曰率。为土豪朱景所败；败，补迈翻；下同。又攻庐、寿二州，皆不胜。淮南遣滁州刺史史俨拒之，彦卿引归。寇彦卿兵势已挫，而史俨河东健将，汴兵所畏也，故闻其至而退。

12 定难节度使李思谏卒；难，乃旦翻。甲戌，其子彝昌自为留后。

13 刘守文举沧德兵攻幽州，刘守光求救于晋，晋王遣兵五千助之。丁亥，守文兵至卢【芦】台军，卢〔芦〕台军，宋为乾宁军地。九域志：乾宁军在沧州西北九十里。为守光所败；又战玉田，亦败。玉田，汉无终县，唐万岁通天元年更名玉田，属蓟州，在蓟州东南八十里，又东北至平州二百里，西至幽州三百里。亦败，读如字。守文乃还。还，从宣翻，又如字。

14 癸巳，中书侍郎、同平章事张策以刑部尚书致仕；以左仆射杨涉同平章事。

15 保塞节度使胡敬璋卒，静难节度使李继徽以其将刘万子代镇延州。保塞、静难二镇时皆属岐。

16 是岁，弘农王遣军将万全感赍书间道诣晋及岐，告以嗣位。间，古苋翻。岐、晋，淮南之与国。

17 帝将迁都洛阳。

三年（己巳、九〇九）

1 春，正月，己巳，迁太庙神主于洛阳。甲戌，帝发大梁。壬申，以博王友文为东都留守。梁以大梁为东都。己卯，帝至洛阳；庚寅，飨太庙；辛巳，祀圜丘，大赦。

2 丙申，以用度稍充，初给百官全俸。唐自广明丧乱以来，百官俸料额存而已，至是复全给。

3 二月，丁酉朔，日有食之。

4 保塞节度使刘万子暴虐，失众心，且谋贰于梁，李继徽使延州牙将李延实图之。延实因万子葬胡敬璋，攻而杀之，遂据延州。马军都指挥使河西高万兴与其弟万金闻变，以其众数千人诣刘知俊降。为高万兴兄弟取鄜、延张本。岐王置翟州于鄜城，后魏置敷城郡及敷城县，隋改曰鄜城，唐属坊州。九域志，县在鄜州东一百二十里。翟，徒历翻。其守将亦降。

5 三月，甲戌，帝发洛阳。以山南东道节度使杨师厚兼潞州四面行营招讨使。

6 庚辰，帝至河中，发步骑会高万兴兵取丹、延。宋白曰：丹州，秦上郡地，苻、姚时为三堡镇，后魏大统三年割鄜、延二州地置汾州，理三堡镇；废帝以河东汾州同名，改为丹州，因丹杨川以为名。延州，项羽以董翳为翟王，都高奴，即其地。魏灭赫连，以为统万镇，后为东夏州，后改延州。

7 丙戌，以朔方节度使兼中书令韩逊为颍川王。逊本灵州牙校，校，户教翻。唐末据本镇，朝廷因而授以节钺。

8 辛卯，丹州刺史崔公实请降。丹州，保塞军巡属。

9 徐温以金陵形胜，战舰所聚，舰，户黯翻。乃自以淮南行军副使领升州刺史，留广陵，以其假子元从指挥使知诰为升州防遏兼楼船副使，往治之。从，才用翻。治，直之翻。为徐知诰完理升州、徐温遂居之张本。

10 夏，四月，丙申朔，刘知俊移军攻延州，李延实婴城自守；知俊遣白水镇使刘儒分兵围坊州。后魏太和二年，分澄城置白水郡及县，隋废郡，以县属冯翊，唐属同州。九域志：在州西北一百二十里。

11 庚子，以王审知为闽王，刘隐为南平王。

12 刘知俊克延州，李延实降。降，户江翻。

13 淮南兵围苏州，推洞屋攻城，推，吐雷翻。洞屋，以木撑拄为之，冒以牛皮，其状如洞。吴越将临海孙琰置轮于竿首，垂絚投锥以揭之，攻者尽露，礟至则张网以拒之，絚，居登翻。揭，丘杰翻。礟，与炮同；匹貌翻。淮南人不能克。吴越王镠遣牙内指挥使钱镖、镖，甫招翻。行军副使杜建徽等将兵救之。

苏州有水通城中，淮南张网缀铃悬水中，鱼鳖过皆知之。吴越游弈都虞候司马福欲潜行入城，故以竿触网；敌闻铃声举网，福因得过，凡居水中三日，乃得入城。由是城中号令与援兵相应，敌以为神。

吴越王镠尝游府园，见园卒陆仁章树艺有智而志之；志者，记之于心。及苏州被围，被，皮义翻。使仁章通信入城，果得报而返。镠以诸孙畜之，畜，吁玉翻，养也。累迁两府军粮都监使，两府，镇海、镇东两节度府。卒获其用。卒，子恤翻。仁章，睦州人也。

辛亥，吴越兵内外合击淮南兵，大破之，擒其将何朗等三十馀人，夺战舰二百艘。艘，苏遭翻。周本夜遁，又追败之于皇天荡。此皇天荡非真州大江中之皇天荡。按宋熙宁三年平江府昆山县人郏亶上奏言水利，长洲县界有长荡、皇天荡，此则是也。败，补迈翻。钟泰章将精兵二百为殿，殿，丁练翻。多树旗帜于菰蒋中，菰，即蒋也。帜，昌志翻。追兵不敢进而还。还，从宣翻，又如字。

14 岐王所署保大节度使李彦博、考异曰：编遗录、五代史作“彦容”。今从刘恕广本。坊州刺史李彦昱皆弃城奔凤翔，鄜州都将严弘倚举城降。鄜，音夫。己未，以高万兴为保塞节度使，以绛州刺史牛存节为保大节度使。梁遂取鄜坊、丹延两镇。

15 淮南初置选举，以骆知祥掌之。丧乱以来，选举之法废，杨氏能复置之，故书。

16 五月，丁卯，帝命刘知俊乘胜取邠州；知俊难之，李继徽据邠州，有凤翔之援，故刘知俊以取之为难。辞以阙食，乃召还。

17 佑国节度使王重师镇长安数年，帝在河中，怒其贡奉不时；己巳，召重师入朝，以左龙虎统军刘捍为佑国留后。

18 癸酉，帝发河中；己卯，至洛阳。

刘捍至长安，王重师不为礼，捍谮之于帝，云重师潜与邠、岐通。甲申，贬重师溪州刺史，寻赐自尽，夷其族。为刘知俊杀刘捍以叛张本。

19 刘守文频年攻刘守光不克，刘守文自元年攻守光，事始见上卷。乃大发兵，以重赂招契丹、吐谷浑之众，合四万屯蓟州。守光逆战于鸡苏，按薛史梁纪，是年刘守光上言，于蓟州西与兄守文战，生禽守文。盖即鸡苏也。为守文所败。败，补迈翻。守文单马立于陈前，陈，读曰阵。泣谓其众曰：“勿杀吾弟。”守光将元行钦识之，直前擒之，刘守光以子囚父，天下之贼也。刘守文既声其罪而讨之，有诛无赦。小不忍以败大事，身为俘囚，自取之也。沧德兵皆溃。守光囚之别室，栫以藂棘，栫，才甸翻。藂，与丛同。乘胜进攻沧州。沧州节度判官吕兖、孙鹤推守文子延祚为帅，乘城拒守。兖，安次人也。安次，汉县，唐属幽州，在州东南一百三十里。帅，所类翻。

20 忠武节度使兼侍中刘知俊，去年更同州匡国军为忠武军，事见上卷。功名浸盛，以帝猜忍日甚，内不自安；及王重师诛，知俊益惧。帝将伐河东，河东，谓晋。急征知俊入朝，欲以为河东西面行营都统；且以知俊有丹、延之功，厚赐之。知俊弟右保胜指挥使知浣从帝在洛阳，密使人语知俊云：语，牛倨翻。"入必死。"又白帝，请帅弟侄往迎知俊，帅，读曰率。帝许之。六月，乙未朔，知俊奏"为军民所留"，遂以同州附于岐。考异曰：实录："六月庚戌，知俊据本郡反，削夺官爵，兴师讨伐。"编遗录："六月，乙未，初奏本道军民遮留，寻闻擒使臣及将送凤翔。"盖编遗据奏到之日，实录据削夺之日也。执监军及将佐之不从者，皆械送于岐。遣兵袭华州，逐刺史蔡敬思，九域志：同州南至华州七十里。华，户化翻。以兵守潼关。潜遣人以重利啖长安诸将，啖，徒滥翻。执刘捍，送于岐，杀之。知俊遣使请兵于岐，亦遣使请晋人出兵攻晋、绛，遗晋王书曰："不过旬日，可取两京，复唐社稷。"遗，唯季翻。长安可以言取；梁都洛阳未易取也。

21 丁未，朔方节度使韩逊奏克盐州，斩岐所署刺史李继直。唐末，盐州奏事专达朝廷，不隶灵夏。至是灵、盐遂复合为一镇。

22 帝遣近臣谕刘知俊曰："朕待卿甚厚，何忽相负？"对曰："臣不背德，背，蒲妹翻。但畏族灭如王重师耳。"帝复使谓之曰：复，扶又翻。"刘捍言重师阴结邠、岐，朕今悔之无及，捍死不足塞责。"塞，悉则翻。知俊不报。庚戌，诏削知俊官爵，以山南东道节度使杨师厚为西路行营招讨使，帅侍卫马步军都指挥使刘鄩等讨之。帅，读曰率。

辛亥，帝发洛阳。

刘鄩至潼关东，获刘知俊伏路兵蔺如海等三十人，释之使为前导。刘知俊既得潼关，于关外沿路伏兵以候望，刘鄩反得而用之以为乡导。史炤曰：蔺，姓也，其先韩献子玄孙曰康，食采于蔺，因氏焉。刘知浣迷失道，盘桓数日，乃至关下，关吏纳之。如海等继至，关吏不知其已被擒，亦纳之。被，皮义翻。鄩兵乘门开直进，遂克潼关，追及知浣，擒之。癸丑，帝至陕。陕，式冉翻。

23 丹州马军都头王行思等作乱，刺史宋知诲逃归。

24 帝遣刘知俊侄嗣业持诏诣同州招谕知俊；知俊欲轻骑诣行在谢罪，弟知偃止之。杨师厚等至华州，知俊将聂赏开门降。聂，尼辄翻，姓也。史炤曰：楚大夫食采于聂，因以为氏。知俊闻潼关不守，官军继至，苍黄失图，乙卯，【章：十二行本"卯"下有"夜"字；乙十一行本同；孔本同；张校同。】举族奔岐。杨师厚至长安，岐兵已据城，师厚以奇兵并南山急趋，自西门入，遂克之。并，步浪翻。按唐长安城十门，西南三门惟延平门近南山耳。长安既丘墟之馀，且城大难守，使杨师厚不以奇兵入西门，岐兵亦不能久也。庚申，以刘鄩权佑国留后。岐王厚礼刘知俊，以为中书令。地狭，无藩镇处之，处，昌吕翻。但厚给俸禄而已。蹄涔不容尺鲤。为刘知俊奔蜀张本。

25 刘守光遣使上表告捷，且言"俟沧德事毕，为陛下扫平并寇。"为，于伪翻。河东，并州之地，时与梁为敌，故言并寇。亦致书晋王，云欲与之同破伪梁。刘守光反覆梁、晋之间，自以为得计，不知乃所以速亡也。

26 抚州刺史危全讽自称镇南节度使，帅抚、信、袁、吉之兵号十万攻洪州。唐置镇南军于洪州，抚、信、袁、吉皆巡属也。危全讽自称节度，举兵以攻洪州，欲兼而有之。九域志：抚州西北至洪州二百九里。帅，读曰率。淮南守兵才千人，将吏皆惧，节度使刘威密遣使告急于广陵，日召僚佐宴饮。全讽闻之，屯象牙潭，不敢进，象牙潭在抚州金溪县东北。请兵于楚；楚王殷遣指挥使苑玫苑，姓也。左传，齐有大夫苑何忌。玫，莫杯翻。会袁州刺史彭彦章围高安以助全讽。玫，蔡州人；玫，莫杯翻。彦章，玗之兄【章：十二行本"兄"下有"子"字；孔本同。】也。彭玗见二百六十有五卷唐昭宣帝天佑三年。

徐温问将于严可求，可求荐周本。乃以本为西南面行营招讨应援使，将兵七千救高安。本以前攻苏州无功，事见上四月。称疾不出，可求即其卧内强起之。强，其两翻。本曰："苏州之役，敌不能胜我，但主将权轻耳。今必见用，愿毋置副贰乃可。"可求许之。本曰："楚人为全讽声援耳，非欲取高安也。吾败全讽，败，补迈翻。援兵必还。"援兵，谓围高安之兵。还，从宣翻。乃疾趣象牙潭。趣，七喻翻。过洪州。刘威欲犒军，犒，苦到翻。本不肯留，或曰："全讽兵强，君宜观形势然后进。"本曰："贼众十倍于我，我军闻之必惧，不若乘其锐而用之。"

27 秋，七月，甲子，以刘守光为燕王。

28 梁兵克丹州，擒王行思。

29 商州刺史李稠驱士民西走，将奔蜀也。将吏追斩之，考异曰：薛史："稠弃郡西奔，本州将吏以都牙校李玫权知州事。"欧阳史："商州军乱，逐其刺史李稠，稠奔于岐。"实录："丙寅，陕州奏商州刺史李稠弃郡逃山谷。"又曰："商州将吏以稠驱虏士庶西遁，追斩无遗，暂令都押牙李玫主州事。"今从之。推都押牙李玫主州事。

30 庚午，改佑国军曰永平。开平元年徙佑国军于长安，今改曰永平。

31 河东兵寇晋州，抄掠至尧祠而去。尧都平阳，有祠在汾城东十里东原上。平阳，唐为临汾县，晋州所治也。

32 癸酉，帝发陕州；乙亥，至洛阳，寝疾。

33 初，帝召山南东道节度使杨师厚，欲使督诸将攻潞州，以前兖海留后王班为留后，镇襄州。考异曰：薛史作"王珏"，今从实录。师厚屡为班言牙兵王求等凶悍，宜备之，为，於伪翻。班自恃左右有壮士，不以为意，每众辱之。戊寅，谪求戍西境，是夕，作乱，杀班，推都指挥使雍丘刘玘为留后；雍，于用翻。玘，区里翻。玘伪从之，明日，与指挥使王延顺逃诣帝所。考异曰：姚顗明宗实录、薛史玘传皆云："翌日受贺，衙庭享士，伏甲幕下，中筵尽斩其乱将以闻，以功为复州刺史。"按梁祖实录："八月丁酉赐玘、王延顺物，以其违逆将之难来归。"编遗录斩李洪等敕云："始扶刘玘，既奔窜以归明。"若使玘翌日便斩乱将，襄州何由至九月始收复！盖玘脱身归朝，及梁亡入唐，妄云斩乱将自夸大，史官不能考察，从而书之耳。乱兵奉平淮指挥使李洪为留后，附于蜀。未几，房州刺史杨虔亦叛附于蜀。几，居岂翻。

34 危全讽在象牙潭，营栅临溪，亘数十里。亘，居邓翻。庚辰，周本隔溪布陈，陈，读曰阵。先使羸兵尝敌；羸，伦为翻。尝，试也。全讽兵涉溪追之，本乘其半济，纵兵击之；全讽兵大溃，自相蹂藉，蹂，忍久翻，又如又翻。藉，慈夜翻。溺水死者甚众，本分兵断其归路，断，音短。擒全讽及将士五千人。乘胜克袁州，执刺史彭彦章，进攻吉州。九域志：袁州南至吉州三百一十五里。歙州刺史陶雅使其子敬昭及都指挥使徐章将兵袭饶、信，信州刺史危仔倡请降，唐僖宗中和二年，危全讽据抚州，仔倡据信州，至是皆亡。饶州刺史唐宝弃城走。行营都指挥使米志诚、都尉吕师造等败苑玫于上高。败，补迈翻。吉州刺史彭玕帅众数千人奔楚，唐昭宗天佑三年彭玕附楚。楚王殷表玕为郴州刺史，郴，丑林翻。为子希范娶其女。为，于伪翻。淮南以左先锋指挥使张景思知信州，遣行营都虞候骨言将兵五千送之。骨，姓也。唐初有骨仪。危仔倡闻兵至，奔吴越，吴越王镠以仔倡为淮南节度副使，更其姓曰元氏。欧史十国世家曰：钱镠恶危姓，更之曰元。更，工衡翻。危全讽至广陵，弘农王以其尝有德于武忠王，释之，资给甚厚。杨行密谥武忠。时淮南诸将议曰："昔先王攻赵锽，全讽屡饷给吾军。"乃释之。八月，虔州刺史卢光稠以州附于淮南。于是江西之地尽入于杨氏。光稠亦遣使附于梁。

35 甲寅，上疾小瘳，始复视朝。自七月乙亥寝疾，至是凡四十日。朝，直遥翻；下同。

36 以镇国节度使康怀贞为西路行营副招讨使。

37 蜀主命太子宗懿判六军，开永和府，妙选朝士为僚属。

38 辛酉，均州刺史张敬方奏克房州。杨虔以房州附蜀见上。九域志：均州南至房州二百一十五里。

39 岐王欲遣刘知俊将兵攻灵、夏，夏，户雅翻。且约晋王使攻晋、绛。晋王引兵南下，先遣周德威等将兵出阴地关攻晋州，刺史边继威悉力固守。晋兵穿地道，陷城二十馀步，城中血战拒之，一夕城复成。诏杨师厚将兵救晋州，周德威以骑扼蒙坑之险，蒙坑在汾水东，东西三百馀里，蹊径不通。师厚击破之，进抵晋州，晋兵解围遁去。考异曰：实录云："杀戮生禽贼将萧万通等，贼由是弃寨而遁。"庄宗实录云："汴军至蒙坑，周德威逆战，败之，斩首二百级，师厚退绛州。是役也，小将萧万通战没，师厚进营平阳，德威收军而退。"二军各言胜捷，然既杀萧万通，师厚何肯退保绛州！既败而退，岂得复进营平阳！德威既战胜，安肯便收军！盖晋军实败走，庄宗实录妄言耳。

40 李洪寇荆南，高季昌遣其将倪可福击败之。败，补迈翻。诏马步都指挥使陈晖将兵会荆南兵讨洪。

41 蜀主以御史中丞王锴为中书侍郎、同平章事。锴，苦骇翻。

42 陈晖军至襄州，李洪逆战，大败，王求死。九月，丁酉，拔其城，斩叛兵千人，执李洪、杨虔等送洛阳，斩之。

43 丁未，以保义节度使王檀为潞州东面行营招讨使。

44 刘守光奏遣其子中军兵马使继威安抚沧州吏民；戊申，以继威为义昌留后。

45 辛亥，侍中韩建罢守太保，左仆射、同平章事杨涉罢守本官。以太常卿赵光逢为中书侍郎，翰林奉旨工部侍郎杜晓为户部侍郎，并同平章事。梁改翰林承旨为翰林奉旨，以庙讳诚，避嫌讳也。然"诚"字与"承"字各自翻切不同。晓，让能之子也。杜让能死国难见二百五十九卷唐昭宗景福二年。

46 淮南遣使者张知远修好于福建；好，呼到翻。知远倨慢，闽王审知斩之，表上其书，上，时掌翻。始与淮南绝。审知性俭约，常蹑麻屦，蹑，尼辄翻。府舍卑陋，未尝营葺。宽刑薄赋，公私富实，境内以安。岁自海道登、莱入贡，没溺者什四五。自福建入贡大梁，陆行当由衢、信取饶、池界渡江，取舒、庐、寿渡淮，而后入梁境。然自信、饶至庐、寿皆属杨氏，而朱、杨为世仇，不可得而假道，故航海入贡。今自福州洋过温州洋，取台州洋过天门山入明州象山洋，过涔江，掠洌港，直东北渡大洋抵登、莱岸，风涛至险，故没溺者众。

47 冬，十月，甲子，蜀司天监胡秀林献永昌历，行之。欧阳修曰：永昌历止行于其国，今亡，不复见。

48 湖州刺史高澧性凶忍，尝召州吏议曰："吾欲尽杀百姓，可乎？"吏曰："如此，租赋何从出？当择可杀者杀之耳。"时澧纠民为兵，有言其咨怨者，澧悉集民兵于开元寺，开元寺今诸州间亦有之，盖唐开元中所置也。绐云犒享，入则杀之；死者逾半，在外者觉之，纵火作乱。澧闭城大索，索，山客翻。凡杀三千人。吴越王镠欲诛之，戊辰，澧以州叛附于淮南，高澧父子以一州之地，介居钱、杨之间，率两附以自存，为日久矣，今专附淮南，钱氏之兵至矣。举兵焚义和临平镇，九域志：杭州仁和县有临平镇。按仁和县本钱塘县，宋朝太平兴国初改钱塘县曰仁和。盖亦先有义和地名，又避太宗藩邸旧名，遂改曰仁和也。镠命指挥使钱镖讨之。

49 十一月，甲午，帝告谢于圜丘；告谢者，告天而谢得天下也。按欧史，是日，日南至。徐无党注曰：不曰有事于南郊，盖比南郊礼差简。戊戌，大赦。

50 邺王罗绍威得风痹病，痹，必至翻。上表称："魏故大镇，多外兵，愿得有功重臣镇之，臣乞骸骨归第。"帝闻之，抚案动容。抚案动容，非矜罗绍威之病也。魏博大镇，世袭者百五十年，一旦委镇请代，出于意料之表，喜溢于中，不知手之抚、容之动也。己亥，以其子周翰为天雄节度副使，知府事。谓使者曰："亟归语而主：亟，纪力翻，急也。语，牛倨翻。而，汝也。为我强饭！为，于伪翻。强，其两翻。饭，扶晚翻。如有不可讳，谓死也。当世世贵尔子孙以相报也。今使周翰领军府，尚冀尔复愈耳。”考异曰：梁功臣列传：“朝廷自开创，有大事皆降使咨访。绍威有谋虑，亦驰简献替。或中途相遇，意互合者十得五六。太祖叹曰：‘竭忠力一人而已。’”又曰：“子三人：长廷规，司农卿，尚安阳公主，又尚金华公主，早卒；次周翰，起复云麾将军，充天雄节度留后，寻检校司徒，正授魏博节度使，亦早卒；次曰周敬。”薛史亦同。实录：“己亥，以司门郎中罗廷规充魏博节度副使，知府事，仍改名周翰。时邺王绍威病日甚，虑以后事，故奏请焉。”庄宗列传：“绍威卒，温以其子周翰嗣政。”庄宗实录：“绍威厚率重敛，倾府藏以奉温，小有违忤，温即遣人诟辱。绍威方怀愧耻，悔自弱之谋，乃潜收兵市马，阴有覆温之志，而赂温益厚。温怪其曲事，虑蓄奸谋而莫之察，乃赐绍威妓妾数人，皆承嬖爱，未半岁，温却召还，以此得其阴事。”内相矛楯。薛史又云：“开平四年夏，诏金华公主出家为尼，居于宋州玄静寺。盖太祖推恩于罗氏，令终其妇节也。”唐馀录、欧阳史皆同，惟唐庄宗实录独异。按均帝时赵岩等言“罗绍威前恭后倨，太祖每深含怒”，似与此言合。然梁祖若闻绍威有阴谋，必不使周翰更居魏。疑后唐史以绍威与梁最亲，疾之，而载此传闻之语。今从众书。廷规更名周翰，亦恐实录之误。

51 岐王欲取灵州以处刘知俊，处，昌吕翻。且以为牧马之地，使知俊自将兵攻之。朔方节度使韩逊告急；【章：十二行本“告”上有“遣使”二字；乙十一行本同；孔本同；张校同；退斋校同。】诏镇国节度使康怀贞、感化节度使寇彦卿将兵攻邠宁以救之。怀贞等所向皆捷，克宁、衍二州，拔庆州南城，刺史李彦广出降。宁、庆、衍三州皆静难军巡属，岐地也。周显德五年废衍州为定平镇，隶汾州。九域志：熙宁五年以汾州定平县隶泾州，在州南六十里。游兵侵掠至泾州之境，刘知俊闻之，十二月，己丑，解灵州围，引兵还。帝急召怀贞等还，遣兵迎援于三原青谷；怀贞等还，至三水，三水，汉古县，唐属邠州。九域志：在州东北六十里。知俊遣兵据险邀之，薛史曰：知俊邀击怀贞等于邠州长城岭。左龙骧军使寿张王彦章力战，五代会要曰：开平元年改左、右亲随军将马军为左、右龙骧军。怀贞等乃得过。

怀贞与裨将李德遇、许从实、王审权分道而行，皆与援兵不相值，至升平，唐天宝十二载分宜君置升平县，属坊州。刘知俊伏兵山口，怀贞大败，仅以身免，德遇等军皆没。岐王以知俊为彰义节度使，镇泾州。

王彦章骁勇绝伦，骁，坚尧翻。每战用二铁枪，皆重百斤，一置鞍中，一在手，所向无前，时人谓之王铁枪。

52 蜀蜀州刺史王宗弁称疾，罢归成都，杜门不出。王宗弁，鹿弁也，蜀主养以为子，赐姓名。蜀主疑其矜功怨望，加检校太保，固辞不受，谓人曰："廉者足而不忧，贪者忧而不足。吾小人，致位至此足矣，岂可求进不已乎！"蜀主嘉其志而许之，赐与有加。宗弁之祈闲，以蜀主之雄猜也。

53 刘守光围沧州久不下，刘守光自五月攻沧州。执刘守文至城下示之，犹固守。城中食尽，民食堇泥，军士食人，驴马相啖鬃尾。啖，徒滥翻。鬃，子红翻。吕兖选男女羸弱者，饲以麹面而烹之，羸，伦为翻。饲，祥吏翻。麹，丘六翻，酒母。面，眠见翻，麦粉。以给军食，谓之宰杀务。

四年（庚午、九一〇）

1 春，正月，乙未，刘延祚力尽出降。时刘继威尚幼，刘继威，守光之子也。守光使大将张万进、周知裕辅之镇沧州，为张万进杀刘继威张本。以延祚及其将佐归幽州，族吕兖而释孙鹤。

兖子琦，年十五，门下客赵玉绐监刑者曰："此吾弟也，勿妄杀。"监刑者信之，遂挈以逃。琦足痛不能行，玉负之，变姓名，乞食于路，仅而得免。琦感家门殄灭，力学自立，晋王闻其名，授代州判官。孙鹤终不免于诛，吕琦能自树立，天乎？人也！

2 辛丑，以卢光稠为镇南留后。卢光稠以虔州附梁。镇南军置于洪州，时已为淮南所有。

3 刘守光为其父仁恭请致仕，为，于伪翻。丙午，以仁恭为太师，致仕。守光寻使人潜杀其兄守文，归罪于杀者而诛之。

4 二月，万全感自岐归广陵，前年淮南使万全感使晋及岐。岐王承制加弘农王兼中书令，嗣吴王，唐昭宗天复二年封杨行密吴王，今岐王承制加隆演嗣王。于是吴王赦其境内。

5 高澧求救于吴，吴常州刺史李简等将兵应之，湖州将盛师友、沈行思闭城不内；澧帅麾下五千人奔吴。按唐昭宗乾宁四年李彦徽奔淮南，钱镠取湖州。天复二年徐许乱杭州，湖州刺史高彦遣子渭入援，唐昭宣帝天佑三年彦卒，子澧代立，至是而败。帅，读曰率。三月癸巳，吴越王镠巡湖州，以钱镖为刺史。

6 蜀太子宗懿骄暴，好陵暴【章：十二行本"暴"作"傲"；乙十一行本同；孔本同；张校同。】旧臣。好，呼到翻。内枢密使唐道袭，蜀主之嬖臣也，太子屡谑之于朝，嬖，匹计翻，又卑义翻。谑，迄却翻，戏也。由是有隙，互相诉于蜀主；蜀主恐其交恶，以道袭为山南西道节度使、同平章事。道袭荐宣徽北院使郑顼为内枢密使，顼受命之日，即欲按道袭昆弟盗用内库金帛。道袭惧，奏顼褊急，不可大任，褊，补辨翻。丙午，出顼为果州刺史，以宣徽南院使潘炕为内枢密使。为宗懿杀道袭张本。炕，口盎翻。

7 夏州都指挥使高宗益作乱，杀节度使李彝昌。将吏共诛宗益，推彝昌族父蕃汉都指挥使李仁福为帅，考异曰：薛史，仁福本党项拓跋氏。唐末，拓跋思恭以破黄巢功赐姓，故仁福之族亦姓李。欧阳史云："不知其于思谏为亲疏也。"按仁福诸子皆连"彝"字，则于彝昌必父行也。按李仁福子孙强盛，遂为宋朝西边之祸，所谓西夏也。癸丑，仁福以闻。夏，四月，甲子，以仁福为定难节度使。难，乃旦翻。

8 丁卯，宋州节度使衡王友谅献瑞麦，一茎三穗，帝曰："丰年为上瑞。今宋州大水，安用此为！"诏除本县令名，本县指产瑞麦之县。令，力正翻。遣使诘责友谅，诘，去吉翻。以兖海留后惠王友能代为宋州留后。欧阳史职方考：梁都大梁，徙宣武节度使于宋州。薛史：开平三年五月，升宋州为宣武军节镇，仍以亳、辉、颍为属郡。友谅、友能，皆全昱子也。广王全昱，帝兄也。

9 帝以晋州刺史下邑华温琪拒晋兵有功，欲赏之，华，户化翻，姓也。会护国节度使冀王友谦上言晋、绛边河东，乞别建节镇，壬申，以晋、绛、沁三州为定昌军，以温琪为节度使。沁，七鸩翻。

10 左金吾大将军寇彦卿入朝，至天津桥，有民不避道，投诸栏外而死。据欧史寇彦卿传，民姓梁名现。彦卿自首于帝。首，式又翻。帝以彦卿才干有功，久在左右，命以私财遗死者家以赎罪。遗，唯季翻。御史司宪崔沂唐高宗以御史大夫为大司宪，盖以御史执法之官，故名之。梁置御史司宪。既曰御史，复曰司宪，盖不考名官之义也。劾奏"彦卿杀人阙下，请论如法。"帝命彦卿分析。崔沂请依法论彦卿之罪，帝欲宽之，故使分析。分析者，使彦卿置对，分疏辩析梁现致死之由。劾，户概翻，又户得翻。彦卿对："令从者举置栏外，从，才用翻。不意误死。"帝欲以过失论，沂奏："在法，以势力使令为首，下手为从，不得归罪从者；不斗而故殴伤人，殴，乌口翻。加伤罪一等，不得为过失。"辛巳，责授彦卿游击将军、左卫中郎将。彦卿扬言："有得崔沂首者，赏钱万缗。"沂以白帝，帝使人谓彦卿：谓者，告语之也。"崔沂有毫发伤，我当族汝！"时功臣骄横，横，户孟翻。由是稍肃。沂，沆之弟也。崔沆见二百五十四卷唐僖宗广明元年。

11 五月，吴徐温母周氏卒，将吏致祭，为偶人，高数尺，衣以罗锦，温曰："此皆出民力，奈何施于此而焚之，宜解以衣贫者。"偶人起于古之刍灵，中世谓之俑，则机械发动其手足耳目，真有类于生人。孔子曰："始作俑者，其无后乎！"正谓此也。高，居号翻。衣，于既翻。未几，起复为内外马步军都军使，领润州观察使。几，居岂翻。起复之制，通古今疑之。礼记：子夏问曰："三年之丧卒哭，金革之事无避也者，礼与，其非礼与?"孔子曰："吾闻诸老聃：昔者鲁公伯禽有为为之也。今以三年之丧从其利者，吾弗知也。"注云：伯禽封于鲁，有徐戎作难，卒哭而征之，急王事也。自汉以后，不许二千石以上行三年丧，魏、晋听行三年丧，而大臣率有以夺情起复者，习俗闻见以为当然，莫之非也。呜呼！此岂非孔子所谓"以三年之丧从其利者"乎！若王莽之志不在丧，徐温之起复，所谓"从其利者"又难言也。

12 岐王屡求货于蜀，蜀主皆与之。又求巴、剑二州，蜀主曰："吾奉茂贞，勤亦至矣；若与之地，是弃民也，宁多与之货。"乃复以丝、茶、布、帛七万遗之。复，扶又翻。遗，唯季翻。

13 己亥，以刘继威为义昌节度使。刘守光之请也。

14 癸丑，天雄节度使兼中书令邺贞庄王罗绍威卒。自开平以后国主皆书殂，其后书卒。诏以其子周翰为天雄留后。

15 匡国节度使长乐忠敬王冯行袭疾笃，二年，改许州忠武军为匡国军见上卷。乐，音洛。表请代者。许州牙兵二千，皆秦宗权馀党，帝深以为忧。六月，庚戌，命崇政院直学士李珽驰往视行袭病，崇政院直学士，即宋朝枢密直学士之职。五代会要：开平二年十一月置崇政院直学士二员，选有政术文学者为之；后又改为直崇政院。李珽即谏成汭造大船者，汭败，归赵匡凝；匡凝败，归梁。珽，徒鼎翻。曰："善谕朕意，勿使乱我近镇。"珽至许州，谓将吏曰："天子握百万兵，去此数舍；三十里为一舍。九域志：许州至洛阳三百一十五里。冯公忠纯，勿使上有所疑。汝曹赤心奉国，何忧不富贵！"由是众莫敢异议。行袭欲使人代受诏，珽曰："东首加朝服，礼也。"论语曰：疾，君视之，东首，加朝服拖绅。受诏如见君，天威不违颜咫尺之意。守，式又翻。朝，直遥翻。乃即卧内宣诏，谓行袭曰："公善自辅养，勿视事，此子孙之福也。"行袭泣谢，遂解两使印授珽，两使印，节度使、观察使印。使，疏吏翻。使代掌军府。帝闻之曰："予固知珽能办事，冯族亦不亡矣。"庚辰，行袭卒。甲申，以李斑权知匡国留后，悉以行袭兵分隶诸校，冒冯姓者皆还宗。冒冯姓者，皆行袭之养子也，使之归宗，所以消散其党。校，户教翻。

16 楚王殷求为天策上将，诏加天策上将军。殷始开天策府，以弟赍为左相，存为右相。赍，藏宗翻。殷遣将侵荆南，军于油口；油口在江陵府公安县。高季昌击破之，斩首五千级，逐北至白田而还。还，从宣翻，又如字。

17 吴水军指挥使敖骈围吉州刺史彭玕弟瑊于赤石，瑊，古咸翻。即吉州之赤石洞，彭氏巢穴也。楚兵救瑊，虏骈以归。

18 秋，七月，【章：十二行本"月"下有"戊子朔"三字；乙十一行本同；孔本同。】蜀门下侍郎兼吏部尚书、同平章事韦庄卒。

19 吴越王镠表"宦者周延诰等二十五人，唐末避祸至此，非刘、韩之党，乞原之。"刘、韩，谓刘季述、韩全诲也。上曰："此属吾知其无罪，但今革弊之初，不欲置之禁掖，可且留于彼，谕以此意。"

20 岐王与邠、泾二帅邠帅，李继徽；泾帅，刘知俊。帅，所类翻。各遣使告晋，请合兵攻定难节度使李仁福；难，乃旦翻。晋王遣振武节度使周德威将兵会之，合五万众围夏州，仁福婴城拒守。夏，户雅翻。

21 八月，以刘守光兼义昌节度使。考异曰：实录，是岁五月以义昌留后刘继威为义昌节度使，八月又云以守光兼义昌节度使，不言置继威于何处，或者复为留后。不然，守光兼幽、沧节度使，继威但为沧州节度使，皆不可知。今两存之。余谓先是以刘守光子继威为义昌节度使，继威童騃，故复命守光兼领之，盖亦守光之志也。

22 镇、定自帝践祚以来"祚"，当作"阼"。【章：十二行本正作"阼"；孔本同。】虽不输常赋，而贡献甚勤。会赵王镕母何氏卒，庚申，遣使吊之，且授起复官。时邻道吊客皆在馆，使者见晋使，归，言于帝曰："镕潜与晋通，镇、定势强，恐终难制。"帝深然之。为遣兵图镇、定，二镇附晋张本。

23 壬戌，李仁福来告急。甲子，以河南尹兼中书令张全义【章：十二行本作“宗奭”；乙十一行本同；孔本同；张校同；退斋校同。】为西京留守。帝恐晋兵袭西京，晋兵自潞州下怀、孟，则西京震动矣。以宣化留后李思安为东北面行营都指挥使，据欧史职方考，梁以邓州为宣化军。将兵万人屯河阳。所以卫洛阳也。丙寅，帝发洛阳；己巳，至陕。陕，式冉翻。辛未，以镇国节度使杨师厚为西路行营招讨使，会感化节度使康怀贞将兵三万屯三原。唐末以徐州数经叛乱，废武宁军，寻复以为感化军。欧史职方考，徐州直注武宁军，华州注感化军，盖梁改华州镇国军为感化军也。一曰，感化军，陕州。梁初改同州为忠武军，盖刘知俊之叛，又改同州为镇国军。帝忧晋兵出泽州逼怀州，既而闻其在绥、银碛中，晋兵趋夏州，率自麟、府济河，西亖夏州。按九域志，麟州西至夏州三百五十里，西南至银州一百八十里。绥州西至夏州四百里。所谓碛中，皆旱海及无定河川之地。碛，七迹翻。曰：“无足虑也。”甲申，遣夹马指挥使李遇、刘绾自鄜、延趋银、夏，邀其归路。梁置左、右坚锐夹马突将。趋，七喻翻。

24 吴越王镠筑捍海石塘，今杭州城外濒浙江皆有石塘，上起六和塔，下抵艮山门外，皆钱氏所筑。广杭州城，大修台馆。由是钱唐富庶盛于东南。

25 九月，己丑，上发陕；甲午，至洛阳，疾复作。复，扶又翻。

26 李遇等至夏州，岐、晋兵皆解去。

27 冬，十月，遣镇国节度使杨师厚、相州刺史李思安将兵屯泽州以图上党。

28 吴越王镠之巡湖州也，留沈行思为巡检使，与盛师友俱归。行思谓同列陈瓌曰：“王若以师友为刺史，何以处我？”是年三月镠巡湖州。处，昌吕翻。时瓌已得镠密旨遣行思诣府，诣镇海军府。乃绐之曰："何不自诣王所论之！"行思从之。既至数日，瓌送其家亦至，行思恨瓌卖己。镠自衣锦军归，钱镠生于临安石镜镇，里中有大木，镠幼与群儿戏木下，镠坐大石指挥群儿为队伍，号令有法，群儿惮之。及贵，唐昭宗改镠所居乡为广义乡，里为勋贵里，所居营曰衣锦营，石镜山为衣锦山。镠每游衣锦军宴故老，山林皆覆以锦，号其幼所常戏大木曰"衣锦将军"，作歌曰："三郎还乡兮衣锦衣，父老远来相追随，斗牛无孛人无欺，吴越一王驷马归。"绐，徒亥翻。衣，于既翻。将吏迎谒，行思取锻椎击瓌，杀之，锻，都玩翻，小冶也。椎，传追翻。因诣镠，与师友论功，论逐高澧之功。夺左右槊，欲刺师友，槊，色角翻。刺，七亦翻。众执之。镠斩行思，以师友为婺州刺史。

29 十一月，己丑，以宁国节度使、同平章事王景仁充北面行营都指挥招讨使，潞州副招讨使韩勍副之，勍，渠京翻。以李思安为先锋将，趣上党。趣，七喻翻。寻遣景仁等屯魏州，意在图镇、定，不在上党也。杨师厚还陕。

30 蜀主更太子宗懿名曰元坦。更，工衡翻。庚戌，立假子宗裕为通王，宗范为夔王，宗锷为昌王，锷，火外翻。宗寿为嘉王，宗翰为集王；立其子宗仁为普王，宗辂为雅王，宗纪为褒王，宗智为荣王，宗泽为兴王，宗鼎为彭王，宗杰为信王，宗衍为郑王。

初，唐末宦官典兵者多养军中壮士为子以自强，如田令孜、杨复恭之类。由是诸将亦效之。而蜀主尤多，惟宗懿等九人及宗特、宗平真其子；宗裕、宗锷、宗寿皆其族人；宗翰姓孟，蜀主之姊子；宗范姓张，其母周氏为蜀主妾；自馀假子百二十人皆功臣，虽冒姓连名而不禁婚姻。史言假父假子皆以利合，非人伦之正。

31 上疾小愈，辛亥，校猎于伊、洛之间。伊、洛二水之间也。

32 上疑赵王镕贰于晋，先有疑心，因晋使在馆，愈疑之。且欲因邺王绍威卒除移镇、定。会燕王守光发兵屯涞水，欲侵定州，上遣供奉官杜廷隐、丁延徽监魏博兵三千分屯深、冀，唐末置东头供奉官、西头供奉官，后皆为西班寄禄。声言恐燕兵南寇，助赵守御；又云分兵就食。赵将石公立戍深州，白赵王镕，请拒之。镕遽命开门，移公立于外以避之。公立出门出深州城门。指城而泣曰："朱氏灭唐社稷，三尺童子知其为人。而我王犹恃姻好，以长者期之，镕子昭祚娶梁女，见二百六十二卷唐昭宗光化三年。好，呼到翻。长，知两翻。此所谓开门揖盗者也。惜乎，此城之人今为虏矣！"

梁人有亡奔真定，以其谋告镕者，镕大惧，又不敢先自绝；但遣使诣洛阳，诉称"燕兵已还，与定州讲和如故，定州，谓义武节度使王处直也。深、冀民见魏博兵入，奔走惊骇，乞召兵还。"上遣使诣真定慰谕之。未几，廷隐等闭门尽杀赵戍兵，乘城拒守。几，居岂翻。镕始命石公立攻之，不克，乃遣使求援于燕、晋。

镕使者至晋阳，义武节度使王处直使者亦至，欲共推晋王为盟主，合兵攻梁。晋王会将佐谋之，皆曰："镕久臣朱温，唐昭宗光化三年，王镕服于朱全忠，及其受禅，遂臣事之。岁输重赂，输，舂遇翻。结以婚姻，其交深矣；此必诈也，宜徐观之。"王曰："彼亦择利害而为之耳。王氏在唐世犹或臣或叛，谓王武俊、承宗及王庭凑也。况肯终为朱氏之臣乎？彼朱温之女何如寿安公主！王镕曾祖元逵尚唐绛王悟女寿安公主。今救死不赡，何顾婚姻！我若疑而不救，正堕朱氏计中。宜趣发兵赴之，趣，读曰促。晋、赵叶力，破梁必矣。"乃发兵，遣周德威将之，出井陉，屯赵州。史言晋王识虚实，见兵势。陉，音刑。

镕使者至幽州，燕王守光方猎，幕僚孙鹤驰诣野谓守光曰："赵人来乞师，此天欲成王之功业也。"守光曰："何故？"对曰："比常患其与朱温胶固。比，毗至翻，近也。温之志非尽吞河朔不已，今彼自为雠敌，王若与之并力破梁，则镇、定皆敛衽而朝燕矣。镇，王镕；定，王处直。朝，直遥翻。王不出师，但恐晋人先我矣。"守光曰："王镕数负约，先，悉荐翻。数，所角翻。今使之与梁自相弊，吾可以坐承其利，自战国以来，卞庄刺虎，鹬蚌相持，犬兔俱毙，皆此说也。苟不能审势见机，则此说误人多矣。又何救焉！"【章：十二行本"焉"下有"赵使者交错于路，守光竟不为出兵"十四字；乙十一行本同；孔本同；张校同；退斋校同。】自是镇、定复称唐天佑年号，复以武顺为成德军。镇、定臣梁，称开平年号，避梁庙讳改成德军为武顺军；今既与梁猜阻，故年号、军号皆复唐之旧。

司天言："来月太阴亏，不利宿兵于外。"上召王景仁等还洛阳。十二月，己未，上闻赵与晋合，晋兵已屯赵州，乃命王景仁等将兵击之。庚申，景仁等自河阳渡河，会罗周翰兵，合四万，军于邢、洺。

33 虔州刺史卢光稠疾病，欲以位授谭全播，疾革曰病。谭全播与卢光稠同起兵者也。全播不受。光稠卒，其子韶州刺史延昌来奔丧，全播立而事之。吴遣使拜延昌虔州刺史，延昌受之，亦因楚王殷密通表于梁，曰："我受淮南官，以缓其谋耳，必为朝廷经略江西。"为，于伪翻。卢延昌此言，欲得镇南旌节耳。丙寅，以延昌为镇南留后。延昌表其将廖爽为韶州刺史，廖，力救翻，今读如料。姓苑云：周王子伯廖之后。后汉有廖湛。爽，赣人也。赣，音绀。吴淮南节度判官严可求请置制置使于新淦县，新淦，汉古县，唐属吉州。九域志：在虔州北六百里。宋白曰：县南有子淦山，因名。淦，音绀，又音甘。遣兵戍之，以图虔州。每更代，辄潜益其兵，虔人不之觉也。更，工衡翻。为淮南并虔州张本。

34 庚午，蜀主以御史中丞周庠、户部侍郎判度支庾传素并为中书侍郎、同平章事。

35 太常卿李燕等刊定梁律令格式，癸酉，行之。按五代会要，新删定令三十卷，式二十卷，格一十卷，律并目录一十三卷，律疏三十卷，共一百三卷，目为大梁新定格式律令，颁下施行。

36 丁丑，王景仁等进军柏乡。

37 辛巳，蜀大赦，改明年元曰永平。

38 赵王镕复告急于晋，复，扶又翻。王景仁等之军侵逼，故复告急。晋王以蕃汉副总管李存审守晋阳，自将兵自赞皇东下，赞皇县以山得名。宋白曰：赞皇本汉鄗县地，隋开皇六年置赞皇县，县南有赞皇山，因名。按九域志，宋废赞皇县为镇，属高邑县。高邑县在赵州西南四十二里。王处直遣将将兵以【章：十二行本“以”上有“五千”二字；乙十一行本同；孔本同；张校同。】从。从，才用翻。辛巳，晋王至赵州，与周德威合，获梁刍荛者二百人，刈草曰刍，采薪曰荛。荛，如招翻。问之曰：“初发洛阳，梁主有何号令？”对曰：“梁主戒上将云：‘镇州反覆，终为子孙之患。今悉以精兵付汝，镇州虽以铁为城，必为我取之。’”必为，于伪翻。晋王命送于赵。使赵人闻此言，以坚其附晋之心。

壬午，晋王进军，距柏乡三十里，遣周德威等以胡骑迫梁营挑战，挑，徒了翻。梁兵不出。癸未，复进，距柏乡五里，营于野河之北，又遣胡骑迫梁营驰射，且诟之。复，扶又翻。诟，古候翻，又许候翻。梁将韩勍等将步骑三万，分三道追之，铠胄皆被缯绮，镂金银，光彩炫耀，被，皮义翻。缯，慈陵翻。镂，郎豆翻。炫，荧绢翻。晋人望之夺气。周德威谓李存璋曰：“梁人志不在战，徒欲曜兵耳。不挫其锐，则吾军不振。”乃徇于军曰：“彼皆汴州天武军，五代会要曰：开平元年四月，改左、右长直为左、右龙虎军，左、右内衙为左、右羽林军，左、右坚锐夹马突将为左、右神武军，左、右亲随军将马军为左、右龙骧军。其年九月，置左、右天兴、左、右广胜军，仍以亲王为军使。二年十月，置左、右神捷军。十二月，改左、右天武为左、右龙虎军，左、右龙虎为左、右天武军，左、右天威为左、右羽林军，左、右羽林为左、右天威军，左、右英武为左、右神武军，左、右神武为左、右英武军。前朝置神虎等六军，谓之卫士，至是以天武、天威、英武等六军易其军号，而任勋旧焉。屠酤佣贩之徒耳，衣铠虽鲜，十不能当汝一。擒获一夫，足以自富，此乃奇货，不可失也。"德威自引千馀精骑击其两端，陈有厚薄，中军坚厚，不可冲击；击其两端，以其薄也。左右驰突，出入数四，俘获百馀人，且战且却，距野河而止；梁兵亦退。

德威言于晋王曰："贼势甚盛，宜按兵以待其衰。"王曰："吾孤军远来，救人之急，三镇乌合，利于速战，镇、定、河东，是为三镇。言三镇之兵合而为一，当乘初至之锐以破敌；旷日持久，情见势屈，敌人闻之，其心必离。公乃欲按兵持重，何也？"德威曰："镇、定之兵，长于守城，短于野战。且吾所恃者骑兵，利于平原广野，可以驰突。今压贼垒门，骑无所展其足；且众寡不敌，使彼知吾虚实，则事危矣。"王不悦，退卧帐中，诸将莫敢言。德威往见张承业曰："大王骤胜而轻敌，谓夹寨之胜也。不量力而务速战。量，音良。今去贼咫尺，所限者一水耳，谓野河之水也。彼若造桥以薄我，我众立尽矣。不若退军高邑，高邑，汉鄗县，光武更名高邑，唐属赵州。九域志：在州西南四十二里，在柏乡北三十馀里。诱贼离营，诱，音酉。离，力智翻。彼出则归，彼归则出，别以轻骑掠其馈饷，不过逾月，破之必矣。"承业入，褰帐抚王曰：褰，起虔翻。"此岂王安寝时耶！周德威老将知兵，其言不可忽也。"王蹶然兴曰："予方思之。"时梁兵闭垒不出，有降者，诘之，降，户江翻。诘，去吉翻。曰："景仁方多造浮桥。"王谓德威曰："果如公言。"是日，拔营，退保高邑。

39 辰州蛮酋宋邺，溆州蛮酋潘金盛，恃其所居深险，数扰楚边。至是，邺寇湘乡，酋，慈由翻。溆，音叙。数，所角翻。宋白曰：

秦置黔中郡于今沅陵县西二十里，汉改黔中郡为武陵郡。建武二十五年，宗均受群蛮降，置辰阳县；隋为辰州，因辰溪为名。唐贞观八年，分辰州龙标县置巫州，天授三年改沅州，大历五年改溆州。唐武德四年分衡山置湘乡县，属潭州。九域志，在州西南一百五十五里。楚书作"潘全盛"。金盛寇武冈。宋白曰：晋武帝分都梁立武冈县，今冈东五十里有汉都梁故城是也。后汉武陵蛮为汉所伐，来保此冈，故谓之武冈。郡国志云：武冈接武陵，因以得名。楚王殷遣昭州刺史吕师周将衡山兵五千讨之。考异曰：湖湘故事："吕师周斩潘金晟于武冈，其年十月十一日，辰州宋邺、叙州昌师益一时归投马氏。"今从十国纪年。

40 宁远节度使庞巨昭、高州防御使刘昌鲁，皆唐官也。黄巢之寇岭南也，巨昭为容管观察使，昌鲁为高州刺史，帅群蛮据险以拒之，帅，读曰率。巢众不敢入境。唐嘉其功，置宁远军于容州，以巨昭为节度使，按通鉴，唐昭宗乾宁四年置宁远军于容州，以李克用大将盖寓领节度使。考之新书方镇表，容州置节镇亦在是年。庞巨昭建节当在是年之后。以昌鲁为高州防御使。及刘隐据岭南，二州不从；隐遣弟岩攻高州，昌鲁大破之，又攻容州，亦不克。昌鲁自度终非隐敌，度，徒洛翻。是岁，致书请自归于楚，楚王殷大喜，遣横州刺史姚彦章将兵迎之。彦章至容州，裨将莫彦昭说巨昭曰："湖南兵远来疲乏，宜撤储偫，说，式芮翻。撤，直列翻。偫，直里翻。弃城，潜于山谷以待之。彼必入城，我以全军掩之，彼外无继援，可擒也。"巨昭曰："马氏方兴，今虽胜之，后将何如！不若具牛酒迎之。"彦昭不从，巨昭杀之，举州迎降。考异曰：湖湘故事："庞巨曦本唐末邕、容等州防御使，闻马氏令公以征南步军指挥使李琼知桂州军事，领兵士收服岭外昭、梧、象、柳、宜、蒙、贺、桂等州，巨曦闻此雄势，谓诸首领曰：'李琼有破竹之势，若长驱兵马，此来侵吞吾境，其将奈何？'时容南指挥使莫彦昭对曰：'李琼兵马，其势已雄，必然轻敌。今欲烧毁城内军储，且各入山峒，抛州城与李琼。候才入州，却依前出诸山峒兵士复攻之，坚守旬月之间，城内必无军粮，外无救应，方可制造攻具再攻击之，必取胜也。’庞巨曦曰：‘吾每至中宵，独占气象，马氏合当五十馀年兴霸湖外。苟五十馀年对垒，安知孰非，是以忧疑不暇。’遂至深夜斩莫彦昭于其私第，明日以其故密走事宜于湖南。”又曰：“天复末，甲子十有二月，容南庞巨曦深虑广南刘岩不道，加害于己，遂差小吏间路密驰书款归于马氏。是时湖南遣澧州刺史姚彦章领马步军八千径往容南，巨曦遂帅万馀众归于马氏。”又曰：“高州防御使刘昌鲁以广南先主刘岩欲并吞岭外，数召昌鲁，欲籍没其家族。昌鲁知之，乃刺血写书投马氏，具述悬急。湖南遂遣捉生指挥使张可球部辖兵马于界首应接，一行三千馀口归于马氏。”今从十国纪年。彦章进至高州，九域志：容州东南至高州二百八十二里。以兵援送巨昭、昌鲁之族及士卒千馀人归长沙。楚王殷以彦章知容州事，为姚彦章不能守容州张本。以昌鲁为永顺节度副使。马殷并朗州，奏改武贞军为永顺军。昌鲁，郴人也。

乾化元年（辛未、九一一）按欧史，是年五月甲申朔，大赦，改元。

1 春，正月，丙戌朔，日有食之。考异曰：李昊蜀书：“丁亥朔日食。”今从实录等诸书。

2 柏乡比不储刍，比，毗至翻，近也。言近时赵人不储刍于柏乡，盖亦虞梁兵之至以资敌也。梁兵刈刍自给，晋人日以游军抄之，抄，楚交翻。梁兵不出。周德威使胡骑环营驰射而诟之，环，音宦。诟，古候翻。梁兵疑有伏，愈不敢出，剉屋茅坐席以饲马，剉，寸卧翻。饲，祥吏翻。马多死。丁亥，周德威与别将史建瑭、李嗣源将精骑三千压梁垒门而诟之，王景仁、韩勍怒，悉众而出。德威等转战【章：十二行本“战”下有“而北”二字；乙十一行本同；孔本同；张校同。】至高邑南；李存璋以步兵陈于野河之上，陈，读曰阵；下同。梁军横亘数里，竞前夺桥，镇、定步兵御之，势不能支。晋王谓匡卫都指挥使李建及曰：“贼过桥则不可复制矣。”建及选卒二百，援枪大噪，复，扶又翻。援，于元翻。力战却之。建及，许州人，姓王，李罕之之假子也。薛史：李建及本姓王，少事李罕之。光启中，罕之选部下骁勇百人以献李克用，建及在籍中，后以功赐姓名。晋王登高丘以望曰："梁兵争进而嚣，嚣，虚骄翻，又牛刀翻。我兵整而静，我必胜。"战自巳至午，胜负未决。晋王谓周德威曰："两军已合，势不可离，我之兴亡，在此一举。我为公先登，公可继之。"德威叩马而谏曰："观梁兵之势，可以劳逸制之，未易以力胜也。为，于伪翻。易，以豉翻。彼去营三十馀里，虽挟糗粮，亦不暇食，日昳之后，饥渴内迫，矢刃外交，糗，去久翻。昳，徒结翻，日昃也。士卒劳倦，必有退志。当是时，我以精骑乘之，必大捷。于今未可也。"王乃止。梁、晋争天下，周德威以勇闻，是难能也；然观其制胜，以计不以勇，是又难能矣。

时魏、滑之兵陈于东，宋、汴之兵陈于西。至晡，梁军未食，士无斗志，景仁等引兵稍却，周德威疾呼曰：呼，火故翻。"梁兵走矣！"晋兵大噪争进，魏、滑兵先退，李嗣源帅众噪于西陈之前曰："东陈已走，尔何久留！"梁兵互相惊怖，遂大溃。置阵延亘，东西不相知，为敌所噪，故惊怖而溃。帅，读曰率。怖，普布翻。李存璋引步兵乘之，呼曰："梁人亦吾人也，父兄子弟饷军者勿杀。"于是战士悉解甲投兵而弃之，嚣声动天地。赵人以深、冀之憾，不顾剽掠，憾梁遣杜廷隐等杀深、冀戍兵也。剽，匹妙翻。但奋白刃追之，梁之龙骧、神捷精兵殆尽，薛史本纪：开成二年，以尹皓部下五百人为神捷军。自野河至柏乡，僵尸蔽地。僵，居良翻。王景仁、韩勍、李思安以数十骑走。王景仁尝以劳逸制梁兵，而不知又为周德威以劳逸制之也。晋兵夜至柏乡，梁兵已去，弃粮食、资财、器械不可胜计。胜，音升。凡斩首二万级。李嗣源等追奔至邢州，九域志：自柏乡西南至邢州一百五十馀里。河朔大震。保义节度使王檀严备，然后开城纳败卒，给以资粮，散遣归本道。晋王收兵屯赵州。

杜廷隐等闻梁兵败，弃深、冀而去，悉驱二州丁壮为奴婢，老弱者坑之，城中存者坏垣而已。

癸巳，复以杨师厚为北面都招讨使，将兵屯河阳，收集散兵，旬馀，得万人。己亥，晋王遣周德威、史建瑭将三千骑趣澶、魏，趣，七喻翻。澶、魏，二州名。澶，市连翻。张承业、李存璋以步兵攻邢州，自以大军继之，移檄河北州县，谕以利害。帝遣别将徐仁溥将兵千人，自西山夜入邢州，西山即太行连延至上党诸山。助王檀城守。己酉，罢王景仁招讨使，落平章事。以其败也。

3 蜀主之女普慈公主嫁岐王从子秦州节度使继崇，蜀主以萧梁郡名封其女。宋白曰：梁武帝置普慈郡于普州安岳县。从，才用翻。公主遣宦者宋光嗣以绢书遗蜀主，遗，唯季翻。言继崇骄矜嗜酒，求归成都，蜀主召公主归宁。已嫁之女，父母在则有时而归宁。宁，安也。辛亥，公主至成都，蜀主留之，以宋光嗣为阁门南院使。岐王怒，始与蜀绝。为蜀伐岐张本。光嗣，福州人也。

4 吕师周【章：十二行本“周”下有“引兵”二字；乙十一行本同；孔本同；张校同。】攀藤缘崖入飞山洞袭潘金盛，擒送武冈，斩之。【章：十二行本“之”下有“移兵击宋邺”五字；乙十一行本同；孔本同；张校同；退斋校同。】飞山在今靖州北十五里，比诸山为最高峻，四面绝壁千仞，环山有壕堑。其遗趾尚存。

5 二月，己未，晋王至魏州，攻之，不克。上以罗周翰年少，且忌其旧将佐，谓罗绍威之元从将佐也。少，诗照翻。庚申，以户部尚书李振为天雄节度副使，命杜廷隐将兵千人卫之，先是，帝以罗绍威之请，抚案动容，至此心术露矣。自杨刘济河，间道夜入魏州，助周翰城守。间，古苋翻。守，手又翻。癸亥，晋王观河于黎阳，梁兵万馀将渡河，闻晋王至，皆弃舟而去。史言梁兵惧晋王之甚。

6 帝召蔡州刺史张慎思至洛阳，久未除代。蔡州右厢指挥使刘行琮作乱，纵兵焚掠，将奔淮南；顺化指挥使王存俨诛行琮，抚遏其众，自领州事，以众情驰奏。时东京留守博王友文不先请，遽发兵讨之，兵至鄢陵，九域志：鄢陵县在大梁东南一百六十里。帝曰："存俨方惧，若临之以兵，则飞去矣。"驰使召还。甲子，授存俨权知蔡州事。

7 乙丑，周德威自临清攻贝州，拔夏津、高唐；夏津本古鄃县，唐天宝元年更名夏津，属贝州。九域志：在魏州东北二百五十里。攻博州，拔东武、朝城。汉东郡东武阳县，后魏曰武阳，唐开元七年更名朝城，属魏州。故朝城县管内犹有地名东武。九域志：朝城在魏州东南八十里。攻澶州，刺史张可臻弃城走，帝斩之。德威进攻黎阳，拔临河、淇门；逼卫州，掠新乡、共城。隋分汲、获嘉二县地，于古新乐城置新乡县。共城，汉共县地，唐志属卫州。九域志：共城在州西北五十五里。共，音恭。庚午，帝亲帅军屯白司马阪以备之。史言晋兵乘胜声势之盛。梁祖选富家子有材力者置帐下，号厅子都。薛居正曰：太祖置厅子都，最为亲军。白司马阪在洛阳城北。帅，读曰率。

8 卢龙、义昌节度使兼中书令燕王守光既克沧州，去年正月克沧州。自谓得天助，淫虐滋甚。每刑人，必置诸铁笼，以火逼之；又为铁刷刷人面。闻梁兵败于柏乡，使人谓赵王镕及王处直曰："闻二镇与晋王破梁兵，举军南下，仆亦有精骑三万，欲自将之为诸公启行。诗：元戎十乘，以先启行。注云：启突敌阵之前行。行，户刚翻。然四镇连兵，必有盟主，仆若至彼，何以处之？"四镇谓并、幽、镇、定。处，昌吕翻。镕患之，遣使告于晋王，晋王笑曰："赵人告急，守光不能出一卒以救之；及吾成功，乃复欲以兵威离间二镇，复，扶又翻。间，古苋翻。愚莫甚焉！"诸将曰："云、代与燕接境，彼若扰我城戍，动摇人情，吾千里出征，缓急难应，此亦腹心之患也。不若先取守光，然后可以专意南讨。"王曰："善！"为晋攻燕灭之张本。会杨师厚自磁、相引兵救邢、魏，壬申，晋解围去；师厚追之，逾漳水而还，邢州围亦解。先解魏州围，又解邢州围。磁，祥之翻。相，息亮翻。还，音旋，又如字。师厚留屯魏州。

赵王镕自来谒晋王于赵州，九域志：镇州南至赵州九十五里。大犒将士，犒，苦到翻。自是遣其养子德明将三十七都常从晋王征讨。德明本姓张，名文礼，燕人也。张文礼后遂杀王镕而乱镇州。

壬午，晋王发赵州，归晋阳，留周德威等将三千人戍赵州。

邓广铭标点聂崇岐覆校

资治通鉴卷第二百六十八

端明殿学士兼翰林侍读学士太中大夫
提举西京嵩山崇福宫上柱国河内郡开国公　司马光　奉敕编集
食邑二千六百户食实封一千户赐紫金鱼袋臣

后学天台　胡三省　音注

后梁纪三 起重光协洽（辛未）三月，尽昭阳作噩（癸酉）十一月，凡二年有奇。

太祖神武元圣孝皇帝下

乾化元年（辛未、九一一）

1 三月，乙酉朔，以天雄留后罗周翰为节度使。

2 清海、静海节度使兼中书令南平襄王刘隐病亟，亟，纪力翻。表其弟节度副使岩权知留后；丁亥卒。隐年三十八。岩袭位。

3 岐王聚兵临蜀东鄙，蜀主谓群臣曰："自茂贞为朱温所困，吾常振其乏绝，事并见前纪。今乃负恩为寇，谁为吾击之？"谁为，于伪翻。兼中书令王宗侃请行。蜀主以宗侃为北路行营都统。司天少监赵温珪谏曰："茂贞未犯边，诸将贪功深入，粮道阻远，恐非国家之利。"蜀主不听，少，诗照翻。将，即亮翻。以兼侍中王宗佑、太子少师王宗贺、山南节度使唐道袭为三招讨使，三路进兵以伐岐，各路置一招讨使，王宗侃都统三招讨之兵。左金吾大将军王宗绍为宗佑之副，帅步骑十二万伐岐。帅，读曰率；下同。壬辰，宗侃等发成都，旌旗数百里。

4 岐王募华原贼帅温韬以为假子，以华原为耀州，美原为鼎州。宋废鼎州，复为美原县，属耀州。宋白曰：华原县本汉祋祤县地，曹魏以来置北地郡，元魏废帝三年置通川郡泥阳县，隋开皇六年改泥阳为华原。美原县本秦、汉频阳县，苻秦置土门护军，后周置土门县，唐咸亨二年改为美原。九域志：耀州在长安北一百六十里。置义胜军，以韬为节度使，使帅邠、岐兵寇长安。诏感化节度使康怀贞、忠武节度使牛存节以同华、河中兵讨之。己酉，怀贞等奏击韬于车度，走之。车度，地名，在长安北同州界。

5 夏，四月，乙卯朔，岐兵寇蜀兴元，唐道袭击却之。

6 上以久疾，五月，甲申朔，大赦。按欧史，此下当有"改元"二字。

7 甲辰，以清海留后刘岩为节度使。考异曰：十国纪年："甲辰，太祖授陟清海节度使；陟复名岩。"按薛史僭伪传云"前伪汉刘陟。"胡宾王刘氏兴亡录："高祖岩皇考葬段氏，得石版，有篆文曰'隐台岩'，因名其三子。"是先名岩后名陟也。吴越备史："乾化四年，广帅彭城岩遣陈用拙来使。"吴录："天佑十四年，南海王刘岩自立为汉。"唐烈祖实录："天佑十四年，刘陟僭位，改名岩。"梁太祖实录："乾化元年五月，以清海节度副使刘陟为节度使。二年四月，以韦戬为潭、广和叶使，云广守沧谢，其母弟岩为军情所戴。七月，友珪加刘岩检校太傅。"薛史梁末帝纪："贞明五年九月，削夺广州节度使刘岩官爵。"吴越备史载制词亦云"彭城岩"。盖嗣节度使后复名岩也。惟庄宗实录："同光三年二月，广南刘陟遣何词来使。"庄宗列传自嗣立至建号皆云刘陟。众说不同，未知孰是。今以其首尾名岩，故但称刘岩云。岩多延中国士人置于幕府，出为刺史，刺史无武人。

8 蜀主如利州，命太子监国；监，古衔翻。六月，癸丑朔，至利州。欲亲总兵以继伐岐之师。

9 燕王守光尝衣赭袍，衣，于既翻。赭，音者。赭袍，唐世天子之服。顾谓将吏曰："今天下大乱，英雄角逐，吾兵强地险，亦欲自帝，何如？"孙鹤曰："今内难新平，谓新平沧、德。斯言不当发于孙鹤。难，乃旦翻。公私困竭，太原窥吾西，契丹伺吾北，伺，相利翻。遽谋自帝，未见其可。大王但养士爱民，训兵积谷，德政既修，四方自服矣。"守光不悦。

又使人讽镇、定，求尊己为尚父，赵王镕以告晋王。晋王怒，欲伐之，诸将皆曰："是为恶极矣，行当族灭，不若阳为推尊以稔之。"稔其恶也。乃与镕及义武王处直、昭义李嗣昭、振武周德威、天德宋瑶六节度使五镇并河东为六；然自昭义以下皆属河东。共奉册推守光为尚书令、尚父。

守光不寤，以为六镇实畏己，益骄，乃具表其状曰："晋王等推臣，臣荷陛下厚恩，荷，下可翻。未之敢受。窃思其宜，不若陛下授臣河北都统，则并、镇不足平矣。"并，谓晋王，镇，谓赵王镕。上亦知其狂愚，乃以守光为河北道采访使，唐之盛时，置十道采访使，河北其一也；自安、史乱后不复除授。遣阁门使王瞳、受旨史彦群册命之。受旨，盖崇政院官属，犹枢密院承旨也。梁避庙讳，改"承"为"受"。

守光命僚属草尚父、采访使受册仪。乙卯，僚属取唐册太尉仪献之，守光视之，问何得无郊天、改元之事，对曰："尚父虽贵，人臣也，安有郊天、改元者乎？"守光怒，投之于地，曰："我地方二千里，带甲三十万，直作河北天子，谁能禁我！尚父何足为哉！"命趣具即帝位之仪，趣，读曰促。械系瞳、彦群及诸道使者于狱，既而皆释之。考异曰：庄宗列传刘守光传云："朱温命伪阁门使王瞳、供奉官史彦章等使燕，册守光为河北道采访使。六月，汴使至，守光令所司定尚父、采访使仪注，取二十四日受册。"朱温传亦云"史彦章"，庄宗实录作"史彦璋"。编遗录、薛史皆作"史彦群"，今从之。又庄宗实录："三月己丑，镇州遣押牙刘光业至，言刘守光凶淫纵毒，欲自尊大，请稔其恶以咎之，推为尚父。乙未，上至晋阳宫，召张承业诸将等议讨燕之谋，诸将亦云宜稔其祸。上令押衙戴汉超持墨制及六镇书如幽州，其辞曰：'天佑八年三月二十七日，天德军节度使宋瑶、振武节度使周德威、昭义节度使李嗣昭、易定节度使王处直、镇州节度使王镕、河东节度使·尚书令晋王谨奉册进卢龙、横海等军节度、检校太师兼中书令燕王为尚书令、尚父。'五月，六镇使至，汴使亦集。六月，守光令有司定尚父、采访使仪则。"梁太祖实录都不言守光事，惟编遗录云："三月壬辰，差阁门使王曈、受旨史彦群赍国礼赐幽州刘守光。甲午，守光连上表章，率以镇、定既与河东结欢，兼同差使请当道却行天佑年号事。守光寻捉王曈、史彦群上下一行并囚禁，数日后放出。"按庄宗实录及南唐烈祖实录皆云"三月辛亥晋王遣戴汉超推守光为尚父。"辛亥，三月二十七日也。壬辰乃三月初八日，王曈等安得已在幽州！甲午乃三月十日，守光安得上表云"六镇推臣为尚父"！编遗录月日多差错，今不取。

10 帝命杨师厚将兵三万屯邢州。欲攻赵也。

11 蜀诸将击岐兵，屡破之。秋，七月，蜀主西还，留御营使昌王宗铧屯利州。铧，火外翻。

12 辛丑，帝避暑于张宗奭第，开平元年张全义赐名宗奭见上卷。按薛史，张宗奭私第在洛阳会节坊。乱其妇女殆遍。宗奭子继祚不胜愤耻，胜，音升。欲弑之。宗奭止之曰："吾家顷在河阳，为李罕之所围，见二百五十七卷唐僖宗文德元年。啖木屑以度朝夕，啖，徒滥翻。赖其救我，得有今日，此恩不可忘也。"乃止。甲辰，还宫。

13 赵王镕以杨师厚在邢州，甚惧，九域志：邢州北至赵州一百四十四里耳。兵临其境，故甚惧。会晋王于承天军。晋王谓镕父友也，事之甚恭。镕先与晋王克用比肩事唐，且通好。镕以梁寇为忧，晋王曰："朱温之恶极矣，天将诛之，虽有师厚辈不能救也。脱有侵轶，轶，徒结翻。仆自帅众当之，帅，读曰率。叔父勿以为忧。"镕捧卮为寿，谓晋王为四十六舅。晋王第四十六。镕幼子昭诲从行，晋王断衿为盟，许妻以女。断，都管翻。衿，音今。妻，七细翻。由是晋、赵之交遂固。

14 八月，庚申，蜀主至成都。自利州还。

15 燕王守光将称帝，将佐多窃议以为不可，守光乃置斧质于庭质，椹也。曰："敢谏者斩！"孙鹤曰："沧州之破，鹤分当死，蒙王生全，事见上卷开平四年。分，扶问翻。刘守光囚父杀兄，幽、沧之人义不与共戴天可也。孙鹤受刘守文委任，不能以死殉之，乃衔守光生全之恩，忠谏而死，是可以死而不能死，可以无死而死也。以至今日，今日【章：十二行本不重"今日"二字；乙十一行本同；孔本同；张校同。】敢爱死而忘恩乎！窃以为今日之帝未可也。"守光怒，伏诸质上，令军士冎而啖之。冎，古瓦翻。啖，徒滥翻。鹤呼曰："不出百日，大兵当至！"【章：十二行本作"百日之外必有急兵"八字；乙十一行本同；张校同，云无注本与吴本同。】守光命以土窒其口，寸斩之。呼，火故翻。

甲子，守光即皇帝位，国号大燕，改元应天。以梁使王瞳为左相，卢龙判官齐涉为右相，史彦群为御史大夫。考异曰：编遗录云御史台副使。今从庄宗实录。受册之日，契丹陷平州，燕人惊扰。宋白曰：平州，舜十二州为营州之境。周官职方在幽州之地，春秋为山戎孤竹、白狄肥子二国地，汉为肥如、石城之地。唐武德初置平州于卢龙。

16 岐王使刘知俊、李继崇将兵击蜀，乙亥，王宗侃、王宗贺、唐道袭、王宗绍与之战于青泥岭，青泥岭在兴州长举县西北五十里，悬崖万仞，上多云雨，行者多逢泥淖。蜀兵大败，马步使王宗浩奔兴州，溺死于江，此江，嘉陵江也。道袭奔兴元。先是，步军都指挥使王宗绾城西县，号安远军，九域志：西县在兴元府西一百里。宗侃、宗贺等收散兵走保之，知俊、继崇追围之。众议欲弃兴元，道袭曰："无兴元则无安远，利州遂为敌境矣。九域志：兴元西至西县百里，西县抵利州界四十五里，自界首至利州二百六十四里。吾必以死守之。"蜀主以昌王宗铉为应援招讨使，定戎团练使王宗播为四招讨马步都指挥使，蜀主先已遣三招讨使戈岐，今又以王宗铉为应援招讨使，是为四招讨。将兵救安远军，壁于廉、让之间，廉水出大巴山北谷中。让水，其源起于廉水，溉田之馀，东南流至古廉水城之侧。二水在南郑县东南。杜佑曰：绵州昌明县有廉水、让水。宋白续通典：县有清廉乡、让水乡。与唐道袭合击岐兵，大破之于明珠曲。明日又战于皂口，斩其成州刺史李彦琛。

17 九月，帝疾稍愈，闻晋、赵谋入寇，自将拒之。戊戌，以张宗奭为西都留守。庚子，帝发洛阳。甲辰，至卫州，方食，军前奏晋军已出井陉。陉，音刑。帝遽命辇北趣邢洺，昼夜倍道兼行。丙午，至相州，九域志：卫州北至相州一百二十五里，自相州又北则趣邢洺。趣，七喻翻。闻晋兵不出，乃止。相州刺史李思安不意帝猝至，落然无具，坐削官爵。

18 湖州刺史钱镖酗酒杀人，镖，甫招翻。酗，吁句翻。恐吴越王镠罪之，冬，十月，辛亥朔，杀都监潘长、推官钟安德，奔于吴。

19 晋王闻燕主守光称帝，大笑曰："俟彼卜年，吾当问其鼎矣。"以周成王卜年、楚子问鼎之事戏笑守光。张承业请遣使致贺以骄之，使，疏吏翻；下通使之使同。晋王遣太原少尹李承勋往。承勋至幽州，用邻藩通使之礼。燕之典客者曰："吾王帝矣，公当称臣庭见。"见，贤遍翻。承勋曰："吾受命于唐朝为太原少尹，朝，直遥翻。燕王自可臣其境内，岂可臣他国之使乎！"守光怒，囚之数日，出而问之曰："臣我乎？"承勋曰："燕王能臣我王，则我请为臣；不然，有死而已！"守光竟不能屈。

20 蜀主如利州，闻王宗侃为岐所败，故复如利州，以为继援。命太子监国。决云军虞候王琮败岐兵，败，补迈翻。执其将李彦太，俘斩三千五百级。乙卯，捉生将彭君集破岐二寨，俘斩三千级。王宗侃遣裨将林思谔自中巴间行至泥溪，巴州在三巴之中，谓之中巴。兴元之南有大行路，径孤云两角，过米仓山则至巴州。按后唐伐蜀还，魏王继岌与李绍琛军行次舍泥溪，当在剑州北利州界。见蜀主告急，蜀主命开道都指挥使王宗弼将兵救安远，及刘知俊战于斜谷，破之。斜，余遮翻。谷，余玉翻。

21 甲寅夜，帝发相州，乙卯，至洹水。是夜，边吏言晋、赵兵南下，帝即时进军，丙辰，至魏县。洹水在魏州之西成安县界。九域志：魏州成安县有洹水镇。成安县在州西三十五里。魏县在魏州西三十五里。或告云："沙陀至矣！"士卒恟惧，多逃亡，严刑不能禁。既而复告云无寇，上下始定。败兵之气，没世不复，此之谓也。而复，扶又翻。戊午，贝州奏晋兵寇东武，寻引去。帝以夹寨、柏乡屡失利，夹寨之败见二百六十六卷开平二年，柏乡之败见上卷本年。故力疾北巡，思一雪其耻，意郁郁，多躁忿，功臣宿将往往以小过被诛，众心益惧。薛史本纪：帝至相州，左龙骧都教练使邓季筠、魏博马军都指挥使何令稠、右厢马军都指挥使陈令勋，以部下马瘦，并腰斩于军门；次魏县，先锋指挥使黄文靖伏诛。既而晋、赵兵竟不出。帝以忿兵轻行，求雪再败之耻，使其果与晋、赵遇，亦必败矣。十一月，壬午，帝南还。

22 燕主守光集将吏谋攻易定，幽州参军景城冯道以为未可；景城县属瀛州，汉旧县名。守光怒，系狱，或救之，得免。道亡奔晋，张承业荐于晋王，以为掌书记。冯道自此历事唐、晋、汉、周，位极人臣，不闻谏争，岂惩谏守光之祸邪。丁亥，王处直告难于晋。难，乃旦翻。

23 怀州刺史开封段明远妹为美人。戊子，帝至获嘉，九域志：获嘉县在怀州东北一百五十里。明远馈献丰备，帝悦。段明远后改名凝，阶此宠任，位为上将，梁遂以亡。

24 庚寅，保塞节度使高万兴奏遣都指挥使高万金将兵攻盐州，刺史高行存降。考异曰：实录："开平三年六月乙未，灵武韩逊奏收复盐州，擒伪刺史李继直已下六十二人。"至此年降高行存下云："盐州与吐蕃、党项犬牙相接，为二境咽喉之地；又乌池盐醛之利，戎、羌意未尝息。唐建中初为吐蕃所陷，砥其墉而去，由是银、夏、宁、延泊于灵武，岁以河南、山东、淮南、青、徐、江、浙等道兵士不啻四万分护其地，谓之防秋。贞元九年，朝政稍暇，乃命副元帅浑瑊总兵三万复取其地，建百雉焉，自是虏尘乃息，边患遂止。唐代革命，又复失之。今才动偏师，遽收襟要，国之右臂，疮疣其息哉！"

李茂贞养子多连“继”字。开平三年所收，似属凤翔。今又收复，云“唐革命失之”，前后必一误，或者开平既得又失之也。

25 壬辰，帝至洛阳，疾复作。复，扶又翻。

26 蜀王宗弼败岐兵于金牛，败，补迈翻；下同。拔十六寨，俘斩六千馀级，擒其将郭存等。丙申，王宗锷、王宗播败岐兵于黄牛川，擒其将苏厚等。丁酉，蜀主自利州如兴元。援军既集，安远军望其旗，旗，谓蜀主之旗也。王宗侃等鼓噪而出，与援军夹攻岐兵，大破之，拔二十一寨，斩其将李廷志等。己亥，岐兵解围遁去。解安远之围而遁。唐道袭先伏兵于斜谷邀击，又破之。庚子，蜀主西还。岐兵既败走，遂还。

岐王左右石简颙谗刘知俊于岐王，颙，鱼容翻。王夺其兵。李继崇言于王曰：“知俊壮士，穷来归我，不宜以谗废之。”王为之诛简颙以安之。为，于伪翻。继崇召知俊举族居于秦州。李继崇时镇秦州。继崇寻不能守秦州，刘知俊由此亦降于蜀。

27 戊申，燕主守光将兵二万寇易定，攻容城。容城，汉县名，唐属易州，宋属雄州。王处直告急于晋。

28 十二月，乙卯，以朗州留后马賨为永顺节度使、同平章事。賨，徂宗翻。马殷之弟也。

29 镇南留后卢延昌游猎无度，百胜军指挥使黎球杀之，自立；将杀谭全播，全播称疾请老，乃免。丙辰，以球为虔州防御使。未几，球卒，几，居岂翻。牙将李彦图代知州事，全播愈称疾笃。刘岩闻全播病，发兵攻韶州，破之，刺史廖爽奔楚，唐天复二年，虔人取韶州，至是复为刘氏。廖，力救翻。楚王殷表为永州刺史。

30 丁巳，蜀主至成都。自兴元还至成都。

31 戊午，以静海留后曲美为节度使。

32 癸亥，以静江行军司马姚彦章为宁远节度副使，权知容州，从楚王殷之请也。刘岩遣兵攻容州，殷遣都指挥使许德勋以桂州兵救之；彦章不能守，乃迁容州士民及其府藏奔长沙，岩遂取容管及高州。藏，徂浪翻。开平四年，楚取容管及高州，至是弃之。

33 甲子，晋王遣蕃汉马步总管周德威将兵三万攻燕，以救易定。

34 是岁，蜀主以内枢密使潘炕为武泰节度使，唐置武泰军于黔州。炕从弟宣徽南院使峭为内枢密使。从，才用翻。峭，七肖翻。

二年（壬申、九一二）

1 春，正月，德威东出飞狐，自代州出飞狐。宋白曰：飞狐县，汉代郡地。曹魏封乐进于广昌侯国，后周于五龙城置广昌县；隋改飞狐县，因县北飞狐口为名。与赵王将王德明、义武将程岩会于易水。赵王，王镕。义武，王处直。丙戌，三镇兵进攻燕祁沟关，下之；三镇，并、镇、定。祁沟关在涿州南，易州拒马河之北。自关而西至易州六十里。拒马河东至新城县四十里。戊子，围涿州。宋白曰：涿州，古涿鹿地。汉高帝置涿郡，魏改范阳郡，取汉涿县在范水之阳为名。唐大历四年立涿州。南至莫州一百六十里，东北至幽州一百二十里。刺史刘知温城守，守，手又翻。刘守奇之客刘去非大呼于城下，呼，火故翻。谓知温曰："河东小刘郎来为父讨贼，为，于伪翻。何豫汝事而坚守邪？"守奇免胄劳之，刘守奇奔晋，见二百六十六卷开平元年。劳，力到翻。知温拜于城上，遂降。周德威疾守奇之功，谮诸晋王，此周德威之褊也。降，户江翻。王召之；守奇恐获罪，与去非及进士赵凤来奔，上以守奇为博州刺史。去非、凤，皆幽州人也。先是，燕主守光籍境内丁壮，悉文面为兵，虽士人不免，凤诈为僧奔晋，守奇客之。先，悉荐翻。

丁酉，德威至幽州城下，守光来求救。二月，帝疾小愈，议自将击镇、定以救之。

2 帝闻岐、蜀相攻，辛酉，遣光禄卿卢玭等使于蜀，遗蜀主书，玭，蒲眠翻。遗，唯季翻。呼之为兄。帝与蜀主偕起于细微者也。蜀兵强地险，帝自度力不能制，故用敌国礼，呼之为兄。

3 甲子，帝发洛阳。从官以帝诛戮无常，多惮行，帝闻之，益怒。是日，至白马顿，赐从官食，多未至，遣骑趣之于路。从，才用翻。趣，读曰促。左散骑常侍孙骘、右谏议大夫张衍、兵部郎中张俊最后至，帝命扑杀之。骘，职日翻。扑，弼角翻。考异曰：梁祖实录云赐自尽，今从庄宗实录。衍，宗奭之侄也。

丙寅，帝至武陟。九域志：武陟县在怀州东八十里。段明远供馈有加于前。丁卯，至获嘉，帝追思李思安去岁供馈有阙，贬柳州司户，告辞称明远之能曰："观明远之忠勤如此，见思安之悖慢何如！"寻长流思安于崖州，赐死。时远贬者悉赐死。柳州远逾岭峤，崖州再涉鲸波，思安宁得至邪！明远后更名凝。更，工衡翻。

乙亥，帝至魏州，命都招讨使宣义节度使杨师厚、副使·前河阳节度使李周彝围枣强，招讨应接使·平卢节度使贺德伦、副使·天平留后袁象先围蓨县。九域志：枣强县在镇州东南五十五里。蓨县在冀州东北一百五十里。宋白曰：蓨县即汉条侯国，隋开皇五年改条县为蓨县。蓨，音条。德伦，河西胡人；象先，下邑人也。

戊寅，帝至贝州。

4 辰州蛮酋宋邺、昌师益皆帅众降于楚，酋，慈由翻。帅，读曰率。楚王殷以邺为辰州刺史，师益为溆州刺史。溆，音叙。

5 帝昼夜兼行，三月，辛巳，至下博南，登观津冢。汉观津县古城东南有青山，即汉文帝窦后父少消冢也。消是县人，遭秦之乱，渔钓隐身，坠渊而死。景帝立，后遣使者填以葬父，起大坟于观津城东南，县民谓之窦氏青山。赵将符习引数百骑巡逻，不知是帝，遽前逼之。或告曰："晋兵大至矣！"帝弃行幄，亟引兵趣枣强，与杨师厚军合。逻，郎佐翻。自下博至枣强六十馀里。趣，七喻翻。习，赵州人也。

枣强城小而坚，赵人聚精兵数千人守之，师厚急攻之，数日不下，城坏复修，死伤者以万数。此言攻城之卒死伤者也。城中矢石将竭，谋出降，有一卒奋曰："贼自柏乡丧败已来，视我镇人裂眦，丧，息浪翻。眦，疾智翻。今往归之，如自投虎狼之口耳。困穷如此，何用身为！我请独往试之。"夜，缒城出，诣梁军诈降，缒，驰伪翻。李周彝召问城中之备，对曰："非半月未易下也。"易，以豉翻。因谋曰："谋"，当作"请"。"某既归命，愿得一剑，效死先登，取守城将首。"将，即亮翻。周彝不许，使荷担从军。卒得间举担击周彝首，踣地，左右救至，得免。荷，下可翻，又如字。担，都滥翻。间，古苋翻。踣，蒲北翻。考异曰：庄宗实录："顷之，周彝昼寝，左右未至，其人抽担击周彝首，踣于地，求兵仗不获。周彝大呼，左右救至，获免。卒睨周彝曰：'吾比欲剸刃于朱温之腹，非图尔也，误矣。'"编遗录云："时有一百姓来投军中，李周彝收于部伍间，谓周彝曰：'请赐一剑，愿先登以收其墙。'未许间，忽然抽茶担子挥击周彝，头上中担，几仆于地。左右擒之，元是枣强邑中遣来诈降，本意欲窥算招讨使杨师厚，斯人不能辨，乃误中周彝。"按此卒从周彝请剑，周彝不许而令负担，岂不知周彝非温也。又帝王与将帅居处侍卫不同，岂容不识而误中之！若本欲杀杨师厚，则似近之。今既可疑，皆不取。帝闻之，愈怒，命师厚昼夜急攻，丙戌，拔之，无问老幼皆杀之，流血盈城。

初，帝引兵渡河，声言五十万。晋忻州刺史李存审屯赵州，患兵少，裨将赵行实请入土门避之，存审不可。入土门则退归晋阳矣。及贺德伦攻蓨县，存审谓史建瑭、李嗣肱曰："吾王方有事幽蓟，无兵此来，南方之事委吾辈数人。今蓨县方急，吾辈安得坐而视之！使贼得蓨县，必西侵深、冀，患益深矣。当与公等以奇计破之。"存审乃引兵扼下博桥，漳水径下博县，盖跨漳水为桥也。使建瑭、嗣肱分道擒生。建瑭分其麾下为五队，队各百人，一之衡水，一之南宫，一之信都，信都，汉古县，唐带冀州。盖其治所虽在郭下，而所管地界则环冀州近郊皆是也。一之阜城，自将一队深入，与嗣肱遇梁军之樵刍者皆执之，获数百人。明日会于下博桥，皆杀之，留数人断臂纵去，曰："为我语朱公：晋王大军至矣！"断，音短。为，于伪翻。语，牛倨翻。时蓨县未下，帝引杨师厚兵五万，就贺德伦共攻之。丁亥，始至县西，未及置营，建瑭、嗣肱各将三百骑，效梁军旗帜服色，与樵刍者杂行，帜，昌志翻。日且暮，至德伦营门，杀门者，纵火大噪，弓矢乱发，左右驰突，既暝，各斩馘执俘而去。营中大扰，不知所为。断臂者复来曰："晋军大至矣！"复，扶又翻。帝大骇，烧营夜遁，以朱温之狡，济之以杨师厚，使遇他敌，犹在乱而能整。今史建瑭等以奇兵挠之，遂相与狼狈，至于散遁不能复振者，主将上下先有畏晋之心故也。迷失道，委曲行百五十里，戊子旦乃至冀州；蓨之耕者皆荷锄奋梃逐之，委弃军资器械不可胜计。梃，徒鼎翻。胜，音升。既而复遣骑觇之，觇，丑廉翻，又丑艳翻。曰："晋军实未来，此乃史先锋游骑耳。"晋王以史建瑭为先锋指挥使，故称之。帝不胜惭愤，亲御六军，见敌之游兵而遁，故惭；师屡出而屡败，故愤。不能自胜，言其甚也。由是病增剧，不能乘肩舆。留贝州旬馀，诸军始集。溃散之甚，久而后集。

6 义昌节度使刘继威年少，淫虐类其父，刘继威父守光。淫于都指挥使张万进家，万进怒，杀之。诘旦，召大将周知裕，告其故。万进自称留后，以知裕为左都押牙。庚子，遣使奉表请降，亦遣使降于晋；晋王命周德威安抚之。知裕心不自安，【章：十二行本"安"下有"求为景州刺史"六字；乙十一行本同；孔本同；退斋校同。】遂来奔，帝为之置归化军，为，于伪翻。以知裕为指挥使，凡军士自河朔来者皆隶之。辛丑，以万进为义昌留后。甲辰，改义昌为顺化军，以万进为节度使。为杨师厚劫徙张万进张本。

7 乙巳，帝发贝州；丁未，至魏州。贝州南至魏州二百一十里。

8 戊申，周德威遣裨将李存晖等攻瓦桥关，九域志：瓦桥关在涿州南一百二十里。其将吏及莫州刺史李严皆降。严，幽州人也，涉猎书传，传，直恋翻。晋王使傅其子继岌，严固辞。晋王怒，将斩之，教练使孟知祥徒跣入谏曰："强敌未灭，大王岂宜以一怒戮向义之士乎！"言非所以招怀燕人。乃免之。知祥，迁之弟子，孟迁以邢州降晋，又背晋以邢州降梁者也。孟知祥始此。李克让之婿也。李克让，晋王克用之弟。

9 吴镇南节度使刘威，歙州观察使陶雅，宣州观察使李遇，常州刺史李简，皆武忠王旧将，有大功，杨行密谥武忠王。以徐温自牙将秉政，徐温自右牙指挥使秉政，见二百六十六卷开平元年。内不能平；李遇尤甚，常言："徐温何人，吾未尝识面，一旦乃当国邪！"

馆驿使徐玠使于吴越，道过宣州，温使玠说遇入见新王，说，式芮翻。见，贤遍翻。遇初许之；玠曰："公不尔，不尔，犹言不如此也。人谓公反。"遇怒曰："君言遇反，杀侍中者非反邪！"侍中，谓威王也。杨渥谥威王。李遇斥言徐温杀之。温怒，以淮南节度副使王檀为宣州制置使，"王檀"恐当作"王坛"。数遇不入朝之罪，数，所具翻。朝，直遥翻；下同。遣都指挥使柴再用帅升、润、池、歙兵纳檀于宣州，帅，读曰率。升州副使徐知诰为之副。遇不受代，再用攻宣州，逾月不克。

10 夏，四月，癸丑，以楚王殷为武安、武昌、静江、宁远节度使，洪、鄂四面行营都统。欲使攻杨氏之洪、鄂也。

11 乙卯，博王友文来朝，来朝于魏州行宫。请帝还东都。丁巳，发魏州；己未，至黎阳，以疾淹留；乙丑，至滑州。黎阳至滑州，隔大河耳。今滑州古城已沦于河。

12 维州羌胡董琢反，蜀主遣保銮军使赵绰讨平之。

13 己巳，帝至大梁。

14 帝闻岭南与楚相攻，甲戌，以右散骑常侍韦戬等为潭、广和叶使，戬，子践翻。往解之。

15 戊寅，帝发大梁。

16 周德威白晋王，以兵少不足攻城，言幽州城大而固，非兵少所能攻。晋王遣李存审将吐谷浑、契苾骑兵会之。契，欺讫翻。李嗣源攻瀛州，刺史赵敬降。

17 五月，甲申，帝至洛阳，疾甚。

18 司空、门下侍郎、同平章事薛贻矩卒。

19 燕主守光遣其将单廷珪将精兵万人出战，与周德威遇于龙头冈。龙头冈在幽州城东南。考异曰：庄宗实录作"羊头冈"，今从庄宗列传。庄宗实录："四月己卯朔，周德威擒单廷珪，进军大城庄。"薛史及庄宗列传周德威传云，"五月七日擒廷珪，十二日次大城庄。"今从之。廷珪曰："今日必擒周杨五以献。"杨五者，德威小名也。既战，见德威于陈，陈，读曰阵。援枪单骑逐之，援，于元翻。枪及德威背，德威侧身避之，奋檛反击廷珪坠马，单廷珪之马方疾驰，势不得止。周德威侧身避其锋，马差过前，则德威已在枪里，奋檛击廷珪，廷珪安所避之，此其所以坠马也。格斗之势，刀不如棒，谓此也。生擒，置于军门。燕兵退走，德威引骑乘之，燕兵大败，斩首三千级。廷珪，燕骁将也，燕人失之，夺气。

20 己丑，蜀大赦。

21 李遇少子为淮南牙将，遇最爱之，徐温执之，至宣州城下示之，其子啼号求生，少，诗照翻。号，户高翻。遇由是不忍战。举大事者不顾家。李遇既与徐温为敌，乃顾一子邪！温使典客何荛入城，以吴王命说之荛，如招翻。说，式芮翻。曰："公本志果反，请斩荛以徇；不然，随荛纳款。"遇乃开门请降，温使柴再用斩之，夷其族。于是诸将始畏温，莫敢违其命。诸将，谓刘威、陶雅辈。

徐知诰以功迁升州刺史。知诰事温甚谨，安于劳辱，或通夕不解带，温以是特爱之，每谓诸子曰："汝辈事我能如知诰乎？"徐温以善事杨行密而窃吴国之权，徐知诰以善事徐温而窃徐氏之权，天邪，人邪！时诸州长吏多武夫，专以军旅为务，不恤民事；知诰在升州，独选用廉吏，修明政教，招延四方士大夫，倾家赀无所爱。洪州进士宋齐丘，好纵横之术，好，呼到翻。纵，子容翻。谒知诰，知诰奇之，辟为推官，与判官王令谋、参军王翃专主谋议，翃，乎萌翻。以牙吏马仁裕、周宗、曹悰为腹心。悰，徂宗翻。仁裕，彭城人；宗，涟水人也。为知诰篡杨氏张本。

22 闰月，壬戌，帝疾增甚，谓近臣曰："我经营天下三十年，帝以唐僖宗中和三年镇宣武，创业之始也，至是年三十一年。不意太原馀孽更昌炽如此！谓晋也。孽，鱼列翻。吾观其志不小，天复夺我年，复，扶又翻；下同。我死，诸儿非彼敌也，吾无葬地矣！"因哽咽，哽，古杏翻。绝而复苏。气绝而复息为苏。

23 高季昌潜有据荆南之志，乃奏筑江陵外郭，增广之。

24 丙寅，蜀门下侍郎、同平章事王锴罢为兵部尚书。锴，口骇翻。

25 帝长子郴王友裕早卒。郴，丑林翻。次假子博王友文，友文本姓康，名勤。帝特爱之，常留守东都，兼建昌宫使。帝以大梁旧第为建昌宫。次郢王友珪，其母亳州营倡也，倡，音昌。薛史：友珪小字遥喜，母失其姓，本亳州营妓也。唐光启中，帝徇地亳州，召而侍寝。月馀，将舍之而去，以娠告。是时元贞张后贤而有宠，帝素惮之，由是不果携归大梁，因留亳州，以别宅贮之。及期，妓以生男来告，帝喜，故字之曰"遥喜"。后迎归汴。为左右控鹤都指挥使。【章：十二行本"使"下有"无宠"二字；乙十一行本同；孔本同；张校同。】次均王友贞，为东都马步都指挥使。

初，元贞张皇后严整多智，帝敬惮之。后殂，张后殂于唐昭宗天佑元年。帝纵意声色，诸子虽在外，常征其妇入侍，帝往往乱之。友文妇王氏色美，帝尤宠之，虽未以友文为太子，帝意常属之。属，之欲翻。友珪心不平。友珪尝有过，帝挞之，友珪益不自安。帝疾甚，命王氏召友文于东都，欲与之诀，且付以后事。友珪妇张氏亦朝夕侍帝侧，知之，密告友珪曰："大家以传国宝付王氏怀往东都，吾属死无日矣。"夫妇相泣。左右或说之曰："事急计生，何不改图，时不可失！"古人有言曰："淫而不父，必有子祸。"岂不信哉！说，式芮翻。

六月，丁丑朔，帝命敬翔出友珪为莱州刺史，即令之官。已宣旨，未行敕。敬翔时为宣政使，故使之行敕。翔佐帝有年矣，军国大谋无不预，随事弥缝，转帝凶暴之气以成，功亦不为小。寝疾弥留而出友珪于外，使翔能为之谋，则必有以处友珪，而帝免剚刃之祸。颠而不扶，焉用彼相哉！时左迁者多追赐死，友珪益恐。

戊寅，友珪易服微行入左龙虎军，见统军韩勍，以情告之。勍亦见功臣宿将多以小过被诛，惧不自保，遂相与合谋。臣子俱逆，亦上之人有以致之也。被，皮义翻。勍以牙兵五百人从友珪杂控鹤士入，伏于禁中，梁以侍卫亲军为控鹤军。中夜斩关入，至寝殿，侍疾者皆散走。帝惊起，问："反者为谁？"友珪曰："非他人也。"帝曰："我固疑此贼，恨不早杀之。汝悖逆如此，天地岂容汝乎！"悖，蒲内翻，又蒲没翻。友珪曰："老贼万段！"友珪仆夫冯廷谔刺帝腹，刃出于背。刺，七亦翻。友珪自以败毡裹之，瘗于寝殿，年六十一。瘗，于计翻。秘不发丧。遣供奉官丁昭溥驰诣东都，命均王友贞杀友文。

己卯，矫诏称："博王友文谋逆，遣兵突入殿中，赖郢王友珪忠孝，将兵诛之，保全朕躬。然疾因震惊，弥致危殆，宜令友珪权主军国之务。"韩勍为友珪谋，为，于伪翻。多出府库金帛赐诸军及百官以取悦。

辛巳，丁昭溥还，还，从宣翻。闻友文已死，乃发丧，宣遗制，友珪即皇帝位。

时朝廷新有内难，中外人情恟恟。难，乃旦翻。恟，许勇翻。许州军士更相告变，匡国节度使韩建皆不之省，亦不为备；更，工衡翻。省，悉景翻。史言韩建死期将至。丙申，马步都指挥使张厚作乱，杀建，考异曰：庄宗实录，九月建遇害。今从薛史。友珪不敢诘，诘，去吉翻。甲辰，以厚为陈州刺史。

26 秋，七月，丁未，大赦。

27 天雄节度使罗周翰幼弱，军府事皆决于牙内都指挥使潘晏；北面都招讨使、宣义节度使杨师厚军于魏州，久欲图之，惮太祖威严，不敢发。至是，师厚馆于铜台驿，因铜雀台以名驿。然铜雀台在邺，不在魏州。潘晏入谒，执而杀之，引兵入牙城，据位视事。壬子，制以师厚为天雄节度使，考异曰：梁功臣列传杨师厚传云："太祖初弃天下，郡府乘间为乱甚众。魏之衙内都指挥使潘晏与大将臧延范、赵训将谋反变；有密告者，师厚布兵擒捕，斩之。七月除魏博节度使。"薛史师厚传略同。今从庄宗列传朱友珪传及庄宗实录。徙周翰为宣义节度使。唐僖宗文德元年，罗弘信得魏博，传子至孙而亡。

28 以侍卫诸军使韩勍领匡国节度使。韩勍以同逆领节。

29 甲寅，加吴越王镠尚父。

30 甲子，以均王友贞为开封尹、东都留守。

31 蜀太子元坦更名元膺。宗懿更名元坦，见上卷开平四年。按欧史，蜀主建时得铜牌子于什仿县，有文二十馀字，建以为符谶，因取之以名诸子，故又更名元膺。更，工衡翻。

32 丙寅，废建昌宫使，以河南尹张宗奭为国计使，凡天下金谷旧隶建昌宫者悉主之。梁祖受禅，以博王友文领建昌宫使，专领金谷。友珪既杀友文，故废之而置国计使。

33 八月，龙骧军三千人戍怀州者，戍怀州所以备晋人自上党下太行以窥洛阳。溃乱东走，所过剽掠；剽，匹妙翻。考异曰：庄宗列传友珪传云："重霸据怀州为乱，壮健者团结于巩村，将为朱温雪耻。"明宗实录杜晏球传云："龙骧军作乱，欲入京城，已至河阳。"今按梁祖实录，戊子郑州奏称怀州屯驻龙骧骑军溃散，十一日夜至州南十五里巩村安下，及五鼓分队逃逸，安得据怀州及至河阳事也！戊子，遣东京马步军都指挥使霍彦威、左耀武指挥使杜晏球讨之，庚寅，击破乱军，执其都将刘重遇于鄢陵，甲午，斩之。为友贞以龙骧军起义诛友珪张本。

34 郢王友珪既篡立，诸宿将多愤怒，虽曲加恩礼，终不悦。告哀使至河中，护国节度使冀王朱友谦泣曰："先帝数十年开创基业，前日变起宫掖，声闻甚恶，闻，音问。吾备位藩镇，心窃耻之。"朱友谦本陕州牙将朱简也，唐末附朱温，赐名友谦，列于诸子，故因此声友珪弑逆之罪。律以古法，臣弑君，子弑父，凡在官者杀无赦，则友珪之罪，凡为梁之臣子者皆得而诛之也。友珪加友谦侍中、中书令，以诏书自辨，且征之。友谦谓使者曰："所立者为谁？先帝晏驾不以理，吾且至洛阳问罪，何以征为！"戊戌，以侍卫诸军使韩勍为西面行营招讨使，督诸军讨之。友谦以河中附于晋以求救，九月，丁未，以感化节度使康怀贞为河中都招讨使，更以韩勍副之。

35 友珪以兵部尚书知崇政院事敬翔，太祖腹心，恐其不利于己，欲解其内职，内职，谓知崇政院事。恐失人望，庚午，以翔为中书侍郎、同平章事；壬申，以户部尚书李振充崇政院使。翔多称疾不预事。敬翔、李振于此时皆先朝佐命功臣也。李振代敬翔领崇政院使，则振与友珪同恶。敬翔虽称疾不预事，若律之以古人主在与在主亡与亡之法，亦不免于死。

36 康怀贞等与忠武节度使牛存节合兵五万屯河中城西，攻之甚急。晋王遣其将李存审、李嗣肱、李嗣恩将兵救之，败梁兵于胡壁。败，补迈翻。嗣恩，本骆氏子也。欧史义儿传，嗣恩本姓骆，吐谷浑部人。

37 吴武忠王之疾病也，周隐请召刘威，事见二百六十五卷唐天佑二年。威曰【章：十二行本“曰”作“由”；乙十一行本同；孔本同；熊校同。】是为帅府所忌。帅府，谓广陵帅府。帅，所类翻。或谮之于徐温，温将讨之。威幕客黄讷说威曰：说，式芮翻。“公受谤虽深，反本无状，若轻舟入觐，则嫌疑皆亡矣。”威从之。陶雅闻李遇败，亦惧，与威偕诣广陵，温待之甚恭，如事武忠王之礼，优加官爵，雅等悦服，由是人皆重温。讷，苏州人也。温与威、雅帅将吏请于李俨，承制加嗣吴王隆演太师、吴王，隆演之嗣吴王，李茂贞承制所加也。杨行密因李俨来使尊之承制，徐温等因其旧而请于俨。帅，读曰率。以温领镇海节度使、同平章事，淮南行军司马如故。温遣威、雅还镇。刘威镇洪州，陶雅镇歙州。徐温事威、雅如事杨行密，贵而不敢忘旧者，能矫情为之；至于遣威、雅归镇，不特时人服之，威、雅亦心服矣。自古以来，英雄分量固自不同，至于随其分量以制一时之事则一也。善观史者毋忽诸！

38 辛巳，蜀改剑南东川曰武德军。

39 朱友谦复告急于晋，复，扶又翻。冬，十月，晋王自将自泽潞而西，不自太原南出汾、晋。将，即亮翻。遇康怀贞于解县，宋白曰：解县，汉旧县，后魏改为北解县。按此前解县在临晋县界，隋开皇十六年于此置解县，大业二年省，九年自绥化故城移虞乡县于废县理。唐武德元年改虞乡县为解县，仍于蒲州界别置虞乡县。九域志：解在蒲州东九十五里，虞乡在蒲州东六十里。解，户买翻。考异曰：庄宗同光四年实录、庄宗列传、薛史、唐馀录朱友谦传皆云“与汴军遇于平阳，大破之。”今从庄宗天佑九年实录。大破之，斩首千级，追至白径岭而还。白径岭在河中安邑县东。梁兵解围，退保陕州。九域志：河中南至陕州二百三十八里。陕，失冉翻。友谦身自至猗氏谢晋王，九域志：猗氏县在河中府东北九十五里。从者数十人，撤武备，诣晋王帐，拜之为舅。晋王夜置酒张乐，友谦大醉。晋王留宿帐中，友谦安寝，鼾息自如。朱友谦以此示委心晋王，无所猜间也。鼾，下旦翻。明旦复置酒而罢。

40 杨师厚既得魏博之众，又兼都招讨使，宿卫劲兵多在麾下，诸镇兵皆得调发，调，徒钓翻。威势甚重，心轻郢王友珪，遇事往往专行不顾。友珪患之，发诏召之，云“有北边军机，欲与卿面议。”师厚将行，其腹心皆谏曰：“往必不测。”师厚曰：“吾知其为人，虽往，如我何！”乃帅精兵万馀人，渡河趣洛阳，帅，读曰率。趣，七喻翻。友珪大惧。丁亥，至都门，城外郭门曰都门。留兵于外，与十馀人入见，见，贤遍翻。友珪喜，甘言逊词以悦之，赐与巨万。癸巳，遣还。

41 十一月，赵将王德明将兵三万掠武城，武城，汉之东武城县，唐属贝州。九域志：在州东五十里。至于临清，攻宗城，下之。癸丑，杨师厚伏兵唐店，邀击，大破之，斩首五千馀级。

42 甲寅，葬神武元圣孝皇帝于宣陵，宣陵在河南伊阙县。庙号太祖。

43 吴淮南节度副使陈璋等将水军袭楚岳州，执刺史苑玫；开平元年，楚取岳州；三年，苑玫降楚，至此为淮南所执。玫自江西降楚，楚使之守岳州也。楚王殷遣水军都指挥使杨定真救岳州。璋等进攻荆南，高季昌遣其将倪可福拒之。吴恐楚人救荆南，遣抚州刺史刘信帅江、抚、袁、吉、信五州兵屯吉州，为璋声援。屯吉州以张声势，若将进兵攻潭、衡者，以牵制楚兵。

44 十二月，戊寅，蜀行营都指挥使王宗汾攻岐文州，拔之，守将李继夔走。文州，古阴平之地。将，即亮翻；下同。

45 是岁，隰州都将刘训杀刺史，以州降晋，晋王以为瀛州刺史。训，永和人也。永和县属隰州，汉狐谡县地，隋为永和县。九域志：在州西一百里。

46 虔州防御使李彦图卒，州人奉谭全播知州事，遣使内附，诏以全播为百胜防御使、虔·韶二州节度开通使。虔州先有百胜指挥，今因以为军州之号。开通使者，言使之开通道路，南达交、广也。

47 高季昌出兵，声言助梁伐晋，进攻襄州，山南东道节度使孔勍击败之。自是朝贡路绝。高季昌既与孔勍交恶，入梁之路遂绝，不复朝贡。败，补迈翻。勍，兖州人也。

均王上上 讳友贞，太祖第三子。王溥会要曰：太祖第四子，母曰元贞皇后张氏。即位，改名瑱，其后又改名锽。余按王溥云第四子者，并假子博王友文数之也。

乾化三年（癸酉、九一三）

1 春，正月，丁巳，晋周德威拔燕顺州。唐贞观四年平突厥，以其部落置顺、佑、化、长四州，六年，以顺州侨治营州南之五柳戍。沈括曰：幽州东北三十里有望京馆，东行少北十里馀出古长城，又二十里至中顿，又逾孙侯河行二十里至顺州，其北平斥，土厚宜稼。又东北行七十里至檀州。金人疆域图：顺州至燕京一百十五里。匈奴须知：顺州南至燕京九十里。其载道里远近不同，今并存之。宋白曰：幽州东北至顺州八十里。大元顺州领怀柔、密云二县，属大同〔都〕府路。

2 癸亥，郢王友珪朝享太庙；朝，直遥翻。甲子，祀圜丘，大赦，改元凤历。考异曰：庄宗列传云"七日"，实录云"庚戌，友珪祀圜丘，改元。"今从薛史。

3 吴陈璋攻荆南，不克而还，荆南兵与楚兵会于江口以邀之；江口，荆江口也。还，音旋，又如字。璋知之，舟二百艘骈为一列，夜过，二镇兵遽出追之，不能及。艘，苏遭翻。

4 晋周德威拔燕安远军，蓟州将成行言等降于晋。将，即亮翻。宋白曰：蓟州治渔阳，本春秋无终子之国，隋开皇初徙玄州于此，炀帝废州，立渔阳郡。唐初废郡，其地属幽州；开元十八年置蓟州，取古蓟门关以名。州西至幽州二百一十里。

5 二月，壬午，蜀大赦。

6 郢王友珪既得志，遽为荒淫，内外愤怒，友珪虽啖以金缯，终莫之附。啖，徒滥翻。缯，慈陵翻。驸马都尉赵岩，犨之子，赵犨守陈州，拒黄巢有功，见唐僖宗纪。太祖之婿也；岩尚太祖女长乐公主。左龙虎统军、侍卫亲军都指挥使袁象先，太祖之甥也。袁象先父敬初，尚太祖妹万安大长公主。岩奉使至大梁，使，疏吏翻。均王友贞密与之谋诛友珪，岩曰："此事成败，在招讨杨令公耳。杨师厚官中书令，为北面都招讨使，故称之。得其一言谕禁军，吾事立办。"时梁重兵皆在杨师厚之手，又勋名为众所服，故欲得其言谕禁军。均王乃遣腹心马慎交之魏州说杨师厚曰："郢王篡弒，人望属在大梁，说，式芮翻。属，之欲翻。公若因而成之，此不世之功也。"且许事成之日赐犒军钱五十万缗。犒，苦到翻。师厚与将佐谋之，曰："方郢王弒逆，吾不能即讨；今君臣之分已定，分，扶问翻。无故改图，可乎？"或曰："郢王亲弒君父，贼也；均王举兵复雠，义也。奉义讨贼，何君臣之有！彼若一朝破贼，公将何以自处乎？"处，昌吕翻。师厚曰："吾几误计。"几，居依翻。乃遣其将王舜贤至洛阳，阴与袁象先谋，遣招讨马步都虞候谯人朱汉宾将兵屯滑州为外应。谯，汉县，唐带亳州。赵岩归洛阳，亦与象先密定计。

友珪治龙骧军溃乱者，去年怀州龙骧军乱。治，直之翻。搜捕其党，获者族之，经年不已。时龙骧军有戍大梁者，友珪征之，均王因使人激怒其众曰："天子以怀州屯兵叛，追汝辈欲尽坑之。"考异曰：庄宗列传朱友贞传及薛史、欧阳史末帝纪云："左、右龙骧都戍汴，友贞伪作友珪诏，追还洛下。"庄宗实录云："友珪疑而召之。"按梁太祖实录云："丙戌，东京言龙骧军准诏追赴西京，军情不肯进发。"实友珪征之，非友贞伪作诏，但激怒言坑之耳。其众皆惧，莫知所为。丙戌，均王奏龙骧军疑惧，未肯前发。戊子，龙骧将校见均王，泣请可生之路，将，即亮翻。校，户教翻。王曰："先帝与汝辈三十馀年征战，经营王业。今先帝尚为人所弒，汝辈安所逃死乎！"因出太祖画像示之而泣曰："汝能自趣洛阳雪雠耻，趣，七喻翻。则转祸为福矣。"众皆踊跃呼万岁，请兵仗，王给之。

庚寅旦，袁象先等帅禁兵数千人突入宫中。帅，读曰率。友珪闻变，与妻张氏及冯廷谔趋北垣楼下，将逾城，自度不免，趋，七喻翻。度，徒洛翻。令廷谔先杀妻，后杀己，廷谔亦自刭。刭，古顶翻，断首也。诸军十馀万大掠都市，汴兵未至洛阳，禁卫诸军已杀友珪矣。百司逃散，中书侍郎、同平章事杜晓、侍讲学士李珽皆为乱兵所杀，珽，他鼎翻。门下侍郎、同平章事于兢、宣政使李振被伤。至晡乃定。

象先、岩赍传国宝诣大梁迎均王，王曰："大梁国家创业之地，梁祖自宣武节度使并诸镇。何必洛阳!"乃即帝位于大梁，复称乾化三年，追废友珪为庶人，复博王友文官爵。

7 丙申，晋李存晖攻燕檀州，刺史陈确以城降。匈奴须知：檀州南至燕京一百六十里，东南至蓟州一百九十里。宋白曰：檀州，古白檀之地。

8 蜀唐道袭自兴元罢归，复为枢密使。太子元膺廷疏道袭过恶，疏，分列也。于朝会廷中条分列言其过恶，故曰廷疏。以为不应复典机要，复，扶又翻。蜀主不悦。庚子，以道袭为太子太保。

9 三月，甲辰朔，晋周德威拔燕卢〔芦〕台军。

10 丁未，帝更名锽；久之，又名瑱。更，工衡翻。锽，户盲翻。瑱，他甸翻。考异曰：薛史云，贞明中更名瑱。诸书皆元年月，今因名锽终言之。

11 庚戌，加杨师厚兼中书令，赐爵邺王，赐诏不名，事无巨细必咨而后行。

12 帝遣使招抚朱友谦；友谦复称藩，奉梁年号。去年朱友谦附晋，今虽复称藩，实阴附于晋。

13 丙辰，立皇弟友敬为康王。

14 乙丑，晋将刘光浚克古北口，檀州燕乐县东有东军、北口二守捉。北口，长城口也。沈括曰：檀州东北五十里有金沟馆。自馆少东北行，乍原乍隰，三十馀里至中顿。过顿，屈折北行峡中，济滦水，通三十馀里，钩折投山隙以度，所谓古北口也。匈奴须知：虎北口南至燕京三百里。燕居庸关使胡令圭等奔晋。幽州昌平县北十五里有军都陉，西北三十五里有纳款关，即居庸故关。

15 戊辰，以保义留后戴思远为节度使，镇邢州。唐昭义军统潞、泽、邢、洺、磁五州。唐末兵争，晋得潞州，仍以为昭义军。自孟方立以至于梁，以邢、洺、磁三州为昭义军，遂有两昭义军。今梁改邢、洺、磁为保义军，而以陕州之保义军为镇国军。考异曰：薛史思远传云："贞明中，为邢州留后。属张万进杀刘继威，命思远镇之。"按万进杀继威在前。今从本纪。

16 燕主守光命大将元行钦将骑七千，牧马于山北，募山北兵以应契丹；刘守光求救于契丹，故使元行钦募兵于山北以应之。又以骑将高行珪为武州刺史，以为外援。晋李嗣源分兵徇山后八军，皆下之；晋王以其弟存矩为新州刺史总之。为存矩以骄惰致乱张本。以燕纳降军使卢文进为裨将。李嗣源进攻武州，高行珪以城降。元行钦闻之，引兵攻行珪；行珪使其弟行周质于晋军以求救，质，音致。李嗣源引兵救之，行钦解围去。嗣源与行周追至广边军，妫州怀戎县北有广边军，故白云城也。宋白曰：广边军在妫州北一百三十里。高行周兄弟本贯广边军雕窠村。凡八战，行钦力屈而降；嗣源爱其骁勇，养以为子。考异曰：庄宗实录"行周"作"行温"。张昭周太祖实录云："燕城危蹙，甲士亡散，刘守光召元行钦。行钦部下诸将以守光必败，赴召无益，乃请行钦为燕帅，称留后。行钦无如之何，乃谓诸将曰：'我为帅，亦须归幽州。'众然之。行钦以行珪在武州，虑为后患，乃令人于怀戎掠得其子，絷之自随。至武州，行钦谓行珪曰：'将士立我为留后，共汝父子同行，先定军府，然后降太原；若不从，必杀汝子。'行珪曰：'大王委尔亲兵，遂图叛逆，吾死不能从也。'其子泣告行珪。行珪谓曰：'元公谋逆，何以顺从！与尔诀矣。'行珪城守月馀，城中食尽，士有饥色。行珪乃召集居人谓之曰：'非不为父老惜家属，不幸军士乏食，可斩予首出降，即坐见宁帖。'行珪为治有恩，众泣曰：'愿出私粮济军，以死共守。'乃夜缒其弟行周为质于晋军，乞兵救援。周德威命李嗣本、李嗣源、安金全救武州，比至，行钦解围矣。嗣源与行珪追蹑至广边军，行钦帅骑拒战。行珪呼谓行钦曰：'与公俱事刘家，我为刘家守城，尔则僭称留后，谁之过也？今日之事，何劳士众，与君抗衡以决胜负。’行钦骁猛，骑射绝众，报曰‘可！’行周马足微蹶，将踣，嗣源跃马救之，楇击行钦几坠。行钦正身引弓射嗣源，中髀贯鞍。嗣源拔矢，凡八战，控弦七发，矢中行钦，犹沫血酣战不解。是夜，行钦穷蹙，固守广边军，晋兵围之。嗣源遣人告之曰：‘彼此战将，不假言谕。事势可量，亟来相见，必保功名。’翌日，行钦面缚出降。嗣源酌酒饮之，抚其背曰：‘吾子壮士也。’养为假子。临敌擒生，必有所获，名闻军中。”庄宗实录、薛史纪及元行钦传、明宗实录皆云，“行钦闻行珪降晋，帅兵攻之。”惟周太祖实录高行周传云，“行钦称留后，行珪城守，不从。”然恐行周卒时，去燕亡已久，行周名位尊显，门生故吏虚美其兄弟，致与诸说特异。今从众书。嗣源进攻儒州，拔之，唐末于妫州东置儒州，领晋山一县。以行珪为代州刺史。行周留事嗣源，常与嗣源假子从珂分将牙兵以从。将，即亮翻。从，才用翻。从珂母魏氏，镇州人，先适王氏，生从珂，嗣源从晋王克用战河北，得魏氏，以为妾，故从珂为嗣源子，及长，以勇健【章：十二行本“健”下有“善战”二字；乙十一行本同；孔本同。】知名，嗣源爱之。李从珂始此。考异曰：张昭于国初修唐废帝实录云：“废帝讳从珂，明宗皇帝之元子也。母曰宣宪皇后魏氏，镇州平山人。中和末，明宗徇地山东，留戍平山，得魏后。帝以光启元年正月二十三日生于外舍。属赵人负盟，用兵不息，音问阻绝，帝甫十岁，方得归宗。时明宗为裨将，性阔达不能治生，曹后亦疏于画略，生计所资，惟宣宪而已。曹后未有胎胤，干家宜室。帝与部曲王建立、皇甫立，代北往来供馈，曹后怜之，不异所生。”薛史：“末帝讳从珂，本姓王氏，镇州人也。母宣宪皇后魏氏，以光启元年生帝于平山。景福中，明宗为武皇骑将，略地至平山，遇魏氏，虏之，帝时年十馀岁，明宗养为己子。”刘恕取废帝录，以为明宗即位后不立从珂而欲立从荣，从荣死，传位于从厚，故人皆谓从珂为养子。按张昭仕明宗为史官，异代修废帝录，无所讳避，而不言养子，事似可信。然李克用光启元年以前未尝徇地山东，又从珂若果是明宗子，明宗必不舍之而立从荣；从珂亦当不服。今从薛史。

17 吴行营招讨使李涛帅众二万出千秋岭，攻吴越衣锦军。自杭州东南度千秋岭则至杭州临安县。薛史，梁开平二年改临安县广义乡为衣锦乡。帅，读曰率。衣，于既翻。吴越王镠以其子湖州刺史传瓘为北面应援都指挥使以救之，睦州刺史传璙为招讨收复都指挥使，将水军攻吴东洲以分其兵势。东洲，即常州东洲也。璙，力吊翻，又力小翻。

18 夏，四月，癸未，以袁象先领镇南节度使、镇南军，洪州，时属吴。此所谓名号节度使也，五代及十国皆有之。同平章事。

19 晋周德威进军逼幽州南门，壬辰，燕主守光遣使致书于德威以请和，语甚卑而哀。德威曰："大燕皇帝尚未郊天，何雌伏如是邪！汉赵温曰：大丈夫当雄飞，安能雌伏。予受命讨有罪者，结盟继好，好，呼到翻。非所闻也。"不答书。守光惧，复遣人祈哀，复，扶又翻。德威乃以闻于晋王。

20 千秋岭道险狭，钱传瓘使人伐木以断吴军之后而击之，断，音短。吴军大败，虏李涛及士卒三千馀人以归。

21 己亥，晋刘光浚拔燕平州，执刺史张在吉。五月，光浚攻营州，刺史杨靖降。宋白曰：平州东北至营州六百九十里。

22 乙巳，蜀主以兵部尚书王锴为中书侍郎、同平章事。锴，口骇翻。

23 杨师厚与刘守奇将汴、滑、徐、兖、魏、博、邢、洺之兵十万大掠赵境，杨师厚以燕、晋交兵，乘虚掠赵。师厚自柏乡入攻土门，趣赵州，守奇自贝州入趣冀州，九域志：柏乡北至赵州七十馀里；贝州北至冀州一百二十馀里。趣，七喻翻。所过焚掠。庚戌，师厚至镇州，九域志：赵州北至镇州九十五里。营于南门外，燔其关城。壬子，师厚自九门退军下博，守奇引兵与师厚会攻下博，拔之。晋将李存审、史建瑭戍赵州，兵少，赵王告急于周德威。德威遣骑将李绍衡会赵将王德明同拒梁军。师厚、守奇自弓高渡御河而东，隋炀帝大业四年穿永济渠，引沁水南达于河，北通涿郡，后人因谓之御河。逼沧州，张万进惧，请迁于河南；师厚表徙万进镇青州，以守奇为顺化节度使。去年改沧州义昌军为顺化军。

24 吴遣宣州副指挥使花虔将兵会广德镇遏使涡信屯广德，涡，古禾翻，姓也。将复寇衣锦军。复，扶又翻。吴越钱传瓘就攻之。

25 六月，壬申朔，晋王遣张承业诣幽州，与周德威议军事。

26 丙子，蜀主以道士杜光庭为金紫光禄大夫、左谏议大夫，封蔡国公，进号广成先生。光庭博学善属文，属，之欲翻。蜀主重之，颇与议政事。

27 吴越钱传瓘拔广德，虏花虔、涡信以归。

28 戊子，以张万进为平卢节度使。

29 辛卯，燕主守光遣使诣张承业，请以城降；承业以其无信，不许。

30 蜀太子元膺，豭喙龅齿，豭，古牙翻，牡豕也。喙，许秽翻。龅，步交翻，露齿也。目视不正，而警敏知书，善骑射，性狷急猜忍。狷，吉掾翻。蜀主命杜光庭选纯静有德者使侍东宫，光庭荐儒者许寂、徐简夫，太子未尝与之交言，日与乐工群小嬉戏无度，僚属莫敢谏。

秋，七月，蜀主将以七夕出游。丙午，太子召诸王大臣宴饮，集王宗翰、内枢密使潘峭、翰林学士承旨高阳毛文锡不至，太子怒曰："集王不来，必峭与文锡离间也。"峭，七肖翻。间，古苋翻。大昌军使徐瑶、常谦，素为太子所亲信，酒行，屡目少保唐道袭，道袭惧而起。丁未旦，太子入白蜀主曰："潘峭、毛文锡离间兄弟。"蜀主怒，命贬逐峭、文锡，以前武泰节度使兼侍中潘炕为内枢密使。炕，苦浪翻。

太子出，道袭入，蜀主以其事告之，道袭曰："太子谋作乱，欲召诸将、诸王，以兵锢之，曰锢者，以禁锢为义。然后举事耳。"蜀主疑焉，遂不出；遂不以七夕出游。道袭请召屯营兵入宿卫，许之。内外戒严。

太子初不为备，闻道袭召兵，乃以天武甲士自卫，捕潘峭、毛文锡至，挞之几死，挞，则瓜翻。囚诸东宫；又捕成都尹潘峤，囚诸得贤门。戊申，徐瑶、常谦与怀胜军使严璘等各帅所部兵奉太子攻道袭。帅，读曰率。至清风楼，道袭引屯营兵出拒战；道袭中流矢，中，竹仲翻。逐至城西，斩之。考异曰：九国志："建将七夕出游，先一日，元膺召诸军使及诸王宴饮邸第中，且议七夕从行之礼，而集王宗翰等不至。"又曰："诘朝，元膺入白建曰：'潘峭、毛文锡离间兄弟，将图不轨。'"又曰："及闻唐袭征兵，乃遣伶官安悉香谕军使全殊率天武甲士以自卫。"又曰："明日，徐瑶、常谦与怀胜军使严璘等协谋，以所部兵挟元膺以逐唐袭。元膺介马率卒过其兄宗贺之门，召与同进。宗贺曰：'兵起无名，不敢闻命。'"又曰："建急召宗侃、宗贺及诸军使，令以兵讨寇。乃逐唐袭至城西斩之，尽杀屯营兵；又自大安门登陴以入，攻瑶、谦等。"欧阳史曰："元膺与伶人安悉香、军将喻全殊率天武兵自卫，召大将徐瑶、常谦率兵出拒袭，与袭战神武门，袭中流矢坠马死。"十国纪年："丁未，元膺令军使喻全殊帅天武兵自卫。戊申，徐瑶、常谦及左大昌军使王承燧等各帅所部兵奉元膺攻唐道袭。道袭自私第被甲乘马，过王宗贺门邀之，宗贺曰：'兵起无名，且不奉诏，公宜缓行。'元膺遣天武将唐据帅亲兵逐道袭至城西斩之。"据九国志，云"徐瑶等挟元膺以逐唐袭"，似袭在宫中，欲逐出之也。欧阳史云"元膺召瑶等帅兵出拒袭，攻东宫而元膺拒之"，纪年云"瑶等奉元膺攻唐道袭，道袭自私第被甲乘马"，似道袭出在外第，元膺就攻之也。按道袭止以挟君自重，既劝蜀主发兵自卫，岂肯更出在外第，必止于禁中也。盖瑶等引兵攻宫禁以求道袭，道袭以屯营兵出拒战，兵败走至城西，为唐据所杀耳。九国志又云"元膺介马帅卒过其兄宗贺之门，召与同进"，是元膺邀宗贺也。纪年云"道袭自私第被甲乘马过宗贺门要之"，是道袭邀宗贺也。按道袭私第安得有兵！观宗贺所答之辞，似语太子，非语道袭也。若语道袭，宜劝之速入宿卫，岂得云"公宜缓行"也！潘炕言"太子非有他志，陛下宜面谕大臣以安社稷"，盖当时蜀主闻乱，既信道袭之言，又不忍讨太子，无决然号令，故炕言太子无他志，当召大臣讨徐瑶等为乱者耳。九国志云"令宗侃等出兵讨寇，乃逐唐袭至城西斩之"，是官军斩袭也，若然，何故明日亟加袭赠谥乎！此必误也。杀屯营兵甚众，中外惊扰。

潘炕言于蜀主曰："太子与唐道袭争权耳，无他志也。陛下宜面谕大臣以安社稷。"蜀主乃召兼中书令王宗侃、王宗贺、前利州团练使王宗鲁，使发兵讨为乱者徐瑶、常谦等。宗侃等陈于西球场门，陈，读曰阵。兼侍中王宗黯自大安门梯城而入，与瑶、谦战于会同殿前，杀数十人。【章：十二行本"人"下有"馀众皆溃"四字；乙十一行本同；孔本同；张校同。】瑶死，谦与太子奔龙跃池，龙跃池即摩诃池。匿于舰中。【章：十二行本"中"下有"及暮稍定"四字；乙十一行本同；孔本同；退斋校同。】舰，户黯翻。己酉，【章：十二行本"酉"下有"旦"字；乙十一行本同；孔本同；张校同。】太子出就舟人丐食，丐，古太翻，乞也。舟人以告蜀主，亟遣集王宗翰往慰抚之；比至，比，必利翻。太子已为卫士所杀。蜀主疑宗翰杀之，大恸不已。左右恐事变，会张格呈慰谕军民榜，读至"不行斧钺之诛，将误社稷之计"，蜀主收涕曰："朕何敢以私害公！"于是下诏废太子元膺为庶人。宗翰奏诛手刃太子者，元膺左右坐诛死者数十人，贬窜者甚众。

庚戌，赠唐道袭太师，谥忠壮；复以潘峭为枢密使。

31 甲子，晋五院军使拔【章：十二行本"拔"上有"李信"二字；乙十一行本同；孔本同；张校同。】莫州，擒燕将毕元福。八月，乙亥，李信拔瀛州。

32 赐高季昌爵勃海王。

33 晋王与赵王镕会于天长。即镇州之天长镇也。

34 楚宁远节度使姚彦章将水军侵吴鄂州，吴以池州团练使吕师造为水陆行营应援使，未至，楚兵引去。

35 九月，甲辰，以御史大夫姚洎为中书侍郎、同平章事。

36 燕主守光引兵夜出，复取顺州。是年春正月，晋周德威拔燕顺州。

37 吴越王镠遣其子传瓘、传璙璙，力雕翻，又力吊、力小二翻。及大同节度使传瑛攻吴常州，营于潘葑。今常州无锡县有潘葑酒库。葑，音封。徐温曰："浙人轻而怯，"轻，墟正翻。帅诸将倍道赴之。帅，读曰率；下同。至无锡，黑云都将陈佑言于温曰："彼谓吾远来罢倦，未能决战，罢，读曰疲。请以所部乘其无备击之。"乃自他道出敌后，温以大军当其前，夹攻之，吴越大败，斩获甚众。

38 高季昌造战舰五百艘，治城堑，缮器械，为攻守之具，治，直之翻。堑，七艳翻。招聚亡命，交通吴、蜀，东通吴，西通蜀。朝廷浸不能制。

39 冬，十月，己巳朔，燕主守光帅众五千夜出，将入檀州；庚午，周德威自涿州引兵邀击，大破之。守光以百馀骑逃归幽州，其将卒降者相继。

40 蜀潘炕屡请立太子，蜀主以雅王宗辂类己，信王宗杰才敏，欲择一人立之。郑王宗衍最幼，其母徐贤妃有宠，欲立其子，使飞龙使唐文扆讽张格上表请立宗衍。扆，隐岂翻。上，时掌翻。格夜以表示功臣王宗侃等，诈云受密旨，众皆署名。蜀主令相者视诸子，亦希旨言郑王相最贵。相，息亮翻。蜀主以为众人实欲立宗衍，不得已许之，曰："宗衍幼懦，能堪其任乎？"甲午，立宗衍为太子。为宗衍亡蜀张本。受册毕，潘炕以朝廷无事，称疾请老，蜀主不许；涕泣固请，乃许之。国有大疑，常遣使就第问之。

41 岭南节度使刘岩求婚于楚，楚王许以女妻之。妻，七细翻。

42 卢龙巡属皆入于晋，燕主守光独守幽州城，求援于契丹；契丹以其无信，竟不救。守光屡请降于晋，晋人疑其诈，终不许。至是，守光登城谓周德威曰："俟晋王至，吾则开门泥首听命。"德威使白晋王。十一月，甲辰，晋王以监军张承业权知军府事，自诣幽州，辛酉，单骑抵城下，谓守光曰：“朱温篡逆，余本与公合河朔五镇之兵兴复唐祚。五镇，潞、镇、定、幽、沧。“本”字下当有“欲”字。【章：十二行本正有“欲”字；孔本同。】公谋之不臧，乃效彼狂僭。镇、定二帅皆俛首事公，镇帅，王镕；定帅，王处直。俛，音免。而公曾不之恤，是以有今日之役。守光攻易定，晋王救之，遂伐守光，事见上年。丈夫成败须决所向，公将何如？”守光曰：“今日俎上肉耳，惟王所裁。”王悯之，与折弓矢为誓，折，而设翻。曰：“但出相见，保无他也。”言不杀之。守光辞以他日。

先是，守光爱将李小喜多赞成守光之恶，言听计从，权倾境内。先，悉荐翻。至是，守光将出降，小喜止之。是夕，小喜逾城诣晋军，【章：十二行本“军”下有“降”字；孔本同；张校同。】且言城中力竭。壬戌，晋王督诸军四面攻城，克之，擒刘仁恭及其妻妾，守光帅妻子亡去。癸亥，晋王入幽州。唐昭宗乾宁二年刘仁恭据幽州，至是父子俱败亡。帅，读曰率。

43 以宁国节度使王景仁为淮南西北行营招讨应接使，梁攻淮南，攻其西北。将兵万馀侵庐、寿。庐、寿，二州名。为王景仁为吴所败张本。

邓广铭标点聂崇岐覆校

资治通鉴卷第二百六十九

端明殿学士兼翰林侍读学士太中大夫
提举西京嵩山崇福宫上柱国河内郡开国公 司马光 奉敕编集
食邑二千六百户食实封一千户赐紫金鱼袋臣

后学天台 胡三省 音注

后梁纪四 起昭阳作噩（癸酉）十二月，尽强圉赤奋若（丁丑）六月，凡三年有奇。

均王上

乾化三年（癸酉、九一三）

1 十二月，吴镇海节度使徐温、平卢节度使朱瑾帅诸将拒之，拒王景仁也。帅，读曰率。遇于赵步。赵步，濒淮津济之处，南直寿春紫金山。吴征兵未集，温以四千馀人与景仁战，不胜而却。景仁引兵乘之，将及于隘，隘，乌介翻，险狭之处为隘。吴吏士皆失色，左骁卫大将军宛丘陈绍援枪大呼援，于元翻。呼，火故翻。曰："诱敌太深，可以进矣。"诱，音酉。跃马还斗，众随之，梁兵乃退。温拊其背曰："非子之智勇，吾几困矣。"几，居依翻。赐之金帛，绍悉以分麾下。吴兵既集，复战于霍丘，梁兵大败；王景仁以数骑殿，吴人不敢逼。殿，丁练翻。王景仁本吴之名将，吴人素畏之，故不敢逼。梁之渡淮而南也，表其可涉之津；立表以记浅。霍丘守将朱景浮表于木，徙置深渊。朱景，霍丘土豪也，吴用以为将，守霍丘。浮表于木者，徙梁所立之表，其下接之以木，立诸深渊以误之。

及梁兵败还，还，从宣翻。望表而涉，溺死者太半，吴人聚梁尸为京观于霍丘。观，古玩翻。

2 庚午，晋王以周德威为卢龙节度使，兼侍中，以李嗣本为振武节度使。先是，周德威以破夹寨之功帅振武，今以平燕之功徙帅卢龙，以李嗣本代帅振武。欧史义儿传，嗣本本雁门张氏子。

燕主守光将奔沧州就刘守奇，刘守奇借兵于梁以取沧州，事见上卷上年。涉寒，足肿，史炤曰：释名曰：肿，钟也，寒热气聚也。且迷失道，至燕乐之境，燕乐县，后魏置，治白檀古城。唐长寿二年徙治新兴城，属檀州。宋白曰：燕乐、密云二县皆汉厗奚县地。乐，音洛。昼匿坑谷，数日不食，令妻祝氏乞食于田父张师造家。师造怪妇人异状，诘知守光处，诘，去吉翻。并其三子擒之。癸酉，晋王方宴，将吏擒守光适至，王语之曰：语，牛倨翻。“主人何避客之深邪！”并仁恭置之馆舍，以器服膳饮赐之。王命掌书记王缄草露布，缄不知故事，书之于布，遣人曳之。魏、晋以来，每战胜则书捷状，建之漆竿，使天下皆知之，谓之露布。露布者，暴白其事而布告天下，未尝书之于布而使人曳之也。文心雕龙曰：露布者盖露板不封，布诸观听也。

晋王欲自云、代归，自幽州取山后路，历云、代等州至晋阳。赵王镕及王处直请由中山、真定趣井陉，王处直、王镕欲晋王取道中山、真定，各展迎贺之礼。趣，七喻翻。王从之。庚辰，晋王发幽州，刘仁恭父子皆荷校于露布之下。荷，下可翻，又音何。校，爻教翻。易曰：荷校灭耳。注云：校者，以木绞校者也，即械也；校者取其通名也。守光父母唾其面而骂之曰：“逆贼，破我家至此！”守光俛首而已。俛，音免。甲申，至定州，舍于关城。丙戌，晋王与王处直谒北岳庙；北岳庙在恒山之大茂山；恒山在定州曲阳县西北。是日，至行唐，行唐，汉南行唐县，后魏曰行唐，唐属镇州。九域志：在州北五十五里。赵王镕迎谒于路。

四年（甲戌、九一四）

1 春，正月，戊戌朔，赵王镕诣晋王行帐上寿置酒。镕愿识刘太师面，上，时掌翻。刘守光既囚其父仁恭，请于梁，以太师致仕，故王镕因而称之。晋王命吏脱仁恭及守光械，引就席同宴；镕答其拜，又以衣服鞍马酒馔赠之。馔，雏恋翻，又雏晥翻。己亥，晋王与镕畋于行唐之西，镕送【章：十二行本“送”下有“至”字；乙十一行本同；孔本同；张校同。】境上而别。

2 丙子，【张：“子”作“午”。】蜀主命太子判六军，开崇勋府，置僚属，后更谓之天策府。更，工衡翻。

3 壬子，晋王以练纤刘仁恭父子，凯歌入于晋阳，纤，充夜翻，絷缚之也。战胜得国而归，故奏凯歌。丙辰，献于太庙，自临斩刘守光。守光呼曰：“守光死不恨，呼，火故翻。然教守光不降者，李小喜也。”事见上卷上年。王召小喜证之，小喜瞋目叱守光曰：瞋，昌真翻。“汝内乱禽兽行，亦我教邪！”行，下孟翻。王怒其无礼，先斩之。怒其无礼于旧君也。守光曰：“守光善骑射，王欲成霸业，何不留之使自效！”其二妻李氏、祝氏让之曰：让，责也。“皇帝，事已如此，生亦何益！”【章：十二行本“益”下有“妾请先死”四字；乙十一行本同；孔本同；张校同；退斋校同。】即伸颈就戮。守光至死号泣哀祈不已。史言刘守光畏死，妇人之不若。号，户高翻。王命节度副使卢汝弼等械仁恭至代州，刺其心血以祭先王墓，然后斩之。以刘仁恭叛其父也。晋王葬其先王于代州雁门县，后名为建极陵。刺，七亦翻。

或说赵王镕曰：说，式芮翻。“大王所称尚书令，乃梁官也，大王既与梁为雠，不当称其官。且自太宗践阼已来，无敢当其名者。唐太宗自尚书令即帝位，后之臣下率不敢当其名；唐之将亡，始以授藩帅。今晋王为盟主，勋高位卑，不若以尚书令让之。”让，逊也。镕曰“善！”乃与王处直各遣使推晋王为尚书令，晋王三让，然后受之，始开府置行台如太宗故事。唐太宗置行台事见高祖纪。

4 高季昌以蜀夔、万、忠、涪四州旧隶荆南，兴兵取之，涪，音浮。先以水军攻夔州。时镇江节度使兼侍中嘉王宗寿镇忠州，蜀置镇江军节度，领夔、忠、万三州。夔州刺史王成先请甲，宗寿但以白布袍给之。成先帅之逆战，帅，读曰率。季昌纵火船焚蜀浮桥，招讨副使张武举铁緪拒之，唐昭宗天佑元年，张武以铁緪锁峡。緪，户登翻。船不得进。会风反，荆南兵焚溺死者甚众。乘顺风以纵火船，风反故自焚。季昌乘战舰，舰，户黯翻。蒙以牛革，飞石中之，折其尾，中，竹仲翻。折，而设翻。季昌易小舟而遁。荆南兵大败，俘斩五千级。成先密遣人奏宗寿不给甲之状，宗寿获之，召成先，斩之。

5 帝以岐人数为寇，数，所角翻。二月，【章：十二行本“月”下有“甲戌”二字；乙十一行本同；孔本同；张校同；退斋校同。】徙感化节度使康怀英为永平节度使，镇长安。感化军，陕州。梁初徙佑国军于长安，寻改为永平军。怀英即怀贞也，避帝名改焉。

6 夏，四月，丙子，蜀主徙镇江军治夔州。

7 丁丑，司空兼门下侍郎、同平章事于兢坐挟私迁补军校，校，户教翻。罢为工部侍郎，再贬莱州司马。

8 吴袁州刺史刘崇景叛，附于楚。崇景，威之子也。刘威与杨行密同起于合肥，有战功，历方镇。楚将许贞将万人援之，吴都指挥使柴再用、米志诚帅诸将讨之。此都指挥使尽统诸将，非一都之指挥使。帅，读曰率。

9 楚岳州刺史许德勋将水军巡边，楚之岳州东北皆边于吴。夜分，夜半为夜分。南风暴起，都指挥使王环乘风趣黄州，王环乃一州之都指挥使。趣，七喻翻；下同。以绳梯登城，径趣州署，执吴刺史马邺，大掠而还。还，从宣翻，又如字。德勋曰：“鄂州将邀我，宜备之。”自黄州还岳州，舟过鄂州城外，故许德勋畏之。环曰：“我军入黄州，鄂人不知，奄过其城，奄，忽也。彼自救不暇，安敢邀我！”乃展旗鸣鼓而行，以示不恐。鄂人不敢逼。

10 五月，朔方节度使兼中书令颍川王韩逊卒，军中推其子洙为留后。癸丑，诏以洙为节度使。

11 吴柴再用等与刘崇景、许贞战于万胜冈，大破之，崇景、贞弃袁州遁去。

12 晋王既克幽州，乃谋入寇。秋，七月，会赵王镕及周德威于赵州，南寇邢州，李嗣昭引昭义兵会之。杨师厚引兵救邢州，军于漳水之东。杨师厚自魏州引兵救邢州。晋军至张公桥，晋军出青山口至张公桥，在邢州龙冈县界。按薛史，唐末，葛从周败晋军于沙河，追至张公桥。沙河县在邢州南二十五里，而邢州治龙冈则可知矣。裨将曹进金来奔。晋军退，诸镇兵皆引归。诸镇兵，谓燕、赵、潞之兵。八月，晋王还晋阳。

13 蜀武泰节度使王宗训镇黔州，黔，其今翻，又其炎翻。贪暴不法；擅还成都，庚辰，见蜀主，多所邀求，言辞狂悖。悖，蒲昧翻，又蒲没翻。蜀主怒，命卫士殴杀之。殴，乌口翻。戊子，以内枢密使潘峭为武泰节度使、同平章事，峭，七笑翻。翰林学士承旨毛文锡为礼部尚书，判枢密院。

峡上有堰，或劝蜀主乘夏秋江涨，决之以灌江陵，毛文锡谏曰：“高季昌不服，其民何罪！陛下方以德怀天下，忍以邻国之民为鱼鳖食乎！”蜀主乃止。

14 帝以福王友璋为武宁节度使。前节度使王殷，友珪所置也，惧，不受代，叛附于吴；九月，命淮南西北面招讨应接使牛存节及开封尹刘鄩将兵讨之。冬，十月，存节等军于宿州。九域志：徐州南至宿州一百四十五里。牛存节不径攻徐州而南屯宿州，据埇桥之要，所以绝淮南之援也。吴平卢节度使朱瑾等将兵救徐州，存节等逆击，破之，吴兵引归。

15 十一月，乙巳，南诏寇黎州，蜀主以夔王宗范、兼中书令宗播、嘉王宗寿为三招讨以击之。丙辰，败之于潘仓嶂，斩其酋长赵嵯政等；败，补迈翻。酋，慈秋翻。长，知两翻。嵯，才何翻。壬戌，又败之于山口城；十二月，乙亥，破其武侯岭十三寨；黎州南界有潘仓、武侯等十一城。路振九国志：王宗播出邛崃关至潘仓，大破蛮众，追奔至山口城。则潘仓在邛崃之南，山口城又在潘仓之南也。辛巳，又败之于大渡河，按九域志，黎州三面阻大渡河，南面至大渡河一百里，东南面至大渡河一百二十里，西南面至大渡河三百里。俘斩数万级，蛮争走渡水，桥绝，溺死者数万人。宗范等将作浮梁济大渡河攻之，蜀主召之令还。蛮地深阻，不欲劳师远攻，驱之出境而已，此蜀主之志也。

16 癸未，蜀兴州刺史兼北路制置指挥使王宗铎攻岐阶州九域志：兴州西南至阶州五百一十里。及固镇，固镇在青泥岭东北。薛史地理志：凤州固镇之地，周显德六年升为雄胜军。破细砂等十一寨，斩首四千级。甲申，指挥使王宗俨破岐长城关等四寨，斩首二千级。

17 岐静难节度使李继徽难，乃旦翻。为其子彦鲁所毒而死，彦鲁自为留后。

贞明元年（乙亥、九一五）是年十一月方改元贞明。

1 春，正月，己亥，蜀主御得贤门受蛮俘，大赦。初，黎、雅蛮酋刘昌嗣、郝玄鉴、杨师泰，虽内属于唐，受爵赏，号㓷金堡三王，史炤曰：㓷，大也，多也。今按㓷音丁么翻，蛮语多也，大也。唐书黎、邛二州之西有三王蛮，盖莋都夷、白马氏之遗种。杨、刘、郝三姓世为长，袭封王，谓之三王部落。叠甓而居，号㓷舍。至宋，又有赵、王二族，并刘、郝、杨谓之五部落，居黎州之西，去州百馀里，限以飞越岭。其居叠石为㓷，积糗粮器甲于上。族无君长，惟老宿之听。往来汉地，悉能华言，故比诸羌尤桀黠。而潜通南诏，为之诇导；镇蜀者多文臣，虽知其情，不敢诘。诇，古迥翻，又翾正翻。诘，去吉翻，穷问也。至是，蜀主数以漏泄军谋，数，所具翻。斩于成都市，毁㓷金堡。自是南诏不复犯边。复，扶又翻。

2 二月，牛存节等拔彭城，王殷举族自焚。考异曰：庄宗列传朱友贞传云："乾化四年十一月拔徐州，殷自燔死。"五代通录、薛史纪及王殷传皆云贞明元年春，今从之。

3 三月，丁卯，以右仆射兼门下侍郎、同平章事赵光逢为太子太保，致仕。

4 天雄节度使兼中书令邺王杨师厚卒。师厚晚年矜功恃众，擅割财赋，选军中骁勇，置银枪效节都数千人，给赐优厚，欲以复故时牙兵之盛。魏博自田承嗣置牙兵，至罗绍威而除，杨师厚复置之。帝虽外加尊礼，内实忌之，及卒，私于宫中受贺。畏其逼而幸其死。租庸使赵岩、租庸使自唐中世以来有之。五代会要：梁置租庸使，其班在崇政使之下，宣徽使之上。判官邵赞判官，租庸判官。言于帝曰："魏博为唐腹心之蠹，二百馀年不能除去者，去，羌吕翻。以其地广兵强之故也。罗绍威、杨师厚据之，朝廷皆不能制。陛下不乘此时为之计，所谓'弹疽不严，必将复聚，'言弹疽者必不畏病疽者之疼，尽弹去其脓血，然后新肉生而病已，不则将复结聚也。医工弹疽用砭石。安知来者不为师厚乎！宜分六州为两镇以弱其权。"考异曰：庄宗列传："宰相敬翔、租庸使赵岩、判官邵赞等为友贞画策，分魏博六州为两镇。"薛史无敬翔名，今从之。帝以为然，以平卢节度使贺德伦为天雄节度使；置昭德军于相州，割澶、卫二州隶焉，相，息亮翻。澶，时连翻。以宣徽使张筠为昭德节度使，仍分魏州将士府库之半于相州。筠，海州人也。二人既赴镇，朝廷恐魏人不服，遣开封尹刘鄩将兵六万自白马济河，白马津在滑州。以讨镇、定为名，实张形势以胁之。

魏兵皆父子相承数百年，曰数百年者，言其来也久，非必实经历数百年也。族姻磐结，不愿分徙。德伦屡趣之，趣，读曰促。应行者皆嗟怨，连营聚哭。己丑，刘鄩屯南乐，南乐本唐魏州昌乐县，后唐避献祖讳，改曰南乐，史因而书之。九域志：南乐县在魏州南四十四里。先遣澶州刺史王彦章将龙骧五百骑入魏州，屯金波亭。魏兵相与谋曰："朝廷忌吾军府强盛，欲设策使之残破耳。吾六州历代藩镇，兵未尝远出河门，按旧唐书，魏州城外有河门旧堤，乐彦祯筑罗城，约河门旧堤周八十里。一旦骨肉流离，生不如死。"是夕，军乱，考异曰：庄宗列传："二十七日，刘鄩屯南乐，遣龙骧都将王彦章以五百骑入魏州，是夜三鼓，魏军乱。"是月辛酉朔，薛史纪云己丑魏博军作乱，盖庄宗列传"九"字误为"七"字耳。纵火大掠，围金波亭，王彦章斩关而走。诘旦，乱兵入牙城，杀贺德伦之亲兵五百人，劫德伦置楼上。有效节军校张彦者，自帅其党，拔白刃，止剽掠。校，户教翻。剽，匹妙翻。

夏，四月，帝遣供奉官扈异抚谕魏军，许张彦以刺史。彦请复相、澶、卫三州如旧制。请罢昭德军，复以相、澶、卫三州隶天雄，如旧制。异还，言张彦易与，还，从宣翻，又如字。易，以豉翻。但遣刘鄩加兵，立当传首。帝由是不许，但以优诏答之。使者再返，彦裂诏书抵于地，戟手南向诟朝廷，左传：公戟其手。杜预注曰：抵徙屈肘如戟形。陆德明曰：抵，音纸。郑玄曰：人挟弓矢，戟其肘。孔颖达正义曰：谓射者左手弸弓而右手弯之，则戟其肘。谓德伦曰："天子愚暗，听人穿鼻。谕之以牛，为人穿鼻旋转，前却一听命于人，以鼻为所制也。今我兵甲虽强，苟无外援，不能独立，宜投款于晋。"款，诚也。遂逼德伦以书求援于晋。

5 李继徽假子保衡杀李彦鲁，考异曰：蜀书刘知俊传，"保衡"作"彦康"。今从薛史。自称静难留后，难，乃旦翻。举邠、宁二州来附。叛岐附梁。诏以保衡为感化节度使，以河阳留后霍彦威为静难节度使。

6 吴徐温以其子牙内都指挥使知训为淮南行军副使、内外马步诸军副使。为徐知训以骄横不终张本。

7 晋王得贺德伦书，命马步副总管李存审自赵州【章：十二行本“州”下有“引兵”二字；乙十一行本同；孔本同；张校同；退斋校同。】进据临清。五月，存审至临清，刘鄩屯洹水。临清在魏州北，洹水在魏州西。贺德伦复遣使告急于晋，复，扶又翻。晋王引大军自黄泽岭东下，魏收志，乐平郡辽阳县有黄泽岭。隋改辽阳为辽山县，唐带辽州。与存审会于临清，犹疑魏人之诈，按兵不进。德伦遣判官司空颋犒军，颋，他鼎翻。犒，苦到翻。密言于晋王曰：“除乱当除根。”因言张彦凶狡之状，劝晋王先除之，则无虞矣。王默然。已谕其意而不形于言，虑有窥听而泄军机也。颋，贝州人也。

晋王进屯永济，永济县在魏州北数十里。张彦选银枪效节五百人，皆执兵自卫，诣永济谒见，王登驿楼语之曰：语，牛倨翻。“汝陵胁主帅，残虐百姓，帅，所类翻。数日中迎马诉冤者百馀辈。我今举兵而来，以安百姓，非贪人土地。汝虽有功于我，不得不诛以谢魏人。”遂斩彦及其党七人，馀众股栗。王召谕之曰：“罪止八人，馀无所问。自今当竭力为吾爪牙。”众皆拜伏，呼万岁。明日，王缓带轻裘而进，令张彦之卒擐甲执兵，翼马而从，擐，音宦。从，才用翻。翼者，翼马左右而从行。仍以为帐前银枪都。晋王遂以银枪效节军取梁，而亦以银枪效节军取祸。众心由是大服。

刘鄩闻晋军至，选兵万馀人，自洹水趣魏县；趣，七喻翻。晋王留李存审屯临清，遣史建瑭屯魏县以拒之，九域志：魏县在魏州西三十五里。王自引亲军至魏县，与鄩夹河为营。河，漳河也。漳河过魏县，亦谓之魏河。

帝闻魏博叛，大悔惧，遣天平节度使牛存节将兵屯杨刘，考异曰：牛存节传，“杨刘”作“阳留”或“阳刘”。今从唐裴度传及薛史诸人传。为鄩声援。会存节病卒，以匡国节度使王檀代之。

8 岐王遣彰义节度使刘知俊围邠州，霍彦威固守拒之。先是李保衡叛岐附梁，梁以霍彦威代镇邠州。

9 六月，庚寅朔，贺德伦帅将吏请晋王入府城慰劳。既入，德伦上印节，帅，读曰率；下同。劳，力到翻。上，时掌翻。印，天雄军府印；节，天雄旌节。请王兼领天雄军，王固辞，曰："比闻汴寇侵逼贵道，比，毗至翻。故亲董师徒，远来相救；又闻城中新罹涂炭，故暂入存抚。明公不垂鉴信，乃以印节见推，诚非素怀。"德伦再拜曰："今寇敌密迩，谓刘鄩之兵逼魏州也。军城新有大变，人心未安，德伦心腹纪纲左传：秦伯纳三千人以卫晋文公，实纪纲之仆。为张彦所杀殆尽，形孤势弱，安能统众！一旦生事，恐负大恩。"王乃受之。德伦帅将吏拜贺，王承制以德伦为大同节度使，遣之官。德伦至晋阳，张承业留之。大同军北临极边，贺德伦新附，张承业不欲使其有城有兵，故留之。为承业后杀德伦张本。

时银枪效节都在魏城犹骄横，魏城，魏州城。横，户孟翻。晋王下令："自今有朋党流言及暴掠百姓者，杀无赦！"以沁州刺史李存进为天雄都巡按使。沁，牛鸩翻。考异曰：庄宗实录云为军城使，存进传云都部署。庄宗列传及薛史存进传皆云天雄军都巡按使，今从之。有讹言摇众及强取人一钱已上者，存进皆枭首磔尸于市。枭，坚尧翻。磔，陟格翻。旬日，城中肃然，无敢喧哗者。存进本姓孙，名重进，振武人也。

晋王多出征讨，天雄军府事皆委判官司空颋决之。颋恃才挟势，睚眦必报，睚，五戒翻。颋，他鼎翻。眦，士戒翻。纳贿骄侈。颋有从子在河南，从，才用翻。此河南谓大河之南。颋密使人召之，都虞候张裕执其使者以白王，王责颋曰："自吾得魏博，庶事悉以委公，公何得见欺如是！独不可先相示邪！"揖令归第；是日，族诛于军门，两敌对垒，而越境通私书，诛之，宜也，族之，过也。以判官王正言代之。正言，郓州人也。

魏州孔目吏孔谦，勤敏多计数，善治簿书，晋王以为支度务使。唐节镇多兼支度等使，至其末世，藩镇署官有为支计官者，有为支度务使者。治，直之翻。谦能曲事权要，由是宠任弥固。为孔谦以掊克乱唐张本。魏州新乱之后，府库空竭，民间疲弊，而聚三镇之兵，战于河上，殆将十年，三镇，并、魏、镇也。供亿军须，未尝有阙，谦之力也。然急征重敛，敛，力赡翻。使六州愁苦，归怨于王，亦其所为也。史卒言之。

张彦之以魏博归晋也，贝州刺史张源德不从，北结沧德，乾化三年杨师厚、刘守奇北略，沧德遂附于梁。南连刘鄩以拒晋，数断镇、定粮道。或说晋王：数，所角翻。断，都管翻。说，式芮翻。"请先发兵万人取源德，然后东兼沧景，则海隅之地皆为我有。"晋王曰："不然。贝州城坚兵多，未易猝攻。易，以豉翻。德州隶于沧州而无备，若得而戍之，则沧、贝不得往来，九域志：德州西南至贝州二百三十里，东北至沧州亦二百三十里。二垒既孤，然后可取。"二垒，谓沧与贝也。乃遣骑兵五百，昼夜兼行，袭德州。刺史不意晋兵至，逾城走，遂克之，以辽州守捉将马通为刺史。

秋，七月，晋人夜袭澶州，陷之。九域志：魏州南至澶州一百四十里。按九域志之澶州乃汉乾佑元年所徙之澶州也。宋白曰：澶州本汉顿丘县地，在魏州南，当两河之驿路。唐武德四年分魏州之观城、顿丘两县置澶州，取古澶渊为名。贞观元年州废，大历七年田承嗣又奏置。汉乾佑元年移就德胜寨旧基，顿丘县随州移于郭下。此时澶州犹治顿丘旧州城，今德清军之顿丘镇即其地。刺史王彦章在刘鄩营，晋人获其妻子，待之甚厚，遣间使诱彦章，间，古苋翻。诱，音酉。彦章斩其使，晋人尽灭其家。晋王以魏州将李岩为澶州刺史。考异曰：庄宗实录作"李严"，今从薛史。

晋王劳军于魏县，因帅百馀骑循河而上，觇刘鄩营。劳，力到翻。帅，读曰率；下同。上，时掌翻。觇，丑廉翻，又丑艳翻。会天阴晦，鄩伏兵五千于河曲丛林间，鼓噪而出，围王数重。王跃马大呼，帅骑驰突，所向披靡。裨将夏鲁奇等操短兵力战，重，直龙翻。呼，火故翻。披，普彼翻。操，七到翻。自午至申乃得出，亡其七骑，鲁奇手杀百馀人，伤夷遍体，会李存审救兵至，乃得免。王顾谓从骑曰："几为虏嗤。"用汉光武之言。几，居依翻。嗤，丑之翻。皆曰："适足使敌人见大王之英武耳。"鲁奇，青州人也，王以是益爱之，赐姓名曰李绍奇。

刘鄩以晋兵尽在魏州，晋阳必虚，欲以奇计袭取之，乃潜引兵自黄泽西去。晋人怪鄩军数日不出，寂无声迹，遣骑觇之，城中无烟火，但时见旗帜循堞往来，骑，奇寄翻。觇，丑廉翻，又丑艳翻。堞，达协翻。晋王曰："吾闻刘鄩用兵，一步百计，此必诈也。"更使觇之，乃缚刍为人，执旗乘驴在城上耳。得城中老弱者诘之，云军去已二日矣。晋王曰："刘鄩长于袭人，刘鄩取兖州，克潼关，皆以掩袭得之，故云然。然以智遇智，则必有穷者，若鄩之袭晋阳，则智穷矣。短于决战，计彼行才及山下。"相、魏之西皆连山。亟发骑兵追之。会阴雨积旬，黄泽道险，堇泥深尺馀，士卒援藤葛而进，堇泥，黏土也。深，式禁翻。援，于元翻。皆腹疾足肿，【章：十二行本"肿"下有"或坠崖谷"四字；乙十一行本同；孔本同；张校同；退斋校同。】死者什二三。晋将李嗣恩倍道先入晋阳，城中知之，勒兵为备。鄩至乐平，糗粮且尽；乐平距晋阳二百五十里耳。糗，去久翻。又闻晋有备，追兵在后，众惧，将溃，鄩谕之曰："今去家千里，深入敌境，腹背有兵，山谷高深，如坠井中，去将何之！惟力战庶几可免，不则以死报君亲耳。"众泣而止。几，居依翻。不，读曰否。周德威闻鄩西上，上，时掌翻。自幽州引千骑救晋阳，至土门，鄩已整众下山，自邢州陈宋口逾漳水而东，屯于宗城。九域志：宗城县在魏州西北一百七十里。鄩军往还，马死殆半。

时晋军乏食，鄩知临清有蓄积，欲据之以绝晋粮道，自宗城东行，邪趣临清数十里。宋白曰：临清，本汉清泉县地，后魏太和二十一年于此置临清县。德威急追鄩，再宿，至南宫，南宫县在冀州西南六十二里，东南趣临清亦数十里。遣骑擒其斥候者数十人，断腕而纵之，断，音短。腕，乌贯翻。使言曰："周侍中已据临清矣！"考异曰：薛史："德威闻刘鄩东还，急趋南宫。知鄩军在宗城，遣十馀骑迫其营，擒斥候者数十人，皆剸刃于背，縶而遣之。既至，谓鄩曰：'周侍中已据宗城矣！'鄩军大骇。"按剸刃于背，其人岂能复活而言！今从庄宗实录及薛史庄宗纪。又，鄩见在宗城，而云周侍中据宗城，盖临清字误耳。鄩军大骇。诘朝，德威略鄩营而过，入临清，鄩引军趋贝州。时晋王出师屯博州，刘鄩军堂邑，趋，七喻翻。九域志：博州在魏州东一百八一里；堂邑在博州西四十里。宋白曰：堂邑属博州，本汉清县、发干二县地，隋置堂邑，因县西北有汉堂邑故城以名县。周德威攻之，不克。翌日，鄩军于莘县，九域志：莘县在魏州东九十里。刘鄩见晋军在博州，移军而西，渐逼魏州。宋白曰：莘本春秋之卫邑，汉为阳平县，后周改阳平为清邑县；大业改清邑为莘县，因古地名也。晋军踵之，鄩治莘城，堑而守之，自莘及河筑甬道以通馈饷；莘县东距大河二十馀里，渡河而东，南即郓、濮之境，故筑甬道属河以通馈饷。甬道，夹筑垣墙，以防晋人之冲突抄截。治，直之翻。晋王营于莘西三十里，烟火相望，一日数战。

晋王爱元行钦骁健，从代州刺史李嗣源求之，嗣源不得已献之，以为散员都部署，都部署之名始见于通鉴，后遂为行军总帅之称。薛史曰：时有散指挥，名为散员，命行钦为都部署。赐姓名曰李绍荣。绍荣尝力战深入，剑中其面，未解，中，竹仲翻。高行周救之得免。王复欲求行周，重于发言，密使人以官禄啖之，复，扶又翻。啖，徒滥翻。行周辞曰："代州养壮士，亦为大王耳，为，于伪翻。行周事代州，亦犹事大王也。考异曰：周太祖实录："晋王密令人啖之利禄，行周辞曰：'总管用人亦为国家，事总管犹事王也。予家昆仲脱难再生，承总管之厚恩，安忍背之！'"按明宗实录，此年犹为代州刺史，天佑十八年始为副总管。此言总管，盖周太祖实录之误。代州脱行周兄弟于死，事见上卷乾化三年。行周不忍负之。”乃止。

10 绛州刺史尹皓攻晋之隰州，八月，又攻慈州，皆不克。按九域志，绛州西北至隰州五百一十四里，隰州西南至慈州一百六十里。王檀与昭义留后贺瓌攻澶州，拔之，执李岩，送东都。按欧史职方考，梁无昭义军。参考贺瓌传，盖为宣义留后也。“昭”当作“宣”。先是，晋袭取澶州，以李岩守之。帝以杨师厚故将杨延直为澶州刺史，使将兵万人助刘鄩，且招诱魏人。诱，音酉。

11 晋王遣李存审将兵五千击贝州。张源德有卒三千，每夕分出剽掠，剽，匹妙翻。州民苦之，请堑其城以安耕耘。存审乃发八县丁夫堑而围之。贝州管清河、清阳、武城、经城、临清、漳南、历亭、夏津八县。

刘鄩在莘久，馈运不给，晋人数抵其寨下挑战，数，所角翻。挑，徒了翻。鄩不出。晋人乃攻绝其甬道，以千馀斧斩寨木，梁人惊扰而出，因俘获而还。

帝以诏书让鄩老师费粮，失亡多，不速战，鄩奏：“臣比欲以奇兵捣其腹心，比，毗志翻，近也。捣其腹心，谓欲袭取晋阳也。还取镇、定，期以旬时再清河朔。十日谓之旬时。无何天未厌乱，淫雨积旬，粮竭士病。又欲据临清断其馈饷，而周杨五奄至，驰突如神。断，音短。周德威小字杨五。臣今退保莘县，享士训兵以俟进取。观其兵数甚多，便习骑射，诚为勍敌，未易轻也。勍，渠京翻。易，以豉翻。苟有隙可乘，臣岂敢偷赡养寇！”帝复问鄩决胜之策，复，扶又翻；下同。鄩曰：“臣今无策，惟愿人给十斛粮，贼可破矣。”刘鄩欲以持久制晋。帝怒，责鄩曰：“将军蓄米，欲破贼邪，欲疗饥邪？”乃遣中使往督战。

鄩集诸将问曰：“主上深居禁中，不知军旅，徒与少年新进辈谋之。夫兵在临机制变，不可预度。少，诗照翻。度，徒洛翻。

今敌尚强，与战必不利，奈何？”诸将皆曰：“胜负当一决，旷日何待！”鄩默然，不悦，退，谓所亲曰：“主暗臣谀，将骄卒惰，吾未知死所矣！”刘鄩量敌虑胜，未为失计，特掣其肘使不得遂其本谋耳。他日，复集诸将于军门，人置河水一器于前，令饮之，众莫之测。鄩谕之曰：“一器犹难，滔滔之河，可胜尽乎！”胜，音升。众失色。

后数日，鄩将万馀人薄镇、定营，镇、定人惊扰。晋李存审以骑兵二千横击之，李建及以银枪千人助之，鄩大败，奔还。晋人逐之，及寨下，俘斩千计。刘鄩欲掩镇、定之不备，而为晋人所败，鄩之计又穷矣。

12 刘岩逆妇于楚，楚王殷遣永顺节度使存送之。

13 乙未，蜀主以兼中书令王宗绾为北路行营都制置使，兼中书令王宗播为招讨使，攻秦州；兼中书令王宗瑶为东北面招讨使，同平章事王宗翰为副使，攻凤州。秦、凤二州时皆属岐。

14 庚戌，吴以镇海节度使徐温为管内水陆马步诸军都指挥使、两浙都招讨使、守侍中、齐国公，镇润州，以升、润、常、宣、歙、池六州为巡属，军国庶务参决如故；史言徐温外据重镇，内制吴国之权。留徐知训居广陵秉政。此速徐知训之死也。

15 初，帝为均王，娶河阳节度使张归霸女为妃，即位，欲立为后；后以帝未南郊，固辞。古人相传，以为郊见上帝，然后代天子民。九月，壬午，妃疾甚，册为德妃，是夕，卒。

康王友敬，目重瞳子，重，直龙翻。瞳，音童。自谓当为天子，遂谋作乱。冬，十月，辛亥夜，德妃将出葬，友敬使腹心数人匿于寝殿；帝觉之，跣足逾垣而出，召宿卫兵索殿中，索，山客翻。得而手刃之。壬子，捕友敬，诛之。

帝由是疏忌宗室，专任赵岩及德妃兄弟汉鼎、汉杰、从兄弟汉伦、汉融，咸居近职，参预谋议，每出兵必使之监护。

监，古衔翻。岩等依势弄权，卖官鬻狱，离间旧将相，间，古苋翻。敬翔、李振虽为执政，所言多不用。振每称疾不预事，以避赵、张之族，政事日紊，紊，音问。以至于亡。史言梁有自亡之由，非晋能亡之也。

16 刘鄩遣卒诈降于晋，谋赂膳夫以毒晋王；事泄，晋王杀之，并其党五人。

17 十一月，己未夜，蜀宫火。自得成都以来，宝货贮于百尺楼，悉为煨烬。贮，丁吕翻。煨，乌回翻。诸军都指挥使兼中书令宗侃等帅卫兵欲入救火，蜀主闭门不内。恐有乘救火为变者。史言蜀主之猜防。庚申旦，火犹未熄，蜀主出义兴门见群臣，以安众心。命有司聚太庙神主，分巡都城，言讫，复入宫闭门。火未熄，未敢弛备。复，扶又翻。将相皆献帷幕饮食。

18 壬戌，蜀大赦。

19 乙丑，改元。此书梁改元贞明也。考异曰：吴越备史云："正月壬辰朔，改元，大赦。"今从薛史末帝纪。

20 己巳，蜀王宗翰引兵出青泥岭，克固镇，九域志：凤州河池县有固镇。与秦州将郭守谦战于泥阳川；九域志：成州栗亭县有泥阳镇。蜀兵败，退保鹿台山。今成州东十里有鹿玉山。辛未，王宗绾等败秦州兵于金沙谷，败，补迈翻。擒其将李彦巢等，乘胜趣秦州。趣，七喻翻。兴州刺史王宗铎克阶州，降其刺史李彦安。甲戌，王宗绾克成州，擒其刺史李彦德。蜀军至上染坊，秦州节度使李继崇遣其子彦秀奉牌印迎降。宗绛入秦州，九域志：秦州东南至凤州三百二十里，西南至成州二百六十五里；成州西南至阶州二百五十里。"宗绛"当作"宗绾"。表排陈使王宗俦为留后。陈，读曰阵。刘知俊攻霍彦威于邠州，半岁不克，是年五月刘知俊攻邠州。闻秦州降蜀，知俊妻子皆迁成都；知俊解围还凤翔，终惧及祸，夜帅亲兵七十人，斩关而出，庚辰，奔于蜀军。帅，读曰率。为刘知俊为蜀所杀张本。考异曰：十国纪年："知俊奔秦州，庚戌来降。"按上有甲戌，下有癸未，必庚辰也。王宗绾自河池、两当进兵，会王宗瑶攻凤州，癸未，克之。蜀遂有秦、凤、成三州之地。宋白曰：河池县汉属武都。华阳国志：河池一名仇池。按仇池山在成州界，今河池县属凤州，去县稍远；今县所处谓之河池水，故以名县。两当，汉故道县。水经云：两当水出陈仓县之大散岭，西南流入故道川。又河池县有两当水，西北自成州界入，东南流入故道水。县取水为名。或曰：县西界有两山相当，故名。九域志：河池在凤州西一百五十五里；两当在凤州西八十五里。

21 岐义胜节度使、同平章事李彦韬知岐王衰弱，十二月，举耀、鼎二州来降。岐置义胜军以授温韬，见二百六十八卷太祖乾化元年。彦韬即温韬也。乙未，诏改耀州为崇州，鼎州为裕州，义胜军为静胜军，复彦韬姓温氏，名昭图，官任如故。

22 丁未，蜀大赦；改明年元曰通正。置武兴军于凤州，割文、兴二州隶之，以前利州团练使王宗鲁为节度使。

23 是岁，清海、建武节度使兼中书令刘岩，时以邕州为建武军。以吴越王镠为国王而已独为南平王，南平王，郡王也。表求封南越王及加都统，帝不许。岩谓僚属曰："今中国纷纷，孰为天子！安能梯航万里，梯航，谓梯山航海。远事伪庭乎！"自是贡使遂绝。使，疏吏翻。

二年（丙子、九一六）

1 春，正月，宣武节度使、守中书令、广德靖王全昱卒。广，国名；德靖，谥也。全昱，帝之伯父。

2 帝闻前河南府参军李愚学行，行，下孟翻。召为左拾遗，充崇政院直学士。衡王友谅贵重，李振等见，皆拜之，愚独长揖，帝闻而让之，曰："衡王于朕，兄也，朕犹拜之，卿长揖，可乎？"对曰："陛下以家人礼见衡王，拜之宜也。振等陛下家臣；臣于王无素，谓先无过从之雅。不敢妄有所屈。"久之，竟以抗直罢为邓州观察判官。

3 蜀主以李继崇为武泰节度使、兼中书令、陇西王。

4 二月，辛丑夜，吴宿卫将马谦、李球劫吴王登楼，发库兵讨徐知训；知训将出走，严可求曰："军城有变，公先弃众自去，众将何依！"知训乃止。众犹疑惧，可求阖户而寝，鼾息闻于外，鼾，下旦翻，鼻息也。闻，音问。府中稍安。壬寅，谦等陈于天兴门外，杨行密以扬州牙城南门为天兴门。诸道副都统朱瑾自润州至，至自徐温所。视之，曰："不足畏也。"返顾外众，举手大呼，呼，火故翻。乱兵皆溃，史言吴兵畏服朱瑾。擒谦、球，斩之。

5 帝屡趣刘鄩战，趣，读曰促。鄩闭壁不出。晋王乃留副总管李存审守营，守莘西之营也。自劳军于贝州，劳，力到翻。劳围张源德之军也。声言归晋阳。鄩闻之，奏请袭魏州，帝报曰："今扫境内以属将军，属，之欲翻。社稷存亡，系兹一举，将军勉之！"鄩令澶州刺史杨延直引兵万人会于魏州，延直夜半至城南，城中选壮士五百潜出击之，延直不为备，溃乱而走。诘旦，鄩自莘县悉众至城东，与延直馀众合，李存审引营中兵踵其后，李嗣源以城中兵出战，晋王亦自贝州至，与嗣源当其前。鄩见之，惊曰："晋王邪！"引兵稍却，晋王蹑之，蹑，尼辄翻。至故元城西，隋元城县治古殷城，唐贞观十七年并入贵乡，圣历二年又分贵乡、莘县置元城县，治王莽城，开元十三年移元城治魏州郭下，故有故元城。古殷城在朝城东北十二里。与李存审遇。晋王为方陈于西北，存审为方陈于东南，鄩为圆陈于其中间，陈，读曰阵。四面受敌；合战良久，梁兵大败，鄩引数十骑突围走。梁步卒凡七万，晋兵环而击之，败卒登木，木为之折，环，音宦。为，于伪翻。折，而设翻。追至河上，杀溺殆尽。鄩收散卒自黎阳渡河，保滑州。

匡国节度使王檀密疏请发关西兵袭晋阳，去年五月王檀代牛存节屯河上。帝从之，发河中、陕、同华诸镇兵合三万，出阴地关，奄至晋阳城下，昼夜急攻；城中无备，发诸司丁匠及驱市人乘城拒守，城几陷者数四，几，居依翻。张承业大惧。代北故将安金全退居太原，安金全从晋王克用起于代北，故云故将。往见承业曰："晋阳根本之地，若失之，则大事去矣。仆虽老病，忧兼家国，言晋阳若陷，则国破家亡。请以库甲见授，为公击之。"为，于伪翻。承业即与之。金全帅其子弟及退将之家得数百人，帅，读曰率。将，即亮翻。夜出北门，击梁兵于羊马城内；梁兵大惊，引却。昭义节度使李嗣昭闻晋阳有寇，遣牙将石君立将五百骑救之；君立朝发上党，夕至晋阳。按九域志，上党至晋阳五百馀里。轻骑疾驰，朝发夕至，何其速也！梁兵扼汾河桥，汾桥在晋阳城东南汾水上。君立击破之，径至城下大呼曰："昭义侍中大军至矣。"呼，火故翻。李嗣昭镇昭义，官侍中，故称之。遂入城。夜，与安金全等分出诸门击梁兵，梁兵死伤什二三。诘朝，王檀引兵大掠而还。诘，去吉翻。还，从宣翻，又如字。晋王性矜伐，以策非己出，故金全等赏皆不行。虞书曰：汝惟不矜，天下莫与汝争能；汝惟不伐，天下莫与汝争功。晋王矜伐而有功者不赏，此其所以能取天下而不能守天下也。

梁兵之在晋阳城下也，大同节度使贺德伦部兵多逃入梁军，张承业恐其为变，收德伦，斩之。张承业之权略，乌可以宦者待之哉。

帝闻刘鄩败，又闻王檀无功，叹曰："吾事去矣！"

6 三月，乙卯朔，晋王攻卫州，壬戌，刺史米昭降之。又攻惠州，刺史靳绍走，擒斩之，复以惠州为磁州。唐天佑三年以"磁""慈"声相近，改磁州为惠州，是时政在朱氏。晋既取之，因复旧州名。靳，居焮翻。晋王还魏州。

7 上屡召刘鄩不至，己巳，即以鄩为宣义节度使，刘鄩既丧师，惧罪不敢入朝，梁亦惧其反侧，就以滑帅命之。为明年鄩入朝左迁张本。

使将兵屯黎阳。

8 夏，四月，晋人拔洺州，以魏州都巡检使袁建丰为洺州刺史。

9 刘鄩既败，河南大恐，鄩复不应召，复，扶又翻。由是将卒皆摇心。帝遣捉生都指挥使李霸帅所部千人戍杨刘，癸卯，出宋门，宋门，大梁城东面南来第二门，梁改名观化门，而时人不改其旧，呼曰宋门；晋天福三年改仁和门。其夕，复自水门入，大噪，纵火剽掠，剽，匹妙翻。攻建国门，建国门，大梁宫城正南门，太祖所起也。宋白曰：大梁皇城南为建国门。帝登楼拒战。楼，谓建国门楼也。龙骧四军都指挥使杜晏球按欧史，晏球本洛阳王氏子，少遇乱，为盗所掠，汴州富人杜氏得之，养以为子，冒姓杜氏。后归唐，赐姓名曰李绍虔，寻复本姓名曰王晏球。以五百骑屯球场，贼以油沃幕，长木揭之，揭，其列翻，举也。欲焚楼，势甚危；晏球于门隙窥之，见贼无甲胄，乃出骑击之，决力死战，俄而贼溃走。帝见骑兵击贼，呼曰："非吾龙骧之士乎，谁为乱首？"晏球曰："乱者惟李霸一都，馀军不动。陛下但帅控鹤守宫城，迟明，臣必破之。"帅，读曰率。迟，直利翻，待也。既而晏球讨乱者，阖营皆族之，以功除单州刺史。唐末以太祖生于砀山，改单州为辉州。是时复以辉州为单州。单，音善。

10 五月，吴越王镠遣浙西安抚判官皮光业自建、汀、虔、郴、潭、岳、荆南道入贡。吴越界西南尽衢州。按九域志，自衢州界西南至建州四百四十五里，自建州西至汀州九百三十里，自汀州西至虔州五百五十里，自虔州西至郴州六百六十里，自郴州东北至潭州四百九十八里，自潭州东北至岳州三百八十五里，自岳州西北至荆南四百三十里。光业，日休之子也。皮日休见二百五十四卷唐僖宗广明元年。郴，丑林翻。

11 六月，晋人攻邢州，保义节度使阎宝拒守；帝遣捉生都指挥使张温将兵五百救之，温以其众降晋。

12 秋，七月，甲寅朔，晋王至魏州。

13 上嘉吴越王镠贡献之勤，以其取道回远，数千里至大梁也。壬戌，加镠诸道兵马元帅。朝议多言镠之入贡，利于市易，市易者，以所有易所无，相与为市也。朝，直遥翻。不宜过以名器假之；翰林学士窦梦征执麻以泣，坐贬蓬莱尉。蓬莱，本汉黄县，唐神龙三年更名，带登州。梦征，棣州人也。

14 甲子，吴润州牙将周郊作乱，入府，杀大将秦师权等，大将陈佑等讨斩之。

15 八月，丁酉，以太子少【章：十二行本"少"作"太"；乙十一行本同。】保致仕赵光逢为司空兼门下侍郎、同平章事。

16 丙午，蜀主以王宗绾为东北面都招讨，集王宗翰、嘉王宗寿为第一、第二招讨，将兵十万出凤州；以王宗播为西北面都招讨，武信军节度使刘知俊、天雄节度使王宗俦、蜀天雄节度使镇秦州。匡国军使唐文裔为第一、第二、第三招讨，将兵十二万出秦州，以伐岐。出凤州之兵指宝鸡以攻凤翔，出秦州之兵指陇州。

17 晋王自将攻邢州，昭德节度使张筠弃相州走；晋人复以相州隶天雄军，去年梁分相州为昭德军。相，息亮翻。以李嗣源为刺史。考异曰：刘恕广本云筠奔东都，授左卫上将军。庄宗实录："命李存审入城招抚，除昭德军额，仍旧隶魏州，徙洺州刺史袁建丰为相州刺史。"按上四月，筠已遣人纳款于晋，此复云走者，盖始者文降，今为晋兵所迫故走耳。筠既降晋，今还犹得将军者，盖潜通款于晋，梁朝不知耳。明宗实录云："八月，张筠走，移帝为相州刺史，九月为安国节度使。"而庄宗实录云："时袁建丰为相州刺史。"按明宗实录建丰传云战胡柳陂，建丰犹为相州，乃是天佑十五年十二月。盖明宗初为相州，移邢州后方除建丰，庄宗录误书在张筠走下耳。晋王遣人告阎宝以相州已拔，又遣张温帅援兵至城下谕之，宝举城降；告之以相州已拔，则彼知邢州之势孤；示之以张温已降，则彼知援兵之望绝；阎宝于是不能守矣。帅，读曰率；下同。晋王以宝为东南面招讨使，领天平节度使、同平章事；天平时属梁，晋命阎宝遥领。以李存审为安国节度使，镇邢州。邢州，梁保义军；既入于晋，自此遂改为安国军。考异曰：王溥五代会要、薛史地理志、乐史寰宇记皆云"梁建保义军，唐同光元年改为安国军。"而庄宗、明宗实录列传、薛史存审传皆云"此年授安国节度使。"恐是才属晋即改军额，会要等书误云同光元年。

18 契丹王阿保机帅诸部兵三十万，号百万，自麟、胜攻晋蔚州，陷之，虏振武节度使李嗣本。契丹攻蔚州，自麟、胜出诡道以掩晋不备也。按麟、胜至蔚州，中间悬隔云、朔，"蔚州"恐当作"朔州"。考异曰：开元中，振武军在朔州西北三百五十里单于都护府城内，隶朔方节度使。乾元元年置振武节度使，领镇北大都护、麟·胜二州。后唐振武节度使亦带安北都护、麟、胜等州观察等使，石晋以后皆带朔州刺史。据此乃治蔚州，不知迁徙年月。遣使以木书求货于大同防御使李存璋，存璋斩其使；契丹进攻云州，存璋悉力拒之。云州即大同军。

19 九月，晋王还晋阳。王性仁孝，故虽经营河北，而数还晋阳省曹夫人，岁再三焉。数，所角翻。省，悉景翻。曹夫人实生晋王。晋王事生母者重，事嫡母者轻，异日太后、太妃尊号倒置，皆根于心而发于事者。

20 晋人以兵逼沧州，顺化节度使戴思远弃城奔东都；河朔尽归于晋，沧州孤绝，戴思远不能守。沧州将毛璋据城降晋，晋王命李嗣源将兵镇抚之，嗣源遣璋诣晋阳。晋王徙李存审为横海节度使，镇沧州，沧德自此属晋，复改顺化为横海，从唐旧也。以嗣源为安国节度使。嗣源以安重诲为中门使，晋王封内，凡节镇皆有中门使，其任即天朝枢密使也。委以心腹，重诲亦为嗣源尽力。重诲，应州胡人也。为，于伪翻。为安重诲为嗣源佐命张本。薛史曰：安重诲，其先本北部酋豪，父福迁，为河东将，救兖、郓而没。

21 晋王自将兵救云州；行至代州，契丹闻之，引去，王亦还。以李存璋为大同节度使。

22 晋人围贝州逾年，去年八月晋围贝州。张源德闻河北诸州皆为晋有，欲降；谋于其众，众以穷而后降，恐不免死，不从；共杀源德，婴城固守。城中食尽，啖人为粮，乃谓晋将曰："出降惧死，请擐甲执兵而降，啖，徒滥翻。擐，音宦。事定而释之。"晋将许之，其众三千出降，既释甲，围而杀之，尽殪。殪，壹计翻。考异曰：庄宗实录："贼将张源德固守贝州，既闻河北皆平而有翻然之志，询谋于众；群贼皆河南人，惧其归罪，不从，因杀源德，啖人为粮，固守其城。王师历年攻围，贼既食竭，呼我大将曰：'今欲请罪，惧晋王不我赦。我将衿甲持兵而见，已即解之，如何？'报曰：'无便于此者。'贼众三千，衿甲出降。我将甘言喻之，俱释兵解甲。既而四面陈兵，皆杀之。"欧阳史死事传曰："晋王入魏，河北六镇数十州之地皆归晋，独贝一州，围之逾年不可下。城中食且尽，贝人劝源德出降，源德不从，遂见杀。"按源德若以不降而死，其众当即降于晋，岂得犹拒守与晋邀约而后出哉！明是众惧死不降耳。今从庄宗实录。余谓若如通鉴去取，则张源德非一心守死者，不得与于死事传。晋王以毛璋为贝州刺史。于是河北皆入于晋，惟黎阳为梁守。黎阳临河，梁兵声援犹接，又刘鄩守之，所以能自固。为，于伪翻。

23 晋王如魏州。

24 吴光州将王言杀刺史载肇，"载"，恐当作"戴"。吴王遣楚州团练使李厚讨之。庐州观察使张崇不俟命，引兵趣光州，趣，七喻翻。言弃城走。以李厚权知光州。崇，慎县人也。

25 庚申，蜀新宫成，在旧宫之北。

26 天平节度使兼中书令琅邪忠毅王王檀，多募群盗，置帐下为亲兵，己卯，盗乘檀无备，突入府杀檀。节度副使裴彦帅府兵讨诛之，军府由是获安。帅，读曰率。

27 冬，十月，甲申，蜀王宗绾等出大散关，大破岐兵，俘斩万计，遂取宝鸡。己丑，王宗播等出故关，至陇州。故关，大震故关。丙寅，保胜节度使兼侍中李继岌畏岐王猜忌，岐置保胜军于陇州。帅其众二万，帅，读曰率。弃陇州奔于蜀军。蜀兵进攻陇州，以继岌为西北面行营第四招讨。刘知俊会王宗绾等围凤翔，岐兵不出。会大雪，蜀主召军还。还，从宣翻，又如字。复李继岌姓名曰桑弘志。弘志，黎阳人也。

28 丁酉，以礼部侍郎郑珏为中书侍郎、同平章事。珏，綮之侄孙也。郑綮见二百五十九卷唐昭宗乾宁元年。考异曰：薛史梁末帝纪无珏初拜相年月。此年十月丁酉，以中书侍郎、平章事郑珏兼刑部尚书、平章事，至贞明四年四月己酉，又云以中书侍郎、平章事郑珏兼刑部尚书。疑贞明二年拜相，四年转刑部尚书也。本传云："累迁礼部侍郎，贞明中拜平章事。"唐余录均帝纪："贞明二年十月丁酉，礼部侍郎郑珏为中书侍郎、平章事。"今从之。又高若拙后史补云："珏应一十九举方捷，姓名为第十九人，第行亦同；自登第凡十九年为宰相。"今按珏光化三年及第，自光化三年至此年才十七年矣，又不可合。

29 己亥，蜀大赦。

30 晋王遣使如吴，会兵以击梁。十一月，吴以行军副使徐知训为淮北行营都招讨使，及朱瑾等将兵趣宋、亳与晋相应。趣，七喻翻。既渡淮，移檄州县，进围颍州。

31 十二月，戊申，蜀大赦，改明年元曰天汉，国号大汉。

32 楚王殷闻晋王平河北，遣使通好；好，呼到翻。晋王亦遣使报之。

33 是岁，庆州叛附于岐，庆州本岐地也，盖因去年李保衡以邠宁附梁，遂为梁有。岐将李继陟据之。诏以左龙虎统军贺瓌为西面行营马步都指挥使，将兵讨之，破岐兵，下宁、衍二州。衍州，岐李茂贞置，在宁、庆之间。宋废衍州为定平镇，属邠州。考异曰：薛史贺瓌传："贞明二年庆州叛，为李继陟所据，帝命左龙虎统军贺瓌为西面行营马步军都指挥使兼诸军都虞候，与张筠破泾、凤之众三万，下宁、衍二州。"此非小事，而末帝纪、李茂贞传皆无，惟瓌传有之，今以为据。

34 河东监军张承业既贵用事，其侄瓘等五人自同州往依之，晋王以承业故，皆擢用之。承业治家甚严，有侄为盗，杀贩牛者，承业立斩之；王亟使救之，已不及。王以瓘为麟州刺史，承业谓瓘曰："汝本车度一民，与刘开道为贼，刘开道必指刘知俊也，知俊为梁开道指挥使，又尝镇同州。车，尺遮翻。惯为不法；今若不悛，惯，古患翻。悛，丑缘翻。死无日矣！"由此瓘所至不敢贪暴。

35 吴越牙内先锋都指挥使钱传珦逆妇于闽，自是闽与吴越通好。珦，虚亮翻。好，呼到翻。

36 闽铸铅钱，与铜钱并行。

37 初，燕人苦刘守光残虐，军士多归于契丹；及守光被围于幽州，事见上卷。其北边士民多为契丹所掠；契丹日益强大。契丹王阿保机自称皇帝，国人谓之天皇王，以妻述律氏为皇后，置百官；至是，改元神册。考异曰：纪年通谱云："旧史不记保机建元事。今契丹中有历日，通纪百二十年。臣景佑三年冬北使幽蓟，得其历，因阅年次，以乙亥为首，次年始著神策之元，其后复有天赞。按五代契丹传，自耶律德光乃记天显之名，疑当时未得其传，不然虏人耻保机无号，追为之耳。保机，虏中又号天皇王。"虏庭杂记曰："太祖一举并吞奚国，仍立奚人依旧为奚王，命契丹监督兵甲。又灭勃海，虏其王大諲撰，立长子为勃海东丹王，号人皇王。自号天皇王，始立年号曰天赞，又曰神册，国称大辽。于所居大部落置楼，谓之西楼，今谓之上京；又于其南木叶山置楼，谓之南楼；又于其东千里置楼，谓之东楼；又于其北三百里置楼，谓之北楼；太祖四季常游猎于四楼之间。"又曰："阿保基变家为国之后，始以王族号为横帐，姓世里没里，以汉语译之谓之耶律氏。赐后族姓曰萧氏。王族惟与后族通婚；其诸部若不奉北主之命，不得与二部落通婚。"欧阳史曰："阿保机用其妻述律策，使人告诸部大人曰：'我有盐池，诸部所食。然诸部知食盐之利而不知盐有主人，可乎？当来犒我。'诸部以为然，共以酒会盐池。阿保机伏兵其旁，酒酣伏发，尽杀诸部大人，遂立，不复代。"阿保机称皇帝，前史不见年月，庄宗列传契丹传在庄宗即帝位、李存审守范阳后；汉高祖实录、唐余录皆云阿保机设策并诸族，遂称帝，在乾宁中刘仁恭镇幽州前，薛史在庄宗天佑末。按纪年通谱，阿保机神策元年岁在丙子，乃庄宗天佑十三年，梁贞明二年，似不在天佑末及庄宗即位后。编遗录开平二年五月太祖赐阿保机记事犹呼之为卿，及言"臣事我朝，望国家降使册立”，必未称帝，安得在刘仁恭镇幽州前！唐余录全取汉高祖实录契丹事作传，最为差错。不知其称帝实在何年，今因其改年号，置于此。

述律后勇决多权变，阿保机行兵御众，述律后常预其谋。阿保机尝度碛击党项，党项在碛西。碛，七迹翻。党，底朗翻。留述律后守其帐，黄头、臭泊二室韦乘虚合兵掠之；黄头，室韦强部也；臭泊，室韦以所居地名其部。述律后知之，勒兵以待其至，奋击，大破之，由是名震诸夷。述律后有母有姑，皆踞榻受其拜，曰：“吾惟拜天，不拜人也。”晋王方经营河北，欲结契丹为援，常以叔父事阿保机，以叔母事述律后。以晋王克用与阿保机结为兄弟也。

刘守光末年衰困，遣参军韩延徽求援于契丹，考异曰：汉高祖实录延徽传云：“天佑中连帅刘守光攻中山不利，欲结北戎，遣延徽将命入虏。”刘恕以为刘守光据幽州后未尝攻定州，惟唐光化三年汴将张存敬拔瀛、莫，攻定州，刘仁恭遣守光救定州，为存敬所败，恐是此时，仁恭方为幽帅，非守光也。按刘仁恭父子强盛之时常陵暴契丹，岂肯遣使与之相结！乾化元年守光攻易定，王处直求救于晋，故晋王遣周德威伐之，其遣延徽结契丹盖在此时。然事无显据，故但云衰困，附于此。契丹主怒其不拜，【章：十二行本“拜”下有“留之”二字；乙十一行本同；孔本同；张校同；退斋校同。】使牧马于野。延徽，幽州人，有智略，颇知属文。属，之欲翻。述律后言于契丹主曰：“延徽能守节不屈，此今之贤者，奈何辱以牧圉！宜礼而用之。”契丹主召延徽与语，悦之，遂以为谋主，举动访焉。延徽始教契丹建牙开府，筑城郭，立市里，以处汉人，处，昌吕翻。使各有配偶，垦艺荒田。由是汉人各安生业，逃亡者益少。契丹威服诸国，延徽有助焉。

顷之，延徽逃奔晋阳。晋王欲置之幕府，掌书记王缄疾之；延徽不自安，求东归省母，自晋阳归幽州，自西徂东也。省，悉景翻。过真定，止于乡人王德明家，王德明为赵王镕养子，即燕人张文礼也。德明问所之，延徽曰：“今河北皆为晋有，当复诣契丹耳。”德明曰：“叛而复往，得无取死乎？”言既叛契丹归中国，今复往诣契丹，恐为所杀也。复，扶又翻；下同。延徽曰：“彼自吾来，如丧手目；丧，息浪翻。今往诣之，彼手目复完，安肯害我！”既省母，遂复入契丹。契丹主闻其至，大喜，如自天而下，拊其背曰：“向者何往？”延徽曰：“思母，欲告归，恐不听，故私归耳。”契丹主待之益厚。及称帝，以延徽为相，累迁至中书令。欧史四夷附录曰：阿保机以延徽为相，号政事令，契丹谓之“崇文相公”。

晋王遣使至契丹，延徽寓书于晋王，叙所以北去之意，且曰：“非不恋英主，非不思故乡，所以不留，正惧王缄之谗耳。”因以老母为托，且曰：“延徽在此，契丹必不南牧。”贾谊过秦论：胡人不敢南下而牧马。故终同光之世，契丹不深入为寇，延徽之力也。按庄宗之世，契丹围周德威，救张文礼，曷尝不欲深入为寇哉！晋之兵力方强，能折其锋耳，岂延徽之力邪！

三年（丁丑、九一七）

1 春，正月，诏宣武节度使袁象先救颍州，既至，吴军引还。去年十一月吴围颍州。

2 二月，甲申，晋王攻黎阳，刘鄩拒之，数日，不克而去。

3 晋王之弟威塞军防御使存矩在新州，晋置威塞军于新州，后遂为节镇。新州领永兴一县。薛居正曰：唐庄宗同光二年七月，升新州为威塞军节度使，以妫、儒、武三州隶之。骄惰不治，治，直之翻。侍婢预政。晋王使募山北部落骁勇者及刘守光亡卒以益南讨之军；又率其民出马，民或鬻十牛易一战马，期会迫促，边人嗟怨。存矩得五百骑，自部送之，以寿州刺史卢文进为裨将。寿州属吴，卢文进遥领刺史耳。行者皆惮远役，存矩复不存恤。复，扶又翻；下同。甲午，至祁沟关，小校宫彦璋与士卒谋曰：“闻晋王与梁人确斗，确，坚也。凡战者，随兵势而为进退离合；至于确斗则两敌相当，用实力而斗，惟坚耐而用长技乃胜耳。校，户教翻。骑兵死伤不少。吾侪捐父母妻子，为人客战，侪，士皆翻。为，于伪翻。千里行役，战于异乡，是为客战。千里送死，而使长复不矜恤，奈何？”众曰：“杀使长，防御使为一州之长，故曰使长。使，疏吏翻。长，知两翻。拥卢将军还新州，据城自守，其如我何！”因执兵大噪，趣传舍，趣，七喻翻。传，株恋翻。诘朝，存矩寝未起，就杀之。诘，去吉翻。文进不能制，抚膺哭其尸曰：“奴辈既害郎君，使我何面复见晋王！”因为众所拥，还新州，守将杨全章拒之；又攻武州，雁门以北都知防御兵马使李嗣肱击败之。败，补迈翻。周德威亦遣兵追讨，文进帅其众奔契丹。帅，读曰率。晋王闻存矩不道以致乱，杀侍婢及幕僚数人。

4初，幽州北七百里有渝关，渝关入营州界及平州石城县界。汉书音义：渝，音喻，今读如榆。下有渝水通海。自关东北循海有道，道狭处才数尺，旁皆乱山，高峻不可越。比至进牛口，“比”，当作“北”。旧置八防御军，募土兵守之，欧史曰：渝关东临海，北有兔耳、覆舟山，山皆斗绝。并海东北有路，狭仅通车，其旁地可耕植。唐时置东硖石、西硖石、渌畴、米砖、长杨、黄花、紫蒙、白狼城以扼之。宋白曰：渝关关城下有渝水入大海。其关东临海，北有兔耳山、覆舟山，山皆斗峻，山下寻海岸东北行，狭处才通一轨。三面皆海，北连陆关，西乱山至进牛栅凡六口，栅戍相接，此所以天限戎狄者也。田租皆供军食，不入于蓟，蓟，音计。幽州岁致缯纩以供战士衣。每岁早获，清野坚壁以待契丹，契丹至，辄闭壁不战，俟其去，选骁勇据隘邀之，幽州卢龙节度治蓟县。缯，慈陵翻。纩，苦谤翻。隘，乌懈翻。契丹常失利走。土兵皆自为田园，力战有功则赐勋加赏，勋，勋级也。由是契丹不敢轻入寇。及周德威为卢龙节度使，恃勇不修边备，遂失渝关之险，契丹每刍牧于营、平之间。金虏节要曰：燕山之地，易州西北乃金坡关，昌平县之西乃居庸关，顺州之地乃古北口，景州之东北乃松亭关，平州之东乃渝关，渝关之东即金人来路也。此数关皆天造地设以分蕃、汉之限，一夫守之可以当百。本朝复燕之役，若得诸关，则燕山之境可保。然关内之地，平、滦、营三州，自后唐陷于阿保机，改平州为辽兴府，以营、滦二州隶之，号为平州路。至石晋之初，耶律德光又得燕山、檀、顺、景、蓟、涿、易诸州，建燕山为燕京，以辖六郡，号燕京路，而与平州自成两路。海上议割地，但云燕、云两路而已，初谓燕山路尽得关内之地，殊不知燕山、平州尽在关内而异路也。破辽之后，金人复得平州路据之，故阿离不后由平州入寇，乃当时议燕、云不明地里之故。又金虏行程云：滦州，古无之。唐末阿保机攻陷平、营，刘守光据幽州，暴虐，民多亡入虏中，乃筑此城。营州古柳城郡，舜所筑也，乃殷之孤竹国，汉、唐辽西地。其城外多大山，高下皆石，不产草木，地当营室，故以为名。自营州东至渝关，并无保障，沃野千里，北限大山，重冈复岭，中有五关，唯渝关、居庸可以通饷馈，松亭、金坡、古北口止通人马，不可行车。其山之南，则五谷百果、良材美木，无所不有，出关未数里则地皆瘠卤，岂天设此以限华、夷乎？德威又忌幽州旧将有名者，往往杀之。

吴王遣使遗契丹主以猛火油，曰："攻城，以此油然火焚楼橹，敌以水沃之，火愈炽。"南蕃志：猛火油出占城国，蛮人水战，用之以焚敌舟。遗，于季翻。契丹主大喜，即选骑三万欲攻幽州，述律后哂之曰：哂，失忍翻。"岂有试油而攻一国乎！"因指帐前树谓契丹主曰："此树无皮，可以生乎？"契丹主曰："不可。"述律后曰："幽州城亦犹是矣。吾但以三千骑伏其旁，掠其四野，使城中无食，不过数年，城自困矣，何必如此躁动轻举！万一不胜，为中国笑，吾部落亦解体矣。"契丹主乃止。妇人智识若此，丈夫愧之多矣。此特阿保机因其能胜室韦，从而张大之以威邻敌耳。就使能尔，曷为不能止德光之南牧，既内虚其国，又不能为根本之计，而终有木叶山之囚乎？

三月，卢文进引契丹兵急攻新州，刺史安金全不能守，弃城走；文进以其部将刘殷为刺史，使守之。晋王使周德威合河东、镇、定之兵攻之，旬日不克。契丹主帅众三十万救之，德威众寡不敌，大为契丹所败，帅，读曰率。败，补迈翻。奔归。

5 楚王殷遣其弟存攻吴上高，俘获而还。还，从宣翻，又如字。

6 契丹乘胜进围幽州，声言有众百万，毡车毳幕弥漫山泽。毳，充芮翻，兽毛缛细者为毳。卢文进教之攻城，为地道，昼夜四面俱进，城中穴地然膏以邀之；又为土山以临城，城中镕铜以洒之，日杀千计，而攻之不止。周德威遣间使诣晋王告急，间，古苋翻。王方与梁相持河上，欲分兵则兵少，欲勿救恐失之，【章：十二行本“之”下有“忧形于色”四字；乙十一行本同；孔本同；张校同。】谋于诸将，独李嗣源、李存审、阎宝劝王救之。王喜曰：“昔太宗得一李靖犹擒颉利，事见一百九十三卷贞观四年。今吾有猛将三人，复何忧哉！”褒而期之，以作三臣之气。复，扶又翻。存审、宝以为虏无辎重，重，直用翻。势不能久，俟其野无所掠，食尽自还，然后踵而击之。李嗣源曰：“周德威社稷之臣，今幽州朝夕不保，恐变生于中，何暇待虏之衰！臣请身为前锋以赴之。”王曰：“公言是也。”即日，命治兵。治，直之翻；下同。夏，四月，晋王命嗣源将兵先进，军于涞水，涞水县属易州。涞，音来。宋白曰：李嗣源时屯涞水，扼祁沟诸关以伺贼势。阎宝以镇、定之兵继之。

7 吴升州刺史徐知诰治城市府舍甚盛。五月，徐温行部至升州，吴以升、常、宣、歙、池为徐温巡属。行，下孟翻。爱其繁富。润州司马陈彦谦劝温徙镇海军治所于升州，镇海军本治润州。温从之，徙知诰为润州团练使。知诰求宣州，温不许，知诰不乐。乐，音洛。宋齐丘密言于知诰曰：“三郎骄纵，败在朝夕。润州去广陵隔一水耳，此天授也。”知诰悦，即之官。三郎，谓温长子知训也。为知训死、知诰得权张本。知训第三。温以陈彦谦为镇海节度判官。温但举大纲，细务悉委彦谦，江、淮称治。称治者，时人称之耳。治，直吏翻。彦谦，常州人也。为陈彦谦垂死请于徐温立己子张本。

8 高季昌与孔勍修好，复通贡献。高季昌为孔勍所败，事见上卷太祖乾化二年。好，呼到翻。复，扶又翻。

邓广铭标点聂崇岐覆校

资治通鉴卷第二百七十

端明殿学士兼翰林侍读学士太中大夫
提举西京嵩山崇福宫上柱国河内郡开国公 司马光 奉敕编集
食邑二千六百户食实封一千户赐紫金鱼袋臣

后学天台 胡三省 音注

后梁纪五 起强圉赤奋若（丁丑）七月，尽屠维单阏（己卯）九月，凡二年有奇。

均王中

贞明三年（丁丑、九一七）

1 秋，七月，庚戌，蜀主以桑弘志为西北面第一招讨，王宗宏为东北面第二招讨，己未，以兼中书令王宗侃为东北面都招讨，武信节度使刘知俊为西北面都招讨。以伐岐也。

2 晋王以李嗣源、阎宝兵少，未足以敌契丹，辛未，更命李存审将兵益之。

3 蜀飞龙使唐文扆居中用事，扆，隐岂翻。张格附之，与司徒、判枢密院事毛文锡争权。文锡将以女适左仆射兼中书侍郎、同平章事庾传素之子，会亲族于枢密院用乐，不先表闻，蜀主闻乐声，怪之，文扆从而谮之。八月，庚寅，贬文锡茂州司马，其子司封员外郎询流维州，籍没其家；贬文锡弟翰林学士文晏为荣经尉。荣经，汉严道县地，唐武德四年置荣经县，属雅州。九域志：在州南一百一十里。传素罢为工部尚书，以翰林学士承旨庾凝绩权判内枢密院事。凝绩，传素之再从弟也。同曾祖之弟为再从弟。从，才用翻。

4 清【章：十二行本“清”上有“癸巳”二字；乙十一行本同；孔本同；张校同；退斋校同。】海、建武节度使刘岩即皇帝位于番禺，汉书音义：番，音潘；禺，音愚。国号大越，大赦，改元乾亨。以梁使赵光裔为兵部尚书，节度副使杨洞潜为兵部侍郎，节度判官李殷衡为礼部侍郎，并同平章事。建三庙，追尊祖安仁曰太祖文皇帝，父谦曰代祖圣武皇帝，兄隐曰烈宗襄皇帝；以广州为兴王府。

5 契丹围幽州且二百日，是年三月，契丹围幽州，事始见上卷。城中危困。李嗣源、阎宝、李存审步骑七万会于易州，阎宝班在李存审之下，而先书宝者，嗣源与宝先进屯涞水，而存审继之也。匈奴须知：涞水西至易州四十里，易州东北至幽州二百二十里。存审曰：“虏众吾寡，虏多骑，吾多步，若平原相遇，虏以万骑蹂吾陈，吾无遗类矣。”蹂，人九翻，又徐又翻。陈，读曰阵。嗣源曰：“虏无辎重，重，直用翻。吾行必载粮食自随，若平原相遇，虏抄吾粮，抄，楚交翻。吾不战自溃矣。不若自山中潜行趣幽州，趣，七喻翻。与城中合势，若中道遇虏，则据险拒之。”甲午，自易州北行，庚子，逾大房岭，水经注：圣水出上谷郡西南谷，东南流径大防岭。又曰：良乡县西北有大防山，防水出其南。按易州即汉上谷郡地。范成大北使录：自良乡六十五里至幽州城外。此又驿路也。循涧而东。嗣源与养子从珂将三千骑为前锋，距幽州六十里，与契丹遇，契丹惊却，晋兵翼而随之。张左右翼而踵其后。契丹行山上，晋兵行涧下，每至谷口，契丹辄邀之，嗣源父子力战，乃得进。至山口，契丹以万馀骑遮其前，将士失色；嗣源以百馀骑先进，免胄扬鞭，胡语谓契丹曰：“汝无故犯我疆埸，晋王命我将百万众直抵西楼，灭汝种族！”此史家以华言译胡语而笔之于史也。胡峤入辽记曰：自幽州西北入居庸关，行几一月乃至上京，所谓西楼也。西楼有邑屋市肆。欧史四夷附录曰：契丹好鬼而贵日，每月朔旦东向而拜日；其大会聚、视国事，皆以东向为尊，西楼门屋皆东向。薛史曰：西楼距幽州三千里。埸，音亦。种，章勇翻。因跃马奋楇，三入其陈，斩契丹酋长一人。楇，侧瓜翻。陈，读曰阵；下同。酋，慈秋翻。长，知两翻。后军齐进，契丹兵却，晋兵始得出。李存审命步兵伐木为鹿角，人持一枝，止则成寨。契丹骑环寨而过，寨中发万弩射之，流矢蔽日，契丹人马死伤塞路。环，音患。射，而亦翻。塞，悉则翻。将至幽州，契丹列陈待之。存审命步兵陈于其后，陈于契丹陈后，将夹击之也。一曰以骑兵前进，令步兵陈于其后。戒勿动，先令羸兵曳柴然草而进，烟尘蔽天，契丹莫测其多少；因鼓噪合战，存审乃趣后陈起乘之，羸，伦为翻。趣，读曰促。契丹大败，席卷其众自北山去，取古北口路而去。卷，读曰捲。委弃车帐铠仗羊马满野，晋兵追之，俘斩万计。辛丑，嗣源等入幽州，周德威见之，握手流涕。为虏所困，得救而解，喜极涕流。

契丹以卢文进为幽州留后，其后又以为卢龙节度使，文进常居平州，帅奚骑岁入北边，杀掠吏民。帅，读曰率；下同。晋人自瓦桥运粮输蓟城，九域志：瓦桥北至涿州一百二十里，涿州北至蓟城一百二十里。蓟，音计。虽以兵援之，不免抄掠。契丹每入寇，则文进帅汉卒为乡导，乡，读曰向。卢龙巡属诸州为之残弊。卢龙诸州，自唐中世以来自为一域，外而捍御两蕃，内而连兵河朔，其力常有馀。及并于晋，则岁遣粮援继之而不足，此其故何也？保有一隅者其心力专，广土众民其心力有所不及也。诗云：无田甫田，维莠骄骄。信矣！为，于伪翻；下为承、誓为、为吾、请为同。

6 刘鄩自滑州入朝，朝议以河朔失守责之，河朔失守事见上卷。朝，直遥翻。九月，落鄩平章事，左迁亳州团练使。当其时不能治也，待其入朝而后责之，失政刑矣。

7 冬，十月，己亥，加吴越王镠天下兵马元帅。

8 晋王还晋阳。自魏州还晋阳。王连岁出征，凡军府政事一委监军使张承业，承业劝课农桑，畜积金谷，收市兵马，征租行法不宽贵戚，由是军城肃清，军城，谓晋阳军城也。馈饷不乏。王或时须钱蒱博及给赐伶人，而承业靳之，靳，居焮翻，吝惜也。钱不可得。王乃置酒钱库，令其子继岌为承业舞，承业以宝带及币马赠之。王指钱积呼继岌小名谓承业曰："和哥乏钱，七哥宜以钱一积与之，带马未为厚也。"张承业第七。晋王以兄事承业，呼之为七哥。承业曰："郎君缠头皆出承业俸禄，唐人凡为人舞，人则以钱彩宝货谢之，谓之缠头。俸，扶用翻。此钱，大王所以养战士也，承业不敢以公物为私礼。"王不悦，凭酒以语侵之，承业怒曰："仆老敕使耳！非为子孙计，惜此库钱，所以佐王成霸业也，不然，王自取用之，何问仆为！不过财尽民散，一无所成耳。"晋王他日卒如张承业之言。王怒，顾李绍荣索剑，承业起，挽王衣索，山客翻。挽，武远翻，引也。泣曰："仆受先王顾托之命，誓为国家诛汴贼，朱氏居汴，李氏名其为贼。若以惜库物死于王手，仆下见先王无愧矣。先王，谓晋王克用。今日就王请死！"阎宝从旁解承业手令退，承业奋拳殴宝踣地，骂曰：殴，乌口翻。踣，蒲北翻。"阎宝，朱温之党，受晋大恩，言阎宝背梁降晋，晋不杀而宠贵之。曾不尽忠为报，顾欲以谄媚自容邪！"曹太夫人闻之，遽令召王，史书曹太夫人者，以见嫡母刘夫人不可得而令其子。王惶恐叩头，谢承业曰："吾以酒失忤七哥，忤，五故翻。必且得罪于太夫人，七哥为吾痛饮以分其过。"王连饮四卮，承业竟不肯饮。王入宫，太夫人使人谢承业曰："小儿忤特进，张承业于时官特进，意亦晋王承制授之也。适已笞之矣。"明日，太夫人与王俱至承业第谢之。史言晋王之在魏，皆张承业足馈饷以辅之；亦内有曹夫人，故承业得行其志。未几，几，居岂翻。承制授承业开府仪同三司、左卫上将军、燕国公。承业固辞不受，但称唐官以至终身。

掌书记卢质，嗜酒轻傲，尝呼王诸弟为豚犬，王衔之；承业恐其及祸，乘间言曰："卢质数无礼，间，古苋翻。数，所角翻。请为大王杀之。"王曰："吾方招纳贤才以就功业，七哥何言之过也！"承业起立贺曰："王能如此，何忧不得天下！"质由是获免。史言张承业不惟能足兵，且能保护士君子。

晋王元妃卫国韩夫人，次燕国伊夫人，次魏国刘夫人。刘夫人最有宠，书晋宫之次者，以见其宫中贯鱼失序。其父成安人，成安，汉斥丘县，北齐置成安县，唐属相州，时属魏州。九域志：成安在魏州西一百里。以医卜为业。夫人幼时，晋将袁建丰掠得之，入于王宫，性狡悍淫妒，悍，下罕翻，又侯旰翻。从王在魏；父闻其贵，诣魏宫上谒，上，时掌翻。王召袁建丰示之。建丰曰："始得夫人时，有黄须丈人护之，此是也。"王以语夫人，语，牛倨翻。夫人方与诸夫人争宠，以门地相高，耻其家寒微，大怒曰："妾去乡时略可记忆，妾父不幸死乱兵，妾守尸哭之而去，今何物田舍翁敢至此！"命笞刘叟于宫门。父且笞之，而何有于君！异日李存渥之事，无足怪也。

9 越主岩遣客省使刘瑭使于吴，告即位，是年八月，刘岩称帝。且劝吴王称帝。

10 闰月，戊申，蜀主以判内枢密院庾凝绩为吏部尚书、内枢密使。

11 十一月，丙子朔，日南至，蜀主祀圜丘。

12 晋王闻河冰合，曰："用兵数岁，限一水不得渡，贞明元年，晋得魏博兵，始窥河上；若以破夹寨为用兵之始，则已十年矣。今冰自合，天赞我也。"亟如魏州。

13 蜀主以刘知俊为都招讨使，见是年七月。诸将皆旧功臣，多不用其命，且疾之，故无成功。伐岐无功也。唐文扆数毁之；数，所角翻。蜀主亦忌其才，尝谓所亲曰："吾老矣，知俊非尔辈所能驭也。"十二月，辛亥，收知俊，称其谋叛，斩于炭市。刘知俊惧不见容于梁而奔岐，惧不见容于岐而奔蜀，卒亦不为蜀所容。挟虎狼之性而附人，人必虞其搏噬，其能容之乎！

14 癸丑，蜀大赦，改明年元曰光天。

15 壬戌，以张宗奭为天下兵马副元帅。

16 帝论平庆州功，贺瓌平庆州，见上卷上年。丁卯，以左龙虎统军贺瓌为宣义节度使、同平章事，寻以为北面行营招讨使。为贺瓌不能拒晋张本。

17 戊辰，晋王畋于朝城。朝城，本汉东武阳县，后周曰武阳，唐改曰朝城。九域志：朝城县在魏州东南八十里，又三十里至河。是日，大寒，晋王视河冰已坚，引步骑稍渡。梁甲士三千戍杨刘城，缘河数十里，列栅相望，晋王急攻，皆陷之。进攻杨刘城，使步兵斩其鹿角，负葭苇塞堑，陆佃埤雅曰：苇即今之芦，一名葭。葭，苇之未秀者也。萑，即今之荻，一名蒹。蒹，萑之未秀者也。至秋坚成，谓之萑苇；萑小而苇大。字说曰：芦谓之葭，其小曰萑；荻谓之蒹，其小曰苇。荻强而葭弱，荻高而葭下。塞，悉则翻。四面进攻，即日拔之，获其守将安彦之。

先是，租庸使、户部尚书赵岩言于帝曰："陛下践阼以来，尚未南郊，议者以为无异藩侯，先，悉荐翻。为四方所轻。请幸西都行郊礼，遂谒宣陵。"宣陵在河南伊阙县，故请帝因郊而谒陵。敬翔谏曰："自刘鄩失利以来，刘鄩败，见上卷上年。公私困竭，人心惴恐；惴，之睡翻。今展礼圜丘，必行赏赉，是慕虚名而受实弊也。且勍敌近在河上，勍敌，谓晋也。勍，渠京翻。乘舆岂宜轻动！乘，绳证翻。俟北方既平，报本未晚。"晋书曰：郊祀者帝王之重事，所以报本反始也。帝不听。己巳，如洛阳，阅车服，饰宫阙。郊祀有日，闻杨刘失守，道路讹言晋军已至大梁，扼汜水矣，扼汜水，谓扼虎牢之险也。从官皆忧其家，相顾涕泣；从，才用翻。帝惶骇失图，遂罢郊祀，奔归大梁。

18 甲戌，以河南尹张宗奭为西都留守。

19 是岁，闽王审知为其子牙内都指挥使延钧娶越主岩之女。为，于伪翻。

四年（戊寅、九一八）

1 春，正月，乙亥朔，蜀大赦，复国号曰蜀。蜀改国号见上卷二年。

2 帝至大梁。自洛阳还至大梁。晋兵侵掠至郓、濮而还。晋拔杨刘，杨刘属郓州界，又西则濮州界。郓，音运。濮，博木翻。敬翔上疏曰："国家连年丧师，上，时掌翻。丧，息浪翻。疆土日蹙。陛下居深宫之中，所与计事者皆左右近习，岂能量敌国之胜负乎！量，音良。先帝之时，奄有河北，开平之间，幽、沧、镇、定、魏皆附于梁，故云然。亲御豪杰之将，犹不得志。谓夹寨、柏乡、蓨县之师皆不得志于晋。今敌至郓州，陛下不能留意。臣闻李亚子继位以来，于今十年，开平元年，晋王存勖嗣位，于今十一年。攻城野战，无不亲当矢石，近者攻杨刘，身负束薪为士卒先，一鼓拔之。陛下儒雅守文，晏安自若，使贺瓌辈敌之，而望攘逐寇雠，非臣所知也。陛下宜询访黎老，黎，众也。别求异策；不然，忧未艾也。臣虽驽怯，驽，音奴。受国重恩，陛下必若乏才，乞于边垂自效。"疏奏，赵、张之徒言翔怨望，帝遂不用。

3 吴以右都押牙王祺为虔州行营都指挥使，将洪、抚、袁、吉之兵击谭全播。严可求以厚利募赣石水工，故吴兵奄至虔州城下，虔人始知之。虔州水行至吉州，有赣石之险。吴先募水工习于水道，故舟行无碍。注详见辩误。赣，音绀。

4 蜀太子衍好酒色，乐游戏。好，呼到翻。乐，五教翻。蜀主尝自夹城过，闻太子与诸王斗鸡击球喧呼之声，蜀盖仿长安之制，附夹城为诸王宅。叹曰："吾百战以立基业，此辈其能守之乎！"由是恶张格，而徐贤妃为之内主，竟不能去也。张格赞立宗衍，见二百六十八卷乾化二年。恶，乌路翻。去，羌吕翻。信王宗杰有才略，屡陈时政，蜀主贤之，有废立意；二月，癸亥，宗杰暴卒，蜀主深疑之。

5 河阳节度使、北面行营排陈使谢彦章将兵数万攻杨刘城。甲子，晋王自魏州轻骑诣河上；彦章筑垒自固，决河水，瀰浸数里，以限晋兵，晋兵不得进。谢彦章，梁之骑将也，惧晋兵之冲突，决河水以限之。幽、并之突骑非南兵之所能敌，自古然也。瀰，音弥。彦章，许州人也。安彦之散卒多聚于兖、郓山谷为群盗，以观二国成败，晋王招募之，多降于晋。降，户江翻。

6 己亥，蜀主以东面招讨使王宗侃为东、西两路诸军都统。此伐岐东、西两路之兵也；东路出宝鸡，西路出秦陇。

7 三月，吴越王镠初立元帅府，置官属。前年梁加钱镠诸道兵马元帅，去年又加天下兵马元帅。

8 夏，四月，癸卯朔，蜀主立子宗平为忠王，宗特为资王。

9 岐王复遣使求好于蜀。岐与蜀绝，见二百六十七卷乾化元年。复，扶又翻。

10 己酉，以吏部侍郎萧顷为中书侍郎、同平章事。

11 保大节度使高万金卒。癸亥，以忠义节度使高万兴兼保大节度使，并镇鄜、延。太祖改保塞军为忠义军。高万兴，万金之兄也；兄弟并镇，今并为一。

12 司空兼门下侍郎、同平章事赵光逢告老，己巳，以司徒致仕。

13 蜀主自永平末梁乾化元年，蜀改元永平；梁贞明二年，蜀改元通正。得疾，昏瞀，瞀，莫候翻。至是增剧；以北面行营招讨使兼中书令王宗弼沉静有谋，五月，召还，以为马步都指挥使。乙亥，召大臣入寝殿，告之曰："太子仁弱，朕不能违诸公之请，逾次而立之；即谓张格令诸公署表时事。若其不堪大业，可置诸别宫，幸勿杀之。但王氏子弟，诸公择而辅之。徐妃兄弟，止可优其禄位，慎勿使之掌兵预政，以全其宗族。"

内飞龙使唐文扆久典禁兵，参预机密，欲去诸大臣，去，羌吕翻。遣人守宫门；王宗弼等三十馀人日至朝堂，不得入见，见，贤遍翻。文扆屡以蜀主之命慰抚之，伺蜀主殂，即作难。伺，相吏翻。难，乃旦翻。遣其党内皇城使潘在迎侦察外事，侦，丑郑翻，伺也。在迎以其谋告宗弼等；宗弼等排闼入，言文扆之罪，以天册府掌书记崔延昌权判六军事，蜀置天策府，见上卷乾化四年。将罪唐文扆，先夺其判六军事。召太子入侍疾。丙子，贬唐文扆为眉州刺史。翰林学士承旨王保晦坐附会文扆，削官爵，流泸州。在迎，炕之子也。潘炕亦蜀主所亲任者也，入筦枢密，出居方镇。炕，苦浪翻。

丙申，蜀主诏中外财赋、中书除授、诸司刑狱案牍专委庾凝绩，都城及行营军旅之事委宣徽南院使宋光嗣。

丁酉，削唐文扆官爵，流雅州。辛丑，以宋光嗣为内枢密使，与兼中书令王宗弼、宗瑶、宗绾、宗夔并受遗诏辅政。初，蜀主虽因唐制置枢密使，专用士人，唐制，枢密使本用宦者。及唐文扆得罪，蜀主以诸将多许州故人，蜀主本许州舞阳人，其诸将亦多许人。恐其不为幼主用，故以光嗣代之。自是宦者始用事。为蜀以宦者亡张本。

六月，壬寅，【章：十二行本"寅"下有"朔"字；乙十一行本同；孔本同；张校同。】蜀主殂。考异曰：北梦琐言云："余闻宗弼亲吏曹处琪言：建疑信王暴卒，唐文扆与徐妃、张格阴谋使尚食进鸡烧饼因置毒。建疾困，大臣魏弘夫等请诛文扆。建曰：'太子好酒色，若不克负荷，幸无杀之。徐氏兄弟勿与兵权。'言讫，长吁而逝。"刘恕按：旧史贬文扆后二十七日蜀主始殂，疑曹处琪之妄，孙光宪从而记之。癸卯，太子即皇帝位。名衍，字化源，建幼子也。尊徐贤妃为太后，衍母也。徐淑妃为太妃。以宋光嗣判六军诸卫事。

乙卯，杀唐文扆、王保晦。命西面招讨副使王全【章：十二行本"全"作"宗"；乙十一行本同；孔本同。】昱杀天雄节度使唐文裔于秦州，贞明二年，蜀主遣唐文裔伐岐，遂镇秦州。免左保胜军使领右街使唐道崇官。

14 吴内外马步都军使、昌化节度使、同平章事徐知训，骄倨淫暴。威武节度使、知抚州李德诚欧史职方考曰：五代之际外属之州，扬州曰淮南，宣州曰宁国，鄂州曰武昌，洪州曰镇南，复州曰武威，杭州曰镇海，越州曰镇东，江陵府曰荆南，益州、梓州曰剑南东、西川，遂州曰武信，兴元府曰山南西道，洋州曰武定，黔州曰黔南，潭州曰武安，桂州曰静江，容州曰宁远，邕州曰建武，广州曰清海，皆唐故号，更五代无所易，而今因之者也。其馀僭伪改置之名不可悉考而不足道，其因著于今者略注于谱。按欧公之时去五代未远，十国僭伪自相署置，其当时节镇之名已无所考，况欲考之于二三百年之后乎！今台州有鲁洵作杜雄墓碑云，唐僖宗光启三年升台州为德化军。洵乃雄吏，时为德化军判官者也。又嘉定中黄岩县永宁江有泅于水者，拾一铜印，其文曰"台州德化军行营朱记"。宋太祖乾德元年，钱昱以德化军节度使、本路安抚使兼知台州。台州小郡犹置节度，其他州郡从可知矣。吴之昌化、威武盖亦置之境内属城，但不可得而考其地耳。有家妓数十，知训求之，妓，渠绮翻。德诚遣使谢曰："家之所有皆长年，长，知两翻。谓年已长也。或有子，不足以侍贵人，当更为公求少而美者。"为，于伪翻。少，诗照翻。知训怒，谓使者曰："会当杀德诚，并其妻取之！"

知训狎侮吴王，无复君臣之礼。尝与王为优，自为参军，使王为苍鹘，总角弊衣执帽以从。优人为优，以一人幞头衣绿，谓之参军；以一人髽角弊衣，如僮奴之状，谓之苍鹘。从，才用翻。又尝泛舟浊河，王先起，知训以弹弹之。上弹，徒旦翻。下弹，徒丹翻。又尝赏花于禅智寺，宋白曰：禅智寺在扬州城东，寺前有桥，跨旧官河。知训使酒悖慢，王惧而泣，悖，蒲没翻，又蒲妹翻。四座股栗；左右扶王登舟，知训乘轻舟逐之，不及，以铁挝杀王亲吏。挝，侧瓜翻。将佐无敢言者，父温皆不之知。

知训及弟知询皆不礼于徐知诰，以知诰养子也。独季弟知谏以兄礼事之。为徐知谏附于知诰以夺知询金陵张本。知训尝召兄弟饮，知诰不至，知训怒曰："乞子不欲酒，欲剑乎！"又尝与知诰饮，伏甲欲杀之，知谏蹑知诰足，蹑，尼辄翻。知诰阳起如厕，遁去，知训以剑授左右刁彦能使追杀之；彦能驰骑及于中涂，举剑示知诰而还，以不及告。还，从宣翻，又如字。还告知训以追之不及也。余谓杨渥、徐知训之于知诰，皆知所恶者也。

平卢节度使、同平章事、诸道副都统朱瑾遣家妓通候问于知训，妓，渠绮翻。知训强欲私之，瑾已不平。知训恶瑾位加己上，恶，乌路翻。置静淮军于泗州，出瑾为静淮节度使，瑾益恨之，然外事知训愈谨。瑾有所爱马，冬贮于幄，夏贮于帱；贮，丁吕翻。帱，徒到翻，今之葛罩、纱罩是也。又直由翻，唐韵曰：单帐也。冬贮于幄，欲其暖也；夏贮于帱，既欲其凉，且隔蚊虻。以养人者养畜，可谓爱之过矣。宠妓有绝色；知训过别瑾，过，音戈。过瑾而言别。瑾置酒，自捧觞，出宠妓使歌，以所爱马为寿，知训大喜。瑾因延之中堂，伏壮士于户内，出妻陶氏拜之，路振九国志：瑾妻陶氏，雅之女也。知训答拜，瑾以笏自后击之踣地，踣，蒲北翻。呼壮士出斩之。瑾先系二悍马于庑下，将图知训，密令人解纵之，马相蹄啮，庑，罔甫翻。蹄，大计翻。啮，鱼结翻。声甚厉，以是外人莫之闻。瑾提知训首出，知训从者数百人皆散走。瑾驰入府，以首示吴王曰："仆已为大王除害。"从，才用翻。为，于伪翻；下吾为同。王惧，以衣障面，走入内，曰："舅自为之，我不敢知！"吴王行密先娶朱氏，与瑾同姓，因呼之为舅。瑾曰："婢子不足与成大事！"以知训首击柱，挺剑将出，挺，待鼎翻，拔也。子城使翟虔等已阖府门勒兵讨之，乃自后逾城，坠而折足，翟虔，徐温亲将也，使之防卫吴王。翟，直格翻。折，而设翻。顾追者曰："吾为万人除害，以一身任患。"遂自刭。任，音壬。刭，古顶翻。

徐知诰在润州闻难，扬、润夹江，相去五十馀里。难，乃旦翻。用宋齐丘策，即日引兵济江。考异曰：吴录、九国志、徐铉江南录，知训死，知诰过江，皆无日。江南录曰："先主闻乱，即日以州兵渡江，至广陵。会瑾自杀，因抚定其众。"十国纪年吴史："六月乙卯，瑾杀知训，逾城自杀。戊午，知诰入扬州代知训执政。己未，诛瑾党与。"广本："戊午，知诰亲吏马仁裕闻知训死，自蒜山渡，白知诰。知诰即日帅兵入扬州，抚定吏民。"按扬、润相去至近，知诰岂得四日然后闻之！今从江南录。按徐知诰勉就润州以俟变，本宋齐丘之策也，事见上卷三年。瑾已死，因抚定军府。时徐温诸子皆弱，温乃以知诰代知训执吴政，沈朱瑾尸于雷塘而灭其族。沈，持林翻。

瑾之杀知训也，泰宁节度使米志诚从十馀骑问瑾所向，闻其已死，乃归；宣谕使李俨贫而困，寓居海陵；李俨宣谕淮南，见二百六十三卷唐昭宗天复二年。温疑其与瑾通谋，皆杀之。严可求恐志诚不受命，诈称袁州大破楚兵，将吏皆入贺，伏壮士于戟门，擒志诚，斩之，并其诸子。

15 壬戌，晋王自魏州劳军于杨刘，劳，力到翻。自泛舟测河水，其深没枪。王谓诸将曰："梁军非有战意，但欲阻水以老我师，当涉水攻之。"甲子，王引亲军先涉，诸军随之，褰甲横枪，结陈而进。是日水落，深才及膝。匡国节度使、北面行营排陈使谢彦章帅众临岸拒之，前书河阳节度使谢彦章，此书匡国节度使，盖自河阳徙匡国也。陈，读曰阵。帅，读曰率。晋兵不得进，乃稍引却，梁兵从之。及中流，鼓噪复进，复，扶又翻。彦章不能支，稍退登岸；晋兵因而乘之，梁兵大败，死伤不可胜纪，临岸与涉水者战，则据高者得其利；俱战于水中，则勇者胜。此谢彦章之所以败也。胜，音升。河水为之赤，彦章仅以身免。是日，晋人遂陷滨河四寨。

16 蜀唐文扆既死，太傅、门下侍郎、同平章事张格内不自安，张格附唐文扆见上三年。或劝格称疾俟命，礼部尚书杨玢自恐失势，谓格曰：玢，方贫翻。"公有援立大功，谓草表使诸公请立宗衍。不足忧也。"庚午，贬格为茂州刺史，玢为荣经尉；吏部侍郎许寂、户部侍郎潘峤皆坐格党贬官。格寻再贬维州司户，庾凝绩奏徙格于合水镇，九域志：邛州蒲江县有合水镇。令茂州刺史顾承郾伺格阴事。王宗侃妻以格同姓，欲全之，谓承郾母曰："戒汝子，勿为人报仇，郾，于建翻。为，于伪翻。他日将归罪于汝。"承郾从之。凝绩怒，因公事抵承郾罪。

秋，七月，壬申朔，蜀主以兼中书令王宗弼为钜鹿王，宗瑶为临淄王，宗绾为临洮王，洮，土刀翻。宗播为临颍王，宗裔、宗夔及兼侍中宗黯皆为琅邪郡王。自典午渡江以来，江左以琅邪之王为衣冠甲族，故三人皆封琅邪。甲戌，以王宗侃为乐安王。丙子，以兵部尚书庾传素为太子少保兼中书侍郎、同平章事。蜀主不亲政事，内外迁除皆出于王宗弼。宗弼纳贿多私，上下咨怨。宋光嗣通敏善希合，希指迎合也。蜀主宠任之，蜀由是遂衰。有政事则国强，无政事则国衰。衰者亡之渐也，可不戒哉！

17 吴徐温入朝于广陵，自升州入朝。疑诸将皆预矦瑾之谋，欲大行诛戮。徐知诰、严可求具陈徐知训过恶，所以致祸之由，温怒稍解，乃命网瑾骨于雷塘而葬之，徐温审知罪在其子，故葬朱瑾。责知训将佐不能匡救，皆抵罪；独刁彦能屡有谏书，温赏之。戊戌，以知诰为淮南节度行军副使、内外马步都军副使、通判府事，考异曰：按十国纪年，六月乙卯，知训被杀。至此四十四日，吴之政事必有所出。盖知诰至广陵即代知训执吴政，至此方除官耳。兼江州团练使。以徐知谏权润州团练事。代知诰也。温还镇金陵，总吴朝大纲，朝，直遥翻。自徐庶政，皆决于知诰。

知诰悉反知训所为，事吴王尽恭，接士大夫以谦，御众以宽，约身以俭。以吴王之命，悉蠲天佑十三年以前逋税，梁既篡唐，淮南仍称天佑，至是岁为天佑十五年。徐知诰蠲天佑十三年以前逋税，是年以后其逋者征之。馀俟丰年乃输之。谓天佑十四年逋租也。求贤才，纳规谏，除奸猾，杜请托。于是士民翕然归心，虽宿将悍夫无不悦服。【章：十二行本“服”下有“以宋齐丘为谋主”七字；乙十一行本同；孔本同；张校同；退斋校同。】史言徐知训之骄倨淫暴，适为徐知诰之资。悍，下罕翻，又侯旰翻。先是，吴有丁口钱，又计亩输钱，钱重物轻，民甚苦之。先，悉荐翻。齐丘说知诰，以为“钱非耕桑所得，今使民输钱，是教民弃本逐末也。请蠲丁口钱；程大昌演繁露曰：今之丁钱，即汉世算钱也，以其计口输钱，故亦名口赋也。汉四年初为算赋。如淳曰：汉仪注，民年十五以上至五十六出赋钱，人百二十为一算，治库兵车马。至文帝时，人多丁众，则遂取高帝本额岁减三之二，则一口一年输钱止于四十也。贾捐之曰：文帝偃武行文，民赋四十，丁男三年而一事。如淳曰：常赋岁百二十，岁一事。文帝时天下民多，故出赋四十，凡三岁而一事。此之谓赋，即高帝时百二十，至此而减为四十者也；此之谓事，即古法一岁一丁供役无过三日者是也。民年十五以上，虽未成丁亦输口钱，所谓民赋四十者也；及已成丁，则每岁当供三日之役者，至此减为三年而才受一年之役也。唐制：成丁而就役，不役则计日收其庸。末世所谓丁口钱本此。说，式芮翻。自馀税悉输谷帛，䌷绢匹直千钱者当税三千。”以直千钱之物，当税额之三千。或曰：“如此，县官岁失钱亿万计。”齐丘曰：“安有民富而国家贫者邪！”知诰从之。由是江、淮间旷土尽辟，旷土，空旷不耕之土。桑柘满野，国以富强。

知诰欲进用齐丘而徐温恶之，宋齐丘为徐知诰谋夺徐氏之政，使温知之，岂特恶之而已。盖齐丘之为人，轻佻褊躁，温以此恶之耳。恶，乌路翻。以为殿直、军判官。殿直，使之入直吴殿。军判官，行军判官也。知诰每夜引齐丘于水亭屏语，常至夜分，屏语，屏左右而与齐丘密语也。水亭则四旁空阔，无耳属于垣之虞。夜分，夜半也。屏，必郢翻。或居高堂，悉去屏障，独置大炉，相向坐，不言，以铁箸画灰为字，随以匙灭去之，去屏障，所以防左右隐蔽其身而窃窥者。去，羌吕翻。故其所谋，人莫得而知也。

18 虔州险固，吴军攻之，久不下，是年二月，吴攻虔州。军中大疫，王祺病，吴以镇南节度使刘信为虔州行营招讨使，未几，祺卒。几，居岂翻。谭全播求救于吴越、闽、楚。吴越王镠以统军使传球为西南面行营应援使，将兵二万攻信州；统军使，吴越所置官。楚将张可求将万人屯古亭，闽兵屯雩都以救之。雩都，汉古县，唐属虔州。九域志：在州南一百七十里。信州兵才数百，逆战，不利；吴越兵围其城。刺史周本，启关张虚幕于门内，召僚佐登城楼作乐宴饮，飞矢雨集，安坐不动；吴越疑有伏兵，中夜，解围去。吴以前舒州刺史陈璋为东南面应援招讨使，将兵侵苏、湖，侵苏、湖以牵制吴越救虔州之兵力。钱传球自信州南屯汀州。按九域志，汀州北至虔州四百八十里。移兵屯汀州，示将救虔也。晋王遣间使持帛书会兵于吴，吴人辞以虔州之难。间，古苋翻。难，乃旦翻。

19 晋王谋大举入寇，周德威将幽州步骑三万，李存审将沧景步骑万人，李嗣源将邢洺步骑万人，王处直遣将将易定步骑万人，及麟、胜、云、蔚、新、武等州诸部落奚、契丹、室韦、吐谷浑，皆以兵会之。八月，并河东、魏博之兵，大阅于魏州。兵莫难于用众。是举也，晋兵先败，周德威父子死焉，晋王特危而后济耳。蔚，音郁。

20 蜀诸王皆领军使，彭王宗鼎谓其昆弟曰："亲王典兵，祸乱之本。今主少臣强，才间将兴，少，诗照翻。间，古苋翻。缮甲训士，非吾辈所宜为也。”因固辞军使，蜀主许之，但营书舍、植松竹自娱而已。史言王宗鼎为保身之谋而无维城之助。

21 泰宁节度使张万进，轻险好乱。好，呼到翻。时嬖幸用事，多求赂于万进，嬖，卑义翻，又博计翻。万进闻晋兵将出，己酉，遣使附于晋，且求援。以亳州团练使刘鄩为兖州安抚制置使，将兵讨之。考异曰：庄宗实录：“天佑十五年八月己酉，张万进归款。”薛史末帝纪：“贞明五年三月癸未，削夺张守进官爵，命刘鄩为制置使；十月下兖州，族守进。”万进传云：“贞明四年七月叛，五年冬，拔其城。”刘鄩传云：“五年，万进反，冬，拔其城。”庄宗实录万进传云：“刘鄩攻围历年，屠其城。”庄宗列传云：“天佑十五年八月，万进归于我。”均王无实录，纪、传多不同，难以为据，今以庄宗实录列传为定。

22 甲子，蜀顺德皇后殂。周氏，蜀主建正室也。

23 乙丑，蜀主以内给事王廷绍、欧阳晃、李周辂、朱光葆、宋承蕴、田鲁俦等为将军及军使，“朱光葆”当作“宋光葆”。蕴，音蕴。皆干预政事，骄纵贪暴，大为蜀患，周庠切谏，不听。周庠与蜀主建同起于兵间，历事多矣。晃患所居之隘，夜，因风纵火，焚西邻军营数百间，明旦，召匠广其居；蜀主亦不之问。光葆，光嗣之从弟也。从，才用翻。

24 晋王自魏州如杨刘，引兵略郓、濮而还，循河而上，军于麻家渡。还，从宣翻。上，时掌翻。麻家渡盖在濮州界。贺瓌、谢彦章将梁兵屯濮州北行台村，相持不战。凡言相持不战，度其力未足以相胜，而各伺其势之有可乘者也。

晋王好自引轻骑迫敌营挑战，危窘者数四，好，呼到翻。挑，徒了翻。窘，巨陨翻。赖李绍荣力战翼卫之，得免。赵王镕及王处直皆遣使致书曰：“元元之命系于王，本朝中兴系于王，本朝，谓唐也。朝，直遥翻。奈何自轻如此！”王笑谓使者曰：“定天下者，非百战何由得之！安可深居帷房以自肥乎！”晋王此语，谓王镕也。然王镕志守祖父业、自豢养而已；晋王则志于灭梁以雪雠耻者也。及梁既灭，庄宗之志满矣，驰骋田猎，意以为不居帷房以自肥，不知以帷房自祸也。

一旦，王将出营，都营使李存审扣马泣谏曰："大王当为天下自重。彼先登陷陈，将士之职也，都营使，都总行营之事，一时署置之官名也。为，于伪翻；下王为之同。陈，读曰阵。存审辈宜为之，非大王之事也。"王为之揽辔而还。他日，伺存审不在，策马急出，顾谓左右曰："老子妨人戏！"以战为戏，可晋王之轻也！至闻嗣源入大梁，又何其衰也欤！伺，相吏翻。王以数百骑抵梁营，谢彦章伏精甲五千于堤下；王引十馀骑度堤，伏兵发，围王数十重，重，直龙翻。王力战于中，后骑继至者攻之于外，仅得出。会李存审救至，梁兵乃退，王始以存审之言为忠。史言晋王勇而轻，屡经危殆，其得免者幸也。然再危而再免者，皆李存审援兵之力，谓"老子妨人戏"可乎！

25 吴刘信遣其将张宣等夜将兵三千袭楚将张可求于古亭，破之；又遣梁诠等【章：十二行本"等"下有"将兵"二字；乙十一行本同；孔本同；张校同。】击吴越及闽兵，二国闻楚兵败，俱引归。虔州之势孤矣。诠，且缘翻。

26 梅山蛮寇邵州，梅山蛮居邵州界。宋熙宁五年开置新化县，在邵州东北二百五十里。楚将樊须击走之。

27 九月，壬午，蜀内枢密使宋光嗣以判六军让兼中书令王宗弼，蜀主许之。

28 吴刘信昼夜急攻虔州，斩首数千级，不能克；使人说谭全播，取质纳赂而还。说，式芮翻。质，音致。还，从宣翻，又如字。徐温大怒，杖信使者。信子英彦典亲兵，温授英彦兵三千，曰："汝父居上游之地，将十倍之众，刘信本镇洪州。南江自洪州至湖口马当，而会于大江。广陵当江之下流，是信所居者上游之地也。时淮南攻虔之兵十倍于虔人。不能下一城，是反也！汝可以此兵往，与父同反！”又使升州牙内指挥使朱景瑜与之俱，曰：“全播守卒皆农夫，饥窘逾年，妻子在外，重围既解，重，直龙翻。相贺而去，闻大兵再往，必皆逃遁，全播所守者空城耳，往必克之。”史言徐温既能御将，又能料敌。

29 冬，十一月，壬申，蜀葬神武圣文孝德明惠皇帝于永陵，庙号高祖。

30 越主岩祀南郊，大赦，改国号曰汉。

31 刘信闻徐温之言，大惧，引兵还击虔州。先锋始至，虔兵皆溃，果如徐温所料。谭全播奔雩都，追执之。唐僖宗光启元年，谭全播推卢光稠据虔州，中更二姓，及全播自为之而亡。吴以全播为右威卫将军，领百胜节度使。

先是，吴越王镠常自虔州入贡，至是道绝，吴越自虔州道入贡，详见上卷二年。今虔州入于吴，故道绝。先，悉荐翻。始自海道出登、莱，抵大梁。此即闽、越入贡大梁水程也。但吴越必就许浦或定海就舟，水程比闽为近耳。

32 初，吴徐温自以权重而位卑，说吴王曰：“今大王与诸将皆为节度使，虽有都统之名，不足相临制；唐授吴王行密诸道行营都统，其子渥、隆演嗣位，皆宣谕使李俨承制授之。请建吴国，称帝而治。”王不许。

严可求屡劝温以次子知询代徐知诰知吴政，知诰与骆知祥谋，出可求为楚州刺史。可求既受命，至金陵，见温，说之曰：说，式芮翻。“吾奉唐正朔，常以兴复为辞。今朱、李方争，朱氏日衰，李氏日炽。一旦李氏有天下，吾能北面为之臣乎？不若先建吴国以系民望。”温大悦，复留可求复，扶又翻。参总庶政，使草具礼仪。草具建国仪注。知诰知可求不可去，去，羌吕翻。乃以女妻其子续。妻，千细翻。其后严续遂相南唐。

33 晋王欲趣大梁，趣，七喻翻；下同。而梁军扼其前，坚壁不战百馀日。十二月，庚子朔，晋王进兵，距梁军十里而舍。自麻家渡进兵逼行台村。

初，北面行营招讨使贺瓌善将步兵，排陈使谢彦章善将骑兵，瓌恶其与己齐名。史言贺瓌忌能以误国事。恶，乌路翻。一日，瓌与彦章治兵于野，治，直之翻。瓌指一高地曰："此可以立栅。"至是，晋军适置栅于其上，瓌疑彦章与晋通谋。瓌屡欲战，谓彦章曰："主上悉以国兵授吾二人，社稷是赖。今强寇压吾门，而逗遛不战，可乎！"彦章曰："强寇凭陵，利在速战。今深沟高垒，据其津要，彼安敢深入！若轻与之战，万一蹉跌，则大事去矣。"谢彦章欲持久以老晋师，贺瓌欲决胜负于一战。以此观之，其智识固有间矣。蹉，七何翻。跌，徒结翻。瓌益疑之，密谮之于帝，与行营马步都虞候曹州刺史朱珪谋，因享士，伏甲，杀彦章及濮州刺史孟审澄、别将侯温裕，以谋叛闻。诬谢彦章等以谋叛闻奏于上。审澄、温裕，亦骑将之良者也。梁之骑将皆死，独王彦章在耳。丁未，以朱珪为匡国留后，癸丑，又以为平卢节度使兼行营马步副指挥使以赏之。贺瓌为之请也。

晋王闻彦章死，喜曰："彼将帅自相鱼肉，亡无日矣。将，即亮翻。帅，所类翻。贺瓌残虐，失士卒心，我若引兵直指其国都，国都谓大梁。彼安得坚壁不动！幸而一与之战，蔑不胜矣。"王欲自将万骑直趣大梁，周德威曰："梁人虽屠上将，谓杀谢彦章也。其军尚全，轻行徼利，未见其福。"徼，一遥翻。不从。戊午，下令军中老弱悉归魏州，起师趋汴。趋，七喻翻。庚申，毁营而进，众号十万。

34 辛酉，蜀改明年元曰乾德。

35 贺瓌闻晋王已西，自行台村趋大梁为自东徂西。亦弃营而踵之。晋王发魏博白丁三万从军，以供营栅之役，所至，营栅立成。壬戌，至胡柳陂。胡柳陂在濮州西临濮县界。癸亥旦，候者言梁兵自后至矣。周德威曰："贼倍道而来，未有所舍，我营栅已固，守备有馀，既深入敌境，动须万全，不可轻发。此去大梁至近，梁兵各念其家，内怀愤激，不以方略制之，恐难得志。王宜按兵勿战，德威请以骑兵扰之，使彼不得休息，至暮营垒未立，樵爨未具，乘其疲乏，可一举灭也。"此周德威所以破王景仁者也。若晋王能用之，贺瓌必不能支，梁事去矣，岂必待李嗣源取东平哉。王曰："前在河上恨不见贼，今贼至不击，尚复何待，复，扶又翻。公何怯也！"顾李存审曰："敕辎重先发，吾为尔殿后，破贼而去！"重，直用翻。为，于伪翻。殿，丁练翻。即以亲军先出。德威不得已，引幽州兵从之，晋王既先出，周德威若不以兵从之，则为顾望不进，此诚有不得已者矣。史言其心。谓其子曰："吾无死所矣。"

贺瓌结陈而至，横亘数十里。王帅银枪都陷其陈，陈，读曰阵；下同。帅，读曰率。冲荡击斩，往返十馀里。行营左厢马军都指挥使、郑州防御使王彦章军先败，西走趣濮阳。梁之骑兵先败走。趣，七喻翻；下同。晋辎重在陈西，望见梁旗帜，惊溃，晋辎重见梁骑兵西向，谓其来犯，故惊而溃。入幽州陈，幽州兵亦扰乱，自相蹈藉；藉，慈夜翻。周德威不能制，父子皆战死。陈既扰乱，周德威虽勇，一夫敌耳。魏博节度副使王缄与辎重俱行，亦死。

晋兵无复部伍。梁兵四集，势甚盛。晋王据高丘收散兵，至日中，军复振。据高丘则散兵望旗闻鼓而集，故其军复振。复振者，言其师徒已桡败，复振迅而起也。陂中有土山，贺瓌引兵据之。晋王谓将士曰："今日得此山者胜，吾与汝曹夺之。"即引骑兵先登，李从珂与银枪大将王【严："王"改"李"；下同。】建及以步卒继之，梁兵纷纷而下，遂夺其山。用兵之势，据高以临下者胜。晋兵既夺土山，贺瓌失地利矣。珂，丘何翻。

日向晡，晡，奔谟翻。贺瓌陈于山西，晋兵望之有惧色。诸将以为诸军未尽集，不若敛兵还营，诘朝复战。诘，去吉翻。复，扶又翻。天平节度使、东南面招讨使阎宝曰：“王彦章骑兵已入濮阳，言王彦章所领骑兵已败而西去。山下惟步卒，山下谓土山之下。此即指言贺瓌陈于山西之兵。向晚皆有归志，我乘高趣下击之，破之必矣。今王深入敌境，偏师不利，谓周德威之兵丧败。若复引退，必为所乘。复，扶又翻；下同。诸军未集者闻梁再克，必不战自溃。凡决胜料敌，惟观情势，情势已得，断在不疑。断，丁乱翻。王之成败，在此一战；若不决力取胜，纵收馀众北归，河朔非王有也。”言晋大举而败退，梁兵乘胜渡河，则河朔必望风而归梁。昭义节度使李嗣昭曰：“贼无营垒，日晚思归，但以精骑扰之，使不得夕食，俟其引退，追击可破也。我若敛兵还营，彼归整众复来，胜负未可知也。”王建及擐甲横槊而进擐，音宦。曰：“贼大将已遁，大将指王彦章。王之骑军一无所失，今击此疲乏之众，如拉朽耳。拉，卢合翻。王但登山，观臣为王破贼。”王愕然曰：“非公等言，吾几误计。”为，于伪翻。几，居依翻。嗣昭、建及以骑兵大呼陷陈，呼，火故翻。诸军继之，梁兵大败。元城令吴琼，贵乡令胡装，各帅白丁万人，于山下曳柴扬尘，鼓噪以助其势。梁兵自相腾藉，弃甲山积，死亡者几三万人。帅，读曰率。几，居依翻。装，证之曾孙也。胡证在唐，历事宪、穆，位通显，家富于财。证，音正。是日，两军所丧士卒各三之二，皆不能振。此所谓俱伤而两败也。丧，息浪翻；下丧吾同。

晋王还营，闻周德威父子死，哭之恸，曰：“丧吾良将，是吾罪也。”以其子幽州中军兵马使光辅为岚州刺史。晋王悔不用周德威之言，致其战死，故罪己而擢其子。岚，卢含翻。

李嗣源与李从珂相失，见晋军桡败，桡，奴教翻。势屈为桡。不知王所之，或曰：“王以北渡河矣。”“以”，当作“已”。【章：乙十一行本正作“已”；孔本同。】嗣源遂乘冰北渡，将之相州。欲自相州归邢州。相，息亮翻。是日，从珂从王夺山，谓夺土山也。晚战皆有功。甲子，晋王进攻濮阳，拔之。九域志：濮阳县在濮州西九十里。按唐志，濮阳属濮州，九域志为澶州治所。唐澶州治顿丘县，宋熙宁六年省顿丘入清丰县。清丰县在澶州北六十里，县有旧州镇，即澶州所治顿丘城也。盖五代以前濮阳在河南，而九域志之濮阳，晋天福四年移就澶州南郭者也。李嗣源知晋军之捷，复来见王于濮阳，王不悦，曰："公以吾为死邪？渡河安之！"嗣源顿首谢罪。王以从珂有功，但赐大钟酒以罚之；自是待嗣源稍薄。

36 初，契丹主之弟撒剌阿拨撒，山割翻。剌，来葛翻。号北大王，谋作乱于其国。事觉，契丹主数之曰："汝与吾如手足，数，所具翻。兄弟之亲，如手如足。而汝兴此心，我若杀汝，则与汝何异！"乃囚之期年而释之。撒剌阿拨帅其众奔晋，帅，读曰率。晋王厚遇之，养为假子，任为刺史；官之为刺史，而不厘务。胡柳之战，以其妻子来奔。

晋军至德胜渡，德胜渡在濮州北，河津之要也。王彦章败卒有走至大梁者，曰："晋人战胜，将至矣。"顷之，晋兵有先至大梁问次舍者，此亦晋之散兵也。京城大恐。帝驱市人登城，又欲奔洛阳，遇夜而止。败卒至者不满千人，伤夷逃散，各归乡里，月馀仅能成军。

五年（己卯、九一九）

1 春，正月，辛巳，蜀主祀南郊，大赦。

2 晋李存审于德胜南北【章：十二行本"北"下有"夹河"二字；乙十一行本同；孔本同；张校同；退斋校同。】筑两城而守之。唐澶州治顿丘县。自筑德胜南北城，及晋天福三年遂移澶州及顿丘县于德胜以防河津，惧契丹南牧也。宋景德澶渊之役犹在德胜。熙宁以来，澶州治濮阳，又非石晋所移之地。晋王以存审代周德威为内外蕃汉马步总管。晋王还魏州，遣李嗣昭权知幽州军府事。

3 汉主岩立越国夫人马氏为皇后，殷之女也。岩逆妇于楚，见上卷元年。

4 三月，丙戌，蜀北路行营都招讨、武德节度使王宗播等自散关击岐，渡渭水，此宝鸡渭河也。破岐将孟铁山；会大雨而还，还，从宣翻，又如字。分兵戍兴元、凤州及威武城。威武城在凤州北，蜀所筑也。戊子，天雄节度使、同平章事王宗昱攻陇州，不克。

5 蜀主奢纵无度，日与太后、太妃游宴于贵臣之家，及游近郡名山，饮酒赋诗，所费不可胜纪。胜，音升。仗内教坊使严旭强取士民女子内宫中，或得厚赂而免之，以是累迁至蓬州刺史。太后、太妃各出教令卖刺史、令、录等官，令，县令。录，录事参军。每一官阙，数人争纳赂，赂多者得之。史言蜀朝政浊乱。

6 晋王自领卢龙节度使，周德威死，难其代，且北边大镇，士马强锐，故自领之。以中门使李绍宏提举军府事，代李嗣昭。以宦者代功臣，失之矣。绍宏，宦者也，本姓马，晋王赐姓名，使与知岚州事孟知祥俱为【章：十二行本“为”下有“河东、魏博”四字；乙十一行本同；孔本同；张校同；退斋校同。】中门使；知祥又荐教练使雁门郭崇韬能治剧，治，直之翻。王以为中门副使。崇韬倜傥有智略，倜，他狄翻。临事敢决，王宠待日隆。郭崇韬由此佐晋王灭梁。先是，中门使吴珪、张虔厚相继获罪，“吴珪”，薛史作“吴珙”。先，悉荐翻。及绍宏出幽州，知祥惧祸，称疾辞位，王乃以知祥为河东马步都虞候，自是崇韬专典机密。为郭崇韬德孟知祥、荐之帅蜀张本。

7 诏吴越王镠大举讨淮南。镠以节度副大使传瓘为诸军都指挥使，帅战舰五百艘，自东洲击吴。自常州东洲出海，复溯江而入以击吴。帅，读曰率；下同。舰，户黯翻。艘，苏遭翻。吴遣舒州刺史彭彦章及裨将陈汾拒之。

8 吴徐温帅将吏藩镇请吴王称帝，吴王不许。夏，四月，戊戌朔，即吴国王位。大赦，改元武义；建宗庙社稷，置百官，宫殿文物皆用天子礼。以金继土，唐，土行也。吴欲继唐，故言以金德王。腊用丑。改谥武忠王曰孝武王，庙号太祖，杨行密初谥武忠王。威王曰景王，杨渥初谥威王。尊母为太妃；以徐温为大丞相、都督中外诸军事、诸道都统、镇海·宁国节度使，守太尉兼中书令、东海郡王，以徐知诰为左仆射、参政事兼知内外诸军事，仍领江州团练使，以扬府左司马王令谋为内枢〔密〕使，吴都广陵，故谓扬州为扬府。营田副使严可求为门下侍郎，盐铁判官骆知祥为中书侍郎，前中书舍人卢择为吏部尚书兼太常卿，前中书舍人，盖唐官也。掌书记殷文圭为翰林学士，馆驿巡官游恭为知制诰，前驾部员外郎杨迢为给事中。择，醴泉人；迢，敬之之孙也。敬之，杨凭弟子也。

9 钱传瓘与彭彦章遇；传瓘命每船皆载灰、豆及沙，乙巳，战于狼山江。今通州静海县南五里有狼山，山外即大江。绝江南渡，舟行八十里抵苏州界；自江顺流出大海。吴船乘风而进，传瓘引舟避之，既过，自后随之。自后随之，则风为传瓘用。陈侯瑱破王琳亦如此。吴回船与战，传瓘使顺风扬灰，吴人不能开目；及船舷相接，舷，胡田翻，船边也。传瓘使散沙于己船而散豆于吴船，豆为战血所渍，吴人践之皆僵仆。渍，疾智翻。践，慈演翻。僵，居良翻。传瓘因纵火焚吴船，吴兵大败。彦章战甚力，兵尽，继之以木，身被数十创，被，皮义翻。创，初良翻。陈汾按兵不救；彦章知不免，遂自杀。传瓘俘吴裨将七十人，斩首千馀级。吴【章：十二行本“吴”上有“焚战舰四百艘”六字；乙十一行本同；孔本同；张校同。】人诛汾，籍没家赀，以其半赐彦章家，禀其妻子终身。禀，笔锦翻，给也。

10 贺瓌攻德胜南城，百道俱进，以竹笮联艨艟十馀艘，蒙以牛革，设睥睨、战格如城状，笮，才各翻，竹索也。艨艟即蒙冲，战舰也。城上短垣谓之睥睨。睥，匹计翻。睨，五计翻。横于河流，以断晋之救兵，使不得渡。断，音短。晋王自引兵驰往救之，陈于北岸，不能进；陈，读曰阵。遣善游者马破龙入南城，见守将氏延赏，延赏言矢石将尽，陷在顷刻。晋王积金帛于军门，募能破艨艟者；众莫知为计，亲将李建及曰：李建及即王建及，时为银枪大将。银枪，晋王帐前亲兵也，故曰亲将。建及少事李罕之为养子，后复姓王，故史或书李建及，或书王建及。"贺瓌悉众而来，冀此一举；若我军不渡，则彼为得计。今日之事，建及请以死决之。"乃选效节敢死士得三百人，被铠操斧，被，皮义翻。操，七刀翻。帅之乘舟而进。帅，读曰率。将至艨艟，流矢雨集，建及使操斧者入艨艟间，斧其竹笮，又以木罂载薪，沃油然火，于上流纵之，木罂，盖即用韩信旧法汉书注所载者为之。操，七刀翻。罂，于耕翻。随以巨舰实甲士，鼓噪攻之。艨艟既断，随流而下，梁兵焚溺者殆半，晋兵乃得渡。瓌解围走，晋兵逐之，至濮州而还。德胜至濮州九十里。还，从宣翻，又如字。瓌退屯行台村。

11 蜀主命天策府诸将无得擅离屯戍。离，力智翻。五月，丁卯朔，左散旗军使王承谔、承勋、承会违命，蜀主皆原之。散，悉但翻。原者，赦其罪也。自是禁令不行。

12 楚人攻荆南，高季昌求救于吴，吴命镇南节度使刘信等帅洪、吉、抚、信步兵自浏阳趣潭州，帅，读曰率；下同。九域志：浏阳西南至潭州一百六十里。浏，力求翻，又音柳。趣，七喻翻。武昌节度使李简等帅水军攻复州。自鄂州以水军攻复州，由大江入汉口，溯汉而上。信等至潭州东境，楚兵释荆南引归。简等入复州，执其知州鲍唐。

13 六月，吴人败吴越兵于沙山。败，补迈翻。

14 秋，七月，吴越王镠遣钱传瓘将兵三万攻吴常州，徐温帅诸将拒之，右雄武统军陈璋以水军下海门出其后。海门在今通州东海门县界，大江至此入海，遵海东南则太湖入海之口，舟行由此入太湖，可以达常州之东洲。壬申，战于无锡。会温病热，不能治军，治，直之翻。吴越攻中军，飞矢雨集，镇海节度判官陈彦谦迁中军旗鼓于左，取貌类温者，擐甲胄，号令军事，温得少息；俄顷，疾稍间，间，如字。出拒之。时久旱草枯，吴人乘风纵火，吴越兵乱，遂大败，杀其将何逢、吴建，斩首万级。传瓘遁去，追至山南，复败之。复，扶又翻。败，补迈翻；下同。陈璋败吴越于香弯。

温募生获叛将陈绍者赏钱百万，指挥使崔彦章获之。绍勇而多谋，温复使之典兵。霍丘之役，陈绍之功居多。温不讨其外叛之罪而念其功，故复使之典兵。

初，衣锦之役，见二百六十八卷乾化三年。吴马军指挥曹筠叛奔吴越，指挥之下当有"使"字。徐温赦其妻子，厚遇之，遣间使告之曰：间，古苋翻。"使汝不得志而去，吾之过也，汝无以妻子为念。"及是役，筠复奔吴。温自数昔日不用筠言者三，数，所具翻。而不问筠去来之罪，归其田宅，复其军职。筠内愧而卒。史言徐温能御将。

知诰请帅步卒二千，易吴越旗帜铠仗，蹑败卒而东，袭取苏州。蹑，尼辄翻。温曰："尔策固善；然吾且求息兵，未暇如汝言也。"诸将皆以为："吴越所恃者舟楫，今大旱，水道涸，此天亡之时也，宜尽步骑之势，一举灭之。"温叹曰："天下离乱久矣，民困已甚，钱公亦未易可轻；若连兵不解，方为诸君之忧。今战胜以惧之，戢兵以怀之，使两地之民各安其业，君臣高枕，岂不乐哉！易，以豉翻。戢，则立翻。枕，职任翻。乐，音洛。史言徐温能保胜安民。多杀何为！"遂引还。还，从宣翻，又如字。

吴越王镠见何逢马，悲不自胜，故将士心附之。胜，音升。

史言钱镠亦能结士心以保其国。钱、杨之势所以莫能相尚也。宠姬郑氏父犯法当死，左右为之请，为，于伪翻。镠曰："岂可以一妇人乱我法，"出其女而斩之。镠自少在军中，少，诗照翻。夜未尝寐，倦极则就圆木小枕，或枕大铃，寐熟辄欹而寤，名曰"警枕"。或枕，职任翻。记少仪：茵、席、枕、几、颎，郑氏注曰：颎，警枕也。孔颖达疏云：以经枕外别言颎，颎是颎发之义，故为警枕。余谓钱镠枕圆木小枕，或枕大铃令欹而寤，名曰警枕，彼岂知有礼记注疏哉！英雄之心，虽寤寐之间不忘自警，其暗与古合有如此者。置粉盘于卧内，有所记则书盘中，比老不倦。比，必利翻，及也。或寝方酣，外有白事者，令侍女振纸即寤。时弹铜丸于楼墙之外，以警直更者。直更者即持更之卒也。更，工衡翻。尝微行，夜叩北城门，吏不肯启关，曰："虽大王来亦不可启。"乃自他门入。明日，召北门吏，厚赐之。史言钱镠之公勤，皆所以保其国。

15 丙戌，吴王立其弟濛为庐江郡公，溥为丹阳郡公，浔为新安郡公，澈为鄱阳郡公，子继明为庐陵郡公。

16 晋王归晋阳，以巡官冯道为掌书记。中门使郭崇韬以诸将陪食者众，请省其数。晋王与诸将同甘苦，凡食，召诸将侍食，必有不当预而预者，故郭崇韬请省之。省，所景翻，减也。王怒曰："孤为效死者设食，为，于伪翻。亦不得专，可令军中别择河北帅，孤自归太原！"帅，所类翻。即召冯道令草词以示众。道执笔逡巡不为，逡，七伦翻。曰："大王方平河南，定天下，崇韬所请未至大过；大，读曰太。大王不从可矣，何必以此惊动远近，使敌国闻之，谓大王君臣不和，非所以隆威望也。"会崇韬入谢，王乃止。

17 初，唐灭高丽，唐高宗时灭高丽。丽，力知翻，又力兮翻。天佑初，高丽石窟寺眇僧躬乂，聚众据开州称王，眇僧，僧之眇目者。此开州，高丽所置，在平壤之东，今高丽以为国都，谓之开城府，亦曰蜀莫郡；

其地左溪右山。眇，弥沼翻。考异曰：薛史、唐馀录、欧阳史皆云唐末其国自立王，前王姓高氏，后王王建。此据十国纪年。号大封国，至是，遣佐良尉金立奇入贡于吴。

18 八月，乙未朔，宣义节度使贺瓌卒。以开封尹王瓒为北面行营招讨使。代贺瓌也。瓒，藏旱翻。瓒将兵五万，自黎阳渡河掩击澶、魏，至顿丘，遇晋兵而旋。初欲掩其不备，遇晋兵而退。旋，与还同。瓒为治严，令行禁止，治，直吏翻。据晋人上游十八里杨村，据德胜上游也。夹河筑垒，运洛阳竹木造浮桥，自滑州馈运相继。晋蕃汉马步副总管、振武节度使李存进亦造浮梁于德胜，或曰："浮梁须竹笮、铁牛、石囷，竹笮所以维浮梁，铁牛石囷所以系竹笮。囷，区伦翻。我皆无之，何以能成！"存进不听，以苇笮维巨舰，系于土山巨木，逾月而成，人服其智。

19 吴徐温遣使以吴王书归无锡之俘于吴越；吴越王镠亦遣使请和于吴。无锡之战，吴越兵败走，徐温不穷追，讲和之计固已定于胸中矣。自是吴国休兵息民，三十馀州民乐业者二十馀年。史言息兵之利。是时吴有扬、楚、泗、滁、和、光、黄、舒、蕲、庐、寿、濠、海、润、常、升、宣、歙、池、饶、信、江、鄂、洪、抚、袁、吉、虔等州。吴王及徐温屡遗吴越王镠书，劝镠自王其国；遗，唯季翻。王，于况翻。镠不从。

20 九月，丙寅，诏削刘岩官爵，命吴越王镠讨之。以刘岩称大号而职贡不入也。镠虽受命，竟不行。受命者，不逆梁之意；不行者，不肯自弊其力以伐与国；此割据者之常计也。

21 吴庐江公濛有材气，常叹曰："我国家而为他人所有，可乎！"徐温闻而恶之。为濛见杀张本。恶，乌路翻。

邓广铭标点聂崇岐覆校

资治通鉴卷第二百七十一

端明殿学士兼翰林侍读学士太中大夫
提举西京嵩山崇福宫上柱国河内郡开国公 **司马光** 奉敕编集
食邑二千六百户食实封一千户臣

后学天台 **胡三省** 音注

后梁纪六 起屠维单阏（己卯）十月，尽玄黓敦牂（壬午），凡三年有奇。

均王下

贞明五年（己卯、九一九）

1 冬，十月，出濛为楚州团练使。承上卷徐温恶濛事。

2 晋王如魏州，发徒数万，广德胜北城，日与梁人争，大小百馀战，互有胜负。左射军使石敬瑭与梁人战于河壖，左射军使，统军士之能左射者。壖，而缘翻，河边地也。梁人击敬瑭，断其马甲，断，丁管翻。薛史曰：晋高祖为梁人所袭，马甲连革断。横冲兵马使刘知远以所乘马授之，自乘断甲者徐行为殿；殿，丁练翻。梁人疑有伏，不敢迫，俱得免，敬瑭以是亲爱之。敬瑭、知远，其先皆沙陀人。敬瑭，李嗣源之婿也。石敬瑭、刘知远始此。

3 刘鄩围张万进于兖州经年，城中危窘，去年八月，刘鄩围兖州，事见上卷。窘，渠陨翻。晋王方与梁人战河上，力不能救。万进遣亲将刘处让乞师于晋，晋王未之许，处让于军门截耳曰："苟不得请，生不如死！"晋王义之，将为出兵，为，于伪翻。会郓已屠兖州，族万进，乃止。以处让为行台左骁卫将军。处让，沧州人也。张万进自沧州徙兖州，刘处让盖从之。处，昌吕翻。骁，坚尧翻。

4 十一月，吴武宁节度使张崇寇安州。

5 丁丑，以刘郓为泰宁节度使、同平章事。刘郓先以河朔丧师，贬为团练使，落平章事，今以平张万进，复为使相。

6 辛卯，王瓒引兵至戚城，戚城在德胜西，即春秋时卫之戚邑也。杜预曰：戚，河上之邑。与李嗣源战，不利。

7 梁筑垒贮粮于潘张，贮，丁吕翻。潘张，地名。盖潘、张二姓居之，因以名村，如杨村之类一姓而名村也。其他如麻家渡、赵步，又皆以姓而名津步，此皆载于通鉴。薛史云：潘张村在河曲。距杨村五十里。十二月，晋王自将骑兵自河南岸西上，邀其饷者，俘获而还；上，时掌翻。还，从宣翻，又如字。梁人伏兵于要路，晋兵大败。晋王以数骑走，梁数百骑围之，李绍荣识其旗，凡行军，主将各有旗以为表识，今谓之"认旗"。单骑奋击救之，仅免。戊戌，晋王复与王瓒战于河南，复，扶又翻。瓒先胜，获晋将石君立等；既而大败，乘小舟渡河，走保北城，杨村北城也。失亡万计。帝闻石君立勇，石君立即救晋阳者也，见二百六十九卷二年。欲将之，将，即亮翻。系于狱而厚饷之，使人诱之。诱，音酉。君立曰："我晋之败将，而为用于梁，虽竭诚效死，谁则信之！人各有君，何忍反为仇雠用哉！"帝犹惜之，尽杀所获晋将，独置君立。晋王乘胜遂拔濮阳。考异曰：庄宗实录："天佑十五年，贺瓌屯于濮州北行台里。十二月，辛酉，上次于临濮，贼亦舍营踵我。癸亥，次于胡柳。明日，接战，王彦章败走濮阳。甲子，进攻濮阳，一鼓而拔。"按唐地理志，濮州亦谓之濮阳郡，治鄄城，有濮阳、临濮二县。据庄宗实录则行台里在临濮东，胡柳在濮阳东。彦章所保，庄宗所拔者，皆濮阳县，非濮州也。而庄宗列传及薛史阎宝传皆云彦章骑军已入濮州，山下惟列步兵，向晚皆有归心。是以濮阳即为濮州也。李嗣昭传，嗣昭云："贼无营垒，去临濮地远，日已晡晚，皆有归心，但以精骑挠之，无令夕食，晡后追击，破之必矣。我若收军拔寨，贼入临濮，俟彼整齐复来，则胜负未决。”是又以濮阳即为临濮也。按薛史梁纪，贞明五年四月制书，放濮州税课，是濮州犹属梁也。庄宗实录，天佑十六年十二月，攻下濮阳，下教告谕曹、濮百姓，劝令归附，是濮州未属晋也。又贺瓌屯土山西，晋军在其东，彦章已西入濮阳，瓌岂得更东归临濮！疑宝传濮州、嗣昭传临濮皆当为濮阳，史氏文饰之误也。又庄宗实录，去年十二月，晋已拔濮阳，至此又云攻下濮阳。按薛史梁纪，去年十二月晋人攻濮阳陷之，今年十二月又云晋人陷濮阳；唐纪去冬拔濮阳，今年四月追袭贺瓌至濮阳，十二月无攻下濮阳事。贺瓌传，贞明四年领大军营于行台村，十二月战败，四月退军行台，寻卒。若非实录及梁纪重复，则是去冬唐虽得濮阳，弃而不守，今年冬复攻拔之也。帝召王瓒还，以天平节度使戴思远代为北面招讨使，屯河上以拒晋人。

8 己酉，蜀雄武节度使兼中书令王宗朗有罪，削夺官爵，复其姓名曰全师朗，命武定节度使兼中书令桑弘志讨之。

9 吴禁民私畜兵器，盗贼益繁。御史台主簿京兆卢枢上言：唐御史台置主簿一人，掌印，受事发辰，核台务，主公廨及奴婢，勋散官之职。“今四方分争，宜教民战。且善人畏法禁而奸民弄干戈，是欲偃武而反招盗也。宜团结民兵，使之习战，自卫乡里。”从之。

六年（庚辰、九二〇）

1 春，正月，戊辰，蜀桑弘志克金州，执全师朗，献于成都，蜀主释之。

2 吴张崇攻安州，不克而还。

崇在庐州，贪暴不法。庐江民讼县令受赇，徐知诰遣侍御史知杂事杨廷式往按之，欲以威崇，廷式曰：“杂端推事，其体至重，唐御史台侍御史六人，以久次一人知杂事，谓之杂端。职业不可不行。”知诰曰：“何如？”廷式曰：“械系张崇，使吏如升州，簿责都统。”簿责者，一一而责之。知诰曰：“所按者县令耳，何至于是！”廷式曰：“县令微官，张崇使之取民财转献都统耳，都统，谓徐温也。岂可舍大而诘小乎！”诘，去吉翻。知诰谢之曰：“固知小事不足相烦。”烦，劳也。以是益重之。廷式，泉州人也。

3 晋王自得魏州，得魏州见二百六十九卷元年。以李建及为魏博内外牙都将，将银枪效节都。将，即亮翻；下同。建及为人忠壮，所得赏赐，悉分士卒，与同甘苦，故能得其死力，所向立功，同列疾之。宦者韦令图监建及军，谮于晋王曰：“建及以私财骤施，施，式豉翻。此其志不小，不可使将牙兵。”王疑之；建及知之，【章：十二行本“之”下有“自恃无他”四字；乙十一行本同；孔本同；张校同；退斋校同。】行之自若。三月，王罢建及军职，以为代州刺史。史言晋王不能信属贤将，李建及由是怏怏而卒。

4 汉杨洞潜请立学校，开贡举，设铨选；汉主岩从之。校，户教翻。

5 夏，四月，乙亥，以尚书左丞李琪为中书侍郎、同平章事。琪，珽之弟也，李珽始见于唐昭宗天复三年而死于梁诛友珪之时。性疏俊，挟赵岩、张汉杰之势，颇通贿赂。萧顷与琪同为相，顷谨密而阴伺琪短。伺，相吏翻。久之，有以摄官求仕者，琪辄改摄为守，顷奏之。欧史曰：琪所私吏当得试官，琪改试为守，为顷所发。帝大怒，欲流琪远方，赵、张左右之，左右，读曰“佐佑”。止罢为太子少保。考异曰：薛史止有琪作相月日，无罢相年月，故终言之。

6 河中节度使冀王友谦以兵袭取同州，逐忠武节度使程全晖，全晖奔大梁。友谦以其子令德为忠武留后，表求节钺，帝怒，不许。既而惧友谦怨望，己酉，以友谦兼忠武节度使。制下，下，户嫁翻。友谦已求节钺于晋王，朱友谦自此遂归于晋。晋王以墨制除令德忠武节度使。考异曰：庄宗列传，“上令幕客王正言送节旄赐之。”庄宗实录列传、薛史友谦传皆云“友谦以令德为帅，请节钺，不许。”薛史末帝纪贞明六年云，“陷同州，以令德为留后，表求节旄，不允。”而“贞明四年六月甲辰，以歙州刺史朱令德为忠武留后。”恐是四年已陷同州。

7 吴宣王重厚恭恪，徐温父子专政，王未尝有不平之意形于言色，温以是安之。及建国称制，见上卷上年。尤非所乐，多沈饮鲜食，乐，音洛。沈，持林翻。鲜，息浅翻，少也。遂成寝疾。

五月，温自金陵入朝，议当为嗣者。或希温意言曰："蜀先主谓武侯：'嗣子不才，君宜自取。'"见六十九卷魏文帝黄初三年。温正色曰："吾果有意取之，当在诛张颢之初，诛张颢见二百六十九卷开平二年。岂至今日邪！使杨氏无男，有女亦当立之。敢妄言者斩！"乃以王命迎丹杨公溥监国，考异曰：吴录、九国志，"有女当立"之语在诛张颢时，今从薛史。十国纪年："王疾病，大丞相温来朝，议立嗣君。门下侍郎严可求言王诸子皆不才，引蜀先主顾命诸葛亮事，温以告知诰，知诰曰：'可求多知，言未必诚，不过顺大人意尔。'温曰：'吾若自取，非止今日。张颢之乱，嗣王幼弱，政在吾手，取之易于反掌。然思太祖大渐，欲传位刘威，吾独力争，太祖垂泣，以后事托我，安可忘也！'乃与内枢密使王令谋定策，称隆演命，迎丹杨公溥监国。己丑，隆演卒。六月，戊申，溥即王位。"恐可求亦不应有此言。今从薛史。徙溥兄濛为舒州团练使。越濛而立溥者，濛为徐温所忌也。

己丑，宣王殂。年二十四。六月，戊申，溥即吴王位。溥，杨行密第四子。尊母王氏曰太妃。

8 丁巳，蜀以司徒兼门下侍郎、同平章事周庠同平章事，充永平节度使。唐末置永平军于邛州。欧史职方考，蜀以雅州为永平节度。

9 帝以泰宁节度使刘鄩为河东道招讨使，帅感化节度使尹皓、静胜节度使温昭图、庄宅使段凝攻同州。帅，读曰率；下同。

10 闰月，庚申朔，蜀主作高祖原庙于万里桥，原庙起于汉。原，再也，已立太庙而再立庙曰原庙。万里桥在成都。寰宇记曰：昔者费祎聘吴，诸葛亮送之至此桥，曰："万里之路，始于此矣。"因以名桥。帅后妃、百官用亵味作鼓吹祭之。亵味，常御嗜好之味也。记郊特牲曰：禘尝，不敢用亵味而贵多品，所以交于神明之义也。亵，息列翻。华阳尉张士乔上疏谏，以为非礼，华阳县本唐贞观十七年所置蜀县，在益州郭下，与成都分治，乾元元年改为华阳县。华，户化翻。蜀主怒，欲诛之，太后以为不可，乃削官流黎州，士乔感愤，赴水死。

11 刘鄩等围同州，朱友谦求救于晋；秋，七月，晋王遣李存审、李嗣昭、李建及、慈州刺史李存质将兵救之。

12 乙卯，蜀主下诏北巡，以礼部尚书兼成都尹长安韩昭为文思殿大学士，位在翰林承旨上。昭无文学，以便佞得幸，便，毗连翻。出入宫禁，就蜀主乞通、渠、巴、集数州刺史卖之以营居第，蜀主许之。识者知蜀之将亡。

八月，戊辰，蜀主发成都，被金甲，冠珠帽，执弓矢而行，被，皮义翻。冠，古玩翻。旌旗兵甲，亘百馀里。雒令段融上言：雒，汉古县，唐属汉州，为州治所。上，时掌翻。"不宜远离都邑，离，力智翻。当委大臣征讨。"不从。九月，次安远城。凡兵一宿为信，过信为次。

13 李存审等至河中，即日济河。自河中济河救同州。梁人素轻河中兵，每战必穷追不置。存审选精甲二百，杂河中兵，直压刘鄩垒，鄩出千骑逐之；知晋人已至，大惊，时鄩兵出逐河中兵，晋骑反击之，获梁骑兵五十，梁人知其晋军也，大惊。自是不敢轻出。晋人军于朝邑。九域志：朝邑在同州东三十五里。

河中事梁久，唐昭宗之世，朱全忠降王珂，河中遂事梁。将士皆持两端。诸军大集，刍粟踊贵，友谦诸子说友谦说，式芮翻。且归款于梁，以退其师，友谦曰："昔晋王亲赴吾急，秉烛夜战。谓与康怀贞等战也。事见二百六十八卷乾化二年。今方与梁相拒，谓相距于河上也。又命将星行，分我资粮，岂可负邪！"

晋人分兵攻华州，坏其外城。将，即亮翻。华，户化翻。坏，音怪。李存审等按兵累旬，乃进逼刘鄩营，鄩等悉众出战，大败，收馀众退保罗文寨。薛史曰：鄩以馀众退保华州罗文寨。又旬馀，存审谓李嗣昭曰："兽穷则搏，不如开其走路，然后击之。"乃遣人牧马于沙苑。鄩等宵遁，追击至渭水，又破之，杀获甚众。刘鄩用兵，十步九计，以此得名于时。至同州之役，与李存审遇，为所玩弄，若婴儿在人掌股之上，是何也？孽也！盖鸟之中伤者曰孽，闻弦鸣则引而高飞，力不足斯抎矣，故空弓可落也。刘鄩先为晋兵所破，见晋兵之来，气沮而胆消矣，乌能与之为敌哉！存审等移檄告谕关右，引兵略地至下邽，谒唐帝陵，哭之而还。唐帝陵在同州奉先县。还，从宣翻，又如字。

河中兵进攻崇州，静胜节度使温昭图甚惧。元年，温韬以义胜军降，改耀州曰崇州，义胜曰静胜，韬赐今名。帝使供奉官窦维说之曰：说，式芮翻。"公所有者华原、美原两县耳，唐末温韬为盗，据华原县。李茂贞以华原为茂州，韬为刺史，寻改耀州；又以美原县为鼎州，建义胜军，以韬为节度使。及降梁，改耀州为崇州，鼎州为裕州，义胜为静胜。是其所有者本唐两县也。虽名节度使，实一镇将，比之雄藩，岂可同日语也，公有意欲之乎？"昭图曰："然。"维曰："当为公图之。"为，于伪翻。即教昭图表求移镇，帝以汝州防御使华温琪权知静胜留后。华，户化翻。

14 冬，十月，辛酉，蜀主如武定军，数日，复还安远。复，扶又翻。

15 十一月，戊子朔，蜀主以兼侍中王宗俦为山南节度使、西北面都招讨、行营安抚使，天雄节度使·同平章事王宗昱、永宁军使王宗晏、左神勇军使王宗信为三招讨以副之，将兵伐岐，出故关，壁于咸宜，壁者，筑壁垒以屯军。咸宜当在陇州汧源县界。入良原。良原县属泾州。九域志：在州西南六十里。丁酉，王宗俦攻陇州，岐王自将万五千人屯汧阳。汧阳县属陇州。九域志：在州东六十七里，东距凤翔五十五里。癸卯，蜀将陈彦威出散关，败岐兵于箭筈岭，杜佑曰：岐山即今之岐山县；其山两岐，故俗呼为箭筈岭。败，补迈翻。筈，古活翻。蜀兵食尽，引还。还，从宣翻，又如字。宗昱屯泰【章：十二行本"泰"作"秦"；乙十一行本同；孔本同；张校司；退斋校同。】州，宗俦屯上邽，宗晏、宗信屯威武城。

庚戌，蜀主发安远城；十二月，庚申，至利州，阆州团练使林思谔来朝，请幸所治，从之。阆中，林思谔所治也。九域志：利州东南至阆州二百四十里。癸亥，泛江而下，泛嘉陵江也。龙舟画舸，画，与畫同。舸，古我翻。楚人谓大船为舸。辉映江渚，州县供办，民始愁怨。此总言蜀主所经行州县，不特言阆州为然也。壬申，至阆州，州民何康女色美，将嫁，蜀主取之，赐其夫家帛百匹，夫一恸而卒。记：诸侯不下渔色。注云：谓不内取于国中也。内取国中为下渔色。国君而内取，象捕鱼然，中网则取之，是无所择。王衍夺人之妻，其为渔也殆有甚焉！癸未，至梓州。

16 赵王镕自恃累世镇成德，得赵人心，生长富贵，长，知两翻。雍容自逸，治府第园沼，极一时之盛，治，直之翻。多事嬉游，不亲政事，事皆仰成于僚佐，仰，牛向翻。深居府第，权移左右，行军司马李蔼、宦者李弘规用事于中外，外则李蔼，中则李弘规。宦者石希蒙尤以谄谀得幸。

初，刘仁恭使牙将张文礼从其子守文镇沧州，守文诣幽州省其父，文礼于后据城作乱，沧人讨之，奔镇州。比言唐末事，叙张文礼之所自来。省，悉景翻。文礼好夸诞，好，呼到翻。自言知兵，赵王镕奇之，养以为子，更名德明，更，工衡翻。悉以军事委之。德明将行营兵从晋王，事始二百六十七卷太祖乾化元年。镕欲寄以腹心，使都指挥使符习代还，以为防城使。

镕晚年好事佛及求仙，好，呼到翻。专讲佛经，受符箓，广斋醮，合炼仙丹，合，音閤。盛饰馆宇于西山，每往游之，镇州西山谓之房山，上有西王母祠，镕欲求仙，故数往游之。登山临水，数月方归，将佐士卒陪从者常不下万人，从，才用翻。往来供顿，军民皆苦之。是月，自西山还，宿鹘营庄，鹘，户骨翻。石希蒙劝王复之他所；复，扶又翻。李弘规言于王曰："晋王夹河血战，或战河南，或战河北，故曰夹河。栉风沐雨，栉，去瑟翻。亲冒矢石，而王专以供军之资奉不急之费。且时方艰难，人心难测，王久虚府第，远出游从，万一有奸人为变，闭关相距，将若之何?”王将归，希蒙密言于王曰：“弘规妄生猜间，间，古苋翻。出不逊语以劫胁王，专欲夸大于外，长威福耳。”长，知两翻。王遂留，信宿无归志。诗九罭云：于女信宿。毛氏传：再宿曰信。与左传“师行一宿为信”之义不同。弘规乃教内牙都将苏汉衡帅亲军，擐甲拔刃，帅，读曰率。擐，音宦。诣帐前白王曰：“士卒暴露已久，愿从王归!”弘规因进言曰：“石希蒙劝王游从不已，且闻欲阴谋弑逆，请诛之以谢众。”王不听，牙兵遂大噪，斩希蒙首，诉于前。王怒且惧，亟归府。是夕，遣其长子副大使昭祚与王德明将兵围弘规及李蔼之第，族诛之，连坐者数十家。又杀苏汉衡，收其党与，穷治反状，亲军大恐。为张文礼唆军士杀王镕张本。治，直之翻；下同。

17 吴金陵城成，陈彦谦上费用册籍，徐温曰：“吾既任公，不复会计。”上，时掌翻。复，扶又翻。会，工外翻。悉焚之。

18 初，闽王审知承制加其从子泉州刺史延彬领平卢节度使。从，才用翻。延彬治泉州十七年，吏民安之。会得白鹿及紫芝，僧浩源以为王者之符，延彬由是骄纵，密遣使浮海入贡，求为泉州节度使。事觉，审知诛浩源及其党，黜延彬归私第。

19 汉主岩遣使通好于蜀。好，呼到翻。

20 吴越王镠遣使为其子传琇求婚于楚，楚王殷许之。为，于伪翻；下为聘同。琇，音秀。

龙德元年(辛巳、九二一)是年五月方改元。

1 春，正月，甲午，蜀主还成都。去年七月蜀主出巡游，至是方还。

2 初，蜀主之为太子，高祖为聘兵部尚书高知言女为妃，无宠，蜀主王建庙号高祖。及韦妃入宫，尤见疏薄，至是遣还家，知言惊仆，不食而卒。卒，子恤翻。韦妃者，徐耕之孙也，有殊色，蜀主适徐氏，见而悦之，太后因纳于后宫，蜀主不欲娶于母族，托云韦昭度之孙。韦昭度，唐僖宗时尝奉制帅蜀，故托言之。初为婕妤，累加元妃。婕妤，音接予。

蜀主常列锦步障，击球其中，往往远适而外人不知。爇诸香，昼夜不绝。久而厌之，更爇皂荚以乱其气。更，工衡翻。爇，如悦翻。皂荚如猪牙者良，爇之其气酷烈。结缯为山，及宫殿楼观于其上，或为风雨所败，则更以新者易之。或乐饮缯山，涉旬不下。缯，慈陵翻。观，工唤翻。败，补迈翻。乐，音洛。山前穿渠通禁中，或乘船夜归，令宫女秉蜡炬千馀居前船，却立照之，水面如昼。或酣饮禁中，鼓吹沸腾，吹，尺睡翻。以至达旦。以是为常。

3 甲辰，徙静胜节度使温昭图为匡国节度使，镇许昌。昭图素事赵岩，故得名藩。温昭图求徙镇，见上年。静胜，梁之边镇，且两县耳。匡国，唐之忠武军，领许、陈、汝三州，自来为名藩。赵岩以名藩授昭图，及缓急投之以托身，而斩岩者昭图也，势利之交，可不戒哉！

4 蜀主、吴主屡以书劝晋王称帝，晋王以书示僚佐曰："昔王太师亦尝遗先王书，劝以唐室已亡，宜自帝一方。王太师者，以唐官呼蜀主。王建遗书事见二百六十七卷开平元年。遗，唯季翻。先王语余云：语，牛倨翻。'昔天子幸石门，吾发兵诛贼臣，事见二百六十卷唐昭宗乾宁二年。当是之时，威振天下，振，动也。吾若挟天子据关中，自作九锡禅文，谁能禁我！顾吾家世忠孝，立功帝室，誓死不为耳。汝他日当务以复唐社稷为心，慎勿效此曹所为！'言犹在耳，此议非所敢闻也。"因泣。

既而将佐及藩镇劝进不已，乃令有司市玉造法物。法物，谓传国八宝之类。黄巢之破长安也，见二百五十四卷唐僖宗广明元年。魏州僧传真之师得传国宝，藏之四十年，至是，传真以为常玉，将鬻之，或识之，曰："传国宝也。"传真乃诣行台献之，宋白曰：同光初，魏州开元寺僧传真献国宝，验其文即受命八宝也。晋王为尚书令，置行台于魏州。将佐皆奉觞称贺。

张承业在晋阳闻之，诣魏州谏曰："吾王世世忠于唐室，言执宜、国昌、克用皆输力于唐室。救其患难，难，乃旦翻。所以老奴三十馀年为王捃拾财赋，唐昭宗乾宁二年，张承业始监河东军，至是年二十七年。捃，举蕴翻，又居运翻。召补兵马，誓灭逆贼，复本朝宗社耳。本朝，谓唐也。朝，直遥翻。今河北甫定，朱氏尚存，而王遽即大位，殊非从来征伐之意，天下其谁不解体乎！王何不先灭朱氏，复列圣之深雠，然后求唐后而立之，南取吴，西取蜀，时杨氏据江、淮，国号吴；王氏据梁、益，国号蜀。汛扫宇内，合为一家，当是之时，虽使高祖、太宗复生，复，扶又翻；下不复同。谁敢居王上者？让之愈久则得之愈坚矣。老奴之志无他，但以受先王大恩，欲为王立万年之基耳。"为，于伪翻；下本为同。王曰："此非余所愿，奈群下意何。"承业知不可止，恸哭曰："诸侯血战，本为唐家，此张承业所谓从来征伐之意也。今王自取之，误老奴矣！"即归晋王【章：十二行本"王"作"阳"；乙十一行本同；孔本同；张校同；退斋校同。】邑，【章：十二行本重"邑"字；乙十一行本同；孔本同；张校同；退斋校同。】成疾，不复起。张承业，唐之纯臣也，乌可以宦者待之哉！考异曰：庄宗实录："上初获玉玺，诸将劝上复唐正朔，承业自太原急趣谒上曰：'殿下父子血战三十馀年，盖缘报国复仇，为唐宗社。今元凶未殄，军赋不充，河朔数州，弊于供亿，遽先大号，费养兵之事力，困凋弊之生灵，臣以为一未可也。殿下既化家为国，新创庙朝，典礼制度须取太常准的。方今礼院未见其人，傥失旧章，为人轻笑，二未可也。'因泣下沾衿。上曰：'余非所愿，奈诸将意何！'承业自是多病，日加危笃，卒官。"庄宗列传："上受诸道劝进，将篡帝位。承业以为晋王三代有功于国，先王怒贼臣篡逆，匡复旧邦，贼既未平，不宜轻受推戴。方疾作，肩舆之鄴宫，见上力谏。"大指皆如实录。

薛史、唐馀录皆与庄宗列传同。五代史阙文："承业谓庄宗曰：'吾王世奉唐家，最为忠孝，自贞观以来，王室有难，未尝不从。所以老奴三十馀年为吾王捃拾财赋，召补军马者，誓灭逆贼朱温，复本朝宗社耳。今河朔甫定，朱氏尚存，吾王遽即大位，可乎？'庄宗曰：'奈诸将意何！'承业知不可谏止，乃恸哭曰：'诸侯血战，本为李家；今吾王自取之，误老奴矣！'即归太原，不食而死。"秦再思洛中纪异："承业谏帝曰：'大王何不待诛克梁孽，更平吴、蜀，俾天下一家，且先求唐氏子孙立之，复更以天下让有功者，何人辄敢当之！让一月即一月牢，让一年即一年牢。设使高祖再生，太宗复出，又胡为哉！今大王一旦自立，顿失从前仗义征伐之旨，人情怠矣。老夫是阉官，不爱大王官职富贵，直以受先王付嘱之重，欲为先王立万年之基尔。'庄宗不能从，乃谢病归太原而卒。"欧阳史兼采阙文、纪异之意。按实录等书，承业止惜费多及仪物不备，太似浅陋。如阙文所言，承业事庄宗父子数十年，唐室近亲已尽，岂不知其欲自取之意乎！褒美承业亦恐太过。又按传真以天佑十八年正月献宝，承业以十九年十一月卒，云即归太原不食而死，亦非实也。如纪异之语，承业为庄宗忠谋，近得其实，今从之。

5 二月，吴改元顺义。

6 赵王既杀李弘规、李蔼，委政于其子昭祚。昭祚性骄愎，愎，符逼翻。既得大权，向时附弘规者皆族之。弘规部兵五百人欲逃，聚泣偶语，未知所之。会诸军有给赐，赵王忿亲军之杀石希蒙，独不时与，众益惧。王德明素蓄异志，因其惧而激之曰："王命我尽坑尔曹。吾念尔曹无罪并命，并命，谓一时皆诛死。欲从王命则不忍，不然又获罪于王，奈何？"众皆感泣。感张文礼则雠赵王镕矣。

是夕，亲军有宿于潭城西门者，相与饮酒而谋之。潭城，常山牙城北偏也。欧阳公镇阳残杏诗云，"北潭跬步病不到，何暇骑马寻郊原？"注云：北潭，常山宫后池也，州之胜游惟此。以有池潭，故其城谓之潭城。酒酣，其中骁健者曰："吾曹识王太保意，王太保，谓王德明。谓德明所以语亲军者，其意欲使之作乱。今夕富贵决矣！"即逾城入。赵王方焚香受箓，二人断其首而出，断，音短。因焚府第。军校张友顺帅众诣德明第，请为留后，帅，读曰率。德明复姓名曰张文礼，尽灭王氏之族，唐穆宗长庆元年，王庭凑据成德军，历四世、五帅而灭。独置昭祚之妻普宁公主以自托于梁。梁女妻昭祚见二百六十二卷唐昭宗光化三年。

7 三月，吴人归吴越王镠从弟龙武统军镒于钱唐，钱镒被禽见二百六十五卷唐天佑二年。钱唐，吴越国都。从，才用翻。镠亦归吴将李涛于广陵。李涛被禽见二百六十八卷乾化三年。广陵，吴国都。史言钱、杨两释俘囚以固和好。徐温以涛为右雄武统军，镠以镒为镇海节度副使。败军之罚，其不行也亦已久矣。

8 张文礼遣使告乱于晋王，且奉笺劝进，因求节钺。晋王方置酒作乐，闻之，投杯悲泣，欲讨之。僚佐以为文礼罪诚大，然吾方与梁争，不可更立敌于肘腋，宜且从其请以安之。王不得已，夏，四月，遣节度判官卢质承制授文礼成德留后。晋王虽欲抚安之，而张文礼不能自安也。为兴兵讨文礼张本。

9 陈州刺史惠王友能反，举兵趣大梁，九域志：陈州北至大梁三百四十里。趣，七喻翻。诏陕州留后霍彦威、宣义节度使王彦章、控鹤指挥使张汉杰将兵讨之。陕，失冉翻。友能至陈留，九域志：陈留县在大梁东五十二里。兵败，走还陈州，诸军围之。

10 五月，丙戌朔，改元。方改元龙德。

11 初，刘鄩与朱友谦为婚。鄩之受诏讨友谦也，事见上年。至陕州，先遣使移书，谕以祸福；待之月馀，友谦不从，然后进兵。尹皓、段凝素忌鄩，因谮之于帝曰："鄩逗遛养寇，俾俟援兵。"尹皓、段凝与刘鄩同攻朱友谦，因其谕友谦而不服，遇晋兵而败退，得以谮之。帝信之。鄩既败归，以疾请解兵柄，诏听于西都就医，梁以洛阳为西都。密令留守张宗奭鸩之，丁亥，卒。史言梁自翦其爪牙。考异曰：庄宗实录云"忧恚发病卒。"薛史云"张宗奭承朝廷密旨，逼令鸩鸩而卒"；今从之。

12 六月，乙卯朔，日有食之。

13 秋，七月，惠王友能降；庚子，诏赦其死，降封房陵侯。

14 晋王既许藩镇之请，求唐旧臣，欲以备百官。朱友谦遣前礼部尚书苏循诣行台，苏循依朱友谦，见二百六十六卷太祖开平元年。循至魏州，入牙城，望府廨即拜，谓之拜殿。廨，古隘翻。见王呼万岁舞蹈，泣而称臣。翌日，又献大笔三十枚，谓之“画日笔”。唐制敕皆天子画日。苏循以迎合禅代之议为朱全忠所薄，而李存勖乃喜之，是其识见又在全忠下矣。王大喜，即命循以本官为河东节度副使，张承业深恶之。恶，乌路翻。

15 张文礼虽受晋命，内不自安，复遣间使因卢文进求援于契丹；又遣间使来告曰：复，扶又翻。卢文进叛晋归契丹，见二百六十九卷贞明二年、三年。间，古苋翻。“王氏为乱兵所屠，公主无恙。今臣已北召契丹，乞朝廷发精甲万人相助，自德、棣渡河，则晋人遁逃不暇矣。”帝疑未决。敬翔曰：“陛下不乘此衅以复河北，衅，许觐翻。则晋人不可复破矣。复，扶又翻。宜徇其请，不可失也。”赵、张辈皆曰：“今强寇近在河上，尽吾兵力以拒之，犹惧不支，何暇分万人以救张文礼乎！且文礼坐持两端，欲以自固，于我何利焉！”帝乃止。史言赵、张虑不及远，以误国亡家。

晋人屡于塞上及河津获文礼蜡丸绢书，塞上所获者通契丹之书，河津所获者通梁之书。晋王皆遣使归之，文礼惭惧。文礼忌赵故将，多所诛灭。符习将赵兵万人从晋王在德胜，文礼请召归，以他将代之，且以习子蒙为都督府参军，遣人赍钱帛劳行营将士以悦之。张文礼盖自置镇、冀、深、赵都督府，故有参佐。劳，力到翻。习见晋王，泣涕请留，晋王曰：“吾与赵王同盟讨贼，晋、赵同盟，见二百六十七卷太祖开平四年。义犹骨肉，不意一旦祸生肘腋，腋，羊益翻。吾诚痛之。汝苟不忘旧君，能为之复雠乎？

为，于伪翻。吾以兵粮助汝。”习与部将三十馀人举身投地恸哭曰：“故使授习等剑，使之攘除寇敌。故使，谓王镕也。已死，称为故使。使，疏吏翻；下同。自闻变故以来，冤愤无诉，欲引剑自刭，刭，古顶翻。顾无益于死者。顾，回思也。死者，亦谓王镕。今大王念故使辅佐之勤，辅佐者，言以兵力辅佐晋王也。许之复冤，习等不敢烦霸府之兵，晋王在魏州，为河北诸藩镇盟主，故称其府曰霸府。愿以所部径前搏取凶竖，以报王氏累世之恩，死不恨矣！”

八月，庚申，晋王以习为成德留后，又命天平节度使阎宝、相州刺史史建瑭将兵助之，自邢洺而北。文礼先病腹疽；甲子，晋兵拔赵州，刺史王铤降，铤，音蝉。晋王复以为刺史，文礼闻之，惊惧而卒。其子处瑾秘不发丧，与其党韩正时谋悉力拒晋。九月，晋兵渡滹沱，围镇州，范成大北使录曰：过滹沱河五里至镇州。决漕渠以灌之，获其深州刺史张友顺。壬辰，史建瑭中流矢卒。中，竹仲翻。

晋王欲自分兵攻镇州，北面招讨使戴思远闻之，谋悉杨村之众袭德胜北城，晋王得梁降者，知之。冬，十月，己未，晋王命李嗣源伏兵于戚城，李存审屯德胜，先以骑兵诱之，伪示羸怯。诱，音酉。羸，伦为翻。梁兵竞进，晋王严中军以待之；梁兵至，晋王以铁骑三千奋击，梁兵大败，思远走趣杨村，趣，七喻翻。士卒为晋兵所杀伤及自相蹈藉、藉，慈夜翻。坠河陷冰，失亡二万馀人。晋王以李嗣源为蕃汉内外马步副总管、同平章事。

16 初，义武节度使兼中书令王处直未有子，妖人李应之得小儿刘云郎于陉邑，陉邑本前汉苦陉县，后汉改曰汉昌，曹魏改曰魏昌，隋改曰隋昌，唐武德四年改曰唐昌，天宝元年改曰陉邑，属定州。妖，一遥翻。陉，音刑。以遗处直曰：“是儿有贵相。”使养为子，名之曰都。

及壮，便佞多诈，遗，唯季翻。相，息亮翻。便，毗连翻。处直爱之，置新军，使典之。处直有孽子郁，无宠，奔晋，晋王克用以女妻之，庶子为孽。妻，七细翻。累迁至新州团练使。馀子皆幼；处直以都为节度副大使，欲以为嗣。

及晋王存勖讨张文礼，处直以平日镇、定相为唇齿，恐镇亡而定孤，固谏，以为方御梁寇，宜且赦文礼。晋王答以文礼弑君，义不可赦；又潜引梁兵，恐于易定亦不利。处直患之，以新州地邻契丹，乃潜遣人语郁，新州，穷边也，北接契丹。语，牛倨翻。使赂契丹，召令犯塞，务以解镇州之围；王郁虽不能解镇州之围，而亦能为契丹乡导以寇晋。其将佐多谏，不听。郁素疾都冒继其宗，乃邀处直求为嗣，处直许之。

军府之人皆不欲召契丹，都亦虑郁夺其处，乃阴与书吏和昭训谋劫处直。会处直与张文礼宴于城东，按张文礼时已受兵，安能至定州与王处直宴！处直所与宴者必文礼使者也。"文礼"之下当有"使"字。【章：十二行本有"使者"二字；乙十一行本同；孔本同；张校同。】暮归，都以新军数百伏于府第，大噪劫之，曰："将士不欲以城召契丹，请令公归西第。"乃并其妻妾幽之西第。凡官府第舍以东为上，西第者即安养闲之地。唐末王处存帅义武，兄弟相继，至是而败。尽杀处直子孙在中山及将佐之为处直腹心者。都自为留后，具以状白晋王；晋王因以都代处直。为唐明宗朝王都又以中山召契丹张本。

17 吴徐温劝吴王祀南郊，或曰："礼乐未备；且唐祀南郊，其费巨万，今未能办也。"温曰："安有王者而不事天乎！吾闻事天贵诚，多费何为！唐每郊祀，启南门，灌其枢用脂百斛。以脂灌枢，欲其滑而易转，且门无声。此乃季世奢泰之弊，又安足法乎！"史言徐温虽不学，而知先王制礼之意。甲子，吴王祀南郊，配以太祖。吴王尊其〔父〕杨行密庙号太祖。乙丑，大赦；加徐知诰同平章事，领江州观察使。寻以江州为奉化军，以知诰领节度使。徐知诰自团练升观察，寻自廉车建节。

徐温闻寿州团练使崔太初苛察失民心，欲征之，徐知诰曰："寿州边隅大镇，征之恐为变，不若使之入朝，因留之。"温怒曰："一崔太初不能制，如他人何！"史言徐温权略过于知诰。征为右雄武大将军。

18 十一月，晋王使李存审、李嗣源守德胜，自将兵攻镇州。张处瑾遣其弟处琪、幕僚齐俭谢罪请服，晋王不许，尽锐攻之，旬日不克。晋王但知野战决胜负于呼吸之间，未知攻城之难也。处瑾使韩正时将千骑突围出，趣定州，趣，七喻翻。欲求救于王处直，晋兵追至行唐，斩之。行唐，汉南行唐县，唐属镇州。九域志：在州北五十五里。

19 契丹主既许卢文进出兵，张文礼因卢文进求援于契丹，事见上。王郁又说之曰：说，式芮翻。"镇州美女如云，金帛如山，天皇王速往，则皆己物也，不然，为晋王所有矣。"契丹主以为然，悉发所有之众而南。史言契丹为利所诱而来，未有取中国之心。述律后谏曰："吾有西楼羊马之富，其乐不可胜穷也，乐，音洛。胜，音升。何必劳师远出以乘危徼利乎！徼，一遥翻。吾闻晋王用兵，天下莫敌，脱有危败，悔之何及！"契丹主不听。十二月，辛未，攻幽州，李绍宏婴城自守。贞明五年，晋王令李绍宏提举幽州军府事。契丹长驱而南，围涿州，旬日拔之，擒刺史李嗣弼，进攻定州。自幽州西南至涿州一百二十里，自涿州至定州二百八十里。王都告急于晋，晋王自镇州将亲军五千救之，遣神武都指挥使王思同将兵戍狼山之南以拒之。狼山在定州西北二百里，东北至易州八十里。

20 高季昌遣都指挥使倪可福以卒万人修江陵外郭，季昌行视，行，下孟翻。责功程之慢，杖之。季昌女为可福子知进妇，季昌谓其女曰："归语汝舅：吾欲威众办事耳。"以白金数百两遗之。语，牛倨翻。遗，唯季翻。

21 是岁，汉以尚书左丞倪曙同平章事。

22 辰、溆蛮侵楚，楚宁远节度副使姚彦章讨平之。太祖乾化元年，姚彦章已弃容州归潭州，而领宁远节度副使如故。

二年（壬午、九二二）

1 春，正月，壬午朔，王都省王处直于西第，处直奋拳殴其胸，省，悉景翻。殴，乌口翻。曰："逆贼，我何负于汝！"既无兵刃，将噬其鼻，都掣袂获免。未几，处直忧愤而卒。掣，尺列翻。几，居岂翻。

2 甲午，晋王至新城南，按魏收地形志，新城在无极县，时属祁州。候骑白契丹前锋宿新乐，新乐，古鲜虞子国，汉为新市县，隋改曰新乐，唐属定州。九域志：在州西南五十里。宋白曰：新乐县，隋开皇十六年置。新乐者，汉成帝时中山孝王母冯昭仪随王就国，建宫于乐里，在西乡，呼为西乐城，后语讹，呼"西"为"新"，故曰新乐。涉沙河而南；将士皆失色，士卒有亡去者，主将斩之不能止。将，即亮翻。诸将皆曰："虏倾国而来，吾众寡不敌；又闻梁寇内侵，宜且还师魏州以救根本，或请释镇州之围，西入井陉避之。"晋王犹豫未决。【章：十二行本"决"下有"中门使"三字；乙十一行本同；孔本同。】郭崇韬曰："契丹为王郁所诱，本利货财而来，非能救镇州之急难也。诱，音酉。难，乃旦翻。王新破梁兵，贞明五年破贺瓌于胡柳，又破王瓒于戚城，是年破戴思远于德胜。威振夷、夏，夏，户雅翻。契丹闻王至，心沮气索，沮，在吕翻。索，昔各翻。苟挫其前锋，遁走必矣。"李嗣昭自潞州至，亦曰："今强敌在前，吾有进无退，不可轻动以摇人心。"晋王曰："帝王之兴，自有天命，契丹其如我何！

吾以数万之众平定山东，河北之地，在太行、常山之东。今遇此小虏而避之，何面目以临四海！”乃自帅铁骑五千先进。帅，读曰率。至新城北，半出桑林，契丹万馀骑见之，惊走。契丹素惮晋王，不意其至，故惊走。晋王分军为二逐之，行数十里，获契丹主之子。时沙河桥狭冰薄，契丹陷溺死者甚众。是夕，晋王宿新乐。契丹主车帐在定州城下，契丹主乘奚车，卓毡帐覆之，寝处其中，谓之车帐。败兵至，契丹举众退保望都。望都在定州东北六十里。范成大北使录：自真定府七十里过沙河至新乐县，又四十五里至定州，又五十里至望都县。水经注曰：望都县东有山孤峙。帝王世纪曰：尧母庆都所居，谓之都山。张晏曰：尧山在北，尧母庆都山在南，登尧山见都山，故望都县以为名。

晋王至定州，王都迎谒于马前，【章：十二行本“前”下有“宴于府第”四字；乙十一行本同；孔本同；张校同。】请以爱女妻王子继岌。妻，七细翻。王都新篡义武以附于晋，申之以婚姻，自固也。

戊戌，晋王引兵趣望都，趣，七喻翻。契丹逆战，晋王以亲军千骑先进，遇奚酋秃馁五千骑，酋，慈秋翻。馁，弩罪翻。为其所围。晋王力战，出入数四，自午至申不解。李嗣昭闻之，引三百骑横击之，虏退，王乃得出。因纵兵奋击，契丹大败，逐北至易州。九域志：定州北至易州一百四十里。会大雪弥旬，平地数尺，契丹人马无食，死者相属于道。属，之欲翻。契丹主举手指天，谓卢文进曰：“天未令我至此。”既败而又遇雪，因归之天。属，之欲翻。乃北归。晋王引兵蹑之，蹑，尼辄翻。随其行止，见其野宿之所，布藳于地，藳，工老翻，禾秆也。回环方正，皆如编翦，虽去，无一枝乱者，叹曰：“虏用法严乃能如是，中国所不及也。”晋王至幽州，使二百骑蹑契丹之后，曰：“虏出境即还。”还，从宣翻。骑恃勇追击之，悉为所擒，惟两骑自他道走免。进军易，退军难，退而能整，是难能也。契丹之强，其有以哉！

契丹主责王郁，絷之以归，以王郁误之入寇也。絷，涉立翻。自是不听其谋。

晋代州刺史李嗣肱将兵定妫、儒、武等州，匈奴须知：妫州东南距幽州二百二十里，儒、武又在妫州西北。契丹入塞，三州皆陷，故李嗣肱复定之。授山北都团练使。

3 晋王之北攻镇州也，李存审谓李嗣源曰："梁人闻我在南兵少，晋王以兵北伐，留李存审等守澶、魏，此兵之在南者也。不攻德胜，必袭魏州。吾二人聚于此何为！不若分军备之。"遂分军屯澶州。时澶州治顿丘。戴思远果悉杨村之众趣魏州，趣，七喻翻。嗣源引兵先之，先，悉荐翻。军于狄公祠下，唐狄仁杰刺魏州，有惠政，州人为之立祠。遣人告魏州，使为之备。思远至魏店，嗣源遣其将石万全将骑兵挑战。挑，徒了翻。思远知有备，乃西渡洹水，拔成安，大掠而还。还，从宣翻，又如字。又将兵五万攻德胜北城，重堑复垒，断其出入，重，直龙翻。断，音短。昼夜急攻之，李存审悉力拒守。晋王闻德胜势危，二月，自幽州赴之，五日至魏州。思远闻之，烧营遁还杨村。

4 蜀主好为微行，好，呼到翻。酒肆、倡家靡所不到；恶人识之，乃下令士民皆着大裁帽。倡，音昌。恶，乌路翻。着，陟略翻。

5 晋天平节度使兼侍中阎宝筑垒以围镇州，决滹沱水环之。环，音宦。按薛史，宝攻真定，结营西南隅，掘堑栅环之，决大悲寺漕渠以浸其郛。内外断绝，城中食尽，丙午，遣五百馀人出求食。宝纵其出，欲伏兵取之；其人遂攻长围，其人，总言镇兵五百馀人也。宝轻之，不为备，俄数千人继至。诸军未集，镇人遂坏长围而出，坏，音怪。纵火攻宝营，宝不能拒，退保赵州。九域志：镇州南至赵州一百九十里。镇人悉毁晋之营垒，取其刍粟，数日不尽。晋王闻之，以昭义节度使兼中书令李嗣昭为北面招讨使，以代宝。

6 夏，四月，蜀军使王承纲女将嫁，蜀主取之入宫。承纲请之，蜀主怒，流于茂州。女闻父得罪，自杀。蜀主取何康之女，其夫以之而死；取王承纲之女，则承纲以之得罪，女以之杀身：通鉴屡书之以示戒。

7 甲戌，张处瑾遣兵千人迎粮于九门，李嗣昭设伏于故营，故营，阎宝营也。邀击之，杀获殆尽，馀五人匿墙墟间，嗣昭环马而射之，镇兵发矢中其脑，射，而亦翻。中，竹仲翻。孙策之中颊，韩贤之断胫，李嗣昭之中脑，皆以主将之重而逞一夫之技以丧身，善将者不如是也。嗣昭箙中矢尽，箙，以盛矢，音房六翻。拔矢于脑以射之，一发而殪。会日暮，还营，创流血不止，殪，壹计翻。创，初良翻。是夕卒。晋王闻之，不御酒肉者累日。御，进也。嗣昭遗命：悉以泽、潞兵授判【章：十二行本"判"上有"节度"二字；乙十一行本同；孔本同；张校同。】官任圜，任，音壬，姓也。使督诸军攻镇州，号令如一，镇人不知嗣昭之死。圜，三原人也。史言任圜之才。

晋王以天雄马步都指挥使、振武节度使李存进为北面招讨使。命嗣昭诸子护丧归葬晋阳；其子继能不受命，帅父牙兵数千，自行营拥丧归潞州。帅，读曰率。晋王遣母弟存渥驰骑追谕之，兄弟俱忿，欲杀存渥，李嗣昭死守以全潞州，抚养创残，葺理军府，备有勋劳，身死行陈之间，晋王使其护丧归葬晋阳，曾无褒死恤存之命，此其所以兄弟俱忿也。存渥，晋王同母之弟。存渥逃归。嗣昭七子：继俦、继韬、继达、继忠、继能、继袭、继远。继俦为泽州刺史，当袭爵，素懦弱。继韬凶狡，囚继俦于别室，诈令士卒劫己为留后，继韬阳让，以事白晋王。晋王以用兵方殷，以镇州未下，梁兵又来攻扰河上，用兵之事方殷也。殷，盛也。不得已，改昭义军曰安义，以继韬为留后。为李继韬叛晋附梁张本。考异曰：按潞州本号昭义军，今以继韬为安义留后，盖晋王避其父讳改之耳。及继韬降梁，梁亦以为匡义节度使。今人犹谓泽州为安义云。

8 阎宝惭愤，以镇州之败也。疽发于背，甲戌卒。

9 汉主岩用术者言，游梅口镇避灾。其地近闽之西鄙，九域志：梅州程乡县有梅口镇，与闽之汀州接境。近，其靳翻。闽将王延美将兵袭之，未至数十里，侦者告之，侦，丑郑翻。岩遁逃仅免。

10 五月，乙酉，晋李存进至镇州，营于东垣渡，真定本东垣，汉高帝更名真定，其津渡之处犹有东垣之名。夹滹沱水为垒。

11 晋卫州刺史李存儒，本姓杨，名婆儿，以俳优得幸于晋王。颇有膂力，晋王赐姓名，以为刺史；专事掊敛，掊，蒲侯翻。敛，力赡翻。防城卒皆征月课纵归。月征其课钱而免其防守之劳。八月，庄宅使段凝与步军都指挥使张朗引兵夜渡河袭之，诘旦登城，诘，去吉翻。执存儒，遂克卫州。戴思远又与凝攻陷淇门、共城、新乡，共城、新乡二县皆属卫州。旧唐书地理志曰：隋割汲、获嘉二县地，于古新乐城置新乡县。共城县，汉共县也，唐为共城县。九域志：卫州治汲县。熙宁六年废新乡县为镇，属汲县。汲县又有淇门镇。共城在州西北五十五里。共，音恭。于是澶州之西，相州之南，皆为梁有；九域志：澶州西至卫州二百四十里。相州南至卫州一百五十里。晋人失军储三之一，梁军复振。帝以张朗为卫州刺史。朗，徐州人也。

12 九月，戊寅朔，张处瑾使其弟处球乘李存进无备，将兵七千人奄至东垣渡。时晋之骑兵亦向镇州城，两不相遇。镇兵及存进营门，存进狼狈引十馀人斗于桥上，镇兵退，晋骑兵断其后，断，音短。夹击之，镇兵殆尽，存进亦战没。当是时，晋兵强天下，镇号为怯。晋王杖顺讨逆，宜一鼓而下也。镇人忘王氏百年煦养之恩，而为张文礼父子争一旦之命，史建瑭殒毙于前，阎宝败退于后，李嗣昭、李存进相继舆尸而归：四人者皆晋之骁将也，然则镇勇而晋怯邪？非也，镇人负弑君之罪，知城破之日必骈首而就戮，故尽死一力以抗晋；晋以常胜之兵而临必死之众，虽兵精将勇，至于丧身而不能克。是以古之伐罪，散其枝党，罪止元恶者，诚虑此也。晋王以蕃汉马步总管李存审为北面招讨使。

镇州食竭力尽，处瑾遣使诣行台请降，未报，存审兵至城下。丙午夜，城中将李再丰为内应，密投縋以纳晋兵，比明毕登，縋，驰伪翻。比，必利翻。执处瑾兄弟家人及其党高濛、李翥、齐俭送行台，赵人皆请而食之，磔张文礼尸于市。翥，章恕翻。磔，陟格翻。赵王故侍者得赵王遗骸于灰烬中，晋王命祭而葬之。以赵将符习为成德节度使，乌震为赵州刺史，赵仁贞为深州刺史，李再丰为冀州刺史。震，信都人也。

符习不敢当成德，辞曰："故使无后而未葬，习当斩衰以葬之，臣为君服斩衰。衰，仓回翻。俟礼毕听命。"既葬，即诣行台。赵人请晋王兼领成德节度使，从之。晋王割相、卫二州置义宁军，以习为节度使。习辞曰："魏博霸府，不可分也，愿得河南一镇，习自取之。"世固多有能言而不能行者。符习陈义不苟，而卒不能取河南一镇，是以君子贵于践言。乃以为天平节度使、东南面招讨使。加李存审兼侍中。

13 十一月，戊寅，晋特进、河东监军使张承业卒，曹太夫人诣其第，为之行服，如子侄之礼。张承业平李克宁、存颢之难，以此故曹太夫人深德之。为，于伪翻。晋王闻其丧，不食者累日。命河东留守判官何瓒代知河东军府事。瓒，藏旱翻。

14 十二月，晋王以魏博观察判官晋阳张宪兼镇冀观察判官，权镇州军府事。

魏州税多逋负，晋王以让司录济阴赵季良，唐制，诸州有司录、司士、司兵、司功等诸曹，所谓判司也。济阴，汉郡名，隋置济阴县，唐带曹州。济，子礼翻。季良曰："殿下何时当平河南？"王怒曰："汝职在督税，职之不修，何敢预我军事！"季良对曰："殿下方谋攻取而不爱百姓，一旦百姓离心，恐河北亦非殿下之有，况河南乎！”王悦，谢之。自是重之，每预谋议。

15 是岁，契丹改元天赞。

16 大封王躬乂，性残忍，海军统帅王建杀之，帅，所类翻。自立，复称高丽王，以开州为东京，平壤为西京。建俭约宽厚，国人安之。徐兢高丽图经曰：高丽王建之先，高丽大族也。高氏政衰，国人以建贤，立为君长。后唐长兴二年，自称权知国事，请命于明宗；乃拜建大义军使，封高丽王。按徐兢宣和之间使高丽，进图经，纪载疏略，因其国人传闻，遂谓建得国于高氏之后，不知建实杀躬乂而得国也。详见贞明五年考异。

邓广铭标点聂崇岐覆校

资治通鉴卷第二百七十二

端明殿学士兼翰林侍读学士太中大夫
提举西京嵩山崇福宫上柱国河内郡开国公　司马光　奉敕编集
食邑二千六百户食实封一千户臣

后学天台　胡三省　音注

后唐纪一　昭阳协洽（癸未），一年。

晋王李克用始封于晋，存勖嗣封，及即大位，自以继唐有天下，国遂号曰唐。通鉴曰后唐，以别长安之唐。

庄宗光圣神闵孝皇帝上　讳存勖，晋王克用长子也。其先本号朱邪，出于西突厥处月别部，居沙陀碛，自号沙陀，而以朱邪为姓。至执宜归唐。执宜子赤心有功于唐，赐姓名李国昌，编于属籍。克用，赤心之子也。五代会要曰：执宜，沙陀府都督拔野古之六代孙。欧阳史曰：拔野古，朱邪同时人，非其始祖。

同光元年（癸未、九二三）是年四月始即位改元。

1 春，二月，晋王下教置百官，于四镇判官中选前朝士族，欲以为相。四镇，河东、魏博、易定、镇冀。朝，直遥翻。相，息亮翻；下同。河东节度判官卢质为之首，质固辞，卢质慢骂晋王诸弟，又能辞相位于惟新之朝，是必有见也。请以义武节度判官豆卢革、河东观察判官卢程为之；王即召革、程拜行台左、右丞相，考异曰：薛史唐纪作"卢澄"。今从实录、庄宗列传。以质为礼部尚书。

梁主遣兵部侍郎崔协等册命吴越王镠为吴越国王。丁卯，镠始建国，仪卫名称多如天子之制，称，尺证翻。谓所居曰宫殿，府署曰朝廷，教令下统内曰制敕，将吏皆称臣，将，即亮翻。惟不改元，表疏称吴越国而不言军。以建国，不肯复称镇海、镇东军节度。以清海节度使兼侍中传瓘为镇海、镇东留后，总军府事。置百官，有丞相、侍郎、郎中、员外郎、客省等使。使，疏吏翻。考异曰：十国纪年：“镠功臣、诸子领节制，皆署而后请命。居室服御，穷极侈靡，末年荒恣尤甚。钱氏据两浙逾八十年，外厚贡献，内事奢僭，地狭民众，赋敛苛暴，鸡鱼卵菜，纤悉收取。斗升之逋，罪至鞭背。每笞一人，则诸案吏各持其簿列于庭，先唱一簿，以所负多少为数；笞已，次吏复唱而笞之，尽诸簿乃止，少者犹笞数十，多者至五百馀。讫于国除，人苦其政。”吴越备史称：“镠节俭，衣衾用紬布，常膳惟瓷漆器，寝帐坏，恭穆夫人欲易以青缯，镠不许。尝岁除夜会子孙鼓琴，未数曲，止之，曰：‘闻者以我为长夜之饮，’遂罢。”钱易家话称：“镠公宴不贰羹胾，衣必三浣然后易。”刘恕以为钱元瓘子信撰吴越备史、备史遗事、忠懿王勋业志、戊申英政录，弘倧子易撰家话，俶子惟演撰钱氏庆系图谱、家王故事、秦国王贡奉录，故吴越五王行事失实尤多，虚美隐恶，甚于他国。按钱镠起于贫贱，知民疾苦，必不至穷极侈靡，其奢汰暴敛之事盖其子孙所为也。今从家话。

2 李继韬虽受晋王命为安义留后，事见上卷上年。终不自安，幕僚魏琢、牙将申蒙复从而间之复，扶又翻。间，古苋翻。曰：“晋朝无人，朝，直遥翻。终为梁所并耳。”会晋王置百官，三月，召监军张居翰、张居翰，唐昭宗时为范阳监军，天复中大诛宦者，节度使刘仁恭匿居翰于大安山之北谿以免。其后梁兵攻仁恭，遣居翰从晋王攻梁潞州以牵其兵，晋遂取潞州，因以居翰为昭义监军。节度判官任圜赴魏州，任，音壬。琢、蒙复说继韬曰：说，式芮翻。“王急召二人，情可知矣。”继韬弟继远亦劝继韬自托于梁，继韬乃使继远诣大梁，请以泽潞为梁臣。梁主大喜，更命安义军曰匡义，更，工衡翻。以继韬为节度使、同平章事。继韬以二子为质。质，音致。

安义旧将裴约戍泽州，泣谕其众曰：“余事故使逾二纪，故使，谓继韬父嗣昭也。十二年为一纪。使，疏吏翻。见其分财享士，志灭仇雠。不幸捐馆，死谓之捐馆，言弃捐馆舍而逝也。柩犹未葬，而郎君遽背君亲，弃君事雠，不惟背君，亦背亲之教命。背，蒲妹翻。吾宁死不能从也！”遂据州自守。梁主以其骁将董璋为泾州刺史，将兵攻之。

继韬散财募士，尧山人郭威往应募。威使气杀人，系狱，继韬惜其才勇而逸之。郭威事始此。欧史云：威尝游于市，市有屠者，以勇服其市人。威醉，呼屠者使进几割肉。割不如法，威叱之，屠者披其腹示之曰：“尔勇者，能杀我乎？”威即前取刀刺杀之，一市皆惊，而威自如。为吏所执，继韬纵使亡去。

3 契丹寇幽州，晋王问帅于郭崇韬，帅，所类翻。崇韬荐横海节度使李存审。时存审卧病，己卯，徙存审为卢龙节度使，舆疾赴镇。以蕃汉马步副总管李嗣源领横海节度使。李嗣源时从晋王总兵，使领横海节。

4 晋王筑坛于魏州牙城之南，夏，四月，己巳，升坛，祭告上帝，遂即皇帝位，曰遂者，先有即位之心，而今遂其事也。国号大唐，大赦，改元。因唐国号，改天佑年号为同光。尊母晋国太夫人曹氏为皇太后，嫡母秦国夫人刘氏为皇太妃。君子以是知帝之不终。以豆卢革为门下侍郎，卢程为中书侍郎，并同平章事；郭崇韬、张居翰为枢密使，徐无党曰：枢密使，唐故事宦者为之，其职甚微，至此始参用士人，而与宰相权任钧矣。余按唐末两枢密与两神策中尉，号为四贵，其职非甚微也，特专用宦者为之耳。项安世曰：唐于政事堂后列五房，有枢密房以主曹务，则枢密之要，宰相主之，未始他付；其后宠任宦人，始以枢密归之内侍。卢质、冯道为翰林学士，张宪为工部侍郎、租庸使，宋白曰：租庸使自天宝三年韦坚始。又以义武掌书记李德休为御史中丞。德休，绛之孙也。李绛相唐宪宗，有直声。

诏卢程诣晋阳册太后、太妃。初，太妃无子，性贤，不妒忌；太后为武皇侍姬，太妃常劝武皇善待之，晋王克用谥武皇帝。太后亦自谦退，由是相得甚欢。及受册，太妃诣太后宫贺，有喜色，太后忸怩不自安。忸，女六翻。怩，女夷翻。太妃曰："愿吾儿享国久长，吾辈获没于地，园陵有主，馀何足言！"因相向歔欷。歔，音虚。欷，音希，又许既翻。

豆卢革、卢程皆轻浅无他能，上以其衣冠之绪，霸府元僚，故用之。按欧史，豆卢为世名族，革父瓒为唐舒州刺史。唐末之乱，革避地中山，为王处直判官。卢程不知其家世何人也，唐昭宗时举进士，为盐铁出使巡官，唐末避乱，变服为道士，游燕、赵间。豆卢革为义武节度判官，卢汝弼为河东节度副使，二人皆故唐名族，与程门地相等，因共荐为河东节度推官。帝议择相，而唐公卿故家遭乱丧亡且尽，卢汝弼、苏循已死，卢质又辞，故用革、程。兴王之君，命相如此，天下事可知矣。

初，李绍宏为中门使，郭崇韬副之。至是，自幽州召还，梁贞明五年，李绍宏出幽州事见上卷。崇韬恶其旧人位在己上，恶，乌路翻。乃荐张居翰为枢密使，以绍宏为宣徽使，绍宏由是恨之。唐制，宣徽使在枢密使之下，且权任不及远甚。居翰和谨畏事，军国机政皆崇韬掌之。支度务使孔谦自谓才能勤效，应为租庸使；众议以谦人微地寒，不当遽总重任，孔谦，魏州孔目吏也，晋王得魏州，以为支度务使。故崇韬荐张宪，以谦副之，谦亦不悦。

以魏州为兴唐府，建东京；薛居正五代史：晋王即位，升魏州为东京兴唐府，改元城为兴唐县，贵乡为广晋县。又于太原府建西京，又以镇州为真定府，建北都。以魏博节度判官王正言为礼部尚书，行兴唐尹；太原马步都虞候孟知祥为太原尹，充西京副留守；潞州观察判官任圜为工部尚书，兼真定尹，充北京副留守；"京"，当作"都"。皇子继岌为北都留守、兴圣宫使，判六军诸卫事。按后唐洛阳有西宫兴圣宫。此时未得洛阳，当以魏州府舍为兴圣宫。宋白曰：唐庄宗即位于魏州，宰相豆卢革因进拟为兴圣宫，以皇子继岌为兴圣宫使。时唐国所有凡十三节度、五十州。十三节度，天雄、成德、义武、横海、卢龙、大同、振武、雁门、河东、护国、晋绛、安国、昭义。五十州，魏、博、贝、澶、相、郓、洺、磁、镇、冀、深、赵、易、祁、定、沧、景、德、瀛、莫、幽、涿、檀、蓟、顺、营、平、蔚、朔、云、应、新、妫、儒、武、忻、代、岚、石、宪、麟、府、并、汾、慈、隰、泽、潞、沁、辽，凡五十州。而昭义领泽、潞二州，已附于梁，止有十二节度、四十八州耳。

闰月，追尊皇曾祖执宜曰懿祖昭烈皇帝，祖国昌曰献祖文皇帝，考晋王曰太祖武皇帝。立宗庙于晋阳，以高祖、太宗、懿宗、昭宗洎懿祖以下为七室。唐庙四，亲庙三。

5 甲午，契丹寇幽州，至易定而还。还，从宣翻，又如字。

时契丹屡入寇，钞掠馈运，钞，楚交翻。幽州食不支半年，卫州为梁所取，潞州内叛，人情岌岌，以为梁未可取，帝患之。会郓州将卢顺密来奔。先是，梁天平节度使戴思远屯杨村，戴思远屯杨村事始上卷梁贞明五年。先，悉荐翻。留顺密与巡检使刘遂严、都指挥使燕颙守郓州。燕，音烟，姓也。颙，鱼容翻。顺密言于帝曰："郓州守兵不满千人，遂严、颙皆失众心，可袭取也。"郭崇韬等皆以为"悬军远袭，万一不利，虚弃数千人，顺密不可从。"帝密召李嗣源于帐中谋之曰："梁人志在吞泽潞，不备东方，若得东平，则溃其心腹。东平果可取乎？"郓州本东平郡。嗣源自胡柳有渡河之惭，事见二百七十卷梁贞明四年。常欲立奇功以补过，对曰："今用兵岁久，生民疲弊，苟非出奇取胜，大功何由可成！臣愿独当此役，必有以报。"帝悦。壬寅，遣嗣源将所部精兵五千自德胜趣郓州。比及杨刘，趣，七喻翻。比，必利翻。按九域志：郓州东阿县有杨刘镇，临河津。东阿东南至郓州六十里。以下文夜渡河观之，则李嗣源之兵自德胜北城而东，循河北岸而行至杨刘渡口。日已暮，阴雨道黑，将士皆不欲进，高行周曰："此天赞我也，彼必无备。"夜，渡河至城下，郓人不知，此自杨刘取径道至郓州城下，不经东阿县治所。李从珂先登，杀守卒，启关纳外兵，进攻牙城，城中大扰。癸卯旦，嗣源兵尽入，遂拔牙城，刘遂严、燕颙奔大梁。嗣源禁焚掠，抚吏民，执知州事节度副使崔筜、判官赵凤送兴唐。筜，都郎翻。唐于魏州置兴唐府。帝大喜曰："总管真奇才，吾事集矣。"即以嗣源为天平节度使。

梁主闻郓州失守，大惧，斩刘遂严、燕颙于市，罢戴思远招讨使，降授宣化留后，欧史职方考，梁置宣化军于邓州。遣使诘让北面诸将段凝、王彦章等，趣令进战。诘，去吉翻。趣，读曰促。敬翔知梁室已危，以绳内靴中，入见梁主曰：见，贤遍翻。"先帝取天下，不以臣为不肖，所谋无不用。今敌势益强，而陛下弃忽臣言，臣身无用，不如死。"引绳将自经。梁主止之，问所欲言，翔曰："事急矣，非用王彦章为大将，不可救也。"敬翔以王彦章一时健斗而取之耳。观其用兵无远略，乌足以救梁之亡乎！梁主从之，以彦章代思远为北面招讨使，仍以段凝为副。

帝闻之，自将亲军屯澶州，命蕃汉马步都虞候朱守殷守德胜，戒之曰："王铁枪勇决，乘愤激之气，必来唐突，宜谨备之！"广韵，"唐突"作"傏突"，又作"荡突"，唐、荡义同也。史言晋王善于料王彦章，不善于用人守德胜。守殷，王幼时所役苍头也。欧史曰：朱守殷少事帝为奴，名曰会儿。帝读书，会儿常侍左右。

又遣使遗吴王书，遗，惟季翻。告以已克郓州，请同举兵击梁。五月，使者至吴，徐温欲持两端，将舟师循海而北，助其胜者。严可求曰："若梁人邀我登陆为援，何以拒之？"温乃止。

6 梁主召问王彦章以破敌之期，彦章对曰："三日。"左右皆失笑。自大梁出师拒晋，三日不能至河上，故笑其言。彦章出，两日，驰至滑州。九域志：大梁北至滑州二百一十里。辛酉，置酒大会，阴遣人具舟于杨村；夜，命甲士六百，皆持巨斧，载冶者，具鞴炭，乘流而下。杨村顺流趣德胜，水程十八里耳。鞴，蒲拜翻，韦囊也，鼓以吹火。会饮尚未散，彦章阳起更衣，引精兵数千循河南岸趋德胜。更，工衡翻。趋，七喻翻。天微雨，朱守殷不为备，舟中兵举锁烧断之，因以巨斧斩浮桥，而彦章引兵急击南城。浮桥断，南城遂破，【章：十二行本“破”下有“斩首数千级”五字；乙十一行本同；孔本同；张校同。】时受命适三日矣。守殷以小舟载甲士济河救之，不及。彦章进攻潘张、麻家口、景店诸寨，皆拔之，潘、张二姓同居一村，因以为名。店，都念翻。崔豹古今注曰：店，所以置货鬻物也。有姓景者先尝设店于其地，因以为名。凡此皆河津之要，晋人立寨守之。声势大振。

帝遣宦者焦彦宾急趣杨刘，趣，七喻翻。与镇使李周固守，命守殷弃德胜北城，撤屋为筏，筏，音伐。大曰筏，小曰桴。载兵械浮河东下，助杨刘守备，徙其刍粮薪炭于澶州，所耗失殆半。王彦章亦撤南城屋材浮河而下，各行一岸，每遇湾曲，辄于中流交斗，飞矢雨集，或全舟覆没，一日百战，互有胜负。比及杨刘，比，必寐翻。殆亡士卒之半。此谓自德胜浮河东下之士卒也。己巳，王彦章、段凝以十万之众攻杨刘，百道俱进，昼夜不息，连巨舰九艘，横亘河津以绝援兵。舰，户黯翻。艘，苏遭翻。城垂陷者数四，赖李周悉力拒之，与士卒同甘苦，彦章不能克，退屯城南，为连营以守之。

杨刘告急于帝，请日行百里以赴之；帝在澶州，距杨刘几二百里。帝引兵救之，曰：“李周在内，何忧！”日行六十里，不废畋猎，六月，乙亥，至杨刘。梁兵堑垒重复，严不可入，重，直龙翻。帝患之，问计于郭崇韬，对曰：“今彦章据守津要，意谓可以坐取东平；苟大军不南，则东平不守矣。臣请筑垒于博州东岸以固河津，既得以应接东平，又可以分贼兵势。但虑彦章诇知，诇，古永翻，又翾正翻。径来薄我，城不能就。愿陛下募敢死之士，日令挑战以缀之，令，力经翻。挑，徒了翻。苟彦章旬日不东，则城成矣。”时李嗣源守郓州，河北声问不通，人心渐离，不保朝夕。会梁右先锋指挥使康延孝密请降于嗣源，延孝者，太原胡人，欧史曰，康延孝代北人，为太原军卒，有罪，亡命奔梁。有罪，亡奔梁，时隶段凝麾下。嗣源遣押牙临漳范延光送延孝蜡书诣帝，延光因言于帝曰：“杨刘控扼已固，梁人必不能取，请筑垒马家口以通郓州之路。”帝从之，遣崇韬将万人夜发，倍道趣博州，至马家口渡河，筑城昼夜不息。马家口，所谓博州东岸也。郭崇韬自杨刘夜发，倍道而行，恐梁人知之故也。帝在杨刘，与梁人昼夜苦战。崇韬筑新城凡六日，王彦章闻之，将兵数万人驰至，戊子，急攻新城，连巨舰十馀艘于中流以绝援路。时板筑仅毕，城犹卑下，沙土疏恶，未有楼橹及守备；崇韬慰劳士卒，以身先之，先，悉荐翻。四面拒战，遣间使告急于帝。帝自杨刘引大军救之，陈于新城西岸，城中望之增气，大呼叱梁军，梁人断绁敛舰；帝舣舟将渡，间，古苋翻。使，疏吏翻。陈，读曰阵。呼，火故翻。断，丁管翻。绁，息列翻，索也。舣，鱼倚翻，亦作“檥”。汉书音义：整舟向岸曰檥。彦章解围，退保邹家口。麻家口、马家口、邹家口，皆沿河津渡之口，亦因其土人所居之姓以为地名。郓州奏报始通。

李嗣源密表请正朱守殷覆军之罪；帝不从。帝不诛朱守殷，以成绛霄殿之祸。

7 秋，七月，丁未，帝引兵循河而南，彦章等弃邹家口，复趋杨刘。甲寅，游弈将李绍兴败梁游兵于清丘驿南。败，补迈翻。春秋：晋、宋、曹、卫同盟于清丘。杜预注曰：清丘，今在濮阳县东南。此因古地名以名驿也。段凝以为唐兵已自上流渡，惊骇失色，面数彦章，尤其深入。段凝闻清丘驿之败，以为唐兵已自上流渡河逼汴，而彦章等方与唐相持于下流，责其深入郓州之境，无救于大梁之危也。史言段凝内有所恃而陵主帅。数，所具翻。

8 乙卯，蜀侍中魏王宗侃卒。

9 戊午，帝遣骑将李绍荣直抵梁营，擒其斥候，梁人益恐，又以火筏焚其连舰。连舰，即列于河流以断援兵者。王彦章等闻帝引兵已至邹家口，己未，解杨刘围，走保杨村；唐兵追击之，复屯德胜。梁兵前后急攻诸城，士卒遭矢石、溺水、暍死者且万人，暍，于歇翻，伤暑而死也。委弃资粮、铠仗、锅幕，动以千计。锅，古禾翻，釜也。王彦章掩晋人之不备，取胜于一时，持久则败矣。使梁能终用之，亦未必成功。杨刘比至围解，比，必利翻。城中无食已三日矣。

10 王彦章疾赵、张乱政，及为招讨使，谓所亲曰："待我成功还，还，从宣翻，又如字。当尽诛奸臣以谢天下！"赵、张闻之，私相谓曰："我辈宁死于沙陀，不可为彦章所杀。"相与协力倾之。段凝素疾彦章之能而谄附赵、张，在军中与彦章动相违戾，百方沮桡之，沮，在吕翻。桡，奴教翻。惟恐其有功，潜伺彦章过失以闻于梁主。每捷奏至，赵、张悉归功于凝，由是彦章功竟无成。及归杨村，梁主信谗，犹恐彦章旦夕成功难制，征还大梁。考异曰：欧阳史云："末帝罢彦章，以段凝为招讨使。彦章驰至京师入见，以笏画地，自陈胜败之迹。岩等讽有司劾彦章不恭，勒还第。"今从实录。使将兵会董璋攻泽州。

甲子，帝至杨刘劳李周曰："微卿善守，吾事败矣。"劳，力到翻。

11 中书侍郎、同平章事卢程以私事干兴唐府，府吏不能应，鞭吏背；光禄卿兼兴唐少尹任团，圜之弟，帝之从姊婿也，从，才用翻。诣程诉之。程骂曰："公何等虫豸，欲倚妇力邪！"豸，驰尔翻。尔雅曰：有足曰虫，无足曰豸。团诉于帝。帝怒曰："朕误相此痴物，相，息亮翻。乃敢辱吾九卿！"欲赐自尽；卢质力救之，乃贬右庶子。

12 裴约遣间使告急于帝，帝曰："吾兄不幸生此枭獍，李嗣昭义儿也，以齿于帝为兄。獍，读如镜。裴约独能知逆顺。"顾谓北京内牙马步军都指挥使李绍斌曰："泽州弹丸之地，朕无所用，弹丸之地，言其小也。自并、潞窥怀、洛，则泽州为要地，帝志在自东平取大梁，故云然。弹，徒旦翻。卿为我取裴约以来。"为，于伪翻。八月，壬申，绍斌将甲士五千救之，未至，城已陷，约死，帝深惜之。

13 甲戌，帝自杨刘还兴唐。

14 梁主命于滑州决河，东注曹、濮及郓以限唐兵。濮，博木翻。

15 初，梁主遣段凝监大军于河上，敬翔、李振屡请罢之，监，古衔翻。考异曰：欧阳史以为太祖时事。按晋人取魏博，然后与梁以河为境，故常以大军守之，太祖时未也。就使当时曾屯军河上，亦未系社稷之安危也。况太祖时，振言听计从，均王时始疏斥，此必均王时事也。既不知其的在何时，故因凝任招讨使而见之。梁主曰："凝未有过。"振曰："俟其有过，则社稷危矣。"至是，凝厚赂赵、张求为招讨使，翔、振力争以为不可；赵、张主之，竟代王彦章为北面招讨使，于是宿将愤怒，士卒亦不服。天下兵马副元帅张宗奭言于梁主曰："臣为副元帅，虽衰朽，犹足为陛下扞御北方。段凝晚进，功名未能服人，众议讻讻，足为，于伪翻。讻，许拱翻，又音凶，义与汹汹同。恐贻国家深忧。"张宗奭此言，必敬翔等欲借其重以觉寤梁主。敬翔曰："将帅系国安危，今国势已尔，言国势之危已如此也。陛下岂可尚不留意邪！"梁主皆不听。为段凝误梁张本。

戊子，凝将全军五万营于王村，自高陵津济河，新唐书地理志，澶州临黄县东南有卢津关，一名高陵津。王村，亦因土人王氏聚居之地为名。将，即亮翻。剽掠澶州诸县，至于顿丘。剽，匹妙翻。澶，时连翻。

梁主命王彦章将保銮骑士及他兵合万人，屯兖、郓之境，谋复郓州，以张汉杰监其军。

16 庚寅，帝引兵屯朝城。宋白曰：朝城县属魏州，本汉东武阳郡，其后为县，唐武后改为武圣，开元七年改为朝城。九域志：朝城县在魏州东南八十里。

戊戌，康延孝帅百馀骑来奔，帅，读曰率。骑，奇寄翻。帝解所御锦袍玉带赐之，以为南面招讨都指挥使，领博州刺史。帝屏人问延孝以梁事，屏，必郢翻，又卑正翻。对曰："梁朝地不为狭，兵不为少；朝，直遥翻。少，诗沼翻；下同。然迹其行事，终必败亡。何则？主既暗懦，赵、张兄弟擅权，内结宫掖，外纳货赂，官之高下唯视赂之多少，如温昭图以纳赂而得名藩，段凝以纳赂而得大将之类。不择才德，不校勋劳。段凝智勇俱无，一旦居王彦章、霍彦威之右，自将兵以来，专率敛行伍敛，力赡翻，又上声。行，户刚翻。以奉权贵。每【章：十二行本"每"上有"梁主"二字；乙十一行本同；孔本同；张校同。】出一军，不能专任将帅，常以近臣监之，如张汉杰监王彦章军之类。帅，所类翻。进止可否动为所制。近又闻欲数道出兵，令董璋引陕虢、泽潞之兵自石会关趣太原，陕，失冉翻。趣，七喻翻。霍彦威以汝、洛之兵自相卫、邢洺寇镇定，相，息亮翻。王彦章、张汉杰以禁军攻郓州，段凝、杜晏球以大军当陛下，决以十月大举。臣窃观梁兵聚则不少，分则不多。愿陛下养勇蓄力以待其分兵，帅精骑五千自郓州直抵大梁，擒其伪主，旬月之间，天下定矣。"康延孝之计，与李嗣源、郭崇韬所见略同。帅，读曰率。帝大悦。

17 蜀主以文思殿大学士韩昭、唐末之迁洛也，改保宁殿为文思殿。蜀盖袭唐殿名。内皇城使潘在迎、考异曰：在迎先为内皇城使，贬雅州，蜀主北巡为马步使。今不知何官，故且称其旧官。武勇军使顾在珣为狎客，陪侍游宴，与宫女杂坐，或为艳歌相唱和，或谈嘲谑浪，鄙俚亵慢，无所不至，蜀主乐之。史言蜀主有陈后主之风。艳，以赡翻。和，户卧翻。嘲，陟交翻。谑，迄却翻。俚，音里。亵，息列翻。乐，音洛。在珣，彦朗之子也。顾彦朗，唐昭宗时帅东川。

时枢密使宋光嗣等专断国事，断，丁乱翻。恣为威虐，务徇蜀主之欲以盗其权。宰相王锴、庾传素等锴，口骇翻。各保宠禄，无敢规正。潘在迎每劝蜀主诛谏者，无使谤国。嘉州司马刘赞献陈后主三阁图，陈三阁见一百七十六卷长城公至德二年。并作歌以讽；贤良方正蒲禹卿对策语极切直；蜀主虽不罪，亦不能用也。

九月，庚戌，蜀主以重阳宴近臣于宣华苑，重阳，九月九日也。九，阳数也；九月而又九日，故曰重阳。重，直龙翻。按路振九国志，蜀主乾德元年改龙跃池为宣华苑。酒酣，嘉王宗寿乘间极言社稷将危，流涕不已。韩昭、潘在迎曰："嘉王好酒悲。"间，古苋翻。人有醉后而涕泣者，俗谓之"酒悲"。好，呼到翻。因谐笑而罢。

18 帝在朝城，梁段凝进至临河之南，魏州临河县南也。隋志，开皇六年置临河县。新唐书地理志，贞观十七年省澶水县入焉。澶水即澶渊，避高祖讳，更"渊"为"水"。临河，澶渊，其地盖相近也。宋白曰：临河县本东黎县，魏孝昌中分汲郡置黎阳郡，领黎阳、东黎、顿丘三县，此即东黎也。隋开皇五年置临河县。九域志：临河县在澶州西六十里。澶西、相南，日有寇掠。澶州之西，相州之南也。自德胜失利以来，丧刍粮数百万，租庸副使孔谦暴敛以供军，民多流亡，租税益少，仓廪之积不支半岁。丧，息浪翻。敛，力赡翻。积，子赐翻，又如字。泽潞未下。卢文进、王郁引契丹屡过瀛、涿之南，此即言梁龙德二年契丹入镇、定境。传闻俟草枯冰合，深入为寇，又闻梁人欲大举数道入寇，即康延孝之言。帝深以为忧，召诸将会议。宣徽使李绍宏等皆以为郓州城门之外皆为寇境，孤远难守，有之不如无之，请以易卫州及黎阳于梁，梁取卫州，见上卷上年。贞明二年晋尽取河北，独黎阳为梁守。与之约和，以河为境，休兵息民，俟财力稍集，更图后举。帝不悦，曰："如此吾无葬地矣。"乃罢诸将，独召郭崇韬问之。对曰："陛下不栉沐，不解甲，十五馀年，梁太祖开平二年，帝嗣晋王位，始战于夹寨，至是年凡在兵间十七年。栉，侧瑟翻。其志欲以雪家国之雠耻也。今已正尊号，河北士庶日望升平，始得郓州尺寸之地，不能守而弃之，安能尽有中原乎！臣恐将士解体，将来食尽众散，虽画河为境，谁为陛下守之！谁为，于伪翻。臣尝细询康延孝以河南之事，度己料彼，度，徒洛翻。日夜思之，成败之机决在今岁。梁今悉以精兵授段凝，据我南鄙，又决河自固，段凝自酸枣决河注郓州以限唐兵，号护驾水。谓我猝不能渡，恃此不复为备。复，扶又翻。使王彦章侵逼郓州，其意冀有奸人动摇，变生于内耳。段凝本非将材，不能临机决策，无足可畏。降者皆言大梁无兵，根本内虚，为敌所窥，所谓重战轻防，未有不败亡者也。降，户江翻；下同。陛下若留兵守魏，固保杨刘，自以精兵与郓州合势，长驱入汴，彼城中既空虚，必望风自溃。苟伪主授首，则诸将自降矣。不然，今秋谷不登，军粮将尽，若非陛下决志，大功何由可成！谚曰：'当道筑室，三年不成。'帝王应运，必有天命，在陛下勿疑耳。"帝曰："此正合朕志。丈夫得则为王，失则为虏，吾行决矣！"司天奏："今岁天道不利，深入必无功。"帝不听。

王彦章引兵逾汶水，将攻郓州，汶水过郓城南。春秋以郓、讙、龟阴为汶阳之田是也。汶，音问。李嗣源遣李从珂将骑兵逆战，败其前锋于递坊镇，败，补迈翻。考异曰：薛史作"递公镇"。今从实录。获将士三百人，斩首二百级，彦章退保中都。旧唐书地理志：郓州中都县，汉平陆县，旧治殷密城，在今治西三十九里；天宝元年改为中都县，移于今治。九域志：中都县在郓州东南六十里。近世改中都为汶上县。"殷密城"，宋白续通典作"致密城"。戊辰，捷奏至朝城，帝大喜，谓郭崇韬曰："郓州告捷，足壮吾气。"己巳，命将士悉遣其家属归兴唐。自朝城行营遣归魏州。

19 冬，十月，辛未朔，日有食之。

20 帝遣魏国夫人刘氏、皇子继岌归兴唐，与之诀曰："事之成败，在此一决；若其不济，当聚吾家于魏宫而焚之！"史言帝此行非有庙胜之策。仍命豆卢革、李绍宏、张宪、王正言同守东京。帝以魏州为东京兴唐府。

壬申，帝以大军自杨刘济河，癸酉，至郓州，中夜，进军逾汶，以李嗣源为前锋，甲戌旦，遇梁兵，一战败之，败，补迈翻。追至中都，围其城。城无守备，少顷，少顷，谓少顷刻之间。梁兵溃围出，追击，破之。王彦章以数十骑走，龙武大将军李绍奇单骑追之，识其声，曰："王铁枪也！"按薛史，夏鲁奇尝事梁祖，与彦章素善，故识其语音。骑，奇寄翻。拔稍刺之，彦章重伤，马踬，刺，七亦翻。重，直陇翻。踬，陟利翻。遂擒之，并擒都监张汉杰、监，古衔翻。曹州刺史李知节、裨将赵廷隐、刘嗣彬等二百馀人，斩首数千级。廷隐，开封人；嗣彬，知俊之族子也。刘知俊自徐降梁，自梁降岐，自岐降蜀，为蜀所杀。

彦章尝谓人曰："李亚子斗鸡小儿，何足畏！"至是，帝谓彦章曰："尔常谓我小儿，今日服未？"又问："尔名善将，何不守兖州？将，即亮翻。九域志：中都东南至兖州九十里。中都无壁垒，何以自固？"彦章对曰："天命已去，无足言者。"帝惜彦章之材，欲用之，赐药傅其创，创，初良翻。屡遣人诱谕之。彦章曰："余本匹夫，蒙梁恩，位至上将，与皇帝交战十五年；今兵败力穷，死自其分，分，扶问翻。纵皇帝怜而生我，我何面目见天下之人乎！岂有朝为梁将，暮为唐臣！此我所不为也。"帝复遣李嗣源自往谕之，复，扶又翻。彦章卧谓嗣源曰："汝非邈佶烈乎？"佶，其吉翻。彦章素轻嗣源，故以小名呼之。于是诸将称贺，帝举酒属嗣源曰：属，之欲翻。"今日之功，公与崇韬之力也。向从绍宏辈语，大事去矣。”

帝又谓诸将曰：“向所患惟王彦章，今已就擒，是天意灭梁也。段凝犹在河上，进退之计，宜何向而可？”诸将以为：“传者虽云大梁无备，未知虚实。今东方诸镇兵皆在段凝麾下，所馀空城耳，以陛下天威临之，无不下者。若先广地，东傅于海，傅，读曰附。然后观衅而动，可以万全。”康延孝固请亟取大梁。李嗣源曰：“兵贵神速。今彦章就擒，段凝必未之知；就使有人走告，疑信之间尚须三日。设若知吾所向，即发救兵，直路则阻决河，即谓段凝所决护驾水。须自白马南渡，数万之众，舟楫亦难猝办。此去大梁至近，前无山险，方陈横行，陈，读曰阵。昼夜兼程，信宿可至。段凝未离河上，离，力智翻。友贞已为吾擒矣。延孝之言是也，请陛下以大军徐进，臣愿以千骑前驱。”帝从之。令下，诸军皆踊跃愿行。

是夕，嗣源帅前军倍道趣大梁。帅，读曰率。趣，七喻翻。乙亥，帝发中都，舁王彦章自随，舁，音余，又羊如翻。遣中使问彦章曰：“吾此行克乎？”对曰：“段凝有精兵六万，虽主将非材，亦未肯遽尔倒戈，殆难克也。”帝知其终不为用，遂斩之。今汶上县有王彦章墓及祠。

丁丑，至曹州，九域志：曹州西南至大梁二百四十馀里。梁守将降。将，即亮翻。降，户江翻。

王彦章败卒有先至大梁，告梁主以“彦章就擒，唐军长驱且至”者，梁主聚族哭曰：“运祚尽矣！”召群臣问策，皆莫能对。梁主谓敬翔曰：“朕居常忽卿所言，以至于此。今事急矣，卿勿以为怼。怼，直类翻，怨也。将若之何？”翔泣曰：“臣受先帝厚恩，殆将三纪，梁太祖镇宣武，敬翔即为幕属，以至为相，汔于梁亡，故自言受恩殆将三纪。以此观之，则知二百六十六卷开平元年，史言翔在幕府三十馀年，误也。名为宰相，其实朱氏老奴，事陛下如郎君。

门生故吏下至僮奴，呼主人之子皆曰郎君。臣前后献言，莫匪尽忠。陛下初用段凝，臣极言不可，事见上。小人朋比，指赵、张也。比，毗至翻。致有今日。今唐兵且至，段凝限于水北，不能赴救。言段凝之兵欲还救大梁，为决河之水所限，其道回远。臣欲请陛下出【章：十二行本“出”下有“居”字；乙十一行本同；张校同。】避狄，陛下必不听从；【章：十二行本“从”下有“欲”字；乙十一行本同；孔本同；张校同。】请陛下出奇合战，陛下必不果决；虽使良、平更生，谁能为陛下计者！张良、陈平以智辅汉高祖定天下，后之言智者率称之。为，于伪翻。臣愿先赐死，不忍见宗庙之亡也。”因与梁主相向恸哭。

梁主遣张汉伦驰骑追段凝军；汉伦至滑州，坠马伤足，九域志，大梁北至滑州二百里。此注与前注王彦章三日破贼事，大梁至滑州有十里之差。盖九域志于大梁注及滑州注其道里远近自有微差者，今不敢轻改，因两存之。中间若此类颇多。复限水不能进。复，扶又翻。

时城中尚有控鹤军数千，朱珪请帅之出战；梁主不从，帅，读曰率。命开封尹王瓒驱市人乘城为备。

初，梁陕州节度使邵王友诲，全昱之子也，性颖悟，人心多向之。陕，失冉翻。或言其诱致禁军欲为乱，诱，音酉。梁主召还，与其兄友谅、友能并幽于别第。友能反见上卷梁龙德元年。及唐师将至，梁主疑诸兄弟乘危谋乱，并皇弟贺王友雍、建王友徽尽杀之。考异曰：薛史云：“友谅、友能、友诲，庄宗入汴，同日遇害。”按中都既败，均王亲弟犹疑而杀之，况其从弟尝为乱者，岂得独存！故附于此。

梁主登建国楼，大梁宫城南门曰建国门，其楼曰建国楼。面择亲信厚赐之，使衣野服，衣，于既翻。赍蜡诏，促段凝军，蜡诏，犹蜡书也，命出于上，故谓之蜡诏。既辞，皆亡匿。或请幸洛阳，收集诸军以拒唐，唐虽得都城，势不能久留。或请幸段凝军，控鹤都指挥使皇甫麟曰：考异曰：庄宗实录“麟”作“鏻”。今从庄宗列传及薛史。"凝本非将才，将，即亮翻。官由幸进，段凝以其妹得进，事见二百六十八卷梁太祖乾化元年。今危窘之际，窘，渠陨翻。望其临机制胜，转败为功，难矣。且凝闻彦章败，其胆已破，安知能终为陛下尽节乎！"终为，于伪翻；下臣为同。赵岩曰："事势如此，一下此楼，谁心可保！"梁主乃止。复召宰相谋之，郑珏请自怀传国宝诈降以纾国难，复，扶又翻。珏，古岳翻。纾，商居翻，缓也。难，乃旦翻。梁主曰："今日固不敢爱宝，但如卿此策，竟可了否？"珏俛首久之，俛，音免。曰："但恐未了。"左右皆缩颈而笑。梁主日夜涕泣，不知所为；置传国宝于卧内，忽失之，已为左右窃之迎唐军矣。

戊寅，或告唐军已过曹州，尘埃涨天，赵岩谓从者曰："吾待温许州厚，必不负我。"遂奔许州。九域志：大梁西南至许州一百七十五里。从，才用翻。温韬由赵岩得许州，见上卷梁龙德元年。

梁主谓皇甫麟曰："李氏吾世雠，理难降首，降，户江翻。首，式又翻。言以事理推之，难于迎降而自首也。一读"降首"皆如字，言难低头为之下也。不可俟彼刀锯。吾不能自裁，卿可断吾首。"断，音短。麟泣曰："臣为陛下挥剑死唐军则可矣，不敢奉此诏。"梁主曰："卿欲卖我邪？"麟欲自刭，刭，古顶翻。梁主持之曰："与卿俱死。"麟遂弑梁主，因自杀。梁主为人温恭约，"约"上当有"俭"字，句断。【章：十二行本正有"俭"字；乙十一行本同；孔本同；张校同。】无荒淫之失；但宠信赵、张，使擅威福，疏弃敬、李旧臣，敬翔、李振皆佐梁太祖者。不用其言，以至于亡。唐天佑三年，梁受唐禅，岁在丁卯，三主，十七年而亡。

己卯旦，李嗣源军至大梁，攻封丘门，大梁城北面二门，封丘门在西，酸枣门在东。梁开平元年改封丘门为含曜门。时人犹以旧门名称之。晋天福三年又改为宣阳门。又汴京图：京城北四门，从东曰陈桥门，次曰封丘门。王瓒开门出降，嗣源入城，抚安军民。是日，帝入自梁门，梁门，大梁城西面北来第一门，梁开平元年改为乾象门，晋天福三年改为乾明门。百官迎谒于马首，拜伏请罪，帝慰劳之，劳，力到翻；下劳赐同。使各复其位。李嗣源迎贺，帝喜不自胜，手引嗣源衣，以头触之曰："吾有天下，卿父子之功也，天下与尔共之。"帝于此际，可谓喜而失节矣，宜不能保有天下也。胜，音升。帝命访求梁主，顷之，或以其首献。考异曰：实录："帝惨然曰：'敌惠敌怨，不在后嗣。朕与梁主十年战争，恨不生识其面。'"按庄宗漆均王首藏之太社，岂有欲全之之理！此特虚言耳。

李振谓敬翔曰："有诏洗涤吾辈，相与朝新君乎？"朝，直遥翻；下同。翔曰："吾二人为梁宰相，君昏不能谏，国亡不能救，新君若问，将何辞以对！"是夕未曙，曙，常恕翻，天明为曙。或报翔曰："崇政李太保已入朝矣。"梁以李振为崇政使，故以称之。翔叹曰："李振谬为丈夫！朱氏与新君世为仇雠，今国亡君死，纵新君不诛，何面目入建国门乎！"乃缢而死。

庚辰，梁百官复待罪于朝堂，复，扶又翻。帝宣敕赦之。

赵岩至许州，温昭图迎谒归第，斩首来献，尽没岩所赍之货。元徽、赵岩可为怙权冒货之戒。昭图复名韬。梁赐温昭图名，见二百六十九卷均王贞明元年。

辛巳，诏王瓒收朱友贞尸，殡于佛寺，漆其首，函之，藏于太社。考异曰：薛史末帝纪云："诏河南尹张全义收葬之。"今从实录。

段凝自滑州济河入援，以诸军排陈使杜晏球为前锋；至封丘，遇李从珂，晏球先降。壬午，凝将其众五万至封丘，亦解甲请降。凝帅诸大将先诣阙待罪，帝劳赐之，帅，读曰率。劳，力到翻。慰谕士卒，使各复其所。凝出入公卿间，扬扬自得无愧色，梁之旧臣见者皆欲龁其面，抉其心。龁，恨没翻，又下结翻，啮也。抉，于决翻。

丙戌，诏贬梁中书侍郎同平章事郑珏为莱州司户，萧顷为登州司户，翰林学士刘岳为均州司马，任赞为房州司马，姚颢为复州司马，封翘为唐州司马，李怿为怀州司马，窦梦征为沂州司马，崇政学士刘光素为密州司户，陆崇为安州司户，御史中丞王权为随州司户：以其世受唐恩而仕梁贵显故也。岳，崇龟之从子；刘崇龟见二百五十三卷唐僖宗广明元年。从，才用翻。颢，万年人；万年属京兆府，唐为赤县。时复以京兆为西京。翘，敖之孙；封敖仕唐武、宣朝，入翰林，位至尚书仆射。怿，京兆人；权，龟之孙也。王龟，式之兄也，唐咸通间有名。

段凝、杜晏球上言：上，时掌翻。"伪梁要人赵岩、赵鹄、张希逸、张汉伦、张汉杰、张汉融、【张："融"作"俊"。】朱珪等，窃弄威福，残蠹群生，不可不诛。"诏："敬翔、李振首佐朱温，共倾唐祚；契丹撒剌阿拨叛兄弃母，负恩背国，撒剌阿拨奔梁，见二百七十卷贞明四年。背，蒲妹翻。宜与岩等并族诛于市；自馀文武将吏一切不问。"又诏追废朱温、朱友贞为庶人，毁其宗庙神主。

帝之与梁战于河上也，梁拱宸左厢都指挥使陆思铎善射，常于笴上自镂姓名，笴，古我翻，又公旱翻，箭茎也。镂，郎豆翻。射帝，中马鞍，射，而亦翻。中，竹仲翻。帝拔箭藏之。至是，思铎从众俱降，帝出箭示之，思铎伏地待罪，帝慰而释之，寻授龙武右厢都指挥使。

以豆卢革尚在魏，命枢密使郭崇韬权行中书事。

梁诸藩镇稍稍入朝，或上表待罪，帝皆慰释之。宋州节度使袁象先首来入朝，陕州留后霍彦威次之。象先辇珍货数十万，遍赂刘夫人及权贵、伶官、宦者，旬日，中外争誉之，誉，音余。恩宠隆异。己丑，诏伪庭节度、观察、防御、团练使、刺史及诸将校，并不议改更，将，即亮翻。校，户教翻。更，工衡翻。将校官吏先奔伪庭者一切不问。

庚寅，豆卢革至自魏。甲午，加崇韬守侍中，领成德节度使。赏决策灭梁之功也。崇韬权兼内外，谋猷规益，竭忠无隐，颇亦荐引人物，豆卢革受成而已，无所裁正。

丙申，赐滑州留后段凝姓名曰李绍钦，耀州刺史杜晏球曰李绍虔。后各复其本姓名。

乙酉，梁西都留守河南尹张宗奭来朝，复名全义，梁改张全义名见二百六十六卷太祖开平元年。献币马千计；帝命皇子继岌、皇弟存纪等兄事之。继岌，皇嗣也，岂可兄事梁之旧臣！存纪，皇弟也，既使其子以兄事全义，又使其弟以兄事全义，唐之家人长幼之序且不明矣；是后中宫又从而父事之，嘻，甚矣夷狄之俗好货而已，岂知有纲常哉！帝欲发梁太祖墓，斲棺焚其尸，全义上言："朱温虽国之深雠，然其人已死，刑无可加，屠灭其家，足以为报，乞免焚斲以存圣恩。"帝从之，但铲其阙室，削封树而已。张全义犹不忘梁祖河阳之恩。铲，初限翻。削其封树者，隳其坟，赭其山也。

戊戌，加天平节度使李嗣源兼中书令；以北京留守继岌为东京留守、同平章事。时以镇州为北京，魏州为东京。

21 帝遣使宣谕谕诸道，梁所除节度使五十馀人皆上表入贡。

楚王殷遣其子牙内马步都指挥使希范入见，见，贤遍翻。纳洪、鄂行营都统印，梁命殷为洪、鄂行营都统。上本道将吏籍。上，时掌翻。

荆南节度使高季昌闻帝灭梁，避唐庙讳，更名季兴，以献祖讳国昌也。更，工衡翻。欲自入朝，梁震曰："唐有吞天下之志，严兵守险，犹恐不自保，况数千里入朝乎！且公朱氏旧将，高季昌为梁将事始见二百六十三卷唐昭宗天复二年。安知彼不以仇敌相遇乎！"季兴不从。

22 帝遣使以灭梁告吴、蜀，二国皆惧。徐温尤严可求曰：

“公前沮吾计，谓自郓州遣使会兵，徐温欲以舟师浮海北进时也，事见五月。今将奈何？”可求笑曰：“闻唐主始得中原，志气骄满，御下无法，不出数年，将有内变，吾卑【章：十二行本“卑”上有“但当”二字；乙十一行本同；孔本同；张校同。】辞厚礼，保境安民以待之耳。”善哉觇也。唐使称诏，吴人不受；帝易其书，用敌国之礼，曰“大唐皇帝致书于吴国主”，吴人复书称“大吴国主上大唐皇帝”，辞礼如笺表。

23 吴人有告寿州团练使钟泰章侵市官马者，徐知诰以吴王之命，遣滁州刺史王稔巡霍丘，因代为寿州团练使，霍丘，吴之边邑。徐知诰命王稔以巡边为名，因代泰章。以泰章为饶州刺史。徐温召至金陵，使陈彦谦诘之者三，诘，去吉翻。皆不对。或问泰章：“何以不自辨？”泰章曰：“吾在扬州，十万军中号称壮士；寿州去淮数里，步骑不下五千，苟有他志，岂王稔单骑能代之乎！我义不负国，虽黜为县令亦行，况刺史乎！何为自辨以彰朝廷之失！”徐知诰欲以法绳诸将，请收泰章治罪。治，直之翻。徐温曰：“吾非泰章，已死于张颢之手，事见二百六十六卷梁太祖开平二年。今日富贵，安可负之！”命知诰为子景通娶其女以解之。为，于伪翻。

24 彗星见舆鬼，长丈馀，舆鬼五星，秦、雍州分。彗，祥岁翻，又徐醉翻。见，贤遍翻。长，直亮翻。蜀司天监言国有大灾。蜀主诏于玉局化设道场，玉局化在成都。彭乘记曰：后汉永寿元年，李老君与张道陵至此，有局脚玉床自地而出，老君升坐，为道陵说南北斗经，既去而坐隐，地中因成洞穴，故以“玉局”名之。道经以二十四化上应二十四气，玉局其一也，流俗相传而信奉之。右补阙张云上疏，以为：“百姓怨气上彻于天，彻，敕列翻。故彗星见。此乃亡国之征，非祈禳可弭。”蜀主怒，流云黎州，卒于道。

25 郭崇韬上言："河南节度使、刺史上表者但称姓名，未除新官，恐负忧疑。"十一月，始降制以新官命之。

26 滑州留后李绍钦因伶人景进纳货于宫掖，除泰宁节度使。

帝幼善音律，故伶人多有宠，常侍左右；帝或时自傅粉墨，与优人共戏于庭，以悦刘夫人，优名谓之"李天下"。尝因为优，自呼曰"李天下，李天下"，优人敬新磨遽前批其颊。批，蒲结翻，又匹迷翻，反手击也。帝失色，群优亦骇愕，新磨徐曰："理天下者只有一人，尚谁呼邪！"帝悦，厚赐之。帝尝畋于中牟，践民稼，九域志：中牟县在大梁西七十里。践，慈演翻。中牟令当马前谏曰："陛下为民父母，奈何毁其所食，使转死沟壑乎！"帝怒，叱去，将杀之。敬新磨追擒至马前，责之曰："汝为县令，独不知吾天子好猎邪？好，呼到翻；下好采同。奈何纵民耕种，以妨吾天子之驰骋乎！汝罪当死！"因请行刑，帝笑而释之。

诸伶出入宫掖，侮弄缙绅，群臣愤嫉，莫敢出气；书云：狎侮君子，罔以尽其心。况使伶人侮弄之哉。亦反有相附托以希恩泽者，四方藩镇争以货赂结之。无材而干利禄者何可胜数哉！其尤蠹政害人者，景进为之首。进好采闾阎鄙细事闻于上，上亦欲知外间事，遂委进以耳目。进每奏事，常屏左右问之，屏，必郢翻，又卑正翻。由是进得施其谗慝，干预政事。自将相大臣皆惮之，孔岩常以兄事之。"孔岩"当作"孔谦"。

27 壬寅，岐王遣使致书，贺帝灭梁，以季父自居，辞礼甚倨。岐王李茂贞自以与晋王克用在唐并列藩镇，又各以有功赐姓、附唐属籍，义犹兄弟，故于帝以季父自居。

28 癸卯，河中节度使朱友谦入朝，帝与之宴，宠锡无算。

29 张全义请帝迁都洛阳；从之。考异曰：实录："甲辰，议修洛阳太庙。”按梁以汴州为东京，洛京为西京。庄宗以魏州为东京，太原为西京，真定为北都。及灭梁，废东京为汴州，以永平军为西京，而不云以洛阳为何京。若以为东京，则与魏州无以异。诸书但谓之洛京，亦未尝有诏改梁西京为洛京也。至同光三年始诏依旧以洛京为东都。或者以永平为西京时即改梁西京为洛京而史脱其文也？今无可质正，故但谓之洛阳。

30 乙巳，赐朱友谦姓名曰李继麟，命继岌兄事之。

31 以康延孝为郑州防御使，赐姓名曰李绍琛。

32 废北都，复为成德军。是年四月，于镇州建北都。

33 赐宣武节度使袁象先姓名曰李绍安。

匡国节度使温韬入朝，赐姓名曰李绍冲。绍冲多赍金帛赂刘夫人及权贵伶宦，旬日，复遣还镇。郭崇韬曰：“国家为唐雪耻，为，于伪翻。温韬发唐山陵殆遍，事见二百六十七卷梁太祖开平二年。其罪与朱温相埒耳，埒，龙辍翻，等也。何得复居方镇，天下义士其谓我何！”上曰：“入汴之初，已赦其罪。”竟遣之。

34 戊申，中书奏以：“国用未充，请量留三省、寺、监官，馀并停，俟见任者满二十五月，以次代之；见任，谓见在官者。见，贤遍翻。其西班上将军以下，令枢密院准此。”朝会之序，武官班于西，故曰西班。从之。人颇咨怨。

35 初，梁均王将祀南郊于洛阳，闻杨刘陷而止，事见二百七十卷贞明三年。其仪物具在。张全义请上亟幸洛阳，谒庙毕唐东京亦有太庙，末世东迁尝严奉，故张全义请上修谒。即祀南郊；从之。

36 丙辰，复以梁东京开封府为宣武军汴州。梁以宋州为宣武军，诏更名归德军。梁都汴，徙宣武军额于宋州。更，工衡翻。

37 诏文武官先诣洛阳。

38 议者以郭崇韬勋臣为宰相，不能知朝廷典故，当用前朝名家以佐之。朝，直遥翻；下同。或荐礼部尚书薛廷珪、太子少保李琪，尝为太祖册礼使，皆耆宿有文，宜为相。崇韬奏廷珪浮华无相业，琪倾险无士风；尚书左丞赵光胤廉洁方正，自梁未亡，北人皆称其有宰相器。三人者皆仕梁。廷珪、琪为太祖册礼使，必唐之时尝奉朝命册晋王者也。豆卢革荐礼部侍郎韦说谙练朝章。谙，乌含翻。丁巳，以光胤为中书侍郎，与说并同平章事。光胤，光逢之弟；赵光逢见二百六十六卷梁太祖开平元年。说，岫之子；廷珪，逢之子也。薛逢，唐会昌间有文声。光胤性轻率，喜自矜；喜，许记翻。说谨重守常而已。

赵光逢自梁朝罢相，梁均王贞明元年，赵光逢罢相。杜门不交宾客，光胤时往见之，语及政事；他日，光逢署其户曰："请不言中书事。"

39 租庸副使孔谦畏张宪公正，欲专使务，言欲专租庸使一司事务也。使，疏吏翻。言于郭崇韬曰："东京重地，须大臣镇之，非张公不可。"崇韬即奏以宪为东京副留守，知留守事。出张宪守魏州。戊午，以豆卢革判租庸，兼诸道盐铁转运使。谦弥失望。

40 己未，加张全义守尚书令，高季兴守中书令。时季兴入朝，上待之甚厚，从容问曰：从，千容翻。"朕欲用兵于吴、蜀，二国何先？"季兴以蜀道险难取，乃对曰："吴地薄民贫，克之无益，不如先伐蜀。蜀土富饶，又主荒民怨，伐之必克。克蜀之后，顺流而下，取吴如反掌耳。"上曰："善！"

41 辛酉，复以永平军大安府为西京京兆府。梁改长安为永平军，见二百六十七卷太祖开平三年；改京兆府为大安府，见二百六十六卷开平元年。

42 甲子，帝发大梁；十二月，庚午，至洛阳。

43 吴越王镠以行军司马杜建徽为左丞相。

44 壬申，诏以汴州宫苑为行宫。

45 以耀州为顺义军，延州为彰武军，邓州为威胜军，晋州为建雄军，安州为安远军；帝既灭梁，特改梁所置军名耳，凡诸藩帅未之易也。梁改耀州曰崇州，改义胜军为静胜军，乃岐所置。延州，唐保塞军，岐为忠义军。邓州，梁为宣化军。晋州，梁始为定昌军，后改建宁军。安州，梁为宣威军。自馀藩镇，皆复唐旧名。

46 庚辰，御史台奏："朱温篡逆，删改本朝律令格式，梁改定律令格式事见二百六十七卷开平四年。本朝，谓前唐也。悉收旧本焚之，今台司及刑部、大理寺所用皆伪廷之法。闻定州敕库独有本朝律令格式具在，乞下本道录进。"下，户嫁翻。从之。

47 李继韬闻上灭梁，忧惧，不知所为，欲北走契丹，走，音奏。会有诏征诣阙；继韬将行，其弟继远曰："兄以反为名，何地自容！往与不往等耳，不若深沟高垒，坐食积粟，犹可延岁月；入朝，立死矣。"或谓继韬曰："先令公有大功于国，先令公，谓继韬父嗣昭，嗣昭官中书令，故称之。主上于公，季父也，李嗣昭以晋王义儿，于上为兄，上于继韬为季父。往必无虞。"继韬母杨氏，善蓄财，家赀百万，乃与杨氏偕行，赍银四十万两，他货称是，大布赂遗。伶人宦官争为之言曰：称，尺证翻。遗，唯季翻。为，于伪翻；下亦为同。"继韬初无邪谋，为奸人所惑耳。嗣昭亲贤，不可无后。"杨氏复入宫见帝，泣请其死，复，扶又翻；下复赂、子复同。以其先人为言；又求哀于刘夫人，刘夫人亦为之言。及继韬入见待罪，上释之，见，贤遍翻。留月馀，屡从游畋，宠待如故。皇弟义成节度使、同平章事存渥深诋诃之，继韬兄弟欲杀存渥事见上卷梁均王龙德二年。梁改滑州义成军为宣义军，帝复唐旧。继韬心不自安，复赂左右求还镇，上不许。继韬潜遣人遗继远书，教军士纵火，冀天子复遣已抚安之，事泄，辛巳，贬登州长史，寻斩于天津桥南，并其二子。遣使斩李继远于上党，以李继达充军城巡检。

召权知军州事李继俦诣阙，继俦据有继韬之室，料简妓妾，料，音聊。妓，渠绮翻。搜校货财，不时即路。即，就也。继达怒曰："吾家兄弟父子同时诛死者四人，继韬及其二子，并继远为四人。大兄曾无骨肉之情，继韬兄弟七人，继俦居长，故呼为大兄。贪淫如此；吾诚羞之，无面视人，生不如死！"甲申，继达衰服，帅麾下百骑坐戟门呼曰：史炤曰：列棨戟于门，故曰戟门。帅，读曰率。衰，仓回翻。呼，火故翻。"谁与吾反者？"因攻牙宅，牙宅，即使宅也。斩继俦。节度副使李继珂闻乱，募市人，得千馀，攻子城。继达知事不济，开东门，归私第，东门，潞州牙城东门也。尽杀其妻子，将奔契丹，出城数里，从骑皆散，乃自刭。从，才用翻。刭，古顶翻。

48 甲申，吴王复遣司农卿洛阳卢蘋来奉使，严可求豫料帝所问，教蘋应对，既至，皆如可求所料。蘋还，言唐主荒于游畋，啬财拒谏，内外皆怨。

49 高季兴在洛阳，帝左右伶官【章：十二行本"官"作"宦"；乙十一行本同；熊校同。】求货无厌，伶官〔宦〕，谓伶人及宦官也。厌，于盐翻。季兴忿之。帝欲留季兴，郭崇韬谏曰："陛下新得天下，诸侯不过遣子弟将佐入贡，惟高季兴身自入朝，当褒赏以劝来者；乃羁留不遣，弃信亏义，沮四海之心，沮，在吕翻。非计也。"乃遣之。季兴倍道而去，至许州，九域志：洛阳东至许州三百一十里。谓左右曰："此行有二失：来朝一失，纵我去一失。"言彼此俱失也。过襄州，节度使孔勍留宴，中夜，斩关而去。勍，渠京翻。考异曰：五代史补："季兴行已浃旬，庄宗且悔，遽以急诏命襄州节度使刘训伺便图之。无何，季兴至襄州，就馆而心动，谓亲吏曰：'梁先辈之言中矣。与其住而生，不若去而死。'遂弃辎重，与部曲数百人南走，至凤林关，已昏黑，于是斩关而出。是夜三更，向之急诏果至，刘训度其去远不可及而止。"王举天下大定录亦云："庄宗遣使追之不及。"按季兴自疑，故斩关夜遁耳，未必庄宗追之也。今从薛史。丁酉，至江陵，握梁震手曰："不用君言，几不免虎口。"梁震所言见上。几，居依翻。又谓将佐曰："新朝百战方得河南，以庄宗新得天下，故曰新朝。朝，直遥翻。乃对功臣举手云，'吾于十指上得天下，'矜伐如此，则他人皆无功矣，其谁不解体！又荒于禽色，何能久长！吾无忧矣。"乃缮城积粟，招纳梁旧兵，为战守之备。史言帝荒淫骄矜，为邻敌及奸雄所窥。

邓广铭标点聂崇岐覆校

资治通鉴卷第二百七十三

端明殿学士兼翰林侍读学士太中大夫
提举西京嵩山崇福宫上柱国河内郡开国公 司马光 奉敕编集
食邑二千六百户食实封一千户臣

后学天台 胡三省 音注

后唐纪二

起阏逢涒滩（甲申），尽旃蒙作噩（乙酉）十月，凡一年有奇。

庄宗光圣神闵孝皇帝中

同光二年（甲申、九二四）

1 春，正月，甲辰，幽州奏契丹入寇，至瓦桥。李存审奏也。以天平军节度使李嗣源为北面行营都招讨使，陕州留后霍彦威副之，宣徽使李绍宏为监军，将兵救幽州。陕，失冉翻。监，古衔翻。将，即亮翻。

2 孔谦复言于郭崇韬曰："首座相公万机事繁，居第且远，复，扶又翻。豆卢革时为首相，故称之为首座相公。租庸簿书多留滞，宜更图之。"请改用人为租庸使，孔谦意欲自得之也。更，工衡翻。豆卢革尝以手书便〔假〕省库钱数十万，今俗谓借钱为便钱，言借贷以便用也。时租庸钱皆入省库。谦以手书示崇韬，崇韬微以讽革。革惧，奏请崇韬专判租庸，崇韬固辞。上曰："然则谁可者？"崇韬曰："孔谦虽久典金谷，自帝得魏博，孔谦即为支度务使。若遽委大任，恐不叶物望，请复用张宪。"帝即命召之。谦弥失望。谦自去年四月帝即位之初即望为租庸使，事见上卷。

3 岐王闻帝入洛，内不自安，闻帝自大梁入洛，惧移兵西伐也。遣其子行军司马彰义节度使兼侍中继曮入贡，李继曮以凤翔行军司马领泾州节。始上表称臣。帝以其前朝耆旧，与太祖比肩，前朝，谓唐僖、昭之朝。帝即位，追尊考晋王克用曰武皇帝，庙号太祖。上，时掌翻。朝，直遥翻；下同。特加优礼，每赐诏但称岐王而不名。庚戌，加继曮中【章：十二行本"中"上有"兼"字；乙十一行本同。】书令，遣还。曮，鱼险翻。还，从宣翻，又如字。

4 敕："内官不应居外，应前朝内官及诸道监军并私家先所畜者，不以贵贱，并遣诣阙。"唐末诛宦官，其有逃逸者，散投外镇及为私家所养。畜，吁玉翻。时在上左右者已五百人，至是殆及千人，皆给赡优厚，委之事任，以为腹心。内诸司使，自天佑以来以士人代之，唐昭宗天复三年诛宦官，以士人为内诸司使，时所存者九使而已。至梁有客省使，改小马坊使为天骥使，飞龙使，庄宅使，仪鸾使，文思使，五坊使，如京使，尚食使，改御食使为司膳使，洛苑使，教坊使，东上阁门使，西上阁门使，内园栽接使，弓箭库使，大内皇墙使，武备库使，引进使，左藏库使，闲厩使，宫苑使，翰林使，大和库使，丰德库使，乾文院使。后唐虽不用梁制，而复唐之旧，内诸司使其官亦多。至是复用宦者，浸干政事。既而复置诸道监军，节度使出征或留阙下，军府之政皆监军决之，陵忽主帅，怙势争权，由是藩镇皆愤怒。为后诸藩镇乘变杀监军张本。

5 契丹出塞。召李嗣源旋师，命泰宁节度使李绍钦、泽州刺史董璋戍瓦桥。

6 李继曮见唐甲兵之盛，归，语岐王，语，牛倨翻。岐王益惧，癸丑，表请正藩臣之礼；优诏不许。

7 孔谦恶张宪之来，时自魏召张宪复为租庸使，宪方正，故谦恶其来。恶，乌路翻。言于豆卢革曰："钱谷细事，一健吏可办耳。魏都根本之地，顾不重乎！兴唐尹王正言操守有馀，智力不足，必不得已，使之居朝廷，众人辅之，犹愈于专委方面也。”革为之言于崇韬，为，于伪翻。崇韬乃奏留张宪于东京。甲寅，以正言为租庸使。正言昏懦，谦利其易制故也。易，以豉翻。

8 李存审奏契丹去，复得新州。新州陷见二百六十九卷梁均王贞明三年。

9 戊午，敕盐铁、度支、户部三司并隶租庸使。租庸使之权愈重矣。

10 上遣皇弟存渥、皇子继岌迎太后、太妃于晋阳，太妃曰：“陵庙在此，若相与俱行，岁时何人奉祀！”遂留不来。帝即位，尊曾祖执宜庙号懿祖，陵曰永兴；国昌庙号献祖，陵曰长宁；克用庙号太祖，陵曰建极。三陵皆在代州雁门县，亲庙在晋阳。太妃之不来，夫岂专陵庙之为，其心固有所见也，且其辞义甚正。为太后、太妃俱以忧邑成疾张本。太后至，庚申，上出迎于河阳；辛酉，从太后入洛阳。

11 二月，己巳朔，上祀南郊，大赦。孔谦欲聚敛以求媚，敛，力赡翻。凡赦文所蠲者，谦复征之。蠲，圭渊翻，除也。复，扶又翻。自是每有诏令，人皆不信，百姓愁怨。

郭崇韬初至汴、洛，颇受藩镇馈遗，遗，唯季翻。所亲或谏之，崇韬曰：“吾位兼将相，郭崇韬为枢密使，加侍中，领成德节。枢密使，天下事无所不关；侍中，三省长官，又领节镇，故言位兼将相。禄赐巨万，岂借外材！【章：十二行本“材”作“财”；乙十一行本同；孔本同；熊校同。】但以伪梁之季，贿赂成风，今河南藩镇，皆梁之旧臣，主上之仇雠也，若拒，其意能无惧乎！吾特为国家藏之私室耳。”为，于伪翻。郭崇韬受馈遗，未足以安藩镇疑惧之心，乃所以成其主好货之恶。及将祀南郊，崇韬首献劳军钱十万缗。先是，宦官劝帝分天下财赋为内外府，劳，力到翻。先，悉荐翻。州县上供者入外府，充经费，供，居用翻。方镇贡献者入内府，充宴游及给赐左右。于是外府常虚竭无馀而内府山积。及有司办郊祀，乏劳军钱，崇韬言于上曰："臣已倾家所有以助大礼，愿陛下亦出内府之财以助有司。"上默然久之，曰："吾晋阳自有储积，积，子赐翻，又如字。可令租庸辇取以相助。"于是取李继韬私第金帛数十万以益之，李继韬父嗣昭从晋王克用起于晋阳，故私第在焉。继韬以反诛，其家赀没官。军士皆不满望，始怨恨，有离心矣。为后诸军离叛张本。

12 河中节度使李继麟请榷安邑、解县盐，每季输省课。每三月一输盐课于省也。榷，古岳翻。解，户买翻。己卯，以继麟充制置两池榷盐使。

13 辛巳，进岐王爵为秦王，考异曰：茂贞改封秦王，薛史无的确年月。实录，同光元年十一月壬寅，已称"秦王茂贞遣使贺收复"，自后皆称秦王。至二年辛巳制，"秦王李茂贞可封秦王"，岂有秦王封秦王之理！必是至是时始自岐王封秦王也。通鉴考异正本在二年正月岐王上表称臣之下，今移置于此。仍不名、不拜。

14 郭崇韬知李绍宏怏怏，乃置内句使，掌句三司财赋，以绍宏为之，冀弭其意，而绍宏终不悦，李绍宏恨郭崇韬，见上卷元年。句，音钩。徒使州县增移报之烦。按薛史云：同光元年十一月，以李绍宏兼内句，凡天下钱谷簿书悉委裁遣，自是州县供帐烦费，议者非之。与此有岁月之差。

崇韬位兼将相，复领节旄，以天下为己任，权侔人主，旦夕车马填门。性刚急，遇事辄发，嬖幸侥求，多所摧抑，嬖，卑义翻，又必计翻。侥，坚尧翻。宦官疾之，朝夕短之于上；崇韬扼腕，欲制之不能。腕，乌贯翻。豆卢革、韦说尝问之曰："汾阳王本太原人徙华阴，说，读曰悦。华，户化翻。公世家雁门，岂其枝派邪？"崇韬因曰："遭乱，亡失谱谍，尝闻先人言，上距汾阳四世耳。"谱，博古翻，籍录也。谍，徒协翻。汉郊祀歌：披图按谍。苏林注曰：谍，谱第也。汾阳王，谓郭子仪也。革曰："然则固从祖也。”从，才用翻。崇韬由是以膏粱自处，多甄别流品，处，昌吕翻。别，彼列翻。引拔浮华，鄙弃勋旧。有求官者，崇韬曰：“深知公功能，然门地寒素，不敢相用，恐为名流所嗤。”嗤，丑之翻，笑也。由是嬖幸疾之于内，勋旧怨之于外。崇韬屡请以枢密使让李绍宏，上不许；又请分枢密院事归内诸司以轻其权，而宦官谤之不已。崇韬郁郁不得志，与所亲谋赴本镇以避之，其人曰：“不可。蛟龙失水，蝼蚁足以制之。”

先是，上欲以刘夫人为皇后，先，悉荐翻。而有正妃韩夫人在，欧史曰：庄宗正室曰卫国夫人韩氏，其次曰燕国夫人伊氏，次魏国夫人刘氏。太后素恶刘夫人，按欧史，刘氏为袁建丰所得，内之太后宫，教以吹笙歌舞，庄宗悦之，太后以赐庄宗。然而恶之者，以其所出微而妒悍也。崇韬亦屡谏，上以是不果。于是所亲说崇韬曰：说，式芮翻。“公若请立刘夫人为皇后，上必喜。内有皇后之助，则伶宦辈不能为患矣。”崇韬从之，与宰相帅百官共奏刘夫人宜正位中宫。癸未，立魏国夫人刘氏为皇后。郭崇韬以是求自全，乃所以自祸也。为杀郭崇韬张本。帅，读曰率；下同。皇后生于寒微，既贵，专务蓄财，其在魏州，薪苏果茹皆贩鬻之。采木为薪，采草为苏。果，核也。茹，菜也。及为后，四方贡献皆分为二，一上天子，一上中宫。上，时掌翻。以是宝货山积，惟用写佛经，施尼师而已。施，式豉翻。

是时皇太后诰，皇后教，与制敕交行于藩镇，奉之如一。妇言与王言并行，自古乱政未有如同光之甚者也。

15 诏蔡州刺史朱勍浚索水，通漕运。水经注：车关水出于嵩渚之山，发于层阜之上，一源两枝，分流泻注，世谓之石泉水，东派为索水，西注为车关水。索水在成皋北。勍，渠京翻。索，山客翻。

16 三月，己亥朔，蜀主宴近臣于怡神亭，酒酣，君臣及宫人皆脱冠露髻，喧哗自恣。知制诰京兆李龟祯谏曰：“君臣沈湎，不忧国政，沈，持林翻。臣恐启北敌之谋。”北敌，谓唐也。不听。

17 乙巳，镇州言契丹将犯塞，此据谍报而上言也。诏横海节度使李绍斌、北京左厢马军指挥使李从珂帅骑兵分道备之；天平节度使李嗣源屯邢州。绍斌本姓赵，名行实，幽州人也。斌，悲巾翻。

18 丙午，加高季兴兼尚书令，进封南平王。

19 李存审自以身为诸将之首，李存审时为蕃汉马步军都总管。不得预克汴之功，感愤，疾益甚，李存审自沧徙幽，时已寝疾。屡表求入觐，郭崇韬抑而不许。存审疾亟，表乞生睹龙颜，乃许之。初，帝尝与右武卫上将军李存贤手搏，存贤不尽其技，存贤本许州王贤，少为军卒，善角牴。晋王克用得之，赐以姓名，养为子。技，渠绮翻。帝曰："汝能胜我，当授藩镇。"存贤乃奉诏，仅仆帝而止。及许存审入觐，帝以存贤为卢龙行军司马，旬日除节度使，曰："手搏之约，吾不食言矣。"以手搏而得大藩，是节镇可以戏取矣。

20 庚戌，幽州奏契丹寇新城。新城县属涿州，唐太和六年以故督亢地置。匈奴须知：新城县北至涿州六十里。

21 勋臣畏伶官【宦】之谗，皆不自安。蕃汉内外马步副总管李嗣源求解兵柄；帝不许。

22 自唐末丧乱，丧，息浪翻。搢绅之家或以告赤鬻于族姻，"赤"，当作"敕"。鬻于族姻则既非矣，安知后世有鬻于非其族类者乎！遂乱昭穆，昭，上招翻。至有舅、叔拜甥、侄者，言舅拜其甥，叔拜其侄也。选人伪滥者众。郭崇韬欲革其弊，请令铨司精加考核。铨司，吏部也。选，须绢翻。核，下革翻。时南郊行事官千二百人，凡郊祀，预执事者皆谓之行事官。注官者才数十人，涂毁告身者十之九。选人或号哭道路，号，户刀翻。或馁死逆旅。

23 唐室诸陵先为温韬所发，帝不能正温韬之罪，见上卷上年。庚申，以工部郎中李途为长安按视诸陵使。

24 皇子继岌代张全义判六军诸卫事。

25 夏，四月，己巳朔，群臣上尊号曰昭文睿武至德光孝皇帝。唐诸帝尊号皆有"孝"字，盖因汉制，今此又因唐制也。

26 帝遣客省使李严使于蜀，严盛称帝威德，有混一天下之志。且言朱氏篡窃，诸侯曾无勤王之举。王宗俦以其语侵蜀，请斩之，蜀主不从。宣徽北院使宋光葆上言："晋王有凭陵我国家之志，宜选将练兵，屯戍边鄙，积糗粮，治战舰以待之。"上，时掌翻。糗，去久翻。治，直之翻。舰，户黯翻。言治战舰，欲以防峡江。蜀主乃以光葆为梓州观察使，充武德节度留后。蜀置武德军于梓州。

27 乙亥，加楚王殷兼尚书令。

28 庚辰，赐前保义留后霍彦威姓名李绍真。唐既灭梁，改陕州镇国军为保义军。

29 秦忠敬王李茂贞卒，遗奏以其子继曮权知凤翔军府事。

30 初，安义牙将杨立有宠于李继韬，李继韬之求世袭也，改昭义军为安义军。继韬诛，见上卷上年。常邑邑思乱。会发安义兵三千戍涿州，立谓其众曰："前此潞兵未尝戍边，晋与梁兵争，潞兵未尝北戍，盖以备梁耳。今朝廷驱我辈投之绝塞，盖不欲置之潞州耳。与其暴骨沙场，不若据城自守，涿州在幽州之南，未为绝塞也。唐人谓沙漠之地为沙场，岂涿州之地乎！杨立以此言激怒潞兵耳。事成富贵，不成为群盗耳。"因聚噪攻子城东门，焚掠市肆；节度副使李继珂、监军张弘祚弃城走，立自称留后，遣将士表求旌节。诏以天平节度使李嗣源为招讨使，武宁节度使李绍荣为部署，部署之官始见于通鉴，本在招讨使之下；其后有都部署，遂为专任主帅之任。帐前都指挥使张廷蕴为马步都指挥使以讨之。

31 孔谦贷民钱，使以贱估偿丝，估，音古，价也。以钱贷民，而以贱价征丝，偿所贷钱。屡檄州县督之。翰林学士承旨、权知汴州卢质上言："梁赵岩为租庸使，举贷诛敛，结怨于人。敛，力赡翻。陛下革故鼎新，为人除害，易杂卦曰：革，去故也。鼎，取新也。为，于伪翻。而有司未改其所为，是赵岩复生也。复，扶又翻。今春霜害稼，【章：十二行本"稼"作"桑"；乙十一行本同；张校同，云无注本亦误"稼"。】茧丝甚薄，但输正税，犹惧流移，况益以称贷，称，举也。贷，借也。人何以堪！臣惟事天子，不事租庸，敕旨未颁，省牒频下，省牒，谓租庸使所下文书。下，户嫁翻。愿早降明命！"帝不报。

32 汉主引兵侵闽，屯于汀、漳境上；闽之汀、漳二州，皆与汉之潮州接境。闽人击之，汉主败走。

33 初，胡柳之役，见二百七十卷梁均王贞明四年。伶人周匝为梁所得，帝每思之；帝思周匝而不思周德威，此其所以亡也。入汴之日，匝谒见于马前，入汴见上卷上年。见，贤遍翻。帝甚喜。匝涕泣言曰："臣之所以得生全者，皆梁教坊使陈俊、内园栽接使储德源之力也，梁内园栽接使，犹唐之内园使也。宋白曰：栽接使，贞元中已有之。职官分纪：五代有内园栽接使，国朝止名内园使。愿就陛下乞二州以报之。"帝许之。郭崇韬谏曰："陛下所与共取天下者，皆英豪忠勇之士。今大功始就，封赏未及一人，而先以伶人为刺史，恐失天下心。"以是不行。逾年，伶人屡以为言，帝谓崇韬曰："吾已许周匝矣，使吾惭见此三人。三人，谓周匝、陈俊、储德源也。周匝、李存贤之事，帝自以为践言矣，可以为政乎！公言虽正，当【章：十二行本"当"上有"然"字；乙十一行本同。】为我屈意行之。"为，于伪翻。五月，壬寅，以俊为景州刺史，德源为宪州刺史。宪州本楼烦监牧，唐昭宗龙纪元年晋王克用表置宪州。时亲军有从帝百战未得刺史者，莫不愤叹。宜其离叛也。

34 乙巳，右谏议大夫薛昭文上疏，以为："诸道僭窃者尚多，当是时，诸道奉贡者有所不论，如蜀、如吴、如汉，皆唐之诸道也。征伐之谋，未可遽息。又，士卒久从征伐，赏给未丰，贫乏者多，此正时病也。宜以四方贡献及南郊羡馀，羡，弋战翻。更加颁赉。又，河南诸军皆梁之精锐，恐僭窃之国潜以厚利诱之，宜加收抚。又，户口流亡者，宜宽傜薄赋以安集之。又，土木不急之役，宜加裁省。又请择隙地牧马，勿使践京畿民田。"皆不从。

35 戊申，蜀主遣李严还。李严四月入蜀，至是而还。还，从宣翻，又如字。考异曰：实录："七月，戊午，蜀遣欧阳彬朝贡。十月，癸巳，遣客省使李严充蜀川回信使。三年，八月，戊辰，严自西川回。"蜀书："四月，己巳朔，唐使李严来聘。五月，戊申，遣严归本国。十一月，己未朔，遣彬为唐国通好使。"按锦里耆旧传："是岁遣欧阳彬通聘洛京，庄宗遣李严来修好。"笏记云："岂谓大蜀皇帝，特遣苏、张之士，来追唐蜀之欢！吾皇回感于蜀皇，复礼远酬于厚礼。"然则严为回信使也。或者欧阳彬之前，蜀已有入洛之使乎？若如实录年月，则李严以二年十月奉使，至三年八月方归，何留之久乎！十国纪年蜀史又云："九月，己亥，唐帝遣李彦稠来使。十一月，辛丑，遣彦稠东还。"又，八月以后遣王宗锷等戍洋、利以备东师，似用宋光葆之言；十一月以后以唐国通好，召诸军还，似因彦稠来而罢之。今并从蜀书年月。初，帝因严入蜀，令以马市宫中珍玩，而蜀法禁锦绮珍奇不得入中国，其粗恶者乃听入中国，谓之"入草物"。粗，读曰麤。自盛唐以来，蜀贡赋岁至京师。此法乃王衍之法也。严还，以闻，帝怒曰："王衍宁免为入草之人乎！"严因言于帝曰："衍童騃荒纵，不亲政务，斥远故老，昵比小人。騃，语骇翻。远，于愿翻。昵，尼质翻。比，毗至翻。其用事之臣王宗弼、宋光嗣等，谄谀专恣，黩货无厌，贤愚易位，刑赏紊乱，厌，于盐翻。紊，音问。君臣上下专以奢淫相尚。以臣观之，大兵一临，瓦解土崩，可翘足而待也。"帝深以为然。为伐蜀张本。

36 帝以潞州叛故，庚戌，诏天下州镇无得修城浚隍，悉毁防城之具。毁防城之具，虑天下将卒有凭城而拒命者耳。然赵在礼攻魏而魏不能守，赵在礼据魏而攻不能拔，而帝由是亦死于乱兵，防患之道固不在此也。

37 壬子，新宣武节度使兼中书令、蕃汉马步总管李存审卒于幽州。李存审受宣武之命而未离幽州也。存审出于寒微，常戒诸子曰："尔父少提一剑去乡里，少，诗照翻。存审，陈州宛丘人，从李罕之归晋王。四十年间，位极将相，言以节度使同平章事也。其间出万死获一生者非一，破骨出镞者凡百馀。"因授以所出镞，命藏之，曰："尔曹生于膏粱，当知尔父起家如此也。"

38 幽州言契丹将入寇，甲寅，以横海节度使李绍斌充东北面行营招讨使，将大军渡河而北。契丹屯幽州东南城门之外，虏骑充斥，馈运多为所掠。

39 壬戌，以李继曮为凤翔节度使。嗣李茂贞帅岐。

40 乙丑，以权知归义留后曹义金为节度使。时瓜、沙与吐蕃杂居，义金遣使间道入贡，故命之。唐懿宗咸通八年，张义潮入朝，以族子惟深守归义。十三年，惟深卒，以义金权知留后。自咸通十三年至是五十四年，盖曹义金亦已老矣。间，古苋翻。

41 李嗣源大军前锋至潞州，日已暝；暝，莫定翻，夕也。泊军方定，张廷蕴帅麾下壮士百馀辈逾堑坎城而上，帅，读曰率。上，时掌翻。守者不能御，即斩关延诸军入。比明，比，必利翻，及也；下比起同。嗣源及李绍荣至，城已下矣，嗣源等不悦。以张廷蕴不待其至而先取城也。丙寅，嗣源奏潞州平。六月，丙子，磔杨立及其党于镇国桥。磔，陟格翻。潞州城池高深，帝命夷之。夷，平也。

42 丙戌，以武宁节度使李绍荣为归德节度使、同平章事，梁都汴，移宣武军于宋州；唐灭梁，复以汴州为宣武军，以宋州为归德军。留宿卫，宠遇甚厚。帝或时与太后、皇后同至其家。帝有幸姬，色美，尝生子矣，刘后妒之。会绍荣丧妻，丧，息浪翻。一日，侍禁中，帝问绍荣："汝复娶乎？复，扶又翻。为汝求婚。"为，于伪翻；下为之同。后因指幸姬曰："大家怜绍荣，何不以此赐之！"帝难言不可，微许之。后趣绍荣拜谢，趣，读曰促。比起，顾幸姬，已肩舆出宫矣。帝为之托疾不食者累日。史言帝惮刘后之妒悍。

43 壬辰，以天平节度使李嗣源为宣武节度使，代李存审为蕃汉内外马步总管。自副总管升都总管。

44 秋，七月，壬寅，蜀以礼部尚书许寂为中书侍郎、同平章事。

45 孔谦复短王正言于郭崇韬，复，扶又翻。又厚赂伶官，【章：十二行本"官"作"宦"；乙十一行本同。】求租庸使，终不获，意怏怏，癸卯，表求解职；帝怒，以为避事，将置于法，景进救之，得免。

46 梁所决河连年为曹、濮患，梁决河见二百七十卷均王贞明四年。濮，博木翻。甲辰，命右监门上将军娄继英督汴、滑兵塞之。未几，复坏。塞，悉则翻。几，居岂翻。

47 庚申，置威塞军于新州。

48 契丹恃其强盛，遣使就帝求幽州以处卢文进。处，昌吕翻。时东北诸夷皆役属契丹，惟勃海未服；契丹主谋入寇，恐勃海掎其后，勃海时为海东盛国，置五京、十五府、六十二州，尽有高丽、肃慎之地。掎，居蚁翻。乃先举兵击勃海之辽东，遣其将秃馁及卢文进据营、平等州以扰燕地。燕，于贤翻。

49 八月，戊辰，蜀主以右定远军使王宗锷为招讨马步使，帅二十一军屯洋州；帅，读曰率。乙亥，以长直马军使林思锷为昭武节度使，戍利州以备唐。

50 租庸使王正言病风，恍惚不能治事，恍，许昉翻。惚，音忽。

治，直之翻。景进屡以为言。癸酉，以副使、卫尉卿孔谦为租庸使，右威卫大将军孔循为副使。循即赵殷衡也，梁亡，复其姓名。欧史曰：孔循不知其家世何人也，少孤，流落于汴州，富人李让阑得之，养以为子。梁太祖以李让为养子，循乃冒姓朱氏，给事太祖帐中。太祖诸儿乳母有爱之者，养循为子；乳母之夫姓赵，又冒姓赵，名殷衡。梁亡，事唐，始改孔名循。按唐天佑二年赵殷衡已权判宣徽院事，见二百六十五卷。谦自是得行其志，重敛急征以充帝欲，民不聊生。癸未，赐谦号丰财赡国功臣。记曰：与其有聚敛之臣，宁有盗臣。而以是为功臣之号以宠孔谦，唐之君臣不知其非也。民困军怨，其能久乎！为明宗诛谦张本。

51 帝复遣使者李彦稠入蜀，九月，己亥，至成都。复，扶又翻；下复蹂同。

52 癸卯，帝猎于近郊。时帝屡出游猎，从骑伤民禾稼，洛阳令何泽伏于丛薄，草聚生曰丛；草木交错曰薄。俟帝至，遮马谏曰："陛下赋敛既急，今稼穑将成，复蹂践之，蹂，人九翻，又如又翻。践，慈演翻。使吏何以为理，民何以为生！臣愿先赐死。"帝慰而遣之。谏猎一也，中牟令几不免于死，洛阳令乃蒙劳遣者，意必有伶官为之容也。夷考何泽终身之行，实非亮直之士。泽，广州人也。薛史：何泽，广州人，梁贞明中清海节度使刘陟荐其才，以进士擢第。

53 契丹攻渤海，无功而还。还，从宣翻，又如字。

54 蜀前山南节度使兼中书令王宗俦以蜀主失德，与王宗弼谋废立，宗弼犹豫未决。庚戌，宗俦忧愤而卒。宗弼谓枢密使宋光嗣、景润澄等曰："宗俦教我杀尔曹，今日无患矣。"光嗣辈俯伏泣谢。宗弼子承班闻之，谓人曰："吾家难乎免矣。"

55 乙卯，蜀主以前镇江军节度使张武为峡路应援招讨使。蜀置镇江军于夔州。

56 丁巳，幽州言契丹入寇。

57 冬，十月，辛未，天平节度使李存霸、平卢节度使符习言："属州多称直奉租庸使帖指挥公事，使司殊不知，有紊规程。"使司，谓节度使司也。紊，音问。租庸使奏，近例皆直下。时租庸使帖下诸州调发，不关节度观察使，谓之直下。下，户嫁翻。敕："朝廷故事，制敕不下支郡，节镇为会府，巡属诸州为支郡。牧守不专奏陈。今两道所奏，乃本朝旧规；租庸所陈，是伪廷近事。时以梁为伪廷，黜之也。自今支郡自非进奉，皆须本道腾奏，租庸征催亦须牒观察使。"唐制：节度使掌兵事，观察使掌民事，故敕租庸征催止牒观察使司。虽有此敕，竟不行。史言征敛严急，但期趣办，竟不奉敕而行。

58 易定言契丹入寇。

59 蜀宣徽北院使王承休请择诸军骁勇者万二千人，置驾下左、右龙武步骑四十军，兵械给赐皆优异于他军，以承休为龙武军马步都指挥使，以裨将安重霸副之，旧将无不愤耻。重霸，云州人，以狡佞贿赂事承休，故承休悦之。为安重霸背王承休而降唐张本。

60 吴越王镠复修本朝职贡，钱镠本唐臣，唐亡事梁，梁亡复事唐，故云复修本朝职贡。壬午，帝因梁官爵而命之。镠厚贡献，并赂权要，求金印、玉册、赐诏不名、称国王。有司言："故事惟天子用玉册，王公皆用竹册；竹册，编竹为之，以存古意。又，非四夷无封国王者。"帝皆曲从镠意。

61 吴王如白沙观楼船，更命白沙曰迎銮镇。路振九国志曰：杨溥巡白沙，太学博士王穀上书请改白沙为迎銮，其略曰："日月所经，星辰尽为黄道；銮舆所止，井邑皆为赤县。"徐温自金陵来朝。白沙，杨子县地。五季之末改杨子为永贞县，宋朝乾德二年以扬州永贞县迎銮镇为建安军，大中祥符六年升为真州，而永贞县先是复改为杨子。其地东至扬州六十里，南临大江，渡江而南至金陵亦六十里。更，工衡翻。先是，温以亲吏翟虔为阁门、宫城、武备等使，使察王起居，先，悉荐翻。虔防制王甚急。使钟泰章杀张颢、闭牙城门讨朱瑾，皆翟虔也，故徐温亲任之。翟，直格翻。至是，王对温名雨为水，温请其故。王曰："翟虔父名，吾讳之熟矣。"因谓温曰："公之忠诚，我所知也，然翟虔无礼，宫中及宗室所须多不获。"须者，意所欲也，求也。温顿首谢罪，请斩之，王曰："斩则太过，远徙可也。"乃徙抚州。

62 十一月，蜀主遣其翰林学士欧阳彬来聘。考异曰：实录："七月，戊午，蜀主遣户部侍郎欧阳彬来使，致书用敌国礼。"蜀书后主纪："十一月，乙未，命翰林学士、兵部侍郎欧阳彬为唐国通好使。"今从之。彬，衡山人也。又遣李彦稠东还。李彦稠至蜀见上九月。还，从宣翻，又如字。

63 癸卯，帝帅亲军猎于伊阙，伊阙县在洛阳南二百馀里，有伊阙山，大禹所凿也。宋朝省伊阙县为镇，入伊阳县。帅，读曰率。命从官拜梁太祖墓。梁祖，帝之仇雠，前欲发墓斲棺，今使从官拜之，何前后之相违也！从，才用翻。涉历山险，连日不止，或夜合围；士卒坠崖谷死及折伤者甚众。史言帝荒于从禽而不恤士卒。折，而设翻。丙午，还宫。

64 蜀以唐修好，罢威武城戍，召关宏业等二十四军还成都。戊申，又罢武定、武兴招讨刘潜等三十七军。

65 丁巳，赐护国节度使李继麟铁券，以其子令德、令锡皆为节度使，诸子胜衣者即拜官，胜，音升。宠冠列藩。朱友谦之宠，乃所以速祸也。是其反覆多矣，能无及乎！冠，工唤翻。

66 庚申，蔚州言契丹入寇。

67 辛酉，蜀主罢天雄军招讨，命王承骞等二十九军还成都。

68 十二月，乙丑朔，蜀主以右仆射张格兼中书侍郎、同平章事。初，格之得罪，事见二百七十卷梁均王贞明四年。中书吏王鲁柔乘危窘之；窘，渠陨翻。及再为相用事，杖杀之。许寂谓人曰："张公才高而识浅，戮一鲁柔，他人谁敢自保！此取祸之端也。"张格则失矣，许寂同在相位，不知蜀有垂亡之势，但知张格有取祸之端，蜀亡，为相者得免祸乎！

69 蜀主罢金州屯戍，命王承勋等七军还成都。蜀主恃与唐和而彻边备，是驯狎虎豹而不严设圈槛也。

70 己巳，命宣武节度使李嗣源将宿卫兵三万七千人赴汴州，遂如幽州御契丹。命李嗣源将兵赴镇，因而北出备边。

71 庚午，帝及皇后如张全义第，全义大陈贡献；酒酣，皇后奏称："妾幼失父母，见老者辄思之，请父事全义。"帝许之。全义惶恐固辞，再三强之，竟受皇后拜，复贡献谢恩。刘后利张全义之财，此如倡婢屈膝于人，志在求货耳，恶可以母天下乎！强，其两翻。复，扶又翻。明日，后命翰林学士赵凤草书谢全义，凤密奏："自古无天下之母拜人臣为父者。"帝嘉其直，然卒行之。卒，子恤翻。自是后与全义日遣使往来问遗不绝。遗，唯季翻。

72 初，唐僖、昭之世，宦官虽盛，未尝有建节者。蜀安重霸劝王承休求秦州节度使，承休言于蜀主曰："秦州多美妇人，请为陛下采择以献。"为，于伪翻。蜀主许之，庚午，以承休为天雄节度使，封鲁国公；史言蜀政之乱有唐末之所无者。以龙武军为承休牙兵。是年十月，蜀方置龙武军。

73 乙亥，蜀主以前武德节度使兼中书令徐延琼为京城内外马步都指挥使。蜀以成都城为京城。延琼以外戚代王宗弼居旧将之右，众皆不平。蜀主之母、之妃，皆徐氏也。蜀主建遗命不以徐氏兄弟典兵，虽王衍昏纵，而蜀之臣亦无以建遗命为衍言者。王宗弼亦何足任！众之所以不平徐延琼者，但以非次耳。

74 壬午，北京言契丹寇岚州。同光之初，以镇州为北都，太原为西京；寻废北都复为镇州，以太原为北京。岚，卢含翻。

75 辛卯，蜀主改明年元曰咸康。

76 卢龙节度使李存贤卒。

77 是岁，蜀主徙普王宗仁为卫王，雅王宗辂为豳王，褒王宗纪为赵王，荣王宗智为韩王，兴王宗泽为宋王，彭王宗鼎为鲁王，忠王宗平为薛王，资王宗特为莒王；宗辂、宗智、宗平皆罢军役。【章：十二行本“役”作“使”；乙十一行本同。】蜀以诸王为军使，见二百七十卷梁均王贞明四年。

三年（乙酉、九二五）

1 春，正月，甲午朔，蜀大赦。

2 丙申，敕有司改葬昭宗及少帝，以其遭朱温之弑，葬故多阙也。少，诗照翻。竟以用度不足而止。后唐自以为承唐后，终不能改葬昭宗、少帝；后汉自以为纂汉绪，而长陵、原陵终乾佑之世不沾一奠。史书之以见讥。

3 契丹寇幽州。

4 庚子，帝发洛阳；庚戌，至兴唐。时以魏州为兴唐府。

5 诏平卢节度使符习治酸枣遥堤以御决河。遥堤者，远于平地为之以捍水。治，直之翻。

6 初，李嗣源北征，谓去年北御契丹时也。过兴唐，东京库有供御细铠，嗣源牒副留守张宪取五百领，宪以军兴，不暇奏而给之；帝怒曰：“宪不奉诏，擅以吾铠给嗣源，何意也！”罚宪俸一月，令自往军中取之。往嗣源军中取细铠。

帝以义武节度使王都将入朝，欲辟球场，宪曰：“比以行宫阙廷为球场，前年陛下即位于此，其坛不可毁，比，毗至翻。同光元年帝筑坛于魏州牙城之南，告天即位。请辟球场于宫西。”数日，未成，帝命毁即位坛。宪谓郭崇韬曰：“此坛，主上所以礼上帝，始受命之地也，若之何毁之！”崇韬从容言于帝，从，千容翻。帝立命两虞候毁之。两虞候，马军虞候及步军虞候，一曰：左、右两虞候。宪私于崇韬曰：“忘天背本，不祥莫大焉。”背，蒲妹翻。张宪、郭崇韬相与私议而不敢廷争，以帝之鸷悍而不可回也。

7 二月，甲戌，以横海节度使李绍斌为卢龙节度使。李绍斌至明宗时复姓赵，赐名德钧。德钧守幽州不为无功；其后乘危以邀君，外与契丹为市，不但父子为虏，幽州亦为虏有矣。

8 丙子，李嗣源奏败契丹于涿州。败，补迈翻。

9 上以契丹为忧，与郭崇韬谋，以威名宿将零落殆尽，李绍斌位望素轻，欲徙李嗣源镇真定，为绍斌声援，崇韬深以为便。时崇韬领真定，上欲徙崇韬镇汴州，欲使二人两易节镇。崇韬辞曰："臣内典枢机，外预大政，富贵极矣，何必更领藩方？且群臣或从陛下岁久，身经百战，所得不过一州。臣无汗马之劳，徒以侍从左右，侍从，才用翻。时赞圣谟，致位至此，常不自安；今因委任勋贤，使臣得解旄节，乃大愿也。且汴州关东冲要，汴州在成皋关之东，南通淮、泗，北接滑、魏，冲要之地也。地富人繁，臣既不至治所，徒令他人摄职，何异空城！非所以固国基也。"上曰："深知卿忠尽，然卿为朕画策，袭取汶阳，保固河津，既而自此路直【章：十二行本"直"上有"乘虚"二字；乙十一行本同。】趋大梁，成朕帝业，为，于伪翻。取汶阳，谓取郓州；保固河津，谓筑垒马家口与取大梁。事并见上卷元年。汶，音问。趋，七喻翻。岂百战之功可比乎！今朕贵为天子，岂可使卿曾无尺寸之地乎！"崇韬固辞不已，上乃许之。庚辰，徙李嗣源为成德节度使。

10 汉主闻帝灭梁而惧，遣宫苑使何词入贡，且觇中国强弱。觇，丑廉翻，又丑艳翻。甲申，词至魏。时帝在魏都。及还，还，从宣翻，又如字。言帝骄淫无政，不足畏也。汉主大悦，自是不复通中国。复，扶又翻。无敌国外患者国恒亡。汉主既知唐之不足畏，奢虐亦由是滋矣。

11 帝性刚好胜，好，呼到翻。不欲权在臣下，入洛之后，信伶宦之谗，颇疏忌宿将。李嗣源家在太原，三月，丁酉，表卫州刺史李从珂为北京内牙马步都指挥使以便其家，帝怒曰："嗣源握兵权，居大镇，军政在吾，安得为其子奏请！"得为，于伪翻。乃黜从珂为突骑指挥使，帅数百人戍石门镇。石门镇即唐之横水栅。帅，读曰率。嗣源忧恐，上章申理，久之方解。上，时掌翻。申者重也，重自理说。辛丑，嗣源乞至东京朝觐，不许。郭崇韬以嗣源功高位重，亦忌之，私谓人曰：“总管令公非久为人下者，李嗣源为中书令、蕃汉内外马步军都总管，故以称之。皇家子弟皆不及也。”密劝帝召之宿卫，罢其兵权，又劝帝除之，帝皆不从。为李嗣源疑惧张本。郭崇韬其亦自知为伶宦所忌乎。

12 己酉，帝发兴唐，自德胜济河，历杨村、戚城，观昔时战处，指示群臣以为乐。此即帝自言“我于十指上得天下”之故态也。乐，音洛。

13 洛阳宫殿宏邃，宦者欲上增广嫔御，诈言宫中夜见鬼物，上欲使符咒者禳之，符水厌祝，巫觋挟术以欺世者为之。禳，却也。宦者曰：“臣昔逮事咸通、乾符天子，逮，及也。咸通，唐懿宗年号；乾符，僖宗年号。当是时，六宫贵贱不减万人。今掖庭太半空虚，故鬼物游之耳。”上乃命宦者王允平、伶人景进采择民间女子，远至太原、幽、镇，以充后庭，不啻三千人，不问所从来。上还自兴唐，还，从宣翻，又如字。载以牛车，累累盈路。张宪奏：“诸营妇女亡逸者千馀人，虑扈从诸军挟匿以行。”其实皆入宫矣。诸营，谓魏州诸营也。史言帝之结怨于魏卒者非一事。从，才用翻。

庚辰，帝至洛阳；辛酉，诏复以洛阳为东都，兴唐府为邺都。唐之盛时，以洛阳为东都。同光之初，以晋阳为西京，魏州为东京，寻以洛阳为洛都，今复唐旧以洛阳为东都，则亦复以长安为西京矣。晋阳之西京先已改为北都，洛阳既复东京之旧，又改魏州之东京为邺都。然相州乃古邺地，魏州治元城，非邺地也。邺，战国时为魏邑，汉为邺县，魏郡治焉。汉末曹操为魏王，居邺。前燕慕容暐都邺，置贵乡县，属昌乐郡。水经注所谓沙丘堰有贵乡者也。隋开皇三年罢昌乐郡，贵乡县属魏州，遂为州治所。此时与兴唐县并置于郭下。兴唐本元城，庄宗以魏州为邺都，特以汉魏郡治邺、曹操以魏王都邺而名之耳。然相州自隋以来治安阳，而邺为属县，魏州、相州治所皆非古邺也。

14 夏，四月，癸亥朔，日有食之。

15 初，五台僧诚惠以妖妄惑人，自言能降伏天龙，降，户江翻。命风召雨；帝尊信之，亲帅后妃及皇弟、皇子拜之，帅，读曰率。诚惠安坐不起，群臣莫敢不拜。【章：十二行本“拜”下有“独郭崇韬不拜”六字；乙十一行本同。】时大旱，帝自邺都迎诚惠至洛阳，使祈雨，士民朝夕瞻仰，数旬不雨。或谓诚惠：谓者，告语之也。“官以师祈雨无验，将焚之。”官，谓庄宗；师，谓诚惠。诚惠逃去，惭惧而卒。史言异端率妖妄不足信。

16 庚寅，中书侍郎、同平章事赵光胤卒。

17 太后自与太妃别，二年正月，太后离晋阳。常忽忽不乐，乐，音洛。虽娱玩盈前，未尝解颜；太妃既别太后，亦邑邑成疾。太后遣中使医药相继于道，闻疾稍加，辄不食。又谓帝曰：“吾与太妃恩如兄弟，欲自往省之。”省，悉景翻。帝以天暑道远，苦谏，久之乃止，但遣皇弟存渥等往迎侍。五月，丁酉，北都奏太妃薨。太后悲哀不食者累日，帝宽譬不离左右。太后自是得疾，又欲自往会太妃葬，帝力谏而止。离，力智翻。太后之悲慕，以太妃有以得其心耳。

18 闽王审知寝疾，命其子节度副使延翰权知军府事。

19 自春夏大旱，六月，壬申，始雨。

20 帝苦溽暑，溽，儒欲翻。溽暑，湿热也。于禁中择高凉之所，皆不称旨。称，尺证翻。宦者因言：“臣见长安全盛时，大明、兴庆宫楼观以百数。唐都长安，大明宫东内也，兴庆宫南内也。观，工唤翻。今日宅家曾无避暑之所，宫殿之盛曾不及当时公卿第舍耳。”帝乃命宫苑使王允平别建一楼以清暑。宦者曰：“郭崇韬常不伸眉，为孔谦论用度不足，为，于伪翻。恐陛下虽欲营缮，终不可得。”上曰：“吾自用内府钱，无关经费。”经费，谓国之经常调度，其费仰于租庸使者。然犹虑崇韬谏，遣中使语之曰：语，牛据翻。“今岁盛暑异常，朕昔在河上，与梁人相拒，行营卑湿，被甲乘马，被，皮义翻。亲当矢石，犹无此暑。今居深宫之中而暑不可度，奈何？”对曰：“陛下昔在河上，勍敌未灭，勍，渠京翻。深念雠耻，虽有盛暑，不介圣怀。今外患已除，海内宾服，故虽珍台闲馆犹觉郁蒸也。陛下傥不忘艰难之时，则暑气自消矣。”郭崇韬之言，其指明居养之移人，可谓婉切，其如帝不听何！帝默然。宦者曰：“崇韬之第，无异皇居，宜其不知至尊之热也。”帝卒命允平营楼，卒，子恤翻。日役万人，所费巨万。崇韬谏曰：“今两河水旱，军食不充，愿且息役，以俟丰年。”帝不听。

21 帝将伐蜀，辛卯，诏天下括市战马。

22 吴镇海节度判官、楚州团练使陈彦谦有疾，陈彦谦，徐温所亲信者也。徐知诰恐其遗言及继嗣事，遗之医药金帛，相属于道。遗，唯季翻；下同。属，之欲翻。彦谦临终，密留书遗徐温，请以所生子为嗣。以父子血气所属之亲感动徐温。

23 太后疾甚。秋，七月，甲午，成德节度使李嗣源以边事稍弭，表求入朝省太后，省，悉景翻。帝不许。壬寅，太后殂。帝哀毁过甚，五日方食。

24 八月，癸未，杖杀河南令罗贯。初，贯为礼部员外郎，性强直，为郭崇韬所知，用为河南令。为政不避权豪，伶宦请托，书积几案，一不报，皆以示崇韬，崇韬奏之，由是伶宦切齿。河南尹张全义亦以贯高伉，恶之，伉，苦浪翻。恶，乌路翻。遣婢诉于皇后，刘后以父事张全义，故得遣婢出入宫掖。后与伶宦共毁之，帝含怒未发。会帝自往寿安视坤陵役者，九域志：寿安县在洛阳西南七十里。五代会要曰：上欲祔太后于代州太祖园陵，中书门下奏议曰：“人君以四海为家，不当分南北。洛阳是帝王之宅，四时朝拜，理须便近，不能远幸代州。汉朝诸陵皆近秦雍；国家园寝布列京畿。后魏文帝自代迁洛之后，园陵皆在河南，兼敕应勋臣之家不许北葬，今魏氏诸陵尚在京畿。祔葬代州，理未为允。”于是作坤陵。道路泥泞，泞，乃定翻，淖也。桥多坏。帝问主者为谁，宦官对属河南。帝怒，下贯狱；狱吏榜掠，下，户嫁翻。榜，音彭。掠，音亮。体无完肤，明日，传诏杀之。崇韬谏曰：“贯坐桥道不修，法不至死。”帝怒曰：“太后灵驾将发，天子朝夕往来，桥道不修，卿言无罪，是党也！”崇韬曰：“陛下以万乘之尊，怒一县令，使天下谓陛下用法不平，臣之罪也。”帝曰：“既公所爱，任公裁之。”拂衣起入宫，崇韬随之，论奏不已；帝自阖殿门，崇韬不得入。贯竟死，暴尸府门，远近冤之。罗贯之死，崇韬可以去而不能去，自致夷灭，哀哉！

25 丁亥，遣吏部侍郎李德休等赐吴越国王玉册、金印，红袍御衣。

26 九月，蜀主与太后、太妃游青城山，历丈人观、上清宫，青城山在蜀州青城县北三十三里。杜光庭曰：岷山连峰接岫，千里不绝，青城山乃第一峰也。丈人观在青城北二十里。上清宫在高台山丈人祠之侧。高台山在岷山上，有天池，晋朝立天宫于上，号上清宫。遂至彭州阳平化、彭州濛阳县北四十里有葛仙山，二十四化之第五化也。汉州三学山而还。还，从宣翻，又如字。

27 乙未，立皇子继岌为魏王。

28 丁酉，帝与宰相议伐蜀，威胜节度使李绍钦素谄事宣徽使李绍宏，绍宏荐“绍钦有盖世奇才，虽孙、吴不如，可以大任。”郭崇韬曰：“段凝亡国之将，奸谄绝伦，不可信也。”改邓州宣化军为威胜军。段凝降，赐姓名李绍钦，事并见上卷元年。众举李嗣源，崇韬曰：“契丹方炽，总管不可离河朔。离，力智翻。魏王地当储副，未立殊功，请依故事，以为伐蜀都统，安禄山之乱，玄宗分命诸子为诸道都统，此唐故事也。成其威名。”帝曰：“儿幼，岂能独往，当求其副。”既而曰：“无以易卿。”庚子，以魏王继岌充西川四面行营都统，崇韬充东北面行营都招讨制置等使，军事悉以委之。又以荆南节度使高季兴充东南面行营都招讨使，凤翔节度使李继曮充都供军转运应接等使，同州节度使李令德充行营副招讨使，陕州节度使李绍琛充蕃汉马步军都排陈斩斫使兼马步军都指挥使，李令德，朱友谦之子也；李绍琛，康延孝也；皆降唐赐姓名。陈，读曰阵。西京留守张筠充西川管内安抚应接使，华州节度使毛璋充左厢马步都虞候，邠州节度使董璋充右厢马步都虞候，客省使李严充西川管内招抚使，将兵六万伐蜀，仍诏季兴自取夔、忠、万三州为巡属。唐时夔、忠、万三州本属荆南节度，唐末之乱，王建据蜀，并而有之。都统置中军，以供奉官李从袭充中军马步都指挥监押，高品李廷安、吕知柔充魏王府通谒。李从袭等皆宦官也。辛丑，以工部尚书任圜、翰林学士李愚并参预都统军机。

29 自六月甲午雨，罕见日星，江河百川皆溢，凡七十五日乃霁。

30 郭崇韬以北都留守孟知祥有荐引旧恩，事见二百七十卷梁均王贞明五年。将行，言于上曰："孟知祥信厚有谋，若得西川而求帅，无逾此人者。"帅，所类翻。又荐邺都副留守张宪谨重有识，可为相。戊申，大军西行。

31 蜀安重霸劝王承休请蜀主东游秦州。承休到官，即毁府署，作行宫，大兴力役，强取民间女子教歌舞，图形遗韩昭，遗，唯季翻。韩昭谀佞，蜀主狎而信之。使言于蜀主；又献花木图，盛称秦州山川土风之美。蜀主将如秦州，群臣谏者甚众，皆不听；王宗弼上表谏，蜀主投其表于地；太后涕泣不食，止之，亦不能得。前秦州节度判官蒲禹卿上表几二千言，上，时掌翻。几，居依翻。其略曰："先帝艰难创业，欲传之万世。陛下少长富贵，少，诗照翻。长，知两翻。荒色惑酒。秦州人杂羌、胡，地多獐疠，万众困于奔驰，郡县罢于供亿。獐，之亮翻。罢，读曰疲。凤翔久为仇雠，必生衅隙；唐国方通欢好，恐怀疑贰。好，呼到翻。言无事举兵东出，恐因而致寇。先皇未尝无故盘游，陛下率意频离宫阙。离，力智翻。秦皇东狩，銮驾不还；见秦纪。炀帝南巡，龙舟不返。见隋纪。蜀都强盛，雄视邻邦，边庭无烽火之虞，境内有腹心之疾，百姓失业，盗贼公行。昔李势屈于桓温，见九十七卷晋孝宗永和三年。刘禅降于邓艾，见七十七卷魏元帝景元四年。降，户江翻。山河险固，不足凭恃。"韩昭谓禹卿曰："吾收汝表，俟主上西归，自秦州归成都曰西归。当使狱吏字字问汝！"蜀主归，未及以问蒲禹卿，而韩昭身首已异处矣。王承休妻严氏美，蜀主私焉，故锐意欲行。

32 冬，十月，排陈斩斫使李绍琛与李严将骁骑三千、步兵万人为前锋，招讨判官陈乂至宝鸡，称疾乞留。李愚厉声曰："陈乂见利则进，惧难则止。今大军涉险，自宝鸡入散关，则涉栈阁之险。人心易摇，易，以豉翻。宜斩以徇！"由是军中无敢顾望者。乂，蓟州人也。蓟，音计。

33 癸亥，蜀主引兵数万发成都，甲子，至汉州。武兴节度使王承捷告唐兵西上，蜀置武兴军于凤州。唐自关东进兵攻蜀为西上。上，时掌翻。蜀主以为群臣同谋沮己，沮，在吕翻。犹不信，大言曰："吾方欲耀武。"遂东行。在道与群臣赋诗，殊不为意。

34 丁丑，李绍琛攻蜀威武城，蜀指挥使唐景思将兵出降；城使周彦禋等知不能守，亦降。考异曰：实录："十月，戊寅，魏王继岌至凤州，王承捷以凤、兴、文、成四州降。前一日，康延孝、李严至故镇威武城，唐景思等降。"按今故镇在凤州西四程，延孝未下凤州，何能先至故镇！又蜀之守御必在凤州之东，或者当时凤州之东别有威武城亦名故镇、非今之故镇欤？景思，秦州人也。得城中粮二十万斛。绍琛纵其败兵万馀人逸去，因倍道趣凤州。纵败兵先去以惧蜀人，而倍道踵其后以趣凤州。趣，七喻翻。李严飞书以谕王承捷。李继曮竭凤翔蓄积以馈军，不能充，人情忧恐。郭崇韬入散关，指其山曰："吾辈进无成功，不得复还此矣。当尽力一决。一决者，一决战也。复，扶又翻；下同。今馈运将竭，宜先取凤州，因其粮。"诸将皆言蜀地险固，未可长驱，宜按兵观衅。崇韬以问李愚，愚曰："蜀人苦其主荒淫，莫为之用。宜乘其人心崩离，风驱霆击，彼皆破胆，虽有险阻，谁与守之！兵势不可缓也。"是日李绍琛告捷，是日，崇韬入散关之日也，盖即丁丑。崇韬喜，谓李愚曰："公料敌如此，吾复何忧！"乃倍道而进。复，扶又翻。戊寅，王承捷以凤、兴、文、扶四州印节迎降，四州州印及武兴节度使印及旌节也。得兵八千，粮四十万斛。崇韬曰："平蜀必矣。"兵威已振，有粮可因，知功必成。即以都统牒命承捷摄武兴节度使。

己卯，蜀主至利州，威武败卒奔还，始信唐兵之来。王宗弼、宋光嗣言于蜀主曰："东川、山南兵力尚完，东川谓梓、遂诸州；山南谓兴元诸州。陛下但以大军扼利州，唐人安敢悬兵深入！"从之。庚辰，以随驾清道指挥使王宗勋、王宗俨、兼侍中王宗昱为三招讨，将兵三万逆战。从驾兵自绵、汉至深渡，从，才用翻。深渡在利州绵谷县北大漫天、小漫天之间。千里相属，属，之欲翻。皆怨愤，曰："龙武军粮赐倍于他军，龙武粮赐优厚事见上年。他军安能御敌！"

李绍琛等过长举，长举，汉沮县地，西魏置盘头郡，隋置长举县，唐属兴州。九域志：在州西一百里。兴州都指挥使程奉琏将所部兵五百来降，且请先治桥栈以俟唐军，琏，力展翻。治，直之翻。栈，士限翻。由是军行无险阻之虞。辛巳，兴州刺史王承鉴弃城走，绍琛等克兴州，考异曰：实录："甲申，魏王至故镇，康延孝收兴州。"十国纪年：“辛巳，承鉴出奔，甲申，继岌、郭崇韬至威武城。”今从之。郭崇韬以唐景思摄兴州刺史。乙酉，成州刺史王承朴弃城走。九域志：兴州西至成州二百一十五里。李绍琛等与蜀三招讨战于三泉，三泉县，唐属兴元府。九域志：兴州东南至三泉一百四十五里，有百牢关、金牛道之险。蜀兵大败，斩首五千级，馀众溃走。又得粮十五万斛于三泉，由是军食优足。优，饶也。

35 戊子，葬贞简太后于坤陵。

36 蜀主闻王宗勋等败，自利州倍道西走，断桔柏津浮梁；桔，古屑翻。断，音短。命中书令、判六军诸卫事王宗弼将大军守利州，且令斩王宗勋等三招讨。以三泉之败也。

李绍琛昼夜兼行趣利州。九域志：三泉西至利州一百八十九里。趣，七喻翻。蜀武德留后宋光葆遗郭崇韬书，遗，唯季翻。“请唐兵不入境，当举巡属内附；苟不如约，则背城决战以报本朝。”背，蒲昧翻。宋光葆谓蜀为本朝。朝，直遥翻。崇韬复书抚纳之。乙【章：十二行本“乙”作“己”；乙十一行本同；张校同，云无注本亦误“乙”。】丑，魏王继岌至兴州，光葆以梓、绵、剑、龙、普五州，武定节度使王承肇以洋、蓬、壁三州，山南节度使【章：十二行本“使”下有“兼侍中”三字；乙十一行本同。】王宗威以梁、开、通、渠、麟五州，渠州潾山县，唐武德元年置潾州，八年州废，以潾山县属渠州；当是蜀复置潾州也。“麟”，当作“潾”，音力珍翻。又唐贞观中置麟州以处生羌归附者，属松州都督府，唐至德后沦没久矣，当以渠潾之潾为是。阶州刺史王承岳以阶州，皆降。承肇，宗侃之子也。自馀城镇皆望风款附。

天雄节度使王承休与副使安重霸谋掩击唐军，欲自秦州掩击唐军之后。重霸曰：“击之不胜，则大事去矣。蜀中精兵十万，天下险固，唐兵虽勇，安能直度剑门邪！然公受国恩，闻难不可不赴，难，乃旦翻。愿与公俱西。”言自秦州西赴成都。承休素亲信之，以为然。重霸请赂羌人买文、扶州路以归；承休从之，使重霸将龙武军及所募兵万二千人以从。将行，州人饯于城外。承休上道，以从，才用翻。上，时掌翻。重霸拜于马前曰："国家竭力以得秦、陇，蜀得秦、陇，见二百六十九卷梁均王贞明元年。若从开府还朝，朝，直遥翻。谁当守之！开府行矣，重霸请为公留守。"蜀盖加王承休开府仪同三司，故称之。为，于伪翻；下为陈同。守，式又翻。承休业已上道，无如之何，遂与招讨副使王宗汭自扶、文而南；其地皆不毛，羌人抄之，抄，楚交翻。且战且行，士卒冻馁，比至茂州，馀众二千而已。此自秦州取道文、扶，循山至茂州也。为王承休、宗汭为魏王继岌所诛张本。比，必利翻。重霸遂以秦、陇来降。

37 高季兴常欲取三峡，畏蜀峡路招讨使张武威名，不敢进。至是，乘唐兵势，使其子行军司马从诲权军府事，自将水军上峡取施州。张武以铁锁断江路，断，音短。季兴遣勇士乘舟斫之。会风大起，舟絓于锁，不能进退，絓，音挂。矢石交下，坏其战舰，坏，音怪。季兴轻舟遁去。使蜀之边帅尽如张武，散关岂易入哉。为后孟知祥复用张武张本。既而闻北路陷败，以夔、忠、万三州遣使诣魏王降。

38 郭崇韬遗王宗弼等书，为陈利害；遗，唯季翻。李绍琛未至利州，宗弼弃城引兵西归。王宗勋等三招讨追及宗弼于白芳，九域志，简州金水县有白芳镇。芳，都聊翻。宗弼怀中探诏书示之曰：探，吐南翻。"宋光嗣令我杀尔曹。"因相持而泣，遂合谋送款于唐。

邓广铭标点聂崇岐覆校

资治通鉴卷第二百七十四

端明殿学士兼翰林侍读学士太中大夫
提举西京嵩山崇福宫上柱国河内郡开国公　司马光　奉敕编集
食邑二千六百户食实封一千户臣

后学天台　胡三省　音注

后唐纪三　起旃蒙作噩(乙酉)十一月，尽柔兆阉茂(丙戌)三月，不满一年。

庄宗光圣神闵孝皇帝下

同光三年(乙酉、九二五)

1 十一月，丙申，蜀主至成都，百官及后宫迎于七里亭。亭去成都城七里，因以为名。蜀主入妃嫔中作回鹘队入宫。效回鹘曳队以入宫。丁酉，出见群臣于文明殿，按五代会要，梁开明元年改洛阳宫贞观殿为文明殿。贞观殿，洛阳宫前殿也，唐昭宗迁洛后更名。今蜀亦有文明殿。蜀宫仿唐宫之制；意文明，唐末殿名也。泣下沾襟，君臣相视，竟无一言以救国患。

戊戌，李绍琛至利州，修桔柏浮梁。桔柏浮梁为蜀所断，故修之以济。昭武节度使林思谔先弃城奔阆州，蜀置昭武节度于利州。九域志：利州东南至阆州二百三十五里。遣使请降。甲辰，魏王继岌至剑州，九域志：剑州东北至利州一百九十里。蜀武信节度使兼中书令王宗寿以遂、合、渝、泸、昌五州降。蜀置武信军于遂州。

王宗弼至成都，登大玄门，严兵自卫。蜀主及太后自往劳之，劳，力到翻。宗弼骄慢无复臣礼。乙巳，劫迁蜀主及太后后宫诸王于西宫，收其玺绶，玺，斯氏翻。绶，音受。使亲吏于义兴门邀取内库金帛，悉归其家。其子承涓杖剑入宫，取蜀主宠姬数人以归。涓，圭渊翻。丙午，宗弼自称权西川兵马留后。

李绍琛进至绵州，九域志：剑州西至绵州二百八十里。仓库民居已为蜀兵所燔，又断绵江浮梁，断，丁管翻。绵州谓之左绵，以绵水径其左故也。水深，无舟楫可渡，绍琛谓李严曰："吾悬军深入，利在速战。乘蜀人破胆之时，但得百骑过鹿头关，彼且迎降不暇；降，户江翻；下同。若俟修缮桥梁，必留数日，或教王衍坚闭近关，折吾兵势，近关，即谓鹿头关。折，之舌翻。傥延旬浃，则胜负未可知矣。"言深入之兵利于飘忽震荡，难以持久。乃与严乘马浮渡江，从兵得济者仅千人，从，才用翻。溺死者亦千馀人，遂入鹿头关；丁未，进据汉州；九域志：绵州西南至汉州一百八十九里。居三日，后军始至。

宗弼遣使以币马牛酒劳军，且以蜀主书遗李严遗，唯季翻。曰："公来吾即降。"或谓严：或谓严者，或以人语严也。"公首建伐蜀之策，事见上卷上年。蜀人怨公深入骨髓，不可往。"严不从，欣然驰入成都，九域志：汉州南至成都九十五里。抚谕吏民，告以大军继至。蜀君臣后宫皆恸哭。蜀主引严见太后，以母妻为托。宗弼犹乘城为守备，严悉命撤去楼橹。乘，登也。去，羌吕翻。

己酉，魏王继岌至绵州，蜀主命翰林学士李昊草降表，又命中书侍郎、同平章事王锴草降书，降表以上皇帝，降书以达军前。锴，口骇翻。遣兵部侍郎欧阳彬奉之以迎继岌及郭崇韬。

王宗弼称蜀君臣久欲归命，而内枢密使宋光嗣、景润澄、宣徽使李周辂、欧阳晃荧惑蜀主；皆斩之，函首送继岌。又责文思殿大学士、礼部尚书、成都尹韩昭佞谀，枭于金马坊门。金马坊在成都城中，以有金马碧鸡祠，因而名坊。又有碧鸡坊。内外马步都指挥使兼中书令徐延琼、果州团练使潘在迎、嘉州刺史顾在珣及诸贵戚皆惶恐，倾其家金帛妓妾以赂宗弼，仅得免死。妓，渠绮翻。凡素所不快者，宗弼皆杀之。

辛亥，继岌至德阳。九域志：德阳县在汉州东北八十五里。宗弼遣使奉笺，称已迁蜀主于西第，已奉表降唐，不敢称西宫，故称西第。安抚军城，以俟王师。又使其子承班以蜀主后宫及珍玩赂继岌及郭崇韬，求西川节度使，继岌曰："此皆我家物，奚以献为!"留其物而遣之。宗弼之献，继岌之留，贤不肖之相去，其间不能以寸。

李绍琛留汉州八日以俟都统，都统，继岌也。甲寅，继岌至汉州，王宗弼迎谒；乙卯，至成都。丙辰，李严引蜀主及百官仪卫出降于升迁桥，按薛史，升迁桥在成都北五里。蜀主白衣、衔璧、牵羊，草绳萦首，百官衰绖、徒跣、舆榇，号哭俟命。衰，仓回翻。榇，初觐翻。空棺为榇。号，户刀翻。继岌受璧，崇韬解缚，焚榇，承制释罪；君臣东北向拜谢。唐昭宗大顺二年王建取蜀，至衍而亡。丁巳，大军入成都。崇韬禁军士侵掠，市不改肆。自出师至克蜀，凡七十日。考异曰：实录："自兴师出洛至定蜀城，计七十五日。"薛史因之。按唐军九月戊申离洛城，十一月丁巳入成都，止七十日耳，实录、薛史误也。得节度十，武德、武信、永平、武泰、镇江、山南、武定、天雄、武兴、昭武凡十节度，西川为蜀都，不与也。州六十四，欧史职方考：前蜀所有益、汉、彭、蜀、绵、眉、嘉、剑、梓、遂、果、阆、普、陵、资、荣、简、邛、黎、雅、维、茂、文、龙、黔、施、夔、忠、万、归、峡、兴、利、开、通、涪、渝、泸、合、昌、巴、蓬、集、壁、渠、戎、梁、洋、金、秦、凤、阶、成五十三州而已。县二百四十九，兵三万，铠仗、钱粮、金银、缯锦共以千万计。缯，慈陵翻。

高季兴闻蜀亡，方食，失匕箸，箸，迟倨翻。曰："是老夫之过也。”高季兴劝伐蜀见二百七十二卷元年。梁震曰：“不足忧也。唐主得蜀益骄，亡无日矣，梁震之料庄宗，如烛照数计。安不【章：十二行本无“不”字；乙十一行本同；张校同。】知其不为吾福！”荆南之福则未闻也。以三郡之地介乎强国之间，惴惴仅能自全，何福之有！

楚王殷闻蜀亡，上表称：“臣已营衡麓之间为菟裘之地，衡麓，衡山之麓也；山足曰麓。左传：鲁隐公使营菟裘，吾将老焉。马殷言将致事而归老于衡麓，闻蜀亡而惧也。菟，同都翻。愿上印绶以保馀龄。”龄，年也。记文王世子曰：古者谓年龄，齿亦龄也。上，时掌翻。上优诏慰谕之。

2 平蜀之功，李绍琛为多，位在董璋上；而璋素与郭崇韬善，崇韬数召璋与议军事。数，所角翻。绍琛心不平，谓璋曰：“吾有平蜀之功，公等朴樕相从，朴，蒲木翻。樕，苏谷翻。朴樕小木，以喻董璋小材也。反呫嗫于郭公之门，呫，叱涉翻。嗫，而涉翻。呫嗫，细语也。谋相倾害。吾为都将，帝命李绍琛为行营马步军都指挥使，董璋为左厢虞候，故云然。独不能以军法斩公邪！”璋诉于崇韬。十二月，崇韬表璋为东川节度使，考异曰：庄宗实录：“十二月丙寅，以静难节度使董璋为东川节度副大使。”又康延孝传云：“郭崇韬除董璋为东川节度使。延孝与华州节度使毛璋见崇韬，请以工部任尚书为东川帅。崇韬怒曰：‘绍琛反邪，敢违吾节度！’不及二旬，崇韬为继岌所害。”按大军以十一月二十八日丁巳入西川，至十二月八日丙寅除董璋东川，凡十日；明年正月八日杀崇韬，至此凡六十日，而云“不及二旬崇韬遇害”，日月殊不相合。盖十二月丙寅崇韬始表璋镇东川之日耳，非降制日也。云“不及二旬”亦恐误。解其军职。解董璋军职，则李绍琛不得以军法令之，此崇韬之所以保护董璋者也。绍琛愈怒，曰：“吾冒白刃，陵险阻，定两川，璋乃坐有之邪！”冒，莫北翻。乃见崇韬言：“东川重地，任尚书有文武才，宜表为帅。”任圜时以工部尚书参预军机。帅，所类翻。崇韬怒曰：“绍琛反邪，何敢违吾节度！”绍琛惧而退。

初，帝遣宦者李从袭等从魏王继岌伐蜀；继岌虽为都统，军中制置补署一出郭崇韬，崇韬终日决事，将吏宾客趋走盈庭，而都统府惟大将晨谒外，牙门索然，索，苏各翻。索然，言寂寞也。从袭等固耻之。及破蜀，蜀之贵臣大将争以宝货、妓乐遗崇韬及其子廷诲，妓，渠绮翻。遗，唯季翻。魏王所得，不过匹马、束帛、唾壶、麈柄而已，麈，之庾翻。从袭等益不平。

王宗弼之自为西川留后也，赂崇韬求为节度使，崇韬阳许之，考异曰：实录、薛史皆云崇韬以蜀帅许之，按崇韬有识略，岂可兴大兵取西川，反以与宗弼乎！此庸人所不为也。盖于时宗弼尚据成都，崇韬恐其悔而违拒，故阳许之以安其意耳。既而久未得，乃帅蜀人列状见继岌，请留崇韬镇蜀。帅，读曰率。从袭等因谓继岌曰："郭公父子专横，横，户孟翻。今又使蜀人请己为帅，帅，所类翻。其志难测，王不可不为之备。"继岌谓崇韬曰："主上倚侍中如山岳，不可离庙堂，郭崇韬官侍中，故继岌称之。离，力智翻。岂肯弃元老于蛮夷之域乎！且此非余之所敢知也，请诸人诣阙自陈。"由是继岌与崇韬互相疑。此段自平蜀之功以下，为李绍琛反张本；自初帝遣李从袭从继岌以下，为杀郭崇韬张本。

会宋光葆自梓州来，诉王宗弼诬杀宋光嗣等；又，崇韬征犒军钱数万缗于宗弼，宗弼靳之，犒，苦到翻。靳，居焮翻。士卒怨怒，夜，纵火喧噪。崇韬欲诛宗弼以自明，己巳，白继岌收宗弼及王宗勋、王宗渥，皆数其不忠之罪，数，所具翻。族诛之，籍没其家。蜀人争食宗弼之肉。

3 辛未，闽忠懿王审知卒，年六十四。子延翰自称威武留后。延翰字子逸，审知长子也。汀州民陈本聚众三万围汀州，延翰遣右军都监柳邕等将兵二万讨之。监，古衔翻。

4 癸酉，王承休、王宗汭至成都，十月自秦州上道，为始至成都。魏王继岌诘之曰："居大镇，拥强兵，何以不拒战？"对曰：

"畏大王神武。"曰："然则何以不降？"对曰："王师不入境。"曰："所俱入羌者几人？"对曰："万二千人。"曰："今归者几人？"对曰："二千人。"曰："可以偿万人之死矣。"皆斩之，并其子。

5 丙子，以知北都留守事孟知祥为西川节度使、同平章事，促召赴洛阳。召之至洛阳而后赴镇。为孟知祥据蜀张本。帝议选北都留守，枢密承旨段徊等恶邺都留守张宪，不欲其在朝廷，段徊必宦人也。皆曰："北都非张宪不可。宪虽有宰相器，郭崇韬荐张宪为相，帝欲用之，故段徊等云然。今国家新得中原，宰相在天子目前，事有得失，可以改更，更，工衡翻。比之北都独系一方安危，不为重也。"乃徙宪为太原尹，知北都留守事。以尹知留守事，非正为留守也。以户部尚书王正言为兴唐尹，知邺都留守事。正言昏耄，帝以武德使史彦琼为邺都监军。后唐武德使本掌宫中事。明宗时尝旱，已而雪，暴坐庭中，诏武德司宫中无扫雪，是其证也。彦琼，本伶人也，有宠于帝。魏、博等六州军旅金谷之政皆决于彦琼，威福自恣，陵忽将佐，自正言以下皆谄事之。为王正言、史彦琼不能守邺都张本。

6 初，帝得魏州银枪效节都近八千人，以为亲军，见二百六十九卷梁均王贞明元年。近，其靳翻。皆勇悍无敌。夹河之战，实赖其用，屡立殊功，常许以灭梁之日大加赏赉。既而河南平，梁灭而河南平。虽赏赉非一，而士卒恃功，骄恣无厌，厌，于盐翻。更成怨望。是岁大饥，民多流亡，租赋不充，道路涂潦，漕辇艰涩，漕，水运；辇，陆运。涩，色立翻。东都仓廪空竭，无以给军士。租庸使孔谦日于上东门外洛城东面三门：中曰建春，左曰上东，右曰永通。九域志：洛阳上东门、建春门皆为镇，属河南县，盖丧乱丘墟，非复盛唐之旧也。望诸州漕运，至者随以给之。军士乏食，有雇妻鬻子者，老弱采蔬于野，百十为群，往往馁死，流言怨嗟，而帝游畋不息。己卯，猎于白沙，皇后、皇子、后宫毕从。庚辰，宿伊阙；辛巳，宿潭泊；壬午，宿龛涧；癸未，还宫。自白沙至龛涧，其地皆在洛阳东。按薛史李愚避难居洛，衣白沙之别墅。龛涧近伊阙。从，才用翻。龛，苦含翻。时大雪，吏卒有僵仆于道路者。伊、汝间饥尤甚，卫兵所过，责其供饷，不得，则坏其什器，僵，居良翻。坏，音怪。撤其室庐以为薪，甚于寇盗，县吏皆窜匿山谷。

7 有白龙见于汉宫；汉主改元白龙，更名曰龑。见，贤遍翻。更，工衡翻。

8 长和骠信郑旻遣其布燮郑昭淳求婚于汉，汉主以女增城公主妻之。长和即唐之南诏也。唐末，南诏改曰大礼，至是又改曰长和。五代会要曰：郭崇韬平蜀之后，得王衍所获蛮俘数千，以天子命，令使人入其部，被止于界上，惟国信、蛮俘得往。续有转牒，称督爽大长和国宰相、布燮等上大唐皇帝舅奏疏一封，差人转送黎州，其纸厚硬如皮，笔力遒健，有诏体，后有督爽陀酋、忍爽王宝、督爽弥勒、忍爽董德义、督爽长垣纬、忍爽杨希燮等所署。有彩笺一轴，转韵诗一章，章三韵，共十联，有类击筑词，颇有本朝姻亲之意，语亦不逊。

9 成德节度使李嗣源入朝。

10 闰月，己丑朔，孟知祥至洛阳，帝宠待甚厚。

11 帝以军储不足，谋于群臣，豆卢革以下皆莫知为计。吏部尚书李琪上疏，以为："古者量入以为出，量，音良。计农而发兵，故虽有水旱之灾而无匮乏之忧。近代税农以养兵，未有农富给而兵不足，农捐瘠而兵丰饱者也。今纵未能蠲省租税，苟除折纳、纽配之法，折纳，谓抑民使折估而纳其所无；纽配，谓纽数而科配之也。农亦可以小休矣。"帝即敕有司如琪所言，然竟不能行。

12 丁酉，诏蜀朝所署官四品以上降授有差，五品以下才地无取者悉纵归田里；其先降及有功者，委崇韬随事奖任。又赐王衍诏，略曰："固当裂土而封，必不薄人于险。三辰在上，一言不欺。"誓之以三辰而终杀之，非信也。

13 庚子，彰武、保大节度使兼中书令高万兴卒，梁贞明四年，高万兴兼镇鄜延。唐以延州置保塞军，岐改为忠义军，后唐改为彰武军。鄜，保大军。以其子保大留后允韬为彰武留后。

14 帝以军储不充，欲如汴州，谏官上言："不如节俭以足用，自古无就食天子。今杨氏未灭，不宜示以虚实。"谓吴近在淮南，不宜使之知中国虚实。上，时掌翻。乃止。

15 辛亥，立皇弟存美为邕王，存霸为永王，存礼为薛王，存渥为申王，存乂为睦王，存确为通王，存纪为雅王。

16 郭崇韬素疾宦官，尝密谓魏王继岌曰："大王他日得天下，騬马亦不可乘，騬，食陵翻，犗马也，以喻宦官。史炤曰：犗，音戒；俗呼扇马为改马，即犗马也。况任宦官！宜尽去之，专用士人。"去，羌吕翻。吕知柔窃听，闻之，吕知柔时为都统牙通谒。由是宦官皆切齿。

时成都虽下，而蜀中盗贼群起，布满山林。崇韬恐大军既去，更为后患，命任圜、张筠分道招讨，以是淹留未还。帝遣宦者向延嗣促之，崇韬不出郊迎，及见，礼节又倨，宦官固可疾，然天子使之将命，敬之者所以敬君也，乌可倨见哉！唐庄宗使刑臣将命于大臣非也，郭崇韬倨见之亦非也。呜呼！刑臣将命，自唐开元以后皆然矣。延嗣怒。李从袭谓延嗣曰："魏王，太子也；主上万福，而郭公专权如是。郭廷诲拥徒出入，日与军中饶将、蜀土豪杰狎饮，指天画地，近闻白其父请表己为蜀帅；帅，所类翻；下同。又言'蜀地富饶，大人宜善自为谋。'今诸军将校皆郭氏之党，王寄身于虎狼之口，一朝有变，吾属不知委骨何地矣。"因相向垂涕。延嗣归，具以语刘后。语，牛倨翻；下语之同。后泣诉于帝，请早救继岌之死。

前此帝闻蜀人请崇韬为帅，已不平，至是闻延嗣之言，不能无疑。帝阅蜀府库之籍，曰："人言蜀中珍货无算，何如是之微也?"延嗣曰："臣闻蜀破，其珍货皆入于崇韬父子，崇韬有金万两，银四十万两，钱百万缗，名马千匹，他物称是，廷诲所取，复在其外；称，尺证翻。复，扶又翻。故县官所得不多耳。"帝遂怒形于色。及孟知祥将行，帝语之曰："闻郭崇韬有异志，卿到，为朕诛之。"为，于伪翻。知祥曰："崇韬，国之勋旧，不宜有此。俟臣至蜀察之，苟无他志则遣还。"还，从宣翻，又如字。帝许之。

壬子，知祥发洛阳。帝寻复遣衣甲库使马彦珪复，扶又翻；下后复同。衣甲库使，盛唐无之，盖帝所置，亦内诸司使之一也。驰诣成都观崇韬去就，如奉诏班师则已，若有迁延跋扈之状，则与继岌图之。观庄宗所以命孟知祥、马彦珪者如此，就使李从袭等不以刘后教行之，崇韬得东还，亦必不能自全矣。彦珪见皇后，说之曰：说，式芮翻。"臣见向延嗣言蜀中事势忧在朝夕，今上当断不断，言帝诏旨持两端，无决然使杀崇韬之命。断，丁乱翻。夫成败之机，间不容发，安能缓急禀命于三千里外乎！"成都至洛阳三千二百一十六里，见旧唐书地理志。皇后复言于帝，帝曰："传闻之言，未知虚实，岂可遽尔果决!"皇后不得请，退，自为教与继岌，令杀崇韬。知祥行至石壕，石壕村在陕县东、新安县西，杜少陵诗所谓"暮投石壕村"者也。九域志：陕州陕县有石壕镇。彦珪夜叩门宣诏，促知祥赴镇，知祥窃叹曰："乱将作矣！"乃昼夜兼行。孟知祥倍道而行，非能救郭崇韬之死也，恐崇韬死而生他变耳。

17 初，楚王殷既得湖南，不征商旅，由是四方商旅辐凑。湖南地多铅铁，殷用军都判官高郁策，军都判官，诸军都判官也。高郁在马殷府，其位任在行军司马之上。铸铅铁为钱，商旅出境，无所用之，皆易他货而去，故能以境内所馀之物易天下百货，国以富饶。湖南民不事桑蚕，郁命民输税者皆以帛代钱，未几，民间机杼大盛。几，居岂翻。高郁佐马殷治湖南，巧于使民而民劝趋于利，盖学管子之术者也。

18 吴越王镠遣使者沈瑫致书，以受玉册、封吴越国王告于吴，瑫，土刀翻。吴人以其国名与己同，嫌其居越而兼吴国之名。不受书，遣瑫还。仍戒境上无得通吴越使者及商旅。

明宗圣德和武钦孝皇帝上之上

讳嗣源，应州人。世本夷狄，无姓氏。父电，雁门都将。帝少名邈佶烈，太祖养以为子，乃姓李，名嗣源，即位后改名亶。

天成元年（丙戌、九二六）是年四月方改元，见下卷。

1 春，正月，庚申，魏王继岌遣李继曮、李严部送王衍及其宗族百官数千人诣洛阳。

2 河中节度使、尚书令李继麟自恃与帝故旧，且有功，梁之乾化二年，朱友谦即以河中附晋，故自恃故旧。自附晋之后，晋王与梁人战于河上，汾、晋无后顾之虞，以此为有功。帝待之厚，亦以此自恃。苦诸伶宦求丐无厌，厌，于盐翻。遂拒不与。大军之征蜀也，继麟阅兵，遣其子令德将之以从。景进与宦官谮之曰："继麟闻大军起，以为讨己，故惊惧，阅兵自卫。"又曰："崇韬所以敢倔强于蜀者，从，才用翻。倔，其勿翻。强，其两翻。与河中阴谋，内外相应故也。"继麟闻之惧，欲身入朝以自明，其所亲止之，继麟曰："郭侍中功高于我。今事势将危，吾得见主上，面陈至诚，则谗人获罪矣。"郭侍中，谓崇韬。功高，以其有灭梁、蜀之功，非己之所能及也。谗人，指伶宦也。癸亥，继麟入朝。为继麟得祸张本。

3 魏王继岌将发成都，令任圜权知留事，以俟孟知祥。诸军部署已定，部署行留已定也。是日，马彦珪至，以皇后教示继岌，继岌曰："大军垂发，垂发，犹言临发也。彼无衅端，安可为此负心事！公辈勿复言。复，扶又翻。且主上无敕，独以皇后教杀招讨使，可乎？"李从袭等泣曰："既有此迹，万一崇韬闻之，中涂为变，益不可救矣。"相与巧陈利害，继岌不得已从之。甲子旦，从袭以继岌之命召崇韬计事，继岌登楼避之。崇韬方升阶，继岌从者李环挝碎其首，并杀其子廷诲、廷信。挝，则瓜翻。郭崇韬盖与二子俱至继岌所，故同时见杀。外人犹未之知。都统推官滏【章：十二行本"滏"作"饶"；乙十一行本同；退斋校同。】阳李崧谓继岌曰："今行军三千里外，初无敕旨，擅杀大将，大王奈何行此危事！独不能忍之至洛阳邪？"继岌曰："公言是也，悔之无及。"崧乃召书吏数人，登楼去梯，去，羌吕翻。矫为敕书，用蜡印宣之，以蜡摹刊为中书省印，以印敕书而宣之也。军中粗定。崇韬左右皆窜匿，独掌书记滏阳张砺诣魏王府恸哭久之。张砺为崇韬府掌书记。史言其事府主能始终。继岌命任圜代崇韬总军政。

4 魏王通谒李廷安献蜀乐工二百馀人，有严旭者，王衍用为蓬州刺史，帝问曰："汝何以得刺史？"对曰："以歌。"帝使歌而善之，许复故任。人皆谓帝克蜀而不察蜀之所以亡，故不旋踵而败；不知此乃帝气习也，观诸李存贤、周匝之事可见。

5 戊辰，孟知祥至成都。时新杀郭崇韬，人情未安，知祥慰抚吏民，犒赐将卒，去留帖然。史言孟知祥之才，所以能有蜀。犒，苦到翻。

6 闽人破陈本，斩之。陈本围汀州，见上年十二月。

7 契丹主击女真及勃海，女真始见于此。其国本肃慎氏，东汉谓之挹娄，元魏谓之勿吉，隋、唐谓之靺鞨，五代时始号女真。女真有数种，居混同江之南者为熟女真，江之北者为生女真。混同江即鸭渌水。恐唐乘虚袭之，戊寅，遣梅老鞋里来修好。好，呼到翻。

8 马彦珪还洛阳，乃下诏暴郭崇韬之罪，并杀其子廷说、廷让、廷议，此郭崇韬诸子之在洛阳者也。说，读曰悦。于是朝野骇惋，朝，直遥翻。惋，乌贯翻。群议纷然，帝使宦者潜察之。保大节度使睦王存乂，崇韬之婿也；宦者欲尽去崇韬之党，言"存乂对诸将攘臂垂泣，为崇韬称冤，去，羌吕翻。为，于伪翻。言辞怨望。"庚辰，幽存乂于第，寻杀之。

景进言："河中人有告变，言李继麟与郭崇韬谋反；崇韬死，又与存乂连谋。"宦官因共劝帝速除之，帝乃徙继麟为义成节度使，是夜，遣蕃汉马步使朱守殷以兵围其第，欧史作"围其馆"，盖谓朱友谦无私第在洛阳也。驱继麟出徽安门外杀之，复其姓名曰朱友谦。唐昭宗之迁洛也，车驾由徽安门入宫。唐六典：东都北面二门，东曰延喜，西曰徽安。朱友谦赐姓名见二百七十二卷元年。友谦二子，令德为武信节度使，令锡为忠武节度使；诏魏王继岌诛令德于遂州，郑州刺史王思同诛令锡于许州，唐置忠武军于许州、匡国军于同州，至梁之时两易军号，后唐灭梁，皆复其故。河阳节度使李绍奇诛其家人于河中。绍奇至其家，友谦妻张氏帅家人二百馀口见绍奇帅，读曰率。曰："朱氏宗族当死，愿无滥及平人。"乃别其婢仆百人，别，彼列翻。以其族百口就刑。张氏又取铁券以示绍奇曰："此皇帝去年所赐也，我妇人，不识书，不知其何等语也。"绍奇亦为之惭。为，于伪翻。惭朝廷之失信。友谦旧将史武等七人，时为刺史，皆坐族诛。

时洛中诸军饥窘，窘，渠陨翻。妄为谣言，伶官采之以闻于帝，故朱友谦、郭崇韬皆及于祸。成德节度使兼中书令李嗣源亦为谣言所属，属，之欲翻。帝遣朱守殷察之；守殷私谓嗣源曰："令公勋业振主，宜自图归藩以远祸。""振"，当作"震"。远，于愿翻。嗣源曰："吾心不负天地，祸福之来，无所可避，皆委之于命耳。"李嗣源答朱守殷之言，安于死生祸福之际，英雄识度自有不可及者。时伶宦用事，勋旧人不自保，嗣源危殆者数四，赖宣徽使李绍宏左右营护，以是得全。

9 魏王继岌留马步都指挥使陈留李仁罕、马军都指挥使东光潘仁嗣、左厢都指挥使赵廷隐、右厢都指挥使浚仪张业、牙内指挥使文水武漳、骁锐指挥使平恩李延厚戍成都。为诸将在蜀卒为孟知祥效死张本。甲申，继岌发成都，命李绍琛帅万二千人为后军，行止常差中军一舍。三十里为一舍。差后于中军三十里也。帅，读曰率。

10 二月，己丑朔，以宣徽南院使李绍宏为枢密使。代郭崇韬也。

11 魏博指挥使杨仁晸晸，知领翻。将所部兵戍瓦桥，将，即亮翻。逾年代归，至贝州，以邺都空虚，恐兵至为变，敕留屯贝州。

时天下莫知郭崇韬之罪，民间讹言云："崇韬杀继岌，自王于蜀，王，于况翻。故族其家。"朱友谦子建徽为澶州刺史，帝密敕邺都监军史彦琼杀之。澶州，魏博巡属也，故密敕魏博监军杀朱建徽。澶，时连翻。门者白留守王正言曰："史武德夜半驰马出城，不言何往。"史彦琼以武德使出为监军，称其内职。又讹言云："皇后以继岌之死归咎于帝，已弑帝矣，故急召彦琼计事。"人情愈骇。讹言方兴，而史彦琼所为有可疑可骇者，讹言所以益甚，而乱随之。

杨仁晸部兵皇甫晖与其徒夜博不胜，因人情不安，遂作乱，劫仁晸曰："主上所以有天下，吾魏军力也；谓因魏博兵力以破梁。魏军甲不去体，马不解鞍者十馀年，今天下已定，天子不念旧劳，更加猜忌。远戍逾年，方喜代归，去家咫尺，不使相见。言使之留屯贝州，不许还魏州也。九域志：贝州南至魏州二百二十五里。今闻皇后弑逆，京师已乱，将士愿与公俱归，仍表闻朝廷。若天子万福，兴兵致讨，以吾魏博兵力足以拒之，皇甫晖，银枪效节卒也，从庄宗战河上，习见庄宗之用兵，与夫诸军之勇怯，故敢发此言。安知不更为富贵之资乎！”仁晸不从，晖杀之；又劫小校，不从，又杀之。校，户教翻。效节指挥使赵在礼闻乱，衣不及带，逾垣而走，晖追及，曳其足而下之，示以二首，示以杨仁晸及小校之首。在礼惧而从之。乱兵遂奉以为帅，帅，所类翻。焚掠贝州。晖，魏州人；在礼，涿州人也。诘旦，晖等拥在礼南趣临清、永济、馆陶，所过剽掠。趣，七喻翻。剽，匹妙翻。

壬辰晚，有自贝州来告军乱将犯邺都者，都巡检使孙铎等亟诣史彦琼，亟，纪力翻，急也。请授甲乘城为备。彦琼疑铎等有异志，曰：“告者云今日贼至临清，计程须六日晚方至，九域志：临清县南至魏州城一百五十里。皇甫晖等以壬辰至临清，史彦琼以为六日晚方至魏州者，以师行日五十里，故计其涉三日方至也。壬辰二月四日，六日，谓二月六日也，是日甲午。为备未晚。”孙铎曰：“贼既作乱，必乘吾未备，昼夜倍道，安肯计程而行！请仆射帅众乘城，史彦琼盖加仆射，故孙铎称之。帅，读曰率。铎募劲兵千人伏于王莽河逆击之，贼既势挫，必当离散，然后可扑讨扑，普木翻。【张：“讨”作“灭”。】也。必俟其至城下，万一有奸人为内应，则事危矣。”彦琼曰：“但严兵守城，何必逆战！”是夜，贼前锋攻北门，弓弩乱发。时彦琼将部兵宿北门楼，闻贼呼声，呼，火故翻。即时惊溃。彦琼单骑奔洛阳。

癸巳，贼入邺都，孙铎等拒战不胜，亡去。赵在礼据宫城，帝即位于魏州，以牙城为宫城。署皇甫晖及军校赵进为马步都指挥使，纵兵大掠。进，定州人也。

王正言方据案召吏草奏，无至者，正言怒，其家人曰：“贼已入城，杀掠于市，吏皆逃散，公尚谁呼！”正言惊曰：“吾初不知也。”又索马，不能得，索，山客翻。乃帅僚佐步出府门谒在礼，帅，读曰率。再拜请罪。在礼亦拜，曰：“士卒思归耳，尚书重德，勿自卑屈！”慰谕遣之。王正言以户部尚书出知留守，故赵在礼称之。

众推在礼为魏博留后，具奏其状。北京留守张宪家在邺都，去年张宪自邺都留守迁北京，故其家尚留邺都。在礼厚抚之，遣使以书诱宪，宪不发封，斩其使以闻。使，疏吏翻。诱，音酉。

12 甲午，以景进为银青光禄大夫、检校右散骑常侍兼御史大夫、上柱国。

13 丙申，史彦琼至洛阳。自邺都逃至洛阳。帝问可为大将者于枢密使李绍宏，绍宏复请用李绍钦，伐蜀之役，李绍宏已荐李绍钦而不用，故言复。帝许之，令条上方略。上，时掌翻。绍钦所请偏裨，皆梁旧将，己所善者，帝疑之而止。皇后曰："此小事，不足烦大将，绍荣可办也。"绍荣，元行钦。帝乃命归德节度使李绍荣将骑三千诣邺招抚，将，即亮翻；下同。骑，奇寄翻。亦征诸道兵，备其不服。

14 郭崇韬之死也，李绍琛谓董璋曰："公复欲咕嗫谁门乎？"复，扶又翻。璋惧，谢罪。魏王继岌军还至武连，还，从宣翻。武连，汉梓潼县地，宋置武都郡及下辨县，又改下辨为武功县，后魏改为武连县，唐属剑州。九域志：在州西八十五里。遇敕使，谕以朱友谦已伏诛，令董璋将兵之遂州诛朱令德。时绍琛将后军在魏城，西魏置魏城县于巴西，唐属绵州。九域志：在州东六十五里。宋白曰：魏城本汉涪县地，西魏于涪县立潼州，析此立为魏城县。李膺记云：肆溪东五十里有东西井，井西为涪县界，井东为魏城界。闻之，以帝不委己杀令德而委璋，大惊。俄而璋过绍琛军，不谒。绍琛怒，乘酒谓诸将曰："国家南取大梁，西定巴、蜀，皆郭公之谋而吾之战功也；至于去逆效顺，与国家犄角以破梁，则朱公也。犄，居蚁翻。谓朱友谦以蒲、同附晋，相为犄角以破梁。今朱、郭皆无罪族灭，归朝之后，行及我矣。朝，直遥翻。冤哉，天乎！奈何！"绍琛所将多河中兵，将，即亮翻。河中将焦武等号哭于军门曰："西平王何罪，阖门屠脍！号，户刀翻。朱友谦再以河中附晋，晋封为西平王。阖门屠脍，谓其家悉诛夷也。我属归则与史武等同诛，言史武等既以河中将诛，若东归则亦与之同罪而诛死。决不复东矣。”复，扶又翻。是日，魏王继岌至泥溪，绍琛至剑州遣人白继岌云：“河中将士号哭不止，欲为乱。”丁酉，绍琛自剑州拥兵西还，自称西川节度、三川制置等使，移檄成都，称奉诏代孟知祥，招谕蜀人，三日间众至五万。

15 戊戌，李继曮至凤翔，监军使柴重厚不以符印与之，促令诣阙。唐僖宗光启三年，李茂贞据凤翔，至是而代。其后明宗复令李继曮镇凤翔。

16 己亥，魏王继岌至利州，李绍琛遣人断桔柏津。断，丁管翻。桔，吉屑翻。继岌闻之，以任圜为副招讨使，将步骑七千，与都指挥使梁汉颙、颙，鱼容翻。监军李延安追讨之。考异曰：庄宗实录：“己亥，继岌奏康延孝叛，遣任圜追讨。”按延孝丁酉叛于剑州，岂得己亥奏报已至洛！广本：“己亥，魏王至利州，桔柏津使夜来告继岌，言李绍琛令断浮梁。继岌署任圜为副招讨使，令率七千人骑，与都指挥使梁汉颙、监军李延安讨之。”今从之。

17 庚子，邢州左右步直兵赵太等四百人步直兵，谓步兵长直者也。据城自称安国留后；诏东北面招讨副使李绍真讨之。李绍真即霍彦威。

18 辛丑，任圜先令别将何建崇击剑门关，下之。恐李绍琛拒守剑门关，故先击下之，绍琛将何所至哉！

19 李绍荣至邺都，攻其南门，遣人以敕招谕之，赵在礼以羊酒犒师，拜于城上曰：“将士思家擅归，相公诚善为敷奏，犒，苦到翻。李绍荣以节度使同平章事，故称之为相公，所谓使相也。后之世，凡建节者皆称相公。为，于伪翻。得免于死，敢不自新！”遂以敕遍谕军士。史彦琼戟手大骂曰：“群死贼，城破万段！”皇甫晖谓其众曰：“观史武德之言，上不赦我矣。”因聚噪，掠敕书，手坏之，掠，夺也。坏，音怪。守陴拒战。绍荣攻之不利，以状闻，帝怒曰："克城之日，勿遗噍类！"噍，才笑翻。大发诸军讨之。壬寅，绍荣退屯澶州。

20 甲辰夜，从马直军士王温等五人杀军使，谋作乱，擒斩之。从，才用翻。从马直指挥使郭从谦，本优人也，优名郭门高。帝与梁相拒于得胜，得胜即德胜。募勇士挑战，从谦应募，俘斩而还，挑，徒了翻。还，从宣翻，又如字。由是益有宠。帝选诸军骁勇者为亲军，分置四指挥，号从马直，从谦自军使积功至指挥使。郭崇韬方用事，从谦以叔父事之，睦王存乂以从谦为假子。及崇韬、存乂得罪，从谦数以私财飨从马直诸校，数，所角翻。校，户教翻。对之流涕，言崇韬之冤。及王温作乱，帝戏之曰："汝既负我附崇韬、存乂，又教王温反，欲何为也？"从谦益惧。既退，阴谓诸校曰："主上以王温之故，俟邺都平定，尽坑若曹。若，犹汝也。家之所有宜尽市酒肉，勿为久计也。"由是亲军皆不自安。为张破败作乱、郭从谦弑逆张本。郭崇韬勋旧也，以无罪而族；康延孝之乱，皇甫晖之乱，张破败之乱，卒以成郭从谦之弑，皆由崇韬之死而将校之心不自安也。

21 乙巳，王衍至长安，有诏止之。止不使至洛阳。

22 先是，帝诸弟虽领节度使，皆留京师，但食其俸。先，悉荐翻。戊申，始命护国节度使永王存霸至河中。既杀朱友谦，故令存霸赴镇以代之。

23 丁未，李绍荣以诸道兵再攻邺都。庚戌，裨将杨重霸帅众数百登城，帅，读曰率。后无继者，重霸等皆死。贼知不赦，坚守无降意。降，户江翻。朝廷患之，日发中使促魏王继岌东还。继岌以中军精兵皆从任圜讨李绍琛，留利州待之，未得还。还，从宣翻，又如字。

李绍荣讨赵在礼久无功，赵太据邢州未下。沧州军乱，小校王景戡讨定之，因自为留后；河朔州县告乱者相继。帝欲自征邺都，宰相、枢密使皆言京师根本，车驾不可轻动，帝曰："诸将无可使者。"皆曰："李嗣源最为勋旧。"帝心忌嗣源，曰："吾惜嗣源，欲留宿卫。"皆曰："他人无可者。"忠武节度使张全义亦言："河朔多事，久则患深，宜令总管进讨；时李嗣源虽留洛阳，而蕃汉内外马步军都总管之官如故。若倚绍荣辈，未见成功之期。"李绍宏亦屡言之，帝以内外所荐，【章：十二行本"荐"下有"久乃许之"四字；乙十一行本同；退斋校同；张校同，云无注本亦无。】内则李绍宏，外则张全义及在廷之臣。甲寅，命嗣源将亲军讨邺都。

24 延州言绥、银军乱，剽州城。绥、银时为夏州巡属，延州以邻镇奏言之耳。赵珣聚米图经，宋康定、庆历间所进也，其书云：绥州故城见在延州东北无定河川，西至夏州四百里，南至延州界三百四十里，北至银州一百六十里。夏州东至银州二百里。剽，匹妙翻。

25 董璋将兵二万屯绵州，会任圜讨李绍琛。帝遣中使崔延琛至成都，遇绍琛军，绐之曰："吾奉诏召孟郎，孟知祥妻，太祖弟克让女也，故呼为孟郎。俗谓婿为郎也。公若缓兵，自当得蜀。"既至成都，劝孟知祥为战守备。知祥浚壕树栅，遣马步都指挥使李仁罕将四万人，骁锐指挥使李延厚将二千人讨绍琛。既浚壕树栅为守城之备，又遣重兵出讨，以兵有邂逅，战苟不利则退守无仓卒失措之忧。孟知祥初至西川，其审慎如此。然当时蜀之旧兵败散已多，北兵留戍计不过数千，李仁罕所将未必及四万之数。更须博考。延厚集其众询之曰："有少壮勇锐，欲立功求富贵者东！少，诗照翻。衰疾畏懦，厌行陈者西！"行，户刚翻。得选兵七百人以行。兵不贵多而贵精也。

是日，任圜军追及绍琛于汉州，绍琛出兵逆战；招讨掌书记张砺请伏精兵于后，以羸兵诱之，郭崇韬之为招讨使也，以张砺为掌书记。崇韬既死，继岌以任圜为招讨副使，以讨李绍琛，故砺以幕属从军。

羸，伦为翻。诱，音酉。圜从之，使董璋以东川羸兵先战而却。绍琛轻圜书生，又见其兵羸，极力追之，伏兵发，大破之，斩首数千级。自是绍琛入汉州，闭城不出。

26 三月，丁巳朔，李绍真奏克邢州，擒赵太等。庚申，绍真引兵至邺都，营于城西北，以太等徇于邺都城下而杀之。是不足以惧皇甫晖等，适以坚其死守之心耳。

27 辛酉，以威武节度副使王延翰为威武节度使。命王延翰嗣有闽土。

28 壬戌，李嗣源至邺都，营于城西南；甲子，嗣源下令军中，诘旦攻城。诘，去吉翻。是夜，从马直军士张破败作乱，考异曰：庄宗实录：“壬戌，今上至邺都。癸亥夜，张破败作乱，明日，入邺都。”明宗实录：“三月六日，帝至邺都，八日夜，破败作乱。”薛史庄宗纪：“壬子，嗣源至邺都；甲寅夜，破败作乱。”明宗纪与实录同。按长历，此月丁巳朔，无壬子、甲寅。今从实录及明宗本纪。帅众大噪，帅，读曰率；下同。杀都将，将，即亮翻。焚营舍。诘旦，乱兵逼中军，嗣源帅亲军拒战，不能敌，乱兵益炽。从乱者愈众也。嗣源叱而问之曰：“尔曹欲何为？”对曰：“将士从主上十年，百战以得天下。今主上弃恩任威，贝州戍卒思归，主上不赦，云‘克城之后，当尽坑魏博之军’；谓皇甫晖等也。庄宗忿晖等不降，尝有“克城之日，勿遗噍类”之语。近从马直数卒喧竞，遽欲尽诛其众。谓王温等乱也。郭从谦因王温乱后，矫言帝意以扇动张破败等之乱心。我辈初无叛心，但畏死耳。今众议欲与城中合势击退诸道之军，请主上帝河南，令公帝河北，为军民之主。”李嗣源官中书令，故称之为令公。嗣源泣谕之，不从。嗣源曰：“尔不用吾言，任尔所为，我自归京师。”乱兵拔白刃环之，环，音宦。曰：“此辈虎狼也，不识尊卑，令公去欲何之！”因拥嗣源及李绍真等入城，城中不受外兵，皇甫晖逆击张破败，斩之，外兵皆溃。赵在礼帅诸校迎拜嗣源，泣谢曰："将士辈负令公，李嗣源以蕃汉马步军都总管统诸军御契丹，凡河北诸镇兵皆属焉，而魏兵作乱，是负之也。敢不惟命是听！"嗣源诡说在礼曰：说，式芮翻。"凡举大事，须藉兵力，今外兵流散无所归，我为公出收之。"藉，慈夜翻。为，于伪翻。外兵，谓城外之兵，嗣源、绍真所领者也。在礼乃听嗣源、绍真俱出城，宿魏县，散兵稍有至者。

29 汉州无城堑，树木为栅。乙丑，任圜进攻其栅，纵火焚之，李绍琛引兵出战于金雁桥，金雁桥在汉州雒县东雁江之上，俗传曾有金雁，故名。兵败，与十馀骑奔绵竹，九域志：绵竹县在汉州东北九十三里。追擒之。孟知祥自至汉州犒军，与任圜、董璋置酒高会，引李绍琛槛车至座中，知祥自酌大卮饮之，饮，于禁翻。谓曰："公已拥节旄，又有平蜀之功，何患不富贵，而求入此槛车邪！"绍琛曰："郭侍中佐命功第一，兵不血刃取两川，一旦无罪族诛；郭侍中，谓崇韬。如绍琛辈安保首领！以此不敢归朝耳。"朝，直遥翻。魏王继岌既获绍琛，乃引兵倍道而东。

孟知祥获陕虢都指挥使汝阴李肇、河中都指挥使千乘侯弘实，陕，失冉翻。乘，绳证翻。以肇为牙内马步都指挥使，弘实副之。为李肇等为孟知祥用张本。蜀中群盗犹未息，知祥择廉吏使治州县，蠲除横赋，安集流散，下宽大之令，与民更始。孟知祥已有据蜀规摹。治，直之翻。横，户孟翻。更，工衡翻。遣左厢都指挥使赵廷隐、右厢都指挥使张业将兵分讨群盗，悉诛之。

30 李嗣源之为乱兵所逼也，李绍荣有众万人，营于城南，嗣源遣牙将张虔钊、高行周等七人相继召之，欲与共诛乱者。绍荣疑嗣源之诈，留使者，闭壁不应。及嗣源入邺都，遂引兵去。嗣源在魏县，众不满百，又无兵仗；李绍真所将镇兵五千，闻嗣源得出，相帅归之，镇兵盖镇州兵也。李嗣源本镇镇州，故其兵相帅归之。帅，读曰率。由是嗣源兵稍振。嗣源泣谓诸将曰：“吾明日当归藩，欲归镇州也。上章待罪，上，时掌翻。章，表也，奏也。听主上所裁。”李绍真及中门使安重诲曰：“此策非宜。公为元帅，不幸为凶人所劫；李绍荣不战而退，归朝必以公借口。言李绍荣必奏天子，称己所以退师者，以嗣源入魏与贼合也。公若归藩，则为据地邀君，适足以实谗慝之言耳。不若星行诣阙，星行者，戴星而行也。面见天子，庶可自明。”嗣源曰：“善！”丁卯，自魏县南趣相州，趣，七喻翻。遇马坊使康福，后唐起于太原，马牧多在并、代。庄宗在河上与梁战，置马牧于相州，以康福为小马坊使以镇之，盖以并、代之厩牧为大马坊也。唐内诸司有小马坊使，宦官为之，非此。薛史唐庄宗曰：“康福体貌丰厚，可令总辖马牧。”由是署为马坊使。及明宗离魏县，会福牧小马于相州，乃驱而归命。得马数千匹，始能成军。福，蔚州人也。蔚，纡勿翻。

31 平卢节度使符习将本军攻邺都，闻李嗣源军溃，引兵归；至淄州，监军使杨希望遣兵逆击之，平卢节度治青州。九域志：青州西至淄州一百一十三里。习惧，复引兵而西。复，扶又翻。青州指挥使王公俨攻希望，杀之，因据其城。

时近侍为诸道监军者，宦官常侍天子左右，故曰近侍。皆恃恩与节度使争权，及邺都军变，所在多杀之。安义监军杨继源谋杀节度使孔勍，勍先诱而杀之。勍，渠京翻。诱，音酉。武宁监军以李绍真从李嗣源，谋杀其元从，元从，谓旧从李绍真之将士，所谓义故也。绍真时从李嗣源，监军谋杀其元从之留彭城者。据城拒之；权知留后淳于晏帅诸将先杀之。帅，读曰率；下同。晏，登州人也。

32 戊辰，以军食不足，敕河南尹豫借夏秋税；民不聊生。

33 忠武节度使、尚书令齐王张全义闻李嗣源入邺都，忧惧不食，辛未，卒于洛阳。张全义之忧死，自以荐李嗣源北讨也。

34 租庸使以仓储不足，颇朘刻军粮，朘，息缘翻，缩也，减也。

军士流言益甚。宰相惧，帅百官上表言："今租庸已竭，内库有馀，诸军室家不能相保，傥不赈救，赈，津忍翻。惧有离心。俟过凶年，其财复集。"复，扶又翻。集，聚也。上即欲从之，刘后曰："吾夫妇君临万国，虽借武功，亦由天命。命既在天，人如我何！"纣责命于天，纣所以亡，未闻妲己有是言也。宰相又于便殿论之，后属耳于屏风后，属，之欲翻。须臾，出妆具及三银盆、皇幼子三人于外曰："人言宫中蓄积多，四方贡献随以给赐，所馀止此耳，请鬻以赡军！"宰相惶惧而退。呜呼，刘后囊金宝系马鞍之时，能尽将内库所积而行乎！

35 李绍荣自邺都退保卫州，奏李嗣源已叛，与贼合；嗣源遣使上章自理，一日数辈。嗣源长子从审为金枪指挥使，庄宗得魏，因魏银枪军置帐前银枪都，后又置金枪军。帝谓从审曰："吾深知尔父忠厚，尔往谕朕意，勿使自疑。"从审至卫州，绍荣囚，欲杀之。从审曰："公等既不亮吾父，亮，信也。吾亦不能至父所，今人多谓不欲行为不能。请复还宿卫。"复，扶又翻。还，从宣翻，又如字。乃释之。帝怜从审，赐名继璟，待之如子。是后嗣源所奏，皆为绍荣所遏，不得通，嗣源由是疑惧。石敬瑭曰："夫事成于果决而败于犹豫，安有上将与叛卒入贼城，而他日得保无恙乎！将，即亮翻。大梁，天下之要会也，大梁控引河、汴，南通淮、泗，北接滑、魏，舟车之所凑集，且梁旧都也，故云然。愿假三百骑先往取之；若幸而得之，公宜引大军亟进，亟，纪力翻，急也。如此始可自全。"据大梁则逼洛阳，嗣源可以自全，庄宗将何以自全乎？石敬瑭恶察察言，故云尔。突骑指挥使康义诚曰："主上无道，军民怨怒，公从众则生，守节则死。"康义诚胡人犷直，观此言可见也。为义诚由此为明宗所亲任张本。嗣源乃令安重诲移檄会兵。义诚，代北胡人也。

时齐州防御使李绍虔、即王晏球。泰宁节度使李绍钦、即段凝。贝州刺史李绍英即房知温。屯瓦桥，以备契丹。北京右厢马军都指挥使安审通屯奉化军，五代会要：后唐天成三年三月，升奉化军为泰州，以清苑县为理所。新唐书地理志：清苑县属莫州。宋保州治清苑，盖又改泰州为保州也。嗣源皆遣使召之。绍英，瑕丘人，本姓房，名知温；审通，金全之侄也。安金全有却梁兵、全晋阳之功。嗣源家在真定，嗣源镇真定，入朝于洛，其家留真定。虞候将王建立先杀其监军，由是获全。为嗣源以王建立镇真定张本。将，即亮翻。建立，辽州人也。李从珂自横水将所部兵由孟县趣镇州，李从珂谪戍横水，见上卷同光三年。孟，春秋晋之孟邑，汉为县，中废，隋开皇十六年置原仇县，大业初改曰孟，唐属太原府。九域志：孟县东北至镇州一百里。与王建立军合，倍道从嗣源。嗣源以李绍荣在卫州，谋自白皋济河，分三百骑使石敬瑭将之前驱，李从珂为殿，殿，丁练翻。于是军势大盛。嗣源从子从璋自镇州引兵而南，过邢州，邢人奉为留后。河北盖悉从嗣源矣。从子之从，才用翻。

36 癸酉，诏怀远指挥使白从晖将骑兵扼河阳桥，恐李嗣源自怀、孟犯洛也。帝乃出金帛给赐诸军，枢密宣徽使及供奉内使景进等皆献金帛以助给赐。事已至此，帝及嬖幸始知财物之不可守。军士负物而诟曰："吾妻子已殍死，得此何为！"诟，古候翻，又许候翻。殍，被表翻。甲戌，李绍荣自卫州至洛阳，帝如鹞店劳之。薛史作"耀店"。绍荣曰："邺都乱兵已遣其党翟建白据博州，欲济河袭郓、汴，李绍荣所言指赵在礼所遣兵也，殊不知李嗣源已定入汴之计矣。劳，力到翻。翟，苌伯翻。愿陛下幸关东招抚之。"帝从之。关东，谓汜水关以东。

37 景进等言于帝曰："魏王未至，康延孝初平，西南犹未安；王衍族党不少，闻车驾东征，恐其为变，不若除之。"少，诗沼翻。帝乃遣中使向延嗣向，式亮翻。赍敕往诛之，敕曰："王衍一行，并从杀戮。"已印画，印者，用中书印；画者，画可。敕又用御宝。枢密使张居翰覆视，就殿柱揩去“行”字，改为“家”字，揩，口皆翻，摩也。去，羌吕翻。由是蜀百官及衍仆役获免者千馀人。延嗣至长安，尽杀衍宗族于秦川驿。衍母徐氏且死，呼曰：呼，火故翻。“吾儿以一国迎降，不免族诛，降，户江翻。信义俱弃，吾知汝行亦受祸矣！”

38 乙亥，帝发洛阳；丁丑，次汜水；戊寅，遣李绍荣将骑兵循河而东。将，即亮翻。李嗣源亲党从帝者多亡去；或劝李继璟宜早自脱，继璟终无行意。帝屡遣继璟诣嗣源，继璟固辞，愿死于帝前以明赤诚。赤诚，犹言赤心。诚者心之实；言赤诚者谓赤心之实。帝闻嗣源在黎阳，强遣继璟渡河召之，强，其两翻；下强出同。此时召嗣源，嗣源必不敢前。道遇李绍荣，绍荣杀之。李继璟以死事君，以明父之心迹，得其死矣。

39 吴越王镠有疾，如衣锦军，命镇海、镇东节度使留后传瓘监国。衣，于既翻。监，古衔翻。吴徐温遣使来问疾，左右劝镠勿见，镠曰：“温阴狡，此名问疾，实使之觇我也。”觇，丑廉翻，又丑艳翻。强出见之。温果聚兵欲袭吴越，闻镠疾瘳而止。史言钱、徐之智力足以相制而不足以相胜。镠寻还钱塘。按九域志，自临安东还钱塘一百二十里。

40 吴以左仆射、同平章事徐知诰为侍中，右仆射严可求兼门下侍郎、同平章事。

41 庚辰，帝发汜水。发汜水而东也。

辛巳，李嗣源至白皋，遇山东上供绢数船，取以赏军。此盖青、兖上供溯河而上者也。安重诲从者争舟，行营马步使陶玘斩以徇，从，才用翻。玘，墟里翻。由是军中肃然。玘，许州人也。嗣源济河，至滑州，遣人招符习，习与嗣源会于胙城，旧唐书地理志：胙城，汉南燕县。安审通亦引兵来会。知汴州孔循遣使奉表西迎帝，亦遣使北输密款于嗣源，曰：“先至者得之。”

先是，帝遣骑将满城西方邺守汴州；先是，悉荐翻。石敬瑭使裨将李琼以劲兵突入封丘门，敬瑭踵其后，自西门入，遂据其城，西方邺请降。敬瑭使趣嗣源；壬午，嗣源入大梁。趣，读曰促。九域志：胙城县南至大梁一百二十里。

是日，帝至荥泽东，九域志：荥泽县西北距汜水四十五里。命龙骧指挥使姚彦温将三千骑为前军，曰："汝曹汴人也，龙骧军，梁之旧兵，本皆汴人。吾入汝境，不欲使他军前驱，恐扰汝室家。"厚赐而遣之。彦温即以其众叛归嗣源，谓嗣源曰："京师危迫，主上为元行钦所惑，事势已离，不可复事矣。"元行钦赐姓名李绍荣。复，扶又翻。嗣源曰："汝自不忠，何言之悖也！"悖，蒲妹翻。即夺其兵。指挥使潘环守王村寨，有刍粟数万，帝遣骑视之，环亦奔大梁。

帝至万胜镇，万胜镇在中牟县，东距大梁不过数十里耳。闻嗣源已据大梁，诸军离叛，神色沮丧，沮，在吕翻。丧，息浪翻。登高叹曰："吾不济矣！"即命旋师。【章：十二行本"师"下有"是夜复至汜水"六字；乙十一行本同；退斋校同；张校同，云无注本亦无。】帝之出关也，扈从兵二万五千，从，才用翻；下从官同。及还，已失万馀人，乃留秦州都指挥使张唐以步骑三千守关。癸未，帝还过罂子谷，刘昫曰：罂子谷在成皋。又云在汜水县西。汜水县，古之成皋县。道狭，每遇卫士执兵仗者，辄以善言抚之曰："适报魏王又进西川金银五十万，适报，犹言近方得报也。到京当尽给尔曹。"对曰："陛下赐已晚矣，人亦不感圣恩！"帝流涕而已。又索袍带赐从官，内库使张容哥称颁给已尽，索，山客翻。内库使，亦庄宗所置内诸司使之一。卫士叱容哥曰："致吾君失社稷，皆此阉竖辈也。"抽刀逐之；或救之，获免。容哥谓同类曰："皇后吝财致此，吝财事见上。今乃归咎于吾辈；事若不测，吾辈万段，吾不忍待也。"因赴河死。卫士言致祸之源出于宦官，不特指张容哥一人，容哥遂先赴河而死者，盖以身为内库使，内库积而不发，出纳之吝，诸军以为罪，祸必先及，故遽引决耳。

甲申，帝至石桥西，石桥在洛城东。置酒悲涕，谓李绍荣等诸将曰："卿辈事吾以来，急难富贵靡不同之；难，乃旦翻。今致吾至此，皆无一策以相救乎？"诸将百馀人，皆截发置地，誓以死报，因相与号泣。号，户刀翻。是日晚，入洛城。

李嗣源命石敬瑭将前军趣汜水收抚散兵，嗣源继之；李嗣源在河北时奏章为元行钦所壅遏，犹可言也。渡河据大梁，庄宗尝至万胜镇，君臣相望数十里间耳，既无一奏陈情，又无一骑迎候，庄宗既还，但以兵蹑之而西，此意何在哉！李绍虔、李绍英引兵来会。李绍虔、李绍英皆自瓦桥引兵蹑嗣源之后而来会于大梁。

丙戌，宰相、枢密使共奏："魏王西军将至，车驾宜且控扼汜水，收抚散兵以俟之。"帝从之，自出上东门阅骑兵，戒以诘旦东行。

邓广铭标点聂崇岐覆校

资治通鉴卷第二百七十五

端明殿学士兼翰林侍读学士太中大夫
提举西京嵩山崇福宫上柱国河内郡开国公 司马光 奉敕编集
食邑二千六百户食实封一千户臣
后学天台胡三省音注

后唐纪四 起柔兆阉茂（丙戌）四月，尽强圉大渊献（丁亥）六月，凡一年有奇。

明宗圣德和武钦孝皇帝上之下

天成元年（丙戌、九二六）

1 夏，四月，丁亥朔，严办将发，凡天子将出，侍中奏中严外办。此时未必能尔，沿袭旧来严办之言而言之耳。骑兵陈于宣仁门外，唐昭宗天佑二年，敕改东都延喜门为宣仁门。又唐六典：东都东城在皇城之东，东曰宣仁门，南曰承福门。陈，读曰阵；下同。步兵陈于五凤门外。从马直指挥使郭从谦不知睦王存乂已死，存乂养郭从谦为假子及其被诛事，并见上卷本年二月。请诸王不出阁者皆在禁中，故存乂死而从谦不知。从，才用翻。欲奉之以作乱，帅所部兵帅，读曰率；下同。自营中露刃大呼，呼，火故翻。与黄甲两军攻兴教门。唐昭宗之迁洛也，改延喜门为宣政门，重明门为兴教门。五凤门盖宫城南门也。唐六典曰：洛阳皇城南面三门，中曰应天，左曰兴教，右曰光政。帝方食，闻变，帅诸王及近卫骑兵击之，逐乱兵出门。时蕃汉马步使朱守殷将骑兵在外，帝遣中使急召之，欲与同击贼；守殷不至，引兵憩于北邙茂林之下。憩，去例翻，息也。邙，莫郎翻。乱兵焚兴教门，缘城而入，近臣宿将皆释甲潜遁，李绍荣必已遁矣。独散员都指挥使李彦卿及宿卫军校何福进、王全斌等十馀人力战。俄而帝为流矢所中，李彦卿即符彦卿，存审之子。散，悉亶翻。校，户教翻。中，竹仲翻。斌，音彬。鹰坊人善友扶帝自门楼下，至绛霄殿庑下鹰坊，唐时五坊之一也。姓谱，善，姓也，尧师善卷。门楼，兴教门楼。庑，罔甫翻。抽矢，渴懑求水，皇后不自省视，遣宦者进酪，懑，音闷。省，悉景翻。酪，历各翻，乳浆也。凡中矢刃伤血闷者，得水尚可活，饮酪是速死也。须臾，帝殂。年四十二。李彦卿等恸哭而去，左右皆散，善友敛庑下乐器覆帝尸而焚之。覆，敷又翻。自此以上至是年正月，书"帝"者皆指言庄宗。庄宗好优而毙于郭门高，好乐而焚以乐器，故欧阳公引"君以此始，必以此终"之言以论其事，示戒深矣。彦卿，存审之子；福进、全斌皆太原人也。李彦卿后复姓符，与何福进、王全斌皆以功名自见。刘后囊金宝系马鞍，与申王存渥及李绍荣引七百骑，焚嘉庆殿，自师子门出走。通王存确、雅王存纪奔南山。洛阳之南入伊川皆大山。宫人多逃散，朱守殷入宫，选宫人三十馀人，各令自取乐器珍玩，内于其家。于是诸军大掠都城。

是日，李嗣源至罂子谷，考异曰：庄宗实录云："今上至郑州闻变。"今从明宗实录。余按罂子谷在郑州境。闻之，恸哭，谓诸将曰："主上素得士心，正为群小蔽惑至此，今吾将安归乎！"

戊子，朱守殷遣使驰白嗣源，以"京城大乱，诸军焚掠不已，愿亟来救之！"乙丑，嗣源入洛阳，止于私第，禁焚掠，拾庄宗骨于灰烬之中而殡之。

嗣源之入邺也，前直指挥使平遥侯益脱身归洛阳，前直指挥使领上前直卫之兵。刘昫曰：平遥即汉平陶县，魏避国讳，改"陶"为"遥"；唐属汾州。宋白曰：后魏以太武帝名焘，改"平陶"为"平遥"。庄宗抚之流涕。至是，益自缚请罪；嗣源曰："尔为臣尽节，又何罪也！"使复其职。

嗣源谓朱守殷曰："公善巡徼，以待魏王。徼，吉吊翻。言善巡徼宫阙及皇城内外坊市，以待魏王继岌。继岌，庄宗嫡长子也，西征而还，未至，示若待其至而嗣位然。淑妃、德妃在宫，供给尤宜丰备。韩淑妃、伊德妃先在晋阳宫，盖庄宗都洛之后迎至洛宫，及其遭变，不从刘后出奔，时在宫中也。按淑妃韩氏，本庄宗元妃卫国夫人也；德妃伊氏，次妃燕国夫人也。刘后之次在三，越次而正位中宫，虽庄宗之过，亦郭崇韬希指迎合之罪也。五代会要曰：同光二年十二月，册德妃、淑妃，以宰臣豆卢革、韦说为册使，出应天门外登辂车，卤簿鼓吹前导，至右永福门降车，入右银台门，至淑妃宫，受册于内，文武百官立班称贺。通鉴书二年二月册刘后，盖册后之后至十二月册二妃也。吾俟山陵毕，社稷有奉，则归藩为国家捍御北方耳。"归藩，言欲归真定。为，于伪翻。

是日，豆卢革帅百官上笺劝进，下之于上，不从其令而从其意。帅，读曰率。上，时掌翻。嗣源面谕之曰："吾奉诏讨贼，不幸部曲叛散；欲入朝自诉，又为绍荣所隔，披猖至此。吾本无他心，诸君遽尔见推，殊非相悉，悉，息七翻，谙也，究也，详也，尽也。愿勿言也！"革等固请，嗣源不许。

李绍荣欲奔河中就永王存霸，从兵稍散；庚寅，至平陆，从，才用翻。唐书地理志曰：括地志：陕州河北县本汉大阳县。天宝元年，太守李齐物开三门以利漕运，得古刃，有篆文曰"平陆"，因更河北县为平陆县。九域志：县在陕州北五里，隔大河。止馀数骑，为人所执，折足送洛阳。折，而设翻。存霸亦帅众千人弃镇奔晋阳。

2 辛卯，魏王继岌至兴平，闻洛阳乱，复引兵而西，复，扶又翻。谋保据凤翔。

3 向延嗣至凤翔，以庄宗之命诛李绍琛。庄宗已殂，故不书帝而以庙号书之也。李绍琛反于蜀被擒，见上卷本年三月。

4 初，庄宗命吕、郑二内养在晋阳，一监兵，一监仓库，监，工衔翻。自留守张宪以下皆承应不暇。及邺都有变，又命汾州刺史李彦超为北都巡检。彦超，彦卿之兄也。

庄宗既殂，推官河间张昭远劝张宪奉表劝进，宪曰："吾一书生，自布衣至服金紫，皆出先帝之恩，岂可偷生而不自愧乎！"昭远泣曰："此古人之事，公能行之，忠义不朽矣。"张昭远儒者也，故勉成张宪之志节。其后昭远避汉高祖名，止名昭。

有李存沼者，庄宗之近属，考异曰：唐愍帝实录符彦超传云"皇弟存沼"，薛史、欧阳史彦超传作"存霸"；庄宗列传、薛史张宪传但云"李存沼"。按庄宗弟无名存沼者；存霸自河中衣僧服而往，非今日传庄宗之命者也。或者武皇之侄，庄宗之弟。别无所据，不敢决定，故但云近属。按庄宗谥光圣神闵皇帝，唐愍帝实录即庄宗实录也，"愍"、"闵"字通。自洛阳奔晋阳，矫传庄宗之命，阴与二内养谋杀宪及彦超，据晋阳拒守。彦超知之，密告宪，欲先图之。宪曰："仆受先帝厚恩，不忍为此。徇义而不免于祸，乃天也。"彦超谋未决，壬辰夜，军士共杀二内养及存沼于牙城，因大掠达旦。宪闻变，出奔忻州。九域志：太原府东北至忻州二百里。此以宋氏徙府后言也。会嗣源移书至，彦超号令士卒，城中始安，遂权知太原军府。

5 百官三笺请嗣源监国，考异曰：监国本太子之事，非官非爵。然五代唐明宗、潞王、周太祖皆尝监国。汉太后令曰，"中外事取监国处分，"又诰曰，"监国可即皇帝位，"是时直以监国为称号也。今从之。嗣源乃许之。甲午，入居兴圣宫，按是时庄宗之殡在西宫，兴圣宫盖在西宫之东。按薛史，庄宗即位于魏州，以子继岌充北都留守、兴圣宫使，及平定河南，充东京留守、兴圣宫使，则东京、北都皆有兴圣宫。宋白所记见前。始受百官班见。示即真之渐。见，贤遍翻。下令称教，百官称之曰殿下。庄宗后宫存者犹千馀人，宣徽使选其美少者数百献于监国，少，诗照翻。监国曰："奚用此为！"对曰："宫中职掌不可阙也。"监国曰："宫中职掌宜谙故事，谙，乌含翻。此辈安知！"乃悉用老旧之人补之，其少年者皆出归其亲戚，无亲戚者任其所适。蜀中所送宫人亦准此。

乙未，以中门使安重诲为枢密使，安重诲本成德军中门使，监国所亲任者也。镇州别驾张延朗为副使。延朗，开封人也，仕梁为租庸吏，按欧史，张延朗仕梁，以租庸吏为郓州粮料使，明宗克郓州得之，复以为粮料使，后徙镇宣武、成德，以为元从孔目官，盖由此选为镇州别驾也。性纤巧，善事权贵，以女妻重诲之子，妻，七细翻。故重诲引之。

监国令所在访求诸王。通王存确、雅王存纪匿民间，或密告安重诲，重诲与李绍真谋曰："今殿下既监国典丧，诸王宜早为之所，以壹人心。殿下性慈，不可以闻。"乃密遣人就田舍杀之。后月馀，监国乃闻之，切责重诲，伤惜久之。

刘皇后与申王存渥奔晋阳，在道与存渥私通。存渥至晋阳，李彦超不纳，走至风谷，"风谷"恐当作"岚谷"。唐长安三年分宜芳县置岚谷县，属岚州。为其下所杀。明日，永王存霸亦至晋阳，从兵逃散俱尽，从，才用翻。存霸削发、僧服谒李彦超，"愿为山僧，幸垂庇护。"军士争欲杀之，彦超曰："六相公来，当奏取进止。"存霸第六。军士不听，杀之于府门之碑下。刘皇后为尼于晋阳，监国使人就杀之。薛王存礼及庄宗幼子继嵩、继潼、继蟾、继峣，峣，倪么翻。遭乱皆不知所终。惟邕王存美以病风偏枯得免，居于晋阳。沙陀自唐末强盛，盖至于此。恐赤心之支胤或有存者；晋王父子相传，其血嗣歼矣。且明宗，晋王义儿也，得国之后，坐视义父之遗育为鱼为肉，何忍也！他日讵可望麦饭洒陵乎！

6 徐温、高季兴闻庄宗遇弑，益重严可求、梁震。严可求料唐有内变，见二百七十二卷庄宗同光元年；梁震料庄宗必亡，见二百七十四卷三年。

梁震荐前陵州判官贵平孙光宪于季兴，使掌书记。贵平县，汉广都县之东南界，后魏置和仁郡，仍置平井、贵平、可昙三县。唐废平井、可昙，以贵平县治和仁城。开元十四年移治禄川，属陵州。宋省贵平入广都县。

季兴大治战舰，欲攻楚，治，直之翻。舰，户黯翻。光宪谏曰："荆南乱离之后，赖公休息士民，始有生意，若又与楚国交恶，他国乘吾之弊，良可忧也。"季兴乃止。

7戊戌，李绍荣至洛阳，陕州械送至洛阳。监国责之曰："吾何负于尔，而杀吾儿？"谓绍荣杀从审也。见上卷本年三月。绍荣瞋目直视曰：瞋，昌真翻。"先帝何负于尔？"遂斩之，元行钦虽死，监国岂不有愧于其言！复其姓名曰元行钦。李绍荣赐姓名见二百六十九卷梁均王贞明元年。

8监国恐征蜀军还为变，还，从宣翻，又如字。以石敬瑭为陕州留后；己亥，以李从珂为河中留后。陕州以备其径至洛阳，河中以备其北归晋阳。陕，失冉翻。

9枢密使张居翰乞归田里，许之。李绍真屡荐孔循之才，庚子，以循为枢密副使。李绍宏请复姓马。李绍宏赐姓名见二百七十卷梁均王贞明五年。

监国下教，数租庸使孔谦奸佞侵刻穷困军民之罪而斩之，数，所具翻。凡谦所立苛敛之法敛，力赡翻。皆罢之，因废租庸使及内勾司，租庸使，唐末及梁置。内勾司，庄宗同光二年置。依旧为盐铁、户部、度支三司，委宰相一人专判。唐制：户部、度支以本司郎中、侍郎判其事，又置盐铁转运使。其后用兵，以国计为重，遂以宰相领其职。乾符已后，天下丧乱，国用愈空，始置租庸使，用兵无常，随时调敛，兵罢则止。梁兴，置租庸使，领天下钱谷，废盐铁、户部、度支之官。庄宗灭梁，因而不改。明宗入立，诛租庸使孔谦而废其使职，以大臣一人判户部、度支、盐铁，号曰判三司。至长兴元年，张延朗因请置三司使，事下中书。中书用唐故事，拜延朗特进、工部尚书，充诸道盐铁转运等使，兼判户部度支事；诏以延朗充三司使，班在宣徽使下。三司置使，则自梁始。宋白曰：同光二年，左谏议大夫窦专奏请废租庸使名目归三司，略曰：伏见天下诸色钱谷，比属户部，设度支、金部、仓部，各有郎中、员外，将地赋、山海盐铁分擘支计征输。后为租赋繁多，添置三司使额，同资国力，共致丰财。安、史作乱，民户流亡，征租不时，经费多阙，惟江、淮、岭表郡县完全，总三司货财，发一使征赋，在处勘覆，名曰租庸。收复京城，寻废其职务。广明中，黄巢叛逆，僖宗播迁，依前又以江、淮征赋置租庸使，及至还京，旋亦停废。伪梁将四镇节制征输，置宫使名目；后废宫使，改置租庸。又罢诸道监军使；以庄宗由宦官亡国，命诸道尽杀之。

10 魏王继岌自兴平退至武功，宦者李从袭曰："祸福未可知，退不如进，请王亟东行以救内难。"继岌从之。还，至渭水，权西都留守张篯已断浮梁；难，乃旦翻。篯，则前翻。断，音短。循水浮渡，是日至渭南，腹心吕知柔等皆已窜匿。从袭谓继岌曰："时事已去，王宜自图。"继岌徘徊流涕，乃自伏于床，命仆夫李环缢杀之。继岌以李从袭、吕知柔而杀郭崇韬，而杀继岌者岂他人哉！李环即挝杀崇韬者也。考异曰：庄宗实录，"征蜀初为都监，后劝继岌杀郭崇韬者李从袭也。"明宗实录云"宦者都监李继袭劝继岌东还"，及令自杀，又云"任圜监军李廷袭欲存康延孝"，及至华州为李冲所杀者，复云"李从袭"。盖"从袭"误为"继袭"、"廷袭"。今从庄宗实录。任圜代将其众而东。监国命石敬瑭慰抚之，军士皆无异言。史言西军归心于新主。

先是，监国命所亲李冲为华州都监，应接西师。先，昔荐翻。华，户化翻。西师，即谓魏王继岌之师。冲擅逼华州节度使史彦镕入朝；同州节度使李存敬过华州，冲杀之，并屠其家；又杀西川行营都监李从袭。李从袭死有馀罪，监国未即肆诸市朝，而李冲杀之则为失刑耳。彦镕泣诉于安重诲，重诲遣彦镕还镇，召冲归朝。

自监国入洛，内外机事皆决于李绍真。绍真擅收威胜节度使李绍钦、太子少保李绍冲下狱，下，户嫁翻。欲杀之。安重诲谓绍真曰："温、段罪恶皆在梁朝，今殿下新平内难，冀安万国，岂专为公报仇邪！"难，乃旦翻。为，于伪翻。按欧史，霍彦威素与温、段有隙。绍真由是稍沮。沮，在吕翻。辛丑，监国教，李绍冲、绍钦复姓名为温韬、段凝，温韬、段凝赐姓名并见二百七十二卷庄宗同光元年。并放归田里。

11 壬寅，以孔循为枢密使。

12 有司议即位礼。李绍真、孔循以为唐运已尽，宜自建国号。监国问左右："何谓国号？"对曰："先帝赐姓于唐，为唐复雠，赐姓于唐，谓献祖以平庞勋之功始赐姓李也。为唐复雠，谓庄宗灭梁也。为，于伪翻。继昭宗后，故称唐。言以同光元年继天佑二十年也。今梁朝之人不欲殿下称唐耳。"霍彦威、孔循皆尝事梁者也。当时在监国左右者未必皆儒生；观其所对辞意，于正闰之位致其辩甚严，虽儒生不能易也。监国曰："吾年十三事献祖，献祖以吾宗属，视吾犹子。庄宗即位，尊其祖国昌为献祖。监国亦沙陀种，故云宗属。又事武皇垂三十年，庄宗追尊父晋王克用为太祖武皇帝。先帝垂二十年，经纶攻战，未尝不预；武皇之基业则吾之基业也，先帝之天下则吾之天下也，安有同家而异国乎！"令执政更议。更，工行翻。吏部尚书李琪曰："若改国号，则先帝遂为路人，梓宫安所托乎！不惟殿下忘三世旧君，以监国历事献祖、太祖、庄宗三世也。吾曹为人臣者能自安乎！前代以旁支入继多矣，宜用嗣子柩前即位之礼。"记曰：在床曰尸，在棺曰柩。郑氏注曰：尸，陈也，言形体在；柩之言究也，白虎通云，久也。柩，音新旧之旧。众从之。丙午，监国自兴圣宫赴西宫，服斩衰，于柩前即【章：十二行本"即"下有"皇帝"二字；乙十一行本同。】位，斩衰，下不缏，子为父服之。衰，仓回翻。自己丑入洛，至此二十日。先是未敢即位者，魏王继岌犹在故也；继岌既死，乃决为之。百官缟素。既而御衮冕受册，徐无党曰：既用嗣君之礼矣，遽释衰而服冕，可以见其情诈。百官吉服称贺。

13 戊申，敕中外之臣毋得献鹰犬奇玩之类。

14 有司劾奏太原尹张宪委城之罪；庚戌，赐宪死。以张宪前朝大臣，加之罪而杀之耳。

15 任圜将征蜀兵二万六千人至洛阳，征蜀之初，出师六万，除留成于蜀及康延孝叛死亡之外，还洛者二万六千人耳。明宗慰抚之，各令还营。以通鉴书法言之，“明宗”二字当书“帝”字，此因前史成文，偶遗而不之改耳。

16 甲寅，大赦，改元。始改元天成。量留后宫百人，宦官三十人，教坊百人，鹰坊二十人，御厨五十人，量，音良。自馀任从所适。诸司使务有名无实者皆废之。分遣诸军就食近畿，以省馈运。除夏、秋税省耗。旧例，夏、秋二税先有省耗，每斗一升，今后只纳正税数，不量省耗。节度、防御等使，正、至、端午、降诞四节听贡奉，元正、冬至、端午、并降诞节为四。按五代会要，唐咸通八年九月九日帝始生于代北金凤城，以其日为应圣节。毋得敛百姓；敛，力赡翻。刺史以下不得贡奉。选人先遭涂毁文书者，涂毁选人告身，见二百七十三卷庄宗同光二年。令三铨止除诈伪，馀复旧规。唐六典：吏部尚书、侍郎之职，掌天下官吏，以三铨分其选：一曰尚书铨，二曰中铨，三曰东铨。或云吏部东、西铨并流外铨为三铨。宋白曰：太和四年七月，吏部奏：“当司西铨侍郎厅，旧以尚书之次为中铨，次为东铨。乾元中，侍郎崔器奏改中铨为西铨，以久次侍郎居左，新除侍郎居右，因循倒置，议者非之。请自今久次侍郎居西铨，新除侍郎居东铨。”敕旨依。又曰：兵部尚书为中铨，并东铨、西铨为三铨。

17 五月，丙辰朔，以太子宾客郑珏、珏，古岳翻。工部尚书任圜并为中书侍郎、同平章事；圜仍判三司。圜忧公如家，简拔贤俊，杜绝侥幸，期年之间，侥，坚尧翻。期，读曰朞。府库充实，军民皆足，朝纲粗立。史言任圜辅相有绩。粗，坐五翻。圜每以天下为己任，由是安重诲忌之。为安重诲谮杀任圜张本。

18 武宁节度使李绍真、忠武节度使李绍琼、贝州刺史李绍英、齐州防御使李绍虔、河阳节度使李绍奇、洺州刺史李绍能，各请复旧姓名为霍彦威、苌从简、房知温、王晏球、夏鲁奇、米君立，许之。李绍真、绍虔以梁将归降赐姓名，李绍琼、绍英、绍奇、绍能以事庄宗有战功赐姓名；通鉴不尽载其赐姓名之由，略之也。从简，陈州人也。晏球本王氏子，畜于杜氏，畜，吁玉翻。故请复姓王。

19 丁巳，初令百官正衙常朝外，五日一赴内殿起居。时正衙常朝御文明殿，朔望御之。内殿，中兴殿也。朝，直遥翻。

20 宦官数百人窜匿山林，或落发为僧，至晋阳者七十馀人，诏北都指挥使李从温悉诛之。从温，帝之侄也。

21 帝以前相州刺史安金全有功于晋阳，事见二百六十九卷梁均王贞明二年。相，息亮翻。壬戌，以金全为振武节度使、同平章事。

22 丙寅，赵在礼请帝幸邺都。戊辰，以在礼为义成节度使；辞以军情未听，不赴镇。赵在礼实为魏兵所劫制，不容其赴滑州。

23 李彦超入朝，帝曰："河东无虞，尔之力也。"河东军府在晋阳，李存沼死，张宪出走，镇定军皆李彦超之力也。庚午，以为建雄留后。使之镇晋州而未授节旄，且为留后。

24 甲戌，加王延翰同平章事。王延翰承其先业，据有闽地。

25 帝目不知书，四方奏事皆令安重诲读之，重诲亦不能尽通，乃奏称："臣徒以忠实之心事陛下，得典枢机，今事粗能晓知，至于古事，非臣所及。愿仿前朝侍讲、侍读、近代直崇政、枢密院，侍讲、侍读，盛唐之制也。直崇政院，梁制也。直枢密院，庄宗制也。宋白曰：同光二年崇政院依旧为枢密院，以宰臣兼使，置直院一人。选文学之臣与之共事，以备应对。"乃置端明殿学士，春明退朝录：端明殿，西京正衙殿。盖改文明曰端明。五代会要：唐同光二年正月改解卸殿为端明殿。按端明殿是燕闲接御儒臣之地，必非正衙殿，当以五代会要为据。端明殿学士始此。宋白曰：长兴四年，刘昫入相，中谢。是日大祠，明宗不御中兴殿而坐于端明殿。昫至中兴殿门，中使曰："旧礼，宰臣谢恩须于正殿通唤，今日上以大祠不坐正殿，请俟来日。"赵延寿曰："命相之制已下三日，中谢无宜后时。"即奏闻。昫虽中谢于端明殿，而自端明学士拜相，复谢于本殿，人士荣之。乙亥，以翰林学士冯道、赵凤为之。

26 丙子，听郭崇韬归葬，复朱友谦官爵；二人以谗死见上卷本年正月。两家货财田宅，前籍没者皆归之。

27 戊寅，以安重诲领山南东道节度使。重诲以襄阳要地，襄阳控蜀扼荆，故曰要地。不可乏帅，帅，所类翻；下同。无宜兼领，固辞；许之。

28 诏发汴州控鹤指挥使张谏等三千人戍瓦桥。六月，丁酉，出城，复还，作乱，控鹤，梁之侍卫亲军，积骄而惮远戍，故作乱。盖当时天下皆骄兵也。复，扶又翻。焚掠坊市，杀权知州、推官高逖。逼马步都指挥使、曹州刺史李彦饶为帅，彦饶曰："汝欲吾为帅，当用吾命，禁止焚掠。"众从之。己亥旦，彦饶伏甲于室，诸将入贺，彦饶曰："前日唱乱者数人而已，"遂执张谏等四人，斩之。其党张审琼帅众大噪于建国门，帅，读曰率。彦饶勒兵击之，尽诛其众四百人，军、州始定。即日，以军、州事牒节度推官韦俨权知，具以状闻。符彦饶摄于汴而乱于滑，岂当时将士骄悖，习以成俗，彦饶久而与之俱化邪！庚子，诏以枢密使孔循知汴州，收为乱者三千家，悉诛之。彦饶，彦超之弟也。

29 蜀百官至洛阳，永平节度使兼侍中马全曰："国亡至此，生不如死！"不食而卒。书马全之官，蜀官也。蜀置永平军于雅州。以平章事王锴等锴，口骇翻。为诸州府刺史、少尹、判官、司马，亦有复归蜀者。复，扶又翻。

30 辛丑，滑州都指挥使于可洪等纵火作乱，攻魏博戍兵三指挥，逐出之。

31 乙巳，敕："朕二名，但不连称，皆无所避。"二名不偏讳，古也。

32 戊申，加西川节度使孟知祥兼侍中。

33 李继曮至华州，闻洛中乱，复归凤翔；帝为之诛柴重厚。为，于伪翻。柴重厚不纳李从曮，见上卷本年二月。

34 高季兴表求夔、忠、万三州为属郡，诏许之。庄宗之伐蜀也，诏高季兴自取夔、忠、万三州为巡属；季兴不能取。王衍既败，三州归唐，季兴乃求为巡属，虽不许可也。为季兴不式王命、兴兵致讨张本。考异曰：庄宗实录云："王建于夔州置镇江军节度，以夔、忠、万、施为属郡。云安监有榷盐之利，建升为安州。上举军平蜀，诏季兴自收元管属郡。荆南军未进，夔州连帅以州降继岌。"十国纪年荆南史："天成元年二月，王表请夔、忠、万三州及云安监隶本道；庄宗许之。诏命未下，庄宗遇弑。六月，王表求三州；明宗许之。"刘恕按，庄宗实录及薛史帝纪，"同光三年十一月庚戌，荆南高季兴奏收复夔、忠等州"；曾颜勃海行年记云"得夔、忠、万等州"；明宗实录及薛史韦说传云："讨西蜀，季兴请攻峡内，先朝许之，如能得三州，俾为属郡。三川既定，季兴无尺寸之功。"庄宗实录："同光四年三月丙寅，高季兴请峡内夔、忠、万等州割归当道。"明宗实录："天成元年六月甲寅，高季兴奏：'去冬先朝诏命攻取峡内属郡，寻有施州官吏知臣上峡，率先归投，忠、万、夔三州旦夕期于收复，被郭崇韬专将文字约臣回归，方欲陈论，便值更变。'"此说颇近实，故从之。盖三年十月，夔、忠、万三州降于继岌，十一月庚戌，季兴奏请三州为属郡，旧史误云奏收复也。行年记差缪最多，不可为据。或者夔州虽自降于继岌，季兴表云收复三州，攘为己功，亦无足怪。今从明宗实录。

35 安重诲恃恩骄横，横，户孟翻。殿直马延误冲前导，左、右班殿直，天子侍官也，宋熙宁以前以为西班小使臣寄禄官。职官分纪曰：殿直，五代本曰殿前承旨，晋天福五年诏除翰林承旨外，殿前承旨改曰殿直。按天成元年安重诲斩殿直马延，潞王清泰元年殿直承旨都知赵处愿等令具襕鞾，则殿直名官已在晋天福之前，职官分纪误矣。后周广顺间，殿直楚延祚、殿直王峦亦见于史。斩之于马前，御史大夫李琪以闻。李琪惮安重诲权势，不敢劾奏，但以其事闻耳。秋，七月，重诲白帝下诏，称延陵突重臣，戒谕中外。只此一事，安重诲已足以取死。

36 于可洪与魏博戍将互相奏云作乱，帝遣使按验得实，辛酉，斩可洪于都市，其首谋滑州左崇牙全营族诛，助乱者右崇牙两长剑建平将校百人亦族诛。校，户教翻。

37 壬申，初令百官每五日起居，转对奏事。时依盛唐之制，百官转对各奏本司公事。

38 契丹主攻勃海，拔其夫馀城，即唐高丽之夫馀城也。时高丽王王建有国，限混同江而守之，混同江之西不能有也，故夫馀城属勃海国。混同江即鸭渌水。夫，音扶。更命曰东丹国。更，工衡翻。命其长子突欲镇东丹，号人皇王，以次子德光守西楼，号元帅太子。为突欲来奔张本。宋白曰：耶律德光本名耀屈之，慕中国文字，改焉。

帝遣供奉官姚坤告哀于契丹。考异曰：汉高祖实录作"苗绅"，今从庄宗列传。契丹主闻庄宗为乱兵所害，恸哭曰："我朝定儿也。吾方欲救之，以勃海未下，不果往，致吾儿及此。"哭不已。虏言"朝定"，犹华言朋友也。又谓坤曰："今天子闻洛阳有急，何不救？"对曰："地远不能及。"曰："何故自立？"坤为言帝所以即位之由，契丹主曰："汉儿喜饰说，毋多谈！"为，于伪翻。喜，许计翻。突欲侍侧，曰："牵牛以蹊人之田而夺之牛，可乎？"引左传申叔之言。史言契丹慕中国，效中国人道书语。坤曰："中国无主，唐天子不得已而立；亦犹天皇王初有国，岂强取之乎！"指言阿保机不肯受代、击灭七部事也。强，如字。契丹主曰："理当然。"闻姚坤言，不得不服。又曰："闻吾儿专好声色游畋，【章：十二行本"畋"下有"不恤军民"四字；乙十一行本同；退斋校同；张校同，云无注本亦无。】好，呼报翻。宜其及此。我自闻之，举家不饮酒，散遣伶人，解纵鹰犬。若亦效吾儿所为，行自亡矣。"契丹主智识如此，固宜其能立国传世也。又曰："吾儿与我虽世旧，然屡与我战争；于今天子则无怨，足以修好。若与我大河之北，吾不复南侵矣。"坤曰："此非使臣之所得专也。"复，扶又翻；下复召、乃复同。契丹主怒，囚之，旬馀，复召之，曰："河北恐难得，得镇、定、幽州亦可也。"给纸笔趣令为状，趣，读曰促。坤不可，欲杀之，韩延徽谏，乃复囚之。囚而复囚，欲姚坤之为状。纵使姚坤为状，中国肯割地而与之乎？此欲用抵冒度湟之故智耳。

39 丙子，葬光圣神闵孝皇帝于雍陵，雍陵在河南新安县。考异曰：实录：“乙亥，梓宫发引，是日迁幸雍陵。”按庄宗实录哀册文云丙子，今从之。庙号庄宗。

40 丁丑，镇州留后王建立奏涿州刺史刘殷肇不受代，谋作乱，已讨擒之。唐之方镇，涿州，幽州节度属郡也，不属镇州节度；而王建立得讨之者，明宗初得天下，方镇州郡反侧者尚多，王建立明宗之所亲者，越境讨擒刘殷肇，奏以为不受代，朝廷亦听之耳。

41 己卯，置彰国军于应州。新、旧唐书地理志未有应州，欧史职方考始有应州，故属大同节度而不载其建置之始；意晋王克用分云州置应州也。九域志：化外州，应州领金城、混源二县。窃意金城即以明宗所生之地金凤城置县也；今置彰国军节度，亦以帝乡也。匈奴须知：应州东至幽州八百五十里。又薛史周密传，神武川属应州。盖朱邪执宜徙河东，始保神武川之黄花堆，沙陀由是而基霸业，故以其地置应州也。

42 门下侍郎、同平章事豆卢革、韦说奏事帝前，或时礼貌不尽恭；说，读曰悦。百官俸钱皆折估，折，之舌翻。估，音古，价也。而革父子独受实钱；百官自五月给，而革父子自正月给；由是众论沸腾。说以孙为子，奏官；受选人王傪赂，选，须绢翻。傪，七感翻，又音仓含翻。除近官。近官，近畿州县之官。中旨以库部郎中萧希甫为谏议大夫，革、说覆奏。希甫恨之，上疏言“革、说不忠前朝，阿谀取容”；因诬“革强夺民田，纵田客杀人，说夺邻家井，取宿藏物。”宿藏物，前人所窖藏而不及发取者。此盖言藏之于井。制贬革辰州刺史，说溆州刺史。溆，音叙。庚辰，赐希甫金帛，擢为散骑常侍。散，昔亶翻。骑，奇计翻。

43 辛巳，契丹主阿保机卒于夫馀城，卒，子恤翻。述律后召诸将及酋长难制者之妻，酋，慈秋翻。长，知两翻。谓曰：“我今寡居，汝不可不效我。”又集其夫泣问曰：“汝思先帝乎？”对曰：“受先帝恩，岂得不思！”曰：“果思之，宜往见之。”遂杀之。为述律后囚于阿保机墓张本。

44 癸未，再贬豆卢革费州司户，韦说夷州司户。甲申，革流陵州，说流合州。自唐末以来，流窜者率赐死，革、说其得至流所乎！

45 孟知祥阴有据蜀之志，阅库中，得铠甲二十万，置左右牙等兵十六营，凡万六千人，营于牙城内外。

46 八月，乙酉朔，日有食之。

47 丁亥，契丹述律后使少子安端少君守东丹，少，诗照翻。与长子突欲奉契丹主之丧，将其众发夫馀城。

48 初，郭崇韬以蜀骑兵分左、右骁卫等六营，凡三千人；步兵分左、右宁远等二十营，凡二万四千人。庚寅，孟知祥增置左、右冲山等六营，凡六千人，营于罗城内外；又置义宁等二十营，凡万六千人，分戍管内州县就食；因分戍而使就食于所戍州县。又置左、右牢城四营，凡四千人，分戍成都境内。

49 王公俨既杀杨希望，事见上卷本年三月。欲邀节钺，扬言符习为治严急，军府众情不愿其还。治，直吏翻。习还，至齐州，公俨拒之，习不敢前。齐州东至青州三百四十馀里，中间犹隔淄州。符习闻王公俨阻兵，遽不敢前，欲使之戢难，难矣。公俨又令将士上表请己为帅，帅，所类翻。诏除登州刺史。

公俨不时之官，托云军情所留；帝乃徙天平节度使霍彦威为平卢节度使，聚兵淄州，以图攻取，九域志：淄州东北至青州一百二十里。公俨惧，乙未，始之官。丁酉，彦威至青州，追擒之，并其族党悉斩之，支使北海韩叔嗣预焉。其子熙载将奔吴，密告其友汝阴进士李穀，穀送至正阳，九域志：颍州颍上县有正阳镇，在淮津之西。淮之东津曰东正阳，则吴境也。痛饮而别。熙载谓穀曰："吴若用吾为相，当长驱以定中原。"穀笑曰："中原若用吾为相，取吴如囊中物耳。"其后周世宗以李穀为相，用其谋以取淮南；而韩熙载亦相南唐，终不能有所为也。相，息亮翻。

50 庚子，幽州言契丹寇边，命齐州防御使安审通将兵御之。

51 九月，壬戌，孟知祥置左、右飞棹兵六营，凡六千人，分戍滨江诸州，习水战以备夔、峡。

52 癸酉，卢龙节度使李绍斌请复姓赵，欧史曰：赵德钧，幽州人也，事刘守文、守光为军使，庄宗伐燕得之，赐姓名李绍斌。从之，仍赐名德钧。德钧养子延寿尚帝女兴平公主，故德钧尤蒙宠任。延寿本蓨令刘邟之子也。蓨，音条。邟，若浪翻。

53 加楚王殷守尚书令。

54 契丹述律后爱中子德光，欲立之，中，读曰仲。至西楼，西楼，契丹上都也。先是，契丹主使德光留守。命与突欲俱乘马立帐前，谓诸酋长曰："二子吾皆爱之，莫知所立，汝曹择可立者执其辔。"酋长知其意，争执德光辔讙跃曰："愿事元帅太子。"后曰："众之所欲，吾安敢违。"遂立之为天皇王。突欲愠，帅数百骑欲奔唐，为逻者所遏；讙，许元翻。愠，于问翻。朱子曰：愠，不是大段怒，但心里略有不平意便是愠。逻，音郎佐翻。述律后不罪，遣归东丹。天皇王尊述律后为太后，国事皆决焉。太后复纳其侄为天皇王后。复，扶又翻。天皇王性孝谨，母病不食亦不食，侍于母前应对或不称旨，称，尺证翻。母扬眉视之，辄惧而趋避，非复召不敢见也。复，扶又翻。以韩延徽为政事令。欧史：契丹以韩延徽为相，号政事令。听姚坤归复命，阿保机囚姚坤事见上。遣其臣阿思没骨馁来告哀。考异曰：汉高祖实录作"没姑馁"，今从明宗实录及会要。

55 壬午，赐李继曮名从曮。以子行待之也。

56 冬，十月，甲申朔，初赐文武官春冬衣。五代会要：同光三年，租庸院奏新定四京及诸道副使判官以下俸料，有春衣绢、冬衣绢。此盖赐在京文武官以已成之衣。

57 昭武节度使、同平章事王延翰，"昭武"当作"威武"。骄淫残暴，己丑，自称大闽国王。立宫殿，置百官，威仪文物皆仿天子之制，群下称之曰殿下。赦境内，追尊其父审知曰昭武王。为王延翰不终张本。

58 静难节度使毛璋，骄僭不法，训卒缮兵，有跋扈之志，若毛璋者，其跋扈亦何能为，不过欲据邠州耳。诏以颍州团练使李承约为节度副使以察之。壬辰，徙璋为昭义节度使。庄宗改潞州昭义军为安义军，寻复旧。璋欲不奉诏，承约与观察判官长安边蔚从容说谕，蔚，音郁。从，千容翻。说，式芮翻；下说之同。久之，乃肯受代。

59 庚子，幽州奏契丹卢龙节度使卢文进来奔。卢文进入契丹见二百六十九卷梁均王贞明三年。初，文进为契丹守平州，帝即位，遣间使说之，为，于伪翻。间，古苋翻。以易代之后，无复嫌怨。庄宗怨卢文进杀其弟而奔契丹，又引契丹而扰边，今庄宗殂而明宗立，则无复嫌怨矣。文进所部皆华人，思归，乃杀契丹戍平州者，帅其众十馀万、车帐八千乘来奔。为后卢文进又奔淮南张本。帅，读曰率。

60 初，魏王继岌、郭崇韬率蜀中富民输犒赏钱五百万缗，听以金银缯帛充，犒，苦到翻。缯，慈陵翻。昼夜督责，有自杀者，给军之馀，犹二百万缗。至是，任圜判三司，知成都富饶，同光之末，任圜从军伐蜀，故知其富饶。遣盐铁判官、太仆卿赵季良为孟知祥官告国信兼三川都制置转运使。帝即位，加孟知祥侍中，故使赵季良奉官告国信入蜀，因制置转运。甲辰，季良至成都。蜀人欲皆不与，知祥曰："府库他人所聚，输之可也。州县租税，以赡镇兵十万，决不可得。"观孟知祥此语，专制蜀土之心已呈露矣。季良但发库物，不敢复言制置转运职事矣。复，扶又翻。

安重诲以知祥及东川节度使董璋皆据险要，拥强兵，恐久而难制；又知祥乃庄宗近姻，孟知祥之妻，庄宗之从姊妹也。阴欲图之。客省使、泗州防御使李严职官分纪曰：梁有客省使，宋因之，掌四方进奉及四夷朝贡、牧伯朝觐、赐酒馔饔饩及宰相近臣禁军将校节仪、诸州进奉使赐物回诏之事。李严领泗州防御耳，泗州时属吴。自请为西川监军，必能制知祥；己酉，以严为西川都监，文思使太原朱弘昭为东川副使。文思使，掌文思院，宋以为西班使臣，以处武臣。李严母贤明，谓严曰："汝前启灭蜀之谋，事见二百七十三卷庄宗同光二年。今日再往，必以死报蜀人矣。"为李严为孟知祥所杀张本。

61 旧制，吏部给告身，先责其人输朱胶绫轴钱。宋白曰：故事，如封建诸王、内命妇及宰相、翰林学士、中书舍人、诸道节度、观察、团练、防御，日后即中书帖官告院素绫纸褾轴，下所司书写，印署毕，进入宣赐；其文武两班并诸道官员及奏荐将校，敕下后，并合是本道进奏院或本官自于所司送纳朱胶绫纸价钱，各请出给。陆游曰：江邻几嘉佑杂志言唐告身初用纸，肃宗朝有用绢，贞元后始用绫。余在成都见周世宗除刘仁赡侍中告乃用纸，在金彦亨尚书之子处。丧乱以来，丧，息浪翻。贫者但受敕牒，多不取告身。受敕牒以照验供职，苟得一时之禄利；告身，无其钱则不及取矣。十一月，甲戌，吏部侍郎刘岳上言："告身有褒贬训戒之辞，此中书所行辞也。岂可使其人初不之睹！"敕文班丞、郎、给、谏，丞、郎，谓尚书左右丞及二十四曹郎，给谓给事中，谏谓谏议大夫。武班大将军以上，宜赐告身。其后执政议，以为朱胶绫轴，厥费无多，朝廷受以官禄，何惜小费！"受"，当作"授"。欧史曰：故事，吏部官告身皆输朱胶绫轴钱然后给，其品高则赐之。贫者不能输钱，往往但得敕牒而无告身。五代之乱，因以为常，卑者无复给告身，中书但录其制辞而编为敕甲。刘岳建言，以谓"制辞或任其才能，或褒其功行，或申之以训诫，而受官者既不给告身，皆不知受命之所以然，非王言所告诏之意，请一切赐之。"由是百官皆赐告身，自岳始也。乃奏："凡除官者更不输钱，皆赐告身。"当是时，所除正员官之外，其馀试衔、帖号止以宠激军中将校而已，试衔，谓试某官某阶，皆以入衔也。帖号，谓帖以诸衔将军、郎将之号。及长兴以后，所除浸多，乃至军中卒伍，使、州、镇、戍胥吏，皆得银青阶及宪官，使，疏吏翻。使谓诸道节度使、观察使司。御史台官谓之宪官，此亦言试衔官也。岁赐告身以万数矣。史因赐告身文，言当时除授之滥。

62 闽王延翰蔑弃兄弟，袭位才逾月，出其弟延钧为泉州刺史。延翰多取民女以充后庭，采择不已。延钧上书极谏，延翰怒，由是有隙。父审知养子延禀为建州刺史，延禀本周氏子，王审知养以为子。延翰与书使之采择，延禀复书不逊，亦有隙。十二月，延禀、延钧合兵袭福州。延禀顺流先至，自建溪顺流东下福州，水路萦纡几数百里，而水势湍疾，轻舟朝发夕至。九域志：建州东南至福州五百二十里，盖言陆路也。福州指挥使陈陶帅众拒之，兵败，陶自杀。是夜，延禀帅壮士百馀人趣西门，帅，读曰率。趣，七喻翻。梯城而入，执守门者，发库取兵仗。及寝门，延翰惊匿别室；辛卯旦，延禀执之，暴其罪恶，且称延翰与妻崔氏共弑先王，诬以弑君父之罪。告谕吏民，斩于紫宸门外。唐都长安，内中有紫宸殿、紫宸门，闽人僭仿其名耳。是日，延钧至城南，延禀开门纳之，推延钧为威武留后。王延钧，审知次子也。

63 癸巳，以卢文进为义成节度使、同平章事。

64 庚子，以皇子从荣为天雄节度使、同平章事。

65 赵季良等运蜀金帛十亿至洛阳，诗：万亿及秭。释云：万亿曰兆。孔颖达曰：万亿曰兆者，依如算法，亿之数有大小二法，其小数以十为等，十万曰亿，十亿曰兆也。其大数以万为等，数万至万为亿，是万万为亿，又从亿数至万亿为兆，故诗颂毛氏传云，数万至万曰亿，数亿至亿曰秭，兆在亿秭之间，是大数之法。魏风刺在位贪残："胡取禾三百亿兮！"魏国褊小，不应过多，故以小数言之，故云十万曰亿。今赵季良运金帛十亿，若以小亿计之则百万耳，安能济朝廷之匮乏哉？若以大亿计之，则十万万也。未知孰是。时朝廷方匮乏，赖此以济。

66 是岁，吴越王镠以中国丧乱，朝命不通，改元宝正；其后复通中国，乃讳而不称。丧，昔浪翻。朝，直遥翻。复，扶又翻。考异曰：阎自若唐末泛闻录云："同光四年，京师乱，朝命断绝，镠遂僭大号，改元保正；明年，明宗锡命至，乃去号，复用唐正朔。"纪年通谱云："镠虽外勤贡奉，而阴为僭窃，私改年号于其国。其后子孙奉中朝正朔，渐讳改元事。及钱俶纳土，凡其境内有石刻伪号者，悉使人交午凿灭之。惟今杭州西湖落星山塔院中有镠封此山为寿星宝石山伪诏，刻之于石，虽经镵毁，其文尚可读，后题云‘宝正六年，岁在辛卯’，明宗长兴二年也；其元年即天成元年也。好事者或传曰‘保正’，非也。”余公绰闽王事迹云：“同光元年春，梁策钱镠为尚父；来年改宝正元年。永隆三年吴越世宗文穆王薨。”林仁志王氏启运图云：“同光元年，梁封浙东尚父为吴越国王，寻自改元宝正。长兴三年，吴越武肃王崩，子世皇嗣。永隆二年，吴越世皇崩，子成宗嗣。”公绰、仁志所记年岁差缪，然可见钱氏改元及庙号，故兼载焉。至今两浙民间犹谓钱镠为钱太祖。今参取诸书为据。

二年（丁亥、九二七）

1 春，正月，癸丑朔，帝更名亶。更，工行翻。

2 孟知祥闻李严来监其军，恶之；恶，乌路翻。或请奏止之，知祥曰：“何必然，犹言何必如此也。吾有以待之。”遣吏至绵、剑迎候。绵、剑，二州名。会武信节度使李绍文卒，知祥自言尝受密诏许便宜从事，孟知祥自言尝受庄宗密诏也。壬戌，以西川节度副使、内外马步军都指挥使李敬周为遂州留后，代李绍文。趣之上道，趣，读曰促。上，时两翻。然后表闻。严先遣使至成都，知祥自以于严有旧恩，孟知祥救李严之死，见二百六十八卷梁均王乾化二年。冀其惧而自回，乃盛陈甲兵以示之，严不以为意。

3 安重诲以孔循少侍宫禁，谓其谙练故事，知朝士行能，多听其言。孔循少给事梁太祖帐中，唐末历宣徽、枢密院，故安重诲意其谙练及知人。少，诗照翻。谙，乌含翻。行，下孟翻。豆卢革、韦说既得罪，见上年。朝廷议置相，循意不欲用河北人，孔循少长河南，故不欲用河北人。先已荐郑珏，又荐太常卿崔协。任圜欲用御史大夫李琪；郑珏素恶琪，恶，乌路翻。故循力沮之，谓重诲曰：“李琪非无文学，但不廉耳。宰相但得端重有器度者，足以仪刑多士矣。”他日议于上前，上问谁可相者，重诲以协对。圜曰：“重诲未悉朝中人物，悉，详也。为人所卖。协虽名家，识字甚少。少，诗沼翻。臣既以不学忝相位，奈何更益以协，为天下笑乎！”上曰：“宰相重任，卿辈更审议之。吾在河东时见冯书记多才博学，与物无竞，此可相矣。”冯书记，谓冯道也。道事晋王克用为河东掌书记。既退，孔循不揖，拂衣径去，曰：“天下事一则任圜，二则任圜，圜何者！孔循之众辱任圜亦甚矣，而圜不以为怒者，惮安重诲也。史言五季待宰相之轻。使崔协暴死则已，不死会须相之。”因称疾不朝者数日，上使重诲谕之，方入。重诲私谓圜曰：“今方乏人，协且备员，可乎？”圜曰：“明公舍李琪而相崔协，是犹弃苏合之丸，后汉书西域传曰：大秦国合会诸香，煎其汁以为苏合。取蛣蜣之转也。”蛣蜣，蜣蜋也。陶隐居曰：庄子云，蛣蜣之智在于转丸。其喜入人粪中，取屎丸而却推之，俗名为推丸。陆佃埤雅曰：蜣蜋黑甲，翅在甲下，五六月之间，经营秽场之下，车走粪丸，一前挽之，一后推之，若仆人转车。蛣，去吉翻。蜣，丘良翻。循与重诲共事，安重诲为枢密使，孔循为副使。日短琪而誉协，誉，音余。癸亥，竟以端明殿学士冯道及崔协并为中书侍郎、同平章事。协，邠之曾孙也。崔邠，郾之兄也。

4 戊辰，王延禀还建州，王延钧送之，将别，谓延钧曰：“善守先人基业，勿烦老兄再下！”延钧逊谢甚恭而色变。为王延禀再下攻延钧而败死张本。

5 庚午，初令天下长吏每旬亲引虑系囚。引虑系囚，即汉书所谓录囚徒也。自唐以来率曰虑囚。考之先儒音义，虑亦读为录。

6 孟知祥礼遇李严甚厚，一日谒知祥，知祥谓曰：“公前奉使王衍，归而请兵伐蜀，庄宗用公言，遂致两国俱亡。谓庄宗空国以伐蜀，蜀亡而谋臣死，根本虚，而庄宗亦亡。今公复来，复，扶又翻。蜀人惧矣。且天下皆废监军，罢诸道监军，见本卷上年。公独来监吾军，何也？”严惶怖求哀，怖，普故翻。知祥曰：“众怒不可遏也。”遂揖下，斩之。李严卒如其母之言。又召左厢马步都虞候丁知俊，知俊大惧，知祥指严尸谓曰：“昔严奉使，汝为之副，然则故人也，为我瘗之。”为，于伪翻。瘗，于计翻。因诬奏：“严诈宣口敕，云代臣赴阙，言李严矫敕云代知祥，使知祥赴阙。又擅许将士优赏，臣辄已诛之。”

内八作使杨令芝以事入蜀，八作使，掌八作司之八作工匠。至鹿头关，闻严死，奔还。朱弘昭在东川，朱弘昭为东川副使，与李严同时受命。闻之，亦惧，谋归洛；会有军事，董璋使之入奏，弘昭伪辞然后行，由是得免。两川跋扈之迹著矣，安重诲制之之术穷矣，及乎分镇增兵，则两川反矣。

7 癸酉，以皇子从厚同平章事，充河南尹，判六军诸卫事。【章：十二行本“事”下有“从厚，从荣之母弟也”八字；孔本同；张校同；乙十一行本无“从厚”二字；退斋校同。】从荣闻之，不悦。既尹京邑，又握兵柄，地亲权重，从荣恶其逼也，故不悦。为从荣忌从厚张本。

8 己卯，加枢密使安重诲兼侍中，孔循同平章事。

9 吴马军都指挥使柴再用戎服入朝，御史弹之，再用恃功不服。侍中徐知诰阳于便殿误通起居，退而自劾，劾，户概翻，又户得翻。吴王优诏不问，知诰固请夺一月俸；由是中外肃然。法之不行，自上犯之；法行于上，故中外肃然。

10 契丹改元天显，葬其主阿保机于木叶山。契丹主以其所居为上京，起楼其间，号西楼，又于其东千里起东楼，北三百里起北楼，南木叶山起南楼。按木叶山，契丹置锦州。匈奴须知：锦州东北至东京四百里，木叶山西南至上京三百里。则锦州与木叶山又是两处。通鉴后书晋之齐王北迁至锦州，契丹令拜阿保机墓，则又似木叶山在锦州。欧史诸书言契丹于南木叶山起南楼，是在上京之南也。须知谓木叶山西南至上京三百里，是在上京东北也。无亦契丹中有南木叶山又有北木叶山邪？述律太后左右有桀黠者，黠，下八翻。后辄谓曰：“为我达语于先帝！”为，于伪翻。至墓所则杀之，前后所杀以百数。最后，平州人赵思温当往，思温不行，后曰：“汝事先帝尝亲近，何为不行？”对曰：“亲近莫如后，后行，臣则继之。”后曰：“吾非不欲从先帝于地下也，顾嗣子幼弱，国家无主，不得往耳。”乃断一腕，断，音短。腕，乌贯翻。令置墓中。思温亦得免。

11 帝以冀州刺史乌震三将兵运粮入幽州，时契丹常以劲骑徜徉幽州四郊之外，抄掠粮运，故以三将兵运粮，善达者为劳绩。二月，戊子，以震为河北道副招讨，领宁国节度使，宁国军宣州，属吴。屯卢【芦】台军。句断。卢〔芦〕台军临御河之岸，周建乾宁军，东至沧州一百里，西至瀛州百七十里。代泰宁节度使、同平章事房知温归兖州。房知温本镇兖州。

12 庚寅，以保义节度使石敬瑭兼六军诸卫副使。石敬瑭时镇陕州。

13 丙申，以从马直指挥使郭从谦为景州刺史，既至，遣使族诛之。讨其弑君之罪也。

14 高季兴既得三州，请朝廷不除刺史，去年以三州与高季兴。自以子弟为之，不许。及夔州刺史潘炕罢官，潘炕，蜀王氏之旧臣。炕，苦浪翻。季兴辄遣兵突入州城，杀戍兵而据之。朝廷除奉圣指挥使西方邺为刺史，五代会要：应顺元年改龙武、神武四十指挥为捧圣左右军，捧圣即奉圣也。应顺乃闵帝元年，而此时已有奉圣军。不受；又遣兵袭涪州，不克。九域志：涪州东至忠州三百五十里。高季兴既得夔、忠、万三州，又袭涪州而不克。涪，音浮。魏王继岌遣押牙韩珙等部送蜀珍货金帛四十万，浮江而下，季兴杀珙等于峡口，此峡口谓西陵峡口。珙，居勇翻。尽掠取之。此去年事，盖同光、天成间也。掠，夺也。朝廷诘之，对曰：“珙等舟行下峡，涉数千里，欲知覆溺之故，自宜按问水神。”此慢辞也。若春秋楚人答齐桓公问昭王南征不复之辞。帝怒，壬寅，制削夺季兴官爵，以山南东道节度使刘训为南面招讨使、知荆南行府事，忠武节度使夏鲁奇为副招讨使，将步骑四万讨之。东川节度使董璋充东南面招讨使，新夔州刺史西方邺副之，考异曰：按梓、夔皆在荆南之西南，而云东南面者，盖据夔、梓所向言之耳。将蜀兵下峡；此峡谓自瞿唐峡直至西陵峡口，所谓三峡也。仍会湖南军三面进攻。湖南军，楚王马殷之军。

15 三月，甲寅，以李敬周为武信留后。从孟知祥之请也。

16 丙辰，初置监牧，蕃息国马。蕃，扶元翻。唐置监牧以畜马。丧乱以来，马政废矣，今复置监牧以蕃息之。然此时监牧必置于并、代之间，若河、陇诸州不能复盛唐之旧。是后帝问枢密使范延光马数几何，对曰："骑军三万五千。"帝曰："吾居兵间四十年，太祖在太原时马数不过七千，庄宗与梁战河上，马才万匹，今马多矣，不能一天下，奈何？"延光曰："一马之费，足以养步卒五人。"帝曰："肥战马以瘠吾人，其愧多矣。"今因置监牧事，并录之。

17 初，庄宗之克梁也，以魏州牙兵之力；及其亡也，皇甫晖、张破败之乱亦由之。以魏州牙兵克梁事始二百六十九卷梁均王贞明元年，终二百七十卷庄宗同光元年。皇甫晖、张破败之乱事见二百七十四卷天成元年。赵在礼之徙滑州，不之官，亦实为其下所制。事见上年。在礼欲自谋脱祸，阴遣腹心诣阙求移镇，帝乃为之除皇甫晖陈州刺史，赵进贝州刺史，为，于伪翻。皇甫晖、赵进，制赵在礼不得左右者也。徙在礼为横海节度使；以皇子从荣镇邺都，命宣徽北院使范延光将兵送之，且制置邺都军事。乃出奉节等九指挥三千五百人，使军校龙晊部之，晊，之日翻。戍卢【芦】台军以备契丹，不给铠仗，但系帜于长竿以别队伍，由是皆俛首而去。系，音计。帜，昌志翻。别，彼列翻。俛，音免。中涂闻孟知祥杀李严，军中籍籍，已有讹言；既至，会朝廷不次擢乌震为副招讨使，讹言益甚。

房知温怨震骤来代己，房知温自庄宗时戍边，以举兵从帝建节；乌震自刺史领节，又代知温为副招讨，故怨其骤。震至，未交印。壬申，震召知温及诸道先锋马军都指挥使、齐州防御使安审通博于东寨，时卢〔芦〕台戍军夹河东西为两寨。知温诱龙晊所部兵杀震于席上，其众噪于营外，噪者，乌震亲兵也。欧史以为噪者乱兵。诱，音酉。

安审通脱身走，夺舟济河，将骑兵按甲不动。知温恐事不济，亦上马出门，甲士揽其辔曰："公当为士卒主，去欲何之？"知温绐之曰："骑兵皆在河西，不收取之，独有步兵，何能集事！"遂跃马登舟济河，与审通合谋击乱兵，乱兵遂南行。骑兵徐踵其后，部伍甚整。乱者相顾失色，列炬宵行，疲于荒泽，诘朝，骑兵四合击之，诘，去吉翻。乱兵殆尽，馀众复趣故寨，审通已焚之，乱兵进退失据，遂溃。其匿于丛薄沟塍塍，石陵翻。得免者什无一二。范延光还至淇门，闻卢【芦】台乱，发滑州兵复如邺都，以备奔逸。

18 帝遣客省使李仁矩如西川，传诏安谕孟知祥及吏民；以孟知祥杀李严，惧其不自安也。知祥自此浸骄。甲戌，至成都。

19 刘训兵至荆南，楚王殷遣都指挥使许德勋等将水军屯岳州。以应刘训也。高季兴坚壁不战，求救于吴，吴人遣水军援之。

20 夏，四月，庚寅，敕卢【芦】台乱兵在营家属并全门处斩。处，昌吕翻。自帝即位已来，汴州张谏之乱，滑州于可洪之乱，以至卢〔芦〕台之乱，凡乱兵皆夷其家。然而流言不息，盻盻然疾视其上者相环也。此无他，以乱止乱故尔。敕至邺都，阖九指挥之门，驱三千五百家凡万馀人于石灰窑，悉斩之，永济渠为之变赤。唐开元二十八年，魏州刺史卢晖徙永济渠，自石灰窑引流至城西至魏桥以通江、淮之漕。为，于伪翻。

21 朝廷虽知房知温首乱，欲安反仄，癸巳，加知温兼侍中。

22 先是，孟知祥遣牙内指挥使文水武漳迎其妻琼华长公主及子仁赞于晋阳，孟仁赞后改名昶。及凤翔，行及凤翔也。李从曮闻知祥杀李严，止之，以闻，帝听其归蜀；丙申，至成都。

23 盐铁判官赵季良与孟知祥有旧，知祥奏留季良为副使。朝廷不得已，丁酉，以季良为西川节度副使。赵季良由此遂为孟知祥佐命之臣。李昊归蜀，李昊随王衍东迁，至是归蜀。知祥以为观察推官。

24 江陵卑湿，复值久雨，复，扶又翻。粮道不继，将士疾疫，刘训亦寝疾；癸卯，帝遣枢密使孔循往视之，且审攻战之宜。

25 五月，癸丑，以威武留后王延钧为本道节度使、【章：十二行本“使”下有“守中书令”四字；乙十一行本同；孔本同；张校同；退斋校同。】琅邪王。

26 孔循至江陵，攻之不克，遣人入城说高季兴；说，式芮翻。季兴不逊。丙寅，遣使赐湖南行营夏衣万袭；丁卯，又遣使赐楚王殷鞍马玉带，督馈粮于行营，竟不能得。湖南、荆南辅车相依，虽厚赐楚人以督其馈军，终不奉诏。庚午，诏刘训等引兵还。

27 楚王殷遣中军使史光宪入贡，帝赐之骏马十，美女二。过江陵，高季兴执光宪而夺之，且请举镇自附于吴。徐温曰："为国者当务实效而去虚名。去，羌吕翻。高氏事唐久矣，自唐灭梁，高氏即事之。洛阳去江陵不远，旧唐书地理志：洛阳至江陵一千三百一十五里。唐人步骑袭之甚易，易，以豉翻。我以舟师溯流救之甚难。夫臣人而弗能救，使之危亡，能无愧乎！"乃受其贡物，辞其称臣，听其自附于唐。史言徐温能自保其国，不务远略。

28 任圜性刚直，且恃与帝有旧，任圜与帝同事庄宗，且全征蜀之兵以归帝。勇于敢为，权幸多疾之。旧制，馆券出于户部，唐旧制：使臣出四方，皆自户部给券。安重诲请从内出，请从内出，则枢密院得专其事。与圜争于上前，往复数四，声色俱厉。上退朝，宫人问上："适与重诲论事为谁？"常语，近方为适。上曰："宰相。"宫人曰："妾在长安宫中，此盖唐时宫人，老于事者。未尝见宰相、枢密奏事敢如是者，盖轻大家耳。"上愈不悦，唐明宗起于行伍而为天子，常疑宰相轻己。豆卢革、韦说之死，犹曰自取，然以此而斥任圜，卒亦置之死地，大误矣。卒从重诲议。卒，子恤翻。圜因求罢三司，为安重诲谗杀任圜张本。诏以枢密承旨孟鹄充三司副使权判。五代置枢密院都承旨、副承旨，以诸卫将军充。权判者，权判三司事也。鹄，魏州人也。

29 六月，庚辰，太子詹事温辇请立太子。

30 丙戌，门下侍郎、同平章事任圜罢守太子少保。

31 己丑，以宣徽北院使张延朗判三司。

32 壬辰，贬刘训为檀州刺史。以征荆南无功也。檀州密云郡，因白檀古县名以名州。

33 丙申，封楚王殷为楚国王。

34 西方邺败荆南水军于峡中，复取夔、忠、万三州。败，补迈翻。

邓广铭标点聂崇岐覆校

资治通鉴卷第二百七十六

端明殿学士兼翰林侍读学士太中大夫
提举西京嵩山崇福宫上柱国河内郡开国公 司马光 奉敕编集
食邑二千六百户食实封一千户臣
后学天台胡三省音注

后唐纪五 起强圉大渊献（丁亥）七月，尽屠维赤奋若（己丑），凡二年有奇。

明宗圣德和武钦孝皇帝中之上

天成二年（丁亥、九二七）

1 秋，七月，以归德节度使王晏球为北面副招讨使。乌震既死，以王晏球代之。按薛史，是年七月戊辰诏曰："本朝亲王遥领方镇，遂有副大使知节度事，年代已深，相沿未改。其西川、东川今后落副大使，只云节度使。"寻诸镇皆正授节度使。

2 丙寅，升夔州为宁江军，以西方邺为节度使。赏破高季兴军，复夔、忠、万之功也。蜀以夔州为镇江军，今改为宁江军。

3 癸巳，【章：十二行本"巳"作"酉"；乙十一行本同；张校同，云无注本亦误"巳"。】以与高季兴夔、忠、万三州为豆卢革、韦说之罪，元年以三州与季兴，革、说犹为相，因以此罪之。皆赐死。

4 流段凝于辽州，温韬于德州，刘训于濮州。自唐末以来，流贬者皆不至其地。辽、德、濮皆唐境也，此三人皆使至流所。

5 任圜请致仕居磁州，磁，墙之翻。许之。

6 八月，己卯朔，日有食之。

7 册礼使至长沙，楚王殷始建国，封楚王殷为国王见上卷是年六月。立宫殿，置百官，皆如天子，或微更其名：示不敢拟天朝也。更，工行翻。翰林学士曰文苑学士，知制诰曰知辞制，枢密院曰左右机要司，群下称之曰殿下，令曰教。以姚彦章为左丞相，许德勋为右丞相，李铎为司徒，崔颖为司空，拓跋恒为仆射，张彦瑶、张迎判机要司。马殷所恃以为国者高郁也，建国置官，郁不与焉，何也？岂殷诸子已有忌郁之心欤？然管内官属皆称摄，惟朗、桂节度使先除后请命。朗，武平军，桂，静江军，时皆属楚。恒本姓元，避殷父讳改焉。

8 九月，帝谓安重诲曰："从荣左右有矫宣朕旨，令勿接儒生，恐弱人志气者。朕以从荣年少临大藩，是年三月从荣镇邺都，事见上卷。少，诗照翻。故择名儒使辅导之，今奸人所言乃如此！"欲斩之；重诲请严戒而已。安重诲非儒也，故宽言者之罪。独不思矫宣上旨，国有常刑邪！

9 北都留守李彦超请复姓符，从之。彦超，李存审子；存审本姓符。

10 丙寅，以枢密使孔循兼东都留守。帝欲东巡，使孔循留守洛阳。庄宗同光三年，复以洛阳为东都。

11 壬申，契丹来请修好，好，呼到翻。遣使报之。

12 冬，十月，乙酉，帝发洛阳，将如汴州；丁亥，至荥阳。九域志：荥阳县在郑州西六十里，东至大梁一百四十里。

民间讹言帝欲自击吴，又云欲制置东方诸侯。宣武节度使、检校侍中朱守殷疑惧，判官高密孙晟劝守殷反，高密，汉古县，隋乱废，唐武德三年置于义城堡，六年移就故夷安城，即高密古县也，属密州。九域志：在州东北一百二十里。考异曰：江南录作"孙忌"。今从王溥周世宗实录。晟，承正翻。守殷遂乘城拒守。帝遣宣徽使范延光往谕之，延光曰："不早击之，则汴城坚矣；愿得五百骑与俱。"帝从之。延光暮发，未明行二百里，抵大梁城下，与汴人战，汴人大惊。戊子，帝至京水，京水在荥阳之东，索水之西。遣御营使石敬瑭将亲兵倍道继之。自梁以来，有侍卫亲军、侍卫马军、侍卫步军。

或谓安重诲曰："失职在外之人，乘贼未破，或能为患，不如除之。"重诲以为然，奏遣使赐任圜死。任圜罢相见上卷是年六月。端明殿学士赵凤哭谓重诲曰："任圜义士，安肯为逆！公滥刑如此，何以赞国！"使者至磁州，圜聚其族酣饮，然后死，神情不挠。挠，奴教翻。

13 己丑，帝至大梁，四面进攻，吏民缒城出降者甚众。缒，驰伪翻。守殷知事不济，尽杀其族，引颈命左右斩之。乘城者望见乘舆，乘，承正翻。相帅开门降。帅，读曰率；下同。孙晟奔吴，徐知诰客之。为孙晟尽节于江南张本。

14 戊戌，诏免三司逋负近二百万缗。近，其靳翻。

15 辛丑，吴大丞相、都督中外诸军事、诸道都统、镇海·宁国节度使兼中书令东海王徐温卒。

初，温子行军司马、忠义节度使、同平章事知询以其兄知诰非徐氏子，徐温养知诰为子，见二百六十卷唐昭宗乾宁二年。数请代之执吴政，数，所角翻。温曰："汝曹皆不如也。"严可求及行军副使徐玠屡劝温以知询代知诰，徐知诰之于严可求，结之以婚姻，而可求之心不为之变。徐温之门，忠于所事者，严可求、陈彦谦而已。温以知诰孝谨，不忍也。陈夫人曰："知诰自我家贫贱时养之，陈夫人，徐温之妻，子畜知诰者也。奈何富贵而弃之！"可求等言之不已。温欲帅诸藩镇入朝，劝吴王称帝，帅，读曰率。将行，有疾，乃遣知询奉表劝进，因留代知诰执政。知诰草表欲求洪州节度使，俟旦上之，上，时两翻。是夕，温凶问至，乃止。史言徐知诰得吴国之政，亦有数存乎其间；篡吴之业自此成矣。知询亟归金陵。为知诰、知询不相容张本。吴主赠温齐王，谥曰忠武。

16 山南西道节度使张筠久疾，将佐请见，不许。副使符彦琳等疑其已死，恐左右有奸谋，请权交符印；筠怒，收彦琳及判官都指挥使下狱，诬以谋反。下，遐嫁翻。诏取彦琳等诣阙，按之无状，释之；观于可洪、张筠之事，帝之庙号曰明，亦有以也。徙筠为西都留守。庄宗同光三年，复以长安为西都。

17 癸卯，以保义节度使石敬瑭为宣武节度使，朱守殷反死，以石敬瑭代之。兼侍卫亲军马步都指挥使。

18 十一月，庚戌，吴王即皇帝位，追尊孝武王曰武皇帝，景王曰景皇帝，宣王曰宣皇帝。孝武王，忠武王行密也；景王，威王渥也；宣王者，隆演也。

19 安重诲议伐吴，安重诲欲乘徐温之死而伐之，且问其举大号之罪。帝不从。根本不固而伐人之国，庄宗覆车可鉴也；故不许。

20 甲子，吴大赦，改元乾贞。

丙子，吴主尊太妃王氏曰皇太后，以徐知询为诸道副都统、镇海宁国节度使兼侍中，若使之嗣徐温之官职者。加徐知诰都督中外诸军事。吴国中外大权实皆归于徐知诰。

21 十二月，戊寅朔，孟知祥发民丁二十万修成都城。

22 吴主立兄庐江公濛为常山王，弟鄱阳公澈为平原王，澈，敕列翻。兄子南昌公珙为建安王。珙，居勇翻。吴主称帝，封其兄弟及其兄子皆自公升王。

23 初，晋阳相者周玄豹相，息亮翻。尝言帝贵不可言，帝即位，欲召诣阙；赵凤曰："玄豹言陛下当为天子，今已验矣，无所复询。复，扶又翻。若置之京师，则轻躁狂险之人必辐辏其门，争问吉凶。自古术士妄言，致人族灭者多矣，非所以靖国家也。"史言赵凤有识。帝乃就除光禄卿致仕，厚赐金帛而已。

24 中书舍人马缟缟，工老翻。请用汉光武故事，七庙之外别立亲庙；见四十一卷汉光武建武三年。中书门下奏请如汉孝德、孝仁皇例，称皇不称帝。孝德皇见五十卷汉安帝建光元年；孝仁皇见五十六卷灵帝建宁元年。帝欲兼称帝，群臣乃引德明、玄元、兴圣皇帝例，皆立庙京师；唐尊皋陶为德明皇帝，老子为玄元皇帝，凉武昭王为兴圣皇帝。例，时诣翻。帝令立于应州旧宅，自高祖考妣以下皆追谥曰皇帝、皇后，墓曰陵。五代会要：帝追尊高祖聿为孝恭皇帝，庙号惠祖，陵曰遂陵，妣崔氏曰昭皇后；曾祖教曰孝质皇帝，庙号毅祖，陵曰衍陵，妣张氏曰顺皇后；祖琰曰孝靖皇帝，庙号烈祖，陵曰奕陵，妣何氏曰穆皇后；父霓曰孝成皇帝，庙号德祖，陵曰庆陵。欧史曰：高祖妣刘氏，曾祖讳敖，父孝成，妣刘氏谥懿皇后，四陵皆在应州金城县。按帝之先本夷狄，既无姓氏，其名必当时有司所制也。

25 汉主如康州。九域志：广州南至康州一百九十里。

26 是岁，蔚、代缘边粟斗不过十钱。蔚，纡勿翻。

三年（戊子、九二八）

1 春，正月，丁巳，吴主立子琏为江都王，璘为江夏王，璆为宜春王，宣帝子庐陵公玢为南阳王。琏，力展翻。璘，离珍翻。璆，音求。玢，悲巾翻。吴主谥兄隆演曰宣皇帝。

2 昭义节度使毛璋所为骄僭，时服赭袍，赭袍，天子所服。赭，音者。纵酒为戏，左右有谏者，剖其心而视之。帝闻之，征为右金吾卫上将军。毛璋在邠州以骄僭征，及在潞州复然，谓之不轨可也。然一诏征之则束手入卫，盖其人冥顽骄虐，本无他心，不知僭拟之为非；然亦明宗能容之耳。

3 契丹陷平州。元年冬卢文进来奔，唐得平州，至是复为契丹所陷。

4 二月，丁丑朔，日有食之。

5 帝将如邺都，时扈驾诸军家属甫迁大梁，又闻将如邺都，皆不说，汹汹有流言；说，读曰悦。汹，许拱翻。帝闻之，不果行。

6 吴自庄宗灭梁以来，使者往来不绝。庚辰，吴使者至，安重诲以为杨溥敢与朝廷抗礼，并立为帝，是抗礼也。遣使窥觇，觇，丑廉翻，又丑艳翻。拒而不受，自是遂与吴绝。

7 张筠至长安，去年徙张筠留守西都。守兵闭门拒之；上意也。筠单骑入朝，以为左卫上将军。

8 壬辰，宁江节度使西方邺攻拔归州；未几，荆南复取之。归州，高季兴巡属也。九域志：夔州东至归州三百三十里。几，居岂翻。复，扶又翻；下宜复同。

9 枢密使、同平章事孔循，性狡佞，安重诲亲信之。帝欲为皇子娶重诲女，为，于伪翻。循谓重诲曰："公职居近密，不宜复与皇子为婚。"重诲辞之。久之，或谓重诲曰："循善离间人，间，古苋翻。不可置之密地。"循知之，阴遣人结王德妃，求纳其女；德妃请娶循女为从厚妇，帝许之。王德妃有宠于帝，言无不行，后进拜淑妃。重诲大怒，乙未，以循同平章事，充忠武节度使兼东都留守。解其近密之职。

重诲性强愎。愎，蒲逼翻。秦州节度使华温琪入朝，请留阙下，帝嘉之，当时诸帅皆乐在方镇得自恣，独华温琪入朝请留，故嘉之。华，户化翻。除左骁卫上将军，月别赐钱谷。俸给之外别赐钱谷。岁馀，帝谓重诲曰："温琪旧人，宜择一重镇处之。"华温琪仕梁已为节镇，故云然。处，昌吕翻。重诲对以无阙。他日，帝屡言之，重诲愠曰："臣累奏无阙，惟枢密使可代耳。"帝曰："亦可。"重诲无以对。华温琪之才诚不足以当重镇，安重诲以君臣相得之雅，详明敷奏，明宗宜无不从；今则上下之言交不能畅其意，相厉而已，斯不学至此也。温琪闻之惧，数月不出。

重诲恶成德节度使、同平章事王建立，奏建立与王都交结，有异志。恶，乌路翻。初，帝为代州刺史，王建立已为虞候将，后从镇真定。帝自邺为乱兵所逼，举兵南向，建立杀真定监军，帝家属得全，由是爱之；及帝即位，擢为真定帅。安重诲亦帝潜跃之时所亲信者也，即位，自中门使擢枢密使。重诲之所以恶建立，权宠之间耳。又，是时王都在中山有异志，数以书通建立，约为兄弟，故重海言之。建立亦奏重海专权，求入朝面言其状，帝召之；既至，言重海与宣徽使判三司张延朗结婚，相表里，弄威福。三月，辛亥，帝见重海，气色甚怒，谓曰："今与卿一镇自休息，以王建立代卿，张延朗亦除外官。"重海曰："臣披荆棘事陛下数十年，值陛下龙飞，承乏机密，承乏者，承人之乏也，言适时乏人，故己得任机密。数年间天下幸无事；今一旦弃之外镇，臣愿闻其罪！"帝不怿而起，此段自孔循以下言重海与孔循相倾，自华温琪以下言其君臣嫌隙之所自来。盖重海挟依乘之旧，恋权而不肯退，明宗积受浸润之谮，欲远之而不能，至于决裂，则不可救矣。以语宣徽使朱弘昭，语，牛倨翻。弘昭曰："陛下平日待重海如左右手，奈何以小忿弃之！愿垂三思。"朱弘昭今日之言，知重海之眷未衰也；凤翔之奏，知重海之权已去也。小人之智，随时而反覆，可畏也哉！帝寻召重海慰抚之。明日，建立辞归镇，帝曰："卿比奏欲入分朕忧，比，毗至翻，近也。今复去何之！"复，扶又翻；下不复同。会门下侍郎兼刑部尚书、同平章事郑珏请致仕，己未，以珏为左仆射致仕；癸亥，以建立为右仆射兼中书侍郎、同平章事、判三司。

10 孟知祥屡与董璋争盐利，蜀中井盐，东、西川巡属之内皆有之，各欲障固以专其利，故争。按唐盛时，邛、嘉、眉有井十三，剑南西川院领之；梓、遂、绵、合、昌、渝、泸、资、荣、陵、简有井四百六十，剑南东川院领之。东川盐利多于西川矣。璋诱商旅贩东川盐入西川，知祥患之，乃于汉州置三场重征之，汉州东南与东川接界，故列置三场以征盐商。岁得钱七万缗，商旅不复之东川。之，往也。

11 楚王殷如岳州，遣六军使袁诠、诠，丑缘翻。副使王环、监军马希瞻将水军击荆南，高季兴以水军逆战。至刘郎洑，江陵府石首县沙步有刘郎浦，蜀先主纳吴女处也。洑，房六翻。洄流曰洑。希瞻夜匿战舰数十艘于港中；舰，户黯翻。艘，疏留翻。港，古项翻。诘旦，两军合战，希瞻出战舰横击之，季兴大败，俘斩以千数，进逼江陵。季兴请和，归史光宪于楚。高季兴执史光宪见上卷上年。军还，还，从宣翻，又如字。楚王殷让环不遂取荆南，环曰："江陵在中朝及吴、蜀之间，中朝，谓唐也，既在中原，且天朝也。四战之地也，四面受敌，谓之四战之地。宜存之以为吾扞蔽。"宋时赵韩王劝太祖缓取太原，意亦如此。殷悦。环每战，身先士卒，先，悉荐翻。与众同甘苦；常置针药于座右，战罢，索伤者于帐前，自傅治之。针，诸深翻。索，山客翻。治，直之翻。士卒隶环麾下者相贺曰："吾属得死所矣。"故所向有功。史言为将得士卒之死力者胜。

12 楚大举水军击汉，围封州。宋白曰：封州即汉苍梧郡之广信县也，梁置梁信郡，隋置封州，在丰水之阳。汉主以周易筮之，遇大有，龟为卜，策为筮。以四十九策信手分开，视其奇耦，三变而成爻，十有八变而成卦。于是大赦，改元大有；命左右街使苏章将神弩三千、战舰百艘救封州。汉都番禺，仿唐上京，置左、右街使。九域志：广州西至封州六百一十里。章至贺江，沈铁絙于水，沈，持林翻。絙，居登翻。两岸作巨轮挽絙，筑长堤以隐之，伏壮士于堤中。章以轻舟逆战，阳不利，楚人逐之，入堤中；挽轮举絙，楚舰不能进退，以强弩夹水射之，射，而亦翻。楚兵大败，解围遁去。汉主以章为封州团练使。

13 夏，四月，以邺都留守从荣为河东节度使、北都留守，以客省使太原冯赟为副留守，赟，于伦翻。夹马指挥使新平杨思权为步军都指挥使以佐之。戊寅，以宣武节度使石敬瑭为邺都留守、天雄节度使，加同平章事；以枢密使范延光为成德节度使。丙戌，以枢密使安重诲兼河南尹，以河南尹从厚为宣武节度使，仍判六军诸卫事。从厚本以河南尹判六军诸卫事，今易镇汴州而判六军诸卫事如故。

14 吴右雄武军使苗璘、静江统军王彦章将水军万人攻楚岳州，至君山，岳州治巴陵，洞庭湖在巴陵西，君山在洞庭湖口，方六十里。楚王殷遣右丞相许德勋将战舰千艘御之。德勋曰："吴人掩吾不备，见大军，必惧而走。"乃潜军角子湖，使王环夜帅战舰三百，绝【章：十二行本"绝"上有"屯阳林浦"四字；乙十一行本同；退斋校同；张校同，云无注本亦无。】吴归路。帅，读曰率。迟明，吴人进军荆江口，迟，直二翻。荆江口，洞庭湖与大江会处。将会荆南兵攻岳州，丁亥，至道人矶。德勋命战棹都虞候詹信以轻舟三百出吴军后，德勋以大军当其前，夹击之，吴军大败，虏璘及彦章以归。

15 初，义武节度使兼中书令王都镇易定十馀年，梁均王龙德元年，王都得定州，至是九年。自除刺史以下官，租赋皆赡本军。及安重诲用事，稍以法制裁之；帝亦以都篡父位，恶之。王都囚其父处直而篡其位，见二百七十一卷后梁均王龙德元年。恶，乌路翻。时契丹数犯塞，数，所角翻。朝廷多屯兵于幽、易间，瓦桥、卢〔芦〕台皆在幽、易之间。大将往来，都阴为之备，浸成猜阻。都恐朝廷移之他镇，腹心和昭训劝都为自全之计，都乃求婚于卢龙节度使赵德钧。又知成德节度使王建立与安重诲有隙，遣使结为兄弟，阴与之谋复河北故事，欲复如唐河北诸镇世袭，不输朝廷贡赋，不受朝廷征发。建立阳许而密奏之。都又以蜡书遗青、徐、潞、益、梓五帅，离间之。是时青帅霍彦威，徐帅房知温，潞帅毛璋，益帅孟知祥，梓帅董璋，皆倔强难制者也。遗，唯季翻；下金遗同。间，古苋翻。又遣人说北面副招讨使归德节度使王晏球，说，式芮翻。晏球不从；乃以金遗晏球帐下，使图之，不克；遗，于季翻。癸巳，晏球以都反状闻，诏宣徽使张延朗与北面诸将议讨之。北面诸将，谓招讨王晏球及所部戍幽、易间诸将及幽州帅赵德钧也。

16 戊戌，吴徙常山王濛为临川王。

17 庚子，诏削夺王都官爵。壬寅，以王晏球为北面招讨使，权知定州行州事，以横海节度使安审通为副招讨使，以郑州防御使张虔钊为都监，监，古衔翻。发诸道兵会讨定州。是日，晏球攻定州，拔其北关城。权知定州行州事者，以未得定州城，使王晏球权知行州事于城外，以招抚定州之民。盖此命未颁，晏球之兵已至定州城下矣。都以重赂求救于奚酋秃馁，秃馁即围庄宗者，虏酋之桀也。酋，慈秋翻。五月，秃馁以万骑突入定州；晏球退保曲阳，曲阳，汉之上曲阳县，隋改为恒阳；唐元和十五年更名曲阳，避穆宗名也，属定州。九域志：县在州西六十里。都与秃馁就攻之。晏球与战于嘉山下，大破之，秃馁以二千骑奔还定州。晏球追至城门，因进攻之，得其西关城。定州城坚，不可攻，晏球增修西关城以为行府，置招讨使行府及定州行州于西关城。使三州民输税供军食而守之。三州，定、祁、易也。王晏球之攻定州，以持久弊之，此其先定之计也。

18 辛酉，以天雄节度副使赵敬怡为枢密使。

19 王晏球闻契丹发兵救定州，将大军趣望都，趣，七喻翻。遣张延朗分兵退保新乐。九域志：望都县在定州东北六十里，新乐县在州西南五十里。延朗遂之真定，之，往也。同光初，建北都于镇州，以镇州为真定府，寻废北都而真定府不废。九域志：自新乐县西南至真定七十里。留赵州刺史朱建丰将兵修新乐城。契丹已自他道入定州，与王都夜袭新乐，破之，杀建丰。乙丑，王晏球、张延朗会于行唐，九域志：行唐县在真定府北五十五里。丙寅，至曲阳。自行唐西北至曲阳三十许里。王都乘胜，悉其众与契丹五千骑合万馀人，邀晏球等于曲阳，丁卯，战于城南。晏球集诸将校令之曰："王都轻而骄，将，即亮翻。校，户教翻。令，鲁定翻。轻，牵正翻。可一战擒也。今日，诸君报国之时也。悉去弓矢，去，羌吕翻。以短兵击之，回顾者斩！"于是骑兵先进，奋楇挥剑，直冲其阵，大破之，僵尸蔽野；用短兵则将士齐致死，直冲其阵则敌不及拒。北人所恃者弓矢，既入其阵，皆不得用，而楇剑所及，不死则伤，是以甚败。楇，则瓜翻。

僵，居良翻。陈，读曰阵。契丹死者过半，过，音戈。馀众北走；都与秃馁得数骑，仅免。卢龙节度使赵德钧邀击契丹，北走者殆无孑遗。孑，吉列翻，单也，言无单孑得遗也。

20 吴遣使求和于楚，请苗璘、王彦章；楚王殷归之，使许德勋饯之。德勋谓二人曰："楚国虽小，旧臣宿将犹在，愿吴朝勿以措怀。朝，直遥翻。必俟众驹争皂栈，皂，才早翻。栈，士限翻。皂，马枥也。栈，以竹木藉之。然后可图也。"时殷多内宠，嫡庶无别，诸子骄奢，故德勋语及之。别，彼列翻。其后马氏诸子争国，南唐乘而取之，卒如许德勋之言。然德勋相楚，知其将乱，不以告戒其主而以语邻国之人，非忠也。左传郑子太叔谓晋张趯有智，然犹在君子之后者，正此类也。

21 六月，辛巳，高季兴复请称藩于吴，吴徐温议不受高季兴称臣，见上卷上年五月。吴进季兴爵秦王，帝诏楚王殷讨之。殷遣许德勋将兵攻荆南，以其子希范为监军，次沙头；次沙头，则已逼江陵矣。季兴从子云猛指挥使从嗣单骑造楚壁，请与希范挑战决胜，副指挥使廖匡齐出与之斗，拉杀之。从子，才用翻。造，七到翻。挑，徒了翻。廖，力救翻。拉，卢合翻。季兴惧，明日，请和，德勋还。匡齐，赣人也。还，从宣翻，又如字。赣县属虔州。赣，音绀。

22 王晏球知定州有备，未易急攻，易，以豉翻。朱弘昭、张虔钊宣言大将畏怯；有诏促令攻城。晏球不得已，乙未，攻之，杀伤将士三千人。张虔钊不知鉴定州之事，其后急攻凤翔，以致败国，身为亡虏，其误明宗之社稷多矣。

23 先是，诏发西川兵戍夔州，备高季兴也。先，昔荐翻。孟知祥遣左肃边指挥使毛重威将三千人往。顷之，知祥奏"夔、忠、万三州已平，请召戍兵还，还，从宣翻，又如字。以省馈运。"孟知祥恐戍兵为唐所留，坐自削弱，故请召还。帝不许。知祥阴使人诱之，诱，音酉。重威帅其众鼓噪逃归；帝命按其罪，知祥请而免之。

史言唐之威令不行于蜀中。

24 陕州行军司马王宗寿请葬故蜀主王衍，王衍死于长安，见二百七十四卷元年。陕，失冉翻。秋，七月，【章：十二行本“月”下有“乙巳”二字；乙十一行本同；张校同，云无注本亦无。】赠衍顺正公，以诸侯礼葬之。王宗寿，许州民家子也，王建以其同姓，录之为子。事王衍，数直谏，衍不听，以至亡国。衍死，宗寿东迁，至渑池，闻庄宗遇弑，逃入熊耳山。至是复出，诣京师，求衍宗族葬之。帝嘉其忠，以为保义行军司马，得衍等十八丧，葬之长安南三赵村。

25 北面招讨使安审通卒。“招讨”之下当有“副”字。

26 东都民有犯私麴者，留守孔循族之。或请听民造麴，而于秋税亩收五钱；己未，敕从之。按唐初无榷酒之法。德宗建中三年初榷天下酒，悉令官酿，斛收直三千，米虽贱不得减二千；委州县综领，醨薄、私酿罪有差；京师特免榷。元和六年，京兆府奏榷酒钱除出正酒户外，一切随两税青苗据贯均率。会昌六年敕：“扬州八道置榷麴并置官店沽酒，代百姓纳榷酒钱，并充资助军用。有人私沽酒及置私麴者，罪止一身。”至是，以孔循过行酷法，敕：“应三京、邺都诸道州府乡村人户，于夏秋田苗上每亩纳麴钱五文足陌，一任百姓造麴酝酒供家，其钱随夏秋征纳，并不折色。其京都及诸道县镇坊界及关城草市内，应逐年卖官麴酒户，便许自造麴酝酒货卖。应诸处麴务，仰十分减八分价钱出卖，不得更请官本踏造。”麴，音曲。

27 壬戌，契丹复遣其酋长惕隐将七千骑救定州，复，扶又翻。王晏球逆战于唐河北，惕，他力翻。水经注：滱水出代郡灵丘县高氏山，东南过中山上曲阳县，又东过唐县，谓之唐河。大破之；甲子，追至易州。时久雨水涨，契丹为唐所俘斩及陷溺死者，不可胜数。胜，音升。

28 戊辰，以威武节度使王延钧为闽王。

29 契丹北走，道路泥泞，泞，乃定翻。人马饥疲，入幽州境。八月，壬【章：十二行本“壬”作“甲”；乙十一行本同；张校同，云无注本亦误“壬”。】戌，赵德钧遣牙将武从谏将精骑邀击之，分兵扼险要，生擒惕隐等数百人；馀众散投村落，村民以白梃击之，梃，徒顶翻，杖也。其得脱归国者不过数十人。自是契丹沮气，不敢轻犯塞。沮，在吕翻。

30 初，庄宗徇地河北，获小儿，畜之宫中，及长，畜，吁玉翻。长，知两翻。赐姓名李继陶；帝即位，纵遣之。王都得之，使衣黄袍坐堞间，欧史曰：帝即位，安重诲出继陶以乞段徊，徊亦恶而逐之，都使人求得之。衣，于既翻。堞，达协翻。谓王晏球曰："此庄宗皇帝子也，已即帝位。公受先朝厚恩，曾不念乎！"王晏球即杜晏球。庄宗之灭梁也，晏球以军降，庄宗赐以姓名而用之。王都欲以此动晏球。晏球曰："公作此小数竟何益！吾今教公二策，不悉众决战，则束手出降耳，自馀无以求生也。"

31 王建立以目不知书，请罢判三司，不许。

32 乙未，吴大赦。

33 吴越王镠欲立中子传瓘为嗣，中，读曰仲。谓诸子曰："各言汝功，吾择多者而立之。"言欲择功多者立以为嗣。传瓘兄传琇、传璙、传璟皆推传瓘，琇，殊六翻。璙，力吊翻，又力小翻。璟，于景翻，又古永翻。乃奏请以两镇授传瓘。闰月，丁未，诏以传瓘为镇海、镇东节度使。

34 戊申，赵德钧献契丹俘惕隐等，诸将皆请诛之，帝曰："此曹皆虏中之骁将，杀之则虏绝望，不若存之以纾边患。"纾，商居翻，缓也。乃赦惕隐等酋长五十人，置之亲卫，后唐盖仿盛唐之制，朝会立仗有亲、勋、翊三卫。馀六百人悉斩之。为契丹屡求惕隐等张本。

35 契丹遣梅老季素等入贡。

36 初，卢文进来降，事见上卷元年。契丹以蕃汉都提举使张希崇代之为卢龙节度使，守平州，遣亲将以三百骑监之。监，工衔翻。希崇本书生，为幽州牙将，没于契丹，欧史曰：刘守光使张希崇戍平州，契丹陷平州得之。性和易，契丹将稍亲信之，易，以豉翻。将，即亮翻。因与其部曲谋南归。部曲泣曰："归固寝食所不忘也，然虏众我寡，奈何？"希崇曰："吾诱其将杀之，诱，音酉。兵必溃去。此去虏帐千馀里，比其知而征兵，比，必利翻，及也。吾属去远矣。"众曰："善！"乃先为阱，实以石灰，阱，才性翻。石灰，凿取山石，煅之为灰，今在处有之。明日，召虏将饮，醉，并从者杀之，投诸阱中。从，才用翻。其营在城北，亟发兵攻之，此所发者汉兵也。契丹众皆溃去。希崇悉举其所部二万馀口来奔，诏以为汝州刺史。欧史曰：以为汝州防御使。

37 吴王太后殂。吴主之母王氏也。

38 九月，辛巳，荆南败楚兵于白田，执楚岳州刺史李廷规，归于吴。九域志：岳州巴陵县有白田镇。时荆南称藩于吴。败，补卖翻。

39 乙未，敕以温韬发诸陵，段凝反覆，令所在赐死。去年，温韬流德州，段凝流辽州。

40 己亥，以武宁节度使房知温兼荆南行营招讨使，知荆南行府事；分遣中使发诸道兵赴襄阳，以讨高季兴。前年刘训讨荆南不克，今复招讨之。

41 辛丑，徙庆州防御使窦廷琬为金州刺史；冬，十月，廷琬据庆州拒命。

42 丙午，以横海节度使李从敏兼北面行营副招讨使。代安审通也。从敏，帝之从子也。从子，才用翻。

43 戊申，诏静难节度使李敬通【章：十二行本"通"作"周"；乙十一行本同。】发兵讨窦廷琬。庆州，静难军巡属也，故使讨之。难，乃旦翻。

44 王都据定州，守备固，伺察严，伺，相吏翻。诸将屡有谋翻城应官军者，皆不果。帝遣使者促王晏球攻城，晏球与使者联骑巡城，骑，奇计反。指之曰："城高峻如此，借使主人听外兵登城，亦非梯冲所及。梯，云梯。冲，冲车。徒多杀精兵，无损于贼，如此何为！不若食三州之租，爱民养兵以俟之，彼必内溃。”帝从之。用兵之术，攻城最难。然攻城有二术：城有外援，则须悉力急攻，以求必克；城无外援，则持久以弊之，在我者兵力不损而坐收全胜。古之善用兵者皆知此术也。

45 十一月，有司请为哀帝立庙，诏立庙于曹州。为，于伪翻。梁太祖开平二年弑唐哀帝于曹州，事见二百六十六卷。

46 平卢节度使晋忠武公霍彦威卒。

47 忠州刺史王雅取归州。忠州时属夔州宁江军，西方邺所部也。归州时属荆南军，高季兴所部也。

48 庚寅，皇子从厚纳孔循女为妃，循因之得之大梁，时孔循兼留守东都，帝在大梁。得之者，得往也。有职守者不得擅离职守，今循因嘉礼得至行在所。“得之”，本或作“得至”。按唐都洛阳，以大梁为东都，孔循职守在东都，而曰得之大梁者，盖安重诲怒孔循，自枢密出为忠武帅兼东都留守，时帝在大梁，循未得领留守之职，今因嫁女得至东都耳。以下文促令归镇明之，可以知矣。厚结王德妃之党，乞留。安重诲具奏其事，力排之，礼毕，嘉礼毕也。促令归镇。复归忠武军所镇。

49 甲午，以中书侍郎、同平章事王建立同平章事，充平卢节度使。

50 丙申，上问赵凤：“帝王赐人铁券，何也？”对曰：“与之立誓，令其子孙长享爵禄耳。”上曰：“先朝受此赐者止三人，薛居正五代史：庄宗同光二年正月甲寅，帝御中兴殿，面赐郭崇韬铁券；二月丁亥，赐李嗣源铁券；二年，赐朱友谦姓名李继麟，入属籍，赐铁券。崇韬、继麟寻皆族灭，二人族灭事见二百七十四卷元年。朝，直遥翻。朕得脱如毫厘耳。”帝为庄宗所猜忌，又困于谗，事始于二百七十三卷同光三年取邺都细铠之时，讫于二百七十四卷元年出邺都在魏县之日。因叹息久之。赵凤曰：“帝王心存大信，固不必刻之金石也。”

51 十二月，甲辰，李敬周奏拔庆州，族窦廷琬。

52 荆南节度使高季兴寝疾，命其子行军司马、忠义节度使、同平章事从诲权知军府事；丙辰，季兴卒。考异曰：唐明宗实录："天成三年十一月壬午，房知温奏高季兴卒。"烈祖实录亦云"乾贞二年十一月，季兴卒"。盖传闻之误。按陶谷季兴神道碑及勃海行年记，皆云"十二月十五日卒"，今从之。吴主以从诲为荆南节度使兼侍中。高从诲，字遵圣，季兴长子也。

53 史馆修撰张昭远上言："臣窃见先朝时，皇弟、皇子皆喜俳优，喜，许计翻。入则饰姬妾，出则夸仆马；习尚如此，何道能贤！言何道而能为贤人也。诸皇子宜精择师傅，令皇子屈身师事之，讲礼义之经，论安危之理。古者人君即位则建太子，所以明嫡庶之分，塞祸乱之源。今卜嗣建储，臣未敢轻议。至于恩泽赐与之间，昏姻省侍之际，嫡庶长幼，宜有所分，示以等威，绝其侥冀。"分，扶问翻。塞，昔则翻。省，昔井翻。长，知两翻。侥，坚尧翻。帝赏叹其言而不能用。自梁开平以来，至于天成，惟张昭远一疏能以所学而论时事耳。不有儒者，其能国乎！惜其言之不用也。史言赏叹而不能用，呜呼！帝之赏叹者，亦由时人言张昭远儒学而赏叹之耳，岂知所言深有益于人之国哉！

54 闽王延钧度民二万为僧，由是闽中多僧。

55 河东节度使、北都留守从荣，年少骄很，少，诗照翻。很，户恳翻。不亲政务，帝遣左右素与从荣善者往与之处，使从容讽导之。处，昌吕翻。从，千容翻。其人私谓从荣曰："河南相公恭谨好善，亲礼端士，有老成之风；从厚时为河南尹，故称之为河南相公。端士，正士也。好，音呼到翻。相公齿长，长，知两翻。言从荣之年长于从厚也。宜自策励，勿令声问出河南之下。"从荣不悦，退，告步军都指挥使杨思权曰："朝廷之人皆推从厚而短我，我其废乎！"思权曰："相公手握强兵，且有思权在，何忧！"因劝从荣多募部曲，缮甲兵，阴为自固之备。观从荣之问与杨思权之对，其所以求自安者乃所以自危也。又谓帝左右曰："君每誉弟而抑其兄，誉，音余。我辈岂不能助之邪！”其人惧，以告副留守冯赟，赟密奏之。帝遣左右讽导从荣，是其密受上指最为亲切。从荣之不悦，杨思权之胁持，凡此情状，其人当密以奏闻，安得以告冯赟而待赟奏之也，此其间必有曲折。帝召思权诣阙，以从荣故，亦弗之罪也。帝不罪杨思权，其后遂为从厚之祸。然二子嫌隙已构，虽罪思权，亦末如之何矣。

四年（己丑、九二九）

1 春，正月，冯赟入为宣徽使，谓执政曰：“从荣刚僻而轻易，易，以豉翻。宜选重德辅之。”

2 王都、秃馁欲突围走，不得出。二月，癸丑，定州都指挥使马让能开门纳官军，都举族自焚，擒秃馁及契丹二千人。王晏球自去年四月攻王都，至是克之。辛亥，以王晏球为天平节度使，与赵德钧并加兼侍中。赏王晏球，以平王都之功也；赏赵德钧，以擒惕隐之功也。秃馁至大梁，斩于市。

3 枢密使赵敬怡卒。

4 甲子，帝发大梁。

5 丁卯，门下侍郎、同平章事崔协卒于须水。唐初置须水县，贞观中并入郑州管城县。九域志：郑州荥阳县有须水镇。卒，音子恤翻。

6 庚午，帝至洛阳。二年冬十月，帝如大梁，至是还洛阳。

7 王晏球在定州城下，日以私财飨士，自始攻至克城未尝戮一卒。三月，辛巳，晏球入朝，帝美其功；晏球谢久烦馈运而已。史言王晏球有功而不伐。

8 皇子右卫大将军从璨性刚，安重诲用事，从璨不为之屈。为，于伪翻。帝东巡，即谓如大梁时也。以从璨为皇城使。从璨与客宴于会节园，会节园在洛阳城中。张全义镇洛岁久，私第在会节坊，室宇园池为一时巨丽，输之官以为会节园。酒酣，戏登御榻，凡御园设御榻，游幸之所御也。重诲奏请诛之；丙戌，赐从璨死。

9 横山蛮寇邵州，邵州，汉为昭陵县，属长沙国，东汉属长沙、零陵二郡，又改昭陵为昭阳县。吴立邵陵郡，晋武帝改昭阳曰邵阳县。隋废郡，唐置南梁州，改为邵州，时属楚境。

10 楚王殷命其子武安节度副使、判长沙府希声知政事，总录内外诸军事，自是国政先历希声，乃闻于殷。希声，字若讷，殷次子也。为杀高郁张本。

11 夏，四月，庚子朔，禁铁锡钱。时湖南专用锡钱，铜钱一直锡钱百，流入中国，法不能禁。马殷得湖南，铸锡为钱，本用之境内，其后遂流入中国。五代会要：同光二年三月敕："泉布之弊，杂以铅锡，江湖之外，盗铸尤多，市肆之间，公行无畏。因是纲商挟带，舟载往来，换易好钱，藏贮富室，实为蠹弊，须有条流。宜令京城及诸道于市行使钱内点检，杂恶铅锡并宜禁断。沿江州县，每有舟船到岸，严加觉察，若私载往来，并宜收纳。"天成元年十二月敕："行使铜钱之内，如闻挟带铁钱，若不严加科流，转恐私加铸造。应中外所使铜钱内铁镴钱即宜毁弃，不得辄更有行使。如违，其所使钱不计多少，并纳入官，仍科深罪。"盖铁锡钱之禁旧矣，今又申严之而不能禁也。

12 丙午，楚六军副使王环败荆南兵于石首。败，补卖翻。

13 初令缘边置场市党项马，不令诣阙。先是，党项皆诣阙，以贡马为名，国家约其直酬之，加以馆谷赐与，岁费五十馀万缗；有司苦其耗蠹，故止之。五代会要曰：自上御极以来，党项之众竞赴阙下卖马，常赐食于禁廷，醉则连袂歌其土风。凡将到马，无驽良，并云上进，虽约给价直，然馆给赐赉，耗蠹为多，虽降敕止之，竟不能行。党，底朗翻。

14 壬子，以皇子从荣为河南尹、判六军诸卫事，从厚为河东节度使、北都留守。两易二子之任。

15 契丹寇云州。

16 甲寅，以端明殿学士、兵部侍郎赵凤为门下侍郎、同平章事。

17 五月，乙酉，中书言："太常改谥哀帝曰昭宣光烈孝皇帝，庙号景宗。既称宗则应入太庙，在别庙则不应称宗。”哀帝庙在曹州。乃去庙号。去，羌吕翻。

18 帝将祀南郊，遣客省使李仁矩以诏谕西川，令西川献钱一百万缗，东川五十万缗；皆辞以军用不足，西川献五十万缗，东川献十万缗。仁矩，帝在藩镇时客将也，为安重诲所厚，恃恩骄慢。至梓州，东川节度治梓州。董璋置宴召之，日中不往，方拥妓酣饮。妓，渠绮翻。璋怒，从卒徒执兵入驿，立仁矩于阶下而诟之曰：“公但闻西川斩李客省，诟，古候翻，又许侯翻。李客省，谓李严也。斩李严见上卷二年。谓我独不能邪！”仁矩流涕拜请，仅而得免；既而厚赂仁矩以谢之。欲以赂绝其口。仁矩还，言璋不法。未几，几，居启翻。帝复遣通事舍人李彦珣诣东川，复，扶又翻。入境，失小礼，璋拘其从者，从，才用翻。彦珣奔还。还，从宣翻，又如字。

19 高季兴之叛也，见上卷二年。其子从诲切谏，不听。从诲既袭位，谓僚佐曰：“唐近而吴远，【章：十二行本“远”下有“舍近臣远”四字；乙十一行本同；退斋校同；张校同，云无注本亦无。】非计也。”乃因楚王殷以谢罪于唐。又遗山南东道节度使安元信书，遗，惟季翻。求保奏，复修职贡。丙申，元信以从诲书闻，帝许之。

20 契丹寇云州。一月之间再寇云州者，契丹主耶律德光渐西徙也。

21 六月，戊申，复以邺都为魏州，庄宗同光元年即位于魏州，以魏州为兴唐府，建东京。既迁洛，同光三年，复唐之旧，以洛阳为东都，改魏州之东京为邺都，今复以为魏州。留守、皇城使并停。

22 庚申，高从诲自称前荆南行军司马、归州刺史，上表求内附。秋，七月，甲申，以从诲为荆南节度使兼侍中。己丑，罢荆南招讨使。讨荆南事始上卷二年，今以其内附罢兵。

23 八月，吴武昌节度使兼侍中李简以疾求还江都，扬州治江都县，吴所都也。癸丑，卒于采石。徐知询，简婿也，擅留简亲兵二千人于金陵，徐知询时代父温镇金陵。表荐简子彦忠代父镇鄂州，武昌节度使治鄂州。徐知诰以龙武统军柴再用为武昌节度使；知询怒曰："刘崇俊，兄之亲，三世为濠州；吴初用刘金为濠州刺史；金卒，子仁规代之；仁规卒，子崇俊代之。彦忠吾妻族，独不得邪！"

24 初，楚王殷用都军判官高郁为谋主，马殷初得潭州，即用高郁为谋主。国赖以富强，如收茶征、令民种桑、以缯纩充赋之类。邻国皆疾之。庄宗入洛，殷遣其子希范入贡，见二百七十二卷庄宗同光元年。庄宗爱其警敏，曰："比闻马氏当为高郁所夺，今有子如此，郁安能得之！"此言所以间高郁也。比，毗至翻。高季兴亦以流言间郁于殷，间，古苋翻。殷不听，乃遣使遗节度副使、知政事希声书，遗，惟季翻。盛称郁功名，愿为兄弟。使者言于希声曰："高公常云'马氏政事皆出高郁'，此子孙之忧也。"希声信之。行军司马杨昭遂，希声之妻族也，谋代郁任，日谮之于希声。希声屡言于殷，称郁奢僭，且外交邻藩，请诛之。殷曰："成吾功业，皆郁力也；汝勿为此言！"希声固请罢其兵柄，乃左迁郁行军司马。郁谓所亲曰："亟营西山，吾将归老。西山，即长沙西岸岳麓诸山也。猘子渐大，能咋人矣。"猘，征例翻。犬强为猘。咋，钼陌翻，啮也。希声闻之，益怒，明日，矫以殷命杀郁于府舍，府舍，荆南军府署舍也。榜谕中外，诬郁谋叛，并诛其族党。至暮，殷尚未知，是日，大雾，殷谓左右曰："吾昔从孙儒渡淮，唐昭宗光启三年，马殷从孙儒渡淮，事见二百五十七卷。每杀不辜，多致兹异。马步院岂有冤死者乎？"时诸镇皆有马步司，置狱院以鞫囚。今大藩亦有兵马司。明日，吏以郁死告，殷抚膺大恸曰："吾老耄，政非己出，使我勋旧横罹冤酷！"横，户孟翻。既而顾左右曰："吾亦何可久处此乎！"盖是时马殷尸居而已，不复能制其子。处，昌吕翻。

25 九月，上与冯道从容语及年谷屡登，从，千容翻。屡，龙遇翻。四方无事。道曰：“臣常记昔在先皇幕府，谓为河东掌书记时也。奉使中山，历井陉之险，自太原使中山经井陉之道。陉，音刑。臣忧马蹶，执辔甚谨，幸而无失；逮至平路，放辔自逸，俄至颠陨。凡为天下者亦犹是也。”上深以为然。上又问道：“今岁虽丰，百姓赡足否？”道曰：“农家岁凶则死于流殍，殍，被表翻。岁丰则伤于谷贱，丰凶皆病者，惟农家为然。臣记进士聂夷中诗云：‘二月卖新丝，五月粜新谷；医得眼下疮，剜却心头肉。’语虽鄙俚，曲尽田家之情状。谓丝谷未熟，农家艰食，先称贷以自给，至于卖丝粜谷仅足以偿债耳。聂，尼辄翻。粜，他吊翻。剜，乌丸翻。农于四人之中最为勤苦，士、农、工、商，是谓四民。唐避太宗讳，率谓民为人。人主不可不知也。”上悦，命左右录其诗，常讽诵之。

26 鄜州兵戍东川者归本道，鄜，音夫。董璋擅留其壮者，选羸老归之，羸，伦为翻。仍收其甲兵。

27 癸巳，西川右都押牙孟容弟为资州税官，坐自盗抵死，律，监临自盗，赃重者至死。抵，至也。观察判官冯瑑、中门副使王处回为之请，瑑，柱兖翻。为，于伪翻。孟知祥曰：“虽吾弟犯法，亦不可贷，况他人乎！”

28 吴越王镠居其国好自大，朝廷使者曲意奉之则赠遗丰厚，不然则礼遇疏薄。好，呼到翻。遗，惟季翻；下同。尝遗安重诲书，辞礼颇倨。薛史曰：钱镠致书安重诲云：“吴越国王致书于某官执事。”不叙寒暄。重诲怒其无礼。帝遣供奉官乌昭遇、考异曰：吴越备史、十国纪年皆云“监门卫上将军”，盖借官耳。今从实录等诸书。韩玫使吴越，玫，莫杯翻。昭遇与玫有隙，使还，使，疏吏翻。还，从宣翻，又如字。玫奏：“昭遇见镠，称臣拜舞，谓镠为殿下，及私以国事告镠。”安重诲奏赐昭遇死。癸巳，制镠以太师致仕，自馀官爵皆削之，凡吴越进奏官、使者、纲吏，令所在系治之。治，直之翻。镠令子传瓘等上表讼冤，皆不省。省，昔井翻。

29 初，朔方节度使韩洙卒，梁均王乾化四年，韩洙嗣镇朔方。弟澄为留后。未几，定远军使李匡宾聚党据保静镇作乱，几，居岂翻。保静，隋之弘静县也，唐神龙元年，改曰安静，至德元载，改曰保静县，属灵州。宋白曰：保静镇在黄河北岸。朔方不安；冬，十月，丁酉，韩澄遣使赍绢表乞朝廷命帅。帅，所类翻。

前磁州刺史康福，善胡语，上退朝，多召入便殿，访以时事，福以胡语对；安重诲恶之，恶其以胡语奏事，在左右者莫之晓也。恶，乌路翻。常戒之曰："康福，汝但妄奏事，会当斩汝！"福惧，求外补。重诲以灵州深入胡境，为帅者多遇害，戊戌，以福为朔方、河西节度使。唐之盛时，河西节度使治凉州，与朔方、陇西并为缘边大镇；肃、代以后沦陷；宣宗大中间收复，然隔以吐蕃、党项，朝廷悬属而已。至于唐末，以朔方兼节度河西，然亦声势不接。赵珣聚米图经：灵州西至凉州九百里。福见上，涕泣辞之；上命重诲为福更他镇，为，于伪翻。更，工行翻。重诲曰："福自刺史无功建节，尚复何求！复，扶又翻。且成命已行，难以复改。"上不得已，谓福曰："重诲不肯，非朕意也。"福辞行，上遣将军牛知柔、河中都指挥使卫审峹等将兵万人卫送之。审峹，徐州人也。峹，与都同。

30 辛亥，割阆、果二州置保宁军，壬子，以内客省使李仁矩为节度使。欲以制西川也。为李仁矩败没张本。按职官分纪，五代有内客省使、客省使、副使，各一官。通鉴于天成二年三月书客省使李仁矩，今书内客省使，岂自客省使升为内客省使邪？

先是，西川常发刍粮馈峡路，先，悉荐翻。孟知祥辞以本道兵自多，难以奉他镇，峡路时别为宁江军，故云然。诏不许，屡督之；甲寅，知祥奏称财力乏，不奉诏。

31 吴诸道副都统、镇海宁国节度使兼侍中徐知询自以握兵据上流，金陵在广陵上流。意轻徐知诰，数与知诰争权，内相猜忌，数，所角翻。知诰患之；内枢密使王令谋曰："公辅政日久，挟天子以令境内，谁敢不从！知询年少，恩信未洽于人，无能为也。"少，诗照翻。知询待诸弟薄，诸弟皆怨之。徐玠知知询不可辅，反持其短以附知诰。徐玠本劝徐温以知询代知诰者也，其事见本卷上年十月。吴越王镠遗知询金玉鞍勒、器皿，皆饰以龙凤；知询不以为嫌，乘用之。钱镠以此间徐知询，知询不之觉，其庸昧如此。路振九国志以为钱弘佐所遗，非也。知询典客周廷望说知询曰："公诚能捐宝货以结朝中勋旧，使皆归心于公，则彼谁与处！"说，式芮翻。朝，直遥翻。处，昌吕翻。彼，谓徐知诰也。知询从之，使廷望如江都谕意。谕，音喻。廷望与知诰亲吏周宗善，密输款于知诰，款，诚也。亦以知诰阴谋告知询。周廷望处人兄弟之间，而反覆两端，固取死之道也。知询召知诰诣金陵除父温丧，知诰称吴主之命不许，周宗谓廷望曰："人言侍中有不臣七事，徐知询之代父镇金陵也，加侍中，故以称之。宜亟入谢！"诱之入朝，徐知诰之计也。廷望还，以告知询。十一月，知询入朝，知诰留知询为统军，领镇海节度使，遣右雄武都指挥使柯厚征金陵兵还江都，姓谱：柯姓，吴公子柯卢之后。又拓跋兴，诸姓有柯拔氏改为柯氏。知诰自是始专吴政。史言徐知诰之篡事至此方成。知询责知诰曰："先王违世，先王，谓徐温也。兄为人子，初不临丧，可乎？"知诰曰："尔挺剑待我，挺，待鼎翻，拔也。我何敢往！尔为人臣，畜乘舆服御物，亦可乎？"畜，敕六翻。乘，绳证翻。谓知询用钱镠所遗龙凤饰鞍勒、器皿也。天子服用之物，谓之乘舆物。知询又以廷望所言诘知诰，诘，去吉翻。知诰曰："以尔所为告我者，亦廷望也。"遂斩廷望。

32 壬辰，吴主加尊号曰睿圣文明光孝皇帝，大赦，改元大和。

33 康福行至方渠，羌胡出兵邀福，福击走之；至青刚峡，自方渠橐驼路出青冈峡，过旱海至灵州。赵珣聚米图经曰：环州洪德寨归德、青刚两川，归德川在洪德东透入盐州，青刚川在洪德西北，本灵州大路，自此过美利寨入浦洛河，至耀德清边镇入灵州。自过美利寨后渐入平夏，经旱海中，难得水泉。遇吐蕃野利、大虫二族数千帐，皆不觉唐兵至，福遣卫审峰掩击，大破之，杀获殆尽。由是威声大振，遂进至灵州，自是朔方始受代。

34 十二月，吴加徐知诰兼中书令，领宁国节度使。徐知诰夺知询宁国节而自领之。知诰召徐知询饮，以金钟酌酒赐之，曰："愿弟寿千岁。"知询疑有毒，引他器均之，跽献知诰曰："愿与兄各享五百岁。"跽，其几翻，跣跽也。知诰变色，左右顾，不肯受，知询捧酒不退。左右莫知所为，伶人申渐高径前为诙谐语，掠二酒合饮之，不以礼取之为掠。合，音閤。怀金钟趋出，知诰密遣人以良药解之，已脑溃而卒。考异曰：郑文宝南唐近事："烈祖曲宴便殿，引鸩觥赐周本，本疑而不饮，佯醉，别引一卮，均酒之半，跪捧而进曰：'陛下千万岁。陛下若不饮此，非君臣同心同德之义也，臣不敢奉诏。'上色变无言，久之，左右皆相顾流汗，莫知所从。伶伦申渐高有机智者，窃谕其旨，乃乘谈谐，尽并两盏以饮之，内杯于怀中，亟趋而出。上密使亲信持药诣私第解之，已不及矣，渐高脑溃而卒。"江表志："烈祖曲宴，引金钟赐知询酒，曰：'愿我弟百千长寿。'知询疑惧，引他器均之，曰：'愿与兄各享五百岁。'知诰不饮。久之，乐工申渐高乘诙谐并而饮之，至家脑溃而卒。"二书皆出文宝，而不同乃尔。按知诰既即位，欲除周本，自应多方，不须如此。云鸩知询近是，今从之。

35 奉国节度使、知建州王延禀称疾退居里第，请以建州授其子继雄；庚子，诏以继雄为建州刺史。时王延禀既与王延钧弑其君延翰，兵强权重，建州又居福州上流，势陵延钧，故不复禀命于延钧而专达洛阳。

36 安重诲既以李仁矩镇阆州，使与绵州刺史武虔裕皆将兵赴治。赴治者，赴治所也。虔裕，帝之故吏，重诲之外兄也。重诲使仁矩诇董璋反状，诇，火迥翻，又翾正翻。仁矩增饰而奏之。朝廷又使武信节度使夏鲁奇治遂州城隍，治，直之翻。缮甲兵，益兵戍之。璋大惧。时道路传言，又将割绵、龙为节镇，孟知祥亦惧。分阆、遂为节镇，欲以制东川也，故董璋惧。绵州逼近成都，而龙州又邓艾入蜀之道也，武虔裕既刺绵州，是亦有分镇之渐矣，重以传闻，故孟知祥亦惧。璋素与知祥有隙，未尝通问，至是，璋遣使诣成都，请为其子娶知祥女；为，于伪翻。知祥许之，谋并力以拒朝廷。为两川连兵攻陷遂、阆张本。

邓广铭标点聂崇岐覆校

中华国学文库

资治通鉴

十二

〔宋〕司马光 编著

〔元〕胡三省 音注

中华书局

资治通鉴卷第二百七十七

端明殿学士兼翰林侍读学士太中大夫
提举西京嵩山崇福宫上柱国河内郡开国公 **司马光** 奉敕编集
食邑二千六百户食实封一千户臣

后学天台 **胡三省** 音注

后唐纪六 起上章摄提格(庚寅)，尽玄黓执徐(壬辰)六月，凡二年有奇。

明宗圣德和武钦孝皇帝中之下

长兴元年(庚寅、九三〇)是年二月方改元。

1 春，正月，董璋遣兵筑七寨于剑门。辛巳，孟知祥遣赵季良如梓州修好。先是董璋在东川，与孟知祥邻镇而未尝通问；天成三年，两镇因争盐利而有违言；去年璋遣使求昏于知祥，今知祥遣报使以修好，两释嫌怨以从讲解，惧朝廷加兵也。同舟遇风则胡、越相应如左右手，斯之谓矣。安重诲患两川之难制，不能因其构隙而斗之，反从而合之，可以为善谋国乎！兵法曰：合则能离之。安重诲反是。好，呼到翻；下同。

2 鸿胪少卿郭在徽奏请铸当五千、三千、一千大钱；朝廷以其指虚为实，无识妄言，左迁卫尉少卿、同正。此唐官所谓“员外置同正员”者也。

3 吴徙平原王澈为德化王。江州德化县，本汉寻阳县。宋白曰：南唐所改。

4 二月，乙未朔，赵季良还成都，谓孟知祥曰：“董公贪残好胜，志大谋短，终为西川之患。”史纪赵季良之言，为董璋攻孟知祥张本。

都指挥使李仁罕、张业欲置宴召知祥，先二日，有尼告二将谋以宴日害知祥；先，悉荐翻。知祥诘之，无状，无谋害之状也。诘，去吉翻。丁酉，推始言者军校都延昌、王行本，腰斩之。校，户教翻。都，姓也。春秋时郑大夫公孙阏字子都，子孙以为氏。戊戌，就宴，尽去左右，去，羌吕翻。独诣仁罕第；仁罕叩头流涕曰："老兵惟尽死以报德。"由是诸将皆亲附而服之。史言孟知祥能推心以得人死力。

5 壬子，孟知祥、董璋同上表言："两川闻朝廷于阆中建节，绵、遂益兵，无不忧恐。"阆中建节，谓置保宁军于阆州；绵、遂益兵，谓武虔裕刺绵州，夏鲁奇帅遂州，皆益兵戍之。事并见上卷上年。上以诏书慰谕之。

6 乙卯，上祀圜丘，大赦，改元。改元长兴。凤翔节度使兼中书令李从曮入朝陪祀，三月，壬申，制徙从曮为宣武节度使。天成元年，李从曮再镇凤翔，至是徙镇。

7 癸酉，吴主立江都王琏为太子。琏，立展翻。

8 丙子，以宣徽使朱弘昭为凤翔节度使。

9 康福奏克保静镇，斩李匡宾。李匡宾据保静镇见上卷上年。

10 复以安义为昭义军。梁均王龙德二年，晋王改昭义军曰安义军，见二百七十一卷。

11 帝将立曹淑妃为后，淑妃谓王德妃曰："吾素病中烦，中烦，谓胸中烦热。倦于接对，妹代我为之。"德妃曰："中宫敌偶至尊，谁敢干之！"庚寅，立淑妃为皇后。德妃事后恭谨，后亦怜之。

初，王德妃因安重诲得进，常德之。欧史曰：德妃王氏，邠州饼家女也，有美色，号花见羞。少卖为梁将刘鄩侍儿。鄩卒，王氏无所归。是时帝正室夏夫人已卒，方求别室，有言王氏于安重诲者，以告于帝而纳之。帝性俭约，及在位久，宫中用度稍侈，重诲每规谏。妃取外库锦造地衣，重诲切谏，引刘后为戒；谓庄宗刘皇后也。妃由是怨之。

12 高从诲遣使奉表诣吴，告以坟墓在中国，高季兴，陕州硖石人也，故云然。恐为唐所讨，吴兵援之不及，谢绝之。高季兴请附于吴，见二百七十五卷天成二年。吴遣兵击之，不克。

13 董璋恐绵州刺史武虔裕窥其所为，按九域志，绵州东南至梓州一百三十七里。以其逼近，故恐为所窥。夏，四月，甲午朔，表兼行军司马，囚之府廷。以兼行军司马诱之，至梓州而囚之。府廷，东川府廷也。

14 宣武节度使符习，自恃宿将，符习本成德将，从庄宗战于河上，故自恃为耆宿。论议多抗安重诲，重诲求其过失，奏之；丁酉，诏习以太子太师致仕。

15 戊戌，加孟知祥兼中书令，夏鲁奇同平章事。

16 初，帝在真定，庄宗同光二年，帝镇真定。李从珂与安重诲饮酒争言，从珂殴重诲，殴，乌口翻。重诲走免；既醒，悔谢，重诲终衔之。至是，重诲用事，自皇子从荣、从厚皆敬事不暇。不暇，谓不敢自暇也。时从珂为河中节度使、同平章事，重诲屡短之于帝，帝不听。重诲乃矫以帝命谕河东牙内指挥使杨彦温使逐之。"河东"当作"河中"。是日，承上戊戌，故曰是日。从珂出城阅马，彦温勒兵闭门拒之，从珂使人扣门诘之曰：诘，去吉翻。"吾待汝厚，何为如是？"对曰："彦温非敢负恩，受枢密院宣耳。枢密院用宣，三省用堂帖。今堂帖谓之省札，宣谓之密札。请公入朝。"从珂止于虞乡，九域志：虞乡县在河中府东六十里。遣使以状闻。使者至，壬寅，帝问重诲曰："彦温安得此言？"谓言受枢密院宣也。对曰："此奸人妄言耳，宜速讨之。"帝疑之，欲诱致彦温讯其事，讯，问也。诱，音酉。除彦温绛州刺史。重诲固请发兵击之，乃命西都留守索自通、索，苏各翻，姓也。步军都指挥使药彦稠将兵讨之。药，姓也，汉有药崧。按薛史：药彦稠，沙陀三部落人，必非崧后。帝令彦稠必生致彦温，吾欲面讯之。召从珂诣洛阳。从珂知为重诲所构，驰入自明。

17 加安重诲兼中书令。

18 李从珂至洛阳，上责之使归第，绝朝请。薛史曰：归清化里第。

辛亥，索自通等拔河中，斩杨彦温，承安重诲指，斩杨彦温以灭口。为潞王杀药彦稠、索自通自投于水张本。癸丑，传首来献。上怒药彦稠不生致，不生致杨彦温也。深责之。

安重诲讽冯道、赵凤奏从珂失守，宜加罪。上曰："吾儿为奸党所倾，未明曲直，公辈何为发此言，意不欲置之人间邪？此皆非公辈之意也。"言二人为安重诲所使。二人惶恐而退。他日，赵凤又言之，上不应。明日，重诲自言之，上曰："朕昔为小校，校，户教翻。家贫，赖此小儿拾马粪自赡，以至今日为天子，曾不能庇之邪！卿欲如何处之于卿为便？"上亦以此语激安重诲。处，昌吕翻。重诲曰："陛下父子之间，臣何敢言！惟陛下裁之！"上曰："使闲居私第亦可矣，何用复言！"复，扶又翻。

丙辰，以索自通为河中节度使。自通至镇，承重诲指，籍军府甲仗数上之，上，时掌翻。以为从珂私造；赖王德妃居中保护，从珂由是得免。士大夫不敢与从珂往来，惟礼部郎中史馆修撰吕琦居相近，时往见之，从珂每有奏请，皆咨琦而后行。从珂居闲，奏请咨吕琦而后行；及其在位，能厚琦而不能用琦，何也？

19 戊午，帝加尊号曰圣明神武文德恭孝皇帝。

20 安重诲言昭义节度使王建立过魏州有摇众之语，五月，丙寅，制以太傅致仕。安重诲、王建立交恶，见上卷天成三年。

21 董璋阅集民兵，皆剪发黥面，复于剑门北置永定关，布列烽火。复，扶又翻。

22 孟知祥累表请割云安等十三盐监隶西川，云安县，汉巴郡朐䏰县地，周武帝改为云安县，属巴东郡，唐属夔州，后改为云安监。又夔州大昌县、万州南浦县渔阳监皆有盐官，隶宁江军巡属；而所谓十三监亦不知尽在何所。以盐直赡宁江屯兵，辛卯，许之。

23 六月，癸巳朔，日有食之。

24 辛亥，敕防御、团练使、刺史、行军司马、节度副使，自今皆朝廷除之，诸道无得奏荐。

25 董璋遣兵掠遂、阆镇戍，秋，七月，戊辰，西川以朝廷继遣兵屯遂、阆，复有论奏，复，扶又翻。自是东北商旅少敢入蜀。少，诗沼翻。

26 八月，乙未，捧圣军使李行德、按五代会要，应顺元年，改龙武、神武四十指挥为捧圣左、右军。据此，则是时先已有捧圣军矣。宋白曰：长兴三年改在京龙武、神武四十指挥为捧圣左、右军。十将张俭引告密人边彦温告"安重诲发兵，云欲自讨淮南；因天成二年安重诲尝有伐吴之议，遂以是诬告之。又引占相者问命。"相，息亮翻。帝以问侍卫都指挥使安从进、药彦稠，二人曰："此奸人欲离间陛下勋旧耳。间，古苋翻。重诲事陛下三十年，梁均王贞明二年，帝始为安国节度，以安重诲为中门使，至是才十六年；盖帝与重诲皆应州人，其相从久矣。幸而富贵，何苦谋反！臣等请以宗族保之。"帝乃斩彦温，召重诲慰抚之，君臣相泣。盖是时安重诲之迹已危矣。

27 以前忠武节度使张延朗行工部尚书，充三司使。三司使之名自此始。自宋熙宁以前，三司使位亚执政，专制国计，权任重矣。

28 吴徐知诰以海州都指挥使王传拯有威名，得士心，值团练使陈宣罢归，知诰许以传拯代之；既而复遣宣还海州，征传拯还江都。传拯怒，以为宣毁之，己亥，帅麾下入辞宣，帅，读曰率。因斩宣，焚掠城郭，帅其众五千来奔。知诰曰：

“是吾过也。”免其妻子。涟水制置使王岩将兵入海州，涟水至海州一百八十里。以岩为威卫大将军，知海州。

传拯，绾之子也，吴先以王绾知海州，杨隆演之建国也，加镇东大将军。其季父舆为光州刺史。传拯遣间使持书至光州，间，古苋翻。使，疏吏翻。舆执之以闻，因求罢归；以兄子外叛，身居边郡，心迹危疑，故求罢归。知诰以舆为控鹤都虞候。时政在徐氏，典兵宿卫者尤难其人，知诰以舆重厚慎密，故用之。

29 壬寅，赵凤奏：“窃闻近有奸人，诬陷大臣，摇国柱石，行之未尽。”言未尽行诛也。帝乃收李行德、张俭，皆族之。

30 立皇子从荣为秦王；丙辰，立从厚为宋王。

31 董璋之子光业为宫苑使，在洛阳，璋与书曰：“朝廷割吾支郡为节镇，谓夏鲁奇镇遂州，李仁矩镇阆州，又传割绵、龙也。屯兵三千，【张：“千”作“川”。】是杀我必矣。汝见枢要为吾言：枢要，谓两枢密。董璋意专指安重诲。为，于伪翻。如朝廷更发一骑入斜谷，吾必反！与汝诀矣。”骑，奇寄翻。斜，余遮翻。谷，音浴。光业以书示枢密承旨李虔徽。未几，朝廷又遣别将荀咸乂将兵戍阆州，几，居岂翻。光业谓虔徽曰：“此兵未至，吾父必反。吾不敢自爱，言不敢爱其死也。恐烦朝廷调发，言恐须用兵。调，徒钓翻。愿止此兵，吾父保无他。”虔徽以告安重诲，重诲不从。璋闻之，遂反。利、阆、遂三镇以闻，利帅李彦琦，阆帅李仁矩，遂州夏鲁奇。且言已聚兵将攻三镇。重诲曰：“臣久知其如此，陛下含容不讨耳。”帝曰：“我不负人，人负我则讨之。”

32 九月，癸亥，西川进奏官苏愿白孟知祥云：“朝廷欲大发兵讨两川。”进奏官在京师，故以其事白其主帅。知祥谋于副使赵季良，季良请以东川兵先取遂、阆，然后并兵守剑门，则大军虽来，吾无内顾之忧矣。两川同心协力守险，则西川无内顾之忧。知祥从之，遣使约董璋同举兵。璋移檄利、阆、遂三镇，数其离间朝廷，数，所具翻。间，古苋翻；下无间同。引兵击阆州。九域志：梓州东北至阆州三百九里。庚午，知祥以都指挥使李仁罕为行营都部署，汉州刺史赵廷隐副之，简州刺史张业为先锋指挥使，将兵三万攻遂州；九域志：遂州北至梓州二百五里。别将牙内都指挥使侯弘实、先登指挥使孟思恭将兵四千会璋攻阆州。

33 安重诲久专大权，中外恶之者众；恶，乌路翻。王德妃及武德使孟汉琼浸用事，数短重诲于上。数，所角翻。重诲内忧惧，表解机务，上曰："朕无间于卿，诬罔者朕既诛之矣，谓李行德、张俭也。卿何为尔？"甲戌，重诲复面奏曰：复，扶又翻。"臣以寒贱，致位至此，忽为人诬以反，非陛下至明，臣无种矣。种，章勇翻。由臣才薄任重，恐终不能镇浮言，愿赐一镇以全馀生。"上不许；重诲求之不已，上怒曰："听卿去，朕不患无人！"前成德节度使范延光劝上留重诲，且曰："重诲去，谁能代之？"上曰："卿岂不可？"延光曰："臣受驱策日浅，且才不逮重诲，何敢当此！"上遣孟汉琼诣中书议重诲事，冯道曰："诸公果爱安令，时安重诲兼中书令，故称之。宜解其枢务为便。"冯道肯发此言，盖知之矣。赵凤曰："公失言！"乃奏大臣不可轻动。

34 东川兵至阆州，诸将皆曰："董璋久蓄反谋，以金帛啖其士卒，啖，徒滥翻。锐气不可当，宜深沟高垒以挫之，不过旬日，大军至，贼自走矣。"李仁矩曰："蜀兵懦弱，安能当我精卒！"遂出战，兵未交而溃归。董璋昼夜攻之，庚辰，城陷，杀仁矩，灭其族。

初，璋为梁将，指挥使姚洪尝隶麾下，至是，将兵千人戍阆州；璋密以书诱之，洪投诸厕。诱，音酉。城陷，璋执洪而让之曰："吾自行间奖拔汝，行，户刚翻。今日何相负？"洪曰：

“老贼！汝昔为李氏奴，董璋先为汴富人李让家僮。扫马粪，得脔炙，感恩无穷。脔，力兖翻，肉作片也。炙，之夜翻，燔肉也。今天子用汝为节度使，何负于汝而反邪？汝犹负天子，吾受汝何恩，而云相负哉！汝奴材，固无耻；吾义士，岂忍为汝所为乎！吾宁为天子死，宁为，于伪翻。不能与人奴并生！”璋怒，然镬于前，镬，户郭翻。鼎大无足曰镬。然，烧也。令壮士十人刲其肉自啖之，刲，涓畦翻，割也。洪至死骂不绝声。帝置洪二子于近卫，厚给其家。

35 甲申，以范延光为枢密使，安重诲如故。言虽进用范延光，而安重诲职任如故。

36 丙戌，下制削董璋官爵，兴兵讨之。丁亥，以孟知祥兼西南【章：十二行本“南”下有“面”字；乙十一行本同；张校同，云无注本亦无。】供馈使。孟知祥之兵已攻遂州，朝廷岂不知之邪？犹欲怀辑之以离董璋之交耳。唇亡齿寒，已了了于知祥胸中，此策安所施哉！以天雄节度石敬瑭为东川行营都招讨使。“节度”之下当有“使”字。蜀本有“使”字。【章：十二行本“度”下正有“使”字；张校同，云无注本亦无。】以夏鲁奇为之副。

璋使孟思恭分兵攻集州，集州，本汉宕渠县，宇文周置集州，隋废为难江县，唐复置集州，宋熙宁五年复废州为难江县，属巴州。九域志：县在州北一百六十里。思恭轻进，败归；璋怒，遣还成都，知祥免其官。

戊子，以石敬瑭权知东川事。庚寅，以右武卫上将军王思同为西都留守兼行营马步都虞候，为伐蜀前锋。

37 汉主遣其将梁克贞、李守鄘攻交州，拔之，执静海节度使曲承美以归，唐末曲颢据交州，至承美而败。以其将李进守交州。

38 冬，十月，癸巳，李仁罕围遂州，夏鲁奇婴城固守；孟知祥命都押牙高敬柔帅资州义军二万人筑长城环之。帅，读曰率。环，音宦。鲁奇遣马军都指挥使康文通出战，文通闻阆州陷，遂以其众降于仁罕。

戊戌，董璋引兵趣利州，九域志：阆州西北至利州二百四十里。趣，七喻翻；下同。遇雨，粮运不继，还阆州。知祥闻之，惊曰："比破阆中，比，毗至翻。正欲径取利州，其帅不武，必望风遁去。利帅李彦琦。帅，所类翻。吾获其仓廪，据漫天之险，漫天寨在利州北，有小漫天、大漫天二寨。北军终不能西救武信。武信军，遂州。今董公僻处阆州，远弃剑阁，非计也。"处，昌吕翻。欲遣兵三千助守剑门；璋固辞曰："此已有备。"为剑门失守张本。

39 钱镠因朝廷册闽王使者裴羽还，裴羽盖册闽王延钧者也。还，从宣翻，又如字。附表引咎；其子传瓘及将佐屡为镠上表自诉。为，于伪翻。癸卯，敕听两浙纲使自便。系治两浙纲使见上卷上年。

40 以宣徽北院使冯赟为左卫上将军、北都留守。

41 丁未，族诛董光业。以其父璋反也。

42 楚王殷寝疾，遣使诣阙，请传位于其子希声。朝廷疑殷已死，辛亥，以希声为起复武安节度使兼侍中。

43 孟知祥以故蜀镇江节度使张武为峡路行营招收讨伐使，将水军趣夔州，前蜀置镇江军于夔州，张武其旧帅也。趣，七喻翻。以左飞棹指挥使袁彦超副之。天成元年，孟知祥置左、右飞棹六营。

癸丑，东川兵陷征、合、巴、蓬、果五州。遍考隋唐地理志、五代职方考、元丰九域志，皆无征州。按东川之兵时自遂、阆东略，九域志，合州在遂州东二百二十里，果州在遂州东南一百八十里，巴州在阆州东二百四十五里，蓬州在果州东北一百八十五里；征州必在遂、合、果三州之间。

44 丙辰，吴左仆射、同平章事严可求卒。严可求忌于徐氏者也。徐温既卒，可求相吴，坐视徐知询之废不能出一计，权不在焉故也。徐知诰以其长子大将军景通为兵部尚书、参政事，知诰将出镇金陵故也。

45 汉将梁克贞入占城，取其宝货以归。占城国在西南海上，其地方千里，东至海，西至云南，南邻真腊，北抵驩州。其人俗与大食同，其乘象马，其食稻米。

46 十一月，戊辰，张武至渝州，刺史张环降之，遂取泸州，九域志：渝、泸二州相去七百馀里。降，户江翻。泸，音卢。遣先锋将朱偓分兵趣黔、涪。九域志：涪州西至渝州三百四十里，东南至黔州四百九十里。将，即亮翻。趣，七喻翻。黔，其今翻。涪，音浮。

47 己巳，楚王殷卒，年七十九。遗命诸子，兄弟相继；置剑于祠堂，曰："违吾命者戮之！"为殷诸子争国以至于亡张本。诸将议遣兵守四境，然后发丧，兵部侍郎黄损曰："吾丧君有君，用左传语。吾丧，息浪翻。何备之有！宜遣使诣邻道告终称嗣而已。"

48 石敬瑭入散关，阶州刺史王弘贽、泸州刺史冯晖与前锋马步都虞候王思同、步军都指挥使赵在礼引兵出人头山后，过剑门之南，还袭剑门，克【章：十二行本"克"上有"壬申"二字；乙十一行本同；退斋校同；张校同，云无注本亦无。】之，杀东川兵三千人，获都指挥使齐彦温，据而守之。晖，魏州人也。甲戌，弘贽等破剑州，而大军不继，乃焚其庐舍，取其资粮，还保剑门。今利州昭化县南有白卫岭，与剑门相接。九域志：剑州东北至剑门五十五里。考异曰：实录："辛巳，军前奏：'今月十三日，王弘贽、冯晖自利州入山路，出剑门关外倒下，杀董璋把关兵士约三千人，获都指挥使齐彦温，大军进攻入剑门次。'又，丙戌，军前奏：'今月十七日收下剑州，破贼千馀人，获指挥使刘太。'"李昊蜀高祖实录："己卯，东川告急，今月十八日北军自白卫岭人头山后过，从小剑路至汉源驿出头倒入剑门，打破关寨，掩捉彦温及将士五百馀人，遂相次构唤大军，据关下营。又，庞福诚、谢锽相谓曰：'北军昨来既得关寨之后，隔一日，大军曾下至剑州，而乃般运粮食，烧舍自惊，还奔关寨。'"十国纪年后蜀史："壬申，弘贽、晖袭陷剑门；癸酉，攻焚剑州，取粮还屯剑门。己卯，东川告急使至成都，知祥命牙内都指挥使李肇帅兵五千赴援，董璋自阆州帅两川兵屯木马寨。先是，庞福诚、谢锽屯阆州北来苏寨，闻剑门陷，惧北军据剑州，帅部兵千馀人由间道先董璋至剑州，壁于衙城后。士卒方食，北军万馀人自北山驰下，福诚等趋河桥迎击之，北军小却。福诚帅数百人夜升北山颠，转至北军壁外大呼噪，锽命将士以弓弩短兵急击之，北军惊扰，弃戈甲而遁。锽追袭之，北军退保剑门，十馀日不窥剑州。”按剑门至成都尚十许程，若十八日剑门失守，何得二十日知祥已闻之邪！今从实录十三日壬申为定。若隔一日下至剑州，则十五日甲戌，非十七日也。盖思同等以大军未至，故收粮烧舍，还保剑门，故福诚等得复入剑州。李昊叙事甚详，无执刘太事，今删之。晋高祖实录云“甲申平剑州，破贼千馀人”，尤误也。

乙亥，诏削孟知祥官爵。

己卯，董璋遣使至成都告急。知祥闻剑门失守，大惧，曰：“董公果误我！”庚辰，遣牙内都指挥使李肇将兵五千赴之，戒之曰：“尔倍道兼行，先据剑州，北军无能为也。”又遣使诣遂州，令赵廷隐将万人会屯剑州。时赵廷隐与李仁罕围遂州，孟知祥知夏鲁奇无能为，而剑阁之险不可不争，故使赵廷隐赴之。又遣故蜀永平节度使李筠将兵四千趣龙州，守要害。防唐兵由邓艾故道而入蜀也。史言孟知祥虑患之周。时天寒，士卒恐惧，观望不进，廷隐流涕谕之曰：“今北军势盛，汝曹不力战却敌，则妻子皆为人有矣。”众心乃奋。蜀兵皆亡国之馀。王衍之亡也，蜀人妻子系虏者多矣，赵廷隐以其所经见实利害告之，夫安得而不奋！

董璋自阆州将两川兵屯木马寨。木马寨在阆州西北，剑州东南。宋白曰：梁大同中于巴岭侧近立东巴州，治木马。按木马，地名，在今洋州界，无复遗址。

先是，西川牙内指挥使太谷庞福诚、昭信指挥使谢锽屯来苏村，益昌江东越大山数重有狭径，名来苏，蜀人于江西置栅守之。渡江出剑门南二十里至青强店与官路合。九域志：蓬州仪陇县有来苏镇，即其地。锽，户盲翻。闻剑门失守，相谓曰：“使北军更得剑州，则二蜀势危矣。”遽引部兵千馀人间道趣剑州。始至，间，古苋翻。趣，七喻翻；下同。官军万馀人自北山大下，会日暮，二人谋曰：“众寡不敌，逮明则吾属无遗矣。”福诚夜引兵数百升北山，大噪于官军营后，锽帅馀众操短兵自其前急击之；帅，读曰率。操，七刀翻。官军大惊，空营遁去，复保剑门，十馀日不出。孟知祥闻之，喜曰："吾始谓弘贽等克剑门，径据剑州，坚守其城，或引兵直趣梓州，董公必弃阆州奔还；我军失援，亦须解遂州之围。如此则内外受敌，两川震动，势可忧危；今乃焚毁剑州，运粮东归剑门，顿兵不进，吾事济矣。"孟知祥喜兵势之小宽，自言其料敌方略，此如棋工之说棋耳。

官军分道趣文州，将袭龙州，自文州界青塘岭至龙州一百五十里。郡志云：自北至南者，右肩不得易所负，谓之左担路，邓艾伐蜀所由之路也。为西川定远指挥使潘福超、义胜都头太原沙延祚所败。姓苑云：沙姓，神农夙沙氏之后。此傅会之说耳。

甲申，张武卒于渝州；知祥命袁彦超代将其兵。

朱偓将至涪州，武泰节度使杨汉宾弃黔南，奔忠州；九域志：黔州北至忠州三百七十九里。偓追至丰都，旧唐书地理志曰：丰都，汉巴郡枳县地，后汉置平都县，隋义宁二年分临江置丰都县。九域志：丰都县在忠州西九十二里。还取涪州。九域志：忠州丰都县西至涪州百许里。涪，音浮。知祥以成都支使崔善权武泰留后。董璋遣前陵州刺史王晖将兵三千会李肇等分屯剑州南山。

49 丙戌，马希声袭位，称遗命去建国之制，楚王建国见上卷天成二年。去，羌吕翻。复藩镇之旧。

50 契丹东丹王突欲自以失职，突欲不得立，见二百七十五卷天成元年。帅部曲四十人越海自登州来奔。九域志，登州东北至海五里。新唐志：登州东北海行，过大谢岛、龟歆岛、淤岛、乌湖岛三百里，北渡乌湖海，至马石山东之都里镇二百里，东傍海壖，过青泥浦、桃花浦、杏花浦、石人汪、橐驼湾、乌骨江八百里，乃南傍海壖，过乌牧岛、贝江口、椒岛，得新罗西北之长口镇。又过秦王石桥、麻田岛、古寺岛、得物岛，千里至鸭渌江唐恩浦口，乃东南陆行七百里至新罗王城。自鸭渌江口舟行百馀里，乃小舫溯流，东北三十里至泊灼口，得勃海之境；又溯流五百里至丸都县城，故高丽王都；又东北溯流二百里至神州；又陆行四百里至显州，天宝中王所都；又正北如东六百里至勃海王城。按契丹东丹王居扶馀城，在唐高丽扶馀川中。考异曰：实录：“阿保机妻令元帅太子往勃海代慕华归西楼，欲立为契丹王；而元帅太子既典兵柄，不欲之勃海，遂自立为契丹王，谋害慕华，其母不能止。慕华惧，遂航海内附。”按天皇王入汴，犹求害东丹者诛之，岂有在国欲杀之理！今不取。

51 十二月，壬辰，石敬瑭至剑门。乙未，进屯剑州北山；赵廷隐陈于牙城后山，郭忱剑州静照堂记曰：前瞰巨涧，后倚层峦。又春风楼记曰：边山而立是州，一径坡陀，中贯大溪，太守之居已在平山内外，居民悉在山上。则剑州之山川可知矣。陈，读曰阵；下同。李肇、王晖陈于河桥。按剑州无所谓河。路振九国志曰：王师陷剑门，赵廷隐帅兵据石桥。恐当作“石桥”。敬瑭引步兵进击廷隐，廷隐择善射者五百人伏敬瑭归路，按甲待之，矛稍欲相及，乃扬旗鼓噪击之，北军退走，颠坠下山，俘斩百馀人。敬瑭又使骑兵冲河桥，李肇以强弩射之，射，而亦翻。骑兵不能进。薄暮，敬瑭引去，廷隐引兵蹑之，与伏兵合击，败之。败，补迈翻。敬瑭还屯剑门。

52 癸卯，夔州奏复取开州。旧唐书地理志曰：开州亦汉巴郡朐䏰县地，梁置永丰县，西魏改曰永宁，隋开皇末改曰盛山县，唐武德初置开州。时盖为蜀兵所陷而复取之也。

53 庚戌，以武安节度使马希声为武安、静江节度使，加兼中书令。

54 石敬瑭征蜀未有功，使者自军前来，多言道险狭，进兵甚难，关右之人疲于转饷，往往窜匿山谷，聚为盗贼。上忧之，壬子，谓近臣曰：“谁能办吾事者！吾当自行耳。”安重诲曰：“臣职忝机密，军威不振，臣之罪也，臣请自往督战。”上许之。重诲即拜辞，癸丑，遂行，日驰数百里。西方藩镇闻之，无不惶骇。陕州保义军，华州镇国军，同州匡国军，耀州顺义军，凤翔，山南西道，皆西方藩镇也。钱帛、刍粮昼夜辇运赴利州，人畜毙踣于山谷者不可胜纪。踣，蒲北翻。胜，音升。时上已疏重诲，石敬瑭本不欲西征，及重诲离上侧，离，力智翻。乃敢累表奏论，以为蜀不可伐，上颇然之。

55 西川兵先戍夔州者千五百人，上悉纵归。

二年（辛卯、九三一）

1 春，正月，壬戌，孟知祥奉表谢。表谢遣还戍兵而已，遂、剑之兵未尝解也。

2 庚午，李仁罕陷遂州，夏鲁奇自杀。

癸酉，石敬瑭复引兵至剑州，复，扶又翻；下同。屯于北山。孟知祥枭夏鲁奇首以示之。枭，坚尧翻。鲁奇二子从敬瑭在军中，泣请往取其首葬之，敬瑭曰："知祥长者，必葬而父，长，知两翻。而，汝也。岂不愈于身首异处乎！"言知祥若收葬之，则身首犹合于一处；若取葬其首而身在敌中，必异处也。既而知祥果收葬之。敬瑭与赵廷隐战不利，复还剑门。

3 丙戌，加高从诲兼中书令。

4 东川归合州于武信军。合州本武信巡属；东川先取合州，今西川取遂州，故归之武信。

5 初，凤翔节度使朱弘昭谄事安重诲，连得大镇。重诲过凤翔，弘昭迎拜马首，馆于府舍，馆，古玩翻。延入寝室，妻子罗拜，奉进酒食，礼甚谨。重诲为弘昭泣言："谗人交构，几不免，赖主上明察，得保宗族。"为，于伪翻。谗人，谓李行德、张俭等，事见上年。重诲既去，弘昭即奏"重诲怨望，有恶言，不可令至行营，恐夺石敬瑭兵柄。"又遗敬瑭书，言"重诲举措孟浪，遗，唯季翻。孟浪，犹言张大而无拘束也。若至军前，恐将士疑骇，不战自溃，宜逆止之。"敬瑭大惧，即上言："重诲至，恐人情有变，宜急征还。"宣徽使孟汉琼自西方还，亦言重诲过恶，有诏召重诲还。

二月，己丑朔，石敬瑭以遂、阆既陷，粮运不继，烧营北归。军前以告孟知祥，军前，谓赵廷隐、李肇之军。知祥匿其书，谓赵季良曰："北军渐进，奈何？"季良曰："不过绵州，必遁。"知祥问其故，曰："我逸彼劳，彼悬军千里，粮尽，能无遁乎！"史言悬军涉险，粮道不继，为敌人所窥。知祥大笑，以书示之。

6 安重诲至三泉，得诏亟归；过凤翔，朱弘昭不内，重诲惧，驰骑而东。

7 两川兵追石敬瑭至利州，剑州北至利州二百三十里。壬辰，昭武节度使李彦琦弃城走；甲午，两川兵入利州。孟知祥以赵廷隐为昭武留后，孟知祥遂得据漫天之险，如其宿规矣。廷隐遣使密言于知祥曰："董璋多诈，可与同忧，不可与共乐，他日必为公患。因其至剑州劳军，请图之。乐，音洛。劳，力到翻。并两川之众，可以得志于天下。"知祥不许。赵廷隐所以能拒石敬瑭者，依险而战也。平原易地，乌能当北兵？就使杀董璋，并两川之众，亦不能得志于天下。孟知祥之不许，盖审己量彼也。璋入廷隐营，留宿而去。廷隐叹曰："不从吾谋，祸难未已！"难，乃旦翻。

8 庚子，孟知祥以武信留后李仁罕孟知祥得遂、阆二镇，就以与其将，故李仁罕、赵廷隐各竭其力。为峡路行营招讨使，使将水军东略地。

9 辛丑，以枢密使兼中书令安重诲为护国节度使。安重诲还，未至京师而除河中，不容其入朝也。赵凤言于上曰："重诲陛下家臣，其心终不叛主，但以不能周防，为人所谗；陛下不察其心，死【章：十二行本"死"上有"重诲"二字；乙十一行本同。】无日矣。"上以为朋党，不悦。考赵凤前后所言，诚有党安重诲之心。明宗已察见其情，而赵凤言之不已，乃所以速其死也。

10 乙巳，赵廷隐、李肇自剑州引还，引还成都。留兵五千戍利州。丙午，董璋亦还东川，留兵三千戍果、阆。果、阆，二州名。

11 丁巳，李仁罕陷忠州。

12 吴徐知诰欲以中书侍郎、内枢使宋齐丘为相，内枢使即内枢密使之职。齐丘自以资望素浅，欲以退让为高，谒归洪州葬父，宋齐丘本洪州进士。因入九华山，九华山在池州青阳县界，本名九子山，李白以其峰如莲花，改为九华。止于应天寺，启求隐居；吴主下诏征之，知诰亦以书招之，皆不至。知诰遣其子景通自入山敦谕，齐丘始还朝，究观宋齐丘晚年之心迹，则始焉之所为者皆伪也。朝，直遥翻。除右仆射致仕，更命应天寺曰征贤寺。更，工衡翻。

13 三月，己未朔，李仁罕陷万州；庚申，陷云安监。九域志，万州在忠州东北二百八十六里，云安军又在万州东北二百五十七里，监又在军东北三十里。其地产盐，故置监。

14 辛酉，赐契丹东丹王突欲姓东丹，名慕华，以为怀化节度使、瑞·慎等州观察使；时置怀化军于慎州。瑞州领远来一县，慎州领逢龙一县，盖皆后唐所置。薛史：瑞、慎二州本辽东之地，唐末为怀化节度。余按唐贞观十年，以乌突汗达干部落置威州于营州之境，后更名瑞州，侨治良乡之广阳城。武德初，以速末乌素固部落置慎州，侨治良乡之故都乡城。其部曲及先所俘契丹将惕隐等，皆赐姓名。惕隐姓狄，名怀忠。【章：十二行本"忠"作"惠"；乙十一行本同。】擒惕隐见上卷天成三年。

15 李仁罕至夔州，宁江节度使安崇阮弃镇，与杨汉宾自均、房逃归；壬戌，仁罕陷夔州。孟知祥遂并有夔、忠、万三州。

16 帝既解安重诲枢务，乃召李从珂，泣谓曰："如重诲意，汝安得复见吾！"安重诲欲杀从珂事见上元年。丙寅，以从珂为左卫大将军。

17 壬申，横海节度使、同平章事孔循卒。

18 乙酉，复以钱镠为天下兵马都元帅、尚父、吴越国王，遣监门上将军张篯往谕旨，以向日致仕，安重诲矫制也。篯，则前翻。钱镠致仕事见上卷天成四年。

19 丁亥，以太常卿李愚为中书侍郎、同平章事。

20 夏，四月，辛卯，以王德妃为淑妃。唐制因隋之旧，贵妃、淑妃、贤妃各一人，正一品。时曹后自淑妃正位中宫，故升德妃为淑妃。

21 闽奉国节度使兼中书令王延禀闻闽王延钧有疾，以次子继升知建州留后，帅建州刺史继雄将水军袭福州。帅，读曰率。癸卯，延禀攻西门，继雄攻东门；延钧遣楼船指挥使王仁达将水军拒之。仁达伏甲舟中，伪立白帜请降，继雄喜，屏左右，帜，昌志翻。降，户江翻。屏，必郢翻，又卑正翻。登仁达舟慰抚之；仁达斩继雄，枭首于西门。延禀方纵火攻城，见之，恸哭，仁达因纵兵击之，众溃，左右以斛舁延禀而走，斛，概量之器，十斗为斛。舁，音余，又羊茹翻。甲辰，追擒之。延钧见之曰："果烦老兄再下！"王延禀此语见二百七十五卷天成二年。延禀惭不能对。延钧囚于别室，遣使者如建州招抚其党；其党杀使者，奉继升及弟继伦奔吴越。仁达，延钧从子也。为延钧忌仁达而杀之张本。从，才用翻。

22 以宣徽北院使赵延寿为枢密使。

23 己酉，天雄节度使、同平章事石敬瑭兼六军诸卫副使。

24 辛亥，以朱弘昭为宣徽南院使。

25 五月，闽王延钧斩王延禀于市，复其姓名曰周彦琛，遣其弟都教练使延政如建州抚慰吏民。为王延政以建州与福州相攻张本。

26 丁卯，罢亩税麹钱，计亩税麹钱见上卷天成三年。城中官造麹减旧半价，乡村听百姓自造；民甚便之。

27 己卯，以孟汉琼知内侍省事，充宣徽北院使。汉琼，本赵王镕奴也。时范延光、赵延寿虽为枢密使，惩安重诲以刚愎得罪，愎，蒲逼翻。每于政事不敢可否；独汉琼与三淑妃居中用事，人皆惮之。先是，宫中须索稍逾常度，重诲辄执奏，由是非分之求殆绝。先，悉荐翻。须，求也。索，亦求也。索，山客翻。

分，扶问翻。至是，汉琼直以中宫之命取府库物，不复关由枢密院及三司，亦无文书，所取不可胜纪。胜，音升。

28 辛巳，以相州刺史孟鹄为左骁卫大将军，充三司使。

29 昭武留后赵廷隐自成都赴利州，逾月，请兵进取兴元及秦、凤；孟知祥以兵疲民困，不许。孟知祥量力而后动，所以能跨有三蜀也。

30 护国节度使兼中书令安重诲内不自安，表请致仕；闰月，庚寅，制以太子太师致仕。是日，其子崇赞、崇绪逃奔河中。

壬辰，以保义节度使李从璋为护国节度使。甲午，遣步军指挥使药彦稠将兵趣河中。摇于谗口，遣药彦稠以兵讨安重诲。

安崇赞等至河中，重诲惊曰："汝安得来？"既而曰："吾知之矣，此非渠意，为人所使耳。渠，犹言其也。吾以死徇国，夫复何言！"夫，音扶。复，扶又翻。乃执二子表送诣阙。

明日，有中使至，见重诲，恸哭久之；重诲问其故，中使曰："人言令公有异志，朝廷已遣药彦稠将兵至矣。"重诲曰："吾受国恩，死不足报，敢有异志，更烦国家发兵，贻主上之忧，罪益重矣。"崇赞等至陕，有诏系狱。皇城使翟光邺素恶重诲，恶，乌路翻。帝遣诣河中察之，曰："重诲果有异志则诛之。"史言帝无决然杀重诲之旨。郭崇韬之死亦犹是也。上无道揆，下无法守，无怪乎尔。光邺至河中，李从璋以甲士围其第，自入见重诲，拜于庭下。重诲惊，降阶答拜，从璋奋挝击其首；妻张氏惊救，亦挝杀之。考异曰：五代史阙文："李从璋奋挝击重诲于地，重诲曰：'重诲死无恨，但不与官家诛得潞王，他日必为朝廷之患。'言终而绝。"按重诲自以私憾欲杀从珂，当是时从珂未有跋扈之迹，重诲何以知其为朝廷之患！此恐是清泰篡立之后，人誉重诲者造此语，未可信也。

奏至，己亥，下诏，以重诲离间孟知祥、董璋、钱镠为重诲罪，间，古苋翻。离间事并见上。又诬其欲自击淮南以图兵柄，因边彦温所告而诬之。遣元随窃二子归本道；并二子诛之。

31 丙午，帝遣西川进奏官苏愿、东川军将刘澄各还本镇，谕以安重诲专命，兴兵致讨，今已伏辜。

32 六月，乙丑，复以李从珂同平章事，充西都留守。按重诲既死，复用李从珂守长安。

33 丙子，命诸道均民田税。

34 闽王延钧好神仙之术，道士陈守元、巫者徐彦林与【章：十二行本"与"作"兴"；乙十一行本同。】盛韬共诱之作宝皇宫，极土木之盛，薛史：福州城中有王霸坛、炼丹井。坛旁有皂荚木，久枯，一旦忽生枝叶。井中有白龟浮出，掘地得石铭，有"王霸裔孙"之文，昶以为己应之，于坛侧建宝皇宫。好，呼到翻。以守元为宫主。陈守元、盛韬等见信，而薛文杰得行其奸妄矣。史言闽政自是愈乱。

35 秋，九月，己亥，更赐东丹慕华姓名曰李赞华。是年三月慕华赐名，今更赐姓。

36 吴镇南节度使、同平章事徐知谏卒；以诸道副都统、镇海节度使、守中书令徐知询代之，赐爵东海郡王。徐知诰之召知询入朝也，事见上卷天成四年。知谏豫其谋。知询遇其丧于涂，知谏之丧自洪州还，而知询往赴洪州，故相遇于涂。抚棺泣曰："弟用心如此，我亦无憾，然何面见先王于地下乎！"先王，谓徐温也。

37 辛丑，加枢密使范延光同平章事。

38 辛亥，敕解纵五坊鹰隼，隼，耸尹翻。内外无得更进。冯道曰："陛下可谓仁及禽兽。"上曰："不然。朕昔尝从武皇猎，武皇，晋王克用谥。时秋稼方熟，有兽逸入田中，遣骑取之，比及得兽，馀稼无几。比，必利翻。几，居岂翻。以是思之，猎有损无益，故不为耳。"

39 冬，十月，丁卯，洋州指挥使李进唐攻通州，拔之。洋州东南至通州七百三十九里。先是，蜀人盖尝取通州，故复攻拔之。宋乾德二年改通州为达州，以淮南有通州也。

40 壬午，以王延政为建州刺史。

41 十一月，甲申朔，日有食之。

42 癸巳，苏愿至成都，孟知祥闻甥侄在朝廷者皆无恙，恙，余亮翻。遣使告董璋，欲与之俱上表谢罪。璋怒曰："孟公亲戚皆完，固宜归附；璋已族灭，谓朝廷族诛其子董光业也。尚何谢为！诏书皆在苏愿腹中，刘澄安得豫闻，璋岂不知邪！"由是复为怨敌。为董璋攻西川败死张本。复，扶又翻。

43 乙未，李仁罕自夔州引兵还成都。孟知祥既尽得前蜀夔、黔之土，不复东略。

44 吴中书令徐知诰表称辅政岁久，请归老金陵；乃以知诰为镇海、宁国节度使，镇金陵，馀官如故，总录朝政如徐温故事。徐温先镇京口，总录吴朝之政，后徙金陵。朝，直遥翻。以其子兵部尚书、参政事景通为司徒、同平章事，知中外左右诸军事，留江都辅政；徐知诰袭徐温之迹，而景通袭知诰之迹，吴祚自此移于李氏。以内枢使、同平章事王令谋为左仆射，兼门下侍郎，以宋齐丘为右仆射，兼中书侍郎，并同平章事，兼内枢使，以佐景通。

赐德胜节度使张崇爵清河王。吴置德胜军于庐州。崇在庐州贪暴，州人苦之，屡尝入朝，厚以货结权要，由是常得还镇，为庐州患者二十馀年。

45 十二月，甲寅朔，初听百姓自铸农器并杂铁器，按五代会要，杂铁器谓烧器动使诸物。熟铁亦任百姓自炼。徐无党曰：税农具钱，至今因之。每田二亩，夏秋输农具三钱。

46 武安、静江节度使马希声闻梁太祖嗜食鸡，慕之，既袭位，日杀五十鸡为膳；居丧无戚容。庚申，葬武穆王于衡阳，马殷谥武穆王。衡阳，本汉蒸阳县，吴分置临蒸县，隋改临蒸县为衡阳县，唐属衡州，为治所。将发引，顿食鸡臛数盘，引，读曰靷。臛，黑角翻，羹也。前吏部侍郎潘起讥之曰："昔阮籍居丧食蒸豚；晋阮籍任情不羁而性至孝，母终，将葬，食一蒸豚，饮二斗酒，然后临决，直言"穷矣！"举声一号，吐血数升，毁瘠骨立，殆至灭性。然不可以训也。何代无贤！"

47 癸亥，徐知诰至金陵。

48 昭武留后赵廷隐白孟知祥以利州城堑已完，顷在剑州与牙内都指挥使李肇同功，事见上年十一月。愿以昭武让肇，知祥褒谕，不许；廷隐三让，癸酉，知祥召廷隐还成都，以肇代之。

49 闽陈守元等称宝皇之命，谓闽王延钧曰："苟能避位受道，当为天子六十年。"延钧信之，丙子，命其子节度副使继鹏权军府事。延钧避位受箓，道名玄锡。

50 爱州将杨廷艺养假子三千人，图复交州；汉交州守将李进知之，受其赂，不以闻。是岁，廷艺举兵围交州，旧唐书地理志：交州西至爱州界小黄江口，水路四百一十六里。汉主遣承旨程宝救【章：十二行本"救"上有"将兵"二字；乙十一行本同。】之，未至，城陷。进逃归，汉主杀之。宝围交州，廷艺出战，宝败死。去年汉取交州，今复失之。

三年（壬辰、九三二）

1 春，正月，枢密使范延光言："自灵州至邠州方渠镇，宋白曰：通远军本灵州方渠镇，晋天福四年改为威州，仍割木波、马岭二镇隶之，周广顺二年避讳改为环州，显德四年降为通远军。使臣及外国入贡者多为党项所掠，请发兵击之。"己丑，遣静难节度使药彦稠、前朔方节度使康福将步骑七千讨党项。党，底朗翻。

2 乙未，孟知祥妻福庆长公主卒。欧史：长兴元年秋，改封知祥妻琼华长公主为福庆长公主。长，知两翻。

3 孟知祥以朝廷恩意优厚，而董璋塞绵州路，不听遣使入谢，由成都趣剑、利，路由绵州。塞，悉则翻。与节度副使赵季良等谋，欲发使自峡江上表，上，时掌翻。掌书记李昊曰：“公不与东川谋而独遣使，则异日负约之责在我矣。”乃复遣使语之，复，扶又翻。语，牛倨翻。璋不从。

二月，赵季良与诸将议遣昭武都监太原高彦俦将兵攻取壁州，旧唐书地理志：壁州诸水县，后汉之宣汉县；梁分宣汉置始宁县，元魏分始宁置诸水县。唐武德初分巴东之始宁置壁州，治诸水，宋废壁州，以其地入巴州之曾口、通江二县。以绝山南兵转入山后诸州者；山后诸州，谓巴、蓬、果等州。孟知祥谋于僚佐，李昊曰：“朝廷遣苏愿等西归，未尝报谢，今遣兵侵轶，轶，徒结翻。公若不顾坟墓、甥侄，孟知祥之先坟墓在邢州龙冈县，其甥侄时皆仕于朝。则不若传檄举兵直取梁、洋，安用壁州乎！”知祥乃止。季良由是恶昊。恶，乌路翻。

4 辛未，初令国子监校定九经，雕印卖之。印卖九经始此。

5 药彦稠等奏破党项十九族，俘二千七百人。

6 赐高从海爵勃海王。

7 吴徐知诰作礼贤院于府舍，作之于金陵府舍。聚图书，延士大夫，与孙晟及海陵陈觉谈议时事。

8 孟知祥三遣使说董璋，说，式芮翻。以主上加礼于两川，苟不奉表谢罪，恐复致讨；复，扶又翻。璋不从。三月，辛丑，遣李昊诣梓州，极论利害，璋见昊，诟怒，不许。诟，古候翻，又许候翻。昊还，还，从宣翻，又如字。言于知祥曰：“璋不通谋议，不通谋议，犹今人言不容商量也。且有窥西川之志，公宜备之。”

9 甲辰，闽王延钧复位。延钧避位受箓，见上年。

10 吴越武肃王钱镠疾，谓将吏曰：“吾疾必不起，诸儿皆愚懦，谁可为帅者？”众泣曰：“两镇令公仁孝有功，孰不爱戴！”天成三年钱镠以两镇授传瓘，事见上卷。按是年秋，朝廷始加传瓘中书令，其下过呼之耳。镠乃悉出印钥授传瓘，印，吴越国印及镇海、镇东印也。钥，内外城诸门及宫门契钥也。曰："将吏推尔，宜善守之。"又曰："子孙善事中国，勿以易姓废事大之礼。"时中国率数年一易姓。钱镠之意，盖谓偏据一隅，知以小事大而已。苟中国有主，则臣事之，其自兴自仆，吾不问也。庚戌卒，年八十一。

传瓘与兄弟同幄行丧，内牙指挥使陆仁章曰："令公嗣先王霸业，将吏旦暮趋谒，当与诸公子异处。"处，昌吕翻。乃命主者更设一幄，扶传瓘居之，告将吏曰："自今惟谒令公，禁诸公子从者无得妄入。"从，才用翻。昼夜警卫，未尝休息。陆仁章虽不学，而其所为暗与赵熹合。镠末年左右皆附传瓘，独仁章数以事犯之。至是，传瓘劳之，数，所角翻。劳，力到翻。仁章曰："先王在位，仁章不知事令公，今日尽节，犹事先王也。"先王，谓镠。传瓘嘉叹久之。

传瓘既袭位，更名元瓘，兄弟名"传"者皆更为"元"。更，工衡翻。以遗命去国仪，吴越建国，见二百七十一卷梁均王龙德三年。用藩镇法；除民田荒绝者租税。荒者，有主而不耕；绝者，户绝而无主。命处州刺史曹仲达权知政事。置择能院，掌选举殿最，殿，丁练翻。以浙西营田副使沈崧领之。

内牙指挥使富阳刘仁杞富阳县本汉富春县，晋避郑太后讳改名富阳，后世遂因之。九域志：富阳县属杭州，在州西南七十三里。及陆仁章久用事，仁章性刚，仁杞好毁短人，皆为众所恶。恶，乌路翻。一日，诸将共诣府门请诛之；元瓘使从子仁俊谕之从，才用翻。曰："二将事先王久，吾方图其功，汝曹乃欲逞私憾而杀之，可乎？吾为汝王，汝当禀吾命；不然，吾当归临安以避贤路！"钱氏本居临安。众惧而退。乃以仁章为衢州刺史，仁杞为湖州刺史。中外有上书告讦者，讦，居谒翻。元瓘皆置不问，由是将吏辑睦。

11 初，契丹舍利荝剌与惕隐皆为赵德钧所擒，舍利、惕隐，皆契丹管军头目之称。荝，士力翻。剌，来达翻。被擒见上卷天成三年。契丹屡遣使请之。上谋于群臣，德钧等皆曰："契丹所以数年不犯边、数求和者，以此辈在南故也，纵之则边患复生。"数，所角翻。复，扶又翻。上以问冀州刺史杨檀，对曰："荝剌，契丹之骁将，向助王都谋危社稷，幸而擒之，陛下免其死，为赐已多。契丹失之如丧手足。丧，息浪翻。彼在朝廷数年，知中国虚实，若得归，为患必深，彼才出塞，则南向发矢矣，恐悔之无及。"上乃止。檀，沙陀人也。杨檀后改名光远。

12 上欲授李赞华以河南藩镇，群臣皆以为不可，上曰："吾与其父约为昆弟，故赞华归我。吾老矣，后世继体之君，虽欲招之，其可致乎！"夏，四月，癸亥，以赞华为义成节度使，为选朝士为僚属辅之。为选，于伪翻。赞华但优游自奉，不豫政事；上嘉之，虽时有不法亦不问，以庄宗后宫夏氏妻之。五代会要：庄宗昭容夏氏封虢国夫人。薛史曰：明宗入洛，庄宗宫人数百悉令归其骨肉，惟夏氏无所归，明宗以夏鲁奇是其同宗，因命归之；今以妻赞华。妻，七细翻。赞华好饮人血，姬妾多刺臂以吮之；婢仆小过，或抉目，或刀刲火灼；好，呼到翻。刺，七亦翻。吮，士兖翻。抉，于穴翻。刲，涓畦翻。夏氏不忍其残，奏离婚为尼。

13 乙丑，加宋王从厚兼中书令。

14 东川节度使董璋会诸将谋袭成都，皆曰必克；前陵州刺史王晖曰："剑南万里，成都为大，时方盛夏，师出无名，必无成功。"【章：十二行本"功"下有"璋不从"三字；乙十一行本同；张校同，云无注本亦无。】孟知祥闻之，遣马军都指挥使潘仁嗣将三千人诣汉州诇之。诇，古永翻，又休正翻。

璋入境，破白杨林镇，白杨林镇当在汉州界上。执戍将武弘礼，声势甚盛，知祥忧之，赵季良曰："璋为人勇而无恩，士卒不附，城守则难克，野战则成擒矣。今不守巢穴，公之利也。璋用兵精锐皆在前锋，公宜以羸兵诱之，以劲兵待之，始虽小衄，后必大捷。此孙膑三驷之说也，自古以来以此取胜者多矣，楚以之破吴师而灭舒鸠，周访以之破杜曾而清襄、沔，王茂章以之斩朱友宁，其策略皆不出此。羸，伦为翻。衄，女六翻。璋素有威名，今举兵暴至，人心危惧，公当自出御之，以强众心。"赵廷隐以季良言为然，曰："璋轻而无谋，轻，墟正翻。举兵必败，当为公擒之。"为，于伪翻。辛巳，以廷隐为行营马步军都部署，将三万人拒之。

五月，壬午朔，廷隐入辞。董璋檄书至，又有遗季良、廷隐及李肇书，董璋书独不及李仁罕者，以赵季良者孟知祥之谋主，赵廷隐、李肇尝与璋同御石敬瑭于剑州，故皆先以书诱之；李仁罕未尝共事，故不及。遗，唯季翻。诬之云，季良、廷隐与己通谋，召己令来。知祥以书授廷隐，廷隐不视，投之于地，曰："不过为反间，令，力呈翻；下同。间，古苋翻。欲令公杀副使与廷隐耳。"赵季良为节度副使，故廷隐称之。再拜而行。知祥曰："事必济矣。"肇素不知书，视之，曰："璋教我反耳。"囚其使者，然亦拥众为自全计。李肇时镇利州。

璋兵至汉州，潘仁嗣与战于赤水，大败，为璋所擒，赤水在汉州东南。璋遂克汉州。

癸未，知祥留赵季良、高敬柔守成都，自将兵八千趣汉州，至弥牟镇，九域志：成都府新都县有弥牟镇。趣，七喻翻。赵廷隐陈于镇北。陈，读曰阵；下同。甲申，迟明，迟，直二翻。廷隐陈于鸡踪桥，薛史孟知祥传云：知祥亲帅其众与赵廷隐等逆战于金雁桥，璋军大败。按金雁桥在汉州雒县南，璋兵既败，知祥追之，夕宿雒县。岂金雁桥即鸡踪桥邪？义胜定远都知兵马使张公铎陈于其后。俄而璋望西川兵盛，退陈于武侯庙下，诸葛武侯有功于蜀，蜀人所在为立庙。璋帐下骁卒大噪曰："日中曝我辈何为！"【章：十二行本"为"下有"何不速战"四字；乙十一行本同；退斋校同；张校同，云无注本亦无。】曝，步木翻。璋乃上马。前锋始交，东川右厢马步都指挥使张守进降于知祥，言"璋兵尽此，无复后继，复，扶又翻。当急击之。"知祥登高冢督战，左明义指挥使毛重威、左冲山指挥使李瑭守鸡踪桥，孟知祥置左、右冲山六营，见二百七十五卷天成元年。皆为东川兵所杀；赵廷隐三战不利，牙内都指挥副使侯弘实兵亦却，知祥惧，以马箠指后陈。箠，止蕊翻。张公铎帅众大呼而进，帅，读曰率。呼，火故翻。东川兵大败，死者数千人，擒东川中都指挥使元瓌、牙内副指挥使董光演等八十馀人。中都指挥使，中军都指挥使也，一本有"军"字。瓌，公回翻。璋拊膺曰："亲兵皆尽，吾何依乎！"与数骑遁去，馀众七千人降，降，户江翻；下同。复得潘仁嗣。复，扶又翻。知祥引兵追璋至五侯津，五侯津在汉州西南。东川马步都指挥使元瓌降。元瓌疑即前元瓌。通鉴集众书以成书，以其官有"中"与"马步"之异，其字有"瓌"与"瓌"之异，因再书之耳。西川兵入汉州府第，求璋不得，士卒争璋军资，故璋走得免。赵廷隐追至赤水，又降其卒三千人。是夕，知祥宿雒县。自唐以来，汉州治雒县。知祥入汉州，不居州宅而宿雒县，盖汉州州宅为追兵剽掠不可居，故宿雒县廨舍也。命李昊草榜谕东川吏民，及草书劳问璋，劳，力到翻。且言将如梓州如，往也。询负约之由，请见伐之罪。乙酉，知祥会廷隐于赤水，遂西还，还，从宣翻，又如字。命廷隐将兵攻梓州。

璋至梓州，肩舆而入，王晖迎问曰："太尉全军出征，洪迈曰：唐节度带检校官，其初只检校散骑常侍，如李愬在唐邓时所称者也；后乃转尚书及仆射、司空、司徒，能至此者盖少。僖、昭以降，藩镇盛强，武夫得志，才建节钺，其资级已高，于是复升太保、太傅、太尉，其上惟有太师，故将帅悉称太尉。余按唐制，太师、太傅、太保为三师，太尉、司徒、司空为三公；太尉古以主兵，故呼将帅为太尉耳。若唐末，藩镇固亦有加太师者。唐自睿宗之末，边镇置节度使，如薛讷等已是后来使相之职，其带御史大夫、中丞、六曹尚书者，仆射、侍中、中书令者，往往有之，李愬之帅唐、邓、随，以资浅带散骑常侍耳。洪说未为精当。今还者无十人，何也？”璋涕泣不能对。至府第，方食，晖与璋从子牙内都虞候延浩帅兵三百大噪而入。帅，读曰率；下同。璋引妻子登城，子光嗣自杀。璋至北门楼，呼指挥使潘稠使讨乱兵，稠引十卒登城，斩璋首，及取光嗣首以授王晖，晖举城迎降。赵廷隐入梓州，封府库以待知祥。李肇闻璋败，始斩其使以闻。李肇持两端，闻璋败始斩其使。

丙戌，知祥入成都，丁亥，复将兵八千如梓州。至新都，九域志：新都县在成都府北四十五里。复，扶又翻。赵廷隐献董璋首。己丑，发玄武，旧唐书地理志：玄武，汉氐道县，晋改曰玄武。九域志：宋大中祥符五年改为中江县，在梓州西九十里。赵廷隐帅东川将吏来迎。

15 康福奏党项钞盗者已伏诛，馀皆降附。钞，楚交翻。

16 壬辰，孟知祥有疾，癸巳，疾甚，中门副使王处回侍左右，庖人进食，必空器而出，以安众心。李仁罕自遂州来，赵廷隐迎于板桥；板桥在梓州东南。仁罕不称东川之功，侵侮廷隐，廷隐大怒。乙未，知祥疾瘳；瘳，丑留翻。丁酉，入梓州。戊戌，犒赏将士，既罢，犒，苦到翻。知祥谓李仁罕、赵廷隐曰：“二将谁当镇此？”仁罕曰：“令公再与蜀州，亦行耳。”先是，朝廷加孟知祥中书令，故李仁罕称之。仁罕盖先尝领蜀州。廷隐不对。知祥愕然，退，命李昊草牒，俟二将有所推则命一人为留后，昊曰：“昔梁祖、庄宗皆兼领四镇，梁太祖领宣武、宣义、天平、护国四镇，庄宗领河东、魏博、卢龙、成德四镇。今二将不让，惟公自领之为便耳。公宜亟还府，府，谓成都，西川帅府所在。更与赵仆射议之。”赵仆射，谓赵季良。

17 己亥，契丹使者迭罗卿辞归国，上曰：“朕志在安边，不可不少副其求。”少，诗沼翻。乃遣荝骨舍利与之俱归。契丹以不得荝剌，自是数寇云州及振武。数，所角翻。

18 孟知祥命李仁罕归遂州，留赵廷隐东川巡检，以李昊行梓州军府事。昊曰：“二虎方争，仆不敢受命，愿从公还。”乃以都押牙王彦铢为东川监押。监，古衔翻。癸卯，知祥至成都，赵廷隐寻亦引兵西还。还，从宣翻，又如字。

知祥谓李昊曰：“吾得东川，为患益深。”昊请其故，知祥曰：“自吾发梓州，得仁罕七状，皆云‘公宜自领东川，不然诸将不服。’廷隐言‘本不敢当东川，因仁罕不让，遂有争心耳。’君为我晓廷隐，为，于伪翻。复以阆州为保宁军，董璋取阆州，废保宁军；今孟知祥复以为节镇，以赏赵廷隐。益以果、蓬、渠、开四州，往镇之。吾自领东川，以绝仁罕之望。”廷隐犹不平，请与仁罕斗，胜者为东川；昊深解之，乃受命。六月，以廷隐为保宁留后。戊午，赵季良帅将吏请知祥兼镇东川，许之。帅，读曰率。季良等又请知祥称王，权行制书，赏功臣，不许。

董璋之【章：十二行本“之”下有“起兵”二字；乙十一行本同。】攻知祥也，山南西道节度使王思同以闻，范延光言于上曰：“若两川并于一贼，抚众守险，则取之益难，宜及其交争，早图之。”上命思同以兴元之兵密规进取。兴元之兵既不足以进取，王思同之才又不足以进取。刘晔料魏之群臣无能敌刘备、孙权者，所以重于用兵也。未几，几，居岂翻。闻璋败死，延光曰：“知祥虽据全蜀，然士卒皆东方人，知祥恐其思归为变，亦欲倚朝廷之重以威其众，陛下不屈意抚之，彼则无从自新。”上曰：“知祥吾故人，为人离间至此，何屈意之有！”离间，盖指安重诲也。孟知祥本有据蜀之志，使重诲不相猜阻，亦必别求衅端而动，明宗盖未能察见知祥之心术也。间，古苋翻。乃遣供奉官李存瓌此供奉官乃殿头供奉官，非禁中供奉官也。赐知祥诏曰：“董璋狐狼，曰狐者，言其依凭窟穴；曰狼者，言其抗厉犯上。自贻族灭。卿丘园亲戚皆保安全，言董光业族灭，而孟知祥坟墓甥侄皆无他。所宜成家世之美名，守君臣之大节。”存瓌，克宁之子，知祥之甥也。李克宁妻孟氏见二百六十六卷梁太祖开平二年。

19 闽王延钧谓陈守元曰："为我问宝皇：为，于伪翻。既为六十年天子，陈守元此语，见上年。后当何如？"明日，守元入白："昨夕奏章，得宝皇旨，当为大罗仙主。"徐彦林【章：十二行本无"林"字；乙十一行本同。】等亦曰："北庙崇顺王尝见宝皇，其言与守元同。"延钧益自负，史言王延钧之昏愚。始谋称帝。表朝廷云："钱镠卒，请以臣为吴越王；马殷卒，请以臣为尚书令。"钱镠卒于是年三月，马殷卒于去年十一月。朝廷不报，自是职贡遂绝。

邓广铭标点聂崇岐覆校

资治通鉴卷第二百七十八

端明殿学士兼翰林侍读学士太中大夫
提举西京嵩山崇福宫上柱国河内郡开国公 司马光 奉敕编集
食邑二千六百户食实封一千户臣

后学天台胡三省音注

后唐纪七

起玄黓执徐(壬辰)七月，尽阏逢敦牂(甲午)闰正月，凡一年有奇。

明宗圣德和武钦孝皇帝下

长兴三年(壬辰、九三二)

1 秋，七月【张："月"下脱"辛巳"二字。】朔，朔【章：十二行本不重"朔"字；乙十一行本同。】方奏夏州党项入寇，击败之，夏，户雅翻。败，补迈翻。追至贺兰山。贺兰山在灵州保静县。

2 己丑，加镇海、镇东军节度使钱元瓘守中书令。

3 庚寅，李存瓌至成都，是年六月遣李存瓌谕孟知祥，事始见上卷。孟知祥拜泣受诏。孟知祥之拜泣，岂其本心之诚然邪？

4 武安、静江节度使马希声以湖南比年大旱，命闭南岳及境内诸神祠门，比，毗至翻；下比者同。旧以霍山为南岳，今灊中天柱山是也。盖汉武帝以衡山遐远，遂徙南岳于灊山耳。至唐，复以衡山为南岳。竟不雨。辛卯，希声卒，六军使袁诠、潘约等迎镇南节度使希范于朗州而立之。诠，且缘翻。镇南军洪州时属吴，马希范领节耳。希范字宝规，殷第四子。

5 乙未，孟知祥遣李存瓌还，还，从宣翻，又如字。上表谢罪，且告福庆公主之丧。是年春正月主卒。自是复称藩。【章：十二行本“藩”下有“然益骄倨矣”五字；乙十一行本同；退斋校同；张校同，云无注本亦无。】复，扶又翻。

6 庚子，以西京留守、同平章事李从珂为凤翔节度使。为李从珂自凤翔夺嫡张本。

7 废武兴军，复以凤、兴、文三州隶山南西道。凤、兴、文本山南西道巡属，唐末始分凤州置感义军，寻废。前蜀王氏复置武兴军，今废之，州还旧属。

8 丁未，以门下侍郎、同平章事赵凤同平章事，充安国节度使。

9 八月，庚申，马希范至长沙；辛酉，袭位。

10 甲子，孟知祥令李昊为武泰赵季良等五留后草表，为，于伪翻；下同。请以知祥为蜀王，行墨制，仍自求旌节，昊曰："比者诸将攻取方镇，即有其地，比，毗至翻。谓李仁罕克遂州即为武信留后，赵廷隐克梓州遂争东川也。今又自求【章：十二行本“求”下有“朝廷”二字；乙十一行本同；张校同，云无注本亦无。】节钺及明公封爵，然则轻重之权皆在群下矣；借使明公自请，岂不可邪！"知祥大悟，更令昊为己草表，请行墨制，补两川刺史已下；更，工衡翻。又表请以季良等五留后为节度使。武泰留后赵季良，武信留后李仁罕，保宁留后赵廷隐，宁江留后张业，昭武留后李肇。

初，安重诲欲图两川，自知祥杀李严，见二百七十五卷天成二年。每除刺史，皆以东兵卫送之，小州不减五百人，夏鲁奇、李仁矩、武虔裕各数千人，皆以牙队为名。按天成二年，李敬周为武信留后；四年，使节度使夏鲁奇治遂州城。鲁奇盖三年、四年间至遂州也。李仁矩镇阆州，武虔裕刺绵州，见上卷天成四年。及知祥克遂、阆、利、夔、黔、梓六镇，得东兵无虑三万人，恐朝廷征还，表请其妻子。

11 吴徐知诰广金陵城周围二十里。徐温先已筑金陵，今知诰复广之，将以贻子孙也。

12 初，契丹既强，寇抄卢龙诸州皆遍，抄，楚交翻。幽州城门之外，虏骑充斥。每自涿州运粮入幽州，虏多伏兵于阎沟，掠取之。据水经，汉涿郡故安县有阎乡，其西山则易水所出也。欧史作“盐沟”。及赵德钧为节度使，城阎沟而戍之，为良乡县，良乡，汉古县，赵德钧移之于阎沟耳。匈奴须知：阎沟县北至燕六十里，古良乡空城南至涿州四十里。盖契丹得燕之后改良乡县为阎沟县，而所谓古良乡空城即赵德钧未移县之前古城也。粮道稍通。幽州东十里之外，人不敢樵牧；德钧于州东五十里城潞县而戍之，潞，汉古县，唐属幽州。匈奴须知：潞县东二里有潞河，自潞县西至燕六十里。近州之民始得稼穑。至是，又于州东北百馀里城三河县以通蓟州运路，唐开元四年，分潞县置三河县，属蓟州。匈奴须知：三河县西至燕一百七十里，蓟州西至三河县七十里。虏骑来争，德钧击却之。九月，庚辰朔，奏城三河毕。边人赖之。

13 壬午，以镇南节度使马希范为武安节度使，兼侍中。马希范以领镇南节自朗州入嗣，今使为武安节度使，嗣封楚王之渐也。

14 孟知祥命其子仁赞摄行军司马，兼都总辖两川牙内马步都军事。

15 冬，十月，己酉朔，帝复遣李存瓌如成都，是年七月李存瓌还自成都，今复遣之。复，扶又翻；下不复同。凡剑南自节度使、刺史以下官，听知祥差署讫奏闻，朝廷更不除人；唯不遣戍兵妻子，然其兵亦不复征也。

16 秦王从荣喜为诗，聚浮华之士高辇等于幕府，与相唱和，喜，许记翻；下同。和，户卧翻。颇自矜伐。每置酒，辄令僚属赋诗，有不如意者面毁裂抵弃。壬子，从荣入谒，帝语之曰：

"吾虽不知书，然喜闻儒生讲经义，开益人智思。语，牛倨翻。思，相吏翻。吾见庄宗好为诗，将家子文非素习，徒取人窃笑，汝勿效也。"明宗之诲其子，可谓名言。好，呼到翻。将，即亮翻。

17 丙辰，幽州奏契丹屯捺剌泊。时幽州有备，契丹寇掠不得其志。契丹主西徙横帐，居捺剌泊，出寇云、朔之间。薛史本纪，是年十一月，云州奏契丹主在黑榆林南捺剌泊治造攻城之具。是后石敬瑭镇河东，因契丹部落近在云、应，遂资其兵力以取中国，而燕、云十六州之地遂皆为北方引弓之民。捺，奴葛翻。剌，来达翻。

18 前彰义节度使李金全屡献马，李金全先尝镇泾州。上不受，曰："卿在镇为治何如？勿但以献马为事！"唐明宗虽出于胡人，斯言也，君人之言也。治，直吏翻。金全，吐谷浑人也。

19 壬申，大理少卿康澄上书曰："臣闻童谣非祸福之本，妖祥岂隆替之源！故雊雉升鼎而桑穀生朝，不能止殷宗之盛；雊，古候翻。殷王太戊时，亳有祥桑穀共生于朝。武丁祭成汤，有飞雉升鼎耳而雊。二君惧而修德，殷道复兴。太戊庙号中宗，武丁庙号高宗。朝，直遥翻。神马长嘶而玉龟告兆，不能延晋祚之长。晋怀帝永嘉六年二月，神马嘶南城门。魏明帝时，张掖柳谷水涌，有石马、石牛、石龟之祥，人以为晋兴应之。是知国家有不足惧者五，有深可畏者六：阴阳不调不足惧，三辰失行不足惧，小人讹言不足惧，山崩川涸不足惧，蟊贼伤稼不足惧；蟊，莫侯翻。食根曰蟊，食节曰贼，皆害稼者也。贤人藏匿深可畏，四民迁业深可畏，上下相徇深可畏，廉耻道消深可畏，毁誉乱真深可畏，誉，音余。直言蔑闻深可畏。不足惧者，愿陛下存而勿论；深可畏者，愿陛下修而靡忒。"康澄所谓不足惧，非果不足惧也，直言人事之不得，其可畏有甚于所惧者。然其词气之间抑扬太过，将使人君忽于变异灾伤而不知警省，非笃论也。优诏奖之。

20 秦王从荣为人鹰视，轻佻峻急；鹰视者，如飞鹰欲攫，俯而侧目视物。佻，土雕翻。既判六军诸卫事，复参朝政，复，扶又翻。多骄纵不法。初，安重诲为枢密使，上专属任之。属，之欲翻。从荣及宋王从厚自襁褓与之亲狎，虽典兵，常为重诲所制，畏事之。重诲死，诛安重诲，见上卷二年。王淑妃与宣徽使孟汉琼宣传帝命，范延光、赵延寿为枢密使，从荣皆轻侮之。河阳节度使、同平章事石敬瑭兼六军诸卫副使，其妻永宁公主与从荣异母，素相憎疾。明宗诸子，史皆不载其母谁氏，惟许王从益为王淑妃所子，是时尚幼，外此子女之年长者皆微时所生也。从荣以从厚声名出己右，尤忌之；事始见二百七十六卷天成三年。从厚善以卑弱奉之，故嫌隙不外见。见，贤遍翻。石敬瑭不欲与从荣共事，从荣判六军诸卫事，石敬瑭为副使，是共事也。常思外补以避之。范延光、赵延寿亦虑及祸，屡辞机要，请与旧臣迭为之，上不许。会契丹欲入寇，上命择帅臣镇河东，延光、延寿皆曰："当今帅臣可往者独石敬瑭、康义诚耳。"康义诚起代北，事晋王及庄宗及帝，三世在兵间，不闻有功，但以邺都兵乱之时赞帝举兵南向为功耳。帅，所类翻；下同。敬瑭亦愿行，上即命除之。既受诏，不落六军副使，敬瑭复辞，复，扶又翻。上乃以宣徽使朱弘昭知山南东道，代义诚诣阙。康义诚时为山南东道节度使，今召令诣阙，命朱弘昭往知节度事以代之，未正授以旌节也。

21 十一月，辛巳，以三司使孟鹄为忠武节度使，以忠武节度使冯赟充宣徽南院使，判三司。鹄本刀笔吏，与范延光乡里厚善，范延光，相州临漳人。孟鹄，魏州人。相、魏邻接，言二人居乡里时相与厚善。数年间引擢至节度使；上虽知其太速，然不能违也。

22 乙酉，上以胡寇浸逼北边，命趣议河东帅；趣，读曰促；下同。石敬瑭欲之，而范延光、赵延寿欲用康义诚，议久不决。权枢密直学士李崧以为非石太尉不可，延光曰："仆亦累奏用之，上欲留之宿卫耳。"会上遣中使趣之，众乃从崧议。丁亥，以石敬瑭为北京留守、河东节度使，兼大同、振武、彰国、威塞等军蕃汉马步总管，唐末移大同军于云州、振武军于朔州。帝应州人，即位置彰国军于应州，以兴唐军为寰州隶之。庄宗同光元年置威塞军于新州，以妫、儒、武三州隶之。四军皆节镇也。加兼侍中。为石敬瑭以河东倚契丹之援而得中国张本。

23 己丑，加枢密使赵延寿同平章事。

24 吴以诸道都统徐知诰为大丞相、太师，加领得胜节度使；"得胜"当作"德胜"。【章：乙十一行本正作"德胜"。】吴之先王杨行密起于庐州，故因置德胜节度于庐州，言以德而胜也。知诰辞丞相、太师。

25 大同节度使张敬达聚兵要害，契丹竟不敢南下而还。按薛史，时契丹帅族帐自黑榆林捺剌泊至没越泊，云借汉界水草；张敬达聚兵遏其冲要，虏竟不敢南牧。还，从宣翻，又如字。敬达，代州人也。

26 蔚州刺史张彦超本沙陀人，尝为帝养子，与石敬瑭有隙；闻敬瑭为总管，举城附于契丹，契丹以为大同节度使。蔚，纡勿翻。

27 石敬瑭至晋阳，以部将刘知远、周瓌为都押衙，委以心腹；军事委知远，为刘知远为石敬瑭佐命、又以是而基汉业张本。帑藏委瓌。帑，他朗翻。藏，徂浪翻。瓌，晋阳人也。

28 十二月，戊午，以康义诚为河阳节度使，兼侍卫亲军马步都指挥使；叶梦得石林燕语云：自梁置在京马步军都指挥使，后唐遂置侍卫亲军都指挥使。以朱弘昭为山南东道节度使。朱弘昭始正授襄阳旌节。

29 是岁，汉主立其子耀枢为雍王，雍，于用翻。龟图为康王，弘度为宾王，弘熙【严："熙"改"燕"。】为晋王，弘昌为越王，弘弼为齐王，弘雅为韶王，弘泽为镇王，弘操为万王，弘杲为循王，弘晫为思王，弘邈为高王，弘简为同王，弘建为益王，弘济为辩王，弘道为贵王，弘昭为宜王，弘政为通王，弘益为定王；未几，徙弘度为秦王。几，居岂翻。汉诸王皆以州为名。

四年（癸巳、九三三）

1 春，正月，戊子，加秦王从荣守尚书令，兼侍中。庚寅，以端明殿学士归义刘昫为中书侍郎、同平章事。归义县属涿州。昫，吁句翻，又许羽翻。

2 闽人有言真封宅龙见者，真封宅，盖王延钧未得国之时所居也。见，贤遍翻。更【章：十二行本“更”上有“闽王延钧”四字；乙十一行本同；孔本同；张校同。】命其宅曰龙跃宫。更，工衡翻；下更名同。遂诣宝皇宫受册，备仪卫，入府，即皇帝位，国号大闽，大赦，改元龙启；更名璘。追尊父祖，立五庙。以其僚属李敏为左仆射、门下侍郎，其子节度副使继鹏为右仆射、中书侍郎，并同平章事；以亲吏吴勖为枢密使。唐册礼使裴杰、程侃适至海门，海门，即今福清县之海门镇是也。闽主以杰为如京使；侃固求北还，不许。闽主自以国小地僻，常谨事四邻，由是境内差安。史言闽主虽惑于神仙妖妄，而能粗安者，以善邻而然。

3 二月，戊申，孟知祥墨制以赵季良等为五镇节度使。孟知祥为五帅请节钺，朝廷依违不报，而许之墨制署授，故知祥因而授五帅。昔唐之季也，强藩悍将犹知长安本色之为贵，若赵季良等，知禀命于孟知祥而已，岂复知重朝命哉！

4 凉州大将拓跋承谦及耆老上表，请以权知留后孙超为节度使。上问使者：“超为何人？”对曰：“张义潮在河西，张义潮以河西来归，事始二百四十九卷唐宣宗大中五年。朝廷以天平军二千五百人戍凉州，自黄巢之乱，凉州为党项所隔，郓人稍稍物故皆尽，超及城中之人皆其子孙也。”

5 乙卯，以马希范为武安、武平节度使，马希范席父兄之业，故朝廷仍命以潭、朗两镇。兼中书令。

6 戊午，定难节度使李仁福卒；庚申，军中立其子彝超为留后。

7 癸亥，以孟知祥为东西川节度使、蜀王。

8 先是，河西诸镇皆言李仁福潜通契丹，是时河西止有凉州、沙州二镇，然使命不常通也。窃意"河西"当作"关西"，欧史只作"边将多言仁福通于契丹"，尤为檃括。先，悉荐翻。朝廷恐其与契丹连兵，并吞河右，南侵关中，会仁福卒，三月，癸未，以其子彝超为彰武留后，唐末以延州置保塞军，岐改为忠义军，后唐改为彰武军。徙彰武节度使安从进为定难留后，仍命静塞【章：十二行本"塞"作"难"；乙十一行本同。】节度使药彦稠将兵五万，以宫苑使安重益为监军，送从进赴镇。从进，索葛人也。难，乃旦翻。索葛部居振武。宋白曰：安从进本贯振武军索葛府索葛村。索，苏各翻。

9 乙酉，始下制除赵季良等为五镇节度使。孟知祥既以墨制命之，朝廷不能违，遂为之下制。

10 丁亥，敕谕夏、银、绥、宥将士吏民，以"夏州穷边，李彝超年少，少，诗照翻。未能扞御，故使【章：十二行本"使"作"徙"；乙十一行本同；孔本同；退斋校同。】之延安，延州，延安郡。从命则有李从曮、高允韬富贵之福，李从曮事见上卷长兴元年；又是年高允韬自鄜、延徙安国。违命则有王都、李匡宾覆族之祸。"王都事见二百七十六卷天成四年；李匡宾事见上卷元年。夏，四月，彝超上言，为军士百姓拥留，未得赴镇，诏遣使趣之。趣，读曰促。

11 言事者请为亲王置师傅，为，于伪翻。宰相畏秦王从荣，不敢除人，请令王自择。秦王府判官、太子詹事王居敏荐兵部侍郎刘瓒于从荣，瓒，才旱翻。欧史作"刘赞"，时为刑部侍郎。从荣表请之。癸丑，以瓒为秘书监、秦王傅，前襄州支使山阳鱼崇远为记室。汉之山阳郡，唐为曹、济之地。此山阳，唐楚州之山阳县也。旧唐书地理志曰：山阳县，汉临淮郡之射阳县地。晋置山阳郡，改为山阳县，唐为楚州治所。瓒自以左迁，泣诉，不得免。唐制，六部侍郎除吏部之外，馀皆从四品下；王傅从三品。然六部侍郎为向用，王傅为左迁，以职事有闲剧之不同也。当是时，从荣地居储副，则秦王傅不可以闲官言。盖以从荣轻佻峻急，恐预其祸，求自脱耳。王府参佐皆新进少年，轻脱谄谀，瓒独从容规讽，从，千容翻。从荣不悦。瓒虽为傅，从荣一概以僚属待之，瓒有难色；从荣觉之，自是戒门者勿为通，勿为，于伪翻。月听一至府，或竟日不召，亦不得食。

12 李彝超不奉诏，诏趣李彝超赴延安而不奉诏。遣其兄阿啰王守青岭门，啰，鲁何翻。青岭门盖汉上郡桥山之长城门也，东北过奢延泽至夏州。集境内党项诸胡以自救。药彦稠等进屯芦关，芦子关在延州延昌县北。赵珣聚米图经曰：芦关在延州塞门寨北十五里。彝超遣党项抄粮运及攻具，抄，楚交翻。官军自芦关退保金明。金明，汉肤施县地。后魏太平真君十二年置金明郡，隋废郡为县，县又寻废。唐武德二年，分肤施县复置金明县。宋熙宁五年，省金明县为寨，属肤施县。赵珣聚米图经曰：自芦关南入塞门，即金明路。陈执中曰：塞门至金明二百里。

13 闽主璘立子继鹏为福王，充宝皇宫使。

14 五月，戊寅，立皇子从珂为潞王，从益为许王，从子天平节度使从温为兖王，护国节度使从璋为洋王，成德节度使从敏为泾王。从子，才用翻。

15 庚辰，闽地震，闽主璘避位修道，命福王继鹏权总万机。初，闽王审知性节俭，府舍皆庳陋；庳，皮靡翻。至是，大作宫殿，极土木之盛。

16 甲申，帝暴得风疾；庚寅，小愈，见群臣于文明殿。薛史，梁开平三年，改西京贞观殿为文明殿。

17 壬辰夜，夏州城上举火，比明，杂虏数千骑救之，夜举火于城上，及明而杂虏至；盖先约以举烽为号，欲内外夹击唐兵也。比，必利翻。安从进遣先锋使宋温击走之。

18 吴宋齐丘劝徐知诰徙吴主都金陵，知诰乃营宫城于金陵。

19 帝旬日不见群臣，都人恟惧，恟，许勇翻。或潜窜山野，或寓止军营。寓止军营者，恐军中起变，欲依之以自全。秋，七月，庚辰，帝力疾御广寿殿，广寿殿不知其创造之始。薛史本纪：长兴四年重修广寿殿，帝曰："此殿经焚，不可不修。"盖焚于同光之末也。人情始安。

20 安从进攻夏州。州城赫连勃勃所筑，夏州城，赫连勃勃蒸土所筑统万城也，事见一百一十七卷晋安帝义熙九年。宋白曰：统万城在朔方之北、黑水之南，其城土白而坚，南有亢敌峻险，非人力所攻，迄今雉堞虽久，崇墉若新。坚如铁石，斸凿不能入。斸，株玉翻，斫也。又党项万馀骑徜徉四野，抄掠粮饷，徜，常羊翻。徉，音羊。抄，楚交翻。官军无所刍牧。山路险狭，关中民输斗粟束藁费钱数缗，民间困竭不能供。李彝超兄弟登城谓从进曰："夏州贫瘠，非有珍宝蓄积可以充朝廷贡赋也；但以祖父世守此土，唐僖宗时拓跋思恭据夏州，传思谏、彝昌、仁福以至彝超。不欲失之。蕞尔孤城，蕞，徂外翻。胜之不武，何足烦国家劳费如此！幸为表闻，为，于伪翻。若许其自新，或使之征伐，愿为众先。"上闻之，壬午，命从进引兵还。还，从宣翻；下同。

其后有知李仁福阴事者，云："仁福畏朝廷除移，扬言结契丹为援，除移，谓除移他镇。扬言者，播其言使人知。契丹实不与之通也；致朝廷误兴是役，无功而还。"自是夏州轻朝廷，每有叛臣，必阴与之连以邀赂遗。遗，唯季翻。上疾久未平，征夏州无功，军士颇有流言，乙酉，赐在京诸军优给有差；既赏赉无名，士卒由是益骄。唐兵之骄，始于同光，甚于长兴，极于清泰。至开运之末，契丹入汴，晋兵有不得食者矣。

21 丁亥，赐钱元瓘爵吴王。元瓘于兄弟甚厚，其兄中吴、建武节度使元璙自苏州入见，元璙即传璙。元瓘嗣国，兄弟名从"传"者并改为"元"。吴越于苏州置中吴节度。薛史曰：唐庄宗三年升苏州为中吴军。见，贤遍翻。元瓘以家人礼事之，奉觞为寿，曰："此兄之位也，而小子居之，兄之赐也。"元璙让位于元瓘，见二百七十六卷天成三年。

元璙曰："先王择贤而立之，君臣位定，元璙知忠顺而已。"因相与对泣。元瓘笃友悌之义，元璙知忠顺之节，兄弟辑睦以保其国，异乎夫己氏者矣。

22 戊子，闽主璘复位。王璘避位六十五日，特以厌地震之异耳。初，福建中军使薛文杰，性巧佞，璘喜奢侈，文杰以聚敛求媚，喜，许记翻。敛，力赡翻。璘以为国计使，亲任之。文杰阴求富民之罪，籍没其财，被榜捶者胸背分受，仍以铜斗火熨之。榜，音彭。捶，止橤翻。熨，纡勿翻，又纡胃翻。建州土豪吴光入朝，文杰利其财，求其罪，将治之；治，直之翻。光怨怒，帅其众且万人叛奔吴。为吴光引吴兵攻建州而文杰诛张本。帅，读曰率。

23 帝以工部尚书卢文纪、礼部郎中吕琦为蜀王册礼使，并赐蜀王一品朝服。知祥自作九旒冕，九章衣，车服旌旗皆拟王者。王者，谓天子也。唐制：真王正一品。朝廷既赐孟知祥以一品朝服，知祥又作九旒，九章之法服，是为王矣；所谓"车服旌旗皆拟王者"，是拟天子也。八月，乙巳朔，文纪等至成都。戊申，知祥服衮冕，备仪卫诣驿，时馆卢文纪等于成都驿舍。降阶北面受册，升玉辂，至府门，乘步辇以归。玉辂，天子之辂。步辇，以人挽之。文纪，简求之孙也。卢简求，纶之子也，唐宣宗、懿宗之时，内历台阁，外践节镇。

24 戊申，群臣上尊号曰圣明神武广道法天文德恭孝皇帝，大赦。在京及诸道将士各等第优给。时一月之间再行优给，乙酉至戊申，二十四日耳。由是用度益窘。明宗之优给，惩庄宗之过也。给之愈滥，士心愈骄，由是有"到凤翔更请一分"之事。窘，巨陨翻。

25 太仆少卿【章：十二行本"卿"下有"致仕"二字；乙十一行本同；张校同，云无注本亦无。】何泽见上寝疾，秦王从荣权势方盛，冀己复进用，欧史曰：何泽外虽直言而内实佞邪，与宰相赵凤有旧，数私干凤；凤薄其为人，以为太常少卿。敕未出，泽先知之，即称新官上章自诉。章下中书，凤等言："泽未拜命而称新官，轻侮朝廷，请坐以法。"乃以太仆少卿致仕，居于河阳。表请立从荣为太子。上览表泣下，私谓左右曰："群臣请立太子，朕当归老太原旧第耳。"此唐宣宗所谓"若立太子则朕便为闲人"之见也。富有天下，不思贻后之谋，而为此论，意趣凡近，良可悯笑。帝事太祖、庄宗，起于晋阳，有旧第在焉。不得已，丙【张："丙"作"壬"。】戌，诏宰相枢密使议之。丁卯，从荣见上，见，贤遍翻。言曰："窃闻有奸人请立臣为太子；臣幼少，且愿学治军民，不愿当此名。"治，直之翻。上曰："群臣所欲也。"从荣退，见范延光、赵延寿曰："执政欲以吾为太子，是欲夺我兵柄，幽之东宫耳。"从荣之言，与明宗之言同一恋权之心耳。延光等知上意，且惧从荣之言，即具以白上；辛未，制以从荣为天下兵马大元帅。

26 九月，甲戌朔，吴主立德妃王氏为皇后。

27 戊寅，加范延光、赵延寿兼侍中。

28 癸未，中书奏节度使见元帅仪，虽带平章事，亦以军礼廷参，从之。时中书门下奏："自历朝以来，无天下兵马大元帅公事仪注；或专一面之权，或总诸道之帅，其仪注规程公事载详故实，未见明文。臣等谨沿近事，伏见招讨使、总管兼受副使已下櫜鞬庭礼，今望令诸道节度使以下，凡带兵权者，见元帅，阶下具军礼参见，皆申公状；其使相者初相见亦以军礼，一度已后客礼相见。应天下诸军务公事，元帅府行指挥；其判六军诸卫事则行公牒往来。其元帅府所置官属、补奏军职，则委元帅奏请署置。"按是时执政畏从荣，崇秩太过。

29 帝欲加宣徽使、判三司冯赟同平章事；赟父名章。赟父璋事帝于潜跃，为阍者。执政误引故事，庚寅，加赟同中书门下二品，充三司使。唐制：中书门下二省，惟中书令、侍中正二品，侍郎则正三品。以两省侍郎兼宰相之职，则谓之同中书门下平章事，而官则自依本品。今同中书门下二品，则其品同两省长官，是误也。

30 秦王从荣请严卫、捧圣步骑两指挥为牙兵。五代会要：应顺元年三月，改左、右羽林四十指挥为严卫左、右军，龙武、神武四十指挥为捧圣左、右军。按是年帝殂，明年正月闵帝改元应顺，四月潞王入立，改元清泰。

数月之间，乃宋、潞二王兵争之际，何暇改屯卫诸军号乎！是必改于天成、长兴之间，会要误也。每入朝，从数百骑，张弓挟矢，驰骋衢路；令文士试草檄淮南书，陈己将廓清海内之意。从荣不快于执政，私谓所亲曰："吾一旦南面，必族之。"范延光、赵延寿惧，屡求外补以避之。上以为见己病而求去，甚怒，曰："欲去自去，奚用表为！"齐国公主复为延寿言于禁中，云"延寿实有疾，不堪机务。"赵延寿尚帝女齐国公主。复，扶又翻；下同。为，于伪翻。丙申，二人复言于上曰："臣等非敢惮劳，愿与勋旧迭为之。亦不敢俱去，愿听一人先出。若新人不称职，称，尺证翻。复召臣，臣即至矣。"上乃许之。戊戌，以延寿为宣武节度使；以山南东道节度使朱弘昭为枢密使、同平章事。制下，弘昭复辞，亦惧从荣之祸也。下，户嫁翻。上叱之曰："汝辈皆不欲在吾侧，吾蓄养汝辈何为！"弘昭乃不敢言。

31 吏部侍郎张文宝泛海使杭州，使，疏吏翻。船坏，水工以小舟济之，风飘至天长；天长县在扬州西一百一十里，其地北不至淮，东不至海，岂小舟随风所能至！今通州海门县崇明镇东海中有大洲，谓之天赐盐场，舟人扬帆遇顺，东南可以径至明州定海，西南可以至许浦、达苏州，恐是此处。宋之通州，吴之静海军也。从者二百人，所存者五人。吴主厚礼之，资以从者仪服钱币数万，仍为之牒钱氏，从，才用翻。为，于伪翻。使于境上迎候。文宝独受饮食，馀皆辞之，曰："本朝与吴久不通问，今既非君臣，又非宾主，若受兹物，何辞以谢！"吴主嘉之，竟达命于杭州而还。还，从宣翻，又如字。

32 庚子，以前义成节度使李赞华为昭信节度使，留洛阳食其俸。去年以李赞华帅义成，事见上卷。按唐末于金州置昭信节度，五代兵争，不复以为节镇。又按五代会要，长兴二年升虔州为昭信节度：时虔州属吴，吴以为百胜节度。赞华所领节，抑虔州之昭信军欤？又，是年十一月庚辰，改慎州怀化军为昭化军，慎州在幽州之北，唐盛时所置以处突厥降者，抑以赞华领昭化节而“信”字乃“化”字之误欤？

33 辛丑，诏大元帅从荣位在宰相上。

34 吴徐知诰以国中水火屡为灾，曰：“兵民困苦，吾安可独乐！”乐，音洛。悉纵遣侍妓，妓，渠绮翻。取乐器焚之。

35 闽内枢密使薛文杰说闽王抑挫诸宗室；从子继图不胜忿，说，式芮翻。从，才用翻。胜，音升。谋反，坐诛，连坐者千馀人。

36 冬，十月，乙卯，范延光、冯赟奏：“西北诸胡卖马者往来如织，日用绢无虑五千匹，计耗国用什之七，天成四年，沿边置场市马，禁党项卖马者到阙，而卒不能禁。今掌兵、掌计之臣复以其耗费而奏言之。请委缘边镇戍择诸胡所卖马良者给券，具数以闻。”从之。

37 戊午，以前武兴节度使孙岳为三司使。代冯赟也。

38 范延光屡因孟汉琼、王淑妃以求出；庚申，以延光为成德节度使，以冯赟为枢密使。

帝以亲军都指挥使、河阳节度使、同平章事康义诚为朴忠，亲任之。时要近之官多求出以避秦王之祸，义诚度不能自脱，乃令其子事秦王，务以恭顺持两端，冀得自全。帝以康义诚为朴忠，朴忠者能持两端乎？是后康义诚事闵帝，自请将兵拒潞王而遂迎降，亦所以自全也，乃所以自毙。若此者果可亲任耶！度，徒洛翻。

39 权知夏州事李彝超上表谢罪，求昭雪；去年秋讨李彝超。昭者，明其无他；雪者，澡洗其罪。壬戌，以彝超为定难军节度使。难，乃旦翻。

40 十一月，甲戌，上饯范延光，酒罢，上曰：“卿今远去，事宜尽言。”对曰：“朝廷大事，愿陛下与内外辅臣参决，勿听群小之言。”内辅臣，谓枢密使；外辅臣，谓宰相。群小，指孟汉琼之党。遂相泣而别。语而相泣，死期将至，不知泣下也。时孟汉琼用事，附之者共为朋党以蔽惑上听，故延光言及之。

41 庚辰，改慎州怀化军。九域志：慎州，昭化军节度。五代会要：是年十一月庚辰，改真州怀化军为昭化军。史于此盖逸"为昭化军"四字。置保顺军于洮州，领洮、鄯等州。自唐肃、代以来，洮、鄯没于吐蕃，是时必有西戎首领来归附，故置节镇以宠授之。洮，土刀翻。鄯，音善。

42 戊子，帝疾复作，欧史：戊子，雪，帝幸宫西土和亭，得伤寒疾。复，扶又翻。己丑，大渐，秦王从荣入问疾，帝俛首不能举。俛，音免。王淑妃曰："从荣在此。"帝不应。从荣出，闻宫中皆哭，从荣意帝已殂，明旦，称疾不入。是夕，帝实小愈，欧史：从荣与朱弘昭、冯赟入问起居于广寿殿，帝不能知人。从荣等出，乃迁于雍和殿，宫中皆恸哭。至夜半，帝蹶然自兴于榻，而侍疾者皆去，顾殿上守漏宫女曰："夜漏几何？"对曰："四更矣。"帝即唾肉如肺者数片，溺便液斗馀。守漏者曰："大家省事乎？"曰："吾不知也。"有顷，六宫皆至，曰："大家还魂矣。"因进粥一器。至旦，疾少愈。薛史作"便溺升馀"。当改"斗"字从"升"字。而从荣不知。

从荣自知不为时论所与，事始见二百七十六卷天成二年。人患不自知耳，既自知矣，而与小人谋为自全之计，此其所以败也。恐不得为嗣，与其党谋，欲以兵入侍，先制权臣。权臣，谓孟汉琼、朱弘昭、冯赟等。辛卯，从荣遣都押牙马处钧谓朱弘昭、冯赟曰："吾欲帅牙兵入宫中侍疾，帅，读曰率。且备非常，当止于何所？"二人曰："王自择之。"既而私于处钧曰："主上万福，今人言起居无他者为万福。王宜竭心忠孝，不可妄信人浮言。"从荣怒，复遣处钧谓二人曰："公辈殊不爱家族邪？何敢拒我！"以参夷之罪临之。复，扶又翻。二人患之，入告王淑妃及宣徽使孟汉琼，咸曰："兹事不得康义诚不可济。"康义诚时总侍卫亲军。言不得义诚与之合谋拒从荣，则事不可成。乃召义诚谋之，义诚竟无言，但曰："义诚将校耳，将，即亮翻。校，户教翻。不敢预议，惟相公所使。"弘昭疑义诚不欲众中言之，夜，邀至私第问之，其对如初。康义诚之初计，欲持两端以自全，故其对如此。

壬辰，从荣自河南府常服将步骑千人陈于天津桥。从荣时以河南尹判六军诸卫，居河南府。是日黎明，从荣遣马处钧至冯赟第，语之曰："吾今日决入，且居兴圣宫。语，牛倨翻。帝之嗣位也，先入居兴圣宫，故从荣欲效之。公辈各有宗族，处事亦宜详允，处，昌吕翻；下处置同。又使处钧以前说临冯赟。祸福在须臾耳。"又遣处钧诣康义诚，义诚曰："王来则奉迎。"言来则奉迎，不来则不敢轻动，此即义诚遣子事秦府之初计也。

赟驰入右掖门，见弘昭、义诚、汉琼及三司使孙岳方聚谋于中兴殿门外，五代会要：唐庄宗同光二年改洛阳崇勋殿为中兴殿，万春门为中兴门。赟具道处钧之言，因让义诚曰："秦王言'祸福在须臾'，其事可知，公勿以儿在秦府，左右顾望！主上拔擢吾辈，自布衣至将相，苟使秦王兵得入此门，置主上何地？吾辈尚有遗种乎？"种，章勇翻。义诚未及对，监门白秦王已将兵至端门外。监门，监门卫将军也。端门，宫城正南门。汉琼拂衣起曰："今日之事，危及君父，公犹顾望择利邪？公，谓康义诚。吾何爱馀生，当自帅兵拒之耳！"帅，读曰率；下同。即入殿门，弘昭、赟随之，义诚不得已，亦随之入。

汉琼见帝曰："从荣反，兵已攻端门，须臾入宫，则大乱矣。"宫中相顾号哭，号，户刀翻。帝曰："从荣何苦乃尔！"问弘昭等："有诸？"对曰："有之，适已令门者阖门矣。"帝指天泣下，谓义诚曰："卿自处置，处，昌吕翻。勿惊百姓！"控鹤指挥使李重吉，从珂之子也，时侍侧，帝曰："吾与尔父，冒矢石定天下，冒，莫北翻。数脱吾于厄；数，所角翻。从荣辈得何力，今乃为人所教，为此悖逆！悖，蒲内翻，又蒲没翻。我固知此曹不足付大事，当呼尔父授以兵柄耳。时从珂镇凤翔，帝言欲召之。汝为我部闭诸门。"为，于伪翻；下尝为同。重吉即帅控鹤兵守宫门。

帅，读曰率；下同。孟汉琼被甲乘马，被，皮义翻。召马军都指挥使朱洪实，使将五百骑讨从荣。

从荣方据胡床，坐桥上，胡床即今之交床，自晋人已来用之。遣左右召康义诚。端门已闭，叩左掖门，端门之东门曰左掖门，西门曰右掖门，言在端门之左右，若臂掖之左右然也。从门隙中窥之，见朱洪实引骑兵北来，端门，宫城南门。兵从宫中出，自掖门外窥之，见其兵北来。走白从荣；从荣大惊，命取铁掩心擐之，甲在胸前者谓之掩心。擐，户惯翻。坐调弓矢。俄而骑兵大至，从荣走归府，走归河南府也。僚佐皆窜匿，牙兵掠嘉善坊溃去。从荣与妃刘氏匿床下，皇城使安从益就斩之，并杀其子，以其首献。初，孙岳颇得豫内廷密谋，冯、朱患从荣狼伉，冯、朱，谓冯赟、朱弘昭。晋周嵩谓王敦曰："处仲狼抗无上。"岳尝为之极言祸福之归；康义诚恨之，至是，乘乱密遣骑士射杀之。射，而亦翻。帝闻从荣死，悲骇，几落御榻，绝而复苏者再，由是疾复剧。几，居依翻。复，扶又翻。从荣一子尚幼，养宫中，诸将请除之，帝泣曰："此何罪！"不得已，竟与之。癸巳，冯道帅群臣入见帝于雍和殿，帝雨泣呜咽，见，贤遍翻。雨泣者，泪下如雨。曰："吾家事至此，惭见卿等！"

宋王从厚为天雄节度使；甲午，遣孟汉琼征从厚，且权知天雄军府事。使孟汉琼征从厚入侍疾，因使汉琼权知天雄军府。

丙申，追废从荣为庶人。执政共议从荣官属之罪，冯道曰："从荣所亲者高辇、刘陟、王说而已，说，读为悦。任赞到官才半月，王居敏、司徒诩在病告已半年，司徒诩，其先以官为氏。在病告者，以病谒告家居。岂豫其谋！居敏尤为从荣所恶，恶，乌路翻。昨举兵向阙之际，与辇、陟并辔而行，指日景曰：'来日及今，已诛王詹事矣。'日景，日之晷景。及今，犹言及此时也。王詹事，谓王居敏，称其官也。自非与之同谋者，岂得一切诛之乎！”朱弘昭曰：“使从荣得入光政门，唐昭宗之迁洛阳也，改长乐门为光政门。赟等当如何任使，而吾辈犹有种乎！种，章勇翻。且首从差一等耳，今首已孥戮而从皆不问，从，才用翻。孥，音奴。凡定罪，从减为首一等。主上能不以吾辈为庇奸人乎！”冯赟力争之，始议流贬。时谘议高辇已伏诛。丁酉，元帅府判官·兵部侍郎任赞、秘书监兼王傅刘瓒、友苏瓒、记室鱼崇远、河南少尹刘陟、判官司徒诩、推官王说等八人并长流，唐法，长流人谓之“长流百姓”。河南巡官李浣、江文蔚等六人勒归田里，蔚，纡勿翻。六军判官·太子詹事王居敏、推官郭晙并贬官。从荣判六军诸卫事，其府僚有判官、推官。晙，祖峻翻。浣，回之族曾孙也；李回，唐武宗朝为宰相。诩，贝州人；文蔚，建安人也。文蔚奔吴，徐知诰厚礼之。

初，从荣失道，六军判官、司谏郎中赵远谏曰：“大王地居上嗣，上嗣，言齿居诸子之上，当嗣有大业。当勤修令德，奈何所为如是！勿谓父子至亲为可恃，独不见恭世子、戾太子乎！”春秋晋献公杀其世子而非其罪，后谥曰恭。戾太子事见二十二卷汉武帝征和二年。从荣怒，出为泾州判官；及从荣败，远以是知名。远，字上交，赵远后事汉高祖，避高祖名，以字行，故史著其名。幽州人也。

43 戊戌，帝殂。年六十七。按下文云登极之年已逾六十，则是年年六十八。帝性不猜忌，与物无竞，登极之年已逾六十，每夕于宫中焚香祝天曰：“某胡人，因乱为众所推；事见二百七十四卷天成元年。愿天早生圣人，为生民主。”范仲淹曰：我太祖皇帝应期而生。在位年谷屡丰，屡，力住翻。兵革罕用，校于五代，粗为小康。校，比也。小康，小安也。粗，坐五翻。

辛丑，宋王至洛阳。自魏州至洛阳。

44 闽主尊鲁国太夫人黄氏为皇太后。

闽主好鬼神，好，呼到翻。巫盛韬等皆有宠。薛文杰言于闽主曰："陛下左右多奸臣，非质诸鬼神，质，正也。不能知也。盛韬善视鬼，宜使察之。"闽主从之。文杰恶枢密使吴勖，吴勖，本闽主亲吏，故任之以机密，文杰以是恶之。恶，乌路翻。勖有疾，文杰省之，省，悉景翻。曰："主上以公久疾，欲罢公近密，仆言公但小苦头痛耳，将愈矣。主上或遣使来问，慎勿以他疾对也。"勖许诺。明日，文杰使韬言于闽主曰："适见北庙崇顺王讯吴勖谋反，闽主信北庙崇顺王事始见上卷三年。以铜钉钉其脑，上钉如字，下钉丁定翻。金椎击之。"闽主以告文杰，文杰曰："未可信也，宜遣使问之。"果以头痛对，即收下狱，遣文杰及狱吏杂治之，勖自诬服，并其妻子诛之。"吴勖"，欧史作"吴英"。下，遐稼翻。治，直吏翻。由是国人益怒。

吴光请兵于吴，吴光奔吴见上七月。吴信州刺史蒋延徽不俟朝命，引兵会光攻建州，信州在汉时其地界于豫章馀干、会稽太末二县之间，三国时为鄱阳郡葛阳县之地。晋、宋以至于隋属东阳、鄱阳二郡，陈改葛阳为弋阳县。唐乾元元年析饶州之弋阳、衢州之常山、玉山及建、抚之地置信州。九域志：信州南至建州四百里。朝，直遥翻。闽主遣使求救于吴越。

45 十二月，癸卯朔，始发明宗丧，戊戌至癸卯，六日始发丧，乱故也。宋王即皇帝位。讳从厚，明宗第五子也。明宗殂四日而后宋王至，至三日始发丧即位。

46 秦王从荣既死，朱洪实妻入宫，司衣王氏【章：十二行本"氏"下有"与之"二字；乙十一行本同。】语及秦王，唐制：内职有六尚，犹外朝之六尚书也；有二十四司，犹二十四曹郎也。司衣属尚服局，掌宫内御服、首饰，整比以时进奉。王氏曰："秦王为人子，不在左右侍疾，致人归祸，是其罪也；若云大逆，则厚诬矣。朱司徒最受王恩，朱洪实盖加检校司徒，故称之。当时不为之辨，惜哉！"为之，于伪翻；下同。

洪实闻之，大惧，与康义诚以其语白闵帝，且言王氏私于从荣，为之诇宫中事，辛亥，赐王氏死。事连王淑妃，淑妃素厚于从荣，欧史曰：初，明宗后宫有生子者，命妃母之，是为许王从益。从益乳母司衣王氏，见明宗已老而秦王握兵，心欲自托为后计，乃曰“儿思秦王”；是时从益已四岁，又数教从益自言求见秦王，明宗遣乳妪将儿往来秦府，遂与从荣私通，从荣因使伺察宫中动静。事连王淑妃，由是故也。诇，火迥翻，又休正翻。帝由是疑之。从荣已死，往事何足复论！况国难甫定，人心疑阻，宜示宽大，使各自安。帝多疑而少断，此其所以不得令终也。

47 丙辰，以天雄左都押牙宋令询为磁州刺史。磁，墙之翻。朱弘昭以诛秦王立帝为己功，欲专朝政；令询侍帝左右最久，雅为帝所亲信，雅，素也。弘昭不欲旧人在帝侧，故出之。帝不悦而无【章：十二行本“无”下有“如”字；乙十一行本同；孔本同；熊校同。】之何。

48 孟知祥闻明宗殂，谓僚佐曰：“宋王幼弱，为政者皆胥史小人，朱弘昭、冯赟先皆以胥史事明宗于潜跃，遂阶柄用，故为孟知祥所侮易。其乱可坐俟也。”

辛未，帝始御中兴殿。帝自终易月之制，循汉、晋丧制，以日易月，二十七日而释服。即召学士读贞观政要、太宗实录，有致治之志；然不知其要，宽柔少断。治，直吏翻。断，丁乱翻。李愚私谓同列曰：“吾君延访，鲜及吾辈，位高责重，事亦堪忧。”众惕息不敢应。李愚时为相，言帝不谋政于宰相，而专与枢密、宣徽等议事也。鲜，息浅翻。惕，他历翻。

49 顺化节度使、同平章事、判明州钱元珦骄纵不法，以吴越于台州置德化节度概观之，盖置顺化节度于明州也。又按薛史，长兴三年升楚州为顺化军，以明州刺史钱元珦为本州节度使。楚州时属杨氏，元珦盖镇明州而领楚州节耳。珦，许亮翻。每请事于王府不获，王府，谓吴越国王府。辄上书悖慢。悖，蒲昧翻，又蒲没翻。尝怒一吏，置铁床炙之，炙，之石翻。臭满城郭。吴王元瓘遣牙将仰仁诠诣明州召之，仁诠左右虑元珦难制，劝为之备，仁诠不从，常服径造听事。姓苑有仰姓。诠，且缘翻。造，七到翻。听，读曰厅。元珦见仁诠至，股栗，遂还钱塘，幽于别第。仁诠，湖州人也。

50 闽主改福州为长乐府。乐，音洛。

亲从都指挥使王仁达有擒王延禀之功，从，才用翻。王仁达擒延禀事见上卷长兴二年。性慷慨，言事无所避。闽主恶之，恶，乌路翻。尝私谓左右曰："仁达智有馀，吾犹能御之，非少主臣也。"少，诗照翻。至是，竟诬以叛，族诛之。

51 初，马希声、希范同日生，希声母曰袁德妃，希范母曰陈氏。希范怨希声先立不让，及嗣位，不礼于袁德妃。按欧史，楚王殷有子十馀人，嫡子希振长而贤，其次希声与希范同日生，希声以母袁夫人有色而宠盛得立，而希振弃官为道士。希声以长幼之序当让希振，未当让希范也。希声母弟希旺为亲从都指挥使，从，才用翻。希范多谴责之；袁德妃请纳希旺官为道士，不许，解其军职，使居竹屋草门，不得预兄弟燕集。德妃卒，希旺忧愤而卒。

潞王上

讳从珂，镇州平山人。本姓王氏，明宗为将时过平山掠得之，养以为子。

清泰元年（甲午、九三四）是年四月入立，始改元清泰。

1 春，正月，戊寅，闵帝大赦，改元应顺。取应天顺人为义，非继体之君所以纪元也。

壬午，加河阳节度使兼侍卫都指挥使康义诚兼侍中，判六军诸卫事。

2 朱弘昭、冯赟忌侍卫马军都指挥使安【章：十二行本"安"上有"宁国节度使"五字；张校同，云无注本亦无。】彦威、侍卫步军都指挥使、忠正节度使张从宾，五代会要：天成二年十月，升寿州为忠正节度。

时寿州属吴，后唐盖升节镇以宠授其臣遥领之耳。甲申，出彦威为护国节度使，以捧圣马军都指挥使朱洪实代之；出从宾为彰义节度使，以严卫步军都指挥使皇甫遇代之。朱、冯之多忌，所以速祸也。薛史：明宗长兴三年，以神捷、神威、雄威、广捷已下指挥改为左、右羽林军。闵帝即位，改左、右羽林军为严卫，左·右龙武、神武军为捧圣。按薛史之误与会要同。彦威，崞人；崞，音郭。遇，真定人也。

3 戊子，枢密使·同平章事朱弘昭、同中书门下二品冯赟、河东节度使兼侍中石敬瑭并兼中书令。赟以超迁太过，坚辞不受；己丑，改兼侍中。

4 壬辰，以荆南节度使高从诲为南平王，武安、武平节度使马希范为楚王。

5 甲午，以镇海、镇东节度使吴王元瓘为吴越王。

6 吴徐知诰别治私第于金陵，治，直吏翻。乙未，迁居私第，虚府舍以待吴主。此吴主，杨溥。

7 凤翔节度使兼侍中潞王从珂，与石敬瑭少从明帝征伐，有功名，得众心；少，诗照翻。朱弘昭、冯赟位望素出二人下远甚，一旦执朝政，皆忌之。忌从珂及敬瑭也。朝，直遥翻。明宗有疾，潞王屡遣其夫人入省侍；省，悉景翻。及明宗殂，潞王辞疾不来，以主少国疑也，其相猜阻之迹见矣。使臣至凤翔者或自言伺得潞王阴事。此小人之交斗者迎合执政意向。使，疏吏翻。伺，相吏翻。时潞王长子重吉为控鹤都指挥使，朱、冯不欲其典禁兵，己亥，出为亳州团练使。潞王有女惠明为尼，在洛阳，亦召入禁中。潞王由是疑惧。为潞王举兵张本。

8 吴蒋延徽败闽兵于浦城，汉末以会稽南部置汉兴县，吴更曰吴兴，为建安郡治所，隋废郡为县。唐载初元年，分建安县置唐兴县，天授二年改曰武宁，神龙元年复曰唐兴，天宝元年改曰浦城，属建州。宋白曰：浦城本东候官之北乡也，汉末置汉兴县，吴曰吴兴，唐曰唐兴，天宝改浦城。有二浦，其城临浦，故曰浦城。九域志：在州东北三百三十里。败，补迈翻。遂围建州，闽主璘遣上军使张彦柔、闽置上军使、中军使、下军使。骠骑大将军王延宗将兵万人救建州。延宗军及中涂，士卒不进，曰："不得薛文杰，不能讨贼。"延宗驰使以闻，国人震恐。太后及福王继鹏继鹏，闽主长子也。泣谓璘曰："文杰盗弄国权，枉害无辜，上下怨怒久矣。今吴兵深入，士卒不进，社稷一旦倾覆，留文杰何益！"文杰亦在侧，互陈利害。璘曰："吾无如卿何，卿自为谋。"文杰出，继鹏伺之于启圣门外，以笏击之仆地，槛车送军前，市人争持瓦砾击之。砾，即击翻。文杰善术数，自云过三日则无患。部送者闻之，倍道兼行，二日而至，士卒见之踊跃，脔食之；脔，力兖翻。闽主亟遣赦之，不及。初，文杰以为古制槛车疏阔，更为之，更，工衡翻，改也。形如木匮，攒以铁铓，内向，动辄触之。车成，文杰首自入焉。并诛盛韬。盛韬，以鬼神事党附薛文杰为奸者也。

蒋延徽攻建州垂克，徐知诰以延徽吴太祖之婿，吴尊杨行密庙号太祖。与临川王濛素善，恐其克建州奉濛以图兴复，濛为徐氏父子所忌，事始二百七十一卷梁均王贞明五年。遣使召之。延徽亦闻闽兵及吴越兵将至，引兵归；闽人追击，败之，士卒死亡甚众，归罪于都虞候张重进，斩之。败，补迈翻。重，直龙翻。知诰贬延徽为右威卫将军，遣使求好于闽。好，呼到翻。

9 闰月，以左谏议大夫唐汭、膳部郎中·知制诰陈乂皆为给事中，充枢密直学士。汭以文学从帝，历三镇在幕府。帝以开成三年镇宣武，明年徙镇河东，长兴元年徙镇天雄。及即位，将佐之有才者，朱、冯皆斥逐之。汭性迂疏，朱、冯恐帝含怒有时而发，乃引汭于密近，以其党陈乂监之。监，古衔翻。

10 丙午，尊皇后为皇太后。皇后，明宗曹皇后也。

11 安远节度使符彦超奴王希全、任贺儿任，音壬。见朝廷多事，谋杀彦超，据安州附于吴，夜，叩门称有急递，军期紧急，文书入递不容稽违晷刻者，谓之急递。递，邮传也。递者，言邮置递以相付而达其所。彦超出至听事，二奴杀之，因以彦超之命召诸将，有不从己者辄杀之。己酉旦，副使李端帅州兵讨诛之，并其党。副使者，节度副使也。帅，读曰率。

12 甲寅，以王淑妃为太妃。不曰“尊”而曰“以”，史言闵帝之薄王淑妃。

13 蜀将吏劝蜀王知祥称帝；己巳，知祥即皇帝位于成都。孟知祥，字保胤，邢州龙冈人。

邓广铭标点聂崇岐覆校

资治通鉴卷第二百七十九

端明殿学士兼翰林侍读学士太中大夫
提举西京嵩山崇福宫上柱国河内郡开国公 司马光 奉敕编集
食邑二千六百户食实封一千户臣

后学天台胡三省音注

后唐纪八

起阏逢敦牂(甲午)二月，尽旃蒙协洽(乙未)，凡一年有奇。

潞王下

清泰元年(甲午、九三四)

1 二月，癸酉，蜀主以武泰节度使赵季良为司空兼门下侍郎、同平章事，领节度使如故。赵季良遂为孟蜀佐命元臣。

2 吴人多不欲迁都者，吴迁都之议，始上卷明宗长兴四年。都押牙周宗言于徐知诰曰："主上西迁，公复须东行，都押牙，镇海、宁国两镇都押牙也。升州于扬州为西，扬州于升州为东。言吴主若西迁金陵，徐知诰须东镇江都也。复，扶又翻。不惟劳费甚大，且违众心。"丙子，吴主遣宋齐丘如金陵，谕知诰罢迁都。

先是，知诰久有传禅之志，先，悉荐翻；下先己同。以吴主无失德，恐众心不悦，欲待嗣君；宋齐丘亦以为然。一旦，知诰临镜镊白髭，镊，尼辄翻。髭，即移翻。在口上曰髭，在下曰须，在颊曰髯。叹曰："国家安而吾老矣，奈何？"周宗知其意，请如江都，微以传禅讽吴主，且告齐丘。齐丘以宗先己，心疾之，先，悉荐翻。遣使驰诣金陵，手书切谏，以为天时人事未可；知诰愕然。徐知诰不意宋齐丘立异，而忽睹其异议，故愕然。使，疏吏翻。后数日，齐丘至，请斩宗以谢吴主，乃黜宗为池州副使。池州副使，池州团练副使也。久之，节度副使李建勋、行军司马徐玠等屡陈知诰功业，宜早从民望，召宗复为都押牙。知诰由是疏齐丘。为宋齐丘邀君得祸张本。呜呼，为人臣者，当易姓之际，谨毋以功名自居。荀文若以之咀毒而逝，刘穆之以之发病而死，范云恐后时不及，疗疾以求速愈，至于促寿而不暇顾；若宋齐丘之疾周宗，又其轻浅者耳。

3 朱弘昭、冯赟不欲石敬瑭久在太原，且欲召孟汉琼，孟汉琼权知天雄军府见上卷上年。己卯，徙成德节度使范延光为天雄节度使，代汉琼；徙潞王从珂为河东节度使，兼北都留守；徙石敬瑭为成德节度使。皆不降制书，但各遣使臣持宣监送赴镇。宣，枢密院所行文书也。是后汉隐帝时郭威以枢密院头子易置西京留守，岂非习于闻见而不以为异邪！西班有大使臣、小使臣。监，古衔翻。

吴主诏徐知诰还府舍。徐知诰虚府舍以待吴主见上卷本年。甲申，金陵大火；乙酉，又火。知诰疑有变，勒兵自卫。【章：十二行本"卫"下有"己丑，复入府舍"六字；乙十一行本同；退斋校同；张校同，云无注本亦无。】徐知诰之自卫，其心犹王建也。

5 潞王既与朝廷猜阻，朝廷又命洋王从璋权知凤翔。从璋性粗率乐祸，乐，音洛。前代安重诲镇河中，手杀之；见二百七十七卷明宗长兴二年。潞王闻其来，尤恶之，恶，乌路翻。欲拒命则兵弱粮少，少，诗沼翻。不知所为，谋于将佐，皆曰："主上富于春秋，政事出于朱、冯，大王功名震主，离镇必无全理，离，力智翻。不可受也。"言不可受代。王问观察判官滴河马胤孙隋开皇十六年置滴河县，属渤海郡，唐属棣州。九域志：滴河县在棣州西南八十里。注云：汉都尉许商凿此河近海，故以商为名，后人加"水"焉。曰："今道过京师，当何向为便？"发此问以观众意。对曰："君命召，不俟驾。

引论语孔子之言。临丧赴镇，又何疑焉！诸人凶谋，不可从也。”众哂之。言当过京师临大行之丧，然后赴太原也。马胤孙之言，儒生守经学之言也。是时劝潞王拒命者以其言为不达时变，故相与哂之。哂，矢忍翻。笑不坏颜为哂。王乃移檄邻道，言“朱弘昭等乘先帝疾亟，杀长立少，谓杀从荣而立帝也。长，知两翻。少，诗照翻。专制朝权，别疏骨肉，动摇藩垣，谓易置石敬瑭及己也。朝，直遥翻；下同。别，彼列翻。惧倾覆社稷。今从珂将入朝以清君侧之恶，而力不能独办，愿乞灵邻藩以济之。”

潞王以西都留守王思同当东出之道，自凤翔趣洛阳，道出长安。尤欲与之相结，遣推官郝诩、押牙朱廷乂等相继诣长安，说以利害，说，式芮翻。饵以美妓，妓，渠绮翻。不从则令就图之。思同谓将吏曰：“吾受明宗大恩，王思同自燕降晋，梁、晋相距，思同未尝有战功，明宗时以久次为节度使，故自言受大恩。今与凤翔同反，借使事成而荣，犹为一时之叛臣，况事败而辱，流千古之丑迹乎！”遂执诩等，以状闻。时潞王使者多为邻道所执，不则依阿操两端，不，读曰否。操，七刀翻。惟陇州防御使相里金倾心附之，陇州东至凤翔一百五十里。遣判官薛文遇往来计事。薛文遇由此为潞王所信用。金，并州人也。

朝廷议讨凤翔。康义诚不欲出外，恐失军权，明宗以康义诚为朴忠，岂知其阴狡乃尔邪！请以王思同为统帅，帅，所类翻。以羽林都指挥使侯益为行营马步军都虞候。宋白曰：长兴二年二月，敕卫军神捷、神威、雄武及魏府广捷已下指挥改为左、右羽林，置四十指挥，每十指挥立为一军，每一军置都指挥使一人，兼分为左、右厢。益知军情将变，辞【章：十二行本“辞”下有“疾”字；乙十一行本同。】不行；侯益曾经邺都之变，故尔。执政怒之，出为商州刺史。洛阳至商州八百八十六里。辛卯，以王思同为西面行营马步军都部署，前此用兵置帅，率以都招讨使命之。庄宗时，明宗为北面招讨使以御契丹，房知温为副都部署，当时为都部署者必有其人。又孟知祥拒董璋，以赵廷隐为行营都部署，后遂以为元帅之任，宋氏建国之初犹因而用之。前静难节度使药彦稠副之，难，乃旦翻；下同。前绛州刺史苌从简为马步都虞候，严卫步军左厢指挥使尹晖、宋白曰：应顺元年三月，改在京羽林左、右四十指挥为严卫左、右军。然此时羽林指挥使杨思权与严卫指挥使尹晖并为西征偏裨，则似羽林与严卫并置。羽林指挥使杨思权等皆为偏裨。晖，魏州人也。

6 蜀主以中门使王处回为枢密使。

7 丁酉，加王思同同平章事，知凤翔行府；以护国节度使安彦威为西面行营都监。思同虽有忠义之志，而御军无法；潞王老于行陈，将士徼幸富贵者心皆向之。行，户刚翻。陈，读曰阵。徼，坚尧翻。诏遣殿直楚匡祚执亳州团练使李重吉，幽于宋州。九域志：亳州西北至宋州一百四十五里。重，直龙翻。洋王从璋行至关西，函谷关之西也。闻凤翔拒命而还。还，从宣翻，又如字。

8 三月，安彦威与山南西道张虔钊、武定孙汉韶、彰义张从宾、静难康福等五节度使梁、洋、泾、邠四帅并安彦威而五。难，乃旦翻。奏合兵讨凤翔。汉韶，李存进之子也。晋王克用义儿百有馀人，李存进本姓孙，后复本姓。

9 乙卯，诸道兵大集于凤翔城下攻之，克东西关城，城中死者甚众。丙辰，复进攻城，复，扶又翻。期于必取。凤翔城堑卑浅，守备俱乏，众心危急，潞王登城泣谓外军曰："吾未冠从先帝百战，出入生死，金创满身，冠，古玩翻。创，初良翻。以立今日之社稷；汝曹从我，目睹其事。今朝廷信任谗臣，猜忌骨肉，我何罪而受诛乎！"因恸哭。闻者哀之。

张虔钊性褊急，主攻城西南，以白刃驱士卒登城，士卒怒，大诟，褊，补典翻。诟，古候翻，又许候翻。反攻之，虔钊跃马走免，杨思权因大呼曰："大相公，吾主也。"杨思权本党于秦王从荣；从荣死，思权不自安久矣，因乘势奉潞王。王于明宗诸子为长，故称为大相公。呼，火故翻；下同。遂帅诸军解甲投兵，请降于潞王，帅，读曰率。降，户江翻；下同。自西门入，以幅纸进潞王曰："愿王克京城日，以臣为节度使，勿以为防、团。"防、团，谓防御、团练使也。潞王即书"思权可邠宁节度使"授之。王思同犹未之知，趣士卒登城，趣，读曰促。尹晖大呼曰："城西军已入城受赏矣。"众皆弃甲投兵而降，其声震地。日中，乱兵悉入，外军亦溃，思同等六节度使皆遁去。王思同及张虔钊等五节度为六节度使。按孙汉韶时守兴元，当以药彦稠足六节度之数。潞王悉敛城中将吏士民之财以犒军，至于鼎釜皆估直以给之。犒，苦到翻。估，音古。丁巳，王思同、药彦稠等走至长安，西京副留守刘遂雍闭门不内，乃趣潼关。趣，七喻翻。遂雍，鄩之子也。刘鄩，梁将也，明宗以王淑妃故，遂雍皆蒙引拔。

潞王建大将旗鼓，整众而东，以孔目官虞城刘延朗为腹心。隋分下邑县置虞城县，唐属宋州。九域志：在州东北五十五里。欧史：潞王起于凤翔，与共事者五人：节度判官韩昭胤，掌书记李专美，牙将宋审虔，客将房暠，孔目官刘延朗。及即位，审虔将兵，专美与薛文遇主谋议，而昭胤、暠及延朗掌机密。潞王始忧王思同等并力据长安拒守，至岐山，九域志：凤翔府岐山县东至长安二百四十三里。闻刘遂雍不内思同，甚喜，遣使慰抚之。遂雍悉出府库之财于外，军士前至者即给赏令过；比潞王至，比，必利翻，及也。前军赏遍，皆不入城。庚申，潞王至长安，遂雍迎谒，率民财以充赏。府库之财仅足以给前军，其随潞王继至者，率民财以给之。

是日，西面步军都监王景从等自军前奔还，中外大骇。帝不知所为，谓康义诚等曰："先帝弃万国，朕外守藩方，谓镇天雄也。当是之时，为嗣者在诸公所取耳，朕实无心与人争国。既承大业，年在幼冲，五代会要：明宗崩，帝即位，年二十。国事皆委诸公。朕于兄弟间不至榛梗，榛梗者，隔塞而不通。榛，侧诜翻。梗，古杏翻。诸公以社稷大计见告，朕何敢违！军兴之初，皆自夸大，以为寇不足平；今事至于此，何方可以转祸？言何术可以转祸为福。朕欲自迎潞王，以大位让之，若不免于罪，亦所甘心。”朱弘昭、冯赟大惧，不敢对。猜间兄弟以起兵端，朱弘昭、冯赟为之也，事败而祸集，闻帝言乃大惧。义诚欲悉以宿卫兵迎降为己功，乃曰：“西师惊溃，盖主将失策耳。荐王思同者康义诚也，咎王思同者亦康义诚也。将，即亮翻；下同。今侍卫诸军尚多，臣请自往扼其冲要，招集离散以图后效，幸陛下勿为过忧！”帝遣使召石敬瑭，欲令将兵拒之。义诚固请自行，帝乃召将士慰谕，空府库以劳之，劳，力到翻。许以平凤翔，人更赏二百缗，府库不足，当以宫中服玩继之。军士益骄，无所畏忌，负赐物，扬言于路曰：“至凤翔更请一分。”分，扶问翻。

遣楚匡祚杀李重吉于宋州；匡祚榜棰重吉，责其家财。前已囚重吉于宋州，今又使就杀之。榜，音彭。棰，止橤翻。又杀尼惠明。召惠明入禁中见上卷本年。

初，马军都指挥使朱洪实为秦王从荣所厚，及朱弘昭为枢密使，洪实以宗兄事之；从荣勒兵天津桥，洪实首为孟汉琼击从荣，事见上卷上年。首为，于伪翻；下为之同。康义诚由是恨之。康义诚许迎从荣，而朱洪实击之，故恨。辛酉，帝亲至左藏，藏，徂浪翻。给将士金帛。义诚、洪实共论用兵利害，洪实欲以禁军固守洛阳，曰：“如此，彼亦未敢径前，然后徐图进取，可以万全。”义诚怒曰：“洪实为此言，欲反邪！”洪实曰：“公自欲反，乃谓谁反！”康义诚之心事，朱洪实知之矣。其声渐厉。帝闻，召而讯之，讯，问也。二人讼于帝前，讼者，争辩是非曲直。帝不能辨其是非，遂斩洪实，帝但以阶级为曲直，而不能察事之是非。军士益愤怒。观上文军士扬言所云，但欲迎降潞王，何暇愤朱洪实之枉死！盖愤怒者洪实之从兵耳。

壬戌，潞王至昭应，宋大中祥符八年改昭应县为临潼县。九域志：在长安东五十里。闻前军获王思同，王曰："思同虽失计，然尽心所奉，亦可嘉也。"癸亥，至灵口，九域志：临潼县之零口镇是也。前军执思同以至，王责让之，对曰："思同起行间，行，户刚翻。先帝擢之，位至节将，节将，言建节而为大将。将，即亮翻。常愧无功以报大恩。非不知附大王立得富贵，助朝廷自取祸殃，但恐死之日无面目见先帝于泉下耳。潞王闻王思同之言，岂不内愧乎！败而衅鼓，固其所也。请早就死！"王为之改容，曰："公且休矣。"王欲宥之，而杨思权之徒耻见其面。杨思权等背顺附逆，故耻见思同。王之过长安，过，古禾翻，又如字。尹晖尽取思同家资及妓妾，屡言于刘延朗曰："若留思同，留者，言活之使留于人世。妓，渠绮翻。虑失士心。"属王醉，属，之欲翻。不待报，擅杀思同及其妻子。王醒，怒延朗，嗟惜者累日。

10 癸亥，制以康义诚为凤翔行营都招讨使，以王思同副之。

甲子，潞王至华州，获药彦稠，囚之。乙丑，至阌乡。九域志：华州东至阌乡九十里，自阌乡东至陕州一百七十里。华，户化翻。阌，武巾翻，亦作"閺"。朝廷前后所发诸军，遇西军皆迎降，无一人战者。丙寅，康义诚引侍卫兵发洛阳，诏以侍卫马军指挥使安从进为京城巡检；从进已受潞王书，潜布腹心矣。

是日，潞王至灵宝，灵宝县在陕州西四十五里。护国节度使安彦威、匡国节度使安重霸皆降，庄宗同光四年，安重霸以秦州降。重，直龙翻。惟保义节度使康思立谋固守陕城以俟康义诚。陕，失冉翻。先是，捧圣五百骑戍陕西，为潞王前锋，至城下，呼城上人曰："禁军十万已奉新帝，尔辈数人奚为！徒累一城人涂地耳。"先，悉荐翻。累，力瑞翻。于是捧圣卒争出迎，思立不能禁，不得已亦出迎。

丁卯，潞王至陕，僚佐说王曰："今大王将及京畿，传闻乘舆已播迁，说，式芮翻。乘，绳证翻。大王宜少留于此，先移书慰安京城士庶。”王从之，移书谕洛阳文武士庶，惟朱弘昭、冯赟两族不赦外，自馀勿有忧疑。

康义诚军至新安，新安县西距陕州二百馀里。所部将士自相结，百什为群，弃甲兵，争先诣陕降，累累不绝。义诚至乾壕，九域志：陕州陕县有乾壕镇。乾，音干。麾下才数十人；遇潞王候骑十馀人，义诚解所佩弓剑为信，因候骑请降于潞王。

戊辰，闵帝闻潞王至陕，义诚军溃，忧骇不知所为，急遣【章：十二行本“遣”下有“中”字；乙十一行本同。】使召朱弘昭谋所向，弘昭曰：“急召我，欲罪之也。”赴井死。安从进闻弘昭死，杀冯赟于第，灭其族，考异曰：张昭闵帝实录：“帝召弘昭不至，俄闻自杀，乃令从进杀赟。”按从进传赟首于陕，则赟死非闵帝之命明矣。今不取。传弘昭、赟首于潞王。帝欲奔魏州，召孟汉琼使诣魏州为先置；先置者，先路置顿也。汉琼不应召，单骑奔陕。

初，帝在藩镇，爱信牙将慕容迁，及即位，以为控鹤指挥使；帝将北渡河，密与之谋，使帅部兵守玄武门。玄武门，洛阳宫城北门。帅，读曰率；下同。是夕，帝以五十骑出玄武门，谓迁曰：“朕且幸魏州，徐图兴复，汝帅有马控鹤从我。”迁曰：“生死从大家。”乃阳为团结；帝既出，即阖门不行。史言自古以来，众叛亲离未有甚于此时。

己巳，冯道等入朝，及端门，闻朱、冯死，帝已北走；道及刘昫欲归，昫，香句翻，又许羽翻。李愚曰：“天子之出，吾辈不预谋。今太后在宫，吾辈当至中书，遣小黄门取太后进止，然后归第，人臣之义也。”道曰：“主上失守社稷，人臣惟君是奉，无君而入宫城，恐非所宜。唐之两都，三省及寺监皆在宫城之内。潞王已处处张榜，不若归俟教令。”乃归。至天宫寺，安从进遣人语之曰：语，牛倨翻。“潞王倍道而来，且至矣，相公宜帅百官至谷水奉迎。”谷水在洛阳城西。乃止于寺中，召百官。中书舍人卢导至，冯道曰：“俟舍人久矣，所急者劝进文书，宜速具草。”草者，草创其辞。导曰：“潞王入朝，百官班迎可也；设有废立，当俟太后教令，岂可遽议劝进乎？”道曰：“事当务实。”导曰：“安有天子在外，人臣遽以大位劝人者邪！若潞王守节北面，以大义见责，将何辞以对！公不如帅百官诣宫门，进名问安，取太后进止，则去就善矣。”或问冯道、李愚、卢导之论，其于新旧君之际孰为合于义乎？曰：皆非也。此如群奴之事主，家主死而有二子，其一养子也，其一亲子也。养子与亲子争家政，养子胜而亲子不胜，一奴曰，“皆郎君也，吾从其胜者而辅之；”一奴之心本亦附胜者，而不敢公言附之也，曰：“吾将决诸主母。”冯道、李愚之谓也。或曰：卢导之言何如？曰：卢导之不肯草劝进文书，是也；若其持论，则犹李愚也。至于言去就之善，若是者得为善乎？其言之非殆有甚于李愚矣。曰：然则为冯道、李愚者当何如？曰：若汉人之论相，主在与在，主亡与亡可也；然亦仅可而已，未能尽相道也。夫子之言曰：“危而不持，颠而不扶，则将焉用彼相矣！”明乎此，则为相者贵于持危扶颠，不以但能尽死为贵也。道未及对，从进屡遣人趣之曰：“潞王至矣，太后、太妃已遣中使迎劳矣，趣，读曰促。劳，力到翻。安得百官无班！”道等即纷然而去。既而潞王未至，三相息于上阳门外，三相，冯道、李愚、刘昫也。上阳门，上阳宫门也。上阳宫在洛阳宫城西。卢导过于前，道复召而语之，复，扶又翻。语，牛倨翻。导对如初。李愚曰：“舍人之言是也。吾辈之罪，擢发不足数。”用战国须贾之言。擢，拔也。数，所具翻。

康义诚至陕待罪，潞王责之曰：“先帝晏驾，立嗣在诸公；今上亮阴，政事出诸公，何为不能终始，陷吾弟至此乎？”义诚大惧，叩头请死。王素恶其为人，恶，乌路翻。未欲遽诛，且宥之。马步都虞候苌从简、左龙武统军王景戡皆为部下所执，降于潞王，东军尽降。东军，谓自洛阳来者。潞王上笺于太后取进止，遂自陕而东。

夏，四月，庚午朔，未明，闵帝至卫州东数里，遇石敬瑭；石敬瑭自河东来朝，至此而遇帝。帝大喜，问以社稷大计，敬瑭曰："闻康义诚西讨，何如？陛下何为至此？"帝曰："义诚亦叛去矣。"敬瑭俛首长叹数四，俛，音免。曰："卫州刺史王弘贽，宿将习事，请与图之。"王弘贽从敬瑭伐蜀，尝为偏将。石敬瑭欲拥帝还卫州，以授弘贽，使为之所耳。乃往见弘贽问之，弘贽曰："前代天子播迁多矣，然皆有将相、侍卫、府库、法物，使群下有所瞻仰；今皆无之，独以五十骑自随，虽有忠义之心，将若之何？"敬瑭还，见帝于卫州驿，自弘贽所还见帝。以弘贽之言告。弓箭库使沙守荣、奔洪进前责敬瑭曰：沙姓，古夙沙氏之后。史炤曰：奔，姓也。古有贲姓，音奔，又音肥，后遂为奔。"公明宗爱婿，以敬瑭尚明宗女也。富贵相与共之，忧患亦宜相恤。今天子播越，委计于公，冀图兴复，乃以此四者为辞，四者，谓敬瑭所言无将相、侍卫、府库、法物从行幸也。是直欲附贼卖天子耳！"直指石敬瑭心术。守荣抽佩刀欲刺之，刺，七亦翻。敬瑭亲将陈晖救之，守荣与晖斗死，洪进亦自刎。刎，扶粉翻。敬瑭牙内指挥使刘知远引兵入，尽杀帝左右及从骑，独置帝而去。考异曰：闵帝实录："庚午朔四鼓，帝至卫州东七八里，遇敬瑭。"窦贞固晋高祖实录："始，帝欲与少主俱西，断孟津，北据壶关，南向征诸侯兵，乃启问康义诚西讨作何制置"云云。苏逢吉汉高祖实录："是夜侦知少帝伏甲欲与从臣谋害晋高祖，诈屏人对语，方坐庭庑，帝密遣御士石敢袖锤立于后，俄顷伏甲者起，敢有勇力，拥晋祖入一室，以巨木塞门，敢力当其锋，死之。帝解佩刀，遇夜晦，以在地苇炬未然者奋击之。众谓短兵也，遂散走。帝乃匿身长垣下，闻帝亲将李洪信谓人曰：'石太尉死矣。'帝隔垣呼洪信曰：'太尉无恙。'乃逾垣出就洪信兵，共护晋祖，杀建谋者，以少主授王弘贽。"南唐烈祖实录："弘贽曰：'今京国阽危，百官无主，必相率携神器西向。公何不囚少帝西迎潞王，此万全之计。'敬瑭然其语。"按为晋、汉实录者必为二祖饰非。今从闵帝实录。敬瑭遂趣洛阳。趣，七喻翻。

是日，太后令内诸司至千壕迎潞王，考异曰：废帝实录："三十日，太后传令至，并内司迎奉至干壕，帝促令还京。”按长历，三月辛丑朔，四月庚午朔；三月无三十日，废帝实录误也。王亟遣还洛阳。

初，潞王罢河中，归私第，事见二百七十七卷明宗长兴元年。王淑妃数遣孟汉琼存抚之。数，所角翻。汉琼自谓于王有旧恩，至渑池西，九域志：渑池在洛阳之西一百五十六里。渑，弥兖翻。渑池，县名。见王大哭，欲有所陈，王曰：“诸事不言可知。”仍自预从臣之列，从，才用翻。王即命斩于路隅。

11 山南西道节度使张虔钊之讨凤翔也，留武定节度使孙汉韶守兴元。虔钊既败，奔归兴元，与汉韶举两镇之地降于蜀；蜀主命奉銮肃卫马步都指挥使、昭武节度使李肇将兵五千还利州，李肇本镇昭武，蜀主召之入领宿卫，今使将兵还镇以应接梁、洋。右匡圣马步都指挥使、宁江节度使张业将兵一万屯大漫天以迎之。先是，蜀主以兵疲民困，不用赵隐取山南之计，今乘时而坐得之，其庸多矣。

12 壬申，潞王至蒋桥，百官班迎于路，传教以未拜梓宫，未可相见。传教，谓传令也。王所下令为教。冯道等皆上笺劝进。终不用卢导之言。王入谒太后、太妃，诣西宫，伏梓宫恸哭，自陈诣阙之由。冯道帅百官班见，见，贤遍翻。拜；句绝。三答拜。道等复上笺劝进，复，扶又翻。王立谓道曰：“予之此行，事非获已。俟皇帝归阙，园寝礼终，当还守藩服；群公遽言及此，甚无谓也！”

癸酉，太后下令废少帝为鄂王，考异曰：闵帝实录云：“七日废帝为鄂王。”今从废帝实录。以潞王知军国事，权以书诏印施行。书诏印，画可所用者也。闵帝之出奔也，盖以八宝自随。百官诣至德宫门待罪，五代会要：天成元年，中书门下奏，请以洛京潜龙旧宅为至德宫。盖明宗旧第也。按欧史，时潞王入居至德宫。王命各复其位。甲戌，太后令潞王宜即皇帝位；乙亥，即位于柩前。

帝之发凤翔也，许军士以入洛人赏钱百缗。既至，问三司使王玫玫，莫杯翻。以府库之实，问其实数。对有数百万在。既而阅实，金、帛不过三万两、匹；而赏军之费计应用五十万缗。帝怒，玫请率京城民财以足之，数日，仅得数万缗，帝谓执政曰："军不可不赏，人不可不恤，今将奈何？"执政请据屋为率，无问士庶自居及僦者，预借五月僦直，从之。僦，即就翻。赁居为僦。

13 王弘贽迁闵帝于州廨，廨，古隘翻。帝遣弘贽之子殿直峦往鸩之。戊寅，峦至卫州谒见，见，贤遍翻。闵帝问来故，不对。问峦以所以来之故。弘贽数进酒，数，所角翻。闵帝知其有毒，不饮，峦缢杀之。年二十一。

闵帝性仁厚，于兄弟敦睦，虽遭秦王忌疾，闵帝坦怀待之，卒免于患。事见上卷明帝长兴三年。卒，子恤翻。及嗣位，于潞王亦无嫌，而朱弘昭、孟汉琼之徒横生猜间，横，户孟翻。间，古苋翻。闵帝不能违，以致祸败焉。

孔妃尚在宫中，妃，孔循之女。潞【章：十二行本"潞"上有"王峦既还"四字；乙十一行本同；孔本同；张校同，退斋校同。】王使人谓之曰："重吉何在？"以通鉴书法言之，潞王于此当书"帝"，盖承前史，偶失于修改也。遂杀妃，并其四子。

闵帝之在卫州也，惟磁州刺史宋令询遣使问起居，闻其遇害，恸哭半日，自经死。宋令询出磁州见上卷上年。事闵帝有始终者，宋令询一人而已。磁，墙之翻。

14 己卯，石敬瑭入朝。

15 庚辰，以刘昫判三司。

16 辛巳，蜀大赦，改元明德。

17 帝之起凤翔也，召兴州刺史刘遂清，迟疑不至。闻帝入洛，乃悉集三泉、西县、金牛、桑林戍兵以归，自散关以南城镇悉弃之，皆为蜀人所有。癸未，入朝，帝欲治罪，以其能自归，乃赦之。边境之臣委弃城镇，乃以其能自归而不诛，安有效死弗去者乎！治，直之翻。遂清，郢之侄也。

18 甲申，蜀将张业将兵入兴元、洋州。

19 乙酉，改元，大赦。改元清泰。

20 丁亥，以宣徽南院使郝琼权判枢密院，前三司使王玫为宣徽北院使，凤翔节度判官韩昭胤为左谏议大夫、充端明殿学士。

21 戊子，斩河阳节度使、判六军诸卫兼侍中康义诚，灭其族。康义诚欲举宿卫兵迎降以为己功，而不免于族灭，此傅瑕所以死于郑厉公之类也。

22 己丑，诛药彦稠。修河中之怨也。

23 庚寅，释王景戡、苌从简。

24 有司百方敛民财，仅得六万，帝怒，下军巡使狱，昼夜督责，凡输财稽违者，则下之军巡使狱以督责之也。下，户嫁翻。囚系满狱，至【章：十二行本“至”上有“贫者”二字；乙十一行本同；孔本同；张校同。】自经、赴井。而军士游市肆皆有骄色，市人聚诟之曰：“汝曹为主力战，立功良苦，诟，古候翻，又许候翻。为，于伪翻；下能为同。反使我辈鞭胸杖背，出财为赏，汝曹犹扬扬自得，独不愧天地乎！”

是时，竭左藏旧物及诸道贡献，乃至太后、太妃器服簪珥皆出之，藏，徂浪翻。珥，忍止翻，耳当也。才及二十万缗，帝患之，李专美夜直，李专美本凤翔掌书记，时为枢密直学士。帝让之曰：“卿名有才，不能为我谋此，留才安所施乎！”为，于伪翻。专美谢曰：“臣驽劣，陛下擢任过分，驽，音奴。分，扶问翻。然军赏不给，非臣之责也。窃思自长兴之季，赏赉亟行，卒以是骄；事始见上卷长兴四年。亟，去吏翻。卒，臧没翻，士卒也。继以山陵及出师，帑藏遂涸。帑，他朗翻。藏，徂浪翻。涸，户郭翻。以水为谕，言枯涸也。虽有无穷之财，终不能满骄卒之心，故陛下拱手于危困之中而得天下。此言在凤翔时诸军推戴之事。夫国之存亡，不专系于厚赏，亦在修法度，立纪纲。陛下苟不改覆车之辙，臣恐徒困百姓，存亡未可知也。帝起事于凤翔，共事者五人，能言及此者独李专美耳。今财力尽于此矣，宜据所有均给之，何必践初言乎！”帝以为然。壬辰，诏禁军在凤翔归命者，自杨思权、尹晖等各赐二马、一驼、钱七十缗，下至军人钱二十缗，其在京者各十缗。军士无厌，厌，于盐翻。犹怨望，为谣言曰：“除去菩萨，扶立生铁。”以闵帝仁弱，帝刚严，有悔心故也。去，羌吕翻。菩，薄乎翻。萨，桑割翻。闵帝小字菩萨。

25 丙申，葬圣德和武钦孝皇帝于徽陵，徽陵在河南府洛阳县。庙号明宗。帝衰绖护从至陵所，宿焉。衰，仓回翻。从，才用翻。

26 五月，丙午，以韩昭胤为枢密使，以庄宅使刘延朗为枢密副使，权知枢密院房暠为宣徽北院使。暠，长安人也。暠，古老翻。

27 帝与石敬瑭皆以勇力善斗，事明宗为左右；然心竞，素不相悦。心竞，本诸左传师旷之言。竞，争也。帝即位，敬瑭不得已入朝，山陵既毕，不敢言归。时敬瑭久病羸瘠，羸，伦为翻。瘠，秦昔翻。太后及魏国公主屡为之言；魏国公主，明宗之女，下嫁石敬瑭，曹太后所生也。欧史：公主初号永宁公主，是年进封魏国长公主。为，于伪翻。而凤翔将佐多劝帝留之，惟韩昭胤、李专美以为赵延寿在汴，不宜猜忌敬瑭。赵延寿时为宣武帅，逼近洛都；又其父德钧在幽州，拥强兵。言若猜忌敬瑭，赵延寿必惧而生心。帝亦见其骨立，不以为虞，乃曰：“石郎不惟密亲，兼自少与吾同艰难；少，诗照翻。今我为天子，非石郎尚谁托哉！”乃复以为河东节度使。复，扶又翻；又如字。纵石敬瑭归镇，乃复疑而徙之，此所以速祸也。

28 戊午，以陇州防御使相里金为保义节度使。赏其先通款于凤翔也。

29 丁未，阶州刺史赵澄降蜀。

30 戊申，以羽林军使杨思权为静难节度使。践凤翔片纸所书之言也。难，乃旦翻。

31 己酉，张虔钊、孙汉韶举族迁于成都。

32 庚戌，以司空兼门下侍郎、同平章事冯道同平章事，充匡国节度使。

33 以天雄节度使兼侍中范延光为枢密使。

34 帝之起凤翔也，悉取天平节度使李从曮家财甲兵以供军。李从曮自其父茂贞以来再世镇凤翔，从曮虽移镇，而家财甲兵犹在焉。将行，谓将东趣洛阳也。凤翔之民遮马请复以从曮镇凤翔，复，扶又翻。帝许之，至是，徙从曮为凤翔节度使。长兴元年，从曮自凤翔入朝，徙宣武，后徙天平，今自天平复还镇凤翔。

35 初，明宗为北面招讨使，庄宗同光二年始以明宗为北面招讨使。平卢节度使房知温为副都部署，帝以别将事之，尝被酒忿争，被，皮义翻。师古曰：被，加也。被酒者，为酒所加。拔刃相拟。及帝举兵入洛，知温密与行军司马李冲谋拒之，冲请先奉表以观形势，还，言洛中已安定。壬【章：十二行本“壬”上有“知温惧”三字；乙十一行本同；孔本同；张校同。】戌，入朝谢罪，帝优礼之；知温贡献甚厚。

36 吴镇南节度使、守中书令东海康王徐知询卒。

37 蜀人取成州。

38 六月，甲戌，以皇子左卫上将军重美为成德节度使、同平章事，兼河南尹，判六军诸卫事。

39 文州都指挥使成延龟举州附蜀。周文王第五子郕叔武封于郕；或言成王封季载于郕，其后以国为氏，或去“邑”为成氏。

40 吴徐知诰将受禅，忌昭武节度使兼中书令临川王濛，昭武军利州，时属蜀，吴使濛遥领耳。遣人告濛藏匿亡命，擅造兵器；丙子，降封历阳公，幽于和州，命控鹤军使王宏将兵二百卫之。濛见忌之始见二百七十一卷梁贞明五年。

41 刘昫与冯道昏姻。昫性苛察，李愚刚褊；道既出镇，谓出镇同州也。二人论议多不合，事有应改者，愚谓昫曰："此贤亲家所为，更之不亦便乎！"传曰：妻父曰昏，婿父曰姻。凡娶以昏时，妇人阴也，故谓之昏。婿家，女之所因，故曰姻。二父相呼，谓之亲家。更，工衡翻；下欲更同。昫恨之，由是动成忿争，至相诟骂，各欲非时求见，见，贤遍翻。事多凝滞。帝患之，欲更命相，问所亲信以朝臣闻望宜为相者，闻，音问。皆以尚书左丞姚顗、太常卿卢文纪、秘书监崔居俭对；论其才行，互有优劣。行，下孟翻。帝不能决，乃置其名于琉璃瓶，夜焚香祝天，且以箸挟之，"挟"，当作"梜"。梜，古协翻。记曲礼：羹之有菜者用梜。注云：梜，犹箸也。今人或谓箸为梜提。首得文纪，次得顗。秋，七月，辛亥，以文纪为中书侍郎、同平章事。居俭，荛之子也。崔荛见二百五十一卷唐懿宗咸通十年。

42 帝欲杀楚匡祚，以楚匡祚杀重吉也。韩昭胤曰："陛下为天下父，天下之人皆陛下子，用法宜存至公。匡祚受诏检校重吉家财，不得不尔。今族匡祚，无益死者，恐不厌众心。"厌，益涉翻，伏也，合也。乙卯，长流匡祚于登州。

43 丁巳，立沛国夫人刘氏为皇后。刘后，应州浑元人。"元"，一作"源"。

44 回鹘入贡者多为河西杂虏所掠，诏将军牛知柔帅禁兵卫送，帅，读曰率。与邠州兵共讨之。

45 吴徐知诰召左仆射兼中书侍郎、同平章事宋齐丘还金陵，以为诸道都统判官，加司空，于事皆无所关预，徐知诰疏宋齐丘事始上二月。召之还金陵而不使预事者，恐其沮止禅代之议故尔。齐丘屡请退居，知诰以南园给之。

46 护国节度使洋王从璋，归德节度使泾王从敏，皆罢镇居洛阳私第，帝待之甚薄；从敏在宋州预杀重吉，帝尤恶之。归德军，宋州。杀重吉于宋州见上三月。恶，乌路翻。尝侍宴禁中，酒酣，顾二王曰："尔等皆何物，辄据雄藩！"二王大惧，太后叱之曰："帝醉矣，尔曹速去！"

47 蜀置永平军于雅州，以孙汉韶为节度使。复以张虔钊为山南西道节度使、同平章事；虔钊固辞不行。孙汉韶、张虔钊同以梁、洋降蜀，蜀以节镇授之。孙汉韶赴雅州，而张虔钊固辞不赴梁州者，无面目以见梁州人士也。唐末置永平军于邛州，后徙雅州。盖庄宗灭蜀而废之，今后蜀复置之也。

48 蜀主得风疾逾年，至是增剧；甲子，立子东川节度使、同平章事、亲卫马步都指挥使仁赞为太子，仍监国。监，古衔翻。召司空·同平章事赵季良、武信节度使李仁罕、保宁节度使赵廷隐、枢密使王处回、捧圣控鹤都指挥使张公铎、奉銮肃卫指挥副使侯弘实受遗诏辅政。是夕殂，秘不发丧。

王处回夜启义兴门告赵季良，处回泣不已，季良正色曰："今强将握兵，专伺时变，伺，相吏翻。宜速立嗣君以绝觊觎，强将，谓李罕之、李肇等。觊，音冀。觎，音俞。岂可但相泣邪！"处回收泪谢之。季良教处回见李仁罕，审其词旨然后告之。处回至仁罕第，仁罕设备而出，遂不以实告。史言李仁罕已济于赵季良等数内。

丙寅，宣遗制，命太子仁赞更名昶，丁卯，即皇帝位。昶，蜀主第三子也。更，工衡翻。

49 初，帝以王玫对左藏见财失实，事见上四月。藏，徂浪翻。见，贤遍翻。故以刘昫代判三司。昫命判官高延赏钩考穷核，皆积年逋欠之数，奸吏利其征责丐取，故存之。丐，居大翻。昫具奏其状，且请察其可征者急督之，必无可偿者悉蠲之，韩昭胤极言其便。八月，庚午，诏长兴以前户部及诸道逋租三百三十八万，虚烦簿籍，咸蠲免勿征。贫民大悦，而三司吏怨之。

50 辛未，以姚𫖮为中书侍郎、同平章事。

51 右龙武统军索自通，以河中之隙，见二百七十七卷明宗长兴元年。心不自安，戊子，退朝过洛，自投于水而卒。洛水贯都城中，故自通退朝过之，自投于水。帝闻之，大惊，赠太尉。

52 丙申，以前安国节度使、同平章事赵凤为太子太保。

53 九月，癸卯，诏凤翔益兵守东安镇以备蜀。东安镇当在凤翔西界；蜀既出关收阶、成之地，故益兵以备之。

54 蜀卫圣诸军都指挥使、武信节度使李仁罕自恃宿将有功，复受顾托，复，扶又翻。求判六军，令进奏吏宋从会以意谕枢密院，又至学士院侦草麻。侦，丑郑翻。蜀主不得已，甲寅，加仁罕兼中书令，判六军事；以左匡圣都指挥使、保宁节度使赵廷隐兼侍中，为之副。

55 己未，云州奏契丹入寇，北面招讨使石敬瑭奏自将兵屯百井以备契丹。辛酉，敬瑭奏振武节度使杨檀击契丹于境上，却之。

56 蜀奉銮肃卫都指挥使、昭武节度使兼侍中李肇闻蜀主即位，顾望，不时入朝，至汉州，留与亲戚燕饮逾旬；冬，十月，庚午，始至成都，称足疾，扶杖入朝见，见，贤遍翻。见蜀主不拜。李肇之傲幼君，亦由武夫倔强，不学无识，以自贻祸。

57 戊寅，左仆射、门下侍郎、同平章事李愚罢守本官，吏部尚书兼门下侍郎、同平章事、判三司刘昫罢为右仆射。三司吏闻昫罢相，皆相贺，无一人从归第者。以昫奏蠲诸道逋租，吏无所并缘征责以渔利也。

58 蜀捧圣控鹤都指挥使张公铎与医官使韩继勋、丰德库使韩保贞、茶酒库使安思谦等皆事蜀主于藩邸，素怨李仁罕，共谮之，云仁罕有异志；蜀主令继勋等与赵季良、赵廷隐谋，因仁罕入朝，命武士执而杀之。赵廷隐自克东川与李仁罕争功，怨隙之深有自来。仁罕之求判六军，蜀主命廷隐为之副，所以防仁罕；仁罕不之觉，其冥顽凶悖，取死宜矣。然赵廷隐终亦不能免近习之谗，其得死于牖下者幸也。癸未，下诏暴其罪，并其子继宏及宋从会等数人皆伏诛。是日，李肇释杖而拜。李肇事孟知祥，于董璋之难，阴拱而观其孰胜。董璋既死，肇宜不免于死矣，孟知祥念其剑州之功，不以为罪。及事少主，释位入朝，倨傲不拜，其谁能容之！一见李仁罕之诛，遽释杖而拜，前倨后恭，欲以求免，不亦难乎！通鉴书之，以为武夫恃功骄悖者之戒。

59 蜀源州都押牙文景琛据城叛，遍考新、旧唐志及九域图志、寰宇记，皆不载源州建置之由与其地。欧史职方考曰：州县，凡唐故而废于五代者，若五代所置而见于今者及县之割隶今因之者，皆宜列以备职方之考；其馀尝置而复废，尝改割而复旧，皆不足书。则知源州盖蜀所置而寻废，此其所以无传。同光之克蜀也，得州六十四，见于职方考者五十三州而已。如源州等盖皆六十四州之数。按薛史，后蜀潘仁嗣授武定节度使、源·壁等州观察营田处置等使；周师攻秦、凤，孟贻业驻军平利为褒、源之援，则蜀置源州属武定军节度。【章：胡注："遍考新、旧唐志及九域图志、寰宇记皆不载源州建置之由与其地"云云。乙十一行本"源"作"渠"。按"源"、"渠"笔画相近，乙十一行本印亦漫漶，细审乃敢定之。渠州，蜀地，见欧史职方表。此记全书专以罗列异同为事，偶有考订，概不阑入。此条特标举之，自诡得见旧本，较梅磵为多幸也。】果州刺史李延厚讨平之。

60 蜀主左右以李肇倨慢，请诛之；戊子，以肇为太子少傅致仕，徙邛州。邛，渠恭翻。

61 吴主加徐知诰大丞相、尚父、嗣齐王、九锡；辞不受。

62 雄武节度使张延朗将兵围文州，唐末置天雄节度于秦州，后唐改为雄武节度。阶州刺史郭知琼拔尖石寨。蜀李延厚将果州兵屯兴州，遣先登指挥使范延晖将兵救文州，延朗解围而归。兴州刺史冯晖自乾渠引戍兵归凤翔。时阶、兴二州皆已入于蜀。唐盖使郭知琼、冯晖领二州刺史以进取而不克也。薛史曰：长兴中，冯晖为兴州刺史，以乾渠为治所。乾，音干。

63 十一月，徐知诰召其子司徒、同平章事景通还金陵，自江都还金陵也。为镇海·宁国节度副大使、诸道副都统、判中外诸军事；以次子牙内马步都指挥使、海州团练使景迁为左右军都军使、左仆射、参政事，留江都辅政。

64 十二月，己巳，以易州刺史安叔千为振武节度使，齐州防御使尹晖为彰国节度使。安叔千以捍契丹之功，尹晖则凤翔归命之赏也。叔千，沙陀人也。宋白曰：安叔千本贯云州界，户属奉诚军灰泉村。

65 壬申，石敬瑭奏契丹引去，罢兵归。自百井归晋阳也。

66 乙亥，征雄武节度使张延朗为中书侍郎、同平章事、判三司。

67 辛巳，汉皇后马氏殂。马氏，楚王殷女也。

68 甲申，蜀葬文武圣德英烈明孝皇帝于和陵，庙号高祖。

69 乙酉，葬鄂王于徽陵城南，唐园陵之制，兆域之外缭以垣墙，列植柏树，谓之柏城。封才数尺；观者悲之。考异曰：闵帝实录及薛史闵帝纪皆云："晋高祖即位，谥曰闵，与秦王及重吉并葬徽陵域中。"今从废帝实录。

70 是岁秋、冬旱，民多流亡，同、华、蒲、绛尤甚。华，户化翻。

71 汉主命判六军秦王弘度募宿卫兵千人，皆市井无赖子弟，弘度昵之。昵，尼质翻。同平章事杨洞潜谏曰："秦王，国之冢嫡，冢，大也。宜亲端士。使之治军已过矣，治，直之翻。况昵群小乎！"汉主曰："小儿教以戎事，过烦公忧。"终不戒弘度。洞潜出，见卫士掠商人金帛，商人不敢诉，叹曰："政乱如此，安用宰相!”因谢病归第;久之,不召,遂卒。

二年(乙未、九三五)

1 春,正月,丙申朔,闽大赦,改元永和。

2 二月,丙寅朔,蜀大赦。

3 甲戌,以枢密使、天雄节度使兼侍中范延光为宣武节度使兼中书令。

4 丁丑,夏州节度使李彝超上言疾病,夏,户雅翻。上,时掌翻。疾甚为病。以兄行军司马彝殷权知军州事;彝超寻卒。

5 戊寅,蜀主尊母李氏为皇太后。太后,太原人,本庄宗后宫也,以赐蜀高祖。孟知祥事庄宗,夙蒙亲任,故以后宫赐之。史详书李氏之所自来,以别于福庆长公主。

6 己丑,追尊帝母鲁国夫人魏氏曰宣宪皇太后。魏氏,本平山王氏妇也,少寡,与帝皆为明宗所掠。

7 闽主立淑妃陈氏为皇后。初,闽主两娶刘氏,皆士族,美而无宠。陈后,本闽太祖侍婢金凤也,陋而淫,闽主嬖之,嬖,皮义翻,又必计翻。以其族人守恩、匡胜为殿使。殿使,闽所置官。

8 三月,辛丑,以前宣武节度使兼侍中赵延寿为忠武节度使兼枢密使。

9 以李彝殷为定难节度使。李彝殷后避宋朝庙讳,改名彝兴,其子则李继捧、李继迁也。难,乃旦翻。

10 己酉,赠吴越王元瓘母陈氏为晋国太夫人。元瓘性孝,尊礼母党,厚加赐与,而未尝迁官,授以重任。

11 壬戌,以彰圣都指挥使安审琦领顺化节度使。五代会要:清泰元年六月,改捧圣马军为彰圣左、右军,严卫步军为宁卫左、右军。梁尝改沧州义昌军为顺化军,后唐复唐之旧,为横海军。前此吴越钱元珦判明州,领顺化节度使;审琦所领盖楚州顺化军也。审琦,金全之子也。安金全,代北旧将。

12 太常丞史在德，性狂狷，上书历诋内外文武之士，薛史载在德书，其略曰：“朝廷任事率多滥进：称武士者不闲计策，虽被坚执锐，战则弃甲，穷则背军。称文士者鲜有艺能，多无士行，问策谋则杜口，作文字则倩人。所谓虚设具员，枉费国力。逢陛下维新之运，是文明革弊之秋。臣请应内外所管军人，凡胜衣甲者，请宣下本军大将，一一考试武艺短长，权谋深浅，居下位有将才者便拔为大将，居上位无将略者移之下军。其东班臣僚，请内出策题下中书令宰臣面试，如下位有大才须拔居大位，无大才即移之下僚。”狷，吉掾翻。诋，丁礼翻。请遍加考试，黜陟能否；执政及朝士大怒，卢文纪及补阙刘涛、杨昭俭等皆请加罪。帝谓学士马胤孙曰：“朕新临天下，宜开言路；若朝士以言获罪，谁敢言者！卿为朕作诏书，宣朕意。”马胤孙时为翰林学士。为，于伪翻。乃下诏，略曰：“昔魏征请赏皇甫德参，见一百九十四卷太宗贞观八年。今涛等请黜史在德；事同言异，何其远哉！在德情在倾输，安可责也！”倾输，谓倾其胸腹所怀，而输忠于上。昭俭，嗣复之曾孙也。杨嗣复，文宗时为相。

13 吴加徐景迁同平章事、知左右军事；徐知诰令尚书郎陈觉辅之，考异曰：江南录：“时先主权位日隆，中外皆知有代谢之势，而以吴主恭谨守道，欲待嗣君，先主次子景迁，吴主之婿也，先主钟爱特甚。齐丘使陈觉为景迁教授，为之声价。齐丘参决时政，多为不法，辄归过于嗣主而盛称景迁之美，几有夺嫡之计。所以然者，以吴主少而先主老，必不能待，他日得国，授于景迁，易制，己为元老，威权无上矣。此其日夕为谋也。先主觉之，乃召齐丘如金陵以为己之副，遥兼申蔡节度使，无所关预，从容而已。”今从十国纪年。谓觉曰：“吾少时与宋子嵩论议，好相诘难，少，诗照翻。好，呼到翻。诘，去吉翻。难，乃旦翻。或吾舍子嵩还家，或子嵩拂衣而起。子嵩携衣笥望秦淮门欲去者数矣，吾常戒门者止之。宋齐丘，字子嵩。秦淮门，金陵城门。数，所角翻。吾今老矣，犹未遍达时事，况景迁年少当国，故屈吾子以诲之耳。”

14 夏，四月，庚午，蜀以御史中丞龙门毋昭裔为中书侍郎、同平章事。龙门县，本汉皮氏县，后魏更名，唐属河中府。九域志：在府东北九十五里。毋，姓也，毋丘氏或为毋氏，望出平昌、钜鹿。开元补阙有毋景，洛阳人，一云吴人。毋，武夫翻。

15 癸未，加枢密使、刑部尚书韩昭胤中书侍郎、同平章事。辛卯，以宣徽南院使刘延皓为刑部尚书，充枢密使。延皓，皇后之弟也。癸巳，以左领军卫大将军刘延朗为本卫上将军，充宣徽北院使，兼枢密副使。

16 五月，丙申，契丹寇新州及振武。

17 庚戌，赐振武节度使杨檀名光远。薛史载中书奏："准天成三年正月敕，凡庙讳但回避正文，其偏旁文字不在减少点画。今定州节度使杨檀、檀州、金坛等名，酌情制宜，并请改之。其表章文案偏旁字缺点画，凡臣僚名涉偏旁亦请改名。"诏曰："偏旁文字，音韵悬殊，止避正呼，不宜全改。杨檀宜赐名光远，馀依旧。"按此以明宗庙讳"亶"字避偏旁也。杨檀时不镇定州，当从通鉴。

18 六月，吴德胜节度使兼中书令柴再用卒。先是，史官王振尝询其战功，先，悉荐翻。再用曰："鹰犬微效，皆社稷之灵，再用何功之有！"竟不报。有功而不求闻，武人如柴再用者亦可称也。

19 契丹寇应州。

20 河东节度使、北面总管石敬瑭既还镇，去年五月，帝令石敬瑭还太原。阴为自全之计。帝好咨访外事，好，呼到翻。常命端明殿学士李专美、翰林学士李崧、知制诰吕琦、薛文遇、翰林天文赵延义等唐之中世，司天台有天文博士二人，正八品下；天文观生九十人，天文生五十人，皆掌候天文。翰林天文，居翰林院以候天文者也。更直于中兴殿庭，与语或至夜分。时敬瑭二子为内使，更，工衡翻。内使，内诸司使。按石敬瑭拒命之时，其子重殷为右卫上将军，重裔为皇城副使。曹太后则晋国长公主之母也，敬瑭妻魏国公主，是年四月进封晋国。长，知两翻。敬瑭赂太后左右，令伺帝之密谋，事无巨细皆知之。敬瑭多于宾客前自称羸瘠不堪为帅，羸，伦为翻。瘠，在亦翻。帅，所类翻。冀朝廷不之忌。

时契丹屡寇北边，禁军多在幽、并，敬瑭与赵德钧求益兵运粮，朝夕相继。敬瑭求兵粮以实并州，赵德钧求兵粮以实幽州。甲申，诏借河东人有蓄积者菽粟。乙酉，诏镇州输绢五万匹于总管府，粜军粮，总管府在晋阳，石敬瑭时为北面马步军都总管故也。率镇冀人车千五百乘运粮于代州；九域志：镇州西北至代州六百二十里。乘，绳证翻。又诏魏博市粜。时水旱民饥，敬瑭遣使督趣严急，趣，读曰促。山东之民流散，此谓太行、常山之东。乱始兆矣。史叙致乱之由。

敬瑭将大军屯忻州，朝廷遣使赐军士夏衣，传诏抚谕，军士呼万岁者数四。时骄兵习于闻见，又欲扶立石敬瑭以希赏。敬瑭惧，幕僚河内段希尧请诛其唱首者，敬瑭命都押衙刘知远斩挟马都将李晖等三十六人以徇。希尧，怀州人也。帝闻之，益疑敬瑭。

21 壬辰，诏："窃盗不计赃多少，并纵火强盗，并行极法。"

22 闽福王继鹏私于宫人李春燕，继鹏请之于陈后，后白闽主而赐之。

23 秋，七月，以枢密使刘延皓为天雄节度使。

24 乙巳，以武宁节度使张敬达为北面行营副总管，将兵屯代州，以分石敬瑭之权。为令张敬达讨石敬瑭张本。

25 帝深以时事为忧，尝从容让卢文纪等以无所规赞。从，千容翻。丁巳，文纪等上言："臣等每五日起居，与两班旅见，暂获对扬，见，贤遍翻。两班者，文武官分为东西两班。书说命：说拜稽首曰：敢对扬天子之休命。注云：对，答也。答受美命而称扬之。后人遂以面对为对扬。侍卫满前，虽有愚虑，不敢敷陈。窃见前朝自上元以来，置延英殿，或宰相欲有奏论，天子欲有咨度，【章：十二行本“度”下有“皆非时召对”五字；乙十一行本同；孔本同；张校同；退斋校同。】上元，唐肃宗年号。度，徒洛翻。旁无侍卫，故人得尽言。望复此故事，惟听机要之臣侍侧。”机要之臣，谓枢密。诏以“旧制五日起居，百僚俱退，宰相独升，若常事自可敷奏。或事应严密，不以其日，或异日听于阁门奏榜子，当尽屏侍臣，屏，必郢翻，又卑正翻。于便殿相待，何必袭延英之名也！”

26 吴润州团练使徐知谔，狎昵小人，昵，尼质翻。游燕废务，作列肆于牙城西，躬自贸易。贸，音茂。徐知诰闻之怒，召知谔左右诘责；知谔惧。或谓知诰曰：“忠武王最爱知谔，徐温谥忠武王。而以后事传于公。徐知诰之得政，在于定朱瑾之难；若徐温临没而传政于知诰，非本心也。事见二百七十六卷明宗天成二年。往年知询失守，谓自升州召知询还扬州也。论议至今未息。借使知谔治有能名，治，直吏翻。训兵养民，于公何利？”知诰感悟，待之加厚。

27 九月，丙申，吴大赦，改元天祚。

28 己酉，以宣徽南院使房暠为刑部尚书，充枢密使；暠，古老翻。宣徽北院使刘延朗为南院使，仍兼枢密副使。于是延朗及枢密直学士薛文遇等居中用事，暠与赵延寿虽为使长，枢密使为枢密院之长。长，知两翻。其听用之言什不三四。暠随势可否，不为事先；每幽、并遣使入奏，枢密诸人环坐议之，暠多俛首而寐，比觉，引颈振衣，则使者去矣。俛，音免。比，必利翻。觉，居效翻。启奏除授，一归延朗。为刘延朗受诛于晋，房暠获全张本。然二人皆帝之亲臣也，延朗之好货非也，暠之避事亦非矣。诸方镇、刺史自外入者，必先赂延朗，后议贡献，赂厚者先，得内地；赂薄者晚，得边陲。由是诸将帅皆怨愤，帝不能察。

29 蜀金州防御使全师郁寇金州，拔水寨。按元和郡县志，汉水去金州城百步，故唐置水寨以防蜀兵。城中兵才千人，都监陈知隐托他事将兵三百沿流遁去；防御使马全节罄私财以给军，出奇死战，蜀兵乃退。戊寅，诏斩知隐。

30 初，闽主有幸臣曰归守明，出入卧内；闽主晚年得风疾，陈后与守明及百工院使李可殷私通，国人皆恶之，莫敢言。恶，乌路翻。

可殷尝谮皇城使李仿于闽主，后族陈匡胜无礼于福王继鹏，仿及继鹏皆恨之。闽主疾甚，继鹏有喜色。仿以闽主为必不起，冬，十月，己卯，使壮士数人持白梃击李可殷，杀之，梃，待鼎翻。中外震惊。庚辰，闽主疾少间，间，如字。陈后诉之。闽主力疾视朝，诘可殷死状，仿惧而出，俄顷，引部兵鼓噪入宫。闽主闻变，匿于九龙帐下，闽主命锦工作九龙帐，国人歌之曰："谁谓九龙帐，惟贮一归郎。"归郎，谓守明也。乱兵刺之而出。刺，七亦翻。闽主宛转未绝，宫人不忍其苦，为绝之。为绝其命也。为，于伪翻。仿与继鹏杀陈后、陈守恩、陈匡胜、归守明及继鹏弟继韬；继韬素与继鹏相恶故也。辛巳，继鹏称皇太后令监国，是日，即皇帝位。皇太后，璘母黄氏也。继鹏，璘之长子。更名昶。更，工衡翻。谥其父曰齐肃明孝皇帝，庙号惠宗。既而自称权知福建节度事，遣使奉表于唐，大赦境内；立李春燕为贤妃。

初，闽惠宗娶汉主女清远公主，广州有清远县。使宦者闽清林延遇置邸于番禺，唐志无闽清县，盖王氏始分置也。九域志：闽清县属福州，在州西北一百五十里。宋白曰：唐贞元元年割候官县十乡为梅溪场，梁乾化元年改为闽清县。番，音潘。专掌国信。汉主赐以大第，禀赐甚厚，数问以闽事。禀，笔锦翻，给也。数，所角翻。延遇不对，退，谓人曰："去闽语闽，去越语越，处人宫禁，可如是乎！"处，昌吕翻。汉主闻而贤之，以为内常侍，使钩校诸司事。延遇闻惠宗遇弑，求归，不许，素服向其国三日哭。史言林延遇不忘旧君。

31 荆南节度使高从诲，性明达，亲礼贤士，委任梁震，以兄事之；震常谓从诲为郎君。门生故吏呼其主之子为郎君。梁震事高季兴，从诲之父也，故以郎君呼从诲。

楚王希范好奢靡，好，呼到翻；下玩好同。游谈者共夸其盛。从诲谓僚佐曰："如马王可谓大丈夫矣。"孙光宪对曰："天子诸侯，礼有等差。彼乳臭子骄侈僭忲，忲，他盖翻，奢也。取快一时，不为远虑，危亡无日，又足慕乎！"从诲久而悟，曰："公言是也。"他日，谓梁震曰："吾自念平生奉养，固已过矣。"乃捐去玩好，去，羌吕翻。好，呼到翻。以经史自娱，省刑薄赋，境内以安。

梁震曰："先王待我如布衣交，以嗣王属我。先王，谓高季兴。嗣王，谓从诲。属，之欲翻。今嗣王能自立，不坠其业，吾老矣，不复事人矣。"复，扶又翻。遂固请退居。从诲不能留，乃为之筑室于土洲。为，于伪翻。江陵有九十九洲，土洲其一也。梁震事高氏始二百六十六卷梁太祖开平二年。震披鹤氅，氅，昌两翻。自称荆台隐士，每诣府，跨黄牛至听事。听，读曰厅。从诲时过其家，过，音戈。四时赐与甚厚。自是悉以政事属孙光宪。属，之欲翻。

臣光曰：孙光宪见微而能谏，高从诲闻善而能徙，高从诲之羡马希范，是侈心之萌芽也，而孙光宪力言之以防微；高从诲因光宪之言，捐玩好而乐经史，思所以阜民保境，是迁善也。梁震成功而能退，梁震翼赞高氏父子，能保其国，是功也。自古有国家者能如是，夫何亡国败家丧身之有。丧，息浪翻。

32 吴加中书令徐知诰尚父、太师、大丞相、大元帅，进封齐王，备殊礼，以升、润、宣、池、歙、常、江、饶、信、海十州为齐国；考徐知诰所封十州，自润循江而上，至于江则中断吴国之腰膂，江都之与洪、鄂，脉理不属矣。自常、润波海界淮而有海州，则有包举吴国之势。其规图自以为得，当是时合全吴之人归心知诰，何必如是而后篡也。

歙，书涉翻。知诰辞尚父、丞相，殊礼不受。

33 闽皇城使、判六军诸卫李仿专制朝政，阴养死士，朝，直遥翻。闽主昶与拱宸指挥使林延皓等图之。延皓等诈亲附仿，仿待之不疑。十一月，壬子，仿入朝，延皓等伏卫士数百于内殿，执斩之，枭首朝门。枭，坚尧翻。朝门，正朝之门。朝，直遥翻。仿部兵千馀持白梃攻应天门，不克，焚启圣门，夺仿首奔吴越。诏暴仿弑君及杀继韬等罪，告谕中外。此闽主之诏也。以建王继严权判六军诸卫，以六军判官永泰叶翘为内宣徽使、参政事。唐懿宗咸通二年，分连江及闽置永泰县，属福州。九域志：在州西南三百五十里。福州图经云：永泰县，唐永泰二年置，以年号为名。翘，祈消翻。

翘博学质直，闽惠宗擢为福王友，闽主昶初封福王。昶以师傅礼待之，多所裨益，宫中谓之"国翁"。昶既嗣位，骄纵，不与翘议国事。一旦，昶方视事，翘衣道士服过庭中趋出，衣，于既翻。昶召还，拜之，曰："军国事殷，久不接对，孤之过也。"翘顿首曰："老臣辅导无状，致陛下即位以来无一善可称，愿乞骸骨。"昶曰："先帝以孤属公，属，之欲翻。政令不善，公当极言，奈何弃孤去！"厚赐金帛，慰谕令复位。昶元妃梁国夫人李氏，同平章事敏之女，昶嬖李春燕，昶求春燕于陈后，见上六月。嬖，卑义翻，又博计翻。待夫人甚薄。翘谏曰："夫人先帝之甥，聘之以礼，奈何以新爱而弃之！"昶不悦，由是疏之。未几，复上书言事，几，居岂翻。复，扶又翻。昶批其纸尾曰："一叶随风落御沟。"批，匹迷翻，笔题之也。遂放归永泰，路振九国志：叶翘斥归永春。按九域志，泉州有永春县，福州有永泰县，未知孰是。以寿终。

34 帝嘉马全节之功，却蜀兵全金州之功也。召诣阙。刘延朗求赂，全节无以与之；延朗欲除全节绛州刺史，群议沸腾。帝闻之，乙卯，以全节为横海留后。帝既闻之，而不罪刘延朗；善善恶恶，郭之所以亡也。

35 十二月，壬申，以中书侍郎、同平章事充枢密使韩昭胤同平章事，充护国节度使。

36 乙酉，以前匡国节度使、同平章事冯道为司空。时久无正拜三公者，丧乱以来，以他官兼领及检校三公者有之，无正拜者。朝议疑其职事；卢文纪欲令掌祭祀扫除，隋制：三公参议国之大事，祭祀则太尉亚献，司徒奉俎，司空行扫除。卢文纪不深考，遂以为司空职掌。朝，直遥翻。道闻之曰："司空扫除，职也，吾何惮焉。"既而文纪自知不可，乃止。史言后唐虽自言纂唐旧服，而文献皆不足。

37 闽主赐洞真先生陈守元号天师，信重之，乃至更易将相，更，工衡翻。刑罚，选举，皆与之议；守元受赂请托，言无不从，其门如市。

邓广铭标点聂崇岐覆校

资治通鉴卷第二百八十

端明殿学士兼翰林侍读学士太中大夫
提举西京嵩山崇福宫上柱国河内郡开国公 司马光 奉敕编集
食邑二千六百户食实封一千户臣

后 学 天 台 胡三省 音 注

后晋纪一 柔兆涒滩（丙申），一年。

石氏自代北从晋王起太原，既又以太原起事而得中原；太原治晋阳，契丹遂以晋命之，故国号为晋。

高祖圣文章武明德孝皇帝上之上 讳敬瑭，姓石氏。其父臬捩鸡，本出于夷，自朱邪归唐，从朱邪入居阴山。其姓石，不知其得姓之始。五代会要曰：晋既得天下，祖卫大夫石碏。

天福元年（丙申、九三六）是年十一月方改元即位。

1 春，正月，吴徐知诰始建大元帅府，吴命徐知诰为大元帅，见上卷上年冬十月。以幕职分判吏、户、礼、兵、刑、工部及盐铁。

2 丁未，唐主立子重美为雍王。雍，于用翻。

3 癸丑，唐主以千春节置酒，唐主以生日为千春节。五代会要曰：帝以唐光启元年正月十三日生。既以晋元纪年，故书潞王为唐主。晋国长公主上寿毕，辞归晋阳。上，时掌翻。帝醉，曰："何不且留，遽归，欲与石郎反邪！"石敬瑭闻之，益惧。

4 三月，丙午，以翰林学士、礼部侍郎马胤孙为中书侍郎、同平章事。胤孙性谨懦，中书事多凝滞，又罕接宾客，时人目为"三不开"，谓口、印、门也。

5 石敬瑭尽收其货之在洛阳及诸道者归晋阳，托言以助军费，人皆知其有异志。唐主夜与近臣从容语曰：唐主好与近臣夜语见上卷上年。从，千容翻。“石郎于朕至亲，无可疑者；但流言不释，万一失欢，何以解之？”皆不对。

端明殿学士、给事中李崧退谓同僚吕琦曰：李崧时与吕琦同入直。“吾辈受恩深厚，岂得自同众人，一概观望邪！计将安出？”琦曰：“河东若有异谋，必结契丹为援。契丹母以赞华在中国，屡求和亲，但求荝刺等未获，故和未成耳。赞华，契丹主阿保机长子也。来降见二百七十七卷明宗长兴元年。求荝刺见三年。契丹母，谓述律后也。今诚归荝刺等与之和，岁以礼币约直十馀万缗遗之，遗，唯季翻。彼必欢然承命。如此，则河东虽欲陆梁，无能为矣。”崧曰：“此吾志也。然钱谷皆出三司，宜更与张相谋之。”相，息亮翻。遂告张延朗，延朗曰：“如学士计，不惟可以制河东，亦省边费之什九，言什省其九。计无便于此者。若主上听从，但责办于老夫，请于库财之外捃拾以供之。”捃，居运翻。他夕，二人密言于帝，帝大喜，称其忠，二人私草遗契丹书以俟命。

久之，帝以其谋告枢密直学士薛文遇，文遇对曰：“以天子之尊，屈身奉夷狄，不亦辱乎！又，虏若循故事求尚公主，何以拒之？”唐自太宗以宗室女为公主下嫁诸蕃，谓之和蕃公主；其后回纥有功于中国，至屈帝女以女之。因诵戎昱昭君诗曰：“安危托妇人。”帝意遂变。戎昱，唐人也，能诗。汉元帝以王昭君嫁匈奴，后人怜之，竞为歌诗以言其事。一日，急召崧、琦至后楼，盛怒，责之曰：“卿辈皆知古今，欲佐人主致太平；今乃为谋如是！朕一女尚乳臭，卿欲弃之沙漠邪？且欲以养士之财输之虏庭，养士，谓养兵也。言其欲割养兵之财以和蕃。其意安在？”二人惧，汗流浃背，浃，即协翻。

曰："臣等志在竭愚以报国，非为虏计也，为，于伪翻。愿陛下察之。"拜谢无数，帝诟责不已。诟，古候翻，又许候翻。吕琦气竭，拜少止，帝曰："吕琦强项，肯视朕为人主邪！"琦曰："臣等为谋不臧，愿陛下治其罪，多拜何为！"治，直之翻。帝怒稍解，止其拜，各赐卮酒罢之，罢，使出就所舍。自是群臣不敢复言和亲之策。复，扶又翻。丁巳，以琦为御史中丞，盖疏之也。吕琦为唐主所亲事始二百七十七卷明宗长兴元年。御史中丞居外朝，不得入直禁中，故曰疏。

6 吴徐知诰以其子副都统景通为太尉、副元帅，都统判官宋齐丘、行军司马徐玠为元帅府左·右司马。

7 闽主昶改元通文，立贤妃李氏为皇后，即李春燕也。尊皇太后曰太皇太后。

8 静江节度使、同平章事马希杲有善政，监军裴仁煦谮之于楚王希范，煦，吁句翻。言其收众心，希范疑之。夏，四月，汉将孙德威侵蒙、桂二州，蒙州，本汉苍梧郡之荔浦县，隋分荔浦置随化县，唐武德四年改为立山，于县置荔州，寻改为恭州；贞观八年改为蒙州，州东蒙山，山下有蒙水，人多姓蒙故也。宋熙宁五年废蒙州，以立山县属昭州。希范命其弟武安节度副使希广权知军府事，自将步骑五千如桂州。希杲惧，其母华夫人华，户化翻。逆希范于全义岭，全义岭在桂州全义县，即始安岭也。谢曰："希杲为治无状，致寇戎入境，治，直吏翻。烦殿下亲涉险阻，皆妾之罪也。愿削封邑，洒扫掖庭，以赎希杲罪。"洒，所买翻，又所卖翻。扫，素早翻，又素报翻。希范曰："吾久不见希杲，闻其治行尤异，故来省之，无他也。"治，直吏翻。行，下孟翻。省，悉景翻。无他，言无他故也。汉兵自蒙州引去，徙希杲知朗州。为希范杀希杲张本。

9 高从诲遣使奉笺于徐知诰，劝即帝位。高从诲以区区三州介居唐、吴、蜀之间，利其赏赐，所向称臣，诸国谓之"高赖子"，其有以也夫。

10 初，石敬瑭欲尝唐主之意，累表自陈羸疾，羸，伦为翻。乞解兵柄，移他镇；兵柄，谓北面马步军都总管之任。帝与执政议从其请，移镇郓州。房暠、李崧、吕琦等皆力谏，以为不可，帝犹豫久之。

五月，庚寅夜，李崧请急在外，请急，请告也。薛文遇独直，帝与之议河东事，文遇曰："谚有之：'当道筑室，三年不成。'兹事断自圣志；谚，鱼变翻。断，丁乱翻。群臣各为身谋，安肯尽言！以臣观之，河东移亦反，不移亦反，在旦暮耳，不若先事图之。"先，悉荐翻。河东事情，凡在清泰朝野之人，谁不知者！其所以重于言，重于发，惧言之则发大难之端在己而无以善其后耳。清泰主郁郁于此久矣，薛文遇一言当心，遂决然而不顾。先是，术者言国家今年应得贤佐，出奇谋，定天下，先，悉荐翻。帝意文遇当之，闻其言，大喜，曰："卿言殊豁吾意，成败吾决行之。"即为除目，付学士院使草制。御笔亲除付外行者谓之除目，其经宰相奏拟而行者亦谓之除目。辛卯，以敬瑭为天平节度使，以马军都指挥使、河阳节度使宋审虔为河东节度使。宋审虔从唐主起于凤翔，故欲以之代敬瑭。制出，两班闻呼敬瑭名，相顾失色。两班，谓文武官班。

甲午，以建雄节度使张敬达为西北蕃汉马步都部署，趣敬瑭之郓州。趣，读曰促。天平节度治郓州。郓，音运。敬瑭疑惧，谋于将佐曰："吾之再来河东也，主上面许终身不除代；唐主此言当在即位之初，敬瑭入朝遣还镇时也。今忽有是命，得非如今年千春节与公主所言乎？我不兴乱，朝廷发之，安能束手死于道路乎！今且发表称疾以观其意，若其宽我，我当事之；若加兵于我，我则改图耳。"观敬瑭此言，则求援于契丹者本心先定之计也，桑维翰之言正会其意耳。幕僚段希尧极言拒之，敬瑭以其朴直，不责也。节度判官华阴赵莹劝敬瑭赴郓州；观察判官平遥薛融曰："融书生，不习军旅。"都押牙刘知远曰："明公久将兵，得士卒心；今据形胜之地，士马精强，若称兵传檄，称，举也。帝业可成，奈何以一纸制书自投虎口乎！”掌书记洛阳桑维翰曰：“主上初即位，明公入朝，主上岂不知蛟龙不可纵之深渊邪？古语有之：鱼不可脱于渊，神龙失势，与蚯蚓同。然卒以河东复授公，卒，子恤翻。复，扶又翻。此乃天意假公以利器。明宗遗爱在人，主上以庶孽代之，群情不附。公明宗之爱婿，今主上以反逆见待，此非首谢可免，首，式又翻。但力为自全之计。契丹【章：十二行本“丹”下有“主”字；乙十一行本同。】素与明宗约为兄弟，今部落近在云、应，契丹牙帐自明宗长兴三年屯捺剌泊。公诚能推心屈节事之，万一有急，朝呼夕至，何患无成。”敬瑭意遂决。

先是，朝廷疑敬瑭，先，悉荐翻。以羽林将军宝鼎杨彦询为北京副留守，宝鼎县属河中府，汉之汾阴县也。唐玄宗开元二十一年祀汾阴，获宝鼎，由是更名。九域志：宋大中祥符四年改宝鼎为荣河县，在河中府北一百里。敬瑭将举事，亦以情告之。彦询曰：“不知河东兵粮几何，能敌朝廷乎？”左右请杀彦询，敬瑭曰：“惟副使一人我自保之，汝辈勿言也。”按薛史称杨彦询为人沈厚，当以此得全。

戊戌，昭义节度使皇甫立奏敬瑭反。并、潞二镇接境，故知其事而先奏之。敬瑭表：“帝养子，不应承祀，请传位许王。”许王从益，明宗之子也。帝手裂其表抵地，以诏答之曰：“卿于鄂王固非疏远，卫州之事，天下皆知；谓敬瑭尽杀闵帝从骑，独置帝于卫州也。事见上卷清泰元年。鄂王即谓闵帝。潞王入立，以太后令降闵帝为鄂王。许王之言，何人肯信！”壬寅，制削夺敬瑭官爵。乙巳，以张敬达兼太原四面排陈使，陈，读曰阵；下同。河阳节度使张彦琪为马步军都指挥使，以安国节度使安审琦为马军都指挥使，以保义节度使相里金为步军都指挥使，以右监门上将军武廷翰为壕寨使。相，息亮翻。监，古衔翻。丙午，以张敬达为太原四面兵马都部署，以义武节度使杨光远为副部署。为杨光远杀张敬达降晋张本。丁未，又以张敬达知太原行府事，以前彰武节度使高行周为太原四面招抚、排陈等使。光远既行，定州军乱，牙将千乘方太讨平之。汉置千乘国，后改乐安郡，隋废乐安郡置千乘县，唐属青州。九域志：千乘县在青州北八十里。乘，绳证翻。

张敬达将兵三万营于晋安乡，晋安乡在晋阳城南。薛史，晋安寨在晋祠南。戊申，敬达奏西北先锋马军都指挥使安审信叛奔晋阳。审信，金全之弟子也，敬瑭与之有旧。安氏群从与石敬瑭本皆代北人。先是，雄义都指挥使马邑安元信先，悉荐翻。马邑县属朔州。将所部六百馀人戍代州，代州刺史张朗善遇之。元信密说朗曰："吾观石令公长者，说，式芮翻。石敬瑭加中书令，故称为令公。长，知两翻。举事必成；公何不潜遣人通意，可以自全。"朗不从，由是互相猜忌。元信谋杀朗，不克，帅其众奔审信，审信遂帅麾下数百骑与元信掠百井奔晋阳。帅，读曰率。敬瑭谓元信曰："汝见何利害，舍强而归弱？"对曰："元信非知星识气，顾以人事决之耳。夫帝王所以御天下，莫重于信。今主上失大信于令公，亲而贵者且不自保，石敬瑭身为帝婿，可谓亲矣；官为中书令，建节总兵，专制北面，可谓贵矣。况疏贱乎！其亡可翘足而待，何强之有！"敬瑭悦，委以军事。振武西北巡检使安重荣戍代北，欧史，安重荣为振武巡边指挥使。帅步骑五百奔晋阳。帅，读曰率；下同。重荣，朔州人也。以宋审虔为宁国节度使、充侍卫马军都指挥使。石敬瑭既不受代，故使宋审虔领节掌宿卫。审虔，唐主镇凤翔时牙将。

11 天雄节度使刘延皓恃后族之势，骄纵，刘延皓，唐主后弟。夺人财产，减将士给赐，宴饮无度。捧圣都虞候张令昭因众心怨怒，谋以魏博应河东，癸丑未明，帅众攻牙城，克之；延皓脱身走，乱兵大掠。令昭奏："延皓失于抚御，以致军乱；臣以抚安士卒，权领军府，"臣以"之"以"当作"已"。乞赐旌节！”延皓至洛阳，唐主怒，命远贬；皇后为之请，为，于伪翻。考异曰：废帝实录：“延皓，皇后之侄。”按薛史、唐馀录、欧阳史皆云延皓，后之弟，应州人也。延朗，宋州虞城人也。独废帝实录云后侄，今不取。六月，庚申，止削延皓官爵，归私第。

12 辛酉，吴太保、同平章事徐景迁以疾罢，以其弟景遂代为门下侍郎、参政事。

13 癸亥，唐主以张令昭为右千牛卫将军、权知天雄军府事。令昭以调发未集，调，徒钓翻。且受新命。寻有诏徙齐州防御使，令昭托以士卒所留，实俟河东之成败。唐主遣使谕之，令昭杀使者。甲戌，以宣武节度使兼中书令范延光为天雄四面行营招讨使、知魏博行府事，“魏博”恐当作“魏州”。以张敬达充太原四面招讨使，以杨光远为副使。丙子，以西京留守李周为天雄军四面行营副招讨使。

14 石敬瑭之子右卫上将军重殷、皇城副使重裔闻敬瑭举兵，匿于民间井中。弟沂州都指挥使敬德杀其妻女而逃，寻捕得，死狱中，从弟彰圣都指挥使敬威自杀。秋，七月，戊子，获重殷、重裔，诛之，重，直龙翻。从，才用翻。考异曰：薛史：“七月己丑，诛右卫上将军石重英、皇城副使石重裔，皆敬瑭之子也。”废帝实录云“石讳侄男尚食使重乂、供奉官重英。”与薛史不同。按重乂敬瑭子，即位后为张从宾所杀，实录误也。广本“英”作“殷”，今从之。并族所匿之家。

15 庚寅，楚王希范自桂州北还。四月至桂州，七月方还。还，从宣翻，又如字。

16 云州步军指挥使桑迁奏应州节度使尹晖逐云州节度使沙彦珣，收其兵应河东。丁酉，彦珣表迁谋叛应河东，引兵围子城。彦珣犯围走出西山，据雷公口，明日，收兵入城击乱兵，迁败走，军城复安。是日，尹晖执迁送洛阳，斩之。

17 丁未，范延光拔魏州，斩张令昭。诏悉诛其党七指挥。

18 张敬达发怀州彰圣军戍虎北口，虎北口在汾水北。彰圣军本洛城屯卫兵也，先是分屯怀州，又自怀州发赴张敬达军前，敬达又发之戍虎北口。其指挥使张万迪将五百骑奔河东，丙辰，诏尽诛其家。

19 石敬瑭遣间使求救于契丹，间，古苋翻。使，疏吏翻。时张敬达在代州，云、应两镇亦不从敬瑭，故遣使从间道趋契丹帐。令桑维翰草表称臣于契丹主，且请以父礼事之，约事捷之日，割卢龙一道及雁门关以北诸州与之。刘知远谏曰："称臣可矣，以父事之太过。厚以金帛赂之，自足致其兵，不必许以土田，恐异日大为中国之患，悔之无及。"敬瑭不从。他日卒如刘知远之言。为契丹入中国张本。表至契丹，契丹主大喜，喜中国有衅之可乘也。白其母曰："儿比梦石郎遣使来，其母即述律太后。比，毗至翻，近也。今果然，此天意也。"自是之后，辽灭晋，金破宋，（原缺十六字。）今之疆理，西越益、宁，南尽交、广，至于海外，皆石敬瑭捐割关隘以启之也，其果天意乎！乃为复书，许俟仲秋倾国赴援。俟秋高马肥而后进。

20 八月，己未，以范延光为天雄节度使，李周为宣武节度使、同平章事。

21 癸亥，应州言契丹三千骑攻城。

22 张敬达筑长围以攻晋阳。石敬瑭以刘知远为马步都指挥使，安重荣、张万迪降兵皆隶焉。知远用法无私，抚之如一，由是人无贰心。敬瑭亲乘城，坐卧矢石下，知远曰："观敬达辈高垒深堑，欲为持久之计，无他奇策，不足虑也。愿明公四出间使，间，古苋翻。使，疏吏翻。经略外事。守城至易，知远独能办之。"易，以豉翻。用兵之计，攻城最下。以敬瑭、知远之守，又有契丹之援，而敬达欲以持久制之，宜其败也。敬瑭执知远手，抚其背而赏之。

23 戊寅，以成德节度使董温琪为东北面副招讨使，以佐卢龙节度使赵德钧。

24 唐主使端明殿学士吕琦至河东行营犒军，犒，苦到翻。杨光远谓琦曰："愿附奏陛下，幸宽宵旰。旰，古案翻。贼若无援，旦夕当平；若引契丹，当纵之令入，可一战破也。"杨光远之计，狃王晏球定州之胜，欲纵之令入而与之战，殊不知战无常胜，而关隘不可不扼也。寻而契丹径入，唐兵一战而败，遂为所困矣。帝甚悦。帝闻契丹许石敬瑭以仲秋赴援，屡督张敬达急攻晋阳，不能下。每有营构，多值风雨，长围复为水潦所坏，竟不能合。复，扶又翻。坏，音怪。史言天方相晋，张敬达无所施其力。晋阳城中日窘，粮储浸乏。若契丹之援不至，晋不能支矣。

25 九月，契丹主将五万骑，号三十万，自扬武谷而南，扬武谷在代州崞县。薛史：阳武谷在朔州南。考异曰：代州今有杨武寨，其北有长城岭、圣佛谷。今从汉高祖实录作"扬武"。旌旗不绝五十馀里。代州刺史张朗、忻州刺史丁审琦婴城自守，九域志：代州南至忻州一百六十里；忻州南至太原一百四十里。虏骑过城下，亦不诱胁。诱，音酉。审琦，洺州人也。

辛丑，契丹主至晋阳，陈于汾北之虎北口。陈，读曰阵；下同。考异曰：按幽州北山口名虎北口，亦名古北口。此在太原，而云陈于虎北口，又云归虎北口，盖太原城侧别有地名虎北口也。先遣人谓敬瑭曰："吾欲今日即破贼可乎？"敬瑭遣人驰告曰："南军甚厚，不可轻，唐兵自南来攻晋阳，故谓之南军。请俟明日议战未晚也。"使者未至，契丹已与唐骑将高行周、符彦卿合战，敬瑭乃遣刘知远出兵助之。张敬达、杨光远、安审琦以步兵陈于城西北山下，契丹遣轻骑三千，不被甲，直犯其陈。唐兵见其羸，争逐之，至汾曲，被，皮义翻。羸，伦为翻。汾曲，汾水之曲也。契丹涉水而去。唐兵循岸而进，契丹伏兵自东北起，冲唐兵断而为二，步兵在北者多为契丹所杀，骑兵在南者引归晋安寨。契丹纵兵乘之，唐兵大败，步兵死者近万人，近，其靳翻。骑兵独全。敬达等收馀众保晋安，契丹亦引兵归虎北口。敬瑭得唐降兵千馀人，刘知远劝敬瑭尽杀之。唐兵虽败，其众尚强，刘知远惧降兵复叛归，故劝杀之。

是夕，敬瑭出北门，出晋阳城北门也。见契丹主。契丹主执敬瑭手，恨相见之晚。以前此未识面，故然，亦必石敬瑭之气貌有以耸其瞻视也。敬瑭问曰："皇帝远来，士马疲倦，遽与唐战而大胜，何也?"契丹主曰："始吾自北来，谓唐必断雁门诸路，断，音短。雁门有东陉、西陉之险，崞县有阳武、石门之隘。伏兵险要，则吾不可得进矣。使张敬达等果知出此，岂有晋安之困哉。使人侦视，皆无之，侦，丑郑翻。吾是以长驱深入，知大事必济也。兵既相接，我气方锐，彼气方沮，若不乘此急击之，言当乘初至之锐而用其锋也。旷日持久，则胜负未可知矣。此吾所以亟战而胜，不可以劳逸常理论也。"敬瑭甚叹伏。

壬寅，敬瑭引兵会契丹围晋安寨，置营于晋安之南，长百馀里，厚五十里，多设铃索吠犬，人跬步不能过。长，直亮翻。厚，户茂翻。索，昔各翻。吠，房废翻。跬，犬桑翻，半步也。又司马法曰：一举足曰跬。跬，三尺也。敬达等士卒犹五万人，马万匹，四顾无所之。兵法：置之死地而后生。若张敬达等能于围落未合之时，勉谕将士，竭力致死决战，胜负未可知也。甲辰，敬达遣使告败于唐，自是声问不复通。复，扶又翻。唐主大惧，遣彰圣都指挥使符彦饶将洛阳步骑兵屯河阳，诏天雄节度使兼中书令范延光将魏州兵二万由青山趣榆次，青山，即邢州青山口也。趣，七喻翻。卢龙节度使、东北面招讨使兼中书令北平王赵德钧将幽州兵【章：十二行本"兵"下有"由飞狐"三字；乙十一行本同；孔本同；退斋校同。】出契丹军后，欲使赵德钧自飞狐道出代州，以断契丹之后。耀州防御使潘环糺合西路戍兵，"糺"，与"纠"同。说文：绳三合为糺。故凡合集兵众者谓之糺合、糺集。西路戍兵，谓蒲、潼以西诸道戍兵也。由晋、绛两乳岭出慈、隰，共救晋安寨。契丹主移帐于柳林，柳林当在晋安寨南。游骑过石会关，不见唐兵。

丁未，唐主下诏亲征。雍王重美曰：雍，于用翻。“陛下目疾未平，未可远涉风沙；臣虽童稚，愿代陛下北行。”帝意本不欲行，闻之，颇悦。张延朗、刘延皓及宣徽南院使刘延朗皆劝帝行，帝不得已，戊申，发洛阳，谓卢文纪曰：“朕雅闻卿有相业，故排众议首用卿，相，息亮翻。卢文纪，唐主清泰元年四月即位，七月相卢文纪。今祸难如此，难，乃旦翻。卿嘉谋皆安在乎？”文纪但拜谢，不能对。己酉，遣刘延朗监侍卫步军都指挥使符彦饶军赴潞州，为大军后援。大军，谓晋安寨之军。监，古衔翻。诸军自凤翔推戴以来，推戴，事见上卷清泰元年。骄悍不为用，彦饶恐其为乱，不敢束之以法。悍，下罕翻，又侯旰翻。兵骄而不为用，与无兵同。潞王以骄兵推戴而得天下，亦以骄兵不为用而失天下，固其宜也。

帝至河阳，心惮北行，召宰相、枢密使议进取方略，卢文纪希帝旨，言“国家根本，太半在河南。胡兵倏来忽往，不能久留；晋安大寨甚固，况已发三道兵救之。谓范延光、赵德钧、潘环三帅之兵。河阳天下津要，北兵犯洛，须自河阳渡河，故云然。车驾宜留此镇抚南北，且遣近臣往督战，苟不能解围，进亦未晚。”张延朗欲因事令赵延寿得解枢务，赵延寿时为枢密使，欲求解而未能。因曰：“文纪言是也。”帝访于馀人，无敢异言者。泽州刺史刘遂凝，鄩之子也，潜自通于石敬瑭，应顺初，刘遂雍以长安拒王思同而迎潞王者，亦刘鄩之子也；是其兄弟随时反覆以求禄利，白昼攫金，见金而不见人者也。表称车驾不可逾太行。行，户刚翻。泽州当太行之道。帝议近臣可使北行者，张延朗与翰林学士须昌和凝等须昌，即九域志郓州所治之须城县。盖后唐避李国昌讳，改须昌为须城，而欧史与通鉴则仍旧县名而不改也。皆曰：“赵延寿父德钧以卢龙兵来赴难，难，乃旦翻。宜遣延寿会之。”庚戌，遣枢密使、忠武节度使、随驾诸军都部署、兼侍中赵延寿将兵二万如潞州。辛亥，帝如怀州。以右神武统军康思立为北面行营马军都指挥使，帅扈从骑兵赴团柏谷。帅，读曰率。从，才用翻。九域志：太原府祁县有团柏镇。思立，晋阳胡人也。

帝以晋安为忧，问策于群臣，吏部侍郎永清龙敏请立李赞华为契丹主，唐如意元年分安次县置武隆县，景云元年改曰会昌，天宝元年改曰永清，属幽州。匈奴须知：永清县在幽州东南一百七十里。舜以龙为纳言，子孙以名为氏，又或以为豢龙氏之后。项羽将有龙且，汉有龙伯高。李赞华，契丹主之兄也，明宗长兴元年来降，赐姓名，时在洛阳。令天雄、卢龙二镇分兵送之，欲令范延光、赵德钧分兵送之。自幽州趣西楼，朝廷露檄言之，契丹主必有内顾之忧，露檄者，欲使契丹知之。观他日契丹述律太后责赵德钧之言，则龙敏之策为可行，唐主惜不用耳。然后选募军中精锐以击之，此亦解围之一策也。帝深以为然，而执政恐其无成，议竟不决。

帝忧沮形于神色，但日夕酣饮悲歌。群臣或劝其北行，则曰："卿勿言，石郎使我心胆堕地！"李嗣源举兵向洛，则庄宗为之神色沮丧；石敬瑭阻兵拒命，则潞王自谓使之心胆堕地；何平时之临敌甚勇，一旦乃惴怯如此也？盖庄宗之与明宗，潞王之与晋祖，皆同出入兵间，内揆其智力无以大相过，而乘时用势偶有不相及者，则其气先馁故也。

26 冬，十月，壬戌，诏大括天下将吏及民间马；将，即亮翻。又发民为兵，每七户出征夫一人，考异曰：薛史云十户。今从废帝实录。自备铠仗，谓之"义军"，期以十一月俱集，命陈州刺史郎万金教以战陈，郎万金，当时勇将也。用张延朗之谋也。凡得马二千馀匹，征夫五千人，实无益于用，而民间大扰。

27 初，赵德钧阴蓄异志，欲因乱取中原，赵德钧之志图非望，亦见潞王得之之易也。自请救晋安寨；唐主命自飞狐踵契丹后，钞其部落，钞，楚交翻。德钧请将银鞍契丹直三千骑，赵德钧在幽州，以契丹来降之骁勇者置银鞍契丹直。由土门路西入，帝许之。赵州刺史、北面行营都指挥使刘在明先将兵戍易州，德钧过易州，命在明以其众自随。在明，幽州人也。德钧至镇州，以董温琪领招讨副使，邀与偕行，董温琪时镇镇州。又表称兵少，须合泽潞兵；乃自吴儿谷趣潞州，吴儿谷在潞州黎城东北，涉县西南。癸酉，至乱柳。时范延光受诏将部兵二万屯辽州，德钧又请与魏博军合；延光知德钧合诸军，志趣难测，表称魏博兵已入贼境，无容南行数百里与德钧合，乃止。

28 汉主以宗正卿兼工部侍郎刘浚为中书侍郎、同平章事。浚，崇望之子也。刘崇望相昭宗。

29 十一月，【章：十二行本"月"下有"戊子"二字；乙十一行本同；孔本同；张校同。】以赵德钧为诸道行营都统，依前东北面行营招讨使。以赵延寿为河东道南面行营招讨使，以翰林学士张砺为判官。庚寅，以范延光为河东道东南面行营招讨使，以宣武节度使、同平章事李周副之。辛卯，以刘延朗为河东道南面行营招讨副使。赵延寿遇赵德钧于西汤，欧史"西汤"作"西唐"，薛史作"西唐店"。悉以兵属德钧。唐主遣吕琦赐德钧敕告，且犒军。赐以诸道行营都统敕告也。犒，苦到翻。德钧志在并范延光军，逗留不进，诏书屡趣之，趣，读曰促。德钧乃引兵北屯团柏谷口。

30 癸巳，吴主诏齐王知诰置百官，以金陵府为西都。

31 前坊州刺史刘景岩，延州人也，多财而喜侠，喜，许记翻。交结豪杰，家有丁夫兵仗，人服其强，势倾州县。彰武节度使杨汉章无政，失夷、夏心，会括马及义军，汉章帅步骑数千人将赴军期，夏，户雅翻。帅，读曰率。阅之于野。景岩潜使人挠之曰："契丹强盛，汝曹有去无归。"众惧，杀汉章，奉景岩为留后。唐主不获已，丁酉，以景岩为彰武留后。挠，呼高翻，挠乱之也。史言征发过甚，强人以其所不堪，适足为州里奸豪之资。

32 契丹主谓石敬瑭曰："吾三千里赴难，难，乃旦翻。必有成功。观汝器貌识量，真中原之主也。契丹主初来赴难，石敬瑭出见之于晋阳北门，此时固得之眉睫间矣。及围晋安，军中旦暮见，审之既熟，然后发此言。然味其言，不徒取其气貌，又取其识量，则其所谓观者必有异乎常人之观矣。吾欲立汝为天子。"敬瑭辞让者数四，将吏复劝进，乃许之。复，扶又翻。契丹主作册书，命敬瑭为大晋皇帝，自解衣冠授之，石敬瑭盖以北服即位。筑坛于柳林，是日，即皇帝位。考异曰：废帝实录："闰月丁卯，胡立石讳为天子于柳林，"误也，今从晋高祖实录、薛史契丹册文。割幽、蓟、瀛、莫、涿、檀、顺、新、妫、儒、武、云、应、寰、朔、蔚十六州以与契丹，儒州领晋山一县，武州领文德一县。武州，唐志有之。儒州，盖晋王镇河东所表置。后唐明宗天成元年，以兴唐军置寰州，领寰清一县，隶应州彰国节度。人皆以石晋割十六州为北方自撤藩篱之始，余谓雁门以北诸州，弃之犹有关隘可守。汉建安丧乱，弃陉北之地，不害为魏、晋之强是也。若割燕、蓟、顺等州，则为失地险。然卢龙之险在营、平二州界，自刘守光僭窃，周德威攻取，契丹乘间遂据营、平。自同光以来，契丹南牧直抵涿、易，其失险也久矣。蓟，音计。妫，居为翻。蔚，纡勿翻。仍许岁输帛三十万匹。己亥，制改长兴七年为天福元年，此清泰三年也，而以为唐明宗长兴七年，以潞王为篡也。大赦；敕命法制，皆遵明宗之旧。以节度判官赵莹为翰林学士承旨、户部侍郎、知河东军府事，掌书记桑维翰为翰林学士、礼部侍郎、权知枢密使事，观察判官薛融为侍御史知杂事，节度推官白水窦贞固为翰林学士，白水县属同州。宋白曰：白水县，汉粟邑，又为汉衙县，春秋彭衙地。后魏和平三年分澄城置白水县，南临白水，因名。九域志：在州西北一百二十里。军城都巡检使刘知远为侍卫马军都指挥使，军城，谓河东军城。晋阳受围之时，刘知远为都巡检使。客将景延广为步军都指挥使。延广，陕州人也。陕，失冉翻。立晋国长公主为皇后。

契丹主虽军柳林，其辎重老弱皆在虎北口，每日暝辄结束，以备仓猝遁逃，重，直用翻。瞑，莫定翻。观契丹在虎北口，其所以自为备者、与夫诈赵德钧之事，其畏中国之心为何如哉。而赵德钧欲倚契丹取中国，至团柏逾月，按兵不战，去晋安才百里，声问不能相通。德钧累表为延寿求成德节度使，为，于伪翻。曰："臣今远征，幽州势孤，欲使延寿在镇州，左右便于应接。"言延寿在常山，则左可以应接蓟门，右可以应接团柏。唐主曰："延寿方击贼，何暇往镇州！俟贼平，当如所请。"德钧求之不已，唐主怒曰："赵氏父子坚欲得镇州，何意也？苟能却胡寇，虽欲代吾位，吾亦甘心，若玩寇邀君，但恐犬兔俱毙耳。"战国策曰：韩子卢者天下之骏犬也，东郭逡者天下之狡兔也。卢逐逡，环山者三，腾山者五，兔死于前，犬废于后，田父见而并获之。德钧闻之，不悦。

闰月，赵延寿献契丹主所赐诏及甲马弓剑，诈云德钧遣使致书于契丹主，为唐结好，说令引兵归国；使，疏吏翻。为，于伪翻。好，呼到翻。说，式芮翻。其实别为密书，厚以金帛赂契丹主，云："若立己为帝，请即以见兵南平洛阳，见兵，谓其父子见统之兵也。见，贤遍翻。与契丹为兄弟之国；仍许石氏常镇河东。"契丹主自以深入敌境，晋安未下，德钧兵尚强，范延光在其东，又恐山北诸州邀其归路，山北诸州，谓云、应、寰、朔等州。欲许德钧之请。

帝闻之，大惧，亟使桑维翰见契丹主，说之曰："大国举义兵以救孤危，一战而唐兵瓦解，退守一栅，食尽力穷。赵北平父子不忠不信，赵德钧封北平王，故称之。言其不忠于唐、不信于契丹也。畏大国之强，且素蓄异志，按兵观变，非以死徇国之人，何足可畏，而信其诞妄之辞，贪豪末之利，秋豪之末，言至细也。弃垂成之功乎！且使晋得天下，将竭中国之财以奉大国，岂此小利之比乎！"契丹主曰："尔见捕鼠者乎，不备之，犹或啮伤其手，况大敌乎！"啮，鱼结翻。对曰："今大国已扼其喉，安能啮人乎！”契丹主曰：“吾非有渝前约也，渝，变也。前约，谓使晋帝中国。但兵家权谋不得不尔。”对曰：“皇帝以信义救人之急，四海之人俱属耳目，属，之欲翻。奈何二三其命，左传：晋侯使韩穿来言汶阳之田归之于齐；季文子曰：“一年之间，或予或夺，二三孰甚焉！”使大义不终！臣窃为皇帝不取也。”为，于伪翻。跪于帐前，自旦至暮，涕泣争之。契丹主乃从之，指帐前石谓德钧使者曰：“我已许石郎，此石烂，可改矣。”

33 龙敏谓前郑州防御使李懿曰：“君，国之近亲，今社稷之危，翘足可待，君独无忧乎？”懿为言赵德钧必能破敌之状。为，于伪翻。敏曰：“我燕人也，龙敏，幽州永清县人。知德钧之为人，怯而无谋，但于守城差长耳。况今内蓄奸谋，岂可恃乎！仆有狂策，但恐朝廷不肯为耳。今从驾兵尚万馀人，马近五千匹，近，其靳翻。若选精骑一千，使仆与郎万金将之，自介休山路，夜冒虏骑入晋安寨，郎万金当时勇将也。自介休山路达平遥，则可得而至晋安寨。将，即亮翻。冒，莫北翻。但使其半得入，则事济矣。张敬达等陷于重围，重，直龙翻。不知朝廷声问，若知大军近在团柏，虽有铁障可冲陷，况虏骑乎！”懿以白唐主，唐主曰：“龙敏之志极壮，用之晚矣。”龙敏之策非不可行也，其如兵骄而不可用何？唐主老于行间，盖亦有见于此。

34 丹州义军作乱，逐刺史康承询，承询奔鄜州。九域志：丹州西至鄜州一百七十五里。鄜，芳芜翻。

35 晋安寨被围数月，是年九月晋安寨被围。被，皮义翻。高行周、符彦卿数引骑兵出战，数，所角翻。众寡不敌，皆无功。刍粮俱竭，削杮淘粪以饲马，马相啖，尾鬣皆秃，杮，方肺翻，斫木札也。木札已薄，更削之使薄，使马可啖。淘粪者，淘马粪中草筋，复以饲马。饲，祥吏翻。啖，徒滥翻。秃，他谷翻。死则将士分食之，援兵竟不至。张敬达性刚，时谓之“张生铁”，欧史曰：张敬达小字生铁。杨光远、安审琦劝敬达降于契丹，敬达曰："吾受明宗及今上厚恩，欧史：张敬达，明宗时为河东马步军都指挥使，领钦州刺史，屡迁彰国、大同节度使，徙镇武信、晋昌，故敬达自谓受厚恩也。然明宗置武信军于遂州，寻为孟知祥所陷，张敬达未尝往镇。晋得中国，始改长安为晋昌军，欧亦考之未详也。通鉴前书敬达自建雄节度代敬瑭；建雄军晋州也，欧史误以为晋昌耳。又不知武信缘何而误。降，户江翻。为元帅而败军，其罪已大，况降敌乎！今援兵旦暮至，且当俟之。必若力尽势穷，则诸军斩我首，军，当作君。携之出降，自求多福，未为晚也。"史言张敬达之志节。光远目审琦欲杀敬达，审琦未忍。高行周知光远欲图敬达，常引壮骑尾而卫之，敬达不知其故，谓人曰："行周每踵余后，何意也？"行周乃不敢随之。诸将每旦集于招讨使营，甲子，高行周、符彦卿未至，光远乘其无备，斩敬达首，帅诸将上表降于契丹。帅，读曰率。契丹主素闻诸将名，皆慰劳，劳，力到翻；下诏劳同。赐以裘帽，因戏之曰："汝辈亦大恶汉，北人谓南人为"汉"。大恶，犹今人谓桀烈者为得人憎也。王昭远所谓"恶小儿"亦此意。不用盐酪啖战马万匹！"光远等大惭。契丹主嘉张敬达之忠，命收葬而祭之，谓其下及晋诸将曰："汝曹为人臣，当效敬达也。"时晋安寨马犹近五千，近，其靳翻。铠仗五万，契丹悉取以归其国，悉以唐之将卒授帝，语之曰："勉事而主。"语，牛倨翻。而，汝也。马军都指挥使康思立愤惋而死。惋，乌贯翻。

帝以晋安已降，遣使谕诸州，代州刺史张朗斩其使；吕琦奉唐主诏劳北军，北军，谓雁门以北诸州固守之军。至忻州，遇晋使，亦斩之，谓刺史丁审琦曰："虏过城下而不顾，其心可见，还日必无全理，不若早帅兵民自五台奔镇州。"自五台县东南至镇州三百六十里，即取飞狐路也。帅，读曰率；下同。将行，审琦悔之，闭牙城不从。州兵欲攻之，琦曰："家国如此，何为复相屠灭！"复，扶又翻。乃帅州兵趣镇州，州兵，忻州兵也。趣，七喻翻。审琦遂降契丹。

36 契丹主谓帝曰："桑维翰尽忠于汝，宜以为相。"丙寅，以赵莹为门下侍郎，桑维翰为中书侍郎，并同平章事；维翰仍权知枢密使事。以杨光远为侍卫马步军都指挥使，以杨光远杀张敬达以晋安寨降，故擢用之。以刘知远为保义节度使、侍卫马步军都虞候。

37 帝与契丹主将引兵而南，欲留一子守河东，咨于契丹主，谋事为咨。今北人以咨为重，自行台、行省移文书于内台、内省，率谓之咨。契丹主令帝尽出诸子，自择之。帝兄子重贵，父敬儒早卒，帝养以为子，貌类帝而短小，契丹主指之曰："此大目者可也。"乃以重贵为北京留守、契丹主知重贵之可，异日景延广果立之。然所谓可者，言于帝诸子中为可耳，契丹主固窥之矣。太原尹、河东节度使。以留守为尹为帅，循唐之旧制也。契丹以其将高谟翰为前锋，与降卒偕进。降卒，唐晋安寨之兵也。丁卯，至团柏，与唐兵战，赵德钧、赵延寿先遁，符彦饶、张彦琦、刘延朗、刘在明继之，士卒大溃，相腾践死者万计。

己巳，延朗、在明至怀州，唐主始知帝即位、杨光远降。众议以"天雄军府尚完，契丹必惮山东，未敢南下，天雄军在太行山之东。车驾宜幸魏州。"唐主以李崧素与范延光善，时范延光镇魏州。召崧谋之。薛文遇不知而继至，李崧、薛文遇同在直，文遇不知独召崧，以为并召也，故继崧而至。唐主怒，变色；崧蹑文遇足，蹑，尼辄翻。文遇乃去。唐主曰："我见此物肉颤，颤，之贱翻。肉寒动为颤。适几欲抽佩刀刺之。"几，居希翻。刺，七亦翻。崧曰："文遇小人，浅谋误国，刺之益丑。"唐主得薛文遇于起事之初，及即位，使之豫谋议，沮李崧等和契丹之计，及赞唐主移镇天平，皆文遇为之也，今事败而归咎焉。崧因劝唐主南还，还，从宣翻，又如字。唐主从之。

洛阳闻北军败，北军，谓赵德钧、符彦饶等屯团柏之兵。众心大震，居人四出，逃窜山谷。门者请禁之，门者，洛城守关者也。河南尹雍王重美曰："国家多难，难，乃旦翻。未能为百姓主，又禁其求生，徒增恶名耳；不若听其自便，事宁自还。"乃出令任从所适，众心差安。还，从宣翻。重美之识度，盖亦异乎肩常，卒之父子俱死。自古以来，负才识而不得展，以死于多难者多矣。

壬申，唐主还至河阳，命诸将分守南、北城。河阳有南、北、中潬三城，守南北城所以卫河桥。张延朗请幸滑州，庶与魏博声势相接，唐主不能决。

赵德钧、赵延寿南奔潞州，唐败兵稍稍从之，其将时赛帅卢龙轻骑东还渔阳。赛，先代翻。帅，读曰率。渔阳即谓幽州，唐人多言之。安禄山反于幽州，南向京辅，白居易歌之，以为"渔阳鼙鼓动地来"是也。帝先遣昭义节度使高行周还具食，使还潞州，先供顿以待军。至城下，见德钧父子在城上，行周曰："仆与大王乡曲，赵德钧封北平王，故高行周称之为大王。德钧幽州人，行周妫州人，皆燕人也，故云乡曲。敢不忠告！城中无斗粟可守，不若速迎车驾。"甲戌，帝与契丹主至潞州，德钧父子迎谒于高河，契丹主慰谕之，父子拜帝于马首，进曰："别后安否？"帝不顾，亦不与之言。以其欲争为帝，恨之也。契丹主问德钧曰："汝在幽州所置银鞍契丹直何在？"德钧指示之，契丹主命尽杀之于西郊，潞州西郊也。凡三千人。遂琐德钧、延寿，送归其国。琐，与锁同。

德钧见述律太后，悉以所赍宝货并籍其田宅献之，太后问曰："汝近者何为往太原？"德钧曰："奉唐主之命。"太后指天曰："汝从吾儿求为天子，何妄语邪！"言德钧举兵往太原，欲从契丹主求为帝耳，何乃妄言奉唐主之命邪。又自指其心曰："此不可欺也。"又曰："吾儿将行，吾戒之云：赵大王若引兵北向渝关，亟须引归，太原不可救也。汝欲为天子，何不先击退吾儿，徐图亦未晚。徐图，谓徐图为天子也。汝为人臣，既负其主，不能击敌，又欲乘乱邀利，所为如此，何面目复求生乎？”德钧俛首不能对。复，扶又翻。俛，音免。以正义责之，故不能对。又问：“器玩在此，谓德钧所赍以献者也。田宅何在？”德钧曰：“在幽州。”太后曰：“幽州今属谁？”【章：十二行本“谁”下有“德钧”二字；乙十一行本同；张校同。】曰：“属太后。”太后曰：“然则又何献焉？”此即魏王继岌留王宗弼所献，谓“此皆我家物”之意。德钧益惭。自是郁郁不多食，逾年而卒。张砺与延寿俱入契丹，契丹主复以为翰林学士。张砺，唐明宗时为翰林学士。唐主遣砺督赵延寿进军于团柏，由是与延寿俱入契丹，卒以病中国。

帝将发上党，契丹主举酒属帝曰：属，之欲翻。“余远来徇义，今大事已成，我若南向，河南之人必大惊骇；汝宜自引汉兵南下，人必不甚惧。我令太相温将五千骑卫送汝至河梁，按吐蕃、契丹皆有太相。河梁即河阳桥。考异曰：废帝实录作“高谟翰”，范质陷蕃记作“高模翰”，欧阳史作“高牟翰”。盖蕃名太相温，汉名高谟翰。今从晋高祖实录。欲与之渡河者多少随意。余且留此，俟汝音闻，闻，音问。有急则下山救汝；下山，下太行也。若洛阳既定，吾即北返矣。”与帝执手相泣，久之不能别，解白貂裘以衣帝，貂出于北方。黑貂之裘南方犹可致，白貂之裘南方鲜有之。陆佃埤雅曰：貂亦鼠类，缛毛者也。其皮暖于狐貉。衣，于既翻。赠良马二十匹，战马千二百匹，曰：“世世子孙勿相忘。”又曰：“刘知远、赵莹、桑维翰皆创业功臣，无大故，勿弃也。”

初，张敬达既出师，唐主遣左金吾大将军历山高汉筠守晋州。河中府河东县有历山。薛史：高汉筠，齐州历山人。当从之。张敬达以晋州帅出专征太原，故使高汉筠守晋州。敬达死，建雄节度副使田承肇帅众攻汉筠于府署，帅，读曰率。汉筠开门延承肇入，从容谓曰：“仆与公俱受朝寄，从，千容翻。朝，直遥翻；下同。何相迫如此？”承肇曰：“欲奉公为节度使。”汉筠曰：“仆老矣，义不为乱首，死生惟公所处。”处，昌吕翻。承肇目左右欲杀之，军士投刃于地曰：“高金吾累朝宿德，奈何害之！”承肇乃谢曰：“与公戏耳。”听汉筠归洛阳。帝遇诸涂，高汉筠盖自晋州出含口至河阳，而帝自太行南下，故遇诸涂。曰：“朕忧卿为乱兵所伤，今见卿甚喜。”

38 符彦饶、张彦琪至河阳，密言于唐主曰：“今胡兵大下，河水复浅，复，扶又翻。人心已离，此不可守。”己【章：十二行本“己”作“丁”；乙十一行本同；孔本同；张校同。】丑，唐主命河阳节度使苌从简与赵州刺史刘在明守河阳南城，遂断浮梁，断，音短。归洛阳。遣宦者秦继旻、皇城使李彦绅杀昭信节度使李赞华于其第。李赞华，契丹主之兄，故杀之。

39 己卯，帝至河阳，苌从简迎降，舟楫已具。唐主虽断河梁，而苌从简具舟楫以济晋兵。降，户江翻。彰圣军执刘在明以降，彰圣军盖留戍河阳者。帝释之，使复其所。

40 唐主命马军都指挥使宋审虔、步军都指挥使符彦饶、河阳节度使张彦琪、宣徽南院使刘延朗将千馀骑至白马阪行战地，白司马阪也，在洛阳北。史逸“司”字。行，下孟翻。有五十馀骑【章：十二行本“骑”下有“度河”二字；乙十一行本同；孔本同；张校同；退斋校同。】奔于北军。此北军谓晋兵从太原至河阳者也。诸将谓审虔曰：“何地不可战，谁肯立于此？”言人心已离也。乃还。还，从宣翻，又如字。庚辰，唐主又与四将议复向河阳，四将即谓宋审虔等四人。复，扶又翻。而将校皆已飞状迎帝。帝虑唐主西奔，遣契丹千骑扼渑池。渑，弥兖翻。

辛巳，唐主与曹太后、刘皇后、雍王重美及宋审虔等携传国宝登玄武楼自焚。年五十一。宋审虔与唐主起事于凤翔，亲将也，故与之俱死。雍，于用翻。皇后积薪欲烧宫室，此皇后谓唐主刘皇后。重美谏曰：“新天子至，必不露居，他日重劳民力；重劳，直用翻。

死而遗怨，将安用之！”乃止。王淑妃谓太后曰：“事急矣，宜且避匿，以俟姑夫。”太后，曹太后也。姑夫，谓帝也。皇后，曹太后之女，故王淑妃使之避匿以俟帝来。太后曰：“吾子孙妇女一朝至此，子，谓唐主；孙，谓重美；妇，谓刘后；女，谓唐主之女。何忍独生！妹自勉之。”淑妃乃与许王从益匿于球场，获免。

是日晚，帝入洛阳，止于旧第。唐兵皆解甲待罪，帝慰而释之。帝命刘知远部署京城，知远分汉军使还营，馆契丹于天宫寺，馆，古玩翻。城中肃然，无敢犯令。士民避乱窜匿者，数日皆还复业。史言刘知远之才略。

初，帝在河东，为唐朝所忌，中书侍郎、同平章事、判三司张延朗不欲河东多蓄积，凡财赋应留使之外尽收取之，唐制：诸州财赋为三，一上供，输之京师以供上用也；二送使，输送于节度、观察使府；三留州，留为州家用度。其后天下悉裂为藩镇，支郡则仍谓之留州，会府则谓之留使。朝，直遥翻。使，疏吏翻。帝以是恨之。壬午，百官入见，见，贤遍翻。独收延朗付御史台，馀皆谢恩。汉冯衍有言：在人恶其骂我，在我欲其骂人。晋祖初入洛而先收张延朗，不惟示天下以褊，亦非所以劝居官奉职者也。既诛又悔之，则无及矣。

甲申，车驾入宫，大赦：“应中外官吏一切不问，惟贼臣张延朗、刘延皓、刘延朗奸邪贪猥，罪难容贷；中书侍郎·平章事马胤孙、枢密使房暠、宣徽使李专美、河中节度使韩昭胤等，虽居重位，不务诡随，并释罪除名；中外臣僚先归顺者，委中书门下别加任使。”刘延皓匿于龙门，九域志：河南府河南县有龙门镇。数日，自经死。刘延朗将奔南山，洛城之南山即伊阳诸山。捕得，杀之。斩张延朗；既而选三司使，难其人，帝甚悔之。

闽人闻唐主之亡，叹曰：“潞王之罪，天下未之闻也，将如吾君何！”史言闽人怨毒其君。

41 十二月，辛【章：十二行本“辛”作“乙”；乙十一行本同；孔本同；张校同；熊校同。】酉朔，帝如河阳，饯太相温及契丹兵归国。

42 追废唐主为庶人。

43 丁亥，以冯道兼门下侍郎、同平章事。

44 曹州刺史郑阮贪暴，指挥使石重立因乱杀之，因乱者，因中原之乱也。史言贪暴之人不唯难免于治世，亦难免于乱世。族其家。

45 辛卯，以唐中书侍郎姚颢为刑部尚书。

46 初，朔方节度使张希崇为政有威信，民夷爱之，兴屯田以省漕运；在镇五年，求内徙，唐潞王以为静难节度使。难，乃旦翻。帝与契丹修好，恐其复取灵武，契丹既得燕、云，恐其乘势又取灵武。好，呼到翻。复，扶又翻。癸巳，复以希崇为朔方节度使。

47 初，成德节度使董温琪贪暴，积货巨万，以牙内都虞候平山秘琼为腹心。平山县属镇州，本隋所置房山县。唐天宝末，安禄山反，玄宗改鹿泉县为获鹿，房山县为平山。九域志：平山在州西六十五里。温琪与赵德钧俱没于契丹，赵德钧邀董温琪同救晋安，与之俱没。琼尽杀温琪家人，瘗于一坎，而取其货，象有齿而焚其身，贿也。为秘琼为范延光所杀张本。瘗，于计翻。自称留后，表称军乱。

48 同州小校门铎杀节度使杨汉宾，焚掠州城。河南官氏志：后魏改叱门氏为门氏。又有吐门氏改为门氏，又有库门氏改为门氏。校，户教翻。

49 诏赠李赞华燕王，燕，于贤翻。遣使送其丧归国。

50 张朗将其众入朝。帝初起事，张朗守代州，不从。将，即亮翻。

51 庚子，以唐中书侍郎卢文纪为吏部尚书。以皇城使晋阳周瓌为大将军、充三司使；瓌辞曰：“臣自知才不称职，称，尺证翻。宁以避事见弃，犹胜冒宠获辜。”帝许之。

52 帝闻平卢节度使房知温卒，遣天平节度使王建立将兵巡抚青州。以虞变也。将，即亮翻；下同。

53 改兴唐府曰广晋府。后唐改魏州为兴唐府，晋兴，又改为广晋府，以易世而易府名也。

54 安远节度使卢文进闻帝为契丹所立，自以本契丹叛将，卢文进自契丹来奔，见二百七十五卷明宗天成元年。辛丑，弃镇奔吴。九域志：安州东至黄州四百里，东南至鄂州三百六十里。黄、鄂皆吴土也。所过镇戍，召其主将，告之故，皆拜辞而退。

55 徐知诰以镇南节度使·太尉兼中书令李德诚、德胜节度使兼中书令周本位望隆重，欲使之帅众推戴，本曰："我受先王大恩，周本所言先王，谓杨行密也。帅，读曰率。自徐温父子用事，恨不能救杨氏之危，又使我为此，可乎！"其子弘祚强之，强，其两翻。不得已与德诚帅诸将诣江都表吴主，陈知诰功德，请行册命；又诣金陵劝进。宋齐丘谓德诚之子建勋曰："尊公，太祖元勋，吴杨行密庙号太祖。今日扫地矣。"于是吴宫多妖，吴宫，谓江都宫。妖，一遥翻。吴主曰："吴祚其终乎！"左右曰："此乃天意，非人事也。"

56 高丽王建用兵击破新罗、百济，于是东夷诸国皆附之，有二京，六府，九节度，百二十郡。王建得高丽见二百七十一卷梁钧王龙德三年。

邓广铭标点聂崇岐覆校

资治通鉴卷第二百八十一

端明殿学士兼翰林侍读学士太中大夫
提举西京嵩山崇福宫上柱国河内郡开国公 司马光 奉敕编集
食邑二千六百户食实封一千户臣

后学天台 胡三省 音注

后晋纪二 起强圉作噩（丁酉），尽著雍阉茂（戊戌），凡二年。

高祖圣文章武明德孝皇帝上之下

天福二年（丁酉、九三七）

1 春，正月，乙卯，日有食之。考异曰：实录："正月甲寅朔，乙卯日食。"十国纪年："蜀乙卯朔日食。"盖晋人避三朝日食而改历耳。

2 诏以前北面招收指挥使安重荣此以在晋阳围城中所授安重荣军职言也，故曰前。重，直龙翻。为成德节度使，时秘琼自为成德留后，以安重荣代之。以秘琼为齐州防御使。秘，姓也，汉、魏之间有南安秘宜。遣引进使王景崇谕琼以利害。重荣与契丹将赵思温偕如镇州，琼不敢拒命。畏契丹也。丙辰，重荣奏已视事。为安重荣以成德反张本。景崇，邢州人也。

3 契丹以幽州为南京。欧史曰：以幽州为燕京。参考赵思温为留守事，则南京为是。

4 李崧、吕琦逃匿于伊阙民间。帝以始镇河东，崧有力焉，德之；李崧议以帝镇河东，事见二百七十八卷唐明宗长兴三年。亦不责琦。李崧、吕琦建和契丹以制河东之议，见上卷上年三月。乙丑，以琦为秘书监；丙寅，以崧为兵部侍郎、判户部。

5 初，天雄节度使兼中书令范延光微时，有术士张生语之云：语，牛倨翻。“必为将相。”延光既贵，信重之。延光尝梦蛇自脐入腹，以问张生，张生曰：“蛇者龙也，帝王之兆。”延光由是有非望之志。唐潞王素与延光善，及赵德钧败，延光自辽州引兵还魏州，赵德钧败见上卷上年闰十一月。范延光屯辽州见上年十月；其还魏州亦必在闰十一月。虽奉表请降，降，户江翻。内不自安，以书潜结秘琼，欲与之为乱；琼受其书不报，延光恨之。琼将之齐，过魏境，延光欲灭口，且利其货，遣兵邀之于夏津，杀之。为范延光以魏反，复以货为杨光远所杀张本。夏津，古鄃县，唐天宝元年更名夏津，属贝州；宋以夏津属北京，在京东北二百五十里。夏，户雅翻。丁卯，延光奏称夏津捕盗兵误杀琼；帝不问。

6 戊寅，以李崧为中书侍郎、同平章事，充枢密使，桑维翰兼枢密使。时晋新得天下，藩镇多未服从；或虽服从，反仄不安。兵火之馀，府库殚竭，民间困穷，而契丹征求无厌。厌，于盐翻。维翰劝帝推诚弃怨以抚藩镇，卑辞厚礼以奉契丹，训卒缮兵以修武备，务农桑以实仓廪，通商贾以丰货财。数年之间，中国稍安。史言桑维翰有益于石晋草创之初者如此。贾，音古。

7 吴太子琏纳齐王知诰女为妃。琏，力展翻。

知诰始建太庙、社稷，改金陵为江宁府，先是，吴以升州为金陵府，今复更名。牙城曰宫城，厅堂曰殿；以左·右司马宋齐丘、徐玠为左·右丞相，马步判官周宗、内枢判官黟人周廷玉为内枢使。黟，汉县，唐属歙州。九域志：在州西一百五十三里。黟，颜师古音伊，刘昫音翳。自馀百官皆如吴朝之制。朝，直遥翻。置骑兵八军，步兵九军。

8 二月，吴主以卢文进为宣武节度使，宣武军汴州，时属晋，吴以卢文进遥领耳。兼侍中。

9 戊子，吴主使宜阳王璪如西都，吴以金陵为西都见上卷上年。璪，子皓翻。册命齐王；王受册，赦境内。册王妃曰王后。

10 吴越王元瓘之弟顺化节度使、同平章事元珦获罪于元瓘，废为庶人。钱元珦得罪之始见二百七十八卷唐明宗长兴四年。珦，音向。

11 契丹主自上党过云州，大同节度使沙彦珣出迎，契丹主留之，不使还镇。节度判官吴峦在城中，谓其众曰："吾属礼义之俗，安可臣于夷狄乎！"众推峦领州事，闭城不受契丹之命，契丹攻之，不克。应州马军都指挥使金城郭崇威亦耻臣契丹，挺身南归。汉之金城，唐兰州五泉县是也。唐之金城，汉为枝阳县地，凉置广武郡，隋废郡为广武县，唐乾元二年更曰金城，属兰州。按此非兰州之金城，乃应州之金城县也。唐明宗生于代北之金凤城，及即位，以其地置金城县，仍置应州，治焉。郭崇威盖以土人为本镇都将。又匈奴须知云：应州东至幽州八百五十里；金城县东北至朔州八百里。如须知所云，应州与金城县似为两处，南北风马牛不相及，未能审其是，又当从涉其地者问之。挺，拔也。

契丹主过新州，命威塞节度使翟璋敛犒军钱十万缗。初，契丹主阿保机强盛，室韦、奚、霫皆役属焉。翟，直格翻，又徒历翻，姓也。犒，苦到翻。霫，似入翻。奚王去诸苦契丹贪虐，帅其众西徙妫州，帅，读曰率。依刘仁恭父子，号西奚。东奚居琵琶川；西奚徙妫州，依北山而居。去诸卒，子扫剌立。剌，来达翻；下拽剌同。唐庄宗灭刘守光，赐扫剌姓李名绍威。绍威娶契丹逐不鲁之姊。逐不鲁获罪于契丹，奔绍威，绍威纳之；契丹怒，攻之，不克。绍威卒，子拽剌立。拽，户结翻。及契丹主德光自上党北还，还，从宣翻，又如字。拽剌迎降，降，户江翻。时逐不鲁亦卒，契丹主曰："汝诚无罪，扫剌、逐不鲁负我。"皆命发其骨，硙而飏之。硙，五对翻，磨也，今人谓之磨。飏，余章翻。诸奚畏契丹之虐，多逃叛。契丹主劳翟璋曰："当为汝除代，令汝南归。"劳，力到翻。为，于伪翻。己亥，璋表乞征诣阙。既而契丹遣璋将兵讨叛奚、攻云州，有功，留不遣璋，璋郁郁而卒。

张砺自契丹逃归，为追骑所获，契丹主责之曰："何故舍我去？"对曰："臣华人，饮食衣服皆不与此同，生不如死，愿早就戮。"契丹主顾通事高彦英曰："吾常戒汝善遇此人，契丹置通事以主中国人，以知华俗、通华言者为之。宋白曰：契丹主腹心能华言者目曰通事，谓其洞达庶务。何故使之失所而亡去？若失之，安可复得邪！"复，扶又翻。笞彦英而谢砺。砺事契丹主甚忠直，遇事辄言，无所隐避，契丹主甚重之。史言契丹主知重儒者。

12 初，吴越王镠少子元球少，诗照翻。球，思聿翻。考异曰：晋高祖实录、十国纪年作"元球"，今从吴越备史、九国志。数有军功，数，所角翻。镠赐之兵仗。及吴越王元瓘立，元球为土客马步军都指挥使【章：十二行本"使"下有"静江节度使"五字；乙十一行本同；孔本同；张校同。】兼中书令，恃恩骄横，横，户孟翻。增置兵仗至数千，国人多附之。元瓘忌之，使人讽元球请输兵仗，出判温州，元球不从。铜官庙吏告元球遣亲信祷神，求主吴越江山；又为蜡丸从水窦出入，与兄元珦谋议。蜡丸者，蜡弹书也，作书以蜡丸其外。三月，戊午，元瓘遣使者召元球宴宫中，既至，左右称元球有刃坠于怀袖，即格杀之；并杀元珦。元珦被幽见二百七十八卷唐明宗长兴四年。元瓘欲按诸将吏与元珦、元球交通者，其子仁俊谏曰："昔光武克王郎，曹公破袁绍，皆焚其书疏以安反侧，光武事见三十九卷汉更始二年。曹公事见六十四卷献帝建安五年。今宜效之。"元瓘从之。

13 或得唐潞王膂及髀骨献之，庚申，诏以王礼葬于徽陵南。唐闵帝之葬从徽陵，封才数尺，见者悲之。潞王葬于徽陵南，见者莫之悲也，岂非人心之公是非邪！

14 帝遣使诣蜀告即位，且叙姻好；蜀主孟知祥与帝皆后唐之主婿，蜀主娶晋王克用侄女，帝娶明宗女，与蜀后主兄弟行也，故叙姻好。好，呼到翻。蜀主复书，用敌国礼。

15 范延光聚卒缮兵，悉召巡内刺史集魏州，天雄军巡内有贝、博、卫、澶、相五州刺史。将作乱。会帝谋徙都大梁，桑维翰曰："大梁北控燕、赵，南通江、淮，水陆都会，资用富饶。今延光反形已露，大梁距魏不过十驿，唐制，三十里一驿。十驿，三百里。彼若有变，大军寻至，所谓疾雷不及掩耳也。"丙寅，下诏，托以洛阳漕运有阙，东巡汴州。

16 吴徐知诰立子景通为王太子；固辞不受。追尊考忠武王温曰太祖武王，妣明德太妃李氏曰王太后。壬申，更名诰。更，工衡翻。徐知诰去名上"知"字，单名"诰"，示不与徐氏兄弟同也。

17 庚辰，帝发洛阳，留前朔方节度使张从宾为东都巡检使。

18 汉主以疾愈，大赦。

19 交州将皎公羡杀安南节度使杨廷艺而代之。长兴二年杨廷艺得交州，见唐明宗纪。皎，姓也。

20 夏，四月，丙戌，帝至汴州；丁亥，大赦。

21 吴越王元瓘复建国，如同光故事。元瓘之初立，罢建国，事见二百七十八卷唐明宗长兴三年。丙申，赦境内，立其子弘僔为世子。僔，子损翻。以曹仲达、沈崧、皮光业为丞相，镇海节度判官林鼎掌教令。

22 丁酉，加宣武节度使杨光远兼侍中。

23 闽主作紫微宫，饰以水晶，土木之盛倍于宝皇宫。唐明宗长兴二年闽主璘作宝皇宫。又遣使散诣诸州，伺人隐慝。慝，吐得翻。

24 五月，吴徐诰用宋齐丘策，欲结契丹以取中国，遣使以美女、珍玩泛海修好，好，呼到翻。契丹主亦遣使报之。

25 丙辰，敕权署汴州牙城曰大宁宫。时御史台奏："汴州在梁有京都之号，及唐庄宗废为宣武军，至明宗行幸时，掌事者修葺衙城，遂挂梁时宫殿门牌额，当时识者或窃非之。一昨车驾省方，暂居梁苑，衙城内斋阁牌额一如明宗行幸之时，无都号而有殿名，恐非典据。窃寻秦、汉以来，銮舆所至，多立宫名。隋于扬州立江都宫，太原立汾阳宫，岐州立仁寿宫，唐于太原立晋阳宫，同州立长春宫，岐州立九成宫，宫中殿阁，皆题署牌额，以准皇居。请依故事，于汴州衙城门权挂一宫门牌额，则其馀斋阁并可取便为名。”敕：“行阙宜以大宁宫为名。”

26 壬申，进范延光爵临清郡王，以安其意。

27 追尊四代考妣为帝后。按五代会要：高祖璟谥靖祖孝安皇帝，妣秦氏谥元皇后；曾祖郴谥肃祖孝简皇帝，妣安氏谥恭皇后；祖昱谥睿祖孝平皇帝，妣米氏谥献皇后；考绍雍谥献祖孝元皇帝，妣何氏谥懿皇后。若以前史谓皇考名臬捩鸡推之，则四世之名，意皆有司所撰者也。己卯，诏太社所藏唐室罪人首听亲旧收葬。初，武卫上将军娄继英尝事梁均王，为内诸司使，至是，请其首而葬之。唐藏梁均王首于太社见二百七十二卷庄宗同光元年。史为娄继英请而不克葬张本。

28 六月，吴诸道副都统徐景迁卒。

29 范延光素以军府之政委元随左都押牙孙锐，锐恃恩专横，横，户孟翻。符奏有不如意者，对延光手裂之。会延光病经旬，锐密召澶州刺史冯晖，与之合谋逼延光反；澶，时连翻。延光亦思张生之言，张生之言见上正月。遂从之。

甲午，六宅使张言奉使魏州还，言延光反状；义成节度使符彦饶奏延光遣兵渡河，焚草市；时天下兵争，凡民居在城外，率居草屋以成市里，以其价廉功省，猝遇兵火不至甚伤财以害其生也。此草市在滑州城外。诏侍卫马军都指挥使、昭信节度使白奉进将千五百骑屯白马津以备之。白马津在滑州白马县。奉进，云州人也。丁酉，以东都巡检使张从宾为魏府西南面都部署。戊戌，遣侍卫都军使杨光远侍卫都军使，即侍卫诸军都指挥使。将步骑一万屯滑州。己亥，遣护圣都指挥使杜重威将兵屯卫州。五代会要曰：天福六年改奉德两军为护圣左右军。据此，则此时已有护圣军矣。重威，朔州人也，尚帝妹乐平长公主。长，知两翻。范延光以冯晖为都部署，孙锐为兵马都监，将步骑二万循河西抵黎阳口。黎阳在魏州西南，故循河西上而后至。辛丑，杨光远奏引兵逾胡梁渡。此即史思明所济胡良渡也，在滑州北岸澶州界。薛史：天福六年，诏以胡梁渡月城为大通军，浮桥为大通桥。

30 以翰林学士、礼部侍郎和凝为端明殿学士。凝署其门，不通宾客。前耀州团练推官襄邑张谊襄邑县属宋州。九域志：在大梁东南一百七十里。致书于凝，以为"切近之职为天子耳目，宜知四方利病，奈何拒绝宾客！虽安身为便，如负国何！"凝奇之，荐于桑维翰，未几，除左拾遗。几，居岂翻。谊上言："北狄有援立之功，宜外敦信好，好，呼到翻。内谨边备，不可自逸，以启戎心。"帝深然之。

31 契丹攻云州，半岁不能下。吴峦遣使间道奉表求救，帝为之致书契丹主请之，间，古苋翻。陉北诸州皆归契丹，故间道南来。为，于伪翻。契丹主乃命翟璋解围去。帝召峦归，以为武宁节度副使。

32 丁未，以侍卫使杨光远为魏府四面都部署，侍卫使即侍卫都军使，史从省文也。张从宾为副部署兼诸军都虞候，昭义节度使高行周将本军屯相州，为魏府西面都部署。相州在魏州之西，使高行周自潞州将兵屯相州以临范延光。

军士郭威旧隶刘知远，当从杨光远北征，自大梁而征魏州为北征。薛史周纪：郭威初事李继韬；继韬诛，配从马直。晋祖领副侍卫，召置麾下，因而得事汉祖。白知远乞留。人问其故，威曰："杨公有奸诈之才，无英雄之气，得我何用？能用我者其刘公乎！"为郭威为刘知远佐命张本。

33 诏张从宾发河南兵数千人击范延光。河南兵，河南府兵也。张从宾时为洛阳巡检使，故使发之。延光使人诱从宾，诱，音酉。从宾遂与之同反，杀皇子河阳节度使重信，重，直龙翻；下重乂同。使上将军张继祚知河阳留后。继祚，全义之子也。张全义自唐末尹河南，历唐、梁。从宾又引兵入洛阳，杀皇子权东都留守重乂，以东都副留守、都巡检使张延播知河南府事，从军。【章：十二行本“军”作“宾”；乙十一行本同；孔本同。】张从宾虽以张延播知河南府事，不使之在府治事，而使之从军。取内库钱帛以赏部兵；留守判官李遐不与，兵众杀之。从宾引兵扼汜水关，汜水关以县名关，即虎牢关也。详见辩误。将逼汴州。诏奉国都指挥使侯益帅禁兵五千会杜重威讨张从宾；帅，读曰率。又诏宣徽使刘处让自黎阳分兵讨之。时羽檄纵横，从官在大梁者无不恟惧，羽檄纵横，言军书纷委也。从官家属皆留东都，而从驾在汴，根本已拔，故恟惧也。纵，子容翻。从，才用翻。恟，许拱翻。独桑维翰从容指画军事，从，千容翻。神色自若，接对宾客，不改常度，众心差安。史言桑维翰能以整暇镇物。

34 方士言于闽主，云有白龙夜见螺峰；见，贤遍翻。螺，卢戈翻。闽主作白龙寺。时百役繁兴，用度不足，闽主谓吏部侍郎、判三司候官蔡守蒙曰：后汉置东候官县，隋废入闽县，唐复置候官县，属福州。九域志：治州郭下。“闻有司除官皆受赂，有诸？”对曰：“浮议无足信也。”闽主曰：“朕知之久矣，今以委卿，择贤而授，不肖及罔冒者勿拒，罔冒，谓欺罔伪冒而求官者。以事理之所无而欺上，谓之罔；假他人之所有以饰伪，谓之冒。第令纳赂，籍而献之。”守蒙素廉，以为不可；闽主怒，守蒙惧而从之。自是除官但以货多少为差。为蔡守蒙以卖官受诛张本。闽主又以空名堂牒使医工陈究卖官于外，堂牒，即今人所谓省札。空名者，未书所授人名，既卖之得钱而后书填。空，苦贡翻。专务聚敛，无有盈厌。敛，力赡翻。厌，于盐翻，又如字。又诏民有隐年者杖背，隐口者死，逃亡者族。果菜鸡豚，皆重征之。

35 秋，七月，张从宾攻汜水，杀巡检使宋廷浩。帝戎服，严轻骑，将奔晋阳以避之。桑维翰叩头苦谏曰：“贼锋虽盛，势不能久，请少待之，不可轻动。”帝乃止。史言桑维翰有胆略，晋朝倚以为社稷之固。少，诗沼翻。

36 范延光遣使以蜡丸招诱失职者，右武卫上将军娄继英、右卫大将军尹晖在大梁，温韬之子延浚、延沼、延衮居许州，皆应之。尹晖举军降潞王以得节镇，今居环卫，则为散官。温韬自唐明宗时受诛，其诸子废弃；而娄继英子妇温延沼女也，继英亦居冗散，故皆应延光。延光令延浚兄弟取许州，聚徒已及千人。继英、晖事泄，皆出走。壬子，敕以延光奸谋，诬污忠良，自今获延光谍人，赏获者，杀谍人，污，乌故翻。谍，达协翻。禁【章：十二行本“禁”作“焚”；张校同。】蜡书，勿以闻。不欲知所招诱主名，所以安反侧也。晖将奔吴，为人所杀。继英奔许州，依温氏。忠武节度使苌从简盛为之备，延浚等不得发，欲杀继英以自明，延沼止之，遂同奔张从宾。继英知其谋，劝从宾执三温，皆斩之。

37 白奉进在滑州，是年六月遣白奉进屯白马。白马，滑州治所也。军士有夜掠者，捕之，获五人，其三隶奉进，其二隶符彦饶，奉进皆斩之；彦饶以其不先白己，甚怒。明日，奉进从数骑诣彦饶谢，彦饶曰：“军中各有部分，分，扶问翻。奈何取滑州军士并斩之，殊无客主之义乎！”符彦饶自以镇滑州为主，白奉进屯滑州为客。奉进曰：“军士犯法，何有彼我！仆已引咎谢公，而公怒不解，岂非欲与延光同反邪！”拂衣而起，彦饶不留；帐下甲士大噪，擒奉进，杀之。从骑走出，大呼于外，诸军争擐甲操兵，喧噪不可禁止。从，才用翻。呼，火故翻。擐，音宦。操，七刀翻。奉国左厢都指挥使马万惶惑不知所为，帅步兵欲从乱，遇右厢都指挥使卢顺密帅部兵出营，帅，读曰率。厉声谓万曰：“符公擅杀白公，必与魏城通谋。此去行宫才二百里，魏城，谓魏州城也。时范延光据魏州反。九域志：滑州南至大梁二百里。时帝在大梁。吾辈及军士家属皆在大梁，奈何不思报国，乃欲助乱，自求族灭乎！今日当共擒符公，送天子，立大功。军士从命者赏，违命者诛，勿复疑也！”复，扶又翻。万所部兵尚有呼跃者，呼，火故翻。顺密杀数人，众莫敢动。万不得已从之，与奉国都虞候方太等共攻牙城，执彦饶，令太部送大梁。甲寅，敕斩彦饶于班荆馆，左传，楚伍举与声子相善，伍举出奔，声子遇于郑郊，班荆相与食而言。杜预注曰：班，布也；布荆坐地共议。以“班荆”名馆，取诸此也。此馆必在汴州郊外。其兄弟皆不问。按符存审诸子皆有材气，而彦卿又为一时名将。彦饶不能驭下，仓猝成乱，兄弟初不通谋，罪不相及，古法也。

杨光远自白皋引兵趣滑州，趣，七喻翻。士卒闻滑州乱，欲推光远为主。光远曰：“天子岂汝辈贩弄之物！晋阳之降出于穷迫，谓在晋安寨杀张敬达而降也，事见上卷上年。降，户江翻。今若改图，真反贼也。”其下乃不敢言。时魏、孟、滑三镇继叛，魏，范延光。孟，张从宾。滑，符彦饶。人情大震，帝问计于刘知远，对曰：“帝者之兴，自有天命。陛下昔在晋阳，粮不支五日，俄成大业。今天下已定，内有劲兵，北结强虏，强虏，谓契丹。鼠辈何能为乎！愿陛下抚将相以恩，臣请戢士卒以威；戢，则立翻。恩威兼著，京邑自安，本根深固，则枝叶不伤矣。”知远乃严设科禁，科，条也。宿卫诸军无敢犯者。有军士盗纸钱一幞，幞，逢玉翻，释云帊也。主者擒之，主者，纸钱之主也。左右请释之，知远曰：“吾诛其情，不计其直。”竟杀之。唐法，治盗计赃定罪。刘知远严刑以威众，欲镇服其心以折乱萌，非可常行于平世也。由是众皆畏服。

乙卯，以杨光远为魏府行营都招讨使、兼知行府事，以昭义节度使高行周为河南尹、东京留守，“京”，当作“都”。以杜重威为昭义节度使、充侍卫马军都指挥使，以侯益为河阳节度使。侯益与杜重威同讨张从宾，就命镇河阳。帝以滑州奏事皆马万为首，擢万为义成节度使。就以滑帅赏马万。晋、汉之间，有白再荣因乱而帅成德，马万之类也。丙辰，以卢顺密为果州团练使，果州时属蜀，命卢顺密遥领团练使。方太为赵州刺史；既而知皆顺密之功也，更以顺密为昭义留后。更，工衡翻。时杜重威领昭义节以讨张从宾，故以卢顺密为留后。

冯晖、孙锐引兵至六明镇，六明镇在胡梁渡北。光远引之渡河，半渡而击之，晖、锐众大败，多溺死，斩首三千级，晖、锐走还魏。

杜重威、侯益引兵至汜水，遇张从宾众万馀人，与战，俘斩殆尽，遂克汜水。从宾走，乘马渡河，溺死；溺，奴狄翻。获其党张延播、继祚、娄继英，送大梁，斩之，灭其族。符彦饶、张从宾等皆死，冯晖、孙锐又败，范延光之势孤且衄矣。史馆修撰李涛上言，张全义有再造洛邑之功，事见二百五十七卷唐僖宗光启三年。乞免其族，乃止诛继祚妻子。涛，回之族曾孙也。李回，唐武宗会昌中为相。

38 诏东都留守司百官悉赴行在。张从宾既平，然后洛都留司百官得赴行在，自是遂定都大梁。

39 杨光远奏知博州张晖举城降。博州，范延光巡属也。

40 安州威和指挥使王晖五代会要：唐有威和、拱宸内直军，晋天福六年改为兴顺左、右军。闻范延光作乱，杀安远节度使周瓌，瓌，古回翻。自领军府，欲俟延光胜则附之，败则渡江奔吴。帝遣右领军上将军李金全将千骑如安州巡检，许赦王晖为唐州刺史。

41 范延光知事不济，归罪于孙锐而族之，孙锐劝范延光反见上六年。遣使奉表待罪。戊寅，杨光远以闻，帝不许。

42 吴同平章事王令谋如金陵劝徐诰受禅，诰让不受。

43 山南东道节度使安从进恐王晖奔吴，遣行军司马张朏将兵会复州兵于要路邀之。朏，敷尾翻。邀其自复州而奔吴鄂州之路也。晖大掠安州，将奔吴，部将胡进杀之。八月，癸巳，以状闻。

李金全至安州，将士之预于乱者数百人，金全说谕，悉遣诣阙，说，式芮翻。既而闻指挥使武彦和等数十人挟贿甚多，伏兵于野，执而斩之。彦和且死，呼曰：呼，火故翻。“王晖首恶，天子犹赦之；我辈胁从，何罪乎！”帝虽知金全之情，掩而不问。

44 吴历阳公濛知吴将亡，甲子，【章：十二行本“子”作“午”；乙十一行本同，张校同。】杀守卫军使王宏；宏子勒兵攻濛，濛射杀之。濛被囚见二百七十九卷唐潞王清泰元年。射，而亦翻。以德胜节度使周本吴之勋旧，引二骑诣庐州，欲依之。九域志：和州西至庐州五百三十里。本闻濛至，将见之，其子弘祚固谏，本怒曰：“我家郎君来，何为不使我见！”弘祚合扉不听本出，门辟则两扉开，门阖则两扉合。使人执濛于外，送江都。徐诰遣使称诏杀濛于采石，迎而杀之，不使得至江都。追废为悖逆庶人，绝属籍。绝杨氏属籍。悖，蒲内翻，又蒲没翻。侍卫军使郭悰杀濛妻子于和州，诰归罪于悰，贬池州。悰，徂宗翻。

45 乙巳，赦张从宾、符彦饶、王晖之党，未伏诛者皆不问。

梁、唐以来，士民奉使及俘掠在契丹者，悉遣使赎还其家。

46 吴司徒、门下侍郎、同平章事、内枢使、忠武节度使王令谋忠武军许州，时属晋，吴以王令谋遥领节镇耳。老病无齿，或劝之致仕，令谋曰：“齐王大事未毕，吾何敢自安！”疾亟，亟，纪力翻。力劝徐诰受禅。是月，吴主下诏，禅位于齐。李德诚复诣金陵帅百官劝进，宋齐丘不署表。宋齐丘以受禅之议不自己发，而为周宗等所先，遂坚持异议，欲以为名。复，扶又翻。帅，读曰率。九月，癸丑，令谋卒。王令谋所见诚不可与王琨同日语也。

47 甲寅，以李金全为安远节度使。为李金全外叛张本。

48 娄继英未及葬梁均王而诛死，娄继英求葬梁均王，见上五月。诏梁故臣右卫上将军安崇阮与王故妃郭氏葬之。

49 丙寅，吴主命江夏王璘奉玺绶于齐。杨行密据有江、淮，传渥、隆演，至溥而亡。璘，离珍翻。玺，斯氏翻。绶，音受。冬，十月，甲申，齐王诰即皇帝位于金陵，大赦，改元升元，国号唐。徐诰自以本李氏之子，既举大号，欲纂唐绪，故改国号为唐。为复李姓张本。追尊太祖武王曰武皇帝。犹不敢忘徐温而追尊之。其后立李氏宗庙，遂以徐温为义祖。乙酉，遣右丞相玠玠，徐玠也。奉册诣吴主，称受禅老臣诰谨拜稽首上皇帝尊号曰高尚思玄弘古让皇，宫室、乘舆、服御皆如故，宗庙、正朔、徽章、服色悉从吴制。乘，绳证翻。丁亥，立徐知证为江王，徐知谔为饶王。知证、知谔皆徐温之子，于诰为弟。以吴太子琏领平卢节度使、兼中书令，封弘农公。

唐主宴群臣于天泉阁，天泉阁，盖因晋、宋时之天泉池故地起阁，因以为名。李德诚曰："陛下应天顺人，惟宋齐丘不乐。"乐，音洛。因出齐丘止德诚劝进书，考异曰：十国纪年云遗宗信书，令宗信讽止德诚劝进，而不云宗信何人。今但云止德诚劝进书。唐主执书不视，曰："子嵩三十年旧交，必不相负。"齐丘顿首谢。子嵩，宋齐丘字也。通鉴，梁太祖乾化二年书齐丘谒知诰，署升州推官，至是年二十六年；今曰三十年旧交，盖乾化二年署推官，而谒知诰又在乾化二年之前也。

己丑，唐主表让皇改东都宫殿名，皆取于仙经。唐都金陵，以江都为东都。让皇常服羽衣，习辟谷术。辛卯，吴宗室建安王珙等十二人皆降爵为公，而加官增邑。降王为公，所以示易姓；加官增邑，所以慰其心。珙，居勇翻。丙申，以吴同平章事张延翰及门下侍郎张居咏、中书侍郎李建勋并同平章事。让皇以唐主上表，致书辞之；唐主表谢而不改。

丁酉，加宋齐丘大司徒。齐丘虽为左丞相，不预政事，心愠怼，愠，于运翻。怼，直类翻。闻制词云"布衣之交"，抗声曰：

"臣为布衣时，陛下为刺史；唐主为升州刺史，见二百六十六卷梁太祖乾化二年。今日为天子，可以不用老臣矣。"还家请罪，唐主手诏谢之，亦不改命。久之，齐丘不知所出，乃更上书请迁让皇于他州，及斥远吴太子琏，绝其婚；唐主不从。远，于愿翻。宋齐丘之心迹至是毕露。吾观唐主之心，岂特疏之而已，盖恶而欲远之不能也。

乙巳，立王后宋氏为皇后。戊申，以诸道都统、判元帅府事景通为诸道副元帅、判六军诸卫事、太尉、尚书令、吴王。

50 闽主命其弟威武节度使继恭上表告嗣位于晋，且请置邸于都下。闽与中国绝见二百七十七卷唐明宗长兴三年。

51 十一月，乙卯，唐吴王景通更名璟。更，工衡翻。璟，俱永翻。

唐主赐杨琏妃号永兴公主；妃闻人呼公主则流涕而辞。汉之孝平后、周之天元后与夫吴杨琏之妃，盖异世而同辙也。宋白曰：永兴县本汉鄂县地，陈置永兴县，唐属鄂州。

戊午，唐主立其子景遂为吉王，景达为寿阳公；以景遂为侍中、东都留守、江都尹，帅留司百官赴东都。南唐仿盛唐两都之制建东、西都，置留台百司于江都。帅，读曰率。

52 戊辰，诏加吴越王元瓘天下兵马副元帅，进封吴越国王。考异曰：实录："天福二年十一月，加元瓘副元帅、国王，程逊等为加恩使。四年十月丙午，以程逊没于海，废朝，赠官。"程逊传云："天福三年秋使吴越，使回溺死。"元瓘传云："天福三年封吴越国王。"盖二年冬制下，逊等以三年至杭州，不知溺死在何年，而晋朝以四年十月始闻之也。吴越备史："天福二年四月敕遣程逊等授王副元帅、国王。甲午，王即位，用建国之仪，如同光故事。是岁程逊还京，溺于海。"按元瓘初立，称镠遗命，止用藩镇礼，明年明宗封吴王，应顺初闵帝封吴越王，故以天福三年即王位，而备史以为授元帅、国王然后即位，误矣。

53 安远节度使李金全以亲吏胡汉筠为中门使，军府事一以委之。汉筠贪猾残忍，聚敛无厌。敛，力赡翻。厌，于盐翻。帝闻之，以廉吏贾仁沼代之，考异曰：薛史，“仁沼”作“仁绍”，今从实录。且召汉筠，欲授以他职，庶保全功臣。汉筠大惧，始劝金全以异谋。乙亥，金全表汉筠病，未任行。任，音壬。金全故人庞令图屡谏曰：“仁沼忠义之士，以代汉筠，所益多矣。”汉筠夜遣壮士逾垣灭令图之族，又毒仁沼，舌烂而卒。汉筠与推官张纬相结，以谄惑金全，金全爱之弥笃。李金全叛奔南唐之计自是定矣。

十二月，戊申，蜀大赦，改明年元曰明德。

54 诏加马希范江南诸道都统，制置武平、静江等军事。

55 是岁，契丹改元会同，国号大辽，公卿庶官皆仿中国，参用中国人，以赵延寿为枢密使，寻兼政事令。为辽人用赵延寿以图晋张本。

三年（戊戌、九三八）

1 春，正月，己酉，日有食之。

2 唐德胜节度使兼中书令西平恭烈王周本以不能存吴，愧恨而卒。周本虽不能存吴，然其过李德诚远矣。

3 丙寅，唐以侍中吉王景遂参判尚书都省。

4 蜀主以武信节度使、同平章事张业为左仆射兼中书侍郎、同平章事、枢密使，武泰节度使王处回兼武信节度使、同平章事。黔，边于诸蛮；遂，蜀之内地也。以此为进律。

5 二月，庚辰，左散骑常侍张允上驳赦论，驳，北角翻。以为：“帝王遇天灾多肆赦，谓之修德。借有二人坐狱遇赦，则曲者幸免，直者衔冤，冤气升闻，闻，音问。乃所以致灾，非所以弭灾也。”诏褒之。帝乐闻谠言，乐，音洛。谠，音党。诏百官各上封事，命吏部尚书梁文矩等十人置详定院以考之，无取者留中，可者行之。数月，应诏者无十人，乙未，复降御札趣之。复，扶又翻。趣，读曰促。

6 三月，丁丑，敕禁民作铜器。初，唐世天下铸钱有三十六冶，此谓后唐之世也。若盛唐之世，天下铜冶九十有馀所。丧乱以来，丧，息浪翻。皆废绝，钱日益耗，民多销钱为铜器，故禁之。

7 中书舍人李详上疏，以为“十年以来，赦令屡降，诸道职掌皆许推恩，而藩方荐论动逾数百，乃至藏典、书吏、优伶、奴仆，藏典，主帑藏之吏。藏，徂浪翻。初命则至银青阶，被服皆紫袍象笏，被，皮义翻。名器僭滥，贵贱不分。请自今诸道主兵将校之外，节度州听奏朱记大将以上十人，节度州者，节度使所治之州。朱记大将者，不给铜印，给木朱记以为印信。他州止听奏都押牙、都虞候、孔目官，自馀但委本道量迁职名而已。”量，音良。从之。

8 夏，四月，甲申，唐宋齐丘自陈丞相不应不豫政事，唐主答以省署未备。

9 吴让皇固辞旧宫，以既让位于唐，不敢居江都宫。屡请徙居；李德诚等亦亟以为言。亟，去吏翻。五月，戊午，唐主改润州牙城为丹杨宫，以李建勋为迎奉让皇使。

10 杨光远自恃拥重兵，时范延光未平，晋之重兵皆在杨光远之手。颇干预朝政，屡有抗奏，帝常屈意从之。为杨光远请易置执政张本。庚申，以其子承祚为左威卫将军，尚帝女长安公主，次子承信亦拜美官，宠冠当时。冠，古玩翻。为杨光远叛乱张本。

11 壬戌，唐主以左宣威副统军王舆为镇海留后，客省使公孙圭为监军使，亲吏马思让为丹杨宫使，徙让皇居丹杨宫。选用王舆等以防卫故吴主。

宋齐丘复自陈为左右所间，复，扶又翻。间，古苋翻。唐主大怒；齐丘归第，白衣待罪。或曰：“齐丘旧臣，不宜以小过弃之。”唐主曰：“齐丘有才，不识大体。”乃命吴王璟持手诏召之。

六月，壬午，或献毒酒方于唐主，唐主曰："犯吾法者自有常刑，安用此为！"史言唐主斯言得君人之体。群臣争请改府寺州县名有吴及阳者，以吴者杨氏国号，而阳字与杨字同音也。留守判官杨嗣请更姓羊，留守判官，东都留守判官也。徐玠曰："陛下自应天顺人，事非逆取，逆取，本之汉陆贾逆取顺守之言。而谄邪之人专事改更，咸非急务，不可从也。"唐主然之。

12 河南留守高行周奏修洛阳宫。丙戌，左谏议大夫薛融谏曰："今宫室虽经焚毁，犹侈于帝尧之茅茨；唐尧土阶三尺，茅茨不翦。所费虽寡，犹多于汉文之露台。露台事见汉文帝纪。况魏城未下，谓范延光尚据魏州，杨光远攻之未下也。公私困窘，窘，渠陨翻。诚非陛下修宫馆之日；俟海内平宁，营之未晚。"上纳其言，仍赐诏褒之。

13 己丑，金部郎中张铸奏："窃见乡村浮户，浮户，谓未有土著定籍者；言其蓬转萍流，不常厥居，若浮泛于水上然。非不勤稼穑，非不乐安居，乐，音洛。但以种木未盈十年，垦田未及三顷，似成生业，已为县司收供徭役，责之重赋，威以严刑，故不免捐功舍业，更思他适。乞自今民垦田及五顷以上，三年外乃听县司徭役。"从之。

14 秋，七月，中书奏："朝代虽殊，朝，直遥翻。条制无异。请委官取明宗及清泰时敕，详定可久行者编次之。"己酉，诏左谏议大夫薛融等详定。

15 辛酉，敕作受命宝，以"受天明命，惟德允昌"为文。以受命宝为潞王所焚故也。时中书门下奏："准敕制皇帝受命宝，今按贞观十六年太宗文皇帝刻之玄玺，白玉为螭首，其文曰：'皇帝受命，有德者昌。'"敕以"受天明命，惟德允昌"为文。按唐六典：受命宝，天子修封禅、礼神祇则用之。

16 帝【章：十二行本"帝"上有"八月"二字；乙十一行本同；孔本同。】上尊号于契丹主及太后，戊寅，以冯道为太后册礼使，考异曰：周世宗实录冯道传云："虏遣使加徽号于晋祖，晋亦献徽号于虏。始命兵部尚书王权衔其命，权辞以老病。晋祖谓道曰：'此行非卿不可。'道无难色。"按晋高祖实录："天福三年八月戊寅，道为契丹太后册礼使。十月戊寅，北朝命使上帝徽号。戊子，王权以不受北使，停任。"周世宗实录误也。左仆射刘煦为契丹主册礼使，"煦"，本作"昫"。备卤簿、仪仗、车辂，诣契丹行礼；契丹主大悦。帝事契丹甚谨，奉表称臣，谓契丹主为"父皇帝"；每契丹使至，帝于别殿拜受诏敕。岁输金帛三十万之外，三十万乃讲和元约岁输之数。吉凶庆吊，岁时赠遗，玩好珍异，相继于道。遗，唯季翻。好，呼到翻。乃至应天太后、元帅太子、伟王、南、北二王、韩延徽、赵延寿等诸大臣皆有赂；【章：十二行本"赂"下有"遗"字；乙十一行本同；孔本同；张校同。】小不如意，辄来责让，帝常卑辞谢之。应天太后即契丹主母述律氏，应天之号盖帝所上也。晋使者至契丹，契丹骄倨，多不逊语。使者还，以闻，还，从宣翻。朝野咸以为耻，而帝事之曾无倦意，以是终帝之世与契丹无隙。然所输金帛不过数县租赋，往往托以民困，不能满数。其后契丹主屡止帝上表称臣，但令为书称"儿皇帝"，如家人礼。

初，契丹既得幽州，命曰南京，天福元年契丹始得幽州。以唐降将赵思温为留守。思温子延照在晋，帝以为祁州刺史。唐昭宗景福三年，义武节度使王处存奏以定州无极、深泽二县置祁州。思温密令延照言虏情终变，请以幽州内附；帝不许。赵延照后遂入契丹，为契丹用。

17 契丹遣使诣唐，宋齐丘劝唐主厚贿之，俟至淮北，潜遣人杀之，欲以间晋。间，古苋翻。宋齐丘之意，以谓杀契丹使于晋境，则契丹主必谓晋人杀之而诮让晋，此所以间之也。

18 壬午，杨光远奏前澶州刺史冯晖自广晋城中出战，因来降，冯晖自澶州入广晋与范延光同反，见上年六月。言范延光食尽穷困；

己丑，以晖为义成节度使。厚赏冯晖，欲以携范延光之党。

杨光远攻广晋，岁馀不下，杨光远自去年六月攻范延光，七月破冯晖等，始进兵攻广晋；今岁馀矣，而犹不下。唐庄宗即位，改魏州为兴唐府；帝革命，改为广晋。帝以师老民疲，遣内职朱宪入城谕范延光，内职，盖宦者也。许移大藩，曰："若降而杀汝，白日在上，吾无以享国。"延光谓节度副使李式曰："主上重信，云不死则不死矣。"乃撤守备，然犹迁延未决。宣徽南院使刘处让复入谕之，处，昌吕翻；下同。复，扶又翻。延光意乃决。九月，乙巳朔，杨光远送延光二子守图、守英诣大梁。己酉，延光遣牙将奉表待罪。壬子，诏书至广晋，延光帅其众素服于牙门，使者宣诏释之。帅，读曰率。朱宪，汴州人也。

19 契丹遣使如洛阳，取赵延寿妻唐燕国长公主以归。赵延寿妻，唐明宗女也。延寿入契丹，其妻留洛，今延寿在北用事，故来取之。长，知两翻。

20 壬戌，唐太府卿赵可封请唐主复姓李，立唐宗庙。

21 庚午，【严："庚午"改"己巳"。】杨光远表乞入朝；命刘处让权知天雄军府事。杨光远之讨范延光也，制令兼知天雄军行府事，延光既降而光远请入朝。时刘处让奉诏入魏谕降延光，因使之权知军府。己巳，【严："己巳"改"庚午"。】制以范延光为天平节度使，仍赐铁券，赐铁券者，恕其死而明之以信誓。应广晋城中将吏军民今日以前罪皆释不问；今日，谓制书到魏州之日也。其张从宾、符彦饶馀党及自官军逃叛入城者，亦释之。延光腹心将佐李式、孙汉威、薛霸皆除防御、团练使、刺史，牙兵皆升为侍卫亲军。

初，河阳行军司马李彦珣，邢州人也，父母在乡里，未尝供馈。后与张从宾同反，从宾败，奔广晋，去年六月张从宾反，逾月而败。范延光以为步军都监，使登城拒守。杨光远访获其母，置城下以招之，彦珣引弓射杀其母。射，而亦翻。延光既降，帝以彦珣为坊州刺史。近臣言彦珣杀母，杀母恶逆不可赦；律有十恶，杀父母者恶逆，恩赦之所不原。帝曰："赦令已行，不可改也。"乃遣之官。

臣光曰：治国家者固不可无信。治，直之翻。然彦珣之恶，三灵所不容，三灵，谓天神、地祇、人鬼。晋高祖赦其叛君之愆，治其杀母之罪，何损于信哉！

22 辛未，以杨光远为天雄节度使。

23 冬，十月，戊寅，契丹遣使奉宝册，加帝尊号曰英武明义皇帝。

24 帝以大梁舟车所会，便于漕运，丙辰，建东京于汴州，自此历汉、周至宋，皆都于汴。梁建东都于汴州，以汴州为开封府。开平三年，割滑州之酸枣、长垣，郑州之中牟、阳武，宋州之襄邑，曹州之戴邑，许州之扶沟、鄢陵，陈州之太康九县，并隶开封府。唐同光二年诏以阳武、匡城、扶沟、考城四县属汴州，馀还故属。匡城即长垣。天成元年扶沟复隶许州。至是，诏汴州宜升东京，仍升开封、浚仪两县为赤县，其馀为畿县。应旧置开封府所管属县并依旧割属收管，亦升为畿县。复以汴州为开封府，以东都为西京，以西都为晋昌军节度。唐以长安为西都，以洛阳为东都。梁始都汴，以汴州为东京，洛阳为西京，而以长安为节镇。后唐灭梁，复唐两都之旧，而以汴州为节镇。晋今复于汴州建东京开封府，以洛阳之东都为西京，以长安之西都为晋昌军。

25 帝遣兵部尚书王权使契丹谢尊号，权自以累世将相，耻之，王权，唐左仆射起之曾孙，父荛官至右司郎中。起之先世播，相唐文宗。薛史：王起官至左仆射、山南西道节度使，册赠太尉。谓人曰："吾老矣，安能向穹庐屈膝！"乃辞以老疾。帝怒，戊子，权坐停官。

26 初，郭崇韬既死，郭崇韬死见二百七十四卷唐明宗天成元年。宰相罕有兼枢密使者。帝即位，桑维翰、李崧兼之，宣徽使刘处让及宦官皆不悦。杨光远围广晋，处让数以军事衔命往来，光远奏请多逾分，数，所角翻。分，扶问翻。帝常依违，维翰独以法裁折之。依违者，谓若依若违，无可否一定之说。折，之舌翻。光远对处让有不平语，处让曰："是皆执政之意。"光远由是怨执政。范延光降，光远密表论执政过失；光远既平范延光，挟功邀上，以斥执政。帝知其故而不得已，加维翰兵部尚书，崧工部尚书，皆罢其枢密使；考异曰：窦贞固晋少帝实录及薛史刘处让传云："杨光远入朝，遂于高祖前面言执政之失；乃罢维翰等枢密使，以处让为之。"杨光远传云："范延光降，光远面奏维翰擅权；高祖以光远方有功于国，乃出维翰领安阳，光远为西京留守。"今按晋高祖实录，天福三年十月壬辰，维翰、崧罢枢密使。庚子，光远始入朝，对于便殿；十一月戊申，光远为西京留守。天福四年闰七月壬申，维翰出为相州节度使。盖处让、光远传之误。晋少帝实录及薛史桑维翰传叙光远镇洛阳后疏维翰出相州，是也。以处让为枢密使。

27 太常奏："今建东京，而宗庙、社稷皆在西京，请迁置大梁。"敕旨："且仍旧。"

28 戊戌，大赦。

29 杨延艺故将吴权自爱州举兵攻皎公羡于交州，"延艺"当作"廷艺"。皎公羡杀杨廷艺见本卷上年。刘昫曰：爱州东至小黄江口四百六十里入交州界。羡遣使以赂求救于汉；以下文考之，"羡"上当有"公"字。【章：乙十一行本正有"公"字。】汉主欲乘其乱而取之，以其子万王弘操为静海节度使，徙封交王，言将以交州为弘操封略。将兵救公羡，汉主自将屯于海门，为之声援。汉主问策于崇文使萧益，益曰："今霖雨积旬，海道险远，吴权桀黠，未可轻也。大军当持重，多用乡导，然后可进。"黠，下八翻。乡，读曰向。不听。命弘操帅战舰自白藤江趣交州。白藤江当在峰州界，自此进至花步，抵峰州。帅，读曰率。趣，七喻翻。权已杀公羡，据交州，引兵逆战，先于海口多植大杙，锐其首，冒之以铁，杙，与职翻，橛也。遣轻舟乘潮挑战而伪遁，【章：十二行本"遁"下有"弘操逐之"四字；乙十一行本同；孔本同。】挑，徒了翻。须臾潮落，汉舰皆碍铁杙不得返，舰，户黯翻。汉兵大败，士卒覆溺者太半；弘操死，汉主恸哭，收馀众而还。还，从宣翻，又如字。先是，著作佐郎侯融劝汉主弭兵息民，至是以兵不振，追咎融，剖棺暴其尸。益，仿之孙也。先，悉荐翻。萧仿相唐懿宗。

30 楚顺贤夫人彭氏卒。彭夫人貌陋而治家有法，治，直之翻。楚王希范惮之；既卒，希范始纵声色，为长夜之饮，内外无别。别，彼列翻。有商人妻美，希范杀其夫而夺之，妻誓不辱，自经死。史以妇人能守节，书其事而失其姓氏，而马希范之淫暴不可揜矣。

31 河决郓州。郓，音运。

32 十一月，范延光自郓州入朝。范延光降，自魏徙郓，今自郓州入朝。

33 丙午，以闽主昶为闽国王，书闽主者，表其已窃大号；书以为国王者，晋命也。以左散骑常侍卢损为册礼使，赐昶赭袍。赭袍，天子所服，赐之是许之窃号也。戊申，以威武节度使王继恭为临海郡王。闽主闻之，遣进奏官林恩白执政，以既袭帝号，辞册命及使者。闽谏议大夫黄讽以闽主淫暴，与妻子辞诀入谏，闽主欲杖之，讽曰："臣若迷国不忠，死亦无怨；直谏被杖，臣不受也。"闽主怒，黜为民。

34 帝患天雄节度使杨光远跋扈难制，桑维翰请分天雄之众，加光远太尉、西京留守兼河阳节度使。光远由是怨望，密以赂自诉于契丹，养部曲千馀人，常蓄异志。杨光远虽蓄异志，而帝与契丹无间，则无从而发也。至出帝与契丹构隙，则引契丹为援而速祸矣。

辛亥，建邺都于广晋府；唐庄宗之初即位也，建东京于魏州，以魏州为兴唐府，后改为邺都，明宗天成四年废。晋受命，以魏州为广晋府，今复建邺都。置彰德军于相州，以澶、卫隶之；彰德军，梁贞明间尝置之矣，张彦之变寻废，今复置之。置永清军于贝州，以博、冀隶之。分天雄之贝、博，成德之冀州为永清军。澶州旧治顿丘，帝虑契丹为后世之患，遣前淄州刺史汲人刘继勋徙澶州跨德胜津，并顿丘徙焉。澶州本治顿丘县，今并州县皆徙治德胜。按九域志之澶州距魏州一百三十里；德胜之澶州，晋人议者以为距魏州一百五十里，有二十里之差。盖自澶州北城抵魏州止一百三十里，若自南城渡河并浮梁，计程则一百五十里也。以河南尹高行周为广晋尹、邺都留守，贝州防御使王廷胤为彰德节度使，右神武统军王周为永清节度使。始升贝州为永清军。廷胤，处存之孙；唐末王处存镇易定。周，邺都人也。

35 范延光屡请致仕，甲寅，诏以太子太师致仕，居于大梁，每预宴会，与群臣无异。

延光之反也，相州刺史掖人王景拒境不从，范延光帅天雄，相州其巡属也。掖，汉县，唐带莱州。相，息亮翻。戊午，以景为耀州团练使。

36 癸亥，敕听公私自铸铜钱，无得杂以铅铁，每十钱重一两，以“天福元宝”为文，仍令盐铁颁下模范。盐铁者，盐铁使司也。下，户嫁翻。惟禁私作铜器。五代会要：时令三京、邺都诸道州府，无问公私，应有铜者并令铸钱，仍以“天福元宝”为文，左环读之，委盐铁铸样颁下诸道。每一钱重二铢四絫，十钱重一两。或虑诸色人接便将铅铁铸造，杂乱铜钱，仍令所属依旧禁断。尚虑逐处铜数不多，宜令诸道应有久废铜冶，许百姓取便开炼，永远为主，官司不取课利。其有生熟铜，仍许所在中卖入官，或任自铸钱行用，不得接便别铸铜器。

37 立左金吾卫上将军重贵为郑王，充开封尹。通鉴封子侄为王多书封，亦或书立，盖因当时史官成文书之，无义例也。

38 癸亥，【章：十二行本作“庚辰”；乙十一行本同；孔本作“庚戌”；张校同孔本。】敕先许公私铸钱，虑铜难得，听轻重从便，但勿令缺漏。许民私铸，已非可久之法，况又听其轻重从便，则民必铸轻，安有铸重者乎，惟患铸之不轻薄耳。轻薄之甚，必至缺漏，此钱安可久行邪！

39 辛丑，【张：“丑”作“未”。】吴让皇卒。年三十八。考异曰：薛史、唐馀录皆云溥禅位逾年以幽卒，欧阳史但云卒。九国志云：“溥能委运授终，不罹篡杀之祸，深于机者也。”十国纪年曰：“辛丑，唐人弑让皇。”事不可明，今但云卒。唐主废朝二十七日，唐主于旧君之卒，依傍汉朝臣为君服以日易月之制为废朝日数。自古以来，易姓之君惟唐主于旧君若加厚者，原心定罪，是犹终兄之臂而夺之食，既夺其食矣，乃引其臂而按摩之，曰：“吾爱吾兄也！”朝，直遥翻。追谥曰睿皇帝。是岁，唐主徙吴王璟为齐王。

40 凤翔节度使李从曮，厚文士而薄武人，爱农民而严士卒，由是将士怨之。会发兵戍西边，既出郊，作乱，突门入城，剽掠于市。突城门而入剽掠也。剽，匹妙翻。从曮发帐下兵击之，乱兵败，东走，欲自诉于朝廷，至华州，镇国节度使【章：十二行本“使”下有“太原”二字；乙十一行本同；孔本同。】张彦泽邀击，尽诛之。

邓广铭标点聂崇岐覆校

资治通鉴卷第二百八十二

端明殿学士兼翰林侍读学士太中大夫
提举西京嵩山崇福宫上柱国河内郡开国公　**司马光**　奉敕编集
食邑二千六百户食实封一千户臣

后学天台　**胡三省**　音注

后晋纪三

起屠维大渊献（己亥），尽重光赤奋若（辛丑），凡三年。

高祖圣文章武明德孝皇帝中

天福四年（己亥、九三九）

1 春，正月，辛亥，以澶州防御使太原张从恩为枢密副使。澶，时连翻。

2 朔方节度使张希崇卒，羌胡寇钞，无复畏惮。钞，楚交翻。复，扶又翻。甲寅，以义成节度使冯晖为朔方节度使。党项酋长拓跋彦超最为强大，酋，慈秋翻。长，知两翻。晖至，彦超入贺，自其部落入灵州城以贺。晖厚遇之，因为于城中治第，为，于伪翻；下主为同。治，直之翻。丰其服玩，留之不遣，封内遂安。质彦超于城中，则党项诸部不敢钞暴于外，故安。

3 唐群臣江王知证等累表请唐主复姓李，立唐宗庙，乙丑，唐主许之。群臣又请上尊号，上，时掌翻。唐主曰："尊号虚美，且非古。"遂不受。其后子孙皆踵其法，不受尊号，又不以外戚辅政，宦者不得预事，皆他国所不及也。

二月，乙亥，改太祖庙号曰义祖。唐主初受禅，尊徐温为太祖；今复姓李，以温为义父，故改庙号为义祖。己卯，唐主为李氏考妣发哀，与皇后斩衰居庐，如初丧礼，朝夕临凡五十四日。衰，仓回翻。临，力鸩翻。初丧之礼，自古无五十四日之制，唐主亦是依傍汉、晋以日易月之制，居父丧、母丧各二十七日，故为五十四日。江王知证、饶王知谔请亦服斩衰；不许。知证、知谔皆徐温子。李建勋之妻广德长公主假衰绖入哭尽礼，【章：十二行本“礼”作“哀”；乙十一行本同；孔本同；张校同。】如父母之丧。李建勋妻，徐温女也；势利所在，非血气之亲而亲。长，知两翻。

辛巳，诏国事委齐王璟详决，惟军旅以闻。庚寅，唐主更名昪。更，工衡翻。昪，皮变翻。

诏百官议二祚合享礼。二祚，徐、李二姓之先也。辛卯，宋齐丘等议以义祖居七室之东。唐主命居高祖于西室，太宗次之，义祖又次之，皆为不祧之主。群臣言：“义祖诸侯，不宜与高祖、太宗同享，请于太庙正殿后别建庙祀之。”帝曰：通鉴既帝晋，此帝字与晋帝浑殽，此亦因江南旧史，失于更定。“吾自幼托身义祖，事见二百六十卷唐昭宗之乾宁二年。向非义祖有功于吴，朕安能启此中兴之业？”群臣乃不敢言。

唐主欲祖吴王恪，或曰：“恪诛死，吴王恪死于唐高宗朝，为房遗爱所诬引，非其罪也。不若祖郑王元懿。”唐主命有司考二王苗裔，以吴王孙祎有功，祎子岘为宰相，玄宗朝信安王祎有边功，岘相肃宗。岘，户典翻。遂祖吴王，云自岘五世至父荣。其名率皆有司所撰。考异曰：周世宗实录及薛史称昪唐玄宗第六子永王璘苗裔，江南录云宪宗第八子建王恪之玄孙。李昊蜀后主实录云：“唐嗣薛王知柔为岭南节度使，卒于官，其子知诰流落江淮，遂为徐温养子。”吴越备史云：“昪本潘氏，湖州安吉人，父为安吉砦将。吴将李神福攻衣锦军，过湖州，虏昪归，为仆隶。徐温尝过神福，爱其谨厚，求为养子。以谶云‘东海鲤鱼飞上天’，昪始事神福，后归温，故冒李氏以应谶。”刘恕以为昪复姓附会祖宗，固非李氏，而吴越与唐人仇敌，亦非实录。昪少孤遭乱，莫知其祖系；昪曾祖超，祖志，乃与义祖之曾祖、祖同名，知其皆附会也。唐主又以历十九帝、三百年，疑十世太少。有司曰：“三十年为世，陛下生于文德，已五十年矣。”文德，唐僖宗末年之号。言唐主之生至是年为五十年。遂从之。

4 卢损至福州，卢损去年十一月奉册使闽，今乃至福州。闽主称疾不见，命弟继恭主之。遣其礼部员外郎郑元弼奉继恭表随损入贡。闽主不礼于损，有士人林省邹私谓损曰：“吾主不事其君，不爱其亲，不恤其民，不敬其神，不睦其邻，不礼其宾，宾谓卢损也。其能久乎！余将僧服而北逃，会相见于上国耳。”时假号偏隅者以中原为上国。以余观之，林省邹亦非善士，有樊若水之志而不得遂其志耳。

5 三月，庚戌，唐主追尊吴王恪为定宗孝静皇帝，自曾祖以下皆追尊庙号及谥。

6 己未，诏归德节度使刘知远、忠武节度使杜重威并加同平章事。知远自以有佐命功，重威起于外戚，无大功，耻与之同制，制，麻制也。黄忠有功，关羽犹耻与之同列；杜重威何如人，刘知远其肯与之同制乎！英雄倔强之气，大抵然也。制下数日，杜门四表辞不受。帝怒，谓赵莹曰：“重威朕之妹夫，知远虽有功，何得坚拒制命！可落军权，刘知远时总宿卫诸军。令归私第。”莹拜请曰：“陛下昔在晋阳，兵不过五千，为唐兵十馀万所攻，事见上卷上年。危于朝露，非知远心如铁石，岂能成大业！奈何以小过弃之！窃恐此语外闻，闻，音问。非所以彰人君之大度也。”帝意乃解，命端明殿学士和凝诣知远第谕旨，知远惶恐，起受命。君降心以抚其臣，则臣亦自悔。驯服勋旧强悍之气，不容不尔。

7 灵州戍将王彦忠据怀远城叛，怀远县属灵州。赵珣聚米图经曰：唐怀远镇在灵州北约一百馀里。宋时西夏强盛，即其地置兴州，其西九十馀里即贺兰山。上遣供奉官齐延祚往招谕之；彦忠降，延祚杀之。降，户江翻。上怒曰："朕践阼以来，未尝失信于人，彦忠已输仗出迎，延祚何得擅杀之！"除延祚名，重杖配流。议者犹以为延祚不应免死。以其杀降失信，继此将无以怀远人也。

8 辛酉，册回鹘可汗仁美为奉化可汗。时回鹘比年遣使朝贡，故册命之。按五代会要：回鹘自唐会昌间为黠戛斯所破，西奔居于甘州，梁乾化元年遣使入贡。至唐同光二年四月，其本国权知可汗仁美遣使入贡，命郑绩、何延嗣持节册仁美为英义可汗。其年十一月，仁美卒，其弟狄银嗣立，遣都督安千等来朝贡。狄银卒，阿咄欲立，亦遣使来贡。天成三年，其权知可汗仁裕遣使入贡。其年三月，命使册仁裕为顺化可汗。晋天福三年，遣使朝贡；四年三月，又遣使来朝，兼贡方物。其月，命卫尉卿邢德昭持节就册为奉化可汗。若据会要，则"仁美"当作"仁裕"。

9 夏，四月，唐江王徐知证等请亦姓李；欲改其本姓从国姓以自亲。不许。

10 辛巳，唐主祀南郊；癸未，大赦。

11 梁太祖以来，军国大政，天子多与崇政、枢密使议，梁与崇政使议，唐与枢密使议。崇政使即枢密使之职也。宰相受成命，行制敕，讲典故，治文事而已。治，直之翻。帝惩唐明宗之世安重诲专横，专横事见唐明宗纪。横，户孟翻。故即位之初，但命桑维翰兼枢密使。及刘处让为枢密使，奏对多不称旨，刘处让攘桑维翰枢密使见上卷上年。称，尺证翻。会处让遭母丧，甲申，废枢密院，以印付中书，院事皆委宰相分判。以副使张从恩为宣徽使，直学士·仓部郎中司徒诩、工部郎中颜衎并罢守本官。郑樵氏族略曰：帝王世纪，舜为尧司徒，支孙氏焉。直学士，枢密直学士也。二人本官，仓部、工部也。衎，苦旱翻。然勋臣近习不知大体，习于故事，每欲复之。史言帝王命相，当悉委以政事，不当置枢密使以分其权。

12 帝以唐之大臣除名在两京者皆贫悴，李专美等除名见上卷元年。悴，秦醉翻。复以李专美为赞善大夫，丙戌，以韩昭胤为兵部尚书，马胤孙为太子宾客，房暠为右骁卫大将军，并致仕。

13 闽主忌其叔父前建州刺史延武、户部尚书延望才名，巫者林兴与延武有怨，托鬼神语云："延武、延望将为变。"闽主不复诘，诘，去吉翻。使兴帅壮士就第杀之，帅，读巨率。并其五子。

闽主用陈守元言，作三清殿于禁中，道家以上清、玉清、太清为三清。以黄金数千斤铸宝皇大帝、天尊、老君像，昼夜作乐，焚香祷祀，求神丹。政无大小，皆林兴传宝皇命决之。

14 戊申，加楚王希范天策上将军，赐印，听开府置官属。梁开平四年已尝加楚王殷天策上将军，今晋复以命其子希范。

15 辛亥，唐徙吉王景遂为寿王，立寿阳公景达为宣城王。

16 乙卯，唐镇海节度使兼中书令梁怀王徐知谔卒。

17 唐人迁让皇之族于泰州，号永宁宫，防卫甚严。泰州本扬州海陵县，吴乾贞中立制置院，南唐升元元年升为泰州。考异曰：十国纪年："唐人迁让皇之族于泰州，号永宁宫，守卫甚严，不敢与国人通婚姻，久而男女自为匹偶。"江表志："让皇子及五岁，遣中使拜官，赐朝服，即日而卒。"按唐烈祖受禅，使让皇居故宫，称臣上表，慕仁厚之名；若恶杨氏则灭之而已，何必如此之迁也！他书皆未之见，不知纪年据何书，今不取。康化节度使兼中书令杨珙称疾，罢归永宁宫。康化军亦吴于统内所置节镇，或南唐置之，其地今无可考。乙丑，以平卢节度使兼中书令杨琏为康化节度使；琏固辞，请终丧，终让皇之丧也。从之。

18 唐主将立齐王璟为太子，固辞；乃以为诸道兵马大元帅、判六军诸卫、守太尉、录尚书事、升·扬二州牧。南唐以升州为西都，扬州为东都，故二州置牧。

19 闽判六军诸卫建王继严得士心，闽主忌之，六月，罢其兵柄，更名继裕；更，工衡翻。以弟继镕【章：十二行本"镕"作"镛"；乙十一行本同；孔本同。】判六军，去诸卫字。去，羌吕翻。

林兴诈觉，流泉州。望气者言宫中有灾，乙未，闽主徙居长春宫。

20 秋，七月，庚子朔，日有食之。

21 成德节度使安重荣出于行伍，行，户刚翻。性粗率，粗，与麤同。恃勇骄暴，每谓人曰："今世天子，兵强马壮则为之耳。"安重荣粗暴一夫耳，使其强梁亦何所至！然其所以强梁者，亦习见当时之事，遂起非望之心耳。府廨有幡竿高数十尺，尝挟弓矢谓左右曰："我能中竿上龙【章：十二行本"龙"下有"首"字；乙十一行本同；孔本同；张校同；退斋校同。】者，必有天命。"一发中之，廨，古隘翻。高，居号翻。中，竹仲翻。以是益自负。

帝之遣重荣代秘琼也，见上卷二年。戒之曰："琼不受代，当别除汝一镇，勿以力取，恐为患滋深。"重荣由是以帝为怯，谓人曰："秘琼匹夫耳，天子尚畏之，况我以将相之重，士马之众乎！"每所奏请多逾分，分，扶问翻。为执政所可否，可者则从之，否者不从也。意愤愤不快，乃聚亡命，市战马，有飞扬之志。帝知之，义武节度使皇甫遇与重荣姻家，甲辰，徙遇为昭义节度使。镇、定接境，恐其合而为变，徙令稍远以离析之。

22 乙巳，闽北宫火，焚宫殿殆尽。

23 戊申，薛融等上所定编敕，行之。三年，令薛融等详定编敕，今始上而行之。上，时掌翻。

24 丙辰，敕："先令天下公私铸钱，见上卷上年。今私钱多用铅锡，小弱缺薄，宜皆禁之，专令官司自铸。"

25 西京留守杨光远疏中书侍郎、同平章事桑维翰迁除不公及营邸肆于两都，与民争利；帝不得已，闰月，壬申，出维翰为彰德节度使兼侍中。

26 初，义武节度使王处直子威，避王都之难，亡在契丹，王都之难，谓囚处直也，见二百七十一卷梁均王龙德元年。难，乃旦翻。至是，义武缺帅，皇甫遇徙潞，故义武缺帅。帅，所类翻。契丹主遣使来言，“请使威袭父土地，如我朝之法。”我朝，契丹自谓也。朝，直遥翻。帝辞以“中国之法必自刺史、团练、防御序迁乃至节度使，请遣威至此，渐加进用。”契丹主怒，复遣使来言曰：复，扶又翻。“尔自节度使为天子，亦有阶级邪！”帝恐其滋蔓不已，厚赂契丹，且请以处直兄孙彰德节度使廷胤为义武节度使以厌其意。厌，于涉翻，又如字。契丹怒稍解。

27 初，闽惠宗以太祖元从为拱宸、控鹤都，闽王审知庙号太祖。从，才用翻；下同。及康宗立，更募壮士二千为腹心，号宸卫都，禄赐皆厚于二都，或言二都怨望，将作乱，闽主欲分隶漳、泉二州，二都益怒。闽主好为长夜之饮，强群臣酒，好，呼到翻。强，其两翻。醉则令左右伺其过失；伺，相吏翻。从弟继隆醉失礼，斩之。屡以猜怒诛宗室，叔父左仆射、同平章事延羲阳为狂愚以避祸，闽主赐以道士服，置武夷山中；武夷山在建州崇安县南三十里。朱元晦武夷图序曰：武夷君之名，著自汉世，祀以干鱼，不知果何神也。今崇安有山名武夷，相传即神仙所宅。峰峦岩壑，秀拔奇伟，清溪九曲，流出其间。两崖绝壁，人迹所不到处，往往有枯查插石罅间，以庋舟船棺柩之属。柩中遗骸，外列陶器，尚且未坏。颇疑前世道阻未通，川壅未决时，夷俗所居，而汉祀者即其君长，盖亦避世之士，生为众所臣服，没而传以为仙也。武夷山中有道士观，闽主盖置延羲于观中。寻复召还，幽于私第。复，扶又翻。

闽主数侮拱宸、控鹤军使永泰朱文进、光山连重遇，数，所角翻。永泰县属福州。晋分弋阳置西阳县，宋孝武大明初置光城县，梁于县置光州，后废州置光城郡，隋废郡置光山县，仍置光州，以县属焉。九域志：县在州西六十里。连重遇之先盖与王潮兄弟同入闽。连，姓也；左传齐有连称。二人怨之。会北宫火，求贼不获；闽主命重遇将内外营兵扫除馀烬，日役万人，士卒甚苦之。又疑重遇知纵火之谋，欲诛之；内学士陈郯私告重遇。辛巳夜，重遇入直，帅二都兵焚长春宫帅，读曰率。以攻闽主，使人迎延羲于瓦砾中，呼万岁；砾，郎击翻。复召外营兵共攻闽主；复，扶又翻；下同。独宸卫都拒战，闽主乃与李后如宸卫都。李后，李春燕也。如，往也。比明，比，必利翻。乱兵焚宸卫都，宸卫都战败，馀众千馀人奉闽主及李后出北关，至梧桐岭，众稍逃散。延羲使兄子前汀州刺史继业将兵追之，及于村舍；闽主素善射，引弓杀数人。俄而追兵云集，闽主知不免，投弓谓继业曰："卿臣节安在！"继业曰："君无君德，臣安有臣节！新君，叔父也，旧君，昆弟也，孰亲孰疏？"闽主不复言。继业与之俱还，至陀庄，饮以酒，醉而缢之，还，从宣翻，又如字。饮，于禁翻。并李后及诸子、王继恭皆死。宸卫馀众奔吴越。

延羲自称威武节度使、闽国王，更名曦，更，工衡翻。曦，王审知少子也。改元永隆，考异曰：十国纪年，通文四年，延羲自称威武节度使，改元永隆，即晋天福四年也。周世宗实录、薛史、唐馀录、南唐烈祖实录、吴越备史及运历图、纪年通谱皆同。惟闽中启运图："通文四年己亥，闰七月，延羲立，明年庚子，改元永隆，五年甲辰，被弑。"林仁志闽国人，载延羲改年宜不差失。然五代士人撰录国书多不凭旧文，出于记忆及传闻，虽本国近事亦有抵牾者。高远叙事颇有本末，余公绰虽在仁志之后，然亦闽人，故不敢独从仁志所记。又王曦既立，若但称节度使，则不应改元及以其臣为三公、平章事。按晋高祖实录，天福五年十一月甲申，授闽国王延羲威武军节度使、闽国王。是曦先已自称闽国王，纪年脱漏耳。赦系囚，颁赉中外。以宸卫弑闽主赴于邻国；谥闽主曰圣神英睿文明广武应道大弘孝皇帝，庙号康宗。遣商人间道奉表称藩于晋；间，古苋翻。然其在国，置百官皆如天子之制。以太子太傅致仕李真为司空兼中书侍郎、同平章事。

连重遇之攻康宗也，陈守元在宫中，易服将逃，兵人杀之。陈守元蛊惑闽主者二世，其死晚矣！重遇执蔡守蒙，数以卖官之罪而斩之。数，所具翻。蔡守蒙卖官见上卷上年。闽王曦既立，遣使诛林兴于泉州。林兴流泉州见上六月。蜀本“诛”作“追”。

28 河决薄州。“薄州”，当作“博州”。

29 八月，辛丑，以冯道守司徒兼侍中。壬寅，诏中书知印止委上相，旧制：凡宰臣更日知印。由是事无巨细，悉委于道。帝尝访以军谋，对曰：“征伐大事，在圣心独断。断，丁乱翻。臣书生，惟知谨守历代成规而已。”帝以为然。道尝称疾求退，帝使郑王重贵诣第省之，省，悉景翻。曰：“来日不出，朕当亲往。”道乃出视事。当时宠遇，群臣无与为比。

30 己酉，以吴越王元瓘为天下兵马元帅。

31 黔南巡内溪州刺史彭士愁引蒋、锦州蛮万馀人寇辰、澧州，唐之盛时，溪州属黔中观察。唐末升黔中观察为黔南节度，后号武泰军，时属蜀境。巡内，言在巡属之内也。“蒋”，当作“奖”。唐长安四年以沅州之夜郎、渭溪二县置舞州，开元十三年以“舞”、“武”声相近，更名鹤州，二十年又更名业州，大历五年又更名奖州。辰、澧时属楚。黔，渠今翻，又其廉翻。焚掠镇戍，遣使乞师于蜀；蜀主以道远，不许。九月，辛未，楚王希范命左静江指挥使刘勍、决胜指挥使廖匡齐帅衡山兵五千讨之。勍，渠京翻。廖，力救翻，今读从力吊翻。帅，读曰率。

32 癸未，以唐许王从益为郇国公，奉唐祀。从益尚幼，李后养从益于宫中，奉王淑妃如事母。李后，唐明宗曹皇后之女。王淑妃，明宗次妃也，故后事之如母。

33 冬，十月，庚戌，闽康宗所遣使者郑元弼至大梁。是年十二月，闽遣郑元弼随卢损入贡，至是达大梁，而康宗已于闰七月为闽人所弑矣。康宗遗执政书曰：遗，于季翻。“闽国一从兴运，久历年华，见北辰之帝座频移，言中国屡易主也。致东海之风帆多阻。”言由此不修职贡。又求用敌国礼致书往来。帝怒其不逊，壬子，诏却其贡物及福、建诸州纲运，并令元弼及进奏官林恩部送速归。

兵部员外郎李知损上言："王昶僭慢，宜执留使者，籍没其货。"乃下元弼、恩狱。下，户嫁翻。

34 吴越恭穆夫人马氏卒。夫人，雄武节度使绰之女也。路振九国志：马绰，馀杭人，少与钱镠俱事董昌，以女弟妻镠，镠复为元瓘娶绰女。按薛史，梁贞明四年，秦州节度使、检校太傅、同平章事马绰加检校太尉。秦州，雄武军也。镠传又曰：镠恃崇盛，分两浙为数镇，其节制署而后奏。则其国内节帅皆禀朝命也。初，武肃王镠禁中外畜声伎，文穆王元瓘年三十馀无子，夫人为之请于镠，为，于伪翻。镠喜曰："吾家祭祀，汝实主之。"礼：冢妇主先世之祭祀。今马夫人不妒忌而广嗣续，故镠喜其有托。乃听元瓘纳妾，鹿氏，生弘僔、弘倧；许氏，生弘佐；吴氏，生弘俶；众妾生弘偡、弘亿、【章：十二行本"亿"下有"弘仪"二字；乙十一行本同；孔本同；张校同。】弘偓、弘仰、弘信；僔，子损翻。倧，徂冬翻。俶，昌六翻。偡，丈减翻。夫人抚视慈爱如一。常置银鹿于帐前，坐诸儿于上而弄之。

35 十一月，戊子，契丹遣其臣遥折来使，遂如吴越。如，往也。使，疏吏翻。

36 楚王希范始开天策府，是年夏加天策上将军，至是始开府。置护军中【章：十二行本"中"作"都"；乙十一行本同；孔本同。】尉、领军司马等官，以诸弟及将校为之。又以幕僚拓跋恒、李弘皋、廖匡图、徐仲雅等十八人为学士。仿唐太宗天策府文学馆立学士员。路振九国志载李铎、潘起、曹梲、李庄、徐牧、彭继英、裴颃、何仲举、孟玄晖、刘昭禹、邓懿文、李弘节、萧洙、彭继勋并拓跋恒等四人凡十八人。恒，户登翻。

刘勍等进攻溪州，彭士愁兵败，弃州走保山寨；石崖四绝，勍为梯栈上围之。栈，士限翻。上，时掌翻。廖匡齐战死，楚王希范遣吊其母，其母不哭，谓使者曰："廖氏三百口受王温饱之赐，举族效死，未足以报，况一子乎！愿王无以为念。"王以其母为贤，厚恤其家。

37 十二月，丙戌，禁刱造佛寺。刱与创同，音初亮翻。前所无而今创为之者禁之。

38 闽王作新宫，徙居之。闽北宫毁于火，曦改作新宫而徙居之。

39 是岁，汉门下侍郎、同平章事赵光裔言于汉主曰："自马后崩，汉主娶于楚，唐清泰元年马后殂。未尝通使于楚，亲邻旧好，不可忘也。"刘、马通姻，故曰亲；潭、广接境，故曰邻。好，呼到翻。因荐谏议大夫李纾可以将命，纾，音舒。汉主从之；楚亦遣使报聘。光裔相汉二十馀年，府库充实，边境无虞。及卒，汉主复以其子翰林学士承旨、尚书左丞损为门下侍郎、同平章事。复，扶又翻。

五年(庚子、九四〇)

1 春，正月，帝引见闽使郑元弼等。见，贤遍翻。使，疏吏翻。元弼曰："王昶蛮夷之君，不知礼义，陛下得其善言不足喜，恶言不足怒。臣将命无状，愿伏铁锧以赎昶罪。"帝怜之，辛未，诏释元弼等。考异曰：洛中纪异云："昶既为朝命所责，乃遣使越海聘于契丹，即将籍没之物为贽。晋祖方卑辞以奉戎主，戎主降伪诏曰：'闽国礼物并付乔荣，放其使人还本国。'晋祖不敢拒之。既而昶又遣使于契丹求马，由沧、齐、淮甸路南去。自兹往复不一，时人无不愤惋。"按昶以天福四年闰七月被弑，十月元弼等至京下狱，昶安得知而告契丹！今不取。

2 楚刘勍等因大风，以火箭焚彭士愁寨而攻之，士愁帅麾下逃入奖、锦深山，乙未，遣其子师暠帅诸酋长纳溪、锦、奖三州印，请降于楚。为彭师暠尽节于马氏张本。帅，读曰率。

3 二月，庚戌，北都留守、同平章事安彦威入朝，北都自后唐以来建于太原。上曰："吾所重者信与义。昔契丹以义救我，我今以信报之；闻其征求不已，公能屈节奉之，深称朕意。"称，尺证翻。对曰："陛下以苍生之故，犹卑辞厚币以事之，臣何屈节之有！"上悦。

4 刘勍引兵还长沙。楚王希范徙溪州于便地，便地者，徙近楚境，便于制令。表彭士愁为溪州刺史，以刘勍为锦州刺史；自是群蛮服于楚。希范自谓伏波之后，汉马援为伏波将军。以铜五千斤铸柱，高丈二尺，高，居号翻。入地六尺，铭誓状于上，立之溪州。今辰州会溪城西南一里有铜柱，即马希范所立也，天策府学士李皋为之铭。

5 唐康化节度使兼中书令杨琏谒平陵还，平陵，盖杨琏之父让皇陵也。还，从宣翻，又如字。一夕，大醉，卒于舟中，唐主使然也。路振九国志曰：杨琏拜陵，至竹筱口，维舟大醉，一夕而卒。追【章：十二行本"追"上有"唐主"二字；乙十一行本同；孔本同。】封谥曰弘农靖王。因杨氏其先受封之郡追封为弘农王，谥曰靖。

6 闽王曦既立，骄淫苛虐，猜忌宗族，多寻旧怨。其弟建州刺史延政数以书谏之，数，所角翻。曦怒，复书骂之；遣亲吏业翘监建州军，史炤曰："业"，当作"邺"。风俗通，汉有梁令邺凤。监，古衔翻。教练使杜汉崇监南镇军，按福州西北与建州邻。闽主盖置南镇军于福、建二州界，扼往来之要，故是后王延政攻南镇而福州西鄙戍兵皆溃。二人争捃延政阴事告于曦，捃，居运翻。由是兄弟积相猜恨。一日，翘与延政议事不叶，翘诃之曰："公反邪！"延政怒，欲斩翘；翘奔南镇，延政发兵就攻之，败其戍兵。诃，虎何翻。败，补迈翻；下同。翘、汉崇奔福州，西鄙戍兵皆溃。

二月，曦遣统军使潘师逵、吴行真将兵四万击延政。师逵军于建州城西，行真军于城南，皆阻水置营，焚城外庐舍。延政求救于吴越，壬戌，吴越王元瓘遣宁国节度使、同平章事仰仁诠、宣州宁国军时属南唐，吴越使仰仁诠遥领耳，当时列国自相署置多此类。仰，姓也；何氏姓苑有此姓。内都监使薛万忠将兵四万救之，丞相林鼎谏，不听。三月，戊辰，师逵分兵三千，遣都军使蔡弘裔将之出战，延政遣其将林汉彻等败之于茶山，斩首千馀级。茶山在建州东二十五里，今亦谓之凤凰山；北苑茶焙即其地。

7 安彦威、王建立皆请致仕；不许。辛未，以归德节度使、侍卫马步都指挥使、同平章事刘知远为邺都留守，徙彦威为归德节度使，加兼侍中。癸酉，徙建立为昭义节度使，进爵韩王；以建立辽州人，割辽、沁二州隶昭义。辽、沁二州自唐以来本属河东节度。沁，午鸩翻。徙建雄节度使李德珫为北都留守。珫，昌终翻。守，式又翻。

8 山南东道节度使、同平章事安从进恃其险固，襄阳之地正得屈完所谓"方城以为城，汉水以为池"之险，故安从进恃之以傲朝廷。阴蓄异谋，擅邀取湖南贡物，湖南贡物，马希范所进者也。招纳亡命，增广甲卒；元随都押牙王令谦、押牙潘知麟谏，皆杀之。及王建立徙潞州，帝使问之曰："朕虚青州以待卿，青州平卢军。卿有意则降制。"从进对曰："若移青州置汉南，襄阳在汉水之南。臣即赴镇。"帝不之责。帝非姑息之主也，慊然内顾其所以取中原者，而思其所以守中原者，畏首畏尾，故诸镇之桀骜者皆俛眉而抚驯之。

9 丁丑，王延政募敢死士千馀人，夜涉水，潜入潘师逵垒，因风纵火，城上鼓噪以应之，战棹都头建安陈诲杀师逵，建安，汉冶县地，吴置建安县，唐带建州。其众皆溃。戊寅，引兵欲攻吴行真寨，建人未涉水，行真及将士弃营走，死者万人。延政乘胜取永平、顺昌二城。吴分建安置南平县，晋武帝改为延平县。王审知置延平镇，其子延翰改曰永平镇，今南剑州治所即其地。九域志，南剑州管下有顺昌县，在州西一百八十里。宋白曰：顺昌县本建安县之校乡地也，吴永安三年置将乐县，隋并入邵武，唐复置。景福二年又置将水镇，改为永顺场，寻立为顺昌县。自是建州之兵始盛。

10 夏，四月，蜀太保兼门下侍郎·同平章事赵季良请与门下侍郎·同平章事毋昭裔、中书侍郎·同平章事张业分判三司，癸卯，蜀主命季良判户部，昭裔判盐铁，业判度支。度，徒洛翻。

11 庚戌，以前横海节度使马全节为安远节度使。以代李金全也。

12 甲子，吴越孝献世子弘僔卒。僔，子损翻。

13 吴越仰仁诠等兵至建州，王延政以福州兵已败去，奉牛酒犒之，犒，苦到翻。请班师；仁诠等不从，营于城之西北。延政惧，见仰仁诠逼城而屯，有图建州之心，是以惧。复遣使乞师于闽王。复，扶又翻。闽王以泉州刺史王继业为行营都统，将兵二万救之；且移书责吴越，所谓归曲以直责也。遣轻兵绝吴越粮道。会久雨，吴越【章：十二行本"越"下有"军"字；乙十一行本同；孔本同。】食尽，五月，延政遣兵出击，大破之，俘斩以万计。癸未，仁诠等夜遁。

14 胡汉筠既违诏命不诣阙，又闻贾仁沼二子欲诉诸朝；贾仁沼死见上卷二年。朝，直遥翻。及除马全节镇安州代李金全，汉筠给金全曰："进奏吏遣人倍道来言，进奏吏，谓安远军进奏院之主吏在大梁者也。朝廷俟公受代，即按贾仁沼死状，以为必有异图。"金全大惧。汉筠因说金全拒命，自归于唐；金全从之。说，式芮翻。

丙戌，帝闻金全叛，命马全节以汴、洛、汝、郑、单、宋、陈、蔡、曹、濮、申、唐之兵讨之，如此则河之南、济之西诸镇之兵尽发矣。单，音善。濮，音卜。以保大节度使安审晖为之副。审晖，审琦之兄也。

李金全遣推官张纬奉表请降于唐，降，户江翻。唐主遣鄂州屯营使李承裕、段处恭将兵三千逆之。处，昌吕翻。

15 唐主遣客省使尚全恭如闽，和闽王曦及王延政。六月，延政遣牙将及女奴持誓书及香炉至福州，与曦盟于宣陵。古者盟誓，坎用牲，加载书于上，歃血以质诸天地鬼神。宗庙之祭，焫萧合馨香而已。至于灌献尚郁，食品用椒。荀卿言芬若椒兰，汉皇后椒房，取其芬馥。郎官含鸡舌香奏事，西京杂记载长安巧工丁缓作被下香炉，刘向铭博山炉，汉官典职，尚书郎给女史二人执香炉烧薰，皆未以奉鬼神。汉武内传载西王母降，爇婴香多品，疑皆后人傅会而言之。宋范晔作香序，备言诸香以讥评时人；至其作后汉书，亦不载汉人焚香事。疑以香礼神之习，出于魏、晋已下。程大昌演繁露曰：梁武帝祭天始用沈香，古未用也；祀地用上和香。注云：以地于人近，宜加杂馥，即合诸香为之，言不止一香也。闽主镂之举大号，尊其父审知墓为宣陵。然兄弟相猜恨犹如故。

16 癸卯，唐李承裕等至【章：十二行本"至"上有"引兵"二字；乙十一行本同；孔本同。】安州。是夕，李金全将麾下数百人诣唐军，妓妾资财皆为承裕所夺，妓，渠绮翻。承裕入据安州。甲辰，马全节自应山进军大化镇，应山，古应国，汉属随县界；梁分随县置永阳县，隋改曰应山，唐属安州。九域志：在州北一百八十里。大化镇属应山县。与承裕战于城南，大破之。承裕掠安州南走，全节入安州。丙午，安审晖追败唐兵于黄花谷，段处恭战死。丁未，审晖又败唐兵于云梦泽中，九域志：安州安陆县有云梦镇。今安陆县南五十里有云梦泽。宋白曰：安州云梦县本汉安陆县地，后魏大统十六年于云城古城置云梦县。败，补迈翻。虏承裕及其众。唐将张建崇据云梦桥拒战，审晖乃还。马全节斩承裕及其众千五百人于城下，送监军杜光业等五百七人于大梁。上曰："此曹何罪！"皆赐马及器服而归之。

初，卢文进之奔吴也，事见二百八十卷元年。唐主命祖全恩将兵逆之，戒无入安州城，陈于城外，陈，读曰阵。俟文进出，殿之以归，无得剽掠。自卢文进至此，皆言唐主相吴时事也。殿，丁练翻。剽，匹妙翻。及李承裕逆李金全，戒之如全恩；承裕贪剽掠，与晋兵战而败，失亡四千人。唐主惋恨累日，自以戒敕之不熟也。惋，乌贯翻。唐主生于兵间，老于兵间，军之利钝熟知之矣，其惋恨者，诚有罪己之心，惜不能如秦穆公耳。至冯延巳辈乃讪笑先朝，至于蹙国殄民而后已。书曰："否则侮厥父母，曰昔之人无闻知。"延巳之谓矣。后之守国者，尚鉴兹哉！杜光业等至唐，唐主以其违命而败，不受，复送于淮北，遗帝书曰："边校贪功，乘便据垒。"复，扶又翻；下同。遗，唯季翻。校，户教翻。又曰："军法朝章，彼此不可。"言律之以军法，则丧师者此所必诛，盗边者彼所不恕；绳之以朝章，则两国皆不可容之立于朝也。朝，直遥翻。帝复遣之归，使者将自桐墟济淮，九域志：宿州蕲县有桐墟镇。自桐墟而南，至涡口则济淮矣。金人疆域图：桐墟在宿州临涣县。唐主遣战舰拒之，乃还。还，从宣翻，又如字。帝悉授唐诸将官，以其士卒为显义都，命旧将刘康领之。旧将，盖从起于晋阳者。

臣光曰：违命者将也，士卒从将之令者也，又何罪乎！受而戮其将以谢敌，吊士卒而抚之，斯可矣，将，即亮翻。何必弃民以资敌国乎！

17 唐主使宦者祭庐山，庐山在江州浔阳县，山南即唐都昌县，山北即唐之浔阳县。都昌今为南康军，军城之北十五里即庐山。还，还，从宣翻，又如字。劳之曰：劳，力到翻。"卿此行甚精洁。"宦者曰："臣自奉诏，蔬食至今。"唐主曰："卿某处市鱼为羹，某日市肉为胾，何为蔬食？"宦者惭服。胾，侧吏翻，脔肉为之。唐主之察，卫嗣君之俦也。仓吏岁终献羡馀万馀石，唐主曰："出纳有数，苟非掊民刻军，安得羡馀邪！"羡，延面翻。掊，蒲侯翻。

18 秋，七月，闽主曦城福州西郭以备建人。又度民为僧，民避重赋多为僧，凡度万一千人。呜呼，使度僧而有福田利益，则闽国至今存可也。

19 乙丑，帝赐郑元弼等帛，遣归。遣归闽也。去年十月囚之，今释而遣之。

20 李金全之叛也，安州马步副都指挥使桑千、威和指挥使王万金、成彦温不从而死，马步都指挥使庞守荣诮其愚，以徇金全之意。诮，才笑翻。己巳，诏赠贾仁沼及桑千等官，遣使诛守荣于安州。李金全至金陵，唐主待之甚薄。李金全为奸将所惑，背父母之国，委身于他邦，其见薄宜也。

21 丁巳，唐主立齐王璟为太子，兼大元帅，录尚书事。

22 太子太师致仕范延光请归河阳私第，范延光仕唐，先有私第在河阳。帝许之。延光重载而行。西京留守杨光远兼领河阳，利其货，且虑为子孙之患，当范延光以广晋自归之时，杨光远为元帅，必有以陵暴之，故惧其为子孙之患。奏："延光叛臣，不家汴、洛而就外藩，恐其逃逸入敌国，宜早除之！"帝不许。光远请敕延光居西京，从之。光远使其子承贵以甲士围其第，逼令自杀。呜呼！财之累人如此。秘琼以是而杀董温琪之家，范延光复以是而杀秘琼，杨光远又以是而杀范延光，而光远亦卒不免。财之累人如此夫！延光曰："天子在上，赐我铁券，许以不死，赐铁券，见上卷三年。尔父子何得如此？"己未，承贵以白刃驱延光上马，至浮梁，挤于河。上，时掌翻。挤，子细翻，又子西翻。光远奏云自赴水死，帝知其故，惮光远之强，不敢诘；为延光辍朝，赠太师。为，于伪翻。

23 唐齐王璟固辞太子；位居嫡长则当为太子，辞之非所以系臣民之望也。九月，乙丑，唐主许之，诏中外致笺如太子礼。

24 丁卯，以翰林学士承旨、户部侍郎和凝为中书侍郎、同平章事。

25 己巳，邺都留守刘知远入朝。是年二月，刘知远代安彦威镇魏州。

26 辛未，李崧奏："诸州仓粮，于计帐之外所馀颇多。"计帐，谓岁计其数造帐以申三司者。仓吏于受纳之时斛面取赢，俟出给之时而私其利；此皆官吏相与为弊，至今然也。必般量而后知其所馀，而般量之际为弊又多。窃意李崧亦因时人既言而奏之耳。上曰："法外税民，罪同枉法。仓吏特贷其死，各痛惩之。"不知当时所谓痛惩者为何，毕竟言之而不能行。

27 翰林学士李浣，轻薄，多酒失，上恶之，丙子，罢翰林学士，并其职于中书舍人。恶，乌路翻。当是时，枢密直学士既罢，仅有翰林学士尚为亲近儒生；李浣之酒失，罢之是也，因而罢翰林学士，非也。

浣，涛之弟也。

28 杨光远入朝，帝欲徙之他镇，谓光远曰："围魏之役，卿左右皆有功，尚未之赏，围魏，见上卷二年、三年。今当各除一州以荣之。"因以其将校数人为刺史。所以分杨光远之党而弱其势。甲申，徙光远为平卢节度使，进爵东平王。开运之初，杨光远遂以平卢叛。

29 冬，十月，丁酉，加吴越王元瓘天下兵马都元帅、尚书令。

30 壬寅，唐大赦，诏中外奏章无得言"睿"、"圣"，犯者以不敬论。

术士孙智永以四星聚斗，分野有灾，分，扶问翻。劝唐主巡东都，劝之东巡江都。乙巳，唐主命齐王璟监国。光政副使、太仆少卿陈觉以私憾奏泰州刺史褚仁规贪残；泰州，汉时吴国之海陵仓地；东晋分广陵置海陵郡；唐初置吴州，更海陵县为吴陵县；武德七年废吴州，复为海陵县，南唐升为泰州。丙午，罢仁规为扈驾都部署，觉始用事。为陈觉乱唐政张本。庚戌，唐主发金陵；甲寅，至江都。

31 闽王曦因商人奉表自理；言己未尝称大号。称大号者，王昶之为也。十一月，甲申，以曦为威武节度使，兼中书令，封闽国王。

32 唐主欲遂居江都，以水冻，漕运不给，乃还；还，从宣翻，又如字。十二月，丙申，至金陵。

33 唐右仆射兼门下侍郎、同平章事张延翰卒。

34 是岁，汉门下侍郎、同平章事赵损卒；以宁远节度使南昌王定保为中书侍郎、同平章事，不逾年亦卒。

35 初，帝割雁门之北以赂契丹，见二百八十卷元年。由是吐谷浑皆属契丹，苦其贪虐，思归中国；成德节度使安重荣复诱之，复，扶又翻。诱，音酉。于是吐谷浑帅部落千馀帐自五台来奔。欧阳修曰：吐谷浑本居青海，唐至德中为吐蕃所攻，部族分散，其内附者唐处之河西。唐末，其首领有赫连铎为大同节度使，为晋王克用所破，部族益微，散处蔚州界中。余按唐高宗之时，吐谷浑为吐蕃所破，弃青海而内徙，至至德中，青海不复有吐谷浑。而吐蕃东吞河、陇，吐谷浑复东徙，居云、蔚之间。自五台来奔，盖取飞狐道奔镇州也。宋白曰：吐谷浑谓之退浑，盖语急而然。圣历后，吐蕃陷安乐州，其众东徙，散在朔方。赫连铎以开成元年将本部三千帐来投丰州，文宗命振武节度使刘沔以善地处之。及沔移镇河东，遂散居川界，音讹谓之退浑。其后吐谷浑白姓皆赫连之部落。赫连铎为李克用所逐，归幽州李匡俦，遂居蔚州界，部落代建，其氏不常。白承福自庄宗后为都督，依北山北石门为栅，赐其额为宁朔府，以都督为节度使。契丹大怒，遣使让帝以招纳叛人。为契丹诮让不已，帝忧悒而殂张本。

六年（辛丑、九四一）

1 春，正月，丙寅，帝遣供奉官张澄将兵二千索吐谷浑在并、镇、忻、代四州山谷者，逐之使还故土。索，山客翻。吐谷浑既仇视契丹，虽逐之不去，其后刘知远遂杀之以为资。

2 王延政城建州，周二十里，请于闽王曦，欲以建州为威武军，自为节度使。曦以威武军福州也，乃以建州为镇安军，以延政为节度使，封富沙王；建州本汉冶县地，后分冶地南部曰建安；唐置建州。州有古富沙驿。又南剑州管内有富沙里。延政改镇安曰镇武而称之。

3 二月，壬辰，作浮梁于德胜口。是为澶州河桥。

4 彰义节度使张彦泽欲杀其子，掌书记张式素为彦泽所厚，谏止之。彦泽怒，射之；左右素恶式，从而谗之。射，而亦翻。恶，乌路翻。式惧，谢病去，彦泽遣兵追之。式至邠州，静难节度使李周以闻，帝以彦泽故，流式商州。彦泽遣行军司马郑元昭诣阙求之，且曰："彦泽不得张式，恐致不测。"以反胁上。帝不得已，与之。癸未，【严："未"改"巳"。】式至泾州，彦泽命决口、剖心，断其四支。断，音短。父子之道天性也，张彦泽欲杀其子，其于天性何有！张式，其所亲者也，以谏而杀之，极其惨酷，其于所亲亦何有！晋祖欲以君臣之分柔服之，难矣，此其所以贻负义侯之祸也。

5 凉州军乱，留后李文谦闭门自焚死。赵珣聚米图经：凉州东至会州六百里，西至甘州五百里，南至鄯州三百六十里，北至故突厥界三百里。宋白续通典四至同而里数之远近异。

6 蜀自建国以来，唐清泰元年，蜀建国。节度使多领禁兵，或以他职留成都，委僚佐知留务，专事聚敛，政事不治，敛，力赡翻。治，直之翻。民无所诉。蜀主知其弊，丙辰，加卫圣马步都指挥使·武德节度使兼中书令赵廷隐、蜀以东川为武德军，以定董璋，克梓州，取武有七德以为军号。枢密使·武信节度使·同平章事王处回、捧圣控鹤都指挥使·保宁节度使·同平章事张公铎检校官，并罢其节度使。三月，甲戌，以翰林学士承旨李昊知武宁【章：十二行本“宁”作“德”；乙十一行本同；孔本同。】军，散骑常侍刘英图知保宁军，谏议大夫崔銮知武信军，给事中谢从志知武泰军，将作监张赞知宁江军。使之各知节度事，非正帅也。

7 夏，四月，闽王曦以其子亚澄同平章事、判六军诸卫。曦疑其弟汀州刺史延喜与延政通谋，汀、建接壤，故疑之。遣将军许仁钦以兵三千如汀州，执延喜以归。

8 唐主以陈觉及万年常梦锡为宣徽副使。

9 辛巳，北京留守李德琉遣牙校以吐谷浑酋长白承福入朝。既遣张澄逐吐谷浑之在四州山谷者矣，而又容其酋长入朝，岂非容其大而逐其细欤！晋高祖之与契丹主，以术相遇者也。琉，昌中翻。

10 唐主遣通事舍人欧阳遇求假道以通契丹，帝不许。契丹求假道以通淮、浙，晋无所不可；至唐求假道以通契丹，则不许之，随其所轻重而应之也。

11 自黄巢犯长安以来，唐僖宗广明元年黄巢入长安。天下血战数十年，然后诸国各有分土，分，扶问翻。兵革稍息。及唐主即位，江、淮比年丰稔，兵食有馀，群臣争言“陛下中兴，今北方多难，宜出兵恢复旧疆。”比，毗至翻。难，乃旦翻。旧疆，谓盛唐时疆土也。此岂易恢复邪？宜唐主之不从之也。唐主曰：“吾少长军旅，少，诗照翻。长，知两翻。见兵之为民害深矣，不忍复言。复，扶又翻。使彼民安，则吾民亦安矣，又何求焉！”汉主遣使如唐，谋共取楚，分其地；唐主不许。史言唐主能保境息民。

12 山南东道节度使安从进谋反，遣使奉表诣蜀，请出师金、商以为声援；自金、商取道均、房则至襄阳。丁亥，使者至成都。蜀主与群臣谋之，皆曰：“金、商险远，少出师则不足制敌，多则漕挽不继。”水运曰漕，陆运曰挽。挽，音晚。蜀主乃辞之。又求援于荆南，高从诲遗从进书，遗，唯季翻。谕以祸福；从进怒，反诬奏从诲。荆南行军司马王保义劝从诲具奏其状，且请发兵助朝廷讨之；从诲从之。

13 成德节度使安重荣耻臣契丹，见契丹使者，必箕踞慢骂，使过其境，或潜遣人杀之；契丹以让帝，帝为之逊谢。使，并疏吏翻。为，于伪翻。六月，戊午，重荣执契丹使拽剌，拽，户结翻。剌，来达翻。遣骑掠幽州南境，军于博野，博野县属定州，宋雍熙四年以其地置宁边军，景德元年改永定军，天圣七年改永宁军；金升为蠡州，其疆域图云：北至燕京四百九十里。上表称：“吐谷浑、两突厥、浑、契苾、沙陀各帅部众归附；两突厥，东突厥、西突厥也。帅，读曰率。党项等亦遣使纳契丹告身职牒，言为虏所陵暴，党，底朗翻。又言自二月以来，令各具精甲壮马，将以上秋南寇，上秋，谓七月。恐天命不佑，与之俱灭，愿自备十万众，与晋共击契丹。又朔州节度副使赵崇已逐契丹节度使刘山，朔州旧非节镇，盖契丹所置也。求归命朝廷。臣相继以闻。陛下屡敕臣承奉契丹，勿自起衅端；其如天道人心，难以违拒，机不可失，时不再来。诸节度使没于虏庭者，此谓赵德钧、董温琪、沙彦珣、翟璋等。皆延颈企踵以待王师，企，去智翻，举踵不至地也。良可哀闵。愿早决计。”表数千言，大抵斥帝父事契丹，竭中国以媚无厌之虏。厌，于盐翻。又以此意为书遗朝贵遗，唯季翻。及移藩镇，云已勒兵，必与契丹决战。帝以重荣方握强兵，不能制，甚患之。

时邺都留守、侍卫马步都指挥使刘知远在大梁；去年刘知远自魏来朝，时尚留大梁。泰宁节度使桑维翰知重荣已蓄奸谋，又虑朝廷重违其意，重，难也。密上疏曰：“陛下免于晋阳之难而有天下，难，乃旦翻。皆契丹之功也，不可负之。今重荣恃勇轻敌，吐浑假手报仇，皆非国家之利，不可听也。臣窃观契丹数年以来，士马精强，吞噬四邻，战必胜，攻必取，割中国之土地，收中国之器械；此谓降杨光远、虏赵德钧时也。其君智勇过人，其臣上下辑睦，牛羊蕃息，蕃，音烦。国无天灾，此未可与为敌也。且中国新败，谓张敬达晋安之败，赵德钧团柏之败。士气凋沮，以当契丹乘胜之威，其势相去甚远。又，和亲既绝，则当发兵守塞，兵少则不足以待寇，兵多则馈运无以继之。我出则彼归，我归则彼至，臣恐禁卫之士疲于奔命，镇、定之地无复遗民。幽、涿、瀛、莫既属契丹，镇、定、沧、景悉为边镇。沧、景之地近海卑下，又多塘泺，虏骑不可得而入；其入寇多依山而趋镇定，故其地为虏冲。今天下粗安，粗，坐五翻。疮痍未复，府库虚竭，蒸民困弊，蒸，众也。静而守之，犹惧不济，其可妄动乎！契丹与国家恩义非轻，信誓甚著，彼无间隙间，古苋翻。而自启衅端，就使克之，后患愈重；万一不克，大事去矣。议者以岁输缯帛谓之耗蠹，有所卑逊谓之屈辱。殊不知兵连而不休，祸结而不解，财力将匮，耗蠹孰甚焉！用兵则武吏功臣过求姑息，边藩远郡得以骄矜，下陵上替，屈辱孰大焉！桑维翰权利害之轻重而言之，一时之论也。臣愿陛下训农习战，养兵息民，俟国无内忧，民有馀力，然后观衅而动，则动必有成矣。又，邺都富盛，国家藩屏，今主帅赴阙，屏，必郢翻。主帅赴阙，谓刘知远来朝。帅，所类翻。军府无人，臣窃思慢藏诲盗之言，勇夫重闭之义，慢藏诲盗，易大传之言。勇夫重闭，左传申公巫臣之言。藏，徂浪翻。重，直龙翻。乞陛下略加巡幸，以杜奸谋。”帝谓使者曰：“朕比日以来，烦懑不决，今见卿奏，如醉醒矣，比，毗至翻。懑，音闷。醒，先梃翻，醉寤也。卿勿以为忧。”

14 闽王曦闻王延政以书招泉州刺史王继业，召继业还，赐死于郊外，福州之郊外也。城外三十里为郊，盖杀之于野。杀其子于泉州。初，继业为汀州刺史，司徒兼门下侍郎、同平章事杨沂丰为士曹参军，与之亲善；或告沂丰与继业同谋，沂丰方侍宴，即收下狱，下，户嫁翻。明日斩之，夷其族。沂丰，涉之从弟也，杨涉为相于唐、梁禅代之际。从，才用翻。时年八十馀，国人哀之。自是宗族勋旧相继被诛，人不自保，谏议大夫黄峻舁榇诣朝堂极谏，曦曰：“老物狂发矣！”贬章州司户。被，皮义翻。舁，音余，又羊茹翻。榇，初觐翻。“章州”当作“漳州”。【章：乙十一行本正作“漳”。】

曦淫侈无度，资用不给，谋于国计使南安陈匡范，南安县，隋置，唐属泉州。九域志：在州北四十七里。匡范请日进万金；曦悦，加匡范礼部侍郎，匡范增算商贾数倍。曦宴群臣，举酒属匡范曰：贾，音古。属，之欲翻。“明珠美玉，求之可得；如匡范人中之宝，不可得也。”未几，商贾之算不能足日进，贷诸省务钱以足之，恐事觉，忧悸而卒，几，居岂翻。悸，其季翻。曦祭赠甚厚。诸省务以匡范贷帖闻，贷帖，贷钱之文书也。曦大怒，斲棺，断其尸弃水中，断，音短。以连江人黄绍颇代为国计使。唐武德元年，分闽县置温麻县，寻改曰连江，属福州。九域志：在州东北一百六十里。绍颇请“令欲仕者，自非荫补，皆听输钱即授之，以资望高下及州县户口多寡定其直，自百缗至千缗。”从之。

15 唐主自以专权取吴，尤忌宰相权重，此王莽、隋文帝之故知也。

奸雄事成与不成，有幸不幸耳。以右仆射兼中书侍郎、同平章事李建勋执政岁久，欲罢之。会建勋上疏言事，意其留中；既而唐主下有司施行。下，户嫁翻。建勋自知事挟爱憎，密取所奏改之；秋，七月，戊辰，罢建勋归私第。

16 帝忧安重荣跋扈，己巳，以刘知远为北京留守、河东节度使，复以辽、沁隶河东；去年以辽、沁隶昭义军。沁，午鸩翻。以北京留守李德琉为邺都留守。

知远微时，为晋阳李氏赘婿，尝牧马，犯僧田，僧执而笞之。知远至晋阳，首召其僧，命之坐，慰谕赠遗，众心大悦。遗，唯季翻。不念旧怨，故众心大悦。为刘知远自河东成大业张本。

17 吴越府署火，宫室府库几尽。几，居依翻。吴越王元瓘惊惧，发狂疾，唐人争劝唐主乘弊取之，唐主曰："奈何利人之灾！"遣使唁之，且赒其乏。唁，鱼战翻，吊生曰唁。赒，音周，振赡之也。

18 闽主曦自称大闽皇，领威武节度使，既称皇矣，又领威武节度使，古之私立名字者无此比也。与王延政治兵相攻，治，直之翻。互有胜负，福、建之间，暴骨如莽。镇武节度判官晋江潘承佑屡请息兵修好，唐开元八年分南安县置晋江县，后遂为泉州治所。好，呼到翻。延政不从。闽主使者至，延政大陈甲卒以示之，对使者语甚悖慢；悖，蒲妹翻，又蒲没翻。承佑长跪切谏，延政怒，顾左右曰："判官之肉可食乎！"承佑不顾，声色愈厉。闽主曦恶泉州刺史王继严得众心，罢归，鸩杀之。恶，乌路翻。

19 八月，戊子朔，以开封尹郑王重贵为东京留守。

20 冯道、李崧屡荐天平节度使兼侍卫亲军马步副都指挥使、同平章事杜重威之能，此希上指而荐之也。以为都指挥使，充随驾御营使，代刘知远，知远由是恨二相。为冯道不用于汉，李崧见杀张本。重威所至黩货，民多逃亡，尝出过市，谓左右曰："人言我驱尽百姓，何市人之多也！”

21 壬辰，帝发大梁；己亥，至邺都；壬寅，大赦。帝以诏谕安重荣曰：“尔身为大臣，家有老母，忿不思难，弃君与亲。吾因契丹得天下，尔因吾致富贵，谓重荣降帝于晋阳，从此得富贵。吾不敢忘德，尔乃忘之，何邪？今吾以天下臣之，尔欲以一镇抗之，不亦难乎！宜审思之，无取后悔！”重荣得诏愈骄，闻山南东道节度使安从进有异志，阴遣使与之通谋。安从进反而重荣亦反矣。

22 吴越文穆王元瓘寝疾，察内都监章德安忠厚，能断大事，欲属以后事，语之曰：“弘佐尚少，当择宗人长者立之。”监，古衔翻。断，丁乱翻。属，之欲翻。语，牛倨翻。少，诗照翻。长，知两翻。德安曰：“弘佐虽少，群下伏其英敏，愿王勿以为念！”王曰：“汝善辅之，吾无忧矣。”德安，处州人也。辛亥，元瓘卒。年五十五。

初，内牙指挥使戴恽，为元瓘所亲任，悉以军事委之。元瓘养子弘侑乳母，恽妻之亲也，恽，于粉翻。或告恽谋立弘侑。德安秘不发丧，与诸将谋，伏甲士于幕下；壬子，恽入府，执而杀之，废弘侑为庶人，复姓孙，幽之明州。是日，将吏以元瓘遗命，承制以镇海、镇东副大使弘佐为节度使，时年十四。欧史曰，年十三。九月，庚申，弘佐即王位，命丞相曹仲达摄政。军中言赐与不均，举仗不受，诸将不能制；仲达亲谕之，皆释仗而拜。

弘佐温恭，好书，礼士，躬勤政务，发擿奸伏，人不能欺。擿，他狄翻。民有献嘉禾者，弘佐问仓吏：“今蓄积几何？”对曰：“十年。”王曰：“然则军食足矣，可以宽吾民。”乃命复其境内税三年。复，方目翻，除免也。史言弘佐虽少而敏于政。

23 辛酉，滑州言河决。考异曰：薛史纪载九月辛酉滑州河决而不载庚午濮州决；高祖实录载庚午濮州奏河决而不载辛酉滑州决。五代会要及志皆云，“天福六年九月决滑州，兖、濮州界皆为水漂溺”，史匡翰传亦云，“天福六年白马河决。”按辛酉滑州河已决，则下流皆涸，濮州无庚午再决之理，盖滑州河决，漂浸及濮州耳。

24 帝以安重荣杀契丹使者，恐其犯塞，乙亥，遣安国节度使杨彦询使于契丹。彦询至其帐，契丹【章：十二行本“丹”下有“主”字；乙十一行本同；孔本同。】责以使者死状，彦询曰：“譬如人家有恶子，父母所不能制，将如之何？”契丹主怒乃解。

25 闽主曦以其子琅邪王亚澄为威武节度使、兼中书令，改号长乐王。乐，音洛。

26 刘知远遣亲将郭威以诏指说吐谷浑酋长白承福，时朝廷阳为逐吐谷浑而阴抚纳之，又惧契丹知之而怒之也，不敢明降诏书，故刘知远承帝密指，使郭威称诏指以说之。将，即亮翻。说，式芮翻。酋，慈秋翻。长，知两翻。令去安重荣归朝廷，许以节钺。威还，谓知远曰：“虏惟利是嗜，安铁胡止以袍袴赂之；还，从宣翻，又如字。安重荣，小字铁胡。今欲其来，莫若重赂乃可致耳。”知远从之，且使谓承福曰：“朝廷已割尔曹隶契丹，尔曹当自安部落；今乃南来助安重荣为逆，重荣已为天下所弃，朝夕败亡，尔曹宜早从化，勿俟临之以兵，南北无归，悔无及矣。”言吐谷浑若助安重荣，重荣败亡之后，吐谷浑南不可归晋，北不可归契丹。承福惧，冬，十月，帅其众归于知远。知远处之太原东山及岚、石之间，帅，读曰率。处，昌吕翻。岚，卢含翻。表承福领大同节度使，云州大同军，时已属契丹。收其精骑以隶麾下。为刘知远杀白承福张本。

始，安重荣移檄诸道，云与吐谷浑、达靼、契苾同起兵，既而承福降知远，达靼、契苾亦莫之赴，靼，当割翻。重荣势大沮。沮，在吕翻。

27 闽主曦即皇帝位；王延政自称兵马元帅。闽同平章事李敏卒。书闽同平章事，以别他国之相。

28 帝之发大梁也，和凝请曰："车驾已行，安从进若反，何以备之?"帝曰："卿意如何?"凝请密留空名宣敕十数通，宣出于枢密院，敕出于中书门下；时并枢密院于中书。空，苦贡翻。付留守郑王，闻变则书诸将名，遣击之；帝从之。

十一月，从进举兵攻邓州，唐州刺史武延翰以闻。九域志：襄阳北至邓州一百七十八里，东北至唐州一百五十里。郑王遣宣徽南院使张从恩、武德使焦继勋、护圣都指挥使郭金海、作坊使陈思让将大梁兵就申州刺史李建崇兵于叶县以讨之。汉有𠦑县，中废；隋复置叶县；唐属汝州。九域志：在州东南一百四十里。叶，式涉翻。金海，本突厥；思让，幽州人也。厥，九勿翻。丁丑，以西京留守高行周为南面军前都部署，前同州节度使宋彦筠副之，张从恩监焉；又以郭金海为先锋使，陈思让监焉。监，古衔翻。彦筠，滑州人也。

庚辰，以邺都留守李德珫权东京留守，召郑王重贵如邺都。

安从进攻邓州，威胜节度使安审晖据牙城拒之，邓州牙城也。从进不能克而退。癸未，从进至花山，九域志：唐州湖阳县有花山银场。今按花山在湖阳北。遇张从恩兵，不意其至之速，合战，大败，从恩获其子牙内都指挥使弘义，从进以数十骑奔还襄州，婴城自守。

29 唐主性节俭，常蹑蒲屦，盥颒用铁盎，蹑，尼辄翻。织蒲为屦，江、淮之人多能之。颒，呼内翻。澡手为盥，涤面为颒。暑则寝于青葛帷，左右使令惟老丑宫人，服饰粗略。粗，读曰麤。死国事者【章：十二行本"者"下有"虽士卒"三字；乙十一行本同；孔本同。】皆给禄三年。分遣使者按行民田，以肥瘠定其税，行，下孟翻。民间称其平允。自是江、淮调兵兴役及他赋敛，皆以税钱为率，调，徒钓翻。敛，力赡翻。至今用之。唐主勤于听政，以夜继昼，还自江都，不复宴乐；颇伤躁急，复，扶又翻。乐，音洛。躁，则到翻。内侍王绍颜上书，以为"今春以来，群臣获罪者众，中外疑惧。"唐主手诏释其所以然，令绍颜告谕中外。

30 十二月，丙戌朔，徙郑王重贵为齐王，充邺都留守；以李德珫为东都留守。

31 丁亥，以高行周知襄州行府事。诏荆南、湖南共讨襄州。高从诲遣都指挥使李端将水军数千至南津，汉水南津也。楚王希范遣天策都军使张少敌将战舰百五十艘入汉江助行周，仍各运粮以馈之。少敌，佶之子也。张佶，与楚王马殷同起事者也。少，诗沼翻。舰，户黯翻。艘，苏遭翻。佶，其吉翻。

32 安重荣闻安从进举兵反，谋遂决，大集境内饥民，众至数万，南向邺都，声言入朝。初，重荣与深州人赵彦之俱为散指挥使，相得欢甚。散，悉亶翻。重荣镇成德，二年安重荣始帅镇州。彦之自关西归之，重荣待遇甚厚，使彦之招募党众；然心实忌之，及举兵，止用为排陈使，陈，读曰阵。彦之恨之。

帝闻重荣反，壬辰，遣护圣等马步三十九指挥击之。以天平节度使杜重威为招讨使，安国节度使马全节副之，前永清节度使王清【章：十二行本"清"作"周"；乙十一行本同；退斋校同。】为马步都虞候。

33 安从进遣其弟从贵将兵逆均州刺史蔡行遇，行遇者，安从进巡内刺史。时盖以兵援襄阳，故遣弟逆之。焦继勋邀击，败之，获从贵，断其足而归之。败，补迈翻。断，音短。

34 戊戌，杜重威与安重荣遇于宗城西南，九域志：宗城县在魏州之西北一百七十里。重荣为偃月陈，官军再击之，不动；重威惧，欲退。指挥使宛丘王重胤曰："兵家忌退。退则敌得而乘之，或士卒因退而溃乱，故忌之。陈，读曰阵。镇之精兵尽在中军，请公分锐士击其左右翼，重胤为公以契丹直冲其中军，为，于伪翻。彼必狼狈。”重威从之。镇人陈稍却，赵彦之卷旗策马来降。彦之以银饰铠胄及鞍勒，官军杀而分之。重荣闻彦之叛，大惧，退匿于辎重中。重，直用翻。官军从而乘之，镇人大溃，斩首万五千级。重荣收馀众，走保宗城，官军进攻，夜分，拔之。重荣以十馀骑走还镇州，婴城自守。会天寒，镇人战及冻死者二万馀人。

契丹闻重荣反，乃听杨彦询还。是年九月，杨彦询使契丹。

庚子，冀州刺史张建武等取赵州。冀、赵二州皆安重荣巡属。

35 汉主寝疾，有胡僧谓汉主名龚不利；汉主自造“龑”字名之，义取“飞龙在天”，易曰：飞龙在天，利见大人。读若俨。

36 庚戌，制以钱弘佐为镇海、镇东军节度使兼中书令、吴越国王。

邓广铭标点聂崇岐覆校

资治通鉴卷第二百八十三

端明殿学士兼翰林侍读学士太中大夫
提举西京嵩山崇福宫上柱国河内郡开国公 司马光 奉敕编集
食邑二千六百户食实封一千户臣

后学天台 胡三省 音注

后晋纪四 起玄黓摄提格（壬寅），尽阏逢执徐（甲辰）正月，凡二年有奇。

高祖圣文章武明德孝皇帝下

天福七年（壬寅、九四二）

1 春，正月，丁巳，镇州牙将自西郭水碾门导官军入城，碾，鱼蹇翻。水碾，水硙也。杀守陴民二万人，陴，频弥翻。执安重荣，斩之。杜重威杀导者，自以为功。庚申，重荣首至邺都，帝命漆之，函送契丹。重，直龙翻。

2 癸亥，改镇州为恒州，成德军为顺国军。镇州本恒州，唐避穆宗名改焉。今以安重荣反，改州名从旧，又改军号。恒，胡登翻。

3 丙寅，以门下侍郎、同平章事赵莹为侍中，以杜重威为顺国节度使兼侍中。

安重荣私财及恒州府库，重威尽有之，帝知而不问。又表卫尉少卿范阳王瑜为副使，瑜为之重敛于民，恒人不胜其苦。少，诗照翻。为之，于伪翻。敛，力赡翻。胜，音升。

4 张式父铎诣阙讼冤。张彦泽杀张式事见上卷上年。壬午，以河阳节度使王周为彰义节度使，代张彦泽。

5 闽主曦立皇后李氏，同平章事真之女也；嗜酒刚愎，愎，蒲逼翻。曦宠而惮之。

6 彰武节度使丁审琪，养部曲千人，纵之为暴于境内；军校贺行政与诸胡相结为乱，攻延州，帝遣曹州防御使何重建将兵救之，同、鄜援兵继至，乃得免。校，户教翻。鄜，方无翻。二月，癸巳，以重建为彰武留后，召审琪归朝。重建，云、朔间胡人也。

7 唐左丞相宋齐丘固求豫政事，唐主听入中书；又求领尚书省，乃罢侍中寿王景遂判尚书省，更领中书、门下省，更，工衡翻。以齐丘知尚书省事；其三省事并取齐王璟参决。所以制宋齐丘。齐丘视事数月，亲吏夏昌图盗官钱三千缗，齐丘判贷其死；唐主大怒，斩昌图。夏，户雅翻。齐丘称疾，请罢省事，从之。

8 泾州奏遣押牙陈延晖持敕书诣凉州，州中将吏请延晖为节度使。

9 三月，闽主曦立长乐王亚澄为闽王。乐，音洛。

10 张彦泽在泾州，擅发兵击诸胡，兵皆败没，调民马千馀匹以补之。调，徒钓翻。还至陕，自泾州代还至陕。还，从宣翻。陕，失冉翻。获亡将杨洪，乘醉断其手足而斩之。断，音短。王周奏彦泽在镇贪残不法二十六条，民散亡者五千馀户。王周代彦泽，故得奏其在镇事。彦泽既至，帝以其有军功，又与杨光远连姻，释不问。欧史，张彦泽与帝连姻，又讨范延光有功。

夏，四月，己未，右谏议大夫郑受益上言："杨洪所以被屠，由陛下去岁送张式与彦泽，使之逞志，致彦泽敢肆凶残，无所忌惮。见闻之人无不切齿，而陛下曾不动心，一无诘让；

淑慝莫辨，诘，去吉翻，问也。让，责也。慝，吐得翻。赏罚无章。中外皆言陛下受彦泽所献马百匹，听其如是，臣窃为陛下惜此恶名，为，于伪翻。受献而释有罪，是恶名也。乞正彦泽罪法以湔洗圣德。”湔，则前翻。疏奏，留中。受益，从谠之兄子也。郑从谠见唐僖宗纪。谠，音党。

庚申，刑部郎中李涛等伏阁极论彦泽之罪，语甚切至。伏阁者，伏阁门下奏事，阁门使以闻。辛酉，敕：“张彦泽削一阶，降爵一级。阶，武散阶。爵级，封爵之级。张式父及子弟皆拜官。泾州民复业者，减其徭赋。”癸亥，李涛复与两省及御史台官伏阁复，扶又翻。两省官，中书、门下省官也。奏彦泽罚太轻，请论如法。帝召涛面谕之。涛端笏前迫殿陛，声【章：十二行本“声”上有“论辨”二字；乙十一行本同；孔本同；张校同；退斋校同。】色俱厉。帝怒，连叱之，涛不退。帝曰：“朕已许彦泽不死。”涛曰：“陛下许彦泽不死，不可负；不知范延光铁券安在！”谓许范延光以不死，而杨光远杀之也，事见上卷五年。帝拂衣起，入禁中。丙寅，以彦泽为左龙武大将军。为张彦泽为契丹用以残灭晋国、李涛诣彦泽而不惧张本。

11 汉高祖寝疾，以其子秦王弘度、晋王弘熙皆骄恣，少子越王弘昌孝谨有智识，少，诗照翻。与右仆射兼西御院使王翷谋出弘度镇邕州，弘熙镇容州，而立弘昌。为弘熙杀弘昌及翷张本。翷，求仁翻。制命将行，会崇文使萧益入问疾，以其事访之。益曰：“立嫡以长，违之必乱。”乃止。萧益引经义以沮立弘昌之义。长，知两翻。

丁丑，高祖殂。年五十四。

高祖为人辩察，多权数，好自矜大，常谓中国天子为“洛州刺史”。好，呼到翻。以中国天子都洛阳，洛阳之地，盖本洛州刺史所治也。言其政令不能及远，特昔时洛州刺史之任耳。岭南珍异所聚，每穷奢极丽，宫殿悉以金玉珠翠为饰。用刑惨酷，有灌鼻、割舌、支解、刳剔、炮炙、烹蒸之法；或聚毒蛇水中，以罪人投之，谓之水狱。同平章事杨洞潜谏，不听。末年尤猜忌；以士人多为子孙计，故专任宦官，由是其国中宦者大盛。自刘龑之后，专任宦者，谓百官为门外人，传至于𬬮而国亡矣。

秦王弘度即皇帝位，更名玢；更，工衡翻。玢，府巾翻。以弘熙辅政，改元光天；尊母赵昭仪曰皇太妃。

12 契丹以晋招纳吐谷浑，遣使来让。帝忧悒不知为计；五月，己亥，始有疾。悒，乙及翻。

13 乙巳，尊太妃刘氏为皇太后。太后，帝之庶母也。徐无党曰：帝所生母也。

14 唐丞相、太保宋齐丘既罢尚书省，不复朝谒。复，扶又翻。朝，直遥翻；下同。唐主遣寿王景遂劳问，劳，力到翻。许镇洪州，始入朝。

唐主与之宴，酒酣，齐丘曰："陛下中兴，臣之力也，奈何忘之！"唐主怒曰："公以游客干朕，事见二百六十六卷梁太祖乾化二年。今为三公，亦足矣。乃与人言朕乌喙如句践，难与共安乐，有之乎？"越范蠡遗文种书，言越王为人，长颈乌喙，可与同患难，不可与同安乐。句，读如钩。乐，读如洛。齐丘曰："臣实有此言。臣为游客时，陛下乃偏裨耳。今日杀臣可矣。"明日，唐主手诏谢之曰："朕之褊性，褊，补典翻。子嵩平昔所知。少相亲，老相怨，可乎！"少，诗照翻。自古君臣之间，岂无亲故，未有如宋齐丘之挟旧矜功，唐主之启宠纳侮者也。

丙午，以齐丘为镇南节度使。践洪州之约。宋齐丘本洪州进士，宠之以衣锦也。

15 帝寝疾，一旦，冯道独对。帝命幼子重睿出拜之，又令宦者抱重睿置道怀中，其意盖欲道辅立之。重，直龙翻。考异曰：汉高祖实录："晋高祖大渐，召近臣属之曰：'此天下，明宗之天下，寡人窃而处之久矣。寡人既谢，当归许王，寡人之愿也。’”此说难信。今从薛史。

六月，乙丑，帝殂。年五十一。五代会要，殂于邺都大内之保昌殿。

道与天平节度使、侍卫马步都虞候景延广议，以国家多难，宜立长君，乃奉广晋尹齐王重贵为嗣。晋高祖托孤于冯道，与吴主孙休托孤于濮阳兴、张布之事略同。难，乃旦翻。是日，齐王即皇帝位。延广以为己功，始用事，禁都下人无得偶语。以防奸人谋为变。

初，高祖疾亟，有旨召河东节度使刘知远入辅政，齐王寝之；知远由是怨齐王。为刘知远不入援张本。

16 丁卯，尊皇太后曰太皇太后，高祖之庶母刘氏也。皇后曰皇太后。高祖之后李氏也。

17 闽富沙王延政围汀州，闽主曦发漳、泉兵五千救之。九域志：泉州西至漳州二百九十五里，漳州西至汀州五百四十里。宋白曰：梁山有漳浦水，一名漳溪水，唐垂拱二年，析泉州之西南置漳州。垂拱之泉州，今之福州也。又遣其将林守亮入尤溪，大明宫使黄敬忠屯尤口，九域志：尤溪县在南剑州南一百五十五里，盖王氏初置县也。尤口，尤溪口也。欲乘虚袭建州；国计使黄绍颇将步卒八千为二军声援。

18 秋，七月，壬辰，太皇太后刘氏殂。

19 闽富沙王延政攻汀州，四十二战，不克而归。其将包洪实、陈望，将水军以御福州之师；丁酉，遇于尤口。尤溪口。黄敬忠将战，占者言时刻未利，按兵不动；洪实等引兵登岸，水陆夹攻之，杀敬忠，俘斩二千级，林守亮、黄绍颇皆遁归。

20 庚子，大赦。

21 癸卯，加景延广同平章事，兼侍卫马步都指挥使。赏其定策之功也。为景延广挟权制上、构契丹之隙张本。

22 勋旧皆欲复置枢密使，罢枢密使见上卷上年。冯道等三奏，请以枢密旧职让之；并枢密于中书，故谓枢密院旧所典之职为旧职。帝不许。

23 有神降于博罗县民家，博罗，汉古县，唐属循州，时为汉土。郡国志：循州有博罗山，浮海而来，傅着罗山，故名博罗。宋朝博罗县属惠州。九域志：在州北四十五里。宋白曰：博罗县接境于罗山，故曰博罗；东接龙州，南接西平，西接增城界。与人言而不见其形，闾阎人往占吉凶，多验，县吏张遇贤事之甚谨。时循州盗贼群起，莫相统一，贼帅共祷于神，神大言曰："张遇贤当为汝主。"于是【章：十二行本"是"下有"群帅"二字；乙十一行本同；孔本同。】共奉遇贤，称中天八国王，改元永乐，乐，音洛。置百官，攻掠海隅。循州东南距潮、惠二州，皆海隅之地。遇贤年少，少，诗照翻。无他方略，诸将但告进退而已。

汉主以越王弘昌为都统，循王弘杲为副以讨之，战于钱帛馆。汉兵不利，二王皆为贼所围；指挥使陈道庠等力战救之，得免。东方州县多为遇贤所陷。东方州县，谓番禺以东州县也，即惠、潮之地。九域志：广州东至惠州三百一十五里，又自惠州东至潮州八百一十里。道庠，端州人也。

24 高行周围襄州逾年，不下。去年十一月，高行周围襄州，事始见上卷。城中食尽，奉国军都虞候曲周王清言于行周曰：曲周县，属洺州。宋熙宁三年，省曲周县为镇，入鸡泽县。"贼城已危，我师已老，民力已困，不早迫之，尚何俟乎！"与奉国都指挥使元城刘词帅众先登。元城县带魏州。帅，读曰率。八月，拔之。安从进举族自焚。

25 甲子，以赵莹为中书令。

26 闽主曦遣使以手诏及金器九百、钱万缗、将吏敕告六百四十通，求和于富沙王延政，延政不受。

丙寅，闽主曦宴群臣于九龙殿。从子继柔不能饮，强之。从，才用翻。强，其两翻。继柔私减其酒，曦怒，并客将斩之。王曦之酗虐，孙晧之流也。将，即亮翻。

27 闽人铸永隆通宝大铁钱，一当铅钱百。

28 汉葬天皇大帝于康陵，庙号高祖。

29 唐主自为吴相，兴利除害，变更旧法甚多。梁均王之贞明四年，唐主始得吴政，吴王隆演之十五年也。及即位，命法官及尚书删定为升元条三十卷；时唐以升元纪元。庚寅，行之。

30 闽主曦以同平章事候官余廷英为泉州刺史。廷英贪秽，掠人女子，诈称受诏采择以备后宫。事觉，曦遣御史按之。廷英惧，诣福州自归，曦诘责，将以属吏；诘，去吉翻。属，之欲翻。廷英退，献买宴钱万缗。曦悦，明日召见，谓曰："宴已买矣，皇后贡物安在?"廷英复献钱于李后，乃遣归泉州；自是诸州皆别贡皇后物。未几，复召廷英为相。见，贤遍翻。复，扶又翻。几，居岂翻。史言闽主曦之好货甚于昶。

31 冬，十月，丙子，张遇贤陷循州，杀汉刺史刘传。

32 楚王希范作天策府，王举天下大定录曰：希范建天策府于州城西北，造天策、光政等一十六楼，又造天策、勤政等五堂。极栋宇之盛；户牖栏槛皆饰以金玉，涂壁用丹砂数十万斤；丹砂出辰、溪、溆、锦等州及诸溪峒，皆楚之境内也。本草图经曰：丹砂生深山石崖间，土人穴地数十尺，始见其苗，乃白石也，谓之丹砂床。砂生石上，其块大者如鸡子，小者如石榴颗，状若芙蓉头、箭镞连床者；紫黯若铁色，而光明莹澈，碎之，崭岩作墙壁，又似云母片可析者，无石弥佳。过此则淘土石中得之。地衣，春夏用角簟，角簟，剖竹为细篾，织之，藏节去筠，莹滑可爱；南蛮或以白藤为之。秋冬用木绵。木绵，今南方多有焉。于春中作畦种之，至夏秋之交结实，至秋半，其实之外皮四裂，中踊出，白如绵。土人取而纺之，织以为布，细密厚暖，宜以御冬。与子弟僚属游宴其间。

33 十一月，庚寅，葬圣文章武明德孝皇帝于显陵，陵在河南府寿安县。庙号高祖。

34 先是河南、北诸州官自卖海盐，岁收缗钱十七万；又散蚕盐敛民钱。蚕盐所以裹茧。唐天成二年，敕：每年二月内一度俵散蚕盐，依夏税限纳钱。宋白曰：周显德三年，敕齐州蚕盐于秋苗上俵配，谓之查头，每一石征钱三千文；沧、棣、滨、淄、青，每石征绢一匹。后齐州减征一半，五州所征绢加倍。先，悉荐翻。言事者称民坐私贩盐抵罪者众，不若听自贩，而岁以官所卖钱直敛于民，谓之食盐钱；高祖从之。俄而盐价顿贱，每斤至十钱。

至是，三司使董遇欲增求羡利，羡，延面翻。而难于骤变前法，乃重征盐商，过者七钱，留卖者十钱。由是盐商殆绝，而官复自卖。复，扶又翻。其食盐钱，至今敛之如故。五代会要：时言事者请将食盐钱于诸道州府，计户每户一贯至二百为五等配之，然后任人逐便兴贩，既不亏官，又益百姓。朝廷行之，诸处场务且仍旧。俄而盐货顿贱，去出盐远处州县，每斤不过二十。掌事者又难骤改其法，奏请重置税焉。盖欲绝兴贩，归利于官。场院粜盐虽多，人户盐钱又不放免，民甚苦之。

35 闽盐铁使、右仆射李仁遇，敏之子，李敏，闽主昶元妃梁国夫人之父。闽主曦之甥也；年少，美姿容，得幸于曦。有龙阳之宠也。十二月，以仁遇为左仆射兼中书侍郎，翰林学士、吏部侍郎李光准为中书侍郎兼户部尚书，并同平章事。

曦荒淫无度，尝夜宴，光准醉忤旨，忤，五故翻。命执送都市斩之；吏不敢杀，系狱中。明日，视朝，朝，直遥翻。召复其位。是夕，又宴，收翰林学士周维岳下狱。下，户嫁翻。吏拂榻待之，曰："相公昨夜宿此，尚书勿忧。"醒而释之。他日，又宴，侍臣皆以醉去，独维岳在。曦曰："维岳身甚小，何饮酒之多？"左右或曰："酒有别肠，此俚俗之常语。不必长大。"曦欣然，命捽维岳下殿，捽，昨没翻。欲剖视其酒肠。或曰："杀维岳，无人【章：十二行本"人"下有"复能"二字；乙十一行本同；孔本同；张校同。】侍陛下剧饮者。"乃舍之。

36 帝之初即位也，大臣议奉表称臣告哀于契丹，景延广请致书称孙而不称臣。景延广之议，因三年契丹主令高祖称儿皇帝，用家人之礼致书也。李崧曰："屈身以为社稷，何耻之有！为，于伪翻。陛下如此，他日必躬擐甲胄，擐，音宦。与契丹战，于时悔无益矣。"于时者，于其时也。延广固争，冯道依违其间。帝卒从延广议。卒，子恤翻。契丹大怒，遣使来责让，且言："何得不先承禀，遽即帝位？"延广复以不逊语答之。

契丹卢龙节度使赵延寿欲代晋帝中国，赵延寿父子欲帝中国之心，已见于屯团柏之时。屡说契丹击晋，契丹主颇然之。说，式芮翻。为契丹入寇张本。

齐王上 讳重贵，高祖兄敬儒之子。

天福八年（癸卯、九四三）

1 春，正月，癸卯，蜀主以宣徽使兼宫苑使田敬全领永平节度使；敬全，宦者也，引前蜀王承休为比而命之，前蜀主王衍使宦者王承休帅秦州，事见二百七十三卷唐庄宗同光二年。诗云：殷鉴不远，在夏后之世。孟昶不能以前蜀之亡国为鉴，乃引王承休为比以崇秩宦官，其国至宋而亡，晚矣！国人非之。

2 帝闻契丹将入寇，二月，己未，发邺都；乙丑，至东京。帝即位于邺都保昌殿柩前，至是始还汴。然犹与契丹问遗相往来，无虚月。遗，唯季翻。

3 唐宣城王景达，刚毅开爽，烈祖爱之，屡欲以为嗣；烈祖，即谓唐主。唐主崩，庙号烈祖，通鉴因其国史成文书之。宋齐丘亟称其才，亟，去吏翻。唐主以齐王璟年长而止。长，知两翻。璟以是怨齐丘。既以赞夺嫡之谋怨之，又以争权误国怒之，宋齐丘于是不得免矣。

唐主幼子景逷，母种氏有宠，齐王璟母宋皇后稀得进见。唐主如璟宫，遇璟亲调乐器，大怒，诮让者数日。种氏乘间言，景逷虽幼而慧，可以为嗣。逷，他历翻。种，直中翻。见，贤遍翻。诮，才笑翻。间，古苋翻。唐主怒曰："子有过，父训之，常事也。国家大计，女子何得预知！"即命嫁之。史言唐主明断，不牵于女宠。

唐主尝梦吞灵丹，旦而方士史守冲献丹方，以为神而饵之，浸成躁急。自叔孙豹以来，践妖梦以自祸者多矣。左右谏，不听。尝以药赐李建勋，建勋曰："臣饵之数日，已觉躁热，况多饵乎！"唐主曰："朕服之久矣。"群臣奏事，往往暴怒；然或有正色论辩中理者，中，竹仲翻。亦敛容慰谢而从之。

唐主问道士王栖霞："何道可致太平？"对曰："王者治心治身，乃治家国。今陛下尚未能去饥嗔、饱喜，治，直之翻。去，羌吕翻。嗔，昌真翻。何论太平！"宋后自帘中称叹，以为至言。凡唐主所赐予，予，读曰与。栖霞皆不受。栖霞常为人奏章，唐主欲为之筑坛。为，于伪翻。辞曰："国用方乏，何暇及此！俟焚章不化，乃当奏请耳。"道士率奏章，自谓上达于天。史言王栖霞异乎挟术以干宠利者。

驾部郎中冯延巳，为齐王元帅府掌书记，性倾巧，与宋齐丘及宣徽副使陈觉相结；同府在己上者，延巳稍以计逐之。延巳尝戏谓中书侍郎孙晟曰："公有何能，为中书郎？"晟曰："晟，山东鄙儒，孙晟，密州高密县人，奔南，见二百七十六卷唐明宗天成二年。文章不如公，谈谐不如公，谄诈不如公。然主上使公与齐王游处，处，昌吕翻。盖欲以仁义辅导之也，岂但为声色狗马之友邪！晟诚无能；【章：十二行本"能"下有"如"字；乙十一行本同；孔本同。】公之能，适足为国家之祸耳。"延巳，歙州人也。歙，书涉翻。

又有魏岑者，亦在齐王府。给事中常梦锡屡言陈觉、冯延巳、魏岑皆佞邪小人，不宜侍东宫；司门郎中判大理寺萧俨表称陈觉奸回乱政；唐主颇感悟，未及去。去，羌吕翻。

会疽发背，秘不令人知，密令医治之，听政如故。庚午，疾亟，太医吴廷裕【严：“裕”改“绍”。】遣亲信召齐王璟入侍疾。唐主密令医治疾，犹可曰欲以镇安人心。至于危殆召嫡长入侍，乃出于医师之意，此可以为法乎！治，直之翻。唐主谓璟曰：“吾饵金石，始欲益寿，乃更伤生，汝宜戒之！”是夕，殂。年五十六。秘不发丧，下制：“以齐王监国，大赦。”

孙晟恐冯延巳等用事，欲称遗诏令太后临朝称制。翰林学士李贻业曰：“先帝尝云：‘妇人预政，乱之本也，’安肯自为厉阶！此必近习奸人之诈也。且嗣君春秋已长，明德著闻，长，知两翻。闻，音问。公何得遽为亡国之言！若果宣行，吾必对百官毁之。”晟惧而止。贻业，蔚之从曾孙也。李蔚，唐僖宗乾符中为相。蔚，纡勿翻。从，才用翻。

丙子，始宣遗制。庚午至丙子七日始发丧。烈祖末年卞急，近臣多罹谴罚。陈觉称疾，累月不入，及宣遗诏，乃出。萧俨劾奏：“觉端居私室，以俟升遐，劾，户概翻，又户得翻。请按其罪。”齐王不许。

自烈祖相吴，禁压良为贱，买良人子女为奴婢，谓之压良为贱，律之所禁也。令买奴婢者通官作券。冯延巳及弟礼部员外郎延鲁，俱在元帅府，草遗诏听民卖男女；意欲自买姬妾，萧俨驳曰：驳，北角翻。“此必延巳等所为，非大行之命也。自汉以来，天子升遐，梓宫在殡，称曰大行皇帝。昔延鲁为东都判官，东都留守判官也。唐以江都为东都。已有此请；先帝访臣，臣对曰：‘陛下昔为吴相，民有鬻男女者，为出府金，赎而归之，为出，于伪翻。府金，藏府之金也。故远近归心。今即位而反之，使贫人之子为富人断役，可乎？’先帝以为然，将治延鲁罪。治，直之翻。臣以为延鲁愚，无足责。先帝斜封延鲁章，抹三笔，持入宫。请求诸宫中，必尚在。”齐王命取先帝时留中章奏千馀道，皆斜封一抹，凡章奏留中不下者，皆当时不行者也；若其言可行者，则付外施行。果得延鲁疏。然以遗诏已行，竟不之改。声冯延鲁以己私傅益遗制之罪，明底其罚而改之，不亦可乎！史言唐烈祖尚儒，故当国有大故之时，犹有能持正以断国论者。

4 闽富沙王延政称帝于建州，国号大殷，大赦，改元天德。以将乐县为镛州，唐武德五年，分邵武置将乐县，时属建州，宋属南剑州。九域志：在州南二百四十里。宋白曰：其地在越已有将乐之名。按后汉书云：永安三年，析建安之校乡，置将乐县。按汉无永安年号，独吴孙休改元永安耳。乐，音洛。延平镇为镡州。镡州，今之南剑州是也。吴分建安置南平县，晋改为延平县。闽王审知立延平镇，王延政置镡州；南唐改剑州，取宝剑化龙于延平津以立州也。宋朝混一，始加南字，以别蜀之剑州。镡，徐林翻，又读如覃。立皇后张氏。以节度判官潘承佑为吏部尚书，节度巡官建阳杨思恭为兵部尚书。唐武德四年，置建阳县，属建州。九域志：在州西二百四十里。宋白曰：汉建安元年，割建安县地为桐乡；十年，会稽南部都尉贺齐，分上饶之地兼旧桐乡置建平县；晋太元四年，改建平为建阳县，因山之阳为名。未几，以承佑同平章事，潘承佑能谏王延政之日寻干戈，而不能谏其举大号，又俛眉而为之相，亦复何也！思恭迁仆射，录军国事。

延政服赭袍视事，然牙参及接邻国使者，犹如藩镇礼。

殷国小民贫，军旅不息。杨思恭以善聚敛得幸，敛，力赡翻。增田亩山泽之税，至于鱼盐蔬果，无不倍征，征之倍其常数。国人谓之“杨剥皮”。

5 三月，己卯朔，以中书令赵莹为晋昌节度使兼中书令；以晋昌节度使兼侍中桑维翰为侍中。桑维翰始者居藩镇而兼侍中，今入朝，正为门下省长官。

6 唐元宗即位，本名景通，改名璟，后又改名景。大赦，改元保大。秘书郎韩熙载请俟逾年改元，不从。古者人君即位，逾年而后改元，不忍遽改父之道也。尊皇后曰皇太后，唐烈祖后宋氏。立妃钟氏为皇后。

唐主未听政，以居丧，未御正朝听政。冯延巳屡入白事，一日至数四。唐主曰："书记有常职，何为如是其烦也！"冯延巳时为齐王掌书记。

唐主为人谦谨，初即位，不名大臣，数延公卿论政体，数，所角翻。李建勋谓人曰："主上宽仁大度，优于先帝；但性习未定，苟旁无正人，但恐不能守先帝之业耳。"后果如李建勋之言，其仅保江南者幸也。

唐主以镇南节度使宋齐丘为太保兼中书令，奉化节度使周宗为侍中。九域志：南唐置奉化军节度于江州。唐主以齐丘、宗先朝勋旧，故顺人望召为相，政事皆自决之。

徙寿王景遂为燕王，宣城王景达为鄂王。

初，唐主为齐王，知政事，晋天福三年，唐烈祖徙吴王璟为齐王；若其辅政，则始于后唐潞王清泰元年，吴睿皇之大和六年也。此盖言知唐政事时。每有过失，常梦锡常直言规正；始虽忿怼，怼，直类翻。终以谅直多之。及即位，许以为翰林学士，齐丘之党疾之，坐封驳制书，贬池州判官。池州多迁客，以罪迁降于外州者，其州人谓之为迁客。节度使上蔡王彦俦，防制过甚，几不聊生，几，居依翻。惟事梦锡如在朝廷。王彦俦岂知敬常梦锡哉，以其事唐主于齐府，贬非其罪，必将复召用，故敬之耳。

宋齐丘待陈觉素厚，唐主亦以觉为有才，遂委任之。冯延巳、延鲁、魏岑，虽齐邸旧僚，皆依附觉，与休宁查文徽吴分歙县置休阳县，后改曰海阳，晋武帝改曰海宁，隋改曰休宁；唐属歙州。九域志：在州西六十六里。查，钼加翻，姓也。何承天姓苑已有此姓，则江南之有查姓旧矣。更相汲引，侵蠹政事，更，工衡翻。唐人谓觉等为"五鬼"。延鲁自礼部员外郎迁中书舍人、勤政殿学士，江州观察使杜昌业闻之，叹曰："国家所以驱驾群臣，在官爵而已。若一言称旨，遽跻通显，勤政殿学士，盖唐烈祖所置，犹中朝之端明殿学士也。称，尺证翻。后有立功者，何以赏之！"未几，唐主以岑及文徽皆为枢密副使。几，居岂翻。岑既得志，会觉遭母丧，岑即暴扬觉过恶，暴，显也。摈斥之。

7 唐置定远军于濠州。

8 汉殇帝骄奢，不亲政事。高祖在殡，作乐酣饮；夜与倡妇微行，倮男女而观之。倡，音昌。倮，鲁果翻。左右忤意辄死，无敢谏者；忤，五故翻。惟越王弘昌及内常侍番禺吴怀恩屡谏，不听。番，音潘。常猜忌诸弟，每宴集，令宦者守门，群臣、宗室，皆露索，然后入。露体而搜索之，恐其挟怀兵刃也。索，山客翻。

晋王弘熙欲图之，乃盛饰声伎，娱悦其意，以成其恶。伎，巨绮翻。汉主好手搏，弘熙令指挥使陈道庠引力士刘思潮、谭令禋、林少强、林少良、何昌廷等五人习手搏于晋府，好，呼到翻。少，诗照翻。晋府，弘熙所居第也。汉主闻而悦之。丙戌，与诸王宴于长春宫，观手搏，至夕罢宴，汉主大醉。弘熙使道庠、思潮等掖汉主，因拉杀之，年二十四。因扶掖而拉其胁杀之。拉，卢合翻。尽杀其左右。

明旦，百官诸王莫敢入宫，越王弘昌帅诸弟临于寝殿，帅，读曰率。临，力鸩翻。迎弘熙即皇帝位，更名晟，晟，汉主玢之弟也。更，工衡翻。改元应乾。以弘昌为太尉兼中书令、诸道兵马都元帅，知政事，循王弘杲为副元帅，参预政事。陈道庠及刘思潮等皆受赏赐甚厚。

9 闽主曦纳金吾使尚保殷之女，考异曰：闽录作"尚可殷"。今从十国纪年。立为贤妃。妃有殊色，曦嬖之；醉中，妃所欲杀则杀之，所欲宥则宥之。沈酗于酒，惟妇言是用，商纣所以亡也。嬖，卑义翻，又博计翻。

10 夏，四月，戊申朔，日有食之。

11 唐以中书侍郎、同平章事李建勋为昭武节度使，镇抚州。九域志：吴置昭武节度于抚州。

12 殷将陈望等攻闽福州，是年二月，王延政建国于建州，号曰殷。入其西郛，既而败归。

13 五月，殷吏部尚书、同平章事潘承佑上书陈十事，大指言："兄弟相攻，逆伤天理，一也。赋敛烦重，力役无节，二也。敛，力赡翻。发民为兵，羁旅愁怨，三也。民为兵则疲于征戍，羁旅异乡，不得反其桑梓，故愁怨。杨思恭夺民衣食，使归怨于上，群臣莫敢言，四也。杨思恭事见上二月。疆土狭隘，多置州县，增吏困民，五也。谓置镛州、镡州也。除道裹粮，将攻临汀，临汀，汀州也。唐开抚、福二州山洞，置汀州，因长汀为名，初治新罗，后移治长汀白石村；天宝改为临汀郡，乾元复为州。九域志：延平西至临汀八百里。曾不忧金陵、钱塘乘虚相袭，六也。唐都金陵，吴越都钱塘。唐兵自抚、信可以袭建州，吴越兵自婺、衢可以袭建州。括高赀户，财多者补官，逋负者被刑，七也。被，皮义翻。延平诸津，征果菜鱼米，获利至微，敛怨甚大，八也。与唐、吴越为邻，即位以来，未尝通使，九也。宫室台榭，崇饰无度，十也。"殷王延政大怒，"殷王"当作"殷主"。削承佑官爵，勒归私第。

14 汉中宗既立，国中议论汹汹。言其弑兄自立也。汹，许拱翻。循王弘杲请斩刘思潮等以谢中外，汉主不从。思潮等闻之，谮弘杲谋反，汉主令思潮等伺之。弘杲方宴客，思潮与谭令禋帅卫兵突入，伺，相吏翻，候也，察也。帅，读曰率。突入，掩不备。斩弘杲。于是汉主谋尽诛诸弟，以越王弘昌贤而得众，尤忌之。弘昌见忌事始上年四月。雄武节度使齐王弘弼，详考本末，"雄武"当作"建武"；建武军邕州。自以居大镇，惧祸，求入朝；许之。

15 初，闽主曦侍康宗宴，闽主昶庙号康宗。会新罗献宝剑，新罗国之于闽国，其地在海东，通使于闽。康宗举以示同平章事王倓曰："此何所施？"倓对曰："斩为臣不忠者。"时曦已蓄异志，凛然变色。至是宴群臣，复有献剑者，曦命发倓冢，斩其尸。倓，徒甘翻，又徒滥翻，徒敢翻。复，扶又翻。

校书郎陈光逸谓其友曰："主上失德，亡无日矣；吾欲死谏。"其友止之，不从，上书谏【章：十二行本"谏"作"陈"；乙十一行本同；张校同。】曦大恶五十事。曦怒，命卫士鞭之数百，不死；以绳系其颈，悬诸庭树，久之乃绝。

16 秋，七月，己丑，诏以年饥，国用不足，分遣使者六十馀人于诸道括民谷。

17 吴越王弘佐初立，上统军使阚璠强戾，阚，苦鉴翻，姓也。璠，音烦。排斥异己，弘佐不能制；内牙上都监使章德安数与之争，数，所角翻。右都监使李文庆不附于璠，乙巳，贬德安于处州，章德安受托孤之寄，而为阚璠所制，其才不足称也。文庆于睦州。璠与右统军使胡进思益专横。为吴越诛阚璠张本。横，户孟翻。璠，明州人；今明州犹祀阚璠，谓之阚相公庙。文庆，睦州人；进思，湖州人也。

18 唐主缘烈祖意，缘，因也，由也。以天雄节度使兼中书令、金陵尹燕王景遂为诸道兵马元帅，徙封齐王，居东宫；天平节度使、守侍中、东都留守鄂王景达为副元帅，徙封燕王；宣告中外，约以传位。立长子弘冀为南昌王。景遂、景达固辞，不许。景遂自誓必不敢为嗣，更其字曰退身。更，工衡翻。为弘冀毒景遂张本。

19 汉指挥使万景忻败张遇贤于循州。败，补迈翻。遇贤告于神，神曰："取虔州，则大事可成。"遇贤帅众逾岭，趣虔州。唐百胜节度使贾匡浩不为备，梁以百胜节度使命卢光稠；淮南杨氏既并虔州，因而不改。宋朝绍兴初，改虔州为赣州，取章、贡二水以名州也。帅，读曰率。趣，七喻翻。遇贤众十馀万攻陷诸县，再败州兵，败，补迈翻。城门昼闭。遇贤作宫室营署于白云洞，遣将四出剽掠。剽，匹妙翻。匡浩，公铎之子也。贾公铎见二百六十卷唐昭宗乾宁三年。

20 八月，乙卯，唐主立弟景遏为保宁王。宋太后怨种夫人，屡欲害景遏，种夫人欲立景遏见是年二月。唐主力保全之。

21 夏州牙内指挥使拓跋崇斌谋作乱，绥州刺史李彝敏将助之，事觉；辛未，彝敏弃州，与其弟彝俊等五人奔延州。赵珣聚米图经：绥州南至延州界三百四十里。宋白曰：绥州北至夏州三百六十里。

22 九月，尊帝母秦国夫人安氏为皇太妃。妃，代北人也。帝既继大宗，则帝父敬儒为皇伯。今尊生母安氏为皇太妃，将以为谁之妃乎！帝事太后、太妃甚谨，【章：十二行本"谨"下有"多侍食于其宫"六字；乙十一行本同；孔本同；张校同；退斋校同。】待诸弟亦友爱。高祖七子，此时惟重睿在耳。帝，敬儒之子也，亦无兄弟见于史。

23 初，河阳牙将乔荣考异曰：汉隐帝实录作"乔荧"，陷蕃记作"乔莹"。今从晋少帝、汉高祖实录、薛史景延广传、契丹传。从赵延寿入契丹，契丹以为回图使，凡外国与中国贸易者，置回图务，犹今之回易场也。往来贩易于晋，置邸大梁。及契丹与晋有隙，景延广说帝囚荣于狱，说，式芮翻。悉取邸中之货。凡契丹之人贩易在晋境者，皆杀之，夺其货。大臣皆言契丹有大功，谓救解晋阳之围，高祖遂以得中原。不可负。戊子，释荣，慰赐而归之。

荣辞延广，延广大言曰："归语而主，语，牛倨翻。而，汝也。先帝为北朝所立，故称臣奉表。今上乃中国所立，所以降志于北朝者，正以不敢忘先帝盟约故耳。为邻称孙，足矣，无称臣之理。北朝皇帝勿信赵延寿诳诱，诳，居况翻。诱，以久翻。轻侮中国。中国士马，尔所目睹。翁怒则来战，孙有十万横磨剑，足以相待。他日为孙所败，败，补迈翻。取笑天下，毋悔也！"荣自以亡失货财，恐归获罪，且欲为异时据验，乃曰：

"公所言颇多，惧有遗忘，忘，巫放翻。愿记之纸墨。"延广命吏书其语以授之，荣具以白契丹主。契丹主大怒，入寇之志始决。景延广建议称孙不称臣，犹可曰为国体也；囚其邸吏而取其货财，则误国之罪无所逃矣。晋使如契丹，皆絷之幽州，不得见。

桑维翰屡请逊辞以谢契丹，每为延广所沮。沮，在吕翻。帝以延广有定策功，故宠冠群臣；冠，古玩翻。又总宿卫兵，故大臣莫能与之争。河东节度使刘知远，知延广必致寇，而畏其方用事，不敢言，刘知远非不敢言，盖亦有憾于帝而不欲言，将坐观成败，因而利之也。但益募兵，奏置兴捷、武节等十馀军以备契丹。

24 甲午，定难节度使李彝殷奏李彝敏作乱之状，难，乃旦翻。诏执彝敏送夏州，斩之。

25 冬，十月，戊申，立吴国夫人冯氏为皇后。

初，高祖爱少弟重胤，养以为子；欧史：重胤，高祖弟也，不知其为亲疏，高祖爱之，养以为子，故于名加重而下齿诸子。少，诗照翻。重，直龙翻。及留守邺都，娶副留守安喜冯濛女为其妇。安喜县属定州。刘昫曰：安喜，汉中山之卢奴县也；慕容垂改为不连，北齐改曰安喜，隋改为鲜虞，唐武德复为安喜；定州所治也。重胤早卒，冯夫人寡居，有美色，帝见而悦之；高祖崩，梓宫在殡，帝遂纳之。群臣皆贺，帝谓冯道等曰："皇太后之命，与卿等不任大庆。"群臣出，帝与夫人酣饮，过梓宫前，醊而告曰："皇太后之命，与先帝不任大庆。"任，音壬。醊，陟卫翻，祭而以酒酹地也。斩焉衰绖之中，触情纵欲以乱大伦，又从而狎侮其先，何以能久！左右失笑，不觉发笑为失笑。帝亦自笑，顾谓左右曰："我今日作新婿，何如？"夫人与左右皆大笑。太后虽恚，而无如之何。恚，於避翻。鲁昭公在戚而有嘉容，终以失国。帝与夫人沦于异域，非不幸也。

既正位中宫，颇预政事。后兄玉，时为礼部郎中、盐铁判官，帝骤擢用至端明殿学士、户部侍郎，与议政事。

26 汉主命韶王弘雅致仕。

27 唐主遣洪州营屯都虞候严恩将兵讨张遇贤，以通事舍人金陵边镐为监军。镐用虔州人白昌裕为谋主，击张遇贤，屡破之。遇贤祷于神，神不复言，复，扶又翻。其徒大惧。昌裕劝镐伐木开道，出其营后袭之，遇贤弃众奔别将李台。台知神无验，执遇贤以降，斩于金陵市。去年七月，张遇贤作乱于汉境，入唐境而亡。史言依托怪妄之祸败。降，户江翻。

28 十一月，丁亥，汉主祀南郊，大赦，改元乾和。

29 戊子，吴越王弘佐纳妃仰氏，仁诠之女也。仰仁诠见任于吴越王元瓘。诠，且缘翻。

30 初，高祖以马三百借平卢节度使杨光远，景延广以诏命取之。光远怒曰："是疑我也。"密召其子单州刺史承祚，唐末，以宋州之砀山县，梁太祖乡里也，为置辉州，已而徙治单父县；后唐灭梁，改为单州。薛居正五代史：唐庄宗同光二年六月，改辉州为单州。单，音善。戊戌，承祚称母病，夜，开门奔青州。庚子，以左飞龙使金城何超权知单州。此应州之金城县也。遣内班赐光远玉带、御马，【章：十二行本"马"下有"金帛"二字；乙十一行本同；孔本同。】以安其意。内班，盖宦者也。

壬寅，遣侍卫步军都指挥使郭谨将兵戍郓州。以防河津，使杨光远不得与契丹交通也。

31 唐葬光文肃武孝高皇帝于永陵，庙号烈祖。

32 十二月，乙巳朔，遣左领军卫将军蔡行遇将兵戍郓州。杨光远遣骑兵入淄州，劫刺史翟进宗归于青州。九域志：青州西南至淄州一百二十里。翟，苌伯翻。甲寅，徙杨承祚为登州刺史以从其便。登州，平卢巡属也。

光远益骄，密告契丹，以晋主负德违盟，境内大饥，公私困竭，乘此际攻之，一举可取；赵延寿亦劝之。契丹主乃集山后及卢龙兵合五万人，使延寿将之，山后，即妫、檀、云、应诸州。卢龙，幽州军号。此皆天福之初割与契丹之土地人民也。契丹用中国之将，将中国之兵以攻晋；借寇兵而赍盗粮，中国自此胥为夷矣。将，即亮翻。委延寿经略中国，曰："若得之，当立汝为帝。"又常指延寿谓晋人曰："此汝主也。"延寿信之，由是为契丹尽力，画取中国之策。赵延寿为契丹主愚弄鼓舞，至死不悟，嗜欲深者天机浅也。是为，于伪翻。

朝廷颇闻其谋，丙辰，遣使城南乐及德清军，时置德清军于澶州清丰县，在州北六十里。宋白曰：德清军本旧澶州地，晋天福三年，移澶州于德胜寨，乃于旧澶州置顿丘镇，取县为名；至四年，改镇为德清军。开运元年，移德清军于陆家店，在新澶州之北七十里。征近道兵以备之。

33 唐侍中周宗年老，恭谨自守，中书令宋齐丘广树朋党，百计倾之。宋齐丘之嫌隙，开于吴、唐禅代之间，权利启人争心有如此者。事见二百八十卷。宗泣诉于唐主，唐主由是薄齐丘。

既而陈觉被疏，乃出齐丘为镇海节度使。陈觉者，宋齐丘之党，唐主所亲任者也；觉疏，则齐丘无君侧之助，乃出。被，皮义翻。齐丘忿怼，表乞归九华旧隐，怼，直类翻。齐丘隐九华见二百七十七卷唐明宗长兴二年。唐主知其诈，一表，即从之，赐书曰："明日之行，昔时相许。朕实知公，故不夺公志。"仍赐号九华先生，封青阳公，食一县租税。

齐丘乃治大第于青阳，宋白曰：青阳县本吴临城县地，赤乌中置。隋平陈，废临城县为南陵县。唐天宝元年，分泾、南陵、秋浦，置青阳县，属池州，以其地在青山之阳也。九域志：在州东南一百里。治，直之翻。服御将吏，皆如王公，而愤邑尤甚。

34 宁州酋长莫彦殊以所部温那等十八州附于楚；宁州，即唐之南宁州也，天宝末，没于蛮；唐末，复置宁州于清溪镇，去黔州二十九日行。酋，慈由翻。长，知两翻。其州无官府，惟立牌于冈阜，略以恩威羁縻而已。

35 是岁，春夏旱，秋冬水，蝗大起，东自海壖，西距陇坻，壖，而宣翻。坻，丁礼翻。南逾江、淮，【章：十二行本“淮”作“湖”；乙十一行本同。】北抵幽蓟，原野、山谷、城郭、庐舍皆满，竹木叶俱尽。重以官括民谷，蓟，音计。重，直用翻。是年秋七月，以年饥，用不足，括民谷。使者督责严急，至封碓硙，不留其食，有坐匿谷抵死者。县令往往以督趣不办，纳印自劾去。民馁死者数十万口，流亡不可胜数。碓，都内翻，舂也。硙，五对翻，礳也。趣，读曰促。劾，户概翻，又户得翻。胜，音升。于是留守、节度使下至将军，各献马、金帛、刍粟以助国。

朝廷以恒、定饥甚，独不括民谷。顺国节度使杜威奏称军食不足，请如诸州例，许之。杜重威平安重荣，即用为恒帅。帝即位，避帝名，去“重”字，止称“威”。顺国军号亦新改。恒，户登翻。威用判官王绪谋，检索殆尽，索，山客翻。得百万斛。威止奏三十万斛，馀皆入其家；又令判官李沼称贷于民，复满百万斛，来春粜之，称，蚩陵翻，举也。复，扶又翻。粜，他吊翻。得缗钱二百万，阖境苦之。定州吏欲援例为奏，援恒州例。援，于元翻。义武节度使马全节不许，曰：“吾为观察使，职在养民，岂忍效彼所为乎！”唐节度使率兼观察使，节度之职掌兵，观察之职掌民。马全节之不效杜威，是矣。邻于善，民之望也。杜威曾念及此乎！

36 楚地多产金银，茶利尤厚，由是财货丰殖。而楚王希范，奢欲无厌，喜自夸大。厌，于盐翻。喜，许记翻。为长枪大槊，饰之以金，可执而不可用。募富民年少肥泽者八千人，为银枪都。少，诗照翻。宫室、园囿，服用之物，务穷侈靡。作九龙殿，刻沈香为八龙，沈，持林翻。饰以金宝，长十馀丈，长，直亮翻；下同。抱柱相向；希范居其中，自为一龙，其幞头脚长丈馀，以象龙角。幞，防玉翻。后周武帝制幞头，裁幅巾，出四脚，至今人服用之。唐人其脚向上，至宋太祖始为放脚。长，直亮翻。

用度不足，重为赋敛。敛，力赡翻；下同。每遣使者行田，专以增顷亩为功，民不胜租赋而逃。行，下孟翻。胜，音升。王曰："但令田在，何忧无谷！"民逃则有不耕之土，何从得谷乎！史言马希范不知稼穑之艰难。命营田使邓懿文籍逃田，募民耕艺出租。艺，种也。民舍故从新，仅能自存，自西徂东，各失其业。民无安生乐业之心，安能亲其上而死其长乎！又听人入财拜官，以财多少为官高卑之差。富商大贾，贾，音古。布在列位。外官还者，必责贡献。还，从宣翻，又如字。民有罪，则富者输财，强者为兵，惟贫弱受刑。又置函，使人投匿名书相告讦，讦，居谒翻。至有灭族者。

是岁，用孔目官周陟议，令常税之外，大县贡米二千斛，中千斛，小七百斛；无米者输布帛。天策学士拓跋恒上书曰："殿下长深宫之中，藉已成之业，长，知两翻。藉，慈夜翻。身不知稼穑之劳，耳不闻鼓鼙之音，鼙，部迷翻。驰骋遨游，雕墙玉食。张晏曰：玉食，珍食也。韦昭曰：诸侯备珍异之食。府库尽矣，而浮费益甚；百姓困矣，而厚敛不息。今淮南为仇雠之国，番禺怀吞噬之志，荆渚日图窥伺，溪洞待我姑息。淮南，谓唐；番禺，谓汉；荆渚，谓高氏；溪洞，彭、莫诸族。伺，相吏翻。谚曰：'足寒伤心，民怨伤国。'愿罢输米之令，诛周陟以谢郡县，去不急之务，减兴作之役，无令一旦祸败，为四方所笑。"王大怒。他日，恒请见，去，羌吕翻。见，贤遍翻。辞以昼寝。恒谓客将区弘练曰：将，即亮翻。区，岂俱翻，又音欧；今湖南多此姓。"王逞欲而愎谏，愎，蒲逼翻。吾见其千口飘零无日矣。"人多谓阖家之人曰百口；今曰千口者，以其诸侯，盛言之。王益怒，遂终身不复见之。复，扶又翻。

37 闽主曦嫁其女，取班簿阅视之；班簿者，簿记朝参名员。朝士有不贺者十二人，皆杖之于朝堂。以御史中丞刘赞不举劾，劾，户概翻，又户得翻。亦将杖之，赟义不受辱，欲自杀。谏议大夫郑元弼谏曰："古者刑不上大夫。记曲礼之言。上，时掌翻。中丞仪刑百僚，岂宜加之箠楚！"箠，止橤翻。曦正色曰："卿欲效魏征邪？"元弼曰："臣以陛下为唐太宗，故敢效魏征。"曦怒稍解，乃释赟，赟竟以忧卒。

开运元年（甲辰、九四四）是年七月方改元。

1 春，正月，乙亥，边藩驰告："契丹前锋将赵延寿、赵延照将兵五万入寇，逼贝州。"边藩，犹言边镇也。延照，思温之子也。赵思温本中国人，没于契丹。

先是朝廷以贝州水陆要冲，先，悉荐翻。多聚刍粟，为大军数年之储，以备契丹。军校邵珂，性凶悖，校，户教翻。珂，丘何翻。悖，蒲妹翻，又蒲没翻。永清节度使王令温黜之。时置永清军于贝州。珂怨望，密遣人亡入契丹，言"贝州粟多而兵弱，易取也。"易，以豉翻。会令温入朝，执政以前复州防御使吴峦权知州事，天福初，吴峦坚守云州以拒契丹，故朝廷用之。峦至，推诚抚士；会契丹入寇，峦书生，无爪牙，珂自请，愿效死，峦使将兵守南门，峦自守东门。契丹主自攻贝州，峦悉力拒之，烧其攻具殆尽。己卯，契丹复攻城，复，扶又翻。珂引契丹自南门入，峦赴井死。契丹遂陷贝州，所杀且万人。

庚辰，以归德节度使高行周为北面行营都部署，以河阳节度使苻彦卿为马军左厢排陈使，"苻"，当作"符"。郑樵氏族略曰：鲁顷公为楚所灭，顷公之孙公雅为秦符节令，因以为氏。后汉有符融，皇朝有符彦卿。望出琅邪，非苻秦之苻也。陈，读曰阵，下同。以右神武统军皇甫遇为马军右厢排陈使，以陕府节度使王周为步军左厢排陈使，以左羽林将军潘环为步军右厢排陈使。陕，失冉翻。

2 太原奏契丹入雁门关。雁门关即陉岭关。恒、邢、沧皆奏契丹入寇。恒，户登翻。

3 成德节度使杜威自安重荣反死，晋改成德军为顺国军，史以旧军名书之耳。遣幕僚曹光裔诣杨光远，为陈祸福，为，于伪翻。光远遣光裔入奏，称："承祚逃归，母疾故尔。去年十一月，杨承祚自单州逃归青州。既蒙恩宥，阖族荷恩。"荷，下可翻。朝廷信其言，遣使与光裔复往慰谕之。复，扶又翻。

4 唐以侍中周宗为镇南节度使，左仆射兼门下侍郎、同平章事张居咏为镇海节度使。

5 唐主决欲传位于齐、燕二王。传位之议，始于去年七月。燕，于贤翻。翰林学士冯延巳等因之欲隔绝中外以擅权。辛巳，敕："齐王景遂参决庶政，百官惟枢密副使魏岑、查文徽得白事，查，钼加翻。馀非召对不得见。"国人大骇。给事中萧俨上疏极论，不报。考异曰：江南录，此敕在去年十二月；今从十国纪年。纪年云宋齐丘上疏；今从江南录。侍卫都虞候贾崇叩阁求见，见，贤遍翻。曰："臣事先帝三十年，观其延接疏远，孜孜不怠，下情犹有不通者。陛下新即位，所任者何人，而顿与群臣谢绝？臣老矣，不复得奉颜色。"因涕泗呜咽。诗：涕泗滂沱。注云：自目曰涕，自鼻曰泗。唐主感悟，遽收前敕。

唐主于宫中作高楼，召侍臣观之，众皆叹美。萧俨曰："恨楼下无井。"唐主问其故。对曰："以此不及景阳楼耳。"陈后主起景阳楼，隋兵至，自投于楼下井中。萧俨引亡国以谏也。唐主怒，贬于舒州，观察使孙晟遣兵防之，俨曰："俨以谏诤得罪，非有他志。昔顾命之际，君几危社稷，谓孙晟欲使太后临朝也。几，居依翻。其罪顾不重于俨乎？今日反见防邪！"晟惭惧，遽罢之。

6 帝遣使持书遗契丹，遗，唯季翻。契丹已屯邺都，时契丹屯于邺都城外。不得通而返。

壬午，以侍卫马步都指挥使景延广为御营使，前静难节度使李周为东京留守。难，乃旦翻。是日，高行周以前军先发。时用兵方略号令皆出延广，宰相以下皆无所预；延广乘势使气，陵侮诸将，虽天子亦不能制。为罢景延广张本。

乙酉，帝发东京。丁亥，滑州奏契丹至黎阳。黎阳在滑州西岸，隔大河耳，故奏其事。戊子，帝至澶州。澶州时据德胜津。

契丹主屯元城，刘昫曰：魏州元城，隋县，治古殷城。唐贞观十七年，并入贵乡；圣历二年，分贵乡、莘县，置元城县，治王莽城；开元十三年，移治郭下。古殷城，在朝城东北十二里。时契丹主盖屯古殷城也。赵延寿屯南乐；南乐，即唐魏州之昌乐县，后唐避其祖李国昌讳，改曰南乐。九域志：南乐县在魏州南四十四里。乐，音洛。以延寿为魏博节度使，封魏王。此契丹主所命也。

契丹寇太原，刘知远与白承福合兵二万击之。甲午，以知远为幽州道行营招讨使，杜威为副使，马全节为都虞候。丙申，遣右武卫上将军张彦泽等将兵拒契丹于黎阳。

7 戊戌，蜀主复以将相遥领节度使。蜀罢将相领节见二百八十二卷高祖天福六年，蜀主之广政五年也。

8 帝复遣译者孟守忠致书于契丹，求修旧好。复，扶又翻。好，呼到翻。契丹主复书曰："已成之势，不可改也。"

辛丑，太原奏破契丹伟王于秀容，秀容，汉汾阳县地，隋自秀容故城移于此，因更县名；唐带忻州。斩首三千级。契丹自鸦鸣谷遁去。自鸦鸣谷出潞州，东与契丹主大军合。

9 殷铸天德通宝大铁钱，一当百。

10 唐主遣使遗闽主曦及殷主延政书，责以兄弟寻戈。遗，唯季翻。左传：郑子产曰："昔高辛氏有二子，伯曰阏伯，季曰实沈，居于旷林，不相能也，日寻干戈以相征讨。"曦复书，引周公诛管、蔡，唐□【章：十二行本空格作"太宗"二字；乙十一行本同；孔本同；熊校同。】诛建成、元吉为比。延政复书，斥唐主夺杨氏国。唐主怒，遂与殷绝。为唐灭殷张本。

11 天平节度副使、知郓州颜衎遣观察判官窦仪奏："博州刺史周儒以城降契丹，九域志：郓州西北至博州一百七十里。衎，苦旦翻，又音侃。又与杨光远通使往还，引契丹自马家口济河，擒左武卫将军蔡行遇。"去年十二月，遣蔡行遇戍郓州。仪谓景延广曰："虏若济河与光远合，则河南危矣。"延广然之。仪，蓟州人也。蓟，音计。

章锡琛标点聂崇岐覆校

资治通鉴卷第二百八十四

端明殿学士兼翰林侍读学士太中大夫
提举西京嵩山崇福宫上柱国河内郡开国公 司马光 奉敕编集
食邑二千六百户食实封一千户臣

后学天台胡三省音注

后晋纪五 起阏逢执徐(甲辰)二月，尽旃蒙大荒落(乙巳)七月，凡一年有奇。

齐王中

开运元年(甲辰、九四四)

1 二月，甲辰朔，命前保义节度使石赟守麻家口，前威胜节度使何重建守杨刘镇，护圣都指挥使白再荣守马家口，西京留守安彦威守河阳。赟，于伦翻。按是时凡缘河津要，皆以兵守之，亦由燕、冀、瀛、莫既入于北，辽人南寇，了无关山塘泺之阻，其兵可以径造河上，故不得不缘河为备也。未几，周儒引契丹将麻荅自马家口济河，营于东岸，攻郓州北津以应杨光远。麻荅，契丹主之从弟也。几，居岂翻。从，才用翻。郓，音运。

乙巳，遣侍卫马军都【章：十二行本“都”下有“指”字；乙十一行本同；孔本同；熊校同。】挥使·义成节度使李守贞、神武统军皇甫遇、陈州防御使梁汉璋、怀州刺史薛怀让将兵万人，缘河水陆俱进。守贞，河阳；汉璋，应州；怀让，太原人也。

丙午，契丹围高行周、符彦卿及先锋指挥使石公霸于戚城。春秋时，戚属卫地，河上邑也。东坡指掌图以为卫之戚，今在博州界。按是时晋与契丹相拒于澶、卫之间，此戚城当在澶州之北，魏州之南，疑不在博州之界也。先是景延广令诸将分地而守，无得相救。行周等告急，延广徐白帝，帝自将救之。契丹解去，三将泣诉救兵之缓，几不免。几，居衣翻。

戊申，李守贞等至马家口。契丹遣步卒万人筑垒，散骑兵于其外，馀兵数万屯河西，船数千艘渡兵，未已，艘，苏遭翻。晋兵薄之，契丹骑兵退走，晋兵进攻其垒，拔之。契丹大败，乘马赴河溺死者数千人，俘斩亦数千人。河西之兵恸哭而去，由是不敢复东。杨光远之援绝矣。复，扶又翻。

2 辛亥，定难节度使李彝殷奏将兵四万自麟州济河，侵契丹之境。定难军，夏州。九域志：麟州西北至夏州一百二十里。自麟州东北至府州，又自府州东北行入契丹境。难，乃旦翻。壬子，以彝殷为契丹西南面招讨使。

初，契丹主得贝州、博州，皆抚慰其人，或拜官赐服章。及败于戚城及马家口，忿恚，恚，於避翻。所得民，皆杀之，得军士，燔炙之。由是晋人愤怒，戮力争奋。

杨光远将青州兵欲西会契丹；戊午，诏石赟分兵屯郓州以备之。石赟时屯麻家口。

诏刘知远将部兵自土门出恒州击契丹，又诏会杜威、马全节于邢州。知远引兵屯乐平不进。乐平离太原二百馀里耳。

3 帝居丧期年，即于宫中奏细声女乐。细声女乐，欲其不闻于外也。及出师，常令左右奏三弦琵琶，和以羌笛，和，户卧翻。击鼓歌舞，曰：“此非乐也。”庚申，百官表请听乐，诏不许。居丧而纳叔母，尚何责乎听乐！

4 壬戌，杨光远围棣州，刺史李琼出兵击败之，杨光远自青州历淄州而围棣州。败，补卖翻。光远烧营走还青州。还，从宣翻，又如字。癸亥，以前威胜节度使何重建为东面马步都部署，将兵屯郓州。

5 阶、成义军指挥使王君怀帅所部千馀人叛降蜀，请为乡道以取阶、成。乡，读曰向。阶、成，二州名。甲子，蜀人攻阶州。

6 契丹伪弃元城去，伏精骑于古顿丘城，顿丘，汉古县。尔雅：丘一成曰顿丘。后移治所于阴安城。唐顿丘县，又移治于阴安城之南。天福三年，徙澶州跨德胜津，并顿丘县徙焉。顿丘凡三徙矣，古城盖阴安城也。以俟晋军与恒、定之兵合而击之。时诏杜威、马全节以兵来会，契丹欲俟其合而邀击之。邺都留守张从恩屡奏虏已遁去；大军欲进追之，会霖雨而止。契丹设伏旬日，人马饥疲。赵延寿曰："晋军悉在河上，畏我锋锐，必不敢前；不如即其城下，即，就也。四合攻之，夺其浮梁，谓澶州德胜渡之河梁也。则天下定矣。"契丹主从之。三月，癸酉朔，自将兵十馀万陈于澶州城北，宋白曰：契丹时驻兵澶州铁丘。陈，读曰阵；下同。东西横掩城之两隅，登城望之，不见其际。高行周前军在戚城之南，与契丹战，自午至晡，互有胜负。契丹主以精兵当中军而来，帝亦出陈以待之。契丹主望见晋军之盛，谓左右曰："杨光远言晋兵半已馁死，杨光远诱契丹入寇见上卷上年。今何其多也！"以精骑左右略陈，晋军不动，万弩齐发，飞矢蔽地。契丹稍却；又攻晋陈之东偏，不克。苦战至暮，两军死者不可胜数。胜，音升。昏后，契丹引去，营于三十里之外。不敢逼城而营，惧晋军攻劫也。

乙亥，契丹主帐中小校窃其马亡来，云契丹已传木书，收军北去。校，户教翻。木书者，书之于木以为信契。景延广疑其诈，闭壁不敢追。

7 汉主命中书令、都元帅越王弘昌谒烈宗陵于海曲，刘龑举大号，追尊其兄隐为烈宗。至昌华宫，使盗杀之。

8 契丹主自澶州北分为两军，一出沧、德，一出深、冀而归。所过焚掠，方广千里，广，古旷翻。民物殆尽。留赵延照为贝州留后。麻荅陷德州，擒刺史尹居璠。璠，音烦。

9闽拱宸都指挥使朱文进，阁门使连重遇，既弑康宗，见二百八十二卷天福四年。常惧国人之讨，相与结婚以自固。闽主曦果于诛杀，尝游西园，因醉杀控鹤指挥使魏从朗。从朗，朱、连之党也。又尝酒酣诵白居易诗云："惟有人心相对间，咫尺之情不能料，"因举酒属二人。易，以豉翻。属，之欲翻。二人起，流涕再拜，曰："臣子事君父，安有他志！"曦不应。二人大惧。

李后妒尚贤妃之宠，欲弑曦而立其子亚澄，尚贤妃有宠，见上卷天福八年，闽王之永隆四年也。亚澄时封闽王。使人告二人曰："主上殊不平于二公，奈何？"

会后父李真有疾，乙酉，曦如真第问疾。文进、重遇使拱宸马步使钱达弑曦于马上，召百官集朝堂，告之曰："太祖昭武皇帝，光启闽国，朝，直遥翻。闽主王鏻举大号，追尊其父审知曰太祖昭武皇帝。今子孙淫虐，荒坠厥绪。天厌王氏，宜更择有德者立之。"更，工行翻。众莫敢言。重遇乃推文进升殿，被衮冕，被，皮义翻。帅群臣北面再拜称臣。帅，读曰率。文进自称闽主，悉收王氏宗族延喜以下少长五十馀人，皆杀之。延喜，闽主之弟也。少，诗照翻。长，知两翻。葬闽主曦，谥曰睿文广武明圣元德隆道大孝皇帝，庙号景宗。以重遇总六军。礼部尚书、判三司郑元弼抗辞不屈，黜归田里，将奔建州，欲奔王延政也。文进杀之。文进下令，出宫人，罢营造，以反曦之政。

殷主延政遣统军使吴成义将兵讨文进，不克。

文进加枢密使鲍思润同平章事，以羽林统军使黄绍颇为泉州刺史，左军使程文纬为漳州刺史。汀州刺史同安许文稹，举郡降之。九域志：泉州同安县在州西一百三十五里，盖王氏所置也。宋白曰：开元十九年，析泉州南安县界四乡置大同场，闽王升为同安县。稹，章忍翻。

10 丁亥，诏太原、恒、安【章：十二行本“安”作“定”；乙十一行本同；孔本同；退斋校同。】兵各还本镇。契丹已退故也。

11 辛卯，马全节攻契丹泰州，拔之。五代会要：后唐天成三年，升奉化军为泰州，以清苑县为理所。至晋开运二年九月，移治满城县；至周广顺二年二月，废州，其满城县割隶易州。时马全节自定州攻泰州。

12 敕天下籍乡兵，每七户共出兵械资一卒。

13 秦州兵救阶州，出黄阶岭，败蜀兵于西平。败，补卖翻。

14 汉以户部侍郎陈偓同平章事。

15 夏，四月，丁未，缘河巡检使梁进以乡社兵复取德州。乡社兵，民兵也。时契丹寇掠，缘河之民，自备兵械，各随其乡，团结为社，以自保卫。契丹陷德州而北归，梁进乘其去而复取之。己酉，命归德节度使高行周、保义节度使王周留镇澶州。庚戌，帝发澶州；甲寅，至大梁。

侍卫马步都指挥使、天平节度使、同平章事景延广，既为上下所恶，上，谓将相大臣；下，谓军民。恶，乌路翻。帝亦惮其不逊难制；桑维翰引其不救戚城之罪，引，牵也；牵发其罪，犹人收卷衣物于怀袖间，从而牵出之然。辛酉，加延广兼侍中，出为西京留守。晋徙都汴，以河南府为西京。以归德节度使兼侍中高行周为侍卫马步都指挥使。延广郁郁不得志，橛竖小人，得权则骄溢使气，失权则郁郁不得志，乃其常也。见契丹强盛，始忧国破身危，遂日夜纵酒。自知无复全地，苟取朝夕之乐。

朝廷因契丹入寇，国用愈竭，复遣使者三十六人分道括率民财，各封剑以授之。示使专断斩，此以威胁取民财也。复，扶又翻。使者多从吏卒，携锁械、刀杖入民家，小大惊惧，求死无地。

州县吏复因缘为奸。复，扶又翻；下同。

河南府出缗钱二十万，此括率合出之数也。景延广率三十七万。景延广增率十七万，欲以入己。留守判官【章：十二行本“官”下有“河南”二字；乙十一行本同；孔本同；张校同。】卢亿言于延广曰：“公位兼将相，富贵极矣。今国家不幸，府库空竭，不得已取于民，公何忍复因而求利，为子孙之累乎！”累，力瑞翻。延广惭而止。史言景延广差愈于杜重威。

先是，诏以杨光远叛，命兖州修守备。青、兖邻镇，故命之为备。先，昔荐翻。泰宁节度使安审信，以治楼堞为名，堞，达协翻。率民财以实私藏。藏，徂浪翻；下同。大理卿张仁愿为括率使，至兖州，赋缗钱十万。值审信不在，不在者，适不在镇。拘其守藏吏，指取钱一囷，已满其数。史言晋之藩镇，利国有难，浚民以肥家。

16 戊寅，命侍卫马步军都虞候、泰宁节度使李守贞将步骑二万讨杨光远于青州；李守贞盖代安审信帅泰宁也。又遣神武统军洛阳潘环及张彦泽等将兵屯澶州，以备契丹。

契丹遣兵救青州，齐州防御使堂阳薛可言邀击，败之。堂阳县属冀州，宋皇佑四年，省县为镇，入南宫县。九域志曰：地在堂水之阳。败，补卖翻。

17 丙戌，诏诸州所籍乡兵，号武定军，凡得七万馀人。时兵荒之馀，复有此扰，民不聊生。异时契丹入汴，武定军曷尝能北向发一矢乎！复，扶又翻。

18 丁亥，邺都留守张从恩上言：“赵延照虽据贝州，麾下兵皆久客思归，宜速进军攻之。”诏以从恩为贝州行营都部署，督诸将击之。辛卯，从恩奏赵延照纵火大掠，弃城而遁，屯于瀛、莫，阻水自固。瀛、莫之间多水泺，故赵延照阻以为固。瀛、莫相去一百一十里。

19 朱文进遣使如唐，唐主囚其使，将伐之，唐主欲讨朱文进弑君之罪。会天暑、疾疫而止。

20 六月，辛酉，官军拔淄州，斩其刺史刘翰。淄州，杨光远之巡属也。

21 太尉、侍中冯道虽为首相，冯道自唐潞王之时，已正拜三公，晋高祖入洛，用以为相，位任在执政之右。依违两可，无所操决。此冯道保身固位之术，一生所受用者也。操，七刀翻。或谓帝曰："冯道，承平之良相；今艰难之际，譬如使禅僧飞鹰耳。"言禅以静寂为宗，僧以慈悲不杀为教。为禅僧者，第能机辩无穷，而不能应物，使之飞鹰搏击，非其任也。癸卯，以道为匡国节度使，兼侍中。出冯道镇同州，将别命相也。

22 乙巳，汉主幽齐王弘弼于私第。

23 或谓帝曰："陛下欲御北狄，安天下，非桑维翰不可。"请罢冯道，请用桑维翰，盖出一人之口。前史谓维翰倩人以言于帝，通鉴皆曰"或"者，疑其辞。丙午，复置枢密院，罢枢密院见二百八十二卷高祖天福四年。以维翰为中书令兼枢密使，事无大小，悉以委之。数月之间，朝廷差治。治，直吏翻。

24 滑州河决，浸汴、曹、单、濮、郓五州之境，环梁山合于汶。梁山在郓州寿张县，汶水自东北来，与济水会于梁山东北。今决河之水弥漫，环梁山而合于汶。单，音善。濮，音卜。环，音宦。汶，音问。诏大发数道丁夫塞之。塞，昔则翻。既塞，帝欲刻碑纪其事。中书舍人杨昭俭谏曰："陛下刻石纪功，不若降哀痛之诏；染翰颂美，不若颁罪己之文。"帝善其言而止。

25 初，高祖割北边之地以赂契丹，事见二百八十卷高祖天福元年。由是府州刺史折从远亦北属。府州领府谷一县，后唐以麟州东北河滨之地置。宋白曰：府州本河西蕃界府谷镇。土人折嗣伦，世为镇将。后唐庄宗天佑七年，升镇为府谷县；八年，升建府州以扼蕃界，以嗣伦男从远为刺史。折，姓；从远，名。姓氏略：折，常列翻。契丹欲尽徙河西之民以实辽东，州人大恐，从远因保险拒之。及帝与契丹绝，遣使谕从远使攻契丹。从远引兵深入，拔十馀寨。戊午，以从远为府州团练使。从远，云州人也。欧史曰：折从远，云中人，盖指古云中郡大界言之。

26 甲子，复置翰林学士。废翰林学士，见二百八十二卷天福五年。戊辰，以右散骑常侍李慎仪为兵部侍郎、翰林学士承旨，都官郎中刘温叟、金部郎中·知制诰武强徐台符、武强县属深州。九域志：在州东北六十里。礼部郎中李浣、主客员外郎宗城范质，皆为学士。温叟，岳之子也。刘岳见二百五十卷唐明宗天成元年。

27 秋，七月，辛未朔，大赦，改元。改元开运。

28 己丑，以太子太傅刘昫为司空兼门下侍郎、同平章事。

29 八月，辛丑朔，以河东节度使刘知远为北面行营都统，顺国节度使杜威为都招讨使，督十三节度以备契丹。

桑维翰两秉朝政，出杨光远、景延广于外，杨光远、景延广，先皆尝总宿卫兵。天福初，桑维翰秉政，出杨光远；是时再秉政，出景延广。朝，直遥翻。至是一制指挥，节度使十五人无敢违者，刘知远、杜威并十三节度为十五人。按薛史载十三节度：郓州张从恩，充马步都监；西京留守景延广，充都排阵使；徐州赵在礼，充都虞候；晋州安叔千，充左厢排阵使；前兖帅安审信，充右厢；河中安审琦，充马步都指挥使；河阳符彦卿，充马军左厢；滑州皇甫遇，充右厢；右神武统军张彦泽，充马军排阵使；沧州王廷胤，充步军左厢都指挥使；陕州宋彦筠，充右厢；前金帅田武，充步军左厢排阵使；左神武统军潘环，充右厢。时人服其胆略。

朔方节度使冯晖上章自陈未老可用，而制书见遗。维翰诏禁直学士诏禁直学士者，以诏旨诏之也。禁直学士，学士之入直禁地者也。使为答诏曰："非制书忽忘，忘，巫放翻。实以朔方重地，非卿无以弹压。比欲移卿内地，比，毗至翻。受代亦须奇才。""受"，当作"授"。晖得诏，甚喜。

时军国多事，百司及使者咨请辐凑，维翰随事裁决，初若不经思虑，人疑其疏略；退而熟议之，亦终不能易也。然为相颇任爱憎，一饭之恩、睚眦之怨必报，人以此少之。史称桑维翰之长而并及其短，所以明是非，示劝警。睚，五懈翻。眦，士懈翻。少，诗照翻。

契丹之入寇也，帝再命刘知远会兵山东，太原以河北之地为山东。帝初诏刘知远自土门出恒州，寻又诏会兵邢州，并见上。皆后期不至。帝疑之，谓所亲曰："太原殊不助朕，必有异图。果有分，何不速为之！"言若有分为天子，何不速为之。怒之之辞也。分，扶问翻。至是虽为都统，而实无临制之权，密谋大计，皆不得预。知远亦自知见疏，但慎事自守而已。郭威见知远有忧色，谓知远曰："河东山川险固，河东治晋阳，东阻太行、常山，西限龙门、西河，南有霍太山、雀鼠谷之隘，北有雁门、五台诸山之险，故云然。风俗尚武，土多战马，此所谓恃险与马也。静则勤稼穑，动则习军旅，此霸王之资也，王，于况翻。何忧乎！"

30 朱文进自称威武留后，权知闽国事，遣使奉表称藩于晋。癸丑，以文进为威武节度使，知闽国事。

31 癸亥，置镇宁军于澶州，以濮州隶焉。割天平巡属之濮州以隶镇宁军。

32 初，吴濠州刺史刘金卒，子仁规代之；仁规卒，子崇俊代之。唐烈祖置定远军于濠州，唐置定远军于濠州，通鉴书于天福八年三月元宗即位之后，见上卷。以崇俊为节度使。会清淮节度使姚景卒，唐置清淮军于寿州。崇俊厚赂权要，求兼领寿州。唐主阳为不知其意，徙崇俊为清淮节度使，以楚州刺史刘彦贞为濠州观察使，驰往代之；崇俊悔之。彦贞，信之子也。刘信事吴杨氏，四世有战功。

33 九月，庚午朔，日有食之。

34 丙子，契丹寇遂城、乐寿，遂城县，属易州，宋太平兴国六年，置威虏军，景德元年，改广信军，在易州东南八十里，当五回岭及狼山之要；金置遂州。乐寿县属深州，宋分属瀛州。九域志：在瀛州之南八十里。深州刺史康彦进击却之。

35 冬，十月，丙午，汉主毒杀镇王弘泽于邕州。

36 殷主延政遣其将陈敬佺以兵三千屯尤溪及古田，唐永泰二年，分候官、尤溪置古田县，属福州。九域志：在州西北一百八十里。尤溪县在南剑州南一百九十五里。宋白曰：按尤溪县理，今当延平东南二百四十里，在福州西北八百三十五里，其地与漳州龙岩县、剑州沙县及福州候官县三处交界，山洞幽深，滩溪险峻，内有千里，诸境逃人多投此洞。开元二十八年，经略使唐修忠招谕其人，因以名县。此源先号尤溪，因名。古田县亦开元二十九年开山洞置。卢进以兵二千屯长溪。唐武德六年，置长溪县，属福州。九域志：在州东北三百四十五里。宋白曰：长溪县本汉闽县地，唐置温麻县，以县界温麻溪为名；天宝九年，改为长溪县。

泉州散员指挥使桃林留从效九域志：泉州有桃林溪，盖留从效所居之地。散，昔亶翻。谓同列王忠顺、董思安、张汉思曰："朱文进屠灭王氏，遣腹心分据诸州。吾属世受王氏恩，而交臂事贼，一旦富沙王克福州，殷主延政本封富沙王。吾属死有馀愧！"众以为然。十一月，从效等各引军中所善壮士，夜饮于从效之家，从效绐之曰："富沙王已平福州，密旨令吾属讨黄绍颇。朱文进时以黄绍颇为泉州刺史。吾观诸君状貌，皆非久处贫贱者。从吾言，富贵可图；不然，祸且至矣。"众皆踊跃，操白梃，逾垣而入，执绍颇，斩之。处，昌吕翻。操，七刀翻。梃，大鼎翻。从效持州印诣王继勋第，请主军府。从效自称平贼统军使，函绍颇首，遣副兵马使临淮陈洪进赍诣建州。唐长安四年，分徐城南界两乡，于沙熟淮口置临淮县。开元二十三年，移治泗州郭下。陈洪进盖本临淮人而从军泉州。

洪进至尤溪，福州戍兵数千遮道。洪进绐之曰："义师已诛朱福州，朱文进据福州，故以称之。吾倍道逆嗣君于建州，嗣君，谓殷主延政当嗣有闽国。尔辈尚守此何为乎？”以绍颇首示之，众遂溃，大将数人从洪进诣建州。延政以继勋为侍中、泉州刺史，从效、忠顺、思安、洪进皆为都指挥使。漳州将程谟闻之，按九域志，泉州西南至漳州三百六十里，邻郡也。亡【章：乙十一行本“亡”作“立”；孔本作“亦”。】杀刺史程文纬“亡”当作“立”，笔误也；否则“亦”字。立王继成权州事。继勋、继成，皆延政之从子也，从，才用翻。朱文进之灭王氏，事见上三月。二人以疏远获全。

汀州刺史许文稹奉表请降于殷。稹，止忍翻。

37 十二月，癸丑，加朱文进同平章事，封闽国王。癸丑，大梁出命之日也，命未达而文进诛矣。

38 李守贞围青州经时，是年五月，李守贞围青州。城中食尽，饿死者太半。契丹援兵不至，杨光远遥稽首于契丹稽，音启。曰：“皇帝，皇帝，误光远矣！”其子承勋、承祚、承信劝光远降，冀全其族。光远不许，曰：“吾昔在代北，尝以纸钱祭天池而沈，杨光远本沙陀部人，居代北。天池，即汾阳县之天池，时属岚州静乐县界。沈，持林翻。人皆言当为天子，姑待之。”丁巳，承勋斩劝光远反者节度判官丘涛等，送其首于守贞，纵火大噪，劫其父出居私第，上表待罪，开城纳官军。

39 朱文进闻黄绍颇死，大惧，以重赏募兵二万，遣统军使林守谅、内客省使李廷锷将之攻泉州，钲鼓相闻五百里。福州至泉州不及四百里，史家张大以言其声势耳。将，即亮翻。殷主延政遣大将军杜进将兵二万救泉州，留从效开门与福州兵战，大破之，斩守谅，执廷锷。延政遣统军使吴成义帅战舰千艘攻福州，舰，户黯翻。艘，疏刀翻。朱文进遣子弟为质于吴越以求救。质，音致。

初，唐翰林待诏臧循，盛唐之时有翰林待诏，以处伎艺之人。与枢密副使查文徽同乡里，循常为贾人，习福建山川，为文徽画取建州之策。贾，音古。为文，于伪翻。文徽表请用兵击王延政，国人多以为不可。唐主以文徽为江西安抚使，循行境上，觇其可否；行，下孟翻。觇，丑廉翻，又丑艳翻。文徽至信州，奏言攻之必克。唐主以洪州营屯都虞候边镐为行营招讨诸军都虞候，将兵从文徽伐殷。文徽自建阳进屯盖竹，唐武德四年，分建安县置建阳县，属建州。建阳在建州西一百三十里。建阳县之南二十五里，有地名盖竹。闻漳、泉、汀三州皆降于殷，殷将张汉卿【章：十二行本“卿”作“真”；乙十一行本同；孔本同。】自镛州将兵八千将至，文徽惧，退保建阳。臧循屯邵武，邵武亦本汉冶县之地，吴于此立昭武镇；晋平吴，更昭武镇曰邵武县；隋废而复置，唐属建州。九域志：在州西南二百七十里。宋白曰：邵武县本东候官县之北乡也，孙策置南平县。吴景帝三年，置昭武县；晋太康三年，改为邵武。邵武民导殷兵袭破循军，执循送建州斩之。

40 朝廷以杨光远罪大，而诸子归命，难于显诛，命李守贞以便宜从事。闰月，癸酉，守贞入青州，遣人拉杀光远于别第，以病死闻。拉，卢合翻。丙戌，起复杨承勋，除汝州防御使。昔楚令尹子南以罪诛，其子弃疾，以不忍弃父事雠而死。李怀光之反，河中既破，唐德宗欲活其子璀而不可得。彼二子者，以父子之亲，居君臣之变，审义安命，以死殉亲，夫岂不乐生，义不可也。若杨承勋兄弟，出于蕃落，枭獍其心，囚父归命，以希苟活；晋朝以不杀降为说，于理且未安，又从而录用之，宜异时契丹得假大义以泄其愤也。

41 殷吴成义闻有唐兵，诈使人告福州吏民曰：“唐助我讨贼臣，大兵今至矣。”福人益惧。乙未，朱文进遣同平章事李光准等奉国宝于殷。

丁酉，福州南廊承旨林仁翰南廊承旨，闽所置官，盖亦侍卫武臣之职也。谓其徒曰：“吾曹世事王氏，今受制贼臣，富沙王至，何面见之！”帅其徒三十人被甲趣连重遇第，帅，读曰率。被，皮义翻。趣，七喻翻。重遇方严兵自卫，三十人者望之，稍稍遁去。仁翰执槊直前刺重遇，杀之，刺，七亦翻。斩其首以示众曰：“富沙王且至，汝辈族矣！今重遇已死，何不亟取文进以赎罪！”众踊跃从之，遂斩文进，迎吴成义入城，函二首送建州。

42 契丹复大举入寇，复，扶又翻。卢龙节度使赵延寿引兵先进。契丹复以赵延寿为军锋。契丹前锋至邢州，顺国节度使杜威遣使间道告急。契丹前锋已至邢州，恒州信使路绝，故间道而来。间，古苋翻。帝欲自将拒之，会有疾，将，即亮翻。命天平节度使张从恩、邺都留守马全节、护国节度使安审琦会诸道兵屯邢州，武宁节度使赵在礼屯邺都。马全节自邺都进屯邢州，令赵在礼自徐州进屯邺都为后镇。

契丹主以大兵继至，建牙于元氏。元氏县属恒州。九域志：在州南九十八里。朝廷惮契丹之盛，诏从恩等引兵稍却，于是诸军恟惧，无复部伍，恟，许拱翻。复，扶又翻；下同。委弃器甲，所过焚掠，比至相州，不复能整。比，毗至翻。

二年（乙巳、九四五）

1 春，正月，诏赵在礼还屯澶州，马全节还邺都；还，从宣翻。又遣右神武统军张彦泽屯黎阳，西京留守景延广自滑州引兵守胡梁渡。庚子，张从恩奏契丹逼邢州，诏滑州、邺都复进军拒之。义成节度使皇甫遇将兵趣邢州。皇甫遇奉诏自滑州进兵。趣，七喻翻。契丹寇邢、洺、磁三州，杀掠殆尽，入邺都境。九域志：邺都之境，西距磁州五十五里，西北距洺州五十里。磁，墙之翻。

壬子，张从恩、马全节、安审琦悉以行营兵数万，陈于相州安阳水之南。陈，读曰阵。相，息亮翻。皇甫遇与濮州刺史慕容彦超将数千骑前觇契丹，觇，丑廉翻，又丑艳翻。至邺县，邺，汉古县，唐属相州，在州东北。刘昫曰：邺，魏相州治所；隋文辅政，尉迟迥举兵，既讨平之，乃焚邺城，徙其居人南迁四十五里，以安阳城为相州治所。隋炀帝于邺故都大慈寺置邺县。唐贞观八年，始筑今治所小城。余按，此皆言邺县也。若五代唐、晋之所谓邺都，则今魏州大名府是也，非邺县也。夷考此时契丹与晋兵相距本末，前所谓入邺都境，当作入相州境。一说，虏骑散漫，大势兵马向相州，游骑亦有入邺都境者。将渡漳水，遇契丹数万，遇等且战且却；至榆林店，契丹大至，二将谋曰："吾属今走，死无遗矣！"乃止，布陈，陈，读曰阵；下同。自午至未，力战百馀合，相杀伤甚众。遇马毙，因步战；其仆杜知敏以所乘马授之，遇乘马复战。复，扶又翻。久之，稍解；顾知敏已为契丹所擒，遇曰："知敏义士，不可弃也。"与彦超跃马入契丹陈，取知敏而还。还，从宣翻；下同。俄而契丹继出新兵来战，二将曰："吾属势不可走，以死报国耳。"

日且暮，安阳诸将怪觇兵不还，安审琦曰："皇甫太师寂无音问，必为虏所困。"语未卒，卒，子恤翻。有一骑白遇等为虏数万所围；审琦即引骑兵出，将救之，张从恩曰："此言未足信。必若虏众猥至，猥，杂也；杂然而至，言其数多不可胜计也。尽吾军，恐未足以当之，公往何益！"审琦曰："成败，天也，万一不济，当共受之。借使虏不南来，坐失皇甫太师，按皇甫遇未必加官至太师也，而安审琦以太师称之，盖五季之乱，官赏无章，当时相称谓，不复论其品秩，就人臣极品而称之。吾属何颜以见天子！"遂逾水而进。契丹望见尘起，即解去。知援兵来，故解而去。遇等乃得还，与诸将俱归相州，军中皆服二将之勇。彦超本吐谷浑也，与刘知远同母。吐谷浑，慕容涉归之庶长子，故其种姓慕容氏。

契丹亦引军退，其众自相惊曰："晋军悉至矣！"时契丹主在邯郸，闻之，即时北遁，不再宿，至鼓城。邯郸县属磁州，在州东北七十里。鼓城县属恒州，宋端拱二年，以鼓城隶祁州，在州西南一百里。自邯郸至鼓城约三百馀里。

是夕，张从恩等议曰："契丹倾国而来，吾兵不多，城中粮不支一旬，万一奸人往告吾虚实，虏悉众围我，死无日矣。不若引军就黎阳仓，南倚大河以拒之，可以万全。"议未决，从恩引兵先发，诸军继之；扰乱失亡，复如发邢州之时。复，扶又翻。

从恩留步兵五百守安阳桥，夜四鼓，知相州事符彦伦谓将佐曰："此夕纷纭，人无固志，五百弊卒，安能守桥！"即召入，乘城为备。至曙，望之，契丹数万骑已陈于安阳水北，契丹主虽先北遁，而赵延寿与惕隐诸军犹南向而不去。陈，读曰阵；下同。彦伦命城上扬旌鼓噪约束，约束者，申严号令也。契丹不测。日加辰，赵延寿与契丹惕隐帅众逾水，环相州而南，帅，读曰率。环，音宦。诏右神武统军张彦泽将兵趣相州。延寿等至汤阴，闻之，汤阴本汉荡阴，后并入安阳。唐武德四年，分安阳置汤源县，贞观元年，改为汤阴，属相州。九域志：在州南四十里。甲寅，引还；还，从宣翻，又如字。马全节等拥大军在黎阳，不敢追。延寿悉陈甲骑于相州城下，若将攻城状，符彦伦曰："此虏将走耳。"出甲卒五百，陈于城北以待之；契丹果引去。

以天平节度使张从恩权东京留守。

庚申，振武节度使折从远击契丹，围胜州，遂攻朔州。时折从远守府州，命领振武节度使。胜州不系天福初所割十六州之数。契丹乘势并取之也。匈奴须知：朔州东至燕京一千里。宋白曰：胜州正东至黄河四十里，去朔州四百二十里。

帝疾小愈，河北相继告急。帝曰："此非安寝之时！"乃部分诸将为行计。分，扶问翻。

2 更命武定军曰天威军。去年夏，籍诸州乡兵为武定军。更，工行翻。

3 北面副招讨使马全节等奏："据降者言，虏众不多，宜乘其散归种落，种，章勇翻。大举径袭幽州。"帝以为然，征兵诸道。壬戌，下诏亲征；乙丑，帝发大梁。

4 闽之故臣共迎殷主延政，请归福州，改国号曰闽。延政以方有唐兵，未暇徙都，以从子门下侍郎、同平章事继昌都督南都内外诸军事，镇福州；殷主居建州，故以福州为南都。以飞捷指挥使黄仁讽为镇遏使，将兵卫之。

林仁翰至福州，林仁翰既诛朱、连，故自福州至建州见王延政。"福州"当作"建州"。闽主赏之甚薄；仁翰未尝自言其功。

发南都侍卫及两军甲士万五千人，诣建州以拒唐。福州侍卫之外，有左、右军，置军使以领之。或曰：两军，谓拱宸、控鹤两都也。

5 二月，壬辰朔，帝至滑州，【章：十二行本"州"下有"壬申"二字；乙十一行本同；孔本同；退斋校同。】命安审琦屯邺都。甲戌，帝发滑州；乙亥，至澶州。己卯，马全节等诸军以次北上。上，时两翻。刘知远闻之曰："中国疲弊，自守恐不足；乃横挑强胡，挑，徒了翻。胜之犹有后患，况不胜乎！"

契丹自恒州还，还，从宣翻，又如字。以羸兵驱牛羊羸，伦为翻。过祁州城下，以诱城中也。刺史下邳沈斌出兵击之；斌，悲巾翻。契丹以精骑夺其城门，州兵不得还。还，从宣翻。赵延寿知城中无馀兵，引契丹急攻之；斌在上，"在"字之下，当逸"城"字。延寿语之曰："沈使君，吾之故人。'择祸莫若轻'，语，牛倨翻。"择祸莫若轻"，引文子之言。何不早降！"斌曰："侍中父子失计陷身虏庭，言赵延寿与其父德钧，不能救张敬达，邀契丹求帝中国，玩寇致祸，并为俘虏也。赵延寿闻斌言，尚欲复求帝乎？陷身事见二百八十卷高祖天福元年。赵延寿在唐时加侍中，沈斌称其旧官。忍帅犬羊以残父母之邦；帅，读曰率。不自愧耻，更有骄色，何哉！沈斌弓折矢尽，宁为国家死耳，折，而设翻。为，于伪翻。终不效公所为！"明日，城陷，斌自杀。

6 丙戌，诏北面行营都招讨使杜威以本道兵会马全节等进军。

7 端明殿学士、户部侍郎冯玉，宣徽北院使、权侍卫马步都虞候太原李彦韬，皆挟恩用事，恶中书令桑维翰，数毁之。恶，乌路翻。数，所角翻。帝欲罢维翰政事，李崧、刘昫固谏而止。维翰知之，请以玉为枢密副使，玉殊不平。丙申，中旨以玉为户部尚书、枢密使，以分维翰之权。冯玉以后兄进，故旨由中出。诗云：妇有长舌，维厉之阶，信矣！

彦韬少事阎宝，少，诗照翻。为仆夫，后隶高祖帐下。高祖自太原南下，留彦韬侍帝，为腹心，高祖留帝守太原，见二百八十卷天福元年。由是有宠。性纤巧，与嬖幸相结，以蔽帝耳目；帝委信之，至于升黜将相，亦得预议。常谓人曰："吾不知朝廷设文官何所用，且欲澄汰，徐当尽去之。"去，音羌吕翻。呜呼！此等气习，自唐刘蕡已为文宗言之。李彦韬、史弘肇，当右武之世，张其气而奋其舌，以其人品，夫何足责，然非有国者之福也。虽然，吾党亦有过焉，盍亦反其本矣！

8 唐查文徽表求益兵，唐主以天威都虞候何敬洙为建州行营招讨马步都指挥使，将军祖全恩为应援使，姚凤为都监，监，工衔翻。将兵数千会攻建州，自崇安进屯赤岭。九域志：建州有崇安县，在州北二百五十里，亦王氏所置也。宋白曰：崇安场本建阳县东北三里，南唐保大九年割为场，盖宋方置县也。闽主延政遣仆射杨思恭、统军使陈望将兵万人拒之，列栅水南，旬馀不战，唐人不敢逼。

思恭以延政之命督望战。望曰："江、淮兵精，其将习武事。国之安危，系此一举，不可不万全而后动。"思恭怒曰："唐兵深侵，陛下寝不交睫，睫，即涉翻。委之将军。今唐兵不出数千，将军拥众万馀，不乘其未定而击之，有如唐兵惧而自退，将军何面目以见陛下乎！”杨思恭急于破敌以为功，不知一跌而危国也。望不得已，引兵涉水与唐战。全恩等以大兵当其前，使奇兵出其后，大破之。望死，思恭仅以身免。亡闽者，杨思恭也；然其所以亡闽者，不在于此战，而在于得杨剥皮之名。

延政大惧，婴城自守，召董思安、王忠顺，使将泉州兵五千诣建州，分守要害。

9 初，高祖置德清军于故澶州城，澶州本治顿丘，天福三年，徙澶州于德胜，并顿丘徙焉。九域志：澶州清丰县有旧州镇，即置德清军之地。置德清军，将以接澶、魏声援，然城池未固也。及契丹入寇，澶州、邺都之间，城戍俱陷。议者以为澶州、邺都相去百五十里，宜于中涂筑城以应接南北，从之。三月，戊戌，更筑德清军城，合德清、南乐之民以实之。乐，音洛。

10 初，光州人李仁达，仕闽为元从指挥使，王潮兄弟本光州人，乘唐末之乱，割据闽中；其后兵多光州人。今福州人多能自言其上世出于浮光者。从，才用翻。十五年不迁职。闽主曦之世，叛奔建州，闽主延政以为将。是时王延政国号殷。及朱文进弑曦，事见去年三月。复叛奔福州，陈取建州之策。文进恶其反覆，黜居福清。九域志：福州有福清县，在州东南一百七十七里，王氏所置也。宋白曰：福清本闽县地，唐圣历元年，析闽县东南之地置万安县，天宝元年，改为福唐县，朱梁改永昌县，晋天福初改南台县，寻改为福清县。浦【张：“浦”上脱“先是”二字。】城人陈继珣，新唐书地理志：浦城县，本名吴兴，唐武德初，改为唐兴，天宝元年，更名浦城，属建州。九域志：浦城县在建州东北三百三十里。宋白曰：城临柘浦，故曰浦城。亦叛闽主延政奔福州，为曦画策取建州，为，于伪翻。曦以为著作郎。及延政得福州，二人皆不自安。

王继昌暗弱嗜酒，不恤将士，将士多怨。仁达潜入福州，

【章：十二行本“州”下有“与继珣”三字；乙十一行本同；孔本同；张校同。】说黄仁讽曰：说，式芮翻。“今唐兵乘胜，建州孤危。富沙王不能保建州，安能保福州！昔王潮兄弟，光山布衣耳，取福建如反掌。事见唐纪。况吾辈乘此机会，自图富贵，何患不如彼乎！”仁讽然之。是夕，仁达等引甲士突入府舍，杀继昌及吴成义。考异曰：闽中实录、闽王列传、九国志，皆云四月杀继昌。今从十国纪年。

仁达欲自立，恐众心未服，以雪峰寺僧卓岩明素为众所重，雪峰在福州候官县西百馀里。乃言：“此僧目重瞳子，手垂过膝，重，直龙翻。瞳，音同。过，音戈。真天子也。”相与迎之。己亥，立为帝，考异曰：闽录、启运图、启国实录、江南录作“岩明”，闽中实录、闽王列传、九国志、薛史、唐馀录、王审知传、吴越备史作“俨明”。按启运图，岩明本名偃，为僧名体明，即位改岩明；今从之。江南录云：“继昌为裨将王延讽所杀，旬日，故内臣李义杀讽，立岩明为主。”今从十国纪年。解去衲衣，被以衮冕，去，羌吕翻。衲，奴答翻。被，皮义翻。帅将吏北面拜之。帅，读曰率。然犹称天福十年，遣使奉表称藩于晋。

延政闻之，族黄仁讽家，命统军使张汉真将水军五千，会漳、泉兵讨岩明。

11 乙巳，杜威等诸军会于定州，以供奉官萧处钧权知祁州事。庚戌，诸军攻契丹，泰州刺史晋廷谦举州降。晋，姓也，以国为氏。甲寅，取满城，按五代会要，是年九月，徙泰州治满城。是时泰州犹治清苑。宋白曰：满城本汉北平县，后魏置永乐县，天宝元年，改满城县。获契丹酋长没刺酋，慈秋翻。长，知两翻。刺，来达翻。及其兵二千人。乙卯，取遂城。赵延寿部曲有降者言：“契丹主还至虎北口，太原汾水之北，亦有地名虎北口。时契丹兵自祁、易北去，非其路也，此乃幽、檀以北之古北口。宋人使辽行程记云：自檀州北行八十里，又八十里至虎北口馆。则檀州之古北口亦名虎北口也。闻晋取泰州，复拥众南向，复，扶又翻。约八万馀骑，计来夕当至，宜速为备。”杜威等惧，丙辰，退保泰州。

戊午，契丹至泰州。己未，晋军南行，契丹踵之。晋军至阳城，续汉志：中山蒲阴县有阳城。水经注：博水出中山望都县，东径阳城县，散为泽渚，世谓之阳城淀。阳城在蒲阴县东南三十里。庚申，契丹大至。晋军与战，逐北十馀里，契丹逾白沟而去。此南白沟也；水经注所谓淇水北出为白沟者也。北白沟在涿州新城县南六十里。宋人北使行程记曰：雄州之北，界河之南，有白沟驿。又范成大北使录曰：自安肃军出北门十五里，至白沟河，又一百五里至涿州。此言北白沟也。

壬戌，晋军结陈而南，陈，读曰阵。胡骑四合如山，诸军力战拒之。是日，才行十馀里，人马饥乏。

癸亥，晋军至白团卫村，考异曰：汉高祖实录作“白檀”。今从晋少帝实录。埋鹿角为行寨。契丹围之数重，奇兵出寨后断粮道。重，直龙翻。断，音短。是夕，东北风大起，破屋折树；折，而设翻。营中掘井，方及水辄崩，士卒取其泥，帛绞而饮之，人马俱渴。至曙，风尤甚。契丹主坐大奚车中，沈括曰：奚人业伐山，陆种，斲车；契丹之车皆资于奚。其辎车之制如中国，后广前杀而无般，材俭易败，不能任重而利于行山。长毂广轮，轮之牙，其厚不能四寸，而轸之材不能五寸。其乘车驾之以驼，上施幰，惟富者加毡幰文绣之饰。蜀本“奚车”之上无“大”字。令其众曰：“晋军止此耳，当尽擒之，然后南取大梁！”命铁鹞四面下马，拔鹿角而入，奋短兵以击晋军，契丹谓精骑为铁鹞，谓其身被铁甲，而驰突轻疾，如鹞之搏鸟雀也。鹞，弋召翻。又顺风纵火扬尘以助其势。

军士皆愤怒，大呼呼，火故翻。曰：“都招讨使何不用兵，令士卒徒死！”诸将请出战，杜威曰：“俟风稍缓，徐观可否。”

马步都监李守贞曰："彼众我寡，风沙之内，莫测多少，惟力斗者胜，此风乃助我也；若俟风止，吾属无类矣。"即呼曰："诸军齐击贼！"又谓威曰："令公善守御，杜威时带中书令，故称之。守贞以中军决死矣！"马军左厢都排陈使张彦泽召诸将问计，皆曰："虏得风势，宜俟风回与战。"彦泽亦以为然。诸将退，马军右厢副排陈使太原药元福独留，谓彦泽曰："今军中饥渴已甚，若俟风回，吾属已为虏矣。敌谓我不能逆风以战，宜出其不意急击之，此兵之诡道也。"矢不逆风，此古法也。若用短兵薄战，则逆风而胜者多矣。马步左右厢都排陈使符彦卿曰："与其束首就擒，【章：十二行本"首"作"手"；乙十一行本同；孔本同。】曷若以身殉国！"乃与彦泽、元福及左厢都排陈使皇甫遇引精骑出西门击之，行寨之西门也。风从东北来，出西门接战，亦顺风势也。诸将继至。契丹却数百步。彦卿等谓守贞曰："且曳队往来乎？曳，读为拽，音羊列翻。直前奋击，以胜为度乎？"守贞曰："事势如此，安可回鞚！鞚，苦贡翻，马勒也。宜长驱取胜耳。"彦卿等跃马而去，风势益甚，昏晦如夜。彦卿等拥万馀骑横击契丹，呼声动天地，呼，火故翻。契丹大败而走，势如崩山。李守贞亦令步兵尽拔鹿角出斗，步骑俱进，逐北二十馀里。铁鹞既下马，苍皇不能复上，复，扶又翻；下同。上，时掌翻。皆委弃马及铠仗蔽地。

契丹散卒至阳城东南水上，稍复布列。杜威曰："贼已破胆，不宜更令成列！"遣精骑击之，皆渡水去。契丹主乘奚车走十馀里，追兵急，获一橐驼，乘之而走。诸将请急追之。杜威扬言曰："逢贼幸不死，更索衣囊邪？"言逢贼被劫而幸不死，而更从贼求衣囊，则必将怒而杀之。索，山客翻。李守贞曰："两日人马渴甚，今得水饮之，皆足重，难以追寇，不若全军而还。"还，从宣翻，又如字。乃退保定州。

契丹主至幽州，散兵稍集；以军失利，杖其酋长各数百，唯赵延寿得免。

乙丑，诸军自定州引归。诏以泰州隶定州。隶定州义武军。

12 夏，四月，辛巳，帝发澶州；甲申，还大梁。是年正月，下诏亲征，二月至澶州。今诸军以胜归，故复还大梁。

13 己丑，复以邺都为天雄军。唐庄宗同光元年，以魏州为东京兴唐府，罢天雄节镇。三年，罢东京以为邺都。晋兴，因之，改兴唐府为广晋府；今复为天雄军。

14 闽张汉真至福州，攻其东关。黄仁讽闻家夷灭，开门力战，大破闽兵，执汉真，入城，斩之。

卓岩明无他方略，但于殿上噀水散豆，作诸法事而已。噀，苏困翻。含水而喷之为噀，作诸佛事以为厌胜。又遣使迎其父于莆田，唐武德初，分南安县，置莆田县，属泉州。宋太平兴国四年，分置兴化军，在泉州东北一百六十里。尊为太上皇。

李仁达既立岩明，自判六军诸卫事，使黄仁讽屯西门，陈继珣屯北门。仁讽从容谓继珣曰：从，千容翻。“人之所以为人者，以有忠、信、仁、义也。吾顷尝有功于富沙，中间叛之，非忠也；人以从子托我而与人杀之，非信也；王继昌，闽主延政从子也。从，才用翻。属者与建兵战，属，之欲翻。属者，犹言顷者也。所杀皆乡曲故人，非仁也；弃妻子，使人鱼肉之，非义也。此身十沈九浮，沈，持林翻。死有馀愧！”因拊膺恸哭。继珣曰：“大丈夫徇功名，何顾妻子！宜置此事，勿以取祸。”仁达闻之，使人告仁讽、继珣谋反，皆杀之。由是兵权尽归仁达。

15 五月，丙申朔，大赦。

16 顺国节度使杜威，久镇恒州，高祖天福七年，杜威始镇恒州，见二百八十三卷。恒，户登翻。性贪残，自恃贵戚，杜威尚高祖妹宋国长公主。多不法。每以备边为名，敛吏民钱帛以充私藏。藏，徂浪翻。富室有珍货或名姝、骏马，皆虏取之；姝，逡须翻。或诬以罪杀之，籍没其家。又畏懦过甚，每契丹数十骑入境，威已闭门登陴，或数骑驱所掠华人千百过城下，威但瞋目延颈望之，无意邀取。陴，频眉翻。瞋，昌真翻。由是虏无所忌惮，属城多为所屠，威竟不出一卒救之，千里之间，暴骨如莽，"暴骨如莽"，左传语。如莽者，如草之生于广野莽莽然。暴，步卜翻。村落殆尽。

威见所部残弊，为众所怨，又畏契丹之强，累表请入朝，帝不许；威不俟报，遽委镇入朝，朝廷闻之，惊骇。桑维翰言于帝曰："威固违朝命，擅离边镇。离，力智翻。居常凭恃勋旧，邀求姑息，及疆埸多事，埸，音亦。曾无守御之意；宜因此时废之，庶无后患。"帝不悦。维翰曰："陛下不忍废之，宜授以近京小镇，勿复委以雄藩。"复，扶又翻。帝曰："威，朕之密亲，必无异志；言其无他志。但宋国长公主切欲相见耳，长，知两翻。公勿以为疑！"维翰自是不敢复言国事，以足疾辞位。杜威不可去而桑维翰求去，晋殆矣。复，扶又翻。丙辰，威至大梁。

17 丁巳，李仁达大阅战士，请卓岩明临视。仁达阴教军士突前登阶，刺杀岩明。刺，七亦翻。仁达阳惊，狼狈而走；军士共执仁达，使居岩明之坐。坐，徂卧翻。仁达乃自称威武留后，用保大年号，是年，南唐保大三年。奉表称藩于唐，亦遣使入贡于晋；并杀岩明之父。唐以仁达为威武节度使、同平章事，赐名弘义，编之属籍。以其同姓也，编之属籍而赐名弘义，齿于诸子之列。弘义又遣使修好于吴越。为李仁达背唐而附吴越张本。好，呼到翻。

18 己未，杜威献部曲步骑合四千人并铠仗，庚申，又献粟十万斛，刍二十万束，云皆在本道。言皆在恒州也。使诚有之，皆虐取于民，仓皇离镇，不可运而实私家，故献之耳。帝以其所献骑兵隶扈圣，步兵隶护国，威复请以为衙队，而禀赐皆仰县官。杜威之愚弄朝廷如此，而帝不能察其奸，所以成恒州中渡之变。复，扶又翻。禀，笔锦翻，给也。仰，牛向翻。威又令公主白帝，求天雄节钺，帝许之。

19 唐兵围建州，屡破泉州兵。泉州兵，董思安、王忠顺所将以救建州者也。许文稹败唐兵于汀州，稹，止忍翻。败，补卖翻。执其将时厚卿。

20 六月，癸酉，以杜威为天雄节度使。

21 契丹连岁入寇，契丹入寇，自去年正月陷贝州始。中国疲于奔命，左传：申公巫臣遗子重、子反书曰：吾必使尔疲于奔命而死。奔命者，边境有急，奔而赴救。边民涂地；契丹人畜亦多死，国人厌苦之。述律太后谓契丹主曰："使汉人为胡主，可乎？"曰："不可。"太后曰："然则汝何故欲为汉主？"曰："石氏负恩，不可容。"太后曰："汝今虽得汉地，不能居也；后卒如述律后之言。万一蹉跌，蹉，七何翻。跌，徒结翻。悔何所及！"又谓其群下曰："汉儿何得一向眠！人寝不安席，则辗转反侧而不成寐；一向眠，则其眠安矣。自古但闻汉和蕃，未闻蕃和汉。汉儿果能回意，我亦何惜与和！"

桑维翰屡劝帝复请和于契丹以纾国患，复，扶又翻。纾，音舒，缓也。帝假开封军将张晖供奉官，开封军将，开封府之军将也。使奉表称臣诣契丹，卑辞谢过。契丹主曰："使景延广、桑维翰自来，仍割镇、定两道隶我，则可和。"朝廷以契丹语忿，谓其无和意，乃止。及契丹主入大梁，谓李崧等曰："向使晋使再来，则南北不战矣。"史言契丹通国上下本自厌兵。

22 秋，七月，闽人或告福州援兵谋叛，是年正月，闽主发福州兵赴建州以拒唐。闽主延政收其铠仗，遣还，伏兵于隘，还，从宣翻。

隘，乌戒翻，险狭之道也。尽杀之，死者八千馀人，脯其肉以归为食。

唐边镐拔镡州，镡州东至建州一百八十里。查文徽之党魏岑、冯延巳、延鲁以师出有功，皆踊跃赞成之。征求供亿，府库为之耗竭，为，于伪翻。洪、饶、抚、信之民尤苦之。

延政遣使奉表称臣于吴越，请为附庸以求救。

23 楚王希范疑静江节度使兼侍中、知朗州希杲得人心，遣人伺之。希杲惧，称疾求归，不许；遣医往视疾，因毒杀之。希范忌希杲事始二百八十卷高祖天福元年。

章锡琛标点聂崇岐覆校

资治通鉴卷第二百八十五

端明殿学士兼翰林侍读学士太中大夫
提举西京嵩山崇福宫上柱国河内郡开国公 司马光 奉敕编集
食邑二千六百户食实封一千户臣

后学天台 胡三省 音注

后晋纪六 起旃蒙大荒落（乙巳）八月，尽柔兆敦牂（丙午），凡一年有奇。

齐王下

开运二年（乙巳、九四五）

1 八月，甲子朔，日有食之。

2 丙寅，右仆射兼中书侍郎、同平章事和凝罢守本官；加枢密使、户部尚书冯玉中书侍郎、同平章事，事无大小，悉以委之。

帝自阳城之捷，谓天下无虞，骄侈益甚。阳城之捷见上卷三月。夫胜之不可恃也尚矣。纣之百克而卒无后，夫差数战数胜，终以亡国。桑田之捷，灭虢之兆也；方城之胜，破庸之基也。项梁死于定陶而嬴秦墟，宇文化及摧于黎阳而李密败，皆恃胜之祸也。阳城之战，危而后克。契丹折翅北归，蓄愤愈甚，为谋愈深，晋主乃偃然以为无虞，石氏宗庙，宜其不祀也。四方贡献珍奇，皆归内府；多造器玩，广宫室，崇饰后庭，近朝莫之及；近朝，谓近世，如梁如唐也。朝，直遥翻。作织锦楼以织地衣，用织工数百，期年乃成；期，读曰朞。又赏赐优伶无度。桑维翰谏曰："向者陛下亲御胡寇，谓元年澶州之战也，事见上卷。战士重伤者，赏不过帛数端。今优人一谈一笑称旨，称，尺正翻。往往赐束帛、万钱、锦袍、银带，唐制，帛以十端为束。彼战士见之，能不觖望，曰：‘我曹冒白刃，绝筋折骨，觖，古穴翻；觖望，怨望也。冒，莫北翻。折，而设翻。曾不如一谈一笑之功乎！’如此，则士卒解体，陛下谁与卫社稷乎！”帝不听。

冯玉每善承迎帝意，由是益有宠。尝有疾在家，帝谓诸宰相曰：“自刺史以上，俟冯玉出乃得除。”其倚任如此。窦广德有贤行，汉文帝以其后弟，恐天下议其私，不敢相也。冯玉何人斯，晋出帝昌言于朝以昭亲任之意！临乱之君，各贤其臣，其此谓乎！玉乘势弄权，四方赂遗，辐辏其门。遗，唯季翻。由是朝政益坏。史言晋亡形已成。朝，直遥翻。

3 唐兵围建州既久，是年二月，唐兵攻建州事始见上卷。建人离心。或谓董思安：谓，诲语之也。“宜早择去就。”思安曰：“吾世事王氏，危而叛之，天下其谁容我！”众感其言，无叛者。

丁亥，唐先锋桥道使上元王建封先登，上元本江宁县，唐肃宗上元间更名，带江宁府。遂克建州，闽主延政降。闽自唐末王潮得福建，传审知、延翰、鏻、昶、曦，至延政而亡。王忠顺战死，董思安整众奔泉州。史言泉州二将事闽主有始终。

初，唐兵之来，建人苦王氏之乱与杨思恭之重敛，杨思恭重敛事见二百八十三卷天福八年。敛，力赡翻。争伐木开道以迎之。及破建州，纵兵大掠，焚宫室庐舍俱尽；是夕，寒雨，冻死者相枕，枕，职任翻。建人失望。唐主以其有功，皆不问。

4 汉主杀韶王弘雅。弘雅，汉主之弟也。

5 九月，许文稹以汀州，王继勋以泉州，王继成以漳州，皆降于唐。荀子有言：“兼并易也，坚凝之难。”唐能取闽，不能终有闽也。为闽人叛唐张本。唐置永安军于建州。

6 丙申，以西京留守兼侍中景延广充北面行营副招讨使。

7 殿中监王钦祚权知恒州事。恒，户登翻。会乏军储，诏钦祚括籴民粟。杜威有粟十馀万斛在恒州，钦祚举籍以闻。威大怒，表称："臣有何罪，钦祚籍没臣粟！"朝廷为之召钦祚还，杜威恒州之粟，岂非前者表献之数乎！使其出于表献之外，亦掊克军民所积者耳。举而籍之，夫何过！朝廷之法，不行于贵近，第能虐贫下以佚调度，国非其国矣。为，于伪翻。还，从宣翻。仍厚赐威以慰安之。

8 戊申，置威信军于曹州。

9 遣侍卫马步都指挥使李守贞戍澶州。

10 乙卯，遣彰德节度使张彦泽戍恒州。

11 汉主杀刘思潮、林少强、林少良、何昌廷。【章：十二行本"廷"作"延"；乙十一行本同；孔本同。】天福八年，汉主使刘思潮等四人弑其兄弘度而自立，事见二百八十三卷；今又杀四人以除其逼。少，诗照翻。以左仆射王翷【章：十二行本"翷"作"翻"；乙十一行本同。】尝与高祖谋立弘昌，事见二百八十三卷天福七年。出为英州刺史，英州，汉桂阳郡浈阳县之地，唐以浈阳县隶广州。汉主刘龑分浈阳县置英州。九域志：广州北至英州四百二十里。未至，赐死。内外皆惧不自保。

12 冬，十月，癸巳，置镇安军于陈州。

13 唐元敬宋太后殂。

14 王延政至金陵，唐主以为羽林大将军。斩杨思恭以谢建人。以杨思恭厚敛也。以百胜节度使王崇文为永安节度使。崇文治以宽简，建人遂安。抚宁荒馀，其政当尔。自盖公授此法于曹参，参以相齐，又以相汉，后人知此法者鲜矣。治，直之翻。

15 初，高丽王建用兵吞灭邻国，颇强大，事见二百八十一卷高祖天福元年。丽，力之翻。因胡僧袜啰言于高祖曰："勃海，我婚姻也，其王为契丹所虏，请与朝廷共击取之。"高祖不报。及帝与契丹为仇，袜啰复言之。袜，望发翻。啰，鲁何翻。复，扶又翻。帝欲使高丽扰契丹东边以分其兵势；会建卒，子武自称权知国事，上表告丧，十一月，戊戌，以武为大义军使、高丽王，遣通事舍人郭仁遇使其国，使，疏吏翻。谕指使击契丹。畏契丹知之，不形诸诏命，以诏指谕之而已。仁遇至其国，见其兵极弱，向者袜啰之言，特建为夸诞耳，实不敢与契丹为敌。宋白曰：晋天福中，有西域僧袜啰来朝，善火卜。俄辞高祖，请游高丽，王建甚礼之。时契丹并勃海之地有年矣，建因从容谓袜啰曰："勃海本吾亲戚之国，其王为契丹所虏，吾欲为朝廷攻而取之，且欲平其旧怨。师回，为言于天子，当定期两袭之。"袜啰还，具奏，高祖不报。出帝与契丹交兵，袜啰复奏之。帝遣郭仁遇飞诏谕建，深攻其地以牵胁之。会建已卒，武知国事，与其父之大臣不叶，自相鱼肉。内难稍平，兵威未振，且夷人怯懦，袜啰之言，皆建虚诞耳。仁遇还，还，从宣翻。武更以他故为解。为说以自解。

16 乙卯，吴越王弘佐诛内都监使杜昭达，己未，诛内牙上统军使明州刺史阚璠。璠，音翻。

昭达，建徽之孙也，杜建徽佐吴越王钱镠有功。与璠皆好货。好，呼到翻。钱塘富人程昭悦以货结二人，得侍弘佐左右。昭悦为人狡佞，王悦之，宠待逾于旧将，璠不能平；昭悦知之，诣璠顿首谢罪，璠责让久之，乃曰："吾始者决欲杀汝；今既悔过，吾亦释然。"昭悦惧，谋去璠。去，羌吕翻。

璠专而愎，国人恶之者众。【章：十二行本"众"下有"王亦恶之"四字；乙十一行本同；孔本同；张校同；退斋校同。】愎，蒲逼翻。恶，乌路翻。昭悦欲出璠于外，恐璠觉之，私谓右统军使胡进思曰："今欲除公及璠各为本州，使璠不疑，可乎？"进思许之，乃以璠为明州刺史，进思为湖州刺史。阚璠，明州人；胡进思，湖州人也。璠怒曰："出我于外，是弃我也。"进思曰："老兵得大州，幸矣；不行何为！"璠乃受命。既而复以他故留进思。复，扶又翻。

内外马步都统军使钱仁俊母，杜昭达之姑也。昭悦因谮璠、昭达谋奉仁俊作乱，下狱锻炼成之。下，户驾翻。璠、昭达既诛，夺仁俊官，幽于东府。于是昭悦治阚、杜之党，凡权任【章：十二行本“任”作“位”；乙十一行本同；孔本同；张校同。】与己侔，意所忌者，诛放百馀人，国人畏之侧目。为弘佐诛昭悦张本。治，直之翻。胡进思重厚寡言，昭悦以为戆，故独存之。胡进思独存，所以阶钱氏废立之祸。

昭悦收仁俊故吏慎温其，慎，姓也，古有慎到。温其，名也。使证仁俊之罪，拷掠备至。拷，音考。掠，音亮。温其坚守不屈；弘佐嘉之，擢为国官。国官，吴越国官也。慎温其自藩府吏职擢为国官。温其，衢州人也。

17 十二月，乙丑，加吴越王弘佐东南面兵马都元帅。

18 辛未，以前中书舍人广晋阴【章：十二行本“阴”作“殷”；乙十一行本同；孔本同。】鹏为给事中、枢密直学士。唐改魏州为兴唐府，高祖改为广晋府。鹏，冯玉之党也；朝廷每有迁除，玉皆与鹏议之。由是请谒赂遗，充满其门。遗，惟季翻。

19 初，帝疾未平，去年冬，帝有疾，见上卷。会正旦，谓今年正月朔旦。枢密使、中书令桑维翰遣女仆入宫起居太后，女仆，即女奴也。唐人谓参候为起居，今人之言犹尔。因问：“皇弟睿近读书否？”睿，即重睿也；避帝名，去“重”字。帝闻之，以告冯玉，玉因谮维翰有废立之志；帝疑之。帝固忌重睿，因桑维翰女仆之问，已疑维翰矣；冯玉又从而谮之，其疑愈不可破矣。

李守贞素恶维翰，恶，乌路翻。冯玉、李彦韬与守贞合谋排之；以中书令行开封尹赵莹柔而易制，易，以豉翻。共荐以代维翰。丁亥，罢维翰政事，为开封尹；以莹为中书令，李崧为枢密使、守侍中。维翰遂称足疾，希复朝谒，杜绝宾客。亦所以远猜嫌也。复，扶又翻。朝，直遥翻。

或谓冯玉曰：“桑公元老，今既解其枢务，纵不留之相位，犹当优以大藩，奈何使之尹京，亲猥细之务乎？”猥，杂也。

玉曰："恐其反耳。"言所以不授维翰大镇者，恐其阳兵而反。曰："儒生安能反！"玉曰："纵不自反，恐其教人耳。"此指维翰赞成晋祖晋阳举兵之谋。

20 楚湘阴处士戴偃，刘昫曰：湘阴，汉罗县，宋置湘阴县，唐属岳州。宋淳化四年，以湘阴县隶潭州。九域志：在州东北一百一十五里。为诗多讥刺，楚王希范囚之；天策副都军使丁思瑾上书切谏，希范削其官爵。

21 唐齐王景达府属谢仲宣言于景达曰："宋齐丘，先帝布衣之交，今弃之草莱，不厌众心。"景达为之言于唐主曰：厌，于叶翻，伏也；又于艳翻，满也。为，于伪翻。"齐丘宿望，勿用可也，何必弃之以为名！"唐主乃使景达自至青阳召之。齐丘隐青阳见二百八十三卷天福八年。

三年（丙午、九四六）

1 春，正月，以齐丘为太傅兼中书令，但奉朝请，不预政事。奉朝会请召而已。以昭武节度使李建勋为右仆射兼门下侍郎，与中书侍郎冯延巳皆同平章事。建勋练习吏事，而懦怯少断；延巳工文辞，而狡佞，喜大言，多树朋党。断，丁乱翻。喜，许记翻。惟世宦则练习吏事，懦怯少断，则亦因练习之久而巧于避就者然也。若冯延巳所为，乃少年书生之常态，多大言而少成事，树朋党以济己私。此二种人，皆不可以相也。水部郎中高越，上书指延巳兄弟过恶，唐主怒，贬越蕲州司士。

初，唐主置宣政院于禁中，以翰林学士、给事中常梦锡领之，专典机密，与中书侍郎严续皆忠直无私。唐主谓梦锡曰："大臣惟严续中立，然无才，恐不胜其党，卿宜左右之。"未几，梦锡罢宣政院，左右，读为佐佑。几，居岂翻。续亦出为池州观察使。梦锡于是移疾纵酒，不复预朝廷事。史言正邪杂处，正终为邪所胜。复，扶又翻。续，可求之子也。严可求，徐温之谋主也。

2 二月，壬戌朔，日有食之。

3 晋昌节度使兼侍中赵在礼，晋以京兆府为晋昌军。更历十镇，更，工衡翻。赵在礼起于邺都，徙义成不行，后历横海、泰宁、匡国、天平、忠武、武宁、归德、晋昌，凡十镇。所至贪暴，家赀为诸帅之最。帅，所类翻。帝利其富，三月，庚申，为皇子镇宁节度使延煦娶其女。为，于伪翻。镇宁军，澶州。煦，吁句翻。在礼自费缗钱十万，县官之费，数倍过之。延煦及弟延宝，皆高祖诸孙，帝养以为子。

4 唐泉州刺史王继勋致书修好于威武节度使李弘义。好，呼到翻。弘义以泉州故隶威武军，怒其抗礼，王继勋与李弘义同事南唐，弘义虽建节，然比肩事主，固不可修巡属之礼。李弘义以此起兵端耳。夏，四月，遣弟弘通将兵万人伐之。

5 初，朔方节度使冯晖在灵州，留党项酋长拓跋彦超于州下，事见二百八十二卷天福四年。党，底朗翻。酋，慈由翻。长，知两翻。故诸部不敢为寇；及将罢镇而纵之。

前彰武节度使王令温代晖镇朔方，不存抚羌、胡，以中国法绳之。昔周之封卫，疆以周索，以其地居中国也。其封晋，则疆以戎索，以其地近戎狄也。戎狄不可绳以中国之法尚矣。羌、胡怨怒，【章：十二行本“怒”下有“皆叛”二字；乙十一行本同；孔本同；张校同。】竞为寇钞。钞，楚交翻。拓跋彦超、石存、也厮褒三族，共攻灵州，杀令温弟令周。戊午，令温上表告急。

6 泉州都指挥使留从效谓刺史王继勋曰：“李弘通兵势甚盛，士卒以使君赏罚不当，当，丁浪翻。莫肯力战，使君宜避位自省！”省，昔景翻。乃废继勋归私第，留从效立王继勋见上卷上年。代领军府事，勒兵击李弘通，大破之。表闻于唐，唐主以从效为泉州刺史，召继勋还金陵，遣将将兵戍泉州。为留从效遣唐戍将归张本。徙漳州刺史王继成为和州刺史，汀州刺史许文稹为蕲州刺史。稹，止忍翻。

7 定州西北二百里有狼山，匈奴须知：狼山寨东北至易州八十里，东南至广信军界。土人筑堡于山上以避胡寇。堡中有佛舍，尼孙深意居之，以妖术惑众，妖，于遥翻。言事颇验，远近信奉之。中山人孙方简欧史作“孙方谏”，盖孙方简后避周太祖皇考讳，遂改名方谏也。考异曰：周世宗实录云“清苑人”。今从汉高祖实录。及弟行友，自言深意之侄，不饮酒食肉，事深意甚谨。深意卒，方简嗣行其术，称深意坐化，崇信释氏，而学其学，专一而静者，其死也，能结趺端坐如生，谓之坐化。严饰，事之如生，其徒日滋。薛史曰：宋乾德中，迁其尼枯骨赴京，焚于北郊，妖徒遂息。

会晋与契丹绝好，好，呼到翻。北边赋役烦重，寇盗充斥，民不安其业。方简、行友因帅乡里豪健者，据寺为寨以自保。契丹入寇，方简帅众邀击，帅，读曰率。颇获其甲兵、牛马、军资，人挈家往依之者日益众。久之，至千馀家，遂为群盗。惧为吏所讨，乃归款朝廷。朝廷亦资其御寇，署东北招收指挥使。

方简时入契丹境钞掠，钞，楚交翻。多所杀获。既而邀求不已，朝廷小不副其意，则举寨降于契丹，请为乡道以入寇。边境之上，奸民如此者，不特孙方简，唐人所谓“两面”也。降，户江翻。乡，读曰向。道，读曰导。时河北大饥，民饿死者所在以万数，兖、郓、沧、贝之间，盗贼蜂起，吏不能禁。

天雄节度使杜威遣元随军将刘延翰市马于边，方简执之，献于契丹。延翰逃归，六月，壬戌，至大梁，言“方简欲乘中国凶饥，引契丹入寇，宜为之备。”为孙方简乘中国无主，契丹北归，入据定州张本。

8 初，朔方节度使冯晖在灵武，得羌、胡心，市马期年，得五千匹，朝廷忌之，徙镇邠州及陕州，陕，失冉翻。入为侍卫步军都指挥使、领河阳节度使。晖知朝廷之意，悔离灵武，离，力智翻。乃厚事冯玉、李彦韬，求复镇灵州。朝廷亦以羌、胡方扰，丙寅，复以晖为朔方节度使，将关西兵击羌、胡；以威州刺史药元福为行营马步军都指挥使。威州，唐之安乐州也。中世没于吐蕃，大中三年收复，更名威州。梁、唐弃之，晋复置。后周改为环州，以大河环曲为名，亦唐初之旧州名也。赵珣聚米图经：灵州南至环州五百里。按薛史，天福四年五月敕，灵州方渠镇宜升为威州，割宁州木波、马岭二县隶之；后周改为环州，显德四年，降为通远军。

9 乙丑，定州言契丹勒兵压境。诏以天平节度使、侍卫马步都指挥使李守贞为北面行营都部署，义成节度使皇甫遇副之；彰德节度使张彦泽充马军都指挥使兼都虞候，义武节度使蓟人李殷充步军都指挥使兼都排陈使；蓟，音计。陈，读曰阵。遣护圣指挥使临清王彦超、太原白延遇以部兵十营诣邢州。时马军都指挥使、镇安节度使李彦韬方用事，时以陈州置镇安军。视守贞蔑如也。守贞在外所为，事无大小，彦韬必知之，守贞外虽敬奉而内恨之。为李守贞与杜威降契丹张本。

10 初，唐人既克建州，去年八月，唐克建州。欲乘胜取福州，唐主不许。枢密使陈觉请自往说李弘义，说，式芮翻。必令入朝。宋齐丘荐觉才辩，可不烦寸刃，坐致弘义。唐主乃拜弘义母、妻皆为国夫人，四弟皆迁官，以觉为福州宣谕使，厚赐弘义金帛。欲啖李弘义以禄利而诱致之。弘义知其谋，见觉，辞色甚倨，待之疏薄；觉不敢言入朝事而还。为陈觉兴兵攻福州丧败而还张本。还，从宣翻，又如字。

11 秋，七月，河决杨刘，西入莘县，广四十里，自朝城北流。莘县在魏州之东，朝城在魏州东南，相去四十里。广，古旷翻。

12 有自幽州来者，言赵延寿有意归国；枢密使李崧、冯玉信之，命天雄节度使杜威致书于延寿，具述朝旨，啖以厚利，朝，直遥翻。啖，徒滥翻。洛【章：十二行本"洛"作"洺"；乙十一行本同；孔本同。】州军将赵行实尝事延寿，遣赍书潜往遗之。延寿复书言："久处异域，遗，惟季翻。处，昌吕翻。思归中国。乞发大军应接，拔身南去。"辞旨恳密。朝廷欣然，复遣行实诣延寿，与为期约。晋人自此堕赵延寿计中矣。复，扶又翻。

13 八月，李守贞言："与契丹千馀骑遇于长城北，此战国时燕所筑长城也，在涿州固安县南。薛史：李守贞奏大军至望都县，相次至长城北，遇虏转斗。转斗四十里，斩其酋帅解里，酋，慈秋翻。解，户买翻。拥馀众入水溺死者甚众。"丁卯，诏李守贞还屯澶州。还，从宣翻。

14 帝既与契丹绝好，数召吐谷浑酋长白承福入朝，好，呼到翻。数，所角翻。宴赐甚厚。承福从帝与契丹战澶州，澶，时连翻。又与张从恩戍滑州。属岁大热，属，之欲翻。遣其部落还太原，畜牧于岚、石之境。岚，卢含翻。部落多犯法，刘知远无所纵舍；部落知朝廷微弱，且畏知远之严，谋相与遁归故地。吐谷浑部落既知朝廷微弱，又畏刘知远之严；然不敢于太原作乱者，惮刘知远之威略，无所肆其奸，故欲遁归故地。有白可久者，位亚承福，帅所部先亡归契丹，帅，读曰率。契丹用为云州观察使，以诱承福。诱，音酉。

知远与郭威谋曰："今天下多事，置此属于太原，乃腹心之疾也，不如去之。"承福家甚富，饲马用银槽。去，羌吕翻。饲，祥吏翻。威劝知远诛之，收其货以赡军。知远密表："吐谷浑反覆难保，请迁于内地。"帝遣使发其部落千九百人，分置河阳及诸州。知远遣威诱承福等入居太原城中，因诬承福等五族谋叛，以兵围而杀之，合四百口，籍没其家赀。诏褒赏之，吐谷浑由是遂微。五代会要曰：吐谷浑酋长有赫连铎者，唐咸通中，从太原节度使康承训平徐方有功，朝廷授振武节度使。复盗据云中，后唐太祖逐之，乃归幽州李匡俦；其部落散居蔚州界，互为君长，其氏不常。有白承福者，自同光初代为都督，依中山北石门为栅，庄宗赐其额为宁朔、奉化两府，以都督为节度使，仍赐承福姓李，名绍鲁。其畜牧，就善水草，丁壮常数千人。羊马生息，入市中土，朝廷常存恤之。潞王清泰三年，白可久为宁朔、奉化留后，始见于史。晋天福元年，高祖以契丹有助立之功，割雁门以北及幽州之地以赂之，由是吐谷浑部族皆隶于契丹。其后苦契丹之虐政，复为镇州节度使安重荣所诱，乃背契丹，率车帐羊马取五台路归国。契丹大怒，以朝廷招纳叛亡，遣使责让。至六年正月，高祖命供奉官张澄等率兵二千，搜索并、镇、忻、代四州山谷吐浑，还其旧地；然亦以契丹诛求无厌，心不平之，命汉高祖出镇太原，潜加慰抚。其年五月，大首领白承福及麾下来朝；九月，又遣首领白可久来朝。少主嗣位，绝契丹之好，数召其酋长入朝，厚加锡赐，每大谯会，皆命列坐于勋臣之次。至开运捍虏于澶州，召承福等帅其部众从行。属岁多暑热，部下多死，复遣归太原，移帐于岚、石州。然承福驭下无法，多干军令。其族白可久，在承福之亚，因牧马，帅本帐北遁。契丹授以官爵，复遣潜诱承福。承福亦思叛去，事未果。汉祖知之，乃以兵环其部族，擒承福与其族白铁匮、赫连海龙等五家，凡四百有馀人，伏诛，籍其牛马，命别部长王义宗统其馀属。

濮州刺史慕容彦超坐违法科敛，敛，力赡翻。擅取官麦五百斛造麴，赋与部民。李彦韬素与彦超有隙，发其事，罪应死。彦韬趣冯玉使杀之，趣，读曰促。刘知远上表论救。慕容彦超，刘知远之同产弟，故救之。上，时掌翻。李崧曰："如彦超之罪，今天下藩侯皆有之。若尽其法，恐人人不自安。"甲戌，敕免彦超死，削官爵，流房州。

15 唐陈觉自福州还，至剑州，剑州，即殷主王延政所置之镡州也。南唐既克建州，分延平、建浦、富沙三县置剑州。至宋混一天下，以蜀中亦有剑州，乃加"南"字为南剑州。耻无功，耻自诡说李弘义入朝而不能致也。矫诏使侍卫官顾忠召弘义入朝，侍卫官，在人主左右直卫者也，犹盛唐之侍官。自称权福州军府事，擅发汀、建、抚、信州兵及戍卒，命建州监军使冯延鲁将之，趣福州迎弘义。趣，七喻翻。延鲁先遗弘义书，遗，惟季翻。谕以祸福。弘义复书请战，遣楼船指挥使杨崇保将州师拒之。一本"州师"作"舟师"。觉以剑州刺史陈诲为缘江战棹指挥使，建溪东流历剑州至福州，皆大江也，故土人亦谓之为江。表：“福州孤危，旦夕可克。”唐主以觉专命，甚怒；群臣多言：“兵已傅城下，傅，音附。不可中止，当发兵助之。”

丁丑，觉、延鲁败杨崇保于候官，闽及候官二县，皆治福州郭下。此战于候官县界也。败，补卖翻。戊寅，乘胜进攻福州西关。弘义出击，大破之，执唐左神威指挥使杨匡邺。

唐主以永安节度使王崇文为东南面都招讨使，去年十月，唐置永安军于建州。以漳泉安抚使、谏议大夫魏岑为东面监军使，延鲁为南面监军使，会兵攻福州，克其外郭。弘义固守第二城。第二重城也。

16 冯晖引兵过旱海，至辉德，张洎曰：自威州抵灵州旱海七百里，斥卤枯泽，无溪涧川谷。辉德，地名，在灵武南。张舜民云：今旱江平即旱海，在清远军北。赵珣聚米图经曰：盐、夏、清远军间，并系沙碛，俗谓之旱海。自环州出青刚川，本灵州大路。自此过美利寨，渐入平夏，经旱海中，难得水泉。至耀德清边镇入灵州。糗粮已尽。糗，去久翻。拓跋彦超众数万，为三陈，扼要路，据水泉以待之。陈，读曰阵，下同。军中大惧。晖以赂求和于彦超，彦超许之。自旦至日中，使者往返数四，兵未解。药元福曰：“虏知我饥渴，阳许和以困我耳；若至暮，则吾辈成擒矣。今虏虽众，精兵不多，依西山而陈者是也。其馀步卒，不足为患。请公严陈以待我，严陈者，严兵整陈也。我以精骑先犯西山兵，小胜则举黄旗，大军合势击之，破之必矣。”乃帅骑先进，用短兵力战。彦超小却，元福举黄旗，晖引兵赴之，彦超大败。冯晖圈养拓跋彦超于灵武城中，彦超固心知其故而怀怨，晖去镇而彦超得出。彦超既得出而晖复来，出柙之虎，苟可以肆反噬者，无所不至也。非力战而克之，冯晖之威令不可复行于朔方矣。帅，读曰率。明日，晖入灵州。

17 九月，契丹三万寇河东；壬辰，刘知远败之于阳武谷，败，补卖翻。斩首七千级。

18 汉刘思潮等既死，陈道庠内不自安。陈道庠，与刘思潮等同弑汉主弘度者也。杀刘思潮等见去年九月。特进邓伸遗之汉纪，按路振九国志，陈道庠父玿，与邓伸有旧，故然。道庠问其故。伸曰："憨獠！遗，惟季翻。憨，呼谈翻，痴也。獠，卢皓翻，又竹绞翻。此书有诛韩信、醢彭越事，宜审读之！"汉主闻之，族道庠及伸。

19 李弘义自称威武留后，【章：十二行本"后"下有"权知闽国事"五字；乙十一行本同；孔本同；张校同；退斋校同。】更名弘达，奉表请命于晋；李弘义本名仁达，弘义者唐所赐名也；既叛唐，遂更其名。甲午，以弘达为威武节度使、同平章事，知闽国事。

20 张彦泽奏败契丹于定州北，又败之于泰州，斩首二千级。败，补卖翻。

21 辛丑，福州排陈使马捷陈，读曰阵。引唐兵自马牧山拔寨而入，至善化门桥，都指挥使丁彦贞以兵百人拒之。弘达退保善化门，外城再重皆为唐兵所据。弘达更名达，弘达更名达，以吴越王名上从弘，避之也。重，直龙翻。更，工衡翻。遣使奉表称臣，乞师于吴越。

22 楚王希范知帝好奢靡，好，呼到翻。屡以珍玩为献，求都元帅；甲辰，以希范为诸道兵马都元帅。

23 丙辰，河决澶州临黄。临黄，春秋卫河上之邑，汉为东郡观县，有卫宣公新台。后魏置临黄县，唐属澶州；宋端拱元年，省临黄入观城县。

24 契丹使瀛州刺史刘延祚遗乐寿监军王峦书，请举城内附。遗，惟季翻。考异曰：欧史作"高牟翰"。按陷蕃记，前云延祚诈输诚款，后云大军至瀛州，侦知蕃将高模翰潜师而出。盖延祚为刺史，模翰乃戎将耳。今从陷蕃记。且云："城中契丹兵不满千人，乞朝廷发轻兵袭之，己为内应。又，今秋多雨，自瓦桥以北，积水无际，契丹主已归牙帐，虽闻关南有变，瀛、莫二州，晋割属契丹，在瓦桥关南。地远阻水，不能救也。”峦与天雄节度使兼中书令杜威屡奏瀛、莫乘此可取，深州刺史慕容迁献瀛莫图。冯玉、李崧信以为然，欲发大兵迎赵延寿及延祚。先是赵延寿亦诈通款。

先是，侍卫马步都指挥使、天平节度使李守贞数将兵过广晋，先，昔荐翻。数，所角翻。过，音戈。魏州广晋府。杜威厚待之，赠金帛甲兵，动以万计；守贞由是与威亲善。守贞入朝，帝劳之曰：劳，力到翻。“闻卿为将，常费私财以赏战士。”对曰：“此皆杜威尽忠于国，以金帛资臣，臣安敢掠有其美！”因言：“陛下若他日用兵，臣愿与威戮力以清沙漠。”帝由是亦贤之。

及将北征，帝与冯玉、李崧议，以威为元帅，守贞副之。赵莹私谓冯、李曰：“杜令国戚，谓尚公主也。贵为将相，而所欲未厌，心常慊慊，位兼将相，谓居大镇兼中书令。未厌，未满所欲也。慊慊，亦不满之意。慊，苦簟翻。岂可复假以兵权！复，扶又翻。必若有事北方，不若止任守贞为愈也。”杜威之心迹，虽赵莹犹知之。不从。冬，十月，辛未，以威为北面行营都指挥使，【章：十二行本作“招讨使”；乙十一行本同；孔本同。】以守贞为兵马都监，监，古衔翻。泰宁节度使安审琦为左右厢都指挥使，武宁节度使符彦卿为马军左厢都指挥使，义成节度使皇甫遇为马军右厢都指挥使，永清节度使梁汉璋为马军都排陈使，前威胜节度使宋彦筠为步军左厢都指挥使，奉国左厢都指挥使王饶为步军右厢都指挥使，洺州团练使薛怀让为先锋都指挥使。仍下敕榜曰：“专发大军，往平黠虏。黠，下八翻。先取瀛、莫，安定关南；次复幽燕，荡平塞北。”又曰：“有擒获虏主者，除上镇节度使，赏钱万缗，绢万匹，银万两。”谈何容易！晋之君臣，恃阳城之捷，有轻视契丹之心。兵骄者败，自古而然。时自六月积雨，至是未止，军行及馈运者甚艰苦。

25 唐漳州将林赞尧作乱，杀监军使周承义、剑州刺史陈诲。泉州刺史留从效举兵逐赞尧，以泉州裨将董思安权知漳州。唐主以思安为漳州刺史，思安辞以父名章，唐主改漳州为南州，命思安及留从效将州兵会攻福州。庚辰，围之。

福州使者至钱塘，乞师之使。钱塘，吴越国都。吴越王弘佐召诸将谋之，皆曰："道险远，难救。"惟内都监使临安水丘昭券以为当救。水丘，复姓也。何氏姓苑云：汉有司隶校尉水丘岑。今为临安著姓。弘佐曰："唇亡齿寒，古语多有之。吾为天下元帅，曾不能救邻道，将安用之！诸君但乐饱身【章：十二行本"身"作"食"；乙十一行本同；张校同。】安坐邪！"乐，音洛。壬午，遣统军【章：十二行本"军"下有"使"字；乙十一行本同；孔本同；张校同。】张筠、赵承泰将兵三万，水陆救福州。吴越救福州，自婺、衢至建、剑，顺流可至福州。是时剑、建已为南唐守，此道不可由也。自温州之平阳渡海浦至福州界，当由此道耳。

先是募兵，久无应者，弘佐命纠之，曰："纠而为兵者，粮赐减半。"明日，应募者云集。弘佐命昭券专掌用兵，昭券惮程昭悦，以用兵事让之。程昭悦时为弘佐所宠任，故水丘昭券惮而让之。弘佐命昭悦掌应援馈运事，而以军谋委元德昭。德昭，危仔倡之子也。危仔倡见二百六十七卷梁太祖开平三年。

弘佐议铸铁钱以益将士禄赐，其弟牙内都虞候弘亿谏曰："铸铁钱有八害：新钱既行，旧钱皆流入邻国，一也；旧钱，谓铜钱。可用于吾国而不可用于他国，则商贾不行，百货不通，二也；贾，音古。铜禁至严，民犹盗铸，况家有铛釜，野有铧犁，犯法必多，三也；铛，楚耕翻。铧，户花翻。铧锹也。闽人铸铁钱而乱亡，不足为法，四也；闽铸铁钱见二百八十三卷天福七年及上卷元年。国用幸丰而自示空乏，五也；言邻国闻之，必将以为国用空乏而铸铁钱。禄赐有常而无故益之以启无厌之心，六也；厌，于盐翻。

法变而弊，不可遽复，七也；“钱”者国姓，易之不祥，八也。”弘佐乃止。

26 杜威、李守贞会兵于广晋而北行。李守贞引兵会杜威于魏州，相与北行。威屡使公主入奏，请益兵，公主者，杜威妻宋国长公主，帝之姑也。曰：“今深入虏境，必资众力。”由是禁军皆在其麾下，杜威之计，即赵德钧请并范延光军之计也，德钧不得请而威得请耳。其志图非望而败国亡身则一也。而宿卫空虚。

十一月，丁酉，以李守贞权知幽州行府事。

己亥，杜威等至瀛州，城门洞启，寂若无人，威等不敢进。闻契丹将高谟翰先已引兵潜出，威遣梁汉璋将二千骑追之，遇契丹于南阳务，败死。威等闻之，引兵而南。时束城等数县请降，束城，汉束州县，隋曰束城，唐属瀛州。宋熙宁六年，省束城县为束城镇，属河间县。威等焚其庐舍，掠其妇女而还。还，从宣翻，又如字。

27 己酉，吴越兵至福州，自罾浦南潜入州城。罾，作滕翻，鱼网也。福州之人就此罾鱼，因以得名。唐兵进据东武门，李达与吴越兵共御之，不利。自是内外断绝，城中益危。

唐主遣信州刺史王建封助攻福州。时王崇文虽为元帅，而陈觉、冯延鲁、魏岑争用事，留从效、王建封倔强不用命，留从效起于泉州，斩黄绍颇，破李弘通，唐人惮其威名；王建封虽本唐将，恃建州先登之功；故皆倔强不用命。倔，其勿翻。强，其两翻。各争功，进退不相应。由是将士皆解体，故攻城不克。

唐主以江州观察使杜昌业为吏部尚书，判省事。先是昌业自兵部尚书判省事，出江州，判省事者，判尚书省事。及还，阅簿籍，抚案叹曰：“未数年，而所【章：十二行本“所”上有“府库”二字；乙十一行本同；孔本同；张校同。】耗者半，言昌业出入之间，未及数年，而府库之积，已耗其半。其能久乎！”言不能以支久也。史言唐之府库，耗于用兵。

28 契丹主大举入寇，自易、定趣恒州。趣，七喻翻。恒，户登翻。杜威等至武强，九域志：武强县在深州西四十五里。宋白曰：武强，六国时武隧，地属赵，故城在今县东北三十里，是为汉武强县。郡国县道记云：古武强县城，在今县西南二十五里，是为晋武强县。高齐移县于后魏武邑郡故城，今县理是也。闻之，将自贝、冀而南。彰德节度使张彦泽时在恒州，去年九月，遣张彦泽戍恒州以备契丹。恒，户登翻。引兵会之，言契丹可破之状；威等复趣恒州，复，扶又翻。趣，七喻翻。以彦泽为前锋。考异曰：备史曰："彦泽狼子，其心密已变矣，乃通款邪律氏，请为前导，因促骑说威引军沿滹沱水西援常山。及至真定东垣渡，与威通谋，先遣步众跨水，不之救，致败，将沮人心以行诡计，因促监者高勋请降于虏。"按彦泽与威若已通款于契丹，则彦泽何故犹夺桥，契丹何故犹议回旋？今不取。甲寅，威等至中度桥，滹沱水径恒州东南，恒州之人各随便为津渡之所。此为中度者，明上下流各有度也。契丹已据桥，彦泽帅骑争之，帅，读曰率。契丹焚桥而退。晋兵与契丹夹滹沱而军。

始，契丹见晋军大至，又争桥不胜，恐晋军急渡滹沱，与恒州合势击之，议引兵还。还，从宣翻，又如字。及闻晋军筑垒为持久之计，遂不去。知晋军不敢战也。

29 蜀施州刺史田行皋叛，遣供奉官耿彦珣将兵讨之。

30 杜威虽以贵戚为上将，性懦怯。偏裨皆节度使，自李守贞至宋彦筠，皆节度使也。但日相承迎，置酒作乐，罕议军事。

磁州刺史兼北面转运使李穀说威及李守贞曰：磁，墙之翻。说，式芮翻。"今大军去恒州咫尺，烟火相望。若多以三股木置水中，积薪布土其上，桥可立成。三股木者，用木三条，交股缚之，其下撑开为三足，以寘水中。密约城中举火相应，夜募将士斫虏营而入，表里合势，虏必遁逃。"诸将皆以为然，独杜威不可，遣穀南至怀、孟督军粮。

契丹以大军当晋军之前，潜遣其将萧翰、通事刘重进将百骑及羸卒，并西山出晋军之后，断晋粮道及归路。羸，伦为翻。并，步浪翻。断，音短。樵采者遇之，尽为所掠；有逸归者，皆称虏众之盛，军中恼惧。翰等至栾城，恼，许勇翻。旧唐书地理志曰：栾城县，汉常山郡之开县也。后魏于开县古城置栾城县，属赵州，唐属恒州。九域志：栾城县在恒州南六十三里。范成大北使录曰：赵州三十里至栾城。金人改赵州为沃州。城中戍兵千馀人，不觉其至，狼狈降之。契丹获晋民，皆黥其面曰"奉敕不杀"，纵之南走；运夫在道遇之，皆弃车惊溃。翰，契丹主之舅也。契丹后族皆以萧为氏。欧史曰：翰，契丹之大族，其号阿钵。翰之妹亦嫁契丹主德光。而阿钵本无姓氏，契丹呼翰为国舅。既入汴，将北归，以为宣武节度使，李崧为制姓名曰萧翰，于是始姓萧。宋白曰：萧翰，述律阿钵之子。

十二月，丁巳朔，李穀自书密奏，具言大军危急之势，请车驾幸滑州，遣高行周、符彦卿扈从，及发兵守澶州、河阳以备虏之奔冲；遣军将关勋走马上之。高行周、符彦卿，一时名将也。滑、澶及河阳，河津之要也。使晋主能用李穀之言，安得有张彦泽轻骑入汴之祸乎！走马上之，急报也。宋自宝元、康定以前，凡边镇率有走马承受之官。从，才用翻。澶，时连翻。上，时两翻。

己未，帝始闻大军屯中度；甲寅，杜威等至中度；己未，大梁始闻之。强寇深入，诸军孤危，而驿报七日始达，晋之为兵可知矣。是夕，关勋至。庚申，杜威奏请益兵，诏悉发守宫禁者得数百人，赴之。自古以来，重战轻防，未有不败者也。发数百人，不足以增大军之势，而重闭之防阙矣。又诏发河北及滑、孟、泽、潞刍粮五十万诣军前；五十万，合束、石之数言之。督迫严急，所在鼎沸。辛酉，威又遣从者张祚等来告急，从，才用翻。祚等还，还，从宣翻。为契丹所获。自是朝廷与军前声问两不相通。

时宿卫兵皆在行营，人心懔懔，懔，力锦翻。莫知为计。开封尹桑维翰，以国家危在旦夕，求见帝言事；见，贤遍翻。帝方在苑中调鹰，调鹰者，调习之也，使驯狎而附人。辞不见。又诣执政言之，执政不以为然。执政，谓冯玉、李彦韬等。退，谓所亲曰："晋氏不血食矣！"言晋必亡，宗庙不祀。盖晋氏之亡，不独桑维翰知之，通国之人皆知之。

帝欲自将北征，李彦韬谏而止。将，即亮翻。时符彦卿虽任行营职事，帝留之，使戍荆州口。壬戌，诏以归德节度使高行周为北面都部署，以彦卿副之，共戍澶州；以西京留守景延广戍河阳，且张形势。史言三将戍河津，虽张形势而兵力甚弱。

奉国都指挥使王清言于杜威曰："今大军去恒州五里，守此何为！营孤食尽，势将自溃。请以步卒二千为前锋；夺桥开道，公帅诸军继之；得入恒州，则无忧矣。"帅，读曰率，下同。威许诺，遣清与宋彦筠俱进。清战甚锐，契丹不能支，势小却；诸将请以大军继之，威不许。彦筠为契丹所败，败，补卖翻。浮水抵岸得免。【章：十二行本"免"下有"因退走"三字；乙十一行本同；孔本同。】清独帅麾下陈于水北力战，互有杀伤，屡请救于威，威竟不遣一骑助之。清谓其众曰："上将握兵，将，即亮翻。坐观吾辈困急而不救，此必有异志。吾辈当以死报国耳！"众感其言，莫有退者，至暮，战不息。契丹以新兵继之，清及士众尽死。李縠为杜威画计而不行，犹可曰言之易而行之难。至于王清力战而不救，则其欲卖国以图己利，心迹呈露，人皆知之矣。由是诸军皆夺气。清，洺州人也。

甲子，契丹遥以兵环晋营，环，音宦。内外断绝，军中食且尽。杜威与李守贞、宋彦筠谋降契丹，威潜遣腹心诣契丹牙帐，邀求重赏。契丹主绐之曰："赵延寿威望素浅，恐不能帝中国。汝果降者，当以汝为之。"威喜，遂定降计。赵延寿父子以是陷契丹。杜威之才智未足以企延寿，其堕契丹之计，无足怪者。覆辙相寻，岂天意邪！丙寅，伏甲召诸将，出降表示之，使署名。诸将骇愕，莫敢言者，但唯唯听命。唯，于癸翻。威遣阁门使高勋赍诣契丹，契丹主赐诏慰纳之。是日，威悉命军士出陈于外，陈，读曰阵。军士皆踊跃，以为且战，威亲谕之曰："今食尽涂穷，当与汝曹共求生计。"因命释甲。军士皆恸哭，声振原野。史言晋军之心皆不欲降契丹，迫于其帅而从之耳。威、守贞仍于众中扬言："主上失德，信任奸邪，猜忌于己。"闻者无不切齿。契丹主遣赵延寿衣赭袍至晋营慰抚士卒，曰："彼皆汝物也。"杜威以下，皆迎谒于马前；亦以赭袍衣威以示晋军，其实皆戏之耳。契丹主非特戏杜威、赵延寿也，亦以愚晋军。彼其心知晋军之不诚服也，驾言将以华人为中国主，是二人者必居一于此。晋人谓丧君有君，皆华人也，夫是以不生心，其计巧矣。然契丹主巧于愚弄，而入汴之后，大不能制河东，小不能制群盗，岂非挟数用术者有时而穷乎！衣，于既翻。以威为太傅，李守贞为司徒。

威引契丹主至恒州城下，谕顺国节度使王周以己降之状，周亦出降。戊辰，契丹主入恒州。遣兵袭代州，刺史王晖以城降之。契丹以胜势胁降代州，而太原不为之动，以刘知远、郭威在也。九域志：恒州西北至代州三百四十里。

先是契丹屡攻易州，刺史郭璘固守拒之。先，悉荐翻。璘，离珍翻。契丹主每过城下，指而叹曰："吾能吞并天下，而为此人所扼！"及杜威既降，契丹主遣通事耿崇美至易州，诱谕其众，诱，音酉。众皆降；璘不能制，遂为崇美所杀。史言大厦之颠，非一木所能支。璘，邢州人也。

义武节度使李殷，安国留后方太，皆降于契丹。契丹主以孙方简为义武节度使，麻荅为安国节度使，宋白曰：麻荅，本名解里，阿保机之从子也。其父曰撒剌，归梁，死于汴。以客省副使马崇祚权知恒州事。

契丹翰林承旨、吏部尚书张砺言于契丹主曰："今大辽已得天下，高祖天福二年，契丹改国号大辽，事见二百八十一卷。中国将相宜用中国人为之，不宜用北人及左右近习。苟政令乖失，则人心不服，虽得之，犹将失之。”契丹主不从。使契丹主用张砺言，事未可知也。

引兵自邢、相而南，契丹之兵依山南下以临晋。相，息亮翻。杜威将降兵以从。从，才用翻。或问：杜威不降契丹，晋可保乎？曰：设使杜威借将士之力，击退契丹，契丹主归北完聚，必复南来，晋不能支也。使其间有英雄之才，奋然出力，击破契丹，使之不敢南向，则负震主之威，挟不赏之功，将士又将扶立以成篡事，石氏必不能高枕大梁，刘知远亦不可得而狙伺其旁也。遣张彦泽将二千骑先取大梁，且抚安吏民，以通事傅住儿为都监。监，古衔翻。

杜威之降也，皇甫遇初不预谋。契丹主欲遣遇先将兵入大梁，遇辞；退，谓所亲曰：“吾位为将相，败不能死，忍复图其主乎！”复，扶又翻；下同。至平棘，平棘，汉古县，唐带赵州。九域志曰：平棘故城，春秋棘蒲邑。十三州志云：战国时改为平棘。谓从者曰：“吾不食累日矣，何面目复南行！”遂扼吭而死。从，才用翻。吭，古郎翻。

张彦泽倍道疾驱，夜渡白马津。张彦泽以澶、孟有戍兵，故从白马津渡。壬申，帝始闻杜威等降；是夕，又闻彦泽至滑州，召李崧、冯玉、李彦韬入禁中计事，欲诏刘知远发兵入援。太原距洛阳一千二百里，洛阳至大梁又三百八十里，就使刘知远闻命投袂而起，亦无及矣。癸酉，未明，彦泽自封丘门斩关而入，李彦韬帅禁兵五百赴之，不能遏。帅，读曰率。彦泽顿兵明德门外，五代会要曰：明德门，大梁皇城南门。薛史：天福三年十月，改大宁宫门为明德门。城中大扰。

帝于宫中起火，自携剑驱后宫十馀人将赴火，为亲军将薛超所持。俄而彦泽自宽仁门传契丹主与太后书慰抚之，五代会要曰：大梁皇城之东门为宽仁门。且召桑维翰、景延广，帝乃命灭火，悉开宫城门。帝坐苑中，与后妃相聚而泣，召翰林学士范质草降表，自称"孙男臣重贵，祸至神惑，运尽天亡。今与太后及妻冯氏，举族于郊野面缚待罪次。遣男镇宁节度使延煦，威信节度使延宝，奉国宝一、金印三出迎。"国宝，即高祖天福三年所制受命宝也。煦，吁句翻。太后亦上表称"新妇李氏妾"。臣妾之辱，惟晋、宋为然。呜呼，痛哉！上，时掌翻。

傅住儿入宣契丹主命，帝脱黄袍，服素衫，再拜受宣，左右皆掩泣。帝使召张彦泽，欲与计事。彦泽曰："臣无面目见陛下。"帝复召之，复，扶又翻。彦泽微笑不应。

或劝桑维翰逃去。维翰曰："吾大臣，逃将安之！"坐而俟命。彦泽以帝命召维翰，维翰至天街，宫城正南门外之都街，谓之天街，经途也。遇李崧，驻马语未毕，有军吏于马前揖维翰赴侍卫司。揖赴侍卫司，示将囚系之也。一曰：时张彦泽处侍卫司署舍。维翰知不免，顾谓崧曰："侍中当国，李崧官侍中。今日国亡，反令维翰死之，何也？"崧有愧色。彦泽踞坐见维翰，维翰责之曰："去年拔公于罪人之中，复领大镇，授以兵权，谓高祖时朝野皆请诛张彦泽，自泾州罢归宿卫；去年桑维翰拔使同御契丹，复领彰国节度使，帅兵戍常山。何乃负恩至此！"彦泽无以应，遣兵守之。

宣徽使孟承诲，素以佞巧有宠于帝，至是，帝召承诲，欲与之谋，承诲伏匿不至；张彦泽捕而杀之。

彦泽纵兵大掠，贫民乘之，亦争入富室，杀人取其货，二日方止，都城为之一空。为，于伪翻；下为主同。彦泽所居山【章：十二行本"山"上有"宝货"二字；乙十一行本同；孔本同；退斋校同。】积，自谓有功于契丹，张彦泽自以疾驱入汴为功。昼夜以酒乐自娱，出入骑从常数百人，从，才用翻。其旗帜皆题"赤心为主"，见者笑之。军士擒罪人至前，彦泽不问所犯，但瞋目竖三指，即驱出断其腰领。瞋，昌真翻。竖，而主翻。三指，中指也；示以中指，言中断之，即腰斩也。此盖五代军中虐帅相仍为此以示其下，罪之轻重，决于一指屈伸之间。及汉史弘肇掌兵，有抵罪者，弘肇以三指示吏，即腰斩之，正此类也。彦泽素与阁门使高勋不协，乘醉至其家，杀其叔父及弟，尸诸门首。士民不寒而栗。

中书舍人李涛谓人曰："吾与其逃于沟渎而不免，不若往见之。"乃投刺谒彦泽曰："上书请杀太尉人李涛，谨来请死。"李涛请杀张彦泽事见二百八十三卷高祖天福七年。彦泽欣然接之，谓涛曰："舍人今日惧乎？"涛曰："涛今日之惧，亦犹足下昔年之惧也。向使高祖用涛言，事安至此！"彦泽大笑，命酒饮之。饮，于禁翻。涛引满而去，旁若无人。李涛者，回之族曾孙，明辩有胆气，固自有种。

甲戌，张彦泽迁帝于开封府，顷刻不得留，宫中恸哭。帝与太后、皇后乘肩舆，宫人、宦者十馀人步从。从，才用翻。见者流涕。亡国之耻，言之者为之痛心，矧见之者乎！此程正叔所谓真知者也。天乎，人乎！帝悉以内库金珠自随。彦泽使人讽之曰："契丹主至，此物不可匿也。"帝悉归之，亦分以遗彦泽，遗，唯季翻。彦泽择取其奇货，而封其馀以待契丹。彦泽遣控鹤指挥使李筠以兵守帝，内外不通。帝姑乌氏公主赂守门者，入与帝诀，【章：十二行本"诀"下有"相持而泣"四字；乙十一行本同；孔本同。】归第自经。氏，音支。按薛史，乌氏公主，高祖第十一妹也。帝与太后所上契丹主表章，上，时掌翻；下同。皆先示彦泽，然后敢发。

帝使取内库帛数段，主者不与，曰："此非帝物也。"又求酒于李崧，崧亦辞以他故不进。又欲见李彦韬，彦韬亦辞不往。帝惆怅久之。当是时，晋朝之臣，已视出帝为路人，虽惆怅亦何及矣。惆，丑鸠翻。

冯玉佞张彦泽，求自送传国宝，冀契丹复任用。亡国之臣，其识正如此耳。复，扶又翻。

楚国夫人丁氏，延煦之母也，有美色。彦泽使人取之，太后迟回未与；彦泽诟詈，立载之去。诟，苦候翻，又许候翻。詈，力智翻。

是夕，彦泽杀桑维翰。考异曰：薛史："帝思维翰在相时，累贡谋画，请与虏和，虑戎主到京则显彰己过，欲杀维翰以灭口，因令张彦泽杀之。"按是时彦泽岂肯复从少帝之命！今不取。以带加颈，白契丹主，云其自经。契丹主曰："吾无意杀维翰，何为如是！"命厚抚其家。

高行周、符彦卿皆诣契丹牙帐降。二人自澶州来降。契丹主以阳城之战为彦卿所败，诘之。阳城之战，见上卷上年。败，补卖翻。诘，去吉翻。彦卿曰："臣当时惟知为晋主竭力，今日死生惟命。"契丹主笑而释之。符彦卿言直，契丹主无以罪也。为，于伪翻。

己卯，延煦、延宝自牙帐还，还，从宣翻，又如字。契丹主赐帝手诏，且遣解里谓帝曰："孙勿忧，必使汝有啖饭之所。"啖，徒滥翻。帝心稍安，上表谢恩。

契丹以所献传国宝追琢非工，又不与前史相应，追，都回翻。其文不与前史相应也。疑其非真，以诏书诘帝，使献真者。李心传曰：秦玺者，李斯之虫鱼篆也，其围四寸。按玉玺图以此玺为赵璧所刻，璧本卞和所献之璞，蔺相如所夺者是也。余尝以礼制考之，璧五寸而有好，则不得复刻为玺，此说谬矣。秦玺至汉谓之传国玺，自是迄于汉，帝所宝用者，秦玺也；子婴所封，元后所投，王宪所得，赤眉所上，皆是物也。董卓之乱失之。吴书谓孙坚得之洛阳甄官井中，复为袁术所夺，徐璆得而上之，殆不然也。若然，则魏氏何不宝用而自刻玺乎！厥后历世皆用其名。永嘉之乱没于刘石，永和之世复归江左者，晋玺也。魏氏有国，刻传国玺如秦之文，但秦玺读自右，魏玺读自左耳。晋有天下，又自刻玺，其文曰："受命于天，皇帝寿昌。"本书舆服志乃以为汉所传秦玺，实甚误矣。此玺更刘聪、石勒，逮石祗死，其臣蒋干求援于谢尚，乃以玺送江南，王彪之辨之，亦不云秦玺也。太元之末，得自西燕，更涉六朝，至于隋代者，慕容燕玺也。晋孝武太元十九年，西燕主永求救于郄恢，并献玉玺一纽，方阔六寸，高四寸六分，文如秦玺，自是历宋、齐、梁皆宝之。侯景既死，北齐辛术得之广陵，献之高氏。后历周、隋，皆误指为秦玺，后平江南，知其非是，乃更谓之神玺焉。刘裕北伐，得之关中，历晋暨陈，复为隋有者，姚秦玺也。晋义熙十三年，刘裕入关，得传国玺上之，大四寸，文与秦同，然隐起而不深刻。隋灭陈得此，指为真玺，遂以宇文所传神玺为非是。识者又谓古玺深刻，以印泥，后人隐起，以印纸，则隐起者非秦玺也，姚氏取其文作之耳。开运之乱，没于耶律，女真获之以为大宝者，石晋玺也。唐太宗贞观十六年，刻受命玺，文曰："皇帝景命，有德者昌，"后归朱全忠，及从珂自焚，玺亦随失。德光入汴，重贵以玺上之，云"先帝所刻"，盖指敬瑭也。盖在唐时皆误以为秦玺，而秦玺之亡则久矣。今按，"石祗死"，当作"冉闵死"。李心传之说与唐六典异，今并存之，以俟知者。及周，又制二宝，有司所奏，其说亦祖六典，详注于后。诘，其吉翻。帝奏："顷王从珂自焚，事见二百八十卷高祖天福元年。旧传国宝不知所在，必与之俱烬。此宝先帝所为，事见二百八十一卷天福三年。群臣备知。臣今日焉敢匿宝！"乃止。焉，于虔翻。

帝闻契丹主将渡河，欲与太后于前途奉迎；张彦泽先奏之，契丹主不许。有司又欲使帝衔璧牵羊，大臣舆榇，迎于郊外，先具仪注白契丹主，契丹主曰："吾遣奇兵直取大梁，非受降也。"亦不许。降，户江翻。又诏晋文武群官，一切如故；朝廷制度，并用汉礼。北方谓中国为汉。有司欲备法驾迎契丹主，契丹主报曰："吾方擐甲总戎，擐，音宦。太常仪卫，未暇施也。"皆却之。用太常仪卫，则当改胡服而华服，故言未暇。

先是契丹主至相州，即遣兵趣河阳捕景延广。延广苍猝无所逃伏，不料其遽见捕也。先，昔荐翻。相，息亮翻。趣，七喻翻。往见契丹主于封丘。九域志：封丘县在大梁北六十里。契丹主诘之曰："致两主失欢，皆汝所为也。十万横磨剑安在！"召乔荣，使相辩证，事凡十条。延广初不服，荣以纸所记语示之，景延广记其所言以授乔荣，见二百八十三卷天福八年。乃服。每服一事，辄授一筹。至八筹，延广但以面伏地请死，乃锁之。

丙戌晦，百官宿于封禅寺。迎契丹主也。封禅寺在大梁城东。

章锡琛标点聂崇岐覆校

资治通鉴卷第二百八十六

端明殿学士兼翰林侍读学士太中大夫
提举西京嵩山崇福宫上柱国河内郡开国公 司马光 奉敕编集
食邑二千六百户食实封一千户臣
后学天台 胡三省 音注

后汉纪一 起强圉协洽(丁未)正月，尽四月，不满一年。

高祖本沙陀部人，居于太原。及得中国，自以姓刘，遂言为东汉显宗第八子淮阳王昞之后，国号曰汉。通鉴以前已有汉纪，此以后汉纪书之。

高祖睿文圣武昭肃孝皇帝上 姓刘，名知远；乾佑元年，更名暠；其先沙陀部人也。

天福十二年(丁未、九四七)汉复以天福纪年，详见后。

1 春，正月，丁亥朔，百官遥辞晋主于城北，大梁城之北。乃易素服纱帽，迎契丹主，伏路侧请罪。契丹主貂帽、貂裘，衷甲，驻马高阜，命起，改服，抚慰之。按欧史，时晋百官迎契丹主于赤冈。左卫上将军安叔千独出班胡语，按薛史，安叔千，沙陀三部落之种也，故习胡语。契丹主曰："汝安没字邪？安叔千状貌堂堂，而不通文字，所为鄙陋，人谓之"没字碑"。汝昔镇邢州，已累表输诚，我不忘也。"叔千拜谢呼跃而退。呼跃盖夷礼，犹华人舞蹈也。

晋主与太后已下迎于封丘门外，契丹主辞不见。考异曰：汉高祖实录："少帝帅族候于野，邪律氏疏之。帝指陈前事，乃大臣同谋，皆历历能对，无挠屈色，邪律氏亦假以颜色。"陷蕃记、薛史帝纪、五代通录云："戎主不与帝相见。”少帝实录：“帝举族待罪于野，虏长面抚之，遣泊封禅寺。”今从陷蕃记。

契丹主入门，民皆惊呼而走。呼，火故翻。契丹主登城楼，遣通事谕之曰：“我亦人也，汝曹勿惧！会当使汝曹苏息。气绝而复息曰苏；气一出入为息。一曰，更息曰苏。我无心南来，汉兵引我至此耳。”归罪于杜威等。至明德门，下马拜而后入宫。以其枢密副使刘密权开封尹事。先易置京尹以弹压华人。日暮，契丹主复出，屯于赤冈。惧人心未一，未敢居城中。

2 戊子，执郑州防御使杨承勋至大梁，责以杀父叛契丹，杨承勋囚父以降晋，事见二百八十四卷齐王开运元年。命左右脔食之。未几，脔，力兖翻。几，居岂翻。以其弟右羽林将军承信为平卢节度使，悉以其父旧兵授之。既授之以其父旧镇，复授之以其父旧兵。

3 高勋诉张彦泽杀其家人于契丹主，张彦泽杀高勋家见上卷上年。勋为杜威奉降表者也，先已为契丹主所亲，故得诉其事。契丹主亦怒彦泽剽掠京城，并傅住儿锁之。彦泽剽掠事亦见上卷上年。傅住儿，监彦泽军者也。剽，匹妙翻。以彦泽之罪宣示百官，问：“应死否？”皆言“应死。”百姓亦投牒争疏彦泽罪。己丑，斩彦泽、住儿于北市，仍命高勋监刑。彦泽前所杀士大夫子孙，皆绖杖号哭，随而诟詈，以杖扑之。绖，徒结翻。有亲丧者，绖杖。号，户刀翻。诟，苦候翻，又许候翻。詈，力智翻。扑，普卜翻，击也。勋命断腕出锁，断，音短。腕，乌贯翻。剖其心以祭死者。市人争破其脑取髓，髓，悉委翻。脔其肉而食之。

4 契丹送景延广归其国，庚寅，宿陈桥，九域志：开封府浚仪县有陈桥镇。夜，伺守者稍怠，扼吭而死。伺，相吏翻。吭，居郎翻；人颈曰吭。

5 辛卯，契丹以晋主为负义侯，置于黄龙府。黄龙府，即慕容氏和龙城也。欧史曰：自幽州行十馀日，过平州；出榆关，行沙碛中，七八日至锦州；又行五六日，过海北州；又行十馀日，渡辽水至勃海国铁州；又行七八日，过南海府，遂至黄龙府。按契丹后改黄龙府为隆州，北至混同江一百三十里。又按慕容氏之和龙城，若据晋书及郦道元水经注，当在汉辽西郡界。今晋主陷蕃，渡辽水而后至黄龙府，又其地近混同江，疑非慕容氏之和龙城。契丹主使谓李太后曰："闻重贵不用母命以至于此，可求自便，勿与俱行。"太后曰："重贵事妾甚谨。所失者，违先君之志，绝两国之欢耳。今幸蒙大恩，全生保家，母不随子，欲何所归！"

癸巳，契丹迁晋主及其家人于封禅寺，遣大同节度使兼侍中此契丹所授官。河内崔廷勋以兵守之。宋白曰：崔廷勋本河内人，少陷虏。契丹主数遣使存问，数，所角翻。晋主每闻使至，举家忧恐。恐见杀也。时雨雪连旬，外无供亿，毛居正曰：供儗，儗有储偫之意。供亿，犹供儗也。亿，度也；料度其所须之物，随多少而供之，以待其乏也。上下冻馁。太后使人谓寺僧曰："吾尝于此饭僧数万，饭，扶晚翻。今日独无一人相念邪！"僧辞以"虏意难测，不敢献食。"噫！孰知缁黄变色，其徒所为，有甚于不敢献食者耶！有国有家者，崇奉释氏以求福田利益，可以监矣。晋主阴祈守者，乃稍得食。

是日，契丹主自赤冈引兵入宫，入晋宫。都城诸门及宫禁门，皆以契丹守卫，昼夜不释兵仗。惧有变也。磔犬于门，以竿悬羊皮于庭为厌胜。磔，陟格翻。厌，于叶翻。契丹主谓【章：十二行本"谓"下有"晋"字；乙十一行本同；孔本同；退斋校同。】群臣曰："自今不修甲兵，不市战马，轻赋省役，天下太平矣。"谈何容易！斯言甫脱口，而打草谷继之矣，天下果太平乎！废东京，降开封府为汴州，尹为防御使。乙未，契丹主改服中国衣冠，百官起居皆如旧制。史言契丹主犹知用夏变夷。

赵延寿、张砺共荐李崧之才；会威胜节度使冯道自邓州入朝，契丹主素闻二人名，皆礼重之。二人历唐、晋，位极人臣，国亡不能死，视其君如路人，何足重哉！未几，以崧为太子太师，充枢密使；道守太傅，于枢密院祗候，以备顾问。

契丹主分遣使者，以诏书赐晋之藩镇；晋之藩镇争上表称臣，被召者无不奔驰而至。被，皮义翻。惟彰义节度使史匡威据泾州不受命。匡威，建瑭之子也。史建瑭事晋王克用以及庄宗，皆有战功。雄武节度使何重建斩契丹使者，以秦、阶、成三州降蜀。史匡威不降契丹，以其地远，契丹兵威不能至也。何重建则以其镇与蜀接境，遂弃辽而附蜀耳。

初，杜重威既以晋军降契丹，杜重威初避晋主重贵名，去“重”，单名“威”。及晋既亡国，重威即复旧名；其忘恩背主，此特末节耳。契丹主悉收其铠仗数百万贮恒州，贮，丁吕翻。恒，户登翻。驱马数万归其国，遣重威将其众从己而南。将，即亮翻。及河，契丹主以晋兵之众，恐其为变，欲悉以胡骑拥而纳之河流。或谏曰：“晋兵在他所者尚多，彼闻降者尽死，必皆拒命。【章：十二行本“命”下有“为患”二字；乙十一行本同。】不若且抚之，徐思其策。”契丹主乃使重威以其众屯陈桥。陈桥在陈桥门外，有陈桥驿。会久雪，官无所给，士卒冻馁，咸怨重威，相聚而泣；重威每出，道旁人皆骂之。

契丹主犹欲诛晋兵。赵延寿言于契丹主曰：“皇帝亲冒矢石以取晋国，欲自有之乎，将为他人取之乎？”冒，莫北翻。为，于伪翻；下同。赵延寿志在帝中国，以此言觇契丹主之意，不特为晋兵发也。契丹主变色曰：“朕举国南征，五年不解甲，天福八年，契丹始攻晋，至是五年。仅能得之，岂为他人乎！”赵延寿闻契丹主此言，可以绝望矣。延寿曰：“晋国南有唐，西有蜀，常为仇敌，皇帝亦知之乎？”曰：“知之。”延寿曰：“晋国东自沂、密，西及秦、凤，延袤数千里，袤，音茂。边于吴、蜀，常以兵戍之。南方暑湿，上国之人不能居也。时偏方割据者，谓中原为上国。晋奉契丹，又称契丹为上国。他日车驾北归，以晋国如此之大，无兵守之，吴、蜀必相与乘虚入寇，如此，岂非为他人取之乎？”契丹主曰：“我不知也。然则奈何？”延寿曰：“陈桥降卒，可分以戍南边，则吴、蜀不能为患矣。”契丹主曰：“吾昔在上党，失于断割，悉以唐兵授晋。事见二百八十卷晋高祖天福元年。断，丁乱翻。既而返为寇雠，北向与吾战，辛勤累年，仅能胜之。今幸入吾手，不因此时悉除之，岂可复留以为后患乎？”复，扶又翻。延寿曰：“向留晋兵于河南，不质其妻子，质，音致。故有此忧。今若悉徙其家于恒、定、云、朔之间，每岁分番使戍南边，何忧其为变哉！此上策也。”契丹主悦曰：“善！惟大王所以处之。”契丹封赵延寿为燕王，故称之为大王。处，昌吕翻。由是陈桥兵始得免，分遣还营。

6 契丹主杀右金吾卫大将军李彦绅、宦者秦继旻，以其为唐潞王杀东丹王故也。杀东丹王见二百八十卷晋高祖天福元年，唐潞王之清泰三年也。为，于伪翻。以其家族赀财赐东丹王之子永康王兀欲。兀欲眇一目，为人雄健好施。兀欲始见于此，为后得国张本。施，式豉翻。

7 癸卯，晋主与李太后、安太妃、冯后及弟睿、子延煦、延宝俱北迁，后宫左右从者百馀人。从，才用翻。契丹遣三百骑援送之；援送者，送其行以为防援。又遣晋中书令赵莹、枢密使冯玉、马军都指挥使李彦韬与之俱。

晋主在涂，供馈不继，或时与太后俱绝食，旧臣无敢进谒者。独磁州刺史李縠迎谒于路，相对泣下。縠曰：“臣无状，负陛下。”因倾赀以献。天下之士，苟有所负者，其所为必有异于人。磁，墙之翻。

晋主至中度桥，见杜重威寨，叹曰：“天乎！我家何负，为此贼所破！”恸哭而去。于晋之时，通国上下皆知杜重威之不可用，乃违众用之以致亡国。诗云：“啜其泣矣，何嗟及矣。”今至于恸，庸有及乎！

8 癸丑，蜀主以左千牛卫上将军李继勋为秦州宣慰使。蜀以何重建降，遣使宣慰之。

9 契丹主以前燕京留守刘晞为西京留守，薛史曰：刘晞者，涿州人，陷虏，历官至平章事兼侍中。考异曰：实录作“禧”。或云名晞。今从陷蕃记。永康王兀欲之弟留珪为义成节度使，兀【章：十二行本“兀”上有“族人郎五为镇宁节度使”十字；乙十一行本同；孔本同；张校同；退斋校同；熊校同。】欲姊婿潘聿撚为横海节度使，聿，以律翻。撚，乃殄翻。考异曰：周太祖实录：“聿撚”作“聿涅”。今从陷蕃记。赵延寿之子匡赞为护国节度使，为赵匡赞后以河中归汉张本。汉将张彦超为雄武节度使，史佺为彰义节度使，客省副使刘晏僧为忠武节度使，前护国节度使侯益为凤翔节度使，权知凤翔府事侯益后亦以凤翔归汉。焦继勋为保大节度使。晞，涿州人也。既而何重建附蜀，秦州附蜀，张彦超无所诣。史匡威不受代，史匡威据泾州以拒史佺。契丹势稍沮。沮，在吕翻。

10 晋昌节度使赵在礼入朝，自长安入朝于大梁。其裨将留长安者作乱，节度副使建人李肃讨诛之，军府以安。

11 晋主之绝契丹也，事见二百八十三卷晋高祖天福七年。匡国节度使刘继勋为宣徽北院使，颇豫其谋；契丹主入汴，继勋入朝，契丹主责之。时冯道在殿上，继勋急指道曰：“冯道为首相，与景延广实为此谋。臣位卑，何敢发言！”契丹主曰：“此叟非多事者，勿妄引之！”冯道以依阿免祸；有国家者，焉用彼相哉！然历事七姓，皆以德望待之，亦持身谨静，有以动其敬心耳。命锁继勋，将送黄龙府。

赵在礼至洛阳，旧唐书地理志：自长安东至洛阳八百五十里。谓人曰：“契丹主尝言庄宗之乱由我所致。谓皇甫晖之乱也。事见二百七十四卷唐明宗天成元年，庄宗之同光四年也。我此行良可忧。”契丹遣契丹将述轧、书契丹将，以别汉将与勃海将。奚王拽剌、拽，羊列翻。剌，卢达翻。勃海将高谟翰戍洛阳，在礼入谒，拜于庭下，拽剌等皆踞坐受之。乙卯，在礼至郑州，九域志：自洛阳东至郑州二百六十里。闻继勋被锁，大惊，夜，自经于马枥间。枥，音历，马栈也。契丹主闻在礼死，乃释继勋，继勋忧愤而卒。

刘晞在契丹尝为枢密使、同平章事，至洛阳，诟奚王曰：诟，苦候翻，又许候翻。"赵在礼汉家大臣，尔北方一酋长耳，酋，慈秋翻。长，知两翻。安得慢之如此！"立于庭下以挫之。由是洛人稍安。

契丹主广受四方贡献，大纵酒作乐，每谓晋臣曰："中国事，我皆知之，吾国事，汝曹不知也。"契丹主自谓周防之密以夸晋臣。然东丹之来，已胎兀欲夺国之祸，虽甚愚者知之，而契丹主不知也。善觇国者，不观一时之强弱而观其治乱之大致。

赵延寿请给上国兵廪食，契丹主曰："吾国无此法。"乃纵胡骑四出，以牧马为名，分番剽掠，剽，妙匹翻。谓之"打草谷"。丁壮毙于锋刃，老弱委于沟壑，自东、西两畿大梁之属县为东畿，洛阳之属县为西畿，此唐制也。唐制，两京除赤县外，馀属县为畿县。及郑、滑、曹、濮，数百里间，财畜殆尽。郑、滑、曹、濮，皆大梁之旁郡，以及言之，明上文所谓东、西两畿为畿县。濮，博木翻。

契丹主谓判三司刘昫曰："契丹兵三十万，既平晋国，应有优赐，速宜营办。"时府库空竭，昫不知所出，请括借都城士民钱帛，都城，大梁都城。自将相以下皆不免。又分遣使者数十人诣诸州括借，皆迫以严诛，人不聊生。其实无所颁给，皆蓄之内库，欲辇归其国。于是内外怨愤，始患苦契丹，皆思逐之矣。为契丹北归张本。

12 初，晋主与河东节度使、中书令、北平王刘知远相猜忌，虽以为北面行营都统，徒尊以虚名，而诸军进止，实不得预闻。事见二百八十四卷晋齐王开运元年。知远因之广募士卒；天福八年，齐王与契丹构隙之初，刘知远已奏募兵矣，事见二百八十三卷。阳城之战，诸军散卒归之者数千人，阳城之战见二百八十四卷晋齐王开运二年。按阳城之战，晋师大捷，无缘有散卒归河东，此必杜重威降契丹时也。又得吐谷浑财畜，事亦见开运二年。畜，吁玉翻。由是河东富强冠诸镇，冠，古玩翻。步骑至五万人。

晋主与契丹结怨，知远知其必危，而未尝论谏。契丹屡深入，知远初无邀遮、入援之志。既不据险要以邀遮契丹之兵，又不遣兵入援也。及闻契丹入汴，知远分兵守四境以防侵轶。轶，徒结翻。遣客将安阳王峻旧唐书地理志：相州，汉魏郡也，治安阳县。安阳，汉侯国，故城在汤阴东。曹魏时，废安阳，并入邺。后周移邺，置县于安阳故城，仍为邺县。隋又改为安阳县，州所治也。若汉魏郡城则在县之西北七里。将，即亮翻。奉三表诣契丹主：一，贺入汴；二，以太原夷、夏杂居，戍兵所聚，未敢离镇；夏，户雅翻。离，力智翻。三，以应有贡物，值契丹将刘九一军自土门西入屯于南川，南川，谓晋阳城南之地。城中忧惧，俟召还此军，道路始通，可以入贡。契丹主赐诏褒美，及进画，亲加"儿"字于知远姓名之上，仍赐以木拐。胡法，优礼大臣则赐之，如汉赐几杖之比，惟伟王以叔父之尊得之。拐，乖买翻，老人拄杖也。欧史曰：王峻持拐归，虏人望之皆避道。

知远又遣北都副留守太原白文珂入献奇缯名马，缯，慈陵翻。契丹主知知远观望不至，及文珂还，还，从宣翻，又如字。使谓知远曰："汝不事南朝，又不事北朝，意欲何所俟邪？"朝，直遥翻。蕃汉孔目官郭威言于知远曰："虏恨我深矣！王峻言契丹贪残失人心，必不能久有中国。"

或劝知远举兵进取。知远曰："用兵有缓有急，当随时制宜。今契丹新降晋兵十万，虎据京邑，未有他变，岂可轻动哉！且观其所利止于货财，货财既足，必将北去。况冰雪已消，势难久留，宜待其去，然后取之，可以万全。”刘知远料之审矣，所以举兵南向，契丹不能与之争。

昭义节度使张从恩，以地迫怀、洛，昭义治潞州。自潞州至泽州，又至怀州渡河，则洛州河南府。旧唐书地理志：潞州至洛州四百七十里。欲入朝于契丹，遣使谋于知远，知远曰：“我以一隅之地，安敢抗天下之大！君宜先行，我当继往。”从恩以为然。判官高防谏曰：“公晋室懿亲，按五代会要，晋少帝前妃张氏，天福八年进册皇后。张从恩盖后族也。不可轻变臣节。”从恩不从。左骁卫大将军王守恩，与从恩姻家，时在上党，从恩以副使赵行迁知留后，副使者，节度副使也。牒守恩权巡检使，与高防佐之。【章：十二行本“之”下有“遂行”二字；乙十一行本同。】守恩，建立之子也。王建立事唐明宗见亲任，及事晋高祖。

13 荆南节度使高从诲遣使入贡于契丹，契丹遣使以马赐之。从诲亦遣使诣河东劝进。荆南高氏父子事大以保其国，为谋大率如此。

14 唐主立齐王景遂为皇太弟。徙燕王景达为齐王，领诸道兵马元帅；徙南昌王弘冀为燕王，为之副。燕，于坚翻。

景遂尝与宫僚燕集，赞善大夫元城张易有所规谏，张易北人而仕江南。景遂方与客传玩玉杯，弗之顾。易怒曰：“殿下重宝而轻士。”取玉杯抵地碎之，众皆失色；景遂敛容谢之，待易益厚。景遂之迁善敬士，亦难能也。

景达性刚直，唐主与宗室近臣饮，冯延巳、延鲁、魏岑、陈觉辈，极倾谄之态，或乘酒喧笑；景达屡诃责之，复极言谏唐主，以不宜亲近佞臣。屡，力主翻。复，扶又翻。近，巨靳翻。延巳以二弟立非己意，欲以虚言德之；尝宴东宫，阳醉，抚景达背曰：“尔不可忘我！”景达大怒，拂衣入禁中白唐主，请斩之；唐主谕解，乃止。按是时陈觉、冯延鲁攻福州，史言其侍饮极倾谄之态，概言其常时，非必拘此时也。张易谓景达曰："群小交构，祸福所系。殿下力未能去，数面折之，去，羌吕翻。数，所角翻。折，之舌翻。使彼惧而为备，何所不至！"自是每游宴，景达多辞疾不预。

唐主遣使贺契丹灭晋，且请诣长安修复【章：十二行本"复"下有"唐室"二字；乙十一行本同。】诸陵；唐末丧乱，诸陵多遭发掘；南唐自谓纂唐之绪，故请修复也。契丹不许，而遣使报之。

晋密州刺史皇甫晖，棣州刺史王建，皆避契丹，帅众奔唐；帅，读曰率。淮北贼帅多请命于唐。帅，所类翻。唐虞部员外郎韩【章：十二行本"韩"上有"史馆修撰"四字；乙十一行本同。】熙载上疏，以为："陛下恢复祖业，今也其时。若虏主北归，中原有主，则未易图也。"易，以豉翻。韩熙载以定中原自期，仅见此疏耳。自古以来，多大言少成事者，何可胜数！时方连兵福州，未暇北顾；唐人皆以为恨，唐主亦悔之。使唐无福州之役，举兵北向，亦丧师而已矣。

15 契丹主召晋百官悉集于庭，问曰："吾国广大，方数万里，有君长二十七人；长，知两翻。今中国之俗异于吾国，吾欲择一人君之，如何？"皆曰："天无二日。孟子引孔子之言。夷、夏之心，皆愿推戴皇帝。"如是者再。契丹主乃曰："汝曹既欲君我，今兹所行，何事为先？"对曰："王者初有天下，应大赦。"二月，丁巳朔，契丹主服通天冠、绛纱袍，登正殿，设乐悬、仪卫于庭。百官朝贺，华人皆法服，胡人仍胡服，立于文武班中间。文官班于东，武官班于西，胡人立于中间。下制称大辽会同十年，大赦。仍云："自今节度使、刺史，毋得置牙兵，市战马。"其心固虞诸镇有与之作敌者。

赵延寿以契丹主负约，心怏怏，赵延寿之求为帝，不得不止，此其所以终为兀欲所锁也。怏，于两翻。令李崧言于契丹主曰："汉天子所不敢望，乞为皇太子。”崧不得已为言之。为言，于伪翻；下令为同。契丹主曰：“我于燕王，虽割吾肉，有用于燕王，吾无所爱。然吾闻皇太子当以天子儿为之，岂燕王所可为也！”因令为燕王迁官。时契丹以恒州为中京，恒，户登翻。翰林承旨张砺奏拟燕王中京留守、大丞相、录尚书事、都督中外诸军事，枢密使如故。契丹主取笔涂去“录尚书事都督中外诸军事”而行之。去，羌吕翻。孰谓契丹主起于塞北而不知中国之事体哉！

16 壬戌，蜀李继勋与兴州刺史刘景攻固镇，拔之。【章：十二行本“之”下有“乙丑”二字；乙十一行本同；孔本同。】何重建请出蜀兵与阶成兵共扼散关以取凤州，扼散关，则北兵不能入，凤州可坐取也。丙寅，蜀主发山南兵三千七百赴之。山南兵，兴元兵也。

17 刘知远闻何重建降蜀，叹曰：“戎狄凭陵，中原无主，令藩镇外附，吾为方伯，良可愧也！”古者除王畿之外，八州八伯，所谓三十国而为连，连有帅，二百一十国以为州，州有伯者也。周分天下以为二伯，自陕以西，召伯主之，自陕以东，周公主之。及其衰也，齐桓、晋文纠合诸侯以尊王室，亦以方伯之任自居，晋人所谓“我为伯”者也。石晋以刘知远为北面都统，故亦自谓为方伯。

于是将佐劝知远称尊号，以号令四方，观诸侯去就。诸侯，谓当时诸藩镇。知远不许。闻晋主北迁，声言欲出兵井陉，迎归晋阳。陉，音刑。丁卯，命武节都指挥使荥泽史弘肇武节军，刘知远所置，见二百八十三卷晋齐王天福八年。隋置荥泽县，唐属郑州。九域志：荥泽县在郑州西北四十五里。集诸军于球场，告以出军之期。军士皆曰：“今契丹陷京城，执天子，天下无主。主天下者，非我王而谁！刘知远封北平王，故称之。宜先正位号，然后出师。”争呼万岁不已。知远曰：“虏势尚强，吾军威未振，当且建功业。士卒何知！”命左右遏止之。

己巳，行军司马潞城张彦威等三上笺劝进，潞，古邑也。隋置潞城县，唐属潞州。九域志：潞城县在潞州东北四十里。知远疑未决。郭威与都押牙冠氏杨邠入说知远曰：刘昫曰：冠氏，春秋邑名。隋分馆陶东界置冠氏县，唐属魏州。九域志：在州东北六十里。说，音税。“今远近之心，不谋而同，此天意也。王不乘此际取之，谦让不居，恐人心且移，移则反受其咎矣。”知远从之。

18 契丹以其将刘愿为保义节度副使，陕人苦其暴虐。陕，失冉翻。奉国都头王晏与指挥使赵晖、都头侯章谋曰：“今胡虏乱华，乃吾属奋发之秋。河东刘公，威德远著，刘知远，河东帅，故称之。吾辈若杀愿，举陕城归之，为天下唱，取富贵如返掌耳。”“返”，当作“反”。晖等然之。晏与壮士数人，夜逾牙城入府，出库兵以给众；庚午旦，斩愿首，悬诸府门，又杀契丹监军，奉晖为留后。晏，徐州；晖，澶州；章，太原人也。澶，时连翻。

19 辛未，刘知远即皇帝位。自言未忍改晋，又恶开运之名，乃更称天福十二年。恶，乌路翻。更，工衡翻。欧阳修曰：人君即位称元年，常事尔，古不以为重也。孔子未修春秋，其前固已如此，虽暴君昏主，妄庸之史，其纪事先后远近，莫不以岁月一二数之，乃理之自然也。其谓一为元，未尝有法焉，古人之语尔。古谓岁之一月，亦不云一而曰正月，国语言六吕曰“元间大吕”，周易列六爻曰“初九”，大抵古人言数，多不云一，不独谓年为元也。及后世曲学之士，始谓孔子书元年为春秋大法，遂以改元为重事。自汉以后，又名年以建元，而正伪纷杂，称号遂多，不胜其纪也。五代，乱世也，其事无法而不合于理者多矣。至其年号乖错以惑后世，则不可以不明。梁太祖以乾化二年遇弑，明年，末帝诛友珪，黜其凤历之号，称乾化三年，尚为有说。至汉高祖建国，黜晋出帝开运四年，复称天福十二年者，何哉？盖以爱憎之私耳。方出帝时，汉高祖居太原，常愤愤下视晋，晋亦阳优礼之；幸而未见其隙。及契丹灭晋，汉未尝有赴难之意。出帝已北迁，方阳以兵声言追之，至土门而还。及其即位改元，而黜开运之号，则其用心可知矣。盖其于出帝，无复君臣之义，而幸祸以为利者，其素志也，可胜叹哉！

壬申，诏："诸道为契丹括率钱帛者，皆罢之。括率钱帛，见上正月。其晋臣被迫胁为使者勿问，令诣行在。被，皮义翻。自馀契丹，所在诛之。"

20 何重建遣宫苑使崔延琛将兵攻凤州，不克，退保固镇。何重建为蜀图取凤州事始见上。

21 甲戌，帝自将东迎晋主及太后。至寿阳，晋置寿阳县，后魏改曰受阳。隋开皇十年，改并州南受阳为文水，分州东故寿阳置寿阳县；唐属太原府。闻已过恒州数日，乃留兵戍承天军而还。还，从宣翻，又如字。承天军在井陉县娘子关西南太原府广阳县界。宋朝太平兴国四年，改广阳为平定县，置平定军。县有承天军寨，在太原府南三百五十里。

晋主既出塞，契丹无复供给，从官、宫女，皆自采木实、草叶而食之。至锦州，契丹令晋主及后妃拜契丹主阿保机墓。从，才用翻。契丹置锦州，近木叶山。金人疆域图：锦州南至燕京一千四百一十五里。陈元靓曰：大元于锦州置临海节度，领永乐、安昌、兴城、神水四县，属大定府路。晋主不胜屈辱，泣曰："薛超误我！"胜，音升，谓薛超持之不令赴火也。事见上卷开运三年。冯后阴令左右求毒药，欲与晋主俱自杀，不果。

22 契丹主闻帝即位，以通事耿崇美为昭义节度使，高唐英为彰德节度使，崔廷勋为河阳节度使，以控扼要害。昭义军，潞州；彰德军，相州；河阳军，孟州。帝自太原西南出兵，潞州，兵冲也；自潞州东下壶关，则至相州；南下太行，则至孟州；故皆命将控扼。

初，晋置乡兵，号天威军。见二百八十四卷晋出帝开运元年。教习岁馀，村民不闲军旅，竟不可用；悉罢之，但令七户输钱十千，其铠仗悉输官。而无赖子弟，不复肯复农业，不复之复，扶又翻，再也。肯复之复，读如字，反也。山林之盗，自是而繁。及契丹入汴，纵胡骑打草谷；事见上正月。又多以其子弟及亲信左右为节度使、刺史，不通政事，华人之狡狯者多往依其麾下，教之妄作威福，掊敛货财，民不堪命。狡，古巧翻。狯，古外翻。

掊，蒲侯翻。敛，力赡翻。于是所在相聚为盗，多者数万人，少者不减千百，攻陷州县，杀掠吏民。滏阳贼帅梁晖，有众数百，送款晋阳求效用，帝许之。磁州刺史李穀密通表于帝，令晖袭相州；旧唐书地理志：滏阳，汉武安县地，隋置滏阳县，唐属磁州，为州治所。九域志：滏阳南至相州六十里。帅，所类翻。晖侦知高唐英未至，侦，丑郑翻。相州积兵器，无守备，丁丑夜，遣壮士逾城入，启关纳其众，杀契丹数百，其守将突围走。晖据州自称留后，表言其状。表言于晋阳。将，即亮翻。

23 戊寅，帝还至晋阳，自承天军还晋阳。还，从宣翻，又如字。议率民财以赏将士，夫人李氏谏曰："陛下因河东创大业，未有以惠泽其民而先夺其生生之资，殆非新天子所以救民之意也。今宫中所有，请悉出之以劳军，虽复不厚，人无怨言。"劳，力到翻。帝曰："善！"即罢率民，倾内府蓄积以赐将士，中外闻之，大悦。李氏，晋阳人也。妇人之智及此，异乎唐庄宗之刘后矣。鄙语有之："福至心灵，祸来神昧。"二人者各居一焉。

24 吴越内都监程昭悦，多聚宾客，畜兵器，畜，读曰蓄。与术士游。吴越王弘佐欲诛之，谓水丘昭券曰："汝今夕帅甲士千人围昭悦第。"帅，读曰率。昭券曰："昭悦，家臣也，有罪当显戮，不宜夜兴兵。"弘佐曰："善！"命内牙指挥使诸温诸，姓；温，名。汉书地理志，琅邪郡有诸县，盖以邑为氏也。伺昭悦归第，执送东府。伺，相吏翻。己卯，斩之。释钱仁俊之囚。钱仁俊之囚见上卷开运二年。

25 武节都指挥使史弘肇攻代州，拔之，斩王晖。王晖降契丹见上卷上年。

26 建雄留后刘在明朝于契丹，以节度副使骆从朗知州事。帝遣使者张晏洪等如晋州，谕以己即帝位，从朗皆囚之。大将药可俦杀从朗，推晏洪权留后，庚辰，遣使以闻。

契丹主遣右谏议大夫赵熙使晋州，括率钱帛，征督甚急。从朗既死，民相帅共杀熙。帅，读曰率；下同。

契丹主赐赵晖诏，即以为保义留后。晖斩契丹使者，焚其诏，遣支使河间赵矩奉表诣晋阳。契丹遣其将高谟翰攻晖，不克。"谟"，一本作"模"。帝见矩，甚喜，曰："子挈咽喉之地以归我，天下不足定也。"陕州据河、潼之要，自河东入洛、汴，此其咽喉也。咽，因肩翻。矩因劝帝早引兵南向以副天下之望，帝善之。

辛巳，以晖为保义节度使，侯章为镇国节度使、保义军马步都指挥使，王晏为绛州防御使、保义军马步副指挥使。按王晏先已为保义军马步都指挥使，既赏其功，不应为副指挥使，恐误。

27 高防与王守恩谋，遣指挥使李万超白昼帅众大噪入府，斩赵行迁，推守恩权知昭义留后。守恩杀契丹使者，举镇来降。帝既得陕，又得上党，足以示契丹形制之势，重以澶州梗其南北之路，虏气夺而心摇矣。

28 镇宁节度使邪律郎五，性残虐，契丹主阿保机以其所居横帐地名为姓曰世里。世里，译者谓之邪律，史因之。澶州人苦之。贼帅王琼帅其徒千馀人，夜袭据南城，北度浮航，浮航，即德胜浮梁。贼帅，所类翻。琼帅，读曰率。航，户刚翻。纵兵大掠，围郎五于牙城。澶州牙城，盖在北城。契丹主闻之，甚惧，始遣天平节度使李守贞、天雄节度使杜重威还镇，李守贞、杜重威既降契丹，从契丹主南入汴，遂为所留。由是无久留河南之意。遣兵救澶州；琼退屯近郊，去城三十里为近郊。遣弟超奉表来求救。癸未，帝厚赐超，遣还。还，从宣翻，又如字。琼兵败，为契丹所杀。

29 蜀主加雄武节度使何重建同平章事。

30 延州录事参军高允权，万金之子也。彰武节度使周密，闇音暗。而贪，将士作乱，攻之；密败，保东城。众以允权家世延帅，高万金兄弟，自梁以来帅延州。帅，所类翻。推为留后，考异曰：周太祖实录，"允权为肤施令。"陷蕃记云，"前录事参军，退居田里。"汉高祖实录云，"允权为延川令，周密以允权故将之子，恐与边人缔结，移为州主簿。密后以暗而党下，惟诛掠是务。允权乘其民怨，时以言间之，复遣亲党潜构诸部，众心遂摇。"广本云，"允权为延川令，密徙为录事参军。"今从之。周太祖实录又曰："契丹犯阙，以周密为延帅。"按晋少帝实录："开运三年八月辛未，以右龙武统军周密为彰武节度使"，非契丹所授。今从汉高祖实录。据西城。薛史曰：延州有东、西二城，其中限以深涧。密，应州人也。

31 丹州都指挥使高彦珣杀契丹所署刺史，自领州事。

32 契丹述律太后遣使以其国中酒馔脯果赐契丹主，贺平晋国。馔，徂皖翻，又雏恋翻。契丹主与群臣宴于永福殿，每举酒，立而饮之，曰："太后所赐，不敢坐饮。"

33 唐王淑妃与郇公从益居洛阳；赵延寿娶明宗女为夫人，淑妃诣大梁会礼。赵延寿妻，唐明宗女燕国长公主也。晋高祖天福元年，契丹已遣使至洛阳取之入北矣。今复从延寿至大梁，故王淑妃诣之会礼。契丹主见而拜之曰："吾嫂也。"契丹主以唐明宗年长，于齿为兄，故拜王淑妃为嫂。统军刘遂凝因淑妃求节钺，刘遂凝以刘鄩旧恩，因王淑妃以求节钺。契丹主以从益为许王、威信节度使，遂凝为安远节度使。淑妃以从益幼，辞不赴镇，复归于洛。

34 契丹主以张砺为右仆射兼门下侍郎、同平章事，左仆射和凝兼中书侍郎、同平章事；司空兼门下侍郎、同平章事刘昫，以目疾辞位，罢为太保。

35 东方群盗大起，陷宋、亳、密三州。契丹主谓左右曰："我不知中国之人难制如此！"中国之人，困于契丹之陵暴掊克，咸不聊生，起而为盗，乌有难制者乎！盍亦反其本矣。亟遣泰宁节度使安审琦、武宁节度使符彦卿等归镇，澶州乱而遣李守贞、杜重威归镇，宋、亳、密三州陷而遣安审琦、符彦卿归镇，契丹主之北归决矣。仍以契丹兵送之。

彦卿至埇桥，埇桥在宿州。埇，余陇翻。贼帅李仁恕帅众数万急攻徐州。贼帅，所类翻。恕帅，读曰率；下同。彦卿与数十骑至城下，扬鞭欲招谕之，仁恕控彦卿马，请从相公入城。欲劫符彦卿为质以取徐州也。彦卿子昭序，自城中遣军校陈守习缒而出，呼于贼中校，户教翻。缒，驰伪翻。呼，火故翻。曰："相公已陷虎口，听相公助贼攻城，城不可得也。"贼知不可劫，乃相率罗拜于彦卿马前，乞赦其罪。彦卿与之誓，乃解去。

36 三月，丙戌朔，契丹主服赭袍，坐崇元殿，百官行入阁礼。欧阳修曰：唐故事：天子日御殿见群臣，曰常参。朔望荐食诸陵寝，有思慕之心，不能临前殿，则御便殿见群臣，曰入阁。宣政，前殿也，谓之衙，衙有仗。紫宸，便殿也，谓之阁。其不御前殿而御紫宸也，乃自正衙唤仗由阁门而入，百官俟朝于衙者，因随而入见，故谓之入阁。然衙，朝也，其礼尊；阁，宴见也，其事杀。自乾符以后，因乱礼缺，天子不能日见群臣而见朔望，故正衙常日废仗，而朔望入阁有仗。其后习见，遂以入阁为重，至出御前殿，犹谓之入阁。五代之时，群臣五日一入见中兴殿，便殿也，此入阁之遗制，而谓之起居。朔望一出御文明殿，前殿也，反谓之入阁。今按五代会要有入阁仪：司天进时刻牌，阁门进班齐牌，皇帝自内着袍衫穿靴，乘辇至常朝殿门驻辇，受枢密使已下起居讫，引驾至正朝殿。皇帝坐定，卷帘，殿上添香，喝"控鹤官拜"，次鸡叫，次阁门勘契，次阁门承旨唤仗，次阁门使引金吾将军南班拜讫、分引至位对揖，次细仗相次入，次执文武班簿至位对揖，次宰臣南班拜讫、分引至位对揖，次金吾将军奏"平安"，次文武百官入。通事舍人揖殿，靸靴入沙墀，两拜立定，次引宰臣及两省官、金吾将军合班立定，阁门使喝"拜"，搢笏舞蹈，三拜，奏"圣躬万福"；又引宰臣班首一人至近前，又两拜，舞，跪，三拜，引至位对揖。通事舍人引宰臣于东西踏道下立，次文武百官出，次两省官南班揖殿出，次翰林学士南班揖殿出，次执文武班簿南班揖殿出，次金吾将军南班揖殿出，次细仗出；次引宰臣香案前奏事讫，宣徽使喝"好去"，南班揖殿出；次阁门使引待制官到位两拜，引近前奏事讫，却归位罄折，宣徽使宣"所奏知"，又两拜，舞，跪，三拜，舍人喝"好去"，南班揖殿出；次刑法官奏事准上，次监奏御史南班揖殿出，次阁门承旨放仗，次阁门使奏衙内无事，次喝"控鹤官门外祗候"，次下帘，皇帝上辇归内。又按欧史：梁太祖乾化元年九月辛巳朔，御文明殿入阁。则入阁仪梁所定也。视唐之正牙朝会，其仪略而野，而五代谓之行礼。会要又详载而为书，则其仪为一时之上仪矣。姑备录之，以志朝仪之变。文明殿，洛阳宫之正衙殿也。崇元殿，汴宫之正衙殿也。薛史曰：梁制：每月初入阁，望日延英听政。后唐之制，朔望皆入阁。

37 戊子，帝遣使以诏书安集农民保聚山谷避契丹之患者。此时务之所当急先者。

38 辛卯，高允权奉表来降。帝谕允权听周密诣行在，密遂弃东城来奔。

39 壬辰，高彦询【章：十二行本“询”作“珣”；乙十一行本同。】以丹州来降。丹、延亦归于汉矣。

40 蜀翰林承旨李昊谓王【章：十二行本“王”上有“枢密使”三字；乙十一行本同；退斋校同。】处回曰：“敌复据固镇，则兴州道绝，不复能救秦州矣。复，扶又翻。请遣山南西道节度使孙汉韶将兵急攻凤州。”癸巳，蜀主命汉韶诣凤州行营。

41 契丹主复召晋百官，复，扶又翻。谕之曰：“天时向热，吾难久留，欲暂至上国省太后。契丹自谓其国为上国，中国之人亦以称之。契丹既畏暑，又畏四方群起而攻之，故急欲北归，果如刘知远所料。当留亲信一人于此为节度使。”百官请迎太后。契丹主曰：“太后族大，如古柏根，不可移也。”契丹主欲尽以晋之百官自随。或曰：“举国北迁，恐摇人心，不如稍稍迁之。”乃诏有职事者从行，馀留大梁。

复以汴州为宣武军，契丹之入大梁也，降开封府为汴州防御使；今复盛唐之旧，以为节镇，欲兼华、夷而抚制之也。以萧翰为节度使。翰，述律太后之兄子，其妹复为契丹主后。翰始以萧为姓，自是契丹后族皆称萧氏。

42 吴越复发水军，遣其将余安将之，自海道救福州。己亥，至白虾浦。将，即亮翻。“虾”，当作“鰕”。海岸泥淖，须布竹箦乃可行，唐之诸军在城南者，聚而射之，箦不得施。淖，奴教翻。箦，测革翻。射，而亦翻。冯延鲁曰：“城所以不降者，恃此救也。今相持不战，徒老我师，不若纵其登岸尽杀之，则城不攻自降矣。”裨将孟坚曰：“浙兵至此，【章：十二行本“此”下有“已久”二字；乙十一行本同；张校同。】不能进退，吴越国本唐两浙地，故谓之浙兵。求一战而死不可得。若纵其登岸，彼必致死于我，其锋不可当，安能尽杀乎！”延鲁不听，曰：“吾自击之。”吴越兵既登岸，大呼奋击，呼，火故翻。延鲁不能御，弃众而走，孟坚战死。吴越兵乘胜而进，城中兵亦出，夹击唐兵，大破之。唐城南诸军皆遁，吴越兵追之；王崇文以牙兵三百拒之，诸军陈于崇文之后，追者乃还。陈，读曰阵。还，从宣翻。

或言浙兵欲弃福州，拔李达之众归钱唐，东南守将刘洪进等白王建封，请纵其尽出而取其城。唐兵攻福州，刘洪进当东南面，故书为东南守将。留从效不欲福州之平，泉、福相为唇齿，福州平则泉州为之次矣，此留从效之所不欲也。建封亦忿陈觉等专横，横，户孟翻。乃曰：“吾军败矣，安能与人争城！”是夕，烧营而遁，城北诸军亦相顾而溃；冯延鲁引佩刀自刺，刺，七亦翻。亲吏救之，不死。唐兵死者二万馀人，委弃军资器械数十万，府库为之耗竭。谓唐之府库罄于奉军。为，于伪翻。

余安引兵入福州，李达举所部授之。何承天姓苑：余姓，戎由余之后。

43 留从效引兵还泉州，自福州还也。谓唐戍将曰：“泉州与福州世为仇敌，唐末，王潮兄弟自泉州攻福州，留从效先是以泉州兵击破福州兵，又会南唐兵围福州，故云然。南接岭海瘴疠之乡，漳、泉之地，东南际海，西南接潮州，岭南之境也。地险土瘠。比年军旅屡兴，农桑废业，冬征夏敛，仅能自赡，秋谷成熟，征租至冬，春蚕毕收，敛帛于夏，即谓二税也。比，毗至翻。敛，力赡翻。赡，时敛翻。岂劳大军久戍于此！”置酒饯之，戍将不得已引兵归。唐主不能制，加从效检校太傅。唐兵新败，自知无以制留从效，遂加其官以安之。留从效自此据有漳、泉。

44 壬寅，契丹主发大梁，晋文武诸司从者数千人，从，才用翻。诸军吏卒又数千人，宫女、宦官数百人，尽载府库之实以行，所留乐器仪仗而已。夕，宿赤冈，契丹主见村落皆空，命有司发榜数百通，所在招抚百姓，然竟不禁胡骑剽掠。呼鸡而纵狸奴，鸡其敢前乎！剽，匹妙翻。丙午，契丹自白马渡河，谓宣徽使高勋曰：“吾在上国，以射猎为乐，至此令人悒悒。“契丹”之下，当逸“主”字。乐，音洛。悒，于及翻。悒悒，忧愁不得志也。今得归，死无恨矣。”契丹主不惟土思，亦见诸镇及群盗举兵者皆归心河东，恐不得正丘首也。独不见涉珪与徒河相持于中山之时乎！以此言之，其才识相去远矣。

45 蜀孙汉韶将兵二万攻凤州，军于固镇，分兵扼散关以绝援路。何重建请扼散关，犹虑契丹威令行于关西，能发援兵也。至是，契丹归北，中国无主，虽出兵取岐、雍可也，何必扼散关乎！

46 张筠、余安皆还钱唐，吴越王弘佐遣东南安抚使鲍修让将兵戍福州，以东府安抚使钱弘倧为丞相。吴越以越州为东府。为弘倧嗣国张本。倧，作冬翻。

47 庚戌，以皇弟北京马步都指挥使崇行太原尹，知府事。刘崇有太原始此。考异曰：薛史云“崇，高祖从弟。”王保衡晋阳见闻录云“仲弟”，欧阳史云“母弟”。今从实录。

48 辛亥，契丹主将攻相州，梁晖请降；契丹主赦之，许以为防御使，晖疑其诈，复乘城拒守。夏，四月，己未，未明，契丹主命蕃、汉诸军急攻相州，食时克之，相，悉亮翻。悉杀城中男子，驱其妇女而北，胡人掷婴孩于空中，举刃接之以为乐。观佛狸之饮江，侯景之乱江南，其肆毒类如此。不嗜杀人，然后能一天下，孟子之言，岂欺我哉！乐，音洛。留高唐英守相州。唐英阅城中，遗民男女得七百馀人。其后节度使王继弘敛城中髑髅瘗之，髑，徒木翻。髅，音娄。瘗，于计翻。凡得十馀万。

或告磁州刺史李榖谋举州应汉，契丹主执而诘之，诘，其吉翻。榖不服，契丹主引手于车中，若取所获文书者。榖知其诈，因请曰："必有其验，乞显示之。"凡六诘，榖辞气不屈，乃释之。史言李榖有胆气。

49 帝以从弟北京马军都指挥使信领义成节度使，充侍卫马军都指挥使，武节都指挥使史弘肇领忠武节度使，充步军都指挥使，右都押牙杨邠权枢密使，蕃汉兵马都孔目官郭威权副枢密使，两使都孔目官南乐王章权三司使。两使，节度、观察也。乐，音洛。

50 癸亥，立魏国夫人李氏为皇后。

51 契丹主见所过城邑丘墟，谓蕃、汉群臣曰："致中国如此，皆燕王之罪也。"燕王，谓赵延寿。顾张砺曰："尔亦有力焉。"张砺随赵延寿入北，又与赵延寿俱南，以残中国。契丹主犹知其罪，况中国之人乎！

52 甲子，帝以河东节度判官长安苏逢吉、观察判官苏禹珪为中书侍郎、同平章事。禹珪，密州人也。

振武节度使、府州团练使折从远入朝，更名从阮，避帝名，更"远"名"阮"。更，工衡翻。置永安军于府州，以从阮为节度使。折从阮本领振武节，又就府州置节镇以宠之。薛史曰：升府州为永安军，析振武之胜州并沿河五镇以隶之。又以河东左都押牙刘铢为河阳节度使。铢，陕人也。陕，失冉翻。

53 契丹昭义节度使耿崇美屯泽州，将攻潞州；乙丑，诏史弘肇将步骑万人救之。

54 丙寅，以王守恩为昭义节度使，高允权为彰武节度使，又以岢岚军使郑谦为忻州刺史、领彰国节度使彰国军应州，时属契丹。岢，枯我翻。兼忻、代二州义军都部署。丁卯，以缘河巡检使阎万进为岚州刺史，领振武节度使兼岚、宪二州义军都制置使。宪州本楼烦监，岚州刺史领之；唐贞元十五年，别置监牧使；昭宗龙纪元年，李克用表置宪州。九域志：宪州治静乐县。静乐古汾阳县地。岚、宪二州相去五十里而已。岚，卢含翻。帝闻契丹北归，欲经略河南，故以弘肇为前驱，又遣阎【章：十二行本“阎”作“谦”；乙十一行本同；孔本同；张校同。】万进出北方以分契丹兵势。万进，并州人也。

55 契丹主以船数十艘载晋铠仗，将自汴溯河归其国，自汴溯河，自河阳取太行路以归其国也。艘，苏遭翻。命宁国都虞候榆次武行德将士卒千馀人部送之。至河阴，河阴在河阳东南，相去百六十二里。行德与将士谋曰：“今为虏所制，将远去乡里。人生会有死，安能为异域之鬼乎！虏势不能久留中国，不若共逐其党，坚守河阳，以俟天命之所归者而臣之，岂非长策乎！”众以为然。行德即以铠仗授之，相与杀契丹监军使。会契丹河阳节度使崔廷勋以兵送耿崇美之潞州，行德遂乘虚入据河阳，众推行德为河阳都部署。行德遣弟行友奉蜡表间道诣晋阳。作表置之蜡丸中，故谓之蜡表。间，古苋翻。

契丹遣武定节度使方太诣洛阳巡检，至郑州；州有戍兵，共迫太为郑王。去年方太以安国留后降契丹，契丹主盖命之领武定节度使。武定军洋州，时属蜀。梁嗣密王朱乙逃祸为僧，梁太祖兄存之子友伦封密王，乙盖梁亡之后避祸为僧也。嵩山贼帅张遇得之，立以为天子，取嵩岳神衮冕以衣之，帅，所类翻；下贼帅同。衣，于既翻。帅众万馀袭郑州，太击走之。太以契丹尚强，恐事不济，说谕戍兵，欲与俱西；帅，读曰率。说，式芮翻。欲与戍兵俱西至洛阳。众不从，太自西门逃奔洛阳。戍兵既失太，反谮太于契丹，云胁我为乱；太遣子师朗自诉于契丹，契丹将麻荅杀之，将，即亮翻。太无以自明。会群盗攻洛阳，契丹留守刘晞弃城奔许州，太乃入府行留守事，与巡检使潘环击群盗却之，张遇杀朱乙请降。伊阙贼帅自称天子，誓众于南郊坛，后唐郊天坛在洛阳城南。将入洛阳，太逆击，走之。考异曰：实录方太传云："刘禧走许田，复有颍阳妖巫，姓朱，号嗣密王，誓众于洛南郊天坛，号万馀人。太帅部曲与朝士辈虚张旗帜，一举而逐之，洛师遂安。"今从陷蕃记。

太欲自归于晋阳，武行德使人诱太曰："我裨校也。公旧镇此地，由此观之，契丹尝命方太镇河阳，史逸之也。校，户教翻。今虚位相待。"太信之，至河阳，为行德所杀。

萧翰遣高谟翰援送刘晞自许还洛阳，萧翰时镇大梁。晞疑潘环构其众逐己，使谟翰杀之。

戊辰，武行友至晋阳。

庚午，史弘肇奏遣先锋将马海击契丹，斩首千馀级。时耿崇美、崔廷勋至泽州，闻弘肇兵已入潞州，不敢进，引兵而南；弘肇遣诲追击，破之，崇美、廷勋与奚王拽剌退保怀州。崔廷勋欲归河阳，河阳已为武行德所据，故保怀州以逼河阳。九域志：怀州南至河阳七十里。

辛未，以武行德为河阳节度使。

契丹主闻河阳乱，叹曰："我有三失，宜天下之叛我也！诸道括钱，一失也；令上国人打草谷，二失也；不早遣诸节度使还镇，三失也。"三失并见上。

56 唐主以矫诏败军，皆陈觉、冯延鲁之罪，陈觉矫诏事见上卷晋出帝开运三年，唐主之保大四年也。觉、延鲁败军之罪，其事见上。壬申，诏赦诸将，议斩二人以谢中外。御史中丞江文蔚对仗弹冯延巳、魏岑曰："陛下践阼以来，所信任者，延巳、延鲁、岑、觉四人而已，皆阴狡弄权，壅蔽聪明，排斥忠良，引用群小，谏争者逐，蔚，于勿翻。争，读曰诤。窃议者刑，上下相蒙，道路以目。言道路相遇，但以目相视而不敢言。今觉、延鲁虽伏辜，而延巳、岑犹在，本根未殄，枝干复生。同罪异诛，复，扶又翻。左传：宋子罕曰："同罪异罚，非刑也。"人心疑惑。"又曰："上之视听，惟在数人，虽日接群臣，终成孤立。"又曰："在外者握兵，居中者当国。"又曰："岑、觉、延鲁，更相违戾。更，工衡翻。彼前则我却，彼东则我西。天生五材，国之利器，"天生五材，民并用之，"出左传。杜预曰：五材，谓金、木、水、火、土也。一旦为小人忿争妄动之具。"又曰："征讨之柄，在岑折简，帑藏取与，系岑一言。"折，之舌翻。帑，他朗翻。藏，徂浪翻。唐主以文蔚所言为太过，怒，贬江州司士参军。械送觉、延鲁至金陵。宋齐丘以尝荐觉使福州，事见上卷晋齐王开运三年。上表待罪。上，时掌翻；下同。

诏流觉于蕲州，延鲁于舒州。知制诰会稽徐铉、史馆修撰韩熙载上疏曰："觉、延鲁罪不容诛，但齐丘、延巳为之陈请，蕲，渠希翻。会，工外翻。为，于伪翻。故陛下赦之。擅兴者不罪，则疆埸有生事者矣；丧师者获存，则行陈无效死者矣。无诏旨而擅发兵，谓之擅兴，厥罪死。埸，音亦。丧，息浪翻。行，户刚翻。陈，读曰阵。请行显戮以重军威。"不从。

中书侍郎、同平章事冯延巳罢为太弟少保，贬魏岑为太子洗马。洗，昔荐翻。

韩熙载屡言宋齐丘党与必为祸乱。齐丘奏熙载嗜酒猖狂，狷，齿良翻。贬和州司士参军。

57 乙亥，凤州防御使石奉頵举州降蜀。蜀自是尽有秦、凤、阶、成之地。頵，于伦翻。奉頵，晋之宗属也。

58 契丹主至临城，得疾；及栾城，病甚，临城县属赵州，本房子县，唐天宝元年，改为临城县。宋白曰：栾城县，本汉开县，后魏太和十一年，于开县故城置栾城县。九域志：古栾城，晋栾氏别邑。临城县在赵州西南一百三里。栾城县在镇州南六十三里。苦热，聚冰于胸腹手足，且啖之。啖，徒滥翻。丙子，至杀胡林而卒。杀胡林，盖以契丹主死于此，时人遂以为地名。宋白曰：杀胡林，唐天后时袭突厥，群胡死于此，故名。考异曰：实录云，"二十日乙亥卒。"今从陷蕃记。国人剖其腹，实盐数斗，载之北去，晋人谓之"帝羓"。羓，邦加翻。

赵延寿恨契丹主负约，谓人曰："我不复入龙沙矣。"卢龙山后即大漠，故谓之龙沙。复，扶又翻。即日，先引兵入恒州，契丹永康王兀欲及南北二王，各以所部兵相继而入。范成大北使录：自栾城至恒州六十里。恒，户登翻。延寿欲拒之，恐失大援，乃纳之。

时契丹诸将已密议奉兀欲为主，兀欲登鼓角楼受叔兄拜；而延寿不之知，自称受契丹皇帝遗诏，权知南朝军国事，仍下教布告诸道，所以供给兀欲与诸将同，兀欲衔之。恒州诸门管钥及仓库出纳，兀欲皆自主之。延寿使人请之，不与。兀欲不与诸门管键，事可知矣；赵延寿殊不知阴为之备，其锁固当。

契丹主丧至国，述律太后不哭，曰："待诸部宁壹如故，则葬汝矣。"咎其倾国南伐，至于耗竭，部落不安也。

59 帝之自寿阳还也，见上二月。留兵千人戍承天军。戍兵闻契丹北还，不为备；契丹袭击之，戍兵惊溃。契丹焚其市邑，一日狼烟百馀举。陆佃埤雅曰：古之烽火用狼粪，取其烟直而聚，虽风吹之不斜。余谓今之烽燧，岂必皆用狼粪哉！帝曰："此虏将遁，张虚势也。”遣亲将叶仁鲁将步骑三千赴之。亲将，即亮翻。会契丹出剽掠，剽，匹妙翻。仁鲁乘虚大破之，丁丑，复取承天军。

60 冀州人杀契丹刺史何行通，推牢城指挥使张廷翰知州事。廷翰，冀州人，符习之甥也。符习，成德将，历事唐庄宗及明宗。

61 或说赵延寿曰：说，式芮翻。“契丹诸大人数日聚谋，此必有变。今汉兵不下万人，不若先事图之。”先，悉荐翻。延寿犹豫不决。壬午，延寿下令，以来月朔日于待贤馆上事，上事者，言欲礼上以领权知南朝军国事。上，时掌翻。受文武官贺。其仪：宰相、枢密使拜于阶上，节度使以下拜于阶下。李崧以虏意不同，事理难测，固请赵延寿未行此礼，乃止。

章锡琛标点聂崇岐覆校

资治通鉴卷第二百八十七

端明殿学士兼翰林侍读学士太中大夫
提举西京嵩山崇福宫上柱国河内郡开国公 司马光 奉敕编集
食邑二千六百户食实封一千户臣

后学天台 胡三省 音注

后汉纪二 起强圉协洽(丁未)五月，尽著雍涒滩(戊申)二月，不满一年。

高祖睿文圣武昭肃孝皇帝中

天福十二年(丁未、九四七)

1 五月，乙酉朔，永康王兀欲召延寿及张砺、和凝、李崧、冯道于所馆饮酒。所馆者，兀欲所馆之地。兀欲妻素以兄事延寿，兀欲从容谓延寿曰：从，千容翻。“妹自上国来，言其妻方自契丹中来。宁欲见之乎？”延寿欣然与之俱入。良久，兀欲出，谓砺等曰：“燕王谋反，适已锁之矣。”又曰：“先帝在汴时，遗我一筹，遗，唯季翻。许我知南朝军国。朝，直遥翻。近者临崩，别无遗诏。而燕王擅自知南朝军国，岂理邪！”下令：“延寿亲党，皆释不问。”间一日，兀欲至待贤馆受蕃、汉官谒贺，笑谓张砺等曰：“燕王果于此礼上，上，时掌翻。吾以铁骑围之，诸公亦不免矣。”

后数日，集蕃、汉之臣于府署，恒州府署也。宣契丹主遗制。遗制，兀欲自为之也。其略曰：“永康王，大圣皇帝之嫡孙，人皇王之长子，太后钟爱，群情允归，可于中京即皇帝位。”契丹主阿保机谥大圣皇帝，其长子东丹王突欲号人皇王。突欲奔唐，其子兀欲留本国不从，契丹主邪律德光封之为永康王。又，德光取中国，以恒州为中京。于是始举哀成服。既而易吉服见群臣，不复行丧，复，扶又翻。歌吹之声不绝于内。

2 辛巳，【严：“巳”改“卯”。】以绛州防御使王晏为建雄节度使。王晏守绛州见上卷是年二月。

3 帝集群臣庭议进取，庭议者，议之于庭。诸将咸请出师井陉，攻取镇、魏，镇州时为恒州，契丹诸酋聚焉。魏帅，杜重威。陉，音刑。先定河北，则河南拱手自服。帝欲自石会趋上党，趋，七喻翻。郭威曰：“虏主虽死，党众犹盛，各据坚城。我出河北，兵少路迂，少，诗沼翻；下同。迂，音于，又音纡，曲也，回远也。旁无应援，若群虏合势，共击我军，进则遮前，退则邀后，粮饷路绝，此危道也。上党山路险涩，涩，色入翻。粟少民残，无以供亿，亦不可由。近者陕、晋二镇，相继款附，陕、晋归附事见上卷上年。陕，失冉翻。引兵从之，万无一失，不出两旬，洛、汴定矣。”帝曰：“卿言是也。”苏逢吉等曰：“史弘肇大军已屯上党，群虏继遁，不若出天井，抵孟津为便。”司天奏：“太岁在午，不利南行。阴阳家所谓逆太岁。宜由晋、绛抵陕。”九域志：自晋州南至绛州一百二十五里，自绛州南至陕州二百五十里，自陕而东，则至洛矣。帝从之。辛卯，诏以十二日发北京，自后唐以来，以太原为北京。是月乙酉朔，十二日丙申。告谕诸道。

4 甲申，【章：十二行本“申”作“午”；乙十一行本同；孔本同。】以太原尹崇为北京留守，以赵州刺史李存瓌为副留守，河东幕僚真定李骧为少尹，牙将太原蔚进为马步指挥使以佐之。李存瓌等后遂为北汉佐命。瓌，古回翻。蔚，纡勿翻，姓也。存瓌，唐庄宗之从弟也。从，才用翻。

5 是日，刘晞弃洛阳，奔大梁。以人心归汉，知不可守也。

6 武安节度副使、天策府都尉、领镇南节度使马希广，镇南军洪州，时属唐。楚文昭王希范之母弟也，性谨顺，希范爱之，使判内外诸司事。壬辰夜，希范卒，将佐议所立。都指挥使张少敌，少，诗沼翻。都押牙袁友恭，以武平节度使知永州事希萼，楚置武平节度于朗州。朗、永之疑，注详于后。于希范诸弟为最长，请立之；长，知两翻；下同；下齿长、居长同。长直都指挥使刘彦瑫、瑫，他牢翻。天策府学士李弘皋、邓懿文、小门使杨涤小门使，诸镇皆置之，掌门户之事；府有宴集，则执兵在门外。皆欲立希广。张少敌曰："永州齿长而性刚，必不为都尉之下明矣。必立都尉，当思长策以制永州，使帖然不动则可；不然，社稷危矣。"兄弟争国，社稷必危。彦瑫等不从。天策府学士拓跋恒曰："三十五郎虽判军府之政，然三十郎居长，请遣使以礼让之；不然，必起争端。"希广第三十五，希萼第三十。藩府将吏，称府主之子为郎君。彦瑫等皆曰："今日军政在手，天与不取，使他人得之，异日吾辈安所自容乎！"希广懦弱，不能自决；乙未，彦瑫等称希范遗命，共立之。史言刘彦瑫等为身谋，以乱马氏兄弟传国长幼之序。考异曰：十国纪年："五月，己丑，希范得疾，集国官告以传位希广。"湖湘故事："希广又不能强弱，犹豫之间，群辅明日众口劝上，乃受，军府排衙贺之，以其事奏闻朝廷，托以希范临终之日遗言，以付希广。"按希范存时，若已集国官传位希广，则没后将佐谁敢更有异议！必彦瑫等假托希范遗令也。今从湖湘故事。张少敌退而叹曰："祸其始此乎！"与拓跋恒皆称疾不出。为马希萼攻杀希广张本。

7 丙申，帝发太原，自阴地关出晋、绛。

丁酉，史弘肇奏克泽州。始，弘肇攻泽州，刺史翟令奇固守不下。翟，苌伯翻。帝以弘肇兵少，欲召还。还，从宣翻。苏逢吉、杨邠曰："今陕、晋、河阳皆已向化，崔廷勋、耿崇美朝夕遁去；时契丹之兵大势已北还，故知怀州之兵必不能久留。若召弘肇还，则河南人心动摇，虏势复壮矣。”帝未决，使人谕指于弘肇；句断。【章：乙十一行本重“弘肇”二字。】曰：“兵已及此，势如破竹，可进不可退。”与逢吉等议合，帝乃从之。观此，则知帝犹惮契丹，有未敢轻进之心。弘肇遣部将李万超说令奇，说，式芮翻。令奇乃降；降，户江翻。弘肇以万超权知泽州。

8 崔廷勋、耿崇美、奚王拽刺合兵逼河阳，张遇帅众数千救之，战于南阪，败死。太行南阪也。帅，读曰率。武行德出战，亦败，闭城自守。拽刺欲攻之，廷勋曰：“今北军已去，北军，谓契丹聚于恒州之军，崔廷勋等在南，故谓屯恒之军为北。得此城何用！且杀一夫犹可惜，况一城乎！”闻弘肇已得泽州，乃释河阳，还保怀州。弘肇将至，廷勋等拥众北遁，泽州南至怀州一百二十里耳，汉兵又进而逼之，故遁。过卫州，大掠而去。九域志：怀州东北至卫州二百九十三里。契丹在河南者相继北去，弘肇引兵与武行德合。

弘肇为人，沈毅寡言，御众严整，将校小不从命，立挝杀之；沈，持林翻。将，即亮翻。校，户教翻。挝，侧瓜翻。士卒所过，犯民田及系马于树者，皆斩之；军中惕息，惕，他历翻。莫敢犯令，故所向必克。帝自晋阳安行入洛及汴，兵不血刃，皆弘肇之力也。帝由是倚爱之。

辛丑，帝至霍邑，霍邑，汉彘县，后汉改曰永安，隋改曰霍邑，唐属晋州。九域志：在州西北一百三十五里。遣使谕河中节度使赵匡赞，仍以契丹囚其父【章：十二行本“父”下有“延寿”二字；乙十一行本同；孔本同；张校同。】告之。所以绝赵匡赞北顾之心。

9 滋德宫有宫人五十馀人，五代会要：晋天福四年，改明德殿为滋德殿。薛史曰：以宫城南门同名故也。萧翰欲取之，宦者张环不与。翰破锁夺宫人，执环，烧铁灼之，腹烂而死。

初，翰闻帝拥兵而南，欲北归，恐中国无主，必大乱，己不得从容而去。从，千容翻。从容，不急遽之貌。时唐明宗子许王从益与王淑妃在洛阳，王淑妃母子自晋入洛以后，常居洛阳。是年二月至大梁，寻还洛阳。翰遣高谟翰迎之，矫称契丹主命，以从益知南朝军国事，召己赴恒州。此矫契丹主兀欲之命也。兀欲时尚在恒州。恒，户登翻。淑妃、从益匿于徽陵下宫，徽陵，唐明宗陵。梓宫所窆之所，谓之下宫。不得已而出。至大梁，翰立以为帝，帅诸酋长拜之。帅，读曰率。酋，慈秋翻。长，知两翻。又以礼部尚书王松、御史中丞赵远为宰相，前宣徽使甄城翟光邺为枢密使，甄，当作鄄，音吉掾翻。甄城，汉古县也，自唐以来带濮州。左金吾大将军王景崇为宣徽使，以北来指挥使刘祚权侍卫亲军都指挥使，充在京巡检。北来，谓先从契丹主自北而来者。松，徽之子也。王徽相唐僖宗。

百官谒见淑妃，见，贤遍翻。淑妃泣曰："吾母子单弱如此，而为诸公所推，是祸吾家也。"翰留燕兵千人守诸门，为从益宿卫。燕，于贤翻；下同。壬寅，翰及刘晞辞行，先是刘晞弃洛阳奔大梁。从益饯于北郊。遣使召高行周于宋州，高行周，唐明宗亲将，时帅归德，王淑妃欲以旧恩召之为卫。武行德于河阳，武行德，并人，必亦少在唐明宗麾下。皆不至，淑妃惧，召大臣谋之曰："吾母子为萧翰所逼，分当灭亡。分，扶问翻；下处分同。诸公无罪，宜早迎新主，以帝新举大号，拥兵南来，将有中国，故谓之新主。自求多福，勿以吾母子为意！"众感其言，皆未忍叛去。或曰："今集诸营，不减五千，与燕兵并力坚守一月，北救必至。"北救，谓契丹之救也。淑妃曰："吾母子亡国之馀，后唐既亡，惟王淑妃母子在耳，故自谓然。安敢与人争天下！不幸至此，死生惟人所裁。若新主见察，当知我无所负。今更为计画，则祸及他人，阖城涂炭，终何益乎！"众犹欲拒守，三司使文安刘审交曰："余燕人，岂不为燕兵计！文安，汉县，唐属莫州。以战国七雄有国之大界言，则唐之瀛、莫，皆燕之南界；以唐诸道节度言之，则瀛、莫，卢龙巡属也。故刘审交家于文安，自谓燕人。顾事有不可如何者。今城中大乱之馀，公私穷竭，遗民无几，汴城经张彦泽剽掠，契丹又席卷而北，故云然。几，居岂翻。若复受围一月，无噍类矣。愿诸公勿复言，一从太妃处分。"复，扶又翻。噍，才笑翻。处，昌吕翻。乃用赵远、翟光邺策，称梁王，知军国事。从益本爵许王，以称号于大梁，自称梁王，是已建国更号矣。今既奉表迎汉，何为又更国号！是当时议者祸之也。遣使奉表称臣迎帝，请早赴京师，仍出居私第。

10 甲辰，帝至晋州。

11 契丹主兀欲以契丹主德光有子在国，己以兄子袭位，又无述律太后之命，述律太后，兀欲祖母也。擅自立，内不自安。

初，契丹主阿保机卒于勃海，述律太后杀酋长及诸将凡数百人。事见二百七十五卷唐明宗天成元年二月。契丹主德光复卒于境外，复，扶又翻。酋长诸将惧死，乃谋奉契丹主兀欲勒兵北归。

契丹主以安国节度使麻荅为中京留守，薛史曰：麻荅，耶律德光之从弟；其父曰萨剌，阿保机时，自蕃中奔唐庄宗，寻奔梁，庄宗平梁，获之，磔于市。以前武州刺史高奉明为安国节度使。晋文武官及士卒悉留于恒州，独以翰林学士徐台符、李浣及后宫、宦者、教坊人自随。留文武官而以宫女、宦官、声乐自随，史言兀欲无远略。乙巳，发真定。恒州建真定府。

12 帝之即位也，绛州刺史李从朗与契丹将成霸卿等拒命，成，姓也。何氏姓苑：本自周文王子成伯之后，周有成肃公。又，楚令尹子玉封于成，是为成得臣，其后亦以成为氏。帝遣西南面招讨使、护国节度使白文珂攻之，未下。护国军河中府；时未得河中，白文珂领节也。珂，丘何翻。帝至城下，命诸军四布而勿攻，以利害谕之。戊申，从朗举城降。帝命亲将分护诸门，士卒一人毋得入。恐其入城剽掠。以偏将薛琼为防御使。

13 辛亥，帝至陕州，赵晖自御帝马而入。壬子，至石壕，九域志：陕州陕县有石壕镇。汴人有来迎者。汴人越郑、洛而来迎，可以见其苦契丹之虐政，徯汉氏之来苏，惜乎卒无以副其望也！

14 六月，甲寅朔，萧翰至恒州，与麻荅以铁骑围张砺之第。砺方卧病，出见之，翰数之曰："汝何故言于先帝，云胡人不可以为节度使？张砺言，见二百八十五卷晋齐王开运三年。数，所具翻。又，吾为宣武节度使，且国舅也；汝在中书乃帖我！又，先帝留我守汴州，见上卷是年三月。令我处宫中，处，昌吕翻。汝以为不可。又，谮我及解里于先帝，云解里好掠人财，我好掠人子女。好，呼到翻。今我必杀汝！"命锁之。砺抗声曰："此皆国家大体，吾实言之。欲杀即杀，奚以锁为！"麻荅以大臣不可专杀，力救止之，翰乃释之。是夕，砺愤恚而卒。恚，於避翻。

崔廷勋见麻荅，趋走拜，起，跪而献酒，麻荅踞而受之。史言张砺抗直而萧翰不敢杀，崔廷勋过恭而麻荅不为礼。

15 乙卯，帝至新安，新安县属西京河南府。九域志：在京西七十里。西京留司官悉来迎。

16 吴越忠献王弘佐卒。年二十。遗令以丞相弘倧为镇海、镇东节度使兼侍中。倧，徂冬翻。

17 丙辰，帝至洛阳，入居宫中；汴州百官奉表来迎。诏谕以受契丹补署者皆勿自疑，聚其告牒而焚之。赵远更名上交。避帝名也。更，工衡翻。

命郑州防御使郭从义先入大梁清宫，密令杀李从益及王淑妃。淑妃且死，曰："吾儿为契丹所立，何罪而死！何不留之，使每岁寒食，以一盂麦饭洒明宗陵乎！"五代会要曰：人君奉先之道，无寒食野祭。近代庄宗每年寒食出祭，谓之破散，故袭而行之。欧阳修曰：寒食野祭而焚纸钱，中国几何其不为夷狄矣！按唐开元敕："寒食上墓，礼经无文。近世相传，寖以成俗。宜许上墓同拜扫礼。”盖唐许士庶之家行之，而人君无此礼也。闻者泣下。为汉祖者，待李从益以不死可也，杀之过矣。

18 戊午，帝发洛阳。枢密院吏魏仁浦自契丹逃归，见于巩；见，贤遍翻。九域志：巩县属西京，在京东一百一十里。郭威问以兵数及故事，仁浦强记精敏，威由是亲任之。仁浦，卫州人也。

19 辛酉，汴州百官窦贞固等迎于荥阳。荥阳县属郑州，自巩县东至荥阳一百九十里。甲子，帝至大梁，晋之藩镇相继来降。

20 丙寅，吴越王弘倧袭位。

21 戊辰，帝下诏大赦。凡契丹所除节度使，下至将吏，各安职任，不复变更。复，扶又翻。复以汴州为东京，契丹废东京为汴州，见上卷是年正月。改国号曰汉，仍称天福年，曰：“余未忍忘晋也。”复青、襄、汝三节度。晋盖以杨光远反废平卢军、以安从进反废山南东道也。汝州未尝为节镇，恐是安州，以李金全反废安远军也。然契丹入汴之后，尝以杨光远子承信为平卢节度使，盖汉自以继晋而兴，革契丹之政，不以为著令也。壬申，以北京留守崇为河东节度使，同平章事。

22 契丹述律太后闻契丹主自立，大怒，发兵拒之。契丹主以伟王为前锋，相遇于石桥。胡峤入辽录曰：兀欲及述律战于沙河石桥。盖沙河之桥也。南则姚家洲，北则宣化馆至西楼。初，晋侍卫马军都指挥使李彦韬从晋主北迁，见上卷本年正月。隶述律太后麾下，太后以为排陈使。陈，读曰阵。彦韬迎降于伟王，太后兵由是大败。契丹主幽太后于阿保机墓。胡峤入辽录曰：兀欲囚述律后于扑马山，又行三日，始至西楼。欧史曰：契丹于阿保机墓置祖州。匈奴须知：祖州东至上京五十里；上京西楼也。今并录之。若其地名之同异，道里之远近，必亲历然后能审其是。改元天禄，自称天授皇帝，以高勋为枢密使。

契丹主慕中华风俗，多用晋臣，而荒于酒色，轻慢诸酋长，由是国人不附，诸部数叛，数，所角翻。兴兵诛讨，故数年之间，不暇南寇。史言中国经丧乱之后，由此得稍自安集。

23 初，契丹主德光命奉国都指挥使南宫王继弘、南宫县属冀州。九域志：在州西南六十二里。都虞候樊晖以所部兵戍相州，彰德节度使高唐英善待之。高唐英，契丹所署也，见上卷是年四月。相，息亮翻。戍兵无铠仗，唐英以铠仗给之，倚信如亲戚。唐英闻帝南下，举镇请降；使者未返，继弘、晖杀唐英。继弘自称留后，遣使告云唐英反覆，诏以继弘为彰德留后。庚辰，以晖为磁州刺史。磁，墙之翻。

安国节度使高奉明闻唐英死，心不自安，请于麻荅，署马步都指挥使刘铎为节度副使，知军府事，身归恒州。邢、相既不能守，恒州安能孤立哉！为诸将逐麻荅张本。

24 帝遣使告谕荆南。高从诲上表贺，且求郢州，帝不许；及加恩使至，拒而不受。自唐以来，新君践阼，则遣使加恩于诸镇。使，疏吏翻。

25 唐主闻契丹主德光卒，萧翰弃大梁去，下诏曰："乃眷中原，本朝故地。"唐主自谓出于吴王恪，故云然。朝，直遥翻。以左右卫圣统军、忠武节度使李【章：十二行本"李"上有"同平章事"四字；乙十一行本同；孔本同。】金全为北面行营招讨使，李金全，晋将也，奔唐见二百八十二卷晋高祖天福五年。议经略北方。闻帝已入大梁，遂不敢出兵。

26 秋，七月，甲午，以马希广为天策上将军、武安节度使、江南诸道都统，兼中书令，封楚王。因即位加恩，遂命马希广以其父兄官爵。

27 或传赵延寿已死。郭威言于帝曰："赵匡赞，契丹所署，见上卷本年正月。今犹在河中，宜遣使吊祭，因起复移镇。彼既家国无归，父死虏中，无可归之家；契丹北去，无可归之国。必感恩承命。"从之。会邺都留守、天雄节度使兼中书令杜重威、天平节度使兼侍中李守贞皆奉表归命。重威仍请移他镇。归德节度使兼中书令高行周入朝，丙申，徙重威为归德节度使，以行周代之；杜重威寻不受代，遂命高行周攻之。守贞为护国节度使，加兼中书令；为李守贞据河中张本。徙护国节度使赵匡赞为晋昌节度使。后二年，延寿始卒于契丹。史明传者之妄。

28 吴越王弘倧以其弟台州刺史弘俶同参相府事。俶，昌六翻。

29 李达以其弟通知福州留后，李仁达降唐，唐赐名弘义，编之属籍。及其叛唐，为唐所攻，求救于吴越，而弘字犯吴越讳，改名为达。其弟先名弘通，亦止名通。自诣钱唐见吴越王弘倧，弘倧承制加达兼侍中，更其名曰孺赟。更，工衡翻。既而孺赟悔惧，悔其来，且惧死也。以金笋二十株及杂宝赂内牙统军使胡进思，求归福州；进思为之请，弘倧从之。为，于伪翻。为李孺赟叛诛、胡进思不自安张本。

30 杜重威自以附契丹，负中国，事见二百八十五卷晋齐王开运三年。内常疑惧；及移镇制下，复拒而不受，遣其子弘璲质于麻荅以求援。璲，音遂。质，音致。赵延寿有幽州亲兵二千在恒州，赵延寿为契丹主兀欲锁之北去，其亲兵留恒州。恒，户登翻。指挥使张琏将之，重威请以守魏；为张琏助杜重威坚守张本。将，即亮翻。麻荅遣其将杨衮将契丹千五百人及幽州兵赴之。闰月，庚午，诏削夺重威官爵，以高行周为招讨使，镇宁节度使慕容彦超副之，以讨重威。为慕容彦超挟势陵轹高行周、将帅不和张本。

31 辛未，杨邠、郭威、王章皆为正使。帝即位于太原，以杨邠权枢密使，郭威权枢密副使，王章权三司使，今皆为正使。时兵荒之馀，公私匮竭，北来兵与朝廷兵合，顿增数倍。北来兵，谓从帝及史弘肇自太原来者。朝廷兵，谓晋朝旧兵。章白帝罢不急之务，省无益之费以奉军，用度克赡。

32 庚辰，制建宗庙。太祖高皇帝，世祖光武皇帝，皆百世不迁。又立四亲庙，追尊谥号。五代会要：追尊高祖湍明元皇帝，庙号文祖；曾祖昂恭僖皇帝，庙号德祖；祖僎昭献皇帝，庙号翼祖；考琠章圣皇帝，庙号显祖。凡六庙。

33 麻荅贪猾残忍，民间有珍货、美妇女，必夺取之。又捕村民，诬以为盗，披面，抉目，断腕，抉，于决翻。断，音短；下即断同。腕，乌贯翻。焚炙而杀之，欲以威众。常以其具自随，具，谓披面、抉目、断腕、焚炙之具。左右【章：十二行本“右”下有“前后”二字；乙十一行本同。】悬人肝、胆、手、足，饮食起居于其间，语笑自若。出入或被黄衣，用乘舆，服御物，被，皮义翻。乘，绳证翻。曰：“兹事汉人以为不可，吾国无忌也。”又以宰相员不足，乃牒冯道判弘文馆，李崧判史馆，和凝判集贤，刘昫判中书，其僭妄如此。宰相分判，须降制敕，而麻荅以牒行之，史言其僭妄。然契丹或犯法，无所容贷，故市肆不扰。常恐汉人妄【章：十二行本“妄”作“亡”；乙十一行本同；孔本同；张校同；退斋校同。】去，谓门者曰：“汉有窥门者，即断其首以来。”

麻荅遣使督运于洺州，洺州防御使薛怀让闻帝入大梁，杀其使者，举州降。帝遣郭从义将兵万人会怀让攻刘铎于邢州，不克。刘铎为契丹守。九域志：洺州西北至邢州九十里。铎请兵于麻荅，麻荅遣其将杨安及前义武节度使李殷将千骑攻怀让于洺州。怀让婴城自守，安等纵兵大掠于邢、洺之境。

契丹所留兵不满二千，谓留恒州之兵也。麻荅令所司给万四千人食，收其馀以自入。麻荅常疑汉兵，且以为无用，稍稍废省，又损其食以饲胡兵；饲，祥吏翻。众心怨愤，闻帝入大梁，皆有南归之志。前颍州防御使何福进，控鹤指挥使太原李荣，潜结军中壮士数十人谋攻契丹，然畏契丹尚强，犹豫未发。会杨衮、杨安等军出，杨衮赴魏州，杨安攻洺州。契丹留恒州者才八百人，福进等遂决计，约以击佛寺钟为号。约汉兵闻佛寺击钟，则齐出攻契丹。然佛寺晨昏击钟，食时击钟，日日然也；此必以未发前预相戒约，以次日食时闻佛寺钟声而俱发耳。

辛巳，契丹主兀欲遣骑至恒州，召前威胜节度使兼中书令冯道、枢密使李崧、左仆射和凝等，会葬契丹主德光于木叶山。道等未行，食时，钟声发。汉兵夺契丹守门者兵击契丹，杀十馀人，因突入府中。李荣先据甲库，悉召汉兵及市人，以铠仗授之，焚牙门，与契丹战。荣召诸将并力，护圣左厢都指挥使、恩州团练使白再荣恩州时属南汉境，白再荣遥领也。狐疑，匿于别室，军吏以佩刀决幕，引其臂，白再荣以幕自蔽，军吏决幕引出之。再荣不得已而行。诸将继至，烟火四起，鼓噪震地。麻荅等大惊，载宝货家属，走保北城。而汉兵无所统壹，贪狡者乘乱剽掠，懦者窜匿。剽，匹妙翻。八月，壬午朔，契丹自北门入，恒州牙城北门也。势复振，汉民死者二千馀人。前磁州刺史李穀恐事不济，请冯道、李崧、和凝至战所慰勉士卒，士卒见道等至，争自奋。微李穀之谋，汉兵殆矣。会日暮，有村民数千噪于城外，欲夺契丹宝货、妇女，契丹惧而北遁，麻荅、刘晞、崔廷勋皆奔定州，恒州东北至定州一百二十里。与义武节度使邪律忠合。忠，即郎五也。郎五初镇澶州而兵乱，契丹又使镇定州。

冯道等四出安抚兵民，众推道为节度使。道曰："我书生也，当奏事而已，宜择诸将为留后。"时李荣功最多，李荣先据甲库，授兵与契丹战，诸将皆继其后，故论功最多。而白再荣位在上，乃以再荣权知留后，具以状闻，且请援兵，帝遣左飞龙使李彦从将兵赴之。唐有飞龙使及小马坊使；梁改小马坊为天骥，后唐复旧；长兴元年，改飞龙院为左飞龙院，小马坊为右飞龙院；宋太平兴国三年，改左、右天厩坊，雍熙二年，又改左、右骐骥院使。

白再荣贪昧，猜忌诸将。奉国军【章：十二行本"军"作"厢"；乙十一行本同。】主华池王饶晋氏南渡以后，南北兵争，各置军主、队主之官，隋、唐以下无是也。此书"奉国军主"，通鉴盖因旧史成文，犹言军帅耳，非官名也。庆州华池县，隋所置；宋熙宁中，省华池县为寨镇，属合水县，其地在庆州之东南。宋白曰：华池本汉归德县地，即洛源县。隋仁寿二年，于今县东北二里库多汗故城又置华池县，南有华池水，故名。恐为再荣所并，诈称足疾，据东门楼，严兵自卫。司天监赵延干善于二人，往来谕释，始得解。

再荣以李崧、和凝久为相，家富，晋高祖入洛，即以李崧为相；天福五年，和凝为相。遣军士围其第求赏给，崧、凝各以家财与之，又欲杀崧、凝以灭口。李穀往见再荣，责之曰："国亡主辱，公辈握兵不救。今仅能逐一虏将，镇民死者几三千人，虏将，谓麻荅。恒，旧镇州也。岂独公之力邪！才得脱死，遽欲杀宰相，新天子若诘公专杀之罪，诘，去吉翻。公何辞以对？"再荣惧而止。又欲率民财以给军，穀力争之，乃止。汉人尝事麻荅者，再荣皆拘之以取其财，恒人以其贪虐，谓之"白麻荅"。言其贪虐似麻荅，特姓白耳。然再荣以贪虐殖财，郭威入汴，竟以多财殒其身。天道好还，盖昭昭矣。

杨衮至邢州，闻麻荅被逐，即日北还，杨安亦遁去；李殷以其众来降。

34 庚寅，以薛怀让为安国节度使。刘铎闻麻荅遁去，举邢州降；怀让诈云巡检，引兵向邢州，铎开门纳之，怀让杀铎，以克复闻。朝廷知而不问。

35 辛卯，复以恒州顺国军为镇州成德军。改恒州及顺国军见二百八十卷晋高祖天福七年。

36 乙未，以白再荣为成德留后。逾年，始以何福进为曹州防御使，李荣为博州刺史。逾年之后，乃知逐麻荅者二人之功，始赏之。此事与晋高祖天福二年马万、卢顺密之事同。

37 敕："盗贼毋问赃多少皆抵死。"时四方盗贼多，朝廷患之，故重其法，仍分命使者逐捕。苏逢吉自草诏，意云："应贼盗，并四邻同保，皆全族处斩。"处，昌吕翻。众以为："盗犹不可族，况邻保乎！”逢吉固争，不得已，但省去“全族”字。去，羌吕翻。由是捕贼使者张令柔杀平阴十七村民。刘昫曰：平阴，汉肥冢县，隋为平阴县，属济州，唐属郓州。九域志：平阴县在郓州东北一百二十里。项安世家说曰：古无村名，今之村，即古之鄙野也。凡地在国中、邑中，则名之为都。都，美也，言其人物衣制皆雅丽也。凡言美者曰都，曰“子都”、“都人士”、“车骑甚都”是也。郊外则名之为野，为鄙，言其朴拙无文也。曰鄙者，如列子所谓“郑之鄙人”是也。故古语谓美好为都，粗陋为鄙，本此为义也。隋世已有村名。唐令，在田野者为村，置村正一人，则村之为义明矣。

逢吉为人，文深好杀。好，呼到翻。在河东幕府，谓为河东节度判官时也。帝尝令静狱以祈福，逢吉尽杀狱囚还报。静狱者，使之决遣系囚，而苏逢吉尽杀之以为静。及为相，朝廷草创，帝悉以军旅之事委杨邠、郭威，百司庶务委逢吉及苏禹珪。二相决事，皆出胸臆，不拘旧制；虽事无留滞，而用舍黜陟，惟其所欲。帝方倚信之，无敢言者。逢吉尤贪诈，公求货财，无所顾避。继母死，不为服；庶兄自外至，不白逢吉而见诸子，逢吉怒，密语郭威，以他事杖杀之。语，牛倨翻。苏逢吉之好杀，固天道所不容，况怙势而杀其兄乎！

38 楚王希广庶弟天策左司马希崇，性狡险，阴遗兄希萼书，遗，唯季翻。言刘彦瑫违先王之命，先王，谓楚王殷也。殷遗命见二百七十七卷唐明宗长兴元年。废长立少，以激怒之。希萼，兄也；希广，弟也。舍兄立弟，故云然。长，知两翻。少，诗诏翻。

希萼自永州来奔丧，欧史曰：希萼自朗州来奔丧。通鉴于是年正月楚王希范之卒，将佐议所立，亦言希萼知永州事。但希萼为武平节度使，武平军置于朗州。下文言希萼求还朗州，又希广欲分潭、朗而治。则朗州为是，前此作永州误也。乙巳，至趺石。趺，甫无翻。彦瑫白希广遣侍从都指挥使周廷诲等将水军逆之，从，才用翻。命永州将士皆释甲而入，馆希萼于碧湘宫，馆，古玩翻。今潭州西北出有碧湘门，马氏盖立宫于是门之侧。成服于其次，不听入与希广相见。希萼求还朗州，还，从宣翻，又如字。周廷诲劝希广杀之。希广曰："吾何忍杀兄，马希广其后唐闵帝之俦乎！宁分潭、朗而治之。"治，直之翻。乃厚赠希萼，遣还朗州。希崇常为希萼诇希广，为，于伪翻。诇，古永翻，又翾正翻。语言动作，悉以告之，约为内应。史言希萼之攻潭州，希崇启之也。

39 契丹之灭晋也，驱战马二万归其国。事见上卷是年正月。至是汉兵乏马，诏市士民马于河南诸道不经剽掠者。剽，匹妙翻。

40 制以钱弘倧为东南兵马都元帅、镇海·镇东节度使兼中书令、吴越王。

41 高从诲闻杜重威叛，发水军数千袭襄州，以汉兵方北讨魏州，未暇南救也。山南东道节度使安审琦击却之。又寇郢州，刺史尹实大破之。九域志：荆南府北至襄州四百四十里，东至郢州三百二十里。乃绝汉，附于唐、蜀。高从诲求郢州不许，见上六月。

初，荆南介居湖南、岭南、福建之间，此语专为三道入贡过荆南发。地狭兵弱，自武信王季兴时，诸道入贡过其境者，多掠夺其货币。过，音戈。及诸道移书诘让，或加以兵，不得已复归之，诘，去吉翻。复，扶又翻。曾不为愧。及从诲立，唐、晋、契丹、汉更据中原，更，工衡翻。南汉、闽、吴、蜀皆称帝，从诲利其赐予，予，读曰与。所向称臣。诸国贱之，谓之"高无赖"。俚俗语谓夺攘苟得无愧耻者为无赖。

42 唐主以太傅兼中书令宋齐丘为镇南节度使。

43 南汉主恐诸弟与其子争国，杀齐王弘弼、贵王弘道、定王弘益、辨王弘济、同王弘简、益王弘建、恩王弘伟、宜王弘照，尽杀其男，纳其女充后宫。刘晟残同气而渎天伦，桀、纣之虐，不如是之甚也。作离宫千馀间，饰以珠宝，设镬汤、铁床、刳剔等刑，号"生地狱"。尝醉，戏以瓜置乐工之颈试剑，遂断其头。欧史，伶人谓之尚玉楼，即被斩之乐工也。断，音短。

44 初，帝与吏部尚书窦贞固俱事晋高祖，雅相知重，及即位，欲以为相，问苏逢吉："其次谁可相者？"逢吉与翰林学士李涛善，因荐之，曰："昔涛乞斩张彦泽，事见二百八十三卷晋高祖天福七年。陛下在太原，尝重之，此可相也。"

会高行周、慕容彦超共讨杜重威于邺都，遣二将讨杜重威事始上闰七月。彦超欲急攻城，行周欲缓之以待其弊。行周女为重威子妇，彦超扬言："行周以女故，爱贼不攻。"由是二将不协。慕容彦超既以帝同产之亲而陵高行周，又诬行周以婚姻之故而缓贼，故不协。帝恐生他变，欲自将击重威，意未决。涛上疏请亲征。帝大悦，以涛有宰相器。九月，甲戌，加逢吉左仆射兼门下侍郎，苏禹珪右仆射兼中书侍郎，贞固司空兼门下侍郎，涛户部尚书兼中书侍郎，并同平章事。窦贞固以司空拜相，而书于二仆射之次者，二苏旧相，贞固则新相也。

戊寅，诏幸澶、魏劳军，澶，时连翻。劳，力到翻。以皇子承训为东京留守。

45 冯道、李崧、和凝自镇州还，白再荣等既逐契丹，冯道等乃得免而还。还，从宣翻，又如字。己卯，以崧为太子太傅，凝为太子太保。

46 庚辰，帝发大梁。

47 晋昌节度使赵匡赞是年秋七月，赵匡赞自河中徙长安。恐终不为朝廷所容，冬，十月，遣使降蜀，请自终南山路出兵应援。终南山路，子午谷路也。

48 戊戌，帝至邺都城下，舍于高行周营。人主亲戎，不为御营而舍于元帅之营，有入韩信壁夺军之意。高行周心迹无他，故不发。行周言于帝曰："城中食未尽，急攻，徒杀士卒，未易克也。易，以豉翻。不若缓之，彼食尽自溃。"帝然之。慕容彦超数因事陵轹行周，数，所角翻。轹，郎击翻。行周泣诉于执政，掬粪壤实其口，示受陵辱而不敢言也。苏逢吉、杨邠密以白帝。帝深知彦超之曲，犹命二臣和解之；又召彦超于帐中责之，不明底彦超之罪，牵于爱也。且使诣行周谢。

杜重威声言车驾至即降，帝遣给事中陈观往谕指，重威复闭门拒之。复，扶又翻；下同。城中食浸竭，将士多出降者。慕容彦超固请攻城，帝从之。丙午，亲督诸将攻城，自寅至辰，士卒伤者万馀人，死者千馀人，不克而止。彦超乃不敢复言。死伤者众而城不克，则高行周持久以弊之之说为是，慕容彦超之语遂塞。

初，契丹留幽州兵千五百戍大梁。即萧翰所留也，见上五月。帝入大梁，或告幽州兵将为变，帝尽杀之于繁台之下。繁台在大梁。丁度曰：繁台本师旷吹台，梁孝王增筑，曰繁台。薛史曰：繁台，即梁王吹台，其后有繁氏居其侧，里人乃以姓呼之。及围邺都，张琏将幽州兵二千助重威拒守，张琏入邺都助重威事始上七月。帝屡遣人招谕，许以不死；琏曰："繁台之卒，何罪而戮？今守此，以死为期耳。"由是城久不下。十一月，丙辰，内殿直韩训献攻城之具，帝曰："城之所恃者，众心耳。众心苟离，城无所保，用此何为！"始用高行周之言。

杜重威之叛，观察判官金乡王敏屡泣谏，不听。金乡县，唐初属济州，后属兖州。九域志：属济州，在州东南九十里。及食竭力尽，甲戌，遣敏奉表出降。乙亥，重威子弘琏来见；见，贤遍翻；下同。丙子，妻石氏来见，石氏，即晋之宋国长公主也，长，知两翻。帝复遣入城。丁丑，重威开门出降，城中馁死者什七八，存者皆尪瘠无人状。尪，乌黄翻。瘠，秦昔翻。张琏先邀朝廷信誓，诏许以归乡里，及出降，杀琏等将校数十人；纵其士卒北归，将出境，大掠而去。幽州兵将出魏州之境，去汉兵既远，心无所惮，遂大掠，逞其忿而去。将，即亮翻。校，户教翻。

郭威请杀重威牙将百馀人，并重威家赀籍之以赏战士，从之。以重威为太傅兼中书令、楚国公。重威每出入，路人往往掷瓦砾诟之。以其历藩镇则贪黩无厌，为将则卖国殄民也。为杀杜重威、市人啖其肉张本。诟，苦候翻，又许候翻。

臣光曰：汉高祖杀幽州无辜千五百人，非仁也；诱张琏而诛之，非信也；杜重威罪大而赦之，非刑也。仁以合众，信以行令，刑以惩奸；失此三者，何以守国！其祚运之不延也，宜哉！

49 高行周以慕容彦超在澶州，固辞邺都；澶、魏相去百五十里。行周、彦超既交恶，接境而处，必不相安，故力辞。己卯，以忠武节度使史弘肇领归德节度使，兼侍卫马步都指挥使，义成节度使刘信领忠武节度使兼侍卫马步副都指挥使，徙彦超为天平节度使，并加同平章事。

50 吴越王弘倧大阅水军，赏赐倍于旧；胡进思固谏，弘倧怒，投笔水中，曰："吾之财与士卒共之，奚多少之限邪！"为胡进思废弘倧张本。

51 十二月，丙戌，帝发邺都。发自邺都而归大梁。

52 蜀主遣雄武都押牙吴崇恽，雄武都押牙，秦州都押牙也。恽，于粉翻。以枢密使王处回书招凤翔节度使侯益。处，昌吕翻。庚寅，以山南西道节度使兼中书令张虔钊为北面行营招讨安抚使，雄武节度使何重建副之，张虔钊以潞王之乱，攻凤翔而败，降蜀。何重建以契丹入中国降蜀，故蜀主用之以经略岐、雍。重，直龙翻。宣徽使韩保贞为都虞候，共将兵五万，虔钊出散关，重建出陇州，以击凤翔；既遣使招侯益，又随之以兵临胁之。奉銮肃卫都虞候李廷珪将兵二万出子午谷，以援长安。从赵匡赞之请也。诸军发成都，旌旗数十里。

53 辛卯，皇子开封尹承训卒。承训孝友忠厚，达于从政，人皆惜之。史言承训死而汉祚蹙。

54 癸巳，帝至大梁。

55 威武节度使李孺赟与吴越戍将鲍修让不协，谋袭杀修让，复以福州降唐；修让觉之，引兵攻府第，复，扶又翻。府第，福州府署也。是日，杀孺赟，夷其族。李仁达据福州事始见二百八十五卷晋齐王开运二年。史言狂狡反覆者终死于人手。

56 乙未，追立皇子承训为魏王。

57 侯益请降于蜀，使吴崇恽持兵籍、粮帐西还，还，从宣翻，又如字。与赵匡赞同上表请出兵平定关中。

58 己酉，鲍修让传李孺赟首至钱塘，吴越王弘倧以丞相山阴吴程知威武节度事。

59 吴越王弘倧，性刚严，愤忠献王弘佐时容养诸将，政非己出，按欧史：吴越王钱镠以徐绾之乱，使子元瓘质于宣州，以胡进思、戴恽等自随。元瓘嗣立，用进思为大将。元瓘卒而弘佐立，进思以旧将自待，甚见尊礼。及倧立，颇卑侮之，进思不能平。及袭位，诛杭、越侮法吏三人。"侮"，当作"舞"。

内牙统军使胡进思恃迎立功，干预政事；弘倧恶之，恶，乌路翻。欲授以一州，欲夺其兵权而远之。进思不可。进思有所谋议，弘倧数面折之。进思还家，设忠献王位，被发恸哭。数，所角翻。折，之舌翻。被，皮义翻。民有杀牛者，吏按之，引人所市肉近千斤。近，其靳翻。弘倧问进思："牛大者肉几何？"对曰："不过三百斤。"弘倧曰："然则吏妄也。"命按其罪。进思拜贺其明。弘倧曰："公何能知其详？"进思踧踖对曰：踧，子六翻。踖，子昔翻。"臣昔未从军，亦尝从事于此。"进思以弘倧为知其素业，故辱之，益恨怒。此褚遂良所以戒唐太宗穷张玄素也。进思建议遣李孺赟归福州，见上七月。及孺赟叛，谓复欲降唐也。弘倧责之，进思愈不自安。

弘倧与内牙指挥使何承训谋逐进思，又谋于内都监使水丘昭券，按薛史：吴越王镠，母水丘氏，昭券盖外戚也。昭券以为进思党盛难制，不如容之，弘倧犹豫未决。承训恐事泄，反以谋告进思。古人有言，“需者事之贼。”弘倧犹豫不决，故何承训惧而生心。泄，息列翻。

庚戌晦，弘倧夜宴将吏，进思疑其图己，与其党谋作乱，帅亲兵百人帅，读曰率；下同。戎服执兵入见于天策堂，曰：“老奴无罪，王何故图之？”弘倧叱之不退，左右持兵者皆愤怒。弘倧猝愕不暇发言，乘左右之愤怒而用之，以顺讨逆，何畏乎胡进思！是以人贵于有胆决。趋入义和院。进思锁其门，矫称王命，告中外云：“猝得风疾，传位于同参相府事弘俶。”进思因帅诸将迎弘俶于私第，且召丞相元德昭。德昭至，立于帘外不拜，曰：“俟见新君。”进思亟出褰帘，褰，起虔翻。德昭乃拜。

进思称弘倧之命，承制授弘俶镇海、镇东节度使兼侍中。弘俶曰：“能全吾兄，乃敢承命。不然，当避贤路。”进思许之。弘俶始视事。

进思杀水丘昭券及进侍鹿光铉。进侍，吴越所置官在王左右者也。光铉，弘倧之舅也。进思之妻曰：“他人犹可杀；昭券，君子也，奈何害之！”史言妇人智识有过于丈夫者。

60 是岁，唐主以羽林大将军王延政为安化节度使鄱阳王，镇饶州。唐盖置安化军于饶州。王延政降唐见二百八十四卷晋齐王开运二年，南唐之保大三年也。

乾佑元年（戊申、九四八）

1 春，正月，乙卯，大赦，改元。

2 帝以赵匡赞、侯益与蜀兵共为寇，患之。会回鹘入贡，诉称为党项所阻，自唐长兴以来，西路党项部族劫掠使臣及外域进奉，唐虽遣兵讨之，莫能遏止。党，底朗翻。乞兵应接。诏左卫大将军王景崇、将军齐藏珍将禁军数千赴之，因使之经略关西。因应接回鹘使者之名以出师，实则经略关右。

晋昌节度判官李恕，久在赵延寿幕下，延寿使之佐匡赞。匡赞将入蜀，恕谏曰："燕王入朝，【章：十二行本"朝"作"胡"；乙十一行本同；孔本同。】岂所愿哉！言赵延寿受囚锁于契丹而入北。今汉家新得天下，方务招怀，若谢罪归朝，必保富贵。入蜀非全计也，'蹄涔不容尺鲤'，刘曜之言。涔，锄针翻。蹄涔，谓牛马所践之迹，因而渟水处也，非盈尺之鲤所可容身；以喻蜀小国，势不能容赵匡赞。公必悔之。"匡赞乃遣恕奉表请入朝。景崇等未行而恕至。帝问恕："匡赞何为附蜀？"对曰："匡赞自以身受虏官，谓先受契丹主耶律德光之命镇河中府。父在虏庭，父，谓赵延寿。恐陛下未之察，故附蜀求苟免耳。臣以为国家必应存抚，故遣臣来祈哀。"帝曰："匡赞父子，本吾人也，不幸陷虏。今延寿方坠槛阱，赵延寿为契丹所锁，事见去年五月。吾何忍更害匡赞乎！"即听其入朝。侯益亦请赴二月四日圣寿节上寿。五代会要：帝生于唐乾宁二年二月四日。景崇等将行，帝召入卧内，敕之曰："匡赞、益之心，皆未可知。汝至彼，彼已入朝，则勿问；若尚迁延顾望，当以便宜从事。"

3 己未，帝更名暠。更，工衡翻。暠，古老翻。

4 以前威胜节度使冯道为太师。

5 壬戌，吴越王弘俶迁故王弘倧于衣锦军私第，迁于临安私第也。遣匡武都头薛温将亲兵卫之。潜戒之曰："若有非常处分，皆非吾意，当以死拒之。"处，昌吕翻。分，扶问翻。弘俶知胡进思必谋杀弘倧，故密约敕薛温使知所备。为进思害弘倧而不克张本。

6 帝自魏王承训卒，悲痛过甚。甲子，始不豫。

7 赵匡赞不俟李恕返命，已离长安，丙子，入见。离，力智翻。见，贤遍翻。

王景崇等至长安，闻蜀兵已入秦川，自大散关以北达于岐、雍，夹渭川南北岸，沃野千里，谓之秦川。以兵少，发本道及赵匡赞牙兵千馀人同拒之。本道，谓晋昌一道。景崇恐匡赞牙兵亡逸，欲文其面，微露风旨；军校赵思绾，首请自文其面以帅下，文其面以军号，则亡逸无所至。校，户教翻。帅，读曰率。景崇悦。齐藏珍窃言曰："思绾凶暴难制，不如杀之。"景崇不听。思绾，魏州人也。为赵思绾据长安反张本。

蜀李廷珪将至长安，闻赵匡赞已入朝，欲引归，王景崇邀之，败廷珪于子午谷。败，补迈翻；下追败同。张虔钊至宝鸡，诸将议不协，按兵未进；侯益闻廷珪西还，因闭壁拒蜀兵，虔钊势孤，引兵夜遁。景崇帅凤翔、陇、邠、泾、鄜、坊之兵追败蜀兵于散关，俘将卒四百人。李廷珪、张虔钊二军，皆蜀主去年十二月所遣。帅，读曰率。鄜，音夫。败，补迈翻。

8 丁丑，帝大渐。杨邠忌侍卫马军都指挥使、忠武节度使刘信，立遣之镇。刘信以从弟之亲典侍卫，故杨邠忌之，遣就镇许州。信不得奉辞，雨泣而去。涕泣如雨，谓之雨泣。

帝召苏逢吉、杨邠、史弘肇、郭威入受顾命，曰："余气息微，不能多言。承佑幼弱，后事托在卿辈。"又曰："善防重威。"谕以诛杜重威也。是日，殂于万岁殿，年五十四。薛史：梁受禅，以大梁万岁堂为万岁殿。逢吉等秘不发丧。

庚辰，下诏，称："重威父子，因朕小疾，谤议摇众，并其子弘璋、弘琏、弘璨皆斩之。晋公主及内外亲族，一切不问。"晋公主，石氏，杜重威之妻。磔重威尸于市，磔，陟格翻。市人争啖其肉，啖，徒滥翻。怨杜重威卖国，引虏入汴，而都人被其毒也。吏不能禁，斯须而尽。

二月，辛巳朔，立皇子左卫大将军、大内都点检承佑为周王，同平章事。有顷，发丧，宣遗制，令周王即皇帝位。时年十八。

9 蜀韩保贞、庞福诚引兵自陇州还，韩保贞亦蜀主去年十二月所遣。还，从宣翻，又如字。要何重建俱西。是日，保贞等至秦州，分兵守诸门及衢路，重建遂入于蜀。要，一遥翻。天福十二年，何重建附蜀，至是蜀兵劫与俱西。

10 丁亥，尊皇后曰皇太后。

11 朝廷知成德留后白再荣非将帅才，庚寅，以前建雄留后刘在明代之。

12 癸巳，大赦。即位十三日而肆赦。

13 吴越内牙指挥使何承训复请诛胡进思及其党。复，扶又翻。吴越王弘俶恶其反覆，且惧召祸，乙未，执承训，斩之。恶，乌路翻。何承训泄弘倧之谋以陷君于幽废，而又请弘俶诛胡进思，谁敢复与之谋乎！

进思屡请杀废王弘倧以绝后患，弘俶不许。进思诈以王命密令薛温害之，温曰："仆受命之日，不闻此言，不敢妄发。"进思乃夜遣其党方安二人逾垣而入，弘倧阖户拒之，大呼求救；呼，火故翻。温闻之，率众而入，毙安等于庭中。入告弘俶，自临安入钱唐告其事。弘俶大惊，曰："全吾兄，汝之力也。"

弘俶畏忌进思，曲意下之。下，户嫁翻。进思亦内忧惧，未几，疽发背卒。几，居岂翻。弘倧由是获全。

14 诏以王景崇兼凤翔巡检使。景崇引兵至凤翔，侯益尚未行，景崇以禁兵分守诸门。或劝景崇杀益，景崇以受先朝密旨，密旨，谓高祖卧内便宜从事之命也，见上。朝，直遥翻；下同。嗣主未之知，或疑于专杀，犹豫未决。益闻之，不告景崇而去，景崇悔，自诟。诟，古候翻，又许候翻。戊戌，益入朝，隐帝问："何故召蜀军？"对曰："臣欲诱致而杀之。"帝哂之。诱，音酉。哂，矢忍翻。笑不坏颜为哂。

15 蜀张虔钊自恨无功，癸卯，至兴州，惭忿而卒。自散关还至兴州也。张虔钊盖不知可否，不度利钝，而急于求功之人，观其攻王都于定州，攻潞王于凤翔，皆急于求胜而败可知已。恚，於避翻。

16 侍卫马步都指挥使、同平章事史弘肇遭母丧，不数日，复出朝参。复，扶又翻。居丧而经营起复，已得罪于名教；未起复而自出朝参，虽史弘肇武人无识，亦可见朝章之紊。朝，直遥翻。

章锡琛标点聂崇岐覆校

资治通鉴卷第二百八十八

端明殿学士兼翰林侍读学士太中大夫
提举西京嵩山崇福宫上柱国河内郡开国公　司马光　奉敕编集
食邑二千六百户食实封一千户臣

后学天台　胡三省　音注

后汉纪三　起著雍涒滩（戊申）三月，尽屠维作噩（己酉），凡一年有奇。

高祖睿文圣武昭肃孝皇帝下

乾佑元年（戊申、九四八）

1 三月，丙辰，史弘肇起复，加兼侍中。

2 侯益家富于财，厚赂执政及史弘肇等，由是大臣争誉之。执政，谓苏逢吉、杨邠等，皆当时大臣也。誉，音余。丙寅，以益兼中书令，行开封尹。行者，行尹事，未正除也。

3 改广晋【章：十二行本“晋”下有“府”字；乙十一行本同。】为大名府，左传：晋卜偃曰：“魏，大名也。”取以名府。晋昌军为永兴军。以革晋命，故改广晋与晋昌。

4 侯益盛毁王景崇于朝，言其恣横。侯益以王景崇欲杀己，幸免而归朝，故毁之。横，户孟翻。景崇闻益尹开封，知事已变，内不自安，且怨朝廷。怨朝廷不能体先帝遗旨，反听侯益之谗也。会诏遣供奉官王益如凤翔，征赵匡赞牙兵诣阙，赵思绾等甚惧，赵思绾，赵匡赞牙校也，见上卷。景崇因以言激之。思绾途中谓其党常彦卿曰：“小太尉已落其手，赵思绾等本赵延寿部曲，故呼匡赞为小太尉，言匡赞入朝为已落汉人之手也。吾属至京师，并死矣，奈何？”彦卿曰：“临机制变，子勿复言！”复，扶又翻。

癸酉，至长安，永兴节度副使安友规、巡检乔守温出迎王益，置酒于客亭。诸州镇皆有客亭，以为迎送宴饯之所。思绾前白曰：“壕寨使已定舍馆于城东。壕寨使，掌营造浚筑及次舍下寨。今将士家属皆在城中，赵思绾部兵先从赵匡赞镇长安，故家属在城中。欲各入城挈家诣城东宿。”友规等然之。时思绾等皆无铠仗，既入西门，有州校坐门侧，思绾遽夺其剑斩之。其徒因大噪，持白梃，校，户教翻。梃，徒鼎翻。杀守门者十馀人，分遣其党守诸门。思绾入府，开库取铠仗给之，友规等皆逃去。思绾遂据城，集城中少年，得四千馀人，缮城隍，葺楼堞，旬日间，战守之具皆备。少，诗照翻。葺，七入翻。堞，达协翻。

王景崇讽凤翔吏民表景崇知军府事，朝廷患之，甲戌，徙静难节度使王守恩为永兴节度使，欲以制赵思绾。难，乃旦翻。徙保义节度使赵晖为凤翔节度使，欲以制王景崇。并同平章事。以景崇为邠州留后，令便道之官。

虢州伶人靖边庭杀团练使田令方，驱掠州民，奔赵思绾。靖，姓也。优伶之名与姓通取一义，所以为谑也。何氏姓苑曰：靖姓，齐靖郭君之后。风俗通曰：靖姓，单靖公之后也。至潼关，虢州西北至潼关百有馀里。潼关守将出击之，其众皆溃。

5 初，契丹主北归，至定州，契丹主德光北归，死于杀胡林。此谓兀欲北归至定州也。以义武节度副使邪律忠为节度使，徙故节度使孙方简为大同节度使。晋齐王开运三年，契丹主德光以孙方简为义武节度使。考异曰：实录，“方简”作“方谏”。按方简避周讳，改名方谏；实录误也。方简怨恚，且惧入朝为契丹所留，迁延不受命，恚，於避翻。朝，直遥翻。帅其党三千人保狼山故寨，孙方简兄弟保狼山，见二百八十五卷晋开运三年。帅，读曰率；下同。控守要害。契丹攻之，不克。未几，遣使请降，几，居岂翻。帝复其旧官，以扞契丹。复以为义武节度使。

邪律忠闻邺都既平，去年十一月，杜重威降，邺都平。事见上卷。常惧华人为变。诏以成德留后刘在明为幽州道马步都部署，使出兵经略定州。未行，忠与麻荅等焚掠定州，悉驱其人弃城北去。定州东至镇州，止隔祁州耳。契丹闻镇州将出兵，故弃城而去。孙方简自狼山帅其众数百，还据定州，又奏以弟行友为易州刺史，方遇为泰州刺史。每契丹入寇，兄弟奔命，奔命者，奔走以救急也。契丹颇畏之。于是晋末州县陷契丹者，皆复为汉有矣。

丙子，以刘在明为成德节度使。

麻荅至其国，契丹主责以失守。麻荅不服，曰："因朝廷征汉官致乱耳。"谓征冯道等也。事见上卷上年。契丹主鸩杀之。

6 苏逢吉等为相，多迁补官吏；杨邠以为虚费国用，所奏多抑之，逢吉等不悦。

中书侍郎兼户部尚书、同平章事李涛上疏言："今关西纷扰，外御为急。上，时掌翻。二枢密皆佐命功臣，官虽贵而家未富，宜授以要害大镇。李涛之疏，承苏逢吉之意也。二枢密，谓杨邠、郭威。枢机之务在陛下目前，易以裁决，易，以豉翻。逢吉、禹珪自先帝时任事，皆可委也。"杨邠、郭威闻之，见太后泣诉，称："臣等从先帝起艰难中，今天子取人言，欲弃之于外。况关西方有事，谓岐、雍举兵反。臣等何忍自取安逸，不顾社稷。若臣等必不任职，乞留过山陵。"太后怒，以让帝，曰："国家勋旧之臣，奈何听人言而逐之！"帝曰："此宰相所言也。"因诘责宰相。诘，去吉翻。涛曰："此疏臣独为之，他人无预。"丁丑，罢涛政事，勒归私第。为将相交恶张本。

7 是日，邠、泾、同、华四镇邠帅王守恩，泾帅史匡威，同帅张彦威，华帅扈从珂。华，户化翻。俱上言护国节度使兼中书令李守贞与永兴、凤翔同反。赵思绾据永兴，王景崇据凤翔。

始，守贞闻杜重威死而惧，杜重威死见上卷是年正月。阴有异志。自以晋世尝为上将，有战功，李守贞破契丹于马家口而克青州，又破契丹于阳城，其功不细。素好施，得士卒心。好，呼到翻。施，式豉翻。汉室新造，天子年少初立，少，诗照翻。执政皆后进，有轻朝廷之志。乃招纳亡命，养死士，治城堑，缮甲兵，昼夜不息。遣人间道赍蜡丸结契丹，屡为边吏所获。治，直之翻。间，古苋翻。

浚仪人赵修己，素善术数，旧唐书地理志：浚仪故县，隋置，在今县北三十里；唐武德四年，移县于州北罗城内；贞观元年，移于州西一里；后治郭下。自守贞镇滑州，署司户参军，累从移镇，晋开运初，李守贞镇义成，后徙镇泰宁、天平、归德，至是镇护国为乱。为守贞言："时命不可，勿妄动！"为，于伪翻。前后切谏非一，守贞不听，乃称疾归乡里。僧总伦，以术媚守贞，言其必为天子，守贞信之。又尝会将佐置酒，引弓指舐掌虎图曰："吾有非常之福，当中其舌。"一发中之，舐，直氏翻。中，竹仲翻。左右皆贺。守贞益自负。

会赵思绾据长安，奉表献御衣于守贞，守贞自谓天人协契，乃自称秦王。遣其骁将平陆王继勋【章：十二行本"勋"下有"将兵"二字；乙十一行本同。】据潼关，旧唐书地理志：陕州平陆县，隋之河北县也。唐天宝三载，陕郡太守李齐物开三门，石下得戟，大刃有"平陆"篆字，因改为平陆县。九域志：平陆县在陕州北五里。以思绾为晋昌节度使。

同州距河中最近，河中府西至同州六十里耳。匡国节度使张彦威，考异曰：周太祖实录作"彦成"，盖避周祖讳；薛史因之。今从广本。常诇守贞所为，诇，古永翻，又翾正翻。奏请先为之备，诏滑州马军都指挥使罗金山将部兵戍同州；故守贞起兵，同州不为所并。

金山，云州人也。

8 定难节度使李彝殷发兵屯境上，奏称："去三载前难，乃旦翻。去，已往也。羌族㖡毋龙龛手镜：㖡，音夜。毋，读如谟。杀绥州刺史李仁裕叛去，请讨之。"庆州上言："请益兵为备。"以备羌也。诏以司天言，今岁不利先举兵，谕止之。

9 夏，四月，辛巳，陕州都监王玉奏克复潼关。监，古衔翻。

10 帝与左右谋，以太后怒李涛离间，间，古苋翻。欲更进用二枢密，以明非帝意。左右亦疾二苏之专，欲夺其权，共劝之。二枢密，杨邠、郭威。二苏，逢吉、禹珪。壬午，制以枢密使杨邠为中书侍郎兼吏部尚书、同平章事，枢密使如故；以副枢密使郭威为枢密使；又加三司使王章同平章事。

凡中书除官，诸司奏事，帝皆委邠斟酌。自是三相拱手，三相，窦贞固、苏逢吉、苏禹珪。政事尽决于邠。事有未更邠所可否者，更，工衡翻，经也。莫敢施行，遂成凝滞。三相每进拟用人，苟不出邠意，虽簿、尉亦不之与。邠素不喜书生，喜，许记翻。常言："国家府廪实，甲兵强，乃为急务。至于文章礼乐，何足介意！"既恨二苏排己，以其使李涛上疏，请出二枢密为外镇也。又以其除官太滥，为众所非，欲矫其弊，由是艰于除拜，士大夫往往有自汉兴至亡不沾一命者；此所谓士大夫，指言内外在官之人。命，言汉朝之命。凡门荫及百司入仕者悉罢之。门荫，谓任子也。百司入仕，所谓流外也。虽由邠之愚蔽，时人亦咎二苏之不公所致云。

11 以镇宁节度使郭从义充永兴行营都部署，将侍卫兵讨赵思绾。戊子，以保义节度使白文珂为河中行营都部署，内客省使王峻为都监。辛卯，削夺李守贞官爵，命文珂等会兵讨之。乙未，以宁江节度使、侍卫步军都指挥使尚洪迁为西面行营都虞候。宁江军夔州，时属蜀境，尚洪迁遥领也。

12 王景崇迁延不之邠州，阅集凤翔丁壮，诈言讨赵思绾，仍牒邠州会兵。王景崇欲并岐、邠之兵以举事。

13 契丹主如辽阳，汉辽东郡有辽阳县，大梁水与辽水会处也，契丹于此置辽阳府。欧史：自黄龙府西北行一千三百里至辽阳府。按，辽阳府，契丹之东京，旧勃海地，距燕京二千五百一十里。故晋主与太后、皇后皆谒见。见，贤遍翻。有禅奴利者，契丹主之妻兄也，闻晋主有女未嫁，诣晋主求之；晋主辞以幼。后数日，契丹主使人驰取其女而去，以赐禅奴。

14 王景崇遗蜀凤州刺史徐彦书，求通互市。遗，唯季翻。壬戌，蜀主使彦复书招之。

15 契丹主留晋翰林学士徐台符于幽州，徐台符从契丹主北去见上卷上年。台符逃归。

16 五月，乙亥，滑州言河决鱼池。鱼池，地名，河决之后，谓之鱼池口。

17 六月，戊寅朔，日有食之。

18 辛巳，以奉国左厢都虞候刘词充河中行营马步都虞候。

19 乙酉，王景崇遣使请降于蜀，亦受李守贞官爵。

20 高从诲既与汉绝，见上卷天福十二年。北方商旅不至，境内贫乏，乃遣使上表谢罪，乞修职贡；诏遣使慰抚之。

21 西面行营都虞候尚洪迁攻长安，伤重而卒。卒，子恤翻。

22 秋，七月，以工部侍郎李穀充西南面行营都转运使。为李穀见亲任于周朝张本。

23 庚申，加枢密使郭威同平章事。

24 蜀司空兼中书侍郎、同平章事张业，性豪侈，强市人田宅，以威力临人，人畏其威力，不得已而就与为市，是为强市。藏匿亡命于私第，置狱，系负债者，或历年至有瘐死者。苏林曰：瘐，病也。囚徒病，律名为瘐。如淳曰：律：囚以饥寒死曰瘐。音勇主翻。其子检校左仆射继昭，好击剑，好，呼到翻。尝与僧归信访善剑者，右匡圣都指挥使孙汉韶与业有隙，密告业、继昭谋反；翰林承旨李昊、奉圣控鹤马步都指挥使安思谦复从而谮之。复，扶又翻。甲子，业入朝，蜀主命壮士就都堂击杀之，下诏暴其罪恶，籍没其家。

枢密使、保宁节度使兼侍中王处回，亦专权贪纵，王处回以节兼侍中，不在阆州。卖官鬻狱，四方馈献，皆先输处回，次及内府，此所谓四方，止以蜀之境上言之。家赀巨万。子德钧，亦骄横。横，户孟翻。张业既死，蜀主不忍杀处回，听归私第；处回惶恐辞位，以为武德节度使兼中书令。王处回亦不得至梓州。

蜀主欲以普丰库使高延昭、茶酒库使王昭远为枢密使，普丰、茶酒二库使，皆蜀所置。以其名位素轻，乃授通奏使，知枢密院事。通奏使，亦蜀所置。昭远，成都人，幼以僧童从其师入府，蜀高祖爱其敏慧，令给事蜀主左右；至是，委以机务，府库金帛，恣其取与，不复会计。复，扶又翻。会，古外翻。至于宋兴，蜀主遂以用王昭远亡国。

25 戊辰，以郭从义为永兴节度使，白文珂兼知河中行府事。时郭从义讨长安，就以永兴节授之；白文珂讨河中，因使之知行府事。

26 蜀主以翰林承旨、尚书左丞李昊为门下侍郎兼户部尚书，翰林学士、兵部侍郎徐光溥为中书侍郎兼礼部尚书，并同平章事。

27 蜀安思谦谋尽去旧将，去，羌吕翻。又谮卫圣都指挥使兼中书令赵廷隐谋反，欲代其位，夜，发兵围其第。会山南西道节度使李廷珪入朝，极言廷隐无罪，乃得免。廷隐因称疾，固请解军职；甲戌，蜀主许之。史言蜀主以新间旧。

28 凤翔节度使赵晖至长安；乙亥，表王景崇反状益明，请进兵击之。

29 初，高祖镇河东，皇弟崇为马步都指挥使，与蕃汉都孔目官郭威争权，有隙。及威执政，崇忧之。节度判官郑珙，劝崇为自全计，崇从之。珙，青州人也。珙，居竦翻。八月，庚辰，崇表募兵四指挥，自是选募勇士，招纳亡命，缮甲兵，实府库，罢上供财赋，皆以备契丹为名；朝廷诏令，多不禀承。于是之时，刘崇则为跋扈；然郭威既立，天下为周，河东非素有备，殆不能守也。

30 自河中、永兴、凤翔三镇拒命以来，朝廷继遣诸将讨之。昭义节度使常思屯潼关，白文珂屯同州，赵晖屯咸阳。常思、白文珂不敢逼河中，赵晖不敢逼凤翔。惟郭从义、王峻置栅近长安，而二人相恶如水火，近，其靳翻。恶，如字，又乌路翻。自春徂秋，皆相仗莫肯攻战。帝患之，欲遣重臣临督，壬午，以郭威为西面军前招慰安抚使，考异曰：薛史周太祖纪："七月十三日，授同平章事，即遣西征，以安慰招抚为名。八月六日发，离京师。"按汉隐帝、周太祖实录，七月，加平章事制词无西征之言；至八月壬午，方受命出征。盖薛史之误。诸军皆受威节度。

威将行，问策于太师冯道。道曰："守贞自谓旧将，为士卒所附，愿公勿爱官物，以赐士卒，则夺其所恃矣。"威从之。郭威以卒伍之雄，而问策于冯道之老腐者，观其所以答与威所以从，则人之材识，不合乎道者则有之，若其量势应物，未可妄议。由是众心始附于威。为郭威得天下张本。

诏白文珂趣河中，赵晖趣凤翔。趣，七喻翻。

31 甲申，蜀主以赵廷隐为太傅，赐爵宋王，国有大事，就第问之。

32 戊子，蜀改凤翔曰岐阳军，以凤翔之地在岐山之阳也。己丑，以王景崇为岐阳节度使、同平章事。

33 乙未，以钱弘俶为东南兵马都元帅、镇海·镇东节度使兼中书令、吴越国王。

34 郭威与诸将议攻讨，诸将欲先取长安、凤翔。镇国节度使扈从【章：十二行本“从”作“彦”；乙十一行本同；下同。】珂曰：“今三叛连衡，推守贞为主，守贞亡，则两镇自破矣。若舍近而攻远，万一王、赵拒吾前，守贞掎吾后，掎，居蚁翻。此危道也。”威善之。于是威自陕州，白文珂及宁江节度使、侍卫步军都指挥使刘词自同州，常思自潼关，三道攻河中。九域志：陕州北至河中二百三十七里。同州东至河中六十里。潼关渡河至河中一百馀里。陕，失冉翻。威抚养士卒，与同苦乐，小有功辄赏之，微有伤常亲视之；士无贤不肖，有所陈启，皆温辞色而受之；违忤不怒，小过不责。乐，音洛。忤，五故翻。由是将卒咸归心于威。

始，李守贞以禁军皆尝在麾下，受其恩施，施，式豉翻；下好施同。又士卒素骄，苦汉法之严，谓其至则叩城奉迎，可以坐而待之。李守贞习见凤翔、太原之事，以杨思权期汉兵耳。既而士卒新受赐于郭威，皆忘守贞旧恩，己亥，至城下，扬旗伐鼓，踊跃诟噪；诟，古候翻，又许候翻。守贞视之失色。

白文珂克西关城，栅于河西，河中西关城在河西，所以护蒲津浮梁者也。常思栅于城南，威栅于城西。常思、郭威，盖近城立栅。未几，威以常思无将领才，先遣归镇。几，居岂翻。将，即亮翻；下同。遣常思归潞州，史言郭威能审人之能否。

诸将欲急攻城，威曰：“守贞前朝宿将，健斗好施，施，式豉翻。屡立战功。况城临大河，楼堞完固，未易轻也。易，以豉翻。且彼冯城而斗，冯，读曰凭。吾仰而攻之，何异帅士卒投汤火乎！帅，读曰率。夫勇有盛衰，攻有缓急，时有可否，事有后先；不若且设长围而守之，使飞走路绝。吾洗兵牧马，坐食转输，输，舂遇翻。温饱有馀。俟城中无食，公帑家财皆竭，帑，他朗翻。然后进梯冲以逼之，飞羽檄以招之。彼之将士，脱身逃死，父子且不相保，况乌合之众乎！思绾、景崇，但分兵縻之，不足虑也。”縻，忙皮翻，系也。史言郭威方略，亦因周之史官润色已成之文。乃发诸州民夫二万馀人，使白文珂等帅之，刳长壕，筑连城，列队伍而围之。威又谓诸将曰：“守贞向畏高祖，不敢鸱张；向，谓昔时也。鸱张，言如鸱之张翼，欲高举远飞也。以我辈崛起太原，事功未著，有轻我心，故敢反耳。正宜静以制之。”乃偃旗卧鼓，但循河设火铺，连延数十里，番步卒以守之。遣水军杈舟于岸，寇有潜往来者，无不擒之。于是守贞如坐网中矣。铺，普故翻。杈，鱼倚翻。番步卒者，使步卒分番迭守。张敬达之围晋阳，郭威之围河中，皆欲以持久制之。然敬达以败，郭威以胜者，晋阳有援而河中无援也。司马仲达急攻孟达而缓攻公孙渊，亦以有援无援而为缓急耳。

35 蜀武德节度使兼中书令王处回请老，辛丑，以太子太傅致仕。

36 南汉主中国既国号曰汉，故岭南之汉，书南汉以别之。遣知制诰宣化钟允章宣化，汉领方县地，晋置晋兴郡，隋废郡，置宣化县及晋兴县。唐以宣化为邕州治所，晋兴亦属邕州。求婚于楚，楚王希广不许。南汉主怒，问允章：“马公复能经略南土乎？”复，扶又翻。对曰：“马氏兄弟，方争亡于不暇，安能害我！”南汉主曰：“然。希广懦而吝啬，其士卒忘战日久，此乃吾进取之秋也。”为南汉举兵攻楚张本。

37 武平节度使马希萼请与楚王希广各修职贡，求朝廷别加官爵，欲使潭、朗如二国然。希广用天策府内都押牙欧弘练、进奏官张仲荀谋，厚赂执政，使拒其请。九月，壬子，赐希萼及楚王希广诏书，谕以“兄弟宜相辑睦，凡希萼所贡，当附希广以闻。”希萼不从。

38 蜀兵援王景崇，军于散关，赵晖遣都监李彦从袭击，破之，考异曰：实录，“戊辰，枢密使郭谛上言：‘都监李彦从将兵掩袭川贼，至大散关，杀贼三千馀，其馀弃甲而遁。'"汉隐帝实录，"九月，李彦从败蜀兵于散关。"而蜀后主实录无之。蜀实录，"十月，安思谦败汉兵于时家竹林，遂焚荡宝鸡。十二月，又败汉兵于玉女潭。"而汉实录无之。盖两国各举其胜而讳其败耳。然汉实录言官军不满万人，而蜀兵数倍，是二三万人，非小没也，岂得全不书！杀三千人，非小败也，岂十月遽能再举！盖九月止是蜀边将小出兵，为汉所败，汉将因张大而奏之耳。又蜀实录，十月但云"思谦退次凤州"，不云"归兴元"，十二月云"思谦自兴元进次凤州"，盖十月脱略耳。蜀兵遁去。

39 蜀主以张业、王处回执政，事多壅蔽，己未，始置匦函，匦，居洧翻。后改为献纳函。

40 王景崇尽杀侯益家属七十馀人，怨侯益之毁己于朝也。益子前天平行军司马仁矩先在外，得免。庚申，以仁矩为隰州刺史。仁矩子延广，尚在襁褓，乳母刘氏以己子易之，凡择乳母，必取新生子者，许之携子，故得以易。抱延广而逃，乞食至于大梁，归于益家。

41 李守贞屡出兵欲突长围，皆败而返；遣人赍蜡丸求救于唐、蜀、契丹，皆为逻者所获。逻，郎佐翻。城中食且尽，殍死者日众。殍，被表翻。守贞忧形于色，召总伦诘之，总伦媚守贞见上三月。诘，去吉翻。总伦曰："大王当为天子，人不能夺。但此分野有灾，分，扶问翻。待磨灭将尽，只馀一人一骑，乃大王鹊起之时也。"庄子曰：鹊上高城，乘危而巢于高枝之巅，城坏巢折，凌风而起。故君子之居世也，得时则义行，失时则鹊起。守贞犹以为然。

冬，十月，王景崇遣其子德让，赵思绾遣其子怀干，见蜀主于成都。

戊寅，景崇遣兵出西门，赵晖击破之，遂取西关城。景崇退守大城；堑【章：十二行本"堑"上有"晖"字；乙十一行本同；张校同，云无注本亦无。】而围之，数挑战，不出。数，所角翻。挑，徒了翻。晖潜遣千馀人擐甲执兵，擐，音宦。效蜀旗帜，循南山而下，帜，昌志翻。令诸军声言："蜀兵至矣。"景崇果遣兵数千出迎之，晖设伏掩击，尽殪之。殪，壹计翻。自是景崇不复敢出。复，扶又翻。

蜀主遣山南西道节度使安思谦将兵救凤翔，左仆射兼门下侍郎、同平章事毋昭裔上疏谏曰："臣窃见庄宗皇帝志贪西顾，前蜀主意欲北行，志贪西顾，言后唐庄宗利蜀之富而伐之也。前蜀主，谓王衍；意欲北行，言其锐意幸秦州也；事并见庄宗纪。上，时掌翻。凡在庭臣，皆贡谏疏，殊无听纳，有何所成！只此两朝，可为鉴诫。"不听，又遣雄武节度使韩保贞引兵出汧阳以分汉兵之势。汧阳县属陇州。九域志：在州东六十七里。汧，苦坚翻。

王景崇遣前义成节度使酸枣李彦舜等逆蜀兵；酸枣，古县，唐属汴州。九域志：在州东北九十里。丙申，安思谦屯右界，右界，盖宝鸡西界，汉、蜀分疆处也。汉兵屯宝鸡。思谦遣眉州刺史申贵将兵二千趣模壁，趣，七喻翻。设伏于竹林；丁酉旦，贵以兵数百压宝鸡而陈，陈，读曰阵。汉兵逐之，遇伏而败，蜀兵逐北，破宝鸡寨。蜀兵去，汉兵复入宝鸡。复，扶又翻。己亥，思谦进屯渭水，渭水过宝鸡县北。汉益兵五千戍宝鸡；思谦畏之，谓众曰："粮少敌强，宜更为后图。"辛丑，退屯凤州，寻归兴元。兴元，安思谦本镇也。贵，潞州人也。

42 荆南节度使【章：十二行本"使"下有"兼中书令"四字；乙十一行本同；张校同，云无注本亦无。】南平文献王高从诲寝疾，以其子节度副使保融判内外兵马事。癸卯，从诲卒；年五十八。保融知留后。保融，从诲第三子；史不言其得立之因。

43 彰武节度使高允权与定难节度使李彝殷有隙，延州北至夏州三百八十里。二镇接境，违言易生。难，乃旦翻。李守贞密求援于彝殷，发兵屯延、丹境上，闻官军围河中，乃退。甲辰，允权以状闻，彝殷亦自诉，朝廷和解之。

44 初，高祖入大梁，太师冯道、太子太傅李崧皆在真定，事见上卷天福十三年。高祖以道第赐苏禹珪，崧第赐苏逢吉。崧第中瘗藏之物及洛阳别业，瘗，于计翻。别置田园于他所，谓之别业，亦谓之庄。逢吉尽有之。及崧归朝，自以形迹孤危，石晋之时，汉高祖夙有憾于李崧；即位后，崧始归朝，故内惧。事汉权臣，常惕惕谦谨，多称疾杜门。而二弟屿、巙，屿，以与翻。巙，宜崎翻。与逢吉子弟俱为朝士，时乘酒出怨言，云"夺我居第、家赀"。逢吉由是恶之。未几，恶，乌路翻。几，居岂翻。崧以两京宅券献于逢吉，逢吉愈不悦；翰林学士陶穀，先为崧所引用，复从而谮之。复，扶又翻。

汉法既严，而侍卫都指挥使史弘肇尤残忍，宠任孔目官解晖，解，户买翻，姓也。郑樵姓氏略曰：自唐叔虞食邑于解，今解县也。至春秋之时，晋有解狐、解扬。凡入军狱者，使之随意锻炼，无不自诬。及三叛连兵，三叛，谓李守贞、王景崇、赵思绾。群情震动，民间或讹言相惊骇。弘肇掌部禁兵，巡逻京城，部者，部分之也。逻，郎佐翻。得罪人，不问轻重，于法何如，皆专杀不请，或决口，【章：十二行本"口"下有"断舌"二字；乙十一行本同。】斮筋，折胫，无虚日；虽奸盗屏迹，而冤死者甚众，莫敢辩诉。断，音短。斮，侧略翻。折，而设翻。胫，户定翻。屏，卑郢翻，又卑正翻。

李屿仆夫葛延遇，为屿贩鬻，多所欺匿，屿抶之，抶，丑栗翻。督其负甚急，延遇与苏逢吉之仆李澄，谋上变告屿谋反。孔子有言：治家者不敢失于臣妾，而况居昏暴之朝乎！上，时掌翻。逢吉闻而诱致之，诱，音酉。因召崧至第，收送侍卫狱。侍卫狱，即侍卫司狱，所谓军狱也。屿自诬云："与兄崧、弟巙、甥王凝及家僮合二十人，谋因山陵发引，引，羊晋翻。纵火焚京城作乱；又遣人以蜡书入河中城，结李守贞；又遣人召契丹兵。"及具狱上，上，时掌翻。逢吉取笔改"二十"为"五十"字。十一月，甲寅，下诏诛崧兄弟、家属及辞所连及者，皆陈尸于市，苏逢吉取李崧之家赀，又从而夷其家；曾未期年，逢吉亦身死而家破。天道不远，人犹冒货而不顾，可哀也哉！仍厚赏葛延遇等，时人无不冤之。自是士民家皆畏惮仆隶，往往为所胁制。

他日，秘书郎真定李昉诣陶穀，昉，甫两翻。穀曰："君于李侍中近远？"昉曰："族叔父。"穀曰："李氏之祸，穀有力焉。"昉闻之，汗出。穀，邠州人也，本姓唐，避晋高祖讳改焉。姓谱、姓苑皆谓陶姓、唐姓并出陶唐氏之后；唐穀之改姓陶，据此也。

史弘肇尤恶文士，恶，乌路翻。常曰："此属轻人难耐，每谓吾辈为卒。"此事亦诚有之；但以此而例恶文士，则过矣。弘肇领归德节度使，委亲吏杨乙收属府公利，乙依势骄横，史弘肇领宋州节，而掌侍卫，留京师，使节度副使治府事，副使其属也，故谓之属府。公利，言公取所当得者。横，户孟翻。合境畏之如弘肇；副使以下，望风展敬，乙皆下视之，月率钱万缗以输弘肇，士民不胜其苦。史言史弘肇所谓公利，其实皆虐民而取之。输，舂遇翻。胜，音升。

45 初，沈丘人舒元，沈丘，古寝丘也，唐神龙二年，改曰沈丘，属颍州。九域志：在州西一百一十里。沈，式荏翻。嵩山道士杨讷，俱以游客干李守贞；守贞为汉所攻，遣元更姓朱，讷更姓李，名平，间道奉表求救于唐，朱元遂留为南唐用。间，古苋翻。唐谏议大夫查文徽、查，钼加翻。兵部侍郎魏岑请出兵应之。

唐主命北面行营招讨使李金全将兵救河中，以清淮节度使刘彦贞副之，唐置清淮军于寿州。文徽为监军使，岑为沿淮巡检使，军于沂州之境。金全与诸将方会食，候骑白有汉兵数百在涧北，皆羸弱，羸，伦为翻。请掩之，金全令曰："敢言过涧者斩！"过，音戈。及暮，伏兵四起，金鼓闻十馀里，闻，音问。金全曰："向可与之战乎？"时唐士卒厌兵，莫有斗志，又河中道远，势不相及，丙寅，唐兵退保海州。是时沂州属汉，海州属唐。九域志：沂州之界，东南至海州一百里。

唐主遗帝书谢，请复通商旅，与中国绝和，故商旅不通。今遗书谢前过，请复通商旅。遗，唯季翻。复，扶又翻。且请赦守贞，朝廷不报。

46 壬申，葬睿文圣武昭肃孝皇帝于睿陵，睿陵在河南府告成县。庙号高祖。

47 十二月，丁丑，以高保融为荆南节度使、同平章事。

48 辛巳，南汉主以内常侍吴怀恩为开府仪同三司、西北面招讨使，将兵击楚，攻贺州，楚王希广遣决胜指挥使徐知新等将兵五千救之。未至，南汉人已拔贺州，凿大阱于城外，覆以竹箔，加土，以竹箔覆阱，而加土于竹箔之上。阱，才性翻。覆，敷又翻。箔，白各翻。下施机轴，自堑中穿穴通阱中。知新等至，引兵攻城，南汉遣人自穴中发机，楚兵悉陷，南汉出兵从而击之，楚兵死者以千数；知新等遁归，希广斩之。南汉兵复陷昭州。复，扶又翻。九域志：贺州西至昭州三百馀里。

49 王景崇累表告急于蜀，蜀主命安思谦再出兵救之。壬午，思谦自兴元引兵屯凤州，请先运粮四十万斛，乃可出境，蜀主曰："观思谦之意，安肯为朕进取！"为，于伪翻。然亦发兴州、兴元米数万斛以馈之。

戊子，思谦进屯散关，遣马步使高彦俦、眉州刺史申贵击汉箭筈安都寨，破之。筈，音括。箭筈，岭名，有箭筈关。庚寅，思谦败汉兵于玉女潭，败，补迈翻。汉兵退屯宝鸡，思谦进屯模壁。"模壁"，一作"摸壁"。韩保贞出新关，新关在陇州汧源县西，唐大中六年，陇州防御使薛逵徙筑，谓之安戎关。汧、陇之人谓大震为故关，安戎为新关。九域志：陇州汧源县有新关镇。壬辰，军于陇州神前，汉兵不出，保贞亦不敢进。

赵晖告急于郭威，威自往赴之。时李守贞遣副使周光逊、裨将王继勋、聂知遇守城西，聂，尼辄翻，姓也。姓苑：楚大夫食采于聂，因以为氏。威戒白文珂、刘词曰："贼苟不能突围，终为我禽；万一得出，则吾不得复留于此。成败之机，于是乎在。贼之骁锐，尽在城西，我去必来突围，尔曹谨备之！"威至华州，闻蜀兵食尽引去，考异曰：十国纪年："蜀广政十二年正月甲寅，思谦以军食匮竭，自模壁退次凤州，上表待罪。"盖去年冬末已退军，明年正月表始到成都耳。今从周太祖实录。威乃还。还，从宣翻。韩保贞闻安思谦去，亦退保弓川寨。九域志：秦州东一百六十五里有弓门寨。

50 蜀中书侍郎兼礼部尚书、同平章事徐光溥坐以艳辞挑前蜀安康长公主，挑，徒了翻。长，知两翻。丁酉，罢守本官。

隐皇帝上　讳承佑，高祖第二子也。

乾佑二年（己酉、九四九）

1 春，正月，乙巳朔，大赦。

2 郭威将至河中，自华州还也。白文珂出迎之。

戊申夜，李守贞遣王继勋等引精兵千馀人循河而南，袭汉栅，坎岸而登，遂入之，此汉兵栅于河西者也。王继勋知汉兵据河之西以临河东，守备必厚，故循河而南，坎岸而上以攻之。纵火大噪，军中狼狈不知所为。刘词神色自若，下令曰："小盗不足惊也。"帅众击之。帅，读曰率。客省使阎晋卿曰：梁有客省使副，宋因之，掌四方进奉及四夷朝贡、牧伯朝觐、赐酒馔饔饩，宰相、近臣、禁军将校、节级、诸州进奉使赐物、回诏之事。"贼甲皆黄纸，为火所照，易辨耳；易，以豉翻。奈众无斗志何！"裨将李韬曰："安有无事食君禄，有急不死斗者邪！"援矟先进，援，于元翻。矟，音槊。众从之。河中兵退走，死者七百人，继勋重伤，仅以身免。己酉，郭威至，刘词迎马首请罪。威厚赏之，曰："吾所忧正在于此。微兄健斗，微，无也。几为虏嗤。用汉光武语，几，居依翻。嗤，丑之翻。然虏伎殚于此矣。"伎，渠绮翻。晋卿，忻州人也。

守贞之欲攻河西栅也，先遣人出酤酒于村墅，或贳与，不责其直，逻骑多醉，酤，音沽。墅，承与翻。贳，始制翻。逻，郎佐翻。由是河中兵得潜行入寨，几至不守。郭威乃下令："将士非犒宴，毋得私饮！"犒，苦到翻。爱将李审，晨饮少酒，少酒，言所饮不多也。少，诗绍翻。威怒曰："汝为吾帐下，首违军令，何以齐众！"立斩以徇。

3 甲寅，蜀安思谦退屯凤州，上表待罪，蜀主释不问。军行逗挠者必诛，释而不问为失刑。

4 诏以静州隶定难军，唐置静边州都督于银州界，以处党项降者。难，乃旦翻。二月，辛未，李彝殷上表谢。彝殷以中原多故，有轻傲之志，每藩镇有叛者，常阴助之，邀其重赂。朝廷知其事，亦以恩泽羁縻之。史言拓跋据银、夏，渐以骜桀，遂成宋朝继迁之叛。

5 淮北群盗多请命于唐，唐主遣神卫都虞候皇甫晖等将兵万人出海、泗以招纳之。皇甫晖，即与赵在礼作乱以成后唐庄宗之祸者也；奔南唐见二百八十六卷高祖天福十二年。海、泗，二州名。蒙城镇将咸师朗等降于晖；蒙城，隋之山桑县；唐天宝元年，更名蒙城，属亳州。九域志：在州南一百六十里。徐州将成德钦败唐兵于峒峿镇，峒，达贡翻，又炊董翻。峿，五乎翻。俘斩六百级，晖等引归。

6 晋李太后诣契丹主，请依汉人城寨之侧，给田以耕桑自赡，契丹主许之，并晋主迁于建州；欧史曰：自辽阳府东南行千二百里至建州。今按建州在辽阳之西北，其南则义州，其北则土河，土河之北则契丹之中京大定府。大定府南至燕京一千一百五十里，北至上京临潢府七百里。金人疆域图：建州南至燕京一千二百四十五里。辽阳府治辽阳县，至燕京二千二百一十里。薛史曰：自辽阳行十数日，过仪州、霸州至建州。陈元靓曰：大元建州领建平、永霸二县，属大定府路。未至，安太妃卒于路。遗令："必焚我骨，南向飏之，飏，余章翻。庶几魂魄归达于汉。"白虎通曰：魂者，沄也，沄沄行不休也。魄者，迫也，迫迫然着于人也。既至建州，得田五十馀顷，晋主令从者耕其中以给食。从，才用翻。顷之，述律王遣骑取晋主宠姬赵氏、聂氏而去。述律王者，契丹主德光之子也。

7 三月，己未，以归德牙内指挥使史德珫领忠州刺史。珫，昌中翻。忠州时属蜀。德珫，弘肇之子也，颇读书，常不乐父之所为。乐，音洛。有举人呼噪于贡院门，苏逢吉命执送侍卫司，欲其痛箠而黥之。呼，火故翻。箠，止橤翻。贡院门，礼部贡院门也。五季自梁以来，虽皆右武之时，而诸州取解、礼部试进士未尝废。唐明宗天成二年，敕："新及第进士有闻喜宴，今后逐年赐钱四百贯。"其进士试诗、赋、文、策、帖经、对义。盖朝廷犹重科举之士，故史德珫虽将家子，亦爱护士流。德珫言于父曰："书生无礼，自有台府治之，非军务也。此乃公卿欲彰大人之过耳。"谓苏逢吉知史弘肇不喜书，假手以逞；若堕其术，是自彰己过。治，直之翻。弘肇大然之，即破械遣之。

8 楚将徐进败蛮于风阳山，斩首五千级。败，补迈翻。

9 夏，四月，壬午，太白昼见；见，贤遍翻。民有仰视之者，为逻卒所执，逻，郎佐翻。史弘肇腰斩之。

10 河中城中食且尽，民饿死者什五六。癸卯，李守贞出兵五千馀人，赍梯桥，分五道以攻长围之西北隅；郭威遣都监吴虔裕引兵横击之，河中兵败走，杀伤太半，夺其攻具。五月，丙午，守贞复出兵，又败之，复，扶又翻。擒其将魏延朗、郑宾。壬子，周光逊、王继勋、聂知遇帅其众千馀人来降。周光逊、王继勋，李守贞之骁将也。帅，读曰率。守贞将士降者相继，威乘其离散，庚申，督诸军百道攻之。此司马文王取诸葛诞之故智。

11 赵思绾好食人肝，尝面剖而脍之，好，呼到翻。按礼记内则，聂而细切之者为脍。盗跖脍人肝而餔之，庄子寓言耳，岂知后世真有赵思绾者乎！脍尽，人犹未死。又好以酒吞人胆，谓人曰："吞此千枚，则胆无敌矣。"及长安城中食尽，取妇女、幼稚为军粮，稚，直利翻。日计数而给之，每犒军，辄屠数百人，如羊豕法。思绾计穷，不知所出。郭从义使人诱之。

初，思绾少时，犒，苦到翻。诱，音酉。少，诗照翻。求为左骁卫上将军致仕李肃仆，肃不纳，曰："是人目乱而语诞，诞，徒旱翻。大言谓之诞。他日必为叛臣。"肃妻张氏，全义之女也，张全义镇洛，著功名于梁、唐之间。曰："君今拒之，后且为患。"乃厚以金帛遗之。遗，唯季翻。及思绾据长安，肃闲居在城中，思绾数就见之，拜伏如故礼。天福十二年，赵在礼自长安朝契丹，其裨将留长安者作乱，李肃讨诛之，是其威望必重。赵思绾又怀其畴昔之惠，故虽窃据，其见肃也犹如奴事主之礼。数，所角翻。肃曰："是子亟来，且污我。"欲自杀。亟，去吏翻。污，乌故翻。妻曰："曷若劝之归国！"史言李肃之妻有智。会思绾问自全之计，肃乃与判官程让能说思绾曰：说，式芮翻。"公本与国家无嫌，但惧罪耳。今国家三道用兵，俱未有功，三道用兵，谓郭威攻河中，赵晖攻凤翔，郭从义攻思绾也。若以此时翻然改图，朝廷必喜，自可不失富贵。孰与坐而待毙乎！"思绾从之，遣使诣阙请降。乙丑，以思绾为华州留后，以为镇国军留后。都指挥使常彦卿为虢州刺史，令便道之官。不使入朝，所以安其反侧之心。

12 吴越内牙都指挥使钭滔，胡进思之党也，考异曰：吴越备史、十国纪年，滔姓皆"金"旁"斗"，按何氏姓苑、元和姓纂，皆无此姓。今据字书：钭，音他口、徒口二切，皆云姓也。余按广韵云钭姓出姓苑也。或告其谋叛，辞连丞相弘亿。吴越王弘俶不欲穷治，贬滔于处州。治，直之翻。

13 六月，癸酉朔，日有食之。

14 秋，七月，甲辰，赵思绾释甲出城受诏，郭从义以兵守其南门，复遣还城。复，扶又翻。还，从宣翻，又如字。思绾求其牙兵及铠仗，从义亦给之；思绾迁延，收敛财贿，三改行期。

从义等疑之，密白郭威，请图之，威许之。壬子，从义与都监、南院宣徽使王峻当作“宣徽南院使”。按辔入城，处于府舍，处，昌吕翻。召思绾酌别，因执之，并常彦卿及其父兄部曲三百人，皆斩于市。

15 甲寅，郭威攻河中，克其外郭。李守贞收馀众，退保子城。诸将请急攻之，威曰：“夫鸟穷则啄，况一军乎！涸水取鱼，安用急为！”

壬戌，李守贞与妻及子崇勋等自焚，威入城，获其子崇玉等及所署丞【章：十二行本“丞”作“宰”；乙十一行本同。】相靖馀、孙愿、枢密使刘芮、国师总伦等，送大梁，磔于市。靖，姓也；馀，其名。馀，同都翻，与畬同。说文，禹会诸侯于涂山之“涂”作“畬”。磔，音竹格翻。征赵修己为翰林天文。以赵修己数谏李守贞也。盛唐有天文博士、天文生，皆属司天监，其待诏于翰林院者曰翰林天文。

威阅守贞文书，得朝廷权臣及藩镇与守贞交通书，词意悖逆，欲奏之，悖，蒲妹翻，又蒲没翻。秘书郎榆次王溥谏曰：“魑魅乘夜争出，见日自消。魑，丑知翻。魅，明秘翻。魑魅，野鬼、山精之属。愿一切焚之，以安反侧。”威从之。王溥之进用于周，由此言也。郭威西征，于外则得李穀、王溥，于内则得范质，此岂一时倔强武人之所能及哉！

16 三叛既平，是时凤翔犹未平也，因帝骄纵而概言之。帝浸骄纵，与左右狎昵。昵，尼质翻。飞龙使瑕丘后匡赞、后，读如字，姓也。郑樵氏族略云：后姓望出东海，开封有此姓。茶酒使太原郭允明以谄媚得幸，帝好与之为廋辞、丑语，廋辞，隐语也。好，呼到翻。廋，所鸠翻。太后屡戒之，帝不以为意。癸亥，太常卿张昭上言：“宜亲近儒臣，讲习经训。”不听。近，其靳翻。昭，即昭远，避高祖讳改之。

17 戊辰，加永兴节度使郭从义同平章事，徙镇国节度使扈从珂为护国节度使，以河中行营马步都虞候刘词为镇国节度使。

18 唐主复进用魏岑；魏岑以罪黜见二百八十六卷高祖天福十二年，唐主之保大五年也。吏部郎中会稽钟谟、尚书员外郎李德明始以辩慧得幸，参预国政；会，古外翻。二人皆恃恩轻躁，虽不与岑为党，而国人皆恶之。户部员外郎范冲敏，性狷介，恶，乌路翻。狷，吉掾翻。乃教天威都虞候王建封上书，历诋用事者，请进用正人；唐主谓建封武臣典兵，不当干预国政，大怒，流建封于池州，未至，杀之，冲敏弃市。

唐主闻河中破，以朱元为驾部员外郎，待诏文理院李平为尚书员外郎。李守贞遣朱元、李平至唐见去年十一月。文理院，南唐所置。尚书员外郎无曹局，盖于二十四司郎员外置也。

19 吴越王弘俶以丞相弘亿判明州。以钭滔事出弘亿。

20 西京留守、同平章事王守恩，性贪鄙，专事聚敛。敛，力赡翻。丧车非输钱不得出城，下至抒厕、行乞之人，不免课率，抒，叙吕翻。抒厕，取人家虎子，写去秽恶，渫水洗之者也。或纵麾下令盗人财。有富室娶妇，守恩与俳优数人往为宾客，得银数铤而返。“宾”，一作“贺”。铤，徒鼎翻。

八月，甲申，郭威自河中还，过洛阳；守恩自恃位兼将相，留守、节度使、同平章事，所谓位兼将相也。肩舆出迎。威怒，以为慢己，辞以浴，不见，即以头子命保义节度使、同平章事白文珂代守恩为留守，沈括曰：后唐庄宗复枢密使，郭崇韬、安重诲相继为之，始分领政事。不关由中书直行下者谓之宣，如中书之敕；小事则发头子，拟堂帖也。文珂不敢违。守恩犹坐客次，客次，犹今言客位也。坐于客次以俟见。吏白：“新留守已视事于府矣。”守恩大惊，狼狈而归，见家属数百已逐出府，在通衢矣。朝廷不之问，以文珂兼侍中，充西京留守。

欧阳修论曰：自古乱亡之国，必先坏其法制坏，音怪。而后乱从之，此势之然也，五代之际是已。文珂、守恩皆汉大臣，而周太祖以一枢密使头子而易置之，如更戍卒。更，工衡翻。是时太祖未有无君之志，而所为如此者，盖习为常事，故文珂不敢违，守恩不敢拒。太祖既处之不疑，处，昌吕翻。而汉廷君臣亦置而不问，岂非纲纪坏乱之极而至于此欤！余按唐闵帝之初，朱弘昭、冯赟以枢密院宣易置诸镇，以致潞王之乱，虽成败不同，而枢密权重则有自来矣。是以善为天下虑者，不敢忽于微而常杜其渐也，可不戒哉！

21 守恩至大梁，恐获罪，广为贡献，重赂权贵。朝廷亦以守恩首举潞州归汉，事见二百八十六卷天福十二年。故宥之，但诛其用事者数人而已。

22 马希萼悉调朗州丁壮为乡兵，调，徒钓翻。造号静江军，造号，言创立军号也。作战舰七百艘，舰，户黯翻。艘，苏遭翻。将攻潭州，其妻苑氏谏曰：姓苑：商武丁子子文受封于苑，因以为氏。左传，齐有大夫苑何忌。赵明诚金石录有汉荆州从事苑镇碑，曰：其先出苑柏何，为晋乐正，世掌朝礼之制。又有苑子园，实能掌阴阳之理。按姓氏志，皆云苑氏出苑何忌之后。今此碑所谓苑柏何与子园，左传、国语皆无其人，故录之以传知者。"兄弟相攻，胜负皆为人笑。"不听，引兵趣长沙。趣，七喻翻。

马希广闻之曰："朗州，吾兄也，不可与争，当以国让之而已。"刘彦瑫、李弘皋固争以为不可，乃以岳州刺史王赟为都部署战棹指挥使，以彦瑫监其军。己丑，大破希萼于仆射洲，获其战舰三百艘。赟追希萼，将及之，希广遣使召之曰："勿伤吾兄！"赟引兵还。赟，环之子也。还，从宣翻，又如字。王环，马氏之良将也。

希萼自赤沙湖乘轻舟遁归，赤沙湖在洞庭湖西，与洞庭湖通。水经注云：澧水与赤沙湖水会，湖水北通江而南注澧。苑氏泣曰："祸将至矣，余不忍见也。"赴井而死。

23 戊戌，郭威至大梁，入见，帝劳之，见，贤遍翻。劳，力到翻。赐金帛、衣服、玉带、鞍马，辞曰："臣受命期年，去年七月，命郭威西征，至是逾一期矣。期，读曰朞。仅克一城，何功之有！且臣将兵在外，凡镇安京师、供亿所须、使兵食不乏，皆诸大臣居中者之力也，臣安敢独膺此赐！请遍赏之。"又议加【章：十二行本"加"下有"领"字；乙十一行本同；孔本同；张校同；退斋校同。】方镇，辞曰："杨邠位在臣上，未有茅土；时杨邠为枢密使，位在郭威上，未尝领节镇。且帷幄之臣，不可以弘肇为比。"郭威自言职居近密，乃帷幄之臣，史弘肇掌侍卫兵，所以领节，不可以为比。九月，壬寅，遍赐宰相、枢密、宣徽、三司、侍卫使九人，与威如一。时宰相三人，窦贞固、苏逢吉、苏禹珪；枢密使，杨邠；宣徽使，王峻，吴虔裕；三司使，王章；侍卫使，史弘肇；凡八人。馀一人则未之知也，或者并郭威为九人欤？帝欲特赏威，辞曰："运筹建画，出于庙堂；发兵馈粮，资于藩镇；暴露战斗，在于将士；而功独归臣，臣何以堪之！"

乙巳，加威兼侍中，史弘肇兼中书令。辛亥，加窦贞固司徒，苏逢吉司空，苏禹珪左仆射，杨邠右仆射。诸大臣议，以朝廷执政溥加恩，恐藩镇觖望。觖，窥瑞翻，又古穴翻，怨望也。乙卯，加天雄节度使高行周守太师，山南东道节度使安审琦守太傅，泰宁节度使符彦卿守太保，河东节度使刘崇兼中书令；己未，加忠武节度使刘信、天平节度使慕容彦超、平卢节度使刘铢并兼侍中；辛酉，加朔方节度使冯晖、定难节度使李彝殷难，乃旦翻。兼中书令；冬，十月，壬申，加义武节度使孙方简、武宁节度使刘赟同平章事；壬午，加吴越王弘俶尚书令，楚王希广太尉；丙戌，加荆南节度使高保融兼侍中。

议者以为："郭威不专有其功，推以分人，推，吐雷翻，又如字。信为美矣；而国家爵位，以一人立功而覃及天下，覃，徒含翻，布也，广也。不亦滥乎！"

24 吴越王弘俶募民能垦荒田者，勿收其税，由是境内无弃田。或请纠民遗丁以增赋，遗丁，谓民年已成丁而户籍遗漏，未尝当赋役者。仍自掌其事；弘俶杖之国门。国人皆悦。

25 楚静江节度使马希瞻以兄希萼、希广交争，屡遣使谏止，不从；知终覆族，疽发于背，丁亥，卒。

26 契丹寇河北，所过杀掠；节度使、刺史各婴城自守。游骑至贝州及邺都之北境，按九域志：贝州之南三十里，即邺都北界。帝忧之。己丑，遣枢密使郭威督诸将御之，以宣徽使王峻监其军。为王峻佐郭威举兵向阙张本。

十一月，契丹闻汉兵渡河，乃引去。辛亥，郭威军至邺都，令王峻分军趣镇、定。趣，七喻翻。戊午，威至邢州。

27 唐兵渡淮，攻正阳。九域志：颍州颍上县有正阳镇，临淮津。十二月，颍州将白福进击败之。败，补迈翻。

28 杨邠为政苛细。初，邢州人周璨为诸卫将军，罢秩无依，从王景崇西征，景崇叛，遂为之谋主；邠奏："诸前资官，喜摇动藩臣，前资官，谓官资皆前朝所授者也。喜，许记翻。宜悉遣诣京师。"既而四方云集，日遮宰相马求官；辛卯，邠复奏："前资官宜分居两京，以俟有阙而补之。"漂泊失所者甚众；复，扶又翻。邠又奏："行道往来者，皆给过所。"盛唐之制，天下关二十六，度关者从司门郎中给过所，犹汉时度关用传也。宋白曰：古书之帛为繻，刻木为契，二物通谓过所也。既而官司填咽，民情大扰，乃止。

29 赵晖急攻凤翔，周璨谓王景崇曰："公向与蒲、雍相表里；蒲，谓李守贞，雍，谓赵思绾。雍，于用翻。今二镇已平，蜀儿不足恃，王景崇求援于蜀，而蜀兵不至，故言不足恃。不如降也。"景崇曰："善，吾更思之。"

后数日，外攻转急。景崇谓其党曰："事穷矣，吾欲为急计。"乃谓其将公孙辇、张思练曰："赵晖精兵，多在城北，来日五鼓前，尔二人烧城东门诈降，勿令寇入，吾与周璨以牙兵出北门突晖军，纵无成而死，犹胜束手。"皆曰："善。"

癸巳，未明，辇、思练烧东门请降，府牙火亦发；二将遣人诇之，诇，古永翻，又翾正翻。景崇已与家人自焚矣。璨亦降。

30 丁酉，密州刺史王万敢击唐海州荻水镇，残之。金人疆域图：荻水镇在海州赣榆县。

31 是月，南汉主如英州。南汉以唐广州浈阳县之地置英州。九域志：广州北至英州四百二十里。

32 是岁，唐泉州刺史留从效兄南州副使从愿，鸩刺史董思安而代之；晋齐王开运二年，唐改漳州为南州，以董思安为刺史，唐之保大三年也，事见二百八十四卷。唐主不能制，置清源军于泉州，以从效为节度使。

章锡琛标点聂崇岐覆校

资治通鉴卷第二百八十九

端明殿学士兼翰林侍读学士太中大夫
提举西京嵩山崇福宫上柱国河内郡开国公 司马光 奉敕编集
食邑二千六百户食实封一千户臣
后学天台胡三省音注

后汉纪四 上章阉茂(庚戌)，一年。

隐皇帝下

乾佑三年(庚戌、九五〇)

1 春，正月，丁未，加凤翔节度使赵晖兼侍中。

2 密州刺史王万敢请益兵以攻唐；王万敢去年已残荻水镇，今请益兵攻之。诏以前沂州刺史郭琼为东路行营都部署，帅禁军及齐州兵赴之。因王万敢请兵，使郭琼将以赴之，道过青州，因以易置刘铢。帅，读曰率。

3 郭威请勒兵北临契丹之境，诏止之。

4 丙寅，遣使诣河中、凤翔收瘗战死及饿殍遗骸，时有僧已聚二十万矣。瘗，于计翻。殍，被表翻。已聚者二十万，史言其未聚者尚多，大兵攻围积久，其祸如此！

5 唐主闻汉兵尽平三叛，始罢李金全北面行营招讨使。唐命李金全见二百八十七卷元年。

6 唐清淮节度使刘彦贞多敛民财以赂权贵，权贵争誉之；在寿州积年，誉，音余。晋开运元年，唐徙刘彦贞镇濠州，刘崇俊镇寿州。

汉乾佑元年，清淮节度使刘彦贞副李金全北伐。未知彦贞以何年徙镇寿州。恐被代，欲以警急自固，妄奏称汉兵将大举南伐。被，皮义翻。二月，唐主以东都留守燕王弘冀为润、宣二州大都督，镇润州；宁国节度使周宗为东都留守。以汉兵大举，弘冀年少，恐不能调用扞御；周宗为唐祖佐命，宿望也，故徙镇扬州。

7 朝廷欲移易藩镇，因其请赴嘉庆节上寿，五代会要：帝以三月九日为嘉庆节。洪迈随笔曰：唐穆宗即位之初年，诏曰："七月六日，是朕载诞之辰，其日百寮、命妇宜于光顺门进名参贺，朕于门内与百寮相见。"明日，又敕受贺仪宜停。先是，左丞韦绶奏行之，宰臣以为古无降诞受贺之礼，奏罢之。然次年复行贺礼。诞节之制，始于明皇，令天下宴集，休假三日。受贺之事，盖自长庆至今用之也。上，时掌翻。许之。

8 甲申，郭威行北边还。去年冬十月郭威北征，今还。行，下孟翻。还，从宣翻，又如字。

9 福州人或诣建州告唐永安留后查文徽，云吴越兵已弃城去，请文徽为帅。查，钼加翻。帅，所类翻。文徽信之，遣剑州刺史陈诲将水军下闽江，薛史曰：李景保大三年，以延平为剑州，析建州之剑浦、汀州之沙县隶焉。剑溪上接建溪，下达福唐，亦谓之闽江。下，户嫁翻。将，即亮翻。文徽自以步骑继之。会大雨，水涨，诲一夕行七百里，至城下，败福州兵，败，补迈翻。执其将马先进等。庚寅，文徽至福州，吴越知威武军吴程诈遣数百人出迎。吴越未命吴程为威武节度使，先令知威武军事。诲曰："闽人多诈，未可信也，宜立寨徐图。"文徽曰："疑则变生，不若乘机据其城。"因引兵径进。诲整众鸣鼓，止于江湄，湄，旻悲翻。水草之交曰湄。诗巧言：居河之麋。注云：本作"湄"，水草交也。文徽不为备，程勒兵出击之，唐兵大败，文徽坠马，为福人所执，士卒死者万人。诲全军归剑州。程送文徽于钱唐，吴越王弘俶献于五庙而释之。俶，昌六翻。吴越用诸侯之制，立五庙。

10 丁亥，汝州奏防御使刘审交卒。吏民诣阙上书，以审交有仁政，乞留葬汝州，得奉事其丘垄，诏许之。上，时掌翻。州人相与聚哭而葬之，为立祠，岁时享之。为，于伪翻。太师冯道曰："吾尝为刘君僚佐，按欧史，刘审交，燕人。刘守光之僭号，以审交为兵部尚书。冯道事守光为参军，尝为僚佐，必是时也。观其为政，无以逾人，非能减其租赋，除其繇役也，繇，读曰傜。但推公廉慈爱之心以行之耳。此亦众人所能为，但他人不为而刘君独为之，故汝人爱之如此。使天下二千石皆效其所为，何患得民不如刘君哉！"五代之诸州防御使曾未足以当汉郡守二千石，后人特以专城分守，故称之。

11 甲午，吴越丞相、昭化节度使、同平章事杜建徽卒。

12 乙未，以前永兴节度使赵匡赞为左骁卫上将军。赵匡赞自长安入朝，见二百八十七卷高祖乾佑元年。

13 三月，丙午，嘉庆节，邺都留守高行周、天平节度使慕容彦超、泰宁节度使符彦卿、昭义节度使常思、安远节度使杨信、安国节度使薛怀让、成德节度使武行德、彰德节度使郭谨、保大留后王饶皆入朝。许之赴嘉庆节上寿，故皆入朝。

14 甲寅，诏营寝庙于高祖长陵、世祖原陵，以时致祭。有司以费多，寝其事，以至国亡，二陵竟不沾一奠。是年十一月，郭威入大梁；十二月，将士扶立。以时致祭之诏，有司既停寝不行，六七月之间，宜乎不沾一奠也。

15 壬戌，徙高行周为天平节度使，符彦卿为平卢节度使；甲子，徙慕容彦超为泰宁节度使。

16 永安节度使折从阮举族入朝。折从阮自府州入朝。

17 夏，四月，戊辰朔，徙薛怀让为匡国节度使，庚午，徙折从阮为武胜节度使，按五代会要，周广顺二年三月，始改邓州威胜军为武胜军，避周太祖名也。史以后来所改军名而书之耳。壬申，徙杨信为保大节度使，徙镇国节度使刘词为安国节度使，永清节度使王令温为安远节度使。李守贞之乱，王饶潜与之通，王饶潜以鄜州与河中通。守贞平，众谓饶必居散地；冗散之官为散地。散，悉但翻。及入朝，厚结史弘肇，迁护国节度使，闻者骇之。骇其不惟免罪，又得大镇。

18 杨邠求解枢密使，帝遣中使谕止之。宣徽北院使吴虔裕在旁曰：吴虔裕时盖在杨邠旁。"枢密重地，难以久居，当使后来者迭为之，相公辞之是也。"帝闻之，不悦，辛巳，以虔裕为郑州防御使。

19 朝廷以契丹近入寇，横行河北，诸藩镇各自守，无捍御之者，事见上卷上年十月。议以郭威镇邺都，使督诸将以备契丹。史弘肇欲威仍领枢密使，苏逢吉以为故事无之，言故事无带枢密使出镇者。弘肇曰："领枢密使则可以便宜从事，诸军畏服，号令行矣。"帝卒从弘肇议。卒，子恤翻。弘肇怨逢吉异议，逢吉曰："以内制外，顺也；今反以外制内，其可乎！"壬午，制以威为邺都留守、天雄节度使，枢密使如故。仍诏河北，兵甲钱谷，但见郭威文书立皆禀应。明日，朝贵会饮于窦贞固之第，弘肇举大觞属威，属，之欲翻。厉声曰："昨日廷议，一何同异！今日为弟饮之。"史弘肇呼郭威为弟。为，于伪翻。逢吉、杨邠亦举觞曰："是国家之事，何足介意！"弘肇又厉声曰："安定国家，在长枪大剑，安用毛锥！"王章曰："无毛锥，则财赋何从可出？"毛锥，谓笔也，以束毛为笔，其形如锥也。王章为三司使，实掌财赋，故云然。自是将相始有隙。

20 癸未，罢永安军。复以府州隶河东也。

21 壬辰，以左监门卫将军郭荣为贵州刺史、天雄牙内都指挥使。贵州时属南汉。宋白曰：贵州，故西瓯、骆越之地，秦虽立桂林郡，仍有瓯、骆之名，汉武帝改桂林为郁林郡，梁武帝以郁林郡为桂州，后割桂州之郁林、宁浦立定州，寻改为南定州，隋改南定州为尹州，唐改贵州。汉以郭荣遥领刺史，而其职则天雄牙将也。荣本姓柴，考异曰：世宗实录曰："太祖皇帝之长子也，母曰圣穆皇后柴氏，以唐天佑十八年九月二十四日丙午生于邢台之别墅。"薛史世宗纪云："太祖之养子，盖圣穆皇后之侄也，本姓柴氏。父守礼，太子少保，致仕。帝年未童冠，因侍圣穆皇后，在太祖左右，时太祖无子，乃养为己子。"按今举世皆知世宗为柴氏子，谓之柴世宗；而世宗实录云太祖长子，诬亦甚矣。父守礼，郭威之妻兄也，威未有子时养以为子。郭荣始见于此。

22 五月，己亥，以府州蕃汉马步都指挥使折德扆为本州团练使。前此置永安军于府州，以宠折从阮也。今从阮移镇，其子德扆守府州，资序未至，而府州被边一城之地耳，故降为团练使。其后复以为节镇，以宠折氏。德扆，从阮之子也。

23 庚子，郭威辞行，言于帝曰："太后从先帝久，多历天下事，陛下富于春秋，有事宜禀其教而行之。亲近忠直，放远谗邪，近，其靳翻。远，于愿翻。善恶之间，所宜明审。苏逢吉、杨邠、史弘肇皆先帝旧臣，尽忠徇国，愿陛下推心任之，必无败失。郭威言及此，盖已知帝之信近习而间勋旧也。至于疆埸之事，臣愿竭其愚驽，驽，音奴。庶不负驱策。"帝敛容谢之。威至邺都，以河北困弊，戒边将谨守疆埸，严守备，无得出侵掠，契丹入寇，则坚壁清野以待之。兵法所谓先为不可胜以待敌之可胜也。

24 辛丑，敕："防御、团练使，自非军期，无得专奏事，皆先申观察使斟酌以闻。"言军期事须朝廷应副，则不及闻于廉使，许得专达朝廷；如寻常公事，须先申本管斟酌以闻。

25 丙午，以皇弟山南西道节度使承勋为开封尹，加兼中书令，实未出阁。年尚幼，且有羸疾也。山南西道时为蜀境。

26 平卢节度使刘铢，贪虐恣横；横，户孟翻。朝廷欲征之，恐其拒命，因沂、密用兵于唐，遣沂州刺史郭琼将兵屯青州。欧史作郭淮攻南唐还，以兵屯青州。铢不自安，置酒召琼，伏兵幕下，欲害之；琼知其谋，悉屏左右，从容如会，了无惧色，屏，必郢翻，又卑正翻。从，千容翻。铢不敢发。琼因谕以祸福，铢感服，诏至即行。庚戌，铢入朝。辛亥，以琼为颍州团练使。

27 癸丑，王章置酒会诸朝贵，酒酣，为手势令，会饮而行酒令以佐欢，唐末之俗也。类说曰："亚其虎膺"，谓手掌。"曲其松根"，谓指节。"以蹲鸱间虎膺之下"，蹲鸱，大指也。"以钩戟差玉柱之旁"，钩戟，头指；玉柱，中指也。"潜虬阔玉柱三分"，潜虬，无名指也。"奇兵阔潜虬一寸"，奇兵，小指也。"死其三洛"，谓弹其腕也。"生其五峰"，五峰，通呼五指也。谓之招手令。盖亦手势令之类也乎哉！史弘肇不闲其事，言不素习其事。客省使阎晋卿坐次弘肇，屡教之。苏逢吉戏之曰："旁有姓阎人，何忧罚爵！"壶射之事，不胜者罚爵，自古有之，行令则末世之为耳。弘肇妻阎氏，本酒家倡也，倡，音昌。酒家倡善为酒令。意逢吉讥之，大怒，以丑语诟逢吉，诟，古候翻，又许候翻。逢吉不应。弘肇欲殴之，逢吉起去。弘肇索剑欲追之，殴，乌口翻。索，山客翻。杨邠泣止之曰："苏公宰相，公若杀之，置天子何地，愿孰思之！"孰，与熟同。弘肇即上马去，邠与之联镳，送至其第而还。上，时掌翻。镳，悲骄翻，马衔也。还，从宣翻，又如字。于是将相如水火矣。帝使宣徽使王峻置酒和解之，不能得。逢吉欲求出镇以避之，既而中止，曰："吾去朝廷，止烦史公一处分，吾齑粉矣！"王章亦忽忽不乐，处，昌吕翻。分，扶问翻。齑，笺西翻。乐，音洛。欲求外官，杨、史固止之。

28 闰月，宫中数有怪。癸巳，大风，【章：十二行本"风"下有"雨"字；乙十一行本同；孔本同；张校同。】发屋拔木，吹郑门扉起，十馀步而落，震死者六七人，水深平地尺馀。数，所角翻。郑门，大梁城西面南来第一门也，梁改为开明门，晋改为金义门，周改为迎秋门；汴人只以旧门名呼之。深，式禁翻。帝召司天监赵延乂，问以禳祈之术，对曰："臣之业在天文时日，禳祈非所习也。然王者欲弭灾异，莫如修德。”延义归，帝遣中使问：“如何为修德？”延义对：“请读贞观政要而法之。”观，古玩翻。

29 六月，河决郑州。欧史曰：六月，癸卯，河决原武。按原武县属郑州。九域志云：原武县在郑州之北六十里。

30 马希萼既败归，仆射洲之败也，事见上卷上年八月。乃以书诱辰、溆州及梅山蛮，诱，音酉。溆，音叙。宋白曰：潭州西有梅山洞，为草寇之窟穴。欲与共击湖南。蛮素闻长沙帑藏之富，帑，他朗翻。藏，徂浪翻。大喜，争出兵赴之，遂攻益阳。益阳县，属潭州，汉古县城在唐县东八十里。九域志：益阳在潭州西北一百八十二里。宋白曰：以其地在益水之阳，故名。其城鲁肃所筑。楚王希广遣指挥使陈璠拒之，战于淹溪，璠败死。璠，音翻。

31 秋，七月，唐归马先进等于吴越以易查文徽。马先进等被擒见上二月。查文徽亦以是月为吴越所禽。

32 马希萼又遣群蛮攻迪田，八月，戊戌，破之，杀其镇将张延嗣。楚王希广遣指挥使黄处超救之，处超败死；处，昌吕翻。潭人震恐，复遣牙内指挥使崔洪琏将兵七千屯玉潭。九域志：潭州湘乡县有玉潭镇，在潭州西。复，扶又翻。

33 庚子，蜀主立其弟仁毅为夔王，仁赞为雅王，仁裕为彭王，仁操为嘉王。己酉，立子玄喆为秦王，喆，音哲。玄珏为褒王。

34 晋李太后在建州，契丹迁晋主及其家于建州见上卷上年三月。卧病，无医药，惟与晋主仰天号泣，号，户刀翻。戟手骂杜重威、李守贞曰：“吾死不置汝！”以其降契丹而亡晋也，事见二百八十六卷开运二年。戊午，卒。周显德中，有自契丹来者云：“晋主及冯后尚无恙，其从者亡归及物故则过半矣。”恙，余亮翻。从，才用翻。过，音戈。

35 马希萼表请别置进奏务于京师。九月，辛巳，诏以湖南已有进奏务，不许。亦赐楚王希广诏，劝以敦睦。

36 马希萼以朝廷意佑楚王希广，怒，遣使称藩于唐，乞师攻楚。唐加希萼同平章事，以鄂州今年租税赐之，命楚州刺史何敬洙将兵助希萼。冬，十月，丙午，希广遣使上表告急，言："荆南、岭南、江南连谋，欲分湖南之地，荆南，高氏；岭南，刘氏；江南，李氏。乞发兵屯澧州，以扼江南、荆南援朗州之路。"江南遣兵援朗，道出岳州；岳州西至澧州三百馀里。荆南遣兵援朗，径渡江，南趋澧州亦三百里。自澧州东南至朗州三百五十九里。

37 丁未，以吴越王弘俶为诸道兵马元帅。

38 楚王希广以朗州与山蛮入寇，诸将屡败，忧形于色。刘彦瑫言于希广曰："朗州兵不满万，马不满千，都府精兵十万，朗、桂以潭州为都府。何忧不胜！愿假臣兵万馀人，战舰百五十艘，舰，户黯翻。艘，苏遭翻。径入朗州缚取希萼，以解大王之忧。"王悦，以彦瑫为战棹都指挥使、朗州行营都统。彦瑫入朗州境，九域志：潭州北至朗州界二百一十七里。父老争以牛酒犒军，曰："百姓不愿从乱，望都府之兵久矣！"彦瑫厚赏之；战舰过，则运竹木以断其后。断，音短。是日，马希萼遣朗兵及蛮兵六千、战舰百艘逆战于湄州，欧史作"湄洲"。彦瑫乘风纵火以焚其舰，顷之，风回，反自焚。彦瑫还走，江路已断，自断归路，则当死战，还走何为！士卒战及溺死者数千人。考异曰：湖湘故事，彦瑫败在九月十三日。今从十国纪年。希广闻之，涕泣不知所为。希广平日罕颁赐，至是，大出金帛以取悦于士卒。

或告天策左司马希崇流言惑众，反状已明，请杀之。希广曰："吾自害其弟，何以见先王于地下！"希崇与希萼通谋者也。当断不断，反受其乱，希广之亡宜矣。

马军指挥使张晖将兵自他道击朗州，至龙阳，龙阳县属朗州，隋所置也，取龙阳洲以名县。九域志：在朗州东南八十五里。宋白曰：龙阳，故汉索县地，吴分其地立龙阳县。闻彦瑫败，退屯益阳。希萼又遣指挥使朱进忠等将兵三千急攻益阳，张晖绐其众曰："我以麾下出贼后，汝辈留城中待我，相与合势击之。"既出，遂自竹头市遁归长沙。朗兵知城中无主，急击之，士卒九千馀人皆死。

39 吴越王弘俶归查文徽于唐，文徽得瘖疾，以工部尚书致仕。史言唐不能正查文徽败军之罪。瘖，于今翻。

40 十一月，甲子朔，日有食之。

41 蜀太师、中书令宋忠武王赵廷隐卒。

42 楚王希广遣其僚属孟骈说马希萼曰："公忘父兄之雠，北面事唐，自马殷以来，与杨、徐世为仇雠。说，式芮翻。何异袁谭求救于曹公邪！"事见六十四卷汉献帝建安八年。希萼将斩之，骈曰："古者兵交，使在其间，春秋左氏传之言。使，疏吏翻。骈苟爱死，安肯此来！骈之言非私于潭人，实为公谋也。"为，于伪翻。乃释之，使还报曰："大义绝矣，非地下不相见也！"

朱进忠请希萼自将兵取潭州，辛未，希萼留其子光赞守朗州，悉发境内之兵趣长沙，趣，七喻翻。考异曰：湖湘故事，希萼以十月二十一日直往湖南。今从十国纪年。自称顺天王。

43 诏侍卫步军都指挥使、宁江节度使王殷将兵屯澶州以备契丹。侍卫亲军都指挥使之下，又有侍卫马军、步军二都指挥，此皆梁、唐所置。宁江军，夔州，时属蜀，王殷遥领也。殷，瀛州人也。

44 朝廷议发兵，以安远节度使王令温为都部署，以救潭州，会内难作，不果。内难，谓杀杨邠等以召郭威之祸。难，乃旦翻。

45 帝自即位以来，枢密使、右仆射、同平章事杨邠总机政，枢密使兼侍中郭威主征伐，归德节度使、侍卫亲军都指挥使兼中书令史弘肇典宿卫，三司使、同平章事王章掌财赋。邠颇公忠，退朝，门无私谒，虽不却四方馈遗，有馀辄献之。

遗，唯季翻。弘肇督察京城，道不拾遗。是时承契丹荡覆之馀，契丹入汴，中原荡覆。契丹北归，汉承其后。公私困竭，章捃摭遗利，吝于出纳，以实府库。属三叛连衡，捃，居运翻。摭，之石翻。属，之欲翻。三叛，谓李守贞、王景崇、赵思绾。衡，读曰横。宿兵累年而供馈不乏；及事平，赐予之外，尚有馀积，予，读曰与。积，子赐翻。以是国家粗安。粗，坐五翻。

章聚敛刻急。敛，力赡翻。旧制，田税每斛更输二升，谓之"雀鼠耗"，章始令更输二斗，谓之"省耗"；按唐明宗天成元年四月赦文："应纳夏秋税子，先有省耗，每斗一升；今后只纳正税数，不量省耗。"如此，则天成已前已有省耗，每斛更输一斗，天成罢输之。后至汉兴，王章复令输省耗，而又倍旧数取之也。旧钱出入皆以八十为陌，章始令入者八十，出者七十七，谓之"省陌"；沈括曰：今之数钱百钱谓之"陌"者，借"陌"字用之，其实只是"百"字，如"什"与"伍"耳。唐自皇甫镈为垫钱法，至昭宗时，乃定八十为陌。有犯盐、矾、酒麹之禁者，锱铢涓滴，罪皆死；盐禁之设久矣；酒之为禁，或罢或榷，历代不常。自唐中世始申榷酒之禁，及其末也又禁造麹。至于矾禁，新、旧唐书食货志皆未著言其事，是必起于五代之初。本草图经曰：矾石，生河西山谷及陇西武都、石门。今白矾则晋州、慈州、拱州、无为军，绿矾则隰州温泉县、池州铜陵县并煎矾，处处出焉。初生皆石也，采得碎之，煎炼乃成矾。凡有五种，其色各异，谓白矾、绿矾、黄矾、黑矾、绛矾也。自岐伯至陶隐居之书皆言之。由是百姓愁怨。章尤不喜文臣，尝曰："此辈授之握算，不知纵横，喜，许记翻。纵，子容翻。何益于用！"俸禄皆以不堪资军者给之，吏已高其估，章更增之。估，价也。

帝左右嬖幸浸用事，嬖，卑义翻，又博计翻。太后亲戚亦干预朝政，朝，直遥翻。邠等屡裁抑之。太后有故人子求补军职，弘肇怒而斩之。武德使李业，太后之弟也，太后昆弟七人，业最幼，故尤怜之。高祖使掌内帑，帑，底朗翻。帝即位，尤蒙宠任。会宣徽使阙，业意欲之，吴虔裕出郑州，阙宣徽北院使。帝及太后亦讽执政；邠、弘肇以为内使迁补有次，不可以外戚超居，乃止。内客省使阎晋卿次当为宣徽使，久而不补；枢密承旨聂文进、飞龙使后匡赞、翰林茶酒使郭允明皆有宠于帝，久不迁官，共怨执政。姓谱：后姓，望出东海、开封。文进，并州人也。刘铢罢青州归，久奉朝请，未除官，常戟手于执政。是年夏五月，刘铢自青州召归。戟手者，戟其手而诟怨之。

帝初除三年丧，听乐，赐伶人锦袍、玉带。伶人诣弘肇谢，弘肇怒曰："士卒守边苦战，犹未有以赐之，汝曹何功而得此！"皆夺以还官。帝欲立所幸耿夫人为后，邠以为太速；夫人卒，帝欲以后礼葬之，邠复以为不可。复，扶又翻。帝年益壮，厌为大臣所制。邠、弘肇尝议事于帝前，帝曰："审图之，勿令人有言！"邠曰："陛下但禁声，禁声者，谓禁口勿言，使不出声也。有臣等在。"帝积不能平，左右因乘间谮之于帝间，古苋翻。云："邠等专恣，终当为乱。"帝信之。尝夜闻作坊锻声，作坊，造兵甲之所，作坊使领之。锻，都玩翻。锻铁以为兵甲。疑有急兵，达旦不寐。司空、同平章事苏逢吉既与弘肇有隙，知李业等怨弘肇，屡以言激之。帝遂与业、文进、匡赞、允明谋诛邠等，议既定，入白太后。太后曰："兹事何可轻发！更宜与宰相议之。"业时在旁，曰："先帝尝言，朝廷大事不可谋及书生，懦怯误人。"太后复以为言，史言杀邠等非太后之意。复，扶又翻。帝忿曰："国家之事，非闺门所知！"拂衣而出。乙亥，业等以其谋告阎晋卿，晋卿恐事不成，诣弘肇第欲告之，弘肇以他故辞不见。使阎晋卿得见史弘肇，则李业等之死，不待郭威之入也。天方授郭威，故史弘肇等先死以除其逼，岂特人事哉！

丙子旦，邠等入朝，有甲士数十自广政殿出，杀邠、弘肇、章于东庑下。庑，罔甫翻。按薛史，晋天福四年二月辛卯，改东京玉华殿为永福殿。周显德四年，新修永福殿改为广政殿。此盖以后来殿名书之。文进亟召宰相、朝臣班于崇元殿，宣云："邠等谋反，已伏诛，与卿等同庆。"又召诸军将校至万岁殿庭，五代会要：梁开平元年，改汴京正衙殿为崇元殿，东殿为玄德殿，万岁堂为万岁殿。晋天福二年八月，改玄德殿为广政殿。将，即亮翻。校，户教翻。帝亲谕之，且曰："邠等以稚子视朕，朕今始得为汝主，汝辈免横忧矣！"皆拜谢而退。稚，直利翻。横，户孟翻。又召前节度使、刺史等升殿谕之，分遣使者帅骑收捕邠等亲戚、党与、傔从，尽杀之。帅，读曰率。骑，奇寄翻。傔，苦念翻。从，才用翻。

弘肇待侍卫步军都指挥使王殷尤厚，邠等死，帝遣供奉官孟业赍密诏诣澶州及邺都，令镇宁节度使李洪义杀殷，又令邺都行营马军都指挥使郭崇威、步军都指挥使真定曹威杀郭威及监军、宣徽使王峻。洪义，太后之弟也。又急诏征天平节度使高行周、平卢节度使符彦卿、永兴节度使郭从义、泰宁节度使慕容彦超、匡国节度使薛怀让、郑州防御使吴虔裕、陈州刺史李穀入朝。急征诸帅，欲其以从兵卫宫阙。李穀一刺史耳，而亦预征入朝之数，必其智略闻于时也。以苏逢吉权知枢密院事，前平卢节度使刘铢权知开封府，侍卫马军都指挥使李洪建权判侍卫司事，内侍省使阎晋卿权侍卫马军都指挥使。"内侍省"，当作"内客省"。洪建，业之兄也。

时中外人情忧骇，骇其变起于仓猝而忧祸至之无日也。苏逢吉虽恶弘肇，以弘肇诟怒逢吉，欲杀之，故恶之也。恶，乌路翻。而不预李业等谋，闻变惊愕，私谓人曰："事太怱怱，怱怱，急遽不审谛之意。主上傥以一言见问，不至于此！"业等命刘铢诛郭威、王峻之家，铢极其惨毒，婴孺无免者。婴，婴儿。郑玄曰：婴，犹翳弥也。孺，乳子，饮乳之子也。命李洪建诛王殷之家，洪建但使人守视，仍饮食之。饮，于禁翻。食，祥吏翻。

丁丑，使者至澶州，李洪义畏懦，虑王殷已知其事，不敢发，乃引孟业见殷；殷囚业，遣副使陈光穗以密诏示郭威。威召枢密吏魏仁浦，示以诏书曰："奈何?"仁浦曰："公，国之大臣，功名素著，加之握强兵，据重镇，一旦为群小所构，祸出非意，此非辞说之所能解。解，佳买翻，释也，说也。时事如此，不可坐而待之。"劝之举兵也。欧史曰：威匿诏书，召枢密院吏魏仁浦谋于卧内。仁浦劝威反，倒用留守印，更为诏书，诏威诛诸将校以激怒之，将校皆愤然效用。窃意欧史必有所本。通鉴所书，必本于周史，周臣为其君讳，复为魏仁浦缘饰耳。威乃召郭崇威、曹威及诸将，告以杨邠等冤死及有密诏之状，且曰："吾与诸公，披荆棘，从先帝取天下，受托孤之任，竭力以卫国家，今诸公已死，吾何心独生！君辈当奉行诏书，取吾首以报天子，庶不相累。"累，力瑞翻。郭崇威等皆泣曰："天子幼冲，此必左右群小所为，若使此辈得志，国家其得安乎！崇威愿从公入朝自诉，荡涤鼠辈以清朝廷，不可为单使所杀，受千载恶名。"翰林天文赵修己谓郭威曰："公徒死何益！不若顺众心，拥兵而南，此天启也。"赵修己谏李守贞而劝郭威，自信其术也。郭威乃留其养子荣镇邺都，命郭崇威将骑兵前驱，戊寅，自将大军继之。将，即亮翻。

慕容彦超方食，得诏，舍匕箸入朝；帝悉以军事委之。九域志：兖州至大梁六百里。慕容彦超三日而至，自以于先帝同产之亲，急于赴阙，而不知其才智之不足以济也。己卯，吴虔裕入朝。九域志：郑州至大梁一百四十里。

帝闻郭威举兵南向，议发兵拒之。前开封尹侯益曰："邺都戍兵家属皆在京师，官军不可轻出，不若闭城以挫其锋，使其母妻登城招之，可不战而下也。"慕容彦超曰："侯益衰老，为懦夫计耳。"帝乃遣益及阎晋卿、吴虔裕、前保大节度使张彦超将禁军趣澶州。趣，七喻翻。

是日，郭威已至澶州，魏州南至澶州一百五十里；两日而至，欲掩汉之未备。李洪义纳之；王殷迎谒恸哭，以所部兵从郭威涉河。帝遣内养鸗脱觇郭威，威获之，鸗，力钟翻，又卢红翻。欧史作“鸗”，亦音龙。考异曰：隐帝实录：“丁丑，孟业至澶州。戊寅，邺兵至河上。己卯，吴虔裕入朝。庚辰，诏侯益等赴澶州守捉。邺军获鸗脱。”又云：“庚辰，郭讳次滑州，宋延渥纳军。辛巳，鸗脱还宫。”薛史隐帝纪：“丁丑，李洪义得密诏，遣陈光穗至邺都。翌日，郭威以众南行；戊寅，至澶州；庚辰，至滑州。是日，诏侯益等赴澶州守捉。”馀与实录同。周太祖实录：“十四日，陈光穗至，翌日，遵路。明日，遇鸗脱，云见召侯益等，令守澶州。十六日，趋滑台。十七日，赏诸军，令奉行前诏。十八日，自滑而南。”薛史周太祖纪：“十六日，至澶州，获鸗脱。十七日，至滑州。”馀与实录同。按丁丑，十四日也。若十七日始诏侯益赴澶州，则十六日郭威获鸗脱，何故已见之也！盖帝遣侯益赴澶州必在十六日，鸗脱行在遣益之后。今从薛史周太祖纪。以表置鸗脱衣领中，使归白帝曰：“臣昨得诏书，延颈俟死。郭崇威等不忍杀臣，云此皆陛下左右贪权无厌者谮臣耳，厌，于盐翻。逼臣南行，诣阙请罪。臣求死不获，力不能制。臣数日当至阙庭。陛下若以臣为有罪，安敢逃刑！若实有谮臣者，愿执付军前以快众心，臣敢不抚谕诸军，退归邺都！”

庚辰，郭威趣滑州。澶州西南至滑州一百馀里。趣，七喻翻。辛巳，义成节度使宋延渥迎降。考异曰：隐帝实录：“十一月，丙子，诛杨、史。丁丑，孟业至澶州，王殷锢业送郭威，即日首涂。戊寅，至河上，见王殷。庚辰，次滑州。”周太祖实录云：“十三日，夜，太祖梦入朝见，至诘旦，以梦示峻。是日，陈洪穗至邺都。”是十四日丁丑也。翌日，为众所迫遵路，十五日戊寅也。明日，行次，遇鸗脱，欲住澶州，十六日己卯也。下文又云：“十六日趣滑台。”按大梁至澶州二百七十里，澶州至邺都一百四十里，至滑州一百二十里，不应往还如是之速。汉、周实录首涂与至滑州日不同，盖十六日趣滑州，十七日至滑州也。今从周太祖实录。延渥，洛阳人，其妻晋高祖女永宁公主也。郭威取滑州库物以劳将士，劳，力到翻。且谕之曰：“闻侯令公已督诸军自南来，侯益兼中书令，故称之为令公。今遇之，交战则非入朝之义，不战则为其所屠。吾欲全汝曹功名，不若奉行前诏，吾死不恨！”郭威以此观众心向背耳。皆曰：“国家负公，公不负国，所以万人争奋，如报私雠，侯益辈何能为乎！”王峻徇于众曰：“我得公处分，俟克京城，听旬日剽掠。”众皆踊跃。处，昌吕翻。分，扶问翻。剽，匹妙翻。许士卒以剽掠之利以济其私，可以得而不可长守也。

辛巳，鸳脱至大梁。前此帝议欲自往澶州，闻郭威已至河上而止。帝甚有悔惧之色，私谓窦贞固曰：“属者亦太草草。”属，之欲翻。属者，犹言顷者也。草草，亦言率尔，欠审谛商量之意。李业等请空府库以赐诸军，苏禹珪以为未可，业拜禹珪于帝前，曰：“相公且为天子勿惜府库！”为，于伪翻；下当为同。乃赐禁军人二十缗，下军半之，将士在北者给其家，使通家信以诱之。诱，音酉。

壬午，郭威军至封丘，人情恟惧。太后泣曰：“不用李涛之言，宜其亡也！”李涛之言，见上卷元年。慕容彦超恃其骁勇，言于帝曰：“臣视北军犹蠛蠓耳，尔雅注：蠛蠓，翳蒙之所生，一名醯鸡。孙炎曰：此虫微细群飞。列子曰：蠛蠓生朽壤之上，因雨而生，睹阳而死。庄子谓之醯鸡。蠛，莫结翻。蠓，莫孔翻。当为陛下生致其魁！”为，于伪翻。退，见聂文进，问北来兵数及将校姓名，颇惧，曰：“是亦剧贼，未易轻也！”将，即亮翻。校，户教翻。易，以豉翻。帝复遣左神武统军袁义、前威胜节度使刘重进等帅禁军与侯益等会屯赤冈。义，象先之子也。复，扶又翻。义，宜崎翻。帅，读曰率。袁象先，梁将也，事见梁纪。彦超以大军屯七里店。

癸未，南、北军遇于刘子陂。刘子陂在封丘之南，汴郊之北。帝欲自出劳军，劳，力到翻。太后曰：“郭威吾家故旧，非死亡切身，何以至此！但按兵守城，飞诏谕之，观其志趣，必有辞理，则君臣之礼尚全，慎勿轻出。”帝不从。使帝从太后之言，虽不能保其往，犹未至于野死也。时扈从军甚盛，从，才用翻；下从官同。太后遣使戒聂文进曰："大须在意！"对曰："有臣在，虽郭威百人，可擒也！"至暮，两军不战，帝还宫。慕容彦超大言曰："陛下来日宫中无事，幸再出观臣破贼。臣不必与之战，但叱散使归营耳！"

甲申，帝欲再出，太后力止之，不可。既陈，陈，读曰阵。郭威戒其众曰："吾来诛群小，非敢敌天子也，慎勿先动。"久之，慕容彦超引轻骑直前奋击，郭崇威与前博州刺史李荣帅骑兵拒之。骑，奇寄翻。帅，读曰率。彦超马倒，几获之。几，居依翻。彦超引兵退，麾下死者百馀人，于是诸军夺气，稍稍降于北军。侯益、吴虔裕、张彦超、袁義、刘重进皆潜往见郭威，威各遣还营，又谓宋延渥曰："天子方危，公近亲，宜以牙兵往卫乘舆，且附奏陛下，愿乘间早幸臣营。"宋延渥，主婿，故云近亲。牙兵，谓延渥所领义成牙兵也。卫乘，绳证翻。间，古苋翻。延渥未至御营，乱兵云扰，不敢进而还。还，从宣翻，又如字。比暮，南军多归于北。比，必利翻，及也。慕容彦超与麾下十馀骑奔还兖州。

是夕，帝独与三相及从官数十人宿于七里寨，馀皆逃溃。三相，窦贞固、苏逢吉、禹珪。七里寨，即慕容彦超所屯七里店寨。乙酉旦，郭威望见天子旌旗在高阪上，下马免胄往从之，至则帝已去矣。帝策马将还宫，至玄化门，玄化门，大梁城北面东来第一门也，本酸枣门，梁开平元年改曰兴和门，晋天福三年改曰玄化门。刘铢在门上，问帝左右："兵马何在？"因射左右。刘铢之射左右，其意何为！射，而亦翻。帝回辔，西北至赵村，追兵已至，帝下马入民家，为乱兵所弑。考异曰：实录："帝至玄化门，刘铢射帝左右，帝回诣西北，郭允明露刃随后，西北至赵村，前锋已及，乱兵腾沸，上惧，下马入于民室。郭允明知事不济，乃抽刃犯跸而崩。"薛史隐帝纪："郭允明知事不济，乃剚刃于帝而崩，允明自杀。"周太祖纪云："允明弑汉帝于北郊。"刘恕曰："允明帝所亲信，何由弑逆！盖郭威兵杀帝，事成之后讳之，因允明自杀归罪耳。”按弑帝者未必是允明，但莫知为谁，故止云乱兵。苏逢吉、阎晋卿、郭允明皆自杀；聂文进挺身走，军士追斩之。李业奔陕州，九域志：大梁至陕州六百五十九里。李业欲依其兄耳。陕，失冉翻。后匡赞奔兖州。欲依慕容彦超也。郭威闻帝遇弑，号恸曰：“老夫之罪也！”号，户刀翻。

威至玄化门，刘铢雨射城外。雨射者，射矢如雨也。威自迎春门入，归私第，迎春门，汴城东面北来第一门也，本名曹门，梁开平元年改曰建阳门，晋天福三年改曰迎春门。遣前曹州防御使何福进将兵守明德门。诸军大掠，通夕烟火四发。

军士入前义成节度使白再荣之第，执再荣，尽掠其财，既而进曰：“某等昔尝趋走麾下，一旦无礼至此，何面目复见公！”复，扶又翻。遂刎其首而去。以白再荣真定之虐，今罹此祸，抑天道也。刎，武粉翻。

吏部侍郎张允，家赀以万计，而性吝，虽妻亦不之委，常自系众钥于衣下，行如环佩。是夕，匿于佛殿藻井之上，风俗通云：殿堂象东井，刻为荷菱；荷菱水物，所以厌火。杜佑曰：汉宫殿率号屋仰为井，皆画水藻莲茭之属以厌火。何晏景福殿赋：“缭以藻井，编以綷疏。”又王文考灵光殿赋：“圆渊方井，反植荷藻。”盖为方井而画藻其上也。陆佃埤雅曰：屋上覆橑，谓之藻井。登者浸多，板坏而坠，军士掠其衣，遂以冻卒。卒，子恤翻。

初，作坊使贾延徽有宠于帝，与魏仁浦为邻，欲并仁浦所居以自广，屡谮仁浦于帝，几至不测。言几至于死也。几，居依翻。至是，有擒延徽以授仁浦者，仁浦谢曰：“因乱而报怨，吾所不为也！”郭威闻之，待仁浦益厚。

右千牛卫大将军枣强赵凤曰：“郭侍中举兵，欲诛君侧之恶以安国家耳；而鼠辈敢尔，乃贼也，岂侍中意邪！”执弓矢，踞胡床，坐于巷首，掠者至，辄射杀之，里中皆赖以全。射，而亦翻。

丙戌，获刘铢、李洪建，囚之。考异曰：五代史阙文："周祖自邺起兵，铢尽诛周祖之家子孙、妇女十数人，极其惨毒。及隐帝遇害，周祖以汉太后令收铢下狱，使人责铢杀其家，对曰：'铢为汉家戮叛族耳，不知其他。'威怒，杀之。"王禹偁曰："周世宗朝，史官修汉隐帝实录，铢之忠言讳而不载。铢今有子孝和，擢进士第。"按铢所至贪婪酷虐，在青州谋不受代，赖郭琼谕之，始入朝。私怨杨、史，快其就戮。隐帝败归，射而不纳，使至野死。其屠灭周祖之家，出于残忍之性耳，岂忠义之士邪！王禹偁所记，盖凭孝和之言耳。今不取。铢谓其妻曰："我死，汝且为人婢乎？"妻曰："以公所为，雅当然耳！"

王殷、郭崇威言于郭威曰："不止剽掠，剽，匹妙翻。今夕止有空城耳。"威乃命诸将分部禁止掠者，不从则斩之；分，扶问翻。至晡，乃定。

窦贞固、苏禹珪自七里寨逃归，郭威使人访求得之，寻复其位。贞固为相，值杨、史弄权，杨邠、史弘肇。李业等作乱，但以凝重处其间，自全而已。处，昌吕翻；下处分同。

郭威命有司迁隐帝梓宫于西宫。或请如魏高贵乡公故事，葬以公礼，高贵乡公事见六十七卷魏元帝景元元年。威不许，曰："仓猝之际，吾不能保卫乘舆，乘，绳证翻。罪已大矣，况敢贬君乎！"

太师冯道帅百官谒见郭威，帅，读曰率；下同。威见，犹拜之，道受拜如平时，考异曰：五代史阙文："周祖入京师，百官谒之。周祖见道犹设拜，意道便行推戴；道受拜如平时，徐曰：'侍中此行不易！'周祖气沮，故禅代之谋稍缓。"按周祖举兵既克京城，所以不即为帝者，盖以汉之宗室崇在河东，信在许州，赟在徐州，若遽代汉，虑三镇举兵以兴复为辞，则中外必有响应者，故阳称辅立宗子。信素庸愚，不足畏忌；赟乃崇子，故迎赟而立之，使两镇息谋，俟其离徐已远，去京稍近，然后并信除之，则三镇去其二矣，然后自立，则所与为敌者唯崇而已。此其谋也，岂冯道受拜之所能沮乎！道之所以受拜如平时者，正欲示器宇凝重耳。徐曰："侍中此行不易！"易，以豉翻。

丁亥，郭威帅百官诣明德门起居太后，且奏称："军国事殷，请早立嗣君。"太后诰称："郭允明弑逆，太后之诰云然，郭威之志也。此事考异已辩之于前。神器不可无主；河东节度使崇，忠武节度使信，皆高祖之弟，武宁节度使赟，开封尹勋，高祖之子，其令百官议择所宜。"赟，崇之子也，高祖爱之，养视如子。路振九国志：刘崇之长子曰赟，少慧黠，高祖怜之，录为己子。赟，于伦翻。郭威、王峻入见太后于万岁宫，按薛史，唐庄宗同光二年，以太后宫为长寿宫，晋、汉盖以为万岁宫也。或曰：因万岁殿为名。见，贤遍翻。请以勋为嗣。太后曰："勋久羸疾不能起。"羸，伦为翻。威出谕诸将，诸将请见之，太后令左右以卧榻举之示诸将，诸将乃信之。于是郭威与峻议立赟。己丑，郭威帅百官表请以赟承大统。太后诰所司，择日，备法驾迎赟即皇帝位。郭威奏遣太师冯道及枢密直学士王度、秘书监赵上交诣徐州奉迎。考异曰：周太祖实录："己丑，太祖奏遣前太师冯道往彼谕旨。太祖将奉表于徐州，未知所遣，枢密直学士王度请行，许之。宰臣、百寮表秘书监赵上交赍诏同日首涂。"五代史阙文："周祖请道诣徐州，册湘阴公为汉嗣。道曰：'侍中由衷乎？'周祖设誓。道曰：'莫教老夫为谬语人。'及行，谓人曰：'平生不谬语，今为谬语人矣。'"王禹偁曰："周世宗朝，诏史臣修周祖实录，故道之事迹，所宜讳矣。"按道廉智自将，阳愚远祸，恐不肯触周祖未发之机，其后欲归美而云耳。又隐帝实录云："初议立徐帅，太后遣中使驰谕刘崇，请崇入缵大位。崇知立其子，上章谦逊。"恐无此事。今不取。

郭威之讨三叛也，事见上卷元年、二年。每见朝廷诏书，处分军事皆合机宜，问使者："谁为此诏？"使者以翰林学士范质对。威曰："宰相器也。"入城，访求得之，甚喜。时大雪，威解所服紫袍衣之，衣，于既翻。令草太后诰令，迎新君仪注。苍黄之中，讨论撰定，皆得其宜。苍黄者，猝遽之状。论，卢昆翻。撰，士免翻。

初，隐帝遣供奉官押班阳曲张永德赐昭义节度使常思生辰物，供奉官押班，供奉官之长也。生辰物，谓圣节回赐。永德，郭威之婿也，会杨邠等诛，密诏思杀永德；思素闻郭威多奇异，因永德以观变，及威克大梁，思乃释永德而谢之。

庚寅，郭威帅百官上言："比皇帝到阙，动涉浃旬，比，必利翻。十日为浃旬。徐州至大梁七百里，郭威计程言之也。请太后临朝听政。"考异曰：周太祖实录云："太后自临朝，令称制。"隐帝实录："自是至国亡，止称诰。"今从之。朝，直遥翻。

46 先是，马希萼遣蛮兵围玉潭，朱进忠引兵会之；崔洪琏兵败，奔还长沙。马希广遣崔洪琏屯玉潭，事始见上六月。希萼引兵继进，攻岳州，刺史王赟拒之，五日不克。希萼使人谓赟曰："公非马氏之臣乎？不事我，欲事异国乎？为人臣而怀贰心，岂不辱其先人！"赟曰："赟父环【章：十二行本"赟"作"亡"，无"环"字；乙十一行本同；张校云："瓌"作"环"，无注本与吴本同。按"瓌"字与今见胡刻本异。】为先王将，六破淮南兵。王赟父环，马氏之良将也。将，即亮翻。今大王兄弟不相容，赟常恐淮南坐收其弊，一旦以遗体臣淮南，诚辱先人耳！大王苟能释憾罢兵，兄弟雍睦如初，赟敢不尽死以事大王兄弟，岂有二心乎！"希萼惭，引兵去。辛卯，至湘阴，焚掠而过。湘阴，古罗县之地，唐属岳州，宋属潭州。九域志：湘阴县，在潭州东北一百五十五里。宋白曰：湘阴县，本罗子国，秦为罗县，宋元徽二年，分益阳、罗、〔湘西〕三县界，处巴峡流人，因立湘阴县；以地在湘江之阴，故名。至长沙，军于湘西，步兵及蛮兵军于岳麓，盛弘之荆州记：长沙西岸有麓山，盖衡山之足，又名灵麓峰，乃岳山七十二峰之数。自湘西古渡登岸，夹径乔松，泉涧盘绕，诸峰叠秀，下瞰湘江，道林、岳麓等寺皆在焉。朱进忠自玉潭引兵会之。

马希广遣刘彦瑫召水军指挥使许可琼帅战舰五百艘屯城

北津，属于南津，帅，读曰率。属，之欲翻。以马希崇为监军；马希崇在长沙，常为希萼诇希广。希萼又以利啖许可琼。希广使可琼为将，希崇监军，所谓借寇兵也。又遣马军指挥使李彦温将骑兵屯驼口，扼湘阴路，浏江口有骆驼觜，因谓之驼口。步军指挥使韩礼将二千人屯杨柳桥，扼栅路。朗兵栅于湘西，以兵扼其路。可琼，德勋之子也。许德勋亦楚之良将。

47 壬辰，太后始临朝，以王峻为枢密使，袁䜣为宣徽南院使，王殷为侍卫马步军都指挥使，郭崇威为侍卫马军都指挥使，曹威为侍卫步军都指挥使，陈州刺史李榖权判三司。

48 刘铢、李洪建及其党皆枭首于市，而赦其家。考异曰：实录："国子博士、司天监洛阳王处讷素与周祖善，因言刘氏祚短事，处讷曰：'汉历未尽，但以即位后雠杀人，夷人之族，怨结天下，所以社稷不得久长耳！'时周祖方以兵围苏逢吉、刘铢之第，俟旦而族之；闻其言，蹶然遽命释之。"按周祖时方迎湘阴公立之，岂得遽言刘氏祚短乎！今不取。郭威谓公卿曰："刘铢屠吾家，吾复屠其家，怨雠反覆，庸有极乎！"由是数家获免。王殷屡为洪建请免死，王殷先与李洪建分掌侍卫马步军，以同僚故为之请。为，于伪翻。郭威不许。

后匡赞至兖州，慕容彦超执而献之。李业至陕州，陕，失冉翻。其兄保义节度使洪信不敢匿于家；业怀金将奔晋阳，至绛州，盗杀之而取其金。

49 蜀施州刺史田行皋奔荆南。高保融曰："彼贰于蜀，安肯尽忠于我！"执之，归于蜀，伏诛。

50 镇州、邢州奏："契丹主将数万骑入寇，攻内丘，内丘，本汉中丘县，隋避武元帝讳，改为内丘，唐属邢州。九域志：在州北四十七里。范成大北使录：邢州三十五里至内丘县。五日不克，死伤甚众。有戍兵五百叛应契丹，引契丹入城，屠之，又陷饶阳。"九域志：饶阳县，在深州北九十里。太后敕郭威将大军击之，国事权委窦贞固、苏禹珪、王峻，军事委王殷。十二月，甲午朔，郭威发大梁。

51 丁酉，以翰林学士、户部侍郎范质为枢密副使。

52 初，蛮酋彭师暠降于楚，见二百八十二卷晋天福五年。酋，慈由翻。暠，古老翻。楚人恶其犷直；恶，乌路翻。犷，古猛翻。楚王希广独怜之，以为强弩指挥使，领辰州刺史，师暠常欲为希广死。为，于伪翻。及朱进忠与蛮兵合七千馀人至长沙，营于江西，湘江之西。师暠登城望之，言于希广曰："朗人骤胜而骄，杂以蛮兵，攻之易破也。愿假臣步卒三千，自巴溪渡江，出岳麓之后，至水西，令许可琼以战舰渡江，腹背合击，必破之。前军败，则其大军自不敢轻进矣。"希广将从之。时马希萼已遣间使以厚利啖许可琼，间，古苋翻。啖，吐滥翻。许分湖南而治，可琼有贰心，乃谓希广曰："师暠与梅山诸蛮皆族类，安可信也！可琼世为楚将，许可琼，德勋之子，故自言尔。必不负大王，希萼竟何能为！"希广乃止。

希萼寻以战舰四百馀艘泊江西。希广命诸将皆受可琼节度，日赐可琼银五百两，希广屡造其营计事。造，七到翻。可琼常闭垒，不使士卒知朗军进退，希广叹曰："真将军也，吾何忧哉！"临乱之君，各贤其臣，斯言信矣。可琼或夜乘单舸诈称巡江，与希萼会水西，约为内应。舸，苦我翻。一旦，彭师暠见可琼，瞋目叱之，瞋，昌真翻。拂衣入见希广曰："可琼将叛国，人皆知之，请速除之，无贻后患。"希广曰："可琼，许侍中之子，岂有是邪！"楚加许德勋侍中，故希广称之。师暠退，叹曰："王仁而不断，断，丁乱翻。败亡可翘足俟也！"

潭州大雪，平地四尺，潭、朗两军久不得战。希广信巫觋及僧语，塑鬼于江上，觋，刑狄翻。塑，桑故翻。抟埴为神鬼之形曰塑。举手以却朗兵，又作大像于高楼，手指水西，怒目视之，怒，奴古翻。命众僧日夜诵经，希广自衣僧服膜拜求福。衣，于既翻；下晖衣同。膜，莫乎翻。

甲辰，朗州步军指挥使武陵何敬真等考异曰：湖湘故事作"何景真"。今从十国纪年。以蛮兵三千陈于杨柳桥，敬真望韩礼营旌旗纷错，先是希广命韩礼营于杨柳桥。纷，乱也。错，杂也。陈，读曰阵。曰："彼众已惧，击之易破也。"朗人雷晖衣潭卒之服潜入礼寨，手剑击礼，不中，手，式又翻。中，竹仲翻。军中惊扰；敬真等乘其乱击之，礼军大溃，礼被创走，至家而卒。创，初良翻。于是朗兵水陆急攻长沙，步军指挥使吴宏、小门使杨涤相谓曰："以死报国，此其时矣！"各引兵出战。宏出清泰门，战不利；涤出长乐，战自辰至午，朗兵小却；"长乐"之下当有"门"字。许可琼、刘彦瑫按兵不救。涤士卒饥疲，退就食；彭师暠战于城东北隅。蛮兵自城东纵火，城上人招许可琼军使救城，可琼举全军降希萼，长沙遂陷。朗兵及蛮兵大掠三日，杀吏民，焚庐舍，自武穆王以来所营宫室，皆为灰烬，楚王马殷，谥武穆。所积宝货，皆入蛮落。李彦温望见城中火起，自驼口引兵救之，朗人已据城拒战。彦温攻清泰门，不克，与刘彦瑫各将千馀人奉文昭王及希广诸子趣袁州，遂奔唐。楚王希范，谥文昭。九域志：潭州东南至袁州六百三十四里。趣，七喻翻。张晖降于希萼。张晖先是自益阳遁归长沙，长沙既陷，遂降于希萼。左司马希崇帅将吏诣希萼劝进。马希崇通希萼事始二百八十七卷天福十二年。帅，读曰率。吴宏战血满袖，见希萼曰："不幸为许可琼所误，今日死，不愧先王矣！"彭师暠投槊于地，大呼请死。呼，火故翻。希萼叹曰："铁石人也！"皆不杀。

乙巳，希崇迎希萼入府视事，闭城，分捕希广及掌书记李弘皋、弟弘节、都军判官唐昭胤及邓懿文、杨涤等，皆获之。希萼谓希广曰："承父兄之业，岂无长幼乎？"希广曰：

"将吏见推，朝廷见命耳。"希萼皆囚之。卒如张少敌、拓跋恒之言。丙午，希萼命内外巡检侍卫指挥使刘宾禁止焚掠。

丁未，希萼自称天策上将军、武安·武平·静江·宁远等军节度使、马氏旧有此四镇之地，是时宁远巡属已属南汉。楚王。此皆父兄官爵，希萼未禀命于中国而自称之。以希崇为节度副使、判军府事；为希崇杀希萼张本。湖南要职，悉以朗人为之。脔食李弘皋、弘节、唐昭胤、杨涤，斩邓懿文于市。戊申，希萼谓将吏曰："希广懦夫，为左右所制耳，吾欲生之，可乎？"诸将皆不对。朱进忠尝为希广所笞，对曰："大王三年血战，始得长沙，天福十二年，希萼、希广始争国，次年交兵，至是三年矣。一国不容二主，他日必悔之。"戊申，赐希广死。希广临刑，犹诵佛书；彭师暠葬之于浏阳门外。浏阳门，潭州城东门。浏，音刘。

53 武宁节度使赟留右都押牙巩延美、元从都教练使杨温守徐州，为二人以徐州拒周张本。"巩延美"，据下卷及欧史当作"巩廷美"。巩，以邑为姓，周有卿士巩简公，晋有大夫巩朔。从，才用翻。与冯道等西来，自彭城而西来大梁。在道仗卫，皆如王者，左右呼万岁。郭威至滑州，留数日，赟遣使慰劳。诸将劳，力到翻。受命之际，相顾不拜，私相谓曰："我辈屠陷京城，其罪大矣；若刘氏复立，我辈尚有种乎！"种，章勇翻。己酉，威闻之，即引兵行，趣澶州。趣，七喻翻。辛亥，遣苏禹珪如宋州迎嗣君。

54 楚王希萼以子光赞为武平留后，以何敬真为朗州牙内都指挥使，将兵戍之。希萼召拓跋恒，欲用之，恒称疾不起。自希广之立，拓跋恒已杜门矣，事见二百八十七卷天福十二年。

55 壬子，郭威渡河，馆于澶州。馆，古玩翻。澶，时连翻。癸丑旦，将发，将士数千人忽大噪，威命闭门，将士逾垣登屋而入曰："天子须侍中自为之，将士已与刘氏为仇，不可立也！"或裂黄旗以被威体，被，皮义翻。共扶抱之，呼万岁震地，因拥威南行。威乃上太后笺，请奉宗【章：十二行本“宗”上有“汉”字；乙十一行本同。】庙，事太后为母。丙辰，至韦城，隋分白马置韦城县，治韦氏国城。属滑州。九域志：在州东南五十里。丁度曰：韦城县，古豕韦国也。上，时掌翻。下书抚谕大梁士民，以昨离河上，在道秋毫不犯，勿有忧疑。恐京城士民惩前者剽掠之祸，奔迸四出，故抚安之。离，力智翻。戊午，威至七里店，窦贞固帅百官出迎拜谒，因劝进。威营于皋门村。皋门村，盖在皋门之外。按大梁城无皋门。诗大雅绵之篇曰：乃立皋门，皋门有伉。毛氏传曰：王之郭门曰皋门。郑氏笺曰：诸侯之宫，外门曰皋门，朝门曰应门，内有路门。天子之宫，加之库、雉。至礼记明堂位记周赐鲁公以天子之制，其言曰：库门，天子皋门；雉门，天子应门。郑注又云：天子五门，皋、库、雉、应、路。鲁有库、雉、路，则诸侯三门欤？详而味之，诗笺、记注，微有不同。而五代之时，汴城之外所谓皋门村，盖以郭门之外有村，遂呼曰皋门村，合于毛氏诗传。皋门村属开封县。薛史云：王檀葬于开封县之皋门原，以是知之。

武宁节度使赟已至宋州，王峻、王殷闻澶州军变，遣侍卫马军都指挥使郭崇威将七百骑往拒之，又遣前申州刺史马铎将兵诣许州巡检。崇威忽至宋州，陈于府门外，赟大惊，阖门登楼诘之。诣许州巡检，备刘信也。汴京至宋州二百八一五里耳，赟不意其至，故惊而诘之。诘，去吉翻。对曰：“澶州军变，郭公虑陛下未察，故遣崇威来宿卫，无他也。”赟召崇威，崇威不敢进。冯道出与崇威语，先是使冯道迎赟，故道在赟所。崇威乃登楼，赟执崇威手而泣。崇威以郭威意安谕之。

少顷，崇威出，时护圣指挥使张令超帅部兵为赟宿卫，按薛史，护圣，汉侍卫马军也。帅，读曰率；下同。徐州判官董裔说赟曰：说，式芮翻。“观崇威视瞻举措，必有异谋。道路皆言郭威已为帝，而陛下深入不止，祸其至哉！请急召张令超，谕以祸福，使夜以兵劫崇威，夺其兵。明日，掠睢阳金帛，募士卒，北走晋阳。宋州，睢阳郡。赟父崇镇晋阳。睢，音虽。走，音奏。彼新定京邑，未暇追我，此策之上也！”赟犹豫未决。是夕，崇威密诱令超，令超帅众归之。诱，音酉。赟大惧。

郭威遗赟书，云为诸军所迫；召冯道先归，留赵上交、王度奉侍。道辞行，赟曰：“寡人此来所恃者，以公三十年旧相，故无疑耳。冯道，唐明宗天成二年为相，至是二十四年。曰三十年，举成数也。遗，于季翻。今崇威夺吾卫兵，事危矣，公何以为计？”道默然。无以答赟，故默。冯道自谓痴顽老子，良不妄也。客将贾贞数目道，欲杀之。将，即亮翻。数，所角翻。赟曰：“汝辈勿草草，此无预冯公事。”契丹主入汴，责刘继勋，继勋归罪于道，道几死矣。宋州之事，使刘赟从贾贞之意，道亦必死矣。而契丹主谓道非多事者，刘赟谓无预冯公事，岂非以其在位素怀冲澹，与物无竞，人皆敬其名德而然邪！道之全身，固为得矣，有国者焉用彼相哉！然自后唐同光以来，枢密使任事，丞相取充位而已。责人斯无难，惟受责俾如流；以此而言，道未肯受责也。崇威迁赟于外馆，杀其腹心董裔、贾贞等数人。

己未，太后诰，废赟为湘阴公。

马铎引兵入许州，刘信惶惑自杀。

庚申，太后诰，以侍中监国。太后两诰，皆郭威之志也。侍中，称郭威官。百官藩镇相继上表劝进。壬戌夜，监国营有步兵将校醉，扬言向者澶州骑兵扶立，今步兵亦欲扶立，监国斩之。

56 南汉主以宫人卢琼仙、黄琼芝为女侍中，朝服冠带，参决政事。朝，直遥翻。宗室勋旧，诛戮殆尽，惟宦官林延遇等用事。史言南汉终以宦官、女宠亡国，而南汉主所以能终其世者，以僻处海隅，而中国未有真主耳。

容肇祖标点聂崇岐覆校

资治通鉴卷第二百九十

端明殿学士兼翰林侍读学士太中大夫
提举西京嵩山崇福宫上柱国河内郡开国公 司马光 奉敕编集
食邑二千六百户食实封一千户臣

后学天台 胡三省 音注

后周纪一 起重光大渊献（辛亥），尽玄黓困敦（壬子）八月，凡一年有奇。

周自以为周虢叔之后。春秋、战国之世，传记谓虢叔之后有国者为虢公，后谓之郭公。虢、郭音相近也。虞大夫宫之奇曰：虢仲、虢叔，王季之穆也。郭之得姓本于周，故建国号曰周，通鉴因谓之后周。

太祖圣神恭肃文孝皇帝上 姓郭氏，讳威，邢州尧山人。父简，事晋，为顺州刺史。

广顺元年（辛亥、九五一）

1 春，正月，丁卯，汉太后下诰，授监国符宝，即皇帝位。监国自皋门入宫，皋门，大梁城外村名。即位于崇元殿，制曰："朕周室之裔，虢叔之后，国号宜曰周。"改元，大赦。杨邠、史弘肇、王章等皆赠官，官为敛葬，杨邠等死见上卷上年。为，于伪翻。敛，力赡翻。仍访其子孙叙用之。凡仓场、库务掌纳官吏，无得收斗馀、称耗；斗馀，概量之外，又取其馀也。称耗，称计斤钧石之外，又多取之以备耗折。今悉除之，矫王章苛敛之弊也。称，尺证翻。旧所进羡馀物，悉罢之。羡，弋战翻。羡馀，唐之流弊也，至五季而愈甚。犯窃盗及奸者，并依晋天福元年以前刑名，罪人非反逆，无得诛及亲族，籍没家赀。矫史弘肇虐刑之弊也。唐庄宗、明宗、晋高祖各置守陵十户，汉高祖陵职员、宫人、时月荐享及守陵户并如故。初，唐衰，多盗，不用律文，更定峻法，窃盗赃三匹者死；晋天福中，加至五匹。奸有夫妇人，无问强、和，男女并死。强，谓男以威力加女，女不得已而与之通奸者。和，谓男女相慕，欲动情生而通奸者。汉法，窃盗一钱以上皆死；又罪非反逆，往往族诛、籍没。故帝即位，首革其弊。

初，杨邠以功臣、国戚为方镇者多不闲吏事，闲，习也。乃以三司军将补都押牙、孔目官、内知客，其人自恃敕补，多专横，横，下孟翻。节度使不能制；至是悉罢之。

帝命史弘肇亲吏上党李崇矩访弘肇亲族，崇矩言："弘肇弟弘福今存。"初，弘肇使崇矩掌其家赀之籍，由是尽得其产，皆以授弘福；帝贤之，使隶皇子荣帐下。

2 戊辰，以前复州防御使王彦超权武宁节度使。时刘赟将巩延美等守徐州。

3 汉李太后迁居西宫，按薛史，汉太平宫盖即西宫。己巳，上尊号曰昭圣皇太后。上，时掌翻。

4 开封尹兼中书令刘勋卒。

5 癸酉，加王峻同平章事。

6 以卫尉卿刘皞主汉隐帝之丧。刘勋既卒，他无亲属故也。

7 初，河东节度使兼中书令刘崇闻隐帝遇害，欲举兵南向，闻迎立湘阴公，乃止，曰："吾儿为帝，吾又何求！"太原少尹李骧阴说崇曰：说，式芮翻。"观郭公之心，终欲自取，公不如疾引兵逾太行，据孟津，行，户刚翻。俟徐州相公即位，湘阴公本镇徐州，故称之。然后还镇，则郭公不敢动矣；不然，且为所卖。"崇怒曰："腐儒，欲离间吾父子！"命左右曳出斩之。间，古覓翻。曳，读曰拽，音羊列翻。骧呼曰："吾负经济之才而为愚人谋事，呼，火故翻。为，于伪翻。死固甘心！家有老妻，愿与之同死。"崇并其妻杀之，且奏于朝廷，示无二心。及赟废，崇乃遣使请赟归晋阳。诏报以"湘阴公比在宋州，比，毗至翻。今方取归京师，必令得所，公勿以为忧。公能同力相辅，当加王爵，永镇河东。"

巩廷美、杨温闻湘阴公失位，奉赟妃董氏据徐州拒守，以俟河东援兵，刘赟令巩廷美等守徐州，事始见上卷上年。帝使赟以书谕之。廷美、温欲降而惧死，降，户江翻。帝复遗赟书曰："爰念斯人尽心于主，复，扶又翻。遗，唯季翻。主，谓刘赟。足以赏其忠义，何由责以悔尤，俟新节度使入城，新节度使，谓王彦超。当各除刺史，公可更以委曲示之。"唐末主帅以手书谕示将佐，率谓之委曲。

8 契丹之攻内丘也，事见上卷上年。死伤颇多，又值月食，军中多妖异，契丹主惧，不敢深入，引兵还，胡人用兵，以月为候，月食，又多妖异，故惧而不敢进。妖，一遥翻。还，从宣翻，又如字。遣使请和于汉。会汉亡，安国节度使刘词送其使者诣大梁，帝遣左千牛卫将军朱宪报聘，且叙革命之由，以金器、玉带赠之。

9 帝以邺都镇抚河北，控制契丹，欲以腹心处之。处，昌吕翻。乙亥，以宁江节度使、侍卫亲军都指挥使王殷为邺都留守、天雄节度使、同平章事，领军如故，仍领侍卫亲军也。仍以侍卫司从赴镇。

10 丙子，帝帅百官诣西宫，为汉隐帝举哀成服，皆如天子礼。去年，迁隐帝梓宫于西宫，事见上卷。帅，读曰率。为，于伪翻。

11 慕容彦超遣使入贡，帝虑其疑惧，赐诏慰安之，曰："今兄事已至此，言不欲繁，望弟扶持，同安亿兆。"汉祖，慕容彦超之兄也。"今兄"，薛史作"令兄"，当从之。

12 戊寅，杀湘阴公于宋州。

13 是日，刘崇即皇帝位于晋阳，刘崇，汉祖母弟也。仍用乾佑年号，所有者并、汾、忻、代、岚、宪、隆、蔚、沁、辽、麟、石十二州之地。宋白曰：宪州，故楼烦监牧，唐昭宗龙纪元年，李克用奏置宪州。宋太宗之平太原，折御卿自府州会兵攻刘继元，先克岢岚军，次克隆州，次克岚州，则隆州盖晋、汉间所置，其地在岢岚、岚谷之间。沁，千鸩翻。以节度判官郑珙为中书侍郎，珙，居勇翻。观察判官荥阳赵华为户部侍郎，并同平章事。以次子承钧为侍卫亲军都指挥使、太原尹，以节度副使李存瓌为代州防御使，裨将武安张元徽为马步军都指挥使，九域志：武安县属洺州，在州西九十五里。陈光裕为宣徽使。

北汉主谓李存瓌、张元徽曰：通鉴书岭南之汉为南汉，河东之汉为北汉。“朕以高祖之业一朝坠地，今日位号，不得已而称之；顾我是何天子，汝曹是何节度使邪！”由是不建宗庙，祭祀如家人，宰相月俸止百缗，节度使止三十缗，按唐世百官俸钱，自会昌以后，不复增减，三师二百万，三公百六十万，侍中百五十万，中书令、两省侍郎、两仆射、东宫三师百四十万，尚书、御史大夫、东宫三少百万，节度使三十万。至梁开平五年，宰臣俸二百千。后唐同光四年，定节度副使每月料钱四十千，则节度使当又多。今北汉主皆减其数。俸，扶用翻。自馀薄有资给而已，故其国中少廉吏。少，诗沼翻。

客省使河南李光美尝为直省官，三省有直省官，凡百官诣宰相，皆差直省官引接，其职则外镇客司通引之职也。颇谙故事，谙，乌含翻。北汉朝廷制度，皆出于光美。

北汉主闻湘阴公死，哭曰：“吾不用忠臣之言，以至于此！”为李骧立祠，为，于伪翻。岁时祭之。

14 己卯，以太师冯道为中书令，加窦贞固侍中，苏禹珪司空。

15 王彦超奏遣使赍敕诣徐州，巩廷美等犹豫不肯启关，诏进兵攻之。

16 帝谓王峻曰："朕起于寒微，备尝艰苦，遭时丧乱，丧，息浪翻。一旦为帝王，岂敢厚自奉养以病下民乎！"命峻疏四方贡献珍美食物，庚辰，下诏悉罢之。按薛史本纪：诏："应天下州府旧贡滋味食馔之物，所宜除减。其两浙进细酒、海味、姜瓜，湖南枕子茶、乳糖、白沙糖、橄榄子，镇州高公米、水梨，易定栗子，河东白杜梨、米粉、菉豆粉、玉屑粄子面，永兴御田红粳米、新大麦面，兴平苏栗子，华州麝香、羚羊角、熊胆、獭肝、朱柿、熊白，河中树红枣、五味子、轻饧，同州石鳖饼，晋、绛蒲萄、黄消梨，陕府凤栖梨，襄州紫姜、新笋、橘子，安州折粳米、糟味，青州水梨，河阳诸杂果子，许州御李子，郑州新笋、鹅梨，怀州寒食杏仁，申州蘘荷，亳州萆薢，沿淮州郡淮白鱼，今后不须进奉。"其诏略曰："所奉止于朕躬，所损被于甿庶。"被，皮义翻。甿，谟耕翻。又曰："积于有司之中，甚为无用之物。"又诏曰："朕生长军旅，长，知两翻。不亲学问，未知治天下之道，治，直之翻。文武官有益国利民之术，各具封事以闻，咸宜直书其事，勿事辞藻。"帝以苏逢吉之第赐王峻，峻曰："是逢吉所以族李崧也！"事见二百八十八卷汉乾佑元年。辞而不处。使王峻处权势之间，皆以是心处之，必不至有商州之祸矣。处，昌吕翻。

17 初，契丹主北归，见二百八十七卷汉高祖天福十二年。横海节度使潘聿撚弃镇随之，契丹主以聿撚为西南路招讨使。撚，乃殄翻。及北汉主立，契丹主使聿撚遗刘承钧书；北汉主使承钧复书，称："本朝沦亡，绍袭帝位，欲循晋室故事，求援北朝。"遗，唯季翻。晋室故事，谓晋祖事契丹以求援故事也。朝，直遥翻；下同。契丹主大喜。北汉主发兵屯阴地、黄泽、团柏；屯阴地者，欲窥晋、隰；屯黄泽者，欲窥邢、赵；屯团柏者，欲窥镇、定。丁亥，以承钧为招讨使，与副招讨使白从晖、都监李存瓌将步骑万人寇晋州。从晖，吐谷浑人也。

18 郭崇威更名崇，曹威更名英。皆避帝名也。更，工衡翻。

19 二月，丁酉，以皇子天雄牙内都指挥使荣为镇宁节度使，选朝士为之僚佐，以侍御史王敏为节度判官，右补阙崔颂为观察判官，校书郎王朴为掌书记。为王朴见任于世宗张本。颂，协之子；崔协相后唐明宗。朴，东平人也。

20 戊戌，北汉兵五道攻晋州，节度使王晏闭城不出。刘承钧以为怯，蚁附登城；晏伏兵奋击，北汉兵死伤者千馀人。承钧遣副兵马使安元宝焚晋州西城，元宝来降。承钧乃移军攻隰州，九域志：晋州西北至隰州二百五十里。癸卯，隰州刺史许迁遣步军都指挥使孙继业迎击北汉兵于长寿村，唐武德二年，分隰州石楼置长寿县，贞观元年省入石楼。执其将程筠等，杀之。未几，北汉兵攻州城，几，居岂翻。数日不克，死伤甚众，乃引去。迁，郓州人也。

21 甲辰，楚王希萼遣掌书记刘光辅入贡于唐。考异曰：湖湘故事，"光辅"作"光瀚"。今从十国纪年。

22 帝悉出汉宫中宝玉器数十，碎之于庭，曰："凡为帝王，安用此物！闻汉隐帝日与嬖宠于禁中嬉戏，珍玩不离侧，嬖，卑义翻，又必计翻。离，力智翻。兹事不远，宜以为鉴。"仍戒左右，自今珍华悦目之物，无得入宫。

23 丁未，契丹主遣其臣袅骨支与朱宪偕来，袅，奴鸟翻。欧史作"裊"。朱宪使契丹，见上正月。贺即位。

24 戊申，敕前资官各听自便居外州。汉隐帝乾佑二年冬，杨邠奏前资官分居两京，事见二百八十八卷。

25 陈思让未至湖南，马希萼已克长沙；思让留屯郢州，敕召令还。去年十一月，汉朝议发兵救潭州，内难作而不果。刘、郭易姓之际，必未暇遣将南略，未知陈思让为谁朝所遣，当考。按薛史，周太祖登极，遣陈思让帅偏师至安、郢，以图进取，长沙陷，乃班师。则帝所遣也。

26 丁巳，遣尚书左丞田敏使契丹。北汉主遣通事舍人李䛒使于契丹，“䛒”，俗“辩”字，从“巩”从“言”。宋景文手记曰：北齐时，里俗多作伪字，始以“巧言”为“辩”。至隋有柳䛒，其字又以“巩”易“巧”矣。乞兵为援。

27 诏加泰宁节度使慕容彦超中书令，遣翰林学士鱼崇谅诣兖州谕指。崇谅，即崇远也。鱼崇谅，先因避汉祖讳改名。彦超上表谢。三月，壬戌朔，诏报之曰：“向以前朝失德，少主用谗，少，诗照翻。仓猝之间，召卿赴阙，卿即奔驰应命，信宿至京，救国难而不顾身，闻君召而不俟驾；难，乃旦翻。以至天亡汉祚，兵散梁郊，降将败军，相继而至，卿即便回马首，径反龟阴；兖州在龟山之阴。慕容彦超赴大梁，还兖州，事并见上卷上年。为主为时，为，于伪翻。有终有始。所谓危乱见忠臣之节，疾风知劲草之心，若使为臣者皆能如兹，则有国者谁不欲用！所言朕潜龙河朔之际，平难浚郊之时，难，乃旦翻。浚郊，谓大梁之郊。大梁有浚水，诗云：孑孑干旄，在浚之郊。韩愈从董晋于汴州，赋曰：非夫子之洵美兮，吾何为乎浚之都！缘不奉示喻之言，亦不得差人至行阙。且事主之道，何必如斯！若或二三于汉朝，朝，直遥翻。又安肯忠信于周室！以此为惧，不亦过乎！卿但悉力推心，安民体国，事朕之节，如事故君，不惟黎庶获安，抑亦社稷是赖。但坚表率，未议替移。由衷之诚，言尽于此。”以慕容彦超不自安，故以此诏抚谕之。

28 唐以楚王希萼为天策上将军、武安·武平·静江·宁远节度使兼中书令、楚王；以右仆射孙忌、孙忌即孙晟。欧史曰：晟一名忌，又名凤。客省使姚凤为册礼使。

29 丙寅，遣前淄州刺史陈思让将兵戍磁州，扼黄泽路。磁州西北当黄泽关路口。磁，墙之翻。

30 楚王希萼既得志，多思旧怨，杀戮无度，昼夜纵酒荒淫，悉以军府事委马希崇。希崇复多私曲，政刑紊乱。复，扶又翻。紊，音问。府库既尽于乱兵，籍民财以赏赉士卒，或封其门而取之，士卒犹以不均怨望；虽朗州旧将佐从希萼来者，亦皆不悦，有离心。

刘光辅之入贡于唐也，入贡见上月。唐主待之厚，光辅密言："湖南民疲主骄，可取也。"唐主乃以营屯都虞候边镐为信州刺史，将兵屯袁州，潜谋进取。

小门使谢彦颙，颙，鱼容翻。考异曰：湖湘故事作"谢彦叙"，周羽冲三楚新录作"谢延泽"，今从十国纪年。本希萼家奴，以首面有宠于希萼，首面，龙阳之色也。至与妻妾杂坐，恃恩专横。横，户孟翻。常肩随希崇，或拊其背；记曲礼：年长以倍，则父事之；十年以长，则兄事之；五年以长，则肩随之。注云：肩随者，与之并行差退。若拊背，则狎之矣。希崇衔之。故事，府宴，小门使执兵在门外；希萼使彦颙预坐，或居诸将之上，诸将皆耻之。

希萼以府舍焚荡，命朗州静江指挥使王逵、副使周行逢帅所部兵千馀人治之，帅，读曰率；下同。治，直之翻。执役甚劳，又无犒赐，犒，苦到翻。士卒皆怨，窃言曰："囚免死则役作之。我辈从大王出万死取湖南，何罪而囚役之！且大王终日酣歌，岂知我辈之劳苦乎！"逵、行逢闻之，相谓曰："众怨深矣，不早为计，祸及吾曹。"壬申旦，帅其众各执长柯斧、白梃，逃归朗州。柯，斧柄也。梃，徒鼎翻。时希萼醉未醒，左右不敢白；癸酉，始白之。希萼遣湖南指挥使唐师翥将千馀人追之，不及，直抵朗州；逵等乘其疲乏，伏兵纵击，士卒死伤殆尽，师翥脱归。翥，章恕翻。

逵等黜留后马光赞，去年，马希萼以子光赞镇朗州。更以希萼兄子光惠知州事。更，工衡翻。光惠，希振之子也。希振，马殷之嫡长子也。寻奉光惠为节度使，逵等与何敬真及诸军指挥使张仿参决军府事。希萼具以状言于唐，唐主遣使以厚赏招谕之；逵等纳其赏，纵其使，不答其诏，唐亦不敢诘也。使，疏吏翻。诘，去吉翻。为王逵等以朗州攻潭州张本。

31 王彦超奏克徐州，杀巩廷美等。巩廷美等以无援败死。

32 北汉李詧至契丹，契丹主使拽剌梅里报之。拽，羊列翻。剌，来达翻。

33 丙子，敕："朝廷与唐本无仇怨，缘淮军镇，各守疆域，无得纵兵民擅入唐境；商旅往来，无得禁止。"

34 己卯，潞州送涉县所获北汉将卒二百六十馀人，各赐衫袴巾履遣还。涉，汉县，唐属潞州。九域志：在州东北一百九十八里。

35 加吴越王弘俶诸道兵马都元帅。

36 夏，四月，壬辰朔，滨淮州镇上言："淮南饥民过淮籴谷，未敢禁止。"诏曰："彼之生民，与此何异，宜令州县津铺无得禁止。"铺，普故翻。

37 蜀通奏使高延昭固辞知枢密院，丁未，以前云安榷盐使太原伊审征为通奏使，知枢密院事。云安，汉巴郡之朐忍县地，周武帝置云安县，唐属夔州，以其产盐，置云安监。审征，蜀高祖妹褒国公主之子也，少与蜀主相亲狎，少，诗照翻。及知枢密，政之大小悉以咨之。审征亦以经济为己任，而贪侈回邪，与王昭远相表里，蜀政由是浸衰。

38 吴越王弘俶徙废王弘倧居东府，自衣锦军徙居东府。吴越以越州为东府。为筑宫室，治园圃，娱悦之，为，于伪翻。治，直之翻。岁时供馈甚厚。

39 契丹主遣使如北汉，告以周使田敏来，约岁输钱十万缗。输，春遇翻。北汉主使郑珙以厚赂谢契丹，珙，居勇翻。自称"侄皇帝致书于叔天授皇帝"，请行册礼。

40 五月，己巳，遣左金吾将军姚汉英等使于契丹，契丹留之。契丹以北汉交之厚，遂留周使。

41 辛未，北汉礼部侍郎、同平章事郑珙卒于契丹。考异曰：晋阳见闻录："郑珙既达虏庭，虏君恩礼周厚。虏俗以酒池肉林为名，虽不饮酒如韦曜辈者，亦加灌注，纵成疾，无复信之。珙魁岸善饮，罹无量之逼，宴罢，载归，一夕腐胁于穹庐之毡堵间，舆尸而复命。"九国志："契丹宴犒汉使，必厚具酒肉，以示夸大。高祖镇河东，尝命韦曜北使，曜羸瘠不能饮酒，虏人强之，遂卒。"按韦曜，孙晧时人韦昭也，不能饮酒。王保衡引以为文章，而路振云高祖时人，误也。

42 甲戌，义武节度使孙方简避皇考讳，更名方谏。更，工衡翻。

43 定难节度李彝殷遣使奉表于北汉。"节度"之下，当有"使"字。难，乃旦翻。

44 六月，辛亥，以枢密使、同平章事王峻为左仆射兼门下侍郎，枢密副使·兵部侍郎范质、判【章：十二行本"判"上有"户部侍郎"四字；乙十一行本同；孔本同；张校同；退斋校同。】三司李穀为中书侍郎，并同平章事，穀仍判三司。司徒兼侍中窦贞固、司空兼中书侍郎·同平章事苏禹珪并罢守本官。癸丑，范质参知枢密院事。丁巳，以宣徽北院使翟光邺兼枢密副使。翟，苌伯翻，又徒历翻。

初，帝讨河中，已为人望所属；帝讨河中见二百八十八卷汉乾佑元年。属，之欲翻。李穀时为转运使，帝数以微言动之，穀但以人臣尽节为对，帝以是贤之，即位，首用为相。时国家新造，四方多故，王峻夙夜尽心，知无不为，军旅之谋，多所裨益。范质明敏强记，谨守法度。李穀沈毅有器略，在帝前议论，辞气忼慨，善譬谕以开主意。数，所角翻。沈，持林翻。忼，苦广翻。史言周朝新造，辅相者能尽心营职，以济多艰。

45 武平节度使马光惠，愚懦嗜酒，不能服诸将；王逵、周行逢、何敬真谋以辰州刺史庐陵刘言骁勇得蛮夷心，刘言从彭玕奔楚，因为楚将。欲迎以为副使。言知逵等难制，曰："不往，将攻我。"乃单骑赴之。九域志：辰州东至朗州五百六十六里。既至，众废光惠，送于唐，推言权武平留后，为王逵等杀刘言张本。表求旄节于唐，唐人未许；亦称藩于周。

46 吴越王弘俶以前内外马步都统军使仁俊无罪，复其官爵。钱仁俊被幽见二百八十五卷晋齐王开运二年。

47 契丹遣燕王述轧等册命北汉主为大汉神武皇帝，妃为皇后。北汉主更名旻。更，工衡翻。

48 秋，七月，按五代会要，是月，周追尊四庙。北汉主遣翰林学士博兴卫融等诣契丹谢册礼，博兴，即唐青州之博昌县，后唐避献祖讳，改曰博兴。九域志：县在州西北一百二十里。且请兵。请兵以攻周。

49 八月，壬戌，葬汉隐帝于颍陵。颍陵，在许州阳翟县。

50 义武节度使孙方谏入朝，壬子，徙镇国节度使，以其弟易州刺史行友为义武留后。又徙建雄节度使王晏镇徐州，以武宁节度使王彦超代之。王晏与王彦超两易所镇。

51 戊午，追立故夫人柴氏为皇后。柴氏先卒，去年不死于刘铢之手。

52 九月，北汉主遣招讨使李存瓌将兵自团柏入寇。契丹欲引兵会之，"契丹"之下，当有"主"字。与酋长议于九十九泉。魏土地记曰：沮阳城东八十里有牧牛山，山下有九十九泉，即沧河之上源也。按魏收魏书：天赐三年，八月，魏主登武要北原，观九十九泉。武要县，汉属定襄郡东部都尉治所。宋白曰：九十九泉，在幽州西北一千馀里。诸部皆不欲南寇，契丹主强之，癸亥，行至新州之【章：十二行本"之"下有"西"字；乙十一行本同；孔本同；张校同。】火神淀，契丹虽破晋，其力亦疲，诸部疮痍未瘳，羸耗未复，故不欲南寇。宋白曰：火神淀在新州西。强，其两翻。淀，徒练翻。浅水曰淀。燕王述轧及伟王之子太宁王沤僧作乱，沤，乌侯翻。弑契丹主而立述轧。契丹主德光之子【章：十二行本"子"下有“齐王”二字；乙十一行本同；孔本同；张校同。】述律逃入南山，诸部奉述律以攻述轧、沤僧，杀之，并其族党。立述律为帝，改元应历。自火神淀入幽州，遣使告于北汉，北汉主遣枢密直学士上党王得中如契丹，贺即位，复以叔父事之，请兵以击晋州。

契丹主年少，好游戏，不亲国事；每夜酣饮，达旦乃寐，日中方起，国人谓之睡王。后更名明。少，诗照翻。好，呼到翻。更，工衡翻。

53 壬申，蜀以吏部尚书、御史中丞范仁恕为中书侍郎兼吏部尚书、同平章事。

54 楚王希萼既克长沙，不赏许可琼，许可琼降希萼见上卷汉隐帝乾佑三年。疑可琼怨望，出为蒙州刺史。唐武德五年，析荔州之隋化县置南恭州，贞观八年，更名蒙州，宋朝熙宁五年，废蒙州，以立山县隶昭州。宋白曰：蒙州，汉荔浦县地，唐置蒙州，以州东面有蒙山，山下有泉源，流为蒙水，山下人皆姓蒙，故名。遣马步都指挥使徐威、左右军马步使陈敬迁、水军都指挥使鲁公绾、牙内侍卫指挥使陆孟俊帅部兵立寨于城西北隅，以备朗兵，帅，读曰率；下同。不存抚役者，将卒皆怨怒，谋作乱。希崇知其谋，戊寅，希萼宴将吏，徐威等不预，希崇亦辞疾不至。威等使人先驱踶啮马十馀入府，自帅其徒执斧斤、白梃，声言絷马，奄至座上，纵横击人，颠踣满地。踶，大计翻。啮，鱼结翻。絷，陟立翻。纵，子容翻。踣，蒲北翻。希萼逾垣走，威等执囚之；考异曰：十国纪年作“丁丑”。按湖湘故事在十九日，今从之。执谢彦颙，自顶及踵剉之。立希崇为武安留后，纵兵大掠。幽希萼于衡山县。三国时，吴分湘南县置衡山县，唐属衡州，宋朝淳化四年分属潭州。九域志：衡山县在潭州西南三百二十里。

刘言闻希崇立，遣兵趣潭州，趣，七喻翻。声言讨其篡夺之罪，壬午，军于益阳之西。希崇惧，癸未，发兵二千拒之，又遣使如朗州求和，请为邻藩。掌书记桂林李观象说言曰：时人谓桂州为桂林。说，式芮翻。“希萼旧将佐犹在长沙，此必不欲与公为邻；不若先檄希崇取其首，然后图湖南，可兼有也。”言从之。希崇畏言，即断都军判官杨仲敏、掌书记刘光辅、牙内指挥使魏师进、都押牙黄勍等十馀人首，断，丁管翻。勍，渠京翻。遣前辰阳县令李翊赍送朗州；辰阳，地名，马氏置县，属辰州。宋白曰：辰溪县，本汉辰陵县，后汉曰辰阳，以县在辰水之阳也，隋改曰辰溪。如此，则马氏用后汉县名也。至则腐败，言与王逵等皆以为非仲敏等首，怒责翊，翊惶恐自杀。

希崇既袭位，亦纵酒荒淫，为政不公，语多矫妄，国人不附。

初，马希萼入长沙，事见上卷上年十二月。彭师暠虽免死，犹杖背黜为民；希崇以为师暠必怨之，使送希萼于衡山，实欲师暠杀之，师暠曰：“欲使我为弑君之人乎！”奉事逾谨。暠，古老翻。丙戌，至衡山，衡山指挥使廖偃，匡图之子也，晋天福四年，廖匡图与蛮战死。与其季父节度巡官匡凝谋曰：“吾家世受马氏恩，今希萼长而被黜，必不免祸，长，知两翻。被，皮义翻。盍相与辅之！”于是帅庄户及乡人悉为兵，佃豪家之田而纳其租，谓之庄户。帅，读曰率。与师暠共立希萼为衡山王，以县为行府，断江为栅，断，丁管翻。江，即谓湘江也。编竹为战舰，以师暠为武清节度使，武清节度使，廖偃等自相署置耳。召募徒众，数日，至万馀人，州县多应之。遣判官刘虚己求援于唐。

徐威等见希崇所为，知必无成，又畏朗州、衡山之逼，恐一朝丧败，俱及祸，丧，息浪翻。欲杀希崇以自解。希崇微觉之，大惧，密遣客将范守牧奉表请兵于唐，唐主命边镐自袁州将兵万人西趣长沙。将，即亮翻。趣，七喻翻。

55 冬，十月，辛卯，潞州巡检陈思让败北汉兵于虒亭。败，补迈翻。虒亭，在潞州铜鞮县。九域志：潞州襄垣县有虒亭镇。虒，音斯。

56 唐边镐引兵入醴陵。旧唐书地理志曰：汉临湘县界有醴陵，后汉立为县，隋废，唐武德四年分长沙县置醴陵县，并属潭州。九域志：醴陵县在潭州东一百六十里。范成大行程记：袁州萍乡县至潭州醴陵县，两日程耳。癸巳，楚王希崇遣使犒军。壬寅，遣天策府学士拓跋恒奉笺诣镐请降。恒叹曰："吾久不死，乃为小儿送降状！"癸卯，希崇帅弟侄迎镐，望尘而拜，镐下马称诏劳之。犒，苦到翻。帅，读曰率；下同。劳，力到翻。甲辰，希崇等从镐入城，镐舍于浏阳门楼，浏，音留。湖南将吏毕贺，镐皆厚赐之。时湖南饥馑，镐大发马氏仓粟赈之，楚人大悦。马殷据潭、朗，传子希声、希范、希广、希萼、希崇，至是而亡。唐明宗天成三年，楚归吴败将苗璘，许德勋谓之曰："待众驹争皂栈而后湖、湘可图。"今果如其言。

57 契丹遣彰国节度使萧禹厥将奚、契丹五万会北汉兵入寇；北汉主自将兵二万自阴地关寇晋州，丁未，军于城北，三面置寨，昼夜攻之，游兵至绛州。时王晏已离镇，离，力智翻。王彦超未至，巡检使王万敢权知晋州，与龙捷都指挥使史彦超、虎捷指挥使何徽共拒之。薛史本纪：广顺元年，改侍卫马步军额，马军旧称护圣，改为龙捷；步军旧称奉国，改为虎捷。史彦超，云州人也。

58 癸丑，唐武昌节度使刘仁赡帅战舰二百取岳州，抚纳降附，人忘其亡。刘仁赡善将，故能为唐坚守寿州。仁赡，金之子也。刘金为杨氏将。

唐百官共贺湖南平，起居郎高远曰："我乘楚乱，取之甚易。易，以豉翻。观诸将之才，但恐守之难耳！"远，幽州人也。司徒致仕李建勋曰："祸其始于此乎！"唐之祸败，后果如二臣所料。

唐主自即位以来，未尝亲祠郊庙，礼官以为请，唐主曰："俟天下一家，然后告谢。"及一举取楚，谓诸国指麾可定。魏岑侍宴言："臣少游元城，乐其风土，少，诗照翻。乐，音洛。俟陛下定中原，乞魏博节度使。”唐主许之，岑趋下拜谢。其主骄臣佞如此。

马希萼望唐人立己为潭帅，而潭人恶希萼，恶，乌路翻。共请边镐为帅，帅，所类翻；下同。唐主乃以镐为武安节度使。为边镐为朗兵所逐张本。

59 王峻有故人曰申师厚，尝为兖州牙将，失职饥寒，望峻马拜谒于道。会凉州留后折逋嘉施上表请帅于朝廷，折逋，羌族也，因以为姓。帝以绝域非人所欲，募率府供奉官愿行者，率府，谓东宫十率府也。月馀，无人应募，峻荐师厚于帝，丁巳，以师厚为河西节度使。

60 唐边镐趣马希崇帅其族入朝，趣，读曰促。帅，读曰率。朝，直遥翻。马氏聚族相泣，欲重赂镐，奏乞留居长沙，镐微哂曰：“国家与公家世为仇敌，殆六十年，哂，矢忍翻。唐昭宗光启三年，马殷从孙儒攻杨行密，乾宁三年，得湖南，自此与江淮为敌国。自光启三年至是年，适六十年。然未尝敢有意窥公之国。今公兄弟斗阋，困穷自归，若复二三，复，扶又翻。恐有不测之忧。”希崇无以应，十一月，辛酉，与宗族及将佐千馀人号恸登舟，阋，馨激翻，斗也，很也，戾也。诗云：兄弟阋于墙。复，扶又翻。号，户刀翻。送者皆哭，响振川谷。

61 帝以北汉、契丹之兵犹在晋州，甲子，以王峻为行营都部署，将兵救之，诏诸军皆受峻节度，听以便宜从事，得自选择将吏。乙丑，峻行，帝自至城西饯之。大梁城西也。

62 楚静江节度副使、知桂州马希隐，武穆王殷之少子也。楚王希广、希萼兄弟争国，南汉主以内侍吴怀恩为西北招讨使，将兵屯境上，伺间密谋进取，少，诗照翻。伺，相吏翻。间，古苋翻。希广遣指挥使彭彦晖将兵屯龙峒以备之。桂州溪南有白龙洞，在平地半山上。希萼自衡山遣使以彦晖为桂州都监、在城外内巡检使、判军府事，希隐恶之，恶，乌路翻。潜遣人告蒙州刺史许可琼。可琼方畏南汉之逼，即弃蒙州，引兵趣桂州，蒙、桂相去四百馀里。趣，七喻翻。与彦晖战于城中，彦晖败，奔衡山，可琼留屯桂州。吴怀恩据蒙州，进兵侵掠，桂管大扰，希隐、可琼不知所为，但相与饮酒对泣。

南汉主遗希隐书，遗，唯季翻。言："武穆王奄有全楚，富强安靖五十馀年。正由三十五舅、三十舅兄弟寻戈，自相鱼肉，三十五舅，谓希广。三十舅，谓希萼。汉主龚娶楚王殷女，故呼希广等为舅。举先人基业，北面仇雠。言举国臣唐也。今闻唐兵已据长沙，窃计桂林继为所取。当朝世为与国，重以婚姻，朝，直遥翻。重，直用翻。睹兹倾危，忍不赴救！已发大军水陆俱进，当令相公舅永拥节旄，常居方面。"希隐得书，与僚佐议降之，支使潘玄珪以为不可。丙寅，吴怀恩引兵奄至城下，希隐、可琼帅其众，夜斩关奔全州，九域志：桂州北至全州一百六十三里。晋高祖时，马氏改永州之湘源县为清湘县，置全州，本汉洮阳县地也，有洮水在清湘县北。帅，读曰率。桂州遂溃。怀恩因以兵略定宜、连、梧、严、富、昭、柳、龚、象等州，唐乾封二年，招致生獠，以秦故桂林郡地置严州。富州当是置于贺州富川县。南汉始尽有岭南之地。

63 辛未，唐边镐遣先锋指挥使李承戬将兵如衡山，趣马希萼入朝。戬，子践翻。趣，读曰促。庚辰，希萼与将佐士卒万馀人自潭州东下。

64 王峻留陕州旬日，帝以北汉攻晋州急，忧其不守，议自将由泽州路与峻会兵救之，帝欲自泽州而西，王峻自陕渡河而北，取绛州而会于晋州。陕，失冉翻。将，即亮翻。且遣使谕峻。十二月，戊子朔，下诏以三日西征。使者至陕，峻因使者言于帝曰："晋州城坚，未易可拔，易，以豉翻。刘崇兵锋方锐，不可力争。所以驻兵，待其气衰耳，非臣怯也。陛下新即位，不宜轻动。若车驾出汜水，则慕容彦超引兵入汴，大事去矣！”帝闻之，自以手提耳曰：“几败吾事！”王峻之言，出于帝防虞之所不及，而犁然有当于心，故不觉自提其耳。几，居依翻。败，补迈翻。庚寅，敕罢亲征。

初，泰宁节度使兼中书令慕容彦超闻徐州平，谓巩廷美等死。疑惧愈甚，乃招纳亡命，畜聚薪粮，潜以书结北汉，吏获其书以闻。又遣人诈为商人求援于唐。帝遣通事舍人郑好谦就申慰谕，与之为誓。彦超益不自安，屡遣都押牙郑麟诣阙，伪输诚款，实觇机事，觇，丑廉翻，又丑艳翻。又献天平节度使高行周书，其言皆谤毁朝廷与彦超相结之意，帝笑曰：“此彦超之诈也！”以书示行周，行周上表谢恩。汉初，彦超与行周同攻魏，因而结隙。且兖、郓邻藩，彦超举兵，恐行周拟其后，故伪为其书，欲以间之；帝反以其书示行周以结其心。既而彦超反迹益露，丙申，遣阁门使张凝将兵赴郓州巡检以备之。职官分纪：阁门使、副，掌供奉乘舆，朝会、游幸、大宴及赞引亲王、宰相、百寮、蕃客朝见、辞，纠弹失仪。五代以来，多以处武臣，出将使命及总戎旅。

65 庚子，王峻至绛州；乙巳，引兵趣晋州。趣，七喻翻。晋州南有蒙坑，最为险要，峻忧北汉兵据之，是日，闻前锋已度蒙坑，喜曰：“吾事济矣！”

66 慕容彦超奏请入朝，帝知其诈，即许之；既而复称境内多盗，未敢离镇。复，扶又翻。离，力智翻。

67 北汉主攻晋州，久不克。是年十月庚子攻晋州，至是五十馀日。会大雪，民相聚保山寨，野无所掠，军乏食。契丹思归，闻王峻至蒙坑，烧营夜遁。峻入晋州，诸将请亟追之，峻犹豫未决；明日，乃遣行营马军都指挥使仇弘超、都排陈使药元福、左厢排陈使陈思让、康延沼将骑兵追之，及于霍邑，九域志：霍邑，在晋州北一百三十五里。纵兵奋击，北汉兵坠崖谷死者甚众。霍邑道隘，延沼畏懦不急追，由是北汉兵得渡。药元福曰："刘崇悉发其众，挟胡骑而来，志吞晋、绛，今气衰力惫，狼狈而遁，不乘此翦扑，必为后患。"惫，蒲拜翻。扑，普卜翻。诸将不欲进，王峻复遣使止之，复，扶又翻。王峻自晋州遣使。遂还。契丹比至晋阳，士马什丧三四；还，从宣翻，又如字。比，必利翻。丧，息浪翻。萧禹厥耻无功，钉大酋长一人于市，旬馀而斩之。钉，丁定翻。酋，慈秋翻。长，知两翻。北汉主始息意于进取。北汉土瘠民贫，内供军国，外奉契丹，赋繁役重，民不聊生，逃入周境者甚众。

68 唐主以镇南节度使兼中书令宋齐丘为太傅；以马希萼为江南西道观察使，镇【章：十二行本"镇"上有"守中书令"四字；乙十一行本同；孔本同；张校同。】洪州，仍赐爵楚王；以马希崇为永泰节度使，镇【章：十二行本"镇"上有"兼侍中"三字；乙十一行本同；孔本同；张校同。】舒州。唐盖置永泰军于舒州。湖南将吏，位高者拜刺史、将军、卿监，卑者以次拜官。唐主嘉廖偃、彭师暠之忠，以偃为左殿直军使、莱州刺史，莱州属周境，廖偃遥领耳。师暠为殿直都虞候，赐予甚厚。予，读曰与。湖南刺史皆入朝于唐，永州刺史王赟独后至，唐主毒杀之。

69 南汉主遣内侍省丞潘崇彻、唐内侍省有监，有少监，未尝有丞，此南汉创置也。将军谢贯将兵攻郴州，唐边镐发兵救之；崇彻败唐兵于义章，郴，丑林翻。宋白曰：郴州，汉郴县，隋置郴州。败，补迈翻。隋末，萧铣分郴置义章县，唐属郴州。九域志：在州南八十五里。宋朝避太宗潜藩旧名，改曰宜章。宋白曰：县北临章水。遂取郴州。边镐请除全、道二州刺史以备南汉。丙辰，唐主以廖偃为道州刺史，以黑云指挥使张峦知全州。全、道二州与南汉贺、昭、桂三州接界。

70 是岁，唐主以安化节度使鄱阳王王延政为山南西道节度使，兴元，山南西道，属蜀，唐使王延政遥领耳。更赐爵光山王。更，工衡翻。王延政之先本光山人，故以爵之。

初，蒙城镇将咸师朗将部兵降唐，见二百八十八卷汉乾佑二年。将，即亮翻。唐主以其兵为奉节都，从边镐平湖南。唐悉收湖南金帛、珍玩、仓粟乃至舟舰、亭馆、花果之美者，皆徙于金陵，遣都官郎中杨继勋等收湖南租赋以赡戍兵。继勋等务为苛刻，湖南人失望。行营粮料使王绍颜减士卒粮赐，奉节指挥使孙朗、曹进怒曰："昔吾从咸公降唐，唐待我岂如今日湖南将士之厚哉！今有功不增禄赐，又减之，不如杀绍颜及镐，据湖南，归中原，富贵可图也！"

二年（壬子、九五二）

1 春，正月，庚申，夜，孙朗、曹进帅其徒作乱，帅，读曰率。束藁潜烧府门，火不然；边镐觉之，出兵格斗，且命鸣鼓角，朗、进等以为将晓，斩关奔朗州。王逵问朗曰："吾昔从武穆王，与淮南战屡捷，马殷谥武穆王。淮南兵易与耳。易，以豉翻。今欲以朗州之众复取湖南，可乎？"朗曰："朗在金陵数年，备见其政事，朝无贤臣，军无良将，忠佞无别，赏罚不当，朝，直遥翻。将，即亮翻。别，彼列翻。当，丁浪翻。如此，得国存幸矣，何暇兼人！朗请为公前驱，取湖南如拾芥耳！"逵悦，厚遇之。为，于伪翻。王逵等本有图湖南之志，于此遂决。

2 壬戌，发开封府民夫五万修大梁城，旬日而罢。

3 慕容彦超发乡兵入城，引泗水注壕中，为战守之备；又多以旗帜授诸镇将，令募群盗，剽掠邻境，帜，昌志翻。剽，匹妙翻。所在奏其反状。甲子，敕沂、密二州不复隶泰宁军。先收其巡属以弱慕容彦超。复，扶又翻。以侍卫步军都指挥使、昭武节度使曹英为都部署，讨彦超，昭武军，利州，属蜀，曹英遥领耳。齐州防御使史延超为副部署，皇城使河内向训为都监，向，姓也，本自有殷宋文公支子向文盱，盱孙戌以王父字为氏。余按春秋左氏传，向戌，宋桓公之后。向，式亮翻。监，古衔翻。陈州防御使药元福为行营马步都虞候。帝以元福宿将，药元福历事唐、汉、晋，为将有功。将，即亮翻。命英、训无得以军礼见之，二人皆父事之。

唐主发兵五千，军于下邳，以援彦超；闻周兵将至，退屯沭阳。下邳县，属徐州，东南至沭阳县百里。刘昫曰：沭阳，汉厦丘县，后魏改曰沭阳，唐属海州。九域志：在海州西南一百八十里。杜佑曰：海州沭阳县，汉原丘县地，梁置潼阳郡。沭，食聿翻。徐州巡检使张令彬击之，大破唐兵，杀、溺死者千馀人，获其将燕敬权。燕，于贤翻。

初，彦超以周室新造，谓其易摇，易，以豉翻。故北召北汉及契丹，南诱唐人，使侵边鄙，冀朝廷奔命不暇，然后乘间而动。诱，音酉。间，古苋翻。及北汉、契丹自晋州北走，唐兵败于沭阳，彦超之势遂沮。沮，在吕翻。

永兴节度使李洪信，自以汉室近亲，心不自安，李洪信，汉李太后之群从也。城中兵不满千人，王峻在陕，以救晋州为名，发其数百。及北汉兵遁去，遣禁兵千馀人戍长安；洪信惧，遂入朝。

4 壬申，王峻自晋州还，入见。还，从宣翻，又如字。见，贤遍翻。

5 曹英等至兖州，设长围。慕容彦超屡出战，药元福皆击败之，败，补迈翻。彦超不敢出。十馀日，长围合，遂进攻。

初，彦超将反，判官崔周度谏曰："鲁，诗书之国，自伯禽以来不能霸诸侯，然以礼义守之，可以长世。公于国家非有私憾，胡为自疑！况主上开谕勤至，苟撤备归诚，则坐享太山之安矣。独不见杜中令、安襄阳、李河中竟何所成乎！"杜中令，谓杜重威，安襄阳，谓安从进，李河中，谓李守贞，皆以反而败死，事并见前纪。彦超怒。及官军围城，彦超括士民之财以赡军，坐匿财死者甚众。前陕州司马阎弘鲁，宝之子也，阎宝背梁归唐，历节镇。畏彦超之暴，倾家为献，彦超犹以为有所匿，命周度索其家，索，山客翻。周度谓弘鲁曰："君之死生，系财之丰约，宜无所爱。”弘鲁泣拜其妻妾曰：“悉出所有以救吾死。”皆曰：“竭矣！”周度以白彦超，彦超不信，收弘鲁夫妻系狱。有乳母于泥中掊得金缠臂，献之，冀以赎其主。掊，蒲沟翻，以手爬土也。彦超曰：“所【章：十二行本“所”上有“果然”二字；乙十一行本同；孔本同；张校同。】匿必犹多。”榜掠弘鲁夫妻，肉溃而死。以周度为阿庇，斩于市。

6 北汉遣兵寇府州，防御使折德扆败之，败，补迈翻。杀二千馀人。二月，庚子，德扆奏攻拔北汉岢岚军，以兵戍之。旧唐书地理志曰：岚州岚谷县，旧岢岚军也，在岚州宜芳县北界；长安二年，分宜芳，于岢岚旧军置岚谷县；神龙二年，废县，置军；开元十二年复置县。此盖后唐复置军也。九域志：岢岚军治岚谷县，南至岚州九十里。岢，枯我翻。

7 甲辰，帝释燕敬权等使归唐，谓唐主曰：“叛臣，天下所共疾也，不意唐主助之，得无非计乎！”唐主大惭，先所得中国人，皆礼而归之。唐之言事者犹献取中原之策，中书舍人韩熙载曰：“郭氏有国虽浅，为治已固，治，直吏翻。我兵轻动，必有害无益。”

唐自烈祖以来，唐主昪，庙号烈祖。常遣使泛海与契丹相结，欲与之共制中国，更相馈遗，更，工衡翻。遗，唯季翻。约为兄弟。然契丹利其货，徒以虚语往来，实不为唐用也。

唐主好文学，好，呼到翻。故熙载与冯延巳、延鲁、江文蔚、潘佑、徐铉之徒皆至美官。佑，幽州人也。蔚，纡勿翻。当时唐之文雅于诸国为盛，然未尝设科举，多因上书言事拜官，至是，始命翰林学士江文蔚知贡举，进士庐陵王克贞等三人及第。庐陵，汉县，唐带吉州。蔚，纡勿翻。唐主问文蔚：“卿取士何如前朝？”对曰：“前朝公举、私谒相半，臣专任至公耳！”唐主悦。中书舍人张纬，前朝登第，闻而衔之。时执政皆不由科第，相与沮毁，竟罢贡举。南唐罢贡举时，中国未尝罢贡举也。

8 三月，戊辰，以内客省使、恩州团练使晋阳郑仁诲为枢密副使。按是时中国无恩州，此即南汉之恩州也，郑仁诲遥领团练使耳。宋庆历八年，平王则，改贝州为恩州，始以岭南之恩州为南恩州以别之。

9 甲戌，改威胜军曰武胜军。旧以邓州为威胜军，今避上名而改之。

10 唐主以太弟太保、昭义节度使冯延巳为左仆射，前镇海节度使徐景运为中书侍郎，及右仆射孙晟皆同平章事。既宣制，户部尚书常梦锡众中大言曰：“白麻甚佳，但不及江文蔚疏耳！”江文蔚疏见二百八十六卷汉天福十二年。晟素轻延巳，谓人曰：“金杯玉碗，乃贮狗矢乎！”碗，乌管翻。贮，丁吕翻。

延巳言于唐主曰：“陛下躬亲庶务，故宰相不得尽其才，此治道所以未成也！”治，直吏翻。唐主乃悉以政事委之，奏可而已。既而延巳不能勤事，文书皆仰成胥史，仰，牛向翻。军旅则委之边将，顷之，事益不治，唐主乃复自览之。复，扶又翻。

大理卿萧俨恶延巳为人，数上疏攻之，会俨坐失入人死罪，恶，乌路翻。数，所角翻。上，时掌翻。误入人死罪，谓之失入。钟谟、李德明辈必欲杀之，延巳曰：“俨误杀一妇人，诸君以为当死。俨九卿也，可误杀乎？”独上言：“俨素有直声，今所坐已会赦，宜从宽宥。”俨由是得免；人亦以此多之。

景运寻罢为太子少傅。按唐既置太弟官属，不应复有太子少傅，当考。

11 夏，四月，丙戌朔，日有食之。

12 帝以曹英等攻兖州久未克，乙卯，下诏亲征，以李榖权东京留守兼判开封府，郑仁诲权大内都巡【章：十二行本“巡”作“点”；乙十一行本同；孔本同；张校同。】检，又以侍卫马军都指挥使郭崇充在京都巡检。

13 唐主既克湖南，遣其将李建期屯益阳以图朗州，以知全州张峦兼桂州招讨使以图桂州，久之，未有功。唐主谓冯延巳、孙晟曰："楚人求息肩于我，言湖南之人，苦其主之虐政暴敛而求息肩于唐。我未有抚其疮痍而虐用其力，非所以副来苏之望；书曰：后来其苏。言楚人望唐之休息而唐又兴兵役以疲之，非所以副其望。使唐主言而能行，不摇于众口，乌有他日之败乎！吾欲罢桂林之役，敛益阳之戍，以旌节授刘言，何如？"晟以为宜然。宜然，犹言宜如此也。延巳曰："吾出偏将举湖南，远近震惊；一旦三分丧二，得潭而失朗、桂，故谓之三分丧二。丧，息浪翻。人将轻我。请委边将察其形势。"唐主乃遣统军使侯训将兵五千自吉州路趣全州，趣，七喻翻。与张峦合兵攻桂州。南汉伏兵于山谷，峦等始至城下，罢乏，罢，读曰疲。伏兵四起，城中出兵夹击之，唐兵大败，训死，峦收散卒数百奔归全州。

14 五月，庚申，帝发大梁；戊辰，至兖州。己巳，帝使人招谕慕容彦超，城上人语不逊；庚午，命诸军进攻。

先是，术者绐彦超云："镇星行至角、亢，角、亢兖州之分，先，悉荐翻。镇星，土星也。亢，苦郎翻。分，扶问翻。其下有福。"彦超乃立祠而祷之，令民间皆立黄幡。土色黄；彦超令立幡以从其色。人心悦则天意得；人有离心，厌胜何益！彦超性贪吝，官军攻城急，犹瘗藏珍宝，瘗，于计翻。由是人无斗志，将卒相继有出降者。乙亥，官军克城，彦超方祷镇星祠，帅众力战，帅，读曰率。不胜，乃焚镇星祠，与妻赴井死；子继勋出走，追获，杀之。官军大掠，城中死者近万人。近，其靳翻。初，彦超将反，募群盗置帐下，至者二千馀人，皆山林犷悍，犷，古猛翻。悍，侯旰翻，又下罕翻。竟不为用。

帝欲悉诛兖州将吏，翰林学士窦仪见冯道、范质，与之共白帝曰："彼皆胁从耳。"乃赦之。丁丑，以端明殿学士颜衎权知兖州事。衎，苦旱翻，又苦旰翻。赦【章：十二行本"赦"上有"壬午"二字；乙十一行本同；孔本同；张校同；退斋校同。】兖州管内，彦超党逃匿者期一月听自首，首，式又翻。前已伏诛者赦其亲戚。癸未，降泰宁军为防御州。以慕容彦超据兖州拒命，降节镇为防御州。

15 唐司徒致仕李建勋卒，且死，戒其家人曰："时事如此，吾得良死幸矣！勿封土立碑，听人耕种于其上，免为他日开发之标。"及江南之亡也，谓宋平金陵时。诸贵人高大之家无不发者，惟建勋冢莫知其处。李建勋知国事之日非而骸骨得保其藏，可不谓智乎！

16 六月，乙酉朔，帝如曲阜，谒孔子祠。昔少皞氏自穷桑而徙曲阜；鲁侯伯禽所宅，少皞氏之墟也。应劭曰：曲阜在鲁城中，委曲长七八里。刘昭曰：曲阜有阙里，孔子所居，后人立孔子祠。自唐以来，兖州治瑕丘，而曲阜为属县。九域志：在州东四十里。宋大中祥符五年，改曲阜为仙源县。既奠，将拜，左右曰："孔子，陪臣也，不当以天子拜之。"帝曰："孔子百世帝王之师，敢不敬乎！"遂拜之。又拜孔子墓，命葺孔子祠，禁孔林樵采。孔子庙在曲阜城西南隅阙里。孔子墓在曲阜城北泗水上，去城一里，葬地盖一顷，坟南北十步，东西十三步，高一丈二尺。前有瓴甋，为祠坛，方六尺，与地平。茔中异木以百数，皆诸弟子自四方致之，植于茔中，鲁人莫之识也。访孔子、颜渊之后，以为曲阜令及主簿。丙戌，帝发兖州。

17 乙未，吴越顺德太夫人吴氏卒。

18 丁酉，蜀大水入成都，秦时，蜀守李冰穿二江成都中，皆可行舟。郡县志曰：李冰凿离堆，又开二渠，由永康过新繁入成都，谓之外江；又一渠，由永康过郫入成都，谓之内江。高骈未筑罗城，内、外江皆从城西入。自骈筑城，遂从西北作縻枣堰，外江绕城北而东注于合江，内江循城南而与外水俱注江。江自西来，其地势高，所以有水患。漂没千馀家，溺死五千馀人，坏太庙四室。坏，音怪。戊戌，蜀大赦，赈水灾之家。

19 己亥，帝至大梁。自兖州还至大梁。

20 朔方节度使兼中书令陈留王冯晖卒，其子牙内都虞候继业杀其兄继勋，自知军府事。

21 太子宾客李涛之弟浣，在契丹为勤政殿学士，与幽州节度使萧海真善。海真，契丹主兀欲之妻弟也。浣说海真内附，海真欣然许之。浣因定州谍者田重霸赍绢表以闻，说，式芮翻。谍，达协翻。重，直龙翻。且与涛书，言：“契丹主童骙，骙，五骇翻，痴也。专事宴游，无远志，非前人之比，前人，谓阿保机、德光等。朝廷若能用兵，必克；不然，与和，必得。二者皆利于速，度其情势，他日终不能力助河东者也。”度，徒洛翻。河东，谓北汉。壬寅，重霸至大梁，会中国多事，不果从。北不得燕、云，西不得河、鄯、灵、夏，宋人以为千古之恨。观温公书此事，则元佑初弃米脂等四寨，知中国之力不足也。

22 辛亥，以冯继业为朔方留后。

23 枢密使王峻，性轻躁，多计数，好权利，喜人附己。躁，则到翻。好，呼到翻。喜，许记翻。自以天下为己任。每言事，帝从之则喜，或时未允，辄愠怼，愠，于运翻。怼，直类翻。往往发不逊语；帝以其故旧，且有佐命功，帝自邺都入汴以至即位，王峻之功为多。又素知其为人，每优容之。峻年长于帝，帝即位，犹以兄呼之，或称其字，峻以是益骄。副使郑仁诲、皇城使向训、恩州团练使李重进，皆帝在藩镇时腹心将佐也，重，直龙翻。将，即亮翻。帝即位，稍稍进用。峻心嫉之，累表称疾，求解机务，以诇帝意，诇，古永翻，又翾正翻。帝屡遣左右敦谕，峻对使者辞气亢厉，亢，苦浪翻。又遗诸道节度使书求保证；遗，唯季翻。诸道各献其书，帝惊骇久之，复遣左右慰勉，令视事，复，扶又翻。且曰：“卿傥不来，朕且自往。”犹不至。帝知枢密直学士陈观与峻亲善，令往谕指，观曰：“陛下但声言临幸其第，【章：十二行本“第”下有“严驾以待之”五字；乙十一行本同；孔本同。】峻必不敢不来。”【章：十二行本“来”下有“从之”二字；乙十一行本同；孔本同。】秋，七月，戊子，峻入朝，帝慰劳令视事。劳，力到翻。为贬王峻张本。重进，沧州人，其母即帝妹福庆长公主也。长，知两翻。

24 李毂足跌，伤右臂，跌，徒结翻。在告月馀；帝以毂职业繁剧，趣令入朝，在告，在假也。趣，读曰促。朝，直遥翻；下同。辞以未任趋拜。任，音壬。癸巳，诏免朝参，但令视事。

25 蜀工部尚书、判武德军郭延钧不礼于监押王承丕，承丕谋作乱。辛丑，左奉圣都指挥使安次孙钦安次县，属幽州。孙钦本燕人而仕于蜀。当以部兵戍边，往辞承丕，承丕邀与俱见府公；府公，谓郭延钧也。公者，人之尊称；一府所尊，故谓之府公。钦不知其谋，从之。承丕至，则令左右击杀延钧，屠其家，称奉诏处置军府，处，昌吕翻。即开府库赏士卒，出系囚，发屯戍。将吏毕集，钦谓承丕曰："今延钧已伏辜，公宜出诏书以示众。"承丕曰："我能致公富贵，勿问诏书。"钦始知承丕反，因绐曰："今内外未安，我请以部兵为公巡察。"为，于伪翻。即跃马而出，承丕连呼之，不止。钦至营，晓谕其众，帅以入府，攻承丕，帅，读曰率。承丕左右欲拒战，钦叱之，皆弃兵走，遂执承丕，斩之，并其亲党，传首成都。

26 天平节度使、守中书令高行周卒。行周有勇而知义，功高而不矜，策马临敌，叱咤风生，平居与宾僚宴集，侃侃和易，人以是重之。咤，陟驾翻。易，以豉翻。史言高行周所以能以功名终。

27 癸卯，蜀主遣客省使赵季札如梓州，慰抚吏民。以新经王承丕之乱也。

28 汉法，犯私盐、麴，无问多少抵死。郑州民有以屋税受盐于官，过州城，吏以为私盐，执而杀之；其妻讼冤。癸丑，始诏犯盐、麴者以斤两定刑有差。时敕诸色犯盐、麴，所犯一斤已下至一两，杖八十，配役；五斤已下、一斤已上，徒三年；五斤已上，重杖一顿，处死。

容肇祖标点聂崇岐覆校

资治通鉴卷第二百九十一

端明殿学士兼翰林侍读学士太中大夫
提举西京嵩山崇福宫上柱国河内郡开国公 司马光 奉敕编集
食邑二千六百户食实封一千户臣
后学天台 胡三省 音注

后周纪二 起玄黓困敦（壬子）九月，尽阏逢摄提格（甲寅）四月，凡一年有奇。

太祖圣神恭肃文武孝皇帝中

广顺二年（壬子、九五二）

1 九月，甲寅朔，吴越丞相裴坚卒。以台州刺史吴延福同参相府事。

2 庚午，敕北边吏民毋得入契丹境俘掠。

3 契丹将高谟翰以苇筏渡胡卢河入寇，胡卢河，在深、冀之间，横亘数百里。丁度曰：胡卢河，即衡漳之别名。至冀州，成德节度使何福进遣龙捷都指挥使刘诚诲等屯贝州以拒之。九域志：贝州，北至冀州一百二十里。契丹闻之，遽引兵北渡；所掠冀州丁壮数百人，望见官军，争鼓噪，欲攻契丹，官军不敢应，契丹尽杀之。

4 蜀山南西道节度使李廷珪奏周人聚兵关中，请益兵为备。蜀主遣奉銮肃卫都虞候赵进将兵趣利州；趣，七喻翻。既而闻周人聚兵以备北汉，乃引还。还，从宣翻，又如字。

5 唐武安节度使边镐，昏懦无断，断，丁乱翻。在湖南，政出多门，不合众心。吉水人欧阳广上书，吉水，古吉阳县地，久废，唐置吉水县，属吉州。九域志：在州东北四十里。宋白曰：隋开皇十年废吉阳县入庐陵县。大业分庐陵县水东十一乡为吉水县。言：“镐非将帅才，必丧湖南，将，即亮翻。帅，所类翻。丧，息浪翻。宜别择良帅，益兵以救其败。”不报。

唐主使镐经略朗州，有自朗州来者，多言刘言忠顺，镐由是不为备。唐主召刘言入朝，朝，直遥翻。言不行，谓王逵曰：“唐必伐我，奈何？”逵曰：“武陵负江湖之险，朗州，武陵郡。带甲数万，安能拱手受制于人！边镐抚御无方，士民不附，可一战擒也。”言犹豫未决，周行逢曰：“机事贵速，缓则彼为之备，不可图也。”言乃以逵、行逢及牙将何敬真、张仿、蒲公益、朱全琇、琇，音秀。宇文琼、彭万和、潘叔嗣、张文表十人皆为指挥使，部分发兵。分，扶问翻。叔嗣、文表，皆朗州人也。行逢能谋，文表善战，叔嗣果敢，三人多相须成功，情款甚昵。昵，尼质翻。

诸将欲召溆州酋长苻彦通为援，溆，音叙。苻，读曰蒲。酋，慈由翻。长，知两翻。苻彦通自谓苻秦苗裔。行逢曰：“蛮贪而无义，前年从马希萼入潭州，焚掠无遗。事见二百八十九卷汉隐帝乾佑三年。吾兵以义举，往无不克，乌用此物，使暴殄百姓哉！”乃止。然亦畏彦通为后患，以蛮酋土团都指挥使刘瑫为群蛮所惮，瑫，他牢翻。补西境镇遏使以备之。

冬，十月，逵等将兵分道趣长沙，趣，七喻翻。以孙朗、曹进为先锋使，孙朗、曹进奔朗州，见上卷是年正月。边镐遣指挥使郭再诚等将兵屯益阳以拒之。戊子，逵等克沅江，沅，音元。沅江，汉益阳县地，隋改为安乐，又改为沅江，乾宁中改为桥江，楚复为沅江，属朗州。九域志：在岳州西南一百二十六里。执都监刘承遇，裨将李师德帅众五百降之。帅，读曰率。降，户江翻。壬辰，逵等命军士举小舟自蔽，直造益阳，造，七到翻。四面斧寨而入，遂克之，杀戍兵二千人。边镐告急于唐。甲午，逵等克桥口及湘阴，九域志：潭州长沙县有桥口镇。乙未，至潭州，边镐婴城自守；救兵未至，城中兵少，丙申夜，镐弃城走，吏民俱溃。醴陵门桥折，醴陵门，潭州城东门。折，而设翻。死者万馀人，道州刺史廖偃为乱兵所杀。丁酉旦，王逵入城，自称武平节度副使、权知军府事，"武平"当作"武安"。军府，谓潭州军府也。以何敬真为行军司马。遣敬真等追镐，不及，斩首五百级。蒲公益攻岳州，风俗通：汉有詹事蒲昌。又晋书载记：氐酋蒲洪之先，其家池中蒲生，长五丈，如竹形，时咸谓之"蒲家"，因以为氏，其后改姓苻。则蒲之所自出有二焉。唐岳州刺史宋德权走，刘言以公益权知岳州。唐将守湖南诸州者，闻长沙陷，相继遁去。刘言尽复马氏岭北故地，惟郴、连入于南汉。郴，丑林翻。

6 契丹瀛、莫、幽州大水，流民入塞散居河北者数十万口，契丹州县亦不之禁。诏所在赈给存处之，赈，津忍翻。处，昌吕翻。中国民先为所掠，得归者什五六。

7 丁未，榖以病臂久未愈，李榖病臂始上卷是年六月。"榖"上须有"李"字，文乃明。【章：十二行本正有"李"字；孔本同；熊校云宋本无"李"字，不知所据何宋本。】三表辞位，帝遣中使谕指曰："卿所掌至重，谓李榖掌三司金谷也。朕难其人，苟事功克集，何必朝礼！朝，直遥翻。朕今于便殿待卿，可暂入相见。"榖入见于金祥殿，见，贤遍翻。面陈悃款；悃，苦本翻，诚也。帝不许。榖不得已复视事。复，扶又翻。榖未能执笔，诏以三司务繁，令刻名印用之。

8 辛亥，敕："民有诉讼，必先历县州及观察使处决，不直，处，昌吕翻。乃听讼于【章：十二行本"讼"作"诣"，无"于"字；乙十一行本同；孔本同；张校同。】台省，或自不能书牒，倩人书者，必书所倩姓名、居处。若无可倩，听执素纸。所诉必须己事，毋得挟私客诉。”倩，七政翻，假倩也。事不干己，妄兴词诉，谓之客诉。

9 庆州刺史郭彦钦性贪，野鸡族多羊马，五代会要：党项野鸡族，居庆州北。彦钦故扰之以求赂，野鸡族遂反，剽掠纲商；剽，匹妙翻。纲商，往沿边贩易者。薛史：庆州北十五里寡妇山，有蕃部曰野鸡族。刺史郭彦钦擅加粜盐钱，民夷流怨。蕃族犷悍，好为不法，彦钦乃奏野鸡族掠夺纲商。帝命宁、环二州合兵讨之。唐于古鸣沙之地置威州，周改曰环州。九域志：宁州北至庆州一百二十里；环州南至庆州一百八十里。

10 刘言遣使来告，称：“湖南世事朝廷，不幸为邻寇所陷，邻寇，谓唐也。臣虽不奉诏，辄纠合义兵，削平旧国。”言削平湖南旧楚之地。

唐主削边镐官爵，流饶州。初，镐以都虞候从查文徽克建州，事见二百八十五卷晋齐王开运二年，唐主之保大三年也。凡所俘获皆全之，建人谓之“边佛子”；及克潭州，市不易肆，事见上卷元年，唐之保大九年也。潭人谓之“边菩萨”；菩，薄乎翻。萨，桑葛翻。释典：菩，普也；萨，济也；言能普济众生也。既而为节度使，政无纲纪，惟日设斋供，供，居用翻。盛修佛事，潭人失望，谓之“边和尚”矣。

左仆射同平章事冯延巳、右仆射同平章事孙晟上表请罪；皆释之。晟陈请不已，乃与延巳皆罢守本官。

唐主以比年出师无功，比，毗至翻。乃议休兵息民。或曰：“愿陛下数十年不用兵，可小康矣！”唐主曰：“将终身不用，何数十年之有！”人非金石，唐主自谓真能享无疆之寿乎！然欲终身不用兵，而周兵已至淮上矣。唐主思欧阳广之言，拜本县令。以欧阳广言边镐必败，其言验也。

11 十一月，辛未，徙保义节度使折从阮为静难节度使，折从阮自陕州徙邠州。难，乃旦翻；下同。讨野鸡族。

12 癸酉，敕：“约每岁民间所输牛皮，三分减二；计田十顷，税取一皮，馀听民自用及卖买，惟禁卖于敌国。”先是，兵兴以来，先，悉荐翻。禁民私卖买牛皮，悉令输官受直。唐明宗之世，有司止偿以盐；晋天福中，并盐不给。汉法，犯私牛皮一寸抵死，然民间日用实不可无。帝素知其弊，至是，李穀建议，均于田亩，公私便之。

13 十二月，丙戌，河决郑、滑，遣使行视修塞。行，下孟翻。塞，悉则翻。

14 甲午，前静难节度使侯章献买宴绢千匹，银五百两；帝不受，曰：“诸侯入觐，天子宜有宴犒，岂待买邪！五代之时，不特方镇入朝买宴，唐明宗天成二年三月，幸会节园，群臣买宴，则在朝之臣亦买宴矣。犒，苦到翻。自今如此比者，皆不受。”

15 王逵将兵及洞蛮五万攻郴州，郴，丑林翻。南汉将潘崇彻救之，遇于蚝石。蚝石，在郴州义章县。蚝，音豪。崇彻登高望湖南兵，曰：“疲而不整，可破也。”纵击，大破之，伏尸八十里。

16 翰林学士徐台符请诛诬告李崧者葛延遇及李澄，诬李崧事见二百八十八卷汉乾佑元年。徐台符素与李崧善，故为请诛诬告者。冯道以为屡更赦，不许。更，工衡翻。王峻嘉台符之义，白于帝，癸卯，收延遇、澄，诛之。

17 刘言表称潭州残破，乞移使府治朗州，使，疏吏翻。且请贡献、卖茶，悉如马氏故事；许之。

18 唐江西观察使楚王马希萼入朝，唐主留之，后数年，卒于金陵，谥曰恭孝。

19 初，麟州土豪杨信自为刺史，受命于周。信卒，子重训嗣，考异曰："崇训"或作"崇勋"。世宗实录作"崇训"，后盖避梁王宗训改名也。按考异则"重训"当作"崇训"。以州降北汉；至是，为群羌所围，复归款，复，扶又翻。求救于夏、府二州。夏州，李彝殷；府州，折德扆。九域志：麟州，西北至夏州一百二十里，东北至府州一百二十里。

三年（癸丑、九五三）

1 春，正月，丙辰，以武平留后刘言为武平节度使，制置武安·静江等军事、同平章事；以王逵为武安节度使，何敬真为静江节度使，周行逢为武安行军司马。王逵既得潭州，则杀何敬真；既杀何敬真，则攻刘言而并朗州。

2 诏折从阮："野鸡族能改过者，拜官赐金帛，不则进兵讨之。"壬戌，从阮奏："酋长李万全等受诏立誓外，酋，慈秋翻。长，知两翻。自馀犹不服，方讨之。"

3 前世屯田皆在边地，使戍兵佃之。佃，亭年翻。唐末，中原宿兵，所在皆置营田以耕旷土；其后又募高赀户使输课佃之，输，春遇翻；下岁输同。户部别置官司总领，不隶州县，或丁多无役，或容庇奸盗，州县不能诘。诘，去吉翻。梁太祖击淮南，掠得牛以千万计，朱全忠大掠淮南见二百六十五卷唐昭宗天佑元年。给东南诸州农民，使岁输租。自是历数十年，牛死而租不除，民甚苦之。帝素知其弊，会閤门使、知青州张凝上便宜，请罢营田务，李穀亦以为言，乙丑，敕："悉罢户部营田务，以其民隶州县；其田、庐、牛、农器，并赐见佃者为永业，见，贤遍翻。悉除租牛课。"是岁，户部增三万馀户。民既得为永业，始敢葺屋植木，获地利数倍。或言："营田有肥饶者，不若鬻之，可得钱数十万缗以资国。"帝曰："利在于民，犹在国也，朕用此钱何为！"

4 莱州刺史叶仁鲁，帝之故吏也，按叶仁鲁，汉高祖之亲将也，天福十二年，尝破契丹于承天军；今曰帝之故吏，必尝事帝于枢密院，或讨河中、镇邺都时也。坐赃绢万五千匹，钱千缗，庚午，赐死；帝遣中使赐以酒食曰："汝自抵国法，吾无如之何！当存恤汝母。"仁鲁感泣。

5 帝以河决为忧，王峻自请往行视，许之。行，下孟翻。镇宁节度使荣屡求入朝，峻忌其英烈，每沮止之。沮，在吕翻。闰月，荣复求入朝，复，扶又翻。会峻在河上，帝乃许之。

6 契丹寇定州，围义丰军，时置义丰军于定州义丰县。定和都指挥使杨弘裕夜击其营，大获，契丹遁去。又寇镇州，本道兵击走之。

7 丙申，镇宁节度使荣入朝。故李守贞骑士马全义从荣入朝，帝召见，补殿前指挥使，谓左右曰："全义忠于所事，昔在河中，屡挫吾军，谓汉乾佑间，帝讨李守贞时也。汝辈宜效之。"王峻闻荣入朝，遽自河上归，戊戌，至大梁。

8 彰武节度使高允权卒，其子牙内指挥使绍基谋袭父位，诈称允权疾病，表己知军府事。观察判官李彬切谏，绍基怒，斩之，辛巳，以彬谋反闻。

9 王峻固求领藩镇，帝不得已，以【章：十二行本"以"上有"壬寅"二字；乙十一行本同；孔本同；张校同；退斋校同。】峻兼平卢节度使。

10 高绍基屡奏杂虏犯边，冀得承袭，帝遣六宅使张仁谦诣延州巡检，职官分纪曰：唐置十宅、六宅使，以诸王所属为名，或总云十六宅，后止曰六宅。绍基不能匿，始发父丧。

11 戊申，折从阮奏降野鸡二十一族。

12 唐草泽邵棠上言：布衣未有朝命者，谓之草泽。上，时掌翻。"近游淮上，闻周主恭俭，增修德政。吾兵新破于潭、朗，谓边镐潭州之败也。恐其有南征之志，宜为之备。"智识之士，何国无之！顾用与不用耳。

13 初，王逵既得潭州，事见上卷十月。以指挥使何敬真为静江节度副使，朱全琇为武安节度副使，张文表为武平节度副使，周行逢为武安行军司马。敬真、全琇各置牙兵，与逵分厅视事，吏民莫知所从。每宴集，诸将使酒，纷拏如市，无复上下之分，拏，奴加翻。分，扶问翻。唯行逢、文表事逵尽礼，逵亲爱之。敬真与逵不协，辞归朗州，又不能事刘言，与全琇谋作乱。言素忌逵之强，疑逵使敬真伺己，将讨之，逵闻之，甚惧。伺，相吏翻。行逢曰："刘言素不与吾辈同心，何敬真、朱全琇耻在公下，公宜早图之。"逵喜曰："与公共除凶党，同治潭、朗，周行逢之据有潭、朗，自此造端矣。治，直之翻。夫复何忧！"夫，音扶。复，扶又翻。会南汉寇全、道、永州，行逢请："身至朗州说言，说，式芮翻。遣敬真、全琇南讨，南讨者，拒南汉之兵。俟至长沙，以计取之，如掌中物耳。"逵从之。行逢至朗州，言以敬真为南面行营招讨使，全琇为先锋使，将牙兵百馀人会潭州兵以御南汉。二人至长沙，逵出郊迎，相见甚欢，宴饮连日，多以美妓饵之，妓，渠绮翻。敬真因淹留不进。朗州指挥使李仲迁部兵三千人久戍潭州，敬真使之先发，趣岭北，全、道、永三州皆在大庾岭之北。趣，七喻翻。都头符会等因士卒思归，劫仲迁擅还朗州。逵乘敬真醉，使人诈为言使者，责敬真以"南寇深侵，不亟捍御而专务荒宴，太师命械公归西府，"太师，谓刘言。朗府在潭州之西，故谓之西府。因收系狱。全琇逃去，遣兵追捕之。二月，辛亥朔，斩敬真以徇。未几，几，居岂翻。获全琇及其党十馀人，皆斩之。

14 癸丑，镇宁节度使荣归澶州。澶，时连翻。

15 初，契丹主德光北还，见二百八十六卷天福十二年。以晋传国宝自随。至是，更以玉作二宝。传国宝及受命宝也。五代会要曰：时制宝两座，用白玉，方六寸，螭虎纽，冯道书宝文，其一以"皇帝承天受命之宝"为文，其一以"皇帝神宝"为文。宋白曰：时内司制二宝，诏太常具制度以闻。有司言：唐六典：符宝郎掌天子八玺，其一曰神宝，二曰受命宝。其神宝方六寸，高四寸六分，厚一寸七分，蟠龙纽，文与传国玺同。传国玺，秦皇以蓝田玉刻之，李斯篆，方四寸，面文曰"受命于天，既寿永昌"。纽盘五龙。二宝历代相传，以为神器。别有六宝：一曰皇帝行玺，二曰皇帝之玺，三曰皇帝信玺，四曰天子行玺，五曰天子之玺，六曰天子信玺。此六玺，因文为名，并白玉，螭虎纽，历代传受，或亡失则补之。北朝铸之以金。贞观十六年，别制玄玺一座，文曰“皇天景命，有德者昌”。白玉，螭虎纽。同光中制宝一座，文曰：“皇帝受命之宝”。天福三年制宝一座，文曰“皇帝神宝”。其同光、天福二宝，内司制造，不见纽、篆、分寸制度。敕今制国宝两座，其一宜以“皇帝承天受命之宝”为文，其一以“皇帝神宝”为文，命中书令冯道书宝。议者曰：国以玉玺为传授神器，邃古无闻。运斗枢曰：舜、禹天子，黄龙负玺。世本曰：鲁昭公始作玺。秦兼六国，称皇帝，礼取蓝田之玉，玉工孙寿刻之，方四寸，李斯为大篆书之，形制如龙鱼凤鸟之状，希世之至宝也。秦亡，子婴以玺降汉，汉世世传宝之。王莽之篡，求玺于元后，后投之于阶，一角微缺。莽诛，归之更始。更始败，归之盆子。及熊耳之败，盆子以玺降光武。汉末，黄巾乱，投玺于井。孙坚入洛，见井有五色气，取得之，以归袁术。术败，荆州刺史徐璆得之，诣许，以进献帝。魏受汉，得之以传于晋。洛阳之陷，刘聪得之。刘曜为石勒所禽，玺归于邺。石氏之乱，冉闵得之。闵败，晋将戴施入邺得之，送江东，传之宋、齐、梁。台城之破，侯景得之。景败，其将侯子鉴以玺走，为追兵所迫，投于栖霞寺井中，僧永杼得而匿之。陈永定二年，永弟子普智以玺上陈文帝。隋平陈，始得秦真传国玺。炀帝江都之祸，宇文化及得之。化及败，玺归窦建德。建德败，其妻曹氏以玺献于唐。唐禅，杨涉送宝于大梁。庄宗灭梁得之。同光末，内难作，宝为火灼，文字讹缺，明宗得之。清泰败，以宝随身，自焚而死，宝遂亡失。其神宝者，方六寸，厚一寸七分，高四寸六分，蟠龙隐起，文与秦玺同，但玉色不及，形制高大耳，不知何代制造。东晋孝武十九年，雍州刺史郗恢得之。慕容永送于金陵，传之宋、齐、梁，台城之破，侯景得之。景败，侍中赵思齐携走江北，献之齐文宣帝。宇文灭齐得之。宇文亡，入隋。隋文帝改号传国玺，又改为受命玺，及平陈，始得秦真传国玺。仍以秦玺后出，得于亡陈，以北朝所传神玺为第一，秦玺次之。隋亡，窦建德妻与神玺俱献长安。唐末，不知所在。其说颇有源委，因载于此。更，工衡翻。

16 王逵遣使以斩何敬真告刘言，言不得已，庚申，斩符会等数人。以符会等擅归召变也。

17 枢密使、平卢节度使、同平章事王峻，晚节益狂躁，奏请以端明殿学士颜衎、衎，苦旱翻，又苦旦翻。枢密直学士陈观代范质、李穀为相，帝曰：“进退宰辅，不可仓猝，俟朕更思之。”峻力论列，语浸不逊；日向中，帝尚未食，峻争之不已，帝曰：“今方寒食，俟假开，如卿所奏。”峻乃退。旧制，寒食节休假前后共五日。假，居讶翻。

癸亥，帝亟召宰相、枢密使入，幽峻于别所。帝见冯道等，泣曰：“王峻陵朕太甚，欲尽逐大臣，翦朕羽翼。朕惟一子，专务间阻，暂令诣阙，已怀怨望。间，古苋翻。令诣阙，谓听皇子荣自澶州入朝也。岂有身典枢机，复兼宰相，又求重镇！复，扶又翻。峻求领藩镇见上月。观其志趣，殊未盈厌。厌，于艳翻，又于盐翻。无君如此，谁则堪之！”甲子，贬峻商州司马，制辞略曰：“肉视群后，孩抚朕躬。”言视朝臣如机上肉，抚天子如婴孩。帝虑邺都留守王殷不自安，王峻、王殷佐命有功一体之人，峻得罪，故虑殷猜惧。命殷子尚食使承诲诣殷，尚食使，唐尚食奉御之职。谕以峻得罪之状。峻至商州，得腹疾，帝犹愍之，命其妻往视之，未几而卒。几，居岂翻。

18 帝命折从阮分兵屯延州，折从阮时为静难帅，帅兵讨野鸡族而还师。高绍基始惧，屡有贡献。又命供奉官张怀贞将禁兵两指挥屯鄜、延，鄜，方无翻。绍基乃悉以军府事授副使张匡图。甲戌，以客省使向训权知延州。

19 三月，甲申，以镇宁节度使荣为开封尹、晋王。王峻既贬，始召荣。丙戌，以枢密副使郑仁诲为镇宁节度使。

20 初，杀牛族与野鸡族有隙，闻官军讨野鸡，馈饷迎奉，官军利其财畜而掠之；杀牛族反，与野鸡合，败宁州刺史张建武于包山。败，补迈翻。帝以郭彦钦扰群胡，致其作乱，事见上年十月。黜废于家。

21 初，解州刺史浚仪郭元昭与榷盐使李温玉有隙，汉隐帝分河中之解、安邑、闻喜为解州。解，户买翻。榷，古岳翻。温玉婿魏仁浦为枢密主事，晋有尚书都令史八人，秩二百石，与左、右丞总知都台事；梁五人，谓之五都令史。隋开皇初，改都令史为都事，置八人。后魏于尚书诸司置主事令史，隋于诸省又各置主事令史；炀帝并去令史之名，更曰主事；初杂用士人，至唐并用流外，至五代枢密院亦置主事。元昭疑仁浦庇之；会李守贞反，温玉有子在河中，元昭收系温玉，奏言其叛，事连仁浦。帝时为枢密使，知其诬，释不问。至是，仁浦为枢密承旨，元昭代归，甚惧，过洛阳，以告仁浦弟仁涤，仁涤曰："吾兄平生不与人为怨，况肯以私害公乎！"既至，丁亥，仁浦白帝，以元昭为庆州刺史。

22 己丑，以棣州团练使太原王仁镐为宣徽北院使兼枢密副使。

23 唐主复以左仆射冯延巳同平章事。去年十月，唐失潭州，冯延巳罢相。

24 周行逢恶武平节度副使张仿，恶，乌路翻。言于王逵曰："何敬真，仿之亲戚，临刑以后事属仿，公宜备之。"属，之欲翻。夏，四月，庚申，逵召仿饮，醉而杀之。

25 丙寅，归德节度使兼侍中常思入朝；戊辰，徙平卢节度使。将行，奏曰："臣在宋州，举丝四万馀两在民间，谨以上进，请征之。"举丝者，以货物贷与民，至丝熟而征其丝。上，时掌翻。帝颔之。五月，丁亥，敕榜宋州，凡常思所举悉蠲之，思【章：十二行本"思"上有"已输者复归之"六字；乙十一行本同；孔本同；退斋校同。】亦无怍色。怍，疾各翻。

26 自唐末以来，所在学校废绝，蜀毋昭裔出私财百万营学馆，校，户教翻。毋，音无，姓也。齐宣王封母弟于毋乡，其后因以为氏。且请刻板印九经；蜀主从之。由是蜀中文学复盛。自汉司马相如、扬雄以来，蜀中号为多士，而斯文之盛衰则系乎上之人。

27 六月，壬子，沧州奏契丹知卢台军事范阳张藏英来降。

28 初，唐明宗之世，宰相冯道、李愚请令判国子监田敏校正九经，刻板印卖，朝廷从之。丁巳，板成，献之。雕印九经始二百七十七卷唐明宗长兴三年，至是而成，凡涉二十八年。由是，虽乱世，九经传布甚广。史言圣人之道所以不坠者，以其有方策之传也。

29 王逵以周行逢知潭州，自将兵袭朗州，克之，杀指挥使郑珓，珓，古孝翻。执武安节度使、同平章事刘言，幽于别馆。刘言为武平节度使、镇朗州，非武安也。"安"当作"平"。言以元年七月得朗州，至是而败。

30 秋，七月，王殷三表请入朝，帝疑其不诚，遣使止之。

31 唐大旱，井泉涸，淮水可涉，饥民渡淮而北者相继，濠、寿发兵御之，民与兵斗而北来。观民心之向背，唐之君臣可以岌岌矣。帝闻之曰："彼我之民一也，听籴米过淮。"唐人遂筑仓，多籴以供军。八月，己未，诏唐民以人畜负米者听之，以舟车运载者勿予。予，读曰与。

32 王逵遣使上表，诬"刘言谋以朗州降唐，又欲攻潭州，其众不从，废而囚之，臣已至朗州抚安军府讫。"且请复移使府治潭州。去年，刘言表移使府于朗州。甲戌，遣通事舍人翟光裔诣湖南宣抚，从其所请。翟，苌伯翻，又徒历翻。逵还长沙，以周行逢知朗州事，又遣潘叔嗣杀刘言于朗州。为潘叔嗣杀王逵、周行逢杀叔嗣张本。

33 九月，己亥，武成节度使白重赞奏塞决河。滑州自唐以来，置义成节度；宋朝太平兴国元年，以太宗旧名，始改为武成军。于此时"武"当作"义"。塞，悉则翻。

34 契丹寇乐寿，齐州戍兵右保宁都头刘汉章杀都监杜延熙，谋应契丹，不克，并其党伏诛。

35 南汉主立其子继兴为卫王，璇兴为桂王，庆兴为荆王，保兴为祯王，崇兴为梅王。

36 东自青、徐，南至安、复，西至丹、慈，丹州在龙门河之西，慈州在龙门河之东。宋朝熙宁五年废慈州，以吉乡县属隰州。九域志：吉乡县在隰州西南一百六十里。北至贝、镇，皆大水。

37 帝自入秋得风痹疾，痹，必至翻，又毗至翻。害于食饮及步趋，术者言宜散财以禳之。帝欲祀南郊，又以自梁以来，郊祀常在洛阳，疑之。执政曰："天子所都则可以祀百神，何必洛阳！"于是，始筑圜丘、社稷坛，作太庙于大梁。自梁都大梁以来，建立郊庙皆所未遑。晋天福四年，太常礼院奏唐庙制度，请以至德宫正殿隔为五室而已。今始作太庙。癸亥，遣冯道迎太庙社稷神主于洛阳。

38 南汉大赦。

39 冬，十一月，己丑，太常请准洛阳筑四郊诸坛，从之。十二月，丁未朔，神主至大梁，帝迎于西郊，祔享于太庙。

40 邺都留守、天雄节度使兼侍卫亲军都指挥使、同平章事王殷恃功专横，恃佐命之功也。横，户孟翻。凡河北镇戍兵应用敕处分者，殷即以帖行之，又多掊敛民财。处，昌吕翻。分，扶问反。掊，蒲侯翻。帝闻之不悦，使人谓曰："卿与国同体，邺都帑庾甚丰，帑，他朗翻。卿欲用则取之，何患无财！"成德节度使何福进素恶殷，恶，乌路翻。甲子，福进入朝，密以殷阴事白帝，帝由是疑之。乙丑，殷入朝，诏留殷充京城内外巡检。

41 戊辰，府州防御使折德扆奏北汉将乔赟入寇，赟，于伦翻。击走之。

42 王殷每出入，从者常数百人；殷请量给铠仗以备巡逻，从，才用翻。量，音良。逻，郎佐翻。因充京城内外巡检，遂有此请。帝难之。时帝体不平，将行郊祀，而殷挟震主之势在左右，众心忌之。壬申，帝力疾御滋德殿，殷入起居，遂执之。下制诬殷谋以郊祀日作乱，流登州，出城，杀之。命镇宁节度使郑仁诲诣邺都安抚；仁诲利殷家财，擅杀殷子，迁其家属于登州。

43 唐祠部郎中、知制诰徐铉言贡举初设，不宜遽罢，乃复行之。唐罢贡举，事见上卷上年。

先是，楚州刺史田敬洙请修白水塘溉田以实边，先，悉荐翻。白水塘在楚州宝应县西八十里，邓艾所筑也。冯延巳以为便。李德明因请大辟旷土为屯田，修复所在渠塘堙废者。吏因缘侵扰，大兴力役，夺民田甚众，民愁怨无诉。徐铉以白唐主，唐主命铉按视之，铉籍民田悉归其主。或谮铉擅作威福，唐主怒，流铉舒州。然白水塘竟不成。

唐主又命少府监冯延鲁巡抚诸州，右拾遗徐锴表延鲁无才多罪，举措轻浅，不宜奉使。唐主怒，贬锴校书郎、分司东都。锴，铉之弟也。锴，口骇翻。唐以扬州为东都。史言唐主惑于二冯而罪二徐。路振九国志：铉、锴，皆徐延休之子。

44 道州盘容洞蛮酋盘崇聚众自称盘容州都统，屡寇郴、道州。酋，慈秋翻。盘，姓也，即盘瓠之后。郴、道二州时皆属南汉。

45 乙亥，帝朝享太庙，被衮冕，左右掖以登阶，朝，直遥翻。被，皮义翻。掖，羊益翻。才及一室，酌献，俛首不能拜而退，俛，音免。命晋王荣终礼。是夕，宿南郊，疾尤剧，几不救，夜分小愈。剧，甚也，增也。几，居依翻。

显德元年(甲寅、九五四)

1 春，正月，丙子朔，帝祀圜丘，仅能瞻仰致敬而已，进爵奠币皆有司代之。大赦，改元。听蜀境通商。晋天福初，蜀犹与中国通；开运以后，中国多事，蜀有吞并关西之志，不复与中国通矣。

2 戊寅，罢邺都，唐庄宗始以魏州为东京，后罢东京，以为邺都。但为天雄军。

3 庚辰，加晋王荣兼侍中，判内外兵马事。时群臣希得见帝，见，贤遍翻。中外恐惧，闻晋王典兵，人心稍安。

4 军士有流言郊赏薄于唐明宗时者，唐明宗以军士流言滥赏，养成其骄，莫肯效命，何足法也！帝闻之，壬午，召诸将至寝殿，让之曰：“朕自即位以来，恶衣菲食，专以赡军为念；府库蓄积，四方贡献，赡军之外，鲜有赢馀，赡，力艳翻。鲜，息善翻。赢，馀经翻。汝辈岂不知之！今乃纵凶徒腾口，不顾人主之勤俭，察国之贫乏，又不思己有何功而受赏，惟知怨望，于汝辈安乎！”皆惶恐谢罪，退，索不逞者戮之，流言乃息。骄兵于分外希赏，苟非以法齐之，其无厌之心庸有极乎！索，山客翻。

5 初，帝在邺都，汉隐帝天佑三年，帝在邺都。奇爱小吏曹翰之才，使之事晋王荣；荣镇澶州，以为牙将。荣入为开封尹，去年三月，荣为开封尹。未即召翰，翰自至，荣怪之。翰请间间，古苋翻。言曰：“大王国之储嗣，今主上寝疾，大王当入侍医药，奈何犹决事于外邪！”荣感悟，即日入止禁中。丙戌，帝疾笃，停诸司细务皆勿奏，有大事，则晋王荣禀进止宣行之。

6 以镇宁节度使郑仁诲为枢密使、同平章事。

7 戊子，以义武留后孙行友、保义留后韩通、朔方留后冯继业皆为节度使。通，太原人也。

8 帝屡戒晋王曰：“昔吾西征，谓讨李守贞、王景崇、赵思绾时。见唐十八陵无不发掘者，唐高祖、太宗、高宗、中宗、睿宗、玄宗、肃宗、代宗、德宗、顺宗、宪宗、穆宗、敬宗、文宗、武宗、宣宗、懿宗、僖宗，凡十八帝，皆葬关中；陵名各见前纪。此无他，惟多藏金玉故也。我死，当衣以纸衣，敛以瓦棺；速营葬，勿久留宫中；圹中无用石，以甓代之；当衣，于既翻。敛，力赡翻。甓，蒲历翻，抟埴而陶之，今谓之砖。工人役徒皆和雇，勿以烦民；葬毕，募近陵民三十户，蠲其杂傜，使之守视；勿修下宫，勿置守陵宫人，勿作石羊、虎、人、马，惟刻石置陵前云：‘周天子平生好俭约，遗令用纸衣、瓦棺，嗣天子不敢违也。’汝或吾违，吾不福汝。”又曰：“李洪义当与节钺，以李洪义发汉隐帝密诏也，事见二百八十九卷乾佑三年。魏仁浦勿使离枢密院。”离，力智翻。

9 庚寅，诏前登州刺史周训等塞决河。先是，河决灵河、鱼池、酸枣、阳武、常乐驿、河阴、六明镇、原武，凡八口。九域志：滑州白马县有灵河镇。鱼池亦在滑州界。酸枣津在大梁东北。阳武在郑州。河阴在孟州东南。六明镇在大通军。大通军即胡梁渡也，晋天福四年，建浮桥，置大通军。原武在郑州之北。塞，悉则翻。先，悉荐翻。至是，分遣使者塞之。

10 帝命趣草制，趣，读曰促。以端明殿学士、户部侍郎王溥为中书侍郎、同平章事。壬辰，宣制毕，左右以闻，帝曰：“吾无恨矣！”以枢密副使王仁镐为永兴军节度使，以殿前都指挥使李重进领武信节度使，重，直龙翻。马军都指挥使樊爱能领武定节度使，步军都指挥使何徽领昭武节度使。殿前都指挥使总殿前诸班，马军都指挥使总侍卫司马军，步军都指挥使总侍卫司步军，宋朝三衙之职昉于此。武信军，遂州；武定军，洋州；昭武军，利州；三镇皆属蜀，李重进等遥领也。重进年长于晋王荣，帝召入禁中，属以后事，仍命拜荣，以定君臣之分。长，知两翻。属，之欲翻。分，扶问翻。是日，帝殂于滋德殿，年五十一。秘不发丧。乙未，宣遗制。丙申，晋王即皇帝位。考异曰：太祖实录：“乙未，宣遗制，晋王荣可于柩前即皇帝位。”世宗实录：“丙申，内出太祖遗制，群臣奉帝即皇帝位。”盖以乙未宣遗制，丙申即位也。

11 初，静海节度使吴权卒，吴权据交州见二百八十一卷晋高祖天福三年，南汉高祖之大有十一年也。子昌岌立；昌岌卒，岌，鱼及翻。弟昌文立。是月，始请命于南汉，南汉以昌文为静海节度使兼安南都护。

12 北汉主闻太祖晏驾，甚喜，谋大举入寇，遣使请兵于契丹。二月，契丹遣其武定节度使、政事令杨衮将万馀骑如晋阳。考异曰：晋阳见闻录：“衮帅骑五七万，号十万来会。”今从世宗实录。北汉主自将兵三万，以义成节度使白从晖为行军都部署，武宁节度使张元徽为前锋都指挥使，义成军，滑州；武宁军，徐州；皆属周。白从晖等亦遥领。考异曰：世宗实录：“贼将张晖领三千骑为前锋。”今从晋阳闻见录。与契丹自团柏南趣潞州。趣，七喻翻。

13 蜀左匡圣马步都指挥使、保宁节度使安思谦谮杀张业，废赵廷隐，二事并见二百八十八卷汉乾佑元年。蜀人皆恶之；恶，乌路翻。蜀主使将兵救王景崇，思谦逗挠无功，见二百八十八卷汉乾佑二年，蜀之明德十二年也。桡，奴教翻。内惭惧，不自安。自张业之诛，宫门守卫加严，思谦以为疑己，言多不逊。思谦典宿卫，多杀士卒以立威。蜀主阅卫士，有年尚壮而为思谦所斥者，复留隶籍，思谦杀之，蜀主不能平。思谦三子，扆、嗣、裔，倚父势暴横，为国人患。横，户孟翻。翰林使王藻职官分纪：唐有翰林使，掌伎术之待诏者。五代有翰林茶酒使，蜀盖仍唐旧制。屡言思谦怨望，将反，丁巳，思谦入朝，蜀主命壮士击杀之，及其三子。藻亦坐擅启边奏，并诛之。

14 北汉兵屯梁侯驿，昭义节度使李筠遣其将穆令均将步骑二千逆战，筠自将大军壁于太平驿。宋白曰：梁侯驿，在团柏谷南，太平驿西北。太平驿，东南距潞州八十里。张元徽与令均战，阳不胜而北，令均逐之，伏发，杀令均，俘斩士卒千馀人。筠遁归上党，潞州治上党。婴城自守。筠，即李荣也，天福十二年，李荣有逐麻荅之功，见二百八十七卷。避上名改焉。

世宗闻北汉主入寇，欲自将兵御之，群臣皆曰：“刘崇自平阳遁走以来，谓广顺元年刘崇围晋州，不克而归也，事见上卷。势蹙气沮，必不敢自来。沮，在吕翻。陛下新即位，山陵有日，人心易摇，易，以豉翻。不宜轻动，宜命将御之。”帝曰：“崇幸我大丧，轻朕年少新立，少，诗照翻。有吞天下之心，此必自来，朕不可不往。”冯道固争之，帝曰：“昔唐太宗定天下，未尝不自行，朕何敢偷安！”道曰：“未审陛下能为唐太宗否？”帝曰：“以吾兵力之强，破刘崇如山压卵耳！”道曰：“未审陛下能为山否？”冯道历事八姓，身为宰辅，不闻献替，唯谏世宗亲征一事。帝不悦。惟王溥劝行，帝从之。

15 三月，乙亥朔，蜀主加捧圣、控鹤都指挥使兼中书令孙汉韶武信节度使，赐爵乐安郡王，罢军职。罢其掌禁兵之职也。蜀主惩安思谦之跋扈，命山南西道节度使李廷珪等十人分典禁兵。

16 北汉乘胜进逼潞州。乘梁侯驿之胜也。丁丑，诏天雄节度使符彦卿引兵自磁州固镇出北汉军后，磁州武安县有固镇，自此西北行，至辽州北。汉军时已攻潞州，符彦卿若至辽州界，则出其后矣。磁，墙之翻。以镇宁节度使郭崇副之；又诏河中节度使王彦超引兵自晋州东北邀北汉，【章：十二行本“汉”下有“军”字；乙十一行本同；孔本同；张校同；退斋校同。】九域志：晋州，东至潞州三百八十五里。以保义节度使韩通副之；又命马军都指挥使·宁江节度使樊爱能、步军都指挥使·清淮节度使何徽、宁江军，夔州，属蜀。清淮军，寿州，属唐。樊、何亦遥领也。义成节度使白重赞、重，直龙翻。郑州防御使史彦超、前耀州团练使符彦能将兵先趣泽州，趣，七喻翻。宣徽使向训监之。监，古衔翻。重赞，宪州人也。

17 辛巳，大赦。

18 癸未，帝命冯道奉梓宫赴山陵，山陵在郑州新郑县。以郑仁诲为东京留守。

乙酉，帝发大梁；庚寅，至怀州。九域志：大梁至怀州三百二十五里。帝欲兼行速进，控鹤都指挥使真定赵晁私谓通事舍人郑好谦曰：晁，直遥翻。好，呼到翻。“贼势方盛，宜持重以挫之。”好谦言于帝，帝怒曰：“汝安得此言！必为人所使，言其人则生，不然必死。”好谦以实对，帝命并晁械于州狱。怀州狱也。壬辰，帝过泽州，九域志：怀州北至泽州一百二十里。宿于州东北。

北汉主不知帝至，过潞州不攻，引兵而南，是夕，军于高平之南。刘昫曰：高平，汉泫氏县地。宋白曰：汉泫氏县，后魏改玄氏，北齐改高平。九域志：高平县在泽州东北六十五里。癸巳，前锋与北汉军遇，击之，考异曰：世宗实录：“甲午，贼陈于高平南之高原。”按下又有甲午，此必癸巳误也。今从十国纪年。北汉兵却；帝虑其遁去，趣诸军亟进。趣，读曰促。北汉主以中军陈于巴公原，陈，读曰阵；下同。巴公镇在晋城县东北。张元徽军其东，杨衮军其西，众颇严整。时河阳节度使刘词将后军未至，众心危惧，而帝志气益锐，命白重进与侍卫马步都虞候李重进将左军居西，“白重进”，当作“白重赞”。【章：十二行本正作“赞”；乙十一行本同；孔本同；张校同；退斋校同。】樊爱能、何徽将右军居东，向训、史彦超将精骑居中央，殿前都指挥使张永德将禁兵卫帝。帝介马自临陈督战。

北汉主见周军少，悔召契丹，谓诸将曰：“吾自用汉军可破也，北汉主未战而先有轻敌之心，宜其败也。何必契丹！今日不惟克周，亦可使契丹心服。”诸将皆以为然。杨衮策马前望周军，退谓北汉主曰：“勍敌也，勍，渠京翻。北人望尘知敌数，又观敌人置陈而知其强弱，杨衮必有见于此。未可轻进！”北汉主奋髯曰：髯，如占翻。“时不可失，请公勿言，试观我战。”衮默然不悦。时东北风方盛，俄而忽转南风，北汉副枢密使王延嗣使司天监李义白北汉主云：“时可战矣。”北汉主从之。枢密直学士王得中扣马谏曰：“义可斩也！风势如此，岂助我者邪！”北汉主曰：“吾计已决，老书生勿妄言，且斩汝！”麾东军先进，张元徽将千骑击周右军。

合战未几，几，居岂翻。樊爱能、何徽引骑兵先遁，右军溃；步兵千馀人解甲呼万岁，降于北汉。帝见军势危，自引亲兵犯矢石督战。太祖皇帝时为宿卫将，谓同列曰："主危如此，吾属何得不致死！"又谓张永德曰："贼气骄，力战可破也！公麾下多能左射者，请引兵乘高出为左翼，我引兵为右翼以击之。国家安危，在此一举！"永德从之，各将二千人进战。太祖皇帝身先士卒，驰犯其锋，士卒死战，无不一当百，先，悉荐翻。太祖皇帝自此肇基皇业。北汉兵披靡。披，普彼翻。内殿直夏津马仁瑀谓众曰："使乘舆受敌，安用我辈！"跃马引弓大呼，连毙数十人，士气益振。内殿直，周所置，殿前诸班之号。夏津，汉鄃县，唐天宝元年改曰夏津，属贝州。九域志：属大名府，在府东北二百五十里。瑀，王矩翻。乘，绳证翻。呼，火故翻。殿前右番行首马全乂去年马全乂自澶州从帝入朝，已补殿前指挥使，未至散员指挥使也。右番行首，居殿前右番班行之首，其官犹在散员指挥使之下。行，户刚翻。言于帝曰："贼势极矣，将为我擒，愿陛下按辔勿动，徐观诸将破之。"即引数百骑进陷陈。

北汉主知帝自临陈，陈，读曰阵；下同。褒赏张元徽，趣使乘胜进兵。趣，读曰促。元徽前略陈，马倒，为周兵所杀。元徽，北汉之骁将也，北军由是夺气。时南风益盛，周兵争奋，北汉兵大败，北汉主自举赤帜以收兵，不能止。北汉虽出于沙陀，自谓刘氏，纂高、光之绪，故旗帜尚赤。帜，昌志翻。杨衮畏周兵之强，不敢救，且恨北汉主之语，全军而退。考异曰：五代史补："刘崇求援于契丹，得飞骑数千，及睹世宗兵少，悔之，召诸将谋曰：'吾观周师易与耳，契丹之众宜勿使，但以本军决战，不唯破敌，亦足使契丹见而心服。'诸将皆以为然，乃使人谓契丹主将曰：'柴氏与吾，主客之势已见，必不烦足下馀刃，敢请勒兵登高观之可也。'契丹不知其谋，从之。洎世宗之入陈也，三军皆贾勇争进，莫不一当百，契丹望而畏之，故不敢救而崇败。"今从世宗实录、薛史。

樊爱能、何徽引数千骑南走，控弦露刃，剽掠辎重，剽，匹妙翻。重，直用翻。役徒惊走，失亡甚多。帝遣近臣及亲军校追谕止之，校，户教翻。莫肯奉诏，使者或为军士所杀，扬言："契丹大至，官军败绩，馀众已降虏矣。"刘词遇爱能等于涂，爱能等止之，词不从，引兵而北。时北汉主尚有馀众万馀人，阻涧而陈，薄暮，词至，复与诸军击之，薄，迫也。复，扶又翻；下卒复同。北汉兵又败，杀王延嗣，追至高平，僵尸满山谷，委弃御物及辎重、器械、杂畜不可胜纪。僵，居良翻。胜，音升。

是夕，帝宿于野次，得步兵之降敌者，皆杀之。樊爱能等闻周兵大捷，与士卒稍稍复还，还，从宣翻。有达曙不至者。甲午，休兵于高平，选北汉降卒数千人为效顺指挥，命前武胜行军司马唐景思将之，使戍淮上，馀二千馀人赐赀装纵遣之。"赀"，当作"资"。李穀为乱兵所迫，潜窜山谷，数日乃出。丁酉，帝至潞州。

北汉主自高平被褐戴笠，被，皮义翻。褐，毛衫也。无柄曰笠，有柄曰簦。乘契丹所赠黄骝，骝，力求翻。诗驷注：赤马黑鬣曰骝。黄色近于赤。帅百馀骑由雕窠岭遁归，雕窠岭，在高平西北，由江猪岭路入。帅，读曰率。宵迷，夜行而迷失道也。俘村民为导，误之晋州，行百馀里，乃觉之，杀导者；昼夜北走，所至，得食未举箸，或传周兵至，辄苍黄而去。北汉主衰老力惫，惫，蒲拜翻。伏于马上，昼夜驰骤，殆不能支，仅得入晋阳。

帝欲诛樊爱能等以肃军政，犹豫未决；己亥，昼卧行宫帐中，张永德侍侧，帝以其事访之，张永德，太祖婿，既亲，且专掌殿前兵，侍卫左右，故访以其事，决可否。对曰："爱能等素无大功，忝冒节钺，望敌先逃，死未塞责。塞，悉则翻。且陛下方欲削平四海，苟军法不立，虽有熊罴之士，百万之众，安得而用之！"帝掷枕于地，大呼称善。呼，火故翻。即收爱能、徽及所部军使以上七十馀人，使，疏吏翻。责之曰："汝曹皆累朝宿将，非不能战；朝，直遥翻。将，即亮翻；下同。今望风奔遁者，无他，正欲以朕为奇货，卖与刘崇耳！”悉斩之。帝以何徽先守晋州有功，事见二百九十卷太祖广顺元年。欲免之，既而以法不可废，遂并诛之，而给槥车归葬。槥车，小棺也。槥，音卫。自是骄将惰卒始知所惧，不行姑息之政矣。

庚子，赏高平之功，以李重进兼忠武节度使，向训兼义成节度使，张永德兼武信节度使，兼者，以本职兼节镇，禄赐优于遥领者。史彦超为镇国节度使。此正除节镇。张永德盛称太祖皇帝之智勇，帝擢太祖皇帝为殿前都虞候，后魏之末，宇文置虞候都督以主候骑，虞候之官盖始于此。五代殿前都虞候在副都指挥使之下，与都、副指挥使同掌殿前班直。领严州刺史，严州隶岭南，时为南汉所有，遥领刺史耳。今武臣所领遥郡刺史正此类；而落阶官正除刺史者，谓之正任刺史，然亦未尝临郡治民也。刘昫曰：严州，秦桂林郡地，唐乾封间，招致生獠，置严州。宋开宝七年，废严州，以来宾县隶象州。以马仁瑀为控鹤弓箭直指挥使，马全义为散员指挥使；自馀将校迁拜者凡数十人，校，户教翻。士卒有自行间擢主军厢者。行，户刚翻。时诸军皆分左、右厢，厢各有主帅。按薛史，自五季至宋，武官有军主、厢主。曹威为奉国军主，迁本军厢主，刘延钦为控鹤主，是其征也。释赵晁之囚。囚赵晁所以威众，战胜则释之。

北汉主收散卒，缮甲兵，完城堑以备周。杨衮将其众北屯代州，北汉主遣王得中送衮，因求救于契丹，契丹主遣得中还报，许发兵救晋阳。

壬寅，以符彦卿为河东行营都部署兼知太原行府事，以郭崇副之，向训为都监，李重进为马步都虞候，史彦超为先锋都指挥使，将步骑二万发潞州；仍诏王彦超、韩通自阴地关入，北汉既败走，移晋州东出之师北攻汾、并。与彦卿合军而进，又以刘词为随驾部署，保大节度使白重赞副之。乘胜进攻晋阳，“随驾”之下，当有“都”字。

19 汉昭圣皇太后李氏殂于西宫。周太祖既践阼，汉太后李氏迁居西宫，事见上卷广顺元年。

20 夏，四月，北汉盂县降。盂，古县，唐属太原府。九域志：在府东北二百里。然宋下太原，徙治阳曲。宋白曰：盂县，本晋大夫盂丙之邑，汉为盂县。按前此盂县在今县西，阳曲县东北八十里故盂县城是也。后魏省属石艾县，隋开皇十六年，分石艾县置原仇县，属辽州，因原仇故城为名，即今县是也。大业二年，改原仇为盂县，从汉旧名。符彦卿军晋阳城下，王彦超攻汾州，九域志：晋州北至汾州三百五十里。北汉防御使董希颜降。帝遣莱州防御使康延沼攻辽州，辽州，唐之仪州也。梁开平三年，敕“兖州管内已有沂州，其仪州改为辽州。”九域志：潞州东北至辽州二百四十三里。密州防御使田琼攻沁州，皆不下。唐置沁州，至宋太平兴国五年废沁州，以和川县隶晋州，熙宁五年省和川县入冀氏。九域志：冀氏县在晋州东二百八十里。沁，音七鸩翻。供备库副使太原李谦溥单骑说辽州刺史张汉超，说，式芮翻。汉超即降。

21 乙卯，葬圣神恭肃文武孝皇帝于嵩陵，三月乙酉，梓宫赴山陵。四月乙卯方葬，与北汉交兵，葬备多阙，故缓。庙号太祖。

22 南汉主以高王弘邈为雄武节度使，镇邕州。弘邈以齐、镇二王相继死于邕州，固辞，齐王弘弼死见二百八十三卷晋天福八年，镇王弘泽死见二百八十四卷晋开运元年。求宿卫；不许。至镇，委政僚佐，日饮酒，祷鬼神。或上书诬弘邈谋作乱，戊午，南汉主遣甘泉宫使林延遇赐鸩杀之。

23 初，帝遣符彦卿等北征，但欲耀兵于晋阳城下，未议攻取。既入北汉境，其民争以食物迎周师，泣诉刘氏赋役之重，愿供军须，助攻晋阳，北汉州县继有降者。帝闻之，始有兼并之意，史言谋不先定者，非庙胜之策。遣使往与诸将议之，诸将皆言“刍粮不足，请且班师以俟再举，”帝不听。师有归志，宜其无功。

既而诸军数十万聚于太原城下，军士不免剽掠，北汉民失望，剽，匹妙翻。稍稍保山谷自固。帝闻之，驰诏禁止剽掠，安抚农民，止征今岁租税，及募民入粟拜官有差，仍发泽、潞、晋、绛、慈、隰及山东近便诸州民运粮以馈军。山东近便诸州，谓邢、赵、镇、定。己未，遣李穀诣太原计度刍粮。度，徒洛翻。

24 庚申，太师、中书令瀛文懿王冯道卒。考异曰：五代通录："谥曰文愍。"今从世宗实录、薛史。道少以孝谨知名，以此知名，人所难能也。少，诗照翻。唐庄宗世始贵显，冯道事刘守光，位不过参军，入唐，始贵显。自是累朝不离将、相、三公、三师之位，离，力智翻。唐制，太师、太傅、太保为三师，太尉、司徒、司空为三公。为人清俭宽弘，人莫测其喜愠，滑稽多智，浮沈取容，滑，音骨。沈，持林翻。尝著长乐老叙，自述累朝荣遇之状，冯道长乐老叙既自陈其荣遇，又自谓孝于家，忠于国，为子、为弟、为人臣、为师长、为夫、为父，有子、有孙，时开一卷，时饮一杯，食味、别声、被色，老安于当代，老而自乐，何乐如之！其自述如此。时人往往以德量推之。

欧阳修论曰："礼义廉耻，国之四维；四维不张，国乃灭亡。"管子之言。礼义，治人之大法；治，直之翻。廉耻，立人之大节。况为大臣而无廉耻，天下其有不乱，国家其有不亡者乎！予读冯道长乐老叙，见其自述以为荣，其可谓无廉耻者矣，则天下国家可从而知也。

予于五代得全节之士三，谓王彦章、裴约、刘仁赡。死事之人十有五，谓张源德、夏鲁奇、姚洪、王思同、张敬达、翟进宗、沈斌、王清、史彦超、孙晟、马彦超、宋令珣、李遐、张彦卿、郑昭业，凡十五人。皆武夫战卒，岂于儒者果无其人哉？得非高节之士，恶时之乱，恶，乌路翻。薄其世而不肯出欤？抑君天下者不足顾，而莫能致之欤？

予尝闻五代时有王凝者，家青、齐之间，为虢州司户参军，以疾卒于官。凝家素贫，一子尚幼，妻李氏，携其子，负其遗骸以归，东过开封，止于旅舍，主人不纳。李氏顾天已暮，不肯去，主人牵其臂而出之。李氏仰天恸曰："我为妇人，不能守节，而此手为人所执邪！"即引斧自断其臂，见者为之嗟泣。断，音短。为之，于伪翻。开封尹闻之，白其事于朝，厚恤李氏而笞其主人。此事欧阳公得之于五代小说。朝，直遥翻；下同。呜呼！士不自爱其身而忍耻以偷生者，闻李氏之风，宜少知愧哉！少，诗沼翻。

臣光曰：天地设位，圣人则之，以制礼立法，内有夫妇，外有君臣。妇之从夫，终身不改；臣之事君，有死无贰；此人道之大伦也。苟或废之，乱莫大焉！范质称冯道厚德稽古，宏才伟量，虽朝代迁贸，人无间言，贸，音茂，易也。间，古苋翻。屹若巨山，不可转也。夷考范质之为人，盖学冯道者也。屹，与屹同，鱼迄翻。臣愚以为正女不从二夫，忠臣不事二君。为女不正，虽复华色之美，织纴之巧，不足贤矣；为臣不忠，虽复材智之多，治行之优，不足贵矣。纴，汝鸩翻。治，直吏翻。行，下孟翻。何则？大节已亏故也。道之为相，历五朝、八姓，五朝，唐、晋、辽、汉、周。八姓，唐庄宗、明宗、潞王各为一姓，石晋、邪律、刘汉、周太祖、世宗各为一姓。若逆旅之视过客，朝为仇敌，暮为君臣，易面变辞，曾无愧怍，怍，疾各翻。大节如此，虽有小善，庸足称乎！

或以为自唐室之亡，群雄力争，帝王兴废，远者十馀年，近者四三年，虽有忠智，将若之何！当是之时，失臣节者非道一人，岂得独罪道哉！臣愚以为忠臣忧公如家，见危致命，君有过则强谏力争，国败亡则竭节致死。智士邦有道则见，见，贤遍翻。邦无道则隐，或灭迹山林，或优游下僚。今道尊宠则冠三师，权任则首诸相，冠，古玩翻。相，息亮翻。国存则依违拱嘿，窃位素餐，国亡则图全苟免，迎谒劝进。君则兴亡接踵，道则富贵自如，兹乃奸臣之尤，安得与他人为比哉！或谓道能全身远害于乱世，斯亦贤已。远，于愿翻。臣谓君子有杀身成仁，无求生害仁，引论语夫子之言。岂专以全身远害为贤哉！然则盗跖病终而子路醢，果谁贤乎？盗跖从卒九千，横行天下，而以寿终。子路仕卫，孔悝之难，子路死之，菹于卫东门之上。

抑此非特道之愆也，愆，过也。时君亦有责焉。时君，谓五朝、八姓之君。何则？不正之女，中士羞以为家；不忠之人，中君羞以为臣。中士、中君，以人品言，谓识见不及上而可以语上者。彼相前朝，语其忠则反君事雠，语其智则社稷为墟；后来之君，不诛不弃，乃复用以为相，复，扶又翻。彼又安肯尽忠于我而能获其用乎！故曰，非特道之愆，亦时君之责也。温公以此警后世之君臣深矣。

25 辛酉，符彦卿奏北汉宪州刺史太原韩光愿、岚州刺史郭言皆举城降。属郡虽降，而都府未克，终于无益。大军既退，则其地复为敌有矣。

26 初，符彦卿有女适李守贞之子崇训，相者言其贵当为天下母。守贞喜曰："吾妇犹母天下，况我乎！"反意遂决。及败，崇训先刃其弟妹，次及符氏；符氏匿帏下，崇训仓猝求之不获，遂自刭。刭，古顶翻。乱兵既入，符氏安坐堂上，叱乱兵曰："吾父与郭公为昆弟，汝曹勿无礼！"太祖遣使归之于彦卿。及帝镇澶州，广顺元年，帝镇澶州，三年，入为开封尹。太祖为帝娶之。为，于伪翻。壬戌，立为皇后。后性和惠而明决，帝甚重之。

27 王彦超、韩通攻石州，克之，执刺史安彦进。癸亥，沁州刺史李廷诲降。庚午，帝发潞州，趣晋阳。趣，七喻翻。癸酉，北汉忻州监军李勍杀刺史赵皋及契丹通事杨耨姑，勍，渠京翻。耨，奴笃翻。举城降；以勍为忻州刺史。

28 王逵表请复徙使府治朗州。去年王逵移使府于潭州。复，扶又翻。治，直之翻。

容肇祖标点聂崇岐覆校

资治通鉴卷第二百九十二

端明殿学士兼翰林侍读学士太中大夫
提举西京嵩山崇福宫上柱国河内郡开国公 司马光 奉敕编集
食邑二千六百户食实封一千户臣

后学天台胡三省音注

后周纪三 起阏逢摄提格（甲寅）五月，尽柔兆执徐（丙辰）二月，凡一年有奇。

太祖圣神恭肃文武孝皇帝下

显德元年（甲寅、九五四）

1 五月，甲戌朔，王逵自潭州迁于朗州，以周行逢知潭州事，以潘叔嗣为岳州团练使。已而潘叔嗣杀王逵，而周行逢收田父、渔者之功矣。

2 丙子，帝至晋阳城下，帝自上党趣晋阳，七日而至。旗帜环城四十里。史言周兵之盛。帜，昌志翻。环，音宦。杨衮疑北汉代州防御使郑处谦贰于周，召与计事，欲图之；处谦知之，不往。衮使胡骑数十守其城门，处谦杀之，因闭门拒衮；衮奔归契丹。契丹主怒其无功，囚之。处谦举城来降。丁丑，置静塞军于代州，以郑处谦为节度使。创置方镇以怀抚郑处谦。处，昌吕翻。

契丹数千骑屯忻、代之间，为北汉之援，庚辰，遣符彦卿等将步骑万馀击之；彦卿入忻州，契丹退保忻口。九域志：忻州秀容县有忻口寨，在石岭关南。

丁亥，置宁化军于汾州，以石、沁二州隶之。

代州将桑珪、解文遇杀郑处谦，沁，七鸩翻。解，户买翻，姓也。姓苑云：自唐叔虞食邑于解；晋有解狐、解扬。诬奏云潜通契丹。

符彦卿奏请益兵，癸巳，遣李筠、张永德将兵三千赴之。契丹游骑时至忻州城下，丙申，彦卿与诸将陈以待之。陈，读曰阵。史彦超将二十骑为前锋，二十太少，恐当作"二千"。遇契丹，与战，李筠引兵继之，杀契丹二千人。彦超恃勇轻进，去大军浸远，众寡不敌，为契丹所杀，筠仅以身免，周兵死伤甚众。彦卿退保忻州，寻引兵还晋阳。还，从宣翻，又如字；下同。

府州防御使折德扆将州兵来朝；将，即亮翻。辛丑，复置永安军于府州，复，扶又翻。汉乾佑三年罢永安军，见二百八十九卷。以德扆为节度使。

时大发兵夫，东自怀、孟，西及蒲、陕，以攻晋阳，不克；会久雨，士卒疲病，【章：十二行本"病"下有"及史彦超死"五字；乙十一行本同；孔本同；张校同；退斋校同。】乃议引还。陕，失冉翻。考异曰：世宗实录："征怀、孟、蒲、陕丁夫数万攻城，旦夕之间，期于必取。会大雨，军士劳苦，又闻忻口之师不振，帝数日忧沮不食，遂决还京之意。"晋阳见闻录："六月旦，周师南辕返旆，惟数百骑，间之以步卒千人，长枪赤甲，衔趆捷跳梁于城隅，晡晚杀行而抽退。"今从世宗实录。

初，王得中返自契丹，北汉主遣王得中求救于契丹，见上卷本年三月。值周兵围晋阳，留止代州。及桑珪杀郑处谦，囚得中，送于周军，帝释之，赐以带、马，问"虏兵何时当至？"得中曰："臣受命送杨衮，他无所求。"或谓得中曰："契丹许公发兵，公不以实告，契丹兵即至，公得无危乎？"得中太息曰："吾食刘氏禄，有老母在围中，若以实告，周人必发兵据险以拒之，如此；家国两亡，吾独生何益！不若杀身以全家国，所得多矣！"甲辰，帝以得中欺罔，缢杀之。王得中之死，知所恶有甚于死者也。

乙巳，帝发晋阳。匡国节度使药元福言于帝曰："进军易，退军难。"进军者，或乘初至之锐，或乘屡胜之势，敌人畏詟自守，不敢迎战，故易。退军者，士有归志，敌人据险遮其前，率众蹑其后，辎重老弱皆足为吾之累，故难。易，以豉翻。帝曰："朕一以委卿。"元福乃勒兵成列而殿。殿，丁练翻。北汉果出兵追蹑，元福击走之。然军还怱遽，还，从宣翻。刍粮数十万在城下，悉焚弃之。军中讹言相惊，或相剽掠，军须失亡不可胜计。剽，匹妙翻。凡行军所欲得以为用者，皆谓之军须。胜，音升。所得北汉州县，周所置刺史等皆弃城走，惟代州桑珪既叛北汉，又不敢归周，婴城自守，北汉遣兵攻拔之。前所谓都府未拔，虽得属郡而无益者，要其终也。

乙酉，帝至潞州；甲子，至郑州；以乙巳发晋阳曰子至郑州考之，中间不应以乙酉至潞州，恐是乙卯。丙寅，谒嵩陵；嵩陵复土，帝适有军旅之事，不获亲之；此其谒陵，与彝制谒陵其情有不同者。庚午，至大梁。

3 帝违众议破北汉，自是政事无大小皆亲决，百官受成于上而已。河南府推官高锡上书谏，以为："四海之广，万机之众，虽尧、舜不能独治，治，直之翻。必择人而任之。今陛下一以身亲之，天下不谓陛下聪明睿智足以兼百官之任，皆言陛下褊迫疑忌举不信群臣也！褊，补典翻。不若选能知人公正者以为宰相，能爱民听讼者以为守令，守，式又翻。能丰财足食者使掌金谷，能原情守法者使掌刑狱，陛下但垂拱明堂，视其功过而赏罚之，天下何忧不治！何必降君尊而代臣职，屈贵位而亲贱事，无乃失为政之本乎！"帝不从。锡，河中人也。

4 北汉主忧愤成疾，悉以国事委其子侍卫都指挥使承钧。

5 河西节度使申师厚不俟诏，擅弃镇入朝，太祖广顺元年，申师厚镇河西，事见二百九十卷。署其子为留后；秋，七月，癸酉朔，责授率府副率。唐制，东宫十率府，皆有副率，其后遂以为冗散之官。申师厚以藩府失职牙将而得节，弃镇擅归，虽加责授，犹胜故吾。

6 丁丑，加吴越王钱弘俶天下兵马都元帅。

7 癸巳，加门下侍郎、同平章事范质守司徒，以枢密直学士、工部侍郎长山景范为中书侍郎、同平章事、判三司。长山，汉於陵县地，江左侨置广川郡及武强县，隋废郡，改武强曰长山，唐属淄州。九域志：在州北五十五里。景，姓也。姓苑云：齐景公之后。余姑以春秋时言之，晋、宋皆有景公，何独齐哉！加枢密使、同平章事郑仁诲兼侍中。乙未，以枢密副使魏仁浦为枢密使。范质既为司徒，司徒窦贞固归洛阳，府县以民视之，府县，谓河南府及洛阳县也。课役皆不免。贞固诉于留守向训，训不听。以窦贞固汉之旧臣故也。考古验今，今何足怪。

初，帝与北汉主相拒于高平，命前泽州刺史李彦崇将兵守江猪岭，遏北汉主归路；彦崇闻樊爱能等南遁，引兵退，北汉主果自其路遁去。八月，己酉，贬彦崇率府副率。

8 己巳，废镇国军。唐末，以华州为镇国军。

9 初，太祖以建雄节度使王晏有拒北汉之功，王晏拒北汉事见二百九十卷太祖广顺元年。其乡里在滕县，徙晏为武宁节度使。武宁军，徐州；滕县属焉。九域志：滕县在州北一百九十里。晏少时尝为群盗，少，诗照翻。至镇，悉召故党，赠之金帛、鞍马，谓曰："吾乡素名多盗，昔吾与诸君皆尝为之，想后来者无能居诸君之右。诸君幸为我语之，使勿复为，幸为，于伪翻；下请为同。语，牛倨翻。复，扶又翻。为者吾必族之。"于是一境清肃。九月，徐州人请为之立衣锦碑；衣，于既翻。许之。

10 冬，十月，甲辰，左羽林大将军孟汉卿坐纳藁税，藁，禾秆也。场官扰民，多取耗馀，场官，藁场之官。耗馀者，于纳藁束正数之外，又多取之，言以备耗折也。赐死。有司奏汉卿罪不至死；上曰：

"朕知之，欲以惩众耳！"

11 己酉，废安远、永清军。唐以安州为安远军。晋以贝州为永清军。

12 初，宿卫之士，累朝相承，务求姑息，不欲简阅，恐伤人情，由是羸老者居多；羸，伦为翻。但骄蹇不用命，实不可用，每遇大敌，不走即降，其所以失国，亦多由此。如唐闵帝、潞王是也。帝因高平之战，始知其弊，癸亥，谓侍臣曰："凡兵务精不务多，今以农夫百未能养甲士一，奈何浚民之膏泽，养此无用之物乎！且健懦不分，众何所劝！"乃命大简诸军，精锐者升之上军，羸者斥去之。去，羌吕翻。又以骁勇之士多为藩镇所蓄，诏募天下壮士，咸遣诣阙，命太祖皇帝选其尤者为殿前诸班，今之班直是也。五代会要曰：时诏募天下豪杰，不以草泽为阻，送于阙下，躬亲阅试，选武艺超绝及有身首者分署为殿前诸班，因有散员、散指挥使、内殿直、散都头、铁骑、控鹤之号。其骑步诸军，各命将帅选之。帅，所类翻。由是士卒精强，近代无比，征伐四方，所向皆捷，选练之力也。史言周世宗强兵之效。

13 戊辰，帝谓侍臣曰："诸道盗贼颇多，讨捕终不能绝，盖由累朝分命使臣巡检，致藩侯、守令皆不致力。宜悉召还，专委节镇、州县，责其清肃。"

14 河自杨刘至于博州百二十里，连年东溃，分为二派，汇为大泽，派，普拜翻。汇，户罪翻，水回合也。弥漫数百里；又东北坏古堤而出，坏，音怪。古堤，前代所筑以防河者；河屡徙，故古堤在平地。灌齐、棣、淄诸州，至于海涯，漂没民田庐不可胜计，流民采菰稗、捕鱼以给食，胜，音身。菰，音孤，蒋也。稗，旁卦翻，草似谷者。朝廷屡遣使者不能塞。塞，悉则翻；下同。十一月，戊戌，帝遣李穀诣澶、郓、齐按视堤塞，役徒六万，三十日而毕。

15 北汉主疾病，命其子承钧监国，疾甚曰病。寻殂。年六十。考异曰：刘恕云：世宗实录、薛史帝纪、僭伪传皆云："显德二年十一月，刘崇卒。”大定录云：“显德二年，春，旻病死。”纪年通谱：“显德二年，崇之乾佑八年，冬，崇死。显德三年，承钧改元天会。开宝元年，承钧之天会十三年，死。开宝二年，继元改元广运。兴国四年，继元之广运十一年也。”河东刘氏有国，全无记录，惟其旧臣中书舍人、直翰林院王保衡归朝后所纂晋阳伪署见闻要录云：“甲寅年春，南伐，败归。夏，周师攻围，旻积忧劳成心疾，是冬，卒。钧即位，丁巳年，正月旦，改乾佑十年为天会元年。”又云：“钧丙戌年二十九嗣位；年四十三卒。”右谏议大夫杨梦申奉敕撰大汉都统追封定王刘继颙神道碑云：“天会十二年，今皇帝践阼之初年也。十七年，继颙卒。”末题“广运元年，岁次甲戌，九月丙午朔”。今按周广顺元年辛亥，旻即帝位，称乾佑四年。显德元年甲寅，旻之乾佑七年也。旻卒，钧立。显德四年丁巳，钧改乾佑十年为天会元年。宋开宝元年戊辰，钧之天会十二年也。钧卒，继元立。开宝七年甲戌，继元改天会十八年为广运元年。据历，是岁九月，丙午朔。兴国四年己卯，继元之广运六年也。钧以唐天成元年丙戌生，至显德元年甲寅嗣位，乃二十九岁矣。钧及继元逾年未改元，盖孟蜀后主、汉隐帝、周世宗之比也。诸书皆传闻相因，前后相戾，惟晋阳见闻录、刘继颙碑，岁月最可考正，故以为据。遣使告哀于契丹。契丹遣骠骑大将军、知内侍省事刘承训册命承钧为帝，更名钧。钧，汉主旻次子也。更，工衡翻。北汉孝和帝性孝谨，既嗣位，勤于为政，爱民礼士，境内粗安。粗，坐五翻。每上表于契丹主称男；契丹主赐之诏，谓之“儿皇帝”。

16 马希萼之帅群蛮破长沙也，事见二百八十九卷汉隐帝乾佑三年。帅，读曰率。府库累世之积，皆为溆州蛮酋苻彦通所掠，溆，音叙。酋，慈由翻。彦通由是富强，称王于溪洞间。王逵既得湖南，去年六月，王逵杀刘言，始尽得湖南故地，事见上卷。欲遣使抚之，募能往者，其将王虔朗请行。既至，彦通盛侍卫而见之，礼貌甚倨。虔朗厉声责之曰：“足下自称苻秦苗裔，苻秦之亡，苻宏奔晋，从诸桓于荆、楚，其后无闻。彦通自以为苻秦苗裔，盖言出于宏之后。宜知礼义，有以异于群蛮。昔马氏在湖南，足下祖父皆北面事之；今王公尽得马氏之地，足下不早往乞盟，致使者先来，又不接之以礼，异日得无悔乎！”言大兵若至，虽悔无及。彦通惭惧，起，执虔朗手谢之。虔朗知其可动，因说之曰：“溪洞之地，隋、唐之世皆为州县，著在图籍。说，式芮翻。溪洞之地，隋、唐列为郡县，皆属黔中道。今足下上无天子之诏，下无使府之命，使府，谓湖南都府。虽自王于山谷之间，王，于况翻。不过蛮夷一酋长耳！酋，慈秋翻。长，知两翻。曷若去王号，自归于王公，王公必以天子之命授足下节度使，与中国侯伯等夷，岂不尊荣哉！”彦通大喜，即日去王号，去，羌吕翻。因虔朗献铜鼓数枚于王逵。溪峒诸蛮，铸铜为大鼓，初成，悬于庭中，置酒以招同类，豪富子女则以金银为大钗，执以扣鼓竟，乃留遗主人，名为“铜鼓钗”。俗好相杀，多构仇怨，欲相攻，则鸣此鼓，至者如云。逵曰：“虔朗一言胜数万兵，真国士也！”承制以彦通为黔中节度使；黔中，自唐末至二蜀为武泰军节度。黔，其今翻。以虔朗为都指挥使，预闻府政。【章：十二行本“政”下有“虔朗桂州人也”六字；乙十一行本同；孔本同；退斋校同。】预闻湖南都府之政。

逵虑西界镇遏使、锦州刺史刘瑫为边患，王逵之逐边镐也，以刘瑫镇遏群蛮。表为镇南节度副使，镇南军，洪州，属唐；王逵表以其号宠刘瑫耳。充西界都招讨使。

17 是岁，湖南大饥，民食草木实；武清节度使、知潭州事周行逢自彭师暠等拥立马希萼于衡山，自署武清节度使，王逵因之以授周行逢。开仓以赈之，全活甚众。行逢起于微贱，知民间疾苦，励精为治，严而无私，治，直吏翻。辟署僚属，皆取廉介之士，约束简要，【章：十二行本“要”下有“吏民便之”四字；乙十一行本同；孔本同；张校同。】其自奉甚薄；或讥其太俭，行逢曰：“马氏父子穷奢极靡，不恤百姓，今子孙乞食于人，又足效乎！”为行逢跨有潭、朗张本。

世宗睿武孝文皇帝上 讳荣，本姓柴氏，邢州龙冈人。柴氏女适太祖，是为圣穆皇后。后兄守礼生帝，从姑长于太祖家，以谨厚见爱，太祖遂以为子。

显德二年（乙卯、九五五）

1 春，正月，庚辰，上以漕运自晋、汉以来不给斗耗，纲吏多以亏欠抵死，诏自今每斛给耗一斗。

2 定难节度使李彝兴李彝兴，即彝殷也，避宋朝宣祖庙讳，始改名彝兴。史以后来所更名书之。难，乃旦翻。以折德扆亦为节度使，与己并列，耻之，夏州自唐以来，为缘边大镇，李氏又世袭节度使。府州，汉氏方置节镇，折氏父子又晚出，故耻与并列。塞路不通周使。塞，悉则翻。癸未，上谋于宰相，对曰："夏州边镇，朝廷向来每加优借，府州褊小，得失不系重轻，且宜抚谕彝兴，庶全大体。"上曰："德扆数年以来，尽忠戮力以拒刘氏，奈何一旦弃之！且夏州惟产羊马，贸易百货，悉仰中国，贸，音茂。仰，牛向翻。我若绝之，彼何能为！"乃遣供奉官齐藏珍赍诏书责之，风俗通云：凡氏之兴九事，氏于国者，齐、鲁、宋、卫是也。余按左传卫有大夫齐氏，此岂氏于国乎？彝兴惶恐谢罪。

3 戊子，蜀置威武军于凤州。

4 辛卯，初令翰林学士、两省官举令、录；除官之日，仍署举者姓名，若贪秽败官，并当连坐。败，补迈翻。

5 契丹自晋、汉以来屡寇河北，轻骑深入，无藩篱之限，郊野之民每困杀掠。言事者称深、冀之间有胡卢河，横亘数百里，可浚之以限其奔突；胡卢河，俗谓之葫芦河，即衡漳水，在东光县西三十里。是月，诏忠武节度使王彦超、彰信节度使韩通周改曹州威信军为彰信军，避太祖讳也。将兵夫浚胡卢河，筑城于李晏口，留兵戍之。冀州蓚县东北有李晏镇，时筑城屯军，以为静安军。按薛史，其军南距冀州百里，北距深州三十里，夹胡卢河为垒。将，即亮翻。帝召德州刺史张藏英，问以备边之策，藏英具陈地形要害，请列置戍兵，募边人骁勇者，厚其禀给，自请将之，随便宜讨击；帝皆从之，以藏英为沿边巡检招收都指挥使。藏英到官数月，募得千馀人。王彦超等行视役者，行，下孟翻。尝为契丹所围；藏英引所募兵驰击，大破之。自是契丹不敢涉胡卢河，河南之民始得休息。此河南，谓胡卢河之南也。

6 二月，庚子朔，日有食之。

7 蜀夔恭孝王仁毅卒。仁毅，蜀主之弟也。

8 壬戌，诏群臣极言得失，其略曰："朕于卿大夫，才不能尽知，面不能尽识；若不采其言而观其行，行，下孟翻。审其意而察其忠，则何以见器略之浅深，知任用之当否！当，丁浪翻。若言之不入，罪实在予；苟求之不言，咎将谁执！"

9 唐主以中书侍郎、知尚书省严续为门下侍郎、同平章事。

10 三月，辛未，以李晏口为静安军。

11 帝常愤广明以来中国日蹙，唐僖宗广明元年，黄巢入长安，自此之后，强藩割据，中国日蹙矣。及高平既捷，慨然有削平天下之志。会秦州民夷有诣大梁献策请恢复旧疆者，以唐全盛版图言之，蜀亦旧疆也。以汉、晋事言之，则契丹入中原，重以王景崇之乱，阶、成、秦、凤遂入于蜀。帝纳其言。为取阶、成、秦、凤张本。

蜀主闻之，遣客省使赵季札按视边备。季札素以文武才略自任，使还，奏称："雄武节度使韩继勋、蜀置雄武节度于秦州。使，疏吏翻。还，从宣翻，又如字。凤州刺史王万迪非将帅才，不足以御大敌。"蜀主问："谁可往者？"季札请自行。丙申，以季札为雄武监军使，仍以宿卫精兵千人为之部曲。

12 帝以大梁城中迫隘，隘，乌懈翻。夏，四月，乙卯，诏展外城，先立标帜，帜，昌志翻。俟今冬农隙兴板筑；东作动则罢之，更俟次年，以渐成之。且令自今葬埋皆出所标七里之外，其标内俟县官分画街衢、仓场、营廨之外，廨，古隘翻。听民随便筑室。

13 丙辰，蜀主命知枢密院王昭远按行北边城寨及甲兵。以备周也。行，下孟翻。

14 上谓宰相曰："朕每思致治之方，未得其要，寝食不忘。治，直吏翻。又自唐、晋以来，吴、蜀、幽、并皆阻声教，未能混壹，吴，李氏；蜀，孟氏；幽入于契丹；并为北汉。宜命近臣著为君难为臣不易论及开边策各一篇，朕将览焉。"

比部郎中王朴献策，比，音毗。以为："中国之失吴、蜀、幽、并，皆由失道。梁失吴；后唐得蜀而复失之；晋失幽；周失并。今必先观所以失之之原，然后知所以取之之术。其始失之也，莫不以君暗臣邪，兵骄民困，奸党内炽，武夫外横，横，户孟翻。因小致大，积微成著。今欲取之，莫若反其所为而已。夫进贤退不肖，所以收其才也；恩隐诚信，所以结其心也；隐，恤也。赏功罚罪，所以尽其力也；去奢节用，所以丰其财也；去，羌吕翻。时使薄敛，所以阜其民也。时使者，使之以时也。敛，力赡翻。俟群才既集，政事既治，财用既充，士民既附，然后举而用之，功无不成矣！彼之人观我有必取之势，则知其情状者愿为间谍，知其山川者愿为乡导，间，古苋翻；下伺间同。谍，达协翻。乡，读曰向。民心既归，天意必从矣。

凡攻取之道，必先其易者。唐与吾接境几二千里，其势易扰也。唐与中国以淮为境，自淮源东至海几二千里。易，以豉翻。扰之当以无备之处为始，备东则扰西，备西则扰东，彼必奔走而救之。奔走之间，可以知其虚实强弱，然后避实击虚，避强击弱。未须大举，且以轻兵扰之。南人懦怯，闻小有警，必悉师以救之。师数动则民疲而财竭，数，所角翻。不悉师则我可以乘虚取之。如此，江北诸州将悉为我有。帝之取江北，王朴之计也。既得江北，则用彼之民，行我之法，江南亦易取也。得江南则岭南、巴蜀可传檄而定。时刘氏据岭南，孟氏据巴蜀，王朴欲乘胜势以先声下之。南方既定，则燕地必望风内附；时契丹跨有燕地。燕，于贤翻。若其不至，移兵攻之，席卷可平矣。卷，读如捲。凡兵之动，知敌之主，此以其时契丹主言之也。惟河东必死之寇，言北汉据河东，与周为世仇也。不可以恩信诱，诱，音酉。当以强兵制之，然彼自高平之败，事见上卷上年三月。力竭气沮，必未能为边患，宜且以为后图，俟天下既平，然后伺间，一举可擒也。是后世宗用兵以至宋朝削平诸国，皆如王朴之言；惟幽燕不可得而取，至于宣和，则举国以殉之矣。伺，相吏翻。今士卒精练，甲兵有备，群下畏法，诸将效力，期年之后可以出师，期，读曰朞。宜自夏秋蓄积实边矣。”蓄积于边上以为用兵之备。

上欣然纳之。时群臣多守常偷安，所对少有可取者，少，诗沼翻。惟朴神峻气劲，有谋能断，断，丁乱翻。凡所规画，皆称上意，称，尺证翻。上由是重其气【章：十二行本“气”作“器”；乙十一行本同；孔本同；退斋校同。】识，未几，迁左谏议大夫，知开封府事。开封在辇毂下，事繁职重。史言世宗属任王朴自此而重。然朴先事上于潜藩，其君臣相得亦有素矣。

15 上谋取秦、凤，求可将者。将，即亮翻。王溥荐宣徽南院使、镇安节度使向训。五代会要：汉天福十二年，废陈州镇安军，周广顺二年复。上命训与凤翔节度使王景、客省使高唐昝居润偕行。高唐县属博州。九域志：县在州东北一百七十里。昝，姓也，音子感翻。五月，戊辰朔，景出兵自散关趣秦州。趣，七喻翻。

16 敕天下寺院，非敕额者悉废之。敕额者，敕赐寺额，如慈恩、安国、兴唐之类。禁私度僧尼，凡欲出家者必俟祖父母、父母、伯叔之命。惟两京、大名府、唐以魏州为鄴都。兴唐府，晋改为广晋府；大名府，盖汉所改也。京兆府、青州听设戒坛。戒坛，僧尼受戒之所。

禁僧俗舍身、断手足、炼指、挂灯、带钳之类幻惑流俗者。炼指者，束香于指而燃之。挂灯者，裸体，以小铁钩遍钩其肤，凡钩，皆挂小灯，圈灯盏，贮油而燃之，俚俗谓之燃肉身灯。今人带布枷以化诱流俗者，亦幻惑之馀敝。断，音短。幻，户办翻。令两京及诸州每岁造僧帐，有死亡、归俗，皆随时开落。是岁，天下寺院存者二千六百九十四，废者三万三百三十六，见僧四万二千四百四十四，尼一万八千七百五十六。见，贤遍翻。

17 王景拔黄牛等八寨。黄牛等八寨，皆当在秦州界。戊寅，蜀主以捧圣控鹤都指挥使、保宁节度使李廷珪为北路行营都统，蜀以秦、凤为北路。左卫圣步军都指挥使高彦俦为招讨使，武宁节度使吕彦珂副之，武宁军，徐州属，周吕彦珂遥领也。珂，丘何翻。客省使赵崇韬为都监。

18 蜀赵季札至德阳，闻周师入境，惧不敢进，德阳县，属汉州，去成都未远，已惧而不敢进。上书求解边任还奏事，先遣辎重及妓妾西归。重，直用翻。妓，渠绮翻。丁亥，单骑驰入成都，众以为奔败，莫不震恐。蜀主问以机事，皆不能对；蜀主怒，系之御史台，庚【章：十二行本“庚”作“甲”；乙十一行本同；孔本同。】午，斩之于崇礼门。赵季札虽诛，无救于秦、凤之丧失，是以用人当审之于其初也。

19 六月，庚子，上亲录囚于内苑。有汝州民马遇，父及弟为吏所冤死，屡经覆按，不能自伸，上临问，始得其实，人以为神。由是诸长吏无不亲察狱讼。史言帝明谨于庶狱。长，知两翻。

20 壬寅，西师与蜀李廷珪等战于威武城东，不利，威武城，前蜀所筑也，在凤州东北。排陈使濮州刺史胡立等为蜀所擒。陈，读曰阵。濮，博木翻。丁未，蜀主遣间使如北汉及唐，间，古苋翻。使，疏吏翻。欲与之俱出兵以制周，北汉主、唐主皆许之。

21 己酉，以彰信节度使韩通充西南行营马步军都虞候。

22 戊午，南汉主杀祯州节度使通王弘政，祯州，汉博罗县之地，梁置梁化郡，隋置循州，治归善县，唐因之。至南汉，改唐之河源县为龙川县，徙循州治焉；以循州旧治归善县置祯州，宋朝避仁宗讳，改曰惠州。九域志：循州南至惠州三百里。于是高祖之诸子尽矣。南汉主龑，庙号高祖。

23 壬戌，以枢密院承旨清河张美为右领军大将军、权点检三司事。清河县，带贝州。权点检三司事，未除为正使。初，帝在澶州，美掌州之金谷隶三司者，帝或私有所求，美曲为供副。供副者，供办以应副所求。澶，时连翻。太祖闻之怒，恐伤帝意，但徙美为濮州马步军都虞候。濮，博木翻。美治财精敏，当时鲜及，治，直之翻。鲜，息浅翻。故帝以利权授之；【章：十二行本“之”下有“帝征伐四方，用度不乏，美之力也”十三字；乙十一行本同；孔本同；张校同；退斋校同。】然思其在澶州所为，终不以公忠待之。自汉以来能如此者，吴主孙权及周世宗而已。

24 秋，七月，丁卯朔，以王景兼西南行营都招讨使，向训兼行营兵马都监。宰相以景等久无功，馈运不继，固请罢兵。帝命太祖皇帝往视之，还，言秦、凤可取之状，还，从宣翻，又如字。帝从之。

25 八月，丁未，中书侍郎、同平章事景范罢判三司，寻以父丧罢政事。

26 王景等败蜀兵，败，补迈翻。获将卒三百。己未，蜀主遣通奏使、知枢密院、武泰节度使伊审征如行营慰抚，仍督战。

27 帝以县官久不铸钱，而民间多销钱为器皿及佛像，钱益少，九月，丙寅朔，敕始立监采铜铸钱，自非县官法物、军器及寺观钟磬钹铎之类观，古玩翻。钹，蒲拨翻。听留外，句断。自馀民间铜器、佛像，五十日内悉令输官，给其直；过期隐匿不输，五斤以上其罪死，不及者论刑有差。输，春遇翻。时敕有隐藏铜器及埋窖使用者，一两至一斤徒二年；一斤至五斤处死。若纳到熟铜，每斤官给钱一百五十，生铜每斤一百。上谓侍臣曰："卿辈勿以毁佛为疑。夫佛以善道化人，苟志于善，斯奉佛矣。彼铜像岂所谓佛邪！且吾闻佛在利人，虽头目犹舍以布施，施，式豉翻。若朕身可以济民，亦非所惜也。"

臣光曰：若周世宗，可谓仁矣，不爱其身而爱民；若周世宗，可谓明矣，不以无益废有益。

28 蜀李廷珪遣先锋都指挥使李进据马岭寨，又遣奇兵出斜谷，屯白涧，九域志：凤州梁泉县有白涧镇。又分兵出凤州之北唐仓镇及黄花谷，绝周粮道。黄花镇亦在梁泉县界，有黄花川，大散水入焉。闰月，王景遣裨将张建雄将兵二千抵黄花，又遣千人趣唐仓，扼蜀归路。趣，七喻翻。蜀染院使王峦将兵出唐仓，与建雄战于黄花，蜀兵败，奔唐仓，遇周兵，又败，虏峦及其将士三千人；马岭、白涧兵皆溃，李廷珪、高彦俦等退保青泥岭。蜀雄武节度使兼侍中韩继勋弃秦州，奔还成都，观察判官赵玭举城降，斜谷援兵亦溃。玭，蒲眠翻。考异曰：十国纪年："玭召官属告之曰：'周兵无敌，今朝廷所遣勇将精兵，不死即逃，我辈不能去危就安，祸且至矣。'众皆听命，举城叛降周。斜谷援兵亦溃。"五代通录："官军之围凤州，伪秦州节度使高处俦引兵往复援之，中涂闻黄花之败，奔秦州，玭与城中将校闭门不纳，处俦遂西奔，玭即以城归国。"今从实录。成、阶二州皆降，蜀人震恐。玭，澶州人也。澶，时连翻。帝欲以玭为节度使，范质固争以为不可，乃以为郢州刺史。

壬子，百官入贺，帝举酒属王溥曰："边功之成，卿择帅之力也！"属，之欲翻。择帅事见上四月。帅，所类翻。

29 甲子，上与将相食于万岁殿，因言："两日大寒，朕于宫中食珍膳，深愧无功于民而坐享天禄，既不能躬耕而食，惟当亲冒矢石为民除害，差可自安耳！"冒，莫北翻。为，于伪翻。差之为言稍也。

30 乙丑，蜀李廷珪上表待罪。冬，十月，壬申，伊审征至成都请罪。【章：十二行本“罪”下有“皆释之”三字；乙十一行本同；孔本同；退斋校同。】皆以蹙国丧师也。

蜀主致书于帝请和，自称大蜀皇帝；帝怒其抗礼，不答。蜀主愈恐，聚兵粮于剑门、白帝，为守御之备，守剑门以备北兵之自岐、雍来者，守白帝以备北兵之溯峡而上者。募兵既多，用度不足，始铸铁钱，榷境内铁器，民甚苦之。榷，古岳翻。

31 唐主性和柔，好文章，而喜人佞己，好，呼到翻。喜，许记翻。由是谄谀之臣多进用，谄谀之臣，谓冯延巳兄弟、魏岑、陈觉等。政事日乱。既克建州，破湖南，克建州见二百八十四卷晋开运二年。破湖南见二百九十卷太祖广顺二年。益骄，有吞天下之志。李守贞、慕容彦超之叛，皆为之出师，遥为声援，援李守贞见二百八十八卷汉隐帝乾佑元年。又援慕容彦超见二百九十卷太祖广顺二年。皆为，于伪翻。又遣使自海道通契丹及北汉，约共图中国；值中国多事，未暇与之校。

先是，每冬淮水浅涸，唐人常发兵戍守，谓之“把浅”，先，悉荐翻。把浅之处，自霍丘以上，西尽光州界。寿州监军吴廷绍以为疆埸无事，坐费资粮，悉罢之；史先叙唐所以蹙国之由。埸，音亦。清淮节度使刘仁赡上表固争，不能得。十一月，乙未朔，帝以李穀为淮南道前军行营都部署兼知庐、寿等行府事，以忠武节度使王彦超副之，督侍卫马军都指挥使韩令坤等十二将以伐唐。令坤，磁州武安人也。磁，详之翻。

32 汴水自唐末溃决，自埇桥东南悉为污泽。上谋击唐，先命武宁节度使武行德发民夫，因故堤疏导之，自埇桥东南抵唐境，皆武宁巡属也。埇，余拱翻。东至泗上；议者皆以为难成，上曰：“数年之后，必获其利。”谓淮南既平，借以通漕，将获其利也。

33 丁未，上与侍臣论刑赏，上曰："朕必不因怒刑人，因喜赏人。"

34 先是，大梁城中民侵街衢为舍，通大车者盖寡，先，悉荐翻。上命悉直而广之，广者至三十步；此言横广也。又迁坟墓于标外。立标帜见上四月。上曰："近广京城，于存殁扰动诚多；怨谤之语，朕自当之，他日终为人利。"世宗志识宏远，不顾人言，然仁人不忍为也。

35 王景等围凤州，韩通分兵城固镇以绝蜀之援兵。戊申，克凤州，擒蜀威武节度使王环是年正月，蜀置威武节度于凤州。及都监赵崇溥等将士五千人。崇溥不食而死。环，真定人也。蜀将士多中原人，盖后唐遣之戍蜀，为孟知祥所留者也。乙卯，制曲赦秦、凤、阶、成境内，所获蜀将士，愿留者优其俸赐，愿去者给资装而遣之。诏曰："用慰众情，免违物性，其四州之民，二税征科之外，凡蜀人所立诸色科徭，悉罢之。"

36 唐人闻周兵将至而惧；刘仁赡神气自若，部分守御，无异平日，众情稍安。刘仁赡之善守，于此已见其方略。分，扶问翻。唐主以神武统军刘彦贞为北面行营都部署，将兵二万趣寿州，趣，七喻翻。奉化节度使、同平章事皇甫晖为应援使，唐置奉化军于江州。常州团练使姚凤为应援都监，将兵三万屯定远。旧唐书地理志曰：定远，汉曲阳县地，隋置定远县，唐属濠州。九域志：在州南八十里。召镇南节度使宋齐丘还金陵，谋国难，还，从宣翻，又如字。难，乃旦翻。以翰林承旨、户部尚书殷崇义为吏部尚书、知枢密院。

37 李谷等为浮梁，自正阳济淮。十二月，甲戌，谷奏王彦超败唐兵二千馀人于寿州城下，败，补迈翻；下同。己卯，又奏先锋都指挥使白延遇败唐兵千馀人于山口镇。此时，唐盖置镇于六安山口。按薛史本纪：显德四年，刘重遇奏杀紫金山溃兵三千人于寿州东山口。

又疑置镇于此地。未知孰是。

38 丙戌，枢密使兼侍中韩忠正公郑仁诲卒。上临其丧，近臣奏称岁道非便，上曰：“君臣义重，何日时之有！”往哭尽哀。

39 吴越王弘俶遣元帅府判官陈彦禧入贡，朝廷授弘俶天下都元帅，故置元帅府判官。帝以诏谕弘俶，使出兵击唐。使出兵常州以击之，则唐有反顾之忧。为吴越兵为唐所败张本。

三年（丙辰、九五六）

1 春，正月，丙午，以王环为右骁卫大将军，赏其不降也。以王环坚守凤州，城陷而后就擒也。

2 丁酉，李穀奏败唐兵千馀人于上窑。窑，馀招翻，又作“窯”。

3 戊戌，发开封府、曹、滑、郑州之民十馀万筑大梁外城。曹、滑、郑皆近京之州。九域志：开封府西至郑州界一百一十五里，北至滑州界一百里，东北至曹州界一百四十五里。陈、许亦近郡而不发者，以方征淮南，道上供亿故也。

4 庚子，帝下诏亲征淮南，以宣徽南院使、镇安节度使向训权东京留守，端明殿学士王朴副之，彰信节度使韩通权点检侍卫司及在京内外都巡检。命侍卫都指挥使、归德节度使李重进将兵先赴正阳，河阳节度使白重赞将亲兵三千屯颍上。颍上县，隋置，唐属颍州。九域志：在州东一百一十七里。宋白曰：颍上县，汉慎县也。南北画淮为守，关防莫谨于此。隋大业二年，于今县南故郑城置颍上县，以地枕颍水上游为名。壬寅，帝发大梁。

李穀攻寿州，久不克；唐刘彦贞引兵救之，至来远镇，九域志：寿州安丰县有来远镇。今按来远镇即东正阳，西至淠河十里。距寿州二百里，又以战舰数百艘趣正阳，趣，七喻翻；下同。为攻浮梁之势。李穀畏之，召将佐谋曰：“我军不能水战，若贼断浮梁，断，音短。则腹背受敌，皆不归矣！不如退守浮梁以待车驾。”上至圉镇，九域志：开封雍丘县有圉城镇。闻其谋，亟遣中使乘驿止之。比至，比，必利翻，及也。已焚刍粮，退保正阳。丁未，帝至陈州，九域志：开封府南至陈州三百三十里。亟遣李重进引兵趣淮上。

辛亥，李穀奏贼舰中流而进，弩礮所不能及，舰，户黯翻。礮，与炮同，普教翻。若浮梁不守，则众心动摇，须至退军。今贼舰日进，淮水日涨，春水方生，故李穀虑淮水日涨。若车驾亲临，万一粮道阻绝，其危不测。愿陛下且驻跸陈、颍，陈、颍，二州名。俟李重进至，臣与之共度贼舰可御，浮梁可完，立具奏闻。度，徒洛翻。先为不可胜以待敌之可胜，李穀之退，未为失计也。但若厉兵秣马，春去冬来，足使贼中疲弊，取之未晚。"帝览奏，不悦。

刘彦贞素骄贵，无才略，不习兵，所历藩镇，专为贪暴，积财巨亿，以赂权要，万万为亿，亿亿为巨亿。诗所谓"万亿及秭"。孔颖达所谓"大数"也。由是魏岑等争誉之，誉，音余。以为治民如龚、黄，用兵如韩、彭，龚遂、黄霸，汉之良吏。韩信、彭越，汉之良将。治，直之翻。故周师至，唐主首用之。其裨将咸师朗等皆勇而无谋，闻李穀退，喜，引兵直抵正阳，旌旗辎重数百里，重，直用翻。刘仁赡及池州刺史张全约固止之。仁赡曰："公军未至而敌人先遁，是畏公之威声也，安用速战！万一失利，则大事去矣！"彦贞不从。既行，仁赡曰："果遇，必败。"乃益兵乘城为备。以城中战兵乘城益守兵。李重进渡淮，逆战于正阳东，大破之，淮水西岸谓之西正阳，属颍州颍上县界；东岸谓之东正阳，属寿州下蔡县界。此据九域志地里。斩彦贞，生擒咸师朗等，斩首万馀级，伏尸三十里，收军资器械三十馀万。是时江、淮久安，民不习战，彦贞既败，唐人大恐，张全约收馀众奔寿州，刘仁赡表全约为马步左厢都指挥使。皇甫晖、姚凤退保清流关。梁置南谯州于桑根山之阳，在滁州清流县西南八十里。隋始置清流县，唐为滁州治所。清流关在县西南二十馀里，南唐所置也。滁州刺史王绍颜委城走。

壬子，帝至永宁镇，九域志：黄州麻城县有永宁镇，此非也。麻城在寿州西南数百里，帝犹未渡淮，安得至麻城之永宁邪！又考九域志，颍州汝阴县有永宁镇，又东百馀里至正阳，此则是也。谓侍臣曰："闻寿州围解，农民多归村落，今闻大军至，必复入城。怜其聚为饿殍，复，扶又翻。殍，被表翻。宜先遣使存抚，各令安业。"甲寅，帝至正阳，以李重进代李穀为淮南道行营都招讨使，以穀判寿州行府事。宋敏求曰：凡节度州为三品，刺史州为五品。国初，曹翰以观察使判颍州，是以四品临五品州也。同品为知，隔品为判；自后唯辅臣、宣徽使、太子太保、仆射为判，馀并为知州。丙辰，帝至寿州城下，营于淝水之阳，淝水自安丰县界流入寿春县界，经寿春城北入于淮，去城二里。水北为阳。命诸军围寿州，徙正阳浮梁于下蔡镇。唐颍州有下蔡县，时废县为镇，西抵正阳五十五里。丁巳，征宋、亳、陈、颍、徐、宿、许、蔡等州丁夫数十万以攻城，昼夜不息。唐兵万馀人维舟于淮，营于涂山之下。涂山在濠州，本涂山氏之邑，禹会诸侯处也；今在钟离县西九十五里。滨淮有汉当涂县故城，南北朝兵争之际，为马头郡城，淮水径城北而东流，涡水自西北来注于淮，谓之涡口，南岸正对马头城。庚申，帝命太祖皇帝击之，太祖皇帝遣百馀骑薄其营而伪遁，伏兵邀之，大败唐兵于涡口，败，补迈翻。涡，音戈。斩其都监何延锡等，夺战舰五十馀艘。艘，苏遭翻。

5 诏以武平节度使兼中书令王逵为南面行营都统，使攻唐之鄂州。逵引兵过岳州，岳州团练使潘叔嗣厚具燕犒，奉事甚谨；逵左右求取无厌，犒，苦到翻。厌，于盐翻。不满望者谮叔嗣于逵，云其谋叛，逵怒形于词色，叔嗣由是惧而不自安。为潘叔嗣杀王逵张本。

唐主闻湖南兵将至，命武昌节度使何敬洙徙民入城，为固守之计；敬洙不从，使除地为战场，曰："敌至，则与军民俱死于此耳！"何敬洙为将，亦唐之良也。因王逵有潘叔嗣之难，又以成其名。唐主善之。

6 二月，丙寅，下蔡浮梁成，上自往视之。

戊辰，庐、寿、光、黄巡检使司【章：十二行本“司”上有“元城”二字；乙十一行本同；孔本同。】超司，姓也。左传郑有司臣。奏败唐兵三千馀人于盛唐，败，补迈翻。盛唐本唐初之霍山县也，开元二十七年更名盛唐，属寿州，宋朝开宝四年改为六安县。九域志：六安县，在寿州南二百一十里。擒都监高弼等，获战舰四十馀艘。

上命太祖皇帝倍道袭清流关。皇甫晖等陈于山下，陈，读曰阵。方与前锋战，太祖皇帝引兵出山后；晖等大惊，走入滁州，宋白曰：滁州之地，刘宋为新昌郡，梁立南谯州于桑根山西，今州西南十八里南谯故城是也。北齐自南谯徙新昌郡，今州城是也。隋废州，以其地为清流县，唐为滁州。欲断桥自守，断，音短。太祖皇帝跃马麾兵涉水，直抵城下。晖曰：“人各为其主，为，于伪翻。愿容成列而战。”皇甫晖受唐庄宗畜养之恩，一旦作乱，庄宗以之丧亡。弃中国而奔江南，委质于唐，乃言人各为其主，盖兵锋所迫，仓皇失措，为是言以款敌耳。太祖皇帝笑而许之。太祖自审智勇足以办皇甫晖，故许之。晖整众而出，太祖皇帝拥马颈突陈而入，陈，读曰阵。大呼曰：“吾止取皇甫晖，他人非吾敌也！”手剑击晖，中脑，生擒之，呼，火故翻。手，式又翻。中，竹仲翻。并擒姚凤，遂克滁州。后数日，宣祖皇帝为马军副都指挥使，宣祖讳弘殷。引兵夜半至滁州城下，传呼开门。太祖皇帝曰：“父子虽至亲，城门王事也，不敢奉命。”【章：十二行本“命”下有“明旦乃得入”五字；乙十一行本同；孔本同；张校同；退斋校同。】史言太祖勇于战，谨于守。

上遣翰林学士窦仪籍滁州帑藏，帑，他朗翻。藏，徂浪翻；下同。太祖皇帝遣亲吏取藏中绢。仪曰：“公初克城时，虽倾藏取之，无伤也。今既籍为官物，非有诏书，不可得也。”窦仪有守。太祖皇帝由是重仪。太祖之识度，岂一时将帅所能及哉！诏左金吾卫将军马崇祚知滁州。

初，永兴节度使刘词遗表荐其幕僚蓟人赵普有才可用。会滁州平，范质荐普为滁州军事判官，太祖皇帝与语，悦之。时获盗百馀人，皆应死，普请先讯鞫然后决，所活十七八。太祖皇帝益奇之。太祖重窦仪，奇赵普，皆在潜跃之时。普自此为佐命元功，仪乃为普所忌而不至相位。

太祖皇帝威名日盛，每临陈，必以繁缨饰马，铠仗鲜明。或曰："如此，为敌所识。"陈，读曰阵。繁，蒲官翻。太祖皇帝曰："吾固欲其识之耳！"

唐主遣泗州牙将王知朗赍书抵徐州，称："唐皇帝奉书大周皇帝，请息兵修好，愿以兄事帝，岁输货财以助军费。"好，呼到翻。输，舂遇翻。甲戌，徐州以闻；九域志：泗州西北至徐州七百五十里。王知朗不敢诣军前而抵徐州，恐犯兵锋而死也。帝不答。以唐主犹敢抗礼，欲为兄弟之国也。戊寅，命前武胜节度使侯章等攻寿州水寨，决其壕之西北隅，导壕水入于淝。

太祖皇帝遣使献皇甫晖等，晖伤甚，见上，卧而言曰："臣非不忠于所事，但士卒勇怯不同耳。臣向日屡与契丹战，皇甫晖本魏兵，唐庄宗使戍瓦桥拒契丹，因而作乱。其自谓屡与契丹战，盖戍瓦桥时也。未尝见兵精如此。"因盛称太祖皇帝之勇。上释之，后数日卒。

帝诇知扬州无备，诇，古永翻，又翾正翻。己卯，命韩令坤等将兵袭之，戒以毋得残民；其李氏陵寝，遣人与李氏人共守护之。

唐主兵屡败，惧亡，乃遣翰林学士·户部侍郎钟谟、工部侍郎·文理院学士李德明奉表称臣，来请平，献御服、汤【章：十二行本"汤"作"茶"；乙十一行本同；孔本同。】药及金器千两，银器五千两，缯锦二千匹，缯，慈陵翻。犒军牛五百头，酒二千斛，壬午，至寿州城下。谟、德明素辩口，上知其欲游说，犒，苦到翻。说，式芮翻；下欲说同。盛陈甲兵而见之，曰："尔主自谓唐室苗裔，南唐祖唐太宗之子吴王恪。宜知礼义，异于他国。与朕止隔一水，谓南唐与周以淮为界。未尝遣一介修好，好，呼到翻。惟泛海通契丹，舍华事夷，礼义安在？自徐温执吴政，屡泛海使契丹，欲与共图中国，至唐烈祖及今主皆然。且汝欲说我令罢兵邪？我非六国愚主，岂汝口舌所能移邪！言六国皆愚主，故苏、张得行其游说；使遇英明之君，虽辩如苏、张，不能移也。可归语汝主：语，牛倨翻。亟来见朕，再拜谢过，则无事矣。不然，朕欲观金陵城，借府库以劳军，劳，力到翻。汝君臣得无悔乎！"谟、德明战栗不敢言。

7 吴越王弘俶遣兵屯境上以俟周命。苏州营田指挥使陈满言于丞相吴程曰："周师南征，唐举国惊扰，常州无备，易取也。"九域志：苏州西北至常州一百八十馀里。易，以豉翻。会唐主有诏抚安江阴吏民，江阴县，本晋毗陵之暨阳县也，江左分置兰陵县；梁敬帝时，尝置江阴郡及江阴县，隋废，唐置暨州，南唐始置江阴军。九域志：在常州东北九十里。满告程云："周诏书已至。"程为之言于弘俶，为，于伪翻。请亟发兵从其策。丞相元德昭曰："唐大国，未可轻也。若我入唐境而周师不至，谁与并力，能无危乎！请姑俟之。"程固争，以为时不可失，弘俶卒从程议。卒，子恤翻。癸未，遣程督衢州刺史鲍修让、中直都指挥使罗晟趣常州。趣，七喻翻。程谓将士曰："元丞相不欲出师。"将士怒，流言欲击德昭。吴越将士狃福州之胜，谓唐之可乘也。兵骄者破，岂虚言哉！弘俶匿德昭于府中，令捕言者，叹曰："方出师而士卒欲击丞相，不祥甚哉！"

8 乙酉，韩令坤奄至扬州；平旦，先遣白延遇以数百骑驰入城，城中不之觉。令坤继至，唐东都营屯使贾崇焚官府民舍，弃城南走，副留守工部侍郎冯延鲁髡发被僧服，匿于佛寺，唐以扬州为东都，故置留守。髡，苦昆翻。被，皮义翻。军士执之。令坤慰抚其民，使皆安堵。

庚寅，王逵奏拔鄂州长山寨，长山，在鄂州南界。唐立寨以备潭、朗。执其将陈泽等，献之。

辛卯，太祖皇帝奏唐天长制置使耿谦降，唐天宝元年，分江都、六合、高邮三县地，置千秋县，七载，改名天长。九域志：天长县在扬州西一百一十里。获刍粮二十馀万。

9 唐主遣园苑使尹延范如泰州，梁有宫苑使，又有内园栽接使；唐置园苑使亦犹是也。迁吴让皇之族于润州。晋天福四年，唐烈祖自润州迁让皇之族于泰州，今以周师攻逼，复迁润州。延范以道路艰难，恐杨氏为变，尽杀其男子六十人，还报，唐主怒，腰斩之。

10 韩令坤等攻泰【章：十二本行“泰”上有“唐”字；乙十一行本同；孔本同；退斋校同。】州，拔之，南唐升海陵镇为泰州。九域志：扬州东至泰州一百一十五里。刺史方讷奔金陵。自泰州南奔泰兴县，渡江取润州至金陵。

11 唐主遣人以蜡丸求救于契丹。壬辰，静安军使何继筠获而献之。去年帝置静安军于李晏口。

12 以给事中高防权知泰州。

13 癸巳，吴越王弘俶遣上直都指挥使路彦铢攻宣州，罗晟帅战舰屯江阴。唐静海制置使姚彦洪帅兵民万人奔吴越。帅，读曰率。南唐于海陵之东境置静海都镇制置院，周取其地，置静海军，寻升为通州。通州南至大江二十四里，绝江而南，即吴越之苏州界。

14 潘叔嗣属将士而告之曰：“吾事令公至矣，属，之欲翻，集会也。王逵兼中书令，故称为令公。今乃信谗疑怒，军还，必击我，吾不能坐而待死，汝辈能与吾俱西乎？”众愤怒，请行，叔嗣帅之西袭朗州。九域志：岳州西至朗州五百五十里。帅，读曰率。逵闻之，还军追之，及于武陵城外，朗州，武陵郡。与叔嗣战，逵败死。考异曰：湖湘故事云：“王逵奉诏伐吴，有蜜蜂无万数集逵伞盖。周行逢内喜，潜与潘叔嗣、张文表等谋曰：'我睹王公妖怪入伞，他时忽落别人之手，我辈处身何地！我等若三人同心，共保马氏旧基，同取富贵，岂不是男儿哉！'叔嗣、文表闻行逢之言，已会深意，遂乃拜受此语，各散归营。"广本："逵命行营副使毛立为袁州营统军使，潘叔嗣、张文表为前锋。军次醴陵，县吏请具牛酒犒军，立不许。叔嗣、文表因士卒之怒，缚立，送于行逢，以兵叛告逵。逵大惧，乘轻舟奔朗州，叔嗣追至朗州，杀之。"湖湘故事："逵连夜走归朗州，去经数日，潘叔嗣始到潭州，既闻王逵走归朗州，亦以舟棹倍程而趋，至朗州，杀之。"今按世宗实录："显德三年二月丙寅，朗州王进逵言，领大军入淮南界；庚寅言入鄂州界，攻下长山寨。癸巳，荆南高保融言进逵自鄂州领兵复归本道。"又云："潘叔嗣为先锋，行及鄂州，叔嗣回戈袭武陵，进逵闻之，倍道先入武陵，叔嗣攻其城，进逵败走，为叔嗣所杀。"又云："三月壬寅，进逵差牙将押送淮南将陈泽等。"盖进逵未败前奏事，三月始达行在，与薛史承袭传及湖南传记略同。惟湖湘故事及丁琇马氏行事记载逵攻袁州叔嗣叛事，曹衍云："逵三月至潭州。四月，叔嗣叛。"丁琇云："五月五日，叔嗣杀逵于朗州。"皆妄也。周行逢据湖南，仕进尚门荫，衍屡献文章，不得调，退居乡里教授。及张文表叛，辟为幕职，事败，逃遁，会赦，乃敢出，穷困无以自进，采摭旧闻，撰湖湘马氏故事二十卷，如京师献之。太宗悯其穷且老，授将作监丞。衍本小人，言辞鄙俚，非有意著书，故叙事颠倒，前后自相违背，以无为有，不可胜数。素怨周行逢，尤多诬毁，不欲行逢不预叔嗣之谋，乃妄造此说。凡载行逢罪恶之甚者，皆出于衍云。琇亦国初人，疑其说得于衍书，皆不可为据。今从十国纪年。

或劝叔嗣遂据朗州，叔嗣曰："吾救死耳，安敢自尊，宜以督府归潭州太尉，时湖湘以朗州为督府。潭州太尉，谓周行逢也。岂不以武安见处乎！"言行逢必将以潭州处己。处，昌吕翻。乃归岳州，使团练判官李简潘叔嗣为岳州团练使，判官其属也。帅朗州将吏迎武安节度使周行逢。帅，读曰率；下同。众谓行逢："必以潭州授叔嗣。"谓，告也，语也。行逢曰："叔嗣贼杀主帅，罪当族。所可恕者，得武陵而不有，以授吾耳。若遽用为节度使，天下谓我与之同谋，何以自明！宜且以为行军司马，俟逾年，授以节钺可也。"观此，则周行逢本有奉辞讨潘叔嗣之心，以其迎己，故不发耳。

乃以衡州刺史莫弘万权知潭州，帅众入朗州，自称武平、武安留后，告于朝廷，行逢欲兼有潭、朗也。以叔嗣为行军司马。叔嗣怒，称疾不至。行逢曰："行军司马，吾尝为之，周行逢为武安行军司马，见上卷太祖广顺三年。权与节度使相埒耳，埒，龙辍翻，等也。叔嗣犹不满望，更欲图我邪！"

或说行逢："授叔嗣武安节钺以诱之，说，式芮翻。诱，以九翻。令至都府受命，此乃机上肉耳！"行逢从之。叔嗣将行，其所亲止之。叔嗣自恃素以兄事行逢，相亲善，行逢、叔嗣亲善事，始见二百九十一卷太祖广顺二年九月。遂行不疑。行逢遣使迎候，道路相望，既至，自出郊劳，劳，力到翻。相见甚欢。叔嗣入谒，未至听事，听，读曰厅。遣人执之，立于庭下，责之曰："汝为小校无大功，校，户教翻。王逵用汝为团练使，一旦反杀主帅；帅，所类翻。吾以畴昔之情，未忍斩汝，以为行军司马，乃敢违拒吾命而不受乎！"叔嗣知不免，以宗族为请。遂斩之。

容肇祖标点聂崇岐覆校

资治通鉴卷第二百九十三

端明殿学士兼翰林侍读学士太中大夫
提举西京嵩山崇福宫上柱国河内郡开国公 司马光 奉敕编集
食邑二千六百户食实封一千户臣

后学天台 胡三省 音注

后周纪四 起柔兆执徐(丙辰)三月，尽强圉大荒落(丁巳)，凡一年有奇。

世宗睿武孝文皇帝中

显德三年(丙辰、九五六)

1 三月，甲午朔，上行视水寨，至淝桥，行，下孟翻。淝桥，于淝水上为桥也。自取一石，马上持之至寨以供礮，从官过桥者人赍一石。礮，与炮同，音普豹翻。从，才用翻。赍，笺西翻。太祖皇帝乘皮船入寿春壕中，城上发连弩射之，皮船，缝牛皮为之。连弩，即今之划车弩也。射，而亦翻。矢大如屋椽；牙将馆陶张琼遽以身蔽之，矢中琼髀，椽，重缘翻。中，竹仲翻。髀，部礼翻。死而复苏。镞着骨不可出，着，直略翻。琼饮酒一大卮，令人破骨出之，流血数升，神色自若。史言张琼之勇。后太祖登极，遂以琼总侍卫亲兵。

唐主复以右仆射孙晟为司空，复，扶又翻。遣与礼部尚书王崇质奉表入见，称："自天佑以来，见，贤遍翻。天佑，唐昭宗年号。海内分崩，或跨据一方，或迁革异代，跨据一方，谓四方割据之国。迁革异代，谓中国数易主也。臣绍袭先业，奄有江表，顾以瞻乌未定，附凤何从！诗曰：瞻乌爰止，于谁之屋。汉耿纯曰，攀龙鳞，附凤翼。此言未见真主，则无从而归附也。今天命有归，声教远被，被，皮义翻。愿比两浙、湖南，仰奉正朔，谨守土疆，两浙自钱镠以来，湖南自马殷以来，皆奕世奉事中国。乞收薄伐之威，薄，迫也。有钟鼓曰伐。诗云：薄伐西戎。又云：薄伐猃狁。赦其后服之罪，首于下国，俾作外臣，则柔远之德，云谁不服！”又献金千两，银十万两，罗绮二千匹。晟谓冯延巳曰：“此行当在左相，唐以冯延巳为左仆射，位在孙晟上，故晟云然。晟若辞之，则负先帝。”既行，知不免，中夜，叹息谓崇质曰：“君家百口，宜自为谋。吾思之熟矣，终不负永陵一培土，馀无所知！”永陵者，唐主父昪墓也。培，蒲枚翻。唐陆龟蒙筑城词：“城上一培土，手中千万杵。”则培土以益土为义。一培土，犹言益一畚土也；又薄口翻。说文曰：培塿，小冢也。一培土，犹言一冢土也。欧史作“一抔土”。【章：乙十一行本正作“抔”；孔本同。】

2 南汉甘泉宫使林延遇，阴险多计数，南汉主倚信之；诛灭诸弟，皆延遇之谋也。南汉主诛诸弟事并见前。乙未卒，国人相贺。延遇病甚，荐内给事龚澄枢自代，南汉主即日擢澄枢知承宣院及内侍省。澄枢，番禺人也。龚澄枢继林延遇用事，南汉遂亡矣。番，音潘。禺，鱼容翻，又音愚。

3 光·舒·黄招安巡检使、行光州刺史何超以安、随、申、蔡四州兵数万攻光州。九域志：光州，西南至安州六百里。随州，东至安州二百四十里，东北至申州二百五十里。申州，东至光州二百五十五里。光州，北至蔡州二百五十里。盖以邻郡之兵环而攻之。丙申，超奏唐光州刺史张绍弃城走，都监张承翰以城降。

丁酉，行舒州刺史郭令图拔舒州，唐蕲州将李福杀其知州王承巂，举州来降。遣六宅使齐藏珍攻黄州。九域志：舒州，西至蕲州二百九十八里。蕲州，西至黄州二百一十里。三州皆濒江。

4 彰武留后李彦頵，性贪虐，頵，于伦翻。部民与羌胡作乱，攻之。上召彦䫖还朝。自延州召还。还，从宣翻，又如字。朝，直遥翻。

5 秦、凤之平也，事见上卷上年。上赦所俘蜀兵以隶军籍，五代会要：显德二年十二月，以新收秦、凤州所擒川军署为怀恩军，所谓隶军籍也。从征淮南，复亡降于唐。复，扶又翻。癸卯，唐主表献百五十人；上悉命斩之。

6 舒州人逐郭令图，铁骑都指挥使洛阳王审琦选轻骑夜袭舒州，复取之，令图乃得归。得复归舒州。

7 马希崇及王延政之子继沂皆在扬州；诏抚存之。楚、闽世事中国，其后为南唐所俘，囚于扬州，周得扬州，故抚存之。

8 丙午，孙晟等至上所。至行在所也。庚戌，上遣中使以孙晟诣寿春城下，【章：十二行本“下”下有“示刘仁赡”四字；乙十一行本同；孔本同；退斋校同。】且招谕之。仁赡见晟，戎服拜于城上。以边帅见宰相礼拜晟。晟谓仁赡曰：“君受国厚恩，不可开门纳寇。”上闻之，甚怒，晟曰：“臣为【章：十二行本“为”下有“唐”字；乙十一行本同；孔本同；退斋校同。】宰相，岂可教节度使外叛邪！”上乃释之。孙晟之辞直，周世宗亦何以罪之！

9 唐主使李德明、孙晟言于上，请去帝号，去，羌吕翻。割寿、濠、泗、楚、光、海六州之地。六州之地皆濒淮，周既得之，则唐失长淮之险。借使周从唐之请而罢兵，江北之地他日亦不能守矣。仍岁输金帛百万以求罢兵。输，春遇翻。上以淮南之地已半为周有，诸将捷奏日至，欲尽得江北之地，不许。德明见周兵日进，奏称：“唐主不知陛下兵力如此之盛，愿宽臣五日之诛，得归白唐主，尽献江北之地。”上乃许之。晟因奏遣王崇质与德明俱归。王崇质副孙晟来使。上遣供奉官安弘道送德明等归金陵，赐唐主书，其略曰：“但存帝号，何爽岁寒！爽，差也。言岁寒知松柏之后凋，此约不差也。许唐主自帝江南。傥坚事大之心，终不迫人于险。”又曰：“俟诸郡之悉来，谓江北诸郡也。即大军之立罢。言尽于此，更不烦云；烦，劳也。言更不劳云云也。苟曰未然，请从兹绝。”又赐其将相书，使熟议而来。唐主复上表谢。复，扶又翻。上，时掌翻。

李德明盛称上威德及甲兵之强，劝唐主割江北之地；唐主不悦。宋齐丘以割地为无益；德明轻佻，言多过实，国人亦不之信。佻，土雕翻。国人，谓南唐通国之人。史言诞妄之士雅不足以孚乎人，不惟丧身，且误国事。枢密使陈觉、副使李征古素恶德明与孙晟，恶，乌路翻。使王崇质异其言，因谮德明于唐主曰：“德明卖国求利。”唐主大怒，斩德明于市。为钟谟为李德明修怨张本。

10 吴程攻常州，破其外郭，执唐常州团练使赵仁泽，送于钱唐。仁泽见吴越王弘俶不拜，责以负约；唐与吴越本通好，而吴越以周之命而攻唐，故责其负约。弘俶怒，决其口至耳。元德昭怜其忠，为傅良药，得不死。唐非无忠臣也，不能用耳。为，于伪翻。

唐主以吴越兵在常州，恐其侵逼润州，九域志：常州，西北至润州一百七十一里。以宣、润大都督燕王弘冀年少，少，诗照翻。恐其不习兵，征还金陵。还，从宣翻。部将赵铎言于弘冀曰：“大王元帅，众心所恃，逆自退归，所部必乱。”弘冀然之，辞不就征，部分诸将，为战守之备。分，扶问翻。

龙武都虞候柴克宏，再用之子也，柴再用事杨氏为将，屡立战功，又及事徐温父子。沉默好施，沈，持林翻。好，呼到翻。施，式豉翻。不事家产，虽典宿卫，日与宾客博弈饮酒，未尝言兵，时人以为非将帅材。将，即亮翻。帅，所类翻。至是，有言克宏久不迁官者，唐主以为抚州刺史。克宏请效死行陈，其母亦表称克宏有父风，可为将，苟不胜任，分甘孥戮。赵括之母不肯保任其子，柴克宏之母自称荐其子，皆知之审也。孥，子也。言与其子甘同戮也。行，户刚翻。陈，与阵同。胜，音升。分，扶问翻。孥，音奴。唐主乃以克宏为右武卫将军，使将兵会袁州刺史陆孟俊救常州。

时唐精兵悉在江北，克宏所将数千人皆羸老，羸，伦为翻。枢密使李征古复以铠仗之朽蠹者给之。克宏诉于征古，征古慢骂之，众皆愤恚，恚，於避翻。克宏怡然。至润州，征古遣使召还，还，从宣翻，又如字。以神卫【严：“卫”改“武”。】统军朱匡业代之。燕王弘冀谓克宏：谓者，告语之也。“君但前战，吾当论奏。”乃表克宏才略可以成功，常州危在旦莫，莫，读曰暮。不宜中易主将。克宏引兵径趣常州，趣，七喻翻。征古复遣使召之，复，扶又翻。克宏曰：“吾计日破贼，汝来召吾，必奸人也！”命斩之。使者曰：“受李枢密命而来。”克宏曰：“李枢密来，吾亦斩之！”柴克宏前日之怡然，乃养成今日之勇决也。

初，鲍修让、罗晟在福州，与吴程有隙，汉天福十二年，吴越使鲍修让戍福州，是年以吴程镇福州。至是，程抑挫之，二人皆怨。先是，唐主遣中书舍人乔匡舜使于吴越，先，悉荐翻。壬子，柴克宏至常州，蒙其船以幕，匿甲士于其中，声言迎匡舜。吴越逻者以告，逻，郎佐翻。程曰：“兵交，使在其间，用左传语。不可妄以为疑。”唐兵登岸，径薄吴越营，罗晟不力战，纵之使趣程帐，趣，七喻翻。程仅以身免。克宏大破吴越兵，斩首万级。朱匡业至行营，克宏事之甚谨。吴程至钱唐，吴越王弘俶悉夺其官。

11 甲寅，蜀主以捧圣控鹤都指挥使李廷珪为左右卫圣诸军马步都指挥使，仍分卫圣、匡圣步骑为左右十军，以武定节度使吕彦琦等为使，为军使也。廷珪总之，如赵廷隐之任。蜀自李仁罕之诛，赵廷隐专总宿卫诸军，后为安思谦所谮罢，事并见前。

12 初，柴克宏为宣州巡检使，始至，城堑不修，器械皆阙，吏云：“自田頵、王茂章、李遇相继叛，唐天复三年，田頵以宣州叛杨行密。天佑二年，王茂章叛。梁乾化二年，李遇叛。事并见前纪。頵，于伦翻。后人无敢治之者。”治，直之翻。克宏曰：“时移事异，安有此理！”悉缮完之。由是路彦铢攻之不克，史言宣州获全，亦柴克宏之力。闻吴程败，乙卯，引归。唐主以克宏为奉化节度使，克宏复请将兵救寿州，未至而卒。人有身死而名全者，柴克宏是也。克宏敌吴越可以胜，使遇周师，未必能尔。复，扶又翻。

13 河阳节度使白重赞重，直龙翻。以天子南征，虑北汉乘虚入寇，缮完守备，且请兵于西京。西京留守王晏初不之与，又虑事出非常，乃自将兵赴之。重赞以晏不奉诏而来，拒不纳，遣人谓之曰：“令公昔在陕服，已立大功，谓天福十二年晏举陕城降汉高祖也。晏时兼中书令，故称为令公。陕，失冉翻。河阳小城，不烦枉驾！”晏惭怍而还。怍，疾各翻。还，从宣翻，又如字。孟、洛之民，数日惊扰。以王晏出兵而白重赞拒之，恐兵交而罹其祸。

14 唐主命诸道兵马元帅齐王景达将兵拒周，以陈觉为监军使，前武安节度使边镐为应援都军使。边镐以失潭州夺节，今叙用之。中书舍人韩熙载上书曰：“信莫信于亲王，重莫重于元帅，安用监军使为！”句断。唐主不从。

遣鸿胪卿潘承佑诣泉、建召募骁勇，承佑荐前永安节度使许文稹、稹，止忍翻。静江指挥使陈德诚、建州人郑彦华、林仁肇。唐主以文稹为西面行营应援使，彦华、仁肇皆为将。将，即亮翻。仁肇，仁翰之弟也。林仁翰见二百八十四卷晋出帝开运元年，唐主之保大二年也。

15 夏，四月，甲子，以侍卫亲军都指挥使、归德节度使李重进为庐、寿等州招讨使，以武宁节度使武行德为濠州城下都部署。

16 唐右卫将军陆孟俊自常州将兵万馀人趣泰州，九域志：自常州北至泰州一百九十七里。周兵遁去，孟俊复取之，复取泰州。遣陈德诚戍泰州。孟俊进攻扬州，屯于蜀冈，韩令坤弃扬州走。蜀冈在扬州城西。扬州城在蜀冈东南，城之东南北皆平地，沟浍交贯，惟蜀冈诸山西接庐、滁。凡北兵南寇扬州，率循山而来，据高为垒以临之。今陆孟俊据蜀冈以断周兵援路，故韩令坤惧而走。帝遣张永德将兵救之，令坤复入扬州。援兵至，故复入扬州。帝又遣太祖皇帝将兵屯六合。六合县，属扬州，在州西北一百三十里。刘昫曰：六合，汉临淮郡之堂邑县，晋置秦郡，北齐置秦州，隋置方州，后废，唐武德初置六合县。太祖皇帝令曰："扬州兵有过六合者，折其足！"自扬州西北归，须过六合，故云然。折，而设翻。令坤始有固守之志。

帝自至寿春以来，命诸军昼夜攻城，久不克；会大雨，营中水深数尺，深，式浸翻。攻具及士卒失亡颇多，时周兵以方舟载炮，自淝河中流击寿春城。又束巨竹数十万竿，上施板屋，号曰'竹龙'，载甲士以攻之。会淝水暴涨，炮舟、竹龙皆漂向南岸，为唐兵所焚。粮运不继，李德明失期不至，李德明归至金陵被诛。乃议旋师。或劝帝东幸濠州，声言寿州已破；从之。己巳，帝自寿春循淮而东，乙亥，至濠州。九域志：寿州，东至濠州三百八十里。

韩令坤败唐兵于城东，此扬州城东也。败，补迈翻。擒陆孟俊。初，孟俊之废马希萼立希崇也，事见二百九十卷太祖广顺元年。灭故舒州刺史杨昭恽之族而取其财，恽，于粉翻。薛史曰：杨昭恽，长沙人，父谥，事马殷为节度行军司马。谥仲女为衡阳王夫人。希声袭位，昭恽迁衡州刺史。自以地连戚里，积财货，建大第，二子为牙内都将，少长豪富，任气凌下，士大夫恶之。长沙兵乱，陆孟俊怒曰："杨氏怙宠灭义，为国人所患久矣。"于是族灭杨氏。"舒"，当作"衡"。杨氏有女美，献于希崇。令坤入扬州，希崇以杨氏遗令坤，令坤嬖之。遗，唯季翻。嬖，卑义翻，又必计翻，爱也，幸也。既获孟俊，将械送帝所；杨氏在帘下，忽抚膺恸哭，令坤惊问之，对曰："孟俊昔在潭州，杀妾家二百口，今日见之，请复其冤。"令坤乃杀之。史言人不可妄杀，虽女子亦能复雠。

17 唐齐王景达将兵二万自瓜步济江，距六合二十馀里，设栅不进。诸将欲击之，太祖皇帝曰："彼设栅自固，惧我也。今吾众不满二千，若往击之，则彼见吾众寡矣；不如俟其来而击之，破之必矣！"居数日，唐出兵趣六合，趣，七喻翻。太祖皇帝奋击，大破之，杀获近五千人，近，其靳翻。馀众尚万馀，走渡江，争舟溺死者甚众，于是唐之精卒尽矣。

是战也，士卒有不致力者。太祖皇帝阳为督战，以剑斫其皮笠。明日，遍阅其皮笠，有剑迹者数十人，皆斩之，由是部兵莫敢不尽死。

先是，唐主闻扬州失守，命四旁发兵取之。先，悉荐翻。己卯，韩令坤奏败扬【章：十二行本"扬"作"楚"；乙十一行本同；孔本同；张校同。】州兵万馀人于湾头堰，九域志：扬州江都县有湾头镇，在今扬州城北十五里。败，补迈翻。获涟州刺史秦进崇；唐盖置涟州于涟水县。九域志：涟水，西南至楚州六十里。张永德奏败泗州【章：十二行本"州"下有"兵"字；乙十一行本同；孔本同。】万馀人于曲溪堰。曲溪，在盱眙县西南十里。按昭信图经：曲溪堰，亦谓之新河堰。

18 丙戌，以宣徽南院使向训为淮南节度使兼沿江招讨使。

涡口奏新作浮梁成。丁亥，帝自濠州如涡口。涡口，涡水入淮之口。郡县志：涡口城，东南至濠州九十里。涡，音戈。

帝锐于进取，欲自至扬州，范质等以兵疲食少，泣谏而止。帝尝怒翰林学士窦仪，欲杀之；范质入救之，帝望见，知其意，即起避之，质趋前伏地，叩头谏曰："仪罪不至死，臣为宰相，致陛下枉杀近臣，罪皆在臣。"继之以泣。帝意解，乃释之。

19 北汉葬神武帝于交城北山，隋分晋阳县置交城县，取县西北古交城为名，初治交山，唐天授元年，移治却波村。九域志：在阳曲县西南一百里。宋白曰：大通监，本古交城之地，管东西二冶烹铁务，东冶在绵上县，西冶在交城县北山。庙号世祖。

20 五月，丙【章：十二行本“丙”作“壬”；乙十一行本同；孔本同；张校同。】辰朔，以涡口为镇淮军。

21 丙申，唐永安节度使陈诲败福州兵于南台江，今福州南九里有钓龙台山，临江，南台江当即是此地。薛史地理志：福州福唐县，晋天福初改为南台县，盖以江名县也，后复旧。俘斩千馀级。唐主更命永安曰忠义军。晋开运二年，唐克建州，置永安军。更，工衡翻。诲，德诚之父也。

22 戊戌，帝留侍卫亲军都指挥使李重进等围寿州，自涡口北归；乙卯，至大梁。自涡口至大梁七百四十里。

23 六月，壬申，赦淮南诸州系囚，除李氏非理赋役，事有不便于民者，委长吏以闻。长，知两翻。

24 侍卫步军都指挥使、彰信节度使李继勋营于寿州城南，唐刘仁赡伺继勋无备，伺，相吏翻。出兵击之，杀士卒数百人，焚其攻具。

25 唐驾部员外郎朱元因奏事论用兵方略，唐主以为能，命将兵复江北诸州。将，即亮翻；下同。

26 秋，七月，辛卯朔，以周行逢为武平节度使，制置武安、静江等军事。行逢既兼总湖、湘，乃矫前人之弊，留心民事，悉除马氏横赋，横，户孟翻；下骄横同。马氏自希范以来始加赋于境内。贪吏猾民为民害者皆去之，去，羌吕翻。择廉平吏为刺史、县令。

朗州民夷杂居，刘言、王逵旧将多骄横，行逢壹以法治之，无所宽假，众怨怼且惧。治，直之翻。怼，直类翻。有大将与其党十馀人谋作乱，行逢知之，大会诸将，于座中擒之，数曰：“吾恶衣粝食，充实府库，正为汝曹，数，所具翻，责数也。粝，卢达翻。为，于伪翻。何负而反！今日之会，与汝诀也！”立挝杀之，座上股栗。行逢曰：“诸君无罪，皆宜自安。”乐饮而罢。挝，侧瓜翻。乐，音洛。

行逢多计数，善发隐伏，将卒有谋乱及叛亡者，行逢必先觉，擒杀之，所部凛然。然性猜忍，常散遣人密诇诸州事，诇，古永翻，又翾正翻。其之邵州者，无事可复命，但言刺史刘光委多宴饮。行逢曰："光委数聚饮，数，所角翻。欲谋我邪！"即召还，杀之。亲卫指挥使、衡州刺史张文表恐获罪，求归治所；求解兵柄归衡州也。行逢许之。文表岁时馈献甚厚，及谨事左右，由是得免。其后行逢临卒，谓其子保权曰："吾起陇亩，为团兵，同时十人皆诛，张文表独存。"是时王逵、张仿、何敬真、朱全琇、潘叔嗣皆已死，唯蒲公益、宇文琼、彭万和与文表，史不言其有他，此三人者必又相继为行逢所杀，而文表独免也。行逢死，则文表叛矣。

行逢妻郧国夫人邓氏，郧，音云。路振九国志作"严氏"。陋而刚决，善治生，治，直之翻。尝谏行逢用法太严，人无亲附者，行逢怒曰："汝妇人何知！"邓氏不悦，因请之村墅视田园，遂不复归府舍。之，往也。墅，承与翻。复，扶又翻。府舍，朗州府舍也。行逢屡遣人迎之，不至；一旦，自帅僮仆来输税，帅，读曰率。输，舂遇翻；下同。行逢就见之，曰："吾为节度使，夫人何自苦如此！"邓氏曰："税，官物也。公为节度使，不先输税，何以率下！且独不记为里正代人输税以免楚挞时邪？"行逢欲与之归，不可，不肯归府舍也。曰："公诛杀太过，常恐一旦有变，村墅易为逃匿耳。"易，以豉翻。行逢惭怒，其僚属曰："夫人言直，公宜纳之。"

行逢婿唐德求补吏，行逢曰："汝才不堪为吏，吾今私汝则可矣；汝居官无状，吾不敢以法贷汝，则亲戚之恩绝矣。"与之耕牛、农具而遣之。

行逢少时尝坐事黥，隶辰州铜坑，少，诗照翻。黥，其京翻。唐文宗之世，天下铜坑五十，辰州不在其数。辰州铜坑，盖马氏所置也。或说行逢："公面有文，恐为朝廷使者所嗤，说，式芮翻。嗤，丑之翻。请以药灭之。"行逢曰："吾闻汉有黥布，不害为英雄，吾何耻焉！"黥布事见八卷秦二世二年。

自刘言、王逵以来，屡举兵，将吏积功及所羁縻蛮夷，检校官至三公者以千数。羁縻蛮夷，谓溪峒诸蛮夷。前天策府学士徐仲雅，自马希广之废，杜门不出，马希广废事见二百八十九卷汉乾佑二年。行逢慕之，署节度判官。仲雅曰："行逢昔趋事我，奈何为之幕吏！"辞疾不至。行逢迫胁固召之，面授文牒，终辞不取，行逢怒，放之邵州，既而召还。会行逢生日，诸道各遣使致贺，行逢有矜色，谓仲雅曰："自吾兼镇三府，三府，武平、武安、静江军府也。四邻亦畏我乎？"仲雅曰："侍中境内，周行逢加侍中，故徐仲雅称之。弥天太保，遍地司空，四邻那得不畏！"行逢复放之邵州，复，扶又翻。竟不能屈。有僧仁及，为行逢所信任，军府事皆预之，亦加检校司空，娶数妻，出入导从如王公。从，才用翻。

27 辛亥，宣懿皇后符氏殂。

28 唐将朱元取舒州，刺史郭令图弃城走。李平取蕲州。唐主以元为舒州团练使，平为蕲州刺史。元又取和州。朱元、李平，皆李守贞所遣求救于唐者也，事见二百八十八卷汉乾佑元年。

初，唐人以茶盐强民而征其粟帛，谓之博征，强，其两翻。博，博易也，言以茶盐博易而征其粟帛。又兴营田于淮南，民甚苦之；及周师至，争奉牛酒迎劳。劳，力到翻。而将帅不之恤，帅，所类翻。专事俘掠，视民如土芥；民皆失望，相聚山泽，立堡壁自固，操农器为兵，操，七刀翻。积纸为甲，时人谓之"白甲军"。周兵讨之，屡为所败，败，补迈翻。先所得唐诸州，多复为唐有。

唐之援兵营于紫金山，紫金山在寿春南；或云即八公山。与寿春城中烽火相应。淮南节度使向训奏请以广陵之兵并力攻寿春，俟克城，更图进取，诏许之。训封府库以授扬州主者，命扬州牙将分部按行城中，秋毫不犯，分，扶问翻。行，下孟翻。扬州民感悦，军还，或负糗糒以送之。糗，去久翻，熬米麦为之。糒，平秘翻，干饭也。滁州守将亦弃城去，皆引兵趣寿春。

唐诸将请据险以邀周师，宋齐丘曰："如此，则怨益深。"【章：十二行本"深"下有"不如纵之以德于敌，则兵易解也"十三字；乙十一行本同；孔本同；退斋校同。】乃命诸将各自保守，毋得擅出击周兵。由是寿春之围益急。齐王景达军于濠州，遥为寿州声援，军政皆出于陈觉，景达署纸尾而已，拥兵五万，无决战意，呜呼！比年襄阳之陷，得非援兵不进之罪也！将吏畏觉，无敢言者。

29 八月，戊辰，端明殿学士王朴、司天少监王处纳【讷】撰显德钦天历，上之。初，王处讷私造明玄历于家，因唐世所行崇玄历而明之也。帝以王朴通于历数，乃诏朴撰定，以步日、步月、步星、步发敛为四篇，合为历经，并著显德三年七政细行历一卷，以为钦天历。诏自来岁行之。

30 殿前都指挥使、义成节度使张永德屯下蔡，唐将林仁肇以水陆军援寿春；永德与之战，仁肇以船实薪刍，因风纵火，欲焚下蔡浮梁，俄而风回，唐兵败退。永德为铁绠千馀尺，绠，苦杏翻。距浮梁十馀步，横绝淮流，系以巨木，由是唐兵不能近。近，其靳翻。

31 九月，丙午，以端明殿学士、左散骑常侍、权知开封府事王朴为户部侍郎，充枢密副使。

32 冬，十月，癸酉，李重进奏唐人寇盛唐，铁骑都指挥使王彦升等击破之，斩首三千馀级。彦升，蜀人也。

33 丙子，上谓侍臣："近朝征敛谷帛，多不俟收获、纺绩之毕。""侍臣"之下有"曰"字，文意乃足。近朝，犹言近代也。朝，直遥翻；下同。乃诏三司，自今夏税以六月，秋税以十月起征，五代会要曰：

二税起征，皆以月一日。民间便之。

34 山南东道节度使、守太尉兼中书令安审琦镇襄州十馀年，汉天福十二年，安审琦镇襄阳，至是十年矣。至是入朝，除守太师，遣还镇。既行，上问宰相："卿曹送之乎？"对曰："送至城南，审琦深感圣恩。"五代以来，方镇入朝者，或留不遣，或易置之；今加官遣还镇，故感恩。上曰："近朝多不以诚信待诸侯，诸侯虽有欲效忠节者，其道无由。王者但能毋失其信，何患诸侯不归心哉！"

35 壬午，张永德奏败唐兵于下蔡。败，补迈翻。是时唐复以水军攻永德，复，扶又翻。永德夜令善游者没其船下，縻以铁锁，纵兵击之，船不得进退，溺死者甚众。永德解金带以赏善游者。

36 甲申，以太祖皇帝为定国节度使兼殿前都指挥使。定国军，即同州匡国军也。太祖登极，避御名，始改为定国军，史亦因以后所改军号书之。太祖皇帝表渭州军事判官赵普为节度推官。

37 张永德与李重进不相悦，永德密表重进有二心，帝不之信。时二将各拥重兵，众心忧恐。重进一日单骑诣永德营，李重进时在寿州城下，张永德营下蔡。从容宴饮，谓永德曰："吾与公幸以肺附俱为将帅，从，千容翻；下同。李重进，太祖之甥；张永德，太祖之婿，故云然。奚相疑若此之深邪？"永德意乃解，众心亦安。唐主闻之，以蜡丸遗重进，诱以厚利，其书皆谤毁及反间之语；遗，唯季翻。诱，以久翻。间，古苋翻。重进奏之。

初，唐使者孙晟、钟谟从帝至大梁，帝待之甚厚，每朝会，班于中书省官之后，时召见，饮以醇酒，饮，于鸩翻。问以唐事。晟但言"唐主畏陛下神武，事陛下无二心。"及得唐蜡书，帝大怒，召晟，责以所对不实。晟正色抗辞，请死而已。问以唐虚实，默不对。十一月，乙巳，帝命都承旨曹翰送晟于右军巡院，侍卫亲军分左右军，各有巡院，以鞫系囚。更以帝意问之；翰与之饮酒数行，从容问之，晟终不言。翰乃谓曰："有敕，赐相公死。"以唐所授官称之。晟神色怡然，索袍笏，整衣冠，南向拜曰："臣谨以死报国。"乃就刑。索，山客翻。孙晟可谓尽节于所事矣。并从者百馀人皆杀之，从，才用翻。贬钟谟耀州司马。既而帝怜晟忠节，悔杀之，召谟，拜卫尉少卿。

38 帝召华山隐士真源陈抟，真源，汉苦县，隋为谷阳县，唐高宗乾封元年以老子所生之地改为真源县，载初元年改为仙源县，神龙元年复曰真源，属亳州。宋大中祥符七年改曰卫真县。九域志：在亳州西六十里。抟，徒丸翻。问以飞升、黄白之术，飞升者，谓羽化而升仙。黄白者，谓炼白金为黄金。对曰："陛下为天子，当以治天下为务，安用此为！"戊申，遣还山，诏州县长吏常存问之。治，直之翻。长，知两翻。

39 十二月，壬申，以张永德为殿前都点检。后唐以来，车驾行幸及出征，则置大内都点检之官。后周选骁勇之士充殿前诸班，始置殿前都点检于都指挥使之上。自宋太祖皇帝以殿前都点检登极，是后不复除授。

40 分命中使发陈、蔡、宋、亳、颍、兖、曹、单等州丁夫【章：十二行本"夫"下有"数万"二字；乙十一行本同；孔本同；张校同。】城下蔡。单，音善。

41 是岁，唐主诏淮南营田害民尤甚者罢之。遣兵部郎中陈处尧持重币浮海诣契丹乞兵；处，昌吕翻。考异曰：十国纪年作"兵部郎中段处常"。今从晋阳见闻录。契丹不能为之出兵，为，于伪翻。而留处尧不遣。处尧刚直有口辩，久之，忿怼，数面责契丹主，怼，直类翻。数，所角翻。契丹主亦不之罪也。

42 蜀陵、荣州獠反，宋白曰：晋太元中，益州刺史毛璩置西城戍于汉武阳县之东境，周闵帝元年于此置陵州，因陵井为名。荣州，古夜郎国，汉开为南安县地。萧齐于此置南安郡，隋废郡，以其地属资阳郡；唐武德初，割资州之大牢、威远二县置荣州，取境有荣德山为名。獠，鲁皓翻。弓箭库使赵季文讨平之。职官分纪曰：唐有内弓箭库使，五代去“内”字。

43 吴越王弘俶括境内民兵，劳扰颇多，判明州钱弘亿手疏切谏，罢之。

四年（丁巳、九五七）

1 春，正月，己丑朔，北汉大赦，改元天会。以翰林学士卫融为中书侍郎、同平章事，内客省使段恒为枢密使。恒，户登翻。

2 宰相屡请立皇子为王，上曰：“诸子皆幼；上诸子，宗训是为恭帝，次熙让、熙谨、熙诲。且功臣之子皆未加恩，而独先朕子，能自安乎！”

3 周兵围寿春，连年未下，前年十一月，周兵始攻寿州。城中食尽。齐王景达自濠州遣应援使·永安节度使许文稹、都军使边镐、北面招讨使朱元将兵数万，溯淮救之，军于紫金山，列十馀寨如连珠，与城中烽火晨夕相应，又筑甬道抵寿春，甬，余拱翻。欲运粮以馈之，绵亘数十里。将及寿春，李重进邀击，大破之，死者五千人，夺其二寨。丁未，重进以闻。戊申，诏以来月幸淮上。

刘仁赡请以边镐守城，自帅众决战；帅，读曰率。齐王景达不许，仁赡愤邑成疾。其幼子崇谏夜泛舟渡淮北，为小校所执，校，户教翻。仁赡命腰斩之，左右莫敢救，监军使周廷构哭于中门以救之；仁赡不许。廷构复使求救于夫人，复，扶又翻。使，疏吏翻。夫人曰：“妾于崇谏非不爱也，然军法不可私，名节不可亏；若贷之，则刘氏为不忠之门，妾与公何面目见将士乎！”趣命斩之，然后成丧。趣，读曰促。将士皆感泣。

议者以唐援兵尚强，多请罢兵，帝疑之。李穀寝疾在第，二月，丙寅，帝使范质、王溥就与之谋，穀上疏，以为：“寿春危困，破在旦夕，若銮驾亲征，则将士争奋，援兵震恐，城中知亡，必可下矣！”上悦。

4 庚午，诏有司更造祭器、祭玉等，命国子博士聂崇义讨论制度，为之图。祭器，樽、彝、簠、簋、笾、豆之属也。祭玉，苍璧礼天、黄琮礼地、青圭礼东方、赤璋礼南方、白琥礼西方、玄璜礼北方也。时礼官博士准诏议祭器、祭玉制度，国子祭酒尹拙引崔灵恩三礼义宗云：苍璧，所以礼天，其长十有二寸，盖法天之十二时。又引江都集、白虎通诸书所说，云璧皆外圆内方。又云，黄琮所以礼地，其长十寸，以法地之数。其琮外方内圆，八角而有好。国子博士聂崇义以为璧内外皆圆，其径九寸。按阮氏、郑玄图皆云九寸。周礼玉人职，又有九寸之璧。及引尔雅云：肉倍好谓之璧，好倍肉谓之瑗，肉好若一谓之环。郭璞注云：好，孔也。肉，边也。而不载尺寸之数。崇义又引冬官玉人云：璧好三寸。尔雅云：肉倍好谓之璧。盖两边肉各三寸，通好共九寸，则其璧九寸明矣。崇义又云：黄琮八方以象地，每角各剡出一寸六分，共长八寸，厚一寸。按周礼图及阮氏图并无好。又引冬官玉人云：琮，八角而无好。崇义又云：琮、璜、圭、璧，并是礼天地之器，而尔雅唯言璧、环、瑗三者有好，其馀琮、璜诸器并不言之，则黄琮八角而无好明矣。时太常卿田敏已下以崇义援引周礼正文为是，乃从之。更，工衡翻。聂，尼辄翻。

5 甲戌，以王朴权东京留守兼判开封府事，以三司使张美为大内都巡检，以侍卫都虞候韩通为京城内外都巡检。

乙亥，帝发大梁。先是周与唐战，先，悉荐翻。唐水军锐敏，周人无以敌之，帝每以为恨。返自寿春，于大梁城西汴水侧造战舰数百艘，舰，户黯翻。艘，苏遭翻。命唐降卒教北人水战，数月之后，纵横出没，纵，子容翻。殆胜唐兵。至是命右骁卫大将军王环将水军数千自闵河沿颍入淮，丁度曰：闵河，本曰琵琶沟，今名蔡河。颍，颍河也，注详见后卷蔡河下。今按蔡河自东京戴楼门入京城，出宣化水门，投东南下，经陈州，至蔡口，入颍河。颍河自嵩山发源，由颍昌至鹿邑界，过蔡河口，与蔡河合流，经顺昌府颍上县，至西正阳，入淮河。唐人见之大惊。

乙酉，帝至下蔡；三月，己丑夜，帝渡淮，抵寿春城下。庚寅旦，躬擐甲胄，擐，音宦。军于紫金山南，命太祖皇帝击唐先锋寨及山北一寨，皆破之，斩获三千馀级，断其甬道，断，音短。由是唐兵首尾不能相救。至暮，帝分兵守诸寨，还下蔡。

6 唐朱元恃功，颇违元帅节度；朱元恃其复舒、和之功也。陈觉与元有隙，屡表元反覆，不可将兵，唐主以武昌节度使杨守忠代之。守忠至濠州，觉以齐王景达之命，召元至濠州计事，将夺其兵；元闻之，愤怒，欲自杀，门下客宋垍说元曰："大丈夫何往不富贵，何必为妻子死乎！"垍，其冀翻。说，式芮翻。为，于伪翻。辛卯夜，元与先锋壕寨使朱仁裕等举寨万馀人降；裨将时厚卿不从，元杀之。

帝虑其馀众沿流东溃，遽命虎捷左厢都指挥使赵晁五代会要：广顺元年，改侍卫马军曰龙捷左、右军，步军曰虎捷左、右军。晁，直遥翻。将水军数千沿淮而下。壬辰旦，帝军于赵步，赵步在淮河北岸水滨泊舟之地。人坎岸为道以上下，谓之步。赵步，以赵氏居其地而得名。今自寿春花靥镇沿淮东下百馀里，得赵步滩，又东径梁城滩北，齐、梁控扼之地也。淮水中有梁城滩，又东二十五里至洛河口。诸将击唐紫金山寨，大破之，杀获万馀人，擒许文稹、边镐、杨守忠。馀众果沿淮东走，帝自赵步将骑数百循北岸追之，诸将以步骑循南岸追之，水军自中流而下，唐兵战溺死及降者殆四万人，获船舰粮仗以十万数。晡时，帝驰至荆山洪，荆山，在濠州钟离县西八十三里，即梁武帝筑堰之地。今怀远军正治荆山。距赵步二百馀里。是夜，宿镇淮军，镇淮军，时置于涡口。癸酉，从官始至。从，才用翻。刘仁赡闻援兵败，扼吭叹息。吭，苦郎翻。

甲午，发近县丁夫【章：十二行本"夫"下有"数千"二字；乙十一行本同；孔本同；张校同。】城镇淮军，为二城，夹淮水，徙下蔡浮梁于其间，扼濠、寿应援之路。会淮水涨，唐濠州都监彭城郭廷谓以水军溯淮，欲掩不备，焚浮梁；右龙武统军赵匡赞觇知之，觇，丑廉翻，又丑艳翻。伏兵邀击，破之。

唐齐王景达及陈觉皆自濠州奔归金陵，惟静江指挥使陈德诚全军而还。陈德诚，诲之子也。还，从宣翻，又如字。

戊戌，以淮南节度使向训为武宁节度使、淮南道行营都监，将兵戍镇淮军。

己亥，上自镇淮军复如下蔡。庚子，赐刘仁赡诏，使自择祸福。

唐主议自督诸将拒周，中书舍人乔匡舜上疏切谏，唐主以为沮众，流抚州。沮，在吕翻。唐主问神卫统军朱匡业、刘存忠以守御方略，匡业诵罗隐诗曰："时来天地皆同力，运去英雄不自由。"存忠以匡业言为然。唐主怒，贬匡业抚州副使，流存忠于饶州。既而竟不敢自行。

甲辰，帝耀兵于寿春城北。唐清淮节度使兼侍中刘仁赡病甚，不知人，丙午，监军使周廷构、营田副使孙羽等作仁赡表，遣使奉之来降。丁未，帝赐仁赡诏，遣阁门使万年张保续入城宣谕，仁赡子崇让复出谢罪。戊申，帝大陈甲兵，受降于寿春城北，廷构等舁仁赡出城，舁，音余，又羊茹翻。仁赡卧不能起，帝慰劳赐赉，劳，力到翻。赉，来代翻。复令入城养疾。复，扶又翻。考异曰：实录："时仁赡卧疾已亟，遂翻然纳款，而城内诸军万计，皆屏息以听其命。"又曰："仁赡轻财重士，法令严肃，故能以一城之众连年拒守。逮其来降，而其下无敢窃议者，斯亦一时之名将也。"欧阳史："三月，仁赡病甚，已不知人，其副使孙羽诈为仁赡书，以城降。世宗命舁仁赡至帐前，嗟叹久之，赐以玉带、御马，复使入城养疾。是日，制曰：'刘仁赡尽忠所事，抗节无亏，前代名臣，几人可比！予之南伐，得尔为多。'乃拜仁赡检校太尉兼中书令、天平军节度使。仁赡不能受命而卒。世宗追封彭城郡王，以其子崇赞为怀州刺史。李景闻仁赡卒，亦赠太师。"又曰："仁赡既杀其子以自明矣，岂有垂死而变节者乎！"今周世宗实录载仁赡降书，盖其副使孙羽等所为也。当世宗时，王环为蜀守秦州，攻之久不下，其后力屈而降，世宗颇嗟其忠，然止以为大将军。视世宗待二人之薄厚而考其制书，乃知仁赡非降者也。今从之。

庚戌，徙寿州治下蔡，寿州，宋升为寿春府，至今治下蔡县，而寿春故县自为县，在淮水之南，西北距下蔡二十五里。高宗南渡，复于寿州旧治寿春县建安丰军，以为控扼之地，盖地险所在，通古今不能易也。宋白曰：下蔡，古之蔡国，吴之州来。左传“蔡成公迁于州来，谓之下蔡”，是也，汉为下蔡县；梁于硖石山筑城以拒魏，即今县城也。赦州境死罪以下。州民受唐文书聚山林者，并召令复业，勿问罪；有尝为其杀伤者，毋得雠讼。向日政令有不便于民者，令本州条奏。辛亥，以刘仁赡为天平节度使兼中书令，制辞略曰：“尽忠所事，抗节无亏，前代名臣，几人堪比！朕之伐叛，得尔为多。”是日，卒，追赐爵彭城郡王。唐主闻之，亦赠太师。帝复以清淮军为忠正军杨氏以寿州置忠正军，后改清淮军，今复为忠正军以旌刘仁赡之节。按薛史：唐明宗天成二年，诏升寿州为忠正军。长兴二年闰五月己丑，升庐州为昭顺军。八月癸酉，升州为昭信军。宋白续通典曰：寿州，后唐天成元年升为顺化军节度。今并存之，以俟博考。以旌仁赡之节，以右羽林统军杨信为忠正节度使、同平章事。

7 前许州司马韩伦，侍卫马军都指挥使令坤之父也。令坤领镇安节度使，伦居于陈州，陈州，镇安军治所。干预政事，贪污不法，为公私患，为人所讼，令坤屡为之泣请。屡为，于伪翻。癸丑，诏免伦死，流沙门岛。登州蓬莱县有沙门岛，置沙门寨。

伦后得赦还，居洛阳，与光禄卿致仕柴守礼及当时将相王溥、王晏、王彦超之父游处，恃势恣横，洛阳人畏之，谓之十阿父。处，昌吕翻；下处之同。横，户孟翻。阿，乌葛翻。帝既为太祖嗣，人无敢言守礼子者，但以元舅处之，优其俸给，未尝至大梁；尝以小忿杀人，有司不敢诘，诘，去吉翻。帝知而不问。

8 诏开寿州仓振饥民。丙辰，帝北还；还，从宣翻。夏，四月，己巳，至大梁。

9 诏修永福殿，命宦官孙延希董其役。丁丑，帝至其所，见役徒有削柹为匕，瓦中啖饭者，柹，方废翻，木札也。匕，卑履翻。啖，徒滥翻。大怒，斩延希于市。

10 帝之克秦、凤也，事见上卷二年。以蜀兵数千人为怀恩军。乙亥，遣怀恩指挥使萧知远等将士八百馀人西还。既以示中国威德，又欲使之言已克平淮南数千里之地，以恐动蜀人。

11 壬午，李穀扶疾入见，见，贤遍翻。帝命不拜，坐于御坐之侧。御坐，徂卧翻。穀恳辞禄位，不许。

12 甲申，分江南降卒为六军、三十指挥，号怀德军。

13 乙酉，诏疏汴水北入五丈河，河自都城历曹、济及郓，其广五丈，旧名五丈河；宋开宝六年，诏改名广济河。薛史曰：浚五丈河，东流于定陶，入于济，以通齐、鲁运路。由是齐、鲁舟楫皆达于大梁。

14 五月，丁酉，以太祖皇帝领义成节度使。

15 诏以律令文古难知，格敕烦杂不壹，命御【章：十二行本“御”上有“侍”字；乙十一行本同；张校同。】史知杂事张湜等唐制：御史台有侍御史六人，以久次者一人知杂事，谓之杂端。杜佑通典曰：知杂事，谓之南床，殿中、监察不得坐。凡侍御史之例，不出累月，迁登南省，故谓之南床。百官察其行止、出入、揖让、去就，殿中以下皆禀而随之。湜，丞职翻。训释，详定为刑统。刑统一书，终宋之世行之。

16 唐郭廷谓将水军断涡口浮梁，又袭败武宁节度使武行德于定远，断，音短。败，补迈翻。行德仅以身免。唐主以廷谓为滁【严：“滁”改“濠”。】州团练使，充上淮水陆应援使。上淮，谓淮水之上游也。

17 蜀人多言左右卫圣马步都指挥使、保宁节度使、同平章事李廷珪为将败覆，败覆，谓败军而秦、凤、阶、成四州之地覆没。不应复典兵；应，于陵翻。不应，犹言不当也。复，扶又翻。廷珪亦自请罢去。六月，乙丑，蜀主加廷珪检校太尉，罢军职。李太后以典兵者多非其人，谓蜀主曰：“吾昔见庄宗跨河与梁战，及先帝在太原，平二蜀，诸将非有大功，无得典兵，故士卒畏服。李太后本唐庄宗后宫，庄宗以赐蜀高祖，故能言二主时事。今王昭远出于斯养，王昭远，成都人，年十三，事东郭禅师智諲为童子。蜀高祖尝饭僧于府，昭远执巾履随智諲以入，高祖爱其慧黠，时后主方就学，令昭远给事左右，由是见亲狎。斯，音斯。养，余亮翻。伊审征、韩保贞、赵崇韬皆膏粱乳臭子，按路振九国志：赵崇韬者，廷隐之子。素不习兵，徒以旧恩寘于人上，平时谁敢言者，一旦疆埸有事，安能御大敌乎！以吾观之，惟高彦俦太原旧人，终不负汝，自馀无足任者。”蜀主不能从。及孟氏之亡，仅高彦俦一人能以死殉国；至蜀主之死，其母亦不食而卒。妇人志节如此，丈夫多有愧焉者。

18 丁丑，以前华州刺史王祚为颍州团练使。祚，溥之父也。溥为宰相，祚有宾客，溥常朝服侍立；华，户化翻。朝，直遥翻。客坐不安席，祚曰：“犭屯犬不足为起。”犭屯，与豚同。足为，于伪翻。

19 秋，七月，丁亥，上治定远军及寿春城南之败，定远，县名，属濠州。“军”字衍。定远之败见上五月。寿春城南之败见去年六月。以武宁节度使兼中书令武行德为左卫上将军，河阳节度使李继勋为右卫大将军。

20 北汉主初立七庙。北汉主自以承高祖、隐帝之后，与僭窃者不同；然地狭国贫，日困于兵，今始能立七庙以仿天子之制。

21 司空兼门下侍郎、同平章事李穀卧疾二年，凡九表辞位；八月，乙亥，罢守本官，令每月肩舆一诣便殿议政事。

22 以枢密副使、户部侍郎王朴检校太保，充枢密使。

23 怀恩军至成都，是年四月遣怀恩军西还，今方至成都。蜀主遣梓州别驾胡立等八十人东还，胡立为蜀所禽见上卷二年。还，从宣翻。且致书为谢，请通好。好，呼到翻。癸未，立等至大梁。帝以蜀主抗礼，不之答；蜀主闻之，怒曰：“朕为天子郊祀天地时，尔犹作贼，何敢如是！”

24 九月，中书舍人窦俨上疏请令有司讨论古今礼仪，作大周通礼，考正钟律，作大周正乐。又以为：“为政之本，莫大择人；择人之重，莫先宰相。自有唐之末，轻用名器，始为辅弼，即兼三公、仆射之官。故其未得之也，则以趋竞为心；既得之也，则以容默为事。但思解密勿之务，守崇重之官，逍遥林亭，保安宗族。乞令即日宰相于南宫三品、两省给、舍以上，各举所知。即日宰相，谓见在相位者。南宫，谓尚书省也。三品，谓六部尚书也。两省，谓中书、门下省也。给、舍，谓给事中、中书舍人也。若陛下素知其贤，自可登庸；庸，用也。若其未也，且令以本官权知政事。期岁之间，察其职业，若果能堪称，堪称，堪其任，称其职也。称，尺证翻；下不称同。其官已高，则除平章事；未高，则稍更迁官，权知如故。若有不称，则罢其政事，责其举者。又，班行之中，行，户刚翻。有员无职者太半，如诸卫将军、东宫官属、内诸使之类。乞量其才器，量，音良。授以外任，试之于事，还【章：十二行本“还”下有“则”字；乙十一行本同；孔本同；张校同。】以旧官登叙，考其治状，治，直吏翻。能者进之，否者黜之。”又请：“令盗贼自相纠告，以其所告赀产之半赏之；或亲戚为之首，则论其徒侣而赦其所首者。如此，则盗不能聚矣。言或亲戚相与为盗，其中有能自首者则赦之，其徒侣则论其罪也。首，式又翻。又，新郑乡村团为义营，各立将佐，一户为盗，累其一村，将，即亮翻；下同。累，力瑞翻。一户被盗，罪其一将。每有盗发，则鸣鼓举火，丁壮云集，盗少民多，无能脱者。由是邻县充斥而一境独清。充斥、独清，皆言盗也。请令他县皆效之，亦止盗之一术也。又，累朝已来，屡下诏书，听民多种广耕，止输旧税，朝，直遥翻。输，春遇翻。及其既种，则有司履亩而增之，故民皆疑惧而田不加辟。夫为政之先，莫如敦信，信苟著矣，则田无不广，田广则谷多，谷多则藏之民犹藏之官也。”又言：“陛下南征江、淮，一举而得八州，八州，谓光、黄、舒、蕲、和、扬、滁、泰，皆取之。再驾而平寿春，事见上三月。威灵所加，前无强敌。今以众击寡，以治伐乱，势无不克，治，直吏翻。但行之贵速，则彼民免俘馘之灾，此民息转输之困矣。”帝览而善之。俨，仪之弟也。

25 冬，十月，戊午，设贤良方正直言极谏、经学优深可为师法、详闲吏理达于教化等科。此所谓制举也。时诏应天下诸色人中，不限前资、见任职官，黄衣草泽，并许应诏。其逐处州府，依每年贡举人式例，差官考试，解送尚书吏部，仍量试策论三道，共三千字已上，当日取文理俱优，人物爽秀，方得解送，取来年十月集上都。其登朝官亦许上表自举。

26 癸亥，北汉麟州刺史杨重训举城降，太祖广顺二年，杨重训以麟州归款，中间必又附北汉也。以为麟州防御使。

27 己巳，以王朴为东京留守，听以便宜从事。以三司使张美充大内都点检。

壬申，帝发大梁；十一月，丙戌，至镇淮军，是夜五鼓，济淮；丁亥，至濠州城西。濠州东北十八里有滩，唐人栅于其上，环水自固，环，音宦。谓周兵必不能涉。戊子，帝自攻之，命内殿直康保裔帅甲士数百，乘橐驼涉水，帅，读曰率；下同。太祖皇帝帅骑兵继之，遂拔之。李重进破濠州南关城。癸巳，帝自攻濠州，王审琦拔其水寨。唐人屯战船数百于城北，又植巨木于淮水以限周兵。帝命水军攻之，拔其木，焚战船七十馀艘，艘，苏遭翻；下同。斩首二千馀级，又攻拔其羊马城，城中震恐。丙申夜，唐濠州团练使郭廷谓上表言：“臣家在江南，今若遽降，恐为唐所种族，种，章勇翻。请先遣使诣金陵禀命，然后出降。”帝许之。辛丑，帝闻唐有战船数百艘在涣水东，涣水径宿、亳之间，东南至巉石山西，而南入淮。欲救濠州，自将兵夜发水陆击之。癸卯，大破唐兵于洞口，今濠州东九十里有浮山，山下有穴，名浮山洞，夏潦不能及而冬不加高，故人疑其山为浮洞口，窃意即浮山洞口。斩首五千馀级，降卒二千馀人，因鼓行而东，所至皆下。乙巳，至泗州城下，太祖皇帝先攻其南，因焚城门，破水寨及月城。月城者，临水筑城，两头抱水，形如却月。帝居于月城楼，督将士攻城。

28 北汉主自即位以来，显德元年，冬十一月，北汉主即位。方安集境内，未遑外略。是月，契丹遣其大同节度使、侍中崔勋将兵来会北汉，欲同入寇，北汉主遣其忠武节度使、同平章事李存瓌将兵会之，南侵潞州，至其城下而还。忠武军，许州，属周，李存瓌遥领耳。还，从宣翻，又如字。北汉主知契丹不足恃而不敢遽与之绝，赠送勋甚厚。犹欲倚之以为声援。

29 十二月，乙卯，唐泗州守将范再遇举城降，以再遇为宿州团练使。上自至泗州城下，禁军中刍荛者毋得犯民田，荛，如招翻。民皆感悦，争献刍粟；既克泗州，无一卒敢擅入城者。帝闻唐战船数百艘泊洞口，遣骑诇之，唐兵退保清口。诇，古永翻，又翾正翻。清口，即清河口也。

戊午，【章：十二行本“午”下有“旦”字；乙十一行本同；孔本同。】上自将亲军自淮北进，命太祖皇帝将步骑自淮南进，诸将以水军自中流进，共追唐兵。时淮滨久无行人，葭苇如织，多泥淖沟堑，淖，奴教翻。堑，七艳翻。士卒乘胜气茇涉争进，皆忘其劳。茇，蒲拨翻。草行为茇，水行为涉。庚申，追及唐兵，且战且行，金鼓声闻数十里。闻，音问。辛酉，至楚州西北，大破之。九域志：泗州西至濠州一百七十五里，东北至楚州二百二十里。唐兵有沿淮东下者，帝自追之，太祖皇帝为前锋，行六十里，擒其保义节度使、濠·泗·楚·海都应援使陈承昭以归。保义军，陕州，属周，陈承昭遥领耳。所获战船烧沈之馀沈，持林翻。得三百馀艘，士卒杀溺之馀得七千馀人。唐之战船在淮上者，于是尽矣。

郭廷谓使者自金陵还，还，从宣翻，又如字。知唐不能救，命录事参军鄱阳李延邹草降表。延邹责以忠义，廷谓以兵临之，延邹掷笔曰："大丈夫终不负国为叛臣作降表！"为，于伪翻。史言李延邹忠壮。廷谓斩之，举濠州降，得兵万人，粮数万斛，唐主赏李延邹之子以官。

壬戌，帝济淮，至楚州，营于城西北。

乙丑，唐雄武军使、知涟水县事崔万迪降。

丙寅，以郭廷谓为亳州防御使。

戊辰，帝攻楚州，克其月城。

庚午，郭廷谓见于行宫，见，贤遍翻。帝曰："朕南征以来，江南诸将败亡相继，独卿能断涡口浮梁，破定远寨，事见上五月。所以报国足矣。濠州小城，使李璟自守，能守之乎！"璟，居永翻。使将濠州兵攻天长。帝遣铁骑左厢都指挥使武守琦将骑数百趋扬州，至高邮；九域志：高邮，东南至扬州一百里。趋，七喻翻。唐人悉焚扬州官府民居，驱其人南渡江，九域志：扬州南至江四十五里。后数日，周兵至，城中馀癃病十馀人而已，癃，良中翻，疲病也。癸酉，守琦以闻。

帝闻泰州无备，遣兵袭之，丁丑，拔泰州。

30 南汉中书侍郎、同平章事卢膺卒。

31 南汉主闻唐屡败，忧形于色，遣使入贡于周，为湖南所闭，闭，塞也。塞其道不得通也。乃治战舰，修武备；既而纵酒酣饮，曰："吾身得免，幸矣，何暇虑后世哉！"此所谓坐而待亡者也。又古语云："民主偷必死。"南汉主将死之征也！治，直之翻。舰，户黯翻。

32 唐使者陈处尧在契丹，白契丹主请南游太原，北汉主厚礼之；留数日，北还，竟卒于契丹。去年，唐主遣陈处尧如契丹乞师。

容肇祖标点聂崇岐覆校

资治通鉴卷第二百九十四

端明殿学士兼翰林侍读学士太中大夫
提举西京嵩山崇福宫上柱国河内郡开国公 **司马光** 奉敕编集
食邑二千六百户食实封一千户臣

后学天台 **胡三省** 音注

后周纪五 起著雍敦牂（戊午），尽屠维协洽（己未），凡二年。

世宗睿武孝文皇帝下

显德五年（戊午、九五八）

1 春，正月，乙酉，废匡国军。唐末，以同州置匡国军。

2 唐改元中兴。

3 丁亥，右龙武将军王汉璋奏克海州。

4 己丑，以侍卫马军都指挥使韩令坤权扬州军府事。

5 上欲引战舰自淮入江，阻北神堰，不得渡；北神镇在楚州城北五里，吴王夫差沟通江、淮，后人于此立堰者，以淮水低，沟水高，防其泄也。舟行渡堰入淮。今号为平水堰。舰，户黯翻；下同。欲凿楚州西北鹳水以通其道，今楚州城西老鹳河是也。遣使行视，还言地形不便，计功甚多。行，下孟翻。还，从宣翻，又如字。上自往视之，授以规画，发楚州民夫浚之，旬日而成，用功甚省，巨舰数百艘皆达于江，艘，苏遭翻。唐人大惊，以为神。

6 壬辰，拔静海军，始通吴越之路。先是，唐于海陵之东境置静海都镇制置院，西至海陵二百七十五里。宋白曰：静海军本扬州狼山镇地，南唐于狼山北立静海制置院，周得之，建静海军，寻升为通州。先是帝遣左谏议大夫长安尹日就等使吴越，语之曰："卿今去虽泛海，比还，淮南已平，当陆归耳。"自静海军东南至江口，于狼山之西渡江登陆，抵福山镇，则苏州常熟县界，吴越之境也。先，悉荐翻。语，牛倨翻。比，必利翻。已而果然。

7 甲辰，蜀右补阙章九龄见蜀主，言政事不治，由奸佞在朝；朝，直遥翻。蜀主问奸佞为谁，指李昊、王昭远以对。蜀主怒，以九龄为毁斥大臣，贬维州录事参军。临乱之君，各贤其臣，卒之亡蜀者昊、昭远也。

8 周兵攻楚州，逾四旬，唐楚州防御使张彦卿固守不下；乙巳，帝自督诸将攻之，宿于城下，丁未，克之。彦卿与都监郑昭业犹帅众拒战，帅，读曰率。矢刃皆尽，彦卿举绳床以斗而死，所部千馀人，至死无一人降者。唐失淮南，死于城郭封疆者犹有人焉。

9 高保融遣指挥使魏璘璘，离珍翻。将战船百艘东下会伐唐，至于鄂州。

10 庚戌，蜀置永宁军于果州，以通州隶之。

11 唐以天长为雄州，以建武军使易文赟为刺史。二月，甲寅，文赟举城降。赟，于伦翻。

12 戊午，帝发楚州；丁卯，至扬州，命韩令坤发丁夫万馀，筑故城之东南隅为小城以治之。今扬州大城是也。扬州古城西据蜀冈，北包雷陂。治，直之翻。

13 乙亥，黄州刺史司超奏与控鹤右厢都指挥使王审琦攻唐舒州，擒其刺史施仁望。

14 丙子，建雄节度使真定杨廷璋奏败北汉兵于隰州城下。败，补迈翻。时隰州刺史孙议暴卒，廷璋谓都监、闲厩使李谦溥曰："今大驾南征，泽州无守将，"泽州"当作"隰州"。河东必生心；若奏请待报，则孤城危矣。”即牒谦溥权隰州事，谦溥至则修守备。未几，北汉兵果至，几，居岂翻。诸将请速救之，廷璋曰：“隰州城坚将良，未易克也。”将，即亮翻。易，以豉翻。北汉攻城久不下，廷璋度其疲困无备，度，徒洛翻。潜与谦溥约，各募死士百馀夜袭其营，九域志：晋州西北至隰州二百五十里。杨廷璋盖潜军而至，与隰州约，表里相应也。北汉兵惊溃，斩首千馀级；北汉兵遂解去。

15 三月，壬午朔，帝如泰州。

16 丁亥，唐大赦，改元交泰。

17 唐太弟景遂前后凡十表辞位，且言：“今国危不能扶，请出就藩镇。燕王弘冀嫡长有军功，弘冀，唐主之嫡长子。军功，谓用柴克宏败吴越兵以解常州之围也，事见上卷三年。长，知两翻。宜为嗣，谨奏上太弟宝册。”上，时掌翻。齐王景达亦以败军辞元帅。唐主乃立景遂为晋王，加天策上将军、江南西道兵马元帅、洪州大都督、太尉、尚书令，以景达为浙西道元帅、润州大都督。景达以浙西方用兵，固辞，吴越之兵虽于常州败退，盖犹遥应中国。改抚州大都督。立弘冀为太子，参决庶政。弘冀为人猜忌严刻，景遂左右有未出东宫者，立斥逐之。为弘冀毒杀景遂张本。其弟安定公从嘉畏之，不敢预事，专以经籍自娱。从嘉是为后主煜。

18 辛卯，上如迎銮镇，迎銮镇，本唐之白沙也。吴三杨溥至白沙，阅舟师，徐温自金陵来见，因以白沙为迎銮镇。白沙之地，本属江都，唐分江都置永贞县，吴为迎銮镇，宋为真州。屡至江口，遣水军击唐兵，破之。上闻唐战舰数百艘泊东㳇州，将趣海口扼苏、杭路，东㳇洲，在泰州东南大江中，元是海屿沙岛之地。宋白曰：东㳇洲在通州东南，通州海门县界。㳇，音布。“州”，当作“洲”。遣殿前都虞候慕容延钊将步骑，右神武统军宋延渥将水军，循江而下。甲午，延钊奏大破唐兵于东㳇州；上遣李重进将兵趣庐州。唐末，杨行密自庐州起，既建国，遂为重镇。周师渡淮，舒、蕲、黄先皆款附，独庐未下，盖宿兵多，周师不敢轻犯也。趣，七喻翻。

唐主闻上在江上，恐遂南渡，又耻降号称藩，乃遣兵部侍郎陈觉奉表，考异曰：十国纪年："遣枢密使陈觉奉表。"实录载其表云："今遣左谏议大夫、兵部侍郎臣陈觉躬听敕命。"盖当时所假之官耳。今从之。请传位于太子弘冀，使听命于中国。时淮南惟庐、舒、蕲、黄未下，蕲，渠希翻。丙申，觉至迎銮，见周兵之盛，白上，请遣人渡江取表，献四州之地，画江为境，以求息兵，辞指甚哀。上曰："朕本兴师止取江北，尔主能举国内附，朕复何求！"复，扶又翻。觉拜谢而退。丁酉，觉请遣其属阁门承旨刘承遇如金陵，上赐唐主书，称"皇帝恭问江南国主"，慰纳之。

戊戌，吴越奏遣上直【章：乙十一行本"直"下有"都"字；孔本同。】指挥使·处州刺史邵可迁、秀州刺史路彦铢以战舰四百艘、士卒万七千人屯通州南岸。周既克静海军，置通州。通州南岸苏州常熟县福山镇之地，即东晋之南沙也。

唐主复遣刘承遇奉表称唐国主，请献江北四州，岁输贡物十【章：乙十一行本"十"上有"数"字；孔本同。】万。于是江北悉平，得州十四，县六十。光、寿、庐、舒、蕲、黄、滁、和、濠、泗、楚、扬、泰、通十四州。

庚子，上赐唐主书，谕以："缘江诸军及两浙、湖南、荆南兵并当罢归，其庐、蕲、黄三道，亦令敛兵近外。谓周所遣进攻庐、蕲、黄之军也。近外，谓近郊之外。俟彼将士及家属就道，可遣人召将校以城邑付之。将，即亮翻。校，户教翻。江中舟舰有须往来者，并令就北岸引之。"凡唐舟舰在北岸者，皆许令引就南岸。辛丑，陈觉辞行，又赐唐主书，谕以不必传位于子。

壬寅，上自迎銮复如扬州。

癸卯，诏吴越、荆南军各归本道；赐钱弘俶犒军帛三万匹，高保融一万匹。吴越军临南沙，荆南军至鄂州，各犒之使罢归。犒，苦到翻。

甲辰，置保信军于庐州，以右龙武统军赵匡赞为节度使。

丙午，唐主遣冯延巳献银、绢、钱、茶、谷共百万以犒军。银两、绢匹、钱贯、茶斤、谷石，各以万计，其数共为百万。

己酉，命宋延渥将水军三千溯江巡警。

庚戌，敕故淮南节度使杨行密、故升府节度使徐温等墓并量给守户；削其僭谥，存其故镇。升府即金陵。金陵，唐之升州，故曰升府。其江南群臣墓在江北者，亦委长吏以时检校。长，知两翻。

辛亥，唐主遣其临汝公徐辽代己来上寿。言奉酒上寿，非圣节也。帝生于九月二十四日。上，时掌翻。

19 是月，浚汴口，导河流达于淮，于是江、淮舟楫始通。此即唐时运路也。自江、淮割据，运漕不通，水路湮塞，今复浚之。

20 夏，四月，乙卯，帝自扬州北还。还，从宣翻，又如字。

21 新作太庙成。庚申，神主入庙。太祖广顺三年，作太庙于大梁，至是始成。五代会要：太祖广顺元年七月，追尊高祖璟为睿和皇帝，庙号信祖；曾祖谌为明宪皇帝，庙号僖祖；祖蕴为翼顺皇帝，庙号义祖；考简为章肃皇帝，庙号庆祖。

22 辛酉夜，钱唐城南火，延及内城，官府庐舍几尽。几，居依翻。壬戌旦，火将及镇国仓，吴越王弘俶久疾，自强出救火；火止，谓左右曰："吾疾因灾而愈。"众心稍安。

23 帝之南征也，契丹乘虚入寇。壬申，帝至大梁，命【章：乙十一行本"命"下有"镇宁节度使"五字；孔本同；退斋校同。】张永德将兵备御北边。

24 五月，辛巳朔，日有食之。

25 诏赏劳南征士卒及淮南新附之民。劳，力到翻。

26 辛卯，以太祖皇帝领忠武节度使，徙安审琦为平卢节度使。

27 成德节度使郭崇攻契丹束城，拔之，束城，汉勃海郡之束州县也，隋改曰束城，唐属瀛州。宋熙宁六年省束城为镇，属河间。以报其入寇也。

28 唐主避周讳，更名景。避周信祖讳也。更，工衡翻。下令去帝号，称国主，凡天子仪制皆有降损，去年号，用周正朔，去，羌吕翻。考异曰：世宗实录、薛史，显德二年乙卯十一月伐淮南，唐之保大十三年也。三年正月、四年二月、十月三幸淮南。五年戊午三月，江北平，唐之交泰元年也。而江南录误以保大十五年事合十四年。十五年丁巳改交泰，五月去帝号，明年乃显德五年，又明年即建隆元年，中间实少显德六年。江南录最为差误，其记李昪复姓，亦先一年。他事仿此，不可考按。故世宗取淮南年月，专以实录及薛史为据。仍告于太庙。左仆射、同平章事冯延巳罢为太子太傅，门下侍郎、同平章事严续罢为少傅，枢密使、兵部侍郎陈觉罢守本官。

初，冯延巳以取中原之策说唐主，由是有宠。延巳尝笑烈祖戢兵为龌龊，说，式芮翻。戢，则立翻。龌，於角翻。龊，敕角翻。曰："安陆所丧才数千兵，为之辍食咨嗟者旬日，谓晋高祖天福五年李承裕安州之败也，事见二百八十二卷。丧，息浪翻。为，于伪翻。此田舍翁识量耳，安足与成大事！岂如今上暴师数万于外，而击球宴乐无异平日，真英主也！"延巳与其党谈论，常以天下为己任，更相唱和。乐，音洛。更，工衡翻。和，户卧翻。翰林学士常梦锡屡言延巳等浮诞，不可信；诞，徒旱翻。唐主不听，梦锡曰："奸言似忠，陛下不悟，国必亡矣！"及臣服于周，延巳之党相与言，有谓周为大朝者，梦锡大笑曰："诸公常欲致君尧、舜，何意今日自为小朝邪！"众默然。朝，直遥翻。

自唐主内附，帝止因其使者赐书，未尝遣使至其国。己酉，始命太仆卿冯延鲁、卫尉少卿钟谟使于唐，二人者，本皆唐臣。赐以御衣、玉带等及犒军帛十万，并今年钦天历。犒，苦到翻。是年正月，始行王朴所上钦天历。

刘承遇之还自金陵也，见上三月。还，从宣翻，又如字。唐主使陈觉白帝，以江南无卤田，海滨咸卤，可以煮盐。卤田，今谓之硷地。卤，郎古翻。硷，古斩翻。愿得海陵【章：乙十一行本“陵”下有“盐”字；孔本同；退斋校同。】监南属以赡军。帝曰：“海陵在江北，难以交居，言难使周之官吏与唐之官吏杂居也。当别有处分。”处，昌吕翻。分，扶问翻。至是，诏岁支盐三十万斛以给江南，所俘获江南士卒，稍稍归之。

29 六月，壬子，昭义节度使李筠奏击北汉石会关，拔其六寨。乙卯，晋州奏都监李谦溥击北汉，破孝义。孝义，汉中阳县地，后魏曰永安，唐贞观元年改曰孝义，属汾州，在州东南。宋熙宁五年，省孝义为镇，属介休县。宋白曰：孝义县，本汉慈氏县地，曹魏移中阳县于今理。永嘉后省入隰城，后魏又分隰城于今灵石县东三十里置永安县。贞观元年以县名与涪州县同，改为孝义，因县人郑兴有行义为名。

30 高保融遣使劝蜀主称藩于周，蜀主报以前岁遣胡立致书于周而不答。见上卷上年。

31 秋，七月，丙戌，初行大周刑统。

32 帝欲均田租，丁亥，以元稹均田图遍赐诸道。时诏曰：“近览元稹长庆集，见在同州时所上均田表，较当时之利病，曲尽其情，俾一境之生灵，咸受其赐，传于方册，可得披寻，因令制素成图，直书其事。”稹，止忍翻。

33 闰月，唐清源节度使兼中书令留从效唐置清源军于泉州。遣牙将蔡仲赟衣商人服，以绢表置革带中，间道来称藩。赟，于伦翻。衣，于既翻。间，古苋翻。

34 唐江西元帅晋王景遂之赴洪州也，见上三月。以时方用兵，启求大臣以自副，唐主以枢密副使、工部侍郎李征古为镇南节度副使。征古傲很专恣，景遂虽宽厚，久而不能堪，常欲斩征古，自拘于有司，左右谏而止，景遂忽忽不乐。乐，音洛。

太子弘冀在东宫多不法，唐主怒，尝以球杖击之曰："吾当复召景遂。"复，扶又翻。昭庆宫使袁从范从景遂为洪州都押牙，或谮从范之子于景遂，景遂欲杀之，从范由是怨望。弘冀闻之，密遣从范毒之；八月，庚辰，景遂击球渴甚，从范进浆，景遂饮之而卒。卒，子恤翻。未殡，体已溃；唐主不之知，赠皇太弟，谥曰文成。

35 辛巳，南汉中宗殂，年三十九。长子【章：乙十一行本"子"下有"卫王"二字；孔本同；张校同。】继兴即帝位，更名铁，长，知两翻。更，工衡翻。铁，丑两翻。改元大宝。铁年十六，国事皆决于宦官玉清宫使龚澄枢欧史曰：刘氏作离宫以游猎，有南宫、大明、昌华、甘泉、玩华、秀华、玉清、太微诸宫，皆置宫使领之。及女侍中卢琼仙等，台省官备位而已。

36 甲申，唐始置进奏院于大梁。臣属故也。

37 壬辰，命西上阁门使灵寿曹彬使于吴越，赐吴越王弘俶骑军钢甲二百，钢，古郎翻；坚铁也。步军甲五千及他兵器。彬事毕亟返，不受馈遗，遗，唯季翻；下以遗同。吴越人以轻舟追与之，至于数四，彬曰："吾终不受，是窃名也。"尽籍其数，归而献之。帝曰："向之奉使，乞丐无厌，厌，于盐翻。使四方轻朝命。朝，直遥翻。卿能如是，甚善；然彼以遗卿，卿自取之。"彬始拜受，悉以散于亲识，家无留者。

38 辛丑，冯延鲁、钟谟来自唐，唐主手表谢恩，手表者，手书之。其略曰："天地之恩厚矣，父母之恩深矣，子不谢父，人何报天，惟有赤心，可酬大造。"又乞比藩方，赐诏书。又称："有情事令钟谟上奏，乞令早还。"还，从宣翻，又如字。唐主复令谟白帝，欲传位太子。复，扶又翻；下复还同。九月，丁巳，以延鲁为刑部侍郎、谟为给事中。唐【章：乙十一行本“唐”上有“己未，先遣谟还，赐书谕以未可传位之意”十六字；孔本同；张校同；退斋校同。】主复遣吏部尚书、知枢密院殷崇义来贺天清节。帝生于九月二十四日，以为天清节。

39 帝谋伐蜀，冬，十月，己卯，以户部侍郎高防为西南面水陆制置使，右赞善大夫李玉为判官。

40 甲午，帝归冯延鲁及左监门卫上将军许文稹、右千牛卫上将军边镐、卫尉卿周廷构于唐。冯延鲁被擒见二百九十二卷三年。许文稹、边镐被擒见上卷上年。周廷构降亦见是年。唐主以文稹等皆败军之俘，弃不复用。复，扶又翻。

41 高保融再遗蜀主书，先遗书，见上六月。劝称臣于周，蜀主集将相议之，李昊曰：“从之则君父之辱，违之则周师必至，诸将能拒周乎？”诸将皆曰：“以陛下圣明，江山险固，岂可望风屈服！秣马厉兵，正为今日。为，于伪翻。臣等请以死卫社稷！”丁酉，蜀主命昊草书，极言拒绝之。

42 诏左散骑常侍须城艾颖等三十四人分行诸州，均定田租。须城县带郓州，即唐之须昌县，后唐避献祖庙讳，改曰须城。艾，姓也。晏子春秋，齐有大夫艾孔。风俗通，庞俭母艾氏。行，下孟翻。庚子，诏诸州并乡村，率以百户为团，团置耆长三人。耆，老也。每团以老者三人为之长。长，知两翻。帝留心农事，刻木为耕夫、蚕妇，置之殿庭。

43 命武胜节度使宋延渥以水军巡江。

44 高保融奏，闻王师将伐蜀，请以水军趣三峡，趣，七喻翻。诏褒之。

45 十一月，庚戌，敕窦俨编集大周通礼、大周正乐。去年窦俨请定礼乐疏见上卷。

46 辛亥，南汉葬文武光明孝皇帝于昭陵，庙号中宗。

47 乙丑，唐主复遣礼部侍郎钟谟入见。复，扶又翻。见，贤遍翻。

48 李玉至长安，或言“蜀归安镇在长安南三百馀里，可袭取也。”归安镇，当在蜀金州界。玉信之，牒永兴节度使王彦超，索兵二百，彦超以为归安道阻隘难取，索，山客翻。隘，乌懈翻。玉曰：“吾自奉密旨。”彦超不得已与之。玉将以往，将，即亮翻。十二月，蜀归安镇遏使李承勋据险邀之，斩玉，其众皆没。

49 乙酉，蜀主以右卫圣步军都指挥使赵崇韬为北面招讨使，丙戌，以奉銮肃卫都指挥使、武信节度使兼中书令孟贻业为昭武、文州都招讨使，昭武军，利州。自利州以至文州，委以控扼江油、剑阁之险。左卫圣马军都指挥使赵思进为东面招讨使，山南西道节度使韩保贞为北面都招讨使，将兵六万，分屯要害以备周。

50 丙戌，诏凡诸色课户及俸户并勒归州县，唐初，诸司置公廨本钱，以贸易取息，计员多少为月料。其后罢诸司公廨本钱，以天下上户七千人为胥士，而收其课，计官多少而给之，此所谓课户也。唐又薄敛一岁税，以高户主之，月收息给俸，此所谓俸户也。其幕职、州县官自今并支俸钱及米麦。

51 初，唐太傅兼中书令楚公宋齐丘多树朋党，欲以专固朝权，朝，直遥翻。躁进之士争附之，推奖以为国之元老。枢密使陈觉、副使李征古恃齐丘之势，尤骄慢。及许文稹等败于紫金山，觉与齐丘、景达自濠州遁归，事见上卷上年。国人忷惧。忷，许拱翻。唐主尝叹曰：“吾国家一朝至此！”因泣下。征古曰：“陛下当治兵以扞敌，治，直之翻。涕泣何为！岂饮酒过量邪，将乳母不至邪？”唐主色变，而征古举止自若。会司天奏：“天文有变，人主宜避位禳灾。”唐主乃曰：“祸难方殷，禳，如羊翻。难，乃旦翻。吾欲释去万机，栖心冲寂，谁可以托国者？”征古曰：“宋公，造国手也，陛下如厌万机，何不举国授之！”觉曰："陛下深居禁中，国事皆委宋公，先行后闻，臣等时入侍，谈释、老而已。"唐主心愠，愠，于运翻。即命中书舍人豫章陈乔草诏行之。洪州，豫章郡。乔惶恐请见，曰："陛下一署此诏，臣不复得见矣！"见，贤遍翻。复，扶又翻。因极言其不可。唐主笑曰："尔亦知其非邪？"乃止。由是因晋王出镇，以征古为之副，事见上。觉自周还，还，从宣翻，又如字。亦罢近职。

钟谟素与李德明善，以德明之死怨齐丘；李德明死见上卷三年。及奉使归唐，言于唐主曰："齐丘乘国之危，遽谋篡窃，陈觉、李征古为之羽翼，理不可容。"陈觉之自周还，见上三月。矫以帝命谓唐主曰："闻江南连岁拒命，皆宰相严续之谋，当为我斩之。"为，于伪翻。唐主知觉素与续有隙，固未之信。钟谟请覆之于周，审覆其言之虚实于周也。唐主乃因谟复命，上言："久拒王师，皆臣愚迷，非续之罪。"帝闻之，大惊曰："审如此，则续乃忠臣，言严续果能为其主设谋以拒周，乃忠臣也。朕为天下主，岂教人杀忠臣乎！"谟还，以白唐主。还，从宣翻。

唐主欲诛齐丘等，复遣谟入禀于帝。复，扶又翻。帝以异国之臣，无所可否。己亥，唐主命知枢密院殷崇义草诏暴齐丘、觉、征古罪恶，听齐丘归九华山旧隐，官爵悉如故；宋齐丘隐九华山，见二百七十七卷唐明宗长兴二年，吴睿皇之太和三年也。觉责授国子博士，宣州安置；征古削夺官爵，赐自尽；党与皆不问。遣使告于周。

52 丙午，蜀以峡路巡检制置使高彦俦为招讨使。

53 平卢节度使、太师、中书令陈王安审琦仆夫安友进与其嬖妾通，嬖，卑义翻，又必计翻。妾恐事泄，与友进谋杀审琦，友进不可，妾曰："不然，我当反告汝。"友进惧而从之。

六年（己未、九五九）

1 春，正月，癸丑，审琦醉熟寝，妾取审琦所枕剑枕，职任翻。授友进而杀之，仍尽杀侍婢在帐下者以灭口。后数日，其子守忠始知之，执友进等冎之。冎，古瓦翻。

2 初，有司将立正仗，宿设乐县于殿庭，前一夕设之，谓之宿设。县，读曰悬；下同。帝观之，见钟磬有设而不击者，问乐工，皆不能对。乃命窦俨讨论古今，考正雅乐。王朴素晓音律，帝以乐事询之，朴上疏，以为：

"礼以检形，乐以治心；治，直之翻。形顺于外，心和于内，然而天下不治者未之有也。是以礼乐修于上，万国化于下，圣人之教不肃而成，其政不严而治，孝经所载孔子之言。治，直吏翻。用此道也。夫乐生于人心而声成于物，物声既成，复能感人之心。复，扶又翻。

昔黄帝吹九寸之管，得黄钟正声，半之为清声，倍之为缓声，三分损益之以生十二律。三分其一而损益之，上生下生而十二律备矣。十二律旋相为宫以生七调，为一均。凡十二均、八十四调而大备。遭秦灭学，历代治乐者罕能用之。朴之言曰：自秦而下，旋宫声废，逮东汉虽有大予丞鲍邺兴之，亦人亡而音息。汉至隋垂十代，凡数百年，所存者黄钟之宫一调而已。十二律中唯用七声，其馀五律谓之哑钟，盖不用故也。唐太宗之世，祖孝孙、张文收考正大乐，备八十四调；见一百九十二卷贞观元年。调，徒钓翻；下同。安、史之乱，器与工什亡八九，至于黄巢，荡尽无遗。时有太常博士殷盈孙，按考工记，铸镈钟十二，编钟二百四十。大钟谓之镈。小钟十六枚同在一虡谓之编钟。镈，补各翻。处士萧承训校定石磬，今之在县者是也。虽有钟磬之状，殊无相应之和，其镈钟不问音律，但循环而击，编钟、编磬徒悬而已。丝、竹、匏、土仅有七声，名为黄钟之宫，其存者九曲。考之三曲协律，六曲参涉诸调；盖乐之废缺，无甚于今。

陛下武功既著，垂意礼乐，以臣尝学律吕，宣示古今乐录，命臣讨论。臣谨如古法，以秬黍定尺，长九寸径三分为黄钟之管，匏，蒲交翻。论，卢昆翻。秬，音巨，黑黍也。长，直亮翻。与今黄钟之声相应，因而推之，得十二律。以为众管互吹，用声不便，乃作律准，十有三弦，其长九尺，律准，盖梁武帝之遗法，而梁武帝又本之京房。皆应黄钟之声，以次设柱，为十一律，及黄钟清声，旋用七律以为一均。为均之主者，宫也，徵、商、羽、角、变宫、变徵次焉。徵，陟里翻。发其均主之声，归于本音之律，迭应不乱，乃成其调，凡八十一调。朴之言曰：奉诏遂依周法，以秬黍校定尺度，长九寸，虚径三分，为黄钟之管，与见在黄钟之声相应。以上下相生之法推之，得十二律管。以为众管互吹，用声不便，乃作律准，十三弦宣声，长九尺张弦，各如黄钟之声；以第八弦六尺设柱，为林钟；第三弦八尺设柱，为太簇；第十弦五尺三寸四分设柱，为南吕；第五弦七尺一寸三分设柱，为姑洗；第十二弦四尺七寸五分设柱，为应钟；第七弦六尺三寸三分设柱，为蕤宾；第二弦八尺四寸四分设柱，为大吕；第九弦五尺六寸三分设柱，为夷则；第四弦七尺五寸一分设柱，为夹钟；第十一弦五尺一分设柱，为无射；第六弦六尺六寸八分设柱，为中吕；第十三弦四尺五寸设柱，为黄钟清声。十二声中，旋用七声为均，为均之主者唯宫，徵、商、羽、角、变宫、变徵次焉。发其均主之声，归乎本音之律，七声迭应而不乱，乃成其调。均有七调，声有十二均，合八十四调，歌奏之曲出焉。旋宫之声久绝，一日而补，出臣独见。通鉴撮其要，今备载之。此法久绝，出臣独见，乞集百官校其得失。”

诏从之。百官皆以为然，乃行之。时兵部尚书张昭等议曰：“昔帝鸿氏之作乐也，候八节之风声，测四时之正气。气之清浊不可以笔授，声之善否不可以口传，故凫氏铸钟，伶伦截竹，为律吕相生之算，宫商正和之音，乃播之于管弦，宣之于钟石，然后覆载之情䜣合，阴阳之气和同，八气从律而不奸，五声成文而不乱；空桑、孤竹之韵足以礼神，云门、大夏之容无亏观德。然月律有旋宫之法，备于太师之职。经秦灭学，雅道陵夷。汉初制氏所调，唯存鼓舞，旋宫十二均更用之法，世莫得闻。汉元帝时，京房善易、别音，探求古义，以周官均法，每月更用五音，乃至准调，旋相为宫，成六十调。又以日法析为三百六十，传于乐府，而编悬复旧，律吕无差。遭汉中微，雅音沦缺，京房律准，屡有言者，事终不成。钱乐空记其名，沈重但条其说，六十律法，寂寥不嗣。梁武帝素精音律，自造四通十二笛以叙八音，又引古五正、二变之音，旋相为宫，得八十四调，与律准所调，音同数异。侯景之乱，其音又绝。隋朝初定雅乐，群党沮议，历载不成。而沛公郑译因龟兹琵琶七音以饮月律，五正、二变，七调克谐，旋相为宫，复为八十四调。工人万宝常又减其丝数，稍令古淡。隋高祖不重雅乐，令群臣集议，博士何妥驳奏，其郑、万所奏八十四调并废。隋代郊庙所奏，惟黄钟一均，与五郊迎气，杂用蕤宾，但七调而已；其馀五钟，悬而不作。三朝宴乐，用缦乐九部，迄于革命，未能改更，唐太宗爰命旧工祖孝孙、张文收整比郑译、宝常所均七音八十四调，方得丝管并施，钟石俱奏，七始之音复振，四厢之韵皆调。自安、史乱离，咸秦荡覆，崇牙树羽之器，扫地无馀，戛击搏拊之工，穷年不嗣，郊庙所奏，何异南箕，波荡不还，知音殆绝。臣等窃以音之所起，出自人心，夔、旷不能长存，人事不能常泰，人亡则音息，世乱则乐崩，若不得知礼乐之情，安明制作之本！臣等据枢密使王朴条奏，采京房之准法，练梁武之通音，考郑译、宝常之七均，校孝孙、文收之九变，积黍累以审其度，听声诗以测其情，依权衡嘉量之前文，得备数和声之大旨，施于钟虡，足洽箫韶。臣等今月十九日于太常寺集命太乐令贾峻奏王朴新法黄钟调七均，音律和谐，不相凌越。其馀十一管诸调，望依新法教习，以备礼寺施用。其五郊天地、宗庙、社稷、三朝大礼，合用十二管诸调，并载唐史、开元礼，近代常行。广顺中，太常卿边蔚奉敕定前件祠祭、朝会舞名、乐曲、歌词，寺司合有簿籍，伏恐所定与新法曲调声韵不叶，请下太常寺检详校试，若或乖舛，请本寺依新法声调，别撰乐章舞曲，令歌者诵习。"从之。

3 唐宋齐丘至九华山，唐主命锁其第，穴墙给饮食。齐丘叹曰："吾昔献谋幽让皇帝族于泰州，事见二百八十一卷晋天福二年。宜其及此！"乃缢而死。考异曰：江表志："齐丘至青阳，绝食数日，家人亦菜色。中使云：'令公捐馆，方始供食。'家人以絮塞口而卒。"今从江南录、纪年。谥曰丑缪。缪，靡幼翻。

初，翰林学士常梦锡知宣政院，参预机政，深疾齐丘之党，数言于唐主曰：数，所角翻。"不去此属，去，羌吕翻。国必危亡。”与冯延巳、魏岑之徒日有争论。久之，罢宣政院，梦锡郁郁不得志，不复预事，纵酒成疾而卒。通鉴二百八十五卷晋齐王开运三年，已书常梦锡纵酒事，去年又书梦锡笑冯延巳之党事。盖纵酒已非一日，久乃成疾而卒。及齐丘死，唐主曰：“常梦锡平生欲杀齐丘，恨不使见之！”赠梦锡左仆射。

4 二月，丙子朔，命王朴如河阴按行河堤，行，下孟翻。立斗门于汴口。壬午，命侍卫都指挥使韩通、宣徽南院使吴廷祚，“廷祚”，当作“延祚”。【章：孔本正作“延”；张校同。】发徐、宿、宋、单等州丁夫数万单，音善。浚汴水。甲申，命马军都指挥使韩令坤自大梁城东导汴水入于蔡水，魏收地形志曰：汴水在大梁城东，分为蔡渠。九域志曰：浚仪县之琵琶沟，即蔡河也。五朝会要曰：惠民河与蔡河一水，即闵河也。建隆元年，始命陈承昭督丁夫导闵河自新郑与蔡水合，贯京师，南历陈、颍，达寿春，以通淮右，舟楫相继，商贾毕至，都下利之。于是以西南为闵河，东南为蔡河。至开宝六年，始改闵河为惠民河。以通陈、颍之漕，命步军都指挥使袁彦浚五丈渠东过曹、济、梁山泊，以通青、郓之漕，发畿内及滑、亳丁夫数千以供其役。

5 丁亥，开封府奏田税旧一十万二千馀顷，今按行得羡苗【章：乙十一行本“苗”作“田”；下“羡苗”同。】四万二千馀顷；敕减三万八千顷。诸州行苗使还，所奏羡苗，减之仿此。行，下孟翻。羡，弋战翻。使，疏吏翻。还，从宣翻，又如字。

6 淮南饥，大兵之后，必有凶年。上命以米贷之。或曰：“民贫，恐不能偿。”上曰：“民吾子也，安有子倒悬而父不为之解哉！为，于伪翻。安在责其必偿也！”

7 庚申，枢密使王朴卒。上临其丧，以玉钺卓地，恸哭数四，不能自止。朴性刚而锐敏，智略过人，上以是惜之。

8 甲子，诏以北鄙未复，将幸沧州，九域志：大梁至沧州一千二百里。命义武节度使孙行友扞西山路，扞定州西山路，以防北汉救契丹也。以宣徽南院使吴廷祚“廷”，当作“延”。【章：孔本正作“延”；张校同。】权东京留守、判开封府事，三司使张美权大内都部署。丁卯，命侍卫亲军都虞候韩通等将水陆军先发。甲戌，上发大梁。

夏，四月，庚寅，韩通奏自沧州治水道入契丹境，栅于乾宁军南，时置乾宁军于沧州永安县。九域志：在沧州西一百里。宋白曰：乾宁军本古卢台军地。治，直之翻。补坏防，开游口三十六，遂通瀛、莫。游口者，于水不至处开之，以备涨溢而泄游水也。瀛、莫相去一百一十里。

辛卯，上至沧州，即日帅步骑数万发沧州，直趋契丹之境。帅，读曰率。趋，七喻翻。自沧州西行九十八里，即契丹瀛州界，正北行五百七十五里，直抵幽州。河北州县非车驾所过，过，音戈。民间皆不之知。壬辰，上至乾宁军，契丹宁州刺史王洪举城降。契丹盖置宁州于乾宁军。

乙未，大治水军，治，直之翻。分命诸将水陆俱下，以韩通为陆路都部署，太祖皇帝为水路都部署。丁酉，上御龙舟沿流而北，舳舻相连数十里；己亥，至独流口，九域志：独流口，在乾宁军北一百二十里。金人疆域图，涿州管下固安县有独流村。溯流而西。辛丑，至益津关，益津关，在莫州文安县。九域志：在乾宁军西北一百六十里。宋白曰：益津关本幽州会昌县，唐天宝中改永清县。契丹守将终廷辉以城降。

自是以西，水路渐隘，不能胜巨舰，隘，乌懈翻。胜，音升。乃舍之。壬寅，上登陆而西，宿于野次，侍卫之士不及一旅，从官皆恐惧。五百人为一旅。从，才用翻。胡骑连群出其左右，不敢逼。

癸卯，太祖皇帝先至瓦桥关，瓦桥关，在涿州归义县。九域志：在益津关东八十里。宋白曰：瓦子济桥在涿州南，易州东，当九河之末。契丹守将姚内斌举城降，斌，音彬。上入瓦桥关。内斌，平州人也。

甲辰，契丹莫州刺史刘楚信举城降。五月，乙巳朔，侍卫亲军都指挥使、天平节度使李重进等始引兵继至，契丹瀛州刺史高彦晖举城降。彦晖，蓟州人也。蓟，音计。于是关南悉平。关南，谓瓦桥关以南。

丙午，宴诸将于行宫，议取幽州，诸将以为："陛下离京四十二日，离，力智翻。甲戌至丙午四十三日，除宴日不数。兵不血刃，取燕南之地，此不世之功也。今虏骑皆聚幽州之北，未宜深入。"上不悦。是日，趣先锋都指挥使刘重进先发，据固安；固安，汉县名，唐属涿州，今治所乃汉方城县地。匈奴须知：固安县，西北至燕京一百二十里。宋白曰：隋开皇九年，自今易州涞水县移固安县于汉方城县地，取汉故安县为名；其汉故安县故城，自在易州易县东南七百步。趣，读曰促。上自至安阳水，命作桥，会日暮，还宿瓦桥，是日，上不豫而止。契丹主遣使者日驰七百里诣晋阳，命北汉主发兵挠周边，挠，奴巧翻，又火高翻。闻上南归，乃罢兵。

戊申，孙行友奏拔易州，擒契丹刺史李在钦，献之，斩于军市。军中有市，听军人各以土物自相贸易。

己酉，以瓦桥关为雄州，九域志：雄州，治归义、容城二县，盖皆置于郭下。金人疆域图：雄州，西北至燕京三百二十里。割容城、归义二县隶之；宋白曰：容城，汉县，唐武德中改为酋县，天宝中改容城县。归义县，本涿州属邑，今移于瓦桥，而涿州之归义自治汉易县故城，属契丹界。归义县，宋朝避太宗潜藩旧名，改为归信县。以益津关为霸州，金人疆域图：霸州，至燕京三百五十五里。割文安、大城二县隶之。九域志：大城县在益津关东南一百五里，五代之时所置也。宋白曰：文安，汉旧县，晋置章武国，在古文安城。隋大业征辽，途经河口，当三河合流处，置丰利县；唐贞观二年，以丰利、文安二县相逼，移文安县就丰利城，周世宗置霸州治焉。大城，本汉东平舒县，晋于此置章武郡，北齐废郡为平舒县，五季改大城县。发滨、棣丁夫数千城霸州，命韩通董其役。帝置滨州，领勃海、招安二县。九域志：在沧州东南三百七十五里。滨、棣二州濒海，无军行供亿之扰，故发其丁夫筑城。按薛史：滨州本赡国军，周显德三年，升为州，割棣州之勃海、蒲台两县属焉。棣州，乐安郡，秦齐郡地，宋为乐陵郡，隋开皇十年，于郡置厌次县；十七年，又于阳信县置棣州；贞观十七年，自阳信移理厌次。

庚戌，命李重进将兵出土门，击北汉。

辛亥，以侍卫马步都指挥使韩令坤为霸州都部署，义成节度留后陈思让为雄州都部署，各将部兵以戍之。

壬子，上自雄州南还。九域志：雄州至大梁一千二百里。还，从宣翻，又如字。

己巳，李重进奏败北汉兵于百井，败，补迈翻。斩首二千馀级。

甲戌，帝至大梁。

9 六月，乙亥朔，昭义节度使李筠奏击北汉，拔辽州，获其刺史张丕。

10 丙子，郑州奏河决原武，原武县属郑州。九域志：在州北六十里。命宣徽南院使吴廷【延】祚发近县二万馀夫塞之。塞，悉则翻。

11 唐清源节度使留从效遣使入贡，请置进奏院于京师，直隶中朝，中朝，谓中国。留从效以唐国势削弱，不欲复臣事之。诏【章：乙十一行本“诏”上有“戊寅”二字；孔本同；张校同；退斋校同。】报以“江南近服，方务绥怀，卿久奉金陵，晋开运二年，留从效以泉州附唐。未可改图。若置邸上都，与彼抗衡，与唐比肩事周，是抗衡也。受而有之，罪在于朕。卿远修职贡，足表忠勤，勉事旧君，且宜如故。如此，则于卿笃始终之义，于朕尽柔远之宜，惟乃通方，谅达予意。”乃，犹汝也。谅，想也。

唐主遣其子纪公从善与钟谟俱入贡，上问谟曰：“江南亦治兵，修守备乎？”治，直之翻。对曰：“既臣事大国，不敢复尔。”复，扶又翻。尔，犹言如此也。上曰：“不然。向时则为仇敌，今日则为一家，吾与汝国大义已定，保无他虞；然人生难期，至于后世，则事不可知。归语汝主：语，牛倨翻。可及吾时完城郭，缮甲兵，据守要害，为子孙计。”谟归，以告唐主。唐主乃城金陵，凡诸州城之不完者葺之，戍兵少者益之。

臣光曰：或问臣：五代帝王，唐庄宗、周世宗皆称英武，二主孰贤？臣应之曰：夫天子所以统治万国，治，直之翻。讨其不服，抚其微弱，行其号令，壹其法度，敦明信义，以兼爱兆民者也。庄宗既灭梁，海内震动，湖南马氏遣子希范入贡，见二百七十二卷唐庄宗同光元年。庄宗曰：“比闻马氏之业，终为高郁所夺。比，毗至翻。今有儿如此，郁岂能得之哉？”郁，马氏之良佐也。希范兄希声闻庄宗言，卒矫其父命而杀之。见二百七十六卷唐明宗天成四年。卒，子恤翻。此乃市道商贾之所为，贾，音古。岂帝王之体哉！盖庄宗善战者也，故能以弱晋胜强梁，既得之，曾不数年，外内离叛，置身无所。事并见梁均王及唐庄宗纪。诚由知用兵之术，不知为天下之道故也。世宗以信令御群臣，以正义责诸国，王环以不降受赏，见二百九十二卷显德二年。刘仁赡以坚守蒙褒，见上卷四年。严续以尽忠获存，见上正月。蜀兵以反覆就诛，见上卷三年。冯道以失节被弃，见二百九十一卷二年。被，皮义翻。张美以私恩见疏；见二百九十二卷二年。江南未服，则亲犯矢石，期于必克，既服，则爱之如子，推诚尽言，为之远虑。为，于伪翻。其宏规大度，岂得与庄宗同日语哉！书曰：“无偏无党，王道荡荡。”洪范之言。又曰：“大邦畏其力，小邦怀其德。”武成之言。世宗近之矣。近，其靳翻。

12 辛巳，建雄节度使杨廷璋奏击北汉，降堡寨一十三。

13 癸未，立皇后符氏，宣懿皇后之女弟也。宣懿符后殂见上卷三年。

14 立皇子宗训为梁王，领左卫上将军，宗让为燕公，领左骁卫上将军。宗让后更名熙让，以恭帝嗣位，避宗字也。燕，于贤翻。

15 上欲相枢密使魏仁浦，议者以仁浦不由科第，不可为相。魏仁浦以枢密院吏历仕至枢密使。上曰："自古用文武才略者为辅佐，岂尽由科第邪！"己丑，加王溥门下侍郎，与范质皆参知枢密院事。以仁浦为中书侍郎、同平章事，枢密使如故。仁浦虽处权要而能谦谨，上性严急，近职有忤旨者，仁浦多引罪归己以救之，所全活什七八，处，昌吕翻。忤，五故翻。故虽起刀笔吏，致位宰相，时人不以为忝。又以宣徽南院使吴延祚为左骁卫上将军，充枢密使；加归德节度使、侍卫亲军都虞候韩通、镇宁节度使兼殿前都点检张永德并同平章事，仍以通充侍卫亲军副都指挥使；以太祖皇帝兼殿前都点检。

上尝问大臣可为相者于兵部尚书张昭，昭荐李涛。上愕然曰："涛轻薄无大臣体，朕问相而卿首荐之，何也？"对曰："陛下所责者细行也，行，下孟翻。臣所举者大节也。昔晋高祖之世，张彦泽虐杀不辜，涛累疏请诛之，以为不杀必为国患，见二百八十三卷晋高祖天福元年。汉隐帝之世，涛亦上疏请解先帝兵权。见二百八十八卷汉隐帝乾佑元年。夫国家安危未形而能见之，此真宰相器也，臣是以荐之。"上曰："卿言甚善且至公，然如涛者，终不可置之中书。"涛喜诙谐，不修边幅，与弟浣俱以文学著名，虽甚友爱，而多谑浪，无长幼体，上以是薄之。喜，许记翻。谑，迄却翻。浪，力葬翻，韩氏诗传云，起也。

上以翰林学士单父王著，幕府旧僚，屡欲相之，单父县，带单州。单，音善。父，音甫。以其嗜酒无检而罢。

癸巳，大渐，召范质等入受顾命。上曰："王著藩邸故人，朕若不起，当相之。"质等出，相谓曰："著终日游醉乡，岂堪为相！慎勿泄此言。"是日，上殂。年三十九。

上在藩，多务韬晦，及即位，破高平之寇，见二百九十一卷元年。人始服其英武。其御军，号令严明，人莫敢犯，攻城对敌，矢石落其左右，人皆失色而上略不动容；应机决策，出人意表。又勤于为治，百司簿籍，过目无所忘，治，直吏翻。忘，巫放翻。发奸擿伏，聪察如神。闲暇则召儒者读前史，商榷大义。性不好丝竹珍玩之物，擿，他狄翻。榷，古岳翻。好，呼到翻。常言太祖养成王峻、王殷之恶，致君臣之分不终，贬王峻，诛王殷，见二百九十一卷太祖广顺三年。分，扶问翻。故群臣有过则面质责之，服则赦之，有功则厚赏之。文武参用，各尽其能，人无不畏其明而怀其惠，故能破敌广地，所向无前。然用法太严，群臣职事小有不举，往往置之极刑，虽素有才干声名，无所开宥，寻亦悔之，末年寖宽。登遐之日，远迩哀慕焉。

甲午，宣遗诏，命梁王宗训即皇帝位，生七年矣。帝，世宗第四子也。当此之时，主少国疑，宿卫将士多归心于太祖皇帝，明年正月，遂因出师翼戴，而天下为宋，改元建隆。

16 秋，七月，壬戌，以侍卫亲军都指挥使李重进领淮南节度使，副都指挥使韩通领天平节度使，太祖皇帝领归德节度使。以山南东道节度使、同平章事向拱为西京留守；庚申，加拱兼侍中。拱，即向训也，避恭帝名改焉。帝后禅于宋，奉为郑王，后崩，谥曰恭帝。

17 丙寅，大赦。

18 唐主以金陵去周境才隔一水，时周境南至于江，金陵北至江二十二里耳。洪州险固居上游，洪州据南江之要会，其地居金陵上游。集群臣议徙都之。群臣多不欲徙，惟枢密副使、给事中唐镐劝之，乃命经营豫章为都城之制。

唐自淮上用兵及割江北，显德二年冬十二月，周师渡淮。五年春三月，唐割江北。臣事于周，岁时贡献，府藏空竭，钱益少，物价腾贵。藏，徂浪翻。少，诗沼翻。腾，踊也。礼部侍郎钟谟请铸大钱，一当五十，中书舍人韩熙载请铸铁钱；唐主始皆不从，谟陈请不已，乃从之。是月，始铸当十大钱，文曰“永通泉货”，又铸当二钱，文曰“唐国通宝”，与开元钱并行。开元钱，唐武德初所铸。

19 八月，戊子，蜀主以李昊领武信节度使，右补阙李起上言：“故事，宰相无领方镇者。”蜀主曰：“昊家多冗费，冗，而陇翻。以厚禄优之耳。”起，邛州人，性婞直，李昊尝语之曰：邛，渠容翻。婞，户顶翻。语，牛倨翻。“以子之才，苟能慎默，当为翰林学士。”起曰：“俟无舌，乃不言耳！”

20 庚寅，立皇弟宗让为曹王，更名熙让；熙谨为纪王，熙诲为蕲王。更“宗”为“熙”，避帝名也。欧史曰：本朝乾德二年，十月，熙谨卒。熙让、熙诲不知所终，盖讳之也。更，工衡翻。

21 九月，丙午，唐太子弘冀卒，有司引浙西之功，谓遣柴克宏败吴越兵于常州也。谥曰武宣。句容尉全椒张洎上言：句容县属升州。九域志：在州东九十里。全椒，汉县名，梁置北谯郡，寻改曰临滁郡，隋改曰滁水县，大业初，复曰全椒，唐属滁州。九域志：在州南五十里。句，如字。洎，其冀翻。“太子之德，主于孝敬，今谥以武功，非所以防微而慎德也。”乃更谥曰文献；擢洎为上元尉。唐都金陵，以上元为赤县，句容为畿县。自畿县尉升赤县尉为擢。

22 唐礼部侍郎、知尚书省事钟谟数奉使入周，数，所角翻；下数于同。传世宗命于唐主，世宗及唐主皆厚待之，恃此骄横于其国，横，下孟翻。三省之事皆预焉。

8014 文献太子总朝政，朝，直遥翻。谟求兼东宫官不得，乃荐其所善阎式为司议郎，掌百司关启。李德明之死也，见上卷三年。唐镐预其谋，谟闻镐受赇，尝面诘之，镐甚惧。谟与天威都虞候张峦善，数于私第屏人语至夜分，诘，其吉翻。屏，必郢翻，又卑正翻。镐谮诸唐主曰："谟与峦气类不同，而过相亲狎，谟屡使上国，峦北人，恐其有异谋。"又言："永通大钱民多盗铸，犯法者众。"及文献太子卒，唐主欲立其母弟郑王从嘉，谟尝与纪公从善同奉使于周，相厚善，言于唐主曰："从嘉德轻志懦，又酷信释氏，非人主才。从善果敢凝重，宜为嗣。"唐主由是怒。居人父子之间，而欲废长立少，宜钟谟之死也。寻徙从嘉为吴王、尚书令、知政事，居东宫。冬，十月，谟请令张峦以所部兵巡徼都城。正与唐镐所谮合，遂速罪。徼，吉吊翻。唐主乃下诏暴谟侵官之罪，贬国子司业，流饶州，贬张峦为宣州副使，未几，皆杀之。几，居岂翻。废永通钱。

23 十一月，壬寅朔，葬睿武孝文皇帝于庆陵，陵在郑州管城县。庙号世宗。

24 南汉主以中书舍人钟允章，藩府旧僚，擢为尚书右丞、参政事，甚委任之。允章请诛乱法者数人以正纲纪，南汉主不能从，宦官闻而恶之。恶，乌路翻。南汉主将祀圜丘，前三日，允章帅礼官登坛，四顾指挥设神位，帅，读曰率。内侍监许彦真望之曰："此谋反也！"即带剑登坛，允章叱之。彦真驰入宫，告允章欲于郊祀日作乱。南汉主曰："朕待允章厚，岂有此邪！"玉清宫使龚澄枢、内侍监李托等共证之，以彦真言为然，乃收允章，系含章楼下，命宦者与礼部尚书薛用丕杂治之。治，直之翻。用丕素与允章善，告以必不免，允章执用丕手泣曰："老夫今日犹几上肉耳，分为仇人所烹。分，扶问翻。但恨邕、昌幼，不知吾冤，及其长也，公为我语之。"钟允章被谗，抱不测之罪，正恐累及妻子，乃为是言，是自祸之也。长，知两翻。为，于伪翻。语，牛倨翻。彦真闻之，骂曰："反贼欲使其子报仇邪！"复白南汉主曰：复，扶又翻。"允章与二子共登坛，潜有所祷。"俱斩之。自是宦官益横。横，户孟翻。李托，封州人也。

辛亥，南汉主祀圜丘，大赦。未几，以龚澄枢为左龙虎观军容使、内太师，军国之事皆取决焉。凡群臣有才能及进士状头进士第一人，谓之状头。或僧道可与谈者，皆先下蚕室，下，户嫁翻。然后得进，亦有自宫以求进者，亦有免死而宫者，由是宦者近二万人。近，其靳翻。贵显用事之人，大抵皆宦者也，谓士人为门外人，不得预事，卒以此亡国。至宋开宝四年而南汉亡。卒，子恤翻。

25 唐更命洪州曰南昌府，建南都，更，工衡翻。以武清节度使何敬洙为南都留守，武清军衡州，属湖南，何敬洙遥领耳。以兵部尚书陈继善为南昌尹。将徙都豫章也。

26 周人之攻秦、凤也，蜀中恟惧；恟，许拱翻。都官郎中徐及甫自负才略，仕不得志，阴结党与，谋奉前蜀高祖之孙少府少监王令仪为主以作乱，前蜀主王建，庙号高祖。会周兵退而止。至是，其党有告者，收捕之，及甫自杀。十二月，甲午，赐令仪死。

27 端明殿学士、兵部侍郎窦仪使于唐，天雨雪，唐主欲受诏于庑下。雨，王遇翻。庑，文甫翻。仪曰："使者奉诏而来，不敢失旧礼。若雪沾服，请俟他日。"唐主乃拜诏于庭。

28 契丹主遣其舅使于唐，泰州团练使荆罕儒募客使杀之。唐人夜宴契丹使者于清风驿，酒酣，起更衣，荆，姓也，燕有刺客荆轲。楚国本曰荆，此楚之前受氏。更，工衡翻。久不返，视之，失其首矣。自是契丹与唐绝。罕儒，冀州人也。

容肇祖标点聂崇岐覆校

臣光言：先奉敕编集历代君臣事迹，又奉圣旨赐名资治通鉴，今已了毕者。

伏念臣性识愚鲁，学术荒疏，凡百事为，皆出人下，独于前史，粗尝尽心，自幼至老，嗜之不厌。每患迁、固以来，文字繁多，自布衣之士，读之不遍，况于人主，日有万机，何暇周览！臣常不自揆，欲删削冗长，举撮机要，专取关国家盛衰，系生民休戚，善可为法，恶可为戒者，为编年一书，使先后有伦，精粗不杂，私家力薄，无由可成。

伏遇英宗皇帝，资睿智之性，敷文明之治，思历览古事，用恢张大猷，爰诏下臣，俾之编集。臣夙昔所愿，一朝获伸，踊跃奉承，惟惧不称。先帝仍命自选辟官属，于崇文院置局，许借龙图、天章阁、三馆、秘阁书籍，赐以御府笔墨缯帛及御前钱以供果饵，以内臣为承受，眷遇之荣，近臣莫及。不幸书未进御，先帝违弃群臣。陛下绍膺大统，钦承先志，宠以冠序，锡之嘉名，每开经筵，常令进读。臣虽顽愚，荷两朝知待如此其厚，陨身丧元，未足报塞，苟智力所及，岂敢有遗！会差知永兴军，以衰疾不任治剧，乞就冗官。陛下俯从所欲，曲赐容养，差判西京留司御史台及提举西京嵩山崇福宫，前后六任，仍听以书局自随，给之禄秩，不责职业。臣既无他事，得以研精极虑，穷竭所有，日力不足，继之以夜。遍阅旧史，旁采小说，简牍盈积，浩如烟海，抉擿幽隐，校计豪厘。上起战国，下终五代，凡一千三百六十二年，修成二百九十四卷；又略举事目，年经国纬，以备检寻，为目录三十卷；又参考群书，评其同异，俾归一涂，为考异三十卷：合三百五十四卷。自治平开局，迨今始成，岁月淹久，其间抵牾，不敢自保，罪负之重，固无所逃。臣光诚惶诚惧，顿首顿首。

重念臣违离阙庭，十有五年，虽身处于外，区区之心，朝夕寤寐，何尝不在陛下之左右！顾以驽蹇，无施而可，是以专事铅椠，用酬大恩，庶竭涓尘，少裨海岳。臣今骸骨癯瘁，目视昏近，齿牙无几，神识衰耗，目前所为，旋踵遗忘，臣之精力，尽于此书。伏望陛下宽其妄作之诛，察其愿忠之意，以清闲之宴，时赐省览，监前世之兴衰，考当今之得失，嘉善矜恶，取是舍非，足以懋稽古之盛德，跻无前之至治，俾四海群生，咸蒙其福，则臣虽委骨九泉，志愿永毕矣。

谨奉表陈进以闻。臣光诚惶诚惧，顿首顿首，谨言。

端明殿学士兼翰林侍读学士太中大夫
提举西京嵩山崇福宫上柱国河内郡司马光上表
开国公食邑二千六百户食实封一千户臣

元丰七年十一月进呈

检阅文字承事郎臣司马康

同修奉议郎臣范祖禹

同修秘书丞臣刘　恕

同修尚书屯田员外郎充集贤校理臣刘　攽

编集端明殿学士兼翰林侍读学士太中大夫臣司马光

奖谕诏书

敕司马光：修资治通鉴成事。

史学之废久矣，纪次无法，论议不明，岂足以示惩劝，明久远哉！卿博学多闻，贯穿今古，上自晚周，下迄五代，发挥缀缉，成一家之书，褒贬去取，有所据依。省阅以还，良深嘉叹！今赐卿银绢、对衣、腰带、鞍辔马，具如别录，至可领也。故兹奖谕，想宜知悉。

冬寒，卿比平安好。遣书，指不多及。　十五日。

元丰八年九月十七日，准尚书省札子，奉圣旨，重行校定。

元佑元年十月十四日，奉圣旨，下杭州镂板。

校对宣德郎秘书省正字臣张耒

校对宣德郎秘书省正字臣晁补之

校对朝奉郎行秘书省正字上骑都尉臣宋匪躬

校对朝奉郎行秘书省校书郎充集贤校理武骑尉赐绯鱼袋臣盛次仲

校定奉议郎充秘阁校理武骑尉赐绯鱼袋臣张舜民

校定奉议郎秘书省校书郎充集贤校理武骑尉赐绯鱼袋臣孔武仲

校定修实录院检讨官朝奉郎行秘书省著作佐郎武骑尉赐绯鱼袋臣黄庭坚

校定宣德郎守右正言臣刘安世

校定奉议郎行秘书省著作佐郎兼侍讲赐绯鱼袋臣司马康

校定修实录检讨官承议郎秘书省著作郎兼侍讲上骑都尉赐绯鱼袋臣范祖禹

中大夫守尚书右丞上柱国汲郡开国侯食邑一千八百户食实封二百户赐紫金鱼袋臣吕大防

通议大夫守尚书左丞上柱国平原郡开国公食邑二千五百户食实封七百户臣李清臣

金紫光禄大夫守尚书右仆射兼中书侍郎上柱国东平郡开国公食邑七千一百户食实封二千三百户臣吕公著

绍兴二年，七月初一日，两浙东路提举茶盐司公使库下绍兴府馀姚县刊板。绍兴三年十二月二十日毕工，印造进入。

左迪功郎绍兴府司法参军主管本司文字兼造帐官臣边智

右迪功郎充提举茶盐司干办公事臣常任佚

右文林郎充提举茶盐司干办公事臣强公彻

右修职郎充提举茶盐司干办公事臣石公宪
右奉议郎提举两浙东路茶盐司公事臣韩　协
降授右朝奉郎前提举两浙东路茶盐司公事臣王　然

校勘监视

嵊　县进士娄　谔　　进士茹赞廷
进士唐　弈　　进士娄时升
进士娄时敏　　进士石　衮
进士茹　升　　进士王　悆
进士张　纲

右迪功郎新虔州兴国县主簿唐　自

馀姚县进士叶汝士　　进士杜邦彦
进士钱移哲　　进士陆　宦
进士顾大冶　　进士吕克勤
进士张彦衡　　进士朱国辅
进士杜　绂　　进士孙　彬

右迪功郎绍兴府馀姚县主簿王　絪
右从事郎绍兴府嵊县尉薛　镃
右修职郎绍兴府嵊县丞桂佑之
左迪功郎绍兴府府学教授晏　肃
右承务郎知绍兴府馀姚县丞冯荣叔
左宣教郎知绍兴府馀姚县丞晏敦临
右承奉郎知绍兴府嵊县主管劝农公事兼兵马监押范仲将
右宣义郎知绍兴府馀姚县主管劝农公事兼监石堰盐场徐端礼
左奉议郎签书镇东军节度判官厅公事张九成

通鉴释文辩误卷第一

天台胡三省身之

通鉴一

周威烈王二十三年 智伯求蔡皋狼之地于赵襄子。页10

史炤释文曰：皋狼，春秋蔡地，后为赵邑。（海陵本、费本同。）余按春秋之时，晋、楚争盟，晋不能越郑而服蔡。三卿分晋，韩得成皋，因以并郑。时蔡已为楚所灭，郑之南境亦入于楚，就使皋狼为蔡地，赵襄子安得而有之！汉书地理志，西河郡有皋狼县，又有蔺县。汉之西河，春秋以来皆为晋土，而古文"蔺"字与"蔡"字近，或者"蔡"字其"蔺"字之讹欤？

安王十三年 齐田和会魏文侯、楚人、卫人于浊泽。页22

史炤释文曰：浊，水名。按汉志，浊水出齐郡广县妫山。（海陵本、费本同。）余谓释文误矣。史记书齐、魏浊泽之会，徐广注云：长社有浊泽。又郦道元水经注曰：皇陂水出胡城西北。胡城，颍阴县之狐人亭也。皇陂，古长社县之浊泽也。史炤纵不能远考水经注，亦不能近考史记注乎？八十四卷晋惠帝元宁元年"浊泽"注，误与此同。海陵本、费氏本则又为炤所误也。

通鉴二

显王元年 齐伐魏，取观津。页33

史炤释文曰：齐伐魏，惠王请献观以和解，即此观津也。

（海陵本、费本同。）余按班志，信都国有观津县，是时属赵地，去齐境甚远。又东郡有畔观县，水经：大河故渎东径五鹿之野，又东径卫国故城南，古斟观也。徐广亦曰：观，今卫县。史记正义曰：魏州观城县，古观国。国语注云：观国，夏太康第五弟之所封也，以其地临河津，故亦曰观津，齐伐魏所取者也。史炤但据史记所书以明观地，而不详言之。后人不能博考地理，读其释文，将遂以为信都之观津，岂不误之乎！

八年 秦孝公令国中曰："昔我穆公自岐、雍之间，修德行武，东平晋乱，以河为界。"页35

史炤释文曰：岐，谓岐山。雍，州名；谓东崤、西汉、南商、北居庸四山之所拥翳也。（费本同。）余谓以岐为岐山是也。以雍为州名则非。按班书地理志，岐山在扶风美阳县西北，雍县亦属扶风。应劭注云：四面积高曰雍。又按史记秦纪，犬戎杀周幽王，秦襄公以兵救周，战甚力，有功。平王避戎，东徙洛邑，赐襄公以岐山以西之地，传至曾孙德公，初居雍城。徐广注云：今县，在右扶风。穆公，德公子也，东平晋乱，其地至于河。是则所谓岐、雍之间，乃岐山、雍县之间，非指雍州州名为言也。李巡注尔雅，释州名，雍州固有壅蔽之义，然以四履所至言之，东崤可言也，其西则越陇抵于河，非汉也；南商可言也，其北则甘泉九嵕诸山，居庸关乃在幽州，悬隔河山，何啻千馀里，安能为雍州之拥翳哉！其说雍州之义亦非也。二百六十七卷梁太祖开平二年释"雍州"，其误同。

十六年 魏伐赵，齐使田忌救之。田忌欲引兵之赵，孙子曰："夫解杂乱纷纠者不控拳，救斗者不搏撠，批亢捣虚，形格势禁，自为解耳。今梁、赵相攻，轻兵锐卒必竭于外，子不若引

兵疾走魏都，据其街路，冲其方虚。”页 42

海陵本释文曰：虚，音墟。余谓虚，当读如字。冲其方虚，即上文所谓捣虚也。史记索隐义亦如此。若读为墟，全无意义。史炤曰，捣，筑也；言乘其虚则自解也。义与余同。海陵本托公休之名，实蹈袭史炤本，至其自立异义者，识见又下于史炤。

二十八年 庞涓自知智穷兵败，乃自刭。页 47

史炤释文曰：刭，吉定切；以刀自割颈。（海陵本、费本同。）余按刭字，音古鼎翻，别无他音。炤从去声，非也。

三十一年 赵良语商君，持矛而操阘戟者，旁车而趋。页 50

史炤释文曰：阘，吐腊切。（海陵本、费本同。）余按薛综注曰：取四戟函车边。此盖令力士旁车而趋，有急则操阘戟以御之也。后汉书舆服志有阘戟车。晋志曰：阘戟车，长戟邪偃在后。唐韵：戟名曰阘，音所及翻。史炤音非。

三十六年 苏秦说赵肃侯合天下将相会于洹水之上。页 53

史炤释文曰：在邺。说文：水在齐、鲁间。（海陵本、费本同。）余按徐广注曰：洹水出汲郡林虑县。水经曰：洹水出上党泫氏县东，南出山，径邺县南，又东过外黄县北，入于白沟。苏秦所谓会于洹上者，正指在邺之洹水，非指齐、鲁间之洹水。二百五十七卷唐僖宗文德元年、二百六十卷昭宗乾元三年“洹水”注，误与此同。

通鉴三

赧王四年 张仪说赵王曰：“秦有敝甲凋兵军于渑池。”页 77

史炤释文曰：渑池，赵邑。余按赵与韩、魏接境，韩有野王、上党，魏有河东、河内，而渑池则秦地也。汉地理志，渑池县属弘农郡。赵安能越韩、魏而有弘农之渑池邪！炤说非是。海陵本误同。

九年　赵王使王贲之楚。页85

海陵本释文曰：贲，音奔，翦之子，离之父。余按翦之子、离之父之王贲，乃秦将也。此王贲乃赵人，海陵本误矣。

通鉴四

二十年　主父探雀鷇而食之。页96

史炤释文曰：鷇，克角切；鸟子欲出者。（海陵本、费本同。）余按尔雅曰：生哺，鷇；生噣，雏。释云：辨鸟子之异名也。鸟子生而须母哺食者为鷇，谓燕、雀之属也。生而能自啄者为雏，谓鸡、雉之属也。鷇，音居候翻。炤音非。

三十一年　淖齿执湣王而数之。页101

史炤释文曰：数，所矩切，一二而责之也。余按汉书音义，数责之数，音所具翻。炤自汉纪以后皆从音义，至魏、晋纪，音所矩切者又杂出乎其间。

三十二年　齐湣王子法章变名姓为莒太史敫家佣。页105

海陵本释文曰：敫，吉了切。史记作"嬓"。余按徐广注：敫，音跃；一音皎。海陵本从徐广下音也。汉书王子侯表有敫字，颜师古注云：敫，古穆字。今从此音。

三十五年　秦白起败赵军，取代光狼城。页107

史炤释文曰：光狼，城名，本中山地，赵武灵王取之，其地在代。（海陵本同。）余按史以代光狼城联而书之，以为其地在代，可也；而云本中山地，中山与代旧为两国，代在常山、夏屋山之北，中山在常山之南，既云在代，不当云本中山地。

四十二年　秦王将使武安君与韩、魏伐楚，黄歇上书曰："先王三世不忘接地于齐，以绝从亲之要。"页119

海陵本释文曰：要，于笑切，约也。余按史纪索隐：要，读曰腰。以言山东合从，韩、魏是其腰。盖秦得韩、魏之地，然后能东接于齐，楚不可得而北，燕、赵不可得而南，是绝从亲之要也。索隐之说，意义为长。

今王使盛桥守事于韩。页119

史炤释文曰：桥，音矫。(海陵本同。)余按史记诸家注并无音，当读如字。

通鉴五

五十五年 赵王以赵括代廉颇将，括母上书言括不可使；王曰："母置之，吾已决矣。"页134

史炤释文提起"母置"二字，注其下曰句断。母者，止之也，使置其事而无复言也。余按炤谓母者，止之也，是读"母"为"毋"字，又以"毋置"为句断，则以"之"字属下句，全不成文。盖母者，谓括母也。赵王使括母置其事不须复言，吾已决计使括为将。文意甚顺，何必妄为穿凿！"母"当读为母子之母，通"置之"为一句。苍颉篇曰：母字其中有两点，象人乳形。竖通者"毋"，音无。今诸家板行通鉴及史记皆作母字，而妄以毋字为说，是又以字学误后人矣。

奇兵二万五千人绝赵军之后，又五千骑绝赵壁间，赵军分而为二。页135

史炤释文曰：间，居栈切，间隔之也。余谓若从炤说，当以"间赵军"为句，与下句分而为二，意颇重复。若以"又五千骑绝赵壁间"为句，与上句"奇兵二万五千人绝赵军之后"，句法文意，殊为停当。间，读如字。每见为句读之学者，于一句之间，截而分属上下句，求发先儒之所未发者，以见圣贤深意。若文意自来通顺，而于一字两字或四三字之间创分句读，以为新奇，似不必尔。又按间隔之间，本无上声，而史炤音居栈切，盖字书栈字有平上二音，蜀人土音以平上二声从去声者甚多，此亦是以上声从去声，幸字书栈字有二音，可以援从去声，其他则拘阂而不通矣。秦、陇以去声为入，梁、益则平声似去，盖古人已病之。

五十八年　吕不韦见秦子异人，说之曰："子傒有承国之业。"页147

史炤释文曰：傒，胡启切，秦孝文王之子。余谓此傒字，即左传齐高傒之傒。陆德明曰：傒，音兮。若音胡启切，则是徯字，非傒字也。

通鉴六

秦昭襄王五十二年　齐人隆技击。页154

史炤释文曰：技，巨至切。（海陵本同。）余按技，渠绮翻。炤音非。

庄襄王二年　蒙骜伐赵，定太原，取榆次、狼孟等三十七城。页162

史炤释文曰：次，一音慈。余按榆次县自汉至唐及宋未尝改名，读皆如字。史记诸家音注及正义皆无音，汉书音义亦无音，惟武威郡揟次县，孟康注曰：揟，音子如翻；次，音咨，一作恣。亦无慈音。然此乃武威揟次县也，与太原榆次县不相关，未知史炤何所据也！

三年　毛公、薛公见信陵君曰："公子所以重于诸侯者，徒以有魏也。"页162

史炤释文曰：重，直用切。（海陵本同。）余按文义，此乃轻重之重，音直陇翻。若音直用翻，乃再三之义，考经典释文可见。

始皇六年 秦逾黾阨之塞以攻楚，不便。页 171

史炤释文曰：黾，弥兖切。（海陵本同。）余按续汉志，江夏郡黾县，古冥阨之塞也。史记正义曰：黾阨之塞在申州。黾，音盲。炤音非。

九年 文信侯诈以舍人嫪毐为宦者。页 172

史炤释文曰：嫪，卢道切。（海陵本同。）余按颜师古汉书音义：嫪，音居虬翻。许慎曰：郎到翻，姓也。无卢道切者。得非蜀人以道理之道为去声乎？公休，河内人，生长京、洛，未必操蜀音也！（校者按：司马公休，夏县人，胡三省谓为河内人，盖以公休祖晋安平王司马孚，孚为河内温人之故。）

通鉴七

二十三年 王翦取陈以南，至平舆。大破楚师，至蕲南。页 187

史炤释文曰：楚地江夏有蕲春亭。（海陵本同。）余按汉书地理志，沛郡有蕲县。史记正义曰：蕲，徐州县。此以唐时疆理言也。以汉地理言之，陈、沛接境，王翦既破楚师至沛郡之蕲县南，楚时都寿春，遂渡淮而灭楚。若以为江夏之蕲春，则已越寿春而南近大江。以道理考之，史炤之误明矣。

雍门司马。页 189

史炤释文曰：雍，纡龙切，齐城门。（海陵本同。）余按左传，晋围齐，伐雍门之萩。经典释文：雍，音于用翻。

二十六年 郡置守、尉、监。页 192

海陵本释文曰：监，居衔切。余谓守、尉、监，皆秦分三十六郡所置官名，此监当从去声。若监郡之监，则监字从平声。记王制：天子使其大夫为三监监于方伯之国。陆德明释文：监，古暂翻。监于，古衔翻。可以见矣。

二十八年　始皇东行郡、县，上邹峄山。页194

史炤释文曰：峄山，在东海。（海陵本同。）余按汉书地理志，鲁国邹县，峄山在北。应劭注曰：邾文公迁于绎，即此。括地志：邹峄山在兖州邹县南二十二里。盖县有迁徙，故汉时峄山则在县北，唐时则在县南也。恶得在东海邪！

三十五年　写蜀、荆地材，皆至关中。页199

史炤释文曰：写，四夜切。舍车解马为写，或作卸。（费本同。）余谓此非舍车解马之卸，乃前写放宫室之写。（通鉴二十六年云：每破诸侯，写放其宫室，作之咸阳北阪上。）写，读如字。写之为义，除也，尽也。晋时人多说写字。杜预注左传云写器令空，郗夫人语二弟云倾筐倒写，皆除尽之义。

始皇曰："吾慕真人，"自谓"真人"，不称"朕"。页199

海陵本释文曰：称，去声；不称，不惬意也。余谓始皇初并天下，自称曰朕，至此不称朕耳。称，当从平声。

三十七年　将军恬赐死，以兵属裨将王离。页202

史炤释文曰：属，音蜀，附也。（费本同。）余谓属，音之欲翻，付也。上将赐死，以兵付裨将，安有属附之义哉！

以水银为百川江河大海，机相灌输。页203

史炤释文曰：机，弩括也。相，息亮切。群经音辩，相，训共，言机共灌输也。余按说文，主发谓之机。弩之有机，亦主于发，故谓之机。此所谓"机相灌输"，止言发机以相灌输耳，不可径以弩括为释。若以此释上文机弩可也，（上文云：上为机弩，有穿近者辄射之。）释机相灌输则非也。相，音息亮切者，赞相之相，相视之相也。若相灌输之相，读当从平声。炤读从去声，义何所取！又引群经音辩相训共，则亦当从平声，决无读从息亮切之理。

通鉴八

二世二年　章邯守濮阳环水。页223

史炤释文曰：环，户班切。（海陵本同。）余按汉书音义，环，音宦。凡环玦之环读如字，环绕之环音宦。

主重明法。页225

史炤释文曰：重，直龙切。（海陵本同。）余按二世之言曰："凡所为贵有天下者，得肆意极欲，主重明法也。"是以肆意极欲与主重明法为二事。主重者，谓君臣之势，主之所主者重，则下之势轻。重，音直陇翻。直龙切非。

项羽军漳南。页235

史炤释文曰：漳南，漳水之南。山海经曰：漳水出荆山。余按山海经曰：漳水出荆山，南注于沮水。此左传所谓江、汉、沮、漳，楚之望也。项羽军漳南与章邯相持，在唐相州滏阳县界。下文项羽使蒲将军引兵度三户，军漳南。服虔注曰：三户，漳水津也。孟康注曰：在邺西南三十里。此岂荆山之漳水哉！九十七卷晋康帝建元二年，赵王虎投王波父子之尸于漳水。海陵释文之误与此正同，详辩于后。

二世梦白虎啮其左骖马，杀之。页237

史炤释文曰：三马为骖。（海陵本同。）余按王肃云：古者一辕之车，夏后氏驾两马，谓之丽；殷益以一騑，谓之骖；周人又益以一騑，谓之驷。自时厥后，夹辕曰服，两旁曰骖。诗所谓两服上襄，两骖雁行者也。史言左骖，则必有右骖，不当引三马为骖以释左骖。

通鉴九

汉高帝元年　秦王婴降轵道旁。页242

史炤释文曰：字书云：车轮之穿为轵。余按汉书注：徐广曰：轵道在霸陵。苏林曰：在长安东十三里。汉宫殿疏曰：轵道亭，东去霸城观五里，东去霸水百步。乌得以车轵为说邪！

项羽立董翳为翟王，都高奴。页249

史炤释文曰：翟，直格切。（海陵本同。）余谓上郡，古白翟所居，故以翳为翟王。古字翟、狄通。炤音非。

立吴芮为衡山王，都邾。页249

史炤释文曰：古邾子国即邾县，属江夏。余按古邾国，汉鲁国邹县也。若江夏之邾县，先儒以为楚灭邾，徙其君于此，非古邾子国也。

二年　诸将尽讙。页257

史炤释文曰：讙与欢同。余谓讙与喧同。讙者，哗然不服之声；欢者，忻然相得之意。诸将尽讙者，不服之声也。讙，音许元翻。

楚追击汉军至灵壁东睢水上。页258

史炤释文曰：睢水在梁国睢阳。（海陵本同。）余按水经注，睢水出陈留县西蒗荡渠而东北流，又东北过睢阳县南，又东北过相县南，又径彭城之灵壁东而东南流，项羽败汉王处也。以此观之，睢水固过睢阳，而楚追败汉军处，乃在灵壁东之睢水上，不在睢阳也。二百五十一卷唐懿宗咸通九年"睢水"注，误与此同。

通鉴十

四年　汉王不可必，身居项王掌握中数矣。页282

史炤释文曰：数，去声。余按汉书音义，数，所角翻。史记正义，色庚切，已非矣，况从去声哉！

通鉴十一

五年 项王分其骑为四队，四乡。页289

史炤释文曰：队，音隧。余按此乃群队之队，音徒对翻。乡，读曰向。言项王分其从骑为四队，四向以御汉军，文意甚明。汉书王莽传，置六乡、六队。颜师古曰：队，音遂。盖因莽仿周礼乡遂之制，而为之音，若引以音群队之队，则误矣。

田横与其客二人乘传诣洛阳。页294

史炤释文曰：乘传者，依乘符传而行，若使者持节尔。传者，以木为之，长尺五，书符于上以为信。余按如淳汉书注曰：四马高足为置传，中足为驰传，下足为乘传，一马、二马为轺传，急者乘一乘传。师古曰：传，若今之驿。古者以车谓之传车，其后单置马谓之驿骑。此乃驿传之传，非符传之传也。史炤自是以后，凡释乘传处，或以为车传，或以为符传。其曰车传者，依汉书音义而为说；其曰符传者，则臆见横于中，终不知其误也。

娄敬戍陇西，过洛阳，脱挽辂。页295

海陵本释文曰：辂，音洛。余按苏林汉书注曰：辂，音冻洛之洛；一木横遮车前，二人挽之，三人推之。颜师古曰：辂，音胡格翻；洛音同。广韵：洛，音涸。若从苏音，洛当作洛。史炤曰：辂，音路，亦非也。

周自后稷封邰。页296

史炤释文曰：邰在右扶风武功县。余按班志，右扶风有斄县，（斄，古邰字。）又有武功县。颜师古注曰：斄，即今武功故城是。史记正义曰：雍州武功县西南二十三里，故斄城是也。盖邰与武功在汉时为两县，并属右扶风，后世则省邰县并入武功县，至唐，则武功县属雍州，而扶风为岐州。颜师古、张守节皆引唐时州县以释古郃城所在。史炤不能深知历代郡县之离合，径言郃在右扶风武功县，殊不知汉右扶风所领，郃自是郃县，武功自是武功县。至唐则古郃城在雍州武功县界内，岂可以为在右扶风武功县邪！若曰在唐雍州武功县，则可矣。

伤夷者未起。页296

史炤释文曰：伤夷，读曰创夷。余谓伤夷皆读如本字，文意自明，何必读伤字为创字邪！

六年　亟发兵，坑竖子耳！页298

史炤释文曰：亟，欺冀切，又音急。余按字书，亟从欺冀切者，其义数数也。此言亟发兵，犹言急发兵也。亟音纪力翻，其义疾也，趣也，急也。亟字有急义而无急音。至一百三十二卷宋明帝泰始三年，亟字兼有去吏、纪力二切，是又两存其音，而不审其义之各有攸当也。

通鉴十二

八年　上击韩王信馀寇于东垣。页313

史炤释文曰：高帝十一年，更名真定国。余按高帝十一年击陈豨，豨将赵利守东垣，帝攻之，卒骂帝。既拔东垣，卒骂者斩之，不骂者原之，因改东垣曰真定。是改东垣县为真定县也。至武帝元鼎四年，始置真定国；高帝曷尝置真定国哉！

十二年　汉别将击英布军洮水南、北，皆大破之。页330

史炤释文曰：洮，音兆，在淮南。（海陵本同。）苏林曰：洮，音兆。徐广曰：洮，音道，在江、淮间。余谓史炤引用苏音，而所谓在淮南者，因英布王淮南，遂篡取徐广之说，以为洮水在淮南，意之也。按通鉴上文，布军既败走江南，高祖令别将追之，别将击布军于洮水南、北，皆大破之。则洮水在江南明矣。罗含湘中记，零陵有洮水。水经注：洮水出洮阳县西南，东流注于湘水。汉书地理志，洮阳属零陵郡。如淳注：洮，音韬。盖英布旧与长沙王婚，既败走，往从之，而洮水时属长沙国境内，英布之军，实大败于此也。

通鉴十三

文帝元年 赵佗以兵威财物赂遗闽越、西瓯、骆，役属焉。页363

史炤释文曰：颜师古谓骆役为骆越。余按师古注：西瓯即骆越也，未尝以骆役为骆越。盖闽、越是一种，西瓯、骆是一种。役属者，役使而服属之。

二年 太仆见马遗财足，馀皆以给传置。页366

史炤释文曰：置者，置邮也，以其居符传之所，故谓之传置，犹传舍也。余谓传置即驿传之传，非符传之传。炤言置邮，是也；言符传之所，非也。此其误，犹十一卷高祖五年释“田横乘传”之误。

通鉴十五

十四年 上自欲征匈奴，群臣谏，不听。皇太后固要，上乃止。页409

海陵本释文曰：要，力〔于〕笑切。余谓要之为义，劫也，约勒也。此所谓固要，言力约止之也。要，读如邀。海陵本音非。

十六年 扐侯辟光为济南王。页412

史炤释文曰：扐，音勒。余按易大传，归奇于扐，记王制，用数之扐，音勒。若汉书音义，则扐侯之扐，音力。

通鉴十六

景帝前四年 王夫人知帝嗛栗姬。页437

史炤释文曰：嗛，苦簟切，恨也，当作"慊"。余按汉书音义：嗛，乎监翻。口有所衔曰嗛。景帝心衔栗姬，史因用此字。

中六年 上行幸雍，郊五畤。页443

史炤释文曰：畤者，封土积高之所。秦有西畤、鄜畤、武畤、好畤、密畤，皆在右扶风，所以祭天、地、五帝。余按史记封禅书：秦襄公始居西垂，自以为主少皞之神，作西畤，祠白帝。此畤在唐秦州上邽县界。襄公之后，文公东猎汧、渭之间，卜居之而吉。文公梦黄蛇自天下属地，其口止于鄜衍，于是作鄜畤，其地后为鄜县，唐之鄜州是也。雍旁有故吴阳武畤，雍东有好畤，皆废无祠。作鄜畤后七十八年，秦德公既立，卜都雍，雍之诸祠自此兴。德公卒后，宣公作密畤于渭南，祭青帝。又其后，秦灵公作吴阳上畤〔祭黄帝〕，作下畤祭炎帝。（索隐曰：吴阳，地名，盖在岳之南。余按索隐所谓岳者，吴山也。山南为阳，故谓吴阳之地在岳之南。班书地理志：吴山在汧县西。史记正义以为陕州芮城县北之条山，恐误。）又其后，栎阳雨金，秦献公自以为得金瑞，作畦畤栎阳而祀白帝。封禅书所载秦岁时之奉祠者非一，惟雍四畤、上帝为尊。汉高帝二年，东击项籍而还，入关，问："故秦时上帝祠何帝也？"对曰："四帝，有白、青、黄、赤帝之祠。"高帝曰："吾闻天有五帝，而有四，何也？"皆不能对。高帝曰："吾知之矣，乃待我而具五也。"乃立黑帝祠，命曰北畤。有司进祠，上不亲往。至文帝，始郊见雍五畤祠。索隐曰：据秦旧而言，秦襄公始列为诸侯而作西畤，文公卜居汧、渭之间，皆非雍也。至德公卜居雍，而后宣公作密畤，祠青帝，灵公作上畤，祠黄帝，作下畤，祠炎帝，献公作畦畤，祠白帝，是为四，并高祖增黑帝而五也。以余考之，西畤、鄜畤固不在雍，而吴阳上畤、下畤及栎阳畦畤亦不在雍也。自秦德公居雍，而诸祠始兴于雍，后人以雍积高为神明之隩，遂合白、青、黄、赤四帝之祠，而祠于雍。高帝又立黑帝祠，故雍有五帝畤。史炤以为西、鄜、武、好、密五畤皆在右扶风。若史言扶风五畤，犹曰依史而为之说。史言幸雍，郊五畤，则雍乃扶风之一县，岂可包扶风一郡之大界言之邪！况西畤在陇西郡上邽县，鄜畤在冯翊鄜县，既不可以为皆在扶风，而雍之武畤、好畤，皆废无祠，不在五畤之数。史炤之说，失之远矣！一百卷晋穆帝升平二年，秦王坚祠五畤，释文之误，与此同。

王崇武标点容肇祖聂崇岐覆校

通鉴释文辩误卷第二

天台胡三省身之

通鉴十七

武帝建元元年 上雅向儒术，婴、蚡俱好儒雅，推毂代赵绾为御史大夫，兰陵王臧为郎中令。页457

史炤释文曰：言荐举人如车毂之运转。（费本同。）余谓炤说未为精当。此言推车毂者主于进，荐贤者亦主于进，故以荐贤为推毂。

三年 鄠、杜令欲执之。页463

费本注曰：鄠杜，古杜伯国京兆邑，后宣帝改曰杜陵。余按汉书地理志，鄠县属右扶风，古有扈氏之国。杜县属京兆，古杜伯国。不可以鄠县并为杜伯之国，又不可并以为属京兆。

通鉴十八

元光三年 田蚡奉邑食鄃。页481

海陵本释文曰：鄃，音俞。余按汉书音义：鄃，音输。音俞非。

五年 关益斥，西至沫、若水，南至牂柯为徼。页486

史炤释文曰：谓以木、石、水为界也。西南之徼，犹北方之塞。（费本同。）余按史炤盖因颜师古注邓通传而为之说。邓通传曰：人有告通盗出徼外铸钱。师古注云：东北谓之塞，西南谓之徼。塞者以障塞为名，徼者取邀遮之义。然余考汉书匈奴传，单于请罢边备塞吏卒，侯应上议曰："孝、武攘匈奴于幕北，建塞徼，起亭隧，筑外城，列屯戍而守之。"是北方之塞亦谓之徼也。朝鲜传曰：朝鲜属辽东外徼。是东方之塞亦谓之徼也。师古殆考之未精详，而史炤又依以为说。而所谓以木、石、水为界者，亦本于侯应之议。应之议曰："起塞以来，或因山岩石木柴僵落，溪谷水门，稍稍平之，卒徒筑治。"此正言建塞徼于北方以备匈奴者也，岂特西南谓之徼哉！直言徼以邀遮为义，岂不简而当乎！

元朔二年　蓼侯孔臧。页501

史炤释文曰：蓼，音六，邑名，属六安国。余按汉书地理志，六县、蓼县皆属六安国。春秋文五年，楚灭蓼及六，皆皋陶后也。陆德明经典释文：蓼，音了。未尝有六音。海陵本亦因史炤而误。

通鉴十九

五年　都尉韩说为龙頟侯。页509

史炤释文曰：頟，鄂格切，平原邑。余按班志，平原郡有龙頟侯国。注云：頟，音洛。若从鄂格切，则是额字。史炤殆不考字书也。三十二卷成帝绥和元年，误与此同。

校尉李朔为涉轵侯。页509

史炤释文曰：轵，河内邑。余按班史卫青传作"陟轵侯"，功臣表作"轵侯"，食邑于齐郡之西安，非河内之轵县也。

通鉴二十

元鼎二年　置均输以通货物。页543

史炤释文曰：委输也，谓诸有当输于官者，又均输之。余按班史，时置均输官于郡国，令远方各以其物而灌输；置平准于京师，通受天下委输，贵则卖之，贱则买之，使富商大贾无所牟大利。均输置于郡国，平准置于京师。均，平也。斟酌物价贵贱而适其均平，使民无甚贵甚贱之患。唐刘晏正得此法，非当输于官又均输之也。又盐铁论云：郡国诸侯各以其方物贡输往来，多苦恶，不偿其费，置输官以相绍运，名曰均输。

伏波将军路博德出桂阳，下湟水。（伐南越事。）页553

史炤释文曰：湟，水名，在金城临羌塞外。余按水经云：洭水过临洭县南，出洭浦关，为桂水。山海经以洭水为湟水。徐广曰：湟水一名洭水，出桂阳，通四会。此路博德伐南越，出桂阳而下湟水者也。若金城临羌之湟水，则赵充国伐羌所渡者，非路博德所下之湟水也。

甲为下濑将军，下苍梧。页553

史炤释文曰：濑，水名，在越地。余按臣瓒汉书注曰：濑，湍也；吴、越谓之濑，中国谓之碛。伍子胥书有"下濑船"，则濑非越地水名也。

通鉴二十一

太初三年 上邽骑士赵弟。页585

费本注曰：古邽戎国，武帝开之，置上邽县，属陇西郡。余按史记，秦武公十年伐邽冀戎，初县之。汉书地理志，陇西郡有上邽县。应劭注云，即邽戎邑也。则上邽县乃秦武公所置，非汉武帝开置也。

通鉴二十三

昭帝始元二年 二王不复肯会龙城，匈奴始衰。页626

史炤释文曰：西方胡皆事龙神，故名大会处为龙城。（费本同。）余按汉书匈奴传：匈奴诸王长少，岁正月，会单于庭祠。五月，大会龙城，祭其先天地鬼神。秋马肥大，会蹛林。皆会祭处也。匈奴非西方胡，且三处皆其会祭之地，不应龙城独以事龙神得名。其说殊为未通。

元凤元年　赐燕王旦谥曰刺王。页636

史炤释文曰：刺，七赐切。余谓当音来达翻。谥法：暴戾无亲曰刺。言其所为乖剌，无亲亲之义也。

通鉴二十五

宣帝元康四年　先零、罕、幵乃解仇作约。页697

史炤释文曰：罕羌、幵羌，皆西羌别种，汉破灭之，置县，以其人处于地，因以名之，属天水郡。余按汉书注：苏林曰：罕、幵在金城南。颜师古曰：罕、幵，羌之别种也。下言："遣幵豪雕库，宣天子至德，罕、幵之属皆闻知明诏。"下又云："河南大幵、小幵。"则罕羌、幵羌种落殊矣。而地理志，天水郡有罕幵县，盖以此二种羌来降，处之此地，因以名县。以此观之，罕、幵种落实在金城河南，其有来降者，处之天水郡界内，因置罕幵县，河南之种落固自若也。元康之时，先零、罕、幵解仇作约者，皆在金城塞外，非在天水郡罕幵县者也。

通鉴二十六

神爵元年　伯牙操递钟。页701

史炤释文曰：晋灼曰：递，音递迭之递。二十四钟各有节奏，击之不常，故曰递钟；琴名也。余按汉书注，诸家之说不同，晋灼之注，止于"曰递"。臣瓒驳之曰：楚辞云：奏伯牙之号钟。号钟，琴名也。马融笛赋曰：号钟高调。伯牙以善鼓琴名，不闻其能击钟也。师古曰：琴名，是也。字既作“递”，则与楚辞不同，不得即读为号，当依晋音耳。合而观之，晋灼本无“钟琴名也”四字。史炤乃牵臣瓒注四字合为晋灼注。使后学不得参考诸家之异同而折衷之，不已诬乎！

辛武贤奏合击罕、开在鲜水上者。页705

史炤释文曰：山海经云：北鲜之山，鲜水出焉，北流注于余吾。余按汉书武帝纪：匈奴远其累重于余吾水北。颜师古注云：余吾水在朔方北。山海经云：北鲜之山，鲜水出焉，北流注于余吾。师古盖以此鲜水在匈奴中，非罕、开所居之鲜水也。汉书，羌豪献鲜水海地于王莽，置西海郡。即罕、开所居之鲜水。

通鉴二十七

甘露元年　魏和意、任昌至乌孙，谋诛狂王云云。汉遣张遵收和意、昌，系琐。页736

史炤释文曰：系，系束也。琐，银铛也。余按汉书西域传：赵德使罽宾，与其王阴末赴相失，阴末赴锁琅当德。颜师古注曰：琅当，长锁也，若今之禁系人锁也。史炤盖引此以释琐，而误写为银铛耳。

二年　上行幸萯阳宫、属玉观。页738

史炤释文曰：晋灼曰：属玉，乌䴔䴖，以名观也。余按晋灼注，本云“属玉，水鸟，似䴔䴖”，省“水”字与“似”字，便失文意。

通鉴三十

成帝河平元年　奇请、他比，日以益滋。页801

海陵本释文曰：比，必寐切；谓引他类以比附之。余谓释文所谓引他类以比附之，止依颜师古注。今法家读比附之比如字。师古注亦无音翻。若以为比例之比，则当音毗至翻。音必寐切者，乃比及之比，愈非本文之义。

通鉴三十一

阳朔四年 乌孙小昆弥乌就屠子拊离代立。页826

史炤释文曰：拊离，乌孙小昆弥种名。余按昆弥者，乌孙王号也。乌孙国有大、小昆弥。乌就屠者，小昆弥之名。拊离，乃乌就屠之子之名，非种名也。通鉴本文甚明，何必曲为之说！

鸿嘉二年 博士行大射礼，有飞雉集于庭。页827

史炤释文曰：尔雅曰：雉绝有力，奋。余谓尔雅释雉之异名，奋其一也。史炤以奋释飞雉，不亦拘乎！

通鉴三十三

哀帝建平元年 郎中令泠褒。页898

史炤释文曰：泠，姓也。颜师古音廖。（费本同。）余按汉书音义，师古音零。廖字，乃传写者误以零为廖耳；炤不能察也。

通鉴三十四

四年 董贤起冢，内为便房，外为徼道。页914

史炤释文曰：徼道，小道也。（费本同。）余谓徼道者，徼巡之道，为小道环绕便房之外以徼巡，故曰徼道。虽是小道，实以徼巡取义。朱子云：徼，伺察也。天下道路除逵衢康庄之外，皆小道也，岂可皆以徼道名哉！

通鉴三十五

平帝元始二年　去胡来王唐兜。页950

史炤释文曰：唐兜，西域国也，号为去胡来王，谓去胡而来降汉。余按汉书西域传：婼羌国王号去胡来王，则唐兜乃去胡来王之名，非国名也。观下文"斩唐兜"，可见非国名矣。

通鉴三十六

四年　羌豪献鲜水海、允谷、盐池。页961

史炤释文曰：允，音铅。(海陵本同。)余按汉书音义，惟允吾县音铅牙，允街县音铅街，此外无音。

王莽初始元年　莽母功显君死，自以居摄践阼，奉汉大宗之后，为功显君缌缞弁而加麻环绖，如天子吊诸侯服，凡壹吊再会。页974

史炤释文曰：绖，首戴也，以苴麻为之。谓之环者，言其轻细如环之形。(费本同。)余按丧服以情之轻重为等，苴麻之绖，重服也。左传，齐晏桓子卒，晏婴缞粗斩、苴绖带、杖、菅屦。杜预注曰：苴，麻之有子者，取其粗也。周礼，王为诸侯缌缞，弁而加环绖，同姓则麻，异姓则葛。王莽自以居摄践阼，不为母服丧，服天子吊诸侯之服，以壹吊再会而已，安肯以苴麻为绖乎！记檀弓：叔仲皮死，其子子柳之妻衣缞而缪绖，叔仲衍请繐缞而环绖。郑注云：缪绖，士妻为舅姑之服也；环绖，吊服之绖也。时妇人好轻细而多服此者。孔颖达正义曰：缪绖，谓绞麻为绖，缪，谓两股相交也。五服之绖皆然，惟吊服环绖不缪耳。环绖者一股，所谓缠绖也。此即轻细如环之义。史炤所谓轻细如环者，本颜师古之说。既言轻细，安得以苴麻为之乎！

通鉴三十七

天凤元年　和亲侯者，王昭君兄子歙也。中部都尉以闻。页1006

史炤释文曰：歙事王莽为中部都尉。余按通鉴上文，此时匈奴遣人之西河虎猛制虏塞下，告塞吏曰："欲见和亲侯。"和亲侯者，王昭君兄子歙也。中部都尉以闻。详考文理，歙盖事王莽为和亲侯，时在长安。中部都尉乃西河中部都尉，以匈奴来告之事闻于莽，非歙为中部都尉也。

通鉴三十八

地皇三年　莽教民煮草木为酪。页1030

史炤释文曰：酪，乳浆也。余按奶酪之酪，真酪也。莽令煮草木为酪，则非乳浆。服虔注曰：煮木实。如淳注曰：作杏酪之属也。此皆依煮草木而为之说。

通鉴三十九

更始元年　莽绀袀服。页1046

史炤释文曰：偏裻谓之袀，戎衣也。绀，青色，以为袀衣。章怀注：袀，纯也。纯为绀服。其说非是。（费本同。）余按裻，衣背缝也。左思魏都赋：袭偏裻以谴列。偏裻固是戎衣，然非袀服也。史记赵世家：王梦衣偏裻之衣。正义曰：杜预云：偏，左右异色。裻在中，左右异，故曰偏。盖偏裻，自衣背缝中分左右各一色，左传所谓太子帅师、公衣之偏衣者也。袀服之袀，音均。左传所谓均服振振，取虢之旗。陆德明曰：均，字书作袀，袀之为义纯也。说有根据，未可厚非。此说乃师古之说。章怀注后汉书，后汉书不载莽袀服事。以此说为章怀之说，亦非是。

二年　吏民惶恐，属县屯聚，建等不能下。页 1051

史炤释文曰：属，附也，言附县而屯聚。余按通鉴上文，申屠建扬言“三辅儿大黠，共杀其主吏。”民闻此言，惶恐不自安，故三辅之属县皆屯聚以自保。若以为附县而屯聚，其说穿凿。

骠骑大将军宗佻为颍阴王。页 1052

史炤释文曰：佻，他雕切。说文，迁庙也。余按迁庙之祧，从“示”从“兆”。此宗佻乃人姓名。史炤误矣！

通鉴四十

光武建武元年　立秋日貙膢时。页 1072

史炤释文曰：膢，龙珠切；说文，腊祭也。（海陵本同。）余按章怀太子贤后汉书注引前书音义曰：貙，兽，以立秋日祭兽，王者亦以此日出猎，用祭宗庙。冀州北郡以八月作饮食曰膢。其俗语曰膢、腊、社、伏，乃是祭之四名。膢祭于秋，腊祭于冬，乌得谓膢为腊祭乎！又按说文云：膢，楚俗以二月祭饮食也。未尝以膢为腊祭。史言以立秋日貙膢，是貙膢明为立秋日之祭，不待辩而可以知炤之妄矣！章怀注：膢，音娄。后汉书礼仪志有貙刘。刘、娄音近。

通鉴四十一

五年　耿弇追张步至巨昧水上。页 1116

史炤释文曰：昧，如字；一名巨洋水，在乐安国。（海陵本同。）余按章怀太子贤注曰：巨洋水在今青州寿光县西。水经注：巨洋水出朱虚县东太山，袁宏谓之巨昧，王韶谓之巨蔑；北过临朐县东，又北过剧县西，耿弇追破张步处也。又东北过寿光县西，又东北入于海。是水自发源至剧县，皆属北海、齐二国界，至寿光，始属乐安国界。耿弇破张步于剧县西，未至乐安国界也。昧，音莫葛翻。其字从“日”从“末”，非昧字也。

通鉴四十二

六年 诏曰：“仓卒芜蒌亭豆粥。”页1125

海陵本释文曰：蒌，力无切。余按章怀注：蒌，力于翻。海陵本音非。

与小儿共槽枥而食。页1131

史炤释文曰：果木华实相半曰槽枥；槲樜也。博雅：木下支谓之樜槲。余谓饲兽之食器曰槽枥，马枥也。共槽枥而食者，以犬马为谕也。何必为僻诡之说以疑误后学！

通鉴四十三

十二年 参狼羌与诸种寇武都。页1153

海陵本释文曰：参，所含切。至四十九卷安帝永初二年，滇零招集武都参狼，则曰参，所今切。然则二音将何从乎？若以分野言之，参星在梁、益之分，音所今翻为是。

十五年 封皇子辅为右翊公。页1160

史炤释文曰：右冯翊也。（费本同。）余按汉三辅：左冯翊、右扶风，未尝有右冯翊也。右翊封国，史无所考，不可妄引以为释。

通鉴四十四

中元二年 初，烧当羌豪滇良。页1197

史炤释文曰：滇良，益州西夷。（费本同。）余按后汉书西羌传：羌无弋爰剑玄孙研居湟中，最豪健，羌中号其种为研种。研之十三世孙烧当，复豪健，更以烧当为种号。滇良者，烧当之玄孙也，世居河北大允谷，既破先零，夺居大榆中地。此所谓湟中羌，去益州甚远，乌得谓之益州西夷乎！

明帝永平三年 汤以六事自责云云，苞苴行邪？页1204

史炤释文曰：苞，说文，草也。以为粗履。从包，取其藏物。苴，履中草，亦包也。余按此苞苴，谓人以苞苴相问遗者也。记曲礼：凡以弓剑苞苴问人者。郑注云：问，犹遗也。苞苴裹鱼肉，或以苇，或以茅。陆德明曰：苞，裹也；苴，藉也。孔颖达曰：既夕礼，苇苞，长三尺。内则云：炮取豚，编萑以苴之。是编萑苇以裹鱼及肉也，亦兼容他物。故禹贡云：厥包橘柚。孔丛子曰：吾于木瓜之惠，见苞苴之礼行。是也。先儒解苞苴之义甚明。史炤特为怪迂以罔世，通鉴之罪人也！

通鉴四十五

八年 耿国请置度辽将军，屯五原，以防南匈奴逃亡。页1210

史炤释文曰：辽水在幽州之域，谓出师当度辽水也。余按昭帝时，霍光以范明友为度辽将军，以伐乌桓。时乌桓居辽东、辽西塞外，故霍光命将以度辽为号，谓出师当度辽水也。今请置度辽将军，屯五原，而亦以出师当度辽水为说，则不通矣。盖建武之后，匈奴分，而乌桓、鲜卑盛。先是，汉尝命范明友以度辽将军破乌桓，匈奴亦自是衰，故复以是号命将，使屯五原，既以防南部之逃亡，亦以是号慑服北部及东胡之心，使不敢招诱南部之众耳。

十四年 寒朗以刘建等物色，问颜忠、王平，二人错愕不能对。页1218

史炤释文曰：错，仓各切，或作“踖”；竦也。愕，逆各切；

相遇惊也；或作“愕”。（海陵本同。）余按章怀注曰：错愕，犹仓卒也。错，音七故翻。愕，音五故翻。又考字书，踖，且略切，竦也，惊也。与错字不同；仓各切。

杅水脯糒。页1219

海陵本释文曰：糒，步拜切，干糇也。余按糒，音平秘翻。海陵本音非。

通鉴四十六

章帝建初二年 仓头衣绿褠，领袖正白。页1236

史炤释文曰：褠，臂衣，即臂韝也。余谓史炤因章怀注而误也。按字书，臂韝之韝，旁从“韦”；此所谓绿褠，绿单衣也。下文言领袖正白，则为单衣之褠而非臂韝之鞲明矣。

元和元年 支拄桥梁。页1251

史炤释文作“支柱”，竹主切。余按通鉴正文，乃是支拄。拄字从“手”不从“木”，音竹柱翻。

通鉴四十七

章和元年 羌迷唐据大、小榆谷以叛。页1262

史炤释文曰：榆，溪名。水注溪曰谷。西羌中有大、小二谷也。（海陵本同。）余按水经：河水径西海郡南，又东径允川而历大榆、小榆谷北。二榆土地肥美，羌所依阻也。榆溪在上郡，水经注曰：榆林山，即汉书所谓榆溪旧塞也。自溪以西，悉榆柳之薮，缘沙陵届龟兹县；亦谓之长榆。王恢云“树榆为塞”者，此地也。详而考之，榆溪自是榆溪，大、小榆谷自是大、小榆谷，居然可知也。

温宿王将八千骑于东界徼于窴。页1263

史炤释文曰：徼，吉吊切，边徼。余谓此乃徼遮之徼，读与邀同。史炤音义俱非。

通鉴四十八

和帝永元四年 钩盾令郑众。页 1283

史炤释文曰：盾，音顺。中官所隶，其处在少府监。（海陵本同。）余按盾，音食尹翻。后汉书百官志：钩盾令，宦者为之，典诸近池苑囿游观之处，属少府。盖钩盾令以中官为之，非中官所隶也。汉少府列于九卿，唐始以少府为监。言其处在少府监，亦非也。至五十卷安帝建光元年，“钩盾令陈达”，炤若已悟此释之为非者。至五十八卷灵帝中平元年，则又误矣。

十三年 迷唐复还赐支河曲，侯霸出塞，至允川，击破迷唐。页 1297

史炤释文曰：允，音铅；水出金城允街。（费本同。）余按水经注，允川去赐支河曲数十里，在大、小榆谷之西。此金城塞外地也。若允街县则属金城郡，在塞内。通鉴言侯霸出塞至允川，本文甚明。史炤殆弗之考也。

通鉴四十九

安帝永初二年 皇太后幸若卢狱录囚。页 1317

史炤释文曰：卢，音庐。（海陵本同。）余谓卢读如字。

六年 春，正月，诏曰：“凡供荐新味，多非其节，或郁养强孰。”页 1327

史炤释文曰：强，去声。（费本同。）余谓郁养强孰者，言物非其时，未及成熟，为土室，蓄火其下，使土气蒸暖，郁而养之，强使先时成熟也。强，音其两翻，读从上声，不从去声。自此之后，凡勉强之强，炤多从去声，盖蜀人土音之讹也。

元初元年　羌豪号多钞掠武都、汉中、巴郡，板楯蛮救之。页1329

史炤释文曰：楯，音顺。（海陵本同。）余按楯，音食尹翻，未尝有顺音。广韵二十二稕韵内有“揗”字，音顺，摩也。其旁从“手”不从“木”。此亦炤操土音之讹。板楯蛮以木板为楯，故名。

通鉴五十

永宁元年　辽西鲜卑大人乌伦、其至鞬各以其众诣度辽将军邓遵降。页1343

史炤释文曰：乌伦、其至鞬，鲜卑种名。（费本同。）余谓乌伦、其至鞬乃鲜卑种帅二人之名，非种名也。观通鉴上文言“大人”，下文言“各以其众降”，则可知矣。

通鉴五十一

延光四年　阎显召越骑校尉冯诗将兵以御孙程等，诗辞以卒被召，所将众少。页1369

海陵本释文曰：被，音皮。余谓被召之被，安得有皮音，此三尺童子所知也。

通鉴五十二

顺帝永和元年　武陵溇中蛮反。页1404

史炤释文曰：溇，力主切。（海陵本同。）余按类篇，溇，郎侯切，水出武陵蛮中。广韵九麌韵内有“溇”字，郎主切。说文：雨溇溇也。类篇经温公修定，音溇水音义甚明，当以郎侯切为正。史炤于四十六卷章帝建初三年“溇中”，已音郎侯切，今此则自相反。至一百二十三卷宋文帝元嘉二十八年“溇中”注，其误与此同。

通鉴五十三

桓帝永寿元年 刘陶上疏曰：“虎豹窟于麑场。”页1446

费本注曰：麑，狮子也。余按此麑，谓鹿子也。鹿方产子，而虎豹窟于其场，则麑必遭搏噬，以喻贪残者牧民，则良民必罹其害也。狮子谓之狻猊，能食虎豹，使虎豹窟于其场，狻猊岂畏之乎！以麑为狮子，既失刘陶之旨；改狻猊之猊以就麑字，又妄为牵合也。

通鉴五十四

延熹二年 李云上书曰：“梁冀虽持权专擅，虐流天下，以罪行诛，犹召家臣搤杀之耳。”页1462

史炤释文曰：搤，於侧切。（海陵本同。）余按搤，音於革翻；炤音非。

通鉴五十五

八年 杨秉奏曰：“昔懿公刑邴歜之父，夺阎职之妻，而使二人参乘，卒有竹中之难。”页1485

史炤释文曰：参或作骖，三马曰骖乘。余按杨秉明言使二人参乘，而史炤乃以三马曰骖乘为说，文义乖刺。齐懿公事见左传。左传言使邴歜仆，阎职参乘。此言使二人参乘者，言懿公与二人者同车，三人共载，是参乘也。

王崇武标点容肇祖聂崇岐覆校

通鉴释文辩误卷第三

天台胡三省身之

通鉴五十六

灵帝建宁元年 段颎追羌，出桥门，与战于奢延泽、落川、令鲜水上，连破之。页1508

史炤释文曰：令鲜，水名，在张掖觻得县界，一名合黎水，一名羌谷水。（费本同。）余谓此史炤承章怀注之误也。章怀注曰：令鲜，水名，在甘州张掖县界，一名羌谷水，一名合黎水。史炤因贤注之羌谷水，参以班书地理志，张掖觻得县有羌谷水，遂曰令鲜水在张掖觻得县界。殊不思段颎之击羌也，先破之于高平之逢义山，遂追之出上郡桥门，与战于奢延泽落川令鲜水上，连破之，又破于灵武谷。奢延泽在上郡奢延县西南。灵武谷在北地灵武县。则所谓令鲜水，当在奢延泽西南，灵武谷东北，非张掖之羌谷水明矣。注通鉴者当审观段颎前后转战之地，而求其地望之远近。段颎前后与羌战，皆在汉安定、北地、上郡界。张掖远在河西，段颎之兵焉能至彼乎！

黄门从官驺蹋踧陈蕃曰："死老魅，复能损我曹员数、夺我禀假不？"页1513

史炤释文曰：禀，力锦切；或作"廪"。假，音价，贷也。谓不以廪馀相贷。（费本同。）余按蔡质汉仪，尚书仆射与右丞对掌廪假钱谷。又续汉志，诸将军府有禀假掾吏，主禀假。盖以钱粟给之，谓之禀。禀，音彼锦翻，因给廪而生音义，二字通用，而义亦相生也。假者，月给不足于用，或预借于官者也。时宦官恣横，黄门从官驺冗滥尤甚。陈蕃自桓帝以来为尚书令，嫉其冗滥，数格夺其禀假，此辈衔怨，因其被收，遂辱詈以泄其愤。言禀假钱谷文书至尚书，蕃数格夺之也；岂谓不以廪馀相贷邪！假音价，亦蜀人土音；广韵有上、去二音。

通鉴五十七

熹平元年 会稽妖贼许生起句章。页1531

史炤释文曰：句，音钩。（海陵本同。）余按汉书，会稽句章之句无音。陆德明经典释文，句章之句，音九具翻；如淳、韦昭皆音拘。史炤音钩，无所据。

通鉴五十八

光和四年 帝好为私稸，收天下之珍货，每郡国贡献，先输中署，名为“导行费”。页1554

史炤释文曰：导，徒浩切；导引也。（费本同。）余按字书，道字，从徒浩切者，理也，路也，直也，无导引之义。以导引为义者，当音徒到翻。

中平四年 长沙贼区星。页1575

史炤释文曰：区，亏于切。余按唐韵，区，音岂俱切，注云：汉有长沙区景。又音乌侯切，注云：今郴州有是姓。意者此姓有两音也。

通鉴五十九

五年 屠各胡攻杀并州刺史张懿。页1577

海陵本释文曰：屠各，即休屠地也。余按屠各胡，匈奴种也。晋书曰：北狄以种落为类，其入居塞内者，有屠各等十九种，皆有部落，不得杂错，屠各最豪贵，故得为单于，统理诸种。杜佑曰：头曼、冒顿，即屠各种也。汉书地理志，武威郡，故休屠王地。屠各乌得为休屠地乎！史炤曰各胡乃其名号，尤缪。然炤之误起于五十四卷桓帝延熹元年。海陵本不过蹈袭史炤而已。九十四卷晋成帝咸和四年"屠各"注，其误同。

六年 董卓议，太后蹴迫永乐宫，至令忧死。页1591

史炤释文曰：蹴，子六切，行平易也；迫，逼也；犹言行平易而逼之。余谓炤说自相反，既曰行平易矣，何至逼迫之事。此蹴，与前建宁元年黄门从官驺蹋蹴陈蕃之蹴同义。或曰：蹋蹴，当作"蹵"。此蹴迫之蹴，当作"蹙"。又按炤所谓平易者，本毛诗踧踧周道传训。然平易之踧，音徒历翻。今音子六切，亦非也。

献帝初平元年 关东州郡皆起兵讨董卓，推勃海太守袁绍为盟主。绍自号车骑将军，诸将皆板授官号。页1594

史炤释文曰：板，通作版，以版籍授官。（费本同。）余按字书，板、版二字，古今通用。然于此谓以版籍授官，则非也。汉制度曰：帝之下书有四：一曰策书，二曰制书，三曰诏书，四曰诫敕。策书者，编简也，其制长二尺，短者半之，篆书起年月日，称"皇帝"以命诸侯。王公以罪免，亦赐策书，而以隶书，凡一木两行，唯此为异也。制书者，帝者制度之命，其文曰"制"。诏，三公皆玺封，尚书令印重封，露布州郡也，其文曰："告某官云云，如故事。"诫敕者，谓敕刺史、太守，其文曰："有诏敕某官。"他皆仿此。李云书曰：尺一拜用，不经御省。章怀注曰：尺一之板，谓诏策也，见汉官仪。则拜授官号，汉用尺一策也。时董卓挟天子，袁绍等罔攸禀令，故权宜板授官号，言无皇帝玺信，以白板授之也。岂以版籍授官乎！官，谓牧、守、令、长；号，谓将军、校尉也。

董卓取长安洛阳钟簴以铸钱。页1601

史炤释文曰：簴，音具。（海陵本同。）余按簴，音其吕翻。至七十三卷魏明帝青龙元年，簴，音其矩切。则炤亦悟音“具”之非矣。

通鉴六十

二年 邴原性刚直，清议以格物。页1613

史炤释文曰：格，古伯切，废格之格；以清议废人。又音阁。（海陵本同。）余谓格，正也，言以清议正物也。格读如字。炤以为废格之格，是知读汉书而未晓文义。夫因文见义，各有攸当，不可滞于一隅。学问思辨，圣人之所以教人也。然圣人之所谓学问思辨，讵止此哉！触类而长之，亦可以知学之无止法矣。

三年 麴义兵伏楯下不动。页1614

史炤释文曰：楯，殊闰切。余谓史炤之误，犹四十九卷章帝元初元年音“板楯”之误也。楯，当音食尹翻。读通鉴者，可以意求其音，后不重出。

通鉴六十一

兴平二年 李傕送馈，郭汜妻以豉为药，擿以示汜。页1638

史炤释文曰：擿，直炙切，搔也，投也，与掷同。余谓此乃挑擿、抉擿之擿，音他历翻。

董承、杨定胁弘农督邮。页1643

海陵本释文，引冯鉴续事始云：督邮，即后汉郡主簿也，隋始改为录事参军，主勾稽文簿，举弹善恶。（史炤注先已见四十五卷明帝永平七年，以此愈知海陵本为蹈袭史炤，姑移前置后，相与欺误后学而已。）余按通典：录事参军，晋置，为公府官，举弹善恶，本州郡职也；后代刺史有军而开府者，并置之。汉有郡主簿，职与州主簿同。隋初以录事参军为郡官，则并主簿之职矣。炀帝又置主簿，唐武德初，复为录事参军。若汉之督邮，掌监属县，各郡有东、西、南、北、中部，谓之五部督邮。韦昭辨释名云：督邮主诸县罚负，邮殿纠摄之也。又按后汉书，郅恽为汝南功曹，太守欧阳歙尝会燕属吏，歙教曰："西部督邮繇延，天资忠贞，不严而治，宜显之于朝。太守敬嘉厥休，牛酒养德。"主簿读书教，户曹引延受赐。恽于下坐愀然而前曰："按延资性贪邪，外方内圆，朋党构奸，罔上害民。明府以恶为股肱，以直从曲，恽敢再拜奉觥。"歙惭，不知所言。则汉郡有主簿，又有督邮也。古者邮通作尤。督邮以纠督属县愆尤为职，而录事参军亦以举弹善恶为职。愆尤善恶，以簿书之。隋之录事参军，始并领汉郡主簿、督邮之职。冯鉴以为督邮即汉主簿，亦既缪矣；炤等又引以为据，讹谬相传，曷其有极，不辨可乎！

通鉴六十二

建安元年 董承奔野王，韩暹屯闻喜，胡才、杨奉之坞乡。页1655

史炤释文曰：坞乡，即太原邬县。余按此时诸将奉献帝居安邑，既而互相疑阻，各自分屯。安邑、闻喜、野王，皆在河东、河内之境；坞乡则河南缑氏县之邬聚是也。是后帝自安邑还雒阳，杨奉出屯汝南之梁县，此又自坞乡而南屯梁县也。以地理而考，其移屯之次序，则坞乡为缑氏之郗聚明矣。太原之郗县去安邑为远隔山岭，杨奉若往太原之郗，不能复奉献帝还雒阳及出屯梁县。

二年 曹操东征袁术，术留其将桥蕤等于蕲阳以拒操。操击破蕤等，皆斩之，术走渡淮。页 1672

史炤释文曰：水经：蕲水出江夏蕲春县北山。郦道元注云：即蕲山也，又南对蕲阳，注于大江，亦谓之蕲阳口。余按史炤此注，乃承章怀注之误也。按三国志，袁术时侵陈，曹操东征之，术留蕤等拒操，蕤等败死，术走渡淮，则是战于淮北也。蕲阳属江夏，其地在淮南，而蕲阳口又蕲水入江之口也，袁术若留桥蕤等于淮南之蕲阳，操兵自北来，则蕤败而术走渡淮，将焉往哉！蕤等拒操处，盖沛国之蕲县也。范史衍"阳"字而通鉴因之。章怀因蕲阳而注误，史炤又承其误也。

三年 吕布遣许汜、王楷求救于袁术，术曰云云。汜、楷曰："明上今不救布，为自败耳；布破，明上亦破也。"页 1676

史炤释文曰：明上，犹明府也。余按汉时诸州牧、郡守，人称之为明府。袁术僭号，故汜、楷称之为明上。以汜、楷命言之意观之，盖尊于明府矣。

番阳民帅别立宗部，言"我已立郡，海昏、上缭，不受发召。"页 1681

海陵本释文曰：缭，卢皎切。余按水经注，僚水导源建昌县。汉元帝永光二年，分海昏立建昌。僚水又东径新吴县，汉中平中立。僚水又径海昏县，谓之上僚水。以此言之，缭，当读为僚。海陵本音误。

通鉴六十三

四年 曹操常从士徐他。页 1692

史炤释文曰：从，疾容切，相就之士也。（费本同。）余谓常从者，士之常随从在左右者也。从，音才用翻。

通鉴六十四

十年　白骑攻东垣，高干入濩泽。页1725

史炤释文曰：东垣，即陈留长垣侯国也。余按此东垣乃河东郡之垣县，时杜畿守河东，东垣及濩泽皆河东属县也。详观通鉴上下文，则可以知之矣。

通鉴六十五

十三年　孔融与郗虑有隙。页1741

史炤释文曰：郗，绮戟切。（海陵本同。）余谓郗，丑之翻；若绮戟切，则郤字也。史炤于字画亦不审谛如此！八十九卷晋愍帝建兴元年释"郗鉴"，海陵本之误与此同。

通鉴六十六

十六年　曹操与韩遂交马语，秦、胡观者前后重沓。页1763

史炤释文曰：重沓，重足着地也。（海陵本同。）余按汉书所谓重足而立，言人畏惧之甚，不敢并足着地，故重足而立也。此直谓秦人、胡人夙知曹操之威名，聚而观之，前后重沓，安有重足着地之事哉！

十八年　魏公操引军还，参凉州军事杨阜言于操。页1774

史炤释文曰：参，所今切，地名。余观炤释，是以"引军还参"为句。下文曰"凉州军事杨阜"。凉州军事，何官邪？当以"引军还"为句，"参凉州军事杨阜"为句，文义方通。参，音仓含翻。沈约曰：参军，后汉官，孙坚为车骑参军事是也。

通鉴六十七

十九年　刘备以蒋琬为广都长，众事不治，时又沈醉。页1785

费本注曰：沈，持甘切，作“沉”非是。余按字书，“沈”即“沉”字，书所谓“沈酗”、“沈湎”，经典释文云：沈，直金翻，没也。盖谓沈溺于酒，醉而不能自胜耳。若音持甘切，则读近耽字，不若音直金翻，有经典释文可以依据。

通鉴六十八

二十四年　陆逊进封娄侯。页1817

史炤释文曰：娄，会稽邑。（海陵本同。）余按娄县，前汉属会稽郡，后汉则属吴郡，今苏州昆山县即其地。七十一卷魏明帝太和三年误同。

子敬即驳言不可。页1818

史炤释文曰：驳，杂也，言不同也。余谓驳，异也，立异议以纠驳群议之非，非杂也。

通鉴六十九

魏文帝黄初元年　王以安定太守邹岐为凉州刺史。页1824

史炤释文曰：汉改雍州曰凉州，治陇西。魏分凉州置秦州，治上邽。余按此时凉州刺史已徙治武威。后汉凉州刺史治汉阳郡陇县，非陇西也。

为坛于繁阳。页1826

史炤释文曰：繁阳，魏郡之邑，在繁水之阳，其界为繁渊。（海陵本同。）余谓魏王时南巡至颍川郡之颍阴县，筑坛于曲蠡之繁阳亭，是年遂以繁阳为繁昌县。史炤但以魏王时居邺，遂以为筑坛于魏郡之繁阳，殊不考其南巡及受禅本末，实筑坛于颍川之繁阳也。

二年 翊军将军赵云。页 1833

史炤释文曰：翊，飞貌，故以号将军。（海陵本同。）余谓羽翼之翼，则有飞义；此以辅翊为义。古者辅翊之翊通用翼字，既有翊字，则当各随字为义；若说飞军将军，必非命官之义。灵、献之世，已置翊军校尉，后遂以为将军号。

张既潜由且次出武威，胡以为神，引还显美。页 1837

史炤释文曰：显美，地名，在武威之张掖。余按汉武帝开河西，列置四郡，武威、张掖，皆郡名也。显美县，前汉属张掖郡，后汉及魏、晋属武威郡。史炤以显美为地名，在武威之张掖，将以武威为郡，张掖为县乎！

通鉴七十

四年 曹仁向濡须，先扬声欲东攻羡溪。页 1851

史炤释文曰：羡，音夷；江夏沙羡县即其处，去濡须三十里。（海陵本同。）余按史炤言羡溪去濡须三十里，此以杜佑通典为据也。若以为江夏沙羡县即其处，则大谬矣。濡须在今巢县东南四十五里。沈约宋志，江夏沙阳县本汉沙羡县，治夏口。自夏口至濡须，何啻八九百里，安得以杜佑所谓去濡须三十里之羡溪，扶合江夏之沙羡乎！沙羡之羡，音夷；羡溪之羡，读如字。

朱然伺间隙，攻破魏两屯。页 1852

史炤释文曰：间，古限切；间厕之间。（海陵本同。）余谓间厕之间，音古苋翻，安有音古限切者！若言间隙之间，读从平声，则亦谓之中间空隙处也。

诸葛亮发教与群下曰："犹弃敝跻而获珠玉。"页 1854

史炤释文曰：虞卿蹑跻担簦之跻，释云：跻，草屦也，举夭切。（海陵本同。）余按史记徐广注曰：跻，草履也。无音。索隐曰：音脚。又按韵书三十小韵内有蹻字，居夭切，骄也。诗周颂，蹻蹻王之造。传云：蹻蹻，武貌；音居表翻。大雅小子蹻蹻，传云：蹻蹻，骄貌；音其略翻。皆非草跻之跻。韵书草跻之跻，讫约翻；正与索隐音同。

五年 帝为水军，亲御龙舟，循蔡、颍，浮淮如寿春。页1858

史炤释文曰：按汉书，蔡即九江下蔡县，亦古州来国，其地在淮、颍之会。颍水出颍川阳城东，至下蔡入淮。左传，楚灵王狩于州来，次于颍尾，是也。（海陵本同。）余谓史炤言淮、颍之会，固可以释自颍浮淮。其谓循蔡、颍之蔡为下蔡，则非矣。夫所谓循蔡、颍浮淮者，循蔡水至颍水，出颍口而浮淮也。魏收地形志：陈留扶沟县有蔡河，蔡河自浚仪东南流而入于颍，颍水东南流而入于淮。魏文帝龙舟所行水道，固至下蔡入淮，然言循蔡、颍者，循蔡河以至循颍河也。

吴徐盛植木衣苇为疑城假楼，自石头至于江乘。页1859

史炤释文曰：石头，城名，在吴丹杨郡，秣陵即其地。（费本同。）余按史炤释，盖因汉献帝建安十七年，孙权作石头城，徙治秣陵而有是说。然秣陵县与石头城自是两处，秣陵县在东，石头城在西。江表传：张纮谓孙权曰："秣陵，楚武王所置，名为金陵，地势冈阜连石头，秦始皇东巡经此县，掘断连冈，改名秣陵。"是秣陵与石头为两处之一证也。晋书郗隆传：隆为扬州刺史，镇秣陵。齐王冏檄令赴讨赵王伦，隆停檄不下。时王邃镇石头，隆军西赴邃甚众，奉邃攻隆，杀之。是秣陵与石头为两处之二证也。一百二卷晋海西公太和五年释"石头"，误同。

六年 帝以舟师循涡入淮。页1864

史炤释文曰：涡，乌禾切，水洄为涡；又古禾切，说文：水，入淮，在汉沛国谯县。（海陵本同。）余按涡是水名，不当以水洄为涡为释，因此误音乌禾切。其从古禾切及引说文为释，是矣。但谓在沛国谯县，则此时已分置谯郡。

通鉴七十一

明帝太和二年 横门邸阁与散民之谷，足周食也。页1876

史炤释文曰：邸阁，据说文，属国舍也。下又有邸阁，非此。余观炤说，盖以汉昭帝使丞相率百官送鄯善王于横门外，遂傅合说文，以为横门外有属国舍。殊不思汉长安城中有郡国邸，又有蛮夷邸；所谓属国舍，即蛮夷邸，在藁街，不在横门。魏延言横门邸阁，与散民之谷足以周食，是指邸阁为积粟之所，岂属国舍乎！况许叔重只以属国舍释邸字，未尝释邸阁也。汉郡国朝宿之舍皆曰邸，叔重但以为属国舍，亦已拘矣；史炤援以释邸阁，愈远而不近矣。炤又云：下又有邸阁，非此。此谓青龙元年诸葛亮治斜谷邸阁也。亮所治邸阁，亦以蓄米，是二邸阁其义正同。邸阁之义，详见于下。

亮扬声由斜谷道取郿，使赵云、邓芝为疑兵，据箕谷。页1876

史炤释文曰：箕谷，或谓郿县郿坞是。余按史炤因上文有由斜谷取郿一语，遂设或人之说，以箕谷为郿县郿坞。然考后汉书冯异传，箕谷当在陈仓之南，汉中之北。亮声言由斜谷取郿，遣赵云等据箕谷为疑军，是其军未至郿也。

马谡与张郃战于街亭，郃大破之。诸葛亮拔西县千馀家还汉中。页1877

史炤释文曰：汉阳陇县有街泉亭，所谓秦亭即此。（海陵本同。）余按炤说以续汉志为据，而续汉志所载在陇县者，乃街泉亭，非街亭。隋志，汉川郡西县有街亭山。魏时西县亦属汉阳郡。通鉴下文书诸葛亮拔西县千馀家还汉中，则街亭在西县明矣。

吴王守阳羡长。页 1885

史炤释文曰：阳羡，汉会稽邑。余按阳羡县，前汉属会稽郡，自后汉和帝以后至吴，皆属吴郡。

三年　汉萧何定汉律，益为九篇，又有令三百馀篇，决事比九百六卷。页 1890

史炤释文曰：比，毗至切，近也。谓律法近有九百六卷。（海陵本同。）余按颜师古汉书音义曰：比，以例相比况也。则比字当读如字。观通鉴正文，律自是律，令自是令，决事比自是决事比，岂得以比为近，谓律法近有九百六卷邪！晋志云：魏文侯师李悝，悝撰次诸国法，著法经。以为王者之政，莫急于盗贼，故其律始于盗贼；盗贼须劾捕，故著网、捕二篇；其轻狡、越城、博戏、僭假、不廉、淫侈、逾制、以为杂律一篇；又以其律具其加减，故所著六篇。萧何定律，除亡秦参夷连坐之罪，增部主见知之条，益事律兴、厩、户三篇，合为九篇。叔孙通益律所不及傍章十八篇。张汤越宫律二十七篇，赵禹朝律六篇，合六十篇。又汉时决事，集为令甲以下三百馀篇，及司徒鲍公撰嫁娶、辞讼决为法比，都目凡九百六卷。此通鉴所据以为书者也。

四年　吴主扬声欲至合肥。页 1895

史炤释文曰：合肥，汉九江邑。应劭曰：夏水出城父东南，至此与淮合，故曰合肥。余按应劭所云，郦道元固疑之矣。道元曰：施水受肥水于广阳乡，东南流径合肥县。应劭云：夏水出城父东南，至此与肥合，故曰合肥。阚骃亦云：出沛国城父东，至此合为肥。余按川殊派别，无沿注之理，方知应、阚二说，非实证也。盖夏水暴长，施合于肥，故曰合肥。夫道元以夏水出城父，而东南流入于淮则与淮合，无绝淮而南流至合肥县与肥水合之理。而施水上受肥水于广阳乡，东南流径合肥县，又东南流而入于滁湖。肥水西北注淮而施水东南入滁湖，已自分流，惟夏月暴水涨溢，则二水复能合于合肥县界，故合肥以此得名。道元之说，庶乎信而有征矣。

通鉴七十二

六年　帝行如摩陂，治许昌宫。页 1908

史炤释文曰：摩陂，地名，在古郏鄏，即汉之河南县。（海陵本同。）余按水经注，摩陂在颍川郏县，纵广可十五里。此岂河南之郏鄏哉！以下文"治许昌宫"观之，可以知史炤之谬矣。许昌宫在颍川许县，魏改许县曰许昌。

田豫以兵屯据成山。页 1908

史炤释文曰：成，音盛。（海陵本同。）余按汉书地理志，东莱郡不夜县有成山。成无他音，当读如字。

刘晔曰："臣得与闻大谋，常恐眯梦漏泄，以益臣罪。"页 1909

史炤释文曰：物入目曰眯，寐中神游曰梦。余按物入目曰眯，是庄子所谓播糠眯目之眯，非眯梦之谓也。字书"眯"一作"寐"。说文曰："寐而米厌"。"米"即"眯"字，厌读为魇，此眯梦之眯也。

青龙元年　鲜卑轲比能诱保塞鲜卑步度根，自勒万骑迎其累重于陉北。并州刺史毕轨表辄出军，以外威比能，内镇步度根。页 1914

史炤释文曰：井陉，山名，在常山郡。陉北，言在井陉之北。（海陵本同。）余按陉北者，陉岭之北也。汉灵帝末，羌、胡大扰定襄、云中、五原、朔方、上郡，并流徙分散。建安二十年，集塞下荒地，置新兴郡，自陉岭以北尽弃之。唐代州雁门县有西陉关、东陉关，即古陉岭之隘，乌得指常山井陉之北为陉北邪！若是常山，亦不当并州刺史出军。史炤之疏，大率类此。至四百四十一卷齐明帝建武四年“陉北”注，其误同。

诸葛亮运米集斜谷口，治斜谷邸阁。页1919

史炤释文曰：邸，或作柢，岸旁欲落者，故以阁为道。（海陵本同。）余按史炤释邸阁，于横门邸阁，因汉尝令百官送鄯善王于横门外，则以属国舍为释；于斜谷邸阁，因斜谷有阁道，则以阁道为释。而其所谓“岸旁欲落”者，取扬雄解嘲响若柢隤之柢为义。不知邸阁乃以积粟，魏延所谓横门邸阁足以周食，王基所谓南顿有大邸阁计足军人四十日粮，皆邸阁积粟之明证也。诸葛亮治斜谷邸阁，亦是积所运之米以为伐魏之资，非治柢岸阁道也。通鉴所书者三，观其上下文，则邸阁之义不待辩而明矣。程大昌曰：为邸为阁，贮粮也。通典漕运门：后魏于水运所立邸阁八所，俗名为仓。

陆逊入江夏，催人种葑、豆。页1921

史炤释文曰：葑，方用切；菰根也。江东有葑田。（海陵本同。）余按葑，音封，菜也，亦谓之蔓菁。豆，菽也。陆逊之兵，时在江夏，催人种菜及菽，示将久驻以给军食；种菰根何用邪！又江东之葑田，乃是葑泥，其深有没牛者，此田又不产菰根。

诸葛亮作身没之后退军节度，令魏延断后。页1924

史炤释文曰：断，都玩切，绝也。余谓断后者，为殿也，勒兵在后，以断追兵。断，音丁管翻。

诸葛亮废廖立为民，徙之汶山。页1926

史炤释文曰：汶，亡运切。（海陵本同。）余按汉武帝开汶山郡，汶，音岷。禹贡“嶓嶓既艺”、“岷山导江”之“岷”，史记皆作“汶”。索隐曰：“汶”，亦作“嶓”。杨正衡晋书注：汶山，亦音岷。广韵十七真韵内亦有汶字，武巾切。此皆明证也。但史炤于四十五卷汉明帝永平十七年先有此误，至此又误焉。至八十四卷晋惠帝元宁元年“汶山羌”之汶，音旻，则亦知有旻音。至八十八卷愍帝建兴元年“汶山”则又音问。此轻于著书，欠反复紬绎而然也。

王崇武标点容肇祖聂崇岐覆校

通鉴释文辩误卷第四

天台胡三省身之

通鉴七十三

青龙三年　帝好土功，既作许昌宫。页1930

史炤释文曰：许昌，汉颍川长社邑，献帝都之；魏文帝改曰许昌，明帝于此建宫。（海陵本同。）余按两汉志，颍川郡有长社县，又有许县。汉献帝都许，魏文帝命曰许昌。许昌与长社自是两县，历晋至隋、唐皆然，乌得以许昌为长社邑哉！

景初元年　时有诏录夺士女前已嫁为民妻者，还以配士人，又简选其有姿首者，内之掖庭。页1947

史炤释文曰：掖庭，即宫中永巷也，后改为掖庭。余按汉书音义，永巷，宫中之长巷也。前汉书百官表，少府属官，有黄门、钩盾、尚方、御府、永巷、内者、宦官七官令、丞。武帝太初元年，更名永巷为掖庭。此特言官名更改，以永巷令为掖庭令耳。吕后囚戚夫人于永巷，成帝送刘辅于掖庭秘狱。自汉初以来，凡为是官者，掌理后宫有罪者；今简士女而内之掖庭，固不可以此为释也。韦昭曰：在掖门内，谓之掖庭。此固可以言之于此。宫掖二字，人通言之，盖居者谓之宫，附左右者谓之掖；内之掖庭，未得班于六宫也。

通鉴七十四

三年　吴主遣诸将唐咨等络绎相继。页1966

史炤释文作"骆驿"，注曰：驿马也。余按前史"骆驿"与"络绎"，字虽异而义则同。通鉴言络绎相继，文义不待释而明；岂驿马之谓乎！

邵陵厉公正始元年 诸葛瑾攻柤中。页1968

史炤释文曰：柤，之加切。春秋鲁襄公会吴于柤，即此。（海陵本同。）余按春秋柤之会，杜预注曰：柤，楚地。左传，是年三月癸丑，齐太子光先会诸侯于钟离。四月戊午，会于柤。丙寅，围偪阳。钟离，今濠州；偪阳，在徐州界。以两地参之，则柤在沂、沭间。此柤中在沔上，非春秋会吴之地也。襄阳记曰：柤中之柤，读如租税之租。柤中在上黄县界，去襄阳一百五十里。沔南之膏腴沃壤，谓之柤中。杜佑通典曰：柤中在襄州南漳县界。以此言之，史炤误矣。

正始五年 汉董允欲斅费祎之所行。页1976

史炤释文曰：斅，教也。余按斅字固以教为义，但言董允欲教费祎之所行，上下文义殊不通。"斅"当作"效"。

通鉴七十五

八年 吴扬声欲入寇，王基策之曰："此不过欲补绽支党，还自保护耳。"页1985

海陵本释文曰：绽，衣缝解也。（史炤误已在五十三卷汉桓帝元嘉元年。）余按礼记内则：衣裳绽裂，谓衣缝解也。若此所谓补绽支党，自当以补缀为义。崔寔政论所谓"补绽缺坏，枝拄邪倾"，韩愈诗所谓"破袄请来绽"，皆与此补绽同义。

九年 曹爽劾孙礼怨望，结刑五岁。页1987

史炤释文曰：结，缔也，谓刑不解者五岁。余谓结者，刑法家所谓结正罪名也。结刑五岁，结以徒作五岁之刑而不输作。

嘉平三年 王凌闻吴人塞涂水。页2000

史炤释文曰：涂，同都切；水名，出汉益州牧靡南山，西北至越嶲，入渑水，出马湖，合岷江。（费本同。）余按通鉴所谓吴人塞涂水者，即去年吴主遣军所作堂邑涂塘也。（传写通鉴者，误添“土”于“涂”下为“塗”。当作“涂”。）涂水在堂邑，今滁州滁河即此水。吴塞滁河之水，以淹北道，限魏兵。涂，读曰滁。若益州越嶲之涂水，则在蜀境，非吴境也，吴人安得而塞之！史炤于一百七十一卷陈宣帝太建五年复误，随事辨之于后。

令狐愚辟山阳单固为别驾。页2001

史炤释文曰：单，多寒切，姓也。余按单姓之单音善，姓苑以为出于周卿士单襄公之后。拓跋兴于代北，其部帅有可单氏；后孝文帝迁洛，用夏变夷，改为单氏。单，音都寒翻。都寒之“单”，后魏太和之后始有此姓，三国时安有此姓耶！

四年 立皇后张氏，东莞太守缉之女也。页2005

史炤释文曰：东莞，汉琅邪邑，入三国属吴。余按东莞县，汉属琅邪郡，魏分为东莞郡，其地在淮外。吴守江而已，安能越淮而有东莞邪！且魏立皇后而取吴东莞太守之女，必无是事！

丁奉使兵倮身缘堨。页2009

史炤释文曰：堨，于割切，壁也。说文，壁间有隙。（海陵本同。）余谓聚土石以壅水曰堨。吴筑东兴堤以遏巢湖，故谓之堨。七十七卷高贵乡公甘露二年，吴人欲向徐堨，正此堨也。丁奉之兵，舍舟登岸以攻魏屯，安有壁隙之可缘哉！

通鉴七十六

高贵乡公正元二年 司马师新割目瘤，疮甚。页2027

史炤释文曰：瘤，力救切；赤瘤，肿病也。（海陵本同。）余谓瘤者，悬疣附赘之类。目瘤之疾，今人亦有之。瘤，音留。

吴孙峻进至橐皋。页 2030

海陵本释文曰：音拓姑。余按海陵本从孟康音也。春秋哀十二年，会吴于橐皋。陆德明经典释文曰：橐，章夜翻；又音托。今其地在无为军界，犹呼为拓皋，盖经从上音也。皋，读如字。

通鉴七十七

甘露二年　姜维出骆谷至沈岭。时长城积谷甚多，而守兵少，邓艾进兵据之以拒维。页 2043

史炤释文曰：长城，方城山名。左传所谓楚国方城以为城者，在汉南阳、堵阳、叶县之境。山自比阳连百里，号曰方城，亦曰长城。（海陵本同。）余按姜维出骆谷至沈岭，邓艾据长城拒之，此长城当在郿县之南、沈岭之北，乌得谓为方城之长城乎！水经注：骆谷水出郿坞东南山骆谷，北流径长城西，又北流注于渭。此正邓艾所据之长城也。凡注地理，须博考史籍，仍参考其地之四旁地名以为证据，何可容易著笔乎！

元帝景元二年　襄阳太守胡烈表言："吴将邓由等十八屯同谋归化。"诏王基部分诸军径造沮水以迎之。页 2057

史炤释文曰：沮水出武都东，狼谷南，至沙羡入江。余按汉书地理志，沮水有二：一出武都沮县东狼谷中，南至沙羡入江，盖合于汉而入江也。故水经注云：沔水一名沮水。一出汉中房陵淮山，东至郢入江，左传所谓沮、漳之沮也。水经又云：沮水出汉中房陵县淮山，东南过临沮县界，又东南径当阳县北，又东南过枝江县，东南入于江。此令王基部分诸军径造沮水，正指临沮、当阳之沮水，非指东狼谷之沮水也。

通鉴七十八

四年 诸葛绪趣截姜维，较一日，不及。页2067

史炤释文曰：趣截，速断也。趣，趋玉切。余谓史言诸葛绪趋前，将以邀截姜维之军，较迟一日，不及于事耳，非速断之谓也。趣，读曰趋。

通鉴七十九

晋武帝泰始六年 吴丁奉入涡口。页2101

史炤释文曰：涡，屋戈切；又姑华切。（海陵本同。）余谓此涡口即涡水入淮之口。史炤于七十卷魏文帝黄初六年，音涡为乌禾切，已误矣，今愈误。一百六十卷梁武帝太清元年，涡阳音古禾切，又音瓜。古禾切是；瓜又误。

七年 吴以陶璜为交州牧，璜讨降夷、獠，州境皆平。页2106

史炤释文曰：西南夷谓之獠。余按夷自是夷，獠自是獠。汉书所谓西南夷，以在益州西南徼外者。陶璜所讨夷、獠，皆羁属交州者也。乌得以为西南夷乎！通鉴下文言州境皆平，可以知矣。详又见一百一十六卷安帝义熙七年，一百四十六卷梁武帝天监二年。

八年 徐肇夜遁，众凶惧，皆弃甲挺走。页2112

史炤释文曰：甲，铠也；挺，杖也。（海陵本同。）余按梃杖之“梃”，从“木”不从“手”。从“手”之“挺”，其义出也，拔也。挺走，言弃甲拔身而走也。

羊祜每会众江、沔。页2114

史炤释文曰：汉江、沔水。余按汉、沔本是一水，故汉书注云：汉上曰沔。羊祜镇襄阳，其所统之地，在江、沔之间。江，岷江也；沔，汉沔也。史言会众江、沔，盖以冒荆州域界言之耳。

通鉴八十

咸宁四年 杜预上疏，以为宜敕兖、豫等诸州留汉氏旧陂，缮以蓄水，馀皆决沥，令饥者尽得鱼菜螺蜯之饶。页 2133

史炤释文曰：螺大者如斗，出日南涨海中。余按螺蜯，凡陂池湖泽皆有之，第不能皆大如斗耳，何必言出日南涨海中哉！杜预所言，正指兖、豫陂泽所生之螺蜯，非指日南涨海之螺也。

羊祜好游岘山。页 2135

史炤释文曰：岘，胡甸切。余按岘山之岘，音胡典翻，未尝有读从去声者。一百一十九卷宋营阳王景平元年"大岘"，一百六十卷梁武帝大清元年"橐驼岘"，音误与此同。

五年 琅邪王伷出涂中。页 2140

史炤释文曰：涂，同都切，水名，在堂邑。（海陵本同。）余按吴作堂邑涂塘，堨今涂河之水以为塘也。涂，读与滁同，今滁州之全椒、六合，皆古堂邑地，三国时谓之涂中。一百一十二卷晋安帝元兴元年，一百一十七卷义熙十二年"涂中"，音误与此同。

通鉴八十一

太康元年 戎狄强犷。页 2155

史炤释文曰：犷，古孟切。余按字书，犷，音古猛翻，炤亦因土音语转也。

三年　王恺怳然自失。页2157

史炤释文曰：怳然，狂之貌。（海陵本同。）余谓怳然者，失意之貌，非狂之貌也。

四年　新沓康伯山涛薨。页2161

史炤释文曰：新沓，水名。（海陵本同。）余按魏明帝景初三年，以辽东东沓县吏民过海居齐郡界者，立新沓县，非水名也。

六年　慕容涉归与宇文部素有隙。页2166

史炤释文曰：宇文部，南单于之远属也。余按宇文部亦鲜卑种，其先有大人曰普回，建国号曰宇文，并以为氏。宇文，犹华言天子也。通鉴下卷云，鲜卑宇文氏、段氏方强。可以知宇文之出于鲜卑。史炤殊不之考，不已疏乎！

通鉴八十二

十年　鲜卑宇文氏、段氏方强。页2169

史炤释文曰：段氏，鲜卑檀石槐之后。余按杜佑通典，徒河段疾六眷出于辽西，因乱被卖为乌桓大人库傉家奴。库傉以其健，使将人众诣辽西逐食，遂招亡叛，以至强盛。又按晋书王浚传：段疾六眷，务勿尘之子。段氏自务勿尘以来，强盛久矣，疾六眷遭乱被掠，容或有之，盖又招诱亡叛以益强也。然皆不言为檀石槐之后。又按后汉书鲜卑传：檀石槐传国至孙骞曼而嫡传绝矣，至其支孙步度根，魏明帝时为轲比能所并，诸部大人遂各世相传袭。段氏固鲜卑种，但鲜卑种姓甚众，非皆出于檀石槐。史炤之说，未知何据。

惠帝元康元年　宜烧云龙门以胁之。页2179

史炤释文曰：胁，火迫也，宜作“熁”。余谓此直恐胁、威胁，不必以火迫为释，亦不必改“胁”为“熁”。

拓跋禄官分其国为三部，一居上谷之北，濡源之西，自统之。页 2186

史炤释文曰：濡源在上谷之北，属幽州。余按水经注，濡水从塞外来，入塞。其发源之地，远在北荒中，不属幽州。至后魏太武帝时，置御夷镇于濡源之西北。详见一百一十四卷晋安帝义熙三年。

拓跋猗卢居定襄之盛乐故城。页 2186

史炤释文曰：盛乐，汉书作成乐，城名，在并州新兴郡。（海陵本同。）余按成乐县，前汉属定襄郡，后汉属云中郡；至献帝建安二十年，以塞下诸郡寇乱荒残，省云中、定襄、五原、朔方郡，郡置一县，领其民，合以为新兴郡。故新兴郡有定襄、云中二县，而成乐古城之地，弃之塞外矣。拓跋氏既盛强，尽据幽州塞外之地，猗卢遂据盛乐故城。史炤但知晋志新兴郡有定襄县，遂以为盛乐城在并州新兴郡；殊不知魏、晋新兴郡之定襄县，唐志及元丰九域志忻州之定襄县是也，乃汉之阳曲县地。汉成乐古城，拓跋氏以为盛乐宫，后置盛乐郡。魏土地记：云中城东八十里有成乐城。云中城在阴山河曲。宋白续通典曰：汉定襄郡盛乐县在阴山之阳，黄河之北，后魏所都盛乐是也。唐平突厥，于此置云中都督府，麟德改单于大都护府，圣历改安北都督府，建中初为振武军节度使治所。

通鉴八十三

九年 徙冯翊、北地、新平、安定界内诸羌着先零、罕、幵、析支之地。页 2197

史炤释文曰：颜师古曰：罕、幵，羌之别种也，汉武帝破之，置县，因以此名之。余按汉书地理志，天水郡有罕幵县。师古注曰：本破罕、幵之羌，处其人于此，因名。江统徙戎论盖欲徙内郡氐、羌，使还居塞外旧地，先零、罕、幵本居湟中，自大、小榆谷以西属之析支、河首，统欲徙之使还此地耳。若天水之罕幵县，则在塞内，乃降羌所居之地，非罕、幵旧居之地，史炤之说非也。

永康元年 成都治少城，益州治太城。页 2215

史炤释文曰：少，失邵切。少城治成都，太城治益州。汉武帝开西南夷，置益州郡，治滇池，更汉、三国，分置改置不一。今太城治益州，未详益州所置也。（海陵本同。）余按成都有太城、少城二城，皆秦张仪所筑。仪既筑太城，后一年，又筑少城。太城，成都子城也。少城唯西南北三壁，东即太城之西墉。秦置蜀郡，晋武帝太康中，改曰成都国，改蜀郡太守曰成都内史。成都治少城者，成都内史治少城也；益州治太城者，益州刺史治太城也。史炤蜀人，岂无文献之足征！既不能尚友古人，又不能亲师取友，求其说而不得，乃颠倒通鉴本文，以为少城治成都、太城治益州，又泛引武帝所置之益州郡，终不得其说，疏缪甚矣！

通鉴八十四

永宁元年 赵王伦及子荂皆还汶阳里第。页 2225

史炤释文曰：汶阳，鲁郡之邑，属豫州。余按伦废还汶阳里第，盖洛阳城中有汶阳里，伦私第在焉，非鲁之汶阳也。

太安元年 斩齐王冏于阊阖门外。页 2237

史炤释文曰：阊阖，门名，在河南洛阳之西。（海陵本同。）余按水经注曰：礼，天子有五门，谓皋门、库门、雉门、应门、路门。魏明帝上法太极，遂起太极殿于汉崇德殿之故处，改雉门曰阊阖门。史炤以为在洛阳之西，盖以八方之风，西方曰阊阖；又晋志，洛阳城西有广阳、西门、阊阖三门；殊不考天门曰阊阖，魏明帝法天以名宫门也。是时盖斩冏于宫门外。

通鉴八十五

二年　陆机释戎服，着白帢。页2248

史炤释文曰：帢，葛合切；又乞洽切。韎韐，士服，制如韍。（费本同。）余按字书，韐，葛合切。韎韐者，茅蒐染韦为之，以蔽膝。此帢音乞洽翻，帽也；弁缺四隅，谓之帢。晋志曰：魏武帝以天下凶荒，资财乏匮，拟古皮弁，裁缣帛以为帢，以色辨其贵贱，本施军服，非为国容。韎韐，赤韍也，非白帢也。

狱吏考掠孙拯。页2249

史炤释文曰：掠，离灼切。余按经典释文、汉书音义，考掠之掠，音亮，不从入声。

通鉴八十六

永兴二年　有星孛于北斗。页2269

史炤释文曰：彗星谓之孛。余按此杜预说也。然彗自是彗，孛自是孛。彗长，其光芒如扫帚，故谓之彗。孛者，光芒蓬勃四出，孛孛然也。孛之灾甚于彗。通鉴有书彗者，有书孛者，别其为灾有浅深也。

怀帝永嘉二年　凉州刺史张轨病风，张镇移檄废轨，长史王融、参军孟畅蹋折镇檄。页2288

史炤释文曰：折，之列切。余谓蹋折之折，当音食列翻，中断也。曲折之折，攀折之折，则之列切。

通鉴八十七

五年 慕容廆见封悛、封抽曰："此家抎抎千斤犍也！"页2320

史炤释文曰：抎，于粉切，有所失。春秋传：抎子辱矣。（海陵本同。）余按史炤以抎为有所失，于慕容廆所言意义，全说不通。说文云：抎，从高而下也。盖言千斤之犍，人间不可多得，若从天而下也。

通鉴八十八

六年 汉主聪谓帝曰："卿赠朕柘弓、银研。"页2323

史炤释文曰：柘，之夜切；桑木。余按柘自是柘，桑自是桑。二木之叶，皆可以饲蚕。柘木抽条劲直而长，桑木敷枝拥肿而大；柘之叶小而厚，桑之叶大而薄。今村庄园圃篱落皆有之，居然可别也。诗云：其檿其柘。檿，山桑也。周官考工记：弓人为弓，取干之道七，柘为上，而檿居其三。是则柘弓，弓材之至善者，岂可以桑木混而为言邪！二百七十卷梁均王祯明四年，"桑柘"释亦误。

汉赵固、王桑自硗磝津西渡。页2324

史炤释文曰：硗，五劳切。磝，口劳切。（海陵本同。）余按硗，丘交翻。磝，牛交翻。炤音非。

王澄留屯沌口。页2332

史炤释文曰：江夏安陆有沌水，其地曰沌口。余按水经注：沌水南通沔阳之太白湖，湖水东南通江，谓之沌口。范成大曰：自石首县舟行一百七十里至鲁家洑，自鲁家洑入沌。沌者，江旁支流，如海之洫，其港仅过运河，两岸皆芦荻，支港皆通小湖，故为盗区，客舟非结伴不可行。张舜民曰：下汉故镇，南对金口。自沌口至下汉五十馀里。金口在鄂州西南，金口之下即窦家沙，江之西岸有沌口。参而考之，沌水不出于安陆。

通鉴八十九

愍帝建兴三年　郑攀、马隽屯涢口。页2362

史炤释文曰：涢水出江夏安陆，名曰涢口。余按水经注：涢水出蔡阳县，东南过随县，又南过江夏安陆县，分为二水，西入于沔者谓之涢口。

刘曜进拔冯翊，转寇上郡。页2363

史炤释文曰：转寇，转相为寇也。余谓转，移也，言刘曜既拔冯翊，又移兵寇上郡也。

四年　石勒围乐平太守韩据于坫城。页2374

海陵本释文曰：坫，都念切。余按海陵本盖据杨正衡晋书释音。然考晋武帝泰始中，分上党、太原置乐平郡，治沾县。颜师古汉书音义：沾，音他兼翻；载记误作"坫"耳。当作"沾"，读从颜音。

通鉴九十

元帝建武元年　朱伺就王廙于甑山。页2383

史炤释文曰：甑山，县名。余按甑山时属零陵界。隋朝方置甑山县，此时未为县也。

周访进至沌阳。页2384

史炤释文曰：江夏安陆县有沌水，其地曰沌阳。余按史炤此注，与八十八卷怀帝永嘉六年"沌口"注同，但改沌口为沌阳耳。如此注书，岂不容易！沈约志：沌阳县，江左立，属江夏郡。水经：沔水径沌阳县北，又东径林障故城北。以其地在沌水之阳，故以名县。

大兴元年　冬，十月，刘曜至赤壁，即皇帝位，以石勒为大司马、大将军，加九锡，增封十郡，进爵为赵公。页 2862

史炤释文，提起“赵公”，注曰：刘曜，字永明，元海之族子，僭即皇帝位于赤壁，国号赵，改元光初，始于此。余按刘曜即皇帝位于赤壁，改元光初，国号仍旧曰汉，封石勒为赵公。至二年，进石勒爵为赵王。因斩勒使王修，勒遂与曜为雠敌之国。曜既还长安，其下奏言刘渊始封卢奴伯，曜又王中山，请改国号为赵，曜从之。石勒于是年冬十一月，亦即赵王位。自是以后，通鉴书刘曜则曰赵，书石勒事则曰后赵以别之。大兴元年冬十月之赵公，石勒也，乌得以刘曜国号赵为注邪！至下注“中山，赵分”，想亦自知其误，而不能改此误，何也？

通鉴九十一

二年　高句丽数寇辽东，慕容廆遣慕容翰、慕容仁伐之，高句丽王乙弗利逆来求盟。页 2407

史炤释文曰：乙弗，虏复姓；利逆，其名；即高句丽王也。余谓乙弗利者，高句丽王之名。逆，迎也，迎慕容之兵而求盟也。虏复姓固有乙弗氏，然自汉以来高丽王皆姓高氏，至唐高宗时灭高丽，高氏始亡。

通鉴九十二

永昌元年　郗鉴在邹山，掘蛰燕而食之。页 2434

史炤释文曰：燕、雀之蛰藏者。（海陵本同。）余谓燕，秋后则蛰，雀未尝蛰也。史只言蛰燕，史炤并雀言之，何也！

明帝大宁元年　帝畏王敦之逼，欲以郗鉴为外援。页 2438

史炤释文曰：鉴，古衔切。余遍考字书，此鉴字未有从古衔切者。且通鉴前已有郗鉴，而至此方突出一音以彰其缪，殊可笑也！九十六卷成帝咸康四年，复有此误。

越巂、斯、叟攻成将任回。页2442

史炤释文曰：斯，姓也；叟，其名。（海陵本同。）余按汉书西南夷传：自巂以东北，君长以十数，徙、莋都最大。颜师古注曰：徙及莋都，二国也。徙，音斯。司马相如难蜀父老曰：略斯、榆。谓斯与叶榆也。此斯即汉西南夷之徙种。蜀曰叟，孔安国尚书注所谓"蜀叟"者也。斯、叟者，斯种及叟种也。

通鉴九十三

二年 温峤恐既去而钱凤于后间止之。页2447

史炤释文曰：间，居苋切，间迭也。余谓此乃谗间离间之间，非间迭之间。九十七卷成帝咸康八年，庾冰恐为他人所间，炤注之误与此同。

颜飏说沈充决破栅塘，因湖水以灌京邑。页2451

史炤释文曰：编木立栅，以为陂塘也。（海陵本同。）余谓时沈充等寇逼京邑，故编木立栅以护湖塘，因谓之栅塘。以通鉴本文观之，其义自明。

三年 后赵王勒加宇文乞得归官爵，使击慕容廆，廆遣世子皝与索头段国共击之。页2456

史炤释文曰：索头，姓也。余按索头，即拓跋氏之种类，非姓也。萧子显曰：鲜卑，被发左衽，故呼为索头。

通鉴九十五

成帝咸和七年 赵郭敬南掠江西，桓宣乘虚攻樊城，悉俘其众，敬旋救樊，宣与战于涅水，破之。页2499

史炤释文曰：涅水出上党涅县。余按此南阳之涅水也，岂上党涅县之水乎！水经注，涅水出南阳涅阳县西北岐棘山，东南径涅阳县，又东南径安众县，又东南至新野县，南入于淯。桓宣正破郭敬于此水。

九年 城大慕舆埿。页2507

史炤释文曰：慕舆，代北复姓，本慕容氏，音讹，又为慕舆也。（费本同。）余谓慕容、慕舆同出于鲜卑，其得姓之初，各自为氏，犹拓跋之与拔拔，非音讹也。况其时慕舆埿实为慕容皝之臣，岂有君姓慕容而其臣讹为慕舆之理！拓跋、慕容皆鲜卑，然拓跋、拔拔居代北，慕容、慕舆居辽西，慕舆非代北复姓也。

通鉴九十六

咸康四年 赵王虎以桃豹、王华帅舟师十万出漂榆津。页2525

史炤释文曰：漂榆津在辽西。余按水经：清河，东北过漂榆邑，入于海。注曰：漂榆故城，俗谓之角飞城。赵记云：石勒使王述煮盐于角飞。魏土地记：勃海郡高城县东北一百里，北尽漂榆，东临巨海，民皆煮盐为业。则漂榆津当在勃海界。

七年 诏实王公以下至庶人，皆正土断、白籍。页2551

史炤释文曰：白籍，谓白丁之籍耳。（费本同。）余按江左之制，诸土著实户，用黄籍；侨户土断，白籍。琅邪南渡，凡中土故家，以至士庶，自北来者，至此时各因其所居旧土，侨置郡县名，并置守令以统治之，故曰正土断，不以黄籍籍之而以白籍，谓以白纸为籍，以别于江左旧来土著者也。若以为白丁之籍，则王公岂白丁哉！

王崇武标点容肇祖聂崇岐覆校

通鉴释文辩误卷第五

天台胡三省身之

通鉴九十七

康帝建元二年 燕王皝伐宇文逸豆归，逸豆归遣南罗大涉夜干将精兵逆战。页2561

史炤释文曰：南罗，夷狄国名，其先本辰韩种，地在高丽东南，居汉乐浪地。（海陵本同。）余按史炤盖以新罗国释南罗也。自辰韩种以下，皆史家新罗传之说。如此，则史文有地名一字之同者，皆可引而为说乎！史文固有若是者，然必地里附近，援据精确，而后可也。此所谓南罗者，城名也，在宇文国中。是后慕容皝既克宇文，改南罗城为威德城。时赵王虎遣兵自甘松出救宇文，比至，宇文已亡，因攻威德城，不克而还。甘松在濡源之东，突门岭之西，则南罗城当在辽西属国塞外。若汉乐浪地在高丽东南，高丽又在辽海之东，去宇文国远甚，安得谓南罗居乐浪地乎！

赵王虎斩王波及其四子，投尸漳水。页2563

史炤释文曰：山海经曰：漳水出荆山，南注于沮水。（海陵本同。）余按赵时都邺，此邺之漳水，汉书沟洫志所谓"引漳水兮灌邺旁"者也。上党郡有二漳水：浊漳水出长子县鹿谷山；清漳出沾县大黾谷。二水东流至邺而合流。山海经所谓"漳水出荆山而注于沮水"者，今在襄阳南漳县界，左传所谓"江、汉、沮、漳，楚之望也"者是也。石虎在邺，安得远投王波父子之尸于荆山之漳水乎！史炤释漳水之误非一处，不暇缕数。读通鉴者参考辩误，当自知之。

通鉴九十八

穆帝永和六年　姚弋仲据滠头。页2597

史炤释文曰：滠水在西阳。（海陵本同。）余按九十五卷成帝咸和八年，姚弋仲降于石虎，徙居清河之滠头。史炤只据广韵滠水在西阳，遂引以为释。西阳固自有滠水，然西阳今之黄州，时为晋土。读史须考本末，炤更不能省记姚弋仲所居之滠头在清河，一时检看广韵，便引以为注，是未足以语通鉴也。下卷下年“滠头”注，误同。

燕伐赵，命慕舆埿搓山通道。页2599

史炤释文曰：搓，鉏加切；邪斫木也，又仕雅切。（海陵本同。）余按字书，槎，音鉏加切者，水中浮木也。搓，音仕雅切者，邪斫木也。此搓山通道者，谓斫木以通道也，若从鉏加切，非其义矣；从仕雅切为是。如此，则“邪斫木也”四字当在“仕雅切”之下。

燕王俊使中部俟厘慕舆句督蓟中留事。页2600

史炤释文曰：俟厘，姓也。余按史言中部俟厘慕舆句，则慕舆其姓，句其名，俟厘盖其官称也，亦犹部大之类。

通鉴九十九

七年　库傉官伟帅众自上党奔燕。页2613

史炤释文曰：库傉官，代北三字姓。余按库傉官，渔阳乌桓大人库傉之馀种，非出于代北也。鲜卑既衰，拓跋兴于代北，慕容、宇文、段国盛于辽西，皆鲜卑部落，各自为种。史炤无所据而强为之注，妄矣！

丁零翟鼠帅所部降燕。页2616

史炤释文曰：丁零在康居北，去匈奴庭接习水七千里。余按炤注乃是引汉时丁零国事。通鉴九十四卷成帝咸和四年书云：丁零翟斌世居康居，后徙中国，至是入朝于赵。盖其徙中国久矣。翟鼠者，翟斌之种类也。

八年　太原薛瓒。页2617

史炤释文曰：瓒，圭瓒也。余按薛瓒者，人姓名。史炤以圭瓒为释，是不为人名乎？

九年　殷浩迁姚襄于梁国蠡台。页2625

史炤释文曰：蠡，音礼。余按司马彪郡国志：睢阳县有卢门亭，城内有高台，甚秀广，巍然介立，超然独上，谓之蠡台。续述征记云：回道如蠡，故谓之蠡台，若如述征记之说，蠡，当音卢戈翻。

通鉴一百

十一年　凉王祚恶河州刺史张瓘之强，遣张掖太守索孚代瓘守枹罕。页2637

史炤释文以"强遣张掖太守索孚"为句，注曰：强，其两切；下强人酒同。余谓史炤读通鉴且不得其句，况敢释通鉴乎！强，当读如字，于此句断。下文强人酒自依其两切。

通鉴一百一

升平五年　桓温以弟豁督沔中七郡诸军事。页2667

史炤释文曰：沔，水名，出武都，东南入江。余谓炤但释沔水，未能释沔中七郡也。按魏兴、上庸、新城、襄阳、新野、义成、竟陵七郡皆在沔水左右，故曰沔中七郡。

通鉴一百二

海西公太和四年　郗超曰："欲务持重，则莫若顿兵河、济，控

引漕运。”页 2692

史炤释文曰：河、济，水名，出王屋山。余按河、济殊源，天下之所同知也，而尽以为出王屋山，固非矣。河出积石，济出王屋，以言河、济二水之发源可也；若论郗超所谓顿兵之地，则不可以发源之地言之也。按河水过成皋县北，济水自北来注之。济与河合流，至敖山北而溢为荥泽，东出于陶丘北，又东至乘氏县分为二，南为菏水，北为济渎，济渎又东北合于河。自荥阳、石门以东，碻磝以西，今济、郓、曹、濮、滑、汴诸州，皆河、济之地。

燕主𬀩遣乐安王臧统诸军拒桓温。页 2693

史炤释文曰：乐安，鄱阳郡之邑也，属扬州，燕之诸王遥领也。余按晋、魏以下封建诸侯王，不惟不得君国子民，亦不得食其国租。如东海王越封东海而食毗陵之类是也。慕容分封子弟，亦仿晋制耳。鄱阳在汉为县，属豫章郡，而豫章属扬州。孙吴分豫章立鄱阳郡，又立乐安男国。自晋氏南渡以来，鄱阳郡属江州，不属扬州。炤说既非矣，且后汉明帝改前汉之广川国曰乐安，和帝又改前汉千乘郡曰乐安郡，是郡自晋汔于元魏，属青州，燕何必取江南鄱阳之乐安以封其子弟邪！

温使豫州刺史袁真攻谯、梁，开石门以通水运。页 2694

史炤释文曰：谯梁，地名，在豫州。余按谯、梁，谓谯郡及梁国也，皆属豫州。炤言地名，在豫州，将以谯、梁为一处邪，为两处邪？可谓语焉而不详矣！

李弘、李高反，益州刺史周楚遣子琼讨高，又使琼子梓潼太守虓讨弘，皆平之。页 2707

史炤释文曰：虓，虎声也。余谓虓者，周琼之子，何庸以虎声为释！

通鉴一百三

孝武帝宁康元年　梁州刺史杨亮遣其子广袭仇池，与秦梁州刺史杨安战，广兵败，沮水诸戍皆奔溃。页2733

史炤释文曰：沮，水名，出汉中。余按班志：沮水出武都沮县东狼谷中，东流合为汉水。阚骃曰：以其初出沮洳然，故曰沮水；县亦受名焉。水经：沮水出武都沮县东狼谷中，又东南径沮水戍西，而东南流注汉，曰沮口。以此言之，沮水不出汉中也。

通鉴一百四

太元五年　秦王坚分三原、九嵕、武都、汧、雍氐十五万户散居方镇。页2757

史炤释文曰：谓汧、雍之间氐、羌也。余按苻秦，氐种也，故分其种落散居方镇，欲以镇服其境内。若羌，则姚秦种类也。苻秦曷尝分之使散居哉！且举汧、雍而遗三原、九嵕、武都，亦注书之失也。

通鉴一百五

八年　慕容垂自凉马台结草筏以渡。页2774

史炤释文曰：结草为舟也。余谓上古朴略，舟犹必刳木为之；若结草为舟，必至沈溺。所谓筏者，箄筏也，编芦苇可以为筏。芦苇，草类也。

通鉴一百六

十年　慕容农、慕容麟共攻翟真。页2796

史炤释文曰：翟，徒历切，姓也。余按上卷八年，翟斌起兵赴燕王垂。翟真者，斌之兄子也。炤于翟斌之翟音直格切，至翟真之翟乃徒历切，读者将安所适从乎！要之，诸翟出于丁零，丁零，狄也，狄，与翟同，从徒历切为是。

十一年　氐啖青。页2817

史炤释文曰：啖青，氐羌名，徒滥切。（海陵本同。）余按氐自是氐，羌自是羌，二种也。史明言氐啖青，而谓之氐羌名，缪矣！韵书：啖，姓，音徒览翻。徒滥切非。后一百九卷安帝隆安元年，炤又以啖铁为武都氐羌名，其缪亦犹是也。

苻登刻鉾、铠为"死休"字。页2821

史炤释文曰：鉾，剑端也。（海陵本同。）余按炤释以丁度集韵为据也。但剑端以刺人，非可刻字。古人多以兜鍪为头牟。隋杨玄感反于黎阳，取帆布为牟甲，谓为头牟与甲也。后人因头牟以铁为之，遂旁加"金"耳。鉾、铠，犹言牟、甲也。

通鉴一百七

十二年　王穆众溃，单骑走，骍马令郭文斩首送之。页2830

史炤释文曰：骍，马赤黄色。余谓马赤黄色，可以释骍马，若以释骍马令，则其义不通矣。晋地理志，酒泉郡有骍马县，盖晋、魏间所置也。王穆走至骍马县，故县令得斩送之。

通鉴一百八

十九年　燕主垂击西燕，标榜所趣，军各就顿。页2856

史炤释文曰：标榜，犹相表襮。余按燕主垂时分道进军攻西燕，故立标揭榜，分示诸军所趣之路；非相表襮也。一百三十二卷宋明帝泰始六年释“标榜”亦误。

西燕主永告急于魏，魏王珪遣陈留公虔、庾岳帅骑五万东渡河，屯秀容以救之。页2859

史炤释文曰：秀容，本汉汾阳县地，后省之，至元魏始置肆州秀容县。余按拓跋虔、庾岳所屯乃北秀容也，在汉定襄郡界。元魏置秀容郡秀容县，又立秀容护军于汾水西北六十里，徙北秀容胡人居之，此南秀容也。刘昫曰：忻州秀容县，汉汾阳县地，隋自秀容移于此，因更名，皆谓南秀容。项安世家说曰：秀容县，刘元海所筑城。元海感神而生，姿容秀美，因以为名。是亦因元海生于汾阳，汾阳后改为秀容而为之说。北秀容非元海所生之地而先有秀容之名，则其说为不通矣。

秦王崇为梁王乾归所逐，杨定与崇共攻乾归，乾归遣凉州牧轲弹、秦州牧益州、立义将军诘归拒之。页2859

史炤释文曰：轲，音柯，姓也。余按轲弹、益州、诘归皆姓乞伏，通鉴下文载轲弹司马翟瑥怒轲弹曰：将军以宗室居元帅之任，则轲弹姓乞伏明矣。轲，读如字；音柯亦非。

通鉴一百九

安帝隆安元年　秃发乌孤自称西平王。页2878

史炤释文曰：秃发乌孤，河西鲜卑人，吕光之将也。余按秃发氏世为部帅，未尝为吕光将，特乌孤尝受吕光爵命耳。谓秃发为河西鲜卑种可也，曰河西鲜卑人，则似以河西鲜卑为地名。

沮渠麹粥曰：“勒兵向西平，出苕藋。”页2890

史炤释文曰：藋，徒栗切。（费本同。）余按字书：藋，徒吊翻。至一百一十六卷安帝义熙元年，炤亦自知其误矣。

魏袭中山，慕容麟追至泒水，为魏所败而还。页2892

史炤释文曰：泒，匹拜切。泒，谷名，在河东安邑。（费本同。）余按魏袭中山，慕容麟追至泒水，当在中山界。若河东安邑果有泒谷，非燕、魏交兵之地也。是年中山饥甚，九月，慕容麟出据新市，魏王珪攻之，麟退阻泒水；珪与战于义台，大破之。魏收魏书地形志，中山郡新市县有义台城。则泒水在中山新市明矣。泒，音攻乎翻。

通鉴一百一十

二年 燕主宝至乙连，长上段速骨、宋赤眉等作乱。页2899

史炤释文曰：长上，人名。（海陵本同。）余谓卫兵更番迭上，长上者，宿卫官名，异于众兵之迭上者也。唐武散阶有怀化执戟长上，归德执戟长上，此则长上为官名之明证也。

杨轨西奔傫海。页2912

史炤释文曰：傫，音未详。余按阚骃十三州志，金城临羌县有卑和羌海。郦道元曰：古西零之地。傫其此地欤？傫，与零同，音怜。

通鉴一百一十一

三年 张豁戍柳泉。页2927

史炤释文作"张谘"，呼各切。（海陵本同。）余按通鉴诸本及晋书皆作"张豁"。字书，谘，音鱼格切；炤音亦非。

四年 西秦王乾归迁都苑川。页2936

史炤释文曰：苑川邑，即陈仓县，后魏改今名。（海陵本同。）余按乞伏氏始居麦田，后居苑川，又徙金城，今复都苑川，皆不出汉天水、金城二郡界。水经注：苑川水出天水勇士县之子城南山，东北流，历子城川，又北径牧师苑，汉牧苑之地也，有东、西二苑城，相去七里，西城即乞伏所都。苑川水又北入于河。陈仓之地，此时属姚秦，固非乞伏所有。姚秦与乞伏后皆并于赫连，后魏灭赫连，并有关、陇之地，后乃改陈仓为宛川县。陈仓之宛川与西秦所都之苑川字有“宛”、“苑”之异，而改陈仓为宛川，又在百许年之后，史炤殆未之考也。一百一十五卷安帝义熙六年又误。

通鉴一百一十二

五年 河西王利鹿孤遣骑袭沮渠蒙逊，执蒙逊从弟鄯善、苟子。页 2955

史炤释文曰：鄯善，复姓，其先西域人，以国为姓，苟子其名。（海陵本同。）余按通鉴本文，明以鄯善、苟子为蒙逊从弟。凡读通鉴者，不俟博考，已知鄯善之非姓矣。是后沮渠鄯善复见于宋武帝永初二年，释文之误，愈不可揜。

桓玄缚元显于舫前而数之。页 2963

史炤释文曰：舫，甫往切。（海陵本同。）余按舫，甫妄翻。炤音误。

通鉴一百一十三

元兴三年 刘裕斩桓修，修司马刁弘帅文武佐吏来赴，裕谓曰：“今日贼玄之首已当枭于大航矣。”页 2980

史炤释文曰：大航，方舟也。余按大航，谓朱雀航也，在建康朱雀门外秦淮水上。

通鉴一百一十四

义熙元年 秦主兴命鸠摩罗什翻译经论三百馀卷。页 2996

史炤释文曰：翻译，翻覆而寻译也。余谓古之译者传四方之言，此所谓翻译者，翻夷言为华言也。寻绎之“绎”，从“纟”不从“言”，义亦不同。

殷仲文请治乐，刘裕曰：“性所不解。”页2998

史炤释文曰：解，胡介切，晓也。（费本同。）余谓此亦蜀人土音之讹；解晓之解，音胡买翻。

三年 杨盛遣军临浕口。页3009

史炤释文曰：浕水出襄阳。（费本同。）余按水经注，浕水北发武都氐中，南径张鲁城东，又南过阳平关西而南入于沔，谓之浕口，有浕口城。浕水在汉中，不在襄阳。史炤，蜀人也，而不知浕水所在，况四海疆域之广乎！

魏王珪北巡至濡源。页3010

史炤释文曰：濡，乃官切，水出涿郡。（海陵本同。）余按史炤以广韵为据。广韵所谓濡水出涿郡，又因汉书地理志涿郡故安下注云易水至范阳入濡为据。然地理志自有二濡水，人不详考耳。汉志所谓涿郡之濡水，水经注云：出故安县西北独山南谷，东流至容城县西北大利亭东南，与易水合而注于巨马水。此一濡水也。辽西郡肥如下注云：玄水东入濡水，濡水东入海阳。水经云：濡水从塞外来，东南过辽西令支县北，又东南过海阳县西南，入于海。海阳亦属辽西郡，此又一濡水也。郦道元云：濡水出御夷镇东南。盖此濡水发源于辽西塞外御夷镇东南也。魏王珪北巡至濡源，正此地。

四年 乞伏炽盘筑城于嵻峎山而据之。页3020

史炤释文曰：嵻峎山在西羌。余按炤说以丁度集韵为据也。夷考当时乞伏氏据苑川，其地西至枹罕，东尽陇坻，北限赫连，南界吐谷浑，嵻峎山盖在苑川西南。宋朝西境止于秦、渭，故嵻峎山在羌中。丁度集韵以宋朝疆理为据也。若引以注十六国地界，则疏矣。

南燕河冻皆合而渑水不冰。页 3020

史炤释文曰：渑，弥兖切；或作“黾”，通作“沔”。余谓此渑水乃淄、渑之渑，音神陵翻。南燕都广固，渑水径其城西，河冻皆合而渑水不冰，逼近都城，故以为变异。若音弥兖切者，乃殽、渑之渑，时属秦境，安得为南燕之变异邪！炤又曰：通作“沔”。沔、汉之沔，安得与殽、渑之渑通，而沔、汉亦非南燕境。易大传曰：中心疑者其辞枝。史炤之谓矣！一百二十卷宋文帝元嘉三年，误同。

通鉴一百一十五

五年　魏清河王绍凶狠无赖，好劫剥行人以为乐。页 3033

史炤释文曰：劫，取也；剥，削也。余谓炤释劫剥之义，劫近是而剥全非。劫，强夺取之也；剥，谓褫剥行人衣服。

六年　韩绰谏南燕主超曰：“正当努力自强，以壮士民之心。”页 3035

史炤释文曰：努，奴故切。余谓努力之努，音奴古翻。蜀人以土音转易四声，如此类者甚众，读者审其是而已矣。

通鉴一百一十六

七年　卢循径向交州，李脱等结集俚、獠以应循。页 3052

史炤释文曰：俚，南夷种名。西南夷谓之獠。余按南方有蛮有俚，俚人惟交、广有之，獠则蜀之西南徼外亦有之。李势之时，獠自山出，侵居汉地，蜀始有獠。太史公作西南夷传，其时未有獠也，岂可言西南夷谓之獠哉！况此乃交州之獠，尤不可以为西南夷。

八年　夏王勃勃欲攻炽盘，王买德谏曰：“炽盘，吾之与国。”页 3056

史炤释文曰：诸侯相许与者，名曰与国。余谓与国者，相与相亲之国，非相许与也。

仇池公杨盛叛秦，侵扰祁山。页3059

史炤释文曰：祁山在武都西羌中。余谓汉武帝未开置武都郡，则可言祁山在羌中，既置郡，则祁山为王土矣。水经注：祁山在嶓冢之西七十许里，东北去上邽二百四十里。杜佑曰：祁山在今同谷郡长道县东十里。以为在西羌中，可乎！

通鉴一百一十七

十一年　魏崔浩曰："轻骑南下，布濩林薄之间。"页3081

史炤释文曰：濩，胡郭切。布濩，地名，在代北。余谓崔浩言布濩林薄之间，正祖司马相如上林赋"布濩太原"语法。郭璞注云：布濩，犹布露也。毛晃曰：布濩，流散也。濩，音胡故翻；史炤音义俱非。

十二年　西秦王炽盘攻秦洮阳公彭利和于漒川。页3084

史炤释文曰：洮阳，零陵邑，属荆州。余按汉书地理志，零陵郡固有洮阳县；但此洮阳在陇西，时属姚秦。地理志所谓洮水出西羌中，东至陇西，入河。沙州记曰：强城东北三百里有曾城，城临洮水，汉章帝建初二年，羌攻南部都尉于临洮，上遣马防、耿恭救之，诸羌退聚洮阳，即此城也。洮水出强台山，径吐谷浑中而东入塞。"强"，一作"漒"，故其地亦谓之漒川，亦谓之沙漒。晋惠帝置洮阳县，属狄道郡，以其地在洮水之阳也。即通鉴上下文而参观前志，则知此洮阳决非零陵邑矣。是后一百二十卷宋文帝元嘉四年注，则又曰：洮阳地属零陵，诸羌之地也。是但因通鉴本文有招慰洮阳诸羌之语，故以为诸羌之地。一百三十七卷齐武帝永明八年注，则又曰：洮阳，零陵邑，齐时为吐谷浑戍兵处。是又但因通鉴本文有吐谷浑王伏连筹修泥和、洮阳二城置戍之语，又以为吐谷浑戍兵处，终不悟零陵之为误也。

沙门昙永使王华提衣襆自随。页3089

史炤释文曰：襆，博木切。尔雅：裳削幅谓之襆。（海陵本同。）余按尔雅所谓裳削幅者，自是"纀"字，非此"襆"字。此襆字音房玉翻，帊也，所以包裹衣物。魏舒襆被而出，韩愈文所谓"襆被入直"，皆此襆也。炤音义皆误。一百七十九卷隋文帝仁寿二年，亦有此误。

通鉴一百一十八

十三年　王镇恶进军渑池，遣毛德祖袭尹雅于蠡吾城，禽之。页3098

史炤释文曰：蠡吾县之城，在高阳国，属冀州。余按地志，高阳国固自有蠡吾县；但刘裕伐秦，命王镇恶自殽、渑入关辅，既进军渑池，遣毛德祖袭蠡吾城，考其地里之远近，则此蠡吾城非高阳国之蠡吾县明矣。据晋书载记，蠡吾城当在宜阳之西。宋白续通典曰：魏贾逵为渑池令，理蠡城。蠡城，后魏初犹属弘农，西魏移渑池县于今福昌县西六十五里。唐之福昌县本宜阳县蠡吾城，盖即蠡城也。

姚强、姚难合兵屯泾上以拒镇恶。页3105

史炤释文曰：泾水出安定泾阳开头山。余按史炤释，止言泾水发源之地耳。汉书地理志：泾水东南至阳陵，入渭。姚强等所屯泾上，其地当在汉京兆阳陵界。

十四年　秦王炽盘以左丞相昙达都督洮、罕以东诸军事。页3114

史炤释文曰：洮罕，地名。余按洮、罕，谓临洮、枹罕之地。洮、罕故是地名，然临洮、枹罕各是一处。

恭帝元熙元年　王康还洛阳，保金墉城，魏河内镇将于栗磾游骑在芒山上，攻逼交至。页3120

史炤释文曰：应劭曰：芒，属沛国芒县之山也。余谓炤引应劭说以注汉高祖隐芒、砀山泽间则可矣；此时魏兵至芒山以逼金墉，谓洛阳之北芒山也。若魏兵在沛国芒县之山，安能逼金墉哉！

通鉴一百一十九

宋武帝永初元年　宋王留子义康为都督豫、司、雍、并四州诸军事。页3126

史炤释文曰：雍，州名，入南北，系宋。按南、北史无地理志，今用晋志，郡邑相统属处，各于逐国土地合音释者，各分所系。（海陵本、费本同。）余按宋武削平关、洛，随失关中，雍州仍东晋之旧，还复侨治襄阳。此时古雍州之域，已属赫连，安得系宋耶！炤又言：南、北史无地理志，用晋志，各于逐国所有土地分系。此卤莽之说也。南北国地理，沈约宋书、魏收魏书、萧子显齐书各有地志，梁、陈、北齐、后周四朝地理，则长孙无忌等集于隋书，谓之五代志，曷尝无可考乎！炤之浅妄，欲盖而章。又按此一节，炤以南北朝并立州郡，各有分系，盖以此为通鉴中间大节目处，海陵本及费氏本与炤本无一字异。费氏，蜀中鬻书之家，固宜用炤释刊行。公休在炤前数十年，使炤用公休之说，则必拈出公休释文以为依据。今观二家释文，炤未尝拈出公休，而海陵板行公休本，真是蹈袭史炤，以是知海陵本为好事者托公休以欺误后人也。

凉公歆与沮渠蒙逊战于蓼泉。页3129

史炤释文曰：蓼，力竹切。（海陵本同。）余谓史无明音，当读如字。

二年 谢晦宾客辐凑，门巷填咽。页 3132

史炤释文曰：咽，音因，塞也；本作垔。（费本同。）余谓咽，一结翻，亦以咽塞不通为义。遍考字书，咽字无音因者。

三年 魏长孙嵩实姓拔拔，奚斤姓达奚，穆观姓丘穆陵，丘堆姓丘敦。页 3137

史炤释文曰：皆代北复姓，即后魏拓跋氏也。余按魏收魏书官氏志，魏氏之先统国有九十九姓，献帝七分国人，使兄弟各摄领之：以兄为纥骨氏，后改为胡氏；次兄为普氏，后改为周氏；次兄为拔拔氏，后改为长孙氏；弟为达奚氏，后改为奚氏；次弟为伊娄氏，后改为伊氏；次弟为丘敦氏，后改为丘氏；次弟为俟氏，后改为亥氏。此七氏，皆拓跋同出也。若丘穆陵氏，则神元帝时馀部诸姓内入之一也，非拓跋同出也。且丘穆陵乃三字姓，非复姓也。献帝邻、神元诘汾二帝皆追谥。（校者按，"诘汾"应作"力微"。）

秦王炽盘征秦州牧昙达为左丞相。页 3140

史炤释文曰：昙，姓也。余按晋安帝义熙八年，炽盘以其弟昙达镇谭郊，则昙达其名而姓乞伏，安得姓昙乎！

营阳王景平元年 秃发傉檀之死也。页 3147

史炤释文曰：秃发乌孤以后魏元兴元年僭号西平王，及国灭，其弟傉檀入魏，赐姓元氏。（海陵本同。）余按通鉴，乌孤称西平王，乃后魏皇始二年，明年魏改元天兴，无元兴年号。晋安帝义熙十年，秃发氏为乞伏炽盘所并，傉檀遂归于炽盘。傉檀之子贺奔魏，魏主嗣爱贺之才，谓曰："卿之先与朕同源。"赐姓源氏。盖归魏者傉檀之子，非傉檀也；赐姓源氏，非元氏也。傉檀为炽盘所鸩，其死非命，故其子欲为复雠，通鉴书其死以先事。炤不能详观通鉴，考其本末，而谓傉檀入魏，差缪甚矣！

王崇武标点容肇祖聂崇岐覆校

通鉴释文辩误卷第六

天台胡三省身之

通鉴一百二十

文帝元嘉元年 跷骑。页3158

史炤释文曰：跷，牵幺切；行轻貌。（海陵本同。）余按通鉴本文，是年即无“跷”字。史炤于“跷骑”之上注“貂渠”，是秦王炽盘遣太子暮末出貂渠谷攻河西事。下注“倢伃”，是尊帝母胡倢伃事。二事之间有王华领骁骑将军事；是误以“骁骑”为“跷骑”而曲为之说也。

魏主命长孙翰、尉眷北击柔然，魏主自将屯柞山。页3159

史炤释文曰：柞山，其地在柔然国。余按魏收魏书帝纪，魏未迁洛以前，诸帝多幸柞山，其山在大河之西。世祖始光三年，度君子津，袭统万，至其城下，徙万馀家而还；至柞山，班所虏获于将士。神䴥二年，十一月，西巡狩，田于河西，至柞山而还。以此征之，可以见矣。且魏主遣将击柔然，自将大军为后继以壮声势耳，岂必至柔然国中而屯兵乎！

三年 谢晦弟黄门侍郎曒。页3162

史炤释文曰：曒，疾雀切。余按字书，疾雀切。“皭”字，埤苍曰：白色也。“曒”，音子肖翻，释小明也。晦、曒，兄弟也，其命名之字，旁皆从“日”，音子肖翻为是。

湟河。页3171

史炤释文曰：湟，胡光切；说文：细缯也。余按炤释湟河而引说文细缯，全不可晓。详考通鉴，是年有秦、夏战于嵻崀山，又攻湟河事。至于年末，有魏令漏户输缯帛事。盖音胡光切者，注湟河之“湟”字也；引说文者，注“缯帛”也。此又传写之误。

四年 魏奚斤上疏言：“赫连昌亡保上邽，鸠合馀烬。”页3176

史炤释文曰：鸠，鹘鸼也。鸠合，犹乌合之称。（费本同。）余按左传，郯子言少皞以鸟名官，五鸠，鸠民者也。五鸠，指言祝鸠氏、雎鸠氏、鸤鸠氏、爽鸠氏、鹘鸠氏。至于鸠民之鸠，则以聚民为义。此言鸠合，亦谓聚合耳，安得以鹘鸼为注！其言犹乌合之称，尤非鸠合之义。

通鉴一百二十一

五年 秦王暮末以叔父光禄大夫沃陵为凉州牧。页3183

史炤释文曰：沃陵，姓也。（海陵本同。）余按通鉴本文，既言沃陵为暮末叔父，则乞伏者其姓而沃陵者其名，此不难见也。史炤之昏缪乃如此！

通鉴一百二十二

十年 魏平凉休屠征西将军金崖。页3219

史炤释文曰：休屠，武威邑，属北凉。（费本同。）余谓金崖者，本匈奴休屠种，居于平凉，魏以为征西将军，通鉴文意甚明。若因地志武威郡有休屠县，引以为注，则通鉴本文休屠之上有平凉二字，便说不行。史炤缪矣！

杨难当攻葭萌，获晋寿太守范延朗。页3222

海陵本释文曰：葭萌，县名，属梓潼。余按葭萌县，汉属梓潼郡，刘蜀改为汉寿县，晋改为晋寿县，孝武帝太元十五年，梁州刺史周馥表分梓潼北界，立晋寿郡，治古葭萌之地。

通鉴一百二十三

十五年 太子率更何承天立史学。页3237

史炤释文曰：率更令，官名，犹秦中更也。（海陵本同。）余按汉书百官表即有太子率更令。续汉志本注曰主庶子、舍人更直。晋志，率更令，主宫殿门户及赏罚事，职如光禄勋、卫尉。中更，秦爵级，非官也。

十六年 老父被苫而耕。页3238

史炤释文曰：苫，草覆屋。余按被苫而耕，盖被苫于身以蔽雨，非覆屋也。

通鉴一百二十四

十九年 雍州刺史刘道产善为政，民安其业，小大丰赡，由是民间有襄阳乐歌。山蛮不可制者皆出，沿沔为村落。页3262

史炤释文曰：乐歌山蛮，其地在雍州襄阳。（海陵本同。）余谓襄阳之民，安其业，大小丰赡，故有襄阳乐之歌。凡昔日山蛮之不可制者，慕王民之丰乐，故皆出山，缘沔而居。因通鉴本文而求其义，居然可见。"乐歌"句断，炤乃以"乐歌山蛮"为句，是不求其义也。

二十年 魏皮豹子镇仇池，杨文德来求援，诏以为武都王，屯葭芦城。页3263

史炤释文曰：葭芦城，渡赤河，经岐山三百四十里即其地。（海陵本同。）余按今阶州福津县东南七十里有葭芦城，世传魏将邓艾与蜀将姜维相持于此。后魏置葭芦县，后周并入盘堤县。仇池山在成州之西百里，阶、成二州皆古武都郡地。岐山在凤翔府东，去葭芦道里甚远。史炤之言，未可信也。

二十三年　魏主军至东雍州，临薛永宗垒，永宗出战，大败，与家人皆赴汾水死。页3280

史炤释文曰：汾水出汾阳北山。余按史炤止能言汾水发源之地，不知薛永宗举家赴汾水而死，其地不在太原汾阳界。水经：汾水出太原汾阳北山，东南过晋阳、梗阳、大陵、平陶等县，南入河东界，过永安、杨、平阳等县，又南过临汾县东，又屈从县南西流，经绛县故城北，左传所谓"晋都新田，有汾、浍以流其恶"者也。又西径魏正平郡南，东雍州治所也。太和中，罢州立郡。东雍州南之汾水，乃薛永宗举家赴水处。汉书地理志曰：汾水出汾阳北山，过郡二，行千三百四十里而入于河。千三百四十里之汾水，或源或委，当随地注释而后能有别。

通鉴一百二十五

二十七年　魏主围悬瓠，施大钩于冲车之端以钩楼堞。页3295

史炤释文曰：钩，剑属。（费本同。）余谓如古者吴钩之钩，可以言剑属。此所谓大钩者，乃诗"以尔钩援"之钩。言施大钩于冲车之端，以钩楼堞，则非剑明矣。

芮芮亦遣使远输诚款。页3302

史炤释文曰：芮芮，国名。余按芮芮即蠕蠕，魏呼柔然为蠕蠕，南人语转为芮芮。沈约宋书、李延寿南史皆以蠕蠕为芮芮，从南人语音也。

通鉴一百二十六

二十八年　魏人乃肉薄登城。页3320

史炤释文曰：谓相背负而上城也。余谓薄，迫也；不用梯冲，以身迫城，缘之而上，谓之肉薄登城。

魏宗爱杀秦王翰于永巷。页3326

史炤释文曰：永巷，宫中所直名。汉官仪曰：令一人，宦者为之，秩六百石，掌宫婢侍史。余按永巷者，宫中之长巷。史直言宗爱杀翰于长巷耳。“宫中所直名”五字既不可晓，又不必引汉书永巷令为释。一百六十六卷梁敬帝绍泰元年，一百七十卷陈宣帝太建元年，皆有永巷事，炤释愈缪。

通鉴一百二十七

三十年 武陵王军于溧洲。页3349

费本注曰：溧，水名，出丹杨溧阳县。余谓溧水固出溧阳；溧洲则在大江中。

鲁秀等攻大航，克之。王罗汉闻官军已渡，即放仗降，缘渚幢队以次奔散。页3351

海陵本释文曰：幢队，执幡幢之队者。余按是时南北朝用兵，各置幢主、队主，皆有副，非执幡幢之队也。史炤误同，而注在上文“幢队主副”之下，海陵本移置于此，盖亦疑上文有“幢队主副”四字而不得其说耳。

卒散民尽，可跷足而待也。页3355

史炤释文曰：跷，纥约切，举足行高也；又丘妖切，举足谓之跷。余谓炤上音义俱非，当从下音义。

通鉴一百二十八

孝武帝孝建元年 鲁爽引兵直趣历阳，薛安都、宗越等戍历阳，与爽前锋杨胡兴等战，斩之。爽不能进，留军大岘，使鲁瑜屯小岘。页3363

史炤释文曰：大岘，山名，在寿州六安县，有五岘山，是以分大、小岘。桐城亦有五岘，非此。余按史炤但以鲁爽自寿阳趣历阳而留军大岘，遂谓大、小岘皆在寿州六安县，殊不知六安县在寿阳西，大、小岘在寿阳东；不特在寿阳东也，又在合肥之东。自寿阳东过合肥而后至小岘，又自小岘而东乃至大岘。六朝都建康，自历阳而西趣寿阳，自寿阳而东向建康，大、小岘乃兵马往来之要路。通鉴书大、小岘不一，审谛考之，可以概见。余又于一百五十四卷梁武帝天监元年，辩海陵本释大、小岘之误，参取而观之，则知地理未易言也。

臧质进计于南郡王义宣曰："下官中流鼓棹，直趣石头。"页3364

史炤释文曰：鼓棹，歌鼓而行舟也。（海陵本同。）余按鼓之为义，击也，扇也，动荡之也。击棹以行舟，汉书所谓"楼船卒水居击棹"者。今人谓之打棹，打亦与击同义。鼓棹之义，夫人能知之；炤乃谓歌鼓以行舟，浅缪甚矣！

何尚之曰："夏口在荆江之中，正对沔口。"页3368

史炤释文曰：沔水出武都，东南入江，过江夏，谓之夏水。余按史炤释用应劭汉书注，劭注江夏郡曰：沔水自江别至南郡华容为夏水，过郡入江，故曰江夏。水经曰：夏水出江，流于江陵县东南，又东过华容县南，又东过江夏云杜县，入于沔。沔水又东过江夏沙羡县北，南入于江。郦道元注云：江津豫章口东有中夏口，是夏水之口，江之汜也。原夫夏之为名，始于分江，冬竭夏流，故纳厥称。既有中夏之目，亦苞大夏之名。其决入之所，土谓之赌口。自赌口下沔水，通兼夏目；而会于江，谓之夏汭。故春秋左传，沈尹射奔命夏汭。杜预注曰：汉水曲入江，即夏口矣。庾仲雍亦曰：夏口一曰沔口。郦道元又曰：黄鹄山东北对夏口城，孙权所筑也。对岸则入沔津，故城以夏口为名，亦沙羡县治。沈约志曰：江夏郡本治安陆，是年，徙治夏口。夏口本沙羡土。沈约所云，正何尚之所谓“夏口在荆江之中，正对沔口”者也。章怀太子贤亦谓夏口戍在鄂州，故唐以来皆指鄂州为夏口。历考诸家之说，自应劭至庾仲雍皆以为沔口即夏口，自孙权筑夏口城，至唐置鄂州，则夏口之名移于江南，而沔水入江之口止谓之沔口，或谓之汉口。夏口之名遂与沔口对立，分在江之南北。以此释何尚之之言，乃为明白。史炤止引应劭注而不能究其地名之离合，余故备论之。

通鉴一百二十九

大明三年　岂可三缄。页3387

史炤释文曰：家语：鲁人三缄其口。余按孔子家语：孔子观周，入后稷之庙，有金人，三缄其口，铭其背曰：“古之慎言也。”岂鲁人哉！

通鉴一百三十

明帝泰始元年　魏侍中司徒平原王陆丽。页3410

史炤释文曰：陆，姓也。古帝号有陆终，其后因以为氏。（海陵本同。）余按陆丽者，陆俟之子，陆突之孙，本步六孤氏，与拓跋氏皆起于代北，世领部落。魏孝文帝变胡俗，凡代北三字姓及复姓皆改为单姓，作史者从简便，因以后所改姓书之。陆丽安得为陆终之后乎！

綖环钱。页3416

史炤释文曰：綖，夷然切。（费本同。）余谓夷然切者，乃左传所谓“衡紞纮綖”之綖，注云：冠上覆也。綖环之綖，音私箭翻。盖当时鹅眼钱薄小，一千之长，不盈三寸，而綖环钱又劣于鹅眼，贯之以綖，其状如环，故曰綖环。若以为冠上覆之綖，非其义矣。丁度集韵线、線、綖皆同音同义，近世学者弗之考耳。

通鉴一百三十一

二年 汝南、新蔡二郡太守周矜起兵于悬瓠。页3431

史炤释文曰：矜，居陵切；说文：矛柄也。（海陵本同。）余按周矜，人姓名也，安得以矛柄为义。且矛柄之矜，音其巾翻；若居陵切，则为矜怜之矜。稍识文理者，岂不知周矜为人姓名。史炤乖缪如此类者甚众。

东军据岸结寨。页3436

史炤释文曰：寨，篱落也。余按此乃营寨、寨栅之寨，非篱落也。

萧道成世子赜为南康赣令。页3444

史炤释文曰：赣，古送切。（费本同。）余按汉书地理志：赣县属豫章郡；如淳音感，颜师古音古暗翻，刘昫音古滥翻，独广韵音古送切。史炤释文多以广韵为据，致此误也。赣县当章、贡二水之会，故合章贡二字为赣字。若音古送切，则是指贡水为县名而遗章水矣。二百九卷唐睿宗景云元年、二百一十二卷玄宗开元十一年“赣”注亦误。

通鉴一百三十二

三年 魏尉元上言：贼向彭城，必由清、泗过宿豫，历下邳；趋青州，亦由下邳沂水经东安。页3462

史炤释文曰：沂水出东海费县东，西入海。余按汉书地理志，沂水出泰山盖县，南至下邳入泗，过郡五，行六百里。水经：沂水出泰山盖县艾山南，径开阳、襄贲、郯、良城等县，又南过下邳县，西南入于泗。尉元言南国进兵向青州，水路必由泗入沂，溯沂而经东安，乃可至青州。沂水未尝出于费县，亦未尝入海，史炤妄矣！

通鉴一百三十三

七年　分交、广置越州，治临漳。页3479

史炤释文曰：临漳本汉邺县地。（海陵本同。）余按晋愍帝讳邺，改邺县为临漳，寻沦没于石勒，复为邺县。东魏天平初，始复分邺立临漳县。宋分交、广置越州，安能远北界治魏郡之临漳！刘昫曰：廉州合浦县，宋分置临漳郡。则越州之所治者，合浦之临漳也。

通鉴一百三十四

顺帝升明元年　苍梧王针、椎、凿、锯不离左右。页3510

史炤释文曰：锯，居御切，枪唐也，通作鐻。余考史炤枪唐之说，既未知其所据；而以锯通作鐻之说，征之子史，则亦妄矣！按锯字，先秦古书未之有也，字书引古史考云：孟庄子作锯，音居庶切，解截器也。若鐻字，则庄子所谓"削木为鐻"，读与据同。史记，秦始皇销锋镝以为钟鐻，读与虡同。后汉书，羌人以金鐻八枚遗张奂。鐻，戎夷贯耳也，音求于翻。鐻字曷尝与刀锯之锯通哉！

王敬则以刀环塞窐孔，呼门甚急。页3513

史炤释文曰：窐，音圭，甑空也。（海陵本同。）余按字书，窐字固以甑下孔为释，但呼门而塞甑孔，事不相关；且甑孔甚大，非刀环所能塞。盖门旁有孔，三角如圭头，以窥外人，因谓之圭孔，后人遂于"圭"上加"穴"耳。

二年　王僧虔奏，大明中，即以宫县合和鞞拂。页3531

史炤释文曰：释名：鞞，裨也；裨助鼓节也。吕氏春秋：帝尝令人作鞞鼓之乐。余按鞞、拂，皆舞名也。晋志曰：鞞舞未详所起，然汉代已施于宴享矣。拂舞出自江左，旧云吴舞，检其歌，非吴舞也，亦陈于殿庭。以此观之，史炤误矣。

通鉴一百三十五

齐高帝建元元年 宋顺帝下诏禅位于齐帝，逃于佛盖之下，太后自帅阉人索得之。页3535

史炤释文曰：阉人，宫中守门者。（费本同。）余按阉，即周礼之奄。郑氏注云：奄，精气闭藏者，今谓之宦人。陆德明音义：奄，于检翻。刘于验翻。徐于剑翻。今于奄字加门，则音淹；释者因其加门也，遂以宦者守门为义。殊不思前史，凡阉人给事宫中者，皆曰阉宦，初不以守门为义。史炤说拘矣！

二年 魏师攻钟离，崔文仲遣军主崔孝伯渡淮，攻魏茌眉戍主龙得侯等，杀之。页3544

史炤释文曰：泰山郡有山茌县，茌山在其东北。（海陵本同。）余按齐徐州治钟离，自钟离渡淮攻茌眉，盖浅攻也。茌眉自是淮北地名，魏于此置戍，非泰山之山茌县也。

北上黄蛮文勉德寇汶阳，汶阳太守戴元宾弃城奔江陵。页3544

史炤释文曰：汶，音问，鲁郡之邑。余按沈约宋书云：汶阳太守，何承天志，新立，去江陵陆行四百里，水行七百里。上黄县，宋初属襄阳，后属长宁郡，郡去江陵陆行六十里。水经注：晋武帝割临沮之北乡，中庐之南乡，立上黄县，治軨乡，在宜城西。义熙初，分新城郡，立汶阳郡，治锡城县。春秋时，楚伐庸至于锡穴者也。其地在临沮县西北。若如史炤说，以为鲁郡之汶阳，则非襄阳上黄蛮所得而攻，而郡守亦无从而奔江陵也。自南、北分据，建置郡县，多与古郡县之名错出，其所建置之地，非深考不能知也。一百四十三卷东昏侯永元二年释“汶阳”误同。

四年　南康公褚渊卒，世子贲耻其父失节，以爵让其弟蓁。页 3555

史炤释文曰：贲，符非切，姓也；耻，其名。（海陵本同。）余按褚贲，渊子也，通鉴之文甚明。贲耻其父失节者，以渊奉宋氏社稷输之于齐也，不当以贲为姓，耻为名。史炤之误多类此。贲，读曰蕡，音符分翻。

通鉴一百三十六

武帝永明三年　李叔献献十二队纯银兜鍪，乃孔雀毦。页 3569

史炤释文曰：孔雀，鸟名。毦者，毛羽饰也。博雅曰：氄毦，罽也。一曰，积羽为衣。一曰，兜鍪上饰。余谓毦者，以孔雀毛为兜鍪饰耳，不必引氄毦及积羽为衣以杂其说。

五年　魏主诏七庙亲子孙及外戚缌麻已上亲赋役无所与。页 3577

史炤释文曰：缌，两麻一丝之布也。余按礼记杂记曰：朝服十五升，去其半而缌，加灰锡也。注曰：缌，精粗与朝服同，去其半则六百缕而疏也，又无事其布而不灰焉。正义曰：朝服精细，全用十五升布为之。去其半而缌者，缌麻于朝服十五升之内抽去其半，以七升半用为缌麻服之衰服也。郑注云丧服去其半，而缌如丝是也。加灰锡也者，取缌以为布，又加灰治之，则曰锡。锡，言滑易也。注云又无事其布而不灰焉者，经云去其半而缌，始云加灰锡，明此缌衰不加灰不治布故也。详考杂记注疏，则朝服之布十五升去其半者为缌麻服之衰；其加灰治布者则为锡衰。史炤以缌为两麻一丝之布，其说不经见。

六年 魏筑城于醴阳，陈显达攻拔之，进攻沘阳。页3581

史炤释文作"澧阳"，注曰：天门邑。余按天门郡之澧阳，今之澧州。沘阳县，今之唐州。唐州与澧州相去甚远，夐隔江、汉。陈显达既拔醴阳，遂攻沘阳，是沘阳与醴阳相近，非天门之澧阳明矣。水经注：沘水出沘阳西北太湖山，东南流，过沘阳县南，又南流而与澧水会。澧水源出桐柏山，与淮同源，而别流西注，又西北流径平市故城东，又西注沘水。魏盖于此水之阳筑城。又水经于淮水注曰：淮水与醴水同源俱导，西流为醴，东流为淮。正作此"醴"字。

通鉴一百三十七

八年 魏太皇太后冯氏殂，高祖勺饮不入口者五日。页3594

史炤释文曰：勺，职略切；挹取也。余按诗泂：酌彼行潦，挹彼注兹。此酌字，音职略翻；以挹取为说。周官考工记：梓人为饮器，勺一升。勺，音上酌翻。勺饮之义取此，非挹取之酌也。

通鉴一百三十八

十一年 王融行逢朱雀桁开，喧湫不得进。页3624

史炤释文曰：湫，即由切，本作"啾"，谓喧哗啾唧也。（费本同。）余谓此湫，即左传湫隘之湫。顾野王云：湫，子小翻，隘也。以喧哗湫隘为说，文义自通，何必改为啾唧之"啾"乎！

车前无八驺，何得称丈夫。页3624

史炤释文曰：驺，厩御也。余按晋志，诸公、诸从公，车前给驺八人。王融望为公辅，故云然。驺者，在车前传呼，辟开道，止行人者，今人所谓"驺哄"。

徐勉曰："王君名高望促，难可并禉衣裾"。页 3628

史炤释文曰：禉，帛也。（费本同。）余谓于此以帛为释，其义殊为不通。按字书，弊字亦有从敝从衣者，以弊为说，其义乃通。

通鉴一百三十九

明帝建武元年 魏安定靖王休卒。自卒至殡，魏主三临其第。页 3644

史炤释文曰：临，力禁切，哭也。余谓此君临臣丧之临，读如字。君临臣丧，固哭之；但史言三临其第，当以临幸、临视之临为义。汉书贾山所谓锡衰麻绖而三临其丧，正古者待大臣之礼，魏主用斯礼也。

通鉴一百四十

二年 魏主曰："代人迁洛者，宜悉葬邙山。其先有夫死于代者，听妻还葬；夫死于洛者，不得还代就妻。其馀州之人，自听从便。"页 3672

史炤释文，提起"妻其"二字，注曰：妻，七计切。以女嫁人曰妻。余谓若如炤释，当以妻其馀州之人为句，读之便使上下文皆失其指义，童而习者不为也。按通鉴上文，时广川王谐卒，其妻先死于代，而谐从魏主南迁，死于洛，有司于其葬地，审以新尊从旧卑之义，故魏主因是定制；以为夫尊妻卑，夫葬于代而妻死于洛，则妻当还葬于代以从夫。若妻葬于代而夫死于洛，不得还葬于代以就妻。除代人之外，馀州之人，不用此制，各从其便。"妻"字句断，"其"字当属下句，文理晓然。妻，读如字。

沮水氐杨馥之为齐击武兴氐杨集始，破之。页 3673

史炤释文曰：沮水出房陵东，至郢入江。余谓沮水有二，辩已见七十七卷魏元帝景元二年。此沮水乃武都沮县之沮水，非出房陵之沮水也。元和郡县志曰：今兴州城，古之武兴城也。武兴及沮县之沮水，皆属汉武都郡界。房陵则属汉中郡，唐之房州是也。杨氏诸氏皆居武都，不居房陵也。一百四十八卷梁武帝天监十四年释"沮水"误同。其曰新城、房陵，则以曹魏分汉中置新城郡，欲以新异观者之目耳。

三年　魏寇司州，栎城戍主魏僧岷拒破之。页3681

史炤释文曰：栎城在司州，属后魏。余按此时魏寇齐之司州，为栎城戍主所破，则栎城属齐不属魏明矣。齐之司州，镇义阳。

通鉴一百四十一

四年　魏发冀、定、瀛、相、济五州兵。页3692

海陵本释文曰：瀛州，即河内郡。余按瀛州，河间郡地，非河内也。

李崇搓山分道。页3694

史炤释文曰：搓山与氐、羌相近。搓，锄加切，亦作"查"。（海陵本同。）余按搓，音仕雅翻，邪斫木也。此与晋穆帝永和六年燕命慕舆埿搓山通道同义。史炤于此以搓山为山名，又愈误矣！

聚礌石，临崖下之。页3694

史炤释文曰：礌，洛罪切，推石自高而下也。余谓释是而音非。音洛罪切者，礌硌之礌；推石自高而下之礌，当音卢对翻。汉书李陵传，乘隅下垒石，垒音卢对翻，音义正与此礌同，特古字借用不同耳。

徐州刺史裴叔业引兵攻虹城。页3695

史炤释文曰：虹，户公切，后魏之地。余谓此虹城即汉虹县也。今泗州犹有虹县。汉书音义：虹，音贡。今人读如绛。南齐徐州刺史镇钟离。裴叔业自钟离引兵渡淮攻魏之虹城，以挠魏南寇之兵，正今泗州之虹县也。史炤音户公切，特随字自为之音，非有所据也。

王崇武标点容肇祖聂崇岐覆校

通鉴释文辩误卷第七

天台胡三省身之

通鉴一百四十二

东昏侯永元元年　魏邀齐兵归路，陈显达引兵渡水西，人情沮恐。页3715

史炤释文曰：沮，将豫切；沮丧而恐惧也。（费本同。）余按沮丧之沮，音在吕翻。从将豫切者，乃沮洳之沮也。史炤以沮止之沮、沮丧之沮读为去声者甚多，不欲枚举，读通鉴者自决择可也。

显达之北伐军入沟均口，冯道根说显达曰："沟均水迅急，难进易退。"页3715

史炤释文曰：沟、均皆水名。余谓沟均，一水也。按水经注：均水有三名。均水发源弘农郡卢氏县之熊耳山，南径顺阳县，当涉都邑之北，南入于沔；地理志言熊耳之山，淯水出焉，东南至顺阳入于沔者也。又曰：顺阳县西有石山，南临沟水。沟水又南流注于沔水，谓之沟口。又曰：沔水自武当县东南流，径涉都城东北，均水入焉，谓之均口。则淯、沟、均，虽有三名，实一水也。孙愐曰：沟，水名，出析县北山、入沔，今作均。盖沟、均同音。或曰沟口，或曰均口，后人遂连沟、均二字言之，谓为沟均口。

通鉴一百四十四

和帝中兴元年　魏主召禧、勰、详入见，曰："比缠尪疹，苟延

视息。”页3754

史炤释文曰：疹，章忍切；瘾疹也；一曰，唇疡。（费本同。）余按字书，瘾疹之疹，章忍切。尪疹之疹，丑刃翻。尪，弱也。疹，疾也。自言弱疾，苟延视息。若患瘾疹，何至言苟延视息哉！史炤释疹字，一百七十二卷陈宣帝太建八年、二百三十六卷唐顺宗永贞元年皆误，而三变其说，各辩于后。

陈伯之收兵退保湖口，留陈虎牙守湓城。页3766

史炤释文曰：湓水之城在庐江寻阳。余按汉书地理志，寻阳固属庐江郡，然汉之寻阳在江北，至晋以后，寻阳在江南。沈约宋志曰：寻阳，本县名，因水名县。水南注江。二汉属庐江，吴立蕲春郡，寻阳县属焉。晋武帝太康元年，省蕲春郡，以寻阳属武昌。二年，以武昌之寻阳复属庐江郡。是时寻阳县犹在江北。惠帝永兴元年，分庐江、武昌立寻阳郡，治江南之柴桑。自时厥后，江北寻阳之名移于江南，而湓浦、柴桑皆在寻阳郡管下。史炤若言湓城在寻阳犹可，言在庐江之寻阳则不可。

新亭城主江道林引兵出战。页3768

史炤释文作“道怺”，音敕律切。谓之非误，可乎！

通鉴一百四十五

梁武帝天监元年　魏小岘戍主党法宗袭大岘戍，破之。页3788

海陵本释文曰：小岘，山名，在襄阳。大岘，山名，在琅邪阳都县。（史炤释一百二十八卷宋孝武帝孝建元年同。）余观海陵本不从史炤之说，以襄阳之岘山为小岘，琅邪之大岘关为大岘，自以为得其说矣；殊不知自襄阳至琅邪，几千百里，岂轻兵掩袭之所能制胜乎！况是时襄阳之岘山属梁境，琅邪之大岘关属魏境；党法宗，魏将也，乃戍梁境之岘山而袭魏境之大岘关，其说又为不通。按小岘、大岘在历阳、合肥之间，小岘在合肥之东，大岘又在小岘之东，是后韦叡克小岘，进攻合肥，是小岘在合肥之东明矣。宋孝武帝孝建元年，鲁爽自寿阳举兵进屯大岘，食少而退，薛安都自历阳进兵，追及爽于小岘，斩之。是大岘在小岘之东又明矣。二岘相去盖不甚远也。费本注曰：党，丁浪切。余按党，音底朗翻，无从去声者，此亦蜀人土音之讹。

通鉴一百四十六

四年　魏邢峦表云：在南之日，曾立巴州，镇静夷獠。页3813

史炤释文曰：西南夷谓之獠。（海陵本同。）余按史炤以獠为西南夷，至是三矣，已辩之于前，今复申言之。蜀主李势之时，獠始自山出，从巴西至犍为、梓潼，布满山谷。李延寿北史曰：獠，盖南蛮之别种，邛、笮川洞之间，散居山谷，种类甚多，略无氏族之别，又无名字，所生男女惟以长幼次第呼之。二百四十五卷唐僖宗中和二年，炤又以獠为戎夷别名，是又略变前说，而其误终身不能改也。

五年　魏泾州陈瞻亦聚众称王。页3815

史炤释文曰：泾，宣城邑。余谓此魏所置泾州也。按魏收地形志，魏置泾州于安定临泾城。若宣城郡之泾县，则在江南，属梁，非魏土也。且通鉴书魏泾州，而以梁宣城郡之泾县为释，曾是可以欺后学乎！

将军蓝怀恭与魏邢峦战于睢口，败绩，峦进围宿豫。页3821

史炤释文曰：睢水之口在元魏梁郡。余按水经注，睢水首受陈留蒗荡渠，东过梁国睢阳县南，又东过相县故城南，又东径彭城之灵壁东，又东径睢陵县故城北，又东南径下相县故城南，又东南流入于泗，谓之睢口。睢口不在梁郡也。

通鉴一百四十七

七年 马仙琕签求应赴。页3839

史炤释文曰：签，邮签。（海陵本同。）余按李延寿南史：故事，府州部论事皆签，前直叙所论之事，后云谨签，月日下又云某官某签。马仙琕签求应赴，正此签也；以为邮签，何所据乎！

魏邢峦乘胜长驱至悬瓠，因渡汝水，围其城。页3840

史炤释文曰：汝水出上洛卢氏，还归山东，入淮。余按汝出卢氏，过梁县，又东南过颍川郏县，又东南过定陵郾，又东南过汝南上蔡县西，又东径悬瓠城北，汝水枝别左出西北流，又屈西东转，又西南会汝，形若悬瓠，城因名焉。故邢峦之兵渡汝水而围悬瓠。史炤但能言汝水所出及所入处耳。

八年 许懋议，孙晧尝遣董朝至阳羡禅国山。页3842

史炤释文曰：阳羡，会稽邑。（海陵本同。）余按阳羡县，前汉属会稽郡，后汉属吴郡，东晋以后属义兴郡。又分阳羡为国山县。

九年 吴承伯反，奄至吴兴，吏民恇扰。页3847

史炤释文作"怇扰"，注曰：音巨，恐扰也。（海陵本同。）余按怇字，乃恇字之误也，炤从而为之音释，缪矣。字书亦无怇字。恇，音去王翻。

十年 魏汾州山胡刘龙驹聚众反。页3848

史炤释文曰：汾水出太原晋阳山，西南入河；后魏置汾州。余按汾水所出、所经、所入，已辩于一百二十四卷宋文帝元嘉二十三年。但史炤今之注较之前注愈误。汾水出太原汾阳北山，非晋阳山也。且魏太和十二年置汾州，治蒲子城，孝昌之乱沦陷，又移治西河，领西河、吐京、五城、定阳等郡。此时汾州犹治蒲子。刘龙驹，盖山胡种居汾州部内者也。炤以汾水出入处释汾州，失之远矣。

通鉴一百四十八

十五年　淮堰成。或谓康绚凿黎东注，又纵反间于魏，萧宝寅信之，凿山深五丈，开黎北注。页3871

史炤释文曰：黎，即由切，水名。或普焦切。余按黎字惟丁度集韵有之，无普焦切一音。以通鉴本文观之，黎者沟渎之类，非水名也。

通鉴一百四十九

普通二年　琬琰殿火。页3907

史炤释文曰：琬琰，璧名。余按周礼有琬圭、琰圭，郑氏注曰：琬，犹圆也。琰，剡上。如是，则琬圭圜其上，琰圭剡其上；琬、琰皆圭名，非璧名。然此以琬琰名殿耳；而致辩于圭璧之间，正以分别字义不得不尔。

通鉴一百五十

五年　魏凉州幢帅于菩提等。页3921

史炤释文曰：幢帅，犹连率也。余按礼记王制，三十国为连，连有率。魏安能行古制哉！柔然之法，百人为幢，幢有帅。

秀容人乞伏莫干聚众攻郡，杀太守。南秀容牧子万于乞真反，秀容酋长尔朱荣讨平之。页3923

史炤释文曰：秀容，本汉汾阳县地，后省之。至元魏，置肆州秀容县。按史炤之误，余已辩之于一百八卷晋孝武帝太元十九年，而尔朱居秀容之本末则未之及也。按尔朱氏世居秀容川，尔朱荣高祖羽健从魏主珪攻燕主宝有功，环其所居，割地三百里以封之，尔朱氏自此强盛。此北秀容也。又有南秀容，则汉汾阳县地也，魏置秀容郡及秀容护军于此，其地在汾水之北，北秀容又在汾阳之北。史家虑北秀容、南秀容之无以别也，故乞伏莫干则曰“秀容人”，万于乞真则曰“南秀容牧子”，此其分别甚明。史炤不能详考，混而言之，非深于通鉴者也。

魏郢州刺史裴询与蛮酋西郢州刺史田朴特相表里。页3927

史炤释文曰：郢，州名，属后魏。余谓若如炤释，则凡欲注书以求自见于后世者，岂不甚易！按是时南北分王，各有郢州，魏置郢州于义阳，梁郢州则治夏口。

六年　崔延伯别造大盾，内为锁柱，使壮士负而趋。页3935

史炤释文曰：盾，食尹切，本作“輴”，车转者。（海陵本同。）余谓盾即干盾之盾，所以捍锋矢者。輴者，载柩之车，音敕伦翻。史炤缪矣。

邵陵王纶问卖䱇者，令吞䱇而死。页3943

史炤释文曰：䱇，七演切，鱼名，皮可为鼓。一曰，蛇䱇，黄质黑文。（海陵本同。）余按皮可为鼓者，鼍也。陆玑草木疏云：鼍似蜥蜴，四足，长丈馀，甲如铠皮，坚厚，宜冒鼓。诗所云“鼍鼓逢逢”者，盖鼍皮所冒之鼓也。字书，鼍字亦作鱓，音徒何切。既皮可冒鼓，岂人所能吞哉！曰蛇䱇者近之。䱇，亦作鱓；音七演翻。二字同而音异，故炤释文〔未〕知所决择。

通鉴一百五十一

七年　魏安州三戍兵反，杜洛周自松岍赴之。页3945

史炤释文曰：岍，苦坚切，地名。（海陵本同。）余按岍字，当读与岍、陉同；音户经翻。唐志，营州西北百里，曰松陉岭。魏安州治广阳郡之方城县，唐檀州是也。

大通元年　魏源子邕、裴衍行至阳平漳水曲。页3963

史炤释文曰：漳水在阳平东北。山海经云：漳水出荆山，南注于沮水。余按炤因通鉴本文知漳水在阳平东北，而又引沮、漳之漳水杂以为释，习之而不察甚矣。魏文帝分魏郡置阳平郡，治馆陶。

通鉴一百五十二

二年　魏北道行台杨津守定州城，居鲜于修礼、杜洛周之间，迭来攻围。页3965

史炤释文提起"间迭"二字，注云：间，居苋切，代也，厕也。余按史炤之说，则以"间迭来攻围"为句，殊不顾上句读不成文，其缪甚矣。当以"居鲜于修礼、杜洛周之间"为一句，"迭来攻围"为一句；间，读如字。

番郡民续灵珍攻番城以应梁。页3980

史炤释文曰：番，蒲何切。余按蕃县，汉属鲁国，晋惠帝元康中废，属彭城郡。魏收地形志曰：孝昌三年，置蕃郡，治蕃城，元象二年，并彭城。武定五年，复置蕃郡。汉书音义，番阳县之番，音蒲何翻。鲁国蕃县之蕃，音皮。或云：皮，反字之误，反读如字。是时梁将王弁侵魏，徐州蕃郡民续灵珍攻蕃城以应梁，此蕃郡、蕃城，即汉鲁国之蕃县。传写通鉴者"番"上缺"艸"，遂为番郡、番城，史炤又从而音蒲何切，误矣！

葛荣列陈数十里，箕张而进。页3980

史炤释文曰：箕张，犹春秋鱼丽之陈。余按左传鱼丽之陈，先偏后伍，伍承弥缝。箕张之陈，与鱼丽之陈固当不同。列宿之象，箕张，翼舒。箕四星，下二星翕而相近，上二星开张。列陈前阔而后狭，故曰箕张，即今军中言杷头陈也。

葛荣至洛，魏主御阊阖门引见。页 3981

史炤释文曰：阊阖，天门也。（海陵本同。）余按阊阖门，洛阳宫城门，辩已见八十四卷晋惠帝太安元年。史炤前说已误，此又以阊阖为天门。宫城门固取天门以为名，然径以为天门则不可。一百六十卷太清元年“阊阖门”注亦误。

羊侃自瑕丘溃围出魏境，至渣口。页 3982

史炤释文曰：渣，侧加切，水名，出义阳。一作“溠”。（海陵本同。）余按水经注，偪阳有柤水，南乱沂而注于沭，谓之柤口。柤，音侧加翻，即此渣口也，但字异耳。杜预曰：溠水出义阳厥县西。义阳，唐之申州；瑕丘，唐之兖州治所。偪阳在唐徐州界。羊侃南奔，自瑕丘至徐州之渣口，道里甚径。若自兖州至申州，道里甚远。观者可以知所决择矣。

通鉴一百五十三

中大通元年　魏杨昱据荥阳，陈庆之攻之，将士相帅蚁附而入。页 3988

史炤释文曰：蚁，蚍蜉也。附者，谓其能屯聚也。余谓蚁能附着木石墙壁而行，缘而登高。史言陈庆之将士缘荥阳城而登，若蚁之附木石墙壁而登高然，非以蚁能屯聚为喻也。

初，魏以梁、益二州境土荒远，更立巴州以统诸獠，又立隆城镇。页 3995

史炤释文曰：巴，春秋时巴地，晋、宋间为夷獠所居，至后魏得其地，立巴州。余按汉书地理志，巴郡十一县，皆春秋时巴国之地。汉献帝时，刘焉、刘璋父子分巴为三郡，其后分置郡县，寖以益多，自阆、渝至于夔、涪，皆巴地也，未尝尽为夷獠所居。三国之时，蜀都护李严尝请以五郡为巴州，诸葛亮不许。至萧齐，卒置之。萧子显齐志曰：三峡险隘，山蛮寇贼，宋末置三巴校尉以镇之，既省，复置。齐高帝建元二年，置巴州，分巴东、建平、涪陵、巴郡属焉。武帝永明元年，省巴州。故天监二年邢峦表魏主曰：在南之日，尝立巴州，镇静夷獠。谓此也。由此观之，巴州之立尚矣，特废置不常耳，非魏立也。

通鉴一百五十四

二年 魏尔朱荣曰："拥生蛮北填六镇。"页4006

史炤释文曰：填，读曰镇。余谓此乃补填之填，音停年翻；言欲驱生蛮以补填六镇叛亡之户。

陈庆之引兵围悬瓠，破魏颍州刺史娄起等于溱水。页4020

史炤释文曰：溱，侧诜切，水名，在河南。余按此史炤据广韵以为释也。广韵所谓溱水在河南者，以周宣王弟郑桓公邑于新郑而食溱、洧，新郑县汉属河南郡，故云然。时陈庆之围悬瓠，悬瓠城在汝南，安能北至新郑之溱与娄起等战也！水经注：溱水出汝南平舆县浮石岭北青衣山，东南径朗陵县故城西，东北径宜春县故城北，又东北入于汝。陈庆之破娄起等，寔于此水也。

通鉴一百五十六

五年 贺拔胜遣军攻冯翊、安定、沔阳、酂城，皆拔之，于是沔北荡为丘墟矣。页4054

史炤释文曰：沔阳，汉中邑。余按汉中郡自汉以来固有沔阳县。然以历代地志考之，宋立冯翊、安定等侨郡于沔北，梁置沔阳郡于汉竟陵县之地，后周以为复州。置酇城郡于汉阴县之地，亦皆沔北，北属梁雍州刺史。以通鉴下文观之，可以知矣。汉中之沔阳县属梁州，时梁州之地已为魏有。史炤释非。

魏主西奔至稠桑，潼关大都督毛鸿宾迎献酒食。页4067

史炤释文曰：稠桑，地名，在荥阳西。余按魏主自洛西奔至稠桑，而毛鸿宾自潼关迎献酒食，则稠桑在洛阳之西、潼关之东，明矣。弘农郡湖城县有稠桑驿。通鉴书魏主先至湖城而后至稠桑，稠桑在湖城之西，不在荥阳之西。荥阳在洛阳东，去稠桑远矣。一百八十四卷隋恭帝义宁元年窦琮等追及屈突通于稠桑，炤释亦误。但两事有自东徂西，自西徂东之异耳，辩见于后。

贺拔胜自南阳帅所部西赴关中，至淅阳。页4069

史炤释文曰：浙，旨热切。浙阳，郡名，浙水所出。余按魏淅阳郡，汉弘农郡淅县之地也，有析水，后魏置析阳郡。魏收地形志只从汉书作"析"字。隋书五代志乃作"淅"字，宋朝邓州淅川、内乡二县即其地。炤以为淅水所出，是矣。若音旨热切，则"浙"字，非"淅"字也。

魏孝武帝闺门无礼。页4073

史炤释文作"阖门"，注云：阖，胡猎切，闭也。余按通鉴诸本皆作"闺门"，下文书闺门无礼事甚详。史炤误矣。

通鉴一百五十七

大同三年 东魏丞相欢游汾阳之天池。页4089

史炤释文曰：汾水之阳，河东邑。余按汾阳县自汉至后魏，皆属太原郡。魏自正光以后，北边盗起，恒、朔陷没，乃置秀容郡于汉汾阳县地，唐忻州之秀容县是也。若隋地理志，太原郡之汾阳县，则汉之阳曲县地。汉之汾阳县与隋之汾阳县皆非河东邑，而高欢所游者乃秀容之汾阳也。隋炀帝建汾阳宫，即此地。

魏大都督宇文贵进据颍川，东魏行台任祥退保宛陵。页4098

史炤释文曰：宛陵，宣城邑，彭泽聚在西。余按史炤参取汉书地理志及晋书地理志以为释。殊不知地理志汉河南郡又有苑陵县，晋属荥阳郡，后魏属陈留郡，天平以后，属广武郡，任祥所退保者也。详考诸志，宣城之宛陵与任祥所保之苑陵，字有“苑”、“宛”之异，传写者误以“苑”为“宛”。史炤遂误释为宣城之宛陵，所谓差之毫厘缪以千里也。

魏行台杨白驹与东魏阳州刺史段粲战于蓼坞。页4099

史炤释文曰：蓼，即安丰之邑。（费本同。）余按汉书地理志，蓼、六二县，皆属六安国。蓼、六，春秋时犹为列国，皋陶之后也，俱为楚所灭。晋地理志，蓼县始属安丰郡。然考魏收地形志，此时东魏置阳州于宜阳，西魏以杨白驹为行台，使之东略，其交兵正在河、潼间，安得战于安丰之蓼邑邪！水经注：蓼水出河北县襄山蓼谷，盖当时之人于此谷筑坞，因谓之蓼坞。汉书音义曰：襄山在潼关北十馀里。

通鉴一百五十八

四年　魏广州守将骆超。页4102

史炤释文作“骆越”。注曰：骆，姓也；越，其名。余按骆越乃汉时南方蛮之种名。此魏将也。通鉴诸本皆作骆超，参考通鉴前后所书，亦“超”字为是。炤于一百五十四卷中大通二年亦以为骆超。

九年　宇文泰登邙山以袭高欢，黎明，泰军与欢军遇。页4120

史炤释文曰：黎，音离。黎，犹比也，谓比至天明也。（海陵本同。)余按史记黎明之黎作遳。说文曰：遳，徐也；读与黎同，音力兮翻。程大昌曰：徐广云：黎，犹比也，将明之时也。此说非也，黎、梨字通，梨，黑色也。黑与明相杂，欲晓未晓之交也，犹曰昧爽也。昧，暗也；爽，明也；亦明暗相杂也。迟明，即未及乎明也。厥明、质明，则已晓也。读黎如离，恐骇俗，且当从说文音。此音亦有黑义，字书梨字亦有从力兮翻者。

通鉴一百五十九

十一年　柔然头兵可汗使其弟秃突佳来送女，且报聘。页4132

史炤释文以“聘”为“娉”，注曰：说文：娉，问也；谓昏礼问名。余按古礼有交聘之聘，有聘女之聘，说文始以聘女之聘为娉字，与交聘之聘分为二字。然古之聘字虽同，而时聘之礼与聘女之礼异。周礼：时聘曰问，以结诸侯之好。又曰：谷圭以聘女。此聘字之同也。春秋左氏传，宣九年，孟献子聘于周。十年，刘康公来报聘。交聘之聘也。文四年，贵聘而贱逆，君子是以知出姜之不允于鲁。七年，穆伯又聘于莒，莒人以声己辞，则为襄仲聘焉。聘女之聘也。聘字皆同而为礼则异，凡读经、传者，居然可知也。左传书报聘之事非一。柔然固不可以古礼律之，然其使弟来送女，则犹古人致女之礼也。报聘则是报高欢之使聘，亦古者列国来聘、报聘之意。史言且者，谓送女且报聘也。当是时，高欢未尝许以女女柔然，何昏礼问名之有！若问名，不当言报。“娉”字只当作“聘”字，以交聘之聘为释。且者，不专为一事，并有馀事之谓。

通鉴一百六十

太清元年　荀济知上有大志，然负气不服，常谓人曰：“会于盾

鼻上磨墨檄之”。页4157

史炤释文曰：矛盾之鼻也。余按荀济只言盾鼻，史炤乃泛引矛为说以杂之。盾之有鼻，盖盾背有隆起处，故谓之鼻。记：朱干设锡。郑玄注曰：干，盾也；钖傅其背如龟也。正义曰：诗云镂锡，谓以金饰之。用金琢傅其盾背，盾背外高，龟形亦外高，故云如龟。盖见汉礼然也。或谓锡即盾鼻。矛若有鼻，当施于何所！

通鉴一百六十一

二年　西丰公大春守石头。页4179

史炤释文曰：石头，在丹杨秣陵、建业中，孙权城之。余按江左置丹杨尹，秣陵、建业二县皆治京邑。建业改为建康，自避晋愍帝讳始。当时二县分治，以秦淮水为界。炤以为在秣陵、建业中者，抑以为在二县中间邪！既不能指定实处，而其文质俚亦甚矣。且汉建安中孙权筑石头城，至此三百馀年，通鉴书石头事凡几。史炤于魏文帝黄初五年、晋海西公大和五年释已误，此释又添一误也。张舜民曰：石头去台城九里，天生城壁，在清凉寺北覆舟山上，江行自北来者，循石头城转入秦淮。

通鉴一百六十二

三年　李迁仕、樊文皎帅锐卒五千深入，至菰首桥东。页4194

史炤释文曰：菰首桥在淮地。（海陵本同。）余按淮者，秦淮水也。李迁仕等先将兵渡淮，攻东府前栅焚之；侯景退，众军营于青溪之东，迁仕又进至菰首桥东。则此桥当在青溪上。曰在淮地，何邪！

御甘露厨有干苔，味酸咸，分给战士。页4195

史炤释文曰：苔，藓也。（海陵本同。）余谓苔生于海，其形如发，春二三月，海人采取之，纳土窖中，出而晒之成片，今南人多食之。若苔藓者，生于阶墙及阴湿之地，安可食邪！

通鉴一百六十三

简文帝大宝元年 陈霸先修崎头古城，徙居之。页4232

史炤释文曰：崎头，城名，在梁地。余谓侯景虽专，梁命未改，江淮以南皆梁地，崎头为梁地一语，不注可也。按陈霸先自始兴出兵，度大庾岭，既破蔡路养于南野，遂居崎头古城。崎头之地，今不可知，必在南康郡界。南康，今赣州。

侯景遣侯瑱随于庆徇蠡南诸郡。页4233

史炤释文曰：蠡南，地名。蠡，力兮切，又力底切。余谓蠡南诸郡，指彭蠡湖以南诸郡，如豫章、庐陵、安成、临川、南康是也。蠡，音礼；力兮切非。

通鉴一百六十四

二年 任约追胡僧佑及于芋口。页4248

海陵本释文作“芋口”。芋，羽俱切，又王遇切，地名。余按“芋”字本“芊”字之误。姚思廉梁书曰：芊口，在南平郡安南县界。不能博考而妄为音切，可乎！芊，音千。

元帝承圣元年 侯子鉴以艄䑠千艘载战士。页4258

海陵本释文曰：艄䑠，上止遥切，又陟交切；下力鸟切。余按丁度集韵：艄，丁了翻。䑠，朗鸟翻。类篇曰：艄䑠，船长貌。海陵本音释，殊无所据。

通鉴一百六十五

三年 严超达自秦郡进围泾州。页4283

费本注曰：泾州盖以泾水为名。余按五代志，江都郡永福县，梁置泾州，领泾城、东阳二郡。李延寿北史曰：梁泾州在石梁。此乃因泾城以名州，非泾水也。

通鉴一百六十六

敬帝绍泰元年 齐平秦王归彦谮清河王岳曰："清河僭拟宫禁，制为永巷。"页4306

史炤释文曰：永巷，列宫名，有长巷，故名之也。余按宫中长巷曰永巷，自应劭已有此说，未尝以永巷为列宫名。高归彦谮高岳，谓其私第僭拟宫中为永巷耳。观通鉴本文，可见炤说之僻缪。一百七十卷陈宣帝太建元年"永巷"，史炤复有此缪说。

晋安民陈羽世为闽中豪姓。页4308

史炤释文曰：闽中，郡名，即南越地，余按闽中乃汉闽越地，非南越地；梁亦未尝置闽中郡。下卷陈武帝永定元年误同。

太平元年 魏以岐阳之地封安定世子觉为周公。页4322

史炤释文曰：岐阳，本元魏秦平郡，至西魏改。余按西魏改秦平郡为岐山郡，未尝改为岐阳。魏以岐阳之地封宇文觉，盖指岐山之阳，汉雍、郿二县地。后魏真君六年，于汉郿县地置周城县。岐山之下，周自古公亶父至文王居之，故谓之岐周。拓跋之县名，宇文之国号，皆本诸此。

通鉴一百六十七

陈武帝永定元年 周晋公护与李植相质，植辞穷。页4333

史炤释文曰：质，职利切；质当以为信。余谓质，职日翻。对面相辩正为质。礼记曲礼：夫人之讳，虽质君之前，臣不讳也。郑注云：质，犹对也。是质有对之义。通鉴下文言李植辞穷，可以知非质当之质也。至一百七十三卷宣帝太建十年齐王宪与于智相质，炤则曰：质，职日切，正也；谓正自相当。释相质之义虽未为明切，而亦知职利切之为非矣。

置删定郎，治律令。页4334

史炤释文曰：陈置此官以治律令。余谓注书如此，何所发明！按曹魏之世，置尚书曹二十三郎，有定科郎。刘宋置十九曹郎，文帝元嘉十八年增置删定曹郎，盖魏世之定科郎也。至于齐、梁亦皆置之，以删定律令。陈受梁禅，政事皆由中书省，置二十一局，各当尚书诸曹，总国机要，尚书惟听受而已，特置删定郎以治律令。

帝裸裎为乐。页4336

史炤释文曰：裎，袒也；古禅衣。赵、魏之间无裦者谓任。余按朱氏孟子解，裸裎，露身也，义甚简明。禅衣之说，本之广韵；无裦谓任，此语全不可晓，或者任字其裎字之误乎！若服禅衣，则非裸裎矣。炤不过欲艰深其辞以罔后学。

二年 齐以长广王湛为尚书令。页4340

史炤释文曰：湛，市林切，又持林切，丈减切。余谓上两音皆非也，当从下音。

惶怖且悲，不觉声颤。页4344

史炤释文曰〔作〕“軆”，注云：旨善切，摇也；通作“颤”。余按通鉴本文正作“颤”字，当音之膳翻。軆音旨善切者，孙愐云：裸形无可蔽也。非声颤之义。

王崇武标点容肇祖聂崇岐覆校

通鉴释文辩误卷第八

天台胡三省身之

通鉴一百六十八

文帝天嘉三年　和士开善握槊。页4376

史炤释文曰："槊"，通作"矟"。矛长丈八者为槊。（海陵本同。）余按握槊，局戏也。李延寿曰：握槊，盖胡戏，近入中国。刘禹锡观博曰：握槊之器，其制用骨，觚棱四均，镂以朱墨，耦而合数，取应日月，视其转止，依以争道。史炤乃以为握丈八之槊，是但知槊之为兵器而未知握槊之为局戏也。

通鉴一百六十九

五年　陈宝应逃至莆口。页4398

史炤释文曰：莆，音甫。（海陵本同。）余按莆口在唐泉州莆田县界，今兴化军之地。莆，音蒲；音甫非。

天康元年　周信州蛮冉令贤等反，远结涔阳蛮为声援。页4407

史炤释文曰：涔阳渚之蛮，在郢中。余按后周置信州于永安，唐之夔州也。郦道元曰：江陵西北有纪南城，楚文王自丹杨徙此，平王城之。班固言楚之郢都也。楚辞曰：邅吾道兮洞庭，望涔阳兮极浦。屈原，楚人也，至洞庭然后可以望涔阳，则涔阳之不在郢中亦明矣。道元又曰：涔水出作唐县西北天门郡界，南流径涔评屯；屯堨涔水，溉田数千顷。又东南流注于澧水。涔阳盖居是水之阳也。二百六十六卷梁太祖开平元年雷彦恭攻涔阳、公安，正此涔阳。史炤释亦误。九域志：江陵府公安县有涔阳镇。

通鉴一百七十

临海王光大元年　巴山太守黄法慧从宜阳出醴陵，共袭华皎。页4414

史炤释文作"澧阳"，注曰：天门邑。余按地理志，醴陵、澧阳自是两县。醴陵县，后汉置，属长沙郡。澧阳县，晋武帝太康中立，天门郡治焉。时华皎据长沙，安成王顼使吴明彻等帅舟师溯江攻之，又使黄法慧从宜阳出醴陵以袭其不备。宜阳，汉之宜春县也。晋孝武帝避其母郑太后讳，改为宜阳，今袁州宜春郡也。自宜春至醴陵，不及二百里；澧阳则在洞庭、太湖之北，自宜春袭长沙，不出澧阳也。

齐主封弟仁约为乐浪王。页4414

史炤释文曰：乐浪，郡名，古朝鲜之国，其地系北齐。余按齐主以古郡名爵诸弟为王耳，未尝使之君国子民。乐浪，古朝鲜之地，自晋至于慕容氏之末世，已不能有其地，北齐安能系属之哉！

宣帝太建三年　周遣右武伯谷会琨等聘于齐。页4439

史炤释文作"埕"，注曰：其字未详。余按通鉴诸本皆作"琨"，炤所见本，于昆旁王偶缺上一画耳。

通鉴一百七十一

五年　齐人于秦郡置秦州，州前江浦通涂水。页4454

史炤释文曰：涂，同都切。水出益州牧靡南山，西北入渑。（海陵本同。）余按晋惠帝置堂邑郡于汉堂邑县，至安帝改堂邑郡为秦郡，以秦之侨人居其地故也。北齐取淮南，就以秦郡置秦州，唐滁州六合县即其地，因滁水以名州。涂，读为滁，辩已见七十五卷魏邵陵厉公嘉平三年、八十卷晋武帝咸宁五年。汉益州郡牧靡之地，自宇文并蜀，弃之荒外，宇文且不能有其地，齐人境土，西限于宇文，其能有牧靡之地乎！是时陈师伐齐以复淮南，岂攻益州哉！此乃汉堂邑之滁水，非汉牧靡之涂水也。

通鉴一百七十二

七年 周主伐齐。鲍宏曰："进兵汾、潞，直掩晋阳。"页4479

史炤释文曰：汾、潞，二州名，系后周。余按周、齐敌国，疆埸之间，各置州郡，齐置汾州于西河，周置汾州于定阳。若潞州上党郡则属齐地。周建德六年始平齐，陈太建之九年也。宣政元年分并州上党郡始置潞州，太建之十年也，乌得于太建七年以潞州系后周哉！盖鲍宏论伐齐，直言进兵之路，不指州名而指水名，自汾水取平阳，过雀鼠谷，可以掩晋阳；自上党潞川入壶关、黄泽，亦可以掩晋阳；非指二州名也。

八年 周主谓群臣曰："朕去岁属有疾疹，遂不得克平逋寇。"页4484

史炤释文曰：疹，章忍切。瘾疹，皮外小起也。余按此疾疹之疹，与疢字同音丑刃翻，经、传作"疢"，作"疹"者俗书也。周武帝举大兵以伐国，不应以皮外小起瘾疹而还师。史炤之浅妄率如此！至二百三十六卷唐顺宗永贞元年，方能以疹为久疾，乃因通鉴正文积疹而生义，然音切终不能改也。

前出河外，直为拊背，未扼其喉。页4484

史炤释文曰：拊，揗也，谓摩其背也。余按周三此语本之娄敬，娄敬说高祖曰："夫与人斗，不扼其吭而拊其背，未能全胜。”周武帝前此伐齐，至河阴而还，以斗为喻，犹拊背也。拊者，击也，不当以拊摩为说。若与人斗而拊摩其背，乃是为之搔痒，岂是与之斗邪！一百八十四卷隋恭帝义宁元年“拊其背”注亦误。

齐主猎于祁连池。页4485

史炤释文曰：祁连山之池也，在匈奴中。余谓此祁连池，汾阳之天池也，即后所谓猎于天池者也，史互言之耳。北人谓天为祁连，故天池有祁连池之名，犹匈奴呼天山为祁连山也。祁连山，汉书音义释之甚明；汾阳之天池，水经注言之甚详；余悉取以注通鉴，能读之者可考见也。且齐主猎时，周兵已攻晋州，若猎于匈奴界中祁连山之池，安能以丙辰猎而癸亥即还晋阳邪！天池在汾阳县北，燕京山上，方里馀。燕京山亦谓之管涔山，五台山之一也。详考通鉴所书，九月癸亥齐主自猎所还晋阳，甲子即集兵；庚午帅诸军趣晋州；癸酉昧旦晋州陷，此日齐主已分军向千里径及汾水关，又帅大军上鸡栖原矣。若方与冯淑妃猎于天池，驿奏沓至，且不暇省，安能部分出军邪！盖通鉴会稡诸书以为一书，其排日书甲子，以李百药北齐书、令狐德棻后周书帝纪为据。自与冯淑妃猎天池至晋州已陷乃奏之一段，是引用李延寿北史冯淑妃传，所以所记有参差不齐者。窃谓丙辰齐主猎于祁连池，与后所书与冯淑妃猎于天池，实一事也。唐书地理志，岚州静乐县有天池祠。窦苹曰：天池祠在今宁化军北六十里横岭下管涔山。

通鉴一百七十三

九年 齐领军大将军尉相愿。页4497

史炤释文曰：相，息良切，姓也；愿，其名。相氏出姓苑，又息亮切。后秦录有冯翊相云作德猎赋。余按史炤之说皆以广韵为据。然尉相愿者，姓尉，名相愿。若如炤说，以相为姓，愿为名，将以尉字为衍字乎！时高氏所用，皆勋戚也。尉相愿之进用，必以尉景。

通鉴一百七十四

十二年　于仲文军至蓼堤，去梁郡七里。页 4545

史炤释文曰：蓼县之堤，音力竹切。（费本同。）余考五代志，梁郡无蓼县也。元丰九域志曰：蓼堤，汉梁孝王筑，在梁郡西北。通鉴本文言去梁郡七里。若以蓼县为梁郡附城之县，则当治郭下；若以蓼县为外县，无缘去城七里便置县。史炤之说不待攻而破矣。蓼，读如字。

于仲文取金乡，席毗罗军大溃，争投洙水死。页 4545

史炤释文曰：洙水出泰山盖县临乐山，北入泗。余按史炤能言洙水所出与所入而已。水经：洙水自盖县西南流至卞县入泗。郦道元注则曰：洙水至卞城西南，入泗水，乱流，西南至鲁县东北，又分为二，南为泗水，北为洙渎。春秋庄九年浚洙。杜预谓洙水在鲁城北，浚之以备齐者也。孔子教于洙、泗之间，阙里是也。从征记曰：洙、泗二水交于鲁城东北十七里。阙里背洙、泗。洙水又南径瑕丘城，又西南径山阳南平阳之閭丘亭，又南至高平，南入于泗。金乡县在高平西北，县北有金乡山，前汉未置金乡县，后汉、晋志方有之。戴延之西征记：焦氏山北有数山，汉司隶校尉鲁恭葬山南，凿而得金，故曰金乡山。金乡去洙水差远。盖席毗罗军既溃走，于仲文追奔，蹙之洙水，故争投水而死也。

周杀代奰王达、滕闻王逌。页 4549

史炤释文曰：代，徒对切，姓也。奰，平秘切，名也。玉，音肃，姓也；达，其名。（海陵本同。）余谓史炤以“代襲王达”为二人姓名，则下文“滕闻王逌”亦二人姓名乎！释文以古有玉姓，欲以稀姓愚后学，殊不思读通鉴者详味上下文，则代与滕，其封国也；襲与闻，其谥也；达与逌，其名也；其姓则宇文，皆后周亲王也。杨坚专周政而杀之，加以恶谥。炤既不能发，顾以“代襲王达”四字离析为二人姓名，将以愚人；人有知识，其可愚乎！代，音徒耐翻。王，读如字。十一家谥法：色取行违曰闻；不醉而怒曰襲。

通鉴一百七十五

十三年　隋主如岐州。页 4563

史炤释文曰：岐州，元魏所置，至隋废之。余按魏书地形志，太和十一年置岐州，治雍城镇。至炀帝大业三年始改州为郡。是年隋文帝受周禅，改元开皇，岐州未废也。若已废岐州，则史不书如岐州矣。

沙钵略从父玷厥居西面，号达头可汗。页 4565

史炤释文曰：玷厥，突厥种名。余按通鉴本文，明言玷厥为沙钵略之从父，号为达头可汗。读者皆知玷厥为人名，而释以为突厥种名，何其舛也！

长城公至德元年，吐谷浑寇隋临洮，洮州刺史皮子彦出战，败死，汶州总管梁远击走之。页 4575

史炤释文曰：汶，音问，以汶水为名。水出琅邪。余按吐谷浑居西垂，时寇洮、岷。汶州即唐之岷州，与汉之汶山郡之汶同。史炤以琅邪汶水为释，音义皆误。汶山之汶读曰岷，辩已见七十二卷魏明帝青龙元年。

通鉴一百七十六

二年　隋以贺娄子干为榆关总管。页 4586

史炤释文曰：榆关在陇右，蒙恬为秦将，侵胡，开地数千里，垒石为城，树榆为塞是也。余按在陇右者，汉金城郡之榆中县也。蒙恬垒石为城树榆为塞者，汉上郡之榆林塞也。隋置榆关总管于唐胜州界。

三年 丰州刺史章大宝，昭达之子也，在州贪纵，朝廷以太仆卿李晕代之。页 4592

史炤释文作“本晕”，注曰：本，与床同；戎，姓；晕，其名。（海陵本同。）余按“本”字乃“李”字之误也。史炤别引“床”字以为说，此与徐道明见郑玄论语序云“弓以八寸策”误作“八十宗”，因曲为之说者何异！

通鉴一百七十七

隋文帝开皇九年 陈武州刺史郚居业。页 4620

史炤释文曰：郚，姓也；郚郡太守司马弥牟之后，因以为氏。（费氏同。）余按史炤据广韵而为释也。左传昭二十八年，晋灭祁氏、羊舌氏，分其田以为县，以司马弥牟为郚大夫，是以郚为县，非以郚为郡也。以司马弥牟为县大夫，非以为郡太守也。秦罢侯置守，三十六郡皆曰守。至汉景帝中二年始以郡守为太守。此皆考之不精之过也。

通鉴一百七十八

十九年 设鹿角为方陈。页 4662

史炤释文曰：鹿角，陈名，犹春秋鱼丽之陈尔。余按炤于一百五十二卷梁武帝大通二年，葛荣列陈箕张而进，释曰：箕张，犹春秋鱼丽之陈。于此又曰：鹿角，犹春秋鱼丽之陈。如此，则凡陈法惟有鱼丽陈一法而已。嘻，可笑也！设鹿角为方陈者，斩木存其大本，凡枝皆剡其端，如鹿角然，埋之陈前，以御胡马冲突，内为方陈，非如春秋鱼丽之陈也。

通鉴一百七十九

二十年　车骑将军榆林阎毗。页 4677

史炤释文曰：榆林，县名；隋置胜州，兼置此县。其地有榆溪塞，即蒙恬为秦侵胡，累石为城，树榆为塞是也。余按史炤于一百七十六卷陈长城公至德二年，隋以贺娄子干为榆关总管，注云：榆关在陇右，下亦引蒙恬树榆为塞事。今又以为在胜州。以此注为是，则前注为非矣。盖炤以为胜州者，以隋志胜州榆林郡及榆林县为据也。然引树榆为塞事，郦道元以为在上郡。道元曰：诸次水出上郡诸次山，其水东径榆林塞，即汉书所谓榆溪旧塞者也。自溪西去，悉榆柳之薮，缘历沙陵，届龟兹西出，故谓之广长榆也。王恢云树榆为塞，谓此矣。以水经河水所历考之，其地在银、夏之北，唐之绥、银、麟、胜，皆汉上郡地，炤前言榆关在陇右，非也。今因榆林而引树榆为塞事，则近之。

仁寿二年　忤意者，严霜夏零。页 4689

史炤释文曰：零，雨。余谓此言杨素威权，忤其意者，祸罚立至，如当夏降霜，非零雨之谓也。

通鉴一百八十

四年　岚州刺史乔钟葵。页 4697

史炤释文曰：岚，州名，在太原，因岢岚山为名，有渥洼池，出良马，亦山气也。余按史炤之说，全引广韵。广韵以为岚州近太原犹可，史炤以为在太原，则缪矣。汉武帝得神马渥洼水中，李斐以为在敦煌界。今云岚州有渥洼池，未知广韵何所据也！至云亦山气也，则是广韵解岚字为山岚之岚，其义不为岚州发也。炤亦引之以释岚州，可谓无所决择矣！

杨素侄玄挺。页 4704

史炤释文作“玄挺”，注云：挺，抽延切。（费本同。）余按隋书作“玄挺”，音徒鼎翻。通鉴诸本亦皆作“玄挺”。

通鉴一百八十一

隋炀帝大业四年 倭王多利思比孤。页 4724

史炤释文曰：倭，女王国名，在东海中。（费本同。）余按范晔后汉书：倭国，在韩国东南大海中，依山岛而居，其地大较在会稽东冶之东，与朱崖、儋耳相近。汉桓、灵间，倭国大乱，更相攻伐，历年无主，有一女子名卑弥呼，事鬼神道，能以妖惑众，于是共立为王，当时因谓之女王国。又按新唐书曰：日本，古倭奴也。其王姓阿每氏，自言初主号天御中主，至彦钦三十二世。自彦钦至目多利思比孤三十一世，其间惟一世立女王耳。桓、灵之际固尝谓之女王国，隋、唐之间岂复谓之女王国哉！

八年 宜社于南桑干水上。页 4743

史炤释文曰：桑干，即马邑，属雁门。余按汉书地理志，马邑县属雁门郡，桑干县属代郡，自是两县，而谓桑干即马邑，可乎！水经：湿水出雁门阴馆县东，北过代郡桑干县南，与桑干水会，因总谓之桑干水；东北流，过蓟县故城南。时炀帝在蓟，将伐高丽，故宜社于桑干水上。

通鉴一百八十二

九年 诏征天下兵集涿郡。页 4751

史炤释文曰：涿，范阳邑。余按通鉴本文曰涿郡，而史炤以

〔为〕范阳之邑，误矣！自汉高帝置涿郡而治涿县，曹魏改涿郡曰范阳郡。隋开皇初，废范阳郡，大业初，并燕、范阳置涿郡，治蓟，而涿县属焉。此郡名废置、徙治、离合之辨也。

阌乡张须陀。页4752

史炤释文曰：阌乡在洪农湖县。余按史炤以汉地理为释也。元魏以湖县为湖城县，隋开皇十八年，改湖城县为阌乡县。史言阌乡张须陀，谓须陀乃此县人也。

卫文升以步骑二万渡瀍水。页4760

史炤释文曰：瀍水出河南北山，入于河。余按水经：瀍水出河南谷城县北山东，与千金渠合，东过洛阳县南，又东过偃师县东，入于洛。炤释所指河南，抑河南郡邪，抑河南县邪？其言入河，只泥禹贡伊、洛、瀍、涧既入于河一语，未尝详考川渎之会归也。

通鉴一百八十三

十二年　苏威曰："他日贼据长白山，今近在汜水。"页4782

史炤释文曰：汜，水名，在河南成皋。余按史炤亦是据汉地理为释也。开皇十八年改成皋为汜水，县有汜水关，时属荥阳郡。

林士弘与刘子翊战于彭蠡湖。页4789

史炤释文曰：彭蠡，泽名。按尚书，是江、汉合处，在扬州之西界。余按江水与汉水合于夏口。夏口，今鄂州。彭蠡湖，在彭泽县西。禹贡言汉水过三澨，至于大别，南入于江，东汇泽为彭蠡。其言甚明，何尝言彭蠡是江、汉合处！汉书地理志：湖、汉水出雩都，东至彭泽入江。言彭蠡是江水与湖、汉合处则可矣。

恭帝义宁元年　突厥立刘武周为定杨可汗，遗以狼头纛。页4799

史炤释文曰：突厥先为邻国所破，有一儿弃泽中，与狼交合，生十子，其一最贤者为君长，于牙门建狼头纛，故刘武周以此遗突厥。余观通鉴本文，突厥立武周为可汗，故遗以狼头纛，非武周以遗突厥也。

通鉴一百八十四

朝邑法曹靳孝谟，以蒲津、中潬二城降。页4825

史炤释文曰：河阳南有中潬城。（费本同。）余按字书，水中有沙曰潬。隋都长安，于蒲津起河桥以通河东，故有中潬城以守固河桥。河阳在洛阳北，起桥以度河阴，亦有中潬城以守固河桥。中潬之名虽同，而有河阳桥、蒲津桥之异。此时唐公引兵自河东欲济河而西，靳孝谟以蒲津、中潬二城降，乃蒲津之中潬，非河阳之中潬也。蒲津城在桥之西岸。

通鉴一百八十五

唐高祖武德元年　李密以杨汪为宋州总管。页4844

史炤释文曰：后周武帝以王谦为益州总管，总管之名始此。（费本同。）余按令狐德棻后周书，周明帝武成元年，初改都督诸州军事为总管。其见于史者，则安成公宪为益州总管，尉迟纲为荆州总管，尉迟迥为秦州总管，则总管之名非始于用王谦也。

隋炀帝谓萧后曰："侬不失为长城公，卿不失为沈后。"页4844

史炤释文曰：沈，直金切；言为沈湎之后。（海陵本同。）余谓炀帝顾天下已乱，知必为他人禽，己与萧后不失为陈后主夫妇也。按陈后主为隋所禽，封长城公；其后沈氏，君理之女也，涉猎经史，工书翰，陈亡，与后主俱入长安。及后主薨，后自为哀辞，文甚酸切。炀帝每所巡幸，常令从驾。及炀帝为宇文化及所弑，后自广陵还乡里，不知所终。乌得谓沈后为沈湎之后乎！沈，音式荏翻。

宇文化及于帐中南面坐，人有白事者，默然不对；下牙，方取启状，与唐奉义等参决之。页4855

史炤释文曰：牙，旗名，军中所建。下牙，言其视事晚也。余谓下牙，犹古之言退朝也；岂视事晚之谓乎！刘冯事始曰：牙旗者，将军之精，军行建牙。后世至于官府，早晚军吏两谒，亦谓之牙。呼谓既熟，虽天子正殿受朝谒者亦名正牙。

薛举进逼高墌。页4866

史炤释文曰：高墌，城名。墌，之石切。（海陵本同。）余按新唐书地理志，宁州定平县有高墌城；墌，音章恕翻。唐韵有嫬字，亦章恕切；释云：番山。岂西蕃中以山为嫬乎！下卷折嫬，音亦误，惟杜佑通典：嫬，音思历切。

通鉴一百八十六

程知节为王世充骑所逐，刺槊洞过，知节回身捩折其槊。页4875

史炤释文曰：捩，力计切；拗捩也。（海陵本同。）余按韵书，捩，音力计切，琵琶拨也。拗捩之捩，音练结翻。

右翊卫大将军淮安王神通。页4879

史炤释文曰：唐有十六卫，各有左、右，其左、右卫及左、右金吾卫，谓之四卫，馀谓之杂卫。（费本同。）余按隋受周禅，置左、右卫等十二府，曰左、右卫，曰左、右武卫，曰左、右武候，曰左、右领左右，曰左、右监门，曰左、右领军。唐初置十六卫府，曰左、右翊卫，曰左、右骁骑卫，曰左、右屯卫，曰左、右御卫，曰左、右备身，曰左、右武卫，曰左、右监门，曰左、右候卫。至武德五年，改左、右翊卫曰左、右卫，屯卫曰威卫，御卫曰领军卫，备身曰左右，馀不改。高宗龙朔二年，始改左、右候卫为左、右金吾卫。炤谓唐以左、右卫及左、右金吾卫为四卫，盖唐中世以后事也。且炤不言翊卫置官之由，而泛引四卫为释，未为精切。

綦公顺攻北海，刘兰成袭击之，公顺大败，弃营走，郡城获全。页4881

史炤释文提起“走郡”二字，注曰：走，音奏，趣向也。余谓当以“弃营走”为句，以“郡”字属下句，走读如字，文理明白，不烦注释。

通鉴一百八十七

二年 窦建德收隋卤簿仪仗。页4902

史炤释文曰：炙毂子云：车驾行幸，羽仪导从，谓之卤簿。字书：卤，大盾也，以甲为之，所以捍敌。甲楯、部伍之次，皆著之簿籍。仪卫皆具五兵，独以甲楯为名者，行道之时，甲楯居外，馀兵在内，故谓卤簿也。（费本同。）又张文伯曰：五经精义云，卤，大盾，以大盾领一部之人，故言卤簿。宋绶序卤簿图，谓有文事则有武备，故整法物之驾，严兵师之卫，总曰卤簿。汉蔡邕独断曰：汉天子出，车驾次第，谓之卤簿。官有注，名曰甘泉卤簿。余谓此皆言天子法从仪物之卤簿也。然公卿仪从亦谓之卤簿。颜竣柄用于宋孝建之初，其父延年常乘羸牛笨车，逢竣卤簿，辄屏住道侧，语竣曰：“吾平生不憙见要人，今不幸见汝！”沈庆之梦引卤簿入厕中，占者曰："后必富贵。"此公卿仪从亦谓之卤簿之明证也。唐制有皇后卤簿，外命妇三品已上亦有卤簿。车驾卤簿，固有甲楯；皇后卤簿，必不用甲楯；公卿及外命妇卤簿，乌得用甲楯乎！然则以卤簿为取卤楯为义者，末学肤受之说耳。二百二十三卷代宗永泰元年"卤簿"释亦误。

王世充遣其将高毗寇义州。页 4908

史炤释文曰：义州凡有五：一在怀州武德县，一在卫州汲县，一在易州容城县，一在光州商城县，一在眉州洪雅县。武德之义州，乃世充境内，非所寇者。余按通鉴是年五月书世充陷义州，复寇西济州。西济州置于济源县。新唐书地理志，武德二年，改怀州安昌县为武德，置北义州。则武德之义州正唐境内，非王世充境内也。高毗所寇即北义州。卫州汲县之义州，武德元年置，亦唐境也。

六月，丁未，刘武周进逼介州，七月，辛卯，宋金刚寇浩州。页 4914

史炤释文，于"介州"则注曰：武德元年，以介休县置浩州，又更名介州。于"浩州"注则曰：浩州本介休县，又有江州彭泽县，置浩州，非此。余按此一年事也，自六月丁未至七月辛卯，四十四日耳，州名更改不应如是之遽！是年通鉴又书刘武周屡遣兵攻西河，浩州刺史刘瞻拒之。及裴寂败，自晋州以北城镇俱没，惟西河独存。又是年十一月，通鉴又书刘武周寇浩州。炤注曰：是浩州有二：武周所寇乃介休之浩州。炤盖守介休置浩州之说，殊不思通鉴于六月丁未已书武周陷介州。若浩州本是介休县，则已归武周矣。新唐书地理志曰：汾州治西河，本浩州，武德三年，更名汾州。隋义宁元年，以介休、平遥置介休郡，武德元年曰介州。则浩州置于西河，介州置于介休，明矣。

杜伏威请降。页4919

史炤释文曰：杜伏威起淮南，又据历阳，与陈棱、李子通俱有窥江表之心，后为李子通所败，来降。海陵本曰：杜伏威起淮南，后为李子通所破，来降。余按海陵本删趿史炤释文以为注，亦可以明其实蹈袭史炤而托之公休以欺世也。详观通鉴本文，李子通数破沈法兴军，既克陈棱，又破沈纶军，而伏威引去；而伏威未尝败也。至武德三年，伏威遣辅公祏、王雄诞等击破子通。四年，又遣雄诞击禽子通，送长安。曷尝为子通所破哉！盖是时唐之威德畅洽，故伏威请降。五年，秦王击徐圆朗，声震淮、泗，伏威于是惧而入朝。详考事之本末，可以见矣。

王崇武标点容肇祖聂崇岐覆校

通鉴释文辩误卷第九

天台胡三省身之

通鉴一百八十八

三年 赵郡公孝恭击萧铣东平王阇提，斩之。页4933

史炤释文曰：阇，辰遮切，姓也。余按古无阇姓，阇提，盖萧铣之子侄而封王。

王世充自将战兵，左辅大将军杨公卿帅左龙骧二十八府骑兵，左游击大将军郭善才帅内军二十八府步兵，右游击大将军跋野纲帅外军二十八府步兵，总三万人，以备唐。页4938

史炤释文曰：左·右龙骧、左·右游击分骑兵、步兵，各有府，皆隋之制，王世充因之。余按隋志无龙骧、游击分骑、步兵之制，有府兵而已。史炤以意妄为之说。

七月，世充洧州长史张公谨与刺史崔枢以州城来降。页4939

史炤释文曰：洧州，本尉氏县，王世充始置尉州；武德四年，以尉氏、扶沟、鄢陵置洧州。余按炤释以新志尉氏县注为据，而不考州县之建置离合，其岁月有先后也。通鉴是年九月书世充尉州刺史时德叡帅所部杞、夏、陈、隋、许、颍、尉七州来降。炤又注曰：尉州，本尉氏县，王世充置；武德三年，时德叡以州来降，秦王改为南汴州，复改为洧州；正观元年，废属汴州。若如炤说，则王世充于尉氏县置洧、尉二州也。殊不知五代史明言隋置洧州于颍州之鄢陵县，大业初废。盖王世充复置洧州于鄢陵县，置尉州于尉氏县；是年崔枢、时德叡既降唐，明年，唐乃以尉氏、扶沟、隰陵置洧州也。

以高开道为蔚州总管。页 4943

史炤释文曰：蔚州，本雁门郡，又隋上谷郡飞狐县也，唐初没突厥，武德六年置。余按蔚州本雁门郡之灵丘、上谷郡之飞狐县地。东魏置灵丘郡，后周置蔚州，隋废郡及州，以灵丘县属雁门郡，唐为蔚州安边郡，后改兴唐郡。史炤于雁门郡下逸“之灵丘”三字，失之远矣。

通鉴一百八十九

四年 以靺鞨渠帅突地稽为燕州总管。页 4955

史炤释文曰：燕州，本灵寿县，隋置，在唐废焉；属镇州。(海陵本同。)余按旧唐书地理志，义宁元年，置燕州于灵寿县。是年，废州，复为灵寿县，属恒州；至穆宗讳恒，始改恒州为镇州。此燕州，隋于营州之境汝罗故城置辽西郡，以处粟末、靺鞨，唐遂于其地置燕州，以其渠帅为总管，非灵寿之燕州也。

王世充平州刺史周仲隐以城来降。页 4960

史炤释文曰：平州本当阳县，王世充置；武德六年，更名玉州，八年，州废，属江陵郡。余按当阳之平州，本后周置，隋废之矣；武德四年，置平州于当阳，因是年既平萧铣而复置。当阳乃萧铣之地，王世充安得而置平州！窃意王世充置平州于洛州河阴县；河阴，古平阴也，盖于此置平州。

秦王世民被黄金甲，齐王元吉等二十五将随其后，前后部鼓吹。页 4968

史炤释文曰：凡鼓吹，总八音言之。余观史炤释鼓吹，多以为音律埙篪之乐，今又曰总八音言之，是皆未知鼓吹之所从始也。蔡邕曰：鼓吹，军乐也，黄帝岐伯所作，以扬德建武，劝士讽敌也，后世谓之短箫铙歌。应劭汉卤簿图，惟有骑执箛，箛即笳，不云鼓吹。而汉世有黄门鼓吹，汉享宴食举乐十三曲，与魏世鼓吹长箫同。长箫、短箫，伎录并云丝竹合作，执节者歌。又建初录云：务成、黄爵、玄云、远期，皆骑吹曲，非鼓吹曲。此则列于殿庭者为鼓吹，从行鼓吹为骑吹，二曲异也。又孙权观魏武军作鼓吹而还。汉世，万人将军给鼓吹；魏、晋世，假将帅牙门曲盖、鼓吹。唐、宋以来，天子郊祀，竣事还宫，鼓吹振作。则是鼓吹之乐，国容、军容皆用之。

俘王世充、窦建德，献于太庙，行饮至之礼以飨之。页4968

海陵本释文曰：饮，于禁切。余按左传：三年而治兵，出而振旅，归而饮至，以数军实。杜预注曰：饮于庙，以数车徒、器械及所获也。陆德明无音。饮，当读如字。

褒州道安抚使郭行方攻萧铣鄀州，拔之。页4971

史炤释文曰：褒州本西县，武德三年置；八年，州废，属兴元。余按褒州置于汉中。萧铣时据江陵，唐置安抚使，所以招抚铣众，必不置于汉中，盖道里相去远也。时平王世充，方得襄州，必置安抚使于襄州，既以安抚新民，又以招抚铣众。下书攻拔鄀州，鄀州本乐乡县地，贞观八年，废鄀州，以乐乡属襄州。郭行方自襄州进攻鄀州，道里便近。“褒”，当作“襄”。又德宗朝方改梁州为兴元府，此时未应以西县属兴元为言，亦一误也。

徐圆朗昌州治中刘善行以须昌来降。页4980

史炤释文曰：昌州，本蒲县，武德二年置；正观元年，州废，隶隰州。（费本同。）余谓此时徐圆朗据兖、郓，自以须昌县置昌州耳。蒲县之昌州，远在汾、隰，徐圆朗安能越关、河而有此土耶！

通鉴一百九十

五年 俚帅杨世略以循、潮二州降。页4986

史炤释文曰：俚，南夷之酋。（费本同。）余按南夷曰蛮、曰俚、曰蜑，各是一种；酋字但可解帅字耳。

二月，戊寅，汴州总管王要汉攻徐圆朗杞州，拔之。页4988

史炤释文曰：本北海县，始因营丘人拒贼，权置杞州。时汴州雍丘县亦置杞州，非此。（费本同。）余按新唐书地理志，北海之杞州，武德二年已复为营丘县。而雍丘之杞州，与汴州接壤，未经省并。王要汉所攻拔者正此杞州，乃以为非，何邪！

迁州人邓士政执刺史李敬昂以反。页4993

史炤释文曰：按志阙此州。（费本同。）余按隋、唐书地理志，西魏以房陵置迁州，以秦、汉以来诸侯王以罪废者多迁房陵，故以名州。隋大业初，改曰房州。唐武德初，复曰迁州。志未尝阙此州也。

高开道寇蠡州。页4996

史炤释文曰：蠡，落戈切。武德五年，以蒲州博野县置蠡州。余按新唐书地理志，武德五年，以瀛州之博野、清苑、定州之义丰置蠡州，盖因汉蠡吾亭以名州。金人亦于博野县置蠡州，北至燕京四百九十里。蠡，音礼；落戈切非。"蒲州"，当作"瀛州"。

观州刺史刘会以城叛附黑闼。页4996

史炤释文曰：观州，本九门县，隋置九门郡；武德元年，曰观州；五年废，属镇州。时观州有二，其一在弓高县，非此。（费本同。）余按新唐书地理志，武德四年，置观州于弓高，而九门之观州废于五年。刘会叛在是年十月，盖弓高之观州为是。

南州刺史庞孝恭。页5005

史炤释文曰：南州，属剑南道，羁縻州，武德二年，开南蛮置。三年更名僰州，四年复故名。（费本同。）余按新唐书地理志，武德四年，以合浦郡之合浦、南昌二县置南州。通鉴下文书南越州宁道明、高州首领冯暄俱反。南越州今之廉州，高州今犹如故。则三州相挺而反，皆在岭南道，此所谓南州，乃合浦之南州，非剑南道之羁縻州明矣。

高开道引奚骑寇幽州。页5005

费氏本以“奚”为“突”，注云：突，东胡别种，突骑者，突国骑兵也。余遍考通鉴诸本，皆作“奚骑”，且东胡别种未尝有突国。奚正东胡种也，其先曰库真奚，亦曰库莫奚。

八月，甲辰，突厥寇真州，又寇马邑。页5007

史炤释文曰：按志，真州有三：武德五年，析爱州日南县，置积州及前真州。正观元年，改积州为后真州。后皆废。唐剑南道复有真州。今突厥所寇，乃河东道，然河东无此州，志又不载，疑字误。（费本同。）余按史炤所谓真州有三：前真州置于九真移风县；后真州则是年置积州于日南县，九年改南陵州，贞观九年始改后真州；剑南之真州，则天宝五载方分临翼郡置。以新唐书地理志考之，此时止有九真移风之真州，亦非同时有三真州也。史炤但见通鉴于此时书突厥寇真州，又寇马邑，以为所寇乃河东道，考之于志，而河东道无真州，遂疑字误。余详考旧唐书地理志，武德二年，置绥州总管府，管云、银、真等十一州，此真州盖置于银州真乡县。且通鉴上文书癸未突厥寇原州，乙酉寇朔州。原州属关内道，朔州属河东道。突厥入寇之兵分为两道，八月甲辰寇真州者，西路兵也，寇马邑者，东路兵也。史炤于河东道求真州，所以失之愈远。

周法明登战船，饮酒；张善安遣刺客数人诈乘渔艓而至，遂杀法明而去。页 5010

史炤释文曰：渔，渔猎也。余谓捕鱼者为渔，捕兽者为猎，渔自是渔，猎自是猎，三尺童子能分别其义。史炤之识不若童子，卤莽甚矣！

通鉴一百九十一

八年　突厥寇蔺州。页 5030

史炤释文曰：按突厥寇鄯、岷等州，并寇兰州，皆陇右道，而陇右无蔺州，“蔺”字疑作“兰”。余按史炤疑蔺州之当作“兰州”，是也。但详考通鉴，突厥寇蔺州在九月，至十月戊寅乃始寇鄯州，无寇岷州事，其所援据不无少差耳。

突厥寇彭州。页 5030

史炤释文曰：彭州属羁縻州，本洪州，正观三年置，属陇右道。按宁州彭原及剑南道复有两彭州，皆非此。（费本同。）余按陇右道之羁縻彭州，本洪州，贞观三年置，七年方改彭州，则此时陇右羁縻州未有彭州也。剑南道之彭州，武后垂拱二年方分益州置。此二彭州皆非突厥所寇者也。若宁州彭原县之彭州，乃武德元年置，治合川县。唐都关中，邠、宁，突厥兵冲也，此时突厥正寇宁州彭原之彭州。炤乃以为非，可谓择焉不精矣！

通鉴一百九十二

九年　韩州刺史封同人诈乘驿马入朝。页 5050

史炤释文曰：武德元年，析潞州襄垣等县置韩州；正观十七年州废，仍属潞州。又同州韩城县置西韩州，非此。（费本同。）余谓襄垣之韩州去长安太远，封同人盖自韩城入朝。

太宗贞观元年　吏部侍郎观城刘林甫。页5067

史炤释文曰：观城，属开德府。（费本同。）余按观县，汉属东郡，光武改曰卫县，晋、魏属顿丘郡，曰卫国县，隋开皇六年，改曰观城县，属魏州，唐武德四年，分属澶州，是年废澶州，县还故属，代宗大历七年，复置澶州。至宋，始以澶州为开德府。此时澶州已废，亦未有开德府也。

通鉴一百九十三

三年　房玄龄不以己长格物。页5085

史炤释文曰：捍格于物，无所容受也。（费本同。）余谓格，正也，以己所能正人，欲人人皆然，谓之格，非捍挌之挌也。“格”字从“木”，捍挌之“挌”从“手”。六十卷汉献帝初平二年“邴原清议以格物”，与此同义。史炤以为废格之格亦非，辩已在前。

上谓侍臣曰：“李大亮可谓忠直。”赐以胡缾及荀悦汉纪。页5087

史炤释文曰：胡缾，汲水器。余谓史炤但以广韵为据：易井卦，“羸其缾”，左传，“孙蒯饮马于重丘，毁其缾”，是皆谓汲器也。战国秦、赵渑池之会，蔺相如曰：“请奏盆瓶。”秦李斯上秦王书曰：“击瓮叩瓶。”则瓶者，罂、缶之类，不特施之汲水，且以为乐矣。至唐人如杨惠元“缾罂不发”，如韩愈诗“无计离瓶罂”，则缾者以盛酒盛物，不复以汲水器为缾矣。唐太宗赐李大亮胡缾，盖酒器也，非汲水器也。今北人酌酒以相劝酬者，亦曰胡缾，未识其规制与太宗之胡缾合乎否也。缾、瓶字通。

通鉴一百九十四

十一年　王珪令公主执笲，行盥馈之礼。页5137

史炤释文作“笄”。注曰：笄，坚奚切，簪也。（费本同。）余谓此非“笄”字，乃“笲”字。陆德明经典释文曰：笲，音烦，一音皮彦翻；器名，以苇若竹为之，其形如筥，衣之以青缯，以盛枣栗腶修之属。士昏礼曰：舅坐于阼阶西面，姑坐于房外南面，妇执笲枣栗进，东面，拜奠于舅席讫，妇又执腶修升进，北面，拜奠于姑席。盥馈者，士昏礼曰：妇盥馈特豚，合升侧载。郑氏注曰：侧载者，右胖载之舅俎，左胖载之姑俎，异尊卑，舅姑共席于奥，其馔各以南为上。王珪正令公主行妇礼，史炤以为执笄，义何所据！

通鉴一百九十五

十四年 陈仓折冲都尉鲁宁自恃高班，慢骂陈仓尉。页5161

史炤释文曰：班，给也。余谓班字固有给义，然此班以班列为义。晋行人子朱曰：“班爵同，何以黜朱于朝？”梁武帝分百二十号将军为二十四班，皆班列之班也。唐制，上府折冲都尉，正四品上；中府，从四品下；下府，正五品下。五品以上皆为高班。

尚书左丞韦悰句司农木橦价，贵于民间。页5162

史炤释文曰：橦，徒红切，木名，花可为布。出字书。（海陵本、费本同。）余按橦，诸容翻，木一截也。唐式，柴长三尺五寸为一橦。

通鉴一百九十六

十五年 突厥俟利苾可汗。页5167

史炤释文作“俟利苾”，注曰：俟，渠之切。余按诸本通鉴及新、旧唐书皆作“俟利苾”。

百济来告其王扶馀璋之丧。页5170

史炤释文曰：百济，西域国，本扶馀别种。余按百济，东夷国名，其先以百家济海，种类寖盛，遂以为国号。炤既言百济为扶馀之种，亦必知扶馀之为东夷矣，乃以百济为西域国，何自为乖越也！

大度设自赤柯泺北走。页5173

史炤释文曰：泺，音历。（海陵本同。）余按泺，音匹各翻。今自江、淮以北，率谓积水为泺。音历者，草名也，一名贯众，见本草。

西突厥乙毗陆可汗西击康居道，过米国，破之。页5179

史炤释文曰：米国，唐国枝庶王者。余谓"唐"当作"康"，此字因传写而误也。新唐书曰：康国，古康居也，枝庶分王，曰安，曰曹，曰石，曰米，曰何，曰火寻，曰戊地，曰史。

十七年 魏征薨，命百官九品以上皆起丧，给羽葆鼓吹，陪葬昭陵。页5183

史炤释文曰：羽葆，天子华盖，天子之仪卫也。又唐制，鼓吹五部，一鼓吹，二羽葆。羽葆部有十八曲。鼓吹，音律管埙之乐。余按孔颖达正义曰：羽葆者，以鸟羽注于柄头。章怀太子贤曰：葆，以五采羽合聚为之。鼓吹非音律管埙之乐，辩已见前。乐则有曲；羽葆，仪饰也，安得有所谓十八曲！此皆史炤无所根据而妄为之说。又，通鉴下文载征妻裴氏之言曰："征平生俭素，今葬以一品羽仪，非亡者之志。"则知给以羽葆，非天子之仪卫也。

壮士咎君誉、梁猛彪。页5185

史炤释文曰：猛彪，虎文。余按梁猛彪者，人姓名，奚庸以虎文为释！

太子承乾尝谓左右曰："我试作可汗死。"因僵卧于地。页5188

史炤释文作“僵仆”，注曰：仆，芳遇切。余按诸本通鉴皆作“僵卧”；作“仆”非。

良久，太子欻起。页5188

史炤释文曰：欻起，有所吹起。余谓欻，忽也，太子初焉僵卧于地，良久忽然而起耳，岂有所吹而起哉！炤之疏僻如此！

通鉴一百九十七

十七年 往返万里，道涉沙碛，无水草。页5197

史炤释文曰：沙碛，水渚有石者。余按此沙碛，所谓沙漠大碛也，既无水草，又安得有水渚哉！

薛延陀本一俟斤。页5197

史炤释文曰：北虏谓大臣曰俟斤。余谓俟斤者，突厥、铁勒诸部酋帅之称。

褚遂良上疏曰：“龙沙以北，部落无算。”页5197

史炤释文曰：广志：流沙，在玉门关外，有三：名三龙沙。(海陵本同。)余谓龙沙，即指言沙漠也。自汉以来，匈奴单于所居，谓之龙庭，随水草迁徙无常处，故因谓沙幕为龙沙。此即阴山之外大漠，西尽居延，东极辽海者也。玉门关外之流沙介在西垂，非褚遂良所指之龙沙。耶律德光之死而北归也，赵延寿谓人曰：“我不复入龙沙矣。”亦谓沙漠。

通鉴一百九十八

十九年 上自系薪于马鞘以助役。页5222

史炤释文曰：鞘，仙妙切，马上刀剑室也。(海陵本、费本同。)余谓鞘，音所交翻，鞭鞘也。刀剑室安可以系薪乎！

上从飞骑三千人驰入临渝关。页5222

史炤释文曰：渝，容朱切。临渝关本曰临闾关，在平州石城县。余按汉书地理志，北平郡有石城县，辽西郡有临渝县，注云：渝水首受白狼，东入塞。水经注云：白狼水径黄龙城西，又东北出，东流为二水，右水疑即渝水也，西南巡山径一故城西，以为河连城，疑是临渝县之故城。新唐书地理志，营州城西四百八十里有渝关守捉。五代史云：幽州北七百里有渝关，下有渝水，通海。循海有道，狭处才数尺，是所谓临渝关也。宋白续通典曰：汉石城旧县，取碣石立如城以名之。唐贞观十五年，于故临渝县城置临渝县，万岁通天二年，改为石城。临渝在石城，犹有足征，所谓临渝者，以临渝水而名，若曰"临闾"，殊无所据。汉书音义：渝，音喻。今读如字。

二十年　上尝幸未央宫，辟仗已过。页 5226

史炤释文曰：辟，匹亦切。执兵仗以辟行人。（海陵本同。）余谓炤释义是而音非。辟，读为闢，若匹亦切，则读如僻矣。

二十一年　高士廉遗言，不欲以北首夷衾辄屈车驾。页 5233

史炤释文曰：礼记，自小敛以往，用夷衾。夷衾，质杀之裁犹冒也。注云：冒，所以韬尸重形者也。小敛又覆以夷衾，制如冒耳。大夫玄冒黼杀。余按丧大记，君锦冒黼杀，缀旁七；大夫玄冒黼杀，缀旁五。凡冒，质长与手齐，杀三尺。自小敛以往用夷衾。夷衾质杀之裁犹冒也。郑玄注云：冒者既袭，所以韬尸重形也。杀，冒之下裙，韬足上行者也。小敛又覆以夷衾，裁犹制也。孔颖达正义曰：冒，谓袭后小敛前所用以韬尸也。冒有质杀者，作两囊，每辄横缝合一头，又缝连一边，馀一边不缝，两囊皆然也。上者曰质，下者曰杀。故郑注士丧礼云：冒韬尸者，制如直囊，上曰质，下曰杀。质，正也；其用之，先以杀韬足而上，后以质韬首而下。缀旁七者，上下安七带，缀以结之，故云缀旁七也。大夫缀旁五及玄冒者，尊卑之差也。凡冒质，长与手齐，言冒之质，从头韬来至下，长短与手齐也。杀三尺者，杀从足韬上，长三尺。自小敛以往用夷衾者，往，犹后也；小敛前有冒，故不用夷衾，自小敛后衣多，不可用冒，故用夷衾覆之也。士丧礼云，帐用夷衾，覆尸柩之衾也。夷衾质杀之裁犹冒也者，裁，犹制也；言夷衾所用，上齐于手，下三尺，所用缯色及长短制度，如冒之质杀，但不复为囊及旁缀也。然始死帐用敛衾，是大敛之衾，自小敛以前覆之。至小敛时，君锦衾，大夫缟衾，用之小敛，敛讫，别制夷衾以覆之，其小敛以前所用大敛之衾，停而不用。至将大敛及陈衣，又更制一衾，主用大敛也。所谓大敛二衾者，其夷衾至大敛时所用，无文，当应总入大敛衣内并敛之也。合注疏而观之，则夷衾上质下杀之制，如冒而不为囊及旁缀，固与冒有不同者。

通鉴一百九十九

高宗永徽元年　有司以为服既公除，欲以今秋成昏。页5255

史炤释文曰：公除，从吉也。王氏音训，谓已成服，除之以从公家之事，不待终制也。余谓公除，即汉文帝三十七日释服之遗制。曰公除者，以天下为公，外虽除服以临政，而亲亲之思结于内，犹终三年之慕，公则除服，私则未之除也。

通鉴二百

六年　徙居蓬莱宫。页5274

史炤释文曰：蓬莱宫在京城东北。余按唐都长安，外城谓之京城，次城谓之皇城，内城谓之宫城。蓬莱宫在宫城内直东北角，不在京城东北。蓬莱宫后更名含元宫，又曰大明宫。大明宫曰东内，太极宫曰西内，皆在宫城中。

龙朔元年　新罗王春秋遣其将金钦将兵至古泗。页 5297

史炤释文曰：说文，泗受济水，东入淮。余谓古泗，地名，在百济国中，非中国之泗水，不可妄引以为释。然其言中国之泗受济水，亦只说湖陆以南之泗水，以其于古泗不相涉，故不复辩。

通鉴二百一

麟德元年　州县每发百姓为兵，其壮而富者，行钱参逐，皆亡匿得免。页 5313

史炤释文曰：参，仓含切，参互。余谓参逐者，参逐之人也。州县发人为兵，守令不能家至而人发之，必有参逐之人以为用。参者，参预其事者也，今之吏典。逐者，随逐其后者也，今之亲随。壮富之人行钱于参逐之人以求免为兵，参逐之人既受其赂，掩覆而纵之，使得亡匿也。唐人常语有言参随者，犹参逐也。

勋官挽引劳苦，与白丁无殊。页 5313

史炤释文曰：民男女年十八以上为丁，丁从傜役。余按唐制，民丁从征役得勋级者为勋官，无勋级者为白丁。且男年十八以上为丁，女曷尝为丁哉！

通鉴二百二

咸亨三年　王及善曰："掷倒自有伶官。"页 5336

费本注曰：伶，炉斤切；说文，弄也。余按字书，伶，郎丁翻，无从炉斤切者。炤释用说文，而音切则妄自为之。

四年 八品、九品并鍮石带。页5338

史炤释文曰：鍮，容朱切。余按鍮石似金，今人多以药物炼铜为鍮者，音托侯翻。宋时八品、九品官犹鍮石带。史炤仕宋至京官，不知有鍮石带而妄为之音，何耶！

通鉴二百三

永淳元年 魏元忠阅视赤县狱。页5366

史炤释文曰：中国名曰赤县神州。（费本同。）余按史炤引驺衍之说。衍之说先列中国名山、大川、通谷、禽兽，水土所殖，物类所珍，因而推之及海外，人之所不能睹。以为儒者所谓中国者，于天下乃八十一分居其一分耳，中国名曰赤县神州，神州自有九州，禹之序九州是也，不得为州数。中国外如神州赤县者九，乃所谓九州也。于是有裨海环之，人民禽兽莫能相通者，如一区中，乃为一州，如此者九，乃有大瀛海环其外，天地之际焉。史炤引此以释赤县，则唐之十道乃禹迹之九州，是魏元忠悉阅唐十道狱也。其说阔远而不切于事情。盖唐之西京以长安、万年为赤县；东都以河南、洛阳为赤县。魏元忠所阅者，长安、万年两赤县狱耳。

弘道元年 突厥寇蔚州，丰州都督崔智辩邀之于朝那山北，兵败，为虏所擒。页5371

史炤释文曰：朝，直遥切。那，奴多切。余按丁度集韵朝那之朝，音与邾同，音追输翻。二百九卷中宗景龙二年，“朝那山”音亦误。

则天垂拱元年 乐城文献公刘仁轨薨。页5386

史炤释文曰：刘仁轨，汴州尉氏人，仁轨子及兄子授上柱国者三人，州党荣之，号所居为乐城乡三柱里。余谓此因其封邑而名乡耳。乐城县属温州，武德五年分永嘉置，非刘仁轨所封者也。汉书地理志，河间国有乐城县，后魏改为乐寿县，唐属瀛州。乐城古城在乐寿县东南十六里，唐以古县名封仁轨。

通鉴二百四

三年 黑齿常之大破突厥于黄花堆。页5397

史炤释文曰：黄花堆，突厥地名。余按黄花在神武川，元和初朱邪执宜所保之地。其地在朔州塞内，非突厥地也。魏收地形志，后魏置神武郡于神武川。

通鉴二百五

延载元年 突厥可汗骨笃禄卒，弟默啜自立为可汗。页5436

史炤释文曰：默啜，突厥种名。余按通鉴明言默啜为骨笃禄之弟，则默啜乃人名，非种名也。

通鉴二百六

神功元年 孙万荣与其奴逃至潞水东。页5460

史炤释文曰：潞水在潞州，为并州浸，即浊漳水也。余按周礼职方氏：并州，其浸涞、易；冀州，其浸汾、潞，其川漳。则漳自是漳，潞自是潞。以周官职方言之，则潞非并州浸。以汉地理志言之，则潞州，汉上党郡也，春秋潞子之国，有潞川。上党郡，汉属并州。然皆非孙万荣授首之地。按万荣时攻幽州，军溃，至潞水东，为奴所杀。是唐幽州之潞水，非汉上党之潞川也。水经：鲍丘水从塞外来，南径渔阳县东，又南过潞县西，谓之潞水，汉光武遣邓隆击彭宠军于潞南，即是水也。孙万荣正死于是水之东。

圣历元年 狄仁杰因食疏粝。页5472

史炤释文曰：疏，菜食也。粝，脱粟也。张晏曰：一斛粟舂七斗米为粝。余按诗召旻云：彼疏斯粺。笺云：疏，粗也，谓粝米。米之率，粝十，粺九，凿八，侍御七。字林云：粝米，一斛舂为八斗。此皆疏即粝也。九章算术：粟一石为粝米六斗；舂粝一斗为粺九升，又舂为侍御则七升。又曰：凡谷一舂一簸为粝米。唯论语饭疏食饮水孔氏注，以疏食为菜食。诸儒生皆不主其说，以疏食为粗饭。然疏食犹可以菜食为说；若疏粝，不若用诸家之说为文从义顺也。

二年 左卫铠曹参军郭元振。页5475

史炤释文曰：参军，官名，十六卫皆同。铠曹，后改为胄曹。余按史炤但以参军为官名，参军之官名何从始耶？沈约曰：参军，后汉官，孙坚为车骑参军事是也。本于府主无敬；晋世孙楚为大司马石苞参军，轻慢，苞始制施敬。晋永嘉之乱，中州人士避乱南渡，晋元帝以琅邪王镇建业，悉罗致为参军、掾属、行参军，所谓百六掾是也。既而为晋王，以参军为奉车都尉，掾属为驸马都尉，行参军舍人为骑都尉，而诸公府、都督府、置谘议参军，因汉末军谘祭酒而为之名也。至宋，有录事、记室、户曹、仓曹、中直兵、外兵、骑兵、长流贼曹、刑狱贼曹、城局贼曹、法曹、田曹、水曹、铠曹、车曹、士曹、集右户、墨曹，凡十八曹参军。参军不署曹者，无定员。至唐，惟卫府、率府有录事及诸曹参军，诸州有录事及诸司参军。

通鉴二百七

长安四年 贾敬宗奏张昌宗强市人田。页5502

史炤释文曰：强，其两切，抑买之也。余谓强，其良翻。非人所愿，以威势逼抑而市之，谓之强市。

成均祭酒同鸾台凤阁三品李峤罢为地官尚书。页5504

史炤释文曰：五帝名学曰成均。余按唐百官志，垂拱元年，改国子监曰成均监，以国子祭酒为成均祭酒。

太后疾少间。页5504

史炤释文曰：间，居苋切；少愈也。余按论语病间，释音如字。孔云：少差也。史炤释文，凡疾间之间并从去声，未知何据。

王崇武标点容肇祖聂崇岐覆校

通鉴释文辩误卷第十

天台胡三省身之

通鉴二百八

中宗神龙元年 敬晖瞿然不悦。页5519

海陵本释文曰：瞿，九缚切；说文，远视貌。余按九缚切乃矍字。瞿，音九遇翻，惊视而失其常度之貌。陆德明经典释文甚明。史炤于此音纪具切，是。至二百四十八卷武宗会昌四年，炤音又非。

左卫将军上邽纪处讷。页5521

史炤释文曰：上邽，即秦州天水县。余按汉书地理志，上邽县属陇西郡；天水别为郡名。新唐书地理志，秦州天水郡治上邽，无天水县。宋白续通典，秦州有天水县，而清水县治上邽镇。史炤所云，未知何据。

二年 改赠后父韦玄贞为酆王，后四弟皆封郡王。页5526

费本注曰：酆，郡名。余按唐制，后弟封郡王，韦玄贞，后父，必赠为国王。酆者，封国之名，非郡名也。且自古未尝有酆郡。去年已封韦玄贞为上洛王，上洛，郡名也。自郡封而进赠国封，中宗之滥爵固不足言，然郡封、国封之制则不可以无辩。

袁恕己掊地，爪甲殆尽。页5529

史炤释文曰：掊，蒲墨切，僵也。余按僵踣之踣，其旁从“足”不从“手”。袁恕己若只僵踣于地，何为爪甲殆尽？此由以爪甲爬地也。类篇：掊，从蒲侯翻。今从之。

通鉴二百九

景龙二年　武平一名甄，以字行。页5546

史炤释文曰：甄，之人切。余谓音之人切者，姓也。人之有字，以表其名，甄之为义，明也，察也，别也。惟明，惟察，惟别，然后能平一，此正以甄明、甄察、甄别而命字。甄，当音稽延翻。

睿宗景云元年　上御梨园球场。页5558

史炤释文作“黎园”，注曰：黎，怜题切。余按此乃梨园，非黎园也。果木之梨，音力脂翻。

命韦温总知内外守捉兵马事。页5561

史炤释文曰：唐制，兵之戍边者，大曰军，小曰守捉，曰城，曰镇，而总之曰道。（费本同。）余谓此乃京城、皇城、宫城内外守捉兵马，非边戍之守捉也。宣宗之崩，踵故事，增人守捉，此其证也。

通鉴二百十

二年　前右率府铠曹参军柳泽。页5579

史炤释文曰：铠，甲也。铠曹，十六卫官属也。（费本同。）今按唐制，太子十率府亦有铠曹等诸参军。柳泽乃十率府属，非十六卫府属也。右率府，右卫率府。

玄宗先天元年　能撩李日知嗔。页5591

史炤释文曰：撩，莲条切；说文，撩，理也。（海陵本同。）余谓炤音是而义非。撩，取也。嗔，怒也；言取怒也。又俗说以擿发为撩，今人谓相挑发为相撩拨。

通鉴二百一十一

开元二年　立皇子嗣主为郪王。页5614

史炤释文曰：郪，于巾切，故卫地，在濮阳。余按卫地之郪，音吉掾翻；无于巾一音。

通鉴二百一十二

七年 王毛仲严察有干力，万骑功臣、闲厩官吏皆惮之。页 5638

史炤释文曰：睿宗改千骑曰万骑。余按太宗选骁勇者从游猎，谓之百骑，则天时稍增为千骑；中宗改曰万骑，非睿宗也。通鉴于睿宗景云元年书万骑本末甚明。

十三年 更名长从宿卫之士曰彍骑，分隶十二卫，总十二万人，为六番。页 5660

史炤释文曰：隋制十二卫，唐因之，曰翊卫，曰骁骑卫，曰武卫，曰屯卫，曰御卫，曰候卫，为左、右焉。彍骑分隶十二卫，每卫万人。余按唐受隋禅，置十二卫府，已微变其官名。至武德五年，又改云云，辩见一百八十六卷高祖武德元年。今史炤所云十二卫，武德元年之制也。以唐六典考之，则开元之十二卫，曰左、右卫，曰左、右骁卫，曰左、右武卫，曰左、右威卫，曰左、右领军卫，曰左、右金吾卫。

通鉴二百一十三

十五年 赐贵近丝一綟。页 5673

费本注曰：绶谓之綟。余按晋书绿綟绶，谓以戾草染绶，故绶因谓之綟。此言丝一綟，犹丝一缭耳，非綟绶之綟。唐制，麻三斤为綟；未知丝一綟，其为斤两何如也。史炤亦曰：綟，犹缭也。

十八年 京城第舍、郊畿田园，参半皆宦官矣。页 5685

史炤释文曰：参半，间厕也。余谓参者，三也，或三分之一，或三分之二也。半则中分而言之，言有其半也。

通鉴二百一十四

二十四年 史窣干者，与安禄山同里闬。页5706

史炤释文曰：闬，说文，闾也。汝南平舆里门曰闬。余谓此亦史炤以广韵为据也。按汉高祖居沛，与卢绾同里闬，何特汝南平舆里门曰闬哉！

通鉴二百一十五

天宝元年 陇右节度使统临洮、河源、白水、安人、振威、威戎、漠门、宁塞、积石、镇西，十军。页5733

史炤释文曰：宁塞，廓州军，后曰宁边。余按陇右所统十军，而独释宁塞一军，何也？十军注，详见通鉴正文下。

田同秀上言：见玄元皇帝，告以"我藏灵符在尹喜故宅。"上遣使于故函谷关尹喜台旁求得之。页5735

史炤释文曰：崔浩云：尹喜为散关令也。盖老子尝过尹喜，故田同秀托言藏灵符于尹喜宅耳。余按抱朴子云：老子西游，遇关令尹喜于散关，为喜著道德经一卷，谓之老子。其说与崔浩同。又李尤函谷关铭云：尹喜邀老子留，作二篇。则以喜为函谷关令。括地志：散关在岐州陈仓县东南五十二里，函谷关在陕州桃林县西南十二里。又，岐州盩厔县楼观山有尹喜旧宅，今为崇圣观，山脚有授经台。此亦以尹喜为散关令，故有其遗迹也。但唐玄宗因田同秀之言求符于故函谷关尹喜台旁，则以尹喜为函谷关令矣。史记言老子去周度关时，周都洛，函谷关为是。

二年 崔成甫红袹首。页5739

史炤释文曰：袹，普驾切；通俗文：帛三幅曰帕。（海陵本同。）余按袹首之袹，莫百翻；今人谓之抹额是也。韩愈元和圣德诗："以红袙首"。若通俗文所谓帛三幅者，谓帕也，非袙首之袙。

四载 褚诩战死。页5748

费本注曰：诩，直毅切。余按，诩，直严翻。费本误。

通鉴二百一十六

八载 吐蕃多贮粮食，积檑木及石。页5770

史炤释文曰：檑，卢回切。余按此檑木即前卷"炮檑如雨"之檑，合音卢对翻。史炤音释前后不相炤应类如此。

十载 高尚，雍奴人。页5778

史炤释文曰：雍奴，雍州县名。余按唐书地理志，幽州有雍奴县，非雍州也。

通鉴二百一十七

十四载 贾循，华原人也。页5800

史炤释文曰：华原，邑名，属耀州。余按五代史，梁开平初，华原贼帅温韬聚众据县，岐王李茂贞始以华原置耀州，使韬镇之。此时未有耀州也。新唐书地理志，华原县属雍州。开元元年，以雍州为京兆府。

安禄山乘铁轝。页5803

史炤释文曰：轝，羊茹切。余谓此"轝"字即"舆"字，今人多读从平声。盖舁车之轝，是人轝之，则音羊茹切。若乘轝，则人乘车舆也，读当平声。二百二十五卷代宗大历十四年"乘轝"误同。

禄山步骑散漫，人莫知其数。页5805

史炤释文曰：漫，谟官切，又莫半切。余谓当从下音。

肃宗至德元载 鲁炅屯叶北以备安禄山。页5818

史炤释文曰：叶县之北汝州也。余按通鉴下文，鲁炅立栅于滍水之南，未至汝州。

程千里出崞口讨贼。页5822

史炤释文曰：崞口，在代州。(海陵本同。)余按旧唐，崞口在相州西山。在代州者，崞县，非崞口也。二百二十六卷德宗建中二年“崞口”注亦误。

通鉴二百一十八

同罗曳落河居五分之一。页5826

史炤释文曰：安禄山所劫同罗兵，号曳落河。余按禄山养同罗、奚、契丹降者八千馀人，号曳落河。曳落河者，胡言壮士也。是时史思明等合兵五万馀人，而同罗曳落河居五分之一，是同罗曳落河不下万人矣。禄山在洛，方图关辅，所养曳落河八千馀人；若以万人付思明，反浮于所养之数，不应如此。盖同罗者，阿布思之部落也，阿布思败死，其部落归禄山，禄山简同罗之壮者与奚、契丹之壮者养之，通谓之曳落河，其不预曳落河之养者尚多。今遣助思明者，同罗之兵及曳落河通有万许人耳。

茇涉至此，劳苦至矣。页5837

史炤释文曰：茇，草舍；一曰，草木根本；亦作“跋”。余按茇，草舍也。郑康成之说，草行曰茇，水行曰涉，正应此义。不当妄引草木根本以自杂其说。

太子至乌氏，彭原太守李遵出迎。页5838

海陵本释文曰：是年改乌氏曰保定。余按乌氏，汉县，故墟在彭原东南。据旧唐书，乌氏，驿名。新唐志，保定县，本汉安定县，唐为泾州治所，在彭原西一百二十里。保定县固是年更名，然非乌氏之地。

太子至平凉，阅监牧马。页 5838

史炤释文曰：渭州有马监。余按唐之盛也，秦、兰、河、渭、泾、原、岐、豳、宁、庆、鄜、坊、延、夏及河曲之地，凡监四十有一，岂特渭州有马监哉！时太子所阅者，平凉之监牧。平凉，原州；非渭州也。

贼势大炽，西胁汧、陇。页 5840

史炤释文曰：汧水在安定。余按前汉书地理志，汧水出扶风汧县西北。又曰：郁夷县有汧水。郦道元以为汧水即鱼龙水。唐书地理志：陇州有汧源县、汧阳县，皆因汧水而名。汧水不在安定。

通鉴二百一十九

第五琦请以江、淮租、庸市轻货，溯江、汉而上，至洋川。页 5857

史炤释文曰：洋，音祥。汉戚夫人生于洋川，高祖宠之，名其川曰洋川，以表诞生之休祥也。（费本同。）余按洋川，汉时汉中成固之地。刘蜀分成固立南乡县，晋改为西乡县，后魏废县，于丰宁戍置丰宁县，寻于县置洋州及洋川郡，隋开皇初废郡，大业初废州，复为西乡县，唐武德元年，析梁州之西乡、黄金、兴势置洋州，天宝改洋州为洋川郡。汉书言定陶戚姬，不言生于洋川。地理志止有成固县，不载洋川。戚夫人生于洋川，本之郦道元水经注，道元好奇之过也。

通鉴二百二十

至德二载　史思明开井陉路。页 5896

史炤释文曰：井陉山，在镇州井陉县。余按唐穆宗讳恒，始改恒州为镇州。玄宗改州为郡，恒州曰常山郡；肃宗改郡为州，复曰恒州。此时未有镇州也。

乾元元年　李嗣业在河内，安庆绪涉沁水攻之。页5900

史炤释文曰：沁水，县名，属泽州。（费本同。）余按唐书地理志，沁水出沁州沁源县东南，出山而东流，过河内县北。安庆绪自邺攻河内须涉沁水而进兵，此指河内之沁水，非泽州之沁水县也。

王仲升斩党项酋长拓跋戎德。页5906

史炤释文曰：拓跋本代北元魏复姓。余按元魏之拓跋氏起于代北，党项之拓跋氏起于西陲。宋朝之西夏，党项拓跋之后也，宝元、康定之间，凭陵中国，慢书狎至，使其出于元魏，亦必张大而言之，而未尝语及者，非其所自出也。唐书列传，党项以姓别为部，一姓又分为小部落，有细封氏、费听氏、往利氏、颇超氏、野辞氏、米禽氏、拓跋氏，而拓跋氏最强。二百五十八卷昭宗大顺元年注又误。

通鉴二百二十一

二年　郭子仪等围邺城，壅漳水灌之。页5914

史炤释文曰：山海经曰：漳水出荆山，南注于沮水。余按郭子仪壅邺旁之漳水以灌城，非出荆山之漳水。九十七卷晋康帝建元二年，"赵王虎投王波父子之尸于漳水"，释文之误正与此同，已辩于前矣。二百六十卷昭宗光化三年"漳水"注复误。盖史炤读书不多，只据广韵以释通鉴，又不能亲师取友以求闻所未闻，所以到底错了。孤陋自是者，其戒之哉！然余亦当自以此为戒也。

李光弼自将屯中潬城。页5929

史炤释文曰：河南县有中潬城。余按河阳有三城以守河桥，自晋杜预建桥于富平津，此大河有桥之始也，然未有城也。

后魏孝文自代迁都于洛，又作河桥，河侧北岸有二城，置北中郎府，徙诸从隶府户，并羽林、虎贲领队防之。魏氏分为东、西，东魏得洛，惧西人之侵轶，虽徙洛人于邺，而河阳仍为桥以联络怀、洛，观宇文与高氏交兵于邙、洛之间，则可见矣。高敖曹之败也，叩河阳南城，以闭关不内而死，此时盖已有南城。宇文泰纵火船欲焚河桥，斛律金所以御之者，必于中流制之，意此时亦必有中潬矣。史思明入东京，李光弼据河阳与之相持，思明来攻，三城皆受敌，光弼自将屯中潬，应接南、北二城，视其所急而赴之。安、史既平，河朔藩镇桀骜，唐于此置河阳三城节度使，遂为重镇。中潬城，三城之一，不在河南也。宋白曰：中潬城，东魏所筑。

通鉴二百二十二

上元二年 奴剌、党项寇宝鸡。页5944

史炤释文曰：浑奴剌也。吐谷浑自称曰浑主，故以浑奴剌言之。（费本同。）余谓吐谷浑自是一种，奴剌自是一种，吐谷浑王旧自称可汗，未尝自称曰浑主。史或以浑、奴剌连言，亦言浑与奴剌两种耳。太宗贞观二十一年，奴剌啜匐俟友内附，此则奴剌别是一种之明证也。

代宗广德元年 田承嗣为魏、博、德、沧、瀛五州都防御使。页5973

史炤释文曰：魏博，藩镇，自田承嗣始，传五世至田洪正入朝，十年复乱，更四姓，传十世，有州七，曰贝、魏、博、相、磁、洺、卫。余谓此通鉴书以魏博授田承嗣之始，然此时命承嗣为魏、博、德、沧、瀛五州都防御使，未须以贝、魏、博、相、磁、洺、卫七州为注。详辩于二百六十六卷梁太祖开平元年。

明经则诵帖括以求侥幸。页5975

史炤释文曰：谓为机括而诵之。余按高宗之时，以刘思立之言，明经加试帖，举人乃总括经文，以类聚之，而诵习以应帖试，谓之帖括。括，总括也；非机括之谓。

通鉴二百二十三

二年 秋七月，税天下青苗钱以给百官俸。页5993

史炤释文曰：唐租、庸、调之法坏，代宗始以亩定税，而税以夏秋；时又以国用急，不及秋，苗方青即征之，号青苗钱。余按乾元以来，天下用兵，京司百僚，俸钱减耗。代宗即位，推恩庶僚，下议，或以税亩有苗者，公私咸济，乃分遣宪官税天下地青苗钱，以充百司课料。若定夏、秋二税，则德宗即位方行其法，非代宗也。史明书秋七月税天下青苗钱，安得谓不及秋即征之乎！

通鉴二百二十四

大历五年 元载请割郿、虢、宝、鄠、盩厔隶李抱玉。页6032

史炤释文曰：郿、虢，并扶风县名。余谓史炤仅能引汉书地理志耳。汉右扶风有郿、虢二县，及晋，省虢县，存郿县，后魏于虢县地置武都郡，西魏置洛邑县，后周置朔州，州寻废。隋开皇初废武都郡，大业初改洛邑县为虢县，后魏又于郿县置平阳、周城二县。西魏改平阳为郿城，后周废入周城县，隋开皇十八年改周城曰渭滨，大业二年改曰郿县。扶风，隋、唐为岐州，时为凤翔府。

朕今亲御禁旅。页6034

史炤释文曰：旅，众也。说文：军五百人为旅。余谓禁旅，直言禁兵耳，不必拘五百人为说。

通鉴二百二十五

十四年　泽州刺史李鷃上庆云图。诏曰："卿云、灵芝，怪草异木，何益于人！"页6072

史炤释文曰：卿，如字。文选：卿云黼黻河汉，谓司马长卿、杨子云也。后言瑞者，以卿云为庆云，皆取黼黻河汉之意。（海陵本、费本同。）余谓史炤缪矣，古者卿、庆同音，班固白雉诗："永延长兮膺天庆"，叶韵音卿，是也。卿云，即庆云。晋天文志：瑞云，一曰庆云，一曰景云，嘉气太平之应也。

通鉴二百二十六

沈既济上选举议曰："责于侍郎，则曰量书、判、资、考而授之，不保其往也。"页6080

史炤释文，以"量书"为句断，注曰：尚书掌七品以上选，侍郎掌八品以下选，皆有铨量之书，所以叙其资地而进退之也。（费本同。）余观沈既济之议，其上文曰："考校之法，在书判、簿历、言词、俯仰而已"，是书判也，非铨量之书也。又曰："量资、积考，非劳也"，是资考也，非资地也。唐择人之法有四，曰身、言、书、判。身，取其体貌丰伟；言，取其言辞辩正；书，取其楷法遒美；判，取其文理优长。资、考者，限年蹑级谓之资，课校殿最谓之考。

京畿观察使崔宁。页6084

史炤释文曰：天子千里地，以远近言之则言畿。此指京师，故谓之京畿。余按古者王畿地方千里。唐以长安为西京，洛阳为东都，有京畿、都畿。京畿观察部京畿诸州，谓雍、岐、同、华、商、邠也。

德宗建中元年 朝臣请赦刘文喜，上皆不听，曰："微孽不除，何以令天下！"页6090

史炤释文曰：孽，庶子也，犹木之有孽生，故以为喻。余按史炤此亦本之广韵。然刘文喜岂唐之庶子哉！凶孽、妖孽，皆孽也，不专以庶子为义。此言微孽，犹凶孽之孽耳。一百五十二卷梁武帝中大通二年，魏高欢言嬖孽擅朝，指郑俨、徐纥也，炤之误亦如此。

刘海宾言于上曰："臣乃陛下藩邸部曲。"页6090

史炤释文曰：藩，谓为藩屏者，凡郡国朝宿之舍，率名邸。邸，至也，言所归至也。余谓炤说自通，但初读者未易遽晓，且以此释"藩邸部曲"四字，其义犹欠明切。唐人率称诸王邸第为藩邸，谓藩国邸第也。此说较简明。宝应初，上以雍王为天下兵马元帅，故刘海宾自谓藩邸部曲。

王国良遣使乞降，犹疑未决。页6093

史炤释文曰：犹，余救切，玃属，其性多疑。一说，陇西人呼犬子曰犹，好先行却住以俟其人，遂曰犹豫；犹疑亦犹豫之谓。余以文势观之，不过言王国良犹持疑而未决降计耳。犹之为义，尚也，如左传"尚犹有臭"，"其莠犹在"，贾谊所谓"犹尚如此"之犹，不必引犹豫以释犹疑也。

通鉴二百二十七

二年 南至江、淮、闽、越。页6110

史炤释文曰：闽越，东南越。余按此言闽谓七闽之地及百越之地耳，若以汉书言之，则闽越之地，今福建路是也；东越之地，今温州是也；南越之地，今交、广是也；岂得谓闽越为东南越乎！一百六十七卷陈武帝永定元年注"闽中"亦误，辩已见前。

宣武节度使刘洽。页6117

史炤释文曰：宣武节度使自刘玄佐始，传四世而灭，有汴、颍、宋、亳。余按新唐书方镇表，建中元年，分宋、亳、颍别为节度使，寻号宣武节度使。是时李勉以永平节度使镇汴州，其后陷于李希烈。至兴元元年，刘洽破希烈，复汴州，始有汴、宋、颍、亳四州；寻徙宣武军治汴州。洽改名玄佐，玄佐传子士宁，士宁为李万荣所逐。是刘氏在宣武仅二世也，何尝传四世哉！

入敕使院，擘裂杀之。页6128

史炤释文曰：擘，博厄切；说文，㧑也。余按此乃分擘之擘，非㧑也。

通鉴二百二十八

四年 外侵则汧、渭为戎。页6148

史炤释文曰：汧、渭二水，出凤翔府宝鸡县。余按一百一十八卷肃宗至德元载，炤释汧、陇之汧已误，今又误。汉书地理志，渭水出陇西首阳县鸟鼠山而东流，汧水出右扶风汧县西北。水经注：汧水东流，合于渭，渭水又东径陈仓县。唐改陈仓县为宝鸡县。渭水则过宝鸡，汧水不惟不出宝鸡，且不至宝鸡矣。陆贽所谓"外侵，则汧、渭为戎"者，谓吐蕃侵逼也。汧水在唐陇州界，渭水出唐渭州界，代宗初，吐蕃陷秦、渭，入大震关，唐遂以陇州为极边，故曰汧、渭为戎。

以李昌巙为京畿、渭南节度使。页6156

史炤释文曰：巙，渠龟切。（海陵本同。）余按巙，奴刀翻，史炤卤莽，以其字旁从夔，遂自为音切也。

胶水蒋沆。页6157

史炤释文曰：胶水，在汉胶东县，一曰密水。唐时胶西为密州。余按水经，胶水出黔陬县胶山，北过其县西，又北过夷安、下密、胶东当利县，北入于海。汉书地理志，黔陬县属琅邪，夷安县属高密，下密县属胶东国，无胶东县，当利县属东莱郡。唐书地理志，莱州有胶水县。莱州，古东莱郡地。胶水县盖当胶水下流入海之地，非密州也。

通鉴二百二十九

朱泚推云梯，载壮士攻城，翼以辒辌。页6169

史炤释文曰：说文：淮阳名车隆穹为辒。应劭曰：辒辌，匈奴车。博雅以为柳车。余按柳车非所以攻城。应劭以辒辌为匈奴车者，因汉书扬雄传“砰辒辌，破穹庐”而为之注也。盖辒辌者，攻城之车。兵法曰：修辒辌距闉者，三月而后成。谓攻城也。辒辌不特匈奴有之，中国亦有此车。

韩滉修坞壁，起建业，抵京岘，楼堞相属。页6172

史炤释文曰：京岘，山名。京，大也，即琅邪大岘山。（费本同。）余按韩滉时镇润州，修坞壁，起建业，抵京岘。京岘山在润州州治东五里，琅邪之大岘山在沂州。滉修坞壁，自建业抵润州之京岘山耳，安能绝江越淮，抵沂州之大岘山邪！况此时陈少游镇淮南，而沂州又李纳巡属也，韩滉决不能跨据他镇疆土而修坞壁。盖滉以乘舆播迁，欲阻江自守，其治楼堞，起升抵润，皆自守规摹也。

通鉴二百三十

兴元元年　专虚名而不副之以实，则诞谩而人情不趋。页6206

史炤释文曰：诞谩，不经之称。余谓妄为大言曰诞，欺语曰谩，皆虚而不实之谓，非不经之称也。

张献甫怒樊泽曰："行军乃敢自图节钺。"页6212

史炤释文曰：节以专杀，斧钺以专断。余按记王制，诸侯赐铁钺然后杀。是斧钺以专杀也。至于汉、魏以下，持节者亦得以专杀。唐中世以后，置诸镇节度使，建节，树六纛，亦得以专杀。故授节度使者，谓之授旌节，亦谓之授节钺。若曰节以专杀，斧钺以专断，恐字义不可如此区别。自是之后，炤屡拈出此二语，盖自以为得而不知其失也。

通鉴二百三十一

进退羁碍。页6217

史炤释文曰：羁，马络头也，碍，谓羁所挂碍也。余按羁者，有所绊；碍者，有所止。

钟虡不移。页6222

史炤释文曰：虡，音具。余按经典释文及诸字书，虡，音巨，无音具者。此又蜀人土音之讹。

贞元元年 新州司马卢杞遇赦，移吉州长史，陈京、赵需等争之不已，上大怒，左右辟易。京顾曰："赵需等勿退。"页6233

史炤释文曰：京，姓也。风俗通云：郑公子段封京城，其后因为氏。顾，其名。余按陈京、赵需等争卢杞移吉州长史事，德宗大怒，当时左右之臣皆辟开而易其故处，陈京乃顾谓赵需等曰："勿退。"此一段，稍识文理者皆知京之为陈京，顾之为回顾也。史炤以京为姓，顾为名，大似不识文理。彼岂真不识文理哉！其病在于不详观通鉴上下文而轻为注释，至于板行其书以诳后学，不知乃所以自彰其缪妄也！

以李泌为陕虢都防御水陆运使。泌宿曲沃，将佐来迎。页6238

史炤释文曰：曲沃，县名，属绛州。余按此非绛州之曲沃也。绛州之曲沃，晋封桓叔者也。春秋之时，晋以曲沃为别都，盖自桓叔至武公，宗庙在焉，其地在大河之东。李泌自长安赴陕州，无缘迂路渡河至绛州之曲沃。水经注云：曹阳亭在弘农县东十三里，又东有曲沃城。春秋时，晋侯使詹嘉守桃林之塞，处此以备秦，时以曲沃之官守之，故曲沃之名，遂为积古之传。肃宗至德二载，广平王俶与郭子仪取西京，安庆绪将张通儒等走保陕，追至曲沃，大破贼于新店，遂入陕城，此即李泌所宿之曲沃也。绛州之曲沃，人所共知；陕州之曲沃，人有不能知者矣。吁，地理之难言盖如此！

通鉴二百三十二

陆贽上奏曰："以逆泚之偷居上国，怀光之窃保中畿。"页6244

史炤释文曰：天子千里地，以远近言之，则言畿；当天下之中，故谓之中畿。余按陆贽所谓怀光窃保中畿，谓怀光窃保河中也。玄宗开元八年，以河中为中都，河东、河西为次赤县，馀县皆为次畿县。怀光据河中，诸县皆为所有，故言中畿。盖洛阳为东京，则河南府诸县为东畿，长安为西京，则京兆府诸县为西畿，河中府居两京之中，以为中都，故谓之中畿也。

二年，百姓至蒸郁手足以避役。页6250

史炤释文曰：蒸，火气上行也。熨，持火，所以申缯也。余按以火申缯，固谓之熨；然此言以火熨手足耳，不必以申缯为释。

王崇武标点容肇祖聂崇岐覆校

通鉴释文辩误卷第十一

天台胡三省身之

通鉴二百三十三

三年 李泌曰："太子安有异谋，彼谮人者，巧诈百端，虽有手书如晋愍怀，衷甲如太子瑛，犹未可信。"页6273

史炤释文曰：愍、怀，谓晋愍帝、怀帝也。（海陵本同。）余谓李泌正引贾后谮杀愍怀太子遹事，通鉴于八十三卷晋惠帝元康九年纪愍怀手书事甚详，史炤且不能考，岂可释通鉴以传世乎！

七年 韦皋遣三部落总管苏嵬将兵至琵琶川。页6295

史炤释文曰：琵琶川，地名，东奚所居。余按琵琶川者，东蛮所居，蜀之徼外，未尝有奚也。炤误。

通鉴二百三十四

九年 偾军蹙国。页6312

史炤释文曰：偾，僵仆也。偾军，谓军不严整，若僵仆也。余谓偾军者，覆军也；军为敌人所败，颠覆不能复振，若人之颠仆不能复起也。

万荣纵欲跋扈，势何能为！页6317

史炤释文曰：扈，篱也。水居者，于水未至为扈，水去则大鱼跋扈而出，小鱼独留。余按跋扈之语，自汉有之，释者以强梁为言，史炤今以大鱼跋扈为说。夫炤所谓扈者，海濒之人于海滏插竹为之，其字作"沪"。"大鱼跋沪"，东南濒海之人初无此语，中土之人与西北之人，安知鱼之跋沪而为是语邪！炤说可谓僻陋而不通。从强梁之说为是。

十年　云南王异牟寻令崔佐时衣牂柯服而入。页6318

史炤释文曰：汉牂柯郡，唐为牂州，属江南道羁縻州。牂柯，系船杙也，楚灭夜郎，军至且兰，椓船于岸，因以名其处。牂柯服，谓牂柯人所服也。余按史炤止祖述汉书注，言牂柯郡所以得名之由，未及唐时所谓牂柯也。新唐书曰：牂柯蛮，在昆明东九百里，东距辰州二千四百里，其南千五百里即交州。故通鉴下文载佐时之言曰："我大唐使者，岂得衣小夷之服！"小夷，正指牂柯蛮。

通鉴二百三十五

十二年　以浑瑊、王武俊并兼中书令。页6333

史炤释文曰：浑，户本切，浑沌氏之后。（海陵本同。）余按浑瑊，铁勒九姓浑部之后，世为皋兰州都督，安得为浑沌氏之后乎！自安、史反，瑊从其父释之在兵间，父子各立战功；至德宗时，瑊之劳绩为显著。通鉴盖屡书不一书而足，史炤前固尝释浑瑊矣，至此方以为浑沌氏之后，何邪！又按刘禹锡集有送浑大夫赴丰州诗曰："凤衔新诏降恩华，又见旌旗出浑家。"则浑字读从上声，无亦其时浑氏功名鼎盛时，人不敢言其出于藩落而为之讳，遂以为浑沌氏之后邪！观唐世言氏族者本其所自出，必各引前世帝王公侯卿大夫士之著见者，或以国，或以邑，或以氏，或以谥，或以字，或以官，亦或以名者，往往多有傅会，今亦无从而辨正之也。二百四十五卷文宗大和八年"浑镠"，炤释同。

韦渠牟形神恌懆。页6337

史炤释文曰：恌，馀招切，忧也，悸也。余按恌，音他雕翻，即轻恌之恌。

十六年 泗州刺史张伾出兵攻埇桥。页 6349

史炤释文曰：埇桥，地名，在淮、泗。一曰，道上加土为埇。余按泗水固合于淮，然言埇桥在淮、泗，抑以为在淮、泗之交邪，抑以为在淮、泗之间邪？此等注书，胸中实无定见，而持两端之说。而道上加土曰埇，又因甬道而创生此义，皆非确论也。埇桥在徐州南界，唐后置宿州于此，江、淮运船所必由之路也。二百四十二卷穆宗长庆二年“埇桥”注又误。

通鉴二百三十六

顺宗永贞元年 制以“积疹未复，其军国政事权令皇太子纯句当。”页 6372

史炤释文曰：疹，止忍切；久疾也。（海陵本同。）余按疾疹之疹，音丑刃翻；从止忍切，乃疮疹、瘾疹之疹。此疹既以久疾为释，不当从疮疹、瘾疹之音。二百四十三卷穆宗长庆四年，“嗜欲胜而疾疹作”，炤释又误。

通鉴二百三十七

宪宗元和元年 阿跌光进本出河曲步落稽。页 6382

史炤释文曰：阿跌氏，其先河曲诸部，正观初内属，赐姓李。余按步落稽，即稽胡也。自后魏以来已居塞内，其内属久矣。阿跌光进兄弟，元和初以军功赐姓，亦非贞观初也。

通鉴二百三十八

四年 许孟容曰：“臣为陛下尹京畿。”页 6412

史炤释文曰：天子千里，地以远近言之，则言畿也。余按史炤徒知以王畿千里释畿字，为是说者屡矣，终不足以发明通鉴所书之义。按唐以洛阳为东都，以河南府汝州为都畿；以长安为西京，以京兆、凤翔、同、华、商、邠等府州为京畿。然此时许孟容为京兆尹，自言尹京畿，则止言京兆，不及他州。盖京兆府以长安、万年两赤县为京县，馀县为畿县，故孟容自云尹京畿也。古人之言，其取义各有攸当，当博考而求其所以言之意，固不可胶柱一说以为释。

四年 悉甲压境，号曰伐赵。页6415

史炤释文曰：悉其兵甲以镇压疆境。余按谭忠说田季安以伐赵，言悉甲压境，谓悉举魏博之兵以压赵境，非以镇压魏博之疆境也。举兵以临敌境曰压。炤释非。

五年 伊宥为安州刺史，母卒于长安，不时发丧，郗士美先备篮舆，即日遣之。页6424

史炤释文曰：篮，竹也，以为舆。余按篮舆以竹为之，非竹名也。篮舆谓之担子，东南只谓之轿子。

通鉴二百三十九

七年 成德、兖郓使者。页6438

史炤释文曰：兖、郓，二州名。余谓兖、郓固是二州名，此书成德、兖郓使者，言二镇所遣之使者也。王承宗时为成德节度使，李师道时为兖、郓等州节度使。兖、郓未赐军号，故止称兖郓，犹田承嗣未赐天雄军号，止称魏博也。通鉴书唐藩镇，或以军号，或以州，读者自审别之可也。

八年 夏绥节度使张煦。页6443

史炤释文曰：夏、绥，二州名。余谓此亦以二州为节镇之名，犹兖郓也。

十年 是时发诸道兵讨吴元济，而不及淄青。页6450

史炤释文曰：淄、青，二州名。余按淄青与兖郓共一镇也。李师道承父兄之业，有兖、郓、淄、青、曹、濮、登、莱、齐、密、沂、海十二州。初，肃宗置淄青、兖郓二节度使，自侯希逸引平卢兵保青州，而淄青兼有淄青、平卢节度之号。自李正己并有兖、郓、淄、青十五州，而兖郓遂兼淄青、平卢之号。师道，正己之孙也，据有十二州，于河南诸镇最为强大，时人或以兖郓称之，或以淄青称之，或以平卢称之，其实一镇也。二百五十五卷僖宗中和二年“淄青”，亦犹是也。

兵将相失，心孤意怯，难以有功。页6451

史炤释文以“心孤”为“心狐”，注曰：谓心若狐之疑也。余以上下文求其义，盖谓兵与将相失则兵士之心孤，心孤则意怯。以此为说，文理甚明顺，何必以“孤”为“狐”，曲为之说邪！

十一年　柳公绰曰：“京兆为辇毂师表。”页6462

史炤释文曰：毂，辐所凑也。唐以京兆为师表，谓四方所辐凑也。故曰京兆为辇毂师表。余按自汉以为京兆者，率曰“待罪辇毂下”，盖谓京师在辇毂之下也。言京兆为辇毂师表，谓京兆之下，以京尹为师表耳。下卷十三年“辇毂”误同。

通鉴二百四十

十二年　裴度观筑城于沱口，董重质帅骑出五沟邀之，大呼而进。李光颜与田布力战拒之，贼退，布扼其沟中归路。页6474

史炤释文曰：扼，持也，谓分布而持扼。余按通鉴上下文，布，谓田布也，非分布之布。

通鉴二百四十一

十四年　刘悟见李公度，执手歔欷。页6494

史炤释文曰：歔欷，叹息貌。余按字书，歔欷，泣馀声。盖歔欷者，抆涕而收泗之声，非叹息貌。二百七十二卷后唐庄宗同光元年，释"歔欷"，误同。

田弘正与刘悟相见于客亭，即受旌节，驰诣滑州。页6495

史炤释文曰：说文：游车载旌，析羽。注：所以精进士卒。节长一尺二寸，凡为使者持之。余按周礼斿车载旌，注云：斿车，木路也。析羽五色，象其文德也。说文曰：旌，析羽。注：旄首，所以精进士卒。炤释逸"旄首"二字，遂不成文理。记曲礼，武车绥旌，德车结旌。注云：武车，兵车；绥，谓垂舒之也，尽饰也。德车，乘车。结，谓收敛之也，不尽饰也。正义曰：旌，谓车上旗旛也。兵车尚威武，故舒散旗旛垂绥然。德车，德美在内，不尚赫奕，故结缠其旒着于竿也。兵车，谓革路。德车，谓玉路、金路、象路、木路。既皆有旌，特以绥、结为别，固不专以精进士卒为义。又周礼，掌节，凡邦国之使，有虎节、人节、龙节，皆金也，以英荡辅之。英荡，函也，所以盛节。此史炤所谓长尺二寸者也。又有符节、玺节、旌节。注云：符节，如今宫中诸官诏符也。玺节者，今之印章也。旌节者，今使者所拥节是也。三礼义宗云：节长尺二寸，秦、汉以下改为旌幢之形。是则后世之节略如古旌节之制，而尺二寸之节后世不复有矣。唐制，节度使赐双旌、双节，行则建节，树六纛，是所谓旌节也，岂得以古者斿车载旌，节长尺二寸释唐之旌节乎！

〔**十五年**〕　邠宁节度使李光颜。页6508

史炤释文曰：邠、宁，二州名。余按新唐书方镇表，是年置邠、宁、庆三州节度使。史特提邠宁二字以为节镇之名，其例犹淄青、魏博、镇冀也。二百七十九卷后唐潞王清泰元年，辩同。

沉酣昼夜，矡杂子女。页6510

史炤释文曰："矡杂"，读为"矡杂"。余按乐记曰：及优侏儒，优杂子女。故注云，优杂，当读为矡杂。今通鉴书"矡杂"，炤又释曰读为矡杂，何居！

穆宗长庆元年 瀍为颍王。页6514

史炤释文曰：颍，于轸切，州名。余按颍，余顷翻。炤音非。

刘总奏分〔以〕幽、涿、营为一道。页6516

史炤释文曰：涿，郡也。余按古固有涿郡，隋、唐并汉之燕国涿郡为幽州涿郡，天宝元年改幽州涿郡为幽州范阳郡，而涿郡遂不见于史；况幽、营皆州名，不应独释涿为郡。代宗大历四年，范阳节度使朱希彩表析幽州之范阳、归义、固安置涿州。则刘总所奏者，幽州、涿州、营州欲分为一道，非涿郡也。

通鉴二百四十二

昭义节度使刘悟。页6520

史炤释文曰：泽潞藩镇，自刘悟传至刘稹，传三世而灭，有州五，曰邢、汾、晋、泽、潞，号昭义节度。余按德宗以昭义军号赐泽潞，以宠李抱真，非始于刘悟。昭义节度领潞、泽、邢、洺、磁五州，未尝领汾、晋也。

起复田布为魏博节度使，至魏州，号哭而入，居于垩室。页6522

史炤释文曰：垩，乌故切。余按垩，乌各翻；从乌故切非。

朱克融焚掠易州涞水、遂城、满城。页6523

史炤释文曰：涞，水名，出涿郡。余按涞固是涿郡水名；以唐时言之，涞水则县名也，属易州。涞水县乃汉涿郡遒县地，隋开皇元年，以范阳为遒，更置范阳县于此地。六年改范阳曰固安，八年废，十年又置永阳县。十八年改为涞水，因涞水以名县也，唐因之。

二年 军士日给不过陈米一勺。页6530

史炤释文曰：陈米，腐米也。余谓陈米至腐败，不可食矣。陈米，谓藏之积年者耳。

通鉴二百四十三

四年 贬李绅为端州司马，张又新等犹忌绅，日上书言贬绅太轻，上许为杀之。页6550

史炤释文曰：杀，所介切，削也。余详观通鉴上文，李绅自户部侍郎贬端州司马，盖远谪也。张又新等犹日言其太轻，是欲寘之死地，故上许为杀之。杀，当读如字，史炤音义殊不可晓。

马存亮自负上入军中。页6553

史炤释文曰：负，戴也。余谓在首为戴，肩背为负。

上怪裴度奏状无平章事，以问韦处厚，处厚具言李逢吉排沮之状。页6554

史炤释文曰：沮，将豫切，沮坏也。余按字书，沮止、沮坏之沮，音在吕翻。炤音之误，辩已见一百四十二卷齐东昏侯永元元年，今此字义稍异，故复出之。

敬宗宝历二年 宣索左藏见在银十万两，金七千两，悉贮内藏。页6564

史炤释文曰：左藏，藏四方所献金玉珠贝玩好之库也。余按汉官有中藏府，属司农。晋少府属官有左、右藏令，东晋及宋有外左库、内左库，齐、梁、陈有右藏，无左藏，北齐有左、右藏令、丞，属太府，隋、唐皆然。唐左藏有东都西库、朝堂库，右藏有内库、外库。新唐书百官志：左藏署令掌钱帛杂彩，天下赋调，右藏署令〔掌〕金玉珠宝铜铁骨角齿毛彩画。则左藏库者，藏天下赋调之物，非四方所献也。

通鉴二百四十四

文宗大和六年　李德裕奏修邛崃关。页6589

史炤释文曰：邛崃，山名，在沈黎郡。余按汉书地理志，蜀郡严道县有邛崃山。严道，故青衣也，汉武帝置沈黎郡，汉光武建武十九年置青衣郡，安帝延光元年置蜀郡属国都尉。新唐书地理志，邛崃关，在雅州荣经县界。祝穆曰：邛崃关在黎州北九十里。黎、雅二州固皆汉沈黎郡地，然自汉至唐，州县之建置离合，苟不详考而言之，读者殊未知汉沈黎郡今为何地也。

七年　府兵内铲。页6596

史炤释文曰：铲字未详。余按字书无铲字，今人多读为刬，音楚限翻。

杜牧孙子序："汉高祖言指踪者人也。"页6599

史炤释文作"指纵"，注曰：纵，子用切。萧何传：发纵指示兽处者人也。颜师古注云：发纵，谓解绁而放之也。指示者，以手指示之，今俗言放狗。余按杜牧注孙子序及通鉴诸本皆作"指踪"，颜师古以汉书本皆不为"踪"字，而读者乃以为踪迹之踪，故以发踪为非，而纵读如字。由师古之言而推之，则唐人固多有读发纵为发踪者。今杜牧言指踪，则习唐人之言，径以指示兽踪为说也。依杜牧文义释之，指踪当读为踪迹之踪；若以为指纵，音子用切，则反害于文义矣。使颜师古复生，亦必就杜牧文意为之音义，必不如史炤之拘泥而入于迂僻也。

通鉴二百四十五

九年 以刑部侍郎兼御史知杂李孝本权知御史中丞。页6614

史炤释文曰：御史之职有四，知其杂事者谓之知杂。（海陵本同。）余按唐制，御史台侍御史六人，久次者一人知杂事，谓之杂端；殿中、监察职掌，进名、迁改及令史考第，台内事颛决，亦号台端。次一人知公廨，次一人知弹。分京城诸司为东、西，次一人知西推、赃赎受事，号副端；次一人知东推、理匦等，有不纠举者罚之；次一人分司东都台。如此，则侍御史六人，其一人分司东都台，五人在台院，各有其职；而知杂者，台院之长。史炤言御史之职有四，非也。

宦者举软舆，迎上扶升舆，决殿后罘罳，疾趋北出。页6616

史炤释文曰：罘罳，阙前饰；罘，复；罳，思也。臣将入请事，于此复思之。余按史炤据汉书注而为之释耳。然汉书注所云者，阙前罘罳也。此殿后罘罳，则不可以臣将入奏事，于其下复思之为释。程大昌曰：罘罳者，镂木为之，其中疏通，可以透明，或为方空，或为连琐，其状扶疏，故曰罘罳，读如浮思。浮思者，犹曰髴髴也，因其形似而想其本状，自可见矣。罘罳之名既立，于是随其所施而附着以为之名。其在宫阙，则为阙上罘罳，臣朝于君，至阙下复思所奏是也。在陵垣则为陵上罘罳，王莽去之，使人无复思汉者是也。却而求之上古，则礼经疏屏，亦其物也。疏者，刻为云气禽兽，而中空玲珑也。又有网户者，刻为连文，递相缀属，其形如网也。宋玉曰“网户朱缀刻方连”是也。既曰刻，是雕木为之，其状如网耳。后世因此，遂有直织丝网而张之檐窗以护鸟雀者。文宗甘露之变，出殿北门，裂断罘罳而去，是真网也。此又沿放楚辞而施网焉者也。元微之为承旨时，诗曰：“蕊珠深处少人知，网索西临太液池，浴殿晓闻天语后，步廊骑马笑相随。”自注云：网索，在太液池上，学士候对，歇于此。予案网索，乃是无壁及有窗处，以索挂网，遮护飞雀，故云网索，犹挂铃之索为铃索也。宋元献喜子京召还为学士诗曰：“网索轩窗邃，銮坡羽卫重。”用微之句也。泰之言汉陵阙之罘罳，与唐宫殿之罘罳不同，其援据详博，故具述之。学者观之，则知为史学者非可守一家之说以释前史也。

开成元年　庄宅收买犹未已。页6627

史炤释文曰：唐置庄宅六宅使，以诸王所属为名，或总云十六宅，后置六宅。余按庄宅使、六宅使各是一官。唐玄宗初置十王宅，附苑城而居，使宦者掌之，后增置为十六宅。中世以后，置六宅使。六宅使掌诸王第宅之事，庄宅使盖掌田庄及外舍之事。此言庄宅收买未已者，谓使庄宅使搜买民间女子以充后宫也，不可以六宅使混杂而为释。盖此皆内诸司使也。唐之将亡，朱全忠诛宦官，以所亲将校领内诸司使，自此汔于宋朝，遂为武散阶。

二年　诏彻乐减膳。页6630

史炤释文曰：膳，音善。具食曰膳，膳之言善也。余按膳之言善，古有此义，然未尝音膳为善。膳当读从去声。

通鉴二百四十六

五年　李珏坐为山陵使龙輴陷，罢为太常卿。页6644

史炤释文曰：輴，顺允切；车转者，画龙其輴也。（海陵本同。）余按輴，音敕伦翻。记：天子龙輴。郑玄注曰：天子殡以輴车，画龙于辕。孔颖达正义曰：輴以载柩。輴之为状，庳下而宽广，无似龙形，惟辕与龙形相类，故知画龙于辕也。史炤音义俱非。

正人如松柏，特立不倚；邪人如藤萝，非附他物不能自起。页6644

史炤释文曰：藤，藟也。萝，莪也。按炤以萝为莪，是据毛诗传。诗：菁菁者莪。传曰：莪，萝蒿也。然此非萝蒿之萝，乃茑与女萝之萝，能引蔓者也。

武宗会昌二年 张仲武为东面招抚回鹘使，奚、契丹、室韦等并自指挥。页6661

史炤释文曰：室韦，契丹别种，东胡之北边，盖丁零之苗裔也。余按史炤既曰室韦契丹别种，又曰丁零苗裔，盖引李延寿、宋祁两家之说。李延寿北史曰：室韦，盖契丹之类，在南者为契丹，在北者为室韦。宋祁新唐书曰：室韦，契丹别种，东胡北边，盖丁零苗裔也。就李延寿之说，则以为契丹之类，宋祁之说则持两端矣。契丹、丁零本非同种。契丹本东胡鲜卑种，丁零在匈奴北。夷狄荒忽，史亦莫究其先之所由来也。

通鉴二百四十七

三年 郳公李抱真。页6674

史炤释文曰：郳，城名，在东海。余按郳，春秋时小国，后为小邾，唐以古国名封李抱真为公耳。

通鉴二百四十八

宣宗大中二年 王皞曰："宪宗厌代之夕，事出暧昧。"页6716

史炤释文曰：厌，于琰切。厌，魅也，谓恶梦。余谓厌代者，谓升遐，言厌薄人间之世，弃之而上仙也；厌当音于艳翻。若厌魅之厌与恶梦而魇者，其字义亦各不同。史炤引之以释厌代之厌，误矣。

通鉴二百四十九

十年　上曰："郑光殢我不置。"页6737

史炤释文曰：殢，大计切，极也。余按字书，懘音大计切，极也。殢音呼〔他〕计翻。此言殢我者，谓有所负恃以事干请，不得所欲不止者也。

十二年　王式至交趾，树芀木为栅，可支数十年。页6742

史炤释文曰：芀，都聊切，又音调。（海陵本同。）余按音调及都聊切，广韵以为苇花，其字从"艸"、从"刁"。又类篇有从"草"从"力"者，以为香菜，音历得切。艻、芀既皆草名，必不可以为栅。新书王式传作"芍木"。字书：芍，陟略翻。芍药，香草也，不云木名。赵、魏之间谓棘为㯕，㯕音六直翻。王式之先，家于太原，其父起，多居河中，庐于中条山。得无因赵、魏之言以棘为㯕乎？草本从"艸"，得无传写之误，以"棘"为"艸"，遂为"芀"字乎？

十三年　郓王为皇太子，仍更名漼。页6750

史炤释文曰：漼，徂回切。余谓漼，音七罪翻。

通鉴二百五十

懿宗咸通元年　王式命望海镇将云思益、浙西将王克容将水军巡海澨。页6759

史炤释文曰：说文，澨，埤增水边，土人所止者。余按史炤此说亦由广韵来。通鉴所谓巡海澨者，巡逻海濒耳。顾野王曰：澨，水边地；朱元晦曰：澨，水涯也；说较简而明。

六年　诸道进私白者，闽中为多。页6778

史炤释文曰：闽中，南越中地。余按南越之地，唐为岭南五管；唐之闽中，福建观察使所管也。一百六十六卷梁敬帝绍泰元年，一百六十七卷陈武帝永定元年，皆有此误，今以唐之疆理辩而申之。

七年　南诏以范昵些为安南都统。页6781

史炤释文作"昵些"。注曰：董冲云：昵，未详。余考通鉴诸本及唐书皆作"昵些"，若以字求之，则昵音尼质翻。

通鉴二百五十一

九年　高邮岸峻而水深狭。页6789

史炤释文曰：高邮，邑名，属兖州。余按高邮县自汉以来皆属广陵，隋改广陵为江都郡，又改为扬州，唐书地理志，高邮县亦属扬州，史炤以为属兖州，何也？晋氏南渡，迄于梁、陈，于广陵置南兖州，炤之所谓属兖州，无亦以此为据邪！但南兖州不可以为兖州，晋、宋、齐、梁、陈之疆理不可以释唐之疆理。释通鉴者，当随事、随时考其建置、离合、沿革也。

贼以千缣赠张敬思。页6792

史炤释文曰：缣，并丝缯。余谓史炤据说文以为说也。唐制以布帛四丈为匹，亦谓匹为缣，所谓千缣者，千匹也，非并丝缯。

通鉴二百五十二

十一年　立战棚，具炮樏。页6815

史炤释文曰：樏，力堆切，机石之架也。余按炮，机石也。

櫑，櫑木也；音卢对翻。櫑木者，自城上下之以压敌，非机石之架也。

蛮合梯冲，四面攻成都，城上以钩繯挽之使近，投火沃油焚之。页6817

史炤释文曰：繯，胡贯切，络也；又下宄切，维也；一曰旗纽；一曰槌耳。（海陵本同。）余按繯，音于善翻，又胡畎翻。匝转索头如环，所谓彄絙也。前施大钩，故曰钩繯。广韵从胡惯切者，缟文也，非此义。既曰钩繯，亦非旗纽与槌耳也。

东蛮苴那时、勿邓、梦冲三部。页6818

史炤释文提起“苴那”二字，注曰：东蛮部落名。余按东蛮三部，皆德宗朝韦皋帅蜀时招与共御吐蕃者：苴那时，一部也；勿邓，一部也；梦冲，一部也。若曰苴那，则以“勿邓”为“时勿邓”矣。炤释非。

僖宗乾符元年　王凝、崔彦昭同举进士，凝先及第，尝衩衣见彦昭。页6829

史炤释文曰：衩衣，楚懈切。博雅：䘑袺衽谓之褛祕。余按史炤此释全不可晓。质以字书，䘑，袑也。袺，执衽也。衽，衣襟也，裳际也。褛，亦衣襟裳际也。祕无其字，今祕密之“祕”，从“示”不从“衣”。尔雅：衣裗谓之䘢，郭璞注曰：衣缕也，齐人谓之挛。或曰：袿衣之饰。孙奭等释曰：此郭氏两解。一云衣缕也，本亦作“褛”。方言曰：褛谓之衽，即衣衿也，与字书略同。又类篇曰：方言，䘑谓之祜。博雅，祜衽谓之褛衩。而史炤之所引，既误以祜为袺，衩为祕，又于衩衣之义无所发明。炤于四十二卷汉光武建武六年引博雅以释槽枥，一百三十六卷齐武帝永明三年引博雅以释毦，与此释衩衣，不过务求艰僻以罔世耳。何则？衩衣二字，今人所常言也。凡交际之间，宾以世俗之所谓礼服来者，主欲从简便，必使人传言曰："请衩衣。"客于是以便服进。又有服宴亵之服而遇服交际之服者，必谢曰："衩袒无礼。"可见衩衣之语，起于唐人而通行于今世也。裆袑衽谓之褛衩，岂衩衣之谓乎！

三年　高骈筑成都罗城，蜀土疏恶，以甓甃之。页6840

史炤释文曰：甓，瓴甓。甃，井甃。余谓瓴甓今之砖。高骈以蜀土疏恶，陶砖以甃成都之城。甃，砌也，南人率谓以砖甃地曰甃砌。易曰：井甃无咎。马注云：为瓦裹下连上也。子夏传云：修治也。干云：以砖垒井曰甃。是皆以甃砌为义。炤以甃城为井甃，则又不通矣。

无得为坎埳以害耕种。页6841

史炤释文曰：坎埳，高下也。余按字书，埳，坎旁入也。又曰：埳，小坎也。易：入于坎窞。陆德明引说文曰：坎中更有坎曰窞。史炤所谓高下，非坎埳之义也。

通鉴二百五十三

四年　南诏遣陁西段瑳宝等来请和。页6846

史炤释文作"珖"字，注云：按董冲云，未详。（海陵本同。）余按通鉴乃"瑳"字，新唐书作"珖"字，盖传写唐书者误以"王"旁"瑳"为"王"旁"羌"，而董冲又误为"王"旁"珖"也。若从瑳字，音七何翻。

王郢东至明州，刘巨容以筒箭射杀之。页6846

史炤释文曰：筒，徒红切，竹名。（海陵本同。）余按唐制，武举有筒射，今军中亦有之。筒射之箭，长才尺馀，剖筒之半，长与常弓所用箭等，留二三寸不剖，为筈以傅弦，内箭筒中，注箭弦上，筒旁为窍，穿小绳，系于腕，彀弓既发，豁筒向手，皆激矢射敌，中者洞贯，所谓筒箭也。

五年　李克用进击宁武及岢岚军。页 6858

史炤释文曰：岢岚，山名也；近太原。余按唐书地理志：岚州岚谷县有岢岚军。窦苹曰：岢岚山在岚州宜芳县西北。元丰九域志：岢岚军，太平兴国五年，以岚州岚谷县建军，南至岚州九十里，岚州东南至太原一百八十五里。九域志所载道里，以太原府徙治后言之也。其距太原不为近矣。

六年　张锴、郭昢帅行营兵攻东阳门。页 6863

史炤释文曰：昢，敷尾切。余按字书，朏，敷尾切；旁从“月”。昢字旁从“日”，音滂佩翻，又普罪翻，又普没翻。

通鉴二百五十四

广明元年　郑畋闷绝仆地，甃伤其面。页 6888

史炤释文曰：甃，井甃。余谓“甃井甃”，炤之误犹前之误也。盖以甓甃地，畋闷绝而仆，故伤其面。

通鉴二百五十六

光启元年　朱敬玫留荆南，尝曝衣。页 6951

史炤释文曰：曝，薄报切；说文，晞也。余按曝字，即孟子“一暴十寒”、“秋阳以暴”、礼记“欲暴巫尪”、列子“自曝于日”之曝，音步木翻。

二年　李克修攻孟方立，拔故镇、武安、临洺、邯郸、沙河。页 6966

史炤释文曰：邯郸，属惠州。余按唐志，惠州本磁州，至天佑三年，以磁、慈声一，更名惠州。然史家只书磁州，不书惠州。盖后唐以天佑三年政在朱氏，但仍唐世磁州之名，而不用朱全忠所改惠州也。二百八十四卷晋齐王开运二年“邯郸”注亦误。

通鉴二百五十七

三年 广陵城中无食，以堇泥为饼食之。页6987

史炤释文曰：堇，居隐切，又音芹，草名；尔雅谓之啮苦，今堇葵也。（海陵本同。）余按堇泥，黏土也。二百六十七卷梁太祖开平元年，刘仁恭用堇泥为钱。炤释云黏土。至二百六十九卷均王祯明元年又误。

吕用之给杨行密曰：“用之有银五万铤。”页6993

史炤释文曰：铤，待鼎切；说文：铜铁朴也。余按此言银铤也。今人冶银，大铤五十两，中铤半之，小铤又半之，世谓之铤银，非铜铁朴之谓也。

王崇武标点容肇祖聂崇岐覆校

通鉴释文辩误卷第十二

天台胡三省身之

通鉴二百五十八

昭宗大顺元年　李存孝擒孙揆、韩归范，䌫以素练。页7019

史炤释文曰：䌫，其字未详。（海陵本同。）余按丁度集韵：䌫，音充夜翻，以绳维持之也。二百六十九卷梁均王乾化四年，䌫，音昌者切，亦非。

惟华、邠、凤翔、鄜、夏之兵会之。页7025

史炤释文，“鄜”，作“鄄”，注曰：吉掾切，地名。余按通鉴言诸镇之兵会伐李克用者也。华者，镇国军之兵也；邠者，静难军之兵也；凤翔者，岐、陇之兵也；鄜者，保大军也；夏者，定难军也。通鉴前书张浚会宣武、镇国、静难、保大、定难诸军于晋州，可以见矣。史炤以“鄜”为“鄄”，不考故尔。鄜，音夫。

二年　成都军民强弱相陵，将吏斩之不能禁，乃更为酷法，或断腰，或斜劈。页7028

史炤释文曰：劈，博厄切；分也。（海陵本同。）余按音博厄切者，乃“擘”字，其字下从“手”，不从“刀”；从刀者音普壁翻，剖也。

通鉴二百五十九

乾宁元年　刘建锋、马殷引兵至澧陵。页7061

史炤释文曰：澧陵，楚地。余按唐书地理志：醴陵县，属潭州。“澧”，当作“醴”。史炤以其地在战国时属楚邪？自秦罢侯置守之后，不当单引战国地理以释唐时州县。以马殷后封楚王，遂以其地为楚地邪？则此时刘建锋主兵，马殷特偏将耳。且其兵方至醴陵，未得湖、湘块土，其地既未属马殷，殷又未受封为楚王，可遽以醴陵为楚地乎！其义例不明有如此者！

通鉴二百六十

二年 上曰：“就使沙陀至此，朕自有以枝梧。”页 7076

史炤释文曰：梧，五故切；斜相抵触也。余按唐昭宗所谓枝梧者，正引汉书“诸将慑伏莫敢枝梧”之枝梧为说。如淳汉书注曰：枝梧，犹枝杵也。臣瓒曰：小柱为枝，斜柱为梧。今屋梧，斜柱也。未尝以斜相抵触为义。枝梧，皆读如字。

通鉴二百六十一

四年 朱友恭攻黄州，瞿章弃城，南保武功寨。页 7102

海陵本释文作“翟章”，注云：翟，直格切，姓也；又音狄。余考通鉴上下文，乃瞿章，非翟章也。瞿，音其俱翻。

葛从周奔还，杨行密追之，及于淠水。页 7108

史炤释文曰：淠，普计、普贤二切，水在丹杨。（海陵本同。）余按类篇：淠，音必至翻，水名，在弋阳。今淠河在来远镇西十里，来远镇即东正阳也，东至寿州二百里。史炤音、释俱非也。

通鉴二百六十二

天复元年 王珂遣间使告急于李克用。页 7138

史炤释文曰：间使，间谍之使。（费本同。）余谓敌兵断道，遣使者投间道而行，谓之间使，非间谍之使也。此后多有以间使为间谍者，不欲偻数，观者详之。

通鉴二百六十三

二年 削渍松桸以饲御马。页7169

史炤释文曰：桸，钼里切。（海陵本同。）余按音钼里切者，果名。松桸之桸，音孚吠翻，斫木札也。时凤翔受围，积久刍竭，故削松桸令薄，渍以饲马。详考字书，果木之桸，今人作柹，乃木札之柹字也，从孚吠切。木札之柹，今人作桸，乃果名之桸字也，从钼里切。炤音之误，颇亦由此。二百八十卷晋高祖天福元年，二百九十三卷周世宗显德四年“削桸”，音皆误。

通鉴二百六十四

三年 李克用笑曰：“贼欲有事淄青。”页7184

史炤释文曰：淄、青，并州名，属河南道。余按炤释淄青，与二百三十三卷宪宗元和十年、二百五十五卷僖宗中和二年释“淄青”之误同，而更添“属河南道”四字。夫淄、青之属河南道，是唐天宝以前十道按察采访使所统。自分建藩镇，而淄青自为一道，号平卢节度使。李克用言贼欲有事淄青者，时平卢节度使王师范举兵袭取朱全忠之兖州，克用知全忠将攻师范，故云尔。

成汭作巨舰齐山、截海、劈浪之类甚众。页7185

史炤释文曰：劈，匹历切，破也；又博厄切，分也。（费本同。）余谓从匹历切为是，辩已见前。

李嗣昭等复取振武城，杀吐谷浑降者二千馀人。页7186

史炤释文曰：吐谷浑，西域国，居甘松山之阳、洮水之西。

余按吐谷浑自高宗时为吐蕃所破，举国内徙，其国之故地，尽入吐蕃。此时吐谷浑多居代北，不复在甘松山之阳、洮水之西矣。

天佑元年 陈班贬溱州司户。页7199

史炤释文曰：凑，千侯切，又则候切。余按新、旧唐书地理志无凑州；"凑"，当作"溱"。贞观十六年，开山洞，置溱州，溱州时属黔中节度使。然凑字亦无千侯切一音。

朱全忠表称邠、岐兵逼畿甸，请上幸洛阳。页7201

史炤释文曰：天子千里地曰畿，天子五百里曰甸。余按禹贡，天子五百里甸服。孔安国注云：规方千里，以为甸服，去王城面五百里。面五百里，则自东至西千里，自南至北亦千里。王畿千里，以四方言之；甸服五百里，以一面言之。畿，即甸也，非有千里、五百里之殊。若周礼夏官，九畿之籍方千里，曰国畿，则王畿也，禹贡之甸服也。其外方五百里，曰侯畿；又其外方五百里，曰甸畿。侯畿，则禹贡之侯服也；若甸畿已为禹贡绥服。周官之甸畿，非畿甸之谓也。

皇后出，自捧玉卮以饮全忠。页7203

史炤释文曰：卮，古字作觚，饮酒器也。余按觚，有棱之器也。卮，圆器也。古字未必以卮为觚。盖炤以为觗即卮字，误作觚耳。炤又曰：古以角作觗，受三升。审观炤释，盖袭用应劭汉书注而不能尽用之也。劭云：卮，饮酒礼器也，古以角作，受四升。古"卮"字作"觗"。郑玄礼器注：凡觞，一升曰爵，二升曰觚，三升曰觯，四升曰角，五升曰散。史炤谓觗受三升，既与应劭异，抑以郑玄所谓觯者为觗欤？然后世之玉卮，非古之觗也。

通鉴二百六十五

泌阳刘存。页7210

史炤释文曰：泌阳，县名，属泌县。余按炤既曰泌阳县名矣，不应又曰属泌县；是必曰属泌州而误作属泌县也。然泌州本昌州，治枣阳，唐武德五年，改为唐州，天佑三年，朱全忠徙治泌阳，表更名泌州。此时唐州未改为泌州，不当以泌阳属泌州为释。欧史职方考只书唐州。

昭宣帝天佑二年 封皇弟禔为颍王。页 7218

史炤释文曰：禔，时尔切。余按温公注扬子，禔，以支翻，又音题；未尝从时尔切。

通鉴二百六十六

梁太祖开平元年 梁王入馆于魏，魏博节度使罗绍威恐王袭之。页 7237

史炤释文曰：魏博，唐之藩镇也，节度贝、博、魏、相、磁、洺、卫七州，治魏州。（海陵本同。）余按唐代宗广德元年，平史朝义，以田承嗣为魏、博、德、沧、瀛五州都防御使。是年夏五月丁卯，制分河北诸州，以魏、博、德为魏州管，此藩镇之始也。大历七年，魏博节度使田承嗣表分魏州置澶州。八年，昭义节度使薛嵩薨，承嗣袭取相、贝、洺、卫、磁，诏诸镇讨之。卢子期之败，磁州复归于昭义，而淄青李正己取德州，遂为己有。承嗣所有者，魏、博、贝、相、澶、卫、洺七州。田悦之败，洺州复归于昭义。自此世袭，更史氏、何氏、乐氏、罗氏皆保有六州。故罗绍威之悔诛牙兵，谓人曰："合六州四十三县铁，不能为此错！"安得七州哉！

山后八军巡检使李承约。页 7240

史炤释文曰：山后八军，谓涿、营、瀛、莫、平、蓟、妫、檀，皆属卢龙节度使；卢龙，乃幽州范阳郡也。（海陵本同。)余按涿、营、瀛、莫、平、蓟、妫、檀，此卢龙巡属八州，非山后八军也。涿、营、瀛、莫、平、蓟皆在山前，惟妫、檀在山后。又有新、武二州，与妫、檀为四州，置八军，以备契丹，河东故有山后八军巡检使。卢龙，古塞名，在平州肥如县，燕慕容令所谓守肥如之险者也。唐武德初，改肥如为卢龙县，后置卢龙军于其地。寻又以范阳节度使为卢龙节度使而治幽州。卢龙之地，非幽州范阳郡地也。若曰卢龙节度使治幽州范阳郡，则可矣。

朱全昱睨帝曰："朱三，汝本砀山一民也。"页7241

史炤释文曰：砀山，秦之砀郡，在唐为宋州。余按汉书地理志，梁国，故秦砀郡。颜师古注曰：以有砀山，故名砀郡。汉初置梁国，都砀，后都睢阳。应劭曰：砀山在砀县东。括地志曰：砀山县本汉砀县，在宋州东一百五十里。是则砀山县唐属宋州，不为宋州也。宋州治睢阳。唐志云：光化二年，朱全忠以砀山、虞城、单父、曹州之成武，表置辉州。则砀山县此时属辉州矣。

以养子宣武节度副使友文为开封尹。页7242

史炤释文曰：宣武节镇，本治宋州，梁徙于汴州。(海陵本同。)余按唐肃宗乾元二年置汴滑节度使，治滑州。上元二年废。宝应元年复置河南节度使，治汴州。代宗以田神功为汴宋节度使，亦治汴州。大历中，李灵曜作乱于汴州，命淮西节度使李忠臣等讨平之，因命忠臣以淮西节度治汴州。德宗建中二年，分宋、亳、颍别为节度使，以宋州刺史刘洽为之，治宋州，寻号宣武节度使。此宣武节度治宋州之始也。至兴元二年，刘洽破李希烈，得汴州，遂徙治焉。自此迄于唐亡，宣武节度皆治汴州，未尝徙也。及梁受唐禅，定都汴州，乃复徙宣武节度于宋州，而汴州置开封尹。史炤殆未尝深考本末也。

以权知荆南留后高季昌为节度使。页 7246

史炤释文曰：高季昌，字赂孙，陕州陕石人。余按五代史，高季昌字贻孙，非字赂孙也。陕州峡石人，非陕石也。

二年 晋兵犹屯余吾寨。页 7255

史炤释文曰：余，音馀，又音徐。余吾，水名，在朔方，即其地以为寨。(海陵本同。)余按汉书，朔方有余吾水。时晋兵救上党而屯余吾寨。炤指朔方之余吾水为注，计其地之相去，无乃太远！汉书地理志，上党郡有余吾县，章怀太子贤注曰：余吾故城在今潞州屯留县西北。晋兵所屯，正此地也。

通鉴二百六十七

三年 岐王置翟州于鄜城。页 7268

史炤释文曰：翟，直格切。余谓翟，当读为狄。春秋战国时，岐、梁、泾、漆之北，皆戎狄之地。岐王置翟州，盖取诸此。

刘守文以重赂招诱契丹、吐谷浑之众。页 7270

史炤释文曰：吐谷浑，乞伏乾归之苗裔，自后魏以来，名见中国，居于青海之上焉。余按吐谷浑，徒河鲜卑慕容涉归之庶长子，晋时度漠而西，居于青海之上，其后遂以为部落之名。自晋以来，通鉴书吐谷浑屡矣，史炤前此释文，亦言其出于鲜卑慕容氏，于此忽以为乞伏乾归之苗裔。乞伏乾归据河陇，在东晋太元间，当是时，吐谷浑立国久矣，乌得以为乞伏乾归之苗裔乎！炤释前后抵牾，大率如此。又按高宗之世，吐谷浑为吐蕃所破，徙鄯州，寻徙灵州，唐为置安乐州以处之。后吐蕃复取安乐州，而残部徙朔方、河东，今刘守文所招诱者，河东管内云、朔等州之吐谷浑也，不在青海之上。

四年 晋王退卧帐中，张承业褰帐抚王曰："此岂王安寝时邪！"页7288

史炤释文曰：褰帐，说文，绔也。余按说文所谓褰绔，盖因春秋传"征褰与襦"而有此说。张承业褰帐，言褰开晋王所卧之帐耳，安可以褰绔为释！

通鉴二百六十八

梁太祖乾化元年 南平襄王刘隐病亟。页7295

史炤释文曰：亟，讫力切，敏疾也，又去吏切。余按礼记，夫子之病革矣，革读与亟同。病亟，言病势危急也，不当以敏疾为释。若去吏切之亟，数数也，愈非病亟之义。史炤大抵只据广韵为释文，更不寻绎通鉴文义，其敝至此！

二年 帝夜遁，旦至冀州，蓚之耕者皆荷钽奋挺逐之。页7306

史炤释文曰：梃，木片。余按此即孟子所谓"制梃以挞秦、楚之坚甲利兵"之梃。梃者，杖也，岂木片之谓乎！此亦信用广韵之过也。

博王友文来朝，请帝还东都。页7307

史炤释文曰：朝请，才性切。余谓朝请之请，汉书固音才性翻。然通鉴书博王友文来朝，朝字当句断，请帝还东都，请当读如字，"朝"字属上句，"请"字属下句，文理晓然。史炤惟不知句读，遂并文理失之。是后二百七十一卷均王祯明五年，"林思谔来朝，请幸所治。"炤亦以"朝请"释之，其误同。

均王乾化三年 徐温曰："浙人轻而怯。"页7324

史炤释文曰：江水东至会稽山阴而折，故吴会之地因以称浙。（海陵本同。）余按浙江上游受衢、婺、歙三港之水，水出两山之间，盘回百折，至钱唐而入海，故谓之浙江。越、婺、衢、台、明、温、处七州为浙东，杭、苏、常、润、秀、湖、睦为浙西，此唐末所分也。钱氏时跨有两浙，故徐温谓其兵为浙人。若云江水东至会稽山阴为浙江，此汉桑钦水经之说，至唐已分山阴西界置萧山县，浙江过萧山入海。太史公谓吴为江南一都会，故后人谓吴为吴会，今苏州是其地也。吴会之地，固亦属两浙，不得颛称为浙也。或以吴会指言汉吴郡、会稽之地，然汉会稽之地，兼有七闽；七闽之地，唐为福建观察使所统，唐末为威武军节度使所统，非浙也。

通鉴二百六十九

祯明元年　刘鄩引兵自黄泽西去，道险，士卒援藤葛而进。页 7338

史炤释文“藤”作“縢”，注曰：縢，诗证切。苣藤，胡麻也。余按胡麻，今人皆种之，其根浅，手可擢而拔，岂可援以登险乎！山路多藤葛，故刘鄩之卒，援以登险道。藤，音徒曾翻。

通鉴二百七十

四年　严可求以厚利募赣石水工，故吴兵奄至虔州城下。页 7365

史炤释文曰：吉州有赣石山、遂兴水，与虔州相近。（海陵本同。）余按虔州之赣水，自州治后北流一百八十里，至吉州万安县界，为滩十有八，怪石如精铁，突兀廉厉，错峙波面，俚俗谓之“赣石”，非山名也。水工生长于其地，习知滩险，熟于操舟，然后无触破覆没之患，故以厚利募之以行舟。若山，则安用水工哉！

以忠义节度使高万兴兼保大节度使，并镇鄜、延。页7366

史炤释文曰：鄜、延，并州名。余按唐末以鄜州为保大军，延州为保塞军，梁改保塞军为忠义军，则鄜、延二州为二镇矣。

李嗣源见晋军桡败。页7379

史炤释文曰：挠，火高切。其字从“手”。（海陵本同。）余按桡字从“木”，音奴教翻；势屈为桡。左传所谓“师徒桡败”，音义正如此。

五年 贺瓌攻德胜南城，设睥睨战格如城状。页7382

史炤释文曰：睥睨，邪视也。（海陵本同。）余按城上短垣谓之睥睨，非邪视之睥睨也。通鉴下文言如城状，可以知矣。

通鉴二百七十一

六年 赵王镕雍容自逸，事皆仰成于僚佐。页7394

史炤释文曰：仰，恃也。余按仰成之语，本于书毕命，周康王垂拱仰成，乃是康王以父师优礼毕公，自言以冲幼而仰成于耆寿俊之意。如左传所谓“百谷仰膏雨”、汉书所谓“氐首仰给”，其义皆同，非恃也。

通鉴二百七十二

后唐庄宗同光元年 王彦章引兵逾汶，将攻郓州。页7423

史炤释文曰：汶水出兖州莱芜县。余按汶水发源于莱芜县原山，西南流过郓州中都县东北。中都今为汶上县，距郓州九十馀里。王彦章引兵逾汶水，其地在中都东北，不在莱芜。

帝发中都，舁王彦章自随。页7425

史炤释文曰：舁，羊诸切，共举。余按以车载人，前推后推，亦谓之舁，其义固不专于共举也。

高季兴入朝，上从容问曰："朕欲用兵于吴、蜀二国，何先？"页7434

史炤释文曰：从容，休燕也。余按朝廷之仪，君临之以庄，臣承之以敬。若从容顾问，则气象安舒，上下之情，亲密无间，上则不峻不迫，下则不陵不遽，是所谓从容也，何必休燕然后为从容哉！

通鉴二百七十三

三年　张全义以罗贯高伉，恶之。页7458

史炤释文曰：伉，高极也。余按亢字则有高极之义。此伉字之义，敌也。罗贯之为人，必气貌峻厉，言语强直，其事上也如敌己然，故张全义以其高伉而恶之。

通鉴二百七十四

长和骠信郑旻。页7471

史炤释文曰：骠信，南诏也。余按唐末南诏改国号曰长和，其君曰骠信。长和者，南诏也；骠信者，南诏之君也。

滏阳张砺。页7475

史炤释文曰：滏阳，县名，属惠州。余按唐灭梁，复以惠州为磁州。

孙铎曰："贼既势挫，必当离散，然后可扑讨也。"页7478

史炤释文曰：扑，掌也。余按扑讨之扑，击也。以为掌，何义！

通鉴二百七十五

明宗天成元年　入洛，拾庄宗骨于灰烬之中而殡之。页7492

史炤释文曰：殡，殓也。余按古礼，敛自是敛，殡自是殡。自天子至诸侯、卿、大夫、士，皆有小敛、大敛，若殡则菆涂也。炤释以殡殓同义，亦以广韵为据。考之于记檀弓子思之言曰：丧三日而殡。凡附于身者，必诚必信。则殡似有殓义。孔颖达疏以为此士大夫之礼，盖亦因小敛大敛然后殡致疑也。唐自许敬宗等去国恤篇，天子之丧礼，随时斟酌损益，就简便而为之，况五季之时邪！

通鉴二百七十六

三年 高从嗣请与马希范挑战。页 7529

史炤释文曰：挑，徒吊切。余按挑战之挑，徒了翻。

四年 吴武昌节度使李简以疾求还江都，卒于采石。页 7537

史炤释文曰：采石，一名牛渚山，在丹杨县北大江中。唐改县曰当涂。余按汉书地理志：丹阳县属丹阳郡。当涂县属九江郡；禹会诸侯于涂山，即其地，在濠、寿之间。永嘉丧乱，淮民南度，晋成帝立当涂县于于湖县以处侨民，其后遂为实土。唐贞观八年，省丹阳县入当涂。当涂有县，其来尚矣，非唐改丹杨为当涂也。

徐知诰召徐知询，饮以金钟，酌酒赐之。知询疑有毒，引他器均之，跽献知诰，知诰不肯受。伶人申渐高径前为俳谐语，掠二酒合饮之。页 7542

史炤释文曰：合，葛阖切。两龠为合。（费本同。）余按史言申渐高掠取金钟及他器之酒，合而饮之，安取两龠为合之义哉！

通鉴二百七十七

长兴元年 董璋、姚洪令壮士十人刲其肉。页 7552

史炤释文曰：刲，刺也。余谓刲，割也，非刺也。

通鉴二百七十八

三年 幽州奏契丹屯捺剌泊。页7578

史炤释文曰：捺剌泊，地名，近幽州。（海陵本同。）余按欧阳公四夷杂录，时幽州有备，契丹主西徙横帐，居捺剌泊，出寇云、朔之间。则捺剌泊在云、朔塞外，不近幽州也。

四年 闽薛文杰阴求富民之罪，被榜箠者，胸背分受，仍以铜斗火熨之。页7585

史炤释文曰：熨，于胃切。余按杨坚执周政，李穆使人奉熨斗于坚曰："愿持此以尉安天下。"则熨字有尉音，但今人读熨字多音纡物翻。

通鉴二百七十九

潞王清泰元年 王以西都留守王思同当东出之道，尤欲与之相结，说以利害，饵以美妓；不从。页7601

史炤释文曰：饵，饫之也。余谓此言饵者，取钓饵之义；钓者以饵引鱼而钩致之。史言潞王饵王思同，正此义也。

通鉴二百八十

后晋高祖天福元年 唐主夜与近臣从容语。页7630

史炤释文曰：从容，犹内燕也。余按史炤多以从容为闲燕，已辩之于二百七十二卷后唐庄宗同光元年；至此又以从容为内燕矣。

薛文遇曰："谚有之，'当道筑室，三年不成。'"页7632

史炤释文曰：谚，犹传言也。余谓谚者，今人所谓俗语也。

通鉴二百八十一

二年 张从宾引兵东扼汜水关。页 7660

史炤释文曰：汜水县有虎牢关、成皋关、旋门关。余按汉之成皋，周之虎牢也。穆天子传云：七萃之士，生捕虎以献天子，天子畜之东虢，命曰虎牢。春秋城虎牢以逼郑，即其地。刘、项相拒于成皋，扼虎牢之险也。唐初，秦王世民守虎牢以破窦建德。是虽县曰成皋，而虎牢之名犹在。唐改成皋县为汜水县。新唐书地理志注曰：县有虎牢关、成皋故关、旋门关。旋门关在成皋县西旋门坂。郦道元所谓“陟此阪而东趣成皋”者也。自此东至板城、渚口，为成皋关。成皋关即虎牢关也。所谓故关者，先时所立之关也。曰故关者，史表言其有新关耳。成皋县既改为汜水县，关亦改呼为汜水关。

王晖杀安远节度使王瓌。页 7663

史炤释文“瓌”作“瓖”。注曰：思将切。余按通鉴诸本皆作“瓌”字，音古回翻。

行军司马张朏。页 7663

史炤释文曰：朏，敷尾切，又滂佩切。余按字书敷尾之朏，其旁从“月”；滂佩之昢，其旁从“日”。若依炤释兼两音，是以朏、昢为同一字也。

通鉴二百八十二

四年 以唐许王从益为郇国公。页 7685

史炤释文曰：郇，地名，在河东解县。余按此以古国名封从益为公，使奉唐明宗之祀而已，非使有其地也。

五年 楚王希范自谓伏波之后。页 7688

史炤释文曰：汉马援封伏波将军。余谓伏波将军而言封，史笔有此义例否？其鄙陋无识，概可见矣！

安审晖败唐兵于云梦泽中。页7691

史炤释文曰：云、梦二泽名，在楚地。余按禹贡，云土梦作乂。孔安国注云：云梦之泽，在江南。左传，楚王以郑伯田江南之梦，杜预注云：楚之云梦，跨江南北。汉书地理志，云梦泽在南郡华容县南。祝穆曰：据左传，邵夫人弃子文于梦中，言梦而不言云；楚子避吴，入于云中，言云而不言梦：则知云、梦二泽也。汉阳志亦云：云在江之北，梦在江之南。此皆以二泽为说者也。又安陆有云梦泽，枝江有云梦城。盖古之云梦泽甚广，而后世悉为邑居聚落，故地之以云梦得名者非一处。安审晖败唐兵于云梦泽，即安陆之云梦泽，非古之所谓云、梦二泽也。

通鉴二百八十三

七年　同、鄜援兵继至。页7708

史炤释文曰：同、鄜，二州名。余谓同、鄜二州，自唐末以来，同州为匡国军，鄜州为保大军，已为二镇矣。

齐王天福八年　楚王希范好自夸大，为长枪、大槊，饰之以金，可执而不可用。页7727

史炤释文曰：通俗文：剡木伤盗曰枪。余谓凡注书者，发明正文大义，使读者因而求之，无所凝滞也。如炤此注，于大义为何如哉！

通鉴二百八十四

开运元年　河决，浸汴、曹、单、濮、郓五州之境。页7739

史炤释文曰：单，时战切。余按单州因单父县以名州，单，音善。从去声者，蜀人土音之讹也。

通鉴二百八十五

二年 吴越程昭悦谮阚璠、杜昭达谋奉钱仁俊作乱，下狱，锻炼成之。页7762

史炤释文曰：锻炼，烁冶金也。余谓炤于此语之下，更有“以喻成狱也”一语，文意方足。古人谓以狱辞成人之罪者曰锻炼，其引喻之义甚精，盖冶金者既烁之以火，又淬之以水，炼之以锤，而后能成器。舞文巧诋之吏，其讯囚也，威之以笞箠木索，质之以参伍证佐，或弛或张，或缓或急以困之，使答辩者变意易辞，惟其所欲以成狱，故比之锻炼。

通鉴二百八十六

后汉高祖天福十二年 奚王拽剌。页7791

史炤释文曰：拽，以制切。剌，奴八切。余谓拽，羊列翻。剌，郎葛翻。

通鉴二百八十七

李廷珪将兵出子午谷以援长安。页7828

史炤释文曰：三秦记：子午，长安正南，山名秦岭，谷一名樊川。余按樊川，以汉高祖封樊哙而得名，其地正直唐长安城南，此则平川也。言自樊川入子午谷则可，以子午谷一名樊川则不可。

通鉴二百八十八

乾佑元年 羌族唳毋杀绥州刺史李仁裕。页7839

史炤释文曰：唳，其字未详。（海陵本、费本同。）余按龙龛手镜，啶，音夜。

蜀眉州刺史申贵击汉箭筈安都寨，破之。页7849

史炤释文曰：箭末曰筈。筈，会也，谓与弦相会；通作“括”。（费本同。）余谓箭筈，岭名，有箭筈关在凤翔西南界上。宋高宗绍兴元年，金将没立郎君自凤翔攻箭筈关，吴玠遣将击退之。盖亦蜀口关隘处。史炤，蜀人也，不知箭筈之为地名，而泛言箭筈训义，可见其孤陋寡闻矣！

通鉴二百八十九

三年 马希萼赐希广死，彭师暠葬之浏阳门外。页7884

史炤释文曰：浏阳，县名，属潭州。余谓潭州固有浏阳县，而浏阳门，则潭州城门名也，不当以县名为释。自潭州城出浏阳者，谓之浏阳门，出醴陵者，谓之醴陵门。

通鉴二百九十

周太祖广顺元年 刘崇即皇帝位于晋阳。页7890

史炤释文曰：刘崇自太原以北有州十。余按通鉴书刘崇有并、汾、忻、代、岚、宪、隆、蔚、沁、辽、麟、石十二州之地。史炤言有州十，是以欧史职方考为据，而忘通鉴下文也。汾、石二州，在太原西南，辽、沁二州，在太原东南，刘崇疆土亦不止于自太原以北也。

通鉴二百九十一

二年 南汉将潘崇彻破王逵于蚝石。页7917

史炤释文曰：蚝字未详。（海陵本同。）余按蚝，音豪，附石而生。韩愈所谓“蚝相粘为山”者也，生于海中者，亦谓之蛎。

王峻争之不已。页 7922

史炤释文曰：争，则迸切；通作诤。余谓争读如字，文理自通。

帝犹愍之。页 7922

史炤释文曰：愍，眉殡切，怜也。余谓愍，读与闵同；音美陨翻，不从去声。此亦炤土音之讹。

显德元年　契丹通事杨耨姑举城降。页 7939

史炤释文曰：耨，乃豆切。余以西北土音求之，耨当音奴笃翻。

通鉴二百九十二

二年　蜀将赵玭举秦州城降。页 7954

史炤释文"玭"作"玼"，注曰：浅氏切，又千礼切。余按通鉴诸本皆作"玭"，当音蒲眠翻，又毗宾翻。

帝至寿春城下，营于淝水之阳。页 7959

史炤释文曰：淝水出九江山，入淮在卢州合肥县。（费本同。）余按淝水出九江良馀山，过合肥县，又过寿春城北而入于淮。淝水去寿春城才二里耳，世宗下营，正在此水之阳。史炤但以应劭汉书注"肥水至合肥与淮合"之说为据，而不考世宗所营之地不在合肥也。

通鉴二百九十三

三年　唐孙晟谓王崇质曰："吾思之熟矣，终不负永陵一培土。"页 7968

史炤释文曰：培，铺枚切，瓦未烧者。按汉书张释之传云：长陵一抔土。颜师古注曰：音步侯切；手掬也。其字从"手"，或读为杯，非也。又按"培"字当作"抔"，意同而两音，当互读也。余按瓦未烧之培当作“坯”，字与手掬之“抔”音既不同，而意义亦不同也。况张释之所谓取长陵一抔土，意谓发陵，恶察察言，故曰取一抔土。孙晟所谓终不负永陵一培土，言将以死报唐，不负其先帝山陵耳。其立言命意，全是不同。培，当读为培塿之培，音薄口翻。说文曰：培塿，小阜，亦冢也。孙晟言一培土，犹言一冢土耳。唐陆龟蒙筑城词曰：城上一培土，手中千万杵。则培土以益土为义，一培，犹言益一畚土也。若据陆诗，培，音蒲枚翻，亦通。

通鉴二百九十四

六年　舳舻相连数十里。页8008

史炤释文曰：汉律，名船方长为舳舻。余按汉书武帝纪：舳舻千里。李斐注曰：舳，船后持柁处；舻，船前持棹处。言其船前后相衔，千里不绝也。小颜、三刘无以异其说。

翰林学士单父王著。页8012

史炤释文曰：单父，县名，属宋州。余按唐书地理志，单父县固属宋州；然唐末朱全忠置辉州于砀山，分单父属焉，寻徙辉州，治单父。后唐改辉州为单州。此时单父县属单州，不属宋州也。

王崇武标点容肇祖聂崇岐覆校

后序

通鉴释文行于世，有史炤本，有公休本。史炤本，冯时行为之序；公休本刻于海陵郡斋，前无序，后无跋，直寘公休官位姓名于卷首而已。又有成都府广都县费氏进修堂板行通鉴，于正文下附注，多本之史炤，间以己意附见，世人以其有注，遂谓之善本，号曰“龙爪通鉴”。要之，海陵释文、龙爪注，大同而小异，皆蹈袭史炤者也。讹谬相传，而海陵本乃托之公休以欺世，适所以诬玷公休，此不容不辩也。

今观海陵所刊公休释，以“乌桓”为“乌元”，按宋朝钦宗讳桓，靖康之时，公休没久矣，安得豫为钦宗讳桓字邪！又谓南、北史无地理志，是其止见李延寿南、北史，而不知外七史宋书、魏书、萧齐书皆有志，而隋书有五代志也。温公修通鉴，公休为检阅文字官，安得不见诸书邪！海陵释文、费氏注，虽视史炤释文为差略，至其同处则无一字异。费氏，蜀中鬻书之家，固宜用炤释刊行；若公休，则在史炤前数十年，炤书既不言祖述公休，而公休书乃如剽窃史炤者。最是其书中多浅陋，甚至于不考通鉴上下本文而妄为之说，有不得其句者，有不得其字者，辩误悉已疏之于前，读者详之，其真伪可见矣！

又有通鉴前例者，浙东提举常平茶盐司板本，乃公休之孙伋所编，亦言“欲与音释并行于世，此吾先人所疑，今人所依以为信者。”考伋之所编，温公与范梦得论修书二帖，则得于三衢学官，与刘道原十一帖，则得于高文虎氏，伋取以编于前例之后，其网罗放失者仅如此！

盖温公之薨，公休以毁卒，通鉴之学，其家几于无传矣。汴京之破，温公之后曰朴者，金人以其世而敬之，尽徙其家而北，后莫知其音问。绍兴，两国讲和，金使来问："汝家复能用司马温公子孙否?"朝廷始访温公之后之在江南者，得伋，乃公之从曾孙也，使奉公祀，自是擢用。伋欲昌其家学，凡言书出于司马公者，必锓梓而行之，而不审其为时人傅会也。容斋随笔曰："司马季思知泉州，刻温公集，有作中丞日弹王安石章，尤可笑。温公治平四年，解中丞还翰林，而此章乃熙宁三年者，季思为妄人所误，不能察耳!"季思，伋字也。以此证之，则伋以音释出于其先，编前例欲与之并行，亦为妄人所误也。

今之时有宝应谢珏通鉴直音，自燕板行，而南又有庐陵郭仲山直音，又有闽本直音。直音者，最害后学，更未暇问其考据，其书更不论四声翻切，各自以土音为之音，率语转而失其正音，亦有因土音而失其本，至于大相远者，不特语转而已。

今辩误为公休辩诬，以公休本为海陵本，龙爪本为费氏本。先举史炤之误，二本与之同者，则分注其下曰同，然后辩其非而归于是，如直音之浅谬，皆略而不录。

丁亥，春，二月，辛亥，天台胡三省身之父书。

重刊元本资治通鉴后序

宋司马温公资治通鉴一书，为史家绝作；元天台胡身之音注，弘通博洽，其义例详见自序中。数百年来，学者奉为宝书久矣。

洪惟我圣朝右文稽古，四库所储，搜罗大备。伏读圣祖仁皇帝御批通鉴纲目、高宗纯皇帝御批通鉴辑览、御制评鉴阐要诸书，仰见列圣笔削持衡，昭垂衮钺，薄海人士，固已敬译而精研之。恭逢皇上几余典学，复敕修明鉴以续范祖禹唐鉴之书，而史学于是乎益昌。窃谓史家编年之有纲目，其书法褒贬，犹决事之有谳断，而通鉴则案牍之全也。得全牍而谳断之精义益明，读通鉴而纲目之是非乃备，固非资涉猎，矜记诵，以侈多闻而已。

身之元本，传世日稀，前明以来，传刻不下十余种，而展转刊雕，旧观滋失，识者病诸。壬申之春，予承乏江宁藩使，适获元初旧刻，卷首有王盘一序，谨案钦定天禄琳琅书目，所谓元时官刻本也。于是艖使阿公厚庵暨诸相知，佐资鸠匠，设局于孙伯渊观察之家祠，延文学顾君广圻、彭君兆荪及族弟枢为校勘翻雕之，视元本无异，加精美焉。间有致疑，不敢臆改，拟别为考证，以质来兹。承学之士，由此书以博征千三百六十二年治忽之迹，因益以仰窥睿裁予夺之公，识千古劝惩之旨，其裨益于人心学术者甚大，夫岂词章训诂之书所可同年而议丰确哉！予既赖诸君子相助之雅，而幸古籍之得传，故乐书其缘起如此。

若夫温公当日作书之意与其持身行政之大，盖非浅尝略涉，守陈言故纸所得而喻者；读其书，知其人，是在学者自得之矣！

嘉庆二十一年四月上旬，鄱阳胡克家书。

中华国学文库

资治通鉴

六

〔宋〕司马光 编著
〔元〕胡三省 音注

中华书局

资治通鉴卷第一百三十一

端明殿学士兼翰林侍读学士朝散大夫右谏议大夫
充集贤殿修撰提举嵩山崇福宫上柱国河内郡 司马光 奉敕编集
开国侯食邑一千八百户食实封六百户赐紫金鱼袋臣
后学天台胡三省音注

宋纪十三 柔兆敦牂(丙午)，一年。

太宗明皇帝上之下

泰始二年(丙午、四六六)

1 春，正月，己丑朔，魏大赦，改元天安。

2 癸巳，征会稽太守寻阳王子房为抚军将军，以巴陵王休若代之。去年，子房已举兵应寻阳，欲以休若代之。会，工外翻。

甲午，中外戒严。以司徒建安王休仁都督征讨诸军事，车骑将军、江州刺史王玄谟副之。使王玄谟拒寻阳之兵，因以为江州：不复用休祐。休仁军于南州，以沈攸之为寻阳太守，将兵屯虎槛。虎槛，洲名，在赭圻东北江中，芜湖之西南也。守，式又翻。将，即亮翻；下同。时玄谟未发，前锋凡十军，络绎继至，每夜各立姓号，不相禀受。攸之谓诸将曰："今众军姓号不同，若有耕夫、渔父夜相呵叱，呵，虎何翻。叱，昌栗翻。便致骇乱，取败之道也。请就一军取号。"众咸从之。史言沈攸之有将帅之略，所以能立功。

3 邓琬称说符瑞，诈称受路太后玺书，帅将佐上尊号于晋安王子勋。玺，斯氏翻。帅，读曰率。上，时掌翻。勋，古勳字。乙未，子勋即皇帝位于寻阳，改元义嘉。以安陆王子绥为司徒、扬州刺史；寻阳王子房、临海王子顼并加开府仪同三司；以邓琬为尚书右仆射，张悦为吏部尚书，袁觊加尚书左仆射；觊，鱼岂翻。自馀将佐及诸州郡，除官进爵号各有差。

4丙申，以征虏司马申令孙为徐州刺史。令孙，坦之子也。元嘉、孝建之间，申坦为将帅。置司州于义阳；文帝元嘉末，置司州于汝南，孝武大明中省废，今复置之，领义阳、随阳、安陆、南汝南四郡；水行至建康二千七百里，陆行一千七百里。以义阳内史庞孟虬为司州刺史。庞，皮江翻。虬，渠幽翻。

徐州刺史薛安都、冀州刺史清河崔道固皆举兵应寻阳。上征兵于青州刺史沈文秀，文秀遣其将【章：甲十一行本“将”下有“平原”二字；乙十一行本同；孔本同。】刘弥之等将兵赴建康。会薛安都遣使邀文秀，文秀更令弥之等应安都。济阴太守申阐据睢陵应建康，将，即亮翻。使，疏吏翻。济，子礼翻。睢，音虽。睢陵县，前汉属临淮郡，后汉属下邳郡，孝武大明元年，度属济阴郡。沈约曰：济阴本属兖州，其民流寓徐土，因割地为郡境。隋并睢陵入夏丘县，唐以夏丘为虹县，属泗州，复汉旧县名也。虹，汉书音贡，今音绛。杜佑曰：睢陵县故城，在泗州下邳县东南。安都遣其从子直閤将军索儿、太原太守清河傅灵越等攻之。文帝元嘉十年，割济南、太山立太原郡；唐齐州长清县，宋太原郡地也。从，才用翻。守，手又翻。阐，令孙之弟也。安都婿裴祖隆守下邳，刘弥之至下邳，更以所领应建康，袭击祖隆。祖隆兵败，与征北参军垣崇祖奔彭城。崇祖，护之之从子也。垣护之为将，著功名于元嘉、孝建之间。弥之族人北海太守怀恭、从子善明皆举兵以应弥之，薛索儿闻之，释睢陵，引兵击弥之。弥之战败，走保北海。申令孙进据淮阳，晋安帝义熙中，土断，立淮阳郡于下邳角城；唐泗州治宿豫县，古角城也。请降于索儿。降，户江翻。庞孟虬亦不受命，举兵应寻阳。

帝召寻阳王长史行会稽郡事孔觊为太子詹事，以平西司马庾业代之；又遣都水使者孔璪入东慰劳。汉官有都水长，属少府，晋属大司农；后遂置都水使者，掌河津、漕渠凡水利事，并督治船舰。会，工外翻。觊，音冀。使，疏吏翻。璪，子皓翻。劳，力到翻。璪说觊以"建康虚弱，不如拥五郡以应袁、邓。"东扬州所统五郡。说，输芮翻。觊遂发兵，驰檄奉寻阳。吴郡太守顾琛、吴兴太守王昙生、琛，丑林翻。昙，徒含翻。义兴太守刘延熙、晋陵太守袁标皆据郡应之。上又以庾业代延熙为义兴，业至长塘湖，即与延熙合。

益州刺史萧惠开，闻晋安王子勋举兵，集将佐谓之曰："湘东，太祖之昭；晋安，世祖之穆；其于当璧，并无不可。左传：楚共王无冢適；有宠子五人，无適立焉。乃大事于群望而祈曰："请神择于五人，使主社稷。"乃遍以璧见于群望曰："当璧而拜者，神所立也。"既乃密埋璧于太室之庭，使五人斋，而长入拜；康王跨之，灵王肘加焉，子干、子皙皆远之；平王弱，抱而入，再拜，皆厌纽，其后卒有楚国。昭，市招翻。但景和虽昏，本是世祖之嗣；废帝改元景和。不任社稷，其次犹多。吾荷世祖之眷，当推奉九江。"任，音壬。荷，下可翻。自宋以来，率谓江州为九江。晁氏志曰：太湖一湖而曰五湖。昭馀祁一泽而曰九泽；九江一水而曰九江。馀按书禹贡曰：荆及衡阳为荆州。江、汉朝宗于海，九江孔殷。孔安国注曰：江于此州界分为九道，甚得地势之中。汉书地理志：庐江郡寻阳县，禹贡九江在南，皆东合于大江。应劭曰：江自庐江、寻阳分为九。寻阳地记曰：九江：一曰乌江，二曰蚌江，三曰乌白江，四曰嘉靡江，五曰畎江，六曰源江，七曰廪江，八曰提江，九曰箘江。张须元九江图云：一曰三里江，二曰五州江，三曰嘉靡江，四曰乌土江，五曰白蚌江，六曰白乌江，七曰箘江，八曰沙提江，九曰廪江：参差随水长短，或百里，或五十里，始于鄂陵，终于江口，会于桑落洲。太康地记曰：九江，刘歆以为湖汉九水入彭蠡泽也。夏撰曰：据此数说，皆谓江水至是分为九道；独曾氏谓为不然。曾氏谓下文"导江过九江，至于东陵东，迤北会于汇。"说者谓东陵，巴陵也。盖今巴陵与夷陵相为东西，夷陵一曰西陵，则巴陵为东陵可知。许慎曰：迤，邪行也。今江水过洞庭至巴陵而后，东北邪行，合于彭蠡，即经所谓"过九江至于东陵东，迤北会于汇”也。由是观之：九江不在浔阳明矣；所谓九江者，盖今洞庭也。考之前志，沅水、渐水、潕水、辰水、叙水、酉水、醴水、湘水、资水皆合洞庭中，东入于江，所谓九江者，岂非此乎！宋白曰：江州浔阳郡，禹贡：“九江孔殷，彭蠡既潴，”彭蠡在州南东五十三里，九江在州西北二十五里是也。然则彭蠡以东为扬州之域，九江以西即荆州之域。周景式庐山记云：柴桑，彭蠡之郊，古三苗国，旧属庐江地。又按寻阳记云：春秋时为吴之西境，楚之东境，本在大江之北，今蕲州界古兰城是也。秦并天下，以此属庐江郡，汉属淮南国，后汉为豫章、庐江二郡之境。三国之时，此地虽为督护要津，而未立郡，吴但分寻阳隶武昌。晋初，寻阳犹理江北，温峤移于此，始置寻阳郡，隋为九江郡。馀按秦并天下，置九江郡。项羽封黥布为九江王，都六，汉地理志所谓“九江在浔阳县南。”沈约宋志：寻阳本县名，因水名县。水南注江，二汉属庐江，吴立蕲春郡，寻阳县属焉。此时寻阳之地在江北。晋乱，立寻阳郡，后郡治于柴桑，而寻阳之名遂移于江南。晋惠帝置江州，治豫章，成帝移江州治寻阳。时人盖因汉志所谓“九江在寻阳县南”，而寻阳又为江州治所，遂谓寻阳为九江。若禹贡之九江，其地实难考见。若必以夷陵为西陵，遂以巴陵为禹贡之东陵，摭取会洞庭之水为九江；考之前志，会洞庭者不止九水，而郦道元水经注，谓庐江郡有东陵乡，江夏有西陵县，故是言东，尚书云“江水过九江，至于东陵”者也。西南流，水积为湖，湖西有青林山。又考水经注，自沔口以下有湖口水，加湖江水、武口水、乌石水、举水、巴水、希水、蕲水、利水皆南流注于江，而后至青林水口，亦可傅合九水之说，但未敢以为是。九河之迹，至汉已不可悉考；而欲强为九江之说，难矣。乃遣巴郡太守费欣寿将五千人东下。于是湘州行事何慧文、广州刺史袁昙远、梁州刺史柳元怙、山阳太守程天祚皆附于子勋。元怙，元景之从兄也。费，扶沸翻。将，即亮翻。昙，徒含翻。从，才用翻。

是岁，四方贡计皆归寻阳，贡，谓贡方物；计，谓上计帐。朝廷所保，唯丹杨、淮南等数郡，其间诸县或应子勋，东兵已至永世，吴分溧阳为永平县，晋武帝太康元年更名永世县，属丹杨郡，其地盖在今安吉州、建康府、广德军三郡界。下云“永世令叛，义兴兵垂至延陵”，则其地又犬牙入今常州界。东兵欲自此进取曲阿。宫省危惧。上集群臣以谋成败。蔡兴宗曰：“今普天同叛，【章：甲十一行本“叛”下有“人有异志"四字；乙十一行本同；孔本同；张校同。】宜镇之以静，至信待人。叛者亲戚布在宫省，若绳之以法，则土崩立至，宜明罪不相及之义。父、子、兄、弟，罪不相及，古义也。物情既定，人有战心，六军精勇，器甲犀利，以待不习之兵，其势相万耳。愿陛下勿忧。"上善之。蔡兴宗岂特以方严自将，盖识时审势者也。

5 建武司马刘顺说豫州刺史殷琰使应寻阳；说，输芮翻。琰以家在建康，未许。右卫将军柳光世自省内出奔彭城，过寿阳，言建康必不能守。琰信之，且素无部曲，为土豪前右军参军杜叔宝等所制，不得已而从之。琰以叔宝为长史，内外军事，皆叔宝专之。上谓蔡兴宗曰："诸处未平，殷琰已复同逆；复，扶又翻。顷日人情云何？事当济不？"不，读曰否。兴宗曰："逆之与顺，臣无以辨。今商旅断绝，米甚丰贱，四方云合，而人情更安，湘东篡位，非其本心；寻阳起兵，名正言顺；故曰逆之与顺，臣无以辨。商旅断绝，米甚丰贱者，前朝之积也；四方云合，人情更安者，积苦于狂暴而骤乐宽政也。天下嗷嗷，新主之资，斯言岂不信哉！以此卜之，清荡可必。但臣之所忧，更在事后，犹羊公言：'既平之后，方当劳圣虑耳。'"羊祜之言，见八十卷晋武帝咸宁四年。上曰："诚如卿言。"上知琰附寻阳非本意，乃厚抚其家以招之。

6 汝南、新蔡二郡太守周矜起兵于悬瓠以应建康。汝南郡时治悬瓠。宋以新蔡郡帖治汝南，故周矜领二郡太守；自是二郡太守多矣。袁觊诱矜司马汝南常珍奇执矜，斩之，诱，音酉。以珍奇代为太守。

7 上使冗从仆射垣荣祖还徐州说薛安都，诸垣自略阳归南，世在青、徐立效，为土人所信重，故使还说薛安都。冗，而陇翻。从，才用翻。说，输芮翻；下说孝同。安都曰："今京都无百里地，京都，谓建康；四方皆奉寻阳，故言无百里地。不论攻围取胜，自可拍手笑杀；且我不欲负孝武。"荣祖曰："孝武之行，足致馀殃。不善之积，必有馀殃。孝武贪淫，济以奢虐，人伦道尽，故荣祖云然。行，下孟翻。今虽天下雷同，雷之发声，物无不随时而应者；故以响应为雷同。正是速死，无能为也。”安都不从，因留荣祖使为将。将，即亮翻。荣祖，崇祖之从父兄也。从，才用翻。

8 兖州刺史殷孝祖之甥司法参军【章：甲十一行本“军”下有“颍川”二字；乙十一行本同；孔本同；张校同。】葛僧韶请征孝祖入朝，据南史，“司法参军”当作“司徒参军”。“请”下当有“征”字。【章：胡注“请下当有征字”。甲十一行本“征”作“殷”；乙十一行本同。按“征”字乃后来所改。退斋校云：从宋方与注合。】朝，直遥翻。上遣之。时薛索儿屯据津径。僧韶间行得至，间，古苋翻。说孝祖曰：“景和凶狂，开辟未有；朝野危极，假命漏刻。朝，直遥翻；下同。主上夷凶翦暴，更造天地，国乱朝危，宜立长君。更，工衡翻。长，知两翻。而群迷相煽，构造无端，贪利幼弱，竞怀希望。使天道助逆，群凶事申，则主幼时艰，权柄不一，兵难互起，岂有自容之地！舅少有立功之志，难，乃旦翻。少，诗照翻。若能控济义勇，还奉朝廷，控，引也。济，谓济河，音子礼翻。南史作“控济河义勇”，文意尤为明畅。非唯匡主静乱，乃可以垂名竹帛。”孝祖具问朝廷消息，僧韶随方酬譬，并陈兵甲精强，主上欲委以前驱之任。孝祖即日委妻子于瑕丘，瑕丘县，故鲁瑕邑，汉属山阳郡，魏、晋省，宋为兖州治所。帅文武二千人，随僧韶还建康。帅，读曰率。时四方皆附寻阳，朝廷唯保丹杨一郡；而永世令孔景宣复叛，复，扶又翻。义兴兵垂至延陵，晋武帝太康二年，分曲阿之延陵乡立延陵县，属晋陵郡。内外忧危，咸欲奔散。孝祖忽至，众力不少，并伧楚壮士；江南谓中原人为伧，荆州人为楚。少，诗照翻。伧，助庚翻。人情大安。甲辰，进孝祖号抚军将军，假节、都【章：甲十一行本无“都”字；乙十一行本同。】督前锋诸军事，遣向虎槛，宠赉甚厚。赉，来代翻。

初，上遣东平毕众敬诣兖州募人，至彭城，薛安都以利害说之，说，输芮翻。矫上命以众敬行兖州事，众敬从之。殷孝祖使司马刘文石守瑕丘，众敬引兵击杀之。安都素与孝祖有隙，使众敬尽杀孝祖诸子。州境皆附之，为毕众敬以兖州降魏张本。唯东平太守申纂据无盐，不从。为申纂以城拒魏而死张本。无盐县，自汉、晋以来属东平，隋废省，其地当在唐郓州界。水经注：济水径寿张县须朐城西。济水西有安民亭，亭北对安民山，东临济水，水东即无盐县界也。杜佑曰：郓州治须昌县，汉无盐故城在今县东，东平国故城亦在县东。纂，钟之曾孙也。申钟见九十五卷晋成帝咸和九年。

9 丙午，上亲总兵，出顿中堂。辛亥，以山阳王休佑为豫州刺史，督辅国将军彭城刘劻、劻，弥兖翻。宁朔将军广陵吕安国等诸军西讨殷琰。考异曰：宋略："二月庚申，以休佑都督西讨。"今从宋书。巴陵王休若督建威将军吴兴沈怀明、尚书张永、辅国将军萧道成等诸军东讨孔觊。时将士多东方人，父兄子弟皆已附觊。觊，音冀。上因送军，普加宣示曰："朕方务德简刑，使父子兄弟罪不相及，将【章：甲十一行本"将"作"助"；乙十一行本同；孔本同；退斋校同；熊校同。】顺同逆者，一以所从为断。断，丁乱翻。卿等当深达此怀，勿以亲戚为虑也。"众于是大悦，凡叛者亲党在建康者，皆使居职如故。

10 壬子，路太后殂。考异曰：宋略、南史皆曰："义嘉之难，太后心幸之，延上饮酒，置毒以进。侍者引上衣，上寤，起，以其卮上寿。是日，太后崩，丧事如礼。"宋书无之，今不取。

11 孔觊遣其将孙昙瓘等军于晋陵九里，其地在晋陵西北九里，因以为名。将，即亮翻。昙，徒含翻。部陈甚盛。陈，读曰阵；下战陈同。沈怀明至奔牛，所领寡弱，乃筑垒自固。张永至曲阿，未知怀明安否；百姓惊扰，永退还延陵，就巴陵王休若，诸将帅咸劝休若退保破冈。帅，所类翻。其日，大寒，风雪甚猛，塘埭决坏，埭，徒耐翻；以土遏水曰埭。众无固心。休若宣令："敢有言退者斩！"众小定，乃筑垒息甲。寻得怀明书，贼定未进，军主刘亮又至，兵力转盛，人情乃安。亮，怀慎之从孙也。从，才用翻。

殿中御史吴喜以主书事世祖，稍迁河东太守。晋成帝咸康三年，庾亮镇荆州，以司州侨户立河东郡，隋、唐之松滋县即其地也。至是，请得精兵三百，致死于东。上假喜建武将军，简羽林勇士配之。议者以"喜刀笔主者，未尝为将，不可遣。"将，即亮翻；下同。中书舍人巢尚之曰："喜昔随沈庆之，屡经军旅，性既勇决，又习战陈；若能任之，必有成绩。诸人纷纭，皆是不别才耳。"别，彼列翻。乃遣之。喜先时数奉使东吴，先，悉荐翻。数，所角翻。使，疏吏翻。性宽厚，所至人并怀之。百姓闻吴河东来，皆望风降散，降，户江翻。故喜所至克捷。

永世人徐崇之攻孔景宣，斩之，喜版崇之领县事。喜至国山，国山在阳羡县界。晋立义兴郡，分阳羡置国山县属焉。隋废国山入义兴县。遇东军，进击，大破之。自国山进屯吴城，吴城当在义兴西南，九域志所谓泰伯城是也。刘延熙遣其将杨玄等拒战。喜兵力甚弱，玄等众盛，喜奋击，斩之，进逼义兴。延熙栅断长桥，保郡自守，义兴，今常州之宜兴也。我朝太平兴国元年，避太宗御名，改为宜兴。此长桥盖在荆溪之上。今宜兴县南二十步有荆溪，上承百渎，兼受数郡之水。刘延熙盖栅断荆溪之桥以自保。舆地志曰：今常州宜兴县南三十步有长桥，即周处斩蛟之所。喜筑垒与之相持。

庾业于长塘湖口夹岸筑城，有众七千人，与延熙遥相应接。庾业叛建康与延熙合，见上。沈怀明、张永与晋陵军相持，久不决。外监朱幼举司徒参军督护任农夫骁勇有胆力，任，音壬。骁，坚尧翻。上以四百人配之，使助东讨。农夫自延陵出长塘，庾业筑城犹未合，农夫驰往攻之，力战，大破之，庾业弃城走义兴。走，音奏。农夫收其船仗，进向义兴助吴喜。二月，己未朔，喜渡水攻郡城，渡荆溪之水也。分兵击诸垒，登高指麾，若令四面俱进者。义兴人大惧，诸垒皆溃，延熙赴水死，遂克义兴。

12 魏丞相太原王乙浑专制朝权，朝，直遥翻；下同。多所诛杀。安远将军贾秀掌吏曹事，浑屡言于秀，为其妻求称公主，秀曰："公主岂庶姓所宜称！魏制：掌吏曹事，即掌选曹事，吏部尚书之职也。凡非国之同姓，皆谓之庶姓。为，于伪翻。秀宁取死今日，不可取笑后世！"浑怒，骂曰："老奴官，悭！"会侍中拓跋丕告浑谋反，庚申，冯太后收浑，诛之。秀，彝之子；贾彝见一百八卷晋孝武太元二十年。丕，烈帝之玄孙也。拓跋翳槐追谥烈皇帝。太后临朝称制，引中书令高允、中书侍郎【章：甲十一行本"郎"下有"渔阳"二字；乙十一行本同；孔本同。】高闾及贾秀共参大政。

13 沈怀明、张永、萧道成等军于九里西，与东军相持。东军闻义兴败，皆震恐。上遣积射将军济阳江方兴、御史王道隆至晋陵视东军形势。济，子礼翻。孔觊将孙昙瓘、程扞宗列五城，互相连带。扞宗城犹未固，王道隆与诸将谋曰："扞宗城犹未立，可以借手，上副圣旨，下成众气。"辛酉，道隆帅所领急攻，拔之，帅，读曰率。斩扞宗首。永等因乘胜进击昙瓘等，壬戌，昙瓘等兵败，与袁标俱弃城走，遂克晋陵。

吴喜军至义乡。晋惠帝永兴元年，分吴兴之长城立义乡县，属义兴郡。今湖州，古吴兴也；长兴县，古长城也，在州西北七十里。孔璪屯吴兴南亭，太守王昙生诣璪计事；闻台军已近，璪大惧，堕床，曰："悬赏所购，唯我而已；今不遽走，将为人擒！"遂与昙生奔钱唐。孔璪将命于东，乃劝孔觊举兵，故惧而走。璪，子皓翻。喜入吴兴，任农夫引兵向吴郡，顾琛弃郡奔会稽。琛，丑林翻。会，工外翻。上以四郡既平，四郡：晋陵、义兴、吴兴、吴郡也。乃留吴喜使统沈怀明等诸将东击会稽，召张永等北击彭城，江方兴等南击寻阳。

14 以吏部尚书蔡兴宗为左仆射，侍中褚渊为吏部尚书。

15 丁卯，吴喜军至钱唐，孔璪、王昙生奔浙东。喜遣强弩将军任农夫等引兵向黄山浦，黄山浦，今渔浦是也。渔浦东南即后黄山。诸暨志：长宁乡在县东四十五里，管五里，一曰黄山里，在今越州西北四十五里。东军据岸结寨，农夫等击破之。喜自柳浦渡，取西陵，柳浦，即今浙江亭东跨浦桥之浦也。刘昫唐书曰：隋于馀杭县置杭州，又自馀杭徙治钱唐，又移州于柳浦，今州城是。击斩庾业。会稽人大惧，将士多奔亡，孔觊不能制。将，即亮翻。觊，音冀。戊寅，上虞令王晏起兵攻郡，觊逃奔嵴山；嵴，资昔翻。据南史，觊门生载觊以小船，窜于嵴山村。车骑从事中郎张绥封府库以待吴喜。骑，奇寄翻。己卯，王晏入城，杀绥，执寻阳王子房于别署。张绥盖迁子房于别署，故王晏就执之。纵兵大掠，府库皆空；获孔璪，杀之。庚辰，嵴山民缚孔觊送晏，晏谓之曰："此事孔璪所为，无预卿事，可作首辞，首，式又翻。首辞，所以首罪。当相为申上。"为，于伪翻。上，时掌翻。觊曰："江东处分，莫不由身；处，昌吕翻。分，扶问翻。委罪求活，便是君辈行意耳。"晏乃斩之。史言孔觊临死不改节。顾琛、王昙生、袁标等诣吴喜归罪，自归而请罪也。喜皆宥之。东军主凡七十六人，一军之帅，谓之军主。临陈斩十七人，其馀皆原宥。为吴喜得罪张本。陈，读曰阵。

16 薛索儿攻申阐，久不下；使申令孙入睢陵说阐，阐出降，索儿并令孙杀之。古人有言："祸莫大于杀已降。"为申令孙之子杀薛索儿张本。说，输芮翻。降，户江翻；下同。

17 山阳王休佑在历阳，辅国将军刘勔进军小岘。勔，弥兖翻。岘，户典翻。殷琰所署南汝阴太守裴季之以合肥来降。沈约曰：江左置南汝阴郡，所治即合肥县。降，户江翻。

18 邓琬性鄙暗贪吝，既执大权，父子卖官鬻爵，使婢仆出市道贩卖；酣歌博弈，日夜不休；酣，户甘翻。大自矜遇，宾客到门者，历旬不得前；内事悉委褚灵嗣等三人，群小横恣，竞为威福。于是士民忿怨，内外离心。史言寻阳败亡之由。横，户孟翻。

琬遣孙冲之帅龙骧将军薛常宝、陈绍宗、焦度等兵一万为前锋，据赭圻。刘昫曰：池州南陵县，汉春谷县地，秦置南陵县，治赭圻城，唐长安四年移治青阳城。帅，读曰率。赭，音者。圻，音畿。冲之于道与晋安王子勋书曰："舟檝已办，粮仗亦整，檝，与楫同。三军踊跃，人争效命；便欲沿流挂帆，直取白下。白下，在江宁县界临江津。愿速遣陶亮众军兼行相接，分据新亭、南州，则一麾定矣。"子勋加冲之左卫将军；以陶亮为右卫将军，统郢、荆、湘、梁、雍五州兵雍，于用翻。合二万人，一时俱下。陶亮本无干略，闻建安王休仁自上，上，时掌翻。殷孝祖又至，不敢进，屯军鹊洲。鹊洲，在宣城郡南陵县，左传之鹊岸也。杜预曰：鹊岸，谓庐江舒县鹊尾渚。审是，则鹊头在宣城界，鹊尾在庐江界，鹊洲则江中之洲也。

殷孝祖负其诚节，诚节，谓委镇勤王，不顾妻子也。陵轹诸将，陵，侵也，侮也。轹，车践也，音狼狄翻。台军有父子兄弟在南者，孝祖悉欲推治。南，南军也。南，谓寻阳在南，台军溯江南上而攻之。治，直之翻。由是人情乖离，莫乐为用。乐，音洛。宁朔将军沈攸之，内抚将士，外谐群帅，众并赖之。孝祖每战，常以鼓盖自随，军中人相谓："殷统军可谓死将矣！抚将，即亮翻；下同。帅，所类翻。今与贼交锋，而以羽仪自标显，若善射者十人共射之，共射，而亦翻。欲不毙，得乎？"三月，庚寅，众军水陆并进，攻赭圻；陶亮等引兵救之，孝祖于陈为流矢所中，死。陈，读曰阵。中，竹仲翻。军主范潜帅五百人降于亮。帅，读曰率；下同。降，户江翻。人情震骇，并谓沈攸之宜代孝祖为统。

时建安王休仁屯虎槛，遣宁朔将军江方兴、龙骧将军襄阳刘灵遗各将三千人赴赭圻。骧，思将翻。各将，即亮翻。攸之以为孝祖既死，亮等有乘胜之心，明日若不更攻，则示之以弱。方兴名位相亚，必不为己下；攸之、方兴皆宁朔将军，故言名位相亚。亚，次也。军政不壹，致败之由也。乃帅诸军主诣方兴曰："今四方并反，国家所保，无复百里之地。唯有殷孝祖为朝廷所委赖，锋镝裁交，舆尸而反，文武丧气，丧，息浪翻。朝野危心。事之济否，唯在明旦一战；战若不捷，大事去矣。诘朝之事，诘，起吉翻。杜预曰：诘朝，明旦。诸人或谓吾应统之，自卜懦薄，干略不如卿。今辄相推为统，但当相与戮力耳。"方兴甚悦，许诺。攸之既出，诸军主并尤之，攸之曰："吾本济国活家，岂计此之升降！且我能下彼，彼必不能下我，【章：甲十一行本"我"下有"共济艰难"四字；乙十一行本同；孔本同；张校同；退斋校同。】岂可自措同异也！"沈攸之成寻阳之功，摄也；郢城之败，骄也。下，户嫁翻。

孙冲之谓陶亮曰："孝祖枭将，一战便死，天下事定矣，不须复战，便当直取京都。"亮不从。孙冲之狃殷孝祖之死，便欲顺流长驱。轻敌如此，使陶亮从其计，必与沈攸之等遇，亦将以轻敌取败矣。枭，坚尧翻。将，即亮翻。复，扶又翻。

辛卯，方兴帅诸将进战，帅，读曰率；下同。建安王休仁又遣军主郭季之、步兵校尉杜幼文、屯骑校尉垣恭祖、龙骧将军济地顿生京兆段佛荣"济地顿生"四字必有误。等三万人往会战，自寅及午，大破之，追北至姥山而还。今太平州当涂县西北四十五里有慈姥山；又巢湖中有姥山。幼文，骥之子也。元嘉中，杜骥任当方面。

孙冲之于湖、白口巢湖口及白水口也。筑二城，军主竟陵张兴世攻拔之。

壬辰，诏以沈攸之为辅国将军、假节，代殷孝祖督前锋诸军事。

陶亮闻湖、白二城不守，大惧，急召孙冲之还鹊尾，留薛常宝等守赭圻；先于姥山及诸冈分立营寨，亦各散还，共保浓湖。浓湖在鹊尾下。先，悉荐翻。

时军旅大起，国用不足，募民上钱谷者，赐以荒县、荒郡，或五品至三品散官有差。荒郡、荒县，极边郡县被兵荒残者也；赐之者，以郡守、县令及参佐等职名赐之。上，时掌翻。散，悉亶翻。

军中食少，少，诗沼翻。建安王休仁抚循将士，均其丰俭，吊死问伤，身自隐恤；隐，度也，痛也。恤，忧也，愍也。故十万之众，莫有离心。

邓琬遣其豫州刺史刘胡帅众三万，铁骑二千，东屯鹊尾，并旧兵凡十馀万。旧兵，谓寻阳先所遣陶亮、孙冲之等之兵。骑，奇寄翻；下同。胡，宿将，勇健多权略，屡有战功，将士畏之。将，即亮翻；下同。司徒中兵参军冠军蔡那，蔡那，南阳冠军人。冠，古玩翻。子弟在襄阳，胡每战，悬之城外；刘胡自襄阳东下，拘蔡那子弟以随军。为蔡道渊执子勋张本。那进战不顾。吴喜既定三吴，帅所领五千人，并运资实，至于赭圻。史言建康兵势益盛。

19 薛索儿将马步万馀人自睢陵渡淮，进逼青、冀二州刺史张永营。丙申，诏南徐州刺史桂阳王休范统北讨诸军事，进据广陵；又诏萧道成将兵救永。

20 戊戌，寻阳王子房至建康，上宥之，贬爵为松滋侯。

21 庚子，魏以陇西王源贺为太尉。

22 上遣宁朔将军刘怀珍帅龙骧将军王敬则等步骑五千，助刘勔讨寿阳，斩庐江太守刘道蔚。怀珍，善明之从子也。刘善明，弥之之从子。蔚，纡勿翻。从，才用翻。

23 中书舍人戴明宝启上，遣军主竟陵黄回募兵击斩寻阳所署马头太守王广元。杜佑曰：马头城在寿州盛唐县北。

24 前奉朝请寿阳郑黑，起兵于淮上以应建康，东扞殷琰，西拒常珍奇；乙巳，以黑为司州刺史。以郑黑之东扞西拒观之，则起兵淮上，盖在东西正阳之间。朝，直遥翻。考异曰：宋殷琰传作“郑墨”，今从宋本纪、宋略。

25 殷琰将刘顺、柳伦、皇甫道烈、庞天生等马步八千人东据宛唐；“宛唐”，按水经注作“死雩”，云：肥水过九江成德县西北，入芍陂；又北，右合阎润水，水积为阳湖。阳湖水自塘西北，径死雩亭，宋泰始初，刘顺据之以拒刘勔。杜佑通典作“死虎”，曰：死虎，地名，在寿州寿春县东四十馀里。庞，皮江翻。刘勔帅众军并进，去顺数里立营。勔，弥兖翻。帅，读曰率；下同。时琰所遣诸军，并受顺节度；而以皇甫道烈土豪，柳伦台之所遣，顺本卑微，唯不使统督二军。土豪既不可令，台之所遣者又不可令，则置帅果何为也？其败宜矣。勔始至，堑垒未立；堑，七艳翻。顺欲击之，道烈、伦不同，顺不能独进，乃止。勔营既立，不可复攻，因相持守。复，扶又翻。

26 壬子，断新钱，并元嘉四铢，孝建四铢，皆断不用也。断，读如短。专用古钱。

27 沈攸之帅诸军围赭圻。薛常宝等粮尽，告刘胡求救；胡以囊盛米，系流查及船腹，盛，时征翻。查，锄加翻，水中浮木也。船腹，船中心也。阳覆船，顺风流下以饷之。沈攸之疑其有异，遣人取船及流查，大得囊米。丙辰，刘胡帅步卒一万，夜，斫山开道，以布囊运米饷赭圻。平旦，至城下，犹隔小堑，未能入。沈攸之帅诸军邀之，殊死战，胡众大败，舍粮弃甲，缘山走，斩获甚众。胡被创，仅得还营；被，皮义翻。常宝等惶惧，夏，四月，辛酉，开城突围，走还胡军。攸之拔赭圻城，斩其宁朔将军沈怀宝等，纳降数千人。陈绍宗单舸奔鹊尾。降，户江翻。舸，古我翻。建安王休仁自虎槛进屯赭圻。

刘胡等兵犹盛。上欲绥慰人情，遣吏部尚书褚渊至虎槛，选用将士。时以军功除官者众，版不能供，程大昌曰：魏、晋至梁、陈，授官有版，长一尺二寸，厚一寸，阔七寸。授官之辞，在于版上，为鹄头书。始用黄纸。

邓琬以晋安王子勋之命，征袁𫖮下寻阳，𫖮悉雍州之众驰下。琬以黄门侍郎刘道宪行荆州事，侍中孔道存行雍州事。雍，于用翻。上庸太守柳世隆乘虚袭襄阳，不克。世隆，元景之弟子也。

28 散骑侍郎明僧暠起兵，攻沈文秀以应建康。明氏自云吴太伯之裔，百里奚之子孟明视以明为姓。散，悉亶翻。骑，奇寄翻。暠，工老翻。壬午，以僧暠为青州刺史。平原、乐安二郡太守王玄默据琅邪，武帝平齐，置平原郡于梁邹，乐安郡于千乘。玄默据琅邪起兵，非就郡起兵也。刘昫曰：平原，隋改曰粪丘，属兖州。清河、广川二郡太守王玄邈据盘阳城，武帝置清河郡于盘阳，广川郡于武强。五代志：齐郡长山县，旧曰武强，置广川，后并东清河平原二郡入焉，改曰东平原郡；隋废郡，改武强曰长山。则是平原、清河、广川三郡皆置于隋长山县界。盘阳，汉般阳县也，属济南郡。应劭曰：在般水之阳。按水经注：般阳县西南即梁邹县。刘昫曰：唐淄州淄川县，汉般阳县地也。高阳、勃海二郡太守刘乘民据临济城，文帝置高阳郡于乐安地，孝武置勃海郡于临淄地；临济县属乐安郡。按水经注：临济县在梁邹东北。临济，子礼翻。并起兵以应建康。玄邈，玄谟之从弟；乘民，弥之之从子也。从，才用翻。沈文秀遣军主解彦士攻北海，拔之，杀刘弥之。乘民从弟伯宗，合帅乡党，复取北海，解，户买翻。帅，读曰率。复，扶又翻；下而复、更复、可复、假复、国复、复婴同。因引兵向青州所治东阳城。杜佑曰：东阳城，青州所治益都县东城是也。治，直之翻。文秀拒之，伯宗战死。僧暠、玄默、玄邈、乘民合兵攻东阳城，每战辄为文秀所破，离而复合，如此者十馀，卒不能克。言不能克东阳城。卒，子恤翻。

29 杜叔宝谓台军住历阳，不能遽进；及刘𫄨等至，上下震恐。刘顺等始行，唯赍一月粮，既与𫄨相持，粮尽。叔宝发车千五百乘，载米饷顺，自将五千精兵送之。乘，绳证翻。将，即亮翻。吕安国闻之，言于刘勔曰："刘顺精甲八千，我众不能居半。相持既久，强弱势殊，更复推迁，则无以自立；所赖者，彼粮行竭，我食有馀耳。若使叔宝米至，非唯难可复图，我亦不能持久。今唯有间道袭其米车，间，古苋翻。出彼不意，若能制之，当不战走矣。"勔以为然，以疲弱守营，简精兵千人配安国及龙骧将军黄回，使从间道出顺后，于横塘抄之。水经注：阎涧水上承施水于合肥县北，复径县西，积为阳湖。阳湖水自塘西北，径死雩亭南，夹横塘西注。宋泰始初，刘顺据之以拒刘勔，杜叔宝送粮死雩，刘勔破之此塘。骧，思将翻。抄，楚交翻。

安国始行，赍二日熟食；食尽，叔宝不至，将士欲还，安国曰："卿等旦已一食。今晚米车不容不至；若其不至，夜去不晚。"叔宝果至，以米车为函箱陈，陈，读曰阵。叔宝于外为游军。幢主杨仲怀将五百人居前，幢，传江翻。安国、回等击斩之，及其士卒皆尽。叔宝至，回欲乘胜击之，安国曰："彼将自走，不假复击。"退三十里，止宿，夜遣骑参候，骑，奇寄翻。叔宝果弃米车走。安国复夜往烧米车，驱牛二千馀头而还。还，从宣翻，又如字。

五月，丁亥朔，夜，刘顺众溃，走淮西就常珍奇。常珍奇据悬瓠在淮水之西。走，音奏。于是刘勔鼓行，进向寿阳。叔宝敛居民及散卒，婴城自守，勔与诸军分营城外。

山阳王休祐与殷琰书，为陈利害，为，于伪翻。上又遣御史王道隆赍诏宥琰罪。勔与琰书，并以琰兄瑗子邈书与之。琰与叔宝等皆有降意，降，户江翻；下同。而众心不壹，复婴城固守。

弋阳西山蛮田益之起兵应建康，诏以益之为辅国将军，督弋阳西蛮事。壬辰，以辅国将军沈攸之为雍州刺史。雍，于用翻。丁未，以尚书左仆射王景文为中军将军。庚戌，以宁朔将军刘乘民为冀州刺史。沈攸之在南征军前，欲以代袁颢；刘乘民在临济，就以冀州授之。

30 甲寅，葬昭太后于修宁陵。路太后谥曰昭；修宁陵在孝武陵东南。

31 张永、萧道成等与薛索儿战，大破之，索儿退保石梁；今扬州六合县有石梁河，江左置石梁郡，隋唐之间置石梁县。食尽而溃，走向乐平，乐平县，前汉曰清，属东郡，后汉章帝更名乐平；江左界乐平县民流寓者，侨立乐平县于钟离郡界。为申令孙子孝叔所斩。申孝叔报父之雠也。薛安都子道智走向合肥，诣裴季之降。傅灵越走至淮西，武卫将军沛郡王广之生获之，送诣刘勔。勔诘其叛逆，诘，去吉翻。灵越曰："九州唱义，岂独在我！薛公不能专任智勇，委付子侄，此其所以败也。人生归于一死，实无面求活。"勔送诣建康。上欲赦之，灵越辞终不改，乃杀之。

32 邓琬以刘胡与沈攸之等相持久不决，乃加袁颢督征讨诸军事。六月，甲戌，颢帅楼船千艘，战士二万，来入鹊尾。颢本无将略，性又怯桡，颢，鱼岂翻。帅，读曰率。艘，苏遭翻。将，即亮翻。桡，奴教翻。在军中未尝戎服，语不及战陈，唯赋诗谈义而已，不复抚接诸将；刘胡每论事，酬对甚简。陈，读曰阵。复，扶又翻。酬，答也。由此大失人情，胡常切齿恚恨。恚，於避翻。胡以南运米未至，军士匮乏，就颢借襄阳之资，颢不许，曰："都下两宅未成，方应经理。"两敌相向，胜负之决，存亡系焉。袁颢乃欲留襄阳之资以经理私宅，子勋既败，都下两宅岂颢有哉！又信往来之言，云"建康米贵，斗至数百，"以为将不攻自溃，拥甲以待之。拥甲，犹言拥兵也。

33 田益之帅蛮众万馀人围义阳，宋白曰：义阳本汉平氏县义阳乡之地，魏黄初中，分平氏属义阳郡及义阳县。邓琬使司州刺史庞孟虬帅精兵五千救之，益之不战溃去。

34 安成太守刘袭，始安内史王识之，考异曰：宋书作"王职之"。今从宋略。建安内史赵道生，并举郡来降。降，户江翻。袭，道怜之孙也。道怜，武帝之弟。

35 萧道成世子赜为南康赣令，赜，士革翻。萧道成为齐公，赜始为世子，此"世"字衍。赣县，汉属豫章郡，吴属庐陵郡，晋分属南康郡，章、贡二水合而为赣，音古暗翻。邓琬遣使收系之。使，疏吏翻。门客兰陵桓康担赜妻裴氏及其子长懋、子良逃于山中，与赜族人萧欣祖等结客得百馀人，攻郡，破狱出赜。南康相沈肃之帅将吏追赜，赜与战，擒之。赜自号宁朔将军，据郡起兵，据南康郡也。帅，读曰率。将，即亮翻。考异曰：宋邓琬传云："世子与南康相沈用之等据郡起义。"宋略亦云："沈肃之以郡起义。"按赜始自狱中劫出，琬所署南康相不容便与之同。今从萧子显南齐书纪。与刘袭等相应。琬以中护军殷孚为豫章太守，督上流五郡豫章、庐陵、临川、安成、南康五郡，皆在南江上流。以防袭等。

36 衡阳内史王应之起兵应建康，袭击湘州行事何慧文于长沙。应之与慧文舍军身战，斫慧文八创，创，初良翻。慧文斫应之断足，杀之。

37 始兴人刘嗣祖等据郡起兵应建康，广州刺史袁昙远遣其将李万周等讨之。嗣祖诳万周云"寻阳已平"。万周还袭番禺，擒昙远，斩之。昙，徒含翻。诳，居况翻。番禺，音潘愚。上以万周行广州事。

38 初，武都王杨元和治白水，据北史，此武都之白水也。按五代志：武昌建威县旧立白水郡，建威，唐省入阶州将利县。微弱不能自立，弃国奔魏。元和从弟僧嗣复自立，屯葭芦。从，才用翻。复，扶又翻；下开复同。

费欣寿至巴东，费，扶沸翻。巴东人任叔儿据白帝，自号辅国将军，击欣寿，斩之，萧惠开遣欣寿东下，见上正月。叔儿遂阻守三峡。江水自巴东至夷陵，其间有广溪峡、巫峡、西陵峡，谓之三峡。一曰，三峡，西峡、归峡、巫峡。七百里中，两岸连山，略无缺处，隐天蔽日，非日中夜分，不见日月。萧惠开复遣治中程法度将兵三千出梁州，杨僧嗣帅群氐断其道，间使以闻。帅，读曰率。断，丁管翻。间，古苋翻。使，疏吏翻。秋，七月，丁酉，以僧嗣为北秦州刺史、武都王。

39 诸军与袁颉相拒于浓湖，久未决。龙骧将军张兴世建议曰："贼据上流，兵强地胜，我虽持之有馀而制之不足。若以奇兵数千潜出其上，因险而壁，见利而动，使其首尾周遑，进退疑阻，中流既梗，粮运自艰，此制贼之奇也。钱溪江岸最狭，新唐书地理志：宣州南陵县有梅根监钱官，下云：陈庆至钱溪，军于梅根，盖今之梅根港是也；以有铸钱监，故谓之钱溪。去大宣不远，下临洄洑，旋流曰洄，伏流曰洑。船下必来泊岸，又有横浦可以藏船，千人守险，万夫不能过。冲要之地，莫出于此。"沈攸之、吴喜并赞其策。会庞孟虬引兵来助殷琰，庞孟虬自义阳来援寿阳。刘勔遣使求援甚急，勔，弥兖翻。使，疏吏翻。建安王休仁欲遣兴世救之。沈攸之曰："孟虬蚁聚，必无能为，遣别将马步数千，足以相制。将，即亮翻；下同。兴世之行，是安危大机，必不可辍。"乃遣段佛荣将兵救勔，而选战士七千、轻舸二百配兴世。

兴世帅其众溯流稍上，寻复退归，舸，古我翻。帅，读曰率。上，时掌翻。复，扶又翻。如是者累日。刘胡闻之，笑曰："我尚不敢越彼下取扬州，扬州，谓建康。张兴世何物人，欲轻据我上！"不为之备。一夕，四更，更，工衡翻。值便风，兴世举帆直前，渡湖、白，过鹊尾。胡既觉，乃遣其将胡灵秀将兵于东岸，翼之而进。戊戌夕，兴世宿景洪浦，灵秀亦留。兴世潜遣其将黄道标帅七十舸径趣钱溪，立营寨。趣，七喻翻。己亥，兴世引兵进据之，灵秀不能禁。庚子，刘胡自将水步二十六军来攻钱溪。考异曰：宋略曰："胡进军鹊头，遣其将陈庆以三百舸逼钱溪。"今从宋书。将士欲迎击之，兴世禁之曰："贼来尚远，气盛而矢骤；骤既易尽，言矢易尽。易，以豉翻；下同。盛亦易衰，不如待之。"令将士治城如故。俄而胡来转近，船入洄洑；兴世命寿寂之、任农夫帅壮士数百击之，众军相继并进，胡败走，斩首数百，胡收兵而下。时兴世城寨未固，建安王休仁虑袁觊并力更攻钱溪，欲分其势。辛丑，命沈攸之、吴喜等以皮舰进攻浓湖，以牛皮冒舰以御矢石，因谓之皮舰。舰，户黯翻。斩获千数。是日，刘胡帅步卒二万、铁马一千，欲更攻兴世。未至钱溪数十里，袁觊以浓湖之急，遽追之，钱溪城由此得立。胡遣人传唱，"钱溪已平"，众并惧，沈攸之曰："不然。若钱溪实败，万人中应有一人逃亡得还者，必是彼战失利，唱空声以惑众耳。"勒军中不得妄动；勒，约勒也。钱溪捷报寻至。攸之以钱溪所送胡军耳鼻示浓湖，袁觊骇惧。攸之日暮引归。

40 龙骧将军刘道符攻山阳，程天祚请降。程天祚附子勋，见上正月。

41 庞孟虬进至弋阳，刘勔遣吕安国等迎击于蓼潭，汉志，六安国有蓼县，晋属安丰郡。水经注：决水径蓼县故城东，灌水会焉。所谓蓼潭，当在此处。大破之。孟虬走向义阳。王玄谟之子昙善起兵据义阳以应建康，昙，徒含翻。孟虬走死蛮中。

42 刘胡遣辅国将军薛道标袭合肥，杀汝阴太守裴季之，裴季之以合肥降刘勔，见上二月。刘勔遣辅国将军垣闳击之。闳，阆之弟；垣阆见一百二十九卷孝武帝大明三年。道标，安都之子也。

43 淮西人郑叔举起兵击常珍奇以应郑黑；辛亥，以叔举为北豫州刺史。

44 崔道固为土人所攻，闭门自守。崔道固以历城应寻阳，见上正月。上遣使宣慰，道固请降。降，户江翻；下同。甲寅，复以道固为徐州刺史。道固本刺冀州。复，扶又翻；下不复、足复同。

45 八月，皇甫道烈等闻庞孟虬败，并开门出降。死虎师溃，皇甫道烈盖奔还寿阳。

46 张兴世既据钱溪，浓湖军乏食。邓琬大送资粮，畏兴世，不敢进。刘胡帅轻舸四百，由鹊头内路欲攻钱溪，鹊洲在江中；江水分流，故有内路、外路。舸，古我翻。既而谓长史王念叔曰："吾少习步战，未闲水斗。少，诗照翻。闲，亦习也。若步战，恒在数万人中；水战在一舸之上，舸舸各进，不复相关，恒，户登翻。复，扶又翻。正在三十人中，此非万全之计，吾不为也。"乃托疟疾，住鹊头不进，疟，逆约翻。疾而寒热迭作为疟。遣龙骧将军陈庆将三百舸向钱溪，戒庆不须战："张兴世吾之所悉，自当走耳。"陈庆至钱溪，军于梅根。

胡遣别将王起将百舸攻兴世，兴世击起，大破之。胡帅其馀舸驰还，谓颢曰："兴世营寨已立，不可猝攻；昨日小战，未足为损。陈庆已与南陵、大雷诸军共遏其上，大军在此，鹊头诸将又断其下流；断，丁管翻。已堕围中，不足复虑。"颢怒胡不战，谓曰："粮运鲠塞，当如此何？"鲠塞，言若鱼骨之鲠塞咽喉然。塞，悉则翻。胡曰："彼尚得溯流越我而上，上，时掌翻。此运何以不得沿流越彼而下邪！"乃遣安北府司马沈仲玉将千人步趣南陵迎粮。趣，七喻翻；下同。

仲玉至南陵，载米三十万斛，钱布数十舫，竖榜为城，舫，甫妄翻。竖，臣庾翻，立也。榜，补曩翻，木片也。规欲突过。行至贵口，不敢进，水经注：江水自石城东入为贵口。今池州贵池县之池口即贵口也。张舜民曰：自铜陵舟行六十许里至梅根港，又五十许里至贵池口。遣间信报胡，间，古苋翻。令遣重军援接。张兴世遣寿寂之、任农夫等将三千人至贵口击之，仲玉走还颢营，悉虏其资实；胡众骇惧，胡将张喜来降。将，即亮翻。降，户江翻；下同。

镇东中兵参军刘亮进兵逼胡营，胡不能制。袁颢惧曰：

"贼入人肝脾里，何由得活！"胡阴谋遁去，己卯，诳颛云："欲更帅步骑二万，诳，居况翻。帅，读曰率。骑，奇寄翻。上取钱溪，兼下大雷馀运。"令颛悉选马配之。其日，胡委颛去，径趣梅根。先令薛常宝办船，悉发南陵诸军，烧大雷诸城而走。至夜，颛方知之，大怒，骂曰："今年为小子所误！"呼取常所乘善马"飞燕"，谓其众曰："我当自追之！"因亦走。

庚辰，建安王休仁勒兵入颛营，纳降卒十万，遣沈攸之等追颛。颛走至鹊头，与戍主薛伯珍并所领数千人偕去，欲向寻阳。夜，止山间，杀马以劳将士，劳，力到翻。将，即亮翻。顾谓伯珍曰："我非不能死；且欲一至寻阳，谢罪主上，然后自刎耳。"因慷慨叱左右索节，无复应者。及旦，伯珍请屏人言事，刎，扶粉翻。索，山客翻。复，扶又翻。屏，必郢翻。遂斩颛首，南史：颛走至青林山见杀。诣钱溪军【章：甲十一行本"军"上有"马"字；乙十一行本同；孔本同；退斋校同。】主襄阳俞湛之。湛之因斩伯珍，并送首以为己功。

刘胡帅二万人向寻阳，诈晋安王子勋云："袁颛已降，军皆散，唯己帅所领独返；宜速处分，为一战之资。帅，读曰率。处，昌吕翻。分，扶问翻。当停据湓城，誓死不贰。"乃于江外夜趣沔口。江中洲屿节节有之，舟行附南岸者谓之内路，附北岸者谓之外路。

邓琬闻胡去，忧惶无计，呼中书舍人褚灵嗣等谋之，并不知所出。张悦诈称疾，呼琬计事，令左右伏甲帐后，戒之："若闻索酒，便出。"索，山客翻。琬既至，悦曰："卿首唱此谋，今事已急，计将安出！"琬曰："正当斩晋安王，封府库，以谢罪耳。"悦曰："今日宁可卖殿下求活邪！"因呼酒。子洵提刀出斩琬。洵，悦子也。中书舍人潘欣之闻琬死，勒兵而至。悦使人语之曰：语，牛倨翻。"邓琬谋反，今已枭戮。"枭，坚尧翻。欣之乃还。取琬子，并杀之。悦因单舸赍琬首驰下，诣建安王休仁降。舸，古我翻。降，下江翻。

寻阳乱。无主，故乱。蔡那之子道渊在寻阳被系作部，作部，主作器仗，在寻阳城外。脱锁入城，执子勋，囚之。沈攸之诸军至寻阳，斩晋安王子勋，传首建康，时年十一。晋安举兵，实义举也。邓琬不足道，若袁顗、孔觊岂可谓不得其死哉！世无以成败论之。

初，邓琬遣临川内史张淹自鄱阳峤道入三吴，军于上饶，晋太康地志：鄱阳郡有上饶县，而晋书无之，当是吴立。今为信州，有路通鄱阳。宋白曰：信州上饶县，本秦番县界，汉为番阳县；今州古城遗迹，开皇中所废古上饶也。所谓上饶者，以其旁下饶州之故也。九域志：番阳东南至上饶五百四十里。闻刘胡败，军副鄱阳太守费晔斩淹以降。淹，畅之子也。张畅，元嘉之季，从世祖为徐州长史。费，父沸翻。

废帝之世，衣冠惧祸，咸欲远出。至是流离外难，难，乃旦翻。百不一存，众乃服蔡兴宗之先见。先见，事见上卷元年。

九月壬辰，以山阳王休佑为荆州刺史。

癸巳，解严，大赦。

庚子，司徒休仁至寻阳，遣吴喜、张兴世向荆州，沈怀明向郢州，刘亮及宁朔将军南阳张敬儿向雍州，雍，于用翻。孙超之向湘州，沈思仁、任农夫向豫章，平定馀寇。

刘胡逃至石城，此竟陵之石城，今郢州长寿县是也。捕得，斩之。郢州行事张沈变形为沙门，潜走，追获，杀之。沈，持林翻。荆州行事刘道宪闻浓湖平，散兵，遣使归罪。使，疏吏翻。荆州治中宗景等勒兵入城，杀道宪，执临海王子顼以降。孔道存知寻阳已平，遣使请降；寻闻柳世隆、刘亮当至，【章：甲十一行本“至”下有“众悉逃溃”四字；乙十一行本同；孔本同；张校同；退斋校同。】道存及三子皆自杀。孔道存时为雍州行事。上以何慧文才兼将吏，有将才，又有吏才也。将，即亮翻。使吴喜宣旨赦之。慧文曰：“既陷逆节，手害忠义，谓杀王应之也。何面见天下之士！”遂自杀。史言何慧文不肯苟活。安陆王子绥、临海王子顼、邵陵王子元并赐死，刘顺及馀党在荆州者皆伏诛。刘顺自死虎奔淮西，又自淮西奔荆州。诏追赠诸死节之臣，及封赏有功者各有差。

47 己酉，魏初立郡学，置博士、助教、生员，从中书令高允、相州刺史李䜣之请也。古者，家有塾，党有庠，术有序，国有学。秦虽焚书坑儒，齐、鲁学者未尝废业。汉文翁守蜀，起立学官，学者比齐、鲁。武帝令天下郡国皆立学校官，则学官之立尚矣。此书魏初立郡学、置官及生员者，盖悲五胡兵争，不暇立学，魏起北荒，数世之后始及此；既悲之，犹幸斯文之坠地而复振也。相，息亮翻。䜣，许斤翻。䜣，崇之子也。此别一李崇，非顿丘之李崇也。

48 上既诛晋安王子勋等，待世祖诸子犹如平日。司徒休仁还自寻阳，言于上曰：“松滋侯兄弟尚在，将来非社稷计，宜早为之所。”冬，十月，乙卯，松滋侯子房、永嘉王子仁、始安王子真、淮南王子孟、南平王子产、庐陵王子舆、子趋、子期、东平王子嗣、子悦并赐死，及镇北谘议参军路休之、司徒从事中郎路茂之、二路，皆昭太后子侄。兖州刺史刘祗、中书舍人严龙皆坐诛。世祖二十八子于此尽矣。休仁尚书下省之祸，自取之也。导上使去其兄子，上手滑矣，其视诸弟何有哉！萧齐易姓，刘氏歼焉，骨肉相残，祸至此极。有国有家者，其鉴于兹！祗，义欣之子也。

49 刘勔围寿阳，垣闳攻合肥，俱未下。勔患之，召诸将会议。马队主王广之曰：“得将军所乘马，判能平合肥。”判，断也，决也。幢主皇甫肃怒曰：“广之敢夺节下马，可斩！”勔笑曰：“观其意，必能立功。”即推鞍下马与之。幢，传江翻。推，吐雷翻。广之往攻合肥，三日，克之；薛道标突围奔淮西归常珍奇。勔擢广之为军主。广之谓肃曰：“节下若从卿言，何以平贼？卿不赏才，乃至于此！”肃有学术，及勔卒，卒，子恤翻。更依广之，广之荐于齐世祖为东海太守。史竟其事，以言王广之能以恩易怨。

50 沈灵宝自庐江引兵攻晋熙，晋安帝分庐江立晋熙郡，今舒州即其地也。晋熙先附寻阳，故攻之。晋熙太守阎湛之弃城走。

51 徐州刺史薛安都、益州刺史萧惠开、梁州刺史柳元怙、考异曰：宋略作"元哲"。今从宋书。兖州刺史毕众敬、考异曰：宋略作"毕榛"，后魏书云"小名榛"，今从本传。豫章太守殷孚、汝南太守常珍奇，并遣使乞降。寻阳已平，故并乞降。使，疏吏翻。降，户江翻。上以南方已平，欲示威淮北，乙亥，命镇军将军张永、中领军沈攸之将甲士五万迎薛安都。将甲，即亮翻。考异曰：后魏纪安都与常珍奇降皆在九月，而宋本纪、宋略遣张永等北出皆在十月，今从之。蔡兴宗曰："安都归顺，此诚非虚，正须单使尺书。使，疏吏翻。今以重兵迎之，势必疑惧；或能招引北虏，为患方深。若以叛臣罪重，不可不诛，则向之所宥亦已多矣。况安都外据大镇，密迩边陲，地险兵强，攻围难克，考之国计，尤宜驯养；驯，松伦翻。如其外叛，将为朝廷旰食之忧。"上不从。为上愧蔡兴宗张本。旰，苦汗翻。谓征北司马行南徐州事萧道成曰："吾今因此北讨，卿意以为何如？"对曰："安都狡猾有馀，今以兵逼之，恐非国之利。"上曰："诸军猛锐，何往不克！卿勿多言！"蔡兴宗，萧道成，人地虽殊，所见不异。盖识时达变，唯智者能之，文武无二道也。安都闻大兵北上，地势，西北高，东南下。济、泗、沂之水皆南流，径彭城而注于淮，故谓南兵北向为北上。上，时掌翻。惧，遣使乞降于魏，常珍奇亦以悬瓠降魏，考异曰：宋略："十二月，甲寅，珍奇复以郡叛。"盖于时宋朝始闻之耳。皆请兵自救。

52 戊寅，立皇子昱为太子。

53 薛安都以其子为质于魏，质，音致。魏遣镇东大将军代人尉元、镇东将军魏郡孔伯恭等帅骑一万出东道，救彭城；镇西大将军西河公石、都督荆·豫·南雍州诸军事张穷奇出西道，救悬瓠。尉，纡勿翻。帅，读曰率。骑，奇寄翻。雍，于用翻。魏无南雍州；下又书安都都督徐、雍五州诸军事，盖一时创置，寻省并也。西河公石，魏之宗室。以安都为都督徐·雍【章：甲十一行本"雍"作"兖"；孔本同；张校同。】等五州诸军事、镇南大将军、徐州刺史、河东公；常珍奇为平南将军、豫州刺史、河内公。

兖州刺史申纂诈降于魏，尉元受之而阴为之备。魏师至无盐，纂闭门拒守。为魏攻杀申纂张本。

薛安都之召魏兵也，毕众敬不与之同，遣使来请降；是年春，毕众敬叛建康从薛安都，及安都降魏，乃不与之同耳。上以众敬为兖州刺史。众敬子元宾在建康，先坐他罪诛。考异曰：后魏书众敬传云："元宾有他罪，彧独不舍之。"宋略云"榛息在都已诛矣"，今从之。众敬闻之，怒，拔刀斫柱曰："吾皓首唯一子，不能全，安用独生！"十一月，壬子，魏师至瑕丘，众敬请降于魏。尉元遣部将先据其城，将，即亮翻。众敬悔恨，数日不食。元长驱而进，十二月，己未，军于秺。秺县，汉属济阴郡，后汉省，其地当在唐曹州界。孟康曰：秺，音妒。

西河公石至上蔡，常珍奇帅文武出迎。石欲顿军汝北，未即入城，悬瓠城在汝水南。中书博士郑羲曰："今珍奇虽来，意未可量。量，音良。不如直入其城，夺其管籥，管，键也。籥，关牡也。据有府库，制其腹心，策之全者也。"石遂策马入城，因置酒嬉戏。羲曰："观珍奇之色甚不平，不可不为之备。"乃严兵设备。其夕，珍奇使人烧府屋，欲为变，以石有备而止。羲，豁之曾孙也。

淮西七郡民多不愿属魏，连营南奔。淮西七郡：汝南、新蔡、汝阳、汝阴、陈郡、南顿、颍川。魏遣建安王陆馛宣慰新附。民有陷军为奴婢者，馛悉免之，馛，蒲拨翻。新民乃悦。

54 乙丑，诏坐依附寻阳削官爵禁锢者，皆从原荡，随才铨用。

55 刘勔围寿阳，自首春至于末冬，内攻外御，战无不捷，以宽厚得将士心。将，即亮翻。寻阳既平，上使中书为诏谕殷琰，蔡兴宗曰："天下既定，是琰思过之日。陛下宜赐手诏数行以相慰引。慰者，安其心；引者，引使归顺。行，户刚翻。今直中书为诏，彼必疑谓非真，非所以速清方难也。"难，乃旦翻。方难，谓一方之难。不从。琰得诏，谓刘勔诈为之，不敢降。降，户江翻；下同。杜叔宝闭绝寻阳败问，有传者即杀之，守备益固。凡有降者，上辄送寿阳城下，使与城中人语，由是众情离沮。沮，在吕翻。

琰欲请降于魏，主簿谯郡夏侯详说琰曰：说，输芮翻；下同。"今日之举，本效忠节。若社稷有奉，便当归身朝廷，何可北面左衽乎！且今魏军近在淮次，谓西河公石在汝南之军也。官军未测吾之去就，若建使归款，"建使"当作"遣使"。款，诚也。使，疏吏翻。必厚相慰纳，岂止免罪而已。"琰乃使详出见刘勔。详说勔曰："今城中士民知困而犹固守者，畏将军之诛，皆欲自归于魏。愿将军缓而赦之，则莫不相帅而至矣。"帅，读曰率；下同。勔许诺，使详至城下，呼城中人，谕以勔意。丙寅，琰帅将佐面缚出降，勔悉加慰抚，不戮一人。入城，约勒将士，将，即亮翻。士民赀财，秋毫无所失。寿阳人大悦。魏兵至师水，水经注：师水源出大溃山，又北径贤首山西，又东径义阳故城北。南北对境图：浉河在今信阳军罗山县西北界。将救寿阳；闻琰已降，乃掠义阳数千人而去。久之，琰复仕至少府而卒。复，扶又翻。卒，子恤翻。

56 萧惠开在益州，多任刑诛，蜀人猜怨。闻费欣寿败没，费，扶沸翻。程法度不得前，事并见上六月。于是晋原一郡反，沈约曰：李雄分蜀郡之江原、临邛为汉原郡，晋穆帝更名晋原。唐为蜀州。诸郡皆应之，合兵围成都。城中东兵不满二千，惠开悉遣蜀人出，独与东兵拒守。东兵，惠开随行部曲也。蜀人闻寻阳已平，争欲屠城，众至十馀万人。惠开每遣兵出战，未尝不捷。

上遣其弟惠基自陆道使成都，赦惠开罪。惠基至涪，蜀人遏留惠基，不听进。惠基帅部曲击之，斩其渠帅，使，疏吏翻。涪，音浮。基帅，读曰率。渠帅，所类翻。然后得前。惠开奉旨归降，城围得解。

上遣惠开宗人宝首自水道慰劳益州。宝首欲以平蜀为己功，更奖说蜀人，使攻惠开。劳，力到翻。奖，劝也。说，式芮翻，诱也。于是处处蜂起，凡诸离散者一时还合，与宝首进逼成都，众号二十万。惠开欲击之，将佐皆曰："今慰劳使至而拒之，使，疏吏翻；下同。何以自明？"惠开曰："今表启路绝，不战则何以得通使京师？"乃遣宋宁太守萧惠训等将万兵与战，大破之，生擒宝首，囚于成都。沈约曰：文帝元嘉十年，免吴营，侨立宋宁郡，寄治成都。将，即亮翻；下同。遣使言状。上使执送宝首，召惠开还建康。【章：甲十一行本"康"下有"既至"二字；乙十一行本同；孔本同；张校同。】上问以举兵状。惠开曰："臣唯知逆顺，不识天命；且非臣不乱，非臣不平。"上释之。

57 是岁，侨立兖州，治淮阴；徐州治钟离；青、冀二州共一刺史，治郁洲。兖、徐、青、冀皆降于魏，故立侨州。郁洲在海中，周数百里，累石为城，高八九尺，高，居傲翻。虚置郡县，荒民无几。几，居岂翻。

58 张永、沈攸之进兵逼彭城，军于下磕，磕，丘盖翻。分遣羽林监王穆之将卒五千守辎重于武原。水经注：武原县在下邳县西北。按，武原县，自汉以来属彭城郡。宋志，南彭城郡有武原县，而徐州之彭城无之。盖自晋氏永嘉之乱，其民南徙，而故县丘墟也。杜佑曰：泗州下邳县北有汉武原县故城。重，直用翻。

魏尉元至彭城，薛安都出迎。元遣李璨与安都先入城，收其管籥；别遣孔伯恭以精甲二千安抚内外，然后入。受降如受敌，尉元得之。其夜，张永攻南门，不克而退。

元不礼于薛安都，安都悔降，复谋叛魏，降，户江翻。复，扶又翻。元和【张：“和”作“知”。】之，不果发。和之者，谐辑之也。或曰，和之，当作“知之”。安都重赂元等，委罪于女婿裴祖隆而杀之。元使李珠【章：甲十一行本“珠”作“璨”；乙十一行本同；孔本同；退斋校同。】与安都守彭城，自将兵击张永，绝其粮道，又破王穆之于武原。穆之帅馀众就永，元进攻之。帅，读曰率。

聂崇岐标点王崇武覆校

资治通鉴卷第一百三十二

端明殿学士兼翰林侍读学士朝散大夫右谏议大夫
充集贤殿修撰提举西京嵩山崇福宫上柱国河内郡 司马光 奉敕编集
开国侯食邑一千六百户食实封六百户赐紫金鱼袋臣

后学天台胡三省音注

宋纪十四 起强圉协洽（丁未），尽上章阉茂（庚戌），凡四年。

太宗明皇帝中

泰始三年（丁未、四六七）

1 春，正月，张永等弃城夜遁。考异曰：宋本纪，去年冬，“永、攸之大败，遂失淮北四州及豫州淮西地。”宋略，今年正月，“永、攸之师次彭城，虏掩其辎重，败王穆之于武原，薛安都开彭城以纳虏，永等引退；虏追之，王师败绩；毕捺亦举兖州归虏，遂失淮北之地。”魏帝纪，去年九月，“常珍奇、薛安都内属，张永、沈攸之击安都，诏尉元救彭城，西河公石救悬瓠。十一月，毕众敬内属。十二月己未，次于秺，周凯、张永、沈攸之相继退走。”今年正月癸巳，“尉元破永、攸之于吕梁东。闰月，沈文秀、崔道固举州内属。”按青冀今岁始叛宋，去年岂得已失淮北！安都为永、攸之所逼，故降魏，岂得今年永、攸之始次彭城，安都始纳魏兵乎！盖去冬穆之等已败退，今春永大败耳。今从后魏帝纪。会天大雪，泗水冰合，永等弃船步走，士卒冻死者太半，手足断者什七八。尉元邀其前，薛安都乘其后，大破永等于吕梁之东，水经注：泗水自彭城东南过吕县南。泗水之上有石梁焉，故曰吕梁。尉，纡勿翻。死者以万数，枕尸六十馀里，枕，职任翻。委弃军资器械不可胜计；胜，音升。永足指亦堕，与沈攸之仅以身免，梁、南秦二州刺史垣恭祖等为魏所虏。上闻之，召蔡兴宗，以败书示之曰：“我愧卿甚！”永降号左将军；攸之免官，以贞阳公领职，还屯淮阴。汉志，桂阳郡有浈阳县。沈约志，宋泰始三年改浈为贞，属广兴公相。由是失淮北四州及豫州淮西之地。淮北四州，青、冀、徐、兖。豫州淮西，汝南、新蔡、谯、梁、陈、南顿、颍川、汝南、汝阴诸郡也。考异曰：后魏帝纪：闰月，“沈文秀、崔道固举州内属。”宋索虏传曰：“永、攸之败退，虏攻青、冀二州，执文秀、道固。又下书曰：‘淮北三州民，自天安二年正月三十日壬寅昧爽已前罪，一切原免。’”按青州破在五年，淮北三州，盖谓徐、司、豫。壬寅二十日，壬子三十日也。

裴子野论曰：昔齐桓矜于葵丘而九国叛；公羊传曰：贯泽之会，齐桓公有忧中国之心，不召而至者，江人、黄人也。葵丘之会，桓公震而矜之，叛者九国。曹公不礼张松而天下分。见六十五卷汉献帝建安十三年。一失豪厘，其差远矣。太宗之初，威令所被，不满百里，被，皮义翻。卒有离心，士无固色，而能开诚心，布款实，莫不感恩服德，致命效死，故西摧北荡，寓内褰开。既而六军献捷，方隅束手，天子欲贾其馀威，贾，音古。师出无名，长淮以北，倏忽为戎。惜乎！若以向之虚怀，不骄不伐，则三叛奚为而起哉！三叛，薛安都、毕众敬、常珍奇也。高祖虮虱生介胄，虮，居豨翻，虱子也。虱，色栉翻。经启疆埸；埸，音亦。后之子孙，日蹙百里。大雅召旻之诗曰：昔先王受命，有如召公，日辟国百里；今也日蹙国百里。播获堂构，岂云易哉！书大诰曰：若考作室，既底法，厥子乃弗肯堂，矧肯构！厥父菑，厥子乃弗肯播，矧肯获！易，以豉翻。

2 魏尉元以彭城兵荒之后，公私困竭，请发冀、相、济、兖四州粟，相，息亮翻。济，子礼翻。取张永所弃船九百艘，沿清运载，以赈新民；新民，谓新取徐州之民；谓沿清水而运载也。艘，苏遭翻。赈，津忍翻。魏朝从之。朝，直遥翻。

3 魏东平王道符反于长安，杀副将驸马都尉万古真等，副将，副镇将也。将，即亮翻；下同。丙午，司空和其奴等将殿中兵讨之。丁未，道符司马段太阳攻道符，斩之；以安西将军陆真为长安镇将以抚之。道符，翰之子也。秦王翰死于正平宗爱之祸。

4 闰月，魏以顿丘王李峻为太宰。

5 沈文秀、崔道固为土人所攻，土人，谓青、冀二州之人。遣使乞降于魏，使，疏吏翻。降，户江翻；下同。且请兵自救。

6 二月，魏西河公石自悬瓠引兵攻汝阴太守张超，不克；此汝阴郡盖犹治汝阴也；当在隋蔡州新蔡县界。守，式又翻。考异曰：宋帝纪云："索虏寇汝阴，太守张景远击破之。"景远，即超也。宋略，"七月，张景远先卒，汝阴城又陷"，亦误也。今从后魏书。退屯陈项，陈、项本二邑，时陈郡治项，因曰陈项。议还长社，待秋击之。郑羲曰："张超蚁聚穷命，粮食已尽，不降当走，可翘足而待也。今弃之远去，超修城浚隍，积薪储谷，更来恐难图矣。"石不从，遂还长社。为石再攻汝阴不克张本。

7 初，寻阳既平，帝遣沈文秀弟文炳以诏书谕文秀，又遣辅国将军刘怀珍将马步三千人与文炳偕行。未至，值张永等败退，怀珍还镇山阳。文秀攻青州刺史明僧暠，僧暠起兵见上卷上年。暠，古老翻。帝使怀珍帅龙骧将军王广之将五百骑、步卒二千人浮海救之，帅，读曰率。骧，思将翻。将，即亮翻。骑，奇寄翻。至东海，僧暠已退保东莱。怀珍进据朐城，众心凶惧，欲且保郁洲，凶，许拱翻。凶，恐惧声。朐城，汉东海之朐县城也。水经注曰：朐山西侧，有朐县故城。东北海中有大洲，故谓之郁洲。朐，音劬。怀珍曰："文秀欲以青州归索虏，索，昔各翻。计齐之士民，安肯甘心左衽邪！今扬兵直前，宣布威德，诸城可飞书而下；奈何守此不进，自为沮挠乎！"沮，在吕翻。挠，奴教翻，屈也。遂进，至黔陬，黔陬县，前汉属琅邪郡，后汉属东莱郡，晋属城阳郡，宋属高密郡。陬，子侯翻。隋志：胶州胶西县，旧曰黔陬。杜佑曰：汉黔陬县故城，在密州诸城县东北。文秀所署高密、平昌二郡太守弃城走。高密，汉郡。平昌郡，魏文帝分城阳立。宋志，高密郡领黔陬、淳于、高密、夷安、营陵、昌安；平昌郡领安丘、平昌、东武、琅邪、朱虚。五代志：黔陬县旧置平昌郡。怀珍送致文炳，达朝廷意，文秀犹不降；降，户江翻；下同。百姓闻怀珍至，皆喜。文秀所署长广太守刘桃根将数千人戍不其城。不其县，前汉属琅邪郡，后汉属东莱郡，晋分属长广郡。唐莱州胶水县即长广郡地。章怀太子贤曰：不其故城，在今莱州即墨县西南。其，音基。怀珍军于洋水，水经：巨洋水出朱虚县东泰山北，过县西北，过临朐县东，又北过剧县西，又东北过寿光县西，又东北入于海。师古曰：洋，音祥。众谓且宜坚壁伺隙，怀珍曰："今众少粮竭，少，诗沼翻。悬军深入，正当以精兵速进，掩其不备耳。"乃遣王广之将百骑袭不其城，拔之。文秀闻诸城皆败，乃遣使请降，使，疏吏翻。帝复以为青州刺史。崔道固亦请降，复以为冀州刺史。怀珍引还。怀珍既还，兵势不接，故青、冀二州寻为魏有。复，扶又翻。

8 魏济阴王小新成卒。济，子礼翻。

9 沈攸之之自彭城还也，留长水校尉王玄载守下邳，校，户教翻。积射将军沈韶守宿豫，睢陵、淮阳皆留兵戍之。玄载，玄谟之从弟也。王玄谟以功名著于太祖、世祖二朝。从，才用翻。时东平太守申纂守无盐，幽州刺史刘休宾守梁邹，梁邹县，汉属济南郡。并州刺史清河房崇吉守升城，魏收志：东太原郡太原县治升城，其地在唐济州长清县界。辅国将军清河张谠守团城，水经注：琅邪郡东莞县，春秋之郓邑，今有郓亭在团城东北四十里。及兖州刺史王整、兰陵太守桓忻、沈约志：兰陵太守治昌虑，汉旧县也。肥城、糜沟、垣苗等戍皆不附于魏。肥城县，前汉属泰山郡，后汉属济北郡，晋罢，宋复置济北郡于肥城。魏收志：糜沟、垣苗二城亦在东太原郡大原县界。又据水经注：济水自平阴城西东北流，径垣苗城西。宋武帝西征长安，令垣苗镇此，故俗以为称。济水又东北过卢县北。贤曰：肥城县故城，在今济州平阴县东南。则此三戍皆在汉太山郡卢县及肥城县界，至后汉和帝永安二年，始分太山为济北郡。休宾，乘民之兄子也。刘乘民见上卷上年。

魏遣平东将军长孙陵等将兵赴青州，长，知两翻。征南大将军慕容白曜将骑五万为之继援。白曜，燕太祖之玄孙也。燕王皝，庙号太祖。白曜至无盐，欲攻之；将佐皆以为攻具未备，不宜遽进。左司马范阳郦范曰："今轻军远袭，深入敌境，岂宜淹缓！且申纂必谓我军来速，不暇攻围，将不为备；师速而疾者，略也；略，谓略地也，无暇于攻城围邑。白曜以形形申纂，故料其不为备也。今若出其不意，可一鼓而克。"白曜曰："司马策是也。"乃引兵伪退。申纂不复设备，白曜夜中部分，复，扶又翻。分，扶问翻。三月，甲寅旦，攻城，食时，克之；纂走，追擒，杀之。考异曰：宋略云"七月，纂战死。"盖赠官之月。今从魏帝纪。白曜欲尽以无盐人为军赏，郦范曰："齐，形胜之地，宜远为经略。今王师始入其境，人心未洽，连城相望，咸有拒守之志，苟非以德信怀之，未易平也。"易，以豉翻。白曜曰："善！"皆免之。

白曜将攻肥城，郦范曰："肥城虽小，攻之引日；胜之不能益军势，不胜足以挫军威。彼见无盐之破，死伤涂地，不敢不惧；若飞书告谕，纵使不降，亦当逃散。"此即李左车教韩信以破赵之势而喻燕故智也。降，户江翻；下同。白曜从之，肥城果溃，获粟三十万斛。白曜谓范曰："此行得卿，三齐不足定也。"遂取垣苗、麋沟二戍，一旬中连拔四城，威震齐土。史言慕容白曜能用郦范之计以取胜。

10 丙子，以尚书左仆射蔡兴宗为郢州刺史。

11 房崇吉守升城，胜兵者不过七百人。胜，音升，任也。胜兵者，谓能操五兵而战也。慕容白曜筑长围以攻之，自二月至于夏四月，乃克之。白曜忿其不降，欲尽坑城中人，参军事昌黎韩麒麟谏曰："今勍敌在前而坑其民，勍，渠京翻。自此以东，诸城人自为守，不可克也。师老粮尽，外寇乘之，此危道也。"白曜乃慰抚其民，各使复业。

崇吉脱身走。崇吉母傅氏，申纂妻贾氏，与济州刺史卢度世有中表亲，然已疏远。济，子礼翻。及为魏所虏，度世奉事甚恭，赡给优厚。亲者毋失其为亲，故者毋失其为故，其卢度世之谓乎。度世闺门之内，和而有礼。虽世有屯夷，屯，陟伦翻，多难也。夷，平易也。家有贫富，百口怡怡，丰俭同之。史言卢度世有行。

崔道固闭门拒魏。沈文秀遣使迎降于魏，请兵援接，白曜欲遣兵赴之。郦范曰："文秀室家坟墓皆在江南，沈文秀，吴兴武康人。拥兵数万，城固甲坚，强则拒战，屈则遁去。我师未逼其城，无朝夕之急，何所畏忌而遽求援军！且观其使者，视下而色愧，语烦而志怯，此必挟诈以诱我，不可从也。春秋之时，诸侯交兵，谋人之军师者，多能以此觇敌；郦范亦祖其故智耳。诱，音酉。不若先取历城，克盘阳，般阳县，汉属济南郡。应劭曰：在般水之阳。师古曰：般，音盘。刘昫曰：唐淄州淄川县，汉盘阳县也。下梁邹，平乐陵，晋武帝分平原立乐陵郡，宋文帝置乐陵郡于故千乘地，皆在隋唐青州界。然后按兵徐进，不患其不服也。"白曜曰："崔道固等兵力单弱，不敢出战；吾通行无碍，直抵东阳，彼自知必亡，故望风求服，夫又何疑！"范曰："历城兵多粮足，非朝夕可拔。文秀坐据东阳，为诸城根本。今多遣兵则无以攻历城，少遣兵则不足以制东阳；少，诗沼翻。若进为文秀所拒，退为诸城所邀，腹背受敌，必无全理。愿更审计，无堕贼彀中。"彀，古候翻。张子厚曰：彀，指拇也。彀弓既持满，以指拇为度，而发矢以志于中。堕彀中者，言敌彀弓指我，而我不知避，则矢必集于我而受其害。白曜乃止。文秀果不降。

魏尉元上表称："彭城贼之要藩，不有重兵积粟，则不可固守；若资储既广，虽刘彧师徒悉起，不敢窥淮北之地。”彧，于六翻。又言：“若贼向彭城，必由清、泗过宿豫，历下邳；趋青州，亦由下邳、沂水经东安；东安县，前汉属城阳国，后汉属琅邪郡，晋属东莞郡，惠帝元康七年分东莞置东安郡，唐沂州沂水县即东安郡地。趋，七喻翻。此数者，皆为贼用师之要。今若先定下邳，平宿豫，镇淮阳，戍东安，则青、冀诸镇可不攻而克；若四城不服，青、冀虽拔，百姓狼顾，犹怀侥幸之心。侥，坚尧翻。臣愚以为，宜释青、冀之师，先定东南之地，断刘彧北顾之意，断，丁管翻。绝愚民南望之心；夏水虽盛，无津途可由，冬路虽通，无高城可固。如此，则淮北自举，暂劳永逸。兵贵神速，久则生变；若天雨既降，彼或因水通，运粮益众，规为进取，恐近淮之民翻然改图，青、冀二州猝未可拔也。”考异曰：尉元传，先上表论取四城利害，后乃云“沈攸之欲援下邳，遣孔道恭言破之。”按元以泰始二年九月受诏救薛安都，此表云“受命出疆，再离寒暑。”又云：“今虽向热，犹可行师。”则似上表时在四年春末夏初也。又按沈攸之以三年八月出师，寻即败退；则上表当在攸之败后。今此表但言陈显达循宿豫，不言攸之救下邳。又慕容白曜以四年二月十七日拔历城，而此表欲“释青冀之师，先定东南之地”，则此表不在其年春末夏初决矣。盖“再”当作“载”，是语助之辞，非谓两经寒暑也。故置于此。

12 五月，壬戌，以太子詹事袁粲为尚书右仆射。

13 沈攸之自送运米至下邳，沈攸之自淮阴至下邳。魏人遣清、泗间人诈攸之云：“薛安都欲降，降，户江翻。求军迎接。”军副吴喜请遣千人赴之，攸之不许。既而来者益多，喜固请不已，攸之乃集来者告之曰：“君诸人既有诚心，若能与薛徐州子弟俱来者，皆即假君以本乡县，唯意所欲；如其不尔，无为空劳往还。”自是一去不返。以攸之知其情也。攸之使军主彭城陈显达将千人助戍下邳而还。将，即亮翻；下同。还，从宣翻，又如字。

薛安都子令伯亡命梁、雍之间，雍，于用翻。聚党数千人，攻陷郡县。秋七月，雍州刺史巴陵王休若遣南阳太守张敬儿等击斩之。

14 上复遣中领军沈攸之等击彭城。攸之以为清、泗方涸，粮运不继，固执以为不可。使者七返，上怒，强遣之。复，扶又翻。强，其两翻。考异曰：宋沈攸之传、宋略皆云：帝怒攸之云："卿若不行，便可使吴喜独去。"按喜传乃无与攸之讨彭城事。后魏书作吴僖公，不知即吴喜，为别一人也？按南史亦有谓吴喜为吴喜公者。八月，壬寅，以攸之行南兖州刺史，将兵北出；使行徐州事萧道成将千人镇淮阴。去年侨立徐州于钟离，今使萧道成屯淮阴，为沈攸之后镇。道成收养豪俊，宾客始盛。为后萧道成取宋张本。

魏之入彭城也，事见上卷上年。垣崇祖将部曲奔朐山，据之，魏收曰：朐县，汉属东海；晋曰临朐，属琅邪郡；有朐山临海濒。今按晋志，临朐属东莞郡，后魏复曰朐，属琅邪郡。朐，音劬。遣使来降；萧道成以为朐山戍主。朐山濒海孤绝，人情未安，崇祖浮舟水侧，欲有急则逃入海。魏东徐州刺史成固公戍圂城，魏收地形志：魏置南青州于圂城。圂城当在唐沂州沂水县界。圂，户困翻。崇祖部将有罪，亡降魏。成固公遣步骑二万袭朐山，将，即亮翻。降，户江翻。骑，奇寄翻；下同。去城二十里；崇祖方出送客，城中人惊惧，皆下船欲去，崇祖还，谓腹心曰："虏非有宿谋，承叛者之言而来耳，易诳也。易，以豉翻。诳，居况翻。今得百馀人还，事必济矣。但人情一骇，不可敛集，卿等可亟去此一里外，大呼而来云：'艾塘义人已得破虏，呼，火故翻。艾塘当在唐海州怀仁县界；北齐于此置义塘郡。宋人谓淮北起兵拒魏者为义人。须戍军速往，相助逐之。'"舟中人果喜，争上岸。上，时掌翻。崇祖引入，据城；遣羸弱入岛，岛，海中山也。羸，伦为翻。人持两炬火，登山鼓噪。魏参骑以为军备甚盛，乃退。参骑，候骑也。上以崇祖为北琅邪、兰陵二郡太守。

垣荣祖亦自彭城奔朐山，以奉使不效，奉使说薛安都，见上卷上年。畏罪不敢出，往依萧道成于淮阴。荣祖少学骑射，或谓之曰："武事可畏，谓矢刃交乎前，生死在于须臾也。少，诗照翻。何不学书！"荣祖曰："昔曹公父子上马横槊，下马谈咏，谓魏王操及文帝兄弟也。上，时掌翻。槊，色角翻。此于天下，可不负饮食矣。君辈无自全之伎，伎，渠绮翻，能也，艺也。何异犬羊乎！"此犬羊，直谓其无防身之术耳。刘善明从弟僧副将部曲二千人避魏居海岛，道成亦召而抚之。从，才用翻。

15 魏于天宫寺作大像，高四十三尺，高，居傲翻。用铜十万斤，黄金六百斤。

16 魏尉元遣孔伯恭帅步骑一万拒沈攸之，帅，读曰率。骑，奇寄翻。又以攸之前败所丧士卒瘃堕膝行者悉还攸之，以沮其气。丧，息浪翻。瘃，陟玉翻，寒疮也。沮，在吕翻。上寻悔遣攸之等，复召使还。复，扶又翻。攸之至焦墟，去下邳五十馀里，陈显达引兵迎攸之至睢清口，清水合于泗水，故泗水亦得清水之名。水经注：泗水过下邳县西，又东南得睢水口。泗水又东南入于淮水，故谓之睢清口。睢，音虽。伯恭击破之。攸之引兵退，伯恭追击之，攸之大败，龙骧将军姜彦〔产〕之等战没。攸之创重，骧，思将翻。创，初良翻。入保显达营；丁酉夜，众溃，攸之轻骑南走，委弃军资器械以万计，还屯淮阴。

尉元以书谕徐州刺史王玄载，玄载弃下邳走，沈攸之留王玄载戍下邳，因领徐州刺史。魏以陇西辛绍先为下邳太守。守，式又翻。绍先不尚苛察，务举大纲，教民治生御寇而已；由是下邳安之。治，直之翻。

孔伯恭进攻宿豫，宿豫戍将鲁僧遵亦弃城走。魏将孔大恒等将千骑南攻淮阳，淮阳太守崔武仲焚城走。尉元取下邳等城，不愆于素，使沈攸之不败于再举，元亦未敢轻动也。淮阳太守治角城，角城在唐泗州宿迁县界。宿迁，即宿豫，唐避讳改焉。

慕容白曜进屯瑕丘。崔道固之未降也，降，户江翻；下同。绥边将军房法寿为王玄邈司马，屡破道固军，历城人畏之。崔道固镇历城，其军皆历城人。及道固降，皆罢兵。道固畏法寿扇动百姓，迫遣法寿使还建康。会从弟崇吉自升城来，从，才用翻。以母妻为魏所获，谋于法寿。法寿雅不欲南行，雅，素也。怨道固迫之。时道固遣兼治中房灵宾督清河、广川二郡事，戍磐【严："磐"改"盘"；下同。】阳，法寿乃与崇吉谋袭磐阳，据之，降于慕容白曜，以赎崇吉母妻。道固遣兵攻之，白曜自瑕丘遣将军长孙观救磐阳，磐阳，即盘阳。道固兵退。白曜表冠军将军韩麒麟与法寿对为冀州刺史，冠，古玩翻。以法寿从弟灵民、思顺、灵悦、伯怜、伯玉、叔玉、思安、幼安等八人皆为郡守。此冀州，即宋所置冀州，以命法寿。郡守，即守冀州所领广川、平原、清河、乐陵、魏郡、河间、顿丘、高阳、勃海，皆侨郡也。

白曜自瑕丘引兵攻崔道固于历城，遣平东将军长孙陵等攻沈文秀于东阳。道固拒守不降，白曜筑长围守之。陵等至东阳，文秀请降；陵等入其西郭，纵士卒暴掠。文秀悔怒，闭城拒守，击陵等，破之。考异曰：文秀传云："八月，虏蜀郡公拔式入西郭。"今从慕容白曜传。陵等退屯清西，屡进攻城，不克。

17 癸卯，大赦。

18 戊申，魏主李夫人生子宏。夫人，惠之女也。李惠盖李贵人兄弟。贵人，魏主之母，赐死，见一百二十八卷宋孝建三年，夫人则惠之女而宏之母也。宏，是为魏孝文帝。冯太后自抚养宏；顷之，还政于魏主。魏主始亲国事，勤于为治，治，直吏翻。赏罚严明，拔清节，黜贪污，于是魏之牧守始有以廉洁著闻者。

19 太中大夫徐爰，自太祖时用事，徐爰事始一百二十六卷文帝元嘉二十八年。素不礼于上。上衔之，诏数其奸佞之罪，数，所具翻。

徙交州。

20 冬，十月，辛巳，诏徙义阳王昶为晋熙王，昶，丑两翻。考异曰：宋帝纪在十一月，今从宋略。使员外郎李丰以金千两赎昶于魏。昶奔魏见一百三十卷元年。魏人弗许，使昶与上书，为兄弟之仪；上责其不称臣，不答。魏主复使昶与上书，复，扶又翻；下复攻、复以同。昶辞曰："臣本实彧兄，昶，文帝第九子；帝，文帝第十二子。未经为臣。若改前书，事为二敬；既称臣于魏，复称臣于宋，是为二敬也。苟或不改，彼所不纳。臣不敢奉诏。"乃止。魏人爱重昶，凡三尚公主。

21 十一月，乙卯，分徐州置东徐州，以辅国将军张谠为刺史。张谠时守团城，就置东徐州，以刺史命之。谠，音党。

十二月，庚戌，以幽州刺史刘休宾为兖州刺史。时兖州之境已没于魏。刘休宾守梁邹，就以刺史命之。休宾之妻，崔邪利之女也，生子文晔，与邪利皆没于魏。邪利没于魏见一百二十五卷文帝元嘉二十七年。慕容白曜将其妻子至梁邹城下示之。休宾密遣主簿尹文达至历城见白曜，且视其妻子；休宾欲降，而兄子闻慰不可。白曜使人至城下呼曰："刘休宾数遣人来见仆射约降，呼，火故翻。数，所角翻。降，户江翻。何故违期不至！"由是城中皆知之，共禁制休宾不得降，魏兵围之。

22 魏西河公石复攻汝阴，今年春石攻汝阴不克。汝阴有备，无功而还。还，从宣翻，又如字。常珍奇虽降于魏，实怀贰心；刘勔复以书招之。会西河公石攻汝阴，珍奇乘虚烧劫悬瓠，驱掠上蔡、安成、平舆三县民，屯于灌水，水经注：灌水导源庐江金兰县西北东陵乡大苏山东北，径蓼县故城西，而北注决水。许慎曰：灌水出雩娄县。舆，音预。

四年（戊申、四六八）

1 春，正月，己未，上祀南郊，大赦。

2 魏汝阳司马赵怀仁帅众寇武津，汝阳司马，汝阳郡司马也。沈约曰：武津县属汝阳郡。何志不注置立。在隋、唐上蔡县界。帅，读曰率。豫州刺史刘勔遣龙骧将军申元德击破之，又斩魏于都公阏于拔于汝阳台东，魏收地形志：汝阳郡汝阳县有章华台。此书汝阳台者，盖以别南郡之章华台也。获运车千三百乘。乘，绳证翻。魏复寇义阳，复，扶又翻。勔使司徒参军孙台瓘击破之。"台瓘"当作"昙瓘"。

淮西民贾元友上书，陈伐魏取陈、蔡之策，宋豫州淮西之地，春秋陈、蔡之地也。上以其书示刘勔。勔上言："元友称'虏主幼弱，内外多难，难，乃旦翻。天亡有期。'臣以为虏自去冬蹈藉王土，磐据数郡，百姓残亡；今春以来，连城围逼，国家未能复境，何暇灭虏！元友所陈，率多夸诞狂谋，皆无事实，言之甚易，行之甚难。易，以豉翻。臣窃寻元嘉以来，伧荒远人，多干国议，负担归阙，伧，助庚翻。担，丁滥翻。皆劝讨虏，从来信纳，皆贻后悔。境上之人，唯视强弱：王师至彼，必壶浆候涂；裁见退军，便抄截蜂起。抄，楚交翻。此前后所见，明验非一也。"上乃止。史言刘勔谙识边情。

3 魏尉元遣使说东徐州刺史张谠，谠以团城降魏。魏已得彭城，又得团城，故因宋所置东徐州以命谠。据水经注：东莞郡治团城，城在春秋之郓邑西南四十里。魏后徙东徐州治下邳。说，输芮翻。魏以中书侍郎高闾与谠对为东徐州刺史，考异曰：尉元传："沈攸之既走，元以书谕王玄载，玄载与鲁僧遵、崔武仲、杨继皆走，遂以高闾与张谠对为东徐州刺史。"按三年十一月乙卯，始以谠为东徐州刺史，则于时未降魏也；故置于此。李璨与毕众敬对为东兖州刺史。宋兖州治瑕丘。毕众敬以瑕丘降魏，魏以为东兖州，盖先已有兖州也。元又说兖州刺史王整、说，输芮翻。沈约曰：宋失淮北，侨立兖州，寄治淮阴。时萧道成镇淮阴，王整盖屯徐州界，领兖州刺史耳。此时宋、魏交兵，疆吏能自守者，即以州刺史命之，无常处也。兰陵太守桓忻，整、忻皆降于魏。魏以元为开府仪同三司、都督徐·南·北兖三州诸军事、徐州刺史，镇彭城。兖州治瑕丘，以王整新降，故分南、北兖。召薛安都、毕众敬入朝，朝，直遥翻。至平城，魏以上客待之，群从皆封侯，赐第宅，资给甚厚。从，才用翻。

4 慕容白曜围历城经年，二月，庚寅，拔其东郭；癸巳，崔道固面缚出降。考异曰：宋略云："丙申，索虏陷历城，执崔道固。"按后魏列传道固表云："以今月十四日臣东郭失守，以十七日面缚请罪。"长历是月丁丑朔。今从之。白曜遣道固之子景业与刘文晔同至梁邹，刘休宾亦出降。白曜送道固、休宾及其僚属于平城。

5 辛丑，以前龙骧将军常珍奇为都督司·北豫二州诸军事、司州刺史。魏西河公石攻之，珍奇单骑奔寿阳。常珍奇自灌水奔寿阳。骧，思将翻。骑，奇寄翻；下同。

6 乙巳，车骑大将军、曲江庄公王玄谟卒。曲江县，汉属桂阳郡，宋属广兴公相。谥法：屡征杀伐曰庄；武征而不遂曰庄。

7 三月，魏慕容白曜进围东阳。白曜既得历城，始进围东阳，用郦范之计也。

上以崔道固兄子僧佑为辅国将军，将兵数千从海道救历城；至不其，闻历城已没，遂降于魏。将，即亮翻。其，音基。降，户江翻。

8 交州刺史刘牧卒。州人李长仁杀牧北来部曲，据州反，自称刺史。

9 广州刺史羊希使晋康太守沛郡刘思道伐俚。晋穆帝永和七年，分苍梧立晋康郡，今端州即其地。李延寿曰：记云：南方曰蛮，有不火食者矣。然其种类非一，与华人错居；其流曰蜑，曰獽，曰俚，曰獠，曰㐌，居无君长，随山洞而居。俚，音里。思道违节度失利，希遣收之；思道帅所领攻州，帅，读曰率。希兵败而死。龙骧将军陈伯绍将兵伐俚，还击思道，擒斩之。骧，思将翻。将，即亮翻。希，玄保之兄子也。羊玄保见一百二十三卷文帝元嘉十七年。

10 夏，四月，己卯，复减郡县田租之半。复，扶又翻。

11 徙东海王祎为庐江王，山阳王休佑为晋平王。上以废帝谓祎为驴王，见百三十卷元年。故以庐江封之。

12 刘勔败魏兵于许昌。败，补迈翻。

13 魏以南郡公李惠为征南大将军、仪同三司、都督关右诸军事、雍州刺史，进爵为王。雍，于用翻。

14 五月，乙卯，魏主畋于崞山，遂如繁畤；崞山县，即汉晋雁门之崞县，魏曰崞山，天平二年分属繁畤郡。隋志，雁门崞县有崞山。据水经注，山在繁畤之西，㶟水之南。孟康曰：崞，音郭。九域志：繁畤县在代州之东六十里。辛酉，还宫。

15 六月，魏以昌黎王冯熙为太傅。熙，太后之兄也。

16 秋，七月，庚申，以骁骑将军萧道成为南兖州刺史。代沈攸之也。南兖州治广陵。骁，坚尧翻。骑，奇寄翻。

17 八月，戊子，以南康相刘勃为交州刺史。相，息亮翻。

18 上以沈文秀之弟征北中兵参军文静为辅国将军，统高密等五郡军事，五郡，盖高密、平昌、长广、东海、东莞也。自海道救东阳。至不其城，为魏所断，其，音基。断，丁管翻。因保城自固；魏人攻之，不克。辛卯，分青州置东青州，以文静为刺史。

19 九月，辛亥，魏立皇叔桢为南安王，桢，音贞。长寿为城阳王，太洛为章武王，休为安定王。

20 冬，十月，癸酉朔，日有食之。发诸州兵北伐。

21 十一月，李长仁遣使请降，使，疏吏翻。降，户江翻。自贬行州事；许之。

22 十二月，魏人拔不其城，杀沈文静，入东阳西郭。

23 义嘉之乱，巫师请发修宁陵，戮玄宫为厌胜。是岁，改葬昭太后。昭太后陵曰修宁。晋安王子勋，于昭后孙也，改元义嘉。南史曰：修宁陵在孝武陵东南。厌，衣检翻，又益涉翻，禳也。

24 先是，中书侍郎、舍人皆以名流为之，史曰先是，谓元嘉以前，通鉴因而书之。先，悉荐翻。太祖始用寒士秋当，秋当，人姓名。姓谱：秋姓，秋胡之后。世祖犹杂选士庶，巢尚之、戴法兴皆用事。士，谓巢尚之；庶，谓戴法兴。皆，俱也。及上即位，尽用左右细人，细，微也，纤也，小也。细人，言纤微小人也。游击将军阮佃夫、中书通事舍人王道隆、员外散骑侍郎杨运长等，并参预政事，权亚人主，巢、戴所不及也。佃夫尤恣横，人有顺迕，祸福立至。佃，音田。散，悉亶翻。骑，奇寄翻。横，下孟翻。迕，五故翻。谓顺之则有福，迕之则有祸。大纳货赂，所饷减二百匹绢，则不报书。园宅饮馔，过于诸王；妓乐服饰，宫掖不如也。朝士贵贱，莫不自结。仆隶皆不次除官，捉车人至虎贲中郎将，马士至员外郎。捉车人，持车者。马士，控马者。员外郎，谓员外散骑郎也。馔，雏恋翻，又雏皖翻。妓，渠绮翻。朝，直遥翻。贲，音奔。将，即亮翻。

五年（己酉、四六九）

1 春，正月，癸亥，上耕籍田，大赦。

2 沈文秀守东阳，魏人围之三年，泰始三年，魏始攻文秀；至此时，首尾涉三年也。外无救援，士卒昼夜拒战，甲胄生虮虱，无离叛之志。乙丑，魏人拔东阳，史言沈文秀善守，以援兵不接而没。虮，居豨翻。文秀解戎服，正衣冠，取所持节坐斋内。魏兵交至，问："沈文秀何在？"文秀厉声曰："身是！"身，犹今人言我。魏人执之，去其衣，去，羌吕翻。缚送慕容白曜，使之拜，文秀曰："各两国大臣，何拜之有！"白曜还其衣，为之设馔，锁送平城。魏主数其罪而宥之，为，于伪翻。数，所具翻。数其罪者，以文秀既迎降，复拒守也。待为下客，给恶衣、疏食；疏食，粗饭也。食，祥吏翻。既而重其不屈，稍嘉礼之，拜外都下大夫。外都下大夫，外都大官之属僚也，拓跋氏所置。于是青、冀之地尽入于魏矣。

3 戊辰，魏平昌宣王和其奴卒。

4 二月，己卯，魏以慕容白曜为都督青·齐·东徐三州诸军事、征南大将军、开府仪同三司、青州刺史，宋置冀州于历城；魏既得之，改为齐州，统东魏、东平原、东清河、广川、济南、东太原六郡。东徐州统东安、东莞二郡。进爵济南王。济，子礼翻。白曜抚御有方，东人安之。荀卿有言：兼并易也，坚凝之难。魏并青、徐，淮北四州之民未忘宋也；惟其抚御有方，民安其生，不复引领南望矣。书云：抚我则后，虐我则雠。信哉！

魏自天安以来，泰始二年，魏改元天安。比岁旱饥，重以青、徐用兵，山东之民疲于赋役。比，毗至翻。重，直用翻。师之所聚，荆棘生焉，大兵之后，必有凶年，岂谓是邪！显祖命因民贫富为三等输租之法，等为三品：上三品输平城，中输他州，下输本州。又，魏旧制：常赋之外，有杂调十五；至是悉罢之，由是民稍赡给。调，徒钓翻。史言魏能纾民力。

5 河东柳欣慰等谋反，欲立太尉庐江王祎。祎自以于帝为兄，而帝及诸兄弟皆轻之，遂与欣慰等通谋相酬和。祎，吁韦翻。和，户卧翻。征北谘议参军杜幼文告之，丙申，诏降祎为车骑将军、开府仪同三司、南豫州刺史，出镇宣城，帝遣腹心杨运长领兵防卫。欣慰等并伏诛。

6 三月，魏人寇汝阴，太守杨文苌击却之。

7 夏，四月，丙申，魏大赦。

8 五月，魏徙青、齐民于平城，置升城、历城民望于桑乾，立平齐郡以居之；据崔道固传，立平齐郡于平城西北北新城。五代志：马邑郡云内县，后魏立平齐郡。乾，音干。自馀悉为奴婢，分赐百官。

魏沙门统昙曜奏：沙门统，犹今之僧录。昙，徒含翻。“平齐户及诸民有能岁输谷六十斛入僧曹者，即为僧祇户，粟为僧祇粟，遇凶岁，赈给饥民。”又请“民犯重罪及官奴，以为佛图户，以供诸寺洒扫。”魏主并许之。于是僧祇户、粟及寺户遍于州镇矣。魏自北方并有诸夏，亦依魏、晋制置诸州刺史，其西北被边夷、晋杂居之地，则置镇将以镇之。祇，翘移翻。史言魏割民力以奉释氏。

9 六月，魏立皇子宏为太子。

10 癸酉，以左卫将军沈攸之为郢州刺史。

11 上又令有司奏庐江王祎忿怼有怨言，怼，直类翻。请穷治；不许。治，直之翻。丁丑，免祎官爵，遣大鸿胪持节奉诏责祎，胪，陵如翻。因逼令自杀；子辅国将军充明废徙新安。

12 冬，十月，丁卯朔，日有食之。

13 魏顿丘王李峻卒。

14 十一月，丁未，魏复遣使来修和亲，自是信使岁通。自元嘉之末，南、北不复通好。帝即位之三年、四年，再遣聘使。是岁，魏使来，复通好。复，扶又翻。使，疏吏翻。

15 闰月，戊子，以辅师将军孟阳为兖州刺史，始治淮阴。是岁，改辅国将军为辅师将军。兖州本治瑕丘；既入于魏，始治淮阴。萧子显曰：淮阴县，前汉属临淮郡，后汉属下邳国，晋属广陵郡；穆帝永和中，荀羡北讨鲜卑，以淮阴旧镇，地形都要，水陆交通，乃营立城池。是时既失淮北，遂为重镇；后为北兖州治所。九域志：楚州淮阴县，在州西四十里。

16 十二月，戊戌，司徒建安王休仁解扬州。休仁年与上邻亚，素相友爱，景和之世，上赖其力以脱祸。事见上卷元年。及泰始初，四方兵起，休仁亲当矢石，克成大功，事亦见上卷元年、二年。任总百揆，亲寄甚隆；由是朝野辐凑，上渐不悦。为帝杀休仁张本。朝，直遥翻。休仁悟其旨，故表解扬州。己未，以桂阳王休范为扬州刺史。

17 分荆州之巴东、建平，益州之巴西、梓潼郡，置三巴校尉，治白帝。校，户教翻。先是，三峡蛮、獠岁为抄暴，故立府以镇之。先，悉荐翻。抄，楚交翻。府，谓三巴校尉府也。上以司徒参军东莞孙谦为巴东、建平二郡太守。谦将之官，敕募千人自随，谦曰："蛮夷不宾，盖待之失节耳，何烦兵役以为国费！"固辞不受。至郡，开布恩信，蛮、獠翕然怀之，獠，鲁皓翻。竞饷金宝；谦皆慰谕，不受。

18 临海贼帅田流自称东海王，剽掠海盐，杀鄞令，帅，所类翻。剽，匹妙翻。鄞县，自汉以来属会稽郡。师古曰：鄞，音牛斤翻。今属明州。东土大震。

六年（庚戌、四七〇）

1 春，正月，乙亥，初制间二年一祭南郊，间一年一祭明堂。昔周公郊祀后稷以配天，宗祀文王于明堂以配上帝。三岁一郊，始于汉武帝。平帝元始中，始行袷祭明堂之礼，明帝永平初，始盛其仪；亦曰宗祀。公羊传曰：古者五年而再殷祭，谓袷祭也。然古之所谓袷者，合祭于太祖之庙；而明堂宗祀，则严父以配帝。此先儒之说所以异也。蔡邕谓明堂即太庙，盖有见于此欤！然明堂九室而太庙七室，则又不得而合也。间年一祭，非古也，故曰初制。间，古苋翻。

2 二月，壬寅，以司徒休仁为太尉，领司徒；固辞。辞者，以上不悦也；然终不能免于祸。

3 癸丑，纳江智渊孙女为太子妃。甲寅，大赦。令百官皆献物；始兴太守孙奉伯止献琴、书，上大怒，封药赐死，既而原之。

4 魏以东郡王陆定国为司空。定国，丽之子也。宗爱之乱，陆丽有立嫡之功；乙浑之乱，丽死之。

5 魏主遣征西大将军上党王长孙观击吐谷浑。长，知两翻。吐，从暾入声。谷，音浴。

6 夏，四月，辛丑，魏大赦。

7 戊申，魏长孙观与吐谷浑王拾寅战于曼头山，隋伐吐谷浑，置河源郡，有曼头城，盖因山得名也。考异曰：宋本纪作"拾虔"。今从后魏书。拾寅败走，遣别驾康盘龙入贡，魏主囚之。

8 癸亥，立皇子燮为晋熙王，奉晋熙王昶后。昶，时在魏。

9 五月，魏立皇弟长乐为建昌王。乐，音洛。

10 六月，癸卯，以江州刺史王景文为尚书左仆射、扬州刺史，以尚书仆射袁粲为右仆射。

上宫中大宴，裸妇人而观之，裸，郎果翻。王后以扇障面。上怒曰："外舍寒乞！寒乞，犹言穷陋也。今共为乐，何独不视！"后曰："为乐之事，其方自多；岂有姑姊妹集而裸妇人以为笑！外舍之乐，雅异于此。"乐，音洛。上大怒，遣后起。后兄景文闻之曰："后在家劣弱，今段遂能刚正如此！"

11 南兖州刺史萧道成在军中久，据萧子显齐书，文帝元嘉十九年，遣道成讨竟陵蛮，则在军中久矣。民间或言道成有异相，当为天子。齐书言道成姿表奇异，龙颡钟声，鳞文遍体。相，息亮翻。上疑之，征为黄门侍郎、越骑校尉。骑，奇寄翻。校，户教翻。道成惧，不欲内迁，而无计得留。冠军参军广陵荀伯玉劝道成遣数十骑入魏境，安置标榜，道成时假冠军将军，以伯玉为参军。冠，古玩翻。魏果遣游骑数百履行境上；行，下孟翻。道成以闻，上使道成复本任。秋，九月，命道成迁镇淮阴。按三年八月，萧道成以行徐州事镇淮阴，以沈攸之北伐，使为后镇也。攸之北还，道成代为南兖州刺史，镇广陵，今复使迁镇淮阴。以侍中、中领军刘勔为都督南徐·兖等五州诸军事，镇广陵。

12 戊寅，立总明观，置祭酒一人，儒、玄、文、史学士各十人。文帝元嘉十五年，立儒、玄、文、史四学，今置总明观祭酒以总之。观，古玩翻。

13 柔然部真可汗侵魏，可，从刊入声。汗，音寒。魏主引群臣议之。尚书右仆射南平公目辰曰："若车驾亲征，京师危惧，不如持重固守。虏悬军深入，粮运无继，不久自退；遣将追击，破之必矣。"将，即亮翻。给事中张白泽曰："蠢尔荒愚，轻犯王略，杜预曰：略，界也。毛晃曰：略，封界也。若銮舆亲行，必望麾崩散，岂可坐而纵敌！以万乘之尊，婴城自守，非所以威服四夷也。”乘，绳证翻。魏主从之。白泽，衮之孙也。魏道武之建国也，张衮有功焉。

魏主使京兆王子推等督诸军出西道，任城王云等督诸军出东道，任，音壬。汝阴王天赐等督诸军为前锋，陇西王源贺等督诸军为后继，镇西将军吕罗汉等掌留台事。诸将会魏主于女水之滨，将，即亮翻。与柔然战，柔然大败。乘胜逐北，斩首五万级，降者万馀人，获戎马器械不可胜计。胜，音升。旬有九日，往返六千馀里。改女水曰武川。按魏纪女水当在长川之西，赤城之西北，后魏置武川镇。隋书：宇文述，代郡武川人。代郡，指代都平城也。魏都平城，谓之代都。代都以北，列置镇将。其后罢镇置州，则武川属代郡。司徒东安王刘尼坐昏醉，军陈不整，免官。陈，读曰阵。壬申，还至平城。

是时，魏百官不给禄，少能以廉白自立者。前言魏主拔清节，黜贪污，魏之牧守始有以廉洁著闻者。此言魏之百官，少能以廉白自立。盖法行于州郡，未行于朝廷也。少，诗沼翻。魏主诏："吏受所监临羊一口、酒一斛者，死；与者以从坐论；监，工衔翻。有能纠告尚书已下罪状者，随所纠官轻重授之。"张白泽谏曰："昔周之下士，尚有代耕之禄。孟子曰：周室班爵禄，下士与庶人在官者同禄，禄足以代其耕也。今皇朝贵臣，服勤无报；若使受礼者刑身，受礼，谓受羊酒之礼；刑身，谓刑加其身。朝，直遥翻。纠之者代职，臣恐奸人窥望，忠臣懈节，懈，居隘翻。如此而求事简民安，不亦难乎！请依律令旧法，仍班禄以酬廉吏。"魏主乃为之罢新法。为，于伪翻。

14 冬，十月，辛卯，诏以世祖继体，陷宪无遗，事见上卷二年。以皇子智随为世祖子，立为武陵王。孝武庙号世祖。考异曰：宋本纪作"智赞"，宋略作"赞"，列传作"智随"。按太宗生子皆筮之，以卦为其字。今从列传。

15 初，魏乙浑专政，事见上卷元年、二年。慕容白曜颇附之。魏主追以为憾，遂称白曜谋反，诛之，及其弟如意。

16 初，魏南部尚书李敷，仪曹尚书李䜣，萧子显曰：魏南部尚书知南边州郡，仪曹尚书盖知礼仪。按魏初有殿中、乐部、驾部、南部、北部五尚书。仪曹、选曹等尚书，中世所置。䜣，许斤翻。少相亲善，少，诗照翻。与中书侍郎卢度世皆以才能为世祖、显祖所宠任，参豫机密，出纳诏命。其后䜣出为相州刺史，相，息亮翻。受纳货赂，为人所告，敷掩蔽之。显祖闻之，槛车征䜣，案验服罪，当死。是时敷弟奕得幸于冯太后，帝意已疏之。有司以中旨讽䜣告敷兄弟阴事，可以得免。䜣谓其婿裴攸曰："吾与敷族世虽远，恩逾同生，今在事劝吾为此，在事，谓有司也。言在官而主案敷之事。吾情所不忍。每引簪自刺，刺，七亦翻。解带自绞，终不得死。且吾安能知其阴事！将若之何？"攸曰："何为为人死也！为为，上如字，下于伪翻。有冯阐者，先为敷所败，败，补迈翻。其家深怨之。今询其弟，敷之阴事可得也。"䜣从之。又赵郡范檦条列敷兄弟事状凡三十馀条。檦，与标同，音卑遥翻。有司以闻。帝大怒，诛敷兄弟。为冯太后鸩魏主张本。告李敷兄弟者范檦，其后告李䜣者亦范檦也。䜣得减死，鞭髠配役。未几，复为太仓尚书，摄南部事。魏中世分殿中尚书所掌仓库，置太仓尚书，掌仓粟事也。几，居岂翻。复，扶又翻。敷，顺之子也。李顺以才能事魏太武而为崔浩所告而诛。

17 魏阳平王新成卒。

18 是岁，命龙骧将军义兴周山图将兵屯浃口讨田流，平之。骧，思将翻。浃，即协翻。

19 柔然攻于阗，于阗遣使者素目伽奉表诣魏求救。魏主命公卿议之，皆曰："于阗去京师几万里，北史曰：于阗国去代九千八百里。阗，徒贤翻，又堂见翻。使，疏吏翻。伽，求迦翻。几，居依翻。蠕蠕唯习野掠，蠕，人兖翻。不能攻城；若其可攻，寻已亡矣。虽欲遣师，势无所及。”魏主以议示使者，使者亦以为然。乃诏之曰：“朕应急敕诸军以拯汝难。难，乃旦翻。但去汝遐阻，必不能救当时之急。汝宜知之！朕今练甲养士，一二岁间，当躬帅猛将，为汝除患。帅，读曰率。为，于伪翻。汝其谨修警候以待大举！”

聂崇岐标点王崇武覆校

资治通鉴卷第一百三十三

端明殿学士兼翰林侍读学士朝散大夫
充集贤殿修撰提举西京嵩山崇福宫上柱国河内郡 司马光 奉敕编集
开国侯食邑一千八百户食实封六百户赐紫金鱼袋臣

后学天台 胡三省 音注

宋纪十五 起重光大渊献(辛亥),尽旃蒙单阏(乙卯),凡五年。

太宗明皇帝下

泰始七年(辛亥、四七一)

1 春,二月,戊戌,分交、广置越州,治临漳。刘昫曰:廉州治合浦县,秦象郡地,吴改为珠官郡,宋分置临漳郡及越州,领郡三,治于此。又据沈约志:越州领百梁、龙苏、永宁、永昌、富昌、南流、临漳、合浦、宋寿九郡。萧子显曰:临漳郡本合浦郡之北界也。按沈约宋志作"临障",宋白续通典作"临瘴",以临界内瘴江为名。瘴江,一名合浦江。

2 初,上为诸王,宽和有令誉,独为世祖所亲。即位之初,义嘉之党多蒙全宥,晋安王子勋改元义嘉。随才引用,有如旧臣。及晚年,更猜忌忍虐,好鬼神,好,呼到翻。多忌讳,言语、文书,有祸败、凶丧及疑似之言应回避者数百千品,有犯必加罪戮。改"䯄"字为"馬瓜",䯄,古花翻。以其似祸字故也。左右忤意,往往有刳斮者。忤,五故翻。斮,侧略翻,斩也。

时淮、泗用兵,府藏空竭,内外百官,并断俸禄。藏,徂浪翻。断,丁管翻。考异曰:宋本纪云"日给料禄俸"。今从南史,自失青、徐之后,宋魏交兵于淮、泗之间。而奢费过度,每所造器用,必为正御、副御、次副各三十枚。嬖幸用事，货赂公行。嬖，卑义翻，又博计翻；后同。

上素无子，密取诸王姬有孕者内宫中，生男则杀其母，孕，以证翻。考异曰：宋书云“闭其母于幽房”，今从宋略。使宠姬子之。

至是寝疾，以太子幼弱，深忌诸弟。南徐州刺史晋平剌王休佑，前镇江陵，贪虐无度，休佑镇江陵事始上百三十一卷二年。剌，来葛翻。上不使之镇，留之建康，遣上佐行府州事。上佐，谓长史、司马也。休佑性刚狠，前后忤上非一，狠，户垦翻。忤，五故翻。上积不能平；且虑将来难制，欲方便除之。施方略，乘便利而杀之也。甲寅，休佑从上于岩山射雉，据休佑传，岩山在建康城南。又据宋纪，岩山在秣陵县界，世祖景宁陵在焉。射，而亦翻。左右从者并在仗后。从，才用翻。日欲暗，上遣左右寿寂之等数人，逼休佑令坠马，因共殴，拉杀之，传呼“骠骑落马！”殴，乌口翻。拉，卢合翻。骠，匹妙翻。骑，奇寄翻。上阳惊，遣御医络驿就视，络驿，犹络绎也。比其左右至，休佑已绝，比，必寐翻，及也。绝，气绝也。去车轮，舆还第。去，羌吕翻；下悉去同。追赠司空，葬之如礼。

建康民间讹言，荆州刺史巴陵王休若有至贵之相，上以此言报之，休若忧惧。戊午，以休若代休佑为南徐州刺史。休若腹心将佐，皆谓休若还朝，必不免祸，中兵参军京兆王敬先说休若曰：相，息亮翻。将，即亮翻。朝，直遥翻；下同。说，输芮翻。“今主上弥留，书顾命曰：疾大渐，惟几；病日臻，既弥留。吕祖谦曰：疾大进而濒于死，病日加则愈留。夏撰曰：重疾谓之病，言重病日至而又久留于体，曾不减去，将必死也。政成省闼，群竖恟恟，欲悉去宗支以便其私。恟，许拱翻。去，起吕翻。殿下声著海内，受诏入朝，必往而不返。荆州带甲十余万，地方数千里，上可以匡天子，除奸臣，下可以保境土，全一身；孰与赐剑邸第，使臣妾饮泣而不敢葬乎！”吕向曰：泣，泪也；泪入口曰饮。休若素谨畏，伪许之。敬先出，使人执之，以白于上而诛之。

3 三月，辛酉，魏假员外散骑常侍邢佑来聘。散，悉亶翻。骑，奇寄翻。

4 魏主使殿中尚书胡莫寒简西部敕勒为殿中武士。魏书官氏志：拓跋邻以兄为纥骨氏，后改为胡氏。自魏世祖破柔然，高车、敕勒皆来降，其部落附塞下而居，自武周塞外以西谓之西部，以东谓之东部，依漠南而居者谓之北部。莫寒大纳货赂，众怒，杀莫寒及高平假镇将奚陵。假镇将者，未得为真。将，即亮翻；下同。夏，四月，诸部敕勒皆叛。魏主使汝阴王天赐将兵讨之，以给事中罗云为前锋；敕勒诈降，袭云，杀之，降，户江翻。天赐仅以身免。

5 晋平刺王既死，刺，来达翻。建安王休仁益不自安。上与嬖臣杨运长等为身后之计，运长等亦虑上晏驾后，休仁秉政，己辈不得专权，弥赞成之。上疾尝暴甚，内外莫不属意于休仁，属，之欲翻。主书以下皆往东府访休仁所亲信，豫自结纳；其或在直不得出者，皆恐惧。上闻，愈恶之。恶，乌路翻。五月，戊午，召休仁入见，见，贤遍翻。既而谓曰："今夕停尚书下省宿，明可早来。"其夜，遣人赍药赐死。休仁骂曰："上得天下，谁之力邪！事见一百三十一卷元年、二年。孝武以诛钼兄弟，子孙灭绝。孝武诛钼兄弟，谓杀南平王铄、竟陵三诞、海陵王休茂也；子孙灭绝于泰始之世，事并见前。今复为尔，复，扶又翻；下已复同。宋祚其能久乎！"上虑有变，力疾乘舆出端门，休仁死，乃入。下诏称："休仁规结禁兵，谋为乱逆，朕未忍明法，申诏诘厉。诘，起吉翻。休仁惭恩惧罪，遽自引决。可宥其二子，降为始安县王，听其子伯融袭封。"

上虑人情不悦，乃与诸大臣及方镇诏，称："休仁与休佑深相亲结，语休佑云：'汝但作佞，此法自足安身；我从来颇得此力。'休佑之陨，本欲为民除患，而休仁从此日生嬈惧。

语，牛倨翻。为，于伪翻。娆，集韵，尔绍翻，扰也。吾每呼令入省，便入辞杨太妃。杨太妃，休仁所生母也。吾春中多与之射雉，射，而亦翻。或阴雨不出，休仁辄语左右云：‘我已复得今一日。’休仁既经南讨，谓南拒寻阳之兵故也。与宿卫将帅经习狎共事。将，即亮翻。帅，所类翻。吾前者积日失适，失适，谓体中不安和也。休仁出入殿省，无不和颜，厚相抚劳。如其意趣，人莫能测。事不获已，反复思惟，不得不有近日处分。恐当不必即解，劳，力到翻。处，昌吕翻。分，扶问翻。解，户买翻，晓也。故相报知。”

上与休仁素厚，虽杀之，每谓人曰：“我与建安年时相邻，谓年齿不相远也。少便款狎。景和、泰始之间，勋诚实重；事计交切，不得不相除，痛念之至，不能自已。”因流涕不自胜。少，诗照翻。胜，音升。史言帝残害骨肉，不能自揜其天性之伤。

初，上在藩与褚渊以风素相善；风素相善者，以其风标雅素而与之善也。萧子显齐书，“风”作“夙”。及即位，深相委仗。上寝疾，渊为吴郡太守，萧子显齐书渊传云，为吴兴太守。按吴郡，近畿大郡也，吴兴，次郡也，渊以大尚书出守，当得大郡；吴郡为是。急召之。既至，入见，见，贤遍翻。上流涕曰：“吾近危笃，近，其靳翻。故召卿，欲使着黄纙耳。”黄纙者，乳母服也。着，则略翻。纙，力贺翻，女人上衣也。言托孤於渊。上与渊谋诛建安王休仁，渊以为不可，上怒曰：“卿痴人！不足与计事！”渊惧而从命。复以渊为吏部尚书。泰始之初，渊为吏部尚书；今去郡还朝，复为之。复，扶又翻。庚午，以尚书右仆射袁粲为尚书令，褚渊为左仆射。

6 上恶太子屯骑校尉寿寂之勇健；会有司奏寂之擅杀逻尉，徙越州，恶，乌路翻。逻，郎左翻。徙合浦也。于道杀之。

7 丙戌，追废晋平王休佑为庶人。

8 巴陵王休若至京口，闻建安王死，益惧。上以休若和厚，能谐缉物情，恐将来倾夺幼主，欲遣使杀之，虑不奉诏；欲征入朝，又恐猜骇。使，疏吏翻。朝，直遥翻。六月，丁酉，以江州刺史桂阳王休范为南徐州刺史，以休若为江州刺史。手书殷勤，召休若使赴七月七日宴。

9 丁未，魏主如河西。

10 秋，七月，巴陵哀王休若至建康；乙丑，赐死于第，赠侍中、司空。复以桂阳王休范为江州刺史。复，扶又翻。时上诸弟俱尽，唯休范以人才凡劣，不为上所忌，故得全。为后休范称兵张本。

沈约论曰：圣人立法垂制，所以必称先王，盖由遗训馀风，足以贻之来世也。太祖经国之义虽弘，隆家之道不足。彭城王照不窥古，徒见昆弟之义，未识君臣之礼，冀以家情行之国道，主猜而犹犯，恩薄而未悟，致以呵训之微行，遂成灭亲之大祸。谓文帝杀彭城王义康也。沈约言义康之罪，文帝当呵而训之，不当遂杀之也。行，下孟翻。开端树隙，垂之后人。太宗因易隙之情，据已行之典，翦落洪枝，谓据文帝已行之典而翦除兄弟也。洪，大也；枝，兄弟也。嫡统为本，支庶为枝。易，弋豉翻。不待顾虑。既而本根无庇，幼主孤立，神器以势弱倾移，灵命随乐推回改，乐，音洛。斯盖履霜有渐，坚冰自至，所由来远矣。

裴子野论曰：夫噬虎之兽，知爱己子；搏狸之鸟，非护异巢。太宗保字螟蛉，剿拉同气，既迷在原之天属，未识父子之自然。诗曰：螟蛉之子，蜾蠃负之。教诲尔子，式穀似之。故世俗谓抱养者为螟蛉。又曰：脊令在原，兄弟急难。剿，子小翻，绝也。拉，卢合翻。宋德告终，非天废也。夫危亡之君，未尝不先弃本枝，妪煦旁孽；郑康成曰：体曰妪，气曰煦。陆德明曰：妪，于具翻；徐于甫翻。煦，许具翻；徐况甫翻。孽，鱼列翻。说文：庶子为孽。

旁孽，旁枝之庶子也。推诚嬖狎，嬖，卑义翻，又博计翻。疾恶父兄。恶，乌路翻。前乘覆车，后来并辔。借使叔仲有国，犹不失配天；而他人入室，将七庙绝祀；曾是莫怀，甘心揃落。揃，子践翻。晋武背文明之托，而覆中州者贾后；事见晋武帝纪。背，蒲妹翻。太祖弃初宁之誓，而登合殿者元凶。事见文帝纪。祸福无门，奚其豫择！友于兄弟，不亦安乎！

11 丙寅，魏主至阴山。

12 初，吴喜之讨会稽也，言于上曰："得寻阳王子房及诸贼帅，皆即于东戮之。"会，工外翻。帅，所类翻。既而生送子房，释顾琛等。事见一百三十一卷之二年。上以其新立大功，不问，而心衔之。及克荆州，剽掠，赃以万计。寻阳既平，建安王休仁遣喜进克荆州。剽，匹妙翻。寿寂之死，喜为淮陵太守，督豫州诸军事，淮陵，汉县，属临淮郡，后属下邳国；晋复属临淮，惠帝永宁元年，以为淮陵国；宋为郡，属南徐州。宋白曰：泗州招信县，本汉淮陵县。闻之，内惧，启乞中散大夫，汉，大夫掌论议。中散大夫，后汉志始有之，魏、晋以来，以为冗散。散，悉亶翻。上尤疑骇。或谮萧道成在淮阴有贰心于魏，考异曰：南齐书太祖纪云："帝常嫌太祖非人臣相，而民间流言萧讳当为天子，帝愈以为疑。"今从宋略。上封银壶酒，使喜自持赐道成。道成惧，欲逃，喜以情告道成，且先为之饮，道成即饮之。为，于伪翻。考异曰：南齐纪云："太祖戎服出门迎，即酌饮之。喜还，帝意乃解。"宋略云："道成惧，弗肯饮，将出奔。喜语以情，先为之酌。于是喜得罪，而道成被征。"盖南齐书欲成太祖之美，故云尔。今从宋略。喜还朝，保证道成。朝，直遥翻。或密以启上，上以喜多计数，素得人情，恐其不能事幼主；乃召喜入内殿，与共言谑甚款，既出，赐以名馔。谑，迄却翻。馔，雏恋翻，又雏皖翻。寻赐死，然犹发诏赙赐。赙，音附。

又与刘勔等诏曰："吴喜轻狡万端，苟取物情。昔大明中，黟、歙有亡命数千人，攻县邑，杀官长，刘子尚遣三千精甲讨之，再往失利。孝武第二子曰豫章王子尚，与景和同母也。黟，音伊。歙，音摄。长，知两翻。孝武以喜将数十人至县，说诱群贼，将，即亮翻。说，输芮翻。诱，音酉。贼即归降。诡数幻惑，诡，过委翻。幻，户办翻。乃能如此。及泰始初东讨，止有三百人，直造三吴，造，七到翻。凡再经薄战，薄，伯各翻。而自破冈以东，至海十郡，无不清荡。十郡，谓晋陵、义兴、吴郡、吴兴、南东海、会稽、东阳、临海、永嘉、新安等郡也。百姓闻吴河东来，便望风自退，若非积取三吴人情，何以得弭伏如此！弭，绵婢翻。寻喜心迹，岂可奉守文之主，遭国家可乘之会邪！譬如饵药，当人羸冷，资散石以全身，散，如寒食散之类；石，谓丹石也。羸，伦为翻。散，悉但翻。及热势发动，去坚积以止患，非忘其功，势不获已耳。”用人如此，人不自保，其肯终为之用乎！

13 戊寅，以淮阴为北兖州，淮阴为南兖州，事见上卷上年。征萧道成入朝。朝，直遥翻；下同。道成所亲以朝廷方诛大臣，劝勿就征，道成曰：“诸卿殊不见事！主上自以太子稚弱，稚，持利翻。翦除诸弟，何预他人！今唯应速发；淹留顾望，必将见疑。且骨肉相残，自非灵长之祚，祸难将兴，方与卿等戮力耳。”史言骨肉相残，则奸雄生心因之而起，为萧氏取宋张本。难，乃旦翻。既至，拜散骑常侍、太子左卫率。散，悉但翻。骑，奇寄翻。率，所律翻。

14 八月，丁亥，魏主还平城。

15 戊子，以皇子跻继江夏文献王义恭。景和之初，义恭父子皆死，事见一百三十一卷。夏，户雅翻。

16 庚寅，上疾有间，间，读如字。大赦。

17 戊戌，立皇子准为安成王，实桂阳王休范之子也。

18 魏显祖聪睿夙成，刚毅有断；而好黄、老、浮屠之学，每引朝士及沙门共谈玄理，雅薄富贵，常有遗世之心。以叔父中都大官京兆王子推沈雅仁厚，素有时誉，欲禅以帝位。中都大官即□□□□□穆帝之子。断，丁乱翻。沈，持林翻。时太尉源贺督诸军屯漠南，驰传召之。传，株恋翻。既至，会公卿大议，皆莫敢先言。任城王云，子推之弟也，任，音壬。对曰："陛下方隆太平，临覆四海，覆，敷又翻。岂得上违宗庙，下弃兆民。且父子相传，其来久矣。陛下必欲委弃尘务，则皇太子宜承正统。夫天下者，祖宗之天下；陛下若更授旁支，恐非先圣之意，启奸乱之心，斯乃祸福之原，不可不慎也。"源贺曰："陛下今欲禅位皇叔，臣恐紊乱昭穆，后世必有逆祀之讥。春秋：鲁庄公薨，子般弑，季友立闵公；闵公复弑，立僖公。闵公，弟也，僖公，兄也。及僖公薨，鲁人以先大后小为顺，遂跻僖公于闵公之上。仲尼以臧文仲不知者三，纵逆祀其一也。言宗庙之祀，侄为昭而叔为穆，乱也，后世必以逆祀贻讥。更，工衡翻。紊，亡运翻。昭，时招翻。愿深思任城之言。"东阳公丕等曰："皇太子虽圣德早彰，然实冲幼。陛下富于春秋，始览万机，奈何欲隆独善，不以天下为心，其若宗庙何！其若亿兆何！"尚书陆馛曰："陛下若舍太子，更议诸王，臣请刎颈殿庭，不敢奉诏！"馛，蒲拨翻。刎，扶粉翻。帝怒，变色；以问宦者选部尚书酒泉赵黑，黑曰："臣以死奉戴皇太子，不知其他！"帝默然。陆馛之言则怒而变色，赵黑之言则默然心服者，以众属于正嫡也。但朝廷大议，作色于陆馛而默尔于宦官，臣庶何观！魏之朝纲可想而见矣。选，须绢翻。时太子宏生五年矣，帝以其幼，故欲传位子推。中书令高允曰："臣不敢多言，愿陛下上思宗庙托付之重，追念周公抱成王之事。"帝乃曰："然则立太子，群公辅之，有何不可！"高允之言婉而当，且发于众言交进之后，故转移上意，为力差易。又曰："陆馛，直臣也，必能保吾子。"乃以馛为太保，与源贺持节奉皇帝玺绂传位于太子。玺，斯氏翻。考异曰：后魏天象志云："上迫于太后，传位太子。"按冯太后若迫显祖传位，当夺其大政，安得犹总万机！今从帝纪。丙午，高祖即皇帝位，讳宏，显祖献文皇帝之长子也。大赦，改元延兴。

高祖幼有至性，前年，显祖病痈，高祖亲吮。吮，徂兖翻。及受禅，悲泣不自胜。胜，音升。显祖问其故，对曰：“代亲之感，内切于心。”

丁未，显祖下诏曰：“朕希心玄古，志存澹泊，爰命储宫践升大位，澹，徒览翻。践，慈衍翻。朕得优游恭己，栖心浩然。”

群臣奏曰：“昔汉高祖称皇帝，尊其父为太上皇，明不统天下也。见十一卷汉高帝六年。今皇帝幼冲，万机大政，犹宜陛下总之。谨上尊号曰太上皇帝。”太上皇帝之号始此。上，时掌翻。显祖从之。

己酉，上皇徙居崇光宫，采椽不斲，徐广曰：采，一名栎，一作柞。索隐曰：采，木名，即今之栎木也。馀谓采椽者，盖自山采来之椽，因而用之，不施斧斤，示朴也。椽，重缘翻。土阶而已；国之大事咸以闻。崇光宫在北苑中，又建鹿野浮图于苑中之西山，释子相传，以为尸迦国波罗奈城东北十里许有鹿野苑，本辟支佛住此，常有野鹿，故以名苑。今仿西国而建浮图也。又据魏书，道武帝天兴二年，破高车，以其众起鹿苑于南台阴，北距长城，东苞白登，属之西山，广轮数百里，盖因代都鹿苑之旧名，附合西国鹿野之事而建此浮图也。与禅僧居之。禅，时连翻。

19 冬，十月，魏沃野、统万二镇敕勒叛，沃野，即汉朔方郡沃野县也；统万，即赫连故都，魏以为镇，置镇将。陆恭之风土记：朔方故城，后魏改为沃野镇，去统万八百馀里。遣太尉源贺帅众讨之；降二千馀落，帅，读曰率。降，户江翻。追击馀党至枹罕、金城，大破之，枹，音肤。斩首八千馀级，虏男女万馀口，杂畜三万馀头。诏贺都督三道诸军，屯于漠南。

先是，魏每岁秋、冬发军，三道并出以备柔然，春中乃还。还，从宣翻，又如字；下同。贺以为“往来疲劳，不可支久；请募诸州镇武健者三万馀人，筑三城以处之，先，悉荐翻。处，昌吕翻。使冬则讲武，春则耕种。”此即古屯田之说也。不从。

20 庚寅，魏以南安王桢为都督凉州及西戎诸军事，领护西域校尉，镇凉州。校，户教翻。

21 上命北琅邪、兰陵二郡太守垣崇祖经略淮北，守，式又翻。崇祖自郁洲将数百人入魏境七百里，据蒙山。此指言旧琅邪兰陵郡也，本属徐州。彭城既没，崇祖率部曲据郁洲，使领二郡太守，未能有其地也。魏收志：蒙山在东安郡新泰县东南。水经注：朐山县东北海中有大洲，谓之郁洲，山海经所谓郁山在海中者是也。杜佑曰：郁洲在海州东海县，亦曰郁洲。十一月，魏东兖州刺史于洛侯击之，崇祖引还。

22 上以故第为湘宫寺，始封湘东王，故以故第为湘宫寺。备极壮丽；欲造十级浮图而不能，乃分为二。新安太守巢尚之罢郡入见，见，贤遍翻。上谓曰：“卿至湘宫寺未？此是我大功德，用钱不少。”少，诗沼翻。通直散骑侍郎会稽虞愿侍侧，散骑侍郎，曹魏初与散骑常侍同置，至晋武帝置员外散骑侍郎，及元帝太兴元年，使员外二人与散骑侍郎同员直，故谓之通直散骑侍郎，后增为四人。散，悉亶翻。骑，奇寄翻。会，工外翻。曰：“此皆百姓卖儿贴妇钱所为，贴妇，谓夫先有妇，苦于上之征求而不能赡，纵之外求淫夫，贴以赡之。又，帖，亦卖也；通典：北齐武平以后，听人帖卖园田。佛若有知，当慈悲嗟愍；罪高浮图，何功德之有！”侍坐者失色；坐，徂卧翻。上怒，使人驱下殿。愿徐去，无异容。

上好围棋，好，呼到翻；下同。棋甚拙，与第一品彭城丞王抗围棋，当时围棋之品，王抗为第一。抗每假借之，曰：“皇帝飞棋，臣抗不能断。”围棋之势，联属不断，然后可以胜人；若为人断之，则为所胜。断，如字。上终不悟，好之愈笃。愿又曰：“尧以此教丹朱，博物志：尧造围棋以教子丹朱；或云舜以子商均愚，故作围棋以教之。其法非智者不能也。胡旦曰：以棋为易，则聪明者而或不能；以为难，则愚下小人往往精绝。非人主所宜好也。”上虽怒甚，以愿王国旧臣，上为湘东王，愿为国常侍。每优容之。

23 王景文常以盛满为忧，屡辞位任，上不许。然中心以景文外戚贵盛，张永累经军旅，疑其将来难信，乃自为谣言曰："一士不可亲，弓长射杀人。"射，而亦翻。景文弥惧，自表解扬州，情甚切至。诏报曰："人居贵要，但问心若为耳。言但问其存心如何耳。大明之世，巢、徐、二戴，位不过执戟，权亢人主。巢，谓巢尚之；徐，谓徐爰；二戴，谓法兴、明宝。亢，口浪翻，高也。今袁粲作仆射领选，选，须绢翻。而人往往不知有粲，粲迁为令，居之不疑；人情向粲，淡然亦复不改常日。以此居贵位要任，当有致忧竞不？袁粲之简淡雅素，自足以镇雅俗；而明帝谓其可以托孤，则真违才易务矣。然粲才虽不足，以死继之，无愧于为臣之大节；其视褚渊，相去岂不远哉！复，扶又翻。"竞"，当作"兢"。不，读曰否。夫贵高有危殆之惧，卑贱有填壑之忧，有心于避祸，不如无心于任运，存亡之要，巨细一揆耳。"

泰豫元年(壬子、四七二)

1 春，正月，甲寅朔，上以疾久不平，改元。戊午，皇太子会四方朝贺者于东宫，并受贡计。朝，直遥翻。

2 大阳蛮酋桓诞拥沔水以北、滍·叶以南八万馀落降于魏，此即五水蛮也。宋置大阳戍于蕲阳县西。此县即汉江夏郡蕲春县也。沔水以北，滍、叶以南，皆群蛮所居。诞拥以降魏，而诞实大阳蛮酋也。酋，慈由翻。沔，弥兖翻。滍，直里翻。叶，式涉翻。降，户江翻。自云桓玄之子，亡匿蛮中，以智略为群蛮所宗。魏以诞为征南将军、东荆州刺史、襄阳王，东荆州治比阳县。听自选郡县吏；使起部郎京兆韦珍与诞安集新民，区置诸事，皆得其所。据晋志：武帝置起部郎。杜佑通典曰：晋、宋有起部而不常置。起部，工部也，取虞书"百工起哉"为义。自是之后，诸蛮皆倚魏以侵扰南国。

3 二月，柔然侵魏，上皇遣将击之；将，即亮翻；下同。柔然走。东部敕勒叛奔柔然，上皇自将追之，至石碛，碛，七迹翻。

石碛，即石漠。不及而还。

4 上疾笃，虑晏驾之后，皇后临朝，江安懿侯王景文以元舅之势，必为宰相，景文，皇后兄也。朝，直遥翻。相，息亮翻。门族强盛，或有异图。己未，遣使赍药赐景文死，使，疏吏翻。手敕曰："与卿周旋，欲全卿门户，故有此处分。"处，昌吕翻。分，扶问翻。敕至，景文正与客棋，叩函看已，已，毕也。复置局下，神色不变，方与客思行争劫。棋有行，有劫。行者，欲击东而声出于西也；劫者，先有彼我两急之势，彼欲出此，则我劫彼以制之也。行，下孟翻。局竟，敛子内奁毕，子，棋子也。弈戏既毕，则敛而纳诸奁中。奁，力盐翻。徐曰："奉敕见赐以死。"方以敕示客。句断。中直兵焦度赵智略愤怒，中直兵，典亲兵将官也。洪适曰：宋有中直兵、外兵、骑兵参军。曰："大丈夫安能坐受死！州中文武数百，足以一奋。"王景文时为扬州刺史。景文曰："知卿至心；若见念者，为我百口计。"乃作墨启答敕致谢，饮药而卒。考异曰：南史云："帝使谓景文曰：'朕不谓卿有罪，然吾不能独死，请子先之。'"若使者有此语，则坐客不容不知，更终棋局。又曰："景文酌酒谓客曰：'此酒不可相劝。'自仰而饮之。"按焦度劝拒命，必不对坐客言之；何得死时客犹在坐也！今从宋书。赠开府仪同三司。

上梦有人告曰："豫章太守刘愔反。"既寤，遣人就郡杀之。愔，于含翻。

5 魏显祖还平城。书显祖，以别魏主。

6 庚午，魏主耕籍田。

7 夏，四月，以垣崇祖行徐州事，徙戍龙沮。魏收地形志：东彭城郡有龙沮县，县有即丘城。五代志：琅邪郡治临沂县，旧曰即丘。沮，子馀翻。

8 己亥，上大渐，书顾命云：疾大渐。吕祖谦注曰：疾大进而濒于死也。以江州刺史桂阳王休范为司空，又以尚书右仆射褚渊为护军将军，加中领军刘勔右仆射，勔，弥兖翻。诏渊、勔与尚书令袁粲、荆州刺史蔡兴宗、郢州刺史沈攸之并受顾命。褚渊素与萧道成善，引荐于上，诏又以道成为右卫将军，领卫尉，左、右卫，晋官；卫尉，汉官也。史言禁卫兵柄皆归道成。与袁粲等共掌机事。是夕，上殂。年三十四。庚子，太子即皇帝位，大赦。时苍梧王方十岁，袁粲、褚渊秉政，承太宗奢侈之后，务弘节俭，欲救其弊；而阮佃夫、王道隆等用事，货赂公行，不能禁也。佃，音田。

9 乙巳，以安成王准为扬州刺史。

10 五月，戊寅，葬明皇帝于高宁陵，据南史，陵在临沂县莫府山。庙号太宗。六月，乙巳，尊皇后曰皇太后，考异曰：宋略本纪作"癸未"。今从宋本纪。立妃江氏为皇后。

11 秋，七月，柔然部帅无卢真将三万骑寇魏敦煌，镇将尉多侯击走之。多侯，眷之子也。尉眷事魏太武，有平赫连之功。帅，所类翻。将，即亮翻；下同。骑，奇寄翻。敦，徒门翻。尉，纡勿翻。又寇晋昌，守将薛奴击走之。魏书官氏志：西方诸姓，叱干氏改为薛氏。

12 戊午，魏主如阴山。

13 戊辰，尊帝母陈贵妃为皇太妃，更以诸国太妃为太姬。更，工衡翻。姬，音怡。

14 右军将军王道隆以蔡兴宗强直，不欲使居上流，闰月，甲辰，以兴宗为中书监；更以沈攸之为都督荆·襄等八州诸军事、荆州刺史。兴宗辞中书监不拜。王道隆每诣兴宗，蹑履到前，不敢就席，良久去，竟不呼坐。

沈攸之自以材略过人，自至夏口以来，阴蓄异志；夏口，郢州也。攸之镇郢州，见上卷五年。夏，户雅翻。及徙荆州，择郢州士马、器仗精者，多以自随。到官，以讨蛮为名，大发兵力，招聚才勇，部勒严整，常如敌至。重赋敛以缮器甲，敛，力赡翻。旧应供台者皆割留之，养马至二千馀匹，治战舰近千艘，治，直之翻。舰，户黯翻。近，其靳翻。艘，苏遭翻。仓廪、府库莫不充积。士子、商旅过荆州者，多为所羁留；四方亡命，归之者皆蔽匿拥护；所部或有逃亡，无远近穷追，必得而止。举错专恣，不复承用符敕，错，千故翻。复，扶又翻。朝廷疑而惮之。为后攸之称兵张本。台省所下者为符，出命经中书、门下者为敕。为政刻暴，或鞭挞士大夫；上佐以下，面加詈辱。詈，力智翻。然吏事精明，人不敢欺，境内盗贼屏息，屏，必郢翻。夜户不闭。

攸之赕罚群蛮太甚，何承天纂文曰：赕，蛮夷赎罪货也。音徒滥翻。又禁五溪鱼盐，蛮怨叛。酉溪蛮王田头拟死，水经：酉水导源巴郡临江县，东径迁陵县故城北，又东径酉阳故县南，又东径沅陵县北，又南注沅水。弟娄侯篡立，其子田都走入獠中。獠，鲁皓翻。于是群蛮大乱，掠抄至武陵城下。抄，楚交翻。武陵内史萧嶷遣队主张英儿击破之，诛娄侯，立田都，群蛮乃定。嶷，赜之弟也。史言萧道成二子皆有干时之用。嶷，鱼力翻。赜，士革翻。

15 八月，戊午，乐安宣穆公蔡兴宗卒。

16 九月，辛巳，魏主还平城。

17 冬，十月，柔然侵魏，及五原，十一月，上皇自将讨之。将，即亮翻。将度漠，柔然北走数千里，上皇乃还。还，从宣翻，又如字。

18 丁亥，魏封上皇之弟略为广川王。

19 己亥，以郢州刺史刘秉为尚书左仆射。秉，道怜之孙也，和弱无干能，以宗室清令，令，善也。故袁、褚引之。史言袁、褚尚虚名而无实用，所以受制于奸雄也。

20 中书通事舍人阮佃夫晋初，初置中书舍人、通事各一人。江左令舍人通事，谓之中书通事舍人。佃，音田。加给事中、辅国将军，权任转重。欲用其所亲吴郡张澹为武陵郡；袁粲等皆不同，佃夫称敕施行，粲等不敢执。史言袁粲等桡于权幸，不能裁之以正。澹，徒览翻。

21 魏有司奏诸祠祀合一千七十五所，岁用牲七万五千五百。上皇恶其多杀，恶，乌路翻。诏：“自今非天地、宗庙、社稷，皆勿用牲，荐以酒脯而已。”

苍梧王上 讳昱，字德融，明帝长子也，小字慧震。

元徽元年（癸丑、四七三）

1 春，正月，戊寅朔，改元，大赦。

2 庚辰，魏员外散骑常侍崔演来聘。散，悉亶翻。骑，奇寄翻。

3 戊戌，魏上皇还，至云中。还自讨柔然。

4 癸丑，魏诏守令劝课农事，同部之内，贫富相通，家有兼牛，通借无者；若不从诏，一门终身不仕。

5 戊午，魏上皇至平城。自云中至平城。

6 甲戌，魏诏：“县令能静一县劫盗者，兼治二县，即食其禄；能静二县者，兼治三县，治，直之翻；下同。三年迁为郡守。守，式又翻。二千石能静二郡上至三郡亦如之，三年迁为刺史。”

7 桂阳王休范，素凡讷，少知解，凡，庸常也；讷，言难也。少，诗沼翻。解，户买翻。解，晓也。不为诸兄所齿遇，齿，列也；遇，待也；不以诸弟之列待之也。物情亦不向之，故太宗之末得免于祸。及帝即位，年在冲幼，素族秉政，近习用权。素族，谓袁、褚也。近习，谓阮佃夫、王道隆、杨运长也。休范自谓尊亲莫二，帝诸父皆诛死，唯休范在，故谓尊亲莫二。应入为宰辅；既不如志，怨愤颇甚。典签新蔡许公舆为之谋主，令休范折节下士，折，而设翻。下，户嫁翻。厚相资给，于是远近赴之，岁中万计；收养勇士，缮治器械。朝廷知其有异志，亦阴为之备。会夏口阙镇，夏，户雅翻。朝廷以其地居寻阳上流，欲使腹心居之。二月，乙亥，以晋熙王燮为郢州刺史。燮始四岁，以黄门郎王奂为长史，行府州事，黄门郎，即黄门侍郎。配以资力，使镇夏口；夏，户雅翻。复恐其过寻阳为休范所劫留，复，扶又翻。使自太洑径去。南史休范传作“太子洑”，此盖即刘胡自江外趣沔口之路。休范闻之，大怒，密与许公舆谋袭建康；表治城隍，多解材板而蓄之。奂，景文之兄子也。

8 吐谷浑王拾寅寇魏浇河，夏，四月，戊申，魏以司空长孙观为大都督，发兵讨之。吐，从暾入声。谷，音浴。浇，坚尧翻。长，知两翻。

9 魏以孔子二十八世孙乘为崇圣大夫，崇圣大夫，以尊崇先圣名官。给十户以供洒扫。洒，所卖翻；扫，素报翻；又并上声。

10 秋，七月，魏诏“河南六州之民，河南六州，青、徐、兖、豫、齐、东徐也。户收绢一匹，绵一斤，租三十石。”

11 乙亥，魏主如阴山。

12 八月，庚申，魏上皇如河西。

长孙观入吐谷浑境，刍其秋稼。吐谷浑王拾寅窘急请降，窘，巨陨翻。降，户江翻。遣子斤入侍。自是岁修职贡。

九月，辛巳，上皇还平城。

13 遣使如魏。报聘也。使，疏吏翻。

14 冬，十月，癸酉，割南兖、豫州之境置徐州，治钟离。钟离，禹涂山氏之国，春秋钟离子之国；汉为县，属九江郡；晋属淮南郡，晋安帝分立钟离郡；宋立徐州于此。宋白曰：今钟离县东四十里有钟离城。

15 魏上皇将入寇，诏州郡之民十丁取一以充行，以充征行也。户收租五十石以备军粮。

16 魏武都氐反，攻仇池，诏长孙观回师讨之。

17 武都王杨僧嗣卒于葭芦，从弟文度自立为武兴王，从，才用翻。遣使降魏；魏以文度为武兴镇将。将，即亮翻；下同。

18 十一月，丁丑，尚书令袁粲以母忧去职。

19 癸巳，魏上皇南巡，至怀州。魏天安二年，以河内郡置怀州，因古地名以名州也。枋头镇将代人薛虎子，先为冯太后所黜，为门士。魏有宰士、门士；宰士掌酒食，门士守门户。枋，音方。先，悉荐翻。时山东饥，盗贼竞起，相州民孙海等五百人称虎子在镇，境内清晏，乞还虎子。上皇复以虎子为枋头镇将；相，息亮翻；下同。复，扶又翻，又如字。即日之官，数州盗贼皆息。数州，谓冀、相、怀等州。

20 十二月，癸卯朔，日有食之。

21 乙巳，江州刺史桂阳王休范进位太尉。

22 诏起袁粲，以卫军将军摄职；所谓起复也。粲固辞。

23 壬子，柔然侵魏，柔玄镇二部敕勒应之。据水经注，柔玄镇在长川城东，城南小山，于延水所出也。此即六镇之一。

24 魏州镇十一水旱，相州民饿死者二千八百馀人。

25 是岁，魏妖人刘举聚众自称天子。妖，于遥翻。齐州刺史武昌王平原讨斩之。平原，提之子也。武昌王提，见一百二十五卷宋文帝元嘉二十四年。

二年（甲寅、四七四）

1 春，正月，丁丑，魏太尉源贺以疾罢。

2 二月，甲辰，魏上皇还平城。

3 三月，丁亥，魏员外散骑常侍许赤虎来聘。

4 夏，五月，壬午，桂阳王休范反。考异曰：宋书作"壬子"。按长历，此月辛未朔，无壬子。今从宋略。掠民船，使军队称力请受，军有军主、副，队有队主、副。称力请受者，称其众力之多少而请船也。称，尺证翻。付以材板，合手装治，合，音阁。治，直之翻。数日即办。丙戌，休范率众二万、骑五百发寻阳，骑，奇寄翻。昼夜取道；以书与诸执政，称："杨运长、王道隆蛊惑先帝，使建安、巴陵二王无罪被戮，事见上明帝泰始七年。蛊，音古。被，皮义翻。望执录二竖，以谢冤魂。"竖，常句翻。

庚寅，大雷戍主杜道欣驰下告变，朝廷惶骇。护军褚渊、征北将军张永、领军刘勔、仆射刘秉、右卫将军萧道成、游击将军戴明宝、骁骑将军阮佃夫、右军将军王道隆、中书舍人孙千龄、员外郎杨运长员外郎，即员外散骑侍郎。骁，坚尧翻。骑，奇寄翻。集中书省计事，莫有言者。道成曰："昔上流谋逆，皆因淹缓致败，谓南郡王义宣、晋安王子勋等也。休范必远惩前失，轻兵急下，乘我无备。今应变之术，不宜远出；若偏师失律，则大沮众心。沮，在吕翻。宜顿新亭、白下，坚守宫城、东府、石头，以待贼至。千里孤军，后无委积，委，于伪翻。积，子智翻。周礼：遗人，凡宾客会同、师役，掌其道路之委积。注云：少曰委，多曰积。又宰夫，掌牢礼委积。注云：委积，谓牢米薪刍。左传：居则具一日之积。杜预注云：刍、米、薪。求战不得，自然瓦解。我请顿新亭以当其锋，征北守白下，领军屯宣阳门为诸军节度；诸贵安坐殿中，不须竞出，我自破贼必矣。"因索笔下议。众并注"同"。并注名同道成议也。索，山客翻。孙千龄阴与休范通谋，独曰："宜依旧遣军据梁山。"道成正色曰："贼今已近，梁山岂可得至！新亭既是兵冲，所欲以死报国耳。常时乃可屈曲相从，今不得也！"坐起，坐，徂卧翻。道成顾谓刘勔曰："领军已同鄙议，不可改易！"袁粲闻难，扶曳入殿，袁粲居丧毁瘠，故扶曳而入。难，乃旦翻。即日，内外戒严。

道成将前锋兵出屯新亭，将，即亮翻。张永屯白下，前南兖州刺史沈怀明戍石头，袁粲、褚渊入卫殿省。时仓猝不暇授甲，开南北二武库，随将士意所取。

萧道成至新亭，治城垒未毕；将，即亮翻；下同。治，直之翻。辛卯，休范前军已至新林。新林浦去今建康城二十里。道成方解衣高卧以安众心，徐索白虎幡，索，山客翻。登西垣，使宁朔将军高道庆、羽林监陈显达、员外郎王敬则帅舟师与休范战，颇有杀获。帅，读曰率。壬辰，休范自新林舍舟步上，上，时掌翻。其将丁文豪请休范直攻台城。休范遣文豪别将兵趣台城，趣，七喻翻。自以大众攻新亭垒。道成率将士悉力拒战，自巳至午，外势愈盛，众皆失色，道成曰："贼虽多而乱，寻当破矣。"

休范白服，乘肩舆，自登城南临沧观，临沧观在劳山上，江宁县南十五里，亦曰劳劳亭。观，古玩翻。以数十人自卫。考异曰：张敬儿传云："左右数百人皆散走。"按休范左右若有数百人，黄回、敬儿虽勇，何敢径往取之！今从休范传。屯骑校尉黄回与越骑校尉张敬儿谋诈降以取之。骑，奇寄翻。校，户教翻。降，户江翻；下同。回谓敬儿曰："卿可取之，我誓不杀诸王。"敬儿以白道成。道成曰："卿能办事，当以本州相赏。"敬儿，南阳冠军人。本州，谓雍州也。为后敬儿求雍州张本。乃与回出城南，放仗走，大呼称降。休范喜，召至舆侧。回阳致道成密意，休范信之，以二子德宣、德嗣付道成为质。呼，火故翻。质，音致。二子至，道成即斩之。休范置回、敬儿于左右，所亲李恒、钟爽谏，不听。恒，户登翻。时休范日饮醇酒，回见休范无备，目敬儿；敬儿夺休范防身刀，斩休范首，左右皆散走。敬儿驰马持首归新亭。

道成遣队主陈灵宝送休范首还台。灵宝道逢休范兵，弃首于水，考异曰：南齐书云"埋首道侧"。宋略云"弃诸沟中"。今从宋书。挺身得达，唱云"已平"，而无以为验，众莫之信。休范将士亦不之知，其将杜黑骡攻新亭甚急。将，即亮翻。骡，卢戈翻。考异曰：宋书、南齐书作"黑蠡"，今从宋略。萧道成在射堂，司空主簿萧惠朗帅敢死士数十人突入东门，休范先为司空，以惠朗为主簿。帅，读曰率；下同。至射堂下。道成上马，帅麾下搏战，惠朗乃退，道成复得保城。复，扶又翻。惠朗，惠开之弟也，萧惠开见一百三十一卷明帝泰始之元年、二年。其姊为休范妃。惠朗兄黄门郎惠明，时为道成军副，在城内，了不自疑。左传：宋元公与华氏战于新里。翟偻新居于新里，既战，说甲于公而归。华姓居于公里，亦如之。杜预注曰：古之为军，不呰小忿。偻，力主翻。姓，他口翻。呰，子斯翻，又音紫。

道成与黑骡拒战，自晡达旦，矢石不息；其夜，大雨，鼓叫不复相闻。复，扶又翻。将士积日不得寝食，军中马夜惊，城内乱走。道成秉烛正坐，厉声呵之，如是者数四。

丁文豪破台军于皂荚桥，皂荚桥当在新亭之北。直至朱雀桁南；朱雀桁，即大航也，在秦淮水上；以其在朱雀门外，故名。桁，与航同，音户刚翻。杜黑骡亦舍新亭北趣朱雀桁。趣，七喻翻。右军将军王道隆将羽林精兵在朱雀门内，急召鄱阳忠昭公刘勔于石头。勔至，命撤桁以折南军之势，道隆怒曰："贼至，但当急击，宁可开桁自弱邪！"勔不敢复言。道隆趣勔进战，折，之舌翻。复，扶又翻。趣，读曰促。勔渡桁南，战败而死。黑骡等乘胜渡淮，道隆弃众走还台，黑骡兵追杀之。萧道成所谓诸贵不须竞出者，正虑此也。黄门侍郎王蕴重伤，踣于御沟之侧，踣，蒲北翻。或扶之以免。蕴，景文之兄子也。于是中外大震，道路皆云"台城已陷"，白下、石头之众皆溃，张永、沈怀明逃还。宫中传新亭亦陷，太后执帝手泣曰："天下败矣！"

先是，月犯右执法，太白犯上将，先，悉荐翻。太微南蕃中二星曰端门，东曰左执法，西曰右执法。东蕃四星，其北曰上将；西蕃四星，南第一星亦曰上将。或劝刘勔解职。勔曰："吾执心行己，无愧幽明，若灾眚必至，避岂得免！"勔晚年颇慕高尚，立园宅，名为东山，遗落世务，罢遣部曲。萧道成谓勔曰："将军受顾命，辅幼主，当此艰难之日，而深尚从容，从，千容翻。废省羽翼，一朝事至，悔可追乎！"勔不从而败。

甲午，抚军长史褚澄开东府门纳南军，考异曰：宋书作"抚军典签茅恬开东府纳贼"，南齐书作"车骑典签茅恬"，盖皆为褚澄讳耳。今从宋略。拥安成王准据东府，称桂阳王教曰："安成王，吾子也，勿得侵犯。”澄，渊之弟也。杜黑骡径进至杜姥宅，晋成帝杜皇后母裴氏立第南掖门外，世谓之杜姥宅。姥，莫补翻。中书舍人孙千龄开承明门出降。文帝元嘉二十五年，新作阊阖、广莫二门，改广莫门曰承明门。降，户江翻。宫省恇扰。恇，去王翻。时府藏已竭，藏，徂浪翻。皇太后、太妃剔取宫中金银器物以充赏，众莫有斗志。

俄而丁文豪之众知休范已死，稍欲退散。文豪厉声曰："我独不能定天下邪！"许公舆诈称桂阳王在新亭，士民惶惑，诣萧道成垒投刺者以千数。凡求见之礼，先投刺以自达。毛晃曰：书姓名以自白，故曰刺。道成得，皆焚之，登北城谓曰："刘休范父子昨已就戮，尸在南冈下。南冈，即劳山之冈也；以在新亭城南，故谓之南冈。身是萧平南，道成之出屯新亭也，加平南将军。诸君谛视之。谛，音帝，审也。名刺皆已焚，勿忧惧也。"

道成遣陈显达、张敬儿及辅师将军任农夫、马军主东平周盘龙等将兵自石头济淮，从承明门入卫宫省。袁粲慷慨谓诸将曰："今寇贼已逼而众情离沮，孤子受先帝付托，不能绥静国家，粲时居丧，故自称孤子。任，音壬。将，即亮翻。沮，在吕翻。请与诸君同死社稷！"被甲上马，将驱之。被，皮义翻。于是陈显达等引兵出战，大破杜黑骡于杜姥宅，飞矢贯显达目。丙申，张敬儿等又破黑骡等于宣阳门，斩黑骡及丁文豪，进克东府，馀党悉平。萧道成振旅还建康，还，从宣翻，又如字。百姓缘道聚观，曰："全国家者此公也！"道成与袁粲、褚渊、刘秉皆上表引咎解职，不许。丁酉，解严，大赦。

5 柔然遣使来聘。使，疏吏翻。

6 六月，庚子，以平南将军萧道成为中领军、南兖州刺史，留卫建康，道成自此得政矣。与袁粲、褚渊、刘秉更日入直决事，号为四贵。

7 桂阳王休范之反也，使道士陈公昭作天公书，题云“沈丞相”，付荆州刺史沈攸之门者。攸之不开视，推得公昭，送之朝廷。考异曰：宋略云：“桂阳遗攸之书，署曰‘沈丞相’，攸之斩其使。”今从宋书。及休范反，攸之谓僚佐曰：“桂阳必声言我与之同。若不颠沛勤王，颠沛勤王者，危难之际，奔走颠仆以从王事也。必增朝野之惑。”乃与南徐州刺史建平王景素、郢州刺史晋熙王燮、湘州刺史王僧虔、雍州刺史张兴世雍，于用翻。同举兵讨休范。休范留中兵参军毛惠连等守寻阳，燮遣中兵参军冯景祖袭之。癸卯，惠连等开门请降，降，户江翻。考异曰：宋略作“癸亥”，按下有戊申。今从宋书。杀休范二子，诸镇皆罢兵。景素，宏之子也。建平王宏，文帝之子也。

8 乙卯，魏诏曰：“下民凶戾，不顾亲戚，一人为恶，殃及阖门。朕为民父母，深所愍悼。自今非谋反大逆外叛，罪止其身。”于是始罢门、房之诛。门诛者，诛其一门；房诛者，诛其一房。时河北大族如崔、如李，子孙分派，各自为房。

魏显祖勤于为治，治，直吏翻。赏罚严明，慎择牧守，守，式又翻。进廉退贪。诸曹疑事，旧多奏决，又口传诏敕，或致矫擅。上皇命事无大小，皆据律正名，不得为疑奏；合则制可，违则弹诘，尽用墨诏，制可者，手诏可其所奏。弹诘者，劾问之。合，谓与律合也。违，谓悖于律也。诘，去吉翻。由是事皆精审。尤重刑罚，大刑多令覆鞫，大刑，谓死罪。或囚系积年。群臣颇以为言，上皇曰：“滞狱诚非善治，治，直吏翻。不犹愈于仓猝而滥乎！夫人幽苦则思善，故智者以囹圄为福堂，囹，卢丁翻。圄，音语。朕特苦之，欲其改悔而加矜恕尔。”由是囚系虽滞，而所刑多得其宜。又以赦令长奸，故自延兴以后，不复有赦。泰始七年，魏改元延兴。长，知两翻。复，扶又翻。

9 秋，七月，庚辰，立皇弟友为邵陵王。

10 乙酉，加荆州刺史沈攸之开府仪同三司，攸之固辞。执政欲征攸之而惮于发命，乃以太后令遣中使谓曰：使，疏吏翻。“公久劳于外，宜还京师。任寄实重，未欲轻之；进退可否，在公所择。”攸之曰：“臣无廊庙之资，居中实非其才。至于扑讨蛮、蜑，蜑，亦蛮属，音荡旱翻，毛晃曰：蜑，南夷海种也。范成大桂海渔〔虞〕衡志曰：蜑，海上水居蛮也，以舟为家。沿海蜑有三种：渔蜑，取鱼；蚝蜑，取蚝；木蜑，伐山取材。大率皆取海物为粮，生食之，入水能视。陈师道曰：二广，居山谷间，不隶州县，谓之傜人；舟居谓之蜑人；岛居谓之黎人。馀谓巴、黔亦自有蜑人。克清江、汉，不敢有辞。虽自上如此，上，时掌翻。去留伏听朝旨。”朝，直遥翻。乃止。

11 癸巳，柔然寇魏敦煌，尉多侯击破之。尚书奏：“敦煌僻远，介居西、北强寇之间，西，谓吐谷浑，北，柔然也。敦，徒门翻。尉，纡勿翻。恐不能自固，请内徙就凉州。”群臣集议，皆以为然。给事中昌黎韩秀，独以为：“敦煌之置，为日已久。虽逼强寇，人习战斗，纵有草窃，不为大害。循常置戍，足以自全；而能隔阂西、北二虏，使不得相通。阂，五慨翻。今徙就凉州，不唯有蹙国之名，且姑臧去敦煌千有馀里，防逻甚难，逻，力佐翻。二虏必有交通窥阃之志；汉武帝开河西四郡以隔绝西羌、月氏不得与匈奴通，其规画正如此也。阃音俞。若骚动凉州，则关中不得安枕。又，士民或安土重迁，招引外寇，为国深患，不可不虑也。”乃止。

12 九月，考异曰：后魏帝纪：“使将军元兰五将三万骑及假东阳王丕为后继伐蜀汉”，不言胜负；列传及宋书皆无之。今不取。丁酉，以尚书令袁粲为中书监、领司徒，加褚渊尚书令，刘秉丹杨尹。粲固辞，求反居墓所；不许。粲受遗辅政，适罹艰棘。国有大难，释衰绖以从金革之事；大难既平，求归终丧，礼也。

渊以褚澄为吴郡太守，司徒左长史萧惠明言于朝朝，直遥翻。考异曰：宋略作“惠朗”。按惠朗不为司徒长史，今从南史。曰：“褚澄开门纳贼，更为股肱大郡；王蕴力战几死，弃而不收；几，居希翻；又音祁。赏罚如此，何忧不乱！”渊甚惭。冬，十月，庚申，以侍中王蕴为湘州刺史。

13 十一月，丙戌，帝加元服，大赦。

14 十二月，癸亥，立皇弟跻为江夏王，赞为武陵王。跻，笺西翻。夏，户雅翻。

15 是岁，魏建安贞王陆馛卒。馛，蒲拨翻。

三年（乙卯、四七五）

1 春，正月，辛巳，帝祀南郊、明堂。二祀并举也。

2 萧道成以襄阳重镇，张敬儿人位俱轻，不欲使居之；而敬儿求之不已，盖道成先许之也。谓道成曰：“沈攸之在荆州，公知其欲何所作；不出敬儿，以表里制之，恐非公之利。”道成笑而无言。道成居内，敬儿居外以制其后，故曰表里制之也。三月，己巳，以骁骑将军张敬儿为都督雍·梁二州诸军事、雍州刺史。骁，坚尧翻。骑，奇寄翻。雍，于用翻。

沈攸之闻敬儿上，上，时掌翻。恐其见袭，阴为之备。敬儿既至，奉事攸之，亲敬甚至，动辄咨禀，信馈不绝。攸之以为诚然，酬报款厚。累书欲因游猎会境上，敬儿报以为“心期有在，影迹不宜过敦。”谓动则有影，行则有迹，人将窥见之也。敦，厚也。攸之益信之。敬儿得其事迹，皆密白道成。道成与攸之书，问：“张雍州迁代之日，将欲谁拟？”攸之即以示敬儿，欲以间之。史言攸之堕敬儿术中而不悟，且为袭江陵张本。间，古苋翻。

3 夏，五月，丙午，魏主使员外散骑常侍许赤虎来聘。

4 丁未，魏主如武州山；辛酉，如车轮山。地形志，秀容郡敷城县有车轮泉。车，尺遮翻。

5 六月，庚午，魏初禁杀牛马。牛者，农之所资；马者，兵之所资；

禁杀，当也。魏兴于北荒，畜牧蕃庶，杀之者不禁；今始禁之。

6 袁粲、褚渊皆固让新官。秋，七月，庚戌，复以粲为尚书令，复，扶又翻。八月，庚子，加护军将军褚渊中书监。

7 冬，十二月，丙寅，魏徙建昌王长乐为安乐王。乐，音洛。

8 己丑，魏城阳王长寿卒。

9 南徐州刺史建平王景素，孝友清令，服用俭素，又好文学，好，呼到翻。礼接士大夫，由是有美誉；太宗特爱之，异其礼秩。时太祖诸子俱尽，诸孙唯景素为长；帝凶狂失德，朝野皆属意于景素。帝外家陈氏深恶之；长，知两翻。属，之欲翻。恶，乌路翻。杨运长、阮佃夫等欲专权势，不利立长君，亦欲除之。其腹心将佐多劝景素举兵，镇军参军济阳江淹独谏之，景素时以镇北将军镇京口，以淹为主簿。"镇军"当作"镇北"。济，子礼翻。景素不悦。是岁，防閤将军王季符得罪于景素，江左之制，禁卫有直閤将军，王国有防閤将军。单骑亡奔建康，告景素谋反。骑，奇寄翻。运长等即欲发兵讨之，袁粲、萧道成以为不可；景素亦遣世子延龄诣阙自陈。乃徙季符于梁州，夺景素征北将军、开府仪同三司。"征北"亦当作"镇北"。

聂崇岐标点王崇武覆校

资治通鉴卷第一百三十四

端明殿学士兼翰林侍读学士朝散大夫右谏议大夫
充集贤殿修撰提举西京嵩山崇福宫上柱国河内郡 司马光 奉敕编集
开国侯食邑一千八百户食实封六百户赐紫金鱼袋臣

后学天台胡三省音注

宋纪十六 起柔兆执徐（丙辰），尽著雍敦牂（戊午），凡三年。

苍梧王下

元徽四年（丙辰、四七六）

1 春，正月，己亥，帝耕籍田，大赦。

2 二月，魏司空东郡王陆定国坐恃恩不法，免官爵为兵。

3 魏冯太后内行不正，行，下孟翻。以李奕之死怨显祖，事见一百三十二卷明帝泰始之六年。密行鸩毒，夏，六月，辛未，显祖殂。年二十三。考异曰：元行冲后魏国典云："太后伏壮士于禁中，太上入谒，遂崩。"按事若如此，安得不彰，而中外恬然不以为怪，又孝文终不之知！按后魏书及北史皆无杀事。而天象志云"显文暴崩"，盖实有鸩毒之祸。今从之。壬申，大赦，改元承明。葬显祖于金陵，金陵在云中。谥曰献文皇帝。

4 魏大司马、大将军代人万安国坐矫诏杀神部长奚买奴，赐死。神部，八部之一也。长，知两翻。

5 戊寅，魏以征西大将军、安乐王长乐为太尉，乐，音洛。尚书左仆射、宜都王目辰为司徒，南部尚书李䜣为司空。䜣，许斤翻。尊皇太后曰太皇太后，复临朝称制。魏高宗之殂，显祖方年十二，冯太后临朝称制；时宋太宗泰始二年也。至次年，太后归政。今既鸩显祖，而高祖尚幼，故复临朝。复，扶又翻。朝，直遥翻。以冯熙为侍中、太师、中书监。熙自以外戚，固辞内任；乃除都督、洛州刺史，魏太宗取洛阳，以晋司州为洛州。侍中、太师如故。

显祖神主祔太庙，有司奏庙中执事之官，请依故事皆赐爵。秘书令广平程骏上言："建侯裂地，帝王所重，或以亲贤，或因功伐，以劳定国曰功，积功曰伐。未闻神主祔庙而百司受封者也。皇家故事，盖一时之恩，岂可为长世之法乎！"太后善而从之，谓群臣曰："凡议事，当依古典正言，岂得但修"修"，当作"循"。故事！"而【章：甲十一行本"而"下有"已"字；乙十一行本同；孔本同；熊校同；张校同，云"事"下脱"而已"二字。】赐骏衣一袭，帛二百匹。

太后性聪察，知书计，晓政事，被服俭素，被，皮义翻。膳羞减于故事什七八；而猜忍多权数。高祖性至孝，能承颜顺志，事无大小，皆仰成于太后。经典释文：仰，如字，又五亮翻。太后往往专决，不复关白于帝。复，扶又翻。所幸宦者高平王琚、安定张佑、杞嶷、康曰：杞，姓也，出自夏后氏之后。嶷，鱼力翻。冯翊王遇、略阳苻承祖、高阳王质，皆依势用事；佑官至尚书左仆射，爵新平王；琚官至征南将军，爵高平王；嶷等官亦至侍中、吏部尚书、刺史，爵为公、侯，赏赐巨万，赐铁券，许以不死。康曰：说文：券，契也。释名曰：券，绻也，相约束缱绻为券也。又，太卜令姑臧王叡得幸于太后，超迁至侍中、吏部尚书，爵太原公。秘书令李冲，虽以才进，亦由私宠，赏赐皆不可胜纪。太和末年，高菩萨之祸，后启之也。后虽获终其世，祸及门户矣。胜，音升。又外礼人望东阳王丕、游明根等，皆极其优厚，每褒赏叡等，辄以丕等参之，以示不私。丕，烈帝之玄孙；拓跋翳槐谥烈帝。冲，宝之子也。魏世祖太平真君五年，李宝入朝，其子冲遂贵显于魏。

太后自以失行，畏人议己，群下语言小涉疑忌，辄杀之。然所宠幸左右，苟有小过，必加笞棰，或至百馀；棰，止桑翻。而无宿憾，寻复待之如初，或因此更富贵。故左右虽被罚，终无离心。此史之所谓权数也，吁！行，下孟翻。复，扶又翻。被，皮义翻。

6 乙亥，加萧道成尚书左仆射，刘秉中书令。

7 杨运长、阮佃夫等忌建平王景素益甚，通鉴书祸始于上卷上年。佃，音田。景素乃与录事参军陈郡殷沵、沵，莫比翻。中兵参军略阳垣庆延、参军沈颙、左暄等谋为自全之计。颙，鱼容翻。遣人往来建康，要结才力之士，要，读曰邀。冠军将军黄回、游击将军高道庆、辅国将军曹欣之、前军将军韩道清、长水校尉郭兰之、羽林监垣祗祖，汉东都之制，羽林左、右监主羽林骑，属光禄勋；至晋，以羽林属二卫，而监不见于志，当是江左复置。冠，古玩翻。校，户教翻。皆阴与通谋；武人不得志者，无不归之。时帝好独出游走郊野，欣之谋据石头城，伺帝出作乱。道清、兰之欲说萧道成因帝夜出，执帝迎景素，道成不从者，即图之；景素每禁使缓之。杨、阮微闻其事，遣伧人周天赐伪投景素，好，呼到翻。说，输芮翻；下譬说同。伺，相吏翻。伧，助庚翻；江东人谓楚人别种为伧，亦谓西北人为伧。劝令举兵。景素知之，斩天赐首送台。

秋，七月，祗祖率数百人自建康奔京口，云京师已溃乱，劝令速入。景素信之，戊子，据京口起兵，士民赴之者以千数。杨、阮闻祗祖叛走，即命纂严。己丑，遣骁骑将军任农夫、领军将军黄回、左军将军兰陵李安民将步军，右军将军张保将水军，以讨之；骁，坚尧翻。骑，奇寄翻。任，音壬。民将，保将，即亮翻。辛卯，又命南豫州刺史段佛荣为都统。都统之名始此。萧道成知黄回有异志，故使安民、佛荣与之偕行。道成知黄回不附己，既使之讨景素，又使之讨沈攸之，二难既平，然后杀之，则足以知回于当时有干略，而道成智数又一时所不及者。回私戒其士卒，“道逢京口兵，勿得战。”道成屯玄武湖，冠军将军萧赜镇东府。冠，古玩翻。赜，士革翻。

始安王伯融，都乡侯伯猷，皆建安王休仁之子也，杨、阮忌其年长，悉称诏赐死。

景素欲断竹里以拒台军。长，知两翻。断，丁管翻；下断峡同。垣庆延、垣祗祖、沈颙皆曰：“今天时旱热，台军远来疲困，引之使至，以逸待劳，可一战而克。”殷沵等固争，不能得。农夫等既至，纵火烧市邑。庆延等各相顾望，莫有斗志；景素本乏威略，恇扰不知所为。恇，去王翻。黄回迫于段佛荣，且见京口军弱，遂不发。

张保泊西渚，西渚在京口城西，今西津渡口是也。景素左右勇士数十人，自相要结，要，一遥翻。进击水军。甲午，张保败死，而诸将不相应赴，复为台军所破。复，扶又翻。台军既薄城下，颙先帅众走，帅，读曰率。祗祖次之，其馀诸军相继奔退，独左暄与台军力战于万岁楼下；而所配兵力甚弱，不能敌而散。乙未，拔京口。黄回军先入，自以有誓不杀诸王，乃以景素让殿中将军张倪奴。倪奴擒景素，斩之，并其三子，同党垣祗祖等数十人皆伏诛。萧道成释黄回、高道庆不问，抚之如旧。抚之所以安反侧，事定之后决不能容之。是日，解严。丙申，大赦。

初，巴东建平蛮反，沈攸之遣军讨之。及景素反，攸之急追峡中军以赴建康。巴东太守刘攘兵、建平太守刘道欣疑攸之有异谋，勒兵断峡，不听军下。攘兵子天赐为荆州西曹，西曹者，汉、晋公府之西曹掾。攸之遣天赐往谕之。攘兵知景素实反，乃释甲谢愆，攸之待之如故。刘道欣坚守建平，攘兵譬说不回，乃与伐蛮军攻斩之。沈攸之用刘攘兵，卒为攘兵所祸；萧道成用黄回，而权以济事；非用人之难，用势之难也。说，输芮翻。

8 甲辰，魏主追尊其母李贵人曰思皇后，李氏，李惠之女，高祖之母也。为后李惠贵张本。

9 八月，丁卯，立皇弟翙为南阳王，翙，呼会翻。嵩为新兴王，禧为始建王。

10 庚午，以给事黄门侍郎阮佃夫为南豫州刺史，留镇京师。

11 九月，戊子，赐骁骑将军高道庆死。骁，坚尧翻。骑，奇寄翻。

12 冬，十月，辛酉，以吏部尚书王僧虔为尚书左【章：甲十一行本“左”作“右”；乙十一行本同；孔本同。】仆射。

13 十一月，戊子，魏以太尉、安乐王长乐为定州刺史，司空李䜣为徐州刺史。乐，音洛。䜣，许斤翻。

顺皇帝 讳准，字仲谟，明帝第三子也，小字知观；实桂阳王休范之子。谥法：慈和遍服曰顺。萧氏所以谥之曰顺者，以其顺天命人心而禅代也。

升明元年（丁巳、四七七）是年七月，帝即位，始改元升明。

1 春，正月，乙酉朔，魏改元太和。

2 己酉，略阳民王元寿聚众五千馀家，自称冲天王；二月，辛未，魏秦、益二州刺史尉洛侯击破之。秦、益二州，此魏所谓南秦、东益也。尉，纡勿翻。

3 三月，庚子，魏以东阳王丕为司徒。

4 夏，四月，丁卯，魏主如白登；壬申，如崞山。崞，音郭。

初，苍梧王在东宫，好缘漆帐竿，好，呼到翻。去地丈馀；喜怒乖节，主帅不能禁。主帅，谓东宫斋内主帅也。帅，所类翻。太宗屡敕陈太妃痛捶之。陈氏，苍梧王之母也。即位，尊为太妃。捶，止橤翻。及即帝位，内畏太后、太妃，外惮诸大臣，未敢纵逸。自加元服，内外稍无以制，数出游行。数，所角翻。始出宫，犹整仪卫。俄而弃车骑，帅左右数人，或出郊野，或入市廛。骑，奇寄翻；下同。帅，读曰率。太妃每乘青犊车，青犊车，青盖犊车也。晋制，诸王青盖车。时有司奏，皇太妃舆服一同晋孝武李太妃故事。随相检摄。既而轻骑远走一二十里，太妃不复能追；复，扶又翻；下已复同。仪卫亦惧祸不敢追寻，唯整部伍别在一处，瞻望而已。

初，太宗尝以陈太妃赐嬖人李道儿，已复迎还，生帝。已，既也；既而复迎之还也。嬖，卑义翻，又博计翻。故帝每微行，自称"刘统"，刘统，自言统天下也，犹苻坚称"苻诏"，桓玄称"桓诏"。或称"李将军"。常着小袴衫，营署巷陌，无不贯穿；着，陟略翻。穿，如字，又枢绢翻。或夜宿客舍，或昼卧道傍，排突厮养，厮，息移翻。养，馀亮翻。韦昭曰：析薪为厮，炊烹为养。又，厮给、养马者。与之交易，或遭慢辱，悦而受之。凡诸鄙事，裁衣、作帽，过目则能；未尝吹篪，篪，音池，以竹为之，长八尺四寸，围三寸。周礼贾疏云：篪八孔。执管便韵。韵，谐也，和也。及京口既平，骄恣尤甚，无日不出，夕去晨返，晨出暮归。从者并执铤矛，从，才用翻。铤，音蝉，又以前翻，小矛也。行人男女及犬马牛驴，逢无免者。民间扰惧，商贩皆息，门户昼闭，行人殆绝。针、椎、凿、锯，不离左右，针，与钳同，其淹翻。离，力智翻。小有忤意，即加屠剖，忤，五故翻。一日不杀，则惨然不乐；殿省忧惶，食息不保。阮佃夫与直阁将军申伯宗等，谋因帝出江乘射雉，称太后令，唤队仗还，乐，音洛。射，而亦翻。队有队主、副，仗有仗主、副。闭城门，遣人执帝废之，立安成王准。事觉，甲戌，帝收佃夫等杀之。

太后数训戒帝，数，所角翻。帝不悦。会端午，太后赐帝毛扇。毛扇，盖羽扇也。考异曰：宋略作"太妃赐"，今从宋书。帝嫌其不华，令太医煮药，欲鸩太后。左右止之曰："若行此事，官便应作孝子，岂复得出入狡狯！”复，扶又翻；下无复、谁复同。狡，古巧翻。狯，古外翻。江南人谓小儿戏为狡狯。帝曰：“汝语大有理！”乃止。

六月，甲戌，有告散骑常侍杜幼文、司徒左长史沈勃、游击将军孙超之与阮佃夫同谋者，帝登帅卫士，自掩三家，悉诛之，登，登时也；登时，犹言即时也。散，悉亶翻。骑，奇寄翻。帅，读曰率。考异曰：南史曰：“孝武二十八子，太宗杀其十六，馀皆帝杀之。”按宋书，孝武诸子，十人早卒，二人为景和所杀，馀皆太宗杀之，无及苍梧时者，南史误也。刳解脔割，婴孩不免。沈勃时居丧在庐，庐，倚庐也。礼：居丧者，居倚庐，寝苫枕块。孟康注曰：倚庐，倚墙至地而为之，无楣柱。孔颖达曰：居倚庐者，谓于中门之外，东墙下倚木为庐。又说曰：凡非適子，自未葬以于隐者为庐。郑注曰：不欲人属目，盖于东南角。左右未至，帝挥刀独前。勃知不免，手搏帝耳，唾骂之曰：唾，汤卧翻。“汝罪逾桀、纣，屠戮无日，”遂死。是日，大赦。

帝尝直入领军府。时盛热，萧道成昼卧裸袒。裸，郎果翻。帝立道成于室内，画腹为的，画，读与畫同。自引满，将射之。射，而亦翻；下无复射、箭射同。道成敛版曰：“老臣无罪。”左右王天恩曰：“领军腹大，是佳射堋；堋，补磴翻。射堋，今言射垛也。一箭便死，后无复射；不如以骲箭射之。”帝乃更以骲箭射，正中其齐。更，工衡翻。骲，蒲交翻，又蒲剥翻。集韵云：骨镞也。馀谓骨镞亦能害人，况以之射人腹乎！盖当时所谓骲箭者，必非骨镞。中，竹仲翻。齐，与脐同。投弓大笑曰：“此手何如！”帝忌道成威名，尝自磨铤，曰：“明日杀萧道成。”陈太妃骂之曰：“萧道成有功于国，若害之，谁复为汝尽力邪！”为，于伪翻。帝乃止。

道成忧惧，密与袁粲、褚渊谋废立。粲曰：“主上幼年，微过易改。易，以豉翻。伊、霍之事，非季世所行；纵使功成，亦终无全地。”渊默然。渊于此时已心归道成矣。领军功曹丹阳纪僧真言于道成曰：“今朝廷猖狂，人不自保；天下之望，不在袁、褚，明公岂得坐受夷灭！存亡之机，仰希熟虑。”道成然之。道成时为中领军，以僧真为功曹。希，望也。

或劝道成奔广陵起兵。道成世子赜，时为晋熙王长史，行郢州事，欲使赜将郢州兵东下会京口。将，即亮翻。道成密遣所亲刘僧副告其从兄行青、冀二州刺史刘善明曰：从，才用翻。“人多见劝北固广陵，恐未为长算。今秋风行起，卿若能与垣东海微共动虏，则我诸计可立。”亦告东海太守垣荣祖。善明曰：“宋氏将亡，愚智共知。北虏若动，反为公患。公神武高世，唯当静以待之，因机奋发，功业自定，不可远去根本，自贻猖蹶。”荣祖亦曰：“领府去台百步，领府，谓领军府也。公走，人岂不知！若单骑轻行，骑，奇寄翻。广陵人闭门不受，公欲何之！公今动足下床，恐即有叩台门者，言将有告之者。公事去矣。”纪僧真曰：“主上虽无道，国家累世之基犹为安固。公百口，北度必不得俱。纵得广陵城，天子居深宫，施号令，目公为逆，何以避之！此非万全策也。”道成族弟镇军长史顺之顺之，萧衍之父也。考异曰：齐高帝纪，姚思廉梁书武帝纪，自相国何至皇考一十馀世，皆有名及官位。盖史官附会，今所不取。及次子骠骑从事中郎嶷，骠，匹妙翻。骑，奇寄翻。嶷，鱼力翻。皆以为：“帝好单行道路，于此立计，易以成功；外州起兵，鲜有克捷，好，呼到翻。易，以豉翻。鲜，息浅翻。鲜，少也。徒先人受祸耳。”先，悉荐翻。道成乃止。

东中郎司马、行会稽郡事李安民欲奉江夏王跻起兵于东方，明帝泰始七年以皇子跻继江夏王义恭，时盖为东中郎将，以安民为司马行郡事也。会，工外翻。夏，户雅翻。跻，笺西翻。道成止之。

越骑校尉王敬则潜自结于道成，夜着青衣，扶匐道路，着，则略翻。扶，读曰蒲。说文曰：手行也。匐，蒲北翻。为道成听察帝之往来。道成命敬则阴结帝左右杨玉夫、杨万年、陈奉伯等一【张："一"作"二"。】十五人于殿中，诇伺机便。为，于伪翻。诇，暄正翻，又古迥翻。伺，候也。伺，相吏翻。

秋，七月，丁亥夜，帝微行至领军府门。左右曰："一府皆眠，何不缘墙入？"帝曰："我今夕欲于一处作适，适意作戏，谓之作适。宜待明夕。"员外郎桓康等于道成门间听闻之。此员外郎盖员外散骑郎也。

戊子，帝乘露车，与左右于台冈赌跳，台冈，意即台城之来冈也。赌跳者，赌跳踯，以高者为胜也。跳，音他吊翻。考异曰：南史作"蛮冈"，今从宋书。仍往青园尼寺，尼，女夷翻。晚，至新安寺孝武宠姬殷贵妃死，为之立寺。贵妃子子鸾封新安王，故以新安为寺名。偷狗，就昙度道人煮之。昙，徒含翻。饮酒醉，还仁寿殿寝。杨玉夫常得帝意，至是忽憎之，见辄切齿曰："明日当杀小子取肝肺！"是夜，令玉夫伺织女渡河，续齐谐记曰：桂阳成武丁有仙道，谓其弟曰："七月七日，织女当渡河。"弟问曰："织女何事渡河？"答曰："织女暂诣牵牛。"人至今云织女嫁牵牛也。崔寔四民月令曰：或云见天汉中奕奕有正白气，光耀五色，以此为征应。曰："见当报我；不见，将杀汝！"时帝出入无常，省内诸阁，夜皆不闭，厢下畏相逢值，无敢出者；宿卫并逃避，内外莫相禁摄。是夕，王敬则出外。玉夫伺帝熟寝，与杨万年取帝防身刀刎之。御左右防身刀，即所谓千牛刀也。刎，扶粉翻。敕厢下奏伎伎，渠绮翻。陈奉伯袖其首，依常行法，称敕开承明门出，以首与敬则。敬则驰诣领军府，叩门大呼，呼，火故翻。萧道成虑苍梧王诳之，不敢开门。诳，居况翻。敬则于墙上投其首，道成洗视，乃戎服乘马而出，敬则、桓康等皆从。入宫，至承明门，诈为行还。敬则恐内人觇见，以刀环塞窐孔，觇，丑廉翻，又丑艳翻。塞，悉则翻。窐孔，即古之所谓圭窦也。窐，古携翻，又音携。呼门甚急，门开而入。他夕，苍梧王每开门，门者震慑，不敢仰视，至是弗之疑。慑，之涉翻。考异曰：齐高帝纪云："卫尉丞颜灵宝窥见太祖乘马在外，窃谓亲人曰：'今若不开，内领军入，天下会是乱耳。'"按灵宝若语所亲，则须有知者，岂得宿卫晏然不动！今从宋后废帝纪。道成入殿，殿中惊怖；怖，普布翻。既而闻苍梧王死，咸称万岁。

己丑旦，道成戎服出殿庭槐树下，以太后令召袁粲、褚渊、刘秉入会议。道成谓秉曰："此使君家事，何以断之？"使，疏吏翻。断，丁乱翻。秉未答。道成须髯尽张，目光如电。秉曰："尚书众事，可以见付；军旅处分，须，与鬚同。处，昌吕翻。分，扶问翻。一委领军。"道成次让袁粲，粲亦不敢当。王敬则拔白刃，在床侧跳跃曰："天下事皆应关萧公！敢有开一言者，血染敬则刀！"仍手取白纱帽加道成首，五代志：帽自天子下及士人通冠之，以白纱者，名高顶帽。皇太子在上省则乌纱，在永福则白纱。盖贵白纱也。杜佑曰：宋制：黑帽缀紫褾，褾以缯为之，长四寸，广一寸。后制高屋白纱帽。令即位，曰："今日谁敢复动！事须及热！"道成正色呵之曰："卿都自不解！"复，扶又翻。呵，虎何翻。解，户买翻，晓也。粲欲有言，敬则叱之，乃止。褚渊曰："非萧公无以了此。"手取事授道成。褚渊手取其事以授道成，自此天下之事一归之矣。道成曰："相与不肯，我安得辞！"乃下议，备法驾诣东城，迎立安成王。东城，即东府城也。于是长刀遮粲、秉等，各失色而去。观史所书，会议之际，道成目光如电，须髯尽张；王敬则拔白刃跳跃，继又以长刀遮粲、秉等，事势可知矣。粲、秉于此时，声其弑君之罪，以身死之，犹不愧于仇牧，何待至石头邪！秉出，于路逢从弟韫，从，才用翻。韫开车迎问曰："今日之事，当归兄邪？"秉曰："吾等已让领军矣。"韫拊膺曰："兄肉中讵有血邪！今年族矣！"宋事去矣，自中人以下皆知之。

是日，以太后令，数苍梧王罪恶，数，所具翻。曰："吾密令萧领军潜运明略。安成王准，宜临万国。"追封昱为苍梧王。

仪卫至东府门，安成王令门者勿开，以待袁司徒。粲至，王乃入居朝堂。史言袁粲为一时倚重。朝，直遥翻。壬辰，王即皇帝位，时年十一，改元，大赦。改元升明。葬苍梧王于郊坛西。南郊坛在台城南巳地，世祖大明三年，移南郊坛于牛头山以正阳位。

5 魏京兆康王子推卒。

6 甲午，萧道成出镇东府。丙申，以道成为司空、录尚书事、骠骑大将军；骠，匹妙翻。骑，奇寄翻。袁粲迁中书监；褚渊加开府仪同三司；刘秉迁尚书令，加中领军；以晋熙王燮为扬州刺史。刘秉始谓尚书万机，本以宗室居之，则天下无变；既而萧道成兼总军国，布置心膂，与夺自专，褚渊素相凭附，秉与袁粲阁手仰成矣。阁手者，高拱充位而无所为，两手若有所阁也。仰，牛向翻。辛丑，以尚书右仆射王僧虔为仆射。丙午，以武陵王赞为郢州刺史；萧道成改领南徐州刺史。

7 八月，壬子，魏大赦。

8 癸亥，诏袁粲镇石头。粲性冲静，每有朝命，常固辞；朝，直遥翻。逼切不得已，乃就职。至是知萧道成有不臣之志，阴欲图之，即时顺命。为袁粲以石头死节张本。

9 初，太宗使陈昭华母养顺帝；戊辰，尊昭华为皇太妃。魏明帝置昭华，晋武帝制淑妃、淑媛、淑仪、修华、修容、修仪、婕妤、充华、容华为九嫔，而昭华之号不复见。至宋孝武制以昭仪、昭容、昭华代修华、修仪、修容也。

10 丙子，魏诏曰："工商皂隶，各有厥分；分，扶问翻。而有司纵滥，或染流俗。自今户内有工役者，唯止本部丞；"流俗"，北史作"清流"。此盖以当时授官不分流品，故诏凡工役之户，官止本部丞。若有勋劳者，不从此制。"

11 萧道成固让司空；庚辰，以为骠骑大将军、开府仪同三司。

12 九月，乙酉，魏更定律令。更，工衡翻。

13 戊申，封杨玉夫等二十五人为侯、伯、子、男。

14 冬，十月，氐帅杨文度遣其弟文弘袭魏仇池，陷之。帅，所类翻。考异曰：魏书本纪作“杨鼍”，氐传作“鼠”，皆避显祖讳也。

15 初，魏徐州刺史李䜣，事显祖为仓部尚书，晋武帝始置仓部郎，属度支尚书；仓部尚书，后魏所置也，即前太仓尚书。䜣，许斤翻。信用卢奴令范檦。䜣弟左将军瑛谏曰：考异曰：魏典：“檦”作“标”；“瑛”作“璞”。今从魏书。馀按檦与标同；卑遥翻。瑛，音英。“檦能降人以色，假人以财，轻德义而重势利；听其言也甘，察其行也贼，不早绝之，后悔无及。”䜣不从，腹心之事，皆以语檦。行，下孟翻。语，牛倨翻。

尚书赵黑，与䜣皆有宠于显祖，对掌选部。选，须绢翻。䜣以其私用人为方州，古者八州八伯，谓之方伯，后世遂以州刺史为方州。黑对显祖发之，由是有隙。顷之，䜣发黑前为监藏，监，古衔翻。藏，徂浪翻。盗用官物，黑坐黜为门士。黑恨之，寝食为之衰少；逾年，复入为侍中、尚书左仆射，领选。为，于伪翻。复，扶又翻；下我复、黑复同。

及显祖殂，黑白冯太后，称䜣专恣，出为徐州。范檦知太后怨䜣，以其告李敷也，事见一百三十二卷明帝泰始六年；䜣为太仓尚书亦在是年也。乃告䜣谋外叛。太后征䜣至平城问状，䜣对无之，太后引檦使证之。䜣谓檦曰：“汝今诬我，我复何言！然汝受我恩如此之厚，乃忍为尔乎？”檦曰：“檦受公恩，何如公受李敷恩？公忍为之于敷，檦何为不忍于公！”䜣慨然叹曰：“吾不用瑛言，悔之何及！”赵黑复于中构成其罪，丙子，诛䜣及其子令和、令度；黑然后寝食如故。

16 十一月，癸未，魏征西将军皮欢喜等三将军率众四万击杨文弘。

17 丁亥，魏怀州民伊祁苟自称尧后，尧，伊祁氏，故云然。聚众于重山作乱；重山，即河内重门之山，在共县北。重，直龙翻。洛州刺史冯熙讨灭之。冯太后欲尽诛阖城之民，雍州刺史张白泽谏曰："凶渠逆党，尽已枭夷；魏雍州统京兆、扶风、冯翊、咸阳、北地、平秦、武都等郡。凶渠，谓渠魁也。孔安国曰：渠，大也。雍，于用翻。枭，坚尧翻。城中岂无忠良仁信之士，奈何不问白黑，一切诛之！"乃止。

18 十二月，魏皮欢喜军至建安，水经注：杨定自陇右徙治历城，去仇池百二十里。历城后改为建安城。考异曰：是年，魏置闰在十一月，宋之十二月也。杨文弘弃城走。

19 初，沈攸之与萧道成于大明、景和之间同直殿省，深相亲善，道成女为攸之子中书侍郎文和妇。攸之在荆州，直阁将军高道庆，家在华容，华容县，自汉以来属南郡。按九域志：今江陵府石首县建宁镇即其地。宋白曰：江陵府监利县，本汉华容县地。假还，过江陵，假，居讶翻，休假也。过，工禾翻。与攸之争戏槊。槊，色角翻。驰还建康，言攸之反状已成，请以三千人袭之。执政皆以为不可，道成仍保证其不然。杨运长等恶攸之，恶，乌路翻。密与道庆谋遣刺客杀攸之，不克。会苍梧王遇弑，主簿宗俨之、功曹臧寅劝攸之因此起兵。攸之以其长子元琰在建康为司徒左长史，故未发。长，知两翻。寅，凝之之子也。臧凝之见一百二十七卷宋文帝元嘉三十年。

时杨运长等已不在内，已出为外官，不在省内也。萧道成遣元琰以苍梧王刳斮之具示攸之。攸之以道成名位素出己下，一旦专制朝权，心不平，斮，则略翻。朝，直遥翻。谓元琰曰："吾宁为王凌死，不为贾充生。"王凌、贾充事，并见魏纪。然亦未暇举兵。乃上表称庆，因留元琰。

雍州刺史张敬儿，素与攸之司马刘攘兵善，雍，于用翻。疑攸之将起事，密以问攘兵。攘兵无所言，寄敬儿马镫一只，镫，都邓翻。敬儿乃为之备。

攸之有素书十数行，行，户刚翻。常韬在裲裆角，博雅曰：裲裆，谓之袹腹。裲，里养翻。裆，都郎翻。云是明帝与己约誓。攸之将举兵，其妾崔氏谏曰："官年已老，那不为百口计！"宋、齐之间，义从私属以至婢仆，率呼其主为官。攸之指裲裆角示之，且称太后使至，赐攸之烛，使，疏吏翻；下同。割之，得太后手令云："社稷之事，一以委公。"于是勒兵移檄，遣使邀张敬儿及豫州刺史刘怀珍、梁州刺史梓潼范柏年、司州刺史姚道和、湘州行事庾佩玉、南阳王翙未至，故庾佩玉行府州事。巴陵内史王文和同举兵。敬儿、怀珍、文和并斩其使，驰表以闻；文和寻弃州奔夏口。巴陵，非州也，"州"，当作"郡"。夏，户雅翻。柏年、道和、佩玉皆怀两端。道和，后秦高祖之孙也。后秦主姚兴，庙号高祖。

辛酉，攸之遣辅国将军孙同等相继东下。攸之遗道成书，遗，于季翻。以为："少帝昏狂，少，诗照翻。宜与诸公密议，共白太后，下令废之；奈何交结左右，亲行弑逆；乃至不殡，流虫在户？凡在臣下，谁不惋骇！又，移易朝旧，朝旧，谓朝廷旧臣也。惋，乌贯翻。朝，直遥翻；下同。布置亲党，宫阁管籥，悉关家人。吾不知子孟、孔明遗训固如此乎！霍光，字子孟；诸葛亮，字孔明。足下既有贼宋之心，吾宁敢捐包胥之节邪！"申包胥乞秦师以存楚，事见左传。朝廷闻之，恟惧。恟，许拱翻。

丁卯，道成入守朝堂，命侍中萧嶷代镇东府，嶷，鱼力翻。抚军行参军萧映镇京口。映，嶷之弟也。戊辰，内外纂严。己巳，以郢州刺史武陵王赞为荆州刺史。庚午，以右卫将军黄回为郢州刺史，督前锋诸军以讨攸之。

初，道成以世子赜为晋熙王燮长史，行郢州事，修治器械以备攸之。道成平桂阳之难，进爵县公，以赜为世子。赜，士革翻。治，直之翻。及征燮为扬州，以赜为左卫将军，与燮俱下。刘怀珍言于道成曰："夏口冲要，宜得其人。"道成与赜书曰："汝既入朝，当须文武兼资与汝意合者，委以后事。"赜乃荐燮司马柳世隆自代。道成以世隆为武陵王赞长史，行郢州事。赜将行，谓世隆曰："攸之一旦为变，焚夏口舟舰，夏，户雅翻。舰，户黯翻。沿流而东，不可制也。若得攸之留攻郢城，必未能猝拔。君为其内，我为其外，破之必矣。"及攸之起兵，赜行至寻阳，未得朝廷处分，处，昌吕翻。分，扶问翻。众欲倍道趋建康，趋，七喻翻。赜曰："寻阳地居中流，密迩畿甸。若留屯湓口，内藩朝廷，外援夏首，夏首，即夏口。保据形胜，控制西南，今日会此，天所置也。"或以为湓口城小难固，左中郎将周山图曰："今据中流，为四方势援，不可以小事难之；苟众心齐一，江山皆城隍也。"庚午，赜奉燮镇湓口；赜悉以事委山图。山图断取行旅船板以造楼橹，立水栅，断，丁管翻。立栅于水中曰水栅。旬日皆办。道成闻之，喜曰："赜真我子也！"以赜为西讨都督，赜启山图为军副。时江州刺史邵陵王友镇寻阳，赜以为寻阳城不足固，表移友同镇湓口，寻阳时治柴桑，今江州德化西南九十里有柴桑山。湓口在德化县西一里。江州治德化，盖近湓口古城处。留江州别驾豫章胡谐之守寻阳。

湘州刺史王蕴遭母丧罢归，至巴陵，与沈攸之深相结。巴陵距江陵四百馀里，盖使命往来，深相结也。时攸之未举兵，蕴过郢州，欲因萧赜出吊作难，据郢城。赜知之，不出。还，至东府，又欲因萧道成出吊作难，道成又不出。作难者，欲杀之也。难，乃旦翻。蕴乃与袁粲、刘秉密谋诛道成，将帅黄回、任候伯、孙昙瓘、王宜兴、卜伯兴等皆与通谋。将，即亮翻。帅，所类翻。任，音壬。昙，徒含翻。伯兴，天与之子也。卜天与死于元凶劭之难。

道成初闻攸之事起，自往诣粲，粲辞不见。通直郎袁达谓粲，“不宜示异同”，通直郎，通直散骑侍郎也。晋武帝置员外散骑侍郎，元帝泰兴二年，使二人与散骑侍郎同员直，故谓之通直散骑侍郎也。粲曰：“彼若以主幼时艰，与桂阳时不异，谓桂阳王休范反时也。劫我入台，我何辞以拒之！一朝同止，欲异得乎！”道成乃召褚渊，与之连席，每事必引渊共之。果如袁粲所料。时刘韫为领军将军，入直门下省；考异曰：南齐书，“韫”作“韬”，今从宋书、南史。卜伯兴为直阁，黄回等诸将皆出屯新亭。将，即亮翻。

初，褚渊为卫将军，遭母忧去职，朝廷敦迫，不起。粲素有重名，自往譬说，譬说，犹说谕也。说，输芮翻。渊乃从之。及粲为尚书令，遭母忧，渊譬说恳至，粲遂不起，渊由是恨之。渊之恨粲，以其夺己志而使之失为子之道也。而杀粲以倾宋，又失为臣之节。曰忠与孝，二者渊胥失焉。及沈攸之事起，道成与渊议之。渊曰：“西夏衅难，事必无成，夏，户雅翻。衅，许觐翻。难，乃旦翻。公当先备其内耳。”谓备袁粲等也。粲谋既定，将以告渊；众谓渊与道成素善，不可告。粲曰：“渊与彼虽善，岂容大作同异！今若不告，事定便应除之。”乃以谋告渊，袁粲犹以故意待褚渊也。渊即以告道成。

道成亦先闻其谋，遣军主苏烈、薛渊、太原王天生将兵助粲守石头。薛渊固辞，道成强之，将，即亮翻。强，其两翻。渊不得已，涕泣拜辞。道成曰：“卿近在石头，日夕去来，何悲如是，且又何辞？”渊曰：“不审公能保袁公共为一家否？今渊往，与之同则负公，不同则立受祸，何得不悲！”道成曰：“所以遣卿，正为能尽临事之宜，使我无西顾之忧耳。石头在台城西，故云然。为，于伪翻。但当努力，无所多言。”渊，安都之从子也。

从，才用翻。道成又以骁骑将军王敬则为直阁，骁，坚尧翻。骑，奇寄翻。与伯兴共总禁兵。

粲谋矫太后令，使韫、伯兴帅宿卫兵攻道成于朝堂，帅，读曰率；下同。朝，直遥翻。回等帅所领为应。刘秉、任候伯等并赴石头，本期壬申夜发，秉恇扰不知所为，晡后即束装；临去，啜羹，写胸上，手振不自禁。恇，去王翻。振当作震，战也，动也。禁，音居吟翻，胜也。未暗，载妇女，尽室奔石头，部曲数百，赫奕满道。既至，见粲，粲惊曰："何事遽来？今败矣！"秉奔石头，则事大露，故云必败。秉曰："得见公，万死何恨！"孙昙瓘闻之，亦奔石头。丹阳丞王逊等走告道成，事乃大露。逊，僧绰之子也。王僧绰柄用于元嘉之季。

道成密使人告王敬则。时阁已闭，敬则欲开阁出，卜伯兴严兵为备，敬则乃锯所止屋壁得出，至中书省收韫。韫已成严，严，装也；成严，谓装束已成，俟期而发也。列烛自照。见敬则猝至，惊起迎之，曰："兄何能夜顾？"敬则呵之曰："小子那敢作贼！"韫抱敬则，敬则拳殴其颊仆地而杀之，呵，虎何翻。殴，乌口翻。又杀伯兴。卜伯兴父子俱死于刘氏之难。苏烈等据仓城拒粲。仓城，石头仓城也。王蕴闻秉已走，叹曰："事不成矣！"狼狈帅部曲数百向石头。帅，读曰率；下同。考异曰：宋书云："齐王使蕴募人，已得数百。"宋略云："是夕征其私众，倏忽之间，被甲数百，莫知所从出。"按道成素已疑蕴，必不使之募兵。宋略近是也。本期开南门，时暗夜，薛渊据门射之。射，而亦翻。蕴谓粲已败，即散走。

道成遣军主会稽戴僧静帅数百人向石头助烈等，会，工外翻。自仓门得入，与之并力攻粲。孙昙瓘骁勇善战，台军死者百馀人。王天生殊死战，故得相持。自亥至丑，戴僧静分兵攻府西门，焚之。粲与秉在城东门，见火起，欲还赴府。秉与二子俣、陔逾城走。俣，宇矩翻。陔，柯开翻。粲下城，列烛自照，谓其子最曰："本知一木不能止大厦之崩，但以名义至此耳。"僧静乘暗逾城独进，最觉有异人，以身卫粲，僧静直前斫之。粲谓最曰："我不失忠臣，汝不失孝子！"遂父子俱死。考异曰：南史云："僧静奋刀直前，欲斩之。子最叫，抱父乞先死，兵士人人莫不陨涕。粲曰：'我不失忠臣，汝不失孝子。'仍求笔作启云：'臣义奉大宋，策名两毕。今便归魂坟陇，永就山丘。'僧静乃并斩之。"按时僧静掩粲不备，挺身直往，安肯容粲作启，从容如此！宋书皆无此等事。今不取。百姓哀之，谣曰："可怜石头城，宁为袁粲死，不作褚渊生！"刘秉父子走至额檐湖，萧子显齐书作"雒檐湖"。檐，馀廉翻。追执，斩之。任候伯等并乘船赴石头，既至，台军已集，不得入，乃驰还。

黄回严兵，期诘旦帅所领从御道直向台门攻道成。诘，去吉翻。帅，读曰率。闻事泄，不敢发。道成抚之如旧。王蕴、孙昙瓘皆逃窜，先捕得蕴，斩之，其馀粲党皆无所问。

粲典签莫嗣祖为粲、秉宣通密谋，道成召诘之，曰："袁粲谋反，何不启闻？"嗣祖曰："小人无识，但知报恩，何敢泄其大事！今袁公已死，义不求生。"蕴嬖人张承伯藏匿蕴。道成并赦而用之。史言萧道成能弃怨录才。嬖，卑义翻，又博计翻。

粲简淡平素，而无经世之才；好饮酒，喜吟讽，好，呼到翻。喜，许记翻。身居剧任，不肯当事；主事每往谘决，主事，尚书省主事也，尚书诸曹各有主事。或高咏对之。闲居高卧，门无杂宾，物情不接，故及于败。

裴子野论曰：袁景倩，民望国华，袁粲，字景倩。受付托之重；智不足以除奸，权不足以处变，处，昌吕翻。萧条散落，危而不扶。及九鼎既轻，三才将换，区区斗城之里，斗城，言城如斗大也。出万死而不辞，盖蹈匹夫之节而无栋梁之具矣。裴子野之论，有春秋责备贤者之意，故通鉴取之。

20 甲戌，大赦。

21 乙亥，以尚书仆射王僧虔为左仆射，新除中书令王延之为右仆射，度支尚书张岱为吏部尚书，度，徒洛翻。吏部尚书王奂为丹杨尹。延之，裕之孙也。

刘秉弟遐为吴郡太守。司徒右长史张瓌，永之子也，张永历事文、武、明三帝。瓌，古回翻。遭父丧在吴，家素豪盛，萧道成使瓌伺间取遐。间，古苋翻。会遐召瓌诣府，瓌帅部曲十馀人直入斋中，执遐，斩之，帅，读曰率。郡中莫敢动。道成闻之，以告瓌从父领军冲，冲曰："瓌以百口一掷，出手得卢矣。"从，才用翻。樗蒱，得卢者胜。道成即以瓌为吴郡太守。

道成移屯阅武堂，犹以重兵付黄回使西上，而配以腹心。配以腹心，所以防回也。上，时掌翻。回素与王宜兴不协，恐宜兴反告其谋，闰月，辛巳，因事收宜兴，斩之。诸将皆言回握强兵必反，将，即亮翻；下同。宁朔将军桓康请独往刺之，刺，七亦翻。道成曰："卿等何疑！彼无能为也。"史言道成才识雄于一时。

沈攸之遣中兵参军孙同等五将以三万人为前驱，司马刘攘兵等五将以二万人次之；又遣中兵参军王灵秀等四将分兵出夏口，据鲁山。癸巳，攸之至夏口，考异曰，沈约齐纪："十一月，攸之遂谋为乱。张敬儿遣使诣攸之庆冬，攸之呼使人于密室谓之曰：'奉皇太后令，得袁司徒、刘丹阳诸人书，呼我速下；可令雍州知此意。'答敬儿书曰：'信口一二，'而封鸡毛、桃耳数物置函中。敬儿贺冬使即乘驿白公。十二日壬辰，攸之遣孙同等先发。十七日丁酉，张敬儿使至。十八日戊戌，公率众入镇朝堂。闰月十四日癸巳，攸之至夏口。"按是岁宋历闰十二月庚辰朔，魏历闰十一月庚戌朔；然则冬至必在十一月晦。攸之对敬儿贺冬使者犹隐秘，岂可十二日已发兵东下乎！又，攸之若十二日已举兵于江陵，岂可六十馀日始至夏口！又宋顺帝纪："十二月，攸之反。丁卯，齐王入守朝堂。"丁卯乃十二月十八日也。"闰月癸巳，攸之围郢城。"攸之传："十一月反，十二月十二日，遣孙同等东下，闰月十四日至夏口。"宋略："十二月，沈攸之作乱。丁卯，萧道成入屯朝堂。闰月癸巳，攸之师及郢州。"南齐高帝纪："十二月，攸之举兵。乙卯，太祖入居朝堂。"诸书大抵略相符合，惟齐纪不同；盖齐纪之误，今不取。自恃兵强，有骄色。以郢城弱小，不足攻，云"欲问讯安西"，暂泊黄金浦，时武陵王赞盖以安西将军镇郢。黄金浦在鹦鹉洲上，相传以为吴将黄盖屯兵于此，得名。遣人告柳世隆曰："被太后令，当暂还都。被，皮义翻。卿既相与奉国，想得此意。"世隆曰："东下之师，久承声问。郢城小镇，自守而已。"宗俨之劝攸之攻郢城；臧寅以为："郢城兵虽少而地险，少，诗沼翻。攻守势异，非旬日可拔。若不时举，孟子曰：以万乘之国，伐万乘之国，五旬而举之。战国策：白起一战而举鄢郢。举，拔也。挫锐损威。今顺流长驱，计日可捷。既倾根本，郢城岂能自固！"攸之从其计，欲留偏师守郢城，自将大众东下。将，即亮翻。乙未，将发，柳世隆遣人于西渚挑战，鹦鹉洲之西渚。挑，徒了翻。前军中兵参军焦度于城楼上肆言骂攸之，且秽辱之。攸之怒，改计攻城，令诸军登岸烧郭邑，筑长围，昼夜攻战。世隆随宜拒应，攸之不能克。

道成命吴兴太守沈文秀【张："秀"作"季"；下同。】督吴、钱唐军事。五代史志曰：馀杭郡钱唐县，旧置钱唐郡，盖此时置也。文秀收攸之弟新安太守登之，诛其宗族。沈攸之杀沈庆之，文秀因事以报父仇。

22 乙未，以后军将军杨运长为宣城太守；于是太宗嬖臣无在禁省者矣。嬖，卑义翻。又，博计翻。

沈约论曰：夫人君南面，九重奥绝，重，直龙翻。陪奉朝夕，义隔卿士，阶闼之任，宜有司存。既而恩以狎生，信由恩固，无可惮之姿，有易亲之色。易，以豉翻。孝建、泰始，主威独运，而刑政纠杂，理难遍通，耳目所寄，事归近习。及觇欢愠，候惨舒，动中主情，举无谬旨；觇，丑廉翻，又丑艳翻。中，竹仲翻。人主谓其身卑位薄，以为权不得重。曾不知鼠凭社贵，狐借虎威，汉中山靖王胜曰：社鼠不熏，所托者然也。楚江乙曰：虎求百兽而食之，得狐。狐曰："子无食我！天帝使我长百兽。子以我为不信，吾为子先行，子随我后，百兽见我而敢不走乎！”虎以为然，遂与之行；兽见之皆走。虎不知百兽畏己而皆走也，以为畏狐也。外无逼主之嫌，内有专用之效，势倾天下，未之或悟。及太宗晚运，虑经盛衰，权幸之徒，慑惮宗戚，慑，之涉翻。欲使幼主孤立，永窃国权，构造同异，兴树祸隙，帝弟宗王，相继屠剿。谓杀建安诸王也。剿，子小翻。宝祚夙倾，实由于此矣。

23 辛丑，尚书左丞济阳江谧建议假萧道成黄钺，济，子礼翻。从之。

24 加北秦州刺史武都王杨文度都督北秦、雍二州诸军事，以龙骧将军杨文弘为略阳太守。雍，于用翻。骧，思将翻。壬寅，魏皮欢喜拔葭芦，斩文度。魏以杨难当族弟广香为阴平公、葭芦戍主，仍诏欢喜筑骆谷城。文弘奉表谢罪于魏，遣子苟奴入侍。魏以文弘为南秦州刺史、武都王。

25 乙巳，萧道成出顿新亭，谓骠骑参军江淹曰：道成为骠骑大将军，以淹为参军。骠，匹妙翻。骑，奇寄翻；下同。“天下纷纷，君谓何如？”淹曰：“成败在德，不在众寡。公雄武有奇略，一胜也；宽容而仁恕，二胜也；贤能毕力，三胜也；民望所归，四胜也；奉天子以伐叛逆，五胜也。彼志锐而器小，一败也；有威而无恩，二败也；士卒解体，三败也；搢绅不怀，四败也；悬兵数千里而无同恶相济，五败也：虽豺狼十万，终为我获。”道成笑曰：“君谈过矣。”南徐州行事刘善明言于道成曰：“攸之收众聚骑，造舟治械，苞藏祸心，于今十年。明帝泰始五年，沈攸之刺郢州已怀异志，至是适十年。治，直之翻。性既险躁，才非持重；躁，则到翻。而起逆累旬，迟回不进。一则暗于兵机，二则人情离怨，三则有掣肘之患，掣，昌列翻。四则天夺其魄。本虑其剽勇轻速，剽，匹妙翻。掩袭未备，决于一战；今六师齐奋，诸侯同举，此笼中之鸟耳。”萧赜问攸之于周山图，山图曰：“攸之相与邻乡，攸之，吴兴人，而山图义兴人，故曰邻乡。数共征伐，数，所角翻。颇悉其人，性度险刻，士心不附。今顿兵坚城之下，适所以为离散之渐耳。”

二年（戊午、四七八）

1 春，正月，己酉朔，百官戎服入朝。朝，直遥翻。

沈攸之尽锐攻郢城，柳世隆乘间屡破之。间，古苋翻。萧赜遣军主桓敬等八军据西塞，西塞山在今武昌县东百三十里，界于两山之间。土俗编曰：吴、楚旧境分界于此。为世隆声援。

攸之获郢府法曹南乡范云，使送书入城，饷武陵王赞犊一羫，羫，苦江翻。柳世隆鱼三十尾，皆去其首。去，羌吕翻。城中欲杀之，云曰：“老母弱弟，悬命沈氏，若违其命，祸必及亲；今日就戮，甘心如荠。”诗谷风：谁谓荼苦，其甘如荠。此谓甘心就死，如茹荠也。荠，齐礼翻。乃赦之。

攸之遣其将皇甫仲贤向武昌，中兵参军公孙方平向西阳。武昌太守臧涣降于攸之，西阳太守王毓奔湓城。将，即亮翻。降，户江翻。湓，蒲奔翻。方平据西阳，豫州刺史刘怀珍遣建宁太守张谟等将万人击之，豫州有建宁左郡，孝武大明八年，省郡为建宁左县，属西阳郡，寻复为郡；盖皆蛮左所居地也。五代志：永安郡麻城县有梁北西阳县，又有建宁郡。将，即亮翻。辛酉，方平败走。平西将军黄回等军至西阳，溯流而进。溯，苏故翻。

攸之素失人情，但劫以威力。初发江陵，已有逃者；及攻郢城，三十馀日不拔，逃者稍多；攸之日夕乘马历营抚慰，而去者不息。攸之大怒，召诸军主曰：“我被太后令，被，皮义翻。建义下都。大事若克，白纱帽共着耳；着，则略翻。如其不振，朝廷自诛我百口，不关馀人。比军人叛散，比，毗至翻。皆卿等不以为意。我亦不能问叛身，自今军中有叛者，军主任其罪。”任，音壬。于是一人叛，遣人追之，亦去不返，莫敢发觉，咸有异计。

刘攘兵射书入城请降，射，而亦翻。柳世隆开门纳之；丁卯夜，攘兵烧营而去。军中见火起，争弃甲走，将帅不能禁。将，即亮翻。帅，所类翻。攸之闻之，怒，衔须咀之，自咀其须，怒之甚也。须，与鬚同。咀，音在吕翻，嚼也。收攘兵兄子天赐、女婿张平虏，斩之。向旦，攸之帅众过江，至鲁山，大别山，一名鲁山，在今汉阳军汉阳县东一里，江水径其南，汉水从西北来注之。帅，读曰率。军遂大散，考异曰：宋略云：“甲辰，攸之众溃，西逃；乙巳，华容民斩其首。”按是月己酉朔，无甲辰、乙巳。诸将皆走。臧寅曰：“幸其成而弃其败，吾不忍为也！”乃投水死。攸之犹有数十骑自随，宣令军中曰：“荆州城中大有钱，可相与还取以为资粮。”郢城未有追军，而散军畏蛮抄，此蛮即缘沔而居者。骑，奇寄翻。抄，楚交翻。更相聚结，可二万人，随攸之还江陵。

张敬儿既斩攸之使者，即勒兵；侦攸之下，遂袭江陵。侦，丑正翻，候也。攸之使子元琰与兼长史江乂、别驾傅宣共守江陵城。敬儿至沙桥，观望未进。城中夜闻鹤唳，谓为军来，乂、宣开门出走，吏民崩溃。元琰奔宠洲，宠洲近乐乡。杨正衡晋书音义曰：宠，力董翻。为人所杀。敬儿至江陵，考异曰：宋略云：“辛未，敬儿克江陵。”按己巳，攸之以敬儿据城走死，不容敬儿至辛未乃入城也。诛攸之二子、四孙。

攸之将至江陵百馀里，闻城已为敬儿所据，士卒随之者皆散。攸之无所归，与其子文和走至华容界，皆缢于栎林；栎，郎狄翻，木名，柞属。己巳，村民斩首送江陵。敬儿擎之以楯，覆以青伞，楯，食尹翻。覆，敷又翻。伞，苏旰翻，盖也。徇诸市郭，乃送建康。敬儿诛攸之亲党，收其财物数十万，皆以入私。

初，仓曹参军金城边荣，为府录事所辱，攸之为荣鞭杀录事。为，于伪翻。及敬儿将至，荣为留府司马，或说之使诣敬儿降，说，输芮翻。荣曰："受沈公厚恩，共如此大事，一朝缓急，便易本心，吾不能也。"城溃，军士执以见敬儿，敬儿曰："边公何不早来！"荣曰："沈公见留守城，不忍委去；本不祈生，祈，求也，告也。何须见问！"敬儿曰："死何难得！"命斩之。荣欢笑而去。荣客太山程邕之抱荣曰："与边公周游，不忍见边公死，乞先见杀。"兵人不得行戮，以白敬儿，敬儿曰："求死甚易，何为不许！"先杀邕之，然后及荣，军人莫不垂泣。易，以豉翻。士为知己死，边荣、程邕之俱有焉。孙同、宗俨之等皆伏诛。宗俨之与臧寅劝攸之举兵，孙同为军锋。

丙子，解严，以侍中柳世隆为尚书右仆射，萧道成还镇东府。丁丑，以右【章：甲十一行本"右"作"左"；乙十一行本同；张校同。】卫将军萧赜为江州刺史，侍中萧嶷为中领军。赜，士革翻。嶷，鱼力翻。二月，庚辰，以尚书左仆射王僧虔为尚书令，右仆射王延之为左仆射。癸未，加萧道成太尉、都督南徐等十六州诸军事，萧子显齐书：都督南徐、南兖、徐、兖、青、冀、司、豫、荆、雍、襄、郢、梁、益、广、越十六州。以卫将军褚渊为中书监、司空。道成表送黄钺。上流已定，故表还黄钺。

吏部郎王俭，僧绰之子也，神彩渊旷，好学博闻，少有宰相之志，时论亦推许之。道成以俭为太尉右长史，太尉府时置左、右长史。好，呼到翻。少，诗照翻。相，息亮翻。待遇隆密，事无大小专委之。

2 丁亥，魏主如代汤泉；此魏代都之汤泉也；言代汤泉者，以别下洛县桥山之汤泉。魏土地记曰：代城北九十里有桑干城，城西渡桑干水，去城十里，有温汤，疗疾有验。又下洛县西南四十里有桥山，下有温泉。癸卯，还。

3 宕昌王弥机初立。三月丙子，魏遣使拜弥机征南大将军、梁·益二州牧、河南公、宕昌王。宕，徒浪翻。使，疏吏翻。

4 黄回不乐在郢州，乐，音洛。固求南兖，遂帅部曲辄还；帅，读曰率。辛【严：“辛”改“己”。】卯，改都督南兖等五州诸军事、南兖州刺史。黄回，刃在其颈，乃辄东还，此送死也。

5 初，王蕴去湘州，湘州刺史南阳王翙未之镇，翙，明帝子也；音呼会翻。长沙内史庾佩玉行府事。翙先遣中兵参军韩幼宗将兵戍湘州，与佩玉不相能。及沈攸之反，两人互相疑，佩玉袭杀幼宗。黄回至郢州，遣辅国将军任候伯行湘州事；候伯辄杀佩玉，冀以自免。任候伯、黄回皆与袁、刘同谋。任，音壬。湘州刺史吕安国之镇，萧道成使安国诛候伯。

6 夏，四月，甲申，魏主如崞山；丁亥，还。还，从宣翻，又如字。

7 萧道成以黄回终为祸乱；回有部曲数千人，欲遣收，恐为乱。辛卯，召回入东府。至，停外斋，使桓康将数十人，数回罪而杀之，并其子竟陵相僧念。道成翦除异己，至是尽矣。数，所具翻。相，息亮翻。

甲午，以淮南、宣城二郡太守萧映行南兖州事，仍以其弟晃代之。淮南、宣城逼近京邑，故道成不以授他人。

8 五月，魏禁皇族、贵戚及士民之家不顾氏族，下与非类婚偶；犯者以违制论。

9 魏主与太后临虎圈，圈，求远翻。有虎逸，登阁道，几至御座，侍卫皆惊靡；几，居希翻。靡，披靡也。吏部尚书王叡执戟御之，太后称以为忠，亲任愈重。史言冯后假公义以戌其私。

10 六月，丁酉，以辅国将军杨文弘为北秦州刺史、武都王。

11 庚子，魏皇叔若卒。

12 萧道成以大明以来，公私奢侈，秋，八月，奏罢御府，御府令，自汉以来有之，汉属少府，晋属光禄勋。据宋纪，世祖大明四年，改细作署令为左右御府令。省二尚方雕饰器玩；辛卯，又奏禁民间华伪杂物，凡十七条。按萧子显齐书，表禁：不得以金银为箔；马乘具不得金银度；不得织成绣裙；道路不得着锦履；不得用红色为幡盖衣服；不得剪彩帛为杂花；不得以绫作杂服饰；不得打鹿行锦及局脚柽柏床牙，箱笼杂物；彩帛作屏障；锦缘荐席；不得私作器仗；不得以七宝饰乐器；又诸杂饰物不得以金银为花兽；不得辄铸金铜为像：皆颁墨敕，凡十七条。

13 乙未，以萧赜为领军将军，萧嶷为江州刺史。

14 九月，乙巳朔，日有食之。

15 萧道成欲引时贤参赞大业，夜，召骠骑长史谢朏，屏人与语，久之，朏无言；唯二小儿捉烛，道成虑朏难之，仍取烛遣儿，朏又无言；道成乃呼左右。朏，庄之子也。朏，敷尾翻。屏，必郢翻。捉，执也，持也。谢庄见一百三十卷明帝泰始元年。道成为骠骑大将军，长史亦其府官也。

太尉右长史王俭知其指，他日，请间言于道成曰："功高不赏，古今非一。以公今日位地，欲终北面，可乎？"道成正色裁之，而神采内和。俭因曰："俭蒙公殊盼，所以吐所难吐；何赐拒之深！宋氏失德，非公岂复宁济！但人情浇薄，不能持久；公若小复推迁，则人望去矣。复，扶又翻。岂唯大业永沦，七尺亦不可得保。"七尺，谓七尺之躯也。道成曰："卿言不无理。"俭曰："公今名位，故是经常宰相，宜礼绝群后，微示变革。当先令褚公知之，俭请衔命。"道成曰："我当自往。"经少日，道成自造褚渊，款言移晷。少，诗沼翻。造，七到翻。晷，居洧翻，日影也。乃谓曰："我梦应得官。"渊曰："今授始尔，谓方加太尉、都督也。恐一二年间未容便移；且吉梦未必应在旦夕。"道成还，以告俭。俭曰："褚是未达理耳。"俭乃唱议加道成太傅，假黄钺，使中书舍人虞整作诏。

道成所亲任遐曰：任，音壬。"此大事，应报褚公。"道成曰："褚公不从，奈何？"遐曰："彦回惜身保妻子，非有奇才异节；遐能制之。”渊果无违异。褚渊，字彦回。史言褚渊之为人，人皆得而侮薄之。

丙午，诏进道成假黄钺、大都督中外诸军事、太傅、领扬州牧，剑履上殿，入朝不趋，赞拜不名，仍持节、太尉、骠骑大将军、录尚书、南徐州刺史如故。使，疏吏翻。道成固辞殊礼。剑履上殿、入朝不趋、赞拜不名，皆殊礼也。

16 以扬州刺史晋熙王燮为司徒。

17 戊申，太傅道成以萧映为南兖州刺史。冬，十月，丁丑，以萧晃为豫州刺史。

18 己卯，获孙昙瓘，杀之。石头之祸，昙瓘逃去。昙，徒含翻。

19 魏员外散骑常侍郑羲来聘。

20 壬寅，立皇后谢氏。后，庄之孙也。

21 十一月，癸亥，临澧侯刘晃坐谋反，与其党皆伏诛。晃，秉之从子也。沈约志：临澧县，晋武帝太康四年立，属天门郡。澧，音礼。

22 甲子，徙南阳王翙为随郡王。翙，呼会翻。

23 魏冯太后忌青州刺史南郡王李惠，高祖之母，惠女也，故忌之。诬云惠将南叛；十二月，癸巳，诛惠及妻并其子弟。太后以猜嫌所夷灭者十馀家，而惠所历皆有善政，魏人尤冤惜之。

24 尚书令王僧虔奏以“朝廷礼乐，多违正典。大明中即以宫县合和鞞拂，晋志曰：鞞舞未详所起，然汉代已施于宴享矣；傅毅、张衡所赋，皆其事也。旧曲有五篇：一，关东有贤女；二，章和二年中；三，乐久长；四，四方皇；五，殿前生桂树：其辞尽亡。魏作新歌五篇。泰始中又别制新歌，皆易其曲名。拂舞出自江左，旧云吴舞；检其歌，非吴辞也；亦陈于殿庭。杨泓序曰：自到江南见白符舞，或言白凫鸠舞，云有此来数十年矣。察其辞旨，乃是吴人患孙皓虐政，思属晋也。其曲有：白鸠、济济、独禄、碣石、淮南王五篇。馀观其辞过魏、晋诸公所作歌辞远甚，但失之凄楚，非治世之音耳。县，读曰悬。鞞，与鼙同。节数虽会，虑乖雅体。又，今之清商，实由铜爵，三祖风流，遗音盈耳，京、洛相高，江左弥贵，魏太祖起铜爵台于邺，自作乐府，被于管弦，后遂置清商令以掌之，属光禄勋。三祖，谓魏太祖、高祖、烈祖也。唐会要曰：自晋播迁，古乐遂分散不存。苻坚灭凉，始得汉、魏清商之乐，传于前、后二秦；及宋武定关中，收之入于江南；隋平陈获之，隋文曰："此华夏正声也。"乃置清商署，总谓之清乐。中庸和雅，莫近于斯。而情变听移，稍复销落，十数年间，亡者将半，民间竞造新声杂曲，烦淫无极，宜命有司悉加补缀。"朝廷从之。

25 是岁，魏怀州刺史高允以老疾告归乡里，寻复以安车征至平城，复，扶又翻。拜镇军大将军、中书监；固辞，不许。乘车入殿，朝贺不拜。朝，直遥翻。

聂崇岐标点王崇武覆校

资治通鉴卷第一百三十五

端明殿学士兼翰林侍读学士朝散大夫右谏议大夫
充集贤殿修撰提举西京嵩山崇福宫上柱国河内郡 司马光 奉敕编集
开国侯食邑一千八百户食实封六百户赐紫金鱼袋臣

后学天台胡三省音注

齐纪一 起屠维协洽(己未)，尽昭阳大渊献(癸亥)，凡五年。

按萧子显齐书崔祖思传：宋朝初议封太祖为梁公，祖思启太祖曰："谶书云：'金刀利刃齐刈之。'今宜称齐，实应天命。"太祖从之，遂以齐建国。

太祖高皇帝 讳道成，姓萧氏，字绍伯，小字斗将。本居东海兰陵县中都乡中都里，晋惠帝分东海为兰陵郡，故为兰陵郡人。高祖整过江，居晋陵武进县之东城里。时寓居江左者皆侨置本土，加以南名，更为南兰陵人。整生儁，儁生乐子，乐子生承之，承之生帝。

建元元年(己未、四七九)是年四月受禅，始改元建元。

1 春，正月，甲辰，以江州刺史萧嶷为都督荆·湘等八州诸军事、荆州刺史，嶷，鱼力翻。尚书左仆射王延之为江州刺史，安南长史萧子良为督会稽等五郡诸军事、会稽太守。去年已命萧映、萧晃分镇兖、豫矣。嶷，道成次子也；子良，道成之孙也。江左之势，莫重于上流，莫富于东土，故又分布子孙以居之。会，工外翻。守，式又翻。

初，沈攸之欲聚众，开民相告，士民坐执役者甚众；嶷至镇，一日罢遣三千馀人。府州仪物，务存俭约，轻刑薄敛，敛，力赡翻。所部大悦。

2 辛亥，以竟陵世子赜为尚书仆射，进号中军大将军、开府仪同三司。道成进爵竟陵郡公，故赜为竟陵世子。赜，七革翻。

3 太傅道成以谢朏有重名，必欲引参佐命，以为左长史。尝置酒与论魏、晋故事，因曰："石苞不早劝晋文，死方恸哭，方之冯异，非知机也。"晋文王薨，石苞自扬州奔丧，恸哭曰："基业如此，而以人臣终乎！"冯异劝汉光即尊位。道成言石苞不能早劝晋文为禅代之事，比之冯异劝汉光，苞非知机者也；欲以此言感动谢朏耳。朏，敷尾翻。朏曰："晋文世事魏室，必将身终北面；借使魏依唐、虞故事，亦当三让弥高。"言三以天下让，则节行弥高也。道成不悦。甲寅，以朏为侍中，更以王俭为左长史。更，工衡翻。

4 丙辰，以给事黄门侍郎萧长懋为雍州刺史。长懋，道成嫡长孙也。

5 二月，丙子，邵陵殇王友卒。

6 辛巳，魏太皇太后及魏主如代郡温泉。

7 甲午，诏申前命，命太傅赞拜不名。前命，见上卷上年。

8 己亥，魏太皇太后及魏主如西宫。西宫，魏太祖天赐元年所筑。

9 三月，癸卯朔，日有食之。

10 甲辰，以太傅为相国，总百揆，封十郡，为齐公，时以青州之齐郡、徐州之梁郡、南徐州之兰陵、鲁郡、琅邪、东海、晋陵、义兴、扬州之吴郡、会稽十郡封。加九锡；其骠骑大将军、扬州牧、南徐州刺史如故。骠，匹妙翻。骑，奇寄翻。己【章：甲十一行本"己"作"乙"；乙十一行本同；张校同。】巳，诏齐国官爵礼仪，并仿天朝。朝，直遥翻。丙午，以世子赜领南豫州刺史。

11 杨运长去宣城郡还家，齐公遣人杀之。杨运长守宣城，见上卷宋升明元年。凌源令潘智与运长厚善；萧子显齐志：临淮郡有凌县。应劭曰：凌水出凌县西南入淮。郦道元曰：凌水出凌县，东流，径其县故城东，而东南流入淮。临川王绰，义庆之孙也，义庆，长沙王第二子，袭道规封。绰遣腹心陈赞说智曰：说，输芮翻。"君先帝旧人，身是宗室近属，如此形势，岂得久全！若招合内外，计多有从者。台城内人常有此心，苦无人建意耳。"智即以告齐公。庚戌，诛绰兄弟及其党与。

12 甲寅，齐公受策命，赦其境内，以石头为世子宫，一如东宫。褚渊引何曾自魏司徒为晋丞相故事，求为齐官，齐公不许。以王俭为齐尚书右仆射，领吏部；俭时年二十八。

夏，四月，壬申朔，进齐公爵为王，增封十郡。时又增徐州之南梁、陈、颍川、陈留、南兖州之盱眙、山阳、秦、广陵、海陵、南沛等十郡。

甲戌，武陵王赞卒，非疾也。史言齐杀之。

丙戌，加齐王殊礼，进世子为太子。

辛卯，宋顺帝下诏禅位于齐。壬辰，帝当临轩，不肯出，逃于佛盖之下，自晋以来，宫中有佛屋，以严事佛像，上为宝盖以覆之，宋帝逃于其下。王敬则勒兵殿庭，以板舆入迎帝。太后惧，自帅阉人索得之，帅，读曰率。阉，衣廉翻。索，止客翻。敬则启譬令出，引令升车。帝收泪谓敬则曰："欲见杀乎？"敬则曰："出居别宫耳。官先取司马家亦如此。"帝泣而弹指曰："愿后身世世勿复生天王家！"复，扶又翻。宫中皆哭。帝拍敬则手曰："必无过虑，当饷辅国十万钱。"敬则时为辅国将军。史言帝庸暗。是日，百僚陪位。侍中谢朏在直，当解玺绶，阳为不知，曰："有何公事？"传诏云："解玺绶授齐王。"传诏，属中书舍人，出入宣传诏旨。又考南史，郡府谓之传教，天台谓之传诏。玺，斯氏翻。绶，音受。朏曰："齐自应有侍中。"乃引枕卧。传诏惧，使朏称疾，欲取兼人，欲取兼侍中者。朏曰："我无疾，何所道！"遂朝服步出东掖门，仍登车还宅。朝，直遥翻。乃以王俭为侍中，解玺绶。礼毕，帝乘画轮车，画轮车者，车轮施文画也。晋志云：画轮车，上开四望，绿油幢，朱丝络，两箱里饰以金锦，黄金涂，五采。萧子显曰：漆画轮车，金涂校饰，如辇，微有减降。杜佑曰：晋制：驾车以采漆画轮毂，上起四夹杖，左右开四望，绿油纁朱丝青交络其上，形如辇，其下犹犊车。出东掖门就东邸。掖，音亦。问："今日何不奏鼓吹？"左右莫有应者。右光禄大夫王琨，华之从父弟也，王华早入宋公霸府，元嘉初辅政。吹，尺睡翻。从，才用翻；下同。在晋世已为郎中，至是，攀车獭尾恸哭獭毛可以辟尘，故悬之于车。曰："人以寿为欢，老臣以寿为戚。既不能先驱蝼蚁，谓不能早死也。乃复频见此事！"呜咽不自胜，复，扶又翻。胜，音升。百官雨泣。言涕泣如雨也。宋永初元年受晋禅，岁在庚申；八主，六十年而亡。

司空兼太保褚渊等奉玺绶，帅百官诣齐宫劝进；帅，读曰率。王辞让未受。渊从弟前安成太守炤谓渊子贲曰："司空今日何在？"贲曰："奉玺绶在齐大司马门。"炤曰："不知汝家司空将一家物与一家，亦复何谓！"炤，与照同，之笑翻。复，扶又翻；下乃复同。贲后辞爵庐墓，盖深感炤之言也。甲午，王即皇帝位于南郊。还宫，大赦，改元。奉宋顺帝为汝阴王，优崇之礼，皆仿宋初。筑宫丹杨，丹杨，南史作"丹徒"。丹杨为是。齐史云：筑宫于丹杨故县。置兵守卫之。宋神主迁汝阴庙，诸王皆降为公；自非宣力齐室，馀皆除国，独置南康、华容、萍乡三国，以奉刘穆之、王弘、何无忌之后，王弘之后不除国，以王俭佐命耳。蓱，与萍同。萍乡县，吴宝鼎二年置。宋白曰：楚昭王渡江，获萍实于此。今县北有萍实里、楚王台，因以名县。除国者凡百二十人。二台官僚，依任摄职，二台，谓宋台、齐台也。名号不同、员限盈长者，别更详议。长，直亮翻，多而有馀也。

以褚渊为司徒。宾客贺者满座。褚炤叹曰："彦回少立名行，何意披猖至此！披猖，言披靡而猖獗也。披，普皮翻。少，诗照翻。行，下孟翻。门户不幸，乃复有今日之拜。使彦回作中书郎而死，不当为一名士邪！名德不昌，乃复有期颐之寿！”曲礼曰：人生百年曰期颐。郑注云：期，要也；颐，养也；不知衣服食味，孝子要尽养道而已。渊固辞不拜。

奉朝请河东裴觊上表，数帝过恶，挂冠径去；帝怒，杀之。奉朝请者，奉朝会请召而已，非有职任也。裴觊在宋朝既无职任，又无卓荦奇节，惟不食齐粟，遂得垂名青史。君子恶没世而名不称，正为此也。朝，直遥翻。觊，鱼岂翻。数，所具翻。太子赜请杀谢朏，帝曰：“杀之遂成其名，正应容之度外耳。”久之，因事废于家。

帝问为政于前抚军行参军沛国刘瓛，瓛，胡官翻。对曰：“政在孝经。凡宋氏所以亡，陛下所以得者，皆是也。陛下若戒前车之失，加之以宽厚，虽危可安；若循其覆辙，虽安必危矣。”帝叹曰：“儒者之言，可宝万世！”

13 丙申，魏主如崞山。崞，音郭。

14 丁酉，以太子詹事张绪为中书令，齐国左卫将军陈显达为中护军，右卫将军李安民为中领军。绪，岱之兄子也。

15 戊戌，以荆州刺史嶷为尚书令、骠骑大将军、开府仪同三司、扬州刺史，嶷，鱼力翻。骠，匹妙翻。骑，奇寄翻。南兖州刺史映为荆州刺史。

16 帝命群臣各言得失。淮南、宣城二郡太守刘善明江左侨立淮南郡于宣城郡界，故善明兼守二郡。“请除宋氏大明、泰始以来诸苛政细制，以崇简易。”易，以豉翻。又以为：“交州险远，宋末政苛，遂至怨叛，宋明帝泰始四年，李长仁据交州而叛。今大化创始，宜怀以恩德。且彼土所出，唯有珠宝，实非圣朝所须之急，朝，直遥翻。讨伐之事，谓宜且停。”给事黄门郎清河崔祖思亦上言，以为：“人不学则不知道，礼记学记之言。上，时掌翻。此悖逆祸乱所由生也。悖，蒲内翻，又蒲没翻。今无员之官，空受禄力，凋耗民财。无员之官，员外官也，下所谓限外之人是也。禄者，所食之禄；

力者，所役之人。宜开文武二学，课台、府、州、国限外之人各从所乐，依方习业。汉书贾山传：使皆务其方而高其节。注云：方，道也。乐，音洛。若有废惰者，遣还故郡；经艺优殊者，待以不次。又，今陛下虽躬履节俭，而群下犹安习侈靡。宜褒进朝士之约素清修者，朝，直遥翻。贬退其骄奢荒淫者，则风俗可移矣。"宋元嘉之世，凡事皆责成郡县。世祖征求急速，以郡县迟缓，始遣台使督之。使，疏吏翻；下同。自是使者所在旁午，竞作威福，营私纳赂，公私劳扰。会稽太守闻喜公子良上表极陈其弊，会，工外翻。以为："台有求须，但明下诏敕，为之期会，则人思自竭；若有稽迟，自依纠坐之科。今虽台使盈凑，会取正属所办，谓使者虽多，亦当取办于所属也。徒相疑愤，反更淹懈，宜悉停台使。"懈，居隘翻。员外散骑郎刘思效上言：散，悉亶翻。骑，奇寄翻。"宋自大明以来，渐见凋弊，征赋有加而天府尤贫。天府，谓天子之府藏也。小民嗷嗷，殆无生意；而贵族富室，以侈丽相高，乃至山泽之民，不敢采食其水草。陛下宜一新王度，王度，王法也。革正其失。"上皆加褒赏，或以表付外，使有司详择所宜，奏行之。己亥，诏："二宫诸王，悉不得营立屯邸，封略山湖。"二宫，谓上宫及东宫。上宫，诸王皇子也；东宫，诸王皇孙也。杜预曰：不以道取曰略。又曰：略，封界也。

17 魏主还平城。还，从宣翻，又如字。

18 魏秦州刺史尉洛侯、雍州刺史宜都王目辰、长安镇将陈提等皆坐贪残不法，洛侯、目辰伏诛，提徙边。尉，纡勿翻。雍，于用翻。将，即亮翻。

又诏以"候官千数，魏太祖置候官，以伺察内外。重罪受赇不列，轻罪吹毛发举，言吹毛求疵也。宜悉罢之。"更置谨直者数百人，使防逻街术，更，工衡翻。逻，郎佐翻。术，读曰遂，又食聿翻。说文曰：术，邑中道。执喧斗者而已。自是吏民始得安业。

19 自泰始以来，内外多虞，将帅各募部曲，屯聚建康。将，即亮翻。帅，所类翻。李安民上表，以为“自非淮北常备外，馀军悉皆输遣；输，送也。若亲近宜立随身者，听限人数。”上从之；五月，辛亥，诏断众募。断，丁管翻。

20 壬子，上赏佐命之功，褚渊、王俭等进爵、增户各有差。考异曰：南史崔祖思传曰：“帝将加九锡，内外皆赞成之。祖思独曰：‘公以仁恕匡社稷，执股肱之义。君子爱人以德，不宜如此。’帝闻而非之曰：‘祖思远同荀令，岂孤所望也。’由此不复处任职，而礼貌甚重。垣崇祖受密旨，参访朝臣。光禄大夫垣闳曰：‘身受宋氏厚恩，复蒙明公眷接；进不敢同，退不敢异。’冠军将军崔文仲与崇祖意同。及帝受禅，闳存故爵，文仲、崇祖皆封侯，祖思加官而已。”按宋朝初议封帝为梁公，祖思启高帝曰：“谶云：‘金刀利刃齐刈之。’今宜称齐，实应天命。”从之。然则祖思安得尽诚节于宋！今删之。处士何点谓人曰：处，昌吕翻。“我作齐书已竟，赞云：‘渊既世族，俭亦国华；不赖舅氏，遑恤国家！’”点，尚之孙也。何尚之仕宋，贵显于太祖、世祖之时。渊母宋始安公主，继母吴郡公主；又尚巴西公主。俭母武康公主；又尚阳羡公主。故点云然。

21 己未，或走马过汝阴王之门，卫士恐。有为乱者奔入杀王，而以疾闻，上不罪而赏之。辛酉，杀宋宗室阴安公燮等，无少长皆死。前豫州刺史刘澄之，遵考之子也。少，诗照翻。长，知两翻。刘遵考见一百二十八卷孝武孝建二年，与褚渊善，渊为之固请为，于伪翻。曰：“澄之兄弟不武，且于刘宗又疏。”故遵考之族独得免。遵考弟思考，有子季连，乱蜀。

22 丙寅，追尊皇考曰宣皇帝，皇妣陈氏曰孝皇后。考异曰：南史在四月甲午，今从齐书。

23 丁卯，封皇子钧为衡阳王。

24 上谓兖州刺史垣崇祖曰：“吾新得天下，索虏必以纳刘昶为辞，侵犯边鄙。南谓北为索虏，以魏本索头种也。索，昔各翻。寿阳当虏之冲，非卿无以制此虏也。”乃徙崇祖为豫州刺史。

25 六月，丙子，诛游击将军姚道和，以其贰于沈攸之也。事见上卷宋顺帝升明之元年也。

26 甲子，【严：“子”改“申”。】立王太子赜为皇太子；皇子嶷为豫章王，映为临川王，晃为长沙王，晔为武陵王，暠为安成王，锵为鄱阳王，铄为桂阳王，鉴为广陵王；晔，筠辄翻。暠，古老翻。锵，于羊翻。铄，书药翻。皇孙长懋为南郡王。

27 乙酉，葬宋顺帝于遂宁陵。

28 帝以建康居民舛杂，多奸盗，欲立符伍以相检括，右仆射王俭谏曰：“京师之地，四方辐凑，必也持符，于事既烦，理成不旷；谢安所谓‘不尔何以为京师’也。”乃止。

29 初，交州刺史李长仁卒，从弟叔献代领州事，以号令未行，遣使求刺史于宋。从，才用翻。使，疏吏翻。宋以南海太守沈焕为交州刺史，以叔献为焕宁远司马、武平·新昌二郡太守。吴孙皓建衡三年，讨扶严夷，以其地置武平郡；是年，又分交趾立新兴郡，晋武帝泰康三年，更名新昌；皆属交州。隋废武平郡为隆平县，废新昌郡为嘉宁县，并属交趾郡。唐改隆平为太平，仍属交趾，以嘉宁县为峰州。叔献既得朝命，朝，直遥翻。人情服从，遂发兵守险，不纳焕。焕停郁林，病卒。

秋，七月，丁未，诏曰：“交趾、比景独隔书朔，言其拒命不受正朔也。古者，天子常以季冬颁来岁十二月之朔于诸侯，诸侯受而藏之祖庙，至月朔则以特羊告庙，请而行之。斯乃前运方季，因迷遂往。宜曲赦交州，即以叔献为刺史，抚安南土。”

30 魏葭芦镇主杨广香请降，降，户江翻。丙辰，以广香为沙州刺史。以舆地记参考，此沙州当置于唐利州景谷县界。

31 八月，乙亥，魏主如方山；方山在平城北如浑水上，魏主与冯太后将营寿陵于此，故数至其地。丁丑，还宫。

32 上闻魏将入寇，九月，乙巳，以豫章王嶷为荆、湘二州刺史，都督如故；是年春正月，以嶷刺荆州，都督八州，今兼刺湘州。以临川王映为扬州刺史。

33 丙午，以司空褚渊领尚书令。

34 壬子，魏以侍中、司徒、东阳王丕为太尉，侍中、尚书右仆射陈建为司徒，侍中、尚书代人苟颓为司空。魏书官氏志：神元时，馀部内入诸姓有若干氏，后改为苟氏。

35 己未，魏安乐厉王长乐谋反，赐死。乐，音洛。

36 庚申，魏陇西宣王源贺卒。

37 冬，十月，己巳朔，魏大赦。

38 癸未，【严："癸未"改"辛巳"。】汝阴太妃王氏卒，即宋明帝王皇后也。顺帝禅位，封汝阴王，太后降为太妃。谥曰宋恭皇后。

39 初，晋寿民李乌奴与白水氐杨成等寇梁州，水经注：白水西北出临洮县东南西倾山，水色白浊，东南入阴平界。氐居水上者号白水氐。梁州刺史范柏年说降乌奴，击成，破之。说，输芮翻。降，户江翻。及沈攸之事起，见上卷宋顺帝升明元年。柏年遣兵出魏兴，声云入援，实候望形势。事平，朝廷遣王玄邈代之。诏柏年与乌奴俱下，乌奴劝柏年不受代；柏年计未决，玄邈已至，柏年乃留乌奴于汉中，还至魏兴，盘桓不进。左卫率豫章胡谐之尝就柏年求马，柏年曰："马非狗也，安能应无已之求！"待使者甚薄；使者还，语谐之曰："柏年云：'胡谐之何物狗！所求无厌！'"语，牛倨翻。厌，于盐翻。谐之恨之，谮于上曰："柏年恃险聚众，欲专据一州。"上使雍州刺史南郡王长懋诱柏年，启为府长史。雍，于用翻。诱，音酉。柏年至襄阳，上欲不问，谐之曰："见虎格得，而纵上山乎？"格，捕也、斗也。甲午，赐柏年死。李乌奴叛入氐，依杨文弘，引氐兵千馀人寇梁州，陷白马戍。白马戍在沔水北，即阳平关也。王玄邈使人诈降诱乌奴，降，户江翻。乌奴轻兵袭州城，玄邈伏兵邀击，大破之，乌奴挺身复走入氐。

初，玄邈为青州刺史，宋泰始初，玄邈据盘阳以拒魏，因用为青州刺史。上在淮阴，为宋太宗所疑，事见一百三十二卷泰始六年。欲北附魏，遣书结玄邈。玄邈长史清河房叔安曰："将军居方州之重，无故举忠孝而弃之，三齐之士，宁蹈东海而死耳，自项羽分立诸侯王，分齐地为三王，后遂称齐地为三齐，犹关中称三秦也。不敢随将军也。"玄邈乃不答上书。考异曰：南史云："仍遣叔安奉表诣阙告之，帝于路执之，并求玄邈表。叔安曰：'王将军表上天子，不上将军。且仆之所言，利国家不利将军，无所应问。'荀伯玉劝帝杀之，帝曰：'物各为主，无所责也。'"按太祖时为边将，若执叔安，又不杀，便应不复为宋臣。齐书无此事，今不取。及罢州还，至淮阴，严军直过；至建康，启太宗，称上有异志。及上为骠骑，苍梧既弑，上进骠骑大将军。引为司马，玄邈甚惧，而上待之如初。及破乌奴，上曰："玄邈果不负吾意遇也。"叔安为宁蜀太守，宋永初中，分广汉为宁蜀郡。上赏其忠正，欲用为梁州，会病卒。

40 十一月，辛亥，立皇太子妃裴氏。

41 癸丑，魏遣假梁郡王嘉督二将出淮阴，陇西公琛督三将出广陵，河东公薛虎子督三将出寿阳，奉丹杨王刘昶入寇；景和之初，昶奔魏。将，即亮翻；下同。许昶以克复旧业，世胙江南，称藩于魏。建置社稷曰胙，又，守社稷曰胙。蛮酋桓诞请为前驱，宋明泰豫元年，诞降魏。酋，慈由翻。以诞为南征西道大都督。义阳民谢天盖自称司州刺史，欲以州附魏，魏乐陵镇将韦珍引兵渡淮应接。魏置乐陵镇于比阳，在今唐州界。豫章王嶷遣中兵参军萧惠朗将二千人助司州刺史萧景先讨天盖，韦珍略七千馀户而去。考异曰：齐萧景先传云："天盖与虏相构扇，景先言于督府。豫章王遣惠朗助景先讨天盖党与。虏寻遣伪南部尚书类跋屯汝南，洛州刺史昌黎王冯莎屯清丘，景先严备待敌。虏退。”魏书珍传云：“天盖自署司州刺史，规以内附。事泄，为道成将崔慧景所攻围，诏珍帅在镇士马渡淮援接。时道成闻珍将至，遣将荀元宾据淮，逆拒珍，珍腹背奋击，破之。天盖寻为左右所杀，降于慧景。珍乘胜驰进，又破慧景，拥降民七千馀户内徙，表置城阳、刚陵、义阳三郡以处之。”按魏将无类跋、冯莎，而慧景亦非讨天盖之将。盖时二国之史，各出传闻，互有讹谬。今约取二史大概而用之。景先，上之从子也。从，才用翻。南兖州刺史王敬则闻魏将济淮，委镇还建康，士民惊散，既而魏竟不至。上以其功臣，不问。

上之辅宋也，遣骁骑将军王洪范使柔然，约与共攻魏。洪范自蜀出吐谷浑历西域乃得达。骁，坚尧翻。骑，奇寄翻；下同。使，疏吏翻。吐，从暾入声。谷，音浴。考异曰：齐书作“王洪轨”。今从齐纪。至是，柔然十馀万骑寇魏，至塞上而还。还，从宣翻，又如字。

42 是岁，魏诏中书监高允议定律令。允虽笃老，而志识不衰。诏以允家贫养薄，令乐部丝竹十人五日一诣允以娱其志，朝晡给膳，朔望致牛酒，月给衣服绵绢；入见则备几杖，问以政治。晡，奔谟翻。见，贤遍翻。治，直吏翻。

43 契丹莫贺弗勿干帅部落万馀口入附于魏，居白狼水东。契丹酋帅曰莫贺弗。隋书曰：契丹与库莫奚皆东胡种，为慕容氏所破，窜于松漠之间。是时为高丽所侵，求内附于魏。水经注：白狼水出右北平白狼县东南，东北流，径龙城西南，又东南流，至辽东房县入于辽水。初学记：狼河附黄龙城东北下，即白狼水。契，欺讫翻，又音吃。帅，读曰率。

二年(庚申、四八〇)

1 春，正月，戊戌朔，大赦。

2 以司空褚渊为司徒，尚书右仆射王俭为左仆射；渊不受。考异曰：齐书，“建元二年正月，以渊为司徒。十二月戊戌，以渊为司徒。四年六月癸卯，以司徒褚渊为司空。八月癸卯，司徒褚渊薨。”渊传：“三年为司徒，又固让。四年寝疾逊位，改授司空。及薨，诏曰：‘司徒奄至薨逝。’”盖二年正月辞，十二月受耳。纪、传前后各不相顾。

3 辛丑，上祀南郊。

4 魏陇西公琛等攻拔马头戍，杀太守刘从。琛，丑林翻。乙卯，诏内外纂严，发兵拒魏，征南郡王长懋为中军将军，镇石头。

5 魏广川庄王略卒。

6 魏师攻钟离，徐州刺史崔文仲击破之。文仲遣军主崔孝伯渡淮，攻魏茌眉戍主龙得侯等，杀之。茌，仕疑翻。孙愐曰：龙，姓也。考异曰：齐纪作"龙渴侯"。今从齐书。文仲，祖思之族人也。

群蛮依阻山谷，连带荆、湘、雍、郢、司五州之境，雍，于用翻。闻魏师入寇，□【章：甲十一行本空格作"官"字；乙十一行本同；孔本同。】尽发民丁，南襄城蛮秦远乘虚寇潼阳，杀县令。萧子显齐志，宁蛮府领郡有南襄城、东襄城、北襄城、中襄城郡，盖因群蛮部落分署为郡也。五代志：淮安郡慈丘县有后魏襄城郡。沈约宋志，汶阳郡领潼阳、沮阳、高安三县，盖皆宋初置也。水经注曰：东汶阳郡沮阳县，沮水出其西北，东南径汶阳郡北，即高安县界，郡治锡城县，故新城郡之下邑。义熙初，分新城立郡，其地当在临沮县西。萧子显曰：桓温以临沮西界，水陆纡险，道带蛮、蜑，田土肥美，立为汶阳郡以处流民。司州蛮引魏兵寇平昌，平昌戍主苟元宾击破之。北上黄蛮文勉德寇汶阳，考异曰：齐纪作"文施德"。今从齐书。汶阳太守戴元宾【严："宾"改"孙"。】弃城奔江陵；晋武帝平吴，割中庐之南乡、临沮之北乡，立上黄县，治轸乡，属襄阳郡，晋安帝分属长宁郡。宋明帝以名与文帝陵同，改为永宁郡。五代志：竟陵郡章山县，西魏置上黄郡。今荆门军长林县，即古之长宁县，有章山。九域志曰：山即禹贡所谓内方也。宋白曰：上黄县，隋改南漳县。豫章王嶷遣中兵参军刘伾绪将千人讨之，至当阳，章怀太子贤曰：当阳县西北即临沮故城。将，即亮翻；下同。勉德请降，秦远遁去。降，户江翻。

魏将薛道标引兵趣寿阳，上使齐郡太守刘怀慰作冠军将军薛渊书以招道标；趣，七喻翻。冠，古玩翻。魏人闻之，召道标还，还，从宣翻，又如字。使梁郡王嘉代之。怀慰，乘民之子也。

刘乘民见一百三十一卷宋明帝泰始二年。二月，丁卯朔，嘉与刘昶寇寿阳。将战，昶四向拜将士，流涕纵横，纵，子容翻。曰："愿同戮力，以雪雠耻！"

魏步骑号二十万，骑，奇寄翻。豫州刺史垣崇祖集文武议之，欲治外城，堰肥水以自固。皆曰："昔佛狸入寇，见一百二十五卷宋文帝元嘉二十七年。治，直之翻。佛，音弼。南平王士卒完盛，数倍于今，犹以郭大难守，退保内城。且自有肥水，未尝堰也，恐劳而无益。"崇祖曰："若弃外城，虏必据之，外修楼橹，内筑长围，则坐成擒矣。守郭筑堰，是吾不谏之策也。"言策已先定，足以制敌，不为人所谏止。乃于城西北堰肥水，据水经：肥水自黎浆亭北流，过寿春城东。此立堰于西北者，西北，虏冲也；又因上流之势可决以灌虏。今安丰军有小史埭，即崇祖决堰处。堰北筑小城，周为深堑，堑，七艳翻。使数千人守之，曰："虏见城小，以为一举可取，必悉力攻之，以谋破堰；吾纵水冲之，皆为流尸矣。"魏人果蚁附攻小城，崇祖着白纱帽，肩舆上城。着，则略翻。上，时掌翻。晡时，决堰下水；魏攻城之众漂坠堑中，人马溺死以千数。溺，奴狄翻。魏师退走。

7 谢天盖部曲杀天盖以降。降，户江翻。

8 宋自孝建以来，政纲弛紊，簿籍讹谬。上诏黄门郎会稽虞玩之等更加检定，曰："黄籍，民之大纪，国之治端。杜佑曰：黄籍者，户口版籍也。会，工外翻。治，直吏翻；下求治同。自顷巧伪日甚，何以厘革？"玩之上表，以为："元嘉中，故光禄大夫傅隆年出七十，犹手自书籍，躬加隐校。隐者，痛核其实也。今欲求治取正，必在勤明令长。长，知两翻。愚谓宜以元嘉二十七年籍为正，更立明科，一听首悔；首，式又翻。迷而不返，依制必戮；若有虚昧，州县同科。"上从之。

9 上以群蛮数为叛乱，数，所角翻。分荆、益置巴州以镇之。

壬申，以三巴校尉明慧昭为巴州刺史，领巴东太守。宋明帝泰始二年，以三峡险隘，山蛮寇贼，议立三巴校尉以镇之，寻省，顺帝升明二年复置。校，户教翻。是时，齐之境内，有州二十三，郡三百九十，县千四百八十五。州二十三，扬、南徐、豫、南豫、南兖、北兖、北徐、青、冀、江、广、交、越、荆、巴、郢、司、雍、湘、梁、秦、益、宁也。郡三百九十，有寄治者，有新置者，有俚郡、獠郡、荒郡、左郡、无属县者，有或荒无民户者。郡县之建置虽多，而名存实亡，境土蹙于宋大明之时矣。

乙酉，崔文仲遣军主陈靖拔魏竹邑，杀戍主白仲都；崔叔延破魏睢陵，杀淮阳太守梁恶。竹邑，汉沛郡之竹县也，后汉、晋曰竹邑，后废，魏盖于故地置戍也。贤曰：竹故城在今徐州符离县。睢陵，汉县，属临淮，后汉、晋属下邳，宋孝武大明元年，度属济阴，时入魏，置淮阳郡。

10 三月，丁酉朔，以侍中西昌侯鸾为郢州刺史。鸾，帝兄始安贞王道生之子也；早孤，为帝所养，恩过诸子。为后鸾夺国杀帝子孙张本。

11 魏刘昶以雨水方降，表请还师，魏人许之；丙午，遣车骑大将军冯熙将兵迎之。骑，奇寄翻。将，即亮翻。

12 夏，四月，辛巳，魏主如白登山；五月，丙申朔，如火山；杜佑曰：云州治云中县，县界有白登山、白登台。水经注曰：白登南有武周川，川东南有火山，山上有火井，南北六十七步，广减尺许，源深不见底，炎势上升，常若微雷发响，以草爨之，则烟腾火发。壬寅，还平城。

13 自晋以来，建康宫之外城唯设竹篱，而有六门。会有发白虎樽者，晋志：正旦元会，设白虎樽于殿庭，樽盖上施白兽，若有能献直言者，则发此樽饮酒。按礼，白兽樽乃杜举之遗式；为白兽盖是后代所为，示忌惮也。白兽，即白虎，晋书避唐讳改曰兽。言“白门三重关，竹篱穿不完。”重，直龙翻。上感其言，命改立都墙。

14 李乌奴数乘间出寇梁州，数，所角翻。间，古苋翻。豫章王嶷遣中兵参军王图南将益州兵从剑阁掩击之；梁、南秦二州刺史崔慧景发梁州兵屯白马，与图南覆背击乌奴，嶷，鱼力翻。将，即亮翻。“覆”当作“腹”。大破之，乌奴走保武兴。考异曰：魏书帝纪：“八月，慧景寇武兴。”今从慧景传。慧景，祖思之族人也。

15 秋，七月，辛亥，魏主如火山。

16 戊午，皇太子穆妃裴氏卒。妃卒，谥曰穆。

17 诏南郡王长懋移镇西州。

18 角城戍主举城降魏；角城注见下年。降，户江翻。秋，八月，丁酉，魏遣徐州刺史梁郡王嘉迎之。又遣平南将军郎大檀等三将出朐城，魏收志：琅邪朐县有朐城。朐，音劬。将军白吐头等二将出海西，海西，即汉海西县地也。宋明帝失淮北，侨立青州于赣榆县。泰始七年，割赣榆置郁县，立海西郡，齐明帝以为东海郡，东魏武定七年，改海西郡；又分襄贲置海西县。将军元泰等二将出连口，连口，涟水入淮之口也，时在襄贲县界。隋改襄贲县为涟水县。杜佑曰：楚州涟水县有连口渡。应劭曰：贲，音肥。将军封延等三将出角城，镇南将军贺罗出下蔡，据班志，下蔡，春秋之州来国也，为楚所灭。后吴取之，至夫差，迁蔡昭侯于此。后四世侯齐竟为楚所灭，故曰下蔡。汉为县，属沛郡，后省。东魏武定六年，以梁黄城戍为下蔡郡，隋为县，属汝阴郡。以下垣崇祖徙下蔡戍考之，则此戍置于淮水之西。五代时，周世宗徙寿春治下蔡，即其地。同入寇。

19 甲辰，魏主如方山；戊申，游武州山石窟寺。水经注曰：武周川水东南流，水侧有石祇洹舍并诸窟室，比丘尼所居也。其水又东转灵岩南，凿石开山，因岩结构，真容巨壮，法世所稀。据道元之言，浮屠氏巨丽处也。庚戌，还平城。

20 崔慧景遣长史裴叔保攻李乌奴于武兴，为氐王杨文弘所败。败，补迈翻。

21 九月，甲午朔，日有食之。

22 丙午，柔然遣使来聘。使，疏吏翻。

23 汝南太守常元真、龙骧将军胡青苟降于魏。骧，思将翻。降，户江翻。

24 闰月，辛巳，遣领军李安民循行清、泗诸戍以备魏。行，下孟翻。

25 魏梁郡王嘉帅众十万围朐山，帅，读曰率。朐山戍主玄元度婴城固守，孙愐曰：玄，姓也。青、冀二州刺史范阳卢绍之遣子奂将兵助之。将，即亮翻；下同。庚寅，元度大破魏师。台遣军主崔灵建等将万馀人自淮入海，夜至，各举两炬；魏师望见，遁去。

26 冬，十月，王俭固请解选职，许之；加俭侍中，以太子詹事何戢领选。选，须绢翻。戢，阻立翻，又疾立翻。上以戢资重，欲加常侍，褚渊曰："圣旨每以蝉冕不宜过多。臣与王俭既已左珥，若复加戢，则八座遂有三貂；自汉以来，侍中、常侍皆左貂，令、仆与列曹尚书为八座。据戢传：帝为领军，戢为司徒左长史，相与来往，数与欢宴；戢盖龙潜之旧也。复，扶又翻。若帖以骁、游，亦为不少。"沈约曰：骁骑将军、游击将军，并汉杂号将军也，魏置为中军。及晋，以领、护、左·右卫、骁、游为六军。不少者，谓其取数已多也。少，诗沼翻。乃以戢为吏部尚书，加骁骑将军。骁，坚尧翻。骑，奇寄翻。

27 甲辰，以沙州刺史杨广香为西秦州刺史，又以其子炅为武都太守。炅，古迥翻，又古惠翻。

28 丁未，魏以昌黎王冯熙为西道都督，与征南将军桓诞出义阳，镇南将军贺罗出钟离，同入寇。

29 淮北四州民不乐属魏，四州入魏事见一百三十三卷宋明帝泰始三年。乐，音洛。常思归江南，上多遣间谍诱之。间，古苋翻。谍，徒协翻。诱，音酉。于是徐州民桓标之、考异曰：魏书，兰陵民桓富，盖即标之也。今从齐书。兖州民徐猛子等所在蜂起为寇盗，聚众保五固，推司马朗之为主。魏遣淮阳王尉元、平南将军薛虎子等讨之。尉，纡勿翻。

30 十一月，戊寅，丹阳尹王僧虔上言："郡县狱相承有上汤杀囚，名为救疾，实行冤暴。因囚有时行瘟疫宜汗，遂上汤以蒸杀之。上，时掌翻。岂有死生大命，而潜制下邑！愚谓囚病必先刺郡，刺，谓州刺史；郡，谓郡守也。或曰：书病囚之姓名而白之于郡曰刺。求职司与医对共诊验，职司，谓郡曹掌刑狱者。远县家人省视，然后处治。"处治，谓处方治病也。省，悉景翻。处，昌吕翻。治，直之翻。上从之。

31 戊子，以杨难当之孙后起为北秦州刺史、武都王，镇武兴。

32 十二月，戊戌，以司空褚渊为司徒。渊入朝，以腰扇障日，腰扇，佩之于腰，今谓之折叠扇。朝，直遥翻；下同。征虏功曹刘祥从侧过，曰："作如此举止，羞面见人，扇障何益！"渊曰："寒士不逊！"祥曰："不能杀袁、刘，安得免寒士！"谓杀袁粲、刘秉也。祥，穆之之孙也。祥好文学，而性韵刚疏，撰宋书，讥斥禅代；王俭密以闻，坐徙广州而卒。刘穆之，宋朝佐命元臣，祥以是得罪于齐，可谓无忝厥祖矣。好，呼到翻。

太子宴朝臣于玄圃，东宫有玄圃。右卫率沈文季与褚渊语相失，文季怒曰："渊自谓忠臣，不知死之日何面目见宋明帝！"太子笑曰："沈率醉矣。"史言褚渊失节，人得以面斥之。率，所律翻。

33 壬子，以豫章王嶷为中书监、司空、扬州刺史，以临川王映为都督荆·雍等九州诸军事、荆州刺史。嶷，鱼力翻。雍，于用翻。

34 是岁，魏尚书令王叡进爵中山王，加镇东大将军；置王官二十二人，以中书侍郎郑羲为傅，郎中令以下皆当时名士。又拜叡妻丁氏为妃。此事传之史策，可以为王叡荣邪！

三年（辛酉、四八一）

1 春，正月，封皇子锋为江夏王。夏，户雅翻。

2 魏人寇淮阳，围军主成买于甬城，“甬城”当作“角城”。水经注：角城在下邳睢陵县，南临淮水。其地据济水入淮之口。后梁武帝置淮阳郡，角城为县，属焉。高闾曰：角城去淮阳十八里。杜佑曰：角城，晋安帝义熙中置，在宿迁县界；五代志作“甬城”。上遣领军将军李安民为都督，与军主周盘龙等救之。魏人缘淮大掠，江北民皆惊走渡江，成买力战而死。盘龙之子奉叔以二百人陷陈深入，陈，读曰阵；下魏陈同。魏以万馀骑张左右翼围之。骑，奇寄翻；下同。或告盘龙云，“奉叔已没”，盘龙驰马奋矟，直突魏陈，所向披靡。矟，色角翻。披，普彼翻。奉叔已出，复入求盘龙。复，扶又翻。父子两骑萦扰，魏数万之众莫敢当者；魏师遂败，杀伤万计。魏师退，李安民等引兵追之，战于孙溪渚，又破之。孙溪渚在淮阳之北，清水之滨。

3 己卯，魏主南巡，司空苟颓留守；丁亥，魏主至中山。

4 二月，丁【章：甲十一行本“丁”作“辛”；乙十一行本同；孔本同。】卯朔，魏大赦。

5 丁酉，游击将军桓康复败魏师于淮阳，复，扶又翻；下复如同。败，蒲迈翻。进攻樊谐城，拔之。考异曰；齐纪作“樊阶城”，今从齐书。

6 魏主自中山如信都；癸卯，复如中山；庚戌，还，至肆州。魏收志曰：肆州治九原，天赐二年为镇，真君七年置肆州，领永安、秀容、雁门三郡。宋白曰：魏置肆州，理秀容城。秀容本汉阳曲县地。周武帝徙肆州于雁门。

沙门法秀以妖术惑众，谋作乱于平城；妖，于遥翻。苟颓帅禁兵收掩，悉擒之。帅，读曰率。魏主还平城，有司囚法秀，加以笼头，铁锁无故自解。魏人穿其颈骨，祝之曰：“若果有神，当令穿肉不入。”遂穿以徇，三日乃死。议者或欲尽杀道人，考异曰：齐书魏虏传：“咸阳王欲尽杀道人。”按咸阳王禧，时尚幼，太和九年始封，恐非也。冯太后不可，乃止。

7 垣崇祖之败魏师也，恐魏复寇淮北，败，蒲迈翻。复，扶又翻；下今复同。乃徙下蔡戍于淮东。既而魏师果至，欲攻下蔡；闻其内徙，欲夷其故城。己酉，崇祖引兵渡淮击魏，大破之，杀获千计。考异曰：齐书作"丁卯"。按是月辛卯朔，无丁卯。今从齐纪。

8 晋、宋之际，荆州刺史多不领南蛮校尉，校，户教翻；下偏校同。别以重人居之。豫章王嶷为荆、湘二州刺史，领南蛮。嶷，鱼力翻。嶷罢，更以侍中王奂为之，奂固辞，曰："西土戎烬之后，痍毁难复。复，如字。今复割撤太府，自晋永嘉之乱，张氏擅命河西，以都府为太府。今复，扶又翻。制置偏校，崇望不足助强，语实交能相弊。且资力既分，职司增广，众劳务倍，文案滋烦，窃以为国计非允。"癸丑，罢南蛮校尉官。晋武帝置南蛮校尉，至是罢。

9 三月，辛酉朔，魏主如肆州；己巳，还平城。

10 魏法秀之乱，事连兰台御史张求等百馀人，皆以反法当族。尚书令王叡请诛首恶，宥其馀党。乃诏："应诛五族者，降为三族；三族者，门诛；门诛，止其身。"所免千馀人。

11 夏，四月，己亥，魏主如方山。冯太后乐其山川，乐，音洛。曰："他日必葬我于是，不必祔山陵也。"乃为太后作寿陵，为，于伪翻。又建永固石室于山上，欲以为庙。水经注曰：方岭上有文明太后陵，陵之东北有高祖陵，二陵之南有永固堂。堂之四隅雉列榭、阶、栏、槛及扉、户、梁、壁、椽、瓦，悉文石也。檐前两柱，采洛阳之八风谷石为之，雕镂隐起，以金银间云矩，有若锦焉。堂之内外四侧，结两石扶帐，青石屏风，以文石为缘，并隐起忠孝之容，题刻贞顺之名。庙前镌石为碑、兽，碑石至佳。左右列柏，四周迷禽暗日。南川表二石阙。御路下望，灵泉宫池，皎若图镜。

12 桓标之等有众数万，寨险求援；庚子，诏李安民督诸将往迎之，将，即亮翻。又使兖州刺史周山图自淮入清，倍道应接。淮北民桓磊魂破魏师于抱犊固。磊，落猥翻。魂，口猥翻。魏收志：兰陵郡承县有抱犊山。李安民赴救迟留，标之等皆为魏所灭，馀众得南归者尚数千家；魏人亦掠三万馀口归平城。考异曰：魏书云："南征诸将击破萧道成游击将军桓康于淮阳。道成豫州刺史垣崇祖寇下蔡，昌黎王冯熙击破之。假梁郡王嘉大破道成将，俘获三万馀口送平城。"今从齐书、齐纪，亦以魏书参之。

13 魏任城康王云卒。任，音壬。

14 五月，壬戌，邓至王像舒遣使入贡于魏。邓至者，羌之别种，国于宕昌之南。北史曰：邓至者，白水羌也，世为羌豪，因地名号曰邓至。其地自街亭以东，平武以西，汶岭以北，宕昌以南。或曰，邓至者，因邓艾所至，因以为名。杜佑曰：邓至，今交川郡之南，通化郡之北；交川、临翼、同昌郡之地也。使，疏吏翻。种，章勇翻。

15 六月，壬子，大赦。

16 甲辰，魏中山宣王王叡卒。叡疾病，太皇太后、魏主屡至其家视疾。及卒，赠太宰，立庙于平城南。文士为叡作哀诗及诔者百馀人，为，于伪翻。哀诗起于黄鸟。古者卿大夫没，君命有司累其功德，为文以哀之，曰诔。孔颖达曰：诔，累也，累列生时行迹，诔之以作谥。音鲁水翻。及葬，自称亲姻、义旧，缞绖哭送者千馀人。缞，仓回翻。魏主以叡子中散大夫袭代叡为尚书令，领吏部曹。散，悉亶翻。

17 戊午，魏封皇叔简为齐郡王，猛为安丰王。

18 秋，七月，己未朔，日有食之。

19 上使后军参军车僧朗使于魏。朗使，疏吏翻；下同。甲子，僧朗至平城。魏主问曰："齐辅宋日浅，何故遽登大位？"对曰："虞、夏登庸，身陟元后，夏，户雅翻。虞、夏事见尚书。魏、晋匡辅，贻厥子孙，事见汉、魏、晋纪。时宜各异耳。"

20 辛酉，柔然别帅他稽帅众降魏。别帅，所类翻；稽帅，读曰率。

降，户江翻。

21 杨文弘遣使请降，诏复以为北秦州刺史。复，扶又翻。宋顺帝升明元年，文弘降魏。先是，杨广香卒，先，悉荐翻。其众半奔文弘，半奔梁州。文弘遣杨后起进据白水。上虽授以官爵，而阴敕晋寿太守杨公则使伺便图之。伺，相吏翻。

22 宋升明中，遣使者殷灵诞、苟昭先如魏，闻上受禅，灵诞谓魏典客曰：典客，秦官也，汉武帝太初元年更名大鸿胪，至晋，大鸿胪属官又有典客令。“宋、魏通好，好，呼到翻。忧患是同。宋今灭亡，魏不相救，何用和亲！”及刘昶入寇，灵诞请为昶司马，不许。九月，庚午，魏阅武于南郊，因宴群臣；置车僧朗于灵诞下，僧朗不肯就席，曰：“灵诞昔为宋使，今为齐民。乞魏主以礼见处。”处，昌吕翻。灵诞遂与相忿詈。刘昶赂宋降人解奉君于会刺杀僧朗，魏人收奉君，诛之；解，户买翻，姓也。刺，七亦翻。厚送僧朗之丧，放灵诞等南归。及世祖即位，昭先具以灵诞之语启闻，灵诞坐下狱死。史竟言其事。下，遐稼翻。

23 辛未，柔然主遣使来聘，与上书，谓上为“足下”，自称曰“吾”，遗上师子皮袴褶，遗，于季翻。袴褶，骑服也。褶，寔入翻。约共伐魏。

24 魏尉元、薛虎子克五固，斩司马朗之，东南诸州皆平。东南诸州，谓淮北四州，于魏境为东南也。尉元入为侍中、都曹尚书，薛虎子为彭城镇将，将，即亮翻。迁徐州刺史。时州镇戍兵，资绢自随，不入公库。虎子上表，以为：“国家欲取江东，先须积谷彭城。切惟在镇之兵，不减数万，资粮之绢，人十二匹；用度无准，未及代下，代，更也；下，替也。不免饥寒，公私损费。今徐州良田十万馀顷，水陆肥沃，清、汴通流，足以溉灌。若以兵绢市牛，可得万头，兴置屯田，一岁之中，且给官食。半兵芸殖，馀兵屯戍，且耕且守，不妨捍边。一年之收，过于十倍之绢；蹔时之耕，足充数载之食。蹔，与暂同。载，子亥翻。于后兵资皆贮公库，贮，丁吕翻。五稔之后，谷帛俱溢，非直戍卒丰饱，亦有吞敌之势。”魏人从之。虎子为政有惠爱，兵民怀之。会沛郡太守邵安、下邳太守张攀以赃污为虎子所按，沛、下邳皆徐州所统。各遣子上书，告虎子与江南通，魏主曰：“虎子必不然。”推按，果虚，诏安、攀皆赐死，二子各鞭一百。【张：“一百”作“二百”。】

25 吐谷浑王拾寅卒，吐，从暾入声。谷，音浴。世子度易侯立。冬，十月，戊子朔，以度易侯为西秦·河二州刺史、河南王。

26 魏中书令高闾等更定新律成，更，工衡翻。凡八百三十二章；门房之诛十有六，大辟二百三十五，杂刑三百七十七。辟，毗亦翻。

27 初，高昌王阚伯周卒，高昌建国称王，自伯周始。子义成立；是岁，其从兄首归杀义成自立。从，才用翻。高车王可至罗杀首归兄弟，可至罗盖即阿伏至罗，“可”当作“阿”。以敦煌张明为高昌王，国人杀明，立马儒为王。敦，徒门翻。

四年（壬戌、四八二）

1 春，正月，壬戌，诏置学生二百人，以中书令张绪为国子祭酒。晋武帝咸宁四年初立国子学，置国子祭酒。

2 甲戌，魏大赦。

3 三月，庚申，上召司徒褚渊、尚书左仆射王俭受遗诏辅太子；壬戌，殂于临光殿。年五十六。太子即位，大赦。

高帝沉深有大量，博学能文。性清俭，主衣中有玉导，主衣，主供御衣服。禁中有主衣库。上敕中书曰：“留此正是兴长病源！”长，丁丈翻，今知两翻。即命击碎；仍检按有何异物，皆随此例。每曰：“使我治天下十年，治，直之翻。当使黄金与土同价。”

4 乙丑，以褚渊录尚书事，王俭为侍中、尚书令，车骑将军张敬儿开府仪同三司。丁卯，以前将军王奂为尚书左仆射。庚午，以豫章王嶷为太尉。骑，奇寄翻。嶷，鱼力翻。

5 庚辰，魏主临虎圈，圈，求远翻。诏曰："虎狼猛暴，取捕之日，每多伤害；既无所益，损费良多，从今勿复捕贡。"复，扶又翻。

6 夏，四月，庚寅，上大行谥曰高皇帝，庙号太祖。丙午，葬泰安陵。在晋陵武进县，上考承之先葬于此，所谓武进陵也。

7 辛卯，追尊穆妃为皇后。建元二年，太子妃裴氏卒，谥曰穆。六月，甲申朔，立南郡王长懋为皇太子。丙申，立太子妃王氏。妃，琅邪人也。妃，王韶之之孙。封皇子闻喜公子良为竟陵王，临汝公子卿为庐陵王，应城公子敬为安陆王，临汝县属汝南郡。萧子显齐志，应城县属安陆郡。江陵公子懋为晋安王，枝江公子隆为随郡王，子真为建安王，皇孙昭业为南郡王。

8 司徒褚渊寝疾，自表逊位，世祖不许。书新君庙号，以别大行。渊固请恳切，癸卯，以渊为司空，领骠骑将军，侍中、录尚书如故。骠，匹妙翻。骑，奇寄翻。

9 秋，七月，魏发州郡五万人治灵丘道。灵丘道，自代郡灵丘南越大山至中山，即古之飞狐道也。治，直之翻。

10 吏部尚书济阳江谧，济，子礼翻。性谄躁，躁，则到翻。太祖殂，谧恨不豫顾命；上即位，谧又不迁官；以此怨望、诽谤。会上不豫，谧诣豫章王嶷请间，曰：嶷，鱼力翻。"至尊非起疾，东宫又非才，公今欲作何计？"上知之，使御史中丞沈冲奏谧前后罪恶，庚寅，赐谧死。沈攸之之反，江谧建假黄钺之议，以此位通显。既以谄躁徼幸，则以谄躁致祸亦宜也。

11 癸卯，南康文简公褚渊卒，世子侍中贲耻其父失节，服除，遂不仕，以爵让其弟蓁，屏居墓下终身。蓁，侧诜翻。屏，必郢翻。

12 九月，丁巳，以国哀罢国子学。

13 氐王杨文弘卒，诸子皆幼，乃以兄子后起为嗣。九月，辛酉，魏以后起为武都王，文弘子集始为白水太守。五代史志：武都郡建威县，魏置白水郡，唐贞观初，省建威入将利县。既而集始自立为王，后起击破之。

14 魏以荆州巴、氐扰乱，魏世祖泰延五年置荆州于上洛，领上洛、上庸、魏兴等郡。巴与氐各是一种。以镇西大将军李崇为荆州刺史。崇，显祖之舅子也。将之镇，敕发陕、秦二州兵送之，魏收地形志：太和十一年，置陕州。是年，太和七年也，当考。陕，失冉翻。崇辞曰："边人失和，本怨刺史。今奉诏代之，自然安靖；但须一诏而已，不烦发兵自防，使之怀惧也。"魏朝从之。崇遂轻将数十骑驰至上洛，朝，直遥翻。将，即亮翻。骑，奇寄翻。宣诏慰谕，民夷帖然。崇命边戍掠得齐人者悉还之，由是齐人亦还其生口二百许人，二境交和，无复烽燧之警。复，扶又翻。久之，徙兖州刺史。兖土旧多劫盗，崇命村置一楼，楼皆悬鼓，盗发之处，乱击之；旁村始闻者，以一击为节，次二，次三，俄顷之间，声布百里；皆发人守险要。由是盗发，无不擒获。其后诸州皆效之，自崇始也。

15 辛未，以征南将军王僧虔为左光禄大夫、开府仪同三司，以尚书右仆射王奂为湘州刺史。

16 宋故建平王景素主簿何昌寓、记室王摛及所举秀才刘琎，摛，抽知翻。琎，资辛翻。前后上书陈景素德美，为之讼冤。景素死见一百三十四卷宋苍梧王元徽四年。为，于伪翻。冬，十月，辛丑，诏听以士礼还葬旧茔。琎，瓛之弟也。瓛，胡官翻。

17 十一月，魏高祖将亲祠七庙，命有司具仪法，依古制备牲牢、器服及乐章；自是四时常祀皆举之。

世祖武皇帝上之上 讳赜，字宣远，高帝长子也。

永明元年(癸亥、四八三)

1 春，正月，辛亥，上祀南郊，大赦，改元。

2 诏以边境宁晏，治民之官，普复田秩。宋文帝元嘉二十七年，有魏师，以军兴减百官奉禄。淮南太守诸葛阐求减俸禄，比内百官，于是诸州郡县丞尉并悉同减。至明帝时，军旅不息，府藏空虚，内外百官，并断奉禄。治，直之翻；下同。

3 以太尉豫章王嶷领太子太傅。嶷不参朝务，而常密献谋画，上多从之。嶷，鱼力翻。朝，直遥翻。

4 壬戌，立皇弟锐为南平王，铿为宜都王，皇子子明为武昌王，子罕为南海王。

5 二月，辛巳，以征虏将军杨炅为沙州刺史、阴平王。炅，杨广香之子也。炅，古迥翻，又古惠翻。

6 辛丑，以宕昌王梁弥机为河、凉二州刺史，宕，徒浪翻。邓至王像舒为西凉州刺史。

7 宋末，以治民之官六年过久，乃以三年为断，断，丁乱翻；下专断同。谓之小满；而迁换去来，又不能依三年之制。三月，癸丑，诏，自今一以小满为限。

8 有司以天文失度，请禳之。禳，而羊翻。上曰："应天以实不以文。我克己求治，思隆惠政；若灾眚在我，治，直吏翻。眚，所景翻。禳之何益！"

9 夏，四月，壬午，诏："袁粲、刘秉、沈攸之，虽末节不终，而始诚可录，"皆命以礼改葬。三人死见一百三十四卷宋顺帝升明三年。

10 上之为太子也，自以年长，长，知两翻。与太祖同创大业，晋安王子勋之乱，帝亦起兵；沈攸之反，帝据湓城为众军节度。朝事大小，率皆专断，朝，直遥翻。断，丁乱翻。多违制度。信任左右张景真，景真骄侈，被服什物，僭拟乘舆；被，皮义翻。乘，绳证翻。内外畏之，莫敢言者。

司空谘议荀伯玉，素为太祖所亲厚，谘议，即谘议参军。叹曰：“太子所为，官终不知，岂得畏死，蔽官耳目！我不启闻，谁当启者！”因太子拜陵，拜永安、泰安陵也，皆在武进。密以启太祖。太祖怒，命检校东宫。

太子拜陵还，至方山，晚，将泊舟，建康城东北有方山埭，直渎所经也。据沈瑀传，方山埭在湖熟县界。杜佑曰：东晋至陈，西有石头津，东有方山津，各置津主一人、贼曹一人、直水五人，以检察禁物。宋白曰：丹阳记云：秦始皇凿金陵方山，断处为渎。则今淮水经城中入大江，是曰秦淮。豫章王嶷自东府乘飞燕东迎太子，飞燕，名马也。告以上怒之意。太子夜归，入宫，太祖亦停门籥待之。明日，太祖使南郡王长懋、闻喜公子良宣敕诘责，诘，去吉翻。并示以景真罪状，使以太子令收景真，杀之。太子忧惧，称疾。

月馀，太祖怒不解，昼卧太阳殿，王敬则直入，叩头启太祖曰：“官有天下日浅，太子无事被责，被，皮义翻。人情恐惧；愿官往东宫解释之。”太祖无言。敬则因大声宣旨，装束往东宫，又敕太官设馔，馔，雏恋翻，又雏皖翻。呼左右索舆，索，山客翻。太祖了无动意。敬则索衣被太祖，仍牵强登舆。被，皮义翻。强，其两翻。太祖不得已至东宫，召诸王宴于玄圃。长沙王晃捉华盖，捉亦执也。临川王映执雉尾扇，雉尾扇，编雉尾为之，以障乘舆。闻喜公子良持酒鎗，鎗，楚庚翻，盛酒之器。按太平御览，鎗即铛字；但铛非可持者。南郡王长懋行酒，太子及豫章王嶷、王敬则自捧酒馔，至暮，尽醉乃还。还，从宣翻，又如字。

太祖嘉伯玉忠荩，愈见亲信，军国密事，多委使之，权动朝右。朝，直遥翻。遭母忧，去宅二里许，冠盖已塞路。左率萧景先、侍中王晏共吊之，塞，悉则翻。左率，左卫率也。率，所律翻。

自旦至暮，始得前。比出，饥乏，气息惙然，比，必寐翻。惙，积雪翻，疲乏也。愤悒形于声貌。悒，乙及翻。明日，言于太祖曰：“臣等所见二宫门庭，比荀伯玉宅可张雀罗矣。”门外可设雀罗，用汉书语。师古注曰：“言其寂静无人行也。”晏，敬弘之从子也。王敬弘见用于元嘉中。从，才用翻。

骁骑将军陈胤叔，先亦白景真及太子得失，而语太子皆云“伯玉以闻”。骁，坚尧翻。骑，奇寄翻。语，牛倨翻。太子由是深怨伯玉。

太祖阴有以豫章王嶷代太子之意；而嶷事太子愈谨，嶷，鱼力翻。故太子友爱不衰。

豫州刺史垣崇祖不亲附太子，会崇祖破魏兵，见上太祖建元三年。太祖召还朝，与之密谋。朝，直遥翻。太子疑之，曲加礼待，谓曰：“世间流言，我已豁怀；自今以富贵相付。”崇祖拜谢。会太祖复遣荀伯玉，复，扶又翻。敕以边事，受旨夜发，不得辞东宫；太子以为不尽诚，益衔之。

太祖临终，指伯玉以属太子。属，之欲翻。上即位，崇祖累迁五兵尚书，伯玉累迁散骑常侍。散，悉亶翻。伯玉内怀忧惧，上以伯玉与崇祖善，恐其为变，加意抚之。丁亥，下诏诬崇祖招结江北荒人，欲与伯玉作乱，皆收杀之。

11 庚子，魏主如崞山；崞，音郭。壬寅，还宫。

12 闰月，癸丑，魏主后宫平凉林氏生子恂，后魏分安定郡置平凉郡，领鹑阴、阴密二县。大赦。文明太后以恂当为太子，赐林氏死，自抚养恂。

13 五月，戊寅朔，魏主如武州山石窟佛寺。

14 车骑将军张敬儿好信梦；好，呼到翻。初为南阳太守，其妻尚氏梦一手热如火；及为雍州，梦一胛热；雍，于用翻。胛，音甲。为开府，梦半身热。敬儿意欲无限，常谓所亲曰：“吾妻复梦举体热矣。”复，扶又翻。又自言梦旧村社树高至天，上闻而恶之。恶，乌路翻。垣崇祖死，敬儿内自疑，会有人告敬儿遣人至蛮中货易，货易，即贸易也，以我所有，易我所无。上疑其有异志。会上于华林园设八关斋，释氏之戒：一，不杀生；二，不偷盗；三，不邪淫；四，不妄语；五，不饮酒、食肉；六，不着花鬘璎珞，香油涂身、歌舞倡伎故往观听；七，不得坐高广大床；八，不得过斋后吃食。已上八戒，故为八关。杂录名义云：八戒者，俗众所受一日一夜戒也。谓八戒一斋，通谓八关斋，明以禁防为义也。朝臣皆预，于坐收敬儿。朝，直遥翻。坐，徂卧翻。敬儿脱冠貂投地曰：“此物误我！”丁酉，杀敬儿，并其四子。

敬儿弟恭儿，常虑为兄祸所及，居于冠军，冠军县，自汉以来属南阳郡，唐为邓州临湍县，我朝建隆初废临湍入穰县。冠，古玩翻。未常出襄阳，村落深阻，墙垣重复。敬儿每遣信，辄上马属鞬，重，直龙翻。属，之欲翻。鞬，居言翻，马上盛弓矢之器。然后见之。敬儿败问至，席卷入蛮；卷，读曰捲。后自出，上恕之。

敬儿女为征北谘议参军谢超宗子妇，超宗谓丹杨尹李安民曰：“‘往年杀韩信，今年杀彭越。’尹欲何计！”用汉书薛公语，激发安民，使之作乱也。安民具启之。上素恶超宗轻慢，恶，乌路翻。使兼御史中丞袁彖奏弹超宗，丁巳，收付廷尉，徙越巂，于道赐死。巂，音髓。以彖语不刻切，又使左丞王逡之奏弹彖轻文略奏，挠法容非，挠，奴教翻。彖坐免官，禁锢十年。超宗，灵运之孙；超宗，灵运子凤之子。彖，颛之弟子也。袁颛死于义嘉之难。颛，鱼岂翻。

15 秋，七月，丁丑，魏主及太后如神渊池；魏太和元年，起永乐游观殿于北苑，穿神渊池。甲申，如方山。

16 魏使假员外散骑常侍顿丘李彪来聘。

17 侍中、左光禄大夫、开府仪同三司王僧虔固辞开府，去年，王僧虔除开府。谓兄子俭曰：“汝任重于朝，行登三事；朝，直遥翻。我若复有此授，复，扶又翻；下亦复同。乃是一门有二台司，吾实惧焉。”累年不拜，上乃许之，戊戌，加僧虔特进。俭作长梁斋，制度小过，僧虔视之，不悦，竟不入户；俭即日毁之。

初，王弘与兄弟集会，任子孙戏适。僧达跳下地作虎子；僧绰正坐，采蜡烛珠为凤皇，僧达夺取打坏，亦复不惜；僧虔累十二博棋，既不坠落，亦不重作。重，直龙翻。弘叹曰：“僧达俊爽，当不减人，然恐终危吾家；僧达死见一百二十八卷末世祖大明二年。僧绰当以名义见美；僧虔必为长者，位至公台。”长，知两翻。已而皆如其言。

18 八月，庚申，骁骑将军王洪范自柔然还，经涂三万馀里。经涂，谓所经由之路。王洪范出使事，见高帝建元二年。还，从宣翻，又如字。

19 冬，十月，丙寅，遣骁骑将军刘缵聘于魏，魏主客令李安世主之。主客令即典客令也。魏人出内藏之宝，使贾人鬻之于市。藏，徂浪翻。贾音古。缵曰：“魏金玉大贱，当由山川所出。”安世曰：“圣朝不贵金玉，故贱同瓦砾。”砾，郎狄翻。缵初欲多市，闻其言，内惭而止。缵屡奉使至魏，冯太后遂私幸之。史言冯后淫纵。使，疏吏翻；下同。

20 十二月，乙巳朔，日有食之。

21 癸丑，魏始禁同姓为婚。

22 王俭进号卫将军，参掌选事。选，须绢翻。

23 是岁，省巴州。置巴州见上高帝建元二年。

24 魏秦州刺史于洛侯，性残酷，刑人必【章：甲十一行本“必”作“或”；乙十一行本同；张校同。】断腕，拔舌，断，丁管翻。腕，乌贯翻。分悬四体。合州惊骇，州民王元寿等一时俱反。有司劾奏之，劾，户概翻，又户得翻。魏主遣使至州，于洛侯常刑人处宣告吏民，然后斩之。

齐州刺史韩麒麟，为政尚宽，从事刘普庆说麒麟曰："公杖节方夏，而无所诛斩，何以示威！"麒麟曰："刑罚所以止恶，仁者不得已而用之。今民不犯法，又何诛乎？若必断斩然后可以立威，当以卿应之！"普庆惭惧而起。说，输芮翻。夏，户雅翻。断，丁乱翻。

聂崇岐标点王崇武覆校

资治通鉴卷第一百三十六

端明殿学士兼翰林侍读学士朝散大夫右谏议大夫
充集贤殿修撰提举西京嵩山崇福宫上柱国河内郡 司马光 奉敕编集
开国侯食邑一千八百户食实封六百户赐紫金鱼袋臣

后学天台 胡三省 音注

齐纪二 起阏逢困敦(甲子)，尽屠维大荒落(己巳)，凡六年。

世祖武皇帝上之下

永明二年(甲子、四八四)

1春，正月，乙亥，以后将军柳世隆为尚书右仆射；竟陵王子良为护军将军兼司徒，领兵置佐，镇西州。子良少有清尚，少，诗照翻。倾意宾客，才隽之士，皆游集其门。开西邸，据子良传；西邸在鸡笼山。多聚古人器服以充之。记室参军范云、萧琛、乐安任昉、法曹参军王融、卫军东阁祭酒萧衍、记室参军，掌书记；法曹参军，掌刑法。此皆子良府属也。时王俭为卫将军，辟萧衍为东阁祭酒。自晋以来，公府属，长史之下有东、西阁祭酒。琛，丑林翻。任，音壬。昉，孚往翻。镇西功曹谢朓、朓，土了翻。步兵校尉沈约、扬州秀才吴郡陆倕，校，户教翻。倕，是为翻。并以文学，尤见亲待，号曰八友。法曹参军柳恽、恽，于粉翻。太学博士王僧孺、晋武帝置太学博士、太常博士、国子博士。南徐州秀才济阳江革、革，南徐州所举秀才也。济阳郡时属南徐州。济，子礼翻。尚书殿中郎范缜、魏、晋以来，尚书诸曹，殿中郎为诸曹之首。缜，章忍翻。会稽孔休源亦预焉。

会，工外翻。琛，惠开之从子；萧惠开见一百三十一卷宋明帝泰始元年、二年。从，才用翻；下同。恽，元景之从孙；融，僧达之孙；柳元景以武功显于宋文、武二朝。王僧达以世资才俊进。衍，顺之之子；萧顺之，太祖族弟。朓，述之孙；约，璞之子；僧孺，雅之曾孙；谢述见一百二十三卷宋文帝元嘉十七年。沈璞守盱眙有功，见元嘉二十七年；孝武孝建之初，以不迎义师戮。王雅见一百七卷晋孝武太元十五年。缜，云之从兄也。缜，章忍翻。

子良笃好释氏，招致名僧，讲论佛法，道俗之盛，江左未有。或亲为众僧赋食、行水，好，呼到翻。为，于伪翻。赋，分畀也。世颇以为失宰相体。

范缜盛称无佛。子良曰："君不信因果，释氏有因缘果报之说。何得有富贵、贫贱？"缜曰："人生如树花同发，随风而散：或拂帘幌坠茵席之上，幌，呼广翻。或关篱墙落粪溷之中。坠茵席者，殿下是也；落粪溷者，下官是也。贵贱虽复殊途，复，扶又翻。因果竟在何处！"子良无以难。难，乃旦翻；下难之同。缜又著神灭论，以为："形者神之质，神者形之用也。神之于形，犹利之于刀；未闻刀没而利存，岂容形亡而神在哉！"此论出，朝野喧哗，难之终不能屈。朝，直遥翻。太原王琰著论讥缜曰："呜呼范子！曾不知其先祖神灵所在！"欲以杜缜后对。缜对曰："呜呼王子！知其先祖神灵所在而不能杀身以从之！"子良使王融谓之曰："以卿才美，何患不至中书郎；而故乖剌为此论，中书郎，即谓中书侍郎也。剌，来葛翻。甚可惜也！宜急毁弃之。"缜大笑曰："使范缜卖论取官，已至令、仆矣，令、仆，谓尚书令及两仆射。何但中书郎邪！"

萧衍好筹略，有文武才干，好，呼到翻。王俭深器异之，曰："萧郎出三十，贵不可言。"萧衍事始此。

2 壬寅，以柳世隆为尚书左仆射，丹杨尹李安民为右仆射，王俭领丹杨尹。

3 夏，四月，甲寅，魏主如方山；戊午，还宫；庚申，如鸿池；鸿池即旋鸿池也。水经注：凉城郡旋鸿县东山下，水积成池，东西二里，南北四里。又太祖天兴二年，穿鸿雁池于平城。丁卯，还宫。

4 五月，甲申，魏遣员外散骑常侍李彪等来聘。散，悉亶翻。骑，奇寄翻。

5 六月，壬寅朔，中书舍人吴兴茹法亮封望蔡男。康曰：茹，人诸切，姓也。望蔡县属豫章郡。沈约曰：汉灵帝中平中，汝南上蔡民分徙此城立县，名曰上蔡，晋武帝太康元年，更名望蔡。宋白曰：望蔡县本汉建成县，灵帝分置上蔡县，晋武帝以上蔡人思本土，改为望蔡，今为高安县，瑞州治所。时中书舍人四人，各住一省，谓之“四户”，以法亮及临海吕文显等为之；既总重权，势倾朝廷，守宰数迁换去来，四方饷遗，岁数百万。法亮尝于众中语人曰：“何须求外禄！此一户中，年办百万。”盖约言之也。数，所角翻。遗，于季翻。语，牛倨翻。李延寿曰：中书所司，掌在机务。汉元以令、仆用事，魏明以监、令专权。至宋孝武以来，士庶杂选，及明帝世，胡母颢、阮佃夫之徒，专为佞幸矣。齐初亦用久劳及以亲信关谳表启，发署诏敕，颇涉辞翰，亦为诏文，侍郎之局复见侵矣。建武诏命，始不关中书，专出舍人。省内舍人四人，所直四省。据此，四户，则舍人分住四省，自法亮等始。后因天文有变，王俭极言“文显等专权徇私，上天见异，祸由四户。”见，贤遍翻。上手诏酬答，而不能改也。

6 魏旧制：户调帛二匹，絮二斤，丝一斤，谷二十斛；又入帛一匹二丈，委之州库，以供调外之费；所调各随土之所出。丁卯，诏曰：“置官班禄，行之尚矣；自中原丧乱，兹制中绝。朕宪章旧典，始班俸禄。户增调帛三匹，谷二斛九斗，以为官司之禄；增调外帛二匹。禄行之后，赃满一匹者死。变法改度，宜为更始，调，徒吊翻。俸，扶用翻。更，工衡翻。其大赦天下。”

7 秋，七月，甲申，立皇子子伦为巴陵王。

8 乙未，魏主如武州山石窟寺。

9 九月，魏诏，班禄以十月为始，季别受之。三月为一季。旧律，枉法十匹，义赃二十匹，罪死；至是，义赃一匹，枉法无多少，皆死。枉法，谓受赇枉法而出入人罪者。义赃，谓人私情相馈遗，虽非乞取，亦计所受论赃。仍分命使者，纠按守宰之贪者。

秦、益二州刺史恒农李洪之以外戚贵显，魏显祖、高祖皆李氏出也。魏避显祖讳，改弘农为恒农。为治贪暴，治，直吏翻。班禄之后，洪之首以赃败。魏主命锁赴平城，集百官亲临数之；数，所具翻，数其罪也。犹以其大臣，听在家自裁。自馀守宰坐赃死者四十馀人。受禄者无不跼蹐，跼，音局。蹐，音脊。赇赂殆绝。然吏民犯他罪者，魏主率宽之，疑罪奏谳多减死徙边，岁以千计。都下决大辟，岁不过五六人；州镇亦简。谳，鱼列翻，又鱼蹇翻。

久之，淮南王佗【张：“佗”作“陀”。】奏请依旧断禄，辟，毗亦翻。断，丁管翻。文明太后召群臣议之。中书监高闾以为：“饥寒切身，慈母不能保其子。今给禄，则廉者足以无滥，贪者足以劝慕；不给，则贪者得肆其奸，廉者不能自保。淮南之议，不亦谬乎！”诏从闾议。

闾又上表，以为：“北狄悍愚，同于禽兽。悍，侯旰翻，又下罕翻。所长者野战，所短者攻城。北狄，指蠕蠕也。若以狄之所短夺其所长，则虽众不能成患，虽来不能深入。又，狄散居野泽，随逐水草，战则与家业并至，奔则与畜牧俱逃，不赍资粮而饮食自足，是以历代能为边患。六镇势分，倍众不斗，谓敌人众力加倍，则镇人不敢斗也。互相围逼，难以制之。请依秦、汉故事，于六镇之北筑长城，魏世祖破蠕蠕，列置降人于漠南，东至濡源，西暨五原阴山，竟三千里，分为六镇，今武川、抚冥、怀朔、怀荒、柔玄、御夷也。下云六镇东西不过千里，则当自代都北塞而东至濡源耳。杜佑曰：后魏六镇并在马邑、云中单于府界。择要害之地，往往开门，造小城于其侧，置兵扞守。狄既不攻城，野掠无获，草尽则走，终必惩艾。计六镇东西不过千里，一夫一月之功可城三步之地，强弱相兼，不过用十万人，一月可就；虽有暂劳，可以永逸。凡长城有五利：罢游防之苦，一也；北部放牧无抄掠之患，二也；抄，楚交翻。登城观敌，以逸待劳，三也；息无时之备，四也；岁常游运，游，行也；行运刍粮以实塞下。永得不匮，五也。”魏主优诏答之。

10 冬，十月，丁巳，以南徐州刺史长沙王晃为中书监。初，太祖临终，以晃属帝，使处于辇下或近藩，属，之欲翻。处，昌吕翻。勿令远出。且曰：“宋氏若非骨肉相残，他族岂得乘其弊！汝深诫之！”旧制：诸王在都，唯得置捉刀左右四十人。捉刀，执刀以卫左右者也。晃好武饰，及罢南徐州，私载数百人仗还建康，为禁司所觉，投之江水。禁司，主防禁诸王。好，呼到翻；下同。帝闻之，大怒，将纠以法，豫章王嶷叩头流涕曰：“晃罪诚不足宥；陛下当忆先朝念晃。”帝亦垂泣，由是终无异意，然亦不被亲宠。论者谓帝优于魏文，减于汉明。魏文防禁任城、陈诸王。汉明友爱东海、东平诸王。嶷，鱼力翻。朝，直遥翻。被，皮义翻。

武陵王晔多材艺而疏悻，悻，直也，狠也，音胡顶翻。亦无宠于帝。尝侍宴，醉伏地，貂抄肉柈。抄，楚交翻。柈，薄官翻。帝笑曰：“肉污貂。”污，乌故翻。对曰：“陛下爱羽毛而疏骨肉。”帝不悦。晔轻财好施，施，式智翻。故无蓄积；名后堂山曰“首阳”，盖怨贫薄也。

11 高丽王琏遣使入贡于魏，亦入贡于齐。时高丽方强，魏置诸国使邸，齐使第一，高丽次之。丽，力知翻。使，疏吏翻；下同。

12 益州大度獠恃险骄恣，水经注：南安县有濛水，即大度水，东入于江。寰宇记：大度河自吐蕃界经雅州诸部落，至黎州东界，流入通望界。獠，鲁皓翻。前后刺史不能制。及陈显达为刺史，遣使责其租赕。赕，吐滥翻。夷人以财赎罪曰赕。獠帅曰："两眼刺史尚不敢调我，帅，所类翻。调，徒吊翻。况一眼乎！"遂杀其使。显达分部将吏，声言出猎，夜，往袭之，男女无少长皆斩之。分，扶问翻。将，即亮翻；下同。少，诗照翻。长，知两翻。

晋氏以来，益州刺史皆以名将为之。十一月，丁亥，帝始以始兴王鉴为督益·宁诸军事、益州刺史，征显达为中护军。先是，劫帅韩武方聚党千馀人断流为暴，先，悉荐翻。断，丁管翻。郡县不能禁。鉴行至上明，武方出降，降，户江翻；下同。长史虞悰等咸请杀之。悰，徂宗翻。鉴曰："杀之失信，且无以劝善。"乃启台而宥之，于是巴西蛮夷为寇暴者皆望风降附。鉴时年十四，行至新城，新城，今房州。道路籍籍，云"陈显达大选士马，不肯就征。"乃停新城，遣典签张昙皙往观形势。俄而显达遣使诣鉴，咸劝鉴执之。鉴曰："显达立节本朝，必自无此。"昙，徒含翻。皙，先击翻。使，疏吏翻。朝，直遥翻；下同。居二日，昙皙还，具言"显达已迁家出城，日夕望殿下至。"于是乃前。鉴喜文学，喜，许记翻。器服如素士，蜀人悦之。

13 乙未，魏员外散骑常侍李彪等来聘。散，悉亶翻。骑，奇寄翻。考异曰：齐纪："十二月庚申，虏使李道固至。"今从后魏帝纪。

14 是岁，诏增豫章王嶷封邑为四千户。宋元嘉之世，诸王入斋阁，得白服、裙帽见人主；宋、齐之间，制高屋帽、下裙盖。裙，渠云翻。见，贤遍翻。唯出太极四厢，乃备朝服。太极殿，前殿也，有四厢。自后此制遂绝。上于嶷友爱，宫中曲宴，听依元嘉故事。嶷固辞不敢，唯车驾至其第，乃白服、乌纱帽以侍宴。至于衣服、器用制度，动皆陈启，事无专制，务从减省。上并不许。嶷常虑盛满，求解扬州，以授竟陵王子良。上终不许，曰："毕汝一世，无所多言。"嶷长七尺八寸，善修容范，文物卫从，礼冠百僚，长，直亮翻。从，才用翻。冠，古玩翻。每出入殿省，瞻望者无不肃然。

15 交州刺史李叔献既受命，命叔献为交州刺史，见上卷太祖建元元年。而断割外国贡献；上欲讨之。断，丁管翻。

三年（乙丑、四八五）

1 春，正月，丙辰，以大司农刘楷为交州刺史，发南康、庐陵、始兴兵以讨叔献。叔献闻之，遣使乞更申数年，献十二队纯银兜鍪及孔雀毦；毦，仍吏翻，以孔雀毛为饰也。上不许。叔献惧为楷所袭，间道自湘州还朝。不敢取道南康、始兴，避刘楷之兵故也。间，古苋翻。

2 戊寅，魏诏曰："图谶之兴，出于三季，三代之季也。谶，楚谮翻。既非经国之典，徒为妖邪所凭。自今图谶、秘纬，一皆焚之，妖，于遥翻。纬，于贵翻。留者以大辟论！"律，凡言以论者，罪同真犯。辟，毗亦翻。又严禁诸巫觋及委巷卜筮非经典所载者。直曰街，曲曰巷。委，即曲也。郑玄曰：委巷，犹街里委曲所为也。觋，刑狄翻。

3 魏冯太后作皇诰十八篇，癸未，大飨群臣于太华殿，班皇诰。魏高宗兴光四年起太华殿。

4 辛卯，上祀南郊，大赦。

5 诏复立国学；罢国学见上卷高帝建元四年。李延寿曰：江左草创，日不暇给，以迄宋、齐，国学时或开置，而劝课未博，建之不能十年，盖取文具而已。复，扶又翻。释奠先师用上公礼。

6 二月，己亥，魏制皇子皇孙有封爵者，岁禄各有差。

7 辛丑，上祭北郊。

8 三月，丙申，魏封皇弟禧为咸阳王，干为河南王，羽为广陵王，雍为颍川王，勰为始平王，勰，音协。详为北海王。自禧以下皆魏主之弟。文明太后令置学馆，选师傅以教诸王。勰于兄弟最贤，敏而好学，善属文，好，呼到翻。属，之欲翻。魏主尤奇爱之。

9 夏，四月，癸丑，魏主如方山；甲寅，还宫。

10 初，宋太宗置总明观以集学士，亦谓之东观。上以国学既立，五月，乙未，省总明观。时王俭领国子祭酒，诏于俭宅开学士馆，以总明四部书充之。分经、史、子、集为甲、乙、丙、丁四部。又据宋纪：明帝泰始六年立总明观，征学士以充之；举士二十人，分为儒、道、文、史、阴阳五部学，言阴阳者遂无其人。然则四部书者，其儒、道、文、史之书欤！观，古玩翻。又诏俭以家为府。

自宋世祖好文章，士大夫悉以文章相尚，无以专经为业者。俭少好礼学及春秋，言论造次必于儒者，好，呼到翻。造，七到翻。由是衣冠翕然，更尚儒术。俭撰次朝仪、国典，自晋、宋以来故事，无不谙忆，忆，记也。朝，直遥翻；下同。谙，乌含翻。故当朝理事，断决如流。每博议引证，八坐、丞、郎无能异者。八坐、丞、郎，自八坐至左右丞、诸曹郎也。断，丁乱翻。坐，徂卧翻。令史谘事常数十人，宾客满席，俭应接辨析，傍无留滞，发言下笔，皆有音彩。十日一还学监试诸生，巾卷在庭，监，工衔翻。卷，巨员翻，冠武也。郑注礼记云：武冠，卷也，音起权翻。剑卫、令史，仪容甚盛。作解散髻，据南史俭传作"解散帻"。萧子显齐书作"解散髻，斜插帻簪"。斜插簪；朝野慕之，相与仿效。俭常谓人曰："江左风流宰相，唯有谢安。"意以自比也。上深委仗之，士流选用，奏无不可。

11 六月，庚戌，〔魏〕进河南王度易侯为车骑将军，遣给事中吴兴丘冠先使河南，并送柔然使。骑，奇寄翻。冠，古玩翻。使，疏吏翻。

12 辛亥，魏主如方山；丁巳，还宫。

13 秋，七月，癸未，魏遣使拜宕昌王梁弥机兄子弥承为宕昌王。宕，徒浪翻。考异曰：齐书，是岁八月丁巳，以行宕昌王梁弥颉为河、梁二州刺史。六年五月甲午，以弥承为河、凉二州刺史。今从魏书。初，弥机死，子弥博立，为吐谷浑所逼，奔仇池。吐，从暾入声。谷，音浴。仇池镇将穆亮以弥机事魏素厚，矜其灭亡；弥博凶悖，所部恶之；将，即亮翻。悖，蒲内翻，又蒲没翻。恶，乌路翻。弥承为众所附，表请纳之。诏许之。亮帅骑三万军于龙鹄，龙鹄，盖即龙涸也，在甘松界，宇文氏于此置龙涸防，隋为扶州嘉诚县，唐为松州。杜佑曰：龙涸城，吐谷浑南界也，去成都千馀里。周武帝天和初，其王率众降，以为扶州。帅，读曰率。骑，奇寄翻。击走吐谷浑，立弥承而还。还，从宣翻，又如字。亮，崇之曾孙也。穆崇见一百一十一卷晋安帝隆安三年。

14 戊子，魏主如鱼池，魏太宗永登五年，穿鱼池于平城北苑。登青原冈；甲午，还宫；八月，己亥，如弥泽；甲寅，登牛头山；甲子，还宫。

15 魏初，民多荫附；荫附者，自附于豪强之家以求荫庇。荫附者皆无官役，而豪强征敛倍于公赋。敛，力赡翻。给事中李安世上言："岁饥民流，田业多为豪右所占夺；占，之赡翻。虽桑井难复，桑井，谓古者井田之制，五亩之宅，树墙下以桑也。宜更均量，使力业相称。又，所争之田，宜限年断，量，音良。称，尺证翻。断，丁乱翻。事久难明，悉归今主，以绝诈妄。"魏主善之，由是始议均田。冬，十月，丁未，诏遣使者循行州郡，行，下孟翻。与牧守均给天下之田：守，式又翻。诸男夫十五以上受露田四十亩，妇人二十亩，杜佑通典注曰：不栽树者谓之露田。奴婢依良丁；良丁，谓良人成丁者。牛一头，受田三十亩，限止四牛。所授之田，率倍之；三易之田，再倍之，以供耕作及还受之盈缩。倍之者，合受四十亩，授以八十亩。此一易之田也。三易之田，三年耕然后复故，故再倍以授之。人年及课则受田，老免及身没则还田。奴婢、牛随有无以还受。初受田者，男夫给二十亩，课种桑五十株；桑田皆为世业，身终不还。恒计见口，有盈者无受无还，不足者受种如法，盈者得卖其盈。恒，户登翻。见，贤遍翻。口分、世业之法始此。诸宰民之官，各随近给公田有差，更代相付；更，工衡翻。卖者坐如律。

16 辛酉，魏魏郡王陈建卒。

17 魏员外散骑常侍李彪等来聘。

18 十二月，乙卯，魏以侍中淮南王佗为司徒。

19 柔然犯魏塞，魏任城王澄帅众拒之，柔然遁去。澄，云之子也。任城王云见一百三十三卷宋明帝泰始七年。任，音壬。帅，读曰率。氐、羌反，诏以澄为都督梁·益·荆三州诸军事、梁州刺史。魏高祖始置梁、益二州于仇池。澄至州，讨叛柔服，氐、羌皆平。

20 初，太祖命黄门郎虞玩之等检定黄籍。见上卷太祖建元二年。上即位，别立校籍官，置令史，限人一日得数巧。巧，谓奸伪也。既连年不已，民愁怨不安。外监会稽吕文度外监，属中领军。而亲任过于领军。会，工外翻。启上，籍被却者悉充远戍，被，皮义翻。民多逃亡避罪。富阳民唐寓之因以妖术惑众作乱，攻陷富阳，富阳，即汉富春县也，本属会稽，后属吴郡；晋简文郑太后讳春，孝武改曰富阳。妖，于骄翻。三吴却籍者奔之，众至三万。

文度与茹法亮、吕文显皆以奸谄有宠于上。茹，音如。文度为外监，专制兵权，领军守虚位而已。法亮为中书通事舍人，权势尤盛。王俭常曰："我虽有大位，权寄岂及茹公邪！"

21 是岁，柔然部真可汗卒，子豆仑立，可，从刊入声。汗，音寒。仑，卢昆翻。号伏名敦可汗，魏收曰：伏名敦，魏言恒也。改元太平。

四年（丙寅、四八六）

1 春，正月，癸亥朔，魏高祖朝会，始服衮冕。史言魏孝文用夏变夷。朝，直遥翻。

2 壬午，柔然寇魏边。

3 唐寓之攻陷钱唐，吴郡诸县令多弃城走。寓之称帝于钱唐，立太子，置百官；遣其将高道度等攻陷东阳，将，即亮翻。杀东阳太守萧崇之。崇之，太祖族弟也。又遣其将孙泓寇山阴，至浦阳江；据水经注，浦阳江，即今曹娥江也。水发剡溪，皆西流，至曹娥镇始折而东，流入海。浃口戍主汤休武击破之。浃，即叶翻。上发禁兵数千人，马数百匹，东击寓之。台军至钱唐，寓之众乌合，畏骑兵，骑，奇寄翻。一战而溃，擒斩寓之，进平诸郡县。

台军乘胜，颇纵抄掠。抄，楚交翻。军还，还，从宣翻，又如字。上闻之，【章：十二行本"之"下有"丁酉"二字；乙十一行本同；孔本同；张校同。】收军主前军将军陈天福弃市；左军将军刘明彻免官、削爵，付东冶。建康有东西二冶，今冶城即其地，亦曰东冶亭。天福，上宠将也，将，即亮翻。既伏诛，内外莫不震肃。使通事舍人丹阳刘系宗随军慰劳，劳，力到翻。遍至遭贼郡县，百姓被驱逼者悉无所问。

4 闰月，癸巳，立皇子子贞为邵陵王，皇孙昭文为临汝公。

5 氐王杨后起卒，丁未，诏以白水太守杨集始为北秦州刺史、武都王。集始，文弘之子也。后起弟后明为白水太守。魏亦以集始为武都王。集始入朝于魏，朝，直遥翻。魏以为南秦州刺史。

6 辛亥，帝耕籍田。

7 二月，己未，立皇弟銶为晋熙王，銶，音求。铉为河东王。

8 魏无乡党之法，唯立宗主督护；民多隐冒，三五十家始为一户。内秘书令李冲上言：秘书省在禁中，故谓之内秘书令，亦谓之中秘。上，时掌翻。"宜准古法：五家立邻长，五邻立里长，五里立党长，取乡人强谨者为之。邻长复一夫，里长二夫，党长三夫，长，知两翻。复，方目翻。三载无过，则升一等。其民调，一夫一妇，帛一匹，粟二石。大率十匹为公调，二匹为调外费，三匹为百官俸。此外复有杂调。调，徒吊翻。俸，扶用翻。复，扶又翻。民年八十已上，听一子不从役。孤独、癃老、笃疾、贫穷不能自存者，三长内迭养食之。”食，读曰饲。书奏，诏百官通议。中书令郑羲等皆以为不可。太尉丕曰：“臣谓此法若行，于公私有益。但方有事之月，校比户口，民必劳怨。请过今秋，至冬乃遣使者，于事为宜。”冲曰：“‘民可使由之，不可使知之。’论语孔子之言。若不因调时，调时，所谓调课之月。民徒知立长校户之勤，未见均傜省赋之益，心必生怨。宜及调课之月，令知赋税之均，既识其事，又得其利，行之差易。”易，以豉翻。群臣多言：“九品差调，为日已久，九品，上中下各分为三品，事见一百三十二卷宋明帝泰始五年。一旦改法，恐成扰乱。”文明太后曰：“立三长则课调有常准，苞荫之户可出，侥幸之人可止，何为不可！”侥，坚尧翻。甲戌，初立党、里、邻三长，定民户籍。民始皆愁苦，豪强者尤不愿。既而课调省费十馀倍，上下安之。

9 三月，丙申，柔然遣使者牟提如魏。时敕勒叛柔然，柔然伏名敦可汗自将讨之，追奔至西漠。西漠者，大漠之西偏也。将，即亮翻。魏左仆射穆亮等请乘虚击之，中书监高闾曰：“秦、汉之世，海内一统，故可远征匈奴。今南有吴寇，何可舍之深入虏庭！”魏主曰：“‘兵者凶器，圣人不得已而用之。’老子之言。先帝屡出征伐者，以有未宾之虏故也。今朕承太平之业，奈何无故动兵革乎！”厚礼其使者而归之。

10 夏，四月，辛酉朔，魏始制五等公服；甲子，初以法服、御辇祀南郊。公服，朝廷之服；五等，朱、紫、绯、绿、青。法服，衮冕以见郊庙之服。

11 癸酉，魏主如灵泉池；魏于方山之南起灵泉宫，引如浑水为灵泉池，东西一百步，南北二百步。戊寅，还宫。

12 湘州蛮反，刺史吕安国有疾不能讨；丁亥，以尚书左仆射柳世隆为湘州刺史，讨平之。

13 六月，辛酉，魏主如方山。考异曰：魏帝纪，是日幸方山。七月戊戌又云幸方山，皆不言还宫。盖阙文耳。

14 己卯，魏文明太后赐皇子恂名，大赦。

15 秋，七月，戊戌，魏主如方山。

16 八月，乙亥，魏给尚书五等爵已上朱衣，玉佩，大小组绶。组绶者，组织以成绶。郑玄曰：绶所以贯佩玉，相承受者也。汉制：印绶先合单纺为一系，四系为一扶，五扶为一首，五首成一文，文采淳为一圭。首多者系细；少者系粗，皆广一尺六寸。组，则古翻。绶，音受。

17 九月，辛卯，魏作明堂、辟雍。

18 冬，十一月，魏议定民官依户给俸。以所领民户之多少为给俸之差也。

19 十二月，柔然寇魏边。

20 是岁，魏改中书学曰国子学。魏先置中书博士及中书学生，今改曰国子学，从晋制也。分置州郡，凡三十八州，二十五在河南，十三在河北。河南二十五州，青、南青、兖、齐、济、光、豫、洛、徐、东徐、雍、秦、南秦、梁、益、荆、凉、河、沙，时又置华、陕、夏、岐、班、郢，凡二十五。河北十三州，司、并、肆、定、相、冀、幽、燕、营、平、安，时又置瀛、汾，凡十三。萧子显曰：雍、凉、秦、沙、泾、华、岐、河、西华、宁、陕、洛、荆、郢、北豫、东荆、南豫、西兖、东兖、南徐、东徐、青、齐、济、光二十五州在河南，相、汾、怀、东雍、肆、定、瀛、朔、并、冀、幽、平、司等十三州在河北。

五年（丁卯、四八七）

1 春，正月，丁亥朔，魏主诏定乐章，非雅者除之。

2 戊子，以豫章王嶷为大司马，竟陵王子良为司徒，临川王映、卫将军王俭、中军将军王敬则并加开府仪同三司。子良启记室范云为郡，上曰："闻其常相卖弄，朕不复穷法，当宥之以远。"复，扶又翻。子良曰："不然。云动相规诲，谏书具存。"遂取以奏，凡百馀纸，辞皆切直。上叹息，谓子良曰："不谓云能尔；方使弼汝，何宜出守！"守，式又翻。文惠太子尝出东田观获，时太子作东田于东宫之东，绵亘华远，壮丽极目。又齐纪：太子立楼馆于钟山下，号曰东田。顾谓众宾曰："刈此亦殊可观。"众皆曰："唯唯。"唯，于癸翻。云独曰："三时之务，实为长勤。三时之务，谓春耕、夏耘、秋获也。伏愿殿下知稼穑之艰难，无徇一朝之宴逸！"

3 荒人桓天生自称桓玄宗族，与雍、司二州蛮相扇动，雍，于用翻。据南阳故城，请兵于魏，将入寇。丁酉，诏假丹杨尹萧景先节，总帅步骑，直指义阳，司州诸军皆受节度；帅，读曰率。骑，奇寄翻。又假护军将军陈显达节，帅征虏将军戴僧静等水军向宛、叶，宛，於元翻。叶，式涉翻。雍、司诸军皆受显达节度，以讨之。

4 魏光禄大夫咸阳文公高允，历事五帝，太武、景穆、文成、献文及高祖为五帝。出入三省，三省，尚书省、中书省、秘书省也。五十馀年，未尝有谴；冯太后及魏主甚重之，常命中黄门苏兴寿扶侍。允仁恕简静，虽处贵重，处，昌吕翻。情同寒素；执书吟览，昼夜不去手；诲人以善，恂恂不倦；杨中立曰：恂恂，一于诚也。朱元晦曰：恂恂，信实之貌。笃亲念故，无所遗弃。显祖平青、徐，悉徙其望族于代，事见一百三十二卷宋明帝泰始五年。其人多允之婚媾，流离饥寒；允倾家赈施，赈，之忍翻。施，式智翻。咸得其所，又随其才行，荐之于朝。行，下孟翻。朝，直遥翻。议者多以初附间之，间，古苋翻。允曰："任贤使能，何有新旧！必若有用，岂可以此抑之！”允体素无疾，至是微有不适，犹起居如常，数日而卒，年九十八；赠侍中、司空，赙襚甚厚。布帛曰赙，衣被曰襚。赙，音附。襚，徐醉翻。魏初以来，存亡蒙赉，皆莫及也。

5 桓天生引魏兵万馀人至沘阳，汉沘阳县属南阳郡。应劭曰：沘水所出。魏太和中置东荆州于沘阳故城。宋白曰：今唐州沘阳县即州故城。九域志：沘阳县在唐州东北七十五里。陈显达遣戴僧静等与战于深桥，戴僧静传，深桥距沘阳四十里。沘，音比。大破之，杀获万计。天生退保沘阳，僧静围之，不克而还。还，从宣翻，又如字。荒人胡丘生起兵悬瓠以应齐，魏人击破之，丘生来奔。天生又引魏兵寇舞阴，舞阴戍主殷公愍拒击，破之，杀其副张麒麟，天生被创退走。被，皮义翻。创，初良翻。三月，丁未，以陈显达为雍州刺史。雍，于用翻。显达进据舞阳城。

6 夏，五月，壬辰，魏主如灵泉池。

7 癸巳，魏南平王浑卒。

8 甲午，魏主还平城。诏复七庙子孙及外戚缌麻服已上，赋役无所与。复，方目翻。七庙子孙，自太祖已下。缌麻，三月服。五服至缌麻而服尽。与，读曰预。

9 魏南部尚书公孙邃、上谷公张儵帅众与桓天生复寇舞阴，殷公愍击破之；儵，式竹翻。帅，读曰率。复，扶又翻。考异曰：齐书魏虏传云：“伪安南将军辽东公、平南将军上谷公又攻舞阴。”魏书帝纪云：“诏南部尚书公孙文庆、上谷公张伏干南讨舞阴，”按公孙邃传，“邃字文庆，与内都幢将上谷公张儵讨萧赜舞阴戍。”盖伏干亦儵字也。天生还窜荒中。邃，表之孙也。公孙表事魏明元为将。

魏春夏大旱，代地尤甚；加以牛疫，民馁死者多。六月，癸未，诏内外之臣极言无隐。齐州刺史韩麒麟上表曰：“古先哲王，储积九稔；古者，三年耕，馀一年食；九年耕，馀三年食。以三十年之通制国用，则当有九年之蓄。国无九年之蓄曰不足，无六年之蓄曰急，无三年之蓄曰国非其国也。稔，而廪翻。逮于中代，亦崇斯业，入粟者与斩敌同爵，力田者与孝悌均赏。汉令民入粟拜爵。又有孝悌力田之科。今京师民庶，不田者多，游食之口，参分居二。自承平日久，丰穰积年，竞相矜夸，遂成侈俗。贵富之家，童妾袨服，袨，黄练翻；袨服，美衣也。工商之族，仆隶玉食；张晏曰：玉食，珍食也。而农夫阙糟糠，蚕妇乏短褐。故令耕者日少，少，诗沼翻；下同。田有荒芜；谷帛罄于府库，宝货盈于市里；衣食匮于室，丽服溢于路。饥寒之本，实在于斯。愚谓凡珍异之物，皆宜禁断；断，丁管翻。吉凶之礼，备为格式；劝课农桑，严加赏罚。数年之中，必有盈赡。往年校比户贯，毛晃曰：贯，乡籍也。租赋轻少。臣所统齐州，租粟才可给俸，略无入仓，俸，扶用翻。虽于民为利而不可长久，脱有戎役，或遭天灾，恐供给之方，无所取济。可减绢布，增益谷租；年丰多积，岁俭出赈。岁入约少为俭。赈，之忍翻；下同。所谓私民之谷，寄积于官，官有宿积，则民无荒年矣。”宿积，子智翻。秋，七月，己丑，诏有司开仓赈贷，听民出关就食。魏都平城，郊畿之外，置关于要路以讥征。遣使者造籍，分遣去留，所过给粮廪，所至三长赡养之。

10 柔然伏名敦可汗残暴，可，从刊入声。汗，音寒。其臣侯医垔石洛候数谏止之，垔，伊真翻。数，所角翻。且劝其与魏和亲。伏名敦怒，族诛之，由是部众离心。八月，柔然寇魏边，魏以尚书陆叡为都督，击柔然，大破之。叡，丽之子也。陆丽，陆俟之子，于乙浑之难死也。

初，高车阿伏至罗有部落十馀万，役属柔然。伏名敦之侵魏也，阿伏至罗谏，不听。阿伏至罗怒，与从弟穷奇帅部落西走，至前部西北，从，才用翻。帅，读曰率。前部，汉车师前王地也。自立为王。考异曰：魏书高车传云在太和十一年，蠕蠕在十六年。今从高车传。按蠕蠕下当有“传”字。国人号曰“候娄匐勒”，夏言天子也；号穷奇曰“候倍”，夏言太子也。夏言，谓中华之言。夏，户雅翻。二人甚亲睦，分部而立。阿伏至罗居北，穷奇居南。伏名敦追击之，屡为阿伏至罗所败，乃引众东徙。史言柔然浸衰。败，补迈翻。

11 九月，【严：“九月”改“冬十月”。】辛未，魏诏罢起部无益之作，起部掌百工之事。书曰：百工起哉。出宫人不执机杼者。冬，十月，【严：“冬十月”改“十一月”。】丁未，又诏罢尚方锦绣、绫罗之工；四民欲造，任之无禁。四民，士、农、工、商也。是时，魏久无事，府藏盈积。诏尽出御府衣服珍宝、太官杂器、太仆乘具、内库弓矢刀钤十分之八，藏，徂浪翻。乘，绳证翻。钤，与钳同，其廉翻，刃也。唐有玉钤卫。外府衣物、缯布、丝纩缯，慈陵翻，帛也。纩，苦谤翻。纩，絮也。非供国用者，以其太半班赉百司，下至工、商、皂隶，逮于六镇边戍，畿内鳏、寡、孤、独、贫、癃，皆有差。刘熙释名曰：无妻曰鳏；忧悒不能寐，目常鳏鳏然。其字从鱼，鱼目常不闭。无夫曰寡；寡，倮也，倮然单独也。无父曰孤；孤，顾也，顾望无所瞻见也。无子曰独；独，鹿也，鹿鹿无所依也。无财曰贫。疲病曰癃。

12 魏秘书令高佑、丞李彪奏请改国书编年为纪、传、表、志；传，直恋翻。魏主从之。佑，允之从祖弟也。十二月，诏彪与著作郎崔光改修国书。光，道固之从孙也。从，才用翻。宋明帝泰始五年崔道固降魏。

魏主问高佑曰：“何以止盗？”对曰：“昔宋均立德，猛虎渡河；卓茂行化，蝗不入境。宋均事见四十五卷汉明帝永平七年。卓茂为密令，教化大行，汉平帝时，天下大蝗，独不入密县界。况盗贼，人也，苟守宰得人，治化有方，止之易矣。”守，式又翻。治，直吏翻。易，以豉翻。佑又上疏言：“今之选举，不采识治之优劣，专简年劳之多少，少，诗沼翻。斯非尽才之谓。宜停此薄艺，弃彼朽劳，唯才是举，则官方斯穆。方，道也。穆，和也，清也。又勋旧之臣，虽年勤可录而才非抚民者，可加之以爵赏，不宜委之以方任，所谓王者可私人以财，不私人以官者也。”王者不私人以官，前汉书佞幸传赞之辞。帝善之。

佑出为西兖州刺史，镇滑台。以郡国虽有学，县、党亦宜有之，乃命县立讲学，党立小学。

六年（戊辰、四八八）

1 春，正月，乙未，魏诏：“犯死刑者，父母、祖父母年老，更无成人子孙，旁无期亲者，具状以闻。”期亲，为之服期者。

2 初，皇子右卫将军子响出继豫章王嶷；嶷，鱼力翻。嶷后有子，表留为世子。子响每入朝，朝，直遥翻。以车服异于诸王，每拳击车壁。上闻之，诏车服与皇子同。于是有司奏子响宜还本。三月，己亥，立子响为巴东王。

3 角城戍将张蒲，因大雾乘船入清中采樵，清中，清水中也。将，即亮翻。潜纳魏兵。戍主皇甫仲贤觉之，帅众拒战于门中，仅能却之。魏步骑三千馀人已至堑外，帅，读曰率。骑，奇寄翻。堑，七艳翻。淮阴军主王僧庆等引兵救之，魏人乃退。

4 夏，四月，桓天生复引魏兵出据隔城，复，扶又翻。诏游击将军下邳曹虎督诸军讨之。辅国将军朱公恩将兵蹹伏，将，即亮翻；下同。蹹，与踏同。遇天生游军，与战，破之，遂进围隔城。天生引魏兵步骑万馀人来战，虎奋击，大破之，俘斩二千馀人。明日，攻拔隔城，斩其襄城太守帛乌祝，复俘斩二千馀人，天生弃平氏城走。平氏，汉县，属南阳郡，晋、宋属义阳郡。县西南有桐柏山，淮源所出也。五代志：淮安郡平氏县，魏置汉广郡。我朝开宝五年省平氏县为镇，入唐州泌阳县。

5 陈显达侵魏；甲寅，魏遣豫州刺史拓跋斤将兵拒之。

6 甲子，魏大赦。

7 乙丑，魏主如灵泉池；丁卯，如方山；己巳，还宫。

8 魏筑城于醴阳，醴阳盖在醴水之北。水经注：醴水出桐柏山，与淮同源而别流，西注，径平氏县东北，又西流注于沘水。陈显达攻拔之，进攻沘阳。城中将士皆欲出战，镇将韦珍曰：魏乐陵镇将镇沘阳。将，即亮翻。“彼初至气锐，未可与争，且共坚守，待其力攻疲弊，然后击之。”乃凭城拒战，旬有二日，珍夜开门掩击，显达还。还，从宣翻，又如字。

9 五月，甲午，以宕昌王梁弥承为河、凉二州刺史。宕，徒浪翻。

10 秋，七月，己丑，魏主如灵泉池，遂如方山；己亥，还宫。

11 九月，壬寅，上如琅邪城讲武。萧子显曰：南琅邪郡本治金城，永明乃徙治白下。沈约曰：晋乱，琅邪国人随元帝过江者千馀户，太兴三年，立怀德县，丹杨虽有琅邪相而无其地。成帝咸康元年，桓温领郡，镇江乘之蒲洲金城上，求割丹杨之江乘县境立郡。

12 癸卯，魏淮南靖王佗卒。佗，徒河翻。魏主方享宗庙，始荐，闻之，为废祭，临视哀恸。为，于伪翻。

13 冬，十月，庚申，立冬，初临太极殿读时令。汉仪：太史每岁上其年历，先立春、立夏、大暑、立秋、立冬，常读五时令。皇帝所服各随五时之色，帝升御坐，尚书令以下就席位，尚书、三公、郎以令置按上，奏以入，就席伏读讫，赐酒一卮。

14 闰月，辛酉，以尚书仆射王奂为领军将军。

15 辛未，魏主如灵泉池；癸酉，还宫。

16 十二月，柔然伊吾戍主高羔子帅众三千以城附魏。帅，读曰率。

17 上以中外谷帛至贱，用尚书右丞江夏李珪之议，夏，户雅翻。出上库钱五千万及出诸州钱，皆令籴买。

18 西陵戍主杜元懿建言："吴兴无秋，会稽丰登，会，工外翻。商旅往来，倍多常岁。西陵牛埭税，官格日三千五百；如臣所见，日可增倍。西陵在今越州萧山县西十二里西兴渡是也。吴越王钱镠以西陵非吉语，改曰西兴。牛埭即今西兴堰，用牛挽船，因曰牛埭。埭，徒耐翻。并浦阳南北津、柳浦四埭，浦阳江南津埭则今之梁湖堰是也，北津埭则今之曹娥堰是也。柳浦埭则今杭州江干浙江亭北跨浦桥埭是也。乞为官领摄一年，为，于伪翻。格外可长四百许万。长，丁丈翻，今知两翻，增也；又音直亮翻，多也。西陵戍前检税，无妨戍事；馀三埭自举腹心。"上以其事下会稽，下，户嫁翻。会稽行事吴郡顾宪之议以为："始立牛埭之意，非苟逼蹴以取税也；蹴，子六翻。乃以风涛迅险，济急利物耳。后之监领者不达其本，各务己功，监，古衔翻。或禁遏他道，或空税江行。按吴兴频岁失稔，今兹尤甚，去之从丰，良由饥棘。"去之"当作"去乏"。棘，急也。埭司责税，依格弗降，旧格新减，尚未议登，格外加倍，将以何术！皇慈恤隐，振廪蠲调；左传：楚大饥，振廪同食。杜预注曰：振，发也。廪，仓也。调，徒钓翻。而元懿幸灾榷利，重增困瘼，榷，古岳翻。瘼，病也。重，直用翻。人而不仁，古今共疾！若事不副言，惧贻谴诘，谴，去战翻。诘，去吉翻。必百方侵苦，为公贾怨。元懿禀性苛刻，已彰往效；任以物土，譬以狼将羊，其所欲举腹心，亦当虎而冠耳。为，于伪翻。贾，音古。狼将羊，虎而冠，皆汉书语。以狼将羊，则羊必为狼所噬食。虎而冠者，言其人恶戾，如虎着冠。书云：'与其有聚敛之臣，宁有盗臣，'记大学记孟献子之言。敛，力赡翻。此言盗公为损盖微，敛民所害乃大也。愚又以便宜者，盖谓便于公，宜于民也。窃见顷之言便宜者，非能于民力之外，用天分地；用天之道，分地之利，此孝经第六章之言。率皆即日不宜于民，方来不便于公。名与实反，有乖政体。凡如此等，诚宜深察。”上纳之而止。

19 魏主访群臣以安民之术。秘书丞李彪上封事，以为：“豪贵之家，奢僭过度，第宅车服，宜为之等制。

又，国之兴亡，在冢嗣之善恶；冢嗣之善恶，在教谕之得失。冢，大也。周礼疏曰：冢，大之上也。冢，知陇翻。高宗文成皇帝尝谓群臣曰：‘朕始学之日，年尚幼冲，情未能专；既临万机，不遑温习。今日思之，岂唯予咎，抑亦师傅之不勤。’尚书李䜣免冠谢。䜣，许斤翻。此近事之可鉴者也。臣谓宜准古立师傅之官，以训导太子。盖此时恂之失德已著，故彪有是言。

又，汉置常平仓以救匮乏。见二十七卷汉宣帝五凤四年。去岁京师不稔，移民就丰，既废营生，困而后达，又于国体，实有虚损。曷若豫储仓粟，安而给之，岂不愈于驱督老弱糊口千里之外哉！糊，音胡。说文曰：寄食䉵也。馀据正考父鼎铭：饘于是，粥于是，以糊馀口。则糊者，食饘粥之义。许慎所谓寄食者，盖因左传糊口于四方以为说。今此当依许义。宜析州郡常调九分之二，京师度支岁用之馀，调，徒吊翻。度，徒洛翻。各立官司，年丰籴粟积之于仓，俭则加私之二粜之于人。粜，他吊翻。如此，民必力田以取官绢，积财以取官粟。年登则常积，岁凶则直给。数年之中，谷积而人足，虽灾不为害矣。

又，宜于河表七州人中，擢其门才，引令赴阙，依中州官比，随能序之。河表七州，秦、雍、岐、华、陕、河、凉也。以下文“怀江、汉归有道之情”证之，则七州当谓荆、兖、豫、洛、青、徐、齐也。河表，直谓大河之外。门才者，因其世家，叙其才用。中州，谓代都，东至海，南距大河诸州。比，毗至翻，比例也。一可以广圣朝均新旧之义，朝，直遥翻。二可以怀江、汉归有道之情。

又，父子兄弟，异体同气；罪不相及，乃君上之厚恩；

至于忧惧相连，固自然之恒理也。恒，户登翻。无情之人，父兄系狱，子弟无惨惕之容；子弟逃刑，父兄无愧恧之色；恧，女六翻。宴安荣位，游从自若，车马衣冠，不变华饰；骨肉之恩，岂当然也！臣愚以为父兄有犯，宜令子弟素服肉袒，诣阙请罪。子弟有坐，宜令父兄露版引咎，乞解所司；若职任必要，不宜许者，慰勉留之。如此，足以敦厉凡薄，使人知所耻矣。

又，朝臣遭亲丧者，假满赴职。朝，直遥翻。假，古讶翻。时魏不听朝臣终丧，给假而已。衣锦乘轩，从郊庙之祀；衣，于既翻。鸣玉垂緌，同庆赐之燕；緌，如佳翻。伤人子之道，亏天地之经。愚谓凡遭大父母、父母丧者，皆听终服；若无其人，职业有旷者，则优旨慰谕，起令视事，但综司出纳、敷奏而已，国之吉庆，一令无预。其军旅之警，墨縗从役，春秋时，晋襄公居文公之丧，墨縗绖以败秦师于殽。自是之后，以墨縗从戎。縗，仓回翻。虽愆于礼，事所宜行也。"魏主皆从之。由是公私丰赡，虽时有水旱，而民不困穷。

20 魏遣兵击百济，为百济所败。陈寿曰：三韩凡七十八国，百济其一也。据李延寿史，其先以百家济海，后浸强盛以立国，故曰百济。晋世句丽略有辽东，百济亦据有辽西、晋平二郡地。

七年（己巳、四八九）

1 春，正月，辛亥，上祀南郊，大赦。

2 魏主祀南郊，始备大驾。汉仪：大驾，公卿奉引，太仆御，大将军骖乘；属车八十一乘，备千乘万骑。祀天、郊甘泉乃备之，谓之甘泉卤簿。东都惟大行备大驾。晋中朝大驾卤簿：先象车，鼓吹一部，十三人中道。次静室令，驾一，中道；式道候二人，驾一，分左右。次洛阳尉二人，骑，分左右。次洛阳亭长九人，赤车，驾一，分三道，各吹正二人引。次洛阳令，驾一，中道。次河南中部椽，中道；河桥椽在左，功曹史在右，并驾一。次河南尹，驾驷，戟吏六人。次河南主簿，驾一，中道。次司隶部河南从事，中道；都部从事居左，别驾从事居右，并驾一。次司隶校尉，驾三，戟吏八人。次司隶主簿，驾一，中道。次司隶主记，驾一，中道。次廷尉明法椽，中道；五官椽居左，功曹史居右，并驾一。次廷尉卿，驾驷，戟吏六人。次廷尉主簿、主记，并驾一，在左；太仆引从如廷尉，在中；宗正引从如廷尉，在右。次太常，驾驷，中道，戟吏六人；太常外部椽居左，五官椽、功曹史居右，并驾一。次光禄引从，中道；太常主簿、主记居左，卫尉引从居右；并驾一。次太尉外督令史．驾一，中道。次西、东、贼、仓、户等曹属，并驾一，引从。次太尉，驾驷，中道；太尉主簿、舍人各一人，祭酒二人，并驾一，在左右。次司徒引从，驾驷，中道。次司空引从，驾驷，中道。三公骑令、史戟各八人，鼓吹各一部七人。次中护军，中道，驾驷；卤簿左右各三行，戟楯在外，弓矢在内，鼓吹一部七人。次步兵校尉在左，长水校尉在右，并驾一；各卤簿左右二行，戟楯在外，刀楯在内，鼓吹各一部七人。次射声校尉在左，翊军校尉在右，并驾一；卤簿各左右二行。次骁骑将军在左，游击将军在右，并驾一；皆卤簿左右引，各二行，戟楯、刀楯、鼓吹视步兵，长水骑队五在左，五在右，队各五十四，命中督二人分领左右，各有戟吏二人；麾幢、揭鼓在队前。次左将军在左，前将军在右，并驾一，卤簿左右引，戟、楯、刀楯、鼓吹亦如之。次黄门麾骑中道，次黄门前部鼓吹左右各一部，十三人，驾驷；八校尉佐仗，左右各四行；外大戟楯，次九尺楯，次弓矢，次弩，并熊渠、佽飞督领之。次司南车，驾驷，中道；护驾御史骑夹左右。次谒者仆射，驾驷，中道。次御史中丞，驾一，中道。次虎贲中郎将，骑，中道。次九斿车，中道；武刚车夹左右，并驾驷。次云罕车，驾驷，中道。次阘戟车，驾驷，中道；长戟邪偃向后。次皮轩车，驾驷，中道。次鸾旗车，中道；建华车分左右，并驾驷。次护驾尚书郎三人：都官郎，中道；驾部在左，中兵在右，并骑；又有护驾尚书一人，督摄前后无常。次相风，中道。次司马督在前，中道；左右各司马史三人，引仗左右各六行；外大戟楯二行；次九尺楯，次刀楯，次弓矢，次弩，次五时车，左右有遮骑。次典兵中郎，中道，督摄前后无常；左殿中御史，右殿中监，并骑。次高盖，中道；左毕，右罕。次御史，中道；左右节郎各四人。次华盖，中道。次殿中司马，中道；殿中都尉在左，殿中校尉在右，左右各四行，细楯一行在弩内；又殿中司马一行，殿中都尉一行，殿中校尉一行。次掼鼓，中道。次金根车，驾六马，中道；太仆卿御，大将军参乘，左右又各增三行，为九行，司马史九人，戟楯二行，九尺楯一行，刀楯一行，由基一行，细弩一行，迹禽一行，樵斧一行，力人刀楯一行，连细楯、殿中司马、殿中都尉、殿中校尉为左右，各十二行。金根车建青旂十二，左将军骑在左，右将军骑在右，殿中将军持凿髗斧夹车；车后衣书、主职步从，六行；合左右三十二行。次曲华盖，中道；侍中、散骑常侍、黄门侍郎、并骑，分左右。次黄钺车，驾一，在左；御麾骑，在右。次相风，中道。次中书监，骑，左；秘书监，骑，右。次殿中御史，骑，左；殿中监，骑，右。次五牛旗，赤青在左，黄在中，白黑在右。次夫辇中道；（夫辇谓当作大辇）太官令、丞，左；太医令、丞，右。次金根车，驾驷，不建旗。次青立车，次青安车，次赤立车，次赤安车，次黄立车，次黄安车，次白立车，次白安车，次黑立车，次黑安车，合十乘，并驾驷，建旗十二，如车色；立车正竖旗，安车邪拖之。次蹋猪车，驾驷，中道，无旗。次耕根车，驾驷，中道，赤旗十二；熊渠督左，佽飞督右。次御轺车，次御四望车，次御衣车，次御书车，次御药车，并驾牛，中道。次尚书令在左，尚书仆射在右；又尚书郎六人分次左右，并驾一。又治书侍御史二人，分左右；又侍御史二人，分次左右；又兰台令史分次左右；并骑。次豹尾车，驾一。自豹尾车后，而卤簿尽矣。但以神弩二十张夹道至后部鼓吹；其五张神弩置一将，左右各二将。次轻车二十乘，左右分驾。次流苏马六十四。次金钺车，驾三，中道；左右护驾尚书郎并令史并骑，各一人。次金钲车，驾三，中道；左右护驾侍御史并令史并骑，各一人。次黄门后部鼓吹，左右各三十人。次戟、鼓车，驾牛二乘，分左右。次左，大鸿胪外部椽；右，五官椽、功曹史，并驾。次大鸿胪，驾驷，钺吏六人。次大司农，引从中道；左大鸿胪主簿、主记，右少府引从。次三卿，并骑吏四人，铃下四人，执马鞭辟车六人，执方扇羽林十八朱衣。次领军将军，中道，卤簿左右各一行，九尺楯在外，弓矢在内，鼓吹如护军。次后军将军在左，后将军在右，各卤簿鼓吹如左军、前军。次越骑校尉左，屯骑校尉右，各卤簿鼓吹如步兵、射声。次领、护、骁、游军校尉，皆骑吏四人，乘马夹道；都督、兵曹各一人，乘马在中骑，将军四人，骑校、鍪角、金鼓、铃下、信幡军校并驾一，功曹史、主簿并骑从，伞、扇、幢、麾各一骑，鼓吹一部七骑。次领护军加大车斧，五官椽骑从，次骑十队，队各五十匹。将一人，持幢一人，鍪一人，并骑在前；督战伯长各一人，并骑在后。羽林骑督、幽州突骑督分领之。郎、簿十队，队各五十人；绛袍将一人，骑鍪各一人在前，督战伯长一人，步在后，骑皆持稍。次大戟一队，九尺楯一队，弓一队，弩一队，队各五十人，黑袴褶；将一人，骑校、鬉角各一人，步在前；督战伯长各一人，步在后，金颜督将并领之。魏之大驾，盖参取汉、晋之制，而官名卤簿则微有不同者。

3 壬戌，临川献王映卒。

4 初，上为镇西长史，主簿王晏以倾谄为上所亲，宋苍梧王元徽四年，帝为镇西长史，行郢州事，版晏为主簿。自是常在上府。上为太子，晏为中庶子。上之得罪于太祖也，事见上卷元年。晏称疾自疏。及即位，为丹杨尹，意任如旧，朝夕一见，见，贤遍翻。议论朝事；自豫章王嶷及王俭皆降意接之。论朝，直遥翻。嶷，鱼力翻。二月，壬寅，出为江州刺史，晏不愿外出，复留为吏部尚书。复，扶又翻。

5 三月，甲寅，立皇子子岳为临贺王，子峻为广汉王，子琳为宣城王，子珉为义安王。

6 夏，四月，丁丑，魏主诏曰："升楼散物以赉百姓，至使人马腾践，多有伤毁；今可断之，断，读如短。以本所费之物，赐老疾贫独者。"

7 丁亥，魏主如灵泉池，遂如方山；己丑，还宫。

8 上优礼南昌文宪公王俭，诏三日一还朝，还，当作造，音七到翻。朝，直遥翻。尚书令史出外谘事。上犹以往来烦数，复诏俭还尚书下省，数，所角翻。复，扶又翻。月听十日出外。俭固求解选。诏改中书监，参掌选事。选，须绢翻。

五月，乙巳，俭卒。王晏既领选，权行台阁，与俭颇不平。礼官欲依王导，谥俭为文献。晏启上曰："导乃得此谥；但宋氏以来，不加异姓。"出，谓亲人曰："'平头宪'事已行矣。"平头，谓王字也。谥，神至翻。

徐湛之之死也，湛之死见一百三十七卷宋文帝元嘉三十年。其孙孝嗣在孕得免，孕，以证翻。八岁，袭爵枝江县公，尚宋康乐公主。乐，音洛。及上即位，孝嗣为御史中丞，风仪端简。王俭谓人曰："徐孝嗣将来必为宰相。"上尝问俭："谁可继卿者？"俭曰："臣东都之日，其在徐孝嗣乎！"谓周公既定洛，请明农也。周都丰、镐，以洛为东都。俭卒，孝嗣时为吴兴太守，征为五兵尚书。

9 庚戌，魏主祭方泽。方泽者，为方丘于泽中以祭地祇。

10 上欲用领军王奂为尚书令，以问王晏。晏与奂不相能，对曰："柳世隆有勋望，恐不宜在奂后。"甲子，以尚书左仆射柳世隆为尚书令，王奂为左仆射。

11 六月，丁亥，上如琅邪城。

12 魏怀朔镇将汝阴灵王天赐，魏置怀朔镇于汉五原郡界。是后，六镇叛，改为朔州，而不能有旧镇之地。杜佑曰：魏都平城，于马邑郡北三百馀里置怀朔镇，及迁洛后，置朔州。将，即亮翻；下同。长安镇都大将、雍州刺史南安惠王桢，雍，于用翻。皆坐赃当死。冯太后及魏主临皇信堂，水经注曰：太极殿南对承贤门，门南即皇信堂也。魏书帝纪：太和七年十月，皇信堂成。十六年，以安昌殿为内寝，皇信堂为中寝。引见王公，见，贤遍翻。太后令曰："卿等以为当存亲以毁令邪，当灭亲以明法邪？"群臣皆言："二王，景穆皇帝之子，景穆皇帝，世祖之子，薨，谥曰景穆皇帝，未即尊位也。二王于高祖为叔祖。宜蒙矜恕。"太后不应。魏主乃下诏，称："二王所犯难恕，而太皇太后追惟高宗孔怀之恩；二王于文成帝为兄弟。诗曰：兄弟孔怀。惟，思也。且南安王事母孝谨，闻于中外，闻，音问。并特免死，削夺官爵，禁锢终身。"初，魏朝闻桢贪暴，遣中散闾文祖诣长安察之，中散，中散大夫也。散，悉亶翻。文祖受桢赂，为之隐；为，于伪翻。事觉，文祖亦抵罪。冯太后谓群臣曰："文祖前自谓廉，今竟犯法。以此言之，人心信不可知。"魏主曰："古有待放之臣。春秋公羊传：晋放其大夫胥甲父于卫。放之者何？犹曰无去是云尔。然则何言尔？近正也。此其为近正奈何？古者，大夫已去，三年待放。君放之，非也；大夫待放，正也。卿等自审不胜贪心者，听辞位归第。”宰官、中散慕容契进曰：契盖以宰官带中散大夫也。“小人之心无常而帝王之法有常；以无常之心奉有常之法，非所克堪，乞从退黜。”魏主曰：“契知心不可常，则知贪之可恶矣，恶，乌路翻。何必求退！”迁宰官令。契，白曜之弟子也。慕容白曜有平齐之功。

13 秋，七月，丙寅，魏主如灵泉池。

14 魏主使群臣议，“久与齐绝，今欲通使，何如？”使，疏吏翻；下同。尚书游明根曰：“朝廷不遣使者，又筑醴阳深入彼境，皆直在萧赜。今复遣使，不亦可乎！”复，扶又翻。魏主从之。八月，乙亥，遣兼员外散骑常侍邢产等来聘。

15 九月，魏出宫人以赐北镇人贫无妻者。北镇，六镇也，一曰怀朔镇，直平城北。

16 冬十一月，己未，魏安丰匡王猛卒。

17 十二月，丙子，魏河东王苟颓卒。

18 平南参军颜幼明等聘于魏。

19 魏以尚书令尉元为司徒，左仆射穆亮为司空。

20 豫章王嶷自以地位隆重，深怀退素，是岁，启求还第；上令其世子子廉代镇东府。

21 太子詹事张绪领扬州中正，长沙王晃属用吴兴闻人邕为州议曹，属，之欲翻。州议曹，自汉以来，率儒士为之。绪不许。晃使书佐固请，绪正色曰：“此是身家州乡，殿下何得见逼！”自魏晋以来，中正率用本州人望为之。

22 侍中江敩为都官尚书。敩，音效。中书舍人纪僧真得幸于上，容表有士风，请于上曰：“臣出自本县武吏，邀逢圣时，

"邀"南史江敩传作"傲"。说文曰：幸也。集韵：傲、侥、徼通，音坚尧翻。阶荣至此；为儿昏得荀昭光女，即时无复所须，为，于伪翻。复，扶又翻。唯就陛下乞作士大夫。"上曰："此由江敩、谢瀹，我不得措意，可自诣之。"僧真承旨诣敩，登榻坐定，敩顾命左右曰："移吾床远客！"远，于愿翻。僧真丧气而退，告上曰："士大夫故非天子所命！"敩，湛之孙；瀹，朏之弟也。二家以名义自将，至于甄别流品，虽万乘之主不可得而夺。丧，息浪翻。朏，敷尾翻。

23 柔然别帅叱吕勤帅众降魏。别帅，所类翻。勤帅，读曰率。降，户江翻。

聂崇岐标点王崇武覆校

资治通鉴卷第一百三十七

端明殿学士兼翰林侍读学士朝散大夫右谏议大夫充集贤殿修撰提举西京嵩山崇福宫上柱国河内郡开国侯食邑一千八百户食实封六百户赐紫金鱼袋臣 司马光 奉敕编集

后学天台 胡三省 音注

齐纪三 起上章敦牂(庚午)，尽玄黓涒滩(壬申)，凡三年。

世祖武皇帝中

永明八年(庚午、四九〇)

1 春，正月，诏放隔城俘二千馀人还魏。拔隔城，见上卷，上年。

2 乙丑，魏主如方山；二月，辛未，如灵泉；泉下当有池字。壬申，还宫。

3 地豆干频寇魏边，北史曰：地豆干国在室韦之西千馀里。夏，四月，甲戌，魏征西大将军阳平王颐击走之。颐，新城之子也。"新城"当作"新成"，见一百二十八卷宋孝武大明元年。考异曰：阳平王颐，帝纪作"熙"，又作"赜"，今从本传。

4 甲午，魏遣兼员外散骑常侍邢产等来聘。散，悉亶翻。骑，奇寄翻。

5 五月，己酉，库莫奚寇魏边，隋书：库莫奚，东部胡之种，为慕容氏所破，遗落者窜匿松漠之间。其俗甚为不洁，而善射猎，好寇钞。后单称为奚。魏高宗皇兴二年，置安州，治方城，领密云、广阳、安乐等郡。安州都将楼龙儿击走之。将，即亮翻。

6 秋，七月，辛丑，以会稽太守安陆侯缅为雍州刺史。缅，鸾之弟也。缅留心狱讼，得劫，皆赦遣，许以自新，再犯乃加诛；劫，谓劫盗也。会，工外翻。缅，弥兖翻。雍，于用翻。民畏而爱之。

7 癸卯，大赦。

8 丙午，魏主如方山；丙辰，遂如灵泉池；八月，丙寅朔，还宫。

9 河南王度易侯卒；乙酉，以其世子伏连筹为秦、河二州刺史，考异曰：齐书作"世子休留成"，今从魏书。遣振武将军丘冠先拜授，且吊之。伏连筹逼冠先使拜，冠先不从，伏连筹推冠先坠崖而死。冠，古玩翻。推，吐雷翻。上厚赐其子雄；敕以丧委绝域，不可复寻，复，扶又翻。仕进无嫌。

10 荆州刺史巴东王子响，有勇力，善骑射，好武事，自选带仗左右六十人，皆有胆干；骑，奇寄翻。好，呼到翻。带仗左右，使之带器仗而卫左右，因名。至镇，数于内斋以牛酒犒之。数，所角翻。犒，苦到翻。又私作锦袍、绛袄，欲以饷蛮，交易器仗。袄，乌浩翻。长史高平刘寅、司马安定席恭穆连名密启。上敕精检。言精加检校也。子响闻台使至，不见敕，使，疏吏翻。召寅、恭穆及谘议参军江悆、悆，羊茹翻。典签吴修之、魏景渊等诘之，寅等秘而不言；修之曰："既已降敕，政应方便答塞。"景渊曰："应先检校。"修之言方便答塞，欲为子响道地也。景渊言应先检校，欲依敕行之也。塞，悉则翻。子响大怒，执寅等八人于后堂，杀之，具以启闻。上欲赦江悆，闻皆已死，怒，壬辰，以随王子隆为荆州刺史。

上欲遣淮南太守戴僧静将兵讨子响，将，即亮翻。僧静面启曰："巴东王年少，长史执之太急，忿不思难故耳。少，诗照翻。

难，乃旦翻。天子儿过误杀人，有何大罪！官忽遣军西上，上，时掌翻。人情惶惧，无所不至。僧静不敢奉敕。”上不答而心善之。不答而心善其言，盖天性所在，而未敢挠国法也。乃遣卫尉胡谐之、游击将军尹略、中书舍人茹法亮帅斋仗数百人诣江陵，检捕群小，斋仗，天子斋内精仗手也。茹，音如。帅，读曰率。敕之曰："子响若束手自归，可全其命。"以平南内史张欣泰为谐之副。按齐书张欣泰传，时为南平内史，当作"南平"。欣泰谓谐之曰："今段之行，胜既无名，负成奇耻。彼凶狡相聚，所以为其用者，或利赏逼威，无由自溃。若顿军夏口，宣示祸福，可不战而擒也。"夏，户雅翻。谐之不从。欣泰，兴世之子也。张兴世见一百三十一卷宋明帝泰始二年。

谐之等至江津，筑城燕尾洲。燕尾洲在江津戍西，江水至此，北合灵溪水。子响白服登城，频遣使与相闻，曰："天下岂有儿反！身不作贼，直是粗疏。今便单舸还阙，受杀人之罪，使，疏吏翻。舸，古我翻。何筑城见捉邪？"尹略独答曰："谁将汝反父人共语！"将，引也。子响唯洒泣；洒泣，挥泪也。乃杀牛，具酒馔，饷台军，馔，雏恋翻，又雏睆翻。略弃之江流。子响呼茹法亮；法亮疑畏，不肯往。又求见传诏；法亮亦不遣，且执录其使。录，收也。使，疏吏翻。子响怒，遣所养勇士收集州、府兵二千人，从灵溪西渡；子响自与百馀人操万钧弩，宿江堤上。明日，府州兵与台军战，子响于堤上发弩射之，台军大败；尹略死，谐之等单艇逃去。操，七刀翻。射，而亦翻。艇，待鼎翻，小船也。

上又遣丹杨尹萧顺之将兵继至，将，即亮翻。子响即日将白衣左右三十人，乘舴艋沿流赴建康。舴艋，亦小船也。舴，陟格翻。艋，莫幸翻。太子长懋素忌子响，顺之之发建康也，太子密谕顺之，使早为之所，勿令得还。子响见顺之，欲自申明；顺之不许，于射堂缢杀之。缢，于赐翻，又于计翻。考异曰：齐书曰："子响部下恐惧，各逃散。子响乃白服出降，诏赐死。"盖萧子显为顺之讳耳，今从南史。按顺之，梁武帝之父。萧子显者，仕梁朝而作齐书，故通鉴言其为顺之讳。

子响临死，启上曰："臣罪逾山海，分甘斧钺。分，扶问翻。敕遣谐之等至，竟无宣旨，便建旗入津，对城南岸筑城守。臣累遣书信呼法亮，乞白服相见；法亮终不肯。群小怖惧，怖，普布翻。遂致攻战，此臣之罪也。臣此月二十五日，束身投军，希还天阙，停宅一月，希，望也。宅，谓建康诸王宅也。臣自取尽，可使齐代无杀子之讥，臣免逆父之谤。既不遂心，今便命尽。临启哽塞，知复何陈！"塞，悉则翻。复，扶又翻。

有司奏绝子响属籍，属籍，宗属之籍也，今谓之玉牒。削爵土，易姓蛸氏；蛸，相邀翻，与萧音相近。诸所连坐，别下考论。谓子响之党当连坐者，别行下考核，论定其罪也。下，户嫁翻。

久之，上游华林园，见一猿透擲悲鸣，问左右；句断。曰："猿子前日坠崖死。"上思子响，因呜咽流涕。茹法亮颇为上所责怒，萧顺之惭惧，发疾而卒。豫章王嶷表请收葬子响；不许，子响先尝出继嶷，故以旧恩请收葬。贬为鱼复侯。鱼复县时属巴东郡。应劭曰：复，音腹。

子响之乱，方镇皆启子响为逆，兖州刺史垣荣祖曰："此非所宜言。正应云：'刘寅等孤负恩奖，逼迫巴东，使至于此。'"上省之，以荣祖为知言。省，悉景翻。

台军焚烧江陵府舍，官曹文书，一时荡尽。上以大司马记室南阳乐蔼屡为本州僚佐，引见，问以西事。见，贤遍翻。蔼应对详敏，上悦，用为荆州治中，敕付以修复府州事。蔼缮修廨舍数百区，廨，古隘翻。顷之咸毕，而役不及民，荆部称之。

11 九月，癸丑，魏太皇太后冯氏殂；高祖勺饮不入口者五日，勺，音酌；挹抒之器也。周礼考工记：梓人为饮器，勺一升。哀毁过礼。中部曹华阴杨椿谏曰：据北史杨椿传，时为中部法曹。华，户化翻。“陛下荷祖宗之业，荷，下可翻。临万国之重，岂可同匹夫之节以取僵仆！僵，居良翻。群下惶灼，莫知所言。惶，恐也，遽也。灼，热也。且圣人之礼，毁不灭性；孝经曰：三日而食，教民无以死伤生，毁不灭性，此圣人之政也。纵陛下欲自贤于万代，杨椿此语说出魏孝文心事。其若宗庙何！”帝感其言，为之一进粥。为，于伪翻。

于是诸王公皆诣阙上表，“请时定兆域，兆域，谓葬地，从先帝之兆。及依汉、魏故事，并太皇太后终制，既葬，公除。”公除者，以天下为公而除服也。诏曰：“自遭祸罚，慌惚如昨，慌，乎往翻。惚，音忽。郑玄曰：慌惚，思念益深之时也。奉侍梓宫，犹希髣髴。事死如事生，犹冀髣髴见之也。山陵迁厝，所未忍闻。”冬，十月，王公复上表固请。复，扶又翻。诏曰：“山陵可依典册；衰服之宜，情所未忍。”谓未忍公除也。衰，读与缞同，仓回翻。帝欲亲至陵所，戊辰，诏：“诸常从之具，悉可停之；从，才用翻。其武卫之官，防侍如法。”法，常法也。不撤武卫，备不虞也。癸酉，葬文明太皇太后于永固陵。陵在方山，不从金陵之兆。甲戌，帝谒陵，王公固请公除。诏曰：“比当别叙在心。”比，并也；并当别叙在心之所欲言。比，毗至翻。己卯，又谒陵。

庚辰，帝出至思贤门右，据魏纪，太和元年起朱明思贤门，盖平城宫之南门也。与群臣相慰劳。劳，力到翻。太尉丕等进言曰：“臣等以老朽之年，历奉累圣，国家旧事，颇所知闻。伏惟远祖有大讳之日，唯侍从梓宫者凶服，从，才用翻。左右尽皆从吉；四祖三宗，因而无改。四祖者，高祖昭成帝，太祖道武帝，世祖太武帝，显祖献文帝；三宗者，太宗明元帝，恭宗景穆帝，高宗文成帝。陛下以至孝之性，哀毁过礼，伏闻所御三食不满半溢，礼丧大记曰：君之丧，子食粥，朝一溢米，暮一溢米，食之无算。注云：二十两为一溢，于粟米之法，为米一升二十四分升之一。孔颖达曰：按律历志：黄钟之律，其实一籥。律历志：合籥为合，则二十四铢合重两；十合为一升，升重十两；二十两则米二升。与此不同者。但古秤有二法：说左传，百二十斤为石，则一斗十二斤，为两则一百九十二两，则一升为十九两有奇。今一两为二十四铢，则二十两为四百八十铢，计十九两有奇为一升，则总有四百六十铢八絫以成四百八十铢，唯有十九铢二絫在，是为米一升二十四分升之一。此大略而言之。陈言曰：以绍兴一升，得汉五升。昼夜不释绖带，丧服，麻在首腰皆曰绖，首绖象缁布冠，腰绖象大带。绖之言实也，衰之言摧也；衰绖，明中实摧痛也。臣等叩心绝气，坐不安席。愿少抑至慕之情，奉行先朝旧典。”朝，直遥翻。帝曰：“哀毁常事，岂足关言！朝夕食粥，粗可支任，粗，坐五翻。任，音壬，胜也，堪也。诸公何足忧怖！怖，普布翻。祖宗情专武略，未修文教；朕今仰禀圣训，庶习古道，论时比事，又与先世不同。太尉等国老，政之所寄，于典记旧式或所未悉，典记，谓经典、传记也。且可知朕大意。其馀古今丧礼，朕且以所怀别问尚书游明根、高闾等，公可听之。”游明根、高闾，时以儒鸣，故帝别与之言。

帝因谓明根等曰：“圣人制卒哭之礼，授服之变，皆夺情以渐。礼，亲始死，哭无时，谓朝夕哭之外，哀至则哭也。既葬而虞，既虞而卒哭，自此朝夕之间，哀至不哭，犹朝夕哭。三年之丧，服斩衰；期而小祥，既祥而练；再期而大祥，既祥而禫；又三月而除服。卒，子恤翻。今则旬日之间，言及即吉，特成伤理。”对曰：“臣等伏寻金册遗旨，盖以文明太后遗旨书之金册也。逾月而葬，葬而即吉；故于下葬之初，奏练除之事。”帝曰：“朕惟中代所以不遂三年之丧，盖由君上违世，继主初立，君德未流，臣义不洽，故身袭衮冕，行即位之礼。朕诚不德，在位过纪，宋明帝泰始七年，魏孝文受禅，至是十九年。此言在位过纪，盖以宋苍梧王元徽四年显祖方殂，逾年改元太和，至是十四年，故云在位过纪。十二年为一纪。过，古禾翻。足令亿兆知有君矣。于此之时而不遂哀慕之心，使情礼俱失，深可痛恨！”高闾曰：

"杜预，晋之硕学，论自古天子无有行三年之丧者，以为汉文之制，暗与古合，虽叔世所行，事可承踵。是以臣等偻偻干请。"偻，洛侯翻；偻偻，敬谨貌。帝曰："窃寻金册之旨，所以夺臣子之心，令早即吉者，虑废绝政事故也。群公所请，其志亦然。朕今仰奉册令，俯顺群心，不敢闇默不言以荒庶政；闇，音阴。唯欲衰麻废吉礼，衰，叱回翻；下衰绖、除衰、从衰同。朔望尽哀诚，情在可许，故专欲行之。如杜预之论，于孺慕之君，谅闇之主，盖亦诬矣。"孺慕，如孺子之慕父母也。秘书丞李彪曰：曹操为魏王，置秘书令、丞。"汉明德马后保养章帝，母子之道，无可间然；间，古苋翻。及后之崩，葬不淹旬，寻已从吉。汉章帝建初四年六月癸丑，明德皇后崩；七月壬戌，葬。史不书公除之日。此言葬不淹旬，寻已从吉，以汉文三十六日释服之制推之也。然汉章不受讥，明德不损名。愿陛下遵金册遗令，割哀从议。"帝曰："朕所以眷恋衰绖，不从所议者，实情不能忍，岂徒苟免嗤嫌而已哉！衰，仓回翻。嗤，充之翻。今奉终俭素，一已仰遵遗册；但痛慕之心，事系于予，庶圣灵不夺至愿耳。"高闾曰："陛下既不除服于上，臣等独除服于下，则为臣之道不足。又亲御衰麻，复听朝政，复，扶又翻。朝，直遥翻。吉凶事杂，臣窃为疑。"帝曰："先后抚念群下，卿等哀慕，犹不忍除，奈何令朕独忍之于至亲乎！今朕逼于遗册，唯望至期；虽不尽礼，蕴结差申。群臣各以亲疏、贵贱、远近为除服之差，庶几稍近于古，易行于今。"高闾曰："昔王孙裸葬，士安去棺，其子皆从而不违。近，其靳翻。易，以豉翻。去，羌吕翻。汉武帝时，杨王孙家累千金，厚自奉养，生无所不致。及病且终，先令其子曰："吾欲裸葬，以反吾真，必无易吾志。则为布囊盛尸，入土七尺，既下，从足引脱其囊，以身亲土。"其子不忍，往问其友人祁侯。祁侯与之辩难往复，而王孙终守其说。祁侯曰："善！"遂裸葬。晋人皇甫谧，字士安，著论曰："生不能保七尺之躯，死何故隔一棺之土！然则衣衾所以秽身，棺椁所以隔真。吾气绝之后，便即时服幅巾故衣，以籧篨裹尸，择不毛之土，穿坑下尸，籧篨之外，便以亲土。若不如此，则冤悲没世。”其子从之。今亲奉遗令而有所不从，臣等所以频烦干奏。”李彪曰：“三年不改其父之道，可谓大孝。引论语孔子之言。今不遵册令，恐涉改道之嫌。”帝曰：“王孙、士安皆诲子以俭，及其遵也，岂异今日！改父之道，殆与此殊。纵有所涉，甘受后代之讥，未忍今日之请。”群臣又言：“春秋烝尝，事难废阙。”礼曰：丧三年不祭。言帝若行三年之丧，则宗庙之祭将至废阙也。帝曰：“自先朝以来，恒有司行事；朝，直遥翻。恒，户登翻。朕赖蒙慈训，常亲致敬。今昊天降罚，人神丧恃，诗曰：无母何恃。丧，息浪翻。赖宗庙之灵，亦辍歆祀。“赖”，蜀本作“想”，当从之。否则“赖”字衍。【章：十二行本正作“想”；乙十一行本同；孔本同；张校同；退斋校同。】歆，尹今翻。脱行飨荐，恐乖冥旨。”群臣又言：“古者葬而即吉，不必终礼，此乃二汉所以经纶治道，魏、晋所以纲理庶政也。”治，直吏翻；下同。帝曰：“既葬即吉，盖季俗多乱，权宜救世耳。二汉之盛，魏、晋之兴，岂由简略丧礼、遗忘仁孝哉！平日之时，公卿每称当今四海晏然，礼乐日新，可以参美唐、虞，比盛夏、商。夏，户雅翻。及至今日，即欲苦夺朕志，使不逾于魏、晋。如此之意，未解所由。”解，户买翻，晓也。李彪曰：“今虽治化清晏，然江南有未宾之吴，漠北有不臣之虏，是以臣等犹怀不虞之虑。”虞，防也。帝曰：“鲁公带绖从戎，据史记，武王崩，成王幼，管、蔡反，淮夷、徐戎起亦并兴。鲁公伯禽征之，时有武王之丧，故带绖从戎也。晋侯墨衰败敌，春秋时，晋文公卒，未葬，襄公墨衰绖以败秦师于殽。衰，仓回翻。败，补迈翻。固圣贤所许。如有不虞，虽越绋无嫌，郑玄曰：越，犹躐也。绋，輴车索。孔颖达曰：未葬之前，属绋于輴，以备火灾。今既祭天地、社稷，须越躐此绋而往祭，故云越绋。绋，音弗。輴，敕伦翻。索，悉各翻。而况衰麻乎！岂可于晏安之辰豫念军旅之事，以废丧纪哉！古人亦有称王者除衰而谅闇终丧者，闇，音阴。若不许朕衰服，则当除衰拱默，委政冢宰。二事之中，唯公卿所择。”游明根曰：“渊默不言，则大政将旷；仰顺圣心，请从衰服。”太尉丕曰：“臣与尉元历事五帝，明元、太武、文成、献文并孝文为五帝。尉，纡勿翻。魏家故事，尤讳之后三月，尤讳，犹云大讳也。尤，甚也；死者，人之所甚讳也。必迎神于西，禳恶于北，具行吉礼，此魏初所用夷礼也。禳，如羊翻。自皇始以来，未之或改。”皇始，道武帝年号。帝曰：“若能以道事神，不迎自至；苟失仁义，虽迎不来。此乃平日所不当行，言不当用夷礼。况居丧乎！朕在不言之地，谓居丧谅阴，三年不言也。不应如此喋喋；喋，徒协翻；喋喋，多言也，便语也。但公卿执夺朕情，遂成往复，追用悲绝。”遂号恸，群官亦哭而辞出。号，户高翻。

初，太后忌帝英敏，恐不利于己，欲废之，盛寒，闭于空室，绝其食三日；召咸阳王禧，将立之。太尉东阳王丕、尚书右仆射穆泰、尚书李冲固谏，乃止，帝初无憾意，唯深德丕等。泰，崇之玄孙也。穆崇，魏开国功臣。

又有宦者谮帝于太后，太后杖帝数十；帝默然受之，不自申理；及太后殂，亦不复追问。不复追问谮者为谁。复，扶又翻。

甲申，魏主谒永固陵。辛卯，诏曰：“群官以万机事重，屡求听政。但哀慕缠绵，未堪自力。近侍先掌机衡者，皆谋猷所寄，且可委之；如有疑事，当时与论决。”

12 交州刺史清河房法乘，专好读书，常属疾不治事，好，呼到翻。属，之欲翻。属，托也；属疾，犹言托疾也。治，直之翻。由是长史伏登之得擅权，改易将吏，不令法乘知。将，直亮翻；下同。录事房季文白之，法乘大怒，系登之于狱，十馀日。登之厚赂法乘妹夫崔景叔，得出，因将部曲袭州，袭州治也。执法乘，谓之曰："使君既有疾，不宜烦劳。"囚之别室。法乘无事，复就登之求书读之，复，扶又翻。登之曰："使君静处，处，昌吕翻。犹恐动疾，岂可看书！"遂不与。乃启法乘心疾动，不任视事。任，音壬。十一月，乙卯，以登之为交州刺史。法乘还，至岭而卒。岭，即大庾岭也。史言徒读书而无政事者，不足以当方任。

13 十二月，己卯，立皇子子建为湘东王。

14 初，太祖以南方钱少，更欲铸钱。建元末，奉朝请孔顗上言，少，诗沼翻。朝，直遥翻。顗，鱼岂翻。考异曰：齐纪作"孔觊"，今从齐书、南史。以为："食货相通，理势自然。李悝云：'籴甚贵伤民，甚贱伤农；'甚贱甚贵，其伤一也。李悝，魏文侯之师。韦昭曰：民谓士、工、商。悝，苦回翻。三吴，国之关奥，比岁时被水潦而籴不贵，比，毗至翻。被，皮义翻。是天下钱少，非谷贱，此不可不察也。铸钱之弊，在轻重屡变。重钱患难用，而难用为累轻；累，力瑞翻。轻钱弊盗铸，而盗铸为祸深。民所以盗铸，严法不能禁者，由上铸钱惜铜爱工也。惜铜爱工者，意谓钱为无用之器，以通交易，务欲令质轻而数多，使省工而易成，易，以豉翻。不详虑其为患也。夫民之趋利，如水走下。用汉晁错之言。趋，读曰趣。走，音奏。今开其利端，从以重刑，是导其为非而陷之于死，岂为政欤！汉兴，铸轻钱，民巧伪者多。至元狩中，始惩其弊，乃铸五铢钱，周郭其上下，令不可磨取鋊，汉初行半两钱及荚钱，一面有文，一面漫。民盗磨其漫面，取其鋊以更铸作钱。元狩铸五铢，文漫两面皆周帀为郭，令不得磨取鋊。鋊，音浴，铜屑也。而【章：十二行本"而"下有"民"字；乙十一行本同；孔本同。】计其费不能相偿，私铸益少。此不惜铜不爱工之效也。少，诗沼翻。王者不患无铜乏工，每令民不能竞，则盗铸绝矣。宋文帝铸四铢，至景和，钱益轻，虽有周郭，而镕冶不精，于是盗铸纷纭而起，不可复禁。此惜铜爱工之验也。复，扶又翻。凡铸钱，与其不衷，宁重无轻。不衷者，不得轻重之中也。自汉铸五铢至宋文帝，历五百馀年，制度世有废兴，而不变五铢者，明其轻重可法、得货之宜故也。按今钱文率皆五铢，异钱时有耳。异钱，谓其文非五铢者。自文帝铸四铢，又不禁民翦凿，为祸既博，钟弊于今，岂不悲哉！钟，聚也。晋氏不铸钱，后经寇戎水火，耗散沈铄，沈，持林翻。铄，书药翻。所失岁多，譬犹磨砻砥砺，不见其损，有时而尽，引汉枚乘之言。天下钱何得不竭！钱竭则士、农、工、商皆丧其业，丧，息浪翻。民何以自存！愚以为宜如旧制，大兴镕铸，钱重五铢，一依汉法。若官铸者已布于民，便严断翦凿，断，音短，禁截也。轻小破缺无周郭者，悉不得行。官钱细小者，称合铢两，称，尺证翻。合，音阁，合少为多也。销以为大，利贫良之民，塞奸巧之路。钱货既均，远近若一，百姓乐业，市道无争，衣食滋殖矣。"塞，悉则翻。乐，音洛。太祖然之，使诸州郡大市铜炭；会晏驾，事寝。

是岁，益州行事刘悛上言：悛，七伦翻，又丑缘翻。"蒙山下有严道铜山，旧铸钱处，可以经略。"蒙山在今雅州严道县南十里，此即汉邓通铸钱旧处。上从之，遣使入蜀铸钱。使，疏吏翻。顷之，以功费多而止。

15 自太祖治黄籍，至上，谪巧者戍缘淮各十年，百姓怨望。事见上卷四年。至上，谓至武帝时。治，直之翻；下同。乃下诏："自宋升明以前，皆听复注；听复注籍也。其有谪役边疆，各许还本；此后有犯，严加翦治。"

16 长沙威王晃卒。谥法：勇以果毅曰威。

17 吏部尚书王晏陈疾自解，上欲以西昌侯鸾代晏领选，手敕问之，晏启曰："鸾清干有馀；然不谙百氏，百氏，百家氏族也。自魏、晋以来，率以门地用人。选，须绢翻。谙，乌含翻。恐不可居此职。”上乃止。

18 以百济王牟大为镇东大将军、百济王。

19 高车阿伏至罗及穷奇遣使如魏，请为天子讨除蠕蠕，使，疏吏翻。为，于伪翻。蠕，人兖翻。魏主赐以绣袴褶及杂彩百匹。褶，音习。

九年（辛未、四九一）

1 春，正月，辛丑，上祀南郊。

2 丁卯，魏主始听政于皇信东室。自居冯太后之丧，至是始听政。皇信东室，盖皇信堂之东室也。

3 诏太庙四时之祭：荐宣皇帝，起面饼、鸭臛；起面饼，今北人能为之。其饼浮软，以卷肉啖之，亦谓之卷饼。程大昌曰：起面饼，入教面中，令松松然也。教，俗书作酵。面，莫甸翻。孟诜曰：臛，音郝，肉羹也。孝皇后，笋、鸭卵；高皇帝，肉脍、葅羹；昭皇帝，【章：十二行本“帝”作“后”；乙十一行本同；孔本同。】茗、粣、炙鱼：茗，茶也。本草曰：茗，苦茶。郭璞曰：早采者为茶，晚采者为茗。粣，类篇云：色责翻，糁也；又侧革翻，粽也。南史，虞悰作扁米粣。盖即今之馓子是也，可以供茶。炙，之石翻。皆所嗜也。上梦太祖谓己：“宋氏诸帝常在太庙从我求食，可别为吾致祠。”为，于伪翻。乃命豫章王妃庾氏四时祠二帝、二后于清溪故宅。杜佑曰：萧齐之世，有清溪宫，后改为华林苑。据卞彬传，清溪在台城，东宫又在清溪之东。建康志曰：吴大帝凿通城北堑以泄玄武湖水，发源于钟山，接于秦淮，谓之清溪。牲牢、服章，皆用家人礼。

臣光曰：昔屈到嗜芰，屈建去之，以为不可以私欲干国之典，屈，九勿翻。芰，奇寄翻，菱也。去，羌吕翻。屈建，屈到子也。国语：屈到嗜芰。有疾，召宗老而属之曰：“祭我必以芰。”及祥，宗老将荐芰。屈建命去之，曰：“祭典有之：‘国君有牛享，大夫有羊馈，士有豚犬之奠，庶人有鱼炙之荐；笾豆脯醢，则上下共之。’不羞珍异，不陈庶侈，夫子不以其私欲干国之典。”遂不用。况子为天子，而以庶人之礼祭其父，违礼甚矣！卫成公欲祀相，宁武子犹非之；左传僖三十一年，狄围卫，卫迁于帝丘。卫成公梦康叔谓己曰：“相夺予享。”公命祀相。宁武子不可，曰：“鬼神非其族类，不歆其祀。杞、鄫何事，相之不享于此久矣，非卫之罪也。不可以间成王、周公之命祀。请改祀命。”相，息亮翻。而况降祀祖考于私室，使庶妇尸之乎！豫章王嶷与帝同母，帝为嫡，故通鉴以嶷妃为庶妇。尸，主也。

4 初，魏主召吐谷浑王伏连筹入朝，伏连筹辞疾不至，辄修洮阳、泥和二城，置戍兵焉。后周武帝逐吐谷浑，置洮阳郡；唐洮州及临潭县所治，即洮阳城也。泥和，即水经注所谓迷和城，洮水径其南，又在洮阳城东。宋白曰：洮州临洮郡，郡城本名洮阳，在洮水之北，乃吐谷浑所筑，南临洮水，极峻险，今谓之洪和城。吐，从暾入声。谷，音浴。洮，土刀翻。二月，乙亥，魏枹罕镇将长孙百年请击二戍，魏枹罕镇将带河州刺史。枹，音肤，将，即亮翻。长，知两翻。魏主许之。

5 散骑常侍裴昭明、散骑侍郎谢竣如魏吊，散，悉亶翻。骑，奇寄翻。竣，七伦翻，又丑缘翻。欲以朝服行事，朝，直遥翻；下同。魏主客曰：“吊有常礼，何得以朱衣入凶庭！”昭明等曰：“受命本朝，不敢辄易。”往返数四，昭明等固执不可。魏主命尚书李冲选学识之士与之言，冲奏遣著作郎上谷成淹。昭明等曰：“魏朝不听使者朝服，出何典礼？”淹曰：“吉凶不相厌。厌，于叶翻。羔裘玄冠不以吊，论语记孔子容止，有是言。此童稚所知也。稚，直利翻。昔季孙如晋，求遭丧之礼以行。左传文六年，季文子将聘于晋，使求遭丧之礼以行，其人曰：“将焉用之？”文子曰：“备豫不虞，古之善教也。求而无之实难，过求何害！”今卿自江南远来吊魏，方问出何典礼；行人得失，何其远哉！”昭明曰：“二国之礼，应相准望。准，揆平之物；又其义，拟也，仿也。对看为望。月有弦望。后汉律历志：“分天之中，相与为衡，谓之望。”谓月望，日月正相对，其平如衡。准望之言，义取诸此。齐高皇帝之丧，魏遣李彪来吊，初不素服，齐朝亦不以为疑；帝即位之初，魏遣彪来聘，非吊也。昭明欲以是抗止淹耳。何至今日独见要逼！”要，读曰邀。淹曰：“齐不能行亮阴之礼，逾月即吉。彪奉使之日，齐之君臣，鸣玉盈庭，貂珰曜目。汉制侍中、常侍之冠，加黄金珰、貂尾以饰之。晋、宋以后，王公皆冠貂蝉。使，疏吏翻。彪不得主人之命，敢独以素服厕其间乎！皇帝仁孝，侔于有虞，执亲之丧，居庐食粥，岂得以此方彼乎！”昭明曰：“三王不同礼，孰能知其得失！”淹曰：“然则虞舜、高宗皆非邪？”昭明、竣相顾而笑曰：“非孝者无亲，孝经之言。何可当也！”乃曰：“使人之来，唯赍袴褶，此既戎服，不可以吊，晋志曰：袴褶之制，未详所起，近世凡车驾亲戎，中外戒严服之，服无定色。使，疏吏翻。褶，音习。唯主人裁其吊服！然违本朝之命，返必获罪。”淹曰：“使彼有君子，卿将命得宜，且有厚赏。若无君子，卿出而光国，得罪何伤！自当有良史书之。”乃以衣、帢给昭明等，帢，苦洽翻。使服以致命。己丑，引昭明等入见，文武皆哭尽哀。魏主嘉淹之敏，迁侍郎，考异曰：杨松玠谈薮作“朱淹”，又云：自著作郎迁著佐郎。今从魏书。赐绢百匹。昭明，骃之子也。裴骃，松之之子，注史记行于世。骃，音因。

6 始兴简王鉴卒。

7 三月，甲辰，魏主谒永固陵。夏，四月，癸亥朔，设荐于太和庙。“太和庙”，据北史作“太和殿”。水经注：太和殿在太极殿东堂之东。魏书帝纪：太和元年，起太和、安昌二殿。魏主始进蔬食，追感哀哭，终日不饭；侍中冯诞等谏，经宿乃饭。甲子，罢朝夕哭。盖亦不能及期矣。饭，扶晚翻。乙丑，复谒永固陵。复，扶又翻。

魏自正月不雨至于癸酉，有司请祈百神，帝曰：“成汤遭旱，以至诚致雨，谓汤以六事自责也。固不在曲祷山川。今普天丧恃，丧，息浪翻。幽显同哀，何宜四气未周，谓一期而四时之气始周。遽行祀事！唯当责躬以待天谴。”谴，去战翻。

8 甲戌，魏员外散骑常侍李彪等来聘，为之置燕设乐。为，于伪翻。彪辞乐，且曰："主上孝思罔极，兴坠正失。言行丧礼，兴百王之坠典而正其失也。去三月晦，朝臣始除衰绖，犹以素服从事，朝，直遥翻。衰，吐回翻。是以使臣不敢承奏乐之赐。"朝廷从之。彪凡六奉使，据魏纪：上即位之初年至三年，彪凡四来聘，是年再聘，通前凡六。使，疏吏翻。上甚重之。将还，上亲送至琅邪城，命群臣赋诗以宠之。左传：晋赵武自宋还过郑，郑伯享之于垂陇，七穆皆从。赵孟曰："七子从君，以宠武也，请皆赋诗以卒君贶。"

9 己卯，魏作明堂，改营太庙。

10 五月，己亥，魏主更定律令于东明观，魏主太和四年，起东明观。观，古玩翻。更，工行翻。亲决疑狱；命李冲议定轻重，润色辞旨，帝执笔书之。李冲忠勤明断，加以慎密，为帝所委，情义无间；断，丁乱翻。旧臣贵戚，莫不心服，中外推之。

11 乙卯，魏长孙百年攻洮阳、泥和二戍，克之，俘三千馀人。

12 丙辰，魏初造五辂。五辂，玉、金、象、革、木也。

13 六月，甲戌，以尚书左仆射王奂为雍州刺史。为后诛奂张本。雍，于用翻。

14 丁未，魏济阴王郁以贪残赐死。济，子礼翻。

15 秋，闰七月，乙丑，魏主谒永固陵。

16 己卯，魏主诏曰："烈祖有创业之功，世祖有开拓之德，宜为祖宗，百世不迁。平文之功少于昭成，而庙号太祖，道武帝天兴初，追尊平文帝为太祖。少，诗沼翻。道武之功高于平文，而庙号烈祖，明元帝追尊道武帝为烈祖。于义未允。朕今奉尊烈祖为太祖，以世祖、显祖为二祧，郑玄曰：庙之为言，貌也。宗庙者，先祖之尊貌也。祧之言超也，超上去意也。馀皆以次而迁。"

八月，壬辰，又诏议养老及禋于六宗之礼。尚书：禋于六宗。

而诸儒互说不同。王莽以易六子，遂立六宗祠。王肃亦以为易六子。挚虞以为：月令，孟冬，天子祈来年于天宗；天宗，六宗之神也。刘卲以为：万物负阴而抱阳，冲气以为和。六宗者，太极冲和之气，为六气之宗者也；虞书谓之六宗，周书谓之天宗。孔颖达曰：王肃六宗之说，用家语之文，以四时也、寒暑也、日也、月也、水旱也为六宗，孔注尚书同之。伏生与马融以天地、四时为六宗。刘歆、孔晁以乾坤之子六为六宗。贾逵以为天宗三，日、月、星也；地宗三，河、海、岱也。今尚书欧阳夏侯说，六宗者，上及天，下及地，旁及四方，中央恍惚，助阴阳变化，有益于人者也。古尚书说：天宗，日、月、北辰；地宗，岱、河、海也。日、月为阴、阳宗，北辰为星宗，河为水宗，岱为山宗，海为泽宗。郑玄以星也、辰也、司中也、司命也、风师也、雨师也为六宗。虞喜别论曰：地有五色，太社象之，总五为一，则成六，六为地数，推校经传，别无他祭也。刘昭以为此说近得其实。张髦曰：父祖之庙六宗，即三昭、三穆也。魏文帝以天皇太帝、五帝为六宗。杜佑取之。郑氏曰：禋之言烟，周人尚臭，烟气之臭闻者。先是，魏常以正月吉日于朝廷设幕，中置松柏树，设五帝座而祠之。先，悉荐翻。又有探策之祭。帝皆以为非礼，罢之。戊戌，移道坛于桑乾之阴，改曰崇虚寺。此即寇谦之道坛也。探，吐南翻。乾，音干。

乙巳，帝引见群臣，见，贤遍翻。问以“禘祫，王、郑之义，是非安在?”考异曰：礼志作“太和十三年五月壬戌”，今从本纪。尚书游明根等从郑，中书监高闾等从王。诏：“圜丘、宗庙皆有禘名，从郑；禘祫并为一祭，从王。著之于令。”记大传曰：礼，不王不禘。王者禘其祖之所自出，以其祖配之。郑氏注曰：凡大祭曰禘。大祭其先祖所由生，谓郊祀天也。王者之先，皆感太微五帝之精以生，皆用正岁之正月郊祭之。又祭法言虞、夏、殷、周禘郊祖宗之法，郑注云：禘郊祖宗，谓祭祀以配食也；此禘，谓祭昊天于圜丘也。孔颖达曰：王肃论引贾逵说吉禘于庄公。禘者，递也。审谛昭穆，迁主递位，孙居王父之处。又引禘于太庙逸礼，昭尸、穆尸，其祝辞总称孝子、孝孙，则是父子并列。逸礼又云：皆升合于太祖，所以刘歆、贾逵、郑众、马融等皆以为然。郑不从者，以公羊传为正，逸礼不可用也。左氏说及杜元凯皆以为禘三年一大祭，在太祖之庙。传无祫文，然则祫即禘也。取其序昭穆，谓之禘，取其合集群祖，谓之祫。杜佑通典：孝文帝太和十三年诏："郑玄云：天子祭员丘曰禘，宗庙大祭亦曰禘。三年一祫，五年一禘。祫则毁庙，群庙之主，于太祖庙合而祭之，禘则增及百官配食者，审谛而祭之。鲁礼，三年丧毕而祫，明年而禘。员丘、宗庙大祭俱称禘。祭有两禘明也。王肃又云：天子诸侯皆禘于宗庙，非祭天之祭。郊祀后稷不称禘。禘、祫一名也。合祭，故称祫，禘而审谛之，故称禘，非两祭之名。三年一祫，五年一禘，总而互举，故称五年再殷祭，不言一禘一祫，断可知矣。诸儒之说，大略如是。公卿可议其是非。"尚书游明根言曰："郑氏之义，禘者大祭之名。大祭员丘谓之禘者，审谛五精星辰也。大祭宗庙谓之禘者，审谛其昭穆百官也。员丘常合，不言祫，宗庙时合，故言祫。斯则宗庙祫、禘并行，员丘一禘而已。宜于宗庙俱行禘祫之礼。二礼异，故名殊。依礼，春祭特礿，于尝、于烝，则祫尝、祫烝，不于三时皆行禘、祫之礼。"中书监高闾又言："禘祭员丘，与郑义同者，以为有虞氏禘黄帝，黄帝非虞在庙之帝。不在庙，非员丘而何？又大传云：祖其所自出之祖，又非在庙之文。论语称：禘自既灌以往。据尔雅：禘，大祭也。诸侯无禘礼，惟夏祭称禘，又非宗庙之禘。鲁行天子之仪，不敢专行员丘之禘；改殷之禘，取其禘名于宗庙。因先有祫，遂生两名。其宗庙禘、祫之祭，据王氏之义，祫而禘，禘止于一时。一时者，祭不欲数，一岁三禘为过数。"诏曰："明根、闾等据二家之义，论禘、祫详矣；至于事取折衷，犹有未允。闾以禘、祫为名，义同王氏，禘祭员丘，事与郑同，无所间然。明根以郑氏等两名、两祭，并存、并用，理有未俱。称据二义，一时禘祫而阙二时之禘，事有难从。先王制礼，内缘人子之情，外协尊卑之序，故天子七庙，数尽则毁，藏主于太祖之庙，三年而祫祭之。世尽则毁，以示有终之义；三年而祫，以申追远之情。禘祫既是一祭，分而两之，事无所据。毁庙三年一祫，又有不尽四时，于礼为阙。七庙四时常祭，祫则三年一祭，而又不究四时，于情为简。王以祫为一祭，于义为长，郑以员丘为禘与宗庙大祭同，名义亦为当。今互取郑、王二义：禘、祫并为一祭，从王；禘是祭员丘大祭之名，上下同用，从郑。若以数则渎，五年一禘，改祫从禘。五年一禘，则四时尽禘，以称今情，则旅天，礼文，先禘而后时祭，便即施行，著之于令，永为世法。"戊午，又诏："国家飨祀诸神，凡一千二百馀处；今欲减省群祀，务从简约。"又诏："明堂、太庙，配祭、配享，于斯备矣。白登、崞山、鸡鸣山庙，唯遣有司行事。明元帝永兴四年，立宣武庙于白登山，岁一祭，无常月。神瑞二年，帝又立宣武庙于白登西。宣武帝至泰常五年始改谥道武。水经注曰：鸡鸣山在广宁郡下洛县于延水北。昔赵襄子杀代王于夏屋而并其土，襄子之姊，代王夫人也，遂磨笄自杀。代人怜之，为立祠，因名为磨笄山；每夜有野鸡群鸣于祠屋上，故亦名为鸣鸡山。文成帝保母常氏葬于是山，别立寝庙。太武帝保母窦氏葬崞山，别立寝庙。崞，音郭。冯宣王庙在长安，宜敕雍州以时供祭。”冯宣王，太后父朗也，为秦、雍二州刺史，生后于长安，后谥文宣王，因立庙长安。雍，于用翻。又诏：“先有水火之神四十馀名及城北星神，今圜丘之下既祭风伯、雨师、司中、司命，郑众曰：风师，箕也；雨师，毕也；司中，三台三阶也；司命，文昌宫星。玄曰：司中、司命，文昌第五、第四星；或曰：中台、上台也。明堂祭门、户、井、灶、中霤，郑氏曰：中霤，犹中室也。古者复穴，是以名室为霤。音力又翻。四十神悉可罢之。”甲寅，诏曰：“近论朝日、夕月，三代之礼，春朝朝日，秋暮夕月。朝，直遥翻；下同。皆欲以二分之日于东、西郊行礼。然月有馀闰，行无常准。若一依分日，或值月于东而行礼于西，序情即理，不可施行。昔秘书监薛谓等以为朝日以朔，夕月以朏。日月所会谓之合朔。月生明谓之朏，月之三日也。朏，敷尾翻。卿等意谓朔朏、二分，何者为是？”尚书游明根等请用朔朏，从之。

丙辰，魏有司上言，求卜祥日。此小祥也。诏曰：“筮日求吉，既乖敬事之志，又违永慕之心；今直用晦日。”九月，丁丑夜，帝宿于庙，帅群臣哭已，已，毕也。帅，读曰率。帝易服缟冠、革带、黑屦，侍臣易服黑介帻、隋志：帻，尊卑贵贱皆服之。文者长耳，谓之介帻；武者短耳，谓之平上帻；各称其冠而制之。缟，古老翻。白绢单衣、革带、乌履，遂哭尽乙夜。戊子晦，帝易祭服，缟冠素纰、纰，匹毗翻，又必二翻，又扶规翻，冠饰也，缘也。白布深衣、记曰：古者深衣，盖有制度，以应规矩，绳权衡。短毋见肤，长毋被土，续衽钩边，要缝半下，袼之高下，可以运肘；袂之长短，反诎之及肘。带，下毋厌髀，上毋厌胁。当无骨者，制十有二幅，以应十二月。袂圆以应规，曲袷如矩以应方，负绳及踝以应直，下齐如权衡以应平。故圣人服之，先王贵之。麻绳履，侍臣去帻易帢。弁缺四隅谓之帢。傅子曰：帢先未有歧，荀文若巾触树成歧，时人慕之，因而弗改，今通为庆吊之服，白纱为之，或单或夹。去，羌吕翻。既祭，出庙，帝立哭，久之，乃还。还，从宣翻，又如字；下同。

17 冬，十月，魏明堂、太庙成。

18 庚寅，魏主谒永固陵，毁瘠犹甚。穆【章：十二行本“穆”上有“司空”二字；乙十一行本同；孔本同。】亮谏曰：“陛下祥练已阕，号慕如始。古者既祥而练。阕，古穴翻，终也。说文曰：阕，事已也。号，户刀翻。如始，言如初有丧。王者为天地所子，为万民父母；未有子过哀而父母不戚，父母忧而子独悦豫者也。今和气不应，风旱为灾，愿陛下袭轻服，御常膳，銮舆时动，咸秩百神，秩者，序而祭之。庶使天人交庆。”诏曰：“孝悌之至，无所不通。今飘风、旱气，皆诚慕未浓，幽显无感也。所言过哀之咎，谅为未衷。”衷，善也，正也，适也。十一月，己未朔，魏主禫于太和庙，禫，徒感翻，除服之祭也。衮冕以祭。既而服黑介帻，素纱深衣，拜陵而还。癸亥，冬至，魏主祀圜丘，遂祀明堂，还，至太和庙，乃入。甲子，临太华殿，服通天冠，绛纱袍，以飨群臣。刘昭曰：通天冠，高九寸，正竖顶，少邪，乃直下，为铁卷梁，前有山、展筩，为述，乘舆所常服也。杜佑曰：秦制通天冠，其状遗失。汉因秦名，制高九寸，正竖顶，少邪，乃直下，为铁卷梁，前有山、展筩，为述，驳犀簪导；乘舆所常服。晋因汉制，前加金博山述。述，即鹬也。鹬知天雨，故冠像焉。前有展筩。宋因之，又加黑介帻。东昏侯改用玉簪导。梁武帝因之，复加冕于其上，谓之平天冕。隋因之，加金博山，附蝉十二，首施珠翠，黑介帻，玉簪导。唐因之，其缨改以翠绥。乐县而不作。县，读曰悬。丁卯，服衮冕，辞太和庙，帅百官奉神主迁于新庙。新作太庙成，故迁主新庙。帅，读曰率。

19 乙亥，魏大定官品。戊戌，【严：“戌”改“寅”。】考诸牧守。守，式又翻。

20 魏假通直散骑常侍李彪等来聘。

21 魏旧制，群臣季冬朝贺，服袴褶行事，谓之小岁；朝，直遥翻。褶，音习。丙戌，诏罢之。

22 十二月，壬辰，魏迁社于内城之西。

23 魏以安定王休为太傅，齐郡王简为太保。

24 高丽王琏卒，寿百馀岁。丽，力知翻。魏主为之制素委貌，布深衣，为，于伪翻。委貌冠，长七寸，高四寸，制如覆杯，前高广，后卑锐，所谓夏之毋追、殷之章甫者也。本以皂绢为之，今制素者以举哀。举哀于东郊；遣谒者仆射李安上策赠太傅，谥曰康。孙云嗣立。

25 乙酉，【严："乙"改"己。"】魏主始迎春于东郊。自是四时迎气皆亲之。

26 初，魏世祖克统万及姑臧，获雅乐器服工人，宋文帝元嘉四年，魏克统万；十六年，克姑臧。晋永嘉之乱，太常乐工多避地河西；夏克长安，获秦雅乐：故二国有其器服工人。并存之。其后累朝无留意者，朝，直遥翻。乐工浸尽，音制多亡。高祖始命有司访民间晓音律者议定雅乐，当时无能知者。然金、石、羽旄之饰，稍壮丽于往时矣。辛亥，诏简置乐官，使修其职；又命中书监高闾参定。

27 初，晋张斐、杜预共注律三十卷，自泰始以来用之，此晋泰始也。律文简约，或一章之中，两家所处，生杀顿异，处，昌吕翻。临时斟酌，吏得为奸。上留心法令，诏狱官详正旧注。七年，尚书删定郎王植集定二注，表奏之。魏、晋以来，尚书诸曹无删定郎，此盖删定律注而置官。诏公卿、八座参议考正，竟陵王子良总其事；众议异同不能壹者，制旨平决。是岁，书成。廷尉山阴孔稚珪上表，以为："律文虽定，苟用失其平，则法书徒明于衺里，衺，与帙同。冤魂犹结于狱中。窃寻古之名流，多有法学；今之士子，莫肯为业。纵有习者，世议所轻，将恐此书永沦走吏之手矣。今若置律助教，依五经例，国子生有欲读者，策试高第，即加擢用，以补内外之官，庶几士流有所劝慕。”几，居希翻。诏从其请，事竟不行。

28 初，林邑王范阳迈，世相承袭，范阳迈见一百二十四卷宋文帝元嘉二十三年。夷人范当根纯攻夺其国，遣使献金簟等物。诏以当根纯为都督缘海诸军事、林邑王。为下范诸农攻当根纯张本。使，疏吏翻。

29 魏冀州刺史咸阳王禧入朝。朝，直遥翻。有司奏："冀州民三千人称禧清明有惠政，请世胙冀州。"魏主诏曰："利建虽古，未必今宜；易曰：利建侯。经野由君，理非下请。"周礼：惟王建国，辨方正位、体国经野。郑玄注云：经，谓为之里数。以禧为司州牧、都督司·豫等六州诸军事。

30 初，魏文明太后宠任宦者略阳苻承祖，官至侍中，知都曹事，知尚书都曹事也。赐以不死之诏。太后殂，承祖坐赃应死，魏主原之，削职禁锢于家，仍除悖义将军，封佞浊子，悖，蒲内翻。月馀而卒。承祖方用事，亲姻争趋附以求利。趋，七喻翻。其从母杨氏为姚氏妇从母，即姨也。从，才用翻。独否，常谓承祖之母曰："姊虽有一时之荣，不若妹有无忧之乐。"乐，音洛。姊与之衣服，多不受；强与之，强，其两翻；下强使同。则曰："我夫家世贫，美衣服使人不安。"不得已，或受而埋之。与之奴婢，则曰："我家无食，不能饲也。"常着弊衣，自执劳苦。饲，祥吏翻。着，则略翻。承祖遣车迎之，不肯起；强使人抱置车上，则大哭曰："尔欲杀我！"由是苻氏内外号为"痴姨"。及承祖败，有司执其二姨至殿廷。其一姨伏法。帝见姚氏姨贫弊，特赦之。

31 李惠之诛也，事见一百三十四卷宋顺帝升明二年。思皇后之昆弟皆死。魏孝文谥其母李贵人曰思皇后。惠从弟凤为安乐王长乐主簿，长乐坐不轨，诛，事见一百三十五卷高帝建元元年。从，才用翻。乐，皆音洛。凤亦坐死。凤子安祖等四人逃匿获免，遇赦乃出。既而魏主访舅氏存者，得安祖等，皆封侯，加将军。既而引见，谓曰："卿之先世，再获罪于时。先世，谓惠及凤。见，贤遍翻。王者设官以待贤才，由外戚而举者，季世之法也。卿等既无异能，且可还家。自今外戚无能者视此。"后又例降爵为伯，去其军号。军号，将军之号也。去，羌吕翻。时人皆以为帝待冯氏太厚，待李氏太薄；太常高闾尝以为言，帝不听。及世宗尊宠外家，乃以安祖弟兴祖为中山太守，追赠李惠开府仪同三司、中山公，谥曰庄。

十年（壬申、四九二）

1春，正月，戊午朔，魏主朝飨群臣于太华殿，悬而不乐。

2己未，魏主宗祀显祖于明堂以配上帝，遂登灵台以观云物，降居青阳左个，布政事。郑氏曰：青阳左个，大寝东堂北偏。自是每朔依以为常。

散骑常侍庾荜等聘于魏，魏主使侍郎成淹引荜等于馆南，瞻望行礼。祀明堂、登灵台之礼。

辛酉，魏始以太祖配南郊。

3魏主命群臣议行次。五行之次也。中书监高闾议，以为："帝王莫不以中原为正统，不以世数为与夺，善恶为是非。故桀、纣至虐，不废夏、商之历；厉、惠至昏，无害周、晋之录。晋承魏为金，赵承晋为水，燕承赵为木，秦承燕为火。秦之既亡，魏乃称制玄朔；且魏之得姓，出于轩辕；魏书曰：魏之先出自黄帝轩辕氏。黄帝子昌意受封北国，有大鲜卑山，因以为号。据史记，以匈奴为夏后氏苗裔，盖有此理。臣愚以为宜为土德。"按魏书帝纪：道武天兴元年，群臣奏国家承黄帝之后，宜为土德。高闾盖申前议耳。秘书丞李彪、著作郎崔光等议，以为："神元与晋武往来通好，至于桓、穆，志辅晋室，事并见晋纪。神元，力微也；桓帝，猗㐌；穆帝，猗卢。好，呼到翻。是则司马祚终于郏鄏，河南郡河南县，周之王城，即郏鄏也。郏，古洽翻。鄏，音辱。而拓跋受命于云代。昔秦并天下，汉犹比之共工，卒继周为火德；汉律历志曰：祭典曰：共工氏霸九域。言虽有水德，在火木之间，非其序也；任智刑以强，故霸而不王。秦以水德在周、汉木火之间，周人迁其行序，故易不载。卒，子恤翻。共，读曰恭。况刘、石、苻氏，地褊世促，魏承其弊，岂可舍晋而为土邪？"司空穆亮等皆请从彪等议。壬戌，诏承晋为水德，祖申、腊辰。考异曰：礼志："太和十五年正月，穆亮等言"云云。按帝纪："十六年正月壬戌，诏定行次，以水承金。"盖志误以"六"为"五"耳。

4 甲子，魏罢租课。"租课"，李延寿魏纪作"袓祼"。

5 魏宗室及功臣子孙封王者众，乙丑，诏："自非烈祖之胄，馀王皆降为公，公降为侯，而品如旧。"蛮王桓诞亦降为公；唯上党王长孙观，以其祖有大功，特不降。长孙道生以功封上党王。长，知两翻。丹杨王刘昶封齐郡公，加号宋王。昶，丑两翻。

6 魏旧制，四时祭庙皆用中节，丙子，诏始用孟月，择日而祭。自汉以来，宗庙岁五祀、四孟及腊是也。魏初用中节，夷礼也。

7 以竟陵王子良领尚书令。

8 魏主毁太华殿为太极殿。戊【章：十二行本"戊"上有"二月"二字；乙十一行本同；孔本同。】子，徙居永乐宫。魏主太和元年起永乐游观于平城之北苑，乐，音洛。以尚书李冲领将作大匠，与司空穆亮共营之。

9 辛卯，魏罢寒食飨。旧传冬至后一百五日为寒食。初学记曰：周举移书、魏武明罚令、陆翙邺中记，并云寒食断火起于介子推。然周礼司烜氏：仲春，以木铎徇火禁于国中。注云：为仲春将出火。今寒食准节气是仲春之末，清明是三月之初；然则禁火并周制也。魏先以寒食飨祖宗，今以其非礼，罢之。

甲午，魏主始朝日于东郊。自是朝日、夕月皆亲之。朝，直遥翻。

丁酉，诏祀尧于平阳，舜于广宁，禹于安邑，周公于洛阳，皆因其故都而祀之。皇甫谧曰：舜所都或言蒲阪，或言潘。潘，今上谷也。广宁县本属上谷。又据水经注，“潘”当作“瀵”。皆令牧守执事；守，式又翻。其宣尼之庙，祀于中书省。丁未，改谥宣尼曰文圣尼父，帝亲行拜祭。

魏旧制，每岁祀天于西郊，魏主与公卿从二千馀骑，戎服绕坛，谓之蹹坛。骑，奇寄翻。蹹，与踏同。明日，复戎服登坛致祀，已又绕坛，谓之绕天。萧子显曰：戎服绕坛，魏主一周，公卿七匝，谓之蹹坛。明日，复戎服登坛祠天，魏主绕三匝，公卿七匝，谓之绕天。复，扶又翻。三月，癸酉，诏尽省之。

10 辛巳，魏以高丽王云为督辽海诸军事、辽东公、高句丽王，诏云遣其世子入朝。句，如字，又音驹。丽，力智翻。云辞以疾，遣其从叔升干随使者诣平城。从，才用翻。

11 夏，四月，丁亥朔，魏班新律令，大赦。

12 辛丑，豫章文献王嶷卒，嶷，鱼力翻。赠假黄钺、都督中外诸军事、丞相，丧礼皆如汉东平献王故事。嶷性仁谨廉俭，不以财贿为事。斋库失火，斋库，斋内之库。烧荆州还资，高祖建元二年，嶷自荆州还为扬州。评直三千馀万，评直，论量其所直也。主局各杖数十而已。疾笃，遗令诸子曰：“才有优劣，位有通塞，运有贫富，此自然之理，无足以相陵侮也。”盖欲诸子不以位势相陵。塞，悉则翻。上哀痛特甚，久之，语及嶷，犹欷歔流涕。欷，音希，又许气翻。歔，音虚。嶷卒之日，第库无见钱，见，贤遍翻。上敕月给嶷第钱百万；终上之世乃省。

13 五月，己巳，以竟陵王子良为扬州刺史。

14 魏文明太后之丧，使人告于吐谷浑。吐谷浑王伏连筹拜命不恭，吐，从暾入声。谷，音浴。群臣请讨之；魏主不许。又请还其贡物。帝曰："贡物乃人臣之礼。今而不受，是弃绝之，彼虽欲自新，其路无由矣。"因命归洮阳、泥和之俘。去年长孙百年所俘。

秋，七月，庚申，吐谷浑遣其世子贺虏头入朝于魏。朝，直遥翻；下同。考异曰：魏吐谷浑传作"贺鲁头"，今从帝纪。诏以伏连筹为都督西垂诸军事、西海公、吐谷浑王，遣兼员外散骑常侍张礼使于吐谷浑。伏连筹谓礼曰："曩者宕昌常自称名而见谓为大王，今忽称仆，又拘执使人；欲使偏师往问，何如？"礼曰："君与宕昌皆为魏藩，比辄兴兵攻之，殊违臣节。使，疏吏翻。宕，徒浪翻。比，毗至翻。离京师之日，宰辅有言，以为君能自知其过，则藩业可保；离，力智翻。谓可保藩臣之业也。若其不悛，祸难将至矣。"悛，丑缘翻。难，乃旦翻。伏连筹默然。

15 甲戌，魏遣兼员外散骑常侍广平宋弁等来聘。及还，魏主问弁："江南何如？"弁曰："萧氏父子无大功于天下，既以逆取，不能顺守；政令苛碎，赋役繁重；朝无股肱之臣，野有愁怨之民：其得没身幸矣，非贻厥孙谋之道也。"

16 八月，乙未，魏以怀朔镇将阳平王颐、镇北大将军陆叡皆为都督，督十二将，步骑十万，分为三道以击柔然：镇将、二将，即亮翻。骑，奇寄翻。考异曰：魏帝纪："太和十一年八月壬申，蠕蠕犯塞，遣平原王陆叡讨之，事具蠕蠕传。十六年八月乙未，诏阳平王颐、左仆射陆叡讨蠕蠕。"按蠕蠕传无十一年犯塞及征讨事，唯有十六年八月颐、叡出征事与纪合，盖十一年纪误也。中道出黑山，东道趣士卢河，西道趣侯延河。军过大碛，大破柔然而还。趣，七喻翻。碛，七迹翻。

17 初，柔然伏名敦可汗可，从刊入声。汗，音寒。与其叔父那盖分道击高车阿伏至罗，伏名敦屡败，那盖屡胜。国人以那盖为得天助，乃杀伏名敦而立那盖，号候其伏代库者可汗，魏收曰：魏言悦乐也。改元太【章：十二行本“太”作“大”；乙十一行本同；孔本同。】安。

18 魏司徒尉元、大鸿胪卿游明根累表请老，魏主许之。引见，尉，纡勿翻。胪，陵如翻。见，贤遍翻。赐元玄冠、素衣，石渠论：玄冠朝服。戴圣曰：玄冠，委貌也。今此则玄冠、委貌异制。明根委貌、青纱单衣，及被服杂物等而遣之。魏主亲养三老、五更于明堂。己酉，诏以元为三老，明根为五更。帝再拜三老，亲袒割牲，执爵而馈；肃拜五更；周礼九拜，九曰肃拜。郑司农云：肃拜，但俯下手，今时撎是也。陆德明曰：撎，于至翻，即今之揖。更，工衡翻。且乞言焉，元、明根劝以孝友化民。又养庶老、国老于阶下。礼毕，各赐元、明根以步挽车及衣服，步挽车，不用牛马，使人步挽之。禄三老以上公，五更以元卿。元卿，即上卿。

19 九月，甲寅，魏主序昭穆于明堂，昭，之招翻。祀文明太后于玄室。“玄室”，北史作“玄堂”。郑玄曰：玄堂，北堂也。辛未，魏主以文明太后再期，哭于永固陵左，终日不辍声，凡二日不食。甲戌，辞陵，还永乐宫。

20 武兴氐王杨集始寇汉中，至白马。梁州刺史阴智伯遣军主桓卢奴、阴冲昌【严：“冲昌”改“仲昌”。】等击破之，俘斩数千人。集始走还武兴，请降于魏；辛巳，入朝于魏。降，户江翻。朝，直遥翻。魏以集始为南秦州刺史、汉中郡侯、武兴王。

21 冬，十月，甲午，上殷祭太庙。殷祭，大祭也。

22 庚戌，魏以安定王休为大司马，特进冯诞为司徒。诞，熙之子也。冯熙见一百三十二卷宋顺帝升明元年。熙，文明后之兄也。

23 魏太极殿成。

24 十二月，司徒参军萧琛、范云聘于魏。琛，丑林翻。魏主甚重齐人，亲与谈论。顾谓群臣曰：“江南多好臣。”侍臣李元凯对曰："江南多好臣，岁一易主；江北无好臣，百年一易主。"魏主甚惭。

25 上使太子家令沈约撰宋书，疑立袁粲传，审之于上。传，直恋翻。上曰："袁粲自是宋室忠臣。"此人心之公，是非不可泯者。约又多载宋世祖、太宗诸鄙渎事。上曰："孝武事迹，不容顿尔。我昔经事明帝，卿可思讳恶之义。"春秋之义，为尊者讳。于是多所删除。

26 是岁，林邑王范阳迈之孙诸农，帅种人攻范当根纯，复得其国。范当根纯夺林邑国，事见上年。帅，读曰率。种，章勇翻。复，扶又翻。诏以诸农为都督缘海诸军事、林邑王。

27 魏南阳公郑羲与李冲婚姻，冲引为中书令。出为西兖州刺史，西兖州时治滑台。在州贪鄙。文明太后为魏主纳其女为嫔，后为，于伪翻。嫔，毗宾翻。征为秘书监。及卒，尚书奏谥曰宣。诏曰："盖棺定谥，激扬清浊。故何曾虽孝，良史载其缪丑；事见八十卷晋武帝咸宁四年。贾充有劳，直士谓之荒公。事见八十一卷晋武帝太康三年。谥法：昏乱纪度曰荒。羲虽宿有文业，而治阙廉清。治，直吏翻。尚书何乃情违至公，愆违明典！依谥法：'博闻多见曰文；不勤成名曰灵。'可赠以本官，加谥文灵。"

聂崇岐标点王崇武覆校

资治通鉴卷第一百三十八

端明殿学士兼翰林侍读学士朝散大夫右谏议大夫
充集贤殿修撰提举西京嵩山崇福宫上柱国河内郡 司马光 奉敕编集
开国侯食邑一千八百户食实封六百户赐紫金鱼袋臣

后学天台胡三省音注

齐纪四 昭阳作噩(癸酉)，一年。

世祖武皇帝下

永明十一年(癸酉、四九三)

1 春，正月，以骠骑大将军王敬则为司空，骠，匹妙翻。骑，奇寄翻。镇军大将军陈显达为江州刺史。显达自以门寒位重，陈显达，南彭城人，起于卒伍。每迁官，常有愧惧之色，戒其子勿以富贵陵人；而诸子多事豪侈，显达闻之，不悦。以陈显达之居宠思畏，终不能自免于猜暴之朝，至于称兵而死，岂非系于所遇之时哉！子休尚为郢府主簿，过九江。自建康至郢府，先过九江。显达曰："麈尾蝇拂麈，肿庾翻。麈，麋属；尾能生风，辟蝇蚋。陆佃埤雅曰：麈似鹿而大，其尾辟尘，以置旧帛中，能令岁久红色不黦；又以拂毡，令毡不蠹。名苑曰：鹿之大者曰麈，群鹿随之，皆视麈所往，麈尾所转为准。于文，主鹿为麈；古之谈者挥焉，良为是也。是王、谢家物，汝不须捉此！"言不须以风流自标置也。捉，执也。即取于前烧之。

2 初，上于石头造露车三千乘，欲步道取彭城，魏人知之。刘昶数泣诉于魏主，乞处边戍，招集遗民，以雪私耻。以萧氏篡宋，夷灭刘氏故也。数，所角翻。处，昌吕翻。魏主大会公卿于经武殿，魏书帝纪：太和十二年，起经武殿。以议南伐，于淮、泗间大积马刍。上闻之，以右卫将军崔慧景为豫州刺史以备之。为下魏入寇张本。

3 魏遣员外散骑侍郎邢峦等来聘。散，悉亶翻。骑，奇寄翻。峦，颖之孙也。颖，曹魏太常邢贞之后。邢颖见一百二十二卷宋文帝元嘉八年。

4 丙子，文惠太子长懋卒。太子风韵甚和，上晚年好游宴，好，呼到翻。尚书曹事分送太子省之，由是威加内外。省，悉景翻。

太子性奢靡，治堂殿、园囿过于上宫，治，直之翻。费以千万计，恐上望见之，乃傍门列修竹；凡诸服玩，率多僭侈。启于东田起小苑，使东宫将吏更番筑役，将，即亮翻。更，工衡翻。更番，分番更作也。营城包巷，弥亘华远。言其弥极华丽，而延亘又辽远也。上性虽严，多布尔目，太子所为，人莫敢以闻。上尝过太子东田，见其壮丽，大怒，收监作主帅；太子皆藏之，由是大被诮责。监，工衔翻。帅，所类翻。被，皮义翻。诮，才笑翻。

又使嬖人徐文景造辇及乘舆御物；嬖，卑义翻，又博计翻。乘，绳证翻。上尝幸东宫，忽忽不暇藏辇，忽忽者，急遽之意。文景乃以佛像内辇中，故上不疑。文景父陶仁谓文景曰："我正当扫墓待丧耳！"扫墓，谓扫除墓地也。仍移家避之。后文景竟赐死，陶仁遂不哭。

及太子卒，上履行东宫，行，下孟翻。见其服玩，大怒，敕有司随事毁除。以竟陵王子良与太子善，而不启闻，并责之。

太子素恶西昌侯鸾，尝谓子良曰："我意中殊不喜此人，不解其故，恶，乌路翻。喜，许记翻。解，户买翻，晓也。当由其福薄故也。"子良为之救解。为，于伪翻。及鸾得政，太子子孙无遗焉。西昌侯夷灭太子子孙事见后。按鸾翦除高、武诸子及太子子孙以成篡事，文惠虽不恶之，其子孙亦不能免也。观隆昌、建武时事，君子谓文惠知所恶矣。

5 二月，魏主始耕藉田于平城南。魏起于北荒，未尝讲古者天子亲耕之礼，今孝文始行之。藉，在亦翻。

6 雍州刺史王奂恶宁蛮长史刘兴祖，收系狱，雍，于用翻。恶，乌路翻。萧子显齐志，宁蛮府属雍州，别领西新安、义宁、南襄、北建武、蔡阳、永安、安定、怀化、武宁、新阳、义安、高安、左义阳、南襄城、广昌、东襄城、北襄城、怀安、北弘农、西弘农、析阳、北义阳、汉广、中襄城等蛮郡。诬其构扇山蛮，欲为乱。敕送兴祖下建康；自襄阳顺流东至建康，故曰下。奂于狱中杀之，诈云自经。上大怒，遣中书舍人吕文显、直阁将军曹道刚将斋仗五百人收奂，斋仗，斋库精仗以给禁卫勇力之士。将，即亮翻。敕镇西司马曹虎从江陵步道会襄阳。

奂子彪，素凶险，奂不能制。长史殷叡，奂之婿也，谓奂曰："曹、吕来，既不见真敕，恐为奸变，正宜录取，录，收也，摄也。驰启闻耳。"奂纳之。考异曰：南史："奂子彪议闭门拒命。叡谏曰：'今开门白服接台使，不过隳官免爵耳。'彪坚执不同。叡又请遣典签间道送启，奂从之。典签出城，为文显所执。叡曰：'忠不背国，勇不逃死。'劝奂仰药。叡与彪同诛。"今从齐书。彪辄发州兵千馀人，开库配甲仗，出南堂，陈兵，闭门拒守。奂门生郑羽叩头启奂，乞出城迎台使，使，疏吏翻。奂曰："我不作贼，欲先遣启自申；正恐曹、吕等小人相陵藉，陵者，侮之而出其上；藉者，蹈之使荐于下。藉，慈夜翻。故且闭门自守耳。"彪遂出，与虎军战，兵败，走归。三月，乙亥，司马黄瑶起、宁蛮长史河东裴叔业于城内起兵，攻奂，斩之，为后奂子肃食瑶起之肉张本。执彪及弟爽、弼、殷叡，皆伏诛。彪兄融、琛死于建康，琛弟秘书丞肃独得脱，奔魏。为王肃屡引魏兵入寇张本。琛，丑林翻。考异曰：南史："奂弟份自拘请罪，帝宥之。肃屡引魏人至边，帝谓份曰：'比有北信不？'份曰：'肃近忘坟柏，宁远忆有臣！'"按奂以三月死，帝以七月殂，是冬，肃始见魏主于邺。南史误也。齐书无此语。

7 夏，四月，甲午，立南郡王昭业为皇太孙，东宫文武悉改为太孙官属，东宫官属，文则太傅、少傅、詹事、率更令、家令、仆、门大夫、中庶子、中舍人、庶子、洗马、舍人，武则左右卫率、翊军·步兵·屯骑三校尉、旅贲中郎将、左右积弩将军、殿中将军、员外殿中将军、常从虎贲督。以太子妃琅邪王氏为皇太孙太妃，南郡王妃何氏为皇太孙妃。妃，戢之女也。何戢见一百三十五卷高帝建元二年。戢，则立翻，又疾立翻。

8 魏太尉丕等请建中宫，戊戌，立皇后冯氏。后，熙之女也。为后冯后以谗废张本。魏主以白虎通云：汉章帝集诸儒于白虎观，议五经同异，作白虎通。"王者不臣妻之父母"，下诏令太师上书不称臣，入朝不拜，朝，直遥翻。熙固辞。

9 光城蛮帅征虏将军田益宗帅部落四千馀户叛，降于魏。沈约曰：光城郡，疑大明中分弋阳所立。五代史志曰：光州光山县，旧置光城郡。蛮帅，所类翻；宗帅，读曰率。降，户江翻。

10 五月，壬戌，魏主宴四庙子孙于宣文堂，亲与之齿，用家人礼。四庙子孙，谓世祖、恭宗、高宗、显祖之子孙也。太和十二年，起宣文堂、经武殿。用家人礼者，略君臣之敬而序长幼之齿。

11 甲子，魏主临朝堂，朝，直遥翻。引公卿以下决疑政，录囚徒。帝谓司空穆亮曰："自今朝廷政事，日中以前，卿等先自论议；日中以后，朕与卿等共决之。"

12 丙子，以宜都王铿为南豫州刺史。铿，丘耕翻。先是庐陵王子卿为南豫州刺史，先，悉荐翻。之镇，道中戏部伍为水军，上闻之，大怒，杀其典签；以铿代之。子卿还第，上终身不与相见。

13 襄阳蛮酋雷婆思等帅户千馀求内徙于魏，魏人处之沔北。是时沔北之地犹为齐境。雷婆思等盖居沔南，徙处沔北，则稍近魏境耳。酋，慈由翻。帅，读曰率。处，昌吕翻。

14 魏主以平城地寒，六月雨雪，极阴之地，盛夏雨雪。雨，王遇翻；自上而下曰雨。风沙常起，风沙，大风扬沙也。将迁都洛阳；恐群臣不从，乃议大举伐齐，欲以胁众。斋于明堂左个，郑玄曰：明堂左个，大寝南堂东偏也。个，古贺翻。使太常卿王谌筮之，遇革，帝曰："'汤、武革命，应乎天而顺乎人。'此革卦之彖辞也。谌，氏壬翻。吉孰大焉！"群臣莫敢言。尚书任城王澄曰："陛下奕叶重光，帝有中土；任，音壬。重，直龙翻。今出师以征未服，而得汤、武革命之象，未为全吉也。"帝厉声曰："繇云：'大人虎变'，何言不吉！"繇，直又翻；"大人虎变"，革九五爻辞。九五，君位也，故引以难澄。澄曰："陛下龙兴已久，何得今乃虎变！"帝作色曰："社稷我之社稷，任城欲沮众邪！"澄曰："社稷虽为陛下之有，臣为社稷之臣，安可知危而不言！"帝久之乃解，曰："各言其志，夫亦何伤！"

既还宫，自明堂左个还宫。召澄入见，逆谓之曰："向者革卦，今当更与卿论之。明堂之忿，恐人人竞言，沮我大计，故以声色怖文武耳。想识朕意。"见，贤遍翻。沮，在吕翻。怖，普布翻。因屏人谓澄曰："今日之举，诚为不易。屏，必郢翻。易，以豉翻。但国家兴自朔土，徙居平城；此乃用武之地，非可文治。今将移风易俗，其道诚难，朕欲因此迁宅中原，卿以为何如？"魏主始与任城王澄言其情。澄曰："陛下欲卜宅中土以经略四海，此周、汉所以兴隆也。"比之周成、康，汉光、明也。帝曰："北人习常恋故，必将惊扰，奈何？"后穆泰等之谋，卒如帝所虑。澄曰："非常之事，故非常人之所及。陛下断自圣心，断，丁乱翻。彼亦何所能为！"帝曰："任城，吾之子房也！"张良赞汉高帝迁都长安，故以为比。

六月，丙戌，命作河桥，欲以济师。秘书监卢渊上表，以为："前代承平之主，未尝亲御六军，决胜行陈之间；行，户刚翻。陈，读曰阵。岂非胜之不足为武，不胜有亏威望乎！昔魏武以弊卒一万破袁绍，事见六十二卷汉献帝建安五年。谢玄以步兵三千摧苻秦，事见一百五卷晋孝武帝太元八年。胜负之变，决于须臾，不在众寡也。”诏报曰：“承平之主，所以不亲戎事，或以同轨无敌，或以懦劣偷安。今谓之同轨则未然，天下混一，则车同轨，书同文。比之懦劣则可耻，必若王者不当亲戎，则先王制革辂，何所施也？周制五辂，革辂，龙勒条，缨五就，建大白以即戎。郑氏注：革辂，鞔之以革而漆之，无他饰。条，读为绦。魏武之胜，盖由仗顺；苻氏之败，亦由失政；岂寡必能胜众，弱必能制强邪！”丁未，魏主讲武，命尚书李冲典武选。时欲用兵，命冲典武选，铨择才勇之士。选，须绢翻。

15 建康僧法智与徐州民周盘龙等作乱，此又一周盘龙，非周奉叔之父。夜，攻徐州城，入之；刺史王玄邈讨诛之。徐州城即钟离城。

16 秋，七月，癸丑，魏立皇子恂为太子。为魏主后废恂张本。

17 戊子，【严：“子”改“午”。】魏中外戒严，发露布及移书，称当南伐。用兵尚神密。魏主今露其事以布告四方，故亦曰露布；移书，则移书于齐境也。诏发扬、徐州民丁，广设召募以备之。

中书郎王融，自恃人地，王融有俊才，故以人身自高；且王弘曾孙，故以门地自高。三十内望为公辅。尝夜直省中，抚案叹曰：“为尔寂寂，尔，如此也。寂寂，言冷寞也。邓禹笑人！”邓禹年二十四为汉司徒，融年已过之，故云然。行逢朱雀桁开，喧湫不得进，朱雀桁当建康朱雀门，跨秦淮南北岸以渡行人，大路所由也。桁开则行者填咽。湫，子小翻，隘也。经典释文曰：湫，徐音秋，又在酒翻。捶车壁叹曰：“车前无八驺，何得称丈夫！”捶，传追翻。车前有油壁。自晋以来，诸公、诸从公车前给驺八人。驺，侧鸠翻。竟陵王子良爱其文学，特亲厚之。

融见上有北伐之志，数上书奖劝，奖者，推助以成其事。数，所角翻。因大习骑射。骑，奇寄翻。及魏将入寇，子良于东府募兵，版融宁朔将军，宋泰始初，南攻义嘉，军功者众，版不能供，始用黄纸。今版授融，盖重于黄纸也。或曰：未经敕用者谓之版授。使典其事。融倾意招纳，得江西伧楚数百人，并有干用。伧，助庚翻。

会上不豫，诏子良甲仗入延昌殿侍医药；子良以萧衍、范云等皆为帐内军主。戊辰，遣江州刺史陈显达镇樊城。上虑朝野忧遑，遑，急也，遽也。力疾召乐府奏正声伎。江左以清商为正声伎。伎，渠绮翻。子良日夜在内，太孙间日参承。间日，隔一日也。间，古苋翻。参，候也。承，奉也。

戊寅，上疾亟，蹔绝；气暂绝而不息也。太孙未入，内外惶惧，百僚皆已变服。王融欲矫诏立子良，诏草已立。萧衍谓范云曰："道路籍籍，皆云将有非常之举。王元长非济世才，王融，字元长。视其败也。"云曰："忧国家者，惟有王中书耳。"衍曰："忧国，欲为周、召邪，欲为竖刁邪？"召，读曰邵。按左氏传：齐桓公既立子昭为太子。易牙有宠于卫姬。卫姬生无亏。易牙因竖刁以荐羞于桓公，遂有宠，公许之立无亏。公卒，易牙入，与竖刁杀群吏而立无亏。昭奔宋。宋襄公伐齐，杀无亏而立昭，是为孝公。云不敢答。及太孙来，王融戎服绛衫，于中书省閤口断东宫仗不得进。断，音短。顷之，上复苏，复，扶又翻。问太孙所在，因召东宫器甲皆入，以朝事委尚书左仆射西昌侯鸾。朝，直遥翻。俄而上殂，年五十四。融处分以子良兵禁诸门。处，昌吕翻。分，扶问翻。鸾闻之，急驰至云龙门，不得进，鸾曰："有敕召我！"排之而入，奉太孙登殿，命左右扶出子良；指麾部署，音响如钟，殿中无不从命。融知不遂，释服还省，释戎服还中书省也。叹曰："公误我！"由是郁林王深怨之。太孙即位，寻见废弑，史以追废之号书之。为后杀王融张本。

遗诏曰："太孙进德日茂，社稷有寄。子良善相毗辅，思弘治道，治，直吏翻。内外众事，无大小悉与鸾参怀，共下意！参，豫也。怀，思也。命鸾参豫其事，而详思其可否也。共下意者，令降心相从，以济国事也。尚书中事，职务根本，悉委右仆射王晏、吏部尚书徐孝嗣；军旅之略，委王敬则、陈显达、王广之、王玄邈、沈文季、张瓌、薛渊等。”自此以上，皆遗诏之辞。瓌，古回翻。

世祖留心政事，务总大体，严明有断，郡县久于其职，长吏犯法，封刃行诛。故永明之世，百姓丰乐，贼盗屏息。然颇好游宴，华靡之事，常言恨之，未能顿遣。遣，袪也，逐也。言未能袪逐游宴之失也。自此以上，史述帝平生之大略。断，丁乱翻。长，知两翻。乐，音洛。屏，必郢翻。好，呼到翻。

郁林王之未立也，众皆疑立子良，口语喧腾。武陵王晔于众中大言曰：“若立长，则应在我；世祖诸弟，存者晔为长。长，知两翻。立嫡，则应在太孙。”郁林王，讳昭业，字元尚，小字法身，文惠太子长子也，以世嫡立为皇太孙。由是帝深凭赖之。太孙已即位，故书帝。直阁周奉叔、曹道刚素为帝心膂，并使监殿中直卫；少日，复以道刚为黄门郎。监，古衔翻。少，诗沼翻。复，扶又翻。为西昌侯鸾欲弑帝先除周奉叔、曹道刚张本。

初，西昌侯鸾为太祖所爱，事见一百三十五卷高帝建元二年。鸾性俭素，车服仪从，同于素士，所居官名为严能，故世祖亦重之。鸾初为安吉令，有严能之名。王子侯旧乘缠帷车，鸾独乘下帷车，仪从如素士。从，才用翻。世祖遗诏，使竟陵王子良辅政，鸾知尚书事。子良素仁厚，不乐世务，乐，音洛。乃更推鸾，故遗诏云“事无大小，悉与鸾参怀”，子良之志也。史言子良无夺適之志。

帝少养于子良妃袁氏，少，诗照翻。慈爱甚著。及王融有谋，史言夺適之谋出于王融。遂深忌子良。大行出太极殿，子良居中书省，帝使虎贲中郎将潘敞领二百人仗屯太极殿西阶以防之。中书省盖在太极殿西，故使屯于西阶以防子良。贲，音奔。将，即亮翻。既成服，诸王皆出，子良乞停至山陵，不许。乞停中书省，俟梓宫出葬而后出也。

壬午，称遗诏，以武陵王晔为卫将军，与征南大将军陈显达并开府仪同三司；尚书左仆射、西昌侯鸾为尚书令；太孙詹事沈文季为护军。史言遗诏本无此段除授，当时称遗诏行之。癸未，以竟陵王子良为太傅；蠲除三调及众逋，三调，谓调粟、调帛及杂调也。逋，欠负也。省御府及无用池田、邸冶，“治”，据萧子显齐书当作“冶”，谓冶铸之所也。减关市征税。先是，蠲原之诏，多无事实，督责如故。所谓“黄放白催”也。先，悉荐翻。是时西昌侯鸾知政，恩信两行，众皆悦之。史为西昌侯鸾篡国张本。

18 魏山阳景桓公尉元卒。尉，纡勿翻。

19 魏主使录尚书事广陵王羽持节安抚六镇，发其突骑。骑，奇寄翻；下同。丁亥，魏主辞永固陵；己丑，发平城，南伐，步骑三十馀万；使太尉丕与广陵王羽留守平城，并加使持节。晋制，使持节得杀二千石以下。杜佑曰：留守，周之君陈似其任也，此后无闻。汉和帝南巡，祠园庙，张禹以太尉兼卫留守。晋惠帝幸长安，仆射荀藩等与遗官在洛者为留台，承制行事。其后安帝播迁，刘裕亦置留台。后魏孝文帝南伐，以太尉丕、广陵王羽留守京师，留守之制因此。羽曰：“太尉宜专节度，臣正可为副。”魏主曰：“老者之智，少者之决，言老者经事多，故智虑深远；少者气盛，故临事有断。少，诗诏翻。汝无辞也。”以河南王干为车骑大将军、都督关右诸军事，又以司空穆亮、安南将军卢渊、平南将军薛胤皆为干副，众合七万出子午谷。欲攻梁、益也。胤，辩之曾孙也。薛辩见一百一十八卷晋安帝义熙十三年。

20 郁林王性辩慧，美容止，善应对，哀乐过人；乐，音洛。世祖由是爱之。而矫情饰诈，阴怀鄙慝，与左右群小共衣食，同卧起。

始为南郡王，从竟陵王子良在西州，帝少养于子良妃袁氏，子良为扬州刺史，故帝从在西州。文惠太子每禁其起居，节其用度。王密就富人求钱，无敢不与。别作钥钩，钩，所以启钥，今谓之钥匙。

夜开西州后阁，与左右至诸营署中淫宴。师史仁祖、侍书胡天翼王国有师掌导之教训，侍书掌教之书翰。相谓曰："若言之二宫，二宫，谓上宫及东宫也。则其事未易；易，以豉翻。若于营署为异人所殴殴，乌口翻。及犬物所伤，岂直罪止一身，亦当尽室及祸。年各七十，馀生岂足吝邪！"数日间，二人相继自杀，二宫不知也。人莫知其子之恶，其斯之谓欤。所爱左右，皆逆加官爵，疏于黄纸，使囊盛带之，盛，时征翻。许南面之日，依此施行。

侍太子疾及居丧，忧容号毁，号，户刀翻。见者呜咽；裁还私室，即欢笑酣饮。常令女巫杨氏祷祀，速求天位。及太子卒，文惠太子卒于是年正月。谓由杨氏之力，倍加敬信。既为太孙，是年夏四月，自南郡王为太孙。世祖有疾，又令杨氏祷祀。时何妃犹在西州，太孙居东宫，何妃尚留西州。世祖疾稍危，太孙与何妃书，纸中央作一大喜字，而作三十六小喜字绕之。

侍世祖疾，言发泪下。世祖以为必能负荷大业，荷，下可翻，又读如字。谓曰："五年中一委宰相，汝勿措意；五年外勿复委人。复，扶又翻。若自作无成，无所多恨。"临终，执其手曰："若忆翁，当好作！"作，音佐。韩愈方桥诗曰："非阁复非船，可居兼可过。若欲问方桥，方桥如此作。"注云：白乐天、皮日休诗皆自注曰：音佐。朱元晦曰：今按广韵：作，造也。荀子：肉腐出虫，鱼枯生蠹，贪利忘身，祸裁乃作。音将祚翻，及廉范五袴之谣，皆已为此音矣。然读为佐音者，又将祚之讹也。而世俗所用，从"人"从"故"而切为将祚者，又字之俗体也。遂殂。大敛始毕，悉呼世祖诸伎，备奏众乐。

即位十馀日，即收王融下廷尉，敛，力赡翻。伎，渠绮翻。下，户嫁翻。使中丞孔稚珪奏融险躁轻狡，招纳不逞，诽谤朝政。朝，直遥翻。融求援于竟陵王子良，子良忧惧，不敢救，遂于狱赐死，时年二十七。

初，融欲与东海徐勉相识，每托人召之。勉谓人曰："王君名高望促，言名虽高而轻躁，人知其必及祸，故望促。难可轻襒衣裾。”类篇：襒，毗祭翻。弊，或从“衣”，此云襒者，义与弊同。俄而融及祸。勉由是知名。太学生会稽魏准，以才学为融所赏；会，工外翻。融欲立子良，准鼓成其事。鼓以作气，言鼓作融气以成其事。太学生虞羲、丘国宾窃相谓曰：“竟陵才弱，王中书无断，断，丁乱翻。败在眼中矣。”及融诛，召准入舍人省诘问，诘，去吉翻。惶惧而死，举体皆青，时人以为胆破。

21 壬寅，魏主至肆州，魏收志：肆州治九原，天赐二年为镇，真君七年置州，领永安、秀容、雁门郡。而永安郡定襄县注云：真君七年，并云中、九原、晋昌属焉，则知魏肆州盖治定襄之九原也。然此定襄亦非汉之定襄县地，盖曹魏所置新昌郡之定襄县，其地在陉岭之南，古定襄在陉岭之北。隋志：雁门郡，后周置肆州，隋改曰代州。又有定襄郡，开皇五年置云州总管府。此盖因古定襄以名郡，参考可知矣。宋白曰：后魏置肆州于九原；非古九原，汉末曹公所置定襄郡之九原县也；唐为秀容县，忻州定襄郡治焉。后魏书云：太平四年，置肆州，治秀容城，领灵丘等八郡。见道路民有跛眇者，停驾慰劳，劳，力到翻。给衣食终身。此亦可谓惠而不知为政矣。见者则给衣食，目所不见者，岂能遍给其衣食哉！古之为政者，孤独废疾者皆有以养之，岂必待身亲见而后养之也！跛，补火翻。跛者，一足偏短。眇者，一目偏盲。眇，亡沼翻。

大司马安定王休执军士为盗者三人以徇于军，将斩之。魏主行军遇之，行，下孟翻，循行也。命赦之，休不可，曰：“陛下亲御六师，将远清江表，今始行至此，而小人已为攘盗，不斩之，何以禁奸！”帝曰：“诚如卿言。然王者之体，时有非常之泽。三人罪虽应死，而因缘遇朕，虽违军法，可特赦之。”既而谓司徒冯诞曰：“大司马执法严，诸君不可不慎。”冯诞后戚，既亲且贵，故语之以儆百司。于是军中肃然。

臣光曰：人主之于其国，譬犹一身，视远如视迩，在境如在庭。举贤才以任百官，修政事以利百姓，则封域之内无不得其所矣。是以先王黈纩塞耳，前旒蔽明，欲其废耳目之近用，推聪明于四远也。东方朔曰：冕而前旒，所以蔽明；黈纩充耳，所以塞聪。如淳注曰：黈，音主苟翻，谓以玉为瑱，用黈纩悬之也。师古曰：如说非也。黈，黄色也；纩，绵也。以黄绵为丸，用组悬之，垂两耳边，示不外听；非玉瑱之悬也。塞，悉则翻。彼废疾者宜养，当命有司均之于境内；今独施于道路之所遇，则所遗者多矣，其为仁也，不亦微乎！况赦罪人以桡有司之法，桡，奴教翻。尤非人君之体也。惜也！孝文，魏之贤君，而犹有是乎！

22 戊申，魏主至并州。并州刺史王袭，治有声迹，治，直吏翻。境内安静，帝嘉之。袭教民多立铭置道侧，虚称其美；帝闻而问之，袭对不以实。帝怒，降袭号二等。号者，所领将军号也。

23 九月，壬子，魏遣兼员外散骑常侍勃海高聪等来聘。

24 丁巳，魏主诏车驾所经，伤民秋稼者，亩给谷五斛。

25 辛酉，追尊文惠太子为文皇帝，庙号世宗。

26 世祖梓宫下渚，渚，在东府前，秦淮之渚也。帝于端门内奉辞。辒辌车未出端门，亟称疾还内。端门，宫之正南门。内，大内也。辒，音温。辌，音凉。裁入阁，即于内奏胡伎，鞞铎之声，响震内外。伎，渠绮翻。鞞，频迷翻。丙寅，葬武皇帝于景安陵，庙号世祖。景安陵亦在武进，帝遗诏所命陵名也，在休安陵东所卜第三处。休安陵，盖帝祖宋太常乐子所葬，高帝受禅，尊为休安陵。

27 戊辰，魏主济河；庚午，至洛阳；壬申，诣故太学观石经。故太学，汉、魏所营者。

28 乙亥，邓至王像舒彭遣其子旧朝于魏，朝，直遥翻。且请传位于旧；魏主许之。

29 魏主自发平城至洛阳，霖雨不止。丙子，诏诸军前发。

丁丑，帝戎服，执鞭乘马而出。群臣稽颡于马前。稽颡于前，将谏南伐也。稽，音启。帝曰："庙算已定，大军将进，诸公更欲何云？"尚书李冲等曰："今者之举，天下所不愿，唯陛下欲之；臣不知陛下独行，竟何之也！言违众南伐，无异独行。臣等有其意而无其辞，敢以死请！"帝大怒曰："吾方经营天下，期于混壹，而卿等儒生，屡疑大计；斧钺有常，卿勿复言！"此亦所以怖群臣而决迁都之计也。复，扶又翻。策马将出，于是安定王休等并殷勤泣谏。帝乃谕群臣曰："今者兴发不小，动而无成，何以示后！朕世居幽朔，欲南迁中土；苟不南伐，当迁都于此，王公以为何如？欲迁者左，不欲者右。"【章：十二行本"右"下有"安定王休等相帅如右"九字；乙十一行本同；孔本同；张校同。】南安王桢进曰："'成大功者不谋于众。'引秦商鞅之言。今陛下苟辍南伐之谋，迁都洛邑，此臣等之愿，苍生之幸也。"群臣皆呼万岁。时旧人虽不愿内徙，旧人，谓与魏同起于北荒之子孙，即所谓国人。而惮于南伐，无敢言者；遂定迁都之计。

李冲言于上曰："陛下将定鼎洛邑，宗庙宫室，非可马上游行以待之。愿陛下暂还代都，俟群臣经营毕功，然后备文物、鸣和鸾而临之。"帝曰："朕将巡省州郡，省，悉景翻。至邺小停，春首即还，未宜归北。"不肯归北，盖虑北人归代复恋土重迁也。乃遣任城王澄还平城，谕留司百官以迁都之事，曰："今日真所谓革也。谓前筮之遇革，今之迁都真以革北方之俗。易说卦曰：革，去故也。王其勉之！"

帝以群臣意多异同，谓卫尉卿、镇南将军于烈曰："卿意如何？"烈曰："陛下圣略渊远，非愚浅所测。若隐心而言，隐，度也。度，徒洛翻。乐迁之与恋旧，适中半耳。"乐，音洛。中，竹仲翻。帝曰："卿既不唱异，言不唱为异论也。即是肯同，深感不言之益。”使还镇平城，曰：“留台庶政，一以相委。”烈，栗磾之孙也。于栗磾事魏道武帝，健将也。磾，丁奚翻。

先是，北地民支酉聚众数千，起兵于长安城北石山，北地郡，魏孝文帝太和十一年置班州，十四年改邠州。按水经注，石山当在长安城东北，有敷谷，敷水出焉，北流注于渭。先，悉荐翻。遣使告梁州刺史阴智伯；欲邀结齐师以为应援。使，疏吏翻。秦州民王广亦起兵应之，攻执魏刺史刘藻，秦、雍间七州民皆响震，七州：雍、岐、秦、南秦、泾、邠、华也。雍，于用翻。众至十万，各守堡壁以待齐救。魏河南王干引兵击之，干兵大败；支酉进至咸阳北浊谷，穆亮与战，又败；考异曰：齐书“穆亮”作“缪老生”，今从魏书。阴智伯遣军主席德仁等将兵数千与相应接。酉等进向长安，卢渊、薛胤等拒击，大破之，降者数万口。降，户江翻。渊唯诛首恶，馀悉不问，获酉、广，并斩之。

30 冬，十月，戊寅朔，魏主如金墉城，征穆亮，征穆亮于关右。使与尚书李冲、将作大匠董尔经营洛都。“董尔”，北史作“董爵”。己卯，如河南城；乙酉，如豫州；自金墉西如河南，又自河南东如豫州。此豫州谓虎牢城也。魏明元帝取虎牢置豫州；献文帝取悬瓠又置豫州，以虎牢为北豫州；今主太和十九年罢北豫州，置东中府。癸巳，舍于石济。乙未，魏解严，设坛于滑台城东，告行庙以迁都之意。迁都之议既定，停南伐之师，故解严。奉神主而行，故有行庙。大赦。起滑台宫。任城王澄至平城，众始闻迁都，莫不惊骇。澄援引古今，徐以晓之，众乃开伏。开，发也。伏，厌伏也。言北人安土重迁，蔽于此说，不肯降心以相从。澄援引晓喻以发其蒙，莫不厌伏也。澄还报于滑台。魏主喜曰：“非任城，朕事不成。”

31 壬寅，尊皇太孙太妃为皇太后；即文惠太子妃王氏也。立妃为皇后。即何妃也。

32 癸卯，魏主如邺城。王肃见魏主于邺，是年三月王肃奔魏，今方得见魏主。陈伐齐之策。魏主与之言，不觉促席移晷。降人初至，君臣情分甚为阔疏。言有当心，故促席近前以听之，不觉其分之疏也；与之言而弗厌倦，日为之移晷，不觉其久也。自是器遇日隆，亲旧贵臣莫能间也。魏主或屏左右与肃语，至夜分不罢，间，古苋翻。屏，必郢翻。自谓君臣相得之晚。寻除辅国将军、大将军长史。时魏主方议兴礼乐，变华风，凡威仪文物，多肃所定。

33 乙巳，魏主遣安定王休帅从官迎家于平城。帅，读曰率。从，才用翻。

34 辛亥，封皇弟昭文为新安王，昭秀为临海王，昭粲为永嘉王。

35 魏主筑宫于邺西，十一月，癸亥，徙居之。

36 御史中丞江淹劾奏前益州刺史刘悛、梁州刺史阴智伯赃货巨万，皆抵罪。初，悛罢广、司二州，按齐书刘悛传：悛出督广州，世祖自寻阳东下，遇悛舟于渚间。是时，齐未受禅也。罢广州计当在世祖居东宫时。世祖即位，悛自广陵迁督司州，征入为长兼侍中。悛，七伦翻，又丑缘翻。倾赀以献世祖，家无留储。在益州，作金浴盆，馀物称是。及郁林王即位，悛所献减少。称，尺证翻。少，诗沼翻。悛传云：悛作金浴盆等，欲以献世祖。还都而世祖晏驾，郁林新立，遂减其所献。帝怒，收悛付廷尉，欲杀之；西昌侯鸾救之，得免，犹禁锢终身。悛，劭之子也。刘劭死于桂阳之难。

聂崇岐标点王崇武覆校

资治通鉴卷第一百三十九

端明殿学士兼翰林侍读学士朝散大夫右谏议大夫充集贤殿修撰提举西京嵩山崇福宫上柱国河内郡开国侯食邑一千八百户食实封六百户赐紫金鱼袋臣司马光奉敕编集
后学天台胡三省音注

齐纪五 阏逢阉茂（甲戌），一年。

高宗明皇帝上 讳鸾，字景栖，小字玄度，高帝兄始安贞王道生之子。

建武元年（甲戌、四九四）是年十月始改元建武。

1 春，正月，丁未，改元隆昌；此郁林王改元也。大赦。

2 雍州刺史晋安王子懋，雍，于用翻。以主幼时艰，密为自全之计，令作部造仗；诸州各有作部，主造器仗。征南大将军陈显达屯襄阳，去年秋，武帝以魏将入寇，遣显达镇樊城。子懋欲胁取以为将。将，即亮翻；下同。显达密启西昌侯鸾，鸾征显达为车骑大将军；骑，奇寄翻。徙子懋为江州刺史，仍令留部曲助镇襄阳，单将白直、侠毂自随。诸王有白直，有夹毂队。侠，读曰夹。显达过襄阳，过，音戈。子懋谓曰：“朝廷令身单身而返，身是天王，岂可过尔轻率！子懋自称天王，盖谓是天家诸王也。今犹欲将二三千人自随，公意何如？”显达曰：“殿下若不留部曲，乃是大违敕旨，其事不轻；且此间人亦难可收用。”此间人，谓襄阳人也。子懋默然。显达因辞出，即发去。子懋计未立，乃之寻阳。

3 西昌侯鸾将谋废立，引前镇西谘议参军萧衍与同谋。随王子隆初以镇西将军镇荆州，引衍为谘议参军。荆州刺史、随王子隆，性温和，有文才；鸾欲征之，恐其不从。衍曰：“随王虽有美名，其实庸劣。既无智谋之士，爪牙唯仗司马垣历生、武陵太守卞白龙耳。二人唯利是从，若啖以显职，无有不来；随王止须折简耳。”鸾从之。征历生为太子左卫率，白龙为游击将军；啖，徒滥翻。折，之舌翻。帅，所律翻。二人并至。续召子隆为侍中、抚军将军。此时西昌侯已有杀诸王之心矣。萧衍由是以筹略见用。豫州刺史崔慧景，高、武旧将，将，即亮翻。鸾疑之，以萧衍为宁朔将军，戍寿阳。慧景惧，白服出迎；白服，若得罪而白衣领职者。衍抚安之。

4 辛亥，郁林王祀南郊；戊午，拜崇安陵。郁林王即位，追尊父文惠太子曰文帝，陵曰崇安，庙号世宗。据竟陵王子良传，陵在夹右。

5 癸亥，魏主南巡；戊辰，过比干墓，水经注：河内朝歌县南有牧野，有比干冢，前有石铭题隶云：“殷大夫比干之墓”，不知谁所志也。祭以太牢，魏主自为祝文曰：“乌呼介士，胡不我臣！”

6 帝宠幸中书舍人綦毋珍之、朱隆之、直阁将军曹道刚、周奉叔、宦者徐龙驹等。帝谓郁林王。珍之所论荐，事无不允；允，信也，肯也。内外要职，皆先论价，旬月之间，家累千金；擅取官物及役作，不俟诏旨。有司至相语云：语，牛倨翻。“宁拒至尊敕，不可违舍人命。”帝以龙驹为后阁舍人，后阁，禁中后阁也。南史曰：龙驹日夜在六宫房内。常居含章殿，着黄纶帽，被貂裘，着，陟略翻。被，皮义翻。南面向案，代帝画敕；左右侍直，与帝不异。

帝自山陵之后，即与左右微服游走市里，好于世宗崇安陵隧中掷涂、赌跳，好，呼到翻。文惠太子庙号世宗。涂，泥也。以涂泥相掷为乐也。跳，跃也。赌跳者，以跳跃高出者为胜。跳，他吊翻。作诸鄙戏，极意赏赐左右，动至百数十万。每见钱，曰："我昔思汝十【章：十二行本"十"作"一"；乙十一行本同；孔本同；熊校同。】枚不得，今日得用汝未？"世祖聚钱上库五亿万，斋库亦出三亿万，上库所储以备军国之用。斋库以供斋内所须，人主之好用。出者，出三亿万数之外也。金银布帛不可胜计；胜，音升。郁林王即位未期岁，所用垂尽。入主衣库，令何后及宠姬以诸宝器相投击破碎之，用为笑乐。乐，音洛。蒸于世祖幸姬霍氏，更其姓曰徐。更，工衡翻。李延寿史以霍为文帝幸姬，则"世祖"当作"世宗"。朝事大小，皆决于西昌侯鸾。朝，直遥翻；下同。鸾数谏争，数，所角翻。争，读曰诤。帝多不从；心忌鸾，欲除之。以尚书右仆射鄱阳王锵为世祖所厚，"世祖"恐亦当作"世宗"。私谓锵曰："公闻鸾于法身如何？"郁林王，小字法身。锵素和谨，对曰："臣鸾于宗戚最长，且受寄先帝；臣等皆年少，长，知两翻。少，诗照翻。朝廷所赖，唯鸾一人，愿陛下无以为虑。"帝退，谓徐龙驹曰："我欲与公共计取鸾，公既不同，我不能独办，且复小听。"复，扶又翻；下无复同。言且又小时听鸾专政也。

卫尉萧谌，世祖之族子也，萧子显齐书曰：谌于太祖为绝服族子。谌，氏壬翻。自世祖在郢州，谌已为腹心。宋元徽末，世祖在郢州，欲知都下消息，太祖遣谌就世祖宣传谋计，留为腹心。及即位，常典宿卫，机密之事，无不预闻。征南谘议萧坦之，谌之族人也，尝为东宫直阁，为世宗所知。萧子显齐书曰：坦之以勤直为世祖所知。既为东宫直阁，则从世宗为是，东宫亦有直阁将军。帝以二人祖父旧人，甚亲信之。谌每请急出宿，帝通夕不寐，谌还乃安。坦之得出入后宫，帝亵狎宴游，坦之皆在侧。帝醉后，常裸袒，裸，郎果翻。坦之辄扶持谏谕。西昌侯鸾欲有所谏，帝在后宫不出，唯遣谌、坦之径进，乃得闻达。

何后亦淫泆，泆，音逸。泆，淫放也。私于帝左右杨珉，与同寝处如伉俪；处，昌吕翻；下处之同。杜预曰：伉，敌也；俪，耦也。伉，苦浪翻。俪，力计翻。又与帝相爱狎，故帝恣之。迎后亲戚入宫，以耀灵殿处之。斋阁通夜洞开，外内淆杂，无复分别。别，彼列翻。西昌侯鸾遣坦之入奏诛珉，何后流涕覆面覆，敷又翻。曰："杨郎好年少，无罪，何可枉杀！"少，诗照翻。坦之附耳语帝曰：语，牛倨翻；下每语同。"外间并云杨珉与皇后有情，事彰遐迩，不可不诛。"帝不得已许之；俄敕原之，已行刑矣。鸾又启诛徐龙驹，帝亦不能违，而心忌鸾益甚。萧谌、萧坦之见帝狂纵日甚，无复悛改，悛，丑缘翻。恐祸及己；乃更回意附鸾，劝其废立，阴为鸾耳目，帝不之觉也。

周奉叔恃勇挟势，陵轹公卿。轹，郎狄翻。常翼单刀二十口自随，翼者，分列左右若两翼然也。出入禁闼，门卫不敢诃。诃，虎何翻。每语人曰："周郎刀不识君！"鸾忌之，使萧谌、萧坦之说帝出奉叔为外援，说，输芮翻；下鸾说、此说同。己巳，以奉叔为青州刺史，萧子显曰：宋泰始中，淮北没虏，徙青州治郁洲，齐建元四年，徙治朐山，后复旧。曹道刚为中军司马。奉叔就帝求千户侯；许之。鸾以为不可，封曲江县男，食三百户。奉叔大怒，于众中攘刀厉色；鸾说谕之，乃受。说，输芮翻；下同。奉叔辞毕，将之镇，部伍已出。鸾与萧谌称敕，召奉叔于省中，殴杀之，省中，尚书省中也。殴，乌口翻。启云："奉叔慢朝廷。"帝不获已，可其奏。

溧阳令钱唐杜文谦，尝为南郡王侍读，溧阳县，自汉以来属丹阳郡，其地在建康东南。帝初封南郡王。溧，音栗。前此说綦毋珍之曰："天下事可知，灰尽粉灭，匪朝伊夕；不早为计，吾徒无类矣。"珍之曰："计将安出？"文谦曰："先帝旧人，多见摈斥，今召而使之，谁不慷慨！近闻王洪范王洪范即转言日月相者也。与宿卫将万灵会等共语，皆攘袂捶床；将，即亮翻。捶，传追翻。君其密报周奉叔，使万灵会等杀萧谌，则宫内之兵皆我用也。萧谌时以卫军司马兼卫尉卿，掌宿卫兵。即勒兵入尚书，斩萧令，尚书省在云龙门内。两都伯力耳。都伯，行刑者也，今谓之刽子。今举大事亦死，不举事亦死；二死等耳，死社稷可乎！若迟疑不断，复少日，录君称敕赐死，复，扶又翻。少，诗沼翻。少日，言无多日也。鸾录尚书事，故称为录君。父母为殉，谓皆将从坐而死也。在眼中矣。”珍之不能用。及鸾杀奉叔，并收珍之、文谦，杀之。

7 乙亥，魏主如洛阳西宫。中书侍郎韩显宗上书陈四事：其一，以为：“窃闻舆驾今夏不巡三齐，当幸中山。往冬舆驾停邺，当农隙之时，犹比屋供奉，不胜劳费。比，毗必翻，又毗至翻。胜，音升。况今蚕麦方急，将何以堪命！且六军涉暑，恐生疠疫。臣愿早还北京，以省诸州供张之苦，北京，谓平城。张，竹亮翻。成洛都营缮之役。”其二，以为：“洛阳宫殿故基，皆魏明帝所造，前世已讥其奢。今兹营缮，宜加裁损。又，顷来北都富室，竞以第舍相尚；北都，亦谓平城。魏既迁洛，以平城为北都。宜因迁徙，为之制度。及端广衢路，通利沟渠。”其三，以为：“陛下之还洛阳，轻将从骑。从，才用翻。王者于闱闼之内宫中门曰闱。韩诗：门屏间曰闼。犹施警跸，况涉履山河而不加三思乎！”三，息暂翻。其四，以为：“陛下耳听法音，法音，谓雅乐也。目玩坟典，谓三坟、五典。书序：伏羲神农黄帝之书，谓之三坟，言大道也。少昊、颛顼、高辛、唐、虞之书，谓之五典，言常道也。孔子序书，断自唐、虞，三坟、五典，后世不复见其全，此特大概言之。口对百辟，心虞万机，景昃而食，虞，度也。景昃，日昃也，日景过中则昃。昃，音侧。夜分而寝；加以孝思之至，随时而深；谓文明太后之殂已久，而帝孝思不忘也。文章之业，日成篇卷；虽睿明所用，未足为烦，然非所以啬神养性，啬，爱也。保无疆之祚也。伏愿陛下垂拱司契而天下治矣。”老子曰：有德司契。司，主也。契，要也。治，直吏翻。帝颇纳之。显宗，麒麟之子也。韩麒麟见一百三十五卷武帝永明元年。

显宗又上言，以为：“州郡贡察，徒有秀、孝之名而无秀、孝之实；贡察者，谓察举秀才、孝廉而贡之于朝。朝廷但检其门望，不复弹坐。复，扶又翻。弹坐者，弹劾其违而坐之以罪。如此，则可令别贡门望以叙士人，何假冒秀、孝之名也！夫门望者，乃其父祖之遗烈，亦何益于皇家！益于时者，贤才而已。苟有其才，虽屠钓奴虏，圣王不耻以为臣；太公屠牛于朝歌，钓于渭滨。又纣时箕子为奴，周文王、武王皆礼而用之。苟非其才，虽三后之胤，坠于皂隶矣。左传：申无宇曰：“人有十等：士臣皂，皂臣舆，舆臣隶。”释曰：皂，直马者。隶，附属者。三后，谓夏、商、周之王也。议者或云，‘今世等无奇才，不若取士于门，’此亦失矣。岂可以世无周、邵，遂废宰相邪！但当校其寸长铢重者先叙之，言其人比之众人稍有一寸之长、一铢之重，则先叙用之。则贤才无遗矣。

又，刑罚之要，在于明当，当，丁浪翻。不在于重。苟不失有罪，虽捶挞之薄，人莫敢犯；若容可侥幸，虽参夷之严，不足惩禁。参夷，谓夷三族也。捶，止橤翻。侥，坚尧翻。今内外之官，欲邀当时之名，争以深刻为无私，迭相敦厉，敦，迫也。厉，严以勉之。遂成风俗。陛下居九重之内，视人如赤子；百司分万务之任，遇下如仇雠。是则尧、舜止一人，而桀、纣以千百；和气不至，盖由于此。谓宜敕示百僚，以惠元元之命。

又，昔周居洛邑，犹存宗周；周成王宅洛，以丰为宗周，存故都也。汉迁东都，京兆置尹。后汉都雒阳，置河南尹；而长安仍置京兆尹，亦存故都也。察【章：十二行本“察”作“案”；乙十一行本同；孔本同；张校同；退斋校同。】春秋之义，有宗庙曰都，无曰邑。况代京，宗庙山陵所托，王业所基，其为神乡福地，实亦远矣，今便同之郡国，臣窃不安。谓宜建畿置尹，一如故事，魏初都平城，分画甸畿置司州，于平城置代尹。崇本重旧，光示万叶。

又，古者四民异居，欲其业专志定也。管仲相齐，使士、农、工、商各群萃而州处。其言曰：四民者，勿使杂处，杂处则其言哤，其事易。昔圣王之处士也，使就闲燕；处工就官府；处商就市井；处农就田野。长而安焉，不见异物而迁焉。太祖道武皇帝创基拨乱，日不暇给，然犹分别士庶，不令杂居，工伎屠沽，各有攸处；别，彼列翻。伎，渠绮翻。处，昌吕翻；下同处同。但不设科禁，久而混殽。今闻洛邑居民之制，专以官位相从，不分族类。夫官位无常，朝荣夕悴，悴，秦醉翻。则是衣冠、皂隶不日同处矣。借使一里之内，或调习歌舞，或构【章：十二行本“构”作“讲”；乙十一行本同；孔本同；熊校同。】肄诗书，肄，羊至翻。纵群儿随其所之，则必不弃歌舞而从诗书矣。然则使工伎之家习士人风礼，百年难成；士人之子效工伎容态，一朝而就。是以仲尼称里仁之美，孟母勤三徙之训。论语：孔子曰：里仁为美；择不处仁，焉得知！列女传曰：孟轲母，其舍近墓。孟子少嬉游，为墓间之事。孟母曰：“此非吾所以处子也。”乃去，舍市旁，其嬉戏乃贾人衒卖之事。又曰：“此非吾所以处子也。”复徙舍学宫之旁，其嬉戏乃设俎豆，揖逊进退。孟母曰：“此真可以居吾子矣。”遂居焉。此乃风俗之原，不可不察。朝廷每选人士，校其一婚一宦以为升降，何其密也！至于度地居民，则清浊连甍，何其略也！度，徒洛翻。甍，谟耕翻，屋栋，所以承瓦。今因迁徙之初，皆是空地，分别工伎，在于一言，有何可疑而阙盛美！

又，南人昔有淮北之地，自比中华，侨置郡县。如豫州界止于汝阳，而侨置谯、梁、陈、颍等郡县，又于青州界侨置冀州诸郡县是也。侨，渠骄翻。自归附圣化，仍而不改，名实交错，文书难辨。宜依地理旧名，一皆厘革，小者并合，大者分置，及中州郡县，昔以户少并省。魏初得河南，止置四镇，郡县多所并省。少，诗沼翻。今民口既多，亦可复旧。

又，君人者以天下为家，不可有所私。仓库之储，以供军国之用，自非有功德者不可加赐。在朝诸贵，受禄不轻；比来赐赉，动以千计。朝，直遥翻。比，毗至翻。若分以赐鳏寡孤独之民，所济实多；今直以与亲近之臣，殆非周急不继富之谓也。”论语，孔子曰：君子周急不继富。帝览奏，甚善之。

8 二月，乙丑，魏主如河阴，规方泽。规度其地，以立方泽。

9 辛卯，帝祀明堂。

10 司徒参军刘斅等聘于魏。斅，胡教翻。

11 丙申，魏徙河南王干为赵郡王，颍川王雍为高阳王。将以河南颍川为畿甸，故二王徙封。

12 壬寅，魏主北巡；癸卯，济河；三月壬申，至平城。考异曰：魏帝纪作闰月。按魏闰二月，齐历之三月也。使群臣更论迁都利害，各言其志。燕州刺史穆罴曰：魏营洛，以洛为司州，改平城之司州为恒州，分恒州东部置燕州，治昌平。“今四方未定，未宜迁都。且征伐无马，将何以克？”帝曰：“厩牧在代，何患无马！今代在恒山之北，九州之外，非帝王之都也。”恒，户登翻。尚书于果曰：“臣非以代地为胜伊、洛之美也。但自先帝以来，久居于此，百姓安之；一旦南迁，众情不乐。”乐，音洛。平阳公丕曰：“迁都大事，当讯之卜筮。”帝曰：“昔周、召圣贤，乃能卜宅。书洛诰曰：召公既相宅，周公往营成周。傅来告卜曰：“我卜河朔黎水，我又卜涧水东、瀍水西，惟洛食。我又卜瀍水东，亦惟洛食。”今无其人，卜之何益！且‘卜以决疑，不疑何卜！’左传载鬬廉之言。黄帝卜而龟焦，天老曰‘吉’，黄帝从之。杜预曰：龟焦，兆不成也。字书释灼龟不兆为焦。然则至人之知未然，审于龟矣。王者以四海为家，或南或北，何常之有！朕之远祖，世居北荒。平文皇帝始都东木根山。拓跋郁律谥平文皇帝。晋明帝大宁二年，通鉴书“惠帝贺傉徙居东木根山”。昭成皇帝更营盛乐，拓跋什翼犍谥昭成皇帝。通鉴：晋成帝咸康元年，烈帝翳槐城盛乐。次年，昭成嗣国，咸康七年，筑盛乐新城。更，工衡翻。道武皇帝迁于平城。晋安帝隆安二年，道武帝迁都平城。朕幸属胜残之运，论语，孔子曰：善人为邦百年，亦可以胜残去杀矣。朱元晦曰：胜残，谓化善人不为恶也。属，之欲翻，会也。胜，音升。而独【章：十二行本作“何为独”三字；乙十一行本同；孔本同。】不得迁乎！”群臣不敢复言。复，扶又翻。罴，寿之孙；穆寿事魏太武帝。果，烈之弟也。癸酉，魏主临朝堂，部分迁留。分，扶问翻。

13 夏，四月，庚辰，魏罢西郊祭天。考异曰：魏帝纪、礼志、北史纪，皆云三月庚辰。按长历，三月丙午朔，无庚辰。魏闰二月，齐闰四月；魏三月乙亥朔，齐历之四月也，故置于此。

14 辛巳，武陵昭王晔卒。

15 戊子，竟陵文宣王子良以忧卒。帝常忧子良为变，闻其卒，甚喜。郁林但虞子良为变，而不知鸾、谌之谋已成矣。

臣光曰：孔子称“鄙夫不可与事君，未得之，患得之；既得之，患失之。苟患失之，无所不至。”见论语。王融乘危徼幸，徼，坚尧翻。谋易嗣君。子良当时贤王，虽素以忠慎自居，不免忧死。迹其所以然，正由融速求富贵而已。轻躁之士，乌可近哉！躁，则到翻。近，其靳翻。

16 己亥，魏罢五月五日、七月七日飨祖考。魏端午、七夕之飨，犹寒食之飨，皆夷礼也。

17 魏录尚书事广陵王羽奏：“令文：每岁终，州镇列属官治状，及再考，则行黜陟。治，直吏翻。去十五年京官尽经考为三等，去十五年，犹云昨太和十五年也。今已三载。臣辄准外考，以定京官治行。”欲以考州镇属官之法考京官。载，子亥翻。行，下孟翻。魏主曰：“考绩事重，应关朕听，不可轻发；且俟至秋。”史言魏孝文明于君人之体，不使权在臣下。

18 闰月，丁卯，镇军将军鸾即本号，开府仪同三司。本号，镇军将军也。

19 戊辰，以新安王昭文为扬州刺史。

20 五月，甲戌朔，日有食之。考异曰：齐魏书帝纪皆无此食。今据齐书志、南史纪。

21 六月，己巳，魏遣兼员外散骑常侍卢昶、兼员外散骑侍郎王清石来聘。昶，度世之子也。卢度世避崔浩之祸，其后自出，魏太武宠任之。散，悉亶翻。骑，奇寄翻。昶，丑两翻。清石世仕江南，魏主谓清石曰："卿勿以南人自嫌。彼有知识，欲见则见，欲言则言。凡使人以和为贵，勿迭相矜夸，见于辞色，使，疏吏翻；下同。见，贤遍翻。失将命之体也。"将，奉也。奉命而行，谓之将命。

22 秋，七月，乙亥，魏以宋王刘昶为使持节、都督吴·越·楚诸军事、大将军，镇彭城。江南皆春秋时吴、越、楚三国之地。魏主亲饯之。以王肃为昶府长史。昶至镇，不能抚接义故，宋苍梧王初，昶镇彭城，弃镇奔魏，故义故在焉。卒无成功。卒，子恤翻。

23 壬午，魏安定靖王休卒。自卒至殡，魏主三临其第，葬之如尉元之礼，尉，纡勿翻。送之出郊，恸哭而返。

24 壬戌，魏主北巡。

25 西昌侯鸾既诛徐龙驹、周奉叔，而尼媪外入者，颇传异语。媪，乌皓翻。异语，谓外人籍籍口语，言鸾等相与有异谋也。中书令何胤，以后之从叔，从，才用翻。为帝所亲，使直殿省。帝与胤谋诛鸾，令胤受事；胤不敢当，依违谏说，帝意复止。乃谋出鸾于西州，中敕用事，不复关咨于鸾。复，扶又翻。

是时，萧谌、萧坦之握兵权，左仆射王晏总尚书事。谌密召诸王典签，约语之，不许诸王外接人物。约语者，约束而语之。语，牛倨翻。谌亲要日久，众皆惮而从之。

鸾以其谋告王晏，晏闻之，响应；又告丹杨尹徐孝嗣，孝嗣亦从之。骠骑录事南阳乐豫谓孝嗣曰："外传籍籍，似有伊、周之事。君蒙武帝殊常之恩，荷托付之重，徐孝嗣为王俭所荐，武帝擢而用之，遗诏托以尚书众事。骠，匹妙翻。骑，奇寄翻。荷，下可翻。恐不得同人此举。人笑褚公，至今齿冷。"谓褚渊也。笑则启齿，故云齿冷。孝嗣心然之而不能从。

帝谓萧坦之曰："人言镇军与王晏、萧谌欲共废我，鸾时领镇军将军，故称之。似非虚传。卿所闻云何？"坦之曰："天下宁当有此，谁乐无事废天子邪！乐，音洛。朝贵不容造此论，当是诸尼媪言耳，岂可信耶！朝，直遥翻。媪，莫补翻；女老称。官若无事除此三【章：十二行本"三"作"二"；乙十一行本同。】人，谁敢自保！"直阁将军曹道刚疑外间有异，密有处分，谋未能发。言曹道刚密有图鸾等之谋而未能发。处，昌吕翻。分，扶问翻。

时始兴内史萧季敞、南阳太守萧颖基皆内迁，谌欲待二人至，借其势力以举事。以二人方自外郡归，各有兵力自送，为可借也。鸾虑事变，以告坦之，坦之驰谓谌曰："废天子，古来大事。比闻曹道刚、朱隆之等转已猜疑，比，毗至翻。卫尉明日若不就事，无所复及。复，扶又翻。弟有百岁母，岂能坐听祸败，正应作馀计耳！"谌惶遽从之。

壬辰，鸾使萧谌先入宫，遇曹道刚及中书舍人朱隆之，皆杀之。直后徐僧亮盛怒，直后，亦宿卫之官，侍卫于乘舆之后者也。大言于众曰："吾等荷恩，荷，下可翻。今日应死报！"又杀之。鸾引兵自尚书入云龙门，戎服加朱衣于上，比入门，三失履。惧而失其常度也。比，必寐翻，及也。王晏、徐孝嗣、萧坦之、陈显达、王广之、沈文季皆随其后。帝在寿昌殿，寿昌殿，武帝所起，宴居常居之。闻外有变，犹密为手敕呼萧谌，又使闭内殿诸房阁。俄而谌引兵入寿昌阁，帝走趋徐姬房，拔剑自刺，不入，趋，七喻翻。刺，七亦翻。以帛缠颈，舆接出延德殿。谌初入殿，宿卫将士皆操弓楯欲拒战。操，千高翻。楯，食尹翻。谌谓之曰：“所取自有人，卿等不须动！”宿卫素隶服于谌，皆信之；及见帝出，各欲自奋，帝竟无一言。行至西弄，弑之。此延德殿之西弄也。丁度集韵曰：弄，厦也，屏也。亦作“廨”。帝死时年二十二。舆尸出殡徐龙驹宅，葬以王礼。徐姬及诸嬖幸皆伏诛。鸾既执帝，欲作太后令；徐孝嗣于袖中出而进之，鸾大悦。癸巳，以太后令追废帝为郁林王，又废何后为王妃，迎立新安王昭文。

吏部尚书谢瀹方与客围棋，左右闻有变，惊走报瀹。瀹每下子，子，棋子也。辄云“其当有意”，竟局，乃还斋卧，竟不问外事。谢瀹为此，兄朏之教也。大匠卿虞悰窃叹曰：“王、徐遂缚袴废天子，天下岂有此理邪！”大匠卿，即汉将作大匠之官。萧子显曰：掌宗庙土木。悰，徂宗翻。悰，啸父之孙也。虞啸父，虞潭之子，事晋孝武帝。父，音甫。朝臣被召入宫。朝，直遥翻。被，皮义翻。国子祭酒江敩至云龙门，托药发，吐车中而去。吐，土故翻，呕也。西昌侯鸾欲引中散大夫孙谦为腹心，散，悉亶翻。使兼卫尉给甲仗百人。谦不欲与之同，辄散甲士；鸾亦不之罪也。史言谢瀹、江敩以名义自将，仅能如此而已；特立不惧，孙谦庶几焉。

丁酉，新安王即皇帝位，时年十五。王讳昭文，字季尚，文惠太子第二子也。以西昌侯鸾为骠骑大将军、录尚书事、扬州刺史、宣城郡公。大赦，改元延兴。

26 辛丑，魏主至朔州。魏收地形志：云州，旧置朔州。又有朔州，本汉五原郡，魏为怀朔镇，孝昌中始改为朔州。今此朔州，当置于云中之盛乐。时置朔州于定襄故城，领盛乐、广牧二郡。宋白曰：孝文迁洛之后，于今朔州北三百八十里定襄故城置朔州，后乱，废。

27 八月，甲辰，以司空王敬则为太尉，鄱阳王锵为司徒，车骑大将军陈显达为司空，锵，千羊翻。骑，奇寄翻。尚书左仆射王晏为尚书令。

28 魏主至阴山。

29 以始安王遥光为南郡太守，不之官。遥光，鸾之兄子也。鸾兄凤生遥光、遥欣；遥光嗣始安王爵。鸾有异志，遥光赞成之，凡大诛赏，无不预谋。戊申，以中书郎萧遥欣为兖州刺史。遥欣，遥光之弟也。鸾欲树置亲党，故用之。

30 癸丑，魏主如怀朔镇；己未，如武川镇；辛酉，如抚宜镇；甲子，如柔玄镇；此六镇自西徂东之次第也。水经注：怀朔镇城在汉光禄城东北。考其地当在汉五原稒阳塞外。杜佑曰：在马邑郡北三百馀里。武川镇城在白道中溪水上。白道在阴山之北，又北出大漠。柔玄镇在于延水东。于延水出塞外柔玄镇西长川城南小山，东南流，径汉代郡且如县故城南，则魏柔玄镇城在汉且如县西北塞外也。且，音子闾翻。抚冥镇城，未考其地。若以前说六镇自五原抵濡源分置于三千里中，则抚冥当在武川、柔玄之间，相距各五百里；据前高闾之说，则相距各一百七十许里耳。按北史，“宜”当作“冥”。乙丑，南还；辛未，至平城。

31 九月，壬申朔，魏诏曰：“三载考绩，三考黜陟；唐、虞之制，三考黜陟。三考九年也。载，子亥翻。可黜者不足为迟，可进者大成赊缓。朕今三载一考，即行黜陟，欲令愚滞无妨于贤者，才能不拥于下位。各令当曹考其优劣为三等，其上下二等仍分为三。上等、下等各又分为三等。六品已下，尚书重问；重，直用翻。五品已上，朕将亲与公卿论其善恶，上上者迁之，下下者黜之，中者守其本任。”

魏主之北巡也，留任城王澄铨简旧臣。自公侯已下，有官者以万数，澄品其优劣能否为三等，人无怨者。史言任城王澄之平明。

壬午，魏主临朝堂，黜陟百官，朝，直遥翻。谓诸尚书曰：“尚书，枢机之任，非徒总庶务，行文书而已；朕之得失，尽在于此。卿等居官，年垂再期，未尝献可替否，进一贤退一不肖，此最罪之大者。”又谓录尚书事广陵王羽曰：“汝为朕弟，居机衡之右，无勤恪之声，有阿党之迹，今黜汝录尚书、廷尉，但为特进、太子太保。”又谓尚书令陆叡曰：“叔翻到省之初，甚有善称；比来偏颇懈怠，广陵王羽，字叔翻。称，昌孕翻。比，毗至翻。颇，傍禾翻，亦偏也。懈，居隘翻。由卿不能相导以义。虽无大责，宜有小罚；今夺卿禄一期。”又谓左仆射拓跋赞曰：“叔翻受黜，卿应大辟；辟，毗亦翻。但以咎归一人，不复重责；今解卿少师，削禄一期。”又谓左丞公孙良、右丞乞伏义受曰：“卿罪亦应大辟；可以白衣守本官，冠服禄恤魏官，本禄之外，别有恤亲之禄。尽从削夺。若三年有成，还复本任；无成，永归南亩。”又谓尚书任城王澄曰：“叔神志骄傲，可解少保。”澄于魏主，叔也。又谓长兼尚书于果曰：“卿不勤职事，数辞以疾，数，所角翻。可解长兼，削禄一期。”其馀守尚书尉羽、卢渊等，并以不职，或解任，或黜官，或夺禄，皆面数其过而行之。尉，纡勿翻。数，所具翻。唐、虞，三载考绩，三考黜陟幽明。其黜陟行于九年之后，非赊缓也。俗淳事简，在位者各思尽其职，不为奸欺；就有不称者，一考而未黜，冀其能自尽也；其不能尽者，才力有所不逮耳。再考不称而犹未黜，谓才有短长，临事有过误；前考已称其职而今考不称者，必过误也；前考不称而今考能称其职者，能自勉也。三考皆不称，则其人信不可用矣，于是乎黜之，此唐、虞忠厚之至也。周官：计群吏之治，旬终则令正日成，月终则令正月要，岁终则令正岁会，三岁则大计群吏之治而诛赏之。是盖无日而不考核，而诛赏则行于三年大计之时。盖俗益薄，人益媮，而行九年之黜陟则为赊缓。观魏孝文之考绩，不过慕古而务名，非能行考绩之实也。渊，昶之兄也。昶，丑两翻。

帝又谓陆叡曰：“北人每言‘北俗质鲁，何由知书！’朕闻之，深用怃然！怃，罔甫翻。怃然者，怅然失意之貌。今知书者甚众，岂皆圣人！顾学与不学耳。朕修百官，兴礼乐，其志固欲移风易俗。朕为天子，何必居中原！正欲卿等子孙渐染美俗，渐，子廉翻。闻见广博；若永居恒北，恒，户登翻。复值不好文之主，复，扶又翻。好，呼到翻。不免面墙耳。”书曰：不学，墙面。言犹正墙面而立，无所睹见也。对曰：“诚如圣言。金日磾不入仕汉朝，何能七世知名。”金日磾事见七十一卷汉武帝后元元年。七世知名，谓七世内侍也。磾，丁奚翻。朝，直遥翻。帝甚悦。

32 郁林王之废也，鄱阳王锵初不知谋。及宣城公鸾权势益重，中外皆知其蓄不臣之志。锵每诣鸾，鸾常屣履至车后迎之；言急于出迎，不暇蹑履至跟也。语及家国，言泪俱发，锵以此信之。宫台之内皆属意于锵，宫、台犹言宫省也。属，之欲翻。劝锵入宫发兵辅政。制局监谢粲说锵及随王子隆曰：“二王但乘油壁车入宫，李延寿恩幸传曰：武官有制局监、外监，皆领器仗兵役。油壁车者，加青油衣于车壁也。王俭议曰：今衣书车十二乘，古副车之象也，榆毂轮，箪子壁，绿油衣。说，输芮翻；下之说、说子、因说同。出天子置朝堂，夹辅号令；朝，直遥翻。粲等闭城门、上仗，谁敢不同！上，时掌翻；下直上、西上同。东城人正共缚送萧令耳。”东城，谓东府城也。按萧子显齐书：世祖遗诏以鸾为侍中、尚书令；此时已进录尚书事。粲曰萧令，盖以旧官称之。子隆欲定计。锵以上台兵力既悉度东府，海陵王既即位，鸾出镇东府，上台兵力悉割以自随。度，过也。且虑事不捷，意甚犹豫。马队主刘巨，世祖时旧人，诣锵请间，叩头劝锵立事。锵命驾将入，复还内，复，扶又翻。与母陆太妃别，日暮不成行。典签知其谋，告之。癸酉，鸾遣兵二千人围锵第，杀锵，遂杀子隆及谢粲等。于时太祖诸子，子隆最壮大，有才能，“太祖”当作“世祖”。故鸾尤忌之。

江州刺史晋安王子懋闻鄱阳、随王死，欲起兵，谓防阁吴郡陆超之曰：“事成则宗庙获安，不成犹为义鬼。”诸王置防阁，以勇略之士为之，以防卫斋阁。杜佑通典：唐制：亲王府并给防阁、庶仆、白直，下至州县亦有白直。防阁丹阳董僧慧曰：“此州虽小，宋孝武常用之。谓宋孝武帝自江州起兵诛元凶劭也。若举兵向阙以请郁林之罪，谁能御之！”子懋母阮氏在建康，密遣书迎之，阮氏报其同母兄于瑶之为计。瑶之驰告宣城公鸾；乙亥，假鸾黄钺，内外纂严，考异曰：齐帝纪作“乙未”。按是月壬申朔，而上有癸未，下有乙酉、丁亥，盖癸未当作“癸酉”，乙未当作“乙亥”耳。遣中护军王玄邈讨子懋，又遣军主裴叔业与于瑶之先袭寻阳，声云为郢府司马。子懋知之，遣三百人守湓城。叔业溯流直上，上，时掌翻。至夜，回袭湓城，城局参军乐贲开门纳之。诸州刺史各有城局参军，掌修浚备御。子懋闻之，帅府州兵力据城自守。子懋部曲多雍州人，皆勇跃愿奋。子懋自雍州徙为江州，故部曲多雍州人。“勇”，当作“踊”。帅，读曰率。雍，于用翻。叔业畏之，遣于瑶之说子懋曰：“今还都必无过忧，正当作散官，不失富贵也。”说，输芮翻。散，悉但翻。子懋既不出兵攻叔业，众情稍沮。中兵参军于琳之，瑶之兄也，说子懋重赂叔业，可以免祸。子懋使琳之往，琳之因说叔业取子懋。叔业遣军主徐玄庆将四百人随琳之入州城，僚佐皆奔散。沮，在吕翻。说，输芮翻。将，即亮翻。琳之从二百人，拔白刃入斋，子懋骂曰：“小人！何忍行此！”琳之以袖鄣面，使人杀之。王玄邈执董僧慧，将杀之，僧慧曰：“晋安举义兵，仆实预其谋，得为主人死，不恨矣！愿至大敛毕，退就鼎镬。”为，于伪翻。敛，力赡翻；下殡敛同。镬，户郭翻。玄邈义之，具以白鸾，免死配东冶。子懋子昭基，九岁，以方二寸绢为书，参其消息，并遗钱五百，遗，于季翻。行金得达，僧慧视之曰：“郎君书也！”悲恸而卒。卒，子恤翻。于琳之劝陆超之逃亡。超之曰：“人皆有死，此不足惧！吾若逃亡，非唯孤晋安之眷，亦恐田横客笑人！”田横客事见十一卷汉高帝五年。超之守死，故以此言愧琳之。玄邈等欲因以还都，超之端坐俟命。超之门生谓杀超之当得赏，密自后斩之，头坠而身不僵。僵，居良翻。玄邈厚加殡敛。门生亦助举棺，棺坠，压其首，折颈而死。史言董僧慧、陆超之之义烈。折，而设翻。

鸾遣平西将军王广之袭南兖州刺史安陆王子敬。广之至欧阳，欧阳，今真州闸即其地也。遣部将济阴陈伯之先驱。将，即亮翻。济，子礼翻。伯之因城开，独入，斩子敬。

鸾又遣徐玄庆西上害诸王。上，时掌翻。临海王昭秀为荆州刺史，西中郎长史何昌寓行州事。玄庆至江陵，欲以便宜从事。昌寓曰："仆受朝廷意寄，意寄，谓属意寄托之。翼辅外藩。殿下未有愆失，君以一介之使来，何容即以相付邪！使，疏吏翻。若朝廷必须殿下，当自启闻，更听后旨。"昭秀由是得还建康。考异曰：南史："明帝使裴叔业赍旨诏昌寓，令以便宜从事。昌寓拒之曰：'临海王未有失，宁得从君单诏邪？即时自有启闻，须反更议。'叔业曰：'若尔，便是拒诏；拒诏，军法行事耳！'答曰：'能见杀者君也，能拒诏者仆也！'叔业不敢逼而退。昭秀由此得还都。"今从齐书。昌寓，尚之之弟子也。何昌寓于此有周昌之节矣。

鸾以吴兴太守孔琇之行郢州事，欲使之杀晋熙王銶。琇，音秀。銶，音求。琇之辞不许，遂不食而死。琇之，靖之孙也。孔靖见一百二十三卷晋安帝元兴二年。

裴叔业自寻阳仍进向湘州，欲杀湘州刺史南平王锐，防阁周伯玉大言于众曰："此非天子意。今斩叔业，举兵匡社稷，谁敢不从！"锐典签叱左右斩之。乙酉，杀锐；又杀郢州刺史晋熙王銶，南豫州刺史宜都王铿。

丁亥，以庐陵王子卿为司徒，桂阳王铄为中军将军、开府仪同三司。

冬，十月，丁酉，解严。寻阳已定，诸藩王已死，故解严。

33 以宣城公鸾为太傅、领大将军、扬州牧、都督中外诸军事，加殊礼，进爵为王。

宣城王谋继大统，多引朝廷名士与参筹策。侍中谢朏心不愿，乃求出为吴兴太守。至郡，致酒数斛，遗其弟吏部尚书瀹，朏，敷尾翻。遗，于季翻。为书曰："可力饮此，勿豫人事！"

臣光曰：臣闻"衣人之衣者怀人之忧，食人之食者死人之事。"史记载淮阴侯答蒯彻之言。衣人之衣，于既翻。二谢兄弟，比肩贵近，安享荣禄，危不预知；为臣如此，可谓忠乎！世多有如此而得名者。

34 宣城王虽专国政，人情犹未服。王胛上有赤志，胛，古洽翻。肩背之间为胛。骠骑谘议参军考城江祏劝王出以示人。祏，音石。考城，前汉之甾县也，属梁国；后汉章帝改曰考城，属陈留郡；晋惠帝分属济阳郡。萧子显齐志，南徐州南济阳郡有考城县，皆晋氏因郡人南渡而侨置也。王以示晋寿太守王洪范曰："人言此是日月相，卿幸勿泄！"洪范曰："公日月在躯，如何可隐，当转言之！"王洪范，禁卫旧臣，鸾以此觇之，其言如此，鸾益无所忌矣。相，息亮翻。王母，祏之姑也。

35 戊戌，杀桂阳王铄、衡阳王钧、江夏王锋、建安王子真、巴陵王子伦。

铄与鄱阳王锵齐名；锵好文章，铄好名理，好，呼到翻。时人称为鄱、桂。锵死，铄不自安，至东府见宣城王，还，谓左右曰："向录公见接殷勤，鸾以太傅录尚书事；太傅上公，故称录公。流连不能已，流连不能相舍之意。而面有惭色，此必欲杀我。"是夕，遇害。

宣城王每杀诸王，常夜遣兵围其第，斩关逾垣，呼噪而入，家赀皆封籍之。江夏王锋，有才行，行，下孟翻。宣城王尝与之言："遥光才力可委。"锋曰："遥光之于殿下，犹殿下之于高皇；卫宗庙，安社稷，实有攸寄。"东昏侯之世，遥光卒如锋言。

宣城王失色。及杀诸王，锋遗宣城王书，诮责之；遗，于季翻。诮，才笑翻。宣城王深惮之，不敢于第收锋，使兼祠官于太庙，祠官，使行祭事。夜，遣兵庙中收之。锋出，登车，兵人欲上车，上，时掌翻。锋有力，手击数人皆仆地，然后死。

宣城王遣典签柯令孙杀建安王子真，姓谱：柯，姓也，吴公子柯庐之后。子真走入床下，令孙手牵出之，叩头乞为奴，不许而死。

又遣中书舍人茹法亮杀巴陵王子伦。茹，音如。子伦性英果，时为南兰陵太守，镇琅邪，城有守兵。晋置南琅邪郡于江乘蒲洲上，齐徙治白下，北临江浒，故有守兵。宣城王恐不肯就死，以问典签华伯茂，华，户化翻。伯茂曰："公若以兵取之，恐不可即办。若委伯茂，一夫力耳。"乃手自执鸩逼之，子伦正衣冠，出受诏，谓法亮曰："先朝昔灭刘氏，见一百三十五卷高祖建元元年。朝，直遥翻。今日之事，理数固然。君是身家旧人，茹法亮事世祖，权寄甚重。今衔此使，当由事不获已。使，疏吏翻。此酒非劝酬之爵。"因仰之而死，时年十六。法亮及左右皆流涕。

初，诸王出镇，皆置典签，主帅一方之事，悉以委之。帅，所类翻；下同。时入奏事，一岁数返，时主辄与之间语，间，读曰闲。访以州事，刺史美恶专系其口，自刺史以下莫不折节奉之，恒虑弗及。恒，户登翻。于是威行州部，州部，谓一州之部内也。大为奸利。武陵王晔为江州，性烈直，不可干；典签赵渥之谓人曰："今出都易刺史！"及见世祖，盛毁之；晔遂免还。

南海王子罕戍琅邪，欲暂游东堂，典签姜秀不许。子罕还，泣谓母曰："儿欲移五步亦不得，与囚何异！"邵陵王子贞尝求熊白，本草图经曰：熊形类大豕，而性轻健，好攀缘上高木，见人则颠倒自投而下。冬多入穴而藏蛰，始春而出。其脂谓之熊白，十一月取之，须其背上者。陆佃埤雅曰：熊当心有白脂如玉，味甚美，俗呼熊白。厨人答典签不在，不敢与。

永明中，巴东王子响杀刘寅等，事见一百三十八卷永明八年。世祖闻之，谓群臣曰："子响遂反！"戴僧静大言曰："诸王都自应反，岂唯巴东！"上问其故，对曰："天王无罪，而一时被囚，被，皮义翻。取一挺藕、一杯浆，皆谘签帅；签帅不在，则竟日忍渴。诸州唯闻有签帅，不闻有刺史。何得不反！"

竟陵王子良尝问众曰："士大夫何意诣签帅？"参军范云曰："诣长史以下皆无益，诣签帅立有倍本之价。谓所持以诣签帅，而其所得倍其所持之本也。不诣谓何！"子良有愧色。

及宣城王诛诸王，皆令典签杀之，竟无一人能抗拒者。孔珪闻之，流涕曰："齐之衡阳、江夏最有意，言有意于翼辅帝室。而复害之；复，扶又翻；下勿复同。若不立签帅，故当不至于此。"此上历叙典签之弊。宣城王亦深知典签之弊，乃诏："自今诸州有急事，当密以奏闻，勿复遣典签入都。"自是典签之任浸轻矣。

萧子显论曰：帝王之子，生长富厚，长，知两翻。朝出闺阃，暮司方岳，防骄翦逸，积代常典。故辅以上佐，简自帝心；劳旧左右，用为主帅，饮食起居，动应闻启；处地虽重，处，昌吕翻。行己莫由。威不在身，恩未下及，一朝艰难总至，望其释位扶危，何可得矣！左传：诸侯释位以间王室。杜预注曰：间，犹与也。去其位与治王之政事。斯宋氏之馀风，至齐室而尤弊也。诸王置典签始于宋，故云然。

36 癸卯，以宁朔将军萧遥欣为豫州刺史，黄门郎萧遥昌为郢州刺史，辅国将军萧诞为司州刺史。遥昌，遥欣之弟；诞，谌之兄也。史言宣城王用其亲党分据方面。谌，氏壬翻。

37 甲辰，魏以太尉东阳王丕为太傅、录尚书事，留守平城。守，手又翻。

戊申，魏主亲告太庙，使高阳王雍、于烈奉迁神主于洛阳；辛亥，发平城。

38 海陵王在位，起居饮食，皆谘宣城王而后行。尝思食蒸鱼菜，太官令答无录公命，竟不与。辛亥，皇太后令曰："嗣主冲幼，庶政多昧；且早婴尫疾，婴，缠也。尫，乌黄翻，弱也。杜预曰：瘠疾也。弗克负荷。荷，下可翻，又如字。太傅宣城王，胤体宣皇，钟慈太祖，萧承之追谥宣皇帝，太祖之父而鸾之祖也。太祖又素爱鸾，故云然。宜入承宝命。帝可降封海陵王，吾当归老别馆。"萧子显齐书，自此以上著于海陵王纪。且以宣城王为太祖第三子。萧子显齐书，此语著于明帝纪。癸亥，高宗即皇帝位，大赦，改元。此时方改元建武。以太尉王敬则为大司马，司空陈显达为太尉，尚书令王晏加骠骑大将军，骠，匹妙翻。骑，奇寄翻。左仆射徐孝嗣加中军大将军，中领军萧谌为领军将军。

度支尚书虞悰称疾不陪位。悰，徂宗翻。帝以悰旧人，欲引参佐命，使王晏赍废立事示悰。悰曰："主上圣明，公卿戮力，宁假朽老以赞惟新乎！诗曰：其命维新。不敢闻命！"因恸哭。史言虞悰柔而能正，过谢瀹兄弟远甚。朝议欲纠之，朝，直遥翻。徐孝嗣曰："此亦古之遗直。"乃止。

帝与群臣宴会，诏功臣上酒。王晏等兴席，上，时掌翻。兴，起也。谢瀹独不起，曰："陛下受命，应天顺人；王晏妄叨天功以为己力！"帝大笑，解之。座罢，晏呼瀹共载还令省。【章：十二行本"省"下有"欲相抚悦"四字；乙十一行本同；孔本同；退斋校同。】令省，谓尚书令所舍也。瀹正色曰："卿巢窟在何处！"晏甚惮之。

39 丁卯，诏："藩牧守宰，或有荐献，事非任土，谓非如禹贡任土作贡也。悉加禁断。"断，音短。

40 己巳，魏主如信都。庚午，诏曰："比闻缘边之蛮，多窃掠南土，比，毗至翻。使父子乖离，室家分绝。朕方荡壹区宇，子育万姓，若苟如此，南人岂知朝德哉！谓江南之人将不知魏朝之德也。朝，直遥翻。可诏荆、郢、东荆三州，禁勒蛮民，勿有侵暴。”魏初置荆州于上洛，太和中，徙治穰城。置郢州于真阳。真阳，汉汝南郡之慎阳县也。置东荆州于泚阳。

41 十一月，癸酉，以始安王遥光为扬州刺史。

42 丁丑，魏主如邺。

43 庚辰，立皇子宝义为晋安王，宝玄为江夏王，夏，户雅翻。宝源为庐陵王，宝寅为建安王，宝融为随郡王，宝攸为南平王。

44 甲申，诏曰：“邑宰禄薄，虽任土恒贡，自今悉断。”观此，则江左之政，县邑不由郡州亦得入贡天台矣。

45 乙酉，追尊始安贞王为景皇，妃为懿后。

46 丙戌，以闻喜公遥欣为荆州刺史，丰城公遥昌为豫州刺史。时上长子晋安王宝义有废疾，痼疾不可复用为废疾。长，知两翻。诸子皆弱小，故以遥光居中，居中，谓为扬州刺史。遥欣镇抚上流。

47 戊子，立皇子宝卷为太子。卷，读曰捲。

48 魏主至洛阳，欲澄清流品，以尚书崔亮兼吏部郎。亮，道固之兄孙也。宋泰始初，崔道固降魏。

49 魏主敕后军将军宇文福行牧地。福表石济以西，河内以东，距河凡十里。行，下孟翻。牧地，纵则石济以西，河内以东，横则距河十里。按杜佑通典，卫州汲县古牧野之地。则其地宜畜牧，有自来矣。魏主自代徙杂畜置其地，使福掌之；畜无耗失，畜，许救翻。以为司卫监。

初，世祖平统万及秦、凉，宋文帝元嘉四年，魏平统万。八年，赫连定灭秦；定寻西奔，为吐谷浑所禽，秦地皆入于魏。十六年，魏平凉州。以河西水草丰美，用为牧地，畜甚蕃息，蕃，读如繁。马至二百馀万匹，橐驼半之，牛羊无数。及高祖置牧场于河阳，常畜戎马十万匹，河阳牧场，即宇文福所规牧地。畜，许六翻。每岁自河西徙牧并州，稍复南徙，复，扶又翻。欲其渐习水土，不至死伤，而河西之牧愈更蕃滋。及正光以后，皆为寇盗所掠，无孑遗矣。梁武帝普通元年，魏改元正光。史历言魏之马政。

50 永明中，御史中丞沈渊表，百官年七十，皆令致仕，用古者七十而致事之说。并穷困私门。庚子，诏依旧铨叙。上辅政所诛诸王，皆复属籍，封其子为侯。

51 上诈称海陵恭王有疾，数遣御师瞻视，数，所角翻。御师，医师也，以其供御，故谓之御师。至于隋世，尚药局有侍御医，又有医师。因而殒之，葬礼并依汉东海恭王故事。汉东海王彊以天下让，葬用殊礼。

52 魏郢州刺史韦珍，韦珍先以乐陵镇将与东荆州刺史桓诞同镇沘阳，寻为郢州刺史。在州有声绩，魏主赐以骏马、谷帛。珍集境内孤贫者，悉散与之，谓之曰："天子以我能绥抚卿等，故赐以谷帛，吾何敢独有之！"

53 魏主以上废海陵王自立，谋大举入寇。会边将言，雍州刺史下邳曹虎遣使请降于魏，将，即亮翻。雍，于用翻。使，疏吏翻。降，户江翻。十一【章：十二行本"一"作"二"；张校同。】月，辛丑朔，魏遣行征南将军薛真度督四将向襄阳，大将军刘昶、平南将军王肃向义阳，徐州刺史拓跋衍向钟离，平南将军广平刘藻向南郑。真度，安都从祖弟也。从，才用翻。以尚书仆射【章：十二行本无"仆射"二字；乙十一行本同；孔本同。】卢渊为安南将军，督襄阳前锋诸军。渊辞以不习军旅，不许。渊曰："但恐曹虎为周鲂耳。"周鲂事见七十一卷，魏明帝太和二年。鲂，符方翻。

54 魏主欲变易旧风，壬寅，诏禁士民胡服。国人多不悦。国人者，与魏同起于北荒之子孙也。

通直散骑常侍刘芳，缵之族弟也，刘缵臣于齐而屡使于魏，与芳皆彭城人，盖同出于楚元王之后。与给事黄门侍郎太原郭祚，皆以文学为帝所亲礼，多引与讲论及密议政事；大臣贵戚皆以为疏己，怏怏有不平之色。怏，许两翻。帝使给事黄门侍郎陆凯私谕之曰："至尊但欲广知古事，询访前世法式耳，终不亲彼而相疏也。"众意乃稍解。凯，馛之子也。陆馛见一百三十三卷宋明帝泰始七年。馛，蒲拨翻。

55 魏主欲自将入寇。癸卯，中外戒严。戊申，诏代民迁洛者复租赋三年。复，方目翻。相州刺史高闾相，息亮翻。上表称："洛阳草创，曹虎既不遣质任，必无诚心，质，音致。无宜轻举。"魏主不从。

久之，虎使竟不再来，使，疏吏翻。魏主引公卿问行留之计，公卿或以为宜止，或以为宜行。帝曰："众人纷纭，莫知所从。必欲尽行留之势，宜有客主，共相起发。任城、镇南为留议，"镇南"为"镇军"。任，音壬。朕为行论，诸公坐听得失，长者从之。"众皆曰："诺。"镇军【章：十二行本"军"作"南"；乙十一行本同；孔本同。】将军李冲曰："臣等正以迁都草创，人思少安；少，诗沼翻。为内应者未得审谛，谛，音帝，亦审也。不宜轻动。"帝曰："彼降款虚实，诚未可知。降，中江翻。若其虚也，朕巡抚淮甸，访民疾苦，使彼知君德之所在，有北向之心；若其实也，今不以时应接，则失乘时之机，孤归义之诚，败朕大略矣。"孤，负也。败，补迈翻。任城王澄曰："虎无质任，又使不再来，其诈可知也。今代都新迁之民，皆有恋本之心。扶老携幼，始就洛邑，居无一椽之室，椽，重缘翻。食无甔石之储。应劭曰：齐人名小瓮为甔，甔受二石。甔，音都滥翻。又冬月垂尽，东作将起，乃'百堵皆兴'、'俶载南亩'之时，百堵皆兴，谓新迁之人当作室也。俶载南亩，谓入春当东作也。二语皆诗语。俶，昌六翻，始也。而驱之使擐甲执兵，泣当白刃，殆非歌舞之师也。武王伐纣，前歌后舞。擐，音宦。且诸军已进，非无应接。若降款有实，待既平樊、沔，然后銮舆顺动，亦何晚之有！今率然轻举，率然，轻易之意。上下疲劳；若空行空返，恐挫损天威，更成贼气，非策之得者也。"司空穆亮以为宜行，公卿皆同之。澄谓亮曰："公辈在外之时，见张旗授甲，皆有忧色，平居论议，不愿南征；何得对上即为此语！面背不同，事涉欺佞，岂大臣之义、国士之体乎！万一倾危，皆公辈所为也。"冲曰："任城王可谓忠于社稷。"帝曰："任城以从朕者为佞，不从朕者岂必皆忠！夫小忠者，大忠之贼，无乃似诸！"澄曰："臣愚暗，虽涉小忠，要是竭诚谋国；不知大忠者竟何所据！"帝不从。

辛亥，发洛阳，以北海王详为尚书仆射，统留台事；李冲兼仆射，同守洛阳。给事黄门侍郎崔休为左丞，赵郡王干都督中外诸军事，始平王勰将宗子军宿卫左右。将，即亮翻。休，逞之玄孙也。魏道武伐中山，崔逞降之。戊辰，魏主至悬瓠。己巳，诏寿阳、钟离、马头之师所掠男女皆放还南。曹虎果不降。降，户江翻。

魏主命卢渊攻南阳。渊以军中乏粮，请先攻赭阳以取叶仓，魏主许之。赭阳即汉、晋之堵阳县；堵，亦音者；至宋时，犹属南阳郡。至萧子显齐书，赭阳、叶二县皆不见于志，下言"北襄城太守成公期拒魏"，则北襄城郡置于赭阳明矣。叶，式涉翻。乃与征南大将军城阳王鸾、安南将军李佐、荆州刺史韦珍共攻赭阳。考异曰：齐书作"卢阳乌、韦灵智"。按阳乌，渊小字；灵智，珍字也。鸾，长寿之子；城阳王长寿，见一百三十二卷宋苍梧王元徽三年。佐，宝之子也。宋文帝元嘉二十一年，李宝入朝于魏。北襄城太守成公期闭城拒守。薛真度军于沙堨，堨，乌葛翻。堨，壅也。聚沙以壅水，故以为地名。南阳太守房伯玉、新野太守刘思忌拒之。晋武帝太康中，分南阳置义阳郡，惠帝又分义阳、南阳置新野郡。

56 先是，魏主遣中书监高闾治古乐；先，悉荐翻。治，直之翻。会闾出为相州刺史，是岁，表荐著作郎韩显宗、大乐祭酒公孙崇参知钟律，帝从之。大乐祭酒，盖太和中初置是官。

聂崇岐标点王崇武覆校

资治通鉴卷第一百四十

端明殿学士兼翰林侍读学士朝散大夫右谏议大夫
充集贤殿修撰提举西京嵩山崇福宫上柱国河内郡 司马光 奉敕编集
开国侯食邑一千八百户食实封六百户赐紫金鱼袋臣

后学天台胡三省音注

齐纪六 起旃蒙大渊献（乙亥），尽柔兆困敦（丙子），凡二年。

高宗明皇帝中

建武二年（乙亥、四九五）

1 春，正月，壬申，遣镇南将军王广之督司州、右卫将军萧坦之督徐州、尚书右仆射沈文季督豫州诸军以拒魏。

癸酉，魏诏："淮北之人不得侵掠，犯者以大辟论。"淮北时已属魏，故诏不得侵掠其人。辟，毗亦翻。乙未，拓跋衍攻钟离，徐州刺史萧惠休乘城拒守，间出袭击魏兵，破之。惠休，惠明之弟也。间，古苋翻。萧惠明见一百三十三卷宋苍梧王元徽二年。刘昶、王肃攻义阳，昶，知两翻。司州刺史萧诞拒之。肃屡破诞兵，招降万馀人。降，户江翻。魏以肃为豫州刺史。刘昶性褊躁，御军严暴，褊，补典翻。躁，则到翻。人莫敢言。法曹行参军北平阳固苦谏；昶怒，欲斩之，使当攻道。攻道，攻城之道，矢石之所集也。固志意闲雅，临敌勇决，昶始奇之。

丁酉，中外纂严。以太尉陈显达为使持节、都督西北讨诸军事，往来新亭、白下以张声势。使，疏吏翻；下同。

己亥，魏主济淮；二月，至寿阳，众号三十万，铁骑弥望。弥望，犹言极望也。孔颖达曰：人目所望三十里，而天地合于三十里外，不复见之，是为极望。骑，奇寄翻。甲辰，魏主登八公山，赋诗。道遇甚雨，命去盖；去，羌吕翻。见军士病者，亲抚慰之。

魏主遣使呼城中人，丰城公遥昌使崔【章：十二行本“崔”上有“参军”二字；乙十一行本同；孔本同。】庆远出应之。庆远问师故，左传：齐桓公以诸侯之师伐楚，楚子使与师言曰：“不虞君之涉吾地也，何故？”魏主曰：“固当有故！卿欲我斥言之乎，斥，指也；直言以指人之罪过，无所回避，谓之斥。欲我含垢依违乎？”庆远曰：“未承来命，无所含垢。”左传曰：国君含垢。杜预注曰：含垢，忍垢耻。魏主曰：“齐主何故废立？”庆远曰：“废昏立明，古今非一，未审何疑？”魏主曰：“武帝子孙，今皆安在？”庆远曰：“七王同恶，已伏管、蔡之诛；子隆、子懋、子敬、子真、子伦并郁林、海陵为七王。其馀二十馀王，或内列清要，或外典方牧。”魏主曰：“卿主若不忘忠义，何以不立近亲，如周公之辅成王，而自取之乎？”庆远曰：“成王有亚圣之德，故周公得而相之。相，息亮翻。今近亲皆非成王之比，故不可立。且霍光亦舍武帝近亲而立宣帝，唯其贤也。”魏主曰：“霍光何以不自立？”庆远曰：“非其类也。主上正可比宣帝，安得比霍光！若尔，武王伐纣，不立微子而辅之，亦为苟贪天下乎？”史言崔庆远之机辩。魏主大笑曰：“朕来问罪。如卿之言，便可释然。”庆远曰：“‘见可而进，知难而退，’左传载晋大夫随武子之言。圣人之师也。”魏主曰：“卿欲吾和亲，为不欲乎？”庆远曰：“和亲则二国交欢，生民蒙福；否则二国交恶，生民涂炭。和亲与否，裁自圣衷。”魏主赐庆远酒殽、衣服而遣之。

戊申，魏主循淮而东，过寿阳不攻，引兵东下。民皆安堵，租运属路。属，之欲翻。此谓淮北之民耳。丙辰，至钟离。自寿阳至钟离三百三十馀里。

上遣左卫将军崔慧景、宁朔将军裴叔业救钟离。刘昶、王肃众号二十万，堑栅三重，堑，七艳翻。重，直龙翻。并力攻义阳，城中负楯而立。攻城甚急，矢石交至，故负楯而立以自蔽。楯，食尹翻。王广之引兵救义阳，去城百馀里，畏魏强，不敢进。城中益急，黄门侍郎萧衍请先进，广之分麾下精兵配之。衍间道夜发，间，古苋翻。与太子右率萧诔等率，所律翻。右率，太子右卫率也。诔，鲁水翻。径上贤首山，水经注：浉水南出大溃山北，径贤首山西，又北出，东南屈，径义阳县郡城南。上，时掌翻。去魏军数里。魏人出不意，未测多少，不敢逼。少，诗沼翻。黎明，城中望见援军至，萧诞遣长史王伯瑜出攻魏栅，因风纵火，衍等众军自外击之，魏不能支，解围去。己未，诞等追击，破之。诔，谌之弟也。

先是，上以义阳危急，先，悉荐翻。诏都督青、冀二州诸军事张冲出军攻魏以分其兵势。冲遣军主桑系祖攻魏建陵、驿马、厚丘三城，又遣军主杜僧护攻魏虎坑、冯时、即丘三城，皆拔之。青、冀二州刺史王洪范遣军主崔延袭魏纪城，据之。宋泰始初，青、冀二州入于魏，乃置青、冀二州刺史，治朐山。杜佑曰：宋明帝立青、冀二州，寄治赣榆；齐青州治朐山；冀州理涟口，今临淮郡涟水县。魏收志：郯郡有建陵县，汉古县也。宋白曰：厚丘故城，在海州沭阳县北四十五里。又，东彭城郡龙沮县有即丘城。即丘亦汉县，本属琅邪郡。贤曰：即丘，即左传之祝丘，故城在今沂州临沂县东南。纪城，春秋之纪鄣故城也。杜预曰：东海赣榆县东北有故纪城。

魏主欲南临江水，辛酉，发钟离。司徒长乐元懿公冯诞病，不能从，乐，音洛。从，才用翻。魏主与之泣诀，行五十里，闻诞卒。时崔慧景等军去魏主营不过百里，魏主轻将数千人夜还钟离，将，即亮翻。拊尸而哭，达旦，声泪不绝。壬戌，敕诸军罢临江之行，葬诞依晋齐献王故事。齐献王攸葬事，见八十一卷晋武帝太康四年。诞与帝同年，幼同砚席，尚帝妹乐安长公主。长，知两翻。虽无学术，而资性淳笃，故特有宠。丁卯，魏主遣使临江，数上罪恶。使，疏吏翻。数，所具翻。

魏久攻钟离不克，士卒多死。三月，戊寅，魏主如邵阳，筑城于洲上，邵阳洲在钟离城北淮水中。栅断水路，夹筑二城。既筑城于洲上，又于淮水南北两岸夹筑二城，树栅水中，以断援兵之路。断，丁管翻；下先断、邀断、欲断同。萧坦之遣军主裴叔业攻二城，拔之。魏主欲筑城置戍于淮南，以抚新附之民，赐相州刺史高闾玺书，具论其状。相，息亮翻。玺，斯氏翻。闾上表，以为："兵法'十则围之，五则攻之。'孙子兵法有是言。向者国家止为受降之计，谓欲受曹虎降也。降，户江翻；下同。发兵不多，东西辽阔，难以成功；今又欲置戍淮南，招抚新附。昔世祖以回山倒海之威，步骑数十万，南临瓜步，诸郡尽降，而盱眙小城，攻之不克。事见一百二十五卷宋文帝元嘉二十七年。骑，奇寄翻。盱眙，音吁怡。班师之日，兵不戍一城，土不辟一廛。说文曰：廛，一亩半，一家之居地。夫岂无人？以为大镇未平，宋时淮上以寿阳、广陵为大镇。不可守小故也。夫壅水者先塞其原，塞，悉则翻。伐木者先断其本；本原尚在而攻其末流，终无益也。寿阳、盱眙、淮阴，淮南之本原也；寿阳、盱眙、淮阴皆淮津之要地，齐皆以重兵守之，故云本原。三镇不克其一，而留守孤城，其不能自全明矣。敌之大镇逼其外，长淮隔其内；少置兵则不足以自固，少，诗沼翻。多置兵则粮运难通。大军既还，士心孤怯；夏水盛涨，救援甚难。以新击旧，以劳御逸，久于屯戍，魏师已至，齐以生兵攻之，是之谓以新击旧。魏以孤军守孤城，劳于备御；齐师迭出而攻之，士有馀力，是之谓以劳御逸。若果如此，必为敌擒，虽忠勇奋发，终何益哉！言将士效死弗去，而城破身没，虽忠勇奋发而无益于国事。且安土恋本，人之常情。昔彭城之役，既克大镇，城戍已定，而不服思叛者犹逾数万。宋明帝泰始二年，魏得彭城，至高帝建元之初，淮北之民犹不乐属魏，思归江南，遂有五固之役。角城蕞尔，蕞，徂外翻，小貌。处在淮北，处，昌吕翻。去淮阳十八里。五固之役，攻围历时，卒不能克。事见一百三十五卷高帝建元三年。卒，子恤翻。以今准昔，事兼数倍。天时尚热，"尚"，当作"向"。雨水方降，愿陛下踵世祖之成规，旋辕返斾，经营洛邑，蓄力观衅，衅，许覲翻。布德行化，中国既和，远人自服矣。"尚书令陆叡上表，以为："长江浩荡，彼之巨防。又南土昏雾，暑气郁蒸，师人经夏，必多疾病。而迁鼎草创，武王迁九鼎于洛邑，故引以为言。庶事甫尔，台省无论政之馆，府寺靡听治之所，治，直吏翻。百僚居止，事等行路，沈雨炎阳，自成疠疫。沈，与霃同，持林翻。说文：久阴曰沈。炎阳，炎日也。且兵徭并举，圣王所难。今介胄之士，外攻寇雠，羸弱之夫，内勤土木，运给之费，日损千金。驱罢弊之兵，讨坚城之虏，将何以取胜乎！羸，伦为翻。罢，读与疲同。陛下去冬之举，正欲曜武江、汉耳；今自春几夏，几，居希翻，近也。理宜释甲。愿早还洛邑，使根本深固，圣怀无内顾之忧，兆民休斤板之役，斤，谓斧斤之役。板，谓板筑之役。然后命将出师，将，即亮翻；下同。何忧不服。"魏主纳其言。

崔慧景以魏人城邵阳，患之。张欣泰曰："彼有去志，所以筑城者，外自夸大，惧我蹑其后耳。今若说之以两愿罢兵，说，输芮翻。彼无不听矣。"慧景从之，使欣泰诣城下语魏人，语，牛倨翻。魏主乃还。

济淮；馀五将未济，齐人据渚邀断津路。断，丁管翻；下同。魏主募能破中渚兵者以为直阁将军，军主代人奚康生应募，据北史：康生本姓达奚，魏孝文改复姓，于是姓奚。缚筏积柴，因风纵火，烧齐船舰，舰，户黯翻。依烟直进，飞刀乱斫，中渚兵遂溃。魏主假康生直阁将军。

魏主使前将军杨播将步卒三千、骑五百为殿。将步，即亮翻。骑，奇寄翻；下同。殿，丁练翻；断后曰殿。时春水方长，齐兵大至，战舰塞川。播结陈于南岸以御之，长，知两翻。舰，户黯翻。塞，悉则翻。陈，读曰阵；下为陈同。诸军尽济。齐兵四集围播，播为圆陈以御之，身自搏战，所杀甚众。相拒再宿，军中食尽，围兵愈急。魏主在北岸望之，以水盛不能救，既而水稍减，播引精骑三百历齐舰大呼曰：呼，火故翻。"我今欲渡，能战者来！"遂拥众而济。播，椿之兄也。杨椿见一百三十七卷武帝永明八年。

魏军既退，邵阳洲上馀兵万人，求输马五百匹，假道以归。崔慧景欲断路攻之，张欣泰曰："归师勿遏，古人畏之，兵法：归师勿遏，穷寇勿追。兵在死地，不可轻也。今胜之不足为武，不胜徒丧前功；丧，息浪翻。不如许之。"慧景从之。萧坦之还，言于上曰："邵阳洲有死贼万人，慧景、欣泰纵而不取。"由是皆不加赏。甲申，解严。魏师已退，故解严。

初，上闻魏主欲饮马于江，惧，敕广陵太守行南兖州事萧颖胄移居民入城，民惊恐，欲席卷南渡。卷，读曰捲。颖胄以魏寇尚远，不即施行，魏兵竟不至。颖胄，太祖之从子也。萧颖胄，太祖从弟赤斧之子。从，才用翻。

上遣尚书左【章：十二行本"左"作"右"；乙十一行本同。】仆射沈文季助丰城公遥昌守寿阳。是年春正月，遣沈文季督豫州诸军。豫州治寿阳。文季入城，止游兵不听出，洞开城门，严加守备。魏兵寻退。

魏之入寇也，卢昶等犹在建康，海陵王即位，魏遣昶来聘，昶至建康而帝已立。齐人恨之，饲以蒸豆。饲，祥吏翻。马牛待之。昶怖惧，食之，怖，普布翻。泪汗交横。谒者张思宁辞气不屈，死于馆下。及还，魏主让昶曰："人谁不死，何至自同牛马，屈身辱国！纵不远惭苏武，苏武使匈奴，十九年不屈节。犹不近愧思宁乎！"乃黜为民。

2 戊子，魏太师京兆武公冯熙卒于平城。

3 乙未，魏主如下邳；夏，四月，庚子，如彭城；辛丑，为冯熙举哀。为，于伪翻。太傅、录尚书事平阳公丕不乐南迁，乐，音洛。与陆叡表请魏主还临熙葬。丕、叡时留守平城。帝曰："开辟以来，安有天子远奔舅丧者乎！今经始洛邑，经，度之也。始，初也。诗云：经始灵台。岂宜妄相诱引，陷君不义！令、仆以下，可付法官贬之。"此平城留台令、仆也。法官，谓御史。诱，音酉。仍诏迎熙及博陵长公主之柩，长，知两翻。柩，巨救翻。南葬洛阳，礼如晋安平献王故事。晋安平王孚葬，见七十九卷武帝泰始八年。魏之葬熙，其礼又加于诞。

4 魏主之在钟离，仇池镇都大将、梁州刺史拓跋英请以州兵会刘藻击汉中，去年十一月，魏遣刘藻向南郑。魏梁州刺史治仇池，齐梁州刺史治南郑。将，即亮翻；下同。魏主许之。梁州刺史萧懿遣部将尹绍祖、梁季群等将兵二万，据险，立五栅以拒之。据萧子显齐书，时据角弩谷、白马、沮水立五栅。英曰："彼帅贱，莫相统壹。帅，所类翻。我选精卒并攻一营，彼必不相救；若克一营，四营皆走矣。"乃引兵急攻一营，拔之，四营俱溃，生擒梁季群，斩三千馀级，俘七百馀人，乘胜长驱，进逼南郑。懿又遣其将姜修击英，英掩击，尽获之。将还，懿别军继至；将士皆已疲，不意其至，大惧，欲走。英故缓辔徐行，神色自若，登高望敌，东西指麾，状若处分，处，昌吕翻。然后整列而前。懿军疑有伏兵，迁延引退，英追击，破之，遂围南郑。禁将士毋得侵暴，远近悦附，争供租运。懿婴城自守，军主范絜先将三千馀人在外，还救南郑，英掩击，尽获之。围城数十日，城中恟惧。将，即亮翻。恟，许拱翻。录事参军新野庾域封题空仓数十，指示将士曰："此中粟皆满，足支二年，但努力固守！"众心乃安。会魏主召兵还，英使老弱先行，自将精兵为后拒，殿军后以拒追兵曰后拒。遣使与懿告别。使，疏吏翻。懿以为诈，英去一日，犹不开门；二日，乃遣将追之。英与士卒下马交战，懿兵不敢逼，行四日四夜，懿兵乃返。英入斜谷，会天大雨，士卒截竹贮米，执炬火于马上炊之。贮，丁吕翻。先是，懿遣人诱说仇池诸氐，使起兵断英运道及归路。英勒兵奋击，且战且前，矢中英颊，卒全军还仇池，英乘胜深入，后无继援，虽仅获全军而返，亦已危矣。先，悉荐翻。说，输芮翻。断，丁管翻。中，竹仲翻。卒，子恤翻。讨叛氐，平之。英，桢之子；南安王桢，见一百三十八卷武帝永明十一年。懿，衍之兄也。

英之攻南郑也，魏主诏雍、泾、岐三州发兵六千人戍南郑，魏雍州治长安，领京兆、冯翊、扶风、咸阳、北地等郡。太和中，置泾州，治临泾城，领安定、陇东、新平、平凉、平原等郡。十一年，置岐州，治雍城镇，领平秦、武功、武都郡。雍，于用翻。俟克城则遣之。侍中兼左仆射李冲表谏曰："秦川险阨，地接羌、夷。自西师出后，饷援连续，加氐、胡叛逆，所在奔命，运粮擐甲，迄兹未已。今复豫差戍卒，复，扶又翻。差，初皆翻；下差遣同。悬拟山外，汉中之地在关中南山之南，故曰山外。虽加优复，复，方目翻。恐犹惊骇。脱终攻不克，徒动民情，连胡结夷，事或难测。辄依旨密下刺史，待军克郑城，下，户嫁翻。郑城，谓南郑城。然后差遣。如臣愚见，犹谓未足。何者？西道险阨，单径千里，谓褒斜之道也。今欲深戍绝界之外，孤据群贼之中，敌攻不可猝援，食尽不可运粮。古人有言，'虽鞭之长，不及马腹。'左传晋伯宗之言。南郑于国，实为马腹也。且魏境所掩，九州过八；此指禹贡九州为言。民人所臣，十分而九；所未民者，唯漠北之与江外耳。漠北，谓柔然；江外，谓齐。言唯此二国未为魏民。羁之在近，谓以绳羁系其君而致之；在近，言不远也。岂汲汲于今日也！宜待疆宇既广，粮食既足，然后置邦树将，树，立也。将，帅也。将，即亮翻。为吞并之举。今寿阳、钟离，密迩未拔；赭城、新野，跬步弗降。赭城，即赭阳城也。降，户江翻。东道既未可以近力守，西藩宁可以远兵固！李冲盖谓淮汉之地为东道，谓南郑为西藩。若果欲置者，臣恐终以资敌也。又，建都土中，洛阳为土中。地接寇壤，方须大收死士，平荡江会，建康为江南都会之地，故曰江会。若轻遣单寡，弃令陷没，恐后举之日，众以留守致惧，求其死效，未易可获。易，以豉翻。推此而论，不戍为上。"魏主从之。

5 癸丑，魏主如小沛；己未，如瑕丘；庚申，如鲁城，魏收地形志：鲁郡，鲁县之鲁城。亲祠孔子；辛酉，拜孔氏四人、颜氏二人官，仍选诸孔宗子一人封崇圣侯，奉孔子祀，命兖州修孔子墓，大宗之子为宗子。孔子墓亦在鲁县。更建碑铭。戊辰，魏主如碻磝，命谒者仆射成淹具舟楫，欲自泗入河，溯流还洛，淹谏，以为："河流悍猛，非万乘所宜乘。"溯，苏故翻。悍，侯旰翻，又下罕翻。万乘，绳证翻。帝曰："我以平城无漕运之路，故京邑民贫。今迁都洛阳，欲通四方之运，而民犹惮河流之险；故朕有此行，所以开百姓之心也。"

6 魏城阳王鸾等攻赭阳。诸将不相统壹，围守百馀日，诸将欲按甲不战以疲之。李佐独昼夜攻击，士卒死者甚众，帝遣太子右卫率垣历生救之。诸将以众寡不敌，欲退，佐独帅骑二千逆战而败。将，即亮翻。率，所律翻。帅，读曰率。骑，奇寄翻。卢渊等引去，历生追击，大破之。历生，荣祖之从弟也。垣荣祖著名于宋泰始之间。从，才用翻；下同。南阳太守房伯玉等又败薛真度于沙堨。败，补迈翻。考异曰：齐书魏虏传，真度败在建武元年下。魏帝纪，城阳王鸾以败军获罪，在太和十九年五月；今从之。

鸾等见魏主于瑕丘。见，贤遍翻。魏主责之曰："卿等沮辱威灵，罪当大辟；沮，在吕翻。辟，毗亦翻。朕以新迁洛邑，特从宽典。"五月，己巳，降封鸾为定襄县王，削户五百；卢渊、李佐、韦珍皆削官爵为民，佐仍徙瀛州。太和十一年，分定州河间、高阳，冀州章武、浮阳，置瀛州，治赵都军城。以薛真度与其从兄安都有开徐方之功，谓以彭城降魏也，从，才用翻。听存其爵及荆州刺史，馀皆削夺，曰："进足明功，退足彰罪矣。"

7 魏广川刚王谐卒。谐，略之子也。魏广川王略，见一百三十五卷高帝之建元二年。谥法：追补前过曰刚。魏主曰："古者，大臣之丧有三临之礼；贾山曰：古者贤君之于臣也，死则往吊哭之，临其小敛、大敛；已棺，除而为之服，锡衰、麻绖而三临其丧。魏、晋以来，王公之丧，哭于东堂。自今诸王之丧，期亲三临；期亲，期丧之亲。期，读曰朞。大功再临；小功、缌麻一临；大功，九月服；小功，五月服；缌麻，三月服。罢东堂之哭。广川王于朕，大功也。"广川王略，显祖之弟，谐于魏主，从兄弟也，其服大功。将大敛，敛，力赡翻。素服、深衣往哭之。

8 甲戌，魏主如滑台；丙子，舍于石济。庚申，【章：十二行本"申"作"辰"；乙十一行本同；孔本同；张校同。】太子出迎于平桃城。魏收志：济阴郡离狐县有桃城。水经注曰：荥阳县有虢亭，俗谓之平眺城。

赵郡王干在洛阳，贪淫不法，御史中尉李彪私戒之，魏置御史中尉以纠察百官，犹御史中丞也。且曰："殿下不悛，不敢不以闻。"干悠然不以为意。悠，远也。悠然，夷旷自得之意。悛，七缘翻。彪表弹之。弹，徒丹翻。魏主诏干与北海王详俱从太子诣行在。既至，见详而不见干，阴使左右察其意色，知无忧悔，言既无忧色，又无悔过之意。乃亲数其罪，杖之一百，免官还第。数，所具翻。

癸未，魏主还洛阳，告于太庙。甲申，减冗官之禄以助军国之用。乙酉，行饮至之礼。左传：臧僖伯曰："三年而治兵，入而振旅，归而饮至，以数军实。"又曰："反行，饮至，舍爵、策勋焉。"饮至者，告至于庙而饮酒也。班赏有差。班南伐之赏也。

9 甲午，魏太子冠于庙。记冠义曰：古者重冠，冠故行之于庙；行之于庙者，所以自卑而尊先祖也。郑樵曰：曹魏冠太子再加，宋一加。馀谓魏孝文好古，其必用三加之礼。冠于庙，礼也；曹魏以来不复在庙。冠，古玩翻。魏主欲变北俗，引见群臣，见，贤遍翻。谓曰："卿等欲朕远追商、周，为欲不及汉、晋邪？"咸阳王禧对曰："群臣愿陛下度越前王耳。"帝曰："然则当变风易俗，当因循守故邪？"对曰："愿圣政日新。"帝曰："为止于一身，为欲传之子孙邪？"对曰："愿传之百世。"帝曰："然则必当改作，卿等不得违也。"对曰："上令下从，其谁敢违！"帝曰："夫'名不正，言不顺，则礼乐不可兴。'用论语孔子之言。今欲断诸北语，一从正音。断，音短。正音，华言也。其年三十已上，习性已久，容不可猝革。三十已下，见在朝廷之人，见，贤遍翻。语音不听仍旧；若有故为，谓故意为北语，不肯从华言者。当加降黜。各宜深戒！王公卿士以为然不？"不，读曰否。对曰："实如圣旨。"帝曰："朕尝与李冲论此，冲曰：'四方之语，竟知谁是；谓四方之人，言语不同，不知当以谁为是。帝者言之，即为正矣。'冲之此言，其罪当死！"因顾冲曰："卿负社稷，当令御史牵下！"冲免冠顿首谢。又责留守之官曰：守，手又翻。"昨望见妇女犹服夹领小袖，卿等何为不遵前诏！"皆谢罪。帝曰："朕言非是，卿等当庭争。争，读曰诤。如何入则顺旨，退则不从乎！"六月，己亥，下诏："不得为北俗之语于朝廷，违者免所居官。"

10 癸卯，魏主使太子如平城赴太师熙之丧。

11 癸丑，魏诏求遗书，秘阁所无，汉时书府，在外则有太常、太史、博士掌之，内则有延阁、广内、石渠之藏。后汉则藏之东观，晋有中外三阁经书。陆机谢表云“身登三阁”，谓为秘书郎掌中外三阁秘书也，此秘阁之名所由始。有益时用者，加以优赏。

12 魏有司奏：“广川王妃葬于代都，未审以新尊从旧卑，以旧卑就新尊？”夫尊，妇卑。广川王谐新卒，故曰新尊；其妃先卒，故曰旧卑。魏主曰：“代人迁洛者，宜悉葬邙山。邙山，在洛城北。邙，谟郎翻。其先有夫死于代者，听妻还葬；夫死于洛者，不得还代就妻。其馀州之人，自听从便。”丙辰，诏：“迁洛之民死，葬河南，不得还北。”于是代人迁洛者悉为河南洛阳人。

13 戊午，魏改用长尺、大斗，其法依汉志为之。汉律历志以子谷秬黍中者一黍之广度之，九十分黄钟之长，一为一分，十分为寸，十寸为尺。又以子谷秬黍中者千有二百实其龠，十龠为合，十合为升，十升为斗。

14 上之废郁林王也，见上卷上年。许萧谌以扬州；既而除领军将军、南徐州刺史。谌恚曰：“见炊饭，推以与人。”谌，氏壬翻。恚，於避翻。见，贤遍翻。推，吐雷翻。谌恃功，颇干预朝政，朝，直遥翻。所欲选用，辄命尚书使为申论。为，于伪翻。上闻而忌之，以萧诞、萧诔方将兵拒魏，诔，鲁水翻。将，即亮翻。隐忍不发。壬戌，上游华林园，与谌及尚书令王晏等数人宴，尽欢；坐罢，留谌晚出，至华林阁，仗身执还省。仗身，执仗之卫士也。天子禁卫，有斋内仗身，见齐书萧谌传。又按杜佑通典曰：唐制：镇戍之官，给仗身，其人数视镇戍之上、中、下为差；京官五品已上亦有仗身职员。上遣左右莫智明数谌曰：“隆昌之际，非卿无有今日。今一门二州，兄弟三封，谌为南徐州，诞为司州，所谓二州也。谌封衡阳郡公，诔封西昌侯，诞封安复侯，所谓三封也。数，所具翻。朝廷相报，止可极此。卿恒怀怨望，恒，户登翻。乃云炊饭已熟，合甑与人邪！今赐卿死！”遂杀之，并其弟诔；以黄门郎萧衍为司州别驾，往执诞，杀之。谌好术数，吴兴沈文猷常语之曰："君相不减高帝。"好，呼到翻。语，牛倨翻。相，息亮翻；相，貌也。谌死，文猷亦伏诛。谌死之日，上又杀西阳王子明，南海王子罕，邵陵王子贞。三王皆武帝子也。

15 乙丑，以右卫将军萧坦之为领军将军。

16 魏高闾上言："邺城密皇后庙颓圮，请更葺治；若谓已配飨太庙，即宜罢毁。"诏罢之。密皇后，世祖母杜皇后也。后，邺人。神䴥三年，立庙于邺。高闾为相州刺史，相州治邺，故上言之。圮，部鄙翻，毁也。治，直之翻。

17 魏拓跋英之寇汉中也，沮水氐杨馥之为齐击武兴氐杨集始，破之，按汉志武都郡：沮县有东狼谷，沮水所出也。水在广业郡界。唐凤州同谷县，魏之广业郡地也。氐居沮水上，因以为种落之名。沮，子馀翻。为，于伪翻。秋，七月，辛卯，以馥之为北秦州刺史、萧子显曰：永明郡国志：秦州寄治汉中南郑，不曰南、北；元嘉计偕亦曰秦州。而荆州刺史尝督二秦、梁，是则志所载秦州为南秦，氐为北秦。然是时秦州所领诸郡，皆侨郡与荒郡也。仇池公。

18 八月，乙巳，魏选武勇之士十五万人为羽林、虎贲以充宿卫。为后虎贲、羽林作乱杀张彝父子张本。贲，音奔。

19 魏金墉宫成，立国子、太学、四门小学于洛阳。四门学始此。

20 魏高祖游华林园，观故景阳山，华林园及景阳山皆魏明帝所筑。黄门侍郎郭祚曰："山水者，仁智之所乐，论语：孔子曰："仁者乐山，智者乐水。"故郭祚引以为言。乐，鱼教翻。宜复修之。"复，扶又翻。帝曰："魏明帝以奢失之于前，朕岂可袭之于后乎！"帝好读书，手不释卷，在舆、据鞍，不忘讲道。善属文，好，呼到翻；下好贤同。属，之欲翻。多于马上口占，既成，不更一字；更，工衡翻。自太和十年以后，诏策皆自为之。好贤乐善，情如饥渴，所与游接，常寄以布素之意，乐，音洛。言寄以布衣雅素相与之意。如李冲、李彪、高闾、王肃、郭祚、宋弁、刘芳、崔光、邢峦之徒，皆以文雅见亲，贵显用事；制礼作乐，郁然可观，有太平之风焉。史言魏高祖能以文治。

治书侍御史薛聪，辩之曾孙也，薛辩见一百二十四卷宋文帝元嘉二十一年。治，直之翻。弹劾不避强御，弹，徒丹翻。劾，户概翻，又户得翻。帝或欲宽贷者，聪辄争之。帝每曰："朕见薛聪，不能不惮，何况诸人也！"自是贵戚敛手。累迁直阁将军，兼给事黄门侍郎、散骑常侍，散，悉亶翻。骑，奇寄翻。帝外以德器遇之，内以心膂为寄，亲卫禁兵，悉聪管领，故终太和之世，恒带直阁将军。群臣罢朝之后，聪恒陪侍帷幄，言兼昼夜，时政得失，动辄匡谏，事多听允；而重厚沈密，恒，户登翻。朝，直遥翻。沈，持林翻。外莫窥其际。帝欲进以名位，辄苦让不受。帝亦雅相体悉，谓之曰："卿天爵自高，固非人爵所能荣也。"孟子曰：公卿大夫，此人爵也；仁义忠信，此天爵也。

21 九月，庚午，魏六宫、文武悉迁于洛阳。六宫，后妃、夫人、嫔御也。文武，内外文武百官也。

22 丙戌，魏主如邺，屡至相州刺史高闾之馆，馆，谓刺史官舍。相，息亮翻。美其治效，治，直吏翻。赏赐甚厚。闾数请本州，数，所角翻。诏曰："闾以悬车之年，方求衣锦，汉薛广汉致仕，悬其安车以示子孙。古人有言，"富贵不归故乡，如衣锦夜行。"衣，于既翻。知进忘退，有尘谦德；可降号平北将军。朝之老成，宜遂情愿，徙授幽州刺史，高闾，渔阳雍奴人，幽州统内也。朝，直遥翻。令存劝两修，恩法并举。"从所请以劝善示恩，降号以存法。以高阳王雍为相州刺史，戒之曰："作牧亦易亦难：'其身正，不令而行，'所以易；'其身不正，虽令不从，'所以难。"用孔子之言而发难易之论。易，以豉翻。

23 己丑，徙南平王宝攸为邵陵王，蜀郡王子文为西阳王，广汉王子峻为衡阳王，临海王昭秀为巴陵王，永嘉王昭粲为桂阳王。宝攸，皇子；馀皆高、武子孙。

24 乙未，魏主自邺还；还洛阳。冬，十月，丙辰，至洛阳。

25 壬戌，魏诏："诸州精品属官，考其得失为三等以闻。"又诏："徐、兖、光、南青、荆、洛六州，严纂戎备，应须赴集。"魏徐州领彭城、南阳平、沛、兰陵、北济阴等郡。兖州领泰山、鲁、高平、任城、东平、东阳平等郡。光州治掖城，皇兴四年分青州置，领东莱、长广、东牟等郡。南青州，即东徐州，魏主更名，领东安、东莞郡。魏先置荆州于上洛，领上洛、上庸、魏兴等郡。太和十一年，改为洛州，置荆州于穰城，领南阳、顺阳、新野、襄城等郡。诏纂戎备，将复南伐也。

26 十一月，丁卯，诏罢世宗东田，毁兴光楼。东田见武帝纪。兴光楼，盖亦文惠太子所建。

27 己卯，纳太子妃褚氏，大赦。妃，澄之女也。褚澄见一百三十三卷，宋苍梧王元徽二年。

28 庚午，魏主如委粟山，定圜丘。己卯，帝引诸儒议圜丘礼。秘书令李彪建言："鲁人将有事于上帝，必先有事于泮宫。记礼器之言。郑玄注曰：泮宫，郊学也。请前一日告庙。"从之。甲申，魏主祀圜丘；大【章：十二行本"大"上有"丙戌"二字；乙十一行本同；孔本同；张校同。】赦。

29 十二月，乙未朔，魏主见群臣于光极堂，宣下品令，为大选之始。下，遐稼翻。品令，九品之令也。大选者，谓将大选群臣也。光禄勋于烈子登引例求迁官，烈上表曰："方今圣明之朝，理应廉让，而臣子登引人求进；引人，谓引他人之例也。朝，直遥翻。是臣素无教训，乞行黜落！"黜落，谓黜官、落职也。魏主曰："此乃有识之言，不谓烈能办此！"乃引见登，谓曰："朕将流化天下，以卿父有谦逊之美、直士之风，故进卿为太子翊军校尉。"又加烈散骑常侍，封聊城县子。校，户教翻。散，悉亶翻。骑，奇寄翻。

魏主谓群臣曰："国家从来有一事可叹：臣下莫肯公言得失是也。夫人君患不能纳谏，人臣患不能尽忠。自今朕举一人，如有不可，卿等直言其失；若有才能而朕所不识，卿等亦当举之。如是，得人者有赏，不言者有罪，卿等当知之。"以魏孝文之求谏、求才如此，而一时之臣犹未能称上意，岂非朝廷之议，帝务骋辞气以加之，故有有怀而不敢尽者！

30 丁酉，诏修晋帝诸陵，增置守卫。此晋帝诸陵，谓在江南者。

31 甲子，魏主引见群臣于光极堂，颁赐冠服。赐冠服以易胡服。

32 先是魏人未尝用钱，先，悉荐翻。魏主始命铸太和五铢。是岁，鼓铸粗备，粗，坐五翻。诏公私用之。

33 魏以光城蛮帅田益光【严："光"改"宗"。】为南司州刺史，帅，所类翻。所统守宰，听其铨置。后更于新蔡立东豫州，以益光为刺史。据北史，"益光"当作"益宗"。魏以益宗既渡淮北，不可仍为司州，乃于新蔡立东豫州。又按五代志及水经注，"新蔡"当作"新息"。

34 氐王杨炅卒。炅，古迥翻，又古惠翻。

三年（丙子、四九六）

1 春，正月，丁卯，以杨炅子崇祖为沙州刺史，封阴平王。考异曰：齐本纪作"丁酉"。按长历，是月乙丑朔，无丁酉。下有己巳，当作"丁卯"。

2 魏主下诏，以为："北人谓土为拓，后为跋。魏之先出于黄帝，以土德王，王，于况翻。故为拓跋氏。夫土者，黄中之色，万物之元也；宜改姓元氏。诸功臣旧族自代来者，姓或重复，皆改之。"重，直龙翻。于是始改拔拔氏为长孙氏，达奚氏为奚氏，乙旃氏为叔孙氏，丘穆陵氏为穆氏，步六孤氏为陆氏，贺赖氏为贺氏，独孤氏为刘氏，贺楼氏为楼氏，勿忸于氏为于氏，尉迟氏为尉氏；其馀所改，不可胜纪。如长孙嵩、奚斤、叔孙建、穆崇、于栗磾之类，史皆因其后改姓，从简便而书之，非其旧也。其馀北人诸姓，改从后姓，注已略见于前。盖其所改后姓，有与华人旧姓相犯者也。忸，女九翻，又女六翻。考异曰：魏初功臣，姓皆复重奇僻，孝文太和中，变胡俗，始改之。魏收作魏书，已尽用新姓，不用旧姓。宋书索虏传、南齐书魏虏传所称者，盖其旧姓名耳。今并从魏书以就简易。

魏主雅重门族，以范阳卢敏、清河崔宗伯、荥阳郑羲、太原王琼四姓，衣冠所推，咸纳其女以充后宫。陇西李冲以才识见任，当朝贵重，所结姻娅，莫非清望；朝，直遥翻。娅，音连。史记南越传：吕嘉宗室兄弟及苍梧秦王有连。汉书音义曰：连，亲婚也。史记索隐曰：有连者，皆亲姻也。后人因以姻连之"连"其旁加"女"，遂为"娅"字。帝亦以其女为夫人。诏黄门郎、司徒左长史宋弁定诸州士族，多所升降。又诏以："代人先无姓族，虽功贤之胤，无异寒贱；故宦达者位极公卿，其功、衰之亲仍居猥任。功、衰，自小功、大功以上至齐衰也。猥，卑下也。衰，仓回翻。猥，乌贿翻，鄙也。其穆、陆、贺、刘、楼、于、嵇、尉八姓，"嵇"恐当作"奚"。今按魏书官氏志，自有嵇姓，嵇敬之嵇是也。尉，纡勿翻。自太祖已降，勋著当世，位尽王公，灼然可知者，且下司州、吏部，勿充猥官，一同四姓。四姓，卢、崔、郑、王也。下，户嫁翻。自此以外，应班士流者，寻续别敕。其旧为部落大人，而皇始已来三世官在给事已上及品登王公者为姓；若本非大人，而皇始已来三世官在尚书已上及品登王公者亦为姓。其大人之后而官不显者为族；若本非大人而官显者亦为族。凡此姓族，皆应审核，勿容伪冒。核，户革翻。令司空穆亮、尚书陆琇等详定，务令平允。"琇，馛之子也。魏孝文受内禅，陆馛傅之，故其子皆通显。琇，音秀。馛，蒲拨翻。

魏旧制：王国舍人皆应娶八族及清修之门。王国舍人，舍，谓诸王妃嫔之舍，其人即妃嫔也。八族，即前自代来八姓。咸阳王禧娶隶户为之，隶户，谓没入为奴隶之户。帝深责之；因下诏为六弟聘室：为，于伪翻。“前者所纳，可为妾媵。媵，以证翻。咸阳王禧，可聘故颍川太守陇西李辅女；河南王干，可聘故中散大夫代郡穆明乐女；太和十八年，河南王干已徙封赵郡王，史盖以旧封书之。散，悉亶翻。广陵王羽，可聘骠骑谘议参军荥阳郑平城女；骠，匹妙翻。骑，奇寄翻。颍川王雍，可聘故中书博士范阳卢神宝女；颍川王雍亦以太和十八年徙封高阳，史以旧封书之。始平王勰，可聘廷尉卿陇西李冲女；勰，音协。北海王详，可聘吏部郎中荥阳郑懿女。”魏定氏族，固亦未能尽允清议；至令诏诸王改纳室，则大悖于人伦。夫妻者齐也，一与之齐，终身不改。富而易妻，人士犹或羞之，况天子之弟乎！此诏一出，天下何观！懿，羲之子也。宋泰始之初，郑羲从拓跋石平汝、颍。

时赵郡诸李，人物尤多，各盛家风，故世之言高华者，以五姓为首。卢、崔、郑、王并李为五姓。赵郡诸李，北人谓之赵李；李灵、李顺、李孝伯群从子侄，皆赵李也。

众议以薛氏为河东茂族。帝曰：“薛氏，蜀也，岂可入郡姓！”直阁薛宗起执戟在殿下，出次对曰：“臣之先人，汉末仕蜀，二世复归河东，今六世相袭，非蜀人也。伏以陛下黄帝之胤，受封北土，岂可亦谓之胡邪！今不预郡姓，何以生为！”乃碎戟于地。帝徐曰：“然则朕甲、卿乙乎？”乃入郡姓，仍曰：“卿非‘宗起’，乃‘起宗’也！”郡姓者，郡之大姓、著姓也。今百氏郡望，盖始于此。考异曰：北史薛聪传：“为羽林监。帝曾与朝臣论海内姓地人物，戏谓聪曰：‘人谓卿诸薛是蜀人。定是蜀人不？’聪对曰：‘臣远祖广德，世事汉朝，时人呼为汉臣。九世祖永，随刘备入蜀，时人呼为蜀臣。今事陛下，是虏，非蜀也。’帝抚掌笑曰：‘卿可自明非蜀，何乃遂复苦朕！’聪因投戟而出。帝曰：‘薛监醉耳。’其见知如此。”今从元行冲后魏国典。

帝与群臣论选调选，须绢翻。调，徒吊翻。曰：“近世高卑出身，各有常分；分，扶问翻。此果如何？”李冲对曰：“未审上古以来，张官列位，为膏粱子弟乎，为致治乎？”为，于伪翻。治，直吏翻。帝曰："欲为治耳。"冲曰："然则陛下【章：十二行本"下"下有"今日"二字；乙十一行本同；孔本同。】何为专取门品，不拔才能乎？"帝曰："苟有过人之才，不患不知。然君子之门，借使无当世之用，要自德行纯笃，朕故用之。"冲曰："傅说、吕望，岂可以门地得之！"谓傅说起于版筑，吕望起于屠钓也。行，下孟翻。说，读曰悦。帝曰："非常之人，旷世乃有一二耳。"秘书令李彪曰："陛下若专取门地，不审鲁之三卿，孰若四科？"鲁三卿，季孙、孟孙、叔孙氏也。孔门四科，德行、言语、政事、文学也。著作佐郎韩显宗曰："陛下岂可以贵袭贵，以贱袭贱！"帝曰："必有高明卓然、出类拔萃者，朕亦不拘此制。"顷之，刘昶入朝。刘昶自彭城入朝。朝，直遥翻。帝谓昶曰："或言唯能是寄，不必拘门；朕以为不尔。何者？清浊同流，混齐一等，君子小人，名器无别，别，彼列翻。此殊为不可。我今八族以上士人，品第有九；九品之外，小人之官复有七等。后之流内铨、流外铨盖分于此。复，扶又翻。若有其人，可起家为三公。正恐贤才难得，不可止为一人浑我典制也。"为，于伪翻。浑，胡本翻。

臣光曰：选举之法，先门地而后贤才，先、后，皆去声。此魏、晋之深弊，而历代相因，莫之能改也。夫君子、小人，不在于世禄与侧微，书序：虞舜侧微。孔颖达疏曰：不在朝庭谓之侧，其人贫贱谓之微。以今日视之，愚智所同知也；当是之时，虽魏孝文之贤，犹不免斯蔽。故夫明辩是非而不惑于世俗者诚鲜矣。鲜，息浅翻。

3 壬辰，魏徙始平王勰为彭城王，复定襄县王鸾为城阳王。鸾以赭阳之败降封，今复之。勰，音协。

4 二月，壬寅，魏诏："群臣自非金革，听终三年丧。"

5 丙午，魏诏："畿内七十已上，暮春赴京师行养老之礼。"三月，丙寅，宴群臣及国老、庶老于华林园。诏："国老，黄耇已上，假中散大夫、郡守；耆年已上，假给事中、县令。庶老，直假郡、县，各赐鸠杖、衣裳。”熊氏曰：国老，谓卿大夫致仕者。庶老，谓士也。皇氏曰：庶老，兼庶人在官者。毛苌曰：黄，黄发也；耇，老艾也。陆德明曰：耆，至也，言至老境也。汉仪：仲秋之月，县道皆按户比民年：始七十者授以玉杖，铺之糜粥；八十者礼有加。赐玉杖长九尺，端以鸠鸟为饰。鸠者，不噎之鸟也，欲老人不噎。耇，音苟。“郡县”之下当有逸字。

6 丁丑，魏诏：“诸州中正各举其乡之民望，年五十以上守素衡门者，授以令、长。”毛苌曰：衡门，横木为门，言浅陋也。长，知两翻。

7 壬午，诏：“乘舆有金银饰校者，皆剔除之。”乘，绳证翻。校，户教翻。校，栏格也。饰其校，饰其栏格也。又居效翻，义与铰同，以金饰器谓之铰。

8 上志慕节俭。太官尝进裹蒸，上曰：“我食此不尽，可四破之，馀充晚食。”今之裹蒸，以饴和糯米，入香药、松子、胡桃仁等物，以竹箨裹而蒸之，大才二指许，不劳四破也。又尝用皂荚，以馀泺授左右曰：“此可更用。”皂荚，木极高大，荚形如猪牙，去垢腻，洗沐多用之。泺，郎狄翻。更，居孟翻，再也。太官元日上寿，有银酒鎗，上欲坏之；太平御览云：鎗，即铛字。坏，音怪；下同。王晏等咸称盛德，卫尉萧颖胄曰：“朝廷盛礼，莫若三元。玉烛宝典曰：正月为端月，其一日为上日，亦云三元，谓岁之元、月之元、时之元也。此一器既是旧物，不足为侈。”上不悦。后预曲宴，银器满席。内宴于宫中，谓之曲宴。颖胄曰：“陛下前欲坏酒鎗，恐宜移在此器。”上甚惭。

上躬亲细务，纲目亦密；于是郡县及六署、九府常行职事，莫不启闻，取决诏敕。按萧子显齐志：六署者，尚书左右仆射、左右丞所通署除署、功论、封爵、贬黜、八议、疑谳六案也。九府：太常、光禄勋、卫尉、廷尉、大司农、少府、将作大匠、太仆、大鸿胪九卿府也。文武勋旧，皆不归选部，选，须绢翻。亲戚凭借，互相通进，人君之务过繁密。南康王侍郎颍川钟嵘上书言：“古者，明君揆才颁政，量能授职，三公坐而论道，九卿作而成务，嵘，乎萌翻。古者，三公论道，六卿分职。周官考工记：坐而论道，谓之三公；作而行之，谓之士大夫。注云：亲受其职，居其官也。天子唯恭己南面而已。”书奏，上不怿，谓太中大夫顾暠曰：“钟嵘何人，欲断朕机务！卿识之不？”暠，古老翻。断，音短。不，读曰否。对曰：“嵘虽位末名卑，而所言或有可采。且繁碎职事，各有司存；今人主总而亲之，是人主愈劳而人臣愈逸，所谓‘代庖人宰而为大匠斲’也。”上不顾而言他。齐明帝以吏事权诈得国，猜防群下，故亲揽机务。王莽之亲御灯火，其计虑亦如此耳。为，于伪翻。

9 夏，四月，甲辰，魏广州刺史薛法护求降。以萧子显齐书考之，广州不在太和十年分置三十八州之数。魏收地形志：永安中，置广州，治鲁阳。意此时广州亦当置于鲁阳也。降，户江翻。

10 魏寇司州，栎城戍主魏僧珉拒破之。栎城，即左传吴伐楚入棘、栎、麻之栎。杜预注曰：汝阴新蔡县东北有栎亭。

11 五月，丙戌，魏营方泽于河阴。又诏汉、魏、晋诸帝陵，百步内禁樵苏。此诸陵皆谓在河南者。丁亥，魏主有事于方泽。

12 秋，七月，魏废皇后冯氏。初，文明太后欲其家贵重，简冯熙二女入掖庭：其一早卒；其一得幸于魏主，未几，有疾，还家为尼。及太后殂，帝立熙少女为皇后。几，居岂翻。少，诗照翻。既而其姊疾愈，帝思之，复迎入宫，拜左昭仪，后宠浸衰。昭仪自以年长，且先入宫，不率妾礼。复，扶又翻。长，丁丈翻。令，知两翻。率，循也。后颇愧恨，昭仪因谮而废之。为后昭仪为后及不终张本。后素有德操，遂居瑶光寺为练行尼。练行，谓修练戒行也。瑶光寺在洛阳宫侧。行，下孟翻。

13 魏主以久旱，自癸未不食至于乙酉，群臣皆诣中书省请见。帝在崇虚楼，武帝永明九年，魏移道坛于桑干之阴，改曰崇虚寺。此盖迁洛后建崇虚楼于禁中，斋戒则居之。见，贤遍翻。遣舍人辞焉，且问来故。舍人，即中书舍人。问其所以来请见之故。豫州刺史王肃对曰："今四郊雨已沾洽，独京城微少。细民未乏一餐而陛下辍膳三日，臣下惶惶，无复情地。"少，诗沼翻。复，扶又翻。帝使舍人应之曰："朕不食数日，犹无所感。比来中外贵贱，皆言四郊有雨，比，毗至翻。朕疑其欲相宽勉，未必有实。方将遣使视之，使，疏吏翻。果如所言，即当进膳；如其不然，朕何以生为，当以身为万民塞咎耳！"塞，悉则翻。是夕，大雨。

14 魏太子恂不好学；体素肥大，苦河南地热，常思北归。魏主赐之衣冠，恂常私着胡服。好，呼到翻。着，陟略翻。中庶子辽东高道悦数切谏，恂恶之。数，所角翻。恶，乌路翻。八月，戊戌，帝如嵩高，恂与左右密谋，召牧马轻骑奔平城，手刃道悦于禁中。中【章：十二行本无"中"字；乙十一行本同；退斋校同。张校云：无注本脱一"中"字。熊校云：北史无"中"字。】领军元俨勒门防遏，严勒门卫以防遏其变。骑，奇寄翻。入夜乃定。诘旦，尚书陆琇驰以启帝，诘，去吉翻。琇，音秀。帝大骇，秘其事，仍至汴口而还。汴口，汴水与河通之口。至此而后还，以安人心。还，从宣翻。甲寅，入宫，引见恂，数其罪，亲与咸阳王禧更代杖之百馀下，见，贤遍翻。数，所具翻。更，工衡翻。扶曳出外，囚于城西，月馀乃能起。

15 丁巳，魏相州刺史南安惠王桢卒。相，息亮翻。谥法：柔质爱民曰惠；爱民好与曰惠。

16 九月，戊辰，魏主讲武于小平津；癸酉，还宫。

17 冬，十月，戊戌，魏诏："军士自代来者，皆以为羽林、虎贲。贲，音奔。司州民十二夫调一，吏以供公私力役。"此时魏以洛为司州。调，徒吊翻。

18 魏吐京胡反，魏世祖太平真君九年，置吐京郡。水经注曰：吐京，即汉西河郡土军县，夷夏俗音讹也。诏朔州刺史元彬行汾州事，帅并、肆之众以讨之。太和十二年，置汾州，治蒲子县，西河、吐京、定阳、北乡、正平五城，中阳、绛郡皆属焉。并州领太原、上党、乐平、乡郡。太平真君七年置肆州，领新兴、秀容、雁门郡。帅，读曰率；下同。彬，桢之子也。彬遣统军奚康生击叛胡，破之，追至车突谷，又破之，五代史志：离石郡太和县，后周置乌突郡乌突县，盖因车突谷而名之也。俘杂畜以万数。畜，许救翻。诏以彬为汾州刺史。胡去居等六百馀人保险不服，彬请兵二万以讨之，有司奏许之，魏主大怒曰："小寇何有发兵之理！可随宜讨治。治，直之翻。若不能克，必须大兵者，则先斩刺史，然后发兵！"彬大惧，督帅州兵，身先将士，身先，悉荐翻。讨去居，平之。

19 魏主引见群臣于清徽堂，见，贤遍翻。议废太子恂。太子太傅穆亮、少保李冲免冠顿首谢。帝曰："卿所谢者私也，我所议者国也。'大义灭亲'，古人所贵。左传以是语美石碏。今恂欲违父逃叛，跨据恒、朔，魏太祖天兴中，置司州，治代都平城；太和都洛，改为恒州。杜佑曰：魏恒州在唐代郡安边、马邑县界。朔，朔州也。宋白曰：后魏都平城，置司州及代尹。及迁洛阳，置司州于洛，以平城为恒州，隋云中郡恒安镇即其地。后魏怀朔镇，孝文迁洛，于定襄故城置朔州，在唐朔州北三百八十里。恒，户登翻；下同。天下之恶孰大焉！若不去之，去，羌吕翻。乃社稷之忧也。"闰月，丙寅，废恂为庶人，考异曰：齐书魏虏传云："大冯有宠，日夜谗恂。"魏书无之。又魏帝纪在十二月丙寅。按长历，魏闰十一月，齐闰十二月。今从齐历。置于河阳无鼻城，水经：溴水出河内轵县原山，南流注于河水。东有无辟邑，谓之无鼻城。萧子显曰：在河桥北二里。以兵守之，服食所供，粗免饥寒而已。粗，坐五翻。

20 戊辰，魏置常平仓。

21 戊寅，太子宝卷冠。卷，读曰捲。冠，古玩翻。

22 初，魏文明太后欲废魏主，穆泰切谏而止，见一百三十七卷世祖永明八年。由是有宠。及帝南迁洛阳，所亲任者多中州儒士，宗室及代人往往不乐。乐，音洛。泰自尚书右仆射出为定州刺史，自陈久病，土温【张：“温”作“湿”。】则甚，乞为恒州；帝为之徙恒州刺史陆叡为定州，以泰代之。为，于伪翻；下强为同。泰至，叡未发，遂相与谋作乱，阴结镇北大将军乐陵王思誉、安乐侯隆、抚冥镇将鲁郡侯业、骁骑将军超等，共推朔州刺史阳平王颐为主。思誉，天赐之子；汝阴王天赐，景穆太子之子，于魏主为叔祖。乐，音洛。将，即亮翻。骁，坚尧翻。骑，奇寄翻。业，丕之弟；隆、超，皆丕之子也。叡以为洛阳休明，左传：楚子伐陆浑之戎，遂至于洛，观兵于周疆。定王使王孙满劳楚子；楚子问鼎之大小、轻重焉。王孙满曰：“德之休明，虽小，重也；其奸回昏乱，虽大，轻也。天祚明德，有所底止。周德虽衰，天命未改，鼎之轻重，未可问也。”劝泰缓之，泰由是未发。

颐伪许泰等以安其意，而密以状闻。行吏部尚书任城王澄有疾，行吏部尚书者，行吏部尚书事，未为真也。任，音壬。帝召见于凝闲堂，见，贤遍翻。谓之曰：“穆泰谋为不轨，扇诱宗室。诱，音酉。脱或必然，今迁都甫尔，北人恋旧，南北纷扰，朕洛阳不立也。此国家大事，非卿不能办。卿虽疾，强为我北行，强，其两翻。为，于伪翻。审观其势。傥其微弱，直往擒之；若已强盛，可承制发并、肆兵击之。”对曰：“泰等愚惑，正由恋旧，为此计耳，非有深谋远虑；臣虽驽怯，足以制之，驽，音奴。愿陛下勿忧。虽有犬马之疾，何敢辞也！”帝笑曰：“任城肯行，朕复何忧！”复，扶又翻；下正复同。遂授澄节、铜虎、竹使符、御仗左右，汉文帝二年，初与郡守为铜虎符、竹使符。应劭曰：铜虎符，第一至第五，国家当发兵、遣使者，至郡合符，符合乃听受之。竹使符，皆以竹箭五枚，长五寸，镌刻篆书，第一至第五。魏、晋以下，竹使符第一至第十。御仗左右，带御仗在天子左右者，授澄以为卫。使，疏吏翻。仍行恒州事。

行至雁门，雁门太守夜告云：“泰已引兵西就阳平。”阳平王颐刺朔州，在平城西。宋白曰：朔州东北至平城二百六十里。澄遽令进发。右丞孟斌曰："事未可量，宜依敕召并、肆兵，然后徐进。"澄曰："泰既谋乱，应据坚城；而更迎阳平，度其所为，当似势弱。斌，音彬。量，音良。度，徒洛翻。泰既不相拒，无故发兵，非宜也。但速往镇之，民心自定。"遂倍道兼行。先遣治书侍御史李焕单骑入代，汉宣帝幸宣室，斋居而决事，令侍御史二人治书侍侧。后因别置，谓之治书侍御史。魏谓平城为代都。治，直之翻。骑，奇寄翻。出其不意，晓谕泰党，示以祸福，皆莫为之用。泰计无所出，帅麾下数百人攻焕，不克，帅，读曰率。走出城西，追擒之。澄亦寻至，寻，继也。穷治党与，收陆叡等百馀人，皆系狱，民间帖然。澄具状表闻，帝喜，召公卿，以表示之曰："任城可谓社稷臣也。观其狱辞，正复皋陶何以过之！"陶，馀招翻。顾谓咸阳王禧等曰："汝曹当此，不能办也。"

23 魏主谋入寇，引见公卿于清徽堂，曰："朕卜宅土中，纲条粗举；书说命曰：若网在纲，有条而不紊。见，贤遍翻。粗，坐五翻。唯南寇未平，安能效近世天子下帷于深宫之中乎！朕今南征决矣，但未知早晚之期。比来术者皆云，今往必克，比，毗至翻。此国之大事，宜君臣各尽所见，勿以朕先言而依违于前，同异于后也。"李冲对曰："凡用兵之法，宜先论人事，后察天道。今卜筮虽吉而人事未备，迁都尚新，秋谷不稔，未可以兴师旅。如臣所见，宜俟来秋。"帝曰："去十七年，朕拥兵二十万，齐世祖永明十一年，魏高祖之太和十七年也。魏定迁洛之议而止南伐之师，至去年方入寇，盖十九年也。"二十万"，亦当作"三十万"，事并见上年。去，犹昨也。又按当时众号三十万，实则二十万耳。此人事之盛也，而天时不利。今天时既从，复云人事未备；复，扶又翻。如仆射之言，是终无征伐之期也。寇戎咫尺，异日将为社稷之忧，朕何敢自安！若秋行不捷，诸君当尽付司寇，不可不尽怀也。"魏既都洛，逼近淮、汉，故急于南伐以攘斥境土。

24 魏主以有罪徙边者多逋亡，乃制一人逋亡，阖门充役。光州刺史博陵崔挺上书谏曰："天下善人少，恶人多。少，诗沼翻。若一人有罪，延及阖门，则司马牛受桓魋之罚，柳下惠婴盗跖之诛，司马牛之于桓魋，柳下惠之于盗跖，皆兄弟。贤不肖既相远，而兄弟罪不相及，古法也。魋，徒回翻。跖，之石翻。岂不哀哉！"帝善之，遂除其制。

聂崇岐标点王崇武覆校

资治通鉴卷第一百四十一

端明殿学士兼翰林侍读学士朝散大夫右谏议大夫
充集贤殿修撰提举西京嵩山崇福宫上柱国河内郡 司马光 奉敕编集
开国侯食邑一千八百户食实封六百户赐紫金鱼袋臣

后学天台胡三省音注

齐纪七 起强圉赤奋若(丁丑)，尽著雍摄提格(戊寅)，凡二年。

高宗明皇帝下

建武四年(丁丑、四九七)

1 春，正月，大赦。考异曰：齐帝纪云：“庚午，大赦。”按长历，是月己丑朔，无庚午，故不日。

2 丙申，魏立皇子恪为太子。魏主宴于清徽堂，语及太子恂，李冲谢曰：“臣忝师傅，不能辅导。”帝曰：“朕尚不能化其恶，师傅何谢也！”

3 乙巳，魏主北巡。

4 初，尚书令王晏，为世祖所宠任；事见一百三十六卷世祖永明七年。及上谋废郁林王，晏即欣然推奉。事见一百三十九卷元年。郁林王已废，上与晏宴于东府，语及时事，晏抵掌曰：“公常言晏怯，今定何如？”上即位，晏自谓佐命新朝，常非薄世祖故事。既居朝端，尚书令位居朝臣之右。朝，直遥翻。事多专决，内外要职，并用所亲，每与上争用人。上虽以事际须晏，事际，谓举事之际；须者，倚其为用。而心恶之。恶，乌路翻。尝料简世祖中诏，料，音聊。得与晏手敕三百馀纸，皆论国家事，又得晏启谏世祖以上领选事，见一百三十七卷永明八年。选，须绢翻。以此愈猜薄之。始安王遥光劝上诛晏，上曰：“晏于我有功；且未有罪。”遥光曰：“晏尚不能为武帝，安能为陛下乎！”为，于伪翻。上默然。上遣腹心陈【章：十二行本“陈”上有“左右”二字；乙十一行本同；孔本同；张校同。】世范等出涂巷，采听异言。晏轻浅无防，意望开府，数呼相工自视，数，所角翻。相，息亮翻。云当大贵；与宾客语，好屏人清闲。好，呼到翻。屏，必郢翻。上闻之，疑晏欲反，遂有诛晏之意。

奉朝请鲜于文粲密探上旨，朝，直遥翻。探，吐南翻。告晏有异志。世范又启上云：“晏谋因四年南郊，与世祖故主帅于道中窃发。”帅，所类翻。会虎犯郊坛，上愈惧。未郊一日，有敕停行，先报晏及徐孝嗣。孝嗣奉旨，而晏陈“郊祀事大，必宜自力”。上益信世范之言。丙辰，召晏于华林省，诛之，省在华林园，因名。考异曰：晏传云：“元会毕，乃召晏诛之。”本纪：“丙辰，晏伏诛。”丙辰，正月二十八日也。按郊礼必在正月，既云未郊一日敕停，则诛晏必非元会之日也，本传盖言元会礼后耳。并北中郎司马萧毅、台队主刘明达，明达，盖世祖时主帅。及晏子德元、德和。下诏云：“晏与毅、明达以河东王铉识用微弱，谋奉以为主，使守虚器。”晏弟诩为广州刺史，上遣南中郎司马萧季敞袭杀之。季敞，上之从祖弟也。从，才用翻；下晏从同。萧毅奢豪，好弓马，为上所忌，故因事陷之。毅，高帝从子，新吴侯景先之子也。好，呼到翻。河东王铉先以年少才弱，故未为上所杀。铉朝见，常鞠躬俯偻，少，诗照翻。朝，直遥翻。见，贤遍翻。偻，力主翻。鞠躬，曲身也。俯，低头。偻，曲背。不敢平行直视。至是，年稍长，长，知两翻。遂坐晏事免官，禁不得与外人交通。

郁林王之将废也，晏从弟御史中丞思远谓晏曰：“兄荷世祖厚恩，荷，下可翻。今一旦赞人如此事；彼或可以权计相须，未知兄将来何以自立！若及此引决，犹可保全门户，不失后名。”欲使之死郁林之难也。晏曰：“方啖粥，未暇此事。”及拜骠骑将军，帝初即位，进晏为骠骑大将军。啖，徒滥翻，又徒览翻。骠，匹妙翻。骑，奇寄翻。集会子弟，谓思远兄思徵【章：十二行本“徵”作“微”；乙十一行本同；孔本同；张校同；退斋校同；熊校同。】曰：“隆昌之末，阿戎劝吾自裁；若从其语，岂有今日！”思远遽应曰：“如阿戎所见，今犹未晚也。”晋、宋间人，多谓从弟为阿戎，至唐犹然。如杜甫于从弟杜位宅守岁诗云“守岁阿戎家”是也。思远知上外待晏厚而内已疑异，乘间谓晏曰：“时事稍异，兄亦觉不？间，古苋翻。不，读曰否。凡人多拙于自谋而巧于谋人。”晏不应。思远退，晏方叹曰：“世乃有劝人死者！”旬日而晏败。上闻思远言，故不之罪，仍迁侍中。

晏外弟尉氏阮孝绪亦知晏必败，尉氏县，汉属陈留；江左侨置于今六合县界，属秦郡。阮氏本尉氏人，此时未必居秦郡界。外弟，妻弟也。晏屡至其门，逃匿不见。尝食酱美，问知得于晏家，吐而覆之。既吐其所食者，又覆其所馀者。及晏败，人为之惧，为，于伪翻。孝绪曰：“亲而不党，何惧之有！”卒免于罪。卒，子恤翻。

5 二月，壬戌，魏主至太原。

6 甲子，以左仆射徐孝嗣为尚书令，代王晏也。征虏将军萧季敞为广州刺史。代晏弟诩也。

7 癸酉，魏主至平城，引见穆泰、陆叡之党问之，见，贤遍翻。无一人称枉者；时人皆服任城王澄之明。穆泰及其亲党皆伏诛；赐陆叡死于狱，宥其妻子，徙辽西为民。考异曰：齐书魏虏传云：“伪征北将军恒州刺史钜鹿孤贺鹿浑守桑干，宏从叔平阳王安寿戍怀栅，在桑干西北。浑非宏任用中国人，与伪定州刺史冯翊公自邻、安乐公拓跋阿干儿谋立安寿，分据河北。期久不遂，安寿惧，告宏。杀浑等数百人，任安寿如故。”与魏书名姓全不同。今从魏书。

初，魏主迁都，变易旧俗，并州刺史新兴公丕皆所不乐；乐，音洛。帝以其宗室耆旧，亦不之逼，但诱示大理，令其不生同异而已。示以事理之大归而已，不反复告语之。诱，音酉。及朝臣皆变衣冠，朱衣满坐，朝，直遥翻。坐，徂卧翻。而丕独胡服于其间，晚乃稍加冠带，而不能修饰容仪，帝亦不强也。强，其两翻。

太子恂自平城将迁洛阳，元隆与穆泰等密谋留恂，因举兵断关，规据陉北。陉北，即恒、朔二州之地。关，即雁门之东陉、西陉二关也。断，丁管翻。陉，音刑。丕在并州，隆等以其谋告之。丕外虑不成，口虽折难，折，之列翻。难，乃旦翻。心颇然之。及事觉，丕从帝至平城，帝每推问泰等，常令丕坐观。有司奏元业、元隆、元超罪当族，丕应从坐。帝以丕尝受诏许以不死，听免死为民，留其后妻、二子，与居于太原，杀隆、超、同产乙升，同产，同母兄弟。馀子徙敦煌。敦，徒门翻。

初，丕、叡与仆射李冲、领军于烈俱受不死之诏。叡既诛，帝赐冲、烈诏曰：“叡反逆之志，自负幽冥；违誓在彼，不关朕也。反逆既异馀犯，虽欲矜恕，如何可得？然犹不忘前言，听自死别府，不就恒州刺史府赐死而死于狱，故曰别府。免其孥【章：十二行本“孥”作“拏”；乙十一行本同；孔本同；熊校同。】戮。书甘誓曰：予则孥戮汝。孔安国注曰：孥，子也。免其孥戮，谓叡妻子免死徙辽西也。孥，音奴。元丕二子、一弟，首为贼端，连坐应死，特恕为民。朕本期始终而彼自弃绝，违心乖念，一何可悲！故此别示，想无致怪。谋反之外，皎如白日耳。”冲、烈皆上表谢。

臣光曰：夫爵禄废置，杀生予夺，人君所以驭臣之大柄也。此周礼所谓八柄驭群臣者也。予，读曰与。是故先王之制，虽有亲、故、贤、能、功、贵、勤、宾，苟有其罪，不直赦也；必议于槐棘之下，此周礼所谓八议也。槐棘，公卿之位。王制：狱成，大司寇听之于棘木之下。可赦则赦，可宥则宥，可刑则刑，可杀则杀；轻重视情，宽猛随时。故君得以施恩而不失其威，臣得以免罪而不敢自恃。及魏则不然，勋贵之臣，往往豫许之以不死；彼骄而触罪，又从而杀之。是以不信之令诱之使陷于死地也。诱，音酉。刑政之失，无此为大焉！

8 是时，代乡旧族，多与泰等连谋，唯于烈【章：十二行本“烈”下有“一族”二字；乙十一行本同；孔本同；张校同】无所染涉，帝由是益重之。帝以北方酋长及侍子畏暑，酋，自秋翻。长，知两翻。听秋朝洛阳，春还部落，时人谓之“雁臣”。以雁避寒而南来，望暖而北还也。朝，直遥翻。

9 三月，己酉，魏主南至离石。离石，汉县，属西河郡，隋为离石郡，唐为石州。叛胡请降，诏宥之。降，户江翻。夏，四月，庚申，至龙门，遣使祀夏禹。水经注：龙门上口在汉河东北屈县西，所谓孟门也。龙门下口在河东皮氏县西北，大禹所凿，故于此祠焉。癸亥，至蒲坂，祀虞舜。皇甫谧云：舜都蒲坂，故又于此祀焉。坂，音反。辛未，至长安。

10 魏太子恂既废，颇自悔过。御史中尉李彪密表恂复与左右谋逆，复，扶又翻。魏主使中书侍郎邢峦与咸阳王禧奉诏赍椒酒诣河阳，赐恂死，椒味辛，大热，有毒，其合口者尤甚。汉桓思后之议，李咸捣椒自随；帝煮椒二斛，以杀高、武诸子孙；皆是物也。敛以粗棺、常服，瘗于河阳。敛，力赡翻。瘗，一计翻。

11 癸未，魏大将军宋明王刘昶卒于彭城，葬【章：十二行本“葬”上有“追加九锡”四字；乙十一行本同；孔本同；张校同；退斋校同。】以殊礼。谥法：思虑果远曰明。谓昶远虑，果于违难而归魏也。

12 五月，己丑，魏主东还，还，从宣翻，又如字。泛渭入河。壬辰，遣使祀周文王于丰、武王于镐。亦于故都祀之也。周之丰、镐，汉时悉在上林苑中。使，疏吏翻。六月，庚申，还洛阳。

13 壬戌，魏发冀、定、瀛、相、济五州兵二十万，魏太宗泰常八年，置济州于济北碻磝城，领济北、平原、东平、南清河郡。相，息亮翻。济，子礼翻。将入寇。

14 魏穆泰之反也，中书监魏郡公穆罴与之通谋，赦后事发，削官爵为民。罴弟司空亮以府事付司马慕容契，上表自劾，劾，户概翻，又户得翻。魏主优诏不许；亮固请不已，癸亥，听亮逊位。

15 丁卯，魏分六师以定行留。

16 秋，七月，【章：十二行本"月"下有"甲午"二字；乙十一行本同；孔本同；退斋校同。】魏立昭仪冯氏为皇后。后欲母养太子恪；恪母高氏自代如洛阳，暴卒于共县。冯昭仪既谮废其妹，又潜杀太子之母，其心盖枭獍也。以魏主之明，而使之正位椒房，他日不死于其手者幸耳。共县，自汉以来属河内郡，晋及后魏属汲郡，唐卫州，共城县即其地。共，音恭。

17 戊辰，魏以穆亮为征北大将军、开府仪同三司、冀州刺史。

18 八月，丙辰，魏诏中外戒严。将南伐也。

19 壬戌，魏立皇子愉为京兆王，怿为清河王，怀为广平王。

20 追尊景皇所生王氏为恭太后。帝即位，尊始安贞王曰景皇。称皇不称帝，用汉制也。

21 甲戌，魏讲武于华林园；庚辰，军发洛阳。使吏部尚书任城王澄居守；任城王澄至是始为真吏部尚书。守，式又翻。以御史中丞李彪兼度支尚书，"中丞"当作"中尉"。【章：十二行本正作"中尉"；孔本同；张校同。】度，徒洛翻。与仆射李冲参治留台事。治，直之翻。假彭城王勰中军大将军，勰，音协。勰辞曰："亲疏并用，古之道也。臣独何人，频烦宠授！昔陈思求而不允，曹魏文帝时，陈思王植上表求自试以攻吴、蜀，帝不许。愚臣不请而得，何否泰之相远也！”天地交曰泰，天地不交曰否。陈思于魏文，上下之情不通，故曰否。勰则君臣、兄弟之情无间，故曰泰。否，皮鄙翻。魏主大笑，执勰手曰：“二曹以才名相忌，二曹，谓魏文帝、陈思王也。吾与汝以道德相亲。”

22 上遣军主、直阁将军胡松助北襄城太守成公期戍赭阳，赭，音者。军主鲍举助西汝南、北义阳二郡太守黄瑶起戍舞阴。萧子显齐志：西汝南属雍州，北义阳属雍州宁蛮府，自宋未有双头郡太守，率治一处。舞阴县，自汉以来属南阳郡，为西汝南、北义阳二郡治所。

23 魏以氐帅杨灵珍为南梁州刺史。灵珍举州来降，魏置梁州于仇池，置南梁州于武兴。帅，所类翻。降，户江翻；下同。送其母及子于南郑以为质，质，音致。遣其弟婆罗阿卜珍将步骑万馀袭魏武兴王杨集始，将，即亮翻。骑，奇寄翻。杀其二弟集同、集众；集始窘急，请降。九月，丁酉，魏主以河南尹李崇为都督陇右诸军事，将兵数万讨之。

24 初，魏迁洛阳，荆州刺史薛真度劝魏主先取樊、邓。此时魏荆州犹治鲁阳，樊、邓逼近洛阳，欲先取之以广封略。真度引兵寇南阳，太守房伯玉击败之。此谓去年沙堨之败也。击败，补迈翻。魏主怒，以南阳小郡，志必灭之，遂引兵向襄阳；彭城王勰等三十六军前后相继，众号百万，吹唇沸地。吹唇者，以齿啮唇作气吹之，其声如鹰隼。其下者以指夹唇吹之，然后有声，谓之啸指。辛丑，魏主留诸将攻赭阳，自引兵南下；癸卯，至宛，夜袭其郛，克之。宛，於元翻。郛，芳无翻。城之外郭曰郛。房伯玉婴内城拒守，魏主遣中书舍人孙延景考异曰：齐书作“公孙云”，今从魏书。谓伯玉曰：“我今荡壹六合，非如向时冬来春去，不有所克，终不还北。卿此城当我六龙之首，易曰：时乘六龙以御天。人君之象也。无容不先攻取，远期一年，近止一月。封侯、枭首，事在俯仰，宜善图之！枭，坚尧翻。且卿有三罪，今令卿知：卿先事武帝，蒙殊常之宠，不能建忠致命而尽节于其雠，罪一也。明帝夷灭武帝子孙，故谓之雠。顷年薛真度来，卿伤我偏师，罪二也。今鸾辂亲临，不面缚麾下，罪三也。”伯玉遣军副乐稚柔对曰：“承欲攻围，期于必克。卑微常人，得抗大威，真可谓获其死所！外臣蒙武帝采拔，岂敢忘恩！但嗣君失德，主上光绍大宗，言帝自小宗入为高帝第三子，以绍大宗。非唯副亿兆之深望，抑亦兼武皇之遗敕；是以区区尽节，不敢失坠。往者北师深入，寇扰边民，辄厉将士以修职业。将，即亮翻。反己而言，不应垂责。”

宛城东南隅沟上有桥，魏主引兵过之。伯玉使勇士数人，衣班衣，戴虎头帽，衣，如既翻。虎头帽者，帽为虎头形。伏于窦下，突出击之，魏主人马俱惊；召善射者原灵度射之，度射，而亦翻。应弦而毙，乃得免。

25 李崇槎山分道，出氐不意，表里袭之；槎，士下翻，逆斫木也。群氐皆弃杨灵珍散归，灵珍之众减太半，崇进据赤土。魏收志，南秦州武阶郡有赤土县。五代志：武都郡覆津县，后魏置武阶郡。灵珍遣从弟建【章：十二行本“建”下有“帅五千人”四字；乙十一行本同；孔本同；张校同；退斋校同。】屯龙门，自帅精勇一万屯鹫峡；按魏收志，东益州武兴郡有石门县。五代志：武都将利县，旧曰石门。又，仇池山下有飞龙峡，以氐酋杨飞龙据仇池得名。又，今龙州江油县东二十里有龙门山；又，江油县东百里有石门戍。武兴，今为兴州；龙州去兴州甚远，杨建所屯者必非江油之龙门也。水经注：仇池东北有龙门戍，此其是欤！鹫峡当在龙门西南。从，才用翻。帅，读曰率；下同。鹫，音就。龙门之北数十里中，伐树塞路；鹫硖之口，【章：十二行本“口”下有“积大木”三字；乙十一行本同；孔本同；张校同；退斋校同。】聚礌石，临崖下之，以拒魏兵。塞，悉则翻。礌，卢对翻；埤苍曰：推石自高而下也。汉书李陵传：乘隅下垒石。师古曰：言放石以投人，因山隅曲而下也。垒，音卢对翻，与此礌音同。崇命统军慕容拒帅众五千从他路入，夜，袭龙门，破之。崇自攻鹫峡；灵珍连战败走，俘其妻子，遂克武兴，梁州刺史阴广宗、参军郑猷等将兵救灵珍；崇进击，大破之，斩杨婆罗阿卜珍，生擒猷等，灵珍奔还汉中。魏主闻之，喜曰："使朕无西顾之忧者，李崇也。"以崇为都督梁·秦二州诸军事、梁州刺史，以安集其地。

26 丁未，魏主发南阳，留太尉咸阳王禧等攻之。己酉，魏主至新野，新野太守刘思忌拒守。冬，十月，丁巳，魏军攻之不克，筑长围守之，遣人谓城中曰："房伯玉已降，汝何为独取糜碎！"思忌遣人对曰："城中兵食犹多，未暇从汝小虏语也！"魏右军府长史韩显宗将别军屯赭阳，右军府，右军将军府也。将，即亮翻；下同。成公期遣胡松引蛮兵攻其营，胡松时助戍赭阳。显宗力战，破之，斩其裨将高法援。显宗至新野，魏主谓曰："卿破贼斩将，殊益军势。朕方攻坚城，何为不作露布？"五代史志曰：后魏每攻战克捷，欲天下闻知，乃书帛建于竿上，名曰露布。魏主谓显宗若露布上闻行在所，则增益魏军之胜势，可以摇城中坚守之心。对曰："顷闻镇南将军王肃获贼二、三人，驴马数匹，皆为露布；臣在东观，私常哂之。韩显宗对策甲科，除著作郎，故云在东观。观，古玩翻。哂，矢引翻；笑不坏颜曰哂。近虽仰凭威灵，得摧丑虏，兵寡力弱，擒斩不多。脱复高曳长缣，虚张功烈，尤而效之，其罪弥大。左传曰：尤而效之，罪又甚焉。尤，责也，过也，甚之之辞也。复，扶又翻。臣所以不敢为之，解上而已。"丁度集韵，解，居隘翻，闻上也。上，时掌翻。自下而闻于上谓之上。魏主益贤之。

上诏徐州刺史裴叔业引兵救雍州。雍，于用翻；下同。叔业启称："北人不乐远行，唯乐钞掠。乐，音洛。若侵虏境，则司、雍之寇自然分矣。"上从之。叔业引兵攻虹城，此即汉沛郡之虹县城也。师古曰：虹，音贡。南北兵争，其地在下邳夏丘县界；唐复为虹县，属泗州。虹，今读如绛。获男女四千馀人。

甲戌，遣太子中庶子萧衍、右军司马张稷救雍州。十一月，甲午，前军将军韩秀方等十五将降于魏。将，即亮翻。降，户江翻。丁酉，魏败齐兵于沔北，败，补迈翻。将军王伏保等为魏所获。

27 丙辰，以杨灵珍为北秦州刺史、考异曰：齐氏传作"北梁州"，今从齐书。仇池公、武都王。

28 新野人张賭帅万馀家据栅拒魏，賭，与猪同，陟鱼翻。帅，读曰率；下同。十二月，庚申，魏人攻拔之。雍州刺史曹虎与房伯玉不协，故缓救之，顿军樊城。考异曰：齐魏虏传云"均口"，今从虎传。馀谓曹虎之顿军樊城，不特因与房伯玉不协而然，亦由畏魏兵之强而不敢进也。

丁丑，诏遣度支尚书崔慧景救雍州，假慧景节，帅众二万、骑千匹向襄阳，雍州众军并受节度。度，徒洛翻。雍，于用翻。骑，奇寄翻。

庚午，魏主南临沔水；沔，弥兖翻。戊寅，还新野。

将军王昙纷【严："纷"改"分"。】以万馀人攻魏南青州黄郭戍，魏收志：东魏孝静帝武定七年置义塘郡，治黄郭城。又按五代志：海州怀仁县，梁置南北二青州；东魏废州，立义塘郡及怀仁县。昙，徒含翻。魏戍主崔僧渊破之，举军皆没。将军鲁康祚、赵公政将兵万人侵魏太仓口，据傅永传：太仓口在魏豫州界。是时魏置豫州于汝南新息县广陵城，与齐义阳隔淮对垒，则太仓口当在淮北岸，以魏人积仓粟于此而有是名也。魏豫州刺史王肃使长史清河傅永将甲士三千击之。康祚等军于淮南，永军于淮北，相去十馀里。永曰："南人好夜斫营，好，呼到翻；下好学同。必于渡淮之所置火以记浅。"【章：十二行本"浅"下有"处"字；乙十一行本同；孔本同；张校同。】乃夜分兵为二部，伏于营外；又以瓠贮火，瓠，户误翻，匏也。贮，丁吕翻，盛也。密使人过淮南岸，于深处置之，戒曰："见火起，则亦然之。"然，与燃同。是夜，康祚等果引兵斫永营，伏兵夹击之。康祚等走趣淮水，趣，七喻翻。火既竞起，不知所从，溺死及斩首数千级，溺，奴狄翻。生擒公政，获康祚之尸以归。豫州刺史裴叔业侵魏楚王戍，裴叔业盖自徐州迁为豫州。水经注：鲖阳县有葛陵城，城东北有楚武王冢，民谓之楚王琴城。魏盖于此置戍，因谓之楚王戍。肃复令永击之。复，扶又翻。永将心腹一人驰诣楚王戍，令填外堑，堑，七艳翻。夜伏战士千人于城外。晓而叔业等至城东，部分将置长围。分，扶问翻。永伏兵击其后军，破之。叔业留将佐守营，自将精兵数千救之。将，即亮翻。永登门楼，望叔业南行数里，即开门奋击，大破之，获叔业伞扇、鼓幕、甲仗万馀。叔业进退失据，遂走；左右欲追之，永曰："吾弱卒不满三千，彼精甲犹盛，非力屈而败，自堕吾计中耳。既不测我之虚实，足使丧胆，丧，息浪翻。俘此足矣，何更追之！"魏主遣谒者就拜永安远将军、汝南太守，封贝丘县男。守，式又翻。永有勇力，好学能文。魏主常叹曰："上马能击贼，下马作露版，唯傅修期耳！"言永有武干，又有文才也。傅永，字修期。

29 曲江公遥欣好武事，好，呼到翻。上以诸子尚幼，内亲则仗遥欣兄弟，外亲则倚后弟西中郎长史彭城刘暄、内弟太子詹事江祏；帝母景皇后，祏之姑也，故曰内弟。故以始安王遥光为扬州刺史，居中用事；遥欣为都督荆·雍等七州诸军事、荆州刺史，镇据西面。而遥欣在江陵，多招材勇，厚自封殖，上甚恶之。恶，乌路翻。遥欣侮南郡太守刘季连，季连密表遥欣有异迹；包藏祸心者，谓之异志。形见于事为，谓之异迹。上乃以季连为益州刺史，为后刘季连据益州张本。使据遥欣上流以制之。季连，思考之子也。思考，刘遵考之弟。

30 是岁，高昌王马儒遣司马王体玄入贡于魏，请兵迎接，求举国内徙；魏主遣明威将军韩安保迎之，割伊吾之地五百里以居儒众。儒遣左长史顾礼、右长史金城麴嘉将步骑一千五百迎安保，而安保不至；将，即亮翻。骑，奇寄翻。礼、嘉还高昌，安保亦还伊吾。安保遣其属朝【严："朝"改"韩。"】兴安等使高昌，朝，姓也。汉有鼌错，史纪作朝错。朝，直遥翻。使，疏吏翻。儒复遣顾礼将世子义舒迎安保，复，扶又翻；下同。至白棘城，去高昌百六十里。高昌旧人恋土，不愿东迁，相与杀儒，魏太和五年，马儒始王高昌，至是为国人所杀。立麴嘉为王，麴氏得高昌始此。嘉，字灵凤，金城榆中人。复臣于柔然。安保独与顾礼、马义舒还洛阳。

永泰元年（戊寅、四九八）是年四月始改元。

1 春，正月，癸未朔，大赦。

2 加中军大将军徐孝嗣开府仪同三司，孝嗣固辞。

3 魏统军李佐攻新野，丁亥，拔之，缚刘思忌，问之曰："今欲降未？"降，户江翻。思忌曰："宁为南鬼，不为北臣！"史言刘思忌忠于所事。乃杀之。于是沔北大震。沔，弥兖翻。戊子，湖阳戍主蔡道福、湖阳县，故蓼国，汉属南阳郡，晋、宋省，齐于此置戍。湖阳既入魏，置西淮安郡，唐为湖阳县，属唐州。辛卯，赭阳戍主成公期、壬辰，舞阴戍主黄瑶起、南乡太守席谦相继南遁。瑶起为魏所获，魏主以赐王肃，肃脔而食之。黄瑶起杀王肃父奂，见一百三十八卷世祖永明十一年。乙巳，命太尉陈显达救雍州。雍，于用翻。

4 上有疾，以近亲寡弱，忌高、武子孙。时高、武子孙犹有十王，十王，下所杀者是也。每朔望入朝，朝，直遥翻。上还后宫，辄叹息曰："我及司徒诸子皆不长，意呼遥光为司徒也。考之遥光传，时未拜司徒。详考齐史，帝弟安陆昭王缅先帝卒，建武元年赠司徒，此盖指言缅诸子也。高、武子孙日益长大！"长，皆音丁丈翻，今知两翻。上欲尽除高、武之族，以微言问陈显达，对曰："此等岂足介虑！"以问扬州刺史始安王遥光，遥光以为当以次施行。遥光有足疾，遥光生而有躄疾。上常令乘舆自望贤门入，望贤门，华林园门也，本名凤庄门，以遥光父讳凤改焉。每与上屏人久语毕，上索香火，呜咽流涕，明日必有所诛。左右以此觇知之。屏，必郢翻。索，山客翻。会上疾暴甚，绝而复苏，复，扶又翻。遥光遂行其策；丁未，杀河东王铉、临贺王子岳、西阳王子文、永阳王子峻、南康王子琳、衡阳王子珉、湘东王子建、南郡王子夏、桂阳王昭粲、巴陵王昭秀，于是太祖、世祖及世宗诸子皆尽矣。铉，太祖子。子岳至子夏，皆世祖子。昭粲、昭秀，世宗子。夏，户雅翻。铉等已死，乃使公卿奏其罪状，请诛之，下诏不许；再奏，然后许之。难将一人手，掩尽天下目，齐明帝之诏类如此。南康侍读济阳江泌哭子琳，泪尽，继之以血，济，子礼翻。泌，薄必翻，又兵媚翻。亲视殡葬毕，乃去。

5 庚戌，魏主如南阳。二月，癸丑，诏左卫将军萧惠休等救寿阳，是时魏不攻寿阳，疑"寿"字误。甲子，魏人拔宛北城，房伯玉面缚出降。宛，於元翻。降，户江翻。伯玉从父弟思安为魏中统军，数为伯玉泣请，魏主乃赦之。宋泰始三年，房法寿降魏，故房氏群从多仕于魏，而思安得为伯玉请。从，才用翻。数为，上所角翻，下于伪翻。庚午，魏主如新野。辛巳，以彭城王勰为使持节、都督南征诸军事、中军大将军、开府仪同三司。勰，音协。使，疏吏翻。

三月，壬午朔，崔慧景、萧衍大败于邓城。邓县，汉属南阳郡；宋大明末，割襄阳西界为京兆郡，邓县属焉。其地在隋襄阳郡安养县界。唐贞元中，又改安养县为邓城县。今邓城县在襄阳城北二十里，隔汉水。按南北对境图：自邓城南过新河至樊城。时慧景至襄阳，五郡已陷没，五郡，谓南阳、新野、南乡、北襄城并西汝南、北义阳二郡太守也。慧景与衍及军主刘山阳、傅法宪等帅五千馀人进行邓城，魏数万骑奄至，帅，读曰率。行，下孟翻。骑，奇寄翻。诸军登城拒守。时将士蓐食轻行，皆有饥惧之色。衍欲出战，慧景曰："虏不夜围人城，待日暮自当去。”既而魏众转至。慧景于南门拔军去，诸军不相知，相继皆遁。魏兵自北门入，刘山阳与部曲数百人断后死战，断，丁管翻。且战且却行。慧景过闹沟，据萧子显齐书，闹沟近沙堨。沙堨在宛县界，盖堨水入此沟南流径邓城界而入于汉也。军人相蹈藉，藉，慈夜翻。桥皆断坏。魏兵夹路射之，射，而亦翻。杀傅法宪，士卒赴沟死者相枕，枕，之鸩翻。山阳取袄仗填沟乘之，得免。魏主将大兵追之，晡时至沔。山阳据城苦战，沔北有樊城；山阳所据，盖即此城也。至暮，魏兵乃退。诸军恐惧，是夕，皆下船还襄阳。庚寅，魏主将十万众，羽仪华盖，以围樊城，曹虎闭门自守。魏主临沔水，望襄阳岸，乃去，如湖阳；辛亥，如悬瓠。

魏镇南将军王肃攻义阳，裴叔业将兵五万围涡阳以救义阳。涡阳城在汉沛郡山桑县东南，涡水径其南，时为魏南兖州治所。杜佑曰：唐为亳州蒙城县地。涡，音戈。魏南兖州刺史济北孟表守涡阳，魏南兖州领下蔡及梁、谯、沛等郡。济，子礼翻。粮尽，食草木皮叶。叔业积所杀魏人高五丈以示城内；高，居傲翻。别遣军主萧璝等攻龙亢，龙亢县，汉属沛郡，晋属谯国，后省。魏太和十九年，置下蔡郡，龙亢县属焉。晋灼曰：亢，音刚。龙亢城南临涡水。璝，公回翻。魏广陵王羽救之。叔业引兵击羽，大破之，追获其节。魏主使安远将军傅永、征虏将军刘藻、假辅国将军高聪救涡阳，并受王肃节度。叔业进击，大破之，聪奔悬瓠，永收散卒徐还。叔业再战，凡斩首万级，俘三千馀人，获器械杂畜财物以千万计。魏主命锁三将诣悬瓠；将，即亮翻。刘藻、高聪免死，徙平州；魏平州治肥如城，领辽西、北平二郡。傅永夺官爵；黜王肃为平南将军。肃表请更遣军救涡阳，魏主报曰：“观卿意，必以藻等新败，故难于更往。朕今少分兵则不足制敌，少，诗沼翻。多分兵则禁旅有阙，卿审图之！义阳当止则止，当下则下；若失涡阳，卿之过也！”肃乃解义阳之围，与统军杨大眼、奚康生等步骑十馀万救涡阳。叔业见魏兵盛，夜，引军退；明日，士众奔溃，魏人追之，杀伤不可胜数。胜，音升；下不胜同。叔业还保涡口。涡口，涡水入淮之口也。涡口对淮南岸即齐马头郡。杜佑曰：涡口，今临淮涟水县；非也。

6 初，魏中尉李彪，家世孤微，李彪，卫国顿丘人；家素寒微，少孤贫而好学。朝无亲援；初游代都，以清渊文穆公李冲好士，倾心附之。清渊县，汉属魏郡，晋以来属阳平郡。朝，直遥翻。好，呼到翻。冲亦重其材学，礼遇甚厚，荐于魏主，且为之延誉于朝，为，于伪翻。延誉者，为之声誉，使所闻者远。公私汲引。既公言之于朝而荐之于上，又私语同列，引而进之。引水而上曰汲，取此义也。及为中尉，弹劾不避贵戚，弹，徒丹翻。劾，户概翻，又户得翻；下同。魏主贤之，以比汲黯。彪自以结知人主，不复借冲，稍稍疏之，唯公坐敛袂而已，无复宗敬之意，冲浸衔之。复，扶又翻。坐，徂卧翻。

及魏主南伐，彪与冲及任城王澄共掌留务。彪性刚豪，意议多所乖异，数与冲争辩，形于声色；数，所角翻。自以身为法官，他人莫能纠劾，事多专恣。冲不胜忿，乃积其前后过恶，禁彪于尚书省，上表劾彪“违傲高亢，胜，音升。亢，苦浪翻。公行僭逸，坐舆禁省，言坐舆而入禁省也。汉法不下公门为不敬。私取官材，辄驾乘黄，乘黄，御马也。乘，绳证翻。杜佑曰：汉有未央厩令，魏改为乘黄厩。乘黄，古之神马，因以为名。或亦名飞黄，背有角，日行万里。淮南子云：天下有道，飞黄伏皂。无所惮慑。臣辄集尚书已下、令史已上于尚书都座，尚书都坐，录、令、仆射、尚书园坐处。以彪所犯罪状告彪，讯其虚实，彪皆伏罪。请以见事免彪所居职，付廷尉治罪。”见事，谓彪见所犯之事也。见，贤遍翻。治，直之翻。冲又表称：“臣与彪相识以来，垂二十载。载，子亥翻。见其才优学博，议论刚正，愚意诚谓拔萃公清之人。后稍察其人酷急，犹谓益多损少。自大驾南行以来，彪兼尚书，彪以中尉兼度支尚书。日夕共事，始知其专恣无忌，尊身忽物；听其言如振古忠恕之贤，振古，自古也。校其行实天下佞暴之贼。行，下孟翻。臣与任城卑躬曲己，若顺弟之奉暴兄，其所欲者，事虽非理，无不屈从。依事求实，悉有成验。如臣列得实，列，谓陈列其事。宜殛彪于北荒，以除乱政之奸；诗曰：取彼谮人，投畀有北。毛注云：北方寒凉而不毛。所引无证，宜投臣于四裔，以息青蝇之谮。"诗曰：营营青蝇，止于棘。谗人罔极，交乱四国。冲手自作表，家人不知。

帝览表，叹怅久之，曰："不意留台乃至于此！"既而曰："道固可谓溢矣，而仆射亦为满也。"李彪，字道固。仆射，谓冲也。黄门侍郎宋弁素怨冲，而与彪同州相善，弁，广平人；彪，顿丘人；二郡皆属相州。阴左右之。左，音佐。右，音佑。有司处彪大辟，处，昌吕翻；下久处同。辟，毗亦翻。帝宥之，除名而已。魏孝文于此可谓明矣。

冲雅性温厚，及收彪之际，亲数彪前后过失，瞋目大呼，投折几案，御史皆泥首面缚。数，所具翻。瞋，昌真翻。呼，火故翻。折，而设翻。中尉得罪，而御史皆泥首面缚以谢冲，以朝仪言之，无是理也。魏主所谓"仆射亦为满"，亦不信哉！冲詈辱肆口，遂发病荒悸，言语错缪，时扼腕大骂，称"李彪小人"，悸，其季翻。腕，乌贯翻。医药皆不能疗，或以为肝裂，怒气伤肝。怒甚发病而医不能疗，故以为肝裂。旬馀而卒。帝哭之，悲不自胜，胜，音升。赠司空。

冲勤敏强力，久处要剧，处，昌吕翻。文案盈积，终日视事，未尝厌倦，职业修举，才四十而发白。兄弟六人，凡四母，少时每多忿竞。少，诗照翻。及冲贵，禄赐皆与共之，更成敦睦。然多援引族姻，私以官爵，一家岁禄万匹有馀，时人以此少之。少，诗沼翻；下同。

7 魏主以彭城王勰为宗师，魏置宗师，见一百二十三卷晋安帝元兴三年。勰，音协。诏使督察宗室，有不帅教者以闻。帅，读曰率。

8 夏，四月，甲寅，改元。改元永泰。

9 大司马会稽太守王敬则，自以高、武旧将，心不自安。会，工外翻。将，即亮翻。上虽外礼甚厚，而内相疑备，疑备者，疑其为变而为之防。数访问敬则饮食，体干堪宜。堪，胜也。宜，适也。问其尚能胜兵及适用与否也。数，所角翻。闻其衰老，且以居内地，故得少宽。少，诗沼翻。前二岁，上遣领军将军萧坦之将斋仗五百人行武进陵，齐自武帝以上诸陵皆在武进。行，下孟翻。敬则诸子在都，忧怖无计。怖，普布翻。上知之，遣敬则世子仲雄入东安尉之。自建康东入会稽。尉，与慰同。

仲雄善琴，上以蔡邕焦尾琴借之。蔡邕在吴，吴人有烧桐以爨者，邕闻火烈之声，知其良木，因请而裁为琴，果有美音，而其尾犹焦，时人因名焦尾琴。白虎通曰：琴，禁也。禁止于邪以正人心也。广雅曰：琴长三尺六寸六分，象三百六十六日；五弦象五行。桓谭新论：五弦第一弦为宫，其次商、角、徵、羽。文王、武王各加一弦，以为少宫、少商。仲雄于御前鼓琴作懊侬歌，晋志曰：懊侬歌者，隆安初俗间讹谣之曲。歌云："春草可揽结，女儿可揽撷。"杜佑曰：懊侬歌，石崇妾绿珠所作，丝布涩难缝一曲而已。懊，於报翻。侬，如冬翻。仲雄仿其曲而作歌。曰："常叹负情侬，侬音农；吴语也。郎今果行许。"又曰："君行不净心，那得恶人题！"恶，乌路翻。上愈猜愧。

上疾屡危，乃以光禄大夫张瓌为平东将军、吴郡太守，瓌，古回翻。守，手又翻。置兵佐以密防敬则。中外传言，当有异处分。处，昌吕翻。分，扶问翻。敬则闻之，窃曰："东今有谁，只是欲平我耳；东亦何易可平！易，以豉翻。吾终不受金罂！"金罂，谓鸩也。赐死者，以金罂盛鸩酒，故云然。

敬则女为徐州行事谢朓妻，朓，土了翻。敬则子太子洗马幼隆遣正员将军徐岳以情告朓：官至将军而未有军号者，为正员将军，次为员外将军。洗，悉荐翻。“为计若同者，当往报敬则。”朓执岳，驰启以闻。敬则城局参军徐庶，家在京口，其子密以报庶，庶以告敬则五官掾王公林。自晋以来，诸郡有五官掾。公林，敬则族子也，常所委信。公林劝敬则急送启赐儿死，单舟星夜还都。敬则令司马张思祖草启，既而曰：“若尔，诸郎在都，要应有信，且忍一夕。”言且迟一夜也。

其夜，呼僚佐文武樗蒲，谓众曰：“卿诸人欲令我作何计？”莫敢先答。防阁丁兴怀曰：“官祇应作尔！”言应作如此事，谓应反也。敬则不应。明旦，召山阴令王询、台传御史钟离祖愿，台传御史，台所遣督诸郡钱谷者。传，株恋翻。敬则横刀跂坐，跂坐，垂足而坐，跟不及地。跂，去智翻。问询等：“发丁可得几人？库见有几钱物？”见，贤遍翻。询称“县丁猝不可集”；祖愿称“库物多未输入”。敬则怒，将出斩之，将，引也。王公林又谏曰：“凡事皆可悔，唯此事不可悔；官讵不更思！”讵，岂也。敬则唾其面曰：“我作事，何关汝小子！”【章：十二行本“子”下有“丁卯”二字；乙十一行本同；孔本同。】敬则举兵反，招集，配衣，配，分给也。衣，于既翻。分给袍甲以衣被之。二三日便发。

前中书令何胤，弃官隐居若邪山，若邪山在会稽东南四十里。邪，读曰耶。敬则欲劫以为尚书令。长史王弄璋等谏曰：“何令高蹈，必不从；不从，便应杀之。举大事先杀名贤，事必不济。”敬则乃止。胤，尚之之孙也。何尚之柄用于宋文、武两朝。

10 庚午，魏发州郡兵二十万人，期八月中旬集悬瓠。复欲南伐也。

11 魏赵郡灵王干卒。谥法：乱而不损曰灵。

12 上闻王敬则反，收王幼隆及其兄员外郎世雄、此即敬则世子仲雄也。“仲”、“世”二字必有一误。记室参军季哲、敬则为大司马，以其子为记室参军。其弟太子舍人少安等，皆杀之。少，诗照翻。长子黄门郎元迁将千人在徐州击魏，长，知两翻。将，即亮翻。敕徐州刺史徐玄庆杀之。前吴郡太守南康侯子恪，嶷之子也，豫章王嶷，武帝之弟。嶷，鱼力翻。敬则起兵，以奉子恪为名；子恪亡走，未知所在。始安王遥光劝上尽诛高、武子孙，于是悉召诸王侯入宫。晋安王宝义、江陵公宝览等处中书省，宝义，皇子；宝览，侄也。处，昌吕翻；下同。高、武诸孙处西省，据萧子恪传，西省，永福省也，至唐分三省，以门下省为西省，中书省为东省。敕人各从左右两人，过此依军法；孩幼者与乳母俱入。其夜，令太医煮椒二斛，都水办棺材数十具，前汉都水属水衡都尉；后汉光武省水衡都尉并少府，都水属郡国；晋属大司农。萧子显志无都水，都官尚书有水曹。以此考之，都水当属将作大匠。然齐大匠卿不常置，故都水之官不见于志。孩，何开翻。须三更，当尽杀之。须，待也。三更，丙夜也。更，工衡翻。子恪徒跣自归，二更达建阳门，刺启。书姓名于奏白曰刺。启，奏也。既达姓名，又启陈其事。时刻已至，而上眠不起，中书舍人沈徽孚与上所亲左右单景隽共谋少留其事。须臾，上觉，单，上演翻。少，诗沼翻。觉，古孝翻。寝而寤谓之觉。景隽启子恪已至。上惊问曰："未邪？未邪？"景隽具以事对。上抚床曰："遥光几误人事！"单景隽具以子恪所启之事对。上乃谓几为遥光所误而滥杀。几，居希翻。乃赐王侯供馔，馔，雏恋翻，又雏皖翻。明日，悉遣还第。以子恪为太子中庶子。宝览，缅之子也。缅，上弟也。缅，弥兖翻。

敬则帅实甲万人过浙江。今之钱唐江也。帅，读曰率。张瓌遣兵三千拒敬则于松江，松江在吴郡吴县南，古笠泽也，今属苏州吴江县。闻敬则军鼓声，一时散走，瓌弃郡，逃民间。敬则以旧将举事，百姓担篙荷锸，随之者十馀万众；将，即亮翻。担，都甘翻。篙，古劳翻，竹竿也，用以撑船。荷，下可翻。锸，楚洽翻，锹也。至晋陵，南沙人范修化杀县令公上延孙以应之。公上，复姓也。敬则本晋陵南沙人，故范修化举县应之。敬则至武进陵口，恸哭而过。萧氏之先俱葬武进。高帝之殂也，从其先兆，亦葬武进，号泰安陵。敬则怀高帝恩，故恸哭而过。陆游曰：自常州西北至吕城，过陵口，见大石兽偃仆道旁，已残缺，盖南朝陵墓，齐明帝时王敬则反，至陵口恸哭而过是也。距丹阳县三十馀里。丹阳，古所谓曲阿，或曰云阳。宋白曰：吴大帝改丹阳为武进县，吴末并入晋陵县。乌程丘仲孚为曲阿令，敬则前锋奄至，仲孚谓吏民曰："贼乘胜虽锐，而乌合易离。今若收船舰，凿长冈埭，长冈在曲阿县界，今谓之上、下夹埛，埭即今之上金斗门。易，以豉翻。舰，户黯翻。埭，徒耐翻。泻渎水以阻其路；得留数日，台军必至，如此，则大事济矣。"敬则军至，值渎涸，果顿兵不得进。

五月，【章：十二行本"月"下有"壬午"二字；乙十一行本同；孔本同；张校同；退斋校同。】诏前军司马左兴盛、后军将军崔恭祖、辅国将军刘山阳、龙骧将军·马军主胡松筑垒于曲阿长冈；骧，思将翻。右仆射沈文季为持节都督，屯湖头，备京口路。湖头，玄武湖头也。其地东接蒋山西岩下，西抵玄武湖堤，地势坦平，当京口大路。恭祖，慧景之族也。前书后军将军崔恭祖。按魏、晋以来官制，左、右、前、后将军，是为四军。恭祖位号未能至此。齐书王敬则传作"后军将军、直阁将军崔恭祖。"恭祖若为后军将军，不应下带直阁将军。此必有误。敬则急攻兴盛、山阳二垒，台军不能敌，欲退，而围不开，各死战。胡松引骑兵突其后，白丁无器仗，皆惊散。敬则军大败，索马再上，不能得，崔恭祖刺之仆地，索，山客翻。上，时掌翻。刺，七亦翻。兴盛军客袁文旷斩之，"军客"，齐书王敬则传作"军容"。南史有军容、马容；如相康为齐高帝军容，萧摩诃马容陈智深斩陈叔陵。盖皆简拔魁健有武艺之士，使之前驱，以壮军马之容，故以为名。乙酉，传首建康。

是时上疾已笃，敬则仓猝东起，朝廷震惧。太子宝卷使人上屋，望见征虏亭失火，上，时掌翻。征虏亭在方山南。自玄武湖头大路北出至征虏亭。谓敬则至，急装欲走。急装，谓缚袴也。戎装谓之急装。敬则闻之，喜曰："檀公三十六策，走为上策，计汝父子唯有走耳！"盖时人讥檀道济避魏之语也。敬则之来，声势甚盛，裁少日而败。裁少日，谓不及二旬也。少，诗沼翻。

台军讨贼党，晋陵民以附敬则应死者甚众。太守王瞻上言："愚民易动，不足穷法。"穷法，谓尽法绳之。易，以豉翻。上许之，所全活以万数。瞻，弘之从孙也。王弘之以仕晋，宋武帝辟召无所就。从，才用翻。

上赏谢朓之功，迁尚书吏部郎。唐六典曰：吏部郎，职在选举。魏、晋用人，妙于时选，其诸曹郎功高者，迁吏部郎，历代品秩皆高于诸曹郎。魏、晋、宋、齐，吏部郎品第五，诸曹郎品第六。朓上表三让，上不许。中书疑朓官未及让，国子祭酒沈约曰："近世小官不让，遂成恒俗。恒，户登翻。谢吏部今授超阶，让别有意。朓自兼殿中郎迁吏部郎，故曰超阶。朓耻以告妻父得官，故曰让别有意。夫让出人情，岂关官之大小邪！"朓妻常怀刃欲杀朓，朓不敢相见。

13 秋，七月，魏彭城王勰表以一岁国秩、职俸、亲恤裨军国之用。国秩，彭城国秩也；职俸，勰所居职合受之俸也；亲恤，亦魏朝给勰以恤亲者。勰音协。魏主诏曰："割身存国，理为远矣。职俸便停，亲、国听三分受一。"亲、国，谓亲恤、国秩也。壬午，又诏损皇后私府之半，六宫嫔御、五服男女供恤亦减半，嫔，毗宾翻。在军者三分省一，以给军赏。

14 癸卯，以太子中庶子萧衍为雍州刺史。为后萧衍以雍州起兵张本。雍，于用翻。

15 己酉，上殂于正福殿。年四十七。遗诏："徐令可重申前命。徐令，谓徐孝嗣也。孝嗣为尚书令，建武四年加开府仪同三司，辞不受。重，直龙翻。沈文季可左仆射，江祏可右仆射，江祀可侍中，刘暄可卫尉。军政可委陈太尉；陈太尉谓显达。内外众事，无大小委徐孝嗣、遥光、坦之、江祏，其大事与沈文季、江祀、刘暄参怀。心膂之任可委刘悛、萧惠休、崔慧景。”悛，七伦翻，又丑缘翻。

上性猜多虑，简于出入，竟不郊天。天子即位，当奉珪币以见上帝于南郊。又深信巫觋，觋，刑狄翻。每出先占利害。东出云西，南出云北。初有疾，甚秘之，听览不辍。久之，敕台省文簿中求白鱼以为药，外始知之。本草曰：白鱼，味甘平，无毒；主胃气，开胃下食，去水气，令人肥健。大者六七尺，色白，头昂，生江湖中。按此求文簿中白鱼，则所谓蠹书鱼也；本草谓之衣鱼，亦曰白鱼。利小便，疗偏风口喎。衍义曰：衣鱼多在故书中，久不动衣帛中或有之；身有厚粉，手搐之则粉落。太子即位。

16 八月，辛亥，魏太子自洛阳朝于悬瓠。朝，直遥翻；下同。

17 壬子，奉朝请邓学以齐兴郡降魏。武帝永明三年，置齐兴郡，属郢州，其地当在西阳、弋阳二郡界。

18 魏主之入寇也，遣使发高车兵。高车惮远役，奉袁纥树者为主，相帅北叛。帅，读曰率。魏主遣征北将军宇文福讨之，大败而还，还，从宣翻，又如字。福坐黜官。更命平北将军江阳王继都督北讨诸军事以讨之，自怀朔以东悉禀节度，仍摄镇平城。继，熙之曾孙也。熙，道武之子。

19 八月，葬明皇帝于兴安陵，陵在曲阿。庙号高宗。东昏侯恶灵在太极殿，欲速葬，恶，乌路翻。徐孝嗣固争，得逾月。帝每当哭，辄云喉痛。太中大夫羊阐入临，临，力鸩翻，哭也。无发，号恸俯仰，帻遂脱地，帝辍哭大笑，谓左右曰：“秃鹙啼来乎！”号，户高翻。汉五行志曰：鹈鹕，或曰秃鹙。师古曰：鹈鹕，一名淘河，腹下胡大如数升囊，好群入泽中抒水食鱼，因名。秃鹙，亦水鸟也。陆佃埤雅曰：鹙性贪恶，今俗呼秃鹙，一名扶老。状如鹤而大，长颈赤目；其毛辟水毒，头高八尺，善与人斗，好啖蛇。鹙，音秋。

20 九月，己亥，魏主闻高宗殂，下诏称“礼不伐丧”，春秋左氏传曰：晋士匄侵齐，及谷，闻丧而还，礼也。公羊传曰：还者何？善辞也。何善尔？大其不伐丧也。引兵还。庚子，诏北伐高车。

21 魏主得疾甚笃，旬日不见侍臣，左右唯彭城王勰等数人而已。勰内侍医药，外总军国之务，远近肃然，人无异议。右军将军丹阳徐謇善医，徐謇，丹阳人，宋明帝之世客青州。慕容白曜克东阳，謇遂为魏所获。謇，九辇翻。时在洛阳，急召之。既至，勰涕泣执手谓曰："君能已至尊之疾，当获意外之赏；不然，有不测之诛；非但荣辱，乃系存亡。"勰又密为坛于汝水之滨，依周公故事，告天地及显祖，乞以身代魏主。周公金縢之事，以周公之至诚行之则可，若王莽则伪也。魏主疾有间，间，如字。朱元晦曰：间，少差也。丙午，发悬瓠，舍于汝滨，集百官，坐徐謇于上席，称扬其功，除鸿胪卿，封金乡县伯，赐钱万缗；胪，陵如翻。诸王别饷赉，各不减千匹。冬，十一月，辛巳，魏主如邺。

22 戊子，立妃褚氏为皇后。

23 魏江阳王继上言："高车顽昧，避役遁逃，若悉追戮，恐遂扰乱。请遣使，镇别推检，言六镇各遣一使，令各推检一镇。使，疏吏翻。斩魁首一人，自馀加以慰抚。若悔悟从役者，即令赴军。"令赴南伐之军也。诏从之。于是叛者往往自归。继先遣人慰谕树者。树者亡入柔然，寻自悔，相帅出降。帅，读曰率。降，户江翻。魏主善之，曰："江阳可大任也。"十二月，甲寅，魏主自邺班师。北征至邺而高车已降，遂班师。

24 林邑王诸农入朝，海中值风，溺死，武帝永明十年，范诸农得国。朝，直遥翻。溺，奴历翻。以其子文款为林邑王。

聂崇岐标点王崇武覆校

资治通鉴卷第一百四十二

端明殿学士兼翰林侍读学士朝散大夫右谏议大夫
充集贤殿修撰提举西京嵩山崇福宫上柱国河内郡 司马光 奉敕编集
开国侯食邑一千八百户食实封六百户赐紫金鱼袋臣

后　学　天　台 胡三省 音　注

齐纪八 屠维单阏(己卯)，一年。

东昏侯上 讳宝卷，字智藏；明帝第二子也；本名明贤，明帝辅政后，改焉。明帝长子宝义有废疾，故立帝为太子。其后萧衍、萧颖胄以荆、雍起兵辅南康王宝融以攻帝，废帝为东昏侯。荆、雍在西，谓帝以昏虐居东，故废为东昏侯。

永元元年(己卯、四九九)

1 春，正月，戊寅朔，大赦，改元。

2 太尉陈显达督平北将军崔慧景军四万击魏，欲复雍州诸郡；去年，魏克雍州五郡。雍，于用翻。癸未，魏遣前将军元英拒之。元英即拓跋英；魏既改姓元氏，史因而书之。

3 乙酉，魏主发邺。去年十二月甲寅，魏主自邺班师，今车驾始自邺发。

4 辛卯，帝祀南郊。

5 戊戌，魏主至洛阳，过李冲冢。冲死见上卷上年。魏主令葬冲于洛阳覆舟山，近杜预冢，今自邺还过其冢。按魏主诏代人迁洛者葬洛，徐州从便。冲，陇西人也，以其贵宠，亦令葬洛。时卧疾，望之而泣；见留守官，语及冲，辄流涕。李冲与任城王澄等同守留台。魏主还洛，见留守官，而冲已死，故语及辄流涕，念之之甚也。守，式又翻。

魏主谓任城王澄曰："朕离京以来，旧俗少变不？"任，音壬。离，力智翻。少，诗沼翻；下同。不，读曰否。对曰："圣化日新。"帝曰："朕入城，见车上妇人犹戴帽、着小袄，此代北妇人之服也。乘车妇人，皆贵臣之家也。着，陟略翻。袄，乌浩翻，夹衣也。何谓日新！"对曰："着者少，不着者多。"帝曰："任城，此何言也！必欲使满城尽着邪？"澄与留守官皆免冠谢。史言魏主汲汲于用夏变夷。

甲辰，魏大赦。魏主之幸邺也，李彪迎拜于邺南，且谢罪。彪既得罪，归乡里，故迎魏主于邺南。帝曰："朕欲用卿，思李仆射而止。"慰而遣之。会御史台令史龙文观告："太子恂被收之日，恂被收见一百四十卷明帝建武三年。被，皮义翻。有手书自理，彪不以闻。"尚书表收彪赴洛阳。帝以为彪必不然；以牛车散载诣洛阳，散，悉但翻。散载者，不加縶缚。会赦，得免。

6 魏太保齐郡灵王简卒。

7 二月，辛亥，魏以咸阳王禧为太尉。

8 魏主连年在外，魏主自明帝建武元年南伐，至是首尾四年。冯后私于宦者高菩萨。菩，蓬晡翻。萨，桑葛翻。及帝在悬瓠病笃，事见上卷上年。后益肆意无所惮，中常侍双蒙等为之心腹。双，姓；蒙，名。姓谱：颛帝后封于双蒙城，其后以为氏。

彭城公主为宋王刘昶子妇，寡居。昶，丑两翻。后为其母弟北平公冯夙求婚，帝许之；公主不愿，后强之。后为，于伪翻。强，其两翻。公主密与家僮冒雨诣悬瓠，诉于帝，且具道后所为。帝疑而秘之。后闻之，始惧，阴与母常氏使女巫厌祷，厌，于叶翻，又于琰翻。曰："帝疾若不起，一旦得如文明太后辅少主称制者，文明太后，后之姑也；其包藏祸心若此，岂非姑之教邪！少，诗照翻。当赏报不赀。"赀，即移翻。赀之为言量也。不赀，言无量之可比也。

帝还洛，收高菩萨、双蒙等，案问，具伏。帝在含温室，夜引后入，赐坐东楹，去御榻二丈馀，命菩萨等陈状。陈后淫泆之状。既而召彭城王勰、北海王详入坐，勰，音协。曰："昔为汝嫂，今是路人，但入勿避！"又曰："此妪欲手刃吾胁！妪，威遇翻。老妇曰妪。吾以文明太后家女，不能废，但虚置宫中，有心庶能自死；言若有人心，必当自取尽也。汝等勿谓吾犹有情也。"二王出，赐后辞诀；后再拜，稽首涕泣。稽，音启。入居后宫，诸嫔御奉之犹如后礼，嫔，毗宾翻。唯命太子不复朝谒而已。太子，储君也；命不复朝谒，绝之，不使以母礼事之。复，扶又翻。朝，直遥翻。

初，冯熙以文明太后之兄尚恭宗女博陵长公主。景穆太子庙号恭宗。长，知两翻。熙有三女，二为皇后，一为左昭仪，二后，废后及幽后也。昭仪早卒。瑶光寺之练行尼，魏主忍为之，废后非得罪于宗庙也；幽后所为彰灼如此，乃不能正其罪；废后独非文明家女邪！由是冯氏贵宠冠群臣，赏赐累巨万。汉书音义曰：巨万，万万也。冠，古玩翻。公主生二子，诞，修。熙为太保，诞为司徒，修为侍中、尚书，庶子聿为黄门郎。黄门侍郎崔光与聿同直，庶子，妾御所生。以此观之，魏以黄门郎与黄门侍郎为两官。同直，同直禁中也。谓聿曰："君家富贵太盛，终必衰败。"聿曰："我家何所负，而君无故诅我！"诅，庄助翻，咒也。光曰："不然。物盛必衰，此天地之常理。若以古事推之，不可不慎。"后岁馀而修败。修性浮竞，诞屡戒之，不悛，悛，丑缘翻。乃白于太后及帝而杖之。修由是恨诞，求药，使诞左右毒之。事觉，帝欲诛之，诞自引咎，恳乞其生。帝亦以其父老，杖修百馀，黜为平城民。及诞、熙继卒，太和十九年，冯诞卒，是年二月也；四月，冯熙又卒。幽后寻废，太和二十年，幽后废。聿亦摈弃，冯氏遂衰。史言外戚罕有能全保其福禄者。

9 魏【章：十二行本"魏"上有"癸亥"二字；乙十一行本同；孔本同；退斋校

同。】以彭城王勰为司徒。勰，音协。

10 陈显达与魏元英战，屡破之。攻马圈城四十日，按陈显达传，马圈在南乡界。杜佑曰：马圈城去襄阳三百里，在今南阳郡界穰县北。杜佑曰：后魏马圈镇，汉涅阳县地。圈，渠篆翻。城中食尽，啖死人肉及树皮。啖，徒滥翻，又徒览翻。癸酉，魏人突围走，斩获千计。显达入城，将士竞取城中绢，遂不穷追。史言齐师贪卤掠以纵敌。将，即亮翻。显达又遣军主庄丘黑进击南乡，拔之。庄丘，复姓也。萧子显曰：南乡城，顺阳旧治也。

魏主谓任城王澄曰："显达侵扰，朕不亲行，无以制之。"任，音壬。三月，庚辰，魏主发洛阳，命于烈居守，守，音狩；凡留守、太守之守皆同。以右卫将军宋弁兼祠部尚书，摄七兵事以佐之。摄七兵事者，摄尚书七兵曹事也。杜佑曰：魏始置五兵尚书，谓中兵、外兵、别兵、都兵、骑兵也。晋又分中、外兵各为左、右，后魏遂为七兵尚书。弁精勤吏治，治，直吏翻。恩遇亚于李冲。

癸未，魏主至梁城。魏收志：北荆州汝北郡有梁县、汝源县。五代志：襄城郡承休县，旧曰汝源，置汝北郡。唐志：汝州临汝郡，本襄城郡治梁县，又有梁县故城在西南四十五里。崔慧景攻魏顺阳，顺阳太守清河张烈固守；五代志：邓州顺阳县，旧置顺阳郡，唐武德六年，省顺阳入冠军，贞观元年，省冠军入新城，其地在今邓州菊潭、临湍二县之间也。杜佑曰：汉顺阳故城，在邓州穰县西，亦后汉穰县地。甲申，魏主遣振威将军慕容平城将骑五千救之。将，即亮翻。骑，奇寄翻。

自魏主有疾，彭城王勰常居中侍医药，昼夜不离左右，离，力智翻。饮食必先尝而后进，蓬首垢面，衣不解带。帝久疾多忿，近侍失指，动欲诛斩；勰承颜伺间，多所匡救。伺，相吏翻。间，古苋翻；下间道同。丙戌，以勰为使持节、都督中外诸军事。使，疏吏翻。勰辞曰："臣侍疾无暇，安能治军！愿更请一王，使总军要，军要，犹言军权也。左传曰：握兵之要。杜预注云：威权在己。治，直之翻。臣得专心医药。"帝曰："侍疾、治军，皆凭于汝。吾病如此，深虑不济；安六军、保社稷者，舍汝而谁！何容方更请人以违心寄乎！"心寄，谓推心以托之也。

丁酉，魏主至马圈，命荆州刺史广阳王嘉断均口，水经曰：均水出淅县北山，南流过其县之东，又南，当涉都县邑北，南入于沔。注云：即郡国志筑阳县之涉都乡，均水于此入沔，谓之均口。断，丁管翻。邀齐兵归路。嘉，建之子也。楚王建，见一百二十五卷宋文帝元嘉十七年。

陈显达引兵渡水西，均水之西也。据鹰子山筑城；人情沮恐，沮，在吕翻。与魏战，屡败。魏武卫将军元嵩免胄陷陈，陈，读曰阵。将士随之，齐兵大败。嵩，澄之弟也。戊戌，军【章：十二行本"军"上有"夜"字；乙十一行本同；孔本同；张校同；退斋校同。】主崔恭祖、胡松以乌布幔盛显达，数人担之，幔，莫半翻。盛，时征翻。担，都甘翻，负也。间道自分碛山出均水口南走。碛，七迹翻。己亥，魏收显达军资亿计，班赐将士，追奔至汉水而还。还，从宣翻，又如字；下同。左军将军张千战死，考异曰：魏书作"张千达"，今从齐书。士卒死者三万馀人。

显达之北伐，军入汋均口。水经注：顺阳县西有石山，南临汋水。汋水又南流，注于沔水，谓之汋口。详考经及注，汋水、均水，实一水也，故谓之汋均口。汋，实若翻。广平冯道根沈约宋志：广平太守，江左侨立，治襄阳；宋为实土，以汉朝阳县地立广平郡及广平县，领酂阴、比阳等县。按水经注：朝阳在新野西，白水又出其西。说显达曰："汋均水迅急，易进难退；说，输芮翻。易，以豉翻。魏若守隘，则首尾俱急。不如悉弃船于酂城，陆道步进，酂县，即汉萧何所封之邑，属南阳郡，晋属顺阳郡，江左侨立广平郡，酂县属焉。冯道根，广平酂人也。水经：沔水自均口东南过酂县之西南。五代志：襄州阴城县，西魏置酂城郡。隘，乌懈翻。酂，音赞。列营相次，鼓行而前，破之必矣。"显达不从。道根以私属从军，私属者，家之奴客及其亲党，非官之所调发者。及显达夜走，军人不知山路，道根每及险要，辄停马指示之，众赖以全。诏以道根为沟均口戍副。凡边戍有戍主、戍副。显达素有威名，至是大损。陈显达之败，固是弱不可以敌强，亦天为之也。齐师溃于戊戌，魏主殂于丙午。傥显达更能支持数日，安知不能转败为功邪！御史中丞范岫奏免显达官，显达亦自表解职；皆不许，更以显达为江州刺史。考异曰：齐明帝纪："永泰元年，七月，癸卯，以显达为江州。"本传："显达败于马圈，求降号，不许，乃除江州。"又云："东昏立，显达弥不乐京师，得此授甚喜。"按明帝末，显达方以三公将兵击魏，不容无故除江州。今从本传。崔慧景亦弃顺阳走还。

11 庚子，魏主疾甚，北还，至谷塘原，谓司徒勰曰："后宫久乖阴德，记曰：天子理阳道，后治阴德。郑注云：阴德，谓主阴事，阴令也。吾死之后，可赐自尽，葬以后礼，庶免冯门之丑。"又曰："吾病益恶，殆必不起。虽摧破显达，而天下未平，嗣子幼弱，社稷所倚，唯在于汝。霍子孟、诸葛孔明以异姓【章：十二行本"姓"下有"犹"字；乙十一行本同；孔本同。】受顾托，汉武帝托昭帝于霍光，昭烈帝托后主于诸葛亮事，并见前。况汝亲贤，可不勉之！"勰泣曰："布衣之士，犹为知己毕命；古语有之，士为知己者死。为，于伪翻。况臣托灵先帝，依陛下之末光乎！托灵，托体，皆兄弟同气之谓也。但臣以至亲，久参机要，宠灵辉赫，海内莫及；所以敢受而不辞，正恃陛下日月之明，恕臣忘退之过耳。今复任以元宰，复，扶又翻。总握机政；震主之声，取罪必矣。昔周公大圣，成王至明，犹不免疑，而况臣乎！如此，则陛下爱臣，更为未尽始终之美。"彭城王勰虑祸避权如此，犹终不免于高肇之手，况咸阳王禧、北海王详等邪？帝默然久之，曰："详思汝言，理实难夺。"乃手诏太子曰："汝叔父勰，清规懋赏，懋，美也。与白云俱洁；厌荣舍绂，以松竹为心。吾少与绸缪，绂，音弗。少，诗照翻。郑康成曰：绸缪，犹缠绵也。绸，直留翻。缪，莫侯翻。未忍睽离。百年之后，其听勰辞蝉舍冕，遂其冲挹之性。”以侍中、护军将军北海王详为司空，镇南将军王肃为尚书令，镇南大将军广阳王嘉为左仆射，尚书宋弁为吏部尚书，与侍中·太尉禧、尚书右仆射澄等六人辅政。夏，四月，丙午朔，殂于谷塘原。年三十三，谥孝文皇帝，庙号高祖。

高祖友爱诸弟，终始无间。间，古苋翻。尝从容谓咸阳王禧等曰：从，千容翻。“我后子孙邂逅不肖，不期而会曰邂逅。肖，似也；不似其先曰不肖。邂，户懈翻。逅，胡豆翻。汝等观望，可辅则辅之，不可辅则取之，勿为他人有也。”以禧之骄贪如此，孝文以此语之，是启其奸心也。景明之祸，帝实胎之。亲任贤能，从善如流，精勤庶务，朝夕不倦。常曰：“人主患不能处心公平，推诚于物。处，昌吕翻。能是二者，则胡、越之人皆可使如兄弟矣。”用法虽严，于大臣无所容贷，然人有小过，常多阔略。尝于食中得虫，又左右进羹误伤帝手，皆笑而赦之。天地五郊、宗庙二分之祭，五郊，谓迎气五郊也。按郑康成说：古者，天子春分朝日，秋分夕月，故曰二分之祭。魏则朝日以朔，夕月以朏，犹仍古谓之二分之祭。未尝不身亲其礼。每出巡游及用兵，有司奏修道路，帝辄曰：“粗修桥梁，通车马而已，勿去草刬令平也。”粗，坐五翻。去，羌吕翻。刬，楚限翻。在淮南行兵，如在境内。禁士卒无得践伤粟稻；践，息浅翻。或伐民树以供军用，皆留绢偿之。宫室非不得已不修，衣弊，浣濯而服之，鞍勒用铁木而已。幼多力善射，能以指弹碎羊骨，魏纪云：能以指弹碎羊髆骨。羊骨唯髆骨颇脆，他骨未易弹碎也。弹，徒丹翻。射禽兽无不命中；先命其处而后射中之，谓之命中。射，而亦翻。及年十五，遂不复畋猎。复，扶又翻；下同。常谓史官曰：“时事不可以不直书。人君威福在己，无能制之者；若史策复不书其恶，将何所畏忌邪！”自此以上，史言魏孝文德美。

彭城王勰与任城王澄谋，以陈显达去尚未远，恐其覆相掩逼，覆，反也；恐凶问外露，陈显达知之，反兵追掩以相逼。乃秘不发丧，徙御卧舆，唯二王与左右数人知之。勰出入神色无异，奉膳，进药，可决外奏，一如平日。数日，至宛城，宛，於元翻。夜，进卧舆于郡听事，得加棺敛，魏书礼志：卧辇，饰如乾象辇，丹漆，驾六马。听，他经翻。听，受也。中庭曰听事，言受事察讼于是也。汉、晋皆作听事，六朝以后乃始加"广"作"厅"。棺，古玩翻。敛，力赡翻。还载卧舆内，外莫有知者。遣中书舍人张儒奉诏征太子；密以凶问告留守于烈。烈处分行留，举止无变。史言魏孝文之殂，执羁绁、守社稷者皆能以常处变，不动声色，盖其善用人之效也。处，昌吕翻。分，扶问翻。太子至鲁阳，鲁阳县，汉、晋属南阳郡。魏太和十一年，置鲁阳镇；十八年，改为荆州；二十年，罢州，置鲁阳郡。唐汝州鲁山县，本鲁阳县也。遇梓宫，乃发丧；丁巳，即位，帝讳恪，孝文皇帝第二子也。大赦。

彭城王勰跪授遗敕数纸。东宫官属多疑勰有异志，密防之，而勰推诚尽礼，卒无间隙。推诚，谓推诚于东宫官属也；尽礼，谓事嗣君尽礼也。卒，子恤翻。间，古苋翻。咸阳王禧至鲁阳，留城外以察其变，久之，乃入，亦疑勰有异志也。谓勰曰："汝此行不唯勤劳，亦实危险。"勰曰："兄年长识高，故知有夷险；长，知两翻。彦和握蛇骑虎，不觉艰难。"勰，字彦和。蛇螫、虎噬，握之、骑之，罕有能免于螫、噬者，故以为喻。禧曰："汝恨吾后至耳。"

勰等以高祖遗诏赐冯后死。北海王详使长秋卿白整入授后药，长秋卿，皇后宫卿也，即汉之大长秋。后走呼，不肯饮，走且呼也。呼，火故翻。曰："官岂有此，是诸王辈杀我耳！"整执持强之，乃饮药而卒。强，其两翻。考异曰：元嵩传曰："将遣使者赐冯后死，而难其人，顾任城王澄曰：'任城不负我，嵩亦当不负任城，可使嵩也。'乃引高平侯嵩入内，亲诏遣之。"高祖纪曰："诏司徒勰征太子与丧会鲁阳践阼。"按冯后传，梓宫至鲁阳，乃行遗诏赐后死，安有高祖遣嵩之事！又勰传："高祖崩，勰遏秘丧事，遣张儒征世宗。"亦无高祖诏勰征太子事。丧至洛城南，咸阳王禧等知后审死，相视曰："设无遗诏，我兄弟亦当决策去之；岂可令失行妇人宰制天下、杀我辈也！"去，羌吕翻。行，下孟翻。谥曰幽皇后。谥法：壅遏不通曰幽。

12 五月，癸亥，加抚军大将军始安王遥光开府仪同三司。

13 丙申，魏葬孝文帝于长陵，长陵在瀍西。庙号高祖。

魏世宗欲以彭城王勰为相；勰屡陈遗旨，请遂素怀，帝对之悲恸。勰恳请不已，乃以勰为使持节、侍中、都督冀·定等七州诸军事、骠骑大将军、开府仪同三司、定州刺史。使，疏吏翻。骠，匹妙翻。骑，奇寄翻。七州，冀、定、相、瀛、幽、平、营也。勰犹固辞；帝不许，乃之官。

14 魏任城王澄以王肃羁旅，位加己上，王肃本江南人而奔魏，故以为羁旅。肃为尚书令，而澄为右仆射，故以为位加己上。意颇不平。会齐人降者严叔懋告肃谋逃还江南，降，户江翻。澄辄禁止肃，禁止不令入宫省。表称谋叛，案验无实。咸阳王禧等奏澄擅禁宰辅，免官还第，寻出为雍州刺史。按史官称任城王澄之才略，魏宗室中之巨擘也。太和之间，朝廷有大议，澄每出辞，气加万乘而轶其上。孝文外虽容之，内实惮之，况咸阳王禧等乎！因王肃而斥逐之耳。主少国疑之时，澄之能全其身者，幸也。雍，于用翻。

15 六月，戊辰，魏追尊皇妣高氏为文昭皇后，高氏卒见上卷明帝建武四年。配飨高祖，增修旧冢，号终宁陵。据后传，陵在长陵东南。追赐后父飏爵勃海公，谥曰敬，扬，馀章翻。以其嫡孙猛袭爵；封后兄肇为平原公，肇弟显为澄城公；澄城，汉冯翊之徵县，左传之北徵也；魏真君七年置澄城郡。三人同日受封。魏主素未识诸舅，始赐衣帻引见，见，贤遍翻。皆惶惧失措；数日之间，富贵赫奕。赫，明也；奕，盛也。为高肇以擅权致祸张本。

16 秋，八月，戊申，魏用高祖遗诏，三夫人以下皆遣还家。魏高祖始定内官，左、右昭仪位视大司马，三夫人位视三公。

17 帝自在东宫，不好学，好，呼到翻。唯嬉戏无度；性重涩少言。涩，色入翻。及即位，不与朝士相接，朝，直遥翻；下同。专亲信宦官及左右御刀、应敕等。御刀，捉御刀在左右者。应敕，在左右祇应敕命者。应，于证翻。

是时，扬州刺史始安王遥光、尚书令徐孝嗣、右仆射江祏、祏，音石。右将军萧坦之、侍中江祀、卫尉刘暄更直内省，分日帖敕。内省在禁中，以别华林省及下省。帖敕者，于敕后联纸书行，所谓画敕也。更，工衡翻。雍州刺史萧衍闻之，谓从舅录事参军范阳张弘策曰：张弘策，范阳方城人。衍母张氏，弘策之从父弟。雍，于用翻。从，才用翻。"一国三公犹不堪，左传：晋士蒍曰："狐裘蒙茸，一国三公，吾谁适从？"况六贵同朝，势必相图；乱将作矣。避祸图福，无如此州。但诸弟在都，恐罹世患，当更与益州图之耳。"衍兄懿时为益州刺史。乃密与弘策修武备，他人皆不得预谋；招聚骁勇以万数，多伐材竹，沈之檀溪，水经注：檀溪水出襄阳县西柳子山下，溪去城里馀，北流注于沔，即刘备乘的卢堕处也。骁，坚尧翻。沈，直禁翻，又持林翻。积茅如冈阜，大脊曰冈，大陵曰阜。皆不之用。中兵参军东平吕僧珍觉其意，亦私具橹数百张。先是，僧珍为羽林监，羽林监，汉官，监羽林兵。先，悉荐翻。徐孝嗣欲引置其府，僧珍知孝嗣不能久，固求从衍。是时，衍兄懿罢益州刺史还，仍行郢州事，衍使弘策说懿曰：说，输芮翻；下又自说同。"今六贵比肩，人自画敕，争权睚眦，理相图灭。图，谋也；谋相灭也。或曰："图"当作"屠"。睚，五懈翻。眦，士懈翻。主上自东宫素无令誉，媟近左右，慓轻忍虐；媟，私列翻。近，其靳翻。慓，匹妙翻，急疾也。轻，区竟翻。安肯委政诸公，虚坐主诺！言必不肯付朝政以听于六贵，但拥虚位，有可无否，唯主作诺而已。嫌忌积久，必大行诛戮。始安欲为赵王伦，形迹已见；赵王伦事见八十四卷晋惠帝永宁元年。见，贤遍翻。然性猜量狭，徒为祸阶。萧坦之忌克陵人，徐孝嗣听人穿鼻，言如牛然，听人穿鼻而受制于人。江祏无断，断，丁管翻。刘暄暗弱；一朝祸发，中外土崩。吾兄弟幸守外藩，宜为身计；及今猜防未生，当悉召诸弟，恐异时拔足无路矣。后卒如衍所料。史言朝政不纲，则奸雄生心。郢州控带荆、湘，郢州当荆、湘下流，二州之所赴集也。雍州士马精强，世治则竭诚本朝，治，直吏翻。朝，直遥翻。世乱则足以匡济；与时进退，此万全之策也。若不早图，后悔无及。"弘策又自说懿曰："以卿兄弟英武，天下无敌，据郢、雍二州为百姓请命，废昏立明，易于反掌，为，于伪翻。易，以豉翻。此桓、文之业也；勿为竖子所欺，取笑身后。雍州揣之已熟，揣，初委翻。愿善图之！"懿不从。衍乃迎其弟骠骑外兵参军伟及西中郎外兵参军憺至襄阳。憺，徒滥翻。

初，高宗虽顾命群公，而多寄腹心在江祏兄弟。顾命见上卷上年。江祏、江祀兄弟，高宗母景皇后之侄也，故寄以腹心。二江更直殿内，更，工衡翻，更迭也。动止关之。帝稍欲行意，徐孝嗣不能夺，萧坦之时有异同，而祏执制坚确；帝深忿之。帝左右会稽茹法珍、吴兴梅虫儿等，为帝所委任，会，工外翻。茹，音如。祏常裁折之；法珍等切齿。徐孝嗣谓祏曰："主上稍有异同，讵可尽相乖反！"立异为乖，不顺指为反。祏曰："但以见付，必无所忧。"

帝失德寖彰，祏议废帝，立江夏王宝玄。夏，户雅翻。刘暄尝为宝玄郢州行事，执事过刻。有人献马，宝玄欲观之，暄曰："马何用观！"妃索煮肫，肫，之春翻；鸟藏曰肫。又徒浑翻，豕也。帐下谘暄，暄曰："旦已煮鹅，不烦复此。"复，扶又翻，又也。宝玄恚曰："舅殊无渭阳情。"诗渭阳序曰：秦康公之母，晋献公之女。文公遭骊姬之难，未反，而秦姬卒。穆公纳文公。康公时为太子，赠送文公于渭之阳。念母之不见也，我见舅氏，如母存焉。刘暄，明帝刘皇后之弟，故宝玄呼之为舅，今按诗小序渭阳之事，乃甥用情于舅，后世率以舅不能用情于甥者为无渭阳情，误矣。恚，於避翻。暄由是忌宝玄，不同祏议，更欲立建安王宝寅。祏密谋于始安王遥光，遥光自以年长，欲自取，以微旨动祏。祏弟祀亦以少主难保，长，知两翻。少，诗照翻；下同。劝祏立遥光。祏意回惑，以问萧坦之，坦之时居母丧，起复为领军将军，起复者，起之于苫块之中，使复其位也。谓祏曰："明帝立，已非次，天下至今不服。若复为此，复，扶又翻；下可复、复能、不复、生复同。恐四方瓦解，我期不敢言耳。"遂还宅行丧。萧坦之冒于荣势，岂能终丧者！直以废立大事，不欲预其祸，托此以引避耳。

祏、祀密谓吏部郎谢朓曰："江夏年少，脱不堪负荷，朓，土了翻。荷，下可翻，又如字。岂可复行废立！始安年长，入纂不乖物望。非以此要富贵，要，读如邀。政是求安国家耳。"政与正同。遥光又遣所亲丹阳丞南阳刘沨密致意于朓，沨，房戎翻。欲引以为党，朓不答。顷之，遥光以朓兼知卫尉事，朓惧，以郎兼卿，事本无足惧；其所惧者，以为为遥光所引用，将罹其难也。即以祏谋告太子右卫率左兴盛，率，所律翻。兴盛不敢发。朓又说刘暄曰："始安一旦南面，则刘沨、刘晏居卿今地，但以卿为反覆人耳。"晏者，遥光城局参军也。暄阳惊，驰告遥光及祏。遥光欲出朓为东阳郡，朓常轻祏，谢朓以人门轻江祏。祏固请除之。遥光乃收朓付廷尉，与孝嗣、祏、暄等连名启"朓扇动内外，妄贬乘舆，窃论宫禁，间谤亲贤，乘，绳证翻。间，古苋翻。轻议朝宰。"朓遂死狱中。谢朓以告王敬则超擢而死于遥光之手，行险以徼幸，一之谓甚，其可再乎！朝，直遥翻。

暄以遥光若立，己失元舅之尊，不肯同祏议；故祏迟疑久不决；遥光大怒，遣左右黄昙庆刺暄于青溪桥。昙，徒含翻。刺，七亦翻。昙庆见暄部伍多，不敢发；暄觉之，遂发祏谋，帝命收祏兄弟。时祀直内殿，疑有异，遣信报祏曰："刘暄似有异谋。今作何计？"祏曰："政当静以镇之。"俄有诏召祏入见，停中书省。见，贤遍翻。初，袁文旷以斩王敬则功当封，斩敬则，见上卷明帝永泰元年。祏执不与；时崔恭祖以刺仆敬则，与文旷争功；祏执不与，当为此也。帝使文旷取祏，取，谓杀之也。文旷以刀环筑其心曰："复能夺我封不！"不，读曰否。并弟祀皆死。刘暄闻祏等死，眠中大惊，投出户外，问左右："收至未？"良久，意定，还坐，大悲曰："不念江，行自痛也！"暄自知祸将及己。

帝自是无所忌惮，益得自恣，日夜与近习于后堂鼓叫【张："叫"作"吹"。】戏马。常以五更就寝，至晡乃起。群臣节、朔朝见，朔，谓每月朔旦。朔旦朝参之外，一月之内又自有朝参日分，因谓之节。晡后方前，或际暗遣出。晡后造朝，帝复不出，故际暗而遣退。台阁案奏，月数十日乃报，或不知所在；宦者以裹鱼肉还家，并是五省黄案。魏、晋以来，有六曹尚书，江左有吏部、祠部、五兵、左民、度支五尚书，各为一省，谓之尚书五省。案，文案也；藏之以为案据。尚书用黄札，故曰黄案。帝常习骑致适，致，极也；适，欢适也。顾谓左右曰："江祏常禁吾乘马；小子若在，吾岂能得此！"因问："祏亲戚馀谁？"对曰："江祥今在治。"帝诛祏兄弟，独祥免死配东治。帝于马上作敕，赐祥死。

始安王遥光素有异志，与其弟荆州刺史遥欣密谋举兵据东府，使遥欣引兵自江陵急下，刻期将发，而遥欣病卒。江祏被诛，被，皮义翻。帝召遥光入殿，告以祏罪，遥光惧，惧祸及也。还省，省谓中书省也。遥光时为中书令。即阳狂号哭，遂称疾不复入台。还东府，遂称疾不复入台城。号，户高翻。先是，遥光弟豫州刺史遥昌卒，先，悉荐翻。卒，子恤翻。其部曲皆归遥光。及遥欣丧还，停东府前渚，荆州众力送者甚盛。前渚，秦淮渚也。东府前临秦淮。帝既诛二江，虑遥光不自安，欲迁为司徒，使还第，迁司徒以崇其位望，而使还第养疾。召入谕旨。遥光恐见杀，乙卯晡时，收集二州部曲于东府东门，二州部曲，自荆州、豫州来者。召刘沨、刘晏等谋举兵，以讨刘暄为名。夜，遣数百人破东冶，出囚，于尚方取仗。仗，兵仗也。又召骁骑将军垣历生，骁，坚尧翻。历生随信而至。萧坦之宅在东府城东，遥光遣人掩取之，坦之露袒逾墙走露者，露髻；袒者，肉袒。向台。向台而走，欲入言其事。道逢游逻主颜端，游逻主，将兵在台城外巡逻者也。逻，郎佐翻。执之，见坦之露袒挺身走，疑其得罪逃窜，故执之。告【章：十二行本"告"上有"坦之"二字；乙十一行本同；孔本同。】以遥光反，不信；自往诇问，知实，诇，火迥翻，又翾正翻；有所候伺谓之诇。乃以马与坦之，相随入台。遥光又掩取尚书左仆射沈文季于其宅，欲以为都督，会文季已入台。垣历生说遥光帅城内兵夜攻台，辇荻烧城门，荻，亭历翻，萑也。说，输芮翻。帅，读曰率；下同。曰："公但乘轝随后，轝与舆同。反掌可克！"遥光狐疑不敢出。天稍晓，遥光戎服出听事，命上仗登城行赏赐。上，时掌翻。历生复劝出军，遥光不肯，冀台中自有变。及日出，台军稍至。台中始闻乱，众情惶惑；向晓，有诏召徐孝嗣，孝嗣入，人心乃安。左将军沈约闻变，据梁书沈约传，约时为左卫将军。此逸"卫"字。驰入西掖门，掖，音亦。或劝戎服，约曰："台中方扰攘，见我戎服，或者谓同遥光。"乃朱衣而入。

丙辰，诏曲赦建康，中外戒严。徐孝嗣以下屯卫宫城，萧坦之帅台军讨遥光。孝嗣内自疑惧，与沈文季戎服共坐南掖门上，欲与之共论世事，文季辄引以他辞，终不得及。萧坦之屯湘宫寺，湘宫寺，宋明帝所起。左兴盛屯东篱门，台城外城六门皆设篱门而已，无郛郭。东府在台城东，故命兴盛屯东篱门以讨遥光。镇军司马曹虎屯青溪大桥。按曹虎传：大桥，青溪中桥也。众军围东城，三面烧司徒府。宋元嘉中，彭城王义康为司徒，徙居东府，于东府之侧起司徒府。遥光遣垣历生从西门出战，台军屡败，杀军主桑天爱。

遥光之起兵也，问谘议参军萧畅，畅正色不从。戊午，畅与抚军长史沈昭略潜自南门出，诣台自归，众情大沮。东府之众情也。沮，在吕翻。畅，衍之弟；昭略，文季之兄子也。己未，垣历生从南门出战，因弃矟降曹虎，虎命斩之。矟，色角翻。降，户江翻。考异曰：南史云："历生出战，为曹虎所禽，谓虎曰：'卿以主上为圣明，梅、茹为贤相，我当死，且我今死，卿明日亦死。'遂杀之。"按历生若见获，遥光不当杀其子。今从齐书。遥光大怒，于床上自踊，使杀历生子。其晚，台军以火箭烧东北角楼。至夜，城溃，遥光还小斋帐中，着衣帢坐，秉烛自照，令人反拒，斋閤皆重关，着，陟略翻。帢，苦洽翻。重，直龙翻。左右并逾屋散出。台军主刘国宝等先入，遥光闻外兵至，灭烛扶匐床下。扶音蒲。匐，蒲北翻。军人排閤入，于暗中牵出，斩之。台军入城，焚烧室屋且尽。刘沨走还家，为人所杀。荆州将潘绍闻遥光作乱，谋欲应之。欲以江陵应之也。将，即亮翻。西中郎司马夏侯详时南康王宝融以西中郎将镇江陵，以夏侯详为司马。夏，户雅翻。呼绍议事，因斩之，州府以安。州，荆州；府，西中郎府也。

己巳，以徐孝嗣为司空；加沈文季镇军将军，侍中、仆射如故；沈文季加镇军将军号，本职如故。萧坦之为尚书右仆射、丹杨尹，右将军如故；帝即位之初，坦之为右将军。遥光既平，使为右仆射、丹杨尹，而右将军军号如故。刘暄为领军将军；曹虎为散骑常侍、右卫将军；散，悉亶翻。骑，奇寄翻。皆赏平始安之功也。

18 魏南徐州刺史沈陵来降。魏高祖置南徐州于宿豫。降，户江翻。陵，文季之族子也。沈文秀为宋守东阳，明帝泰始五年没于魏。文秀，文季群从也；陵之入魏，当在是时。时魏徐州刺史京兆王愉年少，少，诗照翻。府事皆决于长史卢渊。渊知陵将叛，敕诸城潜为之备；敕，戒也。屡以闻于魏朝，魏朝不听。陵遂杀将佐，帅宿预之众来奔，朝，直遥翻。将，即亮翻。帅，读曰率。滨淮诸戍以有备得全。陵在边历年，阴结边州豪杰。陵既叛，郡县多捕送陵党，渊皆抚而赦之，唯归罪于陵，众心乃安。根连株逮，则沿边豪杰惧罪，必相帅南奔，故悉赦之以安反侧。

19 闰月，丙子，立江陵公宝览为始安王，奉靖王后。遥光既诛，靖王无后故也。始安贞王道生长子凤卒于宋世。明帝建武元年，赠始安靖王。遥光，靖王子也。

20 以沈陵为北徐州刺史。齐南徐州治京口，北徐州治钟离。今沈陵自魏南徐州来降，因其位任，改曰北徐。

21 江祏等既败，帝左右捉刀、应敕之徒皆恣横用事，横，户孟翻。时人谓之"刀敕"。萧坦之刚狠而专，嬖幸畏而憎之；遥光死二十馀日，帝遣延明主帅黄文济将兵围坦之宅，杀之，延明主帅，盖延明殿主帅也。狠，户垦翻。嬖，卑义翻，又博计翻。帅，所类翻。将，即亮翻；下同。并其子秘书郎赏。坦之从兄翼宗为海陵太守，沈约志：晋安帝分广陵立海陵郡，今泰州即其地。从，才用翻。守，式又翻。未发，受海陵之命而未行也。坦之谓文济曰："从兄海陵宅故应无他。"无他，言无他变，犹今人言无事也。文济曰："海陵宅在何处？"坦之以告。文济白帝，帝仍遣收之；检其家，至贫，唯有质钱帖数百，质钱帖者，以物质钱，钱主给帖与之以为照验，他日出子本钱收赎。还以启帝，原其死，系尚方。

茹法珍等谮刘暄有异志，茹，音如。帝曰："暄是我舅，岂应有此？"直阁新蔡徐世标曰："明帝乃武帝同堂，明帝，高帝兄子，于武帝同堂兄弟也。恩遇如此，犹灭武帝之后；恩遇事见一百三十八卷武帝永明十一年。灭武帝后见明帝纪。舅焉可信邪！"焉，于虔翻，何也。遂杀之。

曹虎善于诱纳，日食荒客常数百人。诱，音酉。食，读曰饲。荒客自蛮中及化外来者。晚节吝啬，罢雍州，有钱五千万，他物称是。雍，于用翻。称，尺证翻。帝疑虎旧将，且利其财，遂杀之。

坦之、暄、虎所新除官，坦之、虎新除官，见上。皆未及拜而死。

初，高宗【章：十二行本“宗”下有“临”字；乙十一行本同；孔本同。】殂，以隆昌事戒帝曰：“作事不可在人后。”谓郁林王欲杀高宗，持疑不发以及祸。高宗以是而戒帝，自谓密矣；而非所以贻谋燕翼子也。故帝数与近习谋诛大臣，数，所角翻。皆发于仓猝，决意无疑；于是大臣人人莫能自保。史言帝昏暴，果于诛杀，上下摇心。

22 九月，丁未，以豫州刺史裴叔业为南兖州刺史，征虏长史张冲为豫州刺史。

23 壬戌，以频诛大臣，大赦。

24 丙戌，魏主谒长陵，欲引白衣左右吴人茹皓同车。虽引在左右，未命以官，故曰白衣左右。茹，音如。皓奋衣将登，给事黄门侍郎元匡进谏，帝推之使下，推，吐雷翻。皓失色而退。匡，新城之子也。阳平王新城，魏高宗之弟。

25 益州刺史刘季连闻帝失德，遂自骄恣，用刑严酷，蜀人怨之。是月，遣兵袭中水，不克。沈约宋书：资江为中水，涪江为内水；今谓之中江，在资州资阳县西。资州，汉犍为郡之资中县地。于是蜀人赵续伯等皆起兵作乱，季连不能制。

26 枝江文忠公徐孝嗣，以文士不显同异，言依违取容于昏暴之朝。故名位虽重，犹得久存。虎贲中郎将许准为孝嗣陈说事机，贲，音奔。将，即亮翻。为，于伪翻。劝行废立。孝嗣持【章：十二行本“持”作“迟”；乙十一行本同；孔本同。】疑久之，谓必无用干戈之理；须帝出游，须，待也。闭城门，召百官集议废之，虽有此怀，终不能决。诸嬖幸亦稍憎之。西丰忠宪侯沈文季自托老疾，不豫朝权，嬖，卑义翻，又博计翻。朝，直遥翻。侍中沈昭略谓文季曰：“叔父行年六十，为员外仆射，文季虽为仆射而不预事，故昭略谓之员外仆射。欲求自免，岂可得乎！”文季笑而不应。冬，十月，乙未，帝召孝嗣、文季、昭略入华林省。文季登车，顾曰："此行恐往而不反。"帝使外监茹法珍赐以药酒，昭略怒，骂孝嗣曰："废昏立明，古今令典；宰相无才，致有今日！"以瓯掷其面瓯，小器也。所以盛酒。曰："使作破面鬼！"孝嗣饮药酒至斗馀，乃卒。卒，子恤翻。孝嗣子演尚武康公主，况尚山阴公主，武康公主，武帝女；山阴公主，明帝女。皆坐诛。昭略弟昭光闻收至，家人劝之逃。昭光不忍舍其母，入，执母手悲泣，收者杀之。昭光兄子昙亮逃，已得免，闻昭光死，叹曰："家门屠灭，何以生为！"绝吭而死。昙，徒含翻。吭，户郎翻，又户浪翻。沈庆之、沈文季皆托老疾不预朝权而终不免于死。国无道而富贵，则进退皆陷危机也。

27 初，太尉陈显达自以高、武旧将，将，即亮翻；下同。当高宗之世，内怀危惧，深自贬损，常乘朽弊车，道从卤簿止用羸小者十数人。道，读曰导。从，才用翻。羸，伦为翻。尝侍宴，酒酣，启高宗借枕，高宗令与之。显达抚枕曰："臣年衰老，富贵已足，唯欠枕枕死，酣，户江翻。枕枕，上如字，下之任翻。特就陛下乞之。"高宗失色曰："公醉矣。"显达以年礼告退，礼，大夫七十而致事。时显达年已七十矣。高宗不许。及王敬则反，时显达将兵拒魏，事见上卷高宗永泰元年。始安王遥光疑之，启高宗欲追军还；会敬则平，乃止。及帝即位，显达弥不乐在建康，得江州，甚喜。乐，音洛。显达自马圈败还，除江州刺史。尝有疾，不令治，既而自愈，意甚不悦。盖求死不得死，以至于反也。悲夫！治，直之翻。闻帝屡诛大臣，传云当遣兵袭江州，十一月，丙辰，显达举兵于寻阳，令长史庾弘远等与朝贵书，数帝罪恶，朝，直遥翻。数，所具翻。云"欲奉建安王为主，帝弟宝寅封建安王，时为郢州刺史。须京尘一静，西迎大驾。"郢州治夏口，在寻阳西。

乙丑，以护军将军崔慧景为平南将军，督众军击显达；

后军将军胡松、骁骑将军李叔献帅水军据梁山；骁，坚尧翻。骑，奇寄翻。帅，读曰率；下同。左卫将军左兴盛督前锋军屯杜姥宅。姥，莫补翻。

28 十二月，癸未，以前辅国将军杨集始为秦州刺史。杨集始请降，见上卷明帝建武四年。

29 陈显达发寻阳，败胡松于采石，采石山，在今太平州当涂县北八十里，山下有采石矶。败，补迈翻。建康震恐。甲申，军于新林，左兴盛帅诸军拒之。显达多置屯火于岸侧，潜军夜渡，袭宫城。乙酉，显达以数千人登落星冈，石头城西有横垄，谓之落星冈。新亭诸军闻之，奔还，宫城大骇，闭门设守。守，舒救翻。显达执马矟，从步兵数百，于西州前与台军战，再合，显达大胜，手杀数人，矟折；矟，色角翻。折，而设翻。台军继至，显达不能抗，走，至西州后，据萧子显齐书，显达走至西州后乌榜村。骑官赵潭注刺显达坠马，斩之，显达传云：潭注矟刺显达落马，盖尽力注矟而刺之也。骑官盖在马队主副之下，犹今傔官也。骑，奇寄翻。刺，七亦翻。诸子皆伏诛。长史庾弘远，炳之之子也，庾炳之柄用于宋元嘉之季。斩于朱雀航。将刑，索帽着之，曰："子路结缨，索，山客翻。着，陟略翻。左传：卫侯辄既立，其父蒯聩入争国，劫卫卿孔悝与之登台。子路曰："太子无勇，若燔台，半，必舍孔叔。"太子惧，下石乞、孟黡以敌子路，以戈击之，断缨。子路曰："君子死，冠不免。"结缨而死。吾不可以不冠而死。"谓观者曰："吾非贼，乃是义兵，为诸军请命耳。为，于伪翻。"军"当作"君"。陈公太轻事；若用吾言，天下将免涂炭。"弘远子子曜，抱父乞代命，并杀之。

帝既诛显达，益自骄恣，渐出游走，又不欲人见之；每出，先驱斥所过人家，唯置空宅。所谓屏除也。尉司击鼓蹋围，晋初洛阳置六部尉。江左建康亦置六部尉。鼓声所闻，闻，音问。便应奔走，不暇衣履，犯禁者应手格杀。格，击也。一月凡二十馀出，出辄不言定所，东西南北，无处不驱。常以三四更中，更，工衡翻。鼓声四出，火光照天，幡戟横路。士民喧走相随，老小震惊，啼号塞路，处处禁断，号，户高翻。塞，悉则翻。断，音短。不知所过。言虽奔走而路断，不知何所可过。四民废业，樵苏路断，吉凶失时，吉，谓冠、婚；凶，谓丧葬；皆不得以时而行事。乳母寄产，乳，儒遇翻，育也。或舆病弃尸，不得殡葬。巷陌悬幔为高鄣，置仗人防守，谓之“屏除”，幔，莫半翻。仗人，谓执仗之人。屏，必郢翻。亦谓之“长围”。尝至沈公城，有一妇人临产不去，因剖腹视其男女。又尝至定林寺，定林寺，旧基在蒋山应潮井后。有沙门老病不能去，藏草间；命左右射之，百箭俱发。射，七亦翻。帝有膂力，牵弓至三斛五斗。又好担幢，白虎幢高七丈五尺，于齿上担之，折齿不倦。好，呼到翻。担，都甘翻。幢，传江翻，旛也。高，居号翻。自制担幢校具，校具，犹言器械也。伎衣饰以金玉，伎，渠绮翻。侍卫满侧，逞诸变态，曾无愧色。学乘马于东冶营兵俞灵韵，常着织成袴褶，金薄帽，着，则略翻。褶，音习。执七宝矟，急装缚袴，凌冒雨雪，不避坑阱。驰骋渴乏，辄下马，解取腰边蠡器，酌水饮之，冒，莫北翻，又如字。阱，疾正翻。骋，丑郢翻。蠡，怜题翻，瓠瓢也，今谓之马杓。尔雅翼曰：蠃，古字通于蠡，蠃之为量小。传曰：以蠡测海，言不能极其量也。复上马驰去。复，扶又翻。上，时掌翻。又选无赖小人善走者为逐马左右五百人，常以自随。或于市侧过亲幸家，环回宛转，周遍城邑。或出郊射雉，置射雉场二百九十六处，奔走往来，略不暇息。史言帝之昏狂，甚于宋〔衍〕郁林王。射，而亦翻。

30 王肃为魏制官品百司，皆如江南之制，凡九品，品各有二。九品，每品各有正、从二品，历隋、唐至今犹然。侍中郭祚兼吏部尚书。祚清谨，重惜官位，每有铨授，虽得其人，必徘徊久之，然后下笔，曰："此人便已贵矣。"人以是多怨之；然所用者无不称职。称，尺证翻。

聂崇岐标点王崇武覆校

资治通鉴卷第一百四十三

端明殿学士兼翰林侍读学士朝散大夫右谏议大夫
充集贤殿修撰提举西京嵩山崇福宫上柱国河内郡 司马光 奉敕编集
开国侯食邑一千八百户食实封六百户赐紫金鱼袋臣

后学天台胡三省音注

齐纪九 上章执徐(庚辰)，一年。

东昏侯下

永元二年(庚辰、五〇〇)

1 春，正月，元会，帝食后方出；朝贺裁竟，即还殿西序寝。孔安国曰：东西厢谓之序。朝，直遥翻；下同。自巳至申，百僚陪位，皆僵仆饥甚。僵，居良翻。比起就会，比，及也。礼记檀弓：孟献子比御而不入。陆德明经典释文曰：比，必利翻；下比及同。以此知比及之比皆音必利翻，比近之比毗至翻，两音故自不同也。忽遽而罢。

2 乙巳，魏大赦，改元景明。

3 豫州刺史裴叔业闻帝数诛大臣，数，所角翻；下数遣同。心不自安；登寿阳城，北望肥水，谓部下曰："卿等欲富贵乎？我能办之!"及除南兖州，事见上卷上年。意不乐内徙。乐，音洛。会陈显达反，亦见上卷上年。叔业遣司马辽东李元护将兵救建康，将，即亮翻。实持两端；显达败而还。还，从宣翻，又如字。朝廷疑叔业有异志，叔业亦遣使参察建康消息，使，疏吏翻。众论益疑之。叔业兄子植、飏、粲皆为直閤，在殿中，惧，弃母奔寿阳，说叔业以朝廷必相掩袭，宜早为计。飏，馀章翻。说，输芮翻；下等说同。徐世檦等以叔业在边，檦，与标同。急则引魏自助，力未能制，白帝遣叔业宗人中书舍人长穆宣旨，许停本任。宗人，同宗之人也。叔业犹忧畏，而植等说之不已。

叔业遣亲人马文范至襄阳，亲人，所亲信者。问萧衍以自安之计，曰："天下大势可知，恐无复自存之理。复，扶又翻；下可复、复奔同。不若回面向北，不失作河南公。"言若降魏，不失爵赏也。衍报曰："群小用事，岂能及远！计虑回惑，自无所成，唯应送家还都以安慰之。萧衍密呼诸弟，而令裴叔业送家还都，此亦华言耳。若意外相逼，当勒马步二万直出横江，以断其后，自寿阳南至历阳，出横江。断，丁管翻。则天下之事，一举可定。若欲北向，彼必遣人相代，以河北一州相处，处，昌吕翻。河南公宁可复得邪！如此，则南归之望绝矣。"裴叔业之问，萧衍之报，虽二人者所志有大小，而齐之边镇皆有异心矣，帝谁与立哉！叔业沈疑未决，沈，持林翻；沈疑，沈吟疑虑也。乃遣其子芬之入建康为质，质，音致。亦遣信诣魏豫州刺史薛真度，魏豫州治悬瓠城，领汝南、新蔡、弋阳等郡。问以入魏可不之宜。不，读曰否。真度劝其早降，降，户江翻；下同。曰："若事迫而来，则功微赏薄矣。"数遣密信，往来相应和。和，户卧翻。建康人传叔业叛者不已，芬之惧，复奔寿阳。叔业遂遣芬之及兄女婿杜陵韦伯昕奉表降魏。昕，许斤翻。丁未，魏遣骠骑大将军彭城王勰、车骑将军王肃帅步骑十万赴之；骠，匹妙翻。骑，奇寄翻。勰，音协。帅，读曰率。以叔业为使持节、都督豫·雍等五州诸军事、征南将军、豫州刺史，封兰陵郡公。使，疏吏翻。雍，于用翻。

庚午，下诏讨叔业。二月，丙戌，以卫尉萧懿为豫州刺史。戊戌，魏以彭城王勰为司徒，领扬州刺史，镇寿阳。寿阳自东汉以来为扬州治所，宋始为豫州治所，今复其旧。勰，音协。魏人遣大将军李丑、杨大眼将二千骑入寿阳，又遣奚康生将羽林一千驰赴之。大眼，难当之孙也。杨难当，氐王也。宋元嘉中，据仇池。眼、生将字，皆即亮翻。

魏兵未渡淮，己亥，裴叔业病卒，僚佐多欲推司马李元护监州，一二日谋不定。卒，子恤翻。监，工衔翻。前建安戍主安定席法友等北史曰：魏正光中，群蛮出山居边城、建安者八九千户。边城郡治期思，则建安戍亦当相近。隋改期思县为殷城县，取县东古殷城为名。我宋建隆元年改殷城为商城，避宣祖讳也；后省为镇，入光州固始县。以元护非其乡曲，恐有异志，共推裴植监州，裴叔业本河东人，席法友安定人，不同州部；盖并侨居襄阳，遂为乡曲。秘叔业丧问，教命处分，皆出于植。处，昌吕翻。分，扶问翻。奚康生至，植乃开门纳魏兵，城库管籥，悉付康生。康生集城内耆旧，宣诏抚赉之。魏以植为兖州刺史，李元护为齐州刺史，席法友为豫州刺史，军主京兆王世弼为南徐州刺史。

4 巴西民雍道晞聚众万馀逼郡城，巴西郡治阆中县，今之阆州即其地也。雍，于用翻。巴西太守鲁休烈婴城自守。三月，刘季连遣中兵参军李奉伯帅众五千救之，帅，读曰率。与郡兵合击道晞，斩之。奉伯欲进讨郡东馀贼，涪令李膺止之曰："卒惰将骄，乘胜履险，非完策也；完，全也；言非全胜之策。涪，音浮。将，即亮翻；下同。不如少缓，更思后计。"少，诗沼翻。奉伯不从，悉众入山，大败而还。还，从宣翻，又如字。

5 乙卯，遣平西将军崔慧景将水军讨寿阳，帝屏除，出琅邪城送之。萧子显曰：琅邪太守本治江乘蒲州上之金城，永明徙治白下。屏，必郢翻。帝戎服坐楼上，召慧景单骑进围内，围内，即屏除长围之内也。骑，奇寄翻。无一人自随者。裁交数言，拜辞而去。慧景既得出，甚喜。

豫州刺史萧懿将步军三万屯小岘，岘，户典翻。交州刺史李叔献屯合肥。武帝永明三年，李叔献自交州入朝，至今犹带交州刺史，盖以其阻险不庭，逼以兵威而后至，废弃不用也。懿遣裨将胡松、李居士帅众万馀屯死虎。杜佑通典曰：死虎，地名，在寿州寿春县东四十馀里。以此证之，足知宋明帝泰始三年刘勔破刘顺于宛唐，宛唐即死虎字之误也。骠骑司马陈伯之将水军溯淮而上，上，时掌翻。以逼寿阳，军于硖石。寿阳士民多谋应齐者。

魏奚康生防御内外，闭城一月，援军乃至。丙申，彭城王勰、王肃击松、伯之等，大破之，进攻合肥，生擒叔献。统军宇文福言于勰曰："建安，淮南重镇，彼此要冲；魏兵南来，齐兵北向，建安皆为要冲之地，故曰彼此。得之，则义阳可图；不得，则寿阳难保。"魏得建安，则西南可图义阳。齐司州治义阳；若增建安之兵，北断魏援，东临寿阳，则寿阳难保。勰然之，使福攻建安，建安戍主胡景略面缚出降。降，户江翻。

6 己亥，魏皇弟怺卒。怺，他雕翻。

7 崔慧景之发建康也，其子觉为直阁将军，密与之约；约为变也。慧景至广陵，觉走从之。慧景过广陵数十里，召会诸军主曰："吾荷三帝厚恩，三帝，高帝、武帝、明帝也。荷，下可翻；下人荷同。当顾托之重。明帝遗诏，慧景与刘悛、萧惠休同任心膂。幼主昏狂，朝廷坏乱；危而不扶，责在今日。欲与诸君共建大功以安社稷，何如?"众皆响应。于是还军向广陵，司马崔恭祖守广陵城，崔恭祖为慧景平西司马。开门纳之。帝闻变，壬子，假右卫将军左兴盛节，都督建康水陆诸军以讨之。慧景停广陵二日，即收众济江。

初，南徐、兖二州刺史江夏王宝玄娶徐孝嗣女为妃，孝嗣诛，诛事见上卷上年。诏令离婚，宝玄恨望。慧景遣使奉宝玄为主，宝玄斩其使，因发将吏守城，使，疏吏翻。将，即亮翻；下同。帝遣马军主戚平、外监黄林夫助镇京口。戚，姓也。姓谱：卫大夫食邑于戚，因以为姓。汉有戚夫人，又有临辕侯戚鳃。助镇者，助宝玄守。慧景将渡江，宝玄密与相应，杀司马孔矜、典签吕承绪及平、林夫，开门纳慧景，使长史沈佚之、谘议柳憕分部军众。憕，署陵翻。宝玄乘八抲舆，抲，古郎翻，又居浪翻；抲，举也。八抲舆，盖八人举之，即今之平肩舆。舆，不帷不盖。萧子显曰：舆，车形，如轺车，下施八抲，人举之。字林曰：捎、抲，舁也。手执绛麾，随慧景向建康。台遣骁骑将军张佛护、直阁将军徐元称等六将据竹里，为数城以拒之。骁，坚尧翻。骑，奇寄翻。宝玄遣信谓佛护曰："身自还朝，君何意苦相断遏？"朝，直遥翻。断，音短；下所断同。佛护对曰："小人荷国重恩，使于此创立小戍。殿下还朝，但自直过，岂敢断遏！"遂射慧景军，射，而亦翻。因合战。崔觉、崔恭祖将前锋，皆荒伧善战，又轻行不爨食，伧，助庚翻。爨，即爨字，取乱翻。以数舫缘江载酒食为军粮，舫，甫妄翻；下同。每见台军城中烟火起，辄尽力攻之。台军不复得食，复，扶又翻；下乃复、帝复同。以此饥困。元称等议欲降，降，户江翻；下同。佛护不可。恭祖等进攻城，拔之，斩佛护；徐元称降，馀四军主皆死。

乙卯，遣中领军王莹都督众军，据湖头筑垒，上带蒋山西岩实甲数万。莹，诞之从曾孙也。王诞见宠信于司马元显及宋武帝。从，才用翻。慧景至查硎，查，钼加翻。硎，户经翻。竹塘人万副儿万副儿，善射猎，能捕虏，来投慧景。说慧景曰：说，输芮翻。"今平路皆为台军所断，不可议进；唯宜从蒋山龙尾上，出其不意耳。"筑道陂陀以上蒋山，若龙尾之垂地，因曰龙尾。上，时掌翻。慧景从之，分遣千馀人，鱼贯缘山，自西岩夜下，鼓叫临城中。城中，即湖头所筑垒中也。鼓叫者，既击鼓又叫呼也。柳元景曰："鼓繁气易衰，叫数力易竭。"鼓叫，即鼓噪也。台军惊恐，即时奔散。帝又遣右卫将军左兴盛帅台内三万人拒慧景于北篱门，帅，读曰率；下同。考异曰：纪云“王莹屯北篱门”，传云“左兴盛”。今从传。兴盛望风退走。

甲子，慧景入乐游苑，乐游苑在玄武湖南。乐，音洛。崔恭祖帅轻骑十馀突入北掖门，乃复出。掖，音亦。宫门皆闭，慧景引众围之。于是东府、石头、白下、新亭诸城皆溃。左兴盛走，不得入宫，逃淮渚荻舫中，淮渚，秦淮渚也。慧景擒杀之。宫中遣兵出荡，不克。荡，度朗翻，又他浪翻。慧景烧兰台府署为战场。兰台，御史台也。守御【章：十二行本“御”作“卫”；乙十一行本同；孔本同。】尉萧畅屯南掖门，处分城内，处，昌吕翻。分，扶问翻。随方应拒，众心稍安。慧景称宣德太后令，废帝为吴王。文惠太子妃王氏，郁林之立，尊为皇太后；海陵之废，出居鄱阳王故第，号宣德宫，称宣德皇太后。

陈显达之反也，帝复召诸王【章：十二行本“王”下有“侯”字；乙十一行本同；孔本同。】入宫。巴陵王昭胄惩永泰之难，明帝永泰元年，王敬则反，帝召诸王入宫，欲杀之而中止。事见一百四十一卷。陈显达反，帝复召之。故昭胄惧祸而逃。难，乃旦翻。与弟永新侯昭颖诈为沙门，逃于江西。江西，横江以西之地。宋白曰：永新县本汉庐陵县地，吴宝鼎中，立永新县，属安成郡。昭胄，子良之子也。竟陵王子良，武帝次子。及慧景举兵，昭胄兄弟出赴之。慧景意更向昭胄，宝玄，明帝之子。昭胄，武帝之孙；武帝，高帝之大宗，故慧景意向之。犹豫未知所立。

竹里之捷，崔觉与崔恭祖争功，慧景不能决。恭祖劝慧景以火箭烧北掖楼。慧景以大事垂定，后若更造，费用功多，不从。言费功力为多也。慧景性好谈义，兼解佛理，好，呼到翻。义，亦理也。佛理，诸有皆空之说。解，晓也，音户买翻。顿法轮寺，对客高谈，客谓何点。恭祖深怀怨望。

时豫州刺史萧懿将兵在小岘，懿将兵讨寿阳屯小岘。将，即亮翻。岘，所典翻。帝遣密使告之。懿方食，投箸而起，使，疏吏翻。箸，除据翻。帅军主胡松、李居士等数千人帅，读曰率。自采石济江，顿越城举火，城中鼓叫称庆。城中，台城中也；以援兵至而喜。【章：十二行本正作"台城中"；乙十一行本同；孔本同；张校同。】恭祖先劝慧景遣二千人断西岸兵，令不得渡。断，音短。西岸兵，谓萧懿兵入援自江西来也。慧景以城旦夕降，外救自然应散，不从。降，户江翻。至是，恭祖请击懿军，又不许；独遣崔觉将精手数千人渡南岸。精手，军中事艺高强者。南岸，秦淮南岸也。懿军昧旦进战，数合，昧旦，天微明之时。士皆致死，觉大败，赴淮死者二千馀人。觉单马退，开桁阻淮。开朱雀桁以断懿兵，阻秦淮水为固。恭祖掠得东宫女伎，觉逼夺之。恭祖积忿恨，其夜，与慧景骁将刘灵运诣城降，崔觉以是日败，恭祖等以其夜降。伎，渠绮翻。骁，坚尧翻。众心离坏。

夏，四月，癸酉，慧景将腹心数人潜去，欲北渡江；城北诸军不知，犹为拒战。为，于伪翻。为慧景战也。城中出荡，杀数百人。懿军渡北岸，秦淮北岸即台城。慧景馀众皆走。慧景围城凡十二日而败，从者于道稍散，单骑至蟹浦，从，才用翻。蟹，户买翻。为渔人所斩，考异曰：齐本纪："四月丁未，以张冲为南兖州刺史。崔慧景于广陵起兵袭京师。壬子，左兴盛督众军。宝玄以京口纳慧景。乙卯，王莹屯北篱门。壬戌，慧景至，莹等败。甲子，慧景入京师，萧懿入援。癸酉，慧景弃众走死。"慧景传："四月至广陵回军，十二日，攻陷竹里。"按长历：是岁三月辛丑朔，四月庚午朔。丁未三月七日，壬子十二日，乙卯十五日，壬戌二十二日，甲子二十四日：四月皆无也。盖四月当作三月；至癸酉，乃四月四日耳。南史云："时江夏王宝玄镇京口，闻慧景北行，遣左右馀文兴说之曰：'江、刘、徐、沈，君之所见。今拥强兵北取广陵，收吴、楚劲卒，身举州以相应，取大功如反掌耳。'慧景常不自安，闻言响应。于时庐陵王长史萧寅、司马崔恭祖守广陵城，慧景以宝玄事告恭祖；恭祖口虽相和，心实不同。俄而慧景至，恭祖闭门不敢出。慧景密遣军主刘灵运间行突入，慧景俄亦至，遂据其城。子觉至，仍使领兵袭京口。宝玄本谓大军并来；及见人少，极失所望，拒觉，击走之。恭祖及觉精兵八千济江。恭祖心本不同，及至蒜山，欲斩觉，以军降京口，事既不果而止。觉等军器精严，柳憕、沈佚等谓宝玄曰：'崔护军威名既重，乃诚可见。既已唇齿，忽中道立异。彼以乐归之众乱江而济，谁能拒之！'于是登北固楼，并千蜡烛为烽火，举以应觉。慧景停二日，便率大众一时俱济，趣京口。宝玄仍以觉为前锋，恭祖次之，慧景领大都督为众军节度。"又云："时柳憕别推宝玄。崔恭祖为宝玄羽翼，不复承奉慧景，慧景嫌之。巴陵王昭胄先逃人间，出投慧景，意更向之，故犹豫未知所立。此声颇泄，憕、恭祖始贰于慧景。"又云："慧景单马至蟹浦，投渔人太叔荣之。荣之故为慧景门人，时为蟹浦戍，斩慧景，送都。"按恭祖始若闭城拒慧景，慧景袭得其城而据之，岂肯更授以兵柄！又，慧景若不立宝玄，柳憕岂能别推！又，荣之既云渔人，又云为戍，自相违错。今并从齐书。以头内鳍篮，担送建康。鳍，即由翻。鳍鱼，今江、淮间湖荡河港皆有之；春二月时，人取食之，其味甘美。至三月后，人不甚食，谓之杨花鳍。鳍篮，所以盛鳍者。恭祖系尚方，少时杀之。少时，言不多时也。觉亡命为道人，捕获，伏诛。

宝玄初至建康，军于东城，东城，即东府城。士民多往投集。往投宝玄而集于东城也。慧景败，收得朝野投宝玄及慧景人名，朝，直遥翻。帝令烧之，曰："江夏尚尔，岂可复罪馀人！"昏暴之君，岂无一言之几乎理！东昏侯此语是也。复，扶又翻。宝玄逃亡数日乃出。帝召入后堂，以步障裹之，令左右数十人鸣鼓角驰绕其外，晋志曰：鼓，按周礼以鼖鼓鼓军事。角，说者云，蚩尤氏帅魑魅与黄帝战于涿鹿，黄帝乃始吹角为龙鸣以御之。其后魏武北征乌丸，越沙漠，而士卒思归，于是减为中鸣，尤更悲矣。遣人谓宝玄曰："汝近围我亦如此耳。"

初，慧景欲交处士何点，处，昌吕翻。点不顾。及围建康，逼召点；点往赴其军，何点门世信佛，齐朝累征不就。从弟遁以东篱门园居之，故为慧景逼召往赴其军。终日谈义，不及军事。慧景败，帝欲杀点。萧畅谓茹法珍曰：茹，音如。"点若不诱贼共讲，未易可量。言何点若不与慧景讲义，则慧景日以攻城为事，安危未可量也。诱，音酉。易，以豉翻。量，音良。以此言之，乃应得封！"帝乃止。点，胤之兄也。何胤隐于会稽若邪山。

8 萧懿既去小岘，王肃亦还洛阳。荒人往来者妄云肃复谋归国；复，扶又翻；下当复同。五月，乙巳，诏以肃为都督豫·徐·司三州诸军事、豫州刺史、西丰公。

9 己酉，江夏王宝玄伏诛。夏，户雅翻。

10 壬子，大赦。

11 六月，丙子，魏彭城王勰进位大司马，领司徒；王肃加开府仪同三司。赏取寿阳之功也。

12 太阳蛮田育丘等二万八千户附于魏，“太阳”，当作“大阳”。魏置四郡十八县。

13 乙丑，曲赦建康、南徐·兖二州。崔慧景自南兖州还兵而南，徐州之人从之，进围建康，而建康之人又多从之。既大赦，而诛纵失实，故又曲赦三处。先是，崔慧景既平，先，悉荐翻。诏赦其党。而嬖幸用事，不依诏书，嬖，卑义翻，又博计翻。无罪而家富者，皆诬为贼党，杀而籍其赀；实附贼而贫者皆不问。或谓中书舍人王咺之云：“赦书无信，人情大恶。”咺，况晚翻。恶，如字，不善也。咺之曰：“正当复有赦耳。”由是再赦。既而嬖幸诛纵亦如初。

是时，帝所宠左右凡三十一人，黄门十人。直阁、骁骑将军徐世檦素为帝所委任，凡有杀戮，皆在其手。及陈显达事起，加辅国将军；虽用护军崔慧景为都督，而兵权实在世檦。世檦亦知帝昏纵，密谓其党茹法珍、梅虫儿曰：“何世天子无要人，但侬货主恶耳！”侬，吴语，我也。茹，音如。法珍等与之争权，以白帝。帝稍恶其凶强，恶，乌路翻。遣禁兵杀之，世檦拒战而死。自是法珍、虫儿用事，并为外监，口称诏敕；王咺之专掌文翰，与相唇齿。

帝呼所幸潘贵妃父宝庆及茹法珍为阿丈，前汉书匈奴传曰：汉天子，我丈人行也。师古注：丈人，尊老之称。阿，乌葛翻；下同。梅虫儿、俞灵韵为阿兄。帝与法珍等俱诣宝庆家，躬自汲水，助厨人作膳。宝庆恃势作奸，富人悉诬以罪，田宅赀财，莫不启乞，启上而多所求乞。一家被陷，祸及亲邻；又虑后患，尽杀其男口。被，皮义翻。

帝数往诸刀敕家游宴，数，所角翻。时人谓捉刀应敕之徒为刀敕。有吉凶辄往庆吊。

奄人王宝孙，年十三四，周礼注：奄，精气闭藏者，今谓之宦人。陆德明曰：奄，于检翻。刘曰：于验翻。徐曰：于剑翻。今读作阉，音於炎翻。号为"伥子"，伥，褚羊翻，狂也。最有宠，参预朝政，虽王咺之、梅虫儿之徒亦下之；朝，直遥翻。下，遐嫁翻。控制大臣，移易诏敕，乃至骑马入殿，诋诃天子；公卿见之，莫不慑息焉。慑息，犹言惕息也。慑，惧也，屏气而息。诋，丁礼翻。诃，虎何翻。慑，之涉翻。

14 吐谷浑王伏连筹事魏尽礼，言尽藩臣之礼。吐，从暾入声。谷，音浴。而居其国，置百官，皆如天子之制，称制于其邻国。称制于其邻国，示君临之。魏主遣使责而宥之。使，疏吏翻。

15 冠军将军、骠骑司马陈伯之再引兵攻寿阳，是年春，伯之攻寿阳败退，今再攻之。冠，古玩翻。骠，匹妙翻。骑，奇寄翻。魏彭城王勰拒之。援军未至，汝阴太守傅永将郡兵三千救寿阳。勰，音协。将，即亮翻；下同。伯之防淮口甚固，此汝水入淮之口也。水经：汝水东至汝阴原鹿县入于淮。永去淮口二十馀里，牵船上汝水南岸，上，时掌翻；下同。以水牛挽之，水牛形力倍于黄牛。挽，音晚。直南趣淮，趣，七喻翻。下船即渡；适上南岸，齐兵亦至。会夜，永潜入城，勰喜甚，曰："吾北望已久，恐洛阳难可复见；守寿阳而援兵不至，其心孤危，故云然。复，扶又翻。不意卿能至也。"勰令永引兵入城，永曰："永之此来，欲以却敌；若如教旨，诸王与任专方州者皆得下教于其属，故云教旨。乃是与殿下同受攻围，岂救援之意！"遂军于城外。秋，八月，乙酉，勰部分将士，与永并势，击伯之于肥口，分，扶问翻。水经：淮水东过寿春县北，肥水自黎浆北过寿春城东，又北流而入于淮，谓之肥口。时陈伯之盖军于肥口以逼寿阳也。大破之，斩首九千，俘获一万，伯之脱身遁还，淮南遂入于魏。寿春县自汉以来为淮南郡治所。史言伯之既败，建康寻受兵，遂不能争寿阳。

魏遣镇南将军元英将兵救淮南，未至，伯之已败，魏主召勰还洛阳。勰累表辞大司马、领司徒，乞还中山；中山，定州也。去年，魏命勰刺定州，今年春赴寿阳，故乞还本任。还，从宣翻，又如字；下同。魏主不许。以元英行扬州事。寻以王肃为都督淮南诸军事、扬州刺史，持节代之。

16 甲辰，夜，后宫火。时帝出未还，出市里游走未还也。宫内人不得出，外人不敢辄开；谓不敢辄开后宫门。比及开，死者相枕，比，必利翻。枕，之任翻。烧三十【章：十二行本“十”作“千”；乙十一行本同；孔本同。】馀间。

时嬖幸之徒皆号为鬼。有赵鬼者，能读西京赋，言于帝曰：“柏梁既灾，建章是营。”后汉张衡作东京、西京赋。柏梁灾，营建章，事见二十一卷汉武帝太初元年。帝乃大起芳乐、玉寿等诸殿，乐，音洛。以麝香涂壁，麝状如小麋，其脐有香，华山之阴多有之。陆佃曰：商洛山中多麝，所遗粪常就一处，虽远逐食，必还走其地，不敢遗迹他所，虑为人所获。人反以是从迹其所在，必掩群而取之。麝绝爱其香，每为人所迫逐，势且急，即自投高岩，举爪剔出其香，就絷且死，犹拱四足抱其脐。麝，神夜翻。刻画装饰，穷极绮丽。役者自夜达晓，犹不副速。副，称也；不能称其欲速之意也。

后宫服御，极选珍奇，府库旧物，不复周用。复，扶又翻。贵市民间金宝，价皆数倍。建康酒租皆折使输金，使以金折钱输官。折，之舌翻。犹不能足。凿金为莲华以帖地，令潘妃行其上，曰：“此步步生莲华也。”华，读曰花。又订出雉头、鹤氅、白鹭缞。订，丁定翻，平议也。齐、梁之时，谓赋民为订，盖取平议而赋之之义。

雉头上毛细而色红鲜如锦，晋程据绢以为裘。鹤氅，鹤翎毛也。白鹭缞，鹭头上耗也。鹤氅、鹭缞，皆取其洁白。诗疏曰：鹭，水鸟，毛白而洁，顶上有毛毵毵然，此即缞也。尔雅释名曰：鹭，舂钼。郭璞曰：白鹭也。头、翅、背上皆有长翰毛，今江东人取以为睫摛，名之曰白鹭缞。陆机曰：鹭头上有毛十数枚，长尺馀，毵毵然与众毛异。氅，音齿两翻。缞，音仓回翻。嬖幸因缘为奸利，课一输十。又各就州县求为人输，准取见直，为人，于伪翻；下不为同。见，贤遍翻。不为输送，守宰皆不敢言，重更科敛。重，直用翻。更，居孟翻，再也。如此相仍，前后不息，百姓困尽，号泣道路。号，户高翻。

17 军主吴子阳等出三关侵魏，九月，与魏东豫州刺史田益宗战于长风城，左传：定公四年，蔡侯与吴子、唐侯伐楚，还塞大隧、直辕、冥阨。所谓大隧，即黄岘关；直辕、冥阨，乃武阳、平靖二关也。黄岘，今名九里关，在义阳郡南百里。武阳，在今大寨岭，郡东南九十里。平靖，今名行者坡，郡南七十五里。魏太和十七年，田益宗降魏。十九年，置东豫州于新息广陵城，以益宗为刺史。长风城在阴山关南，阴山关在弋阳县界。宋文帝元嘉二十五年，以豫部蛮民立十八县，长风其一也，属西阳郡。九域志，舒州怀宁县有长风镇。怀宁，汉皖县地，晋安帝立晋熙郡，仍立怀宁县为郡治所。盖以怀宁蛮左名县也。子阳等败还。考异曰：此一事，齐书纪传皆无之。魏帝纪："九月乙丑，东豫州刺史田益宗破宝卷将吴子阳、邓元起于长风。"梁书邓元起传云："蛮帅田孔明附于魏，自号郢州刺史，寇掠三关，规袭夏口。元起帅锐卒攻之，旬月之间，频陷六城，斩获万计，馀党皆散走，仍戍三关。"二书胜败不同如此。今从魏纪。

18 萧懿之入援也，萧衍驰使所亲虞安福说懿曰：说，输芮翻；下说帝同。"诛贼之后，则有不赏之功。当明君贤主，尚或难立；况于乱朝，何以自免！朝，直遥翻；下同。若贼灭之后，仍勒兵入宫，行伊、霍故事，使之废立也。此万世一时。若不欲尔，便放表还历阳，托以外拒为事，则威振内外，谁敢不从！一朝放兵，受其厚爵，高而无民，必生后悔。"谓官爵虽高而兵权去己，必将束手就死。长史徐曜甫苦【章：十二行本“苦”上有“亦”字；乙十一行本同；孔本同；张校同。】劝之；懿并不从。

崔慧景死，懿为尚书令。有弟九人：敷、衍、畅、融、宏、伟、秀、憺、恢。憺，徒敢翻，又徒滥翻。懿以元勋居朝右，畅为卫尉，掌管籥。时帝出入无度，或劝懿因其出门，谓出台城门而游走也。举兵废之。懿不听。嬖臣茹法珍、王咺之等惮懿威权，说帝曰：“懿将行隆昌故事，谓隆昌废郁林王也。嬖，卑义翻，又博计翻。茹，音如。咺，况晚翻。陛下命在晷刻。”帝然之。徐曜甫知之，密具舟江渚，劝懿西奔襄阳。懿曰：“自古皆有死，岂有叛走尚书令邪！”史言萧懿忠于齐室。懿弟侄咸为之备。冬，十月，己卯，帝赐懿药于省中。懿且死，曰：“家弟在雍，深为朝廷忧之。”雍，于用翻。时以襄阳为雍州治所，言衍必将举兵也。为，于伪翻。懿弟侄皆亡匿于里巷，无人发之者；史言人心皆为萧懿兄弟覆护。唯融捕得，诛之。

19 丁亥，魏以彭城王勰为司徒，录尚书事；勰固辞，不免。勰雅好恬素，不乐势利。高祖重其事干，好，呼到翻。乐，音洛。干，用也；谓临事有干用也。故委以权任，虽有遗诏，遗诏见上卷上年。复为世宗所留。谓出当方面，复入为司徒，录尚书也。复，扶又翻。勰每乖情愿，常凄然叹息。为人美风仪，端严若神，折旋合度，记曰：周旋中规，折旋中矩。注云：折旋，曲行也。出入言笑，观者忘疲。敦尚文史，物务之暇，披览不辍。小心谨慎，初无过失；虽闲居独处，处，昌吕翻。亦无惰容。爱敬儒雅，倾心礼待。清正俭素，门无私谒。史言彭城王勰为魏宗室诸王之秀。

20 十一月，己亥，魏东荆州刺史桓晖入寇，拔下笮戍，下笮戍在沔北，直襄阳东北。笮，侧百翻，又在各翻。归之者，二千余户。晖，诞之子也。宋明帝泰豫元年，桓诞降魏。

21 初，帝疑雍州刺史萧衍有异志。直后荥阳郑植弟绍叔为衍宁蛮长史，帝使植以候绍叔为名，往刺衍。使为刺客。刺，七亦翻。绍叔知之，密以白衍，衍置酒绍叔家，戏植曰："朝廷遣卿见图，今日闲宴，是可取良会也。"宾主大笑。又令植历观城隍、府库、士马、器械、舟舰，舰，户黯翻。植退，谓绍叔曰："雍州实力未易图也。"绍叔曰："兄还，具为天子言之：易，以豉翻。为，于伪翻。若取雍州，绍叔请以此众一战！"送植于南岘，南岘，盖即马鞍山道。相持恸哭而别。各尽力于所事，恐不复相见，故恸哭而别。

及懿死，衍闻之，夜，召张弘策、吕僧珍、长史王茂、别驾柳庆远、功曹吉士瞻等入宅定议。宅，谓州宅也。考异曰：南史云："茂与梁武帝不睦，帝诸腹心并劝除之。而茂少有骁名，帝又惜其用，令腹心郑绍叔往候之，告以欲起义。茂因掷枕起，即袴褶随绍叔入见。武帝大喜，下床迎。因结兄弟，被推赤心。"按茂若与梁武不睦，梁武何敢豫告以大事！茂亦安能便响应！今不取。茂，天生之子；王天生事齐高帝攻袁粲，见一百三十四卷宋顺帝升明元年。庆远，元景之弟子也。诸柳，雍州豪望，世不乏人。乙巳，衍集僚佐谓曰："昏主暴虐，恶逾于纣，当与卿等共除之！"是日，建牙集众，考异曰：齐帝纪："十二月，梁王起义兵于襄阳，"误也。今从梁书高祖纪。得甲士万馀人，马千馀匹，船三千艘。艘，苏遭翻。出檀溪竹木装舰，葺之以茅，事皆立办。诸将争艣，吕僧珍出先所具者，每船付二张，争者乃息。艣，与橹同。僧珍具橹事见上卷元年。然僧珍所具者数百张橹耳，安能给三千艘邪？每船付二张，盖给诸将所乘之船耳。

是时，南康王宝融为荆州刺史，西中郎长史萧颖胄行府州事，南康王以西中郎将镇荆州，颖胄为长史行事。帝遣辅国将军、巴西·梓潼二郡太守刘山阳将兵三千之官，守，式又翻。将，即亮翻。就颖胄兵使袭襄阳。衍知其谋，遣参军王天虎诣江陵，遍与州府书，州谓荆州官属，府谓西中郎府官属。声云："山阳西上，并袭荆、雍。"衍书宣布此声也。上，时掌翻。雍，于用翻。衍因谓诸将佐曰："荆州素畏襄阳人，襄阳被边，人皆习兵，故荆州人畏之。加以唇亡齿寒，宁不暗同邪！我合荆、雍之兵，鼓行而东，虽韩、白复生，不能为建康计；复，扶又翻；下衍复、非复、复不、州复、岂复、佐复同。况以昏主役刀敕之徒哉！"颖胄得书，疑未能决；山阳至巴陵，晋武帝太康元年立巴陵县，属长沙郡。宋武帝元嘉十六年分立巴陵郡，时属郢州。今岳州即其地。衍复令天虎赍书与颖胄及其弟南康王友颖达。王国官有师，有友。天虎既行，衍谓张弘策曰："用兵之道，攻心为上。孙武子兵法有是言。近遣天虎往荆州，人皆有书。今段乘驿甚急，今段，犹云今来一段事也。止有两函与行事兄弟，行事兄弟，谓颖胄、颖达。云'天虎口具'；书中不言事，但云天虎口具，所以疑之。及问天虎而口无所说，盖天虎之行，衍亦未尝以一语属之。天虎是行事心膂，据颖胄传，天虎，颖胄亲人，故云然。彼间必谓行事与天虎共隐其事，则人人生疑。山阳惑于众口，判相嫌贰，判，决也。嫌，疑也。贰，持两端也。则行事进退无以自明，必入吾谋内。是持两空函定一州矣。"萧衍举事于襄阳，智计横出；及遇侯景，庸夫之不若。岂耄邪，抑天夺其鉴也？

山阳至江安，晋武帝太康元年立江安县属南平郡。水经注：江安即公安，晋平江南，杜预罢华容置江安县，以吴之南郡为南平郡治焉。迟回十馀日，不上。自江安至江陵，溯江北上而后至。上，时掌翻。萧子显齐书曰：至巴陵，迟回十馀日不进。颖胄大惧，计无所出，夜，呼西中郎城局参军安定席阐文、谘议参军柳忱，闭斋定议。定议，以决其所从。忱，氏壬翻。阐文曰："萧雍州畜养士马，非复一日。畜，许六翻。江陵素畏襄阳人，又众寡不敌，取之必不可制；就能制之，岁寒复不为朝廷所容。四时运而成岁，岁至极寒而终矣。岁寒，以喻世事终极处。孔子曰："岁寒然后知松柏之后凋"，亦此意。今若杀山阳，与雍州举事，立天子以令诸侯，则霸业成矣。山阳持疑不进，是不信我。今斩送天虎，则彼疑可释。至而图之，罔不济矣。”忱曰：“朝廷狂悖日滋，京师贵人莫不重足累息。悖，蒲内翻，又蒲没翻。重，直龙翻。重足而立，累息而不敢出气，惧之甚也。今幸在远，得假日自安。雍州之事，且藉以相毙耳。藉，借也，音慈夜翻。独不见萧令君乎？萧懿为尚书令，故呼为令君。以精兵数千，破崔氏十万众，竟为群邪所陷，祸酷相寻。‘前事之不忘，后事之师也。’史记郑世家太史公之言。且雍州士锐粮多，萧使君雄姿冠世，冠，古玩翻。必非山阳所能敌。若破山阳，荆州复受失律之责，进退无可，宜深虑之。”萧颖达亦劝颖胄从阐文等计。诘旦，诘，去吉翻。颖胄谓天虎曰：“卿与刘辅国相识，今不得不借卿头！”乃斩天虎送示山阳，发民车牛，声云起步军征襄阳。山阳大喜。甲寅，山阳至江津，单车白服，从左右数十人诣颖胄。颖胄使前汶阳太守刘孝庆等伏兵城内，山阳入门，入城门也。即于车中斩之。副军主李元履收馀众请降。降，户江翻。

柳忱，世隆之子也。柳世隆为高、武佐命功臣。颖胄虑西中郎司马夏侯详不同，以告忱，忱曰：“易耳！易，以豉翻。近详求婚，未之许也。”乃以女嫁详子夔，而告之谋，详从之。乙卯，以南康王宝融教纂严，又教赦囚徒，施惠泽，颁赏格。纂，集也。严，装也。纂严，纂集行装也。纂严，一教；赦囚徒，施惠泽，颁赏格，又一教。丙辰，以萧衍为使持节都督前锋诸军事。使，疏吏翻；下同。丁巳，以萧颖胄为都督行留诸军事。行，谓东下之军；留，谓留守之军。颖胄有器局，既举大事，虚心委己，众情归之。以别驾南阳宗夬夬，古迈翻。及同郡中兵参军刘坦、【章：十二行本“坦”作“垣”；乙十一行本同；孔本同。】谘议参军乐蔼为州人所推信，军府经略，每事谘焉。颖胄、夬各献私钱谷及换借富赀以助军。

长沙寺僧素富，铸黄金为金龙数千两，埋土中。长沙寺在江陵，宋元嘉中，临川王义庆镇江陵起寺，为其本生父长沙王道怜资福，因名长沙寺。颖胄取之，以资军费。

颖胄遣使送刘山阳首于萧衍，且言年月未利，当须明年二月进兵。衍曰："举事之初，所借者一时骁锐之心。骁，坚尧翻。事事相接，犹恐疑怠；若顿兵十旬，必生悔吝。兵以气势为用者也，是以巧迟不若拙速。且坐甲十万，粮用自竭；若童子立异，则大事不成。况处分已定，安可中息哉！处，昌吕翻。分，扶问翻。昔武王伐纣，行逆太岁，岂复待年月乎？"

戊午，衍上表劝南康王宝融称尊号；不许。十二月，颖胄与夏侯详移檄建康百官及州郡牧守，数帝及梅虫儿、茹法珍罪恶。数，所具翻。颖胄遣冠军将军天水杨公则向湘州，使攻张宝积也。冠，古玩翻。西中郎参军南郡邓元起向夏口。使助萧衍攻张冲也。夏，户雅翻。军主王法度坐不进军免官。乙亥，荆州将佐复劝宝融称尊号；不许。夏侯详之子骁骑将军亶为殿中主帅，帅，所类翻。详密召之，亶自建康亡归。壬辰，至江陵，称奉宣德皇太后令："南康王宜纂承皇祚，方俟清宫，未即大号；可封十郡为宣城王、时以宣城、南琅邪、南东海、东阳、临海、新安、寻阳、南郡、竟陵、宜都十郡为宣城王国。盖以明帝自宣城王入纂大统，故假宣德太后令以是肇封。相国、荆州牧，加黄钺，选百官，西中郎府、南康国如故。须军次近路，须，待也。主者备法驾奉迎。"

竟陵太守新野曹景宗遣亲人说萧衍，说，输芮翻。迎南康王都襄阳，先正尊号，然后进军；衍不从。王茂私谓张弘策曰："今以南康置人手中，彼挟天子以令诸侯，节下前进为人所使，此岂他日之长计乎！"弘策以告衍，衍曰："若前涂大事不捷，故自兰艾同焚；兰有国香，人贵之。艾，萧艾也，人贱之。言若事不捷，则无贵无贱同于死也。若其克捷，则威振四海，【章：十二行本

"海"下有"谁敢不从"四字；乙十一行本同；孔本同；张校同；退斋校同。】岂碌碌受人处分者邪！"萧衍此言已有代齐之心，特权宜推奉南康以举兵耳。处，昌吕翻。分，扶问翻。

初，陈显达、崔慧景之乱，人心不安。或问时事于上庸太守杜陵韦叡，杜陵自汉以来属京兆，晋侨立京兆太守及杜陵令，寄治襄阳。宋大明土断，割襄阳西界为实土。叡曰："陈虽旧将，非命世才；崔颇更事，懦而不武；将，即亮翻。更，工衡翻。其赤族宜矣。定天下者，殆必在吾州将乎？"州刺史当方面，总兵权，故曰州将。将，即亮翻。乃遣二子自结于萧衍。及衍起兵，叡帅郡兵二千倍道赴之。帅，读曰率；下同。华山太守蓝田康绚帅郡兵三千赴衍。蓝田县，汉属京兆；宋置侨县，属华山郡。康绚传云：其先本康居侍子，待诏河西，因留不去，其后遂氏焉。晋乱，迁于蓝田。绚祖穆帅乡族三千馀家入襄阳，宋为置华山郡蓝田县于襄阳。宋白曰：宋大明元年立华山郡于大堤村，后魏改华山郡为宜城郡，唐为宜城县，属襄州。华，户化翻。绚，翾县翻。冯道根时居母丧，【章：十二行本"丧"下有"闻衍起兵"四字；乙十一行本同；孔本同；张校同；退斋校同。】帅乡人子弟胜兵者悉往赴之。冯道根，鄚人。鄚县时属广平侨郡。胜，书烝翻。梁、南秦二州刺史柳惔亦起兵应衍。惔，忱之兄也。惔，徒甘翻。

帝闻刘山阳死，发诏讨荆、雍。戊寅，以冠军长史刘浍为雍州刺史；欲以代萧衍。雍，于用翻。冠，古玩翻。浍，古外翻。遣骁骑将军薛元嗣、制局监暨荣伯将兵及运粮百四十馀船送郢州刺史张冲，使拒西师。荆、雍在西，故谓之西师。暨，姓也，音居乙翻，又臮、既二音。将，即亮翻。骁，坚尧翻。骑，奇寄翻。元嗣等惩刘山阳之死，疑冲，不敢进，停夏口浦；闻西师将至，乃相帅入郢城。前竟陵太守房僧寄将还建康，至郢，帝敕僧寄留守鲁山，除骁骑将军。张冲与之结盟，遣军主孙乐祖将数千人助僧寄守鲁山。水经注：江水东径鲁山，南与沔水会；山左即沔水口，沔左有偃月城。汉阳志：大别山在沔阳县东，一名鲁山。

萧颖胄与武宁太守邓元起书，招之。晋安帝隆安五年，桓玄以沮、漳降蛮立武宁郡，属荆州。五代志：竟陵郡乐乡县，旧置武宁郡。刘昫曰：乐乡，汉都县地。我宋废县为乐乡镇，入长林县。张冲待元起素厚，众皆劝其还郢，还郢州也。元起大言于众曰："朝廷暴虐，诛戮宰辅，群小用事，衣冠道尽。荆、雍二州同举大事，何患不克！且我老母在西，若事不成，正受戮昏朝，幸免不孝之罪。"时邓元起之母盖在江陵。元起，南郡人也，守武宁，其母留乡里。朝，直遥翻。即日治严上道，至江陵，为西中郎中兵参军。是时，西台方遣元起向夏口，观者不以史文先后之次而害意可也。治，直之翻。上，时掌翻。

湘州行事张宝积发兵自守，未知所附。杨公则克巴陵，进军白沙，水经注：白沙戍在黄陵庙北。黄陵庙，舜二妃庙也。罗含湘中记曰：湘川，白沙如霜雪，赤崖若朝霞。宝积惧，请降，降，户江翻。公则入长沙，抚纳之。

22 是岁，北秦州刺史杨集始将众万馀自汉中北出，规复旧地。杨集始失国事，见一百四十一卷明帝建武四年。将，即亮翻；下同。魏梁州刺史杨椿将步骑五千出顿下辩，辩，皮苋翻。遗集始书，开以利害，集始遂复将其部曲千馀人降魏。遗，于季翻。复，扶又翻。魏人还其爵位，使归守武兴。集始降齐，魏人削其所授爵位，而所领北秦州刺史则齐所授也；今降魏，魏人还其元授爵位也。

聂崇岐标点王崇武覆校

资治通鉴卷第一百四十四

端明殿学士兼翰林侍读学士朝散大夫右谏议大夫
充集贤殿修撰提举西京嵩山崇福宫上柱国河内郡 司马光 奉敕编集
开国侯食邑一千八百户食实封六百户赐紫金鱼袋臣

后学天台胡三省音注

齐纪十 重光大荒落(辛巳)，一年。

和皇帝 讳宝融，字智昭，明帝第八子也。

中兴元年(辛巳、五〇一)是年三月始改元。

1 春，正月，丁酉，东昏侯以晋安王宝义为司徒，建安王宝寅为车骑将军、开府仪同三司。东昏侯以永元三年纪年。骑，奇寄翻。

2 乙巳，南康王宝融始称相国，相，悉亮翻；下同。大赦；以萧颖胄为左长史，萧衍为征东将军，杨公则为湘州刺史。去年，杨公则取长沙，因就用为湘州刺史。戊申，萧衍发襄阳，考异曰：梁高祖纪云："二月戊申，发襄阳。"按戊申，正月十三日，梁纪误也。留弟伟总府州事，憺守垒城，垒城者，筑垒附近大城，犹今堡寨也。憺，徒敢翻，又徒滥翻。府司马庄丘黑守樊城。庄丘黑盖为征东府司马。衍既行，州中兵及储偫皆虚。偫，直里翻；积物以待用谓之偫。魏兴太守裴师仁、齐兴太守颜僧都并不受衍命，举兵欲袭襄阳，伟、憺遣兵邀击于始平，大破之，齐分魏兴郡东界郧乡、锡二县地为齐兴郡。沈约曰：江左侨立始平郡，治武当。五代志曰：淅阳郡武当县，旧侨置始平郡，又置齐兴郡。则二郡皆置于今均州界。宋白曰：齐永明七年置齐兴郡于均州郧乡县。守，式又翻。雍州乃安。雍，于用翻。

3 魏咸阳王禧为上相，禧以太尉辅政，位居群臣之上，故曰上相。不亲政务，骄奢贪淫，多为不法，魏主颇恶之。恶，乌路翻。禧遣奴就领军于烈求旧羽林虎贲，执仗出入。"旧"字衍。执仗出入，每出入欲使之执兵翊卫。贲，音奔。烈曰："天子谅闇，事归宰辅。闇音阴。领军但知典掌宿卫，非有诏不敢违理从私。"禧奴惘然而返。惘然，失志貌。惘，音罔。禧复遣谓烈曰：复，扶又翻。"我，天子之□□□【章：十二行本三空格作"子天子"三字；乙十一行本同；退斋校同。】叔父，身为元辅，有所求须，意之所欲为须。与诏何异！"烈厉色曰："烈非不知王之贵也，奈何使私奴索天子羽林！索，山客翻。烈头可得，羽林不可得！"禧怒，以烈为恒州刺史。恒，户登翻。烈不愿出外，固辞，不许；遂称疾不出。卧私第不出也。

烈子左中郎将忠领直阁，北齐左、右卫有直阁，属官有朱衣直阁、直阁将军、直寝、直斋、直后之属。常在魏主左右。烈使忠言于魏主曰："诸王专恣，意不可测，宜早罢之，自揽权纲。"北海王详亦密以禧过恶白帝，且言彭城王勰大得人情，不宜久辅政。勰，音协。帝然之。

时将礿祭，宗庙之祭，春曰礿。礿，馀若翻，薄也。春物始生，其祭尚薄。王公并齐于庙东坊。帝夜使于忠语烈："明旦入见，当有处分。"质明，烈至。语，牛倨翻。见，贤遍翻。处，昌吕翻。分，扶问翻。质，正也；质明，天正明也。帝命烈将直阁六十馀人，宣旨召禧、勰、详，卫送至帝所。将，即亮翻。禧等入见于光极殿，光极殿，魏孝文帝太和十九年所起，以引见群臣。见，贤遍翻。帝曰："恪虽寡昧，忝承宝历。比缠尫疢，魏主名恪，见诸父自称其名，示谦挹也。比，毗至翻，近也。尫，乌光翻，弱也。疢，丑刃翻，疾也。实凭诸父，苟延视息，奄涉三龄。诸父归逊殷勤，今便亲摄百揆。且还府司，当别处分。”还府司，谓各归公府司存之所。又谓勰曰：“顷来南北务殷，不容仰遂冲操。南北务殷，谓使勰北镇中山，南取寿阳，因而守之也。冲，谦也，虚也；冲操，谦虚之操。恪是何人，而敢久违先敕，先敕，谓高祖遗敕，见一百四十二卷东昏侯永元元年。今遂叔父高蹈之意。”勰谢曰：“陛下孝恭，仰遵先诏，上成睿明之美，下遂微臣之志，感今惟往，悲喜交深。”惟，思也。庚戌，诏勰以王归第；禧进位太保；进其位而夺之权。详为大将军、录尚书事。为详以专恣得罪张本。尚书清河张彝、邢峦闻处分非常，亡走，出洛阳城，为御史中尉中山甄琛所弹。甄，之人翻。弹，徒丹翻。诏书切责之。复以于烈为领军，仍加车骑大将军，复，扶又翻，又如字。自是长直禁中，军国大事，皆得参焉。

魏主时年十六，不能亲决庶务，委之左右。于是幸臣茹皓、茹，音如。赵郡王仲兴、上谷寇猛、赵郡赵修、南阳赵邕及外戚高肇等始用事，魏政浸衰。赵修尤亲幸，旬月间，累迁至光禄卿；每迁官，帝亲至其宅设宴，王公百官皆从。为后赵修诛张本。从，才用翻。

4 辛亥，东昏侯祀南郊，大赦。

5 丁巳，魏主引见群臣于太极前殿，告以亲政之意。见，贤遍翻。壬戌，以咸阳王禧领太尉，广陵王羽为司徒。魏主引羽入内，面授之。羽固辞曰：“彦和本自不愿，而陛下强与之。彭城王勰，字彦和，事见上卷上年。强，其两翻。今新去此官而以臣代之，必招物议。”乃以为司空。

6 二月，乙丑，南康王以冠军长史王茂为江州刺史，冠，古玩翻。竟陵太守曹景宗为郢州刺史，邵陵王宝攸为荆州刺史。

7 甲戌，魏大赦。

8 壬午，东昏侯遣羽林兵击雍州，中外纂严。

9 甲申，萧衍至竟陵，命王茂、曹景宗为前军，以中兵参军张法安守竟陵城。茂等至汉口，诸将议欲并兵围郢，分兵袭西阳、武昌。将，即亮翻；下同。衍曰："汉口不阔一里，箭道交至，谓船自中流而下，敌人夹岸射之，其箭交至也。房僧寄以重兵固守，与郢城为掎角；掎，居蚁翻。若悉众前进，僧寄必绝我军后，悔无所及。不若遣王、曹诸军济江，与荆州军合，以逼郢城；吾自围鲁山以通沔、汉，沔即汉也，一水二名。使郧城、竟陵之粟方舟而下，安陆，春秋郧子之国，故曰郧城。郧，音云。杜预曰：江夏云杜县东南有郧城。刘昫曰：郢州长寿县，古竟陵也。方，泭也。舟，船也。诗云：就其深矣，方之舟之。泭，音桴。江陵、湘中之兵相继而至，兵多食足，何忧两城之不拔！天下之事，可以卧取之耳。"卧而取之，言不烦力战也。乃使茂等帅众济江，顿九里。其地去郢城九里，因以为名。帅，读曰率。张冲遣中兵参军陈光静开门迎战，茂等击破之，光静死，冲婴城自守。景宗遂据石桥浦，连军相续，下至加湖。加湖在江夏滠阳县界，湖水自北南注江，去郢城三十里。

荆州遣冠军将军邓元起、军主王世兴、田安之将数千人会雍州兵於夏首。雍，于用翻。夏，户雅翻。衍筑汉口城以守鲁山，命水军主义阳张惠绍等游遏江中，绝郢、鲁二城信使。使，疏吏翻。杨公则举湘州之众会于夏口。萧颖胄命荆州诸军皆受公则节度，虽萧颖达亦隶焉。

府朝议欲遣人行湘州事而难其人，南康王开相国府，故曰府朝。朝，直遥翻。西中郎中兵参军刘坦谓众曰："湘土人情，易扰难信，易，以豉翻。用武士则侵渔百姓，用文士则威略不振；必欲镇静一州，军民足食，无逾老夫。"乃以坦为辅国长史、长沙太守，行湘州事。坦尝在湘州，多旧恩，迎者属路。按刘坦传：先尝在湘州。盖客游也。属，之欲翻。下车，选堪事吏分诣十郡，湘州领长沙、桂阳、零陵、衡阳、营阳、湘东、邵陵、始兴、临贺、始安十郡。发民运租米三十馀万斛以助荆、雍之军，由是资粮不乏。

三月，萧衍使邓元起进据南堂西渚，南堂在郢城南，北盖射堂，西近江渚。田安之顿城北，王世兴顿曲水故城。曲水故城，盖郢府官僚祓禊之地，在城东。丁酉，张冲病卒，骁骑将军薛元嗣与冲子孜及征虏长史江夏内史程茂共守郢城。张冲自辅国将军进征虏将军，以程茂为长史。骁，坚尧翻。骑，奇寄翻。

乙巳，南康王即皇帝位於江陵，考异曰：东昏纪云："丁未，南康王讳即皇帝位。"盖是日建康始闻之耳。今从和帝纪及梁武帝纪。改元，大赦，始改元为中兴元年。立宗庙、南北郊，州府城门悉依建康宫，置尚书五省，以南郡太守为尹，以萧颖胄为尚书令，萧衍为左仆射，晋安王宝义为司空，庐陵王宝源为车骑将军、开府仪同三司，建安王宝寅为徐州刺史，宝义、宝源、宝寅皆在建康，遥授之耳。散骑常侍夏侯详为中领军，冠军将军萧伟为雍州刺史。丙午，诏封庶人宝卷为涪陵王，涪，音浮。乙酉，以尚书令萧颖胄行荆州刺史，加萧衍征东大将军、都督征讨诸军事，假黄钺。时衍次杨口，和帝遣御史中丞宗夬劳军。夬，古卖翻。劳，力到翻。宁朔将军新野庾域讽夬曰："黄钺未加，非所以总帅侯伯。"武王伐纣，诸侯毕会。至于牧野，王左杖黄钺，右秉白旄以麾。后世自魏武以下，率加黄钺。孔安国曰：黄钺，以黄金饰斧。帅，读曰率；下同。夬返西台，江陵在西，故曰西台。遂有是命。薛元嗣遣军主沈难当帅轻舸数千乱流来战，张惠绍等击擒之。横绝流而渡曰乱。诗云：涉渭为乱。舸，古我翻。

癸丑，东昏侯以豫州刺史陈伯之为江州刺史、假节、都督前锋诸军事，西击荆、雍。

夏，四月，萧衍出沔，命王茂、萧颖达等进军逼郢城；薛元嗣不敢出。不敢出战也。诸将欲攻之，衍不许。衍欲持久以全力弊郢、鲁二城。

10 魏广陵惠王羽通于员外郎冯俊兴妻，夜往，为俊兴所击而匿之；五月，壬子，卒。

11 魏主既亲政事，嬖幸擅权，王公希得进见。【章：十二行本“见”下有“咸阳王禧意不自安”八字；乙十一行本同；退斋校同。】见，贤遍翻。齐【章：十二行本“齐”作“斋”；乙十一行本同。】帅刘小苟屡言于禧云，帅，所类翻。闻天子左右人言欲诛禧，禧益惧，乃与妃兄给事黄门侍郎李伯尚、氐王杨集始、杨灵佑、乞伏马居等谋反。会帝出猎北邙，禧与其党会城西小宅，欲发兵袭帝，使长子通窃入河内举兵相应。长，知两翻。乞伏马居说禧："还入洛城，勒兵闭门，说，式芮翻。天子必北走桑乾，谓北归平城也。平城，魏故都。乾，音干。殿下可断河桥，为河南天子。"断，丁管翻。众情前却不壹，禧心更缓，自旦至晡，犹豫不决，遂约不泄而散。杨集始既出，即驰至北邙告之。

直寝苻承祖、薛魏孙与禧通谋，当是时，冯太后所幸宦者苻承祖已死，此又别一苻承祖。后魏孝文帝太和九年，初置后斋直寝。是日，帝寝于浮图之阴，魏孙欲弑帝，承祖曰："吾闻杀天子者身当病癞。"癞，音赖，恶疾也。魏孙乃止。俄而帝寤，集始亦至。帝左右皆四出逐禽，直卫无几，几，居岂翻。仓猝不知所出。左中郎将于忠曰："臣父领军留守京城，守，式又翻。计防遏有备，必无所虑。"帝遣忠驰骑观之，骑，奇寄翻。于烈已分兵严备，使忠还奏曰："臣虽老，心力犹可用。此属猖狂，不足为虑，愿陛下清跸徐还，以安物望。"帝甚悦，自华林园还宫，华林园，魏明帝所筑芳林园也；后避齐王芳讳，改曰华林园。还，从宣翻，又如字。抚于忠之背曰："卿差强人意！"

禧不知事露，与姬妾及左右宿洪池别墅，洪池即汉之鸿池，在洛阳东二十里。田庐曰墅，今人谓之别业。晋人以来，往往治池馆，观游于其中。墅，承与翻。遣刘小苟奉启，云检行田收。行，下孟翻。小苟至北邙，已逢军人，怪小苟赤衣，欲杀之。小苟困迫，言欲告反，乃缓之。或谓禧曰："殿下集众图事，见意而停，言意趣已发见而中止也。见，贤遍翻。恐必漏泄，今夕何宜自宽！"禧曰："吾有此身，应知自惜，岂待人言！"又曰："殿下长子已济河，两不相知，岂不可虑！"禧曰："吾已遣人追之，计今应还。"时通已入河内，列兵仗，放囚徒矣。于烈遣直阁叔孙侯将虎贲三百人收禧。将，即亮翻。贲，音奔。禧闻之，自洪池东南走，僮仆不过数人，济洛，至柏谷坞，追兵至，擒之，送华林都亭。华林都亭盖在华林园门外。帝面诘其反状，诘，去吉翻。壬戌，赐死于私第。同谋伏诛者十馀人，诸子皆绝属籍，微给资产、奴婢，自馀家财悉分赐高肇及赵修之家，其馀赐内外百官，逮于流外，杂色补官不入品者，谓之流外官。多者百馀匹，下至十匹。禧诸子乏衣食，独彭城王勰屡赈给之。河内太守陆琇闻禧败，斩送禧子通首。魏朝以琇于禧未败之前不收捕通，责其通情，征诣廷尉，死狱中。陆馛以傅孝文于受内禅之初，福泽及其子；至是，其子败矣。勰音协。赈，津忍翻。琇，音秀。朝，直遥翻。帝以禧无故而反，由是益疏忌宗室。

12 巴西太守鲁休烈、巴东太守萧惠训不从萧颖胄之命；惠训遣子璝将兵击颖胄，璝，古回翻。颖胄遣汶阳太守刘孝庆屯峡口，此西陵峡口也，在宜都夷陵界；夷陵，今峡州也。与巴东太守任漾之等拒之。任，音壬。

13 东昏侯遣军主吴子阳、陈虎牙等十三军救郢州，进屯巴口。水经注：巴水出庐江雩娄县之下灵山，亦曰巴山，南流注于江，谓之巴口。今黄州之巴河口是也。虎牙，伯之之子也。

六月，西台遣卫尉席阐文劳萧衍军，劳，力到翻。赍萧颖胄等议谓衍曰："今顿兵两岸，不并军围郢，定西阳、武昌，取江州，此机已失；莫若请救于魏，与北连和，犹为上策。”衍曰：“汉口路通荆、雍，控引秦、梁，溯汉水而上至汉中，秦、梁二州刺史所治也，故可以控引。粮运资储，仰此气息；所以兵压汉口，连结数州。今若并军围郢，又分兵前进，鲁山必沮沔路，扼吾咽喉；扼，于革翻。咽，因肩翻。若粮运不通，自然离散，何谓持久？邓元起近欲以三千兵往取寻阳，彼若欢然知机，一说士足矣；说，输芮翻。脱距王师，脱，或也；脱者，未可必之辞。固非三千兵所能下也。进退无据，未见其可。西阳、武昌，取之即得；然既得之，即应镇守。欲守两城，不减万人，粮储称是，卒无所出。称，尺证翻。卒，读曰猝。脱东军有上者，上，时掌翻。以万人攻两【章：十二行本“两”作“一”；乙十一行本同；退斋校同。】城，两城势不得相救，若我分军应援，则首尾俱弱；如其不遣，孤城必陷，一城既没，诸城相次土崩，天下大事去矣。若郢州既拔，席卷沿流，卷，读曰捲。西阳、武昌自然风靡。何遽分兵散众，自贻忧患乎！且丈夫举事欲清天步，天步，天路也。诗云：天步艰难。况拥数州之兵以诛群小，悬河注火，奚有不灭！岂容北面请救戎狄，以示弱于天下！彼未必能信，徒取丑声，此乃下计，何谓上策！萧衍此计，可谓有英雄之略矣。卿为我辈白镇军：前途攻取，但以见付，事在目中，无患不捷，但借镇军靖镇之耳。”萧颖胄时为西台尚书令，盖加号镇军将军。为，于伪翻；下佑为同。

吴子阳等进军武口。武口，武湖水出江之口。水上通安陆之延头，今谓之沙武口。张舜民曰：武口在阳罗洑西北十馀里，距汴京才十八驿，二广、湖、湘皆由此而济。衍命军主梁天惠等屯渔湖城，唐修期等屯白阳垒，时筑垒于白阳浦。夹岸待之。子阳进军加湖。考异曰：梁韦叡传作“茄湖”。今从齐梁帝纪。去郢三十里，傍山带水，筑垒自固。子阳举烽，城内亦举火应之；而内外各自保，不能相救。会房僧寄病卒，众复推助防张乐祖代守鲁山。复，扶又翻；下纂复、佑复同。助防者，使之助城主防守，因以为称。乐祖，即去年张冲所遣助房僧寄者。参考前后，“张”当作“孙”。

14 萧颖胄之初起也，弟颖孚自建康出亡，庐陵民修灵佑为之聚兵，得二千人，袭庐陵，克之，内史谢篹奔豫章。篹，苏管翻。颖胄遣宁朔将军范僧简自湘州赴之，僧简拔安成，吴孙晧宝鼎二年，分豫章、庐陵、长沙立安成郡；时属江州。刘昫曰：吉州安福县，吴置安成郡。九域志：安福县在吉州西一百二十里。颖胄以僧简为安成太守，以颖孚为庐陵内史。东昏侯遣军主刘希祖将三千人击之，南康太守王丹以郡应希祖。南康，今之赣州。颖孚败，奔长沙，寻病卒；谢篹复还郡。希祖攻拔安成，杀范僧简，东昏侯以希祖为安成内史。修灵佑复合馀众攻谢篹，篹败走。

15 东昏侯作芳乐苑，乐，音洛。山石皆涂以五采。望民家有好树、美竹，则毁墙撤屋而徙之；时方盛暑，随即枯萎，朝暮相继。言徙树竹者朝夕相继也。又于苑中立市，使宫人、宦者共为裨贩，裨，益也。买贱卖贵以自裨益，故曰裨贩。以潘贵妃为市令，东昏侯自为市录事，小有得失，妃则予杖；予，读曰与。乃敕虎贲不得进大荆、实中荻。大荆，牡荆也，俗谓之黄荆，以为箠杖。荻之实中者，以箠人则重而痛楚，虚中者差轻。贲，音奔。又开渠立埭，身自引船，埭，徒耐翻。或坐而屠肉。又好巫觋，好，呼到翻。觋，刑狄翻。左右朱光尚诈云见鬼。东昏入乐游苑，人马忽惊，以问光尚，对曰：“向见先帝大嗔，乐，音洛。先时为向。嗔，昌真翻，怒也。不许数出。”数，所角翻。东昏大怒，拔刀与光尚寻之。既不见，乃缚菰为高宗形，菰，音孤，雕胡也，一名蒋，江南人呼为茭草。北向斩之，县首苑门。县，读曰悬。

崔慧景之败也，巴陵王昭胄，永新侯昭颖出投台军，各以王侯还第，心不自安。昭胄、昭颖投慧景事见上卷上年。永新县属安成郡，吴立。竟陵王子良故防阁桑偃为梅虫儿军副，与前巴西太守萧寅谋立昭胄，昭胄许事克用寅为尚书左仆射、护军。许之以仆射领护军将军。时军主胡松将兵屯新亭，寅遣人说之曰："须昏人出，须，待也。以帝昏狂，斥指为昏人。说，式芮翻。寅等将兵奉昭胄入台，闭城号令。将，即亮翻。昏人必还就将军，但闭垒不应，则三公不足得也。"松许诺。会东昏新作芳乐苑，经月不出游。偃等议募健儿百馀人，从万春门入，突取之，昭胄以为不可。偃同党王山沙虑事久无成，以事告御刀徐僧重。寅遣人杀山沙於路，吏于麝䐪中得其事。䐪，徒登翻；囊可带者曰䐪。山沙以盛麝香，故曰麝䐪，犹今之香袋。昭胄兄弟与偃等皆伏诛。

雍州刺史张欣泰与弟前始安内史欣时，密谋结胡松及前南谯太守王灵秀、直阁将军鸿选等诛诸嬖幸，废东昏。晋孝武帝侨立南谯郡於淮南。五代志：江都郡清流县，旧置南谯郡。鸿，姓也。姓谱：帝鸿氏之后，或曰大鸿之后。左传，卫有鸿聊魋。雍，于用翻。嬖，卑义翻，又博计翻。东昏遣中书舍人冯元嗣监军救郢；监，工衔翻。秋，七月，甲午，茹法珍、梅虫儿及太子右率李居士、制局监杨明泰送之中兴堂，宋孝武帝即位于新亭，改新亭曰中兴堂。茹，音如。率，所律翻。欣泰等使人怀刀于座斫元嗣，头坠果柈中，柈，蒲官翻。柈以盛果及鱼肉。又斫明泰，破其腹；虫儿伤数疮，手指皆堕；居士、法珍等散走还台。灵秀诣石头迎建康王宝寅，"建康王"当作"建安王"。帅城中将吏见力，见力，见在兵力也。帅，读曰率。见，贤遍翻。去车轮，载宝寅，文武数百唱警跸，向台城，百姓数千人皆空手随之。欣泰闻事作，驰马入宫，冀法珍等在外，东昏尽以城中处分见委，表里相应。既而法珍得返，处分闭门上仗，不配欣泰兵，鸿选在殿内亦不敢发。宝寅至杜姥宅，日已暝，城门闭。城上人射外人，外人弃宝寅溃去。宝寅亦逃，三日，乃戎服诣草市尉，台城六门之外，各有草市，置草市尉司察之。

去，羌吕翻。处，昌吕翻。分，扶问翻。上仗，时掌翻。射，而亦翻。尉驰以启东昏。东昏召宝寅入宫问之，宝寅涕泣称："尔日不知何人逼使上车，仍将去，制不自由。"尔日，犹言其日也。上，时掌翻。东昏笑，复其爵位。张欣泰等事觉，与胡松皆伏诛。

16 萧衍使征虏将军王茂、军主曹仲宗等乘水涨以舟师袭加湖，考异曰：和帝纪作"王茂先"。今从梁书。鼓噪攻之。丁酉，加湖溃，吴子阳等走免，将士杀溺死者万计，将，即亮翻。俘其馀众而还。还，从宣翻。于是郢、鲁二城相视夺气。

17 乙巳，柔然犯魏边。

18 鲁山乏粮，军人于矶头捕细鱼供食，矶，居希翻。沙聚成碛，水所渐浸曰矶。密治轻船，将奔夏口，治，直之翻。夏，户雅翻。萧衍遣偏军断其走路。断，音短。丁巳，孙乐祖窘迫，以城降。降，户江翻；下同。

己未，东昏侯以程茂为郢州刺史，薛元嗣为雍州刺史。雍，于用翻。是日，茂、元嗣以郢城降。郢城之初围也，士民男女近十万口；闭门二百馀日，疾疫流肿，流肿，言毒气流注而浮肿也。近，其郢翻。死者什七八，考异曰：齐张冲传云："死者七八百家。"按死者不可以家数。今从梁高祖纪及韦叡传。积尸床下而寝其上，比屋皆满。比，毗至翻。周礼：五家为比。取其相连比而居也。又毗必翻，次也。茂、元嗣等议出降，降，户江翻。使张孜为书与衍。张冲故吏青州治中房长瑜明帝时，张冲为青、冀二州刺史，以房长瑜为治中。谓孜曰："前使君忠贯昊天，郎君但当坐守画一以荷析薪。画一，用汉书语：萧何为法，较若画一；曹参代之，守而勿失。此取守而勿失之义。左传曰：其父析薪，其子不克负荷。荷，下可翻，又如字。若天运不与，当幅巾待命，下从使君。今从诸人之计，非唯郢州士女失高山之望，亦恐彼所不取也。"诗曰：高山仰止。注云：有高德则慕而仰之。彼，谓萧衍。孜不能用。萧衍以韦叡为江夏太守，行郢府事，夏，户雅翻。收瘗死者而抚其生者，瘗，于计翻。郢人遂安。

诸将欲顿军夏口；衍以为宜乘胜直指建康，车骑谘议参军张弘策、宁远将军庾域亦以为然。衍命众军即日上道。缘江至建康，凡矶、浦、村落，军行宿次、立顿处所，弘策逆为图画，如在目中。郢、鲁未克，萧衍则违众议驻兵汉口而不轻进，图万全也。郢、鲁既克，衍遽督诸军直指建康，乘胜势也。逆为图画者，画缘江可立顿及次宿之地为图，使诸将按之以为进止。上，时掌翻。

19 辛酉，魏大赦。

20 魏安国宣简侯王肃卒于寿阳，安国县，汉属中山国，晋、魏属博陵郡。赠侍中、司空。初，肃以父死非命，王奂死见一百三十八卷武帝永明十一年。四年不除丧。高祖曰："三年之丧，贤者不敢过。"记檀弓：子夏既除丧而见，予之琴，和之而不和，弹之而不成声，作而曰："哀未忘也，先王制礼而弗敢过也。"命肃以祥禫之礼除丧。期而小祥，再期而大祥；大祥之后，中月而禫。郑氏曰：祥，吉也。禫，澹澹然平安之意。禫，徒感翻。释曰：除服祭名。然肃犹素服、不听乐终身。

21 汝南民胡文超起兵于滠阳沈约曰：汝南本沙羡土，晋末，汝南郡民流寓夏口，因立为汝南县，为江夏太守治所。宋白曰：晋汝南郡人流寓夏口，因侨立汝南郡，在潼口；又为汝南县，晋末改为江夏县，荆湘记云，金水北岸有汝南旧城是也。晋惠帝世，立滠阳县。晋书朱伺传曰：张昌之乱，安陆人多附昌，唯伺合其乡人讨之。昌既灭，伺部曲以逆顺有嫌。求别立县，遂从之，分安陆东界立滠阳县，属江夏郡。滠，书涉翻。时汝南之地已入于魏。萧子显齐志：司州汝南郡寄治义阳。以应萧衍，求取义阳、安陆等郡以自效；衍又遣军主唐修期攻随郡，晋武帝分南阳、义阳立随郡，属荆州；宋孝武帝度属郢州；前废帝永光元年改属雍州；明帝泰始五年改为随阳郡，还属郢州；后废帝元徽四年度属司州；齐曰随郡。五代志：随州随县，旧置随郡。皆克之。司州刺史王僧景遣子【章：十二行本"子"下有"贞孙"二字；乙十一行本同；孔本同；张校同，云无注本亦无。】为质于衍，司部悉平。司部，谓司州所部领诸郡。质，音致。

崔慧景之死也，其少子偃为始安内史，逃潜得免。少，诗照翻。及西台建，以偃为宁朔将军。偃诣公车门上书曰："臣窃惟高宗之孝子忠臣而昏主之乱臣贼子者，江夏王与陛下，先臣与镇军是也；慧景既死，江夏王宝玄并诛，事见上卷上年。夏，户雅翻。虽成败异术而所由同方。陛下初登至尊，与天合符；天下纤芥之屈，尚望陛下申之，况先帝之子陛下之兄，所行之道，即陛下所由哉！此尚不恤，其馀何冀！今不可幸小民之无识而罔之；以非道欺人谓之罔。若使晓然知其情节，相帅而逃，陛下将何以应之哉！"帅，读曰率。事寝不报。偃又上疏曰："近冒陈江夏之冤，非敢以父子之亲而伤至公之义，诚不晓圣朝所以然之意。若以狂主虽狂，实是天子，江夏虽贤，实是人臣，先臣奉人臣逆人君为不可，未审今之严兵劲卒直指象魏者，象魏，阙也。其故何哉！臣所以不死，苟存视息，人目不能视，气不复息，则死矣。非有他故，所以待皇运之开泰，申忠魂之枉屈。今皇运已开泰矣，而死社稷者返为贼臣；臣何用此生于陛下之世矣！臣谨按镇军将军臣颖胄、中领军臣详，皆社稷之臣也，同知先臣股肱江夏，匡济王室，天命未遂，主亡与亡；而不为陛下瞥然一言。瞥，普蔑翻，暂见也。为，于伪翻。知而不言，不忠；不知而不言，不智也。如以先臣遣使，江夏斩之；则征东之驿使，何为见戮？陛下斩征东之使，实诈山阳；斩王天虎以诈山阳事见上卷上年。使，疏吏翻。江夏违先臣之请，实谋孔矜。事亦见上卷上年。天命有归，故事业不遂耳。臣所言毕矣，乞就汤镬！然臣虽万没，犹愿陛下必申先臣。何则？恻怆而申之，则天下伏；不恻怆而申之，则天下叛。先臣之忠，有识所知，南、董之笔，千载可期，南、董，谓齐南史、晋董狐也。崔杼弑齐庄公，太史书曰："崔杼弑其君。"崔子杀之。其弟嗣书而死者二人；其弟又书，乃舍之。南史氏闻太史尽死，执简以往。闻既书矣，乃还。晋赵盾弟穿弑灵公。董狐以盾不讨贼，书曰："赵盾弑其君，"以示于朝。孔子曰："董狐，古之良史也，书法不隐。"载，子亥翻。亦何待陛下屈申而为褒贬！然小臣惓惓之愚，为陛下计耳。"诏报曰："具知卿惋切之怀，今当显加赠谥。"偃寻下狱死。惓，逵员翻。惋，乌贯翻。下，遐嫁翻。

22 八月，丁卯，东昏侯以辅国将军申胄监豫州事；辛未，以光禄大夫张瓌镇石头。监，工衔翻。瓌，古回翻。

23 初，东昏侯遣陈伯之镇江州，以为吴子阳等声援。子阳等既败，萧衍谓诸将曰："用兵未必须实力，所听威声耳。今陈虎牙狼狈奔归，寻阳人情理当恟惧，恟，许拱翻。可传檄而定也。"乃命搜俘囚，得伯之幢主苏隆之，幢，传江翻。厚加赐与，使说伯之，许即用为安东将军、江州刺史。即，就也。说，式芮翻；下同。伯之遣隆之返命，虽许归附，而云"大军未须遽下。"衍曰："伯之此言，意怀首鼠。汉书：田蚡曰：首鼠两端。服虔注云：首鼠，一前一却也。及其犹豫，急往逼之，计无所出，势不得不降。"降，户江翻。乃命邓元起引兵先下，杨公则径掩柴桑，柴桑，汉县，属豫章郡，晋属武昌郡；晋惠帝立寻阳郡，治柴桑。五代志曰：江州湓城县，旧曰柴桑。杜佑曰：今寻阳县南楚城驿，旧柴桑县也。衍与诸将以次进路。元起将至寻阳，今江州德化县，六朝之寻阳也。伯之收兵退保湖口，湖口，彭蠡湖入江之口也，今江州湖口县即其地。留陈虎牙守湓城。选曹郎吴兴沈瑀说伯之迎衍。选，须绢翻。瑀，音禹。伯之泣曰："馀子在都，不能不爱。"瑀曰："不然。人情匈匈，毛晃曰：匈匈，喧扰之意。汉书高帝纪：天下匈匈劳苦。又匈匈，讙议之声。荀子：君子不为小人之匈匈而易其行。匈匈，汉书无音，荀子有平、去二音。皆思改计；若不早图，众散难合。"丙子，衍至寻阳，伯之束甲请罪。初，新蔡太守席谦，萧子显齐志，江州有南新蔡郡，豫州有北新蔡郡。以五代志考之，北新蔡当置于今光州界。父恭祖【章：十二行本"祖"作"穆"；乙十一行本同。】为镇西司马，为鱼复侯子响所杀。事见一百三十七卷武帝永明八年。复，音腹。谦从伯之镇寻阳，闻衍东下，曰："我家世忠贞，有殒不二。"伯之杀之。乙卯，以伯之为江州刺史，虎牙为徐州刺史。

24 鲁休烈、萧璝破刘孝庆等于峡口，任漾之战死。休烈等进至上明，江陵大震。萧颖胄恐，驰告萧衍，令遣杨公则还援根本。衍曰："公则今溯流上江陵，虽至，何能及事！休烈等乌合之众，寻自退散，正须少时持重耳。上，时掌翻。少，诗绍翻。良须兵力，良，信也。两弟在雍，谓萧伟总雍州事，憺守垒城也。雍，于用翻。指遣往征，指，谓上指。征，征兵也。不足难至。"颖胄乃遣【章：十二行本"遣"下有"军主"二字；乙十一行本同；退斋校同。】蔡道恭假节屯上明以拒萧璝。

25 辛巳，东昏侯以太子左率李居士总督西讨诸军事，屯新亭。左率，左卫率也。

26 九月，乙未，诏萧衍若定京邑，得以便宜从事。衍留骁骑将军郑绍叔守寻阳，骁，坚尧翻。骑，奇寄翻。与陈伯之引兵东下，谓绍叔曰："卿，吾之萧何、寇恂也。汉高帝委萧何以关中，光武任寇恂以河内，使给馈饷事，并见汉纪。前涂不捷，我当其咎；粮运不继，卿任其责。"绍叔流涕拜辞。比克建康，比，必利翻，及也。绍叔督江、湘粮运，未尝乏绝。

27 魏司州牧广阳王嘉请筑洛阳三百二十三坊，各方三百步，曰："虽有暂劳，奸盗永息。"丁酉，诏发畿内夫五万人筑之，四旬而罢。

28 己亥，魏立皇后于氏。后，征虏将军劲之女；劲，烈之弟也。自祖父栗磾以来，于栗磾，魏开国功臣。磾，丁奚翻。累世贵盛，一皇后，四赠公，三领军，二尚书令，三开国公。

29 甲申，东昏侯以李居士为江州刺史，冠军将军王珍国为雍州刺史，建安王宝寅为荆州刺史，辅国将军申胄监郢州，龙骧将军扶风马仙琕监豫州，冠，古玩翻。雍，于用翻。骧，思将翻。琕，部田翻。骁骑将军徐元称监徐州军事。珍国，广之之子也。王广之历事高、武、明三帝。是日，萧衍前军至芜湖；申胄军二万人弃姑孰走，衍进军，据之。戊申，东昏侯以后军参军萧璝为司州刺史，前辅国将军鲁休烈为益州刺史。

30 萧衍之克江、郢也，东昏游骋如旧，谓茹法珍曰："须来至白门前，当一决。"骋，丑郢翻。茹，音如。须，待也。白门，建康城西门也；西方色白，故以为称。一决，言一战以决胜负也。衍至近道，乃聚兵为固守之计，简二尚方、二冶囚徒以配军；建康有左、右二尚方，东、西二冶。其不可活者，于朱雀门内日斩百馀人。

衍遣曹景宗等进顿江宁。沈约曰：晋武帝太康元年，分秣陵立临江县，二年，更名江宁，其治所盖临江滨。金陵览古云：新亭去江宁十里。丙辰，李居士自新亭选精骑一千至江宁。骑，奇寄翻。景宗始至，营垒未立，且师行日久，器甲穿弊。居士望而轻之，鼓噪直前薄之；景宗奋击，破之，因乘胜而前，径至皂荚桥。于是王茂、邓元起、吕僧珍进据赤鼻逻，逻，郎佐翻。新亭城主江道林引兵出战，众军擒之于陈。陈，读曰阵。衍至新林，命王茂进据越城，邓元起据道士墩，墩，音敦。陈伯之据篱门，陈伯之盖据西篱门。吕僧珍据白板桥。据陶弘景书，板桥时属江宁县界。按板桥市今在建康府城之西，江宁镇北。李居士觇知僧珍众少，帅锐卒万人直来薄垒。觇，丑廉翻，又丑艳翻。少，诗沼翻。帅，读曰率。僧珍曰："吾众少，不可逆战，可勿遥射，须至堑里，当并力破之。"俄而皆越堑拔栅。堑，七艳翻。僧珍分人上城，矢石俱发，自帅马步三百人出其后，城上复逾城而下，内外奋击，居士败走，获其器甲不可胜计。上，时掌翻。复，扶又翻。下，遐嫁翻。胜，音升。

居士请于东昏侯，烧南岸邑屋以开战场，自大航以西，新亭以北皆尽。衍诸弟皆自建康自拔赴军。衍诸弟亡匿于建康里巷，事见上卷上年。

冬，十月，甲戌，东昏侯遣征虏将军王珍国、军主胡虎牙将精兵十万馀人陈于朱雀航南，宦官王宝孙持白虎幡督战，开航背水，以绝归路。衍军小却，王茂下马，单刀直前，其甥韦欣庆执铁缠矟以翼之，铁缠矟，以铁线缠矟把。齐武陵王晃有银缠矟。将，即亮翻。陈，读曰阵；下突陈同。背，蒲妹翻。缠，直彦翻。矟，色角翻。冲击东军，应时而陷。曹景宗纵兵乘之，吕僧珍纵火焚其营，将士皆殊死战，鼓噪震天地。珍国等众军不能抗，王宝孙切骂诸将帅，帅，所类翻。直阁将军席豪发愤，突阵而死。豪，骁将也，既死，士卒土崩，赴淮死者无数，积尸与航等，后至者乘之而济。于是东昏侯诸军望之皆溃。据齐书云：朱爵诸军望之皆溃。盖东昏侯自登朱爵门督战也。衍军长驱至宣阳门，诸将移营稍前。

陈伯之屯西明门，西明门，建康城西门也。每城中有降人出，伯之辄呼与耳语。耳语，附耳而语也。降，户江翻；下同。衍恐其复怀翻覆，密语伯之曰："闻城中甚忿卿举江州降，欲遣刺客中卿，宜以为虑。"复，扶又翻。语，牛倨翻。中，竹仲翻。伯之未之信。会东昏侯将郑伯伦来降，衍使伯伦过伯之，谓曰："城中甚忿卿，欲遣信诱卿以封赏，诱，音酉。须卿复降，当生割卿手足；卿若不降，复欲遣刺客杀卿。宜深为备。"伯之惧，自是始无异志。萧衍之使郑伯伦，此孙子五间所谓因间也。须，待也。复，扶又翻。

戊寅，东昏宁朔将军徐元瑜以东府城降。青、冀二州刺史桓和入援，屯东宫。己卯，和诈东昏，云出战，因以其众来降。光禄大夫张瓌弃石头还宫。李居士以新亭降于衍，琅邪城主张木亦降。壬午，衍镇石头，命诸军攻六门。东昏烧门内营署、官府，驱逼士民，悉入宫城，闭门自守。衍命诸军筑长围守之。守，式又翻。考异曰：齐帝纪与梁帝纪叙此事先后多不同。按齐纪皆有甲子，今用梁纪事，以齐纪甲子次之。

杨公则屯领军府垒北楼，与南掖门相对，尝登楼望战。城中遥见麾盖，以神锋弩射之，矢贯胡床，左右失色。公则曰："几中吾脚！"谈笑如初。射，而亦翻。几，居依翻。中，竹仲翻。东昏夜选勇士攻公则栅，军中惊扰；公则坚卧不起，徐命击之，东昏兵乃退。公则所领皆湘州人，素号怯懦，城中轻之，每出荡，辄先犯公则垒；公则奖厉军士，克获更多。

先是，东昏遣军主左僧庆屯京口，常僧景屯广陵，李叔献屯瓜步；及申胄自姑孰奔归，使屯破墩，据梁书鄱阳王恢传，破墩，即破冈，在曲阿界，秦始皇所凿也。先，悉荐翻。墩，音敦。以为东北声援。至是，衍遣使晓谕，皆帅其众来降。史言东昏唯孤城自守。使，疏吏翻。帅，读曰率。衍遣弟辅国将军秀镇京口，辅国将军恢镇破墩，从弟宁朔将军景镇广陵。景本名昺，李延寿作南史，避唐庙讳，改昺为景，通鉴因之。

31 十一月，丙申，魏以骠骑大将军穆亮为司空；骠，匹妙翻。骑，奇寄翻。丁酉，以北海王详为太傅，领司徒。初，详欲夺彭城王勰司徒，勰，音协。故谮而黜之；既而畏人议己，故但为大将军，至是乃居之。详贵盛翕赫，将作大匠王遇多随详所欲，私以官物给之。李延寿曰：王遇本冯翊李润镇羌，其先为羌中强族，自云姓王，后改为钳耳氏，至魏宣武时，复改为王。坐事腐刑，累迁吏部尚书，爵宕昌公。司徒长史于忠责遇于详前曰："殿下，国之周公，阿衡王室，阿衡，谓如伊尹也。郑玄曰：阿，倚也；衡，平也。伊尹汤所依倚以取平，故以为官名。所须材用，自应关旨；关旨，谓关上旨也。何至阿谀附势，损公惠私也！"遇既踧踖，踧，昌六翻。踖，资昔翻。踧踖，恭而不自安之貌。详亦惭谢。忠每以鲠直为详所忿，尝骂忠曰：

"我忧在前见尔死，不忧尔见我死时也！"忠曰："人生于世，自有定分；分，扶问翻。若应死于王手，避亦不免；若其不尔，王不能杀！"忠以讨咸阳王禧功，封魏郡公，迁散骑常侍，兼武卫将军。散，悉亶翻。骑，奇寄翻。详因忠表让之际，密劝魏主以忠为列卿，令解左右，常侍、武卫之职，常在天子左右。听其让爵。于是诏停其封，优进太府卿。详能以计疏于忠，而不知高肇已制其后矣。

32 巴东献武公萧颖胄以萧璝与蔡道恭相持不决，忧愤成疾；萧颖胄以萧衍东伐，所向战克，而已辅南康居江陵，近不能制萧璝；外无以服奸雄之心而内有肘腋之寇，此其所以忧愤成疾也。璝，古回翻。壬午，卒。卒，子恤翻。夏侯详秘之，使似其书者假为教命，密报萧衍，衍亦秘之。详征兵雍州，萧伟遣萧憺将兵赴之。璝等闻建康已危，众惧而溃，璝及鲁休烈皆降。乃发颖胄丧，赠侍中、丞相；于是众望尽归于衍。夏侯详请与萧憺共参军国，诏以详为侍中、尚书右仆射，寻除使持节、抚军将军、荆州刺史。详固让于憺。乃以憺行荆州府州军。【章：十二行本"军"作"事"；乙十一行本同。】岂特众望归衍哉，西台之权又归于憺矣。憺，徒敢翻，又徒滥翻。使，疏吏翻。

33 魏改筑圜丘于伊水之阳；齐明帝建武二年，魏孝文定圜丘于委粟山，今改之。水经：伊水出南阳县西荀渠山，东北过陆浑新城县，又东北过伊阙中，又东北至洛阳县南而北入于洛。魏盖立圜丘于洛阳之南、伊水之北。乙卯，始祀于其上。

34 魏镇南将军元英上书曰："萧宝卷荒纵日甚，虐害无辜。卷，读曰捲。其雍州刺史萧衍东伐秣陵，扫土兴兵，顺流而下；唯有孤城，更无重卫，此谓襄阳空虚也。乃皇天授我之日，旷世一逢之秋；此而不乘，将欲何待！臣乞躬帅步骑三万，直指沔阴，襄阳在沔南；水南为阴。帅，读曰率。据襄阳之城，断黑水之路。断，丁管翻。水经注：黑水出南郑北山，南流入汉。诸葛亮笺云：朝发南郑，暮宿黑水，四五十里。英盖谓得襄阳，则梁州之路断也。昏虐君臣，自相鱼肉；我居上流，威震遐迩。长驱南出，进拔江陵，则三楚之地一朝可收，太史公曰：楚有三：俗自淮、沛、陈、汝南、南郡，此西楚也；彭城以东，东海、吴、广陵，此东楚也；衡山、九江、江南、豫章、长沙，此南楚也。岷、蜀之道自成断绝。若取荆、湘，则岷、蜀趣建康之道亦绝矣。又命扬、徐二州声言俱举，魏扬州治寿阳，徐州治彭城。建业穷蹙，鱼游釜中，可以齐文轨而大同，混天地而为一。伏惟陛下独决圣心，无取疑议；此期脱爽，爽，差也。并吞无日。"事寝不报。

车骑大将军源怀上言："萧衍内侮，宝卷孤危，广陵、淮阴等戍皆观望得失。斯实天启之期，并吞之会；宜东西齐举，以成席卷之势。若使萧衍克济，上下同心，岂唯后图之难，亦恐扬州危逼。何则？寿春之去建康才七百里，魏置扬州於寿春，见上卷上年。山川水陆，皆彼所谙。谙，乌含翻。彼若内外无虞，君臣分定，乘舟藉水，倏忽而至，未易当也。分，扶问翻。易，弋豉翻。今宝卷都邑有土崩之忧，边城无继援之望，廓清江表，正在今日。"魏主乃以任城王澄为都督淮南诸军事、镇南大将军、开府仪同三司、扬州刺史，使为经略；既而不果。使魏从二臣之计，画江为境，不待侯景之乱也。任，音壬。怀，贺之子也。源贺，秃发傉檀之子，入魏，赐姓源氏。

东豫州刺史田益宗上表曰："萧氏乱常，君臣交争，江外州镇，中分为两，谓西阳以西尽归萧衍，历阳以下犹属建康也。东西抗峙，已淹岁时。民庶穷于转输，甲兵疲于战斗，事救于目前，力尽于麾下，无暇外维州镇，纲纪庶方，藩城棋立，孤存而已。不乘机电扫，廓彼蛮疆，恐后之经略，未易于此。易，以豉翻。且寿春虽平，三面仍梗，镇守之宜，实须豫设。义阳差近淮源，利涉津要，朝廷行师，必由此道。水经：淮水出南阳平氏县胎簪山，东北过桐柏山，又东径义阳县，故曰义阳差近淮源。淮源浅狭，魏人行师以此地为利涉津要。若江南一平，有事淮外，谓若萧衍平定江南，势必用兵淮外。须乘夏水泛长，列舟长淮；此谓江南用兵之常势。泛长，知两翻。师赴寿春，须从义阳之北，此谓魏师赴寿春之路。便是居我喉要，谓，义阳也。在虑弥深。义阳之灭，今实时矣。度彼不过须精卒一万二千；度，徒洛翻。然行师之法，贵张形势。请使两荆之众西拟随、雍，两荆，谓魏置荆州于穰城、东荆州于泚阳也。随、雍，谓随郡、襄阳也。雍，于用翻。扬州之卒顿于建安，得捍三关之援；然后二豫之军直据南关，对抗延头，二豫，谓魏置豫州于汝南、东豫州于新息也。南关，谓阴山关。延头，在安陆界。遣一都督总诸军节度，季冬进师，迄于春末，不过十旬，克之必矣。”考异曰：益宗传曰：“世宗纳之，遣元英攻义阳。”按英攻义阳在景明四年八月。此表言萧氏君臣交争，则是梁武攻东昏时。盖益宗建策于今日，而行于后年耳。元英又奏称：“今宝卷骨肉相残，藩镇鼎立。义阳孤绝，密迩王土，内无兵储之固，外无粮援之期，此乃欲焚之鸟，不可去薪，去，羌吕翻。授首之寇，岂容缓斧！若失此不取，岂唯后举难图，亦恐更为深患。今豫州刺史司马悦已戒严垂发，东豫州刺史田益宗兵守三关，请遣军司为之节度。”魏主乃遣直寝羊灵引为军司。直寝，因直寝殿以为官称。益宗遂入寇。建宁太守黄天赐与益宗战于赤亭，宋有建宁左郡，孝武大明八年，省建宁左郡为建宁县，属西阳郡，后复为郡。隋志：黄州麻城县，旧置建宁郡。又，宋文帝元嘉二十五年，以豫部蛮民置二十八县，赤亭其一也。水经注：举水自湖陂城南流，径赤亭下，谓之赤亭水。西阳五水蛮，赤亭其一也。天赐败绩。考异曰：魏帝纪：“七月乙未，田益宗破萧宝卷将黄天赐于赤亭。”田益光传：“景明初，萧衍遣军主吴子阳帅众寇三关，益宗遣光城太守梅与之据长风城逆击子阳，大破之，斩获千馀级。”按吴子阳乃东昏将，非衍将也。且衍方与东昏相拒，何暇寇魏三关！此必益宗传误。“益光传”当作“益宗传”。

35 崔慧景之逼建康也，东昏侯拜蒋子文为假黄钺、使持节、相国、太宰、大将军、录尚书事、扬州牧、钟山王；使，疏吏翻。及衍至，又尊子文为灵帝，迎神像入后堂，使巫祷祀求福。及城闭，城中军事悉委王珍国；兖州刺史张稷入卫京师，以稷为珍国之副。稷，瓌之弟也。张瓌时为光禄大夫。

时城中实甲犹七万人，东昏素好军陈，与黄门、刀敕及宫人于华光殿前习战斗，诈作被创势，使人以板掆去，用为厌胜。好，呼到翻。陈，读曰阵。被，皮义翻。创，初良翻。掆，音冈。厌，于叶翻，又于琰翻。常于殿中戎服、骑马出入，以金银为铠胄，具装饰以孔翠。孔、翠，孔雀、翡翠也。铠，苦亥翻。昼眠夜起，一如平常。闻外鼓叫声，被大红袍，登景阳楼屋上望之，今建康法宝寺，景阳楼故基也。被，皮义翻。弩几中之。几，居依翻。中，竹仲翻。

始，东昏与左右谋，以为陈显达一战即败，崔慧景围城寻走，谓衍兵亦然，敕太官办樵、米为百日调而已。调，徒钓翻，算度也。及大桁之败，众情凶惧。凶，凶勇翻。茹法珍等恐士民逃溃，故闭城不复出兵。复，扶又翻。既而长围已立，堑栅严固；然后出荡，屡战不捷。堑，士艳翻。

东昏尤惜金钱，不肯赏赐；法珍叩头请之，东昏曰："贼来独取我耶！何为就我求物！"后堂储数百具榜，榜，比朗翻，木片也。启为城防；东昏欲留作殿，竟不与。又督御府作三百人精仗，待围解以拟屏除，屏，必郢翻。金银雕镂杂物，倍急于常。众皆怨怠，不为致力。外围既久，城中皆思早亡，莫敢先发。

茹法珍、梅虫儿说东昏曰：镂，卢侯翻。为，于伪翻。说，式芮翻。"大臣不留意，使围不解，宜悉诛之。"王珍国、张稷惧祸，珍国密遣所亲献明镜于萧衍，衍断金以报之。镜所以照物；献镜者，欲衍照其心也。易大传曰：二人同心，其利断金。故衍取以为报。断，丁乱翻，王肃丁管翻。兖州中兵参军【章：十二行本“军”下有“冯翊”二字；乙十一行本同。】张齐，稷之腹心也，珍国因齐密与稷谋，同弑东昏。齐夜引珍国就稷，造膝定计，造，七到翻。造，至也。对席而坐，两下促席俱前至膝，以定密谋，故曰造膝定计。齐自执烛；又以计告后阁舍人钱强。后阁舍人，盖江左所置，使主殿后阁者也。按后阁舍人，常在宫中，观徐龙驹事可见。十二月，丙寅夜，强密令人开云龙门，珍国、稷引兵入殿，御刀丰勇之为内应。丰勇之，右卫军人，为东昏所委任。姓谱：丰姓，郑七穆子丰之后。东昏在含德殿作笙歌，寝未熟，闻兵入，趋出北户，欲还后宫，门已闭。宦者黄泰平刀伤其膝，仆地，张齐斩之。东昏时年十九。稷召尚书右仆射王亮等列坐殿前西钟下，令百僚署笺，以黄油裹东昏首，黄绢施油可以御雨，谓之黄油。以黄油裹物，表可见里，盖欲萧衍易于审视也。遣国子博士范云等送诣石头。考异曰：南史王亮传曰：“张稷等议立湘东嗣王宝晊。领军王莹曰：‘城闭已久，人情离解，征东在近，何不谘问！’”按时和帝已立，稷等知建康不可守，故弑东昏，岂敢复议立宝晊！今从齐纪。右卫将军王志叹曰：“冠虽弊，何可加足！”取庭中树叶挼服之，挼，奴禾翻，两手相切摩也；今俗语云挼莎。伪闷，不署名。衍览笺无志名，心嘉之。亮，莹之从弟；志，僧虔之子也。王莹，萧衍引为相国左长史。王僧虔，齐初位登台司。衍与范云有旧，衍与云同游竟陵西邸，见一百三十六卷武帝永明二年。即留参帷幄。王亮在东昏朝，以依违取容。萧衍至新林，百僚皆间道送款，朝，直遥翻。间，古苋翻。亮独不遣。东昏败，亮出见衍，衍曰：“颠而不扶，安用彼相！”亮曰：“若其可扶，明公岂有今日之举！”论语，孔子曰：“危而不持，颠而不扶，则将焉用彼相矣。”衍引以诘王亮。城中出者，或被劫剥。杨公则亲帅麾下陈于东掖门，卫送公卿士民，故出者多由公则营焉。彼，皮义翻。帅，读曰率。衍使张弘策先入清宫，封府库及图籍。于时城内珍宝委积，弘策禁勒部曲，秋毫无犯。收潘妃及嬖臣茹法珍、梅虫儿、王咺之等四十一人皆属吏。陈，读曰阵。茹，音如。咺，况晚翻。属，之欲翻。

36 初，海陵王之废也，事见一百三十九卷明帝建武元年。王太后出居鄱阳王故第，号宣德宫。乙【章：十二行本"乙"作"己"；乙十一行本同。】巳，萧衍以宣德太后令追废涪陵王为东昏侯，涪，音浮。褚后及太子诵并为庶人。以衍为中书监、大司马、录尚书事、骠骑大将军、扬州刺史，封建安郡公，依晋武陵王遵承制故事，百僚致敬；不待西台诏命而以宣德太后令高自署置，萧衍之心，路人所知也，岂必待范云、沈约发其端哉？武陵王遵事，见一百一十三卷晋安帝元兴三年。以王亮为长史。壬申，更封建安王宝寅为鄱阳王。更，工衡翻。癸酉，以司徒、扬州刺史晋安王宝义为太尉，领司徒。

己卯，衍入屯阅武堂，下令大赦。又下令："凡昏制谬赋、淫刑滥役外，可详检前原，悉皆除盪；"原"，南史作"源"。前源，谓日前兴事之源也。"盪"字作"荡"，音徒朗翻。其主守散失诸所损耗，精立科条，咸从原例。"原，赦也。守，式又翻。又下令："通检尚书众曹，东昏时诸诤讼失理诤，读曰争。及主者淹停不时施行者，精加讯辩，依事议奏。"讯，问也。王制：三讯然后制刑。辩，别白也。左传曰：子辞，君必辩焉。辩，兵免翻。又下令："收葬义师，瘗逆徒之死亡者。"瘗，一计翻。潘妃有国色，衍欲留之，以问侍中、领军将军王茂，茂曰："亡齐者此物，留之恐贻外议。"乃缢杀于狱，并诛嬖臣茹法珍等。缢，于赐翻，又于计翻。嬖，卑义翻，又博计翻。茹，音如。以宫女二千分赉将士。赉，洛代翻。乙酉，以辅国将军萧宏为中护军。

衍之东下也，豫州刺史马仙琕拥兵不附衍，琕，部田翻。衍使其故人姚仲宾说之，说，输芮翻。仙琕先为设酒，乃斩于军门以徇。衍又遣其族叔怀远说之，仙琕曰："大义灭亲，"又欲斩之；军中为请，乃得免。说，式芮翻。为，于伪翻。衍至新林，仙瑝犹于江西日抄运船。豫州治历阳，在大江之西。抄，楚交翻。衍围宫城，州郡皆遣使请降，使，疏吏翻。降，户江翻。吴兴太守袁昂独拒境不受命。昂，顗之子也。袁顗死于义嘉之难。衍使驾部郎考城江革曹魏置二十三郎，驾部其一也。杜佑曰：宋、齐驾部属左民尚书。为书与昂曰："根本既倾，枝叶安附？今竭力昏主，未足为忠；家门屠灭，非所谓孝。岂若翻然改图，自招多福！"昂复书曰："三吴内地，非用兵之所；况以偏隅一郡，何能为役！自承麾旆届止，莫不膝袒军门。膝袒，谓膝行肉袒也。唯仆一人敢后至者，政以内揆庸素，文武无施，虽欲献心，不增大师之勇；置其愚默，宁沮众军之威。沮，在吕翻。幸借将军含弘之大，可得从容以礼。窃以一餐微施，尚复投殒；从，千容翻。施，式豉翻。投殒，言投命殒身也。复，扶又翻。况食人之禄而顿忘一旦，非唯物议不可，亦恐明公鄙之，所以踌躇，未遑荐璧。"荐璧，谓衔璧而降也。荐，进也。昂问时事于武康令北地傅暎，吴分乌程、馀杭立永安县；晋武帝太康元年，更名武康，属吴兴郡。暎曰："昔元嘉之末，开辟未有，故太尉杀身以明节。袁淑赠太尉；淑死见一百二十七卷宋文帝元嘉三十年。司徒当寄托之重，理无苟全，所以不顾夷险以徇名义。司徒，谓昂父顗也；顗死见一百三十一卷宋明帝泰始二年。今嗣主昏虐，曾无悛改；荆、雍协举，乘据上流，悛，丑缘翻。雍，于用翻。天人之意可知。愿明府深虑，无取后悔。"及建康平，衍使豫州刺史李元履巡抚东土，敕元履曰："袁昂道素之门，世有忠节，即谓淑、顗也。天下须共容之，勿以兵威陵辱。"元履至吴兴，宣衍旨；昂亦不请降，开门撤备而已。仙瑝闻台城不守，号泣谓将士曰："我受人任寄，义不容降，君等皆有父母；我为忠臣，君为孝子，不亦可乎！"乃悉遣城内兵出降，馀壮士数十，闭门独守。俄而兵入，围之数十重。号，户刀翻。重，直用翻。仙琕令士皆持满，兵不敢近。近，其靳翻。日暮，仙琕乃投弓曰："诸君但来见取，我义不降。"乃槛送石头。衍释之，使待袁昂至俱入，曰："令天下见二义士。"衍谓仙琕曰："射钩、斩袪，昔人所美。卿勿以杀使断运自嫌。"断，音短。仙琕谢曰："小人如失主犬，后主饲之，则复为用矣。"饲，祥吏翻。复，扶又翻，又如字。衍笑，皆厚遇之。丙戌，萧衍入镇殿中。

37 刘希祖既克安成，移檄湘部，始兴内史王僧粲应之。僧粲自称湘州刺史，引兵袭长沙。去城百馀里，于是湘州郡县兵皆蜂起以应僧粲，唯临湘、湘阴、浏阳、罗四县尚全。临湘、罗二县，自汉以来属长沙郡。吴立浏阳县，亦属长沙。宋苍梧王元徽二年分益阳、湘西、罗及巴峡流民立湘阴县，属湘东郡。隋改临湘为长沙县，潭州治所也。唐废罗县入湘阴，属岳州。浏阳今仍属潭州。浏，音留，又音柳。长沙人皆欲泛舟走，行事刘坦悉聚其舟焚之，遣军主尹法略拒僧粲。战数不利，数，所角翻。前湘州镇军钟玄绍按当时州府官属无镇军之称，此必梁书之误。潜结士民数百人，刻日翻城应僧粲。坦闻其谋，阳为不知，因理讼至夜，而城门遂不闭以疑之。玄绍未发，明旦，诣坦问其故。坦久留与语，密遣亲兵收其家书。玄绍在坐，而收兵已报，具得其文书本末。玄绍即首服，坐，徂卧翻；下于坐同。首，手又翻。于坐斩之；焚其文书，馀党悉无所问。众愧且服，州郡遂安。法略与僧粲相持累月。建康城平，杨公则还州。僧粲等散走。王丹为郡人所杀，王丹先以南康应刘希祖。刘希祖亦举郡降。公则克己廉慎，轻刑薄赋，顷之，湘州户口几复其旧。几，居依翻。

聂崇岐标点王崇武覆校

资治通鉴卷第一百四十五

端明殿学士兼翰林侍读学士朝散大夫右谏议大夫
充集贤殿修撰提举西京嵩山崇福宫上柱国河内郡 司马光 奉敕编集
开国侯食邑一千八百户食实封六百户赐紫金鱼袋臣
后学天台 胡三省 音注

梁纪一 起玄黓敦牂(壬午)，尽阏逢涒滩(甲申)，凡三年。齐宣德太后诏萧衍自建安郡公进爵梁公，衍志也。寻进爵为王，寻受齐禅，国因号曰梁。

高祖武皇帝 讳衍，字叔达，小字练儿，南兰陵中都里人，姓萧氏。与齐同出淮阴令整，三世至顺之，顺之于齐高帝为族弟，帝，顺之之子也。按通鉴武皇帝纪凡十八卷，以一二为次，此卷"武皇帝"之下合有"一"字。

天监元年(壬午、五〇二)自是年三月以前，犹是齐和帝中兴二年。

1 春，正月，齐和帝遣兼侍中席阐文等慰劳建康。劳，力到翻。

2 大司马衍下令："凡东昏时浮费，自非可以习礼乐之容，缮甲兵之备者，馀皆禁绝。"

3 戊戌，迎宣德太后入宫，临朝称制；衍解承制。衍承制见上卷上年。蹔解之以觇人心。朝，直遥翻。

4 己亥，以宁朔将军萧昺监南兖州诸军事。昺，衍之从父弟也。昺，兵永翻。昺与帝同祖治书侍御史道赐。监，工衔翻。从，才用翻。

5 壬寅，进大司马衍都督中外诸军事，剑履上殿，赞拜不名。上，时掌翻。

6 己酉，以大司马长史王亮为中书监、尚书令。

7 初，大司马与黄门侍郎范云、南清河太守沈约、司徒右长史任昉同在竟陵王西邸，事见一百三十六卷齐武帝永明二年。守，式又翻。任，音壬。昉，分两翻。意好敦密，敦，厚也。好，呼到翻。至是，引云为大司马谘议参军、领录事，衍录尚书，其录府事使云领之。约为骠骑司马，为衍骠骑大将军府司马。骠，匹妙翻。骑，奇寄翻。昉为记室参军，与参谋议。前吴兴太守谢朏、国子祭酒何胤先皆弃官家居，齐明帝建武初，朏、胤皆弃官去。朏，敷尾翻。先，悉荐翻。衍奏征为军谘祭酒，朏、胤皆不至。

大司马内有受禅之志，沈约微扣其端，大司马不应；他日，又进曰："今与古异，不可以淳风期物。淳风，谓淳古之风也。士大夫攀龙附凤，皆望有尺寸之功。今童儿牧竖皆知齐祚已终，明公当承其运，天文谶记又复炳然；谶，楚谮翻。天心不可违，人情不可失。苟历数所在，虽欲谦光，亦不可得已。"易曰：谦尊而光。大司马曰："吾方思之。"约曰："公初建牙樊、沔，此时应思；沔，弥兖翻。今王业已成，何所复思！若不早定大业，脱有一人立异，即损威德。且人非金石，时事难保，岂可以建安之封遗之子孙！复，扶又翻；下无复、岂复同。遗，唯季翻。若天子还都，公卿在位，则君臣分定，分，扶问翻。无复异心，君明于上，臣忠于下，岂复有人方更同公作贼！"大司马然之。约出，大司马召范云告之，云对略同约旨，大司马曰："智者乃尔暗同。卿明早将休文更来！"将，携也，挟也，领也。休文，沈约字也。云出，语约，约曰："卿必待我！"云许诺，而约先期入。语，牛倨翻。先，悉荐翻。大司马命草具其事，约乃出怀中诏书并诸选置，大司马初无所改。俄而云自外来，至殿门，不得入，徘徊寿光阁外，但云"咄咄！"江南禁中有寿光省。咄，当没翻。毛晃曰：

咄咄，咨嗟语也。约出，问曰："何以见处？"约举手向左，谓处之以尚书左仆射也。处，昌吕翻。云笑曰："不乖所望。"有顷，大司马召云入，叹约才智纵横，纵，子容翻。且曰："我起兵于今三年矣，东昏侯永元二年十一月，衍起兵，至是首尾三年。功臣诸将实有其劳，将，即亮翻。然成帝业者，卿二人也。"

甲寅，诏进大司马位相国，总百揆，扬州牧，封十郡为梁公，时以豫州之梁郡、历阳、南徐州之义兴、扬州之淮南、宣城、吴兴、会稽、新安、东阳凡十郡为梁公国。相，息亮翻。备九锡之礼，置梁百司，去录尚书之号，去，羌吕翻。骠骑大将军如故。二月，辛酉，梁公始受命。

齐湘东王宝晊，晊，之日翻。安陆昭王缅之子也，缅，齐明帝之弟。缅，弥兖翻。颇好文学。好，呼到翻。东昏侯死，宝晊望物情归己，坐待法驾。既而王珍国等送首梁公，梁公以宝晊为太常，宝晊心不自安。壬戌，梁公称宝晊谋反，并其弟江陵公宝览、汝南公宝宏皆杀之。

8 丙寅，诏梁国选诸要职，悉依天朝之制。朝，直遥翻。于是以沈约为吏部尚书兼右仆射，范云为侍中。

梁公纳东昏余妃，颇妨政事，范云以为言，梁公未之从。云与侍中、领军将军王茂同入见，自沈约至王茂，皆梁国官也。见，贤遍翻。云曰："昔沛公入关，妇女无所幸，此范增所以畏其志大也。事见九卷汉高帝元年。今明公始定建康，海内想望风声，奈何袭乱亡之迹，以女德为累乎！"左传：富辰曰：女德无极。杜预注云：妇女之志，近之则不知止足。累，力瑞翻。王茂起拜曰："范云言是也。公必以天下为念，无宜留此。"梁公默然。云即请以余氏赉王茂，赉，洛代翻。梁公贤其意而许之。明日，赐云、茂钱各百万。

丙戌，诏梁公增封十郡，进爵为王。时以豫州之南谯、庐江，江州之寻阳，郢州之武昌、西阳，南徐州之南琅邪、南东海、晋陵，扬州之临海、永嘉十郡益梁国。癸巳，受命，赦国内及府州【章：十二行本“州”下有“所统”二字；乙十一行本同；孔本同；退斋校同。】殊死以下。自进爵为王已上，凡诏皆以宣德太后称制行之。

9 辛丑，杀齐邵陵王宝攸、晋熙王宝嵩、桂阳王宝贞。南史齐纪作“宝攸”，本传作“宝修”。三王皆明帝之子。

梁王将杀齐诸王，防守犹未急。鄱阳王宝寅家阉人颜文智与左右麻拱等密谋，穿墙夜出宝寅，具小船于江岸，着乌布襦，着，则略翻。襦，汝朱翻，短衣也。腰系千馀钱，潜赴江侧，蹑屩徒步，足无完肤。屩，居勺翻，草履也。防守者至明追之，宝寅诈为钓者，随流上下十馀里，追者不疑。待散，乃渡西岸投民华文荣家，待散，待追者散也。华，户化翻。文荣与其族人天龙、惠连弃家将宝寅遁匿山涧，赁驴乘之，昼伏夜行，抵寿阳之东城。魏戍主杜元伦驰告扬州刺史任城王澄，以车马侍卫迎之。任，音壬。宝寅时年十六，徒步憔悴，悴，秦醉翻。见者以为掠卖生口。澄待以客礼，宝寅请丧君斩衰之服，澄遣人晓示情礼，以丧兄齐衰之服给之。丧，息浪翻。衰，仓回翻。齐，音咨。澄帅官僚赴吊，宝寅居处有礼，一同极哀之节。礼，居君父之丧极哀。帅，读曰率。处，昌吕翻。寿阳多其义故，皆受慰唁；抚而安之曰慰，吊生曰唁，唁，与喭同，鱼战翻。唯不见夏侯一族，夏侯之族本谯郡谯人，居于寿阳。夏，户雅翻。以夏侯详从梁王故也。澄深器重之。为萧宝寅贵显于魏而不终张本。

10 齐和帝东归，将东归建康也。以萧憺为都督荆·湘等六州诸军事、荆州刺史。憺，徒敢翻，又徒滥翻。荆州军旅之后，公私空乏，憺厉精为治，治，直吏翻。广屯田，省力役，存问兵死之家，供其乏困。自以少年居重任，少，诗照翻。谓佐吏曰：“政之不臧，士君子所宜共惜。吾今开怀，卿其无隐！”于是人人得尽意，民有讼者皆立前待符教，决于俄顷，曹无留事。荆人大悦。

11 齐和帝至姑孰，丙辰，下诏禅位于梁。

12 丁巳，庐陵王宝源卒。非疾也。宝源者，齐明帝第五子。

13 鲁阳蛮鲁北燕等起兵攻魏颍州。魏置颍州于汝阴，又，颍川郡旧置颍州。

14 夏，四月，辛酉，宣德太后令曰：“西诏至，齐和帝虽已至姑孰，其地犹在建康之西，故曰西诏。帝宪章前代，宪章前代者，以前代为法度也。敬禅神器于梁，明可临轩，明，谓明旦也。遣使恭授玺绂，未亡人归于别宫。”古者君薨，其夫人在者自称未亡人。使，疏吏翻。玺，斯氏翻。绂，音弗。壬戌，发策，遣兼太保、尚书令亮等奉皇帝玺绂诣梁宫。亮，王亮也。丙寅，梁王即皇帝位于南郊，大赦，改元。始改元天监。是日，追赠兄懿为丞相，封长沙王，谥曰宣武，葬礼依晋安平献王故事。懿为东昏侯所杀，葬不成礼，今依晋葬安平王孚礼葬之。

丁卯，奉和帝为巴陵王，宫于姑孰，优崇之礼，皆仿齐初。仿齐奉汝阴王之礼。奉宣德太后为齐文帝妃，王皇后为巴陵王妃。齐世王、侯封爵，悉从降省，降者，王降公，公降侯。省者，除其封国。省，所梗翻。唯宋汝阴王不在除例。备三恪也。

追尊皇考为文皇帝，庙号太祖；皇妣为献皇后。考异曰：南史云五月追尊。今从梁书。追谥妃郗氏曰德皇后。东昏侯永元元年，郗氏卒于襄阳。郗，丑之翻。封文武功臣车骑将军夏侯详等十五人为公、侯。骑，奇寄翻。立皇弟中护军宏为临川王，南徐州刺史秀为安成王，雍州刺史伟为建安王，雍，于用翻。左卫将军恢为鄱阳王，荆州刺史憺为始兴王；以宏为扬州刺史。

丁卯，以中书监王亮为尚书令，相国左长史王莹为中书监，吏部尚书沈约为尚书仆射，长兼侍中范云为散骑常侍、吏部尚书。

15 诏凡后宫、乐府、西解、暴室诸妇女一皆放遣。解，读曰廨。一皆放遣，一切尽放遣之也。

16 戊辰，巴陵王卒。时上欲以南海郡为巴陵国，徙王居之。沈约曰："古今殊事，魏武所云'不可慕虚名而受实祸。'"沈约梦齐和帝剑断其舌，天之报应固不爽也。上颔之，乃遣所亲郑伯禽诣姑孰，以生金进王，王曰："我死不须金，醇酒足矣。"乃饮沈醉；沈，持林翻。伯禽就摺杀之。时年十五。摺，落合翻。

王之镇荆州也，琅邪颜见远为录事参军，及即位，为治书侍御史兼中丞，治，直之翻。既禅位，见远不食数日而卒。史言齐臣以死殉和帝者仅一颜见远。上闻之曰："我自应天从人，曰从人者，避皇考顺之讳也。何预天下士大夫事，而颜见远乃至于此！"此言不可以训。

17 庚午，诏："有司依周、汉故事，议赎刑条格，舜典曰：金作赎刑。注曰：误入而刑，出金以赎罪。周穆王训夏赎刑，亦以五刑之辟，疑者罚赎。至汉文帝令民入粟以赎罪；武帝令死罪入赎，钱五十万减死一等。盖自虞及周疑误者赎，汉则凡犯罪者皆可得而入赎。凡在官身犯鞭杖之罪，悉入赎停罚，其台省令史、士卒欲赎者听之。"

18 以谢沭县公宝义为巴陵王，奉齐祀。上之受禅也，宝义以晋安王降封谢沭县公。晋志谢沭县属临贺郡。沭，食聿翻。宝义幼有废疾，不能言，故独得全。

齐南康侯子恪及弟祁阳侯子范尝因事入见，子恪、子范，齐豫章王嶷子也。祁阳县，吴立，宋属零陵郡。见，贤遍翻。上从容谓曰：从，千容翻。"天下公器，非可力取，苟无期运，虽项籍之力终亦败亡。宋孝武性猜忌，兄弟粗有令名者皆鸩之，谓南平王铄也。粗，坐五翻。朝臣以疑似枉死者相继。谓颜竣、王僧达、周朗、沈怀文等。朝，直遥翻。然或疑而不能去，去，羌吕翻；下同。或不疑而卒为患，如卿祖以材略见疑，而无如之何。此正指疑而不能去者，谓齐高帝也。卒，子恤翻。湘东以庸愚不疑，而子孙皆死其手。此正指不疑而卒为患者，谓明帝尽杀孝武帝子孙也。我于时已生，彼岂知我应有今日！固知有天命者非人所害。我初平建康，人皆劝我除去卿辈以壹物心，我于时依而行之，谁谓不可！正以江左以来，代谢之际，必相屠灭，感伤和气，所以国祚不长。又，齐、梁虽云革命，事异前世，我与卿兄弟虽复绝服，五服之亲，至于袒免则无服矣。去，羌吕翻。复，扶又翻；下可复、无复同。宗属未远，齐业之初亦共甘苦，齐、宋禅代之际，帝父顺之参预佐命。情同一家，岂可遽如行路之人！卿兄弟果有天命，非我所杀；若无天命，何忽行此！当足示无度量耳。且建武涂炭卿门，谓齐明帝建武中诛高、武子孙。我起义兵，非唯自雪门耻，亦为卿兄弟报仇。为，于伪翻。卿若能在建武、永元之世永元，齐东昏侯年号。拨乱反正，谓齐明帝父子为乱，高、武子孙为正。我岂得不释戈推奉邪！我自取天下于明帝家，非取之于卿家也。昔刘子舆自称成帝子，光武言：'假使成帝更生，天下亦不可复得，况子舆乎！'事见三十九卷汉更始元年。曹志，魏武帝之孙，为晋忠臣。事见八十一卷晋武帝太康四年。况卿今日犹是宗室，我方坦然相期，卿无复怀自外之意！"无"，当作"毋"。小待，当自知我寸心。"子恪兄弟凡十六人，皆仕梁，子恪、子范、子质、子显、子云、子晖并以才能知名，历官清显，各以寿终。史言帝所诛夷者齐明帝之后，高帝之后固无恙也。

19 诏征谢朏为左光禄大夫、开府仪同三司，朏，敷尾翻。何胤为右光禄大夫，何点为侍中；胤、点终不就。

20 癸酉，诏"公车府谤木、肺石傍各置一函，周礼大司寇以肺石达穷民，注云：肺石，赤石也。肺，芳废翻。若肉食莫言，欲有横议，投谤木函；杜预曰：肉食，在位者。布衣处士而议朝政，谓之横议。横，户孟翻。若以功劳才器冤沈莫达，投肺石函。"沈，持林翻。

上身服浣濯之衣，常膳唯以菜蔬。每简长吏，务选廉平，皆召见于前，勖以政道。见，贤遍翻。勖，许玉翻，勉也。擢尚书殿中郎到溉为建安内史，左户侍郎刘鬷为晋安太守，杜佑曰：宋、齐度支尚书统度支、左户、右户、金部、库部六曹。鬷，子公翻。沈约曰：建安本闽越，秦立为闽中郡，汉武帝灭闽越，徙其民于江、淮间，虚其地，后有遁逃山谷间者颇出，立为冶县，属会稽。司马彪云：章安是故冶。然则临海亦冶地也。后分冶地为会稽东、南二部都尉；东部，临海是也；南部，建安是也。吴孙休永安三年，分南部立为建安郡，晋武帝太康三年分建安立晋安郡。详考沈志，建安郡则今南剑、邵武、建宁之地，晋安郡则今福州之地，沈志，洪氏隶释辩之甚详，注已见前。二人皆以廉洁著称。溉，彦之曾孙也。到彦之，宋文帝将。又著令："小县令有能，迁大县，大县有能，迁二千石。"以山阴令丘仲孚为长沙内史，武康令东海何远为宣城太守，由是廉能莫不知劝。

21 鲁阳蛮围魏湖阳，湖阳县，汉属南阳郡，晋省，元魏后于此置西淮安郡及南襄州，隋为湖阳县，唐并湖阳，入枣阳县。抚军将军李崇将兵击破之，将，即亮翻。斩鲁北燕；徙万馀户于幽、并诸州及六镇，寻叛南走，所在追讨，比及河，杀之皆尽。比，必利翻。

22 闰月，丁巳，魏顿丘匡公穆亮卒。谥法：贞心大度曰匡。

23 齐东昏侯嬖臣孙文明等，虽经赦令，犹不自安，五月，乙亥夜，帅其徒数百人，因运荻炬，束仗入南、北掖门作乱，荻炬者，束荻为火炬用也。因运此，遂束兵仗于荻中以入。嬖，卑义翻，又传计翻。帅，读曰率。烧神虎门、总章观，入卫尉府，杀卫尉洮阳愍侯张弘策。观，古玩翻。洮阳县属零陵郡。洮，音兆。前军司马吕僧珍直殿内，以宿卫兵拒之，不能却。上戎服御前殿，曰："贼夜来，是其众少，晓则走矣。"少，诗沼翻。命击五鼓，领军将军王茂、骁骑将军张惠绍闻难，引兵赴救，盗乃散走，讨捕，悉诛之。击五鼓，晋檀祇破司马国璠之故智也。骁，坚尧翻。骑，奇寄翻。难，乃旦翻。

24 江州刺史陈伯之，目不识书，得文牒辞讼，唯作大诺而已，有事，典签传口语，与夺决于主者。伯之手不能书，典签传其口之所言。豫章人邓缮、永兴人戴永忠汉会稽诸暨县，吴更名永兴。有旧恩于伯之，伯之以缮为别驾，永忠为记室参军。河南褚緭居建康，緭，于贵翻。考异曰：魏书萧宝寅传作"褚胄"，今从梁书。素薄行，仕宦不得志，频造尚书范云，云不礼之。行，下孟翻。造，七到翻。范云时为吏部尚书。緭怒，私谓所亲曰："建武以后，草泽下族悉化成贵人，吾何罪而见弃！今天下草创，饥馑不已，丧乱未可知。丧，息浪翻。陈伯之拥强兵在江州，非主上旧臣，有自疑之意；且荧惑守南斗，讵非为我出邪！晋天文志：将有天子之事，占于南斗。南斗六星，天庙也，主兵。为，于伪翻。今者一行事若无成，入魏不失作河南郡守。"守，式又翻。遂投伯之，大见亲狎。伯之又以乡人朱龙符为长流参军，陈伯之，济阴人。职官分纪：长流参军主禁防。晋从公府有长流参军；小府无长流参军，置禁防参军。颜氏家训：或问：何故名治狱参军为长流？答曰：帝王世纪云，帝少昊崩，其神降于长流之山。此事本出山海经，于祀主秋。按周礼秋官司寇主刑罚。长流之职，汉、魏捕贼掾耳；晋、宋以来，始为参军，上属司寇，故取秋帝所居为嘉名焉。并乘伯之愚暗，恣为奸利。

上闻之，使陈虎牙私戒伯之，又遣人代邓缮为别驾，伯之并不受命，表云："龙符骁勇，骁，坚尧翻。邓缮有绩效；台所遣别驾，请以为治中。"缮于是日夜说伯之云："台家府藏空竭，复无器仗，三仓无米，东境饥流，三仓，太仓、石头仓及常平仓。又按五代史志，梁司农卿主农功仓廪，统太仓等令，又管左、右、中部三仓丞。东境，三吴、会稽之地。说，式芮翻。复，扶又翻；下若复同。此万世一时也。机不可失！”缙、永忠共赞成之。伯之谓缮：“今启卿，若复不得，即与卿共反。”上敕伯之以部内一郡处缮，处，昌吕翻。于是伯之集府州僚佐谓曰：“奉齐建安王教，帅江北义勇十万，已次六合，齐建安王，萧宝寅也，时奔魏。据宋史〔书〕，六合山在乌江县界。五代志：江都郡六合县，宋、齐之秦郡尉氏县也。帅，读曰率，下同。见使以江州见力运粮速下。见力之见，贤遍翻。我荷明帝厚恩，誓死以报。”即命纂严，使缙诈为萧宝寅书以示僚佐，于听事前为坛，歃血共盟。

缙说伯之曰：荷，下可翻。听，读曰厅。歃，色甲翻。说，式芮翻。“今举大事，宜引众望。长史程元冲，不与人同心；临川内史王观，僧虔之孙，人身不恶，可召为长史以代元冲。”观，古玩翻。伯之从之，仍以缙为寻阳太守，永忠为辅义将军，龙符为豫州刺史。观不应命。豫章太守郑伯伦起郡兵拒守。程元冲既失职于家，合帅数百人，合众而帅之以攻伯之。乘伯之无备，突入至听事前；听，读与厅同。伯之自出格斗，元冲不胜，逃入庐山。庐山在江州南。伯之密遣信报虎牙兄弟，皆逃奔盱眙。盱眙，音吁怡。

戊子，诏以领军将军王茂为征南将军、江州刺史，帅众讨之。

25 魏扬州小岘戍主党法宗党，底朗翻，姓也。杜佑通典德浪翻。岘，户典翻；下同。袭大岘戍，破之，虏龙骧将军邾菩萨。骧，思将翻。菩，薄乎翻。萨，桑葛翻。

26 陈伯之闻王茂来，谓褚缙等曰：“王观既不就命，郑伯伦又不肯从，便应空手受困。今先平豫章，开通南路，多发丁力，益运资粮，然后席卷北向，以扑饥疲之众，不忧不济。”卷，读曰捲。北向，谓北下攻建康也。扑，普木翻。六月，留乡人唐盖人守城，守寻阳城。引兵趣豫章，攻伯伦，不能下。趣，七喻翻。王茂军至，伯之表里受敌，遂败走，间道渡江，与虎牙等及褚緭俱奔魏。间，古苋翻。

27 上遣左右陈建孙送刘季连子弟三人入蜀，使谕旨慰劳。劳，力到翻。季连受命，饬还装，益州刺史邓元起始得之官。

初，季连为南郡太守，不礼于元起。邓元起，南郡当阳人。都录朱道琛有罪，都录，盖郡之首吏，总录诸吏者也。琛，丑林翻。季连欲杀之，逃匿得免。至是，道琛为元起典签，说元起曰：说，式芮翻；下或说同。"益州乱离已久，公私虚耗。刘益州临归，岂办远遣迎候！道琛请先使检校，使，疏吏翻。缘路奉迎，不然，万里资粮，未易可得。"元起许之。道琛既至，言语不恭，又历造府州人士，见器物，辄夺之，有不获者，语曰：易，以豉翻。造，七到翻。语，牛倨翻。"会当属人，何须苦惜！"于是军府大惧，谓元起必诛季连，祸及党与，竞言之于季连。季连亦以为然，且惧昔之不礼于元起，乃召兵算之，有精甲十万，叹曰："据天险之地，握此强兵，进可以匡社稷，退不失作刘备，舍此安之！"遂召佐史，矫称齐宣德太后令，聚兵复反，收朱道琛，杀之。史言刘季连阻兵，衅起於朱道琛。召巴西太守朱士略及涪令李膺，并不受命。涪，音浮。是月，元起至巴西，士略开门纳之。

先是，蜀民多逃亡，闻元起至，争出投附，皆称起义兵应朝廷，军士新故三万馀人。新，谓蜀民新附者；故，谓元起从行者。先，式荐翻。元起在道久，粮食乏绝，或说之曰："蜀土政慢，民多诈疾，若检巴西一郡籍注，因而罚之，所获必厚。"谓民多诈疾，注之于籍，以避征役。说，输芮翻。元起然之。李膺谏曰："使君前有严敌，后无继援，山民始附，于我观德。言山民观望，我德则附，否则携贰。使，疏吏翻。若纠以刻薄，民必不堪，众心一离，虽悔无及。何必起疾可以济师！起疾，谓纠之以刻薄，民所不堪，则是兴长病端。一曰：起疾，谓起诈疾者。杜预曰：济，益也。膺请出图之，不患资粮不足也。”元起曰：“善。一以委卿！”膺退，帅富民上军资米，帅，读曰率。上，时掌翻。得三万斛。

28 秋，八月，丁未，命尚书删定郎济阳蔡法度损益王植之集注旧律，王植之集定张、杜律见一百三十七卷齐武帝永明九年。济，子礼翻。为梁律，仍命与尚书令王亮、侍中王莹、尚书仆射沈约、吏部尚书范云等九人同议定。

29 上素善钟律，欲厘正雅乐，乃自制四器，名之为“通”。五代史志：通，受声广九寸，宣声长九尺，临岳高一寸二分。每通皆施三弦。一曰玄英通，二曰青阳通，三曰朱明通，四曰白藏通。每通施三弦，黄钟弦用二百七十丝，长九尺，应钟弦用一百四十二丝，长四尺七寸四分差强，中间十律，以是为差。黄钟律长九寸，引而伸之为九尺。应钟律长四寸二十七分寸之二十，引而伸之为四尺七寸四分差强。中间十律以是为差者，即上生、下生，三分益一、三分去一之数也。长，直亮翻；下同。因以通声转推月气，悉无差违，而还得相中。又制十二笛，黄钟笛长三尺八寸，应钟笛长二尺三寸，中间十律以是为差，以写通声，饮古钟玉律，并皆不差。乐有饮声，饮者随其声而酌其清浊高下也。郑译因琵琶七调，以其所捻琵琶弦柱相饮为七均，合成十二，以应十二律是也。于是被以八音，八音，金、石、丝、竹、匏、土、革、木。被，皮义翻。施以七声，七声，宫、商、角、徵、羽及变宫、变徵。莫不和韵。先是，宫悬止有四镈钟，杂以编钟、编磬、衡钟凡十六虡。古者天子宫悬。周礼注云：宫悬。四面。四面象宫室有墙，故谓之宫悬。凡钟十六枚同在于虡，谓之编钟。特悬者谓之镈钟。尔雅曰：大钟谓之镈。编磬亦十六枚而同虡。先，悉荐翻。镈，补各翻。虡，其吕翻。上始命设十二镈钟，各有编钟、编磬，凡三十六虡，而去衡钟，四隅植建鼓。建鼓，大鼓也，少昊氏作之为建鼓之节。去，羌吕翻。

30 魏高祖之丧，前太傅平阳公丕自晋阳来赴，此太和二十三年事。遂留洛阳。丕年八十馀，历事六世，丕，拓跋翳槐之曾孙，从世祖临江，历景穆、文成、献文、孝文及今主凡六世。位极公辅，而还为庶人。丕得罪见一百四十一卷齐明帝建武四年。魏主以其宗室耆旧，矜而礼之。乙卯，以丕为三老。

31 魏扬州刺史任城王澄表请攻钟离，魏主使羽林监敦煌范绍诣寿阳，共量进止。澄曰："当用兵十万，往来百日，乞朝廷速办粮仗。"绍曰："今秋已向末，方欲调发，任，音壬。敦，徒门翻。量，音良。调，徒吊翻。兵仗可集，粮何由致！有兵无粮，何以克敌！"澄沈思良久曰："实如卿言。"乃止。沈，持林翻。

32 九月，丁巳，魏主如邺。冬，十月，庚子，还至怀，与宗室近侍射远，帝射三百五十馀步，群臣刻铭以美之。甲辰，还洛阳。

33 十一月，己未，立小庙以祭太祖之母，太祖之母，帝祖母也。每祭太庙毕，以一太牢祭之。

34 甲子，立皇子统为太子。

35 魏洛阳宫室始成。齐武帝永明十一年魏始营洛阳，至是宫室乃成。

36 十二月，将军张嚣之侵魏淮南，取木陵戍；魏任城王澄遣辅国将军成兴击之，【章：十二行本"之"下有"甲辰"二字；乙十一行本同；孔本同；张校同。】嚣之败走，魏复取木陵。水经注，木陵山在黄水西南，有木陵关。黄水东径晋西阳城南，又东径南光城南，又东径弋阳郡东，又东北入于淮，谓之黄口。唐志，木陵关在光州光山县南、黄州麻城县东北。复，扶又翻。

37 刘季连遣其将李奉伯等拒邓元起，将，即亮翻。元起与战，互有胜负。久之，奉伯等败，还成都，元起进屯西平。晋安帝以秦、雍流民立怀宁郡，宋文帝元嘉十六年寄治成都，其属县有西平，盖亦寄治成都城外，遂为实土。季连驱略居民，闭城固守。元起进屯蒋桥，去成都二十里，留辎重于郫。奉伯等间道袭郫，陷之，重，直用翻。郫，音疲。间，古苋翻。军备尽没。元起舍郫，径围州城；城局参军江希之谋以城降，不克而死。宋有十八曹参军，城局其一也。降，户江翻。

38 魏陈留公主寡居，仆射高肇、秦州刺史张彝皆欲尚之，公主许彝而不许肇。肇怒，谮彝于魏主，【章：十二行本"主"下有"彝"字；乙十一行本同；孔本作"寻"字；张校与孔本同。】坐沈废累年。沈，持林翻。

39 是岁，江东大旱，米斗五千，民多饿死。

二年（癸未、五〇三）

1 春，正月，乙卯，以尚书仆射沈约为左仆射，吏部尚书范云为右仆射，尚书令王亮为左光禄大夫。丙辰，亮坐正旦诈疾不登殿，削爵，废为庶人。

2 乙亥，魏主耕籍田。

3 魏梁州氐杨会叛，行梁州事杨椿等讨之。齐东昏永元二年书魏梁州刺史杨椿招降氐王杨集始，今乃为行梁州事，当考。

4 成都城中食尽，升米三千，人相食。刘季连食粥累月，计无所出。上遣主书赵景悦宣诏受季连降，降，户江翻；下同。季连肉袒请罪。邓元起迁季连于城外，俄而造焉，待之以礼。造，七到翻。季连谢曰："早知如此，岂有前日之事！"盖言前日所以阻兵拒命，实为朱道琛构间也。琿城亦降。元起诛李奉伯等，送季连诣建康。初，元起在道，惧事不集，无以为赏，士之至者皆许以辟命，于是受别驾、治中檄者将二千人。

季连至建康，入东掖门，数步一稽颡，以至上前。稽，音启。上笑曰："卿欲慕刘备，而曾不及公孙述，谓公孙述不肯降汉也。岂无卧龙之臣邪！"卧龙，谓诸葛孔明。赦为庶人。

5 三月，己巳，魏皇后蚕于北郊。

6 庚辰，魏扬州刺史任城王澄遣长风城【章：十二行本"城"作

“戍”；乙十一行本同；孔本同；退斋校同；熊校同。】主奇道显入寇，姓谱，奇姓，伯奇之后。取阴山、白藁二戍。据水经注，阴山关在弋阳县西南；唐志，黄州麻城县东北有阴山关。

7 萧宝寅伏于魏阙之下，此魏朝之阙门也。阙即古之象魏。请兵伐梁，虽暴风大雨，终不蹔移；会陈伯之降魏，亦请兵自效。魏主乃引八坐、门下入定议。八坐，谓令、仆及诸曹尚书。门下，谓侍中、散骑常侍等官。蹔，与暂同。降，户江翻。坐，徂卧翻。夏，四月，癸未朔，以宝寅为都督东扬等三州诸军事、镇东将军、扬州刺史、丹杨公、齐王，礼赐甚厚，配兵一万，令屯东城；此盖汉、晋之东城县地，以其地在寿阳之东，故置东扬州。以伯之为都督淮南诸军事、平南将军、江州刺史，屯阳石，即羊石城也，在庐江西北，霍丘东南。俟秋冬大举。宝寅明当拜命，明，谓明旦也。自夜恸哭至晨。魏人又听宝寅募四方壮勇，得数千人，以颜文智、华文荣等六人皆为将军、军主。颜文智将宝寅投华文荣，文荣等将宝寅投北。华，户花翻。宝寅志性雅重，过期犹绝酒肉，礼，为兄弟服期丧。惨形悴色，蔬食粗衣，未尝嬉笑。悴，秦醉翻。

8 癸卯，蔡法度上梁律二十卷，上，时掌翻。令三十卷，科四十卷。诏班行之。

9 五月，丁巳，霄城文侯范云卒。霄城县侯也。五代志：沔阳郡竟陵县，旧曰霄城。卒，子恤翻；下同。

云尽心事上，知无不为，临繁处剧，处，昌吕翻。精力过人。及卒，众谓沈约宜当枢管，枢管，谓管枢机也。今人犹谓枢密院为枢管。以此观之，沈约位虽在范云之右，而亲任不及云远矣。上以约轻易，易，以豉翻。不如尚书左丞徐勉，乃以勉及右卫将军【章：十二行本“军”下有“汝南”二字；乙十一行本同；孔本同；退斋校同。】周舍同参国政。舍雅量不及勉，而清简过之，两人俱称贤相，常留省内，罕得休下。休下，谓休偃下直也。勉或时还宅，群犬惊吠；每有表奏，辄焚其稿。舍豫机密二十馀年，未尝离左右，离，力智翻。国史、诏诰、仪体、法律、军旅谋谟皆掌之，与人言谑，终日不绝，谑，迄却翻，戏言也。而竟不漏泄机事，众尤服之。史究言二人终身大概。

10 壬申，断诸郡县献奉二宫，惟诸州及会稽许贡任土，若非地产，亦不得贡。断，音短；下频断同。二宫，上宫及东宫也。会稽，东土大郡也。故使之同于诸州。

11 甲戌，魏杨椿等大破叛氐，斩首数千级。是年春，氐杨会叛。

12 六月，壬午朔，魏立皇弟悦为汝南王。

13 魏扬州刺史任城王澄表称："萧衍频断东关，断，音短。欲令漅湖泛溢以灌淮南诸戍。吴、楚便水，且灌且掠，淮南之地将非国有。寿阳去江五百馀里，众庶惶惶，并惧水害，脱乘民之愿，攻敌之虚，豫勒诸州，纂集士马，有【章：十二行本"有"作"首"；乙十一行本同；孔本同；退斋校同。】秋大集，应机经略，虽混壹不能必果，江西自是无虞矣。"丙戌，魏发冀、定、瀛、相、并、济六州二万人，马一千五百匹，相，息亮翻。济，子礼翻。令仲秋之中毕会淮南，并寿阳先兵三万，先兵，先屯寿阳之兵。委澄经略；萧宝寅、陈伯之皆受澄节度。

14 谢朏轻舟出诣阙，朏，敷尾翻。诏以为侍中、司徒、尚书令。朏辞脚疾不堪拜谒，角巾自舆诣云龙门谢。诏见于华林园，见，贤遍翻。乘小车就席。明旦，上幸朏宅，谢朏仕宋及齐，有宅在建康。宴语尽欢。朏固陈本志，不许；因请自还东迎母，许之。临发，上复临幸，复，扶又翻。赋诗饯别；王人送迎，相望于道。凡将上命者皆谓之王人。及还，诏起府于旧宅，礼遇优异。朏素惮烦，不省职事，众颇失望。谢朏之于樊英又不及远甚。省，悉景翻。

15 甲午，以中书监王莹为尚书右仆射。

16 秋，七月，乙卯，魏平阳平公丕卒。

17 魏既罢盐池之禁，魏主践阼之初，中尉甄琛表弛盐禁，彭城王勰与邢峦以为不可，魏主诏从琛请。通鉴目录已提其要，此事合载于一百四十三卷齐东昏永元二年，而通鉴正文逸其事，错简置于百四十六卷天监五年。而其利皆为富强所专。庚午，复收盐池利入公。复，扶又翻。

18 辛未，魏以彭城王勰为太师，勰，音协。勰固辞。魏主赐诏敦谕，又为家人书，祈请恳至；为家人书，用家人叔侄之礼也。勰不得已，受命。

19 八月，庚子，魏以镇南将军元英都督征义阳诸军事。司州刺史蔡道恭闻魏军将至，遣骁骑将军杨由帅城外居民三千馀家保贤首山，为三栅。骁，坚尧翻。骑，奇寄翻。帅，读曰率。冬，十月，元英勒诸军围贤首栅，栅民任马驹斩由降魏。任，音壬。降，户江翻。

任城王澄命统军党法宗、傅竖眼、太原王神念等分兵寇东关、大岘、淮陵、九山，"淮陵"，恐当作"睢陵"。齐置徐州于钟离，又侨置济阴郡睢陵县于郡界。五代志：钟离郡化明县，旧曰睢陵，置济阴郡。化明，唐濠州之招义县也。或曰：宋志，南徐州领淮陵郡，睢陵、淮陵皆属汉徐部，是时既置徐州于钟离，则亦置淮陵于钟离界，未可知也。魏收志，陈留、钟离二郡有朝歌县，县有九山城、黄溪水。按水经注，黄水出黄武山，东北流，径南光城、弋阳等郡。今按今招信军盱眙县西南一十五里有三城，又西十五里至淮陵，城临池河，池河过淮陵城西而北，入于淮，谓之池河口。九山店在淮北，南直淮陵。九山店之东则陷垌湖，南则马城。淮流至此，谓之九山湾。其东则凤凰州，在淮水中，约长十里。今土人亦呼九山湾为狮子渡，北兵渡淮之津要也。岘，户典翻。高祖珍将三千骑为游军，澄以大军继其后。竖眼，灵越之子也。傅灵越从薛安都起兵，攻张永以应义嘉，兵溃而死。竖，而主翻。魏人拔关要、颍川、大岘三城，魏收志，霍州有北颍川郡，领颍川等三县。水经注，梁立霍州，治灊县天柱山。白塔、牵城、清溪皆溃。徐州刺史司马明素将兵三千救九山，将，即亮翻；下同。

徐州长史潘伯邻救淮陵，宁朔将军王燮保焦城。党法宗等进拔焦城，破淮陵，十一月，壬午，擒明素，斩伯邻。

先是，南梁太守冯道根戍阜陵，冯道根传，以南梁太守领阜陵戍。先，悉荐翻。初到，修城隍，远斥候，如敌将至，众颇笑之。道根曰："怯防勇战，此之谓也。"其周防若怯，而临战则勇。城未毕，党法宗等众二万奄至城下，众皆失色。道根命大开门，缓服登城，选精锐二百人出与魏兵战，破之。魏人见其意思闲暇，思，相吏翻。战又不利，遂引去。道根将百骑击高祖珍，破之。骑，奇寄翻。魏诸军粮运绝，引退。以道根为豫州刺史。此时梁豫州治晋熙，道根盖犹戍阜陵，特带刺史耳。

20 武兴安王杨集始卒。己未，魏立其世子绍先为武兴王；绍先幼，国事决于二叔父集起、集义。

21 乙亥，尚书左仆射沈约以母忧去职。

22 魏既迁洛阳，北边荒远，因以饥馑，百姓困弊。魏主加尚书左仆射源怀侍中、行台，魏道武置行台之官于邺中山，今置于北边。杜佑曰：魏末司马师讨诸葛诞，散骑常侍裴秀、尚书仆射陈泰、黄门侍郎钟会等以行台从。北齐行台兼统民事自辛术始，隋谓之行台省。使持节巡行北边六镇、恒·燕·朔三州，六镇，列置于三州塞下。使，疏吏翻；下同。行，下孟翻。恒，户登翻。燕，因肩翻。赈给贫乏，考论殿最，既使之赈恤贫民，又使之按察官吏。殿，丁练翻。事之得失皆先决后闻。怀通济有无，饥民赖之。沃野镇将于祚，沃野，汉朔方郡之属县也。魏平赫连，与统万同置镇，不在六镇之数。将，即亮翻；下同。皇后之世父，世父，伯父承世嫡者。与怀通婚。时于劲方用事，势倾朝野，朝，直遥翻。祚颇有受纳。怀将入镇，祚郊迎道左，怀不与语，即劾奏免官。劾，户概翻，又户得翻；下同。怀朔镇将元尼须与怀旧交，贪秽狼籍，苏鹗演义曰：狼籍者，物杂乱之貌；狼所卧籍之草皆秽乱。置酒请怀，谓怀曰："命之长短，系卿之口，岂可不相宽贷！"

怀曰："今日源怀与故人饮酒之坐，坐，徂卧翻。非鞫狱之所也。明日，公庭始为使者检镇将罪状之处耳。"尼须挥泪无以对，竟按劾抵罪。怀又奏："边镇事少而置官猥多，少，诗沼翻。沃野一镇自将以下八百馀人，将，谓镇将也。将，即亮翻。请一切五分损二。"魏主从之。

23 乙酉，将军吴子阳与魏元英战于白沙，子阳败绩。白沙在齐安郡界。魏收志，有沙州，治白沙关城，注云梁置。唐志，黄州黄陂县有白沙关。

24 魏东荆州蛮樊素安作乱，乙酉，以左卫将军李崇为镇南将军、都督征蛮诸军事，将步骑讨之。将，即亮翻。骑，奇寄翻。

25 冯翊吉翂父为原乡令，翂，抚文翻。汉灵帝中平二年分故鄣立原乡县，属吴兴郡。为奸吏所诬，逮诣廷尉，罪当死。翂年十五，檛登闻鼓，乞代父命。檛，则瓜翻。上以其幼，疑人教之，使廷尉卿蔡法度严加诱胁，取其款实。诱者，开之以生路；胁者，威之以缧索杻械，示将拷讯之。款，诚也。诱，音酉。法度盛陈拷讯之具，诘翂曰："尔求代父，敕已相许，审能死不？所谓胁之也。拷，音考。诘，去吉翻。不，读曰否。且尔童呆，若为人所教，亦听悔异。"呆，五骇翻。所谓诱之也。悔异，犹律文所谓翻异。翂曰："囚虽愚幼，岂不知死之可惮！顾不忍见父极刑，故求代之。此非细故，奈何受人教邪！明诏听代，不异登仙，岂有回贰！"反前说为回，异前说为贰。法度乃更和颜诱之曰："主上知尊侯无罪，行当得释，观君足为佳童，今若转辞，幸可父子同济。"翂曰："父挂深劾，必正刑书；囚瞑目引领，唯听大戮，劾，户概翻，又户得翻。瞑，莫定翻。无言复对。"时翂备加杻械，法度愍之，命更着小者，复，扶又翻。杻，女九翻。更，工衡翻。着，陟略翻。翂不听，曰："死罪之囚，唯宜益械，岂可减乎！"竟不脱。法度具以闻，上乃宥其父罪。

丹杨尹王志求其在廷尉事，并问乡里，欲于岁首举充纯孝。魏、晋以来举士皆由州乡，故问其乡里。玢曰："异哉王尹，何量玢之薄乎！父辱子死，道固当然；若玢当此举乃是因父取名，何辱如之！"固拒而止。量，音良。玢之拒王志是也；梁武帝知玢之孝节而不能叙用以厉流俗，非也。

26 魏主纳高肇兄偃之女为贵嫔。嫔，毗宾翻。

27 魏散骑常侍赵修，寒贱暴贵，恃宠骄恣，陵轹王公，为众所疾。散，悉亶翻。骑，奇寄翻。轹，郎击翻。魏主为修治第舍，拟于诸王，为，于伪翻。治，直之翻。邻居献地者或超补大郡。修请告归葬其父，凡财役所须，并从官给。修在道淫纵，修自洛归赵郡，在道淫纵。左右乘其出外，颇发其罪恶；及还，旧宠小衰。高肇密构成其罪，侍中、领御史中尉甄琛、黄门郎李凭、廷尉卿阳平王显，素皆谄附於修，至是惧相连及，惧以党附连坐及祸。甄，之人翻。琛，丑林翻。争助肇攻之。帝命尚书元绍检讯，下诏暴其奸恶，免死，鞭一百，徙敦煌为兵。敦，徒门翻。而修愚疏，初不之知，方在领军于劲第樗蒲，羽林数人称诏呼之，送诣领军府。甄琛、王显监罚，先具问事有力者五人，迭鞭之，监，工衔翻。问事，行杖者也。欲令必死。修素肥壮，堪忍楚毒，密加鞭至三百不死。即召驿马，促之上道，出城不自胜，上，时掌翻。胜，音升。举缚置鞍中，举，擎也。修困极不能自胜乘骑，两人对举而置之马上，缚着鞍中。急驱之，行八十里，乃死。帝闻之，责元绍不重闻，重，直用翻。闻，奏也。绍曰："修之佞幸，为国深蠹，臣不因衅除之，衅，隙也。衅，许觐翻。恐陛下受万世之谤。"帝以其言正，不罪也。绍出，广平王怀拜之曰："翁之直过于汲黯。"绍曰："但恨戮之稍晚，以为愧耳。"绍，素之孙也。常山王素见一百二十二卷宋文帝元嘉十一年。广平王怀，孝文之子，以族属长幼之次，呼绍为翁。明日，甄琛、李凭以修党皆坐免官，左右与修连坐死黜者二十馀人。散骑常侍高聪与修素亲狎，而又以宗人谄事高肇，故独得免。

三年(甲申、五〇四)

1 春，正月，庚戌，征虏将军赵祖悦与魏江州刺史陈伯之战于东关，祖悦败绩。

2 癸丑，以尚书右仆射王莹为左仆射，太子詹事柳惔为右仆射。惔，徒甘翻。

3 丙辰，魏东荆州刺史杨大眼击叛蛮樊季安等，大破之。季安，素安之弟也。

4 丙寅，魏大赦，改元正始。

5 萧宝寅行及汝阴，东城已为梁所取，乃屯寿阳栖贤寺。二月，戊子，将军姜庆真乘魏任城王澄在外，去年魏遣澄入寇，宿师于外。袭寿阳，据其外郭。长史韦缵仓猝失图；任城太妃孟氏勒兵登陴，先守要便，敌所必攻，我所必守曰要。便者，形胜可据，便于制敌之处。陴，频弥翻。激厉文武，安慰新旧，新者，寿阳兵民；旧者，北来将士。或曰：新者，新附；旧者，旧民。将【章：十二行本"将"上有"劝以赏罚"四字；乙十一行本同；孔本同；张校同。】士咸有奋志。太妃亲巡城守，守，手又翻。不避矢石。萧宝寅引兵至，与州军合击之，自四鼓战至下晡，日未入之前，为下晡。庆真败走。韦缵坐免官。

任城王澄攻钟离，上遣冠军将军张惠绍等将兵五千送粮诣钟离，冠，古玩翻。将，即亮翻。澄遣平远将军刘思祖等邀之。丁酉，战于邵阳；即邵阳州也。大败梁兵，俘惠绍等十将，杀虏士卒殆尽。思祖，芳之从子也。刘芳以儒学亲重于太和之间。败，补迈翻。将，即亮翻。从，才用翻。尚书论思祖功，应封千户侯；侍中、领右卫将军元晖求二婢于思祖，不得，事遂寝。史言魏赏罚失当。晖，素之孙也。

上遣平西将军曹景宗、后军王僧炳等帅步骑三万救义阳。后军者，后军将军也。帅，读曰率。僧炳将二万人据凿岘，凿岘在关南。今信阳军南三十五里有曹店，即景宗屯凿岘口所筑。岘，户典翻。景宗将万人为后继，元英遣冠军将军元逞等据樊城以拒之。三月，壬申，大破僧炳于樊城，俘斩四千馀人。僧炳败于樊城，未得至凿岘也。否则此非襄阳之樊城，自别是一处。

魏诏任城王澄，以"四月淮水将涨，舟行无碍，南军得时，勿昧利以取后悔。"会大雨，淮水暴涨，澄引兵还寿阳。魏军还既狼狈，失亡四千馀人。中书侍郎齐郡贾思伯为澄军司，居后为殿，殿，丁练翻。澄以其儒者，谓之必死，及至，大喜曰："'仁者必有勇'，论语孔子之言。于军司见之矣。"思伯托以失道，不伐其功。有司奏夺澄开府，仍降三阶。上以所获魏将士请易张惠绍于魏，魏人归之。考异曰：惠绍传无被获及复还事。今从魏书。

6 魏太傅、领司徒、录尚书北海王详，骄奢好声色，贪冒无厌，好，呼到翻。冒，莫北翻。厌，于盐翻。广营第舍，夺人居室，嬖昵左右，所在请托，中外嗟怨。嬖，卑义翻，又博计翻。昵，尼质翻。魏主以其尊亲，恩礼无替，军国大事皆与参决，所奏请无不开允。魏主之初亲政也，以兵召诸叔，事见上卷齐和帝中兴元年。详与咸阳、彭城王共车而入，防卫严固。高太妃大惧，乘车随而哭之。既得免，谓详曰："自今不愿富贵，但使母子相保，与汝扫市为生耳。"及详再执政，齐和帝中兴元年正月，魏主亲政，十一月，详为司徒。太妃不复念前事，复，扶又翻。专助详为贪虐。冠军将军茹皓，以巧思有宠于帝，茹，音如。思，相吏翻。常在左右，传可门下奏事，弄权纳贿，朝野惮之，详亦附焉。皓娶尚书令高肇从妹，皓妻之姊为详从父安定王燮之妃；详烝于燮妃，由是与皓益相昵狎。朝，直遥翻；下同。从，才用翻。昵，尼质翻。直阁将军刘胄，本详所引荐，殿中将军常季贤以善养马，陈扫静掌栉，栉，侧瑟翻，梳也。皆得幸于帝，与皓相表里，卖权势。

高肇本出高丽，时望轻之。丽，力知翻。帝既黜六辅，魏高祖殂，使六人受遗辅幼主，事见一百四十二卷齐东昏侯永元元年。诛咸阳王禧，事见上卷齐和帝中兴元年。专委事于肇。肇以在朝亲族至少，少，诗沼翻。乃邀结朋援，附之者旬月超擢，不附者陷以大罪。尤忌诸王，以详位居其上，欲去之，独执朝政，去，羌吕翻。乃谮之于帝，云"详与皓、胄、季贤、扫静谋为逆乱。"夏，四月，帝夜召中尉崔亮入禁中，使弹奏详贪淫奢纵，及皓等四人怙权贪横，收皓等系南台，横，户孟翻。南台，御史台也。遣虎贲百人围守详第。贲，音奔。又虑详惊惧逃逸，遣左右郭翼开金墉门驰出谕旨，示以中尉弹状，详曰："审如中尉所纠，何忧也！正恐更有大罪横至耳。横，户孟翻。人与我物，我实受之。"诘朝，有司奏处皓等罪，皆赐死。诘，去吉翻。处，昌吕翻。

帝引高阳王雍等五王入议详罪。详单车防卫，送华林园，母妻随入，给小奴弱婢数人，围守甚严，内外不通。五月，丁未朔，下诏宥详死，免为庶人。顷之，徙详于太府寺，围禁弥急，母妻皆还南第，五日一来视之。

初，详娶宋王刘昶女，待之疏薄。昶，丑丙翻。详既被禁，高太妃乃知安定高妃事，大怒曰："汝妻妾盛多如此，安用彼高丽婢，陷罪至此！"丽，力知翻。杖之百馀，被创脓溃，旬馀乃能立。被，皮义翻。创，初良翻。又杖刘妃数十，曰："妇人皆妒，何独不妒！"刘妃笑而受罚，卒无所言。卒，子恤翻；下同。

详家奴数人阴结党辈，欲劫出详，密书姓名，托侍婢通于详。详始得执省，省，悉景翻。省，犹视也。而门防主司遥见，突入就详手中揽得，奏之，详恸哭数声，暴卒。诏有司以礼殡葬。门防主司，主门卫之兵以防守详者。

先是，典事史元显献鸡雏，四翼四足，典事，犹今尚书六部主事，吏职也。江南制局监有典事。先，悉荐翻。诏以问侍中崔光。光上表曰："汉元帝初元中，丞相府史家雌鸡伏子，渐化为雄，师古曰：初尚伏子，后乃稍稍化为雄也。伏，音房富翻。冠距鸣将。师古曰：距，鸡附足骨，斗时所用刺之。将，谓帅领其群也。永光中，有献雄鸡生角，刘向以为'鸡者小畜，主司时起居人，畜，许又翻。师古曰：至时而鸣，以为人起居之节。小臣执事为政之象也。事见西汉书五行志。竟宁元年，石显伏辜，此其效也。'灵帝光和元年，南宫寺雌鸡欲化为雄，但头冠未变，诏以问议郎蔡邕，对曰：'头为元首，人君之象也。今鸡一身已变，未至于头，而上知之，是将有其事而不遂成之象也。若应之不精，政无所改，头冠或成，为患滋大。'事见后汉书蔡邕传。是后黄巾破坏四方，天下遂大乱。今之鸡状虽与汉不同，而其应颇相类，诚可畏也。臣以向、邕言推之，翼足众多，亦群下相扇助之象；雏而未大，足羽差小，亦其势尚微，易制御也。易，以豉翻。臣闻灾异之见，皆所以示吉凶，见，贤遍翻。明君睹之而惧，乃能致福，暗主睹之而慢，所以致祸。或者今亦有自贱而贵，关预政事，如前世石显之比者邪！愿陛下进贤黜佞，则妖弭庆集矣。"妖，于遥翻。后数日，皓等伏诛，帝愈重光。魏主以茹皓等伏诛为光言之验，高肇独非自贱而贵，关预政事者邪！

高肇说帝，使宿卫队主帅羽林虎贲守诸王第，殆同幽禁，彭城王勰切谏，不听。勰志尚高迈，不乐荣势，避事家居，而出无山水之适，处无知己之游，独对妻子，常郁郁不乐。说，式芮翻。帅，所类翻。乐，音洛。处，昌吕翻。

7 魏人围义阳，城中兵不满五千人，食才支半岁。魏军攻之，昼夜不息，刺史蔡道恭随方抗御，皆应手摧却，相持百馀日，前后斩获不可胜计。魏自去年十月围义阳，蔡道恭卒于今年五月，自此以上，谓道恭疾未甚之前。胜，音升。魏军惮之，将退。会道恭疾笃，乃呼从弟骁骑将军灵恩，从，才用翻。兄子尚书郎僧勰及诸将佐，谓曰："吾受国厚恩，不能攘灭寇贼，今所苦转笃，势不支久；汝等当以死固节，无令吾没有遗恨！"众皆流涕。道恭卒，灵恩摄行州事，代之城守。守，式又翻。

8 六月，癸未，大赦。

9 魏大旱，散骑常侍兼尚书邢峦奏称："昔者明王重粟帛，轻金玉，何则？粟帛养民而安国，金玉无用而败德故也。散，悉亶翻。骑，奇寄翻。败，补迈翻。先帝深鉴奢泰，务崇节俭，至以纸绢为帐扆，扆，于岂翻，礼疏曰：扆，屏风。铜铁为辔勒，府藏之金，裁给而已，藏，徂浪翻。不复买积以费国资。复，扶又翻。逮景明之初，承升平之业，四境清晏，远迩来同，于是贡篚相继，贡篚二语本之禹贡，谓贵细之物，盛之以篚筐而入贡也。商估交入，诸所献纳，倍多于常，金玉恒有馀，国用恒不足。估，音古。恒，户登翻。苟非为之分限，分，扶问翻。但恐岁计不充，自今请非要须者一切不受。"魏主纳之。

10 秋，七月，癸丑，角城戍主柴庆宗以城降魏，降，户江翻。魏徐州刺史元鉴遣淮阳太守吴秦生将千馀人赴之。淮阴援军断其路，守，式又翻。将，即亮翻。淮阴，梁重镇也。以角城叛，遣军援其不从叛者。断，音短。秦生屡战，破之，遂取角城。

11 甲子，立皇子综为豫章王。

12 魏李崇破东荆叛蛮，生擒樊素安，进讨西荆诸蛮，悉降之。西荆，正指荆州也。魏太和中，徙荆州治穰城，领南阳、顺阳、新野、东恒农、汉广、襄城、北清、恒农等郡，其地正在东荆州之西。

13 魏人闻蔡道恭卒，攻义阳益急，短兵日接。曹景宗顿凿岘不进，但耀兵游猎而已。上复遣宁朔将军马仙琕救义阳，复，扶又翻；下箭复、琕复、乃复同。琕，部田翻。仙琕转战而前，兵势甚锐。元英结垒于上雅山，"上雅山"当作"士雅山"。【章：十二行本"上"正作"士"；乙十一行本同；孔本同，惟"雅"作"稚"；张校同；熊校同。】据水经注，义阳之东有大木山，即晋祖逖将家避难所居也。逖字士雅，后人因以之名山。杜佑曰：唐州桐柏县有大木山，晋祖逖为豫州刺史，藏家属于此山。分命诸将伏于四山，示之以弱。仙琕乘胜直抵长围，掩英营；英伪北以诱之，诱，音酉。至平地，纵兵击之。统军傅永擐甲执槊，单骑先入，将，即亮翻；下同。擐，音宦。槊，色角翻。唯军主蔡三虎副之，突陈横过。梁兵射永，洞其左股，陈，读曰阵。射，而亦翻。永拔箭复入。仙琕大败，一子战死，仙琕退走。英谓永曰："公伤矣，且还营。"永曰："昔汉高扪足不欲人知，事见十卷汉高祖四年。下官虽微，国家一将，奈何使贼有伤将之名！"将，即亮翻。遂与诸军追之，尽夜而返；时年七十馀矣，军中莫不壮之。仙琕复帅万馀人进击英，帅，读曰率。英又破之，杀将军陈秀之。仙琕知义阳危急，尽锐决战，一日三交，皆大败而返。马仙琕力战，使曹景宗以大军继之，魏必败退，义阳全矣。蔡灵恩势穷，八月，乙酉，降于魏。降，户江翻。三关戍将闻之，辛酉，亦弃城走。乙酉距辛酉三十六日，太远，或者其辛卯欤！

英使司马陆希道为露版，嫌其不精，命傅永改之；永不增文彩，直为之陈列军事处置形要而已，为，于伪翻。处，昌吕翻。英深赏之，曰："观此经算，虽有金城汤池，不能守矣。"史言英伐其功，故深赏傅永能为之陈列。初，南安惠王以预穆泰之谋，追夺爵邑，穆泰事见一百四十卷齐明帝建武三年。及英克义阳，乃复立英为中山王。

御史中丞任昉奏弹曹景宗，上以其功臣，寝而不治。任，音壬。昉，甫两翻。弹，徒丹翻。治，直之翻。

14 卫尉郑绍叔忠于事上，外所闻知，纤豪无隐。每为上言事，为，于伪翻。善则推功于上，不善则引咎归己，上以是亲之。诏于南义阳置司州，移镇关南，以绍叔为刺史。南义阳治鹿城关，隋为黄州木兰县，唐并木兰入黄冈县。绍叔立城隍，缮器械，广田积谷，招集流散，百姓安之。

魏置郢州于义阳，以司马悦为刺史。魏收地形志，郢州领安阳、城阳、汝南郡。上遣马仙琕筑竹敦、麻阳二城于三关南，麻阳即今黄州麻城县地。考异曰：司马悦传作"豫州刺史马仙琕"，按仙琕于时未为豫州也。司马悦遣兵攻竹敦，拔之。

15 九月，壬子，以吐谷浑王伏连筹为西秦·河二州刺史、河南王。吐，从暾入声。谷，音浴。

16 柔然侵魏之沃野及怀朔镇，汉沃野县属朔方郡，后魏为镇。魏收志，太和元年置偏城郡，沃野县属焉。此时镇犹未废也，注已见前。诏车骑大将军源怀出行北边，骑，奇寄翻。行，下孟翻。指授方略，随须征发，皆以便宜从事。随须者，随军行之所须以为用者也。怀至云中，柔然遁去。怀以为用夏制夷，莫如城郭，还，至恒、代，按视诸镇左右要害之地，可以筑城置戍之处，欲东西为九城，及储粮积仗之宜，犬牙相救之势，凡五十八条，表上之，曰："今定鼎成周，去北遥远，代表诸国颇或外叛，代表，谓魏代都之塞外也。诸国，谓高车诸部。夏，户雅翻。恒，户登翻。上，时掌翻。仍遭旱饥，戎马甲兵十分阙八。谓宜准旧镇，东西相望，令形势相接，筑城置戍，分兵要害，劝农积粟，警急之日，随便翦讨。彼游骑之寇，骑，奇寄翻。终不敢攻城，亦不敢越城南出。如此，北方无忧矣。"魏主从之。

17 魏太和之十六年，高祖诏中书监高闾与给事中公孙崇考定雅乐，见一百三十七卷齐武帝永明十一年。久之，未就。会高祖殂，高闾卒。景明中，崇为太乐令，上所调金石及书。卒，子恤翻。上，时掌翻。至是，世宗始命八座已下议之。

18 冬，十一月，戊午，魏诏营缮国学。据目录，是年置四门小学。袁翻曰：太和二十年敕立四门博士，于四门置学。按自周以上，学惟以二，或尚东，或尚西；或贵在国，或贵在郊。爰暨周室，学盖有六，师氏居内，大学在国，四小在郊。大戴保傅篇云：帝入东学，尚亲而贵仁；帝入南学，尚齿而贵信；帝入西学，尚贤而贵德；帝入北学，尚贵而尊爵；帝入太学，承师而问道：周之五学于此弥彰。时魏平宁日久，学业大盛，燕、齐、赵、魏之间，教授者不可胜数，燕，因肩翻。胜，音升。弟子著录多者千馀人，少者犹数百，少，诗沼翻。州举茂异，郡贡孝廉，每年逾众。

19 甲子，除以金赎罪之科。听赎事见上元年。

20 十二月，丙子，魏诏殿中郎陈郡袁翻等议立律令，彭城王勰等监之。勰，音协。监，工衔翻。

21 己亥，魏主幸伊阙。自南北分治，人主出行所至，通鉴皆曰“如”，自此以后率书“幸”，未晓义例所由变，盖一时失于刊正也。

22 上雅好儒术，好，呼到翻。以东晋、宋、齐虽开置国学，不及十年辄废之，其存亦文具而已，无讲授之实。晋元帝建武元年，戴邈请建太学，王敦、苏峻之难，学校废矣。成帝咸康三年复立，而儒术终不振。穆帝永和八年殷浩以军兴罢太学生。宋文帝元嘉十五年，征雷次宗开馆教授，而儒、玄、文、史四学并立。齐高帝建元四年，置国子学生二百人，隆昌、建武之间已倚席而不讲矣。

张政烺标点王崇武聂崇岐覆校

资治通鉴卷第一百四十六

端明殿学士兼翰林侍读学士朝散大夫右谏议大夫
充集贤殿修撰提举西京嵩山崇福宫上柱国河内郡 司马光 奉敕编集
开国侯食邑一千八百户食实封六百户赐紫金鱼袋臣

后学天台胡三省音注

梁纪二 起旃蒙作噩(乙酉)，尽强圉大渊献(丁亥)，凡三年。

高祖武皇帝二

天监四年(乙酉、五〇五)

1春，正月，癸卯朔，诏曰："二汉登贤，莫非经术，服膺雅道，名立行成。行，下孟翻。朱元晦曰：服，着也。膺，胸也。奉持而着之心胸之间。着，则略翻。魏、晋浮荡，儒教沦歇，风节罔树，树，立也。歇，许竭翻。抑此之由。可置五经博士各一人，广开馆宇，招内后进！"于是以贺玚及平原明山宾、吴兴沈峻、建平严植之补博士，各主一馆，馆有数百生，给其饩廪，玚，徒杏翻，又音畅。饩，许既翻。郑玄曰：饩，廪稍食也。稍，所教翻。其射策通明者即除为吏。汉书音义曰：作简策难问，列置案上，在试者意投射取而答之，谓之射策。期年之间，怀经负笈者云会。玚，循之玄孙也。笈，其劫翻，又楚洽翻，书箱也。晋氏南渡之初，以贺循为儒宗。又选学生，往会稽云门山从何胤受业，胤时隐云门山，今在会稽南三十一里，有云门寺。会，工外翻。命胤选门徒中经明行修者，行，下孟翻。具以名闻。分遣博士祭酒巡州郡立学。

2 初，谯国夏侯道迁以辅国将军从裴叔业镇寿阳，为南谯太守，按魏收地形志，晋孝武置南谯郡，盖治涡阳。又按萧子显齐志，武帝永明二年，割扬州宣城、淮南、南豫、谯、庐江、临江六郡，置南豫州。四年，冠军长史沈宪启二豫分置，以桑堁子亭为断：颍川汝阳在南谯历阳界，悉属西豫，庐江居晋熙汝阴之中，属南豫；求以颍川汝阳属南豫，庐江属西豫。则齐之南谯盖置于历阳西界，而涡阳已入于魏矣。南北建置郡县最为难考者率如此。夏，户雅翻。守，式又翻。与叔业有隙，单骑奔魏。魏以道迁为骁骑将军，骑，奇寄翻。骁，坚尧翻。从王肃镇寿阳，使道迁守合肥。肃卒，率，子恤翻；下同。道迁弃戍来奔，从梁、秦二州刺史庄丘黑镇南郑，以道迁为长史，领汉中太守。黑卒，诏以都官尚书王珍国为刺史，未至，道迁阴与军主考城江忱之【严："忱"改"悦"。】等谋降魏。降，户江翻。

先是，魏仇池镇将杨灵珍叛魏来奔，事见一百四十一卷齐明帝建武四年。先，悉荐翻。将，即亮翻。朝廷以为征虏将军、假武都王，助戍汉中，有部曲六百人，道迁惮之。上遣左右吴公之等使南郑，道迁遂杀使者，发兵击灵珍父子，斩之，并使者首送于魏。使，疏吏翻。白马戍主尹天宝闻之，引兵击道迁，败其将庞树，败，补迈翻。遂围南郑。道迁求救于氐王杨绍先、杨集起、杨集义，皆不应，集义弟集朗引兵救道迁，击天宝，杀之。魏以道迁为平南将军、豫州刺史、丰县侯。考异曰：梁帝纪，"天监三年二月，魏陷梁州"，而列传皆无其事。魏帝纪："正始元年，闰十二月，癸卯朔，萧衍行梁州事，夏侯道迁据汉中来降。"道迁传具言其事。按长历，梁闰二月癸卯，即天监四年正月朔也，故置于此。又以尚书邢峦为镇西将军、都督征梁·汉诸军事，将兵赴之。道迁受平南，辞豫州，辞豫州者，欲得梁州也。且求公爵，魏主不许。

3 辛亥，上祀南郊，大赦。

4 乙丑，魏以骠骑大将军高阳王雍为司空，骠，匹妙翻。骑，奇寄翻。加尚书令广阳王嘉仪同三司。

5 二月，丙子，魏以宕昌世子梁弥博为宕昌王。宕，徒浪翻。

6 上谋伐魏，壬午，遣卫尉卿杨公则将宿卫兵塞洛口。自汉以来，卫尉与太常、太仆、廷尉、大鸿胪、宗正、大司农、少府为九卿，而职名未带卿字，至梁分十二寺，始各带卿字。水经注，洛涧北径秦虚，下注淮，谓之洛口。塞，悉则翻。

7 壬辰，交州刺史李凯据州反，长史李畟讨平之。畟，初力翻。

8 魏邢峦至汉中，击诸城戍，所向摧破。晋寿太守王景胤据石亭，水经注：汉水自武兴城北西南流，径关城北，又西径石亭戍，又径晋寿城西。峦遣统军李义珍击走之。魏以峦为梁、秦二州刺史。巴西太守庞景民据郡不下，庞，皮江翻。郡民严玄思聚众自称巴州刺史，附于魏，攻景民，斩之。杨集起、集义闻魏克汉中而惧，闰月，帅群氐叛魏，断汉中粮道，帅，读曰率。断，丁管翻。峦屡遣军击破之。

9 夏，四月，丁巳，以行宕昌王梁弥博为河·凉二州刺史、宕昌王。

10 冠军将军孔陵等将兵二万戍深杭，冠，古玩翻。将，即亮翻。考异曰：梁邓元起传，"魏将王景胤、孔陵寇东、西晋寿，并遣告急。"按魏邢峦传曰，"萧衍晋寿太守王景胤据石亭"；又曰，"萧衍遣其将军孔陵等据深杭"。然则景胤、陵皆梁将也，元起传误。鲁方达戍南安，五代志：始州普安县，旧曰南安。始州，唐之剑州。任僧褒等戍石同，以拒魏。任，音壬。邢峦遣统军王足将兵击之，所至皆捷，遂入剑阁。陵等退保梓潼，足又进击，破之。梁州十四郡地，东西七百里，南北千里，皆入于魏。萧子显齐志，梁州注籍者二十二郡，荒郡不预焉；今魏取十四郡。

初，益州刺史【章：十二行本"史"下有"当阳侯"三字；乙十一行本同；

张校同；退斋校同。】邓元起以母老乞归，诏征为右卫将军，以西昌侯渊藻代之。渊藻，懿之子也。懿死于东昏之手。夏侯道迁之叛也，尹天宝驰使报元起。使，疏吏翻。及魏寇晋寿，王景胤等并遣告急，众劝元起急救之，元起曰："朝廷万里，军不猝至，若寇贼侵淫，侵淫，以痈疽为喻，侵毒好肉为淫肉。方须扑讨，董督之任，非我而谁，何事匆匆救之！"史言邓元起乞归非由衷之请。扑，普木翻。诏假元起都督征讨诸军事，救汉中，而晋寿已陷。萧渊藻将至，元起营还装，粮储器械，取之无遗。渊藻入城，恨之；又求其良马，元起曰："年少郎子，何用马为！"渊藻恚，因醉，杀之。元起养寇自资，而卒不免于死，虽渊藻以私忿杀之，亦不为无罪也。少，诗照翻。恚，於避翻。元起麾下围城，哭，且问故，渊藻曰："天子有诏。"众乃散。遂诬以反，上疑焉。元起故吏广汉罗研诣阙讼之，上曰："果如我所量也。"使让渊藻曰："元起为汝报雠，谓协力诛东昏，报其父雠也。量，音良。为，于伪翻；下同。汝为雠报雠，忠孝之道如何！"乃贬渊藻号为冠军将军，冠，古玩翻。考异曰："梁书元起传："藻以粮储无遗，甚怨望之，因表元起逗留不忧军事，收付州狱，自缢死。"按若止以逗留表元起，安敢擅收前刺史付狱杀之！必诬以反也。今从南史。又梁书，藻本以冠军为益州刺史，与南史异。赠元起征西将军，谥曰忠侯。

李延寿论曰：元起勤乃胥附，毛苌曰：幸下亲上曰胥附。功惟辟土，谓开梁、益之土也。劳之不图，祸机先陷。冠军之贬，于罚已轻，梁之政刑，于斯为失。私戚之端，自斯而启，年之不永，不亦宜乎！

11 益州民焦僧护聚众作【章：十二行本"作"上有"数万"二字；乙十一行本同；孔本同；张校同。】乱，萧渊藻年未弱冠，人生二十曰弱冠。冠，古玩翻。集僚佐议自击之；或陈不可，渊藻大怒，斩于阶侧。乃乘平肩舆巡行贼垒，平肩舆，使人就掆肩之，故曰平肩。行，下孟翻。

贼弓乱射，矢下如雨，从者举楯御矢，渊藻命去之。射，而亦翻。从，才用翻。去，羌吕翻。由是人心大安，击曾护等，皆平之。

12 六月，庚戌，初立孔子庙。

13 豫州刺史王超宗以五代志考之，此时梁置豫州于晋熙，今安庆府怀宁县地。将兵围魏小岘。岘，户典翻。丁卯，魏扬州刺史薛真度遣兼统军李叔仁等击之，超宗兵大败。

14 冠军将军王景胤、李畎、辅国将军鲁方达等与魏王足战，屡败，秋，七月，足进逼涪城。畎，姑泫翻。涪，音浮。

15 八月，壬寅，魏中山王英寇雍州。雍，于用翻。

16 庚戌，秦、梁二州刺史鲁方达与魏王足统军纪洪雅、卢祖迁战，败，方达等十五将皆死。壬子，王景胤等又与祖迁战，败，景胤等二十四将皆死。

17 杨公则至洛口，与魏豫州长史石荣战，斩之。甲寅，将军姜庆真与魏战于羊石，不利，羊石，盖即陈伯之所屯之阳石也。公则退屯马头。

18 雍州蛮沔东太守田青喜叛降魏。考之北史，青喜所据之地盖在襄阳之东，竟陵之西。沔，弥兖翻。

19 魏有芝生于太极殿之西序，殿庑曰序。魏主以示侍中崔光，光上表，以为"此庄子所谓'气蒸成菌'者也。菌，巨陨翻，地蕈也。柔脆之物，生于墟落秽湿之地，不当生于殿堂高华之处；今忽有之，厥状扶疏，诚足异也。夫野木生朝，野鸟入庙，古人皆以为败亡之象，故太戊、中宗惧灾修德，殷道以昌，商王太戊之时，亳有祥桑、谷共生于朝，一暮大拱。太戊惧而修德，祥桑枯死，殷道复兴。高宗祭成汤，有飞雉升鼎耳而雊，祖己曰："惟先格王正厥事，朝诸侯，有天下，犹运之于掌。""中宗"当作"高宗"。朝，直遥翻。所谓'家利而怪先，国兴而妖豫'者也。妖，于遥翻。今西南二方，兵革未息，郊甸之内，大旱逾时，民劳物悴，莫此之甚，悴，秦醉翻。承天育民者所宜矜恤；伏愿陛下侧躬耸意，惟新圣道，节夜饮之乐，养方富之年，则魏祚可以永隆，皇寿等于山岳矣。”于是魏主好宴乐，乐，音洛。好，呼到翻。故光言及之。

20 九月，己巳，杨公则等与魏扬州刺史元嵩战，公则败绩。

21 冬，十月，丙午，上大举伐魏，以扬州刺史临川王宏都督北讨诸军事，尚书右仆射柳惔为副，惔，徒甘翻。王公以下各上国租及田谷以助军。国租者，封国所入之租。田谷者，职田所入之谷。各上，时掌翻。宏军于洛口。

22 杨集起、集义立杨绍先为帝，自皆称王。十一月，戊辰朔，魏遣光禄大夫杨椿将兵讨之。将，即亮翻。

23 魏王足围涪城，蜀人震恐，益州城戍降魏者什二三，民自上名籍者五万馀户。上，时掌翻；下西上同。邢峦表于魏主，请乘胜进取蜀，以为“建康、成都，相去万里，陆行既绝，自襄阳西行遵陆可以至蜀，梁州既入于魏，则陆路断矣。惟资水路，水军西上，非周年不达，益州外无军援，一可图也。顷经刘季连反，邓元起攻围，事见上卷元年、二年。资储空竭，吏民无复固守之志，二可图也。萧渊藻裙屐少年，复，扶又翻。裙，渠云翻，下裳也。屐，竭戟翻，跻也。少，诗沼翻。未洽治务，宿昔名将，多见囚戮，治，直吏翻。将，即亮翻；下同。今之所任，皆左右少年，三可图也。蜀之所恃，唯在剑阁，今既克南安，已夺其险，据彼竟内，竟，读曰境。三分已一；自南安向涪，方轨无碍，前军累败，后众丧魄，四可图也。丧，息浪翻。渊藻是萧衍骨肉至亲，必无死理，若克涪城，渊藻安肯城中坐而受困，必将望风逃去；若其出斗，庸、蜀士卒驽怯，弓矢寡弱，五可图也。武王之伐纣也，庸、蜀八国皆从。庸，上庸之地。蜀，蜀郡之地。臣内省文吏，不习军旅，赖将士竭力，频有薄捷，既克重阻，省，悉景翻。重，直龙翻。

重阻，犹言重险也。民心怀服，瞻望涪、益，时梓潼太守治涪城，益州刺史治成都。旦夕可图，正以兵少粮匮，未宜前出。少，诗沼翻。今若不取，后图便难。况益州殷实，户口十万，比寿春、义阳，其利三倍。魏先此已得寿春、义阳，故云然。朝廷若欲进取，时不可失；若欲保境宁民，则臣居此无事，乞归侍养。”养，馀亮翻。魏主诏以“平蜀之举，当更听后敕。寇难未夷，何得以养亲为辞！”峦又表称，“昔邓艾、钟会帅十八万众，倾中国资储，仅能平蜀，事见七十八卷魏元帝景元四年。难，乃旦翻。帅，读曰率。所以然者，斗实力也。况臣才非古人，何宜以二万之众而希平蜀！所以敢者，正以据得要险，士民慕义，此往则易，易，以豉翻；下未易同。彼来则难，任力而行，理有可克。今王足已逼涪城，脱得涪，则益州乃成擒之物，但得之有早晚耳。且梓潼已附民户数万，谓已上名籍之民也。朝廷岂可不守！又，剑阁天险，得而弃之，良可惜矣。诸葛孔明相蜀，以大剑、小剑有隘束之路，故曰剑门。以阁道三十里至险，乃有阁尉。姜维拒钟会于此。晋以其地入梓潼郡。桓温入蜀，于晋寿置剑阁县，属梁州。臣诚知战伐危事，未易可为。自军度剑阁以来，鬓发中白，中，竹仲翻。日夜战惧，何可为心！所以勉强者，强，其两翻。既得此地而自退不守，恐负陛下之爵禄故也。且臣之意算，正欲先取涪城，以渐而进。若得涪城，则中分益州之地，断水陆之冲，魏已得剑阁，进取成都，涪当其冲；梁兵由内水而上救成都，涪亦当其冲。断，丁管翻。彼外无援军，孤城自守，何能复持久哉！复，扶又翻。臣今欲使军军相次，声势连接，先为万全之计，然后图功，得之则大利，不得则自全。又，巴西、南郑，相距千四百里，去州迢遰，迢，田聊翻。遰，徒计翻。迢遰，远也。恒多扰动。恒，户登翻。昔在南之日，以其统绾势难，曾立巴州，镇静夷、獠，立巴州见一百三十五卷齐高帝建元二年；省巴州见武帝永明二年。獠，鲁皓翻；下同。梁州借利，因而表罢。彼土民望，严、蒲、何、杨，非唯一族，虽率居山谷，而豪右甚多，文学风流，亦为不少，但以去州既远，不获仕进，至于州纲，无由厕迹，州之上佐，是谓州纲。少，诗沼翻。是以郁怏，多生异图。怏，于两翻。比道迁建义之始，比，毗至翻。严玄思自号巴州刺史，克城以来，仍使行事。巴西广袤千里，户馀四万，若于彼立州，镇摄华、獠，巴西之地，华人与獠杂居，故云华、獠。袤，音茂。则大帖民情，帖，静也，安也，伏也。从垫江已还，不劳征伐，自为国有。”李雄、谯纵取蜀，东不能过垫江；以苻秦兵力之盛，取梁、益如反掌，垫江以东，苻秦不能有也。邢峦之图蜀，亦规垫江以西而已，盖地利足恃也。我朝自绍定失蜀，彭大雅遂城渝为制府，支持四蜀且四十年。渝，古垫江之地也。垫，音叠。魏主不从。

先是，魏主以王足行益州刺史。先，悉荐翻。上遣天门太守张齐将兵救益州，未至，将，即亮翻。魏主更以梁州军司泰山羊祉为益州刺史。更，工衡翻。王足闻之，不悦，辄引兵还，还，从宣翻，又如字。遂不能定蜀。久之，足自魏来奔。邢峦在梁州，接豪右以礼，抚小民以惠，州人悦之。峦之克巴西也，使军主李仲迁守之。仲迁溺于酒色，费散兵储，公事谘承，无能见者。峦忿之切齿，仲迁惧，谋叛，城人斩其首，以城来降。史言魏所以不能定蜀。降，户江翻。

24 十二月，庚申，魏遣骠骑大将军源怀讨武兴氐，邢峦等并受节度。骠，匹妙翻。骑，奇寄翻。

25 司徒、尚书令谢朏以母忧去职。朏，敷尾翻。

26 是岁，大穰，穰，丰也。诗：丰年穰穰。米斛三十钱。

五年（丙戌、五〇六）

1 春，正月，丁卯朔，魏于后生子昌，大赦。

2 杨集义围魏关城，此即阳平关城也。邢峦遣建武将军傅竖眼讨之，竖，而庾翻。集义逆战，竖眼击破之；乘胜逐北，壬申，克武兴，执杨绍先，送洛阳。杨集起、杨集义亡走，遂灭其国，晋惠帝元康六年，氐王杨茂搜始据仇池百顷，其后浸盛，尽有汉武都郡之地，北侵陇西、天水，南侵汉中。拓跋既盛，取武都、仇池之地，杨氏仅据武兴。今魏既取汉中，遂灭杨氏。以为武兴镇，又改为东益州。东益州领武兴、仇池、盘头、广长、广业、梓潼、洛丛郡。

3 乙亥，以前司徒谢朏为中书监、司徒。朏，敷尾翻。

4 冀州刺史桓和击魏南青州，不克。梁青、冀二州治郁洲。魏显祖取三齐，置东徐州于团城，领东安、东莞郡。高祖太和二十二年，改为南青州。五代志，沂州沂水县，旧置南青州。

5 魏秦州屠各王法智聚众二千，屠，直於翻。推秦州主簿吕苟儿为主，改元建明，置百官，攻逼州郡。泾州民陈瞻亦聚众称王，改元圣明。魏置泾州，治临泾城，领安定、陇东、新平、赵平、平凉、平原等郡。

6 己卯，杨集起兄弟相帅降建〔魏〕。帅，读曰率。降，户江翻。

7 甲申，封皇子纲为晋安王。

8 二月，丙辰，魏主诏王公以下直言忠谏。治书侍御史阳固上表，治，直之翻。上，时掌翻。以为"当今之务，宜亲宗室，勤庶政，贵农桑，贱工贾，贾，音古。绝谈虚穷微之论，简桑门无用之费，以救饥寒之苦。"时魏主委任高肇，疏薄宗室，好桑门之法，好，呼到翻。不亲政事，故固言及之。

9 戊午，魏遣右卫将军元丽都督诸军讨吕苟儿。丽，小新成之子也。小新成见一百二十九卷宋孝武大明五年。

10 乙丑，徐州刺史历阳昌义之与魏平南将军陈伯之战于梁城，晋孝武太元中，侨立梁郡于淮南寿春界，故有梁城，其地在寿阳东北，钟离西南。义之败绩。

11 将军萧昞将兵击魏徐州，围淮阳。角城在淮水之阳，淮阳又在角城北十八里，治宿预。梁后于角城置淮阳郡。昞，音丙。

12 三月，丙寅朔，日有食之。

13 己卯，魏荆州刺史赵怡、平南将军奚康生救淮阳。

14 魏咸阳王禧之子翼，遇赦求葬其父，禧诛见一百四十四卷齐和帝中兴元年。屡泣请于魏主，魏主不许。癸未，翼与其弟昌、晔来奔。上以翼为咸阳王，翼以晔嫡母李妃之子也，请以爵让之，上不许。

15 辅国将军刘思效败魏青州刺史元系于胶水。魏收志，光州长广郡即墨县有胶水。水经，胶水出黔陬县胶山，北流过夷安县东，又东北过胶东县城北百里注于海。败，补迈翻。

16 临川王宏使记室吴兴丘迟为书遗陈伯之曰：遗，于季翻。"寻君去就之际，非有他故，直以不能内审诸己，外受流言，沈迷猖蹶，以至于此。沈，持林翻。主上屈法申恩，吞舟是漏，汉惩秦法之苛，禁罔疏阔，时称为漏吞舟之鱼。将军松柏不翦，亲戚安居，高台未倾，爱妾尚在。松柏不翦，谓不毁夷其先世坟墓也。亲戚安居，谓其亲戚在江南者皆不以叛党连坐，安居自若也。高台未倾，谓居第未尝污潴，池台如故也。爱妾尚在，谓其婢妾犹守其家，不没于官及流落于他家也。昔雍门子见孟尝君，吟曰："高台既已倾，曲池既已平，坟墓生荆棘，牧竖游其上，孟尝君亦如是乎？"孟尝君为之喟然叹息。而将军鱼游于沸鼎之中，燕巢于飞幕之上，鱼游釜中，古人多有是言，言将必至于焦烂。左传，吴季札谓孙林父曰："夫子之居此也，犹燕之巢于幕上。"杜预注曰：言至危也。不亦惑乎！想早励良图，自求多福。"庚寅，伯之自寿阳梁城拥众八千来降，伯之元年奔魏，今复还。降，下江翻。魏人杀其子虎牙。诏复以伯之为西豫州刺史；未之任，复以为通直散骑常侍。不使之出当边镇，恐其复叛也。复，扶又翻。久之，卒于家。

17 初，魏御史中尉甄琛甄，七人翻。琛，丑林翻。表称："周礼，山林川泽有虞、衡之官，为之厉禁，盖取之以时，不使戕贼而已，故虽置有司，实为民守之也。周礼：山虞掌山林之政令，物为之厉而为之守禁。令万民时斩材，有期日，凡窃木者有刑罚。林衡掌林麓之禁令而平其守，以时计林麓而赏罚之。川衡掌巡川泽之禁令而平其守，以时舍其守，犯禁者执而诛罚之。泽虞掌国泽之政令，为之厉禁，使其地之人守其财物，以时入于王府，颁其馀于万民。为，于伪翻；下专为同。夫一家之长，必惠养子孙，长，知两翻。天下之君，必惠养兆民，未有为人父母而吝其醯醢，富有群生而榷其一物者也。榷，古岳翻。今县官鄣护河东盐池而收其利，是专奉口腹而不及四体也。盖天子富有四海，何患于贫！乞弛盐禁，与民共之！"录尚书事勰、尚书邢峦奏，勰，彭城王勰也，音协。以为"琛之所陈，坐谈则理高，行之则事阙。窃惟古之善治民者，必污隆随时，丰俭称事，治，直之翻。称，尺证翻。役养消息以成其性命。若任其自生，随其饮啄，乃是刍狗万物，老子曰：天地不仁，以万物为刍狗。注云：天施地化，不以仁恩。天地生万物，视之如刍草狗畜，任自然也。何以君为！是故圣人敛山泽之货以宽田畴之赋，收关市之税以助什一之储，此谓田畴什一之赋不足以供国用，故敛山泽、税关市以助之也。取此与彼，皆非为身，为，于伪翻；下同。所谓资天地之产，惠天地之民也。今盐池之禁，为日已久，积而散之，以济军国，非专为供太官之膳羞，给后宫之服玩。既利不在己，则彼我一也。然自禁盐以来，有司多慢，出纳之间，或不如法。是使细民嗟怨，负贩轻议，此乃用之者无方，非作之者有失也。一旦罢之，恐乖本旨。一行一改，法若弈棋，左传曰：弈者举棋不定，不胜其耦。今此以喻一行一改无定法也。参论理要，宜如旧式。"自此以上，合载于一百四十三卷齐东昏永明二年。魏主卒从琛议，琛议既行於景明初年，随格于景明四年，今复罢盐禁，是卒从其议也。卒，子恤翻。夏，四月，乙未，罢盐池禁。复收盐利见上卷二年。

18 庚戌，魏以中山王英为征南将军、都督扬·徐二州诸军事，帅众十馀万以拒梁军，帅，读曰率。指授诸节度，所至以便宜从事。

江州刺史王茂将兵数万侵魏荆州，诱魏边民及诸蛮更立宛州，将，即亮翻。诱，音酉。更魏荆州为宛州也。更，工衡翻。宛，於元翻。遣其所署宛州刺史雷豹狼等袭取魏河南城。萧子显齐志，雍州有河南郡，所领五县，惟棘阳为实土。则河南郡当在南阳棘阳县界。五代志，邓州新野县旧曰棘阳。魏遣平南将军杨大眼都督诸军击茂，辛酉，茂战败，失亡二千馀人。考异曰：大眼传云："俘馘七千有馀"，今从魏帝纪。大眼进攻河南城，茂逃还；大眼追至汉水，攻拔五城。

魏征虏将军宇文福寇司州，俘千馀口而去。

五月，辛未，太子右卫率张惠绍等侵魏徐州，拔宿预，执城主马成龙。晋安帝立宿预县，属淮阳郡，魏高祖以为南徐州治所。乙亥，北徐州刺史昌义之拔梁城。南徐治京口，故以钟离为北徐。

豫州刺史韦叡遣长史王超等攻小岘，未拔。叡行围栅，行，下孟翻。魏出数百人陈于门外，陈，读曰阵。叡欲击之，诸将皆曰：将，即亮翻；下同。"向者轻来，未有战备，徐还授甲，乃可进耳。"叡曰："不然。魏城中二千馀人，足以固守，今无故出人于外，必其骁勇者也，骁，坚尧翻。苟能挫之，其城自拔。"众犹迟疑，叡指其节曰："朝廷授此，非以为饰，韦叡法不可犯也！"遂进击之，士皆殊死战，魏兵败走，因急攻之，中宿而拔，中，读曰仲，又竹仲翻。考异曰：魏帝纪，"六月，辛丑，陷小岘戍。"今从叡传。遂至合肥。

先是，右军司马胡景略等攻合肥，久未下，先，悉荐翻。叡按山川，夜，帅众堰肥水，顷之，堰成水通，舟舰继至。帅，读曰率。舰，户黯翻。魏筑东、西小城夹合肥，叡先攻二城，魏将杨灵胤帅众五万奄至。众惧不敌，请奏益兵，叡笑曰："贼至城下，方求益兵，将何所及！且吾求益兵，彼亦益兵，兵贵用奇，岂在众也！"遂击灵胤，破之。叡使军主王怀静筑城于岸以守堰，魏攻拔之，城中千馀人皆没。魏人乘胜至堤下，兵势甚盛，诸将欲退还巢湖，或欲保三叉，考异曰：南史作"三丈"。今从梁书。盖巢湖之水于此分三汊，故名。退保于此，利于入船，故众欲之。叡怒曰："宁有此邪！"命取伞扇麾幢，树之堤下，示无动志。伞，苏旱翻，又苏旰翻。幢，传江翻。魏人来凿堤，叡亲与之争，魏兵却，因筑垒于堤以自固。叡起斗舰，高与合肥城等，四面临之，城中人皆哭，守将杜元伦登城督战，中弩死。将，即亮翻。中，竹仲翻。辛巳，城溃，俘斩万馀级，获牛羊以万数。

叡体素羸，未尝跨马，羸，伦为翻。每战，常乘板舆督厉将士，勇气无敌；昼接宾旅，夜半起，算军书，张灯达曙。抚循其众，常如不及，故投募之士争归之。所至顿舍，馆宇藩墙，皆应准绳。

诸军进至东陵，水经注，庐江金兰县西北东陵乡大苏山，灌水之所出也。考之诸志无金兰县，未知何世所置。有诏班师，班师之诏，必在洛口师溃之后，史因书叡事而终言之。去魏城既近，据姚思廉梁书，时魏守甓城，去东陵二十里。诸将恐其追蹑，叡悉遣辎重居前，身乘小舆殿后，重，直用翻。殿，丁练翻。魏人服叡威名，望之不敢逼，全军而还。于是迁豫州治合肥。豫州自晋熙迁合肥。

壬午，魏遣尚书元遥南拒梁兵。

19 癸未，魏遣征西将军于劲节度秦、陇诸军。

20 丁亥，庐江太守闻喜裴邃克魏羊石城，庚寅，又克霍丘城。水经注：曹魏安丰都尉治安丰津南，后以其故城立霍丘戍，隋立霍丘县，今在寿春东百馀里。杜佑曰：霍丘，汉松滋县地。考异曰：梁裴邃传云："五年，征邵阳洲，魏人为长桥以济。邃筑垒逼桥，密作没突舰，会淮水暴涨，邃乘舰径造桥侧，魏众惊溃，邃乘胜追击，大破之，进克羊石、霍丘城，平小岘，攻合肥。"魏帝纪："辛巳，衍将陷合肥，己丑，又陷羊石、霍丘。"按韦叡传，叡攻邵阳洲，方使邃乘舰焚桥，事在克合肥后。又梁帝纪，辛巳，叡克合肥，丁亥，邃克羊石，庚寅，克霍丘，今从之。邃传载取二城在破邵阳洲后，误也。

六月，庚子，青、冀二州刺史桓和克朐山城。朐，音劬。

21 乙巳，魏安西将军元丽击王法智，破之，斩首六千级。

22 张惠绍与假徐州刺史宋黑水陆俱进，趣彭城，围高冢戍，水经注：彭城同孝山阴有楚元王冢，高十许丈，广百许步。意者魏立戍于此乎！趣，七喻翻。魏武卫将军奚康生将兵救之，将，即亮翻。丁未，惠绍兵不利，黑战死。

23 太子统生五岁，能遍诵五经；庚戌，始自禁中出居东宫。

24 丁巳，魏以度支尚书邢峦都督东讨诸军事。度，徒洛翻。

25 魏骠骑大将军冯翊惠公源怀卒。怀性宽简，不喜烦碎，骠，匹妙翻。骑，奇寄翻。喜，许记翻。常曰："为贵人当举纲维，何必事事详细！譬如为屋，但外望高显，楹栋平正，基壁完牢，足矣；斧斤不平，斲削不密，非屋之病也。"

26 秋，七月，丙寅，桓和击魏兖州，拔固城。固城，疑即抱犊固城也。抱犊固在兰陵界。

27 吕苟儿率众十馀万屯孤山，围逼秦州，此孤山当在上邽左右，魏秦州治上邽，领天水、略阳、汉阳郡。元丽进击，大破之。行秦州事李韶掩击孤山，获其父母妻子，庚辰，苟儿帅其徒诣丽降。帅，读曰率。降，户江翻。

兼太仆卿杨椿别讨陈瞻，瞻据险拒守。诸将或请伏兵山蹊，断其出入，断，丁管翻。待粮尽而攻之，或欲斩木焚山，然后进讨，椿曰："皆非计也。自官军之至，所向辄克，贼所以深窜，正避死耳。今约勒诸军，勿更侵掠，贼必谓我见险不前；待其无备，然后奋击，可一举平也。"乃止屯不进。贼果出抄掠，椿复以马畜饵之，抄，楚交翻。复，扶又翻。不加讨逐。久之，阴简精卒，衔枚夜袭之，斩瞻，传首。秦、泾二州皆平。

28 戊子，徐州刺史王伯敖与魏中山王英战于阴陵，阴陵县，汉属九江郡，晋属淮南郡。梁北谯郡治阴陵城，隋改北谯郡为全椒县，属江都郡。唐全椒县属滁州。伯敖兵败，失亡五千馀人。

己丑，魏发定、冀、瀛、相、并、肆六州十万人以益南行之兵。相，息亮翻。上遣将军角念将兵一万屯蒙山，招纳兖州之民，降者甚众。魏收志，南青州东安郡新泰县东南有蒙山。盖蒙山即古所谓东蒙也，与固城、孤山皆近魏兖州东界，故梁连兵据之，以招兖州之民，北史邢峦传，谓是时梁人侵轶徐、兖，是矣。角，姓也。姓苑，汉有角善叔。将，即亮翻。降，户江翻。是时，将军萧及屯固城，桓和屯孤山。魏收志，兰陵郡兰陵县有石孤山，又昌虑县有孤山。魏邢峦遣统军樊鲁攻和，别将元恒攻及，恒，户登翻。统军毕祖朽攻念。壬寅，鲁大破和于孤山，恒拔固城，祖朽击念，走之。

己酉，魏诏平南将军安乐王诠督后发诸军赴淮南。诠，长乐之子也。安乐王长乐见一百三十三卷宋苍梧王元徽三年。乐，音洛。诠，且缘翻。

将军蓝怀恭与魏邢峦战于睢口，姓谱，蓝，鲁甘翻，姓也。战国策有中山大夫蓝诸。水经注：睢水过睢陵县故城北而东南流，径下相县故城南，又东南流，入于泗，谓之睢口。睢，音虽。怀恭败绩，峦进围宿预。怀恭复于清南筑城，清南，清水之南也。复，扶又翻。峦与平南将军杨大眼合攻之，九月，癸酉，拔之，斩怀恭，杀获万计。张惠绍弃宿预，此与后张惠绍闻洛口败，引兵退，本一事耳。解见后。萧昞弃淮阳，遁还。

临川王宏以帝弟将兵，将，即亮翻；下同。器械精新，军容甚盛，北人以为百数十年所未之有。军次洛口，水经注：洛涧在西曲阳县北，刘牢之斩秦将梁成处，北历秦墟，下注淮，谓之洛口。前军克梁城，即谓昌义之克梁城也。诸将欲乘胜深入，宏性懦怯，部分乖方。分，扶问翻。魏诏邢峦引兵渡淮，与中山王英合攻梁城，宏闻之，惧，召诸将议旋师，吕僧珍曰："知难而退，不亦善乎！"宏曰："我亦以为然。"柳惔曰："自我大众所临，何城不服，何谓难乎！"裴邃曰："是行也，固敌是求，何难之避！"马仙琕曰："王安得亡国之言！天子扫境内以属王，惔，徒甘翻。琕，部田翻。属，之欲翻。有前死一尺，无却生一寸！"昌义之怒，须发尽磔，磔，陟格翻，张开也。曰："吕僧珍可斩也！岂有百万之师出未逢敌，望风遽退，何面目得见圣主乎！"朱僧勇、胡辛生拔剑而退，"退"，据南史宏传当作"起"。曰："欲退自退，下官当前向取死。"议者罢出，僧珍谢诸将曰："殿下昨来风动，谓宏心风发动也。意不在军，深恐大致沮丧，故欲全师而返耳。"沮，在吕翻。丧，息浪翻。宏不敢遽违群议，停军不前。魏人知其不武，遗以巾帼，遗，于季翻。帼，古获翻。且歌之曰："不畏萧娘与吕姥，言其怯懦，如妇人女子也。姥，莫补翻。但畏合肥有韦虎。"虎，谓韦叡也。僧珍叹曰："使始兴、吴平为帅而佐之，岂有为敌人所侮如是乎！"始兴王憺，吴平侯昺。帅，所类翻。欲遣裴邃分军取寿阳，大众停洛口，宏固执不听，令军中曰："人马有前行者斩！"于是将士人怀愤怒。魏奚康生驰遣杨大眼谓中山王英曰："梁人自克梁城已后，久不进军，其势可见，必畏我也。王若进据洛水，彼自奔败。"英曰："萧临川虽呆，其下有良将韦、裴之属，未可轻也。呆，古骇翻。将，即亮翻。宜且观形势，勿与交锋。"

张惠绍号令严明，所至独克，军于下邳，前已言张惠绍弃宿预遁还矣，宿预在下邳东南百馀里。此言军于下邳，是未弃宿预之前事，李延寿以此事载之临川王宏传，通鉴因亦连而书之。下邳人多欲降者，惠绍谕之曰："我若得城，诸卿皆是国人，国人，犹言王民也。降，户江翻；下同。若不能克，徒使诸卿失乡里，非朝廷吊民之意也。今且安堵复业，勿妄自辛苦。"降人咸悦。

己丑，夜，洛口暴风雨，军中惊，临川王宏与数骑逃去。将士求宏不得，皆散归，考异曰：梁书宏传云，"会征役久，有诏班师。"殊为不实。今从南史。弃甲投戈，填满水陆，捐弃病者及羸老，死者近五万人。羸，伦为翻。近，其靳翻。宏乘小船济江，夜至白石垒，叩城门求入。临汝侯渊猷登城谓曰："百万之师，一朝鸟散，国之存亡，未可知也。恐奸人乘间为变，间，古苋翻。城不可夜开。"宏无以对，乃缒食馈之。缒，驰伪翻。渊猷，渊藻之弟。时昌义之军梁城，闻洛口败，与张惠绍皆引兵退。此即张惠绍弃宿预一事也。通鉴因南史临川王宏传所载者书之，遂致复出。

魏主诏中山王英乘胜平荡东南，逐北至马头，攻拔之，城中粮储，魏悉迁之归北。议者咸曰："魏运米北归，当不复南向。"复，扶又翻。上曰："不然，此必欲进兵，为诈计耳。"乃命修钟离城，敕昌义之为战守之备。马头城在钟离之西，马头既陷，魏必东攻钟离，故预为之备。

冬，十月，英进围钟离，魏主诏邢峦引兵会之。峦上表，以为"南军虽野战非敌，而城守有馀，今尽锐攻钟离，得之则所利无几，不得则亏损甚大。且介在淮外，借使束手归顺，犹恐无粮难守，况杀士卒以攻之乎！又，征南士卒从戎二时，从戎二时，谓兵连不解，自夏迄秋也。疲弊死伤，不问可知。虽有乘胜之资，惧无可用之力。若臣愚见，谓宜修复旧戍，抚循诸州，以俟后举，江东之衅，不患其无。"诏曰："济淮掎角，事如前敕，衅，许覲翻。掎，居蚁翻。何容犹尔盘桓，盘桓，不进貌。方有此请！可速进军！"峦又表，以为"今中山进军钟离，实所未解。解，户买翻，晓也。若为得失之计，谓为一切之计，或得或失，未可必也。不顾万全，直袭广陵，出其不备，或未可知。若正欲以八十日粮取钟离城者，臣未之前闻也。英期以八十日粮取钟离，故峦云然。彼坚城自守，不与人战，城堑水深，非可填塞，塞，悉则翻。空坐至春，士卒自弊。若遣臣赴彼，从何致粮！夏来之兵，不赍冬服，脱遇冰雪，何方取济！臣宁荷怯懦不进之责，不受败损空行之罪。荷，下可翻。钟离天险，朝贵所具，谓朝之贵臣所具知也。朝，直遥翻。若有内应，则所不知；如其无也，必无克状。言必无可克之状。若信臣言，愿赐臣停；若谓臣惮行求还，臣所领兵，乞尽付中山，任其处分，处，昌吕翻。分，扶问翻。臣止以单骑随之东西。臣屡更为将，骑，奇寄翻。更，工衡翻。将，即亮翻。颇知可否，臣既谓难，何容强遣！"强，其两翻。乃召峦还，更命镇东将军萧宝寅与英同围钟离。

侍中卢昶素恶峦，更，工衡翻。恶，乌路翻。与侍中、领右卫将军元晖共谮之，使御史中尉崔亮弹峦在汉中掠人为奴婢。峦传云："峦初至汉中，接豪右以礼，抚众以惠。岁馀之后，颇因其去就，诛灭百姓，籍为奴婢者二百馀口。"弹，徒丹翻。峦以汉中所得美女赂晖，晖言于魏主曰："峦新有大功，不当以赦前小事案之。"谓是年正月生皇子赦也。魏主以为然，遂不问。

晖与卢昶皆有宠于魏主而贪纵，时人谓之"饿虎将军"、"饥鹰侍中"。晖寻迁吏部尚书，用官皆有定价，大郡二千匹，次郡下郡递减其半，馀官各有等差，选者谓之"市曹"。以选曹货赂为市，因谓之市曹。选，须绢翻。

29 丁酉，梁兵围义阳者夜遁，闻洛口师溃，故亦遁。魏郢州刺史娄悦追击，破之。

30 柔然库者可汗卒，子伏图立，号佗汗可汗，佗汗，魏言绪也。可，从刊入声。汗，音寒。佗，徒河翻。改元始平。戊申，佗汗遣使者纥奚勿六跋如魏请和。魏主不报其使，谓勿六跋曰："蠕蠕远祖社仑，乃魏之叛臣，事见一百八卷晋孝武太元十九年。使，疏吏翻。蠕，人兖翻。仑，卢昆翻。往者包容，蹔听通使。事见一百三十六卷齐武帝永明五年。蹔，与暂同。今蠕蠕衰微，不及畴昔，大魏之德，方隆周、汉，正以江南未平，少宽北略，少，诗沼翻。通和之事，未容相许。若修藩礼，款诚昭著者，当不尔孤也。"孤，负也。

31 魏京兆王愉、广平王怀国臣多骄纵，公行属请，属，之欲翻。魏主诏中尉崔亮穷治之，治，直之翻。坐死者三十馀人，其不死者悉除名为民。惟广平右常侍杨昱、文学崔楷以忠谏获免。昱，椿之子也。自晋以来，王国置师、友、文学各一人，左右常侍各一人。杨椿见一百三十七卷齐武帝永明八年。

32 十一月，乙丑，大赦。诏右卫将军曹景宗都督诸军二十万救钟离。上敕景宗顿道人洲，道人洲，在邵阳洲之东。俟众军齐集俱进。景宗固启求先据邵阳洲尾，上不许。景宗欲专其功，违诏而进，值暴风猝起，颇有溺者，溺，奴狄翻。复还守先顿。谓还守道人洲也。复，扶又翻。上闻之曰："景宗不进，盖天意也。若孤军独往，城不时立，必致狼狈，今破贼必矣。"

33 初，汉归义侯势之末，群獠始出，北自汉中，南至邛、笮，布满山谷。事见九十七卷晋孝宗永和二年。獠，鲁皓翻。邛，渠容翻。笮，音昨。势既亡，蜀民多东徙，山谷空地皆为獠所据。其近郡县与华民杂居者，颇输租赋，远在深山者，郡县不能制。梁、益二州岁伐獠以自润，公私利之。及邢峦为梁州，獠近者皆安堵乐业，乐，音洛。远者不敢为寇。峦既罢去，魏以羊祉为梁州刺史，傅竖眼为益州刺史。去年魏得晋寿，置益州。竖，而庾翻。祉性酷虐，不得物情。獠王赵清荆引梁兵入州境为寇，祉遣兵击破之。竖眼施恩布信，大得獠和。

34 十二月，癸卯，都亭靖侯谢朏卒。朏，敷尾翻。

35 魏人议乐，久不决。三年，魏命议乐事见上卷。

六年（丁亥、五〇七）

1 春，正月，公孙崇请委卫军将军、尚书右仆射高肇监其事；监，工衡翻。魏主知肇不学，诏太常卿刘芳佐之。

2 魏中山王英与平东将军杨大眼等众数十万攻钟离。钟离城北阻淮水，魏人于邵阳洲两岸为桥，树栅数百步，跨淮通道。英据南岸攻城，大眼据北岸立城，以通粮运。城中众才三千人，昌义之督帅将士，随方抗御。魏人以车载土填堑，使其众负土随之，严骑蹙其后，人有未及回者，因以土迮之，帅，读曰率。将，即亮翻。堑，七艳翻。骑，奇寄翻。迮，侧百翻，迫也。俄而堑满。冲车所撞，撞，传江翻。城土辄颓，义之用泥补之，冲车虽入而不能坏。魏人昼夜苦攻，分番相代，坠而复升，复，扶又翻；下同。莫有退者。一日战数十合，前后杀伤万计，魏人死者与城平。

二月，魏主召英使还，英表称："臣志殄逋寇，而月初已来，已、以字通。霖雨不止，若三月晴霁，城必可克，愿少赐宽假！"少，诗沼翻。魏主复诏曰："彼土蒸湿，无宜久淹。势虽必取，乃将军之深计，兵久力殆，亦朝廷之所忧也。"英犹表称必克，魏主遣步兵校尉范绍诣英议攻取形势。绍见钟离城坚，劝英引还，英不从。元英违众议，志在必克钟离，恃义阳之胜而骄也。兵法曰：常胜之家，难与虑敌，又曰：兵骄者败，其谓是欤！校，户教翻。

上命豫州刺史韦叡将兵救钟离，将，即亮翻；下同。受曹景宗节度。叡自合肥取直道，由阴陵大泽行，水经注，濠水出阴陵县之阳亭，东北流，径钟离城下而注于淮。阴陵盖自在钟离西南，合肥东北也。值涧谷，辄飞桥以济师。人畏魏兵盛，多劝叡缓行，叡曰："钟离今凿穴而处，处，昌吕翻。负户而汲，车驰卒奔，犹恐其后，而况缓乎！魏人已堕吾腹中，卿曹勿忧也。"旬日至邵阳，上豫敕曹景宗曰："韦叡，卿之乡望，曹景宗，新野人。韦叡以京兆著姓居襄阳，既同州乡，而韦为望族。宜善敬之！"景宗见叡，礼甚谨，上闻之曰："二将和，师必济矣。"

景宗与叡进顿邵阳洲，叡于景宗营前二十里夜掘长堑，树鹿角，截洲为城，去魏城百馀步。南梁太守冯道根，能走马步地，计马足以赋功，比晓而营立。赋，布也。给，与也。功，力也。计一夫之力所任作，谓之功。杜佑通典曰：凡筑城，下阔与高倍，上阔与下倍。城高五丈，下阔二丈五尺，上阔一丈二尺五寸，高下阔狭以此为准。料功：上阔加下阔得三丈七尺五寸，半之得一丈八尺七寸五分，以高五丈乘之，一尺之城积数得九十三丈七尺五寸。每一功，日筑土二尺，计功约四十七人。一步五尺之城计役二百三十五人，一百步计役二万三千五百人。率一里则十里可知。其出土负篑并计之大功之内。城濠面阔二丈，深一丈，底阔一丈，以面阔加底积数太半之，得数一丈五尺，以深一丈乘之，凿濠一尺得数一十五丈。每一人计功日出三丈，计功五人。一步五尺计功二十五人，十步计功二百五十人。一里计功七万五百人。以此为数，则百里可知。比，必利翻，及也。魏中山王英大惊，以杖击地曰："是何神也！"景宗等器甲精新，军容甚盛，魏人望之夺气。景宗虑城中危惧，募军士言文达等言，姓。孔门言偃吴人，今吴人犹有言姓。潜行水底，赍敕入城，城中始知有外援，勇气百倍。

杨大眼勇冠军中，将万馀骑来战，所向皆靡。叡结车为陈，冠，古玩翻。将，即亮翻。骑，奇寄翻。陈，读曰阵。大眼聚骑围之，叡以强弩二千一时俱发，洞甲穿中，中，如字。杀伤甚众。矢贯大眼右臂，大眼退走。明旦，英自帅众来战，帅，读曰率。叡乘素木舆，执白角如意以麾军，如意，树类。一日数合，英乃退。魏师复夜来攻城，复，扶又翻。飞矢雨集，叡子黯请下城以避箭，叡不许；军中惊，叡于城上厉声呵之，乃定。此确斗也。两军营垒相逼，旦暮接战，勇而无刚者不能支久，韦叡于此，是难能也。比年襄阳之守，使诸将连营而前，如韦叡之略，城犹可全，不至误国矣。呜呼，痛哉！牧人过淮北伐刍藁者，皆为杨大眼所略；曹景宗募勇敢士千馀人，于大眼城南数里筑垒，大眼来攻，景宗击却之。垒成，使别将赵草守之，有抄掠者，皆为草所获，是后始得纵刍牧。

上命景宗等豫装高舰，使与魏桥等，为火攻之计，将，即亮翻。抄，楚交翻。舰，户黯翻。令景宗与叡各攻一桥，叡攻其南，景宗攻其北。魏于邵阳洲两岸立桥，南桥以接元英之兵，北桥以接杨大眼之兵。三月，淮水暴涨六七尺，考异曰：梁帝纪，"四月，癸未，景宗等破魏军。"魏帝纪，"四月，戊戌，钟离大水，英败绩。"按曹景宗传云，"三月，春水生，淮水暴涨。"梁魏二史盖据奏到月日书之耳，今从景宗传。叡使冯道根与庐江太守裴邃、秦郡太守李文钊等沈约曰：晋武帝分扶风为秦国，中原乱，其民南流，寄居堂邑。堂邑本为县，前汉属临淮，后汉属广陵，晋又属临淮。惠帝永兴元年，以临淮淮陵立堂邑郡，安帝改堂邑为秦郡。五代志，扬州六合县，旧曰尉氏，置秦郡。乘斗舰竞发，击魏洲上军尽殪。殪，于计翻。别以小船载草，灌之以膏，从而焚其桥，风怒火盛，烟尘晦冥，敢死之士，拔栅斫桥，水又漂疾，倏忽之间，桥栅俱尽。道根等皆身自搏战，军人奋勇，呼声动天地，呼，火故翻。无不一当百，魏军大溃。英见桥绝，脱身弃城走，大眼亦烧营去。诸垒相次土崩，悉弃其器甲争投水，死者十馀万，斩首亦如之。叡遣报昌义之，义之悲喜，不暇答语，但叫曰："更生，更生！"诸军逐北至涉水上，魏收志，睢州谷阳郡连城县有涉水。按水经注，服虔云：谷水在沛国相县界。盖睢水径谷熟而两分，谷水之名盖因地变，然则谷水即泗水也。魏收又云：睢州即梁之潼州，治取虑城。又按水经注，睢水自谷熟东流，径取虑城北，又东径睢陵城北，又东与潼水会。参而考之，则涉水当在沛、临淮二郡界。丁度集韵曰：涉，呼外翻，一作"涣"，音同，水名，在亳州。是则涉水即涣水，音同而字异耳。英单骑入梁城，缘淮百馀里，尸相枕藉，生擒五万人，枕，之任翻。藉，慈夜翻。考异曰：韦叡传云："其馀释甲稽颡，乞为囚奴者，犹数十万。"按魏军共止数十万，如叡传所言，似为太过。今从景宗传。收其资粮、器械山积，牛马驴骡不可胜计。骡，卢戈翻。胜，音升。

义之德景宗及叡，请二人共会，设钱二十万，官赌之。樗蒲，赌博，私相与为戏耳。不设于公庭，今官赌之于徐州府廨，公赌之也。博以取财曰赌，音丁古翻。景宗掷得雉；叡徐掷得卢，遽取一子反之，曰："异事！"遂作塞。反，读曰翻，又如字。樗蒲得卢者胜，反一子而作塞，塞者掷采未成，次掷者塞之以决胜负。塞，与簺同，先代翻。异事，犹言怪事也。景宗与群帅争先告捷，帅，所类翻。叡独居后，世尤以此贤之。史言韦叡有功不伐。诏增景宗、叡爵邑，义之等受赏各有差。

3 夏，四月，己酉，以江州刺史王茂为尚书右仆射，安成王秀为江州刺史。秀将发，主者求坚船以为斋舫，以船载斋库物，因曰斋舫。舫，甫妄翻。并两船曰舫。秀曰："吾岂爱财而不爱士乎！"乃以坚者给参佐，下者载斋物，既而遭风，斋舫遂破。时诸王并下士，建安王伟与秀尤好人物，时人方之四豪。

4 丁巳，以临川王宏为骠骑将军、开府仪同三司，骠，匹妙翻。骑，奇寄翻。建安王伟为扬州刺史，右光禄大夫沈约为尚书左仆射，左仆射王莹为中军将军。

5 六月，丙午，冯翊等七郡叛降魏。冯翊等郡，江左侨立于雍州界。降，户江翻。

6 秋，七月，丁亥，以尚书右仆射王茂为中军【严："中军"改"中卫"。】将军。

7 八月，戊子，大赦。

8 魏有司奏："中山王英经算失图，齐王萧宝寅等守桥不固，皆处以极法。"处，昌吕翻。己亥，诏英、宝寅免死，除名为民，杨大眼徙营州为兵。魏世祖真君五年置营州，治和龙城，领昌黎、建德、辽东、乐浪、冀阳郡。以中护军李崇为征南将军、扬州刺史。崇多事产业，征南长史狄道辛琛屡谏不从，琛，丑林翻。遂相纠举。诏并不问。崇因置酒谓琛曰："长史后必为刺史，但不知得上佐何如人耳。"琛曰："若万一叨忝，得一方正长史，朝夕闻过，是所愿也。"崇有惭色。

9 九月，己亥，【张："亥"作"未"。】魏以司空高阳王雍为太尉，尚书令广阳王嘉为司空。

10 甲子，魏开斜谷旧道。汉高祖之为汉王也，从杜南入蚀中，张良送至褒中。褒、斜，一谷也，南谷曰褒，北谷曰斜。意此即斜谷旧道，诸葛亮扬声由斜谷取郿，非杜南旧道也。以事势言之，承平旧时自长安入蜀，其取道就平易。南北分争，塞故道而开新路以依险。今魏欲就平易以通梁、益，故复开旧道。斜，馀遮翻。谷，音浴。

11 冬，十月，壬寅，以五兵尚书徐勉为吏部尚书。勉精力过人，虽文案填积，坐客充满，应对如流，手不停笔。又该综百氏，皆为避讳。为，于伪翻。尝与门人夜集，客虞暠求詹事五官，太子詹事亦有五官掾。暠，古老翻。勉正色曰："今夕止可谈风月，不可及公事。"时人咸服其无私。

12 闰月，乙丑，以临川王宏为司徒、行太子太傅，尚书左仆射沈约为尚书令、行太子少傅，吏部尚书袁昂为右仆射。

13 丁卯，魏皇后于氏殂。是时高贵嫔有宠而妒，高肇势倾中外，后暴疾而殂，人皆归咎高氏，宫禁事秘，莫能详也。为魏皇子昌卒张本。

14 甲申，以光禄大夫夏侯详为尚书左仆射。

15 乙酉，魏葬顺皇后于永泰陵。

16 十二月，丙辰，丰城景公夏侯详卒。沈约曰：吴立富城县，晋武太康元年更名丰城，属豫章郡。

17 乙丑，魏淮阳镇都军主常邕和以城来降。降，户江翻。考异曰：魏帝纪："十月，庚午，淮阳太守安乐以城南叛。"今从梁帝纪。

张政烺标点王崇武聂崇岐覆校

资治通鉴卷第一百四十七

端明殿学士兼翰林侍读学士朝散大夫右谏议大夫
集贤殿修撰提举西京嵩山崇福宫上柱国河内郡 司马光 奉敕编集
开国侯食邑一千八百户食实封六百户赐紫金鱼袋臣

后学天台胡三省音注

梁纪三 起著雍困敦(戊子)，尽阏逢敦牂(甲午)，凡七年。

高祖武皇帝三

天监七年(戊子、五〇八)

1 春，正月，魏颍川太守王神念来奔。为后神念子僧辩有功于兴复张本。守，式又翻。

2 壬子，以卫尉吴平侯昺兼领军将军。

3 诏吏部尚书徐勉定百官九品为十八班，以班多者为贵。二月，乙丑，增置镇、卫将军以下为十品，凡二十四班；不登十品，别有八班。又置施外国将军二十四班，凡一百九号。丞相、太宰、太傅、太保、大司马、大将军、太尉、司徒、司空为十八班。诸将军开府仪同三司、左·右光禄开府仪同三司为十七班。尚书令、太子太傅、左·右光禄大夫为十六班。尚书左仆射、太子少傅、尚书仆射、右仆射、中书监、特进、领·护军将军为十五班。中领·护军、吏部尚书、太子詹事、金紫光禄大夫、太常卿为十四班。中书令、列曹尚书、国子祭酒、宗正·太府卿、光禄大夫为十三班。侍中、散骑常侍、左·右卫将军、司徒左长史、卫尉卿为十二班。御史中丞、尚书吏部郎、秘书监、通直散骑常侍、太子左·右二卫率、左·右骁·游、太中大夫、皇弟·皇子师、司农·少府·廷尉卿、太子中庶子、光禄卿为十一班。给事黄门侍郎、员外散骑常侍、皇弟·皇子府长史、太仆·大匠卿、太子家令·率更令·仆、扬州别驾、中散大夫、司徒右长史、云骑、游骑、皇弟·皇子府司马、朱衣直阁将军为十班。尚书左丞、鸿胪卿、中书侍郎、国子博士、太子庶子、扬州中从事、皇弟·皇子公府从事中郎、太舟卿、大长秋、皇弟·皇子府谘议、嗣王府长史、前·左·右·后四军、嗣王府司马、庶姓公府长史·司马为九班。秘书丞、太子中舍人、司徒左西掾、司徒属、皇弟·皇子友、散骑侍郎、尚书右丞、南徐州别驾、皇弟·皇子·公府掾属，皇弟·皇子单为二卫司马、嗣王·庶姓公府从事中郎、左·右中郎将、嗣王·庶姓公府谘议、皇弟·皇子之庶子府长史·司马、蕃王府长史·司马、庶姓持节府长史·司马为八班。五校、东宫三校、皇弟·皇子之庶子府中录事·中记室·中直兵参军、南徐州中从事、皇弟·皇子之庶子府·蕃王府咨议为七班。太子洗马、通直散骑侍郎、司徒主簿、尚书侍郎、著作郎、皇弟·皇子府功曹史、五经博士、皇弟·皇子府录事·记室·中兵参军、皇弟·皇子荆·江·雍·郢·南徐五州别驾、领·护军长史·司马、嗣王·庶姓公府掾属、南台治书侍御史、廷尉三官、谒者仆射、太子门大夫、嗣王·庶姓公府中录事·中记室·中直兵参军、庶姓府谘议为六班。尚书郎中、皇弟·皇子文学及府主簿、太子太傅·少傅丞、皇弟·皇子湘·豫·司·益·广·青·衡七州别驾、皇弟·皇子荆·江·雍·郢·南兖五州中从事、嗣王·庶姓荆·江等五州别驾、太常丞、皇弟·皇子国郎中令、三将、东宫二将、嗣王府功曹史、庶姓公府录事·记室·中兵参军、皇弟·皇子之庶子府·蕃王府中录事·中记室·中直兵参军为五班。给事中、皇弟·皇子府正参军、中书舍人、建康三官、皇弟·皇子北徐·北兖·梁·交·南梁五州别驾、皇弟·皇子湘·豫·司·益·广·青·衡七州别驾·中从事、嗣王·庶姓湘·豫等七州别驾、嗣王·庶姓荆·江等五州中从事、宗正·太府·卫尉·司农·少府·廷尉·太子詹事等丞、积射·强弩将军、太子左·右积弩将军、皇弟·皇子国大农、嗣王国郎中令、嗣王·庶姓公府主簿、皇弟·皇子之庶子府·蕃王府功曹史·录事·记室·中兵参军为四班。太子舍人、司徒祭酒、皇弟·皇子公府祭酒、员外散骑侍郎、皇弟·皇子府行参军、太子太傅·少傅五官·功曹·主簿、二卫司马、公车令、胄子·律博士、皇弟·皇子越·桂·宁·霍四州别驾、皇弟·皇子北徐·北兖·梁·交·南梁五州中从事、庶姓北徐等五州别驾、湘·豫·司·益·广·青·衡七州中从事、嗣王·庶姓公府正参军、皇弟·皇子之庶子府·蕃王府曹主簿、武卫将军、光禄丞、皇弟·皇子国中尉·太仆·大匠丞、嗣王国大农、蕃王国郎中令、庶姓持节府中录事·中记室·中直兵参军、北馆令为三班。秘书郎、著作佐郎、扬、南徐州主簿、嗣王·庶姓公府祭酒、皇弟·皇子单为领·护·詹事、二卫等功曹·五官·主簿、太学博士、皇弟·皇子国常侍、奉朝请、国子助教、皇弟·皇子越·桂·宁·霍四州中从事、皇弟皇子荆·江等五州主簿、嗣王·庶姓越·桂等四州别驾、嗣王·庶姓北徐等五州中从事、鸿胪丞、尚书五都令史、武骑常侍、材官将军、明堂·二庙·帝陵令、嗣王·庶姓公府行参军、皇弟·皇子之庶子府正参军、蕃王国大农、庶姓持节府录事·记室·中直兵参军、庶姓持节府功曹史为二班。扬、南徐州西曹·祭酒·从事、皇弟·皇子国侍郎、嗣王国常侍、南徐州议曹从事、东宫通事舍人、南台侍御史、大舟丞、二卫·殿中将军·皇弟·皇子之庶子府·蕃王府行参军、蕃王国中尉、皇弟·皇子湘·豫等七州主簿、皇弟·皇子荆·雍等州西曹祭酒·议曹从事、皇弟·皇子西曹·从事祭酒·（以上四字疑衍）议曹祭酒·部传从事、嗣王庶姓越·桂等四州中从事、嗣王庶姓荆·江等五州主簿、庶姓持节府主簿、汝阴·巴陵二国郎中令、太官·太乐·太市·太史·太医·太祝·东西冶·左右尚方·南北武库·车府等令为一班。又诏以“将军之名，高卑舛杂，更加厘定。”于是有司奏置一百二十五号将军。以镇、卫、骠骑、车骑为二十四班，内外通用；征东、征西、征南、征北施外，中军、中卫、中抚、中护施内，为二十三班；镇东、镇西、镇南、镇北施外，镇左、镇右、镇前、镇后施内，为二十二班；安东、安西、安南、安北施外，安左、安右、安前、安后施内，为二十一班；平东、平西、平南、平北施外，翊左、翊右、翊前、翊后施内，为二十班：是为重号将军。忠武、军师为十九班；武臣、爪牙、龙骑、云麾为十八班，代旧前、后、左、右四将军；镇兵、翊师、宣惠、宣毅为十七班，代旧四中郎将：十号为一品。智威、仁威、勇威、信威、严威为十六班，代旧征虏；智武、仁武、勇武、信武、严武为十五班，代旧冠军：十号为一品，所谓五德将军者也。轻车、征远、镇朔、武旅、贞毅为十四班，代旧辅国。凡将军加大者，唯至贞毅而已，通进一阶，优者方得比位从公。宁远、明威、振远、电耀、威耀为十三班，代旧宁朔：十号为一品。武威、武骑、武猛、壮武、飙武为十二班；电威、驰锐、追锋、羽骑、突骑为十一班：十号为一品。折冲、冠武、和戎、安垒、猛烈为十班；扫狄、雄信、扫虏、武锐、椎锋为九班：十号为一品。略远、贞威、决胜、开远、光野为八班；厉锋、轻锐、讨狄、荡虏、荡夷为七班：一号为一品。武毅、铁骑、楼船、宣猛、树功为六班；克狄、平虏、讨夷、平狄、威戎为五班：十号为一品。伏波、雄戟、长剑、冲冠、雕骑为四班；佽飞、安夷、克戎、绥狄、威虏为三班：十号为一品。前锋、武义、开边、招远、全威为二班；绥虏、荡寇、横野、驰射为一班：十号为一品。凡十品，二十四班，亦以班多为贵。其制，品十，取其盈数，以法十日；班二十四以法气序。制簿悉以大号居后，以为选法自小迁大也。其不登十品应须军号者，有牙门代旧建威，期门代旧建武，为八班；候骑代旧振威，熊渠代旧振武，为七班；中坚代旧奋威，典戎代旧奋武，为六班；戈船代旧扬威，绣衣代旧扬武，为五班；执讯代旧广威，行阵代旧广武，为四班；鹰扬为三班；陵江为二班；偏将军、裨将军为一班：凡十四号，别为八班，以象八风，所施甚轻。又有武安、镇远、雄义拟车骑为二十四班；抚东、抚西、抚南、抚北拟四征为二十三班；宁东、宁西、宁南、宁北拟四镇为二十二班；威东、威西、威南、威北拟四安为二十一班；绥东、绥西、绥南、绥北拟四平为二十班：凡十九号为一品。安远、安边拟忠武、军师为十九班；辅义、安沙、卫海、抚河拟武臣等四号为十八班；平远、抚朔、宁沙、航海拟镇兵等四号为十七班：凡十号为一品。翊海、朔野、拓远、威河、龙幕拟智威等五号为十六班；威陇、安漠、绥边、宁寇、梯山拟智武等五号为十五班：凡十号为一品。宁境、绥河、明信、明义、威漠拟轻车等五号为十四班；安陇、向义、宣节、振朔、候律拟宁远等五号为十三班：凡十号为一品。平寇、定远、宁陇、陵海、振漠拟武威等五号为十二班；驰义、横朔、明节、执信、怀德拟电威等五号为十一班：凡十号为一品。抚边、定陇、绥关、立信、奉义拟折冲等五号为十班；绥陇、宁边、定朔、立节、怀威拟扫狄等五号为九班：凡十号为一品。怀关、静朔、扫寇、宁河、安朔拟略远等五号为八班；扬化、超陇、执义、来化、度嶂拟厉锋等五号为七班：凡十号为一品。平河、振陇、雄边、横沙、宁关拟武毅等五号为六班；怀信、宣义、弘节、浮辽、凿空拟克狄等五号为五班：凡十号为一品。扞海、款塞、归义、陵河、明信拟伏波等五号为四班；奉忠、守义、弘信、抑化、立义拟佽飞等五号为三班：凡十号为一品。绥方、奉正、承化、浮海、渡河拟先锋等五号为二班；怀义、奉信、归诚、怀泽、伏义拟绥虏等五号为一班：凡十号为一品。大凡一百九号，亦为二十四班，施于外国。

3 庚午，诏置州望、郡宗、乡豪各一人，专掌搜荐。搜，求也；搜才能而荐之于上。

4 乙亥，以南兖州刺史吕僧珍为领军将军。领军掌内外兵要，宋孝建以来，制局用事，与领军分兵权，典事以上皆得呈奏，领军拱手而已。及吴平侯昺在职峻切，官曹肃然。制局监皆近幸，颇不堪命，以是不得久留中，丙子，出为雍州刺史。先用僧珍，次日出昺。昺，音丙。雍，于用翻。

5 三月，戊子，魏皇子昌卒，侍御师王显失于疗治，医师侍御左右，因以名官。后魏之制，太医令属太常，掌医药；而门下省别有尚药局侍御师，盖今之御医也。此又一王显，非御史中尉之王显也。治，直之翻。时人皆以为承高肇之意也。

6 夏，四月，乙卯，皇太子纳妃，大赦。

7 五月，己亥，诏复置宗正、太仆、大匠、鸿胪，又增太府、太舟，仍先为十二卿。复，扶又翻。五代史志曰：是年以太常为太常卿，加置宗正卿，以大司农为司农卿，是为春卿；加置太府卿，以少府为少府卿，加置太仆卿，是为夏卿；以卫尉为卫尉卿，廷尉为廷尉卿，将作大匠为大匠卿，是为秋卿；以光禄勋为光禄卿，大鸿胪为鸿胪卿，都水使者为太舟卿，是为冬卿。凡十二卿，皆置丞及功曹、主簿。

8 癸卯，以安成王秀为荆州刺史。先是，巴陵马营蛮缘江为寇，州郡不能讨，先，悉荐翻。秀遣防阁文炽帅众燔其林木，梁制，上宫、东宫置直阁，王公置防阁。文，姓也。帅，读曰率。蛮失其险，州境无寇。蛮无所依阻，故不敢为寇。

9 秋，七月，甲午，魏立高贵嫔为皇后。嫔，毗宾翻。尚书令高肇益贵重用事。肇多变更先朝旧制，减削封秩，抑黜勋人，由是怨声盈路。群臣宗室皆卑下之，更，工衡翻。朝，直遥翻。下，遐嫁翻。唯度支尚书元匡与肇抗衡，先自造棺置听事，欲舆棺诣阙论肇罪恶，自杀以切谏；肇闻而恶之。度，徒洛翻。恶，乌路翻。会匡与太常刘芳议权量事，魏因议乐，并议定权量。量，力让翻。肇主芳议，匡遂与肇喧竞，竞，争也。表肇指鹿为马。以肇比赵高。御史中尉王显奏弹匡诬毁宰相，有司处匡死刑；处，昌吕翻。

诏恕死，降为光禄大夫。

10 八月，癸丑，竟陵壮公曹景宗卒。

11 初，魏主为京兆王愉纳于后之妹为妃，为，于伪翻。愉不爱，爱妾李氏，生子宝月。于后召李氏入宫，棰之。棰，止橤翻。愉骄奢贪纵，所为多不法。帝召愉入禁中推按，杖愉五十，出为冀州刺史。愉自以年长，长，知两翻。而势位不及二弟，二弟，清河王怿，广平王怀。潜怀愧恨。又，身与妾屡被顿辱，高肇数谮愉兄弟，愉不胜忿；被，皮义翻。数，所角翻。胜，音升。癸亥，杀长史羊灵引、司马李遵，诈称得清河王怿密疏，云"高肇弑逆"。遂为坛于信都之南，魏冀州刺史治信都。即皇帝位，大赦，改元建平，立李氏为皇后。法曹参军崔伯骥不从，愉杀之。在北州镇皆疑魏朝有变，谓州镇在冀州之北者。朝，直遥翻。定州刺史安乐王诠具以状告之，乐，音洛。诠，且缘翻。州镇乃安。乙丑，魏以尚书李平为都督北讨诸军、行冀州事以讨愉。平，崇之从父弟也。从，才用翻。

12 丁卯，魏大赦，改元永平。

13 魏京兆王愉遣使说平原太守清河房亮，亮斩其使；愉遣其将张灵和击之，为亮所败。说，式芮翻。将，即亮翻。败，补迈翻。李平军至经县，经县，汉、晋属安平国，魏收志属钜鹿郡。诸军大集，夜，有蛮兵数千斫平营，矢及平帐，平坚卧不动，俄而自定。蛮兵盖亦李平所统，欲为内变，而平不动，故自定。九月，辛巳朔，愉逆战于城南草桥，平奋击，大破之，愉脱身走入城，平进围之。壬辰，安乐王诠破愉兵于城北。

14 癸巳，立皇子绩为南康王。

15 魏高后之立也，彭城武宣王勰固谏，勰，音协。魏主不听。高肇由是怨之，数谮勰于魏主，数，所角翻。魏主不之信。勰荐其舅潘僧固为长乐太守，京兆王愉之反，胁僧固与之同，冀州与长乐郡同治信都，故僧固为愉所胁。乐，音洛。肇因诬勰北与愉通，南招蛮贼。伊阙以南，接于淮、汝、江、沔，皆有蛮左。彭城郎中令魏偃、前防阁高祖珍高祖珍前尝为勰防阁，时已去官，故曰前防阁。希肇提擢，构成其事。肇令侍中元晖以闻，晖不从，又令左卫元珍言之。帝以问晖，晖明勰不然；又以问肇，肇引魏偃、高祖珍为证，帝乃信之。戊戌，召勰及高阳王雍、广阳王嘉、清河王怿、广平王怀、高肇俱入宴。勰妃李氏方产，固辞不赴。中使相继召之，使，疏吏翻。不得已，与妃诀而登车，入东掖门，度小桥，牛不肯进，击之良久，良久，稍久也，或曰甚久也。更有使者责勰来迟，乃去牛，去，羌吕翻。人挽而进。宴于禁中，至夜，皆醉，各就别所消息。令各就便安之处，消酒毒而息真气。俄而元珍引武士赍毒酒而至，勰曰："吾无罪，愿一见至尊，死无恨！"元珍曰："至尊何可复见！"复，扶又翻。勰曰："至尊圣明，不应无事杀我，乞与告者一对曲直！"武士以刀镮筑之，勰大言曰："冤哉，皇天！忠而见杀。"武士又筑之，勰乃饮毒酒，武士就杀之，向晨，以褥裹尸载归其第，云王因醉而薨。李妃号哭大言曰：号，户刀翻。"高肇枉理杀人，天道有灵，汝安得良死！"魏主举哀于东堂，赠官、葬礼皆优厚加等。在朝贵贱，莫不丧气，朝，直遥翻。丧，息浪翻。行路士女皆流涕曰："高令公枉杀贤王。"肇为尚书令，故称曰令公。由是中外恶之益甚。为高肇被诛张本。恶，乌路翻。

京兆王愉不能守信都，癸卯，烧门，携李氏及其四子从百馀骑突走。骑，奇寄翻。李平入信都，斩愉所置冀州牧韦超等，遣统军叔孙头追执愉，置信都，以闻。群臣请诛愉，魏主不许，命锁送洛阳，申以家人之训。愉，魏主弟也，故欲训责之。行至野王，高肇密使人杀之。考异曰：魏书及北史愉传皆云："愉每宿止亭传，必携李手，尽其私情，虽镣絷之中，饮赏自若，略无愧惧之色。至野王，愉语人曰：'虽主上慈深，不忍杀我，吾亦何面见至尊！'于是歔欷流涕，绝气而死。或云高肇令人杀之。"按愉既败被执，犹略无愧惧，安能惭见魏主，遽感激绝气而死！盖肇潜使人杀愉，因以此言绐魏主耳。诸子至洛，魏主皆赦之。

魏主将屠李氏，中书令崔光谏曰："李氏方妊，刑至刳胎，乃桀、纣所为，武王数纣之罪曰：刳剔孕妇。酷而非法。请俟产毕，然后行刑。"从之。

李平捕愉馀党千馀人，将尽杀之，录事参军高颢曰："此皆胁从，前既许之原免矣，宜为表陈。"为，于伪翻；下为国同。平从之，皆得免死。颢，佑之孙也。高佑，允之从祖弟，以文学事魏孝文。

济州刺史高植帅州军击愉，有功当封，济，子礼翻。帅，读曰率。植不受，曰："家荷重恩，为国致效，致效，言致身而效死也。荷，下可翻。乃其常节，何敢求赏！"植，肇之子也。

加李平散骑常侍。散，悉亶翻。骑，奇寄翻。高肇及中尉王显素恶平，显弹平在冀州隐截官口，此谓叛党男女合没为官口者。恶，乌路翻。弹，徒丹翻。肇奏除平名。除名，不得通籍禁门。

初，显祖之世，柔然万馀口【章：十二行本"口"作"户"；乙十一行本同；孔本同；张校同。】降魏，置之高平、薄骨律二镇，魏世祖太延二年置高平镇，是后肃宗正光五年改置原州。又太延二年置薄骨律镇，肃宗孝昌中改置灵州。宋白曰：太和十年改薄骨律镇为沃野镇。降，户江翻。及太和之末，叛走略尽，唯千馀户在。太中大夫王通请徙置淮北以绝其叛，诏太仆卿杨椿持节往徙之，椿上言："先朝处之边徼，所以招附殊俗，且别异华、戎也。朝，直遥翻。处，昌吕翻；下河处同。徼，吉吊翻。别，彼列翻。今新附之户甚众，若旧者见徙，新者必不自安，是驱之使叛也。且此属衣毛食肉，乐冬便寒，衣，于既翻。乐，音洛。南土湿热，往必歼尽。进失归附之心，退无藩卫之益，置之中夏，歼，息廉翻。夏，户雅翻。或生后患，非良策也。”不从，遂徙于济州，缘河处之。及京兆王愉之乱，皆浮河赴愉，所在抄掠，如椿之言。济，子礼翻。抄，楚交翻。

16 庚子，魏郢州司马彭珍等叛魏，潜引梁兵趋义阳，三关戍主侯登等以城来降。郢州刺史娄悦婴城自守，魏以中山王英都督南征诸军事，将步骑三万出汝南以救之。趋，七喻翻。降，户江翻。将，即亮翻。骑，奇寄翻。考异曰：田益宗传，诏曰：‘英统马步七万，邢峦统精骑三万，”盖虚声耳。今从魏帝纪。

17 冬，十月，魏悬瓠军主白早生杀豫州刺史司马悦，瓠，户故翻。考异曰：梁帝纪作“白皂生”，马仙琕传作“琅邪王司马庆曾”。今皆从魏书。自号平北将军，求救于司州【章：十二行本“州”下有“刺史”二字；乙十一行本同；孔本同；退斋校同；张校同，云无注本无“刺史”二字。】马仙琕。琕，部田翻。时荆州刺史安成王秀为都督，秀以荆州刺史督诸州，司州其所统也。仙琕签求应赴。签前叙求应赴之事，注见一百二十卷宋文帝元嘉元年。参佐咸谓宜待台报，谓宜奏上天台而待报。江左率谓朝廷为台，亦谓之天台。秀曰：“彼待我以自存，彼，谓白早生。援之宜速，待敕虽旧，谓旧制须待台敕。非应急也。”即遣兵赴之。上亦诏仙琕救早生。仙琕进顿楚王城，楚王城即楚王戍。遣副将齐苟儿将，即亮翻。考异曰：魏书作“苟仁”，今从梁书、南·北史。以兵二千助守悬瓠。诏以早生为司州刺史。考异曰：梁帝纪，十月丙子，“魏阳关主许敬珍以城内附，诏大举北伐，以始兴王憺帅众入清，王茂帅众向宿豫。丁丑，白早生与豫州刺史胡逊以城内属，以早生为司州、胡逊为豫州刺史。明年正月壬辰，魏镇东参军成景隽斩宿豫城主严仲宝，以城内属。二月丁卯，魏楚王城主李国兴以城内附。”姓名年月事迹既与魏书参差，又遍检诸列传皆无其事。今并从魏书。

18 丙寅，以吴兴太守张稷为尚书左仆射。守，式又翻。

19 魏以尚书邢峦行豫州事，将兵击白早生。魏主问之曰：

"卿言，早生走也，守也？何时可平？"对曰："早生非有深谋大智，正以司马悦暴虐，乘众怒而作乱，民迫于凶威，不得已而从之。纵使梁兵入城，水路不通，粮运不继，亦成禽耳。早生得梁之援，溺于利欲，必守而不走。若临以王师，士民必翻然归顺，不出今年，当传首京师。"魏主悦，命峦先发，使中山王英继之。

峦帅骑八百，倍道兼行，五日至鲍口。丙子，早生遣其大将胡孝智将兵七千，离城二百里逆战，帅，读曰率。骑，奇寄翻；下同。将，即亮翻；下椿将同。离，力智翻。峦奋击，大破之，乘胜长驱至悬瓠。早生出城逆战，又破之，因渡汝水，围其城。诏加峦都督南讨诸军事。

丁丑，魏镇东参军成景儁杀宿豫戍主严仲贤，以城来降。降，户江翻。时魏郢、豫二州，自悬瓠以南至于安陆诸城皆没，唯义阳一城为魏坚守。为，于伪翻。蛮帅田益宗帅群蛮以附魏，蛮帅，所类翻。帅，读曰率。魏以为东豫州刺史，魏东豫州治新息广陵城，领汝南、东新蔡、新蔡、弋阳、长陵郡。上以车骑大将军、开府仪同三司、五千户郡公招之，益宗不从。

十一月，庚寅，魏遣安东将军杨椿将兵四万攻宿豫。

魏主闻邢峦屡捷，命中山王英趣义阳，英以众少，累表请兵，弗许。趣，与趋同，七喻翻。少，诗沼翻。英至悬瓠，辄与峦共攻之。十二月，己未，齐苟儿等开门出降，斩白早生及其党数十人。英乃引兵前趋义阳。趋，七喻翻。宁朔将军张道凝先屯楚王城，癸亥，弃城走，英追击，斩之。

魏义阳太守狄道辛祥与娄悦共守义阳，将军胡武城、陶平虏攻之，祥夜出袭其营，擒平虏，斩武城，由是州境获全。论功当赏，娄悦耻功出其下，间之于执政，赏遂不行。间，古苋翻。史言高肇专魏，赏罚无章。

20 壬申，魏东荆州表"桓晖之弟叔兴前后招抚太阳蛮，归附者万馀户，请置郡十六，县五十，"自是之后，蛮左郡县不可胜纪矣。诏前镇东府长史郦道元案行置之。行，下孟翻。道元，范之子也。郦范见一百三十二卷宋明帝泰始三年。

21 是岁，柔然佗汗可汗复遣纥奚勿六跋献貂裘于魏，佗，徒河翻。汗，音寒。可，从刊入声。复，扶又翻。魏主弗受，报之如前。前事见上卷五年。

初，高车侯倍穷奇为嚈哒所杀，嚈哒国，大月氏之种类也，亦曰高车之别种，其原出于塞北，自金山而南，在于阗之西，去长安一万一百里；其王都拔底城，盖王舍城也。嚈，益涉翻。哒，当割翻，又陁葛翻，又宅轧翻。执其子弥俄突而去，其众分散，或奔魏，或奔柔然。魏主遣羽林监河南孟威抚纳降户，置于高平镇。降，户江翻。高车王阿伏至罗残暴，国人杀之，立其宗人跋利延。嚈哒奉弥俄突以伐高车，国人杀跋利延，迎弥俄突而立之。弥俄突与佗汗可汗战于蒲类海，不胜，西走三百馀里。佗汗军于伊吾北山。会高昌王麹嘉求内徙于魏，时孟威为龙骧将军，骧，思将翻。魏主遣威发凉州兵三千人迎之，至伊吾，佗汗见威军，怖而遁去。怖，普布翻。弥俄突闻其离骇，追击，大破之，杀佗汗于蒲类海北，割其发送于威，且遣使入贡于魏。使，疏吏翻。魏主使东城子于亮报之，赐遗甚厚。遗，于季翻。高昌王嘉失期不至，威引兵还。

佗汗可汗子丑奴立，号豆罗伏跋豆伐可汗，魏收曰：魏言"彰制"也。改元建昌。

22 宋、齐旧仪，祀天皆服衮冕，兼著作郎高阳许懋请造大裘，从之。周礼天官：司裘掌为大裘以供王祀天之服。郑众注云：大裘，黑羔裘，服以祀天，示质。时有司寻大裘之制，唯郑玄注司服云：大裘，羔裘也。既无所出，未可为据。按六冕之服皆玄上纁下，今宜以玄缯为之，其制式如裘，其裳以纁，皆无文绣；冕则无旒。制曰：可。

23 上将有事太庙，诏以“斋日不乐，自今舆驾始出，鼓吹从而不作，还宫，如常仪。”还宫则鼓吹振作。吹，昌瑞翻。

八年（己丑、五〇九）

1 春，正月，辛巳，上祀南郊，大赦。时有请封会稽、禅国山者，国山在义兴国山县，隋废义兴郡为义兴县，并国山入焉。我朝太平兴国元年，以太宗藩邸旧讳，改义兴为宜兴。会，工外翻。上命诸儒草封禅仪，欲行之。许懋建议，以为“舜柴岱宗，是为巡狩。而郑引孝经钩命决云：‘封于太山，考绩柴燎；禅乎梁甫，刻石纪号，’此纬书之曲说，非正经之通义也。纬，于贵翻。舜五载一巡狩，春夏秋冬周遍四岳，书舜典，岁二月，东巡狩至于岱宗，柴望秩于山川。五月，南巡狩至于南岳。八月，西巡狩至于西岳。十有一月，北巡狩至于北岳。载，子亥翻。若为封禅，何其数也！数，所角翻。又如管夷吾所说七十二君，燧人之前，世质民淳，安得泥金检玉！结绳而治，安得镌文告成！夷吾又云：‘唯受命之君然后得封禅，’周成王非受命之君，云何得封太山禅社首！神农即炎帝也，而夷吾分为二人，妄亦甚矣。若圣主，不须封禅；若凡主，不应封禅。盖齐桓公欲行此事，夷吾知其不可，故举怪物以屈之。班志曰：齐桓公既霸，会诸侯于葵丘，而欲封禅。管仲曰：“古者封太山禅梁父者七十二家，夷吾所记者十有二焉。昔无怀氏封太山，禅云云；伏羲封太山，禅云云；神农氏封太山，禅云云；炎帝封太山，禅云云；黄帝封太山，禅亭亭；颛顼封太山，禅云云；帝喾封泰山，禅云云；尧封太山，禅云云；舜封太山，禅云云；禹封太山，禅会稽；汤封太山，禅云云；成王封太山，禅于社首：皆受命乃得封禅。”桓公曰：“寡人九合诸侯，一匡天下，昔三代受命何以异此！”管仲睹桓公不可穷以辞，因设之以事曰：“古之封禅，鄗上黍，北里禾，所以为盛；江、淮以一茅三脊，所以为藉；东海致比目之鱼，西海致比翼之鸟，然后物有不召而自至者十有五焉。今凤凰、麒麟不至，嘉禾不生，而蓬蒿藜莠茂，鸱鸮群翔，而欲封禅，无乃不可乎！”桓公乃止。秦始皇尝封太山，孙皓尝遣兼司空董朝至阳羡封禅国山，五代志曰：义兴，旧曰阳羡。皆非盛德之事，不足为法。然则封禅之礼，皆道听所说，失其本文，由主好名于上，好，呼到翻。而臣阿旨于下也。古者祀天祭地，礼有常数，诚敬之道，尽此而备，至于封禅，非所敢闻。”上嘉纳之，因推演懋议，称制旨以答请者，由是遂止。

2 魏中山王英至义阳，将取三关，先策之曰：“三关相须如左右手，若克一关，两关不待攻而破；攻难不如攻易，宜先攻东关。”东关即武阳关。易，以豉翻；下势易同。又恐其并力于东，乃使长史李华帅五统向西关，五统，五统军之众。西关即平靖关。帅，读曰率。以分其兵势，自督诸军向东关。

先是，马仙琕使云骑将军马广屯长薄，军主胡文超屯松岘。先，悉荐翻。骑，奇寄翻。岘，户典翻。考异曰：梁马仙琕传云：“遣马广会超守三关。”今从魏中山王英传。丙申，英至长薄，戊戌，长薄溃，马广遁入武阳，英进围之。上遣冠军将军彭瓮生、骠骑将军徐元季将兵援武阳，冠，古玩翻。骠，匹妙翻。骑，奇寄翻。季将，即亮翻；下同。考异曰：英传作“徐超秀”，今从魏帝纪。英故纵之使入城，曰：“吾观此城形势易取。”易，以豉翻。瓮生等既入，英促兵攻之，六日而拔，虏三将及士卒七千馀人。进攻广岘，广岘，盖即黄岘关。太子左卫率李元履弃城走；又攻西关，马仙琕亦弃城走。

上使南郡太守韦叡将兵救仙琕，邵阳之捷，叡迁左卫将军，寻为安西长史、南郡太守。叡至安陆，增筑城二丈馀，更开大堑，起高楼。堑，七艳翻。众颇讥其示怯，叡曰：“不然，为将当有怯时，不可专勇。”中山王英急追马仙琕，将复邵阳之耻，闻叡至，乃退。上亦有诏罢兵。

初，魏主遣中书舍人鲖阳董绍慰劳叛城，鲖阳县，汉属汝南郡，晋属汝阴郡，魏属新蔡郡。孟康曰：鲖，音纣红翻。隋废新蔡郡为县，属豫州。鲖阳之地当在新蔡县界。劳，力到翻。白早生袭而囚之，送于建康。魏主既克悬瓠，命于齐苟儿等四将之中分遣二人，敕扬州为移，魏扬州治寿阳。移，移文也。以易绍及司马悦首。考异曰：绍传云"归苟儿等十人"，今从司马悦传。移书未至，领军将军吕僧珍与绍言，爱其文义，言于上，上遣主书霍灵超谓绍曰："今听卿还，令卿通两家之好，好，呼到翻；下通好同。彼此息民，岂不善也！"因召见，赐衣物，见，贤遍翻。令舍人周舍慰劳之，舍人，中书通事舍人。劳，力到翻。且曰："战争多年，民物涂炭，吾是以不耻先言与魏朝通好，比亦有书全无报者，朝，直遥翻。好，呼到翻；下同。比，毗至翻，近也。卿宜备申此意。今遣传诏霍【严："霍"改"周"。】灵秀送卿至国，迟有嘉问。"迟，直利翻，待也。又谓绍曰："卿知所以得不死不？死不，读曰否。今者获卿，乃天意也。夫立君以为民也，为，于伪翻。凡在民上，岂可以不思此乎！若欲通好，今以宿豫还彼，彼当以汉中见归。"绍还魏言之，魏主不从。

3 三月，魏荆州刺史元志将兵七万寇潺沟，潺沟在汉北，据梁书吴平侯昺传，"破志于潺沟，流尸盖汉水，"则潺沟之水南注于汉。潺，仕山翻。驱迫群蛮，群蛮悉渡汉水来降，雍州刺史吴平侯昺纳之。降，户江翻。雍，于用翻。昺，音丙。纲纪皆以蛮累为边患，不如因此除之，州郡上佐，谓之纲纪，言其纲纪州郡之事也。昺曰："穷来归，我诛之不祥。且魏人来侵，吾得蛮以为屏蔽，不亦善乎！"屏，必郢翻。乃开樊城受其降，命司马朱思远等击志于潺沟，大破之，斩首万馀级。志，齐之孙也。拓跋齐见一百二十卷宋文帝元嘉四年。

4 夏，四月，戊申，以临川王宏为司空，加车骑将军王茂开府仪同三司。骑，奇寄翻。

5 丁卯，魏楚王城主李国兴以城降。

6 秋，七月，癸巳，巴陵王萧宝义卒。

7 九月，辛巳，魏封故北海王详子颢为北海王。详得罪死事见一百四十五卷天监三年。

8 魏公孙崇造乐尺，以十二黍为寸；刘芳非之，更以十黍为寸。尚书令高肇等奏："崇所造八音之器及度量皆与经传不同，诘其所以然，云'必依经文，声则不协。'请更令芳依周礼造乐器，俟成集议并呈，从其善者。"诏从之。夫作乐者先定律，律起于黄钟，黄钟之长以黍审其度，黄钟之龠以黍审其容。周礼典同虽曰掌六律六同之和，以辩天地四方阴阳之声，以为乐器，然度之长短，容之多少，未尝详言之也。冬官考工既出于汉，而凫氏为钟但言其广长圆径深厚，而絫黍之法无闻焉。肇请令芳依周礼造乐器，未知其何所依也。魏收曰：太和中，诏中书监高闾修正音律，久未能定。闾表太乐祭酒公孙崇参知律吕钟磬之事。景明四年，并州获古铜权，诏付崇以为钟律之准。永平中，崇更造新尺，以一黍之长絫为寸法。寻太常卿刘芳受诏修乐，以秬黍中者一黍之广即为一分，而中尉元匡以一黍之广度黍二缝以取一分，三家纷竞，久不能决。太和十九年，高祖诏以一黍之广用成分体，九十黍之长以定铜尺。有司奏从前诏，而芳尺同高祖所制，故遂典修金石。更，工衡翻。传，直恋翻。诘，去吉翻。

9 冬，十月，癸丑，魏以司空广阳王嘉为司徒。

10 十一月，己丑，魏主于式乾殿为诸僧及朝臣讲维摩诘经。为，于伪翻。朝，直遥翻。时魏主专尚释氏，不事经籍，中书侍郎河东裴延儁上疏，以为"汉光武、魏武帝，虽在戎马之间，未尝废书，先帝迁都行师，手不释卷，良以学问多益，不可暂辍故也。陛下升法座，亲讲大觉，凡在瞻听，尘蔽俱开。然五经治世之模楷，应务之所先，治，直之翻。伏愿经书互览，孔、释兼存，则内外俱周，真俗斯畅矣。"

时佛教盛于洛阳，沙【章：十二行本"沙"上有"中国"二字；乙十一行本同；孔本同。】门之外，自西域来者三千馀人，魏主别为之立永明寺千馀间以处之。处士南阳冯亮有巧思，为，于伪翻。处，昌吕翻。思，相吏翻。魏主使与河南尹甄琛、沙门统僧暹择嵩山形胜之地立闲居寺，极岩壑土木之美。由是远近承风，无不事佛，比及延昌，甄，之人翻。琛，丑林翻。比，必利翻。州郡共有一万三千馀寺。

11 是岁，魏宗正卿元树来奔，赐爵鄴王。树，翼之弟也。时翼为青、冀二州刺史，镇郁洲，水经注，朐山东北海中有大洲，谓之郁洲。久之，翼谋举州降魏，事泄而死。元翼来降见上卷五年。降，户江翻。

九年（庚寅、五一〇）

1 春，正月，乙亥，以尚书令沈约为左光禄大夫，右光禄大夫王莹为尚书令。约文学高一时，而贪冒荣利，用事十馀年，政之得失，唯唯而已。冒，莫北翻；下同。唯，于癸翻。自以久居端揆，有志台司，论者亦以为宜，而上终不用；及求外出，又不许。徐勉为之请三司之仪，梁官制有开府同三司之仪，在开府仪同三司下。为，于伪翻。上不许。

2 庚寅，新作缘淮塘，北岸起石头迄东治，南岸起后渚篱门迄三桥。

3 三月，丙戌，魏皇子诩生。【章：十二行本"生"下有"大赦"二字；乙十一行本同；孔本同；张校同。】诩母胡充华，临泾人，充华，晋武帝制。宋明帝时以婕妤、充华等五职位亚九嫔，萧齐之世，位列九嫔。临泾县，自汉以来属安定郡。诩，况羽翻。父国珍袭武始伯。隋志，金城郡狄道县，后魏置武始郡。充华初选入掖庭，同列以故事祝之：【章：十二行本"之"下有"曰"字；乙十一行本同；孔本同。】"愿生诸王、公主，勿生太子。"充华曰："妾之志异于诸人，奈何畏一身之死而使国家无嗣乎！"及有娠，同列劝去之，娠，音身。去，羌吕翻。充华不可，私自誓曰："若幸而生男，次第当长，长，丁丈翻，今知两翻；下渐长同。男生身死，所不憾也。"既而生诩。

先是，魏主频丧皇子，先，悉荐翻。丧，直浪翻。年渐长，深加慎护，择良家宜子者以为乳保，乳母、保母也。养于别宫，皇后、充华皆不得近。近，其靳翻。

4 己丑，上幸国子学，亲临讲肄。乙未，诏皇太子以下及王侯之子年可从师者皆入学。

5 旧制：尚书五都令史皆用寒流。夏，四月，丁巳，诏曰："尚书五都，职参政要，非但总领众局，亦乃方轨二丞；方轨，谓并驾也。二丞，谓左右丞。可革用士流，秉此群目。"于是以都令史视奉朝请，朝，直遥翻。用太学博士刘纳兼殿中都，司空法曹参军刘显兼吏部都，太学博士孔虔孙兼金部都，司空法曹参军萧轨兼左右户都，宣毅墨曹参军王颙兼中兵都，宣毅将军府之墨曹参军。颙，鱼容翻。并以才地兼美，首膺其选。

6 六月，宣城郡吏吴承伯挟妖术聚众，妖，于骄翻。癸丑，攻郡杀太守朱僧勇，转屠旁县。闰月，己丑，承伯逾山，奄至吴兴。东土人素不习兵，吏民恇扰奔散，或劝太守蔡撙避之，撙不可，恇，去王翻。撙，慈损翻。募勇敢闭门拒守。承伯尽锐攻之，撙帅众出战，大破之，临陈，斩承伯。帅，读曰率。陈，读曰阵。撙，兴宗之子也。蔡兴宗仕宋大明、泰始之间，以方正自将。承伯馀党入新安，攻陷黟、歙诸县，黟，音伊。歙，书涉翻。太守谢览遣兵拒之，不胜，逃奔会稽，台军讨贼，平之。览，瀹之子也。谢瀹仕宋、齐之间，位要近，有清望。会，工外翻。

7 冬，十月，魏中山献武王英卒。

8 上即位之三年，诏定新历，员外散骑侍郎祖暅奏其父冲之考古法为正，历不可改。散，悉亶翻。骑，奇寄翻。暅，古邓翻，又况晚翻。至八年，诏太史课新旧二历，新历密，旧历疏，是岁，始行冲之大明历。旧历，何承天历也。新历，祖冲之历也。冲之上历见一百二十九卷宋孝武帝大明六年。

9 魏刘芳奏"所造乐器及教文·武二舞、登歌、鼓吹曲等已成，吹，昌瑞翻。乞如前敕集公卿群儒议定，与旧乐参呈。若臣等所造，形制合古，击拊会节，请于来年元会用之"。诏："舞可用新，馀且仍旧。"

十年（辛卯、五一一）

1 春，正月，辛丑，上祀南郊，大赦。

2 尚书左仆射张稷，自谓功大赏薄，稷以杀齐东昏侯为功。尝侍宴乐寿殿，乐，音洛。酒酣，怨望形于辞色。上曰："卿兄杀郡守，稷兄瓌杀刘遐，事见一百三十四卷宋顺帝升明元年。守，式又翻。弟杀其君，有何名称！"稷曰："臣乃无名称，称，尺证翻。至于陛下，不得言无勋。东昏暴虐，义师亦来伐之，岂在臣而已！"上捋其须捋，卢括翻。须，古鬚字通。曰："张公可畏人！"稷既惧且恨，乃求出外，癸卯，以稷为青、冀二州刺史。

王珍国亦怨望，王珍国与稷同杀东昏侯，其怨望之心与稷同。罢梁、秦二州刺史还，还，从宣翻，又音如字。考异曰：梁书，珍国未尝为梁、秦刺史，今从南史。酒后于坐启云：坐，徂卧翻。"臣近入梁山便哭。"上大惊曰："卿若哭东昏，则已晚；若哭我，我复未死！"珍国起拜谢，竟不答，坐即散，复，扶又翻。坐，徂卧翻。因此疏退，久之，除都官尚书。

3 丁巳，魏汾州山胡刘龙驹聚众反，侵扰夏州，诏谏议大夫薛和发东秦、汾、华、夏四州之众以讨之。魏高祖太和十一年，分秦州置华州，治华阴，领华山、登城、白水郡。又置夏州治统万，领化政、阐熙、金明、代名郡。夏，户雅翻。华，户化翻。

4 辛酉，上祀明堂。

5 三月，琅邪民王万寿杀东莞、琅邪二郡太守刘晣，邪，音耶。莞，音管。晣，之舌翻。考异曰：梁帝纪云“三月辛丑”，按长历是月丁酉朔，而卢昶传云“三月二十四夜，万寿等攻掩朐城”。盖辛酉也。今不日以阙疑。又梁马仙琕传及魏帝纪、卢昶传皆云“刘晣”，而梁帝纪云“邓晣”，盖字误也。据朐山，召魏军。朐，音劬。

6 壬戌，魏广阳懿烈王嘉卒。

7 魏徐州刺史卢昶遣郯城戍副张天惠、秦置郯郡，汉改为东海郡，魏复置郯郡，属东徐州。郯，音谈。琅邪戍主傅文骥相继赴朐山，青、冀二州刺史张稷遣兵拒之，不胜。梁青、冀二州治郁洲。夏，四月，文骥等据朐山，诏振远将军马仙琕击之。琕，部田翻。魏又遣假安南将军萧宝寅、假平东将军天水赵遐将兵据朐山，受卢昶节度。将，即亮翻。

8 甲戌，魏薛和破刘龙驹，悉平其党，表置东夏州。东夏州领偏城、朔方、定阳、上郡。唐之延州，魏之东夏州也。夏，户雅翻。

9 五月，丙辰，魏禁天文学。

10 以国子祭酒张充为尚书左仆射。充，绪之子也。张绪，岱之兄子，善谈名理。

11 马仙琕围朐山，张稷权顿六里以督馈运，上数发兵助之。数，所角翻。秋，魏卢昶上表请益兵六千，米十万石，魏主以兵四千给之。冬，十一月，己亥，魏主诏扬州刺史李崇等治兵寿阳，以分朐山之势。治，直之翻。卢昶本儒生，不习军旅。朐山城中粮樵俱竭，傅文骥以城降；降，户江翻。十二月，庚辰，昶引兵先遁，诸军相继皆溃，会大雪，军士冻死及堕手足者三分之二，仙琕追击，大破之。二百里间，僵尸相属，魏兵免者什一二，收其粮畜器械，不可胜数。属，之欲翻。胜，音升。考异曰：魏帝纪，卢昶败在十一月。今从梁帝纪。梁纪云“斩馘十馀万”，按卢昶表云：“此兵九千，贼众四万，求益兵六千，”魏主以四千给之。安得十馀万众！盖梁史为夸大耳。昶单骑而走，弃其节传、仪卫俱尽；传，张恋翻。至郯城，借赵遐节以为军威。魏主命黄门侍郎甄琛驰驲锁昶，穷其败状，甄，之人翻。琛，丑林翻。驲，人质翻，驿传也。及赵遐皆免官。唯萧宝寅全军而归。

卢昶之在朐山也，御史中尉游肇言于魏主曰："朐山蕞尔，僻在海滨，卑湿难居，蕞，祖外翻。于我非急，于贼为利。为利，故必致死以争之；非急，故不得已而战；以不得已之众击必死之师，恐稽延岁月，所费甚大。假令得朐山，徒致交争，终难全守，所谓无用之田也。左传吴将伐齐，子胥谏曰："得志于齐，犹获石田也，无所用之。"闻贼屡以宿豫求易朐山，若必如此，持此无用之地，复彼旧有之疆，兵役时解，其利为大。"魏主将从之，会昶败，迁肇侍中。肇，明根之子也。游明根事魏太武及孝文，以耆宿见重。

马仙琕为将，能与士卒同劳逸，所衣不过布帛，所居无帏幕衾屏，饮食与厮养最下者同。将，即亮翻。衣，于既翻。厮，息移翻。养，养马者，音馀亮翻。韦昭曰：析薪为厮，炊烹为养。其在边境，常单身潜入敌境，伺知壁垒村落险要处，伺，相吏翻。所攻战多捷，士卒亦乐为之用。乐，音洛。为，于伪翻。

12 魏以甄琛为河南尹，琛表曰："国家居代，患多盗窃，世祖发愤，广置主司、里宰，皆以下代令长及五等散男有经略者乃得为之。长，知两翻。五等散男，谓爵为五等男而居散官者。魏书曰：魏公、侯、伯、子、男，有开国，有散，凡散各降开国一品。非以其居散官而谓之散男也。散，悉亶翻。又多置吏士为其羽翼，崇而重之，始得禁止。今迁都已来，天下转广，四远赴会，事过代都，五方杂沓，寇盗公行，里正职轻任碎，多是下材，人怀苟且，不能督察。请取武官八品将军已下干用贞济者，贞济，谓坚贞而济事也。以本官俸恤领里尉之任，高者领六部尉，中者领经途尉，下者领里正。魏官既给俸，又给恤亲之禄，故谓之俸恤。魏分洛阳城中为六部，置六部尉。因张平子东京赋“经途九轨”，置经途尉。经途，城中之大途也。其馀处各置里正。不尔，请少高里尉之品，少，诗沼翻。选下品中应迁者进而为之，督责有所，辇毂可清。”自汉以来，京师谓之辇毂下。诏曰：“里正可进至勋品，勋品，勋官初品也。经途从九品，六部尉正九品，洛阳六部尉并置于东汉之时，曹操为洛阳北部尉，此其证也。从，才用翻。诸职中简取，不必武人。”琛又奏以羽林为游军，于诸坊巷司察盗贼，于是洛城清静，后常踵焉。

13 是岁，梁之境内有州二十三，此据五代史志。按萧子显齐志，齐有扬、南徐、豫、兖、南兖、北徐、青、冀、江、广、交、越、荆、巴、郢、司、雍、梁、秦、益、宁、湘、南豫二十三州。时已废巴州，当以王茂所立宛州足之。郡三百五十，县千二十二。是后州名浸多，废置离合，不可胜记。胜，音升。魏朝亦然。朝，直遥翻；下同。

14 上敦睦九族，优借朝士，有犯罪者，皆屈法申之。百姓有罪，则案之如法，其缘坐则老幼不免，一人逃亡，举家质作，质，音致，又如字。质作，质其家属而罚作之。民既穷窘，奸宄益深。尝因郊祀，有秣陵老人江南以建康、秣陵为赤县；隋废秣陵、建康并为江宁县。窘，渠陨翻。宄，音轨。遮车驾言曰：“陛下为法，急于庶民，缓于权贵，非长久之道。诚能反是，天下幸甚。”上于是思有以宽之。

十一年（壬辰、五一二）

1 春，正月，壬辰，诏：“自今逋谪之家及罪应质作，若年有老小，可停将送。”所谓宽庶民者，如此而已。而不能绳权贵以法，君子是以知梁政之乱也。

2 以临川王宏为太尉，骠骑将军王茂为司空、尚书令。骠，匹妙翻。骑，奇寄翻；下同。

3 丙辰，魏以车骑大将军、尚书令高肇为司徒，清河王怿为司空，广平王怀进号骠骑大将军，加仪同三司。肇虽登三司，犹自以去要任，怏怏形于言色，要任，谓尚书令。怏，于两翻。见者嗤之。嗤，丑之翻。尚书右丞高绰、国子博士封轨，素以方直自业，业，事也。以方直为事，所谓强作之也，作之不已，乃成君子。及肇为司徒，绰送迎往来，轨竟不诣肇。绰顾不见轨，乃遽归，叹曰："吾平生自谓不失规矩，今日举措，不如封生远矣。"绰，允之孙；轨，懿之族孙也。高允事魏世祖以下四朝。封懿去燕归魏，以疏慢见黜。

清河王怿有才学闻望，惩彭城之祸，谓彭城王勰无罪见杀也。闻，音问。因侍宴，谓肇曰："天子兄弟讵有几人，而翦之几尽！谓又杀京兆王愉也。之几，居依翻。昔王莽头秃，借渭阳之资，遂篡汉室。事见汉纪。今君身曲，亦恐终成乱阶。"会大旱，肇擅录囚徒，欲以收众心。怿言于魏主曰："昔季氏旅于泰山，孔子疾之。朱元晦曰：旅，祭名也。礼，诸侯祭封内山川。季氏祭之，僭也。诚以君臣之分，分，扶问翻。宜防微杜渐，不可渎也。减膳录囚，乃陛下之事；今司徒行之，岂人臣之义乎！明君失之于上，奸臣窃之于下，祸乱之基，于此在矣。"帝笑而不应。

4夏，四月，魏诏尚书与群司鞫理狱讼，令饥民就谷燕、恒二州及六镇。燕，因肩翻。恒，户登翻。

5乙酉，魏大赦，改元延昌。

6冬，十月，乙亥，魏立皇子诩为太子，始不杀其母。为后胡后乱魏张本。以尚书右仆射郭祚领太子少师。祚尝从魏主幸东宫，怀黄瓤以奉太子；瓤，扶田翻。博雅，白瓤，瓜属。此黄瓤，又一种也。时应诏左右赵桃弓深为帝所信任，祚私事之，时人谓之"桃弓仆射"、"黄瓤少师。"

7十一月，乙未，以吴郡太守袁昂兼尚书右仆射。

8初，齐太子步兵校尉平昌伏曼容表求制一代礼乐，世祖诏选学士十人修五礼，五礼：吉、凶、军、宾、嘉。丹杨尹王俭总之。俭卒，卒，子恤翻。以事付国子祭酒何胤。胤还东山，胤隐会稽东山。齐明帝敕尚书令徐孝嗣掌之。孝嗣诛，率多散逸，诏骠骑将军何佟之掌之。佟，徒冬翻。经齐末兵火，仅有在者。帝即位，佟之启审省置之宜，启之于上，审礼局之宜省、宜置也。敕使外详。使外详议以闻也。时尚书以为庶务权舆，毛苌曰：权舆，始也。此言王业创始也。宜俟隆平，欲且省礼局，并还尚书仪曹，诏曰："礼坏乐缺，实宜以时修定。但顷之修撰不得其人，所以历年不就，有名无实。此既经国所先，可即撰次。"左传曰：礼，经国家，定社稷，序人民，利后嗣者也。撰，具也，述也。于是尚书仆射沈约等奏："请五礼各置旧学士十人共修五礼，今请分五礼，各置学士。旧学士一人，令自举学古一人相助抄撰，抄，楚交翻，录也。其中疑者，依石渠、白虎故事，请制旨断决。"石渠事见二十七卷汉宣帝甘露三年。白虎事见四十六卷章帝建初四年。断，丁乱翻。乃以右军记室【章：十二行本"室"下有"参军"二字；乙十一行本同。】明山宾等分掌五礼，佟之总其事。佟之卒，以镇北谘议参军伏暅代之。暅，曼容之子也。暅，古邓翻。至是，五礼成，列上之，合八千一十九条，诏有司遵行。

9 己酉，临川王宏以公事左迁骠骑大将军。

10 是岁，魏以桓叔兴为南荆州刺史，治安昌，汉南阳郡有安昌侯国。晋泰始中，割南阳东鄙之安昌、平林、平氏、义阳四县，置义阳郡，治安昌城。后义阳移治石城山上，因梁希侵逼，徙治仁顺城，而安昌则俗谓之白茅城。隶东荆州。

十二年（癸巳、五一三）

1 春，正月，辛卯，上祀南郊，大赦。

2 二月，辛酉，以兼尚书右仆射袁昂为右仆射。

3 己卯，魏高阳王雍进位太保。

4 鬱洲迫近魏境，近，其靳翻。其民多私与魏人交市，朐山之乱，或阴与魏通，朐山平，心不自安。青、冀二州刺史张稷不得志，政令宽弛，僚吏颇多侵渔。庚辰，郁洲民徐道角等夜袭州城，杀稷，送其首降魏，朐，音劬。降，户江翻。考异曰：魏帝纪作“郁州人徐玄明”，今从梁康绚传。又绚传，稷死在朐山叛之明年。今从魏帝纪。按鬱洲即郁洲。魏遣前南兖州刺史樊鲁将兵赴之。将，即亮翻。于是魏饥，民饿死者数万，侍中游肇谏，以为“朐山滨海，卑湿难居，郁洲又在海中，得之尤为无用。其地于贼要近，要，谓海道之要；近，谓南近江、淮。去此闲远，魏图东南，其用兵必于淮、汉之间；郁洲介在海中，又非兵冲，故曰闲远。以闲远之兵攻要近之众，不可敌也。方今年饥民困，唯宜安静，而复劳以军旅，费以馈运，臣见其损，未见其益。”魏主不从，复遣平西将军奚康生将兵逆之。复，扶又翻。未发，北兖州刺史康绚遣司马霍奉伯讨平之。梁北兖州当治淮阴。绚，许县翻。

5 辛巳，新作太极殿。

6 上尝与侍中、太子少傅建昌侯沈约各疏栗事，约少上三事，出，谓人曰：“此公护前，不则羞死！”帝每集文学之士策经史事，群臣多引短推长，帝乃悦，故约退有是言。护前者，自护其所短，不使人在己前。忌前者，忌人在己前也。约少，诗沼翻。不，读曰否。上闻之怒，欲治其罪，徐勉固谏而止。治，直之翻。上有憾于张稷，以其怨望，故憾之。从容与约语及之，从，千容翻。约曰：“左仆射出作边州，谓为青、冀二州刺史。已往之事，何足复论！”复，扶又翻。上以【章：十二行本“以”下有“为”字；乙十一行本同。】约与稷昏家相为，为，于伪翻。怒曰：“卿言如此，是忠臣邪！”乃辇归内殿。约惧，不觉上起，犹坐如初；及还，未至床而凭空，顿于户下，踣而首先至地为顿。因病。梦齐和帝以剑断其舌，断，丁管翻。乃呼道士奏赤章于天，称“禅代之事，不由己出。”上遣主书黄穆之视疾，夕还，增损不即启闻，惧罪，乃白赤章事。上大怒，中使谴责者数四。帝本信释氏报应之说，谓天可欺也，故因赤章之事而怒责约。古人不肯移腹心之疾而置诸股肱，雅异于是。使，疏吏翻。约益惧，闰月，乙丑，卒。卒，子恤翻。有司谥曰“文”，上曰：“情怀不尽曰隐，”改谥隐侯。

7 夏，五月，寿阳久雨，大水入城，庐舍皆没。魏扬州刺史李崇勒兵泊于城上，水增未已，乃乘船附于女墙，城上短墙曰女墙，所谓陴也，今人谓之女头。城不没者二板。将佐劝崇弃寿阳保北山，寿阳北山即八公山。崇曰：“吾忝守藩岳，德薄致灾，淮南万里，系于吾身，一旦动足，百姓瓦解，扬州之地，恐非国物，吾岂爱一身，取愧王尊！汉王尊为东郡太守，河水盛溢，泛浸瓠子金堤，老弱奔走。尊止宿堤上，吏民争叩头救止，尊不肯去。及水盛堤坏，吏民皆奔走，唯一主簿泣在尊旁立不动，而水波稍却回还，吏民咸壮尊之勇节。但怜此士民无辜同死，可结筏随高，人规自脱，规，图也。筏，音伐。吾必与此城俱没，幸诸君勿言！”

扬州治中裴绚帅城南民数千家泛舟南走，避水高原，绚，许县翻。帅，读曰率。谓崇还北，因自称豫州刺史，自宋以来，置豫州于寿阳。绚乘水聚民，自称豫州刺史，以求梁应援。与别驾郑祖起等送任子来请降。马仙琕遣兵赴之。

崇闻绚叛，未测虚实，遣国侍郎韩方兴单舸召之。崇爵陈留公，故有国侍郎。降，户江翻。琕，部田翻。舸，古我翻。绚闻崇在，怅然惊恨，报曰：“比因大水颠狈，为众所推。比，毗至翻。今大计已尔，势不可追，恐民非公民，吏非公吏，愿公早行，无犯将士。”崇遣从弟宁朔将军神等将水军讨之，将，即亮翻。从，才用翻。绚战败，神追拔其营。绚走，为村民所执，还，至尉升湖，曰：“吾何面见李公乎！”乃投水死。绚，叔业之兄孙也。裴叔业降魏见一百四十三卷，齐东昏侯之永元二年。郑祖起等皆伏诛。崇上表以水灾求解州任，魏主不许。

崇沈深宽厚，沈，持林翻。有方略，得士众心，在寿春十年，天监六年魏主命李崇镇寿春，至是年才七年耳，至十五年乃征拜尚书左仆射，适十年，史终言之。常养壮士数千人，寇来无不摧破，邻敌谓之“卧虎”。上屡设反间以疑之，间，古苋翻。又授崇车骑大将军、开府仪同三司、万户郡公，诸子皆为县侯；而魏主素知其忠笃，委信不疑。

8 六月，癸巳，新作太庙。

9 秋，八月，戊午，以临川王宏为司空。

10 魏恒、肆二州地震、山鸣，魏世祖真君七年置肆州，领新兴、秀容、雁门郡，治九原。恒，户登翻。逾年不已，民覆压死伤甚众。是后破六韩拔陵等作乱，恒、肆以北悉为盗区，此其祥欤！

11 魏主幸东宫，以中书监崔光为太子少傅，命太子拜之；光辞不敢当，帝不许。太子南面再拜，詹事王显启请从太子拜，于是宫臣皆拜；光北面立，不敢答，唯西面拜谢而出。

十三年（甲午、五一四）

1 春，二月，丁亥，上耕藉田，大赦。宋、齐藉田皆用正月，至是始用二月，及致斋祀先农。汉仪，正月始耕，耕日以太牢祀先农。臣瓒注曰：先农，即神农炎帝也。

2 魏东豫州刺史田益宗衰老，与诸子孙聚敛无厌，敛，力赡翻。厌，于盐翻。部内苦之，咸言欲叛。魏主遣中书舍人刘桃符慰劳益宗，劳，力到翻。桃符还，启益宗侵扰之状。魏主赐诏曰：“桃符闻卿息鲁生在淮南贪暴，此淮南大概谓淮水之南。为尔不已，损卿诚效。可令鲁生赴阙，当加任使。”鲁生久未至，诏徙益宗为镇东将军、济州刺史；又虑其不受代，遣后将军李世哲与桃符帅众袭之，奄入广陵。此新息之广陵也。济，子礼翻。

帅，读曰率。鲁生与其弟鲁贤、超秀皆奔关南，招引梁兵，攻取光城已南诸戍。宋文帝元嘉十五年，以豫部蛮民立光城等七县；明帝大明中，立光城左郡。五代志：弋阳郡光山县旧置光城郡。上以鲁生为北司州刺史，鲁贤为北豫州刺史，超秀为定州刺史。北司、北豫，因各人所统之地而授以刺史。魏收志，定州治蒙笼城，领弋阳、汝阴、安定、新蔡、北建宁郡，皆蛮郡也。水经注：举水出龟头山西北流，径蒙笼戍南，梁定州治。三月，魏李世哲击鲁生等，破之，复置郡戍。复，扶又翻。以益宗还洛阳，授征南将军、金紫光禄大夫。益宗上表称为桃符所谗，及言"鲁生等为桃符逼逐使叛，乞摄桃符与臣对辩虚实。"诏不许，曰："既经大宥，谓已宥其谋叛之罪。不容方更为狱。"

3 秋，七月，乙亥，立皇子纶为邵陵王，绎为湘东王，纪为武陵王。

4 冬，十月，庚辰，魏主遣骁骑将军马义舒慰谕柔然。骁，坚尧翻。骑，奇寄翻；下同。

5 魏王足之入寇也，事见一百四十六卷五年。上命宁州刺史涪人李略御之，涪，音浮。许事平用为益州。足退，上不用，略怨望，有异谋，上杀之。其兄子苗奔魏，步兵校尉泰山淳于诞尝为益州主簿，自汉中入魏，二人共说魏主以取蜀之策，说，式芮翻。魏主信之。辛亥，以司徒高肇为大将军、平蜀大都督，将步骑十五万寇益州；命益州刺史傅竖眼出巴北，巴北，巴郡以北也。巴西郡，梁置。北巴州阆中县，梁置北巴郡。将，即亮翻。竖，而涪翻。梁州刺史羊祉出庾城，安西将军奚康生出绵竹，抚军将军甄琛出剑阁；甄，之人翻。琛，丑林翻。乙卯，以中护军元遥为征南将军，都督镇遏梁、楚。此梁、楚，谓古梁、楚大界汴、汝之间也。游肇谏，以为"今频年水旱，百姓不宜劳役。往昔开拓，皆因城主归款，故有征无战。不因薛安都、常珍奇、沈文秀，魏不得淮、汝、青、徐；不因裴叔业，魏不得寿阳。游肇之言，可谓深知当时疆事者。今之陈计者真伪难分，或有怨于彼，不可全信。蜀地险隘，镇戍无隙，岂得虚承浮说而动大军！举不慎始，悔将何及！”不从，以淳于诞为骁骑将军，假李苗龙骧将军，皆领乡导统军。以统军乡导，因以名官。骁，坚尧翻。骑，奇寄翻。骧，思将翻。乡，读曰向。

6 魏降人王足陈计，王足来奔见上卷六年。降，下江翻。求堰淮水以灌寿阳。上以为然，使水工陈承伯、材官将军祖暅视地形，暅，居邓翻。咸谓“淮内沙土漂轻不坚实，功不可就。”上弗听，发徐、扬民率二十户取五丁以筑之，假太子右卫率康绚都督淮上诸军事，并护堰作于钟离。康绚护堰作而置司于钟离。率，所律翻。绚，许县翻。役人及战士合二十万，南起浮山，北抵巉石，水经注，淮水自钟离县又东径浮山，山北对巉石山。巉，助衔翻。杜佑曰：浮山堰在濠州城西一百一十二里。依岸筑土，合脊于中流。

7 魏以前定州刺史杨津为华州刺史，华，户化翻。津，椿之弟也。先是，官受调绢，尺度特长，任事因缘，共相进退，先，悉荐翻。调，徒吊翻；下同。任事，谓任调绢之事者也。任，音壬。因缘，谓因缘为奸。进退，谓有赂者则进而为长，无赂者则退而为短。百姓苦之。津令悉依公尺，其输物尤善者，赐以杯酒；所输少劣，亦为受之，少，诗沼翻。为，于伪翻。但无酒以示耻。于是人竞相劝，官调更胜旧日。

8 魏太子尚幼，每出入东宫，左右乳母而已，宫臣皆不知之。詹事杨昱上言：“乞自今召太子必降手敕，令臣等翼从。”从，才用翻。魏主从之，命宫臣在直者从至万岁门。万岁门盖洛阳宫城之东门。

9 魏御史中尉王显谓治书侍御史阳固曰：治，直之翻。“吾作太府卿，府库充实，卿以为何如?”固曰：“公收百官之禄四分之一，州郡赃赎，悉输京师，以此充府，未足为多。且‘有聚敛之臣，宁有盗臣，’记大学之言。敛，力赡翻。可不戒哉!”显不悦，因事奏免固官。

张政烺标点王崇武聂崇岐覆校

资治通鉴卷第一百四十八

端明殿学士兼翰林侍读学士朝散大夫右谏议大夫
充集贤殿修撰提举西京嵩山崇福宫上柱国河内郡 司马光 奉敕编集
开国侯食邑一千八百户食实封六百户赐紫金鱼袋臣

后学天台胡三省 音注

梁纪四 起旃蒙协洽(乙未)，尽著雍阉茂(戊戌)，凡四年。

高祖武皇帝四

天监十四年(乙未、五一五)

1 春，正月，乙巳朔，上冠太子于太极殿，古者冠于庙。冠，古玩翻。大赦。

2 辛亥，上祀南郊。

3 甲寅，魏主有疾；丁巳，殂于式乾殿。年三十三，谥宣武皇帝，庙号世宗。侍中·中书监·太子少傅崔光、侍中·领军将军于忠、詹事王显、中庶子代人侯刚迎太子诩于东宫，至显阳殿。王显欲须明行即位礼，须，待也。崔光曰："天位不可暂旷，何待至明!"显曰："须奏中宫。"光曰："帝崩，太子立，国之常典，何须中宫令也!"于是，光等请太子止哭，立于东序；于忠与黄门郎元昭扶太子西面哭十馀声止。光摄太尉，奉策进玺绶，玺，斯氏翻。绶，音受。太子跪受，服衮冕之服，御太极殿，即皇帝位。帝讳诩，宣武皇帝之第三子。光等与夜直群官立庭中，北面稽首称万岁。苍猝不暇集百官，备高氏也。稽，音启。

昭，遵之曾孙也。魏略阳公遵见一百八卷晋孝武太元一〔二〕十年。

高后欲杀胡贵嫔，中给事谯郡刘腾以告侯刚，中给事，宦官也。北齐之制，中侍中省有中侍中、中常侍、中给事中，盖因魏制。刚以告于忠。忠问计于崔光，光使置贵嫔于别所，严加守卫，由是贵嫔深德四人。为刘腾等乱政，崔光尊宠而不能矫正张本。戊午，魏大赦。己未，悉召西伐、东防兵。西伐，谓伐蜀之兵；东防，谓防淮之兵。

骠骑大将军广平王怀扶疾入临，骠，匹妙翻。骑，奇寄翻。临，力鸩翻。径至太极西庑，哀恸，呼侍中、领军、黄门、二卫，二卫始于晋初，左、右卫将军统之。此二卫即谓左、右卫将军。庑，音武。云"身欲上殿哭大行，又须入见主上。"众皆愕然相视，无敢对者。崔光攘衰振杖，见，贤遍翻。衰，叱雷翻。振，举也。引汉光武崩赵熹扶诸王下殿故事，事见四十四卷光武中元二年。声色甚厉，闻者莫不称善。怀声泪俱止，曰："侍中以古义裁我，我敢不服！"遂还，仍频遣左右致谢。

先是高肇擅权，尤忌宗室有时望者，太子太傅任城王澄数为肇所谮，惧不自全，惩彭城王勰之祸也。先，悉荐翻。任，音壬。数，所角翻。乃终日酣饮，酣，户甘翻。所为如狂，朝廷机要无所关豫。及世宗殂，肇拥兵于外，谓高肇方拥伐蜀之兵也。朝野不安。于忠与门下议，门下省，侍中等官居之。朝，直遥翻。以肃宗幼，未能亲政，宜使太保高阳王雍入居西柏堂省决庶政，省，悉景翻。以任城王澄为尚书令，总摄百揆，奏皇后请即敕授。请即以手敕授二王，仓猝不及下诏，虑有沮阁者也。王显素有宠于世宗，恃势使威，为众所疾，恐不为澄等所容，与中常侍孙伏连等密谋寝门下之奏，矫皇后令，以高肇录尚书事，以显与勃海公高猛同为侍中。于忠等闻之，托以侍疗无效，执显于禁中，观此则侍御师王显、詹事王显又似一人。下诏削爵任。显临执呼冤，直阁以刀镮撞其掖下，撞，直江翻。掖，与腋同。送右卫府，一宿而死。庚申，下诏如门下所奏，百官总己听于二王，中外悦服。

二月，庚辰，尊皇后为皇太后。

魏主称名为书告哀于高肇，且召之还。肇承变忧惧，承告哀之变也。朝夕哭泣，至于羸悴，羸，伦为翻。悴，秦醉翻。归至瀍涧，书：我乃卜涧水东，瀍水西。水经：瀍水出河南谷城县北山，东与千金渠合，又东过洛阳县南，又东过偃师县，又东入于洛。涧水出新安县南白石山，东南入于洛。此瀍涧直谓瀍水，非如书及水经之瀍、涧为二水也。瀍，直连翻。家人迎之，不与相见；辛巳，至阙下，衰服号哭，衰，七回翻。号，户刀翻。升太极殿尽哀。高阳王雍与于忠密谋，伏直寝邢豹等十馀人于舍人省下，舍人省，即中书省，通事舍人宿直之所。肇哭毕，引入西庑，庑，音武。清河诸王皆窃言目之。肇入省，豹等搤杀之，搤，于革翻。下诏暴其罪恶，称肇自尽，自馀亲党悉无所问，削除职爵，葬以士礼；逮昏，于厕门出尸归其家。

4 魏之伐蜀也，军至晋寿，蜀人震恐。傅竖眼将步兵三万击巴北，上遣宁州刺史任太洪自阴平间道入其州，傅竖眼以益州刺史镇晋寿。此阴平非邓艾所由之阴平，今利州之阴平县是也。间，古苋翻。竖，而庾翻。将，即亮翻。任，音壬。招诱氐、蜀，绝魏运路。氐、蜀，氐人及蜀人也。诱，音酉。会魏大军北还，太洪袭破魏东洛、除口二戍，唐利州景谷县，旧白水县也，置东洛郡，后周省郡入平兴郡，隋又废平兴为景谷县。水经，汉水过大、小黄金南，东合蘧蒢口。注云：蘧蒢水出就谷南，历蘧蒢溪，又南流，注于汉，谓之蒢口。声言梁兵继至，氐、蜀翕然从之。太洪进围关城，竖眼遣统军姜喜等击太洪，大破之，太洪弃关城走还。关城即白水关城。

5 癸未，魏以高阳王雍为太傅、领太尉，清河王怿为司徒，广平王怀为司空。

6 甲午，魏葬宣武皇帝于景陵，庙号世宗。己亥，尊胡贵嫔为皇太妃。三月，甲辰朔，以高太后为尼，徙居金墉瑶光寺，子无废母之义，魏之乱亡宜矣。按魏废后率居瑶光寺，冯后、高后是也。非大节庆，不得入宫。

7 魏左仆射郭祚表称："萧衍狂悖，谋断川渎，谓筑浮山堰也。悖，蒲妹翻。断，丁管翻。役苦民劳，危亡已兆；宜命将出师，长驱扑讨。"将，即亮翻。扑，普木翻。魏诏平南将军杨大眼督诸军镇荆山。水经，淮水过涂山北而后至荆山。今涂山在钟离县西九十五里，荆山在钟离县西八十三里。

8 魏于忠既居门下，又总宿卫，门下，谓为侍中。宿卫，谓为领军。遂专朝政，权倾一时。朝，直遥翻。初，太和中，军国多事，高祖以用度不足，百官之禄四分减一，忠悉命归所减之禄。旧制：民税绢一匹别输绵八两，布一匹别输麻十五斤，忠悉罢之。乙丑，诏文武群官各进位一级。史言于忠擅魏，欲收众心。

9 夏，四月，浮山堰成而复溃，或言蛟龙能乘风雨破堰，其性恶铁，复，扶又翻。恶，乌路翻。乃运东、西冶铁器数千万斤沈之，建康有东、西二冶，各置冶令以掌之。沈，持林翻。亦不能合。乃伐树为井干，井干，井栏也。言叠木为井干之形。干，扬子注及西都赋注音寒，庄子音如字。填以巨石，加土其上；缘淮百里内木石无巨细皆尽，负檐者肩上皆穿，夏日疾疫，死者相枕，檐，都滥翻。枕，职任翻。蝇虫昼夜声合。

10 魏梁州刺史薛怀吉破叛氐于沮水。水经：沔水出武都沮县东狼谷中，又东南流，径沮水戍。注云：沔水一名沮水。阚骃曰：以其初出沮洳然，故曰沮水。师古曰：沮，子馀翻。怀吉，真度之子也。薛真度见一百四十卷齐明帝建武二年。五月，甲寅，南秦州刺史崔暹又破叛氐，解武兴之围。魏南秦州治骆谷城，领天水、汉阳、武都、武阶、修武、仇池郡。此时盖叛氐围武兴也。

11 六月，魏冀州沙门法庆以妖幻惑众，妖，于骄翻。幻，户办翻。

与勃海人李归伯作乱，推法庆为主。法庆以尼惠晖为妻，以归伯为十住菩萨、平魔军司、定汉王，魏书，法庆以杀一人者为一住菩萨，杀十人者为十住菩萨。菩，薄乎翻。萨，桑葛翻。自号大乘。又合狂药，合，音阁。令人服之，父子兄弟不复相识，复，扶又翻。唯以杀害为事。刺史萧宝寅遣兼长史崔伯驎击之，伯驎败死。驎，力珍翻。贼众益盛，所在毁寺舍，斩僧尼，烧经像，云“新佛出世，除去众魔”。去，羌吕翻。秋，七月，丁未，诏假右光禄大夫元遥征北大将军以讨之。假者，未正以征北大将军授之。

12 魏尚书裴植，自谓人门不后王肃，植，裴叔业之兄子也。后，户遘翻。以朝廷处之不高，处，昌吕翻。意常怏怏，怏，于两翻。表请解官隐嵩山，世宗不许，深怪之。及为尚书，志气骄满，每谓人曰：“非我须尚书，尚书亦须我。”每入参议论，好面讥毁群官，好，呼到翻。又表征南将军田益宗，言：“华、夷异类，不应在百世衣冠之上。”于忠、元昭见之切齿。忠、昭皆北人，故深讳此言。

尚书左仆射郭祚，冒进不已，自以东宫师傅，【章：十二行本“傅”下有“列辞尚书”四字；乙十一行本同；孔本同；张校同；退斋校同。】望封侯、仪同，天监十年，魏以祚领太子少师。诏以祚为都督雍·岐·华三州诸军事、征西将军、雍州刺史。魏太和十一年置岐州，治雍城镇，领平秦、武都、武功三郡。雍，于用翻。华，户化翻。

祚与植皆恶于忠专横，密劝高阳王雍使出之；忠闻之，大怒，令有司诬奏其罪。尚书奏：“羊祉告植姑子皇甫仲达云‘受植旨，诈称被诏，恶，乌路翻。横，户孟翻。被，皮义翻。帅合部曲欲图于忠。’帅，读曰率；下同。臣等穷治，辞不伏引；伏引，犹引伏也。治，直之翻。然众证明昞，昞，音丙。准律当死。众证虽不见植，皆言‘仲达为植所使，植召仲达责问而不告列’。推论情状，不同之理不可分明，不得同之常狱，有所降减，计同仲达处植死刑。处，昌吕翻；下裁处同。植亲帅城众，附从王化，谓齐东昏侯永元二年，植以寿阳降魏。依律上议，谓依八议之律也。上，时掌翻。乞赐裁处。”处，昌吕翻。忠矫诏曰：“凶谋既尔，罪不当恕；虽有归化之诚，无容上议，亦不须待秋分。”魏旧制，秋分然后决死刑。八月，己【张：“己”作“乙”。】亥，植与郭祚及都水使者杜陵韦俊皆赐死。俊，祚之婚家也。忠又欲杀高阳王雍，崔光固执不从，乃免雍官，以王还第。朝野冤愤，莫不切齿。使，疏吏翻。朝，直遥翻。

13 丙子，魏尊胡太妃为皇太后，居崇训宫。于忠领崇训卫尉，刘腾为崇训太仆，加侍中，侯刚为侍中抚军将军。三人者，胡后所深德者也。又以太后父国珍为光禄大夫。

14 庚辰，定州刺史田超秀帅众三千降魏。超秀叛魏见上卷上年。帅，读曰率。降，户江翻。

15 戊子，魏大赦。

16 己丑，魏清河王怿进位太傅，领太尉，广平王怀为太保，领司徒，任城王澄为司空。庚寅，魏以车骑大将军于忠为尚书令，特进崔光为车骑大将军，并加开府仪同三司。任，音壬。骑，奇寄翻；下同。

17 魏江阳王继，熙之曾孙也，熙，道武之子。先为青州刺史，坐以良人为婢夺爵。继子叉娶胡太后妹，壬辰，诏复继本封，以叉为通直散骑侍郎，叉妻为新平郡君，仍拜女侍中。为元叉囚灵太后张本。散，悉亶翻。

群臣奏请太后临朝称制，九月，乙未，灵太后始临朝听政，胡太后谥曰灵。犹称令以行事，群臣上书称殿下。太后聪悟，颇好读书属文，射能中针孔，好，呼到翻。属，之欲翻。中，竹仲翻。政事皆手笔自决。加胡国珍侍中，封安定公。

自郭祚等死，诏令生杀皆出于忠，王公畏之，重足胁息。

重，直龙翻。胁息者，屏气鼻不敢息，唯两胁潜动以舒气息耳。太后既亲政，乃解忠侍中、领军、崇训卫尉，止为仪同三司、尚书令。后旬馀，太后引门下侍官于崇训宫，门下侍官，自侍中至散骑常侍、侍郎。崇训宫，盖太后所居宫也。问曰："忠在端揆，声望何如？"咸曰："不称厥任。"称，尺证翻。乃出忠为都督冀·定·瀛三州诸军事、征北大将军、冀州刺史；以司空澄领尚书令。澄奏："安定公宜出入禁中，参谘大务，"诏从之。人之老也，戒之在得，任城王澄血气衰矣。

18 甲寅，魏元遥破大乘贼，擒法庆并渠帅百馀人，帅，所类翻。传首洛阳。

19 左游击将军赵祖悦袭魏西硖石，水经：淮水东过寿春县北，又北径山峡中，谓之峡石。对岸山上结二城以防津要，在淮水西岸者谓之西硖石。杜佑曰：颍州下蔡县有硖石山，梁筑城以拒魏，今县城也。据之以逼寿阳；更筑外城，徙缘淮之民以实城内。将军田道龙等散攻诸戍，魏扬州刺史李崇分遣诸将拒之。将，即亮翻。癸亥，魏遣假镇南将军崔亮攻西硖石，又遣镇东将军萧宝寅决淮堰。

20 冬，十月，乙酉，魏以胡国珍为中书监、仪同三司，侍中如故。

21 甲午，弘化太守杜桂举郡降魏。弘化地阙，盖亦缘边蛮郡也。降，户江翻。

22 初，魏于忠用事，自言世宗许其优转；太傅雍等皆不敢违，加忠车骑大将军。忠又自谓新故之际有定社稷之功，讽百僚令加己赏；雍等议封忠常山郡公。忠又难于独受，乃讽朝廷，同在门下者皆加封邑，雍等不得已复封崔光为博平县公，而尚书元昭等上诉不已。魏主之立也，元昭亦同在门下，故上诉不已。复，扶又翻。上，时掌翻。太后敕公卿再议，太傅怿等上言："先帝升遐，记曲礼曰：告丧曰天王登假。注云：登，上也；遐，已也；上已者，若仙去云耳。登，即升也。假，读与遐同。奉迎乘舆，侍卫省闼，乃臣子常职，乘，绳证翻。不容以此为功。臣等前议授忠茅土，正以畏其威权，苟免暴戾故也。若以功过相除，悉不应赏，请皆追夺。”崔光亦奉送章绶茅土，表十馀上，太后从之。

高阳王雍上表自劾，称“臣初入柏堂，见诏旨之行一由门下，臣出君行，深知其不可而不能禁；谓杀生予夺皆出于于忠之意，而以诏旨行之。上，时掌翻。劾，户概翻，又户得翻。于忠专权，生杀自恣，而臣不能违。忠规欲杀臣，赖在事执拒；在事，谓在位任事之臣，此指言崔光。执拒，谓执不可而拒忠。臣欲出忠于外，在心未行，返为忠废。忝官尸禄，孤负恩私，请返私门，伏听司败。”司败，即司寇也。太后以忠有保护之功，不问其罪。十二月，辛丑，以忠【严：“忠”改“雍”。】为太师，领司州牧，寻复录尚书事，与太傅怿、太保怀、侍中胡国珍入居门下，同厘庶政。复，扶又翻。厘，力之翻，治也。

23 己酉，魏崔亮至硖石，赵祖悦逆战而败，闭城自守，亮进围之。

24 丁卯，魏主及太后谒景陵。

25 是冬，寒甚，淮、泗尽冻，浮山堰士卒死者什七八。

26 魏益州刺史傅竖眼，性清素，民、獠怀之。龙骧将军元法僧代竖眼为益州刺史，此魏之东益州也。竖，而庾翻。獠，鲁皓翻。骧，思将翻。素无治干，加以贪残；治，直吏翻。王、贾诸姓，本州士族，法僧皆召为兵。葭萌民任令宗因众心之患魏也，杀魏晋寿太守，以城来降，民、獠多应之；葭，音家。任，音壬。守，式又翻。降，户江翻。獠，鲁皓翻。益州刺史鄱阳王恢遣巴西、梓潼二郡太守张齐将兵三万迎之。将，即亮翻。法僧，熙之曾孙也。

27 魏岐州刺史赵王谧，干之子也，赵郡王干见一百四十卷齐明帝建武二年，此于“王谧”之上逸“郡”字。为政暴虐。一旦，闭城门大索，执人而掠之，索，山客翻。掠，音亮。楚毒备至，又无故斩六人，阖城凶惧；众遂大呼，屯门，凶，许拱翻。呼，火故翻。谧登楼毁梯以自固。胡太后遣游击将军王靖驰驲谕城人，城人开门谢罪，奉送管籥，乃罢谧刺史。谧妃，太后从女也。至洛，除大司农卿。史言魏母后擅朝，城狐社鼠有所依凭。驲，音日。从，才用翻。

太后以魏主尚幼，未能亲祭，欲代行祭事，礼官博议以为不可。太后以问侍中崔光，光引汉和熹邓太后祭宗庙故事，太后大悦，遂摄行祭事。史言崔光逢女主之恶。

28 魏南荆州刺史桓叔兴表请不隶东荆州，许之。南荆隶东荆见上卷十一年。

十五年（丙申、五一六）

1 春，正月，戊辰朔，魏大赦，改元熙平。

2 魏崔亮攻硖石未下，与李崇约水陆俱进，崇屡违期不至。李崇时镇寿阳。胡太后以诸将不壹，乃以吏部尚书李平为使持节、镇军大将军兼尚书右仆射，将步骑二千赴寿阳，别为行台，节度诸军，将，即亮翻。使，疏吏翻。骑，奇寄翻。如有乖异，以军法从事。萧宝寅遣轻车将军刘智文等渡淮，攻破三垒；二月，乙巳，又败将军垣孟孙等于淮北。败，补迈翻。李平至硖石，督李崇、崔亮等水【章：十二行本“水”上有“刻日”二字；乙十一行本同。】陆进攻，无敢乖互，乖，异也。互，差也。战屡有功。

上使左卫将军昌义之将兵救浮山，未至，康绚已击魏兵，却之。绚，许县翻。考异曰：绚传：“十二月魏遣李昙定督众军来战。”按魏帝纪此年正月乃遣李平节度诸军，绚传误也。昙定，即平字也。上使义之与直阁王神念溯淮救硖石。溯，苏故翻。考异曰：李崇传：“衍遣赵祖悦袭据西硖石，又遣义之、神念帅水军溯淮而上，规取寿春。”按义之传，绚破魏军，义之乃救硖石，今从之。崔亮遣将军博陵崔延伯守下蔡，下蔡县，汉属沛郡，梁置下蔡郡，属豫州。水经注：淮水自峡石北径下蔡故城东，本州来之城也。吴季札始邑延陵，后邑州来，故曰延州来季子。春秋，襄二年，蔡成公自新蔡迁于州来，谓之下蔡。淮之东岸又有一城，下蔡新城也。二城对据，翼带淮濆。按蔡有三：蔡州上蔡县，蔡仲始封之邑也；又有新蔡，蔡平侯自上蔡迁都于此；又有下蔡县，蔡成公所迁也。延伯与别将伊瓮生夹淮为营。延伯取车轮去辋，削锐其辐，两两接对，揉竹为絙，将，即亮翻。去，羌吕翻。辋，扶纺翻，车之牙，车辋也。辐，方目翻，轮辏也。揉，人九翻。絙，古恒翻，大索也。贯连相属，并十馀道，横水为桥，两头施大鹿卢，鹿卢，圆转之木。属，之欲翻。出没随意，不可烧斫。既断赵祖悦走路，又令战舰不通，义之、神念屯梁城不得进。呜呼，吾国之失襄阳，亦以水陆援断而诸将不进也！断，丁管翻。舰，户黯翻。李平部分水陆攻硖石，分，扶问翻。克其外城；乙丑，祖悦出降，斩之，尽俘其众。降，户江翻。

胡太后赐崔亮书，使乘胜深入。平部分诸将，水陆并进，攻浮山堰；亮违平节度，以疾请还，随表辄发。平奏处亮死刑，处，昌吕翻。太后令曰："亮去留自擅，违我经略，虽有小捷，岂免大咎！但吾摄御万机，庶几恶杀，几，居依翻。恶，乌故翻。亮，崔光之族弟也，故平奏不行。可听特以功补过。"魏师遂还。还，从宣翻，又如字。

3 魏中尉元匡奏弹于忠"幸国大灾，专擅朝命，裴、郭受冤，谓裴植、郭祚。弹，徒丹翻。朝，直遥翻。宰辅黜辱。谓高阳王雍被黜，后又以授忠茅土，乞自贬退也。又自矫旨为仪同三司、尚书令，领崇训卫尉，原其此意，欲以无上自处。处，昌吕翻；下尉处同。既事在恩后，恩后，谓赦恩之后也。宜加显戮，请遣御史一人就州行决。于忠时为冀州刺史，欲就州戮之。自去岁世宗晏驾以后，皇太后未亲览，以前诸不由阶级，或发门下诏书，或由中书宣敕，擅相拜授者，已经恩宥，正可免罪，并宜追夺。"太后令曰："忠已蒙特原，无宜追罪；馀如奏。"

匡又弹侍中侯刚掠杀羽林。掠，音亮；下同。刚本以善烹调为尚食典御，尝食典御，魏官也，掌调和御食，温凉寒热，以时供进则尝之。或曰："尝"当作"尚"，平、去二字通用。凡三十年，以有德于太后，事见上年。颇专恣用事，王公皆畏附之。廷尉处刚大辟，辟，毗亦翻。太后曰："刚因公事掠人，邂逅致死，于律不坐。"少卿陈郡袁翻曰："'邂逅'，谓情状已露，隐避不引，不引，谓不引伏也。邂，户介翻。逅，户遘翻。考讯以理者也。今此羽林，问则具首，首，式又翻。刚口唱打杀，挝筑非理，安得谓之'邂逅'！"挝，则瓜翻。太后乃削刚户三百，解尝【严："尝"改"尚"。】食典御。

4 三月，戊戌朔，日有食之。

5 魏论西硖石之功，辛未，以李崇为骠骑将军，加仪同三司，骠，匹妙翻。骑，奇寄翻。李平为尚书右仆射，崔亮进号镇北将军。亮与平争功于禁中，太后以亮为殿中尚书。

6 魏萧宝寅在淮堰，上为手书诱之，使袭彭城，许送其国庙及室家诸从还北，诸从，犹群从也。从，才用翻。宝寅表上其书于魏朝。上，时掌翻。朝，直遥翻。

7 夏，四月，淮堰成，长九里，下广一百四十丈，上广四十五丈，高二十丈，树以杞柳，长，直亮翻。广，古旷翻。高，居号翻。杞柳，柜柳也。军垒列居其上。

或谓康绚曰："四渎，天所以节宣其气，不可久塞，国语，周太子晋曰："古之长民者，不堕山，不崇薮，不防川，不窦泽。夫山，土之聚也；薮，物之归也；川，气之导也；泽，水之钟也。天地成而聚于高，归物于下，疏为川谷以导其气，陂塘污庳以钟其美。"塞，悉则翻。若凿湫东注，则游波宽缓，堰得不坏。"绚乃开湫东注。又纵反间于魏曰："梁人所惧开湫，不畏野战。"萧宝寅信之，凿山深五丈，开湫北注，水日夜分流犹不减，丁度集韵：湫，与湫同，将由翻。间，古苋翻。深，式浸翻。魏军竟罢归。水之所及，夹淮方数百里。李崇作浮桥于硖石戍间，又筑魏昌城于八公山东南，以备寿阳城坏，居民散就冈陇，山脊为冈，高丘为陇。其水清彻，俯视庐舍冢墓，了然在下。

初，堰起于徐州境内，浮山在钟离郡界，梁置徐州于钟离。刺史张豹子宣言，谓己必掌其事；既而康绚以他官来监作，监，古衔翻。豹子甚惭。俄而敕豹子受绚节度，豹子遂谮绚与魏交通，上虽不纳，犹以事毕征绚还。绚还则堰坏矣。

8 魏胡太后追思于忠之功，曰："岂宜以一谬弃其馀勋！"胡后以于忠拥护为功；若忠之专横，其谬固非一也。复封忠为灵寿县公，复，扶又翻。亦封崔光为平恩县侯。

9 魏元法僧遣其子景隆将兵拒张齐，将，即亮翻；下同。齐与战于葭萌，大破之，屠十馀城，遂围武兴。法僧婴城自守，境内皆叛，法僧遣使间道告急于魏。使，疏吏翻。间，古苋翻。魏驿召镇南军司傅竖眼于淮南，以为益州刺史、西征都督，将步骑三千以赴之。竖，而庾翻。骑，奇寄翻。竖眼入境，转战三日，行二百馀里，九遇皆捷。五月，竖眼击杀梁州刺史任太洪。民、獠闻竖眼至，皆喜，迎拜于路者相继。民、獠恶法僧而怀竖眼，故迎之者属路。任，音壬。獠，鲁皓翻。张齐退保白水，竖眼入州，入武兴也。白水以东民皆安业。

魏梓潼太守苟金龙领关城戍主，梁兵至，金龙疾病，不堪部分，分，扶问翻。其妻刘氏帅厉城民，乘城拒战，帅，读曰率。百有馀日，士卒死伤过半。戍副高景谋叛，刘氏斩景及其党与数千人，数千，当作数十。自馀将士，分衣减食，劳逸必同，莫不畏而怀之。井在城外，为梁兵所据，会天大雨，刘氏命出公私布绢及衣服悬之，绞而取水，城中所有杂物悉储之。杂物，谓瓶、罂、瓮、盎之属。竖眼至，梁兵乃退，魏人封其子为平昌县子。

10 六月，庚子，以尚书令王莹为左光禄大夫、开府仪同三司，尚书右仆射袁昂为左仆射，吏部尚书王暕为右仆射。暕，俭之子也。暕，古限翻。王俭，齐初佐命。

11 张齐数出白水，侵魏葭萌，傅竖眼遣虎威将军强虬攻信义将军杨兴起，杀之，复取白水。数，所角翻。强，其两翻，又如字。复，扶又翻；下州复、不复同。宁朔将军王光昭又败于阴平，张齐亲帅骁勇二万馀人与傅竖眼战，骁，坚尧翻。秋，七月，齐军大败，走还，小剑、大剑诸戍皆弃城走，今剑州剑门县有大剑山，又有小剑山在其西北三十里，又有小剑故城在益昌县西南五十里。大剑虽号天险，有阸塞可守，崇墉之间，径路颇夷。小剑则凿石架阁，有不容越，李白所谓"一夫当关，万夫莫开"者是也。东益州复入于魏。

12 八月，乙巳，魏以胡国珍为骠骑大将军、开府仪同三司、雍州刺史。骠，匹妙翻。骑，奇寄翻。雍，于用翻。国珍年老，太后实不欲令出，止欲示以方面之荣；竟不行。

13 康绚既还，张豹子不复修淮堰。九月，丁丑，淮水暴涨，堰坏，其声如雷，闻三百里，闻，音问。缘淮城戍村落十馀万口皆漂入海。初，魏人患淮堰，以任城王澄为大将军、大都督南讨诸军事，勒众十万，将出徐州来攻堰，尚书右仆射李平以为"不假兵力，终当自坏。"及闻破，太后大喜，赏平甚厚，澄遂不行。

14 壬辰，大赦。

15 魏胡太后数幸宗戚勋贵之家，数，所角翻。侍中崔光表谏曰："礼，诸侯非问疾吊丧而入诸臣之家，谓之君臣为谑。记礼运之辞也。注云：无故而相之，是戏谑也，陈灵公与孔宁、仪行父数如夏氏，以取弑焉。不言王后夫人，明无适臣家之义。夫人，父母在有归宁，没则使卿宁。左传庄二十七年冬，杞伯姬来，归宁也。杜预注曰：

宁，问父母安否。襄十二年，楚司马子庚聘于秦，为夫人宁，礼也。注曰：诸侯夫人，父母既没，归宁使卿，故曰礼。汉上官皇后将废昌邑，霍光，外祖也，亲为宰辅，后犹御武帐以接群臣，事见二十四卷汉昭帝元平元年。示男女之别也。别，彼列翻。今帝族方衍，勋贵增迁，祗请遂多，将成彝式。方衍，谓生子也。增迁，谓增秩迁官也。祗，敬也。谓宗戚勋贵之家，凡有吉庆，皆请太后临幸。愿陛下简息游幸，则率土属赖，含生仰悦矣。”属，之欲翻；下请属同。

任城王澄以北边镇将选举弥轻，将，即亮翻。恐贼虏窥边，山陵危迫，魏自显祖以上，山陵皆在云中。奏求重镇将之选，修警备之严，诏公卿议之。廷尉少卿袁翻议，秦、汉以来九卿各一卿，魏太和十五年九卿各置少卿，盖仿周官六卿有小宰、小司徒、小宗伯、小司马、小司寇、小司空之遗制也。以为“比缘边州郡，官不择人，唯论资级。或值贪污之人，广开戍逻，多置帅领，或用其左右姻亲，或受人货财请属，皆无防寇之心，唯有聚敛之意。比，毗至翻。逻，郎佐翻。帅，所类翻。属，之欲翻。敛，力赡翻。其勇力之兵，驱令抄掠，若遇强敌，即为奴虏，如有执获，夺为己富。其羸弱老小之辈，微解金铁之工，少闲草木之作，抄，楚交翻。羸，伦为翻。解，户买翻，晓也。闲，习也。无不搜营穷垒，苦役百端。自馀或伐木深山，或芸草平陆，贩贸往还，相望道路。此等禄既不多，赀亦有限，皆收其实绢，给其虚粟，穷其力，薄其衣，用其功，节其食，绵冬历夏，加之疾苦，死于沟渎者什常七八。自古至今，守边之兵皆病于此。贸，音茂。是以邻敌伺间，扰我疆埸，皆由边任不得其人故也。愚谓自今已后，南北边诸藩及所统郡县府佐、统军至于戍主，皆令朝臣王公已下各举所知，必选其才，不拘阶级；若称职及败官，并所举之人随事赏罚。”太后不能用。间，古苋翻。埸，音亦。朝，直遥翻。称，尺证翻。败，补迈翻。及正光之末，北边盗贼群起，遂逼旧都，犯山陵，如澄所虑。正光四年，破六韩拔陵、卫可孤等反，孝昌初年，云中没矣。

16 冬，十一月，交州刺史李畟斩交州反者阮宗孝，传首建康。畟，察色翻。

17 初，魏世宗作瑶光寺，未就，是岁，胡太后又作永宁寺，水经注：谷渠南流，出太尉、司徒两坊间，水西有永宁寺。皆在宫侧；又作石窟寺于伊阙口，皆极土木之美。而永宁尤盛，有金像高丈八者一，如中人者十，玉像二。为九层浮图，掘地筑基，下及黄泉；杜预曰：地中之泉，故曰黄泉。浮图高九十丈，上刹复高十丈，高，居报翻。刹，所辖翻。刹，柱也，浮图上柱，今谓之相轮。复，扶又翻。每夜静，铃铎声闻十里。闻，音问。佛殿如太极殿，南门如端门。僧房千间，珠玉锦绣，骇人心目。自佛法入中国，塔庙之盛，未之有也。汉永明〔平〕中，佛法入中国，佛弟子收奉舍利，建宫宇，号为塔，亦胡言，犹宗庙也，故世称塔庙。扬州刺史李崇上表，以为"高祖迁都垂三十年，迁都见一百三十八卷齐世宗永明十一年。明堂未修，太学荒废，城阙府寺颇亦颓坏，非所以追隆堂构，书大诰曰：若考作室既底法，厥子乃弗肯堂，矧肯构！仪刑万国者也。今国子虽有学官之名，而无教授之实，何异兔丝、燕麦，南箕、北斗！尔雅曰：唐、蒙、女萝，兔丝。释名曰：唐也，蒙也，女萝也，兔丝也，一物四名。毛氏诗传曰：女萝，兔丝；兔丝，松萝也。陆玑草木疏曰：兔丝，蔓连草上生，黄赤如金，合药兔丝子是也。松萝，自蔓松上生，枝正青，与兔丝殊异。本草曰：兔丝生川泽田野，蔓延草木之上。翟麦，名燕麦，又名雀麦，其苗与麦同，但穗细长而疏。言兔丝有丝之名而不可以织，燕麦有麦之名而不可以食。古歌曰：田中兔丝，如何可络！道边燕麦，何尝可获！诗云：维南有箕，不可以簸扬。维北有斗，不可以挹酒浆。皆谓有名无实也。事不两兴，须有进退，宜罢尚方雕靡之作，省永宁土木之功，减瑶光材瓦之力，分石窟镌琢之劳，及诸事役非急者，于三时农隙修此数条，使国容严显，礼化兴行，不亦休哉！"太后优令答之，而不用其言。

太后好事佛，民多绝户为沙门，家有一子，出为沙门，其户绝矣。好，呼到翻。高阳王友李玚上言，“三千之罪莫大于不孝，不孝之大无过于绝祀，孔子曰：“五刑之属三千，其罪莫大于不孝。”孟子曰：“不孝有三，无后为大。”玚，杖梗翻，又音畅。岂得轻纵背礼之情，肆其向法之意，一身亲老，弃家绝养，缺当世之礼而求将来之益！佛法以今世修种为来生因果。背，蒲妹翻。养，馀亮翻。孔子云：‘未知生，焉知死？’论语载孔子答子路之言。焉，于虔翻。安有弃堂堂之政而从鬼教乎！又，今南服未静，众役仍烦，百姓之情，实多避役，若复听之，恐捐弃孝慈，比屋皆为沙门矣。”复，扶又翻。比，毗必翻，又毗至翻。都统僧暹等忿玚谓之“鬼教”，以为谤佛，魏有沙门统，谓之都统，犹今都僧录。泣诉于太后。太后责之，玚曰：“天曰神，地曰祇，人曰鬼。传曰：‘明则有礼乐，幽则有鬼神。’然则明者为堂堂，幽者为鬼教。佛本出于人，名之为鬼，愚谓非谤。”太后虽知玚言为允，难违暹等之意，罚玚金一两。

18 魏征南大将军田益宗求为东豫州刺史，以招二子，太后不许，竟卒于洛阳。田益宗二子叛，见上卷十三年。卒，子恤翻。

19 柔然伏跋可汗，壮健善用兵，可，从刊入声。汗，音寒。是岁，西击高车，大破之，执其王弥俄突，系其足于驽马，顿曳杀之，漆其头为饮器。弥俄突杀柔然佗汗见上卷七年。邻国先羁属柔然后叛去者，伏跋皆击灭之，其国复强。复，扶又翻；下贼复同。

十六年（丁酉、五一七）

1 春，正月，辛未，上祀南郊。

2 魏大乘馀贼复相聚，沙门法庆之馀党也。突入瀛州，刺史宇文福之子员外散骑侍郎延帅奴客拒之。散，悉亶翻。骑，奇寄翻。

帅，读曰率。贼烧斋阁，延突火抱福出外，肌发皆焦，勒众苦战，贼遂散走，追讨，平之。

3 甲戌，魏大赦。

4 魏初，民间皆不用钱，高祖太和十九年，始铸太和五铢钱，遣钱工在所鼓铸；民有欲铸钱者，听就官炉，铜必精练，无得殽杂。世宗永平三年，又铸五铢钱，禁天下用钱不依准式者。既而洛阳及诸州镇所用钱各不同，商货不通。尚书令任城王澄上言，以为："不行之钱，律有明式，指谓鸡眼、镮凿，鸡眼者，谓钱薄小，其眼如鸡眼也。镮凿云者，谓凿好以取铜，仅存其肉也。镮，户关翻。更无馀禁。计河南诸州今所行悉非制限，昔来绳禁，愚窃惑焉。又河北既无新钱，复禁旧者，专以单丝之缣、疏缕之布，狭幅促度，不中常式，复，扶又翻。中，竹仲翻。裂匹为尺，以济有无，徒成杼轴之劳，杼，直吕翻；说文，机之持纬者。不免饥寒之苦，殆非所以救恤冻馁，子育黎元之意也。钱之为用，贯繦相属，繦，居两翻，亦钱贯也。属，之欲翻。不假度量，平均简易，济世之宜，谓为深允。乞并下诸方州镇，易，以豉翻。下，遐稼翻。其太和与新铸五铢及古诸钱方俗所便用者，但内外全好，虽有大小之异，并得通行，贵贱之差，自依乡价。庶货环海内，公私无壅。其鸡眼、镮凿及盗铸、毁大为小、生新巧伪不如法者，据律罪之。"诏从之。然河北少钱，少，诗沼翻。民犹用物交易，钱不入市。

5 魏人多窃冒军功，尚书左丞卢同阅吏部勋书，因加检覈，核，户革翻。得窃阶者三百馀人，乃奏："乞集吏部、中兵二局勋簿，对句奏案，句，古侯翻，考也，稽也。更造两通，更，工衡翻。一关吏部，一留兵局。又，在军斩首成一阶以上者，即令行台军司给券，当中竖裂，一支付勋人，一支送门下，此韩愈寄崔立之诗所谓“当如合分支”者也，今人亦谓析产文契为分支帐。竖，而庾翻。以防伪巧。”太后从之。同，玄之族孙也。卢玄见一百二十二卷宋文帝元嘉八年。中尉元匡奏取景明元年已来，内外考簿、吏部除书、中兵勋案、并诸殿最，殿，丁练翻。欲以案校窃阶盗官之人，太后许之。尚书令任城王澄表以为：“法忌烦苛，治贵清约。治，直吏翻。御史之体，风闻是司，若闻有冒勋妄阶，止应摄其一簿，研检虚实，绳以典刑。岂有移一省之案，取尚书省之案赴御史台，所谓移也。寻两纪之事，自景明元年至是年凡十八年。今言两纪之事，盖景明初所叙阶勋，皆太和末淮、汉用兵所上勋人名籍也。如此求过，谁堪其罪！斯实圣朝所宜重慎也。”太后乃止。又以匡所言数不从，虑其辞解，朝，直遥翻。数，所角翻。辞解者，辞职解官也。欲奖安之，乃加镇东将军。二月，丁未，立匡为东平王。为匡治棺攻澄张本。

6 三月，丙子，敕织官，文锦不得为仙人鸟兽之形，织官，犹汉之织室令、丞也。为其裁翦，有乖仁恕。为，于伪翻。

7 丁亥，魏广平文穆王怀卒。

8 夏，四月，戊申，魏以中书监胡国珍为司徒。

9 诏以宗庙用牲，有累冥道，冥，幽也。幽则有鬼神；冥道，鬼神之道也。累，力瑞翻。宜皆以面为之。考异曰：梁帝纪，此诏在四月甲子。南史云在二月，云“祈告天地宗庙，以去杀之理欲被之含识，郊庙牲牷皆代以面，其山川诸祀则否。”按长历是月辛卯朔，无甲子。隋志但云四月，亦不云郊祀去牲，今从之。于是朝野喧哗，以为宗庙去牲，乃是不复血食，去，羌吕翻。复，扶又翻。帝竟不从。八坐乃议以大脯代一元大武。记曲礼：牛曰一元大武。郑玄曰：元，头也。武，迹也。坐，祖卧翻。

10 秋，八月，丁未，诏魏太师高阳王雍入居门下，参决尚书奏事。“魏”字当在“诏”字之上。

11 冬，十月，诏以宗庙犹用脯脩，郑玄曰：脯，干肉也。脩，锻脩也。薄析曰脯，棰之而施姜桂曰锻脩。更议代之，于是以大饼代大脯，其馀尽用蔬果。又起至敬殿、景阳台，置七庙座，每月中再设净馔。馔，雏恋翻，又雏晥翻。

12 乙卯，魏诏，北京士民未迁者，悉听留居为永业。魏以代都为北京。

13 十一月，甲子，巴州刺史牟汉宠叛，降魏。五代志：巴西郡，梁置南梁州、北巴州。降，户江翻。

14 十二月，柔然伏跋可汗遣俟斤尉比建等请和于魏，俟斤，柔然大臣之号。俟，渠希翻。尉，纡勿翻。用敌国之礼。

15 是岁，以右卫将军冯道根为豫州刺史。道根谨厚木讷，行军能检敕士卒；诸将争功，道根独默然。为政清简，吏民怀之。上尝叹曰："道根所在，令朝廷不复忆有一州。"复，扶又翻。

16 魏尚书崔亮奏请于王屋等山采铜铸钱，从之。五代志：河内郡王屋县有王屋山。是后民多私铸，钱稍薄小，用之益轻。是时钱轻，南北皆然，岂天时邪！

十七年（戊戌、五一八）

1 春，正月，甲子，魏以氐酋杨定为阴平王。酋，慈由翻。

2 魏秦州羌反。

3 二月，癸巳，安成康王秀卒。卒，子恤翻。秀虽与上布衣昆弟，及为君臣，小心畏敬过于疏贱，上益以此贤之。秀与弟始兴王憺尤相友爱，憺久为荆州，常【章：十二行本"常"上有"刺史"二字；乙十一行本同；张校同。】中分其禄以给秀，秀、憺皆吴太妃之子。齐和帝中兴元年，憺督雍州，天监元年，进督荆州，五年，征至都。荆州总西夏之寄，俸入优厚。憺，徒敢翻，又徒览翻。秀称心受之，称，尺证翻。亦不辞多也。

4 甲辰，大赦。

5 己酉，魏大赦，改元神龟。

6 魏东益州氐反。

7 魏主引见柔然使者，见，贤遍翻。使，疏吏翻。让之以藩礼不备，议依汉待匈奴故事，遣使报之。汉宣帝待呼韩邪位在诸侯王上，盖称臣也。按张伦表谏与为昆弟，盖用汉文、景故事。司农少卿张伦上表，以为："太祖经启帝图，日有不暇，遂令竖子游魂一方，谓道武南略，社仑得以雄跨漠北。亦由中国多虞，急诸华而缓夷狄也。高祖方事南辕，未遑北伐。谓孝文南都洛阳，用兵淮、汉，未暇伐柔然也。世宗遵述遗志，虏使之来，受而弗答。见百四十六卷六年。以为大明临御，国富兵强，抗敌之礼，何惮而为之，何求而行之！今虏虽慕德而来，亦欲观我强弱；若使王人衔命虏庭，与为昆弟，恐非祖宗之意也。苟事不获已，应为制诏，示以上下之仪，命宰臣致书，谕以归顺之道，观其从违，徐以恩威进退之，则王者之体正矣。岂可以戎狄兼并，谓伏跋新破高车及灭邻国之叛者也。而遽亏典礼乎！"不从。伦，白泽之子也。张白泽见一百三十四卷宋顺帝升明元年。

8 三月，辛未，魏灵寿武敬公于忠卒。

9 魏南秦州氐反，遣龙骧将军崔袭持节谕之。骧，思将翻。

10 夏，四月，丁酉，魏秦文宣公胡国珍卒，赠假黄钺、相国、都督中外诸军事、太师，号曰太上秦公，【章：十二行本"公"下有"加九锡"三字；乙十一行本同；孔本同；退斋校同。】葬以殊礼，赠襚仪卫，事极优厚。又迎太后母皇甫氏之柩与国珍合葬，谓之太上秦孝穆君。柩，音旧。谏议大夫常山张普惠以为前世后父无称"太上"者，"太上"之名不可施于人臣，诣阙上疏陈之，左右莫敢为通。为，于伪翻。会胡氏穿圹，下有磐石，乃密表，以为："天无二日，土无二王，'太上'者因'上'而生名也，皇太后称'令'以系'敕'下，盖取三从之道，远同文母列于十乱，武王曰："予有乱臣十人。"孔子曰："才难，有妇人焉，九人而已。"先儒以为十乱，太公望、周公旦、召公奭、毕公高、荣公、太颠、闳夭、散宜生、南宫括及文母。今司徒为'太上'，恐乖系敕之意。孔子称'必也正名乎！'论语载孔子答子路之言。比克吉定兆，比，毗至翻。而以浅改卜，亦或天地神灵所以垂至戒、启圣情也。伏愿停逼上之号，以邀谦光之福。"太后乃亲至国珍宅，召集五品以上博议。王公皆希太后意，争诘难普惠；诘，去吉翻。难，乃旦翻。普惠应机辩析，无能屈者。太后使元叉宣令于普惠曰："朕之所行，孝子之志。卿之所陈，忠臣之道。群公已有成议，卿不得苦夺朕怀。后有所见，勿难言也。"

太后为太上君造寺，壮丽埒于永宁。

尚书奏复征民绵麻之税，为，于伪翻。埒，力辍翻。复，扶又翻；下浸复、复欲、无复、欲复、复见同。张普惠上疏，以为："高祖废大斗，去长尺，改重称，去，羌吕翻；下去天下同。称，尺证翻；下称尺同。事见一百四十卷齐明帝建武二年。以爱民薄赋。知军国须绵麻之用，故于绢增税绵八两，于布增税麻十五斤，民以称尺所减，不啻绵麻，故鼓舞供调。调，徒钓翻。自兹以降，所税绢布，浸复长阔，百姓嗟怨，闻于朝野。闻，音问。朝，直遥翻。宰辅不寻其本在于幅广度长，遽罢绵麻。于忠罢绵麻，见上十四年。既而尚书以国用不足，复欲征敛。去天下之大信，弃已行之成诏，敛，力赡翻。去，羌吕翻。追前之非，遂后之失。不思库中大有绵麻，而群臣共窃之也。何则？所输之物，或斤羡百铢，羡，延面翻，馀也。未闻有司依律以罪州郡；或小有滥恶，则坐户主，连及三长。户主者，一家之长，则为一户之主。三长见一百三十六卷齐世祖永明四年。是以在库绢布，逾制者多，群臣受俸，人求长阔厚重，无复准极，未闻以端幅有馀还求输官者也。布帛六丈为端。尔雅：倍丈谓之端，倍端谓之两，倍两谓之匹。杜预曰：二丈为端，二端为两，所谓匹也。说文：幅，布帛广也。俸，扶用翻。今欲复调绵麻，当先正称、尺，明立严禁，无得放溢，使天下知二圣之心爱民惜法如此，则太和之政复见于神龟矣。”

普惠又以魏主好游骋苑囿，好，呼到翻。不亲视朝，朝，直遥翻。过崇佛法，郊庙之事多委有司，上疏切谏，以为：“殖不思之冥业，损巨费于生民，减禄削力，近供无事之僧，崇饰云殿，远邀未然之报，昧爽之臣稽首于外，谓群臣入朝者也。孔安国曰：昧，冥。爽，明，早旦。稽，音启。玄寂之众遨游于内，愆礼忤时，忤，五故翻。人灵未穆。愚谓修朝夕之因，求祇劫之果，祇，巨支翻。释氏之言祇劫，犹云无数劫也。未若收万国之欢心以事其亲，使天下和平，灾害不生也。用孝经文意。伏愿淑慎威仪，淑，善也。为万邦作式，躬致郊庙之虔，亲纡朔望之礼，纡，萦也，屈也。释奠成均，五帝之学曰成均。郑玄曰：释菜、奠币，礼先师也。又曰：释奠者，设荐馔酌奠而已。孔颖达曰：释奠有牲牢，有币帛；释菜则惟释蘋藻而已。竭心千亩，千亩，谓藉田也。量撤僧寺不急之华，还复百官久折之秩，量，音良。折，而设翻。已造者务令简约速成，未造者一切不复更为，则孝弟可以通神明，弟，读曰悌。德教可以光四海，节用爱人，法俗俱赖矣。”寻敕外议释奠之礼，又自是每月一陛见群臣，皆用普惠之言也。

普惠复表论时政得失，太后与帝引普惠于宣光殿，随事诘难。复，扶又翻。见，贤遍翻。难，乃旦翻。

11 临川王宏妾弟吴法寿杀人而匿于宏府中，上敕宏出之，即日伏辜。南司奏免宏官，御史台曰南台，亦曰南司。上注曰：“爱宏者兄弟私亲，免宏者王者正法；所奏可。”五月，戊寅，司徒、骠骑大将军、扬州刺史临川王宏免。骠，匹妙翻。骑，奇寄翻。

宏自洛口之败，事见一百四十六卷五年。常怀愧愤，都下每有窃发，辄以宏为名，屡为有司所奏，上每赦之。上幸光宅寺，帝以三桥旧宅为光宅寺，三桥在秣陵县同夏里。有盗伏于骠骑航，宏府面秦淮，于府前为浮桥；谓之骠骑航，以宏官名航也。待上夜出；上将行，心动，乃于朱雀航过。事发，称为宏所使，上泣谓宏曰："我人才胜汝百倍，当此犹恐不堪，汝何为者？我非不能为汉文帝，谓诛淮南厉王长也。念汝愚耳！"宏顿首称无之，故因匿法寿免宏官。

宏奢僭过度，殖货无厌。厌，于盐翻。库屋垂百间，垂，几及也。在内堂之后，关籥甚严，籥，与钥同，关牡也。有疑是铠仗者，密以闻。铠，可亥翻。上于友爱甚厚，殊不悦。他日，送盛馔与宏爱妾江氏曰："当来就汝欢宴。"馔，雏恋翻，又雏晥翻。独携故人射声校尉丘佗卿往，与宏及江大饮，半醉后，谓曰："我今欲履行汝后房。"行，下孟翻。即呼舆径往堂后，宏恐上见其货贿，颜色怖惧。贿，呼罪翻。怖，普布翻。上意益疑之，于是屋屋检视，每钱百万为一聚，黄榜标之，千万为一库，悬一紫标，如此三十馀间。上与佗卿屈指计，见钱三亿馀万，见，贤遍翻。馀屋贮布绢丝绵漆蜜纻蜡等杂货，但见满库，不知多少。贮，丁吕翻。纻，直吕翻。纻，麻属而细于麻。少，诗沼翻。上始知非仗，大悦，谓曰："阿六，汝生计大可！"宏于诸弟次第六。阿，从安入声。乃更剧饮至夜，举烛而还。还，从宣翻，又如字。兄弟方更敦睦。

宏都下有数十邸，出悬钱立券，每以田宅邸店悬上文契，上，时掌翻。期讫，便驱券主夺其宅，都下、东土百姓，失业非一。上后知之，制悬券不得复驱夺，自此始。复，扶又翻。

侍中、领军将军吴平侯昺，雅有风力，为上所重，军国大事皆与议决，以为安右将军，监扬州。安右将军，帝所置百号将军之一也。昺，音丙。监，工衔翻。昺自以越亲居扬州，昺，帝从父弟，扬州京邑，昺自以为越同气之亲而居之，故恳让。涕泣恳让，上不许。

在州尤称明断，断，丁乱翻。符教严整。

辛巳，以宏为中军将军、中书监，六月，乙酉，又以本号行司徒。本号，中军将军号也。

臣光曰：宏为将则覆三军，将，即亮翻。为臣则涉大逆，高祖贷其死罪可矣。数旬之间，还为三公，于兄弟之恩诚厚矣，王者之法果安在哉！

12 初，洛阳有汉所立三字石经，石经事见四十七卷汉灵帝熹平四年。郦道元曰：蔡邕正定五经文字，刻石立于太学门外。魏正始中又立古、篆、隶三字石经。虽屡经丧乱而初无损失。丧，息浪翻。及魏，冯熙、常伯夫相继为洛州刺史，魏都平城，以洛阳为洛州，既迁洛，始改为司州。毁取以建浮图精舍，遂大致颓落，所存者委于榛莽，道俗随意取之。侍中领国子祭酒崔光请遣官守视，命国子博士李郁等补其残缺，胡太后许之。会元叉、刘腾作乱，事遂寝。叉、腾作乱，事见下卷普通二年。

13 秋，七月，魏河州羌却铁忽【章：十二行本“忽”作“怱”；乙十一行本同；下同；孔本均同。】反，自称水池王；河州治枹罕，领金城、武始、洪和、临洮郡。水池县，魏真君四年置郡，后改为县，属洪和郡，隋并洪和郡为当夷县，其地在唐洮州临潭县界。诏以主客郎源子恭为行台以讨之。曹魏置尚书主客郎。子恭至河州，严勒州郡及诸军，毋得犯民一物，亦不得轻与贼战，然后示以威恩，使知悔惧。八月，铁忽等相帅诣子恭降，首尾不及二旬。言自子恭至河州及于贼降，首尾不及二旬也。帅，读曰率。降，户江翻。子恭，怀之子也。源怀，源贺之子，历事文成、献文、孝文、宣武。

14 魏宦者刘腾，手不解书，解，户买翻。而多奸谋，善揣人意；揣，初委翻。胡太后以其保护之功，事见上十四年。累迁至侍中、右光禄大夫，遂干预政事，纳赂为人求官，无不效者。为，于伪翻。河间王琛，简之子也。齐郡王简见一百三十七卷齐武帝永明九年。琛，丑林翻。为定州刺史，以贪纵著名，及罢州还，太后诏曰：“琛在定州，唯不将中山宫来，后燕都中山，建宫室，魏克中山，因以为中山宫。自馀无所不致，何可更复叙用！”复，扶又翻。遂废于家。琛乃求为腾养息，养息，即养子也。赂腾金宝巨万计。腾为之言于太后，为，于伪翻。得兼都官尚书，出为秦州刺史。会腾疾笃，太后欲及其生而贵之，九月，癸未朔，以腾为卫将军，加仪同三司。

15 魏胡太后以天文有变，欲以崇宪高太后当之。戊申夜，高太后暴卒；冬，十月，丁卯，以尼礼葬于北邙。尼，女夷翻；下同。谥曰顺皇后。百官单衣邪巾古者二十成人，士冠，庶人巾。邪巾者，邪厌于首。舍衰绖丧冠而单衣邪巾，示不成丧也。送至墓所，事讫而除。

16 乙亥，以临川王宏为司徒。

17 魏胡太后遣使者宋云与比丘惠生如西域求佛经。比丘，僧也。比，毗至翻；下连比同。司空任城王澄奏：“昔高祖迁都，制城内唯听置僧尼寺各一，馀皆置于城外；盖以道俗殊归，欲其净居尘外故也。正始三年，沙门统惠深，始违前禁，自是卷诏不行，卷，读曰捲。私谒弥众，都城之中，寺逾五百，占夺民居，三分且一，屠沽尘秽，连比杂居。占，之赡翻。比，毗至翻。往者代北有法秀之谋，事见一百三十五卷齐太祖建元三年。冀州有大乘之变。太和、景明之制，非徒使缁素殊途，盖亦以防微杜渐。昔如来阐教，多依山林，如来，佛也。今此僧徒，恋着城邑，着，直略翻。正以诱于利欲，不能自已，诱，音酉。此乃释氏之糟糠，法王之社鼠，法王，谓佛。内戒所不容，释氏有五戒。国典所共弃也。臣谓都城内寺未成可徙者，宜悉徙于郭外，僧不满五十者，并小从大；外州亦准此。”【章：十二行本“此”下有“诏从之"三字；乙十一行本同；孔本同；张校同；退斋校同。】然卒不能行。卒，子恤翻。

18 是岁，魏太师雍等奏："盐池天藏，藏，徂浪翻。资育群生，先朝为之禁限，朝，直遥翻。亦非苟与细民争利。但利起天池，取用无法，或豪贵封护，或近民吝守，贫弱远来，邈然绝望。因置主司，令其裁察，强弱相兼，务令得所。什一之税，自古有之，所务者远近齐平，公私两宜耳。及甄琛启求禁集，【章：十二行本作"罢禁"；乙十一行本同；孔本同；退斋校同。】事见一百四十六卷五年。甄，之人翻。琛，丑林翻。乃为绕池之民尉保光等擅自固护；语其障禁，倍于官司，取与自由，贵贱任口。言盐价贱贵，任其口之所出也。请依先朝禁之为便。"诏从之。

张政烺标点王崇武聂崇岐覆校

资治通鉴卷第一百四十九

端明殿学士兼翰林侍读学士朝散大夫右谏议大夫
充集贤殿修撰提举西京嵩山崇福宫上柱国河内郡 司马光 奉敕编集
开国侯食邑一千八百户食实封六百户赐紫金鱼袋臣

后学天台胡三省音注

梁纪五　起屠维大渊献（己亥），尽昭阳单阏（癸卯），凡五年。

高祖武皇帝五

天监十八年（己亥、五一九）

1 春，正月，甲申，以尚书左仆射袁昂为尚令，【章：十二行本“令”上有“书”字；乙十一行本同；孔本同；退斋校同。】右仆射王暕为左仆射，暕，古限翻。太子詹事徐勉为右仆射。

2 丁亥，魏主下诏，称“太后临朝践极，岁将半纪，胡后临朝见上卷十四年。宜称‘诏’以令宇内。”

3 辛卯，上祀南郊。

4 魏征西将军【章：十二行本“军”下有“平陆文侯”四字；乙十二行本同；孔本同；张校同；退斋校同。】张彝之子仲瑀上封事，求铨削选格，瑀，音禹。上，时掌翻。铨，量也。选，须绢翻；下入选、应选同。排抑武人，不使豫清品。于是喧谤盈路，立榜大巷，克期会集，屠害其家；彝父子晏然，不以为意。方羽林、虎贲立榜克期之初，魏朝既不为之严加禁遏，纵彝父子欲以为意，奈之何哉！二月，庚午，羽林、虎贲近千人，贲，音奔。近，其靳翻。相帅至尚书省诟骂，帅，读曰率。诟，户遘翻，又古侯翻。求仲瑀兄左民郎中始均不获，尚书左民郎，晋武帝置。以瓦石击省门；上下慑惧，莫敢禁讨。【张："讨"作"诃"。】慑，之涉翻。遂持火掠道中薪蒿，以杖石为兵器，直造其第，曳彝堂下，捶辱极意，【章：十二行本"意"下有"唱呼动地"四字；乙十一行本同；孔本同；张校同；退斋校同。】焚其第舍。始均逾垣走，复还拜贼，造，七到翻。捶，止橤翻。复，扶又翻；下不复、谁复同。请其父命，贼就殴击，生投之火中。仲瑀重伤走免，彝仅有馀息，言气息奄奄，仅未绝耳。再宿而死。远近震骇。胡太后收掩羽林、虎贲凶强者八人斩之，其馀不复穷治。治，直之翻。乙亥，大赦以安之，因令武官得依资入选。识者知魏之将乱矣。

时官员既少，少，诗沼翻。应选者多，吏部尚书李韶铨注不行，大致怨嗟；更以殿中尚书崔亮为吏部尚书。亮奏为格制，不问士之贤愚，专以停解月日为断，断，丁乱翻。沈滞者皆称其能。沈，持林翻。亮甥司空谘议刘景安与亮书曰："殷、周以乡塾贡士，王制：命乡论秀士，升之司徒，曰选士；司徒论秀士而升之学，曰俊士。两汉由州郡荐才，谓贤良、文学、孝廉之举也。事见汉纪。魏、晋因循，又置中正，事见六十九卷魏文帝黄初元年。虽未尽美，应什收六七。而朝廷贡才，止求其文，不取其理，察孝廉唯论章句，不及治道，治，直吏翻。立中正不考才行，空辩氏姓，取士之途不博，沙汰之理未精。舅属当铨衡，宜改张易调，行，下孟翻。属，之欲翻。董仲舒曰：譬如琴瑟不调，必改而更张之。不调，谓不和也。易调之调，徒钓翻，音调也。如何反为停年格以限之，天下士子谁复修厉名行哉！"行，下孟翻。亮复书曰："汝所言乃有深致。吾昨为此格，有由而然。古今不同，时宜须异。昔子产铸刑书以救弊，叔向讥之以正法，复，扶又翻。左传昭六年，郑人铸刑书，叔向诒子产书曰："先王议事以制，不为刑辟。闲之以义，纠之以政，行之以礼，守之以信，制为禄位以劝其从，严断刑罚以威其淫。惧其未也，故诲之以忠，耸之以行，教之以务，使之以和，临之以敬，莅之以强，断之以刚，犹求圣哲之士，明察之官，忠信之长，慈惠之师，民于是可任使也，而不生祸乱。民知有辟，则不忌其上，并有争心，以征于书，而徼幸以成之，弗可为矣。乱狱滋丰，贿赂并行，终子之世，郑其败乎！”复书曰：“侨不才，不能及子孙，吾以救世也。”何异汝以古礼难权宜哉！”难，乃旦翻。洛阳令代人薛琡魏书官氏志：西方叱干氏后改为薛氏。琡，之六翻，又音俶。上书言：“黎元之命，系于长吏，若以选曹唯取年劳，不简能否，义均行雁，次若贯鱼，行雁、贯鱼，皆以谕资次先后以序而进也。上，时掌翻。长，知两翻。选，须绢翻。行，音户刚翻。执簿呼名，一吏足矣，数人而用，何谓铨衡！”书奏，不报。后因请见，复奏“乞令王公贵臣荐贤以补郡县”，见，贤遍翻。复，扶又翻。诏公卿议之，事亦寝。其后甄琛等继亮为吏部尚书，甄，之人翻。琛，丑林翻。利其便己，踵而行之，魏之选举失人，自亮始也。

初，燕燕郡太守高湖奔魏，事见一百一十一卷晋安帝隆安三年。燕，因肩翻。其子谧为侍御史，考异曰：李百药北齐书作“谥”。北史作“谧”，今从之。坐法徙怀朔镇，世居北边，遂习鲜卑之俗。谧孙欢，沈深有大志，沈，持林翻。家贫，执役在平城，富人娄氏女见而奇之，遂嫁焉。始有马，得给镇为函使，凡书表皆函封，函使者，使奉函诣京师也。使，疏吏翻。至洛阳，见张彝之死，还家，倾赀以结客。或问其故，欢曰：“宿卫相帅焚大臣之第，帅，读曰率。考异曰：北齐书云“领军张彝”。按彝未尝为领军，故但云大臣。朝廷惧其乱而不问，为政如此，事可知矣，财物岂可常守邪！”欢与怀朔省事云中司马子如、省事，镇吏也。省，悉景翻。秀容刘贵、魏太宗永兴二年，置秀容郡及秀容县；世祖真君七年置肆州，秀容郡属焉。中山贾显智、户曹史咸阳孙腾、外兵史怀朔侯景、史，亦吏职也。狱掾善无尉景、善无县，前汉属雁门郡，后汉属定襄郡。拓跋氏置善无郡，属恒州。李延寿曰：秦、汉置尉候官，景之先有居此职者，因氏焉。广宁蔡俊、广宁郡，魏收志属朔州，隋并入朔州善阳县。特相友善，并以任侠雄于乡里。高欢事始此。

5 夏，四月，丁巳，大赦。

6 五月，戊戌，魏以任城王澄为司徒，京兆王继为司空。

7 魏累世强盛，东夷、西域贡献不绝，又立互市以致南货，至是府库盈溢。胡太后尝幸绢藏，藏，徂浪翻。命王公嫔主从行者百馀人各自负绢，称力取之，称，尺证翻。少者不减百馀匹。少，诗沼翻；下同。尚书令·仪同三司李崇、章武王融，负绢过重，颠仆于地，崇伤腰，融损足，太后夺其绢，使空出，时人笑之。融，太洛之子也。章武王太洛见一百三十二卷宋明帝泰始四年。侍中崔光止取两匹，太后怪其少，对曰："臣两手唯堪两匹。"众皆愧之。

时魏宗室权幸之臣，竞为豪侈，高阳王雍，富贵冠一国，宫室园圃，侔于禁苑，僮仆六千，伎女五百，出则仪卫塞道路，冠，古玩翻。塞，悉则翻。归则歌吹连日夜，一食直钱数万。李崇富埒于雍而性俭啬，尝谓人曰："高阳一食，敌我千日。"埒，力辍翻。

河间王琛，每欲与雍争富，骏马十馀匹，皆以银为槽，窗户之上，玉凤衔铃，金龙吐旆。尝会诸王宴饮，酒器有水精锋，后汉书：大秦国出水精，以为宫室柱及食器。一本"锋"作"锺"。马脑碗，本草衍义曰：马脑，非石非玉，自是一类，有红、白、黑色三种，亦有纹如缠丝者，生西国玉石间。赤玉卮，王逸论或问玉符，曰："赤如鸡冠，黄如蒸栗，白如脂肪，黑如点漆，玉之符也。"制作精巧，皆中国所无。又陈女乐、名马及诸奇宝，复引诸王历观府库，金钱，缯布，不可胜计，复，扶又翻。胜，音升。顾谓章武王融曰："不恨我不见石崇，恨石崇不见我。"石崇事见八十一卷晋武帝太康三年。融素以富自负，归而惋叹三【章：十二行本"三"上有"卧疾"二字；乙十一行本同；

孔本同；张校同；退斋校同。】日。惋，乌贯翻。京兆王继闻而省之，省，悉景翻。谓曰："卿之货财计不减于彼，何为愧羡乃尔?"融曰："始谓富于我者独高阳耳，不意复有河间!"继曰："卿似袁术在淮南，不知世间复有刘备耳。"融乃笑而起。物盛而衰，固其理也。史言魏君臣骄侈，乃其衰乱之渐。复，扶又翻；下无复、司复同。

太后好佛，营建诸寺，无复穷已，令诸州各建五级浮图，民力疲弊。诸王、贵人、宦官、羽林各建寺于洛阳，相高以壮丽。太后数设斋会，施僧物动以万计，好，呼到翻。数，所角翻。施，式豉翻。赏赐左右无节，所费不赀，而未尝施惠及民。府库渐虚，乃减削百官禄力。禄，在官所受之禄。力，在官所用白直也。任城王澄上表，以为"萧衍常蓄窥觎之志，觎，音俞。宜及国家强盛，将士旅力，早图混壹之功。比年以来，比，毗至翻。公私贫困，宜节省浮费以周急务。"太后虽不能用，常优礼之。

魏自永平以来，天监七年，魏改元永平。营明堂、辟雍，役者多不过千人，有司复借以修寺及供他役，十馀年竟不能成。起部郎源子恭上书，以为"废经国之务，资不急之费，宜彻减诸役，早图就功，使祖宗有严配之期，孝经，孔子曰："孝莫大于严父，严父莫大于配天，昔者周公郊祀后稷以配天，宗祀文王于明堂以配上帝。"苍生有礼乐之富。"诏从之，然亦不能成也。

8 魏人陈仲儒请依京房立准以调八音。有司诘仲儒："京房律准，今虽有其器，晓之者鲜，诘，去吉翻。鲜，息浅翻。仲儒所受何师，出何典籍?"仲儒对言："性颇爱琴，又尝读司马彪续汉书，见京房准术，成数昞然。司马彪志曰：京房六十律相生之法，以上生下，皆三生二；以下生上，皆三生四；阳下生阴，阴上生阳，终于中吕，而十二律毕矣。中吕上生执始，执始下生去灭，上下相生，终于南事，而六十律毕矣。夫十二律之变至于六十，犹八卦之变至于六十四也。宓牺作易，纪阳气之初以为律法，建日冬至之声，以黄钟为宫，太簇为商，姑洗为角，林钟为徵，南吕为羽，应钟为变宫，蕤宾为变徵：此声气之元，五音之正也。故各终一日，其馀以次运行。当日者各自为宫，而商、徵以类从焉。礼运曰：“五声、六律、十二管还相为宫，”此之谓也。以六十律分期之日，黄钟自冬至始，及冬至而复，阴阳、寒燠、风雨之占生焉。于以检摄群音，考其高下，苟非草木之声则无所不合。虞书曰：“律和声”，此之谓也。房又曰：“竹声不可以度调，故作准以定数。准之状如瑟，长丈而十三弦，隐间九尺以应黄钟之律九寸，中央一弦下有画分寸以为六十律清浊之节。”房言律详于刘歆所奏，其术施行于史官，候部用之。律术曰：阳以圆为形，其性动；阴以方为节，其性静。动者数三，静者数二，以阳生阴倍之，以阴生阳四之，皆三而一。阳生阴曰下生，阴生阳曰上生，上生不得过黄钟之清浊，下生不得及黄钟之数实，皆参天两地、圆盖方覆、六耦承奇之道也。黄钟，律吕之首，而生十一律者也。其相生也，皆三分而损益之，是故十二律之得十七万七千一百四十七，是为黄钟之实。又以二乘而三约之，是为下生林钟之实；又以四乘而三约之，是为上生太簇之实。推此上下以定六十律之实，以九三之数万九千六百八十三为法，律为寸，于准为尺，不盈者十之所得为分，又不盈十之所得为小分，以其馀正其强弱。以黄钟十七万七千一百四十七，下生林钟；黄钟为宫，太蔟商，林钟徵；一日律九寸，准九尺。色育十七万六千七百七十六，下生谦待；未知商，谦待徵；六日律八寸九分小分八微强，准八尺九寸万五千九百七十三。执始十七万四千七百六十二，下生去灭；执始为宫，时息商，去灭徵；六日律八寸八分小分七大强，准八尺八寸万五千五百一十六。丙盛十七万二千四百一十，下生安度；丙盛为宫，屈齐商，安度徵；六日律八寸七分小分六微弱，准八尺七寸万一千六百七十九。分动十七万八十九，下生归嘉，分动为宫，随期商，归嘉徵；六日律八寸六分小分四强，准八尺六寸八千一百五十二。质末十六万七千八百，下生否与；质末为宫，形晋商，否与徵；六日律八寸五分小分二微强，准八尺五寸四千九百四十五。大吕十六万五千八百八十八，下生夷则；大吕为宫，夹钟商，夷则徵；八日律八寸四分小分三弱，准八尺四寸五千五百八。分否十六万三千六百五十四，下生解形；分否为宫，开时商，解形徵；八日律八寸三分小分一强，准八尺三寸二千八百五十一。凌阴十六万一千四百五十二，下生去南；凌阴为宫，族嘉商，去南徵；八日律八寸二分小分一弱，准八尺二寸五百一十四。少出十五万九千二百八十，下生分积；少出为宫，争南商，分积徵；六日律八寸小分九强，准八尺万八千一百六十。太簇十五万七千四百六十四，下生南吕；太簇为宫，姑洗商，南吕徵；一日律八寸，准八尺。未知十五万七千一百三十四，下生白吕；未知为宫，南授商，白吕徵；六日律七寸九分小分八强，准七尺九寸万六千三百八十三。时息十五万五千三百四十四，下生结躬；时息为宫，变虞商，结躬徵；六日律七寸八分小分九少强，准七尺八寸万八千一百六十六。屈齐十五万三千二百五十三，下生归期；屈齐为宫，路时商，归期徵；六日律七寸七分小分九弱，准七尺七寸万六千九百三十九。随期十五万一千一百九十，下生未卯；随期为宫，形始商，未卯徵；六日律七寸六分小分八强，准七尺六寸万五千九百九十二。形晋十四万九千一百五十五，下生夷汗；形晋为宫，依行商，夷汗徵；六日律七寸五分小分八弱，准七尺五寸万五千三百二十五。夹锺十四万七千四百五十六，下生无射；夹钟为宫，中吕商，无射徵；六日律七寸四分小分九强，准七尺四寸万八千一十八。开时十四万五千四百七十，下生闭掩；开时为宫，中吕商，闭掩徵；八日律七寸三分小分九微弱，准七尺三寸万七千八百四十一。族嘉十四万三千五百一十三，下生邻齐；族嘉为宫，内负商，邻齐徵；八日律七寸二分小分九微强，准七尺二寸万七千九百五十四。争南十四万一千五百八十二，下生期保；争南为宫，物应商，期保徵；八日律七寸一分小分九强，准七尺一寸万八千三百二十七。姑洗十三万九千九百六十八，下生应钟；姑洗为宫，蕤宾商，应钟徵；一日律七寸一分小分一微强，准七尺一寸二千一百八十七。南授十三万九千六百七十，下生分乌；南授为宫，南事商，分乌徵；六日律七寸小分九大强，准七尺万八千九百三十。变虞十三万八千八十四，下生迟内；变虞为宫，盛变商，迟内徵；六日律七寸小分一半强，准七尺三千三十。路时十三万六千二百二十五，下生未育；路时为宫，离宫商，未育徵；六日律六寸九分小分二微强，准六尺九寸四千一百二十三。形始十三万四千三百九十二，下生迟时；形始为宫，制时商，迟时徵；五日律六寸八分小分三弱，准六尺八寸五千四百七十六。依行十三万二千五百八十二，上生色育；依行为宫，谦待商，色育徵；七日律六寸七分小分三大强，准六尺七寸七千五十九。中吕十三万一千七十二，上生执始；中吕为宫，去灭商，执始徵；八日律六寸六分小分六弱，准六尺六寸万一千六百四十二。南中十二万九千三百八，上生丙盛；南中为宫，安度商，丙盛徵。七日律六寸五分小分七微弱，准六尺五寸万三千六百八十五。内负十二万七千五百六十七，上生分动；内负为宫，归嘉商，分动徵；八日律六寸四分小分八强，准六尺四寸万五千四百五十。物应十二万五千八百五十，上生质末；物应为宫，否与商，质末徵；七日律六寸三分小分九强，准六尺三寸万八千四百八十。蕤宾十二万四千四百一十六，上生大吕；蕤宾为宫，夷则商，大吕徵；一日律六寸三分小分二微强，准六尺三寸四千一百三十一。南事十二万四千一百五十四，下生南事；穷无商徵不为宫；七日律六寸三分小分一弱，准六尺三寸一千五百三十一。盛变十二万二千七百四十一，上生分否；盛变为宫，解形商，分否徵；七日律六寸二分小分三大强，准六尺二寸七千六十四。离宫十二万一千八百一十九，上生凌阴；离宫为宫，去南商，凌阴徵；七日律六寸一分小分五微强，准六尺一寸万二百二十七。制时十一万九千四百六十，上生少出；制时为宫，分积商，少出徵；八日律六寸小分七弱，准六尺万三千六百二十。林钟十一万八千九十八，上生太蔟；林钟为宫，南吕商，太蔟徵；一日律六寸，准六尺。谦待十一万七千八百五十一，上生未知，谦待为宫，白吕商，未知徵；五日律五寸九分小分九弱，准五尺九寸万七千二百一十三。去灭十一万六千五百八，上生时息；去灭为宫，结躬商，时息徵；七日律五寸九分小分二弱，准五尺九寸三千七百八十三。安度十一万四千九百四十，上生屈齐；安度为宫，归期商，屈齐徵；六日律五寸八分小分四弱，准五尺八寸七千七百八十六。归嘉十一万三千三百九十三，上生随期：归嘉为宫，未卯商，随期徵；六日律五寸七分小分六微强，准五尺七寸万一千九百九十九。否与十一万一千八百六十七，上生形晋；否与为宫，夷汗商，形晋徵；五日律五寸六分小分八强，准五尺六寸万六千四百二十二。夷则十一万五百九十二，上生夹钟；夷则为宫，无射商，夹钟徵；八日律五寸六分小分二弱，准五尺六寸三千六百七十二。解形十一万九千一百三，上生开时；解形为宫，闭掩商，开时徵；八日律五寸五分小分四强，准五尺五寸八千四百六十五。去南十万七千六百三十五，上生族嘉；去南为宫，邻齐商，族嘉徵；八日律五寸四分小分六大强，准五尺四寸万三千四百六十八，分积十万六千一百八十八，上生争南，分积为宫，期保商，争南徵；五日律五寸三分小分九半强，准五尺三寸万八千六百八十一。南吕八万四千九百七十六，上生姑洗；南吕为宫，应钟商，姑洗徵；一日律五寸三分小分三强，准五尺三寸六千五百六十一。白吕十万四千七百五十六，上生南授；白吕为宫，分乌商，南授徵；五日律五寸三分小分二强，准五尺三寸四千三百七十一。结躬十万三千五百六十三，上生变虞；结躬为宫，迟内商，变虞徵；六日律五寸二分小分六少强，准五尺二寸万二千一百一十四。归期十万二千一百六十九，上生路时；归期为宫，未育商，路时徵；六日律五寸一分小分九微强，准五尺一寸万七千八百五十七。

未卯十万七百九十四，上生形始；未卯为宫，迟时商，形始徵；六日律五寸一分小分二微强，准五尺一寸四千八十七。夷汗九万九千四百三十七，上生依行；夷汗为宫，色育商，依行徵；七日律五寸小分五强，准五尺万二百二十。无射九万八千三百四，上生中吕；无射为宫，执始商，中吕徵；八日律四寸九分小分九强，准四尺九寸万八千五百七十三。闭掩九万六千九百八十，上生南中；闭掩为宫，丙盛商，南中徵；八日律四寸九分小分三弱，准四尺九寸五千三百三十三。邻齐九万五千六百七十五，上生内负；邻齐为宫，分动商，内负徵；七日律四寸八分小分六微强，准四尺八寸万一千九百六十六。期保九万四千三百八十八，上生物应，期保为宫，质末商，物应徵；八日律四寸七分小分九微弱，准四尺七寸万八千七百七十九。应钟九万三千三百一十二，上生蕤宾；应钟为宫，大吕商，蕤宾徵；一日律四寸七分小分四微强，准四尺七寸八千十九。分乌九万三千一百一十七，上生南事；分乌穷次无徵不为宫；七日律四寸七分小分三微强，准四尺七寸六千五十九。迟内九万二千九十六，上生盛变；迟内为宫，分否商，盛变徵；八日律四寸六分小分八弱，准四尺六寸万五千一百四十二。未育九万八百一十七，上生离官；未育为宫，凌阴商，离宫徵；八日律四寸六分小分一少强，准四尺六寸二千七百五十二。迟时八万九千五百九十五，上生制时；迟时为宫，少出商，制时徵；六日律四寸五分小分五强，准四尺五寸万二百一十五。截管为律，吹以考声，列以物气，道之本也。术家以其声微而体难知，其分数不明，故作准以代之。准之声明畅易达，分寸又粗；然弦以缓急清浊，非管无以正也。均其中弦，令与黄钟相得，按画以求诸律，无不如数而应者矣。音声精微，综之者解。”晋书乐志：宫，中也，中和之道无往而不理。商，强也，谓金性坚强。角，触也，象诸阳触物而生。徵，止也，言物盛则止。羽，舒也，阳气将复，万物孳育而舒生。宋白曰：合宫通音谓之宫，其音雄雄洪洪然。开口吐声谓之商，其音锵锵仓仓然。张牙涌唇谓之角，其音喔喔確確然。齿合唇开谓之徵，其音倚倚巇巇然。齿开唇聚谓之羽，其音诩酗于吁然。遂竭愚思，思，相吏翻。钻研甚久，颇有所得。夫准者所以代律，取其分数，调校乐器。窃寻调声之体，宫、商宜浊，徵、羽宜清。徵，陟里翻；下同。若依公孙崇，止以十二律声，而云还相为宫，还，音旋。清浊悉足。唯黄钟管最长，故以黄钟为宫，则往往相顺。若均之八音，犹须错采众音，配成其美。若以应钟为宫，蕤宾为徵，则徵浊而宫清，虽有其韵，不成音曲。若以中吕为宫，则十二律中全无所取。今依京房书，中吕为宫，乃以去灭为商，执始为徵，然后方韵。而崇乃以中吕为宫，犹用林钟为徵，何由可谐！中吕，陆德明曰：中，音仲，又如字。但音声精微，史传简略，旧志准十三弦，隐间九尺，不言须柱以不。不，读曰否。今刑统疏议多用“以否”二字，盖当时常用疑辞也。又，一寸之内有万九千六百八十三分，微细难明。仲儒私曾考验，准当施柱，但前却柱中，以约准分，则相生之韵已自应合。其中弦粗细，粗，读曰麤。须与琴宫相类，施轸以调声，令与黄钟相合。中弦下依数画六十律清浊之节，其馀十二弦须施柱如筝，即于中弦按尽一周之声，度着十二弦上。着，直略翻。然后依相生之法，以次运行，取十二律之商、徵。商、徵既定，又依琴五调调声之法以均乐器，五调之调，徒钓翻。调声之调如字。然后错采众声以文饰之，若事有乖此，声则不和。且燧人不师资而习火，古者未有火化，燧人氏始钻燧出火，教民熟食。延寿不束脩以变律，延寿，即京房之师焦延寿也。言无所师承而变十二律为六十律也。孔子曰：自行束脩以上，吾未尝无诲焉。朱元晦注曰：脩，脯也，十脡为束。古者相见必执贽以为礼，束脩其至薄者也。故云知之者欲教而无从，心达者体知而无师，苟有一毫所得，皆关心抱，岂必要经师受然后为奇哉！”尚书萧宝寅奏仲儒学不师受，轻欲制作，不敢【章：十二行本“敢”作“合”；乙十一行本同；孔本同。】依许；事遂寝。

9 魏中尉东平王匡以论议数为任城王澄所夺，愤恚，复治其故棺，匡造棺见一百四十七卷七年。数，所角翻。恚，於避翻。复，扶又翻。治，直之翻。欲奏攻澄。澄因奏匡罪状三十馀条，廷尉处以死刑。处，昌吕翻。秋，八月，己未，诏免死，削除官爵，以车骑将军侯刚代领中尉。骑，奇寄翻。三公郎中辛雄奏理匡，曹魏置尚书三公郎。以为“历奉三朝，骨鲠之迹，朝野具知，朝，直遥翻。故高祖赐名曰匡。先帝既已容之于前，陛下亦宜宽之于后，若终贬黜，恐杜忠臣之口。”未几，复除匡平州刺史。几，居岂翻。复，扶又翻。雄，琛之族孙也。辛琛见一百四十七卷天监六年。琛，丑林翻。

10 九月，庚寅朔，【章：十二行本无“朔”字；乙十一行本同；孔本同；张校同，云从无注本。】胡太后游嵩高；癸巳，还宫。

太后从容谓兼中书舍人杨昱曰：“亲姻在外，不称人心，从，千容翻。称，尺证翻。卿有闻，慎勿讳隐！”昱奏扬州刺史李崇五车载货、相州【章：十二行本“相”作“恒”；乙十一行本同；孔本同。】刺史杨钧造银食器【章：十二行本“器”下有“十具并”三字；孔本同；张校云，脱“十具”二字。】饷领军元义。相，息亮翻。太后召义夫妻，泣而责之。泣而责之，爱诲之意也。义由是怨昱。昱叔父舒妻，武昌王和之妹也。和即义之从祖。从，才用翻。舒卒，元氏频请别居，昱父椿泣责不听，元氏恨之。会瀛州民刘宣明谋反，事觉，逃亡。义使和及元氏诬告昱藏匿宣明，且云：“昱父定州刺史椿，叔父华州刺史津，并送甲仗三百具，谋为不逞。”华，户化翻。义复构成之。遣御仗五百人夜围昱宅，收之，一无所获。太后问其状，昱具对为元氏所怨。太后解昱缚，处和及元氏死刑，复，扶又翻。处，昌吕翻。既而义营救之，和直免官，元氏竟不坐。史言灵后昵庇元义以自遗患。

11 冬，十二月，癸丑，魏任城文宣王澄卒。任，音壬。卒，子恤翻。

12 庚申，魏大赦。

13 是岁，高句丽王云卒，世子安立。句，如字；又音驹。丽，力知翻。

14 魏以郎选不精，大加沙汰，以水淘去沙石，谓之沙汰，故以谕去不肖。唯朱元旭、辛雄、羊深、源子恭及范阳祖莹等八人以才用见留，馀皆罢遣。深，祉之子也。正始之初，羊祉镇梁、益。

普通元年（庚子、五二〇）

1春，正月，乙亥朔，改元大赦。

2丙子，日有食之。

3己卯，以临川王宏为太尉、扬州刺史，金紫光禄大夫王份为尚书左仆射。份，奂之弟也。份，彼陈翻。王奂死于齐武帝永明十一年。

4左军将军豫宁威伯冯道根卒。五代志：豫章郡建昌县旧有豫宁县。宋白曰：汉建安中，分建昌立西安县，晋太康元年，改为豫宁县。是日上春，祠二庙，帝立太庙，祀太祖文皇帝以上为六亲庙，皆同一堂，共庭而别室。又有小庙，太祖太夫人庙也，非嫡，故别立庙。皇帝每祭太庙讫，乃诣小庙，亦以一太牢，如太庙礼。有二庙令，掌庙事。既出宫，有司以闻。上问中书舍人朱异曰："吉凶同日，今可行乎？"对曰："昔卫献公闻柳庄死，不释祭服而往。记檀弓曰：卫太史柳庄寝疾，公曰："若疾革，虽当祭必告。"公再拜稽首，请于尸曰："有臣柳庄也者，非寡人之臣，社稷之臣也。闻之死，请往。"不释服而往，遂以襚之。道根虽未为社稷之臣，亦有劳王室，临之，礼也。"上即幸其宅，哭之甚恸。

5高句丽世子安遣使入贡。二月，癸丑，以安为宁东将军、高句丽王，句，音驹。丽，力知翻。使，疏吏翻。遣使者江法盛授安衣冠剑佩。魏光州兵就海中执之，送洛阳。魏皇兴四年，分青州置光州，领东莱、长广、东牟郡，治掖。

6魏太傅、侍中、清河文献王怿，美风仪，胡太后逼而幸之。然素有才能，辅政多所匡益，好文学，好，呼到翻。礼敬士人，时望甚重。侍中、领军将军元义在门下，兼总禁兵，恃宠骄恣，志欲无极，怿每裁之以法，义由是怨之。卫将军、仪同三司刘腾，权倾内外，吏部希腾意，奏用腾弟为郡，人资乖越，人非其才为乖，资非其次为越。怿抑而不奏，腾亦怨之。龙骧府长史宋维，弁之子也，宋弁见用于魏孝文帝。骧，思将翻。长，之两翻。怿荐为通直郎，通直郎，即通直散骑侍郎，隋后遂为寄禄官。浮薄无行。行，下孟翻。义许维以富贵，使告司染都尉韩文殊父子谋作乱立怿。周官有染人，汉有平准令，主练染作采色。后魏置司染都尉，后齐太府寺属官有司染署令、丞。陆德明：染，而艳翻；刘而险翻。怿坐禁止，按验，无反状，得释，维当反坐；反坐，诬告失实者以其所告之罪坐之。义言于太后曰："今诛维，后有真反者，人莫敢告。"乃黜维为昌平郡守。昌平县，汉属上谷郡，后魏置昌平郡，属燕州，隋复废郡为县，属幽州。

义恐怿终为己害，乃与刘腾密谋，使主食中黄门胡定自列主食，主御食者也。列，陈也。云："怿货定使毒魏主，若己得为帝，许定以富贵。"帝时年十一，信之。秋，七月，丙子，太后在嘉福殿，未御前殿，义奉帝御显阳殿，腾闭永巷门，太后不得出。怿入，遇义于含章殿后，义厉声不听怿入，怿曰："汝欲反邪！"义曰："义不反，正欲缚反者耳！"命宗士及直斋执怿衣袂，将入含章东省，魏置宗师，宗士其属也。直斋，直殿内斋阁者也，属直阁。将，引也，送也。使人防守之。腾称诏集公卿议，论怿大逆；众咸畏义，无敢异者，唯仆射新泰文贞公游肇抗言以为不可，五代志新泰县属琅邪郡。终不下署。不下笔署名也。

义、腾持公卿议入，俄而得可，魏主可其奏也。夜中杀怿。于是诈为太后诏，自称有疾，还政于帝。幽太后于北宫宣光殿，宫门昼夜长闭，内外断绝，腾自执管钥，帝亦不得省见，省，悉景翻。见，贤遍翻。裁听传食而已。太后服膳俱废，不免饥寒，乃叹曰："养虎得噬，我之谓矣。"又使中常侍【章：十二行本"侍"下有"酒泉"二字；乙十一行本同；孔本同。】贾粲侍帝书，密令防察动止。义遂与太师高阳王雍等同辅政，帝谓义为姨父。义与腾表里擅权，义为外御，腾为内防，常直禁省，共裁刑赏，政无巨细，决于二人，威振内外，百僚重迹。重，直龙翻。言惧之甚，不敢妄举足而行，步步踏陈迹也。

朝野闻怿死，莫不丧气，丧，息浪翻。胡夷为之剺面者数百人。为，于伪翻。剺，里之翻。胡夷临丧，剺面而哭哀甚。游肇愤邑而卒。

7 己卯，江、淮、海并溢。

8 辛卯，魏主加元服，大赦，改元正光。

9 魏相州刺史中山文庄王熙，英之子也，元英事魏孝文、宣武，数将兵有功。相，息亮翻。与弟给事黄门侍郎略、司徒祭酒纂，自曹魏以来，公府有东、西阁祭酒。皆为清河王怿所厚，闻怿死，起兵于邺，上表欲诛元义、刘腾，纂亡奔邺。后十日，长史柳元章等帅城人鼓噪而入，帅，读曰率；下同。杀其左右，执熙、纂并诸子置于高楼。八月，甲寅，元义遣尚书左丞卢同就斩熙于邺街，并其子弟。

熙好文学，有风义，好，呼到翻。名士多与之游，将死，与故知书曰："吾与弟俱蒙皇太后知遇，兄据大州，弟则入侍，殷勤言色，恩同慈母。今皇太后见废北宫，太傅清河王横受屠酷，横，户孟翻。主上幼年，独在前殿。君亲如此，无以自安，故帅兵民欲建大义于天下。但智力浅短，旋见囚执，旋，反也。上惭朝廷，下愧相知。本以名义干心，不得不尔，流肠碎首，复何言哉！凡百君子，各敬尔仪，为国为身，善勖名节！"复，扶又翻。为，于伪翻；下为知、力为同。闻者怜之。熙首至洛阳，亲故莫敢视，前骁骑将军刁整独收其尸而藏之。骁，坚尧翻。骑，奇寄翻。整，雍之孙也。刁雍去晋入魏，著功淮、汝之间。卢同希义意，穷治熙党与，治，直之翻。锁济阴内史杨昱赴邺，济阴郡，汉、晋属兖州，魏属西兖州。济，子礼翻。考讯百日，乃得还任。义以同为黄门侍郎。

元略亡抵故人河内司马始宾，始宾与略缚荻筏夜渡孟津，诣屯留栗法光家，屯留县自汉、晋以来属上党郡。姓谱：栗姓，栗陆氏之后。汉长安富室有栗氏。师古曰：屯，音纯。转依西河太守刁双，匿之经年。时购略甚急，略惧，求送出境，双曰："会有一死，所难遇者为知己死耳，愿不以为虑。"略固求南奔，双乃使从子昌送略渡江，从，才用翻。遂来奔，上封略为中山王。为略后还魏张本。双，雍之族孙也。义诬刁整送略，并其子弟收系之，御史王基等力为辩雪，乃得免。

10 甲子，侍中、车骑将军永昌严侯韦叡卒。五代志：零陵郡零陵县旧分置永昌县。谥法：服敌公庄曰严；威而不猛曰严。骑，奇寄翻。时上方崇释氏，士民无不从风而靡，独叡自以位居大臣，不欲与俗俯仰，所行略如平日。史言韦叡于事佛之朝，矫之以正，几于以道事君者。

11 九月，戊戌，魏以高阳王雍为丞相，总摄内外，与元义同决庶务。

12 初，柔然佗汗可汗纳伏名敦之妻候吕陵氏，生伏跋可汗及阿那瓌等六子。可，从刊入声。汗，音寒。瓌，古回翻。伏跋既立，忽亡其幼子祖惠，求募不能得。有巫地万言祖惠今在天上，我能呼之，乃于大泽中施帐幄，祀天神，祖惠忽在帐中，自云恒在天上。恒，户登翻。伏跋大喜，号地万为圣女，纳为可贺敦。柔然之主曰可汗，其正室曰可贺敦。地万既挟左道，复有姿色，伏跋敬而爱之，信用其言，干乱国政。如是积岁，祖惠浸长，语其母曰："我常在地万家，未尝上天，上天者地万教我也。"长，知两翻。语，牛倨翻。上，时掌翻。其母具以状告伏跋，伏跋曰："地万能前知未然，勿为谗也。"既而地万惧，谮祖惠于伏跋而杀之。候吕陵氏遣其大臣具列等绞杀地万；伏跋怒，欲诛具列等。会阿至罗入寇，阿至罗，虏之别种，居北河之东，世附于魏。一曰：阿至罗，高车种。伏跋击之，兵败而还。还，从宣翻，又如字。候吕陵氏与大臣共杀伏跋，立其弟阿那瓌为可汗。阿那瓌立十日，其族兄示发帅众数万击之，帅，读曰率。阿那瓌战败，与其弟乙居伐轻骑奔魏。骑，奇寄翻。示发杀候吕陵氏及阿那瓌二弟。史言柔然乱。

13 魏清河王怿死，汝南王悦了无恨元义之意，以桑落酒候之，水经注：河东郡多徙民，民有姓刘名堕者，宿擅工酿，采挹河流，酝成芳酎，悬食同枯枝之年，排于桑落之辰，故酒得其名。香醑之色，清白若滫浆焉，别调氛氲，不与他同，兰熏麝越，自成馨逸，方土之贡，最为佳酌。自王公庶友牵拂相招，每云索郎，索郎返语为桑落也。更为籍征之隽句，中书之英谈。尽其私佞。义大喜，冬，十月，乙卯，以悦为侍中、太尉。悦就怿子亶求怿服玩，不时称旨，既迁延不以时纳，所纳者又不称悦意也。称，尺证翻。杖亶百下，几死。几，居依翻。

14 柔然可汗阿那瓌将至魏，魏主使司空京兆王继、侍中崔光等相次迎之，赐劳甚厚。魏主引见阿那瓌于显阳殿，劳，力到翻。见，贤遍翻。因置宴，置阿那瓌位于亲王之下。宴将罢，阿那瓌执启立于座后，诏引至御座前，阿那瓌再拜言曰："臣以家难，难，乃旦翻。轻来诣阙，本国臣民，皆已逃散。陛下恩隆天地，乞兵送还本国，诛翦叛逆，收集亡散，臣当统帅遗民，奉事陛下。帅，读曰率。言不能尽，别有启陈。"仍以启授中书舍人常景以闻。景，爽之孙也。常爽见一百二十三卷宋文帝元嘉六年。

十一月，己亥，魏立阿那瓌为朔方公、蠕蠕王，赐以衣服、轺车，蠕，人兖翻。轺，音遥。禄恤仪卫，一如亲王。时魏方强盛，于洛水桥南御道东作四馆，道西立四里：有自江南来降者处之金陵馆，三年之后赐宅于归正里；自北夷降者处燕然馆，赐宅于归德里；自东夷降者处扶桑馆，赐宅于慕化里；

自西夷降者处崦嵫馆，赐宅于慕义里。四馆皆因四方之地为名：金陵在江南，燕然在漠北，扶桑在东，日所出，崦嵫在西，日所入。山海经曰：大荒之中，旸谷上有扶桑，日所出也。灰野之山有树，青叶赤华，名曰若木，日所入也；生昆仑西，鸟鼠山西南，曰崦嵫。淮南子曰：经细柳西方之地，崦嵫日所入也。十洲记曰：扶桑在碧海中，长数千丈，一千馀围，两干同根，更相依倚，是以名扶桑。降，户江翻。处，昌吕翻；下同。燕，因肩翻。崦，依廉翻，又依检翻。嵫，音兹。及阿那瓌入朝，以燕然馆处之。阿那瓌屡求返国，朝议异同不决，朝，直遥翻。阿那瓌以金百斤赂元义，遂听北归。十二月，壬子，魏敕怀朔都督简锐骑二千护送阿那瓌达境首，境首，犹言界首也。骑，奇寄翻。观机招纳。若彼迎候，宜赐缯帛车马礼饯而返；缯，慈陵翻。如不容受，听还阙庭。其行装资遣，付尚书量给。量，音良。

15 辛酉，魏以京兆王继为司徒。

16 魏遣使者刘善明来聘，始复通好。自齐明帝建元二年卢昶北归之后，魏不复遣使南聘，至是复通。复，扶又翻。

二年（辛丑、五二一）

1 春，正月，辛巳，上祀南郊。

2 置孤独园于建康，以收养穷民。古者鳏寡孤独废疾者有养。帝非能法古也，祖释氏须达多长者之为耳。

3 戊子，大赦。

4 魏南秦州氐反。

5 魏发近郡兵万五千人，近郡，近辅诸郡也。使怀朔镇将杨钧将之，将，息亮翻；下同。送柔然可汗阿那瓌返国。尚书左丞张普惠上疏，以为："蠕蠕久为边患，今兹天降丧乱，丧，息浪翻。荼毒其心，盖欲使之知有道之可乐，革面稽首以奉大魏也。乐，音洛。稽，音启。陛下宜安民恭己以悦服其心。阿那瓌束身归命，抚之可也；乃更先自劳扰，兴师郊甸之内，投诸荒裔之外，救累世之勍敌，资天亡之丑虏，臣愚未见其可也。勍，渠京翻。此乃边将贪窃一时之功，不思兵为凶器，王者不得已而用之。用老子语意。况今旱暵方甚，圣慈降膳，暵，呼旱翻。乃以万五千人使杨钧为将，欲定蠕蠕，干时而动，其可济乎！脱有颠覆之变，杨钧之肉，其足食乎！用左传楚孙叔敖斥伍参语意。宰辅专好小名，好，呼到翻。不图安危大计，此微臣所以寒心者也。且阿那瓌之不还，负何信义，臣贱不及议，汉自议郎以上皆得预朝廷大议，尚书二丞，于当时位不为卑，而以为贱不及议，盖自曹魏以后，朝廷大议止及八坐以上。文书所过，文书皆过尚书二丞之手。不敢不陈。"【章：十二行本"陈"下有"弗听"二字；乙十一行本同；孔本同；张校同。】阿那瓌辞于西堂，诏赐以军器、衣被、杂采、粮畜，事事优厚，采，与彩同。畜，许救翻。命侍中崔光等劳遣于外郭。劳，力到翻。

阿那瓌之南奔也，其从父兄婆罗门帅众数万人讨示发，破之，从，才用翻。帅，读曰率。示发奔地豆干，魏书曰：地豆干国在室韦西千馀里。地豆干杀之，国人推婆罗门为弥偶可社句可汗。魏收曰：魏言安静也。杨钧表称："柔然已立君长，长，知两翻。恐未肯以杀兄之人郊迎其弟。轻往虚返，徒损国威。自非广加兵众，无以送其入北。"二月，魏人使旧尝奉使柔然者牒云具仁牒云，姓；具仁，名。魏书官氏志，内入诸姓有牒云氏。奉使，疏吏翻。往谕婆罗门，使迎阿那瓌。

6 辛丑，上祀明堂。

7 庚戌，魏使假抚军将军邴虬讨南秦叛氐。姓谱：邴即丙姓。

8 魏元义、刘腾之幽胡太后也，右卫将军奚康生预其谋，义以康生为抚军大将军、河南尹，仍使之领左右。领仗身左右。康生子难当娶侍中、左卫将军侯刚女，刚子，义之妹夫也，义以康生通姻，深相委托，三人率多俱宿禁中，时或迭出，以难当为千牛备身。御左右有千牛刀，谓之防身刀。千牛刀者，利刃也，取庖丁解数千牛而芒刃不顿为义。千牛备身，执千牛刀以侍左右者也。康生性粗武，言气高下，义稍惮之，见于颜色，见，贤遍翻。康生亦微惧不安。

甲午，魏主朝太后于西林园，文武侍坐，酒酣迭舞，朝，直遥翻。坐，徂卧翻。康生乃为力士儛，盖为勇士进退坐作之气势而舞也。儛，与舞同。及折旋之际，每顾视太后，举手、蹈足、瞋目、颔首，为执杀之势，折，之舌翻。瞋，七人翻。太后解其意而不敢言。解，户买翻。日暮，太后欲携帝宿宣光殿，侯刚曰："至尊已朝讫，嫔御在南，宣光殿在洛阳北宫，元叉等幽胡太后于此，魏主与嫔御居南宫，故侯刚云然。嫔，毗宾翻。何必留宿！"康生曰："至尊陛下之儿，随陛下将东西，更复访谁！"复，扶又翻。群臣莫敢应。太后自起援帝臂，援，于元翻，引也。下堂而去。康生大呼，唱万岁！呼，火故翻。帝前入阁，左右竞相排，阁不得闭。康生夺难当千牛刀，斫直后元思辅，直后，官名，直阁之属也。乃得定。帝既升宣光殿，左右侍臣俱立西阶下。康生乘酒势将出处分，处，昌吕翻。分，扶问翻。为义所执，锁于门下。以此知一夫之勇终受制于人也。光禄勋贾粲绐太后曰："侍官怀恐不安，言其心怀恐惧也。绐，徒亥翻。陛下宜亲安慰。"太后信之，适下殿，粲即扶帝出东序，前御显阳殿，闭太后于宣光殿。至晚，义不出，令侍中、黄门、仆射、尚书等十馀人就康生所讯其事，处康生斩刑，难当绞刑。处，昌吕翻。义与刚并在内，矫诏决之：康生如奏，难当恕死从流。难当哭辞父，康生慷慨不悲，曰："我不反死，汝何哭也？"时已昏暗，有司驱康生赴市，斩之；尚食典御奚混与康生同执刀入内，亦坐绞。尚食典御，唐为尚食奉御。进御必辨时禁，先尝之。难当以侯刚婿，得留百馀日，竟流安州；魏显祖皇兴二年，置安州，治方城，领密云、广阳、安乐郡。久之，义使行台卢同就杀之。魏太祖既得中山，将北还，虑中原有变，乃于鄴、中山置行台，后因之。以刘腾为司空。八坐、九卿常旦造腾宅，坐，徂卧翻。造，七到翻。参其颜色，然后赴省府，亦有终日不得见者。“得”或作“能”，非也。【章：十二行本正作“能”；乙十一行本同；孔本同；张校同。】公私属请，属，之欲翻。唯视货多少，舟车之利，山泽之饶，所在榷固，刻剥六镇，交通互市，岁入利息以巨万万计，巨万，万万也；巨万万计者，万万万也。少，诗沼翻。榷，古岳翻。逼夺邻舍以广其居，远近苦之。

京兆王继自以父子权位太盛，固请以司徒让车骑大将军、仪同三司崔光。骑，奇寄翻。夏，四月，庚子，以继为太保，侍中如故，继固辞，不许。壬寅，以崔光为司徒，侍中、祭酒、著作如故。

9 魏牒云具仁至柔然，婆罗门殊骄慢，无逊避心，责具仁礼敬；具仁不屈，婆罗门乃遣大臣丘升头等将兵二千随具仁迎阿那瓌。五月，具仁还镇，还怀朔镇也。将，息浪翻；下同。具道其状，阿那瓌惧，不敢进，上表请还洛阳。

10 辛巳，魏南荆州刺史恒叔兴据所部来降。魏置南荆州，见一百四十七卷天监十一年。降，户江翻；下同。考异曰：梁帝纪，“七月叔兴帅众降”，盖记奏到之日，今从魏帝纪。

六月，丁卯，义州刺史文僧明、此义州当置于齐安郡木兰县界。萧子显齐志，木兰县属宁蛮左郡，唐省木兰县入黄冈县。以下文裴邃复义州观之，恐义州与边城皆置于安丰界。边城太守田守德沈约志，宋文帝元嘉十五年，以豫部蛮民立边城左郡。郦道元曰：安丰县故城，今边城郡治也。此时梁境未得至安丰；五代志，黄冈县界旧有边城郡，此正田守德所居之地。拥所部降魏，皆蛮酋也。酋，慈由翻。魏以僧明为西豫州刺史，守德为义州刺史。

11 癸卯，琬琰殿火，延烧后宫三千间。

12 秋，七月，丁酉，以大匠卿裴邃为信武将军，假节，督众军讨义州，破魏义州刺史封寿于檀公岘，水经注：决水出庐江雩娄县大别山；注云：俗谓之檀公岘，盖大别之异名也。又北过安丰县东，安丰故城，今边城郡治也。此魏边城郡。岘，户典翻。遂围其城；寿请降，复取义州。复，扶又翻；下闻复同。魏以尚书左丞张普惠为行台，将兵救之，不及。考异曰：普惠传云"弃城走"，今从裴邃传。

以裴邃为豫州刺史，镇合肥。邃欲袭寿阳，阴结寿阳民李瓜花等为内应。邃已勒兵为期日，恐魏觉之，先移【章：十二行本"移"下有"魏"字；乙十一行本同；孔本同；退斋校同。】扬州云："魏始于马头置戍，如闻复欲修白捺故城，马头置戍，盖即沈约志所谓马头太守治所而置之。白捺当在马头东北或东南。捺，奴葛翻。若尔，便相侵逼，此亦须营欧阳，设交境之备。今板卒已集，板干所以筑城。卒，士卒也。唯听信还。"扬州刺史长孙稚谋于僚佐，皆曰："此无修白捺之意，宜以实报之。"录事参军杨侃曰："白捺小城，本非形胜；邃好狡数，好，呼到翻。今集兵遣移，恐有他意。"稚大寤曰："录事可亟作移报之。"侃报移曰："彼之纂兵，纂，集也。想别有意，何为妄构白捺！'他人有心，予忖度之，'诗巧言之辞。度，徒洛翻。勿谓秦无人也。"左传秦大夫绕朝之言。邃得移，以为魏人已觉，即散其兵。瓜花等以失期，遂相告发，伏诛者十馀家。稚，观之子；长孙观，道生之孙，见一百三十三卷宋郁林王元徽元年。侃，播之子。杨播见一百四十卷齐明帝建武二年。

13 初，高车王弥俄突死，事见上卷天监十五年。其众悉归嚈哒；后数年，嚈哒遣弥俄突弟伊匐帅馀众还国。伊匐击柔然可汗婆罗门，大破之，婆罗门帅十部落诣凉州，请降于魏。柔然馀众数万相帅迎阿那瓌，阿那瓌表称："本国大乱，姓姓别居，迭相抄掠。当今北人鹄望待拯，言鹄立而望魏拯救也。嚈，益涉翻。哒，当割翻，又宅轧翻。帅，读曰率。降，户江翻。抄，楚交翻。乞依前恩，给臣精兵一万，送臣碛北，抚定荒民。”碛，七迹翻。诏付中书门下博议，凉州刺史袁翻以为：“自国家都洛以来，蠕蠕、高车迭相吞噬，始则蠕蠕授首，谓佗汗也，事见一百四十七卷天监七年。既而高车被擒。谓弥俄突也。今高车自奋于衰微之中，克雪雠耻，诚由种类繁多，种，章勇翻。终不能相灭。自二虏交斗，边境无尘，数十年矣，此中国之利也。今蠕蠕两主相继归诚，两主，谓阿那瓌、婆罗门。虽戎狄禽兽，终无纯固之节，然存亡继绝，帝王本务。若弃而不受，则亏我大德；若纳而抚养，则损我资储；或全徙内地，则非直其情不愿，亦恐终为后患，刘、石是也。谓汉徙胡羯于内地，至于晋世，卒阶刘、石之乱。且蠕蠕尚存，则高车犹有内顾之忧，未暇窥窬上国；若其全灭，则高车跋扈之势，岂易可知！易，以豉翻。今蠕蠕虽乱而部落犹众，处处棋布，以望旧主，高车虽强，未能尽服也。愚谓蠕蠕二主并宜存之，居阿那瓌于东，处婆罗门于西，分其降民，各有攸属。阿那瓌所居非所经见，不敢臆度；婆罗门请修西海故城以处之。处，昌吕翻。度，徒洛翻。西海在酒泉之北，去高车所居金山千馀里，此西海非王莽所置西海郡之西海，但言在酒泉之北，则别有西海故城也。按北史蠕蠕传，西海郡，即汉、晋旧鄣。袁翻又曰：直张掖西北千二百里。又按晋志，汉献帝兴平二年，武威太守张雅请置西海郡于居延，盖此即汉、晋旧鄣也。金山形如兜鍪，其后突厥居金山之阳，即此山。实北虏往来之冲要，土地沃衍，大宜耕稼。宜遣一良将，配以兵仗，监护婆罗门，将，即亮翻。监，工衔翻。因令屯田，以省转输之劳。其北则临大碛，野兽所聚，碛，七迹翻。使蠕蠕射猎，彼此相资，足以自固。外以辅蠕蠕之微弱，内亦防高车之畔援，韩诗云：畔援，武强也。郑玄云：跋扈也。此安边保塞之长计也。若婆罗门能收离聚散，复兴其国者，复兴，扶又翻。渐令北转，徙度流沙，则是我之外藩，高车勍敌，勍，渠京翻。西北之虞可以无虑。如其奸回反覆，不过为逋逃之寇，于我何损哉？”朝议是之。朝，直遥翻。

九月，柔然可汗俟匿伐诣怀朔镇请兵，且迎阿那瓌。俟匿伐，阿那瓌之兄也。冬，十月，录尚书事高阳王雍等奏："怀朔镇北吐若奚泉，原野平沃，请置阿那瓌于吐若奚泉，吐若奚泉在怀朔镇北无结山下。婆罗门于故西海郡，令各帅部落，收集离散。阿那瓌所居既在境外，宜少优遣，少，诗沼翻。婆罗门不得比之。其婆罗门未降以前蠕蠕归化者，悉令州镇部送怀朔镇以付阿那瓌。”诏从之。为阿那瓌、婆罗门皆叛去张本。

14 十一月，癸丑，魏侍中、车骑大将军侯刚加仪同三司。骑，奇寄翻。

15 魏以东益、南秦氐皆反，庚辰，以秦州刺史河间王琛为行台以讨之。琛恃刘腾之势，琛求为刘腾养子，见上卷天监十七年。琛，丑林翻。贪暴无所畏忌，大为氐所败。败，补迈翻。中尉弹奏，弹，徒丹翻。会赦，除名，寻复王爵。

16 魏以安西将军元洪超兼尚书行台，诣敦煌安置柔然婆罗门。敦，徒门翻。

三年（壬寅、五二二）

1 春，正月，庚子，以尚书令袁昂为中书监，吴郡太守王暕为尚书左仆射。暕，古限翻。

2 辛亥，魏主耕籍田。

3 魏宋云与惠生自洛阳西行四千里，至赤岭，乃出魏境，赤岭在唐鄯州鄯城县西二百馀里。又西行，再期，至乾罗国而还。二月，达洛阳，得佛经一百七十部。魏遣宋云求佛经事，始上卷天监十七年。

4 高车王伊匐遣使入贡于魏。匐，蒲北翻。使，疏吏翻。夏，四月，庚辰，魏以伊匐为镇西将军、西海郡公、高车王。久之，伊匐与柔然战败，其弟越居杀伊匐自立。

5 五月，壬辰朔，日有食之，既。

6 癸巳，大赦。

7 冬，十一月，甲午，领军将军始兴忠武王憺卒。憺，徒敢翻，又徒滥翻。

8 乙巳，魏主祀圜丘。

9 初，魏世祖【章：十二行本“祖”作“宗”；乙十一行本同；孔本同。】以玄始历浸疏，宋文帝元嘉二十九年魏行玄始历。命更造新历。更，工衡翻。至是，著作郎崔光表取荡寇将军张龙祥【严：“龙”改“农”。】等九家所上历，候验得失，合为一历，以壬子为元，应魏之水德，壬癸，水也。水旺于子，故以壬子为元。上，时掌翻。命曰正光历。丙午，初行正光历，大赦。考异曰：后魏律历志云：“历成，会孝明帝加元服，改元正光，因命曰正光历。”按帝纪，“正光元年七月辛卯加元服，三年十一月丙午行正光历”，今从之。

10 十二月，乙酉，魏以车骑大将军、尚书右仆射元钦为仪同三司，骑，奇寄翻。太保京兆王继为太傅，司徒崔光为太保。

11 初，太子统之未生也，上养临川王宏之子正德为子。正德少粗险，少，诗照翻。上即位，正德意望东宫。及太子统生，正德还本，赐爵西丰侯。沈约宋志临川郡有西丰县。正德怏怏不满意，常蓄异谋。怏，于两翻。是岁，正德自黄门侍郎为轻车将军，顷之，亡奔魏，自称废太子避祸而来。魏尚书左仆射萧宝寅上表曰：“岂有伯为天子，父作扬州，元年临川王宏为扬州刺史。弃彼密亲，远投他国！不如杀之。”由是魏人待之甚薄，正德乃杀一小儿，称为己子，远营葬地；魏人不疑，明年，复自魏逃归。复，扶又翻。考异曰：梁书正德传：“普通六年为轻车将军，顷之奔魏。七年自魏逃归。”魏书萧衍传：“正光二年弟子正德来奔。”南史正德传：

"普通三年为轻车将军，顷之奔魏，又自魏逃归。六年，随豫章王北侵，辄弃军走。"北史萧宝寅传，正光四年表论考课，后乃云表论正德，后乃云莫折大提反。按大提反在正光五年。唯南北史年月前后相近，今从之。上泣而诲之，复其封爵。为后正德纳侯景张本。

12 柔然阿那瓌求粟为种，种，章勇翻。魏与之万石。

婆罗门帅部落叛魏，亡归呎哒。魏以平西府长史代人费穆兼尚书右丞西北道行台，将兵讨之，魏收官氏志：西方费连氏，后改为费氏。柔然遁去。穆谓诸将曰："戎狄之性，见敌即走，乘虚复出，若不使之破胆，终恐疲于奔命。"左传，巫臣遗子重、子反书曰："吾必使汝疲于奔命以死。"奔命者，赴急之兵也。复，扶又翻。乃简练精骑，伏于山谷，以步兵之羸者为外营，骑，奇寄翻。羸，伦为翻。柔然果至，奋击，大破之。婆罗门为凉州军所擒，送洛阳。

四年（癸卯、五二三）

1 春，正月，辛卯，上祀南郊，大赦。丙午，祀明堂。二月，乙亥，耕藉田。

2 柔然大饥，阿那瓌帅其众入魏境，表求赈给。帅，读曰率。赈，之忍翻。已亥，魏以尚书左丞元孚为行台尚书，持节抚谕柔然。孚，谭之孙也。魏孝昌元年，元谭为幽州都督，后此三年。按魏书，谭，太武之子。盖魏宗室多有同名者。将行，表陈便宜，以为："蠕蠕久来强大，昔在代京，常为重备。今天祚大魏，使彼自乱亡，稽首请服。蠕，人兖翻。稽，音启。朝廷鸠其散亡，礼送令返，宜因此时善思远策。昔汉宣之世，呼韩款塞，汉遣董忠、韩昌领边郡士马送出朔方，因留卫助。事见二十七卷汉宣帝甘露三年。又，光武时亦使中郎将段彬置安集掾史，随单于所在，参察动静。事见四十四卷汉光武建武二十六年。掾，俞绢翻。单，音蝉。今宜略依旧事，借其闲地，听其田牧，粗置官属，示相慰抚。粗，坐五翻。严戒边兵，因令防察，使亲不至矫诈，疏不容反叛，最策之得者也。”魏人不从。

柔然俟匿伐入朝于魏。朝，直遥翻。

3 三月，魏司空刘腾卒。宦官为腾义息重服者四十馀人，衰绖送葬者以百数，朝贵送葬者塞路满野。衰，仓回翻。塞，悉则翻。

4 夏，四月，魏元孚持白虎幡劳阿那瓌于柔玄、怀荒二镇之间。怀荒镇在柔玄镇之东，御夷镇之西。劳，力到翻。阿那瓌众号三十万，阴有异志，遂拘留孚，载以辒车。应劭注汉书曰：辒辌，匈奴车。师古曰：辒，於云翻。每集其众，坐孚东厢，称为行台，甚加礼敬。引兵而南，所过剽掠，剽，匹妙翻。至平城，乃听孚还。有司奏孚辱命，抵罪。甲申，魏遣尚书令李崇、左仆射元纂帅骑十万击柔然。帅，读曰率。骑，奇寄翻。阿那瓌闻之，驱良民二千、公私马牛羊数十万北遁，崇追之三千馀里，不及而还。还，从宣翻，又如字。

纂使铠曹参军于谨帅骑二千追柔然，至郁对原，前后十七战，屡破之。铠，可亥翻。谨，忠之从曾孙也，于忠以保护胡太后，恃功专恣。从，才用翻。性深沈，有识量，涉猎经史。少时，屏居田里，不求仕进，沈，持林翻。少，诗照翻。屏，必郢翻。或劝之仕，谨曰：“州郡之职，昔人所鄙；后汉梁竦曰：州郡之职，徒劳人耳。台鼎之位，须待时来。”纂闻其名而辟之。后帅轻骑出塞觇候，属铁勒数千骑奄至，觇，丑廉翻，又丑艳翻。属，之欲翻。高车部，或曰敕勒，讹为铁勒。谨以众寡不敌，退必不免，乃散其众骑，使匿丛薄之间，又遣人升山指麾，若部分军众者。分，扶问翻。铁勒望见，虽疑有伏兵，自恃其众，进军逼谨。谨以常乘骏马，一紫一䯄，䯄，古花翻。铁勒所识，乃使二人各乘一马突阵而出，铁勒以为谨也，争逐之；谨帅馀军击其追骑，铁勒遂走，谨因得入塞。

李崇长史钜鹿魏兰根说崇曰："昔缘边初置诸镇，地广人稀，或征发中原强宗子弟，或国之肺腑，寄以爪牙。中年以来，有司号为'府户'，役同厮养，说，式芮翻。厮，音斯。养，馀亮翻。官婚班齿，致失清流，而本来族类，各居荣显，顾瞻彼此，理当愤怨。宜改镇立州，分置郡县，凡是府户，悉免为民，入仕次叙，一准其旧，文武兼用，威恩并施。此计若行，国家庶无北顾之虑矣。"崇为之奏闻，事寝，不报。为后改镇为州无及于事张本。为，于伪翻。

5 初，元义既幽胡太后，常入直于魏主所居殿侧，曲尽佞媚，帝由是宠信之。义出入禁中，恒令勇士持兵以自先后。恒，户登翻。先，悉荐翻。后，胡茂翻。时出休于千秋门外，施木栏楯，栏，槛也。楯，食尹翻。使腹心防守以备窃发，士民求见者，遥对之而已。其始执政之时，矫情自饰，以谦勤接物，时事得失，颇以关怀。既得志，遂自骄慢，嗜酒好色，贪吝宝贿，与夺任情，纪纲坏乱。父京兆王继尤贪纵，与其妻子各受赂遗，请属有司，好，呼到翻。遗，于季翻。属，之欲翻。莫敢违者。乃至郡县小吏亦不得公选，牧、守、令、长率皆贪污之人。守，式又翻。令，郎定翻。长，知两翻。由是百姓困穷，人人思乱。

武卫将军于景，忠之弟也，谋废叉，叉黜为怀荒镇将。将，即亮翻。宋白曰：后魏怀荒、御夷二镇皆在蔚州界。及柔然入寇，镇民请粮，景不肯给，镇民不胜忿，遂反，执景，杀之。未几，沃野镇民破六韩拔陵聚众反，杀镇将，改元真王，胜，音升。几，居岂翻。魏收曰：破六韩，单于之苗裔也。初，呼厨泉入朝于汉，为魏武所留，遣其叔父右贤王去卑监本国户。魏氏方兴，率部南转，去卑遣弟右谷蠡王潘六奚帅军北御，军败，奚及五子俱没于魏，其子孙遂以潘六奚为氏，后人讹误以为破六韩，又曰破洛汗。考异曰：魏帝纪："正光五年破落汗拔陵反，诏临淮王彧讨之，五月，彧败，削官。"按令狐德棻周书贺拔胜传："卫可孤围怀朔经年，胜乃告急于彧。”然则拔陵反当在四年。盖帝纪因诏彧讨拔陵而言之，非拔陵于时始反也。周书作“破六韩”，今从之。诸镇华、夷之民往往响应，拔陵引兵南侵，遣别帅卫可孤围武川镇，考异曰：北史“孤”作“瓌”，今从周书。又攻怀朔镇。尖山贺拔度拔及其三子允、胜、岳皆有材勇，魏收志，尖山县属神武郡。薛居正五代史周密传，神武川属应州。令狐德棻曰：贺拔之先，与魏氏同出阴山。魏书官氏志，内入诸姓有贺拔氏。怀朔镇将杨钧擢度拔为统军，三子为军主以拒之。

6 魏景明之初，世宗命宦者白整为高祖及文昭高后凿二佛龛于龙门山，龛，口含翻。此龙门山即伊阙山也。为，于伪翻；下复为同。皆高百尺。高，居报翻。永平中，刘腾复为世宗凿一龛，复，扶又翻。至是二十四年，凡用十八万二千馀工而未成。

7 秋，七月，辛亥，魏诏：“见在朝官，依令七十合解者，见，贤遍翻。七十而致事，合解所任。可给本官半禄，以终其身。”

8 九月，魏诏侍中、太尉汝南王悦入居门下，与丞相高阳王雍参决尚书奏事。

9 冬，十月，庚午，以中书监、中卫将军袁昂为尚书令，即本号开府仪同三司。本号，中卫将军号。

10 魏平恩文宣公崔光疾笃，魏主亲抚视之，拜其子励为齐州刺史，为之撤乐，罢游眺。丁酉，光卒，帝临，哭之恸，为减常膳。以光拥立之功也。为，于伪翻。

光宽和乐善，乐，音洛。终日怡怡，未尝忿恚。恚，於避翻。于忠、元义用事，以光旧德，皆尊敬之，事多咨决，而不能救裴、郭、清河之死，裴、郭死见上卷天监十四年。清河王怿死见上元年。时人比之张禹、胡广。

光且死，荐都官尚书贾思伯为侍讲。帝从思伯受春秋，思伯虽贵，倾身下士。下，遐稼翻。或问思伯曰：“公何以能不骄？”思伯曰：“衰至便骄，何常之有！”当时以为雅谈。

11 十一月，癸未朔，日有食之。

12 甲辰，尚书左仆射王暕卒。暕，古限翻。

13 梁初唯扬、荆、郢、江、湘、梁、益七州用钱，交、广用金银，馀州杂以谷帛交易。上乃铸五铢钱，肉好周郭皆备。韦昭曰：肉，钱形也。好，孔也。杜佑曰：内郭为肉，外郭为好。孟康曰：周郭，周帀为郭也。肉，疾僦翻。好，呼到翻。别铸无肉郭者，谓之"女钱"。民间私用女【章：十二行本"女"作"古"；乙十一行本同；孔本同。】钱交易，禁之不能止，乃议尽罢铜钱。十二月，戊午，始铸铁钱。

14 魏以汝南王悦为太保。

张政烺标点王崇武聂崇岐覆校

资治通鉴卷第一百五十

端明殿学士兼翰林侍读学士朝散大夫右谏议大夫
充集贤殿修撰提举西京嵩山崇福宫上柱国河内郡 司马光 奉敕编集
开国侯食邑一千八百户食实封六百户赐紫金鱼袋臣

后学天台胡三省音注

梁纪六 起阏逢执徐(甲辰)，尽旃蒙大荒落(乙巳)，凡二年。

高祖武皇帝六

普通五年(甲辰、五二四)

1 春，正月，辛丑，魏主祀南郊。

2 三月，魏以临淮王彧都督北讨诸军事，讨破六韩拔陵。拔陵反见上卷上年。

夏，四月，高平镇民赫连恩等反，推敕勒酋长胡琛为高平王，酋，慈秋翻。长，知两翻。攻高平镇以应拔陵。魏将卢祖迁击破之，琛北走。将，即亮翻。

卫可孤攻怀朔镇经年，外援不至，杨钧使贺拔胜诣临淮王彧告急。胜募敢死少年十馀骑，夜伺隙溃围出，贼骑追及之，胜曰："我贺拔破胡也，"少，诗照翻。骑，奇寄翻。伺，相吏翻。贺拔胜，字破胡。贼不敢逼。胜见彧于云中，考异曰：胜传云："至朔州见彧。"按后魏地理志，云中，旧名朔州；及改怀朔镇为朔州，不容更以云中为朔州；今但云云中。按魏氏初都平城，北边列置诸镇，孝昌以后改镇为州，寻即荒废，其地漫不可考。杜佑以为魏都平城，于郡北三百馀里置怀朔镇；又云：迁洛之后，于郡北三百馀里置朔州；又云：后魏初，云中在郡北三百馀里，定襄故城北。夫其曰皆在郡北三百馀里，将是一处邪，将是三处邪？宋白曰：朔州马邑郡，东北至故云中二百六十里，后魏为畿内之地，亦曾为怀朔镇；孝文迁洛之后，于州北三百八十里定襄故城置朔州。又曰：后魏初，云中定襄故城是。则是朔州与后魏初云中共一处。通鉴此后书改怀朔镇为朔州，更命朔州为云州，此即魏志所谓云中旧名朔州之证也。是则怀朔镇与云中是两处矣。是后，李崇自崔暹白道之败，引还云中，后又自云中引还平城，其退师道里先后可见，而唐之云中郡乃魏之平城。详而考之，历代建置州郡，其名淆杂，难指一处为定也。说之曰："怀朔被围，旦夕沦陷，大王今顿兵不进；怀朔若陷，则武川亦危，贼之锐气百倍，虽有良、平，不能为大王计矣。"彧许为出师。胜还，复突围而入。钧复遣胜出觇武川，说，式芮翻。许为，于伪翻。复，扶又翻；下聊复同。觇，丑廉翻，又丑艳翻。武川已陷。胜驰还，怀朔亦溃，胜父子俱为可孤所虏。

五月，临淮王彧与破六韩拔陵战于五原，五原，即汉五原郡地。魏收志，朔州治五原。杜佑曰：魏置朔州于怀朔镇，在唐朔州马邑郡北三百馀里；今榆林九原即汉之五原郡地。盖汉之五原，壤地甚广，唐之丰、胜、朔三州，皆汉之五原郡地。魏收志，朔州附化郡有五原县；彧与拔陵当战于此。兵败，彧坐削除官爵。安北将军陇西李叔仁又败于白道，武川镇北有白道谷，谷口有白道城，自城北出有高阪，谓之白道岭。贼势日盛。

魏主引丞相、令、仆、尚书、侍中、黄门于显阳殿，问之曰："今寇连恒、朔，逼近金陵，魏未迁洛以前，诸帝皆葬云中之金陵。恒，户登翻。近，其靳翻。计将安出？"吏部尚书元修义请遣重臣督军镇恒、朔以捍寇，帝曰："去岁阿那瓌叛乱，遣李崇北征，崇上表求改镇为州，朕以旧章难革，不从其请。寻崇此表，开镇户非冀之心，致有今日之患；但既往难追，聊复略论耳。然崇贵戚重望，李崇，文成皇后兄诞之子，历方面，有时望。器识英敏，意欲遣崇行，何如？"仆射萧宝寅等皆曰："如此，实合群望。"崇曰："臣以六镇遐僻，密迩寇戎，杜佑曰：六镇并在今马邑、云中、单于界。欲以慰悦彼心，岂敢导之为乱！臣罪当就死，陛下赦之；今更遣臣北行，正是报恩改过之秋。但臣年七十，加之疲病，不堪军旅，愿更择贤材。”帝不许。修义，天赐之子也。天赐见一百三十三卷宋明帝泰始七年。

臣光曰：李崇之表，乃所以销祸于未萌，制胜于无形。魏肃宗既不能用，及乱生之后，曾无愧谢之言，乃更以为崇罪，彼不明之君，乌可与谋哉！诗云：“听言则对，诵言如醉，匪用其良，覆俾我悖，”诗桑柔之辞也。注云：见道听之言则应答之，见诵诗、书之言则冥卧如醉，不能用善，反使我为悖逆之行。其是之谓矣。

3 壬申，加崇使持节、开府仪同三司、北讨大都督，使，疏吏翻。命抚军将军崔暹、镇军将军广阳王深皆受崇节度。深，嘉之子也。按魏收魏书作“广阳王渊”，李延寿北史作“广阳王深”，盖避唐讳，通鉴承用之。广阳王嘉见一百四十三卷齐东昏侯永元元年。考异曰：魏帝纪“深”作“渊”，今从列传及北史。

4 六月，以豫州刺史裴邃督征讨诸军事以伐魏。

5 魏自破六韩拔陵之反，二夏、豳、凉，寇盗蜂起。二夏，夏州及东夏州也。魏收地形志，夏州治统万，领化政、阐熙、金明、代名郡。东夏州领偏城、朔方、定阳、上郡。宋白曰：魏改统万镇为东夏州，后改延州。按魏克统万以为镇，太和十一年改夏州。延昌二年，置东夏州，治广武，唐始改为延州，治肤施。后魏太和元年，置广武县，后周改丰林县，隋分丰林、金明置肤施县，唐延州治焉。则魏东夏州治广武，非统万也。然魏收地形志以广武为太原雁门之广武，亦误。皇兴二年，置华州于北地，太和十一年，改为班州，十四年为豳州，领北地、赵兴、襄乐郡。凉州领武安、临松、建昌、番和、泉城、武兴、武威、昌松、东泾、凉宁郡。夏，户雅翻。秦州刺史李彦，政刑残虐，在下皆怨，是月，城内薛珍等聚党突入州门，擒彦，杀之，推其党莫折大提为帅，莫折，虏复姓。帅，所类翻。大提自称秦王。魏遣雍州刺史元志讨之。雍，于用翻。

初，南秦州豪右杨松柏兄弟，数为寇盗，数，所角翻。刺史博陵崔游诱之使降，引为主簿，接以辞色，使说下群氐，诱，音酉。说，式芮翻。既而因宴会尽收斩之，由是所部莫不猜惧。游闻李彦死，自知不安，欲逃去，未果；城民张长命、韩祖香、孙掩等攻游，杀之，以城应大提。大提遣其党卜胡袭高平，克之，杀镇将赫连略，行台高元荣。大提寻卒，卒，子恤翻。子念生自称天子，置百官，改元天建。

6 丁酉，魏大赦。

7 秋，七月，甲寅，魏遣吏部尚书元修义兼尚书仆射，为西道行台，帅诸将讨莫折念生。帅，读曰率。

8 崔暹违李崇节度，与破六韩拔陵战于白道，大败，单骑走还。骑，奇寄翻。拔陵并力攻崇，崇力战，不能御，引还云中，与之相持。

广阳王深上言："先朝都平城，上，时掌翻。朝，直遥翻。以北边为重，盛简亲贤，拥麾作镇，谓镇将也。配以高门子弟，以死防遏，非唯不废仕宦，乃更独得复除，高门子弟，谓其先世与魏同起于代北者，所谓大姓九十九。复，方目翻。当时人物，忻慕为之。太和中，仆射李冲用事，凉州土人悉免厮役；李宝自敦煌入朝于魏，至子冲亲贵，厚其乡人，故凉土之人悉免厮役。帝乡旧门，仍防边戍，自非得罪当世，莫肯与之为伍。本镇驱使，但为虞候、白直，杜佑曰：白直无月给。一生推迁，不过军主；然其同族留京师者得上品通官，在镇者即为清途所隔，或多逃逸。乃峻边兵之格，镇人不听浮游在外，于是少年不得从师，长者不得游宦，少，诗照翻。长，知两翻。独为匪人，言之流涕！自定鼎伊、洛，边任益轻，唯底滞凡才，乃出为镇将，转相模习，专事聚敛。或诸方奸吏，犯罪配边，为之指踪，政以贿立，边人无不切齿。

及阿那瓌背恩纵掠，敛，力赡翻。背，蒲妹翻。发奔命追之，十五万众度沙漠，不日而还。事见上卷上年。还，从宣翻，又如字。边人见此援师，遂自意轻中国。师速而疾，边人见其不能尽敌而反，意遂轻之。尚书令臣崇求改镇为州，抑亦先觉，朝廷未许。而高阙戍主御下失和，郦道元曰：赵武灵王既袭胡服，自代并阴山下至高阙为塞。山下有长城，长城之际，连山刺天。其山中断，两岸双阙云举，望若阙焉，故有高阙之名。自阙北出荒中，阙口有城，跨山结局，谓之高阙戍。拔陵杀之，遂相帅为乱，帅，读曰率。攻城略地，所过夷灭，王师屡北，贼党日盛。此段之举，指望销平；而崔暹只轮不返，臣崇与臣逡巡复路，复路者，还即旧路也。相与还次云中，将士之情莫不解体。今日所虑，非止西北，将恐诸镇寻亦如此，天下之事，何易可量!"书奏，不省。为魏主思崇、深之言张本。易，以豉翻。量，音良。省，悉景翻。

诏征崔暹系廷尉；暹以女妓、田园赂元义，卒得不坐。妓，渠绮翻。卒，子恤翻；下卒无同。

9 丁丑，莫折念生遣其都督杨伯年攻仇鸠、河池二戍，河池即今凤州河池县，有河池水。仇鸠亦当与河池相近。东益州刺史魏子建遣将军伊祥等击破之，斩首千馀级。东益州本氐王杨绍先之国，天监五年魏克武兴，灭杨绍先之国，置东益州。将佐皆以城民劲勇，二秦反者皆其族类，请先收其器械，子建曰："城民数经行阵，数，所角翻。行，户刚翻。抚之足以为用，急之则腹背为患。"乃悉召城民，慰谕之，既而渐分其父兄子弟外戍诸郡，内外相顾，卒无叛者。卒，子恤翻。子建，兰根之族兄也。

10 魏凉州幢帅于菩提等执刺史宋颖，据州反。幢，传江翻。帅，所类翻。菩，薄乎翻。

11 八月，庚寅，徐州刺史成景俊拔魏童城。童城，即下邳僮县城也。

12 魏员外散骑侍郎李苗上书曰："凡食少兵精，利于速战；散，悉亶翻。骑，奇寄翻。上，时掌翻。少，诗沼翻。粮多卒众，事宜持久。今陇贼猖狂，非有素蓄，虽据两城，两城，谓天水及高平。本无德义，其势在于疾攻，日有降纳，降，户江翻。迟则人情离沮，坐待崩溃。夫飙至风举，逆者求万一之功；高壁深垒，王师有全制之策。但天下久泰，人不晓兵，奔利不相待，逃难不相顾，难，乃旦翻。将无法令，士非教习，不思长久之计，各有轻敌之心。如令陇东不守，汧军败散，汧军，谓元志之军也。汧在陇阪之东。将，即亮翻。汧，口坚翻。则两秦遂强，两秦，谓莫折念生及张长命等。三辅危弱，国之右臂于斯废矣。宜敕大将坚壁勿战，别命偏裨帅精兵数千出麦积崖以袭其后，麦积崖，在今秦州天水县东百里，状如麦积，故名。裨，宾弥翻。帅，读曰率。则汧、陇之下，群妖自散。"妖，于骄翻。

魏以苗为统军，与别将淳于诞俱出梁、益，【章：十二行本"益"下有"隶魏子建"四字；乙十一行本同；孔本同；张校同；退斋校同。】未至，莫折念生遣其弟高阳王天生将兵下陇。甲午，都督元志与战于陇口，陇口，陇坻之口也。志兵败，弃众东保岐州。魏岐州治雍城。

13 东西部敕勒皆叛魏，附于破六韩拔陵，魏主始思李崇及广阳王深之言。丙申，下诏："诸州镇军贯贯，籍也。非有罪配隶者，皆免为民。"改镇为州，以怀朔镇为朔州，更命朔州曰云州。魏先置朔州于云中之盛乐，以汉五原郡地为怀朔镇；今以怀朔为朔州，改旧朔州为云州，因云中郡而得名也。按后广阳王深自五原拔军向朔州，则怀朔镇虽置于汉五原郡地，与五原别为两城。宋白曰：汉五原故城，在唐胜州榆林县界，后魏孝文于唐朔州北三百八十里定襄故城置朔州。更，工衡翻。遣兼黄门侍郎郦道元为大使，抚慰六镇。使，疏吏翻。时六镇已尽叛，道元不果行。

先是，代人迁洛者，多为选部所抑，不得仕进。先，悉荐翻。选，须绢翻。及六镇叛，元义乃用代来人【章：十二行本“人”上有“寒”字；乙十一行本同；孔本同；张校同；退斋校同。】为传诏以慰悦之。廷尉评代人山伟奏记，称义德美，义擢伟为尚书二千石郎。廷尉评，即汉之廷尉平，魏、晋以来，“平”旁加“言”，今大理评事即其职也。后汉尚书有二千石曹，魏置二千石郎。魏收官氏志：内入诸姓，土难氏后改为山氏。

14 秀容人乞伏莫于聚众攻郡，杀太守；水经注：魏立秀容护军以统胡人，其治所去汾水六十里。地形志：永兴二年置秀容郡，属肆州。丁酉，南秀容牧子万于乞真【章：十二行本“真”下有“反”字；乙十一行本同；孔本同；张校同；退斋校同。】杀太仆卿陆延，秀容酋长尔朱荣讨平之。荣，羽健之玄孙也。羽健见一百一十卷晋安帝隆安二年。酋，慈秋翻。长，知两翻。其祖代勤，尝出猎，部民射虎，误中其髀，代勤拔箭，不复推问，射，而亦翻。中，竹仲翻。复，扶又翻。所部莫不感悦。官至肆州刺史，赐爵梁郡公，年九十余而卒；卒，子恤翻。子新兴立。新兴时，畜牧尤蕃息，蕃，扶元翻。牛羊驼马，色别为群，弥漫川谷，不可胜数。胜，音升。魏每出师，新兴辄献马及资粮以助军，高祖嘉之。新兴老，请传爵于子荣，魏朝许之。朝，直遥翻。荣神机明决，御众严整。时四方兵起，荣阴有大志，散其畜牧资财，招合骁勇，结纳豪桀，尔朱荣事始此。骁，坚尧翻。于是侯景、司马子如、贾显度及五原段荣、太安窦泰时魏于怀朔镇置朔州，并置太安郡。皆往依之。显度，显智之兄也。

15 戊戌，莫折念生遣都督窦双攻魏盘头郡，盘头郡属东益州。五代志，兴州长举县，魏置盘头郡。东益州刺史魏子建遣将军窦念祖击破之。

16 九月，戊申，成景俊拔魏睢陵。戊午，北兖州刺史赵景悦围荆山。梁北兖州治淮阴。水经注曰：地理志，平阿县有当涂山，淮出于荆山之左，当涂之右。魏收志，梁北徐州沛郡已吾县有当涂山、荆山。今之怀远军正据荆山，以沈约志言之，皆属马头郡界。五代志：钟离郡涂山县，古当涂也，后齐置荆山郡。裴邃帅骑三千袭寿阳，帅，读曰率。骑，奇寄翻。壬戌夜，斩关而入，克其外郭。魏扬州刺史长孙稚御之，一日九战，后军蔡秀成失道不至，邃引兵还。别将击魏淮阳，此梁所遣别将也，非裴邃所部。将，即亮翻；下同。魏使行台郦道元、都督河间王琛救寿阳，琛，丑林翻。安乐王鉴救淮阳。鉴，诠之子也。乐，音洛。诠，丑缘翻。安乐王诠事见一百四十六卷天监五年。

17 魏西道行台元修义得风疾，不能治军。治，直之翻。壬申，魏以尚书左仆射齐王萧宝寅为西道行台大都督，帅诸将讨莫折念生。为萧宝寅以关中叛魏张本。

宋颖密求救于吐谷浑王伏连筹，吐，从暾入声。谷，音浴。伏连筹自将救凉州，于菩提弃城走，追斩之。城民赵天安等复推宋颖为刺史。复，扶又翻。

18 河间王琛军至西硖石，解涡阳围，复荆山戍。青、冀二州刺史王神念与战，为琛所败。败，补迈翻。冬，十月，戊寅，裴邃、元树攻魏建陵城，克之，辛巳，拔曲木；“曲木”，当作“曲沭”。水经注：沭水过建陵县故城东，又南径陵山西，魏立大堰遏水西流，两渎之会，置城防之，曰曲沭戍。沭，食聿翻。扫虏将军彭宝孙拔琅邪。

19 魏营州城民刘安定、就德兴魏书官氏志：菟赖氏改为就氏，西方诸姓也。执刺史李仲遵，据城反。城民王恶儿斩安定以降；德兴东走，自称燕王。降，户江翻。燕，因肩翻。

20 胡琛遣其将宿勤明达寇豳、夏、北华三州，魏高祖太和十五年，置东秦州于杏城，后改为北华州，领中部、敷城，凡二郡。宿勤，虏复姓。夏，户雅翻。华，户化翻。魏【章：十二行本“魏”上有“壬午”二字；乙十一行本同；孔本同；张校同。】遣都督北海王颢帅诸将讨之。颢，详之子也。详得罪见一百四十五卷天监三年。帅，读曰率。

21 甲申，彭宝孙拔檀丘。辛卯，裴邃拔狄城；水经注：肥水自荻丘过汉九江成德县故城西，王莽更曰平阿；又北入芍陂。丙申，又拔甓城，进屯黎浆。壬寅，魏东海太守韦敬欣以司吾城降。汉东海郡司吾县之故城也。定远将军曹世宗拔曲阳；甲辰，又拔秦墟，魏守将多弃城走。水经注：洛水径汉淮南郡曲阳故城东。应劭曰：县在淮曲之阳。洛水又北历秦墟，下注淮，谓之洛口。魏收志：曲阳县属霍州北沛郡。五代志，曲阳县后废入钟离定远县。

22 魏使黄门侍郎卢同持节诣营州慰劳，就德兴降而复反。诏以同为幽州刺史兼尚书行台，同屡为德兴所败而还。劳，力到翻。复，扶又翻。败，补迈翻。还，从宣翻，又如字。

23 魏朔方胡反，围夏州刺史源子雍，夏，户雅翻。夏州治统万城。城中食尽，煮马皮而食之，众无贰心。子雍欲自出求粮，留其子延伯守统万，将佐皆曰："今四方离叛，粮尽援绝，不若父子俱去。"子雍泣曰："吾世荷国恩，当毕命此城；但无食可守，故欲往东州荷，下可翻。东州，谓东夏州也。为诸君营数月之食，为，于伪翻。若幸而得之，保全必矣。"乃帅羸弱诣东夏州运粮，帅，读曰率。羸，伦为翻。延伯与将佐哭而送之。子雍行数日，胡帅曹阿各拔邀击，擒之。帅，所类翻。子雍潜遣人赍书，敕城中努力固守。阖城忧惧，延伯谕之曰："吾父吉凶未可知，方寸焦烂。但奉命守城，所为者重，为，于伪翻；下为陈同。不敢以私害公。诸君幸得此心。"于是众感其义，莫不奋励。子雍虽被擒，胡人常以民礼事之，子雍为陈祸福，劝阿各拔降。会阿各拔卒，其弟桑生竟帅其众随子雍降。降，户江翻。子雍见行台北海王颢，具陈诸贼可灭之状，颢给子雍兵，令其先驱。时东夏州阖境皆反，所在屯结，子雍转斗而前，九旬之中，凡数十战，遂平东夏州，征税粟以馈统万，二夏由是获全。子雍，怀之子也。史言源氏诸子皆有才具，而天降丧乱，终无救魏氏之衰也。

24 魏广阳王深上言："今六镇尽叛，高车二部亦与之同，高车自阿伏至罗与穷奇分为二部，所谓东、西部敕勒也。以此疲兵击之，必无胜理。不若选练精兵守恒州诸要，诸要，谓要冲之地。恒，户登翻。更为后图。"遂与李崇引兵还平城。崇谓诸将曰："云中者，白道之冲，以此观之，则魏之云中，汉之盛乐县，唐之振武军节度使治所，皆云山之阳。贼之咽喉，咽，音烟。若此地不全，则并、肆危矣。当留一人镇之，谁可者？"众举费穆，崇乃请穆为朔州刺史。请，奏请也。时云中已改为云州。"朔"当作"云"。

25 贺拔度拔父子及武川宇文肱纠合乡里豪杰，共袭卫可孤，杀之；度拔寻与铁勒战死。肱，逸豆归之玄孙也。肱，宇文泰之父也。逸豆归，晋康帝建元二年为慕容皝所灭。

李崇引国子博士祖莹为长史；广阳王深奏莹诈增首级，盗没军资，莹坐除名，崇亦免官削爵征还。深专总军政。为深内困于谗、外困于贼张本。

26 莫折天生进攻魏岐州，十一月，戊申，陷之，执都督元志及刺史裴芬之，送莫折念生杀之。念生又使卜胡等寇泾州，败光禄大夫薛峦于平凉东。魏置平凉郡，治鹑阴县，有平凉城。败，补迈翻。峦，安都之孙也。宋泰始初，薛安都降魏。

27 丙辰，彭宝孙拔魏东莞。莞，音官。壬戌，裴邃攻寿阳之安城，魏收志，梁置新兴郡，治安城县。丙寅，马头、安城皆降。

28 高平人攻杀卜胡，共迎胡琛。

29 魏以黄门侍郎杨昱兼侍中，持节监北海王颢军，以救豳州，豳州围解。监，工衔翻。蜀贼张映龙、姜神达攻雍州，蜀贼者，蜀人之徙关中者也，乘魏乱起而为盗，因谓之蜀贼。后尔朱天光西讨，蜀贼断路，皆其党也。雍，于用翻。雍州刺史元修义请援，一日一夜，书移九通。都督李叔仁迟疑不赴，昱曰："长安，关中基本，若长安不守，大军自然瓦散，留此何益？”遂与叔仁进击之，斩神达，馀党散走。

30 十二月，戊寅，魏荆山降。

31 壬辰，魏以京兆王继为太师、大将军，都督西道诸军以讨莫折念生。

32 乙巳，武勇将军李国兴攻魏平靖关，辛丑，信威长史杨乾攻武阳关，壬寅，攻岘关，此义阳之三关也。岘，户典翻。皆克之。国兴进围郢州，魏郢州刺史裴询与蛮酋西郢州刺史田朴特相表里以拒之。魏郢州治义阳，西郢州又当在义阳之西，蛮中也。酋，慈秋翻。围城近百日，近，其靳翻。魏援军至，国兴引还。询，骏之孙也。裴骏见一百二十四卷宋文帝元嘉二十二年。

33 魏汾州诸胡反；魏孝文帝太和十二年置汾州，治蒲子，领西河、吐京、五城、定阳，凡四郡。以章武王融为大都督，将兵讨之。将，即亮翻。

34 魏魏子建招谕南秦诸氐，稍稍降附，遂复六郡十二戍，斩【章：十二行本“斩”下有“贼帅”二字；乙十一行本同；孔本同。】韩祖香。魏以子建兼尚书，为行台，刺史如故，刺史，谓子建本为东益州刺史。梁、巴、二益、二秦诸州皆受节度。魏置梁州于南郑，置巴州于汉巴西郡，置益州于晋寿郡，东益州于武兴郡，秦州于上邽，南秦州于仇池。

35 莫折念生遣兵攻凉州，城民赵天安复执刺史以应之。复，扶又翻。

36 是岁，侍中、太子詹事周舍坐事免，散骑常侍钱唐朱异代掌机密，军旅谋议，方镇改易，朝仪诏敕皆典之。异好文义，多艺能，精力敏赡，上以是任之。为朱异乱梁张本。散，悉亶翻。骑，奇寄翻。异，羊吏翻。好，呼到翻。朝，直遥翻。

六年（乙巳、五二五）

1 春，正月，丙午，雍州刺史晋安王纲遣安北长史柳浑破魏南乡郡；司马董当门破魏晋城，庚戌，又破马圈、雕阳二城。雍，于用翻。圈，求远翻。

2 辛亥，上祀南郊，大赦。

3 魏徐州刺史元法僧，素附元义，见义骄恣，恐祸及己，遂谋反。魏遣中书舍人张文伯至彭城，法僧谓曰："吾欲与汝去危就安，能从我乎？"文伯曰："我宁死见文陵松柏，文陵，谓孝文帝陵。安能去忠义而从叛逆乎！"法僧杀之。庚申，法僧杀行台高谅，称帝，考异曰：法僧传作"高谟"。今从魏帝纪。又魏纪云"自称宋王"，法僧传及北史皆云"称尊号"，梁书法僧传云"称帝"。按法僧立诸子为王，必称帝也，今从梁书。改元天启，立诸子为王。魏发兵击之，法僧乃遣其子景仲来降。降，户江翻。考异曰：法僧传云："魏室大乱，法僧据镇，议欲匡复。既而魏乱稍定，将讨法僧，法僧惧，归款。"按时魏乱未定。今从北史。

安东长史元显和，丽之子也，元丽见一百四十六卷天监五年。举兵与法僧战；法僧擒之，执其手，命使共坐，显和不肯，曰："与翁皆出皇家，元法僧，阳平王熙之曾孙；熙，道武子也。元丽，小新成之孙；小新成，景穆之子。显和，丽之子也。以族属长幼之次，呼法僧为翁。一朝以地外叛，独不畏良史乎！"法僧犹欲慰谕之，显和曰："我宁死为忠鬼，不能生为叛臣。"乃杀之。

上使散骑常侍朱异使于法僧，以宣城太守元略为大都督，元略来奔见上卷四年。使，疏吏翻。与将军义兴陈庆之、胡龙牙、成景俊等将兵应接。将，即亮翻。

4 莫折天生军于黑水，水经注：就水出南山就谷，北流与黑水合。黑水上合三泉于就水之右。三泉奇发，言归一渎，北流会于就水。就水又北流注于渭。兵势甚盛。魏以岐州刺史崔延伯为征西将军、西道都督，帅众五万讨之。延伯与行台萧宝寅军于马嵬。延伯素骁勇，宝寅趣之使战，帅，读曰率。嵬，五回翻。骁，坚尧翻。趣，读曰促。延伯曰："明晨为公参贼勇怯。"乃选精兵数千西渡黑水，整陈向天生营；为，于伪翻。陈，读曰阵。宝寅军于水东，遥为继援。延伯直抵天生营下，扬威胁之，徐引兵还。天生见延伯众少，少，诗沼翻。争开营逐之，其众多于延伯十倍，蹙延伯于水次，宝寅望之失色。延伯自为后殿，殿，丁练翻。不与之战，使其众先渡，部伍严整，天生兵不敢击。须臾，渡毕，延伯徐渡，天生之众亦引还。宝寅喜曰："崔君之勇，关、张不如。"关、张，谓关羽、张飞也。延伯曰："此贼非老奴敌也，明公但安坐，观老奴破之。"癸亥，延伯勒兵出，宝寅举军继其后。天生悉众逆战，延伯身先士卒，先，悉荐翻。陷其前锋，将士尽锐竞进，大破之，俘斩十馀万，追奔至小陇，陇山有大陇山、小陇山。大陇山在清水县东北，小陇山在岐州武都郡南田县西北。五代志："南田"作"南由"，南由，唐陇州之吴山县即其地。岐、雍及陇东皆平。将士稽留采掠，天生遂塞陇道，塞，悉则翻。由是诸军不能进。

宝寅破宛川，五代志：扶风郡陈仓县，后魏曰宛川。俘其民以为奴婢，以美女十人赏岐州刺史魏兰根，兰根辞曰："此县介于强寇，不能自立，故附从以救死。官军之至，宜矜而抚之，奈何助贼为虐，翦以为贱役乎！"悉求其父兄而归之。

5 乙【章：十二行本"乙"作"己"；乙十一行本同；张校同。】巳，裴邃拔魏新蔡郡，魏收志：新蔡郡治石母台。隋废为县，唐以后属蔡州。诏侍中、领军将军西昌侯渊藻将众前驱，南兖州刺史豫章王综与诸将继进。将，即亮翻。癸酉，裴邃拔郑城，水经注：颍水过慎县故城南而东，南流径蜩蟟郭东，俗谓之郑城，又东南入淮。汝、颍之间，所在响应。

魏河间王琛等惮邃威名，军于城父，城父县，汉属沛郡，魏、晋以来属谯郡。宋并城父为浚仪县，属陈留郡，郡寄治谯郡长垣县界。魏收志陈留郡浚仪县注有城父城。父，音甫。累月不进，魏朝遣廷尉少卿崔孝芬持节、赍斋库刀以趣之。斋库刀，千牛刀也。赍刀以趣其进，言若复逗留，将斩之也。朝，直遥翻。孝芬，挺之子也。琛至寿阳，欲出兵决战。长孙稚以为久雨未可出，琛不听，引兵五万出城击邃。邃为四甄以待之，使直阁将军李祖怜先挑战而伪退；甄，稽延翻。挑，徒了翻。稚、琛悉众追之，四甄竞发，魏师大败，斩首万馀级。琛走入城，稚勒兵而殿，遂闭门自固，不敢复出。殿，丁练翻。复，扶又翻。

魏安乐王鉴将兵讨元法僧，击元略于彭城南，略大败，乐，音洛。考异曰：魏帝纪叙元略等事便在庚申法僧叛下，不应如此之速，今移于月末。与数十骑走入城。鉴不设备，法僧出击，大破之，鉴单骑奔归。骑，奇寄翻。将军王希聃拔魏南阳平，宋侨置阳平郡于沛郡南界，后入于魏，为南阳平郡，以别相州之古阳平郡也，后又徙郡，寄治彭城。聃，他甘翻。执太守薛昙尚。昙尚，虎子之子也。薛虎子事魏孝文帝，历州镇，有声绩。昙，徒含翻。甲戌，以法僧为司空，封始安郡公。

魏以安丰王延明为东道行台，临淮王彧为都督，以击彭城。

6 魏以京兆王继为太尉。

二月，乙未，赵景悦拔魏龙亢。龙亢县，汉属沛郡，晋属谯国。魏太和十九年，置下蔡郡，龙亢属焉。五代志：颍州颍上县，旧置下蔡郡。晋灼曰：亢，音刚。

7 初，魏刘腾既卒，腾卒见上卷四年。胡太后及魏主左右防卫微缓。元义亦自宽，时出游于外，留连不返，其所亲谏，义不纳；太后察知之。去秋，太后对帝谓群臣曰："今隔绝我母子，不听往来，复何用我为！复，扶又翻；下无复同。我当出家，修道于嵩山闲居寺耳。"魏作闲居寺，见一百四十七卷天监八年。因自欲下发；帝及群臣叩头泣涕，殷勤苦请，太后声色愈厉。帝乃宿于嘉福殿，积数日，遂与太后密谋黜义。然帝深匿形迹，太后有忿恚，欲得往来显阳之言，皆以告义；魏主常居显阳殿，故太后欲往来。恚，於避翻。又对义流涕，叙太后欲出家，忧怖之心日有数四。怖，普布翻。义殊不以为疑，乃劝帝从太后所欲。于是太后数御显阳殿，二宫无复禁碍。义举元法僧为徐州，法僧反，太后数以为言，数，所角翻。义深愧悔。

丞相高阳王雍，虽位居义上，而深畏惮之。会太后与帝游洛水，雍邀二宫幸其第。日晏，帝与太后至雍内室，从官皆不得入，从，才用翻。遂相与定图义之计。于是太后谓义曰："元郎若忠于朝廷，无反心，何故不去领军，以馀官辅政！"去，羌吕翻。义甚惧，免冠求解领军。乃以义为骠骑大将军、开府仪同三司、尚书令、侍中、领左右。骠，匹妙翻。骑，奇寄翻。

8 戊戌，魏大赦。

9 壬辰，莫折念生遣都督杨鲊等攻仇池郡，以上戊戌、下三月己酉推之，"壬辰"当作"壬寅"。魏收志：仇池郡属东益州。五代志，汉阳郡上禄县，魏置仇池郡。行台魏子建击破之。

10 三月，己酉，上幸白下城，履行六军顿所。行，下孟翻。乙丑，命豫章王综权顿彭城，总督众军，并摄徐州府事。己巳，以元法僧之子景隆为衡州刺史，吴孙亮太平二年，分长沙西部都尉立衡阳郡，梁置衡州。按五代志：梁置衡州于南海含洭县。景仲为广州刺史。上召法僧及元略还建康，法僧驱彭城吏民万馀人南渡。考异曰：南史云："武官戍彭城者三千馀人，法僧皆印额为奴，逼将南渡。"魏书梁书皆无此事。法僧至建康，上宠待甚厚；元略恶其为人，恶，乌路翻。与之言，未尝笑。

11 魏诏京兆王继班师。去年，魏使继西讨，今将诛其子义，故诏使班师。

12 北凉州刺史锡休儒等自魏兴侵魏梁州，攻直城。梁置北梁州于魏兴。“凉”当作“梁”。魏收志：东梁州金城郡领直城县。五代志：金州安康县，萧詧改直州。盖因直城以名州。魏以其地出金，故郡曰金城，州曰金州。锡，姓也，汉有锡光。魏梁州刺史傅竖眼遣其子敬绍击之，竖，而庾翻。休儒等败还。

13 柔然王阿那瓌为魏讨破六韩拔陵，魏遣牒云具仁赍杂物劳赐之。为，于伪翻。劳，力到翻；下同。阿那瓌勒众十万，自武川西向沃野，屡破拔陵兵。稽古录是年书蠕蠕杀破六韩拔陵，在诛元叉之下。夏，四月，魏主复遣中书舍人冯儁劳赐阿那瓌。复，扶又翻。阿那瓌部落浸强，自称敕连头兵豆伐可汗。魏收曰：魏言总揽也。

14 魏元义虽解兵权，犹总任内外，殊不自意有废黜之理。胡太后意犹豫未决，侍中穆绍劝太后速去之。绍，亮之子也。穆氏从魏起于代北，崇、寿、亮奕世贵显。去，羌吕翻。潘嫔有宠于魏主，嫔，毗宾翻。宦官张景嵩说之云，说，式芮翻。“义欲害嫔。”嫔泣诉于帝曰：“义非独欲害妾，将不利于陛下。”帝信之，因义出宿，解义侍中。明旦，义将入宫，门者不纳。辛卯，太后复临朝摄政，下诏追削刘腾官爵，除义名为民。

清河国郎中令韩子熙上书为清河王怿讼冤，怿死见上卷元年。复，扶又翻。书为，于伪翻。乞诛元义等曰：“昔赵高柄秦，令关东鼎沸；事见秦纪。今元义专魏，使四方云扰。开逆之端，起于宋维，成祸之末，良由刘腾，宜枭首洿宫，斩骸沈族，以明其罪。”枭，坚尧翻。洿，哀都翻。沈，持林翻。太后命发刘腾之墓，露散其骨，籍没家赀，尽杀其养子。以子熙为中书舍人。子熙，麒麟之孙也。韩麒麟见一百三十五卷齐武帝永明元年。

初，宋维父弁常曰：“维性疏险，必败吾家。”李崇、郭祚、游肇亦曰：“伯绪凶疏，宋维，字伯绪。败，补迈翻。终倾宋氏，若得杀身，幸矣。”维阿附元义，超迁至洛州刺史，魏初，置洛州于洛阳，荆州于上洛。太和迁洛，以洛州为司州，又置荆州于穰城，以上洛之荆州为洛州，领上洛、上庸、魏兴、始平、苌和郡。至是除名，寻赐死。

义之解领军也，太后以义党与尚强，未可猝制，乃以侯刚代义为领军以安其意。寻出刚为冀州刺史，加仪同三司，未至州，黜为征虏将军，卒于家。卒，子恤翻。太后欲杀贾粲，以义党多，恐惊动内外，乃出粲为济州刺史，济，子礼翻。寻追杀之，籍没其家。唯义以妹夫，未忍行诛。

先是给事黄门侍郎元顺以刚直忤义意，先，悉荐翻。忤，五故翻。出为齐州刺史；太后征还，为侍中。侍坐于太后，坐，徂卧翻。义妻在太后侧，顺指之曰："陛下奈何以一妹之故，不正元义之罪，使天下不得伸其冤愤！"太后嘿然。顺，澄之子也。任城王云及澄，魏宗室之贤王也。他日，太后从容谓侍臣曰：从，千容翻。"刘腾、元义昔尝邀朕求铁券，冀得不死，朕赖不与。"韩子熙曰："事关生杀，岂系铁券！且陛下昔虽不与，何解今日不杀！"太后怃然。怃，罔甫翻。朱元晦曰：怃然，犹怅然。未几，有告"义及弟瓜谋诱六镇降户反于定州，又招鲁阳诸蛮侵扰伊阙，伊阙在河南新城县界，隋开皇初，改新城县为伊阙县。几，居岂翻。降，户江翻。欲为内应。"得其手书，太后犹未忍杀之。群臣固执不已，魏主亦以为言，太后乃从之，赐义及弟瓜死于家，犹赠义骠骑大将军、仪同三司、尚书令。骠，匹妙翻。骑，奇寄翻。江阳王继废于家，病卒。前幽州刺史卢同坐义党除名。去年，同为幽州刺史。

太后颇事妆饰，数出游幸，元顺面谏曰："礼，妇人夫没自称未亡人，首去珠玉，数，所角翻。去，羌吕翻。衣不文采。陛下母临天下，年垂不惑，四十而不惑。修饰过甚，何以仪刑后世！"太后惭而还宫，召顺，责之曰："千里相征，岂欲众中见辱邪！"顺曰："陛下不畏天下之笑，而耻臣之一言乎！"

顺与穆绍同直，顺因醉入其寝所，绍拥被而起，正色让顺曰：“身二十年侍中，与卿先君亟连职事，亟，去吏翻，数数也。纵卿方进用，何宜相排突也！”遂谢事还家，诏谕久之，乃起。

初，郑羲之兄孙俨为司徒胡国珍行参军，私得幸于太后，人未之知。萧宝寅之西讨，以俨为开府属。开府有掾有属。太后再摄政，俨请奉使还朝，使，疏吏翻。朝，直遥翻。太后留之，拜谏议大夫、中书舍人，领尝【张：“尝”作“尚”。】食典御，昼夜禁中；每休沐，太后常遣宦者随之，俨见其妻，唯得言家事而已。中书舍人乐安徐纥，粗有文学，粗，坐五翻。先以谄事赵修，坐徙枹罕。赵修得罪见一百四十五卷天监二年。枹，音肤。后还，复除中书舍人，又谄事清河王怿；怿死，出为雁门太守。还洛，复谄事元义。义败，太后以纥为怿所厚，复召为中书舍人，复，扶又翻。纥又谄事郑俨。俨以纥有智数，仗为谋主；仗，直两翻，凭也。纥以俨有内宠，倾身承接，共相表里，势倾内外，号为徐、郑。

俨累迁至中书令、车骑将军；骑，奇寄翻。纥累迁至给事黄门侍郎，仍领舍人，总摄中书、门下之事，军国诏令莫不由之。纥有机辩强力，终日治事，略无休息，不以为劳。治，直之翻。时有急诏，令数吏执笔，或行或卧，人别占之，占，口占也。造次俱成，造，七到翻。不失事理。人必小有才也，然后能迎世取宠以窃一时之权，朱异、徐纥是也。然无经国大体，专好小数，见人矫为恭谨，远近辐凑附之。为尔朱荣讨徐、郑张本。好，呼到翻。

给事黄门侍郎袁翻、李神轨皆领中书舍人，为太后所信任，时人云神轨亦得幸于太后，众莫能明也。神轨求婚于散骑常侍卢义僖，义僖不许。黄门侍郎王诵谓义僖曰：“昔人不以一女易众男，引乐广事，事见八十五卷晋惠帝太安二年。卿岂易之邪！”义僖曰：“所以不从者，正为此耳。为，于伪翻。从之，恐祸大而速。”诵乃坚握义僖手曰：“我闻有命，不敢以告人。”诗唐国风扬之水之辞也。女遂适他族。临婚之夕，太后遣中使宣敕停之，内外惶怖，义僖夷然自若。使，疏吏翻。怖，普布翻。神轨，崇之子；义僖，度世之孙也。卢度世见宋纪。

15 胡琛据高平，遣其大将萬俟丑奴、宿勤明达等寇魏泾州，琛，丑林翻。将，即亮翻。“萬”，当作“万”，音莫北翻。【章：十二行本正作“万”；孔本同；张校同。】俟，渠之翻。万俟，虏复姓。北史曰：万俟，其先匈奴之别也。将军卢祖迁、伊瓮生讨之，不克。萧宝寅、崔延伯既破莫折天生，引兵会祖迁等于安定，甲卒十二万，铁马八千，军威甚盛。丑奴军于安定西北七里，时以轻骑挑战，骑，奇寄翻。挑，徒了翻。大兵未交，辄委走。延伯恃其勇，且新有功，遂唱议为先驱击之。别造大盾，内为锁柱，使壮士负以趋，谓之排城，置辎重于中，战士在外，自安定北缘原北上。盾，食尹翻。重，直用翻。上，时掌翻。将战，有贼数百骑诈持文书，云是降簿，言是降人之名籍也。降，户江翻；下同。且乞缓师。宝寅、延伯未及阅视，宿勤明达引兵自东北至，降贼自西竞下，覆背击之，“覆”，或作“腹”。延伯上马奋击，逐北径抵其营。贼皆轻骑，延伯军杂步卒，战久疲乏，贼乘间得入排城；延伯遂大败，死伤近二万人，间，古苋翻。近，其靳翻。宝寅收众，退保安定。延伯自耻其败，乃缮甲兵，募骁勇，骁，坚尧翻；下同。复自安定西进，去贼七里结营。时贼屯安定西彭坑。复，扶又翻；下复还、复失同。壬辰，不告宝寅，独出袭贼，大破之，俄顷，平其数栅。贼见军士采掠散乱，复还击之，魏兵大败，延伯中流矢卒，士卒死者万馀人。时大寇未平，复失骁将，朝野为之忧恐。中，竹仲翻。卒，子恤翻。将，即亮翻。朝，直遥翻。为，于伪翻。于是贼势愈盛，而群臣自外来者，太后问之，皆言贼弱，以求悦媚，由是将帅求益兵者往往不与。帅，所类翻。

16 五月，夷陵烈侯裴邃卒。时邃卒于军中。谥法：有功安民曰烈；秉德尊业曰烈。邃深沈有思略，沈，持林翻。思，相吏翻。为政宽明，将吏爱而惮之。壬子，以中护军夏侯亶督寿阳诸军事，驰驿代邃。

17 益州刺史临汝侯渊猷遣其将樊文炽、萧世澄等将兵围魏益州长史和安于小剑，魏益州刺史邴虬遣统军河南胡小虎、崔珍宝将兵救之。文炽袭破其栅，皆擒之，使小虎于城下说和安令早降，将，即亮翻。说，式芮翻。降，户江翻。小虎遥谓安曰："我栅失备，为贼所擒，观其兵力，殊不足言。努力坚守，魏行台、傅梁州援兵已至。"魏行台，子建。傅梁州，竖眼。语未终，军士以刀殴杀之。殴，乌口翻。西南道军司淳于诞引兵救小剑，文炽置栅于龙须山上以防归路。戊辰，诞密募壮士夜登山烧其栅，梁军望见归路绝，皆恟惧，恟，许拱翻。诞乘而击之，文炽大败，仅以身免，虏世澄等将吏十一人，斩获万计。魏子建以世澄购胡小虎之尸，得而葬之。

18 魏魏昌武康伯李崇卒。魏收地形志，魏昌县属中山郡。谥法：克定祸乱曰武；温柔好乐曰康。考异曰：魏帝纪在五月戊子。按长历，是月乙亥朔，无戊子。今不书日。

19 初，帝纳东昏侯宠姬吴淑媛，魏文帝置淑媛；宋明帝以淑媛为九嫔之首，齐、梁因之。媛，于眷翻。七月而生豫章王综，宫中多疑之。及淑媛宠衰怨望，密谓综曰："汝七月生儿，安得比诸皇子！然汝太子次弟，幸保富贵，勿泄也！"与综相抱而泣。综由是自疑，昼则谈谑如常，谑，迄却翻。夜则于静室闭户，披发席藁，私于别室祭齐氏七庙。又微服至曲阿拜齐太宗陵，齐无太宗，当是高宗。闻俗说割血沥骨，渗则为父子，渗，所荫翻。遂潜发东昏侯冢，并自杀一男试之，皆验，由是常怀异志，专伺时变。伺，相吏翻。综有勇力，能手制奔马；轻财好士，唯留附身故衣，馀皆分施，好，呼到翻。施，式豉翻。恒致罄乏。屡上便宜，求为边任，恒，户登翻。上，时掌翻。上未之许。常于内斋布沙于地，终日跣行，足下生胝，胝，丁尼翻，皮厚也。日能行三百里。王、侯、妃、主及外人皆知其志，而上性严重，人莫敢言。又使通问于萧宝寅，谓之叔父。为南兖州刺史，不见宾客，辞讼隔帘听之，出则垂帷于舆，恶人识其面。恶，乌路翻。

及在彭城，魏安丰王延明、临淮王彧将兵二万逼彭城，将，即亮翻。考异曰：南史陈庆之传云"众十万"，今从梁书。胜负久未决。上虑综败没，敕综引军还。综恐南归不复得至北边，复，扶又翻；下路复、复取同。乃密遣人送降款于彧；魏人皆不之信，彧募人入综军验其虚实，无敢行者。殿中侍御史济阴鹿悆为彧监军，鹿，姓也。风俗通，汉有巴郡太守鹿旗。济，子礼翻。悆，羊茹翻。请行，曰："若综有诚心，与之盟约；如其诈也，何惜一夫！"时两敌相对，内外严固，悆单骑间出，骑，奇寄翻。间，古苋翻。径趣彭城，趣，七喻翻。为综军所执，问其来状，悆曰："临淮王使我来，欲有交易耳。"时元略已南还，综闻之，谓成景俊等曰："我常疑元略规欲反城，规，图也。反，孚袁翻。将验其虚实，故遣左右为略使，使，疏吏翻；下同。入魏军中，呼彼一人。今其人果来，可遣人诈为略有疾在深室，呼至户外，令人传言谢之。"综又遣腹心安定梁话迎悆，密以意状语之。意者，传综欲降之意。状者，告以诡与成景俊设谋之状。语，牛倨翻。悆薄暮入城，先引见胡龙牙，龙牙曰："元中山甚欲相见，元略之南奔也，梁封为中山王，故称之。故遣呼卿。"又曰："安丰、临淮，将少弱卒，将，即亮翻。少，诗沼翻。规复此城，容可得乎！"悆曰："彭城，魏之东鄙，势在必争，得否在天，非人所测。"龙牙曰："当如卿言。"

又引见成景俊，景俊与坐，谓曰："卿不为刺客邪？"悆曰："今者奉使，欲返命本朝，朝，直遥翻。相刺之事，更卜后图。"景俊为设饮食，为，于伪翻。乃引至一所，诈令一人自室中出，为元略致意曰："我昔有以南向，有以，言有所为也。且遣相呼，欲闻乡事；晚来疾作，不获相见。"悆曰："早奉音旨，冒险祗赴，不得瞻见，内怀反侧。"遂辞退。诸将竞问魏士马多少，悆盛陈有劲兵数十万，诸将相谓曰："此华辞耳！"史记商君曰：貌言华也。将，即亮翻。少，诗沼翻。悆曰："崇朝可验，何华之有！"郑玄曰：崇朝，终朝也。乃遣悆还。成景俊送之戏马台，苏轼曰：彭城三面阻水，楼堞之下，以沂、泗为池，独其南可通军马，而戏马台在焉，其广百步，其高十仞。北望城堑，堑，七艳翻。谓曰："险固如此，岂魏所能取！"悆曰："攻守在人，何论险固！"悆还，于路复与梁话申固盟约。鹿悆既得综之诚款，知彭城之必可取，与梁将语，率多大言。盖其中心喜跃，不能自揜于言语之间，使梁将有如臾骈、绨疵之流，必能察知其情矣。六月，庚辰，综与梁话及淮阴苗文宠夜出，步投魏【章：十二行本"魏"作"彧"；乙十一行本同；孔本同；退斋校同。】军。考异曰：南史综传："综夜潜与梁话、苗文宠三骑开北门，涉汴河，遂奔萧城，自称队主，见延明而拜。延明坐之，问其名氏，不答，曰'殿下问人有见识者。'延明召使视之，曰：'豫章王也'。延明喜，下地执其手，答其拜，送于洛阳。"按魏书及北史鹿悆传皆豫有盟约，魏岂得不知！又魏书萧赞传作"济阴芮文宠"，北史作"济阴苗文宠"。今从南史。及旦，斋内诸閤犹闭不开，众莫知所以，唯见城外魏军呼曰：呼，火故翻。"汝豫章王昨夜已来，在我军中，汝尚何为！"城中求王不获，军遂大溃。魏人入彭城，乘胜追击，【章：十二行本"击"下有"梁兵"二字；乙十一行本同；孔本同；张校同。】复取诸城，至宿预而还，还，从宣翻，又如字；下同。将佐士卒死没者什七八，唯陈庆之帅所部得还。史言陈庆之临乱能整，异于诸将。帅，读曰率。

上闻之，惊骇，有司奏削综爵土，绝属籍，更其子直姓悖氏。更，工衡翻；下更名同。未旬日，诏复属籍，封直为永新侯。吴立永新县，宋属安成郡。

西丰侯正德自魏还，事见上卷四年。志行无悛，行，下孟翻。悛，丑缘翻。多聚亡命，夜剽掠【章：十二行本“掠”下有“杀人”二字；乙十一行本同；孔本同。】于道，剽，匹妙翻。以轻车将军从综北伐，弃军辄还。上积其前后罪恶，免官削爵，徙临海；未至，追赦之。

综至洛阳，见魏主，还就馆，为齐东昏侯举哀，服斩衰三年。见，贤遍翻。为，于伪翻。衰，仓雷翻。太后以下并就馆吊之，赏赐礼遇甚厚，拜司空，封高平郡公、丹杨王，更名赞。考异曰：梁书、南史皆云改名缵。今从魏书、北史。以苗文宠、梁话皆为光禄大夫；封鹿悆为定陶县子，除员外散骑常侍。

综长史济阳江革、司马范阳祖暅之皆为魏所虏，散，悉亶翻。骑，奇寄翻。济，子礼翻。暅，居邓翻。安丰王延明闻其才名，厚遇之。革称足疾不拜。延明使暅之作欹器漏刻铭，革唾骂暅之曰：“卿荷国厚恩，乃为虏立铭，荷，下可翻。为，于伪翻；下不为同。孤负朝廷！”延明闻之，令革作大小寺碑、考异曰：南史作“丈八寺碑”。今从梁书。祭彭祖文，彭城，大彭氏之墟也，故祭之。革辞不为。延明将箠之，箠，止蕊翻。革厉色曰：“江革行年六十，今日得死为幸，誓不为人执笔！”延明知不可屈，乃止；日给脱粟饭三升，仅全其生而已。

上密召夏侯亶还，使休兵合肥，俟淮堰成复进。夏，户雅翻。复，扶又翻。

20 癸未，魏大赦，改元孝昌。

21 破六韩拔陵围魏广阳王深于五原，军主贺拔胜募二百人开东门出战，斩首百馀级，贼稍退。深拔军向朔州，胜常为殿。殿，丁练翻。

云州刺史费穆，招抚离散，四面拒敌。时北境州镇皆没，唯云中一城独存。去年，李崇使费穆守云中。道【章：十二行本“道”上有“久之”二字；乙十一行本同；孔本同；张校同；退斋校同。】路阻绝，援军不至，粮仗俱尽，穆弃城南奔尔朱荣于秀容，既而诣阙请罪，诏原之。

长流参军于谨长流参军，主禁防。从公府置长流参军；小府无长流，置禁防参军。言于广阳王深曰“今寇盗蜂起，未易专用武力胜也。谨请奉大王之威命，谕以祸福，庶几稍可离也。”易，以豉翻。几，居依翻。深许之。谨兼通诸国语，乃单骑诣叛胡营，见其酋长，开示恩信，于是西部铁勒酋长乜列河等将三万馀户南诣深降。骑，奇寄翻。酋，慈秋翻。长，知两翻。乜，母野翻，虏姓也。将，即亮翻。降，户江翻。深欲引兵至折敷岭迎之，通典作“折敦岭”。谨曰：“破六韩拔陵兵势甚盛，闻乜列河等来降，必引兵邀之，若先据险要，未易敌也。不若以乜列河饵之，而伏兵以待之，必可破也。”深从之，拔陵果引兵邀击乜列河，尽俘其众；伏兵发，拔陵大败，复得乜列河之众而还。复，扶又翻；下辈复同。

柔然头兵可汗大破破六韩拔陵，可，从刊入声。汗，音寒。斩其将孔雀等。拔陵避柔然，南徙渡河。此河谓北河也。将军李叔仁以拔陵稍逼，求援于广阳王深，深帅众赴之。帅，读曰率。贼前后降附者二十万人，深与行台元纂表“乞于恒州北别立郡县，安置降户，随宜赈贷，息其乱心。”魏朝不从，朝，直遥翻。诏黄门侍郎杨昱分处之冀、定、瀛三州就食。处，昌吕翻。深谓纂曰：“此辈复为乞活矣。”乞活事见八十六卷晋惠帝光熙元年。按系年图书是年蠕蠕杀破六韩拔陵，通鉴明年书拔陵遣费律诱斩胡琛。

22 秋，七月，壬戌，大赦。

23 八月，魏柔玄镇民杜洛周聚众反于上谷，改元真王，攻没郡县，高欢、蔡俊、尉景及段荣、安定彭乐皆从之。洛周围魏燕州刺史博陵崔秉，燕，因肩翻。九月，丙辰，魏以幽州刺史常景兼尚书为行台，与幽州都督元谭讨之。景，爽之孙也。魏之儒风振于常爽。自卢龙塞至军都关，皆置兵守险，谭屯居庸关。卢龙关在辽西肥如县，唐改肥如为卢龙县。杜佑曰：卢龙塞在平州卢龙县城西北二百里。军都关在燕郡军都县。唐志曰：幽州昌平县北十五里有军都陉，西北三十五里有纳款关，即居庸故关，亦谓之军都关。考之汉志，上谷郡有军都、居庸两县，盖各县有关。凡此屯守，皆以防杜洛周。水经注，居庸关在上谷沮阳城东南六十里，军都关在居庸山南。

24 冬，十月，吐谷浑遣兵击赵天安，天安降，凉州复为魏。去年，赵天安以凉州应莫折念生。复，扶又翻。降，户江翻。

平西将军高徽奉使𠻘哒，还，至枹罕。𠻘，益涉翻。哒，当割翻，又宅轧翻。枹，音肤。会河州刺史元祚卒，卒，子恤翻。前刺史梁钊之子景进引莫折念生兵围其城。长史元永等推徽行州事，勒兵固守；景进亦自行州事。徽请兵于吐谷浑，吐谷浑救之，吐，从暾入声。谷，音浴。景进败走。徽，湖之孙也。史述高徽与高欢同其所自出。

25 魏方有事于西北，二荆、西郢群蛮皆反，断三鸦路，西荆治上洛，北荆治襄城，西郢治汝南真阳县。杜佑曰：北荆州今即伊阳县。三鸦镇在今汝州鲁阳县西南十九里，名高平城，古绕角城在县东南。又云：百里山在邓州向城县北，是三鸦之第一鸦；又北分岭山北，即三鸦之第二鸦；其第三鸦入汝州鲁山县界。断，丁管翻。杀都督，寇掠北至襄城。汝水有冉氏、向氏、田氏，种落最盛，三姓盖皆居汝源。种，章勇翻。其馀大者万家，小者千室，各称王侯，屯据险要，道路不通。十二月，壬午，魏主下诏曰："朕将亲御六师，扫荡逋秽，今先讨荆蛮，疆理南服。"时群蛮引梁将曹义宗等围魏荆州，此荆州治穰城。将，即亮翻。魏都督崔暹将兵数万救之，至鲁阳，不敢进。魏更以临淮王彧为征南大将军，将兵讨鲁阳蛮，更，工衡翻。司空长史辛雄为行台左丞，东趣叶城。叶城时为襄州治所，此即汉南阳郡之叶县城也。趣，七喻翻。叶，式涉翻。别遣征虏将军裴衍、恒农太守京兆王罴恒，户登翻。考异曰：周书罴传，罴未尝为恒农太守。今从魏书。将兵一万，自武关出通三鸦路，以救荆州。

衍等未至，彧军已屯汝上，汝上，汝水之上也。州郡被蛮寇者争来请救，彧以处分道别，不欲应之，被，皮义翻。处，昌吕翻。分，扶问翻。辛雄曰："今裴衍未至，王士众已集，蛮左唐突，自宋以来，豫部诸蛮率谓之蛮左，所置蛮郡谓之左郡。挠乱近畿，挠，呼高翻，扰也。王秉麾阃外，见可而进，何论别道！"彧恐后有得失之责，邀雄符下。符，尚书行台符也。下，遐稼翻。雄以群蛮闻魏主将自出，心必震动，可乘势破也，遂符彧军，令速赴击。群蛮闻之，果散走。

魏主欲自出讨贼，中书令袁翻谏而止。辛雄自军中上疏曰："凡人所以临陈忘身，触白刃而不惮者，一求荣名，二贪重赏，三畏刑罚，四避祸难，陈，读曰阵。难，乃旦翻。非此数者，虽圣王不能使其臣，慈父不能厉其子矣。明主深知其情，故赏必行，罚必信，使亲疏贵贱勇怯贤愚，闻钟鼓之声，见旌旗之列，莫不奋激，竞赴敌场，岂厌久生而乐速死哉？厌，与厌同。乐，音洛。利害悬于前，欲罢不能耳。自秦、陇逆节，蛮左乱常，已历数载，载，子亥翻。三【章：十二行本"三"上有"凡在戎役数十万人，扞御"十字；乙十一行本同；孔本同；张校同。】方之师，【章：十二行本无"之师"二字；乙十一行本同；孔本同；张校同。】败多胜少，迹其所由，不明赏罚之故也。三方之师，谓西讨秦、陇，北御边镇，南击蛮左也。陛下虽降明诏，赏不移时，然将士之勋，历稔不决，历稔，犹言历年，一年五谷一稔，故以年为稔。亡军之卒，晏然在家，是使节士无所劝慕，庸人无所畏慑；慑，之涉翻。进而击贼，死交而赏赊，赊，远也。退而逃散，身全而无罪，此其所以望敌奔沮，不肯尽力者也。陛下诚能号令必信，赏罚必行，则军威必张，盗贼必息矣。”疏奏，不省。省，悉景翻。

曹义宗等取顺阳、马圈，圈，求远翻。与裴衍等战于淅阳，汉弘农郡有析县，晋分属顺阳郡，元魏置淅阳郡，以其地在淅水之阳也。即隋、唐南乡、内乡二县之地。义宗等败退。衍等复取顺阳，进围马圈。洛州刺史董绍以马圈城坚，衍等粮少，上书言其必败。未几，义宗击衍等，破之，复取顺阳。复，扶又翻。少，诗沼翻。上，时掌翻。几，居岂翻。魏以王罴为荆州刺史。

26 邵陵王纶摄南徐州事，在州喜怒不恒，肆行非法。遨游市里，问卖䱇者曰：“刺史何如?”对言：“躁虐。”纶怒，令吞䱇而死，䱇，与鳝同，音市演翻。鳝鱼似蛇，今江东沟港皆有之。躁，则到翻。百姓惶骇，道路以目。道路相逢者但以目相视，而不敢言。尝逢丧车，夺孝子服而着之，着，则略翻。匍匐号叫。号，户刀翻；下悲号同。签帅惧罪，密以闻。上始严责纶，而不能改，于是遣代。纶悖慢逾甚，帅，所类翻。悖，蒲内翻，又蒲没翻。乃取一老翁短瘦类上者，加以衮冕，置之高坐，朝以为君，自陈无罪；使就坐剥褫，坐，徂卧翻。朝，直遥翻。褫，敕豸翻。捶之于庭。又作新棺，贮司马崔会意，以輀车挽歌为送葬之法，捶，止蕊翻。贮，丁吕翻。輀，音而，丧车也。庄子曰：绋讴所生，必于斥苦。绋讴，挽歌也。左传，公孙夏使其徒歌虞殡。杜预注曰：虞殡，送葬歌曲。田横之死，其徒有蒿里、薤露之歌。搜神记曰：挽歌，丧家之乐，执绋者相和之声。使妪乘车悲号。妪，威遇翻。会意不能堪，轻骑还都以闻。上恐其奔逸，以禁兵取之，将于狱赐尽，太子统流涕固谏，得免，戊子，免纶官，削爵土。

27 魏山胡刘蠡升反，自称天子，置百官。山胡，即汾州之稽胡。

28 初，敕勒酋长斛律金事怀朔镇将杨钧为军主，行兵用匈奴法，望尘知马步多少，嗅地知军远近。酋，慈秋翻。长，知两翻。将，即亮翻。少，诗沼翻。嗅，许救翻。及破六韩拔陵反，金拥众归之，拔陵署金为王。既而知拔陵终无所成，乃诣云州降，仍稍引其众南出黄瓜堆，水经注：桑干水与武周水合而东南流，屈径黄瓜堆南，又东南流径桑干郡北。为杜洛周所破，脱身归尔朱荣，荣以为别将。

张政烺标点王崇武聂崇岐覆校

资治通鉴卷第一百五十一

端明殿学士兼翰林侍读学士朝散大夫右谏议大夫
充集贤殿修撰提举西京嵩山崇福宫上柱国河内郡 司马光 奉敕编集
开国侯食邑一千八百户食实封六百户赐紫金鱼袋臣

后学天台 胡三省 音注

梁纪七 起柔兆敦牂（丙午），尽强圉协洽（丁未），凡二年。

高祖武皇帝七

普通七年（丙午、五二六）

1 春，正月，辛丑朔，大赦。

2 壬子，魏以汝南王悦领太尉。

3 魏安州石离、穴城、斛盐三戍兵反，应杜洛周，众合二万，洛周自松岍赴之。水经注：大榆河出御夷镇北塞中，南流径密云戍西，又南流径孔山西，又历密云戍东，右合孟广峒水。峒水西径孔山南，上有洞穴开明，故谓之孔山。大榆河又东南流，白杨泉水注之。水北发白杨溪望离石。大榆河又东南流出峡，径安州旧渔阳郡之滑盐县南，世谓之斛盐城，西北去御夷镇二百里。岍，轻烟翻，或曰：岍，峒字之误也，读作"陉"。唐志：营州西北百里曰松陉岭。行台常景使别将崔仲哲屯军都关以邀之，将，即亮翻。仲哲战没，元谭军夜溃，元谭军于居庸关，见上卷上年。魏以别将李琚代谭为都督。仲哲，秉之子也。崔秉时为燕州刺史。

4 初，魏广阳王深通于城阳王徽之妃。徽为尚书令，为胡太后所信任；会恒州人请深为刺史，徽言深心不可测。及杜洛周反，五原降户在恒州者谋奉深为主，深惧，上书求还洛阳。时深军于朔州。恒，户登翻。降，户江翻。上，时掌翻。魏以左卫将军杨津代深为北道大都督，诏深为吏部尚书。徽，长寿之子也。长寿，景穆子也。

五原降户鲜于修礼等帅北镇流民反于定州之左城，按杨津传，左城当在博陵界。又水经注，中山唐县有左人城。帅，读曰率。改元鲁兴，引兵向州城，州兵御之不利。杨津至灵丘，灵丘县，汉属代郡，唐为蔚州。闻定州危迫，引兵救之，入据州城。修礼至，津欲出击之，长史许被不听，津手剑击之，手，首又翻。此以记檀弓"子手弓"释文为据。被走得免。津开门出战，斩首数百，贼退，人心少安。少，诗沼翻。诏寻以津为定州刺史兼北道行台。魏以扬州刺史长孙稚为大都督北讨诸军事，与河间王琛共讨修礼。长，知两翻。琛，丑林翻。

5 二月，甲戌，北伐众军解严。

6 魏西部敕勒斛律洛阳反于桑乾西，乾，音干。与费也头牧子相连结。三月，甲寅，游击将军尔朱荣击破洛阳于深井，牧子于河西。北河之西。

7 夏，四月，乙酉，临川靖惠王宏卒。

8 魏大赦。

9 癸巳，魏以侍中、车骑大将军城阳王徽为仪同三司。骑，奇寄翻。徽与给事黄门侍郎徐纥共毁侍中元顺于太后，出为护军将军、太常卿。顺奉辞于西游园，纥侍侧，顺指之谓太后曰："此魏之宰嚭，宰嚭，吴太宰嚭也，好谗，吴王夫差信而任之，以至亡国。嚭，匹鄙翻。魏国不亡，此终不死！"纥胁肩而出，朱元晦曰：胁肩，竦体也，小人侧媚之态。顺抗声叱之曰："尔刀笔小才，止堪供几案之用，岂应污辱门下，斁我彝伦！"污，乌故翻。斁，多路翻，败也。因振衣而起。太后默然。

10 魏朔州城民鲜于阿胡等据城反。阿，从安入声。

11 杜洛周南出，钞掠蓟城，魏常景遣统军梁仲礼击破之。丁未，都督李琚与洛周战于蓟城之北，败没。常景帅众拒之，洛周引还上谷。钞，楚交翻。蓟，音计。帅，读曰率。

12 长孙稚行至邺，诏解大都督，以河间王琛代之。稚上言："向与琛同在淮南，琛败臣全，谓为裴邃所败，事见上卷上年。遂成私隙，今难以受其节度。"魏朝不听。朝，直遥翻。前至呼沱，稚未欲战，琛不从。鲜于修礼邀击稚于五鹿，杜预曰：阳平元城县东有五鹿，即沙鹿也。按呼沱不至元城界，此别有五鹿，非左氏所谓五鹿也。沱，徒河翻。琛不赴救，稚军大败，稚、琛并坐除名。

13 五月，丁未，魏主下诏将北讨，内外戒严，既而不行。

14 衡州刺史元略，自至江南，晨夕哭泣，常如居丧。及魏元叉死，叉死见上卷上年。丧，息郎翻。胡太后欲召之，知略因刁双获免，事见一百四十九卷普通元年。征双为光禄大夫，遣江革、祖晅之南还以求略。江革、祖晅之没魏见上卷上年。晅，古邓翻。上备礼遣之，宠赠甚厚。略始济淮，魏拜略为侍中，赐爵义阳王；以司马始宾为给事中，栗法光为本县令，刁昌为东平太守，刁双为西兖州刺史。凡略所过，一餐一宿皆赏之。略来奔见一百四十九卷元年。栗法光，屯留人。魏孝昌十年置西兖州于定陶，领沛、济阴二郡。是年则孝昌二年也。

15 魏以丞相高阳王雍为大司马。复以广阳王深为大都督，讨鲜于修礼；复，扶又翻。章武王融为左都督，裴衍为右都督，并受深节度。

深以其子自随，城阳王徽言于太后曰："广阳王携其爱子，握兵在外，将有异志。"乃敕融、衍潜为之备。疑则勿任，任则勿疑。既以深为大督，而又使小督备之，何以责其殄寇乎！融、衍以敕示深，深惧，事无大小，不敢自决；太后使问其故，对曰："徽衔臣次骨，李奇曰：次骨者，言深刻至骨。臣疏远在外，徽之构臣，无所不为。自徽执政以来，臣所表请，多不从允。徽非但害臣而已，从臣将士，有勋劳者皆见排抑，不得比他军，仍深被憎嫉，或因其有罪，加以深文，至于殊死，以是从臣行者，莫不悚惧。有言臣善者，视之如仇雠，言臣恶者，待之如亲戚。徽居中用事，朝夕欲陷臣于不测之诛，臣何以自安！陛下若使徽出临外州，臣无内顾之忧，庶可以毕命贼庭，展其忠力。”太后不听。为深死于盗手张本。

徽与中书舍人郑俨等更相阿党，更，工衡翻。外似柔谨，内实忌克，赏罚任情，魏政由是愈乱。

16 戊申，魏燕州刺史崔秉帅众弃城奔定州。燕州自去年八月为杜洛周所围。燕，因肩翻。

17 乙丑，魏以安西将军宗正珍孙为都督，宗正，复姓，汉楚元王交之子郢客孙德，世为宗正，子孙因以为氏。讨汾州反胡。讨刘蠡升也。

18 六月，魏绛蜀陈双炽聚众反，蜀人徙居绛郡者，谓之绛蜀。绛县，汉、晋属河东郡，元魏分置绛郡；魏收志，郡属东雍州。自号始建王。魏以假镇西将军长孙稚为讨蜀都督。考异曰：费穆传：“穆为都督，平绛蜀。”不应有两都督。今从帝纪。别将河东薛修义轻骑诣双炽垒下，晓以利害，双炽即降。诏以修义为龙门镇将。此龙门在河东北屈县西。魏世祖神䴥元年，禽赫连昌，改北屈为禽昌县。将，即亮翻。降，户江翻。

19 丙子，魏徙义阳王略为东平王，顷之，迁大将军、尚书令，为胡太后所委任，与城阳王徽相埒，埒，力辍翻。然徐、郑用事，略亦不敢违也。魏当时宗室，略其巨擘也。史言其居淫昏之朝，不能矫正。

20 杜洛周遣都督王曹纥真等将兵掠蓟南，时杜洛周、葛荣等作乱，其军中将领无不加以王爵，曹纥真以都督加王号，故曰都督王。秋，七月，丙午，行台常景遣都督于荣等击之于栗园，栗园当在范阳固安县界。固安之栗，天下称之。大破之，斩曹纥真及将卒三千馀级。

洛周帅众南趣范阳，范阳县，前汉属涿郡，后汉章帝改涿郡为范阳郡。帅，读曰率。趣，七喻翻。景与荣等又破之。

21 魏仆射元纂以行台镇恒州。鲜于阿胡拥朔州流民寇恒州，戊申，陷平城，纂奔冀州。恒州治平城。平城，魏之故都，亦陷于贼，其不竞甚矣。恒，户登翻。

22 上闻淮堰水盛，寿阳城几没，观此，盖淮堰复成也。复遣郢州刺史元树等自北道攻黎浆，豫州刺史夏侯亶等自南道攻寿阳。复，扶又翻；下荣复同。

23 八月，癸巳，贼帅元洪业斩鲜于修礼，请降于魏；帅，所类翻。降，户江翻。贼党葛荣复杀洪业自立。考异曰：北史广阳王深传云："深以兵士频经退散，人无斗情，连营转栅，日行十里，行达交津，隔水而陈。贼修礼常与葛荣谋，后稍信朔州人毛普贤，荣常衔之。普贤昔为深统军，及在交津，深使人谕之，普贤乃有降意。又使录事参军元晏说贼程杀鬼，果相猜二。荣遂杀普贤、修礼而自立。"与魏帝纪全殊，又其语杂乱难晓。今从帝纪。

24 魏安北将军、都督恒·朔讨虏诸军事尔朱荣过肆州，肆州刺史尉庆宾忌之，据城不出。尉，纡勿翻。荣怒，举兵袭肆州，执庆宾，还秀容，署其从叔羽生为刺史，魏朝不能制。此时尔朱荣已有无魏之心矣。从，才用翻。朝，直遥翻。

初，贺拔允及弟胜、岳从元纂在恒州，平城之陷也，允兄弟相失；岳奔尔朱荣，胜奔肆州。荣克肆州，得胜，大喜曰："得卿兄弟，天下不足平也！"以为别将，将，即亮翻。军中大事多与之谋。

25 九月，己酉，鄱阳忠烈王恢卒。

26 葛荣既得杜洛周之众，魏主武泰元年葛荣方并杜洛周；此得鲜于修礼之众也。北趣瀛州，趣，七喻翻。魏广阳忠武王深自交津引兵蹑之。水经注：漳水过武安县东，清水自涉县东南来注之，世谓决入之所为交漳口。辛亥，荣至白牛逻，据魏纪，白牛逻，在高阳博野县。逻，郎佐翻。

轻骑掩击章武庄武王融，杀之。荣自称天子，国号齐，改元广安。深闻融败，停军不进。侍中元晏密言于太后曰：“广阳王盘桓不进，坐图非望。有于谨者，智略过人，为其谋主，风尘之际，恐非陛下之纯臣也。”太后深然之，诏榜尚书省门，募能获谨者有重赏。谨闻之，谓深曰：“今女主临朝，朝，直遥翻。信用谗佞，苟不明白殿下素心，恐祸至无日。谨请束身诣阙，归罪有司。”遂径诣榜下，自称于谨，有司以闻。太后引见，大怒。见，贤遍翻。谨备论深忠款，兼陈停军之状，太后意解，遂舍之。

深引军还，趣定州，趣，七喻翻。定州刺史杨津亦疑深有异志；深闻之，止于州南佛寺。经二日，深召都督毛谧等数人，交臂为约，危难之际，期相拯恤。谧，神至翻。难，乃旦翻。谧愈疑之，密告津云，深谋不轨。津遣谧讨深，深走出，谧呼噪逐深。深与左右间行至博陵界，间，古苋翻。汉桓帝置博陵郡，元魏属定州。逢葛荣游骑，劫之诣荣。骑，奇寄翻。贼徒见深，颇有喜者，荣新立，恶之，恐其徒有欲奉深为主者，故恶之。恶，乌路翻。遂杀深。城阳王徽诬深降贼，录其妻子。降，户江翻。深府佐宋游道为之诉理，乃得释。游道，繇之玄孙也。宋繇事西凉李氏；李灭，事沮渠氏；沮渠灭，入魏。为，于伪翻。

27 甲申，魏行台常景破杜洛周，斩其武川王贺拔文兴等，捕虏四百人。

28 就德兴陷魏平州，杀刺史王买奴。魏平州治肥如，即唐平州卢龙县地。

29 天水民吕伯度，本莫折念生之党也，后更据显亲以拒念生；汉光武置显亲侯国以封窦友，以其兄融以河西归附，且以显其孝文窦后之亲也；属汉阳郡。后魏属天水郡；至唐时秦州成纪县治显亲川。已而不胜，亡归胡琛，琛，丑林翻。琛以为大都督、秦王，资以士马，使击念生。伯度屡破念生军，复据显亲，复，扶又翻；下生复同。乃叛琛，东引魏军。念生窘迫，乞降于萧宝寅，窘，渠陨翻。宝寅使行台左丞崔士和据秦州。魏以伯度为泾州刺史，封平秦郡公。魏太延二年，置平秦郡于雍县，属岐州。大都督元修义停军陇口，久不进，陇口，陇坻之口。念生复反，执士和送胡琛，于道杀之。久之，伯度为万俟丑奴所杀，万，莫北翻。俟，渠之翻。贼势益盛，宝寅不能制。胡琛与莫折念生交通，事破六韩拔陵浸慢，琛应拔陵见上卷五年。拔陵遣其臣费律至高平，诱琛，斩之，诱，音酉。丑奴尽并其众。

30 冬，十一月，庚辰，大赦。

31 丁贵嫔卒，太子水浆不入口，太子统，丁贵嫔所生也。卒，子恤翻。上使谓之曰："毁不灭性，引孝经孔子之言。况我在邪！"乃进粥数合。合，古沓翻。汉志曰：十龠为合。合者，合龠之量也。太子体素肥壮，腰带十围，至是减削过半。过，工禾翻。

32 夏侯亶等军入魏境，所向皆下。辛巳，魏扬州刺史李宪以寿阳降，降，户江翻；下同。宣猛将军陈庆之入据其城，凡降城五十二，获男女七万五千口。丁亥，纵李宪还魏，复以寿阳为豫州，自宋以来，以寿阳为豫州。裴叔业叛齐降魏，魏以寿阳为扬州，复汉、魏之旧也。今复以寿阳为豫州，复宋、齐之旧也。复以，扶又翻，又如字。改合肥为南豫州，天监五年徙豫州治合肥。以夏侯亶为豫、南豫二州刺史。寿阳久罹兵革，民多离散，亶轻刑薄赋，务农省役，顷之，民户充复。

33 杜洛周围范阳，戊戌，民执魏幽州刺史王延年、行台常景送洛周，开门纳之。常景击杜洛周，数战数胜，而终于为虏者，民乐于从乱而疾视其上也。

34 魏齐州平原民刘树等反，宋武帝侨置平原郡于梁邹，属冀州；后入于魏，改冀州为齐州，平原为东平原郡。攻陷郡县，频败州军，刺史元欣以平原房士达为将，讨平之。败，补迈翻。将，即亮翻。

35 曹义宗据穰城以逼新野，穰，人羊翻。魏遣都督魏承祖及尚书左丞、南道行台辛纂救之。考异曰：梁书，此年冬，新野降；魏书，肃宗崩后，新野犹在；恐梁书误。盖梁自前年攻新野，此年魏使魏承祖救之也。又周于谨传云："孝昌二年与辛纂讨义宗。"今以为据。义宗战不利，不敢进。纂，雄之从父兄也。

36 魏盗贼日滋，征讨不息，国用耗竭，豫征六年租调，犹不足，调，徒吊翻。乃罢百官所给酒肉，又税入市者人一钱，及邸店皆有税，百姓嗟怨。吏部郎中辛雄上疏，以为："华夷之民相聚为乱，岂有馀憾哉？正以守令不得其人，守，式又翻。百姓不堪其命故也。宜及此时早加慰抚。但郡县选举，由来共轻，贵游俊才，莫肯居此。宜改其弊，分郡县为三等，清官选补之法，妙尽才望，如不可并，后地先才，不得拘以停年。地，门地也。崔亮制停年格，见一百四十九卷天监十八年。后、先，并去声。三载黜陟，载，子亥翻。有称职者，补在京名官；称，尺证翻。如不历守令，不得为内职。则人思自勉，枉屈可申，强暴自息矣。"不听。

大通元年（丁未、五二七）是年三月方改元大通。

1 春，正月，乙丑，以尚书左仆射徐勉为仆射。时右仆射缺，故左仆射止为仆射。

2 辛未，上祀南郊。

3 甲戌，魏以司空皇甫度为司徒，仪同三司萧宝寅为司空。

4 魏分定、相二州四郡置殷州，按魏收志，殷州止领赵郡、钜鹿、南钜鹿三郡，盖初置时兼领相州之广宗郡也。殷州治广阿。刘昫曰：北齐改为赵州。隋改广阿为大陆，唐武德四年改为象城，天宝二年改为昭庆，以有建初、启运二陵也。宋开宝五年改昭庆为隆平，熙宁六年省隆平县为隆平镇，入临城县。相，息亮翻。以北道行台博陵崔楷为刺史。楷表称："州今新立，尺刃斗粮，皆所未有，乞资以兵粮。”诏付外量闻，使量计合给兵粮之数以闻也。量，音良。竟无所给。或劝楷留家，单骑之官，骑，奇寄翻。楷曰：“吾闻食人之禄者忧人之忧，若吾独往，则将士谁肯固志哉！”遂举家之官。葛荣逼州城，或劝减弱小以避之，楷遣幼子及一女夜出；既而悔之，曰：“人谓吾心不固，亏忠而全爱也。”遂命追还。贼至，强弱相悬，又无守御之具；楷抚勉将士以拒之，莫不争奋，皆曰：“崔公尚不惜百口，吾属何爱一身！”连战不息，死者相枕，枕，职任翻。终无叛志。辛未，城陷，楷执节不屈，荣杀之，藩翰之任，保境安民，上也，全城却敌，次也，死于城郭，岂得已哉！崔楷阖家并命，其志节有可怜矣，上之人实有罪焉。遂围冀州。

5 萧【章：甲十一行本“萧”上有“魏”字；乙十一行本同；孔本同；张校同。】宝寅出兵累年，将士疲弊。秦贼击之，宝寅大败于泾州，收散兵万馀人，屯逍遥园，东秦州刺史潘义渊以汧城降贼。秦州既为贼所据，魏置东秦州于陇东郡，治汧城，即隋唐之汧源县也。将，即亮翻。汧，口坚翻。降，户江翻。莫折念生进逼岐州，城人执刺史魏兰根应之。豳州刺史毕祖晖战没，行台辛深弃城走，弃豳州城也。北海王颢军亦败。贼帅胡引祖据北华州，“引祖”，恐当作“弘祖”。魏孝文帝太和十五年置东秦州于杏城，后改为北华州，领中部、敷城郡。帅，所类翻。华，户化翻。叱干麒麟据豳州以应天生，叱干，虏复姓。关中大扰。雍州刺史杨椿募兵得七千馀人，帅以拒守，雍，于用翻。帅，读曰率。诏加椿侍中兼尚书右仆射，为行台，节度关西诸将。北地功曹毛鸿宾引贼抄掠渭北，抄，楚交翻。雍州录事参军杨侃将兵三千掩击之；鸿宾惧，请讨贼自效，遂擒送宿勤乌过仁。乌过仁者，明达之兄子也。莫折天生乘胜寇雍州，考异曰：羊侃传作“莫遮”，今从魏书。萧宝寅部将羊侃隐身堑中射之，应弦而毙，堑，七艳翻。射，而亦翻。其众遂溃。侃，祉之子也。

6 魏右民郎阳平路思令上疏，晋武帝置尚书右民郎。以为："师出有功，在于将帅，得其人则六合唾掌可清，人欲举手有为，先唾其掌。六合，天、地、东、西、南、北也。唾掌可清，言其易也。唾，汤卧翻，口液也。失其人则三河方为战地。此指汉三河之地为言。魏都洛阳，三河则畿甸也。窃以比年将帅多宠贵子孙，衔杯跃马，志逸气浮，轩眉扼【章：甲十一行本"扼"作"攘"；乙十一行本同；孔本同。】腕，以攻战自许；及临大敌，忧怖交怀，雄图锐气，一朝顿尽。乃令羸弱在前以当寇，强壮居后以卫身，兼复器械不精，进止无节，以当负险之众，数战之虏，腕，乌贯翻。怖，普布翻。羸，伦为翻。比，毗至翻。复，扶又翻；下复疑同。数，所角翻。欲其不败，岂可得哉！是以兵知必败，始集而先逃；将帅畏敌，迁延而不进。国家谓官爵未满，屡加宠命；复疑赏赉之轻，日散金帛。帑藏空竭，民财殚尽，帑，他朗翻。藏，徂浪翻。遂使贼徒益甚，生民凋弊，凡以此也。夫德可感义夫，恩可劝死士。今若黜陟幽明，赏罚善恶，简练士卒，缮修器械，先遣辩士晓以祸福，如其不悛，以顺讨逆，悛，丑缘翻。如此，则何异厉萧斧而伐朝菌，战国时雍门周有是言。庄子曰：朝菌不知晦朔。音义云：菌，大芝也，天阴生粪上，见日则死。梁简文云：菌，欻生之芝也。音其陨翻。鼓洪炉而燎毛发哉！"弗听。

7 戊子，魏以皇甫度为太尉。

8 己丑，魏主以四方未平，诏内外戒严，将亲出讨，竟亦不行。

9 谯州刺史湛僧智围魏东豫州，姓谱：湛，丈减翻，姓也。后汉有大司农湛重。帝置谯州，治新昌城，领新昌、高塘、临徐、南梁郡。五代志：江都郡清流县，旧置新昌郡。考异曰：魏帝纪及曹世表传作"湛僧"。今从梁夏侯夔传。将军彭群、王辩围琅邪，魏敕青、南青二州救琅邪。魏青州领齐、北海、乐安、勃海、高阳、河间、乐陵郡。南青州当又置于其南。司州刺史夏侯夔帅壮武将军裴之礼等出义阳道，攻魏平静、穆陵、阴山三关，皆克之。水经注：木陵关在黄武山东北，晋西阳城西南。帅，读曰率；下同。夔，亶之弟；之礼，邃之子也。

10 魏东清河郡山贼群起，诏以齐州长史房景伯为东清河太守。宋武帝侨置清河郡于盘阳，属冀州，后入于魏，为东清河郡，属齐州。五代志，齐州长山县，清河、平原二郡并入焉。郡民刘简虎尝无礼于景伯，举家亡去，景伯穷捕，禽之，署其子为西曹掾，令谕山贼。贼以景伯不念旧恶，皆相帅出降。掾，俞绢翻。降，户江翻。

景伯母崔氏，通经，有明识。贝丘妇人列其子不孝，贝丘侨县，亦宋武帝置，属清河郡。五代志，齐州淄川县，旧曰贝丘，置东清河郡。按前注所谓清河郡置于盘阳者，据魏收地形志，宋郡也。五代志，长山之清河、平原，双头郡也。房景伯所守者，贝丘之东清河也。景伯以白其母，母曰："吾闻闻名不如见面，山民未知礼义，何足深责！"乃召其母，与之对榻共食，使其子侍立堂下，观景伯供食。未旬日，悔过求还；崔氏曰："此虽面惭，其心未也，且置之。"凡二十馀日，其子叩头流血，母涕泣乞还，然后听之，卒以孝闻。卒，子恤翻。景伯，法寿之族子也。房法寿见一百三十二卷宋明帝泰始三年。

11 二月，秦贼据魏潼关。出萧宝寅之后。

12 庚申，魏东郡民赵显德反，杀太守裴烟，自号都督。魏东郡治滑台城，属西兖州。"烟"，俗"煙"字。

13 将军成景俊攻魏彭城，魏以前荆州刺史崔孝芬为徐州行台以御之。先是，孝芬坐元叉党与卢同等俱除名，卢同除名见上卷普通六年。先，悉荐翻。及将赴徐州，入辞太后，太后谓孝芬曰："我与卿姻戚，时太后为魏主纳孝芬女为世妇，故云然。奈何内头元叉车中，称'此老妪会须去之！'"妪，威遇翻。去，羌吕翻。孝芬曰："臣蒙国厚恩，实无斯语。假令有之，谁能得闻！若有闻者，此于元叉亲密过臣远矣。”太后意解，怅然有愧色。景俊欲堰泗水以灌彭城，孝芬与都督李叔仁等击之，景俊遁还。

14 三月，甲子，魏主诏将西讨，中外戒严。会秦贼西走，复得潼关，复，扶又翻。戊辰，诏回驾北讨。其实皆不行。

15 葛荣久围信都，魏以金紫光禄大夫源子邕为北讨大都督以救之。

16 初，上作同泰寺，又开大通门以对之，取其反语相协，同泰反为大，大通反为同，是反语相协也。反，音翻。上晨夕幸寺，皆出入是门。辛未，上幸寺舍身；甲戌，还宫，大赦，改元。改是年为大通元年。

17 魏齐州广川民刘钧聚众反，宋武帝侨置广川郡，属冀州，入魏属齐州。五代志，齐州长山县，旧曰武强，置广川郡。自署大行台；清河民房项自署大都督，屯据昌国城。魏收志，东清河郡武城县有昌国城。

18 夏，四月，魏将元斌之讨东郡，斩赵显德。将，即亮翻。

19 己酉，柔然头兵可汗遣使入贡于魏，可，从刊入声。汗，音寒。使，疏吏翻。且请讨群贼。魏人畏其反覆，诏以盛暑，且俟后敕。

20 魏萧宝寅之败也，有司处以死刑，诏免为庶人。雍州刺史杨椿有疾求解，复以宝寅为都督雍·泾等四州诸军事、征西将军、雍州刺史、开府仪同三司、西讨大都督，自关以西皆受节度。处，昌吕翻。复，扶又翻。雍，于用翻。椿还乡里，杨椿世居华阴。其子昱将适洛阳，椿谓之曰：“当今雍州刺史亦无逾于宝寅者，但其上佐，朝廷应遣心膂重臣，何得任其牒用！此乃圣朝百虑之一失也。朝，直遥翻。且宝寅不借刺史为荣，吾观其得州，喜悦特甚，至于赏罚云为，不依常宪，恐有异心。汝今赴京师，当以吾此意启二圣，二圣，谓胡太后、魏主。并白宰辅，更遣长史、司马、防城都督，欲安关中，正须三人耳。

如其不遣，必成深忧。”昱面启魏主及太后，皆不听。是后宝寅以关中叛魏，如杨椿所料。

21 五月，丙寅，成景俊攻魏临潼、竹邑，拔之。魏置临潼郡，治临潼城。据水经，城临潼水，故名。竹邑，即汉沛郡之竹县也，魏为南济阴郡治所。五代志：下邳郡夏丘县，旧置临潼郡。彭城郡符离县，隋废竹邑入焉。宋白曰：符离县朝斛城西南七十里有竹邑城。东宫直阁兰钦攻魏萧城、厥固，拔之，东宫亦有直阁将军。魏收志，魏沛郡治萧县黄阳城，又领内相县有厥城。领内，犹言管内也。钦斩魏将曹龙牙。将，即亮翻。

22 六月，魏都督李叔仁讨刘钧，平之。

23 秋，七月，魏陈郡民刘获、郑辩反于西华，西华县，汉属汝南郡，晋属颍川郡，元魏属陈郡。改元天授，与湛僧智通谋，湛僧智时围魏东豫州。魏以行东豫州刺史谯国曹世表为东南道行台以讨之，源子恭代世表为东豫州。诸将以贼众强，官军弱，且皆败散之馀，不敢战，欲保城自固。世表方病背肿，舁出，呼统军是云宝是云，姓也。魏书官氏志，内入诸姓有是云氏。谓曰：“湛僧智所以敢深入为寇者，以获、辩皆州民之望，为之内应也。向闻获引兵欲迎僧智，去此八十里；今出其不意，一战可破，获破，则僧智自走矣。”乃选士马付宝，暮出城，比晓而至，比，必利翻，及也。击获，大破之，穷讨，馀党悉平。僧智闻之，遁还。郑辩与子恭亲旧，亡匿子恭所，世表集将吏面责子恭，收辩，斩之。

24 魏相州刺史乐安王鉴与北道都督裴衍共救信都。相，息亮翻。“乐安”当作“安乐”；乐，音洛。鉴幸魏多故，阴有异志，遂据邺叛，降葛荣。降，户江翻；下同。

25 己丑，魏大赦。

初，侍御史辽东高道穆奉使相州，使，疏吏翻；下同。前刺史李世哲奢纵不法，道穆按之。世哲弟神轨用事，道穆兄谦之家奴诉良，律禁压良为贱。谓本是良民，压为奴婢。神轨收谦之系廷尉。赦将出，神轨启太后先赐谦之死，朝士哀之。朝，直遥翻。

26 彭群、王辩围琅邪，自夏【章：甲十一行本“夏”作“春”；乙十一行本同；孔本同；张校同。】及秋，魏青州刺史彭城王劭遣司马鹿悆，南青州刺史胡平遣长史刘仁之将兵击群、辩，破之，群战没。劭，勰之子也。彭城王勰，魏之贤王也，死于高肇之谮。悆，羊茹翻。将，即亮翻。勰，音协。

27 八月，魏遣都督源子邕、李神轨、裴衍攻邺。子邕行及汤阴，汤阴县，汉属河内郡，晋废县，其地在汲郡界。安乐王鉴遣弟斌之夜袭子邕营，不克；子邕乘胜进围邺城，丁未，拔之，斩鉴，传首洛阳，改姓拓跋氏。魏因遣子邕、裴衍讨葛荣。

28 九月，秦州城民杜粲杀莫折念生阖门皆尽，粲自行州事。南秦州城民辛琛亦自行州事，遣使诣萧宝寅请降。琛，丑林翻。魏复以宝寅为尚书令，还其旧封。宝寅泾州之败，免为庶人。旧封者，宝寅自丹杨郡公徙封梁郡公。复，扶又翻。

29 谯州刺史湛僧智围魏东豫州刺史元庆和于广陵，此广陵城在新息县界。魏将军元显伯救之，司州刺史夏侯夔自武阳引兵助僧智。武阳关，义阳三关之一也。冬十月，夔至城下，庆和举城降。夔以让僧智，僧智曰：“庆和欲降公，不欲降僧智，今往，必乖其意。且僧智所将应募乌合之人，不可御以法；公持军素严，必无侵暴，受降纳附，深得其宜。”夔乃登城，拔魏帜，建梁帜；帜，昌志翻。庆和束兵而出，吏民安堵，获男女四万馀口。

臣光曰：湛僧智可谓君子矣！忘其积时攻战之劳，湛僧智自是年正月攻围东豫州。以授一朝新至之将，知己之短，不掩人之长，功成不取以济国事，忠且无私，可谓君子矣！

30 元显伯宵遁，诸军追之，斩获万计。诏以僧智领东豫州刺史，镇广陵。夔引军屯安阳，魏收志：东豫州汝南郡有安阳县。五代志：汝南真阳县，隋废魏安阳县入焉。遣别将屠楚城，魏收志，梁置西楚州于楚城。五代志，汝南郡城阳县，梁置楚州。由是义阳北道遂与魏绝。

31 领军曹仲宗、东宫直阁陈庆之攻魏涡阳，涡，古禾翻。诏寻阳太守韦放将兵会之。魏散骑常侍费穆引兵奄至，散，悉亶翻。骑，奇寄翻。放营垒未立，麾下止有二百馀人，放免胄下马，据胡床处分，胡床，即今之交床，隋恶胡字，改曰交床，今之交椅是也。处，昌吕翻。分，扶问翻。士皆殊死战，莫不一当百，魏兵遂退。放，叡之子也。梁之将帅，韦叡一人而已。

魏又遣将军元昭等众五万救涡阳，前军至驼涧，去涡阳四十里。今自肥河口溯淮西上得驼涧滩，其滩南对永寿馆北至耶河。陈庆之欲逆战，韦放以魏之前锋必皆轻锐，不如勿击，待其来至，庆之曰："魏兵远来疲倦，去我既远，必不见疑，及其未集，须挫其气。诸君若疑，"君"或作"军"。庆之请独取之。"于是帅麾下二百骑进击，破之，帅，读曰率。骑，奇寄翻。魏人惊骇。庆之乃还，与诸将连营而进，背涡阳城与魏军相持。背，蒲妹翻。自春至冬，数十百战，将士疲弊。闻魏人欲筑垒于军后，曹仲宗等恐腹背受敌，议引军还，庆之杖节军门曰："共来至此，涉历一岁，去年庆之入寿阳，至此涉历一年。糜费极多。今诸君皆无斗心，唯谋退缩，岂是欲立功名，直聚为抄暴耳！抄，楚交翻。吾闻置兵死地，乃可求生，兵法，置之死地而后生。须虏大合，然后与战。审欲班师，庆之别有密敕，今日犯者，当依敕行之！"仲宗等乃止。

魏人作十三城，欲以控制梁军。庆之衔枚夜出，陷其四城，涡阳城主王纬乞降。纬，于贵翻。考异曰：魏帝纪："九月辛卯，东豫州刺史元庆和以城叛。"梁帝纪："十月庚戌，魏东豫州刺史元庆和以涡阳内属。"夏侯夔传："湛僧智围元庆和于广陵，庆和请降，诏以僧智为东豫州，镇广陵。"韦放传："普通八年，曹仲宗攻涡阳，放会之，城主王伟降。"陈庆之传："大通元年，隶曹仲宗伐涡阳，城主王伟降，诏以涡阳置西徐州。"然则广陵、涡阳，两处两事。梁纪"庆和"、"涡阳"之间或更有脱字耳。魏纪九月，据闻庆和始叛之时，梁纪十月，据庆和降款到日。按陈庆之传云自春至冬。今从梁纪十月为定。此别一广陵，非南兖州之广陵也。"王伟"当作"王纬"，盖草书之误也。韦放简遣降者三十馀人分报魏诸营，陈庆之陈其俘馘，鼓噪随之，九【章：甲十一行本"九"上有"魏"字；乙十一行本同；孔本同；张校同；退斋校同。】城皆溃，追击之，俘斩略尽，尸咽涡水，所降城中男女三万馀口。

32 萧宝寅之败于泾州也，或劝之归罪洛阳，或曰："不若留关中立功自效。"行台都令史河间冯景曰："拥兵不还，此罪将大。"尚书有都令史，故行台亦置之。宝寅不从，自念出师累年，糜费不赀，一旦覆败，内不自安；魏朝亦疑之。朝，直遥翻。

中尉郦道元，素名严猛，司州牧汝南王悦魏都洛阳，置司州。嬖人丘念，弄权纵恣，道元收念付狱；悦请之于胡太后，太后欲赦之，道元杀之，并以劾悦。嬖，卑义翻，又博计翻。劾，户概翻，又户得翻。

时宝寅反状已露，悦乃奏以道元为关右大使。使，疏吏翻。宝寅闻之，谓为取己，甚惧，长安轻薄子弟复劝使举兵。复，扶又翻；下不复、寅复同。宝寅以问河东柳楷，楷曰："大王，齐明帝子，天下所属，属，之欲翻。今日之举，实允人望。且谣言'鸾生十子九子毈，一子不毈关中乱。'【章：甲十一行本"乱"下有"乱者治也"四字；乙十一行本同；孔本同；张校同；退斋校同。】齐明帝讳鸾，宝寅之父也。毈，徒玩翻，卵坏也。周、秦以前，以"乱"为"治"。大王当治关中，何所疑！"道元至阴盘驿，此阴盘县驿也。魏收地形志曰：阴盘县本属安定，晋属京兆。魏真君七年并新丰，太和十一年复置阴盘县，鸿门、戏水正属县界。按汉安定郡与京兆相去辽远，中间为冯翊所隔，自晋以后所置阴盘县，非汉安定之阴盘县地也，魏收不深考耳。宋白曰：京兆昭应县东十三里有故城，后汉灵帝末，移安定郡阴盘县寄理于此，今亦谓之阴盘城，后魏太和九年，自此复移阴盘县城于今昭应县东三十一里零水西、戏水东，司马村故城是也。宝寅遣其将郭子恢攻杀之，将，即亮翻。收殡其尸，表言白贼所害。秦人谓鲜卑为白虏，自苻秦之乱，鲜卑之种有因而留关中者，是时亦相挺为盗，因谓之白贼。或曰：白贼，谓白地之寇也。又上表自理，称为杨椿父子所谮。

宝寅行台郎中武功苏湛，卧病在家，宝寅令湛从母弟开府属天水姜俭说湛魏以宝寅为开府，故有掾有属。从，才用翻。说，式芮翻。曰："元略受萧衍旨，欲见剿除，略自梁还魏，大见宠任，故宝寅托以为言。剿，子小翻。道元之来，事不可测，吾不能坐受死亡，今须为身计，不复作魏臣矣。死生荣辱，与卿共之。"湛闻之，举声大哭。俭遽止之曰："何得便尔！"湛曰："我百口今屠灭，云何不哭！"哭数十声，徐谓俭曰："为我白齐王，宝寅归魏，封为齐王，故称之。为，于伪翻；下口为同。王本以穷鸟投人，赖朝廷假王羽翼，荣宠至此。属国步多虞，属，之欲翻。不能竭忠报德，乃欲乘人间隙，间，古苋翻。信惑行路无识之语，欲以羸败之兵守关问鼎。守关，谓宝寅欲守潼关之险，割据关中。问鼎，谓欲窥天位。成王定鼎于郏鄏，三代之世宝也，楚庄问鼎之大小轻重，欲以兵威胁取之，故以谕窥天位者。羸，伦为翻。今魏德虽衰，天命未改。且王之恩义未洽于民，但见其败，未见有成，苏湛不能以百口为王族灭。"宝寅复使谓曰："我救死不得不尔，所以不先相白者，恐沮吾计耳。"沮，在吕翻。湛曰："凡谋大事，当得天下奇才与之从事，今但与长安博徒谋之，此有成理不？不，读曰否。湛恐荆棘必生于斋阁，此亦用伍胥、伍被语意。愿赐骸骨归乡里，庶得病死，下见先人。”宝寅素重湛，且知其不为己用，听还武功。

甲寅，宝寅自称齐帝，改元隆绪，赦其所部，置百官。都督长史毛遐，宝寅都督雍、泾等四州，又为西讨大都督，以遐为府长史。鸿宾之兄也，与鸿宾帅氐、羌起兵于马祇栅以拒宝寅，帅，读曰率。宝寅遣大将军卢祖迁击之，为遐所杀。宝寅方祀南郊，行即位礼未毕，闻败，色变，不暇整部伍，狼狈而归。以姜俭为尚书左丞，委以心腹。文安周惠达为宝寅使，在洛阳，文安县，前汉属勃海，后汉属河间；晋置章武郡，文安属焉。使，疏吏翻。有司欲收之，惠达逃归长安。宝寅以惠达为光禄勋。

丹杨王萧赞闻宝寅反，惧而出走，趣白马山，趣，七喻翻。至河桥，为人所获，魏主知其不预谋，释而慰之。行台郎封伟伯等与关中豪桀谋举兵诛宝寅，事泄而死。

魏以尚书仆射长孙稚为行台以讨宝寅。

正平民薛凤贤反，魏收志，世祖置太平郡于河东闻喜县，孝文太和十八年，改曰正平郡，属东雍州，领闻喜、曲沃二县。宗人薛修义亦聚众河东，分据盐池，攻围蒲坂，东西连结以应宝寅。诏都督宗正珍孙讨之。

33 十一月，丁卯，以护军萧渊藻为北讨都督，镇涡阳。戊辰，以涡阳为西徐州。涡阳，魏置谯州，梁改为西徐州，领南谯、汴、龙亢、蕲城、颍川、临涣、蒙郡。涡，音戈。

34 葛荣围信【章：甲十一行本“信”上有“魏”字；乙十一行本同；孔本同；退斋校同。】都，自春及冬，冀州刺史元孚帅励将士，昼夜拒守，帅，读曰率；下同。粮储既竭，外无救援，己丑，城陷；荣执孚，逐出居民，冻死者什六七。孚兄佑为防城都督，荣大集将士，议其生死。孚兄弟各自引咎，争相为死，为，于伪翻。都督潘绍等数百人，皆叩头请就法以活使君。荣曰：“此皆魏之忠臣义士。”于是同禁者五百人皆得免。

魏以源子邕为冀州刺史，将兵讨荣；将，即亮翻。裴衍表请同行，诏许之。子邕上言："衍行，臣请留；臣行，请留衍；若逼使同行，败在旦夕。"不许。十二月，戊申，行至阳平东北漳水曲，荣帅众十万击之，子邕、衍俱败死。

相州吏民闻冀州已陷，子邕等败，人不自保。相州刺史恒农李神志气自若，魏显祖讳弘，改弘农曰恒农。相，息亮翻。恒，户登翻。抚勉将士，大小致力，葛荣尽锐攻之，卒不能克。卒，子恤翻。

35 秦州民骆超杀杜粲，请降于魏。杜粲杀莫折念生，骆超又杀杜粲，群盗互相屠灭以邀一时之利，不足怪也。降，户江翻。

张政烺标点王崇武聂崇岐覆校

资治通鉴卷第一百五十二

端明殿学士兼翰林侍读学士朝散大夫右谏议大夫
充集贤殿修撰提举西京嵩山崇福宫上柱国河内郡 司马光 奉敕编集
开国侯食邑一千八百户食实封六百户赐紫金鱼袋臣
后学天台胡三省音注

梁纪八 著雍涒滩(戊申)，一年。

高祖武皇帝八

大通二年(戊申、五二八)

1 春，正月，癸亥，魏以北海王颢为骠骑大将军、开府仪同三司、相州刺史。骠，匹妙翻。骑，奇寄翻。相，息亮翻。

2 魏北道行台杨津守定州城，居鲜于修礼、杜洛周之间，迭来攻围；津蓄薪粮，治器械，治，直之翻。随机拒击，贼不能克。津潜使人以铁券说贼党，贼党有应津者，遗津书曰："贼所以围城，正为取北人耳。说，式芮翻。遗，于季翻。为，于伪翻。城中北人，宜尽杀之，不然，必为患。"津悉收北人内子城中而不杀，众无不感其仁。

及葛荣代修礼统众，荣得修礼之众，见上卷普通七年。使人说津，许以为司徒，津斩其使，固守三年。普通七年春，津守定州，至是三年。说，式芮翻。其使，疏吏翻。杜洛周围之，魏不能救。津遣其子遁突围出，诣柔然头兵可汗求救。遁日夜泣请，头兵遣其从祖吐豆发帅精骑一万南出；前锋至广昌，贼塞隘口，广昌县自汉以来属代郡。自广昌东南山南出倒马关，至中山上曲阳县，关山险隘，实为深峭，石磴逶迤，沿涂九曲。可，从刊入声。汗，音寒。从，才用翻。帅，读曰率；下同。塞，悉则翻。柔然遂还。乙丑，津长史李裔引贼入，执津，欲烹之，既而舍之。史言城无粮援，虽善守者不能支久。瀛州刺史元宁以城降洛周。降，户江翻。

3 乙丑，魏潘嫔生女，胡太后诈言皇子；为后胡后立女张本。嫔，毗宾翻。丙寅，大赦，改元武泰。

4 萧宝寅围冯翊，未下；长孙稚军至恒农，长，知两翻。恒，户登翻。行台左丞杨侃谓稚曰："昔魏武与韩遂、马超据潼关相拒，遂、超之才，非魏武敌也，然而胜负久不决者，扼其险要故也。事见六十六卷汉献帝建安十六年。今贼守御已固，虽魏武复生，无以施其智勇。复，扶又翻。不如北取蒲反，此用前汉书地理志"蒲反"字。渡河而西，入其腹心，此亦魏武之故智也。置兵死地；则华州之围不战自解，五代志：冯翊郡，后魏置华州。华，户化翻。潼关之守必内顾而走，支节既解，长安可坐取也。若愚计可取，愿为明公前驱。"稚曰："子之计则善矣；然今薛修义围河东，薛凤贤据安邑，宗正珍孙守虞坂不得进，水经注曰：虞坂，即左传所谓颠軨，在傅岩东北十馀里，东西绝涧，于中筑以成道，指南北之路，谓之軨桥。桥之东北有虞原，上道东有虞城，其城北对长坂二十馀里，谓之虞坂。战国策曰："昔骐骥驾盐车上虞坂，迁延不能进，"正此处也。坂，音反。如何可往？"侃曰："珍孙行陈一夫，行，户刚翻。陈，读曰阵。因缘为将，将，即亮翻。可为人使，安能使人！河东治在蒲反，治，谓治所也。西逼河漘，漘，船伦翻，水厓也。上平坦而下水深曰漘。封疆多在郡东。修义驱帅士民西围郡城，其父母妻子皆留旧村，一旦闻官军来至，皆有内顾之心，必望风自溃矣。"稚乃使其子子彦与侃帅骑兵自恒农北渡，据石锥壁，五代志，河东郡虞乡县有石锥山，于此筑垒壁也。侃声言："今且停此以待步兵，且观民情向背。"命送降名者各自还村，"俟台军举三烽，当亦举烽相应；其无应烽者，乃贼党也，当进击屠之，以所获赏军。"于是村民转相告语，背，蒲妹翻。语，牛倨翻。降，户江翻；下同。虽实未降者亦诈举烽，一宿之间，火光遍数百里，贼围城者不测其故，各自散归；修义亦逃还，与凤贤俱请降。丙子，稚克潼关，遂入河东。

会有诏废盐池税，魏朝盖谓弛盐利以与民，可以得民也。稚上表以为："盐池天产之货，密迩京畿，唯应宝而守之，均赡以理。今四方多虞，府藏罄竭，冀、定扰攘，冀、定二州时为葛荣、杜洛周攻围。常调之绢不复可收，唯仰府库，藏，徂浪翻。调，徒吊翻。复，扶又翻。仰，鱼向翻。有出无入。略论盐税，一年之中，准绢而言，不下三十万匹，乃是移冀、定二州置于畿甸；今若废之，事同再失。前此宣武帝用甄琛之言，废盐池税，已为失计；今又废之，是为再失。臣前仰违严旨，不先讨关贼，径解河东者，非缓长安而急蒲反，一失盐池，三军乏食。天助大魏，兹计不爽。爽，乖也。昔高祖升平之年，无所乏少，少，诗沼翻。犹创置盐官而加典护，非与物竞利，恐由利而乱俗也。况今国用不足，租征六年之粟，调折来岁之资，调，徒吊翻。折，之列翻。此皆夺人私财，事不获已。臣辄符同监将、尉，谓监盐池之将、尉也。监，工衔翻。将，即亮翻；下同。还帅所部，依常收税，帅，读曰率；下同。更听后敕。"谓合罢与否，更听后番敕下也。

萧宝寅遣其将侯终德击毛遐。会郭子恢等屡为魏军所败，败，补迈翻；下穆败同。终德因其势挫，还军袭宝寅；至白门，长安城东出北来第三门曰青门；意白门即西出南来第三门也。宝寅始觉，丁丑，与终德战，败，携其妻南阳公主及其少子帅麾下百馀骑自后门出，奔万俟丑奴。少，诗照翻。骑，奇寄翻。万，莫北翻。俟，渠之翻。丑奴以宝寅为太傅。

二月，魏以长孙稚为车骑大将军、开府仪同三司、雍州刺史、尚书仆射、西道行台。雍，于用翻。

群盗李洪攻烧巩西阙口以东，谓巩县以西，伊阙口以东也。巩县，汉属河南尹，晋分属荥阳郡。南结诸蛮；魏都督李神轨、武卫将军费穆讨之。穆败洪于阙口南，遂平之。

5 葛荣击杜洛周，杀之，并其众。

6 魏灵太后再临朝以来，再临朝见一百五十卷普通六年。朝，直遥翻。嬖幸用事，嬖，卑义翻，又博计翻。政事纵弛，恩威不立，盗贼蜂起，封疆日蹙。谓秦、陇以西，冀、并以北，皆为盗区，淮、汝、沂、泗之间，皆为梁所侵也。魏肃宗年浸长，太后自以所为不谨，恐左右闻之于帝，凡帝所爱信者，太后辄以事去之，长，知两翻。去，羌吕翻。务为壅蔽，不使帝知外事。通直散骑常侍昌黎谷士恢有宠于帝，使领左右；散，悉亶翻。骑，奇寄翻。太后屡讽之，欲用为州，士恢怀宠，不愿出外，太后乃诬以罪而杀之。有蜜多道人，能胡语，帝常置左右，太后使人杀之于城南而【章：甲十一行本"而"下有"诈"字；乙十一行本同；孔本同；张校同；退斋校同。】悬赏购贼。由是母子之间，嫌隙日深。

是时，车骑将军、仪同三司、并·肆·汾·广·恒·云六州讨虏大都督尔朱荣"广"当作"唐"。魏收志，孝昌中置唐州。高欢建义，改唐州曰晋州。按尔朱荣时驻兵于晋阳。兵势强盛，魏朝惮之。朝，直遥翻。高欢、段荣、尉景、蔡俊先在杜洛周党中，高欢等归杜洛周，见一百五十卷普通六年。欲图洛周不果，逃奔葛荣，又亡归尔朱荣。刘贵先在尔朱荣所，屡荐欢于荣，荣见其憔悴，未之奇也。憔，昨遥翻。悴，秦醉翻。欢从荣之马厩，厩有悍马，荣命欢翦之，髦马而鬋落之为翦。悍，侯旰翻。欢不加羁绊而翦之，马络首曰羁，系足曰绊。竟不蹄啮，起，谓荣曰："御恶人亦犹是矣。"

荣奇其言，坐欢于床下，屏左右，访以时事，欢曰："闻公有马十二谷，荣畜牧蕃庶，以谷量马。屏，必郢翻。色别为群，畜此竟何用也?"畜，吁玉翻。荣曰："但言尔意!"欢曰："今天子暗弱，太后淫乱，嬖孽擅命，朝政不行。孽，鱼列翻。朝，直遥翻。以明公雄武，乘时奋发，讨郑俨、徐纥之罪以清帝侧，霸业可举鞭而成，此贺六浑之意也。"高欢，字贺六浑。荣大悦，语自日中至夜半乃出，自是每参军谋。

并州刺史元天穆，孤之五世孙也，孤，拓跋郁律第四子。与荣善，荣兄事之。荣常与天穆及帐下都督贺拔岳密谋，欲举兵入洛，内诛嬖幸，外清群盗，二人皆劝成之。

荣上书以"山东群盗方炽，炽，尺志翻。冀、定覆没，官军屡败，请遣精骑三千东援相州。"骑，奇寄翻。相，息亮翻。太后疑之，报以"念生枭戮，宝寅就擒，丑奴请降，关、陇已定。费穆大破群蛮，绛蜀渐平。又，北海王颢帅众二万出镇相州，不须出兵。"枭，坚尧翻。降，户江翻。帅，读曰率；下同。荣复上书，复，扶又翻；下帝复同。以为"贼势虽衰，官军屡败，人情危怯，恐实难用。若不更思方略，无以万全。臣愚以为蠕蠕主阿那瓌荷国厚恩，蠕蠕之乱，魏援立阿那瓌，事见一百四十九卷普通元年至三年。蠕，人兖翻。荷，下可翻。未应忘报，宜遣发兵东趣下口以蹑其背，言阿那瓌荷魏保护之恩，虽叛归塞北，未应漠然忘报恩之心。下口盖指飞狐口。趣，七喻翻。北海之军严加警备以当其前。臣麾下虽少，辄尽力命自井陉以北，滏口以西，分据险要，攻其肘腋。少，诗沼翻。陉，音刑。滏，音釜。腋，音亦。葛荣虽并洛周，威恩未著，人类差异，形势可分。"杜洛周，柔玄镇民；葛荣，鲜于修礼之党；本非同类，吞并为一。及其新合，亟加招讨，则形势可分也。遂勒兵召集义勇，北捍马邑，东塞井陉。徐纥说太后以铁券间荣左右，荣闻而恨之。

魏肃宗亦恶俨、纥等，逼于太后，不能去，塞，悉则翻。说，输芮翻。间，古苋翻。恶，乌路翻。去，羌吕翻。密诏荣举兵内向，欲以胁太后。荣以高欢为前锋，行至上党，帝复以私诏止之。俨、纥恐祸及己，阴与太后谋鸩帝，癸丑，帝暴殂。年十九。甲寅，太后立皇女为帝，大赦。既而下诏称："潘充华本实生女。潘充华，即前所谓潘嫔也，生女见上正月乙丑。故临洮王宝晖世子钊，体自高祖，临洮王宝晖，高祖之孙。宜膺大宝。百官文武加二阶，宿卫加三阶。"乙卯，钊即位。钊始生三岁，太后欲久专政，故贪其幼而立之。

尔朱荣闻之，大怒，谓元天穆曰："主上晏驾，春秋十九，海内犹谓之幼君；况今奉未言之儿以临天下，欲求治安，其可得乎！治，直吏翻。吾欲帅铁骑赴哀山陵，翦除奸佞，更立长君，更，工衡翻。长，知两翻。何如？"天穆曰："此伊、霍复见于今矣。"乃抗表称："大行皇帝背弃万方，复，扶又翻。背，蒲妹翻。海内咸称鸩毒致祸。岂有天子不豫，初不召医，贵戚大臣皆不侍侧，安得不使远近怪愕！又以皇女为储两，太子谓之储君。易曰：明两作离，大人以继明照四方。故称储两。虚行赦宥，上欺天地，下惑朝野。已乃选君于孩提之中，实使奸竖专朝，隳乱纲纪，朝，直遥翻。此何异掩目捕雀，塞耳盗钟。塞，悉则翻。今群盗沸腾，邻敌窥窬，而欲以未言之儿镇安天下，不亦难乎！愿听臣赴阙，参预大议，问侍臣帝崩之由，访侍【章：甲十一行本"侍"作"禁"；乙十一行本同；孔本同；张校同。】卫不知之状，以徐、郑之徒付之司败，雪同天之耻，君父之雠，义不同天。谢远近之怨，然后更择宗亲以承宝祚。"荣从弟世隆，时为直阁，更，工衡翻。从，才用翻；下从子之从同。太后遣诣晋阳慰谕荣；荣欲留之，世隆曰：

"朝廷疑兄，故遣世隆来，今留世隆，使朝廷得预为之备，非计也。"乃遣之。

7 三月，癸未，葛荣陷魏沧州，魏肃宗熙平二年，分瀛、冀二州置沧州，治饶安城，领浮阳、乐陵郡。执刺史薛庆之，居民死者什八九。

8 乙酉，魏葬孝明皇帝于定陵，庙号肃宗。

9 尔朱荣与元天穆议，以彭城武宣王有忠勋，彭城王勰，谥武宣。忠勋，谓侍孝文帝疾，立宣武帝，备极忠勤也。其子长乐王子攸，素有令望，欲立之。乐，音洛。又遣从子天光及亲信奚毅、仓头王相入洛，与尔朱世隆密议。天光见子攸，具论荣心，子攸许之。天光等还晋阳，荣犹疑之，乃以铜为显祖诸【章：甲十一行本"诸"下有"子"字；乙十一行本同；孔本同；张校同；退斋校同。】孙各铸像，唯长乐王像成。魏人立后，皆铸像以卜之。慕容氏谓冉闵以金铸己像不成。胡人铸像以卜君，其来尚矣，故尔朱荣效之。荣乃起兵发晋阳，世隆逃出，会荣于上党。灵太后闻之，甚惧，悉召王公等入议，宗室大臣皆疾太后所为，莫肯致言。徐纥独曰："尔朱荣小胡，敢称兵向阙，文武宿卫足以制之。但守险要以逸待劳，彼悬军千里，士马疲弊，破之必矣。"太后以为然，以黄门侍郎李神轨为大都督，帅众拒之，别将郑季明、郑先护将兵守河桥，帅，读曰率。将，即亮翻。武卫将军费穆屯小平津。先护，俨之从祖兄弟也。

荣至河内，复遣王相密至洛，迎长乐王子攸。复，扶又翻；下荣复同。夏，四月，丙申，子攸与兄彭城王劭、弟霸城公子正潜自高渚渡河，考异曰：杨衒之洛阳伽蓝记，"高渚"作"雷波"，今从魏书。丁酉，会荣于河阳，将士咸称万岁。戊戌，济河，子攸即帝位，帝，彭城王勰之第三子。以劭为无上王，劭，彭城嫡嗣，且魏主兄也，封为无上王，言其尊无上也。有君而言无上，君子是以知魏主之不终也。子正为始平王；以荣为侍中、都督中外诸军事、大将军、尚书令、领军将军、领左右，封太原王。领左右，领左右千牛备身也。

郑先护素与敬宗善，闻帝即位，与郑季明开城纳之。李神轨至河桥，闻北中不守，晋杜预建河桥于富平津。河北侧岸有二城相对，魏高祖置北中郎府，徙诸从隶府户并羽林虎贲领队防之。北中不守，可以平行至洛阳矣。宋白曰：北中城，即今河阳城。即遁还；费穆弃众先降于荣。降，户江翻。徐纥矫诏夜开殿门，取骅骝厩御马十匹，骅骝，骏马也，故魏以名御马厩。东奔兖州，将依羊侃也。为侃与纥南归张本。郑俨亦走还乡里。郑俨，荥阳开封人。太后尽召肃宗后宫，皆令出家，太后亦自落发。荣召百官迎车驾，己亥，百官奉玺绶，备法驾，迎敬宗于河桥。玺，斯氏翻。绶，音受。考异曰：伽蓝记云："十二日，尔朱荣军于邙山之北，河阴之野。十三日，召百官迎驾，至者尽诛之。"长历，是月戊子朔；十二日，己亥也。今从魏书。庚子，荣遣骑执太后及幼主，送至河阴。骑，奇寄翻。太后对荣多所陈说，荣拂衣而起，沈太后及幼主于河。

费穆密说荣曰："公士马不出万人，今长驱向洛，前无横陈，既无战胜之威，群情素不厌服。沈，持林翻。说，式芮翻。陈，读曰阵。厌，于叶翻。以京师之众，百官之盛，知公虚实，有轻侮之心。若不大行诛罚，更树亲党，恐公还北之日，未渡太行而内变作矣。"更，工衡翻。行，户刚翻。荣心然之，谓所亲慕容绍宗曰："洛中人士繁盛，骄侈成俗，不加芟翦，终难制驭。芟，所衔翻。吾欲因百官出迎，悉诛之，何如？"绍宗曰："太后荒淫失道，嬖幸弄权，殽乱四海，殽，杂也，错也。嬖，卑义翻，又博计翻。故明公兴义兵以清朝廷。今无故歼夷多士，不分忠佞，歼，息廉翻。恐大失天下之望，非长策也。"荣不听，乃请帝循河西至淘渚，水经注：孟津，又曰富平津，又谓之陶河；杜畿试楼船于孟津，覆于陶河，即此也。按尔朱荣传，陶渚在河阴西北三里，南北长堤之西。魏纪"淘"作"陶"。杜佑曰：河南河阳县西南十三里有古遮马堤，即其处。引百官于行宫西北，云欲祭天。百官既集，列胡骑围之，责以天下丧乱，肃宗暴崩，皆由朝臣贪虐，不能匡弼。骑，奇寄翻。丧，息浪翻。朝，直遥翻。因纵兵杀之，自丞相高阳王雍、司空元钦、仪同三司义阳王略以下，死者二千馀人。考异曰：北史云："荣惑费穆之言，谓天下乘机可取，乃谲朝士共为盟誓，将向河阴西北三里。至南北长堤，悉命下马西渡，即遣胡骑围之，妄言丞相高阳王反，杀王公以下二千馀人。"荣传一千三百馀人。今从魏纪。前黄门郎王遵业兄弟居父丧，其母，敬宗之从母也，相帅出迎，俱死。遵业，慧龙之孙也，刘裕得晋权，杀王愉，其孙慧龙奔魏，著功名于南鄙。从，才用翻。帅，读曰率。俊爽涉学，时人惜其才而讥其躁。躁，则到翻。有朝士百馀人后至，荣复以胡骑围之，令曰："有能为禅文者免死。"侍御史赵元则出应募，遂使为之。考异曰：北史曰："时陇西李神儁、顿丘李谐、太原温子升并当世辞人，皆在围中，耻从是命，俯伏不应。"按神儁等不应，何得不死！魏书本传皆无其事。荣又令其军士言"元氏既灭，尔朱氏兴，"皆称万岁。荣又遣数十人拔刀向行宫，帝与无上王劭、始平王子正俱出帐外。荣先遣并州人郭罗刹、西部高车叱列杀鬼侍帝侧，刹，初辖翻。诈言防卫，抱帝入账，馀人即杀劭及子正，又遣数十人迁帝于河桥，置之幕下。

帝忧愤无计，使人谕旨于荣曰："帝三迭兴，盛衰无常。今四方瓦解，将军奋袂而起，所向无前，此乃天意，非人力也。我本相投，志在全生，岂敢妄希天位！希，望也。将军见逼，以至于此。若天命有归，将军宜时正尊号；若推而不居，推，吐雷翻。存魏社稷，亦当更择亲贤而辅之。"更，工衡翻。时都督高欢劝荣称帝，考异曰：魏尔朱荣传曰："于是献武王与外兵参军司马子如等切谏，陈不可之理，荣曰：'愆误若是，唯当以死谢朝廷。今日安危之机，计将何出？'献武王等曰：'未若还奉长乐以安天下。'于是还奉庄帝。"北齐书神武纪云："荣将篡位，神武谏，恐不听，请铸像卜之，铸不成，乃止。"盖魏收与北齐史官欲为神武掩此恶，故云尔。今从周书贺拔岳传。左右多同之，荣疑未决。贺拔岳进曰："将军首举义兵，志除奸逆，大勋未立，遽有此谋，正可速祸，未见其福。"荣乃自铸金为像，凡四铸，不成。功曹参军燕郡刘灵助善卜筮，汉高祖定天下，燕仍为国，昭帝改为广阳郡；后汉光武并上谷，和帝复为广阳郡；晋为广阳国，魏为燕郡。燕，因肩翻。荣信之，灵助言天时人事未可。荣曰："若我不吉，当迎天穆立之。"灵助曰："天穆亦不吉，唯长乐王有天命耳。"荣亦精神恍惚，不自支持，久而方寤，史言天位不可以诈力奸。恍，呼广翻。惚，音忽。深思【章：甲十一行本"思"作"自"；乙十一行本同；孔本同；张校同。】愧悔曰："过误若是，唯当以死谢朝廷。"贺拔岳请杀高欢以谢天下，左右曰："欢虽复愚疏，言不思难，复，扶又翻；下更复同。难，乃旦翻。今四方多事，须借武将，将，即亮翻。请舍之，收其后效。"荣乃止。夜四更，复迎帝还营，更，工衡翻。荣望马首叩头请死。

荣所从胡骑杀朝士既多，不敢入洛城，即欲向北为迁都之计。荣狐疑甚久，武卫将军汎礼固谏。皇甫谧云：汎，本姓凡，遭秦乱避地于汎水，因氏焉。汎，音凡。辛丑，荣奉帝入城。帝御太极殿，下诏大赦，改元建义。从太原王将士，普加五阶，在京文官二阶，武官三阶，百姓复租役三年。复，方目翻，除也。时百官荡尽，存者皆窜匿不出，唯散骑常侍山伟一人拜赦于阙下。山伟称颂元叉而得进，其人可知，特干没以苟一时之利禄耳。洛中士民草草，诗巷伯曰：劳人草草。注云：草草，劳心也。笺云：草草，忧将妄得罪也。人怀异虑，或云荣欲纵兵大掠，或云欲迁都晋阳；富者弃宅，贫者襁负，率皆逃窜，什不存一二，襁，居两翻。直卫空虚，官守旷废。守，手又翻。旷，空也。荣乃上书，称："大兵交际，难可齐壹，诸王朝贵，横死者众，横，户孟翻。臣今粉躯不足塞咎，塞，悉则翻。乞追赠亡者，微申私责。无上王请追尊为无上皇帝，自馀死于河阴者，王赠三司，三品赠令、仆，五品赠刺史，七品已下白【章：甲十一行本“白”上有“及”字；乙十一行本同；孔本同。】民赠郡镇；身无官爵，谓之白民，犹言白丁也。郡镇，郡守、镇将也。死者无后听继，即授封爵。又遣使者循城劳问。”劳，力到翻。诏从之。于是朝士稍出，人心粗安。粗，坐五翻。封无上王之子韶为彭城王。荣犹执迁都之议，帝亦不能违；都官尚书元谌争之，以为不可，汉成帝置三公曹尚书，主断狱。光武改三公曹主考课，置中都官曹尚书，主水火盗贼事。魏置尚书都官郎，佐督军事。晋以三公尚书掌刑狱。宋三公、比部主刑法，又置都官尚书，主军事刑狱。至隋，乃改都官尚书为刑部尚书。谌，氏壬翻。荣怒曰：“何关君事，而固执也！且河阴之事，君应知之。”谌曰：“天下事当与天下论之，奈何以河阴之酷而恐元谌！谌，国之宗室，位居常伯，尚书，古常伯之任。生既无益，死复何损，复，扶又翻。正使今日碎首流肠，亦无所惧！”荣大怒，欲抵谌罪，尔朱世隆固谏，乃止。见者莫不震悚，谌颜色自若。后数日，帝与荣登高，见宫阙壮丽，列树成行，行，户刚翻。乃叹曰：“臣昨愚暗，有北迁之意，今见皇居之盛，熟思元尚书言，深不可夺。”由是罢迁都之议。谌，谧之兄也。

癸卯，以江阳王继为太师，北海王颢为太傅；光禄大夫李延寔为太保，赐爵濮阳王；并州刺史元天穆为太尉，赐爵上党王；前侍中杨椿为司徒；车骑大将军穆绍为司空，领尚书令，进爵顿丘王；雍州刺史长孙稚为骠骑大将军、开府仪同三司，赐爵冯翊王；雍，于用翻。长，知两翻。骠，匹妙翻。骑，奇寄翻。殿中尚书元谌为尚书右仆射，赐爵魏郡王；金紫光禄大夫广陵王恭加仪同三司；其馀起家暴贵者，不可胜数。延寔，冲之子也，李冲柄用于文明、孝文之时。胜，音升。以帝舅故，得超拜。

徐纥弟献伯为北海太守，季产为青州长史，纥使人告之，皆将家属逃去，与纥俱奔泰山。泰山郡属兖州，所谓东奔兖州也。郑俨与从兄荥阳太守仲明谋据郡起兵，从，才用翻。为部下所杀。

丁未，诏内外解严。

10 魏郢州刺史元显达请降，降，户江翻。诏郢州刺史元树迎之，魏克义阳，以梁之司州为郢州。梁之郢州治江夏郡。夏侯夔亦自楚城往会之，遂留镇焉。改魏郢州为北司州，以夔为刺史，兼督司州。梁初，义阳陷，侨置司州于关南，今黄州黄陂县之地。既复义阳，因以为北司州。夔进攻毛城，逼新蔡；豫州刺史夏侯亶围南顿，攻陈项；魏行台源子恭拒之。

11 庚戌，魏赐尔朱荣子义罗爵梁郡王。

12 柔然头兵可汗数入贡于魏，可，从刊入声。汗，音寒。数，所角翻。魏诏头兵赞拜不名，上书不称臣。

13 魏汝南王悦及东道行台临淮王彧闻河阴之乱，皆来奔。先是，魏人降者皆称魏官为伪，先，悉荐翻。彧表启独称魏临淮王；上亦体其雅素，不之责。魏北海王颢将之相州，至汲郡，闻葛荣南侵及尔朱荣纵暴，阴为自安之计，盘桓不进；以其舅殷州刺史范遵行相州事，代前刺史李神守邺。行台甄密知颢有异志，相帅废遵，甄，之人翻。帅，读曰率。复推李神摄州事，复，扶又翻。遣兵迎颢，且察其变。颢闻之，帅左右来奔。为后送颢北还张本。帅，读曰率。密，琛之从父弟也。甄琛事魏宣武帝。从，才用翻。北青州刺史元世俊、南荆州刺史李志皆举州来降。魏北青州治东阳，去梁境甚远。五代志：东海郡，梁置南、北二青州郡，领怀仁县。又注云：梁置南、北二青州。意者元世俊以怀仁之地来降也。志又曰：春陵郡，后魏置南荆州。降，户江翻。

14 五月，丁巳朔，魏加尔朱荣北道大行台。以尚书右仆射元罗为东道大使，使，疏吏翻。光禄勋元欣副之，巡方黜陟，先行后闻。欣，羽之子也。羽，孝文帝之弟，封广陵王。

15 尔朱荣入见魏主于明光殿，见，贤遍翻；下朝见同。重谢河桥之事，重，直用翻。誓言无复贰心。帝自起止之，因复为荣誓，言无疑心。复，扶又翻；下不复同。为，于伪翻。荣喜，因求酒饮之，熟醉；帝欲诛之，左右苦谏，乃止，即以床轝向中常侍省。轝，羊茹翻；轝车为轝。荣夜半方寤，遂达旦不眠，自此不复禁中宿矣。

荣女先为肃宗嫔，荣欲敬宗立以为后，帝疑未决，【章：甲十一行本“决”下有“给事”二字；乙十一行本同；孔本同；张校同。】黄门侍郎祖莹曰：“昔文公在秦，怀嬴入侍；事有反经合义，左传：晋世子圉质于秦，秦伯以女妻之。子圉逃归，公子重耳入秦，秦伯纳女五人，怀嬴与焉。秦，嬴氏也；圉谥怀公，故曰怀嬴。汉儒以反经合道为权，祖莹本此。嫔，毗宾翻。陛下独何疑焉！”帝遂从之，荣意甚悦。

荣举止轻脱，喜驰射，喜，许记翻。每入朝见，更无所为，唯戏上下马；于西林园宴射，恒请皇后出观，并召王公、妃主共在一堂。每见天子射中，辄自起舞叫，将相卿士悉皆盘旋，上，时掌翻。恒，户登翻。中，竹仲翻。将，即亮翻。相，息亮翻。乃至妃主亦不免随之举袂。及酒酣耳热，必自匡坐唱虏歌；匡坐，正坐也。虏歌，胡歌也。日暮罢归，与左右连手蹋地唱回波乐而出。此所谓蹋歌也。回波乐，曲名。乐，音洛。性甚严暴，喜愠无常，刀槊弓矢，不离于手，槊，色角翻。离，力智翻。每有瞋嫌，瞋，昌真翻。辄行击射，射，而亦翻。左右恒有死忧。恒，户登翻。尝见沙弥重骑一马，去俗为僧，受度而未受戒者，谓之沙弥。重骑者，二人共骑也。重，直龙翻。荣即令相触，力穷不能复动，复，扶又翻。遂使傍人以头相击，死而后已。

辛酉，荣还晋阳，帝饯之于邙阴。邙阴，邙山之北也。荣令元天穆入洛阳，加天穆侍中、录尚书事、京畿大都督兼领军将军，以行台郎中桑干朱瑞为黄门侍郎兼中书舍人，朝廷要官，悉用其腹心为之。

16 丙寅，魏主诏："孝昌以来，凡有冤抑无诉者，悉集华林东门，当亲理之。"时承丧乱之后，丧，息浪翻。仓廪虚竭，始诏"入粟八千石者赐爵散侯，此有官入粟者之赐也。魏制，散侯降开国侯一品。散，悉亶翻。白民输五百石者赐出身，沙门授本州统及郡县维那。"维那，各管其郡县之僧。

尔朱荣之趣洛也，趣，七喻翻。遣其都督樊子鹄取唐州，唐州刺史崔元珍、行台郦恽拒守不从。乙亥，子鹄拔平阳，斩元珍及恽。恽，于粉翻。元珍，挺之从父弟也。从，才用翻。

17 将军曹义宗围魏荆州，堰水灌城，不没者数板。时魏方多难，不能救，难，乃旦翻。城中粮尽，刺史王罴煮粥与将士均分食之，每出战，不擐甲胄，仰天大呼曰：擐，音宦。呼，火故翻。"荆州城，孝文皇帝所置，魏孝文太和中置荆州于穰城。天若不佑国家，令箭中王罴额；不尔，王罴必当破贼。"弥历三年，前后搏战甚众，亦不被伤。中，竹仲翻。被，皮义翻。癸未，魏以中军将军费穆都督南征诸军事，将兵救之。将，即亮翻。

18 魏临淮王彧闻魏主定位，乃以母老求还，辞情恳至。上惜其才而不能违，六月，丁亥，遣彧还。魏以彧为侍中、骠骑大将军，加仪同三司。骠，匹妙翻。骑，奇寄翻。

19 魏员外散骑常侍高乾，佑之从子也，高佑，允之从祖弟。从，才用翻。与弟敖曹、季式皆喜轻侠，喜，许记翻。与魏主有旧。尔朱荣之向洛也，逃奔齐州，闻河阴之乱，遂集流民起兵于河、济之间，受葛荣官爵，频破州军。魏主使元欣谕旨，乾等乃降，济，子礼翻。降，户江翻。以乾为给事黄门侍郎兼武卫将军，敖曹为通直散骑侍郎。荣以乾兄弟前为叛乱，不应复居近要，魏主乃听解官归乡里。敖曹复行抄掠，复，扶又翻。抄，楚交翻。荣诱执之，与薛修义同拘于晋阳。薛修义为龙门镇将，附萧宝寅，既降而反侧，故亦被拘。诱，音酉。敖曹名昂，以字行。敖曹之父以其子昂藏敖曹，故以为名字。

20 葛荣军乏食，遣其仆射任褒将兵南掠至沁水，沁水县，自汉以来属河内郡。任，音壬。沁，千浸翻。魏以元天穆为大都督东北道诸军事，帅宗正珍孙等讨之。帅，读曰率；下同。

前幽州平北府主簿河间邢杲帅河北流民十万馀户反于青州之北海，自称汉王，改元天统。戊申，魏以征东将军李叔仁为车骑大将军、仪同三司，帅众讨之。

辛亥，魏主诏曰："朕当亲御六戎，戎，兵也。六戎，犹言六军也。扫静燕、代。"燕，因肩翻。以大将军尔朱荣为左军，上党王天穆为前军，司徒杨椿为右军，司空穆绍为后军。葛荣退屯相州之北。相，息亮翻。

21 秋，七月，乙丑，魏加尔朱荣柱国大将军、录尚书事。魏初置柱国大将军，长孙嵩以开国元勋加此号。

22 壬子，魏光州民刘举聚众反于濮阳，濮，博木翻。自称皇武大将军。

23 是月，万俟丑奴自称天子，置百官。会波斯国献师子于魏，波斯国都宿利城，在忸密西，古条支国也；去代都二万四千二百二十八里。丑奴留之，改元神兽。

24 魏泰山太守羊侃，守，式又翻。以其祖规尝为宋高祖祭酒从事，常有南归之志。徐纥往依之，因劝侃起兵，侃从之。兖州刺史羊敦，侃之从兄也，从，才用翻。密知之，据州拒侃。八月，侃引兵袭敦，弗克，魏兖州刺史治瑕丘，泰山太守治博。筑十馀城守之，且遣使来降，使，疏吏翻。降，户江翻。诏广晋县侯泰山羊鸦仁等将兵应接。沈约志：鄱阳郡有广晋县，本吴所置广昌县；晋武帝太康元年，更名广晋。魏以侃为骠骑大将军、泰山公、兖州刺史，侃斩其使者不受。

将军王弁侵魏徐州，蕃郡民续灵珍拥众万人攻蕃郡以应梁；魏徐州治彭城，领彭城、南阳平、蕃、沛、兰陵、北济阴、砀郡。蕃县，汉、晋属鲁国，魏孝昌三年置蕃郡，治蕃城。五代志：徐州滕县，旧曰蕃，置蕃郡；隋开皇十六年改曰滕郡，寻废郡为县。蕃，音皮，又音翻。魏徐州刺史杨昱击灵珍，斩之，弁引还。

25 甲辰，魏大都督宗正珍孙击刘举于濮阳，灭之。

26 葛荣引兵围邺，众号百万，游兵已过汲郡，汲郡，隋、唐之卫州。所至残掠，尔朱荣启求讨之。九月，尔朱荣召从子肆州刺史天光留镇晋阳，曰："我身不得至处，非汝无以称我心。"从，才用翻。称，尺证翻。自帅精骑七千，马皆有副，魏收魏书云：帅骑七万。帅，读曰率。骑，奇寄翻。倍道兼行，东出滏口，以侯景为前驱。滏，音釜。葛荣为盗日久，梁普通七年，葛荣得鲜于修礼之众，寇掠河北。横行河北，尔朱荣众寡非敌，议者谓无取胜之理。葛荣闻之，喜见于色，见，贤遍翻。令其众曰："此易与耳，易，弋豉翻。诸人俱办长绳，至则缚取。"自邺以北，列陈数十里，箕张而进。如箕之张也。陈，读曰阵。尔朱荣潜军山谷，为奇兵，分督将已上三人为一处，处有数百骑，令所在扬尘鼓噪，使贼不测多少。将，即亮翻。少，诗沼翻。又以人马逼战，刀不如棒，勒军士赍袖棒一枚，置于马侧，至战时虑废腾逐，不听斩级，斩级者，斩首以计功级。以棒棒之而已。棒，蒲项翻。分命壮勇所向冲突，号令严明，战士同奋。尔朱荣身自陷陈，出于贼后，表里合击，大破之，于陈擒葛荣，陈，读曰阵。馀众悉降。降，户江翻。以贼徒既众，若即分割，恐其疑惧，或更结聚，乃下令各从所乐，乐，音洛。亲属相随，任所居止，于是群情大喜，登即四散，登者，登时也。数十万众一朝散尽。待出百里之外，乃始分道押领，随便安置，咸得其宜。擢其渠帅，量才授任，新附者咸安，时人服其处分机速。帅，所类翻。量，音良。处，昌吕翻。分，扶问翻。以槛车送葛荣赴洛，冀、定、沧、瀛、殷五州皆平。时上党王天穆军于朝歌之南，穆绍、杨椿犹未发，而葛荣已灭，乃皆罢兵。是年夏，魏主将北征，以尔朱荣为左军，杨椿为右军，穆绍为后军。

初，宇文肱从鲜于修礼攻定州，战死于唐河。魏收志：定州中山郡唐县有唐水。水经：唐水导源卢奴县西北，东流至唐城西北隅，堨而为湖，其水南入小沟，下注滱水。其子泰在修礼军中，修礼死，从葛荣；葛荣败，尔朱荣爱泰之才，以为统军。宇文泰事始此。

乙亥，魏大赦，改元永安。

辛巳，以尔朱荣为大丞相、都督河北畿外诸军事，荣子平昌公文殊、昌乐公文畅并进爵为王，乐，音洛。以杨椿为太保，城阳王徽为司徒。

冬，十月，丁亥，葛荣至洛，魏主御阊阖门洛城西面有广阳、西明、阊阖三门。又洛阳宫城门曰阊阖，注已见八十四卷晋惠帝太安元年。引见，斩于都市。

27 帝以魏北海王颢为魏王，遣东宫直阁将军陈庆之将兵送之还北。将，即亮翻。考异曰：梁、魏帝纪皆云以颢为魏主，唯颢传作“魏王”。按魏封刘昶为宋王，萧宝寅为齐王，萧督为梁王，皆俟得国然后使称帝耳。若颢在南已称魏帝，当行即位之礼，又梁朝应以客礼待之，又颢不应再即帝位于涣水。盖由“王”字与“主”字止欠一点，故多致谬误。今从颢传。

28 丙申，魏以太原王世子尔朱菩提为骠骑大将军、开府仪同三司。菩，薄乎翻。丁酉，以长乐等七郡各万户，通前十万户，为太原王荣国，乐，音洛。戊戌，又加荣太师，皆赏擒葛荣之功也。

29 壬子，魏江阳武烈王继卒。

30 魏使征虏将军韩子熙招谕邢杲，杲诈降而复反。降，户江翻。复，扶又翻。李叔仁击杲于惟水，“惟水”当作“潍水”。【章：乙十一行本正作“潍”；退斋校同。】水经：潍水出琅邪箕县，东北过东武城县西，又北过平昌县东，又北过高密县西，又北过淳于县东，又东北过下密县故城西，又东北过都昌县东，又东北入于海。五代志：后魏北海郡胶东县，隋改曰潍水县，后又改曰下密县。潍，音惟。失利而还。还，从宣翻，又如字。

31 魏费穆奄至荆州。曹义宗军败，为魏所擒，荆州之围始解。荆州受围三年始解。

32 元颢袭魏铚城而据之。铚县，汉属沛郡，魏、晋属谯郡。宋白曰：宿州临涣县，汉铚县地。铚，竹乙翻。

33 魏行台尚书左仆射于晖等兵数十万，击羊侃于瑕丘，刘昫曰：瑕丘，春秋时鲁之瑕邑；宋以为兖州治所，隋始置瑕丘县。徐纥恐事不济，说侃请乞师于梁，说，式芮翻。侃信之，纥遂来奔。晖等围侃十馀重，重，直龙翻。栅中矢尽，南军不进。十一月，癸亥夜，侃溃围出，且战且行，一日一夜乃出魏境，至渣口，水经引郡国志曰：偪阳有柤水，南乱于沂，而注于沭，谓之柤口；春秋诸侯会吴于柤即此。渣，侧加翻。众尚万馀人，马二千匹。士卒皆竟夜悲歌，侃乃谢曰：“卿等怀土，理不能相随，幸适去留，言或去或留，各从其意也。于此为别。”各拜辞而去。魏复取泰山。复，扶又翻，又如字。晖，劲之子也。于劲事魏孝文帝。

34 戊寅，魏以上党王天穆为大将军、开府仪同三司，世袭并州刺史。

35 十二月，庚子，魏诏于晖还师讨邢杲。

36 葛荣馀党韩楼复据幽州反，为尔朱荣遣将平韩楼张本。复，扶又翻。北边被其患。被，皮义翻。尔朱荣以抚军将军贺拔胜为大都督，镇中山；楼畏胜威名，不敢南出。

张政烺标点王崇武聂崇岐覆校

资治通鉴卷第一百五十三

端明殿学士兼翰林侍读学士朝散大夫右谏议大夫
充集贤殿修撰提举西京嵩山崇福宫上柱国河内郡 司马光 奉敕编集
开国侯食邑一千八百户食实封六百户赐紫金鱼袋臣

后学天台 胡三省 音注

梁纪九 屠维作噩（己酉），一年。

高祖武皇帝九

中大通元年（己酉、五二九）是年十月方改元。

1 春，正月，甲寅，魏于晖所部都督彭乐帅二千馀骑叛奔韩楼，晖引还。不敢复进军讨邢杲。帅，读曰率。骑，奇寄翻。

2 辛酉，上祀南郊，大赦。

3 甲子，魏汝南王悦求还国，许之。悦来奔见上卷上年。

4 辛巳，上祀明堂。

5 二月，甲午，魏主尊彭城武宣王为文穆皇帝，庙号肃祖；母李妃为文穆皇后。将迁神主于太庙，以高祖为伯考，大司马兼录尚书临淮王彧表谏，以为“汉高祖立太上皇庙于香街，香街，在汉长安故城内，左冯翊府东北。光武祀南顿君于舂陵。事见四十三卷建武十九年。元帝之于光武，已疏绝服，服至祖免则无服，谓之绝服。犹身奉子道，入继大宗。汉元帝以大宗则上距景帝五世，以祖孙世数数之则上距景帝七世，光武上接景帝亦七世。五服之次，亲尽无服，而光武中兴，以赤刘九九之符，继元帝为九世，而别为舂陵节侯以下立四亲庙于舂陵。高祖德洽寰中，道超无外，肃祖虽勋格宇宙，犹北面为臣。又，二后皆将配飨，乃是君臣并筵，嫂叔同室，窃谓不可。”吏部尚书李神俊亦谏，不听。彧又请去“帝”著“皇”，请去“帝”著“皇”，亦引汉悼皇、共皇为据。去，羌吕翻。著，则略翻。亦不听。

6 诏更定二百四十号将军为四十四班。天监七年，定将军为二十四班。是年，有司奏移宁远将军班中明威将军进轻车班中，以轻车班中征远度入宁远班中。又置安远将军代贞武，宣远代明烈；其戎夷之号亦加附拟。选序则依此承用，遂以定制。转则进一班，黜则退一班。班即阶也。同班以优劣为前后，有镇、卫、骠骑、车骑同班，四中、四征同班，八安同班，四平、四翊同班，忠武、军师同班，武臣、爪牙、龙骑、云麾、冠军同班，镇兵、翊师、宣毅、宣惠四将军，东、西、南、北四中郎将同班；智威、仁威、勇威、信威、严威同班，智武、仁武、勇武、信武、严武同班，谓为五德将军；轻车、振朔、武旅、贞毅、明威同班，宁远、安远、征远、振远、宣远同班，威雄、威猛、威烈、威振、威信、威胜、威略、威风、威力、威光同班，武猛、武略、武胜、武力、武毅、武健、武烈、武威、武锐、武勇同班，猛毅、猛烈、猛威、猛锐、猛震、猛进、猛智、猛略、猛胜、猛骏同班，壮武、壮勇、壮烈、壮猛、壮锐、壮盛、壮毅、壮志、壮意、壮力同班，骁雄、骁桀、骁猛、骁烈、骁武、骁勇、骁锐、骁名、骁胜、骁迅同班，雄猛、雄威、雄明、雄烈、雄信、雄武、雄勇、雄毅、雄壮、雄健同班，忠勇、忠烈、忠猛、忠锐、忠壮、忠毅、忠捍、忠信、忠义、忠胜同班，明智、明略、明远、明勇、明烈、明威、明胜、明进、明锐、明毅同班，光烈、光明、光英、光远、光胜、光锐、光命、光勇、光戎、光野同班，飙勇、飙猛、飙烈、飙锐、飙奇、飙决、飙起、飙略、飙胜、飙出同班，龙骧、虎视、云旗、风烈、电威、雷音、驰锐、追锐、羽骑、突骑同班，开远、略远、贞威、决胜、清野、坚锐、轻锐、拔山、云勇、振旅同班，超武、铁骑、楼船、宣猛、树功、克敌、平虏、棱威、昭威、威戎同班，伏波、雄戟、长剑、冲冠、雕骑、佽飞、勇骑、破敌、克敌、威虏同班，前锋、武毅、开边、招远、全威、破阵、荡寇、殄虏、横野、驰射同班，牙门、期门同班，候骑、熊渠同班，中坚、典戎同班，执讯、行阵同班，伏武、怀奇同班，偏、裨将军同班：凡二百四十号，为四十四班。

7 壬寅，魏诏济阴王晖业兼行台尚书，济，子礼翻。考异曰：梁书作“徽业”。今从魏书。都督丘大千等镇梁国。晖业，小新成之曾孙也。小新成见一百二十九卷宋孝武帝大明五年。

8 三月，壬戌，魏诏上党王天穆讨邢杲，以费穆为前锋大都督。

9 夏，四月，癸未，魏迁肃祖及文穆皇后神主于太庙，又追尊彭城王勰为孝宣皇帝。临淮王彧谏曰：“兹事古所未有，言自古未有以皇帝追尊其兄者。今按自唐高宗以后，率多追谥其子弟为皇帝，作俑者魏敬宗也。陛下作而不法，后世何观！”用左传曹刿语意。弗听。

10 魏元天穆将击邢杲，以北海王颢方入寇，集文武议之，众皆曰：“杲众强盛，宜以为先。”行台尚书薛琡曰：琡，昌六翻。“邢杲兵众虽多，鼠窃狗偷，非有远志。颢帝室近亲，颢，北海王详之子，于魏主从兄弟也。来称义举，其势难测，宜先去之。”去，羌吕翻。天穆以诸将多欲击杲，又魏朝亦以颢为孤弱不足虑，将，即亮翻。朝，直遥翻。命天穆等先定齐地，还师击颢，遂引兵东出。

颢与陈庆之乘虚自铚城进拔荥城，遂至梁国；水经注，春秋沙随之地。杜预注以为即梁国宁陵县北之沙阳亭，俗谓之堂城，“荥”“堂”字相近，意即此地而字讹也。铚，陟栗翻。魏丘大千有众七万，分筑九城以拒之。庆之攻之，自旦至申，拔其三垒，大千请降。降，户江翻；下同。颢登坛燔燎，即帝位于睢阳城南，改元孝基。睢，音虽。考异曰：魏帝纪，去年十月萧衍以颢为魏主，号年孝基，入据铚城。颢传，“永安二年四月于梁国城南登坛燔燎，年号孝基。”今从之。济阴王晖业帅羽林兵二万军考城，前汉梁国有甾县，后汉章帝更名考城，属陈留郡，晋省，宋属济阳郡。五代志曰：梁郡考城县，后魏曰考阳，置北梁郡，隋复为考城县，属宋州。帅，读曰率。庆之攻拔其城，擒晖业。考异曰：魏书帝纪，克考城在辛丑后，今从梁帝纪。

11 辛丑，魏上党王天穆及尔朱兆破邢杲于济南，济，子礼翻。杲降，送洛阳，斩之。兆，荣之从子也。从，才用翻。

12 五月，丁巳，魏以东南道大都督杨昱镇荥阳，尚书仆射尔朱世隆镇虎牢，侍中尔朱世承镇崿岅。崿，五各翻。岅，与坂同，音反。乙丑，内外戒严。

戊辰，北海王颢克梁国。颢以陈庆之为卫将军、徐州刺史，引兵而西。引兵而西，直指洛阳。杨昱拥众七万，据荥阳，庆之攻之，未拔，颢遣人说昱使降，昱不从。说，式芮翻。天穆与骠骑将军尔朱吐没儿将大军前后继至，骠，匹妙翻。骑，奇寄翻。将，即亮翻；下同。梁士卒皆恐，庆之解鞍秣马，谕将士曰："吾至此以来，屠城略地，实为不少；少，诗沼翻。君等杀人父兄、掠人子女，亦无算矣；天穆之众，皆是仇雠。我辈众才七千，虏众三十馀万，今日之事，唯有必死乃可得生耳。虏骑多，不可与之野战，当及其未尽至，急攻取其城而据之。诸君勿或狐疑，自取屠脍。"乃鼓之，使登城，将士即相帅蚁附而入，帅，读曰率。癸酉，拔荥阳，执杨昱。杨昱轻庆之兵少，不料其肉薄急攻，故城陷。传曰："敌无小，不可轻也。"又曰："不备不虞，不可以师。"诸将三百馀人伏颢帐前请曰："陛下渡江三千里，无遗镞之费，昨荥阳城下一朝杀伤五百馀人，愿乞杨昱以快众意！"颢曰："我在江东闻梁主言，初举兵下都，袁昂为吴郡不降，每称其忠节。事见一百四十四卷齐和帝中兴元年。降，户江翻。杨昱忠臣，奈何杀之！此外唯卿等所取。"于是斩昱所部统帅三十七人，皆刳其心而食之。帅，所类翻。俄而天穆等引兵围城，庆之帅骑三千背城力战，大破之，帅，读曰率。背，蒲妹翻。天穆、吐没儿皆走。庆之进击虎牢，尔朱世隆弃城走，获魏东中郎将辛纂。魏东中郎府在虎牢。

魏主将出避颢，未知所之，或劝之长安，中书舍人高道穆曰："关中荒残，何可复往！复，扶又翻。颢士众不多，乘虚深入，由将帅不得其人，故能至此。陛下【章：甲十一行本"下"下有"若"字；乙十一行本同；孔本同；张校同。】亲帅宿卫，将，即亮翻。帅，所类翻。亲帅，读曰率；下同。高募重赏，背城一战，臣等竭其死力，破颢孤军必矣。或恐胜负难期，则车驾不若渡河，征大将军天穆、大丞相荣各使引兵来会，犄角进讨，犄，居蚁翻。旬月之间，必见成功，此万全之策也。"魏主从之。甲戌，魏主北行，夜，至河内郡北，河内郡治野王。魏主自洛北如河内，当夜至郡城南，不应至郡城北，恐误。命高道穆于烛下作诏书数十纸，布告远近，于是四方始知魏主所在。乙亥，魏主入河内。

临淮王彧，安丰王延明，帅百僚，封府库，备法驾迎颢。考异曰：彧传无迎颢事，而梁陈庆之、北齐宋游道传有之，盖魏史为彧讳也。丙子，颢入洛阳宫，改元建武，大赦。以陈庆之为侍中、车骑大将军，增邑万户。杨椿在洛阳，椿弟顺为冀州刺史，兄子侃为北中郎将，从魏主在河北。颢意忌椿，而以其家世显重，恐失人望，未敢诛也。杨播、杨椿兄弟仕魏，一门贵盛，子侄通显，累朝荣赫。侃，播之子也。或劝椿出亡，椿曰："吾内外百口，何所逃匿！正当坐待天命耳。"

颢后军都督侯暄守睢阳为后援，睢阳，即梁国。睢，音虽。魏行台崔孝芬、大都督刁宣驰往围暄，昼夜急攻，戊寅，暄突走，擒斩之。

上党王天穆等帅众四万攻拔大梁，大梁，即陈留浚仪县。分遣费穆将兵二万攻虎牢，颢使陈庆之击之。天穆畏颢，将北渡河，谓行台郎中济阴温子升曰："卿欲向洛，为随我北渡？"天穆开两端以问子升。济，子礼翻。子升曰："主上以虎牢失守，守，式又翻。致此狼狈。元颢新入，人情未安，今往击之，无不克者。大王平定京邑，奉迎大驾，此桓、文之举也。舍此北渡，窃为大王惜之。”为，于伪翻。天穆善之而不能用，遂引兵渡河。费穆攻虎牢，将拔，闻天穆北渡，自以无后继，遂降于庆之。降，户江翻。庆之进击大梁、梁国，皆下之。睢阳即梁国。下，遐稼翻。庆之以数千之众，自发铚县至洛阳，凡取三十二城；四十七战，所向皆克。

颢使黄门郎祖莹作书遗魏主曰：遗，于季翻。“朕泣请梁朝，誓在复耻，正欲问罪于尔朱，出卿于桎梏。朝，直遥翻。桎，之日翻。梏，苦沃翻。卿托命豺狼，委身虎口，假获民地，本是荣物，固非卿有。颢言尔朱荣擅命，颢所得一民尺地皆尔朱荣之物，非魏主之有。今国家隆替，在卿与我。若天道助顺，则皇魏再兴；脱或不然，在荣为福，于卿为祸。卿宜三复，三，苏暂翻。复，扶又翻。富贵可保。”

颢既入洛，自河以南州郡多附之。齐州刺史沛郡王欣集文武议所从，曰：“北海、长乐，俱帝室近亲，颢，北海王详之子；魏主，彭城王勰之子，同出于显祖。乐，音洛。今宗祏不移，杜预曰：宗祏，今庙中藏主石室也。祏，音石。我欲受赦，诸君意何如？”在坐莫不失色。坐，徂卧翻。军司崔光韶独抗言曰：“元颢受制于梁，引寇雠之兵以覆宗国，此魏之乱臣贼子也；岂唯大王家事所宜切齿，下官等皆受朝眷，朝眷，谓朝廷恩眷也。朝，直遥翻。未敢仰从！”长史崔景茂等皆曰：“军司议是。”欣乃斩颢使。使，疏吏翻；下同。光韶，亮之从父弟也。崔亮贵显于延昌、熙平之间。从，才用翻。于是襄州刺史贾思同、魏孝昌中置襄州，领襄城、舞阴、南安、期城、宣义、建城等郡，治赭阳。广州刺史郑先护、魏主置广州，治鲁阳，领南阳、顺阳、定陵、鲁阳、汝南、汉广、襄城郡。南兖州刺史元暹魏正光中置南兖州，治谯城，领陈留、梁郡、下蔡、谯郡、北梁郡、沛郡、马头郡。亦不受颢命。思同，思伯之弟也。贾思伯见一百四十九卷普通四年。颢以冀州刺史元孚为东道行台、彭城郡王，孚封送其书于魏主。平阳王敬先起兵于河桥以讨颢，不克而死。

魏以侍中、车骑将军、尚书右仆射尔朱世隆为使持节、行台仆射、大将军、相州刺史，镇邺城。相，息亮翻。

魏主之出也，单骑而去，侍卫后宫皆安堵如故。颢一旦得之，号令己出，四方人情想其风政。而颢自谓天授，遽有骄怠之志，宿昔宾客近习，咸见宠待，干扰政事，日夜纵酒，不恤军国，所从南兵，陵暴市里，朝野失望。高道穆兄子儒自洛阳出从魏主，魏主问洛中事，子儒曰："颢败在旦夕，不足忧也。"

尔朱荣闻魏主北出，即时驰传见魏主于长子，行，且部分。魏主即日南还，尔朱荣既至，魏主有所倚以攻颢，故即日南还。传，张恋翻。分，扶问翻。荣为前驱。旬日之间，兵众大集，资粮器仗，相继而至。六月，壬午，魏大赦。

荣既南下，并、肆不安，乃以尔朱天光为并、肆等九州行台，九州，并、肆、恒、朔、云、蔚、显、汾、晋也。仍行并州事。天光至晋阳，部分约勒，所部皆安。

己丑，费穆至洛阳，颢引入，责以河阴之事而杀之。费穆劝尔朱荣杀王公，事见上卷。颢使都督宗正珍孙与河内太守元袭据河内；尔朱荣攻之，上党王天穆引兵会之，壬寅，拔其城，斩珍孙及袭。

13 辛亥，魏淮阴太守晋鸿以湖阳来降。五代志，春陵郡湖阳县，后魏置西淮安郡及南襄州。"淮阴"当作"淮安"。

14 闰月，己未，南康简王绩卒。

15 魏北海王颢既得志，密与临淮王彧、安丰王延明谋叛梁；以事难未平，难，乃旦翻。借陈庆之兵力，故外同内异，言多猜忌。庆之亦密为之备，说颢曰：说，式芮翻。"今远来至此，未服者尚多，彼若知吾虚实，连兵四合，将何以御之！宜启天子，天子，谓梁武帝。更请精兵，并敕诸州，有南人没此者悉须部送。"颢欲从之，延明曰："庆之兵不出数千，已自难制；今更增其众，宁肯复为人用乎！复，扶又翻；下更复、敢复、遽复、颢复、时复、或复同。大权一去，动息由人，魏之宗庙，于斯坠矣。"颢乃不用庆之言。又虑庆之密启，虑庆之密启其事于上。乃表于上曰："今河北、河南一时克定，唯尔朱荣尚敢跋扈，臣与庆之自能擒讨。州郡新服，正须绥抚，不宜更复加兵，摇动百姓。"上乃诏诸军继进者皆停于境上。陈庆之非尔朱荣敌也；是时梁之诸将又皆出庆之下。使相与继进至洛，与元颢互相猜阻，亦必同归于陷没。梁兵之不进，梁之幸也。武帝不务自治而务远略，所以有侯景之祸。

洛中南兵不满一万，而羌、胡之众十倍，军副马佛念为庆之曰：凡一军有主有副。为，于伪翻，为庆之谋而言也。蜀本"为"作"谓"。"将军威行河、洛，声震中原，功高势重，为魏所疑，一旦变生不测，可无虑乎！不若乘其无备，杀颢据洛，此千载一时也。"庆之不从。马佛念有战国策士之气。然必有非常之才，然后可以行非常之事，陈庆之乌足以办此！载，子亥翻。颢先以庆之为徐州刺史，因固求之镇，颢心惮之，不遣，曰："主上以洛阳之地全相任委，忽闻舍此朝寄，朝寄，谓魏朝所寄托也。朝，直遥翻。欲往彭城，谓君遽取富贵，不为国计，此国计，谓为梁国计。非徒有损于君，恐仆并受其责。"庆之不敢复言。

尔朱荣与颢相持于河上。庆之守北中城，颢自据南岸；河桥南岸也。庆之三日十一战，杀伤甚众。有夏州义士为颢守河中渚，夏，户雅翻。水经注曰：河中渚上有河平侯祠，河之南岸有一碑，题曰洛阳北界。意此中渚即唐时河阳之中潬城也。为，于伪翻。阴与荣通谋，求破桥立效，荣引兵赴之。及桥破，荣应接不逮，颢悉屠之，荣怅然失望。又以安丰王延明缘河固守，而北军无船可渡，议欲还北，更图后举。黄门郎杨侃曰："大王发并州之日，已知夏州义士之谋指来应之乎，为欲广施经略匡复帝室乎？夫用兵者，何尝不散而更合，疮愈更战；况今未有所损，岂可以一事不谐而众谋顿废乎！今四方颙颙，颙颙，仰望也。颙，鱼容翻。视公此举；若未有所成，遽复引归，民情失望，各怀去就，胜负所在，未可知也。不若征发民材，多为桴筏，编竹木以渡水，大者曰桴，小者曰筏。桴，方无翻。筏，音伐。间以舟楫间，古苋翻；下间行同。缘河布列，数百里中，皆为渡势，首尾既远，使颢不知所防，一旦得渡，必立大功。”高道穆曰：“今乘舆飘荡，主忧臣辱。乘，绳证翻。大王拥百万之众，辅天子而令诸侯，若分兵造筏，所在散渡，指掌可克；奈何舍之北归，使颢复得完聚，征兵天下！此所谓养虺成蛇，悔无及矣。”逸书曰：为虺不摧，为蛇奈何？以文义观之，盖以虺为小蛇。荣曰：“杨黄门已陈此策，当相与议之。”刘灵助言于荣曰：“不出十日，河南必平。”伏波将军正平杨檦魏以闻喜、曲沃二县置正平郡，隋废郡为正平县，今绛州治所。檦，与标同。与其族居马渚，自言有小船数艘，求为乡导。艘，苏遭翻。乡，读曰向。戊辰，荣命车骑将军尔朱兆与大都督贺拔胜缚材为筏，自马渚西硖石夜渡，五代志：河南熊耳县有后魏崤县，又有硖石山。唐志，陕州硖石县本崤县，有硖石坞。袭击颢子领军将军冠受，擒之；安丰王延明之众闻之，大溃。颢失据，帅麾下数百骑南走，帅，读曰率。骑，奇寄翻；下同。庆之收步骑数千，结陈东还，陈，读曰阵。颢所得诸城，一时复降于魏。尔朱荣自追陈庆之，会嵩高水涨，颍水出少室山，五渡水出太室山，入于颍水，嵩高水涨，指此水也。庆之军士死散略尽，乃削须发为沙门，间行出汝阴，还建康，庆之所以得免者，亦由嵩高水涨，追兵不急，于军士死散之时得以挺身逸去，否则必为尔朱荣所擒矣。犹以功除右卫将军，封永兴县侯。句断。五代志：会稽郡会稽县旧有永兴县。

中军大都督兼领军大将军杨津入宿殿中，扫洒宫庭，扫，素报翻；洒，所卖翻；又并上声。封闭府库，出迎魏主于北邙，流涕谢罪，帝慰劳之。劳，力到翻。庚午，帝入居华林园，大赦。以尔朱兆为车骑大将军、仪同三司，赏硖石之功也。北来军士及随驾文武诸立义者加五级，河北报事之官及河南立义者加二级。报事，谓报敌情曲折者。壬申，加大丞相荣天柱大将军，增封通前二十万户。天柱，前无此号，魏主以尔朱荣功高，特置以宠之。荣先以平葛荣之功增封至十万户，今又增为二十万户以赏之。

北海王颢自轘辕南出至临颍，临颍县，自汉以来属颍川郡。轘，音环。从骑分散，从，才用翻。骑，奇寄翻。临颍县卒江丰斩之，癸酉，传首洛阳。临淮王彧复自归于魏主，安丰王延明携妻子来奔。

陈庆之之入洛也，萧赞送启求还。赞，即豫章王综也，奔魏事见一百五十卷普通六年。时吴淑媛尚在，媛，于眷翻。上使以赞幼时衣寄之，信未达而庆之败。庆之自魏还，特重北人，朱异怪而问之，异，羊至翻。庆之曰："吾始以为大江以北皆戎狄之乡，比至洛阳，比，必利翻，及也。乃知衣冠人物尽在中原，非江东所及也，奈何轻之？"陈庆之特有见于洛阳华靡之俗而为是言耳。

16 甲戌，魏以上党王天穆为太宰，城阳王徽为大司马兼太尉。乙亥，魏主宴劳尔朱荣、上党王天穆及北来督将于都亭，劳，力到翻。将，即亮翻。出宫人三百，缯锦杂彩数万匹，班赐有差，缯，慈陵翻。凡受元颢爵赏阶复者，悉追夺之。复，方目翻，复除赋役也。

秋，七月，辛巳，魏主始入宫。

以高道穆为御史中尉。帝姊寿阳公主行犯清路，赤棒卒呵之，不止，中尉前驱之卒执赤棒，即清路者也。棒，部项翻。呵，虎何翻。道穆令卒击破其车。公主泣诉于帝，帝曰："高中尉清直之士，彼所行者公事，岂可以私责之也！"道穆见帝，见，贤遍翻。帝曰："家姊行路相犯，极以为愧。"道穆免冠谢，帝曰："朕以愧卿，卿何谢也。"

于是魏多细钱，米斗几直一千，几，巨依翻，又居希翻。高道穆上表，以为"在市铜价，八十一钱得铜一斤，私造薄钱，斤赢二百。言铜一斤造薄钱二百而赢也。既示之以深利，又随之以重刑，抵罪虽多，奸铸弥众。今钱徒有五铢之名而无二铢之实，置之水上，殆欲不沈。沈，持林翻。此乃因循有渐，科防不切，朝廷失之，彼复何罪！复，扶又翻；下况复同。宜改铸大钱，文载年号，以记其始，则一斤所成止七十钱，计私铸所费不能自润，直置无利，自应息心，况复严刑广设也！"言置私铸，直使无利，亦自应息心而不为，况又广设科禁，有严刑之可畏邪！金紫光禄大夫杨侃亦奏乞听民与官并铸五铢钱，使民乐为而弊自改。乐，音洛。魏主从之，始铸永安五铢钱。

17 辛卯，魏以车骑将军杨津为司空。

18 初，魏以梁、益二州境土荒远，更立巴州以统诸獠，凡二十馀万户，獠，鲁皓翻。以巴酋严始欣为刺史；又立隆城镇，宋白曰：取其连冈地势高隆为名，后为隆州。以始欣族子恺为镇将。将，即亮翻。始欣贪暴，孝昌初，诸獠反，围州城，行台魏子建抚谕之，乃散。始欣恐获罪，阴来请降，帝遣使以诏书、铁券、衣冠等赐之，降，户江翻。使，疏吏翻。为恺所获，以送子建。子建奏以隆城镇为南梁州，五代志：巴西郡旧置南梁州。西魏典略曰：此州旧有隆城，故又谓之南隆，治古阆中城，今之阆中即其地。用恺为刺史，囚始欣于南郑。魏以唐永为东益州刺史代子建，以梁州刺史傅竖眼为行台。竖，而庚翻。子建去东益而氐、蜀寻反，氐、蜀，氐人与蜀人也。唐永弃城走，东益州遂没。魏置东益州于武兴，时为氐、蜀所攻没，梁不能有也。

傅竖眼之初至梁州也，州人相贺，事见一百四十八卷天监十五年。既而久病，不能亲政事。其子敬绍，奢淫贪暴，州人患之。严始欣重赂敬绍，得还巴州，遂举兵击严恺，灭之，以巴州来降，降，户江翻。帝遣将军萧玩等援【章：甲十一行本“援”上有“将兵”二字；乙十一行本同；孔本同；张校同。】之。傅敬绍见魏室方乱，阴有保据南郑之志，使其妻兄唐昆仑于外扇诱山民，相与围城，欲为内应。仑，卢昆翻。诱，音酉。围合而谋泄，城中将士共执敬绍，以白竖眼而杀之，竖眼耻恚而卒。恚，於避翻。卒，子恤翻。

19 八月，己未，魏以太傅李延寔为司徒。甲戌，侍中、太保杨椿致仕。

20 九月，癸巳，上幸同泰寺，设四部无遮大会。上释御服，持法衣，行清净大舍，以便省为房，便省，在同泰寺，上临幸时居之，故曰便省。素床瓦器，乘小车，私人执役。甲子，升讲堂法座，为四部大众开涅槃经题。四部大众，僧、尼及善男子、善女人也。涅，奴结翻。癸卯，群臣以钱一亿万祈白三宝，释书以佛陀耶众为佛宝，达摩耶众为法宝，僧迦耶众为僧宝。奉赎皇帝菩萨，释典曰：菩，普也。萨，济也。菩萨，言能普济众生。菩，薄胡翻。萨，桑葛翻。僧众默许。乙巳，百辟诣寺东门，奉表请还临宸极，唐韵曰：宸，屋宇也，天子所居。毛晃曰：帝居北辰之宫，故从“宀”、从“辰”。三请，乃许。上三答书，前后并称“顿首”。

21 魏尔朱荣使大都督尖山侯渊按五代志，后魏置神武郡于桑干水上，领尖山、殊颓二县。讨韩楼于蓟，配卒甚少，骑止七百，蓟，音计。少，诗沼翻。骑，奇寄翻。或以为言，荣曰：“侯渊临机设变，是其所长；若总大众，未必能用。今以此众击此贼，必能取之。”渊遂广张军声，多设供具，亲帅数百骑深入楼境。去蓟百馀里，值贼帅陈周马步万馀，亲帅，读曰率。贼帅，所类翻。渊潜伏以乘其背，大破之，虏其卒五千馀人。寻还其马仗，纵令入城，左右谏曰：“既获贼众，何为复资遣之？”马仗，马及兵仗也。复，扶又翻。渊曰：“我兵既少，不可力战，须为奇计以离间之，乃可克也。”渊度其已至，间，古苋翻。度，徒洛翻。遂帅骑夜进，昧旦，叩其城门。韩楼果疑降卒为渊内应，遂走，追擒之，幽州平。以渊为平州刺史镇范阳。魏平州本治肥如，今徙镇幽州之范阳。

先是，魏使征东将军刘灵助兼尚书左仆射，慰劳幽州流民于濮阳顿丘，先，悉荐翻。劳，力到翻。因帅流民北还，与侯渊共灭韩楼，仍以灵助行幽州事，加车骑将军，又为幽、平、营、安四州行台。为刘灵助以营州叛尔朱张本。

22 万俟丑奴攻魏东秦州，拔之，杀刺史高子朗。五代志，上郡，后魏置东秦州，后改为北秦州；西魏改为敷州，隋大业二年改为敷城郡，后改为上郡；唐为鄜州洛交县。万，莫北翻。俟，渠之翻。

23 冬，十月，己酉，上又设四部无遮大会，道、俗五万馀人。会毕，上御金辂还宫，御太极殿，大赦，改元。改中大通元年。

24 魏以前司空萧赞为司徒。

25 十一月，己卯，就德兴请降于魏，营州平。就德兴反见一百五十卷普通二年。降，户江翻；下同。

26 丙午，魏以城阳王徽为太保，丹杨王萧赞为太尉，雍州刺史长孙稚为司徒。雍，于用翻。

27 十二月，辛亥，兖州刺史张景邕、荆州刺史李灵起、雄信将军萧进明叛，降魏。三人者皆梁魏境上民豪，以刺史、将军宠授之耳。

28 以陈庆之为北兖州刺史。此北兖州当治淮阴。有妖贼僧强，自称天子，土豪蔡伯龙起兵应之，众至三万，攻陷北徐州，此北徐州治钟离。妖，于骄翻。庆之讨斩之。

29 魏以岐州刺史王罴行南秦州事，罴诱捕州境群盗，悉诛之。诱，音酉。

张政烺标点王崇武聂崇岐覆校

资治通鉴卷第一百五十四

端明殿学士兼翰林侍读学士朝散大夫右谏议大夫
集贤殿修撰提举西京嵩山崇福宫上柱国河内郡 司马光 奉敕编集
开国侯食邑一千八百户食实封六百户赐紫金鱼袋臣

后学天台 胡三省 音注

梁纪十 上章阉茂(庚戌)，一年。

高祖武皇帝十

中大通二年(庚戌、五三〇)

1 春，正月，己丑，魏益州刺史长孙寿、梁州刺史元俊等遣将击严始欣，斩之，萧玩等亦败死，玩援始欣见上卷上年。长，知两翻。将，即亮翻。失亡万馀人。

2 辛亥，魏东徐州城民吕文欣等杀刺史元大宾，据城反，魏孝昌元年，置东徐州于下邳。魏遣都官尚书平城樊子鹄讨之；二月，甲寅，斩文欣。

3 万俟丑奴侵扰关中，万，莫北翻。俟，渠之翻。魏尔朱荣遣武卫将军贺拔岳讨之。岳私谓其兄胜曰："丑奴，勍敌也，勍，其京翻。今攻之不胜，固有罪，胜之，谗嫉将生。"胜曰："然则奈何?"岳曰："愿得尔朱氏一人为帅而佐之。"帅，所类翻。胜为之言于荣，为，于伪翻。荣悦，以尔朱天光为使持节、都督二雍·二岐诸军事、骠骑大将军、雍州刺史，后魏雍州治长安，北雍州治华原县，东雍州治郑县，岐州治扶风雍县，南岐州治河池故道县。使，疏吏翻。雍，于用翻。骠，匹妙翻。骑，奇计翻。以岳为左大都督，又以征西将军代郡侯莫陈悦为右大都督，侯莫陈，其先魏之别部也，居库斛真水，世为渠帅，遂以为氏，其后镇代郡武川，因家焉。并为天光之副以讨之。

天光初行，唯配军士千人，发洛阳以西路次民马以给之。时赤水蜀贼断路，水经注：赤水在郑县北，即山海经之灌水也，北注于渭。蜀贼，本蜀人之迁关中者，乘乱相聚为贼。断，丁管翻。诏侍中杨侃先行慰谕，并税其马，华阴诸杨仕魏，奕世贵显，关西所归重，故使之先行慰谕也。贼持疑不下。军至潼关，天光不敢进，岳曰："蜀贼鼠窃，公尚迟疑，若遇大敌，将何以战！"天光曰："今日之事，一以相委。"岳遂进击蜀于渭北，破之，获马二千匹，简其壮健以充军士，又税民马合万馀匹。以军士尚少，少，诗沼翻。淹留未进。荣怒，遣骑兵参军刘贵乘驿至军中责天光，杖之一百，以军士二千人益之。

三月，丑奴自将其众围岐州，遣其大行台尉迟菩萨、李延寿曰：其先魏之别号尉迟部，因以为氏。尉，音郁。菩，薄胡翻。萨，桑葛翻。仆射万俟仵自武功南渡渭，攻围趣栅，仵，疑古翻。考异曰：北史作"万俟行丑"。今从周书。天光使贺拔岳将千骑救之。菩萨等已拔栅而还，还，从宣翻，又如字。岳故杀掠其吏民以挑之，菩萨率步骑二万至渭北。挑，徒了翻。帅，读曰率。岳以轻骑数十自渭南与菩萨隔水而语，称扬国威，菩萨令省事传语，省事，盖犹今之通事，两敌相向，使之往来通传言语。省，悉井翻。岳怒曰："我与菩萨语，卿何人也！"射杀之。射，而亦翻。明日，复引百馀骑隔水与贼语，复，扶又翻。稍引而东，至水浅可涉之处，岳即驰马东出。贼以为走，乃弃步兵轻骑南渡渭追岳，岳依横冈设伏兵以待之，贼半渡冈东，岳还兵击之，贼兵败走。岳既还兵击贼，伏兵又发，故败走。岳下令，贼下马者勿杀，贼悉投马，俄获三千人，马亦无遗，遂擒菩萨；仍渡渭北，降步卒万馀，并收其辎重。降，户江翻。重，直用翻。丑奴闻之，弃岐州，北走安定，走，音奏。置栅于平亭。天光方自雍至岐，与岳合。平亭在泾州北。自雍至岐，自雍州至岐州也。

夏，四月，天光至汧、渭之间，汧水出汧县西北而入于渭。汧，口坚翻。停军牧马，宣言："天时将热，未可行师，俟秋凉更图进止，"获丑奴觇候者，纵遣之。觇，丑廉翻，又丑艳翻。丑奴信之，散众耕于细川，据令狐德棻后周书，百里、细川在岐州北。又据元丰九域志，泾州灵台县有百里镇，盖即细川之地。细川、平亭当亦相近。使其太尉侯伏侯元进将兵五千，据险立栅，侯伏侯，虏三字姓。将，即亮翻。其馀千人以下为栅者甚众。天光知其势分，晡时，密严诸军，相继俱发，黎明，围元进大栅，拔之，所得俘囚，一皆纵遣，诸栅闻之皆降。唐末，高仁厚平阡能等亦用此术。降，户江翻；下同。天光昼夜径进，抵安定城下，贼泾州刺史侯几长贵以城降。侯几，虏复姓。魏书官氏志，内入诸姓有俟几氏。俟、侯字相近。丑奴弃平亭走，欲趣高平，九域志：镇戎军，古高平地也。趣，七喻翻。天光遣贺拔岳轻骑追之，丁卯，及于平凉。贼未成列，直阁代郡侯莫陈崇单骑入贼中，于马上生擒丑奴，因大呼，众皆披靡，呼，火故翻。披，普彼翻。无敢当者，后骑益集，贼众崩溃，遂大破之。天光进逼高平，城中执送萧宝寅以降。万俟丑奴，胡琛之将也，普通六年，破魏将崔延伯，其众始盛。萧宝寅大通元年叛魏，至二年败，奔丑奴，及是皆平。

4 壬申，以吐谷浑王佛辅为西秦、河二州刺史。吐，从暾入声。谷，音浴。

5 甲戌，魏以关中平，大赦。万俟丑奴、萧宝寅至洛阳，置阊阖门外都街之中，士女聚观凡三日。丹杨王萧赞表请宝寅之命，赞以宝寅为叔父，故请其命。吏部尚书李神俊、黄门侍郎高道穆素与宝寅善，欲左右之，左右，读曰佐佑。言于魏主曰："宝寅叛逆，事在前朝。"朝，直遥翻。会应诏王道习自外至，应诏，犹汉之待诏也，帝问道习："在外何所闻？"对曰："惟闻李尚书、高黄门与萧宝寅周款，周，至也，密也。款，爱也。并居得言之地，必能全之。且二人谓宝寅叛逆在前朝，宝寅为丑奴太傅，岂非陛下时邪？贼臣不翦，法欲安施！"帝乃赐宝寅死于驼牛署，邪，音耶。后魏官有驼牛都尉；署者，其寺舍也。五代志：太仆寺之属有驼牛署，掌饲驼骡驴牛，有令丞。斩丑奴于都市。

6 六月，丁巳，帝复以魏汝南王悦为魏王。复，扶又翻。考异曰：梁帝纪："中大通元年，正月，甲子，魏汝南王悦求还本国，许之。二年，六月，丁巳，遣悦还北，为魏主。"按魏书悦传，悦未尝归魏复入梁，今删去元年事。

7 戊寅，魏诏胡氏亲属受爵于朝者皆黜为民。谓灵后亲属也。朝，直遥翻。

8 庚申，以魏降将范遵为安北将军、司州牧，从魏王悦北还。范遵，魏北海王颢之舅，盖与颢同来奔。降，户江翻。将，即亮翻。

9 万俟丑奴既败，自泾、豳以西至灵州，后魏灭赫连，以赫连果城置薄骨律镇，至孝昌中改镇为灵州。杜佑曰：薄骨律镇，今灵武郡；富平，今回乐县。唐灵州治回乐。括地志云：薄骨律镇城在河渚之中，随水上下，未尝陷没，故号灵州也。贼党皆降于魏，唯所署行台万俟道洛帅众六千逃入山中，不降。降，户江翻。帅，读曰率；下同。时高平大旱，尔朱天光以马乏草，退屯城东五十里，遣都督长孙邪利帅二百人行原州事以镇之。魏太延二年，置高平镇；正光五年，改曰原州，治高平城，领高平、长城二郡。道洛潜与城民通谋，掩袭邪利，并其所部皆杀之。天光帅诸军赴之，道洛出战而败，帅其众西入牵屯山，班志：开头山在安定郡泾阳县西，泾水所出。师古注曰：开，音牵。此山在今灵州东南，俗语讹谓之开屯山。杜佑曰：牵屯山在今原州高平县。据险自守。尔朱荣以天光失邪利，不获道洛，复遣使杖之一百，复，扶又翻。使，疏吏翻。以诏书黜天光为抚军将军、雍州刺史，降爵为侯。

天光追击道洛于牵屯，道洛败走，入陇，陇，陇山也。归略阳贼帅王庆云。晋武帝分天水置略阳郡，隋废为陇城县，属秦州。考异曰：魏帝纪作"白马龙涸胡王庆云"。今从尔朱天光传。帅，音所类翻。道洛骁果绝伦，骁，坚尧翻。庆云得之，甚喜，谓大事可济，遂称帝于水洛城，水经注：水洛水导源陇山，西径水洛亭西，南注略阳川。九域志：水洛城在德顺军西南一百里。范仲淹曰：朝那之西，秦亭之东，有水洛城。置百官，以道洛为大将军。

秋，七月，天光帅诸军入陇，至水洛城，庆云、道洛出战，天光射道洛中臂，射，而亦翻。中，竹仲翻。失弓还走，拔其东城。贼并兵趣西城，趣，七喻翻。城中无水，众渴乏，有降者言庆云、道洛欲突走。天光恐失之，乃遣人招谕庆云使早降，降，户江翻。曰："若未能自决，当听诸人今夜共议，明晨早报。"庆云等冀得少缓，因待夜突出，少，诗沼翻。乃报曰："请俟明日。"天光因使谓曰："知须水，须者，意所欲也。今相为小退，为，于伪翻。任取涧水饮之。"贼众悦，无复走心。天光密使军士多作木枪，各长七尺，此即拒马枪也。杜佑曰：拒马枪，以木径二尺，长短随事，十字凿孔，纵横安检，长丈，锐其端以塞要路。昏后，绕城布列，要路加厚，又伏人枪中，备其冲突，兼令密缚长梯于城北。其夜，庆云、道洛果驰马突出，遇枪，马各伤倒，伏兵起，即时擒之。军士缘梯入城，馀众皆出城南，遇枪而止，穷窘乞降。降，户江翻。丙子，天光悉收其仗而坑之，死者万七千人，分其家口。于是三秦、河、渭、瓜、凉、鄯州皆降。三秦，秦、东秦、南秦也。河州，乞伏之地也。魏太武真君六年，置枹罕镇，后改为河州，领金城、武始、洪和、临洮郡。渭州领陇西、南安、南安阳、广宁郡。

瓜州，即古敦煌之地。鄯州，秃发氏之地，汉金城西部都尉所统也。师古曰：瓜州，即左传所云允姓之戎居于瓜州者也。其地今犹出大瓜，长者，狐入瓜中食之，首尾不出。

天光顿军略阳。诏复天光官爵，寻加侍中、仪同三司。以贺拔岳为泾州刺史，侯莫陈悦为渭州刺史。秦州城民谋杀刺史骆超，南秦州城民谋杀刺史辛显，超、显皆觉之，走归天光，天光遣兵讨平之。

步兵校尉宇文泰从贺拔岳入关，以功迁征西将军，行原州事。时关、陇凋弊，泰抚以恩信，民皆感悦，曰："早遇宇文使君，吾辈岂从乱乎！"为宇文泰得贺拔岳之众以创大业于关西张本。

10 八月，庚戌，上饯魏王悦于德阳堂，遣兵送至境上。考异曰：悦传云："立为魏主，号年更兴。衍遣其将军王僧辩送至境上，以冀侵逼。"按僧辩传未尝送悦，盖王弁耳。

11 魏尔朱荣虽居外藩，遥制朝政，朝，直遥翻。树置亲党，布列魏主左右，伺察动静，大小必知。伺，相吏翻。魏主虽受制于荣，然性勤政事，朝夕不倦，数亲览辞讼，理冤狱，数，所角翻。荣闻之，不悦。史言魏主不能养晦。帝又与吏部尚书李神俊议清治选部，治，直之翻。选，须绢翻；下同。荣尝关补曲阳县令，据荣传，即上曲阳县也，汉、晋属常山郡，后魏属中山郡。关补者，先补授而后关吏部。五代志：赵州鼓城县，旧曰曲阳。刘昫曰：汉上曲阳县，隋改曰恒阳，唐元和十五年，复曰曲阳。赵州之曲阳，下曲阳也。神俊以阶悬，不奏，言阶级相去悬绝，其人不应补为县令。别更拟人。荣大怒，即遣所补者往夺其任；神俊惧而辞位，荣使尚书左仆射尔朱世隆摄选。荣启北人为河南诸州，帝未之许；太宰天穆入见面论，见，贤遍翻。帝犹不许。天穆曰："天柱既有大功，为国宰相，若请普代天下官，恐陛下亦不得违之，如何启数人为州，遽不用也！"帝正色曰："天柱若不为人臣，朕亦须代；如其犹存臣节，无代天下百官之理。”荣闻之，大恚恨，曰：“天子由谁得立！今乃不用我语！”

尔朱皇后性妒忌，屡致忿恚。帝遣尔朱世隆语以大理，恚，於避翻。语，牛倨翻。大理，谓事理之大致也。后曰：“天子由我家置立，今便如此；我父本即自作，今亦复决。”决，判也，谓天下事有判决也。复，扶又翻。世隆曰：“止自不为，“止”当作“正”。若本自为之，臣今亦封王矣。”

帝既外逼于荣，内逼皇后，恒怏怏不以万乘为乐，恒，音常。怏，于两翻。乘，绳正翻。乐，音洛；下同。唯幸寇盗未息，欲使与荣相持。及关、陇既定，告捷之日，乃不甚喜，谓尚书令临淮王彧曰：“即今天下便是无贼。”彧见帝色不悦，曰：“臣恐贼平之后，方劳圣虑。”帝畏馀人怪之，还以他语乱之曰：“然。抚宁荒馀，荒馀，谓兵荒之馀民也。弥成不易。”易，以豉翻。荣见四方无事，奏称“参军许周劝臣取九锡，臣恶其言，已斥遣令去。”荣时望得殊礼，故以意讽朝廷，帝实不欲与之，因称叹其忠。

荣好猎，恶，乌路翻。好，呼报翻。不舍寒暑，列围而进，令士卒必齐壹，虽遇险阻，不得违避，一鹿逸出，必数人坐死。有一卒见虎而走，荣谓曰：“汝畏死邪！”即斩之，自是每猎，士卒如登战场。尝见虎在穷谷中，荣令十馀人空手搏之，毋得损伤，死者数人，卒擒得之，魏道武帝因搏熊而谢于栗磾，尔朱荣反是，嗜杀人者乌能定天下邪！卒，音子恤翻。以此为乐，其下甚苦之。太宰天穆从容谓荣曰：乐，音洛。从，千容翻。“大王勋业已盛，四方无事，唯宜修政养民，顺时蒐狩，礼，春蒐、夏田、秋猕、冬狩。杜预曰：蒐，索择取不孕者。苗，为苗除害也。猕，杀也；以杀为名，顺秋气也。狩，围守也；冬物毕成，获则取之，无所择也。何必盛夏驱逐，感伤和气？”荣攘袂曰：“灵后女主，不能自正，推奉天子，乃人臣常节。葛荣之徒，本皆奴才，乘时作乱，譬如奴走，擒获即已。顷来受国大恩，未能混壹海内，何得遽言勋业！如闻朝士犹自宽纵，今秋欲与兄戒勒士马，校猎嵩高，令贪污朝贵，入围搏虎。朝，直遥翻。仍出鲁阳，历三荆，悉拥生蛮，北填六镇，杜佑曰：北荆州，今即伊阳县；东荆州，后改曰淮州，今淮安郡；荆州，今南阳郡。馀按荣言出鲁阳，则已越伊阳而南矣。五代志：舂陵郡，后魏置南荆州。当以此足三荆之数。生蛮，谓诸蛮户之未附于魏者。六镇叛乱，镇户荒残，故欲填之。回军之际，扫平汾胡。稽胡皆居汾州界，谓之汾胡。明年，简练精骑，分出江、淮，萧衍若降，乞万户侯；骑，奇计翻。降，户江翻。乞，丘计翻，与也。如其不降，以数千骑径渡缚取。然后与兄奉天子，巡四方，乃可称勋耳。今不频猎，兵士懈怠，安可复用也！"懈，七隘翻。复，扶又翻。

城阳王徽之妃，帝之舅女；侍中李彧，延寔之子，帝之姊婿也。徽、彧欲得权宠，恶荣为己害，日毁荣于帝，劝帝除之。帝惩河阴之难，河阴之难，事见一百五十二卷。恶，乌路翻。难，乃旦翻。恐荣终难保，由是密有图荣之意，侍中杨侃、尚书右仆射元罗亦预其谋。元罗，叉之弟也。

会荣请入朝，欲视皇后娩乳，娩，与免同，又音晚。师古曰：免乳，为产子也。乳，人喻翻。唐韵曰：子母相解曰免。徽等劝帝因其入，刺杀之。刺，七亦翻。唯胶东侯李侃晞、济阴王晖业言："荣若来，必当有备，恐不可图。"济，子礼翻。又欲杀其党与，发兵拒之。帝疑未定，而洛阳人怀忧惧，中书侍郎邢子才之徒已避之东出，邢劭，字子才，避魏主兄彭城王劭讳，故以字行。本传云：少时有避，遂不行名。荣乃遍与朝士书，相任去留。中书舍人温子升以书呈帝，帝恒望其不来，恒，户登翻。及见书，以荣必来，色甚不悦。子才名劭，以字行，峦之族弟也。邢峦事魏宣武帝，屡经将领，有功。考异曰：北史邢峦卷首排目云"族孙臧、劭"，而卷中乃云"峦叔祖佑，佑从子虬，虬子臧、劭”。魏书亦云“峦从祖佑”。然则臧、劭乃峦族弟，非族孙也。时人多以字行者，旧史皆因之。

武卫将军奚毅，建义初往来通命，事见一百五十二卷大通二年。帝每期之甚重，然犹以荣所亲信，不敢与之言情。毅曰：“若必有变，臣宁死陛下，不能事契胡。”尔朱氏，契胡种也。契，欺讫翻。帝曰：“朕保天柱无异心，亦不忘卿忠款。”款，诚也。

尔朱世隆疑帝欲为变，乃为匿名书自榜其门云：“天子与杨侃、高道穆等为计，欲杀天柱。”取以呈荣。荣自恃其强，不以为意，手毁其书，唾地曰：“世隆无胆。谁敢生心！”荣妻北乡长公主亦劝荣不行，荣妻非元氏也，以荣功封北乡长公主。考异作“乡郡长公主”，注曰：北史世隆传作“北乡郡公主”，今从魏帝纪。按考异作“乡郡长公主”是也，通鉴作“北乡长公主”，传写之误耳。五代志：上党郡乡县，石勒置武乡郡，后魏去“武”字为乡郡。证以魏收志无北乡郡，则从乡郡为是。唾，吐卧翻。长，知两翻。荣不从。

是月，荣将四五千骑发并州，将，即亮翻。骑，奇计翻。时人皆言“荣反”，又云“天子必当图荣。”九月，荣至洛阳，考异曰：魏帝纪曰：“辛卯，荣、天穆自晋阳来朝。”按北史，九月初，荣至京，十五日天穆至。是月甲戌朔，辛卯乃十八日，非也。帝即欲杀之，以太宰天穆在并州，恐为后患，故忍未发，并召天穆。有人告荣云：“帝欲图之。”荣即具奏，帝曰：“外人亦言王欲害我，岂可信之！”于是荣不自疑，每入谒帝，从人不过数十，从，才用翻。又皆挺身不持兵仗。挺，徒顶翻，直也。帝欲止，城阳王徽曰：“纵不反，亦何可耐，耐，忍也。况不可保邪！”

先是，长星出中台，扫大角；恒州人高荣祖颇知天文，荣问之，对曰：“除旧布新之象也。”三台，中台上星为诸侯三公。大角者，天王座也。传曰：彗所以除旧布新。先，悉荐翻。恒，户登翻。荣甚悦。荣至洛阳，行台郎中李显和曰：“天柱至，那无九锡，安须王自索也！李显和盖为并、肆九州行台郎中，时从荣至洛阳。索，山客翻。亦是天子不见机。”都督郭罗察曰：“今年真可作禅文，河阴之难，荣已募朝士作禅文，故罗察云然。郭罗察，即郭罗刹。何但九锡！”参军褚光曰：“人言并州城上有紫气，何虑天柱不应之！”荣下人皆陵侮帝左右，无所忌惮，故其事皆上闻。皆上，时掌翻。

奚毅又见帝，求间，求间，即请间也。帝即下明光殿与语，知其至诚，乃召城阳王徽及杨侃、李彧告以毅语。荣小女适帝兄子陈留王宽，荣尝指之曰：“我终得此婿力。”徽以白帝，曰：“荣虑陛下终为己患，脱有东宫，必贪立孩幼，孩，何开翻。若皇后不生太子，则立陈留耳。”帝梦手持刀自割落十指，恶之，恶，乌路翻。告徽及杨侃，徽曰：“蝮蛇螫手，壮士解腕，螫，音释。腕，乌贯翻。割指亦是其类，乃吉祥也。”

戊子，天穆至洛阳，帝出迎之。荣与天穆并从入西林园宴射，荣奏曰：“近来侍官皆不习武，陛下宜将五百骑出猎，因省辞讼。”将，即亮翻。骑，奇计翻。省，悉井翻。先是，奚毅言荣欲因猎挟天子移都，先，悉荐翻。由是帝益疑之。

辛卯，帝召中书舍人温子升，告以杀荣状，并问以杀董卓事，子升具道本末。帝曰：“王允若即赦凉州人，必不应至此。”董卓、王允事见六十卷汉献帝初平三年。良久，语子升曰：语，牛倨翻。“朕之情理，卿所具知。死犹须为，况不必死，吾宁为高贵乡公死，不为常道乡公生！”谓曹魏高贵乡公欲诛司马昭，不克而死，常道乡公禅位于晋而生也。帝谓杀荣、天穆，即赦其党，皆应不动。应诏王道习曰：“尔朱世隆、司马子如、朱元龙特为荣所委任，具知天下虚实，谓不宜留。”徽及杨侃皆曰：“若世隆不全，仲远、天光岂有来理！”尔朱仲远时镇徐州，天光时镇关、陇。帝亦以为然。徽曰：“荣腰间常有刀，或能狼戾伤人，“狼”，当作

"很"，孟子乐岁粒米狼戾，犹言狼藉也，非此义。临事愿陛下起避之。"乃伏侃等十馀人于明光殿东。其日，荣与天穆并入，坐食未讫，起出，侃等从东阶上殿，上，时掌翻。见荣、天穆已至中庭，事不果。

壬辰，帝忌日；癸巳，荣忌日。亲丧之日为忌日。礼曰：忌日不乐。甲午，荣暂入，即诣陈留王家饮酒极醉，遂言病动，频日不入。帝谋颇泄，世隆又以告荣，且劝其速发，荣轻帝，以为无能为，曰："何匆匆！"

预帝谋者皆惧，帝患之。城阳王徽曰："以生太子为辞，荣必入朝，因此毙之。"帝曰："后怀孕始九月，可乎？"朝，直遥翻。孕，以正翻。徽曰："妇人不及期而产者多矣，彼必不疑。"帝从之。戊戌，帝伏兵于明光殿东序，声言皇子生，遣徽驰骑至荣第告之。骑，奇计翻。荣方与上党王天穆博，徽脱荣帽，欢舞盘旋，唐李太白诗云："脱君帽，为君笑。"脱帽欢舞，盖夷礼也。兼殿内文武传声趣之，趣，读曰促。荣遂信之，与天穆俱入朝。帝闻荣来，不觉失色，中书舍人温子升曰："陛下色变。"帝连索酒饮之。酒能变貌，又能张胆，故连索饮之。索，山客翻。帝令子升作赦文，既成，执以出，遇荣自外入，问："是何文书？"子升颜色不变，曰"赦"，荣不取视而入。帝在东序下西向坐，荣、天穆在御榻西北南向坐。徽入，始一拜，荣见光禄少卿鲁安、典御李侃晞等抽刀从东户入，汉九卿惟正卿一人，魏高祖太和十一年始各置少卿一人。典御，尝食典御也。少，诗沼翻。即起趋御座，趣，七喻翻。帝先横刀膝下，遂手刃之，安等乱斫，荣与天穆同时俱死。荣子菩提及车骑将军尔朱阳睹等三十人从荣入宫，亦为伏兵所杀。菩，薄乎翻。帝得荣手版，上有数牒启，皆左右去留人名，非其腹心者悉在出限，出，不使在帝左右。帝曰："竖子若过今日，遂不可制。”于是内外喜噪，声满洛阳城。百僚入贺。帝登阊阖门，下诏大赦，遣武卫将军奚毅、前燕州刺史崔渊将兵镇北中。燕，因肩翻。将，即亮翻。是夜，【章：甲十一行本“夜”下有“尔朱世隆奉”五字；乙十一行本同；孔本同；张校同；退斋校同。】北乡长公主帅荣部曲，焚西阳门，出屯河阴。西阳门，即洛阳城西明门也。

卫将军贺拔胜与荣党田怡等闻荣死，奔赴荣第。时宫殿门犹未加严防，怡等议即攻门，胜止之曰：“天子既行大事，必当有备，吾辈众少，何可轻尔！少，诗沼翻。但得出城，更为他计。”怡乃止。及世隆等走，胜遂不从，考异曰：周书及北史云：“胜复从世隆至河桥，胜以为臣无雠君之义，遂勒所部还都，庄帝大悦。”今从魏书。帝甚嘉之。朱瑞虽为荣所委，而善处朝廷之间，朱瑞，本荣之行台郎中也。荣定魏主于洛阳，以瑞为黄门侍郎兼中书舍人。处，昌吕翻。帝亦善遇之，故瑞从世隆走而中道逃还。

荣素厚金紫光禄大夫司马子如，荣死，子如自宫中突出，至荣第，弃家，随荣妻子走出城。世隆即欲还北，子如曰：“兵不厌诈，今天下恟恟，唯强是视，恟，许勇翻。当此之际，不可以弱示人，若亟北走，恐变生肘腋。腋，音亦。不如分兵守河桥，还军向京师，出其不意，或可成功。假使不得所欲，亦足示有馀力，使天下畏我之强，不敢叛散。”世隆从之。己亥，攻河桥，擒奚毅等，杀之，据北中城。魏朝大惧，遣前华阳太守段育慰谕之，魏分汉中之沔阳、西县置华阳郡，以其地在华山之南也。朝，直遥翻。华，户化翻。世隆斩首以徇。

魏以雍州刺史尔朱天光为侍中、仪同三司。雍，于用翻。以司空杨津为都督并·肆等九州诸军事、骠骑大将军、并州刺史，兼尚书令、北道行台，经略河、汾。骠，匹妙翻。骑，奇计翻。

荣之入洛也，以高敖曹自随，禁于驼牛署；尔朱荣诱拘高敖曹，事见一百五十二卷大通二年。荣死，帝引见，劳勉之。见，贤遍翻。

劳，力到翻。兄乾自东冀州驰赴洛阳，魏孝昌末，葛荣作乱，高翼聚众河、济间，魏因置东冀州，以翼为刺史。盖因刘宋先置冀州于河、济间，而置东冀州以别河北之冀州也。翼，乾之族也。按后以高翼为乾之父。帝以乾为河北大使，使，疏吏翻。敖曹为直阁将军，使归，招集乡曲为表里形援。帝亲送之于河桥，敖曹兄弟归乡里，路当东出，河桥在洛城北，帝不应送之于此，"河桥"二字，意必有误。举酒指水曰："卿兄弟冀部豪杰，能令士卒致死，京城傥有变，可为朕河上一扬尘。"乾垂涕受诏，敖曹援剑起舞，誓以必死。为，于伪翻；下亦为、吾为、为陛下同。援，于元翻。

冬，十月，癸卯朔，世隆遣尔朱拂律归考异曰：魏书无拂律归名，伽蓝记有之。按尔朱度律时在世隆所，或者拂律归即度律也。将胡骑一千，皆白服，来至郭下，索太原王尸。荣迎立敬宗，封太原王。将，即亮翻。骑，奇计翻。索，山客翻。帝升大夏门望之，洛阳城北有大夏、广莫二门。夏，户雅翻。遣主书牛法尚谓之曰："太原王立功不终，阴图衅逆，衅，许覲翻。王法无亲，言法在必行，虽亲无赦也。已正刑书。罪止荣身，馀皆不问。卿等若降，官爵如故。"拂律归曰："臣等随太原王入朝，忽致冤酷，今不忍空归。愿得太原王尸，生死无恨。"因涕泣，哀不自胜，胜，音升。群胡皆恸哭，声振城邑。帝亦为之怆然，遣侍中朱瑞赍铁券赐世隆。世隆谓瑞曰："太原王功格天地，赤心奉国，长乐不顾信誓，枉加屠害，魏敬宗本封长乐王。乐，音洛。今日两行铁字，何足可信！行，户刚翻。吾为太原王报雠，终无降理！"瑞还，白帝，帝即出库物置城西门外，募敢死之士以讨世隆，一日即得万人，与拂律归等战于郭外。拂律归等生长戎旅，长，知两翻。洛阳之人不习战斗，屡战不克。甲辰，以前车骑大将军李叔仁为大都督，帅众讨世隆。

戊申，皇子生，大赦。以中书令魏兰根兼尚书左仆射，为河北行台，定、相、殷三州皆禀兰根节度。相，悉亮翻。

尔朱氏兵犹在城下，帝集朝臣博议，皆恇惧不知所出。通直散骑常侍李苗奋衣起曰：朝，直遥翻。恇，去王翻。散，悉亶翻。骑，奇寄翻。“今小贼唐突如此，朝廷有不测之忧，正是忠臣烈士效节之日。臣虽不武，请以一旅之众为陛下径断河桥。”杜预曰：五百人为一旅。断，丁管翻。城阳王徽、高道穆皆以为善，帝许之。乙卯，苗募人从马渚上流乘船夜下，去桥数里，纵火船焚河桥，倏忽而至。尔朱氏兵在南岸者，望之，争桥北渡，俄而桥绝，溺死者甚众。苗将百许人泊于小渚以待南援，溺，奴狄翻。将，即亮翻；下同。官军不至，尔朱氏就击之，左右皆尽，苗赴水死。帝伤惜之，赠车骑大将军、仪同三司，封河阳侯，谥曰忠烈。世隆亦收兵北遁。丙辰，诏行台源子恭将步骑一万出西道，杨昱将募士八千出东道以讨之，募士，即洛城西门外所募者也。子恭仍镇太行丹谷，筑垒以防之。水经注：丹水出上党高都县故城东北阜下，东南流注于丹谷。晋书地道记曰：县有太行关，丹溪为关之东谷，涂自此去，不复由关矣。行，户刚翻。考异曰：伽蓝记云：“源子恭、杨宽领步骑三万镇河内。”今从魏书。世隆至建州，慕容永分上党置建兴郡，魏真君元年省，和平五年复置郡，永安中，罢郡，置建州，治高都城，领高都、长平、安平、恭宁郡。据五代志：建州即唐泽州之地。刺史陆希质闭城拒守，世隆攻拔之，杀城中人无遗类，以肆其忿，唯希质走免。

诏以前东荆州刺史元显恭为晋州刺史，魏孝昌中置唐州，建义元年改曰晋州，治白马城，领平阳、西河、南绛、北绛、永安、北五城、定阳、西平城（三字衍）、敷城、河西、五城、冀氏、义宁郡。兼尚书左仆射、西道行台。

12 魏东徐州刺史广牧斛斯椿广牧县，汉朔方东部都尉治所也。魏省朔方，以广牧县属新兴郡。魏收志，属朔州附化郡。考椿传，椿，广牧富昌人，则又似广牧自为一郡也。斛斯，虏复姓。素依附尔朱荣，荣死，椿惧，闻汝南王悦在境上，乃帅部众弃州归悦。帅，读曰率。下同。悦授椿侍中、大将军、司空，封灵丘郡公，又为大行台前驱都督。

13 汾州刺史尔朱兆闻荣死，自汾州帅骑据晋阳；骑，奇计翻。世隆至长子，考异曰：魏帝纪云，世隆停建兴之高都。今从世隆传。兆来会之。壬申，共推太原太守、行并州事长广王晔即皇帝位，守，式又翻。大赦，改元建明。晔，英之弟子也。中山王英著功于太和、正始之间。以兆为大将军，进爵为王；世隆为尚书令，赐爵乐平王，加太傅、司州牧；又以荣从弟度律为太尉，赐爵常山王；从，才用翻。世隆兄天柱长史彦伯为侍中；徐州刺史仲远为车骑大将军，兼尚书左仆射、三徐州大行台。仲远亦起兵向洛阳。三徐州：徐州治彭城；北徐州治琅邪，永安二年置，领东泰山、琅邪二郡；东徐州治下邳。此皆长广王所除授。

尔朱天光之克平凉也，宿勤明达请降，宿勤明达与万俟丑奴，皆胡琛将也。降，户江翻。既而复叛，北走，天光遣贺拔岳讨之，明达奔东夏。东夏，唐之延州。夏，户雅翻。岳闻尔朱荣死，不复穷追，复，扶又翻。还泾州以待天光。天光与侯莫陈悦亦下陇，与岳谋引兵向洛。魏敬宗使朱瑞慰谕天光，天光与岳谋，欲令帝外奔而更立宗室，更，工衡翻。乃频启云："臣实无异心，唯欲仰奉天颜，以申宗门之罪。"又使其下僚属启云："天光密有异图，愿思胜算以防之。"天光设两端以疑魏朝。

范阳太守卢文伟诱平州刺史侯渊出猎，闭门拒之。渊本领平州，镇范阳。范阳，即涿郡，后汉章帝改焉。诱，音酉。渊屯于郡南，为荣举哀，为，于伪翻。勒兵南向，进，至中山，行台仆射魏兰根邀击之，为渊所败。败，补卖翻。

敬宗以城阳王徽兼大司马、录尚书事，总统内外。徽意谓荣既死，枝叶自应散落，及尔朱世隆等兵四起，党众日盛，徽忧怖，不知所出。怖，普布翻。性多嫉忌，不欲人居己前，每独与帝谋议，群臣有献策者，徽辄劝帝不纳，且曰：“小贼何虑不平！”又靳惜财货，赏赐率皆薄少，靳，居焮翻。少，诗沼翻。或多而中减，或与而复追，故徒有糜费而恩不感物。史言徽误魏主。复，扶又翻。

十一月，癸酉朔，敬宗以车骑将军郑先护为大都督，与行台杨昱共讨尔朱仲远。

乙亥，以司徒长孙稚为太尉，临淮王彧为司徒。

丙子，进雍州刺史广宗公尔朱天光爵为王。自此以上至郑先护官爵，皆敬宗所授。长广王亦以天光为陇西王。

尔朱仲远攻西兖州，魏太和中置西兖州于滑台，孝昌中置西兖州于定陶。下云仲远与贺拔胜战于滑台东，则是时犹以滑台为西兖州也。丁丑，拔之，擒刺史王衍。衍，肃之兄子也。王肃去齐入魏而贵显。癸未，敬宗以右卫将军贺拔胜为东征都督；壬辰，又以郑先护兼尚书左仆射为行台，与胜共讨仲远。戊戌，诏罢魏兰根行台，以定州刺史薛昙尚兼尚书，为北道行台。昙，徒含翻。郑先护疑贺拔胜，置之营外。庚子，胜与仲远战于滑台东，兵败，降于仲远。

初，尔朱荣尝从容问左右曰：从，千容翻。“一日无我，谁可主军？”皆称尔朱兆。荣曰：“兆虽勇于战斗，然所将不过三千骑，多则乱矣。堪代我者，唯贺六浑耳。”因戒兆曰：“尔非其匹，终当为其穿鼻。”譬之以牛，牛鼻既穿，则为人所制。乃以高欢为晋州刺史。及兆引兵向洛，遣使召欢，欢遣长史孙腾诣兆，辞以“山蜀未平，蜀人徙汾晋依山而居者，谓之山蜀。今方攻讨，不可委去，致有后忧。定蜀之日，当隔河为掎角之势。”掎，居蚁翻。兆不悦，曰：“还白高晋州，吾得吉梦，梦与吾先人登高丘，丘旁之地，耕之已熟，独馀马蔺，本草：蠡实，马蔺子也，出冀州。图经曰：马蔺子，生河东川谷，叶似薤而长厚。衍义曰：马蔺叶，牛马皆不食，为才出土叶已硬也。先人命吾拔之，随手而尽。以此观之，往无不克。”腾还报，欢曰：“兆狂愚如是，而敢为悖逆，吾势不得久事尔朱矣。”为欢起兵讨尔朱张本。悖，蒲内翻，又蒲没翻。

十二月，壬寅朔，尔朱兆攻丹谷，都督崔伯凤战死，都督史仵龙开壁请降，仵，宜古翻。降，户江翻。源子恭退走。兆轻兵倍道兼行，从河桥西涉渡。考异曰：伽蓝记云，从雷波涉渡。今从魏书兆传。先是，敬宗以大河深广，谓兆未能猝济，先，昔荐翻。是日，水不没马腹。甲辰，暴风，黄尘涨天，兆骑叩宫门，宿卫乃觉，弯弓欲射，骑，奇计翻；下同。射，而亦翻。矢不得发，一时散走。华山王鸷，斤之玄孙也，斤乱代事见一百四卷晋孝武太元元年。魏以此始，亦以此终，天邪，人邪？素附尔朱氏。帝始闻兆南下，欲自帅诸军讨之，鸷说帝曰：“黄河万仞，兆安得渡！”帝遂自安。及兆入宫，鸷复约止卫兵不使斗。帅，音率。说，式芮翻。复，扶又翻。帝步出云龙门外，遇城阳王徽乘马走，帝屡呼之，不顾而去。徽预国大谋，败不即死，去将安之！兆骑执帝，锁于永宁寺楼上，帝寒甚，就兆求头巾，头巾，所谓袹头也。不与。兆营于尚书省，用天子金鼓，设刻漏于庭；扑杀皇子，皇子，尔朱后所生也。扑，弼角翻。污辱嫔御妃主，污，乌故翻。嫔，毗宾翻。纵兵大掠，杀司空临淮王彧、尚书左仆射范阳王诲、青州刺史李延寔等。

城阳王徽走至山南，山南，伊、颍南山之南也。抵前洛阳令寇祖仁家。考异曰：魏书作“寇弥”。按寇赞诸孙所字皆连“祖”字，或者名弥字祖仁。今从伽蓝记。祖仁一门三刺史，皆徽所引拔，以有旧恩，故投之。徽赍金百斤，马五十匹，祖仁利其财，外虽容纳，而私谓子弟曰：“如闻尔朱兆购募城阳王，得之者封千户侯。今日富贵至矣！”乃怖徽云官捕将至，令其逃于他所，怖，普布翻。使人于路邀杀之，送首于兆；徽背敬宗，而祖仁亦背徽，恶殃之报何速哉！苍苍之不可欺也如此。兆亦不加勋赏。兆梦徽谓己曰："我有金二百斤、马百匹在祖仁家，卿可取之。"兆既觉，觉，古孝翻。意所梦为实，即掩捕祖仁，征其金、马。祖仁谓人密告，望风款服，云"实得金百斤、马五十匹。"款，诚实也，狱囚招承之辞曰款，言得其实也。兆疑其隐匿，依梦征之，祖仁家旧有金三十斤、马三十匹，尽以输兆。兆犹不信，发怒，执祖仁，悬首高树，大石坠足，捶之至死。捶，止橤翻。

尔朱世隆至洛阳，自长子至洛阳也。兆自以为己功，责世隆曰："叔父在朝日久，世隆，荣从弟。兆，荣从子，故呼世隆为叔父。灵后临朝之时，世隆已在朝，故曰日久。朝，直遥翻。耳目应广，如何令天柱受祸！"按剑瞋目，声色甚厉；瞋，七人翻。世隆逊辞拜谢，然后得已，由是深恨之。为尔朱兄弟叔侄互相猜疑以致夷灭张本。尔朱仲远亦自滑台至洛。

戊申，魏长广王大赦。

尔朱荣之死也，敬宗诏河西贼帅纥豆陵步蕃使袭秀容。步蕃居北河之西。纥豆陵，虏三字姓。魏书官氏志，次南诸姓有纥豆陵氏。帅，音所类翻。纥，音下没翻。及兆入洛，步蕃南下，兵势甚盛，故兆不暇久留，亟还晋阳以御之，使尔朱世隆、度律、彦伯等留镇洛阳。甲寅，兆迁敬宗于晋阳，兆自于河梁监阅财资。河梁，即河桥。监，工咸翻。高欢闻敬宗向晋阳，帅骑东巡，欲邀之，不及，因与兆书，为陈祸福，不宜害天子，受恶名；兆怒，不纳。尔朱天光轻骑入洛，见世隆等，即还雍州。帅，读曰率。骑，奇计翻。为，于伪翻。雍，于用翻。

初，敬宗恐北军不利，北军，谓源子恭镇丹谷之军也。欲为南走之计，托云征蛮，以高道穆为南道大行台，未及发而兆入洛。道穆托疾去，世隆杀之。主者请追李苗封赠，世隆曰："当时众议，更一二日即欲纵兵大掠，焚烧郭邑，赖苗之故，京师获全；天下之善一也，不宜复追。”复，扶又翻。

尔朱荣之死也，世隆等征兵于大宁太守代人房谟，魏收志：魏孝昌中置泰宁郡，属建州，其地当在唐泽州沁水县界。“大”，当作“泰”。谟不应，前后斩其三使，使，疏吏翻。遣弟毓诣洛阳。及兆得志，其党建州刺史是兰安定是兰，姓也；安定，其名。执谟系州狱，郡中蜀人闻之，皆叛。此谓蜀人之居泰宁者，亦汾蜀、绛蜀之类也。安定给谟弱马，令军前慰劳，劳，力到翻。诸贼见谟，莫不遥拜。谟先所乘马，安定别给将士，将，即亮翻。战败，蜀人得之，谓谟遇害，莫不悲泣，善养其马，不听人乘之，儿童妇女竞投草粟，皆言此房公马也。尔朱世隆闻之，舍其罪，以为其府长史。

北道大行台杨津，以众少，留邺召募，欲自滏口入并州，会尔朱兆入洛，津乃散众，轻骑还朝。少，诗沼翻。滏，音釜。骑，奇计翻。朝，直遥翻。

尔朱世隆与兄弟密谋，虑长广王母卫氏干预朝政，伺其出行，遣数十骑如劫盗者于京巷杀之，直曰街，曲曰巷。京巷，洛京之曲巷也。朝，直遥翻。伺，相吏翻。寻悬榜以千万钱募贼。

甲子，尔朱兆缢敬宗于晋阳三级佛寺，年二十四。废帝谥帝曰武怀皇帝。及孝武帝立，以庙讳，改谥曰孝庄皇帝，庙号敬宗。缢，于赐翻，又于计翻。并杀陈留王宽。

是月，纥豆陵步蕃大破尔朱兆于秀容，南逼晋阳。兆惧，使人召高欢并力。考异曰：北齐慕容绍宗传：“兆召高祖，绍宗谏曰：‘今天下扰攘，人怀觊觎，正是智士用策之秋。高晋州才雄气猛，英略盖世，譬如蛟龙，安可借以云雨？’兆怒曰：‘我与晋州推诚相待，何得辄相间阻！’囚绍宗，数日，乃释之。”北史，绍宗语在神武请帅降户就食山东下。按兆始召欢以自救，非猜嫌之时。今从北史。僚属皆劝欢勿应召，欢曰：“兆方急，保无他虑。”遂行。欢所亲贺拔焉过儿请缓行以弊之，欢往往逗留，辞以河无桥，不得渡。此河盖汾河也。步蕃兵日盛，兆屡败，告急于欢，欢乃往从之。兆时避步蕃南出，步蕃至平乐郡，“平乐郡”，据尔朱兆传当作“乐平郡”。后汉献帝分太原置乐平郡，治沾城，唐辽州即其地。欢与兆进兵合击，大破之，斩步蕃于石鼓山，魏收志：秀容郡秀容县有石鼓山。其众退走。兆德欢，相与誓为兄弟，将数十骑诣欢，通夜宴饮。

初，葛荣部众流入并、肆者二十馀万，为契胡凌暴，契胡，尔朱之种人也。契，欺讫翻。皆不聊生，大小二十六反，诛夷者半，犹谋乱不止。兆患之，问计于欢，欢曰：“六镇反残，不可尽杀，自破六韩拔陵、杜洛周之败，其众尽归葛荣，皆六镇人也。宜选王腹心使统之，有犯者罪其帅，帅，所类翻。则所罪者寡矣。”兆曰：“善！谁可使者？”贺拔允时在坐，坐，徂卧翻。请使欢领之。欢拳殴其口，折一齿，曰：“平生天柱时，奴辈伏处分如鹰犬。殴，乌口翻。欢自谓也，诡为逊辞，使兆不疑己。折，而设翻。处，昌吕翻。分，扶问翻；下同。今日天下事取舍在王，而阿鞠泥敢僭易妄言，请杀之！”贺拔允，字阿鞠泥。易，以豉翻。兆以欢为诚，遂以其众委焉。欢以兆醉，恐醒而悔之，遂出，宣言：“受委统州镇兵，魏改六镇为州，葛荣部众皆六镇人，故曰州镇兵。可集汾东受号令。”乃建牙阳曲川，水经注：汾水自汾阳县南流，径阳曲城西。阳曲在秀容之南。地形志：阳曲县，二汉属太原郡，后魏永安中，置永安郡，阳曲县属焉。宋白曰：唐忻州秀容、定襄二县，皆汉阳曲县地。河千里一曲，县当其阳，故曰阳曲。后汉末，移阳曲县于并州太原县界，于旧阳曲县置定襄县，又分置九原县属新兴郡。后魏以九原县为平冠县，隋为秀容县。陈部分。军士素恶兆而乐属欢，分，扶问翻。恶，乌故翻。乐，音洛。莫不皆至。

居无何，居无何，言在事未多时也。无何，犹言无几何时。又使刘贵请兆，以“并、肆频岁霜旱，降户掘田鼠而食之，降，户江翻。

面无谷色，徒污人境内，并、肆之地，兆统内也。污，乌故翻。请令就食山东，并、肆、冀、定、瀛、相、殷以大行、常山为限，并、肆在山西，徐州皆在山东。欢欲引众就食山东，正欲远兆，得以从容收众心，因之以起兵也。待温饱更受处分。”兆从其议。长史慕容绍宗谏曰：“不可。方今四方纷扰，人怀异望，高公雄才盖世，复使握大兵于外，复，扶又翻。譬如借蛟龙以云雨，将不可制矣。”兆曰：“有香火重誓，何虑邪！”重誓，谓与欢誓为兄弟。绍宗曰：“亲兄弟尚不可信，何论香火！”时尔朱兆与其群从已构嫌隙，故绍宗以此言讽之。时兆左右已受欢金，因称绍宗与欢有旧隙，兆怒，囚绍宗，趣欢发。趣，读曰促。欢自晋阳出滏口，道逢北乡长公主自洛阳来，有马三百匹，尽夺而易之。兆闻之，乃释绍宗而问之，绍宗曰：“此犹是掌握中物也。”兆乃自追欢，至襄垣，襄垣县，汉属上党郡，后魏属乡郡，至敬宗建义元年分置襄垣郡。会漳水暴涨，桥坏，水经：漳水自屯留县东北流，径襄垣县故城南。欢隔水拜曰：“所以借公主马，非有他故，备山东盗耳。王信公主之谗，自来赐追，欢称兆为王，因长广王所封也。今不辞渡水而死，恐此众便叛。”兆自陈无此意，因轻马渡水，与欢坐幕下，【章：甲十一行本“下”下有“陈谢”二字；乙十一行本同；孔本同；张校同；退斋校同。】授欢刀，引颈使欢斫之，古之豪雄推赤心置人腹中者，必其威望有以服其心，智力足以制其命，然后行之以安反侧，然亦未至如尔朱兆之轻率也。欢大哭曰：“自天柱之薨，贺六浑更何所仰！但愿大家千万岁，以申力用耳。今为旁人所构间，大家何忍复出此言！”欢之此言，亦谬为恭敬耳。欢以主事兆，故称为大家。间，古苋翻。复，音扶又翻；下同。兆投刀于地，复斩白马，与欢为誓，因留宿夜饮。尉景伏壮士欲执兆，尉，纡勿翻。欢啮臂止之，曰：“今杀之，其党必奔归聚结，兵饥马瘦，不可与敌，若英雄乘之而起，则为害滋甚，不如且置之。兆虽骁勇，凶悍无谋，不足图也。”不足图者，谓其易图也。

史言举大事者必审而后发。骁，坚尧翻。悍，侯旰翻。旦日，兆归营，复召欢，欢将上马诣之，上，时掌翻。孙腾牵欢衣，欢乃止。兆隔水肆骂，驰还晋阳。当是时，尔朱兆已知高欢之不可制，而无如之何。兆腹心念贤领降户家属别为营，欢伪与之善，观其佩刀，因取杀之。按通鉴，念贤后仕于西魏贵显。此岂别有一念贤邪？又按李百药北齐书，欢取贤佩刀以杀其从者，从者尽散。则谓所杀者贤之从者，非杀贤也。姓谱有念姓。士众感悦，益愿附从。

14 齐州城民赵洛周闻尔朱兆入洛，逐刺史丹杨王萧赞，以城归兆。赞变形为沙门，逃入长白山，五代志：齐州章丘县，旧曰高唐，有长白山。杜佑曰：长白山在淄州长山县。流转，卒于阳平。阳平县，汉属东郡，魏、晋以来，分属阳平郡，隋、唐魏州之莘县即其地。卒，子恤翻。梁人或盗其柩以归，上犹以子礼葬于陵次。豫章王综奔魏，改名赞，事见一百五十卷普通六年。赞不以帝为父，而帝犹以赞为子，可谓爱其所不当爱矣。柩，音旧。

15 魏荆州刺史李琰之，韶之族弟也。南阳太守赵修延，以琰之敬宗外族，敬宗母，彭城王勰妃李氏也，故云然。诬琰之欲奔梁，发兵袭州城，执琰之，自行州事。

16 魏王悦改元更兴，更，工行翻。闻尔朱兆已入洛，自知不及事，遂南还。斛斯椿复弃悦奔魏。为斛斯椿诛尔朱世隆兄弟构间高欢以分魏为东、西张本。复，扶又翻。

17 是岁，诏以陈庆之为都督南·北司等四州诸军事、南·北司二州刺史。梁置南司州于安陆，北司州于义阳。庆之引兵围魏悬瓠，破魏颍州刺史娄起等于溱水，魏孝昌四年置颍州于汝阴，领汝阴·颍〔弋〕阳、北陈留·颍川、财丘·梁兴、西恒农·陈南、东郡·汝南、清河·南阳、新蔡·南陈留、荥阳·北通、汝南·太原等双郡，东恒农、新兴等郡。水经注：溱水出汝南平舆县浮石岭东北青衣山，东南径朗陵县故城西，东北径北宜春县故城北，又东北入于汝。溱，缁诜翻。宋白曰：蔡州城南有溱水。又破行台孙腾等于楚城。梁置西楚州于楚城，在汝南郡城阳县界，其地当在唐申州界。按孙腾此时犹从高欢在并、冀、殷、相之间，庆之破腾必非此年事，史究言之耳。罢义阳镇兵，停水陆漕运，江、湖诸州并得休息；谓濒江及洞庭、彭蠡间诸州也。开田六千顷，二年之后，仓廪充实。

张政烺标点王崇武聂崇岐覆校

资治通鉴卷第一百五十五

端明殿学士兼翰林侍读学士朝散大夫右谏议大夫
充集贤殿修撰提举西京嵩山崇福宫上柱国河内郡 司马光 奉敕编集
开国侯食邑一千八百户食实封六百户赐紫金鱼袋臣

后学天台胡三省音注

梁纪十一 起重光大渊献（辛亥），尽玄黓困敦（壬子），凡二年。

高祖武皇帝十一

中大通三年（辛亥、五三一）

1 春，正月，辛巳，上祀南郊，大赦。

2 魏尚书右仆射郑先护闻洛阳不守，士众逃散，遂来奔。去年，魏敬宗遣郑先护讨东郡。丙申，以先护为征北大将军。

3 二月，辛丑，上祀明堂。

4 魏自敬宗被囚，宫室空近百日。被，皮义翻。近，其靳翻。去年十二月壬寅，尔朱兆渡河，囚敬宗；甲寅，迁晋阳；是月己巳，节闵帝即位，始入宫。尔朱世隆镇洛阳，商旅流通，盗贼不作。世隆兄弟密议，以长广王疏远，又无人望，欲更立近亲。更，工衡翻。仪同三司广陵王恭，羽之子也，广陵王羽，魏孝文帝之弟。好学有志度，正光中领给事黄门侍郎，以元叉擅权，托瘖病居龙华佛寺，好，呼到翻。瘖，于今翻。华，读曰花。无所交通。永安末，有白敬宗言王阳瘖，将有异志，考异曰：伽蓝记云："庄帝疑恭奸诈，夜，遣人盗掠衣物，拔刀剑欲杀之，恭张口以手拈舌，竟乃不言。庄帝信其真，放令归第。"

今从魏书。恭惧，逃于上洛山，上洛山在洛州上洛郡上洛县界。洛州刺史执送之，魏洛州刺史治上洛。系治久之，以无状获免。无状者，无反状也。治，直之翻。关西大行台郎中薛孝通说尔朱天光曰："广陵王，高祖犹子，礼曰：兄弟之子，犹子也。广陵王羽，高祖之弟，恭则犹子也。高祖，孝文庙号。说，式芮翻。夙有令望，沈晦不言，沈，持林翻。多历年所，若奉以为主，必天人允叶。"天光与世隆等谋之，疑其实瘖，使尔朱彦伯潜往敦谕，且胁之，恭乃曰："天何言哉！"用论语孔子之言。世隆等大喜。孝通，聪之子也。薛聪见一百四十卷齐明帝建武元年。

己巳，长广王至邙山南，世隆等为之作禅文，为，于伪翻。使泰山太守辽西窦瑗执鞭独入，守，式又翻。瑗，于眷翻。启长广王曰："天人之望，皆在广陵，愿行尧、舜之事。"遂署禅文。广陵王奉表三让，然后即位，帝讳恭，字修业，广陵惠王羽之子也。大赦，改元普泰。黄门侍郎邢子才为赦文，叙敬宗枉杀太原王荣之状，节闵帝曰："永安手翦强臣，非为失德，直以天未厌乱，故逢成济之祸耳。"成济弑高贵乡公事见七十七卷魏元帝景元元年。因顾左右取笔，自作赦文，直言："门下：魏、晋以来出命皆由门下省，故其发端必曰"敕门下"。朕以寡德，运属乐推，思与亿兆，同兹大庆，肆眚之科，一依常式。"属，之欲翻。乐，音洛。春秋庄二十二年，肆大眚。杜预注曰：赦有罪也。易称赦过宥罪，书称眚灾肆赦，传称肆眚围郑，皆放赦罪人，荡涤众故以新其心。帝闭口八年，至是乃言，中外欣然以为明主，望至太平。"至"，一作"致"。

庚午，诏以"三皇称'皇'，五帝称'帝'，三代称'王'，盖递为冲挹，谓皇降称帝，帝降称王，盖递为谦下也。自秦以来，竞称'皇帝'，予今但称'帝'，亦已褒矣。"加尔朱世隆仪同三司，赠尔朱荣相国、晋王，加九锡。世隆使百官议荣配飨，司直刘季明曰：杜佑通典曰：后魏永安三年，高道穆奏廷尉置司直十人，位在正、监上，不署曹事，唯覆理御史检劾事。“若配世宗，于时无功；宣武帝庙号世宗。若配孝明，亲害其母；谓杀胡后也。若配庄帝，为臣不终。孝武帝始改谥敬宗曰庄帝，此时当称为怀帝。以此论之，无所可配。”世隆怒曰：“汝应死！”季明曰：“下官既为议首，依礼而言，不合圣心，翦戮唯命！”世隆亦不之罪。以荣配高祖庙廷。又为荣立庙于首阳山，为，于伪翻。因周公旧庙而为之，以为荣功可比周公。庙成，寻为火所焚。因周公旧庙而祀尔朱荣，周公岂以夺馀飨为嫌哉？天人之心固不许也。

尔朱兆以不预废立之谋，大怒，欲攻世隆，世隆使尔朱彦伯往谕之，乃止。

初，敬宗使安东将军史仵龙、平北将军阳文义各领兵三千守太行岭，侍中源子恭镇河内；及尔朱兆南向，仵龙、文义帅众先降，由是子恭之军望风亦溃，兆遂乘胜直入洛阳。事见上卷上年。仵，疑古翻。行，户刚翻。帅，读曰率。降，下江翻。至是，尔朱世隆论仵龙、文义之功，各封千户侯，魏主曰：“仵龙、文义，于王有功，于国无勋。”竟不许。尔朱仲远镇滑台，表用其下都督为西兖州刺史，魏收志：西兖州领沛、济阴郡。先用后表，诏答曰：“已能近补，何劳远闻！”尔朱天光之灭万俟丑奴也，事见上卷上年。万，莫北翻。俟，渠夷翻。始获波斯所献师子，送洛阳，波斯献师子见一百五十二卷大通二年。及节闵帝即位，诏曰：“禽兽囚之则违其性。”命送归本国。使者以波斯道远不可达，于路杀之而返，有司劾违旨，帝曰：“岂可以兽而罪人！”遂赦之。史言节闵帝贤明而不终者，制于强臣也。使，疏吏翻。劾，户概翻，又户得翻。

5 魏镇远将军清河崔祖螭等聚青州七郡之众围东阳，青州领齐、北海、乐安、勃海、高阳、河间、乐陵七郡，治东阳。旬日之间，众十馀万。刺史东莱王贵平帅城民固守，帅，音率。使太傅谘议参军崔光伯出城慰劳，其兄光韶曰："城民陵纵日久，盖言东阳之民，挟州家之势，陵暴属郡，恣纵之日久矣。劳，力到翻。众怒甚盛，非慰谕所能解，家弟往，必不全。"贵平强之，强，其两翻。既出外，人射杀之。射，而亦翻。

6 幽、安、营、并四州行台刘灵助，自谓方术可以动人，又推算知尔朱氏将衰，乃起兵自称燕王、开府仪同三司、大行台，声言为敬宗复雠，燕，因肩翻。为，于伪翻。且妄述图谶，云"刘氏当王"。谶，七谮翻。由是幽、瀛、沧、冀之民多从之，魏熙平二年分瀛、冀二州置沧州，治饶安城，领浮阳、乐陵、安德三郡。从之者夜举火为号，不举火者诸村共屠之。引兵南至博陵之安国城。魏收志，博陵郡安国县有安国城，北平蒲阴县亦有安国城，故称博陵以别之。

尔朱兆遣监军孙白鹞至冀州，监，工咸翻。鹞，弋照翻。托言调发民马，调，徒钓翻。欲俟高乾兄弟送马而收之。乾等知之，与前河内太守封隆之等合谋，潜部勒壮士，袭据信都，杀白鹞，考异曰：北史作"白鸡"。今从北齐书。执刺史元嶷。嶷，鱼力翻。乾等欲推其父翼行州事，翼曰："和集乡里，我不如封皮。"皮，封隆之小字也。乃奉隆之行州事，为敬宗举哀，为，于伪翻。将士皆缟素，将，即亮翻；下同。缟，古老翻。升坛誓众，移檄州郡，共讨尔朱氏，仍受刘灵助节度。隆之，磨奴之族孙也。封磨奴见一百一十九卷宋高祖永初元年。

殷州刺史尔朱羽生将五千人袭信都，高敖曹不暇擐甲，将十馀骑驰击之，擐，音宦。骑，奇计翻。乾在城中绳下五百人，追救未及，敖曹已交兵，羽生败走。敖曹马矟绝世，矟，色角翻。左右无不一当百，时人比之项籍。

高欢屯壶关大王山，魏收地形志：上党郡屯留县有凤凰山，一名大王山。按魏太平真君九年二月，诏于壶关东北大王山累石为三封，又斩其北凤凰山南足以断之，以其有王气也。后高欢果屯兵于其地。六旬，乃引兵东出，声言讨信都。信都人皆惧，高乾曰：“吾闻高晋州雄略盖世，尔朱荣用欢为晋州刺史，故称之。其志不居人下。且尔朱无道，弑君虐民，正是英雄立功之会，今日之来，必有深谋，吾当轻马迎之，密参意旨，参，候也。诸君勿惧也。”乃将十馀骑与封隆之子子绘潜谒欢于滏口，说欢曰：“尔朱酷逆，痛结人神，凡曰有知，孰不思奋！明公威德素著，天下倾心，若兵以义立，则屈强之徒不足为明公敌矣。屈，与倔同，其勿翻。强，其两翻。屈强之徒，指尔朱氏之党也。鄗州虽小，户口不下十万，谷秸之税，足济军资，秸，工八翻，藁也。愿公熟思其计。”乾辞气慷慨，欢大悦，与之同帐寝。

初，河南太守赵郡李显甫，喜豪侠，喜，许既翻。集诸李数千家于殷州西山方五六十里居之。殷州西山，广阿之西山也。显甫卒，子元忠继之。家素富，多出贷求利，元忠悉焚券契，约也，即古所谓券也。【章：胡注“契，约也。”与正文不应，当是刻误；甲十一行本正作“契”；乙十一行本同；孔本同。】免责，乡人甚敬之。免责，不责其偿也。时盗贼蜂起，清河有五百人西戍，还，经赵郡，以路梗，共投元忠；梗，塞也。元忠遣奴为导，曰：“若逢贼，但道李元忠遣。”如言，贼皆舍避。舍，读曰捨。及葛荣起，元忠帅宗党作垒以自保，帅，读曰率。坐大槲树下，槲，胡谷翻。前后斩违命者凡三百人，贼至，元忠辄击却之。葛荣曰：“我自中山至此，连为赵李所破，李氏，赵郡之大姓，时号为赵李。何以能成大事！”乃悉众攻围，执元忠以随军。贼平，就拜南赵郡太守，此言尔朱荣平葛荣时事。魏太和之十一年，分赵郡之平乡、柏人、中丘，钜鹿之南蛮、钜鹿、广阿为南钜鹿郡，后改为南赵郡，属殷州。好酒无政绩。好，呼到翻。

及尔朱兆弑敬宗，元忠弃官归，谋举兵讨之。会高欢东出，元忠乘露车，载素筝浊酒以奉迎，欢闻其酒客，未即见之。元忠下车独坐，酌酒擘脯食之，谓门者曰："本言公招延俊杰，今闻国士到门，不吐哺辍洗，其人可知，以周公、汉祖之事责欢也。洗，先典翻。还吾刺，勿通也！"门者以告，欢遽见之，引入，觞再行，元忠车上取筝鼓之，长歌慷慨，歌阕，阕，苦穴翻，歌终也。谓欢曰："天下形势可见，明公犹事尔朱邪？"欢曰："富贵皆因彼所致，安敢不尽节！"元忠曰："非英雄也！高乾邕兄弟来未？"高乾，字乾邕。时乾已见欢，欢绐之曰："从叔辈粗，何肯来！"欢与乾兄弟同出于勃海，故称从叔。绐，待亥翻。从，才用翻。元忠曰："虽粗，并解事。"解，胡买翻，晓也。欢曰："赵郡醉矣。"使人扶出。元忠不肯起，孙腾进曰："此君天遣来，不可违也。"欢乃复留与语，复，扶又翻。元忠慷慨流涕，欢亦悲不自胜。胜，音升。元忠因进策曰："殷州小，无粮仗，不足以济大事。若向冀州，高乾邕兄弟必为明公主人，魏冀州治信都，高乾邕兄弟据之，故云然。殷州便以赐委。冀、殷既合，沧、瀛、幽、定自然弭服，唯刘诞黠胡或当乖拒，刘诞亦契胡种也，时为相州刺史，镇邺。黠，下八翻。然非明公之敌。"欢急握元忠手而谢焉。

欢至山东，约勒士卒，丝毫之物不听侵犯，每过麦地，欢辄步牵马，远近闻之，皆称高仪同将兵整肃，益归心焉。尔朱氏加欢仪同三司，故当时以称之。史言高欢能收众心，以倾尔朱。将，即亮翻。

欢求粮于相州刺史刘诞，诞不与；相，息亮翻。有车营租米，"车营"，北齐纪作"军营"。欢掠取之。进至信都，封隆之、高乾等开门纳之。高敖曹时在外略地，闻之，以乾为妇人，遗以布裙；裙，渠云翻，妇人下裳也。遗，于季翻。欢使世子澄以子孙礼见之，敖曹乃与俱来。敖曹以欢叙群从子侄之礼乃来，孰谓其粗也。

7 癸酉，魏封长广王晔为东海王，以青州刺史鲁郡王肃为太师，淮阳王欣为太傅，尔朱世隆为太保，长孙稚为太尉，赵郡王谌为司空，谌，氏壬翻。徐州刺史尔朱仲远、雍州刺史尔朱天光并为大将军，并州刺史尔朱兆为天柱大将军；赐高欢爵勃海王，征使入朝。高欢之先本勃海人，尔朱氏爵之为本郡王，欲以诱致之。朝，直遥翻。长孙稚固辞太尉，世衰难佐，故辞。乃以为骠骑大将军、开府仪同三司。骠，匹妙翻。骑，奇计翻。尔朱兆辞天柱，曰："此叔父所终之官，我何敢受！"固辞，不拜，寻加都督十州诸军事，十州，南尽汾、晋，北极云、朔。世袭并州刺史。高欢辞不就征。尔朱仲远徙镇大梁，复加兖州刺史。大梁，兖州统内，故加兖州。复，扶又翻；下无复、不复同。

尔朱世隆之初为仆射也，大通二年，魏尔朱荣入洛，以世隆为尚书仆射。畏尔朱荣之威严，深自刻厉，留心几案，案亦几属，应文书皆陈于几案而省览之。留心几案，谓留心于尚书省文书也。又案，据也，凡官文书留以为据者，亦谓之案。应接宾客，有开敏之名。及荣死，无所顾惮，为尚书令，家居视事，坐符台省，事无大小，不先白世隆，有司不敢行。使尚书郎宋游道、邢昕在其听事东西别坐，受纳辞讼，称命施行；称命者，称世隆之命也。昕，许斤翻。听，读曰厅。公为贪淫，生杀自恣；又欲收军士之意，泛加阶级，皆为将军，无复员限，自是勋赏之官大致猥滥，人不复贵。猥，杂也。是时，天光专制关右，兆奄有并、汾，仲远擅命徐、兖，世隆居中用事，竞为贪暴。而仲远尤甚，所部富室大族，多诬以谋反，籍没其妇女财物入私家，私家，谓仲远私家也。投其男子于河，如是者不可胜数。胜，音升。自荥阳已东，租税悉入其军，不送洛阳。东南州郡自牧守以下至士民，畏仲远如豺狼。由是四方之人皆恶尔朱氏，而惮其强，莫敢违也。为尔朱氏败张本。守，式又翻。恶，乌路翻。

8 己丑，魏以泾州刺史贺拔岳为岐州刺史，渭州刺史侯莫陈悦为秦州刺史，并加仪同三司。泾、渭荒残而秦、岐差完，故以内迁为进律。

9 魏使大都督侯渊、骠骑大将军代人叱列延庆讨刘灵助，至固城，叱列，虏复姓。固城，当在中山城东北，安国城西南。渊畏其众，欲引兵西入，据关拒险以待其变，延庆曰："灵助庸人，假妖术以惑众，妖，于骄翻。大兵一临，彼皆恃其符厌，厌，一协翻。谓刘灵助书为符敕以厌胜也。岂肯戮力致死，与吾兵争胜负哉！不如出营城外，诈言西归，灵助闻之必自宽纵，然后潜军击之，往则成擒矣。"渊从之。出顿城西，声云欲还，丙申，简精骑一千夜发，直抵灵助垒；灵助战败，斩之，传首洛阳。初，灵助起兵，自占胜负，曰："三月之末，我必入定州，尔朱氏不久当灭。"及灵助首函入定州，果以是月之末。史言用兵不可徒信占验而无方略。

10 夏，四月，乙巳，昭明太子统卒。太子自加元服，天监十四年，太子加元服。上即使省录朝政，省，悉景翻。朝，直遥翻。百司进事，填委于前，太子辩析诈谬，秋毫必睹，但令改正，不加按劾，劾，户概翻，又户得翻。平断法狱，多所全宥，宽和容众，喜愠不形于色。好读书属文，断，丁乱翻。好，呼报翻。属，之欲翻。引接才俊，赏爱无倦；出宫二十馀年，言自禁中出居东宫也。不畜声乐。每霖雨积雪，遣左右周行闾巷，视贫者赈之。行，下孟翻。赈，之忍翻。此所谓好行小惠也。天性孝谨，在东宫，虽燕居，坐起恒西向，必西向者，不敢背上台也。恒，户登翻。谨，居忍翻。或宿被召当入，隔夜为宿。被，皮义翻。危坐达旦。及寝疾，恐贻帝忧，敕参问，辄自力手书。言帝出敕候问，太子辄力疾手书，自为奏答。及卒，朝野惋愕，建康男女，奔走宫门，号泣道路。卒，子恤翻。朝，直遥翻。惋，乌贯翻。愕，五各翻。奔，甫门翻。走，音奏。号，户刀翻。

11 癸丑，魏以高欢为大都督、东道大行台、冀州刺史；东道，谓太行恒山以东也。又以安定王尔朱智虎为肆州刺史。

12 魏尔朱天光出夏州，遣将讨宿勤明达，癸亥，擒明达，送洛阳，斩之。尔朱天光既擒万俟丑奴，又擒宿勤明达，河、陇平矣，不知乃以为宇文泰之资也。夏，户雅翻。将，即亮翻。

13 丙寅，魏以侍中、骠骑大将军尔朱彦伯为司徒。

14 魏诏有司不得复称伪梁。魏不竞于梁故也。复，扶又翻；下同。

15 五月，丙子，魏荆州城民斩赵修延，复推李琰之行州事。赵修延执李琰之见上卷上年。

16 魏尔朱仲远使都督魏僧勖等讨崔祖螭于东阳，斩之。考异曰：北齐李浑传："普泰中，崔社客反于海岱，攻围青州。以浑为征东将军、都官尚书、行台赴援，而社客宿将多谋，诸城各自保固，坚壁清野。诸将议有异同，浑曰：'社客贼之根本，若简练骁勇，衔枚夜袭，径趋营下，出其不意，咄嗟之间，便可擒殄。如社客就擒，则诸郡可传檄而定。'诸将迟疑，浑乃速行，未明，达城下，贼徒惊散，擒社客，斩首送洛阳。"按其年时事迹与祖螭略同，未知社客即祖螭，为别一人也。今从魏帝纪。

17 初，昭明太子葬其母丁贵嫔，普通七年，丁贵嫔卒。遣人求墓地之吉者。或赂宦者俞三副求卖地，云若得钱三百万，以百万与之。三副密启上，言"太子所得地不如今地于上为吉。"今地，谓求卖之地也。上年老多忌，即命市之。葬毕，有道士云："此地不利长子，若厌之，长，知两翻。厌，一协翻，又于琰翻；下厌祷同。或可申延。"申，宽也。乃为蜡鹅及诸物埋于墓侧长子位。宫监鲍邈之、魏雅初皆有宠于太子，五代志，梁制，东宫有外监殿局、内监〔殿局〕。宫监者，即唐内直局之职也，龙朔二年改监曰内直郎。邈之晚见疏于雅，乃密启上云："雅为太子厌祷。"上遣检掘，果得鹅物，大惊，将穷其事，徐勉固谏而止，但诛道士。由是太子终身惭愤，不能自明。及卒，上征其长子南徐州刺史华容公欢至建康，欲立以为嗣，衔其前事，犹豫久之，卒不立，卒，子恤翻。庚寅，遣还镇。史因帝不立孙，究言事始。呜呼！帝于豫章王综、临贺王正德，虽犯恶逆，犹容忍之，至于昭明被谗，则终身衔其事，盖天夺其魄也。为昭明子訾仇视诸父张本。

臣光曰：君子之于正道，不可少顷离也，少，诗沼翻。离，力智翻。不可跬步失也。跬，窥婢翻。以昭明太子之仁孝，武帝之慈爱，一染嫌疑之迹，身以忧死，罪及后昆，求吉得凶，不可湔涤，可不戒哉！湔，将仙翻。是以诡诞之士，奇邪之术，君子远之。奇，居宜翻，异也。远，于愿翻。

18 丙申，立太子母弟晋安王纲为皇太子。朝野多以为不顺，立世適孙为顺。朝，直遥翻。司议侍郎周弘正，按陈书周弘正传：普通中初置司文义郎，直寿光省，以弘正为司义侍郎。"议"当作"义"。尝为晋安王主簿，乃奏记曰："谦让道废，多历年所。伏惟明大王殿下，天挺将圣，论语：太宰问于子贡曰："夫子圣者欤?"子贡曰："固天纵之将圣。"朱元晦注曰：将，殆也，谦若不敢知之辞。或曰：将，大也。四海归仁，是以皇上发德音，以大王为储副。意者愿闻殿下抗目夷上仁之义，左传：宋桓公疾，太子兹父固请曰："目夷长且仁，君其立之。"公命子鱼。子鱼辞曰："能以国让，仁孰大焉？臣弗及也。"遂走而退。子鱼，目夷字也。执子臧大贤之节，左传：成十三年，诸侯伐秦，曹宣公卒于师，曹人使公子负刍守，公子欣时逆曹伯之丧；负刍杀太子而自立。既葬，子臧将亡，国人皆将从之。成公乃惧，告罪，且请焉，子臧乃反。诸侯讨曹成公，执而归诸京师。将见子臧于王而立之，辞曰："圣达节，次守节。为君，非吾节也，虽不能圣，敢失守乎！"遂逃，奔宋。负刍立，是为成公。子臧，欣时字也。逃玉【张："玉"作"王"。】舆而弗乘，"玉舆"当作"王舆"。庄子让王篇曰：越人三世弑其君，王子搜患之，逃乎丹穴。而越国无君，求王子搜不得，从之丹穴。王子搜不出，越人薰之以艾，乘以王舆，王子搜援绥登车，仰天而呼曰："君乎君，独不可以舍我乎！"弃万乘如脱屣，孟子曰：舜视弃天下，犹弃敝屣也。乘，绳正翻。屣，所是翻。庶改浇竞之俗，以大吴国之风。谓太伯以天下让，逃而君吴也。浇，坚尧翻，薄也。古有其人，今闻其语，能行之者，非殿下而谁！使无为之化复生于遂古，复，扶又翻。朱元晦曰：遂，往也。让王之道不坠于来叶，庄子外篇有让王，述尧、舜以天下让。来叶，来世也。岂不盛欤！”王不能从。弘正，舍之兄子也。周舍柄用于天监之初。

太子以侍读东海徐摛为家令，晋王绍宗迁秘书少监，仍侍皇太子读书，此侍读之始也。兼管记，寻带领直。管记，职同公府记室。梁制，上台、东宫皆有领直，领直者，领直卫兵也。摛文体轻丽，春坊尽学之，东宫谓之春宫，宫坊谓之春坊。时人谓之宫体。上闻之，怒，召摛，欲加诮责。及见，诮，才笑翻。见，贤遍翻。应对明敏，辞义可观，意更释然，因问经史及释教，摛商较从横，较，古摧翻。从，子容翻。应对如响，上甚加叹异，上崇信释氏，意谓徐摛业儒，但知经史而已，扣击之馀，及于释教，商较从横，应对如响，遂加叹异。殊不思上有好者下必有甚者焉，释教盛行，可以媒富贵利达，江东人士孰不从风而靡乎！宠遇日隆。领军朱异不悦，异，羊至翻。谓所亲曰：“徐叟出入两宫，渐来见逼，我须早为之所。”遂乘间白上曰：“摛年老，又爱泉石，意在一郡自养。”上谓摛真欲之，乃召摛，谓曰：“新安大好山水，”遂出为新安太守。史言朱异固宠忌前。间，古苋翻。

六月，癸丑，立华容公欢为豫章王，其弟枝江公誉为河东王，曲阿公詧为岳阳王。詧，与察同。上以人言不息，谓不顺也。故封欢兄弟以大郡，用慰其心。久之，鲍邈之坐诱掠人，诱，音酉。罪不至死，太子纲追思昭明之冤，挥泪诛之。

19 魏高欢将起兵讨尔朱氏，镇南大将军斛律金、军主善无库狄干善无县，前汉属雁门郡，后汉属定襄郡，魏、晋省，后魏天平二年始以善无为郡也。与欢妻弟娄昭、妻之姊夫段荣皆劝成之。欢乃诈为书，称尔朱兆将以六镇人配契胡为部曲，众皆忧惧。契，欺讫翻。又为并州符，征兵讨步落稽，尔朱兆擅命并、汾。此亦高欢伪为兆符也。步落稽，即稽胡。发万人，将遣之。孙腾与都督尉景为请留五日，如此者再，孙腾、尉景既为镇人请留，必又因其愿留之情扇动之于下，此当以意会也。为，于伪翻。欢亲送之郊，雪涕执别，众皆号恸，声震原野。欢乃谕之先感动其心，而后谕之。号，户刀翻。曰："与尔俱为失乡客，义同一家，高欢亦镇户，故云然。不意在上征发乃尔！今直西向，已当死，自信都赴并、汾为西向。后军期，又当死，配国人，又当死，尔朱，契胡种也，故谓契胡为国人。奈何？"众曰："唯有反耳！"欢曰："反乃急计，然当推一人为主，谁可者？"众共推欢，欢曰："尔乡里难制。不见葛荣乎：虽有百万之众，曾无法度，终自败灭。今以吾为主，当与前异，毋得陵汉人，犯军令，生死任吾则可；不然，不能为天下笑。"高欢先立法制以齐其众，故能成大事。史言盗亦有道。众皆顿颡曰："死生唯命！"欢乃椎牛飨士，庚申，起兵于信都，考异曰：魏书帝纪起兵在庚申，北齐书帝纪在庚子，北史魏纪、齐纪亦然。今从魏书纪。亦未敢显言叛尔朱氏也。

会李元忠举兵逼殷州，欢令高乾帅众救之。高乾预欢密谋，而使之救殷州，此不过使之诱禽尔朱羽生耳。乾轻骑入见【章：甲十一行本"见"下有"刺史"二字；乙十一行本同；张校同；退斋校同。】尔朱羽生，与指画军计，骑，其计翻。羽生与乾俱出，因擒斩之，持羽生首谒欢。欢抚膺曰："今日反决矣！"高欢反谋非一日矣，及尔朱羽生授首，方言反决，盖其初犹有疑李元忠、高乾邕之心。元忠既举兵逼殷州，乾邕又斩羽生，欢于是深悉二人之心，而冀、殷之势已合，于是决反。乃以元忠为殷州刺史，镇广阿。欢于是抗表罪状尔朱氏，尔朱世隆匿之不通。世隆为尚书令，故得匿欢表。

20 魏杨播及弟椿、津皆有名德。播刚毅，椿、津谦恭，家世孝友，缌服同爨，凡三从之服服缌麻。男女百口，人无间言。间，古苋翻，异也。椿、津皆至三公，一门七郡太守，三十二州刺史。史言杨氏贵盛。敬宗之诛尔朱荣也，播子侃预其谋；事见上卷上年。城阳王徽、李彧，皆其姻戚也。尔朱兆入洛，侃逃归华阴，华，户化翻。尔朱天光使侃妇父韦义远招之，与盟，许贳其罪。贳，贷也，音始制翻。侃曰："彼虽食言，死者不过一人，犹冀全百口。"乃出应之，天光杀之。时椿致仕，与其子昱在华阴，椿弟冀州刺史顺、司空津、顺子东雍州刺史辨、正平太守仲宣皆在洛。雍，于用翻。秋，七月，尔朱世隆诬奏杨氏谋反，请收治之，治，直之翻。魏主不许；世隆苦请，帝不得已，命有司检按以闻。壬申夜，世隆遣兵围津第，天光亦遣兵掩椿家于华阴，东西之族无少长皆杀之，世隆、天光先已约同夷杨氏，故东西一时俱发。居华阴者为西族，居洛者为东族。少，诗照翻。长，知两翻。籍没其家。世隆奏云："杨氏实反，与收兵相拒，已皆格杀。"帝惋怅久之，不言而已，惋，乌贯翻。怅，丑亮翻。朝野闻之，无不痛愤。津子逸为光州刺史，尔朱仲远遣使就杀之。唯津子愔于被收时适出在外，逃匿，获免，往见高欢于信都，使，疏吏翻。愔，于今翻。被，皮义翻。考异曰：北齐书愔传云："愔父津为并州刺史，愔随之任。俄而孝庄幽崩，愔时适欲还都，行达邯郸，过津义从杨宽家，为宽所执。至相州，见刺史刘诞，以愔名家盛德，甚相哀念，遣队主巩荣贵防禁送都。至安阳亭，荣贵遂与俱逃，乃投高昂兄弟，潜窜累载。属齐神武至信都，遂投刺辕门，即署行台郎中。"按时齐神武已在信都，言潜窜累载，误矣。又云孝庄幽崩，而愔欲还都见执，皆非也。泣诉家祸，因为言讨尔朱氏之策，为，于伪翻。欢甚重之，即署行台郎中。杨愔门地既高，又有干用，高欢起兵之初，借人望以为重，借才干以为用，所以擢而用之。士无贤不肖，入朝见嫉，田横岛之逃实基于此。

21 乙亥，上临轩策拜太子，大赦。

22 丙戌，魏司徒尔朱彦伯以旱逊位，戊子，以彦伯为侍中、开府仪同三司。彦伯于兄弟中差无过恶。尔朱世隆固让太保，魏主特置仪同三司【章：甲十一行本"司"作"师"；乙十一行本同。】之官，位次上公之下，太师、太傅、太保为三司，位上公。庚寅，以世隆为之。斛斯椿谮朱瑞于世隆，世隆杀之。以朱瑞为敬宗所亲遇也。

23 庚寅，诏："凡宗戚有服属者，有服属，诸缌麻以上。并可赐汤沐，食乡亭侯，妇人赐汤沐邑，男子食乡侯、亭侯也。随远近为差。"随服属之远近以为等差。

24 壬辰，以吏部尚书何敬容为尚书右仆射。敬容，昌寓之子也。何昌寓，尚之之弟子。

25 魏尔朱仲远、度律等闻高欢起兵，恃其强，不以为虑，独尔朱世隆忧之。尔朱兆将步骑二万出井陉，趣殷州，将，即亮翻。骑，奇计翻。陉，音刑。趣，七喻翻。李元忠弃城奔信都。八月，丙午，尔朱仲远、度律将兵讨高欢。九月，己卯，魏以仲远为太宰，庚辰，以尔朱天光为大司马。

26 癸巳，魏主追尊父广陵惠王为先帝，支子入继大宗，尊所生父为皇，自汉哀帝始；尊之为帝，自吴孙皓始。母王氏为先太妃，封弟永业为高密王，子恕为勃海王。

27 冬，十月，己酉，上幸同泰寺，升法坐，讲涅槃经，涅，奴结翻。七日而罢。

28 乐山侯正则，先有罪徙郁林，五代志，乐山县属郁林郡。郁林，汉古郡，唐为郁林州。招诱亡命，欲攻番禺，诱，音酉。番禺，音潘愚。广州刺史元仲景讨斩之。"仲景"当作"景仲"。正则，正德之弟也。史言临川王宏诸子皆凶悖。

29 孙腾说高欢曰："今朝廷隔绝，号令无所禀，说，式芮翻。受命曰禀，音必锦翻。不权有所立，则众将沮散。"沮，在吕翻。欢疑之，腾再三固请，乃立勃海太守元朗为帝。朗，融之子也。章武王融为葛荣所杀。壬寅，朗即位于信都城西，改元中兴。废帝讳朗，字仲哲，章武王融第三子也。以欢为侍中、丞相、都督中外诸军事、大将军、录尚书事、大行台，高乾为侍中、司空，高敖曹为骠骑大将军、仪同三司、冀州刺史，时废帝除昂为冀州刺史，终其身。骠，匹妙翻。骑，奇计翻。孙腾为尚书左仆射，河北行台魏兰根为右仆射。去年，敬宗以魏兰根为河北行台。

己酉，尔朱仲远、度律与骠骑大将军斛斯椿、车骑大将军·仪同三司贺拔胜、车骑大将军贾显智军于阳平。此阳平县也，汉时属东郡，魏、晋以来属阳平郡。唐魏州莘县，阳平之地也。显智名智，以字行，显度之弟也。尔朱兆出井陉，军于广阿，众号十万。高欢纵反间，云"世隆兄弟谋杀兆"，复云"兆与欢同谋杀仲远等"，间，古苋翻。复，扶又翻。由是迭相猜贰，徘徊不进。仲远等屡使斛斯椿、贺拔胜往谕兆，兆帅轻骑三百来就仲远，帅，读曰率。同坐幕下，意色不平，手舞马鞭，长啸凝望，郑玄曰：啸，蹙口而出声。疑仲远等有变，遂趋出，驰还。仲远遣椿、胜等追，晓说之，兆执椿、胜还营，仲远、度律大惧，引兵南遁。兆数胜罪，将斩之，说，式芮翻。数，所具翻。曰："尔杀卫可孤，罪一也。事见一百五十卷普通五年。天柱薨，尔不与世隆等俱来，而东征仲远，罪二也。事见上卷上年。我欲杀尔久矣，今复何言？"复，扶又翻。胜曰："可孤为国巨患，胜父子诛之，其功不小，反以为罪乎？天柱被戮，以君诛臣，被，皮义翻。胜宁负王，不负朝廷。今日之事，生死在王。但寇贼密迩，骨肉构隙，自古及今，未有如是而不亡者。胜不惮死，恐王失策。"兆乃舍之。

高欢将与兆战，而畏其众强，以问亲信都督段韶，亲信都督，魏末诸将擅兵，始置是官，以领亲兵。韶曰："所谓众者，得众人之死；言得众人之死力也。所谓强者，得天下之心。尔朱氏上弑天子，中屠公卿，下暴百姓，王以顺讨逆，如汤沃雪，何众强之有！"欢曰："虽然，吾以小敌大，恐无天命不能济也。"韶曰："韶闻'小能敌大，小道大淫。''皇天无亲，惟德是辅。'"小能敌大，小道大淫。"左传记随大夫季梁之言也。"皇天无亲，唯德是辅。"书蔡仲之命之辞也。段韶父子起于北边，以骑射为工，安能作书语！魏收以其于北齐为勋戚，宗门强盛，从而为之辞耳。孟子曰："尽信书，不如无书。"信哉！尔朱氏外乱天下，内失英雄心，智者不为谋，勇者不为斗，为，于伪翻。人心已去，天意安有不从者哉！"韶，荣之子也。段荣与高欢亲善。辛亥，欢大破兆于广阿，俘其甲卒五千馀人。

30 十一月，乙未，上幸同泰寺，讲般若经，七日而罢。般，北末翻。若，人者翻。

31 庚辰，魏高欢引兵攻邺，相州刺史刘诞婴城固守。相，息亮翻。

32 是岁，魏南兖州城民王乞得劫刺史刘世明，举州来降。魏正光中置南兖州，治谯城，领陈留、梁、谯、沛、下蔡、北梁、马头等郡。降，户江翻。世明，芳之族子也。刘芳以儒学用于孝文、宣武二帝。上以侍中元树为镇北将军、都督北讨诸军事，镇谯城。以世明为征西大将军、郢州刺史，加仪同三司。世明不受，固请北归，上许之。世明至洛阳，奉送所持节，归乡里，不仕而卒。"陈力就列，不能者止，"刘世明有焉。刘氏世居彭城。

四年（壬子、五三二）

1 春，正月，丙寅，以南平王伟为大司马，元法僧为太尉，袁昂为司空。

2 立西丰侯正德为临贺王。正德自结于朱异，上既封昭明诸子，异言正德失职，言帝尝养正德为子，既而还本，爵秩不得与诸子齿也。异，音羊至翻。故王之。

3 以太子右卫率薛法护为司州牧，卫送魏王悦入洛。

4 庚午，立太子纲之长子大器为宣城王。长，知两翻。

5 魏高欢攻邺，为地道，施柱而焚之，城陷入地。穴城下为地道而未成，恐其土颓落而不得究功，故施柱。地道既成，乃焚其柱，故城陷入地。壬午，拔邺，擒刘诞，以杨愔为行台右丞。时军国多事，文檄教令，皆出于愔及开府谘议参军崔㥄。㥄，逞之五世孙也。㥄，力膺翻。崔逞去燕归魏，为道武帝所杀。

6 二月，以太尉元法僧为东魏王，上既以元悦为魏王，使自西道入；又使元法僧从东道入，故谓之东魏王。欲遣还北，兖州刺史羊侃为军司马，与法僧偕行。

7 扬州刺史邵陵王纶遣人就市赊买锦彩丝布数百匹，市人皆闭邸店不出；少府丞何智通依事启闻。纶被责还弟，被，皮义翻。弟，与第同；下于弟同。乃遣防阁戴子高等以槊刺智通于都巷，都巷，犹前言京巷也。槊，色角翻。刺，七亦翻。刃出于背。智通识子高，取其血以指画车壁为"邵陵"字，乃绝，由是事觉。庚戌，纶坐免为庶人，锁之于弟，经二旬，乃脱锁，顷之复封爵。

8 辛亥，魏安定王追谥敬宗曰武怀皇帝，朗既禅位，孝武帝封为安定王。甲子，以高欢为丞相、柱国大将军、太师；三月，丙寅，以高澄为骠骑大将军。丁丑，安定王帅百官入居于邺。帅，读曰率。

尔朱兆与尔朱世隆等互相猜阻，世隆卑辞厚礼谕兆，欲使之赴洛，唯其所欲，又请节闵帝纳兆女为后；兆乃悦，并与天光、度律更立誓约，复相亲睦。

斛斯椿阴谓贺拔胜曰："天下皆怨毒尔朱，而吾等为之用，亡无日矣，不如图之。"胜曰："天光与兆各据一方，欲尽去之甚难，去之不尽，必为后患，奈何？"椿曰："此易致耳。"乃说世隆追天光等赴洛，共讨高欢。复，扶又翻。去，羌吕翻。说，式芮翻。世隆屡征天光，天光不至，使椿自往邀之，曰："高欢作乱，非王不能定，岂可坐视宗族夷灭邪！"天光不得已，将东出，问策于雍州刺史贺拔岳，贺拔岳自岐州迁刺雍州。雍，于用翻。岳曰："王家跨据三方，兆北据并、汾，天光西奄关、陇，仲远擅命徐、兖，是跨据三方。士马殷盛，高欢乌合之众，岂能为敌！但能同心戮力，往无不捷。若骨肉相疑，则图存之不暇，安能制人！如下官所见，莫若且镇关中以固根本，分遣锐师与众军合势，进可以克敌，退可以自全。”天光不从。闰月，壬寅，天光自长安，兆自晋阳，度律自洛阳，仲远自东郡皆会于邺，众号二十万，夹洹水而军，水经注：洹水径邺城南。洹，于元翻。节闵帝以长孙稚为大行台，总督之。

高欢令吏部尚书封隆之守邺，癸丑，出顿紫陌，水经注：漳水东出山过邺，又北径祭陌西。战国之世，俗巫为河伯娶妇，祭于此陌。田融以为紫陌。赵建武十一年，造紫陌浮桥于水上。大都督高敖曹将乡里部曲王桃汤等三千人以从。将，即亮翻；下同。从，才用翻。欢曰：高都督所将皆汉兵，恐不足集事，欲割鲜卑兵千馀人相杂用之，何如？”敖曹曰：“敖曹所将，练习已久，前后格斗，不减鲜卑。今若杂之，情不相洽，胜则争功，退则推罪，推，吐雷翻。不烦更配也。”

庚申，尔朱兆帅轻骑三千夜袭邺城，叩西门，不克而退。壬戌，欢将战马不满二千，步兵不满三万，众寡不敌，乃于韩陵为圆陈，五代志：邺县有韩陵山。杜佑曰：在相州安阳县东北。陈，读曰阵。连系牛驴以塞归道，塞，息则翻。于是将士皆有死志。将，即亮翻。兆望见欢，遥责欢以叛己，欢曰：“本所以戮力者，共辅帝室。今天子何在？”兆曰：“永安枉害天柱，我报雠耳。”敬宗年号永安，故以称之。欢曰：“我昔闻天柱计，汝在户前立，岂得言不反邪！对两军发其阴谋，以正尔朱之罪。且以君杀臣，何报之有！今日义绝矣。”遂战。欢将中军，高敖曹将左军，欢从父弟岳将右军。将，即亮翻。从，才用翻。欢战不利，兆等乘之，岳以五百骑冲其前，别将斛律敦收散卒蹑其后，敖曹以千骑自栗园出横击之，兆等大败，贺拔胜与徐州刺史杜德于陈降欢。

陈，音阵同。兆对慕容绍宗抚膺曰："不用公言，以至于此！"谓绍宗谏兆使欢统州镇兵而兆不用也。欲轻骑西走，自邺西走归晋阳。绍宗反旗鸣角，徐广车服仪制曰：角，前代书记所不载，或云本出羌、胡，以惊中国之马。杜佑曰：大角，即后魏簸逻回是也。收散卒成军而去。兆还晋阳，仲远奔东郡。秦置东郡，晋改为濮阳国，后复曰东郡，治滑台城。尔朱彦伯闻度律等败，欲自将兵守河桥，将，即亮翻。世隆不从。

度律、天光将之洛阳，大都督斛斯椿谓都督贾显度、贾显智曰："今不先执尔朱氏，吾属死无类矣。"乃夜于桑下盟，约倍道先还。世隆使其外兵参军阳叔渊【章：甲十一行本"渊"下有"单骑"二字；乙十一行本同；孔本同。】驰赴北中，北中，即北中郎府城，在河桥北岸。简阅败卒，以次内之。内，读曰纳。椿至，不得入城，乃诡说叔渊曰：说，式芮翻。"天光部下皆是西人，闻欲大掠洛邑，迁都长安，宜先内我以为之备。"叔渊信之。夏，四月，甲子朔，椿等入据河桥，尽杀尔朱氏之党。度律、天光欲攻之，会大雨昼夜不止，士马疲顿，弓矢不可施，遂西走，至灅陂津，为人所擒，送于椿所。灅陂津在河桥西，亦曰雷波，即尔朱兆犯洛帅骑踏浅涉渡之处。灅，力水翻。椿使行台长孙稚诣洛阳奏状，别遣贾显智、张欢帅骑掩袭世隆，执之。帅，读曰率。骑，奇计翻。彦伯时在禁直，长孙稚于神虎门启陈："高欢义功既振，请诛尔朱氏。"节闵帝使舍人郭崇报彦伯，彦伯狼狈走出，为人所执，与世隆俱斩于阊阖门外，送其首并度律、天光于高欢。

节闵帝使中书舍人卢辩劳欢于邺，劳，力到翻。欢使之见安定王，辩抗辞不从，欢不能夺，乃舍之。辩，同之兄子也。卢同始附元叉以进。

辛未，骠骑大将军、行济州事侯景降于安定王，以景为尚书仆射、南道大行台、济州刺史。济，子礼翻。降，下江翻；

下同。

尔朱仲远来奔。仲远帐下都督乔宁、张子期自滑台诣欢降。欢责之曰："汝事仲远，擅其荣利，盟契百重，许同生死。契，约也。重，直龙翻。前仲远自徐州为逆，汝为戎首；谓前年仲远举兵向洛时也。今仲远南走，汝复叛之。复，扶又翻。事天子则不忠，事仲远则无信，犬马尚识饲之者，饲，祥吏翻。汝曾犬马之不如！"遂斩之。

尔朱天光之东下也，留其弟显寿镇长安，召秦州刺史侯莫陈悦欲与之俱东。贺拔岳知天光必败，欲留悦共图显寿以应高欢，计未有所出。宇文泰谓岳曰："今天光尚近，悦未必有贰心，若以此告之，恐其惊惧。然悦虽为主将，不能制物，将，即亮翻。若先说其众，必人有留心；悦进失尔朱之期，退恐人情变动，乘此说悦，事无不遂。"岳大喜，即令泰入悦军说之，悦遂与岳俱袭长安。岳为雍州刺史，本治长安，盖天光东下，使之出捍西北也。泰帅轻骑为前驱，显寿弃城走，追至华阴，擒之。帅，读曰率。骑，奇计翻。华，户化翻。欢以岳为关西大行台，考异曰：北史："薛孝通为中书郎，以'关中险固，秦、汉旧都，须预谋镇遏以为后计，纵河北失利，犹足据之。'节闵帝深以为然，问：'谁可任者？'孝通与贺拔岳同事天光，又与周文帝有旧，二人并先在关右，并推荐之。乃超授岳督岐·华·秦·雍诸军事、关西大行台、雍州牧，周文帝为左丞，孝通为右丞，赍诏书驰驿入关，授岳等同镇长安。后天光败于韩陵，节闵遂不得入关，为齐神武幽废。"按天光尚在，节闵安敢除岳镇关中！今从魏书。岳以泰为行台左丞，领府司马，事无巨细皆委之。

尔朱世隆之拒高欢也，使齐州行台尚书房谟募兵趣四渎，四渎，津名，在临济县。水经注，河水东北流四渎津，津西侧岸临河有四渎祠，以其自河入济、自泗入淮、自淮达江，水径周流，故有四渎之名。趣，七喻翻。又使其弟青州刺史弼趣乱城，扬声北渡，为掎角之势。掎，居蚁翻。及韩陵既败，弼还东阳，闻世隆等死，欲来奔，数与左右割臂为盟。帐下都督冯绍隆，素为弼所信待，说弼曰："今方同契阔，数，所角翻。说，式芮翻。诗击鼓曰：死生契阔。毛苌注曰：契阔，勤苦也。契，苦结翻。宜更割心前之血以盟众。"弼从之，大集部下，披胸令绍隆割之，绍隆因推刃杀之，推，吐雷翻。传首洛阳。

丙子，安东将军辛永以建州降于安定王。

辛巳，安定王至邙山。高欢以安定王疏远，章武王太洛，文成之子，献文之季弟也。太洛生融，融生安定王，于孝明帝缌麻亲也，故以为疏远。魏收书，章武王太洛，景穆之子，以彬为后，彬子融。审尔，则愈疏远矣。使仆射魏兰根慰谕洛邑，且观节闵帝之为人，欲复奉之。复，扶又翻。兰根以帝神采高明，恐于后难制，与高乾兄弟及黄门侍郎崔㥄共劝欢废之。㥄，力膺翻。欢集百官问所宜立，莫有应者，太仆代人綦毋俊盛称节闵帝贤明，宜主社稷，欢欣然是之。㥄作色曰："若言贤明，自可待我高王，徐登大位。广陵既为逆胡所立，节闵帝本广陵王。何得犹为天子！若从俊言，王师何名义举？"欢遂幽节闵帝于崇训佛寺。

欢入洛阳，斛斯椿谓贺拔胜曰："今天下事，在吾与君耳，若不先制人，将为人所制。高欢初至，图之不难。"胜曰："彼有功于时，害之不祥。比数夜与欢同宿，比，毗至翻。且【章：甲十一行本"且"作"具"；乙十一行本同；孔本同。】序往昔之怀，兼荷兄恩意甚多，荷，下可翻，古以儋负为义，故以受任为荷，受恩为荷，而感恩者亦曰荷。何苦惮之！"椿乃止。史言贺拔胜有才武而无远识，高欢能以奸诈玩弄时辈而悦其心。斛斯椿者小有才，反覆人也，其图欢之志固在孝武帝未立之前矣。

欢以汝南王悦，高祖之子，召欲立之，闻其狂暴无常，乃止。考异曰：魏书悦传云："神武令人示意。悦既至，清狂如故，动为罪失，不可扶立，乃止。"按悦时犹在梁境，比召至洛，往返几日。盖神武闻其所为而止耳。

时诸王多逃匿，尚书左仆射平阳王脩，怀之子也，广平王怀，高祖之子；脩于孝明帝从兄弟也。匿于田舍。欢欲立之，使斛斯椿求之。椿见脩所亲员外散骑侍郎太原王思政，问王所在，思政曰："须知问意。"椿曰："欲立为天子。"思政乃言之。椿从思政见脩，脩色变，谓思政曰："得无卖我邪？"曰："不也。"曰："敢保之乎？"曰："变态百端，何可保也！"椿驰报欢。欢遣四百骑迎脩入毡帐，骑，奇计翻。毡帐，胡夷酋帅所居，汉人谓之穹庐。陈诚，泣下沾襟，脩让以寡德，欢再拜，脩亦拜。欢出备服御，进汤沐，达夜严警。严为警备也。昧爽，孔安国曰：昧，冥。爽，明；早旦。马曰：昧，未旦也。陆德明曰：爽，谓早旦也。文武执鞭以朝，军中不能备朝服，故执鞭以为敬。朝，直遥翻。使斛斯椿奉劝进表。椿入帷门，磬折延首而不敢前，张守节曰：磬折，谓曲体揖之，若石磬之形曲折也。磬形皆中屈垂两头，言人屈腰则似也。脩令思政取表视之，曰："便不得不称朕矣。"书曰：天位艰哉。又曰：毋安，厥位惟危。虽天人乐推，神器归属，贤君处此之时，慄慄乎惧其不胜也。平阳王视劝进表而发此言，骄满之气溢出于肝鬲之上，君子以是知其不能终。乃为安定王作诏策而禅位焉。为，于伪翻。

戊子，孝武帝即位于东郭之外，帝讳脩，字孝则，广平武穆王怀之第三子也。东郭，洛城东郭也。用代都旧制，以黑毡蒙七人，欢居其一，帝于毡上西向拜天毕，入御太极殿，魏自孝文帝用夏变夷，宣武、孝明即位皆用汉、魏之制，今复用夷礼。群臣朝贺，朝，直遥翻；下同。升阊阖门大赦，改元太昌。以高欢为大丞相、天柱大将军、太师，世袭定州刺史。庚寅，加高澄侍中、开府仪同三司。

初，欢起兵信都，尔朱世隆知司马子如与欢有旧，自侍中、骠骑大将军出为南岐州刺史。欢入洛，召子如为大行台尚书，朝夕左右，参知军国。广州刺史广宁韩贤，魏收志：广宁郡属朔州，领石门、中川二县。五代志，马邑郡善阳县，后齐置朔州及广宁郡。素为欢所善，欢入洛，凡尔朱氏所除官爵例皆削夺，唯贤如故。

以前御史中尉樊子鹄兼尚书左仆射，为东南道大行台，与徐州刺史杜德追尔朱仲远；仲远已出境，遂攻元树于谯。

丞相欢征贺拔岳为冀州刺史，岳畏欢，欲单马入朝。行台右丞薛孝通说说，式芮翻。岳曰："高王以数千鲜卑破尔朱百万之众，诚亦难敌。然诸将或素居其上，或与之等夷，屈首从之，势非获已。今或在京师，或据州镇，高王除之则失人望，留之则为腹心之疾。且吐万人虽复败走，尔朱兆，字吐万人。犹在并州，高王方内抚群雄，外抗勍敌，勍，其京翻。安能去其巢穴，与公争关中之地乎！今关中豪俊皆属心于公，属，之欲翻。愿效其智力。公以华山为城，黄河为堑，华，户化翻。堑，七艳翻。进可以兼山东，退可以封函谷，后汉王元说隗嚣曰："元请以一丸泥为大王东封函谷关。"奈何欲束手受制于人乎！"言未卒，卒，子恤翻。岳执孝通手曰："君言是也。"乃逊辞为启而不就征。

壬辰，丞相欢还邺，送尔朱度律、天光于洛阳，斩之。

五月，丙申，魏主鸩节闵帝于门下外省，年三十五。西魏谥帝曰节闵。诏百司会丧，葬用殊礼。加九旒、銮辂、黄屋、左纛、班剑百二十人，盖其礼特异于诸王之丧耳。

以沛郡王欣为太师，赵郡王谌为太保，谌，世壬翻。南阳王宝炬为太尉，长孙稚为太傅。宝炬，愉之子也。京兆王愉亦孝文帝之子。丞相欢固辞天柱大将军，戊戌，许之。己酉，清河王亶为司徒。

侍中河南高隆之，本徐氏养子，丞相欢命以为弟，恃欢势骄公卿，南阳王宝炬殴之，曰："镇兵何敢尔！"魏迁洛阳，北人留居北镇者率隶尺籍，故置之曰镇兵。殴，乌口翻。魏主以欢故，六月，丁卯，黜宝炬为骠骑大将军，归第。

9 魏主避广平武穆王之讳，改谥武怀皇帝曰孝庄皇帝，谥法：武而不遂曰庄；死于原野曰庄；兵甲亟作曰庄。庙号敬宗。

10 秋，七月，庚子，魏复以南阳王宝炬为太尉。

11 壬寅，魏丞相欢引兵入滏口，大都督库狄干入井陉，击尔朱兆。滏，音父。陉，音刑。庚戌，魏主使骠骑大将军、仪同三司高隆之帅步骑十万会丞相欢于太原，因以隆之为丞相军司。欢军于武乡，晋置武乡县，属上党郡，石勒分置武乡郡，唐为武乡县，属潞州，我朝属威胜军。尔朱兆大掠晋阳，北走秀容。并州平。走，音奏。欢以晋阳四塞，太原郡之地，东阻太行、常山，西有蒙山，南有霍太山、高壁岭，北阨东陉、西陉关，故亦以为四塞之地。乃建大丞相府而居之。自此至于高齐建国，遂以晋阳为陪都。

12 魏夏州迁民郭迁据青州反，郭迁自夏州迁青州，必叛党也。刺史元嶷弃城走；嶷，鱼力翻。诏行台侯景等讨之，拔其城。迁来奔。

13 魏东南道大行台樊子鹄围元树于谯城，分兵攻取蒙县等五城，去年，梁遣元树镇谯城。蒙县，汉、晋属梁国，魏属谯郡，隋并入山桑县，唐改山桑为蒙城县，属亳州。以绝援兵之路。树请帅众南归，以地还魏，帅，读曰率。子鹄等许之，与之誓约。树众半出，子鹄击之，擒树及谯州刺史朱文开以归。羊侃行至官竹，水经注：睢水自睢阳东南流，历竹圃。水次绿竹荫渚，菁菁弥望，世人谓之梁王竹园；官收其利，因曰官竹。闻树败而还。还，音旋。九月，树至洛阳，久之，复欲南奔，魏人杀之。复，扶又翻。

14 乙巳，以司空袁昂领尚书令。

15 冬，十一月，丁酉，日南至，夏至之日日北至，冬至之日日南至。

杜预曰：冬至之日日南极。班志：日行光道，夏至至于东井，北近极，故晷短。冬至至于牵牛，远极，故晷长。司马彪志曰：日道发南，去极弥远，其景弥长，远长乃极，冬乃至。日道敛北，去极弥近，其景弥短，近短乃极，夏乃至。魏主祀圜丘。古者因天事天，故祭天于圜丘，其圜象天。

16 甲辰，魏杀安定王朗、东海王晔。二王皆尝拥立，虽已废退，居嫌疑之地，故见杀。

17 己酉，以汝南王悦为侍中、大司马。

18 魏葬灵太后胡氏。尔朱荣沈灵后于河，今乃克葬。

19 上闻魏室已定，十二月，庚辰，复以太尉元法僧为郢州刺史。是年春以元法僧为东魏王。

20 魏主以汝南王悦属近地尊，悦，魏主之叔父也。丁亥，杀之。

21 魏大赦，改元永兴，以与太宗同号，永兴，魏太宗即位之初元也。复改永熙。复，扶又翻。

22 魏主纳丞相欢女为后，命太常卿李元忠纳币于晋阳。欢与之宴，论及旧事，元忠曰："昔日建义，轰轰大乐，乐，音洛。比来寂寂无人问。"比，毗至翻。欢抚掌笑曰："此人逼我起兵。"元忠戏曰："若不与侍中，当更求建义处。"欢曰："建义不虑无，止畏如此老翁不可遇耳。"元忠曰："止为此翁难遇，所以不去。"因捋欢须大笑。为，于伪翻。捋，卢括翻。欢悉其雅意，深重之。悉，谙究也，知也。雅，素也。

23 尔朱兆既至秀容，分守险隘，出入寇抄。抄，楚交翻。魏丞相欢扬声讨之，师出复止者数四，兆意怠。欢揣其岁首当宴会，复，扶又翻。揣，初委翻。遣都督窦泰以精骑驰之，一日一夜行三百里，欢以大军继之。为明年窦泰破尔朱兆张本。骑，奇计翻。

张政烺标点王崇武聂崇岐覆校

资治通鉴卷第一百五十六

端明殿学士兼翰林侍读学士朝散大夫右谏议大夫充集贤殿修撰提举西京嵩山崇福宫上柱国河内郡开国侯食邑一千八百户食实封六百户赐紫金鱼袋臣司马光奉敕编集

后学天台胡三省音注

梁纪十二

起昭阳赤奋若（癸丑），尽阏逢摄提格（甲寅），凡二年。

高祖武皇帝十二

中大通五年（癸丑、五三三）

1 春，正月，辛卯，上祀南郊，大赦。

2 魏窦泰奄至尔朱兆庭，军人因宴休惰，忽见泰军，惊走，追破之于赤谼岭，杜佑曰：石州离石县有赤洪水，即离石水，赤洪其别名也。高欢破尔朱兆于赤洪岭，盖近此。又曰：赤洪水源出方山县，东流入离石。谼，户工翻。考异曰：魏帝纪：正月，庚寅朔；甲午，齐献武王自晋阳出讨兆，丁酉，大破之于赤洪岭。北齐帝纪：出兵在去年，破兆在今年。按岁首宴会，不应直至八日。今从齐书。众并降散。降，户江翻；下同。兆逃于穷山，命左右西河张亮及苍头陈山提斩己首以降，皆不忍；兆乃杀所乘白马，自缢于树。欢亲临，厚葬之。缢，于赐翻，又于计翻。临，力鸩翻，哭也。慕容绍宗携尔朱荣妻子及兆馀众诣欢降，欢以义故，待之甚厚。义故，犹言义旧也。兆之在秀容，左右皆密通款于欢，唯张亮无启疏，疏，所故翻。欢嘉之，以为丞相府参军。

3 魏罢诸行台。天监十五年，魏以李平为行台，节度统攻硖石诸军，踵魏初之制而置之也。正光之末盗起，始复置诸道行台。

4 辛亥，上祀明堂。

5 丁巳，魏主追尊其父为武穆帝，太妃冯氏为武穆后，母李氏为皇太妃。

6 劳州刺史曹凤、东荆州刺史雷能胜等举城降魏。曹凤、雷能胜，皆蛮左也，因其地授以州刺史。降，户江翻。

7 魏侍中斛斯椿闻乔宁、张子期之死，宁、子期死，见上卷上年。内不自安，与南阳王宝炬、武卫将军元毗、王思政密劝魏主图丞相欢。椿本有图欢之心，因乔、张之死，惧祸将及，决计为之。毗，遵之玄孙也。道武建国之初，常山王遵有佐命之功。舍人元士弼又言欢受诏不敬，帝由是不悦。椿劝帝置阁内都督部曲，又增武直人数，自直阁已下，员别数百，武直，谓武士之入直殿阁者。据五代志纪北齐之制，领军府将军，掌宿卫禁掖朱华阁外，凡禁卫官皆主之。又左右卫府，将军各一人，掌左右厢，所主朱华阁以外，各武卫将军二人贰之。其御仗属官有御仗正副都督、御仗五职、御仗等员。直荡属官有直荡正副都督、直入正副都督、勋武前锋正副都督、勋武前锋五职等员。直卫属官有直卫正副都督、翊卫正副都督等员。直突属官有直突都督、前锋散都督等员。直阁属官有朱衣直阁、直阁将军、直寝、直斋、直后之属。又有云骑、武骑、骁骑、游击、前·左·右·后等将军，左·右虎贲等中郎将，步兵、越骑、射声、屯骑、长水等校尉，奉车、骑二都尉，羽林监、冗从仆射、积弩、积射、强弩、殿中等将军及员外将军、武骑常侍、殿中司马督、员外司马督等。盖其制昉于晋，代有损益。观北齐之制，则当时增置可概见矣。皆选四方骁勇者充之。骁，坚尧翻。帝数出游幸，椿自部勒，别为行陈，数，所角翻。行，户刚翻。陈，读曰阵。由是朝政、军谋，帝专与椿决之。帝以关中大行台贺拔岳拥重兵，密与相结，又出侍中贺拔胜为都督三荆等七州诸军事，【章：甲十一行本“事”下有“荆州刺史”四字；乙十一行本同；孔本同；退斋校同。】七州，三荆及襄、南襄、郢、南郢也。欲倚胜兄弟以敌欢，倚胜及岳也。欢益不悦。

侍中、司空高乾之在信都也，遭父丧，不暇终服。及孝武帝即位，表请解职行丧，诏听解侍中，句绝。司空如故。乾虽求退，不谓遽见许，既去内侍，朝政多不关预，居常怏怏。怏，于两翻。帝既贰于欢，冀乾为己用，尝于华林园宴罢，独留乾，谓之曰："司空奕世忠良，谓自高允以来。今日复建殊效，复，扶又翻。相与虽则君臣，义同兄弟，宜共立盟约，以敦情契。"殷勤逼之。乾对曰："臣以身许国，何敢有贰。"时事出仓猝，且不谓帝有异图，遂不固辞，亦不以启欢。及帝置部曲，乾乃私谓所亲曰："主上不亲勋贤而招集群小，数遣元士弼、王思政往来关西与贺拔岳计议，又出贺拔胜为荆州，外示疏忌，内实树党，令其兄弟相近，冀据有西方。祸难将作，必及于我。"乃密启欢。欢召乾诣并州，面论时事，乾因劝欢受魏禅，欢以袖掩其口曰："勿妄言！今令司空复为侍中，门下之事一以相委。"欢屡启请，帝不许。乾知变难将起，密启欢求为徐州；数，所角翻。近，其靳翻。难，乃旦翻。复，扶又翻；罗复、诏复下同。二月，辛酉，以乾为骠骑大将军、开府仪同三司、徐州刺史，骠，匹妙翻。骑，奇计翻。以咸阳王坦为司空。为魏主杀高乾讨高欢张本。

8 癸未，上幸同泰寺，讲般若经，般，音钵。若，人者翻。七日而罢，会者数万人。

9 魏正光以前，阿至罗常附于魏。阿至罗，高车种也。魏书：孝静帝兴和三年，阿至罗国主副伏罗越君子去宾来降，封之为高车王。及中原多事，阿至罗亦叛，丞相欢招抚之，阿至罗复降，凡十万户。三月，辛卯，诏复以欢为大行台，魏方罢诸行台，今复命欢以此职，以招抚阿至罗。使随宜裁处。处，昌吕翻。欢与之粟帛，议者以为徒费无益，欢不从；及经略河西，大收其用。谓救曹泥及取万俟受洛干时也。

10 高乾将之徐州，魏主闻其漏泄机事，乃诏丞相欢曰："乾邕与朕私有盟约，今乃反覆两端。"欢闻其与帝盟，亦恶之，恶，乌故翻。即取乾前后数启论时事者遣使封上，使，疏吏翻；下同。上，时掌翻。帝召乾，对欢使责之，乾曰："陛下自立异图，乃谓臣为反覆，人主加罪，其可辞乎！"遂赐死。帝又密敕东徐州刺史潘绍业杀其弟敖曹，按李延寿齐纪，魏主遣东徐州刺史潘绍业密敕长乐太守庞苍鹰杀敖曹，则是高敖曹此时在信都也。敖曹先闻乾死，伏壮士于路，执绍业，得敕书于袍领，遂将十馀骑奔晋阳。将，即亮翻。骑，奇计翻。欢抱其首哭曰："天子枉害司空。"敖曹兄仲密为光州刺史，帝敕青州断其归路，断，音短。仲密由东莱归勃海，道出青州。仲密亦间行奔晋阳。间，古苋翻。仲密名慎，以字行。

11 魏太师鲁郡王肃卒。卒，子恤翻。

12 丙辰，南平元襄王伟卒。

13 丁巳，魏以赵郡王谌为太尉，谌，氏壬翻。南阳王宝炬为太保。

14 魏尔朱兆之入洛也，兆入洛见一百五十四卷二年。焚太常乐库，钟磬俱尽。节闵帝诏录尚书事长孙稚、太常卿祖莹等更造之，至是始成，命曰大成乐。

15 魏青州民耿翔聚众寇掠三齐，三齐，因秦、汉旧名言之。胶州刺史裴粲，专事高谈，不为防御；夏，四月，翔掩袭州城。魏永安二年，置胶州，治东武城，领东武、高密、平昌郡。东武城，今密州诸城县是也。左右白贼至，粲曰："岂有此理！"左右又言已入州门，粲乃徐曰："耿王来，可引之听事，自馀部众，且付城民。"翔斩之，送首来降。降，户江翻；下同。

16 五月，魏东徐州民王早等杀刺史崔庠，以下邳来降。考异曰：梁帝纪："六月，己卯，魏建义城主兰宝以下邳城降。"今从魏书。

17 六月，壬申，魏以骠骑大将军樊子鹄为青、胶大使，督济州刺史蔡俊等讨耿翔。济，子礼翻。秋，七月，魏师至青州，翔弃城来奔，诏以为兖州刺史。

18 壬辰，魏以广陵王欣为大司马，赵郡王谌为太师，庚戌，以前司徒贺拔允为太尉。考异曰：魏帝纪作"贺拔渥'。按允字阿鞠遲，盖"遲"字误为"渥"耳。

初，贺拔岳遣行台郎冯景诣晋阳，丞相欢闻岳使至，甚喜，使，疏吏翻。曰："贺拔公讵忆吾邪！"与景歃血，约与岳为兄弟。歃，色甲翻。景还，言于岳曰："欢奸诈有馀，不可信也。"府司马宇文泰自请使晋阳使，疏吏翻。以观欢之为人，欢奇其状貌，曰："此儿视瞻非常。"将留之，泰固求复命；欢既遣而悔之，发驿急追，至关不及而返。项羽不杀沛公，曹操之遣刘备，桓玄之容刘裕，类如此耳。有天命者，固非人之所能图也。

泰至长安，谓岳曰："高欢所以未篡者，正惮公兄弟耳；侯莫陈悦之徒，非所忌也。公但潜为之备，图欢不难。今费也头控弦之骑不下一万，夏州刺史斛拔弥俄突胜兵三千馀人，胜，音升。灵州刺史曹泥、河西流民纥豆陵伊利等各拥部众，未知所属。公若引军近陇，近，其靳翻。陇，坂也。扼其要害，震之以威，怀之以惠，可收其士马以资吾军。西辑氐、羌，北抚沙塞，灵、夏塞外，北临沙漠。还军长安，匡辅魏室，此桓、文之举也。""举"，一作"功"。岳大悦，复遣泰诣洛阳请事，密陈其状。复，扶又翻。魏主喜，加泰武卫将军，使还报。八月，帝以岳为都督雍·华等二十州诸军事、雍州刺史，魏泰和十一年，分雍州置华州，领华山、澄城、白水郡。二十州，雍、华、东华、岐、南岐、豳、原、河、渭、泾、夏、东夏、秦、南秦、梁、南梁、东梁、巴、益、东益也。雍，于用翻。华，户化翻。又割心前血，遣使者赍以赐之。使，疏吏翻。岳遂引兵西屯平凉，以牧马为名。所谓近陇也。斛拔弥俄突、纥豆陵伊利及费也头万俟受洛干、铁勒斛律沙门等皆附于岳，纥，下没翻。万，莫北翻。俟，渠之翻。唯曹泥附于欢。秦、南秦、河、渭四州刺史同会平凉，受岳节度。岳以夏州被边要重，夏，户雅翻。被，皮义翻。欲求良刺史以镇之，众举宇文泰，岳曰："宇文左丞，吾左右手，何可废也！"沈吟累日，卒表用之。沈，持林翻。卒，子恤翻。

19 九月，癸酉，魏丞相欢表让王爵，不许；请分封邑十万户颁授勋义，勋义，谓自信都从起义，讨尔朱有功勋者也。从之。

20 冬，十月，庚申，以尚书右仆射何敬容为左仆射，吏部尚书谢举为右仆射。

21 十一月，癸巳，魏以殷州刺史中山邸珍为徐州大都督、东道行台、仆射，以讨下邳。邸，姓也。风俗通：汉有上郡太守邸杜。讨王早也。

22 十二月，丁巳，魏主狩于嵩高；己巳，幸温汤；历嵩高而南，唯汝州梁县有温汤耳。丁丑，还宫。

23 魏荆州刺史贺拔胜寇雍州，此梁之雍州，治襄阳。拔下迮戍，迮，侧百翻，亦作"笮"。扇动诸蛮；雍州刺史庐陵王续遣军击之，屡为所败，败，补卖翻。汉南震骇。胜又遣军攻冯翊、安定、沔阳、酂城，皆拔之。五代志：竟陵郡蓝水县侨立冯翊郡。沔阳郡后为复州。襄阳郡阴城县，旧置酂城郡。萧子显齐志：宁蛮府所领郡有安定郡，领新安等县。五代志，新安县并入襄阳郡南漳县，当是置安定侨郡于南漳界也。蓝水，唐并入郢州长寿县；阴城，并入谷城县。沈约志：冯翊郡治襄阳郡鄀县。沔，弥兖翻。酂，音赞。续遣电威将军柳仲礼屯谷城以拒之，五代志：谷城县，属襄阳郡，旧曰义城，置义城郡。胜攻之，不克，乃还；于是沔北荡为丘墟矣。荡，徒朗翻。仲礼，庆远之孙也。柳庆远见一百四十三卷齐东昏侯永元二年。

24 魏丞相欢患贺拔岳、侯莫陈悦之强，右丞翟嵩曰："嵩能间之，间，古苋翻。使其自相屠灭。"欢遣之。欢又使长史侯景招抚纥豆陵伊利，伊利不从。

六年（甲寅、五三四）

1 春，正月，壬辰，魏丞相欢击伊利于河西，擒之，迁其部落于河东。河西，五原河之西也。河东，亦五原河之东。魏主让之曰："伊利不侵不叛，为国纯臣，左传：戎子驹支曰："为先君不侵不叛之臣。"王忽伐之，讵有一介行人先请之乎！"

2 魏东梁州民夷作乱，魏收志：东梁州领金城、直城、安康、魏明郡。五代志：西城郡，旧置东梁州。金城，即今金州城也，东梁州治焉。二月，诏以行东雍州事丰阳泉企讨平之。魏世祖置东雍州于平阳，太和中罢。孝昌中，于平阳置唐州，以唐尧都平阳，因以名州；建义初，改为晋州。未尝复置东雍州也。五代志曰：雍州郑县，后魏置东雍州。参考魏收志，郑县时已属华州界，未知此东雍州置于何地也。魏收志：丰阳县属上庸郡，太安二年置。姓谱曰：国语：潞、泉、余、满，皆赤狄隗姓。又，吴全琮孙恽降魏，封南阳，食邑白水，因为泉氏。企，去智翻。考异曰：北史作"泉企"。今从周书。企世为商、洛豪族，商、洛，指汉古县商县、上洛县而言也。隋志，上洛郡有商洛县。魏世祖以其曾祖景言为本县令，封丹水侯，使其子孙袭之。

3 壬戌，魏大赦。

4 癸亥，上耕藉田；大赦。

5 魏永宁浮图灾，观者皆哭，声振城阙。魏起永宁浮图，见一百四十八卷天监十五年。史言末俗深信浮图以至于此。振，之臼翻。

6 魏贺拔岳将讨曹泥，使都督武川赵贵至夏州与宇文泰谋之，泰曰："曹泥孤城阻远，未足为忧。侯莫陈悦贪而无信，宜先图之。"岳不听，曹泥附高欢，岳不从宇文泰之言，急于致讨，盖欲报高欢禽伊利之役耳，亦忿兵也。召悦会于高平，与共讨泥。悦既得翟嵩之言，乃谋取岳。岳数与悦宴语，数，所角翻。长史武川雷绍谏，不听。岳使悦前行，至河曲，河曲在灵州西。河千里一曲。河水自浇河至汉眴卷古县，率东北流，至富平始曲而北流，所谓河曲也。富平，唐灵州地。悦诱岳入营坐，论军事，诱，音酉。悦阳称腹痛而起，其婿元洪景拔刀斩岳。岳左右皆散走，悦遣人谕之云："我别受旨，止取一人，诸君勿怖。"怖，普布翻。众以为然，皆不敢动。而悦心犹豫，不即抚纳，乃还入陇，屯水洛城。我朝以渭州笼竿城置德顺军；水洛城在军西一百里。岳众散还平凉，赵贵诣悦请岳尸葬之，悦许之。岳既死，悦军中皆相贺，行台郎中薛憕私谓所亲曰："悦才略素寡，辄害良将，吾属今为人虏矣，何贺之有！"憕，真度之从孙也。憕，直陵翻。将，即亮翻。薛真度见一百三十九卷齐明帝建武元年。

岳众未有所属，诸将以都督武川寇洛年最长，长，知两翻。推使总诸军；洛素无威略，不能齐众，乃自请避位。赵贵曰："宇文夏州英略冠世，冠，古玩翻。远近归心，赏罚严明，士卒用命，若迎而奉之，大事济矣。"诸将或欲南召贺拔胜，或欲东告魏朝，朝，直遥翻。犹豫不决。都督盛乐杜朔周曰：盛乐，前汉之成乐县也，属定襄郡，后汉属云中郡，魏、晋省；后魏先世园陵在焉。魏收志：永熙中，置盛乐郡，云中治所。魏土地记：云中城东八十里有盛乐城。宋白曰：后魏所都盛乐，唐为振武军。"远水不救近火，今日之事，非宇文夏州无能济者，赵将军议是也。朔周请轻骑告哀，且迎之。"骑，奇计翻。众乃使朔周驰至夏州召泰。

泰与将佐宾客共议去留，前太中大夫颍川韩褒曰："此天授也，又何疑乎！侯莫陈悦，井中蛙耳，使君往，必擒之。"众以为："悦在水洛，去平凉不远，若已有贺拔公之众，则图之实难，愿且留以观变。"泰曰："悦既害元帅，帅，所类翻。自应乘势直据平凉，而退据水洛，吾知其无能为也。夫难得易失者，时也。用汉蒯彻语意。易，以豉翻。若不早赴，众心将离。”

夏州首望都督弥姐元进阴谋应悦，姐，音紫，又子也翻。弥姐元进之族，为州之首望，官又为都督。弥姐，羌复姓。泰知之，与帐下都督高平蔡佑谋执之，佑曰：“元进会当反噬，不如杀之。”泰曰：“汝有大决。”言能决大计也。乃召元进等入计事，泰曰：“陇贼逆乱，当与诸人戮力讨之，诸人似有不同者，何也？”佑即被甲持刀直入，被，皮义翻。瞋目谓诸将曰：瞋，七人翻。“朝谋夕异，何以为人！今日必断奸人首！”举坐皆叩头曰：断，丁管翻。坐，徂卧翻。“愿有所择。”佑乃叱元进，斩之，并诛其党，因与诸将同盟讨悦。泰谓佑曰：“吾今以尔为子，尔其以我为父乎？”

泰与帐下轻骑驰赴平凉，令杜朔周帅众先据弹筝峡。杜佑曰：弹筝峡，在今原州之百泉县。百泉即汉朝那县地。九域志：渭州都卢峡，即弹筝峡也。水经云：都卢山峡之内，常有弹筝之声。又云：弦歌之山，峡口水流，风吹摧响，有似音韵也。骑，奇计翻。帅，读曰率。时民间惶惧，逃散者多，军士争欲掠之，朔周曰：“宇文公方伐罪讨民，奈何助贼为虐乎！”抚而遣之，远近悦附；泰闻而嘉之。朔周本姓赫连，曾祖库多汗避难改焉，汗，音寒。难，乃旦翻。泰命复其旧姓，名之曰达。

丞相欢使侯景招抚岳众，泰至安定遇之，谓曰：“贺拔公虽死，宇文泰尚存，卿何为者！”景失色曰：“我犹箭耳，唯人所射。”射，食亦翻。英雄之姿表与其举措必有异乎人者，以侯景之凶狡，宇文泰一语折之，辞气俱下，良有以哉。李密见唐太宗不觉惊服，事亦类此。遂还。侯景不敢前至平凉。

泰至平凉，哭岳甚恸，将士皆悲喜。

欢复使侯景与散骑常侍代郡张华原、义宁太守太安王基劳泰，魏收志：建义元年，置义宁郡，治孤远城，属晋州。五代志：上党郡沁源县，后魏置义宁郡。又延和二年，置太安郡于汉五原界，属朔州。复，扶又翻。劳，力到翻；下慰劳同。泰不受，欲劫留之，曰："留则共享富贵，不然，命在今日。"华原曰："明公欲胁使者以死亡，此非华原所惧也。"泰乃遣之。基还，言"泰雄杰，请及其未定击灭之。"欢曰："卿不见贺拔、侯莫陈乎！吾当以计拱手取之。"

魏主闻岳死，遣武卫将军元毗慰劳岳军，召还洛阳，并召侯莫陈悦。毗至平凉，军中已奉宇文泰为主；悦既附丞相欢，不肯应召。泰因元毗上表称："臣岳忽罹非命，都督寇洛等令臣权掌军事。奉诏召岳军入京，今高欢之众已至河东，亦谓五原河之东。侯莫陈悦犹在水洛，士卒多是西人，顾恋乡邑，若逼令赴阙，悦蹑其后，欢邀其前，恐败国殄民，所损更甚。此虽泰不就征而为之辞，而亦事势所必致也。败，补卖翻。乞少赐停缓，少，诗沼翻。徐事诱导，渐就东引。"诱，音酉。魏主乃以泰为大都督，即统岳军。

初，岳以东雍州刺史李虎为左厢大都督，雍，于用翻。岳死，虎奔荆州，说贺拔胜使收岳众，说，式芮翻。胜不从。虎闻宇文泰代岳统众，乃自荆州还赴之，至阌乡，阌乡，在汉湖县界，隋改湖城县为阌乡县。阌，音旻。以李虎自荆州往返之地里考之，则魏东雍州，时置于郑县。为丞相欢别将所获，将，即亮翻。送洛阳。魏主方谋取关中，得虎甚喜，拜卫将军，厚赐之，使就泰。虎，歆之玄孙也。凉王李歆为沮渠蒙逊所灭。

泰与悦书，责以"贺拔公有大功于朝廷。君名微行薄，行，下孟翻。贺拔公荐君为陇右行台。又高氏专权，君与贺拔公同受密旨，屡结盟约；而君党附国贼，共危宗庙，口血未乾，乾，音干。匕首已发。今吾与君皆受诏还阙，今日进退，唯君是视：君若下陇东迈，吾亦自北道同归；平凉，在陇山之北，取道泾州东赴洛。若首鼠两端，吾则指日相见！"言进兵讨悦也。左传曰：诘朝相见。

魏主问泰以安秦、陇之策，泰表言："宜召悦授以内官，或处以瓜、凉一藩；魏以敦煌郡为瓜州，武威郡为凉州。处，昌吕翻。不然，终为后患。"

原州刺史史归，素为贺拔岳所亲任，河曲之变，反为悦守。反为，于伪翻。悦遣其党王伯和、成次安将兵二千助归镇原州，魏太延二年，置高平镇，正光五年，改置原州，治高平城，领高平、长城二郡。泰遣都督侯莫陈崇帅轻骑一千袭之。帅，读曰率。骑，奇计翻。崇乘夜将十骑直抵城下，馀众皆伏于近路；归见骑少，不设备。少，诗沼翻。崇即入，据城门，高平令陇西李贤及弟远穆在城中，为崇内应。于是，中外鼓噪，伏兵悉起，遂擒归及次安、伯和等归于平凉。泰表崇行原州事。三月，泰引兵击悦，至原州，众军毕集。

7 夏，四月，癸丑朔，日有食之。

8 魏南秦州刺史陇西李弼说侯莫陈悦曰："贺拔公无罪而公害之，又不抚纳其众，今奉宇文夏州以来，声言为主报雠，此其势不可敌也，宜解兵以谢之！不然，必及祸。"悦不从。说，式芮翻。为，于伪翻。

宇文泰引兵上陇，上，时掌翻。留兄子导为都督，镇原州。泰军令严肃，秋毫无犯，百姓大悦。军出木狭关，"狭"当作"峡"。唐志：原州平高县西南有木峡关。雪深二尺，深，式禁翻。泰倍道兼行，出其不意。悦闻之，退保略阳，晋武帝分天水置略阳郡，至隋废郡为陇城县。留万人守水洛，泰至，水洛即降。泰遣轻骑数百趣略阳，降，户江翻。趣，七喻翻。悦退保上邽，召李弼与之拒泰。弼知悦必败，阴遣使诣泰，请为内应。悦弃州城，南保山险，秦州治上邽城。使，疏吏翻。弼谓所部曰："侯莫陈公欲还秦州，汝辈何不装束！"弼妻，悦之姨也，众咸信之，争趣上邽。弼先据城门以安集之，遂举城降泰，泰即以弼为秦州刺史。其夜，悦出军将战，军自惊溃。悦性猜忌，既败，不听左右近己，近，其靳翻；下于近同。与其二弟并子及谋杀岳者七八人弃军迸走，迸，北诤翻。数日之中，槃桓往来，不知所趣。趣，向也，七喻翻。左右劝向灵州依曹泥，悦从之，自乘骡，骡，雷戈翻。令左右皆步从，从，才用翻。欲自山中趣灵州。宇文泰使原州都督贺拔颖追之，悦望见追骑，缢死于野。骑，奇计翻。缢，于赐翻，又于计翻。

泰入上邽，引薛憕为记室参军。收悦府库，财物山积，泰秋毫不取，皆以赏士卒；左右窃一银瓮以归，泰知而罪之，即剖赐将士。

悦党豳州刺史孙定儿据州不下，有众数万，泰遣都督中山刘亮袭之。定儿以大军远，不为备；亮先竖一纛于近城高岭，竖，而主翻，立也。纛，徒到翻，又徒沃翻。今军中大皂旗名曰皂纛。自将二十骑驰入城。定儿方置酒，猝见亮至，骇愕，不知所为，愕，五各翻。亮麾兵斩定儿，遥指城外纛，命二骑曰："出召大军！"城中皆慑服，莫敢动。慑，之涉翻。

先是，故氐王杨绍先乘魏乱逃归武兴，复称王。魏执杨绍先，见一百四十六卷天监五年。先，悉荐翻。复，扶又翻。凉州刺史李叔仁为其民所执，氐、羌、吐谷浑所在蜂起，自南岐至瓜、鄯，吐，从暾入声。谷，音浴。鄯，上扇翻，又音善。跨州据郡者不可胜数。宇文泰令李弼镇原州，夏州刺史拔也恶蚝镇南秦州，拔也恶蚝自夏州徙镇南秦。胜，音升。拔也，虏复姓。蚝，七吏翻。渭州刺史可朱浑道元镇渭州，为可朱浑道元奔高欢张本。可朱浑，虏三字姓。卫将军赵贵行秦州事，征豳、泾、东秦、岐四州之粟以给军。杨绍先惧，称藩送妻子为质。质，音致。

夏州长史于谨言于泰曰："明公据关中险固之地，将士骁勇，骁，坚尧翻。土地膏腴。今天子在洛，迫于群凶，若陈明公之恳诚，算时事之利害，请都关右，挟天子以令诸侯，奉王命以讨叛乱，此桓、文之业，千载一时也！”泰善之。于谨间关兵中有年矣，今乃遇宇文氏，卒以功名自见，岂所谓知己者邪，抑际遇自有时也？然谨事广阳王深，所陈策画不过随时设变；今事宇文泰，则勉之以迎天子而成兴王之业，盖知宇文泰之才足以有为，所谓量而后入也。载，子亥翻。

丞相欢闻泰定秦、陇，遣使甘言厚礼以结之，使，疏吏翻。泰不受，封其书，使都督济北张轨献于魏主。济，子礼翻。斛斯椿问轨曰：“高欢逆谋，行路皆知之，人情所恃，唯在西方，未知宇文何如贺拔？”言泰之才视贺拔岳为何如也。轨曰：“宇文公文足经国，武能定乱。”椿曰：“诚如君言，真可恃也。”

魏主命泰发二千骑镇东雍州，助为势援，时置东雍州于华州郑县。仍命泰稍引军而东。泰以大都督武川梁御为雍州刺史，使将步骑五千前行。先是，丞相欢遣其都督太安韩轨将兵一万据蒲反以救侯莫陈悦，先，悉荐翻。将，即亮翻。雍州刺史贾显度以舟迎之。梁御见显度，说使从泰，说，式芮翻。显度即出迎御，御入据长安。

魏主以泰为侍中、骠骑大将军、开府仪同三司、关西大都督、略阳县公，骠，匹妙翻。骑，奇计翻。承制封拜。泰乃以寇洛为泾州刺史，李弼为秦州刺史，前略阳太守张献为南岐州刺史。南岐州刺史卢待伯不受代，泰遣轻骑袭而擒之。史言宇文泰所以能定霸。

侍中封隆之言于丞相欢曰：“斛斯椿等今在京师，必构祸乱。”隆之与仆射孙腾争尚魏主妹平原公主，公主归隆之，腾泄其言于椿，椿以白帝。隆之惧，逃还乡里，欢召隆之诣晋阳。会腾带仗入省，擅杀御史，惧罪，亦逃就欢。领军娄昭辞疾归晋阳。高欢所亲无在洛者矣。帝以斛斯椿兼领军，改置都督及河南、关西诸刺史。华山王鸷在徐州，欢使大都督邸珍夺其管钥。去年，欢使邸珍督徐州讨下邳，因夺其城。华，户化翻。建州刺史韩贤，济州刺史蔡俊，皆欢党也；济，子礼翻。帝省建州以去贤，建州当太行路，自晋阳入洛之要道也。省州去贤，不特销欢党，亦去欢南道主人也。去，音羌吕翻。使御史举俊罪，以汝阳王叔昭代之。欢上言："俊勋重，不可解夺；汝阳懿德，当受大藩；臣弟永宝，猥任定州，北史：欢弟琛，字元宝。"永"恐当作"元"。宜避贤路。"帝不听。五月，丙子，魏主增置勋府庶子，厢别六百人；又增骑官，厢别二百人。勋府庶子及骑官，皆宿卫者也。骑，奇计翻。

魏主欲伐晋阳，高欢时居晋阳。辛卯，下诏戒严，云"欲自将伐梁"。将，即亮翻；下同。发河南诸州兵，大阅于洛阳，南临洛水，北际邙山，帝戎服与斛斯椿临观之。六月，丁巳，魏主密诏丞相欢，称"宇文黑獭、贺拔胜颇有异志，宇文泰，字黑獭。故假称南伐，潜为之备；王亦宜共为形援。读讫燔之。"欢表以为"荆、雍将有逆谋，荆，谓贺拔胜；雍，谓宇文泰。雍，于用翻。臣今潜勒兵马三万，自河东渡，又遣恒州刺史库狄干等将兵四万自来违津渡，恒，户登翻。自恒州渡来违津，其地当在平城之西，河津之要也。自此渡河至夏州。考异曰：丘悦三国典略作"朱违津"。今从北齐书及北史。领军将军娄昭等将兵五万以讨荆州，冀州刺史尉景等将山东兵七万、突骑五万以讨江左，皆勒所部，伏听处分。"处，昌吕翻。分，扶问翻。帝知欢觉其变，乃出欢表，令群臣议之，欲止欢军。欢亦集并州僚佐共议，高欢建大丞相府于并州，僚佐皆从居之。还以表闻，仍云："臣为嬖佞所间，嬖，卑义翻，又博计翻。间，古苋翻。陛下一旦赐疑。臣若敢负陛下，使身受天殃，子孙殄绝。陛下若垂信赤心，使干戈不动，佞臣一二人愿斟量废出。"斟，酌也。量，度也。斟量，犹今人言酌量也。量，音良。"出"，当作"黜"。

丁卯，帝使大都督源子恭守阳胡，阳胡，即阳壶城，在邵郡白水县。白水，汉河东之垣县也。水经注曰：白水径垣县故城北，又东南径阳壶城东，城即垣县之壶丘亭，白水又东南流注于河。按阳壶即崤谷之北岸，魏主欲入关，故先使子恭守之，以防欢邀截。汝阳王暹守石济，又以仪同三司贾显智为济州刺史，帅豫州刺史斛斯元寿东趣济州。济，子礼翻。帅，读曰率。趣，七喻翻。元寿，椿之弟也。蔡儁不受代，帝愈怒。辛未，帝复录洛中文武议意以答欢，复，扶又翻。且使舍人温子升为敕赐欢曰："朕不劳尺刃，坐为天子，所谓生我者父母，贵我者高王。今若无事背王，规相攻讨，背，蒲妹翻。规，图也。则使身及子孙，还如王誓。近虑宇文为乱，贺拔应之，故戒严，欲与王俱为声援。今观其所为，更无异迹。东南不宾，为日已久，今天下户口减半，未宜穷兵极武。朕既暗昧，不知佞人为谁。顷高乾之死，岂独朕意！言欢亦恶乾，封上其所论时事，故因杀之。王忽对昂言兄枉死，人之耳目何易可轻！如闻库狄干语王云：'本欲取懦弱者为主，无事立此长君，使其不可驾御。今但作十五日行，自可废之，更立馀者。'易，弋豉翻。语，牛倨翻。长，知两翻。更，工行翻。如此议论，自是王间勋人，岂出佞臣之口！去岁封隆之叛，今年孙腾逃去，不罪不送，谁不怪王！言欢既不加二人以罪，又不械送洛阳也。王若事君尽诚，何不斩送二首！王虽启云'西去'，西去，言将西攻宇文泰也。而四道俱进，或欲南度洛阳，或欲东临江左，四道俱进，谓河东、来违津及娄昭、尉景之兵也。娄昭讨荆州，尉景临江左，皆南指洛阳；河东来违津之兵，则牵制宇文泰使不得东下。高欢之计实出于此，魏主窥见其心术而言之。言之者犹应自怪，闻之者宁能不疑！王若晏然居北，在此虽有百万之众，终无图彼之心；王若举旗南指，纵无匹马只轮，犹欲奋空拳而争死。朕本寡德，王已立之，百姓无知，或谓实可。若为他人所图，则彰朕之恶；假令还为王杀，幽辱虀粉，了无遗恨！本望君臣一体，若合符契，不图今日分疏至此！"今人犹谓辩析为分疏。

中军将军王思政言于魏主曰："高欢之心，昭然可知。洛阳非用武之地，宇文泰乃心王室，今往就之，还复旧京，何虑不克？"帝深然之，遣散骑侍郎河东柳庆见泰于高平，共论时事。泰请奉迎舆驾，庆复命，帝复私谓庆曰：复，扶又翻。"朕欲向荆州何如？"庆曰："关中形胜，宇文泰才略可依。荆州地非要害，南迫梁寇，臣愚未见其可。"帝又问阁内都督宇文显和，时南、北朝皆有直阁将军，魏又置阁内都督，用斛斯椿之言也。显和亦劝帝西幸。时帝广征州郡兵，东郡太守河东裴侠帅所部诣洛阳，侠，户颊翻。帅，读曰率。王思政问曰："今权臣擅命，王室日卑，奈何？"侠曰："宇文泰为三军所推，居百二之地，汉书：田肯曰："秦，形胜之国也，带河阻山，悬隔千里，持戟百万，秦得百二焉。"苏林注曰：百二，得百万中之二万人也。秦地险固，二万人足当诸侯百万人也。所谓已操戈矛，宁肯授人以柄！虽欲投之，恐无异避汤入火也。"思政曰："然则如何而可？"侠曰："图欢有立至之忧，西巡有将来之虑，且至关右徐思其宜耳。"思政然之，乃进侠于帝，授左中郎将。将，即亮翻。

初，丞相欢以洛阳久经丧乱，欲迁都于邺，帝曰："高祖定鼎河、洛，为万世之基；王既功存社稷，宜遵太和旧事。"欢乃止。至是复谋迁都，复，扶又翻。遣三千骑镇建兴，慕容永分上党置建兴郡，魏为建州。骑，奇计翻。益河东及济州兵，拥诸州和籴粟，悉运入邺城。和籴以充军食，盖始于此。历唐至宋而民始不胜其病矣。济，子礼翻。帝又敕欢曰："王若厌伏人情，厌，于协翻，又如字。杜绝物议，唯有归河东之兵，罢建兴之戍，送相州之粟，相州治邺城。相，息亮翻。追济州之军，使蔡俊受代，邸珍出徐，止戈散马，各事家业，脱须粮廪，别遣转输，则谗人结舌，疑悔不生，王高枕太原，枕，职任翻。朕垂拱京洛矣。王若马首南向，问鼎轻重，朕虽不武，为社稷宗庙之计，欲止不能。决在于王，非朕能定，为山止篑，相为惜之。”书旅獒曰：为山九仞，功亏一篑。孔安国注云：谕向成也，未成一篑，犹不为山。论语：孔子曰：譬如为山，未成一篑，止，吾止也。相为，音于伪翻。欢上表极言宇文泰、斛斯椿罪恶。

帝以广宁太守广宁任祥兼尚书左仆射加开府仪同三司，祥弃官走，渡河，据郡待欢。魏收志：广宁郡属朔州，领石门、中川二县。五代志：马邑郡善阳县，后齐置广宁郡，孝昌以来，寄治并州界。时欢在并州，祥当直走就欢，不必据郡以待欢之南也。又按五代志，建州沁水县，旧置广宁郡。祥所据者盖沁水之广宁也；若其乡里则当在朔州之广宁。帝乃敕文武官北来者任其去留，遂下制书数欢咎恶，数，所具翻。召贺拔胜赴行在所。胜以问太保掾范阳卢柔，柔曰：“高欢悖逆，公席卷赴都，与决胜负，生死以之，上策也。掾，于绢翻。悖，蒲没翻，又蒲内翻。卷，读曰捲。北阻鲁阳，南并旧楚，江陵，旧楚之郢都在其界内。东连兖、豫，西引关中，带甲百万，观衅而动，中策也。衅，许靳翻。举三荆之地，庇身于梁，功名皆去，下策也。”胜笑而不应。贺拔胜既不能勤王，又不能保境，挺身奔梁，卒如卢柔所料。原胜之心，以柔书生，故易其言。殊不知博观往迹，默察时变以坐论胜败，则书生之见，固非武夫健将之所能及也。

帝以宇文泰兼尚书仆射，为关西大行台，许妻以冯翊长公主，妻，七细翻。长，知两翻。谓泰帐内都督秦郡杨荐曰：考魏收地形志，魏无秦郡。五代志曰：扶风雍县，后魏置秦平郡。又雍州醴泉县，后魏曰宁夷，西魏置宁夷郡，后周改曰秦郡。“卿归语行台，语，牛倨翻。遣骑迎我！”以荐为直阁将军。泰以前秦州刺史骆超为大都督，将轻骑一千赴洛，又遣荐与长史宇文侧【章：甲十一行本“侧”作“测”；乙十一行本同；孔本同。】出关候接。候接魏主也。

丞相欢召其弟定州刺史琛使守晋阳，琛，丑林翻。命长史崔暹佐之。暹，挺之子【章：甲十一行本“子”字作“族孙”二字；乙十一行本同；孔本同；张校同。】也。通鉴以此别为破六韩拔陵所败之崔暹。欢勒兵南出，告其众曰：“孤以尔朱擅命，建大义于海内，奉戴主上，事见上卷四年。诚贯幽明；横为斛斯椿谗构，横，户孟翻。以忠为逆，今者南迈，诛椿而已。”以高敖曹为前锋。宇文泰亦移檄州郡，数欢罪恶，数，所具翻。自将大军发高平，前军屯弘农。将，即亮翻。贺拔胜军于汝水。贺拔胜盖出鲁阳，屯襄城界，仅越境而止耳。

秋，七月，己丑，魏主亲勒兵十馀万屯河桥，以斛斯椿为前驱，陈于邙山之北。椿请帅精骑二千夜渡河掩其劳弊，陈，读曰阵。帅，读曰率。骑，奇计翻。帝始然之；黄门侍郎杨宽说帝曰：说，式芮翻。“高欢以臣伐君，何所不至！今假兵于人，恐生他变。椿若渡河，万一有功，是灭一高欢，生一高欢矣。”帝遂敕椿停行，椿叹曰：“顷荧惑入南斗，晋天文志曰：南斗六星，天庙也。将有天子之事，占于斗。荧惑，罚星，入之，天子不安其位，后所谓“天子下殿走”是也。今上信左右间构，间，古苋翻。不用吾计，岂天道乎！”宇文泰闻之，谓左右曰：“高欢数日行八九百里，此兵家所忌，当乘便击之。而主上以万乘之重，乘，成正翻。不能渡河决战，方缘津据守。且长河万里，捍御为难，若一处得渡，大事去矣。”即以大都督赵贵为别道行台，自蒲反济，趣并州，别道而进，示将拟高欢之后。趣，七喻翻。遣大都督李贤将精骑一千赴洛阳。以迎魏主也。将，即亮翻。

帝使斛斯椿与行台长孙稚、大都督颍川王斌之镇虎牢，行台长孙子彦镇陕，斌，音彬。陕，失冉翻。贾显智、斛斯元寿镇滑台。斌之，鉴之弟；安乐王鉴见一百五十卷普通五年。子彦，稚之子也。欢使相州刺史窦泰趣滑台，相，息亮翻。建州刺史韩贤趣石济。窦泰与显智遇于长寿津，水经：河水右径滑台城，又东北径凉城县，又东北为长寿津。述征记曰：凉城到长寿津六十里。显智阴约降于欢，引军退。降，户江翻；下同。军司元玄觉之，驰还，请益师，帝遣大都督侯几绍赴之，魏书官氏志，内入诸姓有侯几氏。战于滑台东，显智以军降，绍战死。北中郎将田怙为欢内应，欢潜军至野王，帝知之，斩怙。五代志：河内郡治河内县，旧曰野王。欢至河北十馀里，自野王进兵，距河才十馀里。再遣使口申诚款；帝不报。使，疏吏翻。丙午，欢引军渡河。

魏主问计于群臣，或欲奔梁，或云南依贺拔胜，或云西就关中，或云守洛口死战，洛水过巩县东而北入于河，谓之洛口。计未决。元斌之与斛斯椿争权，弃椿还，绐帝云："高欢兵已至！"考异曰：魏书斛斯椿传云："椿惧己不免，复启出帝，假说游声以劫胁帝，帝信之，遂入关。"按齐高祖举兵向洛，而云椿劫胁帝，不亦诬乎！此乃魏收欲媚齐人，重椿之罪耳。今从齐书高祖纪及北史椿传。丁未，帝遣使召椿还，遂帅南阳王宝炬、清河王亶、广阳王湛以五千骑宿于瀍西，南阳王别舍沙门惠臻负玺持千牛刀以从。帅，读曰率。玺，斯氏翻。从，才用翻。众知帝将西出，其夜，亡者过半，亶、湛亦逃归。湛，深之子也。广阳王深为葛荣所杀。武卫将军云中独孤信单骑追帝，令狐德棻曰：独孤部与魏俱起，三十六大姓之一也。帝叹曰："将军辞父母，捐妻子而来，'世乱识忠臣，'岂虚言也！"戊申，帝西奔长安，李贤遇帝于崤中。陕有三崤之山。魏太和十一年置崤县，属恒农郡。己酉，欢入洛阳，舍于永宁寺，遣领军娄昭等追帝，请帝东还。长孙子彦不能守陕，弃城走。高敖曹帅劲骑追帝至陕西，不及。陕西，陕城之西也。帝鞭马长骛，糗浆乏绝，骛，音务。糗，去久翻，熬米麦为之。郑玄曰：浆，酢截，周官浆人掌之。三二日间，从官唯饮涧水。从，才用翻。至湖城，有王思村民以麦饭壶浆献帝，帝悦，复一村十年。至稠桑，湖城，即汉湖县城。湖城西有稠桑驿。复，方目翻。潼关大都督毛鸿宾迎献酒食，从官始解饥渴。

八月，甲寅，丞相欢集百官谓曰："为臣奉主，匡救危乱，若处不谏争，出不陪从，处，昌吕翻。争，读曰诤。从，才用翻。缓则耽宠争荣，急则委之逃窜，臣节安在！"众莫能对，兼尚书左仆射辛雄曰："主上与近习图事，雄等不得预闻。及乘舆西幸，乘，绳正翻。若即追随，恐迹同佞党；留待大王，又以不从蒙责，雄等进退无所逃罪。"欢曰："卿等备位大臣，当以身报国，群佞用事，卿等尝有一言谏争乎？使国家之事一朝至此，罪欲何归！"乃收雄及开府仪同三司叱列延庆、兼吏部尚书崔孝芬、都官尚书刘廞、兼度支尚书天水杨机、散骑常侍元士弼，皆杀之。欢责辛雄等以罪而杀之，亦以去魏朝之望，将以树其私党耳。廞，许金翻。度，徒洛翻。孝芬子司徒从事中郎猷间行入关，魏主使以本官奏门下事。凡事经门下者使之闻奏也。间，古苋翻。欢推司徒清河王亶为大司马，承制决事，居尚书省。

宇文泰使赵贵、梁御帅甲骑二【张："二"作"一"。】千奉迎，帝循河西行，谓御曰："此水东流，而朕西上，若得复见洛阳，亲诣【章：甲十一行本"诣"作"谒"；乙十一行本同；孔本同；张校同。】陵庙，卿等功也。"帝及左右皆流涕。泰备仪卫迎帝，谒见于东阳驿，水经注：渭水过长安城北，又东过新丰，东合西阳水，又东合东阳水。二水并南出广乡原。上，时掌翻。复，扶又翻。谒见，贤遍翻。免冠流涕曰："臣不能式遏寇虐，诗曰："式遏寇虐，无俾作慝。"使乘舆播迁，臣之罪也。"乘，成正翻。帝曰："公之忠节，著于遐迩。朕以不德，负乘致寇，易曰：负且乘，致寇至。负也者，小人之事也。乘也者，君子之器也。小人而乘君子之器，盗思夺之矣。今日相见，深用厚颜。郑玄曰：颜之厚者，不知惭于人。方以社稷委公，公其勉之！"将士皆呼万岁。遂入长安，以雍州廨舍为宫，廨，居隘翻。公宇也。

大赦，以泰为大将军、雍州刺史，兼尚书令，雍，于用翻。军国之政，咸取决焉。别置二尚书，分掌机事，以行台尚书毛遐、周惠达为之。时军国草创，二人积粮储，治器械，简士马，魏朝赖之。治，直之翻。朝，直遥翻。泰尚冯翊长公主，拜驸马都尉。汉武帝置奉车、驸马、骑三都尉，魏、晋以来，尚主者例拜驸马都尉。长，知两翻。

先是，荧惑入南斗，去而复还，留止六旬。上以谚云"荧惑入南斗，天子下殿走，"乃跣而下殿以禳之，郑玄曰：却变曰禳。先，悉见翻。及闻魏主西奔，惭曰："虏亦应天象邪！"

9 己未，武兴王杨绍先为秦、南秦二州刺史。"己未"之下，当有"以"字；梁书亦然。

10 辛酉，魏丞相欢自追迎魏主。戊辰，清河王亶下制大赦。欢至弘农，九月，癸【张："癸"作"乙"。】巳，使行台仆射元子思帅侍官迎帝；帅，读曰率；下同。己酉，攻潼关，克之，擒毛鸿宾，进屯华阴长城，此城，战国时魏筑长城自郑滨洛者也。华，户化翻。龙门都督薛崇礼以城降欢。魏收志：华山郡夏阳县有龙门山。水经注：河水出龙门口。盖两山夹河，故谓之龙门，大禹所凿也。后魏置龙门郡龙门县，属南汾州；隋废龙门郡，以龙门县属河东郡。此即河东之龙门也，西对夏阳之龙门山。降，户江翻。

贺拔胜使长史元颖行荆州事，守南阳，自帅所部西赴关中。至淅阳，汉析县属弘农郡；宋永初志，属顺阳郡；魏收志，析阳郡属析州；五代志，析州内乡县，旧置淅阳郡。淅，思历翻。闻欢已屯华阴，欲还，行台左丞崔谦曰："今帝室颠覆，主上蒙尘，公宜倍道兼行，朝于行在，朝，直遥翻。然后与宇文行台同心戮力，唱举大义，天下孰不望风响应！今舍此而退，恐人人解体，一失事机，后悔何及！"胜不能用，遂还。

欢退屯河东，使行台【章：甲十一行本"台"下有"尚书"二字；乙十一行本同；孔本同；张校同。】长史薛瑜守潼关，考异曰：北史作"薛瑾"，典略作"薛长瑜"，北齐帝纪作"薛瑜"。今从北齐书。大都督库狄温守封陵，筑城于蒲津西岸，水经注：潼关直北隔河有层阜，巍然独秀，孤峙河阳，世谓之风陵。蒲津，即河东郡蒲阪津也。唐志，蒲州河西县有蒲津关，河东县南有风陵关。以薛绍宗为华州刺史，使守之，华，户化翻。以高敖曹行豫州事。

欢自发晋阳，至是凡四十启，魏主皆不报。欢乃东还，遣行台侯景等引兵向荆州，荆州民邓诞等执元颖以应景。贺拔胜至，景逆击之，胜兵败，帅数百骑来奔。奔梁也。通鉴以梁系年，故书来奔。帅，读曰率。骑，音奇寄翻；下同。

11 魏主之在洛阳也，密遣阁内都督河南赵刚召东荆州刺史冯景昭帅兵入援，兵未及发，魏主西入关。景昭集府中文武议所从，司马冯道和请据州待北方处分。北方，谓高欢也。处，昌吕翻。分，扶问翻。刚曰："公宜勒兵赴行在所。"天子所至为行在所。久之，更无言者。刚抽刀投地曰："公若欲为忠臣，请斩道和；如欲从贼，可速见杀！"景昭感悟，即帅众赴关中。侯景引兵逼穰城，谓攻元颖时也。东荆州民杨祖欢等起兵，【章：甲十一行本"兵"下有"应之"二字；乙十一行本同；孔本同；张校同；退斋校同。】以其众邀景昭于路，景昭战败，刚没蛮中。魏东荆州本蛮左所据之地。

冬，十月，丞相欢至洛阳，考异曰：齐书、北史皆云"九月，庚寅，还至洛阳。"按欢九月己酉克潼关。己酉，九月二十九日也，不容庚寅已还至洛阳。庚寅乃九月十日也。又遣僧道荣奉表于孝武帝曰："陛下若远赐一制，许还京洛，臣当帅勒文武，式清宫禁。若返正无日，则七庙不可无主，万国须有所归，臣宁负陛下，不负社稷。"帝亦不答。欢乃集百官耆老，议所立，时清河王亶出入已称警跸，欢丑之，乃托以"孝昌以来，昭穆失序，昭，读为佋，时昭翻。永安以孝文为伯考，永熙迁孝明于夹室，敬宗尊其父彭城王麃为皇帝，列于七庙，以孝文为伯考。高欢之立魏孝武，改元永熙。孝武自以于孝明帝兄弟也，礼，兄弟不相入庙，遂迁孝明帝主于夹室。凡宗庙之制，有东西夹室。业丧祚短，职此之由。”丧，息亮翻。遂立清河王世子善见为帝，谓亶曰：“欲立王，不如立王之子。”亶不自安，轻骑南走，欢追还之。丙寅，孝静帝即位于城东北，欢以善见者清河王怿之孙，于孝明帝犹子也，入继大宗则昭穆顺，遂立之。城东北者，洛阳城东北。时年十一，大赦，改元天平。魏自此分为东、西。

魏宇文泰进军攻潼关，斩薛瑜，虏其卒七千人，还长安，进位大丞相。东魏行台薛修义等渡河据杨氏壁；据薛端传，杨氏壁在龙门西岸，当在华阴、夏阳之间，盖华阴诸杨遇乱筑壁以自守，因以为名。魏司空参军河东薛端纠帅村民击却东魏，复取杨氏，帅，读曰率；下同。复，扶又翻。丞相泰遣南汾州刺史苏景恕镇之。魏汾州本治蒲子城，孝昌中陷，移治西河。时西河已属东魏，故西魏侨置南汾州于杨氏壁。

12 丁卯，以信武将军元庆和为镇北将军，帅众伐东魏。

13 初，魏孝武既与丞相欢有隙，齐州刺史侯渊、兖州刺史樊子鹄、青州刺史东莱王贵平元贵平封东莱王。阴相连结，以观时变；渊亦遣使通于欢所。使，疏吏翻。及孝武帝入关，清河王亶承制，以汝阳王暹为齐州刺史。暹至城西，渊不时纳。城民刘桃符等潜引暹入城，渊帅骑出走，妻子部曲悉为暹所虏。行及广里，司马彪续汉志，济北郡卢县有光里。光、广声相近也。会承制以渊行青州事。承制，言命出于清河王亶。欢遗渊书曰：遗，于季翻。“卿勿以部曲单少，惮于东行，齐人浇薄，唯利是从，少，诗沼翻。浇，坚尧翻。齐州尚能迎汝阳王，青州岂不能开门待卿也。”渊乃复东，复，扶又翻；下同。暹归其妻子部曲。贵平亦不受代，渊袭高阳郡，克之，魏收志：高阳郡故乐安地，宋文帝置高阳郡，属冀州，后入魏，属青州。五代志：青州北海县，旧曰下密，置高阳郡。置累重于城中，累，力瑞翻。重，直用翻。自帅轻骑游掠于外。贵平使其世子帅众攻高阳，渊夜趣东阳，青州治东阳城。见州民馈粮者，绐之曰："台军已至，杀戮殆尽。我，世子之人也，脱走还城，汝何为复往！"闻者皆弃粮走。比晓，绐，待亥翻。比，必利翻，及也。复谓行人曰："台军昨夜已至高阳，我是前锋，今至此，不知侯公竟在何所！"城民恟惧，遂执贵平出降。侯渊取韩楼亦用此术，技止此耳。恟，许勇翻。戊辰，渊斩贵平，传首洛阳。

14 庚午，东魏以赵郡王谌为大司马，谌，世壬翻。咸阳王坦为太尉，开府仪同三司高盛为司徒，高敖曹为司空。坦，树之弟也。元树奔梁，中大通四年为魏所擒。

丞相欢以洛阳西逼西魏，南近梁境，乃议迁邺，书下三日即行。书，谓欢所下书也。近，其靳翻。下，遐嫁翻。丙子，东魏主发洛阳，四十万户狼狈就道。收百官马，尚书丞郎已上非陪从者，尽令乘驴。欢留后部分，事毕，还晋阳。从，才用翻。分，扶问翻。改司州为洛州，以尚书令元弼为洛州刺史，镇洛阳。魏明元帝取洛阳，置洛州，孝文帝徙都洛，太和十七年改为司州；高欢既逼东魏主迁邺，改相州为司州，复以洛阳改为洛州。以行台尚书司马子如为尚书左仆射，与右仆射高隆之、侍中高岳、孙腾留邺，共知朝政。朝，直遥翻。诏以迁民赀产未立，出粟一百三十万石以赈之。赈，九忍翻。

15 十一月，兖州刺史樊子鹄据瑕丘以拒东魏，南青州刺史大野拔帅众就之。大野，虏复姓。

16 庚寅，东魏主至邺，居北城相州之廨，改相州刺史为司州牧，东魏司州领魏、阳平、广平、汲、广宗、东郡、北广平、林虑、顿丘、濮阳、黎阳、清河郡。相，息亮翻。廨，音居隘翻。魏郡太守为魏尹。后北齐改魏尹为清都尹。是时，六坊之众从孝武帝西行者不及万人，魏盖以宿卫之士分为六坊。馀皆北徙，并给常廪，春秋赐帛以供衣服，养兵之害始此。乃于常调之外，调，徒吊翻。随丰稔之处，折绢籴粟以供国用。

17 十二月，魏丞相泰遣仪同李虎、李弼、赵贵击曹泥于灵州。

18 闰月，元庆和克濑乡而据之。司马彪续汉志：陈国苦县有赖乡，老子所居也。晋苦县属梁国，后魏并苦县入陈留谷阳县。

19 魏孝武帝闺门无礼，从妹不嫁者三人，从，才用翻。皆封公主。平原公主明月，南阳王宝炬之同产也，从帝入关，丞相泰使元氏诸王取明月杀之；帝不悦，或时弯弓，或时椎案，由是复与泰有隙。椎，直追翻。复，扶又翻。癸巳，帝饮酒遇鸩而殂。年二十五。泰与群臣议所立，多举广平王赞。赞，孝武之兄子也。侍中濮阳王顺，于别室垂涕谓泰曰："高欢逼逐先帝，立幼主以专权，明公宜反其所为。广平冲幼，不如立长君而奉之。"泰乃奉太宰南阳王宝炬而立之。宝炬，孝文帝之孙，京兆王愉之子。长，知两翻。顺，素之曾孙也。按魏宗室名顺者前后凡三人。道武伐中山，顺欲于平城自立，此时犹以拓跋为姓。又，任城王澄之子顺叱高肇门者，指元叉妻谏灵后妆饰，斥徐纥，以抗直著，后闻河阴之难，奔走而死。此元顺，则常山王素之孙。二人皆已改姓元氏。殡孝武帝于草堂佛寺，谏议大夫宋球恸哭呕血，浆粒不入口者数日，泰以其名儒，不之罪也。

20 魏贺拔胜之在荆州也，表武卫将军独孤信为大都督。东魏既取荆州，魏以信为都督三荆州诸军事、尚书右仆射、东南道行台、大都督、荆州刺史以招怀之。

蛮酋樊五能攻破淅阳郡以应魏，酋，慈尤翻。考异曰：北史作"樊大能"。今从魏书。东魏西荆州刺史辛纂欲讨之，据隋纪，辛纂时镇穰城。则西荆州即荆州，以穰城在东荆州之西，故云。行台郎中李广谏曰："淅阳四面无民，唯一城之地，山路深险，表里群蛮。今少遣兵，则不能制贼；少，诗沼翻。多遣，则根本虚弱；脱不如意，大挫威名，人情一去，州城难保。”纂曰：“岂可纵贼不讨！”广曰：“今所忧在心腹，何暇治疥癣！治，直之翻。闻台军不久应至，台军，谓东魏所遣军也。公但约勒属城，使完垒抚民以待之，虽失淅阳，不足惜也。”纂不从，遣兵攻之，兵败，诸将因亡不返。

城民密召独孤信。信至武陶，“武陶”，疑当作“武关”。东魏遣恒农太守田八能恒农，即弘农，后魏避显祖讳，改弘曰恒，音常。帅群蛮拒信于淅阳，帅，读曰率。又遣都督张齐民以步骑三千出信之后。信谓其众曰：“今士卒不满千人，首尾受敌，谓田八能拒其前，张齐民出其后也。若还击齐民，则土民必谓我退走，土民，谓淅阳之民。必争来邀我；不如进击八能，破之，齐民自溃矣。”遂击破八能，乘胜袭穰城；辛纂勒兵出战，大败，还趣城。门未及阖，战败奔还，门者惶遽未及下关也。趣，七喻翻。信令都督武川杨忠为前驱，杨忠，隋文帝之父也。隋氏自以为出于华阴杨震，而忠则出居武川。隋氏序其世曰：“本弘农华阴之杨，汉太尉震十四世至文帝。震八世孙北平太守铉，铉子元寿，魏初为武川镇司马，因家于神武树颓县。元寿生惠嘏，嘏生烈，烈生祯，祯生忠。”忠叱门者曰：“大军已至，城中有应，尔等求生，何不避走！”门者皆散。忠帅众入城，斩纂以徇，城中慑服。慑，之涉翻。信分兵定三荆。居半岁，东魏高敖曹、侯景将兵奄至城下，信兵少不敌，与杨忠皆来奔。为贺拔胜与信、忠还魏张本。将，即亮翻。少，诗沼翻。

张政烺标点容肇祖聂崇岐覆校

资治通鉴卷第一百五十七

端明殿学士兼翰林侍读学士朝散大夫右谏议大夫
充集贤殿修撰提举西京嵩山崇福宫上柱国河内郡 司马光 奉敕编集
开国侯食邑一千八百户食实封六百户赐紫金鱼袋臣

后学天台 胡三省 音注

梁纪十三 起旃蒙单阏（乙卯），尽强圉大荒落（丁巳），凡三年。

高祖武皇帝十三

大同元年（乙卯、五三五）

1 春，正月，戊申朔，大赦，改元。

2 是日，魏文帝即位于城西，城西，长安城西也。古者天子即位御前殿，魏自高欢立孝武帝复用夷礼，于郊拜天而后即位。大赦，改元大统，追尊父京兆王为文景皇帝，妣杨氏为皇后。

3 魏渭州刺史可朱浑道元先附侯莫陈悦，悦死，悦死，见上卷中大通六年。丞相泰攻之，不能克，与盟而罢。道元世居怀朔，与东魏丞相欢善，又母兄皆在邺，由是常与欢通。泰欲击之，道元帅所部三千户西北渡乌兰津抵灵州，乌兰津在平凉西北。唐分平凉之会宁镇置会州，又置乌兰县属焉。县西南有乌兰关。帅，读曰率。灵州刺史曹泥资送至云州。欢闻之，遣资粮迎候，拜车骑大将军。骑，奇寄翻。

道元至晋阳，欢始闻孝武帝之丧，魏孝武去年十二月殂。启请举哀制服。东魏主使群臣议之，太学博士潘崇和以为："君遇臣不以礼则无反服，记檀弓：鲁缪公问于子思曰："为旧君反服，古与？"子思曰："古之君子，进人以礼，退人以礼，故有旧君反服之礼也。今之君子，进人若将加诸膝，退人若将队诸渊，毋为戎首，不亦善乎，又何反服之礼之有！"孟子：齐宣王曰："礼为旧君有服，何如斯可为之服矣？"孟子曰："谏行言听，膏泽下于民；有故而去，则君使人导之出疆，又先之于其所往；去三年不反，然后收其田里；此之谓三有礼焉，如此则为之服矣。今也为臣，谏则不行，言则不听，膏泽不下于民；有故而去，则君搏执之，又极之于其所往；去之日遂收其田里；此之谓寇雠，寇雠何服之有！"是以汤之民不哭桀，周武之民不服纣。"国子博士卫既隆、李同轨议以为："高后于永熙离绝未彰，宜为之服。"东魏从之。欢初立孝武，纳其长女以为皇后，帝之西奔，后留不从。

4 魏骁骑大将军、仪同三司李虎等招谕费也头之众，与之共攻灵州，凡四旬，曹泥请降。骁，坚尧翻。骑，奇寄翻。降，户江翻。

5 己酉，魏进丞相略阳公泰为都督中外诸军、录尚书事、大行台，封安定王；泰固辞王爵及录尚书，乃封安定公。以尚书令斛斯椿为太保，广平王赞为司徒。

6 乙卯，魏主立妃乙弗氏为皇后，乙弗之先世为吐谷浑渠帅，居青海，即秃发傉檀所袭者也。魏平凉州，后之高祖莫瓌拥部落入附，其后从孝文迁洛，遂家焉。子钦为皇太子。后仁恕节俭，不妒忌，帝甚重之。以魏文帝之重乙弗后，而卒迫于强敌，使后不得其死，悲夫。

7 稽胡刘蠡升，自孝昌以来，自称天子，改元神嘉，居云阳谷；李延寿曰：稽胡，一曰步落稽，盖匈奴别种，刘元海五部之苗裔也。或云：山戎、赤狄之后。自离石以西，安定以东，方七八百里，居山谷间，种落繁炽。魏之边境常被其患，谓之"胡荒"。言其本胡种，侵扰汉民，若在荒服之外者也。被，皮义翻。壬戌，东魏丞相欢袭击，大破之。

8 勃海世子澄通于欢妾郑氏，欢封勃海王，以澄为世子。欢归，归自袭稽胡。一婢告之，二婢为证；欢杖澄一百而幽之，娄妃亦隔绝不得见。欢纳魏敬宗之后尔朱氏，有宠，生子澈，澈，夷周翻。欢欲立之。澄求救于司马子如。子如入见欢，伪为不知者，请见娄妃；欢告其故。子如曰："消难亦通子如妾，此事正可掩覆。难，乃旦翻。覆，敷又翻。妃是王结发妇，常以父母家财奉王；程正叔曰：古人言"结发为夫妇"，如言"结发事君"，"结发战匈奴"，只言初上头时也，岂谓合髻子邪！按娄妃本传：妃少见欢在城上执役，慕之，使婢通意。又数致私财，使以聘己，父母不得已而许焉。王在怀朔被杖，背无完皮，妃昼夜供侍；后避葛贼，葛贼，谓葛荣也。同走并州，贫困，妃然马矢然，与燃同。自作靴；隋志：靴，胡履也。取便于事，施于戎服。恩义何可忘也！夫妇相宜，女配至尊，妃二女，长配孝武帝，次配孝静帝。男承大业。谓澄为世子也。且娄领军之勋，何宜摇动！妃弟昭时为领军将军。一女子如草芥，况婢言不必信邪！"欢因使子如更鞫之。子如见澄，尤之曰："男儿何意畏威自诬！"因教二婢反其辞，反，音翻。胁告者自缢，缢，于赐翻，又于计翻。乃启欢曰："果虚言也。"欢大悦，召娄妃及澄。妃遥见欢，一步一叩头，澄且拜且进，父子、夫妇相泣，复如初。复，扶又翻。欢置酒曰："全我父子者，司马子如也！"赐之黄金百三十斤。

9 甲子，魏以广陵王欣为太傅，仪同三司万俟寿洛干为司空。万，莫北翻。俟，渠之翻。寿洛干即受洛干。

10 己巳，东魏以丞相欢为相国，假黄钺，殊礼；固辞。

11 东魏大行台尚书司马子如帅大都督窦泰、太州刺史韩轨等攻潼关，按韩轨传，为秦州刺史。又考魏收志，东魏置秦州于河东，领河东、北乡二郡。史盖误以"秦"为"泰"，缘"泰"之误又以"泰"为"太"。帅，读曰率。魏丞相泰军于霸上。子如与轨回军，从蒲津宵济，攻华州。五代志：后魏置东雍州于郑县，西魏改曰华州。华，户化翻。时修城未毕，梯倚城外，比晓，东魏人乘梯而入。刺史王罴卧尚未起，闻阁外匈匈有声，比，必利翻。匈，许容翻。匈匈，喧扰之声。袒身露髻徒跣，持白梃大呼而出，梃，待鼎翻，杖也。白梃，即今人所谓白棓也。呼，火故翻。东魏人见之惊却。罴逐至东门，左右稍集，合战，破之，子如等遂引去。兵以气势为用；兵之勇怯，恃主帅以为气势。王罴勇于赴敌而其左右又勇于战，此其所以于不备不虞之中而能却敌也。

12 二月，辛巳，上祀明堂。

13 壬午，东魏以咸阳王坦为太傅，西河王悰为太尉。悰，徂宗翻。

14 东魏使尚书右仆射高隆之发十万夫撤洛阳宫殿，运其材入邺。

15 丁亥，上耕藉田。

16 东魏仪同三司娄昭等攻兖州，樊子鹄使前胶州刺史严思达守东平，魏收志：泰常中置东平郡，太和末罢，建义中复置，治秦城，属济州。秦城在范县界。昭攻拔之。遂引兵围瑕丘，久不下，昭以水灌城；己丑，大野拔见子鹄计事，因斩其首以降。始，子鹄以众少，降，户江翻。少，诗沼翻。悉驱老弱为兵，子鹄死，各散走。诸将劝娄昭尽捕诛之，昭曰："此州不幸，横被残贼，跂望官军以救涂炭，横，户孟翻。跂，去智翻，举踵也。今复诛之，复，扶又翻；下众复同。民将谁诉！"皆舍之。

17 戊戌，司州刺史陈庆之伐东魏，与豫州刺史尧雄战，不利而还。东魏豫州治汝南。尧，姓；雄，名。

18 三月，辛酉，东魏以高盛为太尉，高敖曹为司徒，济阴王晖业为司空。济，子礼翻。

19 东魏丞相欢伪与刘蠡升约和，许以女妻其太子。妻，七细翻；下后妻同。蠡升不设备，欢举兵袭之，辛酉，蠡升北部王斩蠡升首以降。降，户江翻。馀众复立其子南海王，欢进击，擒之，俘其皇后、诸王、公卿以下四百馀人，华、夷五万馀户。

壬申，欢入朝于邺，朝，直遥翻。以孝武帝后妻彭城王韶。孝武帝后，欢长女也。

20 魏丞相泰以军旅未息，吏民劳弊，命所司斟酌古今可以便时适治者，为二十四条新制，奏行之。治，直吏翻。

泰用武功苏绰为行台郎中，魏收志：太和十一年，分扶风置武功郡，属岐州。即汉、魏武功县之地。居岁馀，泰未之知也，而台中皆称其能，有疑事皆就决之。就苏绰以决疑也。此就，即孟子"欲有谋焉则就之"之就。泰与仆射周惠达论事，惠达不能对，请出议之。出，以告绰，绰为之区处，为，于为翻。处，昌吕翻。惠达入白之，泰称善，曰："谁与卿为此议者？"惠达以绰对，且称绰有王佐之才，泰乃擢绰为著作郎。泰与公卿如昆明池观渔，行至汉故仓池，水经注：沉水枝渠至章门西，飞渠引水入城，东为仓池，池在未央宫西。池有渐台，汉兵起，王莽死于此台。苏绰传亦云：行至长安城西汉故仓池。顾问左右，莫有知者。泰召绰问之，具以状对。泰悦，因问天地造化之始，历代兴亡之迹，绰应对如流。泰与绰并马徐行，至池，竟不设网罟而还。意在问绰，不在观渔。还，从宣翻，又如字。遂留绰至夜，问以政事，卧而听之；绰指陈为治之要，治，直吏翻。泰起，整衣危坐，不觉膝之前席，初卧而听，继起而整衣危坐，又不觉膝之前席。盖绰之言深有以当泰心，久而愈敬也。语遂达曙不厌。天晓为曙。诘朝，谓周惠达曰："苏绰真奇士，吾方任之以政。"诘，去吉翻。即拜大行台左丞，参典机密，自是宠遇日隆。绰始制文案程序朱出、墨入及计帐、户籍之法，计帐者，具来岁课役之大数，以报度支。户籍者，户口之籍。后人多遵用之。世有有为之主，必有能者出为之用；若谓天下无才，吾不信也。

21 东魏以封延之为青州刺史，代侯渊。渊既失州任而惧，行及广川，沈约曰：广川县本属信都，后汉属清河，魏属勃海，晋还清河。江左侨立广川郡县于济南，非旧所也。魏收曰：齐郡广川县有牛山、齐桓公冢、管仲冢。五代志：齐州长山县，旧置广川郡。遂反，夜，袭青州南郭，劫掠郡县。夏，四月，丞相欢使济州刺史蔡儁讨之。济，子礼翻。渊部下多叛，渊欲南奔，于道为卖浆者所斩，送首于邺。

22 元庆和攻东魏城父，魏收志，陈留郡浚仪县有城父城，至隋，改浚仪为城父县，属谯郡。五代志：谯郡城父县，宋置浚仪县。又考沈约志，陈留浚仪县并寄治谯郡长垣县界。则知诸志所谓浚仪，非我朝开封府之浚仪也。魏收志梁州陈留郡浚仪县，则我朝开封之浚仪也。真宗改浚仪曰祥符。所谓城父，则今亳州之城父县是也。父，音甫。丞相欢遣高敖曹帅三万人趣项，窦泰帅三万人趣城父，侯景帅三万人趣彭城，帅，读曰率。趣，七喻翻。以任祥为东南道行台仆射，节度诸军。任，音壬。

23 五月，魏加丞相泰柱国。即柱国大将军之官。

24 元庆和引兵逼东魏南兖州，东魏洛州刺史韩贤拒之。东魏既迁邺，以洛阳为洛州，领洛阳、河阴、新安、中川、河南、阳城郡。六月，庆和攻南顿，豫州刺史尧雄破之。

25 秋，七月，甲戌，魏以开府仪同三司念贤为太尉，万俟寿洛干为司徒，开府仪同三司越勒肱为司空。越勒出于越勒部，因以为姓。

26 益州刺史鄱阳王范、南梁州刺史樊文炽五代志：普安郡，梁置南梁州，后改为安州，西魏改曰始州，至唐改始州曰剑州。合兵围晋寿，魏东益州刺史傅敬和来降。降，户江翻。范，恢之子；鄱阳王恢，费妃之子，上之弟也。敬和，竖眼之子也。傅竖眼著功梁、益，而子为降虏，陨其家声忽诸！竖，而庾翻。

27 魏下诏数高欢二十罪，数，所具翻。且曰："朕将亲总六军，与丞相扫除凶丑。"欢亦移檄于魏，谓宇文黑獭、斛斯椿为逆徒，且言"今分命诸将，领兵百万，刻期西讨。"将，即亮翻。

28 东魏遣行台元晏击元庆和。

29 或告东魏司空济阴王晖业与七兵尚书薛琡贰于魏，曹魏置五兵尚书，谓中兵、外兵、骑兵、别兵、都兵也。及晋，分中兵、外兵为左、右，与旧五兵为七曹；然尚书唯置五兵而已，无七兵尚书之名。至后魏，始有七兵尚书，北齐复为五兵。琡，昌六翻。济，子礼翻。八月，辛卯，执送晋阳，皆免官。时东魏丞相欢居晋阳，执送二人，取其裁决。春秋，晋为方伯，执列国君臣之违命者归之京师，经犹贬之，况自京师而执送晋阳乎！

30 甲午，东魏发民七万六千人作新宫于邺，使仆射高隆之与司空胄曹参军辛术共营之，元魏公府有法、墨、田、水、铠、胄、集、士等曹，皆行参军也。筑邺南城周二十五里。术，琛之子也。辛琛见一百四十七卷天监六年。琛，丑林翻。

31 赵刚自蛮中往见东魏东荆州刺史赵郡李愍，劝令附魏，愍从之，刚由是得至长安。丞相泰以刚为左光禄大夫。刚说泰召贺拔胜、独孤信等于梁，刚没蛮中，胜、信奔梁，并见上卷上年。说，式芮翻。泰使刚来请之。

32 九月，丁巳，东魏以开府仪同三司襄城王旭为司空。旭，吁玉翻。

33 冬，十月，魏太师上党文宣王长孙稚卒。长，知两翻。

34 魏秦州刺史王超世，丞相泰之内兄也，母党以兄弟齿，谓之内兄、内弟。骄而黩货，泰奏请加法，诏赐死。

35 十一月，丁未，侍中、中卫将军徐勉卒。卒，子恤翻。勉虽骨鲠不及范云，亦不阿意苟合，故梁世言贤相者称范、徐云。范、徐既没，专任朱异，梁殆矣。

36 癸丑，东魏主祀圜丘。

37 甲午，东魏阊阖门灾。门之初成也，高隆之乘马远望，谓其匠曰："西南独高一寸。"量之果然。高，居奥翻。量，音良。太府卿任忻集自矜其巧，不肯改。任，音壬。隆之恨之，至是谮于丞相欢曰："忻集潜通西魏，令人故烧之。"欢斩之。

38 北梁州刺史兰钦引兵攻南郑，梁以南郑为北梁州。盖以钦为刺史，使之图南郑也。魏梁州刺史元罗举州降。降，户江翻。考异曰：典略在七月，今从梁帝纪。

39 东魏以丞相欢之子洋为骠骑大将军、开府仪同三司，封太原公。洋，音羊，又音祥。骠，匹妙翻。骑，奇寄翻；下同。洋内明决而外如不慧，兄弟及众人皆嗤鄙之；嗤，丑之翻。独欢异之，谓长史薛琡曰："此儿识虑过吾。"幼时，欢尝欲观诸子意识，使各治乱丝，治，直之翻；下同。洋独抽刀斩之，曰："乱者必斩！"又各配兵四出，使都督彭乐帅甲骑伪攻之，兄澄等皆怖桡，帅，读曰率。怖，普布翻。桡，奴教翻。洋独勒众与乐相格，乐免胄言情，犹擒之以献。

初，大行台右丞杨愔从兄岐州刺史幼卿，以直言为孝武帝所杀，愔，于今翻。从，才用翻。愔同列郭秀害其能，恐之曰："高王欲送卿于帝所。"愔惧，变姓名逃于田横岛。五代志，东莱郡即墨县有田横岛。久之，欢闻其尚在，召为太原公开府司马，为杨愔为洋所亲任张本。顷之，复为大行台右丞。复，扶又翻。

40 十二月，甲午，东魏文武官量事给禄。随任事之轻重，以为给禄之差。量，音良。

41 魏以念贤为太傅，河州刺史梁景叡为太尉。

42 是岁，鄱阳妖贼鲜于琛改元上愿，有众万馀人。妖，于骄翻。琛，丑林翻。鄱阳内史吴郡陆襄讨擒之，按治党与，无滥死者。民歌之曰："鲜于平后善恶分，民无枉死赖陆君。"

43 柔然头兵可汗求婚于东魏，丞相欢以常山王妹为兰陵公主，妻之。柔然数侵魏，妻，七细翻。数，所角翻。魏使中书舍人库狄峙奉使至柔然，与约和亲，使，疏吏翻。由是柔然不复为寇。复，扶又翻。

二年（丙辰、五三六）

1 春，正月，辛亥，魏祀南郊，改用神元皇帝配。魏高祖太和十六年，以太祖道武皇帝配南郊。神元皇帝，魏之先祖拓跋力微也；见晋武帝纪。

2 甲子，东魏丞相欢自将万骑袭魏夏州，将，即亮翻。骑，奇寄翻。夏，户雅翻。身不火食，四日而至，缚稍为梯，稍，色角翻。夜入其城，擒刺史斛拔俄弥突，因而用之，留都督张琼将兵镇守，迁其部落五千户以归。

3 魏灵州刺史曹泥与其婿凉州刺史普乐刘丰复叛降东魏，魏置普乐郡，属灵州。五代史志：灵武郡回乐县，后周置，带普乐郡。宋白曰：灵州西南至凉州九百里。去年曹泥降魏，今复叛。乐，音洛。复，扶又翻。降，户江翻。魏人围之，考异曰：北齐书、典略皆云"周文围泥"，周书不言，故但云魏人。水灌其城，不没者四尺。东魏丞相欢发阿至罗三万骑径度灵州，绕出魏师之后，魏师退。欢帅骑迎泥及丰，拔其遗户五千以归，高欢岂不欲与宇文争灵州哉？虽鞭之长，不及马腹也。以丰为南汾州刺史。东魏置南汾州于定阳，隋改定阳县为吉昌县，唐为慈州治所。

4 东魏加丞相欢九锡；固让而止。

5 上为文帝作皇基寺以追福，帝追尊考顺之曰文皇帝。为，于伪翻。命有司求良材。曲阿弘氏自湘州买巨材东下，南津校尉孟少卿欲求媚于上，据梁纪，普通六年，南州津改置校尉，增加奉秩。南州即今采石。校，户教翻。少，诗照翻。诬弘氏为劫而杀之，没其材以为寺。杀无罪之人，取其材以为寺，福田利益果安在哉！

6 二月，乙亥，上耕藉田。

7 东魏勃海世子澄，年十五，为大行台、并州刺史，中大通五年，魏以欢为大行台，欢以授其子澄。欢居晋阳，并州刺史地任要重，故亦以澄为之。求入邺辅朝政，朝，直遥翻；下同。丞相欢不许；丞相主簿乐安孙搴为之请，为，于伪翻；下为我同。乃许之。丁酉，以澄为尚书令，加领军、京畿大都督。考异曰：魏帝纪："为尚书令、大行台、大都督。”北齐文襄纪：“天平元年，为尚书令、大行台、并州刺史；入辅朝政，加领军、左右京畿大都督。”按尚书令不在外，大行台不在内，今两舍之。魏朝虽闻其器识，犹以年少期之；少，诗照翻。既至，用法严峻，事无凝滞，中外震肃。引并州别驾崔暹为左丞、吏部郎，亲任之。

8 司马子如、高季式召孙搴剧饮，醉甚而卒。卒，子恤翻。丞相欢亲临其丧。子如叩头请罪，欢曰：“卿折我右臂，折，而设翻。为我求可代者！”子如举中书郎魏收，欢以收为主簿。收，子建之子也。魏子建见一百五十卷普通五年。他日，欢谓季式曰：“卿饮杀我孙主簿，饮，于禁翻。魏收治文书不如我意；治，直之翻。司徒尝称一人谨密者为谁？”时东魏以高敖曹为司徒。季式以司徒记室广宗陈元康对，曰：“是能夜中暗书，快吏也。”召之，一见，即授大丞相功曹，掌机密，考异曰：典略，孙搴卒在大同十年四月。按搴卒然后陈元康为功曹。高慎叛，高澄已令元康救崔暹，邙山之战，元康又劝高欢追宇文泰，事并在九年。北史元康传又云，“草刘蠡升军书。”按蠡升灭在元年，孙搴二年犹存。今不取。然则搴卒宜置于澄入辅之下。迁大行台都官郎。时军国多务，元康问无不知。欢或出，临行，留元康在后，马上有所号令九十馀条，元康屈指数之，尽能记忆。与功曹平原赵彦深同知机密，时人谓之陈、赵。而元康势居赵前，性又柔谨，欢甚亲之，曰：“如此人，诚难得，天赐我也。”彦深名隐，以字行。

9 东魏丞相欢令阿至罗逼魏秦州刺史万俟普，万，莫北翻。俟，渠之翻。欢以众应之。

10 三月，戊申，丹杨陶弘景卒。弘景博学多艺能，好养生之术。仕齐为奉朝请，弃官，隐居茅山。茅山在今建康府句容县南五十里。山记云：汉时有三茅君，各乘一鹤来此，故名焉。卒，子恤翻。好，呼到翻。朝，直遥翻。上早与之游，及即位，恩礼甚笃，每得其书，焚香虔受。屡以手敕招之，弘景不出。国家每有吉凶征讨大事，无不先谘之，月中尝有数信，月中，谓一月之中也。信，使信也。时人谓之"山中宰相"。将没，为诗曰："夷甫任散诞，平叔坐论空。王衍，字夷甫；何晏，字平叔；以魏、晋谕梁也。诞，徒旱翻。岂悟昭阳殿，遂作单于宫！"弘景传曰：后侯景篡，果在昭阳殿。史言修道之士有识时知数者。时士大夫竞谈玄理，不习武事，故弘景诗及之。

11 甲寅，东魏以华山王鸷为大司马。华，户化翻。

12 魏以凉州刺史李叔仁为司徒，万俟洛为太宰。洛，字受洛干，亦曰寿乐干。受、寿同音，洛、乐亦同音。按北齐有太宰之官，仍晋制也；西魏用周制，置大冢宰，无太宰。

13 夏，四月，乙未，以骠骑大将军、开府同三司之仪元法僧为太尉。梁开府仪同三司之下，又有开府同三司之仪。

14 尚书右丞考城江子四上封事，极言政治得失，上，时掌翻。治，直吏翻。五月，癸卯，诏曰："古人有言，'屋漏在上，知之在下。'朕有过失，不能自觉，江子四等封事所言，尚书可时加检括，于民有蠹患者，宜速详启！"江子四所上封事，必不敢言帝崇信释氏，而穷兵广地适以毒民，用法宽于权贵而急于细民等事，特毛举细故而论得失耳。

15 戊辰，东魏高盛卒。高盛，东魏太尉。

16 魏越勒肱卒。越勒肱，魏司空。

17 魏秦州刺史万俟普与其子太宰洛、豳州刺史叱干宝乐、右卫将军破六韩常及督将三百人奔东魏，阿至罗兵近，普等因之以东奔。考异曰：普降东魏事，北齐书帝纪在三月甲午，典略在六月。北史齐纪在六月甲午；周书帝纪、北史魏纪、齐纪在五月，今从之。按考异前既引北齐书帝纪，又引北史齐纪，不应北史魏纪之下复出齐纪，必有误。丞相泰轻骑追之，至河北千馀里，不及而还。河北，龙门西河之北也。还，从宣翻，又如字；下同。

18 秋七月，庚子，东魏大赦。

19 上待魏降将贺拔胜等甚厚，胜请讨高欢，上不许。胜等思归，前荆州大都督抚宁史宁谓胜曰：按宁传，宁居抚宁镇。考魏北镇无抚宁，恐即抚冥也。又按五代志雕阴郡开疆县有后魏抚宁郡，又有抚宁县，亦属雕阴郡。"朱异言于梁主无不从，请厚结之。"胜从之。上许胜、宁及卢柔皆北还，卢柔盖去年从胜来奔。亲饯之于南苑。胜怀上恩，自是见禽兽南向者皆不射之。射，而亦翻。行至襄城，东魏丞相欢遣侯景以轻骑邀之，胜等弃舟自山路逃归，胜等舟行，盖自淮入颍，自颍入汝，溯流而西，入山路，自三鸦取武关也。从者冻馁，道死者太半。从，才用翻。既至长安，诣阙谢罪，魏主执胜手歔欷曰："乘舆播越，天也，乘，绳证翻。非卿之咎。"丞相泰引卢柔为从事中郎，与苏绰对掌机密。

20 九月，壬寅，东魏以定州刺史侯景兼尚书右仆射、南道行台，督诸将入寇。将，即亮翻。

21 魏以扶风王孚为司徒，斛斯椿为太傅。

22 冬，十月，乙亥，诏大举伐东魏。东魏侯景将兵七万寇楚州，魏收志：梁置楚州，治楚城，领汝阳、仵城、城阳郡。五代志：汝南城阳县，梁置楚州。虏刺史桓和；进军淮上，南、北司二州刺史陈庆之击破之，景弃辎重走。重，直用翻。十一月，己亥，罢北伐之师。

23 魏复改始祖神元皇帝为太祖，道武皇帝为烈祖。魏改二祖庙号，见一百三十七卷齐武帝永明九年。复，扶又翻。

24 十二月，东魏以并州刺史尉景为太保。

25 壬申，东魏遣使请和，使，疏吏翻。上许之。

26 东魏清河文宣王亶卒。考异曰：国典云，"亶为高欢所鸩。"典略，周太祖数欢罪，亦云杀亶。魏书、北史皆无亶传；而帝纪皆云亶薨，今从之。

27 丁丑，东魏丞相欢督诸军伐魏，遣司徒高敖曹趣上洛，大都督窦泰趣潼关。趣，七喻翻。

28 癸未，东魏以咸阳王坦为太师。

29 是岁，魏关中大饥，人相食，死者什七八。

三年（丁巳、五三七）

1 春，正月，上祀南郊，大赦。

2 东魏丞相欢军蒲坂，造三浮桥，欲渡河。魏丞相泰军广阳，魏收志，景明元年，置广阳县，属冯翊郡。谓诸将曰："贼掎吾三面，掎，居蚁翻。作浮桥以示必渡，此欲缀吾军，使窦泰得西入耳。欢自起兵以来，窦泰常为前锋，其下多锐卒，屡胜而骄，今袭之，必克，克泰，则欢不战自走矣。"诸将皆曰："贼在近，舍而袭远，脱有蹉跌，悔何及也！蹉，七何翻。跌，徒结翻。不如分兵御之。"丞相泰曰："欢再攻潼关，吾军不出灞上，中大通六年，欢攻潼关；元年，欢兵又攻潼关。今大举而来，谓吾亦当自守，有轻我之心，乘此袭之，何患不克！贼虽作浮桥，未能径渡，不过五日，吾取窦泰必矣！"行台左丞苏绰、中兵参军代人达奚武亦以为然。庚戌，丞相泰还长安，诸将意犹异同。丞相泰隐其计，以问族子直事郎中深，晋武帝置直事郎，在尚书诸曹郎之上。深曰："窦泰，欢之骁将，骁，坚尧翻。将，即亮翻。今大军攻蒲坂，则欢拒守而泰救之，吾表里受敌，此危道也。不如选轻锐潜出小关，小关在潼关之左，唐时谓之禁谷。窦泰躁急，必来决战，躁，则到翻。欢持重未即救，我急击泰，必可擒也。擒泰则欢势自沮，沮，在吕翻。回师击之，可以决胜。"丞相泰曰："此吾心也。"乃声言欲保陇右，辛亥，谒魏主而潜军东出，癸丑旦，至小关。窦泰猝闻军至，自风陵渡，丞相泰出马牧泽，水经注曰：桃林之塞，湖水出焉，其中多野马。三秦记曰，桃林塞在长安东四百里，若有军马经过，则牧华山，休息林下。马牧泽，盖即此地也。击窦泰，大破之，士众皆尽，窦泰自杀，传首长安。丞相欢以河冰薄，不得赴救，撤浮桥而退，仪同代人薛孤延为殿，通志略作萨孤，复姓。殿，丁练翻。一日【章：甲十一行本“日”下有“之中”二字；乙十一行本同；孔本同；张校同；退斋校同。】斫十五刀折，乃得免。折，而设翻。丞相泰亦引军还。此一段皆书丞相泰，所以别窦泰也。历考前后，高欢、宇文泰皆书丞相，于此尤为有别。

高敖曹自商山转斗而进，杜佑曰：商山在商州上洛县。所向无前，遂攻上洛。郡人泉岳及弟猛略与顺阳人杜窋等谋翻城应之，窋，竹律翻，又丁骨翻。洛州刺史泉企知之，此魏太和中所改洛州也，治上洛，时属西魏。企，字思道；音去智翻。杀岳及猛略。杜窋走归敖曹，敖曹以为乡导而攻之。敖曹被流矢，通中者三，乡，读曰向。被，皮义翻。中，竹仲翻。殒绝良久，复上马，免胄巡城。企固守旬馀，二子元礼、仲遵力战拒之，仲遵伤目，不堪复战，城遂陷。企见敖曹曰：“吾力屈，非心服也。”敖曹以杜窋为洛州刺史。敖曹创甚，复，扶又翻。创，初良翻。曰：“恨不见季式作刺史。季式，敖曹弟也。丞相欢闻之，即以季式为济州刺史。

敖曹欲入蓝田关，唐志：京兆蓝田县有蓝田关，故峣关也。济，子礼翻。欢使人告曰：“窦泰军没，人心恐动，宜速还，路险贼盛，拔身可也。”敖曹不忍弃众，力战全军而还，以泉企、泉元礼自随，泉仲遵以伤重不行。企私戒二子曰：“吾馀生无几，汝曹才器足以立功，勿以吾在东，遂亏臣节。”元礼于路逃还。泉、杜虽皆为土豪，乡人轻杜而重泉。元礼、仲遵阴结豪右，袭窋，杀之，魏以元礼世袭洛州刺史。

3 二月，丁亥，上耕藉田。藉，秦昔翻。

4 己丑，以尚书左仆射何敬容为中权将军，中权将军，二百四十号之一也。护军将军萧渊藻为左仆射，右仆射谢举为右光禄大夫。

5 魏槐里获神玺，槐里县，汉属扶风，晋属始平郡，后魏复属扶风。

玺，斯氏翻。大赦。

6 三月，辛未，东魏迁七帝神主入新庙，七帝：道武、明元、太武、文成、献文、孝文、宣武。大赦。

7 魏斛斯椿卒。时斛斯椿为魏太傅。按椿居尔朱、高欢之间，以智数间构其君臣之际，尔朱氏既为所夷，而高欢亦不能制也。及入关之后，与宇文泰同列，若无能为者；权不在己，无以舞弄其智数也。

8 夏，五月，魏以广陵王欣为太宰，贺拔胜为太师。

9 六月，魏以扶风王孚为太保，梁景叡为太傅，广平王赞为太尉，开府仪同三司武川王盟为司空。

10 东魏丞相欢游汾阳之天池，水经注：太原汾阳县北燕京山上有大池，池在山原之上，世谓之天池，方里馀，其水澄渟镜净而不流。得奇石，隐起成文曰"六王三川"。以问行台郎中阳休之，对曰："六者，大王之字；欢字贺六浑，故云然。王者，当王天下。河、洛、伊为三川，泾、渭、洛亦为三川。泾、渭、洛之"洛"，指关中之洛水，今径鄜、坊、同三州而入于渭。当王，于况翻。大王若受天命，终应奄有关、洛。"欢曰："世人无事常言我反，况闻此乎！慎勿妄言！"休之，固之子也。阳固事魏孝文帝，尝从刘昶南伐。行台郎中中山杜弼承间劝欢受禅，欢举杖击走之。高欢之志，盖如曹操所谓吾为周文王者，非真无移魏鼎之心也。间，古苋翻。

11 东魏遣兼散骑常侍李谐来聘，以吏部郎卢元明、通直侍郎李业兴副之。通直侍郎，即通直散骑侍郎。散，悉亶翻。骑，奇寄翻。谐，平之孙；李平，崇之从弟，事孝文、宣武。元明，昶之子也。卢昶，卢玄之孙。秋，七月，谐等至建康，上引见，与语，见，贤遍翻。应对如流。谐等出，上目送之，谓左右曰："朕今日遇勍敌。勍，其京翻。卿辈尝言北间全无人物，此等何自而来！"是时邺下言风流者，以谐及陇西李神俊、范阳卢元明、北海王元景、弘农杨遵彦、清河崔赡为首。赡，而艳翻。神俊名挺，宝之孙；李宝自敦煌归魏，其后贵盛。元景名昕，宪之曾孙也；王宪，猛之孙，皇始中归魏。皆以字行。赡，悛之子也。悛，力膺翻。

时南、北通好，好，呼到翻。务以俊乂相夸，衔命接客，必尽一时之选，衔命，奉使者也。接客，主客也。无才地者不得与焉。与，读曰预。每梁使至邺，使，疏吏翻；下同。邺下为之倾动，贵胜子弟盛饰聚观，礼赠优渥，馆门成市。宴日，高澄常使左右觇之，一言制胜，澄为之拊掌。魏使至建康亦然。两国通使，各务夸矜以见所长，自古然矣。昭奚恤之事犹可以服觇国者之心。为，于伪翻。觇，丑廉翻，又丑艳翻。

12 独孤信求还北，上许之。信父母皆在山东，魏孝武西迁，信弃父母追从之。上问信所适，信曰："事君者不敢顾私亲而怀贰心。"上以为义，礼送甚厚。信与杨忠皆至长安，上书谢罪。魏以信有定三荆之功，定三荆见上卷中大通六年。迁骠骑大将军，加侍中、开府仪同三司，馀官爵如故。骠，匹妙翻。骑，奇寄翻。丞相泰爱杨忠之勇，留置帐下。

13 魏宇文深劝丞相泰取恒农，八月，丁丑，泰帅李弼等十二将伐东魏，以北雍州刺史于谨为前锋，攻盘豆，拔之。恒，户登翻。帅，读曰率。将，即亮翻。雍，于用翻。五代志：雍州华原县，后魏置北雍州。恒农湖城、阌乡之西有皇天原，原西有盘豆城。戊子，至恒农，庚寅，拔之，擒东魏陕州刺史李徽伯，魏收志：太和十一年，置陕州，治陕城，带恒农郡，领西恒农、渑池、石城、河北郡。陕，式冉翻。俘其战士八千。

时河北诸城多附东魏，左丞杨檦自言父猛尝为邵郡白水令，左丞，行台左丞也。魏收志，皇兴四年，置邵郡，治白水县。五代志，绛郡垣县，后魏置邵郡及白水县。裴庆孙传，邵郡治阳胡城，去轵关二百馀里。孔颖达曰：垣县有召亭，因以名郡。宋白曰：绛州垣县，其地即周、召分陕之所，今县东六十里有邵原祠庙与古棠树。春秋襄二十三年，齐侯伐晋，取朝歌，入孟门，登太行，张武军于荧庭，戍郫邵。后魏献文四年置邵州。檦，与标同。知其豪杰，请往说之，以取邵郡；说，式芮翻；下课说同。泰许之。檦乃与土豪王覆怜等举兵，收邵郡守程保及县令四人，斩之。表覆怜为郡守，守，式又翻。遣谍说谕东魏城堡，旬月之间，归附甚众。谍，达协翻。东魏以东雍州刺史司马恭镇正平，正平，本汉、晋之临汾县地；魏真君七年，分置太平县；神䴥元年，改为正平；太和十八年，置正平郡，带闻喜县，属东雍州。杜佑曰：绛州，治正平县。司空从事中郎闻喜裴邃欲攻之，恭弃城走，泰以杨檦行正平郡事。

14 上修长干寺阿育王塔，出佛爪发舍利。辛卯，上幸寺，设无碍食，今建康府上元县有长干里，去县五里，李白长干行所谓"同居长干里"乃秣陵县东里巷。江东谓山垄之间曰干。僧家载国事曰：佛泥洹后，天人以新白绁裹佛，以香花供养。满七日，盛以金棺，送出王宫可三里许。在宫各以旃檀木为薪，天人各以火烧薪，敛舍利得八斛四斗，诸国王各得少许，赍还本国，以造佛寺。阿育王起浮屠于佛泥洹处。李延寿扶南传曰：长干寺塔，吴时有尼居其地，为小精舍，孙綝毁除之。吴平后，诸道人复于旧处建立。晋简文咸安中造塔，孝武太元九年上金相轮及承露。其后有西河离石县胡人刘萨何遇疾暴亡，七日而苏，因此出家，名慧达。游行至丹杨长干里，有阿育王塔，掘入一丈，得金函盛三舍利及佛爪发，迁舍利近北，对简文所造塔西造塔。及帝开之，初穿土四尺，得龙窟及昔人所舍金银钗钏环镊等诸杂宝物可深九尺许。至石磉之下，有石函，函内有铁壶，以盛银坩，坩内有金缕罂，盛三舍利，如粟粒大，圆正光洁。函内有玻璃碗，碗心得四舍利及发爪，爪有四枚，并为沈香色，发青绀色，众僧以手伸之，随手长短，放之则旋屈为蠡形。帝乃设无碍大会，竖二刹，各以金罂次玉罂重盛舍利及爪发，内七宝塔内，又以石函盛宝塔，分入两刹刹下。大赦。

15 九月，柔然为魏侵东魏三堆，魏收志：肆州永安郡平寇县，真君七年，并三堆县属焉；有三堆戍。隋改平寇县为崞县，属雁门郡。宋白曰：岚州静乐县，本汉汾阳县地，城内有堆阜三，俗名三堆城。为，于伪翻。丞相欢击之，柔然退走。

行台郎中杜弼以文武在位多贪污，言于丞相欢，请治之。治，直之翻。欢曰："弼来，我语尔！语，牛倨翻。天下贪污，习俗已久。今督将家属多在关西，此指言可朱浑道元、万俟普、刘丰生等部曲也。将，即亮翻。宇文黑獭常相招诱，人情去留未定；獭，他达翻。诱，音酉。江东复有吴翁萧衍，专事衣冠礼乐，复，扶又翻。中原士大夫望之以为正朔所在。我若急正纲纪，不相假借，恐督将尽归黑獭，士子悉奔萧衍，人物流散，何以为国！尔宜少待，吾不忘之。"史言高欢权时施宜以凝固其众，舍小过以成大功。少，诗沼翻。

欢将出兵拒魏，杜弼请先除内贼。欢问内贼为谁，弼曰："诸勋贵掠夺百姓者是也。"欢不应，使军士皆张弓注矢，举刀，按矟，夹道罗列，命弼冒出其间，弼战栗流汗。欢乃徐谕之曰："矢虽注不射，刀虽举不击，矟虽按不刺，矟，色角翻。射，而亦翻。刺，七亦翻。尔犹亡魄失胆。诸勋人身犯锋镝，百死一生，虽或贪鄙，所取者大，岂可同之常人也！"弼乃顿首谢不及。

欢每号令军士，常令丞相属代郡张华原宣旨，其语鲜卑则曰："汉民是汝奴，夫为汝耕，妇为汝织，输汝粟帛，令汝温饱，汝何为陵之？"其语华人则曰："鲜卑是汝作客，言如佣作之客也。语，牛倨翻。为，于伪翻；下同。得汝一斛粟、一匹绢，为汝击贼，令汝安宁，汝何为疾之？"史言高欢杂用夷、夏，有抚御之术。

时鲜卑共轻华人，唯惮高敖曹；欢号令将士，常鲜卑语，敖曹在列，则为之华言。敖曹返自上洛，欢复以为军司、大都督，统七十六都督。复，扶又翻。以司空侯景为西道大行台，使景经略关西也。与敖曹及行台任祥、御史中尉刘贵、豫州刺史尧雄、冀州刺史万俟洛同治兵于虎牢。任，音壬。万，莫北翻。俟，渠之翻。治，直之翻；下同。敖曹与北豫州刺史郑严祖握槊，魏泰常中，置豫州，治虎牢；后得汝南，置豫州，以虎牢为北豫州，领广武、荥阳、成皋郡。握槊，亦博塞之戏也。刘禹锡观博曰："初，主人执握槊之器，置于庑下，曰：'主进者要约之。'既揖让，即次。有博齿，齿异乎古之齿，其制用骨，觚棱四均，镂以朱墨，耦而合数，取应日月，视其转止，依以争道。是制也行之久矣，莫详所祖，以其用必投掷，以博投诏之。"又，尔朱世隆与元世俊握槊，忽闻局上谇然有声，一局子尽倒立，世隆甚恶之，既而及祸。李延寿曰：握槊，此盖胡戏，近入中国，云胡王有弟一人，遇罪，将杀之，从狱中为此戏上之，意言孤则易死也。贵召严祖，敖曹不时遣，枷其使者。使者曰："枷则易，脱则难。"枷，居牙翻。易，弋豉翻。敖曹以刀就枷刎之，曰："又何难！"贵不敢校。明日，贵与敖曹坐，外白治河役夫多溺死，溺，奴狄翻。贵曰："一钱汉，言汉人之贱也。随之死！"敖曹怒，拔刀斫贵；贵走出还营，敖曹鸣鼓会兵，欲攻之，侯景、万俟洛共解谕，久之乃止。敖曹尝诣相府，门者不纳，敖曹引弓射之，射，而亦翻。欢知而不责。

16 闰月，甲子，以武陵王纪为都督益·梁等十三州诸军事、益州刺史。为后纪与湘东争国张本。

17 东魏丞相欢将兵二十万自壶口趣蒲津，班志：壶口山在河东郡北屈县东南。北屈，后魏改为禽昌县，属平阳郡；隋改禽昌为襄陵县。将，即亮翻；下同。趣，七喻翻。使高敖曹将兵三万出河南。时关中饥，魏丞相泰所将将士不满万人，馆谷于恒农五十馀日，闻欢将济河，乃引兵入关，高敖曹遂围恒农。恒，户登翻。欢右长史薛琡言于欢曰：琡，齿育翻。"西贼连年饥馑，故冒死来入陕州，欲取仓粟。今敖曹已围陕城，粟不得出，陕，式冉翻。但置兵诸道，勿与野战，比及麦秋，比，必利翻。记月令：孟夏之月，麦秋至。其民自应饿死，宝炬、黑獭何忧不降！降，户江翻。愿勿渡河。"侯景曰："今兹举兵，形势极大，万一不捷，猝难收敛。不如分为二军，相继而进，前军若胜，后军全力；前军若败，后军承之。"欢不从，自蒲津济河。考异曰：北齐帝纪："十一月，壬辰，神武自蒲津济。"魏帝纪："十月，壬辰，败于沙苑。"按长历，十月壬辰朔。北齐纪误也。

丞相泰遣使戒华州刺史王罴，罴语使者曰："老罴当道卧，貉子那得过！"欢至冯翊城下，使，疏吏翻。华，户化翻。语，牛倨翻。五代志：冯翊郡，后魏曰华州，西魏后改曰同州。冯翊县，后魏曰华阴。貉，曷各翻，北方有之，似狐，善睡。康曰：貉，莫白切。说文云：北方豸种也。郑玄曰：貉子曰貆。郭璞曰：今江东通呼貉为狒狒。余按北方豸种乃指夷貉之貉，孟子所谓"大貉、小貉"者也。此乃狐貉之貉，当从诸家之说。谓罴曰："何不早降！"降，户江翻。罴大呼曰：呼，火故翻。"此城是王罴家，死生在此。欲死者来！"欢知不可攻，乃涉洛，军于许原西。汉志：冯翊怀德县南有荆山，山下有强梁原，洛水东南入渭。许原盖在洛水之南。

泰至渭南，征诸州兵，皆未会。欲进击欢，诸将以众寡不敌，请待欢更西以观其势。泰曰："欢若至长安，则人情大扰；今及其远来新至，可击也。"即造浮桥于渭，令军士赍三日粮，轻骑渡渭，辎重自渭南夹渭而西。重，直用翻。冬，十月，壬辰，泰至沙苑，水经注：沙苑在渭北，沙苑之南即汉怀德县故城。五代志：冯翊县有沙苑。距东魏军六十里。诸将皆惧，宇文深独贺。泰问其故，对曰："欢镇抚河北，甚得众心，以此自守，未易可图。易，弋豉翻。今悬师渡河，非众所欲，独欢耻失窦泰，愎谏而来，所谓忿兵，愎，弼力翻，戾也。汉魏相曰：争恨细故，不忍愤怒者，谓之忿兵；兵忿者败。可一战擒也。事理昭然，何为不贺！愿假深一节，发王罴之兵邀其走路，使无遗类。"泰遣须昌县公达奚武觇欢军，觇，丑廉翻，又丑艳翻。武从三骑，皆效欢将士衣服，日暮，去营数百步下马，潜听得其军号，因上马历营，若警夜者，有不如法，往往挞之，具知敌之情状而还。还，从宣翻，又如字。

欢闻泰至，癸巳，引兵会之。候骑告欢军且至，泰召诸将谋之。开府仪同三司李弼曰："彼众我寡，不可平地置陈，此东十里有渭曲，可先据以待之。"泰从之，背水东西为陈，陈，读曰阵；下陷陈、魏陈同。李弼为右拒，赵贵为左拒，杜预曰：拒，方陈。陆德明曰：拒，俱甫翻。命将士皆偃戈于苇中，约闻鼓声而起。晡时，东魏兵至渭曲，晡，奔谟翻。都督太安斛律羌举曰："黑獭举国而来，欲一死决，言欲尽死力战，以决胜负。譬如猘狗，或能噬人；猘，汉书音义征例翻，又居例翻，狂犬也。左传曰：国犬之瘈，无不噬也。且渭曲苇深土泞，无所用力，泞，乃定翻，泥淖也。不如缓与相持，密分精锐径掩长安，巢穴既倾，则黑獭不战成擒矣。"使斛律羌举之计行，西魏殆哉。欢曰："纵火焚之，何如？"侯景曰："当生擒黑獭以示百姓，若众中烧死，谁复信之！"侯景此言固亦有恃众轻敌之心。复，扶又翻；下复战、可复同。彭乐盛气请斗，曰："我众贼寡，百人擒一，何忧不克！"欢从之。东魏兵望见魏兵少，争进击之，无复行列。史言东魏将士皆恃众轻敌，故败。少，诗沼翻。复，扶又翻。行，户刚翻。兵将交，丞相泰鸣鼓，士皆奋起，于谨等六军与之合战，李弼帅铁骑横击之，时东魏之师萃于左拒，于谨等与之合战，李弼引右拒之骑兵横击之。帅，读曰率。东魏兵中绝为二，遂大破之。李弼弟檦，身小而勇，檦，与标同。每跃马陷陈，隐身鞍甲之中，敌见皆曰："避此小儿！"泰叹曰："胆决如此，何必八尺之躯！"征虏将军武川耿令贵杀伤多，甲裳尽赤，左传：晋、楚战于邲，屈荡搏赵旃，得其甲裳。杜预注曰：下曰裳。泰曰："观其甲裳，足知令贵之勇，何必数级！"谓不必数其斩获首级之多少。彭乐乘醉深入魏陈，魏人刺之，刺，七亦翻。肠出，内之复战。丞相欢欲收兵更战，使张华原以簿历营点兵，簿者，军之名籍。莫有应者，还，白欢曰："众尽去，营皆空矣！"欢犹未肯去。阜城侯斛律金曰："众心离散，不可复用，宜急向河东。"欢据鞍未动，金以鞭拂马，乃驰去，夜，渡河，船去岸远，欢跨橐驼就船，乃得渡，丧甲士八万人，丧，息浪翻。弃铠仗十有八万。铠，可亥翻。丞相泰追欢至河上，选留甲士二万馀人，馀悉纵归。都督李穆曰："高欢破胆矣，速追之，可获。"泰不听，沙苑之战，宇文泰不敢乘胜追高欢，邙山之战，欢不敢乘胜追泰，盖二人者智力相敌，足以相持而不足以相毙也。还军渭南，所征之兵甫至，甫，方也。乃于战所人植柳一株以旌武功。

侯景言于欢曰："黑獭新胜而骄，必不为备，愿得精骑二万，径往取之。"欢以告娄妃，妃曰："设如其言，景岂有还理！得黑獭而失景，何利之有！"欢乃止。

魏加丞相泰柱国大将军，李弼十二将皆进爵增邑有差。十二将，李弼、独孤信、梁御、赵贵、于谨、若干惠、怡峰、刘亮、王德、侯莫陈崇、李远、达奚武也。

高敖曹闻欢败，释恒农，退保洛阳。

己酉，魏行台宫景寿等向洛阳，宫，姓也，左传，虞大夫有宫之奇。东魏洛州大都督韩贤击走之。州民韩木兰作乱，贤击破之。一贼匿尸间，贤自按检收铠仗，贼欻起斫之，断胫而卒。欻，许勿翻。断，丁管翻；下兵断同。胫，胡定翻。

魏复遣行台冯翊王季海与独孤信将步骑二万趣洛阳，复，扶又翻。趣，七喻翻；下同。洛州刺史李显趣三荆，西魏洛州治上洛。贺拔胜、李弼围蒲坂。

东魏丞相欢之西伐也，蒲坂民敬珍谓其从祖兄祥曰："高欢迫逐乘舆，乘，绳证翻。天下忠义之士皆欲剚刃于其腹；从，才用翻。剚，侧吏翻。贾公彦曰：剚，犹立也，齐人谓立物地中为剚。今又称兵西上，上，时掌翻。吾欲与兄起兵断其归路，此千载一时也。"断，丁管翻。祥从之，纠合乡里，数日，有众万馀。会欢自沙苑败归，祥、珍帅众邀之，斩获甚众。贺拔胜、李弼至河东，祥、珍帅猗氏等六县十馀万户归之，猗氏县，自汉以来属河东郡。丁度曰：猗氏，本郇国也，后以猗顿居于此，因为猗氏。按左传所谓郇瑕氏之地，沃而近盐，其后猗顿居之，用盬盐起富，遂以猗氏名县，而郇瑕氏隐矣。帅，读曰率。丞相泰以珍为平阳太守，祥为行台郎中。

东魏秦州刺史薛崇礼守蒲坂，别驾薛善，崇礼之族弟也，言于崇礼曰："高欢有逐君之罪，善与兄忝衣冠绪馀，世荷国恩，今大军已临，而犹为高氏固守，荷，下可翻。为，于伪翻。一旦城陷，函首送长安，署为逆贼，死有馀愧，及今归款，犹为愈也。"崇礼犹豫不决。善与族人斩关纳魏师，崇礼出走，追获之。丞相泰进军蒲坂，略定汾、绛，五代志：文城郡，东魏置南汾州，后周改为汾州。绛郡，后魏置东雍州，后周改为绛州。凡薛氏预开城之谋者，皆赐五等爵。善曰："背逆归顺，背，蒲妹翻。臣子常节，岂容阖门大小俱叨封邑！"与其弟慎固辞不受。

东魏行晋州事封祖业弃城走，仪同三司薛修义追至洪洞，杜佑曰：洪洞故城在平阳北，四固重复，控据要险。刘昫曰：晋州洪洞县，古阳县也，隋义宁元年改曰洪洞，取县北洪洞岭以名县。孙恒曰：洞，音同，又徒弄翻。说祖业还守。说，式芮翻。守，手又翻；下固守同。祖业不从；修义还据晋州，安集固守。魏仪同三司长孙子彦引兵至城下，修义开门伏甲以待之；子彦不测虚实，遂退走。丞相欢以修义为晋州刺史。史言河东诸薛各行其志，为东、西魏宣力。

独孤信至新安，新安县，汉属弘农郡，晋属河南尹，魏天平初置新安郡，属洛州。高敖曹引兵北渡河。信逼洛阳，洛州刺史广阳王湛弃城归邺，信遂据金墉城。孝武之西迁也，西迁见上卷中大通六年。散骑常侍河东裴宽谓诸弟曰："天子既西，吾不可以东附高氏。"帅家属逃于大石岭；水经注：洛阳之南有新城县，县界有大石岭，来儒之水径其南。独孤信入洛，乃出见之。时洛阳荒废，人士流散，惟河东柳虬在阳城，阳城县，汉属颍川郡，晋属河南尹，魏孝昌二年置阳城郡，属洛州，隋废郡为阳城县，唐登封元年将有事嵩山，改为告成县，我朝属西京登封县界。裴诹之在颍川，信俱征之，以虬为行台郎中，诹之为开府属。诹，将侯翻，又逡须翻。

东魏颍州长史贺若统执刺史田迄，举城降魏，魏收志：天平初置颍州，治长社城，领许昌、颍川、阳翟郡，武定七年，改为郑州。贺若，复姓，魏书官氏志：内入诸姓有贺若氏，北俗谓忠贞为贺若，因以为氏。若，人者翻。魏都督梁迥【章：甲十一行本"迥"作"回"；乙十一行本同；下同；孔本同。】入据其城。前通直散骑侍郎郑伟起兵陈留，攻东魏梁州，执其刺史鹿永吉。魏收志：天平初，置梁州，治大梁城，领阳夏、开封、陈留、汝南、颍川、汝阳、义阳、新蔡、初安、襄阳、城阳、广陵郡。鹿，姓也，风俗通：汉有巴郡太守鹿旗。魏收官氏志：阿鹿桓氏，后改为鹿氏。前大司马从事中郎崔彦穆攻荥阳，执其太守苏淑，与广州长史刘志皆降于魏。降，户江翻。伟，先护之子也。郑先护见一百五十二卷大通二年。丞相泰以伟为北徐州刺史，彦穆为荥阳太守。

十一月，东魏行台任祥帅督将尧雄、赵育、是云宝攻颍川，帅，读曰率。将，即亮翻。丞相泰使大都督宇文贵、乐陵公辽西怡峰怡，姓；峰，名。峰，辽西怡宽之子。将步骑二千救之。军至阳翟，阳翟县，汉属颍川郡，晋属河南尹，后魏置阳翟郡。九域志：阳翟在长社西北九十里。雄等军已去颍川三十里，言雄等军逼颍川，相去三十里。祥帅众四万继其后。诸将咸以为"彼众我寡，不可争锋。"贵曰："雄等谓吾兵少，必不敢进。少，诗沼翻。彼与任祥合兵攻颍川，城必危矣。若贺若统陷没，吾辈坐此何为！今进据颍川，有城可守，又出其不意，破之必矣。"遂疾趋，据颍川，背城为陈以待。背，蒲妹翻。陈，读曰阵。雄等至，合战，大破之，雄走，赵育请降，降，户江翻；下同。俘其士卒万馀人，悉纵遣之。任祥闻雄败，不敢进，贵与怡峰乘胜逼之，祥退保宛陵；宛陵县，汉属河南尹，晋属荥阳郡，魏天平初分属广武郡，隋开皇十六年并宛陵县，入新郑。贵追及，击之，祥军大败。是云宝杀其阳州刺史那椿，以州降魏。魏收志：天平初置阳州，治宜阳，领宜阳、金门郡。那椿，人姓名。魏以贵为开府仪同三司，是云宝、赵育为车骑大将军。

都督杜陵韦孝宽攻东魏豫州，拔之，执其行台冯邕。孝宽名叔裕，以字行。

18 丙子，东魏以骠骑大将军、仪同三司万俟普为太尉。

19 司农张乐皋等聘于东魏。司农之下，恐有脱字。

20 十二月，魏行台杨白驹与东魏阳州刺史段粲战于蓼坞，水经注：蓼水出河北县襄山蓼谷。当时之人于此谷筑坞，因谓之蓼坞。汉书音义曰：襄山在潼关北十馀里。魏师败绩。

21 魏荆州刺史郭鸾攻东魏东荆州刺史清都慕容俨，东魏都邺，以魏郡为清都尹。俨昼夜拒战，二百馀日，乘间出击鸾，大破之。间，古苋翻。时河南诸州多失守，唯东荆获全。

河间邢磨纳、范阳卢仲礼、仲礼从弟仲裕等皆起兵海隅以应魏。从，才用翻。

东魏济州刺史高季式有部曲千馀人，马八百匹，铠仗皆备。济，子礼翻。铠，可亥翻。濮阳民杜灵椿等为盗，聚众近万人，濮，博木翻。近，其靳翻。攻城剽野，剽，匹妙翻。季式遣骑三百，一战擒之，又击阳平贼路文徒【严："文徒"改"叔文"。】等，悉平之，于是远近肃清。或谓季式曰："濮阳、阳平乃畿内之郡，二郡，东魏皆以属司州，故云然。不奉诏命，又不侵境，言无诏命使季式讨贼，而贼又不来侵济州境。何急而使私军远战！万一失利，岂不获罪乎！"季式所自养部曲，不衣食于官，故谓之私军。季式曰："君何言之不忠也！我与国家同安共危，岂有见贼而不讨乎！且贼知台军猝不能来，又不疑外州有兵击之，乘其无备，破之必矣。以此获罪，吾亦无根。”

张政烺标点容肇祖聂崇岐覆校

资治通鉴卷第一百五十八

端明殿学士兼翰林侍读学士朝散大夫右谏议大夫
充集贤殿修撰提举西京嵩山崇福宫上柱国河内郡 司马光 奉敕编集
开国侯食邑一千八百户食实封六百户赐紫金鱼袋臣

后学天台胡三省音注

梁纪十四 起著雍敦牂(戊午)，尽阏逢困敦(甲子)，凡七年。

高祖武皇帝十四

大同四年(戊午、五三八)

1 春，正月，辛酉朔，日有食之。

2 东魏砀郡获巨象，送邺。魏收志：孝昌二年，置砀郡，治下邑城，属徐州。砀，徒朗翻。丁卯，大赦，改元元象。

3 二月，己亥，上耕藉田。

4 东魏大都督善无贺拔仁攻魏南汾州，刺史韦子粲降之，降，户江翻；下同。丞相泰灭子粲之族。东魏大行台侯景等治兵于虎牢，治，直之翻。将复河南诸州，魏梁迥、韦孝宽、赵继宗皆弃城西归。梁迥在颍川，韦孝宽在汝南，未知赵继宗所弃何城也。侯景攻广州，【章：甲十一行本"州"下有"数旬"二字；乙十一行本同；孔本同；退斋校同。】未拔，广州治襄城。闻魏救兵将至，集诸将议之，行洛州事卢勇请进观形势。东魏洛州，治洛阳。诸将，即亮翻；下同。乃帅百骑至大隗山，班志：河南郡密县有大騩山。魏收志，密县属荥阳郡。五代志，荥阳郡新郑县有大騩山。帅，读曰率。骑，奇寄翻。騩、隗同，五贿翻，又音归。遇魏师。日已暮，勇多置幡旗于树颠，夜，分骑为十队，鸣角直前，擒魏仪同三司程华，斩仪同三司王征蛮而还。还，从宣翻，又如字。广州守将骆超【退：“超”作“越”。】遂以城降东魏，丞相欢以勇行广州事。勇，辩之从弟也。卢辩仕于西魏，而勇仕于东魏。从，才用翻。于是南汾、颍、豫、广四州复入东魏。考异曰：典略，侯景克广州在十一月。按北史魏文帝纪，“二月，东魏陷南汾、颍、豫、广四州。”今从之。

5 初，柔然头兵可汗始得返国，事见一百四十九卷普通二年。可，从刊入声。汗，音寒。事魏尽礼。及永安以后，雄据北方，礼渐骄倨，虽信使不绝，不复称臣。使，疏吏翻；下同。复，扶又翻。头兵尝至洛阳，心慕中国，乃置侍中、黄门等官；后得魏汝阳王典签淳于覃，亲宠任事，以为秘书监，使典文翰。及两魏分裂，头兵转不逊，数为边患。数，所角翻。魏丞相泰以新都关中，方有事山东，欲结婚以抚之，以舍人元翌女为化政公主，妻头兵弟塔寒。妻，七细翻。又言于魏主，请废乙弗后，纳头兵之女。甲辰，以乙弗后为尼，魏立乙弗后，见上卷大同元年。使扶风王孚迎头兵女为后。头兵遂留东魏使者元整，不报其使。

6 三月，辛酉，东魏丞相欢以沙苑之败，败见上卷上年。请解大丞相，诏许之；顷之，复故。考异曰：北齐帝纪，止有高祖解丞相年月，而无复故之文。按兴和元年议历，有丞相田曹参军信都芳。盖因邙山之捷而复也。

7 柔然送悼后于魏，郁久闾后谥曰悼。车七百乘，马万匹，驼二千头。至黑盐池，唐志：盐州五原县有乌池、白池。乌池，盖即黑盐池也。乘，绳证翻。遇魏所遣卤簿仪卫。柔然营幕，户席皆东向，扶风王孚请正南面，后曰：“我未见魏主，固柔然女也。魏仗南面，我自东向。”丙子，立皇后郁久闾氏。丁丑，大赦。以王盟为司徒。丞相泰朝于长安，还屯华州。朝，直遥翻；下同。

华，户化翻。

8 夏，四月，庚寅，东魏高欢朝于邺；既解丞相，遂不书官而书姓。通鉴纪实，非如春秋之有所褒贬也。壬辰，还晋阳。

9 五月，甲戌，东魏遣兼散骑常侍郑伯猷来聘。考异曰：魏帝纪在二月丙辰，盖始受命时也。今从梁帝纪。

10 秋，七月，东魏荆州刺史王则寇淮南。此淮南，谓光城、弋阳之地，在淮水上流之南，非指古淮南郡治寿春之淮南。

11 癸亥，诏以东冶徒李胤之得如来舍利，大赦。如来，犹言佛也。

12 东魏侯景、高敖曹等围魏独孤信于金墉，太师欢帅大军继之；帅，读曰率；下同。景悉烧洛阳内外官寺民居，存者什二三。魏主将如洛阳拜园陵，魏自孝文帝迁洛以后，孝武帝西迁以前，园陵皆在洛州。会信等告急，遂与丞相泰俱东，命尚书左仆射周惠达辅太子钦守长安，开府仪同三司李弼、车骑大将军达奚武帅千骑为前驱。

八月，庚寅，丞相泰至谷城，汉志，河南郡有谷成县。师古注曰：即今新安。水经注曰：谷城县城西临谷水。骑，奇寄翻；下同。侯景等欲整陈以待其至，陈，读曰阵。仪同三司太安莫多娄贷文请帅所部击其前锋，莫多娄，虏三字姓。景等固止之。贷文勇而专，不受命，与可朱浑道元以千骑前进，夜，遇李弼、达奚武于孝水。五代志：新安县有孝水。水经注：孝水出魔山之阴，北流注于谷，在河南城西四十里。弼命军士鼓噪，曳柴扬尘，贷文走，弼追斩之，道元单骑获免，悉俘其众送恒农。恒，户登翻。

泰进军瀍东，瀍水出河南谷城县北山，东与千金渠合，又东过洛阳县南，又东过偃师县，又东入于洛。侯景等夜解围去。辛卯，泰帅轻骑追景至河上，景为陈，北据河桥，南属邙山，陈，读曰阵；下陵陈、置陈、陷陈同。属，之欲翻。景置陈北据河桥者，虑兵有利钝，先保固其北归之路也。南属邙山，可以见其兵多矣。景军参用马步，其置陈坚固，宇文泰以轻骑来，见其陈势如此，敛兵不进可也，遽前合战，亦屡胜而骄耳。与泰合战。泰马中流矢惊逸，遂失所之。泰坠地，东魏兵追及之，左右皆散，都督李穆下马，以策抶泰背骂曰："笼东军士！抶，丑栗翻，打也。荀子曰：仁人之兵，当之者溃，触之者角摧，按角鹿埵陇种东笼而退耳。杨倞注曰：其义未详，盖皆摧败披靡之貌。陆德明曰：东笼，沾湿貌也，如衣服之沾湿然。尔曹王【章：甲十一行本"王"作"主"；乙十一行本同；孔本同；熊校同。】何在，而独留此？"追者不疑其贵人，舍之而过。穆以马授泰，与之俱逸。

魏兵复振，击东魏兵，大破之。宇文泰先以轻骑合战而不利，大兵继至，军势复振，故大破东魏。东魏兵北走。京兆忠武公高敖曹，意轻泰，建旗盖以陵陈，魏人尽锐攻之，一军皆没，敖曹单骑走投河阳南城。河阳南城，在河桥南岸，北岸即北中城。守将北豫州刺史高永乐，欢之从祖兄子也，乐，音洛。从，才用翻；下其从同。与敖曹有怨，闭门不受。敖曹仰呼求绳，不得，拔刀穿阖未彻而追兵至。杜预曰：阖，门扇也。未彻，未透也。彻，敕列翻。敖曹伏桥下，追者见其从奴持金带，从，才用翻。问敖曹所在，奴指示之。敖曹知不免，奋头曰："来！与汝开国公。"言得其头，西魏将以开国赏之也。追者斩其首去。高欢闻之，如丧肝胆，丧，息浪翻。杖高永乐二百，赠敖曹太师、大司马、太尉。泰赏杀敖曹者布绢万段，岁岁稍与之，比及周亡，犹未能足。比，必利翻。魏又杀东魏西兖州刺史宋显等，虏甲士万五千人，赴河死者以万数。

初，欢以万俟普尊老，爵尊而齿老也。万，莫北翻。俟，渠之翻。特礼之，尝亲扶上马。其子洛免冠稽首曰：上，时掌翻。稽，音启。"愿出死力以报深恩。"及邙山之战，诸军北渡桥，北渡河桥也。洛独勒兵不动，谓魏人曰："万俟受洛干在此，能来可来也！”魏人畏之而去，欢名其所营地为回洛。唐志：河阳关南有回洛故城。

是日，东、西魏置陈既大，首尾悬远，从旦至未，战数十合，史言两军确斗。氛雾四塞，塞，悉则翻。莫能相知。魏独孤信、李远居右，赵贵、怡峰居左，战并不利；又未知魏主及丞相泰所在，皆弃其卒先归。开府仪同三司李虎、念贤等为后军，见信等退，即与俱去。泰由是烧营而归，留仪同三司长孙子彦守金墉。

王思政下马，举长矟左右横击，一举辄踣数人。矟，色角翻。踣，蒲北翻。陷陈既深，从者尽死，思政被重创，闷绝，会日暮，敌亦收兵。思政每战常着破衣弊甲，从，才用翻。被，皮义翻。创，初良翻；下裹创同。着，陟略翻。敌不知其将帅，故得免。将，即亮翻。帅，所类翻。帐下督雷五安于战处哭求思政，会其已苏，割衣裹创，扶思政上马，夜久，始得还营。

平东将军蔡祐下马步斗，左右劝乘马以备仓猝，谓兵有邂逅，乘马则仓猝可以奔驰。祐怒曰："丞相爱我如子，今日岂惜生乎！"帅左右十馀人合声大呼，击东魏兵，杀伤甚众。东魏围之十馀重，帅，读曰率。呼，火故翻。重，直龙翻。祐弯弓持满，四面拒之。东魏人募厚甲长刀者直进取之，去祐可三十步，左右劝射之，祐曰："吾曹之命，在此一矢，岂可虚发！"将至十步，祐乃射之，应弦而倒，射，而亦翻。东魏兵稍却，祐徐引还。

魏主至恒农，守将已弃城走，所虏降卒在恒农者相与闭门拒守，恒，户登翻。将，即亮翻。降，户江翻。丞相泰攻拔之，诛其魁首数百人。

蔡祐追及泰于恒农，夜，见泰，泰曰："承先，蔡祐字承先。尔来，吾无忧矣。"泰惊不得寝，枕祐股，然后安。史言泰气衰胆失。枕，之任翻。佑每从泰战，常为士卒先，战还，诸将皆争功，佑终无所言。泰每叹曰："承先口不言勋，我当代其论叙。"史言蔡佑沈勇不伐。泰留王思政镇恒农，除侍中、东道行台。

魏之东伐，关中留守兵少，少，诗沼翻。前后所虏东魏士卒散在民间，闻魏兵败，谋作乱。李虎等至长安，计无所出，与太尉王盟、仆射周惠达等奉太子钦出屯渭北。百姓互相剽掠，关中大扰。剽，匹妙翻。于是沙苑所虏东魏都督赵青雀、雍州民于伏德等遂反，据【章：甲十一行本"据"上有"青雀"二字；乙十一行本同；孔本同；退斋校同。】长安子城，伏德保咸阳，雍，于用翻。后魏置咸阳郡于石安县。石安，汉渭城县，秦之咸阳也，石勒改曰石安。五代志：京兆渭阳县，旧置咸阳郡。与咸阳太守慕容思庆各收降卒以拒还兵。降卒，东魏之卒降于西魏，散在民间者也。还兵，西魏之兵自洛西还者也。降，户江翻。长安大城民相帅以拒青雀，日与之战。帅，读曰率。大都督侯莫陈顺击贼，屡破之，贼不敢出。顺，崇之兄也。

扶风公王罴镇河东，大开城门，悉召军士谓曰："今闻大军失利，青雀作乱，诸人莫有固志。王罴受委于此，以死报恩。有能同心者可共固守；必恐城陷，任自出城。"众感其言，皆无异志。

魏主留阌乡。阌，音旻。丞相泰以士马疲弊，不可速进，且谓青雀等乌合，不能为患，曰："我至长安，以轻骑临之，必当面缚。"通直散骑常侍吴郡陆通谏曰：陆通本吴人，曾祖载从宋武帝入关，及刘义真之败没于赫连，遂居关中。"贼逆谋久定，必无迁善之心，蜂虿有毒，左传臧文仲之言。虿，丑迈翻。安可轻也！且贼诈言东寇将至，东寇，谓东魏之兵。今若以轻骑临之，百姓谓为信然，以贼言为信也。益当惊扰。今军虽疲弊，精锐尚多，以明公之威，总大军以临之，何忧不克！"泰从之，引兵西入。父老见泰至，莫不悲喜，士女相贺。华州刺史宇文导引兵入咸阳，斩思庆，禽伏德，南渡渭，与泰会，攻青雀，破之。华，户化翻。太保梁景睿以疾留长安，与青雀通谋，泰杀之。

13 东魏太师欢自晋阳将七千骑至孟津，未济，闻魏师已遁，遂济河，遣别将追魏师至崤，魏收志：太和十一年，置崤县，属恒农郡，因三崤山以名县；隋并崤县入河南熊耳县。程大昌曰：三崤山，一名嵚崟山。元和志曰：自东崤至西崤三十五里。东崤长阪数里，峻阜绝涧，车不得方轨。西崤全是石阪十二里，险不异东崤。此二崤皆在秦关之东，汉关之西。不及而还。还，从宣翻，又如字；下同。欢攻金墉，长孙子彦弃城走，焚城中室屋俱尽，欢毁金墉而还。

东魏之迁邺也，见一百五十六卷中大通六年。主客郎中裴让之留洛阳；独孤信之败也，谓邙山之败，信先弃军西还。让之弟诹之随丞相泰入关，为大行台仓曹郎中。欢囚让之兄弟五人，让之曰："昔诸葛亮兄弟，事吴、蜀各尽其心，谓亮事蜀，瑾事吴也。况让之老母在此，不忠不孝，必不为也。明公推诚待物，物亦归心；若用猜忌，去霸业远矣。"欢皆释之。

九月，魏主入长安，丞相泰还屯华州。华，户化翻。

14 东魏大都督贺拔仁击邢磨纳、卢仲礼等，平之。磨纳等起兵见上卷上年。

卢景裕本儒生，太师欢释之，召馆于家，使教诸子。景裕讲论精微，难者或相诋诃，大声厉色，言至不逊，而景裕神采俨然，风调如一，从容往复，难，乃旦翻。诋，丁礼翻。诃，虎何翻。调，徒钓翻。从，千容翻。无际可寻。性清静，历官屡有进退，无得失之色；弊衣粗食，恬然自安，终日端严，如对宾客。

15 冬，十月，魏归高敖曹、窦泰、莫多娄贷文之首于东魏。

16 散骑常侍刘孝仪等聘于东魏。散，悉亶翻。骑，奇寄翻。

17 十二月，魏是云宝袭洛阳，东魏洛州刺史王元轨弃城走。

都督赵刚袭广州，拔之。于是自襄、广以西城镇复为魏。魏收志：孝昌中置襄州，领襄城、舞阴、南安、期城、北南阳、建城郡。五代志：颍川郡叶县，后齐置襄州。复，扶又翻；下孙复同。

18 魏自正光以后，四方多事，民避赋役，多为僧尼，至二百万人，寺有三万馀区。至是，东魏始诏"牧守、令长，擅立寺者，计其功庸，守，式又翻。长，知两翻。庸，用也，劳也，雇也。以枉法论。"

19 初，魏伊川土豪李长寿为防蛮都督，五代志：河南郡陆浑县，齐置伊川郡，领南陆浑县。春秋时秦、晋迁陆浑之戎于伊川，故郡以为名。伊阙以南大山长谷，蛮多居之，魏置都督以防焉。积功至北华州刺史。孝武帝西迁，长寿帅其徒拒东魏，华，户化翻。帅，读曰率。魏以长寿为广州刺史。侯景攻拔其壁，杀之。其子延孙复收集父兵以拒东魏，魏之贵臣广陵王欣、录尚书长孙稚等皆携家往依之，长，知两翻。延孙资遣卫送，使达关中。东魏高欢患之，数遣兵攻延孙，不能克。数，所角翻。魏以延孙为京南行台、节度河南诸军事、广州刺史。京南，谓洛京以南也。延孙以澄清伊、洛为己任，魏以延孙兵少，少，诗沼翻。更以长寿之婿京兆韦法保为东洛州刺史，西魏洛州治上洛，以洛阳之地为东洛州。配兵数百以助之。法保名佑，以字行，既至，与延孙连兵置栅于伏流。伏流城，伊川郡治所。隋改南陆浑县曰伏流。水经注曰：陆浑故城东南八十许里有三涂山，伊水径其下，又东北径伏流岭东，刘澄之永初记称伏流县西有伏流坂者。今山在县南崖口北三十里许，西则非也。独孤信之入洛阳也，欲缮修宫室，使外兵郎中天水权景宣曹魏置二十三郎，有中兵、外兵、都兵、别兵，元魏以后，中兵、外兵又分左、右。帅徒兵三千出采运。采运者，使之采木运入洛阳城也。会东魏兵至，河南皆叛，景宣间道西走，间，古苋翻。与李延孙相会，攻孔城，拔之，魏收志：天平中置新城郡，治孔城，属北荆州。五代志：河南郡伊阙县，旧曰新城，置新城郡。杜佑曰：孔城防，今伊阙县东南故城是。又曰：高齐置孔城防于寿安县。洛阳以南寻亦西附。丞相泰即留景宣守张白坞，坞在宜阳西北。水经注：河内轵县有张白骑坞，在湨水北原上，据二溪之会，北带深隍，三面阻险，唯西面板筑而已。节度东南诸军应关西者。是岁，延孙为其长史杨伯兰所杀，韦法保即引兵据延孙之栅。

东魏将段琛等据宜阳，将，即亮翻。琛，丑林翻。遣阳州刺史牛道恒诱魏边民。魏收志：天平初置阳州，领宜阳、金门郡，治宜阳。恒，户登翻。诱，音酉。魏南兖州刺史韦孝宽患之，按韦孝宽传，时西魏令孝宽领宜阳郡事，迁南兖州刺史。然南兖州治谯城，在东魏境内，孝宽未能取其地也。乃诈为道恒与孝宽书，论归款之意，使谍人遗之于琛营，谍，徒协翻。遗，如字，坠失也。琛果疑道恒。孝宽乘其猜阻，出兵袭之，擒道恒及琛，崤、渑遂清。崤、渑，崤山及渑池也。渑，弥兖翻。东道行台王思政以玉壁险要，五代志：绛郡稷山旧置勋州。勋州即玉壁也。杜佑曰：稷山县南十二里即玉壁城。请筑城自恒农徙镇之，诏加都督汾·晋·并州诸军事、并州刺史，行台如故。东、西魏盖于汾州据险为界，晋、并皆入于东魏。

20 东魏以高澄摄吏部尚书，始改崔亮年劳之制，崔亮制停年格，见一百四十九卷天监十八年。铨擢贤能；又沙汰尚书郎，妙选人地以充之。凡才名之士，虽未荐擢，皆引致门下，与之游宴、讲论、赋诗，士大夫以是称之。史言高澄收拾人物以倾元氏。

五年(己未、五三九)

1 春，正月，乙卯，以尚书左仆射萧渊藻为中卫将军，丹杨尹何敬容为尚书令，吏部尚书张缵为仆射。缵，弘策之子也。张弘策，帝舅也，佐帝创业。自晋、宋以来，宰相皆以文义自逸，敬容独勤簿领，日旰不休，为时俗所嗤鄙。旰，古按翻。嗤，丑之翻。自徐勉、周舍既卒，普通五年，周舍卒；大同元年，徐勉卒。卒，子恤翻。当权要者，外朝则何敬容，内省则朱异。三公、卿、监、尚书为外朝官，门下省为内省。朝，直遥翻。异，羊至翻。敬容质悫无文，以纲维为己任；异文华敏洽，曲营世誉：二人行异而俱得幸于上。行，下孟翻。异善伺候人主意为阿谀，用事三十年，广纳货赂，欺罔视听，远近莫不忿疾。园宅、玩好、饮膳、声色穷一时之盛。每休下，休沐之日，自省中出还私第为休下。伺，相吏翻。好，呼到翻。下，遐嫁翻。车马填门，唯王承、王稚及褚翔不往。承、稚，暕之子；王暕，俭之子，帝用之，官至侍中、尚书仆射。翔，渊之曾孙也。褚渊，萧齐佐命。

2 丁巳，御史中丞参礼仪事贺琛奏："南、北二郊及藉田，往还并宜御辇，不复乘辂。"诏从之，祀宗庙仍乘玉辇。驾马为辂，驾人为辇。琛，玚之弟子也。贺玚以儒学进。玚，雉杏翻，又音畅。

3 辛酉，东魏以尚书令孙腾为司徒。

4 辛未，上祀南郊。

5 魏丞相泰于行台置学，取丞郎、府佐德行明敏者充学生，行，下孟翻。悉令旦治公务，晚就讲习。时就学者苟能以其所治之事质之于经传，有所感发，此其所学之进，又岂萤窗雪案搜经摘传者所能及邪！治，直之翻。

6 东魏丞相欢，欢以沙苑之败求自贬，既复其官，史复以丞相书之。以徐州刺史房谟、广平太守羊敦、广宗太守窦瑗、广宗县，汉属钜鹿郡，后属安平国，后魏太和二十一年立广宗郡，东魏属司州。瑗，丁眷翻。平原太守许惇有政绩清能，与诸刺史书，褒称谟等以劝之。

7 夏，五月，甲戌，东魏立丞相欢女为皇后；乙亥，大赦。

8 魏以开府仪同三司李弼为司空。秋，七月，【章：乙十一行本"月"下有"魏"字；退斋校同。】以扶风王孚为太尉。

9 九月，甲子，东魏发畿内十万人城邺，四十日罢。冬，十月，癸亥，以新宫成，大赦，改元兴和。

10 魏置纸笔于阳武门外以求得失。

11 十一月，乙亥，东魏使散骑常侍王元景、魏收来聘。

12 东魏人以正光历浸差，魏行正光历，见一百四十九卷普通三年。命校书郎李业兴更加修正，杜佑曰：汉之兰台及后汉东观，皆藏书之室，当时文学之士，使雠校于其中，故有校书之职，盖有校书之任而未为官也。故以郎居其任，则谓之校书郎；以郎中居其任，则谓之校书郎中。至后魏，始置秘书校书郎。以甲子为元，号曰兴光历，既成，行之。

13 散骑常侍朱异奏："顷来置州稍广，而小大不伦，请分为五品，其位秩高卑，参僚多少，皆以是为差。"参僚，即参佐。诏从之。于是上品二十州，次品十州，次品八州，次品二十三州，下品二十一州。时上方事征伐，恢拓境宇，北逾淮、汝，东距彭城，西开牂柯，牂柯，音臧哥。南平俚洞，交、广界表，俚人依阻深险，各自为洞。俚，音里。纷纶甚众，故异请分之。其下品皆异国之人，徒有州名而无土地，或因荒徼之民所居村落置州及郡县，刺史守令皆用彼人为之，就彼土以土人为之。徼，吉吊翻。尚书不能悉领，山川险远，职贡罕通。五品之外，又有二十馀州不知处所。凡一百七州。又以边境镇戍，虽领民不多，欲重其将帅，皆建为郡，或一人领二三郡太守，州郡虽多而户口日耗矣。务广地者荒，贪人有者残，信哉！将，即亮翻。帅，所类翻。

14 魏自西迁以来，礼乐散逸，丞相泰命左仆射周惠达、吏部郎中北海唐瑾损益旧章，至是稍备。瑾，渠吝翻。

六年（庚申、五四〇）

1 春，正月，壬申，东魏以广平公库狄干为太保。

2 丁丑，东魏主入新宫，东魏作新宫于邺，见上卷大同元年。大赦。

3 魏扶风王孚卒。

4 二月，己亥，上耕藉田。

5 魏铸五铢钱。

6 东魏大行台侯景出三鸦，杜佑曰：三鸦，在今汝州鲁阳县西南十九里，有平高城，周以御齐。高齐于县东北十七里置鲁城以御周。将复荆州；三年，西魏乘沙苑之胜取荆州。魏丞相泰遣李弼、独孤信各将五千骑出武关，景乃还。将，即亮翻。骑，奇寄翻。

7 魏文后既为尼，居别宫，大通四年，魏废文后为尼。尼，女夷翻。悼后犹忌之，乃以其子武都王戊为秦州刺史，使文后随之官。魏主虽限以大计，谓以国事废乙弗而立柔然女也。而恩好不忘，好，呼到翻。密令养发，有追还之意。养，羊尚翻。会柔然举国渡河南侵，渡河南侵灵夏。时颇有言柔然以悼后故兴师者，帝曰："岂有兴百万之众为一女子邪！为，于伪翻。虽然，致人此言，朕亦何颜以见将帅！"将，即亮翻。帅，所类翻。乃遣中常侍曹宠赍手敕赐文后自尽。文后泣谓宠曰："愿至尊千万岁，天下康宁，死无恨也！"遂自杀；凿麦积崖而葬之，号曰寂陵。

夏，丞相泰召诸军屯沙苑以备柔然。右仆射周惠达发士马守京城，堑诸街巷，召雍州刺史王罴议之，堑，七艳翻。雍，于用翻。罴不应召，谓使者曰："若蠕蠕至渭北者，王罴自帅乡里破之，王罴，京兆人。使，疏吏翻。蠕，人兖翻。帅，读曰率。不烦国家兵马，何为天子城中作如此惊扰！由周家小儿恇怯致此。"恇，去王翻。柔然至夏州而退。未几，悼后遇疾殂。几，居岂翻。

8 五月，乙酉，【张："乙酉"作"己酉"。】魏行台宫延和、陕州刺史宫延庆降于东魏，陕，式冉翻。降，户江翻。东魏以河北马场为义州以处之。按杜佑通典：卫州汲郡，古牧野之地。魏孝文帝太和十七年，徙代畜于石济之西，故有河北马场。魏收志：是时置义州，治汲郡陈城，领五城、义宁、新安、渑池、恒农、宜阳、金门郡。五代志：汲郡汲县，东魏置义州，侨置七郡二十八县。则七郡皆侨置于汲县界。又据朱元旭传，时分河内、汲郡二郡界扶风之地立义州，以置关西归正之民；后周武帝灭齐，改义州为卫州，治汲。处，昌吕翻。

9 东魏阳州武公高永乐卒。据北齐书，高永乐封阳州县公。

10 闰月，丁丑朔，日有食之。

11 己丑，东魏封皇兄景植为宜阳王，皇弟威为清河王，谦为颍川王。

12 六月，壬子，东魏华山王鸷卒。二年，东魏以鸷为大司马。华，户化翻。

13 秋，七月，丁亥，东魏使兼散骑常侍李象等来聘。

14 八月，戊午，大赦。

15 九月，【据张校增。】戊戌，司空袁昂卒，遗疏不受赠谥，敕诸子勿上行状及立铭志；行状，状其平生之行实，上之于朝以请谥。铭志，立碑于墓以传后。洪适曰：东汉自路都尉始建墓阙，盖表阡碑铭之滥觞也。有文而传于今，则自谒者景君墓表始，君以安帝元初元年卒。齐葬穆妃，议立石志，王俭以为非礼经所出。元嘉中，颜延之辈为之，遂相祖述尔。任昉作文章缘起，又云墓碑自晋始。予考郦氏水经所载汉刻已不少，后魏与齐、梁时相先后也，岂碑碣多在北方，南人未之见乎？然郭林宗传云：林宗既葬，同志者立碑，蔡邕为其文，谓卢植曰："吾为碑铭多矣，唯郭有道无愧色。"史称王俭，晋、宋以来故事该忆无遗，范书所载岂不知之！今汉人旧刻犹存数十百碑，云始于晋、宋，非也。行，下孟翻。上，时掌翻。上不许，赠本官，谥穆正公。

16 冬，十一月，魏太师念贤卒。

17 吐谷浑自莫折念生之乱，不通于魏。伏连筹卒，子夸吕立，始称可汗，居伏俟城。五代志：隋破吐谷浑，以伏俟城置西海郡，其地有西王母石窟、青海盐池，即在汉金城郡临羌县西北塞外，王莽受卑和羌所献地置西海郡者也。北史：伏俟城在青海西十五里。吐，从暾入声。谷，音浴。可，从刊入声。汗，音寒。其地东西三千里，南北千馀里，官有王、公、仆射、尚书、郎中、将军之号。是岁，始遣使假道柔然，聘于东魏。使，疏吏翻。

七年（辛酉、五四一）

1 春，正月，辛巳，上祀南郊，大赦。辛丑，祀明堂。

2 宕昌王梁仚定为其下所杀，弟弥定立。宕，徒浪翻。仚，许延翻。考异曰：梁帝纪作“弥泰”。今从典略。二月，乙巳，以弥定为河·梁二州刺史、宕昌王。

3 辛亥，上耕藉田。藉，秦昔翻。

4 魏幽州刺史顺阳王仲景坐事赐死。西魏无幽州，意豳州也。

5 三月，魏夏州刺史刘平伏据上郡反，魏收志：上郡属东夏州，领石门、因城县。隋志：延安郡有因城县。夏，户雅翻。大都督于谨讨禽之。

6 夏，五月，遣兼散骑常侍明少遐等聘于东魏。

7 秋，七月，己卯，东魏宜阳王景植卒。

8 魏以侍中宇文测为大都督、行汾州事。五代志：龙泉郡，后周置汾州，隋改隰州，治隰川县。测，深之兄也，为政简惠，得士民心。地接东魏，隰川东接东魏晋州界。东魏人数来寇抄，测擒获之，命解缚，引与相见，为设酒殽，待以客礼，数，所角翻。抄，楚交翻。为，于伪翻。并给粮饩，饩，许气翻。卫送出境。东魏人大惭，不复为寇，复，扶又翻。汾、晋之间遂通庆吊，时论称之。或告测交通境外者，丞相泰怒曰：“测为我安边，我知其志，何得间我骨肉！”间，古苋翻。命斩之。

9 魏丞相泰欲革易时政，为强国富民之法，大行台度支尚书兼司农卿苏绰尽其智能，赞成其事，减官员，置二长，度，徒洛翻。长，知两翻；下令长同。并置屯田以资军国。又为六条诏书，九月，始奏行之：一曰清心，二曰敦教化，三曰尽地利，四曰擢贤良，五曰恤狱讼，六曰均赋役。泰甚重之，尝置诸坐右，坐，徂卧翻。又令百司习诵之，其牧守令长非通六条及计帐，不得居官。守，式又翻。计帐见上卷大同元年。

10 东魏诏群官于麟趾阁议定法制，谓之麟趾格，冬，十月，甲寅，颁行之。

11 乙巳，东魏发夫五万筑漳滨堰，三十五日罢。

12 十一月，丙戌，东魏以彭城王韶为太尉，度支尚书胡僧敬为司空。僧敬名虔，以字行，国珍之兄孙，东魏主之舅也。胡国珍，灵后之父。

13 十二月，东魏遣兼散骑常侍李骞来聘。

14 交趾李贲世为豪右，仕不得志。同郡【据张校增。】有并韶者，富于词藻，诣选求官，吏部尚书蔡撙以并姓无前贤，除广阳门郎；广阳门，建康城西面南头第一门。姓谱：（原有脱字）并，府盈翻。撙，祖本翻。韶耻之。贲与韶还乡里，【章：甲十一行本“里”下有“谋作乱”三字；乙十一行本同；孔本同；张校同；退斋校同。】会交州刺史武林侯谘以刻暴失众心，沈约志：永平郡有武林县，宋文帝立。永平，晋穆帝升平五年分苍梧立。时贲监德州，五代志：日南郡，梁置德州。监，工衔翻。因连结数州豪杰俱反；谘输贿于贲，奔还广州。上遣谘与高州刺史孙冏、新州刺史卢子雄将兵击之。五代志：梁大通中，割番州合浦县立高州，在隋海康县界。端州新兴县，梁立新州。将，即亮翻。谘，恢之子也。鄱阳王恢，上之弟也。

15 是岁，魏又益新制十二条。宇文泰前已行二十四条，今又益十二条，故曰新制。

16 东魏丞相欢以诸州调绢不依旧式，调，徒钓翻。谓尺度不依旧式也。民甚苦之，奏令悉以四十尺为匹。

魏自丧乱以来，谓孝昌以来也。丧，息浪翻。农商失业，六镇之民相帅内徙，就食齐、晋，欢因之以成霸业。事见一百五十五卷中大通三年、四年。齐、晋，直谓春秋列国大界。帅，读曰率。东西分裂，连年战争，河南州郡鞠为茂草，小弁之诗曰：踧踧周道，鞠为茂草。注云：鞠，穷也。公私困竭，民多饿死。欢命诸州滨河及津、梁凡江河济渡之处皆曰津，横绝水为桥以通往来曰梁。皆置仓积谷以相转漕，供军旅，备饥馑，又于幽、瀛、沧、青四州傍海煮盐，军国之费，傍，步浪翻。粗得周赡。粗，坐五翻。赡，而艳翻。至是，东方连岁大稔，谷斛至九钱，山东之民稍复苏息矣。史言高欢于兵荒之馀能纾民力。复，扶又翻，又如字。

17 东魏尚书令高澄尚静帝妹冯翊长公主，生子孝琬，朝贵贺之，长，知两翻。朝，直遥翻。澄曰："此至尊之甥，先贺至尊。"三日，帝幸其第，赐锦彩布绢万匹。于是诸贵竞致礼遗，遗，于季翻。货满十室。

18 东魏临淮王孝友表曰："令制百家为族，二十五家为闾，五家为比。百家之内有帅二十五，征发皆免，苦乐不均，羊少狼多，复有蚕食，使狼将羊，羊虽众，终为狼所噬，况羊少而狼多乎！谕族帅并缘侵渔闾帅，闾帅又侵渔比帅，比帅又侵渔其所领四家也。比，毗至翻。帅，所类翻。乐，音洛。少，诗沼翻。复，扶又翻。此之为弊久矣。京邑诸坊，或七八百家唯一里正、二史，庶事无阙，而况外州乎！请依旧置三正之名不改，三正，即李冲建议所置三长。而每闾止为二比，计族省十一【章：甲十一行本"一"作"二"；乙十一行本同；张校同。】丁，赀绢、番兵，所益甚多。"事下尚书，寝不行。赀绢，谓计赀输绢。番兵，谓番代为兵。下，遐嫁翻。

19 安成望族刘敬躬以妖术惑众，人多信之。妖，于骄翻。考异曰：南史作"敬宫"。今从梁书。

八年（壬戌、五四二）

1 春，正月，敬躬据郡反，改元永汉，署官属，进攻庐陵，逼豫章。南方久不习兵，人情扰骇，豫章内史张绾募兵以拒之。绾，缵之弟也。二月，戊戌，江州刺史湘东王绎遣司马王僧辩、中兵曹子郢讨敬躬，受绾节度。三月，戊辰，擒敬躬，送建康，斩之。僧辩，神念之子也，天监七年，王神念自魏来奔。该博辩捷，器宇肃然，虽射不穿札，左传：潘〔尪之〕党养由基蹲甲而射之，彻七札焉。编甲如栉齿相比曰札。而志气高远。

2 魏初置六军。

3 夏，四月，丙寅，东魏使兼散骑常侍李绘来聘。绘，元忠之从子也。李元忠劝成高欢讨尔朱之谋。从，才用翻。

4 东魏丞相欢朝于邺。朝，直遥翻。司徒孙腾坐事免；乙酉，以彭城王韶录尚书事，侍中广阳王湛为太尉，尚书右仆射高隆之为司徒。初，太尉【章：甲十一行本"尉"作"傅"；乙十一行本同；孔本同；张校同。】尉景与丞相欢同归尔朱荣，见一百五十二卷大通二年。其妻，欢之姊也，自恃勋戚，贪纵不法，为有司所劾，系狱；欢三诣阙泣请，乃得免死，史言高欢为是使勋贵知有王法。劾，户概翻，又户得翻。丁亥，降为骠骑大将军、开府仪同三司。骠，匹妙翻。骑，奇寄翻。欢往造之，景卧不起，大叫曰："杀我时趣邪！"造，七到翻。趣，读曰促；后趣之同。欢抚而拜谢之。辛卯，以库狄干为太傅，以领军将军娄昭为大司马，封祖裔为尚书右仆射。六月，甲辰，欢还晋阳。

5 八月，庚戌，东魏以开府仪同三司、吏部尚书侯景为兼尚书仆射、河南道大行台，随机防讨。既委景以备梁、魏，又使讨叛贰，随机则便宜从事，其任重矣。为侯景叛东魏张本。

6 魏以王盟为太保。

7 东魏丞相欢击魏，入自汾、绛，连营四十里，丞相泰使王思政守玉壁以断其道。断，音短。后于玉壁置勋州。杜佑曰：玉壁城在绛州稷山县西南十二里。欢以书招思政曰："若降，当授以并州。"高欢以晋阳为根本，并州之任要重于诸州。降，户江翻。思政复书曰："可朱浑道元降，道元降见上卷元年。何以不得？"冬，十月，己亥，欢围玉壁，凡九日，遇大雪，士卒饥冻，多死者，遂解围去。魏遣太子钦镇蒲坂。丞相泰出军蒲坂，至皂荚，闻欢退渡汾，追之，不及。十一月，东魏以可朱浑道元为并州刺史。激于王思政之书也。

8 十二月，魏主狩于华阴，大享将士，丞相泰帅诸将朝之。华，户化翻。将，即亮翻。帅，读曰率。朝，直遥翻。起万寿殿于沙苑北。

9 辛亥，东魏遣兼散骑常侍杨斐来聘。考异曰：典略作“阳斐”。今从魏书纪。

10 孙冏、卢子雄讨李贲，以春瘴方起，请待至秋；广州刺史新渝侯映不许，吴立新喻县，属安成郡。“渝”当作“喻”。武林侯谘又趣之。冏等至合浦，死者什六七，趣，读曰促。瘴，之亮翻，热病也。南方瘴热，春气深则瘴起，染之者必死，军行尤畏之。众溃而归。映，憺之子也。始兴王憺，上弟也。憺，徒敢翻，又徒滥翻。武林侯谘奏冏及子雄与贼交通，逗留不进，敕于广州赐死。子雄弟子略、子烈、主帅广陵杜天合及弟僧明、新安周文育等帅子雄之众攻广州，欲杀映、谘，为子雄复冤。主帅，所类翻。等帅，读曰率；下同。为，于伪翻。西江督护、高要太守吴兴陈霸先帅精甲三千救之，高要县，汉属苍梧，梁置高要郡，隋为高要县，端州治所。元和郡县志曰：端州当西江口，入广西要道。祝穆曰：西江源出邕州，经浔、融、象、柳等州，入封州界，合桂江。汉武帝自巴、蜀发夜郎兵下牂柯江，会番禺，即此水。萧子显曰：广州统内西、南二江，川源深远，别置督护，专征讨之任。大破子略等，杀天合，擒僧明、文育。霸先以僧明、文育骁勇过人，释之，以为主帅。骁，坚尧翻。诏以霸先为直閤将军。陈霸先事始此。

11 魏丞相泰妻冯翊公主生子觉。

12 东魏以光州刺史李元忠为侍中。元忠虽处要任，处，昌吕翻。不以物务干怀，唯饮酒自娱。丞相欢欲用为仆射，世子澄言其放达常醉，不可委以台阁。其子搔闻之，请节酒，搔，苏遭翻。元忠曰：“我言作仆射不胜饮酒乐，乐，音洛。尔爱仆射，宜勿饮酒。”

九年(癸亥、五四三)

1 春，正月，壬戌，东魏大赦，改元武定。

2 东魏御史中尉高仲密取吏部郎崔暹之妹，既而弃之，由是与暹有隙。仲密选用御史，多其亲戚乡党，高澄奏令改选；暹方为澄所宠任，仲密疑其构己，愈恨之。仲密后妻李氏艳而慧，崔暹之妹既去，李氏继室，故曰后妻。澄见而悦之，李氏不从，衣服皆裂，以告仲密，仲密益怨。寻出为北豫州刺史，北豫州治虎牢。阴谋外叛。丞相欢疑之，遣镇城奚寿兴典军事，镇城之职犹防城都督。仲密但知民务。仲密置酒延寿兴，伏壮士，执之，二月，壬申，以虎牢叛，降魏。降，户江翻。魏以仲密为侍中、司徒。

欢以仲密之叛由崔暹，将杀之，高澄匿暹，为之固请，为，于伪翻；下为之同。欢曰：“我丐其命，丐，居大翻，又居曷翻。须与苦手。”言必痛杖之也。澄乃出暹，而谓大行台都官郎陈元康曰：“卿使崔暹得杖，勿复相见。”复，扶又翻。元康为之言于欢曰：为，于伪翻。“大王方以天下付大将军，大将军有一崔暹不能免其杖，父子尚尔，况于他人！”欢乃释之。

高季式在永安戍，永安县，古彘邑也，汉属河东郡，后汉顺帝改曰永安县。魏收志曰：建义元年置永安郡，治永安城，属晋州。时季式罢晋州，戍之。隋废永安郡，改为霍邑县。仲密遣信报之；季式走告欢，欢待之如旧。

魏丞相泰帅诸军以应仲密，帅，读曰率。以太子少傅李远为前驱，至洛阳，遣开府仪同三司于谨攻柏谷，拔之；三月，壬申，【严：“申”改“辰”。】围河桥南城。

东魏丞相欢将兵十万至河北，将，即亮翻。泰退军瀍上，纵火船于上流以烧河桥；斛律金使行台郎中张亮以小艇百馀载长锁，伺火船将至，以钉钉之，艇，徒鼎翻，小船也。伺，相吏翻。上钉，音丁。下钉，丁定翻。引锁向岸，桥遂获全。

欢渡河，据邙山为陈，不进者数日。泰留辎重于瀍曲，陈，读曰阵。重，直用翻。“瀍曲”，或作“瀍西”。夜，登邙山以袭欢。候骑白欢曰：“贼距此四十馀里，蓐食乾饭而来。”欢曰：“自当渴死！”乃正阵以待之。欢欲坚阵以持之，待其疲渴而后战，故云然。乾，音干。戊申，黎明，泰军与欢军遇。东魏彭乐以数千骑为右甄，甄，稽延翻。冲魏军之北垂，所向奔溃，遂驰入魏营。人告彭乐叛，欢甚怒。俄而西北尘起，乐使来告捷，使，疏吏翻。虏魏侍中、开府仪同三司、大都督临洮王柬、蜀郡王荣宗、江夏王升、巨鹿王阐、谯郡王亮、詹事赵善及督将僚佐四十八人。夏，户雅翻。诸将乘胜击魏，大破之，斩首三万馀级。洮，土刀翻。将，即亮翻。考异曰：北齐书云，“俘斩六万级。”今从北史彭乐传。

欢使彭乐追泰，泰窘，窘，巨陨翻。谓乐曰：“汝非彭乐邪？痴男子！今日无我，明日岂有汝邪！何不急还营，收汝金宝！”乐从其言，获泰金带一囊以归，言于欢曰：“黑獭漏刃，破胆矣！”欢虽喜其胜而怒其失泰，令伏诸地，亲捽其头，连顿之，捽，昨没翻；捽持其髻也。并数以沙苑之败，事见上卷三年。数，所具翻。举刃将下者三，噤龂良久。噤龂，切齿怒也。噤，直禁翻，亦作顩。龂，胡介翻。乐曰：“乞五千骑，复为王取之。”复，扶又翻。为，于伪翻。欢曰：“汝纵之何意，而言复取邪？”复，扶又翻；下日复同。命取绢三千匹压乐背，因以赐之。为欢属其子澄令防彭乐张本。

明日，复战，泰为中军，中山公赵贵为左军，领军若于【章：甲十一行本“于”作“干”；乙十一行本同；下同；孔本同；张校同；退斋校同。】惠等为右军。令狐德棻曰：若干之先与魏俱起，以国为姓。魏书官氏志，内入诸姓有若干氏。“于”作“干”。孙愐曰：若，人者翻。中军、右军合击东魏，大破之，悉俘其步卒。欢失马，赫连阳顺下马以授欢。欢上马走，从者步骑七人，上，时掌翻。从，才用翻。追兵至，亲信都督尉兴庆曰："王速去，兴庆腰有百箭，足杀百人。"欢曰："事济，以尔为怀州刺史；魏收志：天安二年，置怀州于河内，太和八年罢，天平初复置，领河内、武德二郡。若死，用尔子。"兴庆曰："儿少，愿用兄。"欢许之。少，诗沼翻。兴庆拒战，矢尽而死。考异曰：典略作"尉兴敬"。今从北齐书、北史。

东魏军士有逃奔魏者，告以欢所在，考异曰：周贺拔胜传云："太祖见齐神武旗鼓，识之。"今从典略。泰募勇敢三千人，皆执短兵，配大都督贺拔胜以攻之。胜识欢于行间，行，户刚翻。执槊与十三骑逐之，驰数里，槊刃垂及，槊，色角翻。因字之曰："贺六浑，贺拔破胡必杀汝！"欢气殆绝，河州刺史刘洪徽从傍射胜，中其二骑，河州时属西魏境，东魏使刘洪徽遥领刺史耳。射，而亦翻；下同。中，竹仲翻。武卫将军段韶射胜马，毙之，比副马至，比，必利翻。欢已逸去。胜叹曰："今日不执弓矢，天也！"

魏南郢州刺史耿令贵，大呼，独入敌中，魏收志：梁置南郢州，治赤石关，领定城、光城、边城郡。五代志：光州定城县，后齐置南郢州。非西魏境也，耿令贵亦遥领刺史耳。呼，火故翻。锋刃乱下，人皆谓已死，俄奋刀而还。还，从宣翻，又如字。如是数四，当令贵前者死伤相继，乃谓左右曰："吾岂乐杀人！乐，音洛。壮士除贼，不得不尔。若不能杀贼，又不为贼所伤，何异逐坐人也！"逐坐人，指当时持文墨议论者，但能相随逐坐谈而坐食也。

左军赵贵等五将战不利，东魏兵复振，复，扶又翻。泰与战，又不利。会日暮，魏兵遂遁，东魏兵追之；独孤信、于谨收散卒自后击之，追兵惊扰，魏诸军由是得全。若于惠夜引去，东魏兵追之；惠徐下马，顾命厨人营食，食毕，谓左右曰："长安死，此中死，有以异乎？"乃建旗鸣角，收散卒徐还，追骑疑有伏兵，不敢逼。泰遂入关，屯渭上。

欢进至陕，陕，失冉翻。泰遣开府仪同三司达奚武等拒之。行台郎中封子绘言于欢曰："混壹东西，正在今日。昔魏太祖平汉中，不乘胜取巴、蜀，事见六十七卷汉献帝建安二十年。失在迟疑，后悔无及。愿大王不以为疑。"欢深然之，集诸将议进止，咸以为"野无青草，人马疲瘦，不可远追。"陈元康曰："两雄交争，岁月已久。今幸而大捷，天授我也，时不可失，当乘胜追之。"欢曰："若遇伏兵，孤何以济？"元康曰："王前沙苑失利，彼尚无伏；今奔败若此，何能远谋！若舍而不追，必成后患。"欢不从，为欢悔不用陈元康之言张本。余谓邙山之战，盖俱伤而两败，宇文泰虽力屈而遁，高欢之气亦衰矣，安敢复深入乎！使刘丰生将数千骑追泰，遂东归。

泰召王思政于玉壁，将使镇虎牢，未至而泰败，乃使守恒农。恒，户登翻。思政入城，令开门解衣而卧，慰勉将士，示不足畏。后数日，刘丰生至城下，惮之，不敢进，引军还。思政乃修城郭，起楼橹，营农田，积刍粟，由是恒农始有守御之备。

丞相泰求自贬，魏主不许。是役也，魏诸将皆无功，唯耿令贵与太子武卫率王胡仁、魏盖改东宫武卫将军为武卫率。都督王文达力战功多。泰欲以雍、岐、北雍三州授之，以州有优劣，使探筹取之，雍，于用翻。探，吐南翻。仍赐胡仁名勇，令贵名豪，文达名杰，用彰其功。于是广募关、陇豪右以增军旅。

高仲密之将叛也，阴遣人扇动冀州豪杰，使为内应，高乾兄弟本起兵于信都，仲密故扇动其豪杰，使为应于河北。东魏遣高隆之驰驿慰抚，由是得安。高澄密书与隆之曰："仲密枝党与之俱西者，宜悉收其家属，以惩将来。"隆之以为恩旨既行，理无追改，若复收治，复，扶又翻。治，直之翻。示民不信，脱致惊扰，所亏不细，乃启丞相欢而罢之。

3 以太子詹事谢举为尚书仆射。

4 夏，四月，林邑王攻李贲，贲将范修破林邑于九德。吴分九真立九德郡。五代志曰：日南郡九德县，梁置德州。将，即亮翻。

5 清水氐酋李鼠仁，清水县，汉属天水郡，晋属略阳郡。五代志曰：后魏置清水郡，隋废郡为县，属秦州。酋，慈秋翻。乘魏之败，据险作乱；陇右大都督独孤信屡遣军击之，不克。丞相泰遣典签天水赵昶往谕之，诸酋长聚议，长，知两翻。或从或否；其不从者欲加刃于昶，昶神色自若，辞气逾厉，鼠仁感悟，遂相帅降。帅，读曰率。降，户江翻。氐酋梁道显叛，泰复遣昶谕降之，酋，慈秋翻。复，扶又翻；下州复同。徙其豪帅四千【章：甲十一行本"千"作"十"；乙十一行本同；孔本同。】馀人并部落于华州，帅，所类翻。华，户化翻。泰即以昶为都督，使领之。

6 泰使谍潜入虎牢，令守将魏光固守，谍，徒协翻。将，即亮翻。侯景获之，改其书云："宜速去。"纵谍入城，光宵遁。景获高仲密妻子送邺，北豫、洛二州复入于东魏。五月，壬辰，东魏以克复虎牢，降死罪已下囚，唯不赦高仲密家。丞相欢以高乾有义勋，谓起兵于信都以奉欢也。高昂死王事，谓战死于河阳也。季式先自告，谓先自永安戍奔告欢也。皆为之请，免其从坐。为，于伪翻。仲密妻李氏当死，高澄盛服见之，曰："今日何如？"李氏默然，遂纳之。高澄以渔色，使宗勋外叛，其父几死于兵，长恶不悛，衒服以诱纳之，他日杨、燕之祸，叔侄相屠，衅由李氏，岂天也邪！乙未，以侯景为司空。赏平虎牢之功也。

7 秋，七月，魏大赦。以王盟为太傅，广平王赞为司空。

8 八月，乙丑，东魏以汾州刺史斛律金为大司马。

9 东魏遣兼散骑常侍李浑等来聘。

10 冬，十一月，甲午，东魏主狩于西山；邺西无山，盖邯郸之西山也。乙巳，还宫。高澄启解侍中，东魏主以其弟并州刺史太原公洋代之。

11 丞相欢筑长城于肆州北山，西自马陵，东至土墱，马陵盖东魏置戍之地。九域志：代州崞县有土墱寨。“墱”北史作“隥”，音丁邓翻。四十日罢。

12 魏诸牧守共谒丞相泰，泰命河北太守裴侠别立，魏收志：河北郡属陕州，本汉、晋河东郡之河北县地也；隋废郡复为县，属河东郡。守，式又翻。侠，户颊翻。谓诸牧守曰：“裴侠清慎奉公，为天下最，有如侠者，可与俱立！”众默然，无敢应者。泰乃厚赐侠，朝野叹服，号为“独立君”。朝，直遥翻；下同。

十年（甲子、五四四）

1 春，正月，李贲自称越帝，置百官，改元大【章：甲十一行本“大”作“天”；乙十一行本同；孔本同；熊校同。】德。

2 三月，癸巳，东魏丞相欢巡行冀、定二州，行，下孟翻。校河北户口损益，因朝于邺。

3 甲午，上幸兰陵，谒建宁陵，使太子入守京城；辛丑，谒修陵。晋置南东海郡于京口，南兰陵郡于延陵。建宁陵，梁纪曰建陵，皇妣张皇后陵也。修陵，皇后郗氏陵也。

4 丙午，东魏以开府仪同三司孙腾为太保。

5 己酉，上幸京口城北固楼，更名北顾；镇江府图经曰：京口城因山为垒，缘江为境。尔雅，丘绝高曰京，故曰京口。又府治东五里有京岘山，京口得名以此。北固山在府北一里，回岭下临长江，即府治所据及甘露寺基。萧正义传曰：京城之西有别岭入江，高数十丈，三面临水，号曰北固，蔡谟起楼其上以置军实，帝登望久之，曰：“此岭不足须固守，然于京口实乃壮观，于是改曰北顾。”庚戌，幸回宾亭，宴乡里故老及所经近县迎候者，少长数千人，少，诗照翻。长，知两翻。各赉钱二千。

6 壬子，东魏以高澄为大将军、领中书监，元弼为录尚书事，左仆射司马子如为尚书令，侍中高洋为左仆射。

丞相欢多在晋阳，孙腾、司马子如、高岳、高隆之，皆欢之亲党也，委以朝政，朝，直遥翻。邺中谓之四贵，其权势熏灼中外，率多专恣骄贪。欢欲损夺其权，故以澄为大将军、领中书监，移门下机事总归中书，门下省众事，侍中、给事中等掌之；今高欢移而总归中书，所以重澄之权。文武赏罚皆禀于澄。

孙腾见澄，不肯尽敬，澄叱左右牵下于床，筑以刀环，立之门外。太原公洋于澄前拜高隆之，呼为叔父；澄怒，骂之。隆之本洛阳人，欢命为弟，故洋以叔父呼之。欢谓群公曰："儿子浸长，长，知两翻。公宜避之。"于是公卿以下，见澄无不耸惧。库狄干，澄姑之婿也，干娶欢妹。自定州来谒，立于门外，三日乃得见。

澄欲置腹心于东魏主左右，擢中兵参军崔季舒为中书侍郎。澄每进书于帝，有所谏请，或文辞繁杂，季舒辄修饰通之。帝报澄父子之语，常与季舒论之，曰："崔中书，我乳母也。"季舒，挺之从子也。从，才用翻。

7 夏，四月，乙卯，上还自兰陵。

8 五月，甲申朔，魏丞相泰朝于长安。朝，直遥翻。

9 甲午，东魏遣散骑常侍魏季景来聘。季景，收之族叔也。

10 尚书令何敬容妾弟盗官米，以书属领军河东王誉；属，之欲翻。丁酉，敬容坐免官。

11 东魏广阳王湛卒。

12 魏琅琊贞献公贺拔胜诸子在东者，丞相欢尽杀之，修邙山之怨也。胜愤恨发疾而卒。丞相泰常谓人曰："诸将对敌神色皆动，唯贺拔公临陈如平时，陈，读曰阵。真大勇也！"

13 秋，七月，魏更权衡度量，更，工衡翻。命尚书苏绰损益三十六条之制，总为五卷，颁行之。二十四条并新制十二条，总为三十六条。二十四条见上卷大同元年。搜简贤才为牧守令长，皆依新制而遣焉。守，手又翻。长，知两翻。数年之间，百姓便之。

14 魏自正光以后，政刑弛纵，在位多贪污。丞相欢启以司州中从事宋游道为御史中尉，五代志：后齐司州置牧，属官有别驾从事史、治中从事史。澄固请以吏部郎崔暹为之，以游道为尚书左丞。澄谓暹、游道曰："卿一人处南台，一人处北省，处，昌吕翻。御史台谓之南台，尚书省谓之北省。杜佑曰：御史台在宫阙西南，故名南台。尚书省在北，故曰北省。当使天下肃然。"暹选毕义云等为御史，时称得人。义云，众敬之曾孙也。宋明帝初，毕众敬降魏。

澄欲假暹威势，诸公在坐，坐，徂卧翻。令暹后至，通名，高视徐步，两人挈裾而入；澄分庭对揖，暹不让而坐，觞再行，即辞去。澄留之食，暹曰："适受敕在台检校。"遂不待食而去，澄降级送之。他日，澄与诸公出，之东山，时于邺都治东山，为游宴之地。遇暹于道，前驱为赤棒所击，澄回马避之。

尚书令司马子如以丞相欢故人，当重任，意气自高，与太师咸阳王坦黩货无厌；厌，于盐翻。暹前后弹子如、坦及并州刺史可朱浑道元等罪状，无不极笔。宋游道亦劾子如、坦及太保孙腾、司徒高隆之、司空侯景、尚书元羡等。劾，户概翻，又户得翻。澄收子如系狱，一宿，发尽白，辞曰："司马子如从夏州策杖投相王，中大通四年，欢破尔朱氏，召子如于南岐州，盖雍、华路阻，取道夏州东归也。夏，户雅翻。王给露车一乘，乘，绳证翻。鮝牸牛犊，鮝，巨员翻，曲角也。牸，音字。犊在道死，唯鮝角存，此外皆取之于人。"丞相欢以书敕澄曰："司马令，吾之故旧，汝宜宽之。"澄驻马行街，出子如，脱其锁；子如惧曰："非作事邪？"惧澄杀之也。八月，癸酉，削子如官爵。九月，甲申，以济阴王晖业为太尉；济，子礼翻。太师咸阳王坦以王还第，罢太师也。元羡等皆免官，其馀死黜者甚众。久之，欢见子如，哀其憔悴，憔，慈消翻。悴，秦醉翻。以膝承其首，亲为择虱，为，于伪翻。虱，色栉翻。赐酒百瓶，羊五百口，米五百石。澄绳之以公法，欢接之以旧恩，此其父子驾御勋贵之术也。

高澄对诸贵极言褒美崔暹，且戒属之。属，之欲翻。丞相欢书与邺下诸贵曰："崔暹居宪台，咸阳王、司马令皆吾布衣之旧，尊贵亲昵，无过二人，昵，尼质翻。过，工禾翻。同时获罪，吾不能救，诸君其慎之！"

宋游道奏驳尚书违失数百条，省中豪吏王儒之徒并鞭斥之，令、仆已下皆侧目。驳，北角翻。高隆之诬游道有不臣之言，罪当死。给事黄门侍郎杨愔曰："畜狗求吠；愔，于今翻。畜，许竹翻，养也。今以数吠杀之，恐将来无复吠狗。"复，扶又翻。游道竟坐除名。澄谓游道曰："卿早从我向并州，不尔，彼经略杀卿。"游道从澄至晋阳，以为大行台吏部。"部"下当有"郎"字。

15 己丑，大赦。

16 东魏以丧乱之后，户口失实，傜赋不均，丧，息浪翻。冬，十月，丁巳，以太保孙腾、大司徒高隆之魏、齐官制，司徒未尝加"大"，"大"字衍。为括户大使，分行诸州，使，疏吏翻。行，下孟翻。得无籍之户六十馀万，侨居者皆勒还本属。十一月，甲申，以高隆之录尚书事，以前大司马娄昭为司徒。

17 庚子，东魏主祀圜丘。

18 东魏丞相欢袭击山胡，破之，山胡，即汾州山中稽胡也。俘万馀户，分配诸州。

19 是岁，东魏以散骑常侍魏收兼中书侍郎，修国史。自梁、魏通好，好，呼到翻。魏书每云："想彼境内宁静，此率土安和。"上复书，去"彼"字而已。收始定书云："想境内清晏，今万里安和。"上亦效之。

张政烺标点容肇祖聂崇岐覆校

中华国学文库

资治通鉴

七

〔宋〕司马光 编著

〔元〕胡三省 音注

中华书局

资治通鉴卷第一百五十九

端明殿学士兼翰林侍读学士太中大夫提举西京嵩山崇福宫上柱国河内郡开国侯食邑二千二百户食实封九百户赐紫金鱼袋臣司马光奉敕编集

后学天台胡三省音注

梁纪十五 起旃蒙赤奋若（乙丑），尽柔兆摄提咯（丙寅），凡二年。

高祖武皇帝十五

大同十一年（乙丑、五四五）

1 春，正月，丙申，东魏遣兼散骑常侍李奖来聘。散，悉亶翻。骑，奇寄翻。

2 东魏仪同尔朱文畅与丞相司马任胄、都督郑仲礼等，谋因正月望夜观打簇戏作乱，北史曰：魏氏旧俗，以正月十五夜为打簇戏，能中者即时赏帛。按魏书，孝静天平四年，春，正月，禁打簇相偷戏。盖此禁寻弛也。任，音壬。杀丞相欢，奉文畅为主；事泄，皆死。文畅，荣之子也；其姊，敬宗之后，及仲礼姊大车，皆为欢妾，有宠，故其兄弟皆不坐。

欢上书言："并州，军器所聚，动须女功，请置宫以处配没之口；处，昌吕翻。又纳吐谷浑之女以招怀之。"吐谷浑国于西魏西南，高欢越境纳其女以招怀之，盖欲借其力以侵扰西魏。吐，从暾入声。谷，音浴。丁未，置晋阳宫。二月，庚申，东魏主纳吐谷浑可汗从妹为容华。容华，前汉内职旧号。可，从刊入声。汗，音寒。从，才用翻。

3 魏丞相泰遣酒泉胡安诺槃陀始通使于突厥。突厥本西方小国，姓阿史那氏，世居金山之阳，为柔然铁工。使，疏吏翻；下同。李延寿曰：突厥，其先居西海之右，独为部落，盖匈奴之别种也，姓阿史那氏。后为邻国所破，尽灭其族。有一儿，年且十岁，兵人见其小，不忍杀之，乃刖足断臂弃泽中，有牝狼以肉饲之；及长，与狼交合，遂有孕焉。彼王闻此儿尚在，复遣杀之。使者见在狼侧，并欲杀狼。于时若有神物投狼于西海之东，落高昌国西北山；狼匿其中，遂生十男。男长，外托妻孕。其后各为一姓；阿史那其一也，最贤，遂为君长。故牙门建狼头纛，示不忘本也。或云：突厥本平凉杂胡，姓阿史那氏。魏太武灭沮渠氏，阿史那以五百家奔柔然。世居金山之阳，为柔然铁工。金山形似兜鍪，借〔俗?〕号兜鍪突厥，突厥因以为号。又曰：突厥之先出于索国，在匈奴之北。其部落大人曰阿谤步；兄弟七十人，其一曰伊质泥师都，狼所生也。此说虽殊，终狼种也。程大昌曰：金山，形如兜鍪。其俗谓兜鍪为突厥，因以为号。厥，九勿翻。至其酋长土门，始强大，酋，慈秋翻。长，知两翻。颇侵魏西边。安诺槃陀至，其国人皆喜曰："其国"之下当更有"国"字，属下句。"大国使者至，吾国其将兴矣。"

4 三月，乙未，东魏丞相欢入朝于邺，百官迎于紫陌。朝，直遥翻。邺都记：紫陌在邺城西北五里。欢握崔暹手而劳之曰："往日朝廷岂无法官，莫肯举劾。劳，力到翻。劾，户概翻，又户得翻。中尉尽心徇国，不避豪强，遂使远迩肃清。冲锋陷陈，大有其人；陈，读曰阵。当官正色，今始见之。言闻之古人有当官正色者，今始见崔暹也。富贵乃中尉自取，高欢父子无以相报。"赐暹良马。暹拜，马惊走，欢亲拥之，授以辔。东魏主宴于华林园，邺都仿京洛之制，亦有华林园。使欢择朝廷公直者劝之酒；欢降级跪曰："唯暹一人可劝，并请以臣所射赐物千段赐之。"时于华林园宴射，赐欢物千段。欢请回以赐暹。高澄退，谓暹曰："我尚畏羡，何况馀人！"

然暹中怀颇挟巧诈。初，魏高阳王斌有庶妹玉仪，不为其家所齿，为孙腾妓，赟，音彬。妓，渠绮翻。腾又弃之；高澄遇诸涂，悦而纳之，遂有殊宠，白居易诗云：天下无正色，悦目即为姝。诚有是事。盖玉仪所乏者非色，必妖媚善蛊惑，故所如众女谣诼而不见容。封琅邪公主。澄谓崔季舒曰："崔暹必造直谏，造，如字，作也。我亦有以待之。"及暹谘事，澄不复假以颜色。复，扶又翻。居三日，暹怀刺坠之于前。续世说：古者未有纸，削竹木以书姓名，谓之刺。后以纸书，谓之名纸。唐李德裕贵盛，人务加礼，改具衔候起居之状，谓之门状。澄问："何用此为？"暹悚然曰："未得通公主。"澄大悦，把暹臂，入见之。季舒语人曰：语，牛倨翻。"崔暹常忿吾佞，在大将军前，每言叔父可杀；及其自作，乃过于吾。"

5 夏，五月，甲辰，东魏大赦。

6 魏王盟卒。九年，魏以王盟为太傅。

7 晋氏以来，文章竞为浮华，魏丞相泰欲革其弊。六月，丁巳，魏主飨太庙。泰命大行台度支尚书、领著作苏绰度，徒洛翻。作大诰，宣示群臣，戒以政事；仍命"自今文章皆依此体。"宇文泰令苏绰仿周书作大诰，今其文尚在。使当时文章皆依此体，亦非所以崇雅黜浮也。

8 上遣交州刺史杨瞟讨李贲，瞟，匹妙翻。以陈霸先为司马；命定州刺史萧勃会瞟于西江。五代志：郁林郡，梁置定州。勃知军士惮远役，因诡说留瞟。说，式芮翻。瞟集诸将问计，霸先曰："交趾叛换，罪由宗室，谓李贲之叛，由武林侯谘也。事见上卷七年。遂使溷乱数州，逋诛累岁。定州欲偷安目前，不顾大计；节下奉辞伐罪，当死生以之，岂可逗桡不进，长寇沮众也！"桡，奴教翻。长，知两翻。沮，在吕翻。遂勒兵先发。瞟以霸先为前锋。至交州，考异曰：典略作"十二月癸丑至交州"，姚思廉陈书帝纪在六月，今从之。贲帅众三万拒之，帅，读曰率。败于朱鸢，朱鸢县，自汉以来属交趾郡。五代志：朱鸢县旧置武平郡。鸢，音缘。又败于苏历江口，贲奔嘉宁城，沈约志：吴孙皓建衡三年，分交趾立新兴郡，并立嘉宁县；晋武帝太康三年，更郡曰新昌。五代志：交趾郡嘉宁县，旧置兴州新昌郡，隋改曰峰州。诸军围之。勃，昺之子也。吴平侯昺，帝从父弟也。昺，音丙。

9 魏与柔然头兵可汗谋连兵伐东魏，丞相欢患之，遣行台郎中杜弼使于柔然，为世子澄求婚。使，疏吏翻。为，于伪翻。头兵曰："高王自娶则可。"欢犹豫未决。娄妃曰："国家大计，愿勿疑也。"世子澄、尉景亦劝之。欢乃遣镇南将军慕容俨往聘之，号曰蠕蠕公主。魏明元帝命柔然曰蠕蠕，谓其蠕动无知识也。阿那瓌封蠕蠕王，虽曰以为国号，犹鄙贱之也。至高欢纳其女，号曰蠕蠕公主，则径以为国号，不复以为鄙贱矣。蠕，人兖翻。秋，八月，欢亲迎于下馆。据北史彭城太妃传，下馆，当在木井北。宋白曰：木井城，今并州阳曲县理。又曰：代州即古阴馆城，有上馆、下馆。公主至，娄妃避正室以处之；欢跪而拜谢，娄妃，欢微时之妻，正室也。处，昌吕翻。妃曰："彼将觉之，愿绝勿顾。"史言娄妃为国家计，有赵姬使叔隗为内子而己下之之意。头兵使其弟秃突佳来送女，且报聘；或云"作聘"。【章：胡注"或云作聘"。十二行本作"娉"；乙十一行本同。疑元刻本作"娉"，胡刻改误。】仍戒曰："待见外孙乃归。"公主性严毅，终身不肯华言。欢尝病，不得往，秃突佳怨恚，恚，於避翻。欢舆疾就之。

10 冬，十月，乙未，诏有罪者复听入赎。天监三年，除赎罪科，见一百四十五卷。复，扶又翻。

11 东魏遣中书舍人尉瑾来聘。

12 乙未，东魏丞相欢请释邙山俘囚桎梏，配以民间寡妇。此邙山之捷所获西魏之兵也。捷事见上卷九年。桎，之日翻。梏，古沃翻。

13 十二月，东魏以侯景为司徒，中书令韩轨为司空；戊子，以孙腾录尚书事。

14 魏筑圜丘于城南。长安城南也。

15 散骑常侍贺琛启陈四事：其一，以为"今北边稽服，稽，音启。谓东魏通和也。正是生聚教训之时，用伍子胥“越十年生聚，十年教训”之言。而天下户口减落，关外弥甚。谓淮、汝、潼、泗新复州郡在边关之外者。郡不堪州之控总，县不堪郡之裒削，裒，薄侯翻。更相呼扰，更，工衡翻。惟事征敛，敛，力赡翻。民不堪命，各务流移，此岂非牧守之过欤！守，式又翻；下同。东境户口空虚，东境，谓三吴之地。皆由使命繁数，使，疏吏翻；下同。数，所角翻。穷幽极远，无不皆至，每有一使，所属搔扰；驽困守宰，则拱手听其渔猎，桀黠长吏，又因之重为贪残，黠，下八翻。长，知两翻。重，直用翻。纵有廉平，郡犹掣肘。如此，虽年降复业之诏，屡下蠲赋之恩，而民不得反其居也。”其二，以为“今天下【章：十二行本“下”下有“守宰”二字；乙十一行本同；孔本同；张校同。】所以贪残，良由风俗侈靡使之然也。今之燕喜，诗鲁颂曰：鲁侯燕喜。郑氏笺云：燕，饮也。相竞夸豪，积果如丘陵，列肴同绮绣，露台之产，不周一燕之资，露台之产，谓百金也。露台事见十五卷汉文帝后七年。而宾主之间，裁取满腹，未及下堂，已同臭腐。又，畜妓之夫，无有等秩，畜，吁玉翻。妓，渠绮翻。为吏牧民者，致赀巨亿，巨亿者，亿亿也。罢归之日，不支数年，率皆尽于燕饮之物、歌谣之具。所费事等丘山，为欢止在俄顷，乃更追恨向所取之少；少，诗沼翻。如复傅翼，增其搏噬，复，扶又翻。傅，读曰附。言罢官家食之人，复出为官，犹不能奋飞之鸟，复傅之羽翼也。一何悖哉！悖，蒲内翻；下同。其馀淫侈，著之凡百，言时人凡百所为，皆事淫侈也。习以成俗，日见滋甚，欲使人守廉白，安可得邪！诚宜严为禁制，道以节俭，道，读曰导。纠奏浮华，变其耳目。夫失节之嗟，亦民所自患，正耻不能及群，故勉强而为之；易曰：不节若，则嗟若，无咎。象曰：不节之嗟，又谁咎也！琛引用之以发己意，此论诚切中人情。强，其两翻。苟以纯素为先，足正雕流之弊矣。”其三，以为“陛下忧念四海，不惮勤劳，至于百司，莫不奏事。但斗筲之人，既得伏奏帷扆，扆，于岂翻。便欲诡竞求进，不论国之大体，心存明恕；惟务吹毛求疵，擘肌分理，吹毛以求其疵瘢，擘肌以分其肉理；言其苛细。以深刻为能，以绳逐为务。绳逐者，绳纠其过失而斥逐之也。迹虽似于奉公，事更成其威福，犯罪者多，巧避滋甚，长弊增奸，寔由于此。长，知两翻。古寔、实同。诚愿责其公平之效，黜其谗慝之心，则下安上谧，无徼幸之患矣。”徼，坚尧翻。其四，以为“今天下无事，而犹日不暇给，宜省事、息费，事省则民养，费息则财聚。应内省职掌各检所部：凡京师治、署、邸、肆及国容、戎备，治，理事之所。署，舍止之所。邸，诸王列第及诸郡朝宿之区。肆，市列也。国容，礼乐、车服、旗章也。戎备，用兵之器备也。四方屯、传、邸治，屯，军屯也。传，驿传也。传，张恋翻。有所宜除，除之，有所宜减，减之；兴造有非急者，征求有可缓者，皆宜停省，以息费休民。故畜其财者，所以大用之也；养其民者，所以大役之也。若言小事不足害财，则终年不息矣；以小役不足妨民，则终年不止矣。此亦确论也。如此，则难可以语富强而图远大矣。”

启奏，上大怒，召主书于前，口授敕书以责琛。萧子显曰：自齐建武以来，诏命不关中书，专出舍人省。四省，谓之四户。其下有主书令史，旧用武官，末改文吏，人数无员，莫非左右要密。大指以为：“朕有天下四十馀年，公车谠言，日关听览，谠，多曩翻。谠言，善言也，直言也。所陈之事，与卿不异，每苦倥偬，倥，康董翻。偬，作孔翻。倥偬，困苦也，不暇给也。更增惛惑。卿不宜自同阘茸，阘，吐盍翻。茸，而陇翻。阘茸，不肖也，劣也。止取名字，宣之行路，言‘我能上事，恨朝廷之不用。’何不分别显言：某刺史横暴，上，时掌翻。别，彼列翻。横，户孟翻。某太守贪残，守，式又翻。尚书、兰台某人奸猾，使者渔猎，并何姓名？使，疏吏翻。取与者谁？明言其事，得以诛黜，更择材良。又，士民饮食过差，若加严禁，密房曲屋，云何可知？傥家家搜检，恐益增苛扰。若指朝廷，我无此事。昔之牲牢，久不宰杀，周礼：王膳用六牲，谓马、牛、羊、豕、犬、鸡也。又曰：王日一举，鼎十有二。注曰：杀牲盛馔曰举；鼎十有二，牢鼎九、陪鼎三。帝事佛，乃不宰杀。朝中会同，菜蔬而已；若复减此，必有蟋蟀之讥。诗唐蟋蟀，刺晋僖公俭不中礼。朝，直遥翻。复，扶又翻。若以为功德事者，帝以供佛、供僧，设无遮、无碍会为功德事。皆是园中之物，变一瓜为数十种，种，章勇翻。治一菜为数十味；治，直之翻；下同。以变故多，何损于事！我自非公宴，不食国家之食，多历年所；乃至宫人，亦不食国家之食。帝奄有东南，凡其所食，自其身以及六宫，不由佛营，不由神造，又不由西天竺国来，有不出于东南民力者乎？惟不出于公赋，遂以为不食国家之食。诚如此，则国家者果谁之国家邪！凡所营造，不关材官及以国匠，此自文其营造塔寺之过耳。材官将军，属少府卿。国匠者，官给其俸廪以供国家之用者。大匠卿，掌土木之工。皆资雇借以成其事。勇怯不同，贪廉各用，亦非朝廷为之傅翼。为，于伪翻。傅，读曰附。卿以朝廷为悖，乃自甘之，当思致悖所以！悖，蒲妹翻。卿云'宜导之以节俭'，朕绝房室三十馀年，至于居处不过一床之地，雕饰之物不入于宫；受生不饮酒，不好音声，所以朝中曲宴，未尝奏乐，此群贤之所见也。朕三更出治事，随事多少，事少午前得竟，孔颖达曰：杂比曰音，单出曰声。竟，毕其事也。处，昌吕翻。好，呼到翻。更，工衡翻。朝，直遥翻。少，诗沼翻。事多日昃方食，日常一食，若昼若夜；昔要腹过于十围，要，读曰腰。今之瘦削才二尺馀，旧带犹存，非为妄说。为谁为之？救物故也。为谁之为，于伪翻；下手为同。卿又曰'百司莫不奏事，诡竞求进'，今不使外人呈事，谁尸其任！尸，主也。专委之人，云何可得？古人云：'专听生奸，独任成乱，'汉邹阳之言。二世之委赵高，元后之付王莽，赵高事见秦纪，王莽事见汉纪。呼鹿为马，又可法欤？卿云'吹毛求疵'，复是何人？‘擘肌分理’，复是何事？复，扶又翻；下当复、复见、敢复同。治、署、邸、肆等，何者宜除？何者宜减？何处兴造非急？何处征求可缓？各出其事，具以奏闻！富国强兵之术，息民省役之宜，并宜具列！若不具列，则是欺罔朝廷。倚【章：十二行本“倚”作“伫”；乙十一行本同；孔本同。】闻重奏，倚，侧也。侧者，倾待之义，如侧耳、侧身、侧席之类。重，直龙翻。当复省览，付之尚书，班下海内，省，悉景翻。下，遐嫁翻。庶惟新之美，复见今日。”琛但谢过而已，不敢复言。

上为人孝慈恭俭，博学能文，阴阳、卜筮、骑射、声律、草隶、围棋，无不精妙。骑，奇寄翻。勤于政务，冬月四更竟，夜分五更，每更至五点而竟。即起视事，执笔触寒，手为皴裂。皴，七伦翻，皮细起也。自天监中用释氏法，长斋断鱼肉，断，音短。日止一食，惟菜羹、粝饭而已，粝，卢达翻。粝者，粗而不凿也。或遇事繁，日移中则嗽口以过。日移中，日过中也。“嗽”，当作“漱”，涤口也，音先奏翻。过，谓度日也。身衣布衣，木绵皂帐，木绵，江南多有之，以春二三月之晦下子种之。既生，须一月三薅其四旁；失时不薅，则为草所荒秽，辄萎死。入夏渐茂，至秋生黄花结实。及熟时，其皮四裂，其中绽出如绵。土人以铁铤碾去其核，取如绵者，以竹为小弓，长尺四五寸许，牵弦以弹绵，令其匀细。卷为小筒，就车纺之，自然抽绪，如缫丝状，不劳纫缉，织以为布。自闽、广来者，尤为丽密。方勺曰：闽、广多种木绵，树高七八尺，叶如柞，结实如大菱而色青，秋深即开露，白绵茸然。土人摘取，去壳，以铁杖捍尽黑子，徐以小弓弹令纷起，然后纺绩为布，名曰吉贝；今所货木绵，特其细紧者耳。当以花多为胜，横数之得百二十花，此最上品。海南蛮人织为巾，上出细字杂花卉，尤工巧，即古所谓白叠巾。身衣，于既翻。一冠三载，一衾二年，载，子亥翻，亦年也。后宫贵妃以下，衣不曳地。性不饮酒，非宗庙祭祀、大飨宴及诸法事，未尝作乐。法事，谓奉佛为梵呗。虽居暗室，恒理衣冠，小坐、盛暑，未尝褰袒，小坐，宫中便坐也。恒，户登翻。坐，徂卧翻。对内竖小臣，如遇大宾。然优假士人太过，牧守多浸渔百姓，使者干扰郡县。又好亲任小人，守，式又翻。使，疏吏翻。好，呼到翻。颇伤苛察；多造塔庙，公私费损。江南久安，风俗奢靡，故琛启及之。上恶其触实，恶，乌路翻。故怒。

臣光曰：梁高祖之不终也，宜哉！夫人君听纳之失，在于丛脞；孔安国曰：丛脞，细碎无大略。马融曰：丛，总也。脞，小也。陆德明曰：脞，仓果翻；徐音锁。人臣献替之病，在于烦碎。是以明主守要道以御万机之本，忠臣陈大体以格君心之非，故身不劳而收功远，言至约而为益大也。观夫贺琛之谏未【章：十二行本"未"上有"亦"字；乙十一行本同；孔本同。】至于切直，而高祖已赫然震怒，护其所短，矜其所长；诘贪暴之主名，诘，去吉翻。问劳费之条目，困以难对之状，责以必穷之辞。自以蔬食之俭为盛德，日昃之勤为至治，昃，阻力翻。治，直吏翻。君道已备，无复可加，复，扶又翻。群臣箴规，举不足听。如此，则自余切直之言过于琛者，谁敢进哉！由是奸佞居前而不见，谓朱异、周石珍辈也。大谋颠错而不知，谓纳侯景，复与东魏和也。名辱身危，覆邦绝祀，为千古所闵笑，岂不哀哉！

16 上敦尚文雅，疏简刑法，自公卿大臣，咸不以鞫狱为意。奸吏招权弄法，货赂成市，枉滥者多。大率二岁刑已上岁至五千人；徒居作者具五任，任，谓其人巧力所任也。五任，谓任攻木者则役之攻木，任攻金者则役之攻金，任攻皮者则役之攻皮，任设色者则役之设色，任抟埴者则役之抟埴。任，音壬。其无任者着升械；魏武帝定甲子科，犯钛左右趾者，易以升械；是时乏铁，故易以木焉。着，陟略翻。若疾病，权解之，是后囚徒或有优、剧。言囚徒有力足以行赂者，则守吏诡言疾病，权解其械而得优宽。其无力以赂吏者，则虽实罹疾病，亦不得解械，更增苦剧也。时王侯子弟，多骄淫不法。上年老，厌于万几。几，居希翻。又专精佛戒，每断重罪，则终日不怿；梁武帝断重罪则终日不怿，此好生恶杀之意也。夷考帝之终身，自襄阳举兵以至下建康，犹曰事关家国，伐罪救民。洛口之败，死者凡几何人？浮山之役，死者凡几何人？寒山之败，死者又几何人？其间争城以战，杀人盈城，争地以战，杀人盈野，南北之人交相为死者，不可以数计也。至于侯景之乱，东极吴、会，西抵江、郢，死于兵、死于饥者，自典午南渡之后，未始见也。驱无辜之人而就死地，不惟儒道之所不许，乃佛教之罪人；而断一重罪乃终日不怿，吾谁欺，欺天乎！断，丁乱翻。或谋反逆，事觉，亦泣而宥之。如临贺王正德父子是也。由是王侯益横，横，户孟翻。或白昼杀人于都街，或暮夜公行剽劫，剽，匹妙翻。有罪亡命者，匿于王家，有司不敢搜捕。上深知其弊，溺于慈爱，不能禁也。

17 魏东阳王荣为瓜州刺史，五代志：敦煌郡，旧置瓜州。与其婿邓彦偕行。荣卒，瓜州首望表荣子康为刺史，各州之大姓，是为望族。首望者，又一州望族之首。彦杀康而夺其位；魏不能讨，因以彦为刺史，屡征不至，又南通吐谷浑。吐谷浑立国在敦煌之南，隔大河。吐，从暾入声。谷，音浴。丞相泰以道远难于动众，欲以计取之，以给事黄门侍郎申徽为河西大使，密令图彦。

徽以五十骑行，既至，止于宾馆；彦见徽单使，兵从不多，故曰单使。文选李陵答苏武书所谓“单车之使”者也。使，疏吏翻。骑，奇寄翻。不以为疑。徽遣人微劝彦归朝，朝，直遥翻。彦不从；徽又使赞成其留计；赞其留敦煌之计。彦信之，遂来至馆。徽先与州主簿敦煌令狐整等密谋，令狐整，瓜州之望也。姓谱：令狐本自毕万之后晋大夫令狐文子，即魏颗也。敦，徒门翻。令，音零。执彦于坐，坐，徂卧翻。责而缚之；因宣诏慰谕吏民，且云“大军续至”，城中无敢动者，邓彦久在瓜州，岂无党与？威之以大军继至，故惧而不敢动。遂送彦于长安。泰以徽为都官尚书。

中大同元年（丙寅、五四六）是年夏四月，方改元为中大同。

1 春，正月，癸丑，杨嘌等克嘉宁城，嘌，匹妙翻。考异曰：典略作“乙未”。今从梁帝纪。李贲奔新昌獠中，诸军顿于江口。江口，即苏历江入海之口。獠，鲁皓翻。

2 二月，魏以义州刺史史宁先是东、西魏争义州，史宁先入城据之，西魏因以为刺史。为凉州刺史；前刺史宇文仲和据州，不受代，瓜州民张保杀刺史成庆以应之，晋昌民吕兴杀太守郭肆，以郡应保。刘昫唐志：瓜州晋昌县，汉敦煌郡之寘安县，旧置晋昌郡及寘安县，因改晋昌为永兴；隋改为瓜州，改寘安为常乐；武德七年，复为晋昌。唐又有常乐县，则汉之广至县地也。又按五代志，瓜州常乐县，后魏置常乐郡，后周并凉兴、广至、寘安、闰泉合为凉兴县；隋废郡，改县为常乐。参而考之，则晋昌郡当置于隋常乐县界。丞相泰遣太子太保独孤信、开府仪同三司怡峰与史宁讨之。

3 三月，乙巳，大赦。

4 庚戌，上幸同泰寺，遂停寺省，同泰寺有便省。讲三慧经。考异曰：典略云：癸卯，诏“以今月八日于同泰寺设无遮大会，舍朕身及以宫人并所王境土供养三宝。”四月，丙戌，公卿以钱二亿万奉赎。按韩愈佛骨表云，“三度舍身为寺家奴，”若并此则四矣。今从梁书。夏，四月，丙戌，解讲，大赦，改元。是夜，同泰寺浮图灾，上曰：“此魔也，宜广为法事。”群臣皆称善。乃下诏曰：“道高魔盛，行善鄣生，魔，鬼魔。鄣，鄣碍。魔，眉波翻。行，下孟翻。当穷兹土木，倍增往日。”遂起十二层浮图；将成，值侯景乱而止。

5 魏史宁晓谕凉州吏民，率皆归附，独宇文仲和据城不下。五月，独孤信使诸将夜攻其东北，自帅壮士袭其西南，迟明，克之，将，即亮翻。帅，读曰率；下同。迟，直二翻。遂擒仲和。

初，张保欲杀州主簿令狐整，以其人望，恐失众心，虽外相敬，内甚忌之。整阳为亲附，因使人说保曰：“今东军渐逼凉州，东军，谓独孤信之军东自长安来。说，式芮翻。彼势孤危，恐不能敌，宜急分精锐以救之。然成败在于将领，将，即亮翻；下同。令狐延保，兼资文武，令狐整，字延保。使将兵以往，蔑不济矣！”保从之。

整行及玉门，玉门县，汉、晋属酒泉郡。师古曰：阚骃云：汉罢玉门关屯，徙其人于此。五代志：瓜州玉门县，后魏置会稽郡，又有玉门郡。召豪杰述保罪状，驰还袭之。先克晋昌，斩吕兴；进击瓜州，州人素信服整，皆弃保来降。保奔吐谷浑。降，户江翻。吐，从暾入声。谷，音浴。

众议推整为刺史，整曰：“吾属以张保逆乱，恐阖州之人俱陷不义，故相与讨诛之；今复见推，是效尤也。”左传曰：尤而效之，罪又甚焉。复，扶又翻。乃推魏所遣使波斯者张道义行州事，使，疏吏翻。具以状闻。丞相泰以申徽为瓜州刺史。召整为寿昌太守，五代志：西城郡石泉县，旧曰永乐，置晋昌郡，西魏改为寿昌郡，又改永乐为石泉。守，式又翻。封襄武男。整帅宗族乡里三千馀人入朝，从泰征讨，累迁骠骑大将军、开府仪同三司，加侍中。令狐整以忠顺贵显于魏，史终言之。朝，直遥翻。骠，匹妙翻。骑，奇寄翻。

6 六月，庚子，东魏以司徒侯景为河南大将军、大行台。

7 秋，七月，壬寅，东魏遣散骑常侍元廓来聘。散，悉亶翻。

8 甲子，诏：“犯罪非大逆，父母、祖父母不坐。”

9 先是，江东唯建康及三吴、荆、郢、江、湘、梁、益用钱，先，悉荐翻。其馀州郡杂以谷帛，交、广专以金银为货。上自铸五铢及女钱，二品并行，杜佑曰：梁武帝铸钱，肉好周郭，文曰五铢，重二铢三絫二黍，其百文则重一斤二两。又别铸除其肉郭，谓之公式女钱，径一寸，文曰五铢，重如新铸五铢。二钱并行。及其末也，又有两柱钱。禁诸古钱。普通中，更铸铁钱。由是民私铸者多，物价腾踊，交易者至以车载钱，不复计数。更，工衡翻。复，扶又翻。又自破岭以东，八十为百，名曰“东钱”；破岭，在今镇江府丹杨县，秦始皇所凿，即破冈也。江、郢以上，七十为百，名曰“西钱”；建康以九十为百，名曰“长钱”。丙寅，诏曰：“朝四暮三，众狙皆喜，名实未亏而喜怒为用。庄子曰：狙公赋芧，曰朝三而暮四，众狙皆怒；曰朝四而暮三，众狙皆喜。狙，千余翻。顷闻外间多用九陌钱，陌减则物贵，陌足则物贱，非物有贵贱，乃心有颠倒。至于远方，日更滋甚，徒乱王制，无益民财。自今可通用足陌钱！令书行后，百日为期，若犹有犯，男子谪运，女子质作，并同三年。”谪运者，以谪发之转运；质作，质其身使居作；皆役之三年。此古所谓三岁刑也。诏下而人不从，钱陌益少；少，诗沼翻。至于季年，遂以三十五为百云。

10 上年高，诸子心不相下，下，遐嫁翻。【章：十二行本“下”下有“互相猜忌”四字；乙十一行本同；孔本同；退斋校同。】邵陵王纶为丹杨尹，湘东王绎在江州，武陵王纪在益州，皆权侔人主；太子纲恶之，常选精兵以卫东宫。为帝诸子皆不终张本。恶，乌路翻。八月，以纶为南徐州刺史。

11 东魏丞相欢如邺。自晋阳朝于邺而书“如邺”，言其威权陵上，若列国然。高澄迁洛阳石经五十二碑于邺。石经见五十七卷汉灵帝熹平四年。

12 魏徙并州刺史王思政为荆州刺史，使之举诸将可代镇玉壁者。西魏置并州刺史，侨治玉壁。将，即亮翻。思政举晋州刺史韦孝宽，晋州属东魏，韦孝宽遥领刺史耳。丞相泰从之。东魏丞相欢悉举山东之众，将伐魏；癸巳，自邺会兵于晋阳；九月，至玉壁，围之。以挑西师，挑，徒了翻。西师不出。

13 李贲复帅众二万自獠中出，屯典澈湖，复，扶又翻。湖亦当在新昌郡界。考异曰：典略云：“渡武平江，据新安村。”今从陈帝纪。大造船舰，充塞湖中。舰，户黯翻。塞，悉则翻。众军惮之，顿湖口，不敢进。陈霸先谓诸将曰：“我师已老，杨瞟等自去年夏五月出师，至是几一年半，故自谓师老。将士疲劳；且孤军无援，入人心腹，若一战不捷，岂望生全！今借其屡奔，人情未固，夷、獠乌合，易为摧殄。獠，鲁皓翻；下同。易，弋豉翻。正当共出百死，决力取之；无故停留，时事去矣！"诸将皆默然莫应。诸将心不欲战，故默而莫敢应。是夜，江水暴起七丈，注湖中。霸先勒所部兵乘流先进，众军鼓噪俱前；贲众大溃，窜入屈獠洞中。

14 冬，十月，乙亥，以前东扬州刺史岳阳王詧为雍州刺史。雍，于用翻。上舍詧兄弟而立太子纲，事见一百五十五卷中大通三年。内尝愧之，宠亚诸子。言詧被宠，亚于诸子。帝固知詧之才器足以自立矣。以会稽人物殷阜，会，工外翻。故用詧兄弟迭为东扬州以慰其心。詧兄弟亦内怀不平。詧以上衰老，朝多秕政，朝，直遥翻。秕，卑履翻，不成粟也。书曰：若粟之有秕。后汉书安帝赞曰：秕我王度。注曰：秕，谕秽也。遂蓄聚货财，折节下士，折，而设翻。下，遐嫁翻。招募勇敢，左右至数千人。以襄阳形胜之地，梁业所基，谓帝自襄阳起兵以得天下。遇乱可以图大功。乃克己为政，抚循士民，数施恩惠，延纳规谏，所部称治。为詧据襄阳张本。数，所角翻。治，直吏翻。

15 东魏丞相欢攻玉壁，昼夜不息，魏韦孝宽随机拒之。城中无水，汲于汾，欢使移汾，一夕而毕。于汾水上流决而移之，不使近城。欢于城南起土山，欲乘之以入。城上先有二楼，先，悉荐翻。孝宽缚木接之，令常高于土山以御之。欢使告之曰："虽尔缚楼至天，我当穿地取尔。"乃凿地为十道，又用术士李业兴孤虚法，汉书艺文志有风后孤虚二十卷。史记日者传曰：日辰不全，故有孤虚。注云：甲乙谓之日，子丑谓之辰。六甲孤虚法，甲子旬中无戌亥，戌亥即为孤，辰巳即为虚。甲戌旬中无申酉，申酉为孤，寅卯为虚。甲申旬中无午未，午未为孤，子丑为虚。甲午旬中无辰巳，辰巳为孤，戌亥为虚。甲辰旬中无寅卯，寅卯为孤，申酉为虚。甲寅旬中无子丑，子丑为孤，午未为虚。贤曰：对孤为虚。玄女谓黄帝曰：战陈之法，避孤击虚。聚攻其北，北，天险也。天险，自然之险也；天设地造，不假人力者也。易曰：天险不可升也。孝宽掘长堑，邀其地道，选战士屯堑上；每穿至堑，战士辄禽杀之。又于堑外积柴贮火，堑，七艳翻。贮，丁吕翻。敌有在地道内者，塞柴投火，以皮排吹之，塞，悉则翻。排，读与鞴同，音步拜翻，韦囊也，所以吹火。一鼓皆焦烂。鼓排吹之，火气入地道，故敌人在其中者皆焦烂。敌以攻车撞城，撞，直江翻。车之所及，莫不摧毁，无能御者。孝宽缝布为幔，幔，莫半翻。随其所向张之，布既悬空，车不能坏。坏，音怪。敌又缚松、麻于竿，松薪麻骨之燥者，烧之易然，故敌用之。灌油加火以烧布，并欲焚楼。孝宽作长钩，利其刃，此所谓钩刀也。杜佑曰：钩竿如枪，两旁有曲刃，可以钩物。火竿将至，以钩遥割之，松、麻俱落。敌又于城四面穿地为二十道，其中施梁柱，纵火烧之，柱折，城崩。高欢尝用此术攻邺以擒刘诞，故复用之于玉壁。折，而设翻。孝宽于崩处竖木栅以扞之，竖，而主翻。敌不得入。城外尽攻击之术，而城中守御有馀。孝宽又夺据其土山。欢无如之何，乃使仓曹参军祖珽说之曰：珽，他鼎翻。说，式芮翻。"君独守孤城而西方无救，恐终不能全，何不降也？"降，户江翻；下同。孝宽报曰："我城池严固，兵食有馀。攻者自劳，守者常逸，岂有旬朔之间已须救援！浃日为旬，改月为朔。适忧尔众有不返之危。孝宽关西男子，必不为降将军也！"自谓男子，言决不怯懦如妇人。珽复谓城中人曰："韦城主受彼荣禄，或复可尔；可尔，犹言可如此也。复，扶又翻。自外军民，何事相随入汤火中！"乃射募格于城中募格者，立赏格以募人。射，而亦翻；下同。云："能斩城主降者，拜太尉，封开国郡公，赏帛万匹。"孝宽手题书背，返射城外云："能斩高欢者准此。"珽，莹之子也。祖莹见一百五十卷普通六年。东魏苦攻凡五十日，士卒战及病死者共七万人，考异曰：北史韦孝宽传云："苦战六旬，伤及病死者什四五。"今从北齐书。共为一家。欢智力皆困，因而发疾。有星坠欢营中，士卒惊惧。十一月，庚子，解围去。

先是，欢别使侯景将兵趣齐子岭，河内郡王屋县，旧名长平，有齐子岭，有轵关。杜佑曰：按齐子岭在今王屋县东二十里，周、齐分界处。先，悉荐翻。将，即亮翻。趣，七喻翻。魏建州刺史杨檦镇车厢，恐其寇邵郡，先是，檦取建州，已而退还邵郡，西魏因授以建州刺史。车厢当在隋、唐之绛州垣县界。宋白曰：绛州绛县，本理车厢城，隋移县理于城北十里。檦，与标同。帅骑御之。帅，读曰率。骑，奇寄翻。景闻檦至，斫木断路六十馀里，断，音短。犹惊而不安，遂还河阳。杨檦常才耳，侯景何至惧之如此！史之所言容有过其实者。

庚戌，欢使段韶从太原公洋镇邺。辛亥，征世子澄会晋阳。

魏以韦孝宽为骠骑大将军、开府仪同三司，进爵建忠公。赏守玉壁之功也。建忠公，建忠郡公。五代志：京兆郡三原县，后周置建忠郡。时人以王思政为知人。

十一【章：乙十一行本"一"作"二"；张校同。】月，己卯，欢以无功，表解都督中外诸军，东魏主许之。

欢之自玉壁归也，军中讹言韦孝宽以定功弩射杀丞相；射，而亦翻。魏人闻之，因下令曰："劲弩一发，凶身自陨。"欢闻之，勉坐见诸贵，使斛律金作敕勒歌，斛律金，敕勒部人也，故使作敕勒歌。洪迈曰：斛律金唱敕律歌，本鲜卑语。按古乐府有其辞云："敕勒川，阴山下，天似穹庐，笼罩四野。天苍苍，野茫茫，风吹草低见牛羊。"余谓此后人妄为之耳。敕勒与鲜卑殊种，斛律金出于敕勒，故使之作敕勒歌，若高欢则习鲜卑之俗者也。欢自和之，哀感流涕。和，胡卧翻。史言高欢将死，故当乐而哀，不能自擀。

16 魏大行台度支尚书、司农卿苏绰，性忠俭，常以丧乱未平为己任，度，徒洛翻。丧，息浪翻。纪【章：十二行本"纪"上有"荐贤拔能”四字；乙十一行本同；孔本同；张校同。】纲庶政；丞相泰推心任之，人莫能间。间，古苋翻。或出游，常预署空纸以授绰；有须处分，处，昌吕翻。分，扶问翻。随事施行，及还，启知而已。绰常谓“为国之道，当爱人如慈父，训人如严师。”每与公卿论议，自昼达夜，事无巨细，若指诸掌，积劳成疾而卒。卒，子恤翻。泰深痛惜之，谓公卿曰：“苏尚书平生廉让，吾欲全其素志，恐悠悠之徒有所未达；如厚加赠谥，又乖宿昔相知之心；何为而可？”尚书令史麻瑶尚书令史，自东汉有之。唐六典曰：魏、晋以来，令史之任，用人常轻，齐、梁、后魏、北齐，虽预品秩，益又微矣。越次进曰：“俭约，所以彰其美也。”泰从之。归葬武功，苏绰，武功人，归葬乡里。载以布车一乘，乘，绳证翻。泰与群公步送出同州郭外。五代志：冯翊郡，后魏置华州，西魏改曰同州。孙愐曰：冯翊有九龙泉，泉有九源，同为一流，因以名州。泰于车后酹酒酹，卢对翻，餟祭以酒沃地也。言曰：“尚书平生为事，妻子、兄弟所不知者，吾皆知之。唯尔知吾心，吾知尔志，方与共定天下，遽舍吾去，奈何！”因举声恸哭，不觉卮落于手。

17 东魏司徒、河南大将军、大行台侯景，右足偏短，弓马非其长，而多谋算。诸将高敖曹、彭乐等皆勇冠一时，冠，古玩翻。景常轻之，曰：“此属皆如豕突，势何所至！”言其勇而无谋也。景尝言于丞相欢：“愿得兵三万，横行天下，要须济江缚取萧衍老公，以为太平寺主。”史言侯景夙有取江南之志。太平寺盖在邺。欢使将兵十万，专制河南，杖任若己之半体。杖，直两翻，凭也。

景素轻高澄，尝谓司马子如曰：“高王在，吾不敢有异；王没，吾不能与鲜卑小儿共事！”子如掩其口。及欢疾笃，澄诈为欢书以召景。先是，景与欢约曰：“今握兵在远，人易为诈，先，悉荐翻。易，弋豉翻。所赐书皆请加微点。”欢从之。景得书无点，辞不至；又闻欢疾笃，用其行台郎颍川王伟计，遂拥兵自固。

欢谓澄曰："我虽病，汝面更有馀忧，何也？"言澄当以得尽总内外大权为喜，不应更有馀忧。澄未及对，欢曰："岂非忧侯景叛邪？"对曰："然。"欢曰："景专制河南，十四年矣，东魏天平元年，欢使景取荆州，后遂委以河南，至是十三年。欢此语当在来春垂没之时。常有飞扬跋扈之志，顾我能畜养，畜，许竹翻。非汝所能驾御也。今四方未定，勿遽发哀。库狄干鲜卑老公，斛律金敕勒老公，并性遒直，终不负汝。遒，慈秋翻，健也，固也。可朱浑道元、刘丰生，远来投我，必无异心。可朱浑道元奔东魏见一百五十七卷大同元年。刘丰生奔东魏见二年。潘相乐本作道人，心和厚，汝兄弟当得其力。韩轨少戆，宜宽借之。少，诗沼翻。戆，陟降翻。彭乐心腹难得，宜防护之。终以邙山事衔之，为后彭乐被诛张本。堪敌侯景者，唯有慕容绍宗，我故不贵之，留以遗汝。"使澄厚以官爵，结绍宗之心。遗，于季翻；下患遗同。又曰："段孝先忠亮仁厚，段韶，字孝先。智勇兼备，亲戚之中，唯有此子，军旅大事，宜共筹之。"又曰："邙山之战，吾不用陈元康之言，事见上卷大同九年。留患遗汝，死不瞑目。"瞑，莫定翻。相乐，广宁人也。

张政烺标点容肇祖聂崇岐覆校

资治通鉴卷第一百六十

端明殿学士兼翰林侍读学士太中大夫
提举西京嵩山崇福宫上柱国河内郡 司马光 奉敕编集
开国侯食邑二千二百户食实封九百户赐紫金鱼袋臣

后学天台 胡三省 音注

梁纪十六 强圉单阏(丁卯)，一年。

高祖武皇帝十六

太清元年(丁卯、五四七)是年四月始改元太清。

1 春，正月朔，日有食之，不尽如钩。

2 壬寅，荆州刺史庐陵威王续卒。谥法：猛以强果曰威。以湘东王绎为都督荆·雍等九州诸军事、荆州刺史。雍，于用翻。续素贪婪，婪，卢南翻。临终，有启遣中录事参军谢宣融献金银器千馀件，中录事参军，盖使之录阁中事，在左右亲近者也。件，其辇翻。上方知其富，因问宣融曰："王之金尽此乎？"宣融曰："此之谓多，安可加也！大王之过如日月之食，欲令陛下知之，故终而不隐。"终，谓卒也。上意乃解。

初，湘东王绎为荆州刺史，有微过，续代之，以状闻，按绎在荆州，有宫人李桃儿者，以才慧得进；及还，以李氏行。时得营户禁重，续具状以闻。绎对使者泣，诉于太子纲，太子和之，不得。绎惧，送李氏还荆州。自此二王不通书问。绎闻其死，入阁而跃，屧为之破。屧，苏协翻，屐也，又履中荐也。史言绎、续生无友于之情，死则从而忻快。为，于伪翻。

3 丙午，东魏勃海献武王欢卒。年五十二。欢性深密，终日俨然，人不能测，机权之际，变化若神。制驭军旅，法令严肃。听断明察，断，丁乱翻。不可欺犯。擢人受任，“受”，当作“授”。在于得才，苟其所堪，无问厮养；厮，音斯。养，余亮翻。有虚声无实者，皆不任用。雅尚俭素，刀剑鞍勒无金玉之饰。少能剧饮，自当大任，不过三爵。知人好士，全护勋旧；如尉景、司马子如、孙腾诸人是也。少，诗照翻。好，呼到翻。每获敌国尽节之臣，多不之罪。如泉企、裴让之是也。由是文武乐为之用。乐，音洛。世子澄秘不发丧，用欢遗言也。唯行台左丞陈元康知之。

侯景自念己与高氏有隙，内不自安。辛亥，据河南叛，归于魏，颍州刺史司马世云以城应之。景诱执豫州刺史高元成、襄州刺史李密、广州刺史怀朔暴显等。诱，音酉。遣军士二百人载仗暮入西兖州，欲袭取之，刺史邢子才觉之，掩捕，尽获之，因散檄东方诸州，各为之备，由是景不能取。侯景之变，当时觉之而能发其奸者，邢子才一人耳。孰谓文士不可以当藩翰哉！

诸将皆以景之叛由崔暹，崔暹纠劾权贵，诸将恨之，故以景叛为暹罪。将，即亮翻；下同。澄不得已，欲杀暹以谢景。陈元康谏曰：“今虽四海未清，纲纪已定；若以数将在外，苟悦其心，枉杀无辜，亏废刑典，岂直上负天神，何以下安黎庶！晁错前事，愿公慎之。”晁错事见十六卷汉景帝三年。澄乃止。遣司空韩轨督诸军讨景。

4 辛酉，上祀南郊，大赦；甲子，祀明堂。

5 三【章：乙十一行本“三”作“二”；张校同；退斋校同。】月，魏诏：“自今应宫刑者，直没官，勿刑。”

6 魏以开府仪同三司若干惠为司空，侯景为太傅、河南道行台、上谷公。

庚辰，景又遣其行台郎中丁和来，上表言：“臣与高澄有隙，请举函谷以东，瑕丘以西，豫、广、郢、【章：十二行本“郢”作“颍”；乙十一行本同；孔本同；张校同；退斋校同。】荆、襄、兖、南兖、济、东豫、洛、阳、北荆、北扬等十三州内附，洛、阳，二州名，注已见前。魏收志：武定二年置北荆州，领伊阳、新城、汝北郡。五代志，河南郡陆浑县有东魏北荆州。淮阳郡项城县，东魏置北扬州及丹杨郡、秣陵郡。济，子礼翻。考异曰：梁书景传云：“与豫州刺史高成、广州刺史暴显、颍州刺史司马世云、荆州刺史郎椿、襄州刺史李密、兖州刺史邢子才、南兖州刺史石长宣、济州刺史许季良、东豫州刺史丘元征、洛州刺史尔朱浑愿、扬州刺史乐恂、北荆州刺史梅季昌、北扬州刺史元神和等，阴结私图，克相影会。”萧韶太清纪又有兖州刺史胡延、豫州刺史傅士哲、扬州刺史可足浑洛，无邢子才。典略有荆州刺史库狄畅，无高成、暴显、许季良、尔朱浑愿、乐恂、梅季昌。今依梁书。而太清纪有两豫州，盖前官也。惟青、徐数州，仅须折简。且黄河以南，皆臣所职，易同反掌。易，弋豉翻。若齐、宋一平，齐，谓青州；宋，谓徐州。徐事燕、赵。”燕、赵，谓河北之地。上召群臣廷议。尚书仆射谢举等皆曰：“顷岁与魏通和，大同二年，东魏请和，自是交聘使命不绝。边境无事，今纳其叛臣，窃谓非宜。”上曰：“虽然，得景则塞北可清；机会难得，岂宜胶柱！”谓不能圆转，如胶柱鼓瑟。

是岁，正月，乙卯，上梦中原牧守皆以其地来降，举朝称庆。守，式又翻。降，户江翻。朝，直遥翻。考异曰：典略云去年十二月夜梦，今从梁书。旦，见中书舍人朱异，告之，且曰：“吾为人少梦，少，诗沼翻。若有梦必实。”异曰：“此乃宇宙【章：十二行本“宙”作“内”；乙十一行本同；孔本同。】混壹之兆也”。及丁和至，称景定计以正月乙卯，上愈神之。帝不能自治其国，而妖梦是践，其亡宜矣。然意犹未决，尝独言：“我国家如金瓯，无一伤缺，今忽受景地，讵是事宜？脱致纷纭，悔之何及？”独言者，宴闲之时；非因与侍臣问答，独言其事。盖帝欲受景地，念兹在兹，而不能自已于言也。朱异揣知上意，对曰：“圣明御宇，南北归仰，正以事无机会，未达其心。今侯景分魏土之半以来，自非天诱其衷，杜预曰：衷，中也。揣，初委翻。诱，音酉。人赞其谋，何以至此！若拒而不内，恐绝后来之望。此诚易见，易，弋豉翻。愿陛下无疑。”上乃定议纳景。

壬午，以景为大将军，封河南王，都督河南·北诸军事、大行台，承制如邓禹故事。平西谘议参军周弘正，善占候，前此谓人曰：“国家数年后当有兵起。”及闻纳景，曰：“乱阶在此矣！”为侯景乱梁张本。

7 丁亥，上耕藉田。藉，在亦翻。

8 三月，庚子，上幸同泰寺，舍身如大通故事。大通元年，帝舍身之始也，事见一百五十一卷。

9 甲辰，遣司州刺史羊鸦仁督兖州刺史桓和、梁纪作“土州刺史桓和”。五代志：汉东郡土山县，梁曰龙巢，置土州及东·西二永宁、真阳三郡。仁州刺史湛海珍等，魏收志：梁置仁州，治赤坎城，带临淮郡，领己吾、义城县。己吾之下，注云“州郡治”。五代志，彭城谷阳县有己吾、义城二县，后齐并以为临淮县。将兵三万趣悬瓠，将，即亮翻。趣，七喻翻。运粮食应接侯景。

10 魏大赦。

11 东魏高澄虑诸州有变，乃自出巡抚。留段韶守晋阳，委以军事；以丞相功曹赵彦深为大行台都官郎中。使陈元康豫作丞相欢条教数十纸付韶及彦深，在后以次行之。临发，握彦深手泣曰：“以母、弟相托，幸明此心！”夏，四月，壬申，澄入朝于邺。朝，直遥翻。东魏主与之宴，澄起舞，识者知其不终。昔周景王丧太子及后，以丧宾宴。晋叔向曰：“王其不终乎！吾闻之，所乐必卒焉。今王乐忧，若卒以忧，不可谓终。”景王之丧，伉俪及冢適也，既葬而宴，贤者非之。高澄则丧父也，秘丧不发，死肉未寒，忘鸡斯徒跣之哀，纵躧躧傲傲之乐，尚为有人心乎！是故荣锜之祸犹轻，柏堂之祸为惨，苍苍之报应固不爽也。鸡斯，读为笄缅。

12 丙子，群臣奉赎。自庚子舍身至丙子奉赎，凡三十七日。万机之事，不可一日旷废，而荒于佛若是，帝忘天下矣。三十七日之间，天下不知为无君，天下亦忘君矣。丁亥，上还宫，“丁亥”，当作“丁丑”。大赦，改元，如大通故事。

13 甲午，东魏遣兼散骑常侍李系来聘。系，绘之弟也。李绘见一百五十八卷大同八年。考异曰：魏帝纪作“李纬”。今从本传。

14 五月，丁酉朔，东魏大赦。

15 戊戌，东魏以襄城王旭为太尉。旭，吁玉翻。

高澄遣武卫将军元柱等将数万众昼夜兼行以袭侯景，将，即亮翻。遇景于颍川北，柱等大败。景以羊鸦仁等军犹未至，乃退保颍川。侯景不敢乘胜北向者，盖以高欢虽死，高澄犹能用其众也。

16 甲辰，东魏以开府仪同三司库狄干为太师，录尚书事孙腾为太傅，汾州刺史贺拔仁为太保，司徒高隆之录尚书事，司空韩轨为司徒，青州刺史尉景为大司马，领军将军可朱浑道元为司空，仆射高洋为尚书令、领中书监，徐州刺史慕容绍宗为尚书左仆射，高阳王斌为右仆射。斌盖因玉仪而进用。斌，音彬。戊午，尉景卒。

17 韩轨等围侯景于颍川。景惧，割东荆、北兖州、鲁阳、长社四城赂魏以求救。东魏东荆州治北阳城，荆州治鲁阳，颍州治长社。时无北兖州，唯北荆州治伊阳，与西魏接境，岂史家误以“荆”为“兖”邪？尚书左仆射于谨曰：“景少习兵，奸诈难测，少，诗照翻。不如厚其爵位以观其变，未可遣兵也。”荆州刺史王思政以为：“若不因机进取，后悔无及。”即以荆州步骑万馀从鲁阳关向阳翟。先是，王思政盖自恒农迁刺荆州。阳翟县，汉属颍川郡，晋属河南尹。魏收志：兴和元年，分置阳翟郡，属颍州。丞相泰闻之，加景大将军兼尚书令，遣太尉李弼、仪同三司赵贵将兵一万赴颍川。按赵贵开府仪同三司，此逸“开府”二字。

景恐上责之，遣中兵参军柳昕奉启于上，以为：“王旅未接，谓羊鸦仁等军未至也。昕，许斤翻。死亡交急，遂求援关中，自救目前。臣既不安于高氏，岂见容于宇文！但螫手解腕，蝮蛇螫手，壮士解腕。螫，音释。腕，乌贯翻。事不得已，本图为国，为，于伪翻。愿不赐咎！臣获其力，不容即弃，今以四州之地为饵敌之资，已令宇文遣人入守。自豫州以东，齐海以西，悉臣控压；见有之地，尽归圣朝，见，贤遍翻。朝，直遥翻。悬瓠、项城、徐州、南兖，事须迎纳。愿陛下速敕境上，各置重兵，与臣影响，言若影之随形，响之应声，彼此相应，不失机会也。不使差互！”上报之曰：“大夫出境，尚有所专；春秋之义，大夫出疆，专之可也。上引此义，欲以绥怀侯景，不知狼子野心之难驯扰也。况始创奇谋，将建大业，理须适事而行，随方以应。卿诚心有本，何假词费！”上报此诏，已为侯景所窥矣。

18 魏以开府仪同三司独孤信为大司马。

19 六月，戊辰，以鄱阳王范为征北将军，总督汉北征讨诸军事，击穰城。使范击魏荆州，欲以应接侯景。穰，如羊翻。

20 东魏韩轨等围颍川，闻魏李弼、赵贵等将至，乙【章：十二行本“乙”作“己”；乙十一行本同；孔本同。】巳，引兵还邺。考异曰：周书帝纪：“三月，李弼救侯景。”今从典略。侯景欲因会执弼与贵，夺其军；贵疑之，不往。贵欲诱景入营而执之，弼止之。李弼之计，以为执侯景不能猝兼河南之地，徒为东魏去疾，故止贵。诱，音酉。羊鸦仁遣长史邓鸿将兵至汝水，弼引兵还长安。东魏之师已退，而梁之援兵始来，弼若不还师，则梁、魏之兵必浪战于汝、颍之间矣。引兵而还，则祸集于梁。王思政入据颍川。景阳称略地，引兵出屯悬瓠。景引兵出颍川，以城与魏，为王思政守颍川、没于东魏张本。

景复乞兵于魏，复，扶又翻。丞相泰使同轨防主韦法保及都督贺兰愿德等将兵助之。五代志：河南宜阳县，后周分置熊耳县、同轨郡。周、齐以宜阳为界；以同轨名郡者，言将自此出兵混壹东西，使天下车同轨也。大行台左丞蓝田王悦言于泰曰："侯景之于高欢，始敦乡党之情，终定君臣之契，高欢、侯景皆怀朔镇人，少相友善，中间同事尔朱。欢灭尔朱，景遂委质于欢。任居上将，位重台司；今欢始死，景遽外叛，盖所图甚大，终不为人下故也。且彼能背德于高氏，将，即亮翻。背，蒲妹翻。岂肯尽节于朝廷！今益之以势，援之以兵，窃恐贻笑将来也。"史言西魏多智士，宇文泰能用善谋，侯景之奸诈不得逞，而其祸移于梁矣。泰乃召景入朝。朝，直遥翻，下同。

景阴谋叛魏，事计未成，厚抚韦法保等，冀为己用，外示亲密无猜间。间，古苋翻。每往来诸军间，侍从至少，魏军中名将，皆身自造诣。从，才用翻。少，诗沼翻。将，即亮翻。造，七到翻。同轨防长史裴宽谓法保曰："侯景狡诈，必不肯入关，言其不肯应召而入朝也。欲托款于公，恐未可信。若伏兵斩之，此亦一时之功也。如其不尔，即应深为之防，不得信其诳诱，自贻后悔。"诳，居况翻。诱，音酉。法保深然之，不敢图景，但自为备而已；寻辞还所镇。辞景而还同轨也。王思政亦觉其诈，密召贺兰愿德等还，分布诸军，据景七州、十二镇。景果辞不入朝，遗丞相泰书曰："吾耻与高澄雁行，安能比肩大弟！"记王制：父之齿随行，兄之齿雁行。雁行，言如雁并飞而进也。景知泰觉其情，且知梁之可侮弄也，故以书绝泰而决意附梁。遗，于季翻。行，户刚翻。泰乃遣行台郎中赵士宪悉召前后所遣诸军援景者。景遂决意来降。魏将任约以所部千馀人降于景。史言西魏诸将唯任约为侯景所诱。降，户江翻。任，音壬。

泰以所授景使持节、太傅、大将军、兼尚书令、河南大行台、都督河南诸军事回授王思政，思政并让不受；频使敦谕，使，疏吏翻。下同。唯受都督河南诸军事。

21 高澄将如晋阳，以弟洋为京畿大都督，留守于邺，使黄门侍郎高德政佐之。德政，颢之子也。高颢见一百四十七卷天监七年。考异曰：北史作“德正”，今从北齐书。丁丑，澄还晋阳，始发丧。

22 秋，七月，魏长乐武烈公若干惠卒。若干惠，魏司空。乐，音洛。

23 丁酉，东魏主为丞相欢举哀，服缌缞，记闲传：缌麻之缞，十五升去其半。有事其缕、无事其布曰缌。为，于伪翻。缞，仓回翻。凶礼依汉霍光故事，凶礼，犹言丧礼也。赠相国、齐王，备九锡殊礼。戊戌，以高澄为使持节、大丞相、都督中外诸军、录尚书事、大行台、勃海王；澄启辞爵位。壬寅，诏太原公洋摄理军国，遣中使敦谕澄。

24 庚申，羊鸦仁入悬瓠城。甲子，诏更以悬瓠为豫州，寿春为南豫州，改合肥为合州。后汉豫州治谯，魏治汝南安成，晋治陈国。晋氏南渡，石氏强盛，祖约自谯城退屯寿春，始侨立豫州于寿春。是后，庾亮以豫州刺史镇芜湖，毛宝治邾城，赵胤治牛渚，谢尚镇历阳，又进马头，桓冲戍姑孰，盖不常厥居也。宋武帝欲开拓河南，绥定豫土，割扬州大江以西悉属豫州，豫州基址因此而立。永初二年，分淮东为南豫州，治历阳；淮西为豫州，然犹治寿春也。大明以后，豫州治悬瓠。常珍奇归北，悬瓠入魏，豫州复治寿阳。齐东昏之时，裴叔业又以寿阳附魏，遂以历阳为豫州。至帝天监中，韦叡克合肥，以为豫州，复以历阳为南豫州；后复寿阳，又徙豫州复旧治。今得悬瓠，复宋之旧为豫州，以寿阳为南豫，以合肥为合州。南北兵争，疆埸之间，一彼一此，易置州郡，类如是矣。以鸦仁为司、豫二州刺史，镇悬瓠；西阳太守羊思达为殷州刺史，镇项城。改东魏之北扬州为殷州。

25 八月，乙丑，下诏大举伐东魏。遣南豫州刺史贞阳侯渊明、南兖州刺史南康王会理分督诸将。将，即亮翻。渊明，懿之子；会理，续之子也。始，上欲以鄱阳王范为元帅；朱异取急在外，谓取休假在外舍也。帅，所类翻。异，羊至翻。闻之，遽入曰：

“鄱阳雄豪盖世，得人死力，然所至残暴，非吊民之材。且陛下昔登北顾亭以望，谓江右有反气，骨肉为戎首，登北顾亭，谓幸京口时也。江、郢、扬、南徐之地为江左，豫、南豫、南兖之地为江右。朱异告帝以防鄱阳而不知防临贺，帝知江右有反气而不料侯景自寿阳举兵，天邪，人邪？今日之事，尤宜详择。”上默然，曰：“会理何如？”对曰：“陛下得之矣。”会理懦而无谋，所乘襻舆，襻，普患翻。襻舆者，舆挧施襻，人以肩举之。施板屋，冠以牛皮。冠，古玩翻。上闻，不悦。贞阳侯渊明时镇寿阳，屡请行，上许之。会理自以皇孙，复为都督，言既以皇孙之贵自高，又以都督之尊自处。复，扶又翻。自渊明已下，殆不对接。渊明与诸将密告朱异，追会理还，遂以渊明为都督。

26 辛未，高澄入朝于邺，固辞大丞相；以通鉴书法言之，“辛未”之下当有“东魏”二字。朝，直遥翻。诏为大将军如故，馀如前命。

甲申，虚葬齐献武王于漳水之西；潜凿成安鼓山石窟佛寺之旁为穴，魏收志：魏郡临漳县有鼓山。成安县，后齐分临漳置。宋白曰：成安县，本汉斥丘县地，春秋时乾侯邑也。土地斥卤，故曰斥丘。其地在邺，北齐分邺置成安县。按临漳县亦分邺县所置。纳其柩而塞之，柩，音旧。塞，悉则翻。杀其群匠。及齐之亡也，一匠之子知之，发石取金而逃。史言潜葬之无益。

27 戊子，武州刺史萧弄璋攻东魏碛泉、吕梁二戍，拔之。五代志：下邳郡下邳县，梁曰归政，置武州。魏收志，彭城郡吕县有吕梁城。水经注曰：泗水之上有石梁焉，故曰吕梁。

28 或告东魏大将军澄云：“侯景有北归之志。”会景将蔡道遵北归，言“景颇知悔过”。景母及妻子皆在邺，澄乃以书谕之，语以阖门无恙，若还，许以豫州刺史终其身，还其宠妻、爱子，所部文武，更不追摄。语，牛倨翻。摄，收也。景使王伟复书曰：“今已引二邦，二邦，谓梁及西魏也。扬旌北讨，熊豹齐奋；

克复中原，幸自取之，何劳恩赐！昔王陵附汉，母在不归，事见九卷汉高帝元年。太上囚楚，乞羹自若，事见十卷高帝四年。矧伊妻子，而可介意！脱谓诛之有益，欲止不能，杀之无损，徒复坑戮，家累在君，何关仆也！"复，扶又翻。累，力瑞翻。

戊子，诏以景录行台尚书事。

29 东魏静帝，美容仪，旅力过人，旅，与膂同，脊骨也。能挟石师子逾宫墙，射无不中；好文学，从容沈雅。中，竹仲翻。好，呼到翻。从，千容翻。沈，持林翻。时人以为有孝文风烈，大将军澄深忌之。

始，献武王自病逐君之丑，谓逐孝武帝使入关也。事静帝礼甚恭，事无大小必以闻，可否听旨。言不敢专决也。每侍宴，俯伏上寿；帝设法会，乘辇行香，欢执香炉步从，上，时掌翻。从，才用翻。鞠躬屏气，屏，必郢翻。承望颜色，故其下奉帝莫敢不恭。

及澄当国，倨慢顿甚，使中书黄门郎崔季舒察帝动静，大小皆令季舒知之。晋书职官志：曹魏黄初初，中书既置监、令，又置通事郎，次黄门郎，及晋，改曰中书侍郎。环济要略：汉置中书，掌密诏，有令、仆、丞、郎。汉旧仪云：置中书领尚书事。魏黄初，中书置监、令，又置通事郎，次黄门郎，即中书侍郎之任也。按二书皆谓黄门、中书通为一官；而五代志纪北齐之制，黄门侍郎属门下省，中书侍郎属中书省，分为二官。高澄以崔季舒为中书黄门郎者，盖澄欲使季舒伺察静帝，以为黄门郎则侍从左右，以为中书郎则典掌诏命，故兼领二职也。澄与季舒书曰："痴人比复何似？比，毗至翻。复，扶又翻。痴势小差未？差，楚懈翻；本作"瘥"。疾稍愈谓之差。宜用心检校。"帝尝猎于邺东，驰逐如飞，监卫都督乌那罗受工伐从后呼曰："天子勿走马，大将军嗔！"监，工衔翻。监卫都督，高氏置此官以监宿卫，所以防制其君者也。乌那罗，虏三字姓。呼，火故翻。嗔，昌真翻，怒也。澄尝侍饮酒，举大觞属帝曰："臣澄劝陛下酒。"属，之欲翻。举酒相属，如侪辈然，无复君臣之敬。帝不胜忿，曰："自古无不亡之国，朕亦何用此生为！"澄怒曰："朕？朕？狗脚朕！"使崔季舒殴帝三拳，奋衣而出。明日，澄使季舒入劳帝，胜，音升。殴，乌口翻。劳，力到翻。帝亦谢焉，赐季舒绢百匹。

帝不堪忧辱，徐知训陵侮其主，与高澄异世同辙，皆不能保其身。诗云："人而无礼，胡不遄死！"谅哉。咏谢灵运诗曰："韩亡子房奋，秦帝仲连耻。本自江海人，忠义动君子。"谢灵运作诗事见一百二十二卷宋文帝元嘉十年。常侍、侍讲颍川荀济知帝意，荀济以散骑常侍侍讲。乃与祠部郎中元瑾、长秋卿刘思逸、华山王大器、淮南王宣洪、济北王徽等谋诛澄。大器，鸷之子也。东魏华山王鸷卒于大同六年。华，户化翻。济，子礼翻。帝谬为敕问济曰："欲以何日开讲？"乃诈于宫中作土山，开地道向北城。至千秋门，门者觉地下响，以告澄。澄勒兵入宫，见帝，不拜而坐，曰："陛下何意反？臣父子功存社稷，何负陛下邪！此必左右妃嫔辈所为。"欲杀胡夫人及李嫔。帝正色曰："自古唯闻臣反君，不闻君反臣。王自欲反，何乃责我！我杀王则社稷安，不杀则灭亡无日，我身且不暇惜，况于妃嫔！必欲弑逆，缓速在王！"澄乃下床叩头，大啼谢罪。高澄虽悖逆，不能不屈于静帝之言，理所在也。于是酣饮，夜久乃出。居三日，幽帝于含章堂。含章堂，盖取坤卦"含章可贞"之义，必在邺宫之内殿左右。幽者，闭帝于内不使出，而专杀于外也。壬辰，烹济等于市。

初，济少居江东，少，诗照翻。博学能文。与上有布衣之旧，知上有大志，然负气不服，常谓人曰："会于盾鼻上磨墨檄之"。言上若有非常之举，亦当起兵，于盾鼻上磨墨作檄以声其罪。上甚不平。及即位，或荐之于上，上曰："人虽有才，乱俗好反，不可用也。"济上书谏上崇信佛法、为塔寺奢费，上大怒，欲集朝众斩之；朝众，即谓在朝百官。好，呼到翻。朝，直遥翻。朱异密告之，济逃奔东魏。澄为中书监，大同十年，东魏以高澄领中书监。欲用济为侍读，献武王曰："我爱济，欲全之，故不用济。济入宫，必败。"澄固请，乃许之。史言高欢识鉴非澄所及。及败，侍中杨遵彦谓之曰：杨愔，字遵彦。"衰暮何苦复尔？"复，扶又翻。济曰："壮气在耳！"言年虽衰而气不衰也。因下辨曰：辨，狱辞也。"自伤年纪摧颓，功名不立，故欲挟天子，诛权臣。"澄欲宥其死，亲问之曰："荀公何意反？"济曰："奉诏诛高澄，何谓反！"有司以济老病，鹿车载诣东市，并焚之。章怀太子贤曰：鹿车，小车仅容一鹿也。

澄疑谘议温子升子升盖为大将军府谘议参军。知瑾等谋，方使之作献武王碑，既成，饿于晋阳狱，食弊襦而死。弃尸路隅，没其家口，没其家口为官奴婢，填晋阳宫。太尉长史宋游道收葬之。澄谓游道曰："吾近书与京师诸贵诸贵，谓司马子如、孙腾等。论及朝士，以卿僻于朋党，将为一病；今乃知卿真是重故旧、尚节义之人，天下人代卿怖者，是不知吾心也。"史言士之徇义者固不计身之死亡，亦未必死也。怖，普布翻。九月，辛丑，澄还晋阳。

30 上命萧渊明堰泗水于寒山以灌彭城，俟得彭城，乃进军与侯景掎角。左传曰：譬如捕鹿，晋人角之，诸戎掎之。角者，当其前；掎者，亢其下。掎，居绮翻。癸卯，渊明军于寒山，去彭城十八里，断流立堰。断，音短。侍中羊侃监作堰，再旬而成。监，工衔翻。东魏徐州刺史太原王则婴城固守，侃劝渊明乘水攻彭城，不从。诸将与渊明议军事，渊明不能对，但云"临时制宜"。

31 冬，十一月，魏丞相泰从魏主狩于岐阳。岐阳，岐山之阳也。五代志：扶风雍县有岐阳宫。

32 东魏大将军澄使大都督高岳救彭城，欲以金门郡公潘乐为副。五代志：河南郡宜阳县有东魏所置金门郡，因金门山以名郡。陈元康曰："乐缓于机变，不如慕容绍宗；且先王之命也。高欢令澄用慕容绍宗以敌侯景，见上卷上年。公但推赤心于斯人，景不足忧也。”时绍宗在外，澄欲召见之，恐其惊叛；元康曰：“绍宗知元康特蒙顾待，新使人来饷金；近时之事谓之新。元康欲安其意，受之而厚答其书，保无异也。”言保绍宗必无所违异。乙酉，以绍宗为东南道行台，与岳、乐偕行。初，景闻韩轨来，曰：“啖猪肠儿何能为！”啖，吐滥翻。闻高岳来，曰：“兵精人凡。”诸将无不为所轻者。及闻绍宗来，叩鞍有惧色，曰：“谁教鲜卑儿解遣绍宗来！解，胡买翻。若然，若然，犹今人言若如此也。高王定未死邪？”

澄以廷尉卿杜弼为军司，摄行台左丞，临发，问以政事之要、杜弼临发从军，澄方问以政事之要，盖弼在欢府夙有声称，故问之也。可为戒者，使录一二条。弼请口陈之，曰：“天下大务，莫过赏罚。赏一人使天下之人喜，罚一人使天下之人惧，苟二事不失，自然尽美。”澄大悦，曰：“言虽不多，于理甚要。”

绍宗帅众十万据橐驼岘。帅，读曰率。岘，户典翻。羊侃劝贞阳侯渊明乘其远来击之，不从，旦日，又劝出战，亦不从；侃乃帅所领出屯堰上。羊侃知渊明必败，故出屯堰上，欲全所领而退。若以行兵之节制言之，则安营次舍，皆当听命于元帅，岂有擅移屯之理哉！

丙午，绍宗至城下，引步骑万人攻潼州刺史郭凤营，魏收志：梁置潼州，武定七年，改曰睢州，治取虑城，领淮阳、谷阳、睢南、南济阴、临潼郡。五代志：下邳郡夏丘县，东魏置临潼郡，梁置潼州。矢下如雨。渊明醉，不能起，命诸将救之，皆不敢出。北兖州刺史胡贵孙谓谯州刺史赵伯超曰：魏收志：景明中，置谯郡于涡阳城，孝昌中陷，领南谯、汴、龙亢、蕲城、下蔡、临涣、蒙郡。五代志：谯郡山桑县，后魏置涡州涡阳郡，东魏改曰谯州。“吾属将兵而来，将，即亮翻；下同。本欲何为，今遇敌而不战乎？”伯超不能对。贵孙独帅麾下与东魏战，斩首二百级。伯超拥众数千不敢救，谓其下曰：“虏盛如此，与战必败，不如全军早归。”【章：十二行本“归”下有“可以免罪”四字；乙十一行本同；孔本同；张校同；退斋校同。】皆曰“善！”遂遁还。

初，侯景常戒梁人曰：“逐北不过二里。”绍宗将战，以梁人轻悍，悍，侯旰翻，又下罕翻。恐其众不能支，一一引将卒谓之曰：“我当阳退，诱吴儿使前，诱，音酉。尔击其背。”东魏兵实败走，梁人不用景言，乘胜深入。魏将卒以绍宗之言为信，争共掩击之，梁兵大败，贞阳侯渊明及胡贵孙、赵伯超等皆为东魏所虏，失亡士卒数万人。羊侃结陈徐还。陈，读曰阵。

上方昼寝，宦者张僧胤白朱异启事，上骇之，非时启事，故骇。遽起升舆，至文德殿阁。文德殿，建康宫前殿也。异曰：“韩山失律。”韩山，即寒山。上闻之，怳然将坠床。怳，呼广翻。僧胤扶而就坐，坐，徂卧翻。乃叹曰：“吾得无复为晋家乎！”谓为夷狄所取也。史言帝危亡将至，神不守舍。复，扶又翻。

郭凤退保潼州，慕容绍宗进围之。十二月，甲子朔，凤弃城走。

东魏使军司杜弼作檄移梁朝朝，直遥翻；下同。曰：“皇家垂统，光配彼天，唯彼吴、越，独阻声教。元首怀止戈之心，上宰薄兵车之命，元首，谓东魏主。上宰，谓高欢。遂解縶南冠，左传：楚伐郑，郑人军楚师，囚郧公钟仪献诸晋，晋人囚诸军府。晋侯观于军府，见钟仪，问曰：“南冠而縶者谁也？”有司对曰：“郑人所献楚囚也。”命税之使归，合晋、楚之成。喻以好睦。大同三年，梁初与东魏通和。好，呼到翻；下同。虽嘉谋长算，爰自我始，罢战息民，彼获其利。侯景竖子，自生猜贰，远托关、陇，依凭奸伪，逆主定君臣之分，伪相结兄弟之亲，谓侯景先降西魏也。分，扶问翻。相，息亮翻。岂曰无恩，终成难养，俄而易虑，亲寻干戈。衅暴恶盈，侧首无托，谓侯景不见容于西魏也。以金陵逋逃之薮，江南流寓之地，甘辞卑礼，进孰图身，此以下皆言侯景归梁之心迹。孰，古熟字通。言进软熟之辞于梁，以为容身之图。诡言浮说，抑可知矣。而伪朝大小，幸灾忘义，主荒于上，臣蔽于下，连结奸恶，断绝邻好，征兵保境，纵盗侵国。盖物无定方，事无定势，或乘利而受害，或因得而更失。是以吴侵齐境，遂得句践之师，左传：吴伐齐，败齐师于艾陵，遂与晋侯会于黄池。越子句践乘虚伐吴，获其太子，遂入吴，吴王归，及越平。其后越遂伐吴，灭之。句，音钩。赵纳韩地，终有长平之役。事见五卷周赧王五十三年至五十五年。矧乃鞭挞疲民，侵轶徐部，筑垒拥川，舍舟徼利。轶，徒结翻，又音逸。杜预曰：轶，突也。“拥”，当作“壅”。舍，读曰捨。徼，一遥翻。是以援枹秉麾之将，拔距投石之士，师古曰：拔距者，有人连坐相把，据地以为坚，而能拔取之；投石者，以石投人；皆言其有勇力也。援，于元翻。枹，音肤。将，即亮翻。含怒作色，如赴私雠。彼连营拥众，依山傍水，傍，步浪翻。举螳螂之斧，被蛣蜣之甲，螳螂举臂以捍物，微有锋利，故以谕斧。蛣蜣，蜣螂也，翼在甲下，故以谕甲。言梁兵之轻弱也。蛣，音诘。当穷辙以待轮，古语云：螳螂怒臂以当车辙。陆佃曰：螳螂，有斧虫也。兖人谓之拒斧，奋之当辙不避。释虫：不蛄，蛸蠰；其子螵蛸。舍人云：不蛄名蛸蠰，今之螳螂也。方言云：谭、鲁以南谓之蛸蠰，三河之域谓之螳螂，燕、赵之际谓之食庞，齐、杞以东谓之马谷，然名其子同云螵蛸也。坐积薪而候燎。及锋刃才交，埃尘且接，已亡戟弃戈，土崩瓦解，掬指舟中，衿甲鼓下，左传：晋荀林父帅师及楚子战于邲，楚乘晋师。林父不知所为，鼓于军中曰：“先济者有赏。”中军与下军争舟，舟中之指可掬也。又：晋伐齐，齐师夜遁，晋师从之。夙沙卫连大车塞隧以殿，殖绰、郭最曰：“子殿齐师，国之辱也，”乃代之殿，卫杀马于隘以塞道。晋州绰及之，射殖绰中肩，弛弓而自后缚之；其右具丙亦舍兵而缚郭最，皆衿甲面缚，坐于中军之鼓下。衿，其鸩翻。同宗异姓，缧绁相望。曲直既殊，强弱不等，获一人而失一国，左传：宋猛获与南宫万弑其君，宋讨之，猛获奔卫。宋人请之，卫人欲弗许。石祁子曰：“天下之恶一也，恶于宋而保于我，保之何补！得一夫而失一国，与恶而弃好，非谋也。”卫人归之。见黄雀而忘深阱，阱，疾正翻。智者所不为，仁者所不向。诚既往之难逮，犹将来之可追。逮，及也。此二语以诱梁，欲再与讲和以携侯景。侯景以鄙俚之夫，遭风云之会，位班三事，邑启万家，揣身量分，久当止足。而周章向背，离披不已，周章，征营貌。离披，分散不可收束之意。揣，初委翻。量，音良。分，扶问翻。背，蒲妹翻。夫岂徒然，意亦可见。彼乃授之以利器，诲之以慢藏，老子曰：国之利器，不可以授人。易曰：慢藏诲盗。藏，徂浪翻。使其势得容奸，时堪乘便。今见南风不竞，左传：晋围齐，楚乘其间伐郑。晋人闻之，师旷曰："不害。吾骤歌南风，又歌北风，南风不竞，多死声，楚必无功。"果如其言。天亡有征，征，读曰证。老贼奸谋，将复作矣。然推坚强者难为功，复，扶又翻。推，吐雷翻。摧枯朽者易为力，计其虽非孙、吴猛将，燕、赵精兵，犹是久涉行陈，将，即亮翻。燕，因肩翻。易，弋豉翻。行，户刚翻。陈，读曰阵。曾习军旅，岂同剽轻之师，汉张良曰："楚兵剽轻"。剽，匹妙翻。轻，牵正翻。不比危脆之众。脆，此芮翻。拒此则作气不足，攻彼则为势有馀，终恐尾大于身，踵粗于股，倔强不掉，倔，其勿翻。强，其两翻。狼戾难驯，狼，当作很。呼之则反速而衅小，衅，许觐翻。不征则叛迟而祸大。会应遥望廷尉，不肯为臣，用苏峻事，见九十三卷晋成帝咸和二年。自据淮南，亦欲称帝。用黥布事，见十二卷汉高帝十一年。但恐楚国亡猿，祸延林木，城门失火，殃及池鱼，池鱼，人姓名。风俗通有池仲鱼。城门失火，仲鱼烧死，故谚曰："城门失火，殃及池鱼。"一曰：城门失火，汲城下之池水以救之，池涸则鱼受其殃。横使江、淮士子，荆、扬人物，死亡矢石之下，夭折雾露之中。横，户孟翻。夭，于绍翻。折，而设翻，又之舌翻。彼梁主者，操行无闻，轻险有素，射雀论功，荡舟称力，国语：晋平公射鷃不死，使竖襄搏之，失，公怒，将杀之，以告叔向。叔向曰："君必杀之。昔先君唐叔射兕于徒林以为大甲，以封于晋。今君嗣先君唐叔，射鷃不死，搏之不得，是扬吾君之耻者也，必杀之。"君忸怩颜，乃赦之。鷃扈，小鸟，即鷃雀也。左传：齐桓公与蔡姬乘舟于囿，荡公。杜预注曰：荡，摇也。操，七到翻。行，下孟翻。射，而亦翻。年既老矣，耄又及之，政散民流，礼崩乐坏。加以用舍乖方，废立失所，用舍乖方，谓免周舍、责顾琛而用朱异。废立失所，谓衔昭明而不立世適孙，乃立太子纲也。舍，读曰捨。矫情动俗，饰智惊愚，毒螫满怀，妄敦戒业，躁竞盈胸，谬治清净。此数语曲尽帝之心事。螫，音释。躁，则到翻。治，直之翻。灾异降于上，怨讟兴于下，人人厌苦，家家思乱，履霜有渐，坚冰且至。易坤卦初六爻辞曰：履霜坚冰至。象曰：履霜坚冰，阴始凝也，驯致其道，至坚冰也。文言曰：臣弑其君，子弑其父，非一朝一夕之故，其所由来者渐矣，由辩之不早辩也。传险躁之风俗，任轻薄之子孙，朋党路开，兵权在外。必将祸生骨肉，衅起腹心，强弩冲城，长戈指阙；徒探雀鷇，无救府藏之虚，探雀鷇，赵武灵王事，见四卷周赧王二十年。探，吐南翻。藏，徂浪翻。空请熊蹯，讵延晷刻之命。左传：楚世子商臣围其父成王，王请食熊蹯而死，不许，乃缢。杜预注曰：熊蹯难熟，冀久将有外救。蹯，音烦。外崩中溃，今实其时，鹬蚌相持，我乘其弊。战国策：赵且伐燕，苏代为燕谓惠王曰："今者臣来，过易水，蚌方出曝，而鹬啄其肉，蚌合而拑其喙。鹬曰：'今日不雨，明日不雨，即有死蚌。'蚌亦谓鹬曰：'今日不出，明日不出，即有死鹬。'两者不肯相舍，渔父得而并禽之。今赵且伐燕，燕、赵久相支以弊大众，臣恐强秦之为渔父也。"方使骏骑追风，精甲辉日，四七并列，汉光武用二十八将以定天下，后人赞之曰："授钺四七。"百万为群，以转石之形，孙子曰：任势者，其战人也，如转木石。木石之性，安则静，危则动；方则止，圆则行。故善战人之势，如转圆石于千仞之山者，势也。为破竹之势。破竹，杜预之言，见八十一卷晋武帝太康元年。当使钟山渡江，青盖入洛，荆棘生于建业之宫，麋鹿游于姑苏之馆。青盖入洛事见七十九卷晋武帝泰始八年。汉淮南王安阴有邪谋，伍被谏曰："昔子胥谏吴王，吴王不用，乃曰：'臣今见麋鹿游姑苏之台也'。今臣亦见宫中将生荆棘，露沾衣也。"但恐革车之所躏轹，躏，力刃翻，践也。轹，来各翻，碾也。剑骑之所蹂践，杞梓于焉倾折，竹箭以此摧残。杞梓、竹箭，东南之嘉产也。蹂，人九翻。践，息浅翻。折，而设翻。若吴之王孙，蜀之公子，晋左思设为东吴王孙、西蜀公子以赋三都，弼引用之。归款军门，委命下吏，当即授客卿之秩，特加骠骑之号。凡百君子，勉求多福。”李斯自楚入秦为客卿，孙秀自吴奔晋为骠骑将军。弼以此诱南人，要亦书檄之常谈耳。其后梁室祸败，皆如弼言。

侯景围谯城不下，退攻城父，拔之。壬申，遣其行台左丞王伟等诣建康说上曰：说，式芮翻。“邺中文武合谋，召臣共讨高澄，事泄，澄幽元善见于金墉，杀诸元六十馀人。河北物情，俱念其主，请立元氏一人以从人望，如此，则陛下有继绝之名，臣景有立功之效，河之南北，为圣朝之邾、莒，言为小国以附于大国。朝，直遥翻。国之男女，为大梁之臣妾。”上以为然，此杜弼所谓“进孰图身”者也。帝早在兵间，曾不见此，盖天夺其鉴也。乙亥，下诏以太子舍人元贞为咸阳王，考异曰：梁纪作“戊辰遣贞”。今从典略。资以兵力，使还北主魏，须渡江，许即位，须，待也。仪卫以乘舆之副给之。乘，绳证翻。贞，树之子也。元树来奔，中大通四年，为樊子鹄所禽。

萧渊明至邺，东魏主升阊阖门受俘，让而释之，送于晋阳，大将军澄待之甚厚。为澄因渊明约和以间侯景张本。

慕容绍宗引军击侯景，景辎重数千两，马数千匹，士卒四万人，退保涡阳。“辎重”之上当有“景”字，文意乃明。重，直用翻。两，音亮。涡，音戈。绍宗士卒十万，旗甲耀日，鸣鼓长驱而进。景使谓之曰：“公等为欲送客，为欲定雌雄邪？”绍宗曰：“欲与公决胜负。”遂顺风布陈。陈，读曰阵；下魏陈同。景闭垒，俟风止乃出。战不逆风，故景俟风止乃出。绍宗曰：“侯景多诡计，好乘人背。”使备之，果如其言。景命战士皆被短甲，好，呼到翻。被，皮义翻。执短刀，入东魏陈，但低视，斫人胫马足。东魏兵遂败，被短甲，执短刀，入敌陈力战，此必死之兵也。绍宗之败，不亦宜乎！其后景用此以敌陈霸先，亦此术耳；惟陈坚不可破，是以一败不能复振，卒以走死。绍宗坠马，仪同三司刘丰生被伤，显州刺史张遵业为景所擒。魏收志：永安中置显州，治汾州六〔玉〕壁城，领定戎、建平、真君郡。

绍宗、丰生俱奔谯城，裨将斛律光、张恃显尤之，尤之者，责过之也。将，即亮翻。绍宗曰："吾战多矣，未见如景之难克者也。君辈试犯之！"光等被甲将出，绍宗戒之曰："勿渡涡水。"二人军于水北，光轻骑射之。被，皮义翻。涡，工禾翻。射，而亦翻；下为射、迁射同。景临涡水谓光曰："尔求勋而来，我惧死而去。我，汝之父友，光父斛律金，与景同事尔朱、高欢，故自谓父友。何为射我？汝岂自解不渡水南，解，户买翻。慕容绍宗教汝也。"光无以应。景使其徒田迁射光马，洞胸；光易马隐树，又中之，中，竹仲翻。退入于军。景擒恃显，既而舍之。光走入谯城，绍宗曰："今定何如，而尤我也！"光，金之子也。

开府仪同三司段韶夹涡而军，潜于上风纵火，景帅骑入水，出而却走，草湿，火不复然。斛律光之勇虽不利，段韶之智虽不获逞，然东魏之士气未衰也，故慕容绍宗乘机而运其巧，得以成功。观史者若只以一时胜负论人，非有识略者也。帅，读曰率。复，扶又翻。

33 魏岐州久经丧乱，丧，息浪翻。刺史郑穆初到，有户三千，穆抚循安集，数年之间，至四万馀户，考绩为诸州之最；丞相泰擢穆为京兆尹。

34 侯景与东魏慕容绍宗相持数月，景食尽，司马世云降于绍宗。至是，则侯景溃败之形成矣。

张政烺标点容肇祖聂崇岐覆校

资治通鉴卷第一百六十一

端明殿学士兼翰林侍读学士朝散大夫右谏议大夫
充集贤殿修撰提举西京嵩山崇福宫上柱国河内郡　司马光　奉敕编集
开国侯食邑一千八百户食实封六百户赐紫金鱼袋臣

后学天台　胡三省　音注

梁纪十七　著雍执徐（戊辰），一年。

高祖武皇帝十七

太清二年（戊辰、五四八）

1 春，正月，己亥，慕容绍宗以铁骑五千夹击侯景，承上卷上年绍宗与景相持事，故不书东魏。景诳其众曰："汝辈家属，已为高澄所杀。"众信之。盖前乎此时，景以此言诳众也。诳，居况翻。绍宗遥呼曰：呼，火故翻。"汝辈家属并完，若归，官勋如旧。"归，谓复归东魏。官者，各人先所居之官。勋，勋阶也。被发向北斗为誓。质北斗为誓，以明其言之不欺。被，皮义翻。景士卒不乐南渡，乐，音洛。其将暴显等各帅所部降于绍宗。暴显去年春为侯景所执。将，即亮翻。帅，读曰率。降，户江翻。景众大溃，争赴涡水，涡，音戈。水为之不流。为，于伪翻。景与腹心数骑自硖石济淮，稍收散卒，得步骑八百人，骑，奇寄翻。南过小城，人登陴诟之曰："跛奴！侯景右足偏短，故诟为跛奴。陴，频弥翻。诟，苦候翻。跛，普我翻。欲何为邪！"景怒，破城，杀诟者而去。昼夜兼行，追军不敢逼。考异曰：典略云："昼息夜行，追军渐逼。"今从梁书。使谓绍宗曰："景若就擒，公复何用！”绍宗乃纵之。人臣苟有才，必养寇以自资，东魏之世，彭乐、慕容绍宗同一辙耳。复，扶又翻。

2 辛丑，以尚书仆射谢举为尚书令，守吏部尚书王克为仆射。

3 甲辰，豫州刺史羊鸦仁以东魏军渐逼，称粮运不继，弃悬瓠，还义阳；殷州刺史羊思达亦弃项城走；去年，使羊鸦仁镇悬瓠，羊思达镇项城。考异曰：典略在六月，今从梁帝纪。东魏人皆据之。上怒，责让鸦仁；鸦仁惧，启申后期，顿军淮上。不敢归义阳。

4 侯景既败，不知所适，时鄱阳王范除南豫州刺史，未至。去年，遣萧渊明攻彭城，以范代镇寿阳，时犹未至。马头戍主刘神茂，素为监州事韦黯所不容，监，工衔翻。闻景至，故往候之，有意见之为故。郑玄曰：古者谓候为进。孔颖达曰：古时谓迎客为进，汉时谓迎客为候。今按经、传，迎客为进，则“进使者而问故”之类是也。迎客为候，则郑注周礼候人云，“候，候迎宾客之来”是也。景问曰：“寿阳去此不远，城池险固，欲往投之，韦黯其纳我乎？”神茂曰：“黯虽据城，是监州耳。王若驰至近郊，彼必出迎，因而执之，可以集事。得城之后，徐以启闻，朝廷喜王南归，必不责也。”景执其手曰：“天教也。”神茂请帅步骑百人先为乡导。帅，读曰率。乡，读曰向。壬子，景夜至寿阳城下；韦黯以为贼也，授甲登陴。陴，频弥翻。景遣其徒告曰：“河南王战败来投此镇，愿速开门！”黯曰：“既不奉敕，不敢闻命。”景谓神茂曰：“事不谐矣。”神茂曰：“黯懦而寡智，可说下也。”说，式芮翻。乃遣寿阳徐思玉入见黯曰：徐思玉本寿阳人，仕于东魏，今随侯景南来。“河南王，朝廷所重，君所知也。今失利来投，何得不受？”黯曰：“吾之受命，唯知守城；河南自败，何预吾事！”思玉曰：“国家付君以阃外之略，今君不肯开城，若魏兵来至，河南为魏所杀，君岂能独存！【章：十二行本“存”下有“纵使或存”四字；乙十一行本同；孔本同；退斋校同；张校同，云“独守”无注本作“独存”，是张据校本“存”作“守”。】何颜以见朝廷？”黯然之。思玉出报，景大悦曰：“活我者，卿也。”癸丑，黯开门纳景，景遣其将分守四门，诘责黯，将斩之；将，即亮翻；下同。诘，去吉翻。既而抚手大笑，置酒极欢。黯，叡之子也。合肥之役，黯请叡下城避箭，其懦暗可知矣。然使黯能拒景，梁朝亦将赦黯纳之。

朝廷闻景败，未得审问；或云：“景与将士尽没。”上下咸以为忧。侍中、太子詹事何敬容诣东宫，太子曰：“淮北始更有信，侯景定得身免，不如所传。”敬容曰：“得景遂死，深为朝廷之福。”太子失色，问其故，敬容曰：“景翻覆叛臣，终当乱国。”太子于玄圃自讲老、庄，自萧齐以来，东宫有玄圃。昆仑之山三级，下曰樊桐，二曰玄圃，三曰层城，太帝之所居。东宫次于帝居，故立玄圃。敬容谓学士吴孜曰：梁秘书省有撰史学士。“昔西晋祖尚玄虚，使中原沦于胡、羯。事见晋纪。今东宫复尔，江南亦将为戎乎！”何敬容虽不能优游于文义，其识则过于梁朝诸臣矣。复，扶又翻；下景复、复敕、乃复、故复同。

甲寅，景遣仪同三司于子悦驰以败闻，并自求贬削；优诏不许。景复求资给，上以景兵新破，未忍移易。乙卯，即以景为南豫州牧，本官如故；更以鄱阳王范为合州刺史，镇合肥。更，工衡翻。光禄大夫萧介上表谏曰：“窃闻侯景以涡阳败绩，只马归命，涡，音戈。陛下不悔前祸，复敕容纳。臣闻凶人之性不移，天下之恶一也。昔吕布杀丁原以事董卓，终诛董而为贼；事见汉灵、献二帝纪。刘牢反王恭以归晋，还背晋以构妖。事见晋安帝纪。妖，于骄翻。何者？狼子野心，终无驯狎之性，养虎之喻，必见饥噬之祸矣。侯景以凶狡之才，荷高欢卵翼之遇，左传：楚令尹子西曰：“胜如卵，予翼而长之。”荷，下可翻。位忝台司，任居方伯，然而高欢坟土未乾，乾，音干。即还反噬。逆力不逮，乃复逃死关西；宇文不容，故复投身于我。陛下前者所以不逆细流，李斯上秦王书曰：江海不择细流，故能就其深。正欲比属国降胡以讨匈奴，汉边郡置属国以处降胡，使侦伺匈奴。降，户江翻。冀获一战之效耳；今既亡师失地，直是境上之匹夫，陛下爱匹夫而弃与国。【章：十二行本"国"下有"臣窃不取也"五字；乙十一行本同；孔本同；张校同；退斋校同。】与国，谓东魏。若国家犹待其更鸣之辰，岁暮之效，臣窃惟侯景必非岁暮之臣；惟，思也。弃乡国如脱屣，背君亲如遗芥，背，蒲妹翻。岂知远慕圣德，为江、淮之纯臣乎！事迹显然，无可致惑。臣朽老疾侵，不应干预朝政；朝，直遥翻。但楚囊将死，有城郢之忠，左传：楚令尹子囊将死，遗言子庚必城郢。君子谓子囊忠，将死不忘卫社稷。卫鱼临亡，亦有尸谏之节。孔子家语曰：卫大夫蘧伯玉贤，灵公不用；弥子瑕不肖，反任之。史鱼骤谏不从，将卒，命其子曰："吾不能进蘧伯玉，退弥子瑕，是不能正君也。生不能正君，死无以成礼，我死，汝置尸牖下，于我毕矣。"其子从之。灵公吊焉，怪而问之，其子以告。公曰："是寡人之过也。"命之殡于客位，进蘧伯玉，退弥子瑕。孔子闻之曰："古之烈谏者，死则已矣，未有若史鱼死而尸谏，忠感其君者也。"臣忝为宗室遗老，敢忘刘向之心！"刘向事见三十卷汉成帝阳朔二年。上叹息其忠，然不能用。介，思话之孙也。宋元嘉间，萧思话历当方任。按新唐书宰相世系表，介与帝同十三世祖后汉中山相苞。

5 己未，东魏大将军澄朝于邺。朝，直遥翻；下同。

6 魏以开府仪同三司赵贵为司空。

7 魏皇孙生，大赦。

8 二月，东魏杀其南兖州刺史石长宣，讨侯景之党也；石长宣书官者，表其以南兖州附侯景也，不可以春秋书法观之。其馀为景所胁从者，皆赦之。

9 东魏既得悬瓠、项城，悉复旧境。大将军澄数遗书移，移，谓移檄也。数，所角翻。复求通好；朝廷未之许。澄谓贞阳侯渊明曰：“先王与梁主和好，十有馀年。复，扶又翻。好，呼到翻；下旧好同。闻彼礼佛文云：‘奉为魏主，并及先王，’为，于伪翻。言为魏主君臣祈福也。此乃梁主厚意；不谓一朝失信，致此纷扰，知非梁主本心，当是侯景扇动耳，宜遣使谘论。使，疏吏翻；下同。若梁主不忘旧好，吾亦不敢违先王之意，诸人并即遣还，侯景家属亦当同遣。”渊明乃遣省事夏侯僧辩奉启于上，称“勃海王弘厚长者，若更通好，当听渊明还。”上得启，流涕，此所谓妇人之仁也。帝于是堕高澄数中矣。与朝臣议之。右卫将军朱异、御史中丞张绾等皆曰：“静寇息民，和实为便。”司农卿傅岐独曰：“高澄何事须和？必是设间，异，羊至翻。间，古苋翻。故命贞阳遣使，欲令侯景自疑；景意不安，必图祸乱。若许通好，正堕其计中。”侯景之反覆，何敬容、萧介知之；高澄之奸诈，傅岐知之；梁朝非果无人也，武帝不能决择而用之耳。异等固执宜和，上亦厌用兵，乃从异言，赐渊明书曰：“知高大将军礼汝不薄，省启，甚以慰怀。当别遣行人，重敦邻睦。”省，悉景翻。重，直龙翻。

僧辩还，过寿阳，侯景窃访知之，摄问，具服。摄问，收录其人而问之也。乃写答渊明之书，陈启于上曰：“高氏心怀鸩毒，怨盈北土，人愿天从，欢身殒越。谓人所祝愿，天从而杀之。子澄嗣恶，计灭待时，所以昧此一胜者，谓涡阳之胜也。盖天荡澄心以盈凶毒耳。左传：楚武王将死，告其夫人邓曼曰：“余心荡”。邓曼曰：“王禄尽乎！盈而荡，天之道也。”杜预注曰：荡，动散也。澄苟行合天心，行，下孟翻，又如字。腹心无疾，又何急急奉璧求和？岂不以秦兵扼其喉，秦兵，谓西魏之兵。西魏据有关西，故曰秦兵。胡骑迫其背，胡骑，谓柔然之兵。故甘辞厚币，取安大国。臣闻‘一日纵敌，数世之患，’晋先轸之言。何惜高澄一竖，以弃亿兆之心！窃以北魏安强，莫过天监之始，钟离之役，匹马不归。钟离之战，见一百四十六卷天监六年。当其强也，陛下尚伐而取之；及其弱也，反虑而和之。舍已成之功，纵垂死之虏，使其假命强梁，以遗后世，舍，读曰捨。遗，于季翻。非直愚臣扼腕，实亦志士痛心。昔伍相奔吴，楚邦卒灭；左传：楚杀伍奢，其子奔吴，吴王阖闾用之，破楚入郢。腕，乌贯翻。相，息亮翻。卒，子恤翻。陈平去项，刘氏用兴；见汉高帝纪。臣虽才劣古人，心同往事。诚知高澄忌贾在翟，恶会居秦，左传：晋灵公之初，贾季奔翟，随会奔秦，秦人用其谋，晋人患之。六卿相见于诸浮，赵宣子曰："随会在秦，贾季在翟，难日至矣。将若之何？"翟，与狄同。恶，乌路翻。求盟请和，冀除其患。若臣死有益，万殒无辞；唯恐千载，有秽良史。"观景此言，其气悖矣。景又致书于朱异，饷金三百两；异纳金而不通其启。史言朱异昧利而不顾患。

己卯，上遣使吊澄。景又启曰："臣与高氏，衅隙已深，仰凭威灵，期雪雠耻；今陛下复与高氏连和，使臣何地自处！此乃侯景由衷之言。使，疏吏翻。衅，许觐翻。复，扶又翻。处，昌吕翻。乞申后战，宣畅皇威！"上报之曰："朕与公大义已定，岂有成而相纳，败而相弃乎！今高氏有使求和，朕亦更思偃武。进退之宜，国有常制，公但清静自居，无劳虑也！"景又启曰："臣今蓄粮聚众，秣马潜戈，指日计期，克清赵、魏，不容军出无名，故愿以陛下为主耳。观景此言，亦那可忍。今陛下弃臣遐外，南北复通，将恐微臣之身，不免高氏之手。"景言至此，辞意迫切，兽穷则搏，能无及乎！复，扶又翻；下劳复同。上又报曰："朕为万乘之主，岂可失信于一物！想公深得此心，不劳复有启也。"既断来章，景又生心矣。乘，绳证翻。

景乃诈为邺中书，求以贞阳侯易景，上将许之。舍人傅岐曰：傅岐先兼中书通事舍人，累迁太仆、司农卿，兼舍人如故。"侯景以穷归义，弃之不祥；且百战之馀，宁肯束手就絷！"谢举、朱异曰："景奔败之将，一使之力耳。"将，即亮翻。使，疏吏翻。上从之，复书曰："贞阳旦至，侯景夕返。"景谓左右曰："我固知吴老公薄心肠！"帝之情态于此毕露，而帝不自知也，呜呼！王伟说景曰："今坐听亦死，言坐而听梁朝所为，亦必至于死。说，式芮翻。举大事亦死，唯王图之！"于是始为反计：属城居民，悉召募为军士，辄停责市估及田租，市估，应商旅之物入市者，估其直而收税。田租，计亩所出常租。百姓子女，悉以配将士。景之反谋彰灼如此，梁之君臣若罔闻知，其亡宜矣。

10 三月，癸巳，东魏以太尉襄城王旭为大司马，旭，吁玉翻。开府仪同三司高岳为太尉。辛亥，大将军澄南临黎阳，自虎牢济河至洛阳。魏同轨防长史裴宽与东魏将彭乐等战，为乐所擒，澄礼遇甚厚，宽得间逃归。将，即亮翻。间，古苋翻。澄由太行返晋阳。行，户刚翻。

11 屈獠洞斩李贲，贲窜屈獠洞，见一百五十九卷中大同元年。獠，鲁皓翻。考异曰：陈高祖纪云"太清元年"，盖谓破贲之年。今从梁帝纪。按通鉴破贲书于中大同元年。传首建康。贲兄天宝遁入九真，收馀兵二万围爱州，五代志：九真郡，梁置爱州。交州司马陈霸先帅众讨平之。帅，读曰率。诏以霸先为西江督护、高要太守、督七郡诸军事。

12 夏，四月，甲子，东魏吏部令史张永和等伪假人官，事觉，纠检、首者六万馀人。纠检，官所纠检而发之者也。首，自首者也。史言丧乱之际，吏因为奸，滥冒者不胜其多。首，手又翻。

13 甲戌，东魏遣太尉高岳、行台慕容绍宗、大都督刘丰生等将步骑十万攻魏王思政于颍川。王思政守颍川事始上卷上年。将，即亮翻。骑，奇寄翻。思政命卧鼓偃旗，若无人者。岳恃其众，四面陵城。思政选骁勇开门出战，骁，坚尧翻。岳兵败走。岳更筑土山，昼夜攻之，思政随方拒守，夺其土山，置楼堞以助防守。堞，徒协翻。守，式又翻。

14 五月，魏以丞相泰为太师，广陵王欣为太傅，李弼为大宗伯，赵贵为大司寇，于谨为大司空。宇文相魏，仿成周之制建官。太师泰奉太子巡抚西境，登陇，至原州，历北长城，此盖秦所筑长城也。东趣五原，至蒲州，自五原还至蒲州也。五代志：河东郡，后魏置秦州，后周改曰蒲州，因蒲坂为名也。趣，七喻翻。闻魏主不豫而还。还，从宣翻，又如字。及至，已愈，泰还华州。华，户化翻。

15 上遣建康令谢挺、散骑常侍徐陵等聘于东魏，按梁官制，建康令秩千石，散骑常侍秩二千石。谢挺不当在徐陵之上，盖徐陵将命而使，谢挺特辅行耳。散，悉亶翻。骑，奇寄翻。复修前好。复，扶又翻。好，呼到翻。陵，摛之子也。徐摛见一百五十五卷中大通三年。摛，丑知翻。

16 六月，东魏大将军澄巡北边。

17 秋，七月，庚寅朔，日有食之。

18 乙卯，东魏大将军澄朝于邺。朝，直遥翻。以道士多伪滥，始罢南郊道坛。魏太武帝崇信寇谦之，置南郊道坛。八月，庚寅，澄还晋阳，遣尚书辛术帅诸将略江、淮之北，凡获二十三州。侯景既乱梁，明年，东魏始尽有淮南之地，史究其终言之。帅，读曰率。将，即亮翻。

19 侯景自至寿阳，征求无已，朝廷未尝拒绝。景请娶于王、谢，上曰："王、谢门高非偶，可于朱、张以下访之。"朱、张，谓朱异、张绾之族也。景恚恚，於避翻。曰："会将吴儿女配奴！"又启求锦万匹为军人作袍，中领军朱异议以青布给之。又以台所给仗多不能精，启请东冶锻工，欲更营造。【章：十二行本"造"下有"敕并给之"四字；乙十一行本同；孔本同；张校同；退斋校同。】锻，丁贯翻。景以安北将军夏侯夔之子譒为长史，譒，补过翻。徐思玉为司马，譒遂去"夏"称"侯"，托为族子。夏侯详为梁朝佐命功臣，其子亶、夔皆宣力边陲，并著声绩，至譒不克负荷矣。

上既不用景言，与东魏和亲，是后景表疏稍稍悖慢；悖，蒲内翻，又蒲没翻。又闻徐陵等使魏，反谋益甚。使，疏吏翻。元贞知景有异志，累启还朝。景求辅贞见上卷上年。朝，直遥翻。景谓曰："河北事虽不果，江南何虑失之，何不小忍！"贞惧，逃归建康，具以事闻；上以贞为始兴内史，亦不问景。帝既不问景，又不为之备，盖耄期倦勤，直付之无可奈何。

临贺王正德，所至贪暴不法，屡得罪于上，正德既奔魏而逃归，上复其本封。正德志行无悛，常公行劫掠；及随豫章王北侵，又委军而走，为有司所奏。上诏曰："汝往年在蜀，昵近小人，犹谓少年情志未定。更于吴郡杀戮无辜，劫盗财物。及还京师，专为逋逃，乃至江乘要道，湖头断路，夺人妻妾，略人子女。我每加覆掩，冀汝自新，了无悛革，怨雠逾甚．匹马奔亡，志怀反噬。汝既来归，又令仗节董戎前驱。岂谓汝狼心不改，志欲覆败国计以快汝心。今宥汝以远。"于是免官削爵，徙临海；未至徙所，追赦之；复以朱异之言封临贺王。为丹杨尹，坐所部多劫盗去职。出为南兖州，在任苛刻，人不堪命。从是黜废，转增愤恨。由是愤恨，阴养死士，储米积货，幸国家有变；景知之。正德在北与徐思玉相知，谓奔魏时也。景遣思玉致笺于正德曰："今天子年尊，奸臣乱国，以景观之，计日祸败。大王属当储贰，中被废黜，详见一百四十九卷普通三年。被，皮义翻。四海业业，归心大王。景虽不敏，实思自效，愿王允副苍生，鉴斯诚款！"正德大喜曰："侯公之意，暗与吾同，天授我也！"报之曰："朝廷之事，如公所言。仆之有心，为日久矣。今仆为其内，公为其外，何有不济！机事在速，今其时矣。"

鄱阳王范密启景谋反。时上以边事专委朱异，动静皆关之，异以为必无此理。上报范曰："景孤危寄命，譬如婴儿仰人乳哺，仰，牛向翻。以此事势，安能反乎！"范重陈之曰："不早翦扑，祸及生民。"重，直用翻。扑，普卜翻。上曰："朝廷自有处分，不须汝深忧也。"此亦报范之言，非面语之也。处，昌吕翻。分，扶问翻。范复请以合肥之众讨之，上不许。范非景敌也。使上许范而进兵讨景，肉投馁虎耳。复，扶又翻；下不复同。朱异谓范使曰："鄱阳王遂不许朝廷有一客！”自是范启，异不复为通。使，疏吏翻；下同。为，于伪翻。

景邀羊鸦仁同反，鸦仁执其使以闻。羊鸦仁自悬瓠还，顿军淮上。异曰：“景数百叛虏，何能为！”敕以使者付建康狱，俄解遣之。景益无所惮，启上曰：“若臣事是实，应罹国宪；如蒙照察，请戮鸦仁！”考异曰：梁书、南史皆云“并抑不奏”。典略，“朱异拒之”云云。今从太清纪。景又言：“高澄狡猾，宁可全信！陛下纳其诡语，求与连和，臣亦窃所笑也。臣宁堪粉骨，投命雠门，雠门，谓高氏也。乞江西一境，受臣控督。如其不许，即帅甲骑，临江上，向闽、越，非唯朝廷自耻，亦是三公旰食。”帅，读曰率。骑，奇寄翻。旰，古按翻。上使朱异宣语答景使曰：“譬如贫家，畜十客、五客，尚能得意；畜，吁玉翻。朕唯有一客，致有忿言，亦朕之失也。”益加赏赐锦彩钱布，信使相望。史言帝养成侯景之祸以败国亡身。

戊戌，景反于寿阳，以诛中领军朱异、少府卿徐驎、太子右卫率陆验、制局监周石珍为名。驎，离珍翻。李延寿曰：制局小司，专典兵力，云陛天启，亘设兰锜，羽林精卒，重屯广卫。至于元戎启辙，武候遮迾，清道晨行，按辔督察，往来驰骛。辇毂驱投，分部亲承几案，领护所摄，手总成规。萧子显曰：尚书外司领武官，有制局监，监内器仗兵役，亦用寒人之被恩幸者。率，所律翻。异等皆以奸佞骄贪，蔽主弄权，为时人所疾，故景托以兴兵。驎、验，吴郡人；石珍，丹杨人。驎、验迭为少府丞，以苛刻为务，百贾怨之，贾，音古。异尤与之昵，昵，尼质翻。世人谓之“三蠹”。

司农卿傅岐，梗直士也，尝谓异曰：“卿任参国钧，荣宠如此。比日所闻，比，毗至翻。鄙秽狼藉，若使圣主发悟，欲免得乎！”异曰：“外间谤黩，知之久矣。心苟无愧，何恤人言！”岐谓人曰：“朱彦和将死矣。朱异，字彦和。恃谄以求容，肆辩以拒谏，闻难而不惧，难，乃旦翻。知恶而不改，天夺之鉴，其能久乎！”

景西攻马头，景自涡阳之败，南走马头，戍主刘神茂迎候之以入寿阳，当涂之马头也。今又自寿阳西攻马头，则此马头在寿阳之西，当淮津济渡之要，缚马头以登舟，又非当涂之马头也。当涂之马头郡在寿阳东。考异曰：梁书云："执太守刘神茂"。按神茂素附于景，无烦攻执。今从太清纪、典略。遣其将宋子仙东攻木栅，木栅在荆山西。执戍主曹璆等。璆，音求，又渠幽翻。上闻之，笑曰："是何能为！吾折箠笞之。"此即朱异谓"景数百叛虏何能为"之说也。君骄昏而臣贪昧，祸至不惧，以自取败亡。折，之舌翻。敕购斩景者，封三千户公，除州刺史。甲辰，诏以合州刺史鄱阳王范为南道都督，北徐州刺史封山侯正表为北道都督，五代志，封山县属合浦郡。司州刺史柳仲礼为西道都督，通直散骑常侍裴之高为东道都督，以侍中开府仪同三司邵陵王纶持节董督众军以讨景。正表，宏之子；仲礼，庆远之孙；之高，邃之兄子也。宏，上之弟；正表、正德兄弟，皆其子也。柳庆远、裴邃，皆天监名臣。

20 九月，东魏濮阳武公娄昭卒。濮，博木翻。

21 侯景闻台军讨之，问策于王伟，伟曰："邵陵若至，彼众我寡，必为所困。不如弃淮南，寿阳，古淮南郡治所。决志东向，帅轻骑直掩建康；帅，读曰率。临贺反其内，大王攻其外，天下不足定也。兵贵拙速，宜即进路。"景乃留外弟中军大都督王显贵守寿阳；癸未，诈称游猎，出寿阳，人不之觉。冬，十月，庚寅，景扬声趣合肥，而实袭谯州，此谯州非涡阳之谯州。魏收志：梁置谯州于新昌城，领高塘、临徐、南梁、新昌郡。其地当在唐庐、和二州之间。宋白曰：梁大同三年，割北徐州之新昌、南谯州之北谯，立为南谯州，居桑根山西，今滁州城是也。助防董绍先开城降之。考异曰：太清纪云："十三日，陷谯城。"下又云："十三日，以王质巡江遏防。"典略上作"庚戌"，下作"庚子"。按此月戊子朔，盖三日庚寅也。执刺史丰城侯泰。泰，范之弟也；先为中书舍人，先，悉荐翻。倾财以事时要，超授谯州刺史。至州，遍发民丁，使担腰舆、扇、伞等物，腰舆者，人举之而行，其高才至腰。伞，苏旰翻，又苏旱翻，盖也。不限士庶；耻为之者，重加杖责，多输财者，即纵免之，由是人皆思乱。及侯景至，人无战心，故败。

庚子，诏遣宁远将军王质帅众三千巡江防遏。景攻历阳太守庄铁，丁未，铁以城降。降，户江翻。因说景曰："国家承平岁久，人不习战，闻大王举兵，内外震骇，宜乘此际速趋建康，说，式芮翻。趋，七喻翻。可兵不血刃而成大功。若使朝廷徐得为备，内外小安，遣羸兵千人直据采石，羸，伦为翻。大王虽有精甲百万，不得济矣。"景乃留仪同三司田英、郭骆守历阳，以铁为导，引兵临江。江上镇戍相次启闻。上问讨景之策于都官尚书羊侃，侃请"以二千人急据采石，令邵陵王袭取寿阳；使景进不得前，退失巢穴，乌合之众，自然瓦解。"朱异曰："景必无渡江之志。"遂寝其议。侃曰："今兹败矣！"

戊申，以临贺王正德为平北将军，都督京师诸军事，屯丹杨郡。卢循之寇建康也，徐赤特败于张侯桥，循兵大上，至丹杨郡。则丹杨郡治盖近江渚。正德遣大船数十艘，诈称载荻，密以济景。艘，苏遭翻。荻，音狄。景将济，虑王质为梗，使谍视之。会临川太守陈昕启称："采石急须重镇，王质水军轻弱，恐不能济。"恐其不能济国事也。谍，徒协翻。昕，许斤翻。上以昕为云旗将军，代质戍采石，征质知丹杨尹事。昕，庆之之子也。陈庆之有入洛之功。质去采石，而昕犹未下渚。谍告景云："质已退。"未下渚者，未下秦淮渚也。谍，徒协翻。景使折江东树枝为验，谍如言而返，景大喜曰："吾事办矣！"己酉，自横江济于采石，有马数百匹，兵八千人。是夕，朝廷始命戒严。

景分兵袭姑孰，执淮南太守文成侯宁。晋成帝初于姑孰侨立淮南郡。五代志：丹杨郡当涂县，旧置淮南郡。南津校尉江子一帅舟师千馀人，欲于下流邀景；帅，读曰率。其副董桃生，家在江北，与其徒先溃走。子一收馀众，步还建康。子一，子四之兄也。

太子见事急，戎服入见上，入见，贤遍翻。禀受方略，上曰："此自汝事，何更问为！内外军事，悉以付汝。"考异曰：太清纪云："太宗见事急，乃入，面启高祖曰：'请以军事并以垂付，愿不劳圣心。'"南史云："帝曰'此自汝事，何更问为！'"今从典略。太子乃停中书省，指授军事，物情惶骇，莫有应募者。朝廷犹不知临贺王正德之情，命正德屯朱雀门，宁国公大临屯新亭，大府卿韦黯屯六门，缮修宫城，为受敌之备。大临，大器之弟也。大临、大器，皆太子纲之子。

己酉，景至慈湖。建康大骇，御街人更相劫掠，更，工衡翻。不复通行。复，扶又翻。赦东·西冶、尚方钱署及建康系囚，以扬州刺史宣城王大器都督城内诸军事，以羊侃为军师将军副之，南浦侯推守东府，刘禅建兴八年，立南浦县，属巴东郡。西丰公大春守石头，沈约曰：吴立丰县，属临川郡；晋武帝太康元年，更名西丰。轻车长史谢禧、始兴太守元贞守白下，韦黯与右卫将军柳津等分守宫城诸门及朝堂。朝，直遥翻。推，秀之子；安成王秀，上弟也。大春，大临之弟；津，仲礼之父也。摄诸寺库公藏钱，聚之德阳堂，以充军实。摄，收也。诸寺，谓十二寺也。藏，徂浪翻。天监六年，改阅武堂为德阳堂，在南阙前。

庚戌，侯景至板桥，张舜民曰：出秦淮西南行，循东岸，行小夹中，十里过板桥店。遣徐思玉来求见上，实欲观城中虚实。上召问之。思玉诈称叛景请间陈事，上将屏左右，屏，必郢翻。舍人高善宝曰："思玉从贼中来，情伪难测，安可使独在殿上！"朱异侍坐，曰：“徐思玉岂刺客邪！”思玉出景启，言“异等弄权，乞带甲入朝，除君侧之恶。”异甚惭悚。朝，直遥翻。景又请遣了事舍人出相领解，了事，犹言晓事也。领，总录也；解，分判也；领解，言总录景所欲言之事而分判是非也。凡此皆侯景诡言，以怠梁朝君臣，使无战心。上遣中书舍人贺季、主书郭宝亮随思玉劳景于板桥。劳，力到翻。景北面受敕，季曰：“今者之举何名？”景曰：“欲为帝也！”王伟进曰：“朱异等乱政，除奸臣耳。”景既出恶言，遂留季，独遣宝亮还宫。

百姓闻景至，竞入城，公私混乱，无复次第，复，扶又翻。羊侃区分防拟，皆以宗室间之。间，古苋翻。军人争入武库，自取器甲，所司不能禁，所司，谓武库令之属。侃命斩数人，方止。是时，梁兴四十七年，天监十八，普通七，大通二，中大通六，大同十一，中大同一，至是年太清二年，通四十七年。境内无事，公卿在位及闾里士大夫罕见兵甲，贼至猝迫，公私骇震。宿将已尽，后进少年并出在外，将，即亮翻。少，诗照翻。军旅指㧑，一决于侃，侃胆力俱壮，太子深仗之。仗，除两翻，凭仗也。

辛亥，景至朱雀桁南，桁，户刚翻。太子以临贺王正德守宣阳门，东宫学士新野庾信守朱雀门，帅宫中文武三千馀人营桁北。太子命信开大桁以挫其锋，正德曰：“百姓见开桁，必大惊骇，可且安物情。”太子从之。俄而景至，信帅众开桁，始除一舶，帅，读曰率；下同。舶，旁陌翻。大舟曰舶。见景军皆着铁面，着，陟略翻。退隐于门。信方食甘蔗，甘蔗，生于南方，状如紫竹，围数寸，高丈馀。以刀去皮切食，其味甘冷，解烦析酲。楚辞所谓“泰尊柘浆析朝酲”，司马相如子虚赋所谓“诸柘”者也。蔗，之夜翻。有飞箭中门柱，信手甘蔗，应弦而落，遂弃军走。南塘游军沈子睦，临贺王正德之党也，复闭桁渡景。景至秦淮南岸，子睦领游军在南塘，庾信既走，北岸无兵，子睦因得闭桁以渡景兵。中，竹仲翻。复，扶又翻。太子使王质将精兵三千援信，至领军府，遇贼，未陈而走。正德帅众于张侯桥迎景，马上交揖，既入宣阳门，望阙而拜，歔欷流涕，随景渡淮。景军皆着青袍，正德军并着绛袍，碧里，陈，读曰阵。歔，音虚。欷，许既翻，又音希。着，陟略翻。既与景合，悉反其袍。景乘胜至阙下，城中恟惧，恟，许拱翻。羊侃诈称得射书云："邵陵王、西昌侯援兵已至近路。"邵陵王纶兵时已渡江向钟离。西昌侯渊藻时镇京口。众乃小安。西丰公大春弃石头，奔京口；谢禧、元贞弃白下走；津主彭文粲等以石头城降景，降，户江翻。景遣其仪同三司于子悦守之。

壬子，景列兵绕台城，旛旗皆黑，射启于城中曰：射，而亦翻。"朱异等蔑弄朝权，轻作威福，朝，直遥翻。臣为所陷，欲加屠戮。陛下若诛朱异等，臣则敛辔北归。"上问太子："有是乎？"对曰："然。"上将诛之。太子曰："贼以异等为名耳；今日杀之，无救于急，适足贻笑将来，俟贼平诛之未晚。"上乃止。

景绕城既帀，帀，作答翻，周也。百道俱攻，鸣鼓吹唇，喧声震地。纵火烧大司马、东·西华诸门。羊侃使凿门上为窍，窍，苦吊翻，空也，穴也。下水沃火；太子自捧银鞍，往赏战士；直阁将军朱思帅战士数人逾城出外洒水，久之方灭。贼又以长柯斧斫东掖门，门将开，羊侃凿扇为孔，扇，门扇也。以槊刺杀二人，斫者乃退。刺，七亦翻。景据公车府，萧子显齐志：公车令，属领军，以受天下章奏。梁制，公车令属卫尉，其署舍在台城门外，故景得据之。府者，署舍之通称。正德据左卫府，景党宋子仙据东宫，范桃棒据同泰寺。棒，部项翻。景取东宫妓数百，分给军士。妓，渠绮翻，女乐也。东宫近城，近台城也。景众登其墙射城内。射，而亦翻；下临射、亦射、弓射同。至夜，景于东宫置酒奏乐，太子遣人焚之，台殿及所聚图书皆尽。景又烧乘黄厩、士林馆、太府寺。

大同中，于台城西立士林馆，使朱异、顾琛、孔子祛等递互讲述。乘，绳证翻。癸丑，景作木驴数百攻城，城上投石碎之。景更作尖项木驴，石不能破。更，工衡翻。杜佑曰：以木为脊，长一丈，径一尺五寸，下安六脚，下阔而上尖，高七尺，内可容六人，以湿牛皮蒙之，人蔽其下舁，直抵城下，木石铁火所不能败，用以攻城，谓之木驴。羊侃使作雉尾炬，灌以膏蜡，丛掷焚之，俄尽。杜佑曰：燕尾炬，缚苇草为之，分为两岐，如燕尾状，以油蜡灌之，加火，从城坠下，使人骑木驴而烧之。侃之作雉尾炬也，施铁镞，以油灌之，掷驴上焚之。景又作登城楼，高十馀丈，欲临射城中。高，居傲翻。射，而亦翻。侃曰："车高堑虚，彼来必倒，可卧而观之。"及车动，果倒。堑，七艳翻。

景攻既不克，士卒死伤多，乃筑长围以绝内外，又启求诛朱异等。城中亦射赏格出外曰：射，而亦翻；下同。"有能送景首者，授以景位，并钱一亿万，布绢各万匹。"朱异、张绾议出兵击之，问羊侃，侃曰："不可。今出人若少，少，诗沼翻。不足破贼，徒挫锐气；若多，则一旦失利，门隘桥小，必大致失亡。"异等不从，使千馀人出战；锋未及交，退走，争桥赴水死者大半。

侃子鷟，为景所获，鷟，士角翻。执至城下，以示侃，侃曰："我倾宗报主，犹恨不足，岂计一子，幸早杀之！"数日，复持来，复，扶又翻。侃谓鷟曰："久以汝为死矣，犹在邪！"引弓射之。景以其忠义，亦不之杀。

庄铁虑景不克，托称迎母，与左右数十人趣历阳，趣，七喻翻。先遣书给田英、郭骆曰：给，待多翻。"侯王已为台军所杀，国家使我归镇。"骆等大惧，弃城奔寿阳，铁入城，不敢守，奉其母奔寻阳。

十一月，戊午朔，刑白马，祀蚩尤于太极殿前。应劭曰：蚩尤亦古天子，好五兵，故祭之求福祥。薛瓒曰：蚩尤，庶人之贪者，非天子也。

管仲曰：割庐山发而出水，金从之，蚩尤受之，以作剑戟。

临贺王正德即帝位于仪贤堂，天监六年，改听讼堂为仪贤堂，在南阙前。下诏称："普通以来，奸邪乱政，上久不豫，社稷将危。河南王景，释位来朝，左传：王子朝曰："诸侯释位以间王政。"朝，直遥翻。猥用朕躬，绍兹宝位，可大赦，改元正平。"立其世子见理为皇太子，以景为丞相，妻以女，妻，七细翻。并出家之宝货悉助军费。

于是景营于阙前，分其兵二千人攻东府；南浦侯推拒之，三日，不克。景自往攻之，矢石雨下，宣城王防阁许伯众潜引景众登城。宣城王大器，太子之长子也。许伯众为其防阁，在东府，故得为景内应。姚思廉梁书作"许郁华"，时为东府东北楼主。辛酉，克之；杀南浦侯推及城中战士三千人，载其尸聚于杜姥宅，遥语城中人曰：语，牛倨翻。"若不早降，正当如此！"降，户江翻。

景声言上已晏驾，虽城中亦以为然。壬戌，太子请上巡城，上幸大司马门，城上闻跸声，皆鼓噪流涕，众心粗安。粗，坐五翻。

江子一之败还也，谓自采石下流败还之时。上责之。子一拜谢曰："臣以身许国，常恐不得其死；今所部皆弃臣去，臣以一夫安能击贼！若贼遂能至此，臣誓当碎首以赎前罪，不死阙前，当死阙后。"乙【章：十二行本"乙"作"癸"；乙十一行本同；孔本同。】亥，子一启太子，与弟尚书左丞子四、东宫主帅子五帅所领百馀人开承明门出战。主帅，所类翻。五帅，读曰率。子一直抵贼营，贼伏兵不动。未测其情，故不动。子一呼曰："贼辈何不速出！"久之，贼骑出，夹攻之。子一径前，引槊刺贼；从者莫敢继，贼解其肩而死。子四、子五相谓曰："与兄俱出，何面独旋！"皆免胄赴贼。子四中矟，洞胸而死；呼，火故翻。刺，七亦翻。从，才用翻。中，竹仲翻。矟，与槊同，色角翻。子五伤脰，还至堑，一恸而绝。江子一兄弟骈肩以死于阙下，而不足以卫社稷，悲夫！古人所以重折冲千里之外者也。堑，七艳翻。

景初至建康，谓朝夕可拔，号令严整，士卒不敢侵暴。及屡攻不克，人心离沮。景恐援兵四集，一旦溃去；又食石头常平诸仓既尽，军中乏食；乃纵士卒掠夺民米及金帛子女。是后米一升至七八万钱，人相食，饿死者什五六。

乙丑，景于城东、西起土山，驱迫士民，不限贵贱，乱加殴捶，疲羸者因杀以填山，号哭动地。殴，乌口翻。捶，止蕊翻。羸，伦为翻。号，户刀翻。民不敢窜匿，并出从之，旬日间，众至数万。城中亦筑土山以应之。太子、宣城王已下，皆亲负土，执畚锸，畚，布衮翻，所以盛土。锸，侧洽翻，所以锹土。于山上起芙蓉层楼，高四丈，饰以锦罽，芙蓉层楼，下施棉栱，层层叠出，若芙蓉花然。锦，彩帛。罽，毳布也，织毛为之。高，居傲翻。罽，音居例翻。募敢死士二千人，厚衣袍铠，谓之"僧腾客"，衣，于既翻；下衣锦同。分配二山，二山，谓东土山、西土山也。昼夜交战不息。会大雨，城内土山崩；贼乘之，垂入，苦战不能禁。羊侃令多掷火，为火城以断其路，断，音短。徐于内筑城，贼不能进。

景募人奴降者，悉免为良；降，户江翻。得朱异奴，以为仪同三司，异家赀产悉与之。奴乘良马，衣锦袍，于城下仰诟异曰：诟，苦候翻。"汝五十年仕宦，方得中领军；我始事侯王，已为仪同矣！"于是三日之中，群奴出就景者以千数，景皆厚抚以配军，人人感恩，为之致死。凡为奴者，皆群不逞也；一旦免之为良，固已踊跃，况又资之以金帛，安得不为贼致死乎！士大夫承平之时，虐用奴婢，岂特误其身，误其家，亦以误国事，可不戒哉！为，于伪翻。

荆州刺史湘东王绎闻景围台城，丙寅，戒严，移檄所督湘州刺史河东王誉、雍州刺史岳阳王詧、雍，于用翻。江州刺史当阳公大心、郢州刺史南平王恪等，发兵入援。大心，大器之弟；恪，伟之子也。南平王伟，上弟也。

朱异遗景书，为陈祸福。遗，于季翻。为，于伪翻。景报书，并告城中士民，以为："梁自近岁以来，权幸用事，割剥齐民，以供嗜欲。如曰不然，公等试观：今日国家池苑，王公第宅，僧尼寺塔；及在位庶僚，姬姜百室，仆从数千，不耕不织，从，才用翻。锦衣玉食；不夺百姓，从何得之！景书及此，异等其何辞以对！仆所以趋赴阙庭，指诛权佞，非倾社稷。今城中指望四方入援，吾观王侯、诸将，志在全身，谁能竭力致死，与吾争胜负哉！将，即亮翻。长江天险，二曹所叹，事见魏文帝纪。吾一苇航之，诗国风曰：谁谓河广，一苇杭之。注：杭，渡也。笺云：谁谓河水广欤？一苇加之则可以渡之。喻狭也。日明气净。自非天人允协，何能如是！幸各三思，自求元吉！"

景又奉启于东魏主，称："臣进取寿春，暂欲停憩。而萧衍识此运终，自辞宝位；臣军未入其国，已投同泰舍身。去月二十九日，去月，谓前此月也。届此建康。江海未苏，干戈暂止，永言故乡，人马同恋。寻当整辔，以奉圣颜。臣之母、弟，久谓屠灭，近奉明敕，始承犹在。承，犹奉也。言奉近敕，始知母弟尚在也。斯乃陛下宽仁，大将军恩念，臣之弱劣，知何仰报！今辄赍启迎臣母、弟、妻、儿，伏愿圣慈，特赐裁放！"景欲卑辞以迎其家，高澄兄弟讵能堕其数中邪！

己巳，湘东王绎遣司马吴晔、天门太守樊文皎等将兵发江陵。

陈昕为景所擒，景与之极饮，使昕收集部曲，欲用之。昕不可，景使其仪同三司范桃棒囚之。昕因说桃棒，说，式芮翻。使帅所部袭杀王伟、宋子仙，诣城降。桃棒从之，潜遣昕夜缒入城。帅，读曰率。降，户江翻；下同。缒，驰伪翻。上大喜，敕镌银券赐桃棒曰：镌，子全翻，刻也，雕也。"事定之日，封汝河南王，即有景众，并给金帛女乐。”太子恐其诈，犹豫不决，上怒曰：“受降常理，何忽致疑！”太子召公卿会议，朱异、傅岐曰：“桃棒降必非谬。桃棒既降，贼景必惊，乘此击之，可大破也。”太子曰：“吾坚城自守以俟外援，援兵既至，贼岂足平！此万全策也。今开门纳桃棒，桃棒之情，何易可知！易，以豉翻。万一为变，悔无所及；社稷事重，须更详之。”异曰：“殿下若以社稷之急，宜纳桃棒；如其犹豫，非异所知。”太子终不能决。桃棒又使昕启曰：“今止将所领五百人，若至城门，皆自脱甲，乞朝廷开门赐容。事济之后，保擒侯景。”考异曰：太清纪、南史皆云：“桃棒求以甲士二千人来降，以景首应购。”今从典略。太子见其恳切，愈疑之。朱异抚膺曰：“失此，社稷事去矣！”太子纲固多疑少断，朱异拊膺于此时，何其晚也！俄而桃棒为部下所告，景拉杀之。拉，卢合翻。拉其干而杀之。陈昕不知，如期而出，景邀得之，逼使射书城中曰：射，而亦翻。“桃棒且轻将数十人先入。”将，即亮翻。景欲衷甲随之，昕不肯，期以必死，乃杀之。

景使萧见理与仪同三司卢晖略戍东府。见理凶险，夜，与群盗剽劫于大桁，中流矢而死。剽，匹妙翻。中，竹仲翻。

邵陵王纶行至钟离，闻侯景已渡采石，纶昼夜兼道，旋军入援，济江，中流风起，人马溺者什一二。卢循之乱，刘裕冒风济江而风止。侯景之乱，纶济江而风起，岂天之欲亡梁邪！是以善观人之国者，必观之天人佑助之际也。遂帅宁远将军西丰公大春、沈约志：西丰县属临川郡，吴立。新涂公大成、帅，读曰率。“新涂”或作“新淦”，沈约志：新淦县，汉属豫章郡。永安侯确、安南侯骏、是皆以古县名为侯国。吴分乌程、馀杭立永安县，晋已改为武康。晋武帝分江安立安南县，五代志无之。前谯州刺史赵伯超、武州刺史萧弄璋等，武陵郡，梁置武州。步骑三万自京口西上。上，时掌翻。大成，大春之弟；确，纶之子；骏，懿之孙也。

景遣军至江乘拒纶军。赵伯超曰："若从黄城大路，必与贼遇，不如径指钟山，钟山，即蒋山，吴孙权立蒋子文庙于是山，又以其祖讳钟，改名蒋山。突据广莫门，出贼不意，城围必解矣。"纶从之，夜行失道，迂二十馀里，迂，音于，又音纡，曲也，远也。庚辰旦，营于蒋山。景见之大骇，悉送所掠妇女、珍货于石头，具舟欲走。分兵三道攻纶，纶与战，破之。时山巅寒雪，乃引军下爱敬寺。帝事文皇帝、献皇后孝于钟山，造大爱敬寺以资福。景陈兵于覆舟山北，乙酉，纶进军玄武湖侧，考异曰：太清纪云："二十九日"，典略云："壬午"，今从梁帝纪。与景对陈，不战。陈，读曰阵。至暮，景更约明日会战，纶许之。安南侯骏见景军退，以为走，即与壮士逐之；景旋军击之，骏败走，趣纶军。赵伯超望见，亦引兵走，景乘胜追击之，诸军皆溃。纶收馀兵近千人，近，其靳翻。入天保寺；景追之，纵火烧寺。纶奔朱方，丹徒，春秋朱方之地，时为兰陵武进县。士卒践冰雪，往往堕足。景悉收纶辎重，重，直用翻。生擒西丰公大春、安前司马庄丘慧、主帅霍俊等而还。帝置二百四十号将军，有安前将军，置长史、司马。帅，所类翻。还，从宣翻，又如字。考异曰：典略作"广陵令崔俊。"南史作"直阁将军胡子约，广陵令霍隽。"今从太清纪。丙戌，景陈所获纶军首虏铠仗及大春等于城下，使言曰："邵陵王已为乱兵所杀。"霍俊独曰："王小失利，已全军还京口。城中但坚守，援军寻至。"贼以刀殴其背，殴，乌口翻。俊辞色弥厉；景义而释之，临贺王正德杀之。

是日晚，鄱阳王范遣其世子嗣与西豫州刺史裴之高、建安太守赵凤举晋安帝分庐江郡立晋熙郡及怀宁县。梁置西豫州，隋为同安郡，唐为舒州。五代志：沔阳郡竟陵县，旧有京山县，齐置建安郡。但其地在汉阳，与舒州势不相接。寿阳、义阳之间有建安戍，萧子显齐志及五代志皆不言于此置郡。五代志又云：黄州麻城县，梁置建宁郡。或者史以建宁为建安欤？

更考。各将兵入援，军于蔡洲，将，即亮翻。考异曰：梁帝纪作“张公洲”。今从太清纪。以待上流诸军，范以之高督江右援军事。景悉驱南岸居民于水北，此谓秦淮水也。焚其庐舍，大街已西，扫地俱尽。

北徐州刺史封山侯正表镇钟离，隋志有封山县，属合浦郡，盖梁置也。上召之入援，正表托以船粮未集，不进。景以正表为南兖州刺史，封南郡王。正表乃于欧阳立栅以断援军，断，音短。水经注：邗沟水上承欧阳，引江入埭，六十里至广陵城。以地望考之，此欧阳在今真州界。按江、淮之间地名欧阳，见于史者非一处：裴邃移长孙稚欲营欧阳，在寿春境上；吴喜使萧道成留军欧阳，在淮阴界。帅众一万，声言入援，实欲袭广陵。密书诱广陵令刘询，使烧城为应，诱，音酉。询以告南兖州刺史南康王会理。十二月，会理使询帅步骑千人夜袭正表，大破之；帅，读曰率。骑，奇寄翻；下同。正表走还钟离。询收其兵粮，归就会理，与之入援。

癸巳，侍中、都官尚书羊侃卒，城中益惧。侯景大造攻具，陈于阙前，大车高数丈，一车二十轮，丁酉，复进攻城，高，居报翻。复，扶又翻。以虾蟆车运土填堑。

湘东王绎遣世子方等将步骑一万入援建康，将，即亮翻；下同。庚子，发公安。绎又遣竟陵太守王僧辩将舟师万人，出自汉川，载粮东下。汉水径竟陵郡入江。考异曰：太清纪云：“僧辩将精卒二万”。今从梁书。方等有俊才，善骑射，每战，亲犯矢石，以死节自任。为人臣子，固当以身许国，然存其身者，所以存国也。两陈相向，胜负未分，危机交急，亲犯矢石以帅厉将士，可一用之耳，岂可以为常哉！方等以死节自任，以亲犯矢石为常，此其所以败死于湘川也。若方等者，谓之必死之将可也；若论臣子大节，则全其身以全国家，斯得谓之忠孝矣。

壬寅，侯景以火车焚台城东南楼。材官吴景，有巧思，思，相吏翻。于城内构地为楼，火才灭，新楼即立，贼以为神。

景因火起，潜遣人于其下穿城。城将崩，乃觉之；详观上下文，"景因火起"作"贼因火起"则于当时事势文理为明顺。盖侯景与吴景殽乱也，读者难以明辨。吴景于城内更筑迂城，迂，忧俱翻，迂曲也。状如却月以拟之，兼掷火，焚其攻具，贼乃退走。

太子遣洗马元孟恭将千人自大司马门出荡，孟恭与左右奔降于景。

己酉，景土山稍逼城楼，柳津命作地道以取其土，外山崩，压贼且尽。又于城内作飞桥，悬罩二土山。景众见飞桥迥出，崩腾而走；城内掷雉尾炬，焚其东山，楼栅荡尽，贼积死于城下。死于城下者，岂真贼哉？侯景驱民以攻城，以其党迫蹙于后，攻城之人，退则死于贼手，进则死于矢石。呜呼！积死于城下者，得非梁之赤子乎！乃弃土山不复修，自焚其攻具。复，扶又翻。材官将军宋嶷降于景，嶷，鱼力翻。降，户江翻。教之引玄武湖水以灌台城，阙前皆为洪流。

上征衡州刺史韦粲为散骑常侍，吴孙亮太平二年，分长沙东部都尉立湘东郡，今之衡州。按五代志，梁置衡州于南海郡含洭县；湘东之衡州，隋平陈始置。以都督长沙欧阳頠监州事。粲，放之子也，韦放见一百五十一卷大通元年。监，工衔翻。还，至庐陵，闻侯景乱，粲简阅部下，得精兵五千，倍道赴援。至豫章，闻景已出横江，粲就内史刘孝仪谋之，孝仪曰："必如此，当有敕。岂可轻信人言，妄相惊动！或恐不然。"时孝仪置酒，粲怒，以杯抵地曰："贼已渡江，便逼宫阙，水陆俱断，何暇有报！假令无敕，岂得自安！韦粲今日何情饮酒！"即驰马出部分。将发，分，扶问翻。会江州刺史当阳公大心遣使邀粲，使，疏吏翻。粲乃驰往见大心曰："上游藩镇，江州去京最近，按沈约志，江州去京水行一千四百里。殿下情计诚宜在前。但中流任重，当须应接，不可阙镇。今宜且张声势，移镇湓城，张，知亮翻。遣偏将赐随，将，即亮翻；下在将同。于事便足。”大心然之，遣中兵柳昕帅兵二千人随粲，粲至南洲，外弟司州刺史柳仲礼亦帅步骑万馀人至横江，帅，读曰率。粲即送粮仗赡给之，并散私金帛以赏其战士。

西豫州刺史裴之高自张公洲遣船渡仲礼，考之粲传，张公洲盖即蔡洲。丙辰夜，粲、仲礼及宣猛将军李孝钦、考异曰：梁帝纪作“李迁仕”，今从太清纪。前司州刺史羊鸦仁、南陵太守陈文彻，五代志：宣州南陵县，梁置南陵郡。合军屯新林王游苑。粲议推仲礼为大都督，报下流众军；下流众军，张公洲之兵也。裴之高自以年位，耻居其下，议累日不决。粲抗言于众曰：“今者同赴国难，难，乃旦翻。义在除贼。所以推柳司州者，正以久捍边疆，先为侯景所惮；且士马精锐，无出其前。若论位次，柳在粲下，语其年齿，亦少于粲，直以社稷之计，不得复论。今日形势，贵在将和，若人心不同，大事去矣。裴公朝之旧德，岂应复挟私情以沮大计！粲请为诸军解之。”语，牛倨翻。少，诗照翻。复，扶又翻。沮，在吕翻。为，于伪翻。乃单舸至之高营，切让之曰：舸，古我翻。“今二宫危逼，猾寇滔天，臣子当戮力同心，岂可自相矛楯！韩非子：有鬻矛楯者曰：“吾矛之利，物无不陷也。”又曰：“吾楯之坚，物莫能陷也。”或问之曰：“以子之矛，陷子之楯，可乎？”鬻者不能对。后世矛楯之说祖此。豫州必欲立异，锋镝便有所归。”言将攻之高也。之高垂泣致谢，遂推仲礼为大都督。

宣城内史杨白华遣其子雄将郡兵继至，华，读曰花。将，即亮翻；下同。援军大集，众十馀万，缘淮树栅，景亦于北岸树栅以应之。

裴之高与弟之横以舟师一万屯张公洲。景囚之高弟、侄、子、孙，临水陈兵，连锁列于陈前，以鼎镬、刀锯随其后，谓曰：“裴公不降，今即烹之。”于陈，读曰阵。降，户江翻。之高召善射者使射其子，再发，皆不中。使射，而亦翻。中，竹仲翻。

景帅步骑万人于后渚挑战，据韦粲传，后渚在中兴寺前。挑，徒了翻。仲礼欲出击之。韦粲曰："日晚我劳，未可战也。"仲礼乃坚壁不出，景亦引退。

湘东王绎将锐卒三万发江陵，留其子绥宁侯方诸居守，守，手又翻。沈约志：广州南海郡有绥宁县，宋文帝立。谘议参军刘之迡等三上笺请留，答教不许。湘东王绎非有自将入援之志也，阳为不许耳。迡，与迟同，又音奴计翻。

鄱阳王范遣其将梅伯龙攻王显贵于寿阳，克其罗城；攻中城，不克而退，范益其众，使复攻之。复，扶又翻。

22 东魏大将军澄患民钱滥恶，议不禁民私铸；但悬称市门，称，尺证翻。钱不重五铢，毋得入市。朝议以为年谷不登，请俟他年，乃止。朝，直遥翻。

23 魏太师泰杀安定国臣王茂而非其罪。泰封安定公，故有国臣。尚书左丞柳庆谏，泰怒曰："卿党罪人，亦当坐！"执庆于前。庆辞色不挠，挠，奴教翻。曰："庆闻君蔽于事为不明，臣知而不争为不忠。庆既竭忠，不敢爱死，但惧公为不明耳。"泰寤，亟使赦茂，不及，乃赐茂家钱帛，曰："以旌吾过。"

24 丙辰晦，柳仲礼夜入韦粲营，部分众军。分，扶问翻。旦日，会战，诸将各有据守，令粲顿青塘。粲以青塘当石头中路，粲传曰：青塘迫近淮渚。据陈霸先之言，青塘即青溪塘也。贼必争之，颇惮之。仲礼曰："青塘要地，非兄不可；若疑兵少，当更遣军相助。"乃使直阁将军刘叔胤助之。为下韦粲败死张本。少，诗沼翻。

张政烺标点容肇祖聂崇岐覆校

资治通鉴卷第一百六十二

端明殿学士兼翰林侍读学士朝散大夫右谏议大夫
充集贤殿修撰提举西京嵩山崇福宫上柱国河内郡 司马光 奉敕编集
开国侯食邑一千八百户食实封六百户赐紫金鱼袋臣

后学天台胡三省音注

梁纪十八 屠维大荒落(己巳)，一年。

高祖武皇帝十八

太清三年(己巳、五四九)

1春，正月，丁巳朔，柳仲礼自新亭徙营大桁。会大雾，韦粲军迷失道，比及青塘，比，必利翻。夜已过半，立栅未合，侯景望见之，亟帅锐卒攻粲。过，工禾翻。帅，读曰率。粲使军主郑逸逆击之，命刘叔胤以舟师截其后，截其渡淮之路。叔胤畏懦不敢进，逸遂败。景乘胜入粲营，左右牵粲避贼，粲不动，叱子弟力战，遂与子尼及三弟助、警、构、从弟昂皆战死，从，才用翻。亲戚死者数百人。史言韦粲忠勇。仲礼方食，投箸被甲，与其麾下百骑驰往救之，箸，竹助翻。被，皮义翻。骑，奇寄翻。与景战于青塘，大破之，斩首数百级，沉淮水死者千馀人。沈，持林翻。仲礼矟将及景，矟，色角翻。而贼将支伯仁自后斫仲礼中肩，马陷于淖，"支伯仁"，当作"支化仁"。将，即亮翻；下同。中，竹仲翻。淖，奴教翻，泥也。贼聚矟刺之，骑将郭山石救之，得免。仲礼被重疮，会稽人惠臶吮疮断血，刺，七亦翻。被，皮义翻。臶，徂闷翻。吮，徂兖翻。故得不死。自是景不敢复济南岸，复，扶又翻；下不复、纶复同。仲礼亦气索，索，苏各翻。不复言战矣。

邵陵王纶复收散卒，邵陵王纶败走见上卷上年。与东扬州刺史临城公大连、新淦公大成等自东道并至；淦，古暗翻。庚申，列营于桁南，亦推柳仲礼为大都督。大连，大临之弟也。

朝野以侯景之祸共尤朱异，朝，直遥翻。异惭愤发疾，庚申，卒。考异曰：梁帝纪作“乙丑”。今从太清纪、典略。故事：尚书官不以为赠，上痛惜异，特赠尚书右仆射。

甲子，湘东世子方等及王僧辩军至。考异曰：梁帝纪作“戊辰”。今从太清纪。

2 戊辰，封山侯正表以北徐州降东魏，东魏徐州刺史高归彦遣兵赴之。归彦，欢之族弟也。

3 己巳，太子迁居永福省。永福省在禁中，自宋以来，太子居之，取其福国于有永也。高州刺史李迁仕、五代志：高凉郡，梁置高州。天门太守樊文皎将援兵万馀人至城下。台城与援军信命久绝，有羊车儿献策，作纸鸱，纸鸱，即纸鸢也，今俗谓之纸鹞。鸱，丑之翻。系以长绳，写敕于内，放以从风，冀达众军，题云：“得鸱送援军，赏银百两。”太子自出太极殿前乘西北风纵之，贼怪之，以为厌胜，射而下之。厌，于协翻。射，而亦翻。援军募人能入城送启者，鄱阳世子嗣左右李朗请先受鞭，诈为得罪，叛投贼，因得入城，城中方知援兵四集，举城鼓噪。上以朗为直阁将军，赐金遣之。朗缘钟山之后，宵行昼伏，积日乃达。

癸未，鄱阳世子嗣、永安侯确、庄铁、羊鸦仁、柳敬礼、李迁仕、樊文皎将兵渡淮，攻东府前栅，焚之；侯景退。众军营于青溪之东，迁仕、文皎帅锐卒五千独进帅，读曰率。深入，所向摧靡。至菰首桥东，桥在青溪上。菰，音孤。菰首，今人谓之茭白。景将宋子仙伏兵击之，将，即亮翻；下同。文皎战死，迁仕遁还。敬礼，仲礼之弟也。

仲礼神情傲狠，陵蔑诸将，邵陵王纶每日执鞭至门，亦移时弗见，凡部将见主帅，执鞭以为礼。狠，户垦翻。由是与纶及临城公大连深相仇怨。大连又与永安侯确有隙，永安，本汉彘县，顺帝阳嘉元年，更名永安，魏、晋属平阳郡。江左侨立南河东郡，并侨立永安县，属荆州。注又见前。诸军互相猜阻，莫有战心。援军初至，建康士民扶老携幼以候之，才过淮，即纵兵剽掠。剽，匹妙翻。由是士民失望，贼中有谋应官军者，闻之，亦止。史言台城覆陷之由。

4 王显贵以寿阳降东魏。侯景命王显贵守寿阳，见上卷上年。

5 临贺王记室吴郡顾野王起兵讨侯景，二月，己丑，引兵来至。初，台城之闭也，公卿以食为念，男女贵贱并出负米，得四十万斛，收诸府藏钱帛五十万亿，并聚德阳堂，藏，徂浪翻。而不备薪刍、鱼盐。至是，坏尚书省为薪。撤荐，剉以饲马，荐尽，又食以饭。荐以藁秸为之，所以藉寝。坏，音怪。饲、食，并祥吏翻。军士无䐪，䐪，户皆翻，脯也，又肉食肴。或煮铠、熏鼠、捕雀而食之。铠，可亥翻。御甘露厨有乾苔，味酸咸，分给战士。释氏谓营膳之所曰甘露厨。乾，音干。苔生于海，其形如发，春二、三月间，海人采取之成片，纳土窖中，出而晒之令干，南人多食之。军人屠马于殿省间，杂以人肉，食者必病。侯景众亦饥，抄掠无所获；抄，楚交翻。东城有米，可支一年，东城，即东府城。援军断其路。断，音短。又闻荆州兵将至，景甚患之。王伟曰："今台城不可猝拔，援兵日盛，吾军乏食，若伪求和以缓其势，东城之米，足支一年，因求和之际，运米入石头，援军必不得动，然后休士息马，缮修器械，伺其懈怠击之，一举可取也。"伺，相吏翻。景从之，遣其将任约、于子悦至城下，拜表求和，乞复先镇。将，即亮翻。任，音壬。先镇，谓寿阳时已降齐矣。太子以城中穷困，白上，请许之。上怒曰："和不如死！"太子固请曰："侯景围逼已久，援军相仗不战，仗，除两翻。宜且许其和，更为后图。"上迟回久之，乃曰："汝自图之，勿令取笑千载。"遂报许之。太子纲疑范桃棒之来降而信侯景之请和，何其昧也！载，子亥翻。景乞割江右四州之地，江右四州：南豫、西豫、合州、光州。并求宣城王大器出送，然后济江。中领军傅岐固争曰："岂有贼举兵围宫阙而更与之和乎！此特欲却援军耳。戎狄兽心，必不可信。且宣城嫡嗣之重，国命所系，岂可为质！"梁之智士唯傅岐一人而已。质，音致；下同。上乃以大器之弟石城公大款为侍中，出质于景。又敕诸军不得复进，复，扶又翻。下诏曰："善兵不战，止戈为武。可以景为大丞相，都督江西四州诸军事，豫州牧、河南王如故。"己亥，设坛于西华门外，遣仆射王克、上甲侯韶、吏部郎萧瑳韶，帝室也，封上甲侯。宋白曰：江州德安县，本蒲塘场，晋建兴初，始以为郡，领寻阳、上甲、柴桑、九江等县；义熙中，以寻阳入柴桑，上甲入彭泽。瑳，七何翻，又七可翻。与于子悦、任约、王伟登坛共盟。太子詹事柳津出西华门，景出栅门，遥相对，更杀牲歃血为盟。更，工衡翻。歃，色甲翻。既盟，而景长围不解，专修铠仗，铠，可亥翻。托云"无船，不得即发"，又云"恐南军见蹑"，援军时皆屯秦淮南岸，故谓之南军。遣石城公还台，求宣城王出送；邀求稍广，了无去志。太子知其诈言，犹羁縻不绝。韶，懿之孙也。

庚子，前南兖州刺史南康王会理、前青·冀二州刺史湘潭侯退、西昌侯世子彧众合三万，至于马印洲，马印洲，盖即今王家沙、老鹳觜一带。考异曰：梁帝纪作"丁未"。今从太清纪、典略。典略云："至于琅邪。"今从太清纪、梁帝纪。按晋置琅邪郡于江乘蒲洲上，即前所谓今王家沙地。景虑其自白下而上，上，时掌翻。启云："请【章：十二行本"请"下有"敕"字；乙十一行本同；孔本同；张校同。】北军聚还南岸，以地望言之，马印洲在台城之北，故云北军。南岸，即谓秦淮南岸。不尔，妨臣济江。”太子即勒会理自白下城移军江潭苑。考异曰：梁帝纪作“兰亭苑”。今从太清纪、典略。退，恢之子也。

辛丑，以邵陵王纶为司空，鄱阳王范为征北将军，柳仲礼为侍中、尚书右仆射。景以于子悦、任约、傅士悊皆为仪同三司，悊，与哲同。夏侯譒为豫州刺史，譒，补过翻。董绍先为东徐州刺史，徐思玉为北徐州刺史，王伟为散骑常侍。散，悉览翻。骑，奇寄翻。上以伟为侍中。

乙卯，景又启曰：“适有西岸信至，大江西岸，即历阳。高澄已得寿阳、钟离，臣今无所投足，求借广陵并谯州，俟得寿阳，即奉还朝廷。”又云：“援军既在南岸，须于京口渡江。”太子并答许之。

癸卯，大赦。

庚戌，景又启曰：“永安侯确、直阁赵威方频隔栅见诟云：‘天子自与汝盟，我终当破汝。’乞召侯及威方入，即当引路。”言引兵就路还北。诟，古候翻，又许候翻。上遣吏部尚书张绾召确，辛亥，以确为广州刺史，威方为盱眙太守。盱眙，音吁怡。守，手又翻。确累启固辞，不入，上不许。确先遣威方入城，因欲南奔。确盖欲南奔荆、江二镇。邵陵王纶泣谓确曰：“围城既久，圣上忧危，臣子之情，切于汤火，故欲且盟而遣之，更申后计。成命已决，何得拒违！”时台使周石珍、东宫主书左法生在纶所，使，疏吏翻；下同。确谓之曰：“侯景虽云欲去而不解长围，意可见也。今召仆入城，何益于事！”石珍曰：“敕旨如此，郎那得辞！”确意尚坚，纶大怒，谓赵伯超曰：“谯州为我斩之！为，于伪翻。持其首去！”伯超挥刃眄确眄，眠见翻，目斜视也。曰：“伯超识君侯，刀不识也。”确乃流涕入城。景凡所请，上父子无不从，求以却其攻，乃所以速其攻也。

上常蔬食，及围城日久，上厨蔬茹皆绝，乃食鸡子。纶因使者蜑通，上鸡子数百枚，上鸡，时掌翻。上手自料简，料，音聊。歔欷哽咽。歔，音虚。欷，许既翻，又音希。哽，古杏翻。

湘东王绎军于郢州之武城，水经注：武口水上通安陆之延头，南至武城入大江，吴旧屯所在，荆州界尽此。盖今之沙武口即其地。湘州刺史河东王誉军于青草湖，水经注：湘水自汨罗口西北径垒石山，西北对青草湖。祝穆曰：青草湖，一名巴丘湖，北洞庭，南潇湘，东纳汨罗之水，自昔与洞庭并称。按一湖之内，南名青草，北名洞庭，中有沙洲间之，所谓重湖也。信州刺史桂阳王慥军于西峡口，五代志：巴东郡，梁置信州，唐之夔州也。水经注：江水自巴东鱼复县东径广溪峡，斯乃三峡首也。峡中有瞿塘、黄龛二滩。慥，七到翻。托云俟四方援兵，淹留不进。中记室参军萧贲，骨鲠士也，以绎不早下，心非之，尝与绎双六，食子未下，贲曰："殿下都无下意。"双六，亦博之一名。续事始云：陈思王制双六局，置骰子二；唐末有叶子之戏，遂加至六。战国策曰：博之所以贵枭者，便则食，不便则止。可以食子而未下者，拟议其便否也。贲因其未下，借双六以讽其不下救君父。绎深衔之。及得上敕，绎欲旋师，贲曰："景以人臣举兵向阙，今若放兵，未及渡江，童子能斩之矣，必不为也。大王以十万之众，未见贼而退，奈何！"绎不悦，未几，因事杀之。几，居岂翻。慥，懿之孙也。

6 东魏河内民四千馀家，以魏北徐州刺史司马裔，其乡里也，相帅归之。帅，读曰率；下同。丞相泰欲封裔，裔固辞曰："士大夫远归皇化，裔岂能帅之！卖义士以求荣，非所愿也。"据周书，裔，司马楚之之后。司马氏本河内温人，魏孝武西迁，裔始归乡里，于温城起义，附西魏。与东魏交战，频有克获，授河内郡守，寻加持节、平东将军、北徐州刺史。帅，读曰率。

7 侯景运东府米入石头，既毕，王伟闻荆州军退，谓湘东王绎旋师也。援军虽多，不相统壹，乃说景曰："王以人臣举兵，围守宫阙，逼辱妃主，残秽宗庙，擢王之发，不足数罪。用史记须贾之言。擢，拔也。说，式芮翻。数，所具翻。今日持此，欲安所容身乎！背盟而捷，自古多矣，背，蒲妹翻。愿且观其变。”临贺王正德亦谓景曰：“大功垂就，岂可弃去！”景遂上启，陈帝十失，且曰：“臣方事睽违，所以冒陈谠直。谠，音党。陛下崇饰虚诞，恶闻实录，上，时掌翻。恶，乌路翻。以祆怪为嘉祯，祆，于骄翻。祯，音贞，祥也。以天谴为无咎。敷演六艺，排摈前儒，王莽之法也。以铁为货，轻重无常，公孙之制也。汉公孙述据蜀，用铁钱。烂羊镌印，朝章鄙杂，更始、赵伦之化也。汉更始滥授官爵，长安为之语曰：“烂羊胃，骑都尉；烂羊头，关内侯。”晋赵王伦篡位，貂蝉盈坐，时人为之语曰：“貂不足，狗尾续。”朝，直遥翻。更，工衡翻。豫章以所天为血雠，见一百五十卷普通六年。邵陵以父存而冠冇，事见同上。冠，古玩翻，又如字。石虎之风也。石虎父子事见晋成帝纪。修建浮图，百度糜费，使四民饥馁，笮融、姚兴之代也。”笮融事佛事见汉献帝纪。姚兴事佛事见晋安帝纪。笮，在各翻。又言：“建康宫室崇侈，陛下唯与主书参断万机，政以贿成，诸阉豪盛，众僧殷实。皇太子珠玉是好，酒色是耽，断，丁乱翻。好，呼到翻。吐言止于轻薄，赋咏不出桑中；桑中，见诗卫国风，淫放之诗也。邵陵所在残破；湘东群下贪纵；南康、定襄之属，皆如沐猴而冠耳。南康王会理，帝子绩之子，时镇广陵。定襄侯祗，南平王伟之子，时镇淮阴。沐猴而冠，用汉书语。亲为孙侄，位则藩屏，屏，必郢翻。臣至百日，谁肯勤王！此而灵长，未之有也。昔鬻拳兵谏，王卒改善，左传：鬻拳强谏楚子，楚子弗从，临之以兵，惧而从之。卒，子恤翻。今日之举，复奚罪乎！复，扶又翻。伏愿陛下小惩大戒，引易大传之言，指斥甚矣！放谗纳忠，使臣无再举之忧，陛下无婴城之辱，则万姓幸甚！”

上览启，且惭且怒。言皆指实而无如之何，有惭怒而已。三月，丙辰朔，立坛于太极殿前，告天地，以景违盟，举烽鼓噪。

初，闭城之日，男女十馀万，擐甲者二万馀人；考异曰：南史作"三万"。今从典略。被围既久，人多身肿气急，气急，上气喘急也。被，皮义翻。死者什八九，乘城者不满四千人，率皆羸喘。横尸满路，不可瘗埋，羸，伦为翻。喘，昌兖翻。瘗，于计翻。烂汁满沟。而众心犹望外援。柳仲礼唯聚妓妾、置酒作乐，妓，渠绮翻。诸将日往请战，仲礼不许。安南侯骏说邵陵王纶曰：说，式芮翻。考异曰：典略云纶已下咸说柳仲礼如此。今从太清纪。"城危如此，而都督不救，若万一不虞，殿下何颜自立于世！今宜分军为三道，出贼不意攻之，可以得志。"纶不从。柳津登城谓仲礼曰："汝君父在难，难，乃旦翻。不能竭力，百世之后，谓汝为何！"仲礼亦不以为意。上问策于津，对曰："陛下有邵陵，臣有仲礼，不忠不孝，贼何由平！"考异曰：典略云："柳仲礼族兄晖谓仲礼曰：'天下事势如此，何不自取富贵！'仲礼曰：'兄今若为取之？'晖曰：'正当坚营不战，使贼平台城，囚天子，徐而纵兵，既破之后，复挟天子令诸侯也。'仲礼纳之。"按景既克城，则人情皆去，援军自散，仲礼安能帅以破景！仲礼闭壁不出，自为重伤而惧耳，非用晖计也。今从太清纪及南史。太清纪又云："景尝登朱雀门楼，与之语。又遗以金，自是以后，闭壁不战。"典略云："景遗以金镮"，亦以近诬，今不取。

戊午，南康王会理与羊鸦仁、赵伯超等进营于东府城北，约夜渡军。既而鸦仁等晓犹未至，景众觉之，营未立，景使宋子仙击之，赵伯超望风退走。寒山之败，玄武湖侧之败及此时之败，皆赵伯超为之也。会理等兵大败，战及溺死者五千人。溺，奴狄翻。景积其首于阙下，以示城中。

景又使于子悦求和，上使御史中丞沈浚至景所。景实无去志，谓浚曰："今天时方热，军未可动，乞且留京师立效。"浚发愤责之，景不对，横刀叱之。示将杀浚也。浚曰："负恩忘义，违弃诅盟，诅，庄助翻。固天地所不容！沈浚五十之年，常恐不得死所，何为以死相惧邪！”因径去不顾。景以其忠直，舍之。

于是景决石阙前水，石阙前水，景决玄武湖以灌城者也。百道攻城，昼夜不息。邵陵世子坚屯太阳门，太阳门，台城六门之一也。终日蒱饮，蒱音蒲。蒱饮，摴蒱且饮酒也。不恤吏士，其书佐董勋、熊昙朗恨之。考之南史，此熊昙朗非后来为盗于豫章之熊昙朗也。南史侯景传作“白昙朗”。昙，徒含翻。丁卯，夜向晓，勋、昙朗于城西北楼引景众登城，永安侯确力战，不能却，乃排闼入启上云：“城已陷。”上安卧不动，曰：“犹可一战乎？”确曰：“不可。”上叹曰：“自我得之，自我失之，亦复何恨！”因谓确曰：“汝速去，语汝父：勿以二宫为念。”因使慰劳在外诸军。复，扶又翻。语，牛倨翻。劳，力到翻。

俄而景遣王伟入文德殿奉谒，上命褰帘开户引伟入，伟拜呈景启，称：“为奸佞所蔽，领众入朝，朝，直遥翻。惊动圣躬，今诣阙待罪。”上问：“景何在？可召来。”景入见于太极东堂，以甲士五百人自卫。景稽颡殿下，典仪引就三公榻。典仪，典朝仪者也。至唐犹有典仪之职，掌殿上赞唱之节及设殿庭服位之次。见，贤遍翻。稽，音启。上神色不变，问曰：“卿在军中日久，无乃为劳！”景不敢仰视，汗流被面。被，皮义翻。又曰：“卿何州人，而敢至此，妻子犹在北邪？”景皆不能对。任约从旁代对曰：“臣景妻子皆为高氏所屠，唯以一身归陛下。”自此以上，上问景，景犹慑伏。上又问：“初渡江有几人？”景曰：“千人。”“围台城几人？”曰：“十万。”“今有几人？”曰：“率土之内，莫非己有。”自此以上，景之辞气悖矣。上俛首不言。上辞穷势屈，故俛首不言，呜呼！

景复至永福省见太子，太子亦无惧容。侍卫皆惊散，唯中庶子徐摛、太子中庶子，职如侍中。摛，丑知翻。通事舍人陈郡殷不害侧侍。东宫通事舍人，职如中书通事舍人。摛谓景曰："侯王当以礼见，见，贤遍翻。何得如此！"景乃拜。荀子曰：善败者不亡。帝父子于此亦亡而不失其守者，悲夫！太子与言，又不能对。

景退，谓其厢公王僧贵曰：景之亲贵隆重者号曰左右厢公。"吾常跨鞍对陈，陈，读曰阵。矢刃交下，而意气安缓，了无怖心；今见萧公，使人自慑，怖，普布翻。慑，之涉翻。岂非天威难犯！吾不可以再见之。"于是悉撤两宫侍卫，两宫，谓上台及东宫。纵兵掠乘舆、服御、宫人皆尽。收朝士、王侯送永福省，乘，绳证翻。朝，直遥翻。使王伟守武德殿，于子悦屯太极东堂。矫诏大赦，自加大都督中外诸军、录尚书事。考异曰：梁帝纪无赦，加景官在庚午。今从太清纪。

建康士民逃难四出。难，乃旦翻。太子洗马萧允洗，悉荐翻。至京口，端居不行，曰："死生有命，如何可逃！祸之所来，皆生于利；苟不求利，祸从何生！"

己巳，景遣石城公大款以诏命解外援军。五代志：宣城郡秋浦县，旧曰石城。考异曰：典略在庚午，梁帝纪在辛未。今从太清纪。柳仲礼召诸将议之，将，即亮翻。邵陵王纶曰："今日之命，委之将军。"仲礼熟视不对。裴之高、王僧辩曰："将军拥众百万，致宫阙沦没，正当悉力决战，何所多言！"仲礼竟无一言，诸军乃随方各散。言诸军各随所来之方散去也。南兖州刺史临成公大连、按姚思廉梁书：大连封临城县公。自东扬州入援，台城既陷，复还会稽。参考通鉴前后所书皆然。此误以东扬州为南兖州，当书"南兖州刺史南康王会理、东扬州刺史临城公大连"。盖传写逸"南康王会理、东扬州刺史"十字。湘东世子方等、鄱阳世子嗣、北兖州刺史湘潭侯退、亦当书"北兖州刺史定襄侯祗、前青·冀二州刺史湘潭侯退"。五代志：衡山郡有湘潭县。吴郡太守袁君正、晋陵太守陆经等各还本镇。君正，昂之子也。帝平建康，袁昂以节义见褒，位至台司。邵陵王纶奔会稽。会，工外翻。仲礼及弟敬礼、羊鸦仁、王僧辩、赵伯超并开营降，降，户江翻；下同。军士莫不叹愤。仲礼等入城，先拜景而后见上；见，贤遍翻；下见父同。上不与言。仲礼见父津，津恸哭曰："汝非我子，何劳相见！"

湘东王绎使全威将军会稽王琳送米二十万石以馈军，至姑孰，闻台城陷，沈米于江而还。沈，持林翻。

景命烧台内积尸，病笃未绝者未绝，谓犹有馀息者。亦聚而焚之。

庚午，诏征镇牧守可复本任。景留柳敬礼、羊鸦仁，而遣柳仲礼归司州，王僧辩归竟陵。王僧辩得归竟陵，为湘东王绎用之以平侯景张本。初，临贺王正德与景约，平城之日，不得全二宫。及城开，正德帅众挥刀欲入，帅，读曰率。景先使其徒守门，故正德不果入。景更以正德为侍中、大司马，百官皆复旧职。正德入见上，更，工衡翻。见，贤遍翻。拜且泣。上曰："'啜其泣矣，何嗟及矣！'"诗中谷有蓷之辞。啜，张劣翻。啜者，泣多而不止也，读如辍。

秦郡、阳平、盱眙三郡皆降景，沈约曰：晋武帝分扶风为秦国，中原乱，其民南流，寄居堂邑。堂邑本为县，西汉属临淮郡，后汉属广陵国。晋惠帝永兴元年，以临淮淮陵立堂邑郡，安帝改堂邑为秦郡。五代志曰：江都郡六合县，旧曰尉氏，置秦郡；又有安宜县，梁置阳平郡。景改阳平为北沧州，改秦郡为西兖州。

8 东徐州刺史湛海珍、北青州刺史王奉伯五代志：东海郡怀仁县，梁置南、北二青州。下邳郡，梁置东徐州。考异曰："北青州"，典略作"南冀州"。今从太清纪。并【章：十二行本"并"上有"淮阳太守王瑜"六字；乙十一行本同；孔本同；张校同；退斋校同。】以地降东魏。青州刺史明少遐、山阳太守萧邻弃城走，五代志：海州怀仁县，梁置南、北二青州。江都郡山阳县，旧置山阳郡。考异曰：梁帝纪在四月。今从太清纪。东魏据其地。

9 侯景以仪同三司萧邕为南徐州刺史，代西昌侯渊藻镇京口。又遣其将徐相攻晋陵，将，即亮翻。陆经以郡降之。

10 初，上以河东王誉为湘州刺史，徙湘州刺史张缵为雍州刺史，代岳阳王詧。缵恃其才望，轻誉少年，迎候有阙。誉至，检括州府付度事，付度者，前刺史以州府之若事若物付度后刺史。雍，于用翻。少，诗照翻。留缵不遣；闻侯景作乱，颇陵蹙缵。缵恐为所害，轻舟夜遁，将之雍部，复虑詧拒之。复，扶又翻。缵与湘东王绎有旧，欲因之以杀誉兄弟，乃如江陵。及台城陷，诸王各还州镇，誉自湖口归湘州。洞庭、青草共为一湖。湖口在巴陵。桂阳王慥以荆州督府湘东王绎以荆州刺史都督荆、雍等九州，慥、誉、詧皆其属也。留军江陵，欲待绎至拜谒，乃还信州。缵遗绎书曰："河东戴樯上水，欲袭江陵，樯，船上桅竿也，所以挂帆，帆泛风则船行。自洞庭至江陵，溯江而上，故曰上水。遗，于季翻。上，时掌翻。岳阳在雍，共谋不逞。"江陵游军主朱荣游军主，领游军之将也。亦遣使告绎云："桂阳留此，欲应誉、詧。"使，疏吏翻。绎惧，凿船，沈米，斩缆，沈，持林翻。缆，卢阚翻，维舟索也。自蛮中步道驰归江陵，囚慥，杀之。绎与誉、詧自此隙矣。

侯景以前临江太守董绍先为江北行台，五代志：历阳郡乌江县，梁置临江郡。董绍先降侯景，见上卷上年。使赍上手敕，召南兖州刺史南康王会理。壬午，绍先至广陵，众不满二百，皆积日饥疲，会理士马甚盛，僚佐说会理曰：说，式芮翻。"景已陷京邑，欲先除诸藩，然后篡位。若四方拒绝，立当溃败，奈何委全州之地以资寇手！不如杀绍先，发兵固守，与魏连和，以待其变。"会理素懦，即以城授之。绍先既入，众莫敢动。会理弟通理请先还建康，谓其姊曰："事既如此，岂可阖家受毙！前途亦思立效，但未知天命如何耳。"绍先悉收广陵文武部曲、铠仗、金帛，铠，可亥翻。遣会理单马还建康。为会理兄弟谋诛王伟不克而死张本。

11 湘潭侯退与北兖州刺史定襄侯祗出奔东魏。侯景以萧弄璋为北兖州刺史，州民发兵拒之；景遣直阁将军羊海将兵助之，海以其众降东魏，将，即亮翻；下同。降，户江翻。东魏遂据淮阴。祗，伟之子也。

12 癸未，侯景遣于子悦等将羸兵数百东略吴郡。羸，伦为翻。新城戍主戴僧逷有精甲五千，沈约曰：浙江西南，名曰相溪，吴立为新城县，属吴郡。今杭州新城县即其地。逷，他历翻。说太守袁君正曰：说，式芮翻。“贼今乏食，台中所得，不支一旬，若闭关拒守，立可饿死。”土豪陆映公恐不能胜而资产被掠，皆劝君正迎之。被，皮义翻。君正素怯，载米及牛酒郊迎。子悦执君正，掠夺财物、子女，东人皆立堡拒之。景又以任约为南道行台，镇姑孰。任，音壬。

13 夏，四月，湘东世子方等至江陵，湘东王绎始知台城不守，命于江陵四旁七里树木为栅，掘堑三重而守之。堑，七艳翻。重，直龙翻。

14 东魏高岳等攻魏颍川，不克。大将军澄益兵助之，道路相继，逾年犹不下。去年四月，高岳等攻颍川。山鹿忠武公刘丰生建策，堰洧水以灌之，五代志：朔方郡长泽县，后魏置阐熙郡及山鹿县。水经：洧水出河南密县西南马领山，东南过长社县北。堰，于扇翻。城多崩颓，岳悉众分休迭进。言分兵为十数部，甲休则乙进，乙休则丙进，丙休则丁进，至于癸休，则甲复进矣；攻者得番休而应者不胜其劳也。王思政身当矢石，与士卒同劳苦，城中泉涌，悬釜而炊。太师泰遣大将军赵贵督东南诸州兵救之，自长社以北，皆为陂泽，兵至穰，穰，即穰城。不得前。东魏使善射者乘大舰临城射之，舰，户黯翻。射之，而亦翻；下射杀同。城垂陷；燕郡景惠公慕容绍宗与刘丰生临堰视之，燕，因肩翻。见东北尘起，同入舰坐避之。俄而暴风至，远近晦冥，缆断，飘船径向城；缆，卢瞰翻。城上人以长钩牵船，弓弩乱发，绍宗赴水溺死，溺，奴狄翻。丰生游上，向土山，浮水而行曰游。上，时掌翻。城上人射杀之。

15 甲辰，东魏进大将军勃海王澄位相国，封齐王，加殊礼。时令澄赞拜不名，入朝不趋，剑履上殿。丁未，澄入朝于邺，固辞；不许。澄召将佐密议之，皆劝澄宜膺朝命；朝，直遥翻。独散骑常侍陈元康以为未可，澄由是嫌之，崔暹乃荐陆元规为大行台郎以分元康之权。

16 湘东王绎之入援也，令所督诸州皆发兵，雍州刺史岳阳王詧遣府司马刘方贵将兵出汉口；雍，于用翻。将，即亮翻；下同。绎召詧使自行，詧不从。方贵潜与绎相知，谋袭襄阳，未发；会詧以他事召方贵，方贵以为谋泄，遂据樊城拒命，詧遣军攻之。绎厚资遣张缵使赴镇，缵至大堤，沈约志：华山郡治大堤。五代志：襄阳郡汉南县，宋置华山郡；唐并汉南入宜城县。九域志：宜城在襄州南九十里。曾巩曰：宋武帝筑宜城之大堤为城，今县治是也。詧已拔樊城，斩方贵。缵至襄阳，詧推迁未去，但以城西白马寺处之；处，昌吕翻。詧犹总军府之政，闻台城陷，遂不受代。助防杜岸绐缵曰："观岳阳势不容使君，不如且往西山以避祸。"西山，谓万山以西，中庐县诸山也。绐，待亥翻。岸既襄阳豪族，兄弟九人，皆以骁勇著名。杜氏兄弟，嵩、岑、嶷、岌、巘、岸、崱、岱、幼安，凡九人。骁，坚尧翻。缵乃与岸结盟，着妇人衣，着，陟略翻。乘青布舆，逃入西山。詧使岸将兵追擒之，缵乞为沙门，更名法缵，詧许之。张缵间构誉、詧兄弟于湘东，凶于而身，害于而国。更，工衡翻。

17 荆州长史王冲等上笺于湘东王绎，请以太尉、都督中外诸军事承制主盟；主盟者，主诸藩之盟。绎不许。丙辰，又请以司空主盟；亦不许。

18 上虽外为侯景所制，而内甚不平。景欲以宋子仙为司空，上曰："调和阴阳，安用此物！"三公燮理阴阳，言宋子仙非其人也。景又请以其党二人为便殿主帅，梁禁中诸殿皆有主帅。杜佑曰：凡言便殿者，皆非正大之处。又曰：便殿，寝侧之别殿。帅，所类翻。上不许。景不能强，强，其两翻。心甚惮之。太子入，泣谏，上曰："谁令汝来！若社稷有灵，犹当克复；如其不然，何事流涕！"景使其军士入直省中，或驱驴马，带弓刀，出入宫庭，上怪而问之，直阁将军周石珍对曰："侯丞相甲士。"上大怒，叱石珍曰："是侯景，何谓丞相！"左右皆惧。是后上所求多不遂志，饮膳亦为所裁节，忧愤成疾。太子以幼子大圜属湘东王绎，属，之欲翻，托也。并剪爪发以寄之。五月，丙辰，上卧净居殿，口苦，索蜜不得，索，山客翻。再曰"荷！荷！"荷，下可翻。遂殂。年八十六。景秘不发丧，迁殡于昭阳殿，侯景时居昭阳殿。迎太子于永福省，使如常入朝。朝，直遥翻。王伟、陈庆皆侍太子，太子呜咽流涕，不敢泄声，殿外文武皆莫之知。

19 东魏高岳既失慕容绍宗等，志气沮丧，不敢复逼长社城。杜佑曰：许州长葛县故长社城，王思政所守也。沮，在吕翻。丧，息浪翻。复，扶又翻。陈元康言于大将军澄曰："王自辅政以来，未有殊功，虽破侯景，本非外贼。太清元年，高澄辅政，次年破侯景。今颍川垂陷，愿王自以为功。"澄从之。戊寅，自将步骑十万攻长社，将，即亮翻。骑，奇寄翻。亲临作堰，堰三决，澄怒，推负土者及囊并塞之。推，吐雷翻。塞，悉则翻。

20 辛巳，发高祖丧，帝殂二十六日而后发丧。升梓宫于太极殿。是日，太子即皇帝位，大赦，侯景出屯朝堂，分兵守卫。景自昭阳殿出屯朝堂。朝堂，盖在太极殿左右。朝，直遥翻。

21 壬午，诏北人在南为奴婢者，皆免之，所免万计；景或更加超擢，冀收其力。

高祖之末，建康士民服食、器用，争尚豪华，粮无半年之储，常资四方委输。毛晃曰：汉有三辅委输官，掌委输者也。凡以物送之曰输，则音平声；指所送之物曰输，则音去声。委输之委，亦音去声。自景作乱，道路断绝，数月之间，人至相食，犹不免饿死，存者百无一二。金陵记曰：梁都之时，户二十八万。西石头城，东至倪塘，南至石子冈，北过蒋山，南北各四十里。侯景之乱至于陈时，中外人物不逮宋、齐之半。贵戚、豪族皆自出采稆，稆，音吕。禾不因播种而生曰稆。填委沟壑，不可胜纪。胜，音升。

癸未，景遣仪同三司来亮入宛陵，宛陵县，汉属丹杨郡，晋分为宣城郡治所。五代志：宣城郡治宣城县，旧曰宛陵。宣城太守杨白华诱而斩之。甲申，景遣其将李贤明攻之，不克。华，读曰花。诱，音酉。将，即亮翻；下同。考异曰：典略在四月。今从太清纪。景又遣中军侯子鉴入吴郡，中军，中军都督也。以厢公苏单于为吴郡太守，单，音蝉。遣仪同宋子仙等将兵东屯钱塘，新城戍主戴僧逷拒【章：十二行本“拒”上有“据县”二字；乙十一行本同；孔本同；退斋校同。】之。御史中丞沈浚避难东归，难，乃旦翻。至吴兴，太守张嵊与之合谋，举兵讨景。嵊，稷之子也。嵊，石证翻。张稷弑齐东昏侯，后死于郁洲。东扬州刺史临城公大连，亦据州不受景命。五代志：会稽郡，梁置东扬州。景号令所行，唯吴郡以西、南陵以北而已。

22 魏诏：“太和中代人改姓者皆复其旧。”改姓，见一百四十卷齐明帝建武三年。

23 六月，丙戌，以南康王会理为侍中、司空。考异曰：梁纪作“戊戌”。今从太清纪。

24 丁亥，立宣城王大器为皇太子。考异曰：太清纪云“七日”。今从梁帝纪及典略。

25 初，侯景将使太常卿南阳刘之遴授临贺王正德玺绶，之遴剃发僧服而逃之。遴，良刃翻。玺，斯氏翻。绶，音受。剃，他计翻。

之遴博学能文，尝为湘东王绎长史；将归江陵，绎素嫉其才，己丑，之遴至夏口，绎密送药杀之，夏，户雅翻。而自为志铭，厚其赙赠。赙，音附。

26 壬辰，封皇子大心为寻阳王，大款为江陵王，大临为南海王，大连为南郡王，大春为安陆王，大成为山阳王，大封为宜都王。考异曰：太清纪、典略并与立太子同日。今从梁帝纪。

27 长社城中无盐，人病挛肿，挛，吕缘翻。死者什八九。大风从西北起，吹水入城，城坏。东魏大将军澄令城中曰："有能生致王大将军者封侯；若大将军身有损伤，亲近左右皆斩。"太清元年，西魏授王思政大将军，故以称之。王思政帅众据土山，东魏筑土山以攻颍川，思政夺而据之。帅，读曰率。告之曰："吾力屈计穷，唯当以死谢国。"因仰天大哭，西向再拜，欲自刎，刎，扶粉翻。都督骆训曰："公常语训等：语，牛倨翻。'汝赍我头出降，降，户江翻。非但得富贵，亦完一城人。'今高相既有此令，相，息亮翻。公独不哀士卒之死乎！"众共执之，不得引决。澄遣通直散骑赵彦深就土山遗以白羽扇，遗，于季翻。执手申意，牵之以下。澄不令拜，延而礼之。思政初入颍川，将士八千人，将，即亮翻；下同。及城陷，才三千人，卒无叛者。卒，子恤翻。澄悉散配其将卒于远方，改颍州为郑州，按魏收志：颍州本治长社，既改郑州，徙治颍阴城，领许昌、颍川、阳翟郡。礼遇思政甚重。西阁祭酒卢潜曰：后齐之制，三师、二大、三公，各置东西阁祭酒。二大，大司马、大将军也。"思政不能死节，何足可重！"澄谓左右曰："我有卢潜，乃是更得一王思政。"潜，度世之曾孙也。卢度世，事魏太武帝。

初，思政屯襄城，欲以长社为行台治所，遣使者魏仲启陈于太师泰，使，疏吏翻。并致书于淅州刺史崔猷。魏收志：淅州领修阳、朱阳、南上洛、淅阳、固郡。五代志：淅阳郡，西魏置淅州。唐志：邓州内乡县本淅阳郡治。猷复书曰："襄城控带京、洛，寔当今之要地，如有动静，易相应接。颍川既邻寇境，又无山川之固，贼若潜来，径至城下。莫若顿兵襄城，为行台之所；颍川置州，遣良将镇守，则表里胶固，人心易安，将，即亮翻。易，弋豉翻。纵有不虞，岂能为患！”仲见泰，具以启闻。具以思政所请，崔猷所报，二者皆启闻也。泰令依猷策。思政固请，且约：“贼水攻期年、期，读曰朞。陆攻三年之内，朝廷不烦赴救。”泰乃许之。及长社不守，泰深悔之。猷，孝芬之子也。崔孝芬为高欢所杀，子猷入关，事见一百五十六卷中大通六年。

侯景之南叛也，事见一百六十卷元年。丞相泰恐东魏复取景所部地，复，扶又翻。使诸将分守诸城。及颍川陷，泰以诸城道路阻绝，皆令拔军还。史言宇文泰不求广地之名而审计利害之实。

28 上甲侯韶自建康出奔江陵，称受高祖密诏征兵，考异曰：梁帝纪在五月。今从太清纪。以湘东王绎为侍中、假黄钺、大都督中外诸军事、司徒、承制，自馀藩镇并加位号。

29 宋子仙围戴僧逷，不克。丙午，吴盗陆缉等考异曰：典略作“戊子”、“陆黯”。今从太清纪、南史。起兵袭吴郡，杀苏单于，推前淮南太守文成侯宁为主。

30 临贺王正德怨侯景卖己，密书召鄱阳王范，使以兵入；景遮得其书，癸丑，缢杀正德。缢，于赐翻，又于计翻。考异曰：典略：“五月，正德死。”今从太清纪、南史。景以仪同三司郭元建为尚书仆射、北道行台、总江北诸军事，镇新秦；旧置秦郡于六合。新秦即秦郡也。简文帝之废也，元建自秦郡驰还谏景，此可证也。封元罗等诸元十馀人皆为王。考异曰：太清纪在八月二十八日。今从典略。景爱永安侯确之勇，常寘左右。邵陵王纶潜遣人呼之，确曰：“景轻佻，佻，吐雕翻。一夫力耳，我欲手刃之，正恨未得其便，卿还启家王，勿以确为念。”景与确游钟山，引弓射鸟，因欲射景，射，而亦翻。弦断，不发，景觉而杀之。考异曰：太清纪，确死在九月。今从典略。

31 湘东王绎娶徐孝嗣孙女为妃，生世子方等。妃丑而妒，又多失行，行，下孟翻；下秽行同。绎二三年一至其室。妃闻绎当至，以绎目眇，为半面妆以待之，绎怒而出，故方等亦无宠。及自建康还江陵，绎见其御军和整，始叹其能，入告徐妃，妃不对，垂泣而退。绎怒，疏其秽行，榜于大阁，方等见之，益惧。湘州刺史河东王誉，骁勇得士心，绎将讨侯景，遣使督其粮众，骁，坚尧翻。使，疏吏翻；下同。誉曰："各自军府，何忽隶人！"使者三返，誉不与。方等请讨之，绎乃以少子安南侯方矩为湘州刺史，使方等将精卒二万送之。少，诗照翻。将，即亮翻。考异曰：太清纪云："初，上遣谘议参军周弘直往湘州，报河东王誉云：'侯景既须扑灭，今欲遣荆州兵力，使汝东往，但使诸萧有一人能匡国难，吾无所惜。'誉对弘直攘袂云：'身始至镇，百度俱阙，征伐之任，便未能行。'又遣舍人虞预至誉所曰：'周弘直还，知汝必不能自出师，吾今便长驱席卷，还望三湘兵粮以相资给。'誉又拒绝，意色殊愤。上又遣录事参军刘毂往雍，宣旨于岳阳王詧曰：'吾舟舰足乘，唯粮仗阙少。湘州有米，已就誉求；雍部精兵，必能分遣；行留之计，尔自择之。'詧答曰：'兵马蓄扞所须，非敢减撤；襄阳形胜之地，岂可蹔虚！'毂出，谓雍州别驾甄玄成曰：'观殿下辞色，曾无匡复之意；卿是股肱所寄，可相毗赞邪？'答曰：'樊、沔冲要，皇业所基，人情骁勇，山川险固，君其雅识，宁俟多言！'毂曰：'本论东讨，共征獯逆；义异西伯，非敢闻命。'于是湘、雍二蕃成乱谋矣。是月，上遣世子方等往湘州，具陈军国之计，诫方等曰：'吾近累遣使往湘，并未相唇齿，今故令汝至彼，必望申吾意，若能得相随下，可留王冲权知州事。'誉遂不受命，潜图构逆。"此皆萧韶为元帝隐恶饰辞耳。今从梁书、南史。方等将行，谓所亲曰："是行也，吾必死之；死得其所，吾复奚恨！"方等不死于救台城之时而死于伐湘州之日，可谓得其死乎！复，扶又翻。

32 侯景以赵威方为豫章太守，江州刺史寻阳王大心遣军拒之，擒威方，系州狱，威方逃还建康。

33 湘东世子方等军至麻溪，据水经注，麻溪水口在临湘县北浏口戍南。河东王誉将七千人击之，方等军败，溺死。溺，奴狄翻。安南侯方矩收馀众还江陵，湘东王绎无戚容。绎宠姬王氏，生子方诸。王氏卒，绎疑徐妃为之，疑其毒杀之。逼令自杀，妃赴井死，葬以庶人礼，不听诸子制服。史言湘东猜薄。

34 西江督护陈霸先欲起兵讨侯景，景使人诱广州刺史元景仲，许奉以为主，元景仲，法僧之子，普通六年，父子归梁。诱，音酉。景仲由是附景，阴图霸先。霸先知之，与成州刺史王怀明等集兵南海，五代志：苍梧郡，梁置成州。南海郡，即广州治所。驰檄以讨景仲曰："元景仲与贼合从，从，子容翻。朝廷遣曲阳侯勃为刺史，军已顿朝亭。"郦道元曰：广州城东北三十里有朝台，昔尉佗因冈作台，北面朝汉，圆基千步，直峭百丈，顶上三亩，复道环回，逶迤曲折，朔望升拜，名曰朝台。朝，直遥翻。景仲所部闻之，皆弃景仲而散。秋，七月，甲寅，景仲缢于阁下。缢，于赐翻。霸先迎定州刺史萧勃镇广州。

前高州刺史兰裕，钦之弟也，五代志：高凉郡，梁置高州。兰钦见一百五十七卷大同元年。与其诸弟扇诱始兴等十郡，攻监衡州事欧阳頠。诱，音酉。监，工衔翻；下同。頠，鱼毁翻。勃使霸先救之，悉擒裕等，考异曰：太清纪擒裕在八月。今从陈书。勃因以霸先监始兴郡事。

35 湘东王绎遣竟陵太守王僧辩、信州刺史东海鲍泉击湘州，分给兵粮，刻日就道。僧辩以竟陵部下未尽至，欲俟众集然后行，与泉入白绎，求申期。申，重也；重为期日。绎疑僧辩观望，按剑厉声曰："卿惮行拒命，欲同贼邪？今日唯有死耳！"因斫僧辩，中其左髀，中，竹仲翻。闷绝，久之方苏，即送狱。泉震怖，不敢言。怖，普布翻。僧辩母徒行流涕入谢，自陈无训，绎意解，赐以良药，故得不死。丁卯，鲍泉独将兵伐湘州。将，即亮翻。考异曰：太清纪作"八日"。或者八日受命，丁卯乃行也。

36 陆缉等竞为暴掠，吴人不附，宋子仙自钱塘旋军击之。时宋子仙攻戴僧遏，屯钱塘。壬戌，缉弃城奔海盐，吴记曰：海盐，本名武原乡，秦以为县，属吴郡，今属嘉兴府，在府东南八十里。子仙复据吴郡。复，扶又翻。戊辰，侯景置吴州于吴郡，以安陆王大春为刺史。

37 庚午，以南康王会理兼尚书令。考异曰：太清纪在八月二十六日。今从典略。

38 鄱阳王范闻建康不守，戒严，欲入，僚佐或说之曰："今魏人已据寿阳，大王移足，则虏骑必窥合肥。前贼未平，后城失守，说，式芮翻。守，式又翻。将若之何！不如待四方兵集，使良将将精卒赴之，将，即亮翻；下同。进不失勤王，退可固本根。"范乃止。会东魏大将军澄遣西兖州刺史李伯穆逼合肥，又使魏收为书谕范。范方谋讨侯景，借东魏为援，乃帅战士二万出东关，以合州输伯穆，帅，读曰率。并遣谘议刘灵议送二子勤、广为质于东魏以乞师。谘议者，谘议参军。质，音致。范屯濡须以待上游之军，遣世子嗣将千馀人守安乐栅，安乐栅者，范所立栅，以安乐名之。然台城覆陷，父兄蒙尘，此子弟沫血枕戈之时，以安乐名栅，非名也。乐，音洛。上游诸军皆不下，范粮乏，采菰稗、菱藕以自给。菰，与菰同，音孤。雕菰米，本草又谓之茭白，岁久中心生白台，谓之菰米；其台中有黑者，谓之茭郁，至后结实，乃雕胡黑米也。稗，蒲卖翻。稗者，似稻，其实尖圆而细。勤、广至邺，东魏人竟不为出师。为，于伪翻。范进退无计，进则孤羸之军不足以制侯景，退则合肥已为东魏人所据。乃溯流西上，上，时掌翻。军于枞阳。枞阳县，汉属庐江郡。晋书、五代志，同安郡同安县，旧曰枞阳，并置枞阳郡。师古曰：枞，七容翻。景出屯姑孰，范将裴之悌以众降之。降，户江翻。之悌，之高之弟也。

39 东魏大将军澄诣邺，辞爵位殊礼，且请立太子。澄谓济阴王晖业曰："比读何书？"晖业曰："数寻伊、霍之传，不读曹、马之书。”谓伊、霍辅少主，曹、马篡国也。济，子礼翻。比，毗至翻。数，所角翻。传，直恋翻。

40 八月，甲申朔，侯景遣其中军都督侯子鉴等击吴兴。

41 己亥，鲍泉军于石椁寺，河东王誉逆战而败；辛丑，又败于橘洲，晏公类要曰：橘洲，在长沙西南四十里。湘江中四洲，橘洲其一也。水经注：沅水东径龙阳县之泛洲，洲长二十里，吴丹杨太守李衡植柑于其上，临死，敕其子曰：“吾州里有木奴千头，不责衣食，岁绢千匹。”今洲上犹有遗栟。余按泛洲乃柑洲，非橘洲。水经注又云：湘水北过临湘县西，又北过南津城西，西对橘洲，此则是也。类要亦指此。张舜民郴行录：橘洲东对潭州城。战及溺死者万馀人。溺，奴狄翻。誉退保长沙，众【章：十二行本“众”作“泉”；乙十一行本同；孔本同；退斋校同；熊校同。】引军围之。

42 辛卯，东魏立皇子长仁为太子。

勃海文襄王澄以其弟太原公洋次长，次长，言于兄弟行，澄居长而洋次之。长，竹丈翻。意常忌之。洋深自晦匿，言不出口，常自贬退，与澄言，无不顺从。澄轻之，常曰：“此人亦得富贵，相书亦何可解！”相，息亮翻。古之唐举、许负，皆相视人之骨法状貌以知吉凶贵贱，有相书传于世。解，户买翻。洋为其夫人赵郡李氏营服玩小佳，为，于伪翻；下为尔同。澄辄夺取之；夫人或恚未与，恚，於避翻。洋笑曰：“此物犹应可求，兄须何容吝惜！”须者，意所欲亦求也。澄或愧不取，洋即受之，亦无饰让。每退朝还第，朝，直遥翻。辄闭阁静坐，虽对妻子，能竟日不言。或时袒跣奔跃，夫人问其故，洋曰：“为尔漫戏。”漫戏，言漫尔作戏。其实盖欲习劳也。

澄获徐州刺史兰钦子京，以为膳奴，兰钦仕梁，为徐州刺史。考异曰：陈元康传作“兰固成”。今从北齐帝纪。钦请赎之，不许；京屡自诉，澄杖之，曰：“更诉，当杀汝！”京与其党六人谋作乱。澄在邺，居北城东柏堂，嬖琅邪公主，琅邪公主事始见一百五十九卷大同十一年。欲其往来无间，间，古苋翻。侍卫者常遣出外。辛卯，澄与散骑常侍陈元康、吏部尚书侍中杨愔、黄门侍郎崔季舒屏左右，谋受魏禅，愔，于今翻。屏，必郢翻。署拟百官。兰京进食，澄却之，谓诸人曰："昨夜梦此奴斫我，当急杀之。"京闻之，置刀盘下，冒言进食，澄怒曰："我未索食，索，山客翻，求也。何为遽来！"京挥刀曰："来杀汝！"澄自投伤足，入于床下，贼去床，弑之。去，羌吕翻。愔狼狈走，遗一靴；靴，许戈翻。季舒匿于厕中；元康以身蔽澄，与贼争刀被伤，肠出；被，皮义翻；下同。库直王纮冒刃御贼；纥奚舍乐斗死。时变起仓猝，内外震骇。太原公洋在城东双堂，闻之，颜色不变，指挥部分，分，扶问翻。入讨群贼，斩而脔之，脔，力兖翻，割切其肉也。徐出，曰："奴反，大将军被伤，无大苦也。"内外莫不惊异。洋素自晦匿，今遇变而不为之变，故皆惊而异之。洋秘不发丧。陈元康手书辞母，口占使功曹参军祖珽作书陈便宜，珽，待鼎翻。至夜而卒；洋殡之第中，诈云出使，使，疏吏翻。虚除元康中书令。并秘陈元康死问，亦所以镇安人情。以王纮为领左右都督。纮，基之子也。王基见一百五十六卷中大通六年。

勋贵以重兵皆在并州，劝洋早如晋阳，洋从之。夜，召大将军督护太原唐邕，使部分将士，镇遏四方；分，扶问翻。邕支配须臾而毕，支，分也。配，隶也。支配，犹今人言品配。洋由是重之。

癸巳，洋讽东魏主以立太子大赦。托建储大赦，以安兰京之党心怀反侧者。澄死问渐露，东魏主窃谓左右曰："大将军今死，似是天意，威权当复归帝室矣！"复，扶又翻；下可复同。洋留太尉高岳、太保高隆之、开府仪同三司司马子如、侍中杨愔守邺，馀勋贵皆自随。甲午，入谒东魏主于昭阳殿，从甲士八千人，登阶者二百馀人，皆攘袂扣刃，若对严敌。令主者传奏曰："臣有家事，须诣晋阳。"主者，主朝仪者也。再拜而出。东魏主失色，目送之曰："此人又似不相容，朕不知死在何日！"晋阳旧臣、宿将素轻洋；及至，大会文武，神彩英畅，言辞敏洽，众皆大惊。晋阳文武之惊洋，犹邺城内外也。澄政令有不便者，洋皆改之。高隆之、司马子如等恶度支尚书崔暹，恶，乌路翻。奏暹及崔季舒过恶，鞭二百徙边。二人素为澄所亲任，故隆之等恶之。

43 侯景以宋子仙为司徒、郭子【章：十二行本"子"作"元"；乙十一行本同；孔本同。】建为尚书左仆射，与领军任约等四十人并开府仪同三司，仍诏："自今开府仪同不须更加将军。"梁制，虽三公亦加将军号，今开府仪同三司亦不加。是后开府仪同至多，不可复记矣。

44 鄱阳王范自枞阳遣信告江州刺史寻阳王大心，枞，七容翻。大心遣信邀之。范引兵诣江州，大心以湓城处之。一栖不两雄，为范与大心互相猜忌张本。处，昌吕翻。

45 吴兴兵力寡弱，张嵊书生，不闲军旅；闲，习也。或劝嵊效袁君正以郡迎侯子鉴。嵊叹曰："袁氏世济忠贞，袁氏自淑至顗、粲及昂，皆以忠贞著节。不意君正一旦隳之。吾岂不知吴郡既没，吴兴势难久全；但以身许国，有死无贰耳！"九月，癸丑朔，子鉴军至吴兴，嵊战败，还府，整服安坐，子鉴执送建康。侯景嘉其守节，欲活之，嵊曰："吾忝任专城，朝廷倾危，不能匡复，今日速死为幸。"景犹欲全其一子，嵊曰："吾一门已在鬼录，魏文帝书曰：观其姓名，已为鬼录。录，籍也。不就尔虏求恩！"景怒，尽杀之；张嵊阖门死义，以雪其父弑君之丑，血祀绝矣。并杀沈浚。沈浚责侯景之时，视死如归，其后与张嵊起兵，岂望生邪！

46 河东王誉告急于岳阳王詧，詧留谘议参军济阳蔡大宝守襄阳，帅众二万、骑二千伐江陵以救湘州。济，子礼翻。帅，读曰率。骑，奇寄翻。湘东王绎大惧，遣左右就狱中问计于王僧辩，僧辩具陈方略，绎乃赦之，以为城中都督。乙卯，詧至江陵，作十三营以攻之；会大雨，平地水深四尺，深，式浸翻。詧军气沮。沮，在吕翻。绎与新兴太守杜崱有旧，汉献帝建安十二年，省云中、定襄、五原、朔方四郡，郡立一县，合为新兴郡，属并州。晋江左侨立于荆州界，领定襄、广牧等县。五代志：南郡安兴县，旧置广牧定襄县，唐省安兴县入江陵，则新兴固荆州所统矣，何待绎以旧好密邀崱哉！盖崱虽带新兴太守，实从军在襄阳也。崱，士力翻。密邀之。乙丑，崱与兄岌、岸、弟幼安、兄子龛各帅所部降于绎。岌，鱼及翻。龛，苦含翻。降，户江翻。岸请以五百骑袭襄阳，昼夜兼行；去襄阳三十里，城中觉之，蔡大宝奉詧母龚保林保林，宫中女官，自汉以来有之。颜师古曰：保，安也，言其可安众如林也。齐高帝建元三年，太子宫置三内职，良娣比开国侯，保林比五等侯，才人比驸马都尉。登城拒战。詧闻之，夜遁，弃粮食、金帛、铠仗于湕水，不可胜纪。铠，可亥翻。丁度曰：湕，纪偃切，水名，出南郡。今荆门军北百里有建水，盖即此水也。胜，音升。张缵病足，詧载以随军；及败走，守者恐为追兵所及，杀之，弃尸而去。考异曰：太清纪云："詧使制文檄，缵曰：'吾蒙朝廷不世之荣，又荷湘东王国士之眷，今日虽死，义无操笔。'及军败，将杀之，缵曰：'若使南师必振，北贼将亡，吾虽死无所恨。'遂杀之，弃尸于江陵北湖。"又云："诸将并欲追蹑，上以如子之情，情所未忍，曰：'彼不应来而来，明其为逆；我应逐不逐，见我之弘。'"此盖亦萧韶之虚美。今从南史。詧至襄阳，岸奔广平，依其兄南阳太守巘。晋渡江南，侨立广平郡于襄阳；宋以汉南阳郡之朝阳县为实土。水经注：古朝阳县在新野县西。巘，与巇同，鱼蹇翻。

47 湘东王绎以鲍泉围长沙久不克，怒之，以平南将军王僧辩代为都督，数泉十罪，数，所具翻。命舍人罗重欢与僧辩偕行。重，直龙翻。泉闻僧辩来，愕然曰："得王竟陵来助我，贼不足平。"拂席待之。僧辩入，背泉而坐，背，蒲妹翻。曰："鲍郎，卿有罪，令旨使我锁卿，时绎下书于所部称令，故曰令旨。卿勿以故意见期。”使重欢宣令，锁之床侧。泉为启自申，申，明也，理也。且谢淹缓之罪，绎怒解，遂释之。

48 冬，十月，癸未朔，东魏以开府仪同三司潘相乐为司空。

49 初，历阳太守庄铁帅众归寻阳王大心，铁归大心见一百六十一卷太清二年。帅，读曰率。大心以为豫章内史。铁至郡即叛，推观宁侯永为主。永，范之弟也。丁酉，铁引兵袭寻阳，大心遣其将徐嗣徽逆击，破之。铁走，至建昌，建昌县，汉和帝永元十六年，分海昏立，属豫章郡。光远将军韦构邀击之，铁失其母弟妻子，单骑还南昌，南昌，汉旧县，豫章郡治所。大心遣构将兵追讨之。

50 宋子仙自吴郡趣钱塘。刘神茂自吴兴趣富阳，前武州刺史富阳孙国恩以城降之。趣，七喻翻。降，户江翻；下同。

51 十一月，乙卯，葬武皇帝于脩陵，考异曰：太清纪云：“十四日，梓宫达于脩陵，”今从梁书。庙号高祖。

52 百济遣使入贡，使，疏吏翻。见城关荒圮，圮，部鄙翻，毁也。异于向来，毛晃曰：昔来谓之向来。哭于端门；端门，台城正南门之中门。侯景怒，录送庄严寺，录，拘也，收也。庄严寺，近建康南郊坛。不听出。

53 壬戌，宋子仙急攻钱塘，戴僧逷降之。

54 岳阳王詧使将军薛晖攻广平，拔之，获杜岸，送襄阳。詧拔其舌，鞭其面，支解而烹之。又发其祖父墓，焚其骸而扬之，以其头为漆碗。

詧既与湘东王绎为敌，恐不能自存，遣使求援于魏，请为附庸。郑康成曰：附庸，以国事附于大国也。丞相泰令东阁祭酒荣权使于襄阳，绎使司州刺史柳仲礼镇竟陵以图詧，詧惧，遣其妃王氏及世子嶚为质于魏。嶚，力么翻。质，音致。丞相泰欲经略江、汉，以开府仪同三司杨忠都督三荆等十五州诸军事，镇穰城。仲礼至安陆，安陆太守柳【章：十二行本“柳”作“沈”；乙十一行本同；孔本同；退斋校同。】勰以城降之。勰，音协。仲礼留长史马岫与其弟子礼守之，帅众一万趣襄阳，泰遣杨忠及行台仆射长孙俭将兵击仲礼以救詧。为西魏因詧而并绎张本。

55 宋子仙乘胜渡浙江，至会稽。会，工外翻。邵陵王纶闻钱塘已败，出奔鄱阳，考异曰：南史云：“东土皆附纶，临城公大连惧将害己，乃图之，纶觉之，乃去。”今从典略。鄱阳内史开建侯蕃以兵拒之，五代志：开建县属熙平郡，隋以熙平郡为连州。范进击蕃，破之。“范”，当作“纶”。

56 魏杨忠将至义阳，太守马伯符以下溠城降之，五代志：汉东郡唐城县，后魏曰灄西，置义阳郡，西魏改灄西为下溠。杜佑曰：下溠戍，在汉东郡枣阳县东南百馀里。九域志：唐城在随州西北八十五里。左传：楚人除道梁溠，营军临随。即此溠水。溠，音侧驾翻，字林壮加翻。忠以伯符为乡导。乡，读曰向。伯符，岫之子也。

57 南郡王大连为东扬州刺史。时会稽丰沃，胜兵数万，会，工外翻。胜，音升。粮仗山积，东土人惩侯景残虐，咸乐为用，乐，音洛。而大连朝夕酣饮，不恤军事；司马东阳留异，凶狡残暴，为众所患，大连悉以军事委之。十二月，庚寅，宋子仙攻会稽，大连弃城走，异奔还乡里，寻以其众降于子仙。大连欲奔鄱阳，异为子仙乡导，追及大连于信安，汉献帝初平二年，分太末立新安县，晋武帝太康元年，更名信安。五代志，东阳郡信安县有江山，即今江山县也。宋白曰：信安县，汉太末县地，汉末为新安，晋为信安，唐为衢州治所。唐又分信安之南川为江山县。考异曰：典略云：“十二月，庚子朔，擒大连。”按是月壬午朔。今从太清纪。执送建康，【章：十二行本“康”下有“大连犹醉不之知”七字；乙十一行本同；孔本同；张校同；退斋校同。】帝闻之，引帷自蔽，掩袂而泣。不忍见其子之俘执也。于是三吴尽没于景，公侯在会稽者，俱南度岭。景以留异为东阳太守，为后留异据东阳张本。收其妻子为质。质，音致。

58 乙酉，东魏以并州刺史彭乐为司徒。

59 邵陵王纶进至九江，寻阳王大心以江州让之，纶不受，引兵西上。上，时掌翻。

60 始兴太守陈霸先结郡中豪杰欲讨侯景，郡人侯安都、张偲等各帅众千馀人归之。偲，新兹翻，又仓才翻。霸先遣主帅杜僧明将二千人顿于岭上，大庾岭也。帅，所类翻。将，即亮翻。广州刺史萧勃遣人止之曰："侯景骁雄，天下无敌，骁，坚尧翻。前者援军十万，士马精强，犹不能克，谓柳仲礼等。君以区区之众，将何所之！如闻岭北王侯又皆鼎沸，亲寻干戈，谓荆、雍、湘三州。以君疏外，讵可暗投！汉邹阳曰：明月之珠，夜光之璧，以暗投人于道路，人无不按剑而相眄者，无因而至前也。未若且留始兴，遥张声势，保太山之安也。"霸先曰："仆荷国恩，往闻侯景渡江，即欲赴援，遭值元、兰，梗我中道。荷，下可翻。元、兰，谓元景仲及兰裕也。今京都覆没，君辱臣死，谁敢爱命！君侯体则皇枝，萧勃，武帝从弟吴平侯昺之子，故云然。任重方岳，遣仆一军，犹贤乎已，犹贤乎已，用孔子语。已，止也。此言犹胜乎止而不遣军也。乃更止之乎！"乃遣使间道诣江陵，受湘东王绎节度。使，疏吏翻。间，古苋翻。时南康土豪蔡路养起兵据郡，勃乃以腹心谭世远为曲江令，曲江县，汉属桂阳郡，吴属始兴郡，唐为韶州。与路养相结，同遏霸先。为陈霸先破蔡路养张本。

61 魏杨忠拔随郡，执太守桓和。五代志：汉东郡随县，旧置随郡。

62 东魏使金门公潘乐等将兵五万袭司州，刺史夏侯强降之。于是东魏尽有淮南之地。太清二年，东魏使辛术略江、淮之北，至是方尽有淮南之地。

王崇武标点容肇祖聂崇岐覆校

资治通鉴卷第一百六十三

端明殿学士兼翰林侍读学士朝散大夫右谏议大夫
充集贤殿修撰提举西京嵩山崇福宫上柱国河内郡 司马光 奉敕编集
开国侯食邑一千八百户食实封六百户赐紫金鱼袋臣

后学天台胡三省音注

梁纪十九 上章敦牂(庚午)，一年。

太宗简文皇帝上 讳纲，字世赞，小字六通，武帝第三子，昭明太子母弟也。谥法：平易不訾曰简；学勤好问曰文。

大宝元年(庚午、五五〇)

1 春，正月，辛亥朔，大赦，改元。

2 陈霸先发始兴，至大庾岭，大庾岭，在今南安军大庾县西南二十里。吴录：南野县有大庾山，自岭峤九嶝二里，至岭下，平行十里，至平亭。蔡路养将二万人军于南野以拒之。南野县，汉属豫章郡，晋属南康郡。刘昫曰：唐韶州始兴县，汉南野县地。宋白曰：虔州之南康大庾岭，南雄州之始兴，皆汉南野县地。舆地志：今虔州龙南县，汉南野县地。将，即亮翻。路养妻侄兰陵萧摩诃，年十三，单骑出战，无敢当者。杜僧明马被伤，骑，奇寄翻。被，皮义翻。陈霸先救之，授以所乘马；僧明上马复战，上，时掌翻。复，扶又翻。众军因而乘之，路养大败，脱身走。霸先进军南康，考异曰：太清纪在二月。今从陈帝纪。湘东王绎承制授霸先明威将军、交州刺史。

3 戊辰，东魏进太原公高洋位丞相、都督中外诸军、录尚书事、大行台、齐郡王。

4 庚午，邵陵王纶至江夏，郢州刺史南康王恪郊迎，“南康”当作“南平”，参考前后及梁书可见。夏，户雅翻。以州让之，纶不受；乃推纶为假黄钺，都督中外诸军事，承制置百官。考异曰：太清纪云：“三月，纶逼夺恪州，徙恪于郡廨。”今从梁书、典略。

5 魏杨忠围安陆，柳仲礼驰归救之。去年仲礼将兵趣襄阳。诸将恐仲礼至则安陆难下，请急攻之，将，即亮翻；下同。忠曰：“攻守势殊，未可猝拔；若引日劳师，表里受敌，非计也。南人多习水军，不闲野战，仲礼师在近路，吾出其不意，以奇兵袭之，彼怠我奋，一举可克。克仲礼，则安陆不攻自拔，诸城可传檄定也。”乃选骑二千，衔枚夜进，败仲礼于漴头，败，补迈翻。杜佑曰：漴，音崇。水所冲曰漴。考异曰：太清纪作“潼头”，在去年十二月。今从典略。获仲礼及其弟子礼，尽俘其众。马岫以安陆，别将王叔孙以竟陵，皆降于忠。降，户江翻。于是汉东之地尽入于魏。

6 广陵人来嶷嶷，鱼力翻。说前广陵太守祖皓曰：“董绍先轻而无谋，轻，牵正翻。人情不附，袭而杀之，此壮士之任也。今欲纠帅义勇，奉戴府君。帅，读曰率；下同。若其克捷，可立桓、文之勋，必天未悔祸，犹足为梁室忠臣。”皓曰：“此仆所愿也。”乃相与纠合勇士，得百馀人。癸酉，袭广陵，斩南兖州刺史董绍先；据城，驰檄远近，推前太子舍人萧勔为刺史，勔，弥兖翻。仍结东魏为援。皓，暅之子；祖暅见一百四十七卷武帝天监十二年，诸本作“暅之之子”者，衍一“之”字。暅，古邓翻。勔，勃之兄也。乙亥，景遣郭元建帅众奄至，皓婴城固守。

7 二月，魏杨忠乘胜至石城，五代志：竟陵郡长寿县，后周置石城郡。欲进逼江陵，湘东王绎遣舍人庾恪说忠曰：“詧来伐叔说，式芮翻。来伐事见上卷上年。而魏助之，何以使天下归心！”忠遂停涟北。涟水之北也。涟，纪偃翻。绎遣舍人王孝祀等送子方略为质以求和，魏人许之。绎与忠盟曰："魏以石城为封，梁以安陆为界，请同附庸，并送质子，贸迁有无，质，音致。贸，易也；迁，徙也；徙有之无以相贸易。贸，音茂。永敦邻睦。"忠乃还。还，从宣翻，又如字。

8 宕昌王梁弥定宕，徒浪翻。为其宗人獠甘所袭，弥定奔魏，獠甘自立。羌酋傍乞铁怱据渠株川，獠，鲁皓翻。酋，慈秋翻。与渭州民郑五丑合诸羌以叛魏。丞相泰使大将军宇文贵、凉州刺史史宁讨之，擒斩铁怱、五丑。宁别击獠甘，破之，獠甘将百骑奔生羌巩廉玉。生羌，远在塞外，不羁属于魏者。骑，奇寄翻。宁复纳弥定于宕昌，置岷州于渠株川，五代志，临洮郡临洮县，西魏置溢乐县，并置岷州。复，扶又翻。进击巩廉玉，斩獠甘，虏廉玉送长安。

9 侯景遣任约、于庆等帅众二万攻诸藩。诸藩，谓梁之宗室分任藩维者。任，音壬。帅，读曰率。

10 邵陵王纶欲救河东王誉而兵粮不足，乃致书于湘东王绎曰："天时、地利，不及人和，用孟子之言。况于手足肱支，岂可相害！今社稷危耻，创巨痛深，礼记三年问曰：创巨者其疾久，痛甚者其愈迟。三年者，称情而立文，所以为至痛极也。斩衰、苴杖、居倚庐、食粥、寝苫、枕块，所以为至痛饰也。创，初良翻。唯应剖心尝胆，泣血枕戈，越王句践卧薪尝胆，求以报吴。晋刘琨枕戈待旦，志枭逆虏。枕，之任翻。子执亲丧，泣血三年。孔颖达曰：说文：哭，哀声也。泣，无声出泪也。则无声谓之泣矣。连言血者，以泪出于目，犹血出于体，故以泪比血。礼记曰：子羔执亲之丧，泣血三年。注曰：无声而血出，是也。其馀小忿，或宜容贳。贳，贷也。若外难未除，家祸仍构，料今访古，难，乃旦翻。料，音聊。未或不亡。夫征战之理，唯求克胜；至于骨肉之战，愈胜愈酷，捷则非功，败则有丧，丧，息浪翻。劳兵损义，亏失多矣。侯景之军所以未窥江外者，荆州治江陵，在江北，故曰江外。良为藩屏盘固，宗镇强密。为，于伪翻。屏，必郢翻。弟若陷洞庭，湘州之地，襟带洞庭，故谓湘州为洞庭。不戢兵刃，雍州疑迫，何以自安，必引进魏军以求形援。以纶之昏狂，犹能言及于此，盖势有所必至也。戢，阻立翻。雍，于用翻。弟若不安，家国去矣。必希解湘州之围，存社稷之计。”绎复书，陈誉过恶不赦，言其过大恶极，法所不赦。且曰：“詧引杨忠来相侵逼，颇遵谈笑，用却秦军，鲁仲连谈笑而却秦军，绎引此以为大言。曲直有在，不复自陈。复，扶又翻。临湘旦平，临湘县自汉以来属长沙郡，时为州郡治所。隋改临湘县曰长沙县。暮便即路。”即路，就路也。承上文而言，若欲攻襄阳；考之下文，盖谓讨侯景。纶得书，投之于案，慷慨流涕曰：“天下之事，一至于斯，湘州若败，吾亡无日矣！”纶知绎兵东下，必将图己，故云然。使在京口之时能思及此，则何亡国丧身之有！古人所以重居安虑危，居宠思畏者也。史为纶北奔张本。

11 侯景遣侯子鉴帅舟师八千，自帅徒兵一万，徒兵，步兵也。帅，读曰率；下同。攻广陵，三日，克之，执祖皓，缚而射之，箭遍体，然后车裂以徇；城中无少长皆埋之于地，驰马射而杀之。射，而亦翻。少，诗照翻。长，知两翻。考异曰：太清纪曰：“城中数百人，”典略曰：“死者八千人，”今从南史。以子鉴为南兖州刺史，镇广陵。广陵之人既歼矣，子鉴所镇者空城耳。景还建康。

12 丙戌，以安陆王大春为东扬州刺史。省吴州。景置吴州见上卷上年。

13 乙巳，以尚书仆射王克为左仆射。

14 庚寅，东魏以尚书令高隆之为太保。

15 宣城内史杨白华进据安吴，孙吴立安吴县，属宣城郡；隋省安吴入泾县。侯景遣于子悦帅众攻之，不克。

16 东魏行台辛术将兵入寇，围阳平，不克。

17 侯景纳上女溧阳公主，甚爱之。溧，音栗。三月，甲申，景请上禊宴于乐游苑，禊宴，因祓禊而开宴。禊，胡计翻。乐游苑，在玄武湖南。帐饮三日。上还宫，景与公主共据御床，南面并坐，群臣文武列坐侍宴。

18 庚申，东魏进丞相洋爵为齐王。

19 临川内史始兴王毅等击庄铁，王毅，始兴人；毅即"毅"字，后人传写，变"立"为"彑"耳。鄱阳王范遣其将巴西侯瑱救之，瑱，他甸翻。毅等败死。

20 鄱阳世子嗣与任约战于三章，约败走；嗣因徙镇三章，谓之安乐栅。去年鄱阳王范西上，使世子嗣守安乐栅，今移栅三章，亦以安乐名栅。乐，音洛。

21 夏，四月，庚辰朔，湘东王绎以上甲侯韶为长沙王。上甲侯韶奔江陵，见上卷上年。按梁书，长沙王懿子渊业嗣封；卒，子孝俨嗣封；又卒，子沓嗣封。沓，懿曾孙也，时在建康。湘东以韶归之，遂以为长沙王，非礼也。

22 丙午，侯景请上幸西州，上御素辇，侍卫四百馀人，景浴铁数千，翼卫左右。浴铁者，言铁甲坚滑，若以水浴之也。上闻丝竹，凄然泣下，命景起舞；景亦请上起舞。酒阑坐散，坐，徂卧翻。上抱景于床曰："我念丞相。"景曰："陛下如不念臣，臣何得至此！"逮夜乃罢。

时江南连年旱蝗，江、扬尤甚，百姓流亡，相与入山谷、江湖，采草根、木叶、菱芡而食之，菱，芰也。芡，巨险翻；说文曰：鸡头也。方言曰：南楚谓之鸡头，北燕谓之葰，青、徐、淮、泗之间谓之芡。所在皆尽，死者蔽野。富室无食，皆鸟面鹄形，衣罗绮，怀珠玉，俯伏床帷，待命听终。千里绝烟，衣，于既翻。烟，与煙同。人迹罕见，白骨成聚，如丘陇焉。

景性残酷，于石头立大碓，碓，都内翻。有犯法者捣杀之。

常戒诸将曰："破栅平城，当净杀之，使天下知吾威名。"故诸将每战胜，专以焚掠为事，斩刈人如草芥，以资戏笑。由是百姓虽死，终不附之。史言侯景将败。又禁人偶语，犯者刑及外族。男子谓舅家为外家，妇人谓父母之家为外家。外族，外家之族。为其将帅者，悉称行台，来降附者，悉称开府，其亲寄隆重者曰左右厢公，勇力兼人者曰库直都督。南史侯景传作"库真部督"。误也。

23 魏封皇子儒为燕王，公为吴王。

24 侯景召宋子仙还京口。去年宋子仙克东扬州，今召还京口。

25 邵陵王纶在郢州，以听事为正阳殿，内外斋阁，悉加题署。其部下陵暴军府，郢州将佐莫不怨之。谘议参军江仲举，南平王恪之谋主也，说恪图纶，说，式芮翻。恪惊曰："若我杀邵陵，宁静一镇，荆、益兄弟必皆内喜，帝既蒙尘，纶于兄弟之次当立。恪若除纶，则人望归于荆、益，必当内以为喜。时湘东王绎在荆州，武陵王纪在益州。海内若平，则以大义责我矣。且巨逆未枭，巨逆，谓侯景。枭，谓枭其首。枭，坚尧翻。骨肉相残，自亡之道也。卿且息之。"仲举不从，部分诸将，分，扶问翻。刻日将发，谋泄，纶压杀之。恪狼狈往谢，纶曰："群小所作，非由兄也。凶党已毙，兄勿深忧！"南平王恪，伟之子也，于纶为兄。

26 王僧辩急攻长沙，辛巳，克之。执河东王誉，斩之，传首江陵，湘东王绎反其首而葬之。反其首于长沙，与身俱葬。初，世子方等之死，见上卷上年。临蒸周铁虎功最多，吴立临蒸县，以县临蒸水而名，属衡阳郡，晋属湘东郡。郦道元曰：临蒸即故酃县，县即湘东郡。刘昫曰：隋改临蒸为衡阳县，今衡州所治衡阳县是也。衡州志：吴分酃县立临蒸县，俯临蒸水，其气如蒸。姚思廉陈书曰：周铁虎，不知何许人，梁世南渡，事河东王誉，为临蒸令。如此，则通鉴逸"令"字。誉委遇甚重。僧辩得铁虎，命烹之，呼曰：呼，火故翻。"侯景未灭，奈何杀壮士！"僧辩奇其言而释之，还其麾下。绎以僧辩为左卫将军，加侍中、镇西长史。

绎自去岁闻高祖之丧，以长沙未下，故匿之。壬寅，始发丧，刻檀为高祖像，置于百福殿，事之甚谨，动静必咨焉。绎以为天子制于贼臣，不肯从大宝之号，犹称太清四年。丙午，绎下令大举讨侯景，移檄远近。

27 鄱阳王范至湓城，以晋熙为晋州，晋安帝分庐江郡立晋熙郡。五代志：同安郡怀宁县旧置晋熙郡。唐以同安郡为舒州。遣其世子嗣为刺史，江州郡县多辄改易。改易郡县守令也。寻阳王大心，政令所行，不出一郡。惟寻阳一郡而已。大心遣兵击庄铁，嗣与铁素善，请发兵救之，范遣侯瑱帅精甲五千助铁。瑱，他甸翻，又音镇。帅，读曰率；下同。由是二镇互相猜忌，无复讨贼之志。复，扶又翻。大心使徐嗣徽帅众二千，筑垒稽亭以备范，据齐书晋安王子懋传：子懋谋举兵于江州，宣城王遣裴叔业袭取湓城，子懋先已具船于稽亭渚，闻叔业得湓城，乃据州自卫。则稽亭渚在江州城东也。帅，读曰率。市籴不通，范数万之众，无所得食，多饿死。范愤恚，疽发于背，五月，乙卯，卒。恚，於避翻。考异曰：典略作“己酉”。今从太清纪。范众秘不发丧，奉范弟安南侯恬为主，有众数千人。

28 丙辰，侯景以元思虔为东道大行台，镇钱唐。丁巳，以侯子鉴为南兖州刺史。

29 东魏齐王洋之为开府也，洋为开府，见一百五十七卷武帝大同元年。勃海高德政为管记，管记，即记室参军之职。由是亲昵，言无不尽。昵，尼质翻。金紫光禄大夫丹杨徐之才、北平太守广宗宋景业，汉、晋以来、中山有北平县，后魏孝昌中，分置北平郡，属定州。广宗县，汉属钜鹿郡，后属安平国，后魏太和二十一年，分置广宗郡；时属司州。皆善图谶，谶，楚谮翻。以为太岁在午，当有革命，因德政以白洋，劝之受禅。洋以告娄太妃，太妃曰：“汝父如龙，兄如虎，犹以天位不可妄据，终身北面，汝独何人，欲行舜、禹之事乎！”洋以告之才，之才曰：“正为不及父兄，为，于伪翻。故宜早升尊位耳。”洋铸像卜之而成，乃使开府仪同三司段韶问肆州刺史斛律金，金来见洋，固言不可，以宋景业首陈符命，请杀之。洋与诸贵议于太妃前，太妃曰：“吾儿懦直，必无此心，高德政乐祸，教之耳。”乐，音洛。洋以人心不壹，遣高德政如邺察公卿之意，未还；洋拥兵而东，至平都城，九域志：辽州辽山县有平城镇。宋白曰：辽州平城县本汉涅县地，晋置武乡县，此地属焉。隋开皇十六年，于赵简子所立平都故城置平城县。召诸勋贵议之，莫敢对。长史杜弼曰：“关西，国之勍敌，谓宇文氏也。勍，渠京翻。若受魏禅，恐彼挟天子，自称义兵而东向，此天子，谓西魏主。王何以待之！”徐之才曰：“今与王争天下者，彼亦欲为王所为，纵其屈强，屈，其勿翻。强，其两翻。不过随我称帝耳。”弼无以应。高德政至邺，讽公卿，莫有应者。司马子如逆洋于辽阳，辽阳县自汉末以来属乐平郡，隋开皇十一年，改曰辽山县，我朝为辽州治所。固言未可。洋欲还，仓丞李集曰：北齐之制，太仓及水次诸仓皆有令、丞。北齐纪作“尚食丞李集”。“王来为何事，而今欲还？”为，于伪翻。洋伪使于东门杀之，而别令赐绡十匹，遂还晋阳。自是居常不悦。徐之才、宋景业等日陈阴阳杂占，云宜早受命。高德政亦敦劝不已。洋使术士李密卜之，遇大横，曰：“汉文之卦也。”大横见十三卷汉高后八年。又使宋景业筮之，遇乾之鼎，乾之初九、九五二爻，动变而之鼎。曰：“乾，君也。鼎，五月卦也。宜以仲夏受禅。”或曰：“五月不可入官，犯之，终于其位。”阴阳家之说，上官忌正月、五月、九月。景业曰：“王为天子，无复下期，复，扶又翻。岂得不终于其位乎！”洋大悦，乃发晋阳。

高德政录在邺诸事，条进于洋，洋令左右陈山提驰驿赍事条，并密书与杨愔。愔，于今翻。是月，山提至邺，杨愔即召太常卿邢卲议造仪注，秘书监魏收草九锡、禅让、劝进诸文；

凡禅代皆奉表三让，百僚三表劝进而后即位，故令收预草诸文。引魏宗室诸王入北宫，留于东斋。甲寅，东魏进洋位相国，总百揆，备九锡。洋行至前亭，前亭，在晋阳之东，平都城之西。所乘马忽倒，意甚恶之，至平都城，不复肯进。恶，乌路翻。复，扶又翻。高德政、徐之才苦请曰："山提先去，恐其漏泄。"即命司马子如、杜弼驰驿续入，观察物情。子如等至邺，众人以事势已决，无敢异言。洋至邺，召夫夫，民夫也。赍筑具集城南。高隆之请曰："用此何为？"洋作色曰："我自有事，君何问为！欲族灭邪！"隆之谢而退。于是作圜丘，备法物。

丙辰，司空潘乐、侍中张亮、黄门郎赵彦深等求入启事，东魏孝静帝在昭阳殿见之。亮曰："五行递运，有始有终，谓五德之运，以木代水，以火代木，以土代火，以金代土，以水代金也。齐王圣德钦明，万方归仰，愿陛下远法尧、舜。"帝敛容曰："此事推挹已久，推，吐雷翻。挹，逊也。谨当逊避。"又曰："若尔，须作制书。"中书郎崔劼、裴让之曰：劼，丘八翻。"制已作讫。"使侍中杨愔进之。东魏主既署，曰："居朕何所？"愔对曰："北城别有馆宇。"乃下御坐，步就东廊，坐，徂卧翻。咏范蔚宗后汉书赞曰："献生不辰，身播国屯，终我四百，永作虞宾。"范晔，字蔚宗，作后汉书。此其赞献帝之辞也。贤注曰：辰，时也。播，迁也。言献帝生不逢时，身既播迁，国又屯难也。汉有天下四百年而运终。虞宾，谓虞以尧子丹朱为宾。书曰：虞宾在位。蔚，纡勿翻。屯，陟伦翻。所司请发，所司，谓掌禅代事者；请发者，请出宫居别邸也。此实杨愔等使人请之。帝曰："古人念遗簪弊履，朕欲与六宫别，可乎？"高隆之曰："今日天下犹陛下之天下，况在六宫。"帝步入，与妃嫔已下别，举宫皆哭。赵国李嫔诵陈思王诗云："王其爱玉体，俱享黄发期。"曹植，魏武帝之子，封陈王，谥曰思。嫔，毗宾翻。直长赵道德以【章：十二行本"以"下有"故犊"二字；乙十一行本同；孔本同；张校同。】车一乘候于东阁，直长，官名。凡殿中诸局各有奉御，有直长。赵道德盖尚乘直长也，亦高氏之私人。东阁，即东阁门。长，竹两翻。乘，绳证翻。帝登车，道德超上抱之，上，时掌翻。帝叱之曰："朕自畏天顺人，何物奴敢逼人如此！"道德犹不下。出云龙门，王公百僚拜辞，高隆之洒泣。遂入北城，居司马子如南宅，司马子如有宅在太原，故谓邺城之宅为南宅。遣太尉彭城王韶等奉玺绶，禅位于齐。玺，斯氏翻。绶，音受。东魏十六年而亡。考异曰：北齐书、北史高德政传云："五月六日，留咸阳王坦等。七日，司马子如等至邺。九日，文宣至城南顿。"按后魏书、北史帝纪皆云，"辛亥，王如邺；甲寅，加九锡；丙辰，魏主逊位；戊午，王即帝位。"典略："辛亥，王还邺。"以长历推之，此月己酉朔，皆不与德政传日相应。盖辛亥始自晋阳如邺，非到邺之日也。

戊午，齐王即皇帝位于南郊，帝讳洋，字子进，勃海王高欢第二子，澄之母弟也。欢以勃海王赠齐王，洋又进爵齐王；且高氏本勃海人，勃海故齐地也，国遂号曰齐。大赦，改元天保。自魏敬宗以来，百官绝禄，至是始复给之。复，扶又翻。己未，封东魏主为中山王，待以不臣之礼。追尊齐献武王为献武皇帝，庙号太祖，后改为高祖；文襄王为文襄皇帝，庙号世宗。辛酉，尊王太后娄氏为皇太后。乙丑，降魏朝封爵有差，其宣力霸朝自高欢起兵以来诸勋贵，皆宣力霸朝者也。朝，直遥翻。及西、南投化者，不在降限。谓自关西及江南来投者。

30 文成侯宁起兵于吴，有众万人，己巳，进攻吴郡；吴郡带吴县。宁盖起兵于吴县界，进攻吴郡城也。按侯景传：宁起兵于吴西乡。去年陆缉等推宁据吴郡，宋子仙击之败走，今复起兵于西乡。行吴郡事侯子荣逆击，杀之。宁，范之弟也。子荣因纵兵大掠郡境。

自晋氏渡江，三吴最为富庶，贡赋商旅，皆出其地。及侯景之乱，掠金帛既尽，乃掠人而食之，或卖于北境，遗民殆尽矣。

是时，唯荆、益所部尚完实，太尉、益州刺史武陵王纪移告征、镇，使世子圆照帅兵三万受湘东王节度。帅，读曰率。圆照军至巴水，巴郡巴县有巴水，水折三回如巴字。巴郡，唐为渝州。考异曰：南史云："六月辛酉，纪遣圆照东下。"按六月，己卯朔，无辛酉。典略在五月，或者五月辛酉欤？绎授以信州刺史，令屯白帝，梁置信州于白帝，唐改夔州。未许东下。

31 六月，辛巳，以南郡王大连行扬州事。

32 江夏王大款、山阳王大成、宜都王大封自信安间道奔江陵。间，古苋翻。

33 齐主封宗室高岳等十人、功臣库狄干等七人皆为王。高岳及隆之、归彦、思宗、长弼、普子瑗、显、国、叡、孝绪凡十人。库狄干、斛律金、贺拔仁、韩轨、可朱浑道元、彭乐、潘相乐凡七人。癸未，封弟浚为永安王，淹为平阳王，潋为彭城王，演为常山王，涣为上党王，淯为襄城王，湛为长广王，湝为任城王，潋，以周翻。淯，音育。湝，户皆翻。湜为高阳王，济为博陵王，凝为新平王，润为冯翊王，洽为汉阳王。

34 鄱阳王范既卒，侯瑱往依庄铁，铁忌之；瑱不自安，丙戌，诈引铁谋事，因杀之，自据豫章。

35 寻阳王大心遣徐嗣徽夜袭湓城，安南侯恬、裴之横等击走之。

36 齐主娶赵郡李希宗之女，生子殷及绍德；又纳段韶之妹。及将建中宫，高隆之、高德政欲结勋贵之援，乃言"汉妇人不可为天下母，宜更择美配。"帝不从。丁亥，立李氏为皇后，考异曰：典略在五月乙丑。今从北齐帝纪。以段氏为昭仪，子殷为皇太子。庚寅，以库狄干为太宰，彭乐为太尉，潘相乐为司徒，司马子如为司空。辛卯，以清河王岳为司州牧。

37 侯景以羊鸦仁为五兵尚书。庚子，鸦仁出奔江西，将赴江陵，至东莞，南徐州有东莞郡，不在江西，意者东莞其东关之误欤？盗疑其怀金，邀杀之。考异曰：太清纪在十月。今从梁帝纪、典略。

38 魏人欲令岳阳王詧发哀嗣位，詧辞，不受。丞相泰使荣权册命詧为梁王，始建台，置百官。詧，字理孙，武帝之孙，昭明太子之第二子。

39 陈霸先修崎头古城，徙居之。崎，渠希翻。曲岸曰崎。九域志：南安军治大庾县，古南野也，有南康古城，又有峡头镇。

40 初，燕昭成帝奔高丽，见一百二十三卷宋文帝元嘉十三年。丽，力知翻。使其族人冯业以三百人浮海奔宋，因留新会。晋恭帝元熙二年，分南海郡立新会郡；隋、唐为新会县，属广州。九域志：新会县在广州之西南三百三十里。自业至孙融，世为罗州刺史，五代志：高凉郡石龙县旧置罗州。我朝为化州治所。融子宝为高凉太守。高凉县，汉属合浦郡；献帝建安二十二年，吴分立高凉郡，梁置高州。高凉洗氏，洗，音铣；丁度集韵：姺，国名，或作"洗"；姓氏韵纂又音绵。考异曰：典略作"沈氏"。今从隋书。世为蛮酋，酋，慈秋翻。部落十馀万家，有女，多筹略，善用兵，诸洞皆服其信义；融聘以为宝妇。融虽累世为方伯，非其土人，号令不行；洗氏约束本宗，使从民礼，每与宝参决辞讼，首领有犯，虽亲戚无所纵舍，舍，读曰捨。由是冯氏始得行其政。

高州刺史李迁仕据大皋口，五代志：高凉郡，梁置高州。遣使召宝，使，疏吏翻；下同。宝欲往，洗氏止之曰："刺史无故不应召太守，必欲诈君共反耳。"宝曰："何以知之？"洗氏曰："刺史被召援台，被，皮义翻。乃称有疾，铸兵聚众而后召君；此必欲质君以发君之兵也，质，音致。愿且无往以观其变。"数日，迁仕果反，遣主帅杜平虏将兵入灨石，城鱼梁以逼南康，帅，所类翻。鱼梁亦地名，近灨石。灨，古暗翻。霸先使周文育击之。洗氏谓宝曰："平虏，骁将也，骁，坚尧翻。将，即亮翻；下同。今入灨石与官军相拒，势未得还，迁仕在州，无能为也。君若自往，必有战斗，宜遣使卑辞厚礼告之曰：‘身未敢出，欲遣妇参。’彼闻之，必憙而无备。憙，与喜同。我将千馀人，步担杂物，唱言输赕，担，都甘翻。赕，吐滥翻。得至栅下，破之必矣。”宝从之。迁仕果不设备，冼氏袭击，大破之，迁仕走保宁都。吴分汉赣县立阳都县，晋武太康元年，更名宁都。五代志：南康虔化县，旧曰宁都。文育亦击走平虏，据其城。冼氏与霸先会于灨石，还，谓宝曰：“陈都督非常人也，甚得众心，必能平贼，君宜厚资之。”

湘东王绎以霸先为豫州刺史，领豫章内史。

41 辛丑，裴之横攻稽亭，徐嗣徽击走之。

42 秋，七月，辛亥，齐立世宗妃元氏为文襄皇后，后，东魏孝静帝女。宫曰静德。又封世宗子孝琬为河间王，孝瑜为河南王。乙卯，以尚书令封隆之录尚书事，尚书左仆射平阳王淹为尚书令。

43 辛酉，梁王詧入朝于魏。自此魏益厚詧矣。朝，直遥翻。

44 初，东魏遣仪同武威牒雲洛等“雲”，当作“云”。牒云，虏复姓。柔然阿那瓌之求附于魏也，魏遣牒云具仁往使，牒云之为姓尚矣。迎鄱阳世子嗣，使镇皖城。刘昫曰：怀宁、宿松、望江、太湖等县，皆汉皖县地。盖此城即皖县古城也。皖，户板翻。嗣未及行，任约军至，洛等引去；嗣遂失援，出战，败死。约遂略地至湓城，寻阳王大心遣司马韦质出战而败，帐下犹有战士千馀人，咸劝大心走保建州；后汉汝南郡有苞信县，江左侨置于弋阳界。五代志：弋阳郡殷城县，旧曰苞信，梁置义城郡及建州。帐下劝大心走保之者，便于入齐也。九域志：殷城县并入固始。大心不能用，戊辰，以江州降约。先是，大心使太子洗马韦臧镇建昌，降，户江翻；下同。先，悉荐翻，洗亦同音。有甲士五千，闻寻阳不守，欲帅众奔江陵，帅，读曰率；下同。未发，为麾下所杀。臧，粲之子也。太清三年，青塘之战，韦粲死之。

45 于庆略地至豫章，侯瑱力屈，降之，庆送瑱于建康。景以瑱同姓，待之甚厚，留其妻子及弟为质，质，音致。遣瑱随庆徇蠡南诸郡，蠡南，谓彭蠡湖以南也。以瑱为湘州刺史。考异曰：太清纪在十一月。今从典略。

46 初，巴山人黄法𣰰，有勇力，五代志：临川郡崇仁县，梁置巴山郡。刘昫曰：吴分临汝为新建县；梁置巴山郡。𣰰，巨俱翻。侯景之乱，合徒众保乡里。太守贺诩下江州，自巴山顺流赴江州为下。命法𣰰监郡事。监，工衡翻。法𣰰屯新淦，于庆自豫章分兵袭新淦，新淦县，汉属豫章郡；五代志属庐陵郡。淦，古暗翻。法𣰰败之。败，补迈翻。陈霸先使周文育进军击庆，法𣰰引兵会之。

47 邵陵王纶闻任约将至，使司马蒋思安将精兵五千袭之，约众溃；思安不设备，约收兵袭之，思安败走。

48 湘东王绎改宜都为宜州，沈约曰：刘备分南郡立宜都郡；梁以宜都郡置宜州；隋并宜都入夷陵郡。以王琳为刺史。

49 是月，以南郡王大连为江州刺史。

50 魏丞相泰以齐主称帝，帅诸军讨之。帅，读曰率；下同。以齐王廓镇陇右，征秦州刺史宇文导为大将军、都督二十三州诸军事，屯咸阳，镇关中。

51 益州沙门孙天英帅徒数千人夜攻州城，武陵王纪与战，斩之。

52 邵陵王纶大修铠仗，将讨侯景。湘东王绎恶之，恶纶由此兵力益强，将不利于己也。恶，乌路翻。八月，甲午，遣左卫将军王僧辩、信州刺史鲍泉等帅舟师一万东趣江、郢。趣，七喻翻。考异曰：典略云："九月戊申朔，绎遣僧辩。"按太清纪事在八月末。今从梁简文帝纪。声言拒任约，且云迎邵陵王还江陵，授以湘州。

53 齐主初立，励精为治。治，直吏翻。赵道德以事属黎阳太守清河房超，属，之欲翻；下请属同。守，式又翻。超不发书，棓杀其使；魏收志：孝昌中，分汲郡置黎阳郡，属司州，治黎阳城。棓，步项翻。使，疏吏翻；下同。齐主善之，命守宰各设棓以诛属请之使。久之，都官中郎【张："中郎"作"郎中"。】宋轨奏曰："中郎"当作"郎中"。五代志：都官郎中，掌畿内非违得失事。此齐制也。"若受使请赇，犹致大戮，身为枉法，何以加罪！"乃罢之。

司都功曹张老上书请定齐律，司都功曹，司州之功曹也。时都邺，以邺为司州治所。按北齐主或居晋阳，不常居邺也。诏右仆射薛琡等取魏麟趾格，更讨论损益之。麟趾格，见一百五十八卷武帝大同七年。琡，昌六翻。

齐主简练六坊之人，每一人必当百人，任其临陈必死，魏、齐之间，六军宿卫之士，分为六坊。任，保任也。陈，读曰阵。然后取之，谓之"百保鲜卑"。百保，言其勇可保一人当百人也。高氏以鲜卑创业，当时号为健斗，故卫士皆用鲜卑，犹今北人谓勇士为霸都鲁也。又简华人之勇力绝伦者，谓之"勇士"，以备边要。边要，边上要害之地。

始立九等之户，户有上中下三等，每等又分上中下，是为九等。富者税其钱，贫者役其力。

54 九月，丁巳，魏军发长安。发长安而东伐齐。

55 王僧辩军至鹦鹉洲，鹦鹉洲在江夏江中，昔黄祖使祢衡赋鹦鹉赋于此洲，因以得名，洲之下即黄鹄矶。郢州司马刘龙虎等潜送质于僧辩，质，音致。邵陵王纶闻之，遣其子威正侯礩将兵击之，礩，职日翻。龙虎败，奔于僧辩。纶以书责僧辩曰："将军前年杀人之侄，谓杀河东王誉也。今岁伐人之兄，纶于绎兄也。以此求荣，恐天下不许！"僧辩送书于湘东王绎，绎命进军。辛酉，纶集其麾下于西园，园在郢城西偏，故曰西园。又有东园，在城东东湖上。涕泣言曰："我本无他，志在灭贼，湘东常谓与之争帝，遂尔见伐。今日欲守则交绝粮储，欲战则取笑千载，载，子亥翻。不容无事受缚，当于下流避之。"麾下壮士争请出战，纶不从，与礩自仓门登舟北出。据姚思廉梁书，仓门，郢城北门，带江阻险。僧辩入据郢州。绎以南平王恪为尚书令、开府仪同三司，世子方诸为郢州刺史，王僧辩为领军将军。

纶遇镇东将军裴之高于道，之高之子畿掠其军器，纶与左右轻舟奔武昌涧饮寺，武昌，今寿昌军是也。僧法馨匿纶于岩穴之下。纶长史韦质、司马姜律等闻纶尚存，驰往迎之，说七栅流民以求粮仗。时流民于北江州结七栅以相保。说，式芮翻。纶出营巴水，流民八九千人附之，稍收散卒，屯于齐昌。据魏收志：梁武帝置北江州，治鹿城关，领义阳、齐昌、新昌、梁安、齐兴、光城郡。五代志：黄州木兰县，梁曰梁安郡。又有义阳郡，后齐置湘州，后改曰北江州。则齐昌亦当在木兰县界，唐省木兰入黄冈县。宋白曰：吴置蕲春郡，晋惠帝改西阳郡，南齐、北齐改西阳为齐昌郡，唐为蕲州。遣使请和【章：十二行本"和"作"降"；乙十一行本同；孔本同。】于齐，使，疏吏翻。齐以纶为梁王。

56 湘东王绎改封皇子大款为临川王，大成为桂阳王，大封为汝南王。

57 癸亥，魏军至潼关。

58 庚午，齐主如晋阳，命太子殷居凉风堂监国。据北史齐乐陵王百年传：凉风堂在邺宫玄都苑。监，工衔翻。

59 南郡王中兵参军张彪等南郡王大连之镇会稽也，以张彪为中兵参军。起兵于若邪山，若邪山，在今越州东南四十里。攻破浙东诸县，有众数万。吴郡人陆令公等说太守南海王大临往依之，说，式芮翻。大临曰："彪若成功，不资我力；如其桡败，桡，奴教翻。杜预曰：桡，曲也。势屈为桡。以我自解，言将归罪于大临以自解于侯景。不可往也。"

60 任约进寇西阳、武昌。初，宁州刺史彭城徐文盛募兵数万人讨侯景，湘东王绎以为秦州刺史，五代志：江都郡六合县，旧置秦郡，后齐置秦州。抑梁已置之欤？使将兵东下，与约遇于武昌。绎以庐陵王应为江州刺史，以文盛为长史行府州事，督诸将拒之。将，即亮翻；下同。应，续之子也。庐陵王续，卒于武帝太清元年。邵陵王纶引齐兵未至，移营马栅，距西阳八十里，西阳，即今黄州黄冈县，古之邾城也。任约闻之，遣仪同叱罗子通等将铁骑二百袭之，叱罗，虏复姓。骑，奇寄翻。纶不为备，策马亡走。时湘东王绎亦与齐连和，故齐人观望，不助纶。定州刺史田祖龙迎纶，纶以祖龙为绎所厚，惧为所执，复归齐昌。复，扶又翻。行至汝南，魏所署汝南城主李素，纶之故吏也，开城纳之，魏收志：郢州有汝南郡，治上蔡县。五代志：竟陵郡旧置郢州，所领有汉东县，旧曰上蔡。则汝南城即汉东县城也。又按姚思廉梁书：汝南治安陆重城。宋白曰：晋汝南郡人流寓夏口，因侨立汝南郡汝南县于潼口。荆湘记云：金水北岸有汝南旧城是也。任约遂据西阳、武昌。考异曰：梁帝纪在十一月。今从太清纪。

61 裴之高帅子弟部曲千馀人至夏首，帅，读曰率。夏，户雅翻。湘东王绎召之，以为新兴、永宁二郡太守。新兴郡置于江陵县界，永宁郡置于襄阳南漳县界。又以南平王恪为武州刺史，镇武陵。武陵，唐为朗州，至我朝改为鼎州。

62 初，邵陵王纶以衡阳王献为齐州刺史，镇齐昌，任约击擒之，送建康，杀之。考异曰：梁帝纪在十一月。今从太清纪。献，畅之孙也。畅，武帝之弟。

63 乙亥，进侯景位相国，封二十郡，为汉王，加殊礼。

64 岳阳王詧还襄阳。自朝魏而还也。前已书詧梁王矣，今复书詧旧爵，以义例言之，合改正。

65 黎州民攻刺史张贲，贲弃城走。五代志：义城郡，梁曰黎州，唐之利州是也。州民引氐酋北益州刺史杨法琛据黎州，魏以武兴为东益州，氐王杨氏居之。梁盖以为北益州。按下卷，杨法琛治平兴，则梁置北益州于平兴也。酋，慈秋翻。命王、贾二姓诣武陵王纪请法琛为刺史。

纪深责之，囚法琛质子崇颙、崇虎。质，音致。颙，鱼容翻。冬，十月，丁丑朔，法琛遣使附魏。使，疏吏翻。

66 己卯，齐主至晋阳宫。晋阳宫，齐献武王所置。唐志：晋阳宫，在北都之西北，宫城周二千五百二十步。都城左汾右晋，潜丘在中，长四千三百二十一步，广三千一百二十二步，周万五千一百五十三步。汾东曰东城。广武王长弼与并州刺史段韶不协，齐主将如晋阳，长弼言于帝曰："韶拥强兵在彼，恐不如人意，言恐韶为变。岂可径往投之！"帝不听。既至，以长弼语告之，曰："如君忠诚，人犹有谗，况其馀乎！"长弼，永乐之弟也。高永乐不内高昂，使之丧元，长弼又谗段韶，高欢父子为失刑矣。乙酉，以特进元韶为尚书左仆射，段韶为右仆射。

67 乙未，侯景自加宇宙大将军、都督六合诸军事，以诏文呈上。上惊曰："将军乃有宇宙之号乎！"

68 立皇子大钧为西阳王，大威为武宁王，大球为建安王，大昕为义安王，萧子显齐志，宁蛮府所领有义安郡。大挚为绥建王，沈约志：宋文帝元嘉十三年，立绥建郡于汉南海郡四会县地。大圜为乐梁王。乐梁，史无所考。此时诸王所封，皆郡名也，当在大同中所分二十馀州不知处所之数。考异曰：太清纪在十一月十四日。今从梁帝纪。

69 齐东徐州刺史行台辛术镇下邳。十一月，侯景征租入建康，术帅众渡淮断之，帅，读曰率。断，音短。烧其谷百万石，遂围阳平，景行台郭元建引兵救之。壬戌，术略三千馀家，还下邳。

70 武陵王纪帅诸军发成都，考异曰：南史云"十一月壬寅。"按是月壬子朔，无壬寅。湘东王绎遣使以书止之曰："蜀人勇悍，易动难安，使，疏吏翻。易，弋豉翻。弟可镇之，吾自当灭贼。"又别纸曰："地拟孙、刘，各安境界；情深鲁、卫，书信恒通。"地拟孙、刘，欲吴、蜀各为一国也；情深鲁、卫，谓兄弟也。恒，户登翻。

71 甲子，南平王恪帅文武拜笺推湘东王绎为相国，总百揆；绎不许。

72 魏丞相泰自弘农为桥，济河，至建州。丙寅，齐主自将出顿东城。即晋阳之东城也。将，即亮翻。泰闻其军容严盛，叹曰："高欢不死矣！"会久雨，自秋及冬，魏军畜产多死，乃自蒲阪还。于是河南自洛阳，河北自平阳已东，皆入于齐。边民见魏师无功，齐能自立，心无反侧，疆埸遂定。

73 丁卯，徐文盛军贝矶，任约帅水军逆战，帅，读曰率。文盛大破之，斩叱罗子通、赵威方，仍进军大举口。水经注：江水东过邾县南，东径白虎矶北，又东径贝矶北，又东径黎矶北。北岸烽火洲，即举洲也，北对举口。举水出龟头山，径梁定州城南，又径梁司、豫州城东，又南历齐安郡西，又东南历赤亭，下分为二水，南流注于江。侯景遣宋子仙等将兵二万助约，将，即亮翻。以约守西阳，久不能进，自出屯晋熙。考异曰：典略："七月，景军次濡须，使梁仲宣知留府事。"按典略，"九月，景请梁妃主同宴，"梁帝纪，"十月，乙未，景逼太宗幸西州。"不容七月已在濡须。今因南康王会理事见之。太清纪、梁书、典略，"晋熙"皆作"皖口"，今从南史。

南康王会理以建康空虚，与太子左卫将军柳敬礼、西乡侯劝、东乡侯勔勔，弥兖翻。谋起兵诛王伟。安乐侯乂理出奔长芦，今真州六合县有长芦镇及长芦寺。淳熙十二年，徙寺于滁口山之东。张舜民曰：长芦镇在滁河西南。集众得千馀人。建安侯贲、中宿世子子邕知其谋，中宿世子，中宿侯之世子也。沈约曰：中宿，汉旧县，属南海郡，吴度属始兴郡。以告伟。伟收会理、敬礼、劝、勔及会理弟祁阳侯通理，俱杀之。沈约曰：祁阳县，吴立，属零陵郡。考异曰：典略云："十二月癸未，建安侯贲等告会理，"梁帝纪："十月壬寅，景害会理。"今从太清纪。乂理为左右所杀。钱塘褚冕，以会理故旧，捶掠千计，捶，止蕊翻。掠，音亮。终无异言。会理隔壁谓之曰："褚郎，卿岂不为我致此？为，于伪翻。卿虽忍死明我，我心实欲杀贼！”凫竟不服，景乃宥之。劝，昺之子；贲，正德之弟子；子邕，憺之孙也。昺，音丙。憺，徒敢翻，又徒滥翻。

帝自即位以来，景防卫甚严，外人莫得进见，见，贤遍翻。唯武林侯谘及仆射王克、舍人殷不害，并以文弱得出入卧内，帝与之讲论而已。及会理死，克、不害惧祸，稍自疏。谘独不离帝，离，力智翻。朝请无绝；景恶之，使其仇人刁戌刺杀谘于广莫门外。朝，直遥翻。恶，乌路翻。刺，七亦翻。考异曰：太清纪在会理死前。今从南史。

帝之即位也，景与帝登重云殿，据梁纪，重云殿在华林园。项安世曰：梁华林园重云殿前置铜仪。重，直龙翻。礼佛为誓云：“自今君臣两无猜贰，臣固不负陛下，陛下亦不得负臣。”及会理谋泄，景疑帝知之，故杀咨。帝自知不久，指所居殿谓殷不害曰：“庞涓当死此下。”

景自帅众讨杨白华于宣城，白华力屈而降，景以其北人，杨白华，大眼之子，魏胡太后私幸之，白华惧祸奔梁。帅，读曰率。华，读曰花。降，户江翻。全之，以为左民尚书，诛其兄子彬以报来亮之怨。杨白华杀来亮见上卷太清三年。

十二月，丙子朔，景封建安侯贲为竟陵王，中宿世子子邕为随王，仍赐姓侯氏。侯景赏其告会理之功也。

74 辛丑，齐主还邺。自晋阳还也。

75 邵陵王纶在汝南，修城池，集士卒，将图安陆。魏安州刺史马佑以告丞相泰，五代志：安陆郡，梁置南司州，西魏改曰安州，今为德安府。泰遣杨忠将万人救安陆。将，即亮翻。

76 武陵王纪遣潼州刺州杨乾运、南梁州刺史谯淹合兵二万讨杨法琛，元和郡县志：梓潼郡，梁置潼州。潼，音同。法琛发兵据剑阁以拒之。

77 侯景还建康。自晋熙还也。

78 初，魏敬宗以尔朱荣为柱国大将军，柱国大将军，魏初官也，世祖以加太尉长孙嵩。位在丞相上；荣败，此官遂废。大统三年，文帝复以丞相泰为之。复，扶又翻。其后功参佐命，望实俱重者，亦居此官，凡八人，曰安定公宇文泰，广陵王欣，赵郡公李弼，陇西公李虎，河内公独孤信，南阳公赵贵，常山公于谨，彭城公侯莫陈崇，谓之八柱国。泰始籍民之才力者为府兵，身租庸调，一切蠲之，唐府兵之法本诸此。凡受田之丁，岁输粟，谓之租。随乡所出，每丁岁输绢绫絁布绵麻，非蚕乡则岁输银，谓之调。用人之力，岁二十日，闰加二日，不役者日为绢三尺，谓之庸。调，徒吊翻。以农隙讲阅战陈，马畜粮备，六家供之；合为百府，每府一郎将主之，将，即亮翻。分属二十四军。泰任总百揆，督中外诸军；欣以宗室宿望，从容禁闼而已。陈，读曰阵。从，千容翻。馀六人各督二大将军，凡十二大将军，广平王元赞，淮王元育，齐王元廓，章武郡公宇文导，平原郡公侯莫陈顺，高阳郡公达奚武，阳平公李远，范阳公豆卢宁，化政公宇文贵，博陵公贺兰祥，陈留公杨忠，武威公王雄，凡十二人，皆使持节大将军。每大将军各统开府二人，开府各领一军。是后功臣位至柱国大将军、开府仪同三司、仪同三司者甚众，率为散官，无所统御，虽有继掌其事者，闻望皆出诸公之下云。散，悉亶翻。闻，音问。

79 齐主命散骑侍郎宋景业造天保历，行之。时齐主命景业叶图谶，造天保历，景业奏依握诚图及元命包，言齐受禄之期，当魏终之纪，得乘三十五以为蔀，应六百七十六以为章。齐主大悦，乃施用之。

王崇武标点容肇祖聂崇岐覆校

资治通鉴卷第一百六十四

端明殿学士兼翰林侍读学士朝散大夫右谏议大夫
充集贤殿修撰提举西京嵩山崇福宫上柱国河内郡 司马光 奉敕编集
开国侯食邑一千八百户食实封六百户赐紫金鱼袋臣

后　学　天　台 胡三省 音　注

梁纪二十 起重光协洽（辛未），尽玄黓涒滩（壬申），凡二年。

太宗简文皇帝下

大宝二年（辛未、五五一）

1 春，正月，新吴余孝顷举兵拒侯景，汉灵帝中平中，立新吴县，属豫章郡，隋省新吴入建昌县。景遣于庆攻之，不克。

2 庚戌，湘东王绎遣护军将军尹悦、安东将军杜幼安、巴州刺史王珣将兵二万自江夏趣武昌，江夏，今鄂州。武昌，今寿昌军。将，即亮翻。夏，户雅翻。趣，七喻翻。考异曰：典略在去年十一月。今从太清纪。受徐文盛节度。

3 杨乾运攻拔剑阁，杨法昌【章：乙十一行本“昌”作“琛”，按本卷三页作“琛”。】退保石门，去年，武陵王纪遣杨乾运讨杨法琛。祝穆曰：大剑山在今剑门关之剑门县，大剑山西北三十里有小剑山。舆地广记曰：山有小石门，穿山通道，六丈有馀，即秦所通石牛道也。又魏收志：武都郡治石门县，隋为将利县。魏志：东益州武兴郡有石门县。仇池郡有西石门县。舆地纪胜：龙州江油县东百里有石门戍。杜佑曰：龙州治江油县，有石门山，与氐分界。盖蜀多山险，地之以石门名者多矣。唐志，利州景谷县西有石门关，此盖杨法昌退保之地。乾运据南阴平。晋永嘉流寓，置南阴平于绵竹之袁杨。杨乾运既拔剑阁，无缘弃险退据绵竹。五代志，南梁州有阴平县，宋之北阴平郡也。九域志，剑州东北五十五里有剑门县，西北百六十里有阴平县。乾运所据，其此阴平欤？若汉志之阴平道，则今之文州是也。又在西北，故以此为南阴平。

4 辛亥，齐主祀圜丘。

5 张彪遣其将赵棱围钱塘，孙凤围富春，侯景遣仪同三司田迁、赵伯超救之，棱、凤败走。考异曰：典略：去年十一月，"彪自围钱塘，与赵伯超战败于临平，死者八万馀人，走还剡。伯超兄子棱在彪军中，谋杀彪，伪请与彪盟，引小刀披心出血自歃。彪信之，亦取刀刺血报之，刀适至心，棱以手按之，刀斜入不深，彪顿绝。棱谓已死，出外告彪诸将云：'彪已死，当共求富贵。'彪左右韩武入视之，彪已苏，细声谓曰：'我尚活，可与手。'武遂诛棱。彪复奉表于湘东王绎。"今从太清纪。棱，伯超之兄子也。

6 癸亥，齐主耕藉田。乙丑，享太庙。

7 魏杨忠围汝南，李素战死。李素纳邵陵王纶见上卷上年。二月，乙亥，城陷，执邵陵携王纶，杀之，考异曰：太清纪云："宇文泰遣忠袭纶，诈称来相礼接，纶白服与相见，执而害之。"今从梁书、南史。投尸江岸；岳阳王詧取而葬之。

8 或告齐太尉彭乐谋反；壬辰，乐坐诛。

9 齐遣散骑常侍曹文皎使于江陵，散，悉亶翻。骑，奇寄翻。使，疏吏翻。考异曰：典略在正月丙午朔。今从太清纪。湘东王绎使兼散骑常侍王子敏报之。

10 侯景以王克为太师，宋子仙为太保，元罗为太傅，郭元建为太尉，张化仁为司徒，或曰：张化仁即支化仁。【章：乙十一行本正作"支"；退斋校同。按胡刻本卷八页作"支"。】任约为司空，王伟为尚书左仆射，索超世为右仆射。索，苏各翻。景置三公官，动以十数，仪同尤多。以子仙、元建、化仁为佐命元功，伟、超世为谋主，于子悦、彭隽主击断，断，丁乱翻。陈庆、吕季略、卢晖略、丁和等为爪牙。梁人为景用者，则故将军赵伯超，前制局监周石珍，内监严亶，内监，领内器仗。邵陵王记室伏知命。自馀王克、元罗及侍中殷不害、太常周弘正等，景从人望，加以尊位，非腹心之任也。

11 北兖州刺史萧邕谋降魏，侯景杀之。

12 杨乾运进据平兴，平兴者，杨法琛所治也。法琛退保鱼石洞，乾运焚平兴而归。五代志：义城郡景谷县，旧曰白水，置平兴郡。唐志：武德四年，以利州之景谷及龙州之方维置沙州，贞观元年，州废，省方维为镇，以景谷还属利州。西有石门关，西北有白坝、鱼老二镇城。九域志：文州曲水县有方维镇。刘昫曰：利州景谷县，汉白水县地，宋置平兴县，隋为景谷县。

13 李迁仕收众还击南康，去年李迁仕败走，保宁都。陈霸先遣其将杜僧明等拒之，将，即亮翻。生擒迁仕，斩之。考异曰：太清纪在四月，云"迁仕追霸先于雩都县，连营相持百馀日。是月，广州刺史萧勃遣欧阳頠水步万馀人来援，頠与战，大破之，斩迁仕首，馀党悉降。霸先引军前进。"今从陈书。湘东王绎使霸先进兵取江州，以为江州刺史。

14 三月，丙午，齐襄城王淯卒。

15 庚戌，魏文帝殂，年四十五。太子钦立。钦，文帝之长子也，母乙弗后。

16 乙卯，徐文盛等克武昌，进军芦洲。芦洲在武昌西。昔伍胥去楚出关，于江上求渡，渔父歌曰："灼灼兮已私，与子期兮芦之漪。"子胥既渡，解剑与之，辞不受，渔父遂覆舟而死，即其处。水经注：汉鄂县故城，南对芦洲。苏轼曰：武昌县刘郎洑正与芦洲相对，伍子胥奔吴所从渡江也；亦曰伍洲。

17 己未，齐以湘东王绎为梁相国，建梁台，总百揆，承制。

18 齐司空司马子如自求封王，齐主怒，庚子，免子如官。

19 任约告急，侯景自帅众西上，携太子大器从军以为质，帅，读曰率。上，时掌翻。质，音致。留王伟居守。守，手又翻。闰月，景发建康，考异曰：梁帝纪，"三月，丁未，景发京师。"典略云"闰三月，丁未。"按乙卯，徐文盛克武昌，不容丁未景已发建康。闰三月甲戌朔，无丁未。

盖字误也。自石头至新林，舳舻相接。舳音逐。舻，音卢。约分兵袭破定州刺史田龙祖于齐安。上卷作"田祖龙"，此作"田龙祖"，必有一误。五代志：黄州黄冈县，齐曰南安，置齐安郡。九域志：黄冈县有齐安镇。壬寅，景军至西阳，与徐文盛夹江筑垒。癸卯，文盛击破之，射其右丞库狄式和，坠水死，射，而亦翻。景遁走还营。

20 夏，四月，甲辰，魏葬文帝于永陵。

21 郢州刺史萧方诸，年十五，以行事鲍泉和弱，常侮易之，易，以豉翻。或使伏床，骑背为马；恃徐文盛军在近，不复设备，日以蒱酒为乐。复，扶又翻。蒱酒，樗蒱饮酒也。乐，音洛。侯景闻江夏空虚，夏，户雅翻。乙巳，使宋子仙、任约帅精骑四百，由淮内袭郢州。自西阳至江夏百五十馀里，景使宋子仙等盖由芦洲上流渡兵以袭之。帅，读曰率。骑，奇寄翻；下同。丙午，大风疾雨，天色晦冥，有登陴望见贼者，告泉曰："虏骑至矣！"泉曰："徐文盛大军在下，贼何由得至！当是王珣军人还耳。"既而走告者稍众，始命闭门，子仙等已入城。方诸方踞泉腹，以五色彩辫其髯；辫，补典翻，交结也。见子仙至，方诸迎拜，泉匿于床下；子仙俯窥见泉素髯间彩，间，古苋翻。惊愕，遂擒之，及司马虞豫，送于景所。景因便风，中江举帆，遂越文盛等军，丁未，入江夏。文盛众惧而溃，与长沙王韶等逃归江陵。上甲侯韶，去年绎封为长沙王。王珣、杜幼安以家在江夏，遂降于景。降，户江翻。

湘东王绎以王僧辩为大都督，帅巴州刺史丹杨淳于量、定州刺史杜龛、宜州刺史王琳、郴州刺史裴之横东击景，五代志：巴陵郡，梁置巴州。夷陵郡，梁置宜州。桂阳郡，梁置郴州。龛，苦含翻。郴，丑林翻。徐文盛以下并受节度。戊申，僧辩等军至巴陵，自江陵至巴陵四百一十里；自巴陵至江夏三百五十里。闻郢州已陷，因留戍之。绎遗僧辩书曰："贼既乘胜，必将西下，遗，于季翻。自江夏指江陵，当作“西上”。不劳远击；但守巴丘，巴丘，即巴陵，有巴丘山。以逸待劳，无虑不克。”又谓将佐曰：“贼若水步两道，直指江陵，此上策也。据夏首，积兵粮，中策也。悉力攻巴陵，下策也。巴陵城小而固，僧辩足可委任。景攻城不拔，野无所掠，暑疫时起，食尽兵疲，破之必矣。”湘东安能料敌如此，当时作史者为之辞耳。将，即亮翻。夏，户雅翻。乃命罗州刺史徐嗣徽自岳阳，武州刺史杜崱自武陵引兵会僧辩。五代志：湘阴县，梁置罗州及岳阳郡。湘阴，隋属巴陵郡。又梁置武州于武陵郡。崱，士力翻。

景使丁和将兵五千守夏首，宋子仙将兵一万为前驱，趣巴陵，趣，七喻翻。分遣任约直指江陵，景帅大兵水步继进。于是缘江戍逻，望风请服，景拓逻至于隐矶。拓，斥开也。逻，遮也，巡也。拓开巡逻以张兵势。逻，鲁可翻，又鲁佐翻。水经：江水自公安而东，过下隽县北，又东径彭城矶北。彭城矶北对隐矶，二矶之间，大江之中也。僧辩乘城固守，偃旗卧鼓，安若无人。壬戌，景众济江，自隐矶济江。考异曰：梁帝纪作“甲子”。今从太清纪。遣轻骑至城下，问：“城内为谁？”答曰：“王领军。”骑曰：“何不早降？”降，户江翻。僧辩曰：“大军但向荆州，此城自当非碍。”言兵若向荆州，此城当非遮碍。骑去。顷之，执王珣等至城下，使说其弟琳。琳曰：“兄受命讨贼，不能死难，说，式芮翻。难，乃旦翻。曾不内惭，翻欲赐诱！”取弓射之，珣惭而退。诱，音酉。射，而亦翻。景肉薄百道攻城，薄，伯各翻。城中鼓噪，矢石雨下，景士卒死者甚众，乃退。僧辩遣轻兵出战，凡十馀返，皆捷。景被甲在城下督战，被，皮义翻。僧辩着绶、乘舆、奏鼓吹巡城，着，陟略翻。绶，音受。吹，昌瑞翻。景望之，服其胆勇。

岳阳王詧闻侯景克郢州，遣蔡大宝将兵一万进据武宁，五代志：竟陵郡乐乡县，旧置武宁郡。刘昫曰：乐乡，汉鄀县也，其地当在今郢州长寿县西北。宋白曰：桓玄立武宁郡于故编县城，其属有长林县，与郡俱立，分编县所置也。遣使至江陵，诈称赴援。使，疏吏翻。众议欲答以侯景已破，令其退军。湘东王绎曰："今语以退军，语，牛倨翻。是趣之令进也。"趣，读曰促。乃使谓大宝曰："岳阳累启连和，不相侵犯，卿那忽据武宁？今当遣天门太守胡僧佑精甲二万、铁马五千顿澺水，待时进军。"詧闻之，召其军还。澺，居偃翻。还，从宣翻，又如字。僧佑，南阳人也。

22 五月，魏陇西襄公李虎卒。

23 侯景昼夜攻巴陵，不克，军中食尽，疾疫死伤太半。湘东王绎遣晋州刺史萧惠正将兵援巴陵，惠正辞不堪，举胡僧佑自代。僧佑时坐谋议忤旨系狱，据梁书胡僧佑传：时西沮蛮反，使僧佑讨之，令尽诛其渠帅，僧佑谏，忤旨下狱。忤，五故翻。绎即出之，拜武猛将军，令赴援，戒之曰："贼若水战，但以大舰临之，必克。舰，户黯翻。若欲步战，自可鼓棹直就巴丘，不须交锋也。"僧佑至湘浦，湘水入湖之口曰浦。景遣任约帅锐卒五千据白堉以待之。堉，及尺翻。僧佑由他路西上，上，时掌翻。约谓其畏己，急追之，及于芊口，据姚思廉梁书，芊口在南平郡安南县界。呼僧佑曰："吴儿，何不早降，降，户江翻。走何所之！"僧佑不应，潜引兵至赤沙亭；水经注：沣〔澧〕水过作唐县北而东，径安南县南，又东与赤湖水会。二县皆属南平郡。巴陵志：洞庭湖在巴丘西，西吞赤沙，南连青草，横亘七八百里。又有赤亭城，三面临水，即胡僧佑所据。杜佑曰：巴陵郡西华容界有赤亭城，城近赤亭湖，因名，任约擒于此。会信州刺史陆法和至，与之合军。法和有异术，隐于江陵百里洲，盛弘之荆州记曰：百里洲在枝江县，县左右有数十洲，盘布川中，百里洲最为大。衣食居处，一如苦行沙门，苦行沙门，谓沙门能清苦守戒行者也。处，昌吕翻。行，下孟翻。或豫言吉凶，多中，中，竹仲翻。人莫能测。侯景之围台城也，或问之曰："事将何如？"法和曰："凡人取果，宜待熟时，不撩自落。"撩，落雕翻，拢取物也。固问之，法和曰："亦克亦不克。”亦克，谓侯景取台城；不克，谓景终于败也。法和若设为两端之言，使人莫之测，而卒之言验。及任约向江陵，法和自请击之，绎许之。

壬寅，约至赤亭。六月，甲辰，僧佑、法和纵兵击之，约兵大溃，杀溺死者甚众，溺，奴狄翻。擒约送江陵。景闻之，乙巳，焚营宵遁。以丁和为郢州刺史，留宋子仙等，众号二万，戍郢城；别将支化仁镇鲁山，考异曰：梁帝纪作“魏司徒张化仁”。按魏司徒安得为景守城！今从典略。范希荣行江州事，考异曰：典略云“江州刺史”。今从太清纪。仪同三司任延和、晋州刺史夏侯威生守晋州。梁于晋熙郡置晋州。景与麾下兵数千，顺流而下。丁和以大石磕杀鲍泉及虞预，沈于黄鹤矶。磕，古盍翻。沉，持林翻。祝穆曰：黄鹤山，一名黄鹄山，在江夏县东九里，近县西北二里有黄鹤矶。水经注：黄鹄山东北对夏口城。黄鹄矶直鹦鹉洲之下尾。任约至江陵，绎赦之。徐文盛坐怨望，下狱死。下，遐嫁翻；下东下同。巴州刺史余孝顷遣兄子僧重将兵救鄱阳，于庆退走。余孝顷起于新吴，梁授以巴州刺史。考异曰：长历，六月癸卯朔。太清纪，“一日庆走，二日擒任约，三日景走。”今从梁帝纪。

绎以王僧辩为征东将军、尚书令，胡僧佑等皆进位号，使引兵东下。陆法和请还，既至，谓绎曰：“侯景自然平矣，蜀贼将至，请守险以待之。”法和知武陵王纪必东下。乃引兵屯峡口。巫峡之口也。庚申，王僧辩至汉口，先攻鲁山，擒支化仁送江陵。辛酉，攻郢州，克其罗城，斩首千级。宋子仙退据金城，僧辩四面起土山，攻之。

豫州刺史荀朗自巢湖出濡须邀景，破其后军，荀朗起兵据巢湖，帝密诏授豫州刺史，使讨景。景奔归，船前后相失。太子船入枞阳浦，枞，七容翻。船中腹心皆劝太子因此入北，太子曰：“自国家丧败，志不图生，主上蒙尘，宁忍违离左右！丧，息浪翻。离，力智翻。吾今若去，是乃叛父，非避贼也。”因涕泗呜咽，即命前进。毛诗注：自目曰涕，自鼻曰泗。史言哀太子之孝。

甲子，宋子仙等困蹙，乞输郢城，身还就景；王僧辩伪许之，命给船百艘以安其意。艘，苏刀翻。子仙谓为信然，浮舟将发，僧辩命杜龛帅精勇千人攀堞而上，龛，苦含翻。帅，读曰率；下同。堞，达协翻。上，时掌翻。鼓噪奄进，水军主宋遥帅楼船，暗江云合。言楼船四合如云，江为之暗。子仙且战且走，至白杨浦，白杨浦盖去郢城未远。大破之，周铁虎生擒子仙及丁和，送江陵，杀之。

24 庚午，齐主以司马子如，高祖之旧，复以为太尉。是年三月，齐主免子如官。复，扶又翻。

25 江安侯圆正为西阳太守，宋白曰：江安县，本汉江阳县地。宽和好施，好，呼到翻。施，式智翻。归附者众，有兵一万。湘东王绎欲图之，署为平南将军。及至，弗见，使南平王恪与之饮，醉，因囚之内省，分其部曲，使人告其罪。荆、益之衅自此起矣。圆正，武陵王纪第二子也，为纪东下攻绎张本。衅，许觐翻。

26 陈霸先引兵发南康，灨石旧有二十四滩，会水暴涨数丈，三百里间，巨石皆没，霸先进顿西昌。章贡图经曰：东江发源于汀州界之新乐山，经雩都而会于章水。西江导源于南安大庾县之聂都山，与贡水合，会于赣水。二水合而为赣，在州治后，北流一百八十里至万安县界。由万安而上，为滩十有八，怪石如精铁，突兀廉厉，错峙波面。自赣水而上，信丰、宁都俱有石碛，险阻视十八滩，故俚俗以为上下三百里赣石。吴立西昌县，属庐陵郡，今在吉州太和县界。

27 铁勒将伐柔然，突厥酋长土门邀击，破之，尽降其众五万馀落。厥，九勿翻。酋，慈秋翻。长，知两翻。降，户江翻。土门恃其强盛，求婚于柔然，柔然头兵可汗大怒，使人詈辱之曰："尔，我之锻奴也，突厥本柔然铁工，故云然。可，从刊入声。汗，音寒。詈，力智翻。何敢发是言！"土门亦怒，杀其使者，遂与之绝，而求婚于魏；魏丞相泰以长乐公主妻之。使，疏吏翻。乐，音洛。妻，七细翻。

28 秋，七月，乙亥，湘东王绎以长沙王韶监郢州事。监，工衔翻。丁亥，侯景还至建康。考异曰：典略作"六月壬戌"。太清纪作"七月二十日"。今从梁帝纪。于庆自鄱阳还豫章，侯瑱闭门拒之，庆走江州，据郭默城。走，音奏。晋将郭默反时所筑城也。瑱，他甸翻，又音镇。绎以瑱为兖州刺史。据瑱传，授南兖州刺史。景悉杀瑱子弟。侯景留瑱子弟为质，见上卷上年。

辛丑，王僧辩乘胜下湓城，下，遐嫁翻。陈霸先帅所部三万人将会之，屯于巴丘。此吴所置巴丘县也，属庐陵郡界。帅，读曰率。西军乏食，王僧辩之军自荆州来，故谓之西军。霸先有粮五十万石，分三十万石以资之。八月，壬寅朔，王僧辩前军袭于庆，庆弃郭默城走，范希荣亦弃寻阳城走。晋熙王僧振等起兵围郡城，僧辩遣沙州刺史丁道贵助之，魏收志：梁武帝置沙州，治白沙关城，领建宁齐安郡，当在黄州黄冈县界。任延和等弃城走。任，音壬。湘东王绎命僧辩且顿寻阳以待诸军之集。

29 初，景既克建康，常言吴儿怯弱，易以掩取，易，弋豉翻。当须拓定中原，然后为帝。景尚帝女溧阳公主，嬖之，妨于政事，溧，音栗。嬖，卑义翻，又博计翻。王伟屡谏景，景以告主，主有恶言，伟恐为所谗，因说景除帝。说，式芮翻。及景自巴陵败归，猛将多死，谓宋子仙之属。将，即亮翻。自恐不能久存，欲早登大位。王伟曰："自古移鼎，武王克商，迁九鼎于洛邑；故后之夺人之国者，率谓之移鼎。必须废立，既示我威权，且绝彼民望。"景从之。使前寿光殿学士谢昊为诏书，以为"弟侄争立，弟，谓湘东王绎、武陵王纪；侄，谓河东王誉、岳阳王詧。星辰失次，皆由朕非正绪，召乱致灾，宜禅位于豫章王栋。"使吕季略赍入，逼帝书之。栋，欢之子也。华容公欢，昭明太子之子。

戊午，景遣卫尉卿彭儁等帅兵入殿，废帝为晋安王，幽于永福省，悉撤内外侍卫，使突骑左右守之，墙垣悉布枳棘。枳，似橘而多刺；棘，似枣而多刺。帅，读曰率。骑，奇寄翻。枳，诸氏翻。庚申，下诏迎豫章王栋。栋时幽拘，廪饩甚薄，饩，许气翻。仰蔬茹为食。方与妃张氏锄葵，葵，菜也。法驾奄至，栋惊，不知所为，泣而升辇。

景杀哀太子大器、寻阳王大心、西阳王大钧、建平王大球、义安王大昕及王侯在建康者二十馀人。太子神明端嶷，嶷，鱼力翻。于景党未尝屈意，所亲窃问之，太子曰："贼若于事义，未须见杀，事义，犹言事宜也。吾虽陵慢呵叱，终不敢言。若见杀时至，虽一日百拜，亦无所益。"又曰："殿下今居困厄，而神貌怡然，不贬平日，何也？"贬，损也。太子曰："吾自度死日必在贼前，度，徒洛翻。若诸叔能灭贼，贼必先见杀，然后就死。若其不然，贼亦杀我以取富贵，安能以必死之命为无益之愁乎！"及难，难，乃旦翻。太子颜色不变。徐曰："久知此事，嗟其晚耳！"刑者将以衣带绞之，太子曰："此不能见杀，"命取帐绳绞之而绝。

壬戌，栋即帝位。考异曰：典略作"壬辰"，误。今从太清纪。大赦，改元天正。太尉郭元建闻之，自秦郡驰还，谓景曰："主上先帝太子，既无愆失，何得废之！"景曰："王伟劝吾，云'早除民望'。吾故从之以安天下。"元建曰："吾挟天子，令诸侯，犹惧不济，无故废之，乃所以自危，何安之有！"景欲迎帝复位，以栋为太孙。王伟曰："废立大事，岂可数改邪！"乃止。数，所角翻。

乙丑，景又使杀南海王大临于吴郡，南郡王大连于姑孰，考异曰：太清纪云"于九江"。今从梁书。安陆王大春于会稽，高唐王大壮于京口。大临时为吴郡太守。大连时为江州刺史，在姑孰。大春时为东扬州刺史。姚思廉梁书"大壮"作"大庄"，始封高唐郡公，后进封新兴王，时为南徐州刺史。皆就杀之。会，工外翻。以太子妃赐郭元建，元建曰："岂有皇太子妃乃为人妾乎！"竟不与相见，听使入道。

丙寅，追尊昭明太子为昭明皇帝，豫章安王为安皇帝，华容公欢进封豫章王，薨，谥曰安。金华敬妃为敬太皇太后，昭明太子妃蔡氏，昭明既薨，武帝为妃别立金华宫，供侍一同常仪，薨，谥曰敬。按敬妃已薨，只当追谥皇后以从夫，曰太皇太后，非也。豫章太妃王氏为皇太后，妃张氏为皇后。以刘神茂为司空。

30 九月，癸巳，齐主如赵、定二州，五代志：赵郡大陆县，旧曰广同，置殷州及南钜鹿郡，后改为南赵郡，改殷州为定州，治中山。遂如晋阳。

31 己亥，湘东王绎以尚书令王僧辩为江州刺史，江州刺史陈霸先为东扬州刺史。

32 王伟说侯景弑太宗以绝众心，侯景尊帝庙号曰高宗；元帝追谥曰简文皇帝，庙号太宗。说，式芮翻。景从之。冬，十月，壬寅夜，伟与左卫将军彭隽、王修纂进酒于太宗曰："丞相以陛下幽忧既久，使臣等来上寿。"上，时掌翻。太宗笑曰："已禅帝位，何得言陛下！此寿酒，将不尽此乎！"言寿将尽于此酒。于是隽等赍曲项琵琶，杜佑曰：傅玄琵琶赋云：汉遣公主嫁乌孙，念其行道思慕，故使工人裁筝筑为马上之乐。今观其器，中虚外实，天地象也；盘圆柄直，阴阳叙也；柱十有二，配律吕也；四弦，法四时也。以方俗语之曰琵琶，取其易传于外国也。风俗通云：以手琵琶，因以为名。释名曰：推手前曰琵，引手却曰把。杜挚云：秦人苦长城之役，弦鼗而鼓之。并未详孰是。今清乐奏琵琶，俗谓之秦汉子，圆头修颈而小，疑是弦鼗之遗制。傅玄云：体圆柄直，柱十有二，其他皆兑上锐下，曲项，形制稍大，本出胡中，俗传是汉制。兼用两制者，谓之秦、汉。据此事，则南朝似无曲项琵琶。刘昫曰：琵琶四弦。曲项琵琶，五弦，出胡中。与太宗极饮。太宗知将见杀，因尽醉，曰："不图为乐之至于斯也！"乐，音洛。既醉而寝。伟乃出，隽进土囊，修纂坐其上而殂。年四十九。伟撤门扉为棺，迁殡于城北酒库中。太宗自幽絷之后，无复侍者及纸，复，扶又翻。乃书壁及板障，柱间不为壁，以板为障，施以丹漆，因谓之板障。为诗及文数百篇，辞甚凄怆。怆，丑亮翻。景谥曰明皇帝，庙号高宗。

33 侯景之逼江陵也，湘东王绎求援于魏，命梁、秦二州刺史宜丰侯循以南郑与魏，晋志：豫章郡有宜丰县。召循还江陵。循以无故输城，非忠臣之节，考异曰：南史作“宜丰侯脩”。今从梁书。报曰：“请待改命。”魏太师泰遣大将军达奚武将兵三万取汉中，将，即亮翻。又遣大将军王雄出子午谷，攻上津。五代志：西城郡丰利县，梁置南上洛郡，西魏改郡曰丰利，后周省郡入上津郡。唐以上津为县，属商州。循遣记室参军沛人刘璠求援于武陵王纪，璠，孚袁翻。纪遣潼州刺史杨乾运救之。循，恢之子也。鄱阳王恢，武帝之弟。

王僧辩等闻太宗殂，丙辰，启湘东王绎，请上尊号；上，时掌翻；下复上同。考异曰：典略作“乙卯”，今从太清纪。绎弗许。

34 司空、东道行台刘神茂闻侯景自巴丘败还，阴谋叛景，吴中士大夫咸劝之；乃与仪同三司尹思合、刘归义、王晔、云麾将军元頵等据东阳以应江陵，頵，居筠翻，又纡纶翻。遣頵及别将李占下据建德江口。五代志：东阳郡金华县，隋废建德县入焉。唐武德四年，复置建德县，分为睦州治所。今东阳江、新安江合于州城南十里。将，即亮翻。张彪攻永嘉，克之。新安民程灵洗起兵据郡以应神茂。于是浙江以东皆附江陵。湘东王绎以灵洗为谯州刺史，领新安太守。程灵洗，字玄涤。洗，读如字。湘东以刺史宠灵洗，实领新安太守职。

35 十一月，乙亥，王僧辩等复上表劝进，复，扶又翻。湘东王绎不许。戊寅，绎以湘州刺史安南侯方矩为中卫将军以自副。考异曰：梁书在八月辛亥。今从太清纪。方矩，方诸之弟也。以南平王恪为湘州刺史。侯景以赵伯超为东道行台，据钱塘；以田迁为军司，据富春；以李庆绪为中军都督，谢答仁为右厢都督，李遵为左厢都督，以讨刘神茂。

36 己卯，加侯景九锡，汉国置丞相以下官。己丑，豫章王栋禅位于景，景即皇帝位于南郊。还，登太极殿，其党数万，皆吹唇呼噪而上。上，时掌翻。大赦，改元太始。封栋为淮阴王，并其二弟桥、樛同锁于密室。樛，居虯翻。

王伟请立七庙，景曰："何谓七庙？"伟曰："天子祭七世祖考。"并请七世讳，景曰："前世吾不复记，唯记我父名标；且彼在朔州，那得来啖此！"侯景本怀朔镇人，魏改怀朔镇为朔州。众咸笑之。景党有知景祖名乙羽周者；自外皆王伟制其名位，追尊父标为元皇帝。

景之作相也，以西州为府，文武无尊卑皆引接；及居禁中，非故旧不得见，由是诸将多怨望。将，即亮翻。景好独乘小马，弹射飞鸟，好，呼到翻。弹射飞鸟，北俗也。弹，徒丹翻。射，而亦翻。王伟每禁止之，不许轻出。景郁郁不乐，乐，音洛。更成失志，曰："吾无事为帝，与受摈不殊。"摈，弃也。摈斥者不得预人事，故景以为言。

37 壬辰，湘东王以长沙王韶为郢州刺史。

38 益州长史刘孝胜等劝武陵王纪称帝，纪虽未许，而大造乘舆车服。乘舆车服，天子之车服也。乘，绳证翻。

39 十二月，丁未，谢答仁、李庆绪攻建德，擒元頵、李占送建康，景截其手足以徇，经日乃死。

40 齐主每出入，常以中山王自随，王妃太原公主恒为之饮【章：十二行本"饮"上有"尝"字；乙十一行本同；孔本同；张校同。】食，护视之。太原公主，勃海王欢之女。恒，户登翻。为，于伪翻。饮，于禁翻；下同。食，祥吏翻。是月，齐主饮公主酒，使人鸩中山王，杀之，并其三子，谥王曰魏孝静皇帝，葬于邺西漳北。其后齐主忽掘其陵，投梓宫于漳水。齐主初受禅，魏神主悉寄于七帝寺，以寄魏七庙神主，故谓之七帝寺。至是，亦取焚之。

彭城公元韶以高氏婿，元韶娶魏孝武帝后，高欢之女也。宠遇异于诸元。开府仪同三司美阳公元晖业魏济阴王晖业，齐受禅，降封美阳公。以位望隆重，又志气不伦，尤为齐主所忌，从齐主在晋阳。晖业于宫门外骂韶曰："尔不及一老妪，负玺与人。妪，威遇翻。韶奉玺于齐，见上卷上年。玺，斯氏翻。何不击碎之！我出此言，知即死，尔亦讵得几时！"齐主闻而杀之，及临淮公元孝友，皆凿汾水冰，沈其尸。孝友，彧之弟也。彧，魏临淮王。沈，持林翻。齐主尝剃元韶鬓须，加之粉黛以自随，曰："吾以彭城为嫔御。"言其懦弱如妇人也。剃，他计翻。嫔，毗宾翻。懦，奴乱翻。

世祖孝元皇帝上　讳绎，字世诚，小字七符，武帝第七子也。

承圣元年（壬申、五五二）是年十一月方即位改元。

1 春，正月，湘东王以南平内史王褒为吏部尚书。褒，骞之孙也。王骞，俭之子。

2 齐人屡侵侯景边地，甲戌，景遣郭元建帅步军趣小岘，帅，读曰率；下同。趣，七喻翻。岘，户典翻。侯子鉴帅舟师向濡须，己卯，至合肥；考异曰：典略："二月庚子，子鉴等围合肥，克其罗城。"今从太清纪。齐人闭门不出，乃引还。

3 丙申，齐主伐库莫奚，大破之，俘获四千人，杂畜十馀万。畜，许又翻。

齐主连年出塞，给事中兼中书舍人唐邕练习军书，自督将以降劳效本末及四方军士强弱多少，番代往还，器械精粗，将，即亮翻。少，诗沼翻。粗，仓乎翻。粮储虚实，靡不谙悉。谙，乌含翻。或于帝前简阅，虽数千人，不执文簿，唱其姓名，未尝谬误。帝常曰："唐邕强干，一人当千。"又曰："邕每有军事，手作文书，口且处分，处，昌吕翻。分，扶问翻。耳又听受，实异人也！"宠待赏赐，群臣莫及。

4 魏将王雄取上津、魏兴，东梁州刺史安康李迁哲军败，降之。五代志：西城郡安康县，旧曰宁都，齐置安康郡，后魏置东梁州。按萧子显齐书，安康、宁都二县，皆齐所置。魏收曰：安康县，汉时汉中郡之安阳县也。将，即亮翻。降，户江翻。

5 突厥土门袭击柔然，大破之。柔然头兵可汗自杀，厥，居勿翻。可，从刊入声。汗，音寒。其太子庵罗辰及阿那瓌从弟登注俟利、登注子库提并帅众奔齐，馀众复立登注次子铁伐为主。从，才用翻。帅，读曰率；下同。复，扶又翻。土门自号伊利可汗，号其妻为可贺敦，子弟谓之特勒，考异曰：诸书或作"特勤"。今从刘昫旧唐书及宋祁新唐书。别将兵者皆谓之设。

6 湘东王命王僧辩等东击侯景，二月，庚子，诸军发寻阳，舳舻数百里。陈霸先帅甲士三万，舟舰二千，自南江出湓口，会僧辩于白茅湾，赣水，谓之南江，过彭泽县，西注于彭蠡，北入于江。白茅湾在桑落州西。南史王僧辩传：霸先帅众五万，出自南江，前军五千，行至湓口。盖水陆俱下也。帅，读曰率。筑坛歃血，歃，色甲翻。共读盟文，流涕慷慨。癸卯，僧辩使侯瑱袭南陵、鹊头二戍，克之。戊申，僧辩等军于大雷；丙辰，发鹊头。戊午，侯子鉴还至战鸟，子鉴盖自合肥还。杜佑曰：宣州南陵县有鹊洲，有战鸟圻，孤在江中，本名孤圻。昔桓温举兵东下，住此圻，中宵鸟惊，温谓官军围之，既而定。以群鸟惊噪，因名战鸟。唐顾况集有题灵山寺诗，下注：战鸟盖战鸟圻，后为灵山寺。西军奄至，子鉴惊惧，奔还淮南。淮南，今太平州当涂之地。

7 侯景仪同三司谢答仁攻刘神茂于东阳，程灵洗、张彪皆勒兵将救之，神茂欲专其功，不许，营于下淮。或谓神茂曰："贼长于野战，下淮地平，四面受敌，不如据七里濑。七里濑在桐庐县；距建德四十馀里，与严陵濑相接。贼必不能进。”不从。神茂偏裨多北人，不与神茂同心，别将王晔、郦通并据外营，降于答仁，刘归义、尹思合等弃城走。神茂孤危，辛未，亦降于答仁，降，户江翻。答仁送之建康。

8 癸酉，王僧辩等至芜湖，侯景守将张黑弃城走。景闻之，甚惧，下诏赦湘东王绎、王僧辩之罪，众咸笑之。侯子鉴据姑孰南洲以拒西师，景遣其党史安和等将兵二千助之。三月，己巳朔，景下诏欲自至姑孰，又遣人戒子鉴曰：“西人善水战，勿与争锋；往年任约之败，良为此也。去年景与徐文盛水战，亦败走，不特任约也，以故畏之。为，于伪翻。若得步骑一交，必当可破，汝但结营岸上，引船入浦以待之。”子鉴乃舍舟登岸，闭营不出。僧辩等停军芜湖十馀日，景党大喜，告景曰：“西师畏吾之强，势将遁矣，不击，且失之。”景乃复命子鉴为水战之备。复，扶又翻。

丁丑，僧辩至姑孰，子鉴帅步骑万馀人渡洲，于岸挑战，又以鸼舠千艘载战士。类篇曰：鸼舠，船长貌。玉篇曰：鸼舠，小船也。集韵：鸼，丁了翻。舠，朗鸟翻。按王僧辩传：鸼舠，其中载士，两边悉八十棹，棹手皆越人，去来趣袭，捷过风电。盖今之水哨马即其类。考异曰：典略作“乌鹊舫千艘”。今从梁书。僧辩麾细船皆令退缩，留大舰夹泊两岸。子鉴之众谓水军欲退，争出趋之；趋，七喻翻。大舰断其归路，断，音短。鼓噪大呼，合战中江，呼，火故翻。子鉴大败，士卒赴水死者数千人。子鉴仅以身免，收散卒走还建康，据东府。僧辩留虎臣将军庄丘慧达镇姑孰，引军而前，历阳戍迎降。降，户江翻。景闻子鉴败，大惧，涕下覆面，覆，敷又翻。引衾而卧，良久方起，叹曰：“误杀乃公！”

庚辰，僧辩督诸军至张公洲，张公洲，即蔡州。考异曰：典略作“戊寅”。今从太清纪。辛巳，乘潮入淮，进至禅灵寺前。禅灵寺，齐武帝所建。景召石头津主张宾，使引淮中舣䑺及海艟，舣，音叉。䑺，蒲故翻。方言：船短而深谓之䑺。艟，尺庸翻。以石䭔之，塞淮口；䭔，驰伪翻。塞，悉则翻。缘淮作城，自石头至于朱雀街，十馀里中，楼堞相接。堞，达协翻。僧辩问计于陈霸先，霸先曰："前柳仲礼数十万兵隔水而坐，韦粲在青溪，竟不渡岸，贼登高望之，表里俱尽，故能覆我师徒。事见一百六十二卷武帝太清三年。今围石头，须渡北岸。诸将若不能当锋，霸先请先往立栅。"壬午，霸先于石头西落星山筑栅，考异曰：陈书云，"横陇立栅"。今从典略。众军次连八城，直出石头西北。景恐西州路绝，自帅侯子鉴等亦于石头东北筑五城以遏大路。帅，读曰率。景使王伟守台城。乙酉，景杀湘东王世子方诸、前平东将军杜幼安。

9 刘神茂至建康，丙戌，景命为大剉碓，先进其足，寸寸斩之，以至于头。刘神茂始导侯景取寿阳，及其渡江，又为爪牙，东南之祸，神茂实为之，其死晚矣！大剉碓者，为大剉刀，发机如碓，使之踏之。碓，都内翻。留异外同神茂而潜通于景，故得免祸。

10 丁亥，王僧辩进军招提寺北，招提寺在石头城北。侯景帅众万馀人、铁骑八百馀匹陈于西州之西。陈，读曰阵；下志陈、冲陈、陈皆同。陈霸先曰："我众贼寡，应分其兵势，以强制弱；何故聚其锋锐，令致死于我！"乃命诸将分处置兵。景冲将军王僧志陈，僧志小缩，霸先遣将军安陆徐度将弩手二千横截其后，弩矢之力，可以及远，横截其后，箭锋所到，敌必惊却。景兵乃却。霸先与王琳、杜龛等以铁骑乘之，僧辩以大兵继进，景兵败退，据其栅。龛，岸之兄子也。杜岸死于太清三年荆、雍构难之时。龛，岸兄岑之子。龛，苦含翻。景仪同三司卢晖略守石头城，开北门降，降，户江翻。僧辩入据之。景与霸先殊死战，景帅百馀骑，弃稍执刀，左右冲陈；稍，色角翻。陈不动，众遂大溃，诸军逐北至西明门。西明门，建康外城西中门。

景至阙下，不敢入台，召王伟责之曰："尔令我为帝，今日误我！"伟不能对，绕阙而藏。景欲走，伟执鞚谏曰：鞚，苦贡翻。"自古岂有叛天子邪！宫中卫士，犹足一战，弃此，将欲安之！"景曰："我昔败贺拔胜，见一百五十六卷武帝中大通六年。败，补迈翻。破葛荣，见一百五十二卷大通二年。扬名河、朔，渡江平台城，降柳仲礼如反掌；见一百六十有二卷太清三年。降，户江翻。今日天亡我也！"因仰观石阙，叹息久之。以皮囊盛其江东所生二子，盛，时征翻。景至建康所生子也。挂之鞍后，与房世贵等百馀骑东走，欲就谢答仁于吴。侯子鉴、王伟、陈庆奔朱方。

僧辩命裴之横、杜龛屯杜姥宅，杜崱入据台城。僧辩不戢军士，剽掠居民。男女裸露，姥，莫补翻。崱，士力翻。戢，则立翻。剽，匹妙翻。裸，郎果翻。自石头至于东城，号泣满道。号，户刀翻。是夜，军士遗火，焚太极殿及东西堂，宝器、羽仪、辇辂无遗。史言王僧辩御军无法，失伐罪吊民、肃清禁辇之意。

戊子，僧辩命侯瑱等帅精甲五千追景。王克、元罗等帅台内旧臣迎僧辩于道，僧辩劳克曰：劳，力到翻。"甚苦，事夷狄之君。"克不能对。又问："玺绂何在？"玺，斯氏翻。绂，音弗。克良久曰："赵平原持去。"侯景侍中赵思贤兼平原太守。僧辩曰："王氏百世卿族，一朝而坠。"僧辩迎太宗梓宫升朝堂，帅百官哭踊如礼。朝，直遥翻。

己丑，僧辩等上表劝进，上，时掌翻。考异曰：梁帝纪："戊子，王以贼平，告明堂、太社。己丑，僧辩等奉表。"按表文云："众军以戊子总集建康，"岂是日告捷，即能达江陵乎！盖僧辩等以己丑日发表劝进耳。且迎都建业。湘东王答曰："淮海长鲸，虽云授首；襄阳短狐，未全革面。禹贡曰：淮海惟扬州。长鲸，谓侯景。古者伐国，取其鲸鲵以为大戮。岳阳王詧据襄阳，与湘东为敌，故斥为短狐。短狐，蜮也，含沙射人，中之者死。易曰：小人革面。太平玉烛，尔乃议之。"尔雅：春为青阳，夏为朱明，秋为白藏，冬为玄英；四时和谓之玉烛。释云：此释太平之时，四气和畅，以致嘉祥之事也。云春为青阳者，言春之气和则青而温阳也。云夏为朱明者，言夏之气和则赤而光明也。云秋为白藏者，言秋之气和则白而收藏也。云冬为玄英者，言冬之气和则黑而清英也。四时和谓之玉烛者，言四时和气，温润明照，故谓之玉烛。李巡云：人君德美如玉而明若烛。聘义：君子比德于玉焉。是时人君若德辉动于内，则和气应于外，统而言之，谓之玉烛。

庚寅，南兖州刺史郭元建，秦郡戍主郭正买，侯景以广陵为南兖州，因南朝之旧也。阳平戍主鲁伯和，行南徐州事郭子仲，并据城降。降，户江翻。

僧辩之发江陵也，启湘东王曰："平贼之后，嗣君万福，未审何以为礼？"王曰："六门之内，自极兵威。"台城六门，大司马门、万春门、东华门、西华门、太阳门、承明门。僧辩曰："讨贼之谋，臣为己任，成济之事，请别举人。"成济弑魏高贵乡公。王僧辩欲避弑君之恶名，故云。王乃密谕宣猛将军朱买臣，使为之所。及景败，太宗已殂，豫章王栋及二弟桥、樛相扶出于密室，樛，居虯翻。逢杜崱于道，为去其锁。二弟曰："今日始免横死矣！"为，于伪翻。去，羌吕翻。横，户孟翻。栋曰："倚伏难知，吾犹有惧！"贾谊鹏赋曰：祸兮福所倚，福兮祸所伏。辛卯，遇朱买臣，呼之就船共饮，未竟，并沈于水。沈，持林翻。

僧辩遣陈霸先将兵向广陵受郭元建等降，又遣使者往安慰之。将，即亮翻。降，户江翻。使，疏吏翻。诸将多私使别索马仗，索，山客翻。会侯子鉴渡江至广陵，谓元建等曰："我曹，梁之深雠，何颜复见其主！复，扶又翻。不若投北，可得还乡。"遂皆降齐。霸先至欧阳，齐行台辛术已据广陵。

王伟与侯子鉴相失，直渎戍主黄公喜获之，送建康。孙盛晋春秋曰：直渎在方山。王安石诗："山蟠直渎输淮口。"陆游曰：直渎，吴孙氏所开。温庭筠过吴景帝陵诗："虚开直渎三千里，青盖何曾到洛阳。"按侯子鉴、王伟已渡江，此非方山之直渎也。沈约志：盱眙太守管下有直渎，今晋安帝立县。王僧辩问曰："卿为贼相，不能死节，而求活草间邪？"伟曰："废兴，命也。使汉帝早从伟言，明公岂有今日！"谓台城之破，僧辩已降，侯景纵还竟陵，使有今日。伟之此言，亦以愧僧辩也。尚书左丞虞骘尝为伟所辱，乃唾其面。伟曰："君不读书，不足与语。"骘惭而退。骘，之日翻。唾，吐卧翻。僧辩命罗州刺史徐嗣徽镇朱方。

壬辰，侯景至晋陵，得田迁馀兵，田迁东攻刘神茂，有馀兵在晋陵。因驱掠居民，东趋吴郡。趋，七喻翻。

11 夏，四月，齐主使大都督潘乐与郭元建将兵五万攻阳平，拔之。

12 王僧辩启陈霸先镇京口。考异曰：陈纪："高祖应接郭元建还，僧辩启高祖镇京口。"按是时徐嗣徽为南徐州刺史；盖霸先但领兵戍京口耳，未为刺史也。

13 益州刺史、太尉武陵王纪，颇有武略，在蜀十七年，南开宁州、越嶲，西通资陵、吐谷浑，内修耕桑盐铁之政，外通商贾远方之利，嶲，音髓。吐，从暾入声。谷，音浴。贾，音古。故能殖其财用，器甲殷积，有马八千匹。闻侯景陷台城，湘东王将讨之，谓僚佐曰："七官文士，岂能匡济！"湘东于兄弟次第七，故呼为七官。内寝柏殿柱绕节生花，纪以为己瑞。乙巳，即皇帝位，改元天正，立子圆照为皇太子，圆正为西阳王，圆满为竟陵王，圆普为谯王，圆肃为宜都王。以巴西、梓潼二郡太守永丰侯㧑为征西大将军、益州刺史，封秦郡王。吴立永丰县，属始安郡。㧑，吁为翻。司马王僧略、直兵参军徐怦固谏，不从。怦，普耕翻。僧略，僧辩之弟；怦，勉之从子也。徐勉，梁初贤相。从，才用翻。

初，台城之围，怦劝纪速入援，纪意不欲行，内衔之。会蜀人费合告怦反，怦有与将帅书云："事事往人口具。"纪即以为反征，费，扶沸翻。将，即亮翻。帅，所类翻。征，读曰证。谓怦曰：“以卿旧情，当使诸子无恙。”恙，余亮翻。对曰：“生儿悉如殿下，留之何益！”以讥切纪不能救君父。纪乃尽诛之，枭首于市，枭，坚尧翻。亦杀王僧略。永丰侯㧑叹曰：“王事不成矣！善人，国之基也，今先杀之，不亡何待！”

纪征宜丰侯谘议参军刘璠为中书侍郎，璠，孚袁翻。使者八反，乃至。纪令刘孝胜深布腹心，璠苦求还。中记室韦登私谓璠曰：“殿下忍而蓄憾，足下不留，将致大祸，孰若共构大夏，【章：十二行本作“厦”；乙十一行本同；孔本同。】使身名俱美哉！”夏，户雅翻。璠正色曰：“卿欲缓颊于我邪？缓颊，说也。汉高帝谓郦食其曰：缓颊往说魏王豹。我与府侯分义已定，府侯，谓宜丰侯循。分，扶问翻。岂以夷险易其心乎！殿下方布大义于天下，终不逞志于一夫。”纪知必不为己用，乃厚礼遣之。以宜丰侯循为益州刺史，封随郡王，以璠为循府长史、蜀郡太守。

14 谢答仁讨刘神茂还，至富阳，闻侯景败走，帅万人欲北出候之，帅，读曰率。赵伯超据钱塘拒之。侯景进至嘉兴，沈约曰：嘉兴，本名长水，秦改曰由拳。吴孙权黄龙四年，由拳县生嘉禾，改曰禾兴；孙皓避父名，改曰嘉兴；今秀州是也，北至吴郡一百五十五里。闻伯超叛之，乃退据吴。己酉，侯瑱追及景于松江，松江，在今吴县，一名笠泽，在吴县南四十里。景犹有船二百艘，众数千人，艘，苏遭翻。瑱进击，败之，败，补迈翻。擒彭隽、田迁、房世贵、蔡寿乐、王伯丑。乐，音洛。瑱生剖隽腹，抽其肠，隽犹不死，手自收之，乃斩之。

景与腹心数十人单舸走，推堕二子于水，舸，古我翻。推，吐雷翻。将入海，瑱遣副将焦僧度追之。将，即亮翻。景纳羊侃之女为小妻，以其兄鹍为库直都督，待之甚厚；鹍随景东走，与景所亲王元礼、谢葳蕤密图之。葳蕤，答仁之弟也。景下海，欲向蒙山，景自沪渎下海。魏收志：东安郡新泰县有蒙山。景欲浮海趣山东，复入北也。葳，音威。蕤，如佳翻。己卯，景昼寝；鹍语海师：海师，习知海道者也。语，牛倨翻。"此中何处有蒙山，汝但听我处分。"处，昌吕翻。分，扶问翻。遂直向京口。至胡豆洲，景觉，大惊；问岸上人，云"郭元建犹在广陵"，景大憙，觉，古孝翻。憙，与喜同。将依之。鹍拔刀，叱海师向京口，考异曰：典略云，"舟人李横文绐景向南徐州"，今从梁书。因谓景曰："吾等为王效力多矣，为，于伪翻。今至于此，终无所成，欲就乞头以取富贵。"景未及答，白刃交下。景欲投水，鹍以刀斫之。景走入船中，以佩刀抉船底，抉船底，欲入水。抉，一决翻。鹍以矟刺杀之。矟，色角翻。刺，七亦翻。尚书右仆射索超世在别船，葳蕤以景命召而执之。南徐州刺史徐嗣徽斩超世，王伟、索超世，景之谋主也。索，苏各翻。以盐内景腹中，送其尸于建康。僧辩传首江陵，截其手，使谢葳蕤送于齐；暴景尸于市，士民争取食之，并骨皆尽；溧阳公主亦预食焉。考异曰：典略云，"复烹溧阳公主"，今从南史。初，景之五子在北齐，世宗剥其长子面而烹之，幼者皆下蚕室。长，知两翻。下，遐嫁翻。齐显祖即位，梦猕猴坐其御床，乃尽烹之。赵伯超、谢答仁皆降于侯瑱，瑱并田迁等送建康。王僧辩斩房世贵于市，送王伟、吕季略、周石珍、严亶、赵伯超、伏知命于江陵。

丁巳，湘东王下令解严。

15 乙丑，葬简文帝于庄陵，庙号太宗。

16 侯景之败也，以传国玺自随，玺，斯氏翻。使其侍中兼平原太守赵思贤掌之，曰："若我死，宜沈于江，勿令吴儿复得之。"思贤自京口济江，遇盗，从者弃之草间，沈，持林翻。复，扶又翻。从，才用翻。至广陵，以告郭元建。元建取之，以与辛术，壬申，术送之至邺。

17 甲申，齐以吏部尚书杨愔为右仆射，以太原公主妻之。愔，于今翻。妻，七细翻。公主，即魏孝静帝之后也。

18 杨乾运至剑北，剑北，剑阁之北也。魏达奚武逆击之，大破乾运于白马，陈其俘馘于南郑城下，且遣人辱宜丰侯循。循怒，出兵与战，都督杨绍伏兵击之，杀伤殆尽。刘璠还至白马西，刘璠自成都还。魏收志：华阳郡沔阳县有白马城。宜丰侯循传：璠见禽于嶓冢。嶓冢县亦属华阳郡。五代志：汉中郡西县旧曰嶓冢。为武所获，送长安。太师泰素闻其名，待之如旧交。时南郑久不下，武请屠之，泰将许之。璠请之于朝，朝，谓魏朝也。朝，直遥翻。泰怒，不许；璠泣请不已，泰曰："事人当如是。"乃从其请。

19 五月，庚午，司空南平王恪等复劝进，复，扶又翻。湘东王犹不受，遣侍中丰城侯泰谒山陵，沈约志：豫章丰城县，吴立，曰富城，晋武帝更名。考异曰：梁书在四月，官为司空。太清纪在此月，官太宰。今从梁书。修复庙社。

戊寅，侯景首至江陵，枭之于市三日，枭，坚尧翻。煮而漆之，以付武库。庚辰，以南平王恪为扬州刺史。甲申，以王僧辩为司徒、镇卫将军，封长宁公。镇卫将军，梁定二百四十号，其班穹矣。僧辩元功，必封长宁郡公。长宁郡，晋安帝置，属荆州。陈霸先为征虏将军、开府仪同三司，封长城县侯。赏平侯景之功也。霸先，长城县人也。杜佑曰：湖州长城县，吴王阖闾遣弟夫概筑城，狭而长，晋武帝太康三年置。

乙酉，诛侯景所署尚书仆射王伟、左民尚书吕季略、少府周石珍、舍人严亶于市。赵伯超、伏知命饿死于狱。以谢答仁不失礼于太宗，特宥之。王伟于狱中上五百言诗，五百言诗，今之五十韵诗也。上，时掌翻。湘东王爱其才，欲宥之；有嫉之者，言于王曰："前日伟作檄文甚佳。"王求而视之，檄云：

"项羽重瞳，尚有乌江之败；重，直龙翻。湘东一目，宁为赤县所归！"王大怒，钉其舌于柱，钉，丁定翻。剜腹、脔肉而杀之。剜，乌丸翻。王伟，侯景之所取计者也；自围台城以至于移梁祚，屠萧氏以及其臣民，皆伟之谋。帝忘其父子兄弟之雠，乃爱其才而欲宥之，发怒于檄文而后诛之，失刑甚矣！

20 丙戌，齐合州刺史斛斯昭攻历阳，拔之。

21 丁亥，下令，以"王伟等既死，自馀衣冠旧贵，被逼偷生，被，皮义翻。猛士勋豪，和光苟免者，皆不问。"

22 扶风民鲁悉达，纠合乡人以保新蔡，陈书：鲁悉达，扶风人，祖父至悉达皆仕于齐、梁。沈约宋志：江州所部有南新蔡郡，不言侨置之地，但云去京都水行一千三百七十六里有馀。以水程约言之，南新蔡郡当置于今蕲州界。五代志：蕲州黄梅县，旧曰永兴，隋开皇初，改曰新蔡，盖因南新蔡郡以名县也。刘昫曰：黄梅县，宋分置新蔡郡。力田蓄谷。时江东饥乱，饿死者什八九，遗民携老幼归之。悉达分给粮廪，全济甚众，招集晋熙等五郡，尽有其地。使其弟广达将兵从王僧辩讨侯景，将，即亮翻；下同。景平，以悉达为北江州刺史。魏收志：梁武帝置北江州，治鹿城关，领义阳、齐昌、新昌、梁安、齐兴郡。五代志：黄州木兰县，梁置北江州，唐并木兰入黄冈县。

23 齐主使其散骑常侍曹文皎等来聘，湘东王使散骑常侍柳晖等报之，且告平侯景；亦遣舍人魏彦告于魏。

24 齐主使潘乐、郭元建将兵围秦郡，行台尚书辛术谏曰："朝廷与湘东王信使不绝。使，疏吏翻。阳平，侯景之土，取之可也；今王僧辩已遣严超达守秦郡，于义何得复争之！复，扶又翻。且水潦方降，不如班师。"弗从。陈霸先命别将徐度引兵助秦郡固守。齐众七万，攻之甚急。王僧辩使左卫将军杜崱救之，霸先亦自欧阳来会；与元建大战于士林，大破之，士林在六合县界。斩首万馀级，生擒千馀人。元建收馀众北遁；犹以通好，不穷追也。好，呼到翻。

辛术迁吏部尚书。自魏迁邺以后，大选之职，知名者数人，吏部选为大选。选，须绢翻。互有得失：齐世宗少年高朗，所弊者疏；袁叔德沈密谨厚，所伤者细；少，诗照翻。沈，持林翻。杨愔风流辩给，取士失于浮华。唯术性尚贞明，取士必以才器，循名责实，新旧参举，管库必擢，门阀不遗，阀，音伐。说文：阀阅，自序也。史记：明其等曰阀，积其功曰阅。此所谓门阀者，直言世家子弟门地素高者耳。又说：门在左曰阀，在右曰阅。考之前后，最为折衷。衷，陟仲翻。

25 魏达奚武遣尚书左丞柳带韦入南郑，说宜丰侯循曰：说，式芮翻。“足下所固者险，所恃者援，所保者民。今王旅深入，所凭之险不足固也；白马破走，酋豪不进，谓杨乾运也。酋，慈秋翻。所望之援不可恃也；长围四合，所部之民不可保也。且足下本朝丧乱，社稷无主，欲谁为为忠乎？朝，直遥翻。丧，息浪翻。谁为之为，于伪翻。岂若转祸为福，使庆流子孙邪！”循乃请降。降，户江翻。带韦，庆之子也。柳庆见一百六十一卷武帝太清二年。开府仪同三司贺兰德愿闻城中食尽，请攻之，大都督赫连达曰：“不战而获城，策之上者，岂可利其子女，贪其货财，而不爱民命乎！且观其士马犹强，城池尚固，攻之纵克，则彼此俱伤；如困兽犹斗，左传吴夫概王之言。则成败未可知也。”武曰：“公言是也。”乃受循降，获男女二万口而还，还，从宣翻，又如字。于是剑北皆入于魏。

26 六月，丁未，齐主还邺；乙卯，复如晋阳。复，扶又翻。

27 庚寅，立安南侯方矩为王太子。

28 齐遣散骑常侍谢季卿来贺平侯景。

29 衡州刺史王怀明作乱，广州刺史萧勃讨平之。

30 齐政烦赋重，江北之民不乐属齐，其豪杰数请兵于王僧辩，僧辩以与齐通好，皆不许。乐，音洛。数，所角翻。好，呼到翻。

秋，七月，广陵侨人朱盛等侨人，本非广陵人而侨居广陵者。潜聚党数千人，谋袭杀齐刺史温仲邕，遣使求援于陈霸先，使，疏吏翻；下使未同。云已克其外城。霸先使告僧辩，僧辩曰：“人之情伪，未易可测，易，弋豉翻。若审克外城，亟须应援，如其不尔，无烦进军。”使未报，霸先已济江，僧辩乃命武州刺史杜崱等助之。会盛等谋泄，霸先因进军围广陵。

31 八月，魏安康人黄众宝反，攻魏兴，执太守柳桧，进围东梁州。梁置南梁州于西城郡，西魏改曰东梁州；西城，古魏兴郡治所。魏收志：后魏太延五年，别置魏兴郡于上洛郡界，带阳亭县，属洛州；洛州，后改为商州。令桧诱说城中，诱，音酉。说，式芮翻。桧不从而死。桧，虬之弟也。柳虬，柳庆之兄，见一百五十七卷武帝大同三年。太师泰遣王雄与骠骑大将军武川宇文虬讨之。骠，匹妙翻。骑，奇寄翻。

32 武陵王纪举兵由外水东下，以永丰侯㧑为益州刺史，守成都，使其子宜都王圆肃副之。

33 九月，甲戌，司空南平王恪卒。甲申，以王僧辩为扬州刺史。

34 齐主使告王僧辩、陈霸先曰：“请释广陵之围，必归广陵、历阳两城。”霸先引兵还京口，江北之民从霸先济江者万馀口。湘东王以霸先为征北大将军、开府仪同三司、南徐州刺史，征霸先世子昌霸先封长城县侯，昌为世子。及兄子顼诣江陵，以昌为散【章：十二行本“散”上有“员外”二字；乙十一行本同；孔本同；张校同。】骑常侍，顼为领直。梁宿卫之官有四厢领直，盖领直卫之士，因以名官。为昌、顼陷魏张本。

35 宜丰侯循之降魏也，丞相泰许其南还，久而未遣，从容问刘璠曰：从，千容翻。“我于古谁比？”对曰：“璠常以公为汤、武，今日所见，曾桓、文之不如！”泰曰：“我安敢比汤、武，庶几望伊、周，何至不如桓、文！”对曰：“齐桓存三亡国，左传：宋司马子鱼曰：齐桓存三亡国以属诸侯。杜预注曰：三亡国，鲁、卫、邢。晋文公不失信于伐原。”语未竟，泰抚掌曰：“我解尔意，解，户买翻。欲激我耳。”乃谓循曰：“王欲之荆，为之益？”武陵王纪封循为随郡王，故以王称之。循请还江陵，泰厚礼遣之。考异曰：典略云：“十月，乙未朔，太祖谓循”云云。按太清纪，是月循至江陵，今从之。循以文武千家自随，湘东王疑之，遣使觇察，相望于道；使，疏吏翻。觇，丑廉翻，又丑艳翻。始至之夕，命劫窃其财，及旦，循启输马仗，王乃安之，引入，对泣，以循为侍中、骠骑将军、开府仪同三司。

36 冬，十月，齐主自晋阳如离石，自黄栌岭起长城，北至社平戍，四百馀里，置三十六戍。此长城盖起于唐石州，北抵武州之境。栌，音卢。“社平”，齐纪作“社子”。按斛律金传：黄栌岭在乌突戍东。

37 戊申，湘东王执湘州刺史王琳于殿中，杀其副将殷晏。

琳本会稽兵家，将，即亮翻。会，工外翻。其姊妹皆入王宫，故琳少在王左右。琳好勇，王以为将帅。琳倾身下士，少，诗照翻。好，呼到翻。帅，所类翻。下，遐嫁翻；下王下同。所得赏赐，不以入家。麾下万人，多江、淮群盗，从王僧辩平侯景，与杜龛功居第一。龛，苦含翻。在建康，恃宠纵暴，僧辩不能禁。僧辩以宫殿之烧，谓军人遗火焚太极殿及东、西堂也。恐得罪，欲以琳塞责，塞，悉则翻。乃密启王，请诛琳。王以琳为湘州，琳自疑及祸，使长史陆纳帅部曲赴湘州，帅，读曰率。身诣江陵陈谢，谓纳等曰：“吾若不返，子将安之？”之，往也。咸曰：“请死之。”相泣而别。至江陵，王下琳吏。

辛酉，以王子方略为湘州刺史，又以廷尉黄罗汉为长史，使与太舟卿张载至巴陵，先据琳军。五代志：太舟卿，梁初为都水台使者，天监七年改焉，位视中书郎，列卿之最末者也，主舟航、堤渠。载有宠于王，而御下峻刻，荆州人疾之如雠。罗汉等至琳军，陆纳及士卒并哭，不肯受命，执罗汉及载。王遣宦者陈旻往谕之，纳对旻刳载腹，抽肠以系马足，使绕而走，肠尽气绝。又脔割，出其心，向之抃舞，抃舞，拊手而舞。焚其馀骨。以黄罗汉清谨而免之。纳与诸将引兵袭湘州，时州中无主，纳遂据之。

38 公卿藩镇数劝进于湘东王，数，所角翻。十一月，丙子，世祖即皇帝位于江陵，改元，大赦。改太清为承圣。是日，帝不升正殿，公卿陪列而已。史言帝不能正其始。

39 丁丑，以宜丰侯循为湘州刺史。

40 己卯，立王太子方矩为皇太子，更名元良。更，丁行翻。皇子方智为晋安王，方略为始安王，方等之子庄为永嘉王。方等伐湘州，战败而死。追尊母阮修容为文宣皇后。修容，魏文帝所制，自晋以来，位列九嫔。

侯景之乱，州郡太半入魏，自巴陵以下至建康，以长江为限，荆州界北尽武宁，西拒硖口，北尽武宁，与岳阳王詧分界。西拒峡口，与武陵王纪分界。"硖"，当作"峡"。岭南复为萧勃所据，复，扶又翻。诏令所行，千里而近，民户著籍，不盈三万而已。著，直略翻。史言荆州管内萧条。

41 陆纳袭击衡州刺史丁道贵于渌口，破之。衡州，治衡阳县。县东二十里有酃湖，其水湛然绿色，取以酿酒，甘美，谓之酃渌。渌口，即酃湖口也。唐志：潭州有渌口戍。丁度曰：湘东有渌水。张舜民郴行录：嘉鱼县口舟行七十馀里，至渌溪口。南北对境图，自岳州沿江东北下，过侯敬港、神林港、象湖港、新打口、石头口，得渌溪口。按郴行录、对境图之渌溪口，皆非丁道贵败处，唯唐志之潭州渌口戍为是。渌，音绿。道贵奔零陵，其众悉降于纳。降，户江翻。上闻之，遣使征司徒王僧辩、右卫将军杜崱、平北将军裴之横与宜丰侯循共讨纳，循军巴陵以待之。侯景之乱，零陵人李洪雅据其郡，上即以为营州刺史。营阳郡，亦汉零陵郡之地，故因置营州，隋为永州。洪雅请讨陆纳，上许之。丁道贵收馀众与之俱。纳遣其将吴藏袭击，破之，洪雅等退保空云城，姚思廉梁书作“空灵滩”。水经注：长沙建宁县故城，南有空泠峡，湘水所经也，惊浪雷奔，浚同三峡。张舜民郴行录曰：自醴陵江口南行十馀里，有空灵岸。考异曰：典略作“空零城”，今从梁书。余谓“空零”盖“空灵”之误也。藏引兵围之。顷之，纳请降，求送妻子，送妻子为质以示诚款。上遣陈旻至纳所，纳众皆泣，曰：“王郎被囚，被，皮义翻。故我曹逃罪于湘州，非有他志也。”乃出妻子付旻。旻至巴陵，循曰：“此诈也，必将袭我。”乃密为之备。纳果夜以轻兵继旻后，约至城下鼓噪。十二月，壬午晨，去巴陵十里，言纳兵夜行至晨，距巴陵相去十里。众谓已至，即鼓噪，军中皆惊。循坐胡床，于垒门望之，纳乘水来攻，矢下如雨，循方食甘蔗，略无惧色，蔗，之夜翻。徐部分将士击之，分，扶问翻。获其一舰；舰，户黯翻。纳退保长沙。

42 壬午，齐主还邺；戊午，复如晋阳。复，扶又翻。

王崇武标点容肇祖聂崇岐覆校

资治通鉴卷第一百六十五

端明殿学士兼翰林侍读学士朝散大夫右谏议大夫
充集贤殿修撰提举西京嵩山崇福宫上柱国河内郡 司马光 奉敕编集
开国侯食邑一千八百户食实封六百户赐紫金鱼袋臣

后学天台 胡三省 音注

梁纪二十一 起昭阳作噩（癸酉），尽阏逢阉茂（甲戌），凡二年。

世祖孝元皇帝下

承圣二年（癸酉、五五三）

1 春，正月，王僧辩发建康，承制使陈霸先代镇扬州。使陈霸先自京口代镇扬州。

2 丙子，山胡围齐离石。戊寅，齐主讨之，未至，胡已走，因巡三堆，魏收地形志：永安郡平寇县，魏真君七年并三堆属焉。隋雁门郡崞县有平寇县。大猎而归。

3 以吏部尚书王褒为左仆射。

4 己丑，齐改铸钱，文曰“常平五铢”。五代志：齐文宣除魏永安五铢，改铸常平五铢，重如其文，其钱甚贵，且制造甚精。

5 二月，庚子，李洪雅力屈，以空云城降陆纳。去年吴藏攻李洪雅。降，户江翻；下同。纳囚洪雅，杀丁道贵。纳以沙门宝志诗谶有“十八子”，以为李氏当王，天监中，宝志为谶云：“太岁龙，将无理。萧经霜，草应死。馀人散，十八子。”时言萧氏当灭，李氏代兴。谶，楚谮翻。甲辰，推洪雅为主，号大将军，使乘平肩舆，列鼓吹，纳帅众数千，左右翼从。吹，尺瑞翻。帅，读曰率；下同。从，才用翻。

6 魏太师泰去丞相、大行台，去，羌吕翻。为都督中外诸军事。

7 王雄至东梁州，黄众宝帅众降。黄众宝反见上卷上年。太师泰赦之，迁其豪帅于雍州。帅，所类翻。雍，于用翻。

8 齐主送柔然可汗铁伐之父登注及兄库提还其国。登注等奔齐见上卷上年。可，从刊入声。汗，音寒。铁伐寻为契丹所杀，契，欺讫翻，又音吃。国人立登注为可汗。登注复为其大人阿富提所杀，复，扶又翻。国人立库提。

9 突厥伊利可汗卒，子科罗立，号乙息记可汗；厥，君勿翻。考异曰：颜师古隋书突厥传云："弟逸可汗立。"今从周书及北史。三月，遣使献马五万于魏。使，疏吏翻。柔然别部又立阿那瓌叔父邓叔子为可汗；考异曰：魏书、北史蠕蠕传皆云"立铁伐为可汗"，突厥传皆云"立邓叔子为可汗"。盖诸部分散，各有所立也。乙息记击破邓叔子于沃野北木赖山。乙息记卒，舍其子摄图而立其弟俟斤，号木杆可汗。俟，渠之翻。杆，公旦翻。为后佗钵卒、摄图争国张本。考异曰：周书作"木汗"，隋书作"俟斗木杆"。今从北史。木杆状貌奇异，性刚勇，多智略，善用兵，邻国畏之。

10 上闻武陵王纪东下，使方士画版为纪像，画，与畫同。亲钉支体以厌之，钉，丁定翻。厌，于叶翻。又执侯景之俘以报纪。初，纪之举兵，皆太子圆照之谋也。圆照时镇巴东，巴东，信州。执留使者，启纪云："侯景未平，宜急进讨；已闻荆镇为景所破。"纪信之，趣兵东下。使，疏吏翻。趣，读曰促。

上甚惧，与魏书曰："'子纠，亲也，请君讨之。'"左传：齐无知弑其君，雍廪杀无知。公子小白自莒入于齐。鲁庄公伐齐，纳子纠，鲁师败绩。齐鲍叔帅师来言曰："子纠，亲也，请君讨之。"乃杀子纠。太师泰曰："取蜀制梁，在兹一举。"诸将咸难之。咸以为难也。大将军代人尉迟迥，泰之甥也，迥传：其先魏之别种，号尉迟部，因氏焉。尉，纡勿翻。独以为可克。泰问以方略，迥曰："蜀与中国隔绝百有馀年，恃其险，【章：十二行本"险"下有"远"字；乙十一行本同；孔本同；张校同。】不虞我至，若以铁骑兼行袭之，无不克矣。"骑，奇寄翻；下同。泰乃遣迥督开府仪同三司原珍等六军，甲士万二千，骑万匹，自散关伐蜀。考异曰：典略在正月戊辰。今从周纪。

11 陆纳遣其将吴藏、潘乌黑、李贤明等下据车轮。将，即亮翻；下同。按下文，陆纳夹岸为城。甲子，王僧辩攻拔之，乙丑，进围长沙。则车轮之地，盖据湘江之要，去长沙不远也。考异曰：梁纪云"二月丙子"。按长历，二月无丙子。梁纪误。王僧辩至巴陵，考异曰：典略云"三月辛酉"。按长历，是月癸亥朔，无辛酉。典略误。宜丰侯循让都督于僧辩，考异曰：僧辩传云"与陈霸先让都督"。今从典略。僧辩弗受。上乃以僧辩、循为东、西都督。夏，四月，丙申，僧辩军于车轮。考异曰：典略作"甲子"，非也。今从梁纪。

12 吐谷浑可汗夸吕，虽通使于魏而寇抄不息，吐，从暾入声。谷，音浴。使，疏吏翻；下同。抄，楚交翻。宇文泰将骑三万逾陇，至姑臧，讨之。夸吕惧，请服；既而复通使于齐。凉州刺史史宁觇知其还，袭之于赤泉，唐志：凉州姑臧县有赤水军，本赤乌镇，有赤乌泉，因名，幅员五千一百八十里，军之最大者也。复，扶又翻。觇，丑盐翻，又丑艳翻。获其仆射乞伏触状。【严："状"改"拔"。】

13 陆纳夹岸为城，以拒王僧辩。纳士卒皆百战之馀，僧辩惮之，不敢轻进，稍作连城以逼之。纳以僧辩为怯，不设备；五月，甲子，僧辩命诸军水陆齐进，急攻之，僧辩亲执旗鼓，宜丰侯循亲受矢石，拔其二城；纳众大败，步走，保长沙。乙丑，僧辩进围之。僧辩坐垄上视筑围垒，吴藏、李贤明帅锐卒千人开门突出，蒙楯直进，趋僧辩。帅，读曰率。楯，食尹翻。趋，七喻翻。时杜崱、杜龛并侍左右，甲士卫者止百馀人，力战拒之。蒯，士力翻。龛，苦含翻。僧辩据胡床不动，裴之横从旁击藏等，藏等败退，贤明死，李贤明，本侯景将也，景败，归王琳。藏脱走入城。

14 武陵王纪至巴郡，闻有魏兵，遣前梁州刺史巴西谯淹还军救蜀。初，杨乾运求为梁州刺史，纪以为潼州刺史；【章：十二行本无“刺史”二字；乙十一行本同；张校同，云无注本亦无。】五代志：金山郡，西魏置潼州。盖梁已置此州也，治涪城。杨法琛求为黎州刺史，以为沙州：盖即以平兴为沙州也。潼，音同。琛，丑林翻。二人皆不悦。乾运兄子略说乾运曰：“今侯景初平，宜同心戮力，说，式芮翻。戮，音留，又音六，并力也。保国宁民，而兄弟寻戈，左传，子产曰：“昔高辛氏有二子，伯曰阏伯，季曰实沈，不相能也，日寻干戈，以相征讨。”此自亡之道也。夫木朽不雕，论语，孔子曰：“朽木不可雕也。”世衰难佐，不如送款关中，可以功名两全。”乾运然之，令略将二千人镇剑阁，又遣其婿乐广镇安州，五代志：普安郡，梁置南安州，后改为安州。普安旧曰南安，西魏改普安。将，即亮翻。与法琛皆潜通于魏。魏太师泰密赐乾运铁券，授骠骑大将军、开府仪同三司、梁州刺史。西魏之官，骠骑大将军、开府仪同三司，位次柱国大将军。骠，匹妙翻。尉迟迥以开府仪同三司侯吕陵始为前军，侯吕陵，虏三字姓。至剑阁，略退就乐广，翻城应始，始入据安州。甲戌，迥至涪水，涪水自龙州入潼州界。潼州治涪，其城西临涪水。涪，音浮。乾运以州降。降，户江翻。迥分军守之，进袭成都。时成都见兵不满万人，见，贤遍翻。仓库空竭，永丰侯㧑婴城自守，迥围之。谯淹遣江州刺史景欣、幽州刺史赵拔扈援成都，五代志：隆山郡隆山县，旧曰犍为县，置江州。迥使原珍等击走之。

武陵王纪至巴东，闻侯景已平，乃自悔，召太子圆照责之，对曰：“侯景虽平，江陵未服。”纪亦以既称尊号，纪称尊号，见上卷上年。不可复为人下，复，扶又翻；下上复、复送、乃复、无复同。欲遂东进。将卒日夜思归，其江州刺史王开业以为宜还救根本，更思后图；诸将皆以为然。将，即亮翻。圆照及刘孝胜固言不可，纪从之，宣言于众曰："敢谏者死！"己丑，纪至西陵，军势甚盛，舳舻翳川。舳，音逐。舻，音卢。翳，蔽也。护军陆法和筑二城于峡口两岸，运石填江，铁锁断之。断，音短。

帝拔任约于狱，以为晋安王司马，帝封子方智为晋安王。任，音壬。使助法和拒纪，赤亭之战，法和活约，是有旧恩，故使助之。谓之曰："汝罪不容诛，我不杀，本为今日！"因撤禁兵以配之，仍许妻以庐陵王续之女，使宣猛将军刘棻与之俱。为，于伪翻。妻，七细翻。棻，符分翻。

15 庚辰，巴州刺史余孝顷将兵万人会王僧辩于长沙。将，即亮翻；下同。

16 豫章太守观宁侯永，昏而少断，少，诗沼翻。断，丁乱翻。左右武蛮奴用事，军主文重疾之。永将兵讨陆纳，至宫亭湖，重杀蛮奴，永军溃，奔江陵。重将其众奔开建侯蕃，蕃杀之而有其众。开建侯蕃时镇鄱阳。沈约曰：宋文帝分临贺郡之封阳县立开建县。

17 六月，壬辰，武陵王纪筑连城，攻绝铁锁，陆法和告急相继。上复拔谢答仁于狱，去年侯景败，得谢答仁，不杀而囚之。以为步兵校尉，梁东宫有步兵等三校尉。校，户教翻。配兵使助法和；又遣使送王琳，令说谕陆纳。使，疏吏翻。说，式芮翻。乙未，琳至长沙，僧辩使送示之，纳众悉拜且泣，使谓僧辩曰："朝廷若赦王郎，乞听入城。"僧辩不许，复送江陵。陆法和求救不已，上欲召长沙兵，恐失陆纳，乃复遣琳许其入城。琳既入，纳遂降，湘州平。降，户江翻。考异曰：梁纪："乙酉，湘州平。"按长历，是月无乙酉。梁纪误。上复琳官爵，使将兵西援峡口。将，即亮翻。

18 甲辰，齐章武景王库狄干卒。

19 武陵王纪遣将军侯叡将众七千筑垒与陆法和相拒。上遣使与纪书，许其还蜀，专制一方；纪不从，报书如家人礼。不肯定君臣之分而用兄弟之礼。使，疏吏翻；下同。陆纳既平，湘州诸军相继西上，上，时掌翻。上复与纪书曰："吾年为一日之长，属有平乱之功，膺此乐推，事归当璧。长，陟丈翻。属，之欲翻。乐，音洛。左传：楚共王无冢適，有宠子五人，无適立焉。乃大有事于群望，而祈曰："请神择于五人者，使主社稷。"乃遍以璧见于群望曰："当璧而拜者，神所立也。"既乃密埋璧于大室之庭，使五人者齐而长入拜，康王跨之，灵王肘加焉，子干、子晳皆远之。平王弱，抱以入，再拜，皆厌纽。后平王卒有楚国。傥遣使乎，良所迟也。迟，直利翻，待也。如曰不然，于此投笔。友于兄弟，分形共气，兄肥弟瘦，无复相见之期，让枣推梨，永罢欢愉之日。汉孔融兄弟七人，融第六，四岁时，与诸兄共食梨枣，辄引小者。人问其故，答曰："我小儿，法当取小者。"人皆异之。推，吐雷翻。心乎爱矣，书不尽言。"言兄弟之爱存之于心，非书翰之间所能尽言也。纪顿兵日久，频战不利，又闻魏寇深入，成都孤危，忧懑不知所为。懑，音闷，又音满。乃遣其度支尚书乐奉业诣江陵求和，请依前旨还蜀。度，徒洛翻。奉业知纪必败，启上曰："蜀军乏粮，士卒多死，危亡可待。"上遂不许其和。史言上兄弟皆阻兵而安忍。

纪以黄金一斤为饼，饼百为箧，至有百箧，银五倍于金，锦罽、缯彩称是，每战，悬示将士，不以为赏。罽，音计。缯，慈陵翻。称，尺证翻。将，即亮翻；下同。宁州刺史陈智祖请散之以募勇士，弗听，智祖哭而死。有请事者，纪称疾不见，由是将卒解体。

秋，七月，辛未，巴东民苻升等斩峡口城主公孙晃，降于王琳。将，即亮翻。降，户江翻。考异曰：典略作"丙戌"。今从梁书。谢答仁、任约进攻侯叡，破之，拔其三垒。于是两岸十四城俱降。纪不获退，诸城已降，江陵兵断道，故不获退。顺流东下，游击将军【章：十二行本"军"下有"南阳"二字；乙十一行本同；孔本同；退斋校同。】樊猛追击之，纪众大溃，赴水死者八千馀人，猛围而守之。上密敕猛曰："生还，不成功也。"猛引兵至纪所，纪在舟中绕床而走，以金囊掷猛曰："以此雇卿，送我一见七官。"猛曰："天子何由可见！杀足下，金将安之！"之，往也。遂斩纪及其幼子圆满。陆法和收太子圆照兄弟三人送江陵。上绝纪属籍，赐姓饕餮氏。饕，他刀翻。餮，他结翻。贪财为饕，贪食为餮，以帝鸿氏不才子比纪也。下刘孝胜狱，已而释之。纪之称帝举兵，刘孝胜实鼓成之，此而不诛，亦失刑也。下，遐嫁翻。上使谓江安侯圆正曰："西军已败，汝父不知存亡。"意欲使其自裁。圆正见囚，见上卷简文帝大宝二年。圆正闻之号哭，称世子不绝声。咎圆照之误纪也。号，户刀翻。上频使觇之，知不能死，移送廷尉狱，见圆照，曰："兄何乃乱人骨肉，使痛酷如此！"圆照唯云"计误"。上并命绝食于狱，至啮臂啖之，十三日而死，远近闻而悲之。觇，丑廉翻，又丑艳翻。啮，鱼结翻。啖，徒敢翻，又徒滥翻。

乙未，王僧辩还江陵。诏诸军各还所镇。

20 魏尉迟迥围成都五旬，永丰侯㧑屡出战，皆败，乃请降。诸将欲不许，迥曰："降之则将士全，远人悦；攻之则将士伤，远人惧。"遂受之。八月，戊戌，㧑与宜都王圆肃帅文武诣军门降，㧑，许韦翻。降，户江翻。将，即亮翻。帅，读曰率。迥以礼接之，与盟于益州城北。吏民皆复其业，唯收奴婢及储积以赏将士，军无私焉。史言尉迟迥能凝蜀人之心。魏以㧑及圆肃并为开府仪同三司，以迥为大都督益·潼等十二州诸军事、益州刺史。

21 庚子，下诏将还建康，领军将军胡僧佑、太府卿黄罗汉、吏部尚书宗懔、懔，力荏翻，又巨禁翻。御史中丞刘毂毂，讫岳翻。谏曰："建业王气已尽，与虏正隔一江，若有不虞，悔无及也！建业与齐止隔一江，固也。独不思江陵介在江北，逼近襄阳，岳阳有复雠之志，宇文有启疆之思乎！且古老相承云：'荆州洲数满百，当出天子。'今枝江生洲，百数已满，盛弘之荆州记曰：自枝江县西至上明，东及江津，其中有九十九洲。楚谚云：洲不百，故不出王者。陛下龙飞，是其应也。"上令朝臣议之。朝，直遥翻。黄门侍郎周弘正、尚书右仆射王褒曰："今百姓未见舆驾入建康，谓是列国诸王；愿陛下从四海之望。"时群臣多荆州人，皆曰："弘正等东人也，周颉、王导自南渡以来世居建康，故谓为东人。志愿东下，恐非良计。"弘正面折之曰：折，之舌翻。"东人劝东，谓非良计；西【章：十二行本"西"上有"君等"二字；乙十一行本同。】人欲西，岂成长策？"上笑。又议于后堂，会者五百人，上问之曰："吾欲还建康，诸卿以为如何？"众莫敢先对。上曰："劝吾去者左袒。"左袒者过半。武昌太守朱买臣言于上曰："建康旧都，山陵所在；梁氏自简文以上葬建康，武帝以上葬晋陵。守，式又翻。荆镇边疆，非王者之宅。荆州被边，自晋以来为重镇。愿陛下勿疑，以致后悔。臣家在荆州，岂不愿陛下居此，但恐是臣富贵，非陛下富贵耳！"上使术士杜景豪卜之，不吉，对上曰："未去。"退而言曰："此兆为鬼贼所留也。"上以建康凋残，江陵全盛，意亦安之，卒从僧佑等议。史言上怀居违卜，以成亡国之祸。卒，子恤翻。

22 以湘州刺史王琳为衡州刺史。

23 九月，庚午，诏王僧辩还镇建康，陈霸先复还京口。复，扶又翻。丙子，以护军将军陆法和为郢州刺史。法和为政，不用刑狱，专以沙门法及西域幻术幻，胡办翻。教化，部曲数千人，通谓之弟子。

24 契丹寇齐边。契，欺讫翻。壬午，齐主北巡冀、定、幽、安，冀、定、幽、安，四州名。遂伐契丹。

25 齐主使郭元建治水军二万馀人于合肥，治，直之翻。将袭建康，纳湘潭侯退，退北奔见一百六十二卷武帝太清二年。又遣将军邢景远、步大汗萨帅众继之。步大汗，虏三字姓。汗，音寒。萨，桑葛翻。考异曰：梁书作"邢杲远，步六汗萨。"今从北齐书、北史。陈霸先在建康闻之，白上；上诏王僧辩镇姑孰以御之。

26 冬，十月，丁酉，齐主至平州，从西道趣长堑，曹操征乌桓，出卢龙塞，堑山堙谷五百馀里，后人因谓之长堑。趣，七喻翻。堑，七艳翻。使司徒潘相乐帅精骑五千自东道趣青山。辛丑，至白狼城；壬寅，至昌黎城，使安德王韩轨帅精骑四千东断契丹走路；魏收地形志：营州统内建德郡治白狼城。中兴初，分乐陵置安德郡，治般县。帅，读曰率。骑，奇寄翻。癸卯，至阳师水，唐志：贞观三年，以契丹、室韦部落置师州及阳师县于营州之废阳师镇，即此。倍道兼行，掩袭契丹。齐主露髻肉袒，昼夜不息，行千馀里，逾越山岭，为士卒先，唯食肉饮水，壮气弥厉。甲辰，与契丹遇，奋击，大破之，虏获十馀万口，杂畜数百万头。畜，许救翻。潘相乐又于青山破契丹别部。丁未，齐主还至营州。

27 己酉，王僧辩至姑孰，遣婺州刺史侯瑱、东阳郡，梁置婺州。瑱，他甸翻，又音镇。吴郡太守张彪、吴兴太守裴之横筑垒东关，以待齐师。

28 丁巳，齐主登碣石山，临沧海，遂如晋阳。以肆州刺史斛律金为太师，乃【章：十二行本"乃"作"召"；乙十一行本同；孔本同。】还晋阳，拜其子丰乐为武卫大将军，乐，音洛。命其孙武都尚义宁公主，宠待之厚，群臣莫及。金子羡，字丰乐。武都，光之子也。乐，音洛。

29 闰月，丁丑，南豫州刺史侯瑱南豫州时治姑孰。瑱，他甸翻，又音镇。与郭元建战于东关，齐师大败，溺死者万计。溺，奴狄翻。湘潭侯退复归于邺，复，扶又翻。王僧辩还建康。

30 吴州刺史开建侯蕃，恃其兵强，贡献不入，五代志：鄱阳郡，梁置吴州。上密令其将徐佛受图之。将，即亮翻。佛受使其徒诈为讼者，诣蕃，遂执之。上以佛受为建安太守，以侍中王质为吴州刺史。质至鄱阳，佛受置之金城，自据罗城，掌门管，左传：秦杞子曰："郑人使我掌北门之管。"杜预注曰：管，籥也。缮治舟舰甲兵，治，直之翻。舰，户黯翻。质不敢与争。故开建侯部曲数千人攻佛受，佛受奔南豫州，侯瑱杀之，质始得行州事。

31 十一月，戊戌，以尚书右仆射王褒为左仆射，湘东太守张绾为右仆射。

32 己未，突厥复攻柔然，柔然举国奔齐。复，扶又翻。

33 癸亥，齐主自晋阳北击突厥，迎纳柔然，废其可汗库提，立阿那瓌子庵罗辰为可汗，置之马邑川，给其廪饩缯帛；饩，许气翻。缯，慈陵翻。亲追突厥于朔州，突厥请降，降，户江翻；下同。许之而还。还，从宣翻，又如字。自是贡献相继。

34 魏尚书元烈谋杀宇文泰，事泄，泰杀之。宇文泰于此独不书其官，因旧史成文也。

35 丙寅，上使侍中王琛使于魏。琛，丑林翻。使，疏吏翻。太师泰阴有图江陵之志，梁王詧闻之，益重其贡献。梁王詧欲倚魏以报河东王誉之雠。通鉴至此复书梁王詧。

36 十二月，齐宿预民东方白额以城降，江西州郡皆起兵应之。江、淮之民苦于齐之虐政，欲相率而归江南。

三年（甲戌、五五四）

1 春，正月，癸巳，齐主自离石道讨山胡，遣斛律金从显州道，魏收地形志：永安中，置显州，治汾州六壁城。盖在隋西河郡界。常山王演从晋州道夹攻，大破之，男子十三以上皆斩，考异曰：北史作"十二以上。"今从典略。女子及幼弱以赏军，遂平石楼。石楼绝险，自魏世所不能至，水经：河水东径蒲川石楼山南，又南径蒲城东。盖其地在蒲子县西。五代志，汾州楼山县有北石楼山；又有石楼县，旧置吐京郡。

宋白曰：石楼县本汉土军县，后魏置吐京郡。盖胡俗译言音讹变，故曰吐京也。隋改县曰石楼。于是远近山胡莫不慑服。摄，之涉翻。有都督战伤，其什长路晖礼不能救，帝命刳其五藏，什长，十人之长也。五藏，心、肺、肝、胆、肾。长，陟丈翻。藏，徂浪翻。令九人食之，肉及秽恶皆尽。自是始为威虐。

2 陈霸先自丹徒济江，围齐广陵，秦州刺史严超达自秦郡进围泾州，五代志：江都郡永福县旧曰沛，梁置泾州，领泾城、东阳二郡；陈废泾州，并二郡为沛郡；后周改沛郡为石梁县，唐并石梁县入六合。北史：梁泾州在石梁。杜佑曰：扬州天长县，梁于石梁置泾州。南豫州刺史侯瑱、吴郡太守张彪皆出石梁，为之声援。辛丑，使晋陵太守杜僧明帅三千人助东方白额。帅，读曰率。

3 魏太师泰始作九命之典，以叙内外官爵，改流外品为九秩。五代志曰：泰命尚书卢辩远师周之建职，置三公、三孤，以为论道之官；次置六卿，以分司庶务。其内命谓王朝之臣：三公九命，三孤八命，六卿七命，上大夫六命，中大夫五命，下大夫四命，上士三命，中士再命，下士一命。外命谓诸侯及其臣：诸公九命，诸侯八命，诸伯七命，诸子六命，诸男五命，诸公之孤、卿四命，侯之孤·卿、公之大夫三命，子·男之孤·卿、侯·伯之大夫、公之上士再命，公之中士、侯·伯之上士一命，公之下士、侯·伯之中士·下士、子男之士不命。其制禄秩：下士一百二十五石，中士以上至于上大夫各倍之，上大夫是为四千石；卿二分，孤三分，公四分，各益其一，公因盈数为一万石。其九秩一百二十石，八秩至于七秩，每二秩六分，而下各去其一，二秩俱为四十石。凡颁禄，视其年之上下：亩至四釜为上年，上年颁其正；三釜为中年，中年颁其半；二釜为下年，下年颁其一；无年为凶荒，不颁禄。卢辩传曰：柱国大将军，建德四年增置上柱国上将军也：正九命。骠骑大将军、开府仪同三司，建德四年改为开府仪同大将军，仍增上将军（将军二字衍）开府仪同大将军，雍州牧：九命。骠骑大将军，右光禄大夫，车骑将军，左光禄大夫，户三万以上州刺史：正八命。征东、征南、征西、征北等将军，右金紫光禄大夫，中军、镇军、抚军等将军，左金紫光禄大夫，〔大〕都督，二万户以上州刺史，京兆尹：八命。平东、平西、平南、平北等将军，右银青光禄大夫，前、右、左、后等将军，左银青光禄大夫，帅都督，柱国大将军府长史、司马、司录，户一万以上州刺史：正七命。冠军将军，太中大夫，辅国将军，中散大夫，都督，五千户以上州刺史，户一万五千户以上郡守：七命。镇远将军，谏议大夫，建忠将军，朝散〔诚议〕大夫，州〔别〕将，开府长史、司马、司录，户不满五千以下州刺史，户一万以上郡守：正六命。中坚将军，右中郎将，宁朔将军，左中郎将，仪同府，正八命州长史、司马、司录，户五千以上郡守，大呼药：六命。宁远将军，右员外常侍，扬烈将军，左员外常侍，统军、骠骑·车骑将军府，八命州长史、司马、司录，柱国大将军府中郎掾属，户一千以上郡守，长安、万年县令：正五命。伏波将军，奉车都尉，轻车将军，奉骑都尉，四征、中、镇、抚将军府，正七命州长史、司马、司录，开府正〔府〕中郎掾属，户不满一千以下郡守，户七千以上县令，正八命州呼药：五命。宣威将军，虎贲给事，明威将军，冗从给事，仪同府中郎掾属，柱国大将军府列曹参军，冠军辅国（上四字衍）〔四平、前、后、左、右〕将军府，正六〔七〕命州长史、司马、司录，正七〔八〕命州中从事（上三字衍）〔别驾〕，七命郡丞（上四字衍），户四千以上县令，八命州呼药：正四命。给事中，厉威将军，奉朝请，军主，开府列曹参军，冠军、辅国将军府，正六命州长史、司马、司录，正七命州别驾，正八命州从事，七命郡丞，户二千以上县令，正七命州呼药：四命。威烈将军，右员外侍郎，讨寇将军，左员外侍郎，幢主，仪同府，正八命州列曹参军，柱国大将军府参军，镇远、建忠、中坚、宁朔将军府长史、司马，正六命州别驾，正七命州〔中〕从事，正六命郡丞，五百户以上县令，七命州呼药：正三命。荡寇将军，武骑常侍，荡难将军，武骑侍郎，开府参军，骠骑、车骑将军府，正八命州列曹参军，宁远、扬烈、伏波、轻车将军府长史，正六命州中从事，六命郡丞，户不满五百以下县令，戍主，正六命州呼药：三命。殄寇将军，强弩司马，殄难将军，积弩司马，四征、中、镇、抚将军府，正七命州列曹参军，正五命郡丞：正二命。扫寇将军，武骑司马，扫难将军，武威司马，四平、前、右、左、后将军府，七命州列曹参军，五命郡丞，戍副：二命。旷野将军，殿中司马，横野将军，员外司马，冠军、辅国将军府，正六命州列曹参军：正一命。武威将军，淮海都尉，虎牙将军，山林都尉，镇远、建忠、中坚、宁朔、宁远、扬烈、伏波、轻车将军府列曹参军：一命。

4 魏主自元烈之死，有怨言，密谋诛太师泰；临淮王育、广平王赞垂涕切谏，不听。泰诸子皆幼，兄子章武公导、中山公护皆出镇，导、护皆泰兄颢之子也。导镇上邽。唯以诸婿为心膂，大都督清河公李基、义城公李晖、常山公于翼俱为武卫将军，魏武为丞相，有武卫营。元魏之制，迄于高齐，左、右卫将军各一人，掌左、右厢，所主朱华阁以外，各武卫将军二人贰之。宇文相魏，亦置武卫将军以掌宿卫，而卢辩所定九命无其官，此盖犹在卢辩定官之前，以武卫授诸婿。然宇文所置，如大都督八命，帅都督正七命，抑李基等皆以大都督叙官邪？至隋，始置左右武卫府，列于十二卫。分掌禁兵。基，远之子；晖，弼之子；翼，谨之子也。由是魏主谋泄，禁兵既泰诸婿所掌，魏主谁与谋哉！由是事泄。泰废魏主，置之雍州，置之雍州廨舍。雍，于用翻。立其弟齐王廓，廓，文帝之第四子。考异曰：国典云"三月，废帝。四月，立恭帝"。北史皆在正月。今从之。去年号，称元年，去，羌吕翻。复姓拓跋氏，九十九姓改为单者，皆复其旧。单，音丹。魏改姓见一百四十卷齐明帝建武三年。魏初统国三十六，大姓九十九，魏始祖成帝毛统国三十六，大姓九十九，盖后汉时匈奴既衰、鲜卑始盛之际也。后多灭绝。泰乃以诸将功高者为三十六姓，次者为九十九姓，所将士卒亦改从其姓。洪迈曰：西魏以中原故家易赐蕃姓，如李弼为徒河氏，赵肃、赵贵为乙弗氏，刘亮为侯莫陈氏，杨忠为普六茹氏，王雄为可频氏，李虎、阎庆为大野氏，辛威为普毛氏，田宏为纥干氏，耿豪为和稽氏，王勇为库汗氏，杨绍为叱利氏，侯植为侯伏侯氏，窦炽为纥豆陵氏，李穆为拓拔氏，陆通为步六孤氏，杨纂为莫胡卢氏，寇儁为若口引氏，段永为尔绵氏，韩褒为侯吕陵氏，裴文举为贺兰氏，陈忻为尉迟氏，樊深为万纽于氏。将，即亮翻。

5 三月，丁亥，长沙王韶取巴郡。魏得成都，未暇东略，故韶得乘而取之。取，言易也。

6 甲辰，以王僧辩为太尉、车骑大将军。考异曰：典略作"二月甲子"。今从梁纪。

7 丁未，齐将王球攻宿预，杜僧明出击，大破之，球归彭城。将，即亮翻；下同。

8 郢州刺史陆法和上启自称司徒，上怪之。王褒曰："法和既有道术，容或先知。”戊申，上就拜法和为司徒。

9 己酉，魏侍中宇文仁恕来聘。会齐使者亦至江陵，帝接仁恕不及齐使，使，疏吏翻。仁恕归，以告太师泰。帝又请据旧图定疆境，辞颇不逊，泰曰：“古人有言，‘天之所弃，谁能兴之，’左传晋胥午之言。其萧绎之谓乎！”荆州刺史长孙俭屡陈攻取之策，泰征俭入朝，问以经略，复命还镇，密为之备。马伯符密使告帝，武帝太清三年，杨忠入寇，伯符以下溠城降之，因留于魏。复，扶又翻。朝，直遥翻。帝弗之信。

10 柔然可汗庵罗辰叛齐，齐主自将出击，大破之，庵罗辰父子北走。太保安定王贺拔仁献马不甚骏，齐主【章：十二行本“主”下有“怒”字；乙十一行本同；孔本同。】拔其发，免为庶人，输晋阳负炭。

11 齐中书令魏收撰魏书，颇用爱憎为褒贬，每谓人曰：“何物小子，敢与魏收作色！举之则使升天，按之则使入地！”既成，东魏孝静天保二年，诏魏收撰魏史，至是而成。中书舍人卢潜奏“收诬罔一代，罪当诛。”尚书左丞卢斐、顿丘李庶皆言魏史不直。收启齐主云：“臣既结怨强宗，卢、李，山东望族，故以为强宗。将为刺客所杀。”帝怒，于是斐、庶及尚书郎中王松年皆坐谤史，鞭二百，配甲坊。甲坊，造甲之所。斐、庶死于狱中，潜亦坐系狱。然时人终不服，谓之“秽史”。潜，度世之曾孙；斐，同之子；松年，遵业之子也。卢度世见一百三十二卷宋明帝泰始三年。卢同见一百四十八卷梁武帝天监八年。王遵业见一百五十二卷大通二年。

12 夏，四月，柔然寇齐肆州，齐主自晋阳讨之，至恒州，恒，户登翻。柔然散走。帝以二千馀骑为殿，殿，丁练翻。宿黄瓜堆。柔然别部数万骑奄至，帝安卧，平明乃起，神色自若，指画形势，纵兵奋击；柔然披靡，披，普彼翻。因溃围而出。柔然走，追击之，伏尸二十馀里，获庵罗辰妻子，虏三万馀口，令都督善无高阿那肱帅骑数千塞其走路。时柔然军犹盛，阿那肱以兵少，请益，帅，读曰率。塞，悉则翻。少，诗沼翻。帝更减其半。阿那肱奋击，大破之。庵罗辰超越岩谷，仅以身免。同一高阿那肱也，齐文宣用之则致死以破敌，后主用之则卖主以求生。盖厉威犹可使之知惧，滥恩不足以得其死力也。塞，悉则翻。

13 丙寅，上使散骑常侍庾信等聘于魏。散，悉亶翻。骑，奇寄翻。

14 癸酉，以陈霸先为司空。

15 丁未，齐主复自击柔然，大破之。复，扶又翻。

16 庚戌，魏太师泰鸩杀废帝。

17 五月，魏直州人乐炽、洋州人黄国等作乱，五代志：西城郡安康县，齐置安康郡，魏置东梁州，西魏改曰直州。汉川郡西乡县，旧曰丰宁，置洋州及洋川郡。考汉川志，蜀分汉成固县立南乡县，晋改为西乡县，魏废县，仍于丰宁戍置丰宁县。开府仪同三司高平田弘、河南贺若敦讨之，不克。若，人者翻。太师泰命车骑大将军李迁哲与敦共讨炽等，平之。仍与敦南出，徇地至巴州，后汉分宕渠北界置汉昌县，蜀先主置巴西郡，宋武帝置归化郡；魏于汉昌县治置大谷郡，又于郡北置巴州。五代志：清化郡化成县，梁置归化郡及巴州。巴州刺史牟安民降之，考异曰：典略云："斩梁巴州刺史牟安平。"今从周书、北史。巴、濮之民皆附于魏。春秋巴子之国，三巴郡地是也。春秋百濮之地，在西城、上庸之间。濮，博木翻。蛮酋向五子王陷白帝，酋，慈秋翻。迁哲击之，五子王遁去，迁哲追击，破之。泰以迁哲为信州刺史，镇白帝。信州先无储蓄，迁哲与军士共采葛根为粮，时有异味，辄分尝之，军士感悦。屡击叛蛮，破之，群蛮慑服，皆送粮饩，遣子弟入质。慑，之涉翻。饩，许气翻。质，音致。由是州境安息，军储亦赡。

18 柔然乙旃达官寇魏广武，魏收志：东夏州偏城郡带广武县。五代志：延安郡丰林县，后魏置广武县及偏城郡。宋熙宁九年，省丰林为镇，并属

肤施县。柱国李弼遣击，破之。“遣击”，恐当作“追击”。【章：十二行本正作“追”；乙十一行本同；孔本同。】

19 广州刺史曲江侯勃，自以非上所授，陈霸先推萧勃为广州刺史，见一百六十二卷武帝太清三年。内不自安；上亦疑之。勃启求入朝；朝，直遥翻。五月，乙巳，上以王琳为广州刺史，勃为晋州刺史。五代志：同安郡，梁置豫州，后改曰晋州。上以琳部众强盛，又得众心，故欲远之。远，于愿翻。琳与主书广汉李膺厚善，私谓膺曰：“琳，小人也，蒙官拔擢至此。今天下未定，迁琳岭南，如有不虞，安得琳力！窃揆官意不过疑琳，琳分望有限，言自揆分不敢怀非望也。分，扶问翻。岂与官争为帝乎！何不以琳为雍州刺史、镇武宁，雍，于用翻。琳自放兵作田，为国御捍。”膺然其言而弗敢启。史言王琳忠于所事而帝不能用。为国，于伪翻。

20 散骑郎新野庾季才言于上曰：“去年八月丙申，月犯心中星，今月丙戌，赤气干北斗。心为天王，丙主楚分，分，扶问翻。臣恐建子之月有大兵入江陵，陛下宜留重臣镇江陵，整旆还都以避其患。假令魏虏侵蹙，止失荆、湘，在于社稷，犹得无虑。”上亦晓天文，知楚有灾，叹曰：“祸福在天，避之何益！”天之警帝，未弃帝也；帝不知避，是自弃也。

21 六月，壬午，齐步大汗萨将兵四万趣泾州，王僧辩使侯瑱、张彪自石梁引兵助严超达拒之，瑱、彪迟留不进。将军尹令思将万馀人谋袭盱眙。盱眙，音忓怡。齐冀州刺史段韶将兵讨东方白额于宿预，广陵、泾州皆来告急，诸将患之。韶曰：“梁氏丧乱，丧，息浪翻。国无定主，人怀去就，强者从之。霸先等外托同德，内有离心，诸君不足忧，吾揣之熟矣！”揣，初委翻。乃留仪同三司敬显携等围宿预，“敬显携”当作“敬显俊”。自引兵倍道趣泾州，涂出盱眙。令思不意齐师猝至，望风退走。韶进击超达，破之，回趣广陵，陈霸先解围走。趣，七喻翻。杜僧明还丹徒，侯瑱、张彪还秦郡。吴明彻围海西，海西县，前汉属东海郡，后汉属广陵郡，齐明帝置东海郡，东魏武定七年，改海西郡，今西海州即其地。镇将中山郎基固守，削木为箭，翦纸为羽，围之十旬，卒不能克而还。将，即亮翻；下同。卒，子恤翻。

22 柔然帅馀众东徙，且欲南寇，齐主帅轻骑邀之于金川。唐志：单于府带金河县。其即金川欤。帅，读曰率。柔然闻之，远遁，营州刺史灵丘王峻设伏击之，获其名王数十人。

23 邓至羌檐桁失国，檐，余廉翻。桁，户庚翻。奔魏，太师泰使秦州刺史宇文导将兵纳之。

24 齐段韶还至宿预，使辩士说东方白额，说，式芮翻。白额开门请盟，因执而斩之。

25 秋，七月，庚戌，齐主还邺。

26 魏太师泰西巡，至原州。

27 八月，壬辰，齐以司州牧清河王岳为太保，司空尉粲为司徒，太子太师侯莫陈相为司空，尚书令平阳王淹录尚书事，常山王演为尚书令，中书令上党王涣为左仆射。

28 乙亥，齐仪同三司元旭坐事赐死。丁丑，齐主如晋阳。齐主之未为魏相也，相，息亮翻。太保、录尚书事平原王高隆之常侮之，及将受禅，隆之复以为不可，事见一百六十三卷简文帝大宝元年。复，扶又翻。齐主由是衔之。崔季舒谮"隆之每见诉讼者辄加哀矜之意，以示非己能裁。"帝禁之尚书省。崔季舒报徙边之怨也。隆之尝与元旭饮，谓旭曰："与王交，当生死不相负。"人有密言之者，帝由是发怒，令壮士筑百馀拳而舍之，辛巳，卒于路。卒，子恤翻。久之，帝追忿隆之，执其子慧登等二十人于前，帝以鞭叩鞍，一时头绝，并投尸漳水；又发隆之冢，出其尸，斩截骸骨焚之，弃于漳水。

29 齐主使常山王演、上党王涣、清河王岳、平原王段韶帅众于洛阳西南筑伐恶城、新城、严城、河南城。帅，读曰率。九月，齐主巡四城，欲以致魏师，魏师不出，史言齐强，宇文泰畏之。乃如晋阳。

30 魏宇文泰命侍中崔猷开回车路以通汉中。按北史崔猷传，泰欲开梁、汉旧路，乃命猷开通车路，凿山堙谷五百馀里，至于梁州。此特因旧路开而广之，以通车耳。前史盖误以通字为"回"，传写者又去其傍为"回"也。泰不书官而书姓，亦无义例之可言。

31 帝好玄谈，好，呼到翻。辛卯，于龙光殿讲老子。

32 曲江侯勃迁居始兴，王琳使副将孙瑒先行据番禺。将，即亮翻。番禺，音潘愚。

33 乙巳，魏遣柱国常山公于谨、中山公宇文护、大将军杨忠将兵五万入寇，冬，十月，壬戌，发长安。长孙俭问谨曰："为萧绎之计，将如之何？"谨曰："耀兵汉、沔，席卷渡江，直据丹杨，上策也；谓东还建康也。卷，读曰捲。移郭内居民退保子城，峻其陴堞，以待援军，中策也；陴，频弥翻。堞，达协翻。若难于移动，据守罗郭，下策也。"俭曰："揣绎定出何策？"揣，初委翻；下同。谨曰："下策。"俭曰："何故？"谨曰："萧氏保据江南，绵历数纪，十二年为一纪。属中原多故，属，之欲翻。未遑外略；又以我有齐氏之患，必谓力不能分。且绎懦而无谋，多疑少断，少，诗沼翻。断，丁乱翻。愚民难与虑始，皆恋邑居，所以知其用下策也！"

癸亥，武宁太守宗均告魏兵且至，帝召公卿议之。领军胡僧佑、太府卿黄罗汉曰："二国通好，未有嫌隙，必应不尔。"江陵诸将，胡僧佑其巨擘也，识见如此，乌能敌于谨哉！好，呼到翻。侍中王琛曰："臣揣宇文容色，必无此理。"去年王琛使魏，故自谓揣其容色，必无此事，可谓不善于觇国者矣。乃复使琛使魏。复，扶又翻；下复讲同。丙寅，于谨至樊、邓，梁王詧帅众会之。辛【章：十二行本“辛”作“丁”；乙十一行本同；孔本同。】卯，帝停讲，停讲老子也。帅，读曰率；下同。内外戒严。王琛至石梵，杜佑曰：石梵在沔州沔口上。又据梁书安成王秀传，石梵时属竟陵界。未见魏军，驰书报黄罗汉曰：“吾至石梵，境上帖然，前言皆儿戏耳。”帝闻而疑之。庚午，复讲，百官戎服以听。

辛未，帝使主书李膺至建康，征王僧辩为大都督、荆州刺史，命陈霸先徙镇扬州。僧辩遣豫州刺史侯瑱帅程灵洗等为前军，兖州刺史杜僧明帅吴明彻等为后军。王僧辩一闻征命，当投袂勤王可也。外言部分诸军，不闻星驰电赴，江陵覆没，僧辩之罪也。帅，读曰率。甲戌，帝夜登凤皇阁，徙倚叹息曰：“客星入翼、轸，倚栏而又徙处为徙倚。翼、轸，楚荆州分。今必败矣！”嫔御皆泣。嫔，毗宾翻。

陆法和闻魏师至，自郢州入汉口，将赴江陵。帝使逆之曰：“此自能破贼，但镇郢州，不须动也！”法和还州，垩其城门，垩，乌各翻。以白土涂城门，示有丧也。着衰绖，坐苇席，终日，乃脱之。着，陟略翻。衰，仓回翻。此法和预为丧君之服。设使法和果至江陵，亦不能制魏兵之攻围。此其徒欲神法和之术，托为之言，以为能知来耳。

十一月，帝大阅于津阳门外，江左都建康，外城十二门，门名皆用洛城门名。帝都江陵，外城门亦依建康城门名之。津阳门，城南面东来第二门。遇北风暴雨，轻辇还宫。癸未，魏军济汉，于谨令宇文护、杨忠帅精骑先据江津，断东路。断，音短。甲申，护克武宁，执宗均。是日，帝乘马出城行栅，行，下孟翻；下巡行同。插木为之，周围六十馀里。以领军将军胡僧祐都督城东诸军事，尚书右仆射张绾为之副，左仆射王褒都督城西诸军事，四厢领直元景亮为之副；王公已下各有所守。丙戌，命太子巡行城楼，令居人助运木石。夜，魏军至黄华，去江陵四十里，丁亥，至栅下。戊子，巂州刺史裴畿、越巂郡，梁置巂州。巂，音髓。鐖弟新兴太守机、武昌太守朱买臣、衡阳太守谢答仁开枇杷门出战，裴机杀魏仪同三司胡文伐。鐖，之高之子也。台城既没，裴之高赴江陵。

帝征广州刺史王琳为湘东【章：十二行本"东"作"州"；乙十一行本同。】刺史，使引兵入援。丁酉，栅内火，焚数千家及城楼二十五，帝临所焚楼，望魏军济江，四顾叹息。是夜，遂止宫外，宿民家，己亥，移居祇洹寺。祇，巨支翻。洹，胡官翻。于谨令筑长围，中外信命始绝。

庚子，信州刺史徐世谱、晋安王司马任约等筑垒于马头，江陵南岸，谓之马头岸。遥为声援。是夜，帝巡城，犹口占为诗，群臣亦有和者。和，户卧翻。帝裂帛为书，趣王僧辩曰：趣，读曰促。"吾忍死待公，可以至矣！"壬寅，还宫；癸卯，出长沙寺。戊申，王褒、胡僧佑、朱买臣、谢答仁等开门出战，皆败还。己酉，帝移居天居寺；癸丑，移居长沙寺。朱买臣按剑进曰："唯斩宗懔、黄罗汉，可以谢天下！"买臣罪其谏还建康也。懔，力荏翻，又力禁翻。帝曰："曩实吾意，宗、黄何罪！"二人退入众中。

王琳军至长沙，镇南府长史裴政请间道先报江陵，王琳为镇南将军，以裴政为府长史。间，古苋翻；下间使同。至百里洲，为魏人所获。梁王詧谓政曰："我，武皇帝之孙也，不可为尔君乎？若从我计，贵及子孙；如或不然，腰领分矣。"政诡对曰："唯命。"詧锁之至城下，使言曰："王僧辩闻台城被围，时都江陵，上台所在，故亦谓之台城。已自为帝。王琳孤弱，不能复来。"复，扶又翻。政告城中曰："援兵大至，各思自勉。吾以间使被擒，当碎身报国。"监者击其口，使，疏吏翻。监，工衔翻。詧怒，使速杀之。西中郎参军蔡大业梁置西中郎将于襄阳，以蔡大业为参军。谏曰："此民望也，杀之，则荆州不可下矣。"乃释之。政，之礼之子；裴之礼，邃之子也。大业，大宝之弟也。

时征兵四方，皆未至。甲寅，魏人百道攻城，考异曰：梁纪作“辛卯”，误也。今从典略。城中负户蒙楯，楯，食尹翻。胡僧佑亲当矢石，昼夜督战，奖励将士，明行赏罚，众咸致死，所向摧殄，魏不得前。俄而僧佑中流矢死，中，竹仲翻。内外大骇。魏悉众攻栅，反者开西门纳魏师，帝与太子、王褒、谢答仁、朱买臣退保金城，令汝南王大封、晋熙王大圆质于于谨以请和。大封、大圆，皆简文帝之子。质，音致；下同。魏军之初至也，众以王僧辩子侍中頍可为都督，頍，鱼岂翻。帝不用，更夺其兵，使与左右十人入守殿中；及胡僧佑死，乃用为都督城中诸军事。裴畿、裴机、历阳侯峻皆出降。降，户江翻；下同。于谨以机手杀胡文伐，并畿杀之。峻，渊猷之子也。渊猷，长沙王懿之子。时城南虽破，而城北诸将犹苦战，日暝，闻城陷，乃散。暝，莫定翻。

帝入东阁竹殿，命舍人高善宝焚古今图书十四万卷，考异曰：隋经籍志云“焚七万卷”，南史云“十馀万卷”。按周僧辩所送建康书已八万卷，并江陵旧书，岂止七万卷乎！今从典略。“周”，当作“王”。将自赴火，宫人左右共止之。又以宝剑斫柱令折，叹曰：“文武之道，今夜尽矣！”焚书、折剑，以为文武道尽。折，而设翻。乃使御史中丞王孝祀作降文。谢答仁、朱买臣谏曰：“城中兵众犹强，乘暗突围而出，贼必惊，因而薄之，可渡江就任约。”任约筑垒马头岸，与江陵仅隔一江耳。帝素不便走马，曰：“事必无成，只增辱耳！”答仁求自扶，帝以问王褒，褒曰：“答仁，侯景之党，岂足可信！成彼之勋，不如降也。”答仁又请守子城，收兵可得五千人，帝然之，即授城中大都督，配以公主。既而召王褒谋之，以为不可。答仁请入不得，欧血而去。欧，乌口翻。于谨征太子为质，帝使王褒送之。谨子以褒善书，给之纸笔，乃书曰：“柱国常山公家奴王褒。”谨为柱国大将军，封常山公，褒以此自处，安能为帝谋乎！有顷，黄门郎裴政犯门而出。帝遂去羽仪文物，去，羌吕翻。白马素衣出东门，抽剑击阖曰："萧世诚一至此乎！"左传：晋州绰攻齐东门，以枚数阖。杜预注曰：阖，门扇也。世诚，帝字也。魏军士度堑牵其辔，堑，七艳翻。至白马寺北，夺其所乘骏马，以驽马代之，遣长壮胡人手扼其背以行，逢于谨，胡人牵帝使拜。考异曰：典略云："谨执梁主令西至龙泉庙，出武陵、河东二王子孙于狱，列于沙州，锁械严酷，疮痍腐烂，引梁主使视之，谓曰：'此皆骨肉，忍虐如此，何以为君！'上无以应。"按武陵诸子先已饿死，河东子孙亦应不存。今不取。梁王詧使铁骑拥帝入营，囚于乌幔之下，幔，莫半翻。甚为詧所诘辱。诘，去吉翻。乙卯，于谨令开府仪同三司长孙俭入据金城。帝绐俭云："城中埋金千斤，欲以相赠。"俭乃将帝入城。帝因述詧见辱之状，谓俭曰："向聊相绐，欲言此耳，绐，荡亥翻。岂有天子自埋金乎！"俭乃留帝于主衣库。此主衣库，在江陵金城中之禁中。

帝性残忍，且惩高祖宽纵之弊，故为政尚严。及魏师围城，狱中死囚且数千人，有司请释之以充战士；帝不许，悉令棓杀之，棓，蒲项翻。事未成而城陷。

中书郎殷不害先于别所督战，城陷，失其母，时冰雪交积，冻死者填满沟堑，不害行哭于道，求其母尸，无所不至，见沟中死人，辄投下捧视，举体冻湿，水浆不入口，号哭不辍声，号，户刀翻。如是七日，乃得之。

十二月，丙辰，徐世谱、任约退戍巴陵。于谨逼帝使为书召王僧辩，帝不可。使者曰："王今岂得自由？"帝曰："我既不自由，僧辩亦不由我。"又从长孙俭求宫人王氏、荀【章：十二行本"荀"作"苟"；乙十一行本同；孔本同；熊校同。】氏及幼子犀首，俭并还之。或问："何意焚书？"帝曰："读书万卷，犹有今日，故焚之！"帝之亡国，固不由读书也。

34 庚申，齐主北巡，至达速岭，行视山川险要，将起长城。

35 辛未，帝为魏人所杀。年四十七。梁王詧遣尚书傅准监刑，监，工衔翻。以土囊陨之。詧使以布帊缠尸，帊，普驾翻。通俗文曰：三幅为帊。敛以蒲席，束以白茅，敛，力赡翻。葬于津阳门外。并杀愍怀太子元良、始安王方略、桂阳王大成等。世祖性好书，梁王方智承制，谥帝曰元，庙号世祖。好，呼到翻。常令左右读书，昼夜不绝，虽熟睡，卷犹不释，或差误及欺之，帝辄惊寤。作文章，援笔立就。常言："我韬于文士，今人谓器币有馀用者为宽韬，与此韬同义。愧于武夫。"论者以为得言。得言，谓其自言者此为得之。

魏立梁王詧为梁主，资以荆州之地，延袤三百里，资以江陵缘江之地，延袤三百里，广不及三百里也。袤，音茂。仍取其雍州之地。雍，于用翻。詧居江陵东城，魏置防主，将兵居西城，名曰助防，外示助詧备御，内实防之。魏克江陵，因取襄、樊之地。此正灭虢取虞之计，詧虽悔之，何及矣！以前仪同三司王悦留镇江陵。于谨收府库珍宝及宋浑天仪、梁铜晷表、宋浑天仪，元嘉十三年钱乐之所铸也。梁铜晷表，武帝所造。大玉径四尺及诸法物；尽俘王公以下及选百姓男女数万口为奴婢，考异曰：典略作"五十万"。今从梁纪、南史。分赏三军，驱归长安，小弱者皆杀之。得免者三百馀家，而人马所践及冻死者什二三。践，慈演翻；下同。

魏师之在江陵也，梁王詧将尹德毅说詧曰："魏虏贪惏，说，式芮翻。惏，与婪同；卢含翻。肆其残忍，杀掠士民，不可胜纪。胜，音升。江东之人涂炭至此，咸谓殿下为之。殿下既杀人父兄，孤人子弟，人尽雠也，谁与为国！今魏之精锐尽萃于此，若殿下为设享会，下为，于伪翻。请于谨等为欢，预伏武士，因而毙之，分命诸将，掩其营垒，大歼群丑，俾无遗类。歼，息廉翻。收江陵百姓，抚而安之，文武群寮，随材铨授。魏人慑息，未敢送死，慑，之涉翻。王僧辩之徒，折简可致。然后朝服济江，入践皇极，谓还建康即位也。朝，直遥翻。晷刻之间，大功可立。古人云：‘天与不取，反受其咎。’汉蒯通之言。愿殿下恢弘远略，勿怀匹夫之行。”匹夫之行，小廉小谨以自托于乡党。行，下孟翻。詧曰：“卿此策非不善也，然魏人待我厚，未可背德。背，蒲妹翻。若遽为卿计，人将不食吾馀。”左传：邓祁侯之言。既而阖城长幼被虏，又失襄阳，被，皮义翻。詧乃叹曰：“恨不用尹德毅之言！”

王僧辩、陈霸先等共奉江州刺史晋安王方智为太宰，承制。

王褒、王克、刘瑴、宗懔、殷不害及尚书右丞吴兴沈炯至长安，瑴，古岳翻。炯，古迥翻。太师泰皆厚礼之。泰亲至于谨第，宴劳极欢，劳，力到翻。赏谨奴婢千口及梁之宝物并雅乐一部，别封新野公；既封常山，又封新野，故曰别封。谨固辞，不许。谨自以久居重任，功名既立，欲保优闲，乃上先所乘骏马及所着铠甲等。上，时掌翻。着，陟略翻。铠，可亥翻。泰识其意，曰：“今巨猾未平，公岂得遽尔独善！”巨猾，谓齐。孟子曰：达则兼善天下，穷则独善其身。遂不受。

36 是岁，魏秦州刺史章武孝公宇文导卒。

37 魏加益州刺史尉迟迥督六州，通前十八州，自剑阁以南，得承制封拜及黜陟。迥明赏罚，布威恩，绥辑新民，经略未附，华、夷怀之。

容肇祖标点聂崇岐覆校

资治通鉴卷第一百六十六

端明殿学士兼翰林侍读学士朝散大夫右谏议大夫充集贤殿修撰提举西京嵩山崇福宫上柱国河内郡开国侯食邑一千八百户食实封六百户赐紫金鱼袋臣 司马光 奉敕编集

后学天台 胡三省 音注

梁纪二十二 起旃蒙大渊献（乙亥），尽柔兆困敦（丙子），凡二年。

敬皇帝 讳方智，字慧相，小字法真，元帝第九子也。谥法：夙夜警戒曰敬。

绍泰元年（乙亥、五五五）是年十月方改元。

1 春，正月，壬午朔，邵陵太守刘棻将兵援江陵，吴孙晧宝鼎元年，分零陵北部都尉置邵陵郡；隋废邵陵郡为邵阳县，属长沙郡；唐为邵州。棻，符分翻。将，即亮翻。至三百里滩，部曲宋文彻杀之，帅其众还据邵陵。帅，读曰率。

2 梁王詧即皇帝位于江陵，詧，字理孙，梁昭明太子之第三子也。考异曰：周书詧传云："詧在位八载，保定二年薨。"然则詧虽以甲戌年为魏所立，乙亥年乃即位改元也。改元大定；追尊昭明太子为昭明皇帝，庙号高宗，妃蔡氏为昭德皇后；尊其母龚氏为皇太后，立妻王氏为皇后，子岿为皇太子。岿，区韦翻，又苦鬼翻，又丘愧翻。赏刑制度并同王者，唯上疏于魏则称臣，奉其正朔。上，时掌翻。至于官爵其下，亦依梁氏之旧，其勋级则兼用柱国等名。勋级，置以赏功。柱国，魏所置也，为勋级之首。以谘议参军蔡大宝为侍中、尚书令，参掌选事；选，须绢翻。外兵参军太原王操为五兵尚书。大宝严整有智谋，雅达政事，雅，素也。文辞赡速，后梁主推心任之，以为谋主，比之诸葛孔明；操亦亚之。追赠邵陵王纶太宰，谥曰壮武；邵陵王纶死于大宝二年。河东王誉丞相，谥曰武桓。河东王誉死于大宝元年。以莫勇为武州刺史，魏永寿为巴州刺史。武州、巴州皆置于江陵之南岸，二将寻为侯平所擒，不能有二州也。

3 湘州刺史王琳将兵自小桂北下，据姚思廉陈书，小桂，岭名。舆地志：连州桂阳县，汉属桂阳郡，所谓小桂也。至蒸城，盖汉临蒸县古城也，在衡州界。闻江陵已陷，为世祖发哀，三军缟素，为，于伪翻。缟，古老翻。遣别将侯平帅舟师攻后梁。帅，读曰率。琳屯兵长沙，传檄州郡，为进取之计。长沙王韶及上游诸将皆推琳为盟主。

4 齐主使清河王岳将兵攻魏安州，五代志：安陆郡，西魏置安州。以救江陵。岳至义阳，江陵陷，因进军临江，郢州刺史陆法和及仪同三司宋莅举州降之；降，户江翻。考异曰：北史"宋莅"作"宋茝"。今从北齐纪。又北齐纪云："壬寅，岳渡江，克夏首，送法和。"按典略，甲午，齐已召岳还。今从典略。长史江夏太守王珉不从，杀之。夏，户雅翻。甲午，齐召岳还，使仪同三司清都慕容俨戍郢州。北齐书，慕容俨，清都武安人，皝之后也。按魏收地形志，东魏都邺，以魏郡置魏尹，武安县属焉。五代志：齐官有清都尹，盖改魏尹为清都尹也。考异曰：梁纪："四月，法和降齐，使侯瑱讨之。"按齐主与王僧辩书云："清河王岳今次汉口，与陆居士相会。"然则法和先已降齐也。今从典略。王僧辩遣江州刺史侯瑱攻郢州，任约、徐世谱、宜丰侯循皆引兵会之。瑱，他甸翻，又音镇。任，音壬。

5 辛丑，齐立贞阳侯渊明为梁主，使其上党王涣将兵送之，寒山之败，贞阳没于齐。徐陵、湛海珍等皆听从渊明归。武帝太清二年，徐陵使魏；魏禅于齐，而梁又有侯景之乱，是以留北。湛海珍降，见一百六十二卷三年。

6 二月，癸丑，晋安王至自寻阳，入居朝堂，朝，直遥翻。即梁王位，时年十三。以太尉王僧辩为中书监、录尚书、骠骑大将军、都督中外诸军事，骠，匹妙翻。骑，奇寄翻。加陈霸先征西大将军，以南豫州刺史侯瑱为江州刺史，湘州刺史萧循为太尉，广州刺史萧勃为司徒，镇东将军张彪为郢州刺史。

7 齐主先使殿中尚书邢子才驰传诣建康，与王僧辩书，以为："嗣主冲藐，传，张恋翻。藐，亡沼翻。未堪负荷。荷，下可翻，又如字。彼贞阳侯，梁武犹子，长沙之胤，贞阳虽为缧臣于齐，而贞阳侯则梁爵也，故与僧辩书称"彼贞阳侯"。渊明，长沙王懿之子，武帝兄子，故曰犹子。以年以望，堪保金陵，故置为梁主，纳于彼国。卿宜部分舟舰，迎接今主，分，扶问翻。舰，户黯翻。并心一力，善建良图。"乙卯，贞阳侯渊明亦与僧辩书求迎。僧辩复书曰："嗣主体自宸极，受于乂祖。"乂"，当作"文"。盖用受终于文祖事。【章：乙十一行本正作"文"；孔本同；张校同；退斋校同；十二行本作"父"。】明公傥能入朝，同奖王室，朝，直遥翻。伊、吕之任，佥曰仰归；意在主盟，不敢闻命。"甲子，齐以陆法和为都督荆·雍等十州诸军事、太尉、大都督、西南道大行台，雍，于用翻。又以宋莅为郢州刺史，莅弟簉为湘州刺史。簉，初救翻。甲戌，上党王涣克谯郡。梁置合州于合肥，立南谯郡于襄安县界。襄安，汉之巢县也，梁置蕲县，隋改曰襄安，唐复曰巢县。己卯，渊明又与僧辩书，僧辩不从。

8 魏以右仆射申徽为襄州刺史。魏既得梁雍州，改曰襄州，因襄阳以名州也。

9 侯平攻后梁巴、武二州，故刘棻主帅赵朗杀宋文彻，以邵陵归于王琳。帅，所类翻。

10 三月，贞阳侯渊明至东关，散骑常侍裴之横御之。齐军司尉瑾、仪同三司萧轨南侵皖城，晋熙郡怀宁县，汉之皖城也。散，悉亶翻。骑，奇寄翻。皖，户板翻。晋州刺史萧惠以州降之。降，户江翻。齐改晋熙为江州，齐晋州治平阳，故此晋州改为江州。以尉瑾为刺史。丙戌，齐克东关，斩裴之横，俘数千人；王僧辩大惧，出屯姑孰，谋纳渊明。

11 丙申，齐主还邺，封世宗二子孝珩为广宁王，珩，音行。延宗为安德王。

12 孙玚闻江陵陷，弃广州还，玚，雉杏翻，又音畅。曲江侯勃复据有之。去年萧勃避王琳居始兴。复，扶又翻。

13 魏太师泰遣王克、沈炯等还江南。去年，江陵陷，王克等入长安。泰得庾季才，厚遇之，令参掌太史。季才散私财，购亲旧之为奴婢者，泰问："何能如是?"对曰："仆闻克国礼贤，古之道也。武王克商，释箕子囚，式商容闾，封比干墓，所谓礼贤也。今郢都覆没，其君信有罪矣，江陵，楚之故都，古郢城及渚宫皆在其地。搢绅何咎，皆为皂隶！杜预曰：皂隶，贱官。皂，才早翻。隶，力计翻。鄙人羁旅，不敢献言，诚窃哀之，故私购之耳。"泰乃悟曰："吾之过也！微君，遂失天下之望！"因出令，免梁俘为奴婢者数千口。

14 夏，四月，庚申，齐主如晋阳。

15 五月，庚辰，侯平等擒莫勇、魏永寿。江陵之陷也，永嘉王庄生七年矣，庄，世子方等之子，元帝之孙。尼法慕匿之，尼，女夷翻。王琳迎庄，送之建康。

16 庚寅，齐主还邺。

17 王僧辩遣使奉启于贞阳侯渊明，定君臣之礼，又遣别使奉表于齐，使，疏吏翻。以子显及显母刘氏、弟子世珍为质于渊明，质，音致。考异曰：典略："三月，辛卯，遣廷尉张种等送质于邺。"按渊明五月始入建康，疑太早，恐非。遣左民尚书周弘正至历阳奉迎，晋武帝太康中，置左民尚书。唐六典：曹魏置左民尚书，晋惠帝置右户尚书。唐户部尚书，即左民、右户之任也。因求以晋安王为皇太子；渊明许之。渊明求度卫士三千，僧辩虑其为变，止受散卒千人。散，苏旱翻。散卒者，冗散之卒，非败散之卒也。败散之散，去声。庚子，遣龙舟法驾迎之。渊明与齐上党王涣盟于江北，辛丑，自采石济江。考异曰：梁纪："七月，辛丑，渊明济江。甲辰，入京师。"北齐纪："五月，萧明入建业。"按典略，"五月，庚子，僧辩逆渊明；辛丑，济江；癸卯，至建康。"今从之。于是梁舆南渡，齐师北返。僧辩疑齐，拥檝中流，檝，与楫同，棹也；所以拨水行船。拥楫，附船而不鼓，则船定而不进。不敢就西岸。齐侍中裴英起卫送渊明，与僧辩会于江宁。癸卯，渊明入建康，望朱雀门而哭，逆者以哭对。丙午，即皇帝位，改元天成，以晋安王为皇太子，王僧辩为大司马，陈霸先为侍中。

18 六月，庚戌朔，齐发民一百八十万筑长城，自幽州夏口西至恒州九百馀里，幽州夏口，盖即居庸下口也。幽州军都县西北有居庸关。湿馀水出上谷沮阳县之东，南流出关，谓之下口。"夏"当作"下"。恒，户登翻。命定州刺史赵郡王叡将兵监之。叡，琛之子也。赵郡王琛，即高永宝，欢之弟也。永宝，琛字。监，工衔翻。琛，丑林翻。

19 齐慕容俨始入郢州而侯瑱等奄至城下，俨随方备御，瑱等不能克；乘间出击瑱等军，大破之。间，古苋翻。城中食尽，煮草木根叶及靴皮带角食之，靴，许戈翻。与士卒分甘共苦，坚守半岁，人无异志。贞阳侯渊明立，乃命瑱等解围，瑱还镇豫章。齐人以城在江外难守，因割以还梁。俨归，望齐主，悲不自胜。胜，音升。齐主呼前，执其手，脱帽看发，叹息久之。

20 吴兴太守杜龛，龛，苦含翻。王僧辩之婿也。僧辩以吴兴为震州，因震泽以为州名。用龛为刺史，又以其弟侍中僧愔为豫章太守。愔，于今翻。

21 壬子，齐主以梁国称藩，诏凡梁民悉遣南还。

22 丁卯，齐主如晋阳；壬申，自将击柔然。将，即亮翻。秋，七月，己卯，至白道，留辎重，重，直用翻。帅轻骑五千追柔然，壬午，及之于怀朔镇。齐主亲犯矢石，频战，大破之，至于沃野，获其酋长水经注：云中郡有白道岭、白道川。帅，读曰率。骑，奇寄翻。酋，慈秋翻。长，知两翻。及生口二万馀，牛羊数十万。壬申，【章：十二行本"申"作"辰"；乙十一行本同；孔本同；张校同；退斋校同。】还晋阳。

23 八月，辛巳，王琳自蒸城还长沙。

24 齐主还邺，以佛、道二教不同，欲去其一，集二家【章：十二行本"家"下有"学者"二字；乙十一行本同；孔本同。】论难于前，去，羌吕翻。难，乃旦翻。遂敕道士皆剃发为沙门；有不从者，杀四人，乃奉命。于是齐境皆无道士。今道家有太霄琅书经云：人行大道，号曰道士。士者何，理也，事也。身心顺理，唯道是从，从道为事，故曰道士。余按此说，是道流借吾儒经解大义以演绎道士二字。道家虽曰宗老子，而西汉以前未尝以道士自名，至东汉始有张道陵、于吉等，其实与佛教皆起于东汉之时。

25 初，王僧辩与陈霸先共灭侯景，见一百六十四卷世祖承圣元年。情好甚笃，僧辩为子𬱖娶霸先女，好，呼到翻。为，于伪翻。𬱖，鱼委翻。会僧辩有母丧，未成婚。僧辩居石头城，霸先在京口，僧辩推心待之，𬱖兄𫖮屡谏，不听。𫖮，鱼岂翻。及僧辩纳贞阳侯渊明，霸先遣使苦争之，使，疏吏翻。往返数四，僧辩不从。霸先窃叹，谓所亲曰："武帝子孙甚多，唯孝元能复雠雪耻，谓诛灭侯景也。其子何罪，而忽废之！吾与王公并处托孤之地，处，昌吕翻。而王公一旦改图，外依戎狄，援立非次，其志欲何所为乎！"僧辩立渊明，名不正而言不顺，故奸雄得因以为资。乃密具袍数千领及锦彩金银为赏赐之具。

会有告齐师大举至寿春将入寇者，僧辩遣记室江旰告霸先，使为之备。霸先因是留旰于京口，旰，古汗翻。举兵袭僧辩。九月，壬寅，召部将侯安都、周文育及安陆徐度、钱塘杜棱谋之。将，即亮翻；下同。棱以为难，霸先惧其谋泄，以手巾绞棱，今人盥洗，以布拭手，长七八尺，谓之手巾。闷绝于地，因闭于别室。部分将士，分，扶问翻。分赐金帛，以弟子著作郎昙朗镇京口，知留府事，昙朗，霸先母弟休先之子。昙，徒含翻。使徐度、侯安都帅水军趋石头，帅，所类翻；下同。趋，七喻翻。霸先帅马步自江乘罗落会之，江乘罗落，江乘县之罗落桥。自江乘至罗落桥，京口趋建康之大路，刘裕伐桓玄由此。是夜，皆发，召杜棱与同行。知其谋者，唯安都等四将，外人皆以为江旰征兵御齐，不之怪也。

甲辰，安都引舟舰将趣石头，舰，户黯翻。趣，七喻翻。霸先控马未进，安都大惧，追霸先骂曰："今日作贼，事势已成，生死须决，在后欲何所望！若败，俱死，后期得免斫头邪?"霸先曰："安都嗔我！"乃进。霸先控马踟蹰，以观安都之意，见安都决死前向，乃进。嗔，昌真翻，恚怒也。安都至石头城北，弃舟登岸。石头城北接冈阜，不甚危峻，安都被甲带长刀，军人捧之，投于女垣内，被，皮义翻。女垣，城上堞也。众随而入，进及僧辩卧室；霸先兵亦自南门入。僧辩方视事，外白有兵，俄而兵自内出。僧辩遽走，遇子頠，与俱出阁，帅左右数十人苦战于听事前，听，读曰厅。力不敌，走登南门楼，拜请求哀。霸先欲纵火焚之，僧辩与頠俱下就执。霸先曰："我有何辜，公欲与齐师赐讨?"且曰："何意全无备?"僧辩曰："委公北门，何谓无备?"京口为建康北门。是夜，霸先缢杀僧辩父子。既而竟无齐兵，亦非霸先之谲也。谲，古穴翻。前青州刺史新安程灵洗帅所领救僧辩，力战于石头西门，军败；霸先遣使招谕，久之乃降。使，疏吏翻。降，户江翻。霸先深义之，以为兰陵太守，使助防京口。守，式又翻。乙巳，霸先为檄布告中外，列僧辩罪状，且曰："资斧所指，唯王僧辩父子兄弟，其馀亲党，一无所问。"

丙午，贞阳侯渊明逊位，出就邸，考异曰：梁书："九月，丙午，帝即皇帝位。十月，己巳，大赦，改元。"按长历，丙午，九月二十九日；己巳，十月二十二日。岂有即位二十四日始改元大赦乎！盖丙午复梁王位，十月乃即帝位耳。典略："丁未，废贞阳侯出就邸。"今并从陈书。百僚上晋安王表，劝进。上，时掌翻。冬，十月，己酉，晋安王即皇帝位，大赦，改元，改元绍泰。中外文武赐位一等。以贞阳侯渊明为司徒，封建安公。告齐云："僧辩阴图篡逆，故诛之。"仍请称臣于齐，永为藩国。齐遣行台司马恭与梁人盟于历阳。

26 辛亥，齐主如晋阳。

27 壬子，加陈霸先尚书令、都督中外诸军事、车骑将军、扬·南徐二州刺史。癸丑，以宜丰侯循为太保，建安公渊明为太傅，曲江侯勃为太尉，王琳为车骑将军、开府仪同三司。帝之初为梁王也，诸藩皆进官，独不及王琳，抑王僧辩雅知王琳之不可制邪！

28 戊午，尊帝所生夏贵妃为皇太后，夏，户雅翻。立妃王氏为皇后。

29 杜龛恃王僧辩之势，龛，苦含翻。素不礼于陈霸先，在吴兴，每以法绳其宗族，霸先深怨之。及将图僧辩，密使兄子蒨还长城，长城县，霸先与其宗族世居之。晋太康三年，分乌程立长城县，属吴兴郡，今湖州长兴县是也，在湖州西北七十里。蒨，七见翻。立栅以备龛。僧辩死，龛据吴兴拒霸先，义兴太守韦载以郡应之。考异曰：典略作"韦载"。今从梁、陈书。今按典略若作"韦载"，则与梁、陈书同，不须考异矣。吴郡太守王僧智，僧辩之弟也，亦据城拒守。考异曰：南史云，"僧智奔任约。"今从典略。陈蒨至长城，收兵才数百人，杜龛遣其将杜泰将精兵五千奄至，将士相视失色。将，即亮翻；

下同。蒨言笑自若，部分益明，分，扶问翻。众心乃定。泰昼夜苦攻，数旬，不克而退。霸先使周文育攻义兴，义兴属县卒皆霸先旧兵，善用弩，韦载收得数十人，系以长锁，命所亲监之，监，工衔翻。使射文育军，约曰："十射不两中者死。"射，而亦翻。中，竹仲翻。故每发辄毙一人，文育军稍却。载因于城外据水立栅，相持数旬。杜龛遣其从弟北叟将兵拒战，从，才用翻；下同。北叟败，归于义兴。霸先闻文育军不利，辛未，自表东讨，留高州刺史侯安都、石州刺史杜稜宿卫台省。五代志：永平郡，梁置石州，隋后改曰藤州。宋白曰：藤州，治镡津县，汉猛陵县也。甲戌，军至义兴，丙子，拔其水栅。

谯、秦二州刺史徐嗣徽从弟嗣先，僧辩之甥也。僧辩死，嗣先亡就嗣徽，嗣徽以州入于齐。五代志：江都郡清流县，梁置新昌郡及谯州。又，六合县，置秦郡及秦州。及陈霸先东讨义兴，嗣徽密结南豫州刺史任约，将精兵五千乘虚袭建康，是日，袭据石头，游骑至阙下。侯安都闭门藏旗帜，示之以弱，令城中曰："登陴窥贼者斩！"帜，昌志翻。陴，频弥翻。及夕，嗣徽等收兵还石头。安都夜为战备，将旦，嗣徽等又至，安都帅甲士三百开东、西掖门出战，台城正南端门，其左、右二门曰东、西掖门。帅，读曰率。大破之，嗣徽等奔还石头，不敢复逼台城。复，扶又翻。

陈霸先遣韦载族弟翙赍书谕载，翙，呼会翻。丁丑，载及杜北叟皆降，降，户江翻。霸先厚抚之，以翙监义兴郡，监，工衔翻。引载置左右，与之谋议。霸先卷甲还建康，卷，读曰捲。考异曰：梁书："十一月，庚寅，霸先还建康。"按庚寅，十一月十三日，太晚。且庚寅以前，霸先已有在建康与齐相拒事迹。今从陈书。使周文育讨杜龛，救长城。

将军黄他攻王僧智于吴郡，不克，霸先使宁远将军裴忌助之。忌选所部精兵轻行倍道，自钱塘直趣吴郡，按陈霸先自义兴还建康，遣裴忌助黄他攻吴郡，自钱塘直趣吴郡，非路也，钱塘必误。趣，七喻翻。夜，至城下，鼓噪薄之。薄，伯各翻。僧智以为大军至，轻舟奔吴兴。忌入据吴郡，因以忌为太守。

十一月，己卯，齐遣兵五千渡江据姑孰，以应徐嗣徽、任约。陈霸先使合州刺史徐度立栅于冶城。庚寅，【章：乙十一行本"寅"作"辰"；退斋校同。】齐又遣安州刺史翟子崇、楚州刺史刘士荣、淮州刺史柳达摩五代志：钟离郡，梁置北徐州，齐改曰楚州，管下定远县，梁置安州。江都郡山阳县有淮阴郡，东魏置淮州。翟，直格翻。将兵万人于胡墅度米三万石、马千匹入石头。胡墅，在大江北岸，对石头城。墅，神与翻。霸先问计于韦载，载曰："齐师若分兵先据三吴之路，略地东境，则时事去矣。今可急于淮南因侯景故垒筑城，以通东道转输，淮南，秦淮之南也。输，式喻翻；下运输同。分兵绝彼之粮运，则【章：十二行本"则"上有"使进无所资"五字；乙十一行本同；孔本同；张校同。】齐将之首旬日可致。"将，即亮翻。霸先从之。癸未，使侯安都夜袭胡墅，考异曰：典略作"己巳"。按长历，是月戊寅朔，无己巳。今从陈书。烧齐船千馀艘；艘，苏遭翻。仁威将军周铁虎断齐运输，断，音短。擒其北徐州刺史张领州；五代志：琅邪郡，旧置北徐州。仍遣韦载于大航筑侯景故垒，使杜棱守之。航，户刚翻。齐人于仓门、水南立二栅，仓门，石头仓城门。水南，秦淮水之南。与梁兵相拒。壬辰，齐大都督萧轨将兵屯江北。

30 初，齐平秦王归彦幼孤，高祖令清河昭武王岳养之，归彦，高欢族弟也。归彦父徽，于欢有旧恩，故欢怜其孤而命岳养之。欢庙号高祖。岳情礼甚薄，归彦心衔之。及显祖即位，归彦为领军大将军，大被宠遇；被，皮义翻。岳谓其德己，更倚赖之。岳屡将兵立功，有威名，而性豪侈，好酒色，好，呼到翻。起第于城南，城南，邺城之南。听事后开巷。听，读曰厅。归彦谮之于帝曰："清河僭拟宫禁，制为永巷，但无阙耳。"帝由是恶之。恶，乌路翻。帝纳倡妇薛氏于后宫，倡，尺良翻，优也。岳先尝因其姊迎之至第。帝夜游于薛氏家，其姊为其父乞司徒。为，于伪翻。帝大怒，悬其姊，锯杀之。让岳以奸，岳不服，帝益怒，乙亥，使归彦鸩岳。岳自诉无罪，归彦曰："饮之则家全。"饮之而卒，葬赠如礼。

薛嫔有宠于帝，嫔，毗宾翻。久之，帝忽思其与岳通，无故斩首，藏之于怀，出东山宴饮。劝酬始合，忽探出其首，投于柈上，探，吐南翻。柈，蒲官翻。支解其尸，弄其髀为琵琶，一座大惊。帝方收取，对之流涕曰："佳人难再得！"汉李延年歌曰："北方有佳人，绝世而独立，一顾倾人城，再顾倾人国。宁不知倾城与倾国，佳人难再得！"载尸以出，被发步哭而随之。被，皮义翻。

31 甲辰，徐嗣徽等攻冶城栅，陈霸先将精甲自西明门出击之，嗣徽等大败，留柳达摩等守城，自往采石迎齐援。

32 以郢州刺史宜丰侯循为太保，广州刺史曲江侯勃为司空，并征入侍。循受太保而辞不入。勃方谋举兵，遂不受命。

33 镇南将军王琳侵魏，魏大将军豆卢宁御之。姓氏志：豆卢本姓慕容氏，燕北地王精降魏，北人谓归义为豆卢，因赐以为氏。

34 十二月，癸丑，侯安都袭秦郡，破徐嗣徽栅，俘数百人。收其家，得其琵琶及鹰，遣使送之曰："昨至弟处得此，今以相还。"使，疏吏翻；下同。嗣徽大惧。丙辰，陈霸先对冶城立航，航，户刚翻，连舟为桥也。悉渡众军，攻其水南二栅。即仓门、水南二栅。柳达摩等渡淮置陈，陈，读曰阵。霸先督兵疾战，纵火烧栅，齐兵大败，争舟相挤，挤，笺西翻，又子细翻。溺水者以千数，呼声震天地，溺，奴狄翻。呼，火故翻。尽收其船舰。是日，嗣徽与任约引齐兵水步万馀人还据石头，霸先遣兵诣江宁，据要险。嗣徽等水步不敢进，顿江宁浦口，霸先遣侯安都将水军袭破之，嗣徽等单舸脱走，舸，古我翻。尽收其军资器械。

己未，霸先四面攻石头，城中无水，升水直绢一匹。庚申，达摩遣使请和于霸先，且求质子。请和而求质子者，恐还以无功得罪，欲以质子藉手。质，音致。时建康虚弱，粮运不继，朝臣皆欲与齐和，朝，直遥翻。请以霸先从子昙朗为质。昙朗时留镇京口。从，才用翻。昙，苦含翻。霸先曰："今在位诸贤欲息肩于齐，左传：郑成公疾，子驷请息肩于晋。杜预注曰：以负担谕。若违众议，谓孤爱昙朗，不恤国家，今决遣昙朗，弃之寇庭。齐人无信，谓我微弱，必当背盟。背，蒲妹翻。齐寇若来，诸君须为孤力斗也！"霸先知齐人耻于无功，必增兵复至，故先以此谕众，责其效死。为，于伪翻。乃与昙朗及永嘉王庄、丹杨尹王冲之子珉为质，"与"，当作"以"，则文意明顺。【章：乙十一行本正作"以"；退斋校同。】与齐人盟于城外，城外者，石头城外。将士恣其南北。徐嗣徽等南人恣其南，柳达摩等北人恣其北。恣其南北，言唯意所适也。辛酉，霸先陈兵石头南门，送齐人归北，徐嗣徽、任约皆奔齐。收齐马仗船米，不可胜计。胜，音升。齐主诛柳达摩。壬戌，齐和州长史乌丸远自南州奔还历阳。刘昫曰：齐、梁通和，置和州于历阳郡。乌丸盖出于东胡乌丸之种，因以为姓。

江宁令陈嗣、黄门侍郎曹朗据姑孰反，霸先命侯安都等讨平之。霸先恐陈昙朗亡窜，自帅步骑至京口迎之。帅，读曰率。

35 交州刺史刘元偃帅其属数千人归王琳。

36 魏以侍中李远为尚书左仆射。

37 魏益州刺史宇文贵使谯淹从子子嗣诱说淹，以为大将军，从，才用翻。说，式芮翻。淹不从，斩子嗣。贵怒，攻之，淹自东遂宁徙屯垫江。晋于德阳县界东南置遂宁郡。五代志：遂宁郡方义县，梁曰小溪，置东遂宁郡。垫江县，汉属巴郡，梁为楚州治所，隋为渝州。垫，音叠。

38 初，晋安民陈羽，吴立东安县，晋武帝更名晋安。太康三年，分建安立晋安郡。五代志：建安郡南安县旧曰晋安。今之泉州即其地。世为闽中豪姓，其子宝应多权诈，郡中畏服。侯景之乱，晋安太守宾化侯云以郡让羽，羽老，但治郡事，令宝应典兵。时东境荒馑，而晋安独丰衍，宝应数自海道出，寇抄临安、永嘉、会稽，沈约志：吴分馀杭为临水县，晋武帝太康元年更名临安。五代志无临安郡及临安县，但有馀杭郡耳。数，所角翻。抄，楚交翻。会，工外翻。或载米粟与之贸易，由是能致富强。侯景平，世祖因以羽为晋安太守。及陈霸先辅政，羽求传位于宝应，霸先许之。为后陈宝应乱闽中张本。

39 是岁，魏宇文泰讽淮安王育上表请如古制降爵为公，于是宗室诸王皆降为公。

40 突厥木杆可汗击柔然邓叔子，灭之，厥，九勿翻。杆，公旦翻。可，从刊入声。汗，音寒。叔子收其馀烬奔魏。木杆西破嚈哒，嚈，益涉翻。哒，当割翻，又宅轧翻。东走契丹，北并契骨，契骨，即唐之结骨。唐书曰：黠戛斯，古坚昆国，或曰居勿，或曰结骨。盖坚昆语讹为结骨，稍号纥骨，亦曰纥扢斯。契丹，欺讫翻，又音吃。契骨，苦结翻。威服塞外诸国。其地东自辽海，西至西海，长万里，长，直亮翻。南自沙漠以北五六千里皆属焉。木杆恃其强，请尽诛邓叔子等于魏，使者相继于道；太师泰收叔子以下三千馀人付其使者，尽杀之于青门外。长安城东出南头第一门曰霸城门，民见门色青，名曰青城门，或曰青门。秦东陵侯召平种瓜于青门外，即其地。使，疏吏翻。

41 初，魏太师泰以汉、魏官繁，命苏绰及尚书令卢辩依周礼更定六官。更，工衡翻。

太平元年(丙子、五五六)是年九月方改元太平。

1 春，正月，丁丑，魏初建六官，以宇文泰为太师、大冢宰，柱国李弼为太傅、大司徒，赵贵为太保、大宗伯，宗伯以上，以三公兼六卿之职。北史卢辩传：置太师、太傅、太保各一人，是曰三孤。

独孤信为大司马，于谨为大司寇，侯莫陈崇为大司空。自馀百官，皆仿周礼。

2 戊寅，大赦，其与任约、徐嗣徽同谋者，一无所问。癸未，陈霸先使从事中郎江旰说徐嗣徽使南归，说，式芮翻；下因说同。嗣徽执旰送齐。

3 陈蒨、周文育合军攻杜龛于吴兴。龛勇而无谋，嗜酒常醉，其将杜泰阴与蒨等通。龛与蒨等战败，泰因说龛使降，将，即亮翻。说，输芮翻。降，户江翻。龛然之。其妻王氏曰：王氏，僧辩女也。"霸先雠隙如此，何可求和！"因出私财赏募，复击蒨等，大破之。复，扶又翻。既而杜泰降于蒨，龛尚醉未觉，觉，古效翻，又如字。蒨遣人负出，于项王寺前斩之。项羽起吴下，故后人为立寺于吴兴。考异曰：梁书："太平元年，正月癸未，杜龛降，诏赐死。"陈书："绍泰元年，十二月，杜龛以城降；明年，正月癸未，诛杜龛于吴兴，龛从弟北叟、司马沈孝敦并赐死。"典略："魏恭帝二年，十二月，蒨命刘澄等攻龛，大败之，龛乃降；明年，正月丁亥，周铁虎送杜龛祠项王神，使力士拉龛于坐，从弟北叟、司马沈孝敦并赐死。"今从南史。王僧智与其弟豫章太守僧愔俱奔齐。愔，于今翻。考异曰：梁书、南史王僧辩传："僧辩既亡，僧智得就任约。约败走，僧智肥不能行，又遇害。僧智弟僧愔位谯州刺史，征萧勃，及闻兄死，引军还。时吴州刺史羊亮隶在僧愔下，与僧愔不平，密召侯瑱见禽。僧愔以名义责瑱，瑱乃委罪于将羊鲲，斩之，僧愔复得奔齐。"陈书、南史侯瑱传则云："僧辩使其弟僧愔与瑱共讨萧勃，及陈武帝诛僧辩，僧愔阴欲图瑱及夺其军，瑱知之，尽收僧愔徒党，僧愔奔齐。"典略："魏恭帝三年，正月，初，僧愔与瑱共讨曲江侯勃，至是，吴州刺史羊亮说僧愔袭瑱，而翻以告瑱，瑱攻之，僧愔奔齐。"凡此诸说，莫知孰是。今约其梗概言之。

东扬州刺史张彪素为王僧辩所厚，不附霸先，二月，庚戌，陈蒨、周文育轻兵袭会稽，彪兵败，走入若邪山中，简文帝大宝元年，张彪起兵于若邪山。邪，音耶。蒨遣其将吴兴章昭达追斩之。将，即亮翻；下同。东阳太守留异馈蒨粮食，霸先以异为缙州刺史。因缙云山而置缙州。五代志：处州栝苍县有缙云山。缙，音晋。

江州刺史侯瑱本事王僧辩，亦拥兵据豫章及江州，不附霸先。霸先以周文育为南豫州刺史，使将兵击湓城，庚申，又遣侯安都、周铁虎将舟师立栅于梁山，以备江州。

4 癸亥，徐嗣徽、任约袭采石，执戍主明州刺史张怀钧送于齐。五代志：日南郡交谷县，梁置明州。张怀钧盖带刺史而戍采石也。

5 后梁主击侯平于公安，平与长沙王韶引兵还长沙。王琳遣平镇巴州。

6 三月，壬午，诏杂用古今钱。

7 戊戌，齐遣仪同三司萧轨、库狄伏连、尧难宗、东方老等与任约、徐嗣徽合兵十万入寇，出栅口，栅口，栅江口也，在今和州历阳县西南百五十里，与无为军分界，即古之濡须口。宋白曰：庐州东南至栅口，今谓之新妇口，三百八十四里，对岸即旧南陵县地，对岸为繁昌县。向梁山。陈霸先帐内荡主黄丛逆击，破之，荡主，主勇士以突荡敌人。齐师退保芜湖。霸先遣定州刺史沈泰等就侯安都，共据梁山以御之。周文育攻湓城，未克，召之还。夏，四月，丁巳，霸先如梁山巡抚诸军。

8 乙丑，齐仪同三司娄叡讨鲁阳蛮，破之。

9 侯安都轻兵袭齐行台司马恭于历阳，考异曰：梁书云："壬午，安都袭恭。"按长历，是月乙巳朔，无壬午。大破之，俘获万计。

10 魏太师泰尚孝武妹冯翊公主，生略阳公觉；姚夫人生宁都公毓。毓于诸子最长，五代志：西城郡安康县，旧曰宁都。毓，余六翻。长，知两翻；下同。娶大司马独孤信女。泰将立嗣，谓公卿曰："孤欲立子以嫡，恐大司马有疑，如何？"众默然，未有言者。尚书左仆射李远曰："夫立子以嫡不以长，春秋公羊传之言。略阳公为世子，公何所疑！若以信为嫌，请先斩之。"遂拔刀而起。泰亦起，曰："何至于是！"信又自陈解，远乃止。于是群公并从远议。远出外，拜谢信曰："临大事不得不尔！"信亦谢远曰："今日赖公决此大议。"遂立觉为世子。

11 太师泰北巡。

12 五月，齐人召建安公渊明，诈许退师，考异曰：典略云："五月，齐主在东山饮酒，投杯赫怒，召魏收于前，立为制书，欲自将西讨长安，令上党王涣将兵伐梁，于是涣南侵。"按梁、陈、北齐帝纪及涣传皆无是事，今去之。陈霸先具舟送之。癸未，渊明疽发背卒。甲申，齐兵发芜湖，庚寅，入丹杨县，此丹杨县乃汉古县，非今镇江府之丹杨县也。据沈约志，晋武帝太康三年，分丹杨县立于湖县。于湖，今太平州也。丹杨县地当在太平州东北。丙申，至秣棱故治。沈约曰：秣陵本治去京邑六十里，今故治村是也。晋安帝义熙九年移治京邑，在斗场。斗场，犹今言教场。晋成帝咸和中，诏内外诸军戏于南郊之场，因名戏场，亦曰斗场。陈霸先遣周文育屯方山，丹杨记，秦始皇凿方山，其断处为渎，则今淮水。徐度顿马牧，马牧，牧马之地。杜棱顿大航南以御之。

13 齐汉阳敬怀王洽卒。洽，齐主之弟。

14 辛丑，齐人跨淮立桥栅渡兵，夜至方山，徐嗣徽等列舰于青墩，至于七矶，以断周文育归路。舰，户黯翻；下同。墩，音敦。断，音短。文育鼓噪而发，嗣徽等不能制；至旦，反攻嗣徽。嗣徽骁将鲍砰独以小舰殿军，骁，坚尧翻。将，即亮翻；下同。砰，普耕翻。殿，丁练翻。文育乘单舴艋与战，舴，陟格翻。艋，莫梗翻。舴艋，小船。一舟曰单。跳入舰中，跳，他吊翻。斩砰，仍牵其舰而还。还，从宣翻，又如字。嗣徽众大骇，因留船芜湖，自丹杨步上。上，时掌翻；下槊上同。陈霸先追侯安都、徐度皆还。追梁山之军还建康，以御齐师。

癸卯，齐兵自方山进及倪塘，倪塘在台城东。游骑至台，骑，奇寄翻。建康震骇，帝总禁兵出顿长乐寺，乐，音洛。内外纂严。霸先拒嗣徽等于白城，白城当在湖熟县界。适与周文育会。将战，风急，霸先曰："兵不逆风。"文育曰："事急矣，何用古法！"抽槊上马先进，【章：十二行本"进"下有"众军从之"四字；乙十一行本同；孔本同；张校同；退斋校同。】槊，色角翻。风亦寻转，杀伤数百人。侯安都与嗣徽等战于耕坛南，天子亲耕藉田，祭先农于田所，故有耕坛。宋文帝元嘉二十一年，令司空、司农、京尹、令、尉度宫之辰地，八里之外，整制千亩，中开阡陌，立先农坛于中阡西陌南，设御耕坛于中阡东陌北。安都帅十二骑突其陈，破之，骑，奇寄翻。陈，读曰阵。生擒齐仪同三司乞伏无劳。考异曰：南史作"乞伏无芳"。今从陈书。霸先潜撤精卒三千配沈泰渡江，袭齐行台赵彦深于瓜步，获舰百馀艘，粟万斛。艘，苏遭翻。

六月，甲辰，齐兵潜至钟山，侯安都与齐将王敬宝战于龙尾，钟山之龙尾也。自山趾筑道陂陀以登山，曰龙尾。军主张纂战死。丁未，齐师至幕府山，幕府山在今建康城西二十五里，晋琅邪王初渡江，丞相王导建幕府其上，因名。霸先遣别将钱明将水军出江乘，邀击齐人粮运，尽获其船米。齐军乏食，杀马驴食之。庚戌，齐军逾钟山，霸先与众军分顿乐游苑东及覆舟山北，断其冲要。断，音短。壬子，齐军至玄武湖西北，将据北郊坛，晋成帝立北郊坛于覆舟山南。众军自覆舟东移顿坛北，与齐人相对。

会连日大雨，平地水丈馀，齐军昼夜坐立泥中，足指皆烂，悬鬲以爨，鬲，音历。尔雅：鼎款足者谓之鬲。说文：鬲，鼎属也；实五觳。斗二升曰觳。而台中及潮沟北路燥，潮沟，吴孙权所开，以引潮抵于秦淮。梁军每得番易。时四方壅隔，粮运不至，建康户口流散，征求无所。甲寅，少霁，少，诗沼翻。霸先将战，调市人得麦饭，调，徒吊翻。分给军士，士皆饥疲。会陈蒨馈米三千斛、鸭千头，霸先命炊米煮鸭，人人以荷叶裹饭，婫以鸭肉数脔，婫，公浑翻。以鸭肉盖饭上曰婫。今江东人犹谓以物蒙头曰婫。脔，力兖翻。乙卯，未明，蓐食，比晓，比，必利翻。霸先帅麾下出莫府山。侯安都谓其部将萧摩诃曰："卿骁勇有名，千闻不如一见。"帅，读曰率。将，即亮翻。骁，坚尧翻。摩诃对曰："今日令公见之。"及战，安都坠马，齐人围之，摩诃单骑大呼，直冲齐军，齐军披靡，安都乃免。骑，奇寄翻。呼，火故翻。披，普彼翻。霸先与吴明彻、沈泰等众军首尾齐举，纵兵大战，安都自白下引兵横出其后，齐师大溃，斩获数千人，相蹂践而死者不可胜计，蹂，人九翻。践，慈演翻。胜，音升。生擒徐嗣徽及弟嗣宗，斩之以徇，追奔至于临沂。晋成帝咸康元年，桓温领南琅邪太守，镇江乘蒲州之金城，求割丹杨之江乘县境立郡，又分江乘地立临沂县。宋白曰：临沂山西北临大江。其江乘、摄山、钟山等诸军相次克捷，摄山，在今建康城北四十五里。江乘地记曰：有草可以摄生，故名。虏萧轨、东方老、王敬宝等将帅凡四十六人。将，即亮翻。帅，所类翻。其军士得窜至江者，缚荻筏以济，荻，亭历翻，萑也。中江而溺，流尸至京口，翳水弥岸；唯任约、王僧愔得免。丁巳，众军出南州，烧齐舟舰。

戊午，大赦。己未，解严。军士以赏俘贸酒，一人裁得一醉。贸，音茂。庚申，斩齐将萧轨等，齐人闻之，亦杀陈昙朗。霸先启解南徐州以授侯安都。赏其功也。

15 侯平频破后梁军，以王琳兵威不接，更不受指麾；琳遣将讨之。平杀巴州助防吕旬，收其众，奔江州，侯瑱与之结为兄弟。琳军势益衰，乙丑，遣使奉表诣齐，并献驯象。安南出象处曰象山，岁一捕之，缚栏道旁，中为大阱，以雌象前行为媒，遗甘蔗于地，傅药蔗上。雄象来食蔗，渐引入栏，闭其中，就阱中教习驯扰之，始甚咆哮，阱深不可出，牧者以言语谕之，久则渐解人意。使，疏吏翻。驯，松伦翻。江陵之陷也，琳妻蔡氏、世子毅皆没于魏，琳又献款于魏以求妻子；亦称臣于梁。

16 齐发丁匠三十馀万修广三台宫殿。三台在邺城，曹操所筑。

17 齐显祖之初立也，留心政术，务存简靖，坦于任使，谓任使之际，坦怀待人。人得尽力。又能以法驭下，或有违犯，不容勋戚，内外莫不肃然。至于军国机策，独决怀抱；每临行陈，行，户刚翻。陈，读曰阵。亲当矢石，所向有功。数年之后，渐以功业自矜，遂嗜酒淫泆，泆，弋乙翻，淫放也。肆行狂暴；或身自歌舞，尽日通宵；或散发胡服，杂衣锦彩；衣，于既翻。或袒露形体，涂傅粉黛；或乘驴、牛、橐驼、白象，不施鞍勒；或令崔季舒、刘桃枝负之而行，担胡鼓拍之；胡鼓，以手拍之成声。刘昫曰：腰鼓大者瓦，小者木，皆广首而纤腹，本胡鼓也。担，都甘翻。勋戚之第，朝夕临幸，游行市里，街坐巷宿；或盛夏日中暴身，暴，读曰曝。或隆冬去衣驰走；从者不堪，去，羌吕翻。从，才用翻。帝居之自若。三台构木高二十七丈，高，居报翻。两栋相距二百馀尺，工匠危怯，皆系绳自防，帝登脊疾走，殊无怖畏；脊，栋脊也。怖，普布翻。时复雅儛，复，扶又翻。儛，与舞同。折旋中节，中，竹仲翻。傍人见者莫不寒心。尝于道上问妇人曰："天子何如？"曰："颠颠痴痴，何成天子！"帝杀之。

娄太后以帝酒狂，举杖击之曰："如此父生如此儿！"帝曰："即当嫁此老母与胡。"太后大怒，遂不言笑。帝欲太后笑，自匍匐匍，音蒲。匐，莫北翻。以身举床，坠太后于地，颇有所伤。既醒，大惭恨，使积柴炽火，欲入其中。太后惊惧，亲自持挽，强为之笑，曰："向汝醉耳！"强，其两翻。为，于伪翻。帝乃设地席，命平秦王归彦执杖，口自责数，自责而数罪也。数，所具翻。脱背就罚，谓归彦曰："杖不出血，当斩汝。"太后前自抱之，帝流涕苦请，乃笞脚五十，然后衣冠拜谢，悲不自胜。胜，音升。因是戒酒，一旬，又复如初。

帝幸李后家，以鸣镝射后母崔氏，射，而亦翻。骂曰："吾醉时尚不识太后，老婢何事！”马鞭乱击一百有馀。虽以杨愔为相，使进厕筹，以马鞭鞭其背，流血浃袍。尝欲以小刀剺其腹，愔，于今翻。相，息亮翻。浃，即协翻。剺，力之翻，划也。崔季舒托俳言曰：“老小公子恶戏。”托为俳谐之言。因掣刀去之。掣，昌列翻。去，羌吕翻。又置愔于棺中，载以輀车。輀，音而，丧车也。又尝持槊走马，槊，色角翻。以拟左丞相斛律金之胸者三，金立不动，乃赐帛千段。

高氏妇女，不问亲疏，多与之乱，或以赐左右，又多方苦辱之。彭城王浟太妃尔朱氏，魏敬宗之后也，浟，夷周翻。帝欲蒸之，不从；手刃杀之。故魏乐安王元昂，李后之姊婿也，其妻有色，帝数幸之，数，所角翻。欲纳为昭仪。召昂，令伏，以鸣镝射之百馀下，射，而亦翻。凝血垂将一石，竟至于死。后啼不食，乞让位于姊，太后又以为言，帝乃止。

又尝于众中召都督韩哲，无罪，斩之。作大镬、长锯、剉、碓之属，陈之于庭，镬，户郭翻。鼎大无足曰镬。每醉，辄手杀人，以为戏乐。乐，音洛。所杀者多令支解，或焚之于火，或投之于水。杨愔乃简邺下死囚，置之仗内，殿庭左右立仗。谓之供御囚，帝欲杀人，辄执以应命，三月不杀，则宥之。

开府参军裴谓之上书极谏，帝谓杨愔曰：“此愚人，何敢如是！”对曰：“彼欲陛下杀之，以成名于后世耳。”帝曰：“小人，我且不杀，尔焉得名！”焉，音烟。帝与左右饮酒，曰：“乐哉！”都督王纮曰：“有大乐，亦有大苦。”乐，音洛。帝曰：“何谓也？”对曰：“长夜之饮，不寤国亡身陨，所谓大苦！”帝缚纮，欲斩之，思其有救世宗之功，乃舍之。高澄之死，王纮冒刃御贼，见一百六十二卷武帝太清二年。

帝游宴东山，以关、陇未平，投杯震怒，召魏收于前，立为诏书，宣示远近，将事西行。魏人震恐，常为度陇之计。

宇文泰识虚实，何得因西行一诏，便为度陇之计！此齐史官之华言耳。然实未行。一日，泣谓群臣曰："黑獭不受我命，奈何？"都督刘桃枝曰："臣得三千骑，骑，奇寄翻。请就长安擒之以来。"帝壮之，赐帛千匹。赵道德进曰："东西两国，强弱力均，彼可擒之以来，此亦可擒之以往。桃枝妄言应诛，陛下奈何滥赏！"帝曰："道德言是。"回绢赐之。帝乘马欲下峻岸入于漳，欲入漳水。道德揽辔回之；帝怒，将斩之。道德曰："臣死不恨，当于地下启先帝，论此儿酣酗颠狂，不可教训。"酗，吁句翻。陆德明曰：以酒为凶曰酗。帝默然而止。他日，帝谓道德曰："我饮酒过，过，谓过多。须痛杖我。"道德抶之，抶，丑栗翻，击也。帝走。道德逐之曰："何物人，为此举止！"

典御丞李集面谏，五代志曰：后齐制官，多循后魏之旧。尚食、尚药二局，皆有典御及丞。尚食总知御膳事，尚药总知御药事，属门下省。比帝于桀、纣。帝令缚置流中，流水中也。沉没久之，沈，持林翻。复令引出，复，扶又翻。谓曰："吾何如桀、纣？"集曰："向来弥不及矣！"帝又令沈之，引出，更问，如此数四，集对如初。帝大笑曰："天下有如此痴人，方知龙逄、比干未是俊物！"龙逄，谏夏桀而死，比干谏殷纣而死。逄，皮江翻。遂释之。顷之，又被引入见，被，皮义翻。见，贤遍翻。似有所谏，帝令将出要斩。要，读曰腰。其或斩或赦，莫能测焉。

内外憯憯，憯，七感翻。憯憯，痛毒之意。各怀怨毒；而素能默识强记，加以严断，断，丁乱翻。群下战栗，不敢为非。又能委政杨愔，愔总摄机衡，百度修敕，敕，理也。故时人皆言主昏于上，政清于下。愔风表鉴裁，为朝野所重，少历屯厄，尔朱屠害杨氏，唯愔得脱，潜窜累载，后归高欢，又以谗间逃隐海岛，欢访而用之。裁，才代翻。少，诗照翻。屯，陟轮翻。及得志，有一餐之惠者必重报之，虽先尝欲杀己者亦不问；典选二十馀年，以奖拔贤才为己任。性复强记，一见皆不忘其姓名，选人鲁漫汉自言猥贱独不见识，选，须绢翻。复，扶又翻。猥，鄙也。愔曰："卿前在元子思坊，元子思坊，邺城中坊名。魏侍中元子思居此，后谋西奔，被诛，时人因以名坊。乘短尾牝驴，见我不下，以方曲障面，我何为不识卿！"漫汉惊服。

18 秋，七月，甲戌，前天门太守樊毅袭武陵，杀武州刺史衡阳王护，王琳使司马潘忠击之，执毅以归。护，畅之孙也。畅，武帝之弟。

19 丙子，以陈霸先为中书监、司徒、扬州刺史，进爵长城公，馀如故。

20 初，余孝顷为豫章太守，姓谱：余姓，由余之后。侯瑱镇豫章，孝顷于新吴县汉灵帝中平中，立新吴县，属豫章郡，今洪州奉新县即其地。别立城栅，与瑱相拒。瑱使其从弟奫守豫章从，才用翻。奫，于伦翻。悉众攻孝顷，久不克，筑长围守之。癸酉，侯平发兵攻奫，大掠豫章，焚之，奔于建康。瑱众溃，奔湓城，依其将焦僧度。僧度劝之奔齐，会霸先使记室济阳蔡景历南上，济，子礼翻。自建康溯流至湓城为南上。上，时掌翻。说瑱令降，瑱乃诣阙归罪，霸先为之诛侯平。说，式芮翻。降，户江翻。为，于伪翻。丁亥，以瑱为司空。

南昌民熊昙朗，世为郡著姓。昙朗有勇力，侯景之乱，聚众据丰城为栅，南昌县带豫章郡。吴立富城县，晋武帝太康元年，更名丰城县，属豫章郡，今县在郡城南一百五十五里。昙，徒含翻。世祖以为巴山太守。元帝庙号世祖。江陵陷，昙朗兵力浸强，侵掠邻县。侯瑱在豫章，昙朗外示服从而阴图之，及瑱败走，昙朗获其马仗。

21 己亥，齐大赦。

22 魏太师泰遣安州长史钳耳康买使于王琳，钳耳，夷姓也，出于西羌。钳，其廉翻。孙愐曰：钳耳，西羌人，自云周王季之后，为虔仁氏，音讹为钳耳。琳遣长史席豁报之，且请归世祖及愍怀太子之柩；泰许之。江陵之陷，魏既戕元帝，遂杀愍怀太子元良。柩，音旧。

23 八月，己酉，鄱阳王循卒于江夏，弟丰城侯泰监郢州事。夏，户雅翻。监，工衔翻。王琳使兖州刺史吴藏攻江夏，不克而死。琳署藏领兖州耳。

24 魏太师泰北渡河。据魏纪，泰北巡，渡北河。

25 魏以王琳为大将军、长沙郡公。

26 魏江州刺史陆腾讨陵州叛獠，五代志：隆山郡，西魏置陵州，今陵井监是也。江州亦置于隆山郡之隆山县。獠，鲁皓翻。獠因山为城，攻之难拔。腾乃陈伎乐于城下一面，伎，渠绮翻。獠弃兵，携妻子临城观之，腾潜师三面俱上，斩首万五千级，遂平之。唐柴绍破吐谷浑亦用此术。上，时掌翻。腾，俟之玄孙也。陆俟事魏太武帝，及文成帝之初立，以子丽诛宗爱功封王。

27 庚申，齐主将西巡，百官辞于紫陌，帝使矟骑围之，骑兵执矟者为矟骑。矟，色角翻。骑，奇寄翻。曰："我举鞭，即杀之。"日晏，帝醉不能起。黄门郎是连子畅曰：是连，亦夷姓也。魏书官氏志：内入诸姓有是连氏。"陛下如此，群臣不胜恐怖。"胜，音升。怖，普布翻。帝曰："大怖邪！若然，勿杀。"若然，犹云若如此也。遂如晋阳。

28 九月，壬寅，改元，大赦。以陈霸先为丞相、录尚书事、镇卫大将军、扬州牧、义兴公。自长城县公进封义兴郡公。按陈书帝纪，"义"当作"吴"。以吏部尚书王通为右仆射。

29 突厥木杆可汗假道于凉州以袭吐谷浑，魏太师泰使凉州刺史史宁帅骑随之，至番禾，番禾县，汉属张掖郡，魏分置番禾郡。如淳曰：番，音盘。隋废番禾郡为番禾县，属凉州；唐天宝三年，改为天宝县。厥，九勿翻。杆，公旦翻。可，从刊入声。汗，音寒。吐，从暾入声。谷，音浴。帅，读曰率。骑，奇寄翻。吐谷浑觉之，奔南山。木杆将分兵追之，宁曰："树敦、贺真二城，吐谷浑之巢穴也，拔其本根，馀众自散。"木杆从之。木杆从北道趣贺真，宁从南道趣树敦。树敦城，在曼头山北，吐谷浑之旧都也。周穆王时，犬戎树惇居之，因以名城。祭公谋父所谓"犬戎树惇，能帅旧德"者也。趣，七喻翻。吐谷浑可汗【章：十二行本"汗"下有"夸吕"二字；乙十一行本同；孔本同；张校同。】在贺真，使其征南王将数千人守树敦。将，即亮翻。木杆破贺真，获夸吕妻子；宁破树敦，虏征南王；还，与木杆会于青海，吐谷浑中有青海，周回千馀里，海中有小山。每冬冰合，以良牝马置此山，至来春收之，牝马皆有孕，生驹，号为龙种，必多骏异，日行千里。木杆叹宁勇决，赠遗甚厚。遗，于季翻。

30 甲子，王琳以舟师袭江夏；冬，十月，壬申，丰城侯泰以州降之。

31 齐发山东寡妇二千六百人以配军，有夫而滥夺者什二三。

32 魏安定文公宇文泰还至牵屯山而病，北巡而还也。杜佑曰：牵屯在平凉郡高平县，亦曰汧屯山，今谓之笄头山。驿召中山公护。护至泾州，见泰，泰谓护曰："吾诸子皆幼，外寇方强，天下之事，属之于汝，属，之欲翻；下所属同。宜努力以成吾志。"乙亥，卒于云阳。年五十。云阳县，汉属冯翊，魏收志属北地郡；后周置云阳郡，有云阳宫。护还长安，发丧。泰能驾御英豪，得其力用，性好质素，不尚虚饰，明达政事，崇儒好古，凡所施设，皆依仿三代而为之。好，呼到翻。丙子，世子觉嗣位，为太师、柱国、大冢宰，出镇同州，宇文泰辅政多居同州，以其地扼关、河之要，齐人或来侵轶，便于应接也。时年十五。

中山公护，名位素卑，虽为泰所属，而群公各图执政，莫肯服从。护问计于大司寇于谨，谨曰："谨早蒙先公非常之知，恩深骨肉，今日之事，必以死争之。若对众定策，公必不得让。"明日，群公会议，谨曰："昔帝室倾危，非安定公无复今日。谓魏孝武帝为高欢所逼，遁逃入关，宇文泰迎而辅之，以立国于关右。复，扶又翻。今公一旦违世，嗣子虽幼，中山公亲其兄子，兼受顾托，军国之事，理须归之。"辞色抗厉，众皆悚动。抗厉，举声高亢，且正色严厉也。护曰："此乃家事，护虽庸昧，何敢有辞。"谨素与泰等夷，护常拜之，至是，谨起而言曰："公若统理军国，谨等皆有所依。"遂再拜。群公迫于谨，亦再拜，于是众议始定。护纲纪内外，抚循文武，人心遂安。

33 十一月，辛丑，丰城侯泰奔齐，齐以为永州刺史。南方以零陵郡为永州。齐以泰为永州刺史，未知此永州置于何地。诏征王琳为司空，此齐诏也。琳辞不至，留其将潘纯陀监郢州，监，工衔翻。身还长沙。魏人归其妻子。

34 壬子，齐主诏以"魏末豪杰纠合乡部，因缘请托，各立州郡，离大合小，公私烦费，丁口减于畴日，畴日，犹言昔日。守令倍于昔时。且要荒向化，要荒，引古要服、荒服为言。要者，要结好信而从服之。荒者，言其来服荒忽无常也。要，一遥翻。旧多浮伪，百室之邑，遽立州名，三户之民，空张郡目，此谓梁末所置州郡在江、淮之间者也。循名责实，事归焉有。"焉，于虔翻，何也。于是并省三州，一百五十三郡。【章：十二行本"郡"下有"五百八十九县、三镇、二十六戍"十二字；乙十一行本同；孔本同；退斋校同。】考异曰：北史作"五十六郡"。今从齐书。

35 诏分江州四郡置高州。四郡，盖临川、安成、豫宁、巴山，以其地在南江之西，负山面水，据高临深，因名高州。军【章：十二行本'军"上有"以明威将”四字；乙十一行本同；孔本同；退斋校同。】黄法𣰰为刺史，镇巴山。𣰰，巨俱翻。宋白曰：梁大同二年分庐陵之兴平、临川之新建二县，立西宁、巴山二县，合其县立为巴山郡。其郡古迹在抚州崇仁县巴山之北。

36 十二月，壬申，以曲江侯勃为太保。

37 甲申，魏葬安定文公。丁亥，以岐阳之地封世子觉为周公。岐阳，即扶风之地。昔周兴于岐周，因为国号。宇文辅魏，仿周以立法制，故魏朝之臣以周封之，将禅代也。

38 初，侯景之乱，临川民周续起兵郡中，临川，汉豫章郡南城县之地，后汉分南城北境为临汝县，吴孙亮太平二年，分豫章之东部南城、临汝二县置临川郡，隋、唐为抚州。始兴王毅以郡让之而去。续部将皆郡中豪族，多骄横，将，即亮翻；下同。横，户孟翻。续裁制之，诸将皆怨，相与杀之。续宗人迪，勇冠军中，冠，古玩翻。众推为主。迪素寒微，恐郡人不服，以同郡周敷族望高显，折节交之，折，而设翻。敷亦事迪甚谨。迪据上塘，“上塘”，下卷作“工塘”，必有一误。按陈书周迪传，“工”字为是。敷据故郡，朝廷以迪为衡州刺史，领临川内史。以临川内史带衡州刺史耳。时民遭侯景之乱，皆弃农业，群聚为盗，唯迪所部独务农桑，各有赢储，政教严明，教，谓教令，州郡下令谓之教。征敛必至，敛，力赡翻。馀郡乏绝者皆仰以取给。仰，牛向翻。迪性质朴，不事威仪，居常徒跣，虽外列兵卫，内有女伎，挼绳破篾，傍若无人，伎，渠绮翻。挼，奴禾翻。篾，莫结翻，竹篾也。讷于言语而襟怀信实，临川人皆附之。

39 齐自西河总秦戍筑长城，考异曰：去岁六月已云筑长城，而地名，长、短不同，不知与此为一事为二事。北齐书、北史皆然。今两存之。东至于海，前后所筑东西凡三千馀里，率十里一戍，其要害置州镇，凡二十五所。

40 魏宇文护以周公幼弱，欲早使正位以定人心，庚子，以魏恭帝诏禅位于周，魏道武帝以晋孝武太元二十一年改元皇始，历十二世至孝武帝永熙三年西迁，魏遂分为东、西。西魏又历三世，凡十五世，一百六十年而亡。使大宗伯赵贵持节奉册，济北公迪致皇帝玺绂；恭帝出居大司马府。济，子礼翻。玺，斯氏翻。绂，音弗。

容肇祖标点聂崇岐覆校

资治通鉴卷第一百六十七

端明殿学士兼翰林侍读学士朝散大夫右谏议大夫
充集贤殿修撰提举西京嵩山崇福宫上柱国河内郡 司马光 奉敕编集
开国侯食邑一千八百户食实封六百户赐紫金鱼袋臣

后　学　天　台 胡三省 音　注

陈纪一 起强圉赤奋若（丁丑），尽屠维单阏（己卯），凡三年。

武帝既有功于梁，自以为姓出于陈，自吴兴郡公进封陈公；及受命，国遂号曰陈。

高祖武皇帝 【章：乙十一行本有“帝姓陈氏，讳霸先，梁太平二年进封陈王，寻受梁禅”二十字。】讳霸先，字兴国，小字法生，姓陈氏，吴兴长城下若里人。

永定元年（丁丑、五五七）是年十月受禅，始改元永定。自十月以前，犹是梁太平二年。

1 春，正月，辛丑，周公即天王位，讳觉，字陁罗尼，宇文泰第三子也。宇文辅政，慕仿周礼，泰卒，觉嗣，遂封周公；既受命，国号曰周。柴燎告天，朝百官于露门；露门，即古之路门。路，大也。宇文建国，率仿古制，故外朝曰路门。郑玄曰：外门曰皋门，朝门曰应门，内有路门。孔颖达曰：尔雅：门屏之间谓之宁。郭曰：人主视朝所宁立处。李巡曰：正门外两塾间曰宁。谓天子受朝于路门外之朝，于门外而宁立，以待诸侯之至，故云当宁而立也。然门外有屏者，即树塞门是也。尔雅云：正门谓之应门。又云：屏，谓之树。李巡曰：常当门自蔽，名曰树。郭云：小墙当门中。按李、郭二注以推验礼文，诸侯内屏在路门之内，天子外屏在路门之外，而近应门。周制，天子三朝，其一在路门内，谓之燕朝，太仆掌之。故太仆云，王视燕朝，则正其位。

文王世子云：公族朝于内朝，亲之也。此则王与宗人图其嘉事，及王退侯大夫之朝也。其二是路门外之朝，谓之治朝，司士掌之。故司士云，正朝仪之位。此是每日视朝之位，其王与诸侯宾射，亦与治朝同。其三是皋门之内，库门之外，谓之外朝，朝士掌之。此是询众庶之朝也。朝，直遥翻。追尊王考文公为文王，妣为文后；大赦。封魏恭帝为宋公。以木德承魏水，行夏之时，服色尚黑。行夏之时，用寅正也。服色尚黑，随水行也。夏，户雅翻。以李弼为太师，赵贵为太傅、大冢宰，独孤信为太保、大宗伯，中山公护为大司马。后周太祖初据关右，官名未改魏号。及域内粗定，改定章程，命尚书令卢辩远师周制，置三公、三孤，以为论道之官；次置六卿，以分司庶务。闵帝受禅，大司马掌兵，宇文护居之，以专兵要。

2 诏以王琳为司空、骠骑大将军，骠，匹妙翻。骑，奇寄翻。以尚书右仆射王通为左仆射。

3 周王祀圜丘，自谓先世出于神农，以神农配二丘，宇文氏自谓其先出于炎帝。炎帝为黄帝所灭，子孙遁去朔野，其后有葛乌兔者，雄武多算略，鲜卑奉以为主。裔孙曰普回，因狩得玉玺三纽，文曰“皇帝玺”，以为天授，其俗谓天子曰宇文，遂以为氏及国号。二丘，圜丘、方丘也。始祖献侯配南北郊，普回子莫那自阴山南徙，始居辽西，谥曰献侯。文王配明堂，庙号太祖。癸卯，祀方丘。甲辰，祭大社。五代志：后周宪章姬周，祭祀之式，多依仪礼。司量，掌为坛之制。圜丘三成，崇一丈二尺，深二丈，上径六丈，十有二阶，每等十有二节，在国阳七里之郊。圆壝径三百步，内壝半之，方一成，下崇一丈，径六丈八尺，上崇五尺，方四丈。八方，方一阶，阶十级，级一尺。方丘在国阴十里之郊，丘一成八方，下崇一丈，方六丈八尺，上崇五尺，方四丈。八方一阶，级一尺。其壝八面，径百二十步，内壝半之。南郊为方坛于国南五里，其崇一丈二尺，其广二丈。其壝方百二十步，内壝半之。神州之坛，崇一丈，方四丈，在北郊方丘之右，其壝如方丘。其祭圜丘及南郊，并正月上辛。右宗庙而左社稷。皇帝亲祀社稷，冢宰亚献，宗伯终献。除市门税。魏末盗贼群起，国用不足，税入市门者人一钱，今除之。乙巳，享太庙，仍用郑玄义，立太祖与二昭、二穆为五庙，其有德者别为祧庙，不毁。记王制曰：天子七庙，三昭三穆，与太祖之庙而七。郑玄注云：此周制七者，太祖及文王、武王之祧与亲庙四。决疑要注曰：凡昭穆，父南面，故曰昭，昭，明也；子北面，故曰穆，穆，顺也。李涪曰：昭，本如字，为汉讳昭，改曰韶。一曰：晋文帝名昭，故读曰韶。辛亥，祀南郊。壬子，立王后元氏。后，魏文帝之女晋安公主也。

4 齐南安城主冯显请降于周，降，户江翻。周柱国宇文贵使丰州刺史太原郭彦将兵迎之，五代志：永安郡黄冈县，齐曰南安。又魏收志：天平初，置南安郡，属襄州，后陷。以地考之，当在五代志之颍川郡叶县界。又五代志：淅阳郡武当县，旧置武当郡及始平郡，后改为齐兴郡，梁置兴州，后周改为丰州，隋为均州。将，即亮翻。遂据南安。

5 吐谷浑为寇于周，攻凉、鄯、河三州。武威郡，凉州。西平郡，鄯州。枹罕郡，河州。吐，从暾入声。谷，音浴。鄯，时战翻。秦州都督遣渭州刺史于翼赴援，魏黄初三年，始置都督诸州军事。又有都督中外诸军，其任尤重。南、北朝皆因之。而军行又有都督诸军，左、右、前、后、中军大都督；内而宿卫，有正副都督、散都督、帅都督、旅都督；外而州郡，有防城都督、帐内都督。都督之名虽同，其位任悬绝矣。此秦州都督，盖都督河、渭、凉、鄯诸州也。后周九命之制，都督八命。其授柱国大将军、开府仪同者，并加使持节、大都督，盖九命也。翼不从。僚属咸以为言，翼曰："攻取之术，非夷俗所长。此寇之来，不过抄掠边牧，掠而无获，势将自走。劳师而往，必无所及。翼揣之已了，了，明也。抄，楚交翻。揣，初委翻。幸勿复言。"复，扶又翻。数日，问至，果如翼所策。

6 初，梁世祖以始兴郡为东衡州，以欧阳頠为刺史。久之，徙頠为郢州刺史，萧勃留頠不遣。頠，鱼委翻。世祖以王琳代勃为广州刺史，勃遣其将孙荡监广州，尽帅所部屯始兴以避之。见一百六十五卷梁元帝承圣三年。将，即亮翻；下同。监，工衔翻。帅，读曰率。頠别据一城，不往谒，闭门自守。勃怒，遣兵袭之，尽收其货财马仗；寻赦之，使复其所，与之结盟。江陵陷，頠遂事勃。二月，庚午，勃起兵于广州，遣頠及其将傅泰、萧孜为前军。孜，勃之从子也。从，才用翻。考异曰：陈书、南史周文育传皆作"子"。今从梁书帝纪。南江州刺史余孝顷以兵会之。孝顷据新吴，盖就置南江州，命为刺史。考异曰：典略作"南康州刺史"。今从梁书。诏平西将军周文育帅诸军讨之。帅，读曰率。

7 癸酉，周王朝日于东郊；朝，直遥翻；下同。戊寅，祭太社。

8 周楚公赵贵、卫公独孤信故皆与太祖等夷，宇文泰庙号太祖。及晋公护专政，宇文护自中山公进封晋公。皆怏怏不服。怏，于两翻。贵谋杀护，信止之；开府仪同三司宇文盛告之。丁亥，贵入朝，护执而杀之，免信官。此所谓主少国疑，大臣未附之时也。既杀赵贵，护之威权成矣。

9 领军将军徐度出东关侵齐，戊子，至合肥，烧齐船三千艘。艘，苏遭翻。

10 欧阳頠等出南康。頠屯豫章之苦竹滩，傅泰据蹠口城，蹠，之石翻。周文育传作"墌"。余孝顷遣其弟孝劢守郡城，自出豫章据石头。水经注：赣水径豫章郡北，水之西岸有石盘，谓之石头，津步之处也。汪藻曰：自豫章绝江而西，有山屹然，并江而出者，石头渚也；阻江负城，十里而近，即殷羡投书处。劢，音迈。巴山太守熊昙朗诱頠共袭高州刺史黄法𣯶；又语法𣯶，约共破頠，昙，徒含翻。诱，音酉。语，牛倨翻。𣯶，巨俱翻。且曰："事捷，与我马仗。"遂出军，与頠俱进。至法𣯶城下，昙朗阳败走，法𣯶乘之，頠失援而走，昙朗取其马仗，归于巴山。

周文育军少船，少，诗沼翻。余孝顷有船在上牢，文育遣军主焦僧度袭之，尽取以归，仍于豫章立栅。军中食尽，诸将欲退，文育不许，使人间行遗周迪书，间，古苋翻。遗，于季翻。约为兄弟。迪得书甚喜，许馈以粮。于是文育分遣老弱乘故船沿流俱下，烧豫章栅，伪若遁去者。孝顷望之，大喜，不复设备。文育由间道兼行，据芊韶，复，扶又翻。间，古苋翻。据姚思廉梁书，芊韶在巴山界。芊，音千。芊韶上流则欧阳頠、萧孜，下流则傅泰、余孝顷营，文育据其中间，筑城飨士，頠等大骇。頠退入泥溪，文育遣严威将军周铁虎等袭頠，癸巳，擒之。文育盛陈兵甲，与頠乘舟而宴，巡蹠口城下，使其将丁法洪攻泰，擒之。孜、孝顷退走。

11 甲午，周以于谨为太傅，大宗伯侯莫陈崇为太保，晋公护为大冢宰，于谨、侯莫陈崇既登公位，宇文护若以序迁而为大冢宰，实则周之元辅也。柱国武川贺兰祥为大司马，高阳公达奚武为大司寇。

12 周人杀魏恭帝。

13 三月，庚子，周文育送欧阳頠、傅泰于建康。丞相霸先与頠有旧，释而厚待之。霸先发身于岭南，故与頠有旧。

14 周晋公护以赵景公独孤信名重，不欲显诛之，己酉，逼令自杀。

15 甲辰，以司空王琳为湘、郢二州刺史。

16 曲江侯勃在南康，闻欧阳頠等败，军中恟惧。恟，许拱翻。甲寅，德州刺史陈法武、五代志：日南郡，梁置德州。前衡州刺史谭世远攻勃，杀之。

17 夏，四月，己卯，铸四柱钱，一当二十。梁末有两柱钱及鹅眼钱，时人杂用，其价同，但两柱重，鹅眼轻。至是铸四柱钱，一当细钱二十。

18 齐遣使请和。使，疏吏翻。

19 壬午，周王谒成陵；周太祖陵曰成陵。乙酉，还宫。

20 齐以太师斛律金为右丞相，前大将军可朱浑道元为太傅，可朱浑道元前为车骑大将军。后齐置太师、太傅、太保，是为三师，拟古上公，非勋德崇者不居。次有大司马、大将军，是为二大，并典司武事。次置太尉、司徒、司空，是为三公。皆第一品。其骠骑、车骑二将军加大者，在开国郡公下。开国郡公，从一品。开府仪同三司贺拔仁为太保，尚书令常山王演为司空，录尚书事长广王湛为尚书令，右仆射杨愔为左仆射，仍加开府仪同三司。愔，于今翻。并省尚书右仆射崔暹为左仆射，上党王涣录尚书事。自高欢居晋阳，并州有行台尚书令、仆等官。及齐显祖受魏禅，遂以并州行台为并省，位任亚于邺省。

21 丁亥，周王享太庙。

22 壬辰，改四柱钱一当十；丙申，复闭细钱。闭者，闭绝不使行。细钱，民间私铸者也。时私钱细小，交易以车载钱，不复计数。复，扶又翻；下复亦同。

23 故曲江侯勃主帅兰敳袭杀谭世远，军主夏侯明彻杀敳，持勃首降。帅，所类翻。敳，五哀翻。降，户江翻；下同。勃故记室李宝藏奉怀安侯任据广州。任亦萧氏子，封怀安侯。何承天志：郁林郡有怀安县。萧孜、余孝顷犹据石头，为两城，各据其一，多设船舰，夹水而陈。舰，户黯翻；下同。陈，读曰阵。丞相霸先遣平南将军侯安都助周文育击之。戊戌，安都潜师夜烧其船舰，文育帅水军、安都帅步军进攻之；帅，读曰率。萧孜出降，孝顷逃归新吴，文育等引兵还。丞相霸先以欧阳頠声著南土，复以頠为衡州刺史，"衡"上，前有"东"字。按五代志：南海郡含洭县，梁置衡州。始兴县，梁置东衡州。此时盖命頠镇含洭也。使讨岭南，未至，其子纥已克始兴，頠至岭南，诸郡皆降，遂克广州，岭南悉平。为欧阳頠父子世据岭南张本。

24 周仪同三司齐轨谓御正中大夫薛善曰：五代志：御正中大夫，属大冢宰，五命。"军国之政，当归天子，何得犹在权门！"善以告晋公护，护杀之，以善为中外府司马。中外府，都督中外诸军事府。

25 五月，戊辰，余孝顷遣使诣丞相府乞降。使，疏吏翻。

26 王琳既不就征，大治舟舰，将攻陈霸先；治，直之翻。六月，戊寅，霸先以开府仪同三司侯安都为西道都督，周文育为南道都督，将舟师二万会武昌以击之。将，即亮翻；下同。

27 秋，七月，辛亥，周王享太庙。

28 河南、北大蝗。齐主问魏郡丞崔叔瓒曰：五代志：齐制，上郡丞，六品；中，七品；下，八品。瓒，藏旱翻。“何故致蝗？”对曰：“五行志：土功不时，蝗虫为灾。五行志言螽蝗之灾，率归之劳民动众，故叔瓒云然。今外筑长城，内兴三台，殆以此乎！”齐主怒，使左右殴之，殴，乌口翻。擢其发，以溷沃其头，擢，拔也。溷，户困翻，不洁也。曳足以出。叔瓒，季舒之兄也。

29 八月，丁卯，周人归梁世祖之柩及诸将家属千馀人于王琳。柩，音旧。

30 戊辰，周王祭太社。

31 甲午，进丞相霸先位太傅，加黄钺、殊礼，赞拜不名。九月，辛丑，进丞相为相国，总百揆，封陈公，备九锡，陈国置百司。

32 周孝愍帝性刚果，恶晋公护之专权。恶，乌路翻。司会李植自太祖时为相府司录，参掌朝政，周礼：司会掌听财用之会计以诏王及冢宰。后周之制，司会中大夫，属大冢宰，五命。柱国大将军府长史、司马、司录，正七命。会，古外翻。相府司录，总录相府之机务。朝，直遥翻。军司马孙恒亦久居权要，唐六典：周礼大司马属官有军司马，下大夫，盖兵部郎中之任也。后周依周置官，军司马中大夫，五命。恒，户登翻。及护执政，植、恒恐不见容，乃与宫伯乙弗凤、贺拔提等共谮之于周王。周礼，宫伯掌王宫之士庶子，凡在版者，掌其政令，行其秩叙，作其徒役之事，以时颁其衣裳，掌其诛赏，属天官冢宰。后周左宫伯中大夫，五命。植、恒曰：“护自诛赵贵以来，威权日盛，谋臣宿将，争往附之，将，即亮翻。大小之政，皆决于护。以臣观之，将不守臣节，愿陛下早图之！”王以为然。凤、提曰：“以先王之明，犹委植、恒以朝政，朝，直遥翻。今以事付二人，何患不成！且护常自比周公，臣闻周公摄政七年，书曰：惟周公诞保文、武受命，惟七年。陛下安能七年邑邑如此乎！”邑邑，不得志之貌。王愈信之，数引武士于后园讲习，为执缚之势。此事何必讲习邪！宜其谋泄也。数，所角翻。植等又引宫伯张光洛同谋，光洛以告护。护乃出植为梁州刺史，恒为潼州刺史，五代志：汉川郡置梁州。金山郡，西魏置潼州，隋开皇五年改曰绵州。欲散其谋。后王思植等，每欲召之，护泣谏曰：“天下至亲，无过兄弟，若兄弟尚相疑，他人谁可信者！太祖以陛下富于春秋，属臣后事，属，之欲翻。臣情兼家国，以家则兄弟之亲，以国则君臣之义。实愿竭其股肱。若陛下亲览万机，威加四海，臣死之日，犹生之年。但恐除臣之后，奸回得志，非唯不利陛下，亦将倾覆社稷，使臣无面目见太祖于九泉。且臣既为天子之兄，位至宰相，尚复何求！复，扶又翻。愿陛下勿信谗臣之言，疏弃骨肉。”王乃止不召，而心犹疑之。

凤等益惧，密谋滋甚，刻日召群公入宴，宴，伊甸翻，合饮也。因执护诛之；张光洛又以告护。护乃召柱国贺兰祥、周书祥传曰：其先与魏俱起，有纥伏者，为贺兰莫何弗，因以为氏。领军尉迟纲等谋之，祥等劝护废立。时纲总领禁兵，护遣纲入宫召凤等议事，及至，以次执送护第，因罢散宿卫兵。王方悟，独在内殿，令宫人执兵自守。护遣贺兰祥逼王逊位，幽于旧第。略阳公旧第也。悉召公卿会议，废王为略阳公，迎立岐州刺史宁都公毓。五代志：西城郡安康县，旧曰宁都。公卿皆曰：“此公之家事，敢不唯命是听！”乃斩凤等于门外，宫门之外也。孙恒亦伏诛。

时李植父柱国大将军远镇弘农，西魏之境，东尽瀍、洛，以弘农为要地，率用重将镇之。护召远及植还朝，召植于梁州。朝，直遥翻。远疑有变，沈吟久之，沈，持林翻。乃曰：“大丈夫宁为忠鬼，安可作叛臣邪！”遂就征。既至长安，护以远功名素重，犹欲全之，引与相见，谓之曰："公儿遂有异谋，非止屠戮护身，乃是倾危宗社。叛臣贼子，理宜同疾，公可早为之所。"乃以植付远。远素爱植，植又口辩，自陈初无此谋。远谓植信然，诘朝，将植谒护。诘，去吉翻。将，如字，引也。护谓植已死，左右白植亦在门。护大怒曰："阳平公不信我！"李远封阳平公。乃召入，仍命远同坐，令略阳公与植相质于远前。质，证也。夫君臣无狱，略阳公虽废，犹旧君也，乌有与旧臣相质之理！宇文护不学无识如此，求良死，得乎！植辞穷，谓略阳曰：略阳之下当有"公"字。【章：十二行本正有"公"字；乙十一行本同。】"本为此谋，欲安社稷，利至尊耳！今日至此，何事云云！"远闻之，自投于床曰："若尔，诚合万死！"于是护乃害植，并逼远令自杀。植弟叔诣、叔谦、叔让亦死，馀子以幼得免。初，远弟开府仪同三司穆知植非保家之主，每劝远除之，远不能用。及远临刑，泣谓穆曰："吾不用汝言以至此！"穆当从坐，以前言获免，除名为民，及其子弟亦免官。植弟淅州刺史基，五代志：淅阳郡，西魏置淅州，汉析县地也。尚义归公主，公主，宇文泰之女也。当从坐，穆请以二子代基命，护两释之。

后月馀，护弑略阳公，年十六。黜王后元氏为尼。

癸亥，宁都公自岐州至长安，甲子，即天王位，讳毓，小名统万突，安定公泰之长子也。泰临夏州，帝生于统万，因以名之。大赦。

33 冬，十月，戊辰，进陈公爵为王。辛未，梁敬帝禅位于陈。梁天监元年受禅，四主，五十六年而亡。

34 癸酉，周魏武公李弼卒。

35 陈王使中书舍人刘师知引宣猛将军沈恪勒兵入宫，卫送梁主如别宫，陈受禅后，国之政事并由中书省，有中书舍人五人，分掌二十一局，各当尚书诸曹，并为上司，总国内机要，尚书唯听受而已。刘师知，陈王所亲任者也。宣猛将军，班第九。恪排闼见王，叩头谢曰："恪身经事萧氏，侯景围台城，恪为右军将军、东土山主，以拒战功封东兴县侯。今日不忍见此。分受死耳，分，扶问翻。决不奉命！”王嘉其意，不复逼，复，扶又翻。更以荡主王僧志代之。荡主，主骁锐跳荡之兵，犹北齐之直荡都督也。荡，徒朗翻，又吐浪翻。乙亥，王即皇帝位于南郊，还宫，大赦，改元。始改元为永定。奉梁敬帝为江阴王，梁太后为太妃，皇后为妃。

以给事黄门侍郎蔡景历为秘书监、兼中书通事舍人。是时政事皆由中书省，置二十一局，各当尚书诸曹，总国机要，尚书唯听受而已。史言蔡景历委寄之重。

36 丙子，上幸钟山，祠蒋帝庙。庚辰，上出佛牙于杜姥宅，齐初，僧统法献于乌缠国得佛牙，常在定林上寺，梁天监末，为摄山庆云寺沙门慧兴保藏。慧兴将终，以属弟慧志。承圣末，慧志密送于帝。至是乃出之。设无遮大会，帝亲出阙前膜拜。膜拜，胡礼拜也。膜，莫湖翻。

37 辛巳，追尊皇考文赞【张：“赞”作“瓒”。】为景皇帝，庙号太祖，皇妣董氏曰安皇后，追立前夫人钱氏为昭皇后，帝先娶同郡钱仲方女，早卒。世子克为孝怀太子，立夫人章氏为皇后。章后，乌程人也。

38 置删定郎，治律令。删定郎，自晋、宋以来多置之。治，直之翻。

39 乙酉，周王祀圜丘；丙戌，祀方丘；甲午，祭太社。

40 戊子，太祖神主祔太庙，七庙始共享一太牢，牛、羊、豕具，为一太牢。始祖荐首，馀皆骨体。

41 侯安都至武昌，王琳将樊猛弃城走，将，即亮翻；下同。周文育自豫章会之。安都闻上受禅，叹曰：“吾今兹必败，战无名矣！”始者以王琳不应梁召而讨之，犹是挟天子以令诸侯。今既受梁禅，则安都之师为无名。时两将俱行，不相统摄，部下交争，稍不相平。军至郢州，琳将潘纯陀于城中遥射官军，射，而亦翻。安都怒，进军围之；未克，而王琳至弇口，弇口，弇水入江之口，正对北岸大军山。安都乃释郢州，悉众诣沌口，沌，柱兖翻。留沈泰一军守汉曲。汉曲，汉水之曲。安都遇风不得进，琳据东岸，安都据西岸，相持数日，乃合战，安都等大败。考异曰：典略云："乙亥，安都败。"陈书云是月败绩。按高祖以乙亥受禅，安都闻之而叹，岂同日乎！今从陈书。安都、文育及裨将徐敬成、周铁虎、程灵洗皆为琳所擒，将，即亮翻；下同。沈泰引军奔归。琳引见诸将与语，周铁虎辞气不屈，琳杀铁虎而囚安都等，总以一长锁系之，置琳所坐𦩷下，锁，苏果翻。𦩷，音榻，大船也。令所亲宦者王子晋掌视之。琳乃移湘州军府就郢城，又遣其将樊猛袭据江州。

42 十一月，丙申，上立兄子蒨为临川王，顼为始兴王；弟子昙朗已死而上未知，遥立为南康王。顼时在长安，亦遥立也。蒨，仓甸翻。顼，吁玉翻。昙，徒含翻。昙朗死，见上卷上年。

43 庚子，周王享太庙；丁未，祀圜丘；十二月，庚午，谒成陵；癸酉，还宫。

44 谯淹帅水军七千、老弱三万自蜀江东下，谯淹自垫江东下，为周所逼也。言蜀江，以别湘江。帅，读曰率；下皆帅同。欲就王琳，周使开府仪同三司贺若敦、叱罗晖等击之，若，人者翻。叱罗，虏复姓。斩淹，悉俘其众。

45 是岁，诏给事黄门侍郎萧乾招谕闽中。时熊昙朗在豫章，周迪在临川，留异在东阳，陈宝应在晋安，共相连结，闽中豪帅往往立砦以自保。帅，所类翻。砦，柴夬翻。依险立木垒石以自保守曰砦。上患之，使乾谕以祸福，豪帅皆帅众请降。降，户江翻。即以乾为建安太守。按五代志：闽州建安县，旧置建安郡，南安县旧曰晋安。建安之地，唐为建州。晋安之地，唐为泉州。乾，子范之子也。萧子范，齐豫章王嶷之子。

46 初，梁兴州刺史席固以州降魏，周太祖以固为丰州刺史。五代志：淅阳郡武当县，旧置武当郡及始平郡，后改为齐兴郡，梁置兴州，后周改为丰州，隋改为均州。降，户江翻。久之，固犹习梁法，不遵北方制度，周人密欲代之，而难其人，乃以司宪中大夫令狐整权镇丰州，唐六典曰：后周秋官置司宪中大夫二人，掌丞司寇之法，以左右刑罚，盖比御史中丞之职也。委以代固之略。整广布威恩，倾身抚接，数月之间，化洽州府。于是除整丰州刺史，以固为湖州刺史。五代志：春陵郡湖阳县，后魏置淮安郡及南襄州，后改为南平州，西魏改曰升州，后又改曰湖州。整迁丰州于武当，旬日之间，城府周备，迁者如归。固之去也，其部曲多愿留为整左右，整谕以朝制，弗许，朝制，谓周朝之法制。朝，直遥翻。莫不流涕而去。

47 齐人于长城内筑重城，自库洛枝东至鳴【章：十二行本“鳴”作“鸣”；乙十一行本同；孔本同；熊校同；退斋校本“鳴”作“坞”。】纥戍，北史作“库落拔、坞纥戍”。重，直龙翻。凡四百馀里。

48 初，齐有术士言“亡高者黑衣”，故高祖每出，不欲见沙门。显祖在晋阳，问左右：“何物最黑？”对曰：“无过于漆。”帝以上党王涣于兄弟第七，使库直都督破六韩伯升之邺征涣。涣至紫陌桥，杀伯升而逃，浮河南渡；至济州，为人所执，送邺。黑者，宇文戎衣也。齐显祖乃因此以杀其弟，何异秦以亡秦者胡而伐匈奴，唐太宗以代唐者武氏而杀李君羡。济，子礼翻。

帝之为太原公也，与永安王浚皆见世宗，见，贤遍翻。帝有时洟出，鼻液曰洟。浚责帝左右曰：“何不为二兄拭鼻！”显祖于兄弟之次第二。为，于伪翻。帝深衔之。及即位，浚为青州刺史，聪明矜恕，吏民悦之。浚以帝嗜酒，私谓亲近曰：“二兄因酒败德，败，补迈翻。朝臣无敢谏者，朝，直遥翻；下同。大敌未灭，大敌，谓周也。吾甚以为忧。欲乘驿至邺面谏，不知用吾不。”不，读曰否。或密以白帝，帝益衔之。浚入朝，从幸东山，帝裸裎为乐。裸裎，露体也。裸，郎果翻。裎，驰成翻。乐，音洛。浚进谏曰：“此非人主所宜！”帝不悦。浚又于屏处召杨愔，屏，必郢翻。屏处，隐蔽之处。讥其不谏。帝时不欲大臣与诸王交通，愔惧，奏之。帝大怒曰："小人由来难忍！"由来，犹今人言从来。遂罢酒，还宫。浚寻还州，又上书切谏，诏征浚。浚惧祸，谢疾不至，帝遣驰驿收浚，老幼泣送者数千人。至邺，与上党王涣皆盛以铁笼，盛，时征翻。置于北城地牢，饮食溲秽，共在一所。溲，所鸠翻。

二年（戊寅、五五八）

1 春，正月，王琳引兵下，至湓城，屯于白水浦，带甲十万。琳以北江州刺史鲁悉达为镇北将军，上亦以悉达为征西将军，各送鼓吹女乐。吹，尺瑞翻。悉达两受之，迁延顾望，皆不就；上遣安西将军沈泰袭之，不克。琳欲引军东下，而悉达制其中流，琳遣使说诱，终不从。使，疏吏翻。说，式芮翻；下林说同。诱，音酉。己亥，琳遣记室宗虩求援于齐，虩，迄逆翻。且请纳梁永嘉王庄以主梁祀。庄质齐，见上卷梁敬帝绍泰元年。衡州刺史周迪欲自据南川，自南康至豫章之地，谓之南川，以南江所经言之也。乃总召所部八郡守宰结盟，齐言入赴；迪所部八郡，南康、宜春、安成、庐陵、临川、巴山、豫章、豫宁也。姚思廉陈书作"声言入赴"。守，式又翻。上恐其为变，厚慰抚之。

新吴洞主余孝顷遣沙门道林说琳曰："周迪、黄法氍皆依附金陵，阴窥间隙，氍，巨俱翻。间，古苋翻。大军若下，必为后患；不如先定南川，然后东下，孝顷请席卷所部以从下吏。"卷，读曰捲。琳乃遣轻车将军樊猛、平南将军李孝钦、平东将军刘广德将兵八千赴之，使孝顷总督三将，屯于临川故郡，临川故郡，周敷所屯也。琳遣兵攻迪，并以胁敷。征兵粮于迪，以观其所为。

2 以开府仪同三司侯瑱为司空，衡州刺史欧阳頠为都督交·广等十九州诸军事、广州刺史。瑱，他甸翻，又音镇。頠，鱼委翻。

3 周以晋公护为太师。

4 辛丑，上祀南郊，大赦；乙巳，祀北郊。

5 辛亥，周王耕藉田。

6 癸丑，周立王后独孤氏。后，独孤信之女。

7 戊午，上祀明堂。

8 二月，壬申，南豫州刺史沈泰奔齐。泰进不能救侯安都之覆败，退不能制鲁悉达之倔强，盖惧罪而北奔也。考异曰：北齐帝纪在八月。今从陈帝纪。

9 齐北豫州刺史司马消难，以齐主昏虐滋甚，阴为自全之计，曲意抚循所部。消难尚高祖女，难，乃旦翻。齐主尊其父欢庙号高祖。情好不睦，公主诉之。好，呼到翻。上党王涣之亡也，邺中大扰，疑其赴成皋。齐北豫州治虎牢，成皋之地也。消难从弟子瑞为尚书左丞，从，才用翻。与御史中丞毕义云有隙，义云遣御史张子阶诣北豫州采风闻，先禁消难典签家客等。消难惧，密令所亲中兵参军裴藻托以私假，假，居讶翻，休假也。间行入关，请降于周。间，古苋翻；下间道同。降，户江翻。

三月，甲午，周遣柱国达奚武、大将军杨忠帅骑士五千迎消难，帅，读曰率。骑，奇寄翻；下同。从间道驰入齐境五百里，前后三遣使报消难，皆不报。使，疏吏翻。去虎牢三十里，武疑有变，欲还，忠曰："有进死，无退生！"独以千骑夜趣城下。趣，七喻翻。城四面峭绝，峭，七笑翻。但闻击柝声。武亲来，麾数百骑西去，忠勒馀骑不动，俟门开而入，驰遣召武。齐镇城伏敬远勒甲士二千人据东城，镇城，即防城大都督之任。东城，虎牢城之东偏也。北史作"东陴"。举烽严警。武惮之，不欲保城，乃多取财物，以消难及其属先归，忠以三千骑为殿。殿，丁练翻。至洛南，皆解鞍而卧。齐众来追，至洛北，忠谓将士曰："但饱食，今在死地，贼必不敢渡水！”已而果然，乃徐引还。武叹曰：“达奚武自谓天下健儿，今日服矣！”周以消难为小司徒。唐六典曰：周之地官小司徒，中大夫也。后周依周官。杜佑通典：后周地官小司徒，上大夫，六命。考异曰：北齐帝纪：“四月，消难叛。”今从周书、典略。

10 丁酉，齐主自晋阳还邺。考异曰：北齐帝纪：“天保七年八月，帝如晋阳。”不言其还。八年，四月，帝在城东马射，敕京师妇女悉赴观。是在邺也。此月又言“至自晋阳”。六月，乙丑，帝自晋阳北巡，则又复在晋阳。必有差互，今不敢增损。

11 齐发兵援送梁永嘉王庄于江南，册拜王琳为梁丞相、都督中外诸军、录尚书事。琳遣兄子叔宝帅所部十州刺史子弟赴邺。琳奉庄即皇帝位，考异曰：北齐帝纪：“十一月，丁巳，琳遣使请立庄，仍以江州内属，令庄居之。十二月，癸酉，诏庄为梁主，进居九派。”今从陈书及典略。然陈书、典略皆云立庄于郢州。按琳时在湓城。盖始居江州，后迁郢州耳。改元天启。追谥建安公渊明曰闵皇帝。渊明废见上卷梁敬帝绍泰元年。卒见太平元年。庄以琳为侍中、大将军、中书监，馀依齐朝之命。朝，直遥翻。

12 夏，四月，甲子，上享太庙。

13 乙丑，上使人害梁敬帝，立梁武林侯谘之子季卿为江阴王。

14 己巳，周以太师护为雍州牧。后周雍州牧，九命。雍，于用翻。

15 甲戌，周王后独孤氏殂。

16 辛巳，齐大赦。

17 齐主以旱祈雨于西门豹祠，不应，毁之，并掘其冢。战国时，魏以西门豹为邺令，凿十二渠以利民，故祠、冢皆在邺。

18 五月，癸巳，余孝顷等屯二万军于工塘，连八城以逼周迪。“等”下有“众”字，文意乃畅。迪惧，请和，并送兵粮。樊猛等欲受盟而还；还，从宣翻，又如字。孝顷贪其利，不许，树栅围之。由是猛等与孝顷不协。

19 周以大司空侯莫陈崇为大宗伯。

20 癸丑，齐广陵南城主张显和、长史张僧那各帅所部来降。帅，读曰率。降，户江翻。

21 辛丑，齐以尚书令长广王湛录尚书事，骠骑大将军平秦王归彦为尚书左仆射。骠，匹妙翻。骑，奇寄翻。甲辰，以前左仆射杨愔为尚书令。

22 辛酉，上幸大庄严寺舍身；前车覆矣，后车不知戒。耳目习于事佛，不知其非也。壬戌，群臣表请还宫。

23 六月，乙丑，齐主北巡，以太子殷监国，监，工衔翻。因立大都督府与尚书省分理众务，仍开府置佐。齐主特崇其选，以赵郡王叡为侍中、摄大都督府长史。

24 己巳，诏司空侯瑱与领军将军徐度帅舟师为前军以讨王琳。帅，读曰率。

25 齐主至祁连池；祁连池，即汾阳之天池，北人谓天为祁连。戊寅，还晋阳。

26 秋，戊戌，上幸石头，送侯瑱等。秋七月戊戌也。【章：十二行本正有“七月”二字；乙十一行本同；孔本同。】

27 高州刺史黄法氍、吴兴太守沈恪、宁州刺史周敷时盖即临川故郡置宁州，以敷为刺史。合兵救周迪。敷自临川故郡断江口，断，音短。分兵攻余孝顷别城。樊猛等不救而没；刘广德乘流先下，故获全。孝顷等皆弃舟引兵步走，迪追击，尽擒之，送孝顷及李孝钦于建康，归樊猛于王琳。

28 甲辰，上遣吏部尚书谢哲往谕王琳。哲，朏之孙也。谢朏，庄之子，历仕宋、齐、梁。朏，敷尾翻。

29 八月，甲子，周大赦。

30 乙丑，齐主还邺。

31 辛未，诏临川王蒨西讨，蒨，仓甸翻。以舟师五万发建康，上幸冶城寺送之。

32 甲戌，齐主如晋阳。

33 王琳在白水浦，周文育、侯安都、徐敬成许王子晋以厚赂，子晋乃伪以小船依𦪇而钓，𦪇，音榻。夜，载之上岸，入深草中，步投陈军，还建康自劾；上引见，并宥之，上，时掌翻。劾，户概翻，又户得翻。见，贤遍翻。戊寅，复其本官。文育、安都败军而不诛，遽复其官，何也？二人当时名将，诛之则无以为用故也。

34 谢哲返命，王琳请还湘州，诏追众军还。癸未，众军至自大雷。

35 九月，甲申，【严："申"改"辰"。】周封少师元罗为韩国公以绍魏后。江陵之陷，元罗还魏。

36 丁未，周王如同州；冬，十月，辛酉，还长安。

37 余孝顷之弟孝劢及子公飏犹据旧栅不下；新吴旧栅也。劢，音迈。飏，余章翻。庚午，诏开府仪同三司周文育都督众军出豫章讨之。

38 齐三台成，更名铜爵曰金凤，金虎曰圣应，冰井曰崇光。魏武筑三台于邺城西北，皆因城为之基；中曰铜爵台，高十丈，石虎更增二丈；南曰金虎台，北曰冰井台，皆高八丈。更，工衡翻。十一月，甲午，齐主至邺，大赦。齐主游三台，戏以槊刺都督尉子辉，应手而毙。槊，色角翻。刺，七亦翻。考异曰：北史作"子耀"。今从北齐书、典略。

常山王演以帝沈湎，忧愤形于颜色。帝觉之，曰："但令汝在，我何为不纵乐！"沈，持林翻。乐，音洛。演唯涕泣拜伏，竟无所言。帝亦大悲，抵杯于地曰："汝似嫌我如是，自今敢进酒者斩之！"因取所御杯尽坏弃。坏，音怪。未几，沈湎益甚，或于诸贵戚家角力批拉，几，居岂翻。沈，持林翻。批，白结翻，又偏迷翻，手击也。拉，卢合翻。不限贵贱，唯演至，则内外肃然。演又密撰事条，将谏，其友王晞以为不可；诸王宫寮有师有友。演不从，因间极言，间，古苋翻。遂逢大怒。演性颇严，尚书郎中剖断有失，断，丁乱翻。辄加捶楚，令史奸慝即考竟。演为尚书令，故然。捶，止蕊翻。帝乃立演于前，以刀镮拟胁，以刀镮拟演胁，示将筑杀之。召被演罚者，被，皮义翻。临以白刃，求演之短；咸无所陈，乃释之。晞，昕之弟也。王昕见下。昕，许斤翻。帝疑演假辞于晞以谏，欲杀之。王私谓晞曰：王，即演也。通鉴因齐史，修治有未纯者耳。"王博士，明日当作一条事，为欲相活，为，于伪翻。亦图自全，宜深体勿怪。"乃于众中杖晞二十。帝寻发怒，闻晞得杖，以故不杀，以其得杖之故，谓非教演为之，遂不杀。髡鞭配甲坊。居三年，演又因谏争，大被殴挞，争，读曰诤。被，皮义翻。殴，乌口翻。考异曰：北史孝昭纪云："文宣赐帝魏时宫人，醒而忘之，谓帝擅取，遂令刀镮乱筑，因此致困。"今从北史王晞传。闭口不食。太后日夜涕泣，帝不知所为，曰："傥小儿死，奈我老母何！"于是数往问演疾，谓曰："努力强食，数，所角翻。强，其两翻；下强坐同。当以王晞还汝。"乃释晞，令诣演。演抱晞曰："吾气息惙然，惙，丑捩翻；类篇曰：困劣也。恐不复相见！"复，扶又翻。晞流涕曰："天道神明，岂令殿下遂毙此舍！言天道福善祸淫，不应使演遂死于此。至尊亲为人兄，尊为人主，安可与计！言难与计是非也。殿下不食，太后亦不食，殿下纵不自惜，独不念太后乎！"言未卒，演强坐而饭。卒，子恤翻。饭，扶晚翻。晞由是免徒，配甲坊，徒刑也，由此得免。还为王友。及演录尚书事，除官者皆诣演谢，去必辞。晞言于演曰："受爵天朝，拜恩私第，晋羊祜之言。朝，直遥翻。自古以为不可，宜一切约绝。"演从之。久之，演从容谓晞曰："主上起居不恒，卿宜耳目所具，吾岂可以前逢一怒，遂尔结舌。卿宜为撰谏草，从，千容翻。恒，户登翻。为，于伪翻。吾当伺便极谏。"伺，相吏翻。晞遂条十馀事以呈，因谓演曰："今朝廷所恃者惟殿下，乃欲学匹夫耿介，轻一朝之命！狂药令人不自觉，狂药，谓酒也。刀箭岂复识亲疏，复，扶又翻。一旦祸出理外，将奈殿下家业何，奈皇太后何！”演欷歔不自胜，欷，音希，又许气翻。歔，音虚。胜，音升。曰：“乃至是乎！”明日，见晞曰：“吾长夜久思，今遂息意。”即命火，对晞焚之。焚谏草也。后复承间苦谏，帝使力士反接，复，扶又翻。间，古苋翻。反接，两手向后也。拔白刃注颈，骂曰：“小子何知，是谁教汝？”演曰：“天下噤口，非臣谁敢有言！”帝趣杖，乱捶之数十；噤，巨禁翻。趣，读曰促。会醉卧，得解。帝亵黩之游，遍于宗戚，所往留连；盘乐忘返，谓之留连。唯至常山第，多无适而去。适，欢极也。尚书左仆射崔暹屡谏，演谓暹曰：“今太后不敢言，吾兄弟杜口，仆射独能犯颜，内外深相感愧。”常山，齐之贤王；文宣淫酗，规正为多。齐之史臣因其嗣祚，亦多溢美。观者能于辞令之间详其溢美者则几矣。

太子殷，自幼温裕开朗，礼士好学，好，呼到翻。关览时政，甚有美名。帝尝嫌太子“得汉家性质，不似我”，欲废之。鲜卑谓中国人为汉。帝登金凤台召太子，使手刃囚，太子恻然有难色，再三，不断其首。帝大怒，亲以马鞭撞之，断，丁管翻。撞，直江翻。太子由是气悸语吃，悸，其季翻。吃，居乞翻，言蹇也。精神昏扰。帝因酣宴，屡云：“太子性懦，社稷事重，终当传位常山。”太子少傅魏收谓杨愔曰：“太子，国之根本，不可动摇。至尊三爵之后，每言传位常山，令臣下疑贰。若其实也，当决行之。此言非所以为戏，恐徒使国家不安。”愔以收言白帝，帝乃止。

帝既残忍，有司讯囚，莫不严酷，或烧犁耳，使立其上，或烧车釭，釭，姑红翻，车毂中铁也。使以臂贯之，既不胜苦，皆至诬伏。胜，音升。唯三公郎中武强苏琼，三公郎，自魏、晋以来有之。五代志：后齐尚书列曹，三公郎中属殿中尚书，掌五时读时令、诸曹囚帐、断罪、赦日建金鸡等事。刘昫曰：武强，汉武隧县，属河间国；晋改曰武强，属安平国；后魏属广宗郡，又置武邑郡。五代志曰：齐废郡为武强县，至隋，属信都郡。历职中外，所至皆以宽平为治。治，直吏翻。时赵州及清河屡有人告谋反者，前后皆付琼推检，事多申雪。尚书崔昂谓琼曰："若欲立功名，当更思馀理；数雪反逆，数，所角翻。身命何轻！"琼正色曰："所雪者冤枉耳，不纵反逆也。"昂大惭。

帝怒临漳令稽晔、晋避愍帝讳，改邺为临漳；寻没于石勒，复曰邺。东魏天平初，分邺并内黄、斥丘、肥乡置临漳县。舍人李文思，以赐臣下为奴。中书侍郎彭城郑颐私诱祠部尚书王昕曰："自古无朝士为奴者。"昕曰："箕子为之奴。"此论语孔子之言。郑颐诱王昕使言而陷之。"邦无道危行言孙"，圣人包周身之防也如此。诱，音酉。朝，直遥翻；下同。颐以白帝曰："王元景比陛下于纣。"王昕，字元景，以字行。帝衔之。顷之，帝与朝臣酣饮，昕称疾不至，帝遣骑执之，骑，奇寄翻。见方摇膝吟咏，遂斩于殿前，投尸漳水。

齐主北筑长城，南助萧庄，士马死者以数十万计。重以修筑台殿，重，直用翻。赐与无节，府藏之积，不足以供，藏，徂浪翻。乃减百官之禄，撤军人常廪，并省州郡县镇戍之职，以节费用焉。

39 十二月，庚【严："庚"改"戊"。】寅，齐以可朱浑道元为太师，尉粲为太尉，冀州刺史段韶为司空，常山王演为大司马，长广王湛为司徒。

40 壬午，周大赦。

41 齐主如北城，因视永安简平王浚、上党刚肃王涣于地牢。帝临穴讴歌，令浚等和之，浚等惶怖且悲，不觉声颤；和，胡卧翻。怖，普布翻。颤，之膳翻。帝怆然，为之下泣，为，于伪翻。泣，泪也。将赦之。长广王湛素与浚不睦，进曰："猛虎安可出穴!”帝默然。浚等闻之，呼湛小字曰：“步落稽，皇天见汝!”帝亦以浚与涣皆有雄略，恐为后害，乃自刺涣，又使壮士刘桃枝就笼乱刺。刺，七亦翻。槊每下，槊，色角翻。浚、涣辄以手拉折之，号哭呼天，史言浚、涣之多力。折，而设翻。号，户高翻。于是薪火乱投，烧杀之，填以土石。后出之，皮发皆尽，尸色如炭，远近为之痛愤。为，于伪翻。帝以仪同三司刘郁捷杀浚，以浚妃陆氏赐之；冯文洛杀涣，以涣妃李氏赐之，为李妃挞冯文洛张本。二人皆帝家旧奴也。陆氏寻以无宠于浚，得免。

42 高凉太守冯宝卒，海隅扰乱。宝妻冼氏怀集部落，数州晏然。其子仆，生九年，是岁，遣仆帅诸酋长入朝，冼，息典翻。帅，读曰率。酋，慈秋翻。长，知两翻。诏以仆为阳春太守。五代志：高凉郡阳春县，梁置阳春郡。

43 后梁主遣其大将军王操将兵略取王琳之长沙、武陵、南平等郡。琳兵东下，故后梁得以乘虚取之。操将，即亮翻。

三年（己卯、五五九）

1 春，正月，己酉，周太师护上表归政，上，时掌翻。周王始亲万机；军旅之事，护犹总之。初改都督州军事为总管。诸州总管自此始。

2 王琳召桂州刺史淳于量。五代志：始安郡，梁置桂州，今为静江府。量虽与琳合而潜通于陈；二月，辛酉，以量为开府仪同三司。

3 壬午，侯瑱引兵焚齐舟舰于合肥。舰，户黯翻。

4 丙戌，齐主于甘露寺禅居深观，据齐纪，甘露寺在辽阳。此鄙语所谓“猕猴坐禅”也。唯军国大事乃以闻。尚书左仆射崔暹卒，齐主幸其第哭之，谓其妻李氏曰：“颇思暹乎?”对曰：“思之。”帝曰：“然则自往省之。”省，悉景翻。因手斩其妻，掷首墙外。

5 齐斛律光将骑一万将，即亮翻；下同。骑，奇寄翻。击周开府仪同三司曹回公，斩之，柏谷城主薛禹生弃城走，遂取文侯镇，立戍置栅而还。还，从宣翻，又如字。

6 三月，戊戌，齐以【章：十二行本“以”下有“侍中”二字；乙十一行本同；孔本同；张校同。】高德政为尚书右仆射。

7 吐谷浑寇周边；吐，从暾入声。谷，音浴。庚戌，周遣大司马贺兰祥击之。

8 丙辰，齐主至邺。

9 梁永嘉王庄至郢州，遣使入贡于齐。使，疏吏翻。王琳遣其将雷文策袭后梁监利太守蔡大有，杀之。沈约曰：监利县，疑是吴所立，晋属南郡，宋属巴陵郡，后梁置监利郡。今监利县在江陵府东南百八十里。

10 齐主之为魏相也，相，息亮翻。胶州刺史定阳文肃侯杜弼为长史，五代志：高密郡，旧置胶州，唐武德五年，改曰密州。五代志：文城郡吉昌县，后魏曰定阳。帝将受禅，弼谏止之。见一百六十三卷简文帝大宝元年。帝问：“治国当用何人？”治，直之翻。对曰：“鲜卑车马客，会须用中国人。”帝以为讥己，衔之。高德政用事，弼不为之下，尝于众前面折德政；德政数言其短于帝，弼恃旧，不自疑。折，之舌翻。数，所角翻；下同。高德政谗杜弼而不知杨愔之忌己，杜弼恃旧而不疑德政之谗己；昏昏于利欲之场，只思害人，而不知其身之受害者多矣。夏，帝因饮酒，积其愆失，遣使就州斩之；使，疏吏翻。既而悔之，驿追不及。

11 闰四月，戊子，周命有司更定新历。更，工衡翻。

12 丁酉，遣镇北将军徐度将兵城南皖口。南皖口，皖水入江之口也。祝穆曰：皖水自霍山县流入，经怀宁县北二里，又东南流三百四十里，入大江。吴地志：皖口，今舒州之山口镇。将，即亮翻。皖，户板翻。

13 齐高德政与杨愔同为相，愔常忌之。高德政事齐主于初潜，禅代之际，又德政劝成之，权利所集，故为杨愔所忌。齐主酣饮，德政数强谏，数，所角翻。齐主不悦，谓左右曰："高德政恒以精神凌逼人。"恒，户登翻。德政惧，称疾，欲自退。帝谓杨愔曰："我大忧德政病。"对曰："陛下若用为冀州刺史，病当自差。"差，叱驾翻。病差，犹言病瘳也。帝从之。德政见除书，即起。帝大怒，召德政谓曰："闻尔病，我为尔针。"医家按穴用针，可以愈疾，故云然。为，于伪翻。亲以小刀刺之，血流沾地。又使曳下斩去其足，刺，七亦翻。去，羌吕翻。刘桃枝执刀不敢下，帝责桃枝曰："尔头即堕地！"桃枝乃斩其足之三指。帝怒不解，囚德政于门下，囚于门下省。其夜，以毡舆送还家。明旦，德政妻出珍宝满四床，欲以寄人，帝奄至其宅，见之，怒曰："我御府犹无是物！"诘其所从得，皆诸元赂之，遂曳出，斩之。妻出拜，又斩之，高德政之祸，犹宋之颜浚〔竣〕也。诘，去吉翻。并其子伯坚。以司州牧彭城王浟为司徒，侍中高阳王湜为尚书右仆射；乙巳，以浟兼太尉。浟，夷周翻。湜，常职翻。

14 齐主封子绍廉为长安【严："安"改"乐"。】王。

15 辛亥，周以侯莫陈崇为大司徒，达奚武为大宗伯，武阳公豆卢宁为大司寇，五代志：犍为郡犍为县，后周曰武阳。令狐德棻曰：宁之先本慕容氏，前燕之枝庶也，归魏，赐姓豆卢氏。柱国辅城公邕为大司空。辅城，郡名，在汝州郏城县。

16 乙卯，周诏："有司无得纠赦前事；唯厩库仓廪与海内所共，若有侵盗，虽经赦宥免其罪，征备如法。"备，偿也。今人犹言填备。

17 周贺兰祥与吐谷浑战，破之，拔其洮阳、洪和二城，以其地为洮州。李延寿曰：贺兰之先与魏俱起，有乞伏，为贺兰莫何弗，因以为氏。刘昫唐志：洮州临潭县，本吐谷浑之洪和城，后周攻得之，置美相县；唐为临潭县，洮州治焉；后移治洮阳城，仍于旧洪和城置美相县；天宝中，废美相并入临潭。洮，土刀翻。

18 五月，丙辰朔，日有食之。

19 齐太史奏，今年当除旧布新。齐主问于特进彭城公元韶曰："汉光武何故中兴？"对曰："为诛诸刘不尽。"为，于伪翻。于是齐主悉杀诸元以厌之。厌，于协翻。癸未，诛始平公元世哲等二十五家，囚韶等十九家。韶幽于地牢，绝食，啖衣袖而死。啖，徒敢翻，又徒滥翻。

20 周文育、周迪、黄法氍共讨余公飏，公飏，孝顷子也。飏，音扬。豫章太守熊昙朗引兵会之，众且万人。文育军于金口，自豫章西南入象牙江，至金溪口。公飏诈降，谋执文育，文育觉之，囚送建康。降，户江翻。文育进屯三陂。王琳遣其将曹庆帅二千人救余孝劢，将，即亮翻；下同。帅，读曰率；下自帅、达帅同。庆分遣主帅常众爱与文育相拒，帅，所类翻。自帅其众攻周迪及安南将军吴明彻，迪等败，文育退据金口。熊昙朗因其失利，谋杀文育以应众爱，监军孙白象闻其谋，劝文育先之，监，工衔翻。先，悉荐翻。文育不从。时周迪弃船走，不知所在，乙酉，文育得迪书，自赍以示昙朗，昙朗杀之于坐而并其众，坐，徂卧翻。因据新淦城。新淦县，自汉至萧齐属豫章郡，五代志属庐陵郡，唐属吉州。淦，音绀，又音甘。昙朗将兵万人袭周敷，敷击破之，昙朗单骑奔巴山。骑，奇寄翻。

21 鲁悉达部将梅天养等引齐军入城。鲁悉达据新蔡城。悉达帅麾下数千人济江自归，拜平南将军、北江州刺史。五代志：宣城郡南陵县，陈置北江州。

22 六月，戊子，周以霖雨，诏群臣上封事极谏。左光禄大夫猗氏乐逊上言四事：猗氏县，汉以来属河东郡。古郇瑕氏之地，后以猗顿居之，以盬盐致富，遂改为猗氏。上，时掌翻。其一，以为"比来守令代期既促，比，毗至翻。守，式又翻。责其成效，专务威猛；今关东之民沦陷涂炭，若不布政优优，诗商颂之辞。毛苌曰：优优，和也。

闻诸境外，闻，音问。何以使彼劳民，归就乐土！”乐，音洛。其二，以为“顷者魏都洛阳，一时殷盛，贵势之家，竞为侈靡，终使祸乱交兴，天下丧败；丧，息浪翻。比来朝贵器服稍华，朝，直遥翻。百工造作务尽奇巧，臣诚恐物逐好移，有损政俗。”好，呼到翻。其三，以为“选曹补拟，宜与众共之；今州郡选置，犹集乡闾，况天下铨衡，不取物望，既非机事，何足可密！以此观之，选曹补拟，皆密奏于上，盖自晋山涛启事始也。其选置之日，宜令众心明白，然后呈奏。”其四，以为“高洋据有山东，未易猝制，譬犹棋劫相持，争行先后，弈棋有劫，彼此争行以相持，以先后着决一枰之胜负。易，以豉翻。若一行不当，当，丁浪翻。或成彼利，诚应舍小营大，先保封域，不宜贪利边陲，轻为举动。”

23 周处士韦夐，处，昌吕翻。夐，休正翻。孝宽之兄也，志尚夷简，魏、周之际，十征不屈。周太祖甚重之，不夺其志，世宗礼敬尤厚，号曰“逍遥公”。晋公护延之至第，访以政事；护盛修第舍，夐仰视堂，叹曰：“酣酒嗜音，峻宇雕墙，有一于此，未或不亡。”夏书五子之歌之辞。护不悦。

骠骑大将军、开府仪同三司寇俊，寇俊所居官，后周之九命也。赞之孙也，寇赞自秦归魏，见一百一十八卷晋安帝义熙十四年。少有学行。家人常卖物，多得绢五匹，俊于后知之，曰：“得财失行，少，诗照翻。行，下孟翻。吾所不取。”访主还之。敦睦宗族，与同丰约，教训子孙，必先礼义。先，悉荐翻。自大统中，称老疾，不朝谒；朝，直遥翻；下同。世宗虚心欲见之，俊不得已入见。入见，贤遍翻。王引之同席而坐，问以魏朝旧事；载以御舆，令于王前乘之以出，顾谓左右曰：“如此之事，唯积善者可以致之。”史言周王礼贤。

24 周文育之讨余孝劢也，帝令南豫州刺史侯安都继之。文育死，安都还，遇王琳将周炅、周协南归，王琳使周炅助曹庆攻周迪自南川归也。将，即亮翻。炅，古迥翻。与战，擒之。孝劢弟孝猷帅所部四千家诣安都降。帅，读曰率。降，户江翻。安都进军至左里，击曹庆、常众爱，破之。众爱奔庐山，庚寅，庐山民斩之，传首。

25 诏临川王蒨于南皖口置城，蒨，仓甸翻。使东徐州刺史吴兴钱道戢守之。戢，则立翻。

26 丁酉，上不豫，丙午，殂。年五十七。上临戎制胜，英谋独运，而为政务崇宽简，非军旅急务，不轻调发。性俭素，常膳不过数品，私宴用瓦器、蚌盘，调，徒钓翻。蚌盘者，髹器以蚌为饰，今谓之螺钿。蚌，步项翻。肴核充事而已；后宫无金翠之饰，不设女乐。

时皇子昌在长安，梁元帝承圣元年，征昌为领直，江陵之陷，没于长安。内无嫡嗣，外有强敌，宿将皆将兵在外，朝无重臣，将，即亮翻。朝，直遥翻；下同。唯中领军杜棱典宿卫兵在建康。章皇后召棱及中书侍郎蔡景历入禁中定议，秘不发丧，急召临川王蒨于南皖。景历亲与宦者、宫人密营敛具。敛，力赡翻。时天暑，须治梓宫，治，直之翻。恐斤斧之声闻于外，乃以蜡为秘器，蜡，蜜滓也。汉官有东园秘器。闻，音问。文书诏敕，依旧宣行。

侯安都军还，适至南皖，与临川王俱还朝。甲寅，王至建康，入居中书省，安都与群臣定议，奉王嗣位，王谦让不敢当。皇后以昌故，未肯下令，群臣犹豫不能决。安都曰："今四方未定，何暇及远！临川王有大功于天下，武帝既杀王僧辩，使蒨平杜龛、张彪等以定东土，故云有大功。须共立之。今日之事，后应者斩！"即按剑上殿，白皇后出玺，又手解蒨发，推就丧次，上，时掌翻。玺，斯氏翻。推，吐雷翻。为侯安都恃定策之功以杀其身张本。迁殡大行于太极西阶。皇后乃下令，以蒨纂承大统。是日，即皇帝位，大赦。秋，七月，丙辰，尊皇后为皇太后。辛酉，以侯瑱为太尉，侯安都为司空。

27 齐显祖将如晋阳，乃尽诛诸元，或祖父为王，或身尝贵显，皆斩于东市，其婴儿投于空中，承之以矟。矟，所角翻，与槊同。前后死者凡七百二十一人，悉弃尸漳水，剖鱼者往往得人爪甲，邺下为之久不食鱼。为，于伪翻。使元黄头与诸囚自金凤台各乘纸鸱以飞，黄头独能至紫陌乃堕，仍付御史中丞毕义云饿杀之。齐主每令死囚以席为翅，从台上飞下，免其罪戮。今欲夷诸元，黄头虽免殊死，犹饿杀之。唯开府仪同三司元蛮、祠部郎中元文遥等数家获免。曹魏置祠部郎。五代志：齐尚书曹祠部郎，掌祠祀、医药、赠赐等事。蛮，继之子，常山王演之妃父；江阳王继，元叉之父，后徙封安定王。文遥，遵之五世孙也。常山公遵，佐道武帝定中原。定襄令元景安，此后汉新兴郡之定襄也，在隋秀容县界。虔之玄孙也，陈留王虔亦佐道武帝，与燕王垂战败而死。欲请改姓高氏，其从兄景皓曰：从，才用翻。"安有弃其本宗而从人之姓者乎！丈夫宁可玉碎，何能瓦全！"景安以其言白帝，帝收景皓，诛之；赐景安姓高氏。

28 八月，甲申，葬武皇帝于万安陵，庙号高祖。

29 戊戌，齐封皇子绍义为广阳王；以尚书右仆射河间王孝琬为左仆射，都官尚书崔昂为右仆射。

30 周御正中大夫崔猷建议，以为："圣人沿革，因时制宜。今天子称王，不足以威天下，请遵秦、汉旧制称皇帝，建年号。"乙【章：十二行本"乙"作"己"；乙十一行本同；孔本同。】亥，周王始称皇帝，追尊文王曰文皇帝，改元武成。

31 癸卯，齐诏："民间或有父祖冒姓元氏，或假托携养者，不问世数远近，悉听改复本姓。”

32 初，高祖追谥兄道谭为始兴昭烈王，以其次子顼袭封。及世祖即位，顼在长安未还，顼与昌俱在长安。上以本宗乏飨，始兴王道谭二子，上入纂皇绪，而顼留长安，故本宗无主祭者。世祖即上庙号。戊戌，诏徙封顼为安成王，皇子伯茂为始兴王。以奉道谭祀。

33 初，周太祖平蜀，见一百六十五卷梁元帝承圣二年。以其形胜之地，不欲使宿将居之，将，即亮翻。问诸子：“谁可往者？”皆不对。少子安成公宪请行，少，诗照翻。太祖以其幼，不许。壬子，周人以宪为益州总管，时年十六，善于抚绥，留心政术，蜀人悦之。九月，乙卯，以大将军天水公广为梁州总管。广，导之子也。宇文导，周太祖之兄子。

34 辛酉，立皇子伯宗为太子。

35 己巳，齐主如晋阳。

36 辛未，周主封其弟辅城公邕为鲁公，安成公宪为齐公，纯为陈公，盛为越公，达为代公，通为冀公，逌为滕公。逌，音由。

7 乙亥，立太子母吴兴沈妃为皇后。

38 周少保怀宁庄公蔡佑卒。五代志：蜀郡成都县，旧置怀宁等四郡。

39 齐显祖嗜酒成疾，不复能食，复，扶又翻。自知不能久，谓李后曰：“人生必有死，何足致惜！但怜正道尚幼，人将夺之耳！”齐太子殷，字正道。又谓常山王演曰：“夺则任汝，慎勿杀也！”尚书令开封王杨愔、领军大将军平秦王归彦、侍中广汉燕子献、五代志：荥阳郡浚仪县，旧置开封郡。扶风郡雍县，后魏置平秦郡。蜀郡雒县，旧曰广汉。黄门侍郎郑颐皆受遗诏辅政。冬，十月，甲午，殂。年三十一。癸卯，发丧，群臣号哭，无下泣者，以其残暴，故哭而不哀。号，户刀翻。唯杨愔涕泗呜咽。太子殷即位，殷，字正道，小字道人，文宣帝嫡子也。大赦。庚戌，尊皇太后为太皇太后，皇后为皇太后；诏诸土木金铁杂作一切停罢。

40 王琳闻高祖殂，乃以少府卿吴郡孙玚为郢州刺史，总留任，玚，雉杏翻，又音畅。奉梁永嘉王庄出屯濡须口，齐扬州道行台慕容俨帅众临江，为之声援。帅，读曰率。十一月，乙卯，琳寇大雷，五代志：同安郡望江县，陈置大雷郡。诏侯瑱、侯安都及仪同徐度将兵御之。将，即亮翻。安州刺史吴明彻夜袭湓城，五代志：宁越郡，梁置安州，隋开皇十八年，改曰钦州。琳遣巴陵太守任忠击明彻，大破之，明彻仅以身免。琳因引兵东下。

41 齐以右丞相斛律金为左丞相，常山王演为太傅，长广王湛为太尉，段韶为司徒，平原王淹为司空，高阳王湜为尚书左仆射，河间王孝琬为司州牧，侍中燕子献为右仆射。

42 辛未，齐显祖之丧至邺。自晋阳至邺。

43 十二月，戊戌，齐徙上党王绍仁为渔阳王，广阳王绍义为范阳王，长乐王绍广为陇西王。乐，音洛。

容肇祖标点聂崇岐覆校

资治通鉴卷第一百六十八

端明殿学士兼翰林侍读学士朝散大夫右谏议大夫充集贤殿修撰提举西京嵩山崇福宫上柱国河内郡开国侯食邑一千八百户食实封六百户赐紫金鱼袋臣司马光奉敕编集

后学天台胡三省音注

陈纪二 起上章执徐（庚辰），尽玄黓敦牂（壬午），凡三年。

世祖文皇帝上 讳蒨，字子华，高祖兄始兴王道谭之长子。

天嘉元年（庚辰、五六〇）

1 春，正月，癸丑朔，大赦，改元。

2 齐大赦，改元乾明。

3 辛酉，上祀南郊。

4 齐高阳王湜，以滑稽便辟有宠于显祖，湜，常职翻。史记索隐曰：滑，谓乱也；稽，同也；以言辩捷之人，言非若是，言是若非，能乱同异也。楚辞：将突梯滑稽，如脂如韦。崔浩云：滑，音骨；〔滑〕稽，流酒器也；转注吐酒，终日不已，言出口成章，词不空竭，若滑稽之吐酒。故扬雄酒赋云：鸱夷滑稽，腹如大壶，尽日盛酒，人复藉沽，是也。又姚察云：滑稽，犹俳谐也。滑，读如字；稽，音计；以其言语滑利，智计捷出，故云滑稽也。尹焞曰：便辟，足恭也。朱元晦曰：便辟，谓习于威仪而不直。便，毗连翻。辟，匹亦翻。常在左右，执杖以挞诸王，太皇太后深衔之。及显祖殂，湜有罪，太皇太后杖之百馀；癸亥，卒。

5 辛未，上祀北郊。

6 齐主自晋阳还至邺。

7 二月，乙未，高州刺史纪机自军所逃还宣城，军所，侯瑱军前也。据郡应王琳，泾令贺当迁讨平之。

王琳至栅口，栅口，在濡须口之东，水导巢湖，今谓之栅江口。宋白曰：庐州东南至栅口三百九十里，今谓之新妇口。侯瑱督诸军出屯芜湖，瑱，他甸翻，又音镇。相持百馀日。东关春水稍长，长，知两翻。舟舰得通，琳引合肥漅湖之众，舳舻相次而下，舰，户黯翻。漅，音巢，又子小翻。舳舻，音逐卢。军势甚盛。瑱进军虎槛洲，琳亦出船列于江西，隔洲而泊。明日，合战，琳军少却，退保西岸。少，诗沼翻。及夕，东北风大起，吹其舟舰并坏，没于沙中，浪大，不得还浦。及旦，风静，琳入浦治船，治，直之翻。瑱等亦引军退入芜湖。

周人闻琳东下，遣都督荆·襄等五十二州诸军事、荆州刺史史宁将兵数万乘虚袭郢州，孙玚婴城自守。去年王琳东下，留孙玚守郢州。将，即亮翻。玚，雉杏翻，又音畅。琳闻之，恐其众溃，乃帅舟师东下，去芜湖十里而泊，击柝闻于陈军。帅，读曰率。柝，他各翻。闻，音问。齐仪同三司刘伯球将兵万馀人助琳水战，行台慕容恃德之子子会将铁骑二千屯芜湖西岸，为之声势。骑，奇寄翻。

丙申，瑱令军中晨炊蓐食以待之。时西南风急，琳自谓得天助，引兵直趣建康。趣，七喻翻。瑱等徐出芜湖蹑其后，西南风翻为瑱用。琳掷火炬以烧陈船，皆反烧其船。逆风而用火攻，此王琳所以败也。瑱发拍以击琳舰，战船前后置拍竿以拍敌船。又以牛皮冒蒙冲小船以触其舰，并镕铁洒之。琳军大败，军士溺死者什二三，溺，奴狄翻。馀皆弃船登岸，为陈军所杀殆尽。齐步军在西岸者，自相蹂践，并陷于芦荻泥淖中；蹂，人九翻。践，慈演翻。淖，奴教翻，泞泥也。骑皆弃马脱走，得免者什二三。擒刘伯球、慕容子会，斩获万计，尽收梁、齐军资器械。琳乘舴艋冒陈走，舴，陟格翻。艋，音猛。陈，读曰阵。至湓城，欲收合离散，众无附者，乃与妻妾左右十馀人奔齐。

先是，琳使侍中袁泌、先，悉荐翻。泌，毗必翻，又兵媚翻。考异曰：北齐书作“长史袁泌”。今从陈书。御史中丞刘仲威侍卫永嘉王庄；及败，左右皆散。泌以轻舟送庄达于齐境，拜辞而还，遂来降；还，从宣翻，又如字。降，户江翻；下同。仲威奉庄奔齐。泌，昂之子也。袁昂著名节于齐、梁之间。樊猛及其兄毅帅部曲来降。自此江南皆为陈有矣。帅，读曰率。

8 齐葬文宣皇帝于武宁陵，庙号高祖，后改曰显祖。

9 戊戌，诏：“衣冠士族、将帅战兵陷在王琳党中者，皆赦之，随材铨叙。”将，即亮翻。帅，所类翻。

10 己亥，齐以常山王演为太师、录尚书事，此邺省尚书也。以长广王湛为大司马、并省录尚书事，晋阳，并州，故曰并省。并，必经翻。以尚书左仆射平秦王归彦为司空，赵郡王叡为尚书左仆射。

诏：“诸元良口配没入官及赐人者并纵遣。”去年齐显祖夷诸元，没其家口。今纵遣良口，奴婢仍不纵也。

11 乙巳，以太尉侯瑱都督湘、巴等五州诸军事，镇湓城。

12 齐显祖之丧，常山王演居禁中护丧事，娄太后欲立之而不果；太子即位，乃就朝列。朝，直遥翻。以天子谅阴，诏演居东馆，东馆，盖在邺宫昭阳殿东。欲奏之事，皆先咨决。杨愔等以演与长广王湛位地亲逼，恐不利于嗣主，心忌之。居顷之，演出归第，考异曰：北齐书孝昭纪云：“除太傅录尚书，朝政皆决于帝；月馀，乃居藩邸。”今从杨愔传。藩邸，常山第也。自是诏敕多不关预。

或谓演曰：“鸷鸟离巢，必有探卵之患。离，力智翻。探，吐南翻。今日王何宜屡出？”中山太守阳休之诣演，演不见。休之谓王友王晞曰：“昔周公朝读百篇书，夕见七十士，犹恐不足。录王何所嫌疑，乃尔拒绝宾客！”演以常山王录尚书事，故称为录王。

先是，显祖之世，群臣人不自保。先，悉荐翻。及济南王立，济，子礼翻。演谓王晞曰：“一人垂拱，吾曹亦保优闲。”因言：“朝廷宽仁，真守文良主。”晞曰：“先帝时，东宫委一胡人傅之。今春秋尚富，骤览万机，殿下宜朝夕先后，先，悉荐翻。后，户遘翻。亲承音旨。而使他姓出纳诏命，大权必有所归，殿下虽欲守藩，其可得邪！借令得遂冲退，自审家祚得保灵长乎？”家祚，犹云国祚也。演以叔父之亲，与国同休等戚，故言家祚。王晞劝常山倾大宗，其来久矣。演默然久之，曰：“何以处我？”处，昌吕翻。晞曰：“周公抱成王摄政七年，然后复子明辟，惟殿下虑之！”演曰：“我何敢自比周公！”晞曰：“殿下今日地望，欲不为周公，得邪？”演不应。显祖常遣胡人康虎儿保护太子，故晞言及之。

齐主将发晋阳，发晋阳者，嗣位而诣邺。时议谓常山王必当留守根本之地；高欢建大丞相府于晋阳，文宣席之以移魏鼎，宿将劲兵咸在焉，故以为根本之地。执政欲使常山王从帝之邺，留长广王镇晋阳；既而又疑之，乃敕二王俱从至邺。外朝闻之，莫不骇愕。朝，直遥翻。又敕以王晞为并州长史。演既行，晞出郊送之。演恐有觇察，觇，丑廉翻，又丑艳翻。命晞还城，执晞手曰：“努力自慎！”跃马而去。

平秦王归彦总知禁卫，杨愔宣敕留从驾五千兵于西中，晋阳在邺西，故谓之西中。从，才用翻。阴备非常；至邺数日，归彦乃知之，由是怨愔。

领军大将军可朱浑天和，道元之子也，可朱浑道元自陇右归高欢。考异曰：典略云道元弟。今从北齐书。尚帝姑东平公主，齐主之姑，则高欢之女也。每曰：“若不诛二王，少主无自安之理。”少，诗照翻。燕子献谋处太皇太后于北宫，燕，因肩翻。邺城有北宫。处，昌吕翻。使归政皇太后。

又自天保八年已来，爵赏多滥，杨愔欲加澄汰，以水为谕也。澄者，去泥滓；汰者，去沙石。乃先自表解开府及开封王，诸叨窃恩荣者皆从黜免。由是嬖宠失职之徒，尽归心二叔。演、湛皆齐主之叔。平秦王归彦初与杨、燕同心，既而中变，尽以疏忌之迹告二王。

侍中宋钦道，弁之孙也，宋弁见任于魏孝文帝。显祖使在东宫，教太子以吏事。钦道面奏帝，称"二叔威权既重，宜速去之。"去，羌吕翻。帝不许，曰："可与令公共详其事。"杨愔时为尚书令，故称之为令公。

愔等议出二王为刺史，以帝慈仁，恐不可所奏，乃通启皇太后，具述安危。宫人李昌仪，昌仪意亦内职，而北史后妃传无之，盖太后女官之名。高仲密之妻也，高仲密因妻而外叛，事见一百五十八卷梁武帝大同九年。李太后以其同姓，甚相昵爱，昵，尼质翻。以启示之；昌仪密启太皇太后。史言谋及妇人之祸。

愔等又议不可令二王俱出，乃奏以长广王湛镇晋阳，以常山王演录尚书事。二王既拜职，乙巳，于尚书省大会百僚。愔等将赴之，散骑常侍兼中书侍郎郑颐止之，散，悉亶翻。骑，奇寄翻。曰："事未可量，不宜轻脱。"量，音良。愔曰："吾等至诚体国，岂常山拜职有不赴之理！"

长广王湛，旦伏家僮数十人于录尚书后室，录尚书后室，录尚书者宴息之所。仍与席上勋贵贺拔仁、斛律金等数人相知约曰："行酒至愔等，我各劝双杯，彼必致辞。我一曰'执酒'，二曰'执酒'，三曰'何不执'，尔辈即执之！"及宴，如之。愔大言曰："诸王反逆，欲杀忠良邪！尊天子，削诸侯，赤心奉国，何罪之有！"常山王演欲缓之。湛曰："不可。"于是拳杖乱殴，殴，乌口翻。愔及天和、钦道皆头面血流，各十人持之。燕子献多力，头又少发，少，诗沼翻。狼狈排众走出门，斛律光逐而擒之。子献叹曰："丈夫为计迟，遂至于此！"使太子太保薛孤延等执颐于尚药局。五代志：尚药局，总知御药事，属门下省，后齐制也。颐曰："不用智者言至此，岂非命也！"

二王与平秦王归彦、贺拔仁、斛律金拥愔等唐突入云龙门，"唐突"，广韵作"傏倎"，不逊也；今时谓干乘舆者为唐突。见都督叱利骚，招之，不进，使骑杀之。叱利，虏复姓。开府仪同三司成休宁抽刃呵演，演使归彦谕之，休宁厉声不从。归彦久为领军，素为军士所服，皆弛仗，休宁方叹息而罢。

演入，至昭阳殿，湛及归彦在朱华门外。后齐禁中有朱华阁。门下省领左右局，领左右二人，掌知朱华阁内诸事，宣传已下、白衣斋子已上皆主之。又有左、右直长四人。朱华阁以外，左、右卫将军各一人主之，各武卫将军二人贰之，御仗属官、直荡属官、直卫属官、直突属官、直阁属官皆属焉，分为左、右厢。帝与太皇太后并出，"太皇太后"之下，疑当更有"皇太后"三字。太皇太后坐殿上，皇太后及帝侧立。演以砖叩头，砖，朱缘翻。范土为砖，陶而成之。进言曰："臣与陛下骨肉至亲，杨遵彦等欲独擅朝权，杨愔，字遵彦。朝，直遥翻。威福自己，自王公已下皆重足屏气；重，直龙翻。屏，必郢翻。共相唇齿，以成乱阶，若不早图，必为宗社之害。臣与湛为国事重，为，于伪翻。贺拔仁、斛律金惜献武皇帝之业，共执遵彦等入宫，未敢刑戮。专辄之罪，诚当万死。"

时庭中及两庑卫士二千馀人，皆被甲待诏。被，皮义翻。武卫娥永乐，武力绝伦，素为显祖所厚，叩刀仰视，娥，姓也。后魏有娥清。乐，音洛。叩刀者，拔刀离削才寸许。考异曰：北齐书作"领军刘桃枝"。今从北史。帝不睨之。睨，研计翻，邪视也。帝素吃讷，吃，音讫。吃讷之由，见上卷武帝永定三年。仓猝不知所言。太皇太后令却仗，不退；又厉声曰：“奴辈即今头落！”乃退。卫士被甲者皆退。当未退之时，使宇文觉处之，常山、长广身首分矣。永乐内刀而泣。

太皇太后因问：“杨郎何在？”贺拔仁曰：“一眼已出。”太皇太后怆然曰：“杨郎何所能为，留使岂不佳邪！”杨愔，主婿，故谓之杨郎。留使，留之以任使。怆，初亮翻。乃让帝曰：“此等怀逆，欲杀我二子，演、湛皆太皇太后之子。次将及我，尔何为纵之？”帝犹不能言。太皇太后怒且悲，曰：“岂可使我母子受汉老妪斟酌！”娄太皇，鲜卑也；李太后，华族也；故云然。妪，威遇翻。太后拜谢。太皇太后又为太后誓言：“演无异志，但欲去逼而已。”逼，谓杨愔等以疏逾戚，故欲去之。为，于伪翻；下敢为同。去，羌吕翻。演叩头不止。太后谓帝：“何不安慰尔叔！”帝乃曰：“天子亦不敢为叔惜，况此汉辈！但丐儿命，儿自下殿去，此属任叔父处分。”处，昌吕翻。分，扶问翻。遂皆斩之。杨愔受托孤之寄，不能尊主庇身者，鲜卑之势素盛，华人不足以制之也。

长广王湛以郑颐昔尝谗己，杨愔传云：湛以颐昔㲋己，作诏书。先拔其舌，截其手而杀之。演令平秦王归彦引侍卫之士向华林园，邺都华林园，魏武之旧也。以京畿军士入守门阁，高欢迁魏主于邺而身居晋阳，以其子为京畿大都督，防遏内外，故有京畿军士。斩娥永乐于园。

太皇太后临愔丧，哭曰：“杨郎忠而获罪。”娄后此言，出于人心是非之真也。以御金为之一眼，御金，御府之金也。亲内之，曰：“以表我意。”演亦悔杀之。于是下诏罪状愔等，且曰：“罪止一身，家属不问。”顷之，复簿录五家；杨愔、可朱浑天和、燕子献、宋钦道、郑颐，凡五家。复，扶又翻。王晞固谏，乃各没一房，孩幼尽死，兄弟皆除名。

以中书令赵彦深代杨愔总机务。鸿胪少卿阳休之私谓人曰：“将涉千里，杀骐驎而策蹇驴，可悲之甚也！”马黑脊曰骐驎。

毛晃曰：马青骊色曰骐驎。东方朔传：骐驎騄駬，蜚鸣骅骝，天下良马也。驎，力珍翻。

戊申，演为大丞相、都督中外诸军、录尚书事，自后魏敬宗以尔朱荣为大丞相，后高欢复为之，位绝群后，威权震主。湛为太傅、京畿大都督，段韶为大将军，平阳王淹为太尉，平秦王归彦为司徒，彭城王潋为尚书令。潋，夷周翻。

13 江陵之陷也，见一百六十五卷梁元帝承圣三年。长城世子昌武帝封长城公，昌为世子。及中书侍郎顼皆没于长安。高祖即位，屡请之于周，周人许而不遣。高祖殂，周人乃遣昌还，高祖存而不遣，高祖殂而遣还，欲以间陈，使兄弟争国也。以王琳之难，居于安陆。王琳据中流，昌还建康路梗，故居安陆。难，乃旦翻。琳败，昌发安陆；将济江，致书于上，辞甚不逊。上不怿，召侯安都从容谓曰：从，千容翻。"太子将至，须别求一藩为归老之地。"安都曰："自古岂有被代天子！被，皮义翻。臣愚，不敢奉诏。"因请自迎昌。于是群臣上表，请加昌爵命。庚戌，以昌为骠骑将军、湘州牧，骠，匹妙翻。骑，奇寄翻。封衡阳王。

14 齐大丞相演如晋阳，既至，谓王晞曰：演从少帝还邺，晞为并州长史，留晋阳。"不用卿言，几至倾覆。今君侧虽清，终当何以处我？"几，居依翻。处，昌吕翻；下出处同。晞曰："殿下往时位地，犹可以名教出处；今日事势，遂关天时，非复人理所及。"晞劝演篡，史究言之。复，扶又翻。演奏赵郡王叡为长史，王晞为司马。三月，甲寅，诏："军国之政，皆申晋阳，禀大丞相规算。"诏，演志也。

15 周军初至，郢州助防张世贵举外城以应之，所失军民三千馀口。周人起土山、长梯，昼夜攻之，因风纵火，烧其内城南面五十馀楼。孙玚兵不满千人，身自抚循，行酒赋食，士卒皆为之死战。周人不能克，史言千人一心，虽大敌不能克。郢人之死战不下者，畏江陵之俘戮也。为，于伪翻。乃授玚柱国、郢州刺史，封万户郡公；玚伪许以缓之，而潜修战守之备，一朝而具，乃复拒守。复，扶又翻。既而周人闻王琳败，陈兵将至，乃解围去。玚集将佐谓之曰："吾与王公同奖梁室，勤亦至矣；今时事如此，岂非天乎！"遂遣使奉表，举中流之地来降。将，即亮翻。使，疏吏翻。降，户江翻。

王琳之东下也，帝征南川兵，江州刺史周迪、高州刺史黄法氍帅舟师将赴之。熊昙朗据城列舰，塞其中路，熊昙朗时据豫章。氍，巨俱翻。帅，读曰率。昙，徒含翻。舰，户黯翻。塞，悉则翻。迪等与周敷共围之。琳败，昙朗部众离心，迪攻拔其城，虏男女万馀口。昙朗走入村中，村民斩之；丁巳，传首建康，尽灭其族。

齐军先守鲁山，戊午，弃城走，诏南豫州刺史程灵洗守之。

16 甲子，置沅州、武州，梁置武州于武陵，帝分荆州之义阳·天门郡、郢州之武陵郡，置武州，督沅州，领武陵太守，治武陵郡。其都尉所部六县为沅州，别置通宁郡，以刺史领太守，治都尉城，省旧都尉。沅，音元。以右卫将军吴明彻为武州刺史，以孙玚为湘【退："湘"作"沅"。】州刺史。玚怀不自安，固请入朝，史言孙玚能自全。朝，直遥翻。征为中领军；未拜，除吴郡太守。

17 壬申，齐封世宗之子孝珩为广宁王，珩，音行。长恭为兰陵王。

18 甲戌，衡阳献王昌入境，诏主书、舍人缘道迎候；主书及中书舍人，皆当时要近之职也。丙子，济江，中流，殒之，使以溺告。溺，奴狄翻。侯安都以功进爵清远公。以杀昌之功也。五代志：南海郡翁源县，陈置清远郡。

初，高祖遣荥阳毛喜从安成王顼诣江陵，梁世祖以喜为侍郎，没于长安，与昌俱还，因进和亲之策。上乃使侍中周弘正通好于周。好，呼到翻。

19 夏，四月，丁亥，立皇子伯信为衡阳王，奉献王祀。昌谥曰献。

20 周世宗明敏有识量，晋公护惮之，使膳部中大夫李安置毒于糖䭔而进之。周礼有膳夫。唐六典纪前世官制沿革，以后周之典庖中士为唐太官署令之职，肴藏中士为珍羞署令之职，掌醢中士为掌醢署令之职，独不言膳部中大夫。以类推之，则后周之膳部中大夫，唐光禄卿之职也。杜佑通典：后周膳部中大夫，属冢宰，六命；又有膳部下大夫，五命。䭔，都回翻，丸饼也。江陵未败时，梁将陆法和有道术，先具大䭔薄饼。及江陵陷，梁人入魏，果见䭔饼，盖北食也。今城市间元宵所卖焦䭔，即其物，但较小耳。糖出南方，煎蔗为之，绝甘。帝颇觉之。庚子，大渐，口授遗诏五百馀言，且曰："朕子年幼，未堪当国。鲁公，朕之介弟，杜预曰：介，大也。宽仁大度，海内共闻；能弘我周家，必此子也。"弘，大也。世宗之知武帝，史所谓明敏有识，孰大于此！辛丑，殂。年二十七。

鲁公幼有器质，特为世宗所亲爱，朝廷大事，多与之参议；性深沈，有远识，沈，持林翻。非因顾问，终不辄言。世宗每叹曰："夫人不言，言必有中。"引论语孔子之言。夫，音扶。中，竹仲翻。壬寅，鲁公即皇帝位。讳邕，字弥罗突，安定公泰之第四子也。大赦。

21 五月，壬子，齐以开府仪同三司刘洪徽为尚书右仆射。

22 侯安都父文捍为始兴内史，卒官。卒官，卒于官也。卒，子恤翻。上迎其母还建康，母固求停乡里。乙卯，为置东衡州，梁先已置东衡州于始兴，盖中废而今复置也。为，于伪翻。以安都从弟晓为刺史；从，才用翻。安都子秘，才九岁，上以为始兴内史，并令在乡侍养。以安都能定策以安国家，故宠之。养，余亮翻。

23 六月，壬辰，诏葬梁元帝于江宁，梁敬帝太平二年，周人归元帝之柩于王琳，琳败，陈人乃得而葬之。车旗礼章，悉用梁典。

24 齐人收永安、上党二王遗骨，葬之。齐二王死，见上卷武帝永定二年。敕上党王妃李氏还第。冯文洛尚以故意，修饰诣之。妃盛列左右，立文洛于阶下，数之曰："遭难流离，数，所具翻。难，乃旦翻。以至大辱，志操寡薄，不能自尽。言不能自杀也。幸蒙恩诏，得反藩闱，藩闱，言藩王之闺闱也。汝何物奴，犹欲见侮！"杖之一百，血流洒地。

25 秋，七月，丙辰，封皇子伯山为鄱阳王。

26 齐丞相演以王晞儒缓，恐不允武将之意，将，即亮翻。每夜载入，昼则不与语。尝进晞密室，谓曰："比王侯诸贵，每见敦迫，比，毗至翻。言我违天不祥，恐当或有变起；吾欲以法绳之，何如？"晞曰："朝廷比者疏远亲戚，殿下仓猝所行，非复人臣之事。芒刺在背，用汉霍光事。远，于愿翻。复，扶又翻。上下相疑，何由可久！殿下【章：十二行本"下"下有"虽欲"二字；乙十一行本同；孔本同；张校同。】谦退，粃糠神器，实恐违上玄之意，上玄，天也。坠先帝之基。"先帝，谓高欢。演曰："卿何敢发此言，须致卿于法！"晞曰："天时人事，皆无异谋，是以敢冒犯斧钺，抑亦神明所赞耳。"演曰："拯难匡时，难，乃旦翻。方俟圣哲，吾何敢私议！幸勿多言！"丞相从事中郎陆杳将出使，使，疏吏翻。握晞手，使之劝进。晞以杳言告演，演曰："若内外咸有此意，赵彦深朝夕左右，何故初无一言？"史言演非不欲篡，特觇众心。晞乃以事隙密问彦深，事隙，公事之隙，少暇之时也。彦深曰："我比亦惊此声论，声论，谓舆论皆归演，声满朝野也。比，毗至翻。每欲陈闻，则口噤心悸。噤，其禁翻。悸，其季翻。弟既发端，吾亦当昧死一披肝胆。"因共劝演。

演遂言于太皇太后。赵道德曰："相王不效周公辅成王，演为丞相，故呼之为相王。演于齐主居亲亲之地，犹周公之于成王，而不能以周公自任，故赵道德责之。而欲骨肉相夺，不畏后世谓之篡邪！”太皇太后曰：“道德之言是也。”未几，几，居岂翻。演又启云：“天下人心未定，恐奄忽变生，须早定名位。”太皇太后乃从之。

八月，壬午，太皇太后下令，废齐主为济南王，出居别宫。济，子礼翻。以常山王演入纂大统，且戒之曰：“勿令济南有他也！”为演杀济南王、太后怒张本。

肃宗即皇帝位于晋阳，讳演，字延安，勃海王欢第六子，文宣帝之母弟也。大赦，改元皇建。太皇太后还称皇太后；皇太后称文宣皇后，宫曰昭信。

乙酉，诏绍封功臣，礼赐耆老，延访直言，褒赏死事，追赠名德。

帝谓王晞曰：“卿何为自同外客，略不可见？自今假非局司，但有所怀，随宜作一牒，毛晃曰：牒，书板小简也。候少隙，即径进也。”少隙，言少有闲隙也。少，诗沼翻。因敕与尚书阳休之、鸿胪卿崔劼等三人，胪，陵如翻。劼，丘八翻。每日职务罢，并入东廊，共举录历代礼乐、职官及田市、征税，或不便于时而相承施用，或自古为利而于今废坠，或道德高俊，久在沈沦，沈，持林翻；下沈敏同。或巧言眩俗，妖邪害政者，悉令详思，以渐条奏。朝晡给御食，毕景听还。景，日景。日入而后听还私舍，故云毕景听还。妖，于骄翻。晡，奔谟翻。

帝识度沈敏，沈，持林翻。少居台阁，明习吏事，即位尤自勤励，大革显祖之弊，时人服其明而讥其细。人君而亲小事为细，所谓“元首丛脞”也。少，诗照翻。尝问舍人裴泽，在外议论得失。泽率尔对曰：“陛下聪明至公，自可远侔古昔；而有识之士，咸言伤细，帝王之度，颇为未弘。”帝笑曰：“诚如卿言。朕初临万机，虑不周悉，故致尔耳。颜之推曰：如是为尔，而已为耳。此事安可久行，恐后又嫌疏漏。”泽由是被宠遇。

库狄显安侍坐，被，皮义翻。坐，徂卧翻。帝曰："显安，我姑之子；库狄显安父干，娶勃海王欢之妹乐陵长公主。今序家人之礼，除君臣之敬，可言我之不逮。"显安曰："陛下多妄言。"帝曰："何故?"对曰："陛下昔见文宣以马鞭挞人，常以为非；今自行之，非妄言邪?"帝握其手谢之。又使直言，对曰："陛下太细，天子乃更似吏。"帝曰："朕甚知之。然无法日久，将整之以至无为耳。"又问王晞，晞曰："显安言是也。"显安，干之子也。群臣进言，帝皆从容受纳。从，千容翻。

性至孝，太后不豫，帝行不能正履，容色贬悴，悴，秦醉翻。衣不解带，殆将四旬。太后疾小增，即寝伏阁外，食饮药物，皆手亲之。太后尝心痛不自堪，帝立侍帷前，以爪掐掌代痛，掐，苦洽翻。血流出袖。友爱诸弟，无君臣之隔。

戊子，以长广王湛为右丞相，平阳王淹为太傅，彭城王浟为大司马。浟，夷周翻。

27 周军司马贺若敦，唐六典曰：周官大司马属官有军司马，下大夫，盖兵部郎中之任也。后周依周官，其爵列中大夫也，六命。若，人者翻。帅众一万，奄至武陵；帅，读曰率。武州刺史吴明彻不能拒，引军还巴陵。

28 江陵之陷也，巴、湘之地皆入于周，周使梁人守之。太尉侯瑱等将兵逼湘州。贺若敦将步骑救之，乘胜深入，按贺若敦传，屡战破瑱，乘胜深入。军于湘川。

九月，乙卯，周将独孤盛将水军与敦俱进。辛酉，遣仪同三司徐度将兵会侯瑱于巴丘。将，即亮翻。会秋水泛溢，盛、敦粮援断绝，分军抄掠，以供资费。抄，楚交翻。敦恐瑱知其粮少，乃于营内多为土聚，覆之以米，少，诗沼翻。覆，敷又翻。此檀道济量沙之故智也。召旁村人，营旁之村人也。阳有访问，随即遣之。瑱闻之，良以为实。敦又增修营垒，造庐舍为久留之计，湘、罗之间遂废农业。梁置湘州于长沙，置罗州于湘阴县。瑱等无如之何。

先是土人亟乘轻船，先，悉荐翻。亟，去吏翻，数也。载米粟鸡鸭以饷瑱军。敦患之，乃伪为土人装船，伏甲士于中。瑱军人望见，谓饷船之至，逆来争取，敦甲士出而擒之。唐裴行俭诈为粮车以破突厥，亦用此策。又敦军数有叛人乘马投瑱者。敦乃别取一马，牵以趣船，令船中逆以鞭鞭之。如是者再三，马畏船不上。数，所角翻。趣，七喻翻。上，时掌翻。然后伏兵于江岸，使人乘畏船马以招瑱军，诈云投附。瑱遣兵迎接，竞来牵马，马既畏船不上，伏兵发，尽杀之。此后实有馈饷及亡降者，瑱犹谓之诈，并拒击之。

冬，十月，癸巳，瑱袭破独孤盛于杨叶洲，据姚思廉陈书，杨叶洲在西江口。西江，谓湘江也。盛收兵登岸，筑城自保。丁酉，诏司空侯安都帅众会瑱南讨。帅，读曰率。

29 十一月，辛亥，齐主立妃元氏为皇后，世子百年为太子。百年时才五岁。

齐主征前开府长史卢叔虎为中庶子。太子中庶子，职如侍中，后齐门下坊之长也。叔虎，柔之从叔也。从，才用翻。帝问时务于叔虎。叔虎请伐周，曰："我强彼弱，我富彼贫，其势相悬。然干戈不息，未能并吞者，此失于不用强富也。以当时东西二国观之，齐若富强，而其根本实拨；周若贫弱，而其根本实牢。若齐孝昭欲用其强富，周固有以待之。轻兵野战，胜负难必，是胡骑之法，非万全之术也。宜立重镇于平阳，与彼蒲州相对，魏神䴥元年，置雍州于河东，延和元年，改曰秦州，太和中罢。魏既分为东、西，东魏天平初，复置秦州于河东；沙苑败后，河东之地入于西魏，后周因蒲阪旧名而置蒲州。深沟高垒，运粮积甲。彼闭关不出，则稍蚕食其河东之地，日使穷蹙。若彼出兵，非十万以上，不足为我敌。所损粮食“损”，当作“资”。咸出关中。我军士年别一代，一年一更戍也。谷食丰饶。彼来求战，我则不应；彼若退去，我乘其弊。自长安以西，民疏城远，敌兵来往，实自艰难，与我相持，农业且废，不过三年，彼自破矣。”帝深善之。

30 齐主自将击库莫奚，将，即亮翻；下同。至天池，库莫奚出长城北遁。此文宣帝所筑长城也。齐主分兵追击，获牛羊七万而还。还，从宣翻，又如字。

31 十二月，乙未，诏：“自今孟春讫于夏首，大辟事已款者，已款，谓囚已款服也。今人谓狱辞为狱款。辟，毗亦翻。宜且申停。”及秋冬乃行刑也。

32 己亥，周巴陵城主尉迟宪降，尉，纡勿翻。降，户江翻。遣巴州刺史侯安鼎守之。庚子，独孤盛将馀众自杨叶洲潜遁。贺若敦之势愈孤矣。

33 丙午，齐主还晋阳。

齐主斩人于前，问王晞曰：“是人应死不？”不，读曰否。齐主以文宣杀人，多非其罪；自谓诛当其罪，故以问晞。晞曰：“应死，但恨死不得其地耳。臣闻‘刑人于市，与众弃之。’记王制之言。殿庭非行戮之所。”帝改容谢曰：“自今当为王公改之。”为，于伪翻。

帝欲以晞为侍郎，按北史王晞传，“侍郎”当作“侍□”。苦辞不受。或劝晞勿自疏。晞曰：“我少年以来，阅要人多矣，少，诗照翻。要人，谓位居势要者。得志少时，鲜不颠覆。少时，言不多时也。少，始沼翻。鲜，息翦翻。且吾性实疏缓，不堪时务，人主恩私，何由可保！万一披猖，求退无地。非不好作要官，但思之烂熟耳。”好，呼到翻。

34 初，齐显祖之末，谷籴踊贵。济南王即位，济，子礼翻。尚书左丞苏珍芝建议，修石鳖等屯，自是淮南军防足食。杜佑曰：

石鳖，在楚州安宜县西八十里，邓艾筑城于此，作白水塘，北接连洪泽，屯田一万三千顷。安宜，唐宝应元年，改为宝应县。肃宗即位，平州刺史嵇晔建议，开督亢陂，置屯田，岁收稻粟数十万石，北境周赡。督亢陂，在唐涿州新城县界，燕荆轲献图于秦，即此地。亢，音刚。又于河内置怀义等屯，以给河南之费。齐分河内、汲郡为义州，置怀义等屯。由是稍止转输之劳。此是五代志序齐济南王至孝昭时军饷，通鉴取之，附见于此。

二年（辛巳、五六一）

1 春，正月，戊申，周改元保定。以大冢宰护为都督中外诸军事；令五府总于天官，事无巨细，皆先断后闻。五府，地官、春官、夏官、秋官、冬官府也。史言宇文护之权愈重。断，丁乱翻。

2 庚戌，大赦。

3 周主祀圜丘。

4 辛亥，齐主祀圜丘；壬子，禘于太庙。

5 周主祀方丘；甲寅，祀感生帝于南郊；用郑玄之说，祀感生帝灵威仰于南郊以祈谷。乙卯，祭太社。

6 齐主使王琳出合肥，召募伧楚，更图进取。伧，助庚翻。合州刺史裴景徽，考异曰：北齐书作“景晖”。今从陈书。琳兄珉之婿也，请以私属为乡导。乡，读曰向。齐主使琳与行台左丞卢潜将兵赴之，琳沈吟不决。景徽恐事泄，挺身奔齐。按梁置合州于合肥，侯景之乱，已入于齐，齐之境土，南尽历阳。陈盖侨置合州于江滨，以景徽为刺史。沈，持林翻。齐主以琳为骠骑大将军、开府仪同三司、扬州刺史，镇寿阳。

7 己巳，周主享太庙，班太祖所述六官之法。宇文泰庙号太祖。泰之相魏也：建六官，述周礼六典以为六官之法。

8 辛未，周湘州城主殷亮降，降，户江翻；下同。湘州平。

侯瑱与贺若敦相持日久，瑱不能制，乃借船送敦等渡江；

按贺若敦传，"借船"之上有"求"字。敦虑其诈，不许，报云："湘州我地，为尔侵逼；必须我归，可去我百里之外。"瑱留船江岸，引兵去之。敦乃自拔北归，军士病死者什五六。武陵、天门、南平、义阳、河东、宜都郡悉平。五代志：澧阳郡孱陵县，旧置南平郡。安乡县，旧置义阳郡。南郡松滋县，旧置河东郡。宋白曰：澧阳郡安乡县，本汉孱陵县地，后汉为汉寿县地，晋曾立义阳郡。晋公护以敦失地无功，除名为民。

9 二月，甲午，周主朝日于东郊。三代之礼，春朝朝日，秋暮夕月。周人慕古，举行其礼。朝，直遥翻。

10 周人以小司徒韦孝宽尝立勋于玉壁，事见一百五十九卷梁武帝中大同元年。后周之制，小司徒，六命，上大夫也。乃置勋州于玉壁，以孝宽为刺史。

孝宽有恩信，善用间谍，间，古苋翻。或齐人受孝宽金货，遥通书疏，故齐之动静，周人皆先知之。有主帅许盆，以所戍城降齐，孝宽遣谍取之，俄斩首而还。帅，所类翻。谍，徒协翻。

离石以南，生胡数为抄掠，五代志：离石郡，后齐置西汾州。生胡，即稽胡之不附属周者。数，所角翻。抄，楚交翻。而居于齐境，不可诛讨。孝宽欲筑城于险要以制之，乃发河西役徒十万，甲士百人，河西，龙门河之西也。遣开府仪同三司姚岳监筑之。岳以兵少，惧不敢前。监，工衔翻。少，诗沼翻。孝宽曰："计此城十日可毕。城距晋州四百馀里，吾一日创手，二日敌境始知。设使晋州征兵，三日方集，谋议之间，自稽二日，计其军行，二日不到，我之城隍，足得办矣。"乃令筑之。齐人果至境上，疑有大军，停留不进。其夜，孝宽使汾水以南傍介山、稷山诸村纵火，傍，蒲浪翻。唐志：蒲州万泉县有介山，介子推隐处。稷山县有稷山。齐人以为军营，收兵自固。岳卒城而还。卒，子恤翻。

11 三月，乙卯，太尉零陵壮肃公侯瑱卒。

12 丙寅，周改八丁兵为十二丁兵，率岁一月而役。八丁兵者，凡境内民丁分为八番，递上就役。十二丁兵者，分为十二番，月上就役，周而复始。

13 夏，四月，丙子朔，日有食之。

14 周以少傅尉迟纲为大司空。尉，纡勿翻。

15 丙午，周封愍帝子康为纪国公，皇子赟为鲁公。【章：十二行本"鲁"下有"国"字；乙十一行本同。】赟，李后之子也。赟，于伦翻。

16 六月，乙酉，周使御正殷不害来聘。周书申徽传曰：御正，任专丝纶，盖中书舍人之职也。北史卢辩传：武成元年，增置御正四人，位上大夫。考之唐六典，则曰：后周依周官，春官府置内史中大夫，掌王言，盖比中书监、令之任，后又增为上大夫。小史下大夫，比中书侍郎之任；小史上士，比中书舍人之任。然则为御正者，亦代言之职，在帝左右，又亲密于中书。杜佑通典：御正属天官府。

17 秋，七月，周更铸钱，更，工衡翻。文曰"布泉"，一当五，与五铢并行。

18 己酉，周追封皇伯父颢为邵国公，以晋公护之子会为嗣；颢弟连为杞国公，以章武公导之子亮为嗣；连弟洛生为莒国公，以护之子至为嗣；追封太祖之子武邑公震为宋公，以世宗之子实为嗣。颢与卫可孤战殁，有子什肥、导、护。什肥与其叔连皆为高欢所杀，无后，故以会、亮嗣之。洛生为尔朱荣所杀，震早卒，皆无后，故亦立嗣。

19 齐主之诛杨、燕也，燕，因肩翻。许以长广王湛为太弟；既而立太子百年，湛心不平。帝在晋阳，湛居守于邺。杨、燕，谓杨愔、燕子献。守，手又翻。散骑常侍高元海，高祖之从孙也，高欢庙号高祖。元海父思宗，欢之从子。散，悉亶翻。骑，奇寄翻。从，才用翻。留典机密。帝以领军代人库狄伏连为幽州刺史，斛律光之弟羡为领军，以分湛权。湛留伏连，不听羡视事。齐主以伏连代羡为幽州，以羡代伏连为领军，以分邺下之权。湛知其故，乃留伏连不使之幽州，而羡至，又不听其视领军府事。

先是，济南闵悼王常在邺，济南王殷谥闵悼。先，悉荐翻。济，子礼翻。望气者言：邺中有天子气。平秦王归彦恐济南复立，为己不利，齐主借归彦握兵以杀杨、燕，杨、燕死而济南废矣，故恐其复立，为己不利。复，扶又翻。劝帝除之。帝乃使归彦至邺，征济南王如晋阳。

湛内不自安，问计于高元海。元海曰："皇太后万福，至尊孝友异常，殿下不须异虑。"湛曰："此岂我推诚之意邪！"元海乞还省，一夜思之，湛即留元海于后堂。元海达旦不眠，唯绕床徐步。夜漏未尽，湛遽出，曰："神算如何?"元海曰："有三策，恐不堪用耳。请殿下如梁孝王故事，从数骑入晋阳，先见太后求哀，梁孝王，事见十六卷汉景帝中二年。后见主上，请去兵权，见，贤遍翻。去，羌吕翻。以死为限，不干朝政，朝，直遥翻。必保太山之安。此上策也。不然，当具表云，威权太盛，恐取谤众口，请青、齐二州刺史，沈靖自居，沈，持林翻。必不招物议。此中策也。"更问下策。曰："发言即恐族诛。"固逼之。元海曰："济南世嫡，主上假太后令而夺之。今集文武，示以征济南之敕，执斛律丰乐，斛律羡，字丰乐。乐，音洛。斩高归彦，尊立济南，号令天下，以顺讨逆，此万世一时也。"湛大悦。然性怯，狐疑未能用，使术士郑道谦等卜之，皆曰："不利举事，静则吉。"有林虑令潘子密，晓占候，林虑县，汉属河内郡，晋属汲郡，魏敬宗永安元年置林虑郡，带林虑县。虑，卖如闾。潜谓湛曰："宫车当晏驾，殿下为天下主。"湛拘之于内以候之。又令巫觋卜之，觋，刑狄翻。多云"不须举兵，自有大庆。"

湛乃奉诏，令数百骑送济南王至晋阳。九月，帝使人鸩之，济南王不从，乃扼杀之。帝寻亦悔之。

20 冬，十月，甲戌朔，日有食之。

21 丙子，齐以彭城王浟为太保，长乐王尉粲为太尉。乐，音洛；下同。

22 齐肃宗出畋，有兔惊马，坠地绝肋。娄太后视疾，问济南所在者三，齐主不对。太后怒曰："杀之邪？不用吾言，死其宜矣！"遂去，不顾。

十一月，甲辰，诏以嗣子冲眇，可遣尚书右仆射赵郡王叡谕旨，征长广王湛统兹大宝。又与湛书曰："百年无罪，汝可以乐处置之，勿效前人也。"乐，音洛。楚灵王乾溪之役，楚人杀其诸子。王闻之，自投于车下，曰："余杀人子多矣，能无及此乎！"齐肃宗杀其兄之子，临终乃戒其弟勿杀己之子，良可悯笑。是日，殂于晋阳宫。年二十七。临终，言恨不见太后山陵。

颜之推论曰：孝昭天性至孝，而不知忌讳，乃至于此，良由不学之所为也。

23 赵郡王叡先使黄门侍郎王松年驰至邺，宣肃宗遗命。湛犹疑其诈，使所亲先诣殡所，发而视之。使者复命，使，疏吏翻；下同。湛喜，驰赴晋阳，使河南王孝瑜先入宫，改易禁卫。癸丑，世祖即皇帝位于南宫，讳湛，勃海王欢第九子，孝昭帝之母弟。南宫，晋阳南宫也。大赦，改元太宁。

24 周人许归安成王顼，顼，吁玉翻。使司会上士杜【章：十二行本"杜"上有"京兆"二字；乙十一行本同；张校同，云无注本亦无。】杲来聘。周礼天官之属有司会，凡邦国、都鄙官府之治及其财用在书契、版图者，皆听其会计，以岁月日考其成。郑玄曰：会，大计也。司会主天下之大计，计官之长，若今尚书。余按后周地官，即唐户部尚书之任，司会当如唐之度支郎中，而六典不言所以。杜佑通典，后周司会，属天官府，有中大夫，上士，中士。上悦，即遣使报之，并赂以黔中地及鲁山郡。周得黔中，则全有巴蜀，得鲁山，则全有汉沔，故因其所欲而饵之。

25 齐以彭城王浟为太师、录尚书事，平秦王归彦为太傅，尉粲为太保，平阳王淹为太宰，博陵王济为太尉，段韶为大司马，丰州刺史娄叡为司空，五代志：上党郡乡县，后魏置南垣州，寻改曰丰州。赵郡王叡为尚书令，任城王湝为尚书左仆射，任，音壬。湝，居谐翻。并州刺史斛律光为右仆射。娄叡，昭之兄子也。娄昭，娄太后之弟。叡，昭兄拔之子。立太子百年为乐陵王。

26 丁巳，周主畋于岐阳；十二月，壬午，还长安。

27 太子中庶子馀姚虞荔、御史中丞孔奂，以国用不足，奏立煮海盐赋及榷酤之科，吴王濞煮海为盐，今淮盐也。至此，则东南濒海煮盐之地，皆归于管榷矣。酤，音固。荔，力计翻。榷，古岳翻。诏从之。

28 初，高祖以帝女丰安公主妻留异之子贞臣，征异为南徐州刺史，异迁延不就。帝即位，复以异为缙州刺史，领东阳太守。自侯景之乱，梁南郡王大连之败，留异跨据东阳，陈兴，以为缙州刺史，因缙云山以名州。妻，七细翻。复，扶又翻；下异复同。异屡遣其长史王澌入朝，澌每言朝廷虚弱。澌，斯义翻。异信之，虽外示臣节，恒怀两端，恒，户登翻。与王琳自鄱阳信安岭潜通使往来。今有岭路，自衢州经信州达于鄱阳。使，疏吏翻。琳败，上遣左卫将军沈恪代异，实以兵袭之。异出军下淮以拒恪。恪与战而败，退还钱塘。异复上表逊谢。时众军方事湘、郢，乃降诏书慰谕，且羁縻之。异知朝廷终将讨己，乃以兵戍下淮及建德以备江路。刘昫曰：建德县，汉会稽富春县地，吴分置建德县，隋废，唐复置建德县，为睦州治所。丙午，诏司空、南徐州刺史侯安都讨之。

三年(壬午、五六二)

1 春，正月，乙亥，齐主至邺；自晋阳宫至邺。辛巳，祀南郊；壬午，享太庙；丙戌，立妃胡氏为皇后，子纬为皇太子。纬，于贵翻。后，魏兖州刺史安定胡延之之女也。戊子，齐大赦。己亥，以冯翊王润为尚书左仆射。

2 周凉景公贺兰祥卒。凉国公。景，谥也。

3 壬寅，周人凿河渠于蒲州，龙首渠于同州。二渠皆以灌溉。

4 丁未，周以安成王顼为柱国大将军，遣杜杲送之南归。考异曰：典略作“杜果”，今从周书。

5 辛亥，上祀南郊，以胡公配天；胡公始封于陈，故郊祀之以配天。二月，辛酉，祀北郊。

6 闰月，丁未，齐以太宰、平阳王淹为青州刺史，太傅、平秦王归彦为太宰、冀州刺史。

归彦为肃宗所厚，归彦以杀杨、燕之功，为肃宗所厚。恃势骄盈，陵侮贵戚。世祖即位，侍中·开府仪同三司高元海、御史中丞毕义云、黄门郎高乾和数言其短，数，所角翻。且云：“归彦威权震主，必为祸乱。”帝亦寻其反覆之迹，渐忌之，归彦始为文宣所亲任。其后背杨愔，附孝昭，以成济南之祸，又为孝昭所委信。孝昭既殂，又迎武成以贪天之功，故武成迹其反覆而忌之。伺归彦还家，召魏收于帝前作诏草，除归彦冀州，伺，相吏翻。使乾和缮写；昼日，仍敕门司不听归彦辄入宫。时归彦纵酒为乐，经宿不知。至明，欲参，参，朝参也。毛晃曰：参，造也，趋承也。乐，音洛。至门知之，大惊而退。及通名谢，敕令早发，别赐钱帛等物甚厚，又敕督将悉送至清阳宫。齐有别宫在清淇之阳，因以为名。五代志，清河郡清阳县，旧曰清河县，后齐省贝丘入焉，改为贝丘，隋开皇六年改为清阳。将，即亮翻。拜辞而退，莫敢与语，唯赵郡王叡与之久语，时无闻者。

帝之为长广王也，清都和士开以善握槊、弹琵琶有宠，辟为开府行参军，及即位，累迁给事黄门侍郎。高元海、毕义云、高乾和皆疾之，将言其事。士开乃奏元海等交结朋党，欲擅威福，乾和由是被疏。被，皮义翻。义云纳赂于士开，得为兖州刺史。为和士开怙宠乱齐张本。

7 帝征江州刺史周迪出镇湓城，周迪领江州刺史而屯据临川，征之镇湓城，若以江州授之者。又征其子入朝。朝，直遥翻；下同。迪趑且顾望，并不至。趑，子移翻。且，七余翻。趑趄，不进之貌。其馀南江酋帅，私署令长，多不受召，酋，慈秋翻。帅，所类翻。长，知两翻。朝廷未暇致讨，但羁縻之。豫章太守周敷独先入朝，进号安西将军，给鼓吹一部，赐以女妓、金帛，令还豫章。周敷先与周迪分据临川，既破熊昙朗，敷移据豫章。吹，尺瑞翻。妓，渠绮翻。迪以敷素出己下，深不平之，乃阴与留异相结，遣其弟方兴【章：十二行本"兴"下有"将兵"二字；乙十一行本同；张校同，云无注本亦无。】袭敷；敷与战，破之。又遣其兄子伏甲船中，诈为贾人，欲袭湓城。贾，音古。未发，事觉，寻阳太守监江州事晋陵华皎遣兵逆击之，尽获其船仗。监，工衔翻。

上以闽州刺史陈宝应之父为光禄大夫，五代志：建安郡，陈置闽州。陈宝应父，羽。子女皆受封爵，命宗正编入属籍。而宝应以留异女为妻，阴与异合。

虞荔弟寄，流寓闽中，荔思之成疾，上为荔征之，宝应留不遣。寄尝从容讽以逆顺，为，于伪翻。从，千容翻。宝应辄引他语以乱之。宝应尝使人读汉书，卧而听之，至蒯通说韩信曰："相君之背，贵不可言。"蹶然起坐，曰："可谓智士！"寄曰："通一说杀三士，何足称智！班固曰：蒯通一说而丧三俊。应劭注云：谓烹郦生，败田横，骄韩信也。说，式芮翻。相，息亮翻。岂若班彪王命，识所归乎！"王命论，见四十一卷汉光武建武五年。

寄知宝应不可谏，恐祸及己，乃着居士服，着，陟略翻。居东山寺，阳称足疾。宝应使人烧其屋，寄安卧不动。亲近将扶之出，寄曰："吾命有所悬，避将安往！"言托迹闽中，生死之命，悬于人手，无所避之也。纵火者自救之。

8 乙卯，齐以任城王湝为司徒。任，音壬。湝，户皆翻。

9 齐扬州刺史行台王琳数欲南侵，尚书卢潜以为时事未可。上遣移书寿阳，欲与齐和亲。潜以其书奏齐朝，仍上启请且息兵。数，所角翻。上，时掌翻。朝，直遥翻。齐主许之，遣散骑常侍崔瞻来聘，且归南康愍王昙朗之丧。昙朗为齐所杀，见一百六十六卷梁敬帝太平元年。琳于是与潜有隙，更相表列。更，工衡翻。齐主征琳赴邺，以潜为扬州刺史，领行台尚书。瞻，㥄之子也。高欢起兵于信都，崔㥄为参佐。㥄，力膺翻。

10 梁末丧乱，铁钱不行，梁普通中铸铁钱。丧，息浪翻。民间私用鹅眼钱。甲子，改铸五铢钱，一当鹅眼之十。考异曰：隋志在天嘉五年。今从陈帝纪。

11 后梁主安于俭素，不好酒色，好，呼到翻。虽多猜忌，而抚将士有恩。以封疆褊隘，邑居残毁，干戈日用，郁郁不得志，疽发背而殂；年四十四。葬平陵，谥曰宣皇帝，庙号中宗。太子岿即皇帝位，岿，字仁远，宣帝之第三子也。岿，音归，又区胃翻。改元天保；尊龚太后为太皇太后，王后曰皇太后，母曹贵嫔为皇太妃。嫔，毗宾翻。

12 二【章：十二行本“二”作“三”；乙十一行本同；张校同。】月，丙子，安成王顼至建康，诏以为中书监、中卫将军。

上谓杜杲曰：“家弟今蒙礼遣，实周朝之惠；然鲁山不返，亦恐未能及此。”言若不赂以鲁山，亦恐未及遣安成王还也。朝，直遥翻；下同。杲对曰：“安成，长安一布衣耳，而陈之介弟也，介，大也。其价岂止一城而已哉！本朝敦睦九族，恕己及物，上遵太祖遗旨，下思继好之义，好，呼到翻。是以遣之南归。今乃云以寻常之土易骨肉之亲，非使臣之所敢闻也。”使，疏吏翻。上甚惭，曰：“前言戏之耳。”待杲之礼有加焉。

顼妃柳氏及子叔宝犹在穰城，上复遣毛喜如周请之，顼，吁玉翻。复，扶又翻。周人皆归之。

13 丁丑，以安右将军吴明彻为江州刺史，督高州刺史黄法𣰰、𣰰，巨俱翻。豫章太守守，式又翻。周敷共讨周迪。

14 甲申，大赦。

15 留异始谓台军必自钱塘上，既而侯安都步由诸暨出永康，上，时掌翻。诸暨县，自汉以来属会稽郡。永康县，吴赤乌八年，分上虞、乌伤立，属东阳郡。自永康至东阳一百九里。异大惊，奔桃枝岭，于岩口竖栅以拒之。竖，而主翻。安都为流矢所中，血流至踝，中，竹仲翻。踝，胡瓦翻，足跟也。乘舆指麾，容止不变。因其山势，迮而为堰，迮，侧百翻，迫也。堰，于建翻。会潦水涨满，安都引船入堰，起楼舰与异城等，发拍碎其楼堞。潦，卢皓翻。舰，户黯翻。堞，达协翻。异与其子忠臣脱身奔晋安，依陈宝应。安都虏其妻及馀子，尽收铠仗而还。铠，可亥翻。还，从宣翻，又音如字。

异党向文政据新安，上以贞毅将军程文季为新安太守，梁置贞毅将军，班第二十二，在五德将军之下；陈制，拟官品第五。帅精甲三百轻往攻之。文政战败，遂降。文季，灵洗之子也。陈氏建国，程灵洗、萧摩诃等俱为健将。帅，读曰率。降，户江翻。

16 夏，四月，辛丑，齐武明娄太后殂。齐主不改服，绯袍如故。未几，未几，言未几时也。几，居岂翻。登三台，置酒作乐，宫女进白袍，帝投诸台下。散骑常侍和士开请止乐，帝怒，挞之。和士开长君之恶者也，自此益无所忌惮矣。

17 乙巳，齐遣使来聘。使，疏吏翻；下同。

18 齐青州上言河水清，齐主遣使祭之，改元河清。

19 先是，周之君【章：十二行本“君”作“群”；乙十一行本同。】臣受封爵者皆未给租赋。先，悉荐翻。癸亥，始诏柱国等贵臣邑户，听寄食他县。

20 五月，庚午，周大赦。

21 己丑，齐以右仆射斛律光为尚书令。

22 壬辰，周以柱国杨忠为大司空。六月，己亥，以柱国蜀国公尉迟迥为大司马。尉，纡勿翻。

23 秋，七月，己丑，纳太子妃王氏，金紫光禄大夫周之女也。姚思廉陈书“周”作“固”。

24 齐平秦王归彦至冀州，内不自安，欲待齐主如晋阳，乘虚入邺。其郎中令吕思礼告之。此王国郎中令也。诏大司马段韶、司空娄叡讨之。归彦于南境置私驿，闻大军将至，即闭城拒守。长史宇文仲鸾等不从，皆杀之。归彦自称大丞相，有众四万。齐主以都官尚书封子绘，冀州人，祖父世为本州刺史，得人心，子绘父隆之，祖回，皆为冀州刺史。使乘传至信都，传，张恋翻。巡城，谕以祸福。吏民降者相继，城中动静，小大皆知之。降，户江翻。

归彦登城大呼云：呼，火故翻。“孝昭皇帝初崩，六军百万，悉在臣手，投身向邺，奉迎陛下。当时不反，今日岂反邪！正恨高元海、毕义云、高乾和诳惑圣上，疾忌忠良，但为杀此三人，诳，居况翻。为，于伪翻。即临城自刎。”刎，扶粉翻。既而城破，单骑北走，至交津，获之，水经注：衡漳水径武邑郡南，又东径武强县北，又东北径武隧县故城南、白马河注之。水上承呼沱，东径乐乡县北，饶阳县南，又东南径武邑郡北，而东入衡漳水，谓之交津口。锁送邺。乙未，载以露车，衔木面缚。李百药北齐书，“衔木”作“衔枚”。刘桃枝临之以刃，击鼓随之，并其子孙十五人皆弃市。命封子绘行冀州事。

齐主知归彦前谮清河王岳，事见一百六十六卷梁敬帝绍泰元年。以归彦家良贱百口赐岳家，赠岳太师。

丁酉，以段韶为太傅，娄叡为司徒，平阳王淹为太宰，斛律光为司空，赵郡王叡为尚书令，河间王孝琬为左仆射。

25 癸亥，齐主如晋阳。

26 上遣使聘齐。

27 九月，戊辰朔，日有食之。

28 以侍中、都官尚书到仲举为尚书右仆射、丹杨尹。仲举，溉之弟子也。到溉，彦之之曾孙，梁初以文学显，以廉白称。

29 吴明彻至临川攻周迪，不能克。丁亥，诏安成王顼代之。考异曰：陈书帝纪云：丁亥，迪请降，诏安成王讳督众军以招纳之。今从南史迪传。

30 冬，十月，戊戌，诏以军旅费广，百姓空虚，凡供乘舆饮食衣服及宫中调度，悉从减削；乘，绳证翻。调，徒钓翻。至于百司，宜亦思省约。

31 十一月，丁卯，周以赵国公招为益州总管。

32 丁丑，齐遣兼散骑常侍封孝琰来聘。

33 十二月，丙辰，齐主还邺。自晋阳还邺。

齐主逼通昭信李后，文宣李后，宫曰昭信。曰："若不从我，我杀尔儿。"后惧，从之。既而有娠。太原王绍德至阁，不得见，见，贤遍翻。愠曰："儿岂不知邪！姊腹大，故不见儿。"后大惭，由是生女不举。帝横刀诟曰：诟，许候翻。"杀我女，我何得不杀尔儿！"对后以刀环筑杀绍德。后大哭。帝愈怒，裸后，乱挝之。后号天不已，帝命盛以绢囊，号，户刀翻。盛，时征翻。流血淋漉，投诸渠水，良久乃苏，犊车载送妙胜寺为尼。武成之淫虐，文宣教之也。是以诗贵正始。

章锡琛标点容肇祖聂崇岐覆校

资治通鉴卷第一百六十九

端明殿学士兼翰林侍读学士朝散大夫右谏议大夫充集贤殿修撰提举西京嵩山崇福宫上柱国河内郡开国侯食邑一千八百户食实封六百户赐紫金鱼袋臣司马光奉敕编集

后学天台胡三省音注

陈纪三 起昭阳协洽（癸未），尽柔兆阉茂（丙戌），凡四年。

世祖文皇帝下

天嘉四年（癸未、五六三）

1春，正月，齐以太子少傅魏收兼尚书右仆射。时齐主终日酣饮，朝事专委侍中高元海。酣，户甘翻。朝，直遥翻；下同。元海庸俗，帝亦轻之；以收才名素盛，故用之。而收畏懦避事，寻坐阿纵，除名。考异曰：北齐书帝纪，“正月，乙亥，收为仆射，己卯，除名。”相去五日，不容如此之速，恐误，今去其日。

兖州刺史毕义云作书与高元海，论叙时事，元海入宫，不觉遗之。给事中李孝贞得而奏之，帝由是疏元海，以孝贞兼中书舍人，征义云还朝。和士开复谮元海，复，扶又翻。帝以马鞭箠元海六十，责曰：“汝昔教我反，事见上卷二年。箠，止蕊翻。以弟反兄，几许不义！以邺城兵抗并州，几许无智！”几，居岂翻。出为兖州刺史。

2甲申，周迪众溃，脱身逾岭，奔晋安，临川郡南城县有东兴岭，通晋安。依陈宝应。官军克临川，获迪妻子。宝应以兵资迪，留异又遣子忠臣随之。

虞寄与宝应书，以十事谏之曰："自天厌梁德，英雄互起，人人自以为得之，然夷凶翦乱，四海乐推者，陈氏也；乐，音洛。岂非历数有在，惟天所授乎！一也。以王琳之强，侯瑱之力，进足以摇荡中原，争衡天下，退足以屈强江外，瑱，他甸翻，又音镇。屈，其勿翻。强，其两翻。雄张偏隅；张，知亮翻。然或命一旅之师，或资一士之说，琳则瓦解冰泮，投身异域，瑱则厥角稽颡，书泰誓曰：若崩厥角。言如角之崩也。孟子曰：若崩厥角稽首。文虽小异，意则大同。此止言厥角稽颡，当以颠蹶之蹶为义。说，式芮翻。稽，音启。委命阙庭，斯又天假其威而除其患。二也。今将军以藩戚之重，陈编宝应于属籍，故云然。东南之众，尽忠奉上，戮力勤王，岂不勋高窦融，窦融以河西归汉，累世贵盛。宠过吴芮，吴芮以长沙奉汉，高祖贤之，制诏御史："长沙王忠，其定著令，"至传国五世。析珪判野，杨雄解嘲曰：析人之珪。师古注云：析，分也。判，亦分也。判野，谓画野分土，君国子民而传之后世也。南面称孤乎！三也。圣朝弃瑕忘过，宽厚得人，至于余孝顷、潘纯陀、李孝钦、欧阳頠等，朝，直遥翻。高祖永定元年，欧阳頠为周文育所禽。潘纯陀、李孝钦，皆王琳将也。孝钦及余孝顷，二年为周迪所禽，纯陀盖琳败而归陈也。頠，鱼委翻。悉委以心腹，任以爪牙，胸中豁然，曾无纤芥。况将军衅非张绣，罪异毕谌，张绣杀曹操之子，其后归操，操厚待之。事见汉献帝纪。又，操为兖州，以毕谌为别驾。张邈以兖州叛，劫谌母弟妻子，操谢遣之。谌顿首言无二心，既出，遂亡去。及破吕布，谌生得，众为之惧。操曰："夫人孝于亲者，岂有不忠于君乎！吾所求也。"以为鲁相。衅，许覲翻。谌，氏壬翻。当何虑于危亡，何失于富贵！四也。方今周、齐邻睦，境外无虞，并兵一向，匪朝伊夕，非刘、项竞逐之机，楚、赵连从之势；从，子容翻。何得雍容高拱，坐论西伯哉！五也。范晔论隗嚣曰：若嚣命会符运，敌非天力，虽坐论西伯，岂为过哉！注云：言不遇光武为敌，则不谢西伯也。且留将军狼顾一隅，亟经摧衄，亟，去吏翻，频数也。声实亏丧，胆气衰沮。其将帅首鼠两端，唯利是视，孰能被坚执锐，长驱深入，系马埋轮，奋不顾命，以先士卒者乎！六也。丧，息浪翻。沮，在吕翻。将，即亮翻。帅，所类翻。被，皮义翻。先，悉荐翻。将军之强，孰如侯景？将军之众，孰如王琳？武皇灭侯景于前，今上摧王琳于后，此乃天时，非复人力。复，扶又翻。且兵革已后，民皆厌乱，其孰能弃坟墓，捐妻子，出万死不顾之计，从将军于白刃之间乎！七也。历观前古，子阳、季孟，颠覆相寻；馀善、右渠，危亡继及。子阳，公孙述字；季孟，隗嚣字。二人事见汉光武纪。馀善、右渠事见汉武帝纪。天命可畏，山川难恃。况将军欲以数郡之地当天下之兵，以诸侯之资拒天子之命，强弱逆顺，可得侔乎！八也。且非我族类，其心必异；左传季文子引史佚之言。不爱其亲，岂能及物！留将军身縻国爵，子尚王姬，易曰：我有好爵，吾与尔縻之。子尚王姬，谓异子贞臣尚主也。犹且弃天属而不顾，背明君而孤立，危急之日，岂能同忧共患，不背将军者乎！背，蒲妹翻。至于师老力屈，惧诛利赏，必有韩、智晋阳之谋，张、陈井陉之势。九也。韩、智事见一卷周威烈王二十三年。张、陈事始秦二世三年，终汉高帝三年。陉，音刑。北军万里远斗，锋不可当。兵自建康来，建康于晋安为北，故曰北军。万里远斗者，无反顾之心，有必死之志，故其锋不可当。将军自战其地，人多顾后；众寡不敌，将帅不侔。师以无名而出，事以无机而动，以此称兵，称，犹举也。未知其利。十也。为将军计，莫若绝亲留氏，宝应娶留异之女为妻。释【章：十二行本“释”上有“遣子入质”四字；乙十一行本同；孔本同；张校同；退斋校同。】甲偃兵，一遵诏旨。方今藩维尚少，少，诗沼翻。皇子幼冲，凡豫宗族，皆蒙宠树。况以将军之地，将军之才，将军之名，将军之势，而克修藩服，北面称臣，宁与刘泽同年而语其功业哉！刘泽，汉高祖疏属，事见十三卷汉高后七年。寄感恩怀德，不觉狂言，斧钺之诛，其甘如荠。”荠，齐济翻。宝应览书大怒。或谓宝应曰：“虞公病势稍笃，言多错谬。”宝应意乃小释，亦以寄民望，故优容之。

3 周梁躁公侯莫陈崇从周主如原州。谥法：好变动民曰躁。帝夜还长安，人窃怪其故，崇谓所亲曰：“吾比闻术者言，晋公今年不利，车驾今忽夜还，不过晋公死耳。”比，毗至翻。宇文护封晋公。或发其事。乙酉，帝召诸公于大德殿，面责崇，崇惶恐谢罪。其夜，冢宰护遣使将兵就崇第，逼令自杀，护当恐惧修省，引咎避权，不当专杀功臣。使，疏吏翻。将，即亮翻。葬如常仪。

4 壬辰，以高州刺史黄法氍为南徐州刺史，临川太守周敷为南豫州刺史。五代志：高凉郡，梁置高州。南豫州，时治宣城。氍，巨俱翻。

5 周主命司宪大夫拓跋迪唐六典：御史大夫，秦官。历晋、宋、齐、梁、陈、后魏、北齐、后周，并不置大夫，而以中丞为台主。后周秋官置司宪中大夫二人，掌丞司寇之法，以左右刑罚，盖比御史中丞之职也。造大律十五篇。【章：十二行本“篇”下有“二月庚子颁行之”七字；乙十一行本同；孔本同；张校同；退斋校同。】五代志：周造大律凡二十五篇：一刑名，二法例，三祀享，四朝会，五婚姻，六户禁，七水火，八兴缮，九卫宫，十市廛，十一斗竞，十二劫盗，十三贼叛，十四毁亡，十五违制，十六关津，十七诸侯，十八厩牧，十九杂犯，二十诈伪，二十一请求，二十二告言，二十三逃亡，二十四系讯，二十五断狱。当从志作“二十五篇”。其制罪：一曰杖刑，自十至五十；二曰鞭刑，自六十至百；三曰徒刑，自一年至五年；四曰流刑，自二千五百里至四千五百里；五曰死刑，磬、绞、斩、枭、裂；古者公族有罪，磬于甸人。郑玄曰：悬缢杀之曰磬。绞者，全其身首。斩者，殊死。枭者，挂其首于木上。裂者，车裂。枭，坚尧翻。凡二十五等。五刑之属各有五，合二十五等。

6 庚戌，以司空南徐州刺史侯安都为江州刺史。

7 辛酉，周诏："大冢宰晋国公，亲则懿昆，昆，兄也。任当元辅，自今诏诰及百司文书，并不得称公名。"护抗表固让。

8 三月，乙丑朔，日有食之。

9 齐诏司空斛律光督步骑二万，筑勋掌城于轵关；五代志：轵关，在河内郡王屋县。骑，奇寄翻。轵，音只。仍筑长城二百里，置十二戍。

10 丙戌，齐以兼尚书右仆射赵彦深为左仆射。"左仆射"，当作"右仆射"，盖先是兼官，今正除右仆射也。

11 夏，四月，乙未，周以柱国达奚武为太保。

12 周主将视学，以太傅燕国公于谨为三老。燕，医肩翻。谨上表固辞，不许，仍赐以延年杖。戊午，帝幸太学。谨入门，帝迎拜于门屏之间，谨答拜。有司设三老席于中楹，南向。太师护升阶，设几，谨升席，南面凭几而坐。大司马豆卢宁升阶，正舄。帝升阶，立于斧扆之前，西面。扆，屏风也。斧扆，画文为斧形。扆，于岂翻。有司进馔，帝跪设酱豆，酱，食味之主。古之养老，执酱而馈，今跪而设豆。亲为之袒割。为，于伪翻。袒割，袒而割牲也。谨食毕，帝亲跪授爵以酳。酳，羊晋翻；以酒漱口也。有司撤讫，帝北面立而访道。谨起，立于席后，对曰："木受绳则正，后从谏则圣。书傅说告高宗之言。明王虚心纳谏以知得失，天下乃安。"又曰："去食去兵，信不可去；论语孔子答子贡之言。去，羌吕翻。愿陛下守信勿失。"又曰："有功必赏，有罪必罚，则为善者日进，为恶者日止。"又曰："言行者，立身之基，行，下孟翻。愿陛下三思而言，九虑而行，勿使有过。天子之过，如日月之食，人莫不知，愿陛下慎之。"帝再拜受言，谨答拜。礼成而出。三代而下，视学、养老、乞言之礼，唯汉明帝、周武帝行之。

13 司空侯安都恃功骄横，横，户孟翻。数聚文武之士骑射赋诗，数，所角翻；下又数同。骑，奇寄翻。斋中宾客，动至千人。部下将帅，多不遵法度，检问收摄，摄，录也，捕也。将，即亮翻。帅，所类翻。辄奔归安都。上性严整，内衔之，安都弗之觉。每有表启，封讫，有事未尽，开封自书之云："又启某事。"及侍宴，酒酣，或箕踞倾倚。常陪乐游园禊饮，乐，音洛。谓上曰："何如作临川王时？"上不应。安都再三言之。上曰："此虽天命，抑亦明公之力。"宴讫，启借供帐水饰，欲载妻妾于御堂宴饮。上虽许之，意甚不怿。明日，安都坐于御座，宾客居群臣位，称觞上寿。上，时掌翻。会重云殿灾，安都帅将士带甲入殿，上甚恶之，阴为之备。此皆日前事，史历叙安都致败之由。重，直龙翻。恶，乌路翻。

及周迪反，朝议谓当使安都讨之，朝，直遥翻；下同。而上更使吴明彻。更，工衡翻。又数遣台使按问安都部下，检括亡叛。使，疏吏翻。安都遣其别驾周弘实自托于舍人蔡景历，蔡景历为中书舍人，自武帝以来，特蒙亲任，盖陈朝事权皆在中书也。并问省中事。景历录其状，具奏之，因希旨称安都谋反。上虑其不受召，故用为江州。

五月，安都自京口还建康，部伍入于石头。六月，帝引安都宴于嘉德殿，又集其部下将帅会于尚书朝堂，于坐收安都，囚于嘉德西省，坐，徂卧翻。又收其将帅，尽夺马仗而释之。因出蔡景历表，以示于朝，乃下诏暴其罪恶，明日，赐死，宥其妻子，资给其丧。

初，高祖在京口，高祖与王僧辩既平台城，出镇京口。尝与诸将宴，杜僧明、周文育、侯安都为寿，奉觞上寿也。各称功伐。积功曰伐。高祖曰："卿等悉良将也，而并有所短。杜公志大而识暗，狎于下而骄于上；周侯交不择人，而推心过差；侯郎傲诞而无厌，轻佻而肆志；厌，于盐翻。佻，他雕翻。并非全身之道。"卒皆如其言。"知臣莫若君"，诚哉是言也。卒，子恤翻。

14 乙卯，齐主使兼散骑常侍崔子武来聘。散，悉亶翻。骑，奇寄翻；下同。

15 齐侍中、开府仪同三司和士开有宠于齐主，齐主外朝视事，或在内宴赏，须臾之间，不得不与士开相见，或累日不归，一日数入；或放还之后，俄顷即追，未至之间，连骑督趣。趣，读曰促。奸谄百端，宠爱日隆，前后赏赐，不可胜纪。每侍左右，言辞容止，极诸鄙亵；以夜继昼，无复君臣之礼。常谓帝曰："自古帝王，尽为灰土，尧舜、桀纣，竟复何异！陛下宜及少壮，极意为乐，纵横行之。胜，音升。复，扶又翻。少，诗照翻。乐，音洛。纵，子容翻。一日取快，可敌千年。国事尽付大臣，何虑不办，无为自勤约也！"帝大悦。于是委赵彦深掌官爵，元文遥掌财用，唐邕掌外、骑兵，外兵及骑兵也。勃海王欢相魏，丞相府外兵曹、骑兵曹分掌兵马。及文宣受禅，诸司咸归尚书，惟此二曹不废，谓之外兵省、骑兵省。据和士开传，时委邕掌外兵，白建掌骑兵。信都冯子琮、胡长粲掌东宫。帝三四日一视朝，书数字而已，朝，直遥翻。略无所言，须臾罢入。长粲，僧敬之子也。胡僧敬见一百五十八卷梁武帝大同七年。

帝使士开与胡后握槊。河南康献王孝瑜谏曰："皇后天下之母，岂可与臣下接手！"孝瑜又言："赵郡王叡，其父死于非命，叡父琛，勃海王欢之弟也，乱欢后庭，因杖而毙。不可亲近。"近，其靳翻。由是叡及士开共谮之。士开言孝瑜奢僭，叡言"山东唯闻河南王，不闻有陛下。"齐主多居晋阳，在山西；司、冀、定、殷、瀛、沧之地，皆在山东。帝由是忌之。孝瑜窃与尔朱御女言，齐制，八十一御女，比正四品，古之御妻也。孝瑜传云：尔朱事太后，孝瑜先与之通。帝闻之，大怒。庚申，顿饮孝瑜酒三十七杯。饮，于禁翻。孝瑜体肥大，腰带十围，帝使左右娄子彦载以出，鸩之于车，至西华门，烦躁投水而绝。躁，则到翻。赠太尉、录尚书事。诸侯在宫中者，莫敢举声，唯河间王孝琬大哭而出。孝琬，孝瑜之弟也。

16 秋，七月，戊辰，周主幸原州。

17 八月，辛丑，齐以三台宫为大兴圣寺。

18 九月，壬戌，广州刺史阳山穆公欧阳頠卒，诏子纥袭父爵位。阳山郡公。五代志：南海郡含洭县，梁置阳山郡。为欧阳纥不就征、阻兵而反张本。頠，鱼委翻。纥，下没翻。

19 甲子，周主自原州登陇。登陇坂也。

20 周迪复越东兴岭为寇，东兴岭，在临川郡南城县界。唐志，抚州南城县，武德四年，析置永城、东兴二县，七年省。沈约曰：东兴县，吴立，属临川郡。复，扶又翻。辛未，诏护军章昭达将兵讨之。昭达时为护军将军。

21 丙戌，周主如同州。

22 初，周人欲与突厥木杆可汗连兵伐齐，厥，九勿翻。杆，公旦翻。可，从刊入声。汗，音寒。许纳其女为后，遣御伯大夫杨荐唐六典曰：后周天官新置御伯中大夫二人，天子出入则侍于左右，大祭祀盥洗则授巾。武帝改御伯为纳言，盖侍中之职也。宣帝末，又别置侍中为加官。及左武伯太原王庆左武伯，盖侍卫之官，注见后。往结之。齐人闻之惧，亦遣使求婚于突厥，赂遗甚厚。使，疏吏翻。遗，于季翻。木杆贪齐币重，欲执荐等送齐。荐知之，责木杆曰："太祖昔与可汗共敦邻好，好，呼到翻。蠕蠕部落数千来降，太祖悉以付可汗使者，以快可汗之意，事见一百六十六卷梁敬帝绍泰元年。蠕，人兖翻。降，户江翻。如何今日遽欲背恩忘义，独不愧鬼神乎？"背，蒲妹翻。木杆惨然良久曰："君言是也。吾意决矣，当相与共平东贼，然后遣女。"荐等复命。考异曰：典略在保定二年。按王庆传云，是岁乃兴入并之役。故置于此。

公卿请发十万人击齐，柱国杨忠独以为得万骑足矣。戊子，遣忠将步骑一万，与突厥自北道伐齐，又遣大将军达奚武帅步骑三万，自南道出平阳，期会于晋阳。忠将，即亮翻，又音如字，领也。骑，奇寄翻。帅，读曰率；下同。

23 冬，十一月，辛酉，章昭达大破周迪。迪脱身潜窜山谷，民相与匿之，虽加诛戮，无肯言者。

24 十二月，辛卯，周主还长安。自陇上还。

25 丙申，大赦。

26 章昭达进军，度岭，趣建安，讨陈宝应，趣，七喻翻。诏益州刺史余孝顷梁元帝之世，益州之地已入于周，陈命余孝顷遥领益州刺史耳。督会稽、东阳、临海、永嘉诸军自东道会之。会，工外翻。

27 是岁，初祭始兴昭烈王于建康，用天子礼。帝嗣高祖，以子伯茂奉始兴昭烈王之祀。今初以天子礼祀之，非礼也。

28 周杨忠拔齐二十馀城。齐人守陉岭之隘，唐志：代州雁门县有东陉关、西陉关。陉，音刑。隘，乌懈翻。忠击破之。突厥木杆、地头、步离三可汗以十万骑会之。木杆分国为三部：木杆牙帐居都斤山，地头可汗统东方，步离可汗统西方。厥，九勿翻。杆，公旦翻。己酉，自恒州三道俱入。恒，户登翻。时大雪数旬，南北千馀里，平地数尺。齐主自邺倍道赴之，戊午，至晋阳。斛律光将步兵【章：十二行本"兵"作"骑"；乙十一行本同；孔本同。】三万屯平阳。拒达奚武之兵也。己未，周师及突厥逼晋阳。齐主畏其强，戎服帅宫人欲东走避之。赵郡王叡、河间王孝琬叩马谏。孝琬请委叡部分，分，扶问翻。必得严整。帝从之，命六军进止皆取叡节度，而使并州刺史段韶总之。委叡部分而段韶总其事。

五年（甲申、五六四）

1 春，正月，庚申朔，齐主登北城，晋阳北城也。军容甚整。突厥咎周人曰："尔言齐乱，故来伐之。今齐人眼中亦有铁，何可当邪！"厥，九勿翻。邪，音耶。

周人以步卒为前锋，从西山下去城二里许。诸将咸欲逆击之，将，即亮翻。段韶曰："步卒力势，自当有限。今积雪既厚，逆战非便，不如陈以待之。彼劳我逸，破之必矣。"既至，齐悉其锐师鼓噪而出。突厥震骇，引上西山，不肯战，陈，读曰阵。上，时掌翻。周师大败而还。还，从宣翻，又如字；下同。突厥引兵出塞，纵兵大掠，自晋阳以往七百馀里，人畜无遗。谓晋阳以北七百馀里。畜，许救翻。段韶追之，不敢逼。突厥还至陉岭，冻滑，乃铺毡以度，胡马寒瘦，膝已下皆无毛；比至长城，陉，音刑。比，必利翻。长城，即文宣所筑者。马死且尽，截稍杖之以归。

达奚武至平阳，未知忠退。斛律光与书曰："鸿鹄已翔于寥廓，罗者犹视于沮泽。"汉司马相如难蜀父老曰：焦明已翔乎寥廓，罗者犹视乎薮泽。沮，将预翻。武得书，亦还。光逐之，入周境，获二千馀口而还。

光见帝于晋阳，帝以新遭大寇，抱光头而哭。任城王湝进曰："何至于此！"乃止。见，贤遍翻。湝，音皆，又户皆翻。

初，齐显祖之世，周人常惧齐兵西渡，每至冬月，守河椎冰。及世祖即位，嬖幸用事，朝政渐紊，嬖，卑义翻，又博计翻。朝，直遥翻。紊，音问。齐人椎冰以备周兵之逼。斛律光忧之，曰："国家常有吞关、陇之志，今日至此，而唯玩声色乎！"

2 辛巳，上祀南郊。

3 二月，庚寅朔，日有食之。

4 初，齐显祖命群官刊定魏麟趾格为齐律，见一百六十三卷梁简文帝大宝元年。久而不成。时军国多事，决狱罕依律文，相承谓之"变法从事"。世祖即位，思革其弊，乃督修律令者，至是而成，律十二篇，五代志：齐律十二篇：一名例，二禁卫，三婚户，四擅兴，五违制，六诈伪，七斗讼，八贼盗，九捕断，十毁损，十一厩牧，十二杂律。令四十卷。其刑名有五：一曰死，重者轘之，轘，胡惯翻；即车裂也。次枭首，次斩，次绞；二曰流，投边裔为兵；三曰刑，自五岁至一岁；四曰鞭，自百至四十；五曰杖，自三十至十；凡十五等。死四等，流一，刑五等，鞭五等，杖三等，通十八等。今曰凡十五等，通鉴依五代志"大凡为十五等"之文也。枭，坚尧翻。其流外【章：十二行本"外"作"内"；乙十一行本同；孔本同。】官及老、小、阉、痴老者、小者、阉者、痴者与流外官皆赎。郑玄曰：阉，精气闭藏者。痴，不慧也。并过失应赎者，皆以绢代金。三月，辛酉，班行之，因大赦。赦其宿罪，此后有犯者，皆以法令施行。是后为吏者始守法令。又敕仕门子弟常讲习之，仕门，谓入仕之家。故齐人多晓法。

又令民十八受田输租调，二十充兵，六十免力役，六十六还田，免租调。一夫受露田八十亩，杜佑曰：不栽树者，谓之露田。调，力吊翻；下夫调、牛调同。妇人四十亩，奴婢依良人，言奴婢受田依良人亩数。牛受六十亩。按五代志，丁牛一头受田六十亩，限止四年。丁牛者，胜耕之牛，牧牛者得受其田。大率一夫一妇调绢一匹，绵八两，垦租二石，义租五斗；奴婢准良人之半；奴婢者，官常役其力，故所调半于良人。牛调二尺，垦租一斗，义租五升。垦租送台，义租纳郡以备水旱。调，力吊翻。

5 己巳，齐群盗田子礼等数十人，共劫太师彭城景思王浟为主，诈称使者，径向浟第，至内室，称敕，牵浟上马，临以白刃，欲引向南殿。浟大呼不从，浟，夷周翻。使，疏吏翻。上，时掌翻。呼，火故翻。盗杀之。

6 庚辰，周初令百官执笏。记玉藻曰：史进象笏，书思对命。注云：意所思念，将以告君者也。对，所以对君也。命，所受命也。书之于笏，为失忘也。又曰：凡有指画于君前者用笏，造受命于君前用笏。笏，毕用也，因饰焉。笏度二尺有六寸，其中博三寸，其杀六分而去一。应劭曰：昔荆轲逐秦王，其后谒者持匕首以备不虞，从此侍官皆执刀剑。高祖偃武修文，始制手版代焉。

隋志曰：中世以来，唯八座尚书执笏。笏者，白笔缀其头，紫囊裹之。其馀公卿，但执手板，谓之笔笏，盖以记事受言。西魏以降，通用象牙，五品已下，通用竹木。尔雅(二字衍)释名：笏，忽也，君有教命及所白，则书其上以备忽忘也。唐会要曰：笏，旧制三品已上，前挫后直，五品已上，前挫后屈；武德已来，一例上圆下方。开元八年，诸笏三品已上，前诎后直，五品以上，前诎后挫，并用象；九品已上，任用竹木，上挫下方；男以上听依品爵执笏；假版官亦依此例。

7 齐以斛律光为司徒，武兴王普为尚书左仆射。普，归彦之兄子也。甲申，以冯翊王润为司空。

8 夏，四月，辛卯，齐主使兼散骑常侍皇甫亮来聘。散，悉亶翻。骑，奇寄翻。

9 庚子，周主遣使来聘。使，疏吏翻。

10 癸卯，周以邓公河南窦炽为大宗伯。五月，壬戌，封世宗之子贤为毕公。

11 甲子，齐主还邺。自晋阳还。

12 壬午，齐以赵郡王叡为录尚书事，前司徒娄叡为太尉。甲申，以段韶为太师。丁亥，以任城王湝为大将军。湝，户皆翻，又音皆。

13 壬辰，齐主如晋阳。

14 周以太保达奚武为同州刺史。

15 六月，齐主杀乐陵王百年。时白虹晕日两重，重，直龙翻。又横贯而不达，赤星见，齐主欲以百年厌之。见，贤遍翻。厌，于叶翻。会博陵人贾德胄教百年书，百年尝作数敕字，德胄封以奏之。帝发怒，使召百年。百年自知不免，割带玦留与其妃斛律氏，见帝于凉风堂。见，贤遍翻。使百年书敕字，验与德胄所奏相似，遣左右乱捶之，又令曳之绕堂行且捶，所过血皆遍地，气息将尽，乃斩之，孝昭杀文宣之子，武成又杀孝昭之子，天之报应固不爽，遗言谆谆，竟何益哉！捶，止橤翻。弃诸池，池水尽赤。

妃把玦哀号不食，号，户高翻。月馀亦卒，玦犹在手，拳不可开；其父光自擘之，乃开。擘，博厄翻，分擘也。

16 庚寅，周改御伯为纳言。

17 初，周太祖之从贺拔岳在关中也，遣人迎晋公护于晋阳。梁武帝中大通二年，宇文泰从贺拔岳入关。按下护答母书云："违离膝下，三十五年，"逆而数之，正在是年。护母阎氏及周主之姑皆留晋阳，周主之姑，盖宇文泰之妹也。齐人以配中山宫。中山宫，慕容氏之故宫，自魏以来，以为别宫。及护用事，遣间使入齐求之，莫知音息。间，古苋翻。音息，犹今人言信息也。使，疏吏翻；下同。齐遣使者至玉壁，求通互市。护欲访求母、姑，使司马下大夫尹公正至玉壁，与之言，司马下大夫，即军司马之职。使者甚悦。勋州刺史韦孝宽获关东人，复纵之，因致书为言西朝欲通好之意。复，扶又翻，又音如字。为，于伪翻。好，呼到翻；下同。周在关西，故称西朝。朝，直遥翻。是时，周人以前攻晋阳不得志，谋与突厥再伐齐。厥，九勿翻。齐主闻之，大惧，许遣护母西归，且求通好，先遣其姑归。

18 秋，八月，丁亥朔，日有食之。

19 周遣柱国杨忠【章：十二行本"忠"下有"将兵"二字；乙十一行本同；孔本同。】会突厥伐齐，至北河而还。水经：河水东径沃野故城南，又北屈而为南河出焉。河水又北，迤西溢于窳浑县故城东，又屈而东流为北河，东径高阙南。还，从宣翻，又音如字。

20 戊子，周以齐公宪为雍州牧，雍，于用翻。宇文贵为大司徒。九月，丁巳，以卫公直为大司空。追录佐命元功，封开府仪同三司陇西公李昞为唐公，录昞父虎佐命之功也。李氏有天下，国号曰唐，本此。昞，音丙。太驭中大夫长乐公若干凤为徐公。周官：大驭中大夫，掌驭玉路以祀及犯軷，属夏官。乐，音洛。昞，虎之子；凤，惠之子也。李虎始见一百五十六卷梁武帝中大通六年。若干惠见一百五十八卷大同九年。

21 乙丑，齐主封其子绰为南阳王，俨为东平王。俨，太子之母弟也。

22 突厥寇齐幽州，众十馀万，入长城，大掠而还。

23 周皇姑之归也，齐主遣人为晋公护母作书，言护幼时数事，又寄其所着锦袍，以为信验。为，于伪翻。着，陟略翻。且曰："吾属千载之运，属，之欲翻。载，子亥翻。蒙大齐之德，矜老开恩，许得相见。禽兽草木，母子相依。吾有何罪，与汝分离！今复何福，还望见汝！复，扶又翻，又音如字。言此悲喜，死而更苏。世间所有，求皆可得，母子异国，何处可求！假汝贵极王公，富过山海，有一老母，八十之年，飘然千里，死亡旦夕，不得一朝蹔见，蹔，与暂同。不得一日同处，处，昌吕翻。寒不得汝衣，饥不得汝食，汝虽穷荣极盛，光耀世间，于吾何益！吾今日之前，汝既不得申其供养，供，居用翻。养，羊亮翻。事往何论；今日以后，吾之残命，唯系于汝尔。戴天履地，中有鬼神，勿云冥昧，而可欺负！"

护得书，悲不自胜。胜，音升。复书曰："区宇分崩，遭遇灾祸，违离膝下，三十五年。离，力智翻。受生禀气，皆知母子，谁同萨保，护，字萨保。萨，桑葛翻。如此不孝！子为公侯，母为俘隶，暑不见母暑，寒不见母寒，衣不知有无，食不知饥饱，泯如天地之外，无由暂闻。分怀冤酷，终此一生，分，扶问翻。死若有知，冀奉见于泉下耳！不谓齐朝解网，惠以德音，磨敦、四姑，并许矜放。护兄弟呼其母为"阿摩敦"。四姑即周主之姑也，第四。朝，直遥翻；下同。初闻此旨，魂爽飞越，左传：郑子产曰："人生始化曰魄。既生魄，阳曰魂，用物精多则魂魄强，是以有精爽，至于神明。"号天叩地，号，户刀翻。不能自胜。胜，音升；下足胜同。齐朝霈然之恩，既已沾洽，有家有国，信义为本，伏度来期，已应有日。朝，直遥翻。度，徒洛翻。一得奉见慈颜，永毕生愿。生死肉骨，生死，谓使死者复生；肉骨，谓使枯骨再肉。岂过今恩；负山戴岳，未足胜荷。”胜，音升。荷，下可翻。

齐人留护母，使更与护书，邀护重报，往返再三。时段韶拒突厥军于塞下，厥，九勿翻。齐主使黄门徐世荣乘传赍周书问韶。韶以“周人反覆，本无信义，比晋阳之役，其事可知。护外托为相，其实主也。既为母请和，传，张恋翻。比，毗至翻。相，息亮翻。为，于伪翻；下主为同。不遣一介之使。使，疏吏翻；下同。若据移书，即送其母，恐示之以弱。不如且外许之，待和亲坚定，然后遣之未晚。”齐主不听，即遣之。护母至长安，席未及暖，而洛阳之师已出，卒如段韶之言。

阎氏至周，举朝称庆，周主为之大赦。凡所资奉，穷极华盛。每四时伏腊，周主帅诸亲戚行家人之礼，称觞上寿。朝，直遥翻。帅，读曰率；下同。上，时掌翻。

24 突厥自幽州还，还，从宣翻，又如字。留屯塞北，更集诸部兵，遣使告周，欲与共击齐如前约。闰月，乙巳，突厥寇齐幽州。

晋公护新得其母，未欲伐齐；恐负突厥约，更生边患，不得已，征二十四军及左右厢散隶秦、陇、巴、蜀之兵二十四军，六柱国及十二大将军所统关中诸府兵也。安定公泰相魏，左右各十二军，并属相府。左右厢，禁卫兵也，兼有秦、陇、巴、蜀之兵，散隶于左右厢者。散，悉亶翻。并羌、胡内附者，凡二【张：“二”作“三”。】十万人。冬，十月，甲子，周主授护斧钺于庙庭；丁卯，亲劳军于沙苑；劳，力到翻。癸酉，还宫。

护军至潼关，遣柱国尉迟迥帅精兵十万为前锋，趣洛阳，大将军权景宣帅山南之兵趣悬瓠，山南，荆、襄之兵。尉，纡勿翻。帅，读曰率；下同。趣，七喻翻。少师杨檦出轵关。少，始照翻。檦，与标同。

25 周迪复出东兴，复，扶又翻；下众复同。宣城太守钱肃镇东兴，以城降迪。守，式又翻。降，户江翻。吴州刺史陈详将兵击之，五代志：鄱阳郡，梁置吴州；陈废鄱阳之吴州，而于吴郡置吴州。将，即亮翻，又音如字，领也。详兵大败，迪众复振。

南豫州刺史西丰脱侯周敷帅所部击之，谥法，无脱谥。盖以周敷轻脱而死，故以为谥。至定川，据周敷传，定川，县名。与迪对垒。迪绐敷曰："吾昔与弟戮力同心，事见一百六十六卷梁敬帝太平元年。绐，荡亥翻。岂规相害！今愿伏罪还朝，朝，直遥翻。因弟披露心腑，先乞挺身共盟。"敷许之，方登坛，为迪所杀。

26 陈宝应据晋安、建安二郡，水陆为栅，以拒章昭达。昭达与战，不利，因据上流，命军士伐木为筏，施拍其上。会大雨江涨，昭达放筏冲宝应水栅，尽坏之，筏，音伐。坏，音怪。又出兵攻其步军。方合战，上遣将军余孝顷自海道适至，去年遣孝顷督会稽诸郡兵自东道合攻陈宝应。并力乘之。十一月，己丑，宝应大败，逃至莆口，莆口，在唐泉州莆田县界。莆田，今兴化军即其地。虞寄传作"莆田"。莆，音蒲。谓其子曰："早从虞公计，不至今日。"昭达追擒之，并擒留异及其族党，送建康，斩之。异子贞臣以尚主得免；宝应宾客皆死。

上闻虞寄尝谏宝应，命昭达礼遣诣建康。既见，劳之曰："管宁无恙。"汉末，管宁客辽东，不受公孙度爵命，已而复得还乡里，故以寄况之。劳，力到翻。以为衡阳王掌书记。上子伯信封衡阳王，奉献王昌祀。

27 周晋公护进屯弘农。尉【章：十二行本"尉"上有"甲午"二字；乙十一行本同；孔本同；张校同。】迟迥围洛阳，雍州牧齐公宪、同州刺史达奚武、泾州总管王雄军于邙山。雍，于用翻。邙，音亡。

28 戊戌，齐主遣兼散骑常侍刘逖来聘。散，悉亶翻。骑，奇寄翻。

29 初，周杨檦为邵州刺史，五代志，绛郡垣县，后魏置邵郡及白水县，后周置邵州，改白水为亳城，隋废州及郡，改亳城为垣县。镇捍东境二十馀年，数与齐战，数，所角翻。未尝不捷，由是轻之。既出轵关，独引兵深入，又不设备。甲辰，齐太尉娄叡将兵奄至，大破檦军，檦遂降齐。将，即亮翻；下同。降，户江翻；下同。

权景宣围悬瓠，十二月，齐豫州道行台·豫州刺史太原王士良、永州刺史萧世怡并以城降之。景宣使开府郭彦守豫州，谢彻守永州，五代志：汝南郡城阳县，旧置楚州，后齐曰永州。送士良、世怡及降卒千人于长安。

周人为土山、地道以攻洛阳，三旬不克。晋公护命诸将堑断河阳路，堑，七艳翻。断，音短。遏齐救兵，然后同攻洛阳；诸将以为齐兵必不敢出，唯张斥候而已。

齐遣兰陵王长恭、大将军斛律光救洛阳，畏周兵之强，未敢进。齐主召并州刺史段韶，谓曰："洛阳危急，今欲遣王救之。突厥在北，复须镇御，如何？"复，扶又翻。对曰："北虏侵边，事等疥癣。今西邻窥逼，乃腹心之病，请奉诏南行。"齐主曰："朕意亦尔。"乃令韶督精骑一千发晋阳。骑，奇寄翻。丁巳，齐主亦自晋阳赴洛阳。

30 己未，齐太宰平原靖翼王淹卒。

31 段韶自晋阳行，五日济河，会连日阴雾，壬戌，韶至洛阳，帅帐下三百骑，与诸将登邙阪，观周军形势。邙阪，北邙之阪也。帅，读曰率。至太和谷，与周军遇，韶即驰告诸营，追集骑士，结陈以待之。陈，读曰阵；下光陈同。韶为左军，兰陵王长恭为中军，斛律光为右军。周人不意其至，皆恟惧。恟，许拱翻。韶遥谓周人曰："汝宇文护才得其母，遽来为寇，何也？"周人曰："天遣我来，有何可问！"韶曰："天道赏善罚恶，当遣汝送死来耳！"

周人以步兵在前，上山逆战。上北邙逆齐兵与战。上，时掌翻。韶且战且却以诱之；诱，音酉。待其力弊，然后下马击之。周师大败，一时瓦解，投坠溪谷死者甚众。

兰陵王长恭以五百骑突入周军，遂至金墉城下。城上人弗识，长恭免胄示之面，乃下弩手救之。周师在城下者亦解围遁去，委弃营幕，自邙山至谷水，水经：谷水出弘农渑池县墦冢林谷阳谷，东北过谷城县北，又东过河南县北，东南入于洛。三十里中，军资器械，弥满川泽。唯齐公宪、达奚武及庸忠公王雄在后，勒兵拒战。谥法：危身奉上曰忠。

王雄驰马冲斛律光陈，光退走，雄追之。光左右皆散，唯馀一奴一矢。雄按稍不及光者丈馀，稍，色角翻。谓光曰："吾惜尔不杀，当生将尔见天子。"光射雄中额，雄抱马走，至营而卒。射，而亦翻。中，竹仲翻。卒，子恤翻。军中益惧。

齐公宪拊循督励，众心小安。至夜，收军，宪欲待明更战。达奚武曰："洛阳军散，人情震骇，若不因夜速还，明日欲归不得。武在军久，备见形势；公少年未经事，少，诗照翻。岂可以数营士卒委之虎口乎！"乃还。权景宣亦弃豫州走。

丁卯，齐主至洛阳。己巳，以段韶为太宰，斛律光为太尉，兰陵王长恭为尚书令。赏战胜之功也。壬申，齐主如虎牢，遂自滑台如黎阳，丙子，至邺。

杨忠引兵出沃野，应接突厥，军粮不给，诸军忧之，计无所出。忠乃招诱稽胡酋长咸在坐，此稽胡与离石稽胡同种，散居银、夏之间。诱，音酉。酋，慈秋翻。长，知两翻。坐，徂卧翻。诈使河州刺史王杰勒兵鸣鼓而至，曰："大冢宰已平洛阳，欲与突厥共讨稽胡之不服者。"坐者皆惧，忠慰谕而遣之。于是诸胡相帅馈输，军粮填积。属周师罢归，忠亦还。帅，读曰率。属，之欲翻。

晋公护本无将略，是行也，又非本心，故无功，兵出无名，事故不成，其宇文护之谓乎！将，即亮翻。与诸将稽首谢罪。周主慰劳罢之。稽，音启。劳，力到翻。

32 是岁，齐山东大水，饥死者不可胜计。胜，音升。

33 宕昌王梁弥定屡寇周边，周大将军田弘讨灭之，以其地置宕州。宕州在长安西南一千六百五十六里。宕，徒浪翻。

六年（乙西、五六五）

1 春，正月，癸卯，齐以任城王湝为大司马。湝，户皆翻，又音皆。任，音壬。

2 齐主如晋阳。

3 二月，辛丑，周遣陈公纯、许公贵、神武公窦毅、南阳公杨荐等魏收志：朔州有神武郡，领尖山、树颓二县。水经注：树颓水出沃阳县东山下，西南流，右合诰升爰水。其水左合中陵川。后魏置神武郡于神武川，治尖山县。隋为神武县，属马邑郡。荐，在甸翻。备皇后仪卫行殿，并六宫百二十人，诣突厥可汗牙帐逆女。毅，炽之兄子也。炽时为柱国。周主既诛宇文护，以为太傅。

4 丙寅，周以柱国安武公李穆为大司空，绥德公陆通为大司寇。李穆、陆通，皆县公也。五代志：襄阳郡旧有安武县，西魏并为南漳县。雕阴郡有绥德县，西魏置。

5 壬申，周主如岐州。

6 夏，四月，甲寅，以安成王顼为司空。

顼以帝弟之重，势倾朝野。直兵鲍僧叡，恃顼势为不法，自秦以来，王公府皆有直兵。御史中丞徐陵为奏弹之，从南台官属引奏案而入。御史台为南台。上见陵章服严肃，为敛容正坐。为，于伪翻；下上为同。陵进读奏版，时顼在殿上侍立，仰视上，流汗失色。陵遣殿中御史引顼下殿。殿中侍御史，居殿中察非法，故使之引顼下殿。上为之免顼侍中、中书监。朝廷肃然。

7 丙【严："丙"改"戊"。】午，齐大将军东安王娄叡坐事免。

8 齐著作郎祖珽，有文学，多技艺，而疏率无行。珽，它鼎翻。技，渠绮翻。行，下孟翻。尝为高祖中外府功曹，高欢都督中外诸军事，以珽为府功曹。因宴失金叵罗，叵罗，杯觞之属。叵，普火翻。于珽髻上得之；又坐诈盗官粟三千石，鞭二百，配甲坊。珽与令史李双、仓督成祖等作晋州启请粟三千石，珽代功曹赵彦深宣教给之。事觉，鞭配。显祖时，珽为秘书丞，盗华林遍略，及有他赃，当绞，除名为民。华林遍略，梁武帝集诸学士所撰也。南人持至邺下卖之，高澄集书吏，一日一夜写毕，退还其本。珽盗遍略数帙，质钱樗蒲，重以得罪。至显祖时，又盗遍略一部，及拟补令史十馀人，皆有受，由是除名。显祖虽憎其数犯法，而爱其才伎，令直中书省。伎，渠绮翻。

世祖为长广王，珽为胡桃油献之，珽善为胡桃油，以涂画。因言"殿下有非常骨法。孝征梦殿下乘龙上天。"孝征，祖珽字也。是时人多以字行。上，时掌翻。王曰："若然，当使兄大富贵。"及即位，擢拜中书侍郎，迁散骑常侍。与和士开共为奸谄。

珽私说士开曰："君之宠幸，振古无比。振古，犹云自古也。说，式芮翻；下宜说、微说同。宫车一日晚驾，晚，晏也，义与晏驾同。欲何以克终？"士开因从问计。珽曰："宜说主上云：'文襄、文宣、孝昭之子，俱不得立，今宜令皇太子早践大位，以定君臣之分。'践，慈演翻。分，扶问翻。若事成，中宫、少主必皆德君，此万全计也。请君微说主上令粗解，少，诗照翻。粗，坐五翻。解，户买翻，晓也。珽当自外上表论之。"士开许诺。

会有彗星见。彗，祥岁翻。见，贤遍翻。太史奏云："彗，除旧布新之象，当有易主。"珽于是上书言："陛下虽为天子，未为极贵，宜传位东宫，且以上应天道。"并上魏显祖禅子故事。见一百三十二卷宋明帝泰始六年。是上、并上，时掌翻；下公上同。齐主从之。

丙子，使太宰段韶持节奉皇帝玺绶，传位于太子纬。太子即皇帝位于晋阳宫，讳纬，字仁纲，武成帝之长子也。玺，斯氏翻。绶，音受。大赦，改元天统。又诏以太子妃斛律氏为皇后。于是群公上世祖尊号为太上皇帝，军国大事咸以闻。使黄门侍郎冯子琮、尚书左丞胡长粲辅导少主，出入禁中，专典敷奏。子琮，胡后之妹夫也。

祖珽拜秘书监，加仪同三司，大被亲宠，被，皮义翻。见重二宫。

9 丁丑，齐以贺拔仁为太师，侯莫陈相为太保，冯翊王润为司徒，赵郡王叡为司空，河南【严："南"改"间"。】王孝琬为尚书令。戊寅，以瀛州刺史尉粲为太尉，斛律光为大将军，东安王娄叡为太尉，尉粲、娄叡并为太尉，此承齐纪之误。按尉粲传，粲为太傅，当从之。娄叡封郡王。五代志：琅邪郡沂水县，旧置东安郡。尚书仆射赵彦深为左仆射。按齐纪，彦深自右仆射迁为左仆射。

10 五月，突厥遣使至齐，使，疏吏翻。始与齐通。

11 六月，己巳，齐主使兼散骑常侍王季高来聘。

12 秋，七月，辛巳朔，日有食之。

13 上遣都督程灵洗自鄱阳别道击周迪，破之。迪与麾下十馀人窜于山穴中，日月浸久，从者亦稍苦之。从，才用翻。后遣人潜出临川市鱼鲑，吴人总称鱼菜为鲑，音户皆翻。临川太守骆牙执之，令取迪自效，因使腹心勇士随之入山。其人诱迪出猎，守，式又翻。诱，音酉。勇士伏于道傍，出斩之。丙戌，传首至建康。

14 庚寅，周主如秦州；八月，丙子，还长安。

15 己卯，立皇子伯固为新安王，伯恭为晋安王，伯仁为庐陵王，伯义为江夏王。夏，户雅翻。

16 冬，十月，辛亥，周以函谷关城为通洛防，以金州刺史贺若敦为中州刺史，镇函谷。五代志：河南郡新安县，后周置中州。杜佑曰：在今洛州新安县东。

敦恃才负气，顾其流辈皆为大将军，敦独未得，兼以湘州之役，全军而返，谓宜受赏，翻得除名，事见上卷元年、二年。对台使出怨言。使，疏吏翻。晋公护怒，征还，逼令自杀。临死，谓其子弼曰："吾志平江南，今而不果，汝必成吾志。吾以舌死，汝不可不思。"因引锥刺弼舌出血以诫之。刺，七亦翻。弼能从父之志而取江南，不能守父之戒而保其身。

17 十一月，癸未，齐太上皇至邺。

18 齐世祖之为长广王也，数为显祖所捶，数，所角翻。捶，止橤翻。心常衔之。显祖每见祖珽，常呼为贼，故珽亦怨之；且欲求媚于世祖，乃说世祖曰："文宣狂暴，何得称'文'？既非创业，何得称'祖'？若文宣为祖，陛下万岁后当何所称？"帝从之。己丑，改谥太祖献武皇帝【章：十二行本"帝"下有"为神武皇帝"五字；乙十一行本同；孔本同；张校同；退斋校同。】庙号高祖，献明皇后为武明皇后。令有司更议文宣谥号。说，式芮翻。更，工衡翻。谥，神至翻。

19 十二月，乙卯，封皇子伯礼为武陵王。

20 壬戌，齐上皇如晋阳。

21 庚午，齐改谥文宣皇帝为景烈皇帝，庙号威宗。谥法：布义行刚曰景；有功安民曰烈；猛以强果曰威；有威可畏曰威；以刑服远曰威。

天康元年（丙戌、五六六）是年二月改元。

1 春，正月，己卯，日有食之。

2 癸未，周大赦，改元天和。

3 辛卯，齐主祀圜丘；癸巳，祫太庙。五代志：齐制：圜丘方泽，并三年一祭，谓之禘祀。圜丘则以苍璧束帛。正月上辛，祀昊天上帝。太庙则春祠，夏禴，秋尝，冬烝，皆以孟月，并腊凡五祭。三年一禘，五年一祫，谓之殷祭。

4 丙申，齐以吏部尚书尉瑾为右仆射。

5 己亥，周主耕藉田。藉，在亦翻。

6 庚子，齐主如晋阳。

7 周遣小载师杜杲来聘。周礼：载师，掌任土之法，以物地事，授地职而待其政令，属地官。其官有上士二人，中士四人，而无大、小之别。五代志：后周置载师，掌任土之法，辩夫家田里之数，会六畜车乘之稽，审赋役敛弛之节，制畿疆修广之役，颁施惠之要，审牧产之政。

8 二月，庚戌，齐上皇还邺。

9 丙子，大赦，改元。改元天康。

10 三月，己卯，以安成王顼为尚书令。

11 丙午，周主祀南郊。夏，四月，辛亥，大雩。

12 上不豫，台阁众事，并令尚书仆射到仲举、五兵尚书孔奂共决之。奂，琇之之曾孙也。孔琇之见一百三十九卷齐明帝建武元年。琇，音秀。疾笃，奂、仲举与司空·尚书令·扬州刺史安成王顼、吏部尚书袁枢、中书舍人刘师知入侍医药。枢，君正之子也。袁君正见一百六十三卷梁武帝太清三年。太子伯宗柔弱，上忧其不能守位，谓顼曰："吾欲遵太伯之事。"言以天下让也。顼拜伏泣涕，固辞。上又谓仲举、奂等曰："今三方鼎峙，四海事重，宜须长君。长，知两翻。朕欲近则晋成，远隆殷法，晋成帝立母弟为嗣，事见九十七卷咸康八年。殷法，兄死弟及。卿等宜遵此意。"孔奂流涕对曰："陛下御膳违和，痊复非久。痊，愈也；复，谓复初。痊，且缘翻。皇太子春秋鼎盛，圣德日跻。毛苌曰：跻，升也。郑玄曰：言日进也。安成介弟之尊，足为周旦。若有废立之心，臣等愚诚，不敢闻诏。"上曰："古之遗直，复见于卿。"复，扶又翻。乃以奂为太子詹事。

臣光曰：夫人臣之事君，宜将顺其美，正救其恶。孝经记夫子之言。孔奂在陈，处腹心之重任，处，昌吕翻。决社稷之大计，苟以世祖之言为不诚，则当如窦婴面辩，袁盎廷争，窦婴事见十六卷汉景帝三年。袁盎事见十二年。争，读曰诤。防微杜渐以绝觊觎之心。觊，音冀。觎，音俞。以为诚邪，邪，音耶。则当请明下诏书，宣告中外，使世祖有宋宣之美，高宗无楚灵之恶。左传：宋宣公舍其子与夷而立其弟穆公。穆公卒，舍其子冯而立与夷。君子曰："宋宣公可谓知人矣，立穆公，其子飨之。"楚康王有疾，其弟围入问王疾，缢而弑之，遂杀其二子幕及平夏而自立，是为灵王。不然，谓太子嫡嗣，不可动摇，欲保辅而安全之，则当尽忠竭节，【章：十二行本"节"下有"以死继之"四字；乙十一行本同；孔本同；张校同；退斋校同。】如晋之荀息，赵之肥义。左传：晋献公有疾，属其子奚齐于荀息。息曰："臣竭其股肱之力，继之以死。"公薨，里克杀奚齐。荀息将死之。人曰："不如立卓子而辅之。"荀息立卓子以葬献公。里克杀卓子，荀息死之。肥义事见卷四周赧王二十年。奈何于君之存，则逆探其情而求合焉；探，吐南翻。及其既没，则权臣移国而不能救，嗣主失位而不能死！斯乃奸谀之尤者，而世祖谓之遗直，以托六尺之孤，岂不悖哉！悖，蒲内翻。

13 癸酉，上殂。殂，祚于翻。

上起自艰难，知民疾苦。性明察俭约，每夜刺闺取外事分判者，前后相续。以锥东物曰刺；闺，宫中小门也。就闺中刺取外事，故曰"刺闺"。刺，七赐翻。敕传更签于殿中者，必投签于阶石之上，令鎗然有声，更，工衡翻。更签，更筹也。鎗，楚庚翻。曰："吾虽眠，亦令惊觉。"觉，古孝翻。

太子即位，大赦。五月，己卯，尊皇太后曰太皇太后，皇后曰皇太后。

14 乙酉，齐以兼尚书左仆射武兴王普为尚书令。

15 吐谷浑龙涸王莫昌帅部落附于周，以其地为扶州。五代志：同昌郡嘉诚县，后周置县，并龙涸郡及扶州总管府。吐，从暾入声。谷，音浴。帅，读曰率。

16 庚寅，以安成王顼为骠骑大将军、司徒、录尚书、都督中外诸军事。顼，吁玉翻。骠，匹妙翻。骑，奇寄翻。丁酉，以中军大将军、开府仪同三司徐度为司空，以吏部尚书袁枢为左仆射，吴兴太守沈钦为右仆射，守，式又翻。御史中丞徐陵为吏部尚书。

陵以梁末以来，选授多滥，乃为书示众曰："梁元帝承侯景之凶荒，王太尉接荆州之祸败，王太尉，谓僧辩也。荆州祸败，谓江陵陷没也。故使官方，穷此纷杂。方，法也。穷，极也。永安之时，南史徐陵传作"永定"。永定，高祖受禅初元也，当从之。圣朝草创，白银难得，黄札易营，朝，直遥翻。易，以豉翻。权以官阶，代于钱绢。致令员外、常侍，路上比肩，谘议、参军，市中无数，岂是朝章固应如此！朝，直遥翻。今衣冠礼乐，日富年华，谓一日富于一日，一年华于一年也。何可犹作旧意【退："意"作"章"。】非理望也！"众咸服之。

17 己亥，齐立上皇子弘为齐安王，仁固为北平王，仁英为高平王，仁光为淮南王。

18 六月，齐遣兼散骑常侍韦道儒来聘。散，悉亶翻。骑，奇寄翻。

19 丙寅，葬文皇帝于永宁陵，庙号世祖。

20 秋，七月，戊寅，周筑武功等诸城以置军士。武功，即汉扶风武功县。周纪：筑武功、郿、斜谷、武都、留谷、津坑诸城。

21 丁酉，立妃王氏为皇后。临海王立后。

22 八月，齐上皇如晋阳。

23 周信州蛮冉令贤、向五子王等据巴峡反，巴峡，在巴郡巴县，有明月、广德等峡，亦谓之三峡。攻陷白帝，党与连结二千馀里。周遣开府仪同三司元契、赵刚等前后讨之，终不克。九月，诏开府仪同三司陆腾督开府仪同三司王亮、司马裔讨之。

腾军于汤口，水经：江水自朐䏰县东径瞿巫滩，左则汤溪水注之，谓之汤口。令贤于江南据险要，置十城，远结涔阳蛮为声援，涔，钼箴翻。丁度曰：涔阳渚在郢中。此盖荆州蛮也。又水经：涔水出汉中南郑县东南旱山，东北流，径成固县南城北，北至沔阳县，南入于沔。水经又曰：涔水出作唐县西北天门郡界，东南流，注于澧水。九域志：江陵府公安县有涔阳镇。此涔阳当从九域志。自帅精卒固守水逻城。帅，读曰率。逻，郎佐翻。腾召诸将问计，皆欲先取水逻，后攻江南。腾曰："令贤内恃水逻金汤之固，外托涔阳辅车之援，资粮充实，器械精新。以我悬军，攻其严垒，脱一战不克，更成其气。不如顿军汤口，先取江南，翦其羽毛，然后进军水逻，此制胜之术也。"乃还【章：十二行本"还"作"遣"；乙十一行本同；孔本同；退斋校同。】王亮帅众渡江，旬日，拔其八城，捕虏及纳降各千计。遂间募骁勇，"间"当作"简"。骁，坚尧翻。数道进攻水逻。蛮帅冉伯犁、冉安西素与令贤有仇，腾说诱，赂以金帛，使为乡导。帅，读曰率。说，式芮翻。乡，读曰向。水逻之旁有石胜城，令贤使其兄子龙真据之。腾密诱龙真，龙真遂以城降。水逻众溃，斩首万馀级，捕虏万馀口。令贤走，追获，斩之。腾积骸于水逻城侧为京观。是后群蛮望之，辄大哭，不敢复叛。观，古玩翻。复，扶又翻。

向五子王据石墨城，使其子宝胜据双城。今归州巴东县，北临大江，有铁枪头，长数丈，经数百年不损，目曰"向王枪"，盖诸向所据处也。水逻既平，腾频遣谕之，犹不下。进击，皆擒之，尽斩诸向酋长，捕虏万馀口。酋，慈秋翻。长，知两翻。

信州旧治白帝，腾徙之于八陈滩北，诸葛亮垒石为八阵于鱼复平沙之上，今谓之八阵碛。夔州图经云：八阵碛在奉节县西南七里。又云：在永安宫南一里。渚下平碛，上聚细石为之，各高五丈，皆棋布相当。中间相去九尺，正中开南北巷，悉广五尺，凡六十四聚。或为人散乱，及为夏水所没，水退则依然如故。又有二十四聚，作两层，其后每层各十二聚。陈，读曰阵。以司马裔为信州刺史。

小吏部陇西辛昂，周既建六官，以六部分属六官，小吏部属天官。奉使梁、益，且为腾督军粮。使，疏吏翻；下同。为，于伪翻。时临、信、楚、合等州，民多从乱，五代志：巴东郡临江县，后周置临州。巴郡，梁置楚州。涪陵郡，西魏置合州。唐改临州为忠州。昂谕以祸福，赴者如归。乃令老弱负粮，壮夫拒战，咸乐为用。乐，音洛。使还，会巴州万荣郡民反，五代志：清化郡，梁置巴州，所领永穆县，旧置万荣郡。唐志：永穆县属通州，我朝改通州为达州。攻围郡城，遏绝山路。昂谓其徒曰："凶狡猖狂，若待上闻，孤城必陷。苟利百姓，专之可也。"遂募通、开二州，五代志：通川郡，梁置万州，西魏曰通川。所领西流县，后魏之汉兴县也，西魏置开州；唐省西流县入盛山县。杜佑曰：通州，汉宕渠之地，梁于此置万州，以州内地万馀顷，故以为名；西魏改通州，以居四达之地。得三千人。倍道兼行，出其不意，直趣贼垒。趣，七喻翻。贼以为大军至，望风瓦解，一郡获全。周朝嘉之，以为渠州刺史。五代志：宕渠郡，梁置渠州。朝，直遥翻。

24 冬，十月，齐以侯莫陈相为太傅，任城王湝为太保，娄叡为大司马，冯翊王润为太尉，开府仪同三司韩祖念为司徒。

25 庚申，帝享太庙。

26 十一月，乙亥，周遣使来吊。使，疏吏翻。

27 丙戌，周主行视武功等新城；行，下孟翻。十二月，庚申，还长安。

28 齐河间王孝琬怨执政，怨谗杀其兄孝瑜也。为草人而射之。射，而亦翻。和士开、祖珽谮之于上皇曰："草人以拟圣躬也。又，前突厥至并州，孝琬脱兜鍪抵地，抵，诸氏翻，侧击也；北齐书作"扺"，丁礼翻。云：'我岂老妪，须着此物！'此言属大家也。

妪，威遇翻。着，陟略翻。属，之欲翻。比时已谓天子为“大家”，言比上皇于妇人。又，魏世谣言：‘河南种谷河北生，白杨树上金鸡鸣。’河南、北者，河间也。孝琬将建金鸡大赦耳。”五代志曰：后齐赦日，武库令设金鸡及鼓于阙门外之右，集囚于阙前，挝鼓千声，释焉。尔雅翼曰：海中星占曰：天鸡声动为有赦。故后魏、北齐赦日，皆设金鸡揭于竿。上皇颇惑之。

会孝琬得佛牙，置第内，夜有光。上皇闻之，使搜之，得填库矟幡数百，填，读曰镇。矟，色角翻。上皇以为反具，收讯。诸姬有陈氏者，无宠，诬孝琬云：“孝琬常画陛下像而哭之”，其实世宗像也。孝琬父澄，谥文襄皇帝，庙号世宗。上皇怒，使武卫赫连辅玄倒鞭挝之。倒鞭者，执小头，以大头挝之。孝琬呼叔。上皇曰：“何敢呼我为叔！”孝琬曰：“臣神武皇帝嫡孙，文襄皇帝嫡子，魏孝静皇帝之甥，何为不得呼叔！”上皇愈怒，折其两胫而死。折，而设翻。

安德王延宗哭之，泪赤。延宗亦文襄之子，幼为文宣所养，问：“欲作何王？”对曰：“欲作冲天王。”文宣问杨愔。愔曰：“天下无此郡名，愿使安于德。”乃封安德王。泪赤者，泣尽而继之以血也。魏中兴初，分乐陵，置安德郡。又为草人，鞭而讯之曰：“何故杀我兄？”奴告之，上皇覆延宗于地，马鞭鞭之二百，几死。几，居依翻。

29 是岁，齐赐侍中、中书监元文遥姓高氏，文遥，孝昭帝之后党也。顷之，迁尚书左仆射。

魏末以来，县令多用厮役，厮，音斯，今相传读从诜入声。由是士流耻为之。文遥以为县令治民之本，治，直之翻。遂请革选，革，更改也。密择贵游子弟，发敕用之；犹恐其披诉，悉召之集神武门，令赵郡王叡宣旨唱名，厚加尉谕而遣之。齐之士人为县自此始。

章锡琛标点容肇祖聂崇岐覆校

资治通鉴卷第一百七十

端明殿学士兼翰林侍读学士朝散大夫右谏议大夫
充集贤殿修撰提举西京嵩山崇福宫上柱国河内郡 司马光 奉敕编集
开国侯食邑一千八百户食实封六百户赐紫金鱼袋臣

后学天台 胡三省 音注

陈纪四 起强圉大渊献（丁亥），尽重光单阏（辛卯），凡五年。

临海王 讳伯宗，字奉业，小字药王，文帝嫡长子也。

光大元年（丁亥、五六七）

1 春，正月，癸酉朔，日有食之。

2 尚书左仆射袁枢卒。卒，子恤翻。

3 乙亥，大赦，改元。改元光大。

4 辛卯，帝祀南郊。

5 壬辰，齐上皇还邺。去年八月如晋阳，今还。

6 己亥，周主耕藉田。藉，秦昔翻。

7 二月，壬寅朔，齐主加元服，大赦。

8 初，高祖为梁相，高祖杀王僧辩，立梁敬帝，遂相之，因以受禅。相，息亮翻；下同。用刘师知为中书舍人。师知涉学工文，练习仪体，仪体，谓朝仪国体。历世祖朝，虽位宦不迁，而委任甚重，朝，直遥翻；下同。与扬州刺史安成王顼、尚书仆射到仲举同受遗诏辅政。师知、仲举恒居禁中，参决众事，恒，户登翻。顼与左右三百人入居尚书省。师知见顼地望权势为朝野所属，心忌之，属，之欲翻。与尚书左丞王暹等谋出顼于外。暹，思廉翻。众犹豫，未敢先发。东宫通事舍人殷不佞，素以名节自任，按萧子显齐志，东宫职僚，未有通事舍人。五代志，梁东宫官有通事守舍人、典事守舍人、典法守舍人员，陈因之。又受委东宫，言在东宫，为上所亲委。乃驰诣相府，是时以尚书省为相府。矫敕谓顼曰："今四方无事，王可还东府经理州务。"州务，谓扬州事务。

顼将出，中记室毛喜五代志：梁制：蕃王国及庶姓有持节，府有中录事、中记室。驰入见顼曰："陈有天下日浅，国祸继臻，谓八年之间，国连有大丧。中外危惧。太后深惟至计，惟，思也。令王入省共康庶绩，今日之言，必非太后之意。宗社【章：十二行本"壮"作"社"；乙十一行本同；孔本同。】之重，愿王三思，三，息暂翻，又如字。须更闻奏，无使奸人得肆其谋。今出外即受制于人，譬如曹爽，愿作富家翁，其可得邪！"曹爽事见四十五卷魏邵陵厉公嘉平元年。顼遣喜与领军将军吴明彻筹之，明彻曰："嗣君谅闇，闇，音阴。万机多阙。殿下亲实周、邵，当辅安社稷，愿留中勿疑。"

顼乃称疾，召刘师知，留之与语，使毛喜先入言于太后。太后曰："今伯宗幼弱，政事并委二郎。文帝居长，顼居次，故称为二郎。此非我意。"喜又言于帝。帝曰："此自师知等所为，朕不知也。"喜出，以报顼。顼因囚师知，自入见太后及帝，见，贤遍翻。极陈师知之罪，仍自草敕请画，请画可也。以师知付廷尉，其夜，于狱中赐死。以到仲举为金紫光禄大夫。王暹、殷不佞并付治。付治，付有司治罪也。或作"付冶"，付东冶使徒作也。以下文不害免官言之，"治"字为是。暹，息廉翻。不佞，不害之弟也，少有孝行，不佞少居父丧，以至孝称。江陵之陷，不佞母死于乱兵。不佞在吴，道路隔绝，久不得奔赴，四年之中，昼夜号泣，居处饮食，常为居丧之礼。后其兄不齐迎母丧归葬，不佞居处之节，如始闻问，若此者又三年。身自负土，手植松柏，每岁时伏腊，必三日不食。少，诗照翻。行，下孟翻。顼雅重之，故独得不死，免官而已。王暹伏诛。自是国政尽归于顼。刘师知之事，大类杨愔。

右卫将军会稽韩子高，镇领军府，在建康诸将中士马最盛，会，工外翻。将，即亮翻。与仲举通谋。事未发。毛喜请简士马配子高，并赐铁炭，使修器甲。顼惊曰："子高谋反，方欲收执，何为更如是邪？"邪，音耶。喜曰："山陵始毕，边寇尚多，而子高受委前朝，名为杖顺。若收之，恐不即授首，或能为人患。宜推心安诱，朝，直遥翻。诱，音酉。使不自疑，伺间图之，一壮士之力耳。"顼深然之。间，古苋翻。考异曰：陈书文沈后传云："安成王既专，沈太后忧闷，计无所出，乃密赂宦者蒋裕，令诱建安人张安国，使据郡反，冀因此以图高宗。安国事觉，并为高宗所诛。时后左右近侍颇知其事，后恐连，逮党与并杀之。"按后欲图高宗，而令安国据建安反，理不相涉。且后若实有此谋，高宗既立，后岂得自全！今删去。

仲举既废归私第，心不自安。子郁，尚世祖妹信义长公主，信义，郡名。五代志：吴郡常熟县，梁置信义郡。长，知两翻。除南康内史，未之官。子高亦自危，求出为衡、广诸镇；郁每乘小舆，蒙妇人衣，与子高谋。会前上虞令陆昉及子高军主告其谋反。昉，分罔翻。顼在尚书省，因召文武在位议立皇太子。平旦，仲举、子高入省，皆执之，到仲举既废归私第，非在位者。盖顼召其会议，因而执之。并郁送廷尉，下诏，于狱赐死，考异曰：陈书子高传，死在光大元年八月。按华皎传，子高诛后，皎始谋叛。帝纪，此年五月，皎已谋反。又慈训太后令，先言刘师知、子高诛，后乃及余孝顷。始兴王伯茂传，师知等诛后，伯茂乃进号中卫。然则子高传误也。馀党一无所问。

9 辛亥，南豫州刺史余孝顷坐谋反诛。

10 癸丑，以东扬州刺史始兴王伯茂为中卫大将军、开府仪同三司。梁置四中将军，军、卫、抚、护，止施于内。伯茂，帝之母弟也，刘师知、韩子高之谋，伯茂皆预之；司徒顼恐扇动内外，故以为中卫，专使之居禁中，与帝游处。处，昌吕翻。

11 三月，甲午，以尚书右仆射沈钦为侍中、左仆射。史言沈钦官兼两省。

12 夏，四月，癸丑，齐遣散骑常侍司马幼之来聘。散，悉亶翻。骑，奇寄翻。

13 湘州刺史华皎华，户化翻。闻韩子高死，内不自安，皎与刘师知、韩子高皆为文帝所亲任，二人既死，故皎不自安。缮甲聚徒，抚循所部，启求广州，以卜朝廷之意。司徒顼伪许之，而诏书未出。皎遣使潜引周兵，又自归于梁，以其子玄响为质。使，疏吏翻。质，音致。

五月，癸巳，顼以丹杨尹吴明彻为湘州刺史。

14 甲午，齐以东平王俨为尚书令。

15 司徒顼遣吴明彻帅舟师三万趣郢州，帅，读曰率；下同。趣，七喻反；下同。丙申，遣征南大将军淳于量帅舟师五万继之，又遣冠武将军杨文通从安成步道出茶陵，梁置冠武将军，与折冲同班。五代志：庐陵郡安复县，旧置安成郡。茶陵县，汉属长沙郡，吴分属湘东郡，隋并入衡山郡湘潭县。九域志：茶陵县属衡州，在州东三百五十五里。巴山太守黄法慧从宜阳出澧陵，宜阳，即豫章郡宜春县也，晋孝武帝更名宜阳，避太后讳也。隋复曰宜春县，带袁州。后汉立醴陵县，属长沙郡。九域志：在郡东一百六十里。自宜春至醴陵二百二十里。守，式又翻。共袭华皎，并与江州刺史章昭达、郢州刺史程灵洗合谋进讨。六月，壬寅，以司空徐度为车骑将军，总督建康诸军，步道趣湘州。

16 辛亥，周主尊其母叱奴氏为皇太后。按魏收官氏志：拓跋兴于代北，兼并他部，以本部中别族为内姓；其他诸部随方分之，北方有叱奴氏。

17 己未，齐封皇弟仁机为西河王，仁约为乐浪王，乐，音洛；下同。浪，音琅。仁俭为颍川王，仁雅为安乐王，仁直为丹杨王，考异曰：北齐书帝纪：名统，今从列传。统，谓仁直。仁谦为东海王。皆郡王也。五代志：安乐郡密云县，旧置安乐郡。

18 华皎使者至长安；梁王亦上书言状，且乞师；华，户化翻。使，疏吏翻。上，时掌翻。周人议出师应之。司会崔猷曰："前岁东征，死伤过半。谓攻齐洛阳也，事见上卷文帝天嘉五年。会，古外翻。比虽循抚，疮痍未复。今陈氏保境息民，共敦邻好，比，毗至翻。好，呼到翻。岂可利其土地，纳其叛臣，违盟约之信，兴无名之师乎！"晋公护不从。闰六月，戊寅，遣襄州总管卫公直督柱国陆通、大将军田弘、权景宣、元定等将兵助之。将，即亮翻，又音如字，领也。

19 辛巳，齐左丞相咸阳武王斛律金卒，年八十。长子光为大将军，相，息亮翻。卒，子恤翻。长，知两翻。次子羡及孙武都并开府仪同三司，出镇方岳，斛律羡镇幽州，武都镇梁、兖二州。其馀子孙封侯显贵者甚众。门中一皇后，二太子妃，金子光长女，孝昭纳为太子妃；次女，武成纳为太子妃，后主受内禅，立为皇后。三公主，按后祖珽言光男尚公主，盖光子武都、世雄、恒伽皆尚主也。事齐贵宠，三世无比。自肃宗以来，礼敬尤重，每朝见，常听乘步挽车至阶，朝，直遥翻。见，贤遍翻。步挽车，不用牛马，令人步挽之。或以羊车迎之。然金不以为喜，尝谓光曰："我虽不读书，闻古来外戚鲜有能保其族者。鲜，息浅翻。女若有宠，为诸贵所嫉；无宠，为天子所憎。我家直以勋劳致富贵，何必借女宠也！"史言斛律金有识。

20 壬午，齐以东平王俨录尚书事，以左仆射赵彦深为尚书令，并省尚书左仆射娄定远为左仆射，自并省入为邺省左仆射。中书监徐之才为右仆射。定远，昭之子也。昭，娄后之弟。

21 秋，七月，戊申，立皇子至泽为太子。

22 八月，齐以任城王湝为太师，任，音壬。湝，音皆，又户皆翻。冯翊王润为大司马，段韶为左丞相，贺拔仁为右丞相，侯莫陈相为太宰，娄叡为太傅，斛律光为太保，韩祖念为大将军，赵郡王叡为太尉，东平王俨为司徒。

俨有宠于上皇及胡后，时兼京畿大都督、领军大将军，领御史中丞。魏朝故事：中丞出，与皇太子分路，分路而行，不引车避道。朝，直遥翻。王公皆遥驻车，去牛，顿轭于地，以待其过；去，羌吕翻。轭，于革翻。其或迟违，不即驻车顿轭，是迟，迟为违法。则前驱以赤棒棒之。棒，部项翻。自迁邺以后，此仪废绝，上皇欲尊宠俨，命一遵旧制。俨初从北宫出，将上中丞，将上，时掌翻。今人谓领职视事为礼上。凡京畿步骑、领军官属、中丞威仪、司徒卤簿，莫不毕从。骑，奇寄翻。从，才用翻。上皇与胡后张幕于华林园东门外而观之，遣中使骤马趣仗。趣俨前导仪仗也。使，疏吏翻。趣，七喻翻。不得入，自言奉敕，赤棒卒应声碎其鞍，马惊，人坠。上皇大笑，以为善，更敕驻车，劳问良久。劳问俨也。劳，力到翻。观者倾邺城。

俨恒在宫中，坐含光殿视事，恒，户登翻；下同。诸父皆拜之。上皇或时如并州，晋阳宫在并州。俨恒居守。恒，户登翻。守，式又翻。每送行，或半路，或至晋阳乃还。还，从宣翻，又音如字。器玩服饰，皆与齐主同，所须悉官给。尝于南宫见新冰早李，齐主时居邺之南宫，俨从上皇、胡后居北宫。还，怒曰："尊兄已有，我何意无！"俨常谓齐主为尊兄。自是齐主或先得新奇，属官及工人必获罪。俨性刚决，尝言于上皇曰："尊兄懦，何能帅左右！"上皇每称其才，有废立意，胡后亦劝之，既而中止。俨与齐主既定君臣之分，而常以兄弟相呼，又有夺嫡之意。史历言之，为俨怙宠致祸张本。帅，读曰率。

23 华皎遣使诱章昭达，昭达执送建康。又诱程灵洗，灵洗斩之。华，户化翻。使，疏吏翻。诱，音酉；下并同。皎以武州居其心腹，五代志，武陵郡，梁置武州。遣使诱都督陆子隆，子隆不从；

遣兵攻之，不克。巴州刺史戴僧朔等并隶于皎，文帝命皎都督湘、巴等四州。五代志，巴陵郡，梁置巴州。长沙太守曹庆等，本隶皎下，遂为之用。湘州与长沙郡同治所，以州统郡，故曰本隶皎下。守，手又翻。司徒顼恐上流守宰皆附之，乃曲赦湘、巴二州。九月，乙巳，悉诛皎家属。

梁以皎为司空，遣其柱国王操将兵二万助之。周权景宣将水军，元定将陆军，卫公直总之，与皎俱下。将，即亮翻，又音如字，领也。淳于量军夏口，直军鲁山，使元定以步骑数千围郢州。骑，奇寄翻。考异曰：陈帝纪云"步骑二万"，盖夸诞之辞。今从周帝纪。皎军于白螺，水经：江水过长沙下隽县北，湘水从南来注之。江水又东过彭城口，又东过如山北，又东过白螺山南。螺，卢戈翻。隽，辞兖翻。与吴明彻等相持。徐度、杨文通由岭路袭湘州，岭路，即前所出安成、宜阳步道也。尽获其所留军士家属。

皎自巴陵与周、梁水军顺流乘风而下，军势甚盛，战于沌口。沌，柱兖翻。量、明彻募军中小舰，多赏金银，令先出当西军大舰受其拍；西军诸舰发拍皆尽，然后量等以大舰拍之，西军舰皆碎，没于中流。战船置拍竿，发之以拍敌船。舰，户黯翻。西军又以舰载薪，因风纵火，俄而风转，自焚，西军大败。皎与戴僧朔单舸走，舸，古我翻。过巴陵，不敢发岸，"发"，恐当作"登"。径奔江陵；卫公直亦奔江陵。

元定孤军，进退无路，斫竹开径，且战且引，欲趣巴陵。趣，七喻翻。巴陵已为徐度等所据，度等遣使伪与结盟，许纵之还国；定信之，解仗就度，度执之，尽俘其众，考异曰：陈书云"获万馀人，马四千匹"。亦恐夸诞，今不取。并擒梁大将军李广。定愤恚而卒。恚，於避翻。卒，子恤翻。

皎党曹庆等四十馀人并伏诛。唯以岳阳太守章昭裕，昭达之弟，桂阳太守曹宣，高祖旧臣，衡阳内史汝阴任忠，尝有密启，皆宥之。

吴明彻乘胜攻梁河东，拔之。守，式又翻。五代志：巴陵郡湘阴县，梁置岳阳郡。桂阳郡郴县，梁置桂阳郡。长沙郡衡山县，旧置衡阳郡。陈以衡阳为王国，故置内史。南郡松滋县，旧置河东郡。任，音壬。

周卫公直归罪于梁柱国殷亮；梁主知非其罪，然不敢违，遂诛之。

周与陈既交恶，周沔州刺史裴宽白襄州总管，请益戍兵，并迁城于羊蹄山以避水。五代志：沔阳郡甑山县，梁置梁安郡，西魏改曰魏安郡，置江州，废帝三年，改曰沔州。甑山有阳台山，在汉川之南三十五里，土俗讹为羊蹄山。总管兵未至，程灵洗舟师奄至城下。会大雨，水暴涨，灵洗引大舰临城发拍，击楼堞皆碎，堞，徒协翻。矢石昼夜攻之三十馀日；陈人登城，宽犹帅众执短兵拒战；帅，读曰率。又二日，乃擒之。

24 丁巳，齐上皇如晋阳。山东水，饥，按李百药书：山东大水，人饥。僵尸满道。僵，居良翻。

25 冬，十月，甲申，帝享太庙。

26 十一月，戊戌朔，日有食之。

27 丙午，齐大赦。

28 癸丑，周许穆公宇文贵自突厥还，卒于张掖。宇文贵与陈公纯等如突厥逆女，突厥留之；贵以疾先得还。厥，九勿翻。还，从宣翻，又音如字。卒，子恤翻。掖，音亦。

29 齐上皇还邺。

30 十二月，周晋公护母卒，卒，子恤翻。诏起，令视事。令，力丁翻。

31 齐秘书监祖珽，与黄门侍郎刘逖友善。珽欲求宰相，乃疏赵彦深、元文遥、和士开罪状，令逖奏之，逖不敢通；彦深等闻之，先诣上皇自陈。上皇大怒，执珽，诘之，珽，他鼎翻。诘，去吉翻。珽因陈士开、文遥、彦深等朋党、弄权、卖官、鬻狱事。上皇曰："尔乃诽谤我！"珽曰："臣不敢诽谤，陛下取人女。"上皇曰："我以其饥馑，收养之耳。"珽曰："何不开仓振给，乃买入后宫乎？"上皇益怒，以刀环筑其口，鞭杖乱下，将扑杀之。扑，弼角翻。珽呼曰："陛下勿杀臣，臣为陛下合金丹。"呼，火故翻。为，于伪翻。合，音阁。遂得少宽。少，诗照翻。珽曰："陛下有一范增不能用。"汉高帝之言。上皇又怒曰："尔自比范增，以我为项羽邪？"邪，音耶。珽曰："项羽布衣，帅乌合之众，五年而成霸业。帅，读曰率。陛下借父兄之资，才得至此，臣以为项羽未易可轻。"上皇愈怒，令以土塞其口。易，以豉翻。塞，悉则翻。珽且吐且言，乃鞭二百，配甲坊，寻徙光州，五代志：东莱郡，旧置光州。敕令牢掌。别驾张奉福曰："牢者，地牢也。"乃置地牢中，桎梏不离身；离，力智翻。夜，以芜菁子为烛，眼为所熏，由是失明。本草曰：芜菁主明目。今珽由是失明，盖其子饵之则明目，以之为烛，则烟熏眼而失明。衍义曰：芜菁，今世俗谓之蔓菁，夏则枯，蔬圃复种之，谓之鸡毛菜。正在春时采撷之馀，收子为油。审是，则菜油也，东南之人多以之照夜，未尝熏眼失明。

32 齐七兵尚书毕义云，杜佑曰：魏始置五兵尚书，谓中兵、外兵、别兵、都兵、骑兵也。晋分中、外各为左、右，虽与旧为七曹，唯有五兵尚书，无七兵尚书之名。至后魏，始有七兵尚书。今诸家著述，或谓晋太康中置七兵尚书，误矣。为治酷忍，非人理所及，治，直吏翻。于家尤甚。夜，为盗所杀，遗其刀，验之，其子善昭所佩刀也。有司执善昭，诛之。史书此以垂戒。然以情观之，善昭果弑其父，必不遗刀以待验，盖盗为此计以杀其子。

二年（戊子、五六八）

1 春，正月，己亥，安成王顼进位太傅，领司徒，加殊礼。

2 辛丑，周主祀南郊。

3 癸亥，齐主使兼散骑常侍郑大护来聘。

4 湘东忠肃公徐度卒。卒，子恤翻。

5 二月，丁卯，周主如武功。

6 突厥木杆可汗贰于周，厥，九勿翻。杆，公旦翻。可，从刊入声。汗，音寒。更许齐人以婚，留陈公纯等数年不返。纯等逆女，见上卷文帝天嘉六年。会大雷风，坏其穹庐，坏，音怪。旬日不止。木杆惧，以为天谴，即备礼送其女于周，纯等奉之以归。三月，癸卯，至长安，周主行亲迎之礼。迎，鱼敬翻。古者天子娶于诸侯，使同姓诸侯为之主。桓八年，祭公来，遂逆王后于纪。杜预注云：祭公来，受命于鲁，是也。周主行亲迎，与突厥为敌国之礼。甲辰，周大赦。

7 乙巳，齐以东平王俨为大将军，南阳王绰为司徒，开府仪同三司徐显秀为司空，广宁王孝珩为尚书令。珩，音行。

8 戊午，周燕文公于谨卒。燕，因肩翻。卒，子恤翻。谨勋高位重，而事上益恭，每朝参，所从不过二三骑。朝廷有大事，多与谨谋之。朝，直遥翻。骑，奇寄翻。谨尽忠补益，于功臣中特被亲信，礼遇隆重，始终无间；被，皮义翻。间，古苋翻。教训诸子，务存静退，而子孙蕃衍，蕃，音烦。率皆显达。

9 吴明彻乘胜进攻江陵，乘沌口之胜也。引水灌之。梁主出顿纪南以避之。刘昭曰：江陵县北十馀里有纪南城。周总管田弘从梁主，副总管高琳与梁仆射王操守江陵三城，昼夜拒战十旬。梁将马武、吉彻击明彻，败之。将，即亮翻。败，补迈翻。明彻退保公安，梁主乃得还。

10 夏，四月，辛巳，周以达奚武为太傅，尉迟迥为太保，齐公宪为大司马。

11 齐上皇如晋阳。

12 齐尚书左仆射徐之才善医，上皇有疾，之才疗之，既愈；

中书监和士开欲得次迁，乃出之才为兖州刺史。为齐主疾作、追之才不及张本。五代志：鲁郡，旧兖州，治瑕丘。五月，癸卯，以尚书右仆射胡长仁为左仆射，士开为右仆射。长仁，太上皇后之兄也。

13 庚戌，周主享太庙；庚申，如醴泉宫。醴泉宫，即汉甘泉宫之旧地，在汉冯翊池阳县西，后魏于此置宁夷县，隋改曰醴泉县。

14 壬戌，齐上皇还邺。还，从宣翻。又音如字。

15 秋，七月，壬寅，周随桓公杨忠卒，卒，子恤翻。子坚袭爵。坚为开府仪同三司、小宫伯，周礼：宫伯属天官，中士二人，下士二人。郑玄注云：伯，长也；掌王宫宿卫之官及其政令，行其秩叙，作其徒役之事。后周置左、右宫伯，掌侍卫之禁，各更直于内，小宫伯贰之。晋公护欲引以为腹心。坚以白忠，忠曰："两姑之间难为妇，汝其勿往！"坚乃辞之。史以杨忠有识，因书其卒而书之。杨坚始见于此。

16 丙午，帝享太庙。

17 戊午，周主还长安。

18 壬戌，封皇弟伯智为永阳王，伯谋为桂阳王。

19 八月，齐请和于周，周遣军司马陆程聘于齐；九月，丙申，齐使侍中斛斯文略报之。

20 冬，十月，癸亥，周主享太庙。

21 庚午，帝享太庙。

22 辛巳，齐以广宁王孝珩录尚书事，左仆射胡长仁为尚书令，右仆射和士开为左仆射，中书监唐邕为右仆射。

23 十一月，壬辰朔，日有食之。

24 齐遣兼散骑常侍李谐来聘。散，悉亶翻。骑，奇寄翻。

25 甲辰，周主如岐阳。五代志：太原郡雍县有岐阳宫。

26 周遣开府仪同三司崔彦等聘于齐。

27 始兴王伯茂以安成王顼专政，意甚不平，屡肆恶言。顼，吁玉翻。甲寅，以太皇太后令诬帝，云与刘师知、华皎等通谋。言“以”者，明太皇太后令，顼为之也。华，户化翻。且曰：“文皇知子之鉴，事等帝尧；传弟之怀，又符太伯。今可还申曩志，崇立贤君。”遂废帝为临海王，以安成王入纂。又下令，黜伯茂为温麻侯，温麻县侯也。沈约曰：晋武帝以温麻船屯立县，属晋安郡。晋安，隋改为建安。寘诸别馆，安成王使盗邀之于道，杀之车中。

28 齐上皇疾作，驿追徐之才，未至。辛未，疾亟，以后事属和士开，属，之欲翻。握其手曰：“勿负我也！”遂殂于士开之手。殂，祚乎翻。年三十二。明日，之才至，复遣还州。还兖州也。复，扶又翻。

士开秘丧三日不发。黄门侍郎冯子琮问其故，士开曰：“神武、文襄之丧，皆秘不发。神武卒，见一百六十卷梁武帝太清元年；文襄卒，见一百六十二卷太清三年。今至尊年少，少，诗照翻。恐王公有贰心者，意欲尽追集于凉风堂，然后与公议之。”士开素忌太尉录尚书事赵郡王叡及领军娄定远，子琮恐其矫遗诏出叡于外，夺定远禁兵，乃说之曰：说，式芮翻。“大行先已传位于今上，群臣富贵者，皆至尊父子之恩，但令在内贵臣一无改易，王公必无异志。令，力丁翻。世异事殊，岂得与霸朝相比！高欢、高澄未即篡魏，握魏之政，北齐君臣皆谓之霸朝。朝，直遥翻；下同。且公不出宫门已数日，升遐之事，郑玄曰：升，上也；遐，已也。上已者，若仙去云耳。行路皆传，久而不举，谓不举哀成服也。恐有他变。”士开乃发丧。

丙子，大赦。戊寅，尊太上皇后为皇太后。

侍中尚书左仆射元文遥，以冯子琮，胡太后之妹夫，恐其赞太后干预朝政，朝，直遥翻。与赵郡王叡、和士开谋，出子琮为郑州刺史。

世祖骄奢淫泆，役繁赋重，吏民苦之。史言亡齐者武成。甲申，诏："所在百工细作，悉罢之。邺下、晋阳、中山宫人、官口之老病者，悉简放。齐有邺宫、晋阳宫、中山宫。官口，罪人家口没官为奴婢者。诸家缘坐在流所者，听还。"缘坐，谓罪非正犯，缘亲戚而坐罪者。

29 周梁州恒棱獠叛，据赵文表传：恒棱，地名，所在险固，方数百里，群獠居之。文表既平獠，遂置为蓬州。恒，户登翻。獠，鲁皓翻；下同。总管长史南郑赵文表讨之。赵文表为梁州总管府长史。长，知两翻。诸将欲四面进攻，将，即亮翻。文表曰："四面攻之，獠无生路，必尽死以拒我，未易可克。今吾示以威恩，为恶者诛之，从善者抚之。善恶既分，破之易矣。"易，以豉翻。遂以此意遍令军中。时有从军熟獠，多与恒棱亲识，即以实报之。境上内附者，谓之熟獠。恒棱犹豫未决，文表军已至其境。獠中先有二路，一平一险，有獠帅数人来见，帅，所类翻。请为乡导。乡，读曰向。文表曰："此路宽平，不须为导。卿但先行慰谕子弟，使来降也。"降，户江翻；下同。乃遣之。文表谓诸将曰："獠帅谓吾从宽路而进，必设伏以邀我，当更出其不意。"乃引兵自险路入。乘高而望，果有伏兵。獠既失计，争帅众来降。降，户江翻。文表皆慰抚之，仍征其租税，无敢违者。周人以文表为蓬州长史。蓬州本汉宕渠之地，李势时为獠所据。萧齐立归化郡，梁置安固县及伏虞郡。后周置蓬州，因蓬山而以为名也。

高宗宣皇帝上之上 讳顼，字绍世，小字师利，始兴王道谭第二子也。

太建元年（己丑、五六九）

1 春，正月，辛卯朔，周主以齐世祖之丧罢朝会，朝，直遥翻。遣司会李纶吊赙，赙，音附。公羊传曰：货财曰赙。会，古外翻。且会葬。

2 甲午，安成王即皇帝位，改元，大赦。复太皇太后为皇太后，皇太后为文皇后；立妃柳氏为皇后，世子叔宝为太子；封皇子叔陵为始兴王，奉昭烈王祀。文帝以子伯茂奉始兴昭烈王祀，帝既杀伯茂，以叔陵奉祀。乙未，上谒太庙。丁酉，以尚书仆射沈钦为左仆射，度支尚书王劢为右仆射。劢，份之孙也。度，徒洛翻。劢，音迈。份，府巾翻。份，奂之弟，肃之叔父也。

3 辛丑，上祀南郊。

4 壬寅，封皇子叔英为豫章王，叔坚为长沙王。

5 戊午，上享太庙。

6 齐博陵文简王济，世祖之母弟也，为定州刺史，语人曰："次叙当至我矣。"言以兄弟之次，亦当为天子也。语，牛倨翻。齐主闻之，阴使人就州杀之，葬赠如礼。

7 二月，乙亥，上耕藉田。藉，秦昔翻。

8 甲申，齐葬武成帝于永平陵，庙号世祖。

9 乙【章：十二行本"乙"作"己"；乙十一行本同；孔本同；张校同。】丑，齐徙东平王俨为琅邪王。邪，音耶。

10 齐遣侍中叱列长叉聘于周。姓纂：叱列，复姓，出于拓跋氏西部。

11 齐以司空徐显秀为太尉，并省尚书令娄定远为司空。

初，侍中、尚书右仆射和士开，为世祖所亲狎，出入卧内，无复期度，复，扶又翻。遂得幸于胡后。及世祖殂，齐主以士开受顾托，深委任之，威权益盛；与娄定远及录尚书事赵彦深、侍中·尚书左仆射元文遥、开府仪同三司唐邕、领军綦连猛、高阿那肱、李延寿曰：綦连，其先姬姓，六国末，避乱出塞，保祁连山，因以山为姓，北人语讹，故曰綦连。魏收官氏志：綦连氏出于西方诸部。度支尚书胡长粲俱用事，时号"八贵"。粲，音洛。太尉赵郡王叡、大司马冯翊王润、安德王延宗与娄定远、元文遥皆言于齐主，请出士开为外任。会胡太后觞朝贵于前殿，朝，直遥翻。叡面陈士开罪失云："士开先帝弄臣，城狐社鼠，受纳货赂，秽乱宫掖。掖，音亦。臣等义无杜口，冒死陈之。"太后曰："先帝在时，王等何不言？今日欲欺孤寡邪？邪，音耶。且饮酒，勿多言！"叡等辞色愈厉。仪同三司安吐根曰："臣本商胡，安吐根，本安息胡人。天平初，柔然主使至晋阳，吐根密启柔然情状，高欢因为之备，柔然入掠，无获而返。其后欢与柔然和亲，结成婚媾，皆吐根为行人。既而归欢，由是见亲待。得在诸贵行末，行，户刚翻。既受厚恩，岂敢惜死！不出士开，朝野不定。"太后曰："异日论之，王等且散！"叡等或投冠于地，或拂衣而起。明日，叡等复诣云龙门，复，扶又翻。令文遥入奏之，三返，太后不听。左丞相段韶使胡长粲传太后言曰："梓宫在殡，事太忽忽，欲王等更思之！"叡等遂皆拜谢。长粲复命，太后曰："成妹母子家者，兄之力也。"长粲，胡太后之兄，故云然。厚赐叡等，罢之。

太后及齐主召问士开，对曰："先帝于群臣之中，待臣最厚。陛下谅闇始尔，闇，音阴。大臣皆有觊觎。觊，音冀。觎，音俞。今若出臣，正是翦陛下羽翼。宜谓叡云：'文遥与臣，俱受先帝任用，岂可一去一留！并可用为州，且出纳如旧。尚书出纳帝命，令且如旧领职。待过山陵，然后遣之。'叡等谓臣真出，心必喜之。"喜，许记翻。帝及太后然之，告叡等如其言。乃以士开为兖州刺史，文遥为西兖州刺史。西兖州，时治滑台。葬毕，叡等促士开就路。太后欲留士开过百日，古者葬日虞，既三虞，用刚日卒哭；后人百日而卒哭，至今犹然。叡不许；数日之内，太后数以为言。后数，所角翻。有中人知太后密旨者，谓叡曰："太后意既如此，殿下何宜苦违！"叡曰："吾受委不轻。今嗣主幼冲，岂可使邪臣在侧！不守之以死，何面戴天！"遂更见太后，苦言之。太后令酌酒赐叡，叡正色曰："今论国家大事，非为卮酒！"为，于伪翻。言讫，遽出。

士开载美女珠帘诣娄定远，谢曰："诸贵欲杀士开，蒙王力，武成帝封娄定远临淮郡王，故称之。特全其命，用为方伯。今当奉别，谨上二女子，一珠帘。"上，时掌翻。定远喜，谓士开曰："欲还入不？"不，读曰否。士开曰："在内久不自安，今得出，实遂本志，不愿更入。但乞王保护，长为大州刺史足矣。"定远信之。送至门，士开曰："今当远出，愿得一辞觐二宫。"定远许之。士开由是得见太后及帝，进说曰：见，贤遍翻。说，式芮翻。"先帝一旦登遐，臣愧不能自死。观朝贵意势，欲以陛下为乾明。乾明，齐济南王年号也，事见一百六十八卷文帝天嘉元年。臣出之后，必有大变，臣何面目见先帝于地下！"因恸哭。帝、太后皆泣，问："计安出？"士开曰："臣已得入，复何所虑，正须数行诏书耳。"复，扶又翻；下将复、后复、复以同。行，户刚翻。于是诏出定远为青州刺史，责赵郡王叡以不臣之罪。

旦日，叡将复入谏，妻子咸止之，叡曰："社稷事重，吾宁死事先皇，不忍见朝廷颠沛。"至殿门，又有人谓曰："殿下勿入，恐有变。"叡曰："吾上不负天，死亦无恨。"入，见太后，见，贤遍翻。太后复以为言，叡执之弥固。出，至永巷，遇兵，执送华林园雀离佛院，释氏西域记：龟兹国北四十里，山上有寺，名曰雀离，大清净，故仿以建佛院。令刘桃枝拉杀之。拉，卢合翻。考异曰：北齐帝纪："天统三年，六月，以并省尚书左仆射娄定远为尚书左仆射。五年二月，杀赵郡王叡。三月，以并省尚书令娄定远为司空。"盖定远既为仆射，复为并省尚书令也。按和士开传，先出定远，然后杀叡，叡死必在定远作司空后，帝纪误也。但不知果在何时耳。又士开传云"出为青州"。定远传云"寻除瀛州"。盖先出为青州，后乃除瀛州也。叡久典朝政，文宣帝时，济南以太子监国，立大都督府，与尚书省分理众事，以叡摄大都督府长史。至武成之世，拜尚书令，又进摄录尚书事，又进太尉。朝，直遥翻；下同。清正自守，朝野冤惜之。复以士开为侍中、尚书左仆射。定远归士开所遗，遗，于季翻。加以馀珍赂之。

12 三月，齐主如晋阳。夏，四月，甲子，以并州尚书省为大基圣寺，晋祠为大崇皇寺。魏收志：太原郡晋阳县有晋祠。乙丑，齐主还邺。

13 齐主年少，多嬖宠。少，诗照翻。武卫将军高阿那肱，素以谄佞为世祖及和士开所厚，世祖多令在东宫侍齐主，由是有宠；累迁并省尚书令，封淮阴王。

世祖简都督二十人，使侍卫东宫，齐左、右卫府领左、右府，其御仗属官，各有正、副都督。昌黎韩长鸾预焉，齐主独亲爱长鸾。长鸾，名凤，以字行，累迁侍中、领军，总知内省机密。

宫婢陆令萱者，其夫汉阳骆超，坐谋叛诛，令萱配掖庭，子提婆，亦没为奴。齐主之在襁褓，令萱保养之。令萱巧黠，善取媚，黠，户八翻。有宠于胡太后，宫掖之中，独擅威福，封为郡君，和士开、高阿那肱皆为之养子。齐主以令萱为女侍中。后魏孝文改定内官，左·右昭仪、三夫人、九嫔、世妇、御女之外，又置内职，典内司，视尚书令、仆；作司、大监、女侍中三官，视二品监。令萱引提婆入侍齐主，朝夕戏狎，累迁至开府仪同三司、武卫大将军。宫人穆舍利者，斛律后之从婢也，从，才用翻。有宠于齐主；令萱欲附之，乃为之养母，荐为弘德夫人，河清新令：弘德、崇德、正德三夫人，位比三公。因令提婆冒姓穆氏。然和士开用事最久，诸幸臣皆依附之以固其宠。

齐主思祖珽，齐主受内禅，祖珽启其谋，故思之。就流囚中除海州刺史。祖珽去年徙光州。五代志：东海郡，梁置南、北二青州，东魏改为海州。珽乃遗陆媪弟仪同三司悉达书曰："赵彦深心腹深沈，欲行伊、霍事，遗，于季翻。媪，乌老翻。陆媪，即谓令萱。沈，持林翻。仪同姊弟岂得平安，何不早用智士邪！"和士开亦以珽有胆略，欲引为谋主，乃弃旧怨，虚心待之，与陆媪言于帝曰："襄、宣、昭三帝之子，皆不得立。谓文襄、文宣、孝昭之子也。今至尊独在帝位者，祖孝征之力也。祖珽，字孝征，事见上卷文帝天嘉元年。人有功，不可不报。孝征心行虽薄，行，下孟翻。奇略出人，缓急可使。且其人已盲，必无反心，请呼取，问以筹策。"齐主从之，召入，为秘书监，加开府仪同三司。

士开谮尚书令陇东王胡长仁骄恣，出为齐州刺史。长仁怨愤，谋遣刺客杀士开。事觉，士开与珽谋之，珽引汉文帝诛薄昭故事，薄昭事见十四卷汉文帝十年。胡长仁，帝舅也，故引此事以诛之。遂遣使就州赐死。使，疏吏翻。

14 五月，庚戌，周主如醴泉宫。

15 丁巳，以吏部尚书徐陵为左仆射。

16 秋，七月，辛卯，皇太子纳妃沈氏，考异曰：陈书、南史沈后传，皆云太建三年拜皇太子妃，误也。今从帝纪。吏部尚书君理之女也。

17 辛亥，周主还长安。

18 八月，庚辰，盗杀周孔城防主，以其地入齐。魏收志：汉、晋河南新城县，后魏置新城郡，治孔城。其地在隋河南郡伊阙县界。

九月，辛卯，周遣齐公宪与柱国李穆将兵趣宜阳，杜佑曰：宜阳郡，今福昌县。筑崇德等五城。趣，七喻翻。

19 欧阳纥在广州十馀年，武帝永定二年，纥与父頠定广州，至是凡十二年。纥，下没翻。威惠著于百越。自华皎之叛，帝心疑之，华，户化翻。征为左卫将军。纥恐惧，其下多劝之反，遂举兵攻衡州刺史钱道戢。此始兴之衡州。五代志：南海郡始兴县，梁置安远郡及东衡州。

帝遣中书侍郎徐俭持节谕旨。纥初见俭，盛仗卫，言辞不恭。俭曰："吕嘉之事，诚当已远，吕嘉事见二十卷汉武帝元鼎五年、六年。将军独不见周迪、陈宝应乎！周迪、陈宝应皆以叛换败死，事并见文帝纪。转祸为福，未为晚也。”纥默然不应，置俭于孤园寺，累旬不得还。纥尝出见俭，俭谓之曰：“将军业已举事，俭须还报天子。俭之性命，虽在将军，将军成败，不在于俭，幸不见留。”纥乃遣俭还。俭，陵之子也。徐陵时贵显于陈朝。

冬，十月，辛未，诏车骑将军章昭达讨纥。

20 壬午，上享太庙。

21 十一月，辛亥，周鄫文公长孙俭卒。鄫，兹陵翻。长，知两翻。卒，子恤翻。

22 辛丑，齐以斛律光为太傅，冯翊王润为太保，琅邪王俨为大司马。十二月，庚午，以兰陵王长恭为尚书令。庚辰，以中书监魏收为左仆射。

23 周齐公宪等围齐宜阳，绝其粮道。

24 自华皎之乱，与周人绝，至是周遣御正大夫杜杲来聘，请复修旧好。杜杲屡聘于陈，故使来修旧好。复，扶又翻。好，呼到翻。上许之，遣使如周。使，疏吏翻。

二年（庚寅、五七〇）

1 春，正月，乙酉朔，齐改元武平。

2 齐东安王娄叡卒。东安郡王。五代志：琅邪郡沂水县，旧置东安郡也。

3 丙午，上享太庙。

4 戊申，齐使兼散骑常侍裴谳之来聘。散，悉亶翻。骑，奇寄翻。谳，鱼蹇翻，又鱼列翻。

5 齐太傅斛律光，将步骑三万救宜阳，屡破周军，筑统关、丰化二城【章：十二行本“城”字下有“以通宜阳粮道”六字；乙十一行本同；孔本同；张校同。】而还。还，从宣翻，又如字。周军追之，光纵击，又破之，获其开府仪同三司宇文英、梁景兴。周军虽屡败，而攻宜阳不辍。二月，己巳，齐以斛律光为右丞相、并州刺史，又以任城王湝为太师，贺拔仁录尚书事。任，音壬。湝，音皆，又户皆翻。

6 欧阳纥召阳春太守冯仆至南海，五代志：高凉郡阳春县，梁置阳春郡。广州，治南海郡。守，式又翻。诱与同反。仆遣使告其母冼夫人。夫人曰："我为忠贞，经今两世，仆及父融为两世。诱，音酉。使，疏吏翻。冼，息典翻。不能惜汝负国。"遂发兵拒境，帅诸酋长迎章昭达。帅，读曰率。酋，慈秋翻。长，知两翻。

昭达倍道兼行，至始兴。纥闻昭达奄至，恇扰不知所为，出顿洭口，水经：洭水出桂阳县卢聚，东南过含洭县，南出洭浦关，右合溱水，谓之洭口。洭，去王翻。多聚沙石，盛以竹笼，盛，时征翻。置于水栅之外，用遏舟舰。昭达居上流，装舰造拍，舰，户黯翻；下同。令军人衔刀潜行水中，以斫笼，篾皆解，篾，莫结翻。因纵大舰随流突之。纥众大败，生擒纥，送之；癸未，斩于建康市。

纥之反也，士人流寓在岭南者皆惶骇。前著作佐郎萧引独恬然，曰："管幼安、袁曜卿，亦但安坐耳。管宁，字幼安，依公孙度，度安其贤；魏文帝初，卒还乡里。袁涣，字曜卿，为吕布所拘而不为布所胁；布败，归魏武。君子直己以行义，何忧惧乎！"纥平，上征为金部侍郎。唐六典曰：汉置尚书郎四人，其一人主财帛委输，盖金部郎曹之任也。历魏、晋、宋、齐、后魏、北齐，并有金部郎中，梁、陈、隋为侍郎，炀帝但曰郎。引，允之弟也。萧允见一百六十二卷梁武帝太清三年。史言萧允兄弟，处大难而不慑。

冯仆以其母功，封信都侯，迁石龙太守，五代志：石龙县属高凉郡，盖梁、陈置郡也。今为化州。遣使持节册命冼氏为石龙太夫人，赐绣幰油络驷马安车一乘，幰，许偃翻。安车加绣幰油络也。乘，绳证翻。给鼓吹一部，并麾幢旌节，吹，尺瑞翻。幢，传江翻。其卤簿一如刺史之仪。

7 三月，丙申，皇太后章氏殂。

8 戊戌，齐安定武王贺拔仁卒。

9 丁未，大赦。

10 夏，四月，甲寅，周以柱国宇文盛为大宗伯。

11 周主如醴泉宫。

12 辛酉，齐以开府仪同三司徐之才为尚书左仆射。

13 戊寅，葬武宣皇后于万安陵。章太后，谥武宣。

14 闰月，戊申，上谒太庙。

15 五月，壬午，齐遣使来吊。使，疏吏翻。

16 六月，乙酉，齐以广宁王孝珩为司空。珩，音行。

17 甲辰，齐穆夫人生子恒。恒，户登翻。齐主时未有男，为之大赦。为，于伪翻；下请为、为之同。陆令萱欲以恒为太子，恐斛律后恨怒，乃白齐主，使斛律后母养之。

18 己丑，齐以开府仪同三司唐邕为尚书右仆射。

19 秋，七月，【章：十二行本"月"下有"癸丑"二字；乙十一行本同；孔本同；张校同。】齐立肃宗子彦基为城阳王，彦忠为梁郡王。甲寅，以尚书令兰陵王长恭为录尚书事，中领军和士开为尚书令，赐爵淮阳王。

士开威权日盛，朝士不知廉耻者，或为之假子，与富商大贾同在伯仲之列。朝，直遥翻。贾，音古。尝有一人士参士开疾，参者，候问其疾。值医云："王伤寒极重，【章：十二行本"重"下有"他药无效"四字；乙十一行本同；孔本同；张校同。】应服黄龙汤。"陶弘景曰：今近城寺别塞空罂口，内粪仓中，久年得汁，甚黑而苦，名为黄龙汤，治温病，垂死者皆差。士开有难色。人士曰："此物甚易服，易，以豉翻。王不须疑，请为王先尝之。"一举而尽。士开感其意，为之强服，强，其两翻。遂得愈。

20 乙卯，周主还长安。

21 癸酉，齐以华山王凝为太傅。华山郡王。五代志：京兆郡郑县，后魏置华山郡。华，户化翻。

22 司空章昭达攻梁，章昭达破欧阳纥而还，遂引兵攻梁。梁主与周总管陆腾拒之。周人于峡口南岸筑安蜀城，峡口，西陵峡口也。杜佑曰：安蜀城在夷陵郡界。横引大索于江上，编苇为桥，以度军粮。昭达命军士为长戟，施于楼船上，仰割其索。索断，粮绝，索，昔洛翻。因纵兵攻安蜀城，下之。

梁主告急于周襄州总管卫公直，直遣大将军李迁哲将兵救之。迁哲以其所部守江陵外城，自帅骑兵出南门，使步出北门，将，即亮翻。帅，读曰率。"步"下有"兵"字，文意较明。首尾邀击陈兵，陈兵多死。夜，陈兵窃于城西以梯登城，登者已数百人，迁哲与陆腾力战拒之，乃退。

昭达又决龙川宁朔堤，水经注：纪南城西南有赤坂冈，冈下有渎水，东北流入城，又东北出城，西南注于龙陂。陂在灵溪东江堤内，水至渊深，有龙见于其中，故曰龙陂。"宁朔"，周书陆腾传作"宁邦"。引水灌江陵。腾出战于西堤，昭达兵不利，乃引还。还，从宣翻，又如字。

23 八月，辛卯，齐主如晋阳。

24 九月，乙巳，齐立皇子恒为太子。

25 冬，十月，辛巳朔，日有食之。

26 齐以广宁王孝珩为司徒，上洛王思宗为司空。上洛，古郡名。复以梁永嘉王庄为开府仪同三司、梁王，复，扶又翻。许以兴复，竟不果。及齐亡，庄愤邑，卒于邺。史终言之。卒，子恤翻。

27 乙酉，上享太庙。

28 己丑，齐复威宗谥曰文宣皇帝，庙号显祖。齐改文宣谥号，见上卷文帝天嘉六年。谥，神至翻。

29 丁酉，周郑桓公达奚武卒。谥法：辟土服远曰桓。卒，子恤翻。

30 十二月，丁亥，齐主还邺。

31 周大将军郑恪将兵平越嶲，置西宁州。西宁州，后改曰嶲州。

㰤，音髓。

32 周、齐争宜阳，久而不决。勋州刺史韦孝宽谓其下曰：周置勋州于玉壁。“宜阳一城之地，不足损益，两国争之，劳师弥年。彼岂无智谋之士，若弃崤东，宜阳在三崤之东。来图汾北，我必失地。今宜速于华谷及长秋筑城以杜其意。水经：涑水出河内闻喜县黍葭谷。注云：涑水所出，俗谓之华谷。又曰：汾水迳临汾县东，又屈从县南西流，又西过长修县南，又西与华水合，水出于北山华谷。此所谓长秋，盖即汉长修县故墟也。俗语讹以“修”为“长秋”耳。脱其先我，先，悉荐翻。图之实难。”乃画地形，具陈其状。晋公护谓使者曰：“韦公子孙虽多，数不满百，汾北筑城，遣谁守之！”事遂不行。

齐斛律光果出晋州道，于汾北筑华谷、龙门二城。五代志：绛郡稷山县有后魏龙门郡。光至汾东，与孝宽相见，光曰：“宜阳一城，久劳争战。今已舍彼，舍，读曰捨。欲于汾北取偿，幸勿怪也。”孝宽曰：“宜阳，彼之要冲，汾北，我之所弃。我弃彼取，其偿安在！君辅翼幼主，位望隆重，不抚循百姓而极武穷兵，苟贪寻常之地，涂炭疲弊之民，窃为君不取也！”为，于伪翻。

光进围定阳，筑南汾城以逼之。魏收志：后魏延兴四年，置定阳县及定阳郡。五代志：文城郡吉昌县，后魏置定阳县及定阳郡。文城郡，东魏置南汾州，后周改曰汾州吉昌县，后唐避李国昌讳，又改为吉乡县。九域志：属汾州。宋白曰：慈州吉乡县，本汉北屈县，后魏孝文帝置定阳郡及定阳县。时会有河西定阳胡人渡河居此，因以为名。周人释宜阳之围以救汾北。晋公护问计于齐公宪，宪曰：“兄宜暂出同州以为声势，宪请以精兵居前，随机攻取。”护从之。汾，扶云翻。

三年（辛卯、五七一）

1 春，正月，乙【章：十二行本“乙”作“癸”；乙十一行本同；孔本同。】丑，以尚书右仆射徐陵为左仆射。

2 丁巳，齐使兼散骑常侍刘环俊来聘。散，悉亶翻。骑，奇寄翻。

3 辛酉，上祀南郊；辛未，祀北郊。

4 齐斛律光筑十三城于西境，汾北之地，于邺为西。马上以鞭指画而成，拓地五百里，而未尝伐功。又与周韦孝宽战于汾北，破之。齐公宪督诸将东拒齐师。将，即亮翻。

5 二月，辛巳，上祀明堂。丁酉，耕藉田。藉，秦昔翻。

6 壬寅，齐以兰陵王长恭为太尉，赵彦深为司空，和士开录尚书事，徐之才为尚书令，唐邕为左仆射，吏部尚书冯子琮为右仆射，仍摄选。仍摄吏部选。选，须绢翻；下典选同。

子琮素谄附士开，至是，自以太后亲属，且典选，颇擅引用人，不复启禀，由是与士开有隙。为子琮劝琅邪王俨杀士开张本。复，扶又翻。

7 三月，丁丑，大赦。

8 周齐公宪自龙门渡河，此自夏阳渡汾阴也。考异曰：北齐书段韶传云："二月，周师来寇。"周书帝纪云："三月，宪渡河。"今从之。斛律光退保华谷，宪攻拔其新筑五城。齐太宰段韶、兰陵王长恭将兵御周师，攻柏谷城，拔之而还。此齐遣段韶等出伊、洛以牵制汾北也。将，即亮翻；下同。

9 夏，四月，戊寅朔，日有食之。

10 壬午，齐以琅邪王俨为太保。邪，音耶。

11 壬辰，齐遣使来聘。使，疏吏翻。

12 周陈公纯取齐宜阳等九城，考异曰：北齐斛律光传云："周柱国纥干广略围宜阳。"今从周帝纪。齐斛律光将步骑五万赴之。骑，奇寄翻。

13 五月，癸亥，周使纳言郑诩来聘。唐六典：后周天官府，置御伯中大夫二人，天子出入则侍于左右。武帝改御伯为纳言，盖侍中之职也。

14 周晋公护使中外府参军郭荣城于姚襄城南、定阳城西，姚襄城者，襄为桓温所败，奔平阳所筑，后人因以为名。杜佑曰：今汾州吉昌县西，则姚襄所筑城，西临黄河，控带龙门之险，春秋时晋之北屈也。“郭荣”之下有“筑”字，文意乃明。齐段韶引兵袭周师，破之。六月，韶围定阳城，考异曰：韶传：“七月，屠其外城。”周书、北齐帝纪，皆云“六月陷汾州”，今从之。周汾州刺史杨敷固守不下。周汾州治定阳城，隋改为吉昌县。汾州，唐改为慈州。韶急攻之，屠其外城。时韶卧病，谓兰陵王长恭曰：“此城三面重涧，重，直龙翻。皆无走路；唯虑东南一道耳，贼必从此出。宜简精兵专守之，此必成擒。”长恭乃令壮士千馀人伏于东南涧口。城中粮尽，齐公宪总兵救之，惮韶，不敢进。敷帅见兵突围夜走，帅，读曰率。见，贤遍翻。伏兵击擒之，尽俘其众。考异曰：周书齐王宪传：“屡破齐师。”北齐书斛律光、段韶传：“屡破周师。”要之，周失汾州，齐师胜耳。乙巳，齐取周汾州及姚襄城，唯郭荣所筑城独存。敷，愔之族子也。杨愔以死殉齐，而敷为周死于城郭，各尽忠于其所事也。愔，于今翻。

敷子素，少多才艺，少，诗照翻。有大志，不拘小节，以其父守节陷齐，未蒙赠谥，上表申理。周主不许，至于再三，帝大怒，命左右斩之。素大言曰：“臣事无道天子，死其分也！”分，扶问翻。帝壮其言，赠敷大将军，谥曰忠壮，谥法：武而不遂曰壮。以素为仪同三司，渐见礼遇。帝命素为诏书，下笔立成，词义兼美，帝曰：“勉之，勿忧不富贵。”素曰：“但恐富贵来逼臣，臣无心图富贵也。”

15 齐斛律光与周师战于宜阳城下，取周建安等四戍，捕虏千馀人而还。军未至邺，齐主敕使散兵，光以军士多有功者，未得慰劳，乃密通表，请遣使宣旨，宣慰劳之旨也。劳，力到翻。使，疏吏翻；下待使同。军仍且进，齐朝发使迟留。朝，直遥翻；下同。军还，将至紫陌，光乃驻营待使。帝闻光军已逼，心甚恶之，恶，乌路翻。亟令舍人召光入见，然后宣劳散兵。史言齐主已有疑斛律光之心。见，贤遍翻。劳，力到翻。

16 齐琅邪王俨以和士开、穆提婆等专横奢纵，意甚不平。横，户孟翻。二人相谓曰："琅邪王眼光奕奕，数步射人，向者暂对，不觉汗出；吾辈见天子奏事尚不然。"由是忌之，乃出俨居北宫，北宫，在邺之北城。五日一朝，不得无时见太后。见，贤遍翻。

俨之除太保也，馀官悉解，犹带中丞及京畿。士开等以北城有武库，欲移俨于外，然后夺其兵权。京畿大都督总京畿兵。治书侍御史王子宜，治，直之翻。与俨所亲开府仪同三司高舍洛、中常侍刘辟彊说俨曰："殿下被疏，正由士开间构，说，式芮翻。被，皮义翻。疏，与疎同。间，古苋翻。何可出北宫入民间也！"俨谓侍中冯子琮曰："士开罪重，儿欲杀之，何如？"冯子琮，胡太后之妹夫，故俨自称曰儿。子琮心欲废帝而立俨，因劝成之。

俨令子宜表弹士开罪，请禁推。请收禁而推鞫之。弹，徒丹翻。子琮杂他文书奏之，帝主不审省而可之。"主"字衍。据北齐书琅邪王俨传云："后主不审省而可之。"通鉴就旧史删润以成一家言，本云"帝不审省而可之，"书吏缮写，因旧史之文，遂衍"主"字。杭本作"齐主"。【章：十二行本正作"齐主"；乙十一行本同；孔本同；张校同。】省，悉井翻。俨诳领军库狄伏连曰："奉敕，令领军收士开。"魏收官氏志：次南诸姓有库狄氏。诳，居况翻。伏连以告子琮，且请覆奏，子琮曰："琅邪受敕，何必更奏。"伏连信之，发京畿军士，伏于神虎门外，神虎门，即神武门。南、北国四史成于唐臣之手，避唐讳，凡"虎"字悉改为"武"，此独存旧。并戒门者不听士开入。秋，七月，庚午旦，士开依常早参，依常日早入禁中朝参。伏连前执士开手曰："今有一大好事。"王子宜授以一函，云："有敕，令王向台。"因遣军士护送。俨遣都督冯永洛就台斩之。

俨本意唯杀士开，其党因逼俨曰："事既然，不可中止。"俨遂帅京畿军士三千馀人屯千秋门。帅，读曰率。帝使刘桃枝将禁兵八十人召俨，将，即亮翻。桃枝遥拜，俨命反缚，将斩之，禁兵散走。帝又使冯子琮召俨，俨辞曰："士开昔来实合万死，谋废至尊，剃家家发为尼，剃，他计翻。臣为是矫诏诛之。尊兄若欲杀臣，不敢逃罪。若赦臣，愿遣姊姊来迎，臣即入见。"齐诸王皆呼嫡母为家家，乳母为姊姊，妇为妹妹。为，于伪翻。见，贤遍翻。姊姊，谓陆令萱也，俨欲诱出杀之。诱，羊久翻。令萱执刀在帝后，闻之，战栗。

帝又使韩长鸾召俨，俨将入，刘辟彊牵衣谏曰："若不斩穆提婆母子，殿下无由得入。"广宁王孝珩、安德王延宗自西来，珩，音行。曰："何不入？"辟彊曰："兵少。"少，诗沼翻；下谓少同。延宗顾众而言曰："孝昭帝杀杨遵彦，杀杨愔事见百六十八卷文帝天嘉元年。止八十人。今有数千，何谓少？"

帝泣启太后曰："有缘，复见家家；复，扶又翻。无缘，永别！"乃急召斛律光，俨亦召之。

光闻俨杀士开，抚掌大笑曰："龙子所为，固自不似凡人！"以俨帝子，故谓之龙子。入，见帝于永巷。见，贤遍翻。帝帅宿卫者步骑四百，授甲，将出战，帅，读曰率。光曰："小儿辈弄兵，与交手即乱。鄙谚云：'奴见大家心死。'大家，谓主也。臣妾呼天子为大家，亦此义。至尊宜自至千秋门，琅邪必不敢动。"帝从之。

光步道，道，读曰导，言步而前导也。使人走出，曰："大家来。"俨徒骇散。帝驻马桥上遥呼之，俨犹立不进，光就谓曰："天子弟杀一夫，何所苦！"执其手，强引以前，强，其两翻。请于帝曰："琅邪王年少，肠肥脑满，轻为举措，稍长自不复然，邪，音耶。少，诗照翻。长，谓年长，音展两翻。愿宽其罪。"帝拔俨所带刀镮，乱筑辫头，辫头，示将斩之也。良久，乃释之。

收库狄伏连、高舍洛、王子宜、刘辟彊、都督翟显贵，翟，苌伯翻，又音狄。于后园支解，暴之都街。帝欲尽杀俨府文武职吏，光曰："此皆勋贵子弟，诛之，恐人心不安。"赵彦深亦曰："春秋责帅。"春秋左氏传：韩献子谓中行桓子曰："子为元帅，师不用命，谁之罪也？"帅，所类翻。于是罪之各有差。

太后责问俨，俨曰："冯子琮教儿。"太后怒，遣使就内省以弓弦绞杀子琮，使，疏吏翻。使内参以库车载尸归其家。内参，宦者也。库车，载库物者也。自是太后常置俨于宫中，每食必自尝之。虑鸩毒也。

17 八月，己亥，齐主如晋阳。

18 九月，辛亥，齐以任城王湝为太宰，任，音壬。湝，音皆，又户皆翻。冯翊王润为太师。

19 己未，齐平原忠武王段韶卒。韶有谋略，得将士死力，卒，子恤翻。将，即亮翻。出总军旅，入参帏幄，功高望重，而雅性温慎，得宰相体。事后母孝，闺门雍肃，齐勋贵之家，无能及者。

20 齐祖珽说陆令萱，出赵彦深为兖州刺史。齐主以珽为侍中。

陆令萱说帝曰："人称琅邪王聪明雄勇，当今无敌；观其相表，邪，音耶。说，式芮翻。相，息亮翻。殆非人臣。自专杀以来，常怀恐惧，宜早为之计。"幸臣何洪珍等亦请杀之。帝未决，以食轝密迎珽，问之。食轝，载粱肉以输太官者也。珽称"周公诛管叔，周公使管叔监殷，管叔以殷畔，周公诛之。季友鸩庆父。"左传：鲁庄公有疾，问后于叔牙。对曰："庆父材。"问于季友。季友曰："臣以死奉般。"乃使鍼季鸩叔牙而立般。庆父使人弑般。季友立闵公，庆父又使人弑之。季友以僖公适邾。庆父奔莒，季友乃入，立僖公。以赂求庆父于莒，莒人归之。及密，使公子奚斯请，弗许，哭而往。庆父闻之曰："奚斯之声也。"乃缢。庆父、叔牙、季友，皆桓公之子，兄弟也。然而以鸩死者，叔牙也。夫汉儒固有以经义断狱者，若祖珽者，舞经义以成其狱者也，不可不察。帝乃携俨之晋阳，使右卫大将军赵元侃诱俨执之，诱，音酉。元侃曰："臣昔事先帝，见先帝爱王。今宁就死，不忍行此。"帝出元侃为豫州刺史。

庚午，帝启太后曰："明旦欲与仁威早出猎。"俨，字仁威。夜四鼓，帝召俨，俨疑之。陆令萱曰："兄呼，儿何为不去！"俨出，至永巷，刘桃枝反接其手。俨呼曰："乞见家家、尊兄。"桃枝以袖塞其口，呼，火故翻。塞，悉则翻。反袍蒙头负出，至大明宫，鼻血满面，拉杀之，拉，卢合翻。时年十四，裹之以席，埋于室内。帝使启太后，太后临哭，十馀声，即拥入殿。遗腹四男，皆幽死。

冬，十月，罢京畿府，入领军。以俨以京畿兵弄兵，故罢之。

21 壬午，周冀公通卒。

22 甲申，上享太庙。【上二条据宋刻通鉴无注本增。】

23 乙未，周遣右武伯谷会琨等聘于齐。五代志：周置左、右武伯，掌内、外卫之禁令，兼六率之士，左、右小武伯各二人贰之。谷会，虏复姓。

24 齐胡太后出入不节，与沙门统昙献通，诸僧至有戏呼昙献为太上皇者。齐主闻太后不谨而未之信，后朝太后，朝，直遥翻。见二尼，悦而召之，乃男子也。于是昙献事亦发，皆伏诛。

己亥，帝自晋阳奉太后还邺，至紫陌，遇大风。舍人魏僧伽习风角，伽，戍迦翻。奏言："即时当有暴逆事。"帝诈云"邺中有变"，弯弓缠弰，驰入南城，弰，所交翻，弓末也。北齐书胡后传作"缠稍"。邺都有南、北城。遣宦者邓长颙幽太后于北宫，幽母之事，隐于心而未发，而暴风已应于上，天人之际可畏哉！颙，鱼容翻。仍敕内外诸亲皆不得与胡太后相见。太后或为帝设食，为，于伪翻。帝亦不敢尝。

25 庚戌，齐遣侍中赫连子悦聘于周。

26 十一月，丁巳，周主如散关。散，悉亶翻。

27 丙寅，齐以徐州行台广宁王孝珩珩，音行。录尚书事；庚午，又以为司徒。癸酉，以斛律光为左丞相。

28 十二月，己丑，周主还长安。

29 壬辰，邵陵公章昭达卒。

30 是岁，梁华皎将如周，华，户化翻。过襄阳，说卫公直曰："梁主既失江南诸郡，吴明彻、章昭达再攻梁，江南诸郡皆为陈所取。说，式芮翻。民少国贫；朝廷兴亡继绝，理宜资赡，望借数州以资梁国。"直然之，遣使言状，周主诏以基、平、鄀三州与之。五代志：竟陵郡丰乡县，西魏置基州及章山郡。又，竟陵郡乐乡县，旧置武宁郡，西魏置鄀州。又，南郡紫陵县，其城南面，梁置鄀州。今周以与梁者，盖武宁之鄀州也。当阳县，后周置平州。少，诗沼翻。赡，昌艳翻。使，疏吏翻。鄀，音若。

章锡琛标点容肇祖聂崇岐覆校

资治通鉴卷第一百七十一

端明殿学士兼翰林侍读学士朝散大夫右谏议大夫
充集贤殿修撰提举嵩山崇福宫上柱国河内郡 司马光 奉敕编集
开国侯食邑一千八百户食实封六百户赐紫金鱼袋臣

后学天台胡三省音注

陈纪五 起玄黓执徐（壬辰），尽阏逢敦牂（甲午），凡三年。

高宗宣皇帝上之下

太建四年（壬辰、五七二）

1 春，正月，丙午，以尚书仆射徐陵为左仆射，尚书置二仆射，分为左、右；若省一仆射，则止称仆射。中书监王劢为右仆射。劢，莫败翻。

2 己巳，齐主祀南郊。五代志：后齐制：圜丘、方泽并三年一祭，谓之禘祀。其南、北郊则岁一祀，皆以正月上辛。今书己巳，以致斋之日为始也。南郊，为坛于国南，广轮三十六尺，高九尺，四面各一陛，为三壝，内壝去坛二十五步，中壝、外壝相去如内壝，四面各通一门。又为大营于外壝之外，广轮二百七十步，营壍广一丈，深八尺，四面各一门。又为燎坛于中壝之外丙地，广轮二十七尺，高一尺八寸，四面各一陛。祀所感帝灵威仰于坛，以高祖神武皇帝配。礼用四圭，有邸币，各如方色。其上帝及配帝，各用骍特牲一。

3 庚午，上享太庙。

4 辛未，齐主赠琅邪王俨为楚恭哀帝以慰太后心，俨死，见上卷上年。又以俨妃李氏为楚帝后。

5 二月，癸酉，周遣大将军昌城公深聘于突厥，厥，九勿翻。

司宾李除、小宾部贺遂礼聘于齐。后周仿成周之制以建官，司宾，盖周官大行人之职；小宾部，其小行人之职欤？杜佑曰：后周秋官之属有小宾部下大夫、上士。深，护之子也。

6 己卯，齐以卫菩萨为太尉。菩，薄胡翻。萨，桑割翻。考异曰：北齐书、北史并同。不知菩萨何人，亦不言何官。辛巳，以并省吏部尚书高元海为尚书左仆射。自元魏置诸道行台，各置令、仆、尚书等官。齐神武破尔朱兆，得晋阳，建大丞相府而居之；文宣受禅，遂置尚书省。

7 乙酉，封皇子叔卿为建安王。

8 庚寅，齐以尚书左仆射唐邕为尚书令，侍中祖珽为左仆射。珽，他鼎翻。初，胡太后既幽于北宫，事见上卷上年。珽欲以陆令萱为太后，为令萱言魏保太后故事。保太后，事见百二十卷宋帝元嘉二年。为令之为，于伪翻。且谓人曰："陆虽妇人，然实雄杰，自女娲以来，未之有也。"司马贞曰：女娲亦风姓，有神圣之德，代宓羲立，号曰女希氏。盖宓羲之后已经数世，金木轮环，周而复始也。孙愐曰：女娲，古女后也。娲，古华翻。令萱亦谓珽为"国师"、"国宝"，由是得仆射。

9 三月，癸卯朔，日有食之。

10 初，周太祖为魏相，立左右十二军，总属相府；太祖殂，皆受晋公护处分，立十二军事见百六十二卷梁简文帝大宝元年。敬帝太平元年，周太祖殂，十二军受护处分，始是年也。世祖天嘉元年，护归政于周世宗，寔武成元年，护犹总军旅。次年，护弑世宗，立高祖，改元保定，政悉归护。事具百六十六卷至百六十八卷。相，息亮翻。处，昌吕翻。分，扶问翻。凡所征发，非护书不行。护第屯兵侍卫，盛于宫阙。诸子、僚属皆贪残恣横，横，户孟翻。士民患之。周主深自晦匿，无所关预，人不测其浅深。

护问稍伯大夫庾季才曰："比日天道何如？"后周稍伯，盖周官稍人之职。周官稍人，主为县师令都鄙丘甸之政。距王城三百里曰稍。杜佑曰：后周地官之属，有每方稍伯，中大夫。又每遂有小稍伯、稍大夫，皆下大夫。

又有小稍伯、稍正，上士、中士。庾季才明于天文，故护问之。稍，所教翻。比，毗至翻。季才对曰："荷恩深厚，敢不尽言。顷上台有变，荷，下可翻。隋志曰：三台六星，两两而居，起文昌，列招摇，三公之位也。西近文昌二星，谓之上台。公宜归政天子，请老私门。此则享期颐之寿，曲礼：百年曰期颐。郑玄曰：期，犹要也；颐，养也。受旦、奭之美，周公旦、召公奭。子孙常为藩屏。屏，必郢翻。不然，非复所知。"复，扶又翻。护沈吟久之，曰："吾本志如此，但辞未获免耳。沈，持林翻。沈吟者，深味其言，微发于声而不能自决之貌。公既为王官，可依朝例，朝，直遥翻；下同。无烦别参寡人也。"自是疏之。

卫公直，帝之母弟也，深昵于护；及沌口之败，沌口败，事见上卷临海王光大二年。昵，尼质翻。沌，柱兖翻。坐免官，由是怨护，劝帝诛之，冀得其位。帝乃密与直及右宫伯中大夫宇文神举、内史下大夫太原王轨、右侍上士宇文孝伯谋之。周官，宫伯掌王宫宿卫次舍之职事。内史掌诏王爵禄、废置、杀生、予夺之法，命诸侯、孤、卿、大夫，则策命之。凡四方之事书，内史读之。后周盖髣髴其意以置官。至隋讳"忠"字，以中书为内史，其位任尤重。左、右侍亦仿周官侍御以置官而创其名。五代志：周置左、右宫伯，掌侍卫之禁，各更直于内，小宫伯贰之，临朝则在前侍之首，行则夹路车左右。中侍，掌御寝之禁；左、右侍，陪中侍之后。左、右前侍，掌御寝南门之左右；左、右后侍，掌寝北门之左右。杜佑曰：周制：宫伯，中大夫，属天官；内史，属春官，有中大夫、下大夫。神举，显和之子；孝伯，安化公深之子也。安化公书爵，以别护子深。安化郡，唐之庆州。

帝每于禁中见护，常行家人礼，以兄弟齿。太后赐护坐，帝立侍于旁。丙辰，护自同州还长安，帝御文安殿见之。因引护入含仁殿谒太后，且谓之曰："太后春秋高，颇好饮酒，好，呼到翻。虽屡谏，未蒙垂纳。兄今入朝，愿更启请。"因出怀中酒诰授之，周成王作酒诰，戒毋彝酒，毋敢崇饮。曰："以此谏太后。"护既入，如帝所戒读酒诰；未毕，帝以玉珽自后击之，记：天子搢珽。郑玄曰：珽，亦笏也；珽之言珽然无所屈也。或谓之大圭，长三尺，杼上，终葵首。终葵首者，于杼上又广其首如椎头。隋志：今制，珽长尺二寸、方而不折，以球玉为之。珽，他顶翻。护踣于地。踣，蒲北翻。帝令宦者何泉以御刀斫之，泉惶惧，斫不能伤。卫公直匿于户内，跃出，斩之。时神举等皆在外，更无知者。史言周主勇决。

帝召宫伯长孙览等，告以护已诛，长，知两翻。令收护子柱国谭公会、大将军莒公至、谭、莒，古国名。崇业公静、正平公乾嘉崇业、正平皆郡公。按隋书帝纪，随州有崇业郡，而志不载。五代志：绛郡正平县，旧置正平郡。及其弟乾基、乾光、乾蔚、乾祖、乾威蔚，纡勿翻。并柱国北地侯龙恩、龙恩弟大将军万寿、侯，姓也。大将军刘勇、中外府司录尹公正、袁杰、护都督中外，故置中外府，其属有长史、司马、司录。膳部下大夫李安等，于殿中杀之。览，稚之孙也。长孙稚著功名于正光、永安之间。

初，护既杀赵贵等，【章：十二行本“等”下有“诸将多不自安”六字；乙十一行本同；孔本同；张校同。】护杀贵等，事见百六十七卷高祖永定元年。侯龙恩为护所亲，其从弟开府仪同三司植谓龙恩曰：从，才用翻。“主上春秋既富，安危系于数公。若多所诛戮以自立威权，岂唯社稷有累卵之危，恐吾宗亦缘此而败，兄安得知而不言！”龙恩不能从。植又承间言于护曰：间，古苋翻。“公以骨肉之亲，当社稷之寄，愿推诚王室，拟迹伊、周，则率土幸甚！”护曰：“我誓以身报国，卿岂谓吾有他志邪！”邪，音耶。又闻其先与龙恩言，阴忌之，植以忧卒。卒，子恤翻。及护败，龙恩兄弟皆死，高祖以植为忠，特免其子孙。

大司马兼小冢宰、雍州牧齐公宪，素为护所亲任，雍，于用翻。赏罚之际，皆得参预，权势颇盛。护欲有所陈，多令宪闻奏，其间或有可不，不，读曰否。宪虑主相嫌隙，相，息亮翻。每曲而畅之，帝亦察其心。及护死，召宪入，宪免冠拜谢；

帝慰勉之，使诣护第收兵符及诸文籍。卫公直素忌宪，固请诛之，帝不许。

护世子训为蒲州刺史，是夜，帝遣柱国越公盛乘传征训，至同州，赐死。自蒲州西南至同州一百三十里，同州西南至长安二百二十五里。传，张恋翻。昌城公深使突厥未还，使，疏吏翻。遣开府仪同三司宇文德赍玺书就杀之。护长史代郡叱罗协、叱罗，虏复姓。魏收官氏志：拓跋内入诸姓有叱罗氏。协时在同州。玺，斯氏翻。司录弘农冯迁及所亲任者，皆除名。

丁巳，大赦，改元。改元建德。

以宇文孝伯为车骑大将军，骑，奇寄翻。与王轨并加开府仪同三司。初，孝伯与帝同日生，太祖爱之，养于第中，幼与帝同学。及即位，欲引致左右，托言欲与孝伯讲习旧经，故护弗之疑也，以为右侍上士，出入卧内，预闻机务。孝伯为人，沈正忠谅，沈，持林翻。朝政得失，外间细事，无不使帝闻之。朝，直遥翻；下同。

帝阅护书记，有假托符命妄造异谋者，皆坐诛；唯得庾季才书两纸，盛言纬候灾祥，纬，谓七纬日月五星之行，失行则为灾。候，谓月令七十二候，失节则为灾。纬，于贵翻。宜返政归权，帝赐季才粟三百石，帛二百段，迁太中大夫。

癸亥，以尉迟迥为太师，尉，纡勿翻。柱国窦炽为太傅，李穆为太保，齐公宪为大冢宰，卫公直为大司徒，陆通为大司马，柱国辛威为大司寇，赵公招为大司空。后周之制：三公九命，六官七命。

时帝始亲览朝政，颇事威刑，虽骨肉无所宽借。齐公宪虽迁冢宰，实夺之权。又谓宪侍读裴文举曰：“昔魏末不纲，后周诸王有侍读之官。不纲，言人君不能操持大纲，致众目紊乱。太祖辅政；及周室受命，晋公复执大权；积习生常，愚者谓法应如是。岂有年三十天子而可为人所制乎！诗云：‘夙夜匪懈，以事一人。’诗大雅烝民之诗。懈，古隘翻。一人，谓天子耳。卿虽陪侍齐公，不得遽同为臣，欲死于所事。宜辅以正道，劝以义方，辑睦我君臣，协和我兄弟，勿令自致嫌疑。”文举咸以白宪，宪指心抚几曰：“吾之夙心，公宁不知！但当尽忠竭节耳，知复何言。”复，扶又翻。

卫公直，性浮诡贪狠，狠，户恳翻。意望大冢宰；既不得，殊怏怏；更请为大司马，欲据兵权。帝揣知其意，曰：“汝兄弟长幼有序，岂可返居下列！”由是用为大司徒。为后三年卫公直作乱张本。怏，于两翻。揣，初委翻。长，知两翻。

11 夏，四月，周遣工部成公建、小礼部辛彦之聘于齐。杜佑通典：周制：工部中大夫属冬官，五命；礼部属春官，中大夫，五命；小礼部，上士也，三命。

12 庚寅，周追尊略阳公为孝闵皇帝。废略阳公事见百六十七卷高祖永定元年。

13 癸巳，周立皇子鲁公赟为太子，赟，于伦翻。大赦。

14 五月，癸卯，王劢卒。劢，音迈。卒，子恤翻。

15 齐尚书右仆射祖珽，势倾朝野，左丞相咸阳王斛律光恶之，珽，他鼎翻。朝，直遥翻。恶，乌路翻。遥见，辄骂曰：“多事乞索小人，乞索，求取也。小人求取无厌，致国家多事。索，山客翻。欲行何计！”又尝谓诸将曰：“兵【章：十二行本“兵”上有“边境消息”四字；乙十一行本同；孔本同；张校同。】马处分，赵令恒与吾辈参论。赵令，谓赵彦深，为尚书令，以其官称之也。处，昌吕翻。分，扶问翻。将，即亮翻。恒，户登翻。盲人掌机密以来，祖珽病盲，故诋之。盲事始上卷临海王光大元年。全不与吾辈语，正恐误国家事耳。”光尝在朝堂垂帘坐，朝，直遥翻；下同。珽不知，乘马过其前，光怒曰：“小人乃敢尔！”尔，犹言如此也。后珽在内省，齐盖以门下省为内省。言声高慢，光适过，闻之，又怒。珽觉之，私赂光从奴问之，从，才用翻。奴曰：“自公用事，相王每夜抱膝叹曰：‘盲人入，国必破矣。’”相，息亮翻。

穆提婆求娶光庶女，不许。齐王赐提婆晋阳田，光言于朝曰：“此田，神武帝以来常种禾，饲马数千匹，以拟寇敌。饲，祥吏翻。今赐提婆，无乃阙军务也！”由是祖、穆皆怨之。

斛律后无宠，珽因而间之。间，古苋翻。光弟羡，为都督、幽州刺史、行台尚书令，亦善治兵，治，直之翻。士马精强，鄣候严整，突厥畏之，谓之“南可汗”。可，从刊入声。汗，音寒。光长子武都，为开府仪同三司、梁·兖二州刺史。长，知两翻。

光虽贵极人臣，性节俭，不好声色，好，呼到翻。罕接宾客，杜绝馈饷，不贪权势。每朝廷会议，常独后言，言辄合理。或有表疏，令人执笔，口占之，务从省实。语省而事实。行兵仿其父金之法，营舍未定，终不入幕；或竟日不坐，身不脱介胄，常为士卒先。士卒有罪，唯大杖挝背，挝，侧瓜翻。未尝妄杀，众皆争为之死。为，于伪翻。自结发从军，未尝败北，深为邻敌所惮。周勋州刺史韦孝宽高欢、宇文泰兵争，泰使韦孝宽守玉壁，欢尽力攻之，不克而归，遂死。宇文氏于此立勋州以旌其功。其地在隋绛郡稷山县。密为谣言曰：“百升飞上天，明月照长安。”上，时掌翻。又曰：“高山不推自崩，推，吐雷翻。槲木不扶自举。”令谍人传之于邺，谍，达协翻。邺中小儿歌之于路。珽因续之曰：“盲老公背受大斧，饶舌老母不得语。”珽，乇鼎翻。今人犹谓多口为饶舌。使其妻兄郑道盖奏之。帝以问珽，珽与陆令萱皆曰：“实闻有之。”珽因解之曰：“百升者，斛也。盲老公，谓臣也，与国同忧。饶舌老母，似谓女侍中陆氏也。且斛律累世大将，明月声震关西，丰乐威行突厥，斛律光，字明月；羡，字丰乐。将，即亮翻。乐，音洛。女为皇后，男尚公主，谣言甚可畏也。”帝以问韩长鸾，长鸾以为不可，事遂寝。

珽又见帝，请间，间，古苋翻，又音如字。唯何洪珍在侧，帝曰："前得公启，即欲施行，长鸾以为无此理。"珽未对，洪珍进曰："若本无意则可；既有此意而不决行，万一泄露，如何？"帝曰："洪珍言是也。"然犹未决。会丞相府佐封士让密启云："光前西讨还，敕令散兵，光引兵逼帝城，将行不轨，事不果而止。还，从宣翻，又音如字。令，力丁翻。事见上卷三年。封士让密启，亦珽等使之也。家藏弩甲，僮奴千数，每遣使往丰乐、武都所，使，疏吏翻；下同。阴谋往来。若不早图，恐事不可测。"帝遂信之，谓何洪珍曰："人心亦大灵，我前疑其欲反，果然。"帝性怯，恐即有变，令洪珍驰召祖珽告之："欲召光，恐其不从命。"珽请："遣使赐以骏马，语云：使，疏吏翻。语，牛倨翻。'明日将游东山，王可乘此同行。'光必入谢，因而执之。"帝如其言。

六月，戊辰，光入，至凉风堂，刘桃枝自后扑之，不仆。扑，弼角翻。顾曰："桃枝常为如此事。齐自文宣以来，每杀诸王大臣，刘桃枝率攘臂为之，故光云然。我不负国家。"桃枝与三力士以弓弦罥其颈，拉而杀之，罥，古县翻。拉，卢合翻。血流于地，刬之，迹终不灭。刬，初限翻，削也。于是下诏称其欲反，并杀其子开府仪同三司世雄、仪同三司恒伽。齐制：开府仪同三司，从一品；仪同三司，第二品。恒，户登翻。伽，求加翻。

祖珽使二千石郎邢祖信簿录光家。齐制：二千石郎，掌畿外得失等事。珽于都省问所得物，都省，即尚书都省。五代志：后齐制，录、令、仆射总理六尚书事，谓之都省。祖信曰："得弓十五，宴射箭百，刀七，赐稍二。"明非私藏兵器。稍，色角翻。珽厉声曰："更得何物？"曰："得枣杖二十束，拟奴仆与人斗者，不问曲直，即杖之一百。"枣木坚而密理，可以为杖。珽大惭，乃下声曰："朝廷已加重刑，郎中何宜为雪！”为，于伪翻。及出，人尤其抗直，祖信慨然曰：“贤宰相尚死，我何惜馀生！”

齐主遣使就州斩斛律武都，又遣中领军贺拔伏恩乘驿捕斛律羡，仍以洛州行台仆射中山独孤永业代羡，与大将军鲜于桃枝发定州骑卒续进。骑，奇寄翻。伏恩等至幽州，门者白：“使人衷甲，使，疏吏翻；下同。马有汗，宜闭城门。”羡曰：“敕使岂可疑拒！”敕使，谓使者奉敕而来；至唐时，率以称宦者。出见之。伏恩执而杀之。初，羡常以盛满为惧，表解所职，不许。临刑，叹曰：“富贵如此，女为皇后，公主满家，常使三百兵，何得不败！”及其五子伏护、世达、世迁、世辨、世酋皆死。酋，慈由翻。

周主闻光死，为之大赦。幸其死也。为，于伪翻。

祖珽与侍中高元海共执齐政。元海妻，陆令萱之甥也，元海数以令萱密语告珽。数，所角翻。珽求为领军，齐主许之，元海密言于帝曰：“孝征汉人，祖珽，字孝征。两目又盲，岂可为领军！”因言珽与广宁王孝珩交结，孝珩，文襄之子，齐主所忌也。珩，户庚翻。由是中止。珽求见，自辨，见，贤遍翻。且言：“臣与元海素嫌，必元海谮臣。”帝弱颜，不能讳，以实告之，见人辄自羞而颜有忸怩者为弱颜，今人犹有是言。珽因言元海与司农卿尹子华等结为朋党。又以元海所泄密语告令萱，令萱怒，出元海为郑州刺史。地形志：天平初，置颍州，治长社城；武定七年，改郑州，治颍阴城。周灭齐，改郑州曰许州，于荥阳置郑州。子华等皆被黜。被，皮义翻。

珽自是专主机衡，尚书职掌机密，任居铨衡。总知骑兵、外兵事，后齐制：尚书郎有中兵、外兵，各分左、右。左外兵掌河南及潼关已东诸州，右外兵掌河北及潼关已西诸州丁帐及发召征兵等事。骑，奇寄翻。内外亲戚，皆得显位。帝常令中要人扶侍出入，中要人，宦官之亲要者。直至永巷，每同御榻论决政事，委任之重，群臣莫比。

16 秋，七月，遣使如周。使，疏吏翻；下同。

17 八月，庚午，齐废皇后斛律氏为庶人。斛律光既死，则其女废矣。以任城王湝为右丞相，湝，户皆翻，又音皆。冯翊王润为太尉，兰陵王长恭为大司马，广宁王孝珩为大将军，安德王延宗为大司徒。

18 齐使领军封辅相聘于周。相，息亮翻。

19 辛未，周使司城中大夫杜杲来聘。宋以武公名改司空为司城，侯国之卿也。后周仿成周之遗制，必不以诸侯之卿名官，盖髣髴周官掌固之职。上谓之曰："若欲合从图齐，从，子容翻。宜以樊、邓见与。"对曰："合从图齐，岂弊邑之利！必须城镇，宜待得之于齐，先索汉南，索，山客翻。使臣不敢闻命。"使，疏吏翻。

20 初，齐胡太后自愧失德，胡太后失德久矣，事发则见上卷上年。欲求悦于齐主，乃饰其兄长仁之女置宫中，令帝见之，帝果悦，纳为昭仪。元魏以来，昭仪次于皇后，位视大司马。及斛律后废，陆令萱欲立穆夫人；太后欲立胡昭仪，力不能遂，乃卑辞厚礼以求令萱，结为姊妹。令萱亦以胡昭仪宠幸方隆，不得已，与祖珽白帝立之。戊子，立皇后胡氏。

21 己丑，齐以北平王仁坚为尚书令，特进许季良为左仆射，彭城王宝德为右仆射。

22 癸巳，齐主如晋阳。

23 九月，庚子朔，日有食之。

24 辛亥，大赦。

25 冬，十月，庚午，周诏："江陵所虏充官口者，悉免为民。"梁元帝承圣三年，江陵破，士民皆为魏所虏入关。

26 辛未，周遣小匠师杨勰等来聘。匠师，大司空之属也。杜佑通典：周小匠师下大夫，属冬官，四命。又有上士，三命。勰，音协。

27 周绥德公陆通卒。绥德县公也。西魏于绥州上县置绥德县。卒，子恤翻。

28 乙酉，上享太庙。五代志：陈立七庙，一岁五祠，春、夏、秋、冬、腊也。每祭，共以一太牢，始祖以三牲首，馀惟骨体而已。

29 齐陆令萱欲立穆昭仪为皇后，私谓齐主曰："岂有男为皇太子而身为婢妾者！"胡后有宠于帝，不可离间，间，古苋翻。令萱乃使人行厌蛊之术，厌，一琰翻。旬朔之间，胡后精神恍惚，恍，呼广翻。惚，音忽。言笑无恒，帝渐畏而恶之。恒，户登翻。恶，乌路翻。令萱一旦忽以皇后服御衣被昭仪，衣，于既翻。被，皮义翻。又别造宝帐，爰及枕席器玩，莫非珍奇。坐昭仪于帐中，谓帝曰："有一圣女出，将大家看之。"及见昭仪，令萱乃曰："如此人不作皇后，遣何物人作！"帝纳其言。

甲午，立穆氏为右皇后，以胡氏为左皇后。

30 十一月，庚戌，周主行如羌桥，羌桥在长安东，以苻、姚诸羌而得名。集长安以东诸军都督以上，颁赐有差。乙卯，还宫。以赵公招为大司马。壬申，周主如斜谷，斜，音耶，又似嗟翻。谷，音欲，又古禄翻。集长安已西都【章：十二行本"都"上有"诸军"二字；乙十一行本同；孔本同。】督已上，颁赐有差。丙戌，还宫。

31 庚寅，周主游道会苑，以上善殿壮丽，焚之。

32 十二月，辛巳，周主祀南郊。五代志曰：后周宪章姬周，祭祀之式，多依仪礼。南郊，为方坛于国南五里，其崇一丈二尺，其广四丈，其壝方百二十步，内壝半之。祭以正月上辛，以始祖献侯莫那配所感帝灵威仰于其上。

33 齐胡后之立，非陆令萱意，令萱一旦于太后前作色而言曰："何物亲侄，作如此语！"太后问其故，令萱曰："不可道。"固问之，乃曰："语大家云：语大，牛倨翻。'太后行多非法，不可以训。'"行，下孟翻。太后大怒，呼后出，立剃其发，送还家。剃，他计翻。辛丑，废胡后为庶人。然齐主犹思之，每致物以通意。

自是令萱与其子侍中穆提婆势倾内外，卖官鬻狱，聚敛无厌。敛，力赡翻。厌，一盐翻。每一赐与，动倾府藏。藏，徂浪翻。令萱则自太后以下，皆受其指麾；提婆则唐邕之徒，皆重足屏气；重，直龙翻。屏，必郢翻。杀生予夺，唯意所欲。

34 乙巳，周以柱国田弘为大司空。

35 乙卯，周主享太庙。五代志：后周思复古之道，右宗庙而左社稷，置太祖之庙并高祖已下二昭二穆，凡五，亲尽则迁。其有德者，谓之祧庙，亦不毁。

36 是岁，突厥木杆可汗卒，复舍其子大逻便而立其弟，是为佗钵可汗。佗钵以摄图为尔伏可汗，统其东面；又以其弟褥但可汗之子为步离可汗，居西面。厥，九勿翻。梁世祖承圣二年，突厥土门可汗卒，舍其子摄图，立其弟俟斗〔斤〕，称为木杆可汗。褥但既佗钵之弟，盖小可汗也。杆，古按翻。可，从刊入声。汗，音寒。卒，子恤翻。复，扶又翻。佗，徒何翻。周人与之和亲，岁给缯絮锦彩十万段。缯，慈陵翻。突厥在长安者，衣锦食肉，常以千数。衣，于既翻。齐人亦畏其为寇，争厚赂之。佗钵益骄，谓其下曰："但使我在南两儿常孝，何忧于贫！"在南两儿，谓尔伏、步离二人，所部分西北，皆南近中国。

阿史那后无宠于周主，考异曰：周书曰："后有姿貌，善容止，周帝甚敬焉。"按房玄龄唐高祖实录云："武帝纳突厥女，陋而无宠，太穆皇后劝帝强抚慰之。"今从之。神武公窦毅尚襄阳公主，神武郡公，拓跋魏置神武郡于尖山。生女尚幼，密言于帝曰："今齐、陈鼎峙，齐、陈及周，三国鼎峙。突厥方强，愿舅抑情慰抚，以生民为念！"帝深纳之。此女后适李渊，是为唐高祖窦皇后。

五年(癸巳、五七三)

1 春，正月，癸酉，以吏部尚书沈君理为右仆射。

2 戊寅，齐以并省尚书令高阿那肱录尚书事，总知外兵及内省机密，与侍中城阳王穆提婆、领军大将军昌黎王韩长鸾共处衡轴，处，昌吕翻。车轭曰衡，持轮者曰轴。车非二者不行，故以为喻。号曰“三贵”，蠹国害民，日月滋甚。滋，益也。

长鸾弟万岁，子宝行、宝信，并开府仪同三司，万岁仍兼侍中，宝行、宝信皆尚公主。每群臣旦参，参，朝参也。帝常先引长鸾顾访，出后，方引奏事官。若不视事，内省有急奏事，皆附长鸾奏闻，军国要密，无不经手。尤疾士人，朝夕宴私，唯事谮诉。常带刀走马，未尝安行，瞋目张拳，瞋，昌真翻。有啖人之势。朝士咨事，莫敢仰视，动致呵叱。每骂云：“汉狗大不可耐，唯须杀之！”呵，虎何翻。叱，昌栗翻。耐，奴代翻。

3 庚辰，齐遣崔象来聘。

4 辛巳，上祀南郊；甲午，享太庙；二月，辛丑，祀明堂。

5 乙巳，齐立右皇后穆氏为皇后。穆后母名轻霄，本穆氏之婢也，面有黥字。北史：轻霄本穆子伦婢，转入宋钦道家。钦道之妇妒轻霄，黥其面为“宋”字，奸私而生此女，莫知其姓。后既以陆令萱为母，穆提婆为外家，号令萱曰“太姬”。太姬者，齐皇后母号也，视一品，班在长公主上。长，知两翻。由是不复问轻霄。复，扶又翻。轻霄自疗面，欲求见后，太姬使禁掌之，竟不得见。

齐主颇好文学。好，呼到翻。丙午，祖珽奏置文林馆，多引文学之士以充之，谓之待诏；以中书侍郎博陵李德林、黄门侍郎琅邪颜之推同判馆事，又命共撰修文殿御览。齐大统中，毁东宫，起修文等殿。撰，士免翻。

6 甲寅，周太子赟巡省西土。省，悉景翻。

7 乙卯，齐以北平王坚录尚书事。按上年秋八月，齐以北平王仁坚录尚书事，此恐逸“仁”字。丁巳，齐主如晋阳。

8 壬戌，周遣司会侯莫陈凯等聘于齐。周官司会属冢宰。郑玄曰：

会，大计也。司会主天下之大计，计官之长，若今尚书。后周司会属天官，中大夫也。会，工外翻。

9 庚辰，齐主还邺。

10 三月，己卯，周太子于岐州获二白鹿以献，因巡省而获白鹿。周主诏曰："在德不在瑞。"

11 帝谋伐齐，公卿各有异同，唯镇前将军吴明彻决策请行。梁武帝置八镇将军，东、西、南、北止施在外，左、右、前、后止施在内。帝谓公卿曰："朕意已决，卿可共举元帅。"帅，所类翻。众议以中权将军淳于量位重，共署推之。梁置四中将军，与八镇将军同拟官品第二。然四中班四征之上，八镇班四征之下，故以量位为重。尚书左仆射徐陵独曰："吴明彻家在淮左，吴明彻，秦郡人。悉彼风俗；将略人才，当今亦无过者。"将，即亮翻；下同。都官尚书河东裴忌曰："臣同徐仆射。"陵应声曰："非但明彻良将，裴忌即良副也。"壬午，分命众军，以明彻都督征讨诸军事，忌监军事，将，即亮翻。监，工衔翻。统众十万伐齐。明彻出秦郡，都督黄法𣰋出历阳。𣰋，巨俱翻。

12 夏，四月，己亥，周主享太庙。

13 癸卯，前巴州刺史鲁广达与齐师战于大岘，破之。梁置巴州于巴陵。此大岘在合肥之南，历阳之北。岘，户典翻。

14 戊申，齐以兰陵王长恭为太保，南阳王绰为大司马，安德王延宗为太尉，武兴王普为司徒，开府仪同三司宜阳王赵彦深为司空。

15 齐人于秦郡置秦州，州前江浦通涂水，今真州闸即其地。涂，读曰滁。齐人以大木为栅于水中。辛亥，吴明彻遣豫章内史程文季将骁勇拔其栅，克之。将，即亮翻，又音如字，领也。骁，坚尧翻。文季，灵洗之子也。梁、陈之间，程灵洗以勇鸣。

齐人议御陈师，开府仪同三司王纮曰："官军比屡失利，人情骚动。考之史，比年以来，齐师未尝失利，盖争宜阳、汾北，周、齐更胜迭负，周师虽退，齐师亦疲也。比，毗至翻。若复出顿江、淮，恐北狄、西寇，乘弊而来。【章：十二行本"来"下有"则世事去矣"五字；乙十一行本同；孔本同；张校同。】复，扶又翻。北狄，谓突厥；西寇，谓周。莫若薄赋省傜，息民养士，使朝廷辑睦，遐迩归心。天下皆当肃清，岂直陈氏而已。"不从。遣军救历阳，考异曰：陈书帝纪云："齐遣兵十万救历阳。"黄法𣰋传云："步骑五万援历阳。"萧摩诃传云："尉破胡等帅众十万来援。"按源文宗之语，恐无此数。今不取。庚申，黄法𣰋击破之。又遣开府仪同三司尉破胡、长孙洪略救秦州。尉，纡勿翻。

赵彦深私问计于秘书监源文宗曰："吴贼侏张，遂至于此。侏，旧音张流切，盖因书"诪张为幻"，尔雅"诪"作"侜"，遂有此音。按类篇：侏，音张流切，其义华也。书所谓侜张，其义诞也。以文理求之，皆于此不近，姑阙之以待知者。弟往为秦、泾刺史，齐置秦州于秦郡，泾州于石梁。悉江、淮间情事，今何术以御之？"文宗曰："朝廷精兵，必不肯多付诸将；将，即亮翻。数千已下，适足为吴人之饵。尉破胡人品，王之所知，彦深封宜阳王，故称之。败绩之事，匪朝伊夕。国家待遇淮南，失之同于蒿箭。唐高祖遣李密徇山东，廷臣多谏。帝曰："如以蒿箭射蒿中耳。"言不足惜也。乃知此语之来久矣。如文宗计者，不过专委王琳，招募淮南三四万人，风俗相通，能得死力；兼令旧将将兵屯于淮北。【章：十二行本"北"下有"足以固守"四字；乙十一行本同；孔本同；张校同。】将，即亮翻。且琳之于顼，必不肯北面事之，明矣。窃谓此计之上者。若不推赤心于琳，更遣馀人掣肘，宓子贱为单父宰，言于鲁君，请与二吏俱至邑，使二吏书而掣其肘，书不工，辄怒之。吏不能堪，归以告鲁君。鲁君曰："是虑我掣其肘耳。"宓贱是以能为单父。后之言"掣肘"者本此。掣，昌列翻。复成速祸，弥不可为。"是役卒如文宗之言。复，扶又翻。彦深叹曰："弟此策诚足制胜千里，但口舌争之十日，已不见从。时事至此，安可尽言！”因相顾流涕。文宗名彪，以字行，子恭之子也。源子恭以干用称于熙平、永安之间。

文宗子师为左外兵郎中，摄祠部，尝白高阿那肱：“龙见当雩。”阿那肱惊曰：“何处龙见？其色如何？”师曰：“龙星初见，礼当雩祭，非真龙也。”阿那肱怒曰：“汉儿多事，强知星宿！”遂不祭。师出，窃叹曰：“礼既废矣，齐能久乎！”见，贤遍翻。强，其两翻。春秋左氏传曰：龙见而雩。杜预注云：龙见建巳之月，苍龙宿之体，昏见东方，万物始盛，待雨而大，故祭天，远为百谷祈甘雨。郑玄曰：雩，吁嗟求雨之祭。孔颖达曰：天之四方，皆有七宿，各成一形：东方成龙形，西方成虎形，皆南首而北尾；南方成鸟形，北方成龟形，皆西首而东尾。五代志：后齐以孟夏龙见而雩，祭太微五精帝于夏郊之东，为圆坛于其上，祈谷实，以显祖文宣帝配。通鉴言国之将亡，其礼先亡。诸源本出于鲜卑秃发，高氏生长于鲜卑，自命为鲜卑，未尝以为讳，鲜卑遂自谓贵种，率谓华人为汉儿，率侮诟之。诸源世仕魏朝，贵显习知典礼，遂有雩祭之请，冀以取重，乃以取诟。通鉴详书之，又一慨也。因源文宗不敢尽言，并及其子窃叹之事。

齐师选长大有膂力者为前队，又有苍头、犀角、大力，其锋甚锐，又有西域胡，善射，弦无虚发，众军尤惮之。辛酉，战于吕梁。吕梁在彭城，疑此即石梁。将战，吴明彻谓巴山太守萧摩诃曰：“若殪此胡，守，式又翻。殪，一计翻。则彼军夺气，君才不减关羽矣。”摩诃曰：“愿示其状，当为公取之。”为，于伪翻。明彻乃召降人有识胡者，使指示之，自酌酒以饮摩诃。降，户江翻。饮，于禁翻。摩诃饮毕，驰马冲齐军。胡挺身出陈前十馀步，陈，读曰阵。彀弓未发，摩诃遥掷铣钡，铣，苏典翻。钡，他典翻。类篇曰：铣钡，小凿也。正中其额，应手而仆。中，竹仲翻。齐军大力十馀人出战，摩诃又斩之。于是齐军大败，尉破胡走，考异曰：北齐书，破胡败在五月。今从齐书。长孙洪略战死。

破胡之出师也，齐人使侍中王琳与之俱。琳谓破胡曰：“吴兵甚锐，宜以长策制之，慎勿轻斗！”破胡不从而败。琳单骑仅免，骑，奇寄翻。还，至彭城，齐人即使之赴寿阳召募以拒陈师，复以卢潜为扬州道行台尚书。复，扶又翻。卢潜在寿阳，与王琳不协，事见一百六十八卷世祖天嘉二年。

甲子，南谯太守徐槾克石梁城。槾，谟干翻。五代志：石梁在江都郡永福县，齐置泾州于此。五月，己巳，瓦梁城降。以五代志考之，瓦梁城当在江都郡六合县界。癸酉，阳平郡降。以地形志考之，梁置淮州，治淮阴城，其属有阳平郡，治阳平城，其地当在淮阴城西。甲戌，徐槾克庐江城。按地形志，梁置庐江郡，治潜县。潜县今属无为军界，徐槾之师盖渐西向。历阳窘蹙乞降，黄法𣰰缓之，则又拒守。法𣰰怒，帅卒急攻，帅，读曰率。丙子，克之，尽杀戍卒。进军合肥，合肥望旗请降，法𣰰禁侵掠，抚劳戍卒，劳，力到翻。与之盟而纵之。

16 丁丑，周以柱国侯莫陈琼为大宗伯，荥阳公司马消难为大司寇，难，乃旦翻。江陵总管陆腾为大司空。琼，崇之弟也。侯莫陈崇，八柱国之一也。

17 己卯，齐北高唐郡降。五代志：同安郡宿松县，梁置高唐郡。降，户江翻。辛巳，诏南豫州刺史黄法𣰰𣰰，巨俱翻。徙镇历阳。晋氏南渡，豫部歼覆，刺史祖约自谯城退屯寿春。咸和间，庾亮治芜湖。咸康间，毛宝治邾城。永和初，赵胤镇牛渚。二年，谢尚镇芜湖，四年，进寿春，九年，镇历阳，十一年，进马头。宁康初，桓冲戍姑孰。宋永初中，分淮东为南豫州，治历阳，淮西为豫州。泰始中，淮西陷没，以扬州之淮南、宣城为南豫州，治宣城，萧齐治姑孰。梁武佳兵，治无定所。侯景之乱，江、淮之地皆归高齐。陈治宣城，今复历阳，命徙镇焉。乙酉，南齐昌太守黄咏克齐昌外城。五代志：蕲春郡蕲春县，旧曰蕲阳，梁改蕲水，后齐改曰齐昌，置齐昌郡。守，式又翻。丙戌，庐陵内史任忠军于东关，克其东、西二城，东关东、西二城，吴诸葛恪所筑也。任，音壬。进克蕲城；五代志：庐江郡襄安县，梁曰蕲。蕲，居衣翻，又音其。戊子，又克谯郡城。此地形志合州之南谯郡城也，亦在蕲县界。秦州城降。自四月辛亥拔秦州水栅，至是三十八日，州城始降。癸巳，瓜步、胡墅二城降。二城皆在六合县界，临江。降，户江翻。帝以秦郡，吴明彻之乡里，诏具太牢，令拜祠上冢，上，时掌翻。文武羽仪甚盛，乡人荣之。

18 齐自和士开用事以来，政体隳紊。和士开用事，始一百六十九卷世祖天嘉四年。隳，音挥。紊，扶问翻。及祖珽执政，颇收举才望，内外称美。珽复欲增损政务，沙汰人物，汰，音太。官号服章，并依故事。又欲黜诸阉竖及群小辈，为致治之方，竖，臣庾翻，童仆未冠者也，又音树。治，直之翻。陆令萱、穆提婆议颇同异。珽乃讽御史中丞丽伯律，令劾主书王子冲纳赂。丽，姓，伯律，名。姓苑有丽姓。后齐制：中书省有舍人、主书各十人。劾，户概翻，又户得翻。知其事连提婆，欲使赃罪相及，望因此并坐及令萱。犹恐齐主溺于近习，溺，奴狄翻。欲引后党为援，乃请以胡后兄君瑜为侍中、中领军；又征君瑜兄梁州刺史君璧，元魏置梁州于大梁城。欲以为御史中丞。令萱闻而怀怒，百方排毁，出君瑜为金紫光禄大夫，解中领军；出者，自内省出就朝列。金紫光禄大夫，本晋之左、右光禄大夫，假金章紫绶，后遂于左、右光禄大夫之下又置金紫光禄大夫，而光禄大夫假银印青绶者，为银青光禄大夫。后齐制：金紫光禄大夫从二品，中领军第三品。君瑜既解中领军，有品秩而无职事。君璧还镇梁州。胡后之废，颇亦由此。释王子冲不问。

珽日以益疏，诸宦者更共谮之。帝以问陆令萱，令萱悯默不对，悯默，忧而不敢言之貌。三问，乃下床拜曰："老婢应死。言其罪应死也。老婢始闻和士开言孝征多才博学，意谓善人，故举之。比来观之，比，毗至翻。大是奸臣。人寔难知，老婢应死。"帝令韩长鸾检按。检，察也，搜也，校也，举也。按，考验也，亦举也。长鸾素恶珽，恶，乌路翻。得其诈出敕受赐等十馀事。帝以尝与之重誓，故不杀，解珽侍中、仆射，出为北徐州刺史。五代志：琅邪郡，旧置北徐州。珽求见帝，长鸾不许，遣人推出柏阁，见，贤遍翻。推，吐雷翻。珽坐，不肯行，长鸾令牵曳而出。

癸巳，齐以领军穆提婆为尚书左仆射，侍中、中书监段孝言为右仆射。孝言，韶之弟也。段韶历事高氏，五世著忠孝，战功为多。初，祖珽执政，引孝言为助，除吏部尚书。孝言凡所进擢，非贿则旧，求仕者或于广会膝行跪伏，公自陈请，孝言颜色扬扬，以为己任，随事酬许。将作丞崔成忽于众中抗言曰："尚书，天下尚书，岂独段家尚书也！"孝言无辞以应，唯厉色遣下而已。既而与韩长鸾共构祖珽，逐而代之。

19 齐兰陵武王长恭，貌美而勇，以邙山之捷，威名大盛，考异曰：北齐书："长恭与周战于邙山。后主谓曰：'入陈太深，失利悔无所及。'对曰：'家事亲切，不觉遂然。'帝嫌其称'家事'，遂忌之。"按邙山之战在河清三年，后主时年九岁，尚未即位，何得有此问！且称"家事"亦何足致忌！今不取。武士歌之，为兰陵王入陈曲，杜佑曰：北齐兰陵王长恭，才武而貌美，常着假面以对敌。尝击周师金墉城下，勇冠三军。齐人壮之，作此舞，以效其指麾击刺之容，谓之兰陵王入陈曲。齐主忌之。及代段韶督诸军攻定阳，颇务聚敛，邙山之捷见一百六十九卷世祖天嘉五年。攻定阳见上卷太建三年。陈，读曰阵。敛，力赡翻。其所亲尉相愿尉，纡勿翻。问之曰："王受朝寄，何得如此？"朝，直遥翻。长恭未应。相愿曰："岂非以邙山之捷，欲自秽乎？"长恭曰："然。"相愿曰："朝廷若忌王，即当用此为罪，无乃避祸而更速之乎！"长恭涕泣前膝问计，俯身而问，膝前于席，故曰前膝。相愿曰："王前既有功，今复告捷，复，扶又翻。威声太重。宜属疾在家，属，之欲翻。勿预时事。"长恭然其言，未能退。及江、淮用兵，恐复为将，复，扶又翻。将，息亮翻。叹曰："我去年面肿，今何不发！"自是有疾不疗。齐主遣使鸩杀之。疗，力吊翻。使，疏吏翻。

20 六月，【章：十二行本"月"下有"庚子"二字；乙十一行本同；孔本同；张校同。】郢州刺史李综克滠口城。水经注：江水径鲁山南，左得湖口水，又东合溠口水，水上承沔水于安陆县而东，径溠阳县北，东南注于江。溠，书涉翻。乙巳，任忠克合州外城。按地形志及五代志，皆云合州治合肥。合肥前已降黄法𣰰，今任忠又克合州外城，何也？当考。庚戌，淮阳、沭阳郡皆弃城走。五代志：梁置淮阳郡于下邳郡之淮阳县，又置潼阳郡于东海郡之沭阳县，东魏改曰沭阳郡。沭，食聿翻。

21 壬子，周皇孙衍生。

22 齐主游南苑，从官暍死者六十人。史言齐主淫刑以逞。从，才用翻。以高阿那肱为司徒。

23 癸丑，程文季攻齐泾州，拔之。按齐泾州治石梁，是年四月，徐槾已克石梁城。乙卯，宣毅司马湛陀克新蔡城。梁置镇兵、翊师、宣惠、宣毅四将军，代旧四中郎将，盖皆有长史、司马。湛，姓；陀，名。后汉有大司农湛重。五代志：庐江郡灊水县，弋阳郡定城县、殷城县，皆有梁所置新蔡郡。又，固始县有后齐所置新蔡郡，未知孰是。湛，徒减翻。陀，徒何翻。

24 丙辰，齐使开府仪同三司王纮聘于周。

25 癸亥，黄法𣰰克合州。以此观之，则前请降者，合肥戍卒也。𣰰，巨俱翻。吴明彻进攻仁州，地形志：梁置仁州，治赤坎城，盖在山阳县界。甲子，克之。

26 治明堂。五代志：陈制：明堂殿屋十二间，中央六间，安六座，四方帝各依其方，黄帝居坤维。治，直之翻。

27 秋，七月，戊辰，齐遣尚书左丞陆骞将兵二万救齐昌，出自巴、蕲，出自巴水、蕲水之间也。将，即亮翻。蕲，音机，又音祁。遇西阳太守汝南周炅。西阳郡在黄冈县界。炅，枯迥翻，又古惠翻。炅留羸弱，设疑兵以当之，身帅精锐，由间道邀其后，大破之。羸，伦为翻。帅，读曰率。间，古苋翻。己巳，征北大将军吴明彻军至峡口，克其北岸城；南岸守者弃城走。峡口，峡石口也。夹岸筑两城以扼淮流。吴明彻以功进律，自从二品升第二品。周炅克巴州。后齐置巴州于黄冈。淮北、绛城及谷阳士民，并杀其戍主，以城降。绛城盖虹县城，音同而字异耳。五代志：彭城郡谷阳县，后齐置谷阳郡。

齐巴陵王王琳与扬州刺史王贵显保寿阳外郭，吴明彻以琳初入，众心未固，丙戌，乘夜攻之，城溃。齐兵退据相国城及金城。二城皆在寿阳城中。相国城，刘裕伐长安所筑，故名。金城，寿阳中城也。自晋以来，率谓中城为金城。

八月，乙未，山阳城降。五代志：江都郡山阳县，旧置山阳郡。壬寅，盱眙城降。盱眙县亦属江都，旧置盱眙郡。盱眙，音吁怡。壬子，戎昭将军徐敬辩克海安城。陈制：戎昭将军，品第八，秩六百石。海安城，在海陵县东，今为海安镇。青州东海城降。东海郡，梁置南、北二青州，今朐山县。戊午，平固侯敬泰等克晋州。平固县，沈约志，属南康郡，吴立，曰平阳，晋武帝太康元年更名。五代志：同安郡，梁置晋州，因晋熙以为名。九月，甲子，阳平城降。五代志：江都郡安宜县，梁置阳平郡。壬申，高阳太守沈善庆克马头城。五代志：钟离郡涂山县，古当涂也，后齐置马头郡。甲戌，齐安城降。五代志：永安郡黄冈县，后齐置齐安郡。丙子，左卫将军樊毅克广陵楚子城。此广陵非江都之广陵。按魏太和中，蛮帅田益宗纳土于魏，魏为立东豫州，治广陵城。五代志：汝南郡新息县，魏置东豫州。则此广陵乃新息之广陵也。又，梁武帝置楚州于汝南郡之城阳县，治楚城，即楚子城也。水经：淮水先过城阳县而后过新息县，则知广陵城与楚子城相近。

28 壬午，周太子赟纳妃杨氏。妃，大将军随公坚之女也。为杨坚由后父而篡周张本。

太子好昵近小人，好，呼到翻。昵，尼质翻。近，其靳翻。左宫正宇文孝伯言于周主曰："皇太子四海所属，属，之欲翻。而德声未闻，臣忝宫官，实当其责。且春秋尚少，少，诗照翻。志业未成，请妙选正人，为其师友，调护圣质，犹望日就月将。就，从也；将，行也；从事于学，将以行之也。郑玄曰：日就月将，言当习之以积。如或不然，悔无及矣。"帝敛容曰："卿世载鲠直，鲠，古杏翻。毛晃曰：鲠，鱼骨，又骨不下咽。世谓謇谔者为骨鲠，谓直言难受，如骨之哽咽也。竭诚所事。观卿此言，有家风矣。”孝伯拜谢曰：“非言之难，受之难也。”帝曰：“正人岂复过卿！”复，扶又翻。于是以尉迟运为右宫正。运，迥之弟子也。尉，纡勿翻。

帝尝问万年县丞南阳乐运曰：“卿言太子何如人？”对曰：“中人。”帝顾谓齐公宪曰：“百官佞我，皆称太子聪明睿智。唯运所言忠直耳。”因问运中人之状。对曰：“如齐桓公是也：管仲相之则霸，竖貂辅之则乱，相，息亮翻。可与为善，可与为恶。”帝曰：“我知之矣。”乃妙选宫官以辅之，仍擢运为京兆丞。由赤县丞擢京郡丞。太子闻之，意甚不悦。

29 癸未，沈君理卒。卒，子恤翻。

30 壬辰晦，前鄱阳内史鲁天念克黄城。地形志，谯州下蔡郡有黄城县。按东魏置谯州于涡阳，则黄城亦其属县也。盖下蔡在淮北，而黄城在寿阳西。水经注：柴水东径黄城西，故弋阳县也。城内二城，西即黄城也。柴水东北入于淮，谓之淮口。甲【章：十二行本“甲”上有“冬十月”三字；乙十一行本同；孔本同。】午，郭默城降。晋氏不竞，刘、石强盛；郭默转徙而南，筑城以自保，故有其名。

31 己亥，以特进领国子祭酒周弘正为尚书右仆射。

32 齐国子祭酒张雕，以经授齐主为侍读，帝甚重之。雕与宠胡何洪珍相结，穆提婆、韩长鸾等恶之。恶，乌路翻。洪珍荐雕为侍中，加开府仪同三司，奏度支事，度，徒洛翻。后齐六尚书，度支其一也，统度支、仓部、左户、右户、金部、库部六曹。凡度支事，雕以奏闻。大为帝所委信，常呼“博士”。雕自以出于微贱，致位大臣，欲立效以报恩，论议抑扬，无所回避，省宫掖不急之费，禁约左右骄纵之臣，数讥切宠要，献替帷幄，数，所角翻。帝亦深倚仗之。雕遂以澄清为己任，意气甚高，贵幸皆侧目。【章：十二行本“目”下有“阴谋陷之”四字；乙十一行本同；孔本同；张校同。】

尚书左丞封孝琰，隆之之弟子，封隆之，高氏起兵，佐命之臣。

与侍中崔季舒，皆为祖珽所厚。孝琰尝谓珽曰："公是衣冠宰相，异于馀人。"近习闻之，大以为恨。

会齐主将如晋阳，季舒与张雕议，以为："寿阳被围，被，皮义翻。大军出拒之，信使往还，使，疏吏翻。须禀节度。且道路小人，或相惊恐，以为大驾向并州，畏避南寇。若不启谏，恐人情骇动。"遂与从驾文官连名进谏。从，才用翻。时贵臣赵彦深、唐邕、段孝言等，意有异同，季舒与争，未决。长鸾遽言于帝曰："诸汉官连名总署，声云谏幸并州，其实未必不反，宜加诛戮。"辛丑，齐主悉召已署名者集含章殿，斩季舒、雕、孝琰及散骑常侍刘逖、黄门侍郎裴泽、郭遵于殿庭，家属皆徙北边，妇女配奚官，幼男下蚕室，下，户嫁翻。没入赀产。癸卯，遂如晋阳。

33 吴明彻攻寿阳，堰肥水以灌城，按水经注：肥水过寿阳城而入淮。然引流入城，交络城中，吴明彻堰之以灌城，其势顺易。城中多病肿泄，泄，私列翻。死者什六七。齐行台右仆射琅邪皮景和等救寿阳，"琅邪"之下，疑脱"王"字。以尉破胡新败，怯懦不敢前，屯于淮口，淮口盖即颍口。景和之师自颍上出至淮而屯，因谓之淮口。敕使屡促之。使，疏吏翻；下同。然始渡淮，然，如此也。如此始渡淮也。众数十万，去寿阳三十里，顿军不进。诸将皆惧，将，即亮翻；下同。曰："坚城未拔，大援在近，将若之何？"明彻曰："兵贵神速，而彼结营不进，自挫其锋，吾知其不敢战，明矣。"乙巳，躬擐甲胄，擐，音宦。四面疾攻，一鼓拔之，生擒王琳、王贵显、卢潜及扶风王可朱浑道裕、尚书左丞李騊駼送建康。可朱浑，虏三字姓。騊，徒刀翻。駼，同都翻。景和北遁，尽收其驼马辎重。重，直用翻。

琳体貌闲雅，喜怒不形于色；强记内敏，军府佐吏千数，皆能识其姓名；识，职吏翻。刑罚不滥，轻财爱士，得将卒心；

虽失地流寓在邺，齐人皆重其忠义。及被擒，故麾下将卒多在明彻军中，见者皆歔欷，不能仰视，争为之请命将，即亮翻。被，皮义翻。歔，音虚。欷，音希，又许既翻。为，于伪翻。及致资给。明彻恐其为变，遣使追斩之于寿阳东二十里，使，疏吏翻。哭者声如雷。有一叟以酒脯来祭，哭尽哀，收其血而去。田夫野老，知与不知，闻者莫不流涕。

齐穆提婆、韩长鸾闻寿阳陷，握槊不辍，曰："本是彼物，从其取去。"南、北兵争，寿阳本属江南，故云然。史言齐之君臣以乐慆忧。齐主闻之，颇以为忧，提婆等曰："假使国家尽失黄河以南，犹可作一龟兹国。龟兹，音丘慈，唐人又读为屈佳。更可怜人生如寄，唯当行乐，乐，音洛。何用愁为！"左右嬖臣因共赞和之，嬖，卑义翻，又匹计翻。和，户卧翻。帝即大喜，酣饮鼓舞，酣，户甘翻。仍使于黎阳临河筑城戍。惧陈兵之来，真欲画河自保。

丁未，齐遣兵万人至颍口，颍水入淮之口。樊毅击走之。辛亥，遣兵援苍陵，又破之。地形志：扬州淮南郡寿春县，故楚有苍陵城。水经注：淮水东流，与颍口会，东南径苍陵北，又东北流，径寿春县故城西。齐主以皮景和全军而还，赏之，除尚书令。还，从宣翻，又音如字。

丙辰，诏以寿阳复为豫州，复宋、齐之旧也。以黄城为司州。以明彻为都督豫·合等六州诸军事、车骑大将军、豫州刺史，遣谒者萧淳风就寿阳册命，骑，奇寄翻。陈依梁制，谒者仆射，秩千石。于城南设坛，士卒二十万，陈旗鼓戈甲。明彻登坛拜受，成礼而退，将卒荣之。上置酒，举杯属徐陵曰："赏卿知人。"将，即亮翻。属，之欲翻。陵避席曰："定策圣衷，非臣力也。"以黄法𣰋为征西大将军、合州刺史。𣰋，巨俱翻。

戊午，湛陀克齐昌城。十一月，甲戌，淮阴城降。五代志：江都郡山阳县有淮阴郡。降，户江翻。庚辰，威虏将军刘桃枝克朐山城。陈制：威虏将军，品第八，秩六百石。此刘桃枝自是陈将，非齐之刘桃枝。五代志，东海郡有朐山县。朐，音劬。辛巳，樊毅克济阴城。五代志：钟离郡化明县，故曰睢陵，置济阴郡。济，子礼翻。己丑，鲁广达攻济南徐州，克之；“济”当作“齐”。书“齐南徐”，以别京口之南徐。以五代史考之，齐之南徐州，本置于下邳郡宿豫县。详又注于考异之下。以广达为北徐州刺史，镇其地。考异曰：陈书帝纪及广达传，皆云北徐州。按北齐书祖珽传：“珽保全北徐州城不陷。”盖南人谓京口为南徐州，故谓此为北徐州，其实乃北齐之南徐州也。按此所谓齐南徐州，乃旧琅邪郡。宋泰始初，琅邪没魏，庄帝永安二年，置北徐州于琅邪。时齐以祖珽为北徐州，镇琅邪。魏收地形志：太和中，立北徐州于宿豫。萧衍置北徐州于钟离。南、北兵争，疆埸之间，一彼一此，各立州郡，当随其所立州名书之，恐不可以齐之北徐州为齐南徐州也。

齐北徐州民多起兵以应陈，逼其州城，按五代志，齐置北徐州于琅邪。祖珽命不闭城门，禁人不得出衢路，尔雅：四达谓之衢。珽，他鼎翻。城中寂然。反者不测其故，疑人走城空，不设备。珽忽令鼓噪震天，反者皆惊走。既而复结陈向城，复，扶又翻。陈，读曰阵。珽令录事参军王君植将兵拒之，自乘马临陈左右射。射，食亦翻。反者先闻其盲，谓其必不能出，忽见之，大惊。穆提婆欲令城陷，不遣援兵，珽且战且守，十馀日，反者竟散走。

诏悬王琳首于建康市。故吏梁骠骑仓曹参军朱玚梁制：将军府有功曹、仓曹、中兵、外兵、骑兵、长流、城局等参军。骠，匹妙翻。骑，奇寄翻。玚，雉杏翻，又音畅。致书徐陵求其首，曰：“窃以典午将灭，徐广为晋家遗老；典，司也，午属马；故谓司马为典午。徐广事见一百十九卷宋高祖永初元年。当涂已谢，马孚称魏室忠臣。“当涂高”者，魏也。司马孚事见七十九卷晋世祖泰始元年。梁故建宁公琳，当离乱之辰，总方伯之任，天厌梁德，尚思匡继，徒蕴包胥之志，左传：吴破楚，入郢，申包胥赴秦请救，以秦师破吴而复楚。终遘长弘之眚，周灵王即位，诸侯不朝。苌弘乃明鬼神事，设射诸侯之不来者，欲依怪物以致诸侯。诸侯不从，而周室愈微。后二世至敬王，晋人杀苌弘。至使身没九泉，头行千里。伏惟圣恩博厚，明诏爰发，赦王经之哭，按魏元帝景元元年，司马昭弑高贵乡公，并收王经。其吏向雄，抱经哭于东市，昭赦雄。许田横之葬。汉高帝葬田横，事见十一卷五年。不使寿春城下，唯传报葛之人；魏高贵乡公甘露三年，司马昭破寿春，诸葛诞麾下不降而死，事见七十七卷。沧洲岛上，独有悲田之客。"即田横事。陵为之启上。为，于伪翻。十二月，壬辰朔，并熊昙朗等首皆还其亲属。熊昙朗诛，见一百六十八卷世祖天嘉元年。瘗琳于八公山侧，义故会葬者数千人。瘗间道奔齐，义故，故旧以义结者。瘗，于计翻。间，古苋翻。别议迎葬，寻有寿阳人茅智胜等五人，密送其柩于邺。柩，音旧。齐赠琳开府仪同三司、录尚书事，谥曰忠武王，给辒辌车以葬之。自秦、汉以来，天子葬用辒辌车。辒，音温。辌，音凉。

34 癸巳，周主集群臣及沙门、道士，帝自升高坐，辨三教先后，坐，徂卧翻。以儒为先，道为次，释为后。

35 乙未，谯城降。五代志：谯郡山桑县，梁置涡州，东魏改曰谯州。降，户江翻。

36 乙巳，立皇子叔明为宜都王，叔献为河东王。

37 壬午，任忠克霍州。五代志：庐江郡霍山县，梁置霍州。任，音壬。

诏征安州刺史周炅入朝。按五代志：西魏置安州于安陆，梁、陈无安州。隋书周法尚传：炅为定州刺史，或者"安"字其"定"字之误欤？朝，直遥翻。初，梁定州刺史田龙升以城降，定州，梁置，治蒙笼城。水经注：举水出龟头山，西北流，径蒙笼城南，梁定州治。五代志：永安郡麻城县，陈置定州。诏仍旧任。及炅入朝，龙升以江北六州、七镇叛入于齐，齐遣历阳王景安将兵应之。诏以炅为江北道大都督，总众军以讨龙升，斩之。景安退走，尽复江北之地。

38 是岁，突厥求婚于齐。

六年（甲午、五七四）

1 春，正月，壬戌朔，周齐公宪等七人进爵为王。

2 己巳，周主享太庙；乙亥，耕藉田。藉，秦昔翻。

3 壬子，【章：十二行本“子”作“午”；乙十一行本同；张校同。】上享太庙。

4 甲申，广陵金城降。去年九月，樊毅克广陵楚子城，其金城至是始降。降，户江翻。

5 二月，壬午【章：孔本“午”作“辰”；张校同。】朔，日有食之。

6 乙未，齐主还邺。去年十月如晋阳，至是始还。

7 丁酉，周纪国公贤等六人进爵为王。

8 辛亥，上耕藉田。梁初，依宋、齐，以正月用事。天监十二年，武帝以为启蛰而耕，书云：“以殷仲春”，藉田理在建卯，于是改用二月。陈因而不改。藉，而亦翻。

9 齐朔州行台南安王思好，本高氏养子，骁勇，得边镇人心。骁，坚尧翻。齐主使嬖臣斫骨光弁至州，斫骨，虏复姓。嬖，卑义翻，又博计翻。光弁不礼于思好，思好怒，遂反，云“欲入除君侧之恶”。进军至阳曲，五代志：太原郡汾阳县，旧曰阳曲。自号大丞相。武卫将军赵海在晋阳，【章：十二行本“阳”下有“掌兵”二字；乙十一行本同；孔本同；张校同。】苍猝不暇奏，矫诏发兵拒之。帝闻变，使尚书令唐邕等驰之晋阳，之，往也。辛丑，帝勒兵继进。未至，思好军败，投水死。其麾下二千人，刘桃枝围之，且杀且招，终不降，以至于尽。

先是有人告思好谋反，降，户江翻。先，悉荐翻。韩长鸾女适思好子，奏言：“是人诬告贵臣，不杀无以息后。”乃斩之。思好既诛，告者弟伏阙下求赠官，长鸾不为通。通鉴言齐嬖幸壅蔽之祸。为，于伪翻。

丁未，齐主还邺。甲寅，以唐邕为录尚书事。

10 乙卯，周主如云阳宫。

11 丙辰，周大赦。

12 庚申，周叱奴太后有疾。叱奴，虏复姓。三月，辛酉，周主还长安。癸酉，太后殂。帝居倚庐，陆德明曰：庐倚东墙而为之，故曰“倚庐”。考异曰：隋书张衡传云：“武帝居忧，与左右出猎，衡露发舆榇切谏。”按帝居丧有礼，疑衡自叙之妄。朝夕进一溢米。郑玄曰：二十两为溢。于粟米之法，一溢，为米一升二十四分升之一。溢，音逸。群臣表请，累旬乃止。命太子总厘庶政。厘，治也。

卫王直谮齐王宪于帝曰：“宪饮酒食肉，无异平日。”帝曰：“吾与齐王异生，异生，谓异母也。俱非正嫡，特以吾故，同袒括发。袒者，肉袒；括者，结也。杜预曰：以麻约发。汝当愧之，何论得失！汝，亲太后之子，特承慈爱；但当自勉，无论他人。”

13 夏，四月，乙卯，齐遣侍中薛孤康买吊于周，薛孤，虏复姓。且会葬。

初，齐世祖为胡后造珠裙袴，为，于伪翻；下同。所费不可胜计；胜，音升。为火所焚。至是，齐主复为穆后营之。复，扶又翻。使商胡赍锦彩三万，与吊使偕往市珠。使，疏吏翻。周人不与，齐主竟自造之。及穆后爱衰，其侍婢冯小怜大幸，拜为淑妃；与齐主坐则同席，出则并马，誓同生死。

14 五月，庚申，周葬文宣皇后于永固陵；周主跣行至陵所。辛酉，诏曰：“三年之丧，达于天子。但军国务重，须自听朝。衰麻之节，苫庐之礼，率遵前典，丧服小记：斩衰括发以麻，寝苫居庐。朝，直遥翻。衰，七回翻。苫，息廉翻。以申罔极。诗：父兮生我，母兮鞠我，欲报之德，昊天罔极。百僚宜依遗令，既葬而除。”除服也。公卿固请依权制，帝不许，卒申三年之制。卒，子恤翻。五服之内，亦令依礼。五服者，斩衰三年服，齐衰期年服，大功九月服，小功五月服，缌麻三月服。

15 庚午，齐大赦。

16 齐人恐陈师渡淮，使皮景和屯西兖州以备之。西兖州治定陶。

17 丙子，周禁佛、道二教，经、像悉毁，经，谓二教之书。像，谓佛像、天尊像。罢沙门、道士，并令还俗。并禁诸淫祀，非祀典所载者尽除之。

18 六月，壬辰，周弘正卒。卒，子恤翻。

19 壬子，周更铸五行大布钱，一当十，与布泉并行。行布泉见一百六十八卷世祖天嘉元年。更，工衡翻。

20 戊午，周立通道观以壹圣贤之教。观，古玩翻。

21 秋，七月，庚申，周主如云阳，以右宫正尉迟运兼司武，左传：宋平公曰："司武而梏于朝。"杜预注：司武，司马。周建六官，已有大司马，司武盖其属也。尉，纡勿翻。与薛公长孙览辅太子守长安。长，知两翻。

初，帝取卫王直第为东宫，建德元年，立太子，始建东宫。使直自择所居。直历观府署，无如意者；末取废陟屺寺，欲居之。陟屺寺，取望母为名，直意欲以同母感动周主。齐王宪谓直曰："弟子孙多，此无乃褊小？"屺，墟里翻。褊，补辨翻。直曰："一身尚不自容，何论子孙！"直尝从帝校猎而乱行，帝对众挞之，直积怨愤，因帝在外，遂作乱。乙酉，帅其党袭肃章门。肃章，宫门名。唐长安太极宫，太极殿后，两仪殿前，中为朱明门，东则虔化门，西则肃章门，盖周遗制。帅，读曰率。长孙览惧，奔诣帝所。尉迟运偶在门中，直兵奄至，手自阖门。直党与运争门，斫伤运指，仅而得闭。直不得入，纵火焚门。运恐火尽，直党得进，取宫中材木及床榻以益火，膏油灌之，火转炽。久之，直不得进，乃退。运帅留守兵，因其退而击之，帅，读曰率；下同。直大败，帅百馀骑奔荆州。欲就梁。骑，奇寄翻。戊子，帝还长安。八月，辛卯，擒直，废为庶人，囚于别宫，寻杀之。以尉迟运为大将军，赐赉甚厚。

丙申，周主复如云阳。复，扶又翻。

22 癸丑，齐主如晋阳。甲辰〔寅〕，齐以高劢为尚书右仆射。劢，音迈。

23 九月，庚申，周主如同州。

24 冬，十月，丙申，周遣御正弘农杨尚希、礼部卢恺来聘。武成元年，增御正四人，位上大夫。保定四年，又改礼部为司宗，大司礼为礼部。杜佑曰：周制：礼部中大夫，属春官。恺，柔之子也。卢柔仕魏为中书监。

25 甲寅，周主如蒲州；丙辰，如同州；十一月，甲戌，还长安。

26 十二月，戊戌，以吏部尚书王玚为右仆射，度支尚书孔奂为吏部尚书。玚，冲之子也。玚，雉杏翻，又音畅。度，徒洛翻。

时新复淮、泗，攻战、降附，功赏纷纭。攻战叙其功，降附叙其赏。降，户江翻。奂识鉴精敏，不受请托，事无凝滞，人皆悦服。湘州刺史始兴王叔陵，屡讽有司，求为三公。奂曰："衮章之职，本以德举，三公一命。衮，命服，身之章也。未必皇枝。"因以白帝。帝曰："始兴那忽望公！且朕儿为公，须在鄱阳王后。"言世祖之子当先为公。奂曰："臣之所见，亦如圣旨。"

27 齐定州刺史南阳王绰，喜为残虐，此定州治中山。喜，许既翻。尝出行，见妇人抱儿，夺以饲狗。妇人号哭，饲，祥吏翻。号，户刀翻。绰怒，以儿血涂妇人，纵狗使食之。常云："我学文宣伯之为人。"齐主闻之，锁诣行在，至而宥之。问："在州何事最乐？"乐，音洛；下同。对曰："多聚蝎于器，置狙其中，观之极乐。"帝即命夜索蝎一斗，比晓，得三二升，置浴斛，使人裸卧斛中，号叫宛转。帝与绰临观，喜噱不已。蝎，许竭翻，螫人虫，渡淮以北即有之。通俗文：长尾曰虿，短尾曰蝎。索，山客翻。比，必寐翻，及也。浴斛，浴器也。裸，郎果翻，赤体也。号，户刀翻。噱，其虐翻。嗢噱，笑不止。因让绰曰："如此乐事，何不驰驿奏闻！"乐，音洛。由是有宠，拜大将军，朝夕同戏。韩长鸾疾之，是岁，出为齐州刺史。将发，使人诬告其反，奏云："此犯国法，不可赦！"帝不忍明诛，使宠胡何猥萨与之手搏，搤而杀之。萨，桑割翻。搤，于革翻。

章锡琛标点容肇祖聂崇岐覆校

资治通鉴卷第一百七十二

端明殿学士兼翰林侍读学士朝散大夫右谏议大夫
充集贤殿修撰提举西京嵩山崇福宫上柱国河内郡 司马光 奉敕编集
开国侯食邑一千八百户食实封六百户赐紫金鱼袋臣

后学天台胡三省音注

陈纪六 起旃蒙协洽（乙未），尽柔兆涒滩（丙申），凡二年。

高宗宣皇帝中之上

太建七年（乙未、五七五）

1 春，正月，辛未，上祀南郊。

2 癸酉，周主如同州。

3 乙亥，左卫将军樊毅克潼州。五代志：下邳郡夏丘县，梁、后齐置潼州，治取虑城。潼，音童。

4 齐主还邺。去年二月，齐主如晋阳讨思好，寻已还邺。八月，复如晋阳，今还。

5 辛巳，上祀北郊。陈制亦以间岁正月上辛用特牛一祀天、地于南、北二郊。间岁者，一岁祀南郊，一岁祀北郊也。

6 二月，丙戌朔，日有食之。

7 戊申，樊毅克下邳、高栅等六城。地形志，下邳郡有栅渊县，武定八年分宿豫置。栅，楚格翻。

8 齐主言语涩呐，不喜见朝士，自非宠私昵狎，未尝交语。涩，色立翻，不滑顺也。呐，女劣翻，声不出也。赵文子其言呐呐不能出诸口。喜，许既翻。朝，直遥翻。昵，尼质翻。性懦，不堪人视，所谓弱颜也。

懦，乃卧翻，又奴乱翻。虽三公、令、录奏事，令，尚书令。录，录尚书事。莫得仰视，皆略陈大指，惊走而出。承世祖奢泰之馀，齐主之父，庙号世祖。以为帝王当然，后宫皆宝衣玉食，一裙之费，至直万匹；竞为新巧，朝衣夕弊。朝衣，于既翻。盛修宫苑，穷极壮丽；所好不常，数毁又复。好，呼到翻；下同。数，所角翻。百工土木，无时休息，夜则然火照作，寒则以汤为泥。凿晋阳西山为大像，一夜然油万盆，光照宫中。晋阳宫也。每有灾异寇盗，不自贬损，唯多设斋，以为修德。后之有天下者，可以鉴矣。好自弹琵琶，为无愁之曲，近侍和之者以百数，民间谓之“无愁天子”。五代志：帝倚弦而歌，别采新声为无愁曲，音韵窈窕，极于哀思，使胡儿、阉宦辈齐唱和之。曲终乐阕，无不殒涕。虽行幸道路，或时马上奏之。乐往哀来，竟以亡国。和，户卧翻。于华林园邺都有华林园。华，如字。立贫儿村，帝自衣蓝缕之服，行乞其间以为乐。衣服穿弊如悬鹑者为蓝缕。衣，于既翻；下人衣同。乐，卢各翻。又写筑西鄙诸城，使人衣黑衣攻之，帝自帅内参拒斗。写筑者，写诸城之形而筑以象之。黑衣者，象周之戎衣。内参者，诸阉宦也。帅，读曰率。

宠任陆令萱、穆提婆、高阿那肱、韩长鸾等宰制朝政，宦官邓长颙、陈德信、胡儿何洪珍等并参预机权，朝，直遥翻。颙，鱼容翻。各引亲党，超居显位。官由财进，狱以贿成，竞为奸谄，蠹政害民。旧苍头刘桃枝等皆开府封王，其馀宦官、胡儿、歌舞人、见鬼人、官奴婢等滥得富贵者，殆将万数，庶姓封王者以百数，开府千馀人，仪同无数，领军一时至二十人，侍中、中常侍数十人，乃至狗、马及鹰亦有仪同、郡君之号，有斗鸡，号开府，皆食其干禄。魏、齐官制，凡禄各以品秩为差。官一品每岁禄八百匹，二百匹为一秩。从一品七百匹，一百七十五匹为一秩。二品六百匹，一百五十匹为一秩。从二品五百匹，一百二十五匹为一秩。三品四百匹，一百匹为一秩。从三品三百匹，七十五匹为一秩。四品二百四十匹，六十匹为一秩。从四品二百匹，五十匹为一秩。五品一百六十匹，四十匹为一秩。从五品一百二十匹，三十匹为一秩。六品一百匹，二十五匹为一秩。从六品八十匹，二十匹为一秩。七品六十匹，十五匹为一秩。从七品四十匹，十匹为一秩。八品三十六匹，九匹为一秩。从八品三十二匹，八匹为一秩。九品二十八匹，七匹为一秩。从九品二十四匹，六匹为一秩。禄率一分以帛，一分以粟，一分以钱。干出所部之人，一干输绢十八匹，干身放之。诸嬖幸朝夕娱侍左右，嬖，卑义翻，又博计翻。一戏之费，动逾巨万。既而府藏空竭，藏，徂浪翻。乃赐二三郡或六七县，使之卖官取直。由是为守令者，率皆富商大贾，守，音狩。贾，音古。竞为贪纵，【章：十二行本"纵"下有"赋繁役重"四字；乙十一行本同；孔本同；张校同。】民不聊生。史极言齐氏政乱，以启敌国兼并之心，又一年而齐亡。有天下者，可不以为鉴乎！书名通鉴，岂苟然哉！

周高祖谋伐齐，命边镇益储偫，加戍卒；偫，直里翻。齐人闻之，亦增修守御。柱国于翼谏曰："疆埸相侵，互有胜负，徒损兵储，无益大计。不如解严继好，使彼懈而无备，然后乘间，出其不意，好，呼到翻。懈，古隘翻。间，古苋翻；下间隙、乘间同。一举可取也。"周主从之。

韦孝宽上疏陈三策：上，时掌翻。

其一曰："臣在边积年，颇见间隙，不因际会，难以成功。是以往岁出军，徒有劳费，功绩不立，由失机会。周主保定初再伐齐，攻并州，围洛阳，趣悬瓠，出轵关，皆无功，事见一百六十九卷世祖天嘉四年、五年。争宜阳、争汾北事见一百七十卷太建元年至三年。何者？长淮之南，旧为沃土，陈氏以破亡馀烬，犹能一举平之；曰"破亡馀烬"者，言陈氏承梁元帝江陵破亡之后，收合馀烬，再立国于江南。烬，徐刃翻；火馀烛馀曰烬。齐人历年赴救，丧败而返。事见上卷五年、六年。丧，息浪翻。内离外叛，计尽力穷，雠敌有衅，不可失也。左传：鬭伯比曰："雠有衅，不可失也。"衅，与衅同。宇文、高氏，世为雠敌。今大军若出轵关，方轨而进，五代志：轵关，在河内郡王屋县。

周师若自轵关出险趋邺，前无阻隘，可以方轨横行。兼与陈氏共为掎角，欲约陈共攻之。左传：譬如捕鹿，晋人角之，诸戎掎之。角者，当其前。掎者，掎其后。掎，居绮翻。并令广州义旅出自三鸦，魏永安中，置广州于鲁阳。魏分东、西广州，西属三鸦谷，在鲁阳界。又募山南骁锐，沿河而下，周都长安，以褒、汉、荆、襄为山南。骁，坚尧翻；下同。复遣北山稽胡，绝其并、晋之路。稽胡，南匈奴之馀种，散在河东、西河郡界，阻山而居，在长安北。复，扶又翻。并，卑经翻。凡此诸军，仍令各募关、河之外劲勇之士，厚其爵赏，使为前驱。关、河之外，指齐境而言，欲募其土人以为乡导。岳动川移，雷骇电激，百道俱进，并趋虏庭。趋，七喻翻。必当望旗奔溃，所向摧殄，一戎大定，寔在此机。"武王伐纣，一戎衣而天下大定。

其二曰："若国家更为后图，未即大举，宜与陈人分其兵势。三鸦以北，万春以南，万春，地名。新唐志：武德五年，析龙门置万春县。盖以旧地名名县也。三鸦以北，万春以南，韦孝宽袤指周东、北之境，举两端而言。广事屯田，预为贮积，贮，直吕翻。募其骁悍，立为部伍。悍，侯旰翻，又下罕翻。彼既东南有敌，戎马相持，谓齐人与陈人为敌也。我出奇兵，破其疆埸。埸，音亦。彼若兴师赴援，我则坚壁清野，待其去远，还复出师。复，扶又翻。常以边外之军，引其腹心之众。我无宿舂之费，庄子：适百里者宿舂粮。彼有奔命之劳，左传：申公巫臣遗楚令尹子重、司马子反书曰："吾必使汝疲于奔命以死。"于是导吴伐楚，子重、子反一岁七奔命。一二年中，必自离叛。且齐氏昏暴，政出多门，鬻狱卖官，唯利是视，荒淫酒色，忌害忠良，阖境嗷然，不胜其弊。阖，户腊翻。胜，音升。以此而观，覆亡可待。然后乘间电扫，事等摧枯。"间，古苋翻。

其三曰："昔句践亡吴，尚期十载；左传：伍员曰："越十年生聚，十年教训，二十年之外，吴其为沼乎！"此言十载，以教训言之也。句，音钩。践，慈演翻。载，作亥翻。武王取纣，犹烦再举。史记：武王三年丧毕，观兵孟津，诸侯不期而会者八百，皆曰“纣可伐。”武王曰：“汝未知天命。”乃还师。三年，纣淫暴日甚。武王告诸侯曰：“殷有重罪，不可不伐。”遂复伐纣，灭之。今若更存遵养，诗周颂：於铄王师，遵养时晦。毛传云：遵，率；养，取；晦，昧也。郑笺云：文王率殷之叛国以事纣，养是晦昧之君以老其恶。自是说者悉祖其义，故云然。且复相时，左传：相时而动，无累后人。复，扶又翻。相，息亮翻。臣谓宜还崇邻好，申其盟约，安民和众，通商惠工，蓄锐养威，观衅而动。斯乃长策远驭，坐自兼并也。”好，呼到翻。通商惠工，左传语。自古以来，谋臣智士，陈三策者，其上策率非常人所能行，中策亦必度其才足以行之，然后能听而用之。通鉴盖谓于翼、韦孝宽所见略同也。

书奏，周主引开府仪同三司伊娄谦入内殿，伊娄，虏复姓。拓跋之兴于代北也，献帝以其次弟为伊娄氏。从容谓曰：“朕欲用兵，何者为先？”对曰：“齐氏沈溺倡优，耽昏曲蘖。从，七容翻。沈，持林翻。倡，音昌。蘖，鱼列翻。其折冲之将斛律明月，已毙于谗口。事见上卷四年。将，即亮翻。上下离心，道路以目。道路以目，本周语，言道路以目相视而不敢言。此易取也。”易，以豉翻。帝大笑。喜其所见与己同。三月，丙辰，使谦与小司寇元卫聘于齐以观衅。为周灭齐张本。考异曰：谦传作“拓跋伟”，今从周书帝纪。余按：伊娄与拓跋同所自出而各为氏，则伊娄谦本传作“拓跋”不为无据。

9 丙寅，周主还长安。自同州还。还，从宣翻，又音如字。

10 夏，四月，甲午，上享太庙。

11 监豫州陈桃根得青牛，献之，监，工衔翻。诏遣还民。又表上织成罗文锦被各二百首，上，时掌翻。诏于云龙门外焚之。

12 庚子，齐以中书监阳休之为尚书右仆射。

13 六月，壬辰，以尚书右仆射王玚为左仆射。玚，雉杏翻，又音畅。

14 甲戌，齐主如晋阳。

15 秋，七月，丙戌，周主如云阳宫。

大将军杨坚姿相奇伟。坚为人龙颜，额有五柱入顶，目光外射，有文在手曰“王”。长上短下，沈深严重。相，息亮翻；下同。畿伯下大夫长安来和畿伯，周置，属大司徒。杜佑曰：周地官之属，每方畿伯，中大夫也；每县小畿伯，则下大夫。尝谓坚曰：“公眼如曙星，无所不照，当王有天下，曙星，向晓之星，其光闪烁。曙，常恕翻。王，于况翻。愿忍诛杀。”盖以其姿相杀气重也。后坚之篡，内夷宇文，外翦尉迟迥、檀让、王谦，死者不可胜数。人固有相乎？

周主待坚素厚，齐王宪言于帝曰：“普六茹坚，相貌非常，坚父忠，从周太祖屡有战功，赐姓普六茹氏。臣每见之，不觉自失；恐非人下，请早除之！”帝亦疑之，以问来和。和诡对曰：“随公止是守节人，可镇一方；若为将领，陈无不破。”言不以实曰诡。将，即亮翻。

丁卯，周主还长安。

先是周主独与齐王宪及内史王谊谋伐齐，先，悉荐翻。又遣纳言卢韫周保定四年，改宗伯为纳言。乘驲三诣安州总管于翼问策，驲，人质翻，驿传也。周置安州于安陆。馀人皆莫之知。丙子，始召大将军以上于大德殿告之。

丁丑，下诏伐齐，以柱国陈王纯、荥阳公司马消难、郑公达奚震为前三军总管，难，乃旦翻。越王盛、周【严：“周”改“同”。】昌公侯莫陈崇、【严：“崇”改“琼”。】侯莫陈崇已死于保定三年，此又一侯莫陈崇也。不则“崇”字误。赵王招为后三军总管。齐王宪帅众二万趋黎阳，帅，读曰率；下同。趋，七喻翻。随公杨坚、广宁公薛迥将舟师三万自渭入河，将，即亮翻。梁公侯莫陈芮帅众二万守太行道，太行道在河阳北，守之，欲以断并、冀、殷、定之兵。行，户刚翻。申公李穆帅众三万守河阳道，自河阴北渡河为河阳。周主将攻河阳、洛阳，守之以断其相往来。常山公于翼帅众二万出陈、汝。盖令于翼自安州出陈、汝。自齐王宪以下皆指授诸将所出之道。谊，盟之兄孙；震，武之子也。王盟、达奚武皆周初功臣。

周主将出河阳，内史上士宇文弢曰：弢，音弼。“齐氏建国，于今累世；虽曰无道，藩镇之任，尚有其人。今之出师，要须择地。河阳冲要，精兵所聚，尽力攻围，恐难得志。如臣所见，出于汾曲，戍小山平，汾曲，汾水之曲也。攻之易拔。用武之地，莫过于此。”易，以豉翻。民部中大夫天水赵煚曰：民部，盖属大司徒。煚，俱永翻。“河南、洛阳，四面受敌，纵得之，不可以守。请从河北直指太原，此即出蒲、晋抵晋阳路。其后周主再举，卒出于此。倾其巢穴，可一举而定。”遂伯下大夫鲍宏曰：遂伯，盖髣髴周官遂师之职。杜佑曰：周地官之属有左、右遂伯，中大夫也。小遂伯则下大夫，每乡一人。“我强齐弱，我治齐乱，何忧不克！治，直吏翻。但先帝往日屡出洛阳，先帝，谓宇文泰。彼既有备，每有不捷。如臣计者，进兵汾、潞，汾、潞，谓汾川、潞川。鲍宏欲出师以攻平阳、上党也。直掩晋阳，出其不虞，不虞，谓不备也。虞，虑也，度也，测也，三者所及则为备。似为上策。”周主皆不从。周主盖欲浅攻以观衅，观其再举所以告群臣者可知。宏，泉之弟也。鲍泉事梁元帝，江陵破，宏入关。

壬午，周主帅众六万，直指河阴。杨素请帅其父麾下先驱，周主许之。杨素父敷死，事见一百七十卷太建三年。帅，读曰率。

16 八月，癸卯，周遣使来聘。

17 周师入齐境，禁伐树践稼，犯者皆斩。丁未，周主攻河阴大城，拔之。齐王宪拔武济；武济，城名。周武王伐纣，由此济河，故以名城。进围洛口，洛水入河之口，于此置城。拔东、西二城，纵火焚浮桥，桥绝。齐永桥大都督太安傅伏，自永桥夜入中潬城。周人既克南城，围中潬，二旬不下。河阳有三城，南城、北城、中潬是也。永桥地近三城。按怀县有永桥镇。怀县，隋、唐为怀州武德县。宋白曰：隋大业十一年，移修武县于永桥，即今武陟县。潬，徒旱翻。水中沙曰漳。地形志：朔州有太安郡。洛州刺史独孤永业守金墉，周主自攻之，不克。永业通夜办马槽二千，周人闻之，以为大军且至而惮之。

九月，齐右丞【章：十二行本“丞”下有“相”字；乙十一行本同；孔本同；张校同。】高阿那肱自晋阳将兵拒周师。考异曰：北齐书云“闰月，己丑。”按是月癸丑朔，无己丑，又下有庚辰。盖误也。至河阳，会周主有疾，辛酉夜，引兵还。还，音旋，又如字。水军焚其舟舰。河水迅急，溯流西归，追兵且至，故焚其舟舰，由陆道退还。舰，户黯翻。傅伏谓行台乞伏贵和曰：“周师疲弊，愿得精骑二千追击之，可破也。”贵和不许。

齐王宪、于翼、李穆，所向克捷，降拔三十馀城，降者，迎降；拔者，以兵力攻拔。降，户江翻；下同。皆弃而不守。唯以王药城要害，令仪同三司韩正守之，正寻以城降齐。

戊寅，周主还长安。

18 庚辰，齐以赵彦深为司徒，斛阿列罗为司空。斛阿列，虏三字姓。

19 闰月，车骑大将军吴明彻将兵击齐彭城；壬辰，败齐兵数万于吕梁。败，补迈翻。

20 甲午，周主如同州。

21 冬，十月，己巳，立皇子叔齐为新蔡王，叔文为晋熙王。

22 十二月，辛亥朔，日有食之。

23 壬戌，以王玚为尚书左仆射，玚，雉杏翻，又音畅。太子詹事吴郡陆缮为右仆射。

24 庚午，周主还长安。

八年（丙申、五七六）

1 春，正月，癸未，周主如同州；辛卯，如河东涑川；杜预曰：涑水出河东闻喜县，西南至蒲坂入河。涑，音速。甲午，复还同州。

2 甲寅，齐大赦。

3 乙卯，齐主还邺。去年六月如晋阳，今还。

4 二月，辛酉，周主命太子巡抚西土，因伐吐谷浑，吐，从暾入声。谷，音浴。上开府仪同大将军王轨、建德四年，改骠骑大将军开府仪同三司为开府仪同大将军，仍增上开府仪同大将军。宫正宇文孝伯从行。军中节度，皆委二人，太子仰成而已。仰，如字，又五亮翻。

5 齐括杂户【章：十二行本“户”下有“女”字；乙十一行本同；孔本同；张校同。】未嫁者悉集，魏虏西凉之人没入，名为“隶户”。魏武入关，隶户皆在东魏。后齐因之，仍供厮役。周平齐，乃悉放诸杂户为百姓。有隐匿者，家长坐死。长，知两翻。

6 壬申，以开府仪同三司吴明彻为司空。

7 三月，壬寅，周主还长安；夏，四月，乙卯，复如同州。

8 己未，上享太庙。

9 尚书左仆射王玚卒。考异曰：陈书：“庚寅，玚卒。”按长历，是月己酉朔，无庚寅，陈书误。

10 五月，壬辰，周主还长安。

11 六月，戊申朔，日有食之。

12 辛亥，周主享太庙。

13 初，太子叔宝欲以左户部尚书江总为詹事，按五代志：梁置吏部、祠部、度支、左户、都官、五兵等六尚书；陈因梁制。此盖左户也，“部”字衍。令管记陆瑜言于吏部尚书孔奂。奂谓瑜曰：“江有潘、陆之华晋惠帝为太子，潘岳、陆机皆为东宫官。而无园、绮之实，园公、绮里季羽翼汉太子盈，高帝遂不易太子。辅弼储宫，窃有所难。”太子深以为恨，自言于帝。帝将许之，奂奏曰：“江总，文华之士。今皇太子文华不少，少，诗沼翻。岂借于总！如臣所见，愿选敦重之才，以居辅导之职。”帝曰：“即如卿言，谁当居此？”奂曰：“都官尚书王廓，世有懿德，识性敦敏，可以居之。”太子时在侧，乃曰：“廓，王泰之子，不宜为太子詹事。”谓回避父讳，不宜居是官也。奂曰：“宋朝范晔，朝，直遥翻。即范泰之子，亦为太子詹事，前代不疑。”太子固争之，帝卒以总为詹事。卒，子恤翻。总，敩之曾孙也。江敩，湛之子，齐朝以风流冠冕一时。敩，音效。

甲寅，以尚书右仆射陆缮为左仆射。帝欲以孔奂代缮，诏已出，太子沮之而止；更以晋陵太守王克为右仆射。更，工衡翻。守，音狩。

顷之，总与太子为长夜之饮，养良娣陈氏为女；太子亟微行，游总家。亟，去吏翻。上怒，免总官。

14 周利州刺史纪王康，五代志：义城郡，古晋寿也，后魏立益州，世号小益州；梁曰黎州，西魏复曰益州，又改曰利州。骄矜无度，缮修戎器，阴有异谋。司录裴融谏止之，康杀融。丙辰，赐康死。

15 丁巳，周主如云阳。

16 庚申，齐宜阳王赵彦深卒。彦深历事累朝，常参机近，赵彦深事齐神武，已掌机密，至后主，历事六君。朝，直遥翻。以温谨著称。既卒，朝贵典机密者，唯侍中、开府仪同三司斛律孝卿一人而已，其馀皆嬖幸也。卒，子恤翻。朝，直遥翻。嬖，卑义翻，又博计翻。孝卿，羌举之子，斛律羌举见一百五十七卷梁武帝大同三年。比于馀人，差不贪秽。

17 秋，八月，乙卯，周主还长安。

18 周太子伐吐谷浑，至伏俟城而还。伏俟城，吐谷浑国都也，其地即汉西海允谷盐池，在清海西。吐，从暾入声。谷，音浴。还，音旋，又如字；下军还同。

宫尹郑译、王端等周置太子宫尹，盖即詹事之职。皆有宠于太子。太子在军中多失德，译等皆预焉。军还，王轨等言之于周主。周主怒，杖太子及译等，仍除译等名，宫臣亲幸者咸被遣。还，从宣翻，又音如字。被，皮义翻；下同。太子复召译，戏狎如初。译因曰："殿下何时可得据天下？"太子悦，益昵之。复，扶又翻，又音如字。昵，尼质翻。译，俨之兄孙也。乱魏朝，使灵太后不得良死者，郑俨也。

周主遇太子甚严，每朝见，朝，直遥翻。见，贤遍翻。进止与群臣无异，虽隆寒盛暑，不得休息；以其耆酒，耆，读曰嗜。禁酒不得至东宫；有过，辄加捶挞。捶，止橤翻。尝谓之曰："古来太子被废者几人？馀儿岂不堪立邪！"邪，音耶。乃敕东宫官属录太子言语动作，每月奏闻。太子畏帝威严，矫情修饰，由是过恶不上闻。上，时掌翻。

王轨尝与小内史贺若弼言："太子必不克负荷。"贺若，虏复姓。北史云：北人谓忠贞为贺若，魏孝文帝以其先祖有忠贞之节，遂以贺若为氏。若，人者翻。荷，下可翻，又如字。弼深以为然，劝轨陈之。轨后因侍坐，坐，徂卧翻。言于帝曰："皇太子仁孝无闻，恐不了陛下家事。愚臣短暗，不足可信。陛下恒以贺若弼有文武奇才，恒，户登翻。亦常以此为忧。"帝以问弼，对曰："皇太子养德春宫，太子居东宫，东方主春，故亦曰春宫。未闻有过。"既退，轨让弼曰："平生言论，无所不道，今者对扬，对扬，本于傅说、召虎。对，答也；扬，称也；后人遂以面对敷奏为对扬。何得乃尔反覆？"尔，如此也。弼曰："此公之过也。太子，国之储副，岂易发言！事有蹉跌，易，以豉翻。蹉，七何翻。跌，徒结翻。便至灭族。本谓公密陈臧否，否，音鄙。何得遂至昌言！"昌，显也。昌言，显言也。轨默然久之，乃曰："吾专心国家，遂不存私计。向者对众，良实非宜。"

后轨因内宴内宴，宴于宫中也。上寿，上，时掌翻。捋帝须曰：捋，郎括翻。须，与鬚同。"可爱好老公，但恨后嗣弱耳。"先是，帝问右宫伯宇文孝伯曰："吾儿比来何如？"先，悉荐翻。比，毗至翻。对曰："太子比惧天威，更无过失。"罢酒，帝责孝伯曰："公常语我云：'太子无过。'今轨有此言，公为诳矣。"语，牛倨翻。诳，居况翻。孝伯再拜曰："父【章：十二行本"父"上有"臣闻"二字；乙十一行本同；孔本同；张校同。】子之际，人所难言。臣知陛下不能割慈忍爱，遂尔结舌。"孝伯此言，亦不可谓之不忠切也。帝知其意，默然久之，乃曰："朕已委公矣，公其勉之！"

王轨骤言于帝曰："皇太子非社稷主。普六茹坚貌有反相。"不从容而言之为骤言。相，息亮翻。帝不悦，曰："必天命有在，将若之何！"杨坚闻之，甚惧，深自晦匿。

帝深以轨等言为然，为太子得位杀轨等张本。但汉王赞次长，长，知两翻。又不才，馀子皆幼，故得不废。史言周武帝明于知子而不废太子之由。

19 丁卯，以司空吴明彻为南兖州刺史。五代志：江都郡，梁置南兖州，后齐改为东广州，陈复曰南兖。

20 齐主如晋阳。营邯郸宫。此二事也。既如晋阳，又营宫于邯郸，以赵故都也。其地在隋、唐临洺县。邯郸，音寒丹。

21 九月，戊戌，以皇子叔彪为淮南王。

22 周主谓群臣曰："朕去岁属有疾疢，属，之欲翻。疢，丑刃翻；丁度曰：热病也。遂不得克平逋寇。前入齐境，备见其情，彼之行师，殆同儿戏。况其朝廷昏乱，朝，直遥翻。政由群小，百姓嗷然，朝不谋夕。天与不取，恐贻后悔。前出河外，直为拊背，未扼其喉。谓去年河阴之役。汉娄敬曰："今与人斗，不扼其吭而拊其背，未能全胜。"晋州本高欢所起之地，高欢起兵晋州，事始见一百五十四卷梁武帝中大通二年。镇摄要重，摄，总持也。今往攻之，彼必来援；吾严军以待，击之必克。然后乘破竹之势，鼓行而东，足以穷其巢穴，混同文轨。"记曰：今天下，书同文，车同轨。诸将多不愿行。将，即亮翻。帝曰："机不可失。有沮吾军者，当以军法裁之！"沮，在吕翻。

冬，十月，己酉，周主自将伐齐，将，即亮翻。以越王盛、杞公亮、随公杨坚为右三军，谯王俭、大将军窦泰、广化公丘崇为左三军，广化郡公。五代志：河池县，后魏曰广化，置广化郡。齐王宪、陈王纯为前军。亮，导之子也。

丙辰，齐主猎于祁连池；癸亥，还晋阳。先是，晋州行台左丞张延儁公直勤敏，储偫有备，先，悉荐翻。偫，直里翻。百姓安业，疆埸无虞。诸嬖幸恶而代之，埸，音亦。嬖，卑义翻，又博计翻。恶，乌路翻。由是公私烦扰。

周主至晋州，军于汾曲，汾曲，汾水之曲，在平阳南。水经：汾水南过平阳县东，又南过临汾县东，又屈从县南西流，是汾曲也。遣齐王宪将兵【章：十二行本"兵"字作"精骑"二字；乙十一行本同；孔本同；张校同。】二万守雀鼠谷，水经：汾水南过冠爵津，在介休县西南，俗谓之雀鼠谷。数十里间，道隘，水左右悉结偏梁阁道，累石就路，萦带岩侧，或去水一丈，或高六丈，上戴山阜，下临绝涧，俗谓之鲁般桥。盖通古之津隘，又在今之地险也。将，即亮翻。陈王纯步骑二万守千里径，千里径亦当在平阳北，要路之一也。杜佑曰：汾州界北接太原，当千里径。骑，奇寄翻；下同。郑公达奚震步骑一万守统军川，统军川，地阙。大将军韩明步骑五千守齐子岭，齐子岭在邵郡东。焉氏公尹升步骑五千守鼓钟镇，焉氏，读曰燕支。燕，平声。此焉氏县公也。地形志：凉州番和郡有燕支县，因燕支山以名县，隋并入番和县。水经注：教水出垣县北教山，其水南历鼓钟上峡，又南流历鼓钟川；西南有冶官，世人谓之鼓钟城。山海经曰：鼓钟之山，帝台之所以觞百神，即是山也。垣县，后魏于此置邵郡。凉城公辛韶步骑五千守蒲津关，此凉城郡公也。后魏立凉城郡于汉沃阳县盐泽北七里，池西有旧城，俗谓之凉城，郡取名也。按后魏自六镇反乱，此地皆弃之不能有，后周特取郡名以封爵耳。汉、魏以后，五等之封，皆无实土，其来久矣。蒲津关在蒲坂，因津济处以立关。汉书：武帝元封六年，立蒲津关。赵王招步骑一万自华谷攻齐汾州诸城，水经：涑水出河东闻喜县东山黍葭谷。俗谓之华谷。即齐将斛律光取周汾北以进筑者也。柱国宇文盛步骑一万守汾水关。汾水关当在霍邑县，南临汾县北。自此以上，凡言守者，皆以断齐援兵之路，独守蒲津关者为后继。括地志：汾州灵石县有雀鼠谷、汾水关。

遣内史王谊监诸军攻平阳城。监，工衔翻。齐行台仆射海昌王尉相贵婴城拒守。尉，纡勿翻。【章：十二行本“守”下有“相贵，相愿之兄也”七字；乙十一行本同；孔本同；张校同。】甲子，齐集兵晋祠。地形志：晋阳有晋王祠。庚午，齐主自晋阳帅诸军趣晋州。帅，读曰率；下同。趣，七喻翻。周主日自汾曲至城下督战，城中窘急。窘，巨陨翻。庚午，行台左丞侯子钦出降于周。降，户江翻。壬申，晋州刺史崔景嵩守北城，夜，遣使请降于周，王轨帅众应之。未明，周将北海段文振，杖槊与数十人先登，使，疏吏翻。帅，读曰率。将，即亮翻。槊，色角翻。与景嵩同至尉相贵所，拔佩刀劫之。城上鼓噪，齐兵大溃，遂克晋州，虏相贵及甲士八千人。

齐主方与冯淑妃猎于天池，考异曰：冯淑妃传云：“猎于三堆。”今从高阿那肱传。余按宋白续通典，岚州静乐县，本三堆也；天池亦在县界。晋州告急者，自旦至午，驿马三至。右丞相高阿那肱曰：“大家正为乐，乐，音洛。边鄙小小交兵，乃是常事，何急奏闻！”至暮，使更至，使，疏吏翻。云“平阳已陷”，乃奏之。齐主将还，淑妃请更杀一围，齐主从之。按齐主猎于祁连池，癸亥，还晋阳。甲子，即集兵，庚午，自晋阳帅兵趣晋州。壬申，晋州陷时，齐主方猎于天池，冯淑妃请更杀一围。审如是，则晋州陷之日，齐主犹在天池。天池，今在宪州静乐县，至晋阳一百七十馀里，自晋阳南至晋州又五百有馀里。齐主既以庚午违晋阳而南，无缘复北至天池。窃谓猎祁连池与猎天池，共是一事，北人谓天为祁连，故天池亦谓之祁连池。通鉴稡集诸书成一家言，自癸亥排日书至庚午发晋阳，是据北齐纪；书高阿那肱不急奏边报，是据阿那肱传；书请更杀一围，是据冯淑妃传；合三者而书之，不能不相抵牾。又，冯淑妃传以为猎于三堆，三堆在肆州永安郡平寇县界，亦在晋阳北。

周齐王宪攻拔洪洞、永安二城，二城皆在晋州北。洪洞城在杨县，取城北洪洞岭名之。永安，古彘县地，隋改曰霍邑。更图进取。齐人焚桥守险，军不得进，乃屯永安。使永昌公椿屯鸡栖原，永昌郡公。五代志：巴东郡大昌县，后周置永昌郡。鸡栖原在永安北。伐柏为庵以立营。庵，乌含翻。汉皇甫规亲入庵庐巡视三军。椿，广之弟也。

癸酉，齐主分军万人向千里径，壬申，晋州陷，癸酉，齐军已向千里径，则知晋州陷不与猎天池同日，明矣。又分军出汾水关，自帅大军上鸡栖原。上，时掌翻。宇文盛遣人告急，齐王宪自救之。齐师退，盛追击，破之。俄而椿告齐师稍逼，宪复还救之。复，扶又翻。与齐对陈，至夜不战。陈，读曰阵。会周主召宪还，还，从宣翻，又如字。宪引兵夜去。齐人见柏庵在，不之觉，明日，始知之。齐主使高阿那肱将前军先进，仍节度诸军。将，即亮翻。

甲戌，周以上开府仪同大将军安定梁士彦为晋州刺史，留精兵一万镇之。

十一月，己卯，齐主至平阳。周主以齐兵新集，声势甚盛，且欲西还以避其锋。开府仪同大将军宇文忻谏曰："以陛下之圣武，乘敌人之荒纵，何患不克！若使齐得令主，君臣协力，虽汤、武之势，未易平也。易，以豉翻。今主暗臣愚，士无斗志，虽有百万之众，实为陛下奉耳。"军正京兆王纮【章：十二行本"纮"作"韶"；乙十一行本同；孔本同。】曰：时因行军，仿汉制置军正之官，不常置也。"齐失纪纲，于兹累世。世祖嗣位，齐政不纲，今再世矣。天奖周室，一战而扼其喉。取乱侮亡，正在今日。取乱侮亡，商仲虺之诰。释之而去，臣所未谕。"周主虽善其言，竟引军还。忻，贵之子也。宇文贵本朔方人，徙京兆，仕周为大司马，非周之族也。

周主留齐王宪为后拒，齐师追之，宪与宇文忻各将百骑与战，斩其骁将贺兰豹子等，将，即亮翻；下同。骑，奇寄翻。骁，坚尧翻。齐师乃退。宪引军渡汾，追及周主于玉壁。

齐师遂围平阳，昼夜攻之。城中危急，楼堞皆尽，楼，城上敌楼。堞，城短垣。堞，徒协翻。所存之城，寻仞而已。六尺为寻，七尺为仞。或短兵相接，枪槊为短兵。或交马出入，外援不至，众皆震惧。梁士彦忼慨自若，忼，苦朗翻。谓将士曰："死在今日，吾为尔先。"于是勇烈齐奋，呼声动地，呼，火故翻。无不一当百。齐师少却，少，诗沼翻。乃令妻妾、军民、妇女，昼夜修城，三日而就。周主使齐王宪将兵六万屯涑川，遥为平阳声援。齐人作地道攻平阳，城陷十馀步，将士乘势欲入。齐主敕且止，召冯淑妃观之。淑妃妆点，不时至，周人以木拒塞之，塞，悉则翻。城遂不下。旧俗相传，晋州城西石上有圣人迹，淑妃欲往观之。齐主恐弩矢及桥，乃抽攻城木造远桥。旧桥近城，别造远桥。齐主与淑妃度桥，桥坏，至夜乃还。

癸巳，周主还长安。甲午，复下诏，以齐人围晋州，更帅诸军击之。丙申，纵齐降人使还。帅，读曰率。纵之使还，使齐师知周师将复至而惧，亦以坚晋州守者之心。降，户江翻。丁酉，周主发长安；还长安仅三日，复出师，明引归者，欲使齐师疲于攻平阳而后取之。壬寅，济河，与诸军合。十二月，丁未，周主至高显，高显盖近涑川。遣齐王【章：十二行本"王"下有"宪"字；乙十一行本同；孔本同；张校同。】帅所部先向平阳。戊申，周主至平阳。庚戌，诸军总集，凡八万人，稍进，逼城置陈，东西二十馀里。

先是，齐人恐周师猝至，于城南穿堑，自乔山属于汾水；齐主大出兵，陈于堑北，陈，读曰阵。先，悉荐翻。堑，七艳翻。属，之欲翻。乔山当在平阳城西。周主命齐王宪驰往观之。宪复命曰：

“易与耳，易，以豉翻。请破之而后食。”左传：齐、晋战于鞍。齐侯曰：“余姑翦灭此而后朝食。”周主悦，曰：“如汝言，吾无忧矣！”周主乘常御马，从数人巡陈，所至辄呼主帅姓名慰勉之。帅，所类翻。将士喜于见知，咸思自奋。将战，有司请换马。周主曰：“朕独乘良马，欲何之！”周主欲薄齐师，碍堑而止，自旦至申，相持不决。

齐主谓高阿那肱曰：“战是邪？不战是邪？”邪，音耶。阿那肱曰：“吾兵虽多，堪战不过十万，病伤及绕城樵爨者复三分居一。复，扶又翻。昔攻玉壁，援军来即退。攻玉壁，事见一百五十九卷梁武帝中大同元年。今日将士，岂胜神武时邪！高欢谥神武皇帝。不如勿战，却守高梁桥。”地形志：晋州平阳县有高梁城。水经注：汾水径高梁故城西，故高梁之墟也，晋文公害怀公于此。汾水又南过平阳县东。新唐志：晋州临汾县东北十里有高梁堰。安吐根曰：“一撮许贼，马上刺取，掷着汾水中耳！”一撮，言其少也。撮，仓括翻。刺，七亦翻。着，直略翻。不知兵势而轻敌大言，未有不败者也。齐主意未决。诸内参曰：“彼亦天子，我亦天子。彼尚能远来，我何为守堑示弱！”齐主曰：“此言是也。”于是填堑南引。周主大喜，勒诸军击之。

兵才合，齐主与冯淑妃并骑观战。东偏少却，淑妃怖曰：“军败矣！”骑，奇寄翻。少，诗沼翻。怖，普故翻，惶惧也。录尚书事城阳王穆提婆曰：“大家去！大家去！”齐主即以淑妃奔高梁桥。开府仪同三司奚长谏曰：“半进半退，战之常体。今兵众全整，未有亏伤，陛下舍此安之！马足一动，人情骇乱，不可复振。愿速还安慰之！”复，扶又翻。还，从宣翻，又音如字；下同。武卫张常山自后至，武卫，属左、右武卫将军。亦曰：“军寻收讫，甚完整。围城兵亦不动。至尊宜回。不信臣言，乞将内参往视。”将，领也，与也，偕也，携也，挟也。齐主将从之。穆提婆引齐主肘曰：“此言难信。”齐主遂以淑妃北走。齐师大溃，死者万馀人，军资器械，数百里间，委弃山积。齐人所弃，皆为稽胡所取，后周人由此讨稽胡。安德王延宗独全军而还。延宗在乱能整，未易才也。惜大厦将颠，非一木所支耳。

齐主至洪洞，淑妃方以粉镜自玩，施粉添妆，临镜以自玩也。后声乱，唱贼至，于是复走。复，扶又翻。先是齐主以淑妃为有功勋，将立为左皇后，遣内参诣晋阳取皇后服御袆翟等。五代志：梁制：皇后谒庙，服袿襡大衣，盖嫁服也，皂上皂下；亲蚕则青上缥下。齐制：皇后助祭、朝会以袆衣，祠郊禖以褕狄，小宴以阙狄，亲蚕以鞠衣，礼见皇帝以展衣，宴居以绿衣。六服俱有蔽膝，织成绲带。周制：皇后翟衣六：祀郊禖、朝享，则翚衣，素质，五色；祭阴社、朝命妇，则褕衣，青质，五色；祭群小祀、受献玺，则鷩衣，赤色；采桑，则鳪衣，黄色；从皇帝见宾客、听女教，则鵫衣，白色；食命妇、归宁，则翐衣，玄色。隋制：皇后袆衣，深青，织成为之，为翚翟之形，素质五色十二等。先，悉荐翻。袆，许韦翻。袿，涓畦翻。释名：妇人上服曰袿，具下垂者。襡，朱欲翻。缥，匹小翻。褕，音遥。展，与襢同，陟战翻。沈，将辇翻。绲，古本翻。褕，与褕同音。鷩，必列翻，亦雉也。鳪，补抱翻。鵫，敕角翻，雉名。翐，直质翻。至是，遇于中涂，齐主为按辔，为，于伪翻。命淑妃着之，然后去。史言齐师之败，皆由冯小怜以妇人从军，国之祸也。齐主既败，而宠其所嬖以速亡。着，职略翻。

辛亥，周主入平阳。梁士彦见周主，持周主须而泣曰："臣几不见陛下！"周主亦为之流涕。史叙后周君臣相与之情。须，与鬚同。几，居依翻。为，于伪翻；上主为、下善为同。

周主以将士疲弊，欲引还。将，息亮翻。还，所宣翻，又音如字。士彦叩马谏曰："今齐师遁散，众心皆动，因其惧而攻之，其势必举。"周主从之，执其手曰："余得晋州，为平齐之基，若不固守，则大事不成。朕无前忧，唯虑后变，汝善为我守之！"用兵而能虑后患者，善师者也。遂帅诸将追齐师。帅，读曰率。诸将固请西还，周主曰："纵敌患生。卿等若疑，朕将独往。"诸将乃不敢言。癸丑，至汾水关。

齐主入晋阳，忧惧不知所之。甲寅，齐大赦。齐主问计于朝臣，皆曰："宜省赋息役，以慰民心；收遗兵，背城死战，以安社稷。"朝，直遥翻。背，蒲妹翻。齐主欲留安德王延宗、广宁王孝珩守晋阳，珩，音行。自向北朔州。魏孝昌中，改怀朔镇为朔州，本汉五原郡地；寻即陷没，而朔州寄治并州界。后齐置朔州于古马邑城，于西河郡置南朔州，故谓马邑为北朔州。新唐志曰：朔州本治善阳，建中中，马遂徙治马邑。大元以朔州置顺义节度，领鄯阳、窟谷二县，而以马邑县置固州。若晋阳不守，则奔突厥，厥，九勿翻。群臣皆以为不可，帝不从。

开府仪同三司贺拔伏恩等宿卫近臣三十馀人西奔周军，周主封赏各有差。

高阿那肱所部兵尚一万，守高壁，高壁，岭名，在雀鼠谷南。括地志：汾州灵石县有高壁岭。杜佑曰：在县东南。宋白曰：灵石县东南有高壁岭、雀鼠谷、汾水关，皆汾西险固之所。馀众保洛女砦。砦，与寨同，柴夬翻；下同。周主引军向高壁，阿那肱望风退走。齐王宪攻洛女砦，拔之。有军士告阿那肱招引西军，齐主令侍中斛律孝卿检校，孝卿以为妄。还，至晋阳，阿那肱腹心复告阿那肱谋反，复，扶又翻。又以为妄，斩之。

乙卯，齐主诏安德王延宗、广宁王孝珩募兵。延宗入见，珩，音行。见，贤遍翻。齐主告以欲向北朔州，后魏太和中，置朔州于定襄故城。高齐天保，于马邑西南置朔州，相去三百八十里。故定襄古城之朔州有北朔州之称。延宗泣谏，不从，密遣左右先送皇太后、太子于北朔州。

丙辰，周主与齐王宪会于介休。介休县属西河郡。齐开府仪同三司韩建业举城降，以为上柱国，封郇公。降，户江翻。郇，音荀。郇，古国名。

是夜，齐主欲遁去，诸将不从。将，即亮翻。丁巳，周师至晋阳。齐主复大赦，复，扶又翻。改元隆化。以安德王延宗为相国、并州刺史，总山西兵，并，卑经翻。邺都谓并州之地为山西。谓曰："并州兄自取之，儿今去矣！"延宗曰："陛下为社稷勿动。臣为陛下出死力战，必能破之。"为，于伪翻。穆提婆曰："至尊计已成，王不得辄沮！"沮，在吕翻。齐主乃夜斩五龙门而出，欲奔突厥，从官多散。厥，九勿翻。从，才用翻；下同。领军梅胜郎叩马谏，乃回向邺。时唯高阿那肱等十馀骑从，骑，奇寄翻。广宁王孝珩、襄城王彦道继至，得数十人与俱。

穆提婆西奔周军，陆令萱自杀，家属皆诛没。周主以提婆为柱国、宜州刺史。五代志：京兆郡华原县，后魏置北雍州，西魏改为宜州。下诏谕齐群臣曰："若妙尽人谋，深达天命，官荣爵赏，各有加隆。或我之将卒，逃逸彼朝，将，即亮翻。朝，直遥翻。无问贵贱，皆从荡涤。"自是齐臣降者相继。降，户江翻。

初，齐高祖为魏丞相，齐尊高欢庙号曰高祖。相，息亮翻。以唐邕典外兵曹，太原白建典骑兵曹，骑，奇寄翻。皆以善书计、工簿帐受委任。及齐受禅，诸司咸归尚书；唯二曹不废，更名二省。更，工衡翻。邕官至录尚书事，建官至中书令，常典二省，世称"唐、白"。邕兼领度支，与高阿那肱有隙，阿那肱谮之，齐主敕侍中斛律孝卿总知骑兵、度支。度，徒洛翻。孝卿事多专决，不复询禀。复，扶又翻。邕自以宿习旧事，为孝卿所轻，意甚郁郁。郁郁者，受抑而气不得舒也。及齐主还邺，邕遂留晋阳。并州将帅请于安德王延宗曰："王不为天子，诸人实不能为王出死力。"将，即亮翻。帅，所类翻。为，于伪翻。延宗不得已，戊午，即皇帝位。下诏曰："武平孱弱，曰武平者，称齐主年号。孱，士颜翻，又士眼翻。政由宫【章：十二行本"宫"作"宦"；乙十一行本同。】竖，斩关夜遁，莫知所之。王公卿士，猥见推逼，猥，遝也。今祇承宝位。”大赦，改元德昌。以晋昌王唐邕为宰相，齐昌王莫多娄敬显、沭阳王【章：十二行本“王”下有“和阿千子”四字；乙十一行本同；孔本同；张校同，云无注本“千”作“干”。】右卫大将军段畅、开府仪同三司韩骨胡等为将帅。敬显，贷文之子也。此皆齐所封郡王也。五代志：西城郡石泉县，旧置晋昌郡。蕲春郡蕲春县，后齐置齐昌郡。东海郡沭阳县，东魏置沭阳郡。莫多娄贷文战死，事见一百五十八卷梁武帝大同四年。沭，音术。众闻之，不召而至者，前后相属。延宗发府藏及后宫美女以赐将士，属，之欲翻。藏，徂浪翻。将，即亮翻。籍没内参十馀家。齐主闻之，谓近臣曰：“我宁使周得并州，不欲安德得之。”左右曰：“理然。”延宗见士卒，皆亲执手称名，流涕呜咽，众争为死；为，于伪翻。童儿女子，亦乘屋攘袂，投砖石以御敌。乘，登也。

己未，周主至晋阳。考异曰：周书武帝纪：“丁巳，大军次并州。”又云：“己未，军次并州。”盖丁巳前军至，己未帝乃至也。庚申，齐主入邺。周师围晋阳，四合如黑云。周戎衣及旗帜皆黑，且兵多，故如黑云。安德王延宗命莫多娄敬显、韩骨胡拒城南，和阿干子、段畅拒城东，自帅众拒齐王宪于城北。帅，读曰率。延宗素肥，前如偃，后如伏，人常笑之。至是，奋大矟往来督战，矟，所角翻。劲捷若飞，所向无前。和阿干子、段畅以千骑奔周军。骑，奇寄翻。周主攻东门，际昏，遂入之，进焚佛寺。延宗、敬显自门入，夹击之，周师大乱，争门，相填压，塞路不得进。齐人从后斫刺，死者二千馀人。塞，悉则翻。刺，七亦翻。周主左右略尽，自拔无路。承御上士张寿牵马首，承御上士，盖侍卫左右之官。贺拔伏恩以鞭拂其后，考异曰：北齐书安德王延宗传作“佛恩”。今从周、齐帝纪。崎岖得出。崎，丘奇翻。岖，音区。齐人奋击，几中之。几，居依翻，又巨希翻，近也。中，竹仲翻。城东道阨曲，阨，与隘同，乌懈翻。伏恩及降者皮子信导之，仅得免，降，户江翻。时已四更。夜分五更。四更，丁夜也。更，工衡翻。延宗谓周主为乱兵所杀，使于积尸中求长鬣者，不得。鬣，良涉翻，须也。时齐人既捷，入坊饮酒，尽醉卧，延宗不复能整。复，扶又翻。

周主出城，饥甚，欲遁去，诸将亦多劝之还。将，即亮翻。还，从宣翻，又音如字。宇文忻勃然进曰："陛下自克晋州，乘胜至此。今伪主奔波，关东响震，自古行兵，未有若斯之盛。昨日破城，将士轻敌，微有不利，何足为怀！丈夫当死中求生，败中取胜。今破竹之势已成，奈何弃之而去！"齐王宪、柱国王谊亦以为去必不免，段畅等又盛言城内空虚。周主乃驻马，鸣角收兵，俄顷复振。散兵复聚，则摧沮之势振迅而起。复，扶又翻，又音如字。辛酉，旦，还攻东门，克之。还，复也。延宗战力屈，走至城北，周人擒之。周主下马执其手，延宗辞曰："死人手，何敢迫至尊！"周主曰："两国天子，非有怨恶，直为百姓来耳。言为救民而来。为，于伪翻。终不相害，勿怖也。"怖，蒲故翻。使复衣帽而礼之。五代志：帽自天子下及士人通冠之，盖常服也。然亦有白纱、乌纱之异，又有缯皂杂纱为之者。唐邕等皆降于周。降，户江翻。独莫多娄敬显奔邺，齐主以为司徒。

延宗初称尊号，遣使修启于瀛州刺史任城王湝，后魏置瀛州于河间。使，疏吏翻；下同。任，音壬。湝，户皆翻，又音皆。曰："至尊出奔，宗庙事重，群公劝迫，权主号令。事宁，终归叔父。"湝曰："我人臣，何容受此启！"执使者送邺。

壬戌，周主大赦，削除齐制。收礼文武之士。

邺伊娄谦聘于齐，周遣伊娄谦聘齐，事见去年二月，此上不应有"邺"字，盖"初"字之误也。【章：十二行本正作"初"；乙十一行本同；孔本同；张校同。】其参军高遵以情输于齐，言周将伐齐，使谦来观衅。齐人拘之于晋阳。周主既克晋阳，召谦，劳之。劳，力到翻；下亲劳同。执遵付谦，任其报复。谦顿首，请赦之，周主曰："卿可聚众唾面，使其知愧。”谦曰：“以遵之罪，又非唾面可责。”唾，汤卧翻。帝善其言而止。谦待遵如初。

臣光曰：赏有功，诛有罪，此人君之任也。高遵奉使异国，漏泄大谋，斯叛臣也；使，疏吏翻。周高祖不自行戮，乃以赐谦，使之复怨，失政刑矣！孔子谓以德报怨者何以报德。为谦者，宜辞而不受，归诸有司，以正典刑。乃请而赦之以成其私名，美则美矣，亦非公义也。

23 齐主命立重赏以募战士，而竟不出物。广宁王孝珩请“使任城王湝将幽州道兵入土门，按新唐志：井陉故关，一名土门关。珩，音行。任，音壬。湝，音皆，又古皆翻。将，即亮翻；下同。扬声趣并州，趣，七喻翻；下同。独孤永业将洛州道兵入潼关，扬声趣长安，后魏自平城迁都洛阳，置司州；孝武西入关东。魏北都邺，以邺为司州，以洛阳为洛州。臣请将京畿兵出滏口，鼓行逆战。滏口，滏水之口。山海经：滏水出神囷之山。图经：泉源濆涌若汤焉。滏，音釜。敌闻南北有兵，自然逃溃。”又请出宫人珍宝赏将士。齐主不悦。斛律孝卿请齐主亲劳将士，为之撰辞，将，即亮翻。劳，力到翻。为，于伪翻。撰，士免翻。且曰：“宜忼慨流涕，以感激人心。”齐主既出，临众，将令之，不复记所受言，令，读如军令之令。复，扶又翻。遂大笑，左右亦笑。将士怒曰：“身尚如此，吾辈何急！”皆无战心。于是自大丞相已下，太宰、三师、大司马、大将军、三公等官，后齐制官多循后魏，大丞相、太宰，位望最为崇重。太师、太傅、太保，是为三师，拟古上公，非勋德不居。次有大司马、大将军，是为二大，并典司武事。次置太尉、司徒、司空，是为三公。三师、二大、三公府三门，当中开黄阁，设内屏；其阶皆正一品。并增员而授，或三或四，不可胜数。胜，音升。数，所矩翻，计也，旧所具翻。

朔州行台仆射高劢将兵侍卫太后、太子，自土门道还邺。劢，音迈。时宦官仪同三司苟子溢犹恃宠纵暴，民间鸡彘，纵鹰犬搏噬取之；劢执以徇，将斩之；太后救之，得免。或谓劢曰："子溢之徒，言成祸福，独不虑后患邪?"劢攘袂曰："今西寇已据并州，周在齐之西，故谓之西寇。达官率皆委叛，有位任而光显于时者为达官。委，弃也。委叛者，言弃官而叛去。正坐此辈浊乱朝廷。朝，直遥翻。若得今日斩之，明日受诛，亦无所恨!"劢，岳之子也。高岳从高欢起兵有功。甲子，齐太后至邺。

丙寅，周主出齐宫中珍宝服玩及宫女二千人，班赐将士，加立功者官爵各有差。将，即亮翻。周主问高延宗以取邺之策，辞曰："此非亡国之臣所及。"强问之，强，其两翻。乃曰："若任城王据邺，臣不能知。任，音壬。若今主自守，陛下兵不血刃。"癸酉，周师趣邺，趣，七喻翻。命齐王宪先驱，以上柱国陈王纯为并州总管。

齐主引诸贵臣入朱雀门，朱雀门，邺宫城正南门也。赐酒食，问以御周之策，人人异议，齐主不知所从。是时人情恟惧，莫有斗心，朝士出降，昼夜相属。恟，许勇翻。朝，直遥翻。属，之欲翻。高劢曰："今之叛者，多是贵人，至于卒伍，犹未离心。请追五品已上家属，置之三台，劢，音迈。考之齐制，五品已上，谓自尚书郎、中书侍郎、谏议大夫、九寺少卿、给事黄门侍郎、通直散骑常侍、尚书左・右丞、三公府长史・谘议参军、太子三卿、直阁将军、东宫正都督已上也。三台，魏武帝所建，齐文宣帝又增崇之，时改为寺。因胁之以战，若不捷，则焚台。此曹顾惜妻子，必当死战。且王师频北，贼徒轻我，今背城一决，背，蒲妹翻。理必破之。"齐主不能用。望气者言，当有革易。齐主引尚书令高元海等议，依天统故事，禅位皇太子。天统禅位事见一百六十九卷世祖天嘉六年。

章锡琛标点容肇祖聂崇岐覆校

资治通鉴卷第一百七十三

端明殿学士兼翰林侍读学士朝散大夫右谏议大夫
充集贤殿修撰提举西京嵩山崇福宫上柱国河内郡 司马光 奉敕编集
开国侯食邑一千八百户食实封六百户赐紫金鱼袋臣

后学天台胡三省音注

陈纪七 起强圉作噩（丁酉），尽屠维大渊献（己亥），凡三年。

高宗宣皇帝中之下

太建九年（丁酉、五七七）

1 春，正月，乙亥朔，齐太子恒即皇帝位，恒，户登翻。生八年矣；改元承光，大赦。尊齐主为太上皇帝，皇太后为太皇太后，皇后为太上皇后。以广宁王孝珩为太宰。珩，音行。

司徒莫多娄敬显、领军大将军尉相愿尉，纡勿翻。谋伏兵千秋门，千秋门，邺宫西门。斩高阿那肱，立广宁王孝珩，会阿那肱自他路入朝，不果。朝，直遥翻。孝珩求拒周师，谓阿那肱等曰："朝廷不赐遣击贼，岂不畏孝珩反邪？孝珩若破宇文邕，周主讳邕。遂至长安，反亦何预国家事！以今日之急，犹如此猜忌邪！"邪，音耶。高、韩恐其为变，出孝珩为沧州刺史。高、韩，谓高阿那肱、韩长鸾。地形志：熙平二年，分瀛、冀二州，置沧州，治饶安县城。相愿拔佩刀斫柱，叹曰："大事去矣，知复何言！"复，扶又翻。

齐主使长乐王尉世辩长乐郡王。五代志：信都郡长乐县，旧置长乐郡。乐，音洛。尉，纡勿翻。帅千馀骑觇周师，出滏口，帅，读曰率。骑，奇寄翻。觇，丑廉翻，又丑艳翻。滏，音釜。登高阜西望，遥见群乌飞起，谓是西军旗帜，即驰还；比至紫陌桥，不敢回顾。世辩，粲之子也。西军旗帜皆黑。齐人时恇惧，望见乌飞，以为周师已至，驰归不敢回顾，惧其及也。紫陌桥在邺城外。尉粲与高欢同起于北镇。尔雅曰：大陆曰阜。广雅：山无石曰阜。帜，昌志翻。比，必寐翻。于是黄门侍郎颜之推、中书侍郎薛道衡、侍中陈德信等劝上皇往河外募兵，齐制：门下省侍中、给事黄门侍郎各六人，中书省侍郎四人。河外，谓大河之外。王者内京师而外诸夏，齐都邺，在河北，故谓河南为河外。更为经略；若不济，南投陈国。从之。道衡，孝通之子也。薛孝通始从贺拔岳，后因入朝，遂留仕于邺。丁丑，太皇太后、太上皇后自邺先趣济州；济州，治碻磝城。趣，七喻翻。济，子礼翻。癸未，幼主亦自邺东行。己丑，周师至紫陌桥。

2 辛卯，上祭北郊。

3 壬辰，周师至邺城下；癸巳，围之，烧城西门。齐人出战，周师奋击，大破之。

齐上皇从百骑东走，骑，奇寄翻。使武卫大将军慕容三藏守邺宫。后齐循魏制，武卫将军副贰左右卫将军，掌左、右厢，所主朱华阁以外，阶从三品。加"大"者，进等。藏，徂浪翻。周师入邺，齐王、公以下皆降。降，户江翻。三藏犹拒战，周主引见，礼之，见，贤遍翻。拜仪同大将军。三藏，绍宗之子也。慕容绍宗始从尔朱氏，后事高欢父子。领军大将军渔阳鲜于世荣，齐高祖旧将也。将，即亮翻。周主先以马脑酒钟遗之，马脑石，似玉，宝石也，今作码碯。先，息荐翻。遗，唯季翻。世荣得即碎之。周师入邺，世荣在三台前鸣鼓不辍，周人执之；世荣不屈，乃杀之。周主执莫多娄敬显，数之曰："汝有死罪三：前自晋阳走邺，携妾弃母，不孝也；自晋阳走邺，见上卷上年。数，所矩翻，旧所具翻。走，音奏。外为伪朝戮力，内实通启于朕，不忠也；为，于伪翻。朝，直遥翻。送款之后，犹持两端，不信也。用心如此，不死何待！”遂斩之。

使将军尉迟勤追齐主。考异曰：北齐书“勤”作“刚”。今从周书。尉，纡勿翻。

甲午，周主入邺。齐国子博士长乐熊安生，博通五经，晋武帝咸宁四年，初立国子学，置国子祭酒、博士各一人，后齐置博士五人。黄帝，有熊氏；一曰：出于楚鬻熊之后，以名为氏。乐，音洛。闻周主入邺，遽令扫门。家人怪而问之，安生曰：“周帝重道尊儒，必将见我。”俄而周主幸其家，不听拜，亲执其手，引与同坐；赏赐甚厚，给安车驷马以自随。又遣小司马唐道和后周之制，六官七命，自小冢宰至小司徒、小宗伯、小司马、小司寇、小司空，皆上大夫，七命。就中书侍郎李德林宅宣旨慰谕，曰：“平齐之利，唯在于尔。”引入宫，宫，即邺宫，时周主居之。使内史宇文昂访问齐朝风俗政教，人物善恶。朝，直遥翻。即留内省，三宿乃归。内省，即齐之门下省。

乙未，齐上皇渡河入济州。济，子礼翻。是日，幼主禅位于大丞相任城王湝。任，音壬。湝，户皆翻，又音皆。又为湝诏：尊上皇为无上皇，幼主为宋【严：“宋”改“守”。】国天王。齐氏于倾危之际，不应改国号为宋。“宋国”，当作“宗国”。令侍中斛律孝卿送禅文及玺绂于瀛州，齐制，天子六玺，受命玺在六玺之外。绂，印组也。古者韨如蔽膝，又，裳绣为两己相背形，谓之黻。此绂直以系玺而已。玺，斯氏翻。绂，音弗。孝卿即诣邺。以玺绂归周。

周主诏：“去年大赦所未及之处，皆从赦例。”去年周克晋阳，大赦，山东、河南、河北之地，尚为齐守。今既克邺，凡齐之境内，赦所未及之地，今皆从去年赦例。

齐洛州刺史独孤永业，有甲士三万，闻晋州陷，请出兵击周，奏寝不报；永业愤慨。又闻并州陷，乃遣子须达请降于周，降，户江翻；下同。周以永业为上柱国，封应公。此去年事也。因齐亡，叙之于此。应国公，用古邘、晋、应、韩之应以封之。

丙申，周以越王盛为相州总管。后魏置相州于邺。东魏都邺，改为司州，以其京畿之地，仿汉、晋之制而置司州也。周既平齐，复为相州，列于诸州。相，息亮翻。

齐上皇留胡太后于济州，使高阿那肱守济州关，济州城北有碻磝津故关。觇候周师，觇，丑廉翻，又丑艳翻。自与穆后、冯淑妃、幼主、韩长鸾、邓长颙等数十人奔青州。颙，鱼容翻。使内参田鹏鸾西出，参伺动静；参，候也。伺，相吏翻。周师获之，问齐主何在，绐云："已去，绐，徒亥翻，诳言也。计当出境。"谓出齐境也。周人疑其不信，捶之。每折一支，辞色愈厉，竟折四支而死。捶，止蕊翻。折，而设翻。

上皇至青州，即欲入陈。而高阿那肱密召周师，约生致齐主，屡启云："周师尚远，已令烧断桥路。"上皇由是淹留自宽。周师至关，阿那肱即降之。周师奄至青州，上皇囊金，系于鞍，与后、妃、幼主等十馀骑南走，骑，奇寄翻。己亥，至南邓村，尉迟勤追及，尽擒之，并胡太后送邺。先已擒胡太后于济州，今并齐主送邺。齐天保元年受禅，岁在庚午，四主，二十八年而亡。

庚子，周主诏："故斛律光、崔季舒等，宜追加赠谥，并为改葬，斛律光死见一百七十一卷太建四年。崔季舒等死见五年。谥，神至翻。为，于伪翻。子孙各随荫叙录，自汉以来，将相公卿皆得保任子弟若孙为官，所谓门荫者也。家口田宅没官者，并还之。"周主指斛律光名曰："此人在，朕安得至邺！"辛丑，诏："齐之东山、南园、三台，并可毁撤。瓦木诸物，可用者悉以赐民。山园之田，各还其主。"东山、南园、三台，皆高氏游宴之地。撤，直列翻。

4 二月，壬午，上耕藉田。藉，而亦翻。

5 丙午，周主宴从官将士于齐太极殿，颁赏有差。从，才用翻。将，即亮翻；下同。

丁未，高纬至邺，已为俘囚，不复书齐主。纬，于贵翻。周主降阶，以宾礼见之。

齐广宁王孝珩至沧州，以五千人会任城王湝于信都，冀州治信都。湝自河间进兵至信都。珩，音行。任，音壬。湝，古皆翻。共谋匡复，召募得四万馀人。周主使齐王宪、柱国杨坚击之。令高纬为手书招湝，湝不从。宪军至赵州，魏孝昌二年，分定、相二州置殷州，治广阿，后改为赵州。湝遣二谍觇之，谍，徒协翻。觇，丑廉翻，又丑艳翻。候骑执以白宪。宪集齐旧将，遍示之，齐旧将从宪军者，集以示谍，以携湝军之心。骑，奇寄翻。谓曰："吾所争者大，不在汝曹。今纵汝还，仍充吾使。"使，疏吏翻。乃与湝书曰："足下谍者为候骑所拘，军中情实，具诸执事。谓谍者当能具言之。战非上计，无待卜疑；守乃下策，或未相许。已勒诸军分道并进，相望非远，凭轼有期。左传：城濮之役，楚子玉遣使请战于晋侯曰："请与君之士戏，君凭轼而望之。"故引以为言。兵车之轼，高三尺三寸，立而凭之。'不俟终日'，所望知机也！"易大传曰："君子见几而作，不俟终日，"引以谕湝，使速降。

宪至信都，湝陈于城南以拒之。湝所署领军尉相愿诈出略陈，遂以众降。邺城之破，相愿盖奔瀛州，湝因署为领军。尉，纡勿翻。陈，读曰阵。降，户江翻。相愿，湝心腹也，众皆骇惧。湝杀相愿妻子。明日，复战，复，扶又翻。宪击破之，俘斩三万人，执湝及广宁王孝珩。宪谓湝曰："任城王何苦至此！"湝曰："下官神武皇帝之子，兄弟十五人，幸而独存。逢宗社颠覆，【章：十二行本"覆"下有"今日得死"四字；乙十一行本同；孔本同；张校同。】无愧坟陵。"聚土曰坟。陵，大阜也。坟陵，犹言山陵。宪壮之，命归其妻子。又亲为孝珩洗疮傅药，礼遇甚厚。为，于伪翻。孝珩叹曰："自神武皇帝以外，吾诸父兄弟，无一人至四十者，命也。文襄死于盗手，年二十九；显祖，年三十一；济南王，年十七；孝昭，年二十七；武成，年三十二；其馀多不得良死。嗣君无独见之明，宰相非柱石之寄，嗣，祥吏翻。恨不得握兵符，受斧钺，展我心力耳！”史言湝、孝珩志节可怜。五代志：后齐命将出征，则授鼓旗于朝，皇帝陈法驾，服衮冕，至庙，拜于太祖，遍告讫，降就中阶，引上将操钺授柯曰：“从此上至天，将军制之。”又操斧授柯曰：“从此下至泉，将军制之。”将军既受斧钺，对曰：“国不可从外理，军不可从中制。臣既受命，有鼓旗斧钺之威，愿无一言之命于臣。”帝曰：“苟利社稷，将军裁之。”将军就车，载斧钺而出，皇帝推毂度阃，曰：“从此以外，将军制之。”

齐王宪善用兵，多谋略，得将士心。齐人惮其威声，多望风沮溃。刍牧不扰，军无私焉。将，即亮翻。沮，在吕翻。

周主以齐降将封辅相为北朔州总管。北朔州，齐之重镇，降，户江翻。北朔州控御突厥，齐以为重镇。士卒骁勇。骁，坚尧翻。前长史赵穆等谋执辅相迎任城王湝于瀛州，不果，前长史，齐官。长，知两翻。相，息亮翻。乃迎定州刺史范阳王绍义。绍义至马邑，自肆州以北二百八十馀城皆应之。五代志：博陵郡，旧置定州；魏置肆州，治九原；六镇叛乱，寄治楼烦郡之秀容县，其北即齐北朔州界。绍义与灵州刺史袁洪猛引兵南出，欲取并州。至新兴，而肆州已为周守，地形志：魏太延二年，置薄骨律镇，孝昌二年，置灵州，东西分治，其地属西魏。天平中，东魏复置灵州，寄治汾州隰城县界。五代志：雁门郡繁畤县，东魏置武州，寄治城中，后齐改为北灵州。新兴，汉、魏古郡名，以五代志考之，与肆州皆在楼烦郡秀容县。宋白曰：唐之岚州，古新兴郡。为，于伪翻。前队二仪同以所部降周。二仪同，前队之将二人，官皆仪同。降，户江翻。周兵击显州，地形志：魏永安中，置显州，治汾州六〔玉〕壁城。五代志：雁门郡崞县，东魏置廓州，后齐改北显州。周兵所击即此。执刺史陆琼，复攻拔诸城。复，扶又翻。绍义还保北朔州。周东平公神举将兵逼马邑，神举，即宇文神举。绍义战败，北奔突厥，犹有众三千人。绍义令曰：“欲还者从其意。”于是辞去者太半。突厥佗钵可汗常谓齐显祖为英雄天子，以绍义重踝，似之，厥，九勿翻。佗，徒何翻。可，苦曷翻。汗，音寒。重，直龙翻。踝，户瓦翻。腿两旁曰内外踝。甚见爱重；凡齐人在北者，悉以隶之。

于是齐之行台、州、镇，唯东雍州行台傅伏、营州刺史高宝宁不下，傅伏以永桥之功迁东雍州行台。五代志：绛郡，后魏置东雍州。辽西郡置营州，治和龙城。雍，于用翻。其馀皆入于周。凡得州五十，郡一百六十二，县三百八十，户三百三万二千五百。梁太宗大宝元年，齐显祖受魏禅，五主，二十七年而亡。齐所有司、冀、赵、义、怀、黎、建、东雍、汾西、汾、晋、南朔、并、肆、灵、显、恒、朔、定、瀛、幽、东燕、北燕、营、南营、安、青、济、光、胶、徐、仁、睢、兖、北徐、南青、海、东楚、潼、东徐、洛、郑、阳、宋、梁、南兖、西兖、北荆、襄、豫、东广、秦、西楚、扬、南颍、北建、罗、合、江、和共六十州，而东广已下十州，时已为陈，故止言五十州。考异曰：隋书地理志云：州九十七，郡一百六十，县一百六十五。今从周书。高宝宁者，齐之疏属，有勇略，久镇和龙，甚得夷、夏之心。夏，户雅翻。周主于河阳、幽、青、南兖、豫、徐、北朔、定置总管府，相、并二州各置宫及六府官。河阳县属怀州河内郡，地临河津，实重镇也。幽州治蓟，青州治益都，南兖治谯，豫治汝南，徐治彭城，北朔治马邑，定治中山，或都会之地，或守御之要也，故皆置总管府。总管，犹魏、晋之都督也。相、并二州，皆有齐旧宫及省，故仍置宫，若别都然。置六府官，以代省也。六府官，盖仿长安六官之府，未必备官也。

周师之克晋阳也，克晋阳，见上卷上年。齐使开府仪同三司纥奚永安求救于突厥，比至，齐已亡。佗钵可汗处永安于吐谷浑使者之下，纥奚，虏复姓。魏收官氏志：北方诸姓有纥奚氏。比，必寐翻，及也。处，昌吕翻。吐，如字，或土鹘翻。谷，音浴。使，疏吏翻。永安言于佗钵曰："今齐国已亡，永安何用馀生！欲闭气自绝，恐天下谓大齐无死节之臣；乞赐一刀，以显示远近。"佗钵嘉之，赠马七十匹而归之。

梁主入朝于邺。梁臣于周，以周平齐，故入朝。朝，直遥翻；下同。自秦兼天下，无朝觐之礼，至是始命有司草具其事：致积，致饩，设九傧、九介，受享于庙，三公、三孤、六卿致食，劳宾，还贽，致享，皆如古礼。积，子赐翻。饩，许既翻。劳，力到翻。郑玄曰：每积有牢礼米禾刍薪。又曰：大礼，饔饩也。左传：居则具一日之积。杜预曰：刍米菜薪。诗传曰：牲腥曰饩。或曰：馈客生食及刍米曰饩。傧，主副也，导主以行礼者也。介，宾副也，辅宾以行礼者也。五代志曰：梁王之朝周，入畿，大冢宰命有司致积，其饩五牢，米九十筥，醯醢各三十五瓮，酒十八壶，米禾各五十车，薪刍各百车。既至，大司空设九傧以致馆。梁王束帛乘马，设九介以待之。礼成而出。明日，王朝，受享于庙。既致享，大冢宰又命公一人玄冕乘车，陈九傧，以束帛乘马致食于宾及宾之从，各有差。致食讫，又命公一人弁服乘车执贽，设九傧以劳宾。王设九介，迎于门外。明日，朝服乘车，还贽于公，公皮弁迎于大门。授贽受贽，并于堂之中楹。又明日，王朝服，设九介，乘车以见于公。事毕，公致享。明日，三孤一人又执贽劳于梁王。明日，王还贽。又明日，王见三孤如三公。明日，卿一人又执贽劳王，王见卿又如三孤。于是三公、三孤、六卿又各饩宾，并属官之长为使，牢米束帛同三公。傧，必刃翻。劳，力到翻。周主与梁主宴，酒酣，酣，户甘翻。周主自弹琵琶。梁主起舞，曰："陛下既亲抚五弦，臣何敢不同百兽！"周主大悦，赐赉甚厚。舜弹五弦之琴。夔曰："於，予击石拊石，百兽率舞。"梁主以舜况周主，故悦。赉，来代翻。

乙卯，周主自邺西还。

三月，壬午，周诏："山东诸军，各举明经干治者二人；若奇才异术，卓尔不群者，不拘此数。"时周分置诸州总管以抚镇山东，治军政，故曰诸军。

周主之擒尉相贵也，擒尉相贵，见上卷上年。招齐东雍州刺史傅伏，伏不从。齐人以伏为行台右仆射。周主既克并州，克并州，亦见上卷上年。复遣韦孝宽招之，韦孝宽镇勋州，与东雍州接境，故使招之。复，扶又翻。令其子以上大将军、武乡公告身以古武乡郡封为公也。石勒置武乡郡。凡授官爵，皆给以符，谓之告身。五代志：冯翊郡华阴县，西魏改武乡，置武乡郡。周当以此封傅伏。及金、马脑二酒钟赐伏为信。伏不受，谓孝宽曰："事君有死无贰。此儿为臣不能竭忠，为子不能尽孝，人所雠疾，愿速斩之以令天下！"周主自邺还，至晋州，遣高阿那肱等百馀人临汾水召伏。伏出军，隔水见之，汾水径晋、绛二州之间，东雍州在绛州界，故隔水。问："至尊今何在？"阿那肱曰："已被擒矣。"被，皮义翻。伏仰天大哭，帅众入城，于听事前北面哀号，良久，然后降。帅，读曰率。听，与厅同。毛晃曰：听事治官处，汉、晋皆作"听事"，六朝以来，乃始加"广"。音他经翻。号，户刀翻。降，户江翻。周主见之曰："何不早下？"伏流涕对曰："臣三世为齐臣，食齐禄，不能自死，羞见天地！"周主执其手曰："为臣当如此。"乃以所食羊肋骨赐伏肋，卢则翻，胁肋。曰："骨亲肉疏，所以相付。"遂引使宿卫，授上仪同大将军。敕之曰："若亟与公高官，亟，纪力翻。恐归附者心动。努力事朕，勿忧富贵。"他日，又问："前救河阴得何赏？"救河阴事见上卷七年。对曰："蒙一转，授特进、永昌郡公。"勋级曰转。转，张恋翻。周主谓高纬曰："朕三年教战，决取河阴。正为傅伏善守，为，于伪翻。城不可动，遂敛军而退。公当时赏功，何其薄也！"

夏，四月，乙巳，周主至长安，置高纬于前，列其王公于后，车舆、旗帜、器物，以次陈之。备大驾，秦大驾，属车八十一乘；汉遵用之，备千乘万骑。晋之盛也，大驾卤簿，见于志为尤详。开皇中，大驾十二乘，法驾半之。其后大驾用三十六，法驾用十二。周氏虽设六官，置司辂之职以掌公车之政，以隋制参之，大驾卤簿必不能如汉、晋之盛。帜，昌志翻。布六军，奏凯乐，周官：王师大献则令奏恺乐。注云：大献，献捷于祖；恺乐，献功之乐。献俘于太庙。观者皆称万岁。戊申，封高纬为温公，齐之诸王三十馀人，皆受封爵。周主与齐君臣饮酒，令温公起舞。高延宗悲不自持，屡欲仰药，其傅婢禁止之。

周主以李德林为内史上士，后周之制，内史属春官，中大夫五命，下大夫四命，上士三命。自是诏诰格式及用山东人物，并以委之。帝从容谓群臣曰："我常日唯闻李德林名，复见其为齐朝作诏书移檄，从，七容翻。复，扶又翻。为，于伪翻。朝，直遥翻。正谓是天上人；岂言今日得其驱使。"神武公纥豆陵毅对曰：神武郡公。后魏置神武郡于神武川，隋为神武县，属马邑郡。纥豆陵毅，本姓窦。唐宰相世系表曰：窦本窦融之后，以窦武之难，亡入鲜卑拓跋部，使居南境，号没鹿回部，世为部落大人。及勤，后魏穆帝命为纥豆陵氏。至曾孙岩，从孝文帝徙洛阳，遂为河南洛阳人，复为窦氏。宇文复代北旧姓，又复为纥豆陵氏。"臣闻麒麟凤皇，为王者瑞，可以德感，不可力致。麒麟凤皇，得之无用，岂如德林，为瑞且有用哉！"帝大笑曰："诚如公言。"

6 己巳，周主享太庙。

7 五月，丁丑，周以谯王俭为大冢宰。庚辰，以杞公亮为大司徒，郑公达奚震为大宗伯，梁公侯莫陈芮为大司马，应公独孤永业为大司寇，郑公韦孝宽为大司空。

己丑，周主祭方丘。周制：方丘在国阴六里之郊，以其先炎帝神农氏配。诏以："路寝会义、崇信、含仁、云和、思齐诸殿，皆晋公护专政时所为，事穷壮丽，有逾清庙，清庙者，仿周祀文王之庙而为之也。毛传曰：清庙者，祭有清明之德者之宫也。悉可毁撤。雕斲之物，并赐贫民。缮造之宜，务从卑朴。"又【章：十二行本"又"上有"戊戌"二字；乙十一行本同；孔本同。】诏："并、邺诸堂殿壮丽者准此。"并、邺诸堂殿，齐氏所营也。

臣光曰：周高祖可谓善处胜矣！处，昌吕翻。他人胜则益奢，高祖胜而愈俭。

8 六月，丁卯，周主东巡。秋，七月，丙戌，幸洛州。洛州治洛阳。八月，壬寅，议定权衡度量，颁之于四方。量，音亮。

初，魏虏西凉之人，西凉，谓河西。自沮渠氏据河西，称凉王；宋文帝元嘉十六年，魏太武帝击而虏之。没为隶户，齐氏因之，仍供厮役。厮，息移翻，养也，役也，使也，贱也。苏林曰：厮，取薪者也。韦昭曰：析薪曰厮。今或读从诜入声。周主灭齐，欲施宽惠，诏曰："罪不及嗣，古有定科。书大禹谟：皋陶曰："罚不及嗣。"孔传云：父子罪不相及。杂役之徒，独异常宪，宪，法也。一从罪配，百代不免，罚既无穷，刑何以措！凡诸杂户，悉放为民。"自是无复杂户。

甲子，郑州获九尾狐，此时郑州盖犹在长社。已死，献其骨。周主曰："瑞应之来，必彰有德。若五品时叙，四海和平，乃能致此。此稽瑞应图而言也。孔氏书传：五品，谓五常。今无其时，恐非实录。"命焚之。

九月，戊寅，周制："庶人已上，唯听衣绸、绵绸、丝布、圆绫、纱、绢、绡、葛、布等九种，衣，于既翻。绸，与紬同，直由翻，大丝缯也。绵绸，纺绵为之，今淮人能织绵紬，紧厚，耐久服。丝布，以丝裨布缕织之，今谓之兼丝布。圆绫，土绫也，亦谓之花绢。纱，方目纱也。绢，吉掾翻，缣也，细丝缯。绡，相邀翻，生丝缯。葛，葛越，宜夏服。布，缉麻若纻为之。种，章勇翻。馀悉禁之。朝祭之服，不拘此制。"朝，直遥翻。

冬，十月，戊申，周主如邺。

9 上闻周人灭齐，欲争徐、兖，此言禹迹徐、兖二州之地。禹贡曰：海岱及淮惟徐州，济河惟兖州。周之九州，青州得沂、泗、淮三水，兖州得大野，无复徐州矣。今之徐州，春秋宋地，左传围宋彭城是也。秦属泗水郡；汉属沛郡，后分立楚国，后置徐州。自是之后，徐州专治彭城矣。诏南兖州刺史、司空吴明彻督诸军伐之，以其世子戎昭、将军惠觉摄行州事。明彻军至吕梁，周徐州总管梁士彦帅众拒战，帅，读曰率。戊午，明彻击破之。士彦婴城自守，明彻围之。

帝锐意以为河南指麾可定。中书通事舍人蔡景历谏曰：

“师老将骄，不宜过穷远略。”魏黄初中，中书置通事郎，晋初置舍人、通事，江左令舍人通事谓之通事舍人，掌呈奏案，又掌诏命。陈氏得国，国之政事并由中书省，有中书舍人五人，分掌二十一局事，各当尚书诸曹，并为上司，总国内机要，尚书唯听受而已。将，即亮翻。帝怒，以为沮众，沮，在吕翻。出为豫章内史。未行，有飞章劾景历在省赃污狼籍，坐免官，削爵土。飞者，不知其所自来也，盖出于上意。劾，户概翻，又音户得翻。

10 周改葬德皇帝于冀州，宇文肱者，宇文泰之父也，从鲜于修礼攻定州，战死于唐河。武成初，追谥德皇帝。其地在齐，未得改葬。平齐之后，乃得改葬于冀州。周主服缞，缞，仓回翻。哭于太极殿；百官素服。

11 周人诬温公高纬与宜州刺史穆提婆谋反，并其宗族皆赐死。众人多自陈无之，高延宗独攘袂泣而不言，以椒塞口而死。塞，悉则翻。唯纬弟仁英以清狂，仁雅以瘖疾得免，汉张敞奏言，“昌邑王贺清狂不惠。”苏林曰：凡狂者阴阳脉尽浊，今此人不狂似狂，故言清狂。或曰：色理清徐而心不慧，故曰清狂。清狂，如今白痴也。瘖，于今翻，痖也。徙于蜀。其馀亲属，不杀者散配西土，西土，谓长安西边州郡。皆死于边裔。

周主以高湝妻卢氏赐其将斛斯征。湝，户皆翻，又音皆。将，即亮翻；下同。卢氏蓬首垢面，长斋，不言笑。征放之，乃为尼。卢氏，山东高门，史言其能守节。长斋者，依佛教茹蔬素，不食荤肉。尼，女夷翻，女僧。齐后、妃贫者，至以卖烛为业。

12 十一月，壬申，周立皇子衍【严：“衍”改“克”。】为道王，道，古国名，春秋有江、黄、道、柏。“皇子”，当作“皇孙”。衍，周太子之长子。此有可疑者，后注屡及之。通鉴一百七十一卷太建五年六月，书周皇孙衍生。兑为蔡王。

13 癸酉，周遣上大将军王轨将兵救徐州。

14 初，周人败齐师于晋州，乘胜逐北，齐人所弃甲仗，未暇收敛；事见上卷八年。败，补迈翻。稽胡乘间窃出，间，古苋翻。并盗而有之。仍立刘蠡升之孙没铎为主，刘蠡升为高欢所灭，见一百五十七卷梁武帝大同元年。号圣武皇帝，改元石平。

周人既克关东，谓克齐也。将讨稽胡，议欲穷其巢穴。齐王宪曰："步落稽种类既多，种，章勇翻。又山谷险绝，王师一举，未可尽除。且当翦其魁首，馀加慰抚。"周主从之。以宪为行军元帅，督诸军讨之。行军元帅始此。帅，所类翻。至马邑，分道俱进。没铎分遣其党天柱守河东，穆支守河西，据险以拒之。此西河离石之河东、河西也。宪命谯王俭击天柱，滕王逌击穆支，逌，以周翻。并破之，斩首万馀级。赵王招击没铎，禽之，馀众皆降。降，户江翻。

15 周诏："自永熙三年以来，东土之民掠为奴婢，后魏孝武帝永熙三年西入关，自是宇文氏、高氏交兵，互相侵掠，得其民口，各以为奴婢。及克江陵之日，良人没为奴婢者，梁世祖承圣三年，江陵破，事见一百六十五卷。并放为良。"又诏："后宫唯置妃二人，世妇三人，御妻三人，此外皆减之。"

周主性节俭，常服布袍，寝布被，后宫不过十馀人；每行兵，亲在行陈，行陈，上户刚翻，下读曰阵。步涉山谷，人所不堪；抚将士有恩，而明察果断，断，丁乱翻。用法严峻。由是将士畏威而乐为之死。将，即亮翻。乐，音洛。为，于伪翻。

16 己亥晦，日有食之。

17 周初行刑书要制：群盗赃一匹，及正、长隐五丁、若地顷以上，皆死。隋因周制，制人五家为保，保有长；保五为闾，闾四为族，皆有正。畿外置里正，比闾正；党长，比族正；以相检察，所谓正、长也。百亩为顷。长，知两翻。

18 十二月，戊申，新作东宫成，太子徙居之。

19 庚申，周主如并州，徙并州军民四万户于关中。戊辰，废并州宫及六府。是年春，周置并州宫及六府。

20 高宝宁自黄龙上表劝进于高绍义，黄龙，即和龙，今之黄龙府。上，时掌翻。绍义遂称皇帝，改元武平，以宝宁为丞相。突厥佗钵可汗举兵助之。可，从刊入声。汗，音寒。

十年（戊戌、五七八）

1 春，正月，壬午，周主幸邺；辛卯，幸怀州；怀州，治河内郡野王。自此以后，周、陈之君，书"如"、书"幸"，杂出其间，未悉义例所安。癸巳，幸洛州。置怀州宫。

2 二月，甲辰，周谯孝王俭卒。卒，子恤翻。

3 丁巳，周主还长安。

4 吴明彻围周彭城，环列舟舰于城下，攻之甚急。舰，户黯翻。王轨引兵轻行，据淮口，淮口，清水入淮之口，即清口也。结长围，以铁锁贯车轮数百，沈之清水，沈，持林翻。郦道元曰：清水，即泗水之别名。以遏陈船归路；军中恟惧。恟，许勇翻。谯州刺史萧摩诃言于明彻曰："闻王轨始锁下流，其两端筑城，今尚未立，公若见遣击之，彼必不敢相拒。水路未断，贼势不坚；彼城若立，则吾属必为虏矣。"明彻奋髯曰："搴旗陷陈，将军事也；长算远略，老夫事也。"摩诃失色而退。史言明彻骄而愎谏以致败。髯，而占翻。搴，起虔翻，拔取也。陈，读曰阵。一旬之间，水路遂断。

周兵益至，诸将议破堰拔军，以舫载马而去，马主裴子烈曰："若破堰下船，船必倾倒，不如先遣马出。"考异曰：南史作"马明主"，今从陈书。马主，马军主也。堰，于建翻。舫，府妄翻，并两船也。倒，都皓翻。时明彻苦背疾甚笃，萧摩诃复请曰："今求战不得，进退无路。若潜军突围，未足为耻。愿公帅步卒、乘马舉徐行，摩诃领铁骑数千驱驰前后，必当使公安达京邑。"京邑，谓建康。观摩诃此言，亦知军退后周师继至，必不能守淮南。复，扶又翻。帅，读曰率。舉，考字书皆无此字，唯类篇有之，音羊茹切，舁车也。今言乘马畢，则当读与舆字同，从平声。骑，奇寄翻；下同。明彻曰："弟之此策，乃良图也。然步军既多，吾为总督，必须身居其后，相帅兼行。帅，读曰率；下同。弟马军宜速，在前，不可迟缓。"摩诃因帅马军夜发。甲子，明彻决堰，乘水势退军，冀以入淮。至清口，水势渐微，舟舰并碍车轮，不复得过。王轨引兵围而蹙之，众溃。明彻为周人所执，将士三万并器械辎重皆没于周。将，即亮翻。重，直用翻。萧摩诃以精骑八十居前突围，众骑继之，骑，奇寄翻。比旦，达淮南，淮水南岸也。比，必寐翻。与将军任忠、周罗睺独全军得还。任，音壬。还，音旋，又如字。

初，帝谋取彭、汴，以问五兵尚书毛喜，彭、汴，谓彭城、汴水之地。五兵尚书，以掌中兵、外兵、别兵、都兵、骑兵名官。对曰："淮左新平，边民未辑。周氏始吞齐国，难与争锋。且弃舟檝之工，檝，与楫同。践车骑之地，徐、兖之地四平，车骑便于驰突。践，慈演翻。骑，奇寄翻。去长就短，非吴人所便。臣愚以为不若安民保境，寝兵结好，好，呼到翻。斯久长之术也。"及明彻败，帝谓喜曰："卿言验于今矣。"即日，召蔡景历，复以为征南谘议参军。亦以其言验也。

周主封吴明彻为怀德公，怀德郡公。五代志：巴东郡武宁县，后周置南都郡源阳县，寻改郡曰怀德，县曰武宁。位大将军。其朝列于大将军，无职事也。明彻忧愤而卒。卒，子恤翻。

5 乙丑，周以越王盛为大冢宰。

6 三月，戊辰，周于蒲州置宫，五代志：河东郡，后魏曰秦州；后周改蒲州，因蒲坂以名州也。废同州及长春二宫。同州治冯翊。宇文泰辅魏，多居同州，其后受魏禅，遂以同州置别宫。长春宫在朝邑，冯翊之属县也。是宫盖亦宇文所置。

7 甲戌，周主初服常冠，以皂纱全幅向后襆发，仍裁为四脚。今之幞头始此，制微有不同耳。杜佑曰：后汉末，王公卿士以幅巾为雅，用全幅皂而向后襆发，谓之头巾，俗人因号为幞头。后周武帝因裁幅巾为四脚。襆，与幞同，房玉翻。皂，才早翻。

8 丙子，命中军大将军、开府仪同三司淳于量为大都督，陈制：中军大将军，品第二，秩中二千石。开府仪同三司，品第一，其秩则万石矣。总水陆诸军事，镇西将军孙玚都督荆、郢诸军，玚，雉杏翻，又音畅。平北将军樊毅都督清口上至荆山缘淮诸军，宁远将军任忠都督寿阳、新蔡、霍州诸军，以备周。宁远将军，梁置；陈制，拟官品第五。此新蔡在弋阳郡界。五代志：梁置平高、新蔡、新城三郡于殷城；后齐置新蔡郡于固始，二县皆属弋阳。任，音壬。

9 乙酉，大赦。

10 壬辰，周改元宣政。

11 夏，四月，庚申，突厥寇周幽州，杀掠吏民。厥，九勿翻。

12 戊午，樊毅遣军渡淮北，对清口筑城。壬戌，清口城不守。

13 五月，己丑，周高祖帅诸军伐突厥，周主以是役殂于军中，故书其庙号。帅，读曰率。遣柱国原公姬愿、原，古国名。东平公神举等将兵五道俱入。将，即亮翻，又音如字，领也。

癸巳，帝不豫，留止云阳宫；五代志：京兆郡云阳县，后周置云阳郡。盖亦置别宫于此。丙申，诏停诸军。驿召宗师宇文孝伯赴行在所，后周置宗师之官，盖掌诸宗室。杜佑曰：宗师属天官，中大夫也，五命；小宗师，下大夫，四命。宇文孝伯时留长安，故驿召之。天子所至为行在所。帝执其手曰："吾自量必无济理，量，音良。以后事付君。"是夜，授孝伯司卫上大夫，总宿卫兵。后周之制，凡上大夫，皆六命。又令驰驿入京镇守，以备非常。六月，丁酉朔，帝疾甚，还长安；是夕殂，年三十六。还，从宣翻，又音如字。殂，祚乎翻。

戊戌，太子即位。尊皇后阿史那氏为皇太后。阿史那氏，天和三年娶于突厥者也。宣帝初立，即逞奢欲。大行在殡，曾无戚容，在戚而有嘉容，鲁昭公所以不终也。扪其杖痕，大骂曰："死晚矣！"扪，以手抚摸也。杖痕，为太子时受杖之痕。阅视高祖宫人，逼为淫欲。周武帝未祔庙而书高祖者，史笔也。超拜吏部下大夫郑译为开府仪同大将军、内史中大夫，委以朝政。郑译有宠，事始上卷八年。朝，直遥翻。

己未，葬武皇帝于孝陵，庙号高祖。既葬，诏内外公除，帝及六宫皆议即吉。京兆郡丞乐运上疏，以为"葬期既促，事讫即除，太为汲汲。"帝不从。乐运擢京兆郡丞，见一百七十一卷五年。自丁酉至己未二十三日而葬，太速矣。上，时掌翻。

帝以齐炀王宪属尊望重，忌之。齐王于周主，叔父也，属尊。出将入相，著功名，其望重。谥法：好内远礼曰炀。宪岂有是哉？周主杀之而加以恶谥耳。炀，余亮翻。谓宇文孝伯曰："公能为朕图齐王，为，于伪翻。当以其官相授。"孝伯叩头曰："先帝遗诏，不许滥诛骨肉。齐王，陛下之叔父，功高德茂，社稷重臣。陛下若无故害之，【章：十二行本"之"下有"臣又顺旨曲从"六字；乙十一行本同；孔本同；张校同；退斋校同。】则臣为不忠之臣，陛下为不孝之子矣。"帝不怿，由是疏之。乃与开府仪同大将军于智、郑译等密谋之，使智就宅候宪，因告宪有异谋。

甲子，帝遣宇文孝伯语宪，语，牛倨翻。欲以宪为太师，太师，三师之首。宪辞让。又使孝伯召宪，曰："晚与诸王俱入。"既至殿门，宪独被引进。被，皮义翻。帝先伏壮士于别室，至，即执之。宪自辩理，帝使于智证宪，宪目光如炬，与智相质。质，证也，验也。或谓宪曰："以王今日事势，何用多言！"宪曰："死生有命，宁复图存！复，扶又翻。但老母在堂，恐留兹恨耳！"言既诬以异谋，恐罪及其母也。因掷笏于地。遂缢之。缢，于赐翻，经也，绞也。

帝召宪僚属，使证成宪罪。参军勃海李纲，誓之以死，终无桡辞。桡，奴教翻，曲也。有司以露车载宪尸而出，车无帷盖曰露车。故吏皆散，唯李纲抚棺号恸，躬自瘗之，纲在宪府，先此未有闻焉，而能临难尽节于所事；隋、唐之间，讫能自持，有以也夫！号，户刀翻。瘗，于计翻。哭拜而去。

又杀上大将军王兴，上开府仪同大将军独孤熊，开府仪同大将军豆卢绍，隋书曰：豆卢，本姓慕容，燕北地王精之后，中山败，归魏。北人谓归义为豆卢，因氏焉。皆素与宪亲善者也。帝既诛宪而无名，无罪以加之为无名；古所谓无名之师，亦言无罪而加之兵也。乃云与兴等谋反，时人谓之"伴死"。伴，蒲旱翻。

以于智为柱国，封齐公，以赏之。

14 闰月，乙亥，周主立妃杨氏为皇后。杨坚之女也。

15 辛巳，周以赵王招为太师，陈王纯为太傅。

16 齐范阳王绍义闻周高祖殂，以为得天助。幽州人卢昌期，起兵据范阳，五代志：幽州治蓟城涿县，旧置范阳郡。迎绍义，绍义引突厥兵赴之。周遣柱国东平公神举将兵讨昌期。将，即亮翻。绍义闻幽州总管出兵在外，欲乘虚袭蓟，蓟，音计。神举遣大将军宇文恩将四千人救之，半为绍义所杀。会神举克范阳，擒昌期，绍义闻之，素衣举哀，还入突厥。高宝宁帅夷、夏数万骑救范阳，还，从宣翻，又音如字。厥，九勿翻。帅，读曰率。夏，户雅翻。骑，奇寄翻。至潞水，水经注：鲍丘水出御夷北塞中，俗谓之大榆河，南过潞县为潞水。闻昌期死，还，据和龙。

17 秋，七月，周主享太庙；丙午，祀圜丘。按五代志：周祭圜丘及南郊，并正月上辛；今用七月丙午，非旧制。

18 庚戌，周以小宗伯斛斯征为大宗伯。壬戌，以亳州总管杨坚为上柱国、大司马。五代志：谯郡，后魏置南兖州；后周置总管府，后改曰亳州。亳，旁各翻。

19 癸亥，周主尊所生母李氏为帝太后。嫡母阿史那氏既尊为皇太后，又尊生母为帝太后。

20 八月，丙寅，周主祀西郊；五代志：后周五郊坛，其崇及去国如其行之数，其方俱百二十步，内壝皆半之。壬申，如同州。以大司徒杞公亮为安州总管，上柱国长孙览为大司徒，杨公王谊为大司空。长，知两翻。丙戌，以永【章：十二行本“永”上有“柱国”二字；乙十一行本同；孔本同。】昌公椿为大司寇。

21 九月，乙巳，立方明坛于娄湖。戊申，以扬州刺史始兴王叔陵为王官伯，临盟百官。周礼：司盟掌盟载之法，凡邦国有疑、会同，则掌其盟约之载，北面诏明神，既盟则贰之。郑玄注曰：有疑，不协也。明神，神之明察者，谓日月山川也。觐礼加方明于坛上，所以依之也。诏之者，读其载书以告之也。贰之者，写其副当以授六官。陈祥道曰：诸侯觐于天子，为宫方三百步，四门，坛十有二寻，深四尺，加方明于其上。觐礼方明者，木也，方四尺，设六色：东方青，南方赤，西方白，北方黑，上玄，下黄。设六玉：上圭，下璧，南方璋，西方琥，东方圭，北方璜。郑氏曰：方明者，上下四方神明之象也。会同而盟，明神监之。六色，象其神。六玉以礼之，上宜以苍璧，下宜以黄琮，而不以者，则上下之神非天地之至贵者也。设玉者，刻其木以著之。王官伯者，古者天子盟诸侯，使天子之老莅之。如春秋践土之盟，王子虎盟诸侯于王庭，是之谓王官伯。时彭城丧师，陈人通国上下摇心，故为是盟。

22 庚戌，周主封其弟元为荆王。

23 周主诏：“诸应拜者，皆以三拜成礼。”三拜成礼，用夷礼也。

24 甲寅，上幸娄湖誓众。乙卯，分遣大使以盟誓班下四方，上下相警戒。使，疏吏翻。班下，户嫁翻。班，布也。

25 冬，周【章：十二行本“周”上有“十月癸酉”四字；乙十一行本同；孔本同；张校同。】主还长安。以大司空王谊为襄州总管。五代志：襄阳郡，江左侨置雍州，西魏改曰襄州。

26 戊子，以尚书左仆射陆缮为尚书仆射。

27 十一月，突厥寇周边，围酒泉，杀掠吏民。五代志：张掖郡福禄县，旧置酒泉郡。

28 十二月，甲子，周以毕王贤为大司空。

29 己丑，周以河阳总管滕王逌为行军元帅，帅众入寇。逌，音由。元帅，所类翻。帅众之帅，读曰率。

十一年（己亥、五七九）

1 春，正月，癸巳，周主受朝于露门，“露门”，当作“路门”。路，大也，盖周之外朝也。程泰之作雍录，以唐大明宫丹凤门、太极宫承天门皆为唐之外朝，盖识此意。朝，直遥翻。始与群臣服汉、魏衣冠；以此知后周之君臣，前此盖胡服也。大赦，改元大成。置四辅官：以大冢宰越王盛为大前疑，相州总管蜀公尉迟迥为大右弼，申公李穆为大左辅，大司马随公杨坚为大后承。尉，纡勿翻。记文王世子，虞、夏、商、周有师保，有疑丞，设四辅及三公，周主仿此以置官。

周主之初立也，以高祖刑书要制为太重而除之，周行刑书要制见上九年。又数行赦宥。数，所角翻；下同。京兆郡丞乐运上疏，上，时掌翻。以为：“虞书所称‘眚灾肆赦’，眚，所景翻。谓过误为害，当缓赦之；吕刑云：‘五刑之疑有赦，’谓刑疑从罚，罚疑从免也。谨寻经典，未有罪无轻重，溥天大赦之文。大尊岂可数施非常之惠，以肆奸宄之恶乎！”大尊，犹言至尊也。帝不纳。既而民轻犯法，又自以奢淫多过失，恶人规谏，恶，乌路翻。欲为威虐，慑服群下。慑，之涉翻。乃更为刑经圣制，考异曰：周帝纪，行刑经圣制在八月。按隋元岩传，乐运之谏，因岩纳说得免，及王轨之死，岩遂废于家。今运书已有“更严前制”之语，然则行刑经在轨死前也。用法益深，大醮于正武殿，告天而行之。五代志：道家斋法：夜中于星辰之下，陈设酒脯、饼饵、币物，历祀天皇、太一、祀五星、列宿。为书，烧香陈读，云奏上天曹，名之为醮。醮，子肖翻。密令左右伺察群臣，伺，相吏翻。小有过失，辄行诛谴。

又，居丧才逾年，辄恣声乐，鱼龙百戏，常陈殿前，五代志：齐武平中，有鱼龙烂漫、俳优朱儒、山车、巨象、拔井、种瓜、杀马、剥驴等奇怪异端，百有馀物，名为百戏。时郑译有宠于周主，征齐散乐，并会京师为之，盖秦角抵之流也。累日继夜，不知休息；多聚美女以实后宫，增置位号，不可详录；游宴沈湎，或旬日不出，沈，持林翻。湎，弥兖翻。毛晃曰：沈湎，饮酒齐其色。韩诗：饮酒闭门不出客曰湎。群臣请事者，皆因宦者奏之。于是乐运舆榇诣朝堂，陈帝八失：榇，初觐翻，空棺。朝，直遥翻；下同。其一，以为"大尊比来事多独断，比，毗至翻。断，丁乱翻。不参诸宰辅，与众共之。"其二，"搜美女以实后宫，仪同以上女不许辄嫁，贵贱同怨。"其三，"大尊一入后宫，数日不出，所须闻奏，多附宦官。"其四，"下诏宽刑，未及半年，更严前制。"其五，"高祖斲雕为朴，崩未逾年，而遽穷奢丽。"其六，"徭赋下民，以奉俳优角抵。"其七，"上书字误者，即治其罪，上，时掌翻。治，直之翻。杜献书之路。"其八，"玄象垂诫，不能谘诹善道，玄象，天象也。日月星辰，在天成象。诹，子于翻，又子侯翻。修布德政。""若不革兹八事，臣见周庙不血食矣。"牺牲之荐为血食。帝大怒，将杀之。朝臣恐惧，莫有救者。内史中大夫洛阳元岩叹曰："臧洪同死，人犹愿之，陈容愿与臧洪同死，事见六十一卷汉献帝兴平三年。况比干乎！以乐运忠谏况之比干。若乐运不免，吾将与之俱毙。"乃诣阁请见，见，贤遍翻。曰："乐运不顾其死，欲以求名。陛下不如劳而遣之，劳，力到翻。以广圣度。"帝颇感悟。明日，召运，谓曰："朕昨夜思卿所奏，实为忠臣。"赐御食而罢之。

2 癸卯，周立皇子阐为鲁王。按李延寿北史：静帝讳衍，后改名阐。观此，则九年周立皇子衍为道王，自是高祖之子邪？

甲辰，周主东巡；【章：十二行本"巡"下有"丙午"二字；乙十一行本同；孔本同。】以许公宇文善为大宗伯。戊午，周主至洛阳；立鲁王阐为皇太子。阐，昌善翻。

3 二月，癸亥，上耕藉田。藉，在亦翻。

4 周下诏，以洛阳为东京；发山东诸州兵治洛阳宫，治，直之翻。常役四万人。徙相州六府于洛阳。周置相州六府，见上九年。相，息亮翻。

5 周徐州总管王轨，闻郑译用事，自知及祸，谓所亲曰："吾昔在先朝，实申社稷至计。今日之事，断可知矣。朝，直遥翻。断，丁乱翻。此州控带淮南，邻近强寇，欲为身计，易如反掌。强寇，谓陈。易，以豉翻。但忠义之节，不可亏违，况荷先帝厚恩，荷，下可翻。岂可以获罪嗣主，遽忘之邪！邪，音耶。正可于此待死，冀千载之后，知吾此心耳！"载，作亥翻。

周主从容问译曰："我脚杖痕，谁所为也？"对曰："事由乌丸轨、受杖事见上卷八年。王轨盖赐姓乌丸氏，故称之。从，千容翻。宇文孝伯。"因言轨捋须事。宇文孝伯何为出此言也！欲自求免死邪？然终于不免也。捋须事见同上。帝使内史杜庆信就州杀轨，元岩不肯署诏。御正中大夫颜之仪切谏，武成元年，置御正四人。帝不听，岩进继之，脱巾顿颡，三拜三进。颡，苏朗翻，额也。帝曰："汝欲党乌丸轨邪？"岩曰："臣非党轨，正恐滥诛失天下之望。"帝怒，使阉竖搏其面。搏，手击也。轨遂死，岩亦废于家。远近知与不知，皆为轨流涕。为，于伪翻。之仪，之推之弟也。颜之推先仕于齐，齐亡入周。

周主之为太子也，上柱国尉迟运为宫正，此太子宫正也。尉，纡勿翻。数进谏，不用；数，所角翻。又与王轨、宇文孝伯、宇文神举皆为高祖所亲待，太子疑其同毁己。及轨死，运惧，私谓孝伯曰："吾徒必不免祸，为之奈何？"孝伯曰："今堂上有老母，地下有武帝，武帝，即高祖也。为臣为子，知欲何之！之，往也。且委质事人，本徇名义；谏而不入，死焉可逃！质，如字。焉，于乾翻。足下若为身计，宜且远之。"远，于愿翻。于是运求出为秦州总管。天水郡，旧秦州。

他日，帝托以齐王宪事让孝伯曰："公知齐王谋反，何以不言？"对曰："臣知齐王忠于社稷，为群小所谮，言必不用，所以不言。且先帝付嘱微臣，嘱，之欲翻，托也。唯令辅导陛下。今谏而不从，实负顾托。以此为罪，是所甘心。"帝大惭，俛首不语，令，力丁翻。俛，音免。命将出，赐死于家。将，引也，领也。

时宇文神举为并州刺史，帝遣使就州鸩杀之。使，疏吏翻。尉迟运至秦州，亦以忧死。

6 周罢南伐诸军。

7 突厥佗钵可汗请和于周，厥，九勿翻。可，从刊入声。汗，音寒。周主以赵王招女为千金公主，妻之，妻，七细翻。且命执送高绍义；佗钵不从。

8 辛巳，周宣帝传位于太子阐，大赦，改元大象，自称天元皇帝，所居称"天台"，冕二十四旒，车服旗鼓皆倍于前王之数。皇帝称正阳宫，置纳言、御正、诸卫等官，保定四年，改宗伯为纳言。此纳言似隋官之纳言，为门下省长官。诸卫等官，左·右宫伯、小宫伯、左·右中侍、左·右侍、左·右前侍、左·右后侍、左·右骑侍、左·右宗侍、左·右庶侍、左·右勋侍、左·右武伯、小武伯、左·右武贲、左·右旅贲、左·右射声、左·右骁骑、左·右羽林、左·右游击也。皆准天台。尊皇太后为天元皇太后。

天元既传位，骄侈弥甚，务自尊大，无所顾惮，国之仪典，率情变更。更，工衡翻。每对臣下自称为天，用樽、彝、珪、瓒以饮食。周礼有六尊、六彝，尊有罍而彝有舟。郑玄曰：彝，亦尊也。郁鬯曰彝。彝，法也，言为尊之法。郑众曰：于圭头为器，可以挹鬯裸祭，谓之瓒。瓒，藏旱翻。令群臣朝天台者，致斋三日，清身一日。朝，直遥翻。既自比上帝，不欲群臣同己，常自带绶，冠通天冠，加金附蝉，顾见侍臣弁上有金蝉及王公有绶者，并令去之。五代志：古者君臣佩玉，绶者所以贯佩相承受也。又上下施韨，如蔽膝。五霸之后，战兵不息，佩非兵器，韨非战仪，于是解去佩、韨，留其系璲而已。韨、佩既废，秦乃以采组连结于璲，又谓之绶。周制：皇帝组绶，以苍，以青，以朱，以黄，以白，以玄，以纁，以红，以紫，以缃，以碧，以绿，十有二色。诸王及三公九色，自黄以下；王公以下，以差降杀。通天冠，古制高九寸，正竖顶，少斜却，乃直下，铁为卷梁，前有展筒，冠前加金博山述。加金附蝉者，乃侍中、常侍所冠武弁也。史皆言天元之率意自尊。绶，音受。冠通之冠，古玩翻。令，力丁翻。去，羌吕翻。不听人有“天”、“高”、“上”、“大”之称，称，尺证翻。官名有犯，皆改之。改姓高者为“姜”，齐太公之后，食采于高，因以为氏，本姜姓也，使改从本姓。九族称高祖者为“长祖”。长，知两翻。又令天下车皆以浑木为轮。浑，户本翻。禁天下妇人不得施粉黛，粉以傅面，黛以填额、画眉。自非宫人，皆黄眉墨妆。

每召侍臣论议，唯欲兴造变革，未尝言及政事。游戏无常，出入不节，羽仪仗卫，晨出夜还，还，从宣翻，又音如字。陪侍之官，皆不堪命。自公卿以下，常被楚挞。每捶人，皆以百二十为度，谓之“天杖”，被，皮义翻；下同。捶，止橤翻。其后又加至二百四十。宫人内职亦如之，后、妃、嫔、御，虽被宠幸，亦多杖背。于是内外恐怖，怖，蒲布翻。人不自安，皆求苟免，莫有固志，重足累息，重足而立，屏气积郁而不敢息。重，直龙翻。累，力委翻。以逮于终。

9 戊子，周以越王盛为太保，尉迟迥为大前疑，代王达为大右弼。

辛卯，徙邺城石经于洛阳。尉，纡勿翻。汉灵帝时，蔡邕立石经于太学讲堂前，一曰：立于鸿都门。魏正始中，又立古、篆、隶三字石经，高澄迁之于邺，周今复徙之洛阳。诏：“河阳、幽、相、豫、亳、青、徐七总管，并受东京六府处分。”相，息亮翻。处，昌吕翻。分，扶问翻。

三月，庚申，天元还长安，大陈军伍，亲擐甲胄，擐，音宦。入自青门，静帝备法驾以从。青门，汉长安城东出南来第三门也。门色青，故名青门。法驾，次于大驾。从，才用翻。

夏，四月，壬戌朔，立妃朱氏为天元帝后。后，吴人，本出寒微，生静帝，长于天元十馀岁，长，知两翻。疏贱无宠，以静帝故，特尊之。

乙巳，周主祠太庙。壬午，大醮于正武殿。

五月，【章：十二行本“月”下有“辛亥”二字；乙十一行本同；孔本同；张校同。】以襄国郡为赵国，济南郡为陈国，武当、安富二郡为越国，上党郡为代国，新野郡为滕国，邑各万户；食邑各有实土。“安富”，当作“安福”。五代志：淅阳郡武当县，旧置武当郡。又，安福县置安福郡。南阳郡之新野县，旧曰棘阳，置新野郡。济，子礼翻。令赵王招、陈王纯、越王盛、代王达、滕王逌并之国。

随公杨坚私谓大将军汝南公庆曰：“天元实无积德；视其相貌，寿亦不长。相，息亮翻。又，诸藩微弱，各令就国，曾无深根固本之计。羽翮既翦，何能及远哉！”观杨坚此言，岂有篡心哉！然坚处猜虐之朝而发此言，其免者盖幸也。庆，神举之弟也。

10 突厥寇周并州。厥，九勿翻。并，卑经翻。六月，周发山东诸民修长城。修齐所筑长城也。齐筑长城，见百六十六卷梁敬帝太平元年。

11 秋，七月，庚寅，周以杨坚为大前疑，柱国司马消难为大后承。难，乃旦翻。

12 辛卯，初用大货六铢钱。五代志：梁武帝铸钱，肉好周郭，文曰五铢；而又别铸，除其肉郭，谓之女钱；二品并行。百姓或私以古钱交易，有直百五铢、五铢女钱、太平百钱、定平一百、五铢雉钱、五铢对文等号，轻重不一。天子频下诏书，非新铸二种之钱，并不许用，而私用益甚。至普通中，乃议尽罢铜钱，更铸铁钱。人以铁贱易得，并皆私铸。大同已后，所在铁钱如丘山。钱陌所在不等，至于末年，陌益少，以三十五为陌。陈初承丧乱之后，铁钱不行。始，梁末又有两柱钱及鹅眼钱，两柱重而鹅眼轻，杂而用之，其价同。

私家多镕钱，又间以锡、铁，兼以粟、帛为货。至文帝天嘉五年，改铸五铢，初出当鹅眼之十。至是又铸大货六铢，以一当五铢之十，后还当一，人皆不以为便。未几，帝崩，遂废六铢而行五铢。

13 丙申，周纳司马消难女为正阳宫皇后。静帝后也。难，乃旦翻。

己酉，周尊天元帝太后李氏为天皇太后。壬子，改天元皇后朱氏为天皇后，立妃元氏为天右皇后，陈氏为天左皇后，凡四后云。元氏，开府仪同大将军晟之女；晟，成正翻。陈氏，大将军山提之女也。陈山提，尔朱兆苍头也，见一百五十六卷梁武帝中大通五年。

八月，庚申，天元如同州。

14 丁卯，上阅武于大壮观。命都督任忠帅步骑十万陈于玄武湖，都督陈景帅楼舰五百出瓜步江，振旅而还。观，古玩翻。释名：观者，于上观望。帅，读曰率。骑，奇寄翻。陈，读曰阵。楼舰，即楼船，两面施重板，列战格，故谓之楼舰。舰，户黯翻。还，音旋，又如字。帝自丧师于彭城，设近陈以耀武，所谓不足者示人有馀也。

15 壬申，周天元还长安。甲戌，以陈山提、元晟并为上柱国。二人者，皆后父也。晟，丞正翻。

16 戊寅，上还宫。

豫章内史南康王方泰，在郡秩满，纵火延烧邑居，因行暴掠，驱录富人，征求财贿。录，收也。上阅武，方泰当从，从，才用翻。启称母疾不行，而微服往民间淫人妻，为州所录。州，谓扬州也。又帅人仗抗拒，伤禁司，仗，兵仗。禁司，掌禁防奸非者。帅，读曰率。为有司所奏。上大怒，下方泰狱，下，户嫁翻。免官，削爵土，寻而复旧。

17 壬午，周以上柱国毕王贤为太师，郇公韩业为大左辅。九月，乙卯，以酆王贞为大冢宰。以郧公孝【章：十二行本“孝”上有“韦”字；乙十一行本同；孔本同。】宽为行军元帅，郇，音荀。酆，音丰。

郧，音云。帅，所类翻。帅行军总管杞公亮、郕公梁士彦寇淮南。帅，读曰率。仍遣御正杜杲、礼部薛舒来聘。

18 冬，十月，壬戌，周天元幸道会苑，大醮，以高祖配醮。初复佛像及天尊像，周毁经像见上卷六年。天元与二像俱南面坐，大陈杂戏，令长安士民纵观。令，力丁翻。

19 甲戌，以尚书仆射陆缮为尚书左仆射。

20 十一月，辛卯，大赦。

21 周韦孝宽分遣杞公亮自安陆攻黄城，梁士彦攻广陵。分两路进兵以攻淮南。此广陵在新息。甲午，士彦至肥口。肥水入淮之口。

22 乙未，周天元如温汤。即骊山温汤，在骊山西北。十道志曰：温泉有三所，其一处即皇堂石井，后周宇文护所造。

23 戊戌，周军进围寿阳。

24 周天元如同州。

25 诏开府仪同三司、南兖州刺史淳于量为上流水军都督，中领军樊毅都督北讨诸军事，左卫将军任忠都督北讨前军事，前丰州刺史皋文奏帅步骑三千趣阳平郡。五代志：建安郡，陈置丰州。江都郡安宜县，梁置阳平郡。皋，姓，皋陶之后。左传有越大夫皋如。帅，读曰率；下同。骑，奇寄翻；下同。趣，七喻翻；下同。

26 壬寅，周天元还长安。

27 癸卯，任忠帅步骑七千趣秦郡；趣，七喻翻。丙午，仁威将军鲁广达帅众入淮；梁置五德将军，智、仁、勇、信、严；五威将军，代旧征虏；五武将军，代旧冠军。是日，樊毅将水军二万自东关入焦湖，九域志：巢湖，亦谓之焦湖。樊毅水军欲自此湖向合肥。将，即亮翻，又音如字，领也。焦，子小翻。武毅将军萧摩诃帅步骑趣历阳。武毅将军亦梁置，下于五德二班。戊申，韦孝宽拔寿阳，杞公亮拔黄城，梁士彦拔广陵；辛亥，又取霍州。水经注：萧齐立霍州，治灊县天柱山。五代志：庐江郡霍山县，梁置霍州。癸丑，以扬州刺史始兴王叔陵为大都督，总水步众军。

28 丁巳，周铸永通万国钱，一当千，与五行大布并行。五代志：周令：五行大布与五铢三品并用。

29 十二月，戊午，周天元以灾异屡见，舍仗卫，如天兴宫。百官上表，劝复寝膳。见，贤遍翻。舍，读曰捨。上，时掌翻。甲子，还宫，御正武殿，集百官及宫人、外命妇，外命妇，五命以上官之妻也。大列伎乐，伎，渠绮翻。初作乞寒胡戏。杜佑曰：乞寒者，本西国外藩之乐也。新唐书：康国之俗，十一月，鼓舞乞寒，以水交泼为乐，其戏流入中国。

30 乙丑，南·北兖、晋三州五代志不载北兖州所治。同安郡，梁置豫州，后改曰晋州，后齐改江州，陈复曰晋州。及盱眙、山阳、阳平、马头、秦、历阳、沛、北谯、南梁等九郡民并自拔还江南。考异曰：陈纪"九郡"作"九州"，盖字误。五代志：江都永福县，旧曰沛；梁置泾城、东阳二郡及泾州，陈废州，并二郡为沛郡。全椒县，梁置北谯郡。南梁郡，自宋志有之，不知其实土所在；梁天监二年，冯道根以南梁太守戍阜陵，盖自是为实土。周又取谯、北徐州。谯州治涡阳，在谯郡山桑县。北徐州置于琅邪郡。自是江北之地尽没于周。

31 周天元如洛阳，亲御驿马，日行三百里，四皇后及文武侍卫数百人并乘驲以从。驲，人质翻，亦驿马也。从，才用翻。仍令四后方驾齐驱，方驾，并驾也。或有先后，辄加谴责，人马顿仆，相及于道。

32 癸酉，遣平北将军沈恪、电威将军裴子烈镇南徐州，开远将军徐道奴镇栅口，电威、开远将军，品并第七，秩六百石。栅口，栅江口。前信州刺史杨宝安镇白下。戊寅，以中领军樊毅都督荆、郢、巴、武四州水陆诸军事。五代志：南郡公安县，陈置荆州，江夏郡置郢州，巴陵郡置巴州，武陵郡置武州。

33 己卯，周天元还长安。

34 贞毅将军汝南周法尚，贞毅将军，班五德将军之下。与长沙王叔坚不相能，叔坚谮之于上，云其欲反。上执其兄定州刺史法僧，五代志：永安郡麻城县，陈置定州。其地时已没于周。发兵将击法尚。法尚奔周，周天元以为【章：十二行本"为"下有"开府"二字；乙十一行本同；孔本同；张校同。】仪同大将军、顺州刺史，五代志：汉东郡顺义县，西魏置顺州。上遣将军樊猛济江击之。法尚遣部曲督韩朗诈降于猛，曰："法尚部兵不愿降北，降，户江翻。人皆窃议，欲叛还。还，从宣翻，又音如字。若得军来，自当倒戈。"猛以为然，引兵急趋之。趋，七喻翻，又音如字。法尚阳为畏惧，自保江曲，江曲，江水之曲。战而伪走，伏兵邀之，猛仅以身免，没者几八千人。几，居依翻。

章锡琛标点容肇祖聂崇岐覆校

资治通鉴卷第一百七十四

端明殿学士兼翰林侍读学士朝散大夫右谏议大夫
充集贤殿修撰提举西京嵩山崇福宫上柱国河内郡 司马光 奉敕编集
开国侯食邑一千八百户食实封六百户赐紫金鱼袋臣

后学天台胡三省音注

陈纪八 上章困敦(庚子)，一年。

高宗宣皇帝下之上

太建十二年(庚子、五八〇)

1 春，正月，癸巳，周天元祠太庙。史言周天元既以朝政授其子而犹主祭祀。

2 戊戌，以左卫将军任忠为南豫州刺史，此时南豫州治宣城。任，音壬。督缘江军防事。

3 乙卯，周税入市者人一钱。

4 二月，丁巳，周天元幸露门学，释奠。周露门学，在露门左右塾。古者仲春、仲秋，皆以上丁释奠于先圣、先师。郑玄曰：释奠者，设荐馔酌奠而已。

5 戊午，突厥入贡于周，且迎千金公主。周许以千金公主妻突厥，事始上卷上年。厥，九勿翻。

6 乙丑，周天元改制为天制，敕为天敕。制者，大赏罚、大除授、赦宥、虑囚、慰劳用之；敕者，废置州县、增减官吏、除免官爵、授六品以上官、发兵、施行百官奏请、戒约臣下皆用之；皆宣署申覆而后行。壬午，尊天元皇太后为天元上皇太后，天皇太后为天元圣皇太后。二太后，天元嫡母阿史那氏、所生母李氏也。癸未，诏杨后与三后皆称太皇后，三后，朱后、元后、陈后也。司马后直称皇后。司马后，正阳宫皇后也。

行军总管杞公亮，天元之从祖兄也。天元从祖，宇文泰之兄弟也。从，才用翻。其子西阳公温妻尉迟氏，蜀公迥之孙，尉，纡勿翻。有美色，以宗妇入朝，天元饮之酒，逼而淫之。朝，直遥翻。饮，于禁翻。亮闻之，惧；三月，军还，至豫州，自淮南还军。豫州治汝南。还，音旋，又音如字。密谋袭韦孝宽，并其众，韦孝宽，征南行军元帅。帅，所类翻。推诸父为主，诸父，谓赵王招兄弟。鼓行而西。亮国官茹宽知其谋，诸国公各有国官。茹，姓也。后魏书，普六茹，后改为茹氏。余按太和之时，南齐有茹法亮，盖南国自有茹氏。今茹宽既仕于北国，恐出于普六茹氏。茹，音如。先告孝宽，孝宽潜设备。亮夜将数百骑袭孝宽营，将，即亮翻，又音如字，领也。骑，奇寄翻。不克而走。戊子，孝宽追斩之，温亦坐诛。天元即召其妻入宫，拜长贵妃。长，知两翻。辛卯，立亮弟永昌公椿为杞公。

7 周天元如同州，增候正、前驱、式道候为三百六十重，候正，主候望。前驱，先驱也。式道候，在大驾前。重，直龙翻。自应门至于赤岸泽，郑玄曰：天子五门，皋、库、雉、应、路。诗云：乃立应门，应门将将。赤岸泽，在长安北，同州南，道里盖适中。数十里间，幡旗相蔽，音乐俱作，又令虎贲持钑马上，称警跸。贲，音奔。钑，色立翻，戟也，铤也。警，戒也，戒人以车驾将至也。跸，跸止行人也。乙未，改同州宫为成天宫。庚子，还长安。还，从宣翻，又音如字。诏天台侍卫之官，皆着五色及红、紫、绿衣，以杂色为缘，名曰“品色衣”，着，则略翻。缘，以绢翻。五代志，以锦绮缋绣为缘。有大事，与公服间服之。五代志：后周之制，诸命秩之服曰公服，其馀常服曰私衣。隋、唐以下，有朝服，有公服。朝服曰具服，公服曰从省服。间，古苋翻。壬寅，诏内外命妇皆执笏，后周之制，内外命妇各有命服，未尝执笏也。

其拜宗庙及天台，皆俛伏如男子。俛，音免。

天元将立五皇后，以问小宗伯狄道辛彦之。五代志：狄道县属金城郡。对曰："皇后与天子敌体，不宜有五。"太学博士西城何妥曰："昔帝喾四妃，虞舜二妃。先代之数，何常之有！"博士，秦官。汉置五经博士，即太学博士也。晋武帝立国子学，置博士一人，遂有国子博士、太学博士之分。西城郡时置金州。帝王纪云：帝喾四妃：元妃有邰氏女，曰姜嫄；次妃有娀氏女，曰简狄；次妃陈丰氏女，曰庆都；次妃娵訾氏，曰常义。列女传云：舜二妃，尧之二女，长曰娥皇，次曰女英。史言何妥曲学以阿世，不可以训。喾，苦沃翻。嫄，音原。娵，遵须翻。訾，子斯翻。妥，他果翻。帝大悦，免彦之官。甲辰，诏曰："坤仪比德，土数惟五，四太皇后外，可增置天中太皇后一人。"于是以陈氏为天中太皇后，尉迟妃为天左太皇后。陈氏，山提之女；尉迟氏，宇文温之妻。尉，纡勿翻。又造下帐五，使五皇后各居其一，实宗庙祭器于前，自读祝版而祭之。下帐，山陵中便房所用。此所谓下帐，盖周天元以自所居者为上账，五皇后所居者为下帐也。祝版，所以祝鬼神。又以五辂载妇人，自帅左右步从。按古制有五辂。后周之制，皇帝之辂十有二等，皇后之车十有二等，亦曰辂。下至三妃、三公、三公夫人之辂，皆九，至上媛妇、中大夫孺人，其辂五。天元虽淫侈无道，何至以古之五辂载妇人，其实用媛妇以下所乘五辂耳。五辂，谓玄辂、夏篆、夏缦、墨车、䄃车也。帅，读曰率。从，才用翻。又好倒悬鸡及碎瓦于车上，观其号呼以为乐。好，呼到翻。号，户高翻。乐，音洛。

8 夏，四月，癸亥，尚书左仆射陆缮卒。卒，子恤翻。

9 己巳，周天元祠太庙；己卯，大雩；壬午，幸仲山祈雨；颜师古曰：仲山，即今九嵕山之东仲山是也。括地志：仲山在雍州云阳县西十五里。甲申，还宫，令京城士女于衢巷作乐迎候。还，从宣翻，又音如字。令，力丁翻。

10 五月，癸巳，以尚书右仆射晋安王伯恭为仆射。

11 周杨后性柔婉，不妒忌，四皇后及嫔、御等，咸爱而仰之。嫔，内官九嫔也。嫔，妇也，能行妇道者也。御，侍也，进也，进御于君者也。嫔，毗宾翻。天元昏暴滋甚，喜怒乖度，尝谴后，欲加之罪。后进止详闲，辞色不挠，谴，诘战翻。详，审也，谛也。闲，暇也，习也。挠，曲也，又动乱也。挠，女巧翻，又女教翻。天元大怒，遂赐后死，逼令引诀，汉书多作"引决"，谓引分自裁也。诀，别也。令，力丁翻。后母独孤氏独孤氏，信之女也。诣阁陈谢，叩头流血，然后得免。

后父大前疑坚，位望隆重，天元忌之，尝因忿谓后曰："必族灭尔家！"因召坚，谓左右曰："色动，即杀之。"坚至，神色自若，乃止。内史上大夫郑译，与坚少同学，少，诗照翻。奇坚相表，相，息亮翻。倾心相结。坚既为帝所忌，情不自安，尝在永巷，永巷，宫中长巷。私于译曰：身事不敢昌言之，故曰私。"久愿出藩，公所悉也，出藩，谓出补外藩。悉，谙究也。愿少留意！"少，诗沼翻。译曰："以公德望，天下归心。欲求多福，岂敢忘也！郑译被宠于天元为如何，天元无恙而与杨坚于宫中私言，至及于此，小人倾覆，何可托邪！谨即言之。"

天元将遣译入寇，译请元帅。帅，所类翻。天元曰："卿意如何？"对曰："若定江东，自非懿戚重臣，懿，专久而美也，大也。无以镇抚，可令随公行，以杨爵称之。且为寿阳总管以督军事。"天元从之。己丑，以坚为扬州总管，使译发兵会寿阳。寿阳属南则为豫州，属北则为扬州。将行，会坚暴有足疾，不果行。先无此疾而忽有此疾曰暴。暴，猝暴也。

甲午夜，天元备法驾，幸天兴宫；乙未，不豫而还。还，音旋，又如字。小御正博陵刘昉，素以狡谄得幸于天元，杜佑曰：周御正属天官。御正，中大夫，五命。小御正，下大夫，四命。昉，分罔翻。狡，古巧翻，猾也。与御正中大夫颜之仪并见亲信。天元召昉、之仪入卧内，欲属以后事，天元瘖，不复能言。寝室谓之卧内。

属，之欲翻。瘖，于今翻。复，如字，又扶又翻。昉见静帝幼冲，冲，亦幼也。周成王率称"冲人"、"冲子"。以杨坚后父，有重名，遂与领内史郑译、郑译以内史上大夫领内史。御饰大夫柳裘、周置御饰大夫，掌御饰；其御服又置司服掌之。内史大夫杜陵韦謩、杜陵，汉、晋皆属京兆，后隋并入京兆大兴县，其地在隋、唐长安城南。謩，与谟同。御正下士朝那皇甫绩朝那县，属安定郡。后周下士，二命。谋引坚辅政，坚固辞，不敢当；昉曰："公若为，速为之；不为，昉自为也。"坚乃从之，称受诏居中侍疾。裘，惔之孙也。柳惔，柳元景之从孙，世隆之子，世仕江南。江陵陷，柳氏入关中，遂臣于周。惔，徒甘翻。

是日，帝殂。年二十二。殂，祚乎翻。秘不发丧。昉、译矫诏以坚总知中外兵马事。考异曰：周帝纪："乙未，帝不豫，还宫，诏坚入侍疾。丁未，追五王入朝。己酉，大渐，昉、译矫制以坚受遗辅政。是日，帝崩。"按坚以变起仓猝，故得矫命当国。若自乙未至己酉，凡十五日，事安得不泄！今从隋帝纪。颜之仪知非帝旨，拒而不从。昉等草诏署讫，逼之仪联署，之仪厉声曰："主上升遐，记曲礼：告丧曰天王登假。郑玄曰：登，上也；假，已也。上已者，言若仙去云耳。登，犹升也。假，与遐同，音霞。嗣子冲幼，静帝时年八岁。阿衡之任，商相伊尹辅太甲，称阿衡。孔安国传曰：阿，倚；衡，平。宜在宗英。才过人曰英。宗英，宗室之中其才过人者。方今赵王最长，以亲以德，合膺重寄。赵王，谓赵王招，于静帝诸大父行中，其年最长。长，知两翻。膺，当也。公等备受朝恩，朝，直遥翻。当思尽忠报国，奈何一旦欲以神器假人！老子：天下神器，为者败之，执者失之。注云：大宝之位，是天地神明之器，故不可以力为也。又曰：国之利器，不可以授人。之仪有死而已，不能诬罔先帝。"昉等知不可屈，乃代之仪署而行之。诸卫既受敕，并受坚节度。周自左·右宫伯至左·右羽林、游击，皆诸卫官也。

坚恐诸王在外生变，以千金公主将适突厥为辞，征赵、陈、越、代、滕五王入朝。五王就国，见上卷上年。厥，九勿翻。朝，直遥翻。坚索符玺，符，谓兵符。玺，谓天子六玺。索，山客翻。玺，斯氏翻。颜之仪正色曰："此天子之物，自有主者，宰相何故索之！"索，山客翻。坚大怒，命引出，将杀之；以其民望，出为西边郡守。"西边"，恐当作"西疆"。五代志：临洮郡合川县，后周置，仍立西疆郡。考异曰：北史郑译传，"之仪与宦者谋引大将军宇文仲辅政。仲已至御坐，译知之，遽率开府杨惠及刘昉、皇甫绩、柳裘俱入。仲与之仪见译等，愕然，逡巡欲出，隋文因执之。于是矫诏复以译为内史上大夫。明日，隋文为丞相，拜译柱国府长史。"按之仪若尔，岂复得全！今从之仪传。

丁未，发丧。静帝入居天台，罢正阳宫。置正阳宫见上卷上年。大赦，停洛阳宫作。治洛阳宫见上卷上年二月。庚戌，尊阿史那太后为太皇太后，李太后为太帝太后，静帝祖母也。杨后为皇太后，朱后为帝太后，静帝嫡母、生母也。其陈后、元后、尉迟后并为尼。皆不以德选，以色进者也。尼，女夷翻。以汉王赞为上柱国、右大丞相，赞，静帝叔父也。周人上右。相，息亮翻。尊以虚名，实无所综理。以杨坚为假黄钺、左大丞相，秦王贽为上柱国。百官总己以听于左丞相。孔子曰：君薨，百官总己以听于冢宰三年。朱熹曰：各总摄己职以听也。余谓若此者必有伊、周之臣而后可。

坚初受顾命，顾命始于周成王。孔安国曰：临终之命曰顾命。余谓顾命者，言天子登遐，若回顾而有所言也。陆德明曰：顾，工户翻。使邗国公杨惠邗，音寒，又古寒翻。谓御正下大夫李德林曰："朝廷赐令总文武事，经国任重。今欲与公共事，必不得辞。"德林曰："愿以死奉公。"坚大喜。始，刘昉、郑译议以坚为大冢宰，译自摄大司马，昉又求小冢宰。后周置小冢宰，上大夫也，六命。按尔雅：冢，大也。郑玄曰：冢，大之上也。冢宰之上不宜加小字，故周官止曰小宰。昉，分罔翻。冢，知陇翻。坚私问德林曰："欲何以见处？"处，昌吕翻。德林曰："宜作大丞相、假黄钺、都督中外诸军事，不尔，无以压众心。"如昉、译之言，大冢宰虽六官之长，然犹与诸公等夷。德林所言，则宇文泰所以辅魏者也。不尔，犹言不如此也。相，息亮翻。压，于甲翻。及发丧，即依此行之。以正阳宫为丞相府。

时众情未壹，言周之朝臣未尽归心于坚。坚引司武上士卢贲置左右。贲，扶分翻。将之东宫，正阳宫，本东宫也。百官皆不知所从。坚潜令贲部伍仗卫，仗卫，执仗而宿卫之兵也，卢贲以司武上士统之。杨坚潜令贲，此举为如何？因召公卿，谓曰："欲求富贵者宜相随。"观坚此言，则其夙心可知矣。往往偶语，欲有去就，贲严兵而至，众莫敢动。出崇阳门，崇阳门，周宫城之东门。至东宫，门者拒不纳，贲谕之，不去；瞋目叱之，瞋，昌真翻。门者遂却，坚入。贲遂典丞相府宿卫。卢贲遂为杨坚私人矣。贲，辩之弟子也。卢辩，与苏绰共定后周官制者也。以郑译为丞相府长史，长，知两翻。刘昉为司马，李德林为府属，丞相府有掾有属。二人由是怨德林。

内史下大夫勃海高颎按隋书：高颎自云勃海蓨人。颎，古迥翻。明敏有器局，习兵事，多计略，坚欲引之入府，引之入丞相府为官属。遣杨惠谕意。杨惠，坚族子也。坚初秉周政，欲引时才，故率使之谕意。坚既受禅，封观王，改名雄。颎承旨，欣然曰："愿受驱驰。纵令公事不成，颎亦不辞灭族。"乃以为相府司录。司录，总录一府之事。令，力丁翻。相，息亮翻。

时汉王赞居禁中，每与静帝同帐而坐。刘昉饰美妓进赞，妓，渠绮翻，女乐也。赞甚悦之。昉因说赞曰："大王，先帝之弟，时望所归。孺子幼冲，岂堪大事！说，输芮翻。孺子，谓静帝。今先帝初崩，人情尚扰。王且归第，待事宁后，入为天子，此万全计也。"赞年少，少，诗照翻。性识庸下，以为信然，遂从之。

坚革宣帝苛酷之政，更为宽大，删略旧律，作刑书要制，奏而行之；躬履节俭，中外悦之。贾谊曰：寒者利裋褐，饥者甘糟糠；天下之嗷嗷，新主之资也。古之得天下，必先有以得天下之心，虽奸雄挟数用术，不能外此也。更，工衡翻。

坚夜召太史中大夫庾季才，太史掌天文历数。周制：太史中大夫，属春官，五命。问曰："吾以庸虚，庸，言身无所能；虚，言胸中无所有；谦辞也。受兹顾命。天时人事，卿以为何如？"季才曰："天道精微，难可意察。窃以人事卜之，符兆已定。符，谶也，证也，验也。兆，龟坼文也，又人事之兆朕也。季才纵言不可，公岂复得为箕、颍之事乎！"司马贞曰：尧让天下于许由，由遂逃于箕山，洗耳于颍水。复，扶又翻，又音如字。坚默然久之，曰："诚如君言。"独孤夫人亦谓坚曰："大事已然，骑虎之势，必不得下，勉之！"独孤夫人，坚妃也。骑虎而下，必为所噬。

坚以相州总管尉迟迥位望素重，恐有异图，相，息亮翻。尉，纡勿翻。使迥子魏安公惇奉诏书召之会葬。魏安郡公。五代志，武威郡昌松县有后魏魏安郡。注详见后。壬子，以上柱国韦孝宽为相州总管；又以小司徒叱列长乂为相州刺史，叱列，虏复姓，出于拓跋氏西部，后为周之戚里。先令赴邺；孝宽续进。邺，相州总管治所。

陈王纯时镇齐州，纯就国于济南。济南郡，齐州也。坚使门正上士崔彭征之。门正，掌门关启闭之节及出入门者。彭以两骑往止传舍，骑，奇寄翻。传，张恋翻。遣人召纯。纯至，彭请屏左右，密有所道，屏，必郢翻。道，言也。遂执而锁之，因大言曰："陈王有罪，诏征入朝，左右不得辄动！"其从者愕然而去。朝，直遥翻。从，才用翻。彭，楷之孙也。崔楷死职见一百五十一卷梁武帝大通元年。

六月，五王皆至长安。

12 庚申，周复行佛、道二教，周禁二教见一百七十一卷六年。复，扶又翻，又音如字。旧沙门、道士精志者，简令入道。简，分别也。

13 周尉迟迥知丞相坚将不利于帝室，谋举兵讨之。尉，纡勿翻。相，息亮翻。韦孝宽至朝歌，五代志：汲郡卫县，旧曰朝歌。迥遣其大都督贺兰贵周书：贺兰，其先与魏俱起，有纥伏者，为贺兰莫何弗，因以为氏。赍书候韦孝宽。赍，相稽翻。孝宽留贵与语以审之，疑其有变，遂称疾徐行；又使人至相州求医药，密以伺之。伺，相吏翻。孝宽兄子艺，为魏郡守，守，式又翻。迥遣艺迎孝宽，孝宽问迥所为，艺党于迥，不以实对。魏郡守与相州总管府同治邺，职事有联。且迥忠于帝室，宜其党于所事。守，手又翻。孝宽怒，将斩之，艺惧，悉以迥谋语孝宽。语，牛倨翻。孝宽携艺西走，每至亭驿，亭，邮亭也，即置驿之所。尽驱其传马而去，传马，即驿马。传，张恋翻。谓驿司曰：驿司，掌驿之吏。"蜀公将至，宜速具酒食。"尉迟迥封蜀公，故称之。迥寻遣仪同大将军梁子康将数百骑追孝宽，追者至驿，辄逢盛馔，康将，即亮翻，又音如字，领也。骑，奇寄翻。馔，雏皖翻，又雏恋翻，食也。又无马，遂迟留不进。孝宽与艺由是得免。史言韦孝宽机数过人。

坚又令候正破六韩裒诣迥谕旨，破六韩，虏三字姓。谕，譬也，告也，晓也。旨，意向也。裒，薄侯翻。密与总管府长史晋昶等书，姓苑：晋本唐叔虞之后，以国为氏。长，知两翻。昶，丑两翻。令为之备。迥闻之，杀昶及裒，集文武士民，文武，谓总管府及州郡文武官属也。令，力丁翻。登城北楼，令之曰："杨坚藉后父之势，挟幼主以作威福，不臣之迹，暴于行路。令，力定翻。藉，慈夜翻。暴，步卜翻，显示也；又如字，显露也。吾与国舅甥，尉迟迥，宇文泰之甥。任兼将相；先帝处吾于此，将，即亮翻。相，息亮翻。处，昌吕翻。本欲寄以安危。今欲与卿等纠合义勇，纠，渠黝翻。绳三合为纠，言纠合者，义取诸此。以匡国庇民，何如？"众咸从命。迥乃自称大总管，承制置官司。称大总管者，欲以统摄诸州。总管署置官司，而隔于权臣，未得以闻于天子，故曰承制。时赵王招入朝，留少子在国，赵王招国于襄国，襄国属相州总管府。朝，直遥翻。少，诗照翻。迥奉以号令。

甲子，坚发关中兵，以韦孝宽为行军元帅，帅，所类翻。郕公梁士彦、乐安公元谐、化政公宇文忻、濮阳公武川宇文述、武乡公崔弘度、清河公杨素、陇西公李询等皆为行军总管，以讨迥。梁士彦，国公。郕，古国名。自元谐以下皆郡公。五代志：北海郡千乘县，旧置乐安郡。地形志：夏州有化政郡。参考五代志，当在夏州岩绿县界。东平郡鄄城县，旧置濮阳郡。述传曰：述，代郡武川人。志，马邑郡善阳县有代郡。上党郡乡县，石勒置武乡郡。五代志：周改冯翊华阴县为武乡郡。清河郡武城县，旧置清河郡，陇西古郡也，后魏领襄武首阳县。乐，音洛。濮，博木翻。弘度，楷之孙；询，穆之兄子也。李穆时为并州刺史。

初，宣帝使计部中大夫杨尚希抚慰山东，后周置计部，盖主计会之簿书，若周官之司书。杜佑曰：计部属天官。至相州，闻宣帝殂，殂，祚乎翻。与尉迟迥发丧。尉，纡勿翻。尚希出，谓左右曰："蜀公哭不哀而视不安，将有他计。吾不去，惧及于难。"难，乃旦翻。遂夜从捷径而遁。捷径者，不由正路，捷出取径直而行。迟明，迟，直利翻，待也。迥觉，追之不及，遂归长安。坚遣尚希督宗兵三千人镇潼关。杨尚希，弘农人。弘农华阴诸杨，自东汉至后魏为名族。魏分东、西，弘农又为兵冲，故杨氏有宗兵。

雍州牧毕剌王贤，雍，于用翻。剌，卢达翻。谥法：愎狠遂过曰剌；又，不思忘爱曰剌；暴慢无亲曰剌。杨坚加贤以恶谥耳。与五王谋杀坚，事洩，洩，与泄同。坚杀贤，并其三子，掩五王之谋不问。坚岂真不问哉？山东有变，内复相图，姑以安反侧耳。以秦王贽为大冢宰，杞公椿为大司徒。庚子，以柱国梁睿为益州总管。睿，御之子也。梁御见一百五十六卷梁武帝中大通六年。

14 周遣汝南公神庆、司卫上士长孙晟汝南，古郡名。晟，丞正翻。送千金公主于突厥。厥，九勿翻。晟，幼之曾孙也。按隋长孙晟传及唐宰相世系表，晟，长孙稚之五世孙。稚，字幼卿，生子裕，子裕生绍远，绍远生览，览生敞，敞生炽，炽生晟，非曾孙也。若书稚字，"幼"下亦阙"卿"字。

又遣建威侯贺若谊建威县侯。五代志：建威县属武都郡。若，人者翻。赂佗钵可汗，可，从刊入声。汗，音寒。且说之以求高绍义。说，输芮翻。佗钵伪与绍义猎于南境，使谊执之。谊，敦之弟也。贺若敦，弼之父也。秋，七月，甲申，绍义至长安，徙之蜀；久之，病死于蜀。

15 周青州总管尉迟勤，迥之弟子也。尉，纡勿翻。初得迥书，表送之，寻亦从迥。迥所统相、卫、黎、洺、贝、赵、冀、瀛、沧，五代志：汲郡，东魏置义州，后周为卫州。黎阳县，后魏黎阳郡，后置黎州。武安郡，后周置洺州。清河郡，后周置贝州。赵郡大陆县，旧曰广阿，置殷州，后改赵州。信都郡，旧置冀州。河间郡河间县，旧置瀛州。勃海郡饶安县，旧置沧州。考异曰：周书迥传又有毛州。按迥灭后，隋高祖始置毛州。迥传误也。勤所统青、齐、胶、光、莒等州五代志：北海郡置青州。齐郡，旧曰齐州。高密郡，旧置胶州。东莱郡，旧置光州。琅邪郡沂水县，旧置南青州，后周改为莒州。皆从之，众数十万。荥州刺史邵公胄，五代志：荥阳郡汜水县，古虎牢也，后魏置东中府，东魏置北豫州，后周置荥州。邵公胄，周宗室也，封邵郡公。申州刺史李惠，五代志：义阳郡，江左置司州，后魏改曰郢州，后周改曰申州。东楚州刺史费也利进，五代志：琅邪郡，后魏置南徐州，梁改为东徐州，东魏改东楚州，陈改安州，后周改泗州。岂史家以旧州名书之邪？费也，虏复姓，盖即费也头种。费，扶沸翻。潼州刺史曹孝远，按五代志，后周亦无潼州，但云下邳郡夏丘县，梁置潼州，后齐改曰睢州，寻废。夏丘、宿豫，相去不远，宿豫日东楚治所，意此时尚有此二州而志逸之也。各据本州，徐州总管司录席毗罗据兖州，五代志：鲁郡瑕丘县，旧置兖州。姓苑：席姓，其先姓籍，避项羽讳，改姓席氏。前东平郡守毕义绪据兰陵，五代志：兰陵县，旧曰承，置兰陵郡。守，式又翻。皆应迥；怀县永桥镇将纥豆陵惠以城降迥。五代志：怀县属河内郡，隋大业初，废入安昌县。安昌本州县。纥豆陵，虏三字姓。魏收官氏志：次南诸姓有纥豆陵氏。将，即亮翻。迥使其所署大将军石逊攻建州，建州刺史宇文弁以州降之。五代志：长平郡，旧曰建州。降，户江翻。又遣西道行台韩长业攻拔潞州，五代志：上党郡，后周置潞州。

执刺史赵威，署城人郭子胜为刺史。纥豆陵惠袭陷钜鹿，钜鹿，古郡也，隋为县，属襄国郡。遂围恒州。五代志：恒山郡，后周置恒州。恒，户登翻。上大将军宇文威攻汴州，五代志：荥阳郡浚仪县，东魏置梁州，后周改曰汴州。汴，皮变翻。莒州刺史乌丸尼等帅青、齐之众围沂州，五代志：琅邪郡，旧置北徐州，后周改曰沂州。帅，读曰率。大将军檀让攻拔曹、亳二州，五代志：济阴郡，后魏置西兖州，后周改曰曹州。谯郡，后魏置南兖州，后周改亳州。亳，旁各翻。屯兵梁郡。梁郡治睢阳。席毗罗众号八万，军于蕃城，攻陷昌虑、下邑。五代志：彭城郡滕县，旧曰蕃，置蕃郡，隋改曰滕。昌虑，汉古县，后魏属兰陵郡。下邑亦汉古县，五代志属梁郡。汉书：蕃，音皮；虑，音庐。李惠自申州攻永州，拔之。五代志：汝南郡城阳县，梁置楚州，东魏置西楚州，后齐曰永州。城阳，前汉侯国，其地在义阳东北。

迥遣使招大左辅、并州刺史李穆，穆锁其使，封上其书。使，疏吏翻。上，时掌翻。穆子士荣，以穆所居天下精兵处，并州用武之地，士健马多，故曰天下精兵处。阴劝穆从迥，穆深拒之。坚使内史大夫柳裘诣穆，为陈利害，为，于伪翻。又使穆子左侍上士浑往布腹心。布腹心者，陈其至诚，非貌言也。穆使浑奉尉斗于坚，曰："愿执威柄以尉安天下。"尉斗，今之熨斗。毛晃曰：火斗，熨器，篆文作"㷉"，从𡰥，从火，从又。"又"，偏旁手字，持"火"，所以申缯也。今文作"尉"，俗加"火"作"熨"。尉，纡胃翻，又纡勿翻。又以十三镮金带遗坚。十三镮金带者，天子之服也。五代志曰：革带，按礼，博二寸。礼图曰：珰缀于革带。阮谌以为有章印则于革带佩之。东观记曰：杨赐拜太常，诏赐自所着革带。故知形制尊卑不别。今博三寸半，加金镂觽、螳蜋钩以相钩带，自大裘至于小朝服皆用之。天子以十三镮金带为异，后周制也。镮，户关翻。遗，于季翻。坚大悦，遣浑诣韦孝宽述穆意。使述穆意，以坚孝宽附己之心。穆兄子崇，为怀州刺史，五代志：河内郡，旧置怀州。初欲应迥；后知穆附坚，慨然太息曰："阖家富贵者数十人，值国有难，竟不能扶倾继绝，复何面目处天地间乎！”难，乃旦翻。复，扶又翻。处，昌吕翻。不得已亦附于坚。迥子谊，为朔州刺史，按五代志：后齐朔州治桑干，隋并入马邑郡善阳县，置总管府。穆执送长安；又遣兵讨郭子胜，擒之。

迥招徐州总管源雄，东郡守于仲文，皆不从。雄，贺之曾孙；仲文，谨之孙也。东郡治白马。源贺本出秃发氏，归魏，改姓源。于谨事宇文有大功。守，手又翻。迥遣宇文胄自石济，宇文威自白马济河，石济在白马西。二道攻仲文，仲文弃郡走还长安，迥杀其妻子。迥遣檀让徇地河南，丞相坚以仲文为河南道行军总管，使诣洛阳发兵讨让，命杨素讨宇文胄。

丁未，周以丞相坚都督中外诸军事。

郧州总管司马消难亦举兵应迥，按五代志：汉东郡唐城县，本梁之下溠城，后魏之灄西县也。后魏立肆州，寻改唐州，后周省均、款、涢、归四州入。如此，则郧州已并省。今有郧州总管，而志逸置总管府之地，此考史之所以难也。春秋郧子之国，杜预谓在江夏云杜县，东南有郧城。章怀太子贤曰：云杜故城在复州沔阳县西北。周盖因古国名置郧州于沔阳也。郧，音云。难，乃旦翻。己酉，周以柱国王谊为行军元帅，以讨消难。帅，所类翻。

广州刺史于颛，仲文之兄也，与总管赵文表不协；诈得心疾，诱文表，手杀之，诱，音酉。因唱言文表与尉迟迥通谋。坚以迥未平，因劳勉之，即拜吴州总管。按隋书于颛传，颛时为东广州刺史。五代志：江都郡，梁置南兖州，后齐改为东广州，陈复曰南兖，后周改曰吴州。东广州盖因广陵以名州。观此，则此时东广州刺史与吴州总管并治广陵也。“广”上逸“东”字。颛，鱼岂翻。劳，力到翻。

赵僭王招谋杀坚，杨坚亦以赵王招谋杀己而加恶谥。邀坚过其第，过，古禾翻。坚赍酒殽就之。赍，则兮翻。招引入寝室，招子员、贯及妃弟鲁封等皆在左右，佩刀而立，又藏刃于帷席之间，伏壮士于室后。坚左右皆不得从，唯从祖弟开府【章：十二行本"府"下有"仪同"二字；乙十一行本同；孔本同。】大将军弘、大将军元胄坐于户侧。胄，顺之孙也。元顺以伉直得名于孝昌之间。从，才用翻。弘、胄皆有勇力，为坚腹心。酒酣，招以佩刀刺瓜连啖坚，欲因而刺之。酣，户甘翻。刺，七赐翻，又七迹翻。啖，徒敢翻，又徒滥翻。元胄进曰："相府有事，不可久留。"招诃之曰："我与丞相言，汝何为者！"叱之使却。胄瞋目愤气，扣刀入卫。诃，虎何翻。瞋，昌真翻。招赐之酒，曰："吾岂有不善之意邪！卿何猜警如是？"猜，疑也。警，戒也。猜警，言疑而加戒慎也。邪，音耶。招伪吐，将入后阁，胄恐其为变，扶令上坐，如此再三。招伪称喉乾，吐，土故翻，呕也。上，时掌翻。坐，徂卧翻；下同。乾，音干。命胄就厨取饮，胄不动。会滕王逌后至，逌，音由。坚降阶迎之。胄耳语曰：附耳而语。"事势大异，可速去！"坚曰："彼无兵马，何能为！"胄曰："兵马皆彼物，彼若先发，大事去矣。胄不辞死，恐死无益。"坚复入坐。复，扶又翻，又音如字。胄闻室后有被甲声，遽请曰："相府事殷，被，皮义翻。相，息亮翻。殷，众也。公何得如此！"因扶坚下床趋去。招将追之，胄以身蔽户，招不得出；坚及门，胄自后至。招恨不时发，弹指出血。壬子，坚诬招与越野王盛谋反，皆杀之，野，亦恶谥也。及其诸子。赏赐元胄，不可胜计。胜，音升。

周室诸王数欲伺隙杀坚，数，所角翻。伺，相吏翻。坚都督临泾李圆通常保护之，按隋书李圆通传作京兆泾阳人。泾阳县固属京兆。若以为临泾，则属安定。圆通少给使坚家。由是得免。

16 癸丑，周主封其弟衍为叶王，太建五年，六月，周皇孙衍生，武帝建德二年也。太建九年，周封皇子衍为道王，武帝建德之六年也。今静帝又封其弟衍为叶王。李延寿又谓静帝本名衍，改名阐。互有背驰，当考。叶，式涉翻。术为郢王。

17 周豫、荆、襄三州蛮反，豫州，汝南郡；荆州，南郡；襄州，襄阳郡。此蛮即所谓山蛮，自荆、襄至于汝、汉皆有之。攻破郡县。

18 周韦孝宽军至永桥城，诸将请先攻之，孝宽曰："城小而固，若攻而不拔，损我兵威。今破其大军，此何能为！"于是引军壁于武陟。武陟，地名。按五代志，在河内郡修武县界，至隋析置武陟县。将，即亮翻。尉迟迥遣其子魏安公惇帅众十万入武德，军于沁东。魏安县公。五代志：宕渠郡垫江县，后周为魏安县。又，沔阳郡甑山县，梁置梁安郡，西魏改曰魏安郡。注又见前。河内郡安昌县，旧曰州县，置武德郡。尉，于勿翻。惇，都昆翻。帅，读曰率。沁，七鸩翻。会沁水涨，孝宽与迥隔水相持不进。此与迥兵相持耳。

孝宽长史李询密启丞相坚云："梁士彦、宇文忻、崔弘度并受尉迟迥饷金，长，知两翻。相，息亮翻。饷，息亮翻，馈也。军中慅慅，慅，采早翻。慅慅，忧愁不安也。人情大异。"坚深以为忧，与内史上大夫郑译谋代此三人者，后周之制，上大夫，六命。李德林曰："公与诸将，皆国家贵臣，未相服从，今正以挟令之威控御之耳。将，即亮翻。挟令，谓挟天子以令诸将也。前所遣者，疑其乖异，后所遣者，又安知其能尽腹心邪！邪，音耶。又，取金之事，虚实难明，今一旦代之，或惧罪逃逸；若加縻絷，则自郧公以下，莫不惊疑。縻，靡为翻；絷，陟立翻；皆谓系缚也。韦孝宽封郧国公。且临敌易将，此燕、赵之所以败也。燕惠王信谗，用骑劫代乐毅而败于田单。赵惠文王听间，用赵括代廉颇以败于白起。临敌易将之祸也。将，即亮翻。燕，因肩翻。将，即亮翻；下同。如愚所见，但遣公一腹心，明于智略，素为诸将所信服者，速至军所，使观其情伪。纵有异意，必不敢动，动亦能制之矣。"坚大悟，曰："公不发此言，几败大事。"几，居依翻。败，补迈翻。乃命少内史崔仲方往监诸军，为之节度。仲方，猷之子也，以杜佑通典考之，"少内史"当作"小内史"。崔猷见一百六十二卷梁武帝太清三年。仲方有文武才干，与坚少相款密，故欲用之。监，工衔翻。辞以父在山东。又命刘昉、郑译，昉辞以未尝为将，将，即亮翻。译辞以母老。坚不悦。府司录高颎请行，坚喜，遣之。颎受命亟发，亟，纪力翻。遣人辞母而已。自是坚措置军事，皆与李德林谋之，时军书日以百数，德林口授数人，文意百端，不加治点。治，修改也。点，涂点也。不加治点，不加涂改也。治，直之翻。

19 司马消难以郧、随、温、应、土、顺、沔、儇、岳九州及鲁山等八镇来降，五代志：汉东郡，西魏置并州，后改曰随州。安陆郡京山县，旧曰新阳，梁置新州，西魏改曰温州。应山县，梁置应州。汉东郡土山县，梁置土州。顺义县，梁置顺州。沔阳郡，后周置复州，后改沔州。安陆郡吉阳县，后周置澴州。孝昌县，西魏置岳州。鲁山在沔阳郡汉阳县界，临江，齐、梁以来为重镇。“儇”当作“澴”，音户关翻。难，乃旦翻。遣其子【章：十二行本“子”下有“永”字；乙十一行本同；孔本同；张校同。】为质以求援。质，音致。八月，己未，诏以消难为大都督、总督九州八镇诸军事、司空，赐爵随公。庚申，诏镇西将军樊毅进督沔、汉诸军事，沔，即汉也。南豫州刺史任忠帅众趣历阳，超武将军陈慧纪为前军都督，趣南兖州。超武将军，梁置，与宣猛将军同班。任，音壬。帅，读曰率。趣，七喻翻。

20 周益州总管王谦周益州总管府治成都。亦不附丞相坚，起巴、蜀之兵以攻始州。此巴、蜀谓汉巴郡、蜀郡大界。五代志：普安郡，梁置南梁州，后改曰安州，西魏改曰始州。梁睿至汉川，不得进，坚以梁睿代王谦，谦举兵，故睿不得进。汉川，即汉中，隋避讳，改曰汉川。坚即以睿为行军元帅以讨谦。帅，所类翻。

21 戊辰，诏以司马消难为大都督水陆诸军事。庚午，通直散骑常侍淳于陵克临江郡。五代志：历阳郡乌江县，梁置江都郡，后齐改为齐江郡，陈改为临江郡。散，悉亶翻。骑，奇寄翻。

22 梁世宗使中书舍人柳庄奉书入周。丞相坚执庄手曰：“孤昔开府，从役江陵，深蒙梁主殊眷。今主幼时艰，猥蒙顾托。

梁主奕叶委诚朝廷，奕，累也；奕叶，累世也。朝，直遥翻。当相与共保岁寒。”孔子曰：岁寒然后知松柏之后凋。何晏注曰：大寒之岁，众木皆死，然后知松柏不凋伤。平岁众木亦有不死者，故须岁寒而后别之。喻凡人处治世亦自能修整，与君子同，在浊世然后知君子之不苟容。后之言保岁寒者，义取诸此。时诸将竞劝梁主举兵，与尉迟迥连谋，以为进可以尽节将，即亮翻。尉，纡勿翻。周氏，退可以席卷山南。汉、沔之地，在中南、太华诸山之南。卷，读曰捲。梁主疑未决。会庄至，具道坚语，且曰：“昔袁绍、刘表、王凌、诸葛诞，皆一时雄杰，据要地，拥强兵，然功业莫就，祸不旋踵者，良由魏、晋挟天子，保京都，仗大顺以为名故也。袁绍事始六十三卷汉献帝建安四年，终六十四卷十年。刘表事见六十五卷十二年、十三年。王凌事见七十五卷魏邵陵厉公嘉平元年，终三年。诸葛诞事见七十七卷高贵乡公甘露二年、三年。今尉迟迥虽曰旧将，昏耄已甚。将，即亮翻。耄，莫到翻。司马消难、王谦，常人之下者，非有匡合之才。匡合，用管仲相齐桓公九合诸侯、一匡天下事。周朝将相，多为身计，竞效节于杨氏。朝，直遥翻。将，即亮翻。相，息亮翻。以臣料之，迥等终当覆灭，随公必移周祚。祚，福也，禄也，位也。未若保境息民以观其变。”梁主深然之，众议遂止。

高颎至军，为桥于沁水。尉迟惇于上流纵火栰，大曰栰，小曰桴。缚木为栰，置火积薪，于上流放之，欲顺流而下以焚桥。栰，房越翻。颎豫为土狗以御之。盖积土于水中，前锐后广，前高后庳，其状如坐狗，分居上流以碍火栰，使不得下逼桥边也。考异曰：隋书作“木栰”、“木狗”。今从北史。惇布陈二十馀里，陈，读曰阵；下同。麾兵少却，少，诗沼翻。欲待孝宽军半渡而击之；孝宽因其却，鸣鼓齐进。军既渡，颎命焚桥，以绝士卒反顾之心。惇兵大败，单骑走。骑，奇寄翻。孝宽乘胜进，追至邺。

庚午，迥与惇及惇弟西都公佑，西都县公。五代志：西平郡湟水县，旧曰西都。悉将其卒十三万陈于城南，迥别统万人，皆绿巾、锦袄，号“黄龙兵”。将，即亮翻。袄，乌浩翻，袍袄。迥弟勤帅众五万，帅，读曰率。自青州赴迥，以三千骑先至。迥素习军旅，老犹被甲临陈。被，皮义翻。其麾下皆关中人，为之力战，关中人不顾父母妻子，为迥力战，言其得士心。为，于伪翻。孝宽等军不利而却。邺中士民观战者数万人，行军总管宇文忻曰：“事急矣！吾当以诡道破之。”乃先射观者，考异曰：隋书云：“高颎与李询先犯观者。”今从北史。观者皆走，转相腾藉，声如雷霆。人众而嚣，故其声如雷霆。射，食亦翻；下同。藉，慈夜翻。忻乃传呼曰：“贼败矣！”众复振，因其扰而乘之。迥军大败，走保邺城。孝宽纵兵围之，李询及思安伯代人贺娄子干先登。思安县伯。五代志：河池郡河池县，后魏置思安县。魏书官氏志：神元皇帝时，诸部内入者有贺楼氏。盖虏复姓。

崔弘度妹，先适迥子为妻，及邺城破，迥窘迫升楼，窘，巨陨翻。弘度直上龙尾追之。筑道陂陀以上城，其道下附于地，若龙垂尾然，故曰龙尾。上，时掌翻。迥弯弓，将射弘度，弘度脱兜鍪，谓迥曰：“颇相识不？鍪，莫侯翻。不，读曰否。今日各图国事，不得顾私。以亲戚之情，谨遏乱兵，不许侵辱。事势如此，早为身计，何所待也？”迥掷弓于地，骂左丞相极口而自杀。杨坚时为左大丞相。弘度顾其弟弘升曰：“汝可取迥头。”弘升斩之。军士在小城中者，孝宽尽坑之。以其从迥，为之拒战也。勤、惇、佑东走青州，走，音奏，又音如字。未至，开府仪同大将军郭衍追获之。丞相坚以勤初有诚款，以勤初表送迥书也。相，息亮翻。特不之罪。李惠先自缚归罪，李惠自申州举兵应迥，既而知迥事不成，先自归。坚复其官爵。

迥末年衰耄，记，五十始衰；谓精力消耗。八十、九十曰耄。注：耄，惛忘也。耄，莫报翻。复，扶又翻，又音如字。及起兵，以小御正崔达拏为长史。达拏，暹之子也，崔暹见用于高澄。拏，奴加翻。长，知两翻。暹，息廉翻。文士，无筹略，举措多失，凡六十八日而败。

于仲文军至蓼堤，去梁郡七里。九域志：蓼堤，梁孝王筑，至睢阳三百里。按此，则九域志所谓睢阳，非汉旧城之地。蓼，卢鸟翻；或音六，非。檀让拥众数万，仲文以羸师挑战而伪北，羸，伦为翻。挑，徒了翻。让不设备；仲文还击，大破之，生获五千馀人，斩首七百级。还，从宣翻，又音如字。进攻梁郡，梁郡治睢阳。迥守将刘子宽弃城走。将，即亮翻；下同。仲文进击曹州，获迥所署刺史李仲康。檀让以馀众屯成武，仲文袭击，破之，遂拔成武。五代志：济阴郡成武县，时为永昌郡。迥将席毗罗，众十万，屯沛县，五代志：沛县属彭城郡。将，即亮翻。将攻徐州。徐州，彭城郡，沛县在州西北一百四十里。其妻子在金乡，五代志：金乡县属曹州济阴郡。仲文遣人诈为毗罗使者，使，疏吏翻。谓金乡城主徐善净曰："檀让明日午时至金乡，宣蜀公令，赏赐将士。"金乡人皆喜。仲文简精兵，伪建迥旗帜，倍道而进。简，分拣也。帜，昌志翻。善净望见，以为檀让，出迎谒。仲文执之，遂取金乡。诸将多劝屠其城，仲文曰："此城乃毗罗起兵之所，当宽其妻子，其兵自归。如即屠之，彼望绝矣。"众皆称善。于是毗罗恃众来薄官军，薄，迫也。仲文设伏击之，毗罗众大溃，争投洙水死，水为之不流。洙水，详见辩误。为，于伪翻。获檀让，槛送京师；京师，谓长安。斩毗罗，传首。亦传首于长安。

韦孝宽分兵讨关东叛者，悉平之。坚徙相州于安阳，毁邺城及邑居。刘昫曰：杨坚令韦孝宽讨尉迟迥，平之，焚烧邺城，徙其居人，南迁四十五里，以安阳城为相州理所，仍为邺县。隋又改为安阳县。汉、魏郡城在县西北七里，炀帝于邺故都大慈寺置邺县。相，息亮翻。尉，纡勿翻。分相州，置毛州、魏州。五代志：武阳郡，后周置魏州，馆陶县置毛州。颜师古曰：汉武帝时，河北决于馆陶，分为屯氏河。屯，音大门翻。而随室分析州县，误以为毛氏河，乃置毛州，失之甚矣。

梁主闻迥败，谓柳庄曰："若从众人之言，社稷已不守矣！"

丞相坚之初得政也，待黄公刘昉、沛公郑译甚厚，黄，古国名。沛，本县名，以汉高祖初为沛公，故亦为国。昉，分罔翻。赏赐不可胜计，胜，音升。委以心膂，【章：十二行本"膂"下有"言无不从"四字；乙十一行本同；孔本同；张校同。】膂，力举翻。字林：膂，脊骨也。人之一身，思虑之所以运者心，腰背之所以强者膂，故以为喻。朝野倾属，朝，直遥翻。属，之欲翻。称为"黄、沛"。二人皆恃功骄恣，恃其汲引之功也。溺于财利，不亲职务。及辞监军，坚始疏之，恩礼渐薄。监，工衔翻。高颎自军所还，言自邺还。还，音旋，又如字。宠遇日隆。时王谦、司马消难未平，难，乃旦翻。坚忧之，忘寝与食。而昉逸游纵酒，相府事多遗落。遗，失也。落，坠也。相，息亮翻。坚乃以高颎代昉为司马；不忍废译，阴敕官属不得白事于译。敕，戒也。译犹坐听事，听事，丞相府长史听事也。听，读曰厅。无所关预，要会之处为关，又联络也。预，参预也，又干也。惶惧顿首，求解职；坚犹以恩礼慰勉之。

23 癸酉，智武将军鲁广达克周之郭默城。梁置五德将军，智武其一也。郭默城当在今蕲、黄二州界。丙子，淳于陵克佑州城。佑州城地阙。

24 周以汉王赞为太师，申公李穆为太傅，宋王实为大前疑，秦王贽为大右弼，燕公于寔为大左辅。燕，因肩翻。寔，仲文之父也。

25 乙卯，周大赦。【据章校增。】

26 周王谊帅四总管至郧州，司马消难拥其众以鲁山、甑山二镇来降。五代志：甑山县，后周置，属沔阳郡。帅，读曰率。郧，音云。难，乃旦翻。甑，子孕翻。降，户江翻。

初，消难遣上开府仪同大将军段珣将兵围顺州，将，即亮翻，又如字，领也。顺州刺史周法尚不能拒，弃城走，消难虏其母弟而南。樊毅救消难，不及，周亳州总管元景山击之，毅掠居民而去。景山与南徐州刺史宇文弼追之，按隋书宇文弼传，弼时为南司州刺史，与元景山共追樊毅。又五代志：安陆郡吉阳县，梁置义阳郡，西魏改为南司州。其地近澴、顺诸州。"南徐"当作"南司"。弼，古弼字。与毅战于漳口，此漳非左传所谓江、汉、沮、漳之漳。今安陆西五十里有漳水。沈括笔谈曰：清浊相糅者为漳。章，文也。别有云梦之漳，与涢合流，色理如螮蝀，数十里方混。一日三战三捷。毅退保甑山镇，城邑为消难所据者，景山皆复取之。

郧州巴蛮多叛，按王谊传，于时北至商、洛，南拒江、淮，东西二千馀里，巴蛮多叛，是则晋、宋以来所谓山蛮也，南朝诸史所谓荆、雍州蛮者也。以其先出于巴种，故谓之巴蛮。共推渠帅兰雒州为主，以附消难。渠，大也。渠帅者，大帅也。帅，所类翻；下氐帅同。王谊遣诸将分讨之，旬月皆平。陈纪、萧摩诃攻广陵，陈纪，即陈慧纪。周吴州总管于颛击破之。颛，鱼岂翻。沙州氐帅杨永安聚众应王谦，大将军乐宁公达奚儒讨之。按隋书达奚长儒传：沙氐杨永安扇动利、兴、武、文、沙、龙等六州以应谦。参考五代志，独不载沙州，盖沙氐所居之地，就置沙州以授其渠帅也。又，长儒袭父庆爵乐安公。志云：北海郡博昌县，旧曰乐安。"宁"当作"安"，"儒"上逸"长"字。杨素破宇文胄于石济，斩之。

27 周以神武公窦毅为大司马，窦毅，即前纥豆陵毅。齐公于智为大司空；九月，以小宗伯竟陵公杨惠为大宗伯。竟陵县公。五代志：沔阳郡竟陵县，旧曰霄城，置竟陵郡；后周废郡，改县曰竟陵。

28 丁亥，周将王延贵帅众援历阳；任忠击破之，生擒延贵。将，即亮翻；下同。帅，读曰率；下同。任，音壬。

29 壬辰，周废皇后司马氏为庶人。以司马后父消难起兵而南叛也。

庚戌，以随世子勇为洛州总管、东京小冢宰，总统旧齐之地。自关以东，河、汾以北，皆旧齐之地。东京小冢宰，此洛州所置六府官也。壬子，以左丞相坚为大丞相，罢左、右丞相之官。

30 冬，十月，甲寅，日有食之。

31 周丞相坚杀陈惑王纯及其子。纯，周五王之一也，故杨坚加之恶谥。

32 周梁睿将步骑二十万讨王谦，骑，奇寄翻。谦分命诸将据险拒守，睿奋击，屡破之，蜀人大骇。谦遣其将达奚惎、高阿那肱、乙弗虔等帅众十万攻利州，五代志：义城郡，后魏立益州，世号小益州；梁曰黎州；西魏复曰益州，又改曰利州。惎，渠记翻。堰江水以灌之。嘉陵江在利州城西。城中战士不过二千，总管昌黎豆卢勣，昼夜拒守，隋书豆卢勣传：勣，昌黎徒河人，本姓慕容，燕北地王精之后也。中山败，归魏，北人谓归义为豆卢，因氏焉。凡四旬，时出奇兵击惎等，破之；会梁睿至，惎等遁去。睿自剑阁入，进逼成都。谦令达奚惎、乙弗虔城守，亲帅精兵五万，背城结陈。睿击之，谦战败，将入城，惎、虔以城降。守，手又翻。帅，读曰率。背，蒲妹翻。陈，读曰阵。降，户江翻。谦将麾下三十骑走新都，新都县，属蜀郡。九域志：新都县在成都北四十五里。将，即亮翻。骑，奇寄翻。走，音奏。新都令王宝执之。戊寅，睿斩谦及高阿那肱，剑南平。蜀地在剑阁之南，故曰剑南。

33 十一月，甲辰，周达奚儒破杨永安，沙州平。“奚”下“儒”上脱“长”字。

34 丁未，周郧襄公韦孝宽卒。谥法：辟地有德曰襄；又，甲胄有劳曰襄。卒，子恤翻。孝宽久在边境，梁武帝中大同元年，韦孝宽镇玉壁。宇文与高氏兵争，倚为蕃扞，有年数矣。屡抗强敌；所经略布置，人初莫之解，解，户买翻，晓也。见其成事，方乃惊服。虽在军中，笃意文史；敦睦宗族，敦，厚也。所得俸禄，俸，扶用翻。不入私室。人以此称之。

35 十二月，庚辰，河东康简王叔献卒。谥法：温柔好乐曰康；一德不懈曰简。

36 癸亥，周诏诸改姓者，宜悉复旧。宇文泰以诸将补九十九姓，见一百六十五卷梁元帝承圣三年。上书十二月庚辰，此书癸亥，自庚辰至癸亥四十四日，“庚辰”必误。按长历，周、陈十二月皆壬子朔，恐是“丙辰”。

37 甲子，周以大丞相坚为相国，总百揆，去都督中外、大冢宰之号，去，羌吕翻。进爵为王，以安陆等二十郡为随国，按隋书帝纪，时以隋州之崇业、郧州之安陆・城阳、温州之宜人、应州之平靖・上明、顺州之淮南、土州之永川、昌州之广昌・安昌、申州之义阳・淮安、息州之新蔡・建安、豫州之汝南・临颍・广宁・初安、蔡州之蔡阳、郢州之汉东二十郡为随国。赞拜不名，备九锡之礼；是时九锡之礼：一，大辂、戎辂各一，玄牡二驷；二，衮冕之服，赤舄副焉；三，轩悬之乐，六佾之舞；四，朱户以居；五，纳陛以登；六，虎贲三百人；七，鈇钺各一；八，彤弓一，彤矢百，卢弓十，卢矢千；九，秬鬯一卣，圭瓒副焉。坚受王爵、十郡而已。

辛未，杀代奰王达、滕闻王逌及其子。既杀二王，亦皆加以恶谥。谥法：不醉而怒曰奰；色取行违曰闻。奰，平秘翻。

壬申，以小冢宰元孝规为大司徒。

38 是岁，周境内有州二百一十一，郡五百八。

章锡琛标点容肇祖聂崇岐覆校

资治通鉴卷第一百七十五

端明殿学士兼翰林侍读学士朝散大夫右谏议大夫充集贤殿修撰提举西京嵩山崇福宫上柱国河内郡开国侯食邑一千八百户食实封六百户赐紫金鱼袋臣司马光奉敕编集

后学天台胡三省音注

陈纪九 起重光赤奋若（辛丑），尽昭阳单阏（癸卯），凡三年。

高宗宣皇帝下之下

太建十三年（辛丑、五八一）

1 春，正月，壬午，以晋安王伯恭为尚书左仆射，吏部尚书袁宪为右仆射。宪，枢之弟也。

2 周改元大定。

3 二月，甲寅，隋王始受相国、百揆、九锡，自初命至是五十一日，乃受。【章：十二行本“锡”下有“之命”二字；乙十一行本同；孔本同；张校同。】建台置官。置百官也。丙辰，诏进王妃独孤氏为王后，世子勇为太子。

开府仪同大将军庾季才，劝隋王宜以今月甲子应天受命。庾季才持正于宇文护擅权之时，而劝进于杨氏革命之日，巫史之学自信其术耳，非胸中真有所见也。太傅李穆、开府仪同大将军卢贲亦劝之。于是周主下诏，逊居别宫。甲子，命兼太傅杞公椿奉册，大宗伯赵煚奉皇帝玺绂，禅位于隋。册，册书也。周制：皇帝八玺，有神玺，有传国玺，皆宝而不用。神玺，明受之於天；传国玺，明受之于运。皇帝负扆，则置神玺于筵前之右，置传国玺于筵前之左。又有六玺：其一，皇帝行玺，封命诸侯及三公用之；其二，皇帝之玺，与诸侯及三公书用之；其三，皇帝信玺，发诸夏之兵用之；其四，天子行玺，封命蕃国之君用之；其五，天子之玺，与蕃国之君书用之；其六，天子信玺，征蕃国之兵用之。六玺皆白玉为之，方一寸五分，高寸，螭虎钮。梁敬帝太平元年，周闵帝受魏禅，五主，二十四年而亡。隋主本袭封随公，故国号曰随。以周、齐不遑宁处，故去"辵"作"隋"，以"辵"训走故也。辵，音绰。哭，俱永翻。玺，斯氏翻。绂，音弗。隋主冠远游冠；远游冠，制似通天冠而前无山述，有展筩横于冠前，皇太子及王者后诸王服之。主冠，古玩翻。受册、玺，改服纱帽、黄袍；纱帽，白纱帽也，名高顶帽。皇帝服绛纱袍。志曰：开皇初，高祖常服乌沙帽。纪云：秋，七月，上始服黄，百寮毕贺。盖以黄为常服。入御临光殿，服衮冕，如元会之仪。元会，正旦大朝会也。文物充庭，群官各入，就位，再拜。上公一人，诣西阶，解剑升贺，降阶，带剑复位而拜。群官在位者又再拜，搢笏三称万岁。大赦，改元开皇。命有司奉册祀于南郊。告天以受命。遣少冢宰元孝矩代太子勇镇洛阳。"少冢宰"，当作"小冢宰"。孝矩名矩，以字行，天赐之孙也；按隋书元孝矩传，祖修义，不言以字行。汝阴王天赐，当魏太和之世，距此时百馀年。当考。女为太子妃。

少内史崔仲方劝隋主除周六官，周定六官事，始一百六十六卷梁敬帝绍泰元年。"少内史"，当作"小内史"。依汉、魏之旧，从之。置三师、三公及尚书、门下、内史、秘书、内侍五省，隋志：三师不主事，不置府僚，盖与天子坐而论道者也。三公参议国之大事，依后齐置府僚，无其人则阙。祭祀则太尉亚献，司徒奉俎，司空行扫除；其位多旷，皆摄行事；寻省府及僚佐。置公，则坐於尚书都省。朝之众务，总归于台阁。尚书省事无不总，置令、左·右仆射各一人，总吏部、礼部、兵部、都官、度支、工部六曹事。属官左·右丞各一人，都事八人，分司管辖。六曹尚书，分统三十六侍郎，各司曹务，直宿禁省，如汉之制。门下省置纳言、给事黄门侍郎、散骑常侍·侍郎·通直·员外、谏议大夫等官。内史省置监、令、侍郎、舍人等官。秘书省置监、丞、郎等官，领著作、太史二曹。内史省即中书省，避武元讳，改曰内史。门下、内史二省，主出纳、朝直、代言，犹有职事。秘书省较优闲。内侍省则皆宦官也。御史、都水二台，御史台置大夫、治书侍御史、侍御史、殿内侍御史、监察御史等官。都水台置使者及丞、参军、河堤谒者，又领掌船局及诸津都水尉、津尉、丞、长等官。太常等十一寺，太常、光禄、卫尉、宗正、太仆、大理、鸿胪、司农、太府九寺，并置卿、少卿、丞、主簿、录事等员。国子寺置祭酒，属官有主簿、录事、国子·太学·四门·书等学，各置博士、助教。将作寺置大匠、丞、主簿、录事，统左、右校署令。左右卫等十二府，左·右卫、左·右武卫、左·右武候、左·右领左右、左·右监门、左·右领军，各置大将军、将军、长史、司马、录事、功·仓·兵·骑等曹参军、法曹·铠曹行参军、行参军等员。以分司统职。又置上柱国至都督十一等勋官，以酬勤劳；隋采后周之制，置上柱国、柱国、上大将军、大将军、上开府仪同三司、开府仪同三司、上仪同三司、仪同三司、大都督、帅都督、都督，总十一等。特进至朝散大夫七等散官，特进、左·右光禄大夫、金紫光禄大夫、银青光禄大夫、朝议大夫、朝散大夫，总七等。朝，直遥翻。散，悉亶翻。以加文武官之有德声者。改侍中为纳言。以考讳忠，故改侍中为纳言。以相国司马高颎为尚书左仆射，兼纳言，颎，古迥翻。射，音夜。相国司录京兆虞庆则为内史监，兼吏部尚书，相国内郎李德林为内史令。相，息亮翻。相国内郎，相国府从事中郎，避讳改为内郎。

乙丑，追尊皇考为武元皇帝，皇考，周随国桓公杨忠。庙号太祖；皇妣吕氏为元明皇后。丙寅，修庙社。时自高祖以下置四亲庙，同殿异室而已，无受命之祧。社稷并列于含光门内之右。立王后独孤为皇后，“独孤”之下逸“氏”字。【章：十二行本正有“氏”字；乙十一行本同；孔本同。】王太子勇为皇太子。丁卯，以太尉【章：十二行本作“大将军”三字；乙十一行本同；孔本同；张校同。】赵煚为尚书右仆射。己巳，封周静帝为介公。煚，居永翻。周主虽禅，死乃有谥，通鉴先以谥书之。介，古国名。周氏诸王皆降爵为公。

初，刘、郑矫诏以隋主辅政，刘、郑，刘昉、郑译也。矫诏事见上卷上年。杨后虽不预谋，然以嗣子幼冲，恐权在他族，闻之，甚喜。后知其父有异图，意颇不平，形于言色，及禅位，愤惋逾甚。嗣，祥吏翻。惋，乌贯翻。隋主内甚愧之，改封乐平公主，乐平郡公主。五代志：太原郡乐平县，旧置乐平郡。乐，音洛。久之，欲夺其志；公主誓不许，乃止。

隋主与周载下大夫北平荣建绪有旧，"载"下逸"师"字。后周置载师之官，属地官，有中大夫，有下大夫。北平郡，治卢龙。荣姓出周荣公。庄子有荣启期。隋主将受禅，建绪为息州刺史；五代志：汝南郡新息县，后魏置东豫州，梁改西豫州，又改淮州，东魏复曰东豫州，后周改曰息州。将之官，隋主谓曰："且踌躇，踌，直由翻。躇，陈如翻。踌躇，住足也。当共取富贵。"建绪正色曰："明公此旨，非仆所闻。"及即位，来朝，帝谓之曰："卿亦悔不？"朝，直遥翻。不，读曰否。建绪稽首曰："臣位非徐广，情类杨彪。"稽，音启。徐广事见一百一十九卷宋高祖永初元年。杨彪事见六十九卷魏文帝黄初二年。帝怒曰："朕虽不晓书语，亦知卿此言不逊！"

上柱国窦毅之女，闻隋受禅，自投堂下，抚膺太息曰："恨我不为男子，救舅氏之患！"抚，与拊同，拍也。膺，胸也。太息，愤而舒气长也。毅及襄阳公主掩其口曰："汝勿妄言，灭吾族！"毅由是奇之。及长，以适唐公李渊。渊，昞之子也。昞，周柱国李虎之子。李渊始见于此。长，知两翻。昞，音丙。

虞庆则劝隋主尽灭宇文氏，高颎、杨惠亦依违从之，依违者，不敢言其不可，而心不以为可。李德林固争，以为不可，隋主作色曰："君书生，不足与议此！"于是周太祖孙谯公乾恽、冀公绚，恽，于粉翻。绚，许县翻。闵帝子纪公湜，湜，常职翻。明帝子酆公贞、宋公实，高祖子汉公赞、秦公贽、曹公允、道公充、蔡公兑、荆公元，宣帝子莱公衎、郢公术皆死。通鉴书宣帝子衍始终备，但目录书大成元年立太子衍，亦自背驰。德林由此品位不进。

4 乙亥，上耕藉田。藉，在亦翻。

5 隋主封其弟邵公慧为滕王，安公爽为卫王，邵、安皆以州为封国。子雁门公广为晋王，俊为秦王，秀为越王，谅为汉王。

6 隋主赐李穆诏曰："公既旧德，且又父党。李穆与隋主之父忠比肩事周，皆为功臣。敬惠来旨，义无有违。谓穆劝之受命也。即以今月十三日恭膺天命。"孔安国曰：膺，当也。俄而穆入朝，自并州入朝。朝，直遥翻。帝以穆为太师，赞拜不名；子孙虽在襁褓，襁，居两翻，负儿衣。褓，博抱翻，抱儿衣。悉拜仪同，一门执象笏者百馀人，隋志曰：按礼：笏，诸侯以象，凡有指画于君前用笏，受命书于笏。笏，毕用也。五经要义曰：所以记事，防忽忘。礼图云：度二尺有六寸，中博二寸，其杀六分去一。晋、宋以来，谓之手板，此乃不经，今还谓之笏，以法古名。自西魏以降，五品以上，通用象牙，六品已下，兼用竹木。笏，呼骨翻。贵盛无比。又以上柱国窦炽为太傅，幽州总管于翼为太尉。李穆上表乞骸骨，人臣致身以事君，身非己有，故求闲者自言乞骸骨。上，时掌翻。诏曰："吕尚以期颐佐周，记：百年曰期颐。吕尚遇文王，年八十矣，佐文王以及武王，则是期颐之年也。张苍以华皓相汉，华皓，谓白首也。张苍免相后，口中无齿，食乳，年百馀岁乃卒。高才命世，不拘常礼。"仍以穆年耆，敕蠲朝集，蠲，免也。朝集，犹言朝会也。朝，直遥翻。有大事，就第询访。用古人"欲有谋焉则就之"之意。隋主姑以是恩李穆耳，非欲与之大有为也。

美阳公苏威，美阳，古县名，汉、晋属扶风，五代志不见，盖已省废，姑以古县名封爵之耳。绰之子也，苏绰佐宇文泰以兴周。少有令名，周晋公护强以女妻之。少，诗照翻。强，其两翻。妻，七细翻。威见护专权，恐祸及己，屏居山寺，以讽读为娱。屏，必郢翻。周高祖闻其贤，除车骑大将军、仪同三司，骑，奇寄翻。又除稍伯下大夫，稍，所教翻。皆辞疾不拜；宣帝就除开府仪同大将军。隋主为丞相，高颎荐之，隋主召见，与语，大悦；居月馀，闻将受禅，遁归田里。观苏威之初，其立身何可议哉！至于末节，展转于宇文化及、李密、王世充之朝，何其可鄙也！君子是以知令终之难。颎请追之，追者，寻其后而召之。隋主曰："此不欲预吾事耳，置之。"及受禅，征拜太子少保，追封其父为邳公，邳亦以州名为公国。少，始照翻。以威袭爵。

7 丁丑，隋以晋王广为并州总管。三月，戊子，以上开府仪同三司贺若弼为吴州总管，镇广陵；考异曰：隋书帝纪云"楚州"，今从弼传。和州刺史河南韩擒虎为庐州总管，镇庐江。广陵为吴州，仍周旧也。历阳为和州，仍齐旧也。隋书：韩擒虎，河东垣人。"河南"当作"河东"。五代志：庐江郡，梁置南豫州，又改合州，开皇初改庐州。盖梁之南豫、合州，皆治合肥，合州因合肥而名也。庐江在合肥东五十里，既徙治庐江，故以庐名州。若，人者翻。隋主有并吞江南之志，问将帅于高颎，将，即亮翻。帅，所类翻。颎荐弼与擒虎，故置于南边，使潜为经略。

戊戌，以太子少保苏威兼纳言、度支尚书。度支尚书，统度支、户部、金部、仓部。度，徒洛翻。

初，苏绰在西魏，以国用不足，制征税法颇重，后周太祖作相，置载师，掌任土之法，辨夫家田里之数，会六畜车乘之稽，审赋役敛弛之节，制畿疆修广之域，颁施惠之要，审牧产之政。司均，掌田里之政令，凡人口十已上，宅五亩；口九已上，宅四亩；口五已下，宅三亩。有室者田百四十亩，丁者田百亩。司赋，掌功赋之政令，凡人自十八以至六十有四与轻癃者皆赋之。其赋之法，有室者岁不过绢一匹，绵八两，粟五斛；丁者半之。其非桑土，有室者布一匹，麻十斤；丁者又半之。丰年则全赋，中年半之，下年一之，皆以时征焉。若艰荒凶札，则不征其赋。又有市门之税。自今观之，亦不为重矣，而苏绰犹望后之人弛之，可谓有志于民矣。既而叹曰："今所为者，譬如张弓，非平世法也。后之君子，谁能弛之！"威闻其言，每以为己任。至是，奏减赋役，务从轻简，隋主悉从之，苏威为度支尚书，居可言可行之地。渐见亲重，与高颎参掌朝政。朝，直遥翻。帝尝怒一人，将杀之；威入阁进谏，帝不纳，将自出斩之，威当帝前不去；帝避之而出，威又遮止。帝拂衣而入，良久，乃召威谢曰：“公能若是，吾无忧矣。”赐马二匹，钱十馀万，寻复兼大理卿、京兆尹、御史大夫，本官悉如故。

治书侍御史安定梁毗，以威兼领五职，汉宣帝幸宣室，斋居决事，令侍御史二人治书侍侧，魏、晋因别置治书侍御史。安定郡，泾州。五职，纳言、度支尚书、大理卿、京兆尹、御史大夫也。治，平声。安繁恋剧，无举贤自代之心，抗表劾威，劾，户慨翻，又户得翻。帝曰：“苏威朝夕孜孜，孜孜，不怠也。志存远大，何遽迫之！”因谓朝臣曰：“苏威不值我，无以措其言；我不得苏威，何以行其道。杨素才辩无双，至于斟酌古今，助我宣化，非威之匹也。匹，偶也。威若逢乱世，南山四皓，岂易屈哉！”四皓，东园公、绮里季、夏黄公、角里先生，遭秦之乱，隐于商山，须眉皓白，故曰四皓。商山在长安南，故曰南山。隋主以苏威隐遁于周世，故云然。易，以豉翻。威尝言于帝曰：“臣先人每戒臣云：先人，谓威父绰。‘只读孝经一卷，足以立身治国，何用多为！’”帝深然之。治，直之翻；下同。

高颎深避权势，上表逊位，上，时掌翻。让于苏威，帝欲成其美，成其让贤之美。听解仆射。数日，帝曰：“苏威高蹈前朝，前朝，谓周朝。高蹈，谓其隐遁不仕。蹈，践也，履也；高蹈，言践履之高。朝，直遥翻。颎能推举。吾闻进贤受上赏，汉武帝诏曰：进贤受上赏，蔽贤蒙显戮，古之道也。宁可使之去官！”命颎复位。颎、威同心协赞，政刑大小，帝无不与之谋议，然后行之。故革命数年，天下称平。

太子左庶子卢贲，以颎、威执政，心甚不平，时柱国刘昉亦被疏忌。贲因讽昉及上柱国元谐、李询、华州刺史张宾等谋黜颎、威，五代志：京兆郡郑县，后魏置东雍州，并华山郡，西魏改曰华州。昉，甫两翻。被，皮义翻。华，户化翻。五人相与辅政。又以晋王广有宠于帝，私谓太子曰："贲欲数谒殿下，数，所角翻。恐为上所谴，愿察区区之心。"谋泄，帝穷治其事，治，直之翻。昉等委罪于宾、贲。公卿奏二人当死，帝以故旧，不忍诛，并除名为民。二人皆翼戴隋主于潜跃者也。张宾，道士也。隋主作辅，宾自言洞晓星历，盛言有代谢之征，且言上仪表非人臣之相，由是大被知遇，常在幕府。

8 庚子，隋诏前代品爵，皆依旧不降。此普谓中外官也。

9 丁未，梁主遣其弟太宰岩入贺于隋。贺受命也。

10 夏，四月，辛巳，隋大赦。戊戌，悉放太常散乐为民，仍禁杂戏。后齐之季有散乐，周天元即位，悉征诣长安，隶太常。隋今放之。

11 散骑常侍韦鼎、兼通直散骑常侍王瑳聘于周。散，悉亶翻。骑，奇寄翻。瑳，七何翻，又七可翻。辛丑，至长安，隋已受禅，隋主致之介国。说文：致，送诣也。周主时封介公。

12 隋主召汾州刺史韦冲为兼散骑常侍。五代志：文城郡，东魏置南汾州，后周改为汾州。散，悉亶翻。时发稽胡筑长城，按隋纪，时修筑长城，二旬而罢。汾州胡千馀人，在涂亡叛。帝召冲问计，对曰："夷狄之性，易为反覆，易，以豉翻。皆由牧宰不称之所致。称，尺证翻。臣请以理绥静，可不劳兵而定。"帝然之，命冲绥怀叛者，月馀皆至，并赴长城之役。冲，敻之子也。韦敻见一百六十七卷周高祖永定三年。

13 五月，戊午，隋封邘公雄为广平王，按隋书，此即邘公惠也，改名雄，开皇中，改封清漳王，仁寿初，改封安德王。大业中，从征吐谷浑还，进封观王，薨，谥曰德，后所谓观德王雄者是也。"邘"当作"邗"，音寒。【章：乙十一行本正作"邗"；孔本同。】永康公弘为河间王。永康县公也。五代志：清化郡永穆县，梁置，曰永康。雄，高祖之族子也。

14 隋主潜害周静帝而为之举哀，为，于伪翻。葬于恭陵；以其族人洛为嗣。

15 六月，癸未，隋诏郊庙冕服必依礼经。隋制：冕服采用东齐之法，乘舆衮冕，垂白珠十有二旒，以组为缨，色如其绶。黈纩充耳。玉笄。玄衣，纁裳。衣，山龙、华虫、火、宗、彝五章；裳，藻、粉米、黼、黻四章。衣重宗彝，裳重黼黻，为十二等。衣，褾领，织成升龙；白纱内单；黼领青褾襈裾。革带，玉钩鰈。大带，素带，朱里，纰其外，上以朱，下以绿。韨随裳色，龙、火、山三章。鹿卢玉具剑，火珠镖首，白玉双佩，玄组。双大绶，六采，玄、黄、青、白、缥、绿，纯玄质，长二丈四尺，五百首，广一尺。小双绶，长二尺六寸，色同大绶，而首半之，间施三玉环。朱袜，赤舄，舄加金饰。凡绶，先合单纺为一丝，丝四为一扶，扶五为一首，首五成一文。褾，波小翻。襈，雏免翻。鰈，丑例翻，又敕列翻。纰，音卑，缘也。镖，纰招翻；说文，刀削末铜也。缥，匹沼翻。纺，甫罔翻。其朝会之服、旗帜、牺牲皆尚赤，隋自以为得火德，故尚赤色。朝，直遥翻；下同。帜，昌志翻。戎服以黄，【章：十二行本“黄”下有“在外”二字；乙十一行本同；孔本同；张校同。】常服通用杂色。秋，七月，乙卯，隋主始服黄，百僚毕贺。於是百官常服，同于庶人，皆着黄袍；着，则略翻。隋主朝服亦如之，唯以十三环带为异。

16 八月，壬午，隋废东京官。周徙相州六府于东京，事见一百七十三卷太建十一年。

17 吐谷浑寇凉州，凉州，武威郡。吐，从暾入声。谷，音浴。隋主遣行军元帅乐安公元谐等步骑数万击之。谐击破吐谷浑于丰利山，丰利山在青海东。帅，所类翻。骑，奇寄翻。又败其太子可博汗於青海，青海在吐谷浑国都伏俟城之东十五里，周回千馀里，中有小山，唐时谓之龙驹岛。败，补迈翻。可，从刊入声。汗，音寒。俘斩万计。吐谷浑震骇，其王侯三十人各帅所部来降。吐谷浑可汗夸吕帅亲兵远遁。帅，读曰率。降，户江翻；下同。隋主以其高宁王移兹裒为河南王，裒，薄侯翻。使统降众。以元谐为宁州刺史，五代志：北地郡，后魏置豳州，西魏改为宁州。留行军总管贺娄子干镇凉州。

18 九月，庚午，将军周罗睺攻隋故墅，拔之。“故墅”，当作“胡墅”。胡墅在大江北岸，对石头城。睺，音侯。墅，承与翻。萧摩诃攻江北。

19 隋奉车都尉于宣敏汉武帝置三都尉，奉车、驸马、骑也。奉使巴、蜀还，使，疏吏翻。还，音旋，又如字。奏称：“蜀土沃饶，人物殷阜，周德之衰，遂成戎首。谓王谦以益州起兵也。宜树建藩屏，封殖子孙。”屏，必郢翻。隋主善之。辛未，以越王秀为益州总管，改封蜀王。为秀在蜀以奢僭得罪张本。宣敏，谨之孙也。于谨，周之功臣。

20 隋【章：十二行本“隋”上有“壬申”二字；乙十一行本同；孔本同；张校同。】以上柱国长孙览、元景山并为行军元帅，长，知两翻。帅，所类翻。发兵入寇；命尚书左仆射高颎节度诸军。

21 初，周、齐所铸钱凡四等，及民间私钱，名品甚众，五代志：齐文宣受禅，改铸常平五铢，重如其文，其钱甚贵，且制造甚精。至乾明、皇建之间，往往私铸。邺中用钱，有赤熟、青熟、细眉、赤生之异。河南所用，有青、薄、铅、锡之别。青、齐、徐、兖、梁、豫州，辈类各殊。武平已后，私铸转甚，或以生铁和铜。至于齐亡，卒不能禁。后周之初，尚用魏钱。及武帝保定元年，乃更铸布泉之钱，以一当五，与五铢并行。时梁、益之境，又杂用古钱交易，河西诸郡，或用西域金银之钱，而官不禁。建德三年，更铸五行大布钱，以一当十，与布泉并行。五年，以布泉渐贱，遂废之。齐平已后，山东犹杂用齐氏旧钱。宣帝大象元年，又铸永通万国钱，以一当千，与五行大布及五铢凡三品并用。轻重不等。隋主患之，更铸五铢钱，背、面、肉、好皆有周郭，钱之文为面，其漫为背，钱体为肉，钱孔为好，外圆周之以规，内方周之以矩，曰周郭。更，工衡翻。肉，而救翻。好，虚到翻。每一千重四斤二两。悉禁古钱及私钱。置样于关；不如样者，没官销毁之。自是钱币始壹，民间便之。

22 隋郑译以上柱国归第，赏赐丰厚。译自以被疏，呼道士醮章祈福，道士有消灾度厄之法，依阴阳五行数术，推人年命，书之如章表之仪，并具贽币烧香陈读，云奏上天曹，请为除厄，谓之上章。夜中于星辰之下，陈设酒果、饼饵、币物，历祀天皇、太一、五星、列宿，为书如上章之仪以奏之，名为醮。被，皮义翻。醮，子肖翻。为婢所告，以为巫蛊，译又与母别居，为宪司所劾，宪司，御史台官。劾，户概翻，又户得翻。由是除名。隋主下诏曰："译若留之于世，在人为不道之臣；戮之于朝，入地为不孝之鬼。有累幽显，无所置之。朝，直遥翻。累，力瑞翻。宜赐以孝经，令其熟读。"仍遣与母共居。

23 初，周法比于齐律，烦而不要，隋主命高颎、郑译及上柱国杨素、率更令裴政等太子率更令，魏、晋之制，主宫殿门户及掌罚事，职如光禄勋、卫尉。隋制，掌伎乐漏刻。率，如字。更，工衡翻。更加修定。政练习典故，达于从政，乃采魏、晋旧律，下至齐、梁，沿革重轻，累世循袭者为沿，中有变更者为革。取其折衷。衷，竹仲翻。时同修者十馀人，凡有疑滞，皆取决于政。于是去前世枭、轘及鞭法，枭者，斩首挂之木上。轘者，车裂于市。梁制有制鞭、法鞭、常鞭，凡三等之差。制鞭，生革廉成；法鞭，生革去廉；常鞭，熟靼不去廉；皆作鹤头。纽长一尺一寸，梢长二尺七寸，广三寸，靶长二尺五寸。去，羌吕翻。枭，古尧翻。轘，户关翻，又户惯翻。自非谋叛以上，无收族之罪。始制死刑二，绞、斩；流刑三，自二千里至三千里；按隋志：流刑三，有千里、千五百里、二千里。应配者，一千里，居作二年；一千五百里，居作二年半；二千里，居作三年。应住居作者，三流俱役三年，近流加杖一百，一等加三十。此云自二千里至三千里，不同。徒刑五，自一年至三年；徒刑有一年，有一年半，有二年，有二年半，有三年。杖刑五，自六十至百；笞刑五，自十至五十。又制议、请、减、赎、官当之科以优士大夫。议，即周礼八议之法。请者，凡在八议之科则请之。减者，官品第七已上，犯罪皆例减一等，其品第九已上，犯者听赎。应赎者皆以铜代绢。赎铜一斤为负，负十为殿。笞十者铜一斤，加至杖百则十斤。徒一年，赎铜二十斤，每等则加铜十斤，三年则六十斤矣。流一千里，赎铜八十斤，每等则加铜十斤，二千里则百斤矣。二死皆赎铜百二十斤。犯私罪，以官当徒者，五品已上，一官当徒二年，九品已上，一官当徒一年；当流者，三流同比徒三年。若犯公罪者，徒各加一年，当流者，各加一等。其累徒过九年者，流二千里。孔颖达曰：古之赎罪用铜，汉始改用黄金，但少其斤两，令与铜相敌。后魏以金难得，令金一两收绢十匹。隋复依古赎铜。除前世讯囚酷法，考掠不得过二百；时有司用前世讯囚之法，用大棒、束杖、车辐、鞋底、压踝、杖桄之属。考，击也。掠，音亮，笞也。枷杖大小，咸有程序。民有枉屈，县不为理者，听以次经郡及州；若仍不为理，听诣阙伸诉。枷，居牙翻。为，于伪翻。

冬，十月，戊子，始行新律。诏曰："夫绞以致毙，斩则殊形，夫，音扶。除恶之体，于斯已极。枭首、轘身，义无所取，不益惩肃之理，徒表安忍之怀。忍，残忍也。安忍，安于为残忍之事。鞭之为用，残剥肤体，彻骨侵肌，彻，敕列翻。酷均脔切。虽云往古之式，舜典曰：鞭作官刑。故云往古之式。事乖仁者之刑。枭、轘及鞭，并令去之。贵带砺之书，不当徒罚；令，力丁翻，使也。去，羌吕翻。汉高帝分封功臣，与之剖符作誓曰："使黄河如带，泰山若砺，国以永存，爰及苗裔。"广轩冕之荫，旁及诸亲。服冕乘轩，贵仕也。流役六年，改为五载；载，作亥翻。刑徒五岁，变从三祀。祀，亦年也。其馀以轻代重，化死为生，条目甚多，备于简策。杂格、严科，并宜除削。"自是法制遂定，后世多遵用之。宋朝所行之刑统，旧所传者也。

隋主尝怒一郎，于殿前笞之。谏议大夫刘行本进曰："此人素清，其过又小，愿少宽之。"笞，丑之翻。少，诗沼翻。帝不顾。行本于是正当帝前曰："陛下不以臣不肖，置臣左右，臣言若是，陛下安得不听；若非，当致之于理。"【章：十二行本"理"下有"岂得轻臣而不顾也"八字；乙十一行本同；孔本同；张校同。】言送诣大理寺治其罪。因置笏于地而退。帝敛容谢之，遂原所笞者。行本，璠之兄子也。刘璠自梁入西魏，见一百六十四卷梁元帝承圣元年。笞，丑之翻。璠，音烦，又扶元翻。

独孤皇后，家世贵盛后父独孤信，仕西魏以及周，列于元功。后姊为周明帝后，女为周宣帝后。而能谦恭，雅好读书，好，呼到翻。言事多与隋主意合，帝甚宠惮之，宫中称为“二圣”。帝每临朝，朝，直遥翻；下同。后辄与帝方辇而进，方辇，并两辇也。至阁乃止。使宦官伺帝，政有所失，随即匡谏。伺，相吏翻。候帝退朝，同反燕寝。朝，直遥翻。燕寝，燕居之寝。有司奏称：“周礼百官之妻，命于王后，请依古制。”后曰：“妇人与政，或从此为渐，不可开其源也。”与，读曰预。大都督崔长仁，后之中外兄弟也，犯法当斩，帝以后故，欲免其罪。后曰：“国家之事，焉可顾私！”焉，于虔翻。长仁竟坐死。后性俭约，帝尝合止利药，泄泻不禁者曰利。合，音阁。须胡粉一两。宫内不用，求之，竟不得。又欲赐柱国刘嵩妻织成衣领，宫内亦无之。

然帝惩周氏之失，不以权任假借外戚，后兄弟不过将军、刺史。帝外家吕氏，济南人，五代志：齐郡历城县，旧置济南郡。济，子礼翻。素微贱，齐亡以来，帝求访，不知所在。齐之未亡，济南之地属齐，不可得而求访，故齐亡始访之。及即位，始求得舅子吕永吉，追赠外祖双周为太尉，封齐郡公，以永吉袭爵。永吉从父道贵，性尤顽骙，从，才用翻。骙，五骇翻，痴也。言词鄙陋，帝厚加供给，而不许接对朝士。朝，直遥翻。拜上仪同三司，出为济南太守；守，式又翻。后郡废，终于家。

24 壬辰，隋主如岐州。隋志：扶风郡，旧置岐州。

岐州刺史安定梁彦光，有惠政，隋主下诏褒美，赐束帛及御伞，伞，与繖同，先旰翻，又苏旱翻，盖也。以厉天下之吏；久之，徙相州刺史。相，悉亮翻；下同。岐俗质厚，彦光以静镇之，奏课连为天下最。奏课，奏计帐及输籍也。及居相，部如岐州法。邺自齐亡，衣冠士人多迁入关，唯工商乐户移实州郭，城外曰郭。释名：郭，廓也；廓落在城外也。风俗险诐，好兴谣讼，诐，彼义翻。好，呼到翻。目彦光为“着帽饧”。饧，饴也。饧软而甘，言彦光为人软美如团饧，特着帽耳。孔颖达曰：凡饴谓之饧，关东之通语也。方言曰：饧谓之张皇，或云滑餹。着，则略翻。饧，徐盈翻。帝闻之，免彦光官。岁馀，拜赵州刺史。五代志：赵郡大陆县，旧曰广阿，置殷州及南钜鹿郡，后改南赵郡，改州为赵州。彦光自请复为相州，帝许之。豪猾闻彦光再来，皆嗤之。嗤，丑之翻，笑也。彦光至，发擿奸伏，擿，他狄翻，发也，动也。有若神明，豪猾潜窜，阖境大治。治，直吏翻。于是招致名儒，每乡立学，亲临策试，褒勤黜怠。及举秀才，祖道于郊，以财物资之。于是风化大变，吏民感悦，无复讼者。史因岐州之政，终言彦光历刺他州事。复，扶又翻。

时又有相州刺史陈留樊叔略，有异政，帝以玺书褒美，班示天下，征拜司农。按樊叔略传，征拜司农卿。玺，斯氏翻。

新丰令房恭懿，新丰县，自汉以来属京兆。政为三辅之最，帝赐以粟帛。雍州诸县令朝谒，雍，于用翻。朝，直遥翻；下同。帝见恭懿，必呼至榻前，咨以治民之术。累迁德州司马。五代志：平原郡，开皇九年置德州。治，直之翻。帝谓诸州朝集使曰：隋志：每元会，诸州悉遣使赴京师朝集，谓之朝集使。使，疏吏翻。“房恭懿志存体国，爱养我民，此乃上天宗庙之所佑。朕若置而不赏，上天宗庙必当责我。卿等宜师范之。”因擢为海州刺史。海州，东海郡。由是州县吏多称职，百姓富庶。樊叔略、房恭懿之被褒擢，非必皆是年事。通鉴因梁彦光事，悉书于此，以见开皇之治，以赏良吏而成。称，尺证翻。

25 十一月，丁卯，隋遣兼散骑侍郎郑㧑来聘。散，悉亶翻。骑，奇寄翻。㧑，许为翻。

26 十二月，庚子，隋主还长安，复郑译官爵。

27 广州刺史马靖，广州，治番禺。得岭表人心，兵甲精练，数有战功。数，所角翻。朝廷疑之，遣吏部侍郎萧引观靖举措，讽令送质，朝，直遥翻。令，力丁翻。质，音致。外托收督赕物，赕，吐滥翻。蛮、蜑所输货物曰赕。一曰：夷人以财赎罪曰赕。引至番禺。番禺，音潘愚。靖即遣子弟入质。

28 是岁，隋主诏境内之民任听出家，仍令计口出钱，营造经像。于是时俗随风而靡，民间佛书，多于六经数十百倍。

29 突厥佗钵可汗病且卒，厥，九勿翻。佗，徒何翻。可，从刊入声。汗，音寒。卒，子恤翻。谓其子庵逻曰："吾兄不立其子，委位于我。事见一百七十一卷太建四年。逻，郎佐翻。隋书突厥传作"庵罗"。我死，汝曹当避大逻便。"大逻便者，木杆之子。杜佑曰：突厥以勇健者为"莫贺弗"，肥粗者为"大罗便"。大罗便，酒器也，似角而粗短，体貌似之，故以为号。此官特贵，唯其子弟为之。及卒，国人将立大逻便。以其母贱，众不服；庵逻实贵，隋书作"庵罗母贵"，当从之。突厥素重之。摄图最后至，谓国人曰："若立庵逻者，我当帅兄弟事之。帅，读曰率。若立大逻便，我必守境，利刃长矛以相待。"摄图长，且雄勇，国人莫敢拒，摄图为小可汗，统东面部落，又逸可汗之子，故长。长，知两翻。竟立庵逻为嗣。大逻便不得立，心不服庵逻，每遣人詈辱之。詈，力智翻。庵逻不能制，因以国让摄图。国中相与议曰："四可汗子，四可汗，谓逸可汗及木杆可汗、褥但可汗、佗钵可汗。摄图最贤。"共迎立之，考异曰：隋突厥传云：木杆在位二十年卒，佗钵在位十年卒。按周传，魏废帝二年，三月，科罗献马，木杆犹未立。建德二年，佗钵献马。然则木杆以承圣二年立，太建四年卒，佗钵以其年立，十三年卒也。号沙钵略可汗，居都斤山。庵逻降居独洛水，称第二可汗。都斤山、独洛水，皆突厥中地名。第二可汗，言其位次沙钵略也。大逻便乃谓沙钵略曰："我与尔俱可汗子，各承父后。尔今极尊，我独无位，何也？"沙钵略患之，以为阿波可汗，还领所部。又沙钵略从父玷厥，居西面，号达头可汗。从，才用翻。玷，丁念翻。厥，九勿翻。诸可汗各统部众，分居四面。沙钵略勇而得众，北方皆畏附之。

隋主既立，待突厥礼薄，突厥大怨。千金公主伤其宗祀覆灭，日夜言于沙钵略，请为周室复雠。周遣千金公主嫁突厥，见上卷十二年。为，于伪翻。沙钵略谓其臣曰："我，周之亲也。今隋主自立而不能制，复何面目见可贺敦乎！"复，扶又翻。突厥之君长称可汗，其妻称可贺敦。乃与故齐营州刺史高宝宁合兵为寇。隋主患之，敕缘边修保障，峻长城，命上柱国武威阴寿镇幽州，京兆尹虞庆则镇并州，屯兵数万以备之。

初，奉车都尉长孙晟送千金公主入突厥，长，知两翻。晟，成正翻。突厥可汗爱其善射，留之竟岁，命诸子弟贵人与之亲友，冀得其射法。沙钵略弟处罗侯，号突利设，尤得众心，为沙钵略所忌，密托心腹阴与晟盟。晟与之游猎，因察山川形势，部众强弱，靡不知之。

及突厥入寇，晟上书曰："今诸夏虽安，上，时掌翻。夏，户雅翻。戎虏尚梗，兴师致讨，未是其时，弃于度外，又相侵扰，此二语明指出当时利病。今人多上书言时事，滕口说耳。故宜密运筹策，有以攘之。此下方是晟献策。玷厥之于摄图，兵强而位下，外名相属，内隙已彰；鼓动其情，必将自战。又，处罗侯者，摄图之弟，奸多势弱，言其心多奸巧而形势甚弱。曲取众心，国人爱之，因为摄图所忌，其心殊不自安，迹示弥缝，实怀疑惧。又，阿波首鼠，介在其间，汉书：首鼠两端。颇畏摄图，受其牵率，左传：牵率老夫。唯强是与，未有定心。今宜远交而近攻，史记范雎说秦王之言。离强而合弱。通使玷厥，说合阿波，使，疏吏翻。说，输芮翻。今人言说合二字，说，音如字；合，音阁。则摄图回兵，自防右地。右地，突厥西面地也。又引处罗，遣连奚、霫，奚，库莫奚。霫，又一种。霫，音习。则摄图分众，还备左方。左方，突厥东面地也。首尾猜嫌，腹心离阻，十数年后，乘衅讨之，衅，许覲翻。必可一举而空其国矣。”帝省表，大悦，省，悉景翻。因召与语。晟复口陈形势，复，扶又翻。手画山川，写其虚实，皆如指掌，帝深嗟异，皆纳用之。遣太仆元晖出伊吾道，诣达头，赐以狼头纛。太仆，太仆卿也。伊吾，即汉伊吾卢之地。突厥之先，狼种也，子孙为君长，牙门建狼头纛，示不忘本也。纛，徒到翻。达头使来，引居沙钵略使上。使，疏吏翻。以晟为车骑将军，出黄龙道，黄龙，即和龙，今黄龙府即其地，时为高宝宁所据。骑，奇寄翻。赍币赐奚、霫、契丹，奚，本曰库莫奚，东部胡之种也。为慕容氏所破，遗落窜匿松漠之间，后稍强盛。霫，匈奴之别种也，居潢水北。契丹之先，与奚同种而异类，并为慕容氏所破，俱窜松漠之间。其后稍大，居黄龙之北数百里。契，欺讫翻，又音吃。赍，则兮翻。遣为乡导，乡，读曰向。得至处罗侯所，深布心腹，诱之内附。诱，音酉。反间既行，间，古苋翻。果相猜贰。

30 始兴王叔陵，太子之次弟也，与太子异母，母曰彭贵人。叔陵为江州刺史，性苛刻狡险。新安王伯固，以善谐谑，有宠于上及太子；谑，虚约翻。叔陵疾之，阴求其过失，欲中之以法。中，竹仲翻。叔陵入为扬州刺史，事务多关涉省阁，省阁，谓中书、尚书二省。执事承意顺旨，即讽上进用之；微致违忤，必抵以大罪，重者至殊死。身首异处为殊死。忤，五故翻。伯固惮之，乃谄求其意。叔陵好发古冢，伯固好射雉，好，呼到翻。射，而亦翻。常相从郊野，大相款狎，因密图不轨。伯固为侍中，每得密语，必告叔陵。

十四年(壬寅、五八二)

1 春，正月，己酉，上不豫，太子与始兴王叔陵、长沙王叔坚并入侍疾。叔陵阴有异志，命典药吏曰：“切药刀甚钝，可砺之！”甲寅，上殂。仓猝之际，叔陵命左右于外取剑。左右弗悟，取朝服木剑以进，朝服带剑，以为仪饰，非求其适用，故为木剑。朝，直遥翻。叔陵怒。怒其不能会己意。叔坚在侧，闻之，疑有变，伺其所为。伺，相吏翻。乙卯，小敛。敛，力赡翻。太子哀哭俯伏。叔陵抽剉药刀斫太子，中项，中，竹仲翻。太子闷绝于地；母柳皇后走来救之，又斫后数下。乳媪吴氏自后掣其肘，媪，乌皓翻。掣，昌列翻。太子乃得起；叔陵持太子衣，太子自奋得免。叔坚手搤叔陵，夺去其刀，仍牵就柱，以其褶袖缚之。搤，於革翻。去，羌吕翻。褶，音习，布褶衣也，今之宽袖。山海经注：魏毌丘俭破高句丽，遣王颀穷追，过沃沮千馀里。彼人言，海中有长臂人，近于海中得布褶衣，两袖各长三丈有馀。则知所谓褶衣，有自来矣。时吴媪已扶太子避贼，叔坚求太子所在，欲受生杀之命。叔陵多力，奋袖得脱，突走出云龙门，驰车还东府，召左右断青溪道，断，音短。赦东城囚以充战士，东城，即东府城。散金帛赏赐；又遣人往新林追所部兵；仍自被甲，着白布帽，被，皮义翻。着，则略翻。登城西门招募百姓；又召诸王将帅，将，即亮翻。帅，所类翻。莫有至者，唯新安王伯固单马赴之，助叔陵指挥。叔陵兵可千人，欲据城自守。

时众军并缘江防守，台内空虚。叔坚白柳后，使太子舍人河内司马申，以太子命召右卫将军萧摩诃入见受敕，见，贤遍翻。帅马步数百趣东府，帅，读曰率；下同。趣，七喻翻；下同。屯城西门。叔陵惶恐，遣记室韦谅送其鼓吹与摩诃，吹，昌瑞翻。谓曰："事捷，必以公为台辅。"摩诃绐报之曰："须王心膂节将自来，方敢从命。"绐，徒亥翻。将，即亮翻。叔陵遣其所亲戴温、谭骐驎诣摩诃，谭，徒含翻。春秋：齐灭谭，子孙以国为氏。驎，离珍翻。摩诃执以送台，斩其首，徇东城。

叔陵自知不济，入内，沈其妃张氏及宠妾七人于井，沈，持林翻。帅步骑数百自小航渡，六朝都建业，航秦淮而渡者非一处，当朱雀门者为大航，当东府门者为小航。骑，奇寄翻；下同。航，户刚翻。欲趣新林，乘舟奔隋。行至白杨路，为台军所邀。伯固见兵至，旋避入巷，叔陵驰骑拔刃追之，伯固复还，叔陵部下多弃甲溃去。摩诃马容陈智深迎刺叔陵僵仆，陈仲华就斩其首，军行，择便于鞍马、躯干壮伟者，乘马居前，以壮军容，谓之马容。刺，七亦翻。伯固为乱兵所杀，自寅至巳乃定。叔陵诸子并赐死，伯固诸子宥为庶人。韦谅及前衡阳内史彭暠、五代志：长沙郡衡山县，旧置衡阳郡。陈为王国，故置内史。暠，古老翻。谘议参军兼记室郑信、典签俞公喜并伏诛。暠，叔陵舅也。信、谅有宠于叔陵，常参谋议。谅，粲之子也。韦粲，梁臣，死于侯景之难。

丁巳，太子即皇帝位，大赦。

2 辛酉，隋置河北道行台于并州，以晋王广为尚书令；并州治晋阳。置西南道行台于益州，以蜀王秀为尚书令。隋主惩周氏孤弱而亡，故使二子分莅方面。以二王年少，少，诗照翻。盛选贞良有才望者为之僚佐；以灵州刺史王韶为并省右仆射，五代志：灵武郡，后魏置灵州。按灵州，汉北地郡富平县地，赫连勃勃之果园。后魏置灵州，取灵武郡名之。注又见前。鸿胪卿赵郡李雄为兵部尚书，五代志：赵郡治平棘。李雄，赵郡高邑人。胪，陵如翻。左武卫将军朔方李彻总晋王府军事，朔方郡，夏州。李彻，朔方岩绿人。兵部尚书元岩为益州总管府长史。王韶、李雄、元岩俱有骨鲠名，李彻前朝旧将，李彻事周，征吐谷浑，平齐、定淮南，皆有功。朝，直遥翻。故用之。

初，李雄家世以学业自通，雄独习骑射。骑，奇寄翻；下同。其兄子旦让之曰："非士大夫之素业也。"雄曰："自古圣贤，文武不备而能成其功业者鲜矣。鲜，息浅翻。雄虽不敏，颇观前志，但不守章句耳。既文且武，兄何病焉！"及将如并省，帝谓雄曰："吾儿更事未多，更，工衡翻。以卿兼文武才，吾无北顾之忧矣。”

二王欲为奢侈非法，韶、岩辄不奉教，或自锁，或排闼切谏。二王甚惮之，每事谘而后行，不敢违法度。帝闻而赏之。隋文帝择人以辅其子，可谓用心矣。而二子皆不克令终，何也？中人已下之性，束缚之虽急，一纵则不可复收也。

又以秦王俊为河南道行台尚书令、洛州刺史，领关东兵。洛州，治洛阳。

3 癸亥，以长沙王叔坚为骠骑将军、开府仪同三司、扬州刺史；骠，匹妙翻。萧摩诃为车骑将军、南徐州刺史，封绥远公，始兴王【章：十二行本“王”下有“叔陵”二字；乙十一行本同；孔本同；张校同。】家金帛累巨万，悉以赐之。以司马申为中书通事舍人。

乙丑，尊皇后为皇太后。时帝病创，创，初良翻；下同。卧承香殿，不能听政。太后居柏梁殿，百司众务，皆决于太后，帝创愈，乃归政焉。

丁卯，封皇弟叔重为始兴王，奉昭烈王祀。叔陵既诛，以叔重奉昭烈王祀。

4 隋元景山出汉口，汉口，汉水入江之口。遣上开府仪同三司邓孝儒将卒四千攻甑山。镇将军陆纶以舟师救之，为孝儒所败；败，补迈翻。涢口、甑山、沌阳守将皆弃城走。汉水记：自汉口入二百里，得涢口，有村；又三百里，得涢城，楚邑也，汉安陆县居之。沌阳在沌水之北。五代志：沔阳郡汉阳县有沌水。涢，音云。沌，柱兖翻。将，即亮翻。戊辰，遣使请和于隋，归其胡墅。去年周罗睺拔胡墅。使，疏吏翻。

5 己巳，立妃沈氏为皇后。辛未，立皇弟叔俨为寻阳王，叔慎为岳阳王，叔达为义阳王，叔熊为巴山王，叔虞为武昌王。宣帝诸子，唯叔达后仕于唐，贵显。

6 隋高颎奏，礼不伐丧；春秋公羊传：襄公十九年，晋士匄帅师侵齐。至谷，闻齐侯卒，乃还。还者何？善辞也。何善尔？大其不伐丧也。二月，己丑，隋主诏颎等班师。

7 三月，己巳，以尚书左仆射晋安王伯恭为湘州刺史，湘州治长沙。永阳王伯智为尚书仆射。

8 夏，四月，庚寅，隋大将军韩僧寿破突厥于鸡头山，鸡头山，泾水所出，在原州平高县西。上柱国李充破突厥於河北山。此山盖在北河之北。

9 丙申，立皇子永康公胤为太子。胤，孙姬之子，沈后养以为子。

10 五月，己未，高宝宁引突厥寇隋平州，五代志：北平郡，旧置平州，治卢龙。突厥悉发五可汗控弦之士四十万入长城。沙钵略可汗，第二可汗，达头可汗，阿波可汗，贪汗可汗，凡五可汗。

11 壬戌，隋任穆公于翼卒。任，古国名。谥法：布德执义曰穆；中情见貌曰穆。任，音壬。卒，子恤翻。

12 甲子，隋更命传国玺曰"受命玺"。更，工衡翻。玺，斯氏翻。

13 六月，甲申，隋遣使来吊。使，疏使翻。

14 乙酉，隋上柱国李光败突厥于马邑。"李光"，当作"李充"。马邑，朔州治所。大业初，改马邑县为善阳县。败，补迈翻；下同。突厥又寇兰州，五代志：金城郡，开皇初，置兰州总管府。凉州总管贺娄子干败之于可洛峐。山无草木曰峐。峐，古哀翻。

15 隋主嫌长安城制度狭小，又宫内多妖异。妖，于骄翻。纳言苏威劝帝迁都，帝以初受命，难之；夜，与威及高颎共议。明旦，通直散骑庾季才奏曰："臣仰观乾象，俯察图记，必有迁都之事。且汉营此城，将八百岁，汉高帝五年徙都长安，岁在己亥，是年岁在壬寅，凡八百四岁。惠帝元年城长安，岁在丁未，距是年七百九十六年。水皆咸卤，不甚宜人。京都地大人众，加以岁久壅底，垫隘秽恶，聚而不泄，则水多咸卤。卤，郎古翻。愿陛下协天人之心，为迁徙之计。"帝愕然，谓颎、威曰："是何神也！"太师李穆亦上表请迁都。帝省表曰："天道聪明，已有征应；上，时掌翻。省，悉景翻。征，证也。太师人望，复抗此请；无不可矣。"复，扶又翻。丙申，诏高颎等创造新都于龙首山。三秦记：龙首山长六十里，首入渭水，尾达樊川，头高二十丈，尾渐下，可六七丈，色赤。旧传有黑龙从南山出饮渭水，其行道因行成迹。以太子左庶子宇文恺有巧思，领营新都副监。晋志：太子庶子四人，职比散骑常侍、中书监·令，隋分置门下坊左庶子二人，典书坊右庶子二人。监者，监领营新都事。思，相吏翻。恺，忻之弟也。

16 秋，七月，辛未，大赦。

17 九月，丙午，设无导大会于太极殿，导，与碍同，释氏书也。舍身及乘舆御服。乘，绳证翻。大赦。

18 丙午，以长沙王叔坚为司空，将军、刺史如故。骠骑将军，扬州刺史。

19 冬，十月，癸酉，隋太子勇屯兵咸阳以备突厥。咸阳在长安西北，隔渭水耳。屯兵于此以备突厥，盖其兵势强盛，欲窥长安，此亦犹汉霸上、棘门、细柳之屯耳。

20 十二月，丙子，隋命新都曰大兴城。

21 乙酉，隋遣沁源公虞庆则屯弘化以备突厥。沁源县公。五代志：上党郡有沁源县，后魏置弘化郡，治合水；开皇六年，置庆州。沁，七鸩翻。

行军总管达奚长儒将兵二千，与突厥沙钵略可汗遇于周槃，据庆则传，长儒别道邀贼，为虏所围，庆则按营不救，则周槃亦当在弘化县界。"长儒"，当作"长孺"。沙钵略有众十馀万，军中大惧。长儒神色慷慨，且战且行，为虏所冲，散而复聚，复，扶又翻。四面抗拒。转斗三日，昼夜凡十四战，五兵咸尽，士卒以拳殴之，殴，乌口翻。手皆骨见，见，贤遍翻。孟子曰："尽信书不如无书。"五兵咸尽，士卒奋拳击虏，以言死斗则可；若虏以全师四面蹙之，安能免乎！史但极笔叙长儒力战之绩耳，观者不以辞害意可也。杀伤万计。虏气稍夺，于是解去。长儒身被五疮，通中者二；被，皮义翻。中，竹仲翻。其战士死【章：十二行本“死”下有“伤”字；乙十一行本同；孔本同。】者什八九。诏以长儒为上柱国，馀勋回授一子。

时柱国冯昱屯乙弗泊，乙弗泊当在鄯州之西。兰州总管叱列长叉守临洮，五代志：后周武帝逐吐谷浑，置洮阳郡，寻立洮州，大业初置临洮郡。洮，土刀翻。上柱国李崇屯幽州，皆为突厥所败。败，补迈翻。于是突厥纵兵自木硖、石门两道入寇，武威、天水、【章：十二行本“水”下有“安定”二字；乙十一行本同；孔本同；张校同。】金城、上郡、弘化、延安，六畜咸尽。木峡、石门两关，皆在弘化郡平高县界。此由虞庆则按营不战，达奚长儒孤军摧衄，故沙钵略纵兵两道而入。然五可汗之兵，东西齐举，西自乙弗泊，东至幽州，尽隋西北二边，无不被寇。若武威至延安，则达头、沙钵略之兵耳。天水、上郡皆古郡，天水则秦州，上郡则敷州也。延安郡，后魏置。东夏州，西魏改为延州。畜，许又翻。

沙钵略更欲南入，达头不从，引兵而去。长孙晟又说沙钵略之子染干说，输芮翻。诈告沙钵略曰：“铁勒等反，欲袭其牙。”铁勒之先本匈奴苗裔，种类最多，自西海之东，依据山谷，往往不绝，至北海之南，虽姓氏不同，总谓之铁勒。沙钵略惧，回兵出塞。

22 隋主既立，待遇梁主，恩礼弥厚。是岁，纳梁主女为晋王妃，按隋书萧后传及萧岿传，初皆云岿女，详考之，则后本岿生。江南风俗，二月生子者不举。后以二月生，故季父岌收而养之。未几，岌夫妻俱死，转养于舅氏张轲家。高祖为晋王选妃于梁，遍占诸女，皆不吉。岿迎后于舅氏，占之曰吉，遂为王妃。又欲以其子瑒尚兰陵公主。瑒，雉杏翻，又音畅。由是罢江陵总管，西魏迁梁主詧于江陵，置助防，曰“防主”，后遂置总管，今罢之。梁主始得专制其国。

长城公上 讳叔宝，字符秀，小字黄奴，宣帝嫡长子也。

至德元年（癸卯、五八三）

1 春，正月，庚子，隋将入新都，大赦。

2 壬寅，大赦，改元。

3 初，上病创，创，初良翻。不能视事，政无大小，皆决于长沙王叔坚，权倾朝廷。叔坚颇骄纵，上由是忌之。都官尚书山阴孔范，山阴，汉古县，属会稽郡。中书舍人施文庆，皆恶叔坚而有宠于上，恶，乌路翻；下同。日夕求其短，日夕，犹言朝夕也。构之于上。上乃即叔坚骠骑将军本号，用三司之仪，出为江州刺史。以祠部尚书江总为吏部尚书。

4 癸卯，立皇子深为始安王。

5 二月，己巳朔，日有食之。

6 癸酉，遣兼散骑常侍贺彻等聘于隋。散，悉亶翻。骑，奇寄翻。

7 突厥寇隋北边。厥，九勿翻。

8 癸巳，葬孝宣皇帝于显宁陵，庙号高宗。

9 右卫将军兼中书通事舍人司马申既掌机密，颇作威福，多所谮毁。能候人主颜色，有忤己者，必以微言谮之；忤，五故翻。附己者，因机进之。是以朝廷内外，皆从风而靡。

上欲用侍中、吏部尚书毛喜为仆射，申恶喜强直，言于上曰："喜，臣之妻兄，高宗时称陛下有酒德，周公戒成王曰："无若殷王受之迷乱，酗于酒德哉！"注云：言纣心迷政乱，以酗酒为德。请逐去宫臣，去，羌吕翻。陛下宁忘之邪？"邪，音耶。上乃止。

上创愈，置酒于后殿以自庆，引吏部尚书江总以下展乐赋诗。展，舒而陈之也。创，初良翻。既醉而命毛喜。于时山陵初毕，喜见之，不怿；欲谏，则上已醉。喜升阶，阳为心疾，仆于阶下，移出省中。上醒，谓江总曰："我悔召毛喜，彼实无疾，但欲阻我欢宴，非我所为耳。"言喜以帝所为为非也。乃与司马申谋曰："此人负气，吾欲乞鄱阳兄弟，听其报雠，可乎？"鄱阳兄弟，世祖诸子也。高宗之篡，杀刘师知、韩子高、到仲举父子以及始兴王伯茂，皆毛喜之谋。后主怒喜，欲以喜乞鄱阳兄弟，听其报雠，於臣为不君，於父为不子。乞，音气，与也。对曰："彼终不为官用，陈之臣子率称其君曰官。愿如圣旨。"中书通事舍人北地傅绛争之传称绛少依萧循，盖循自关中归，绛与之俱南也。绛，作代翻。曰："不然。若许报雠，欲置先皇何地？"上曰："当乞一小郡，勿令见人事耳。"乃以喜为永嘉内史。考异曰：司马申传云："右仆射沈君理卒，朝议以毛喜代之。"按君理卒在太建五年，非后主时。又毛喜传云："时山陵初毕，未及逾年。"按高宗殂过期乃葬，而云未及逾年，恐误也。

10 三月，丙辰，隋迁于新都。考异曰：隋食货志："正月，帝入新宫。"今从帝纪。

初令民二十一成丁，减役者每岁十二番为二十日役，减调绢一匹为二丈。后周之制，民年十八成丁，今增三岁。每岁十二番，则三十日役，今改为二十日役，及调绢减半。调，徒吊翻。周末榷酒坊、盐池、盐井，至是皆罢之。周末，官置酒坊收利，盐池、盐井皆禁百姓采用。池盐，则河东盐池。井盐，则蜀中处处有之。榷，古岳翻。

秘书监牛弘隋书牛弘传：弘，安定鹑觚人，本姓寮氏。父允仕魏，赐姓牛氏。上表，以"典籍屡经丧乱，上，时掌翻。丧，息浪翻。率多散逸。周氏聚书，仅盈万卷。平齐所得，除其重杂，裁益五千。兴集之期，属膺圣世。重，直龙翻。裁，与才同。属，之欲翻。膺，当也。为国之本，莫此为先。岂可使之流落私家，不归王府！必须勸之以天威，引之以微利，则异典必臻，观阁斯积。"汉东观及天禄、石渠等阁，皆藏书之所，故云。观，古玩翻。隋主从之。丁巳，诏购求遗书于天下，每献书一卷，赉缣一匹。赉，洛代翻，赐也，与也。缣，绢也；说文曰：并丝缯。

11 夏，四月，庚午，吐谷浑寇隋临洮。洮州刺史皮子信出战，败死；汶州总管梁远击走之。又寇廓州，州兵击走之。五代志：后周武帝逐吐谷浑，置洮阳郡，寻立洮州。汶山郡，后周置汶州。宋白曰：晋置广阳县于茂州汶山县西北五十里，今不详其处所。后周又立广阳县于石镜山西，六十里至旧广阳，即今县也。又置汶州于此。汶，读曰珉。隋改会州浇河郡，亦周逐吐谷浑以置廓州。

12 壬申，隋以尚书右仆射赵煚兼内史令。煚，古迥翻。

13 突厥数为隋寇。厥，九勿翻。数，所角翻。隋主下诏曰："往者周、齐抗衡，分割诸夏，夏，户雅翻。突厥之虏，俱通二国。周人东虑，恐齐好之深，好，呼到翻。齐氏西虞，惧周交之厚；谓虏意轻重，国遂安危，盖并有大敌之忧，思减一边之防也。朕以为厚敛兆庶，敛，力赡翻。多惠豺狼，未尝感恩，资而为贼。节之以礼，不为虚费，省傜薄赋，国用有馀。因入贼之物，加赐将士；将，即亮翻；下同。息道路之民，务为耕织；清边制胜，成策在心。凶丑愚暗，未知深旨，将大定之日，比战国之时；乘昔世之骄，结今时之恨。近者尽其巢窟，俱犯北边，盖上天所忿，驱就齐斧。齐，读曰斋，言齐戒而授斧钺于将帅。一读曰资，应劭曰：利斧也。诸将今行，义兼含育，有降者纳，降，户江翻。有违者死，使其不敢南望，永服威刑。何用侍子之朝，宁劳渭桥之拜！"匈奴遣子入侍及来朝渭桥，并见汉宣帝纪。朝，直遥翻。

于是命卫王爽等为行军元帅，帅，所类翻。分八道出塞击之。爽督总管李充等四将出朔州道，自马邑出塞也。己卯，与沙钵略可汗遇于白道。白道在长城北，有白道岭、白道溪。李充言于爽曰："突厥狃于骤胜，狃，女久翻。必轻我而无备，以精兵袭之，可破也。"诸将多以为疑，唯长史李彻赞成之，遂与充帅精骑五千掩击突厥，大破之。帅，读曰率。骑，奇寄翻；下并同。沙钵略弃所服金甲，潜草中而遁。其军中无食，粉骨为粮，加以疾疫，死者甚众。

幽州总管阴寿帅步骑十【章：十二行本“十”作“数”；乙十一行本同；孔本同。】万出卢龙塞，击高宝宁。宝宁求救于突厥，突厥方御隋师，不能救。庚辰，宝宁弃城奔碛北，碛，七迹翻。和龙诸县悉平。寿设重赏以购宝宁，又遣人离其腹心；宝宁奔契丹，为其麾下所杀。高宝宁自齐末据和龙，至是败灭。契，欺讫翻，又音契。

14 己丑，郢州城主张子讥遣使请降于隋，郢州治江夏，中流之重镇，今欲降隋，史言陈之边将已离心。使，疏吏翻；下同。降，户江翻。隋主以和好，不纳。好，呼到翻。

15 辛卯，隋主遣兼散骑常侍薛舒、兼【章：十二行本“兼”下有“通直”二字；乙十一行本同；孔本同。】散骑常侍王劭来聘。劭，松年之子也。王松年仕齐，为通直散骑侍郎，人在下中。散，悉亶翻。骑，奇寄翻。

16 癸巳，隋主大雩。隋雩坛在国南十三里启夏门外道左。

17 甲子，【张：“子”作“午”。】突厥遣使入见于隋。见，贤遍翻。

18 隋改度支尚书为民部，度，徒洛翻。都官尚书为刑部。命左仆射判吏、礼、兵三部事，右仆射判民、刑、工三部事。废光禄、卫尉、鸿胪寺及都水台。胪，陵如翻。

19 五月，癸卯，隋行军总管李晃破突厥于摩那度口。

20 乙巳，梁太子琮入朝于隋，贺迁都。朝，直遥翻。

21 辛酉，隋主祀方泽。隋为方丘于宫城之北十四里。

22 隋秦州总管窦荣定帅九总管步骑三万出凉州，帅，读曰率。与突厥阿波可汗相拒于高越原，阿波屡败。荣定，炽之兄子也。厥，九勿翻。可，从刊入声。汗，音寒。窦炽时为太傅。

前上大将军京兆史万岁，坐事配敦煌为戍卒，敦煌郡，瓜州。敦，徒门翻。诣荣定军门，请自效，荣定素闻其名，见而大悦。壬戌，将战，荣定遣人谓突厥曰：“士卒何罪而杀之！但当各遣一壮士决胜负耳。”突厥许诺，因遣一骑挑战。骑，奇寄翻；下同。挑，徒了翻。荣定遣万岁出应之，万岁驰斩其首而还。还，音旋，又如字。突厥大惊，不敢复战，复，扶又翻。遂请盟，引军而去。

长孙晟时在荣定军中为偏将，将，即亮翻。使谓阿波曰："摄图每来，战皆大胜。阿波才入，遽即奔败，此乃突厥之耻也。且摄图之与阿波，兵势本敌。今摄图日胜，为众所崇；阿波不利，为国生辱。摄图必当以罪归阿波，成其宿计，灭北牙矣。阿波建牙在摄图之北。愿自量度，量，音良。度，徒洛翻。能御之乎？"阿波使至，使，疏吏翻；下同。晟又谓之曰："今达头与隋连和，而摄图不能制，可汗何不依附天子，连结达头，相合为强，此万全计也，岂若丧兵负罪，丧，息浪翻。归就摄图，受其戮辱邪！"邪，音耶。阿波然之，遣使随晟入朝。

沙钵略素忌阿波骁悍；朝，直遥翻。骁，坚尧翻。悍，侯旰翻。自白道败归，又闻阿波贰于隋，因先归，袭击北牙，大破之，杀阿波之母。阿波还，无所归，西奔达头。达头大怒，遣阿波帅兵而东，帅，读曰率。其部落归之者将十万骑，遂与沙钵略相攻，屡破之，复得故地，兵势益强。贪汗可汗素睦于阿波，沙钵略夺其众而废之，贪汗亡奔达头。沙钵略从弟地勤察，【张："地勤察"作"地勒察"。】别统部落，与沙钵略有隙，复以众叛归阿波。从，才用翻。复，扶又翻。连兵不已，各遣使诣长安请和求援。隋主皆不许。

23 六月，庚辰，隋行军总管梁远破吐谷浑于尔汗山。吐，从暾入声。谷，音浴。汗，音寒。

24 突厥寇幽州，隋幽州总管广宗壮公李崇帅步骑三千拒之。广宗县公。广宗，汉古县，五代志属清河郡。厥，九勿翻。帅，读曰率。骑，奇寄翻。转战十馀日，师人多死，遂保砂城。突厥围之，城荒颓，不可守御，晓夕力战，又无所食，每夜出掠虏营，得六畜以继军粮，畜，许又翻。突厥畏之，厚为其备，每夜中结陈以待之。陈，读曰阵；下同。崇军苦饥，出辄遇敌，死亡略尽，及明，奔还城者尚百许人，然多重伤，不堪更战。突厥意欲降之，降，户江翻；下同。遣使谓崇曰："若来降者，封为特勤。"特勒，突厥达官。新书：突厥子弟曰特勒。使，疏吏翻。崇知不免，令其士卒曰："崇丧师徒，令，力定翻。丧，息浪翻。罪当万死。今日效命，以谢国家。汝俟吾死，且可降贼，便散走，努力还乡。若见至尊，道崇此意。"乃挺刃突陈，复杀二人，挺，拔也。陈，读曰阵。突厥乱射，杀之。射，而亦翻。秋，七月，【章：十二行本"月"下有"辛丑"二字；乙十一行本同；孔本同；张校同。】以豫州刺史代人周摇为幽州总管。命李崇子敏袭爵。袭爵广宗公。

敏娶乐平公主之女娥英，隋主受禅，周天元后改封乐平公主。诏假一品羽仪，礼如尚帝女。既而将侍宴，公主谓敏曰："我以四海与至尊，唯一婿，当为尔求柱国；为，于伪翻。若馀官，汝慎勿谢。"及进见，见，贤遍翻。帝授以仪同及开府，皆不谢。帝曰："公主有大功于我，我何得于其婿而惜官乎！今授汝柱国。"敏乃拜而蹈舞。

25 八月，丁卯朔，日有食之。考异曰：隋纪作"七月丁卯"，盖历差。

26 长沙王叔坚未之江州，复留为司空，复，扶又翻。实夺之权。

27 壬午，隋遣尚书左仆射高颎出宁州道，内史监虞庆则出原州道，以击突厥。五代志：平凉郡，旧置原州。监，甲暂翻。厥，九勿翻。

28 九月，癸丑，隋大赦。

29 冬，十月，甲戌，隋废河南道行台省，去年二月，隋置河南道行台省。以秦王俊为秦州总管，陇右诸州尽隶焉。秦州天水郡。

30 丁酉，立皇弟叔平为湘东王，叔敖为临贺王，叔宣为阳山王，叔穆为西阳王。

31 戊戌，侍中建昌侯徐陵卒。卒，子恤翻。

32 癸丑，立皇弟叔俭为安南王，叔澄为南郡王，叔兴为沅陵王，叔韶为岳山王，叔纯为新兴王。自湘东以下，皆以郡名疏爵，今著后人之所未能遍知者。五代志：始安郡富川县，旧置临贺郡。熙平郡桂阳县，梁置阳山郡。永安郡黄冈县，置西阳郡。巴陵郡华容县，旧曰安南，置安南郡。沅陵县，置沅陵郡。信安郡新兴县，梁置新兴郡。岳山郡阙。郡县志：巴陵，一名天岳山。岳山盖即巴陵，以封叔韶。沅，音元。

33 十一月，遣散骑常侍周坟、通直散骑常侍袁彦聘于隋。帝闻隋主状貌异人，使彦画像而归。帝见，大骇曰："吾不欲见此人。"亟命屏之。散，悉亶翻。骑，奇寄翻。亟，纪力翻。屏，必郢翻。

34 隋既班律令，前年十月，隋行新律。苏威屡欲更易事条，更，工衡翻；下数更同。内史令李德林曰："修律令时，公何不言？今始颁行，且宜专守，自非大为民害，不可数更。"数，所角翻。

河南道行台兵部尚书杨尚希曰："窃见当今郡县，倍多於古。或地无百里，数县并置；或户不满千，二郡分领。具僚已众，资费日多；吏卒增倍，租调岁减；调，徒吊翻。民少官多，少，诗沼翻；下同。十羊九牧。今存要去上声。闲，并小为大，国家则不亏粟帛，选举则易得贤良。"易，以豉翻。苏威亦请废郡。帝从之。甲午，悉罢诸郡为州。

35 十二月，乙卯，隋遣兼散骑常侍曹令则、通直散骑常侍魏澹来聘。散，悉亶翻。骑，奇寄翻。澹，收之族也。魏收事齐以文名。澹，徒览翻。

36 丙辰，司空长沙王叔坚免。叔坚既失恩，心不自安，乃为厌媚，厌，一琰翻。醮日月以求福。或上书告其事，考异曰：南史云："上阴令人造其厌媚，又令人告之。"今从陈书。帝召叔坚，囚于西省，门下省为东省，中书省为西省。将杀之，令近侍宣敕数之。数，责其罪也。数，所具翻，又所主翻。叔坚对曰："臣之本心，非有他故，但欲求亲媚耳。臣既犯天宪，罪当万死。臣死之日，必见叔陵，愿宣明诏，责之于九泉之下。"帝乃赦之，免官而已。因叔坚之言，始念其拥护之功。此岂少恩而已哉？不明故尔。

37 隋以上柱国窦荣定为右武卫大将军。荣定妻，隋主姊安成公主也。隋主欲以荣定为三公，辞曰："卫、霍、梁、邓，若少自贬损，不至覆宗。"帝乃止。四姓皆汉外戚也。卫氏夷于武帝之末，霍族赤于宣帝之时，桓帝怒而梁宗诛灭，安帝长而邓门衰废，事并见汉纪。少，诗沼翻。

帝以李穆功大，诏曰："法备小人，不防君子。太师申公，自今虽有罪，但非谋逆，纵有百死，终不推问。"

礼部尚书牛弘请立明堂，帝以时事草创，不许。

帝览刑部奏，断狱数犹至万，断，丁乱翻。以为律尚严密，故人多陷罪。又敕苏威、牛弘等更定新律，除死罪八十一条，流罪一百五十四条，徒杖等千馀条，唯定留五百条，凡十二卷。一曰名例，二曰卫禁，三曰职制，四曰户婚，五曰厩库，六曰擅兴，七曰贼盗，八曰斗讼，九曰诈伪，十曰杂律，十一曰捕亡，十二曰断狱。自是刑网简要，疏而不失。仍置律博士弟子员。大理寺之属有律博士八人。

38 隋主以长安仓廪尚虚，是岁，诏西自蒲、陕，东至卫、汴，河东郡，蒲州。恒农郡，陕州。汲郡，卫州。陈留郡，汴州。陕，式冉翻。汴，皮变翻。水次十三州，募丁运米。华、陕、谷、洛、管、汴、汾、晋、蒲、绛、怀、卫、相，凡十三州。又于卫州置黎阳仓，陕州置常平仓，华州置广通仓，五代志：京兆郡郑县，后魏置东雍州，并华山郡，西魏改曰华州。华，户化翻。转相灌输。输，平声。漕关东及汾、晋之粟以给长安。水运曰漕。关东，自函谷关以东州郡。五代志：文城郡，东魏置南汾州，后周改为汾州。晋州临汾郡，旧平阳郡也。漕，在到翻。

时刺史多任武将，类不称职。将，即亮翻；下同。称，尺证翻。治书侍御史柳彧上表曰：治，直之翻。上，时掌翻。“昔汉光武与二十八将，披荆棘，定天下，及功成之后，无所任职。事见汉光武纪。伏见诏书，以上柱国和千子为杞州刺史。五代志：梁郡雍丘县，隋置杞州。千子前任赵州，赵州时治广阿。百姓歌之曰：‘老禾不早杀，今人犹呼割稻为杀稻。馀种秽良田。’种，章勇翻。千子，弓马武用，是其所长；治民莅众，非其所解。治，直之翻。解，户买翻，晓也。如谓优老尚年，尚，尊也，高也。自可厚赐金帛；若令刺举，汉置刺史，掌刺举郡县吏，故云然。所损殊大。”帝善之。千子竟免。

彧见上勤于听受，百僚奏请，多有烦碎，上疏谏曰：“臣闻上古圣帝，莫过唐、虞，不为丛脞，是谓钦明。书：元首丛脞哉。孔安国曰：丛脞，细碎无大略。马云：丛，总也；脞，小也。尧典曰：放勋钦明文思。脞，仓果翻。舜任五臣，孔子曰：舜有臣五人而天下治。孔安国曰：五臣，禹、稷、契、皋陶、伯益。尧咨四岳，孔安国曰：四岳，即羲和之四子，分掌四岳之诸侯。垂拱无为，天下以治。治，直吏翻；下同。所谓劳于求贤，逸于任使。比见陛下留心治道，比，毗至翻。治，直吏翻。无惮疲劳，亦由群官惧罪，不能自决，取判天旨，判，决也。闻奏过多。乃至营造细小之事，出给轻微之物，一日之内，酬答百司。至乃日旰忘食，夜分未寝，旰，古按翻，日晏也。夜分，半夜也。动以文簿忧劳圣躬。伏愿察臣至言，少减烦务，少，诗沼翻。若经国大事，非臣下裁断者，伏愿详决，断，丁乱翻。自馀细务，责成所司；则圣体尽无疆之寿，臣下蒙覆育之赐。”覆，敷救翻。上览而嘉之，因曰：“柳彧直士，国之宝也。”

彧以近世风俗，每正月十五夜，然灯游戏，奏请禁之，上元燃灯，或云以汉祠太一自昏至昼故事，此说非也。梁简文帝有列灯诗，陈后主有光璧殿遥咏山灯诗，则柳彧所谓近世风俗是也。曰：“窃见京邑，爰及外州，每以正月望夜，望夜，月之十五夜也。月旦以日月合，谓之朔，十五夜以日月相望，谓之望。充街塞陌，塞，悉则翻。聚戏朋游，鸣鼓聒天，燎炬照地，竭赀破产，竞此一时。尽室并孥，无问贵贱，男女混杂，缁素不分。秽行因此而成，盗贼由斯而起，观此，则上元游戏之弊，其来久矣。后之当路者，能不惑于世俗，奋然革之，亦所谓豪杰之士也。因循弊风，曾无先觉。无益于化，实损于民，请颁天下，并即禁断。”断，音短。诏从之。

章锡琛标点容肇祖聂崇岐覆校

资治通鉴卷第一百七十六

端明殿学士兼翰林侍读学士朝散大夫右谏议大夫
充集贤殿修撰提举西京嵩山崇福宫上柱国河内郡 司马光 奉敕编集
开国侯食邑一千八百户食实封六百户赐紫金鱼袋臣

后学天台 胡三省 音注

陈纪十 起阏逢执徐（甲辰），尽著雍涒滩（戊申），凡五年。

长城公下

至德二年（甲辰、五八四）

1 春，正月，甲子，日有食之。

2 己巳，隋主享太庙；辛未，祀南郊。

3 壬申，梁主入朝于隋，朝，直遥翻；下同。服通天冠、绛纱袍，北面受郊劳。及入见于大兴殿，隋主服通天冠、绛纱袍，梁主服远游冠、朝服，君臣并拜。通天冠、绛纱袍，天子之服也；服天子之服，北面以受郊劳，示臣服于隋而未至纯于臣也。远游冠、朝服，诸王见天子之服也；入见大兴殿，纯于臣矣。大兴殿，隋新都正殿也，唐为西内太极殿。远游，三梁冠，黑介帻。朝服，绛纱单衣，白纱内单，皂领、袖，皂襈，革带，钩鰈，假带，方心；绛纱蔽膝，袜，舄，绶，剑佩。君臣并拜，非礼也。劳，力到翻。见，贤遍翻。襈，雏免翻。鰈，丑例翻，又敕列翻。赐缣万匹，珍玩称是。称是，言其直与万缣称也。称，尺证翻。

4 隋前华州刺史张宾、华，户化翻。仪同三司刘晖等造甲子元历成，甲子元历，其要以上元甲子，己巳已来至开皇四年岁在甲辰积算起。奏之。壬辰，诏颁新历。考异曰：隋律历志云："二月撰成奏上。"今从帝纪。

5 癸巳，大赦。

6 二月，乙巳，隋主饯梁主于灞上。梁主归国，故饯之。

7 突厥苏尼部男女万馀口降隋。厥，九勿翻。尼，女夷翻。降，户江翻；下同。

8 庚戌，隋主如陇州。五代志：扶风汧源县，西魏置陇东郡及东秦州，后改陇州。

9 突厥达头可汗请降于隋。可，从刊入声。汗，音寒。考异曰：隋帝纪云："突厥阿史那玷厥帅其属来降。"按时玷厥方强，盖文降耳。

10 夏，四月，庚子，隋以吏部尚书虞庆则为右仆射。

11 隋上大将军贺娄子干发五州兵击吐谷浑，时发河西五州兵，盖凉、甘、瓜、鄯、廓也。吐，从暾入声。谷，音浴。杀男女万馀口，二旬而还。还，音旋，又如字。

帝以陇西频被寇掠，而俗不设村坞，坞，安古翻，壁垒也。说文曰：小障也，一曰庳城也。通俗文：营居曰坞。被，皮义翻。命子干勒民为堡，堡，音保，小城也。仍营田积谷。子干上书曰："陇右、河西，土旷民稀，边境未宁，不可广佃。上，时掌翻。佃，徒年翻，作田也。比见屯田之所，比，毗至翻。获少费多，虚役人功，卒逢践暴；少，诗沼翻。卒，子恤翻。屯田疏远者请皆废省。但陇右之人以畜牧为事，畜，许六翻。若更屯聚，弥不自安。但使镇戍连接，烽堠相望，堠，户遘翻。民虽散居，必谓无虑。"帝从之。

以子干晓习边事，丁巳，以为榆关总管。五代志：榆林郡金河县，开皇三年置榆关总管。榆林郡后置胜州。

12 五月，以吏部尚书江总为仆射。

13 隋主以渭水多沙，深浅不常，漕者苦之，六月，壬子，诏太子左庶子宇文恺帅水工凿渠，引渭水，帅，读曰率。自大兴城东至潼关三百馀里，名曰广通渠。漕运通利，关内赖之。

14 秋，七月，丙寅，遣兼散骑常侍谢泉等聘于隋。散，悉亶翻。骑，奇寄翻。

15 八月，壬寅，隋邓恭公窦炽卒。炽，昌志翻。卒，子恤翻。

16 乙卯，将军夏侯苗请降于隋，夏，户雅翻。降，户江翻。隋主以通和，不纳。

17 九月，甲戌，隋主以关中饥，行如洛阳。

18 隋主不喜词华，喜，许记翻。诏天下公私文翰并宜实录。泗州刺史司马幼之五代志：下邳郡，后魏置南徐州，梁改东徐州，陈改安州，后周改泗州。文表华艳，付所司治罪。治书侍御史赵郡李谔亦以当时属文，体尚轻薄，治，直之翻。属，之欲翻。上书曰："魏之三祖，上，时掌翻。三祖，谓曹魏父子孙太祖武皇帝、高祖文皇帝、烈祖明皇帝。崇尚文词，忽君人之大道，好雕虫之小艺。扬子曰：童子雕虫篆刻。好，呼到翻。下之从上，遂成风俗。江左、齐、梁，其弊弥甚：竞一韵之奇，争一字之巧；连篇累牍，不出月露之形，积案盈箱，唯是风云之状。世俗以此相高，朝廷据兹擢士。禄利之路既开，爱尚之情愈笃。于是闾里童昏，贵游总丱，童昏，言童幼昏蒙，未有知识也。郑玄曰：贵游子弟，王公之子弟；游，无官司者。诗：总角丱兮。毛传曰：总角，聚两髦也。丱，幼稚也。丱，古患翻。未窥六甲，古者，八岁入小学，学六甲、五方、书计之事。六甲，谓六十甲子也。先制五言，谓五言诗。至如羲皇、舜、禹之典，伊、傅、周、孔之说，不复关心，复，扶又翻。何尝入耳。以傲诞为清虚，以缘情为勋绩，指儒素为古拙，用词赋为君子。故文笔日繁，其政日乱，良由弃大圣之轨模，构无用以为用也。今朝廷虽有是诏，如闻外州远县，仍踵弊风：躬仁孝之行者，行，下孟翻。摈落私门，不加收齿；工轻薄之艺者，选充吏职，举送天朝。朝，直遥翻。盖由刺史、县令未遵风教。请普加采察，送台推劾。"劾，户概翻，又户得翻。又上言："士大夫矜伐干进，无复廉耻，乞明加罪黜，以惩风轨。”风轨，风迹也。上，时掌翻。诏以谔前后所奏颁示四方。

19 突厥沙钵略可汗数为隋所败，厥，九勿翻。可，从刊入声。汗，音寒。数，所角翻。败，补迈翻。乃请和亲。千金公主自请改姓杨氏，为隋主女。隋主遣开府仪同三司徐平和使于沙钵略，更封千金公主为大义公主。千金公主，宇文氏，请于沙钵略，欲复雠；及兵败于外，众离于内，乃请为隋主女。更封以大义，非嘉名也，取“大义灭亲”云尔，为大义不得其死张本。使，疏吏翻；下同。更，工衡翻。晋王广请因衅乘之，衅，许觐翻。隋主不许。

沙钵略遣使致书曰：“从天生大突厥天下贤圣天子伊利居卢设莫何沙钵略可汗【章：十二行本“居”作“俱”；乙十一行本同；孔本同。】致书大隋皇帝：皇帝，妇父，乃是翁比。此为女夫，乃是儿例。两境虽殊，情义如一。自今子子孙孙，乃至万世，亲好不绝。好，呼到翻。上天为证，终不违负！此国羊马，皆皇帝之畜。畜，许救翻。彼之缯彩，皆此国之物。”缯，疾陵翻。

帝复书曰：“大隋天子贻书大突厥沙钵略可汗：得书，知大有善意。既为沙钵略妇翁，今日视沙钵略与儿子不异。时遣大臣往彼省女，复省沙钵略也。”省，悉景翻。复，扶又翻。于是遣尚书右仆射虞庆则使于沙钵略，车骑将军长孙晟副之。骑，奇寄翻。长，知两翻。晟，承正翻。

沙钵略陈兵列其珍宝，坐见庆则，称病不能起，且曰：“我诸父以来，不向人拜。”庆则责而谕之。千金公主私谓庆则曰：“可汗豺狼性；过与争，将啮人。”啮，五结翻，噬也。长孙晟谓沙钵略曰：“突厥与隋俱大国天子，可汗不起，安敢违意。但可贺敦为帝女，则可汗是大隋女婿，奈何不敬妇翁！”沙钵略笑谓其达官曰：“须拜妇翁！”突厥子弟曰特勒；大臣曰叶护，曰屈律啜，曰阿波，曰俟利发，曰吐屯，曰俟斤，曰阎洪达，曰颉利发，曰达干，皆达官也。乃起拜顿颡，颡，桑党翻。跪受玺书，以戴于首。玺，斯氏翻。既而大惭，与群下相聚恸哭。庆则又遣称臣，沙钵略谓左右曰：“何谓臣？”左右曰：“隋言臣，犹此云奴耳。”沙钵略曰：“得为大隋天子奴，虞仆射之力也。”赠庆则马千匹，并以从妹妻之。从，才用翻。妻，七细翻。

20 冬，十一月，壬戌，隋主遣兼散骑常侍薛道衡等来聘，散，悉亶翻。骑，奇寄翻。戒道衡“当识朕意，勿以言辞相折。”折，之舌翻。

21 是岁，上于光昭殿前起临春、结绮、望仙三阁，各高数十丈，高，古到翻。连延数十间，其窗、牖、壁带、县楣、栏、槛皆以沈、檀为之，释名曰：窗，聪也，于内见外之聪明也。牖，亦窗也。说文：牖，穿壁，以木为交窗。壁带，壁中横木。班固西都赋：金釭衔璧，是为列钱。贤注曰：以黄金为釭，其中衔璧，纳之于壁带，为行列，历历如钱也。悬楣，横木，施于前后两楹之间，下不装构，今人渭之挂楣。栏、槛皆所以凭也，施于檐下阶际者曰栏，施于窗牖之间者曰槛。沈、檀，皆香木。县，读曰悬。沈，持林翻。饰以金玉，间以珠翠，珠，珍珠。翠，翡翠毛。间，古苋翻。外施珠帘，内有宝床、宝帐，其服玩瑰丽，近古所未有。每微风暂至，香闻数里。瑰，工回翻。闻，音问。其下积石为山，引水为池，杂植奇花异卉。卉，百草总名，音许伟翻，又音讳。

上自居临春阁，张贵妃居结绮阁，龚、孔二贵嫔居望仙阁，并复道交相往来。又有王、李二美人，张、薛二淑媛，袁昭仪、何婕妤、江修容，并有宠，梁制：贵妃、贵嫔、贵姬，是为三夫人，金章龟钮，紫绶八十首，佩于寘玉、虎头鞶。淑媛、淑仪、淑容、昭华、昭仪、昭容、修华、修仪、修容，是为九嫔，金章龟钮，青绶八十首，虎头鞶，佩采璸玉。婕妤、容华、充华、承徽、列荣五职，位亚九嫔，银印珪钮，艾绶，虎头鞶。美人、才人、良人三职，散位，铜印环钮，墨绶，虎头鞶。嫔，毗宾翻。媛，于眷翻。婕妤，音接于。迭游其上。以宫人有文学者袁大舍等为女学士。仆射江总虽为宰辅，不亲政务，日与都官尚书孔范、散骑常侍王瑳等散，悉亶翻。骑，奇寄翻。瑳，仓何翻。文士十馀人，侍上游宴后庭，无复尊卑之序，谓之“狎客”。上每饮酒，使诸妃、嫔及女学士与狎客共赋诗，互相赠答，考异曰：平陈记云：“张贵妃等八人夹坐，江总等十人预宴。先令八妇人襞采笺制五言诗，十客一时继和，稽缓则罚酒。”今从陈书、南史。采其尤艳丽者，被以新声，被，皮义翻。选宫女千馀人习而歌之，分部迭进。其曲有玉树后庭花、临春乐等，五代志：后主於清乐中造黄鹂留及玉树后庭花、金钗两鬓垂等曲，与幸臣制其歌词，绮艳相高，极于轻薄。男女唱和，其音甚哀。临春乐者，言临春阁之乐也。乐，音洛。大略皆美诸妃嫔之容色。君臣酣歌，自夕达旦，以此为常。

张贵妃名丽华，本兵家女，为龚贵嫔侍儿，上见而悦之，得幸，生太子深。贵妃发长七尺，其光可鉴，长，直亮翻。性敏慧，有神彩，进止详【章：十二行本“详”作“闲”；乙十一行本同。】华，详审而华丽也。每瞻视眄睐，仰视曰瞻。正观曰视。斜视曰眄。旁视曰睐。眄，莫甸翻。睐，洛代翻。光采溢目，照映左右。善候人主颜色，引荐诸宫女；后宫咸德之，竞言其善。又有厌魅之术，厌魅，所谓妇人媚道也。厌，一琰翻。魅，音媚。常置淫祀于宫中，聚女巫鼓舞。上怠于政事，百司启奏，并因宦者蔡脱儿、李善度进请；上倚隐囊，隐囊者，为囊实以细软，置诸坐侧，坐倦则侧身曲肱以隐之。隐，于靳翻。置张贵妃于膝上，共决之。李、蔡所不能记者，贵妃并为条疏，疏，分也。为，于伪翻。无所遗脱。因参访外事，人间有一言一事，贵妃必先知白之；由是益加宠异，冠绝后庭。冠，古玩翻。宦官近习，内外连结，援引宗戚，纵横不法，援，于元翻。横，下孟翻。卖官鬻狱，货赂公行；赏罚之命，不出于外。言出命不由中书而出于宫掖也。大臣有不从者，因而谮之。于是孔、张之权熏灼四方，孔、张，谓孔贵嫔、张贵妃也。大臣执政皆从风谄附。

孔范与孔贵嫔结为兄妹；上恶闻过失，恶，乌路翻。每有恶事，孔范必曲为文饰，称扬赞美，由是宠遇优渥，言听计从。群臣有谏者，辄以罪斥之。中书舍人施文庆，颇涉书史，尝事上于东宫，聪敏强记，明闲吏职，闲，习也。心算口占，应时条理，由是大被亲幸。被，皮义翻。又荐所善吴兴沈客卿、五代志：吴郡乌程县，旧置吴兴郡。阳惠朗、徐哲、暨慧景等，姓纂：周景王封少子于阳樊，因邑命氏。余按春秋之时，齐人迁阳，子孙盖以国为氏。江南自来有暨姓，吴时有暨艳。暨，戟乙翻。云有吏能，上皆擢用之；以客卿为中书舍人。客卿有口辩，颇知朝廷典故，兼掌金帛局。陈中书省分为二十一局。旧制：军人、士人并无关市之税。上盛修宫室，穷极耳目，府库空虚，有所兴造，恒苦不给。客卿奏请不问士庶并责关市之征，而又增重其旧。于是以阳惠朗为太市令，暨慧景为尚书金、仓都令史，梁制：太市令属太府卿，秩六百石。尚书金、仓都令史，金部、仓部都令史也。梁制，尚书都令史视奉朝请。恒，户登翻。二人家本小吏，考校簿领，纤毫不差；然皆不达大体，督责苛碎，聚敛无厌，敛，力赡翻。厌，于盐翻。士民嗟怨。客卿总督之，每岁所入，过于常格数十倍。过，工禾翻。上大悦，益以施文庆为知人，临乱之君，各贤其臣，其信然矣。尤见亲重，小大众事，无不委任；转相汲引，汲水者引绠期必上，人臣之相汲引，亦犹是也。珥貂蝉者五十人。珥，市志翻。

孔范自谓文武才能，举朝莫及，朝，直遥翻。从容白上曰："外间诸将，起自行伍，从，千容翻。将，即亮翻。行，户刚翻。匹夫敌耳。深见远虑，岂其所知！"上以问施文庆，文庆畏范，亦以为然；司马申复赞之。复，扶又翻。自是将帅微有过失，帅，所类翻。即夺其兵，分配文吏；夺任忠部曲以配范及蔡征。由是文武解体，以至覆灭。通鉴具叙陈氏亡国之由。

三年（乙巳、五八五）

1 春，正月，戊午朔，日有食之。

2 隋主命礼部尚书牛弘修五礼，勒成百卷；戊辰，诏行新礼。五礼：吉、凶、军、宾、嘉。

3 三月，戊午，隋以尚书左仆射高颎为左领军大将军。

4 丰州刺史章大宝，昭达之子也，五代志：建安郡界，陈置闽州，后又置丰州。章昭达历事高祖、世祖、高宗，皆有战功。在州贪纵，朝廷以太仆卿李晕代之。晕将至，辛酉，大宝袭杀晕，举兵反。

5 隋大司徒郢公王谊大司徒，周之六官。按王谊拜大司徒，隋主未受禅也；隋既受禅，改周之六官，司徒列於三公，不应复加“大”字。与隋主有旧，王谊少与隋主同学。其子尚帝女兰陵公主。帝待之恩礼稍薄，谊颇怨望。或告谊自言名应图谶，相表当王；相，息亮翻。公卿奏谊大逆不道。壬寅，赐谊死。

6 戊申，隋主还长安。去年九月隋主如洛阳，今还。

7 章大宝遣其将杨通攻建安，不克。以此观之，陈之丰州治闽县，而建安县自别置建安郡。将，即亮翻。台军将至，大宝众溃，逃入山，为追兵所擒，夷三族。

8 隋度支尚书长孙平元年，隋已改度支为民部，志作“工部尚书长孙平”。度，徒洛翻。长，知两翻。奏“令民间每秋家出粟麦一石以下，贫富为差，储之当社，委社司检校，以备凶年，名曰‘义仓’”，隋主从之。五月，甲申，初诏郡、县置义仓。【章：十二行本“仓”下有“平俭之子也”五字；乙十一行本同；孔本同。】时民间多妄称老、小以免赋役，隋承周制，男女三岁已下为黄，十岁已下为小，六十者为老。山东承北齐之弊政，北齐，高齐。言北齐者，以别萧氏之南齐。户口租调，奸伪尤多。隋主命州县大索貌阅，调，徒吊翻。索，山客翻。貌阅者，阅其貌以验老小之实。户口不实者，里正、党长远配；隋颁新令，制人五家为保，保有长；保五为闾，闾四为族，皆有正；畿外置里正，比闾正；党长，比族正；以相检察焉。长，知两翻。大功以下，皆令析籍，以防容隐。堂兄弟，其服大功。于是计帐得新附一百六十四万馀口。高颎【章：十二行本“颎”下有“又言民间课输无定簿，难以推校”十三字；乙十一行本同；孔本同；张校同。】请为输籍法，遍下诸州，输籍，凡民间课输，皆籍其数，使州县长吏不得以走弄出没。下，户嫁翻。帝从之，自是奸无所容矣。

诸州调物，每岁河南自潼关，河北自蒲坂，输长安者相属于路，调，徒吊翻。属，之欲翻。昼夜不绝者数月。

9 梁主岿，谥曰孝明皇帝，庙号世宗。世宗孝慈俭约，境内安之。太子琮嗣位。琮，藏宗翻。

10 初，突厥阿波可汗既与沙钵略有隙，【章：十二行本“隙”下有“分而为二”四字；乙十一行本同；孔本同；张校同。】厥，九勿翻。可，从刊入声。汗，音寒。有隙事始上卷元年。阿波浸强，东距都斤，都斤，突厥中山名。沙钵略初立，建牙于此山。西越金山，龟兹、铁勒、伊吾及西域诸胡悉附之，伊吾之地，吐屯设主之，盖突厥所署置也。龟兹，音丘慈。号西突厥。突厥自是分为东、西。隋主亦遣上大将军元契使于阿波以抚之。使，疏吏翻。

11 秋，七月，庚申，遣散骑常侍王话等聘于隋。散，悉亶翻。骑，奇寄翻。

12 突厥沙钵略既为达头所困，达头资阿波以兵，使攻沙钵略，是为其所困者也。又畏契丹，西既为达头所困，东又畏契丹见逼。契，欺讫翻，又音吃。遣使告急于隋，请将部落度漠南，寄居白道川。欲南傍长城下，倚隋为援。使，疏吏翻。将，即亮翻，又如字。隋主许之，命晋王广以兵援之，晋王广时为并省，北边皆属焉，故命以兵援沙钵略。给以衣食，赐之车服鼓吹。吹，昌瑞翻。沙钵略因西击阿波，破之。借隋兵之势以获胜。而阿拔国乘虚掠其妻子；官军为击阿拔，败之，为，于伪翻。败，补迈翻。所获悉与沙钵略。

沙钵略大喜，乃立约，以碛为界，碛，七迹翻。因上表曰：

“天无二日，土无二王，此语本之孟子。上，时掌翻；下同。大隋皇帝真皇帝也，岂敢阻兵恃险，偷窃名号！今感慕淳风，归心有道，屈膝稽颡，稽，音启。颡，桑党翻。永为藩附。”遣其子库合真入朝。考异曰：隋突厥传作“窟含真”，今从帝纪。朝，直遥翻。

八月，丙戌，库合真至长安。隋主下诏曰：“沙钵略往虽与和，往，已往也，言往事也。犹是二国；今作君臣，便成一体。”因命肃告郊庙，普颁远近；凡赐沙钵略诏，不称其名。宴库合真于内殿，突厥冯陵诸夏，周、齐屈体结之。今沙钵略奉表称臣，遣子入觐，隋主告之郊庙，布之臣庶，大其事也；宴之于内殿，亲之也。引见皇后，赏劳甚厚。见，贤遍翻。劳，力到翻。沙钵略大悦，自是岁时贡献不绝。

13 九月，将军湛文彻侵隋和州，隋仪同三司费宝首击擒之。费，扶沸翻，姓也。

14 丙子，隋使李若等来聘。

15 冬，十月，壬辰，隋以上柱国杨素为信州总管。五代志：巴东郡，梁置信州。隋置杨素于永安，将使之为舟师以伐陈也。

16 初，北地傅縡縡，作代翻。以庶子事上于东宫，及即位，迁秘书监、右卫将军兼中书通事舍人，负才使气，人多怨之。施文庆、沈客卿共谮縡受高丽使金，上收縡下狱。丽，力知翻。使，疏吏翻。下，户嫁翻。

縡于狱中上书曰：“夫君人者，恭事上帝，子爱下民，省嗜欲，远谄佞，未明求衣，日旰忘食，中上，时掌翻。夫，音扶。远，于愿翻。旰，古按翻。是以泽被区宇，被，皮义翻。庆流子孙。陛下顷来酒色过度，不虔郊庙大神，专媚淫昏之鬼，谓宠张贵妃，使女巫鼓舞于宫中而淫祀也。小人在侧，宦竖弄权，恶忠直若仇雠，视生民如草芥，后宫曳绮绣，厩马馀菽粟，百姓流离，僵尸蔽野，货贿公行，帑藏损耗，神怒民怨，众叛亲离，臣恐东南王气自斯而尽。”恶，乌路翻。僵，居良翻。帑，他朗翻。藏，徂浪翻。王，于况翻，又如字。

书奏，上大怒。顷之，意稍解，遣使谓绰曰：“我欲赦卿，卿能改过不？”使，疏吏翻。不，读曰否。对曰：“臣心如面，臣面可改，则臣心可改。”上益怒，令宦者李善庆穷治其事，遂赐死狱中。治，直之翻。

上每当郊祀，常称疾不行，故绰言及之。

17 是岁，梁大将军戚昕以舟师袭公安，不克而还。公安，陈荆州治所。昕，许斤翻。还，音旋，又如字。

隋主征梁主叔父太尉吴王岑入朝，拜大将军，封怀义公，因留不遣；朝，直遥翻。复置江陵总管以监之。隋罢江陵总管，见上卷陈高宗太建十四年。复，扶又翻。监，工衔翻。

梁大将军许世武密以城召荆州刺史宜黄侯慧纪；宜黄，古县，吴立，属临川郡，隋并省。谋泄，梁主杀之。慧纪，高祖之从孙也。从，才用翻。

18 隋主使司农少卿崔仲方发丁三万，于朔方、灵武筑长城，东距河，西至绥州，五代志：雕阴郡，西魏置绥州。绵历七百里，以遏胡寇。

四年（丙午、五八六）

1 梁改元广运。

2 甲子，党项羌请降于隋。隋书：党项羌者，三苗之后也，自称猕猴种。东接临洮、西平，西距叶护，南北数千里，每姓别为部落。党，底朗翻。降，户江翻。

3 庚午，隋颁历于突厥。班历则禀受正朔矣。

4 二月，隋始令刺史上佐每岁暮更入朝，上考课。上佐，谓长史、司马。更，工衡翻。上，时掌翻。

5 丁亥，隋复令崔仲方发丁十五万，于朔方以东，缘边险要，筑数十城。朔方郡，夏州。复，扶又翻。

6 丙申，立皇弟叔谟为巴东王，叔显为临江王，叔坦为新会王，叔隆为新宁王。五代志：历阳郡乌江县，陈为临江郡；南海郡新会县，旧置新会郡；信安郡新兴县，梁置新宁郡。

7 庚子，隋大赦。

8 三月，己未，洛阳男子高德上书，请隋主为太上皇，传位皇太子。帝曰："朕承天命，抚育苍生，日旰孜孜，犹恐不逮。旰，古按翻。岂效近代帝王，传位于子，自求逸乐者哉！"言不效齐武成、周天元也。乐，音洛。

9 夏，四月，己亥，遣周磻等聘于隋。磻，薄官翻。

10 五月，丁巳，立皇子庄为会稽王。会，古外翻。

11 秋，八月，隋遣散骑常侍裴豪等来聘。散，悉亶翻。骑，奇寄翻。

12 戊申，隋申明公李穆卒，隋以李穆能知几保身，故谥曰明。卒，子恤翻。葬以殊礼。

13 闰月，丁卯，隋太子勇镇洛阳。

14 隋上柱国郕公梁士彦讨尉迟迥，事见一百七十四卷高宗太建十二年。尉，纡勿翻。所当必破，代迥为相州刺史；相，息亮翻。隋主忌之，召还长安。上柱国杞公宇文忻与隋主少相厚，少，诗照翻。善用兵，有威名；隋主亦忌之，以谴去官，忻为右领军大将军。以【章：十二行本"以"作"与"；乙十一行本同；孔本同；张校同。】柱国舒公刘昉皆被疏远，被，皮义翻。远，于愿翻。"以"，当作"与"。闲居无事，颇怀怨望，数相往来，数，所角翻。阴谋不轨。

忻欲使士彦于蒲州起兵，蒲州，蒲坂，河津之要，去长安三百馀里。己为内应，士彦之甥裴通预其谋而告之。帝隐其事，以士彦为晋州刺史，晋州，平阳，用武之地。周、齐兵争，以为重镇。欲观其意；士彦忻然，谓昉等曰："天也！"又请仪同三司薛摩儿为长史，帝亦许之。后与公卿朝谒，朝，直遥翻；下同。帝令左右执士彦、忻、昉于行间，诘之，行，户刚翻。诘，去吉翻。初犹不伏；捕薛摩儿适至，命之庭对，于殿庭面质其事。摩儿具论始末，士彦失色，顾谓摩儿曰："汝杀我！"丙子，士彦、忻、昉皆伏诛，叔侄、兄弟免死除名。

九月，辛巳，隋主素服临射殿，命百官射三家资物以为诫。三人者与隋主有旧，又有翼戴之功，而谋为不轨，故为之素服而又以诫百官。

15 冬，十月，己酉，隋以兵部尚书杨尚希为礼部尚书。隋主每旦临朝，日昃不倦，尚希谏曰："周文王以忧勤损寿，武王以安乐延年。郑玄注礼记有是言。昃，阻力翻。乐，音洛。愿陛下举大纲，责成宰辅。繁碎之务，非人主所宜亲也。"帝善之而不能从。

16 癸丑，隋置山南道行台于襄州；襄州治襄阳，其地在长安南山之南。以秦王俊为尚书令。俊妃崔氏生男，隋主喜，颁赐群官。

直秘书内省博陵李文博，家素贫，曹魏藏书在秘书，中、外三阁，是时秘书已有内外之分矣。隋氏开献书之路，召天下工书之士补续残缺，为正副二本，藏于宫中，其馀以实秘书内外之阁，故置直秘书内省之官。博陵郡，定州。人往贺之，文博曰："赏罚之设，功过所存。今王妃生男，于群官何事，乃妄受赏也！"闻者愧之。

17 癸亥，以尚书仆射江总为尚书令，吏部尚书谢伷为仆射。伷，直佑翻。

18 十一月，己卯，大赦。

19 吐谷浑可汗夸吕在位百年，"夸吕"，隋书吐谷浑传作"吕夸"。屡因喜怒废杀太子。后太子惧，谋执夸吕而降；降，户江翻；下同。请兵于隋边吏，秦州总管河间王弘请以兵应之，秦州，天水郡。河间王弘，隋主从祖弟。隋主不许。

太子谋泄，为夸吕所杀，复立其少子嵬王诃为太子。复，扶又翻；下同。少，诗照翻。嵬，五灰翻。叠州刺史杜粲五代志：临洮郡叠川县，后周置叠州。宋白曰：以其地山多重叠也。请因其衅而讨之，衅，许觐翻。隋主又不许。

是岁，嵬王诃复惧诛，谋帅部落万五千户降隋，遣使诣阙，请兵迎之。帅，读曰率。使，疏吏翻；下同。隋主曰："浑贼风俗，特异人伦，言其去人伦，与中国异俗。父既不慈，子复不孝。朕以德训人，何有成其恶逆乎！"乃谓使者曰："父有过失，子当谏争，争与诤同，音则迸翻。岂可潜谋非法，受不孝之名！溥天之下皆朕臣妾，各为善事，即称朕心。称，尺证翻。嵬王既欲归朕，唯教嵬王为臣子之法，不可远遣兵马，助为恶事！"隋主可谓有君人之言矣。嵬王诃乃止。

祯明元年（丁未、五八七）

1 春，正月，戊寅，大赦，改元。

2 癸巳，隋主享太庙。

3 乙未，隋制诸州岁贡士三人。

4 二月，丁巳，隋主朝日于东郊。五代志：礼，天子以春分朝日于东郊，秋分夕月于西郊。汉法不俟二分，于东、西郊常以郊泰畤，旦出竹宫，东向揖日，其夕西向揖月。魏文讥其烦亵似家人之事，而以正月朝日于东门之外；前史又以为非时。及明帝太和元年二月丁亥，朝日于东郊，八月己丑，夕月于西郊，始合于古。后周以春分朝日于国东门外，为坛如其郊，用特牲，青币，青圭有邸，皇帝乘青辂，及祀官俱青冕，执事者青弁，燔燎如圆丘；秋分夕月于国西门外，为坛于坞中，燔燎，礼如朝日。隋开皇初，于国东春明门外为坛，每以春分朝日，又于国西开远门外坞中为坛，每以秋分夕月，牲币与周同。朝，直遥翻。

5 遣兼散骑常侍王亨等聘于隋。散，悉亶翻。骑，奇寄翻。

6 隋发丁男十万馀人修长城，二旬而罢。夏，四月，于扬州开山阳渎以通运。扬州治广陵，山阳县属焉。按春秋，吴城邗，沟通江、淮。山阳渎通于广陵尚矣，隋特开而深广之，将以伐陈也。

7 突厥沙钵略可汗遣其子入贡于隋，因请猎于恒、代之间，拓跋氏始都平城，建为代都，置司州及代都尹，后迁洛阳，改司州为恒州，故曰恒、代也。厥，九勿翻。可，从刊入声。汗，音寒。恒，户登翻。隋主许之，仍遣人赐以酒食。沙钵略帅部落再拜受赐。帅，读曰率。

沙钵略寻卒，隋为之废朝三日，卒，子恤翻。为，于伪翻。朝，直遥翻。遣太常吊祭。

初，沙钵略以其子雍虞闾懦弱，懦，乃卧翻，又奴乱翻。遗令立其弟叶护处罗侯。叶护，突厥达官。雍虞闾遣使迎处罗侯，将立之，使，疏吏翻；下同。处罗侯曰："我突厥自木杆可汗以来，多以弟代兄，逸可汗舍其子而立木杆，木杆舍其子而立佗钵，佗钵卒，摄图、大逻便遂至争国事，并见前。杆，古按翻。以庶夺嫡，失先祖之法，不相敬畏。谓大逻便詈辱庵罗，又与沙钵略为敌，达头又从而助之也。汝当嗣位，我不惮拜汝。"雍虞闾曰："叔与我父，共根连体。我，枝叶也，岂可使根本反从枝叶，叔父屈于卑幼乎！且亡父之命，何可废也！愿叔勿疑！"遣使相让者五六，处罗侯竟立，是为莫何可汗。以雍虞闾为叶护。遣使上表言状。可，从刊入声。汗，音寒。使，疏吏翻。上，时掌翻。

隋使车骑将军长孙晟持节拜之，骑，奇寄翻。拜莫何为可汗也。赐以鼓吹、幡旗。吹，昌瑞翻。莫何勇而有谋，以隋所赐旗鼓西击阿波；阿波之众以为得隋兵助之，多望风降附。遂生擒阿波，降，户江翻。考异曰：隋突厥传前云"沙钵略西击阿波，破擒之"，后又云"处罗侯生擒阿波。"长孙晟传曰："处罗侯因晟奏曰，'阿波为天所灭，与五六千骑在山谷间伏听诏旨，当取之以献。'"按前云"沙钵略破擒之，""擒"，衍字耳，处罗侯云"当取以献"，则是得否未可必，隋安得豫议其死生乎！今从突厥传后。上书请其死生之命。上，时掌翻。

隋主下其议，下，户嫁翻。莫何不敢专杀阿波而请命于隋，隋之威令可谓行于突厥矣。乐安公元谐请就彼枭首；枭，古尧翻。武阳公李充请生取入朝，武阳郡公。隋之魏州武阳郡也。朝，直遥翻；下同。显戮以示百姓。隋主谓长孙晟："于卿何如？"晟对曰："若突厥背诞，杜预曰：背诞谓背命放诞。陆德明曰：背，音佩；诞，音但。按今读从去声，亦通。须齐之以刑。今其昆弟自相夷灭，阿波之恶非负国家。因其困穷，取而为戮，恐非招远之道。不如两存之。"左仆射高颎曰："骨肉相残，教之蠹也，宜存养以示宽大。"隋主从之。

8 甲戌，隋遣兼散骑常侍杨同等来聘。散，悉亶翻。骑，奇寄翻。

9 五月，乙亥朔，日有食之。

10 秋，七月，己丑，隋卫昭王爽卒。卒，子恤翻。

11 八月，隋主征梁主入朝。梁主帅其群臣二百馀人发江陵；朝，直遥翻。帅，读曰率。庚申，至长安。

隋主以梁主在外，遣武乡公崔弘度将兵戍江陵。军至都州，隋无都州，萧琮传作"鄀州"，当从之。五代志：竟陵郡乐乡县，西魏置鄀州。又，南郡紫陵县，其城南面，梁置鄀州。鄀，市灼翻。梁主叔父太傅安平王岩、弟荆州刺史义兴王瓛等瓛，户官翻。恐弘度袭之，乙丑，遣都官尚书沈君公诣荆州刺史宜黄侯慧纪请降。降，户江翻。九月，庚寅，慧纪引兵至江陵城下。辛卯，岩等驱文、武、男、女十万口来奔。

隋主闻之，废梁国；梁敬帝绍泰元年，后梁中宗即帝位，更三主，三十三年而亡。遣尚书左仆射高颎安集遗民；射，寅谢翻。颎，居永翻。梁中宗、世宗各给守冢十户；拜梁主琮上柱国，赐爵莒公。

12 甲午，大赦。

13 冬，十月，隋主如同州；癸亥，如蒲州。

14 十一月，丙子，以萧岩为开府仪同三司、东扬州刺史，萧瓛为吴州刺史。五代志：会稽郡，梁置东扬州。吴郡，陈置吴州。

15 丁亥，以豫章王叔英兼司徒。

16 甲午，隋主如冯翊，亲祠故社；隋主生于冯翊，犹汉祀丰枌榆社之意，然亲祠则礼重于汉矣。戊戌，还长安。还，从宣翻，又音如字。

是行也，内史令李德林以疾不从，从，才用翻。隋主自同州敕书追之，追，召也。与议伐陈之计。及还，帝马上举鞭南指曰："待平陈之日，以七宝装严公，使自山以东无及公者。"言又将显贵之使出于等夷。李德林，山东人。

17 初，隋主受禅以来，与陈邻好甚笃，每获陈谍，皆给衣马礼遣之，好，呼到翻。谍，徒协翻，间探之人。而高宗犹不禁侵掠。故太建之末，隋师入寇；会高宗殂，隋主即命班师，事见上卷太建十四年。殂，祚乎翻。遣使赴吊，使，疏吏翻。书称姓名顿首。帝答之益骄，书末云："想彼统内如宜，此宇宙清泰。"隋主不悦，以示朝臣，朝，直遥翻。上柱国杨素以为主辱臣死，再拜请罪。

隋主问取陈之策于高颎，对曰："江北地寒，田收差晚；江南水田早熟。量彼收获之际，颎，居永翻。量，音良。微征士马，声言掩袭，彼必屯兵守御，足得废其农时。彼既聚兵，我便解甲。再三若此，彼以为常；后更集兵，彼必不信。犹豫之顷，我乃济师；此济师，谓举兵济江。登陆而战，兵气益倍。谓兵既登岸，后限大江，士无反顾之心，有必死之志，其气益倍。又，江南土薄，舍多茅竹，所有储积皆非地窖。窖，古孝翻。若密遣行人因风纵火，待彼修立，复更烧之，复，扶又翻。不出数年，自可财力俱尽。"隋主用其策，陈人始困。

於是杨素、贺若弼及光州刺史高劢、虢州刺史崔仲方等五代志：弋阳郡，梁置光州。弘农郡，隋置虢州。若，人者翻。劢，音迈。争献平江南之策。仲方上书曰："今唯须武昌以下，蕲、和、滁、方、吴、海等州，上，时掌翻。武昌，陈为郡；隋平陈，废为县，属江夏郡。五代志：蕲春郡，后齐置罗州，后周改曰蕲州。历阳郡，后齐置和州。江都郡清流县，旧置南谯州，隋改曰滁州。六合县，后齐置秦州，后周改曰方州。江都郡本南兖州，后周改曰吴州。东海郡，东魏海州。蕲，居依翻，又音其。更帖精兵，帖，添帖。密营度计；益、信、襄、荆、基、郢等州，蜀郡，益州。巴东郡，信州。襄阳郡，襄州。南郡，荆州。竟陵郡丰乡县，西魏置基州。弋阳郡定城县，旧置郢州。速造舟楫，多张形势，为水战之具。蜀、汉二江是其上流，蜀江出三峡，过南郡；汉江过襄阳、竟陵、沔阳而二江合流。国于东南者，二江其上流也。水路冲要，必争之所。贼虽流头、荆门、延洲、公安、巴陵、隐矶、夏首、蕲口、湓城置船，水经注：江水过夷陵而东，至流头滩，其水峻激奔暴，鱼鳖所不能游，行者苦之。又出西陵峡而东，历荆门、虎牙之门。荆门之下为延洲。又东过南郡而东，右与油水合，谓之油口，油口即公安也。又东过长沙下巂县，北与湘水会，汇为洞庭而得巴陵。又东至彭城矶，矶北对隐矶。夏首即夏口，以夏水入江而得名。屈原哀郢：过夏首而西浮。江水又东过蕲春县，与蕲水会，谓之蕲口。又东至寻阳，得湓浦，有湓城，皆沿江要害之地也。夏，户雅翻。然终聚汉口、峡口，以水战大决。汉口，即夏口。峡口，西陵峡口。若贼必以上流有军，令精兵赴援者，下流诸将即须择便横渡；如拥众自卫，上江诸军鼓行以前。将，即亮翻。上江诸军，谓蜀江、汉江顺流东下之军也。彼虽恃九江、五湖之险，非德无以为固；徒有三吴、百越之兵，非恩不能自立矣。”隋主以仲方为基州刺史。

及受萧岩等降，降，户江翻。隋主益忿，谓高颎曰：“我为民父母，岂可限一衣带水不拯之乎！”命大作战船。人请密之，隋主曰：“吾将显行天诛，何密之有！”使投其柹于江，柹，方废翻，斫木札也。曰：“若彼惧而能改，吾复何求！”复，扶又翻。

杨素在永安，蜀先主败于秭归，退还白帝，起永安宫居之，故巴东有永安之名。造大舰，名曰“五牙”。舰，户黯翻。上起楼五层，高百余尺；左右前后置六拍竿，拍竿，发之以拍敌船。并高五十尺，高，古号翻。容战士八百人；次曰“黄龙”，置兵百人。自馀平乘、舴艋各有等差。舴，陟格翻。艋，莫幸翻。

晋州刺史皇甫续【章：十二行本“续”作“绩”；乙十一行本同；孔本同。】将之官，稽首言陈有三可灭。之，往也；之官，往服官事也。稽，音启。帝问其状，曰：“大吞小，一也。以有道伐无道，二也。纳叛臣萧岩，于我有词，三也。陛下若命将出师，臣愿展丝发之效！”隋主劳而遣之。将，即亮翻。劳，力到翻。

时江南妖异特众，妖，于骄翻。临平湖草久塞，忽然自开。临平湖在馀杭郡钱塘县，此湖常蓁塞；故老相传，湖开则天下平。塞，悉则翻。帝恶之，乃自卖于佛寺为奴以厌之。恶，乌路翻。厌，于叶翻。又于建康造大皇寺，起七级浮图；未毕，火从中起而焚之。

吴兴章华，好学，善属文，朝臣以华素无伐阅，好，呼到翻。属，之欲翻。朝，直遥翻。颜师古曰：伐，积功也；阅，经历也。竞排诋之，除太市令。华郁郁不得志，上书极谏，略曰：“昔高祖南平百越，谓平卢子略、李贲、元景仲、兰裕、萧勃之乱。上，时掌翻。北诛逆虏，谓平侯景。世祖东定吴会，谓破斩杜龛、张彪。西破王琳，见一百六十八卷世祖天嘉元年。高宗克复淮南，辟地千里，见一百七十一卷太建五年。辟，读曰闢。三祖之功勤亦至矣。陛下即位，于今五年，不思先帝之艰难，不知天命之可畏；溺于嬖宠，惑于酒色；溺，奴狄翻。嬖，卑义翻，又博计翻。祠七庙而不出，记：天子七庙，三昭、三穆与太祖之庙而七。拜三妃而临轩；三妃，龚、孔、张也。老臣宿将将，即亮翻。弃之草莽，谄佞谗邪升之朝廷。今疆埸日蹙，埸，音亦。隋军压境，陛下如不改弦易张，董仲舒曰：譬之琴瑟不调，必改弦而更张之，乃可鼓也。臣见麋鹿复游于姑苏矣！”伍子胥谏吴王而不听，曰：“臣见麋鹿游于姑苏矣。”吴卒以亡。复，扶又翻。帝大怒，即日斩之。古语有之：“杀谏臣者必亡其国，”岂不信哉！

二年（戊申、五八八）

1 春，正月，辛巳，立皇子恮为东阳王，恮，庄缘翻。恬为钱塘王。

2 遣散骑常侍袁雅等聘于隋；散，悉亶翻。骑，奇寄翻。又遣散骑常侍九江周罗睺将兵屯峡口，侵隋峡州。九江郡，江南之寻阳郡，江州治所也。夷陵，梁置宜州，西魏改曰拓州，后周改曰峡州。将，即亮翻。

三月，甲戌，隋遣兼散骑常侍程尚贤等来聘。

戊寅，隋主下诏曰："陈叔宝据手掌之地，辛臣说田戎曰："洛阳地如掌耳。"恣谿壑之欲，谿壑难盈，故以为喻。劫夺阎闾，资产俱竭，驱逼内外，劳役弗已；穷奢极侈，俾昼作夜；斩直言之客，灭无罪之家；欺天造恶，祭鬼求恩；盛粉黛而执干戈，曳罗绮而呼警跸；自古昏乱，罕或能比。君子潜逃，小人得志。天灾地孽，孽，鱼列翻。物怪人妖。衣冠钳口，钳，其廉翻。道路以目。国语：周厉王监谤，道路以目。言道路相逢，以目相视，不敢有言。重以背德违言，摇荡疆埸；重，直用翻。背，蒲妹翻。埸，音亦。昼伏夜游，鼠窃狗盗。天之所覆，无非朕臣，覆，敷救翻。每关听览，有怀伤恻。可出师授律，应机诛殄；在斯一举，永清吴越。"又送玺书暴帝二十恶；玺，斯氏翻。仍散写诏书三十万纸，遍谕江外。中原以江南为江外。

3 太子胤，性聪敏，好文学，好，呼到翻。然颇有过失；詹事袁宪切谏，不听。时沈后无宠，而近侍左右数于东宫往来，太子亦数使人至后所，帝疑其怨望，甚恶之。数，所角翻。恶，乌路翻。张、孔二贵妃日夜构成后及太子之短，孔范之徒又于外助之。帝欲立张贵妃子始安王深为嗣，尝从容言之。嗣，祥吏翻。从，千容翻。吏部尚书蔡征顺旨称赞，袁宪厉色折之曰："皇太子国家储副，亿兆宅心，卿是何人，轻言废立！"帝卒从征议。折，之舌翻。宅心，居心也。卒，子恤翻。夏，五月，庚子，废太子胤为吴兴王，立扬州刺史始安王深为太子。征，景历之子也。蔡景历历事陈高祖、世祖、高宗。深亦聪惠，惠，与慧同。有志操，操，七到翻。容止俨然，虽左右近侍未尝见其喜愠。帝闻袁宪尝谏胤，即用宪为尚书仆射。

帝遇沈后素薄，张贵妃专后宫之政，后澹然，未尝有所忌怨，澹，徒敢翻。身居俭约，衣服无锦绣之饰，唯寻阅经史及释典为事，释典，佛经也。数上书谏争。数，所角翻。上，时掌翻。争，侧进翻。帝欲废之而立张贵妃，会国亡，不果。

4 冬，十月，己亥，立皇子蕃为吴郡王。

5 己未，隋置淮南行省于寿春，行省，即行台也。以晋王广为尚书令。

帝遣兼散骑常侍王琬、兼通直散骑常侍许善心聘于隋，散，悉亶翻。骑，奇寄翻。隋人留于客馆。琬等屡请还，不听。还，音旋，又如字。为隋主褒美许善心张本。

甲子，隋以出师，有事于太庙，命晋王广、秦王俊、清河公杨素皆为行军元帅。帅，所类翻。广出六合，六合本汉堂邑县之地，江左立秦郡及尉氏县，后周改秦郡为六合郡。隋开皇初，废郡，改尉氏县为六合县。俊出襄阳，秦王俊以山南道行台镇襄阳；今自襄阳出指汉口。素出永安，素镇永安，自永安下三峡。荆州刺史刘仁恩出江陵，荆江治江陵，使刘仁恩出师，会杨素东下。蕲州刺史王世积出蕲春，蕲州治蕲春，使王世积出师，自蕲口临江津。蕲，音机，又音其。庐州总管韩擒虎出庐江，庐州治庐江，使韩擒虎出师，自横江渡，攻姑孰。吴州总管贺若弼出广陵，吴州治广陵，使贺若弼自瓜洲渡江，攻京口。若，人者翻。青州总管弘农燕荣出东海，东海郡，海州。青州治益都。此盖使燕荣以青州之师出朐山渡海以攻南沙也。燕，因肩翻。凡总管九十，兵五十一万八千，皆受晋王节度。东接沧海，西拒巴、蜀，旌旗舟楫，横亘数千里。以左仆射高颎为晋王元帅长史，帅，所类翻。长，知两翻。右仆射王韶为司马，军中事皆取决焉；区处支度，处，昌吕翻。度，徒洛翻。无所凝滞。

十一月，丁卯，隋主亲饯将士；乙亥，至定城，述征记：定城去潼关三十里，夹道各一城。陈师誓众。

6 丙子，立皇弟叔荣为新昌王，叔匡为太原王。

7 隋主如河东；河东，蒲州。十二月，庚子，还长安。

8 突厥莫何可汗西击邻国，中流矢而卒。厥，九勿翻。可，从刊入声。汗，音寒。中，竹仲翻。卒，子恤翻。国人立雍虞闾，号颉伽施多那都蓝可汗。为突厥复乱张本。颉，户结翻。伽，求迦翻。

9 隋军临江，高颎谓行台吏部郎中薛道衡曰："今兹大举，江东必可克乎？"道衡曰："克之。尝闻郭璞有言：郭璞，晋人，知数之士也。'江东分王三百年，王，于况翻。复与中国合，'今此数将周，一也。晋元帝南渡，即王位于建康，岁在丁丑，是年，岁在戊申，凡二百七十二年。主上恭俭勤劳，叔宝荒淫骄侈，二也。国之安危在所委任，彼以江总为相，唯事诗酒，拔小人施文庆，委以政事，萧摩诃、任蛮奴为大将，皆一夫之用耳，三也。任蛮奴，即任忠。我有道而大，彼无德而小，量其甲士不过十万，量，音良。西自巫峡，东至沧海，分之则势悬而力弱，聚之则守此而失彼，四也。席卷之势，事在不疑。"卷，读曰捲。颎忻然曰："得君言成败之理，令人豁然。本以才学相期，不意筹略乃尔。"尔，犹言如此也。

秦王俊督诸军屯汉口，为上流节度。诏以散骑常侍周罗睺都督巴峡缘江诸军事以拒之。散，悉亶翻。骑，奇寄翻。

杨素引舟师下三峡，军至流头滩。将军戚昕以青龙百馀艘【章：十二行本"艘"下有"兵数千人"四字；乙十一行本同；孔本同；张校同。】守狼尾滩，地势险峭，隋人患之。水经注：江水过流头滩，又东径古宜昌县北，又东径狼尾滩，其地犹在黄牛峡之西。杜佑通典曰：狼尾滩，今夷陵郡宜都县界。艘，苏遭翻。峭，七笑翻。素曰："胜负大计，在此一举。若昼日下船，彼见我虚实，滩流迅激，制不由人，则吾失其便；不如以夜掩之。"素亲帅黄龙数千艘，衔枚而下，遣开府仪同三司王长袭引步卒自南岸击昕别栅，大将军刘仁恩帅甲骑自北岸趣白沙，迟明而至，击之；昕败走，悉俘其众，劳而遣之，帅，读曰率；下同。艘，苏遭翻。栅，直革翻。骑，奇寄翻。趣，七喻翻。迟，直二翻。劳，力到翻。秋毫不犯。

素帅水军东下，舟舻被江，舻，音卢。被，皮义翻。旌甲曜日。素坐平乘大船，容貌雄伟，陈人望之，皆惧，曰："清河公即江神也!"

江滨镇戍闻隋军将至，相继奏闻；施文庆、沈客卿并抑而不言。

初，上以萧岩、萧瓛，梁之宗室，拥众来奔，心忌之，故远散其众，以岩为东扬州刺史，瓛为吴州刺史；瓛，户官翻。萧岩、萧瓛来奔及出藩事，并见上年。使领军任忠出守吴兴郡，以襟带二州。任，音壬。使南平王嶷镇江州，永嘉王彦镇南徐州。江州治寻阳，南徐州治京口，皆缘江重镇也。嶷，鱼力翻。寻召二王赴明年元会，命缘江诸防船舰悉从二王还都，舰，户黯翻。为威势以示梁人之来者。由是江中无一斗船，上流诸州兵皆阻杨素军，不得至。

湘州刺史晋熙王叔文，湘州治长沙。在职既久，大得人和，上以其据有上流，阴忌之；自度素与群臣少恩，度，徒洛翻。少，诗沼翻。恐不为用，无可任者，乃擢施文庆为都督、湘州刺史，配以精兵二千，欲令西上；上，时掌翻。仍征叔文还朝。朝，直遥翻；下同。文庆深喜其事，然惧出外之后，执事者持己短长，因进其党沈客卿以自代。

未发间，二人共掌机密。护军将军樊毅言于仆射袁宪曰："京口、采石俱是要地，各须锐兵五千，并出金翅二百，缘江上下，以为防备。"金翅，船名。宪及骠骑将军萧摩诃皆以为然，骠，匹妙翻。骑，奇寄翻。乃与文武群臣共议，请如毅策。未几，韩擒虎济采石，贺若弼拔京口，二道并进，而陈以亡。地有所必守，盖不待智者而后知也。施文庆恐无兵从己，废其述职，孟子曰：诸侯朝于天子曰述职。此以出守藩方为述职。而客卿又利文庆之任，之，往也。任，职也。之任，往赴所职也。己得专权，文庆与客卿时共掌机密，文庆若出，则客卿得专之。俱言于朝："必有论议，不假面陈；但作文启，即为通奏。"谓朝臣若必有所陈说，不须面见陈主言之；但文字来，便为闻达。为，于伪翻；下内为同。宪等以为然，二人赍启入。白帝曰："此是常事，边城将帅足以当之。将，即亮翻。帅，所类翻。若出人船，必恐惊扰。"

及隋军临江，间谍骤至，间，古苋翻。谍，徒协翻。宪等殷勤奏请，至于再三。文庆曰："元会将逼，南郊之日，太子多从；陈仍梁制，以间岁正月上辛祀天地于南、北二郊，用特牛一。盖来年正月当行此礼，故施文庆云然。从，才用翻。今若出兵，事便废阙。"帝曰："今且出兵，若北边无事，因以水军从郊，何为不可！"又曰："如此则声闻邻境，闻，音问。便谓国弱。"后又以货动江总，总内为之游说，谓众言杂进之后，文庆又以货动江总，使之助己。说，输芮翻。帝重违其意，重，如字。而迫群官之请，乃令付外详议。总又抑宪等，由是议久不决。

帝从容谓侍臣曰："王气在此。齐兵三来，周师再来，无不摧败。齐师三来，谓梁敬帝绍泰元年徐嗣徽、任约以齐师袭建康，据石头。太平元年，复袭破采石，与齐萧轨同入寇，逼建康。世祖天嘉元年，齐将刘伯球、慕容恃德助王琳下芜湖，皆败。周师再来，谓天嘉元年独孤盛、贺若敦入湘川，临海王光大元年，宇文直、元定助华皎，皆败。从，千容翻。彼何为者邪！”都官尚书孔范曰：“长江天堑，古以为限隔南北，魏文帝伐吴，临江，见江涛汹涌，叹曰：“固天所以限南北也。”堑，七艳翻。今日虏军岂能飞渡邪！边将欲作功劳，妄言事急。将，即亮翻。臣每患官卑，虏若渡江，臣定作太尉公矣！”孔范自谓兼资文武，故大言自诡立功。自晋、宋以来，率谓三公为太尉公、司徒公、司空公。或妄言北军马死，范曰：“此是我马，何为而死！”言马若渡江，必不能北归，将悉为我有，亦大言也。帝笑以为然，故不为深备，奏伎、纵酒、赋诗不辍。伎，渠绮翻，女乐也。

10 是岁，吐谷浑裨王拓跋木弥吐谷浑自亦有拓跋姓。裨，音卑。吐，从暾入声。谷，音浴。请以千馀家降隋。降，户江翻。隋主曰：“普天之下，皆是朕臣，朕之抚育，俱存仁孝。浑贼惛狂，妻子怀怖，怖，普故翻。并思归化，自救危亡。然叛夫背父，不可收纳。背，蒲妹翻。又其本意正自避死，今若违拒，又复不仁。若更有音信，但宜慰抚，任其自拔，不须出兵应接。其妹夫及甥欲来，亦任其意，不劳劝诱也。”所谓“叛夫背父”、“妹夫及甥”，当时必皆有主名，而史不详纪。隋书作“名王拓跋木弥”，“裨王”亦用汉书语。背，蒲妹翻。诱，羊久翻。

11 河南王移兹裒卒，隋主令其弟树归袭统其众。移兹裒降隋见上卷高宗太建十三年。裒，蒲侯翻。卒，子恤翻。

王崇武标点顾颉刚聂崇岐覆校

资治通鉴卷第一百七十七

端明殿学士兼翰林侍读学士朝散大夫右谏议大夫
充集贤殿修撰提举西京嵩山崇福宫上柱国河内郡 司马光 奉敕编集
开国侯食邑一千八百户食实封六百户赐紫金鱼袋臣

后学天台胡三省音注

隋纪一

起屠维作噩(己酉),尽重光大渊献(辛亥),凡三年。

隋,即春秋随国,为楚所灭,以为县。秦、汉属南阳郡,晋属义阳郡,后分置随郡;梁曰随州,后入西魏。杨忠从周太祖,以功封随国公;子坚袭爵,受周禅,遂以随为国号。又以周、齐不遑宁处,去"辵"作"隋",以辵训走故也。辵,音绰。

高祖文皇帝上之上

讳坚,姓杨氏。隋书云:弘农郡华阴人也,汉太尉震八代孙铉,生子元寿,后魏时为武川镇司马,子孙因家焉。元寿玄孙忠,从周太祖起义关西,寔生帝。自陈宣帝太建十三年至开皇九年,隋有西北八年矣。以通鉴纪年于此九年为隋纪年之始,故书上之上。

开皇九年(己酉、五八九)帝以陈高宗太建十三年受周禅,至是年平陈,混壹天下。通鉴纪事,乃以开皇系年。

1 春,正月,乙丑朔,陈主朝会群臣,大雾四塞,朝,直遥翻。塞,悉则翻。入人鼻,皆辛酸,陈主昏睡,至晡时乃寤。日加申为晡。晡,奔谟翻。

是日,贺若弼自广陵引兵济江。若,人者翻。先是,弼以老马多买陈船而匿之,买弊船五六十艘,置于渎内。先,悉荐翻。艘,苏遭翻。尔雅:水注浍曰渎。陈人觇之,以为内国无船。觇,丑廉翻，又丑艳翻。内国，即中国，隋避讳，改曰内。弼又请缘江防人每交代之际，必集广陵，于是大列旗帜，营幕被野，帜，昌志翻。被，皮义翻。陈人以为隋兵大至，急发兵为备，既知防人交代，其众复散；后以为常，不复设备。复，扶又翻。又使兵缘江时猎，人马喧噪。故弼之济江，陈人不觉。韩擒虎将五百人自横江宵济采石，横江浦，在和州界。采石矶，在今太平州北三十里对岸津渡处。将，即亮翻；下将兵同。守者皆醉，遂克之。德祐甲戌十有二月沙武口之事亦犹此。晋王广帅大军屯六合镇桃叶山，隋志：江都郡六合县，旧曰尉氏，置秦郡，后齐置秦州。后周改州曰方州，改郡曰六合。开皇初，郡废；四年，改尉氏曰六合。张舜民曰：桃叶山，即今瓜步镇之地。帅，读曰率。

丙寅，采石戍主徐子建驰启告变；丁卯，召公卿入议军旅。戊辰，陈主下诏曰："犬羊陵纵，侵窃郊畿，蜂虿有毒，宜时扫定。虿，丑迈翻。朕当亲御六师，廓清八表，内外并可戒严。"以骠骑将军萧摩诃、护军将军樊毅、中领军鲁广达并为都督，骠，匹妙翻。骑，奇寄翻。司空司马消难、湘州刺史施文庆并为大监军，去年冬，陈主擢施文庆督湘州，未及之镇而隋兵渡江。难，乃旦翻。监，工衔翻。遣南豫州刺史樊猛帅舟师出白下，陈南豫州治宣城，时徙镇姑孰。白下城合白石垒，唐武德移江宁县于此，名白下县。帅，读曰率。散骑常侍皋文奏将兵镇南豫州。重立赏格，僧、尼、道士，尽令执役。尼，女夷翻。

庚午，贺若弼攻拔京口，执南徐州刺史黄恪。南徐州治京口。弼军令严肃，秋毫不犯，有军士于民间酤酒者，弼立斩之。所俘获六千馀人，弼皆释之，给粮劳遣，劳，力到翻。付以敕书，令分道宣谕。令，力丁翻。于是所至风靡。

樊猛在建康，其子巡摄行南豫州事。辛未，韩擒虎进攻姑孰，半日，拔之，执巡及其家口。今太平州当涂县南二里有姑孰溪，西入大江，盖因旧镇而得名。皋文奏败还。江南父老素闻擒虎威信，来谒军门者昼夜不绝。

鲁广达之子世真在新蔡，与其弟世雄及所部降于擒虎，侯景之乱，鲁悉达纠合乡人以保新蔡，鲁氏遂世袭以事陈。新蔡注见一百六十四卷梁世祖承圣元年。降，户江翻。遣使致书招广达。使，疏吏翻。广达时屯建康，自劾，诣廷尉请罪；劾，户概翻，又户得翻。陈主慰劳之，加赐黄金，遣还营。劳，力到翻。樊猛与左卫将军蒋元逊将青龙八十艘于白下游弈，以御六合兵；陈主以猛妻子在隋军，惧有异志，欲使镇东大将军任忠代之，任，音壬。令萧摩诃徐谕猛，猛不悦，陈主重伤其意而止。重，如字，难也。

于是贺若弼自北道，韩擒虎自南道并进，京口于建康为北，姑孰于建康为南。缘江诸戍，望风尽走；弼分兵断曲阿之冲而入。曲阿，本云阳，秦时，人言其地有天子气，始皇凿北坑以败其势，截直道使阿曲，改曰曲阿。其地在武进、丹徒二县之间。弼分兵断其冲，恐三吴之兵入救建康，掎其后也。断，音短。陈主命司徒豫章王叔英屯朝堂，萧摩诃屯乐游苑，朝，直遥翻。乐，音洛。樊毅屯耆阇寺，阇，视遮翻。鲁广达屯白土冈，忠武将军孔范屯宝田寺，忠武将军，梁置，班十九；陈拟官品第四，秩中二千石，位次四平将军。己卯，任忠自吴兴入赴，去年使任忠出守吴兴。仍屯朱雀门。晋孝武帝建朱雀门，上有两铜雀，前直大航，谓之朱雀航。

辛未，贺若弼进据钟山，钟山在今上元县东北十八里。舆地志：古曰金陵山，县名因此。又名蒋山，汉末秣陵尉蒋子文讨贼死此山下，孙氏都秣陵，以其祖讳钟，因改名蒋山。顿白土冈之东。晋王广遣总管杜彦与韩擒虎合军，步骑二万屯于新林。新林浦，去今建康城二十里，西直白鹭洲。蕲州总管王世积以舟师出九江，蕲，音机，又音其。王世积，阐熙新囯人。按班志，庐江郡寻阳县，禹贡九江皆在南，东合为大江。应劭曰：江自庐江寻阳分为九。汉之寻阳县在今蕲州界。王世积以舟师自蕲水出九江。囯，古国字。破陈将纪瑱于蕲口，蕲水入江之口。将，即亮翻；下同。

瑱，他殿翻，又音镇。陈人大骇，降者相继。降，户江翻。晋王广上状，上，时掌翻。帝大悦，宴赐群臣。

时建康甲士尚十馀万人，陈主素怯懦，不达军士，懦，乃卧翻，又奴乱翻。士，读曰事。【章：乙十一行本正作“事”；孔本同；张校同；退斋校同。】唯日夜啼泣，台内处分，一以委施文庆。处，昌吕翻。分，扶问翻。文庆既知诸将疾己，恐其有功，乃奏曰：“此辈怏怏，怏，于两翻。素不伏官，迫此事机，那可专信！”由是诸将凡有启请，率皆不行。

贺若弼之攻京口也，萧摩诃请将兵逆战，陈主不许。及弼至钟山，摩诃又曰：“弼悬军深入，垒堑未坚，堑，七艳翻。出兵掩袭，可以必克。”又不许。陈主召摩诃、任忠于内殿议军事，忠曰：“兵法：客贵速战，主贵持重。今国家足兵足食，宜固守台城，缘淮立栅，北军虽来，勿与交战；分兵断江路，断，丁管翻；下同。无令彼信得通。给臣精兵一万，金翅三百艘，下江径掩六合；彼大军必谓其渡江将士已被俘获，自然挫气。被，皮义翻。淮南土人与臣旧相知悉，今闻臣往，必皆景从。师古曰：景从，言如景之从形也。臣复扬声欲往徐州，断彼归路，则诸军不击自去。徐州，彭汴之路也。复，扶又翻。断，丁管翻。待春水既涨，上江周罗睺等众军必沿流赴援。周罗睺时督水军，在郢汉。此良策也。”陈主不能从。明日，欻然曰：欻，许勿翻。“兵久不决，令人腹烦，可呼萧郎一出击之。”任忠叩头苦请勿战。孔范又奏：“请作一决，当为官勒石燕然。”孔范以窦宪破匈奴事自诡，奸谄之误国亡家如此。为，于伪翻；下同。燕，于贤翻。陈主从之，谓摩诃曰：“公可为我一决！”摩诃曰：“从来行陈，行，户刚翻。陈，读曰阵。为国为身；今日之事，兼为妻子。”陈主多出金帛赋诸军以充赏。赋，给与也，分界也。甲申，使鲁广达陈于白土冈，陈，读曰阵；下同。居诸军之南，任忠次之，樊毅、孔范又次之，萧摩诃军最在北。诸军南北亘二十里，首尾进退不相知。

贺若弼将轻骑登山，望见众军，因驰下，与所部七总管杨牙、员明等将，即亮翻。骑，奇寄翻；下同。员，音运，姓也。甲士凡八千，勒陈以待之。陈主通于萧摩诃之妻，故摩诃初无战意；唯鲁广达以其徒力战，与弼相当。隋师退走者数四，弼麾下死者二百七十三人，弼纵烟以自隐，窘而复振。窘，渠陨翻。复，扶又翻；下同。陈兵得人头，皆走献陈主求赏，弼知其骄惰，更引兵趣孔范；趣，七喻翻，又读曰趋。范兵暂交即走，陈诸军顾之，骑卒乱溃，不可复止，死者五千人。员明擒萧摩诃，送于弼，弼命牵斩之，摩诃颜色自若，弼乃释而礼之。

任忠驰入台，见陈主言败状，曰："官好住，好，宜也；住，止也；今南人犹有是言。臣无所用力矣！"陈主与之金两縢，縢，徒登翻。以绳约物曰縢。使募人出战，忠曰："陛下唯当具舟楫，就上流众军，谓往就周罗睺等。臣以死奉卫。"陈主信之，敕忠出部分，分，扶问翻。令宫人装束以待之，怪其久不至。时韩擒虎自新林进军，忠已帅数骑迎降于石子冈。帅，读曰率。降，户江翻；下同。领军蔡征守朱雀航，闻擒虎将至，众惧而溃。忠引擒虎军直入朱雀门，陈人欲战，忠挥之曰："老夫尚降，诸军何事！""军"，或作"君"。众皆散走。于是城内文武百司皆遁，唯尚书仆射袁宪在殿中，尚书令江总等数人居省中。陈主谓袁宪曰："我从来接遇卿不胜馀人，今日但以追愧。此犹刘禅之于郤正也。非唯朕无德，亦是江东衣冠道尽。"

陈主遑遽，将避匿，宪正色曰："北兵之入，必无所犯。大事如此，陛下去欲安之！臣愿陛下正衣冠，御正殿，依梁武帝见侯景故事。"事见一百六十二卷梁武帝太清三年。陈主不从，下榻驰去，曰："锋刃之下，未可交当，吾自有计！"从宫人十馀出后堂景阳殿，将自投于井，宪苦谏不从；后阁舍人夏侯公韵以身蔽井，夏，户雅翻。陈主与争，久之，乃得入。既而军人窥井，呼之，不应，欲下石，乃闻叫声；以绳引之，惊其太重，及出，乃与张贵妃、孔贵嫔同束而上。祝穆曰：景阳井在法宝寺。或云，白莲阁下有小池，面方丈馀。或云，在保宁寺览辉亭侧。旧传云：栏有石脉，以帛拭之，作胭脂痕，一名胭脂井，又名辱井。梁制：有殿中舍人、守舍人。陈制：殿中舍人为三品蕴位，守舍人为三品勋位，在九品之外。后阁舍人，盖殿中舍人之守后阁者。沈后居处如常。处，昌吕翻。太子深年十五，闭阁而坐，舍人孔伯鱼侍侧，此太子舍人也。梁制：太子中舍人四人，掌其坊之禁令；舍人十六人，掌文记。中舍人八班，舍人三班。陈制：中舍人六百石，舍人亦如之。军士叩阁而入，深安坐，劳之曰：劳，力到翻。"戎旅在涂，不至劳也！"军士咸致敬焉。时陈人宗室王侯在建康者百馀人，陈主恐其为变，皆召入，令屯朝堂，使豫章王叔英总督之，又阴为之备，及台城失守，相帅出降。朝，直遥翻；下同。守，式又翻。帅，读曰率。降，户江翻。

贺若弼乘胜至乐游苑，乐，音洛。鲁广达犹督馀兵苦战不息，所杀获数百人，会日暮，乃解甲，面台再拜恸哭，谓众曰："我身不能救国，负罪深矣！"士卒皆流涕歔欷，歔，音虚。欷，音希，又许既翻。遂就擒。诸门卫皆走，弼夜烧北掖门入，闻韩擒虎已得陈叔宝，呼视之，叔宝惶惧，流汗股栗，向弼再拜。弼谓之曰："小国之君当大国之卿，拜乃礼也。入朝不失作归命侯，朝，直遥翻。孙晧降晋，封归命侯。无劳恐惧。"既而耻功在韩擒虎后，与擒虎相询，挺刃而出；询，苦候翻，骂也。挺，拔也。欲令蔡征为叔宝作降笺，命乘骡车归己，骡，卢戈翻。事不果。弼置叔宝于德教殿，以兵卫守。

高颎先入建康，颎子德弘为晋王广记室，颎，居永翻。隋制，诸王记室参军在录事、功曹之下。广使德弘驰诣颎所，令留张丽华，颎曰："昔太公蒙面以斩妲己，妲己，有苏氏之美女，商纣嬖之，武王胜殷，杀纣，并诛妲己。妲，当割翻。己，音纪。今岂可留丽华！"乃斩之于青溪。德弘还报，广变色曰："昔人云，'无德不报'，诗大雅抑之辞。我必有以报高公矣！"由是恨颎。使高颎留丽华而广纳之，文帝必怒，安得成他日夺嫡之谋，是诚宜德之也，顾恨之邪！史为广杀颎张本。

丙戌，晋王广入建康，以施文庆受委不忠，曲为谄佞以蔽耳目，沈客卿重赋厚敛以悦其上，与太市令阳慧朗、刑法监徐析、尚书都令史暨慧皆为民害，斩于石阙下，以谢三吴。敛，力赡翻。暨，戟乙翻。"阳慧朗"一作"惠朗"。"暨慧"之下逸"景"字。使高颎与元帅府记室裴矩帅，所类翻。收图籍，封府库，资财一无所取，天下皆称广，以为贤。矩，让之之弟子也。裴让之见一百五十八卷梁武帝大同四年。

广以贺若弼先期决战，违军令，收以属吏。先，悉荐翻。属，之欲翻。上驿召之，诏广曰："平定江表，弼与韩擒虎之力也。"赐物万段；又赐弼与擒虎诏，美其功。

开府仪同三司王颁，僧辩之子，夜，发陈高祖陵，焚骨取灰，投水而饮之。报雠也。陈高祖杀僧辩事见一百六十六卷梁敬帝绍泰元年。既而自缚，归罪于晋王广；广以闻，上命赦之。诏陈高祖、世祖、高宗陵，总给五户分守之。

上遣使以陈亡告许善心，使，疏吏翻。善心衰服号哭于西阶之下，藉草东向坐三日；去年陈遣善心来聘，留于客馆，不遣还，事见上卷。西阶，宾阶也。衰服、藉草，丧礼也。衰，吐雷翻。号，户刀翻。藉，慈夜翻。敕书唁焉。唁，鱼战翻。吊生曰唁。明日，有诏就馆，拜通直散骑常侍，散，悉亶翻。骑，奇寄翻。赐衣一袭。衣单复具曰袭。善心哭尽哀，入房改服，改衰服，服赐服。复出，北面立，复，扶又翻。垂泣，再拜受诏，明日乃朝，朝，直遥翻。伏泣于殿下，悲不能兴。上顾左右曰："我平陈国，唯获此人。既能怀其旧君，即我之诚臣也。”敕以本官直门下省。通直散骑常侍属门下省。今敕善心以本官直门下省，何也？按唐六典，晋始有门下省，散骑常侍虽隶门下，别为一省，潘岳云“寓直散骑之省”是也，此隋所以命许善心以通直散骑常侍直门下省欤？

陈水军都督周罗睺与郢州刺史荀法尚守江夏，江夏，陈郢州治所。夏，户雅翻。秦王俊督三十总管水陆十馀万屯汉口，不得进，汉水入江之口，即沔口也。相持逾月。陈荆州刺史陈慧纪遣南康内史吕忠肃屯岐亭，按杨素传，忠肃屯岐亭，正据江峡。则岐亭在西陵峡口也。考异曰：隋书作“吕仲肃”，南史作“吕肃”，今从陈书。据巫峡，按水经，江水出巫峡过秭归夷陵，径流头狼尾滩，而后东径西陵峡。去年冬，杨素破戚昕，其舟师已过狼尾而东，吕忠肃所据者，盖西陵峡也。当从杨素传作“江峡”为通。于北岸凿岩，缀铁锁三条，考异曰：南史作“五条”，今从隋书。横截上流以遏隋船，忠肃竭其私财以充军用。杨素、刘仁恩奋兵击之，四十馀战，忠肃守险力争，隋兵死者五千馀人，陈人尽取其鼻以求功赏。既而隋师屡捷，获陈之士卒，三纵之。忠肃弃栅而遁，素徐去其锁；去，羌吕翻。忠肃复据荆门之延洲，素遣巴蜑千人，蜑亦蛮也。居巴中者曰巴蜑。此水蜑之习于用舟者也。蜑，徒旱翻。乘五牙四艘，以拍竿碎其十馀舰，艘，苏遭翻。舰，户黯翻。遂大破之，俘甲士二千馀人，忠肃仅以身免。陈信州刺史顾觉屯安蜀城，弃城走。梁置信州于巴东，西魏取之，其地时属隋，故陈信州刺史屯于安蜀城。陈慧纪屯公安，公安，陈荆州治所。悉烧其储蓄，引兵东下，于是巴陵以东无复城守者。陈慧纪帅将士三万人，楼船千馀艘，沿江而下，复，扶又翻。帅，读曰率；下同。将，即亮翻；下同。欲入援建康，为秦王俊所拒，不得前。是时，陈晋熙王叔文罢湘州，还，至巴州，慧纪推叔文为盟主。巴州，治巴陵。而叔文已帅巴州刺史毕宝等致书请降于俊，俊遣使迎劳之。帅，读曰率。降，户江翻。使，疏吏翻；下同。劳，力到翻。会建康平，晋王广命陈叔宝手书招上江诸将，使樊毅诣周罗睺，陈慧纪子正业诣慧纪谕指。时诸城皆解甲，罗睺乃与诸将大临三日，将，即亮翻。临，力浸翻。放兵散，然后诣俊降，陈慧纪亦降，上江皆平。杨素下至汉口，与俊会。王世积在蕲口，闻陈已亡，【章：甲十一行本“亡”下有“移书”二字；乙十一行本同；孔本同；张校同。】告谕江南诸郡，于是江州司马黄偲弃城走，蕲，音机，又音其。偲，音思。豫章诸郡太守皆诣世积降。守，式又翻。

癸巳，诏遣使者巡抚陈州郡。二月，乙未，废淮南行台省。晋王广于时将凯还也。

2 苏威奏请五百家置乡正，使治民，简辞讼。治，直之翻；下同。李德林以为："本废乡官判事，为其里闾亲识，剖断不平，为其，于伪翻。断，丁乱翻。今令乡正专治五百家，恐为害更甚。且要荒小县，有不至五百家者，令，力丁翻。要，一遥翻。岂可使两县共管一乡！"帝不听。丙申，制："五百家为乡，置乡正一人；百家为里，置里长一人。"长，知两翻。

3 陈吴州刺史萧瓛能得物情，陈亡，吴人推瓛为主，瓛，户官翻。右卫大将军武川宇文述帅行军总管元契、张默言等讨之。落丛公燕荣以舟师自东海至，【章：甲十一行本“至”下有“亦受述节度”五字；乙十一行本同；孔本同；张校同。】隋书：宇文述，代郡武川人。地理志：马邑郡善阳县，大业初置代郡。顺政郡鸣水县，西魏置落丛县及落丛郡。顺政，西魏之兴州也。东海郡，海州。燕荣舟师自海道入湖，可至吴州，陈置吴州于吴郡。燕，因肩翻。陈永新侯陈君范自晋陵奔瓛，沈约志：永新县，吴立，属安成太守。隋废安成郡为安复县。晋陵与吴接壤。并军拒述。述军且至，瓛立栅于晋陵城东，留兵拒述，遣其将王褒守吴州，自义兴入太湖，欲掩述后。述进破其栅，回兵击瓛，大破之；栅，测革翻。将，即亮翻。又遣兵别道袭吴州，王褒衣道士服弃城走。衣，于既翻。瓛以馀众保包山，包山，在太湖中，其地西北距吴县百二十里，又名洞庭山，四面皆水，地占三乡，环四十里，土宜橘柚。燕荣击破之。瓛将左右数人匿民家，为人所执。述进至奉公埭，燕，因肩翻。将，音如字，领也，携也。埭，徒盖翻。陈东扬州刺史萧岩以会稽降，与瓛皆送长安，斩之。以岩等驱江陵士女降陈也，事见上卷陈长城公祯明元年。

杨素之下荆门也，遣别将庞晖将兵略地，南至湘州，城中将士，莫有固志。【章：甲十一行本“志”下有“刻日请降”四字；乙十一行本同；孔本同；张校同。】将，即亮翻；下同。刺史岳阳王叔慎，年十八，置酒会文武僚吏。酒酣，叔慎叹曰：“君臣之义，尽于此乎！”按陈湘州刺史陈叔文既去镇，施文庆实代之阻隋兵，不及至，湘州必有守之者，但未知叔慎何时所命耳。长史谢基伏而流涕。湘州助防遂兴侯正理在坐，遂兴县侯也。沈约志：庐陵郡有遂兴县，吴立，曰新兴，晋武帝太康元年更名。长，知两翻。坐，徂卧翻。乃起曰：“主辱臣死。诸君独非陈国之臣乎！今天下有难，难，乃旦翻。实致命之秋也；纵其无成，犹见臣节，青门之外，有死不能！召平，秦时东陵侯，秦亡为民，种瓜青门外。正理自谓陈亡之后，不能编于民伍以求活。今日之机，不可犹豫，后应者斩！”众咸许诺。乃刑牲结盟，仍遣人诈奉降书于庞晖。降，户江翻。晖信之，克期入城，叔慎伏甲待之，晖至，执之以徇，并其众皆斩之。叔慎坐于射堂，招合士众，数日之中，得五千人。衡阳太守樊通、武州刺史邬居业皆请举兵助之。隋志：长沙郡衡山县，旧置衡阳郡。武陵郡，旧置武州。邬姓，其先仕晋为邬大夫，子孙因以为氏。邬，乌古翻。守，式又翻。隋所除湘州刺史薛胄将兵适至，与行军总管刘仁恩共击之；叔慎遣其将陈正理与樊通拒战，将，即亮翻。兵败。胄乘胜入城，禽叔慎，仁恩破邬居业于横桥，亦擒之，俱送秦王俊，斩于汉口。

岭南未有所附，数郡共奉高凉郡太夫人洗氏为主，高凉县置高凉郡。冼，音铣，又音线。号圣母，保境拒守。诏遣柱国韦洸等安抚岭外，陈豫章太守徐璒据南康拒之，徐璒自豫章退保南康。南康郡治赣县。洸，古黄翻。守，式又翻。璒，都滕翻。洸等不得进。晋王广遣陈叔宝遗夫人书，遗，于季翻。谕以国亡，使之归隋。夫人集首领数千人，尽日恸哭，遣其孙冯魂帅众迎洸。冼氏嫁冯融见一百六十三卷梁简文帝大宝元年。帅，读曰率。洸击斩徐璒，入，至广州，说谕岭南诸州皆定；说，式芮翻。考异曰：隋帝纪："十年八月壬申，遣洸等巡抚岭南，百越皆服。"按陈以九年正月亡，至来年八月，并闰计二十一月，岂有冼氏犹不知者！冼氏传又云晋王遣陈主遗夫人书，则事在九年三月前也，帝纪所云，盖谓百越已服，奏到朝廷之日也。表冯魂为仪同三司，册冼氏为宋康郡夫人。宋文帝元嘉九年，分高凉，立宋康郡。隋志：高凉郡杜原县，旧有永宁、宋康二郡。洸，夐之子也。韦夐见一百六十七卷陈高祖永定三年。夐，休正翻。

衡州司马任瓌劝都督王勇据岭南，隋志：梁置衡州于广州含洭县。任，音壬。瓌，古回翻。求陈氏子孙，立以为帝；勇不能用，以所部来降，降，户江翻。瓌弃官去。瓌，忠之弟子也。任瓌志趣如此，宜其能自表见于唐元也；萧摩诃儿豚犬耳。

于是陈国皆平，陈高祖受梁禅，岁在丁丑，至是而亡，凡五主，三十三年。得州三十，郡一百，县四百。按隋志：陈境当时有扬、东扬、南徐、吴、闽、丰、湘、巴、武、江、郢、广、东衡、衡、高、罗、新、泷、建、成、桂、东宁、静、南定、越、南合、崖、安、交、爱，凡三十州。诏建康城邑宫室，并平荡耕垦，更于石头置蒋州。以蒋山名州也。

晋王广班师，留王韶镇石头城，委以后事。三月，己巳，陈叔宝与其王公百司发建康，诣长安，大小在路，五百里累累不绝。帝命权分长安士民宅以俟之，内外修整，遣使迎劳；陈人至者如归。使，疏吏翻。劳，力到翻；下同。夏，四月，辛亥，帝幸骊山，骊山在新丰县。亲劳旋师。乙巳，（"巳"似应作"卯"。）诸军凯入，奏凯乐而入也。献俘于太庙，陈叔宝及诸王侯将相并乘舆服御、天文图籍等以次行列，将，即亮翻。相，息亮翻。乘，绳证翻；下同。行，户刚翻。仍以铁骑围之，骑，奇寄翻。从晋王广、秦王俊入，列于殿庭。拜广为太尉，赐辂车、乘马、衮冕之服、玄圭、白璧。丙辰，帝坐广阳门观，广阳门之观阙也。观，古玩翻。引陈叔宝于前，及太子、诸王二十八人，司空司马消难以下至尚书郎凡二百馀人，难，乃旦翻。帝使纳言宣诏劳之；劳，力到翻。次使内史令宣诏，责以君臣不能相辅，乃至灭亡。叔宝及其群臣并愧惧伏地，屏息不能对。屏，必郢翻。既而宥之。

初，武元帝迎司马消难，见一百六十七卷陈高祖永定二年。皇考忠，谥武元帝。与消难结为兄弟，情好甚笃，好，呼到翻。帝每以叔父礼事之。及平陈，消难至，特免死，配为乐户，二旬而免，犹以旧恩引见；寻卒于家。见，贤遍翻。卒，子恤翻。

庚【章：甲十一行本"庚"上有"鲁广达追伤本朝沦覆，得疾不疗，愤慨而卒"十七字；乙十一行本同；孔本同；张校同。】戌，帝御广阳门广阳门，大兴宫城正南门也。唐六典曰：隋曰广阳门，开皇二年作，仁寿元年，改曰昭阳门，唐武德元年，改曰顺天门，神龙元年，改承天门。宴将士，自门外夹道列布帛之积，将，即亮翻。积，子赐翻。凡指所聚之物曰积则去声，取物而积叠之则入声。达于南郭，班赐各有差，凡用三百馀万段。故陈之境内，给复十年，复，方目翻。馀州免其年租赋。

乐安公元谐进曰："陛下威德远被，被，皮义翻。臣前请以突厥可汗为候正，厥，九勿翻。可，从刊入声。汗，音寒。陈叔宝为令史，今可用臣言矣。"帝曰："朕平陈国，本以除逆，非欲夸诞。公之所奏，殊非朕心。突厥不知山川，何能警候；叔宝昏醉，宁堪驱使！"谐默然而退。

辛酉，进杨素爵为越公，按隋书，杨素自清河郡公进封郢国公。素言："逆人王谊前封于郢，不愿与之同。"改封越公。以其子玄感为仪同三司，玄奖为清河郡公；赐物万段，粟万石。命贺若弼登御坐，坐，徂卧翻。赐物八千段，加位上柱国，进爵宋公。仍各加赐金宝及陈叔宝妹为妾。

贺若弼、韩擒虎争功于帝前。弼曰："臣在蒋山死战，破其锐卒，擒其骁将，骁，坚尧翻。将，即亮翻；下同。震扬威武，遂平陈国；韩擒虎略不交陈，陈，读曰阵。岂臣之比！"擒虎曰："本奉明旨，令臣与弼同时合势以取伪都，弼乃敢先期，先，悉荐翻。逢贼遂战，致令将士伤死甚多。臣以轻骑五百，兵不血刃，直取金陵，降任蛮奴，骑，奇寄翻。降，户江翻。任，音壬。执陈叔宝，据其府库，倾其巢穴。弼至夕方扣北掖门，臣启关而纳之，斯乃救罪不暇，安得与臣相比！"帝曰："二将俱为上勋。"于是进擒虎位上柱国，赐物八千段。有司劾擒虎放纵士卒，淫污陈宫；劾，户概翻，又户得翻。污，乌路翻。坐此不加爵邑。

加高颎上柱国，进爵齐公，颎，居迥翻。颎自勃海郡公进爵齐国公。赐物九千段。帝劳之曰："公伐陈后，人言公反，朕已斩之。君臣道合，非青蝇所能间也。"劳，力到翻。青蝇以谕谗言。间，古苋翻。帝从容命颎与贺若弼论平陈事，从，千容翻。颎曰："贺若弼先献十策，后于蒋山苦战破贼。臣文吏耳，焉敢与大将论功！"焉，于虔翻。将，即亮翻；下同。帝大笑，嘉其有让。

帝之伐陈也，使高颎问方略于上仪同三司李德林，以授晋王广；至是，帝赏其功，授柱国，封郡公，赏物三千段。已宣敕讫，或说高颎曰："今归功于李德林，诸将必当愤惋，说，输芮翻。惋，乌贯翻。且后世观公有若虚行。"颎入言之，乃止。

以秦王俊为扬州总管四十四州诸军事，镇广陵。晋王广还并州。

晋王广之戮陈五佞也，五佞，谓施文庆、沈客卿、阳慧朗、徐析、暨慧景。未知都官尚书孔范、散骑常侍王瑳、王仪、御史中丞沈瓘之罪，故得免；及至长安，事并露，乙未，帝暴其过恶，投之边裔，以谢吴、越之人。瑳刻薄贪鄙，忌害才能；仪倾巧侧媚，献二女以求亲昵；散，悉亶翻。骑，奇寄翻。瑳，仓何翻。昵，尼质翻。瓘险惨苛酷，发言邪谄，故同罪焉。

帝给赐陈叔宝甚厚，数得引见，班同三品；每预宴，恐致伤心，为不奏吴音。数，所角翻。见，贤遍翻。为，于伪翻。后监守者奏言："叔宝云，'既无秩位，每预朝集，愿得一官号。'"帝曰："叔宝全无心肝！"监者又言："叔宝常醉，监，古衔翻。朝，直遥翻。罕有醒时。"帝问："饮酒几何？"对曰："与其子弟日饮一石。"帝大惊，使节其酒，既而曰："任其性；不尔，何以过日！"呜呼，此陈叔宝所以得死于枕席也！帝以陈氏子弟既多，恐其在京城为非，乃分置边州，给田业使为生，岁时赐衣服以安全之。

诏以陈尚书令江总为上开府仪同三司，仆射袁宪、骠骑萧摩诃、领军任忠皆为开府仪同三司，射，寅谢翻。骠，匹妙翻。骑，奇寄翻。任，音壬。吏部尚书吴兴姚察为秘书丞。上嘉袁宪雅操，下诏，以为江表称首，授昌州刺史。隋志：春陵郡，后魏置南荆州，西魏改曰昌州。闻陈散骑常侍袁元友数直言于陈叔宝，擢拜主爵侍郎。散，悉亶翻。骑，奇寄翻。隋志：主爵侍郎，属吏部尚书。谓群臣曰："平陈之初，我悔不杀任蛮奴。受人荣禄，兼当重寄，不能横尸徇国，乃云无所用力，与弘演纳肝何其远也！"卫懿公与狄人战于荥泽，为狄人所杀，弘演纳肝以殉之。

帝见周罗睺，慰谕之，许以富贵。罗睺垂泣对曰："臣荷陈氏厚遇，荷，下可翻。本朝沦亡，无节可纪。朝，直遥翻；下同。得免于死，陛下之赐也，何富贵之敢望！"贺若弼谓罗睺曰："闻公郢、汉捉兵，若，人者翻。捉，把也。即知扬州可得。王师利涉，果如所量。”量，音良。罗睺曰：“若得与公周旋，胜负未可知。”周罗睺何以得比于贺若弼哉！史家溢美耳。顷之，拜上仪同三司。先是，陈将羊翔来降，先，悉荐翻。降，户江翻。伐陈之役，使为乡导，乡，读曰向。位至上开府仪同三司，班在罗睺上。韩擒虎于朝堂戏之曰：“不知机变，乃立在羊翔之下，能无愧乎！”朝，直遥翻。罗睺曰：“昔在江南，久承令问，令，力定翻，美也。谓公天下节士；今日所言，殊非所望。”擒虎有愧色。

帝之责陈君臣也，陈叔文独欣然有得色。得色，自得其意而形于色。既而复上表自陈：复，扶又翻。“昔在巴州，已先送款，乞知此情，望异常例！”帝虽嫌其不忠，而欲怀柔江表，乃授叔文开府仪同三司，拜宜州刺史。宜州置于京兆华原县。

初，陈散骑常侍韦鼎聘于周，韦鼎传：陈太建中聘周。散，悉亶翻。骑，奇寄翻。遇帝而异之，谓帝曰：“公当大贵，贵则天下一家，岁一周天，岁星，木星也，十二年一周天。老夫当委质于公。”质，如字。及至德之初，陈长城公即位，改元至德。鼎为太府卿，尽卖田宅，大匠卿毛彪问其故，鼎曰：“江东王气，尽于此矣！王，于况翻，又音如字。吾与尔当葬长安。”及陈平，上召鼎为上仪同三司。鼎，叡之孙也。韦叡著功名于梁武帝之时。

壬戌，诏曰：“今率土大同，含生遂性；太平之法，方可流行。凡我臣民，澡身浴德，家家自修，人人克念。书曰：惟狂克念作圣。兵可立威，不可不戢；刑可助化，不可专行。禁卫九重之馀，重，直龙翻。镇守四方之外，戎旅军器，皆宜停罢。世路既夷，群方无事，武力之子，俱可学经；民间甲仗，悉皆除毁。颁告天下，咸悉此意。”

贺若弼撰其所画策上之，若，人者翻。撰，士免翻，述也。上，时掌翻。谓为御授平陈七策。帝弗省，省，悉井翻，视也。曰：“公欲发扬我名，我不求名；公宜自载家传。”传，直恋翻。弼位望隆重，兄弟并封郡公，为刺史、列将，家之珍玩，不可胜计，将，即亮翻。胜，音升。婢妾曳罗绮者数百，罗，交眼；绮，细绫。时人荣之。其后突厥来朝，厥，九勿翻。朝，直遥翻。上谓之曰：“汝闻江南有陈国天子乎？”对曰：“闻之。”上命左右引突厥诣韩擒虎前曰：“此是执得陈国天子者。”擒虎厉色顾之，突厥惶恐，不敢仰视。

左卫将军庞晃等短高颎于上，上怒，皆黜之，庞晃自结纳于潜跃之辰，与上情契甚密，而与高颎有隙，与广平王雄挟旧屡言颎之短，故皆被黜。颎，居永翻。亲礼逾密。因谓颎曰：“独孤公，犹镜也，每被磨莹，皎然益明。”初，颎父宾为独孤信僚佐，赐姓独孤氏，故上常呼为独孤而不名。按独孤信之诛，妻子徙蜀，独孤后以宾父之故吏，每往来其家。颎之遭遇，岂专以才略哉！外得君而内蒙君母亲礼也。及夫外则见忌于君，内则失爱于君母，随见疏弃，君臣之际，可无谨乎！

4 乐安公元谐，性豪侠，有气调，调，徒钓翻。少与上同学，甚相爱，及即位，累历显仕。谐好排诋，不能取媚左右。少，诗照翻。好，呼到翻。与上柱国王谊善，谊诛，王谊诛见一百七十六卷陈长城公至德三年。上稍疏忌之。或告谐与从父弟上开府仪同三司滂、临泽侯田鸾、隋志：毗陵郡义兴县旧有临泽县。从，才用翻。上仪同三司祈【章：甲十一行本“祈”作“祁”；乙十一行本同；孔本同；下同。】绪等谋反，祈姓，出于黄帝，黄帝之子得姓者十四人，祈其一也。又曰：晋献侯四世孙曰奚，食邑于祈，子孙以为氏。下有司按验，奏“谐谋令祈绪勒党项兵断巴、蜀。下，遐嫁翻。令，力丁翻。断，音短。又，谐尝与滂同谒上，谐私谓滂曰：‘我是主人，殿上者贼也。’因令滂望气，滂曰：‘彼云似蹲狗走鹿，蹲，慈尊翻。不如我辈有福德云。’”上大怒，谐、滂、鸾、绪并伏诛。考异曰：李德林传云：“德林以梁士彦、元谐频有逆意，江南抗衡上国，乃著天命论上之。”谐传云：

"平陈后数岁，人告谐谋反。"按谐请以叔宝为内史，则陈亡时犹在。杨雄方用事，谐欲谮去之，则雄未为司空，故附于此。按"内史"当依正文作"令史"；按通鉴上正文亦书元谐言，请以陈叔宝为令史。按内史隋之要官，元谐安敢请以陈叔宝为是官邪！

5 闰月，己卯，以吏部尚书苏威为右仆射。射，寅谢翻。六月，乙丑，以荆州总管杨素为纳言。

6 朝野皆称封禅，朝，直遥翻；下同。"称"，当作"请"。又窃谓称，举也；言朝野举封禅事为言也。秋，七月，丙午，诏曰："岂可命一将军除一小国，遐迩注意，便谓太平。以薄德而封名山，用虚言而干上帝，非朕攸闻。而今而后，言及封禅，宜即禁绝！"

7 左卫大将军广平王雄，贵宠特盛，与高颎、虞庆则、苏威称为四贵。雄宽容下士，下，遐嫁翻。朝野倾属，属，之欲翻。上恶其得众，恶，乌路翻。阴忌之，不欲其典兵马；八月，壬戌，以雄为司空，实夺之权。雄既无职务，乃杜门不通宾客。雄以是能保其身于猜忌之朝。

8 帝践阼之初，柱国沛公郑译请修正雅乐，诏太常卿牛弘、国子祭酒辛彦之、博士何妥等议之，积年不决。妥，他果翻。译言："古乐十二律，旋相为宫，各用七声，世莫能通。"译因龟兹人苏祗婆善琵琶，始得其法，推演为十二均、八十四调，以校太乐所奏，例皆乖越。译又于七音之外更立一声，谓之应声，作书宣示朝廷。隋志：译云："考寻乐府，钟石律吕，皆有宫、商、角、徵、羽、变宫、变徵之名，七声之内，三声乖应，每恒求访，终莫能通。"先是周武帝时，有龟兹人苏祗婆从突厥皇后入国，善胡琵琶，听其所奏，一均之中，间有七声，因而问之，调有七种，以其七调勘校七声，冥若合符。一曰婆陁力，华言平声，即宫声也。二曰鸡识，华言长声，即南吕声也。三曰沙识，华言质直声，即角声也。四曰沙侯加滥，华言应声，即变徵声也。五曰沙腊，华言应和声，即徵声也。六曰般赡，华言五声，即羽声也。七曰俟利箑，华言斛牛声，即变宫声也。译因习而弹之，始得七声之正。然其就此七调，又有五旦之名，旦作七调，以华言译之，旦者则谓均也，其声亦应黄钟、太簇、林钟、姑洗五均，已外七律，更无调声。译遂因其所捻琵琶，弦柱相饮为均，推演其声，更立七均，合成十二，以应十二律，律有七音，音立一调，故成七调。十二律合八十四调，旋转相交，尽皆和合。仍以其声考校太乐所奏，林钟之宫，应用林钟为宫，乃用黄钟为宫，应用南吕为商；乃用太簇为商；应用应钟为角，乃取姑洗为角。故林钟一宫，七声三声并戾，其十一宫七十七音，例皆乖越，莫有通者。又以编悬有八，因作八音之乐，七音之外，更立一声，谓之应声。作书二十馀篇，以明其指。龟兹，音丘慈。贤曰：今音丘勿翻。兹，音沮惟翻，盖急言耳。与邳公世子苏夔议累黍定律。

时人以音律久无通者，非译、夔一朝可定。帝素不悦学，而牛弘不精音律，何妥自耻宿儒反不逮译等，常欲沮坏其事，沮，在吕翻。坏，音怪。乃立议，非十二律旋相为宫及七调，调，徒钓翻；下同。竞为异议，各立朋党；或欲令各造乐，待成，择其善者而从之。妥恐乐成善恶易见，易，弋豉翻。乃请帝张乐试之，先白帝云："黄钟象人君之德。"及奏黄钟之调，帝曰："滔滔和雅，甚与我心会。"妥因奏止用黄钟一宫，不假馀律。帝悦，从之。

时又有乐工万宝常，万，姓也。孟子门人有万章。妙达钟律。译等为黄钟调成，奏之，帝召问宝常，宝常曰："此亡国之音也。"帝不悦。宝常请以水尺为律，以调乐器，上从之。以调，如字。宝常造诸乐器，其声率下郑译调二律，损益乐器，不可胜纪。胜，音升。其声雅淡，不为时人所好，好，呼到翻。太常善声者多排毁之。苏夔尤忌宝常，夔父威方用事，凡言乐者皆附之而短宝常，宝常乐竟为威所抑，寝不行。

及平陈，获宋、齐旧乐器，并江左乐工，帝令廷奏之，叹曰："此华夏正声也。"乃调五音为五夏、二舞、登歌、房内十四调，宾祭用之。五夏，昭夏、皇夏、诚夏、需夏、肆夏。二舞，文、武二舞。登歌，升堂上而歌，匏竹在下，贵人声也。帝龙潜时，倚琵琶作歌二首，名曰地厚天高，托言夫妻之义，因即取之为房内曲。十四调，后周故事，悬钟、磬法七正七倍，合为十四，盖准变宫、变徵，凡为七声，有正有倍，为十四也。夏，户雅翻。仍诏太常置清商署以掌之。

时天下既壹，异代器物，皆集乐府。牛弘奏："中国旧音多在江左，典午南渡，未能备乐，石氏之亡，乐人颇有自邺而南者。苻坚淮淝之败，晋始获乐工，备金石。慕容垂破西燕，尽获苻氏旧乐。子宝丧败，其钟律令李佛等将太乐细伎奔慕容德。德子超献之姚秦以赎其母。宋武平姚泓，收归建康，故云多在江左。前克荆州得梁乐，克荆州见一百六十五卷梁元帝承圣三年。今平蒋州又得陈乐，史传相承传，直恋翻。以为合古，请加修缉以备雅乐。其后魏之乐及后周所用，杂有边裔之声，皆不可用，请悉停之。"冬，十二月，【章：甲十一行本"月"下有"甲子"二字；乙十一行本同；孔本同。】诏弘与许善心、姚察及通直郎虞世基参定雅乐。按炀帝始置通直郎，从六品，属谒者台。虞世基传云，以通直郎直内史省。其通直散骑侍郎欤？品从五。世基，荔之子也。虞荔见一百六十八卷陈世祖天嘉二年。荔，力制翻。

9 己巳，以黄州总管周法尚为永州总管，隋志：永安郡，后齐置衡州，开皇五年，改曰黄州。零陵郡，平陈初置永州总管府。安集岭南，给黄州兵三千五百人为帐内，陈桂州刺史钱季卿等皆诣法尚降。始安郡，梁置桂州。降，户江翻。定州刺史吕子廓，郁林郡，梁置定州。据山洞，不受命，法尚击斩之。

10 以驾部侍郎狄道辛公义为岷州刺史。隋志：驾部侍郎，属兵部尚书。狄道县，属金城郡。临洮郡溢乐县，西魏置岷州。岷州俗畏疫，一人病疫，阖家避之，病者多死。公义命皆舆置己之听事，舆，羊茹翻。暑月，病人或至数百，听廊皆满，听，与厅同。公义设榻，昼夜处其间，处，昌吕翻。以秩禄具医药，身自省问。省，悉景翻。病者既愈，乃召其亲戚谕之曰："死生有命，岂能相染！若相染者，吾死久矣。"皆惭谢而去。其后人有病者，争就使君，使，疏吏翻。其家亲戚固留养之，始相慈爱，风俗遂变。后迁牟州刺史，下车，先至狱中露坐，亲自验问。十馀日间，决遣咸尽，方还听事受领新讼。事皆立决；若有未尽，必须禁者，公义即宿听事，终不还阁。还，音如字，又从宣翻。或谏曰："公事有程，使君何自苦！"公义曰："刺史无德，不能使民无讼，岂可禁人在狱而安寝于家乎！"罪人闻之，咸自款服。款，诚也；款服，犹言诚服也。后有讼者，乡闾父老遽晓之曰："此小事，何忍勤劳使君！"讼者多两让而止。使，疏吏翻。

十年（庚戌、五九〇）

1 春，正月，乙未，以皇孙昭为河南王，楷为华阳王。华，户化翻。昭，广之子也。

2 二月，【章：甲十一行本"月"下有"庚申"二字；乙十一行本同；孔本同；张校同。】上幸晋阳，命高颎居守。颎，居永翻。守，手又翻。夏，四月，辛酉，至自晋阳。

3 成安文子李德林，成安，县名。文，谥也。子，爵也。成安县，属魏郡。恃其才望，论议好胜，好，呼到翻。同列多疾之；由是以佐命元功，十年不徙级。德林数与苏威异议，高颎常助威，奏德林狠戾，数，所角翻。狠，户垦翻。上多从威议。上赐德林庄店，使自择之，德林请逆人高阿那肱卫国县市店，高阿那肱与王谦举兵诛。卫国县，本汉观县，属东郡，光武改曰卫国，魏收地形志属顿丘郡；隋开皇六年改曰观城，属武阳郡。上许之。及幸晋阳，店人诉称高氏强夺民田，于内造店赁之。赁，乃禁翻。苏威因奏德林诬罔，妄奏自入，司农卿李圆通等复助之曰："此店收利如食千户，请计日追赃。"上自是益恶之。复，扶又翻；下同。恶，乌路翻。虞庆则等奉使关东巡省，还，使，疏吏翻。省，悉景翻。还，从宣翻，又如字。皆奏称"乡正专理辞讼，党与爱憎，公行货贿，不便于民。"上令废之。德林曰："兹事臣本以为不可，然置来始尔，置乡正见上年。复即停废，政令不一，朝成暮毁，深非帝王设法之义。臣望陛下自今群臣于律令辄欲改张，即以军法从事；不然者，纷纭未已。”上遂发怒，大诟云：“尔欲以我为王莽邪！”上以权数得国，猜疑群下，以王莽篡汉，变更法令而亡，疑德林以况己，故怒。诟，苦候翻。邪，音耶。先是，德林称父为太尉谘议以取赠官，给事黄门侍郎猗氏陈茂等密奏：“德林父终于校书，妄称谘议。”上甚衔之。德林之父盖仕于魏、齐之间。后齐之制公府谘议参军，从第四品。校书郎，第九品。猗氏县，属河东郡。至是，上因数之数，所具翻，又所主翻。曰：“公为内史，典朕机密，比不可豫计议者，比，毗至翻。以公不弘耳，宁自知乎！又罔冒取店，妄加父官，朕实忿之，而未能发，今当以一州相遣耳。”因出为湖州刺史。乌程县，旧置吴兴郡，隋置湖州。宋白曰：湖州，古防风氏之国，汉乌程县之地，隋置湖州，因太湖而名，长安东南三千四百四十一里。德林拜谢曰：“臣不敢复望内史令，请但预散参。”复，扶又翻，又音如字。散参，谓散官无职务而预朝参者。散，悉亶翻。上不许，迁怀州刺史河内郡，旧置怀州。而卒。卒，子恤翻。

李圆通，本上微时家奴，有器干；及为隋公，以圆通及陈茂为参佐，由是信任之。梁国之废也，梁国废见上卷陈长城公祯明元年。上以梁太府卿柳庄为给事黄门侍郎。庄有识度，博学，善辞令，明习典故，雅达政事，上及高颎【章：甲十一行本“颎”下有“苏威”二字；乙十一行本同；孔本同；张校同。】皆重之。与陈茂同僚，不能降意，茂谮之于上，上稍疏之，出为饶州刺史。隋志：鄱阳郡，梁置吴州，陈废，隋平陈，置饶州。

上性猜忌，不悦学，既任智以获大位，因以文法自矜，明察临下，恒令左右觇视内外，有过失则加以重罪。恒，户登翻。觇，丑廉翻，又丑艳翻。又患令史赃污，私使人以钱帛遗之，遗，于季翻。得犯立斩。每于殿庭棰人，一日之中，或至数四；

尝怒问事挥楚不甚，问事者，行杖之人也。楚，荆也，以之箠人。箠，止橤翻。即命斩之。尚书左仆射高颎、治书侍御史柳彧等谏，治，直之翻。彧，于六翻。以为“朝堂非杀人之所，殿廷非决罚之地。”上不纳。颎等乃尽诣朝堂请罪，朝，直遥翻。颎，居永翻。上顾谓领左右都督田元曰：后齐之制，有领左、右府，将军之下置正副都督，隋盖因之。炀帝改领左、右府为备身府。“吾杖重乎？”元曰：“重。”帝问其状，元举手曰：“陛下杖大如指，捶人三十者，比常杖数百，故多死。”捶，止橤翻；下同。上不怿，乃令殿内去杖，去，羌吕翻。欲有决罚，各付所由。所由，犹言所主也。后楚州行参军李君才隋志：江都郡山阳县旧置山阳郡，开皇十二年置楚州。隋制，州置刺史、长史、司马、参军事行参军。上言：“上宠高颎过甚。”上言之上，时掌翻。上大怒，命杖之，而殿内无杖，遂以马鞭捶杀之，捶，止橤翻。自是殿内复置杖。未几，怒甚，又于殿廷杀人；复，扶又翻。几，居岂翻。兵部侍郎冯基固谏，兵部尚书统兵部、职方、驾部、库部四曹，各置侍郎。上不从，竟于殿廷杀之。上亦寻悔，宣慰冯基，而怒群臣之不谏者。

4 五月，乙未，诏曰：“魏末丧乱，军人权置坊府，元魏之季，兵制有六坊，后齐因之，亦曰六府。丧，息浪翻。南征北伐，居处无定，处，昌吕翻。家无完堵，地罕包桑，包桑多根，植桑至于根多，民安其居之验。朕甚愍之。凡是军人，可悉属州县，垦田、籍帐，一与民同。军府统领，宜依旧式。罢山东、河南及北方缘边之地新置军府。”

5 六月，辛酉，制民年五十免役收庸。

6 秋，七月，癸卯，以纳言杨素为内史令。

7 冬，十一月，辛丑，上祀南郊。隋南郊为坛于国之南，太阳门外道西一里，去宫十里。坛高七尺，广四丈。孟春上辛，祠所感帝赤熛怒于其上，以太祖武元皇帝配。

8 江表自东晋已来，刑法疏缓，世族陵驾寒门；平陈之后，牧民者尽更变之。更，工衡翻。苏威复作五教，使民无长幼悉诵之，士民嗟怨。民间复讹言隋欲徙之入关，复，扶又翻。远近惊骇。于是婺州汪文进、越州高智慧、苏州沈玄懀皆举兵反，隋志：东阳郡，平陈置婺州。会稽郡，梁置东扬州，陈改曰吴州，平陈改吴州，后改越州。吴郡，陈置吴州，平陈改苏州。懀，乌外翻。自称天子，署置百官。乐安蔡道人、蒋山李悛、【章：甲十一行本“悛”作“棱”；乙十一行本同；孔本同。】饶州吴世华、温州沈孝彻、泉州王国庆、杭州杨宝英、交州李春等皆自称大都督，考隋志无乐安，下曰陈之故境，则当于陈境求之。沈约志：鄱阳太守有乐安县，吴立。新唐志：台州有乐安县，唐初，析临海置。以下文江〔汪〕文进令蔡道人守乐安观之，盖台州之乐安。蒋山，在蒋州江宁县。永嘉郡，开皇九年置处州，十二年改栝州，唐高宗上元元年，始析栝州之永嘉、安固置温州。安陆郡京山县有温州，非陈境，当是永嘉之温州，史追书耳。建安郡，陈置闽州，平陈改曰泉州。馀杭郡，平陈置杭州。交趾郡，旧曰交州。悛，力膺翻。攻陷州县。陈之故境，大抵皆反，大者有众数万，小者数千，共相影响，执县令，或抽其肠，或脔其肉食之，曰：“更能使侬诵五教邪！”邪，音耶。诏以杨素为行军总管以讨之。

素将济江，使始兴麦铁杖戴束藁，夜，浮渡江隋志：南海郡始兴县，南齐置东衡州，平陈，权置广州总管府。姓苑：高要、始兴有麦姓。觇贼，还而复往，为贼所擒，觇，丑廉翻，又丑艳翻。复，扶又翻。还，从宣翻。遣兵仗三十人防之。铁杖取贼刀，乱斩防者，杀之皆尽，割其鼻，怀之以归；素大奇之，奏授仪同三司。

素帅舟师自杨子津入，杨子津在今真州杨子县南。帅，读曰率。击贼帅朱莫问于京口，破之。京口，今镇江府。帅，所类翻；下同。进击晋陵贼帅顾世兴、无锡贼帅叶略，皆平之。隋志：晋陵、无锡二县皆属常州。考异曰：北史杨素传作“叶皓”，今从隋书。沈玄懀败走，素追擒之。高智慧据浙江东岸为营，周亘百馀里，船舰被江；舰，户黯翻。被，皮义翻。素击之。子总管南阳来护儿子总管，裨将也，领兵，属总管。南阳郡，旧置荆州，开皇初改为邓州。姓苑：郲，子姓，商之支孙，食采于郲，因以为氏，后避难去邑。汉功臣表有轪侯来苍。言于素曰："吴人轻锐，利在舟楫，必死之贼，难与争锋，公宜严陈以待之，陈，读曰阵。勿与接刃。请假奇兵数千潜渡江，掩破其壁，使退无所归，进不得战，此韩信破赵之策也。"韩信破赵见十卷汉高帝三年。素从之。护儿以轻舸数百舸，古我翻。直登江岸，袭破其营，因纵火，烟焰涨天。贼顾火而惧，素因纵兵奋击，大破之，贼遂溃。智慧逃入海，素蹑之至海曲，召行军记室封德彝计事，姓苑：封姓，夏时封父之后。德彝坠水，人救，获免，易衣见素，竟不自言。素后知之，问其故，曰："私事也，所以不白。"素嗟异之。德彝名伦，以字行，隆之之孙也。封隆之，高齐佐命臣。汪文进以蔡道人为司空，守乐安，素进讨，悉平之。

素遣总管史万岁帅众二千，自婺州别道逾岭越海，攻破溪洞，不可胜数。帅，读曰率。胜，音升。前后七百馀战，转斗千馀里，寂无声问者十旬，远近皆以万岁为没。万岁置书竹筒中，浮之于水，汲者得之，言于素。素上其事，上，时掌翻。上嗟叹，赐万岁家钱十万。

素又破沈孝彻于温州，步道向天台，指临海，按新唐志，天台山在台州唐兴县，唐兴本晋始丰县，始丰本吴之始平县。唐志云：武德四年，析临海，置始丰，高宗上元二年，更名唐兴。则吴之始丰，隋已并入临海，天台山此时固属临海界。逐捕遗逸，前后百馀战，高智慧走保闽、越。上以素久劳于外，令驰传入朝。传，株恋翻；下同。朝，直遥翻。素以馀贼未殄，恐为后患，复请行，遂乘传至会稽。素既入朝后，自长安乘传至会稽。复，扶又翻。传，株恋翻。会，工外翻。王国庆自以海路艰阻，非北人所习，不设备；素泛海奄至，国庆惶遽弃州走。馀党散入海岛，或守溪洞，素分遣诸将，水陆追捕。密令人说国庆，使斩送智慧以自赎；国庆乃执送智慧，斩于泉州，馀党悉降。将，即亮翻。说，输芮翻。降，户江翻。江南大定。

素班师，上遣左领军将军独孤陀至浚仪迎劳；比到京师，问者日至。陀，徒何翻。劳，力到翻。比，必寐翻。拜素子玄奖为仪同三司，赏赐甚厚。陀，信之子也。独孤信，皇后之父，后周功臣。

杨素用兵多权略，驭众严整，每将临敌，辄求人过失而斩之，多者百馀人，少不下十数，流血盈前，言笑自若。及其对陈，先令一二百人赴敌，陷陈则已，少，诗沼翻。陈，读曰阵。令，力丁翻。如不能陷而还者，无问多少，悉斩之；又令二三百人复进，还，从宣翻。复，扶又翻。还如向法。将士股栗，有必死之心，由是战无不胜，称为名将。素时贵幸，言无不从，其从素行者，微功必录，至他将将，即亮翻。虽有大功，多为文吏所谴却，故素虽残忍，士亦以此愿从焉。

9 以并州总管晋王广为扬州总管，镇江都，复以秦王俊为并州总管。复，扶又翻。

10 番禺夷王仲宣反，广州旧治番禺，隋为南海县，又分置番禺县。时广州治始兴，仲宣所围者南海也。番禺，音潘愚。岭南首领多应之，引兵围广州。韦洸中流矢卒，洸，古黄翻。诏以其副慕容三藏检校广州道行军事。又诏给事郎裴矩巡抚岭南，唐六典云：隋开皇六年，始置六品已下散官，并以郎为正阶，尉为从阶。正六品上为朝议郎，下为武骑尉；从六品上为通议郎，下为屯骑尉；正七品上为朝请郎，下为骁骑尉；从七品上为朝散郎，下为游骑尉；正八品上为给事郎，下为飞骑尉；从八品上为承奉郎，下为旅骑尉；正九品上为儒林郎，下为云骑尉；从九品上为文林郎，下为羽骑尉。隋志：炀帝减给事黄门侍郎员，去给事之名，移吏部给事郎名为门下之职，位次黄门下。此时裴矩盖为吏部给事郎。矩至南康，得兵数千人。仲宣遣别将周师举围东衡州，东衡州亦治始兴。将，即亮翻。矩与大将军鹿愿击斩之，鹿，姓也。风俗通：后汉有巴郡太守鹿旗。进至南海。

高凉洗夫人遣其孙冯暄将兵救广州，暄与贼将陈佛智素善，逗留不进；夫人知之，大怒，遣使执暄，系州狱，洗，悉典翻，又先荐翻。将，即亮翻。使，疏吏翻。更遣孙盎出讨佛智，斩之。进会鹿愿于南海，与慕容三藏合击仲宣，藏，徂浪翻。仲宣众溃，广州获全。洗氏亲被甲，乘介马，张锦伞，伞，苏旦翻。引彀骑卫，从裴矩巡抚二十馀州。彀，古候翻。骑，奇寄翻。从，才用翻。苍梧首领陈坦等皆来谒见，隋志：苍梧郡，梁置成州，隋置封州。矩承制署为刺史、县令，使还统其部落，岭表遂定。

矩复命，上谓高颎、杨素曰："韦洸将二万兵不能早度岭，朕每患其兵少。将，即亮翻。少，诗沼翻。裴矩以三千弊卒径至南海，有臣若此，朕亦何忧！"以矩为民部侍郎。民部侍郎属户部尚书。拜冯盎高州刺史，高凉郡，旧置高州。追赠冯宝广州总管、谯国公。册洗氏为谯国夫人，开谯国夫人幕府，置长史以下官属，官给印章，听发部落六州兵马，若有机急，便宜行事。仍敕以夫人诚效之故，特赦暄逗留之罪，拜罗州刺史。宋白曰：罗州，本招义郡，秦属象郡，二汉属合浦郡，元嘉三年，檀道济于绫罗江口筑石城，因置罗州。皇后赐夫人首饰及宴服一袭，夫人并盛于金箧，盛，时征翻。并梁、陈赐物，各藏一库，每岁时大会，陈之于庭，以示子孙，曰："我事三代主，惟用一忠顺之心，今赐物具存，此其报也；汝曹皆念之，尽赤心于天子！"

番州总管赵讷贪虐，按隋志广州治南海，仁寿元年，置番州。赵讷贪虐，必非是年事，史因书之。诸俚、獠多亡叛。俚，音里。獠，鲁皓翻。夫人遣长史张融上封事，论安抚之宜，并言讷罪，不可以招怀远人。上遣推讷，得其赃贿，竟致于法；委夫人招慰亡叛。夫人亲载诏书，自称使者，历十馀州，宣述上意，谕诸俚、獠，所至皆降。使，疏吏翻。降，户江翻。上嘉之，赐夫人临振县为汤沐邑，临振县，汉朱崖地，隋炀帝置临振郡，今吉阳军。赠冯仆崖州总管、隋志：朱崖郡，梁置崖州。平原公。平原郡公也。

十一年（辛亥、五九一）

1 春，正月，【章：甲十一行本"月"下有"丙午"二字；乙十一行本同；孔本同。】皇太子妃元氏薨。为帝与皇后怒太子而废之张本。

2 二月，戊午，吐谷浑遣使入贡。吐谷浑可汗夸吕闻陈亡，大惧，吐，从暾入声。谷，音浴。使，疏吏翻。可，从刊入声。汗，音寒。遁逃保险，不敢为寇。夸吕卒，子世伏立，使其兄子无素奉表称藩，并献方物，请以女备后庭。上谓无素曰："若依来请，他国闻之，必当相效，何以拒之！朕情存安养，各令遂性，岂可聚敛子女以实后宫乎！"竟不许。

3 平乡令刘旷有异政，平乡县属襄国郡。以义理晓谕，讼者皆引咎而去，狱中草满，庭可张罗；迁临颍令。临颍县属颍川郡，颍川郡时为许州。高颎荐旷清名善政为天下第一，上召见，劳勉之，见，贤遍翻。谓侍臣曰："若不殊奖，何以为劝！"丙子，优诏擢为莒州刺史。隋志：琅邪郡沂水县，旧置南青州，后周改为莒州。

4 辛巳晦，日有食之。

5 初，帝微时，与滕穆王瓒不协。帝为周相，以瓒为大宗伯，瓒恐为家祸，阴欲图帝，帝隐之。隋书瓒传：瓒美姿仪，好书爱士，有令名于当世。周宣帝崩，帝入禁中，将总朝政，令世子勇召之，欲有计议。瓒素与帝不协，闻召不从，曰："作随国公，恐不能保，何乃更为族灭事邪！"帝相周，瓒拜大宗伯。瓒见群情未一，恐为家祸，阴有图帝之计。以是言之，固周之忠臣也。瓒，藏旱翻。瓒妃，周高祖妹顺阳公主也，与独孤后素不平，阴为呪诅；呪，职救翻。诅，庄助翻。帝命出之，瓒不可。秋，八月，【章：甲十一行本“月”下有“壬申”二字；乙十一行本同；孔本同。】瓒从帝幸栗园，栗园在长安南。暴薨，时人疑其遇鸩。乙亥，帝至自栗园。

6 沛达公郑译卒。卒，子恤翻。

王崇武标点容肇祖聂崇岐覆校

资治通鉴卷第一百七十八

端明殿学士兼翰林侍读学士太中大夫
提举西京嵩山崇福宫上柱国河内郡开国侯 司马光 奉敕编集
食邑二千二百户食实封九百户赐紫金鱼袋臣

后学天台胡三省音注

隋纪二 起玄黓困敦（壬子），尽屠维协洽（己未），凡八年。

高祖文皇帝上之下

开皇十二年（壬子、五九二）

1 春，二月，己巳，以蜀王秀为内史令兼右领军大将军。

2 国子博士何妥与尚书右仆射邳公苏威争议事，积不相能。威子夔为太子通事舍人，隋制：太子通事舍人八人，属典书坊。少敏辩，有盛名，少，诗沼翻。士大夫多附之。及议乐，夔与妥各有所持；诏百僚署其所同，百僚以威故，同夔者什八九。妥恚曰："吾席间函丈四十馀年，礼：侍坐于先生，席间函丈。何妥周武帝时已为太学博士，故云然。恚，於避翻。反为昨暮儿之所屈邪！"邪，音耶。遂奏："威与礼部尚书卢恺、吏部侍郎薛道衡、尚书右丞王弘、考功侍郎李同和等共为朋党。吏部侍郎、考功侍郎皆属吏部尚书。尚书左、右丞分司管辖。隋制：尚书二十四曹侍郎，独吏部侍郎班左右丞之上。吏部侍郎正四品，左、右丞从四品。省中呼弘为世子，同和为叔，言二人如威之子弟也。"复言威以曲道任其从父弟彻、肃罔冒为官等数事。复，扶又翻。从，才用翻。上命蜀王秀、上柱国虞庆则等杂按之，事颇有状。上大怒。秋，七月，乙巳，威坐免官爵，以开府仪同三司就第；卢恺除名，知名之士坐威得罪者百馀人。

初，周室以来，选无清浊；选，宣绢翻。及恺摄吏部，按恺传，开皇九年拜礼部尚书，摄吏部尚书。与薛道衡甄别士流，别，彼列翻。故涉朋党之谤，以至得罪。未几，几，居岂翻。上曰："苏威德行者，行，下孟翻。但为人所误耳！"命之通籍。通籍殿中，则得预朝请。威好立条章，好，呼到翻。每岁责民间五品不逊，孔安国曰：五品，谓五常。逊，顺也。或答云，"管内无五品之家。"其不相应领，类多如此。又为馀粮簿，欲使有无相赡；民部侍郎郎茂以为烦迂不急，皆奏罢之。茂，基之子也，郎基见一百六十五卷梁世祖承圣三年。尝为卫国令，有民张元预兄弟不睦，丞、尉请加严刑，隋志：县置令、丞、尉。茂曰："元预兄弟本相憎疾，又坐得罪，弥益其忿，非化民之意也。"乃徐谕之以义。元预等各感悔，顿首请罪，遂相亲睦，称为友悌。

3 己巳，上享太庙。隋立四亲庙，各以孟月享以太牢。

4 壬申晦，日有食之。

5 帝以天下用律者多踳驳，踳，乖也；驳，错也。踳，尺允翻；驳，北角翻。罪同论异，八月，甲戌，制："诸州死罪，不得辄决，悉移大理按覆，事尽，尽，竟也。然后上省奏裁。"上，时掌翻。

6 冬，十月，壬午，上享太庙。十一月，辛亥，祀南郊。

7 己未，新义公韩擒虎卒。擒虎袭父雄爵新义郡公，平陈之功，以吏议不加封爵。卒，子恤翻。

8 十二月，乙酉，以内史令杨素为尚书右仆射，与高颎专掌朝政。素性疏辩，高下在心，朝臣之内，朝，直遥翻。颇推高颎，敬牛弘，厚接薛道衡，视苏威蔑如也，蔑，无也，视之如无也；又轻易也。自馀朝贵，多被陵轹。陵，乘也，犯也，侮也，侵也。

轹，陵践也。又，车践为轹。轹，郎击翻。其才艺风调优于颎；调，徒钓翻。至于推诚体国，处物平当，处，昌吕翻。当，丁浪翻。有宰相识度，不如颎远矣。

右领军大将军贺若弼，自谓功名出朝臣之右，每以宰相自许。既而杨素为仆射，弼仍为将军，甚不平，形于言色，由是坐免官，怨望愈甚。久之，上下弼狱，下，户嫁翻。谓之曰："我以高颎、杨素为宰相，汝每昌言曰：'此二人惟堪啖饭耳。'昌言，明言于广众。啖，徒滥翻，又徒览翻。是何意也？"弼曰："颎，臣之故人；素，臣舅子。臣并知其为人，诚有此语。"公卿奏弼怨望，罪当死。上曰："臣下守法不移，公可自求活理。"弼曰："臣恃至尊威灵，将八千兵渡江，将，即亮翻。擒陈叔宝，窃以此望活。"上曰："此已格外重赏，何用追论！"弼曰："臣已蒙格外重赏，今还格外望活。"既而上低回数日，低，降意也。回，转心也。惜其功，特令除名。岁馀，复其爵位，上亦忌之，不复任使，复，扶又翻。然每宴赐，遇之甚厚。

9 有司上言："府藏皆满，上，时掌翻。藏，徂浪翻。无所容，积于廊庑。"庑，罔甫翻。帝曰："朕既薄赋于民，又大经赐用，谓赏平陈将士。何得尔也？"尔，犹言如此。对曰："入者常多于出，略计每年赐用，至数百万段，曾无减损。"于是更辟左藏院以受之。汉官有中藏令，晋有中、黄、左、右藏令，隋初有右藏、黄藏令，至是始辟左藏院。藏，徂浪翻。诏曰："宁积于人，无藏府库。河北、河东今年田租三分减一，兵减半功，调全免。"田出租，丁出调，详已见前。兵受田，计亩为功，以其所出，修器械，备糗粮，今亦减其半。调，徒吊翻。时天下户口岁增，京辅及三河地少而人众，京辅，谓关内。三河，谓河东、河南、河北。少，与小同。衣食不给，帝乃发使四出，均天下之田，其狭乡每丁才至二十亩，老少又少焉。使，疏吏翻。老少，诗照翻；又少，诗沼翻。

十三年（癸丑、五九三）

1 春，正月，壬子，上祀感生帝。隋以火德王，以赤帝赤熛怒为感生帝。

2 壬戌，行幸岐州。岐州扶风郡。

3 二月，丙午，诏营仁寿宫于岐州之北，仁寿宫，在岐州普闰县。使杨素监之。监，古衔翻。素奏前莱州刺史宇文恺检校将作大匠，隋志：东莱郡，旧置光州，开皇五年，更名莱州。隋制：未除授正官而领其务者为检校官。将作大匠掌工作。宇文恺有巧思，奏使之领作。记室封德彝为土木监。土木监，掌土木之事，以营宫暂置之，非常设之官。于是夷山堙谷以立宫殿，崇台累榭，宛转相属。属，之欲翻。役使严急，丁夫多死，疲顿颠仆，推填坑坎，覆以土石，推，吐雷翻。覆，敷又翻。因而筑为平地。死者以万数。

4 丁亥，上至自岐州。

5 己卯，立皇孙暕为豫章王。暕，广之子也。暕，古限翻。

6 丁酉，制："私家不得藏纬候、图谶。"谶，楚谮翻。

7 秋，七月，戊辰晦，日有食之。

8 是岁，上命礼部尚书牛弘等议明堂制度。宇文恺献明堂木样，上命有司规度安业里地，将立之；而诸儒异议，久之不决，乃罢之。隋志：宇文恺依月令文造明堂木样，重檐复庙，五房四达，丈尺规矩，皆有准凭。帝异之，命有司于安业里为规兆，盖在长安南郭内也。既以异议罢。至大业中，恺复奏明堂议及木样。其议云："尚书帝命验曰：'帝者承天，立五府以尊天重象，赤曰文祖，黄曰神斗，白曰显纪，黑曰玄矩，苍曰灵府。'注曰：'唐、虞之天府，夏之世室，殷之重屋，周之明堂，皆同矣。'尸子曰：'有虞氏曰总章。'周官考工记曰：'夏后氏世室，堂修四〔二〕七，博四修一。'注云，'修，南北之深也。夏度以步，今堂修十四步，其博益以四分修之一，则明堂博十七步半也。'臣恺按，三王之世，夏最为近古，从质尚文，理应渐就宽大，何因夏室乃大殷堂？相形为论，理恐不尔。记云：'堂修七，博四。'修若夏度以步，则应修七步。注云：'今堂修十四步，'乃是增益记文。殷、周二堂独无加字，便是其义，类例不同。山东礼本，辄加‘二七’之字，何得殷无加寻之文，周阙增筵之义！研核其趣，或是不然。雠校古书，并无二字，此乃桑间俗儒信情加减。黄图议云：‘夏后氏益其堂之大一百四十四尺，周人明堂以为两杼间。’马宫之言，止论堂之一面。据此为准，则三代堂基并方，得为上圆之制。诸书所说，并为下方。郑注周官，独为此义，非直与古违异，亦乃乖背礼文，寻文求理，深恐未惬。尸子曰，‘殷人阳馆。’考工记曰：‘殷人重屋，堂修七寻，堂崇三尺，四阿重屋。’注曰：‘其修七寻五丈六尺，放夏；周则其博九寻七丈二尺。’又曰：‘周人明堂度九尺之筵，东西九筵，南北七筵，堂崇一筵，五室凡二筵。’礼记明堂位曰：‘天子之庙，复庙重檐。’郑注云，‘复庙，重屋也。’注玉藻云，‘天子庙及路寝，皆如明堂制。’礼图云：‘于内室之上，起通天之观，观八十一尺，得宫之数，其声浊，君之象也。’大戴礼云：‘明堂者，古有之，凡九室，一室有四户八牖，以茅盖，上圆下方，外水曰璧雝，赤缀户，白缀牖，堂高三尺，东西九仞，南北七筵，其宫方三百步。’周书明堂曰：‘堂方百一十二尺，高四尺，阶博六尺三寸，室居内方百尺，室内方六十尺，户高八尺，博四尺。’作洛曰：‘明堂、太庙、路寝，咸有四阿，重亢、亶廊。’孔氏注云：‘重亢，累栋；重廊，累屋也。’礼图曰：‘秦明堂，九室十二阶，各有所居。’吕氏春秋曰：‘有十二堂。’与月令同，并不论尺丈。臣恺按，十二阶虽不与礼合，一月一阶非无理。思黄图曰：‘堂方百四十四尺，〔法〕坤之策也，方象地。屋圆，楣径二百一十六尺，法乾之策也，圆象天。室九宫，法九州。太室方六丈，法坤之变数。十二堂，法十二月。三十六户，法极阴之变数。七十二牖，法五行所行日数。八达，象八风，法八卦。通天台径九尺，象〔法〕乾。以九覆六，高八十一尺，法黄钟九九之数。二十八柱，象二十八宿。堂高三尺，土阶三等，法三统。堂四向五色，法四时五行。殿门去殿七十二步，法五行所行。门堂长四丈，取太室三之二。垣高无蔽目之照，（目恐当作日）牖六尺，其外倍之。殿垣方，在水内，法地阴也。水四周于外，象四海。圆，法阳也。水阔二一四丈，象二十四气。水内径三丈，应觐礼经。武帝立明堂汶上，无室，其外略依此制。’泰山通议今亡，不可得而辨也。元始四年起明堂辟雍长安城南门，制度如仪，一殿，垣四面，门八观，水外周，堤壤高四尺。礼图曰：‘建武三十年作明堂，上圆下方，上圆法天，下方法地，十二堂法日辰，九室法九州，室八窗，八九七十二，法一时之王，室有二户，二九十八户，法土王十八日。内堂，正坛高三尺，土阶三等。’胡伯始注汉官云，‘古清庙盖以茅，今盖以瓦，下藉茅，以存古制。’自晋以前，未有鸱尾。其圆墙璧水，一依本图。晋堂方构，不合天文，既缺重楼，又无璧水。空堂乖五室之义，直殿违九阶之文，非古欺天，一何过甚！后魏于北台城南造圆墙，在璧水外，门在水内，迥立不与墙相连，其堂上九室，三三相重，不依古制，室间通巷，违舛处多。其室皆用墼累，极成褊陋。宋起居注曰，'孝武帝大明五年，立明堂，其墙宇规范，拟则太庙，唯十二间以应期数。'梁武帝移宋时太极殿以为明堂，无室十二间。自古明堂图，惟有二本：一是宗周刘熙、阮谌、刘昌宗等作，三图略同；一是后汉建武三十年作，礼图有本，不详撰人。臣远寻经传，傍求子史，研究众说，总撰今图，其样以木为之，下为方堂，堂有五室，上为圆观，观有四门。"会辽东之役，不果行。

9 上之灭陈也，以陈叔宝屏风赐突厥大义公主。厥，九勿翻。公主以其宗国之覆，谓周亡也。心常不平，书屏风，为诗叙陈亡以自寄；上闻而恶之，恶，乌路翻。礼赐渐薄。彭公刘昶先尚周公主，流人杨钦亡入突厥，诈言昶欲与其妻作乱攻隋，遣钦密告大义公主，发兵扰边。都蓝可汗信之，乃不修职贡，颇为边患。可，从刊入声。汗，音寒。上遣车骑将军长孙晟使于突厥，隋制：车骑将军阶正五品。非职事官。骑，奇寄翻。使，疏吏翻。长，知两翻。晟，承正翻。微观察之。公主见晟，言辞不逊，又遣所私胡人安遂迦与杨钦计议，迦，求伽翻。扇惑都蓝。晟至京师，具以状闻。上遣晟往索钦；索，山客翻。都蓝不与，曰："检校客内无此色人。"晟乃赂其达官，知钦所在，夜，掩获之，以示都蓝，因发公主私事，国人大以为耻。都蓝执安遂迦等，并以付晟。上大喜，加授开府仪同三司，仍遣入突厥废公主。内史侍郎裴矩请说都蓝使杀公主。说，输芮翻。时处罗侯之子染干，号突利可汗，考异曰：突厥传云"沙钵略子"。今从长孙晟传。居北方，遣使求婚，使，疏吏翻。上使裴矩谓之曰："当杀大义公主，乃许婚。"突利复谮之于都蓝，复，扶又翻。都蓝因发怒，杀公主，更表请婚，朝议将许之。朝，直遥翻。长孙晟曰："臣观雍虞闾反覆无信，直以与玷厥有隙，雍虞闾，都蓝；玷厥，达头也。所以欲依倚国家，虽与为婚，终当叛去。今若得尚公主，承借威灵，玷厥、染干必受其征发。强而更反，后恐难图。且染干者，处罗侯之子，素有诚款，于今两代，前乞通婚，不如许之，招令南徙，兵少力弱，易可抚驯，少，诗沼翻。易，以豉翻。驯，松伦翻。使敌雍虞闾以为边捍。”上曰：“善。”复遣晟慰谕染干，许尚公主。为隋破都蓝，树立染干张本。复，扶又翻。

10 牛弘使协律郎范阳祖孝孙等参定雅乐，隋制，太常有协律郎二人。隋志：涿郡涿县，旧置范阳郡，开皇初，郡废。又上谷郡涞水县，旧曰遒，开皇元年，以范阳为遒县，更置范阳于此。从陈阳山太守毛爽受京房律法，“从”字之上，更有“孝孙”二字，文意乃明。隋志：南海郡含洭县，梁置阳山郡。布管飞灰，顺月皆验。又每律生五音，十二律为六十音，因而六之，为三百六十音，分直一岁之日以配七音，而旋相为宫之法，由是著名。名，一作明。弘等乃奏请复用旋宫法，上犹记何妥之言，妥言见上卷九年。注弘奏下，不听作旋宫，但用黄钟一宫。于是弘等复为奏，附顺上意，其前代金石并销毁之，以息异议。弘等又作武舞，以象隋之功德；郊庙飨用一调，迎气用五调。郊庙用一调，止用黄钟一宫。迎气用五调，春用角，夏用徵，中央用宫，秋用商，冬用羽。调，徒钓翻。旧工稍尽，其馀声律，皆不复通。复，扶又翻。

十四年（甲寅、五九四）

1 春，三月，乐成。夏，四月，乙丑，诏行新乐，且曰：“民间音乐，流僻日久，弃其旧体，竞造繁声，宜加禁约，务存其本。”万宝常听太常所奏乐，泫然泣曰：“乐声淫厉而哀，天下不久将尽！”时四海全盛，闻者皆谓不然；大业之末，其言卒验。卒，子恤翻。宝常贫而无子，久之，竟饿死。且死，悉取其书烧之，宝常撰乐谱六十四卷，具论八音旋相为宫之法，改弦移柱之变，为八十四调，一百四十四律，终于千八百声，为之应手成曲。曰：“用此何为！”

2 先是，台、省、府、寺及诸州皆置公廨钱，先，悉荐翻。廨，古隘翻。收息取给。工部尚书【章：甲十一行本“书”下有“扶风”二字；乙十一行本同；孔本同。】苏孝慈唐六典：工部尚书，周之冬官卿也，汉五曹尚书，其三曰民曹，后汉以民曹兼主缮修工作、盐池、园苑之事。自晋、宋、齐、梁、陈营宗庙，则权置起部尚书，事毕省之。后周依周官置大司空卿一人。隋开皇二年，始置工部尚书。以为“官司出举兴生，烦扰百姓，败损风俗，败，补迈翻。请皆禁止，给地以营农。”上从之。六月，丁卯，始诏“公卿以下皆给职田，职分田起于后周，顷亩以品为差，下至隋、唐，代有增减。毋得治生，与民争利。”治，直之翻。

3 秋，七月，乙未，以邳公苏威为纳言。

4 初，张宾历既行，开皇四年行张宾历，见一百七十六卷陈长城公至德二年。广平刘孝孙、隋志：武安郡永平县，旧曰广平，置广平郡，仁寿元年，改永平县。冀州秀才刘焯信都郡置冀州。焯，职略翻。并言其失。宾方有宠于上，刘晖附会之，共短孝孙，斥罢之。后宾卒，孝孙为掖县丞，隋志：莱州东莱郡治掖县。委官入京，上其事，诏留直太史，以他官入太史曹为直太史。上，时掌翻。累年不调，调，徒钓翻。乃抱其书，使弟子舆榇来诣阙下，榇，初觐翻。伏而恸哭；执法拘而奏之。帝异焉，以问国子祭酒何妥，妥言其善。乃遣与宾历比校短长。直太史勃海张胄玄隋志：勃海郡，开皇六年置棣州。与孝孙共短宾历，异论锋起，久之不定。上令参问日食事，杨素等奏：“太史凡奏日食二十有五，率皆无验，胄玄所刻，前后妙中，刻，刻定也。中，竹中翻。孝孙所刻，验亦过半。”于是上引孝孙、胄玄等亲自劳徕。劳，力到翻。孝孙请先斩刘晖，乃可定历，帝不怿，又罢之。孝孙寻卒。卒，子恤翻。

5 关中大旱，民饥，上遣左右视民食，得豆屑杂糠以献。上流涕以示群臣，深自咎责，为之不御酒肉，为，于伪翻。殆将一期。八月，辛未，上帅民就食于洛阳，帅，读曰率。敕斥候不得辄有驱逼。男女参厕于仗卫之间，遇扶老携幼者，辄引马避之，慰勉而去；至艰险之处，见负担者，担，都滥翻。令左右扶助之。

6冬，闰十月，甲寅，诏以齐、梁、陈宗祀废绝，命高仁英、萧琮、陈叔宝以时修祭，所须器物，有司给之。陈叔宝从帝登邙山，邙山，在洛阳城北。侍饮，赋诗曰："日月光天德，山河壮帝居；太平无以报，愿上东封书。"上，时掌翻。并表请封禅。帝优诏答之。他日，复侍宴，复，扶又翻。及出，帝目之曰："此败岂不由酒！以作诗之功，何如思安时事！当贺若弼渡京口，彼人密启告急，渡京口，事见上卷九年。叔宝饮酒，遂不之省。省，悉井翻。高颎至日，犹见启在床下，未开封。此诚可笑，盖天亡之也。昔苻氏征伐所得国，皆荣贵其主，谓苻坚也。事见晋纪。苟欲求名，不知违天命；与之官，乃违天也。"

7齐州刺史卢贲隋志：齐郡，旧曰齐州，治历城。坐民饥闭民粜，粜，他吊翻。除名。帝后复欲授以一州，贲对诏失旨，又有怨言，帝大怒，遂不用。皇太子为言："此辈并有佐命功，虽性行轻险，为，于伪翻。行，下孟翻。诚不可弃。"帝曰："我抑屈之，全其命也。微刘昉、郑译、卢贲、柳裘、皇甫绩等，则我不至此。然此等皆反覆子也，当周宣帝时，以无赖得幸。及帝大渐，颜之仪等请以赵王辅政，此辈行诈，顾命于我。事见一百七十四卷陈宣帝太建十二年。我将为政，又欲乱之，故昉谋大逆，译为巫蛊。考异曰：卢贲传云："昉为大逆于前，译为巫蛊于后。"按译传，译以开皇元年坐巫蛊废，昉以六年坐谋反诛。贲传误也。如贲之例，皆不满志，任之则不逊，置之则怨望，自为难信，非我弃之。众人见此，谓我薄于功臣，斯不然矣。"贲遂废，卒于家。卒，子恤翻。

8 晋王广帅百官抗表，固请封禅。帅，读曰率。帝令牛弘创定仪注，既成，帝视之，曰："兹事体大，朕何德以堪之！但当东巡，因致祭泰山耳。"十二月，乙未，车驾东巡。

9 上好禨祥小数，好，呼到翻。禨，居希翻。上仪同三司萧吉上书曰："甲寅、乙卯，天地之合也。吉上，时掌翻。今兹甲寅之年，以辛酉朔旦冬至，来年乙卯，以甲子夏至。冬至阳始，郊天之日，即至尊本命；夏至阴始，祀地之辰，即皇后本命。至尊德并乾之覆育，覆，敷又翻。皇后仁同地之载养，所以二仪元气并会本辰。"上大悦，赐物五百段。吉，懿之孙也。萧懿，梁武帝之兄，追封长沙王。员外散骑侍郎王劭言上有龙颜戴干之表，劭云：乾凿度云，"泰表戴干。"郑玄注云，表者，人形体之彰识也。干，盾也。泰人之表戴干。散，悉亶翻。骑，奇寄翻。指示群臣。上悦，拜著作郎。隋志：秘书省领太史、著作二曹，著作曹置郎二人。劭前后上表上，时掌翻。言上受命符瑞甚众，又采民间歌谣，引图书谶纬，捃摭佛经，谶，楚谮翻。捃，居运翻。摭，之石翻。回易文字，曲加诬饰，撰皇隋灵感志三十卷奏之，上令宣示天下。劭集诸州朝集，使盥手焚香【章：甲十一行本"香"下有"闭目"二字；乙十一行本同；孔本同；张校同。】而读之，曲折其声，有如歌咏，经涉旬朔，遍而后罢。上益喜，前后赏赐优洽。洽，音狭。朝，直遥翻。使，疏吏翻。

十五年（乙卯、五九五）

1 春，正月，壬戌，车驾顿齐州。庚午，为坛于泰山，柴燎祀天，以岁旱谢愆咎，礼如南郊；又亲祀青帝坛。赦天下。

2 二月，丙辰，收天下兵器，敢私造者坐之；关中、缘边不在其例。

3 三月，己未，至自东巡。

4 仁寿宫成。丁亥，上幸仁寿宫。时天暑，役夫死者相次于道，杨素悉焚除之，上闻之，不悦。及至，见制度壮丽，大怒曰："杨素殚民力为离宫，为吾结怨天下。"为吾，于伪翻。素闻之，惶恐，虑获谴，以告封德彝，曰："公勿忧，俟皇后至，必有恩诏。"考异曰：隋书、北史皆曰："宫成，上令高颎前视，奏称颇伤绮丽，大损人丁，帝不悦。素惧，即于北门启独孤皇后曰，'帝王法有离宫别馆，今天下太平，造一宫何足损费！'后以此理谕上，上乃解。"今从唐书。明日，上果召素入对，独孤后劳之曰：劳，力到翻。"公知吾夫妇老，无以自娱，盛饰此宫，岂非忠孝！"赐钱百万，锦绢三千段。素负贵恃才，多所陵侮；唯赏重德彝，每引之与论宰相职务，终日忘倦，因抚其床曰："封郎必须据吾此坐。"杨素赏重封德彝，非但以其算略，盖心术亦相似。屡荐于帝，帝擢为内史舍人。

5 夏，四月，己丑朔，赦天下。

6 六月，戊子，诏凿底柱。底柱山，在陕县北大河中。水经曰：河水过砥柱门。注云：砥柱，山名也。昔禹治洪水，山陵当水者凿之，故破山以通河，河水分流，包山而过，山见水中若柱然，故曰砥柱。三穿既决，水流疏分，指状表目，亦谓之三门。

7 庚寅，相州刺史豆卢通贡绫文布，燕慕容精归魏，北人谓归义为豆卢，子孙以为氏。相，息亮翻。命焚之于朝堂。朝，直遥翻。

8 秋，七月，纳言苏威坐从祠泰山不敬，免，俄而复位。上谓群臣曰："世人言苏威诈清，家累金玉，此妄言也。然其性狠戾，狠，户垦翻。不切世要，求名太甚，从己则悦，违之必怒，此其大病耳。"

9 戊寅，上至自仁寿宫。

10 冬，十月，戊子，以吏部尚书韦世康为荆州总管。世康，洸之弟也，韦洸安辑岭南，卒于官。按隋书世康传：世康，洸之兄。洸，古黄翻。和静谦恕，在吏部十馀年，时称廉平。按世康传，自礼部尚书转吏部尚书，在开皇四年之前。七年拜襄州刺史，历安州、信州总管，十三年入朝，复拜吏部尚书。出入践扬，前后十馀年，不专在吏部也。常有止足之志，谓子弟曰："禄岂须多，防满则退；年不待暮，有疾便辞。"因恳乞骸骨。帝不许，使镇荆州。时天下惟有四总管，并、扬、益、荆，以晋、秦、蜀三王及世康为之，当时以为荣。

11 十一月，辛酉，上幸温汤。骊山温汤也。程大昌曰：皇堂石井，后周宇文护所造，隋文帝又修屋宇，并植松柏千馀株。

12 十二月，戊子，敕："盗边粮一升已上，皆斩，考异曰：刑法志，事在十六年。今从帝纪。仍籍没其家。"

13 己丑，诏文武官以四考受代。唐、虞以三年为一考，后世以一年为一考。

14 汴州刺史令狐熙来朝，隋志：荥阳郡浚仪县，东魏置梁州，后周改曰汴州。令狐出于魏氏，春秋晋大夫魏颗封于令狐，子孙以为氏。汴，皮变翻。考绩为天下之最，赐帛三百匹，杂物为段，纯物为匹。颁告天下。熙，整之子也。令狐整见一百五十九卷梁武帝中大同元年。

十六年（丙辰、五九六）

1 春，正月，丁亥，以皇孙裕为平原王，筠为安成王，嶷为安平王，嶷，鱼力翻。恪为襄城王，该为高阳王，韶为建安王，煚为颍川王，煚，居永翻。皆勇之子也。

2 夏，六月，甲午，初制工商不得仕进。

3 秋，八月，丙戌，诏："决死罪者，三奏然后行刑。"考异曰：刑法志在十五年，今从帝纪。

4 冬，十月，己丑，上幸长春宫；隋志：同州朝邑县有长春宫。十一月，壬子，还长安。

5 党项寇会州，隋志：汶山郡，后周置汶州，开皇初改曰蜀州，寻为会州。党，底朗翻。诏发陇西兵讨降之。

6 帝以光化公主妻吐谷浑可汗世伏；妻，七细翻。吐，从暾入声。

谷，音浴。可，从刊入声。汗，音寒。世伏上表请称公主为天后，上不许。伏上，时掌翻。

十七年（丁巳、五九七）

1 春，二月，癸未，太平公史万岁击南宁羌，平之。史万岁袭爵太平县公。隋志：太平县，属绛郡。南宁之地，汉属牂柯，蜀汉属南中，晋属宁州，梁为南宁州。其后为爨氏所据，自云本安邑人，七世祖晋南宁太守，中国乱，遂王蛮中。考之晋志，未始有南宁郡。西爨，蛮也，非羌也，通鉴因隋纪成文。初，梁睿之克王谦也，见一百七十四卷陈宣帝太建十二年。西南夷、獠莫不归附，唯南宁州酋帅爨震恃远不服。獠，鲁皓翻。酋，慈秋翻。帅，所类翻。爨，七乱翻。睿上疏，以为："南宁州，汉世牂柯之地，牂柯，音臧柯。上，时掌翻。户口殷众，金宝富饶。梁南宁州刺史徐文盛为湘东王征赴荆州，征兵以讨侯景，文盛赴之。属东夏尚阻，未遑远略，属，之欲翻。夏，户雅翻。土民爨瓒遂窃据一方，瓒，从旱翻。国家遥授刺史，其子震相承至今。而震臣礼多亏，贡赋不入，乞因平蜀之众，略定南宁。"【章：甲十一行本"宁"下有"帝以天下初定，未之许"九字；乙十一行本同；孔本同。】其后南宁夷爨玩来降，拜昆州刺史，就其地置昆州。降，户江翻；下同。既而复叛。乃以左领军将军史万岁为行军总管，帅众击之，复，扶又翻。帅，读曰率。入自蜻蛉川，至于南中。蜻蛉川，汉蜻蛉县之地。蜻，仓经翻。蛉，郎丁翻。夷人前后屯据要害，万岁皆击破之；过诸葛亮纪功碑，唐史：南诏王凤迦异筑柘东城，有诸葛亮石刻故在。渡西洱河，按唐史，太宗击西爨，开蜻蛉、弄栋为县。弄栋西有大勃弄、小勃弄二州蛮，其西与黄瓜、叶榆、西洱河接。西洱河，即叶榆河也。苏轼曰：南诏有西洱河，即牂柯江也。河形如月抱珥，故名之为西洱河。洱，而止翻，又而志翻。入渠滥川，行千馀里，破其三十馀部，虏获男女二万馀口。诸夷大惧，遣使请降，献明珠径寸，于是勒石颂美隋德。万岁请将爨玩入朝，使，疏吏翻。朝，直遥翻。请将，音如字，携也，领也。

诏许之。爨玩阴有贰心，不欲诣阙，赂万岁以金宝，万岁于是舍玩而还。为史万岁得罪张本。还，从宣翻，又如字。

2 庚寅，上幸仁寿宫。

3 桂州俚帅李光仕作乱，始安郡，梁置桂州。俚，音里。帅，所类翻；下渠帅同。帝遣上柱国王世积与前桂州总管周法尚讨之，法尚发岭南兵，世积发岭北兵，俱会尹州。隋志：郁林郡，梁置定州，后改为南定州，平陈改尹州。世积所部遇瘴，不能进，瘴，之亮翻，热病。顿于衡州，隋志：衡山郡，平陈置衡州。法尚独讨之。光仕战败，帅劲兵走保白石洞。白石洞，在今寻州南六十里。帅，读曰率；下同。法尚大获家口，其党有来降者，辄以妻子还之，居旬日，降者数千人；降，户江翻。光仕众溃而走，追斩之。

帝又遣员外散骑侍郎何稠募兵讨光仕，稠谕降其党莫崇等，姓苑：何氏出自周成王母弟唐叔虞，其后封于韩，韩灭，子孙分散，江、淮间音以"韩"为"何"，字随音变，后遂为何氏。莫姓，楚莫敖之后。散，悉亶翻。骑，奇寄翻。承制署首领为州县官。稠，妥之兄子也。妥，他果翻。

上以岭南夷、越数反，数，所角翻。以汴州刺史令狐熙为桂州总管十七州诸军事，许以便宜从事，刺史以下官得承制补授。熙至部，大弘恩信，其溪洞渠帅更相谓曰：令，力丁翻。帅，所类翻。更，工衡翻。"前时总管皆以兵威相胁，今者乃以手教相谕，我辈其可违乎！"于是相帅归附。先是，州县生梗，先，悉荐翻。长吏多不得之官，长，知两翻。寄政于总管府，熙悉遣之，为建城邑，为，于伪翻。开设学校，华、夷感化焉。俚帅帅，所类翻。宁猛力，在陈世已据南海，隋因而抚之，拜安州刺史。猛力恃险骄倨，未尝参谒，熙谕以恩信，猛力感之，诣府请谒，不敢为非。熙奏改安州为钦州。隋志：宁越郡，梁置安州，今改钦州。

4 帝以所在属官不敬惮其上，事难克举，三月，丙辰，诏

"诸司论属官罪，有律轻情重者，听于律外斟酌决杖。"于是上下相驱，迭行捶楚，以残暴为干能，以守法为懦弱。捶，止橤翻。懦，乃卧翻，又奴乱翻。

帝以盗贼繁多，命盗一钱以上皆弃市，或三人共盗一瓜，事发即死。于是行旅皆晏起早宿，恐邂逅触罪也。考异曰：刑法志作"晚宿"，必早字误耳。天下懔懔。有数人劫执事而谓之曰："吾岂求财者邪！邪，音耶。但为枉人来耳。而为我奏至尊：自古以来，体国立法，未有盗一钱而死者也。而不为我以闻，吾更来，而属无类矣！"帝闻之，为停此法。自古以来，闾里奸豪持吏短长者，则有之矣，未闻持其上至此者，宜隋季之多盗也。天下之富，一钱之积，是以古之为政，欲其平易近民。为，于伪翻。而为、而不、而属之而，犹言汝也。

帝尝乘怒，欲以六月杖杀人，大理少卿河东赵绰固争隋制：九寺各置卿、少卿各一人。河东县，蒲州河东郡治。少，始照翻。曰："季夏之月，天地成长庶类，长，知两翻；下同。不可以此时诛杀。"帝报曰："六月虽曰生长，此时必有雷霆；我则天而行，有何不可！"遂杀之。

大理掌固来旷上言大理官司太宽，掌固，盖即汉之掌故。唐省、台、寺、监皆有掌固，因隋制也。上，时掌翻。帝以旷为忠直，遣每旦于五品行中参见。遣，犹使也。行，户刚翻。见，贤遍翻。旷又告少卿赵绰滥免徒囚，帝使信臣推验，初无阿曲，帝怒，命斩之。绰固争，以为旷不合死，帝拂衣入阁。绰矫言，"臣更不理旷，自有他事，未及奏闻。"帝命引入阁，绰再拜请曰："臣有死罪三，臣为大理少卿，不能制御掌固，使旷触挂天刑，一也。囚不合死，而臣不能死争，二也。臣本无他事，而妄言求入，三也。"帝解颜。会独孤后在坐，坐，徂卧翻。命赐绰二金杯酒，并杯赐之。旷因免死，徙广州。

萧摩诃子世略在江南作乱，摩诃当从坐，上曰："世略年未二十，亦何能为，以其名将之子，为人所逼耳。"将，即亮翻。因赦摩诃。绰固谏不可，上不能夺，欲绰去而赦之，因命绰退食。绰曰："臣奏狱未决，不敢退。"上曰："大理其为朕特赦摩诃也！"因命左右释之。为，于伪翻。

刑部侍郎辛亶尝衣绯裈，衣，于既翻。裈，古浑翻，亵衣也。俗云利官；上以为厌蛊，厌，一协翻，又于琰翻。将斩之。绰曰："法不当死，臣不敢奉诏。"上怒甚，曰："卿惜辛亶而不自惜也！"命引绰斩之。绰曰："陛下宁杀臣，不可杀辛亶。"至朝堂，解衣当斩，上使人谓绰曰："竟何如？"对曰："执法一心，不敢惜死。"上拂衣而入，良久，乃释之。明日谢绰，劳勉之，赐物三百段。劳，力到翻。

时上禁行恶钱，有二人在市，以恶钱易好者，武候执以闻，武候，属左右武候将军，掌昼夜巡察、执捕奸非也。上令悉斩之，绰进谏曰："此人所坐当杖，杀之非法。"上曰："不关卿事。"绰曰："陛下不以臣愚暗，置在法司，欲妄杀人，岂得不关臣事！"上曰："撼大木，不动者当退。"对曰："臣望感天心，何论动木。"上复曰："啜羹者热则置之，复，扶又翻；下同。啜，昌悦翻。天子之威，欲相挫邪！"邪，音耶。绰拜而益前，诃之，不肯退，诃，虎何翻。上遂入。治书侍御史柳彧复上奏切谏，上乃止。治，直之翻。复上，时掌翻。

上以绰有诚直之心，每引入阁中，或遇上与皇后同榻，即呼绰坐，评论得失，前后赏赐万计。与大理卿薛胄同时，俱名平恕；然胄断狱以情而绰守法，俱为称职。断，丁乱翻。称，尺证翻。胄，端之子也。薛端仕周，为蔡州刺史，无他异称。

帝晚节用法益峻，御史于元日不劾武官衣剑之不齐者，劾，户盖翻，又户得翻。帝曰："尔为御史，纵舍自由。"命杀之；谏议大夫毛思祖谏，又杀之。隋门下省置谏议大夫七人。将作寺丞以课麦䴷迟晚，䴷，圭玄翻。类篇曰：麦茎也。武库令以署庭荒芜，武库令，属卫尉寺。左右出使，或授牧宰马鞭、鹦鹉，使，疏吏翻。"授"，当作"受"。帝察知，并亲临斩之。

帝既喜怒不恒，不复依准科律。恒，户登翻。复，扶又翻；下同。信任杨素，素复任情不平，与鸿胪少卿陈延有隙，少，始照翻。尝经蕃客馆，庭中有马屎，又众仆于毡上樗蒱，以白帝。帝大怒，主客令及樗蒱者皆杖杀之，棰陈延几死。隋志：鸿胪寺统典客令，即主客也。屎，式尔翻，粪也。棰，止橤翻。几，居依翻，又音祈。

帝遣亲卫大都督长安屈突通往陇西检覆群牧，隋氏置左·右亲卫、左·右勋卫、左·右翊卫，有大都督、帅都督、都督等官。炀帝改大都督为校尉，帅都督为旅帅，都督为队正。屈突，虏复姓，其先昌黎徒河人，徙家长安。陇西郡，渭州。屈，九勿翻。得隐匿马二万馀匹，帝大怒，将斩太仆卿慕容悉达及诸监官千五百人。太仆卿，掌牧畜之政，故欲诛之。通谏曰："人命至重，陛下奈何以畜产之故杀千有馀人！臣敢以死请！"帝瞋目叱之，瞋，昌真翻。通又顿首曰："臣一身分死，分，扶问翻。就陛下丐千馀人命。"帝感寤，曰："朕之不明，以至于此！赖有卿忠言耳。"于是悉达等皆减死论，擢通为左武候将军。隋志：左、右武候，掌车驾出，先驱后殿，昼夜巡察，执捕奸非，烽候道路，水草所置；巡狩师田，则掌其营禁也。

5 上柱国【章：甲十一行本"国"下有"彭公"二字；乙十一行本同；孔本同。】刘昶与帝有旧，帝甚亲之；其子居士，任侠不遵法度，数有罪，数，所角翻。上以昶故，每原之。居士转骄恣，取公卿子弟雄健者，辄将至家，以车轮括其颈而棒之，棒，蒲项翻。殆死能不屈者，称为壮士，释而与交。党与三百人，殴击路人，殴，乌口翻。多所侵夺，至于公卿妃主，莫敢与校。或告居士谋为不轨，帝怒，斩之，公卿子弟坐居士除名者甚众。

6 杨素、牛弘等复荐张胄玄历术。去年帝劳徕胄玄，既而罢之。复，扶又翻。上令杨素与术数人立议六十一事，皆旧法久难通者，令刘晖等与胄玄等辩析。晖杜口一无所答，胄玄通者五十四，上乃拜胄玄员外散骑侍郎兼太史令，赐物千段，令参定新术。散，悉亶翻。骑，奇寄翻。至是，胄玄历成。夏，四月，戊寅，诏颁新历；前造历者刘晖四人并除名。

7 秋七月，桂州人李世贤反，上议讨之。诸将数人请行，将，即亮翻。上不许，顾右武候大将军虞庆则曰："位居宰相，爵乃上公，开皇初，庆则尝为尚书右仆射，宰相之职也。授上柱国，封鲁国公，上公也。国家有贼，遂无行意，何也？"庆则拜谢，恐惧，乃以庆则为桂州道行军总管，讨平之。

8 秦王俊，幼仁恕，喜佛教，喜，许记翻。尝请为沙门，不许。及为并州总管，俊为并州总管见上卷十年。渐好奢侈，违越制度，盛治宫室。俊好内，治，直之翻。好，呼报翻。其妃崔氏，弘度之妹也，性妒，于瓜中进毒，由是得疾，征还京师。上以其奢纵，丁亥，免俊官，以王就第。崔妃以毒王，废绝，赐死于家。左武卫将军刘升曹魏置武卫将军，自晋至于高齐，并属左、右卫；至隋始与左、右卫并列于十二卫府。谏曰："秦王非有他过，但费官物，营廨舍而已，廨，古隘翻。臣谓可容。"上曰："法不可违。"杨素谏曰："秦王之过，不应至此，愿陛下详之！"复，扶又翻。上曰："我是五儿之父，上五子：太子勇、晋王广、秦王俊、蜀王秀、汉王谅。非兆民之父？若如公意，何不别制天子儿律！以周公之为人，尚诛管、蔡，我诚不及周公远矣，安能亏法乎！"卒不许。杨素逢君之恶者也，他日赞决以废勇立广，盖有见于此。卒，子恤翻。

9 戊戌，突厥突利可汗来逆女，厥，九勿翻。可，从刊入声。汗，音寒。上舍之太常，教习六礼，六礼，纳采、问名、纳吉、纳征、请期、亲迎。妻以宗女安义公主。上欲离间都蓝，故特厚其礼，妻，七细翻。间，古苋翻。遣太常卿牛弘、纳言苏威、民部尚书斛律孝卿相继为使。开皇三年，改度支尚书为民部尚书。使，疏吏翻。

突利本居北方，既尚主，长孙晟说其帅众南徙，居度斤旧镇，度斤旧镇，盖即都斤山，突厥沙钵略旧所居也。帅，读曰率。锡赉优厚。赉，来代翻。都蓝怒曰："我，大可汗也，反不如染干！"于是朝贡遂绝，亟来抄掠边鄙。朝，直遥翻；下同。亟，去吏翻。抄，楚交翻。突利伺知动静，辄遣奏闻，由是边鄙每先有备。伺，相吏翻。

10 九月，甲申，上至自仁寿宫。

11 何稠之自岭南还也，是年二月，何稠讨岭南。宁猛力请随稠入朝，稠见其疾笃，遣还钦州，与之约曰："八九月间，可诣京师相见。"使还，奏状，上意不怿。使，疏吏翻；下同。冬，十月，猛力病卒。上谓稠曰："汝前不将猛力来，今竟死矣！"稠曰："猛力与臣约，假令身死，当遣子入侍。令，力丁翻。越人性直，其子必来。"猛力临终，果戒其子长真曰："我与大使约，不可失信，使，疏吏翻。汝葬我毕，宜即登路。"长真嗣为刺史，如言入朝。嗣，祥吏翻。上大悦曰："何稠著信蛮夷，乃至于此！"

12 鲁公虞庆则之讨李世贤也，以妇弟赵什住为随府长史。长，知两翻。什住通于庆则爱妾，恐事泄，乃宣言庆则不欲此行，上闻之，礼赐甚薄。庆则还，至潭州临桂岭，隋书虞庆则传作"潭州临桂镇"。宋白曰：隋平陈，改湘州为潭州。杜佑曰：取昭潭为名。观眺山川形势，曰："此诚险固，加以足粮，若守得其人，攻不可拔。"使什住驰诣京师奏事，观上颜色，什住因告庆则谋反，下有司按验。下，遐稼翻。十二月，壬子，庆则坐死，拜什住为柱国。

13 高丽王汤闻陈亡，大惧，治兵积谷，为拒守之策。丽，力知翻。治，直之翻。是岁，上赐汤玺书，责以“虽称藩附，诚节未尽”。且曰：“彼之一方，虽地狭人少，玺，斯氏翻。少，诗沼翻；下同。今若黜王，不可虚置，终须更选官属，就彼安抚。王若洒心易行，洒，读曰洗。行，下孟翻。率由宪章，即是朕之良臣，何劳别遣才彦！王谓辽水之广，何如长江？高丽之人，多少陈国？少，诗沼翻。朕若不存含育，责王前愆，命一将军，何待多力！殷勤晓示，许王自新耳。”汤得书，惶恐，将奉表陈谢。会病卒，卒，子恤翻。子元嗣立，上使使拜元为上开府仪同三司，袭爵辽东公。使使，疏吏翻；下同。元奉表谢恩，因请封王，上许之。自时隋终以高丽为意，后遂以佳兵亡国。

14 吐谷浑大乱，吐，从暾入声。谷，音浴。国人杀世伏，立其弟伏允为主，遣使陈废立之事，并谢专命之罪，且请依俗尚主；上从之。自是朝贡岁至。朝，直遥翻。

十八年（戊午、五九八）

1 春，二月，甲辰，上幸仁寿宫。

2 高丽王元帅靺鞨之众万馀寇辽西，隋书：靺鞨在高丽之北，凡有七种：其一号粟末部，与高丽接；其二曰伯咄部，在粟末之北；其三曰安车骨部，在伯咄东北；其四曰拂涅部，在伯咄东；其五曰号室部，在拂涅东；其六曰黑水部，在安车骨西北；其七曰白山部，在粟末东南。而黑水部犹为劲健，即古之肃慎氏也。辽西郡治柳城，隋置营州总管府。靺，莫拨翻。鞨，户葛翻。营州总管韦冲击走之。上闻而大怒，乙巳，以汉王谅、王世积并为行军元帅，将水陆三十万伐高丽，帅，所类翻。将，即亮翻。以尚书左仆射高颎为汉王长史，长，知两翻。周罗睺为水军总管。

3 延州刺史独孤陀隋志：延安郡，后魏置东夏州，西魏改延州。陀，徒河翻。有婢曰徐阿尼，阿，乌葛翻。尼，女夷翻；下同。事猫鬼，能使之杀人，云每杀人，则死家财物潜移于畜猫鬼家。会独孤后及杨素妻郑氏俱有疾，医皆曰："猫鬼疾也。"隋书陀传云：徐阿尼事猫鬼，每以子夜祀之，言子者，鼠也。陀尝从家中索酒，其妻曰："无钱可酤。"陀因谓阿尼曰：可令猫鬼向越公家，使我足钱也。阿尼便呪之。居数日，猫鬼向素家。十一年，上初从并州还，陀谓阿尼曰："可令猫鬼向皇后所，使多赐吾物。"阿尼复呪之，遂入宫中。大理丞杨远乃于门下外省遣阿尼呼猫鬼，阿尼于是夜中置香粥一盆，以匙扣而呼之曰："猫女可来，无住宫中。"久之，阿尼色正青，若被牵曳者。云猫鬼已至。由是其事具得实。畜，吁玉翻；下同。上以陀，后之异母弟，陀妻，杨素异母妹，由是意陀所为，令高颎等杂治之，具得其实。治，直之翻。上怒，令以犊车载陀夫妻，将赐死，【章：甲十一行本"死"下有"于家"二字；乙十一行本同；孔本同。】独孤后三日不食，为之请命曰：为，于伪翻；下同。"陀若蠹政害民者，妾不敢言；今坐为妾身，敢请其命。"陀弟司勋侍郎整诣阙求哀，司勋侍郎属吏部尚书。于是免陀死，除名为民，以其妻杨氏为尼。先是，有人讼其母为猫鬼所杀者，上以为妖妄，怒而遣之。妖，于骄翻。至是，诏诛被讼行猫鬼家。先，悉荐翻。被，皮义翻。夏，四月，辛亥，诏："畜猫鬼、蛊毒、厌媚野道之家，隋书志：江南诸郡往往畜蛊，而宜春偏甚。其法以五月五日聚百种虫，大者至蛇，小者至虱，合置器中，令自相啖，馀一种存者留之，蛇则曰蛇蛊，虱则曰虱蛊，行以杀人，因食入人腹内，食其五藏，死则其产移入蛊主之家。三年不杀他人，则畜者自钟其弊。累世子孙相传不绝，亦有随女子嫁者。厌，于琰翻。魅，音媚。并投于四裔。"

4 六月，丙寅，下诏黜高丽王元官爵。丽，力知翻。汉王谅军出临渝关，临渝关，在柳城西四百八十里，所谓卢龙之险也。渝，汉书音喻。值水潦，馈运不继，军中乏食，复遇疾疫。复，扶又翻。周罗睺自东莱泛海趣平壤城，隋书：平壤城东西六里，随山屈曲，南临浿水。杜佑曰：平壤城则故朝鲜国王险城也。趣，七喻翻。亦遭风，船多飘没。秋，九月，己丑，师还，死者什八九。高丽王元亦惶惧遣使谢罪，使，疏吏翻；下同。上表称“辽东粪土臣元”，上于是罢兵，待之如初。

百济王昌遣使奉表，请为军导，帝下诏谕以“高丽服罪，朕已赦之，不可致伐。”厚其使而遣之。高丽颇知其事，以兵侵掠其境。

5 辛卯，上至自仁寿宫。

6 冬，十一月，癸未，上祀南郊。

7 十二月，自京师至仁寿宫，置行宫十有二所。

8 南宁夷爨玩复反。复，扶又翻。蜀王秀奏“史万岁受赂纵贼，致生边患。”上责万岁，万岁诋谰；谰，落干翻，又力诞翻。诋，拒讳也。谰，逸辞也。上怒，命斩之。高颎及左卫大将军元旻等固请曰：“万岁雄略过人，将士乐为致力，虽古名将，未能过也。”上意少解，于是除名为民。将，即亮翻。乐，音洛。少，诗沼翻。

十九年（己未、五九九）

1 春，正月，癸酉，赦天下。

2 二月，甲寅，上幸仁寿宫。仁寿宫成于开皇十五年。方其成也，文帝怒，欲罪杨素，独孤后喜而赏之，继此屡幸仁寿宫，至仁寿之末，卒死于仁寿宫。仁者寿，帝穷民力以作离宫，可谓仁乎？其不得死于是宫，宜矣。帝怒杨素而不加之罪，其后喜则亦从而喜之，岂非奢侈之能移人，触境而动，至于流连而不知反，卒诒万世笑。是知君德以节俭为贵也。

3 突厥突利可汗因长孙晟奏言都蓝可汗作攻具，欲攻大同城。唐志：自夏州北渡乌水，行五百三十馀里，过横水，又行百一十九里至安乐戍。戍在河西壖，东壖有古大同城，今大同城，古永济栅也。厥，九勿翻。可，从刊入声。汗，音寒。长，知两翻。晟，承正翻。诏以汉王谅为元帅，帅，所类翻。尚书左仆射高颎出朔州道，隋志：马邑郡，旧置朔州。右仆射杨素出灵州道，灵武郡，后魏置灵州。上柱国燕荣出幽州道以击都蓝，燕，因肩翻。皆取汉王节度；然汉王竟不临戎。

都蓝闻之，与达头可汗结盟，合兵掩袭突利，大战长城下，突利大败。都蓝尽杀其兄弟子侄，遂渡河入蔚州。隋志：雁门郡灵丘县，后周置蔚州。蔚，纡勿翻。突利部落散亡，夜，与长孙晟以五骑南走，骑，奇寄翻；下同。比旦，行百馀里，比，必寐翻，及也。收得数百骑。突利与其下谋曰："今兵败入朝，一降人耳，朝，直遥翻；下同。降，户刚翻。大隋天子岂礼我乎！玷厥虽来，本无冤隙，冤，犹怨也。若往投之，必相存济。"晟知之，密遣使者入伏远镇，使，疏吏翻。令速举烽。突利见四烽俱发，以问晟，晟绐之曰："城高地迥，必遥见贼来。我国家法，若贼少，举二烽；绐，荡亥翻。少，诗沼翻。来多，举三烽；大逼，举四烽。彼见贼多而又近耳。"突利大惧，谓其众曰："追兵已逼，且可投城。"既入镇，晟留其达官执室领其众，自将突利驰驿入朝。将，如字。夏，四月，丁酉，突利至长安。帝大喜，以晟为左勋卫骠骑将军，隋制：骠骑将军正四品。骠，匹妙翻。骑，奇寄翻。持节护突厥。

上令突利与都蓝使者因头特勒相辩诘，突利辞直，上乃厚待之。都蓝弟郁【章：甲十一行本"郁"作"都"；乙十一行本同；孔本同。】速六弃其妻子，与突利归朝，使，疏吏翻。朝，直遥翻。上嘉之，使突利多遗之珍宝以慰其心。遗，于季翻。

高颎使上柱国赵仲卿将兵三千为前锋，至族蠡山，将，即亮翻。蠡，音黎。与突厥遇，交战七日，大破之；追奔至乞伏泊，复破之，虏千馀口，杂畜万计。突厥复大举而至，仲卿为方陈，厥，九勿翻；下同。畜，许又翻。复，扶又翻。陈，读曰阵；下同。四面拒战，凡五日。会高颎大兵至，合击之，突厥败走，追度白道，逾秦山七百馀里而还。还，从宣翻，又如字。杨素军与达头遇。先是，诸将与突厥战，虑其骑兵奔突，皆以戎车步骑相参，设鹿角为方陈，骑在其内。此古法也，虽卫青、刘裕未之能易也，所谓先为不可胜以待敌之可胜者也。先，悉荐翻。骑，奇寄翻；下同。素曰："此乃自固之道，未足以取胜也。"于是悉除旧法，令诸军为骑陈。达头闻之，大喜曰："天赐我也！"下马仰天而拜，帅骑兵十馀万直前。上仪同三司周罗睺曰："贼陈未整，请击之。"帅精骑逆战，素以大兵继之，突厥大败，达头被重创而遁，杀伤不可胜计，其众号哭而去。魏舒毁车崇卒以败狄，杨素除戎车为骑陈以破突厥，皆鼓儳而胜耳。帅，读曰率。胜，音升。号，户高翻。

4 六月，丁酉，以豫章王暕为内史令，暕，古限翻。

5 宜阳公王世积为凉州总管，其亲信安定皇甫孝谐有罪，王世积封宜阳郡公。隋志：河南郡宜阳县，后魏置宜阳郡。武威郡，旧置凉州。安定郡，旧置泾州。吏捕之，亡抵世积，世积不纳。孝谐配防桂州，配防者，配隶军伍，使之防守。因上变，称"世积尝令道人相其贵不，上，时掌翻。令，力丁翻。相，息亮翻。不，读曰否。道人答曰：'公当为国主，又将之凉州。'之，往也。其所亲谓世积曰：'河西天下精兵处，可图大事。'世积曰：'凉州土旷人希，非用武之国。'"世积坐诛，拜孝谐上大将军。

6 独孤后性妒忌，后宫莫敢进御。尉迟迥女孙，有美色，先没宫中，尉，纡勿翻。先，悉荐翻；下同。上于仁寿宫见而悦之，因得幸。后伺上听朝，伺，相吏翻。朝，直遥翻。阴杀之，上由是大怒，单骑从苑中出，不由径路，入山谷间二十馀里。高颎、杨素等追及上，扣马苦谏。上太息曰："吾贵为天子，不得自由！"高颎曰："陛下岂以一妇人而轻天下！"上意少解，少，诗沼翻。驻马良久，中夜方还宫。后俟上于阁内，及至，后流涕拜谢，颎、素等和解之，还，音旋，又如字。因置酒极欢。先是，后以高颎父之家客，甚见亲礼，颎父宾，为独孤信参佐，信被诛，后以宾父之故吏，数往来其家。至是，闻颎谓己为一妇人，遂衔之。

时太子勇失爱于上，潜有废立之志，从容谓颎曰：从，千容翻。“有神告晋王妃，言王必有天下，若之何？”颎长跪曰：“长幼有序，其可废乎！”【章：甲十一行本“乎”下有“上默然而止”五字；乙十一行本同；孔本同。】长幼之长，知两翻。独孤后知颎不可夺，阴欲去之。为后谮颎张本。去，羌吕翻。

会上令选东宫卫士以入上台，颎奏称：“若尽取强者，恐东宫宿卫太劣。”上作色曰：“我有时出入，宿卫须得勇毅。太子毓德春宫，左右何须壮士！此极弊法。如我意者，恒于交番之日，分向东宫，上下团伍不别，三百人为团，五人为伍。恒，户登翻。上，时掌翻。下，遐嫁翻。别，彼列翻。岂非佳事！我熟见前代，公不须仍踵旧风。”颎子表仁，娶太子女，故上以此言防之。

颎夫人卒，卒，子恤翻。独孤后言于上曰：“高仆射老矣，而丧夫人，丧，息浪翻。陛下何能不为之娶！”为，于伪翻；下同。上以后言告颎。颎流涕谢曰：“臣今已老，退朝，唯斋居读佛经而已，朝，直遥翻。虽陛下垂哀之深！至于纳室，非臣所愿。”上乃止。既而颎爱妾生男，上闻之，极喜，后甚不悦。上问其故，后曰：“陛下尚复信高颎邪？复，扶又翻。邪，音耶。始，陛下欲为颎娶，颎心存爱妾，面欺陛下。今其诈已见，见，贤遍翻。安得信之！”上由是疏颎。

伐辽之役，去年伐辽。颎固谏，不从，及师无功，后言于上曰：“颎初不欲行，陛下强遣之，强，其两翻。妾固知其无功矣！”又，上以汉王年少，少，诗照翻。专委军事于颎，颎以任寄隆重，每怀至公，无自疑之意，谅所言多不用。谅甚衔之，及还，泣言于后曰：“儿幸免高颎所杀。”上闻之，弥不平。

及击突厥，出白道，进图入碛，碛，大碛也，即所谓大漠。碛，七迹翻。遣使请兵，使，疏吏翻。近臣缘此言颎欲反。上未有所答，颎已破突厥而还。此即谓前破突厥事。还，从宣翻，音旋，又如字。及王世积诛，推核之际，有宫禁中事，云于颎处得之，上大惊。有司又奏"颎及左右卫大将军元旻、元胄，并与世积交通，受其名马之赠。"旻、胄坐免官。上柱国贺若弼、吴州总管宇文弢、若，人者翻。弢，古弼字。刑部尚书薛胄、开皇三年，改都官尚书为刑部尚书。民部尚书斛律孝卿、兵部尚书柳述等明颎无罪，上愈怒，皆以属吏，属，之欲翻。自是朝臣无敢言者。朝，直遥翻。秋，八月，癸卯，颎坐免上柱国、左仆射，以齐公就第。

未几，上幸秦王俊第，召颎侍宴。颎歔欷悲不自胜，几，居岂翻。歔，音虚。欷，音希，又许既翻。胜，音升。独孤后亦对之泣。上谓颎曰："朕不负公，公自负也。"因谓侍臣曰："我于高颎，胜于儿子，虽或不见，常似目前；自其解落，瞑然忘之，解落，谓解官落职也。瞑，莫定翻。如本无高颎。人臣不可以身要君，要，一遥翻。自云第一也。"

顷之，颎国令上颎阴事，隋制，王国、公国皆有令有尉。上，时掌翻。称其子表仁谓颎曰："司马仲达初托疾不朝，遂有天下，司马懿，字仲达，事见魏邵陵厉公纪。朝，直遥翻。公今遇此，焉知非福！"颎国官承望上指，以此诬颎，盖亦习见赵什住、皇甫孝谐受赏而利之也。焉，于虔翻。于是上大怒，囚颎于内史省而鞫之。宪司复奏沙门真觉尝谓颎云："明年国有大丧。"宪司，法司也。复，扶又翻。丧，息郎翻。尼令晖复云："十七、十八年，皇帝有大厄，十九年不可过。"上闻而益怒，顾谓群臣曰："帝王岂可力求！孔子以大圣之才，犹不得天下。颎与子言，自比晋帝，此何心乎！"有司请斩之。上曰："去年杀虞庆则，今兹斩王世积，如更诛颎，天下其谓我何！"于是除名为民。

颎初为仆射，帝受禅，颎即为仆射。其母戒之曰："汝富贵已极，但有一斫头耳，尔其慎之！”颎由是常恐祸变。至是，颎欢然无恨色。先是国子祭酒元善言于上曰：“杨素粗疏，苏威怯懦，元胄、元旻正似鸭耳。楚辞曰：“宁泛泛若水中之凫，与波上下，以全吾躯乎？”元善之意谓此。先，悉荐翻。可以付社稷者，唯独高颎。”上初然之。及颎得罪，上深责之，善忧惧而卒。卒，子恤翻。

7 九月，【章：甲十一行本“月”下有“乙丑”二字；乙十一行本同；孔本同；张校同；退斋校同。】以太常卿牛弘为吏部尚书。弘选举先德行而后文才，务在审慎，虽致停缓，其所进用，并多称职。先，悉荐翻。行，下孟翻。后，户遘翻。称，尺证翻。吏部侍郎高孝基鉴赏机晤，清慎绝伦，然爽俊有馀，迹似轻薄，时宰多以此疑之；唯弘深识其真，推心任委。隋之选举得人，于斯为最，时论弥服弘识度之远。

8 冬，十月，甲午，以突厥突利可汗为意利珍豆启民可汗，华言“意智健”也。厥，九勿翻。可，从刊入声。汗，音寒。突厥归启民者男女万馀口，上命长孙晟将五万人于朔州，筑大利城以处之。长，知两翻。晟，承正翻。将，即亮翻；下同。大利城，在云内县东北。隋志：定襄郡，治大利县。处，昌吕翻；下同。时安义公主已卒，十七年，安义公主嫁突厥。卒，子恤翻。复使晟持节送宗女义成公主以妻之。复，扶又翻。妻，七细翻。

晟奏：“染干部落，归者益众，虽在长城之内，犹被雍虞闾抄掠，不得宁居。抄，楚交翻。请徙五原，以河为固，盐州五原之地。于夏、胜两州之间，隋志：朔方郡，后魏置夏州。榆林郡，开皇二十年置胜州。杜佑曰：胜州治榆林县，汉沙南县地有云中城拂云堆，金河、紫河自马邑郡善阳界流入，县西有汉五原城。夏，户雅翻。东西至河，南北四百里，掘为横堑，堑，七艳翻。令处其内，令，力丁翻。处，昌吕翻。使得任情畜牧。”上从之。

又令上柱国赵仲卿屯兵二万为启民防达头，为，于伪翻。代州总管韩洪等将步骑一万镇恒安。隋志：雁门，后周置肆州，开皇五年改曰代州。旧唐志：恒安镇，在隋马邑郡云内县界，唐为云州云中县，即后魏所都平城之地。恒，户登翻。达头骑十万来寇，韩洪军大败，骑，奇寄翻。仲卿自乐宁镇邀击，斩首千馀级。

9 帝遣越公杨素出灵州，行军总管韩僧寿出庆州。弘化郡，开皇十六年置庆州。太平公史万岁出燕州，涿郡怀戎县，后齐置北燕州，后周去"北"字。燕，因肩翻。大将军武威姚辩出河州，枹罕郡，旧置河州。以击都蓝。师未出塞，十二月，乙未，都蓝为部下所杀，达头自立为步迦音加。可汗，其国大乱。长孙晟言于上曰："今官军临境，战数有功，数，所角翻。虏内自携离，其主被杀，乘此招抚，可以尽降。请遣染干部下分道招慰。"上从之。降者甚众。被，皮义翻。降，户江翻。

王崇武标点容肇祖聂崇岐覆校

资治通鉴卷第一百七十九

端明殿学士兼翰林侍读学士朝散大夫右谏议大夫
充集贤殿修撰提举西京嵩山崇福宫上柱国河内郡 司马光 奉敕编集
开国侯食邑一千八百户食实封六百户赐紫金鱼袋臣

后学天台胡三省音注

隋纪三 起上章涒滩(庚申)，尽昭阳大渊献(癸亥)，凡四年。

高祖文皇帝中

开皇二十年(庚申、六〇〇)

1 春，二月，熙州人李英林反。隋志：同安郡，梁置豫州，后改晋州，后齐改江州，陈复曰晋州，开皇初曰熙州，因晋熙郡名州也。三月，辛卯，以扬州总管司马河内张衡为行军总管，隋制，总管府置长史、司马。河内郡置怀州。帅步骑五万讨平之。帅，读曰率。骑，奇寄翻。

2 贺若弼复坐事下狱，若，人者翻。复，扶又翻。下，遐嫁翻。上数之曰：数，所具翻。又，所主翻。"公有三太猛：嫉妒心太猛，自是、非人心太猛，无上心太猛。"既而释之。他日，上谓侍臣曰："弼将伐陈，谓高颎曰：'陈叔宝可平也。不作高鸟尽、良弓藏邪?'颎，居永翻；下同。范蠡告大夫种尝有是言。邪，音耶；下同。颎云：'必不然。'及平陈，遽索内史，又索仆射。索，山客翻。射，寅谢翻。我语颎曰：语，牛倨翻；下同。'功臣正宜授勋官，隋置上柱国至帅都督凡十一等，为勋官。不可预朝政。'朝，直遥翻。弼后语颎：'皇太子于己，出口入耳，无所不尽。公终久何必不得弼力，何脉脉邪！’脉脉，有言不得吐之意。意图广陵，又图荆州，皆作乱之地，意终不改也。”

3 夏，四月，壬戌，突厥达头可汗犯塞，厥，九勿翻。可，从刊入声。汗，音寒。诏命晋王广、杨素出灵武道，即灵州道。汉王谅、史万岁出马邑道即朔州道。以击之。

长孙晟帅降人为秦州行军总管，天水郡置秦州。长，知两翻。晟，承正翻。帅，读曰率。降，户江翻。受晋王节度。晟以突厥饮泉，易可行毒，易，以豉翻。因取诸药毒水上流，突厥人畜饮之多死，于是大惊曰：“天雨恶水，雨，于具翻。其亡我乎！”因夜遁。晟追之，斩首千馀级。考异曰：炀帝纪曰：“出灵武，无虏而还。”突厥传曰：“晋王出灵州，达头遁逃而去。”晟传曰：“达头与王相抗。”盖达头闻王来而遁，晟将兵从别道与达头相遇耳。

史万岁出塞，至大斤山，与虏相遇。达头遣使问：“隋将为谁？”候骑报：“史万岁也。”突厥复问：“得非敦煌戍卒乎？”史万岁戍敦煌事，见一百七十五卷陈长城公至德元年。使，疏吏翻；下同。将，即亮翻。骑，奇寄翻。复，扶又翻；下同。敦，徒门翻。候骑曰：“是也。”达头惧而引去。万岁驰追百馀里，纵击，大破之，斩数千级；逐北，入碛数百里，虏远遁而还。碛，七迹翻；下同。还，从宣翻，又如字。考异曰：帝纪，十九年六月史万岁破贼，据本传在今年，纪误也。按“破贼”当作“破达头”。诏遣长孙晟复还大利城，安抚新附。

达头复遣其弟子俟利伐从碛东攻启民，上又发兵助启民守要路；俟利伐退走入碛。启民上表陈谢曰：“大隋圣人可汗怜养百姓，如天无不覆，上，时掌翻。覆，敷又翻。地无不载。染干如枯木更叶，枯骨更肉，千世万世，常为大隋典羊马也。”为，于伪翻。帝又遣赵仲卿为启民筑金河、定襄二城。隋志：榆林郡金河县，隋初置榆关总管。定襄，即云内县之恒安镇。

4 秦孝王俊久疾未能起，遣使奉表陈谢。上谓其使者曰：

“我戮力创兹大业，作训垂范，庶臣下守之；汝为吾子而欲败之，使，疏吏翻。败，补迈翻。不知何以责汝！”俊惭怖，怖，普布翻。疾遂笃，乃复拜俊上柱国；六月丁丑，俊薨。帝五子，独俊病死耳。上哭之，数声而止；俊所为侈丽之物，悉命焚之。王府僚佐请立碑，隋亲王置师、友、文学、长史、司马、谘议参军、掾、属、主簿、录事、功曹、记室、户·仓·兵等曹、骑兵·城局等参军、东·西阁祭酒、参军事、法·田·水·铠·士等曹行参军、行参军、长兼行参军、典签等。释名：碑者，葬时所设，臣子追述君父之功以书其上。初学记：碑，悲也；所以悲往事也。上曰：“欲求名，一卷史书足矣，何用碑为！若子孙不能保家，徒与人作镇石耳。”镇，之人翻，压也。俊子浩，崔妃所生也；庶子曰湛。群臣希旨，奏：“汉之栗姬子荣、郭后子彊皆随母废，栗姬子荣事见十六卷汉景帝六年、七年。郭后子彊事见四十三卷汉光武建武十七年、十九年。斯二事者，二帝之失也，可以为法乎！今秦王二子，母皆有罪，不合承嗣。”上从之，以秦国官为丧主。

5 初，上使太子勇参决军国政事，时有损益；上皆纳之。勇性宽厚，率意任情，无矫饰之行。行，下孟翻。上性节俭，勇尝文饰蜀铠，蜀铠，蜀人所作也。蜀人工巧，所作铠甲已精丽，而勇又文饰之。上见而不悦，戒之曰：“自古帝王未有好奢侈而能久长者。汝为储后，后，君也；储后，犹言储君也。好，呼到翻。当以俭约为先，乃能奉承宗庙。吾昔日衣服，各留一物，时复观之以自警戒。恐汝以今日皇太子之心忘昔时之事，故赐汝以我旧所带刀一枚，并葅酱一合，淹菜为葅。酱，醢也。肉酱、豉酱皆谓之醢，又菜葅谓之酱。内则：芥酱。汝昔作上士时常所食也。谓勇仕周时。若存记前事，应知我心。”

后遇冬至，百官皆诣勇，勇张乐受贺。上知之，问朝臣曰：“近闻至日内外百官相帅朝东宫，此何礼也？”太常少卿辛亶对曰：“于东宫，乃贺也，不得言朝。”朝，直遥翻。帅，读曰率。

少，始照翻。上曰："贺者正可三数十人，随情各去，何乃有司征召，一时普集！太子法服设乐以待之，可乎？"隋制：太子衮冕，垂白珠九旒；青纩充耳；犀笄；玄衣、纁裳。衣，山、龙、华虫、火、宗彝五章；裳，藻、粉、米、黼、黻四章；织成为之。白纱内单。黼领青褾、襈裾。革带，金钩鞢；大带、素带，不朱里，亦纰以朱绿。韨随裳色，火、山二章。玉具剑、火珠镖首，瑜玉双佩，朱组。双大绶，四采赤、白、缥、绀，纯朱质，长一丈八尺，三百二十首，广九寸；小双绶长二尺六寸，色同大绶而首半之，间施二玉环。朱袜、赤舄，以金饰。褾，彼小翻。襈，雏免翻。鞢，丑例翻，又彼列翻。纰，频弥翻。镖，纰招翻。绶，音受。缥，匹沼翻。纯，之尹翻。长，直亮翻。广，苦旷翻。因下诏曰："礼有等差，君臣不杂。皇太子虽居上嗣，义兼臣子，而诸方岳牧正冬朝贺，任土作贡，别上东宫；别上，时掌翻。事非典则，宜悉停断。"断，丁管翻。自是恩宠始衰，渐生猜阻。

勇多内宠，昭训云氏尤幸。姓苑：云姓，缙云氏之后。又魏书官氏志：达宥氏，后改云氏；此其后也。其妃元氏无宠，遇心疾，二日而薨，元妃薨见一百七十七卷十一年。独孤后意有他故，甚责望勇。自是云昭训专内政，生长宁王俨，平原王裕，安成王筠；高良娣生安平王嶷，襄城王恪；王良媛生高阳王该，建安王韶；成姬生颍川王煚；娣，音弟。嶷，鱼力翻。媛，于眷翻。煚，居永翻。后宫生孝实，孝范。后弥不平，颇遣人伺察，伺，相吏翻。求勇过恶。

晋王广弥【章：甲十一行本"弥"上有"知之"二字；乙十一行本同；孔本同；张校同；退斋校同。】自矫饰，唯与萧妃居处，处，昌吕翻。后庭有子皆不育，后由是数称广贤。数，所角翻。大臣用事者，广皆倾心与交。谓杨素等。上及后每遣左右至广所，无贵贱，广必与萧妃迎门接引，为设美馔，为，于伪翻。馔，士恋翻；说文，具食也。申以厚礼；申，重也。婢仆往来者，无不称其仁孝。上与后尝幸其第，广悉屏匿美姬于别室，屏，必郢翻。唯留老丑者，衣以缦彩，衣，于既翻。缦，莫半翻，缯无文者也。给事左右；屏帐改用缣素；故绝乐器之弦，不令拂去尘埃。去，羌吕翻。上见之，以为不好声色，还宫，以语侍臣，好，呼到翻。语，牛倨翻。意甚喜，侍臣皆称庆，由是爱之特异诸子。

上密令善相者来和相，息亮翻。遍视诸子，对曰："晋王眉上双骨隆起，贵不可言。"上又问上仪同三司韦鼎："我诸儿谁得嗣位？"对曰："至尊、皇后所最爱者当与之，非臣敢预知也。"来和、韦鼎皆识帝于潜跃，故尤信之。上笑曰："卿不肯显言邪！"邪，音耶。

晋王广美姿仪，性敏慧，沈深严重；沈，持林翻。好学，善属文；好，呼到翻。属，之欲翻。敬接朝士，礼极卑屈；由是声名籍甚，言声名狼籍甚盛。朝，直遥翻；下同。冠于诸王。冠，古玩翻。

广为扬州总管，入朝，将还镇，入宫辞后，伏地流涕，后亦泫然泣下。泫，户畎翻。广曰："臣性识愚下，常守平生昆弟之意，不知何罪失爱东宫，恒蓄盛怒，欲加屠陷。恒，户登翻。每恐谗谮生于投杼，用曾参母子事。鸩毒遇于杯勺，杯、勺，皆饮器。周礼梓人为饮器，勺一升。勺，市若翻。是以勤忧积念，惧履危亡。"后忿然曰："睍地伐渐不可耐，勇小字睍地伐。我为之娶元氏女，为，于伪翻。竟不以夫妇礼待之，专宠阿云，阿，乌葛翻。使有如许豚犬。曹操曰："如袁本初、刘景升儿，豚犬耳。"后遂以诋其子。前新妇遇毒而夭，夭，于绍翻。我亦不能穷治，治，直之翻。何故复于汝发如此意！复，扶又翻。我在尚尔，我死后，当鱼肉汝乎！每思东宫竟无正嫡，至尊千秋万岁之后，遣汝等兄弟向阿云儿前再拜问讯，此是几许苦痛邪！"几，居岂翻。邪，音耶。广又拜，呜咽不能止，后亦悲不自胜。胜，音升。自是后决意欲废勇立广矣。

广与安州总管宇文述素善，安陆郡置安州。欲述近己，奏为寿州刺史。淮南郡旧属南则为豫州，属北则为扬州，开皇九年改曰寿州。近，其靳翻。广尤亲任总管司马张衡，衡为广画夺宗之策。广问计于述，述曰："皇太子失爱已久，令德不闻于天下。大王仁孝著称，才能盖世，数经将领，频有大功；谓南平陈、北伐突厥也。数，所角翻。将，即亮翻。主上之与内宫，咸所钟爱，内宫，即中宫，避国讳，故云然。四海之望，实归大王。然废立者国家大事，处人父子骨肉之间，诚未易谋也。处，昌吕翻。易，以豉翻。然能移主上意者，唯杨素耳，素所与谋者唯其弟约。述雅知约，请朝京师，与约相见，共图之。"朝，直遥翻。广大悦，多赍金宝，资述入关。

约时为大理少卿，少，始照翻。素凡有所为，皆先筹于约而后行之。述请约，盛陈器玩，与之酣畅，因而共博，每阳不胜，所赍金宝尽输之约。约所得既多，稍以谢述，述因曰："此晋王之赐，令述与公为欢乐耳。"此吕不韦之故智耳。约大惊曰："何为尔？"述因通广意，说之曰：说，输芮翻。"夫守正履道，固人臣之常致；反经合义，亦达者之令图。夫，音扶。令，力正翻。自古贤人君子，莫不与时消息以避祸患。公之兄弟，功名盖世，当涂用事有年矣，朝臣为足下家所屈辱者，可胜数哉！朝，直遥翻。胜，音升。数，所具翻。又，储后以所欲不行，每切齿于执政；公虽自结于人主，而欲危公者固亦多矣！主上一旦弃群臣，公亦何以取庇！今皇太子失爱于皇后，主上素有废黜之心，此公所知也。今若请立晋王，在贤兄之口耳。诚能因此时建大功，王必永铭骨髓，斯则去累卵之危，成太山之安也。"约然之，因以白素。素闻之，大喜，抚掌曰："吾之智思思，相吏翻。殊不及此，赖汝启予。”约知其计行，复谓素曰：复，扶又翻。“今皇后之言，上无不用，宜因机会早自结托，则长保荣禄，传祚子孙。兄若迟疑，一旦有变，令太子用事，恐祸至无日矣！”令，力丁翻。素从之。

后数日，素入侍宴，微称“晋王孝悌恭俭，有类至尊。”用此揣后意。揣，初委翻。后泣曰：“公言是也！吾儿大孝爱，每闻至尊及我遣内使到，内使犹言中使。使，疏吏翻。必迎于境首；言及违离，未尝不泣。又其新妇亦大可怜，我使婢去，常与之同寝共食。岂若睍地伐与阿云对坐，终日酣宴，昵近小人，昵，尼质翻。疑阻骨肉！我所以益怜阿麼者，广小字阿麼，麼，眉波翻。常恐其潜杀之。”素既知后意，因盛言太子不才。后遂遗素金，遗，于季翻。使赞上废立。

勇颇知其谋，忧惧，计无所出，使新丰人王辅贤造诸厌胜；新丰县属京兆。厌，于协翻。又于后园作庶人村，室屋卑陋，勇时于中寝息，布衣草褥，冀以当之。上知勇不自安，在仁寿宫，使杨素观勇所为。素至东宫，偃息未入，勇束带待之，素故久不进以激怒勇；勇衔之，形于言色。素还言：“勇怨望，恐有他变，愿深防察！”上闻素谮毁，甚疑之。后又遣人伺觇东宫，伺，相吏翻；下同。觇，丑廉翻，又丑艳翻。纤介事皆闻奏，因加诬饰以成其罪。

上遂疏忌勇，乃于玄武门达至德门玄武门，隋大兴宫城正北门。至德门，在宫城东北隅。量置候人，以伺动静，皆随事奏闻。量，音良。又，东宫宿卫之人，侍官以上，侍官，谓直阁、直寝、直斋、直后、备身、直长等，盖东宫率府所统，略同十二卫府。名籍悉令属诸卫府，有勇健者咸屏去之。屏，必郢翻。去，羌吕翻。出左卫率苏孝慈为淅州刺史，苏孝慈有器干，故出之。隋志：淅阳郡，西魏置淅州。勇愈不悦。太史令袁充言于上曰："臣观天文，皇太子当废。"上曰："玄象久见，见，贤遍翻。群臣不敢言耳。"充，君正之子也。袁君正见一百六十二卷梁武帝太清三年。

晋王广又令督王府军事姑臧段达姑臧县，凉州武威郡治所。私赂东宫幸臣姬威，令伺太子动静，密告杨素；于是内外喧谤，过失日闻。段达因胁姬威曰："东宫过失，主上皆知之矣。已奉密诏，定当废立；君能告之，则大富贵！"威许诺，即上书告之。上，时掌翻。

秋，九月，壬子，上至自仁寿宫。考异曰：帝纪：丁未，至自仁寿宫。今从太子勇传。翌日，御大兴殿，开皇三年，上入新都，名其城曰大兴城，正殿曰大兴殿，宫曰大兴宫，宫北苑曰大兴苑。或曰：帝由大兴郡袭封随公以登大位，故以名新都宫殿城苑。谓侍臣曰："我新还京师，应开怀欢乐；乐，音洛。不知何意翻邑然愁苦！"吏部尚书牛弘对曰："臣等不称职，故至尊忧劳。"称，尺证翻。上既数闻谮毁，疑朝臣悉知之，数，所角翻。故于众中发问，冀闻太子之过。弘对既失旨，上因作色，谓东宫官属曰："仁寿宫此去不远，而令我每还京师，严备仗卫，如入敌国。我为下利，令，力丁翻。还，从宣翻，音旋，又如字。〔利〕，泄利也。为，于伪翻。不解衣卧。昨夜欲近厕，厕，圊也。近，其靳翻。故在后房恐有警急，还移就前殿，岂非尔辈欲坏我家国邪！"坏，音怪。邪，音耶。于是执太子左庶子唐令则等数人付所司讯鞫；命杨素陈东宫事状以告近臣。

素乃显言之曰："臣奉敕向京，令皇太子检校刘居士馀党。言自仁寿宫奉敕向长安。刘居士事见上卷十七年。太子奉诏，作色奋厉，骨肉飞腾，语臣云：语，牛倨翻。'居士党尽伏法，遣我何处穷讨！尔作右仆射，委寄不轻，射，音夜，寅谢翻。自检校之，何关我事！'又云：'昔大事不遂，我先被诛，谓禅代时事。被，皮义翻。今作天子，竟乃令我不如诸弟，一事以上，不得自遂！'上，时掌翻。因长叹回视云：'我大觉身妨。'"去音。上曰："此儿不堪承嗣久矣，皇后恒劝我废之。恒，户登翻；下同。我以布衣时所生，地复居长，复，扶又翻。长，知两翻。望其渐改，隐忍至今。勇尝指皇后侍儿谓人曰：'是皆我物。'此言几许异事！几，居岂翻。其妇初亡，谓元妃薨时也。我深疑其遏毒，尝责之，勇即怼曰：'会杀元孝矩。'孝矩，元妃之父。怼，直类翻。此欲害我而迁怒耳。长宁初生，勇长子俨，封长宁王。朕与皇后共抱养之，自怀彼此，连遣来索。索，山客翻。且云定兴女，在外私合而生，想此由来，何必是其体胤！昔晋太子取屠家女，其儿即好屠割。事见八十三卷晋惠帝元康九年。好，呼到翻。今傥非类，便乱宗祏。祏，音石。我虽德惭尧、舜，终不以万姓付不肖子！言尧、舜知朱、均不肖，不付以天下。我恒畏其加害，如防大敌；今欲废之以安天下！"恒，户登翻。

左卫大将军五原公元旻谏曰：元旻封五原郡公。五原郡，丰州。"废立大事，诏旨若行，后悔无及。谗言罔极，惟陛下察之。"

上不应，命姬威悉陈太子罪恶。威对曰："太子由来与臣语，唯意在骄奢，且云：'若有谏者，正当斩之，不杀百许人，自然永息。'以文理观之，"不"字必误。营起台殿，四时不辍。前苏孝慈解左卫率，率，如字。太子奋髯扬肘曰：'大丈夫会当有一日，终不忘之，决当快意。'又宫内所须，须，求也，索也。尚书多执法不与，辄怒曰：'仆射以下，吾会戮一二人，使知慢我之祸。'每云：'至尊恶我多侧庶，恶，乌路翻。高纬、陈叔宝岂孽子乎！'言二君皆嫡出而亡国。孽，鱼列翻。说文：庶子曰孽。尝令师姥卜吉凶，师姥，巫媪也。姥，女老称。姥，莫补翻。语臣云：语，牛倨翻。'至尊忌在十八年，此期促矣。'"上泫然曰："谁非父母生，乃至于此！朕近览齐书，是时李百药所撰齐书未出，帝所览者，盖崔子发齐纪也。泫，户畎翻。见高欢纵其儿子，不胜忿愤，安可效尤邪！”于是禁勇及诸子，部分收其党与。胜，音升。邪，音耶。分，扶问翻。杨素舞文巧诋，锻炼以成其狱。

居数日，有司承素意，奏元旻常曲事于勇，情存附托，在仁寿宫，勇使所亲裴弘以书与旻，题云“勿令人见”。上曰：“朕在仁寿宫，有纤介事，东宫必知，疾于驿马，怪之甚久，岂非此徒邪！”遣武士执旻于仗。左卫仗也。右卫大将军元胄时当下直，不去，因奏曰：“臣向不下直者，为防元旻耳。”为，于伪翻。上以旻及裴弘付狱。

先是，勇见老枯槐，问：“此堪何用？”或对曰：“古槐尤宜取火。”先，悉荐翻。时卫士皆佩火燧，燧，取火之木也。勇命工造数千枚，欲以分赐左右；至是，获于库。又药藏局贮艾数斛，隋志：东宫门下坊，统司经、宫门、内直、典膳、药藏、斋帅六局。藏，徂浪翻。贮，直吕翻。索得之，索，山客翻。大以为怪，以问姬威，威曰：“太子此意别有所在，至尊在仁寿宫，太子常饲马千匹，饲，祥吏翻。云：‘径往守城门，自然饿死。’”素以威言诘勇，诘，去吉翻。勇不服，曰：“窃闻公家马数万匹，勇忝备太子，马千匹，乃是反乎！”素又发东宫服玩，似加琱饰者，悉陈之于庭，以示文武群臣，为太子之罪。上及皇后迭遣使责问勇，勇不服。使，疏吏翻；下见使同。

冬，十月，乙丑，上使人召勇，勇见使者惊曰：“得无杀我邪？”邪，音耶。上戎服陈兵，御武德殿，武德殿，在延恩殿西。集百官立于东面，诸亲立于西面，诸亲，谓属籍宗亲也。引勇及诸子列于殿庭，命内史侍郎薛道衡宣诏，废勇及其男、女为王、公主者。【章：甲十一行本“者”下有“并为庶人”四字；乙十一行本同；孔本同；张校同；退斋校同。】勇再拜言曰：“臣当伏尸都市，为将来鉴戒；幸蒙哀怜，得全性命！”言毕，泣下流襟，既而舞蹈而去，左右莫不闵默。哀之而不敢言。长宁王俨上表乞宿卫，辞情哀切；上，时掌翻。上览之闵然。杨素进曰：“伏望圣心同于螫手，蝮蛇螫手，壮士断腕。杨素以谗慝灭人天性之亲，以此为喻，亦太甚矣。螫，施只翻。不宜复留意。”复，扶又翻。

己巳，诏：“元旻、唐令则及太子家令邹文腾、隋志：太子家令，掌刑法、食膳、仓库、什物、奴婢等事。左卫率司马夏侯福、隋左、右卫率各置长史、司马。夏，户雅翻。典膳监元淹、隋志：典膳局，置监、丞各二人，属门下坊。前吏部侍郎萧子宝、前主玺下士何竦主玺下士，后周官也。玺，斯氏翻。并处斩，妻妾子孙皆没官。处，昌吕翻。车骑将军榆林阎毗、阎毗，榆林盛乐人，以车骑将军宿卫东宫。阎，姓也。左传，晋有阎嘉。骑，音奇寄翻。东郡公崔君绰、游骑尉沈福宝、开皇六年，置武骑、屯骑、骁骑、游骑、飞骑、旅骑、云骑、羽骑八尉，其品则正六品以下，从九品以上。绰，昌约翻。瀛州术士章仇太翼，瀛州，河间郡。是后炀帝谓太翼曰：“卿姓章仇，四岳之胄，与卢同源。”于是赐姓为卢氏。孙愐曰：汉有章弇，因避仇，加仇字为章仇氏。特免死，各杖一百，身及妻子、资财、田宅皆没官。副将作大匠高龙叉、率更令晋文建、隋率更令，掌东宫伎乐、漏刻。更，工衡翻。通直散骑侍郎元衡隋制，东宫亦有通直散骑侍郎。散，悉亶翻。骑，音奇寄翻。皆处尽。”处其罪使自尽。处，昌吕翻。于是集群官于广阳门外，宣诏戮之。乃移勇于内史省，给五品料食。赐杨素物三千段，元胄、杨约并千段，赏鞫勇之功也。

文林郎杨孝政上书谏曰：“皇太子为小人所误，宜加训诲，不宜废黜。”上，时掌翻。上怒，挞其胸。

初，云昭训父定兴，出入东宫无节，数进奇服异器以求悦媚；数，所角翻。左庶子裴政屡谏，隋制，左庶子领门下坊。勇不听。政谓定兴曰：“公所为不合法度。又，元妃暴薨，道路籍籍，此于太子，非令名也。公宜自引退，不然，将及祸。”定兴以告勇，勇益疏政，由是出为襄州总管。襄阳郡置襄州。唐令则为勇所昵狎，昵，尼质翻。每令以弦歌教内人，右庶子刘行本责之隋制，右庶子领典书坊。曰：“庶子当辅太子以正道，何有取媚于房帷之间哉！”令则甚惭而不能改。时沛国刘臻、隋志无沛国，刘臻先世仕于江南，江南侨置中原郡县，犹以沛国为贯。平原明克让、克让以平原为贯，犹刘臻也。魏郡陆爽，魏郡置相州。并以文学为勇所亲；行本怒其不能调护，每谓三人曰：“卿等正解读书耳！”言但能读书而不能行其所学。解，户买翻。夏侯福尝于阁内与勇戏，福大笑，声闻于外。闻，音问。夏，户雅翻。行本闻之，待其出，数之曰：数，所具翻。“殿下宽容，赐汝颜色。汝何物小人，敢为亵慢！”因付执法者治之。治，直之翻；下同。数日，勇为福致请，乃释之。为，于伪翻。勇尝得良马，欲令行本乘而观之，行本正色曰：“至尊置臣于庶子，欲令辅导殿下，非为殿下作弄臣也。”勇惭而止。及勇败，二人已卒，上叹曰：“向使裴政、刘行本在，勇不至此。”

勇尝宴宫臣，唐令则自弹琵琶，歌妩媚娘。妩，音武。洗马李纲隋制：门下坊司经局置洗马四人。洗，悉荐翻。起白勇曰：“令则身为宫卿，职当调护；左、右庶子谓之宫卿。汉高帝谓四皓曰：“烦公卒调护太子。”故言东宫官职当调护。乃于广坐自比倡优，坐，徂卧翻。倡，音昌。进淫声，秽视听。事若上闻，令则罪在不测，岂不为殿下之累邪！累，力瑞翻。邪，音耶。臣请速治其罪！”勇曰：“我欲为乐耳，治，直之翻。乐，音洛。君勿多事。”纲遂趋出。及勇废，上召东宫官属切责之，皆惶惧无敢对者。纲独曰：“废立大事，今文武大臣皆知其不可而莫肯发言，臣何敢畏死，不一为陛下别白言之乎！为，于伪翻；下皆为、日为同。别，彼列翻。太子性本中人，可与为善，可与为恶。向使陛下择正人辅之，足以嗣守鸿基。今乃以唐令则为左庶子，邹文腾为家令，二人唯知以弦歌鹰犬娱悦太子，安得不至于是邪！邪，音耶。此乃陛下之过，非太子之罪也。”因伏地流涕呜咽。上惨然良久曰：“李纲责我，非为无理，然徒知其一，未知其二；我择汝为宫臣，而勇不亲任，虽更得正人，何益哉！”对曰：“臣所以不被亲任者，良由奸人在侧故也。被，皮义翻。陛下但斩令则、文腾，更选贤才以辅太子，安知臣之终见疏弃也。更，工行翻。自古【章：甲十一行本“古”下有“国家”二字；乙十一行本同；孔本同；张校同。】废立冢嫡，鲜不倾危，鲜，息浅翻。愿陛下深留圣思，无贻后悔。”上不悦，罢朝，朝，直遥翻；下同。左右皆为之股栗。为，于伪翻。会尚书右丞缺，有司请人，上指纲曰：“此佳右丞也！”即用之。

太平公史万岁还自大斤山，杨素害其功，言于上曰：“突厥本降，厥，九勿翻。降，户江翻。初不为寇，来塞上畜牧耳。”遂寝之。万岁数抗表陈状，陈其功状也。数，所角翻。上未之悟。上废太子，方穷东宫党与。上问万岁所在，万岁实在朝堂，朝，直遥翻。杨素曰：“万岁谒东宫矣！”以激怒上。上谓为信然，令召万岁。时所将将士在朝堂称冤者数百人，令，力丁翻。将，即亮翻；下同。万岁谓之曰：“吾今日为汝极言于上，事当决矣。”为，于伪翻。既见上，言“将士有功，为朝廷所抑！”词气愤厉。上大怒，令左右㩧杀之。㩧，弼角翻，又匹角翻，击也。既而追之，不及，因下诏陈其罪状，天下共冤惜之。

十一月，戊子，立晋王广为皇太子。天下地震，广始正位储宫，而天下地震，其示戒亦昭昭矣。太子请降章服，宫官不称臣。十二月，戊午，诏从之。以宇文述为左卫率。始，太子之谋夺宗也，洪州总管郭衍预焉，隋志：豫章郡，平陈置洪州总管府。由是征衍为左监门率。隋志：东宫置左、右监门率，掌诰门禁。监，工衔翻；下同。率，所律翻。

帝因故太子勇于东宫，付太子广掌之。勇自以废非其罪，频请见上申冤，见，贤遍翻；下同。申，伸也，明也。而广遏之不得闻。勇于是升树大叫，声闻帝所，冀得引见。杨素因言勇情志昏乱，为癫鬼所着，不可复收。帝以为然，卒不得见。狂病而死者为癫鬼。着，直略翻。复，扶又翻。卒，子恤翻。

初，帝之克陈也，开皇九年克陈。天下皆以为将太平，监察御史房彦谦后齐御史台置检校御史十二人，隋置监察御史十二人。私谓所亲曰："主上忌刻而苛酷，太子卑弱，诸王擅权，言秦、晋、蜀三王分据方面也。天下虽安，方忧危乱。"其子玄龄亦密言于彦谦曰："主上本无功德，以诈取天下，诸子皆骄奢不仁，必自相诛夷，今虽承平，其亡可翘足待。"彦谦，法寿之玄孙也。房法寿见一百三十二卷宋太宗泰始三年。

玄龄与杜杲之兄孙如晦杜杲有名周、隋间。皆预选，选者吏部。选，宣绢翻。吏部侍郎高孝基名知人，有知人之名。见玄龄，叹曰："仆阅人多矣，未见如此郎者，异日必为伟器，恨不见其大成耳。"见如晦，谓曰："君有应变之才，必任栋梁之重。"俱以子孙托之。

6 帝晚年深信佛道鬼神，辛巳，始诏"有毁佛及天尊、岳、镇、海、渎神像者，以不道论；隋志：佛者，西域天竺之迦罗卫国净饭王之太子释迦牟尼，舍太子位，出家学道，勤行精进，觉悟一切种智，而谓之佛。道经云：有元始天尊者，生于太元之先，禀自然之气。冲虚凝远，莫知其极，天地沦坏，劫数终尽，而天尊之体常存不灭。岳者，五岳，东岳太山、西岳华山、南岳衡山、北岳恒山、中岳嵩山。隋五岳各置令；又有吴山令，盖吴山亦谓之吴岳也。镇，即周官职方氏：扬州其山镇曰会稽，荆州其山镇曰衡山，豫州其山镇曰华山，青州其山镇曰沂山，兖州其山镇曰岱山，雍州其山镇曰岳山，幽州其山镇曰医无闾，并州其山镇曰恒山，冀州其山镇曰霍山。隋开皇十四年，诏东镇沂山，南镇会稽山，北镇医无闾山，冀州镇霍山，并就山立祠。东海于会稽县界，南海于南海镇南，并近海立祠，及四渎、吴山并取侧近巫一人，主知洒扫。十六年，又诏北镇于营州龙山立祠。岱岳、华岳、衡岳、恒岳、嵩岳皆先有庙。四渎，江、河、淮、济。沙门毁佛像，道士毁天尊像者，以恶逆论。”

7 是岁，征同州刺史蔡王智积入朝。隋志：冯翊郡，后魏置华州，西魏改曰同州。朝，直遥翻。智积，帝之弟子也，智积，帝弟整之子。性修谨，门无私谒，自奉简素，帝甚怜之。智积有五男，止教读论语，【章：甲十一行本“语”下有“孝经”二字；乙十一行本同；孔本同；张校同；退斋校同。】不令交通宾客。或问其故，智积曰：“卿非知我者！”其意盖恐诸子有才能以致祸也。

8 齐州行参军章武王伽齐郡，齐州。行参军，在诸曹行参军之下，典签之上。杜佑曰：隋开皇三年，诏佐官以曹为名者，并改为司。十二年，诸州司以从事为名者，并改为参军。炀帝置诸司书佐，改行参军为行书佐。隋志：河间郡平舒县旧置章武郡。迦，求迦翻。送流囚李参等七十馀人诣京师，行至荥阳，荥阳县属郑州。哀其辛苦，悉呼谓曰：“卿辈自犯国刑，身婴缧绁，缧，黑索绁挛也，所以拘罪人。缧，力追翻。绁，息列翻。固其职也；重劳援卒，援送之卒。岂不愧心哉！”参等辞谢。伽乃悉脱其枷锁，停援卒，与约曰：“某日当至京师，如致前却，谓或前或却，不能如期。吾当为汝受死。”为，于伪翻。遂舍之而去。流人感悦，如期而至，一无离叛。上闻而惊异，召见与语，称善久之。于是悉召流人，令携负妻子俱入，赐宴于殿庭而赦之。因下诏曰：“凡在有生，含灵禀性，咸知善恶，并识是非。若临以至诚，明加劝导，则俗必从化，人皆迁善。往以海内乱离，德教废绝，吏无慈爱之心，民怀奸诈之意。朕思遵圣法，以德化民，而伽深识朕意，诚心倡导，参等感寤，自赴宪司：明是率土之人，非为难教。若使官尽王伽之俦，民皆李参之辈，刑厝不用，厝，士故翻。其何远哉！”乃擢伽为雍令。雍县，岐州治所。雍，于用翻。

9 太史令袁充表称：“隋兴已后，昼日渐长，开皇元年，冬至之景长一丈二尺七寸二分；长一，亘亮翻。自尔渐短，至十七年，短于旧三寸七分。日去极近则景短而日长，去极远则景长而日短；行内道则去极近，行外道则去极远。极，北极也。谨按元命包曰：‘日月出内道，璇玑得其常。’六纬之书，有春秋元命包。孔安国曰：璇，美玉。玑者，正天文之器。璇，似宣翻。京房别对曰：‘太平，日行上道；升平，行次道；霸代，行下道。’伏惟大隋启运，上感乾元，景短日长，振古希有。”诗：振古如兹。毛传曰：振，自也。上临朝，朝，直遥翻。谓百官曰：“景长之庆，天之佑也。今太子新立，当须改元，宜取日长之意以为年号。”是后百工作役，并加程课，以日长故也。丁匠苦之。史言袁充诬天以病民。

仁寿元年（辛酉、六〇一）

1 春，正月，乙酉朔，赦天下，改元。

2 以尚书右仆射杨素为左仆射，纳言苏威为右仆射。

3 丁酉，徙河南王昭为晋王。

4 突厥步迦可汗犯塞，败代州总管韩弘于恒安。雁门郡，隋代州。厥，九勿翻。迦，古牙翻。可，从刊入声。汗，音寒。败，补迈翻。恒，户登翻。

5 以晋王昭为内史令。

6 二月，乙卯朔，日有食之。

7 夏，五月，己丑，突厥男女九万口来降。降，户江翻。

8 六月，乙卯，遣十六使巡省风俗。使，疏吏翻。省，昔景翻。

9 乙丑，诏以天下学校生徒多而不精，校，户教翻。唯简留国子学生七十人，太学、四门及州县学并废。汉置太学，晋武帝立国子学，后国子、太学各置博士以授生徒。后魏太和二十年，于四门置学，立四门博士。自汉以来，郡有文学，隋郡、县皆置博士。殿内将军河间刘炫殿内将军，即殿中将军，隋避讳改之，属左、右卫。河间郡，瀛州。炫，荧绢翻。上表切谏；不听。上，时掌翻。秋，七月，【章：甲十一行本“月”下有“戊戌”二字；乙十一行本同；孔本同；张校同；退斋校同。】改国子学为太学。

10 初，帝受周禅，恐民心未服，故多称符瑞以耀之，其伪造而献者，不可胜计。胜，音升。冬，十一月，己丑，有事于南郊，如封禅礼，版文备述前后符瑞以报谢云。

11 山獠作乱，獠，卢皓翻。蜀有獠。以卫尉少卿洛阳卫文升为资州刺史隋志：洛阳县属河南郡洛州。资阳郡，西魏置资州，治盘石。少，始照翻。镇抚之。文升名玄，以字行。初到官，獠方攻大牢镇，开皇十三年，置大牢县。宋白曰：荣州应灵县，本汉南安县，隋置大牢镇。九域志：在州西一百五十里。文升单骑造其营，骑，奇寄翻。造，七到翻。谓曰：“我是刺史，衔天子诏，安养汝等，勿惊惧也！”群獠莫敢动。于是说以利害，渠帅感悦，解兵而去，说，输芮翻。帅，所类翻；下同。前后归附者十馀万口。帝大悦，赐缣二千匹。壬辰，以文升为遂州总管。隋志：遂宁郡，后周置遂州。

12 潮、成等五州獠反，高州酋长冯盎驰诣京师，请讨之。隋志：义安郡，梁置东扬州，后改曰瀛州，平陈置潮州。苍梧郡，梁置成州，隋后改封州。高凉郡，置高州。酋，才由翻。长，知两翻。帝敕杨素与盎论贼形势，素叹曰：“不意蛮夷中有如是人！”即遣盎发江、岭兵击之。江、岭，谓江南、岭南也。事平，除盎汉阳太守。隋志：汉阳郡，后魏曰南秦州，西魏曰成州。守，手又翻。

13 诏以杨素为云州道行军元帅，隋志：定襄郡，开皇五年置云州总管府，治大利。长孙晟为受降使者，长，知两翻。晟，承正翻。降，户江翻。使，疏吏翻。挟启民可汗北击步迦。挟，户颊翻。可，从刊入声。

汗，音寒。迦，古牙翻。

二年(壬戌、六〇二)

1 春，三月，己亥，上幸仁寿宫。

2 突厥思力俟斤等厥，九勿翻。俟，渠之翻。南渡河，掠启民男女六千口、杂畜二十馀万而去。畜，许又翻。杨素帅诸军追击，转战六十馀里，大破之，帅，读曰率。突厥北走。素复进追，夜，及之，复，扶又翻。恐其越逸，令其骑稍后，亲引两骑并降突厥二人与虏并行，虏不之觉；候其顿舍未定，趣后骑掩击，骑，奇寄翻。趣，读曰促。大破之，悉得人畜以归启民。自是突厥远遁，碛南无复寇抄。碛，七迹翻。抄，楚交翻。素以功进子玄感爵柱国，赐玄纵爵淮南公。淮南郡公。

3 兵部尚书柳述，庆之孙也，柳庆见一百六十一卷梁武帝太清二年。尚兰陵公主，怙宠使气，自杨素之属皆下之。下，遐嫁翻。帝问符玺直长万年韦云起：符玺局，属门下省，直长四人。万年，属京兆。玺，斯氏翻。长，知两翻。“外间有不便事，可言之。”述时侍侧，云起奏曰：“柳述骄豪，未尝经事，兵机要重，非其所堪，徒以主婿，遂居要职。臣恐物议以为陛下‘官不择贤，专私所爱’，斯亦不便之大者。”帝甚然其言，顾谓述曰：“云起之言，汝药石也，可师友之。”秋，七月，丙戌，诏内外官各举所知。柳述举云起，除通事舍人。曹魏中书置通事一人，掌呈奏案章，正始中，改为通事舍人，属中书省。隋改中书省为内史省。

4 益州总管蜀王秀，容貌瑰伟，瑰，古回翻。有胆气，好武艺。好，呼到翻。帝每谓独孤后曰：“秀必以恶终，我在当无虑，至兄弟，必反矣。”大将军刘哙之讨西爨也，帝令上开府仪同三司杨武通将兵继进。此必爨玩再反时。将，即亮翻。秀以嬖人万智光为武通行军司马。嬖，卑义翻，又博义翻。帝以秀任非其人，谴责之，因谓群臣曰：“坏我法者，子孙也。坏，音怪。譬如猛虎，物不能害，反为毛间虫所损食耳。”遂分秀所统。

自长史元岩卒后，秀渐奢僭，按隋书元岩传：开皇一三年，岩卒。是后仁寿四年，帝卧疾仁寿宫，又有黄门侍郎元岩与杨素、柳述同侍疾。参考废太子勇传、柳述传皆然。如此，则有两元岩。长，知两翻。造浑天仪，多捕山獠充宦者，獠，鲁皓翻。车马被服，拟于乘舆。被，皮义翻。乘，绳证翻。

及太子勇以谗废，晋王广为太子，秀意甚不平。太子恐秀终为后患，阴令杨素求其罪而谮之。令，力丁翻。上遂征秀，秀犹豫，欲谢病不行。总管司马源师谏，源师，即北齐源文宗之子，盖是时亦老矣。秀作色曰：“此自我家事，何预卿也！”师垂涕对曰：“师忝参府幕，敢不尽忠！圣上有敕追王，以淹时月，“以”，当从隋书源师传作“已”。蜀本作“己”。今乃迁延未去。百姓不识王心，傥生异议，内外疑骇，发雷霆之诏，降一介之使，王何以自明？愿王熟计之！”朝廷恐秀生变，戊子，以原州总管独孤楷为益州总管，平凉郡，置原州。驰传代之。传，株恋翻。楷至，秀犹未肯行；楷讽谕久之，乃就路。楷察秀有悔色，因勒兵为备；秀行四十馀里，将还袭楷，觇知有备，乃止。觇，丑廉翻，又丑艳翻。

5 八月，甲子，皇后独孤氏崩。太子对上及宫人哀恸绝气，若不胜丧者；胜，音升。其处私室，处，昌吕翻。饮食言笑如平常。又，每朝令进二溢米，而私令取肥肉脯鲊，干肉为脯，酿鱼肉为鲊。置竹筒中，以蜡闭口，衣襆裹而纳之。襆，防玉翻，帊也。

著作郎王劭上言：“佛说：‘人应生天上及生无量寿国之时，上，时掌翻。天佛放大光明，以香花妓乐来迎。’妓，渠绮翻。伏惟大行皇后福善祯符，备诸秘记，皆云是妙善菩萨。释典：菩，普也；萨，济也。菩萨，言能普济众生。菩，薄乎翻。萨，桑葛翻。臣谨按八月二十二日，仁寿宫内再雨金银花；雨，于具翻。二十三日，大宝殿后夜有神光；大宝殿，在仁寿宫中寝殿也。二十四日卯时，永安宫北有自然种种音乐，种，章勇翻。震满虚空；至夜五更，更，工衡翻。奄然如寐，遂即升遐，与经文所说，事皆符验。”上览之悲喜。

6 九月，丙戌，上至自仁寿宫。

7 冬，十月，癸丑，以工部尚书杨达为纳言。达，雄之弟也。雄自广平王改封清漳，时又改封安德。

8 闰月，甲申，诏杨素、苏威与吏部尚书牛弘等修定五礼。五礼，吉、凶、军、宾、嘉。

9 上令上仪同三司萧吉为皇后择葬地，为，于伪翻。得吉处，云：“卜年二千，卜世二百。”上曰：“吉凶由人，不在于地。高纬葬父，岂不卜乎！俄而国亡。正如我家墓田，若云不吉，朕不当为天子；若云不凶，我弟不当战没。”上弟整从周武帝伐齐，至并州，力战而死。然竟从吉言。吉退，告族人萧平仲曰：“皇太子遣宇文左率深谢余云：宇文述时为左卫率。率，所律翻。‘公前称我当为太子，竟有其验，终不忘也。今卜山陵，务令我早立。我立之后，当以富贵相报。’吾语之云：‘后四载，太子御天下。’语，牛倨翻。载，作亥翻。若太子得政，隋其亡乎！吾前绐云绐，徒亥翻。‘卜年二千’者，三十字也；‘卜世二百’者，取世二传也。汝其识之！”识，职吏翻，记也。

壬寅，葬文献皇后于太陵。诏以“杨素经营葬事，勤求吉地，论素此心，事极诚孝，岂与夫平戎定寇比夫，音扶。其功业！可别封一子义康公，邑万户。”义康郡公。隋志：高凉郡杜原县旧有宋康郡，平陈改曰义康郡。并赐田三十顷，绢万段，米万石，金珠绫锦称是。称，尺证翻。

10 蜀王秀至长安，上见之，不与语；明日，使使切让之。使使，下疏吏翻。秀谢罪，太子诸王流涕庭谢。上曰：“顷者秦王靡费财物，我以父道训之。今秀蠹害生民，当以君道绳之。”于是付执法者。开府仪同三司庆整谏曰：庆姓，出于齐大夫庆氏。“庶人勇既废，秦王已薨，陛下见子无多，见，贤遍翻。何至如是！蜀王性甚耿介，今被重责，被，皮义翻。恐不自全。”上大怒，欲断其舌，断，丁管翻。因谓群臣曰：“当斩秀于市以谢百姓。”乃令杨素等推治之。治，直之翻。

太子阴作偶人，缚手钉心，枷锁杻械，钉，丁定翻。杻，敕九翻。书上及汉王姓名，仍云“请西岳慈父圣母【章：甲十一行本“母”下有“神兵”二字；乙十一行本同；孔本同；张校同。】收杨坚、杨谅神魂，如此形状，勿令散荡。”密埋之华山下，华，户化翻。杨素发之；又云秀妄述图谶，称京师妖异，造蜀地征祥；妖，于骄翻。征，与祯同。并作檄文，云“指期问罪”，置秀集中，集，文集也。隋志曰：别集者，盖汉东京之所创也。自灵均已降，属文之士众矣，然其志尚不同，风流殊别；后之君子，欲观其体势而见其心灵，故别聚焉，名之为集。辞人景慕，并自记载，以成书部。俱以闻奏。上曰：“天下宁有是邪！”邪，音耶。十二月，癸巳，废秀为庶人，幽之内侍省，不听与妻子相见，唯獠婢二人驱使，獠，鲁皓翻。连坐者百馀人。秀上表摧谢曰：上，时掌翻。“伏愿慈恩，赐垂矜愍，残息未尽之间，希与瓜子相见；请赐一穴，令骸骨有所。”瓜子，其爱子也。上因下诏数其十罪，数，所具翻。且曰：“我不知杨坚、杨谅是汝何亲？”后乃听与其子同处。处，昌吕翻。

初，杨素尝以少谴敕送南台，南台者，御史台也。立国面朝后市，台省皆在南，故尚书省曰南省，御史台曰南台。少，诗沼翻。命治书侍御史柳彧治之。治，直之翻；下同。素恃贵，坐彧床。彧从外来，【章：甲十一行本“来”下有“见之”二字；乙十一行本同；孔本同；张校同。】于阶下端笏整容谓素曰：“奉敕治公之罪！”素遽下。彧据案而坐，立素于庭，辨诘事状。素由是衔之。诘，去吉翻。蜀王秀尝从彧求李文博所撰治道集，李文博，博陵人，仕隋不调。性贞介鲠直，好学不倦，至于教义名理，特所留心；读书至治乱得失，忠臣烈士，未尝不反复吟玩。长于议论，亦善属文，著治道集十卷，大行于世。夫其文大行而仕不遇，何也？治，直吏翻。或与之；秀遗或奴婢十口。遗，于季翻。及秀得罪，素奏或以内臣交通诸侯，除名为民，配戍怀远镇。新唐志，营州有怀远城。

帝使司农卿赵仲卿往益州穷按秀事，秀之宾客经过之处，仲卿必深文致法，州县长吏坐者太半。过，音戈。长，音知两翻。上以为能，赏赐甚厚。

久之，贝州长史裴肃隋志：清河郡，后周置贝州。遣使上书，称："高颎以天挺良才，元勋佐命，为众所疾，以至废弃；颎废见上卷开皇十九年。使，疏吏翻。上，时掌翻。愿陛下录其大功，忘其小过。又二庶人得罪已久，二庶人，谓勇、秀。宁无革心！愿陛下弘君父之慈，顾天性之义，经曰：父子之道，天性也。各封小国，观其所为：若能迁善，渐更增益；如或不悛，悛，丑缘翻。贬削非晚。今者自新之路永绝，愧悔之心莫见，岂不哀哉！"书奏，上谓杨素曰："裴肃忧我家事，此亦至诚也。"于是征肃入朝。朝，直遥翻；下同。太子闻之，谓左庶子张衡曰："使勇自新，欲何为也？"衡曰："观肃之意，欲令如吴太伯、汉东海王耳。"吴太伯，注已见前。汉东海王彊事见光武纪。此张衡为裴肃解也。令，力丁翻。肃至，上面谕以勇不可复收之意而罢遣之。肃，侠之子也。裴侠见一百五十六卷梁武帝中大通六年。复，扶又翻。

杨素弟约及从父文思、文纪、从，才用翻。族父忌并为尚书、列卿，诸子无汗马之劳，位至柱国、刺史；广营资产，自京师及诸方都会处，邸店、碾硙、碾，尼展翻。丁度集韵，碾，女箭翻，所以轹物器也。硙，五对翻，并磨也。便利田宅，不可胜数；胜，音升。家僮千数，后庭妓妾曳绮罗者以千数；妓，渠绮翻。第宅华侈，制拟宫禁；亲故吏布列清显。隋书素传作“亲戚故吏”，此逸“戚”字。既废一太子及一王，威权愈盛。朝臣有违忤者，或至诛夷；忤，五故翻。有附会及亲戚，虽无才用，必加进擢；朝廷靡然，莫不畏附。敢与素抗而不桡者，桡，奴教翻，屈也。独柳彧及尚书右丞李纲、大理卿梁毗而已。

始，毗为西宁州刺史，隋志：越嶲郡，后周置严州，开皇六年，改曰西宁州，十八年又改曰嶲州。毗刺西宁，盖十八年以前也。凡十一年，蛮夷酋长皆以金多者为豪隽，递相攻夺，略无宁岁，毗患之。后因诸酋长相帅以金遗毗，酋，才由翻。帅，读曰率。长，知两翻。遗，于季翻。毗置金坐侧，坐，徂卧翻。对之恸哭，而谓之曰：“此物饥不可食，寒不可衣，衣，于既翻。汝等以此相灭，不可胜数，胜，音升。今将此来，欲杀我邪！”邪，音耶。一无所纳。于是蛮夷感悟，遂不相攻击。上闻而善之，征为大理卿，处法平允。处，昌吕翻。信也，当也。

毗见杨素专权，恐为国患，乃上封事曰：“臣闻臣无有作威作福，其害于而家，凶于而国。书洪范之言。上，时掌翻。窃见左仆射越国公素，幸遇愈重，权势日隆，搢绅之徒，属其视听。言注耳目也。属，之欲翻。忤旨者严霜夏零，阿旨者甘雨冬澍；忤，五故翻。澍，之戍翻，又殊遇翻。荣枯由其唇吻，废兴候其指麾；所私皆非忠谠，谠，音党。所进咸是亲戚，子弟布列，兼州连县。天下无事，容息异图；四海有虞，必为祸始。黎阳之变，卒如毗言。夫奸臣擅命，有渐而来，夫，音扶。王莽资之于积年，桓玄基之于易世，而卒殄汉祀，终倾晋祚。二事具汉、晋纪。卒，子恤翻。陛下若以素为阿衡，臣恐其心未必伊尹也。伏愿揆鉴古今，量为处置，量，音良。处，昌吕翻。俾洪基永固，率土幸甚！”书奏，上大怒，收毗系狱，亲诘之。诘，去吉翻。毗极言“素擅宠弄权，将领之处，杀戮无道。将，即亮翻。又太子、蜀王罪废之日，百僚无不震竦，唯素扬眉奋肘，喜见容色，见，贤遍翻。利国家有事以为身幸。”上无以屈，乃释之。

其后上亦寖疏忌素，乃下敕曰：“仆射国之宰辅，不可躬亲细务，但三五日一向省，评论大事。”外示优崇，实夺之权也。素由是终仁寿之末，不复通判省事。出杨约为伊州刺史。隋志：河南郡陆浑县，东魏置伊川郡及北荆州，后周改曰和州，开皇初，又改曰伊州。

素既被疏，被，皮义翻。吏部尚书柳述益用事，摄兵部尚书，参掌机密；按述传：仁寿中，判兵部尚书事，寻拜兵部尚书，参掌机密；抗表陈让，乃令摄兵部尚书事。素由是恶之。恶，乌路翻。

太子问于贺若弼曰：“杨素、韩擒虎、史万岁皆称良将，其优劣何如？”弼曰：“杨素猛将，非谋将；韩擒虎斗将，非领将；史万岁骑将，非大将。”太子曰：“然则大将谁也？”弼拜曰：“唯殿下所择！”弼意自许也。若，人者翻。将，即亮翻；下同。骑，奇寄翻。

11 交州俚帅李佛子作乱，交趾郡，交州。俚，音里。帅，所类翻。据越王故城，此城盖秦汉间骆越之王所筑也。遣其兄子大权据龙编城，交州，旧治龙编县，隋志治宋平，而龙编以县属州。其别帅李普鼎据乌延城。帅，所类翻；下同。杨素荐瓜州刺史长安刘方敦煌郡置瓜州。有将帅之略，诏以方为交州道行军总管，统二十七营而进。方军令严肃，有犯必斩；然仁爱士卒，有疾病者亲临抚养，士卒亦以此怀之。至都隆岭，遇贼，击破之。进军临佛子营，先谕以祸福。佛子惧，请降，降，户江翻。送之长安。

三年（癸亥、六〇三）

1 秋，八月，壬申，赐幽州总管燕荣死。燕，因肩翻。荣性严酷，鞭挞左右，动至千数。尝见道次丛荆，以为堪作杖，命取之，辄以试人。人或自陈无罪，荣曰：“后有罪，当免汝。”

既而有犯，将杖之，人曰："前日被杖，使君许以有罪宥之。"荣曰："无罪尚尔，况有罪邪！"被，皮义翻。使，疏吏翻。邪，音耶。杖之自若。

观州长史元弘嗣隋志：平原郡东光县，旧置勃海郡，隋废郡，置观州。杜佑曰：开皇三年，改别驾、治中为长史、司马。观，古玩翻。长，知两翻。迁幽州长史，惧为荣所辱，固辞。上敕荣曰："弘嗣杖十已上罪，皆须奏闻。"荣忿曰："竖子何敢玩我！"于是遣弘嗣监纳仓粟，飏得一糠一粃，皆罚之。监，古衔翻。飏，与章翻，又馀亮翻。粃，音比。每笞虽不满十，然一日之中，或至三数。如是历年，怨隙日构。荣遂收弘嗣付狱，禁绝其粮，弘嗣抽絮杂水咽之。咽，于甸翻。其妻诣阙称冤，上遣使按验，使，疏吏翻。奏荣暴虐，赃秽狼籍；征还，赐死。元弘嗣代荣为政，酷又甚之。

2 九月，壬戌，置常平官。开皇初，置义仓，今置常平官掌之。

3 是岁，龙门王通诣阙献太平十二策，隋志：龙门县属河东郡。上不能用，罢归。通遂教授于河、汾之间，弟子自远至者甚众，累征不起。杨素甚重之，劝之仕，通曰："通有先人之弊庐足以蔽风雨，薄田足以具饘粥，饘，诸延翻，厚粥。读书谈道足以自乐。乐，音洛。愿明公正身以治天下，治，直之翻。时和岁丰，【章：甲十一行本"时"上有"使"字，"岁"作"年"；乙十一行本同；孔本同。】通也受赐多矣，不愿仕也。"或谮通于素曰："彼实慢公，公何敬焉？"素以问通，通曰："使公可慢，则仆得矣；不可慢，则仆失矣：得失在仆，公何预焉！"素待之如初。

弟子贾琼问息谤，通曰："无辩。"问止怨，曰："不争。"通尝称："无赦之国，其刑必平；重敛之国，其财必削。"敛，力赡翻。又曰："闻谤而怒者，谗之囮也；见誉而喜者，佞之媒也：绝囮去媒，谗佞远矣。"囮，余周翻，又五戈翻，鸟媒也。尔雅翼曰：按说文，囮，译也。率鸟者系生鸟以来之，名曰囮，读若讹。誉，音余。去，羌吕翻。大业末，卒于家，卒，子恤翻。门人谥曰文中子。通卒，门人议曰："礼，男子生有字，所以昭德；死有谥，所以易名。仲尼既没，文不在兹乎！易曰，'黄裳元吉，文在中也。'请谥曰文中子。"

4 突厥步迦可汗所部大乱，铁勒仆骨等十馀部，皆叛步迦降于启民。隋书：铁勒之先，匈奴之苗裔也，种类最多，自西海之东，依据山谷，往往不绝。独洛河北有仆骨、同罗、韦纥、拔也古、复罗，并号俟斤，蒙陈、吐如、纥斯结、浑、斛薛等诸姓，胜兵可二万。伊吾以西，焉耆之北，傍白山则有契弊、薄落职、乙咥、苏婆、那曷、乌讙、纥骨、也咥、於尼讙等，胜兵可二万。金山西有薛延陁、咥勒儿、十槃、达契等，一万馀兵。康国北傍阿得水，则有诃咥、曷嶻、拨忽、比千、具海、曷比悉、何嵯苏、拔也末渴达等，有三万馀兵。得嶷海东有苏路羯、三索咽、蔑促、隆忽等诸姓，八千馀。拂菻东则有恩屈、阿兰、北褥九离、伏嗢昏等，近二万人。北海南则都波等。虽姓氏各别，总谓为铁勒。并无君长，分属东、西两突厥。人性凶忍，善于骑射，贪婪尤甚，以寇抄为生。自突厥有国，东西征讨，皆资其用，以制北荒。迦，古牙翻。可，从刊入声。汗，音寒。步迦众溃，西奔吐谷浑；长孙晟送启民置碛口，启民于是尽有步迦之众。碛，七迹翻。

王崇武标点容肇祖聂崇岐覆校

资治通鉴卷第一百八十

端明殿学士兼翰林侍读学士朝散大夫右谏议大夫
充集贤殿修撰提举西京嵩山崇福宫上柱国河内郡 司马光 奉敕编集
开国侯食邑一千八百户食实封六百户赐紫金鱼袋臣

后学天台 胡三省 音注

隋纪四 起阏逢困敦(甲子),尽强圉单阏(丁卯),凡四年。

高祖文皇帝下

仁寿四年(甲子、六〇四)

1 春,正月,丙午,赦天下。

2 帝将避暑于仁寿宫,术士章仇太翼固谏;不听。太翼曰:“是行恐銮舆不返!”帝大怒,系之长安狱,期还而斩之。甲子,幸仁寿宫。乙丑,诏赏赐支度,事无巨细,并付皇太子。夏,四月,乙卯,帝不豫。六月庚申,赦天下。秋,七月,甲辰,上疾甚,卧与百僚辞诀,并握手歔欷,歔,音虚。欷,音希,又许既翻。命太子赦章仇太翼。丁未,崩于大宝殿。年六十四。

高祖性严重,令行禁止。每【章:十二行本“每”上有“勤于政事”四字;乙十一行本同;孔本同。】旦听朝,日昃忘倦。朝,直遥翻。昃,阻力翻。日中则昃。虽啬于财,至于赏赐有功,即无所爱;将士战没,必加优赏,仍遣使者劳问其家。将,即亮翻。使,疏吏翻。劳,力到翻。爱养百姓,劝课农桑,轻傜薄赋。其自奉养,务为俭素,乘舆御物,故弊者随宜补用;乘,绳证翻。自非享宴,所食不过一肉；后宫皆服浣濯之衣。天下化之，开皇、仁寿之间，丈夫率衣绢布，衣，于既翻。不服绫绮，装带不过铜铁骨角，无金玉之饰。故衣食滋殖，仓库盈溢。受禅之初，民户不满四百万，末年，逾八百九十万，此以开皇初元户口之数，比较仁寿末年大业初之数而言之也。按周之平齐，得户三百三万，而隋受周禅，户不满四百万，则周氏初有关中，西并巴、蜀，南兼江、汉，见户不满百万也。陈氏之亡，户六十万。大约隋氏混壹天下，见户未及五百万；及其盛也，盖几倍之。滋，音兹。殖，音植。禅，音墠。独冀州已一百万户。隋以信都郡为冀州，此以古冀州之域言之也。然禹之冀州，兼有幽、并、营三州地，其界比他州为最大，其后以天文画壄分州，自胃七度至毕十一度为大梁，冀州分。隋志以信都、清河、魏、汲、河内、长平、上党、河东、绛、文城、临汾、龙泉、西河、离石、雁门、马邑、定襄、楼烦、太原、襄国、武安、赵、恒山、博陵、河间、涿、上谷、渔阳、北平、安乐、辽西等郡为冀州，则其地亦兼有幽、并、营三州地，故其户最多。然猜忌苛察，信受谗言，功臣故旧，无始终保全者；乃至子弟，皆如仇敌，此其所短也。此上总论文帝平生。

初，文献皇后既崩，独孤后崩，谥文献，见上卷二年。宣华夫人陈氏、容华夫人蔡氏皆有宠。陈氏，陈高宗之女；陈宣帝庙号高宗。蔡氏，丹杨人也。丹杨郡，时置蒋州。上寝疾于仁寿宫，尚书左仆射杨素、兵部尚书柳述、黄门侍郎元岩隋制，门下省纳言二人，给事黄门侍郎四人，其位任重矣。此又一元岩，前蜀王秀长史之元岩封平昌郡公，此元岩封龙涸县公，见隋书列女华阳王楷妃传。皆入阁侍疾，召皇太子入居大宝殿。太子虑上有不讳，须预防拟，防，御也，堤备也。拟，准也，准拟揣度以待之也。手自为书，封出问素；素条录事状以报太子。宫人误送上所，上览而大恚。恚，於避翻。陈夫人平旦出更衣，更，工衡翻。为太子所逼，拒之，得免，归于上所；上怪其神色有异，问其故。夫人泫然曰："太子无礼！"上恚，抵床曰："畜生何足付大事！抵，触也。今人詈人犹曰畜生。言其无识无礼，若马牛犬豕然，待畜养而生者也。泫，户畎翻。独孤误我！"事见上卷开皇二十年。乃呼柳述、元岩曰："召我儿!"述等将呼太子，上曰："勇也。"述、岩出阁为敕书。储嗣之重，废置之间，轻易如此，乌得不君臣皆败乎。杨素闻之，以白太子，矫诏执述、岩，系大理狱；追东宫兵士帖上台宿卫，帖，裨也。帝之猜防太子勇也，屏去东宫宿卫之勇健者，知出苏孝慈而不知备张衡之入寝殿也，悕矣。门禁出入，并取宇文述、郭衍节度；令右庶子张衡入寝殿侍疾，尽遣后宫出就别室；俄而上崩。故中外颇有异论。比上叙帝所以见弑。考异曰：赵毅大业略记曰："高祖在仁寿宫，病甚，追帝侍疾，而高祖美人尤嬖幸者，唯陈、蔡二人而已。帝乃召蔡于别室，既还，面伤而发乱，高祖问之，蔡泣曰：'皇太子为非礼。'高祖大怒，啮指出血，召兵部尚书柳述、黄门侍郎元岩等令发诏追庶人勇，即令废立。帝事迫，召左仆射杨素、左庶子张衡进毒药。帝简骁健官奴三十人皆服妇人之服，衣下置仗，立于门巷之间，以为之卫。素等既入，而高祖暴崩。"马总通历曰："上有疾，于仁寿殿与百僚辞诀，并握手歔欷。是时唯太子及陈宣华夫人侍疾，太子无礼，宣华诉之。帝怒曰：'死狗，那可付后事!'遽令召勇，杨素秘不宣，乃屏左右，令张衡入拉帝，血溅屏风，冤痛之声闻于外，崩。"今从隋书。陈夫人与后宫闻变，相顾战栗失色。晡后，太子遣使者赍小金合，帖纸于际，亲署封字，以赐夫人。夫人见之，惶惧，以为鸩毒，不敢发。使者促之，乃发，使，疏吏翻；下同。合中有同心结数枚，宫人咸悦，相谓曰："得免死矣!"陈氏恚而却坐，不肯致谢；诸宫人共逼之，乃拜使者。其夜，太子蒸焉。杜预曰："上淫曰蒸。"

乙卯，发丧，考异曰：大业略记曰："十八日，发丧。"杜宝大业杂记曰："甲戌，文帝崩。辛巳，发丧。壬午，炀帝即位。"按长历，是月乙未朔。乙卯，二十一日也。无甲戌、辛巳、壬午日。今从隋书。太子即皇帝位。会伊州刺史杨约来朝，杨约出刺伊州，见上卷二年。朝，直遥翻。太子遣约入长安，易留守者，矫称高祖之诏，赐故太子勇死，缢杀之；缢，于赐翻。然后陈兵集众，发高祖凶问。炀帝闻之，书炀帝以别大行。曰："令兄之弟，果堪大任。"追封勇为房陵王，不为置嗣。房陵郡王。隋志：房陵郡光迁县，旧曰房陵，置新城郡；梁末置岐州；后周，郡县并改为光迁；大业初，置房陵郡。考异曰：大业略记云："庶人勇八男，亦阴加鸩害，恐其为厉，皆倒埋之。"按隋书、北史皆云"炀帝践极，俨常从行，卒于道，实鸩之也。诸弟分徙岭表，仍敕在所皆杀焉。"今从之。按通鉴下文，大业三年杀俨及七弟。八月，丁卯，梓宫至自仁寿宫；丙子，殡于大兴前殿。大兴前殿，大兴宫正殿也。柳述、元岩并除名，述徙龙川，岩徙南海。隋志：龙川郡，平陈置循州。南海郡，旧置广州。帝令兰陵公主与述离绝，欲改嫁之；公主以死自誓，不复朝谒，复，扶又翻。朝，直遥翻。上表请与述同徙，帝大怒。公主忧愤而卒，临终，上表请葬于柳氏，帝愈怒，竟不哭，葬送甚薄。上，时掌翻。卒，子恤翻。

3 太史令袁充奏言："皇帝即位，与尧受命年合。"讽百官表贺。礼部侍郎许善心议，以为"国哀甫尔，不宜称贺"。左卫大将军宇文述素恶善心，宇文述自左卫率迁左卫大将军，岂特以旧恩哉？既以酬功，且亲之以自卫也。恶，乌故翻。讽御史劾之；劾，户概翻，又户得翻。左迁给事郎，降品二等。

4 汉王谅有宠于高祖，为并州总管，开皇十七年，汉王谅代秦王俊为并州总管。自山以东，至于沧海，南距黄河，五十二州皆隶焉；特许以便宜从事，不拘律令。谅自以所居天下精兵处，见太子勇以谗废，事见上卷开皇二十年。居常怏怏；怏，于两翻。及蜀王秀得罪，见上卷二年。尤不自安，阴蓄异图。言于高祖，以"突厥方强，厥，九勿翻。宜修武备。"于是大发工役，缮治器械，治，直之翻。招集亡命，左右私人殆将数万。突厥尝寇边，高祖使谅御之，为突厥所败；败，补迈翻。其所领将帅坐除解者八十馀人，将，即亮翻。帅，所类翻。除，除名也。解，解官也。皆配防岭表。谅以其宿旧，奏请留之，高祖怒曰："尔为藩王，惟当敬依朝命，朝，直遥翻。何得私论宿旧，废国家宪法邪！嗟乎小子，尔一旦无我，或欲妄动，彼取尔如笼内鸡雏耳，何用腹心为！”

王頍者，僧辩之子，王僧辩事梁，有平侯景之功，为陈霸先所杀。頍，丘弭翻。倜傥好奇略，倜，他狄翻。好，呼到翻。为谅谘议参军，隋制，诸王府谘议参军，在长史、司马之下，掾属之上也。萧摩诃，陈氏旧将，将，即亮翻。二人俱不得志，每郁郁思乱，皆为谅所亲善，赞成其阴谋。

会荧惑守东井，荧惑，罚星。东井，秦分。仪曹邺人傅奕晓星历，按隋制，王府诸曹无仪曹，盖不在诸参军之数。邺县，属魏郡。谅问之曰："是何祥也？"对曰："天上东井，黄道所经，晋志：东井八星，天之南门，黄道所经。荧惑过之，乃其常理，若入地上井，则可怪耳。"奕知谅有异图，诡对以自免于祸。谅不悦。

及高祖崩，炀帝遣车骑将军屈突通以高祖玺书征之。骑，奇寄翻。屈，区勿翻。玺，斯氏翻。先是，高祖与谅密约："若玺书召汝，敕字傍别加一点，高欢与侯景亦有此约，而皆以阶乱。先，悉荐翻。又与玉麟符合者，开皇七年，颁青龙符于东方总管、刺史，西方以驺虞，南方以朱雀，北方以玄武。是后三子分居方面，并、杨、益三总管统属甚广，故为玉麟符。汉王谅既败，惟留守东、西两都用玉麟符，至唐犹然。当就征。"及发书无验，谅知有变。诘通，诘，去吉翻。通占对不屈，乃遣归长安。谅遂发兵反。

总管司马安定皇甫诞切谏，安定郡，泾州。谅不纳。诞流涕曰："窃料大王兵资非京师之敌；加以君臣位定，逆顺势殊，士马虽精，难以取胜。一旦陷身叛逆，絓于刑书，絓，户挂翻。虽欲为布衣，不可得也。"谅怒，囚之。

岚州刺史乔钟葵将赴谅，岚州，楼烦之地也。按隋志：大业四年方置楼烦郡，管下秀容县旧置肆州，开皇十八年置忻州，大业初废。又按唐志：楼烦郡，平刘武周，置东会州，武德六年，改岚州，而义宁元年，复分秀容置忻州。乔钟葵者，既为岚州刺史，而隋志不载岚州建置，当考。岚，卢含翻。宋白曰：后魏置岚州，因岢岚山为名。其司马京兆陶模拒之曰：“汉王所图不轨，公荷国厚恩，【章：十二行本“恩”下有“位为方伯”四字；乙十一行本同；孔本同；张校同。】荷，下可翻。当竭诚效命，岂得身为厉阶乎！”钟葵失色曰：“司马反邪！”临之以兵，辞气不挠，邪，音耶。挠，奴教翻，屈也。钟葵义而释之。军吏曰：“若不斩模，无以压众心。”乃囚之。于是从谅反者凡十九州。

王頍说谅曰：“王所部将吏，家属尽在关西，说，输芮翻。将，即亮翻。此关西，谓蒲津关以西。若用此等，则宜长驱深入，直据京都，所谓疾雷不及掩耳；淮南子之言。若但欲割据旧齐之地，南距大河，北尽燕、代，皆高齐之地也。宜任东人。”谅不能决，乃兼用二策，唱言杨素反，将诛之。谅若如宋武陵王声元凶之罪而举兵，天下其谁能敌之。

总管府兵曹闻喜裴文安兵曹，兵曹参军也。闻喜县，属绛州。说谅曰：“井陉以西，在王掌握之内，山东士马，亦为我有，宜悉发之；分遣羸兵屯守要害，仍命随方略地，帅其精锐，直入蒲津。同州朝邑县有蒲津关，渡河，东即蒲州城。陉，音刑。羸，伦为翻。帅，读曰率。文安请为前锋，王以大军继后，风行雷击，顿于霸上。自武关入，则顿于霸上，自蒲津入，岂须顿于霸上！盖欲乘高以临长安耳。咸阳以东，可指麾而定。京师震扰，兵不暇集，上下相疑，群情离骇；我陈兵号令，谁敢不从！旬日之间，事可定矣。”考异曰：大业略记云：“司兵参军裴文安说谅曰：‘今梓宫尚在仁寿宫，比其征兵，动移旬月。今若简骁勇万骑，令文安督领，不淹十五日，径据长安，其在京被黜停私之徒，并擢授高位，付以心膂，共守京城，则以东府县非彼之有。然后大王总兵鼓行而西，声势一接，天下可指挥而定也。’谅不从。”大业杂记云：“文安又说曰：‘先人有夺人之心，殿下选精骑一万，径往京师奔丧，晓夜兼行，谁敢止约！至京径掩仁寿宫，彼纵征召，未暇御我，大军骆驿随王而至，此则次计。王直资河北，彼率天下之兵，百道攻我，则难为主人，此下计也。’”今从隋书。谅大悦，于是遣所署大将军余公理出太谷，趣河阳，姓苑：余姓，由余之后。隋志：太谷县，属太原郡，旧曰阳邑，开皇十八年改焉。水经注：太谷，谷名，在祁县东南。河阳县属怀州，欲由此渡孟津。趣，七喻翻；下同。大将军綦良出滏口，趣黎阳，綦，姓也。此二军皆欲使渡河，略河南。滏，音釜。大将军刘建出井陉，略燕、赵，陉，音刑。柱国乔钟葵出雁门，雁门郡，代州也。时李景以代州拒谅，使钟葵自岚州攻之。署文安为柱国，与柱国纥单贵、王聃等直指京师。纥单，虏复姓。纥，下没翻。单，多寒翻，又达演翻。聃，他酣翻。

帝以右武卫将军洛阳丘和隋制，左右武卫将军，领外军宿卫。风俗通：丘姓，左丘明之后。又云：太公封于营丘，支孙以地为氏。又魏书官氏志：后魏献帝次弟丘敦氏，后改为丘氏。按拓跋南都洛阳，凡北人从之南迁者，三字姓、复姓皆改从单字姓，为河南洛阳人。丘和既洛阳人，盖即丘敦氏之后。为蒲州刺史，镇蒲津。谅选精锐数百骑戴羃䍦，羃，莫狄翻。䍦，音离。新唐志曰：妇人施羃䍦以蔽身。永徽中，始用帷冒，施裙及颈。武后时，帷冒益盛。中宗后，无复羃䍦矣。按帷冒起于隋。骑，奇寄翻；下同。诈称谅宫人还长安，门司弗觉，径入蒲州，门司，蒲州之掌城门者。城中豪杰亦有应之者；丘和觉其变，逾城，逃归长安。蒲州长史勃海高义明、司马北平荣毗勃海郡，开皇六年置棣州，大业二年改沧州。北平郡，旧置平州。荣姓，周荣公之后。皆为反者所执。裴文安等未至蒲津百馀里，谅忽改图，令纥单贵断河桥，守蒲州，此蒲津之桥也，谅欲断河，谓可坐有旧齐之地耳。断，音丁管翻。而召文安还。文安至，谓谅曰："兵机诡速，本欲出其不意。王既不行，文安又返，使彼计成，大事去矣。"谅不对。以王聃为蒲州刺史，裴文安为晋州刺史，薛粹为绛州刺史，梁菩萨为潞州刺史，韦道正为韩州刺史，张伯英为泽州刺史。隋志：临汾郡，晋州。绛郡，后魏置东雍州，后周改绛州。上党郡，后周置潞州。上党郡襄垣县，后周置韩州，大业初，州废。长平郡，旧曰建州，开皇初，改泽州。菩，薄乎翻。萨，桑葛翻。聃，他甘翻。代州总管天水李景发兵拒谅，谅遣其将刘暠袭景；将，即亮翻。暠，古老翻。景击斩之。谅复遣乔钟葵帅劲勇三万攻之，复，扶又翻。帅，读曰率；下同。景战士不过数千，加以城池不固，为钟葵所攻，崩毁相继，景且战且筑，士卒皆殊死斗；钟葵屡败。司马冯孝慈、司法吕玉司法，即法曹行参军。并骁勇善战，骁，坚尧翻。仪同三司侯莫陈乂多谋画，工拒守之术，景知三人可用，推诚任之，已无所关预，唯在阁持重，时抚循而已。

杨素将轻骑五千袭王聃、纥单贵于蒲州，夜，至河际，收商贾船，得数百艘，贾，音古。艘，苏遭翻。船内多置草，践之无声，遂衔枚而济；迟明，击之；迟，直二翻。纥单贵败走，聃惧，以城降。降，户江翻。有诏征素还。初，素将行，计日破贼，皆如所量，量，音良。于是以素为并州道行军总管、河北道安抚大使，帅众数万以讨谅。使，疏吏翻。

谅之初起兵也，妃兄豆卢毓为府主簿，苦谏，不从，私谓其弟懿曰："吾匹马归朝，自得免祸，此乃身计，非为国也，不若且伪从之，徐伺其便。"朝，直遥翻。为，于伪翻。毓，勣之子也。豆卢勣见一百七十四卷陈宣帝太建十二年。勣，则历翻。毓兄显州刺史贤隋志：淮安郡，后魏置东荆州，西魏改淮州，开皇五年又改显州。言于帝曰："臣弟毓素怀志节，必不从乱，但逼凶威，不能自遂，臣请从军，与毓为表里，谅不足图也。"帝许之。贤密遣家人赍敕书至毓所，与之计议。

谅出城，将往介州，隋志：西河郡，后魏置汾州，后齐置南朔州，后周改曰介州。令毓与总管属朱涛留守。属在掾下。守，手又翻。毓谓涛曰："汉王构逆，败不旋踵，吾属岂可坐受夷灭，孤负国家邪！邪，音耶。当与卿出兵拒之。"涛惊曰："王以大事相付，何得有是语！"因拂衣而去，毓追斩之。出皇甫诞于狱，与之协计，及开府仪同三司宿勤武等宿勤，虏复姓，后魏末有宿勤明达叛乱。闭城拒谅。部分未定，分，扶问翻。有人告谅，谅袭击之。考异曰：皇甫诞传云："杨素将至，谅屯清源以拒之。"按谅屯清源时，素军已迫，何暇自还袭毓！今从毓传。毓见谅至，给其众曰："此贼军也！"给，徒亥翻。谅攻城南门，稽胡守南城，稽胡，步落稽也，散居介、石二州。不识谅，射之；射，而亦翻。矢下如雨；谅移攻西门，守兵识谅，即开门纳之，毓、诞皆死。

綦良攻慈州刺史上官政，不克，隋志：魏郡滏阳县，后周置；开皇十年，置慈州，大业初，州废。引兵攻行相州事薛胄，又不克，魏郡，置相州，治安阳。相，息亮翻；下同。遂自滏口攻黎州，隋志：汲郡黎阳县，旧置黎州。塞白马津。白马津在东郡白马县，北对黎阳岸，塞之使不得渡。塞，悉则翻。余公理自太行下河内，行，户刚翻。帝以右卫将军史祥为行军总管，军于河阴。河阴县，东魏置，属洛阳郡，北对河阳岸。祥谓军吏曰："余公理轻而无谋，轻，墟政翻。恃众而骄，不足破也。"公理屯河阳，祥具舟南岸，公理聚兵当之。祥简精锐于下流潜济，公理闻之，引兵拒之，战于须水。按九域志：郑州荥阳县有须水镇。然其地在河南。史祥既济河击余公理，当遇战于河阳界。水经注：湨水出原城西北原山勋掌谷，东南流过河阳无辟城，又南入于河。疑"须水"当作"湨水"。湨，古阒翻。杜佑通典作湨水，音同。则"须"字误明矣。公理未成列，祥击之，公理大败。祥东趣黎阳，綦良军不战而溃。祥，宁之子也。史宁从宇文氏于兵间，屡有战功。

帝将发幽州兵，疑幽州总管窦抗有贰心，问可使取抗者于杨素，素荐前江州刺史勃海李子雄，隋志：九江郡，旧置江州。授上大将军，拜广州刺史。拜广州而使之往幽州，未得之广州。又以左领军将军长孙晟为相州刺史，隋志：左右领军府，各掌十二军籍帐、差科、辞讼之事。发山东兵，与李子雄共经略之。晟辞以男行布在谅所部，帝曰："公体国之深，终不以儿害义，朕今相委，公其勿辞。”李子雄驰至幽州，止传舍，传，直恋翻。召募得千馀人。抗来诣子雄，子雄伏甲擒之。抗，荣定之子也。窦荣定见一百七十五卷陈长城公至德二年。

子雄遂发幽州兵步骑三万，自井陉西击谅。时刘建围戍将京兆张祥于井陉，子雄破建于抱犊山下，隋志：恒州石邑县有抱犊山。建遁去。李景被围月馀，被，皮义翻。诏朔州刺史代人杨义臣救之。马邑郡，朔州，与代州接境。杨义臣，本姓尉迟。尉迟迥之乱，义臣父崇，以宗族之故自囚于狱，高祖慰释之。后崇与突厥战死，义臣尚幼，养于宫中，以其父诚节，赐姓杨氏。义臣帅马步二万，夜出西陉，新唐志：代州雁门县有东陉关、西陉关。帅，读曰率。乔钟葵悉众拒之。义臣自以兵少，少，诗沼翻。悉取军中牛驴，得数千头，复令兵数百人，人持一鼓潜驱之，匿于涧谷间。晡后，义臣复与钟葵战，复，扶又翻。兵初合，命驱牛驴者疾进，一时鸣鼓，尘埃涨天，钟葵军不知，以为伏兵发，因而奔溃；义臣纵击，大破之。晋、绛、吕三州皆为谅城守，隋志：临汾郡霍邑县，后魏置永安郡，开皇十六年置汾州，十八年改吕州。为，于伪翻。杨素各以二千人縻之而去。谅遣其将赵子开拥众十馀万，栅绝径路，屯据高壁，高壁，岭名。将，即亮翻；下同。布陈五十里。陈，读曰阵。素令诸将以兵临之，自引奇兵潜入霍山，霍山在霍邑东北，亦曰太岳山，禹贡所谓岳阳，指是山之阳也。史记谓之霍太山。缘崖谷而进。素营于谷口，自坐营外，使军司入营简留三百人守营，汉、晋谓军司马为军司；今军吏亦谓之军司。军士惮北兵之强，不欲出战，多愿守营，因尔致迟。素责所由，军司具对，素即召所留三百人出营，悉斩之；更令简留，人皆无愿留者。素乃引军驰进，出北军之北，直指其营，鸣鼓纵火；北军不知所为，自相蹂践，杀伤数万。蹂，人九翻。谅所署介州刺史梁修罗屯介休，隋介州治隰城县，而介休县属焉。闻素至，弃城走。

谅闻赵子开败，大惧，自将众且十万，拒素于蒿泽。会大雨，谅欲引军还，王頍谏曰："杨素悬军深入，士马疲弊，王以锐卒自将击之，其势必克。今望敌而退，示人以怯，沮战士之心，益西军之气，杨素军自长安来，故谓之西军。愿王勿还。"谅不从，退守清源。开皇十六年，分晋阳置清源县，在晋阳西南。宋白曰：地理志：榆次县梗阳乡，魏戊邑。今梗阳故城在清源县南一百二十步。此县自汉至晋皆为榆次县地，隋置清源县，因县西清源水为名。

王頍谓其子曰："气候殊不佳，兵必败，汝可随我。"杨素进击谅，大破之，擒萧摩诃。谅退保晋阳，素进兵围之，谅穷蹙，请降，降，户江翻。馀党悉平。帝遣杨约赍手诏劳素。劳，力到翻。王頍将奔突厥，至山中，径路断绝，知必不免，谓其子曰："吾之计数不减杨素，但坐言不见从，遂至于此，不能坐受擒获，以成竖子名，吾死之后，汝慎勿过亲故。"于是自杀，瘗之石窟中。其子数日不得食，遂过其故人，过，古禾翻。瘗，于计翻。竟为所擒；并获頍尸，枭于晋阳。枭其首也。枭，工尧翻。

群臣奏汉王谅当死，帝不许，除名为民，绝其属籍，竟以幽死。谅所部吏民坐谅死徙者二十馀万家。初，高祖与独孤后甚相爱重，誓无异生之子，尝谓群臣曰："前世天子，溺于嬖幸，溺，奴狄翻。嬖，卑义翻，又博计翻；下同。嫡庶分争，遂有废立，或至亡国；朕旁无姬侍，五子同母，可谓真兄弟也，岂有此忧邪！"邪，音耶。帝又惩周室诸王微弱，故使诸子分据大镇，专制方面，权侔帝室。及其晚节，父子兄弟迭相猜忌，五子皆不以寿终。

臣光曰：昔辛伯谂周桓公曰："内宠并后，外宠贰政，嬖子配嫡，大都偶国，乱之本也。"左传辛伯有是言，而狐突引之。谂，式甚翻，告也，深谏也。人主诚能慎此四者，乱何自生哉！隋高祖徒知嫡庶之多争，孤弱之易摇，易，以豉翻。曾不知势钧位逼，虽同产至亲，不能无相倾夺。考诸辛伯之言，得其一而失其三乎！

5 冬，十月，己卯，葬文皇帝于太陵，庙号高祖，与文献皇后同坟异穴。

6 诏除妇人及奴婢、部曲之课，男子二十二成丁。隋因周、齐之制，妇人及奴婢、部曲课役各随给田为差；军人以二十一成丁。至是，以户口益多，府库盈溢，故有是诏。是后兵役繁兴，盗贼群起，而是诏为具文矣。

7 章仇太翼言于帝曰："陛下木命，雍州为破木之冲，本旺在卯；雍州在西，酉位也，故为破木之冲。雍，于用翻。不可久居。又谶云：'修治洛阳还晋家。'"治，直之翻。帝深以为然。十一月，乙未，幸洛阳，留晋王昭守长安。杨素以功拜其子万石、仁行、侄玄挺为仪同三司，赉物五万段，绮罗千匹，谅妓妾二十人。妓，渠绮翻。

8 丙申，发丁男数十万掘堑，自龙门东接长平、汲郡，龙门县，属蒲州。长平郡，泽州。汲郡，卫州。堑，七艳翻。抵临清关，唐志：卫州新乡县东北有临清关。渡河至浚仪、襄城，浚仪，汴州。襄城，汝州。达于上洛，上洛，商州。以置关防。

9 壬子，陈叔宝卒；赠大将军、长城县公，长城县属吴郡，今长兴县是也。卒，子恤翻。谥曰炀。谥法：好内怠政曰炀。帝谥陈叔宝曰炀，岂知己不令终，亦谥曰炀乎！

10 癸丑，下诏于伊洛建东京，仍曰："宫室之制，本以便生，今所营构，务从俭约。"【据章校补。】

11 蜀王秀之得罪也，见上卷二年。右卫大将军元胄坐与交通除名，久不得调。调，徒钓翻。时慈州刺史上官政坐事徙岭南，将军丘和以蒲州失守除名，守，式又翻。胄与和有旧，酒酣，谓和曰："上官政，壮士也，今徙岭表，得无大事乎！"因自拊腹曰："若是公者，不徒然矣。"和奏之，胄竟坐死。元胄乘危而挤元旻于死，岂知丘和在其后乎！于是征政为骁卫将军，唐六典曰：汉武帝以李广为骁骑将军，后省。光武改屯骑为骁骑。晋文王立晋台，以为宿卫之官，历宋、齐、梁、陈、后魏、北齐并有骁骑将军之职。后周有左、右骁骑，率上士二人；至隋炀帝改左、右备身为左、右骁卫，寻以其所领名豹骑，而又别置备身。骁，坚尧翻。以和为代州刺史。

炀皇帝上之上

讳广，一名英，小字阿麽，高祖第二子也。谥法：好内远礼曰炀；去礼远众曰炀；逆天虐民曰炀。

大业元年（乙丑、六〇五）

1 春，正月，壬辰朔，赦天下，改元。

2 立妃萧氏为皇后。

3 废诸州总管府。后周置诸州总管，隋因之，又有增置，今废之。

4 丙辰，立晋王昭为皇太子。

5 高祖之末，群臣有言林邑多奇宝者。时天下无事，刘方新平交州，刘方平交州见上卷仁寿三年。乃授方驩州道行军总管，隋志：日南郡，梁置德州，开皇十八年，改曰驩州。经略林邑。方遣钦州刺史宁长真等以步骑万馀出越裳，隋志，宁越郡，置钦州。越裳县属日南郡。方亲帅大将军张愻等以舟师出比景，比景，汉县，属日南郡，隋置比景郡。帅，读曰率。愻，苏困翻。是月，军至海口。林邑出海之口。

6 二月，戊辰，敕有司大陈金宝、器物、锦彩、车马，引杨素及诸将讨汉王谅有功者立于前，将，即亮翻。使奇章公牛弘宣诏，称扬功伐，隋志：巴州其章县，梁置。又符阳县，旧置其章郡。"其"，一作"奇"。牛弘传：封奇章郡公。积功曰伐。左传：大夫称伐。汉纪：非有功伐。赐赉各有差。赉，来代翻。素等再拜舞蹈而出。己卯，以素为尚书令。唐六典：秦变周法，天下之事，皆决丞相府；置尚书于禁中，有令、丞，掌通章奏而已。汉初因之。武、宣之后，稍以委任。及光武亲总吏职，天下事皆上尚书，与人主参决，乃下三府，尚书令为端揆之官；魏、晋已来，其任尤重。

7 诏天下公除，惟帝服浅色黄衫、铁装带。

8 三月，丁未，诏杨素与纳言杨达、将作大匠宇文恺营建东京，后周并齐，以洛阳为东京。每月役丁二百万人，徙洛州郭内居民及诸州富商大贾数万户以实之。废二崤道，开葼册道。左传：晋御秦师于殽。殽有二陵焉，南陵，夏后皋之墓也，北陵，文王所以避风雨也。郦道元曰：言山径委深，峰阜交阴，故可以避风雨。水经有盘殽、石崤、千崤之山。盘崤之山，崤水所出也。石崤之山，石崤水所出也。所谓崤有二陵，则石崤之山也。千崤之山，千崤之水出焉，其水北流瀍、洛二道。汉建安中，曹公西讨，恶南路之崄，更开北道，自后行旅率多从之。山侧附路，有石铭云："晋太康三年，弘农太守梁柳修复故道。"太崤以东，东、西崤以西，明非一崤也。魏书地形志：恒农郡有崤县，太和十一年置，县有三崤山。志又有西恒农郡，治恒农县，有桃林。隋志：河南郡桃林县，开皇十六年置，有上阳宫。陕县，后魏置陕州恒农郡，后周又置崤郡，开皇初，郡废，大业初，州废，置恒农宫。又熊耳县，后周置，有后魏崤县，大业初废，有二崤及峡石山。新唐志：陕州峡石县，本崤，移治峡石坞，有绣岭宫。灵宝县，本桃林；古函谷关在县西；有桃源宫。洛州永宁县，本熊耳，西五里有崎岫宫，南三十三里有兰峰宫。此皆东、西二京往来缘道离宫，杂出于隋、唐所置，不载所谓葼册道，不知此道起于何所，入于何所。山海经曰：夸父之山，在湖县西九里，其山多椶枏，其北曰桃林，或者"椶枏"字后讹为"葼册"，遂为葼册道欤？无征不信，又当博考。杜佑曰：隋大业七年，移潼关道于南北镇城间，坶兽槛谷置，去旧关四里馀。贾，音古。坶，音阙。葼，子红翻。（按："坶"，今本杜佑通典作"坑"。）

9 戊申，诏曰："听采舆颂，谋及庶民，故能审刑政之得失；今将巡历淮、海，观省风俗。"省，悉景翻。

10 敕宇文恺与内史舍人封德彝等营显仁宫，南接皂涧，北跨洛滨。隋志：河南郡寿安县有显仁宫。水经注：洛水径宜阳县故城南，又东与黑涧水合，水出陆浑西山，历黑涧西北入洛。皂，才早翻。发大江之南、五岭以北奇材异石，输之洛阳；又求海内嘉木异草、珍禽奇兽，以实园苑。辛亥，命尚书右丞皇甫议发河南、淮北诸郡民，前后百馀万，开通济渠。杜佑曰：陈留郡城西有通济渠，炀帝开以通江、淮漕运，兼引汴水，即莨荡渠也。考异曰：杂记作"皇甫公仪"，又云，"发兵夫五十馀万。"今从略记。自西苑引谷、洛水达于河；是岁营建东京，东去故都十八里，南直伊阙之口，北倚邙山之塞，东出瀍水之东，西出涧水之西；其城西面连苑，距上阳宫七里。苑墙周回一百二十六里，北拒北邙，西至孝水，南带洛水支渠，谷、洛二水会于其间，故自苑引之为渠，以达于河。复自板渚引河历荥泽入汴；板渚在虎牢之东。水经：河水东合汜水，又东过板城，北有津谓之板城渚口。又东过荥阳县，蒗荡渠出焉。是渠南出为汴水，汉之荥阳石门即其地也。隋志：荥阳郡荥泽县，开皇四年置，曰广武，仁寿元年改焉。又自大梁之东引汴水入泗，达于淮；大梁，即浚仪也。引河入汴，汴入泗，盖皆故道。又发淮南民十馀万开邗沟，自山阳至杨子入江。春秋吴城邗沟通江淮，此亦因故道也。邗沟，贯今扬州城中。山阳，今淮安州。杨子，今真州。邗，音寒。渠广四十步，广，古旷翻。渠旁皆筑御道，树以柳；自长安至江都，江都郡，扬州。置离宫四十馀所。庚申，遣黄门侍郎王弘等往江南造龙舟及杂船数万艘。艘，苏遭翻。东京官吏督役严急，役丁死者什四五，所司以车载死丁，东至城皋，隋志：郑州荥阳县旧置成皋郡。北至河阳，相望于道。又作天经宫于东京，四时祭高祖。经曰：夫孝，天之经也。故以名宫。

11 林邑王梵志梵，扶泛翻。遣兵守险，刘方击走之。师渡阇黎江，阇，视遮翻。林邑兵乘巨象，四面而至。方战不利，乃多掘小坑，草覆其上，覆，敷又翻。以兵挑之，挑，徒了翻。既战，伪北；林邑逐之，象多陷地颠踬，踬，音致。转相惊骇，军遂乱。方以弩射象，象却走，蹂其陈，射，而亦翻。蹂，人九翻。陈，读曰阵。因以锐师继之，林邑大败，俘馘万计。方引兵追之，屡战皆捷，过马援铜柱南，新唐书：林邑奔浪陀州，其南大浦有五铜柱山，形若倚盖，西重岩，东涯海，汉马援所植也。杜佑曰：林邑南水步二千馀里，有西屠夷，马援所树两铜柱表界处也。铜柱山周十里，形如倚盖，西跨重岩，东临大海。宋白曰：马援讨交趾，自日南南行四百馀里至林邑，又南行二千馀里，有西屠夷国，援至其国，铸二铜柱于象林南界，与西屠夷分境。计交州至铜柱五千里。宋、杜之说，铜柱在林邑南，今此所记，则林邑在铜柱南。八日至其国都。夏，四月，梵志弃城走入海。方入城，获其庙主十八，皆铸金为之；刻石纪功而还。士卒肿足，死者什四五，方亦得疾，卒于道。卒，子恤翻。

初，尚书右丞李纲数以异议忤杨素及苏威，数，色角翻。忤，五故翻。素荐纲于高祖，以为方行军司马。方承素意，屈辱之，几死。几，居希翻。军还，久不得调，调，徒钓翻。威复遣纲诣南海应接林邑，久而不召。纲自归奏事，威劾奏纲擅离所职，下吏按问；劾，户概翻，又户得翻。离，力智翻。下，遐嫁翻。会赦，免官，屏居于鄠。鄠县，属京兆郡。为李纲为何潘仁所逼致张本。屏，必郢翻。鄠，音户。

12 五月，筑西苑，周二百里；与六典所纪小异。其内为海，周十馀里；为蓬莱、方丈、瀛洲诸山，象海中三神山。高出水百馀尺，台观殿阁，罗络山上，向背如神。观，古玩翻。背，蒲妹翻。北有龙鳞渠，萦纡注海内。缘渠作十六院，门皆临渠，每院以四品夫人主之，内命妇之品视百官。堂殿楼观，穷极华丽。宫树秋冬凋落，则翦彩为华叶，缀于枝条，色渝则易以新者，常如阳春。沼内亦翦彩为荷芰菱芡，乘舆游幸，则去冰而布之。芰，奇寄翻。芡，巨险翻。乘，绳证翻。去，羌吕翻。十六院竞以殽羞精丽相高，求市恩宠。上好以月夜从宫女数千骑游西苑，作清夜游曲，于马上奏之。用曹植"清夜游西园"之诗以名曲。好，呼到翻。骑，奇计翻。

13 帝待诸王恩薄，多所猜忌；滕王纶、卫王集内自忧惧，呼术者问吉凶及章醮求福。或告其怨望呪诅，呪，职救翻。诅，庄助翻。有司奏请诛之；秋，七月，丙午，诏除名为民，徙边郡。纶，瓒之子；集，爽之子也。瓒，高祖之母弟；爽，异母弟。瓒，藏旱翻。

14 八月，壬寅，上行幸江都，考异曰：杂记作九月，今从隋帝纪及略记。发显仁宫，王弘遣龙舟奉迎。乙巳，上御小朱航，自漕渠出洛口，洛水入河之口。御龙舟。考异曰：略记云，"甲子，进龙舟。"按长历，是月戊子朔，无甲子。龙舟四重，高四十五尺，重，直龙翻。高，工号翻。考异曰：略记云高五丈，杂记言其制度尤详，今从之。长二百丈。【章：十二行本"丈"作"尺"；乙十一行本同；孔本同。】长，尺亮翻，上重有正殿、内殿、东·西朝堂，中二重有百二十房，皆饰以金玉，下重内侍处之。朝，直遥翻。处，直吕翻。皇后乘翔螭舟，制度差小，而装饰无异。别有浮景九艘，三重，皆水殿也。螭，丑知翻。艘，苏遭翻；下同。又有漾彩、朱鸟、苍螭、白虎、玄武、飞羽、青凫、陵波、五楼、道场、玄坛、板【章：十二行本"板"上有"楼船"二字；乙十一行本同；孔本同；张校司。】艙、黄篾等数千艘，艙，托盍翻。大船曰艙。篾，音蔑。后宫、诸王、公主、百官、僧、尼、道士、蕃客乘之，尼，女夷翻。及载内外百司供奉之物，共用挽船士八万馀人，其挽漾彩以上者九千馀人，谓之殿脚，皆以锦彩为袍。又有平乘、青龙、艨艟、艚艓、八棹、艇舸等数千艘，艨，莫公翻。艟，尺庸翻。艚，昨遭翻。艓，字书阙。棹，读曰棹。艇，徒顶翻。舸，贾我翻。并十二卫兵乘之，并载兵器帐幕，兵士自引，不给夫。舳舻相接二百馀里，照耀川陆，骑兵翊两岸而行，舳舻，音逐卢。骑，奇寄翻；下同。旌旗蔽野。所过州县，五百里内皆令献食，多者一州至百轝，轝，音余。极水陆珍奇；后宫厌饫，将发之际，多弃埋之。饫，于据翻。

15 契丹寇营州，辽西郡，置营州。契，欺讫翻，又音吃。诏通事谒者韦云起隋志：帝即位，增置谒者台，改内史省通事舍人为谒者台职，通事谒者员二十人，从六品。护突厥兵讨之，启民可汗发骑二万，受其处分。厥，九勿翻。可，从刊入声。汗，音寒。处，昌吕翻。分，扶问翻。云起分为二十营，四道俱引，营相去一里，不得交杂，闻鼓声而行，闻角声而止，自非公使，勿得走马，公使，谓公事使之。三令五申，击鼓而发。有纥干犯约，斩之，纥干，突厥小官。纥，下没翻。持首以徇。于是突厥将帅入谒，皆膝行股栗，莫敢仰视。将，即亮翻。帅，所类翻。契丹本事突厥，情无猜忌。云起既入其境，使突厥诈云向柳城此古柳城也。隋志，辽西郡、营州，并治柳城县，乃龙城县。龙城本和龙城，自后魏以来，营州治焉。开皇元年，改为龙山县，十八年，改为柳城。与高丽交易，敢漏泄事实者斩。契丹不为备，去其营五十里，驰进袭之，尽获其男女四万口，杀其男子，以女子及畜产之半赐突厥，馀皆收之以归。帝大喜，集百官曰："云起用突厥平契丹，才兼文武，朕今自举之。"擢为治书侍御史。治，直之翻。

16 初，西突厥阿波可汗为叶护可汗所虏，见一百七十六卷陈长城公祯明元年。国人立鞅素特勒之子，是为泥利可汗。泥利卒，子达漫立，号处罗可汗。其母向氏，向，式亮翻。本中国人，更嫁泥利之弟婆实特勒。更，工衡翻。开皇末，婆实与向氏入朝，朝，直遥翻。遇达头之乱，遂留长安，舍于鸿胪寺。鸿胪寺，主蕃客。胪，音闾。处罗多居乌孙故地，抚御失道，国人多叛，复为铁勒所困。复，扶又翻。铁勒者，匈奴之遗种，种，章勇翻。族类最多，有仆骨、同罗、契苾、薛延陀等部，其酋长皆号俟斤。酋，才由翻。长，知两翻；下同。俟，渠之翻。族姓虽殊，通谓之铁勒，大抵与突厥同俗，以寇抄为生，无大君长，分属东、西两突厥。是岁，处罗引兵击铁勒诸部，厚税其物，又猜忌薛延陀，恐其为变，集其酋长数百人，尽杀之。于是铁勒皆叛，立俟利发俟斤契苾歌楞为莫何可汗，苾，毗必翻。楞，卢登翻。又立薛延陀俟斤字也咥为小可汗，咥，昌栗翻，又徒结翻。与处罗战，屡破之。莫何勇毅绝伦，甚得众心，为邻国所惮，伊吾、高昌、焉耆皆附之。

二年（丙寅、六〇六）

1 春，正月，辛酉，东京成，进将作大匠宇文恺位开府仪同三司。

2 丁卯，遣十使并省州县。使，疏吏翻。

3 二月，丙戌，诏吏部尚书牛弘等议定舆服、仪卫制度。考异曰：帝纪云"尚书令牛弘、礼部侍郎许善心"。按弘未尝为尚书令，善心于帝即位之初已左迁。盖纪误也。以开府仪同三司何稠为太府少卿，使之营造，送江都。稠智思精巧，思，相吏翻。博览图籍，参会古今，多所损益；衮冕画日、月、星、辰，皮弁用漆纱为之。书："日、月、星、辰、山、龙、华虫作会。"周升日月于旌旗而厥三辰，今复古制。五经通义：弁高五寸，前后玉饰。诗云："璯弁如星，"董巴曰：以鹿皮为之。何稠用漆纱，施象牙簪导。弁加簪导，自稠始也。又作黄麾三万六千人仗，黄麾仗，汔唐遵而用之，大朝会大驾。及辂辇车舆，皇后卤簿，百官仪服，务为华盛，以称上意。称，尺证翻。课州县送羽毛，民求捕之，网罗被水陆，被，皮义翻。禽兽有堪氅毦之用者，殆无遗类。氅，昌两翻。毦，乃吏翻，羽毛饰也。乌程有高树，乌程，属湖州。郡国志曰：古乌氏、程氏居此，能酝酒，故以名县。逾百尺，旁无附枝，上有鹤巢，民欲取之，不可上，上，时掌翻。乃伐其根；鹤恐杀其子，自拔氅毛投于地，时人或称以为瑞，曰："天子造羽仪，鸟兽自献羽毛。"所役工十万馀人，用金银钱帛钜亿计。帝每出游幸，羽仪填街溢路，亘二十馀里。三月，庚午，上发江都，夏，四月，庚戌，自伊阙陈法驾，备千乘万骑入东京。隋志：伊阙县，旧曰新城，开皇十八年更名，属河南郡，北至东京二百馀里。乘，绳证翻。骑，奇寄翻。辛亥，御端门，唐六典：东京皇城南面三门，中曰端门。大赦，免天下今年租赋。制五品已上文官乘车，在朝弁服，佩玉；隋制，五品已上服紫，自公已下佩水苍玉。朝，直遥翻。武官马加珂，戴帻，服袴褶。珂，螺属，生海中，洁白如雪色。通俗文曰：马勒饰曰珂。温公类篇曰：雕入海为珂。尔雅翼曰：珂，黄黑色，其骨白，可以饰马。此等饰非特取其容，兼取其声。故说文貟苏切，贝声也。董巴曰：帻起于秦人，施于武将。初为绛袙以表贵贱。珂，音丘何翻。褶，音习。文物之盛，近世莫及也。

4 六月，壬子，以杨素为司徒；进封豫章王暕为齐王。暕，古限翻。

5 秋，七月，庚申，制百官不得计考增级，必有德行、功能灼然显著者进擢之。行，下孟翻。帝颇惜名位，群臣当进职者，多令兼假而已；虽有阙员，留而不补。时牛弘为吏部尚书，不得专行其职，别敕纳言苏威、左翊卫大将军宇文述、帝改左、右卫为左、右翊卫。左骁卫大将军张瑾、骁，坚尧翻。内史侍郎虞世基、御史大夫裴蕴、黄门侍郎裴矩参掌选事，时人谓之"选曹七贵"。选，宣恋翻。虽七人同在坐，坐，徂卧翻。然与夺之笔，虞世基独专之，受纳贿赂，多者超越等伦，无者注色而已。注其入仕所历之色也。宋末参选者具脚色状，今谓之根脚。蕴，邃之从曾孙也。裴邃为梁将，著功名。从，才用翻。

6 元德太子昭自长安来朝，帝令昭留守长安。朝，音直遥翻。数月，将还，欲乞少留；少，诗沼翻。帝不许。拜请无数，体素肥，因致劳疾，甲戌，薨。考异曰：杂记云："初，太子之遘疾也，时与杨素同在侍宴，帝既深忌于素，并起二卮同至，传酒者不悟是药酒，错进太子，既饮三日而毒发，下血二斗馀。宫人闻素平常，始知毒酒误饮太子，秘不敢言。太子知之，叹曰：'岂意代杨素死乎？命也！'数日而薨。后素亦竟以毒毙。”按他书皆无此说，盖时人见太子与素相继薨，妄有此论耳。帝哭之，数声而止，寻奏声伎，无异平日。伎，渠绮翻。

7 楚景武公杨素，虽有大功，特为帝所猜忌，外示殊礼，内情甚薄。太史言隋分野有大丧，乃徙素为楚公，意言楚与隋同分，欲以厌之。分，扶问翻。厌，于叶翻。素寝疾，帝每令名医诊候，赐以上药，然密问医者，恒恐不死。诊，章忍翻。恒，户登翻。素亦自知名位已极，不肯饵药，亦不将慎，谓其弟约曰："我岂须更活邪！"乙亥，素薨，赠太尉公、弘农等十郡太守，葬送甚盛。邪，音耶。守，式又翻。

8 八月，辛卯，封皇孙倓为燕王，侗为越王，倓，徒甘翻。燕，因肩翻。侗，他红翻。侑为代王，皆昭之子也。

9 九月，乙丑，立秦孝王子浩为秦王。帝弟秦王俊谥秦孝王。

10 帝以高祖末年，法令峻刻，冬，十月，诏改修律令。

11 置洛口仓于巩东南原上，巩县，属河南郡。洛水至巩县入河，谓之洛口。筑仓城，周回二十馀里，穿三千窖，窖，工孝翻。窖容八千石以还，置监官并镇兵千人。监，古衔翻。十二月，置回洛仓于洛阳北七里，仓城周回十里，穿三百窖。

12 初，齐温公之世，齐主纬，周封为温公。有鱼龙、山车等戏，谓之散乐，散，悉亶翻。周宣帝时，郑译奏征之。见一百七十四卷陈高宗太建十一年。散，悉亶翻。高祖受禅，命牛弘定乐，非正声清商及九部四舞之色，悉放遣之。正声，谓郑译等所定之乐也。开皇九年，平陈，置清商署，管宋、齐旧乐，即清乐也。杜佑曰：清乐者，其始即清商三调是也，并汉氏以来旧典，乐器形制并歌章古调，与魏三祖所作者，皆备于史籍；属晋朝迁播，夷、羯窃据，其音分散。苻坚平张氏，于凉州得之，宋武平关中，因而入南。及隋平陈后，文帝听而善其节奏，曰：此华夏正声也。因置清商署，总谓之清乐。帝定清乐、西凉、龟兹、天竺、康国、疏勒、安国、高丽、礼毕为九部。又，开皇定令，牛弘请存鞞、铎、巾、拂四舞，与诸伎并陈，因谓之四舞。帝以启民可汗将入朝，欲以富乐夸之。太常少卿裴蕴希旨，奏括天下周、齐、梁、陈乐家子弟皆为乐户；可，从刊入声。汗，音寒。朝，直遥翻。富乐，音洛。少，始照翻。其六品以下至庶人，有善音乐者，皆直太常。帝从之。于是四方散乐，大集东京，阅之于芳华苑积翠池侧。芳华苑，盖即西苑。有舍利兽先来跳跃，激水满衢，鼋鼍、龟鳌、水人、虫鱼，遍覆于地。覆，敷又翻。又有鲸鱼喷雾翳日，倏忽化成黄龙，长七八丈。长，直亮翻。又二人戴竿，上有舞者，欻然腾过，左右易处。欻，许勿翻。又有神鳌负山，幻人吐火，千变万化。伎人皆衣锦绣缯彩，伎，渠绮翻。衣，于既翻。舞者鸣环佩，缀花毦；毦，乃吏翻。课京兆、河南制其衣，两京锦彩为之空竭。为，于伪翻。帝多制艳篇，令乐正白明达造新声播之，音极哀怨。隋制，太乐署、清商署各有乐师员，帝改乐师为乐正，置员十人。帝甚悦，谓明达曰："齐氏偏隅，乐工曹妙达犹封王；隋志：齐后主赏胡、戎乐，耽爱无已，于是繁手淫声，争新哀怨，故曹妙达、安马驹之徒，至有封王、开府。炀帝溺于淫声，以亡国自况，淫昏甚矣。我今天下大同，方且贵汝，宜自修谨！"

三年（丁卯、六〇七）

1春，正月，朔旦，大陈文物。时突厥启民可汗入朝，见而慕之，请袭冠带，帝不许。明日，又率其属上表固请，厥，九勿翻。可，从刊入声。汗，音寒。帅，读曰率。上，时掌翻。帝大悦，谓牛弘等曰："今衣冠大备，致单于解辫，卿等功也！"单，音蝉。各赐帛甚厚。

2三月，辛亥，帝还长安。

3癸丑，帝使羽骑尉朱宽入海开皇六年，置武骑、屯骑、骁骑、游骑、飞骑、旅骑、云骑、羽骑八尉。羽骑，从九品。骑，奇寄翻。求访异俗，至流求国而还。隋书：流求国居海岛之中，当建安郡东，水行五日而至。是后陈棱自义安击流求，至高华屿，又东行二日至鼊鼊屿，又一日便至流求。还，从宣翻，又音如字。

4 初，云定兴、阎毗坐媚事太子勇，与妻子皆没官为奴婢。事见上卷开皇二十年。上即位，多所营造，闻其有巧思，思，相吏翻。召之，使典其事，以毗为朝请郎。开皇置八郎，朝请，第三。朝，直遥翻。时宇文述用事，定兴以明珠络帐赂述，并以奇服新声求媚于述；述大喜，兄事之。上将有事四夷，大作兵器，述荐定兴可使监造，上从之。监，古衔翻。述谓定兴曰："兄所作器仗，并合上心，而不得官者，为长宁兄弟犹未死耳。"定兴曰："此无用物，何不劝上杀之。"述因奏："房陵诸子废太子勇，追封房陵王。年并成立，今欲兴兵诛讨，若使之从驾，则守掌为难；若留于一处，又恐不可。进退无用，请早处分。"处，昌吕翻。分，扶问翻。帝然之，乃鸩杀长宁王俨，分徙其七弟于岭表，仍遣间使于路尽杀之。间，古苋翻。使，疏吏翻。襄城王恪之妃柳氏自杀以从恪。

5 夏，四月，庚辰，下诏欲安辑河北，巡省赵、魏。省，悉景翻。

6 牛弘等造新律成，凡十八篇，谓之大业律；甲申，始颁行之。民久厌严刻，喜于宽政。其后征役繁兴，民不堪命，有司临时迫胁以求济事，不复用律令矣。复，扶又翻，又音如字。旅骑尉刘炫预修律令，弘尝从容问炫曰：骑，奇寄翻。炫，荧绢翻。从，千容翻。"周礼士多而府史少，少，诗沼翻。今令史百倍于前，减则不济，其故何也？"炫曰："古人委任责成，岁终考其殿最，殿，丁甸翻。案不重校，重，直龙翻。文不繁悉，府史之任，掌要目而已。今之文簿，恒虑覆治，治，直之翻。若锻炼不密，则万里追证百年旧案。故谚云：'老吏抱案死。'事繁政弊，职此之由也。”弘曰：“魏、齐之时，令史从容而已，今则不遑宁处，何故？”处，昌吕翻。炫曰：“往者州唯置纲纪，此纲纪，谓长史、司马。郡置守、丞，县置令而已。其馀具僚则长官自辟，长，知两翻。受诏赴任，每州不过数十。今则不然，大小之官，悉由吏部，纤介之迹，皆属考功。考功侍郎，掌内外文武官吏之功课，皆具录当年功过行能而考校之。省官不如省事，官事不省而望从容，其可得乎！”弘善其言而不能用。

7 壬辰，改州为郡；改度量权衡，并依古式。改上柱国以下官为大夫；旧上柱国下至都督凡十一等，今改为光禄、左・右光禄、金紫・银青光禄、正议、通议、朝请、朝散九大夫。置殿内省，殿内省，掌诸供奉。与尚书、门下、内史、秘书为五省；增谒者、司隶台，谒者台，掌受诏劳问、出使慰抚、持节察按及受冤枉而申奏之。司隶台，掌诸巡察。与御史为三台；分太府寺置少府监，太府寺，止掌左・右藏、黄藏，其尚方、司织、司染、铠甲、弓弩、掌冶皆属少府监。少，始照翻。与长秋、国子、将作、都水为五监；改内侍省为长秋监。又增改左、右翊卫等为十六府；改左、右卫为左、右翊卫，左、右备身为左、右骁卫，左、右武卫依旧名，改领军为左、右屯卫，加置左、右御卫，改左、右武候为左、右候卫：是为十二卫。改领左、右府为左、右备身府，左、右监门依旧名，凡十六府。废伯、子、男爵，唯留王、公、侯三等。

8 丙寅，车驾北巡；己亥，顿赤岸泽。五月，丁巳，【章：十二行本“巳”作“酉”；乙十一行本同；孔本同。】突厥启民可汗遣其子拓特勒来朝。厥，九勿翻。可，从刊入声。汗，音寒。朝，直遥翻。戊午，发河北十馀郡丁男凿太行山，达于并州，以通驰道。行，户刚翻。丙寅，启民遣其兄子毗黎伽特勒来朝。伽，求加翻。辛未，启民遣使请自入塞奉迎舆驾，使，疏吏翻。上不许。

9 初，高祖受禅，唯立四亲庙，同殿异室而已，四亲庙：一曰皇高祖太原府君庙，二曰皇曾祖康王庙，三曰皇祖献王庙，四曰皇考太祖武元皇帝庙。帝即位，命有司议七庙之制。礼部侍郎摄太常少卿许善心等时定制，尚书省六部各侍郎一人，以贰尚书之职；诸曹侍郎并改为郎。奏请为太祖、高祖各立一殿，为，于伪翻。准周文、武二祧，与始祖而三，祧，土雕翻。馀并分室而祭，从迭毁之法。至是，有司请如前议，于东京建宗庙。帝谓秘书监柳䛒曰：䛒，与辩同。"今始祖及二祧已具，后世子孙处朕何所？"处，昌吕翻。六月，丁亥，诏为高祖建别庙，仍修月祭礼。既而方事巡幸，竟不果立。

10 帝过雁门，帝改代州为雁门郡。雁门太守丘和守，手又翻。献食甚精；至马邑，帝改朔州为马邑郡。马邑太守杨廓独无所献，帝不悦。以和为博陵太守，改定州为博陵郡。丘和自边郡迁内郡，以示赏也。仍使廓至博陵观和为式。由是所至献食，竞为丰侈。

戊子，车驾顿榆林郡。时改胜州为榆林郡。帝欲出塞耀兵，径突厥中，指于涿郡，厥，九勿翻。时改幽州为涿郡。恐启民惊惧，先遣武卫将军长孙晟谕旨。长，知两翻。晟，承正翻。启民奉诏，因召所部诸国奚、霫、室韦等酋长数十人咸集。霫，居鲜卑故地，保冷陉山南奥支水。室韦，契丹之类也；其南者为契丹，其北者为室韦。新唐书：室韦，盖丁零苗裔也，地据黄龙北，傍猛越河。霫，而立翻。酋，才由翻。长，知两翻。晟见牙帐中草秽，欲令启民亲除之，示诸部落，以明威重，乃指帐前草曰："此根大香。"启民遽嗅之，嗅，许救翻。曰："殊不香也。"晟曰："天子行幸所在，诸侯躬自洒扫，耕除御路，以表至敬之心；今牙内芜秽，谓是留香草耳！"启民乃悟曰："奴之罪也！奴之骨肉皆天子所赐，得效筋力，岂敢有辞。特以边人不知法耳，赖将军教之；将军之惠，奴之幸也。"遂拔所佩刀，自芟庭草。芟，所衔翻。其贵人及诸部争效之。于是发榆林北境，至其牙，东达于蓟，涿郡治蓟。长三千里，长，直亮翻。广百步，广，古旷翻。举国就役，开为御道。帝闻晟策，益嘉之。

丁酉，启民及义成公主来朝行宫。朝，直遥翻。己亥，吐谷浑、高昌并遣使入贡。吐，从暾入声。谷，音浴。使，疏吏翻。

甲辰，上御北楼观渔于河，以宴百僚。定襄太守周法尚朝于行宫，改云州为定襄郡。守，式又翻。太府卿元寿言于帝曰："汉武出关，旌旗千里。事见二十卷汉武帝元封元年。今御营之外，请分为二十四军，日别遣一军发，相去三十里，旗帜相望，钲鼓相闻，首尾相属，帜，昌志翻。钲，音征。属，之欲翻。千里不绝，此亦出师之盛者也。"法尚曰："不然，兵亘千里，动间山川，间，古苋翻。猝有不虞，四分五裂；腹心有事，首尾未知，道路阻长，难以相救，虽有故事，乃取败之道也。"帝不怿，曰："卿意如何？"法尚曰："结为方陈，陈，读曰阵。四面外拒，六宫及百官家属并在其内；若有变起，所当之面，即令抗拒，内引奇兵，出外奋击，车为壁垒，重设钩陈，钩陈，曲陈如钩，象天之钩陈星。重，直龙翻。陈，如字。此与据城，理亦何异！若战而捷，抽骑追奔，骑，奇计翻。万一不捷，屯营自守，臣谓此万全之策也。"帝曰："善！"因拜法尚左武卫将军。

启民可汗复上表，以为"先帝可汗怜臣，赐臣安义公主，种种无乏。可，从刊入声。汗，音寒。复，扶又翻。上，时掌翻。种，章勇翻。臣兄弟嫉妒，共欲杀臣。臣当是时，走无所适，仰视唯天，俯视唯地，奉身委命，依归先帝。先帝怜臣且死，养而生之，以臣为大可汗，还抚突厥之民。事见一百七十八卷开皇十九年。厥，九勿翻。至尊今御天下，还如先帝养生臣及突厥之民，种种无乏。臣荷戴圣恩，荷，下可翻。言不能尽。臣今非昔日突厥可汗，乃是至尊臣民，愿率部落变改衣服，一如华夏。”帅，读曰率。夏，户雅翻。帝以为不可。秋，七月，辛亥，赐启民玺书，谕以“碛北未静，犹须征战，玺，斯氏翻。碛，七亦翻。但存心恭顺，何必变服？”

帝欲夸示突厥，令宇文恺为大帐，其下可坐数千人；甲寅，帝于城东御大帐，备仪卫，宴启民及其部落，作散乐。散，昔亶翻。诸胡骇悦，争献牛羊驼马数千万头。帝赐启民帛二千【章：十二行本“千”作“十”；孔本同；张校同。】万段，其下各有差。又赐启民路车乘马，鼓吹幡旗，乘，绳证翻。吹，昌瑞翻。赞拜不名，位在诸侯王上。

又诏发丁男百馀万筑长城，西拒榆林，东至紫河。隋志：定襄郡大利县有阴山，有紫河。通典：紫河发源朔州善阳县。金河上承紫河。尚书左仆射苏威谏，上不听，筑之二旬而毕。帝之征散乐也，太常卿高颎谏，不听。颎退，谓太常丞李懿曰：“周天元以好乐而亡，殷鉴不远，安可复尔！”好，呼到翻。复，扶又翻；下同。颎又以帝遇启民过厚，谓太府卿何稠曰：“此虏颇知中国虚实，山川险易，易，以豉翻。恐为后患。”又谓观王雄曰：雄自安德郡王改封观王。观，古玩翻。“近来朝廷殊无纲纪。”礼部尚书宇文弢私谓颎曰：“天元之侈，以今方之，不亦甚乎？”又言：“长城之役，幸非急务。”光禄大夫贺若弼亦私议宴可汗太侈。并为人所奏。帝以为诽谤朝政，丙子，高颎、宇文弢、贺若弼皆坐诛，弢，古弼字。若，人者翻。朝，直遥翻；下同。颎诸子徙边，弼妻子没官为奴婢。事连苏威，亦坐免官。颎有文武大略，明达世务，自蒙寄任，竭诚尽节，进引贞良，以天下为己任；苏威、杨素、贺若弼、韩擒虎皆颎所推荐，自馀立功立事者不可胜数；胜，音升。当朝执政将二十年，朝野推服，物无异议，海内富庶，颎之力也。及死，天下莫不伤之。先是，萧琮以皇后故，甚见亲重，先，昔荐翻。为内史令，改封梁公，宗族缌麻以上，皆随才擢用，诸萧昆弟，布列朝廷。琮性澹雅，不以职务为意，身虽羁旅，见北间豪贵，无所降下。澹，徒览翻。下，遐嫁翻。与贺若弼善，弼既诛，又有童谣曰："萧萧亦复起。"帝由是忌之，遂废于家，未几而卒。几，居岂翻。卒，子恤翻。

11 八月，壬午，车驾发榆林，历云中，溯金河。隋志：榆林郡有金河县。杜佑曰：单于都护府，秦、汉云中郡地也，治金河县。县有金河，上承紫河。宋白曰：金河县即汉盛乐县地。时天下承平，百物丰实，甲士五十馀万，马十万匹，旌旗辎重，千里不绝。重，直用翻。令宇文恺等造观风行殿，上容侍卫者数百人，离合为之，下施轮轴，倏忽推移。又作行城，周二千步，以板为干，衣之以布，衣，于既翻。饰以丹青，楼橹悉备。胡人惊以为神，每望御营，十里之外，屈膝稽颡，无敢乘马。稽，音启。启民奉庐帐以俟车驾；乙酉，帝幸其帐，启民奉觞上寿，跪伏恭甚，上，时掌翻；下同。王侯以下袒割于帐前，袒而割肉。莫敢仰视。帝大悦，赋诗曰："呼韩顿颡至，屠耆接踵来；何如汉天子，空上单于台！"上，时掌翻。单，音蝉。皇后亦幸义成公主帐。帝赐启民及公主金瓮各一，并衣服被褥锦彩，特勒以下，受赐各有差。帝还，启民从入塞，己丑，遣归国。

癸巳，入楼烦关；楼烦郡治静乐县，县有关官。壬寅，至太原，诏营晋阳宫。帝谓御史大夫张衡曰："朕欲过公宅，可为朕作主人。"过，工禾翻。为，于伪翻。衡乃先驰至河内，具牛酒。张衡，河内人。帝改怀州为河内郡。帝上太行，开直道九十里，开直道抵张衡所居。行，户刚翻。九月，己未，至济源，开皇十六年置济源县，属河内郡。济，子礼翻。幸衡宅。帝悦其山泉，留宴三日，赐赉甚厚。

衡复献食，赉，来代翻。复，扶又翻。帝令颁赐公卿，下至卫士，无不沾洽。己巳，至东都。

12 壬申，以齐王暕为河南尹；癸酉，以民部尚书杨文思为纳言。

13 冬，十月，敕河南【章：十二行本“南”作“北”；乙十一行本同；孔本同。】诸郡送一艺户陪东都三千馀家，置十二坊于洛水南以处之。艺户，谓其家以技艺名者。陪，助也。处，昌吕翻。

14 西域诸胡多至张掖交市，帝改甘州为张掖郡。交市，为互市也。帝使吏部侍郎裴矩掌之。矩知帝好远略，商胡至者，矩诱访诸国山川风俗，王及庶人仪形服饰，撰西域图记三卷，合四十四国，入朝奏之。好，呼报翻。诱，音酉。撰，士免翻。朝，直遥翻；下同。仍别造地图，穷其要害，从西倾以去，西倾山，在陇西临洮县西南，洮水之所出也。纵横所亘，将二万里，发自敦煌，帝改瓜州为敦煌郡。敦，徒门翻。至于西海，此西海在条支西。凡为三道，北道从伊吾，中道从高昌，南道从鄯善，伊吾，唐为伊州。高昌，唐为西州。鄯善，唐为纳缚波地。鄯，时战翻。总凑敦煌。且云：“以国家威德，将士骁雄，将，即亮翻。骁，坚尧翻。泛蒙汜而越昆仑，易如反掌。蒙汜，蒙谷之水也，日所入处。史记禹本纪言河出昆仑。汜，祥里翻。仑，卢昆翻。易，以豉翻。但突厥、吐浑分领羌、胡之国，为其壅遏，故朝贡不通。吐，从暾入声。朝，直遥翻。今并因商人密送诚款，引领翘首，愿为臣妾。若服而抚之，务存安辑，皇华遣使，弗动兵车，诸蕃既从，浑、厥可灭，混壹戎、夏，其在兹乎！”浑、厥，谓吐谷浑、突厥也。使，疏吏翻。厥，九勿翻。夏，户雅翻。帝大悦，赐帛五百段，日引矩至御坐，亲问西域事。矩盛言“胡中多诸珍宝，吐谷浑易可并吞。”谷，音浴。易，弋豉翻。帝于是慨然慕秦皇、汉武之功，甘心将通西域；四夷经略，咸以委之。以矩为黄门侍郎，复使至张掖，引致诸胡，啖之以利，劝令入朝。复，扶又翻。啖，徒滥翻，又徒览翻。自是西域胡往来相继，所经郡县，疲于送迎，糜费以万万计，卒令中国疲弊以至于亡，卒，子恤翻。皆矩之唱导也。

15 铁勒寇边，帝遣将军冯孝慈出敦煌击之，不利。铁勒寻遣使谢罪，请降；降，户刚翻。帝使裴矩慰抚之。

王崇武标点容肇祖聂崇岐覆校

资治通鉴卷第一百八十一

端明殿学士兼翰林侍读学士朝散大夫右谏议大夫
充集贤殿修撰提举西京嵩山崇福宫上柱国河内郡　司马光　奉敕编集
开国侯食邑一千八百户食实封六百户赐紫金鱼袋臣

后　学　天　台　胡三省　音　注

隋纪五　起著雍执徐（戊辰），尽玄黓涒滩（壬申），凡五年。

炀皇帝上之下

大业四年（戊辰、六〇八）

1 春，正月，乙巳，诏发河北诸军百馀万穿永济渠，引沁水南达于河，北通涿郡。班志：沁水出上党谷远县羊头山世靡谷。师古曰：今至怀州武陟县界入河。谷远，隋为沁源县。沁，七鸩翻。考异曰：杂记："三年六月，敕开永济渠，引汾水入河，于汾水东北开渠，合渠水至于涿郡二千馀里，通龙舟。"按永济渠即今御河，未尝通汾水，杂记误也。丁男不供，始役妇人。

2 壬申，以太府卿元寿为内史令。

3 裴矩闻西突厥处罗可汗思其母，请遣使招怀之。二月，己卯，帝遣司朝谒者崔君肃赍诏书慰谕之。帝置谒者台大夫一人，置司朝谒者二人以贰之。处，昌吕翻。厥，九勿翻。可，从刊入声。汗，音寒。使，疏吏翻。朝，直遥翻。考异曰：隋帝纪作"崔毅"，今从西突厥传。处罗见君肃甚倨，受诏不肯起，君肃谓之曰："突厥本一国，中分为二，每岁交兵，积数十岁而莫能相灭者，明知其势敌耳。

然启民举其部落百万之众，卑躬折节，入臣天子者，其故何也？折，而列翻。正以切恨可汗，不能独制，欲借兵于大国，共灭可汗耳。群臣咸欲从启民之请，天子既许之，师出有日矣。顾可汗母向夫人可，从刊入声。汗，音寒。向，式亮翻。惧西国之灭，旦夕守阙，哭泣哀祈，匍匐谢罪，请发使召可汗，令入内属。天子怜之，故复遣使至此。匍，音蒲。匐，蒲北翻。使，疏吏翻；下同。令，力丁翻。复，扶又翻。今可汗乃倨慢如此，则向夫人为诳天子，诳，居况翻。必伏尸都市，传首虏庭。虏庭，谓启民庭。发大隋之兵，资东国之众，左提右挈以击可汗，亡无日矣！奈何爱两拜之礼，绝慈母之命，惜一语称臣，使社稷为墟乎！”处罗矍然而起，处，昌吕翻。矍，居缚翻。流涕再拜，跪受诏书，因遣使者随君肃贡汗血马。

4 三月，壬戌，倭王多利思比孤隋书：倭国在百济、新罗东南，水陆三千里，于大海之中，依山岛而居；都于邪靡堆，则魏志所谓邪马台者也，在会稽之东，与儋耳相近。杜佑曰：倭在带方东南大海中，去辽东万二千里，大较在闽川、会稽之东，亦与朱崖、儋耳相近，自谓太伯之后。一名日本，自云国在日边，因以为称。倭，乌禾翻。入【章：十二行本“入”上有“遣使”二字；乙十一行本同；孔本同；张校同。】贡，遗帝书曰：遗，于季翻。“日出处天子致书日没处天子无恙。”恙，余亮翻。帝览之，不悦，谓鸿胪卿曰：胪，凌如翻。“蛮夷书无礼者，勿复以闻。”复，扶又翻。

5 乙丑，车驾幸五原，帝改丰州为五原郡。因出塞巡长城。去年所筑者。行宫设六合板城，隋志：帝北巡出塞，行宫设六合城，方一百二十步，高四丈二尺。六合，以木为之，方一尺，外面一方有板，离合为之，涂以青色。垒六板为城，高三丈六尺，上加女墙，板高六尺，开南北门。又于城四角起楼敌二，门观、门楼槛皆丹青绮画。又造六合殿、千人帐，载以枪车，车载六合三板。其车轸解合交叉，即为马枪，皆车上张幕，幕下张平一弩傅矢，五人更守。两车之间，施车轸马枪，皆外其辕，以为外围。次内布铁菱，次内施蛰鞬。中施弩床，长六尺，阔三尺；床桄陛插钢锥，皆长五寸，谓之虾须，皆施机关，张则锥皆外向。其床上施旋机弩，以绳连弩机，人从外来，触绳则弩机旋转，向触所而发。其外又以罾周围行宫，二丈一铃一柱，柱举罾，去地二尺五寸。当行宫南北门施槌磬，连罾，以机发之，有人触罾，则众铃发响，槌击两磬，以知所警，名为击磬。考异曰：杂记云，“帝幸启民帐时造行城，周二千步，高二十馀丈。”今从隋礼仪志。载以枪车。每顿舍，则外其辕以为外围，内布铁菱；尔雅翼曰：今军旅以铁作茨，以布敌路，谓之铁蒺藜。或云：铁蒺藜菱角，起于炀帝征辽为之。然六韬中已有此物，朝错传谓之渠答。次施弩床，皆插钢锥，钢，音刚；精铁也。外向；上施旋机弩，以绳连机，人来触绳，则弩机旋转，向所触而发。其外又以罾周围，施铃柱、槌磬以知所警。罾，作滕翻。槌，直追翻。

6 帝募能通绝域者，屯田主事常骏等请使赤土，屯田曹，属工部尚书。尚书诸曹各有主事，流外吏职也。隋书：赤土国，扶南之别种，在南海中，水行百馀日而达；所都土色多赤，因以为号。杜佑曰：崖州直南水行，便风十馀日到赤土国。其国到五月日亭午，物影都在南。一日三食，饭皆旋炊；不然，逡巡过时，即便臭败，热气特甚。使，疏利翻。帝大悦，丙寅，命骏赍物五千段，以赐其王。赤土者，南海中远国也。

7 帝无日不治宫室，治，直之翻。两京及江都，苑囿亭殿虽多，久而益厌，每游幸，左右顾瞩，瞩，之欲翻。无可意者，不知所适。乃备责天下山川之图，躬自历览，以求胜地可置宫苑者。夏，四月，诏于汾州之北汾水之源，营汾阳宫。隋志：楼烦郡汾源县，旧岢岚也，大业四年，改为静乐，有汾阳宫、管涔山、天池、汾水。十三州志：汾水出武州之燕京山，管涔之异名也。水经注：燕京山上有大池，世谓之天池。按炀帝起汾阳宫环天池，详见后五台注。

8 初，元德太子薨，见上卷二年。河南尹齐王暕次当为嗣，元德吏兵二万馀人，悉隶于暕，暕，古限翻。帝为之妙选僚属，为，于伪翻。以光禄少卿柳謇之为齐王长史，少，始照翻。謇，九辇翻。长，知两翻。且戒之曰：“齐王德业修备，富贵自钟卿门；钟，聚也。若有不善，罪亦相及。”謇之，庆之从子也。柳庆事宇文泰。

从，才用翻。暕宠遇日隆，百官趋谒，阗咽道路。暕以是骄恣，昵近小人，阗，田年翻。昵，尼质翻。近，其靳翻。所为多不法。遣左右乔令则、库狄仲锜、库狄，复姓。锜，鱼岂翻。陈智伟求声色。令则等因此放纵，访人家有美女，辄矫暕命呼之，载入暕第，淫而遣之。仲锜、智伟诣陇西，挝炙诸胡，责其名马，帝改渭州为陇西郡。挝，侧瓜翻。得数匹以进暕；暕令还主，仲锜等诈言王赐，取归其家，暕不知也。乐平公主尝奏帝，言柳氏女美，乐平公主，周天元后也。乐，音洛。帝未有所答。久之，主复以柳氏进暕，复，扶又翻。暕纳之。其后，帝问主："柳氏女安在？"主曰："在齐王所。"帝不悦。暕从帝幸汾阳宫，大猎，诏暕以千骑入围，骑，奇寄翻。暕大获麋鹿以献；而帝未有得也，乃怒从官，皆言为暕左右所遏，兽不得前。从，才用翻。帝于是发怒，求暕罪失。时制：县令无故不得出境；有伊阙令皇甫诩，得幸于暕，违禁，携之至汾阳宫。御史韦德裕希旨劾奏暕，劾，户概翻，又户得翻。帝令甲士千馀人大索暕第，令，力丁翻。索，山客翻。因穷治其事。治，直之翻。暕妃韦氏早卒，卒，子恤翻。暕与妃姊元氏妇通，产一女。暕召相工相，息亮翻。令遍视后庭，相工指妃姊曰："此产子者当为皇后。"暕以元德太子有三子，三子：倓、侑、侗。恐不得立，阴挟左道为厌胜，厌，于叶翻。至是皆发。帝大怒，斩令则等数人，赐妃姊死，暕府僚皆斥之边远。柳謇之坐不能匡正，除名。謇，九辇翻。时赵王杲尚幼，帝谓侍臣曰："朕唯有暕一子，不然者，当肆诸市朝以明国宪。"暕自是恩宠日衰，虽为京尹，不复关预时政。帝恒令虎贲郎将一人监其府事，帝制十二卫，每卫置护军四人，掌副贰将军，无则一人摄，寻改护军为虎贲郎将，正四品。朝，直遥翻。复，扶又翻。恒，户登翻。令，力丁翻。贲，音奔。将，即亮翻。监，古衔翻。暕有微失，虎贲辄奏之。帝亦常虑暕生变，所给左右，皆以老弱，备员而已。太史令庾质，季才之子也，其子为齐王属，隋王府有掾有属。帝谓质曰：“汝不能一心事我，乃使儿事齐王，何向背如此！”背，蒲妹翻。对曰：“臣事陛下，子事齐王，实是一心，不敢有二。”帝犹怒，出为合水令。开皇十六年，置合水县，为庆州治所，帝改庆州为弘化郡，唐改合水县为安化。

9 乙卯，诏以突厥启民可汗厥，九勿翻。可，从刊入声。汗，音寒。遵奉朝化，思改戎俗，宜于万寿戍置城造屋，其帷帐床褥以上，务从优厚。

10 秋，七月，辛巳，发丁男二十馀万筑长城，自榆谷而东。此榆谷当在榆林西。

11 裴矩说铁勒，说，式芮翻。使击吐谷浑，大破之。吐谷浑可汗伏允东走，入西平境内，帝改鄯州为西平郡。吐，读暾入声。谷，音浴。可，从刊入声。汗，音寒。遣使请降求救；帝遣安德王雄出浇河，前已书观王雄，此复书安德王雄何也？按雄传，雄从帝征吐谷浑还，方徙封观王，高颎诛之时，雄尚为安德王，通鉴因旧史成文而书之耳。帝改廓州为浇河郡。使，疏吏翻。降，户江翻。浇，古尧翻。许公宇文述出西平迎之。宇文述封许国公。述至临羌城，汉临羌县城也。吐谷浑畏述兵盛，不敢降，帅众西遁；帅，读曰率。述引兵追之，拔曼头、赤水二城，隋志：帝平吐谷浑，置河源郡于古赤水城，管下有曼头城。曼，音万。斩三千馀级，获其王公以下二百人，虏男女四千口而还。还，从宣翻，又如字；下同。伏允南奔雪山，此即蜀西山之西雪山也。其故地皆空，东西四千里，南北二千里，皆为隋有，置州、【章：十二行本“州”作“郡”；乙十一行本同；孔本同。】县、镇、戍，置鄯善、且末、西海、河源四郡，显武、济远、肃宁、伏戎、宣德、威定、远化、赤水等县。志云，置于五年。天下轻罪徙居之。

12 八月，辛酉，上亲祠恒岳，恒岳，北岳恒山。恒，户登翻。赦天下。河北道郡守毕集，守，式又翻。裴矩所致西域十馀国皆来助祭。考异曰：裴矩传云“三年”，误也。今从帝纪。

13 九月，辛未，征天下鹰师悉集东京。鹰师，善调习鹰隼者也。至者万馀人。

14 冬，十月，乙卯，颁新式。去年四月壬辰，改度量权衡，并依古式，今颁于天下。

15 常骏等至赤土境，赤土王利富多塞遣使以三十舶迎之，进金锁以缆骏船，使，疏吏翻；下同。舶，莫百翻。锁，苏果翻。凡泛海百馀日，入境月馀，乃至其都。赤土所都名僧祇城。其王居处处，昌吕翻。器用，穷极珍丽，待使者礼亦厚，遣其子那邪迦随骏入贡。迦，音加。

16 帝以右翊卫将军河东薛世雄为玉门道行军大将，帝改蒲州为河东郡。隋志：玉门县属敦煌郡。改行军总管为行军大将。将，即亮翻。与突厥启民可汗连兵击伊吾，厥，九勿翻。可，从刊入声。汗，音寒。考异曰：世雄击伊吾，帝纪无之。本传前有从帝征吐谷浑，后云，“岁馀，以世雄为玉门大将，与突厥启民可汗击伊吾。”然则似在大业六、七年也。按是时启民已卒，伐吐谷浑之岁，伊吾吐屯设献地数千里，恩宠甚厚，隋何故伐之！今移置献地之前。师出玉门，启民不至。世雄孤军度碛，伊吾初谓隋军不能至，皆不设备；闻世雄军已度碛，大惧，请降。流沙亦谓之碛。碛，七迹翻。降，户江翻。世雄乃于汉故伊吾城东筑城，留银青光禄大夫王威以甲卒千馀人戍之而还。还，从宣翻，又音如字。

五年（己巳、六〇九）

1 春，正月，丙子，改东京为东都。

2 突厥启民可汗来朝，礼赐益厚。厥，九勿翻。可，从刊入声。汗，音寒。朝，直遥翻。

3 癸未，诏天下均田。

4 戊子，上自东都西还。

5 己丑，制民间铁叉、搭钩、䂎刃之类皆禁之。搭，多腊翻。䂎，作管翻。

6 二月，戊申，车驾至西京。

7 三月，己巳，西巡河右；乙亥，幸扶风旧宅。河右，河西武威诸郡地。帝改岐州为扶风郡。夏，四月，癸亥，出临津关，临津关当在枹罕界，临河津。水经注：河水自浇河东流，径邯川城南，又东径临津城北，白土城南，为缘河济渡之地。渡黄河，至西平，陈兵讲武，将击吐谷浑。五月，乙亥，上大猎于拔延山，隋志：西平郡化隆县有拔延山。杜佑曰：拔延山在廓州广威县，隋炀帝征吐浑经此山。吐，从暾入声。谷，音浴。长围亘二十里。考异曰：隋帝纪作"二千里"，疑二十里字误。庚辰，入长宁谷，长宁谷在古晋昌郡界。水经注：湟水径临羌县故城南，又东，长宁川水注之。长宁水东南流径晋昌川，又有长宁亭，亭北有养女岭，即浩亹西平之北山。度星岭；丙戌，至浩亹川。水经注：浩亹河出塞外，径西平之鲜谷塞，又东径养女北山东南。隋志：西平郡湟水县有旧浩亹县。浩亹，音告门。浩，又音阁。以桥未成，斩都水使者黄亘及督役者九人，帝改都水监为都水使者。考异曰：隋帝纪云："梁浩亹，御马度而桥坏。"今从略记。数日，桥成，乃行。

吐谷浑可汗伏允帅众保覆袁川，可，从刊入声。汗，音寒。帅，读曰率。帝分命内史元寿南屯金山，兵部尚书段文振北屯雪山，太仆卿杨义臣东屯琵琶峡，将军张寿西屯泥岭，四面围之。伏允以数十骑遁出，遣其名王诈称伏允，保车我真山。骑，奇寄翻。车，昌遮翻。壬辰，诏右屯卫大将军张定和往捕之。定和轻其众少，不被甲，挺身登山，吐谷浑伏兵射杀之；少，诗沼翻。被，皮义翻。射，而亦翻。其亚将柳武建击吐谷浑，破之。将，即亮翻。甲午，吐谷浑仙头王穷蹙，蹙，与蹙同。帅男女十馀万口来降。帅，读曰率。降，户江翻。六月，丁酉，遣左光禄大夫梁默等追讨伏允，兵败，为伏允所杀。卫尉卿刘【章：十二行本"刘"上有“彭城”二字；乙十一行本同；孔本同；张校同。】权出伊吾道，击吐谷浑，至青海，隋志：西海郡有青海。吐谷浑传：青海在伏俟城东，周回千馀里。虏获千馀口，乘胜追奔，至伏俟城。吐谷浑都伏俟城，在青海西十五里。

辛丑，帝谓给事郎蔡征曰：“自古天子有巡狩之礼；而江东诸帝多傅脂粉，坐深宫，不与百姓相见，此何理也?”对曰：“此其所以不能长世。”丙午，至张掖。帝改甘州为张掖郡。帝之将西巡也，命裴矩说高昌王麴伯雅麴，姓也。汉末有西平麴演。说，输芮翻。及伊吾吐屯设等，吐屯设，意突厥所置，以守伊吾。啖以厚利，召使入朝。壬子，帝至燕支山，隋志：武威郡番禾县有燕支山。啖，徒滥翻，又徒览翻。朝，直遥翻。燕，因肩翻。伯雅、吐屯设等及西域二十七国谒于道左，皆令佩金玉，被锦罽，令，力丁翻。被，皮义翻。罽，音计。焚香奏乐，歌舞喧噪。帝复令武威、张掖士女盛饰纵观，衣服车马不鲜者，郡县督课之。骑乘嗔咽，骑，奇寄翻。乘，绳证翻。周亘数十里，以示中国之盛。吐屯设献西域数千里之地，上大悦。癸丑，置西海、河源、鄯善、且末等郡，西海郡置于伏俟城，河源郡置于赤水城，鄯善郡置于古楼兰城，且末郡置于古且末城。郦道元曰：且末城东去鄯善七百二十里。鄯，时战翻。且，子闾翻。谪天下罪人为戍卒以守之。命刘权镇河源郡积石镇，志云：河源郡有积石山，河所出也。杜佑曰：积石山在西平郡龙支县南。大开屯田，扞御吐谷浑，以通西域之路。

是时天下凡有郡一百九十，县一千二百五十五，户八百九十万有奇。奇，居宜翻。东西九千三百里，南北万四千八百一十五里。隋氏之盛，极于此矣。

帝谓裴矩有绥怀之略，进位银青光禄大夫。自西京诸县及西北诸郡，皆转输塞外，每岁钜亿万计；经途险远及遇寇钞，钞，楚交翻。人畜死亡不达者，郡县皆征破其家。由是百姓失业，西方先困矣。

初，吐谷浑伏允使其子顺来朝，吐，从暾入声。谷，音浴。朝，直遥翻。帝留顺不遣。伏允败走，无以自资，帅数千骑客于党项。隋书：党项羌者，三苗之后也，其种有宕昌、白狼，皆自称猕猴种。东接临洮、西平，西拒叶护，南北数千里，处山谷间，每姓别为部落。帅，读曰率。党，他朗翻。帝立顺为可汗，可，从刊入声。汗，音寒。送至玉门，令统其馀众；以其大宝王尼洛周为辅。统，他综翻。尼，女夷翻。至西平，其部下杀洛周，顺不果入而还。还，从宣翻，又音如字。

丙辰，上御观风殿，即观风行殿也。大备文物，引高昌王麹伯雅及伊吾吐屯设升殿宴饮，考异曰：略记在六月壬寅，今从隋帝纪。其馀蛮夷使者陪阶庭者二十馀国，奏九部乐杜佑曰：炀帝立清乐、龟兹、西凉、天竺、康国、疏勒、安国、高丽、礼毕为九部。使，疏吏翻。及鱼龙戏以娱之，赐赉有差。戊午，赦天下。

吐谷浑有青海，俗传置牝马于其上，得龙种。吐谷浑传：青海中有小山，其俗至冬辄放牝马于其上，言得龙种。吐谷浑尝得波斯草马，放入青海，因生骢驹，能日行千里，时称青海骢。种，章勇翻。秋，七月，【章：十二行本"月"下有"丁卯"二字；乙十一行本同；孔本同；张校同。】置马牧于青海，纵牝马二千匹于川谷以求龙种，无效而止。

车驾东还，经大斗拔谷，还，从宣翻，又如字。新唐志：凉州西二百里有大斗军，本赤水守捉，开元十六年为军，因大斗拔谷为名。山路隘险，鱼贯而出，单行相次，若贯鱼然。风雪晦冥，文武饥馁沾湿，夜久不逮前营，逮，及也。士卒冻死者太半，考异曰：帝纪在六月癸卯。按西边地虽寒，不容六月大雪，冻死人畜，今从略记。略记作达十拔谷，今从帝纪。马驴什八九，后宫妃、主或狼狈相失，与军士杂宿山间。九月，乙【章：十二行本"乙"作"癸"；乙十一行本同；孔本同；张校同。】未，车驾入西京。冬，十一月，丙子，复幸东都。复，扶又翻。

8 民部侍郎裴蕴以民间版籍，脱漏户口及诈注老小尚多，奏令貌阅，令，力丁翻。阅其貌以验老小。若一人不实，则官司解职。又许民纠得一丁者，令被纠之家代输赋役。被，皮义翻。是岁，诸郡计帐进丁二十【章：十二行本“十”下有“四”字；乙十一行本同；孔本同；张校同。】万三千，新附口六十四万一千五百。帝临朝览状，朝，直遥翻。谓百官曰：“前代无贤才，致此罔冒；今户口皆实，全由裴蕴。”由是渐见亲委，未几，擢授御史大夫，与裴矩、虞世基参掌机密。蕴善候伺人主微意，几，居岂翻。伺，相吏翻。所欲罪者，则曲法锻成其罪；所欲宥者，则附从轻典，因而释之。是后大小之狱，皆以付蕴，刑部、大理莫敢与争，必禀承进止，然后决断。断，丁乱翻。蕴有机辩，言若悬河，或重或轻，皆由其口，剖析明敏，时人不能致诘。书曰：“知人则哲，能官人。”史言知人善任之难。

9 突厥启民可汗卒，厥，九勿翻。可，从刊入声。汗，音寒。卒，子恤翻。上为之废朝三日，为，于伪翻。朝，直遥翻；下同。立其子咄吉，咄，当没翻。是为始毕可汗；表请尚公主，诏从其俗。

10 初，内史侍郎薛道衡以才学有盛名，久当枢要，高祖末，出为襄州总管；帝改襄州为襄阳郡。帝即位，自番州刺史召之，隋志：广州，仁寿元年改番州，盖因番禺以名州，帝改为南海郡。番，依汉书音义音潘。欲用为秘书监。道衡既至，上高祖文皇帝颂，上，时掌翻。帝览之，不悦，顾谓苏威曰：“道衡致美先朝，致，极也。此鱼藻之义也。”诗小序曰：鱼藻，刺幽王也。言万物失其性，王居镐京，将不能以自乐，故君子思古之武王焉。拜司隶大夫，将置之罪。司隶刺史房彦谦劝道衡杜绝宾客，卑辞下气，帝置司隶大夫一人，为司隶台率。又置司隶刺史十四人，正六品，巡察畿外诸郡。道衡不能用。会议新令，久不决，道衡谓朝士曰：“向使高颎不死，令决当久行。”有人奏之，帝怒曰：“汝忆高颎邪！”朝，直遥翻。颎，居永翻。

邪，音耶。付执法者推之。推，寻绎也，推考而寻绎其事也。裴蕴奏："道衡负才恃旧，有无君之心，推恶于国，推，吐雷翻。妄造祸端。论其罪名，似如隐昧；原其情意，深为悖逆。"悖，蒲内翻，又蒲没翻。帝曰："然。我少时与之行役，谓伐陈时。少，诗照翻。轻我童稚，稚，迟二翻。与高颎、贺若弼等外擅威权；若，人者翻。及我即位，怀不自安，赖天下无事，未得反耳。公论其逆，妙体本心。"道衡自以所坐非大过，促宪司早断，断，丁乱翻。冀奏日帝必赦之，敕家人具馔，以备宾客来候者。馔，雏恋翻，又雏皖翻。及奏，帝令自尽，道衡殊不意，未能引决。宪司重奏，缢而杀之，妻子徙且末。令，力丁翻。重，直龙翻。缢，于赐翻。且，子闾翻。天下冤之。

11 帝大阅军实，称器甲之美，宇文述因进言："此皆云定兴之功。"帝即擢定兴为太府丞。

六年(庚午、六一〇)

1 春，正月，癸亥朔，未明三刻，有盗数十人，素冠练衣，焚香持华，自称弥勒佛，入自建国门，释氏之说，以为释迦佛衰谢，弥勒佛出世，故盗称之以为奸。建国门盖东都皇城端门也。唐六典云：武德五年平王世充，恶其壮丽，焚乾阳殿及建国门。华，读曰花。考异曰：杂记在五年正月，又云"三百人"。今从隋书。监门者皆稽首。监，古衔翻。稽，音启。既而夺卫士仗，将为乱；齐王暕遇而斩之。于是都下大索，暕，古限翻。索，山客翻。连坐者千馀家。

2 帝以诸蕃酋长毕集洛阳，酋，才由翻。长，知两翻。丁丑，于端门街洛阳皇城端门外之街。盛陈百戏，戏场周围五千步，执丝竹者万八千人，声闻数十里，闻，音问。自昏至旦，灯火光烛天地；终月而罢，所费巨万。自是岁以为常。丁丑，正月十五日。今人元宵行乐，盖始盛于此。

诸蕃请入丰都市交易，东都东市曰丰都，南市曰大叵，北市曰通远。

帝许之。先命整饰店肆，檐宇如一，盛设帷帐，珍货充积，人物华盛，卖菜者亦藉以龙须席。龙须席以龙须草织成，今淮上安庆府居人多能织龙须席。胡客或过酒食店，过，工禾翻。悉令邀延就坐，坐，徂卧翻。醉饱而散，不取其直，绐之曰："中国丰饶，酒食例不取直。"胡客皆惊叹。其黠者颇觉之，绐，徒亥翻。黠，户八翻，慧也。见以缯帛缠树，曰："中国亦有贫者，衣不盖形，何如以此物与之，缠树何为？"市人惭不能答。

帝称裴矩之能，谓群臣曰："裴矩大识朕意，凡所陈奏，皆朕之成算，未发之顷，矩辄以闻；自非奉国尽心，孰能若是！"是时矩与右翊卫大将军宇文述、内史侍郎虞世基、御史大夫裴蕴、光禄大夫郭衍皆以谄谀有宠。述善于供奉，容止便辟，便，毗连翻。辟，读曰僻。侍卫者咸取则焉。郭衍尝劝帝五日一视朝，朝，直遥翻；下同。曰："无效高祖，空自勤苦。"帝益以为忠，曰："唯有郭衍心与朕同。"

帝临朝凝重，朝，直遥翻。发言降诏，辞义可观；而内存声色，其在两都及巡游，常以僧、尼、道士、女官自随，女官，即女道士。谓之四道场。梁公萧钜，琮之弟子；千牛左右宇文皛，庆之孙也；隋制，千牛备身左、右十二人，掌供御弓箭。宇文庆见一百七十三卷陈高宗太建十一年。皛，户了翻。皆有宠于帝。帝每日于苑中林亭间盛陈酒馔，馔，雏皖翻，又雏恋翻。敕燕王倓与钜、皛及高祖嫔御为一席，倓，徒甘翻。嫔，毗宾翻。僧、尼、道士、女官为一席，帝与诸宠姬为一席，略相连接，罢朝即从之朝，直遥翻。宴饮，更相劝侑，更，工衡翻。酒酣殽乱，靡所不至，以是为常。杨氏妇女之美者，往往进御。皛出入宫掖，不限门禁，至于妃嫔、公主皆有丑声，帝亦不之罪也。

3 帝复遣朱宽招抚流求，复，扶又翻。流求不从，帝遣虎贲郎将庐江陈棱、朝请大夫同安张镇周发东阳兵万馀人，自义安泛海击之。贲，音奔。将，即亮翻。帝改庐州为庐江郡，熙州为同安郡，婺州为东阳郡，潮州为义安郡。行月馀，至其国，以镇周为先锋。流求王渴剌兜剌，卢达翻。遣兵逆战；屡破之，遂至其都。流求国王所居曰婆罗檀洞，堑栅三重，环以流水，树棘为藩。渴剌兜自将出战，将，即亮翻。又败，退入栅；棱等乘胜攻拔之，斩渴剌兜，虏其民万馀口而还。还，从宣翻，又如字。二月，乙巳，棱等献流求俘，颁赐百官，进棱位右光禄大夫，镇周金紫光禄大夫。

4 乙卯，诏以"近世茅土妄假，名实相乖，自今唯有功勋乃得赐封，仍令子孙承袭。"于是旧赐五等爵，非有功者皆除之。

5 庚申，以所征周、齐、梁、陈散乐散，悉但翻。悉配太常，皆置博士弟子以相传授，乐工至三万馀人。

6 三月，癸亥，帝幸江都宫。

7 初，帝欲大营汾阳宫，令御史大夫张衡具图奏之。考异曰：张衡传云，"帝幸衡宅之明年，幸汾阳宫。"又云"明年，复幸汾阳宫。"按本纪皆无其事，恐传误。衡乘间进谏曰："比年劳役繁多，间，古苋翻。比，毗至翻。百姓疲弊，伏愿留神，稍加抑损。"帝意甚不平，后目衡谓侍臣曰："张衡自谓由其计划，令我有天下也。"令，力丁翻。乃录齐王暕携皇甫诩从驾及前幸涿郡祠恒岳时父老谒见者衣冠多不整，暕，古限翻。从，才用翻。恒，户登翻。见，贤遍翻。谴衡以宪司不能举正，张衡为御史大夫，故谴之以宪司职分。出为榆林太守。久之，衡督役筑楼烦城，大业四年，置楼烦郡，后魏之岚州也，本汉之汾阳县地，时置汾阳宫，故筑城。守，式又翻。因帝巡幸，得谒帝。帝恶衡不损瘦，恶，乌路翻。以为不念咎，谓衡曰："公甚肥泽，宜且还郡。"复遣之榆林。还，从宣翻，又音如字。复，扶又翻，又音如字。未几，敕衡督役江都宫。礼部尚书杨玄感使至江都，几，居岂翻。使，疏吏翻。衡谓玄感曰："薛道衡真为枉死。"玄感奏之；

江都郡丞王世充又奏衡频减顿具。帝于是发怒，锁诣江都市，将斩之，久乃得释，除名为民，放还田里。以王世充领江都宫监。

世充本西域胡人，姓支氏，父收，幼从其母嫁王氏，因冒其姓。世充性谲诈，有口辩，颇涉书传，好兵法，习律令。谲，古穴翻。传，直恋翻。好，呼到翻；下同。帝数幸江都，数，所角翻。世充能伺候颜色为阿谀，雕饰池台，奏献珍物，由是有宠。为王世充乘时僭窃张本。伺，相吏翻。

8 夏，六月，甲寅，制江都太守秩同京尹。隋制，京尹正三品。

9 冬，十二月，己未，文安宪侯牛弘卒。按牛弘传：弘爵奇章郡公，卒赠文安县侯，谥曰宪，此书其赠谥也。隋志：文安县属河间郡。卒，子恤翻。弘宽厚恭俭，学术精博，隋室旧臣，始终信任，悔吝不及者，唯弘一人而已。弟弼，好酒而酗，酗，香句翻，醉怒也。尝因醉射杀弘驾车牛。射，而亦翻。弘来还宅，还，从宣翻，又音如字。其妻迎谓之曰："叔射杀牛。"弘无所怪问，直答云："作脯。"坐定，其妻又曰："叔忽射杀牛，大是异事！"弘曰："已知之矣。"颜色自若，读书不辍。

10 敕穿江南河，自京口至馀杭，八百馀里，今浙西运河自杭州达镇江府入大江是也。镇江，古京口也。帝改杭州为馀杭郡。广十馀丈，广，古旷翻。使可通龙舟，并置驿宫、草顿，欲东巡会稽。帝改越州复曰会稽郡。会，古外翻。

11 上以百官从驾皆服袴褶，从，才用翻。褶，音习。于军旅间不便，是岁，始诏"从驾涉远者，文武官皆戎衣，五品以上，通着紫袍，六品以下，兼用绯绿，自此文武官常服，遂以为品色。着，则略翻。绯，音非。胥史以青，庶人以白，屠商以皂，皂，才早翻。士卒以黄。"

12 帝之幸启民帐也，见上卷三年。高丽使者在启民所，丽，力知翻。使，疏吏翻。启民不敢隐，与之见帝。见，贤遍翻。黄门侍郎裴矩说帝曰："高丽本箕子所封之地，汉、晋皆为郡县；周武王封箕子于朝鲜，秦末卫满据之，传国至孙右渠，汉武帝灭之，开为四郡。汉末，公孙度据之，传国至孙渊，魏灭之，至晋皆为郡县。高丽之先，出于夫馀，朱蒙建国，号高句骊，以高为氏。魏、晋以来，中国兵乱，高丽内侵，并有辽东地。说，输芮翻。朝，汉书音义音潮。今乃不臣，别为异域。先帝欲征之久矣，但杨谅不肖，师出无功。事见一百七十八卷开皇十八年。当陛下之时，安可不取，使冠带之境，遂为蛮貊之乡乎！今其使者亲见启民举国从化，可因其恐惧，胁使入朝。"朝，直遥翻；下同。帝从之。敕牛弘宣旨曰："朕以启民诚心奉国，故亲至其帐。明年当往涿郡，尔还日语高丽王：还，从宣翻，又音如字。语，牛倨翻。丽，力知翻。勿【章：十二行本"勿"上有"宜早来朝"四字；乙十一行本同；孔本同；张校同；退斋校同。】自疑惧，存育之礼，当如启民。苟或不朝，将帅启民往巡彼土。"帅，读曰率。高丽王元惧，藩礼颇阙，帝将讨之；课天下富人买武马，匹至十万钱；简阅器仗，务令精新，或有滥恶，则使者立斩。令，力丁翻。

七年（辛未、六一一）

1 春，正月，壬寅，真定襄侯郭衍卒。真定县侯也。隋志，恒山郡治真定县。卒，子恤翻。

2 二月，己未，上升钓台，临杨子津，大宴百僚。乙亥，帝自江都行幸涿郡，御龙舟，渡河入永济渠，仍敕选部、门下、内史、御史四司之官于船前选补，选部之选，宣恋翻；选补之选，如字。其受选者三千馀人，或徒步随船三千馀里，不得处分，处，昌吕翻。分，扶问翻。冻馁疲顿，因而致死者什一二。

3 壬午，下诏讨高丽。敕幽州总管元弘嗣大业初已废诸州总管府，此书元弘嗣前官。往东莱海口帝改莱州为东莱郡。造船三百艘，艘，苏遭翻。官吏督役，昼夜立水中，略不敢息，自腰以下皆生蛆，死者什三四。蛆，子余翻。夏，四月，庚午，车驾至涿郡之临朔宫，唐志：幽州蓟县有故隋临朔宫。考异曰：略记曰："丙午，幸涿郡之新宫。"按长历，是月丙辰朔，无丙午。今从帝纪。文武从官九品以上，并令给宅安置。从，才用翻。先是，诏总征天下兵，无问远近，俱会于涿。涿，即涿郡。先，悉荐翻。又发江淮以南水手一万人，弩手三万人，岭南排镩手三万人，镩，七乱翻，小矟也。于是四远奔赴如流。五月，敕河南、淮南、江南造戎车五万乘送高阳，隋志：高阳县，属河间郡。乘，绳证翻。供载衣甲幔幕，幔，莫半翻。令兵士自挽之，发河南、北民夫以供军须。秋，七月，发江、淮以南民夫及船运黎阳及洛口诸仓米至涿郡，令，力丁翻。黎阳县属汲郡，有黎阳仓。洛口仓初置，见上卷二年。舳舻相次千馀里，舳舻，音逐卢。载兵甲及攻取之具，往还在道常数十万人，填咽于道，昼夜不绝，死者相枕，枕，职任翻。臭秽盈路，天下骚动。

4 山东、河南大水，漂没三十馀郡。冬，十月，乙卯，底柱崩，偃河逆流数十里。砥柱，在河南郡陕县北河中。底，与砥同。

5 初，帝西巡，见五年。遣侍御史韦节隋制：御史台侍御史八人。召西突厥处罗可汗，厥，九勿翻。处，昌吕翻。可，从刊入声。汗，音寒。令与车驾会大斗拔谷，国人不从，处罗谢使者，辞以他故。帝大怒，无如之何。会其酋长射匮遣使来求婚，令，力丁翻。使，疏吏翻。酋，才由翻。长，知两翻。裴矩因奏曰："处罗不朝，恃强大耳。臣请以计弱之，分裂其国，即易制也。朝，直遥翻；下同。易，以豉翻。射匮者，都六之子，达头之孙，杜佑曰：都六者，突厥始建号者也。今矩言都六为达头之子，则非始建号者也。世为可汗，君临西面，今闻其失职，附属处罗，故遣使来以结援耳，愿厚礼其使，拜为大可汗，则突厥势分，两从我矣。"言射匮、处罗将两皆从隋也。帝曰："公言是也。"因遣矩朝夕至馆，微讽谕之。

帝于仁风殿召其使者，言处罗不顺之状，称射匮向善，吾将立为大可汗，令发兵诛处罗，然后为婚。帝取桃竹白羽箭一枚桃竹，桃枝竹也。今江南有之。以赐射匮，因谓之曰：“此事宜速，使疾如箭也。”使者返，路径处罗，处罗爱箭，将留之，使者谲而得免。谲，古穴翻。射匮闻而大喜，兴兵袭处罗；处罗大败，弃妻子，将数千骑东走，缘道被劫，寓于高昌，东保时罗漫山。新唐志：伊州伊吾县有折罗漫山，亦曰天山。将，即亮翻，又音如字，领也。骑，奇寄翻。被，皮义翻。高昌王麹伯雅上状。上言其状。帝遣裴矩与向氏亲要左右驰至玉门关晋昌城，新唐志：玉门关在沙州寿昌县西北。晓谕处罗使入朝。十二月，己未，处罗来朝于临朔宫，朝，直遥翻。帝大悦，接以殊礼。帝与处罗宴，处罗稽首，谢入见之晚。帝以温言慰劳之，稽，音启。见，贤遍翻。劳，力到翻。备设天下珍膳，盛陈女乐，罗绮丝竹，眩曜耳目，然处罗终有怏怏之色。怏，于两翻。

6 帝自去岁谋讨高丽，诏山东置府，令养马以供军役。又发民夫运米，积于泸河、怀远二镇，新唐志曰：隋于营州之境，汝罗故城置辽西郡，领辽西、泸河、怀远三县。泸，音卢。车牛往者皆不返，士卒死亡过半，耕稼失时，田畴多荒。加之饥馑，谷价踊贵，东北边尤甚，斗米直数百钱。所运米或粗恶，粗，仓乎翻。令民籴而偿之。又发鹿车夫六十馀万，鹿车，小车也，言其小止容一鹿。二人共推米三石，推，吐雷翻。道途险远，不足充糇粮，糇，户钩翻，干食也。至镇，无可输，皆惧罪亡命。重以官吏贪残，重，直用翻。因缘侵渔，百姓困穷，财力俱竭，安居则不胜冻馁，胜，音升。死期交急，剽掠则犹得延生，剽，匹妙翻。于是始相聚为群盗。

邹平民王薄拥众据长白山，邹平县，宋所侨置平原郡县之地，隋开皇十八年，改名邹平，时属齐郡，唐并入齐州临济县。长白山在章丘县界，亦属齐郡。宋白曰：淄州长山县，宋于此侨立广川郡及武彊县，隋改武彊为长山，以县西南三十五里长白山为名。剽掠齐、济之郊，帝改齐州为齐郡，济州为济北郡。剽，匹妙翻。济，子礼翻。自称知世郎，言事可知矣；又作无向辽东浪死歌以相感劝，浪死，犹言徒死也。避征役者多往归之。

平原东有豆子䴚，帝改德州为平原郡。䴚，举朗翻，盐泽也。负海带河，地形深阻，自高齐以来，群盗多匿其中。有刘霸道者，家于其旁，累世仕宦，赀产富厚。霸道喜游侠，喜，许记翻。食客常数百人，及群盗起，远近多往依之，有众十馀万，号"阿舅贼"。阿，乌葛翻。

漳南人窦建德，漳南，本汉东阳县地，久废，开皇六年复置，十八年改为漳南，属清河郡。宋白曰：取地居漳水之南为名。少尚气侠，胆力过人，为乡党所归附。会募人征高丽，建德以勇敢选为二百人长。少，诗照翻。长，知两翻。同县孙安祖亦以骁勇选为征士，骁，坚尧翻。安祖辞以家为水所漂，妻子馁死，县令怒笞之。安祖刺杀令，刺，七亦翻。亡抵建德，考异曰：杜儒童隋季革命记云，"安祖以盗羊为县令所考"，今从旧唐书建德传。建德匿之。官司逐捕，踪迹至建德家，建德谓安祖曰："文皇帝时，天下殷盛，发百万之众以伐高丽，尚为所败。即谓开皇十八年事。败，补迈翻。今水潦为灾，百姓困穷，加之往岁西征，谓西征吐谷浑。行者不归，疮痍未复；主上不恤，乃更发兵亲击高丽，天下必大乱。丈夫不死，当立大功，岂可但为亡虏邪！"邪，音耶。乃集无赖少年，得数百人，使安祖将之，少，诗照翻。将，即亮翻。入高鸡泊中为群盗，新唐书曰：高鸡泊广袤数百里，葭蒲阻奥，可以违难。安祖自号将军。时鄃人张金称聚众河曲，鄃，汉县，旧废，开皇十六年复置，属清河郡。河曲，清河之曲，新唐书作"河渚"。鄃，音输。蓨人高士达聚众于清河境内为盗。蓨，旧曰脩，开皇五年改属信都郡。蓨，音条。郡县疑建德与贼通，悉收其家属，杀之。新书曰：时群盗往来漳南，剽杀人，焚乡聚，独不入建德间，由是郡县疑其与贼通。建德帅麾下二百人亡归士达，帅，读曰率。士达自称东海公，以建德为司兵。顷之，孙安祖为张金称所杀，其众尽归建德，兵至万馀人。建德能倾身接物，与士卒均劳逸，由是人争附之，为之致死。为，于伪翻。窦建德始此。

自是所在群盗蜂起，不可胜数，胜，音升。数，所具翻。徒众多者至万馀人，攻陷城邑。甲子，敕都尉、鹰扬与郡县相知追捕，隋置奉车、驸马都尉，属三卫，帝并废之。此盖置都尉以讨群盗。帝又改骠骑为鹰扬郎将。随获斩决；随所获而斩决之。然莫能禁止。

八年（壬申、六一二）

1 春，正月，考异曰：略记云："癸丑，帝御前殿。"按长历，是月辛巳朔，无癸丑。略记甲子多差误，今不取，皆从隋书。帝分西突厥处罗可汗之众为三，厥，九勿翻。处，昌吕翻。可，从刊入声。汗，音寒。使其弟阙度设将羸弱万馀口，居于会宁，突厥之官，典兵者谓之设。灵州鸣沙县，后周置会州会宁郡，寻废，唐复置。将，即亮翻；下同。羸，伦为翻。考异曰：隋西突厥传作"达度阙设"，今从裴矩传。又使特勒大奈别将馀众居于楼烦，突厥之官，子弟为特勒。命处罗将五百骑常从车驾巡幸，赐号曷婆【章：十二行本"婆"作"娑"；孔本同；张校同。】那可汗，骑，奇寄翻。考异曰：唐李轨传作"曷娑那可汗"。今从隋书。按今隋书作"曷萨那"。赏赐甚厚。

2 初，嵩高道士潘诞隋志：河南郡嵩阳县有嵩高山。自言三百岁，为帝合炼金丹。帝为之作嵩阳观，为，于伪翻。合，音阁。观，古玩翻。华屋数百间，以童男童女各一百二十人充给使，位视三品；常役数千人，所费巨万。云金丹应用石胆、石髓，髓，息委翻。发石工凿嵩高大石深百尺者数十处。深，式浸翻。凡六年，丹不成。帝诘之，诘，去吉翻。诞对以"无石胆、石髓，若得童男女胆髓各三斛六斗，可以代之。”帝怒，锁诣涿郡，斩之。且死，语人曰：语，牛倨翻。“此乃天子无福，值我兵解时至，解，佳买翻，一作假音。学仙者谓蜕骨登仙为尸解，故其徒谓死为解化，今诞谓兵死为兵解。我应生梵摩天”云。梵，扶泛翻。

3 四方兵皆集涿郡，帝征合水令庾质，质出合水，见上四年。问曰：“高丽之众不能当我一郡，今朕以此众伐之，卿以为克不？”丽，力知翻。不，读曰否。对曰：“伐之可克。然臣窃有愚见，不愿陛下亲行。”帝作色曰：“朕今总兵至此，岂可未见贼而先自退邪？”邪，音耶。对曰：“战而未克，惧损威灵。若车驾留此，命猛将劲卒，将，即亮翻。指授方略，倍道兼行，出其不意，克之必矣。事机在速，缓则无功。”帝不悦，曰：“汝既惮行，自可留此。”右尚方署监事耿询上书切谏，监事，监作者也，秩九品。监，古衔翻。上，时掌翻。帝大怒，命左右斩之，何稠苦救，得免。

壬午，诏左十二军出镂方、长岑、溟海、盖马、建安、南苏、辽东、玄菟、扶馀、朝鲜、沃沮、乐浪等道，帝指授诸军所出之道，多用汉县旧名。汉志：镂方、长岑、朝鲜，属乐浪郡。盖马，属玄菟郡，有盖马大山。辽东，汉郡名。溟海，盖即汉乐浪郡之海冥县。建安、南苏、扶馀，皆高丽国城守之处。沃沮，亦古地名，是时其地已入新罗界。镂，郎豆翻。菟，音涂。朝，音潮。鲜，音仙。沮，子馀翻。乐，音洛。浪，音郎。右十二军出黏蝉、含资、浑弥、临屯、候城、提奚、蹋顿、肃慎、碣石、东暆、带方、襄平等道，汉志：黏蝉、含资、浑弥、提奚、东暆、带方等县，属乐浪郡。候城、襄平，属辽东郡。临屯，亦汉武帝所置郡名。蹋顿，即汉末辽西乌丸蹋顿所居。肃慎，古肃慎氏之国，其地时为靺鞨所居。碣石，禹贡之碣石也。杜佑以为此碣石在高丽中。佑曰：碣石山，在汉乐浪郡遂城县，秦长城起于此山。今验长城东截辽水而入高丽，遗址犹存。黏，女廉翻。蝉，服虔音提。蹋，徒盍翻。碣，其列翻。暆，应劭曰：音移。骆驿引途，骆驿，相继不绝也。总集平壤，平壤城，高丽国都也，亦曰长安城，东西六里，随山屈曲，南临浿水。杜佑曰：高丽王自东晋以后居平壤城，即汉乐浪郡王险城。凡一百一十三万三千八百人，号二百万，其馈运者倍之。宜社于南桑乾水上，类上帝于临朔宫南，记王制：天子将出，类乎上帝，宜乎社。郑氏注：类、宜，皆祭名。孔颖达曰：天道远，以事类而祭告之也。社主杀戮，故求便宜。社主阴，万物于此断杀，故曰宜。桑乾河，径蓟城南。水经：湿水出雁门阴馆县，东北过代郡桑乾县，谓之桑乾水，东过广阳蓟县北。今在蓟城南，城邑有变迁也。乾，音干。祭马祖于蓟城北。周礼祭马祖，郑氏注曰：马祖，天驷也。帝亲授节度：每军大将、亚将各一人；骑兵四十队，队百人，十队为团，步卒八十队，分为四团，团各有偏将一人；其铠胄、缨拂、旗旛，每团异色；将，即亮翻。骑，奇寄翻。铠，可亥翻。受降使者一人，承诏慰抚，不受大将节制；其辎重散兵等亦为四团，降，户江翻。使，疏吏翻。重，直用翻。散，悉但翻。使步卒挟之而行；进止立营，皆有次叙仪法。癸未，第一军发；日遣一军，相去四十里，连营渐进；终四十日，发乃尽，首尾相继，鼓角相闻，旌旗亘九百六十里。御营内合十二卫、三台、五省、九寺，分隶内、外、前、后、左、右六军，次后发，又亘八十里。近古出师之盛，未之有也。

4 甲辰，内史令元寿薨。

5 二月，壬戌，观德王雄薨。观王雄，谥曰德。观，古玩翻。

6 北平襄侯段文振为兵部尚书，上表，以为帝“宠待突厥太厚，处之塞内，上，时掌翻。处，昌吕翻。资以兵食，戎狄之性，无亲而贪，异日必为国患，宜以时谕遣，令出塞外，令，力丁翻；下同。然后明设烽候，缘边镇防，务令严重，此万岁之长策也。”兵曹郎斛斯政，椿之孙也，帝改尚书诸曹侍郎为郎。兵曹郎，开皇之兵部侍郎也。斛斯椿，构间后魏孝武、高欢者也。以器干明悟，为帝所宠任，使专掌兵事。文振知政险薄，不可委以机要，屡言于帝，帝不从。及征高丽，以文振为左候卫大将军，出南苏道。文振于道中疾笃，上表曰："窃见辽东小丑，未服严刑，远降六师，亲劳万乘。但夷狄多诈，深须防拟，口陈降款，毋宜遽受。乘，绳证翻。降，户江翻。水潦方降，不可淹迟。唯愿严勒诸军，星驰速发，水陆俱前，出其不意，则平壤孤城，势可拔也。若倾其本根，馀城自克；如不时定，脱遇秋霖，深为艰阻，兵粮既竭，强敌在前，靺鞨出后，靺，音末。鞨，音曷。迟疑不决，非上策也。"三月，辛卯，文振卒，卒，子恤翻。帝甚惜之。

7 癸巳，上始御师，进至辽水。众军总会，临水为大陈，陈，读曰阵。高丽兵阻水拒守，隋兵不得济。左屯卫大将军麦铁杖谓人曰："丈夫性命自有所在，岂能然艾灸頞，瓜蒂歕鼻，治黄不差，而卧死儿女手中乎！"黄，热病也。热则头痛，故燃艾以灸頞。热则上壅，瓜蒂味苦寒，故喷鼻以通关鬲。差，愈也。然，与燃同。灸，居又翻。頞，乌葛翻；鼻頞。说文曰：頞，鼻茎。蒂，音帝。歕，蒲闷翻。差，楚懈翻。治，直之翻。乃自请为前锋，谓其三子曰："吾荷国恩，荷，下可翻。今为死日！我得良杀，汝当富贵。"帝命工部尚书宇文恺造浮桥三道于辽水西岸，既成，引桥趣东岸，趣，七喻翻。桥短不及岸丈馀。高丽兵大至，隋兵骁勇者争赴水接战，骁，坚尧翻。高丽兵乘高击之，隋兵不得登岸，死者甚众。麦铁杖跃登岸，与虎贲郎将钱士雄、孟叉等皆战死。考异曰：杂记作"钱英、孟金钗"。今从隋帝纪。乃敛兵，引桥复就西岸。诏赠铁杖宿公，宿，古国名。使其子孟才袭爵，次子仲才、季才并拜正议大夫。更命少府监何稠接桥，更，工衡翻。少，始照翻。二日而成，诸军相次继进，大战于东岸，高丽兵大败，死者万计。诸军乘胜进围辽东城，即汉之襄平城也。车驾渡辽，考异曰：隋帝纪："癸巳，上御师；甲子，临辽水桥；戊戌，麦铁杖死；甲午，车驾渡辽；乙未，大顿；丙申，大赦。”按长历，是月庚辰朔，不容有甲子。又戊戌之下，不容有甲午、乙未、丙申。此必误也。今并除之。引曷萨那可汗及高昌王伯雅观战处以慑惮之，慑，之涉翻。因下诏赦天下。命刑部尚书卫文升、尚书右丞刘士龙抚辽左之民，给复十年，复，方目翻。建置郡县，以相统摄。

8 夏，五月，壬午，纳言杨达薨。

9 诸将之东下也，帝亲戒之曰：“今者吊民伐罪，非为功名。诸将或不识朕意，欲轻兵掩袭，孤军独斗，立一身之名以邀勋赏，非大军行法。言非大军征行之法。将，即亮翻。公等进军，当分为三道，有所攻击，必三道相知，毋得轻军独进，以致失亡。又，凡军事进止，皆须奏闻待报，毋得专擅。”辽东数出战不利，数，所角翻。乃婴城固守，帝命诸军攻之。又敕诸将，高丽若降，即宜抚纳，不得纵兵。辽东城将陷，城中人辄言请降；降，户江翻。诸将奉旨不敢赴机，先令驰奏，比报至，比，必寐翻。城中守御亦备，随出拒战。如此再三，帝终不寤。既而城久不下，六月，己未，帝幸辽东城南，观其城池形势，因召诸将诘责之曰：“公等自以官高，又恃家世，欲以暗懦待我邪！诘，去吉翻。懦，乃卧翻，又乃乱翻。邪，音耶；下同。在都之日，公等皆不愿我来，恐见病败耳。我今来此，正欲观公等所为，斩公辈耳！公今畏死，莫肯尽力，谓我不能杀公邪！”诸将咸战惧失色。帝因留城西数里，御六合城。此六合城略如三年行城之制，周回八里，城及女垣高十仞。高丽诸城各坚守不下。右翊卫大将军来护儿帅江、淮水军，舳舻数百里，浮海先进，入自浿水，班志：浿水西至增地县入海，皆在乐浪界。帅，读曰率。舳舻，音逐卢。浿，普大翻。去平壤六十里，与高丽相遇，进击，大破之。护儿欲乘胜趣其城，趣，七喻翻。副总管周法尚止之，请俟诸军至俱进。护儿不听，简精甲四万，直造城下。造，七到翻。

高丽伏兵于罗郭内空寺中，出兵与护儿战而伪败，护儿逐之入城，纵兵俘掠，无复部伍。伏兵发，护儿大败，仅而获免，士卒还者不过数千人。高丽追至船所，周法尚整陈待之，高丽乃退。护儿引兵还屯海浦，不敢复留应接诸军。陈，读曰阵。复，扶又翻。考异曰：北史云："护破高丽，斩高元弟建武，因破其郛，营于城外，以待诸军。"今从隋书及革命记。

左翊卫大将军宇文述出扶馀道，右翊卫大将军于仲文出乐浪道，隋制：十二卫各置大将军一人，来护儿、于仲文并书右翊卫大将军，何也？考二人本传，于仲文，帝即位之初为右翊卫大将军，征吐浑时，来护儿已为右翊卫大将军，通鉴盖追书仲文官也。左骁卫大将军荆元恒出辽东道，骁，坚尧翻。恒，户登翻。右翊卫将军薛世雄出沃沮道，左屯卫将军辛世雄出玄菟道，沮，子余翻。菟，音涂。右御卫将军张瑾出襄平道，右武候将军赵孝才出碣石道，涿郡太守检校左武卫将军崔弘升出遂城道，检校右御卫虎贲郎将卫文升出增地道，守，式又翻。将，即亮翻。皆会于鸭绿水西。班志：玄菟郡西盖马县有马訾水。新唐书：马訾水出靺鞨之白山，色若鸭头，号鸭绿水。平壤城在鸭绿东南。金人谓鸭绿水为混同江。杜佑曰：鸭渌水阔三百步，在平壤西北四百五十里，辽水东南四百八十里。述等兵自泸河、怀远二镇，人马皆给百日粮，又给排甲、枪矟矟，色角翻。并衣资、戎具、火幕，人别三石已上，重莫能胜致。胜，音升。下令军中："士卒有【章：十二行本无上三字；乙十一行本同；孔本同；张校同。】遗弃米粟者斩！"军士皆于幕下掘坑埋之，才行及中路，粮已将尽。

高丽遣大臣乙支文德诣其营诈降，乙支，东夷复姓。支，力知翻。降，户江翻；下同。考异曰：革命记作"尉支文德"，今从隋书及北史。实欲观虚实。于仲文先奉密旨："若遇高元及文德来者，必擒之。"仲文将执之，尚书右丞刘士龙为慰抚使，使，疏吏翻；下同。固止之。仲文遂听文德还，还，从宣翻。既而悔之，遣人绐文德曰："更欲有言，可复来。"绐，待亥翻。复，扶又翻。文德不顾，济鸭绿水而去。仲文与述等既失文德，内不自安，述以粮尽，欲还。仲文议以精锐追文德，可以有功，述固止，仲文怒曰："将军仗十万之众，不能破小贼，何颜以见帝！且仲文此行，固知无功，何则？古之良将能成功者，军中之事，决在一人，将，即亮翻；下同。今人各有心，何以胜敌！"时帝以仲文有计划，令诸军谘禀节度，故有此言。由是述等不得已而从之，与诸将渡水追文德。文德见述军士有饥色，故欲疲之，每战辄走。述一日之中，七战皆捷，既恃骤胜，又逼群议，于是遂进，东济萨水，萨，桑葛翻。去平壤城三十里，因山为营。文德复遣使诈降，复，扶又翻。请于述曰："若旋师者，当奉高元朝行在所。"朝，直遥翻。述见士卒疲弊，不可复战，复，扶又翻。又平壤城险固，度难猝拔，度，徒洛翻。遂因其诈而还。使来护儿之师不败而先退，则营于平壤城外，与宇文述诸军犹声援相接，不致有萨水之狼狈也。还，从宣翻，又如字；下同。考异曰：革命记云："许公即至平壤，城头即树降幡，约至五日，检录簿籍图书，开门待命。期过五日，无一言，许公频催，竟无报答。又十数日，乃云：'船粮败却回，公今更欲何待！'然始抗扂拒守，分兵以捉险要。许公知被欺，即卷甲归，每日常设方陈而行，四面俱时受敌，伤杀既众，粮食又尽，过辽水者什无二三。"按炀帝骄暴，高丽若明言不降，述等必不敢还。今从隋书。述等为方陈而行，高丽四面钞击，陈，读曰阵。钞，楚交翻。丽，力知翻。述等且战且行。秋，七月，壬寅，至萨水，军半济，高丽自后击其后军，右屯卫将军辛世雄战死。于是诸军俱溃，不可禁止，将士奔还，一日一夜至鸭绿水，行四百五十里。将军天水王仁恭为殿，殿，丁练翻。击高丽，却之。来护儿闻述等败，亦引还。唯卫文升一军独全。还，从宣翻，又如字。

初，九军度辽，凡三十万五千，及还至辽东城，唯二千七百人，资储器械巨万计，巨万，万万也。失亡荡尽。帝大怒，锁系述等。癸卯，引还。考异曰：杂记："七月，帝自涿郡还东都。十一月，宇文述等粮尽遁归，高丽出兵邀截，亡失荡尽。帝怒，敕所司锁将随行。无几，斩刘士龙等于军市，特赦述。"今从隋书。

初，百济王璋遣使请讨高丽，帝使之觇高丽动静，丽，力知翻。使，疏吏翻。觇，丑廉翻；又丑艳翻。璋内与高丽潜通。隋军将出，璋使其臣国智牟来请师期，帝大悦，厚加赏赐，遣尚书起部郎席律诣百济，隋志：起部郎，属工部尚书。姓苑：席姓，其先姓籍，避项羽讳，改姓席氏。告以期会。告以起师之期及会师之日也。及隋军渡辽，百济亦严兵境上，声言助隋，实持两端。

是行也，唯于辽水西拔高丽武厉逻，高丽置逻于辽水之西以警察度辽者。逻，郎佐翻。置辽东郡及通定镇而已。八月，敕运黎阳、洛阳、洛口、太原等仓谷开皇三年，于卫州置黎阳仓，其汾、晋之粟，漕运以给京师，汾晋以北诸州，输之太原仓。向望海顿，望海顿，当在辽西界。使民部尚书【章：十二行本"书"下有"庐江"二字；乙十一行本同；孔本同；张校同；退斋校同。】樊子盖留守涿郡。九月，庚寅，车驾至东都。考异曰：杂记："十月，车驾幸涿郡，征召兵马，将遂度辽之功"，盖误。今不取。

10 冬，十月，甲寅，工部尚书宇文恺卒。卒，子恤翻。

11 十一月，己卯，以宗女为华容公主，嫁高昌。

12 宇文述素有宠于帝，且其子士及尚帝女南阳公主，故帝不忍诛。甲申，与于仲文等皆除名为民，斩刘士龙以谢天下。以士龙纵乙支文德也。萨水之败，高丽追围薛世雄于白石山，世雄奋击，破之，由是独得免官。以卫文升为金紫光禄大夫。诸将皆委罪于于仲文，帝既释诸将，独系仲文。仲文忧恚，发病困笃，乃出之，卒于家。恚，於避翻。卒，子恤翻。考异曰：略记："于仲文以下斩于市。"今从隋书。

13 是岁，大旱，疫，山东尤甚。

14 张衡既放废，衡放还田里见上六年。帝每令亲人觇衡所为。觇，丑廉翻，又丑艳翻。帝还自辽东，衡妾告衡怨望，谤讪朝政，朝，直遥翻。诏赐尽于家。衡临死大言："我为人作何等事，谓仁寿四年事也。为，于伪翻。而望久活！"监刑者塞耳，监，古衔翻。塞，悉则翻。促令杀之。令，力丁翻。

王崇武标点容肇祖聂崇岐覆校

资治通鉴卷第一百八十二

端明殿学士兼翰林侍读学士朝散大夫右谏议大夫
充集贤殿修撰提举西京嵩山崇福宫上柱国河内郡 司马光 奉敕编集
开国侯食邑一千八百户食实封六百户赐紫金鱼袋臣

后学天台 胡三省 音注

隋纪六 起昭阳作噩（癸酉），尽旃蒙大渊献（乙亥），凡三年。

炀皇帝中

大业九年（癸酉、六一三）

1 春，正月，丁丑，诏征天下兵集涿郡。始募民为骁果，为骁果作逆张本。骁，古尧翻。修辽东古城以贮军粮。汉、晋以来，辽东郡皆治襄平，慕容氏始镇平郭。前伐高丽，围辽东，言即汉襄平城，今言复修古城，盖城郭有迁徙也。贮，丁吕翻。

2 灵武贼帅白瑜娑帝改灵州为灵武郡。帅，所类翻。娑，桑何翻。考异曰：隋书作"白榆妄"。今从略记。劫掠牧马，北连突厥，厥，九勿翻。陇右多被其患，被，皮义翻。谓之"奴贼"。

3 戊戌，赦天下。

4 己亥，命刑部尚书卫文升等辅代王侑留守西京。是后李渊得以尊立代王。守，手又翻。

5 二月，壬午，诏："宇文述以兵粮不继，遂陷王师；事见上卷上年。乃军吏失于支料，非述之罪，宜复其官爵。"考异曰：杂记在去年十二月，今从隋书。寻又加开府仪同三司。

6 帝谓侍臣曰："高丽小虏，侮慢上国；今拔海移山，犹望克果，克，能也。果，决也。丽，力知翻。况此虏乎！"乃复议伐高丽。复，扶又翻。左光禄大夫郭荣谏曰："戎狄失礼，臣下之事；千钧之弩，不为鼷鼠发机，杜袭谏曹操尝有是言。鼷，音奚，小鼠也。奈何亲辱万乘以敌小寇乎！"乘，绳证翻。帝不听。

7 三月，丙子，济阴孟海公起为盗，保据周桥，帝改曹州为济阴郡。济，子礼翻。众至数万，见人称引书史，辄杀之。

8 丁丑，发丁男十万城大兴。大兴城，西京城。

9 戊寅，帝幸辽东，命民部尚书樊子盖等开皇三年，改度支尚书为户部尚书，帝乃改为民部尚书，并曹郎亦改之。辅越王侗留守东都。是后遂阶王世充僭窃。侗，他红翻。

10 时所在盗起：齐郡王薄、孟让、北海郭方预、清河张金称、平原郝孝德、河间格谦、勃海孙宣雅各布聚众攻剽，帝改青州为北海郡，瀛州为河间郡，沧州为勃海郡。姓苑：格姓，允格之后。东观汉记有侍御史、东平相格班。称，尺证翻。郝，呼各翻。格，古百翻。剽，匹妙翻。多者十馀万，少者数万人，少，诗沼翻。山东苦之。天下承平日久，人不习战，郡县吏每与贼战，望风沮败。沮，在吕翻。唯齐郡丞阌乡张须陀隋志：阌乡县属河南郡，本湖城，开皇十六年改焉。阌，音旻。得士众心，勇决善战。将郡兵击王薄于泰山下，隋志：泰山，在鲁郡博城县。须陀盖越郡境而战。将，即亮翻。薄恃其骤胜，不设备；须陀掩击，大破之。薄收馀兵北渡河，须陀追击于临邑，又破之。隋志：临邑县属齐郡。薄北连孙宣雅、郝孝德等十馀万攻章丘，隋志：章丘县，旧曰高唐，开皇十六年改焉，亦属齐郡。须陀帅步骑二万击之，贼众大败。贼帅裴长才等众二万掩至城下，大掠，须陀未暇集兵，帅五骑与战，帅，读曰率。贼帅，所类翻。骑，奇寄翻。贼竞赴之，围百馀重，身中数创，重，直龙翻。中，竹仲翻。创，初良翻。勇气弥厉。会城中兵至，贼稍退却，须陀督众击之，长才等败走。庚子，郭方预等合军攻陷北海，大掠而去。须陀谓官属曰："贼恃其强，谓我不能救，吾今速行，破之必矣。"乃简精兵倍道进击，大破之，斩数万级，前后获贼辎重不可胜计。重，直用翻。胜，音升。

历城罗士信，历城县，旧置济南郡，隋为齐郡治所。年十四，从须陀击贼于潍水上。隋志：潍水，在北海郡下密县。潍，音惟。贼始布陈，士信驰至陈前，刺杀数人，陈，读曰阵；下同。刺，七亦翻。斩一人首，掷空中，以矟盛之，揭以略陈；贼徒愕眙，莫敢近。矟，色角翻。盛，受也，时征翻。揭，其谒翻，担揭也。眙，丑吏翻。近，其靳翻。须陀因引兵奋击，贼众大溃。士信逐北，每杀一人，劓其鼻怀之，劓，鱼器翻。还，以验杀贼之数；须陀叹赏，引置左右。每战，须陀先登，士信为副。帝遣使慰谕，并画须陀、士信战陈之状而观之。使，疏吏翻。画，与畫道。

11 夏，四月，庚午，车驾渡辽。壬申，遣宇文述与上大将军杨义臣趣平壤。趣，七喻翻。

12 左光禄大夫王仁恭出扶馀道。仁恭进军至新城，新城在南苏城之西。高丽兵数万拒战，仁恭帅劲骑一千击破之，高丽婴城固守。帝命诸将攻辽东，听以便宜从事。丽，力知翻。帅，读曰率。骑，奇寄翻。将，即亮翻。飞楼、橦、云梯、地道四面俱进，橦，宅江翻。昼夜不息，而高丽应变拒之，二十馀日不拔，主客死者甚众。守者为主，攻者为客。冲梯竿长十五丈，骁果吴兴沈光升其端，隋志：吴郡乌程县旧置吴兴郡。史以旧郡名书。长，直亮翻。骁，坚尧翻；下同。临城与高丽战，短兵接，杀十数人，高丽竞击之而坠；未及地，适遇竿有垂緪，緪，古恒翻，索也。光接而复上。复，扶又翻。上，时掌翻。帝望见，壮之，即拜朝散大夫，朝，直遥翻。散，悉但翻。恒置左右。恒，户登翻。

13 礼部尚书杨玄感，骁勇，便骑射，好读书，喜宾客，骑，奇寄翻。好，呼到翻；下同。喜，许记翻。海内知名之士多与之游。与蒲山公李密善，密，弼之曾孙也，李密袭爵蒲山郡公。蒲山郡，阙。李弼，宇文氏佐命功臣。少有才略，志气雄远，轻财好士，为左亲侍。隋制：左右翊卫府领亲、勋、武三侍。左亲侍属左翊卫。少，诗照翻。帝见之，谓宇文述曰："向者左仗下黑色小儿，瞻视异常，勿令宿卫！"述乃讽密使称病自免，密遂屏人事，屏，必郢翻。专务读书。尝乘黄牛读汉书，杨素遇而异之，因召至家，与语，大悦，谓其子玄感等曰："李密识度如此，汝等不及也！"由是玄感与为深交。时或侮之，密曰："人言当指实，宁可面谀！若决机两陈之间，喑呜咄嗟，使敌人震慑，陈，读曰阵。喑，于今翻。咄，当没翻。慑，之涉翻。密不如公；驱策天下贤俊，各申其用，公不如密：岂可以阶级稍崇而轻天下士大夫邪！"玄感笑而服之。李密事始此。

素恃功骄倨，朝宴之际，或失臣礼，朝，直遥翻；下同。帝心衔而不言，素亦觉之。及素薨，帝谓近臣曰："使素不死，终当夷族。"玄感颇知之，且自以累世贵显，在朝文武多父之故吏，见朝政日紊，紊，音问。而帝多猜忌，内不自安，乃与诸弟潜谋作乱。帝方事征伐，玄感自言："世荷国恩，愿为将领。"帝喜曰："将门必有将，相门必有相，固不虚也。"荷，下可翻。将，即亮翻。相，悉亮翻。由是宠遇日隆，颇预朝政。

帝伐高丽，命玄感于黎阳督运，遂与虎贲郎将王仲伯、汲郡赞治赵怀义等谋，按隋志，帝改州为郡，郡置太守；罢长史、司马，置赞务一人以贰之。赞务，即赞治也。隋书成于唐臣，避高宗名，故改"治"为"务"。治，直吏翻。故逗遛漕运，不时进发，逗，音豆。遛，音留。欲令渡辽诸军乏食；帝遣使者促之，令，力丁翻。使，疏吏翻。玄感扬言水路多盗，不可前后而发。玄感弟虎贲郎将玄纵，鹰扬郎将万石，并从幸辽东，玄感潜遣人召之，二人皆亡还。万石至高阳，高阳县属河间郡。为监事许华所执，按唐六典，武库署、太仓署皆有监事，盖因隋制也。监，工衔翻。斩于涿郡。

时右骁卫大将军来护儿以舟师自东莱将入海趣平壤，玄感遣家奴伪为使者从东方来，诈称护儿反。骁，坚尧翻。六月，乙巳，玄感入黎阳，闭城，大索男夫，索，山客翻。取帆布为牟、甲，帆，施于船上以泛风，时军兴织蒲不给，以布为之。牟，兜牟也。署官属，皆准开皇之旧。不用帝所改官制。移书傍郡，以讨护儿为名，各令发兵会于仓所。仓，谓黎阳仓。郡县官有干用者，玄感皆以运粮追集之，以赵怀义为卫州刺史，东光尉元务本为黎州刺史，河内郡主簿唐祎为怀州刺史。复开皇之制，以郡为州，以太守为刺史。隋志：州、郡皆置主簿。东光县属平原郡。宋白曰：今定远军治东光县，汉旧县也；故城在今县东二十里，齐天保七年，移于今县东南三十里陶氏故城，隋开皇三年，又移于后魏废勃海郡城。县置令、丞、尉、正。祎，许韦翻。考异曰：杂记作"怀州司功书佐"，今从隋书。

治书侍御史游元，隋御史台置治书侍御史二员，帝增为正五品。治，直之翻。督运在黎阳，玄感谓曰："独夫肆虐，陷身绝域，此天亡之时也。我今亲帅义兵以诛无道，卿意如何?"元正色曰："尊公荷国宠灵，近古无比，公之弟兄，青紫交映，当谓竭诚尽节，上答鸿恩。岂意坟土未乾，帅，读曰率。荷，下可翻。乾，音干。亲图反噬！仆有死而已，不敢闻命！"玄感怒而囚之，屡胁以兵，不能屈，乃杀之。元，明根之孙也。游明根，元魏太和中以儒名。

玄感选运夫少壮者得五千馀人，少，诗照翻。丹阳、宣城篙梢三千馀人，帝改蒋州为丹阳郡，改宣州为宣城郡。篙梢，习于用舟者。篙，音高，进船竿也。刑三牲誓众，且谕之曰："主上无道，不以百姓为念，天下骚扰，死辽东者以万计。今与君等起兵以救兆民之弊，何如?"众皆踊跃称万岁。乃勒兵部分。分，扶问翻。

唐祎自玄感所逃归河内。

先是玄感阴遣家僮至长安，先，悉荐翻。召李密及弟玄挺赴黎阳。及举兵，密适至，玄感大喜，以为谋主，谓密曰："子常以济物为己任，今其时矣！计将安出？"密曰："天子出征，远在辽外，去幽州犹隔千里。南有巨海，北有强胡，中间一道，理极艰危。公拥兵出其不意，长驱入蓟，据临渝之险，临渝关，隋属平州卢龙县，即所谓卢龙之险也。颜师古曰：渝，音喻，今多读如榆。扼其咽喉。咽，于贤翻。归路既绝，高丽闻之，必蹑其后，不过旬月，资粮皆尽，其众不降则溃，可不战而擒，此上计也。"丽，力知翻。降，户江翻。玄感曰："更言其次。"密曰："关中四塞，天府之国，虽有卫文升，不足为意。今帅众鼓行而西，帅，读曰率；下同。经城勿攻，直取长安，收其豪杰，抚其士民，据险而守之。天子虽还，失其根本，可徐图也。"玄感曰："更言其次。"密曰："简精锐，昼夜倍道，袭取东都，以号令四方。但恐唐祎告之，先已固守。祎，许韦翻。若引兵攻之，百日不克，天下之兵四面而至，非仆所知也。"玄感曰："不然，今百官家口并在东都，若先取之，足以动其心。且经城不拔，何以示威！其后玄感攻弘农，自速败亡，其识度已见于此。公之下计，乃上策也。"遂引兵向洛阳，遣杨玄挺将骁勇千人为前锋，将，即亮翻；下同。骁，坚尧翻。先取河内。唐祎据城拒守，玄挺无所获。

祎又使人告东都越王侗与樊子盖等勒兵为备，果如李密所料。侗，他红翻。修武民相帅守临清关。修武县属河内郡。玄感不得度，乃于汲郡南渡河，从之者如市。使弟积善将兵三千自偃师南缘洛水西入，隋志：偃师县旧废，开皇十六年复置，属河南郡。玄挺自白司马坂逾邙山南入，白司马坂在邙山北，邙山在洛城北。坂，音反。玄感将三千馀人随其后，相去十里许，自称大军。其兵皆执单刀柳楯，楯，食尹翻，干也，以扞弓矢。无弓矢甲胄。东都遣河南令达奚善意隋志：河南县，带河南郡。将精兵五千人拒积善，将作监、河南赞治裴弘策将八千人拒玄挺。治，直吏翻。善意渡洛南，营于汉王寺；明日，积善兵至，不战自溃，铠仗皆为积善所取。弘策出至白司马坂，一战，败走，弃铠仗者太半，铠，可亥翻。玄挺亦不追。弘策退三四里，收散兵，复结陈以待之；复，扶又翻。陈，读曰阵。玄挺徐至，坐息良久，忽起击之，弘策又败，如是五战。丙辰，玄挺直抵太阳门，弘策将十馀骑驰入宫城，自馀无一人返者，皆归于玄感。

玄感屯上春门，隋志：河南郡旧置洛州，大业元年移都，改曰豫州。东面三门，北曰上春，中曰建阳，无太阳门，当考。将，即亮翻。考异曰：玄感传云："屯兵上春门。"又云："屯兵尚书省。"按刘仁轨河洛记："东都罗郭东面北头第一曰上春门，唐改曰上东门。"又，尚书省在宣仁门内，玄感不容至此。每誓众曰："我身为上柱国，家累钜万金，至于富贵，无所求也。今不顾灭族者，但为天下解倒悬之急耳！"为，于伪翻。众皆悦。父老争献牛酒，子弟诣军门请自效者，日以千数。

内史舍人韦福嗣，洸之兄子也，韦洸著声绩于平陈之后。洸，古黄翻。从军出拒玄感，为玄感所获；玄感厚礼之，使与其党胡师耽共掌文翰。玄感令福嗣为书遗樊子盖，数帝罪恶，遗，于季翻。数，所具翻。云："今欲废昏立明，愿勿拘小礼，自贻伊戚。"樊子盖新自外藩入为京官，樊子盖自涿郡留守为东都留守。东都旧官多慢之，至于部分军事，未甚承禀。分，扶问翻。裴弘策与子盖同班，赞治次留守立班，故言同班。前出讨贼失利，子盖更使出战，不肯行，子盖命引出斩之以徇。国子祭酒河东杨汪，小有不恭，杨汪传：本弘农华阴人，曾祖顺徙河东。子盖又将斩之；汪顿首流血，乃得免。于是将吏震肃，无敢仰视，是将，子亮翻。令行禁止。玄感尽锐攻城，子盖随方拒守，玄感不能克。然达官子弟应募从军者，闻弘策死，皆不敢入城。韩擒虎子世㶏、㶏，五各翻。观王雄子恭道、虞世基子柔、来护儿子渊、裴蕴子爽、大理卿郑善果子俨、周罗睺子仲等四十馀人皆降于玄感，降，户江翻；下同。玄感悉以亲重要任委之。善果，译之兄子也。郑译，高祖佐命。

玄感收兵得五万馀人，分五千守慈涧道，隋志：河南郡寿安县有慈涧。五千守伊阙道，隋志：河南郡伊阙县，旧曰新城，开皇十八年改名，以伊阙山名县也。遣韩世㶏将三千人围荥阳，隋志：荥阳县，属荥阳郡，郡治管城，荥阳在郡西。顾觉将五千人取虎牢。隋志：荥阳郡汜水县，旧曰成皋，即虎牢也。开皇十八年，改曰汜水，大业初，置虎牢都尉府。虎牢降，降，户江翻。以觉为郑州刺史，镇虎牢。

代王侑使刑部尚书卫文升帅兵四万救东都，代王侑时守长安。帅，读曰率。考异曰：隋书云："步骑七万。"按玄感众不过十万，而下云众寡不敌。今从杂记。文升至华阴，掘杨素冢，隋志：华阴县属京兆郡。杨素世居华阴，死葬焉。华，户化翻。焚其骸骨，示士卒以必死，遂鼓行出崤、渑，直趋东都城北。崤，崤谷；渑，渑池。渑，弥兖翻。趋，七喻翻。玄感逆拒之；文升且战且行，屯于金谷。金谷，即晋石崇之金谷也。水经注：谷水自千金堨东经罿门桥，又东，左会金谷水，水出太白原东，南流历金谷，谓之金谷涧。在河南县界。

辽东城久不拔，帝遣造布囊百馀万口，满贮土，贮，丁吕翻。欲积为鱼梁大道，筑道若鱼梁然。阔三十步，高与城齐，使战士登而攻之，又作八轮楼车，楼车下施八轮。高出于城，夹鱼梁道，欲俯射城内，射，而亦翻。指期将攻，城内危蹙。会杨玄感反书至，帝大惧，引纳言苏威入账中，谓曰："此儿聪明，得无为患？"威曰："夫识是非，审成败，乃谓之聪明，夫，音扶。玄感粗疏，必无所虑。但恐因此寖成乱阶耳。"帝又闻达官子弟皆在玄感所，益忧之。兵部侍郎斛斯政素与玄感善，玄感之反，政与之通谋，玄纵兄弟亡归，政潜遣之。帝将穷治玄纵等党与，治，直之翻。政内不自安，戊辰，亡奔高丽。史言段文振之言验。丽，力知翻。庚午，夜二更，二更，乙夜也。甲、乙、丙、丁、戊分为五夜，守卒分番守漏，鸣鼓以相警，谓之持更。更，工衡翻。帝密召诸将，使引军还，还，从宣翻，又音如字。军资、器械、攻具，积如丘山，营垒、帐幕，按堵不动，皆弃之而去。众心恟惧，恟，许拱翻。无复部分，诸道分散。复，扶又翻。部分，扶问翻。高丽即时觉之，然不敢出，但于城内鼓噪。至来日午时，方渐出外，四远觇侦，觇，丑廉翻，又丑堑翻。侦，丑郑翻。犹疑隋军诈之。经二日，乃出数千兵追蹑，畏隋兵之众，不敢逼，常相去八九十里；将至辽水，知御营毕渡，乃敢逼后军。时后军犹数万人，高丽随而抄击，最后羸弱数千人为所杀略。丽，力知翻。抄，楚交翻。羸，伦为翻。

初，帝再征高丽，复问太史令庾质曰："今段何如？"今段，言自今以后一段事也。复，扶又翻。对曰："臣实愚迷，犹执前见，庾质前对，见上卷八年。陛下若亲动万乘，劳费实多。"乘，绳证翻。帝怒曰："我自行犹不克，直遣人去，安得有功！"及还，谓质曰："卿前不欲我行，当为此耳。还，从宣翻，又音如字。为，于伪翻。玄感其有成乎？"质曰："玄感地势虽隆，素非人望，因百姓之劳，冀幸成功。今天下一家，未易可动。"易，以豉翻。

帝遣虎贲郎将陈棱攻元务本于黎阳，又遣左翊卫大将军宇文述、右候卫将军屈突通乘传发兵以讨玄感。屈，区勿翻。传，株恋翻。来护儿至东莱，闻玄感围东都，召诸将议旋军救之。诸将咸以无敕，不宜擅还，固执不从，护儿厉声曰："洛阳被围，心腹之疾；高丽逆命，犹疥癣耳。将，即亮翻。被，皮义翻。疥癣，皮肤之疾。公家之事，知无不为，专擅在吾，不关诸人，有沮议者，军法从事！"沮，在吕翻。即日回军。令子弘、整驰驿奏闻。帝时还至涿郡，已敕护儿救东都，见弘、整，甚悦，按隋书来护儿传：弘、整，护儿之二子。赐护儿玺书曰："公旋师之时，是朕敕公之日，君臣意合，远同符契。"

先是，右武候大将军李子雄坐事除名，令从军自效，从来护儿在东莱，帝疑之，按隋书子雄传，因玄感反而疑之。玺，斯氏翻。先，悉荐翻。诏锁子雄送行在所。子雄杀使者，逃奔玄感。使，疏吏翻。卫文升以步骑二万渡瀍水，水经：瀍水出河南谷城县北山，东过洛阳、偃师而入于洛。骑，奇寄翻。瀍，音廛。与玄感战，玄感屡破之。玄感每战，身先士卒，先，悉荐翻。所向摧陷，又善抚悦其下，皆乐为致死，乐，音洛。为，于伪翻。由是每战多捷，众益盛，至十万人。文升众寡不敌，死伤太半且尽，考异曰：杂记曰："每战刃才接，官军皆坐地弃甲，以白布裹头，听贼所掠。前后十二战，皆不利。"今从文升传。乃更进屯邙山之阳，与玄感决战，一日十馀合。会杨玄挺中流矢死，中，竹仲翻。玄感军乃稍却。

秋，七月，癸未，馀杭民刘元进起兵以应玄感。元进手长尺馀，手长尺馀，言自指至掌腕横纹之长。长，直亮翻。臂垂过膝，言臂垂则其手过膝。过，古禾翻。自以相表非常，相，息亮翻。阴有异志。会帝再发三吴兵征高丽，三吴兵皆相谓曰："往岁天下全盛，吾辈父兄征高丽者犹太半不返；此指八年事。今已罢弊，复为此行，罢，读曰疲。复，扶又翻。吾属无遗类矣！"由是多亡命。郡县捕之急，闻元进举兵，亡命者云集，旬月间，众至数万。

始，杨玄感至东都，自谓天下响应。【章：十二行本"应"下有"功在朝夕"四字；乙十一行本同；张校同，云无注本亦无。】得韦福嗣，委以心膂，不复专任李密。复，扶又翻。福嗣每画策，皆持两端；密揣知其意，揣，初委翻。谓玄感曰："福嗣元非同盟，实怀观望；明公初起大事而奸人在侧，听其是非，必为所误，请斩之！"玄感曰："何至于此！"密退，谓所亲曰："楚公好反而不欲胜，玄感袭爵楚国公，故称之。好，呼到翻。吾属今为虏矣！”

李子雄劝玄感速称尊号，玄感以问密，密曰：“昔陈胜自欲称王，张耳谏而被外；事见七卷秦二世元年。被，皮义翻。魏武将求九锡，荀彧止而见诛。事见六十六卷汉献帝建安十七年。今者密欲正言，还恐追踪二子；阿谀顺意，又非密之本图。何者？兵起以来，虽复频捷，复，扶又翻；下盖复同。至于郡县，未有从者；东都守御尚强，天下救兵益至，公当挺身力战，早定关中，乃亟欲自尊，何示人不广也！”亟，已力翻。玄感笑而止。

屈突通引兵屯河阳，宇文述继之，玄感问计于李子雄，子雄曰：“通晓习兵事，若一得渡河，则胜负难决，不如分兵拒之。通不能济，则樊、卫失援。”樊、卫谓樊子盖、卫文升也。玄感然之，将拒通；樊子盖知其谋，数击其营，玄感不得往。斯亦伐谋之一也。使援兵不合，樊子盖坚守都城，兵何由解！数，所角翻；下军数同。通济河，军于破陵。破陵，当在河阳南岸、洛城东北。玄感分为两军，西抗文升，东拒通。子盖复出兵大战，玄感军屡败，与其党谋之，李子雄曰：“东都援军益至，我军数败，不可久留，不如直入关中，开永丰仓以振贫乏，新唐志，华阴县有永丰仓，盖隋所置也。三辅可指麾而定，此指言汉三辅之地。据有府库，东面而争天下，亦霸王之业也。”李密曰：“弘化留守元弘嗣握强兵在陇右，帝改庆州为弘化郡，其地属陇右。可声言其反，遣使迎公，因此入关，可以绐众。”使，疏吏翻。绐，徒亥翻。

会华阴诸杨请为乡导，华阴诸杨，玄感之宗党也。华，户化翻。乡，读曰向。壬辰，玄感解东都围，引兵西趣潼关，潼关，在华阴县。趣，七喻翻。宣言：“我已破东都、取关西矣！”宇文述等诸军蹑之。至弘农宫，隋志：河南郡陕县，后魏置陕州恒农郡，开皇初废郡，大业初废州，置弘农宫。恒农即弘农，后魏避讳改曰恒农。父老遮说玄感曰：“宫城空虚，又多积粟，攻之易下。”说，式芮翻。易，以豉翻。玄感以为然。弘农太守蔡王智积观此，则帝废陕州，改为弘农郡也。智积，高祖弟整之子。守，式又翻。谓官属曰：“玄感闻大军将至，欲西图关中，若成其计，则难克也；当以计縻之，使不得进，不出一旬，可以成擒。”及玄感军至城下，智积登陴詈之；陴，符支翻，城上女垣。詈，力智翻，骂也。玄感怒，留攻之。李密谏曰：“公今诈众西入，军事贵速，况乃追兵将至，安可稽留！若前不得据关，谓据潼关也。退无所守，大众一散，何以自全！”玄感不从，遂攻之，烧其城门，智积于内益火，玄感兵不得入。三日不拔，乃引而西。至閺乡，閺，音旻。宇文述、卫文升、来护儿、屈突通等军追及于皇天原。水经注：玉涧水南出玉溪，北流径皇天原西。周固记，开山东首，上平博，方可里馀，三面壁立，高千许仞，汉世祭天于其上，名之为皇天原。上有汉武思子台。又北径閺乡城西。又有全鸠涧，水出南山，北径皇天原东。隋志，閺乡县有玉涧、全鸠涧。玄感上槃豆，即西魏将于谨所攻拔盘豆也。上，时掌翻。布陈亘五十里，陈，读曰阵；下同。亘，古邓翻。且战且行，玄感一日三败。八月，壬寅，玄感陈于董杜原，诸军击之，玄感大败，独与十馀骑奔上洛。帝改商州为上洛郡。玄感欲由华阳以奔上洛也。骑，奇寄翻；下同。追骑至，玄感叱之，皆反走。至葭芦戍，葭，音加。独与弟积善徒步走，自度不免，度，徒洛翻。谓积善曰：“我不能受人戮辱，汝可杀我！”积善抽刀斫杀之，因自刺，不死，刺，七亦翻。为追兵所执，与玄感首俱送行在所。磔玄感尸于东都市，三日，复脔而焚之。磔，陟格翻。复，扶又翻。脔，力兖翻。玄感弟玄奖为义阳太守，隋志：义阳郡，齐、梁之司州，后魏改曰郢州，后周改曰申州，大业初，改义州，寻改为义阳郡。守，式又翻。将赴玄感，为郡丞周旋玉所杀；隋书杨玄感传作“周琁玉”。仁行为朝请大夫，伏诛于长安。杨素之门于是灭矣。朝，直遥翻。

玄感之围东都也，梁郡民韩相国举兵应之，帝改宋州为梁郡。

相，息亮翻。玄感以为河南道元帅，帅，所类翻。旬月间众十馀万，攻剽郡县；至襄城，隋志：襄城郡，东魏置北荆州，后周改曰和州，开皇初，改为伊州，大业初，改为汝州，寻改为郡。剽，匹妙翻。闻玄感败，众稍散，为吏所获，传首东都。

帝以元弘嗣，斛斯政之亲也，留守弘化郡，隋书元弘嗣传云：屯兵安定。遣卫尉少卿李渊驰往执之，少，始照翻。因代为留守，关右十三郡兵皆受征发。十三郡，天水、陇西、金城、枹罕、临洮、汉阳、灵武、朔方、平凉、弘化、延安、雕阴、上郡也。渊御众宽简，人多附之。帝以渊相表奇异，相，息亮翻。又名应图谶，忌之。谶，楚谮翻。未几，征诣行在所，渊遇疾未谒，谒，见也。几，居岂翻。其甥王氏在后宫，帝问曰："汝舅来何迟？"王氏以疾对，帝曰："可得死否？"渊闻之，惧，因纵酒纳赂以自晦。李渊事始此。

14 癸卯，吴郡朱燮、晋陵管崇聚众寇掠江左。隋志：吴郡，陈置吴州，平陈改曰苏州，大业初复曰吴州，寻改为吴郡。毗陵郡，平陈置常州，帝改为晋陵郡。燮本还俗道人，涉猎经史，颇知兵法，形容眇小，为昆山县博士，刘昫曰：昆山本汉娄县地，梁分娄县置信义县，又分信义置昆山县，取县界山名，时属吴郡。隋制县博士，不见于志，盖在曹佐、市令之下。与数十学生起兵，民苦役者赴之如归。崇长大，美姿容，志气倜傥，倜，他狄翻。隐居常熟，常熟，吴、晋南沙之地，本属吴县，晋分吴县置海虞县，梁置常熟县。刘昫曰：今昆山县东一百三十里常熟故城是也。隋治南沙城，属吴郡。自言有王者相，相，息亮翻。故群盗相与奉之。时帝在涿郡，命虎牙郎将赵六儿将兵万人屯扬子，扬子，地名，时属江都县。将，即亮翻；下同。分为五营以备南贼。南贼，谓刘元进及崇、燮等。崇遣其将陆颉渡江，夜，袭六儿，破其两营，收其器械军资而去，颉，鱼岂翻。众益盛，至十万。

15 辛酉，司农卿云阳赵元淑坐杨玄感党伏诛。隋书杨玄感传作"博陵赵元淑"，此言"云阳"，隋志：博陵郡，旧定州；云阳县，属京兆郡。地理相去远甚，当考。帝使大理卿郑善果、御史大夫裴蕴、刑部侍郎骨仪、与留守樊子盖推玄感党与。帝置六部侍郎以贰尚书之职。守，式又翻。推，寻也，考鞫也。考异曰：杂记作“滑仪”，今从隋书。杂记推玄感党在十月，疑太晚。今因诛赵元淑言之。仪，本天竺胡人也。隋书阴寿传言骨仪，京兆长安人，盖本天竺胡人而居京兆长安也。帝谓蕴曰：“玄感一呼而从者十万，呼，火故翻。益知天下人不欲多，多即相聚为盗耳。不尽加诛，无以惩后。”子盖性既残酷，蕴复受此旨，复，扶又翻。由是峻法治之，治，直之翻。所杀三万馀人，皆籍没其家，枉死者太半，流徙者六千馀人。玄感之围东都也，开仓赈给百姓。凡受米者，皆坑之于都城之南。玄感所善文士会稽虞绰、琅邪王胄隋志：会稽郡，梁置东扬州，平陈改曰吴州，大业初，改越州，寻复改为会稽郡。琅邪郡，旧置北徐州，后周改曰沂州，帝复改为琅邪郡。会，古外翻。邪，读曰耶。俱坐徙边，绰、胄亡命，捕得，诛之。

帝善属文，属，之欲翻。不欲人出其右。薛道衡死，道衡死，见上卷五年。帝曰：“更能作‘空梁落燕泥’否！”王胄死，帝诵其佳句曰：“‘庭草无人随意绿，’复能作此语邪！”复，扶又翻。帝自负才学，每骄天下之士，尝谓侍臣曰：“天下皆谓朕承借绪馀而有四海，设令朕与士大夫高选，亦当为天子矣。”令，力丁翻。

帝从容谓秘书郎虞世南曰：“我性不喜人谏，从，千容翻。喜，许记翻。若位望通显而谏以求名，弥所不耐。至于卑贱之士，虽少宽假，然卒不置之地上。少，诗沼翻。卒，子恤翻。汝其知之！”世南，世基之弟也。

16 帝使裴矩安集陇右，因之会宁，存问曷萨那可汗部落，八年，帝处曷萨那部落于会宁，今遣矩存问之。萨，桑葛翻。可，从刊入声。汗，音寒。遣阙度设寇掠吐谷浑以自富，还而奏状，帝大赏之。吐，从瞰入声。谷，音浴。还，音旋，又如字。赏，称奖也。

17 九月，己卯，东海民彭孝才起为盗，帝改海州郡为东海。有众数万。

18 甲午，车驾至上谷，隋志：开皇元年，以易县置易州，帝改为上谷郡。按秦置上谷郡，本治沮阳。王隐晋书地道志曰：郡在谷之头，故因以上谷名焉。隋之易县，则汉涿郡故安县地也，非古上谷。以供费不给，免太守虞荷等官。守，式又翻。闰月，己巳，幸博陵。

19 冬，十月，丁丑，贼帅吕明星围东郡，东郡，古白马之地，隋开皇九年置杞州，十六年改滑州，大业二年，改为兖州，寻改为东郡。帅，所类翻。虎贲郎将费青奴击破之。贲，音奔。将，即亮翻。陈湘姓林曰：费氏，音蜚，夏禹之后。赵明诚曰：费字有两姓，音读不同，源流亦异。其一音蜚，费姓出于伯益之后，史记所载费昌、费中、楚费无极、汉费将军、费直、费长房、费祎之徒，是其后也。其一音秘，出于鲁季友。姓苑所载琅邪费氏，则是其后也。

20 刘元进帅其众将渡江，帅，读曰率。会杨玄感败，朱燮、管崇共迎元进，推以为主，据吴郡，称天子，燮、崇俱为尚书仆射，署置百官，毗陵、东阳、会稽、建安豪杰多执长吏以应之。帝改婺州为东阳郡。大业初，改泉州为闽州，寻改为建安郡。长，知两翻。会，工外翻。帝遣左屯卫大将军代人吐万绪、隋书：吐万绪，代郡鲜卑人。吐万，盖鲜卑复姓也。隋志：大业初，于马邑善阳县置代郡。光禄大夫下邽鱼俱罗隋志：下邽县属冯翊郡。风俗通：鱼姓，宋公子鱼之后。将兵讨之。将，即亮翻，又音如字。

21 十一月，己酉，右候卫将军冯孝慈讨张金称于清河，孝慈败死。称，尺证翻。帝改贝州为清河郡。

22 杨玄感之西也，韦福嗣亡诣东都归首，嗣，祥吏翻。首，手又翻。是时如其比者皆不问。樊子盖收玄感文簿，得其书草，即福嗣所草遗子盖之书。封以呈帝；帝命执送行在。李密亡命，为人所获，亦送东都。考异曰：隋书密传云：“密间行入关，与玄感从叔询相随，匿于冯翊询妻之舍，寻为邻人所告，遂捕获，囚于京兆狱。”又云：“及出关外，防禁渐弛。”又云：“至邯郸，密等七人皆穿墙而遁。”唐书虽不云囚于京兆狱，亦云出关。按密若自关中送高阳，不当与韦福嗣同行。今从贾闰甫蒲山公传及刘仁轨河洛行年记。樊子盖锁送福嗣、密及杨积善、王仲伯等十馀人诣高阳，密与王仲伯等窃谋亡去，悉使出其所赍金以示使者曰：“吾等死日，此金并留付公，幸用相瘗，使，疏吏翻；下同。瘗，于计翻。其馀即皆报德。”使者利其金，许诺，防禁渐弛。密请通市酒食，每宴饮，喧哗竟夕，使者不以为意，行至魏郡石梁驿，饮防守者皆醉，穿墙而逸。帝改相州为魏郡。饮防之饮，于禁翻。考异曰：河洛记曰“左梁驿”，今从蒲山公传。密呼韦福嗣同去，福嗣曰：“我无罪，天子不过一面责我耳。”至高阳，帝以书草示福嗣，收付大理。宇文述奏：“凶逆之徒，臣下所当同疾，若不为重法，无以肃将来。”帝曰：“听公所为。”十二月，甲申，述就野外，缚诸应刑者于格上，以车轮括其颈，使文武九品以上皆持兵斫射，射，而亦翻。乱发矢如猬毛，支体糜碎，犹在车轮中。积善、福嗣仍加车裂，皆焚而扬之。积善自言手杀玄感，冀得免死。帝曰：“然则枭类耳！”因更其姓曰枭氏。枭食母，说文曰：不孝鸟。更，工衡翻。枭，古尧翻。

23 唐县人宋子贤，善幻术，隋志：唐县，属博陵郡。幻术者，化无为有，以眩惑人。幻，户办翻。能变佛形，自称弥勒出世，远近信惑，遂谋因无遮大会举兵袭乘舆；天子曰乘舆。乘，绳证翻。事泄，伏诛，并诛党与千馀家。

扶风桑门向海明亦自称弥勒出世，人有归心者，辄获吉梦，由是三辅人翕然奉之，帝改岐州为扶风郡。扶风，汉三辅之一也。因举兵反，众至数万。丁亥，海明自称皇帝，改元白乌。诏太仆卿杨义臣击破之。

24 帝召卫文升、樊子盖诣行在；慰劳之，赏赐极厚，遣还所任。赏其拒讨杨玄感之功，遣各还留台。劳，力到翻。

25 刘元进攻丹阳，隋书吐万绪传云：时元进以兵攻润州。按唐志，武德三年，始以延陵县地置润州，而润州管下丹阳县，本曲阿，亦唐改名。元进所攻，盖此丹阳非隋志之丹阳郡；隋之丹阳郡，治石头城。隋书成于武德之后，书润州，书丹阳，皆以唐州县书之也。吐万绪济江击破之，元进解围去，绪进屯曲阿。观此及以隋书证之，则元进所攻正润州。元进结栅拒绪，相持百馀日；绪击之，贼众大溃，死者以万数。元进挺身夜遁，保其垒。朱燮、管崇等屯毗陵，连营百馀里，绪乘胜进击，复破之。贼退保黄山，隋志，吴县有黄山。绪围之，元进、燮仅以身免，于陈斩崇及其将卒五千馀人，陈，读曰阵。将，即亮翻。收其子女三万馀口，进解会稽围。会，古外翻。鱼俱罗与绪偕行，战无不捷，然百姓从乱者如归市，贼败而复聚，复，扶又翻；下同。其势益盛。

元进退据建安，帝令绪进讨，绪以士卒疲弊，请息甲待来春；考异曰：帝纪云："绪与俱罗连年不能克。"按绪请待来春，而王世充十年又击孟让，然则元进败正在今年冬、春之交矣。元进退据建安，而得拒世充于江上者，盖复来也。帝不悦。俱罗亦以贼非岁月可平，诸子在洛京，洛阳为东都，故谓之洛京。潜遣家仆迎之；帝怒。有司希旨，奏绪怯懦，俱罗败衄，懦，乃卧翻，又奴乱翻。衄，女六翻。俱罗坐斩，征绪诣行在，绪忧愤，道卒。卒，子恤翻。

帝更遣江都丞王世充王世充为江都郡丞，帝又改郡赞治为丞。更，工衡翻。发淮南兵数万人讨元进。世充渡江，频战皆捷，元进、燮败死于吴，隋志：吴县，吴郡治所。其馀众或降或散。世充召先降者于通玄寺瑞像前焚香为誓，约降者不杀。降，户江翻。散者始欲入海为盗，闻之，旬月之间，归首略尽，首，手又翻。世充悉坑之于黄亭涧，死者三万馀人。考异曰：略记："坑其众二十馀万于黄亭涧，涧长数里，深阔数丈，积尸与之平。”杂记：“世充贪而无信，利在子女资财，并坑所首八千馀人于黄山之下。”今从隋书。由是馀党复相聚为盗，官军不能讨，以至隋亡。帝以世充有将帅才，益加宠任。将，即亮翻。帅，所类翻；下同。

26 是岁，诏为盗者籍没其家。时群盗所在皆满，郡县官因之各专威福，生杀任情矣。

27 章丘杜伏威与临济辅公祏为刎颈交，章丘、临济二县，隋志皆属齐郡。章丘，汉阳丘县，宋、魏之高唐也，开皇十六年，改为章丘。宋白曰：高齐天保七年，移高唐县治古黄巾城，隋改章丘县，因县东南章丘为名。临济，汉之菅县，久废，开皇六年置朝阳县，十六年改曰临济。辅姓，出于晋大夫辅跞；又，智果别族为辅氏。颜师古曰：刎，断也。刎颈交，言托契深重，虽断颈绝头无所顾也。济，子礼翻。祏，音石。刎，武粉翻。俱亡命为群盗。唐书杜伏威传：公祏数盗姑家牧羊以馈伏威，县迹捕急，乃相与亡命为盗。伏威年十六，每出则居前，入则殿后，殿，丁练翻。由是其徒推以为帅。下邳苗海潮亦聚众为盗，隋志：下邳郡，后魏置南徐州，梁改为东徐州，东魏改为东楚州，陈改为安州，后周改为泗州，帝改为下邳郡。风俗通曰：楚大夫伯棼之后贲皇奔晋，食采于苗，因为苗氏。伏威使公祏谓之曰：“今我与君同苦隋政，各举大义，力分势弱，常恐被擒，被，皮义翻。若合为一，则足以敌隋矣。君能为主，吾当敬从，自揆不堪，宜来听命；不则一战以决雌雄。”不，读曰否。海潮惧，即帅其众降之。帅，读曰率。降，户江翻。伏威转掠淮南，自称将军，江都留守遣校尉宋颢讨之，帝置鹰扬府郎将、副郎将，每府置越骑校尉二人，掌骑士，步兵校尉二人，掌步兵。守，式又翻。校，户教翻。伏威与战，阳为不胜，引颢众入葭苇中，因从上风纵火，颢众皆烧死。海陵贼帅赵破陈以伏威兵少，轻之，海陵，汉县，属临淮郡，梁置海陵郡，开皇初，废郡为县。隋志属江都郡。帅，所类翻。陈，读曰阵。少，诗沼翻。召与并力；伏威使公祏严兵居外，自与左右十人赍牛酒入谒，于座杀破陈，并其众。史言杜伏威寖强。

十年（甲戌、六一四）

1 春，考异曰：杂记："是年正月，又以许公宇文述为元帅，将兵十六万刻到鸭绿水。乙支文德遣行人伪请降以缓我师，又求与述相见，以观我军形势。述与之欢饮，良久乃去。停五日，王师食尽，烧甲札食之，病不能兴。文德乃纵兵大战。败绩，死者十馀万。"此盖序八年事，误在此耳。二月，辛未，诏百僚议伐高丽，数日，无敢言者。戊子，诏复征天下兵，复，扶又翻。百道俱进。

2 丁酉，扶风贼帅唐弼立李弘芝为天子，帅，所类翻。考异曰：隋帝纪作"李弘"，今从唐书薛举传。有众十万，自称唐王。

3 三月，壬子，帝行幸涿郡，士卒在道，亡者相继。癸亥，至临渝宫，隋志：北平郡卢龙县有临渝宫。渝，音谕，又音榆。祃祭黄帝，郑玄曰：祃，师祭也，在野曰祃。应劭曰：黄帝战于阪泉以定天下，故祭以求福祥。杜佑曰：祃，师祭也，为兵祷也。其神盖蚩尤，或云黄帝。北齐之制，天子亲征，将届战所，卜刚日，备玄牲，列军容，设于辰地，为埠而祃祭，大司马奠矢，有司奠毛血，乐奏大濩之音，礼毕彻牲柴燎。按记王制，天子出征，祃于所征之地，其礼亡矣。杜佑所载者，北齐之礼耳。祃，马嫁翻。斩叛军者以衅鼓，斩人以血涂鼓。亡者亦不止。

4 夏，四月，榆林太守成纪董纯帝改胜州为榆林郡。隋志，成纪县属天水郡。守，式又翻。与彭城贼帅张大虎战于昌虑，帝改徐州为彭城郡。昌虑，汉县，晋、宋、魏志皆有之，隋已废省，其地当入彭城郡兰陵县界。帅，所类翻；下同。虑，音庐。大破之，斩首万馀级。

5 甲午，车驾至北平。帝改平州为北平郡。

6 五月，庚申，延安贼帅刘迦论隋志：延安郡，后魏置东夏州，西魏改为延州，帝改为延安郡。迦，音加。考异曰：唐书作"安定人"。按安定去上郡太远，今从隋书。自称皇王，建元大世，有众十万，与稽胡相表里为寇。诏以左骁卫大将军屈突通为关内讨捕大使，发兵击之，战于上郡，隋志：上郡，后魏置东秦州，后改为北华州，西魏改为敷州，大业二年改为鄜城郡，后改为上郡。骁，坚尧翻。屈，居勿翻。使，疏吏翻。鄜，音肤。斩迦论并将卒万馀级，将，即亮翻。虏男女数万口而还。还，从宣翻，又如字。

7 秋，七月，癸丑，车驾次怀远镇。时天下已乱，所征兵多失期不至，高丽亦困弊。来护儿至毕奢城，即卑沙城。自登、莱海道趋平壤，先至卑沙城。唐贞观末，程名振亦由此道。丽，力知翻。高丽举兵逆战，护儿击破之，将趣平壤，趣，七喻翻。高丽王元惧，甲子，遣使乞降，囚送斛斯政。斛斯政去年奔高丽。使，疏吏翻；下同。降，户江翻。帝大悦，遣使持节召护儿还。护儿集众曰："大军三出，未能平贼，此还不可复来，还，从宣翻。复，扶又翻。劳而无功，吾窃耻之。今高丽实困，以此众击之，不日可克，吾欲进兵径围平壤，取高元，献捷而归，不亦善乎！"答表请行，不肯奉诏。长史崔君肃固争，长，知两翻。护儿不可，曰："贼势破矣，独以相任，自足办之。吾在阃外，事当专决，宁得高元还而获谴，舍此成功，所不能矣！"君肃告众曰："若从元帅违拒诏书，必当闻奏，皆应获罪。"诸将惧，俱请还，乃始奉诏。帅，所类翻；下贼帅、将帅同。将，即亮翻；下同。

八月，己巳，帝自怀远镇班师。邯郸贼帅杨公卿帅其党八千人隋志，邯郸县属武安郡。帅，读曰率。抄驾后第八队，得飞黄上厩马四十二匹而去。抄，楚交翻。帝置殿内省，统尚食、尚药、尚衣、尚舍、尚乘、尚辇等六局。尚乘局置左、右六闲：一曰左、右飞黄闲，二左、右吉良闲，三左、右龙媒闲，四左、右騊駼闲，五左、右駃騠闲，六左、右天苑闲。冬，十月，丁卯，上至东都；己丑，还西京。以高丽使者及斛斯政告太庙；仍征高丽王元入朝，元竟不至。朝，直遥翻；下同。敕将帅严装，更图后举，竟不果行。

初，开皇之末，国家殷盛，朝野皆以高丽为意，刘炫独以为不可，炫，荣绢翻。作抚夷论以刺之，至是，其言始验。

十一月，丙申，杀斛斯政于金光门外，金光门，大兴城西面三门之中门。如杨积善之法，去年杀杨积善。仍烹其肉，使百官啖之，佞者或啖之至饱，啖，与啖同，徒滥翻。收其馀骨，焚而扬之。

8 乙巳，有事于南郊，上不斋于次。郑氏曰：次，自修正之处。诘朝，备法驾，汉仍秦制，大驾八十一乘，法驾三十六乘。隋开皇中，大驾十二乘，法驾减半。帝更定其制，大驾用三十六，法驾用十二。诘，去吉翻。至即行礼。是日，大风。上独献上帝，三公分献五帝。礼毕，御马疾驱而归。

9 乙卯，离石胡刘苗王反，隋志：离石郡，后齐置西汾州，后周改为汾州，帝改离石郡。自称天子，众至数万；将军潘长文讨之，不克。长，知两翻。

10 汲郡贼帅王德仁拥众数万，保林虑山为盗。隋志：汲郡，东魏置义州，后周为卫州，帝改汲郡。林虑山，在魏郡林虑县。帅，所类翻；下同。虑，音庐。

11 帝将如东都，太史令庾质谏曰："比岁伐辽，比，毗至翻。民实劳弊，陛下宜镇抚关内，使百姓尽力农桑，三五年间，四海稍丰实，然后巡省，省，悉景翻。于事为宜。"帝不悦。质辞疾不从，从，才用翻。帝怒，下质狱，下，遐嫁翻。竟死狱中。十二月，壬申，帝如东都，赦天下；戊子，入东都。

12 东海贼帅彭孝才转掠沂水，刘昫曰：沂水，汉东莞县，隋改为东安县，寻改为沂水，属琅邪郡。彭城留守董纯讨擒之。守，式又翻。纯战虽屡捷，而盗贼日滋，或谮纯怯懦；懦，乃卧翻，又乃乱翻。帝怒，锁纯诣东都，诛之。

13 孟让自长白山寇掠诸郡，至盱眙，众十馀万，据都梁宫，隋志：盱眙县属江都郡，有都梁山，都梁宫在焉。山出都梁香，故名。盱眙，音吁怡。阻淮为固。江都丞王世充将兵拒之，为五栅以塞险要，将，即亮翻；下同。塞，悉则翻。羸形示弱。羸，伦为翻。让笑曰："世充文法小吏，安能将兵！吾今生缚取，鼓行入江都耳！"时民皆结堡自固，野无所掠，贼众渐馁，乃少留兵，围五栅，分人于南方抄掠；世充伺其懈，少，诗沼翻。抄，楚交翻。伺，相吏翻。懈，居隘翻。纵兵出击，大破之，让以数十骑遁去，骑，奇寄翻；下同。斩首万馀级。

14 齐郡贼帅左孝友众十万屯蹲狗山，蹲狗者，以形得名。蹲，徂尊翻。郡丞张须陀列营逼之，孝友窘迫出降。须陀威振东夏，降，户江翻。窘，巨陨翻。夏，户雅翻。以功迁齐郡通守，帝罢州置郡，郡置太守，其后诸郡各加置通守一人，位次太守。守，式又翻。领河南道十二郡黜陟讨捕大使。涿郡贼帅卢明月众十馀万军祝阿，隋志：祝阿县，属齐郡，唐改为禹城县。考异曰：唐秦叔宝传作"下邳"。今从隋书。须陀将万人邀之。将，即亮翻；下谓将、分将同。相持十馀日，粮尽，将退，谓将士曰："贼见吾退，必悉众来追，若以千人袭据其营，可有大利。此诚危事，谁能往者？"众莫对，唯罗士信及历城秦叔宝请行。隋志：历城县带齐郡。于是须陀委栅而遁，使二人分将千兵伏葭苇中，明月悉众追之。士信、叔宝驰至其栅，栅门闭，二人超升其楼，各杀数人，营中大乱；二人斩关以纳外兵，因纵火焚其三十馀栅，烟焰涨天。明月奔还，须陀回军奋击，大破之，明月以数百骑遁去，所俘斩无算。叔宝名琼，以字行。

十一年（乙亥、六一五）

1 春，正月，增秘书省官百二十员，隋制：秘书省，监、丞各一人，郎四人，校书郎十二人，正字四人，著作郎二人，佐郎八人，校书郎、正字各二人。帝增少监一人，减校书郎为十人，加置佐郎四人。又置儒林郎十人，文林郎二十人，增校书郎员四十人，加置楷书郎员二十人，凡百一十七人。并以学士补之。帝好读书著述，自为扬州总管，开皇十年，帝为扬州总管。好，呼到翻。置王府学士至百人，常令修撰，以至为帝，前后近二十载，近，其靳翻。载，作亥翻。修撰未尝暂停；自经术、文章、兵、农、地理、医、卜、释、道乃至蒱博、鹰狗，蒱，音蒲，摴蒱也。皆为新书，无不精洽，共成三十一部，万七千馀卷。初，西京嘉则殿有书三十七万卷，帝命秘书监柳顾言等诠次，除其复重猥杂，诠，此缘翻；说文："具也。"重，直龙翻。得正御本三万七千馀卷，纳于东都修文殿。又写五十副本，简为三品，分置西京、东都宫·省·官府，其正【章：十二行本"正"下有"御"字；乙十一行本同；孔本同；张校同。】书皆装翦华净，宝轴锦褾。褾，方小翻，卷端也。于观文殿前为书室十四间，窗户床褥厨幔，幔，莫半翻。咸极珍丽，每三间开方户，垂锦幔，上有二飞仙，户外地中施机发。帝幸书室，有宫人执香炉，香炉始于汉。汉官典职曰：尚书郎给女史二人，着洁衣服，执香炉烧熏。前行践机，则飞仙下，收幔而上，践，慈演翻。上，时掌翻。户扉及厨扉皆自启，帝出，则垂闭复故。

2 帝以户口逃亡，盗贼繁多，二月，庚午，诏民悉城居，田随近给。郡县驿亭村坞皆筑城。

3 上谷贼帅王须拔自称漫天王，帅，所类翻。漫，莫官翻。国号燕；贼帅魏刀儿自称历山飞：众各十馀万，北连突厥，南寇燕、赵。燕，因肩翻。

4 初，高祖梦洪水没都城，意恶之，恶，乌路翻。故迁都大兴。开皇三年，迁新都。申明公李穆薨，穆薨见一百七十六卷陈长城公至德四年。孙筠袭爵。叔父浑忿其吝啬，使兄子善衡贼杀之，而证其从父弟瞿昙，从，才用翻。昙，徒含翻。使之偿死。浑谓其妻兄左卫率宇文述曰："若得绍封，当岁奉国赋之半。"述为之言于太子，率，所律翻。为，于伪翻。奏高祖，以浑为穆嗣。二岁之后，不复以国赋与述，复，扶又翻。述大恨之。帝即位，浑累官至右骁卫大将军，改封郕公，骁，坚尧翻。帝以其门族强盛，忌之。会有方士安伽陁伽，求加翻。言“李氏当为天子”，劝帝尽诛海内凡李姓者。浑从子将作监敏，小名洪儿，从，才用翻。帝疑其名应谶，常面告之，冀其引决。敏大惧，数与浑及善衡屏人私语；数，所角翻。屏，必郢翻。述谮之于帝，仍遣虎贲郎将河东裴仁基表告浑反。帝改蒲州为河东郡。贲，音奔。将，即亮翻；下同。帝收浑等家，遣尚书左丞元文都、御史大夫裴蕴杂治之，治，直之翻；下同。按问数日，不得反状，以实奏闻。帝更遣述穷治之，述诱教敏妻宇文氏为表，诬告浑谋因度辽，与其家子弟为将领者共袭取御营，立敏为天子。述持入，奏之，帝泣曰：“吾宗社几倾，几，居依翻。赖公获全耳。”三月，丁酉，杀浑、敏、善衡及宗族三十二人，自三从以上皆徙边徼。从，才用翻。徼，吉吊翻。后数月，敏妻亦鸩死。敏妻宇文氏，周天元之女，帝之姊子也。

5 有二孔雀自西苑飞集宝城朝堂前，西苑在洛城西，元年所筑也。后唐兵之攻王世充，世充使其弟世伟守宝城，则宝城在洛城罗郭之内，自为一城。既朝堂在焉，则百司廨署皆在焉，自为一城，附于宫城之东南也。唐因隋制，亦以洛阳为东京。六典云：东城在皇城之东，皇城在东城之内，百僚廨署如京城之制，皇宫在皇城之北。吾以此推之，皇城盖即隋之宝城，在宫城东南也。朝，直遥翻；下同。亲卫校尉高德儒等十馀人见之，奏以为鸾，帝置亲侍鹰扬府，领亲、勋、武三侍。三侍，即三卫也，各置越骑校尉、步兵校尉。考异曰：杂记云：“五年二月，马德儒奏孔雀为鸾。”今年月及姓皆从略记并温大雅创业起居注。时孔雀已飞去，无可得验，于是百僚称贺。诏以德儒诚心冥会，肇见嘉祥，擢拜朝散大夫，朝，直遥翻。散，悉亶翻。赐物百段，馀人皆赐束帛；仍于其地造仪鸾殿。

6 己西，帝行幸太原；夏，四月，幸汾阳宫避暑。宫城迫隘，百官士卒布散山谷间，结草为营而居之。

7以卫尉少卿李渊为山西、河东抚慰大使，少，始照翻。使，疏吏翻。考异曰：创业注云："帝自卫尉少卿转右骁卫将军，奉诏为太原道安抚大使，即隋大业十二年炀帝幸楼烦时也。"按十二年帝未尝幸楼烦，今从高祖实录在幸汾阳宫时。余按隋志，汾阳宫正属楼烦郡，自可以言幸楼烦，但有十二年、十一年之差耳。承制黜陟选补郡县文武官，仍发河东兵讨捕群盗。渊行至龙门，击贼帅毋端儿，破之。刘昫曰：龙门，汉艾氏县，后魏改为龙门；隋志属河东郡。帅，所类翻。毋，音无，姓也。

8秋，八月，乙丑，帝巡北塞。考异曰：杂记："六月，突厥贼入岚城镇抄掠，遣范安贵讨击之，王师败绩，安贵死，百司震惧。七月，帝幸雁门，先至天池，值雨，山谷泥深二尺，从官狼狈，帐幕多不至，一夜并露坐雨中，至晓多死，宫人无食，贷糒于卫士。"今从隋书。

初，裴矩以突厥始毕可汗部众渐盛，厥，九勿翻。可，从刊入声。汗，音寒。献策分其势，欲以宗女嫁其弟叱吉设，拜为南面可汗；叱吉不敢受，始毕闻而渐怨。突厥之臣史蜀胡悉多谋略，为始毕所宠任，矩诈与为互市，诱至马邑下，杀之。帝改朔州为马邑郡。诱，音酉。遣使诏始毕曰："史蜀胡悉叛可汗来降，我已相为斩之。"使，疏吏翻。降，户江翻。为，于伪翻。始毕知其状，由是不朝。

戊辰，始毕帅骑数十万谋袭乘舆，朝，直遥翻。帅，读曰率。骑，奇寄翻；下同。乘，绳证翻；下同。义成公主先遣使者告变。壬申，车驾驰入雁门，隋志：雁门郡，后周置肆州，开皇五年改为代州，帝改雁门郡。齐王暕以后军保崞县。崞，汉县，后魏置石城县，开皇十年改曰平寇。大业初改为崞县，属雁门郡。暕，古限翻。崞，音郭。癸酉，突厥围雁门，上下惶怖，怖，普布翻。撤民屋为守御之具，城中兵民十五万口，食仅可支二旬，雁门四十一城，突厥克其三十九，唯雁门、崞不下。突厥急攻雁门，矢及御前；上大惧，抱赵王杲而泣，目尽肿。

左卫大将军宇文述劝帝简精锐数千骑溃围而出，纳言苏威曰："城守则我有馀力，轻骑乃彼之所长，陛下万乘之主，岂宜轻动！"乘，绳证翻。民部尚书樊子盖曰："陛下乘危徼幸，徼，坚尧翻。徼幸，觊非望也。一朝狼狈，悔之何及！不若据坚城以挫其锐，坐征四方兵使入援。陛下亲抚循士卒，谕以不复征辽，复，扶又翻。厚为勋格，必人人自奋，何忧不济！"内史侍郎萧瑀以为："突厥之俗，可贺敦预知军谋；突厥可汗之妻为可贺敦。可，从刊入声。且义成公主以帝女嫁外夷，必恃大国之援。若使一介告之，借使无益，庸有何损。又，将士之意，恐陛下既免突厥之患，还事高丽，丽，力知翻。若发明诏，谕以赦高丽、专讨突厥，则众心皆安，人自为战矣。"瑀，皇后之弟也。虞世基亦劝帝重为赏格，下诏停辽东之役。帝从之。

帝亲巡将士，谓之曰："努力击贼，将，即亮翻。苟能保全，凡在行陈，行，户刚翻。陈，读曰阵；并下同。勿忧富贵，必不使有司弄刀笔破汝勋劳。"乃下令："守城有功者，无官直除六品，赐物百段；有官以次增益。"使者慰劳，相望于道，使，疏吏翻。劳，力到翻。于是众皆踊跃，昼夜拒战，死伤甚众。

甲申，诏天下募兵。守令竞来赴难，守，式又翻。难，乃旦翻。李渊之子世民，年十六，应募隶屯卫将军云定兴，说定兴多赍旗鼓为疑兵，说，式芮翻。曰："始毕敢举兵围天子，必谓我仓猝不能赴援故也。宜昼则引旌旗数十里不绝，夜则钲鼓相应，虏必谓救兵大至，望风遁去。不然，彼众我寡，若悉军来战，必不能支。"定兴从之。

帝遣间使求救于义成公主，间，古苋翻。使，疏吏翻；下同。公主遣使告始毕云："北边有急。"东都及诸郡援兵亦至忻口；九域志：忻州秀容县有忻口寨。隋志：秀容属楼烦郡。杜佑曰：隋置忻州，因忻口为名。九月，甲辰，始毕解围去。帝使人出侦，山谷皆空，无胡马，侦，丑郑翻。乃遣二千骑追蹑，至马邑，得突厥老弱二千馀人而还。

丁未，车驾还至太原。帝改并州为太原郡。骑，奇寄翻。还，从宣翻，又如字。苏威言于帝曰："今盗贼不息，士马疲弊，愿陛下亟还西京，深根固本，为社稷计。"帝初然之。宇文述曰："从官妻子多在东都，亟，纪力翻。从，才用翻。宜便道向洛阳，自潼关而入。"帝从之。

冬，十月，壬戌，帝至东都，考异曰：略记："九月辛未，帝入东都。"今从隋帝纪。顾眄街衢，眄，莫甸翻，斜视。谓侍臣曰："犹大有人在。"意谓向日平杨玄感，杀人尚少故也。少，诗沼翻。苏威追论勋格太重，宜加斟酌，樊子盖固请，以为不宜失信，帝曰："公欲收物情邪！"邪，音耶。子盖惧，不敢对。帝性吝官赏，初平杨玄感，应授勋者多，乃更置戎秩：建节尉为正六品，次奋武、宣惠、绥德、怀仁、秉义、奉诚、立信等尉，递降一阶。将士守雁门者万七千人，得勋者才千五百人，皆准平玄感勋，一战得第一勋者进一阶，其先无戎秩者止得立信尉，三战得第一勋者至秉义尉，其在行陈而无勋者四战进一阶，亦无赐。会仍议伐高丽，由是将士无不愤怨。行，户刚翻。陈，读曰阵。丽，力知翻。将，即亮翻。

初，萧瑀以外戚有才行，行，下孟翻。尝事帝于东宫，累迁至内史侍郎，委以机务。瑀性刚鲠，数言事忤旨，数，所角翻。忤，五故翻。帝渐疏之。及雁门围解，帝谓群臣曰："突厥狂悖，厥，九勿翻。悖，蒲妹翻，又蒲没翻。势何能为！少时未散，少，诗沼翻。萧瑀遽相恐动，情不可恕！"出为河池郡守，隋志：河池郡，后魏置南岐州，后周改曰凤州，帝改河池郡。守，式又翻。即日遣之。候卫将军杨子崇从帝在汾阳宫，知突厥必为寇，屡请早还京师，【章：十二行本“师”下有“帝不纳，及解围”六字；乙十一行本同；孔本同；张校同；退斋校同。】帝怒曰：“子崇怯懦，惊动众心，懦，乃卧翻，又乃乱翻。不可居爪牙之官。”出为离石郡守。子崇，高祖之族弟也。

9 杨玄感之乱，龙舟水殿皆为所焚，诏江都更造，凡数千艘，艘，苏遭翻。制度仍大于旧者。

10 壬申，卢明月帅众十万寇陈、汝。陈州，淮阳郡。汝州，襄城郡。帅，读曰率。

11 东海李子通，有勇力，先依长白山贼帅左才相，帅，所类翻。相，息亮翻。群盗皆残忍，而子通独宽仁，由是人多归之，未半岁，有众万人。才相忌之，子通引去，渡淮，与杜伏威合。伏威选军中壮士养为假子，凡三十馀人，济阴王雄诞、临济阚棱为之冠。隋志：济阴郡，后魏置西兖州，后周改曰曹州，帝改济阴郡。阚，姓也，左传齐有大夫阚止。济，子礼翻。冠，古玩翻。既而李子通谋杀伏威，遣兵袭之。伏威被重创坠马，被，皮义翻。创，初良翻。雄诞负之逃葭苇中，收散兵复振。将军来整击伏威，破之；其将西门君仪之妻王氏，勇而多力，负伏威以逃，雄诞帅壮士十馀人卫之，将，即亮翻。帅，读曰率；下同。与隋兵力战，由是得免。来整又击李子通，破之，子通帅其馀众奔海陵，复收兵得二万人，自称将军。

12 城父朱粲隋志，城父县属谯郡。父，音甫。始为县佐史，隋郡县皆有佐史。从军，遂亡命聚众为盗，谓之“可达寒贼”，自称迦楼罗王，迦，音加。众至十馀万，引兵转掠荆、沔荆州，南郡。沔州，沔阳郡。沔，弥兖翻。及山南郡县，山南者，长安南山之南。所过噍类无遗。噍，才笑翻。

13 十二月，庚寅，【张："寅"作"辰"。】诏民部尚书樊子盖发关中兵数万击绛贼敬盘陀等。绛贼，绛郡贼也。风俗通：敬姓，陈敬仲之后。姓苑：黄帝孙敬康之后。子盖不分臧否，否，音鄙。自汾水之北，村坞尽焚之，贼有降者皆坑之；百姓怨愤，益相聚为盗。诏以李渊代之。有降者，渊引置左右，由是贼众多降，前后数万人，馀党散入他郡。降，户江翻。

王崇武标点容肇祖聂崇岐覆校

资治通鉴卷第一百八十三

端明殿学士兼翰林侍读学士朝散大夫右谏议大夫
充集贤殿修撰提举西京嵩山崇福宫上柱国河内郡 司马光 奉敕编集
开国侯食邑一千八百户食实封六百户赐紫金鱼袋臣

后学天台胡三省音注

隋纪七

起柔兆困敦（丙子），尽强圉赤奋若（丁丑）五月，凡一年有奇。

炀皇帝下

大业十二年（丙子、六一六）

1 春，正月，朝集使不至者二十馀郡，汉仪：正旦大朝会，诸郡计吏皆觐。隋之朝集使，亦此类也。朝，直遥翻；下同。始议分遣使者十二道发兵讨捕盗贼。使，疏吏翻。

2 诏毗陵通守路道德守，式又翻。集十郡兵数万人，于郡东南起宫苑，周围十二里，内为十六离宫，大抵仿东都西苑之制，而奇丽过之。又欲筑宫于会稽，会，古外翻。会乱，不果成。

3 三月，上巳，帝与群臣饮于西苑水上，命学士杜宝撰水饰图经，采古水事七十二，使朝散大夫黄衮以木为之，间以妓航、酒船，朝，直遥翻。散，悉亶翻。间，古苋翻。妓，渠绮翻。航，户郎翻。人物自动如生，钟磬筝瑟，能成音曲。

4 己丑，张金称陷平恩，隋志，平恩县，属武安郡。称，尺证翻。一朝杀男女万馀口；又陷武安、钜鹿、清河诸县。隋志，武安县属武安郡，钜鹿县属襄国郡。清河郡带清河县；既郡城坚守，则此县不陷。详考隋志，带郭之清河本武城县，开皇初，改名清河。而清阳县则旧清河县，金称所陷盖此。金称比诸贼尤残暴，所过民无孑遗。孑，单也；遗，馀也；言无单孑遗馀也。

5 夏，四月，丁巳，大业殿西院火，帝以为盗起，惊走，入西苑，匿草间，火定乃还。还，从宣翻，又如字。帝自八年以后，每夜眠恒惊悸，恒，户登翻。悸，其季翻，心动也。云有贼，令数妇人摇抚，乃得眠。

6 癸亥，历山飞别将甄翟儿众十万寇太原，将，即亮翻。甄，侧邻翻。将军潘长文败死。长，知两翻。

7 五月，丙戌朔，日有食之，既。

8 壬午，【张："壬午"作"甲午"。】帝于景华宫征求萤火，得数斛，夜出游山，放之，光遍岩谷。考异曰：吴兢贞观政要："贞观八年，上谓侍臣曰：'人君之言不可容易，隋炀帝幸甘泉宫，怪无萤火，敕云："捉取少多，于宫照夜。"所司遽遣数千人采拾，送五百轝于宫侧。小事尚尔，况其大乎！'"今从隋书。

9 帝问侍臣盗贼，左翊卫大将军宇文述曰："渐少。"帝曰："比从来少几何？"对曰："不能什一。"纳言苏威引身隐柱，帝呼前问之，对曰："臣非所司，不委多少，委，悉也。少，诗沼翻。但患渐近。"帝曰："何谓也？"威曰："他日贼据长白山，今近在汜水。隋志，汜水县属荥阳郡，旧曰成皋，开皇十八年，改曰汜水。汜，音似。且往日租赋丁役，今皆何在！岂非其人皆化为盗乎！比见奏贼皆不以实，比，毗至翻。遂使失于支计，不时翦除。又昔在雁门，许罢征辽，今复征发，复，扶又翻。贼何由息！"帝不悦而罢。寻属五月五日，属，之欲翻。百僚多馈珍玩，威独献尚书。或谮之曰："尚书有五子之歌，威意甚不逊。"言威以帝逸豫盘游不知返，将至失邦，如夏太康也。尚，而亮翻。孔安国曰：以其上古之书，谓之尚书。帝益怒。顷之，帝问威以伐高丽事，丽，力知翻。威欲帝知天下多盗，对曰："今兹之役，愿不发兵，但赦群盗，自可得数十万，遣之东征。彼喜于免罪，争务立功，高丽可灭。"丽，力知翻。帝不怿。威出，御史大夫裴蕴奏曰："此大不逊！天下何处有许多贼！"帝曰："老革多奸，蜀志：彭羕诋刘备曰："老革荒悖！"注云：老革，皮色枯瘁之形。羕骂备为老革，犹言老兵也。帝引此语。以贼胁我！欲批其口，且复隐忍。"批，蒲鳖翻，又普迷翻。复，扶又翻。蕴知帝意，遣河南白衣张行本隋志：洛州河南郡，大业二年移都，改曰豫州。奏："威昔在高阳典选，谓九年从帝自辽东还高阳时。选，宣恋翻。滥授人官；畏怯突厥，请还京师。"事见上卷上年。厥，九勿翻。帝令按验，狱成，下诏数威罪状，数，所具翻。除名为民。后月馀，复有奏威与突厥阴图不轨者，复，扶又翻。厥，九勿翻。事下裴蕴推之，蕴处威死。下，遐嫁翻。处，昌吕翻。威无以自明，但摧谢而已。帝悯而释之，曰："未忍即杀。"并其子孙三世皆除名。

10 秋，七月，壬戌，济景公樊子盖卒。隋书樊子盖传：帝以子盖守东都平玄感之功，进爵济公，谓其功济天下，封以嘉名，无比郡国也。济，读当如字。卒，子恤翻。

11 江都新作龙舟成，送东都；宇文述劝幸江都。【章：十二行本"都"下有"帝从之"三字；乙十一行本同；孔本同；张校同。】右候卫大将军酒泉赵才谏曰："今百姓疲劳，府藏空竭，隋志，张掖郡福禄县旧置酒泉郡。藏，徂浪翻。盗贼蜂起，禁令不行，愿陛下还京师，安兆庶。"帝大怒，以才属吏，属，之欲翻。旬日，意解，乃出之。朝臣皆不欲行，帝意甚坚，无敢谏者。建节尉任宗上书极谏，置建节尉事见上卷上年。朝，直遥翻；下同。任，音壬。上，时掌翻；下同。即日于朝堂杖杀之。甲子，帝幸江都，命越王侗与光禄大夫段达、太府卿元文都、检校民部尚书韦津、右武卫将军皇甫无逸、右司郎卢楚等总留后事。唐六典曰：炀帝三年，尚书都司始置左、右司郎各一人，掌都省之职，品同诸曹郎，从五品。总留后事者，帝出巡幸，以后事付留台官总之。侗，他红翻，又音同。津，孝宽之子也。韦孝宽，宇文干城之将。帝以诗留别宫人曰："我梦江都好，征辽亦偶然。"奉信郎崔民象以盗贼充斥，于建国门上表谏；隋志：帝置谒者台官，寻又置散骑郎二十人，从五品，承议郎，正六品，通直郎，从六品，各三十人；宣德郎，正七品，宣义郎，从七品，各四十人；征事郎，正八品，将仕郎，从八品，常从郎，正九品，奉信郎，从九品，各五十人。洛都罗城门，正南曰建国。上，时掌翻。帝大怒，先解其颐，然后斩之。说文：颐，颔也。

12 戊辰，冯翊孙华举兵为盗。隋志：冯翊郡，后魏置华州，西魏改曰同州，帝改为郡。虞世基以盗贼充斥，请发兵屯洛口仓，大业二年置洛口仓。帝曰："卿是书生，定犹恇怯。"恇，音匡。戊辰，车驾至巩。敕有司移箕山、公路二府于仓内，巩县属河南郡。新唐志：河南有府三十九。有巩洛府，无箕山、公路二府，疑移于仓内后，遂并为巩洛府也。仍令筑城以备不虞。至汜水，汜，音似。奉信郎王爱仁复上表请还西京，帝斩之而行。至梁郡，帝改宋州为梁郡。复，扶又翻。郡人邀车驾上书曰："陛下若遂幸江都，天下非陛下之有！"又斩之。是时李子通据海陵，左才相掠淮北，杜伏威屯六合，隋志，六合县属江都郡，旧曰尉氏，置秦郡，后周改郡曰六合，开皇初，废郡，改尉氏县为六合县。相，息亮翻。众各数万；帝遣光禄大夫陈棱将宿卫精兵八千讨之，往往克捷。将，即亮翻。

13 八月，乙巳，贼帅赵万海众数十万，自恒山寇高阳。帝改恒州为恒山郡。帅，所类翻。恒，户登翻。

14 冬，十月，己丑，许恭公宇文述卒。卒，子恤翻。初，述子化及、智及皆无赖。化及事帝于东宫，帝宠昵之，昵，尼质翻。及即位，以为太仆少卿。少，始照翻。帝幸榆林，三年幸榆林，见一百八十卷。化及、智及冒禁与突厥交市，帝怒，将斩之，已解衣辫发，既而释之，赐述为奴。智及弟士及，以尚主之故，常轻智及，惟化及与之亲昵。述卒，帝复以化及为右屯卫将军，智及为将作少监。为化及兄弟为逆张本。复、扶又翻。

15 李密之亡也，往依郝孝德，考异曰：韩昱壶关录曰："大业十一年正月，历亭镇将王该，认形状，获李密，送宇文述。密佯患足疾，防守者一日不行一二十里。忽至一涧，水深岸险，密跛足寅缘，佯足蹶，返扑而坠，乃至良久，状若未苏。防守者又无计下取之，遂以手中枪戟引之。密以手援戟，佯作失势，推戟向水。守者以危岸，手探不住，遂即放却，密即得枪，搊守者二人俱毙，遂投郝孝德于平原。"按密，杨玄感之党，前已诈亡，防者岂得不加械系，怠慢如此！今不取。孝德不礼之；又入王薄，薄亦不之奇也。密困乏，至削树皮而食之，匿于淮阳村舍，帝改陈州为淮阳郡。变姓名，聚徒教授。郡县疑而捕之，密亡去，抵其妹夫雍丘令丘君明。隋志，雍丘县属梁郡。雍，于用翻。君明不敢舍，转寄密于游侠王秀才家，秀才以女妻之。君明从侄怀义告其事，妻，七细翻。从，才用翻。帝令怀义自赍敕书与梁郡通守杨汪相知守，式又翻。收捕。汪遣兵围秀才宅，适值密出外，由是获免，君明、秀才皆死。

韦城翟让为东都法曹，隋志，韦城县属东郡，开皇六年置。刘昫曰：隋分白马县，置于古城韦氏之国城。"东都"，当作"东郡"，帝改滑州为兖州，二年改为东郡。郡有西曹，金、户、兵、法、士等曹。翟，苌伯翻。坐事当斩。狱吏黄君汉奇其骁勇，骁，坚尧翻；下同。夜中潜谓让曰："翟法司，天时人事，抑亦可知，岂能守死狱中乎！"让惊喜【章：十二行本"喜"下有"叩头"二字；乙十一行本同；孔本同；张校同；退斋校同。】曰："让，圈牢之豕，圈，求远翻。死生唯黄曹主所命。"君汉即破械出之。让再拜曰："让蒙再生之恩则幸矣，奈黄曹主何！"因泣下。君汉怒曰："本以公为大丈夫，可救生民之命，故不顾其死以奉脱，奈何反效儿女子涕泣相谢乎！君但努力自免，勿忧吾也！”让遂亡命于瓦岗为群盗，瓦岗，在东郡界。同郡单雄信，考异曰：唐书云：“雄信，曹州人。”今从河洛记。单，常演翻。骁健，善用马槊，骁，坚尧翻。槊，色角翻。聚少年往从之。少，诗照翻。离狐徐世勣家于卫南，离狐，汉县，后魏之北济阴郡也，时属济阴郡。唐中世改曰南华。宋白曰：离狐县，初置在濮水南，常为神狐所穿穴，遂移水北，故曰离狐。卫南，古楚丘也，隋开皇置卫南县，属东郡。宋白曰：全卫之时，此地在卫之南垂，故以名县。年十七，有勇略，说让曰：说，输芮翻。“东郡于公与勣皆为乡里，人多相识，不宜侵掠。荥阳、梁郡，汴水所经，帝改郑州为荥阳郡，宋州为梁郡。班志，汴水在荥阳西南，盖汴水所起，东南入梁郡界。汴，皮变翻。剽行舟，掠商旅，足以自资。”剽，匹妙翻。让然之，引众入二郡界，掠公私船，资用丰给，附者益众，聚徒至万馀人。

时又有外黄王当仁、济阳王伯当、韦城周文举、雍丘李公逸等皆拥众为盗。外黄、济阳二县，隋志皆属济阴郡。剽，匹妙翻。济，子礼翻。李密自雍州【章：十二行本“州”作“丘”；乙十一行本同；孔本同；张校同。】亡命，往来诸帅间，说以取天下之策，帅，所类翻。说，式芮翻；下同。始皆不信。久之，稍以为然，相谓曰：“斯人公卿子弟，志气若是。今人人皆云杨氏将灭，李氏将兴。吾闻王者不死，斯人再三获济，岂非其人乎！”由是渐敬密。

密察诸帅唯翟让最强，乃因王伯当以见让，考异曰：隋、唐书皆云：“密归翟让，其中有知密是玄感亡将，潜劝让害之。密惧，因王伯当以策干让，让始敬焉。”按密既亡归群盗，必不隐其姓名，谁不知是玄感亡将！让得之当用以敌隋，何恶于密而害之！今不取。革命记云：“密投贼帅郝孝德，说之曰：‘君能用密之策，河朔可指挥而定。’孝德曰：‘本缘饥荒，求活性命，何敢别图！国家若知公在此，孝德死亡无日。翟让等徒众绝多，请将兵送公于彼。’是日，孝德以马一匹自送至河，执袂饮酒而别，军中慕从者亦数十人，仍遣兵马将送密于翟让。”今从隋书。为让画策，为，于伪翻。往说诸小盗，皆下之。让悦，稍亲近密，与之计事，近，其靳翻。密因说让曰："刘、项皆起布衣为帝王。今主昏于上，民怨于下，锐兵尽于辽东，和亲绝于突厥，厥，九勿翻。方乃巡游扬、越，委弃东都，此亦刘、项奋起之会也。以足下雄才大略，士马精锐，席卷二京，诛灭暴虐，隋氏不足亡也！"卷，读曰捲。让谢曰："吾侪群盗，旦夕偷生草间，侪，士皆翻。君之言者，非吾所及也。"

会有李玄英者，自东都逃来，经历诸贼，求访李密，云"斯人当代隋家。"人问其故，玄英言："比来民间谣歌比，毗至翻。有桃李章曰：'桃李子，皇后绕扬州，宛转花园里。勿浪语，谁道许！''桃李子'，谓逃亡者李氏之子也；皇与后，皆君也；'宛转花园里'，谓天子在扬州无还日，将转于沟壑也；'莫浪语，谁道许'者，密也。"既与密遇，遂委身事之。前宋城尉齐郡房玄藻，自负其才，隋志：宋城县，带梁郡，旧曰睢阳，开皇十八年更名。恨不为时用，预于杨玄感之谋，变姓名亡命，遇密于梁、宋之间，遂与之俱游汉、沔，沔，弥兖翻。遍入诸贼，说其豪杰；还日，从者数百人，说，式芮翻。从，才用翻。仍为游客，处于让营。处，昌吕翻。让见密为豪杰所归，欲从其计，犹豫未决。

有贾雄者，晓阴阳占候，为让军师，言无不用。密深结于雄，使之托术数以说让；雄许诺，怀之未发。会让召雄，告以密所言，问其可否，对曰："吉不可言。"又曰："公自立恐未必成，若立斯人，事无不济。"让曰："如卿言，蒲山公当自立，何来从我？"对曰："事有相因。所以来者，将军姓翟，翟者，泽也，翟，苌伯翻。蒲非泽不生，故须将军也。"让然之，与密情好日笃。好，呼到翻。

密因说让曰："今四海糜沸，糜，粥也，言如粥之沸也。不得耕耘，公士众虽多，食无仓廪，唯资野掠，常苦不给。若旷日持久，加以大敌临之，必涣然离散。未若先取荥阳，休兵馆谷，考异曰：革命记："密说让曰：'洛口仓米逾巨亿，请公发一札之令，使密奉之，告诸道英雄，就仓吃米，必当云合响应，受命于公，然后称帝号以定中原'云云。让曰：'就仓食米，实是上计。自顾庸贱，宁敢别创馀心；必如此谋，愿奉公为主。'密怀惧，改容而拜，让亦拜。于是言宴尽欢，各恨相知之晚。即日，让作书与密，散告诸处贼头，并克期定日，令总会洛口仓食米。"今从隋书。待士马肥充，然后与人争利。"让从之，于是破金堤关，金堤关，当在荥阳界，以汉金堤名之。攻荥阳诸县，多下之。

荥阳太守郇王庆，弘之子也，弘，高祖从祖弟也，封河间王。守，式又翻；下同。不能讨，帝徙张须陁为荥阳通守以讨之。庚戌，须陁引兵击让，让 向数为须陁所败，数，所角翻。败，补迈翻。闻其来，大惧，将避之。密曰："须陁勇而无谋，兵又骤胜，既骄且狠，可一战擒也。狠，户垦翻。公但列陈以待，密保为公破之。"陈，读曰阵；下同。为，于伪翻；下同。让不得已，勒兵将战，密分兵千馀人伏于大海寺北林间。须陁素轻让，方陈而前，让与战，不利，须陁乘之，逐北十馀里；密发伏掩之，须陁兵败。密与让及徐世勣、王伯当合军围之，须陁溃围出；左右不能尽出，须陁跃马复入救之，来往数四，遂战死。所部兵昼夜号哭，数日不止，史言张须陁得士卒心。号，户刀翻。河南郡县为之丧气。为，于伪翻。丧，息浪翻。鹰扬郎将河东贾务本为须陁之副，亦被伤，帅馀众五千馀人奔梁郡，务本寻卒。将，即亮翻。被，皮义翻。帅，读曰率。卒，子恤翻。诏以光禄大夫裴仁基为河南讨捕大使，代领其众，徙镇虎牢。虎牢，即荥阳郡汜水县。使，疏吏翻。

让乃令密建牙，别统所部，号蒲山公营。密部分严整，分，扶问翻。凡号令士卒，虽盛夏，皆如背负霜雪。躬服俭素，所得金宝，悉颁赐麾下，由是人为之用。麾下士卒多为让士卒所陵辱，以威约有素，不敢报也。让谓密曰："今资粮粗足，粗，坐五翻；今人多从去声。意欲还向瓦岗，公若不往，唯公所适，让从此别矣。"让帅辎重东引，重，直用翻。密亦西行至康城，说下数城，说，输芮翻。大获资储。让寻悔，复引兵从密。复，扶又翻。

16 鄱阳贼帅操师乞自称元兴王，建元始兴，帝改饶州为鄱阳郡。操，姓也。帅，所类翻。考异曰：隋帝纪作"操天成"。按唐高祖实录林士弘传："大业末，与其乡人操师乞起为群盗，师乞僭号，建元为天成，攻陷豫章郡，入据之。"唐书士弘传："操乞师自号元兴王。"皆无操天成名。此贼本一人，而隋、唐二史各有名号年纪，今参取之。攻陷豫章郡，帝改洪州为豫章郡。以其乡人林士弘为大将军。诏治书侍御史刘子翊将兵讨之。师乞中流矢死，治，直之翻。中，竹仲翻。士弘代统其众，与子翊战于彭蠡湖，禹贡：东汇泽为彭蠡。班志：豫章郡彭泽县，彭蠡湖在西。今在南康军城东南，西接江州德化县界，周回四百五十里。子翊败死。士弘兵大振，至十馀万人。十二月，壬辰，士弘自称皇帝，国号楚，建元太平；考异曰：唐高祖实录："士弘自称南越王，寻僭号，建元延康。"唐书林士弘传："操乞师攻陷豫章郡而据之，以士弘为大将军。乞师既死，士弘代董其众，复与刘子翊大战于彭蠡湖，隋师败绩，子翊死之。士弘大振，兵至十馀万。十三年，徙据虔州称帝。"其国号、年名与此同。今从隋书。遂取九江、临川、南康、宜春等郡，帝改江州为九江郡，改抚州为临川郡，虔州为南康郡，袁州为宜春郡。豪杰争杀隋守令，以郡县应之。其地北自九江，南及番禺，皆为所有。南海郡治番禺，隋并为南海县。番，音潘。禺，音愚。

17 诏以右骁卫将军唐公李渊为太原留守，帝改并州为太原郡。骁，坚尧翻。守，式又翻。以虎贲郎将王威、虎牙郎将高君雅为之副，帝改定官制，十二卫府每卫置护军四人，掌副贰将军，寻改护军为虎贲郎将，正四品，而置虎牙郎将六人副焉，从四品。将，即亮翻；下同。贲，音奔。将兵讨甄翟儿，甄，侧邻翻。与翟儿遇于雀鼠谷。隋志，西河郡永安县有雀鼠谷。渊众才数千，贼围渊数匝；匝，子答翻。李世民将精兵救之，拔渊于万众之中，会步兵至，合击，大破之。考异曰：新、旧唐书本纪皆云"十三年，拜太原留守。"新书仍云"击高阳历山飞贼甄翟儿于西河，破之。"今从隋帝纪。

18 帝疏薄骨肉，蔡王智积每不自安，及病，不呼医，临终，谓所亲曰："吾今日始知得保首领没于地矣！"

19 张金称、郝孝德、孙宣雅、高士达、杨公卿等寇掠河北，屠陷郡县；隋将帅败亡者相继，将，即亮翻。帅，所类翻。唯虎贲中郎将蒲城王辩、清河郡丞华阴杨善会数有功，按隋官制无中郎将。王辩传，辩自鹰扬郎将迁虎贲郎将。"中"字衍。隋志，蒲城县属冯翊郡。数，所角翻。善会前后与贼七百馀战，未尝负败。帝遣太仆卿杨义臣讨张金称。金称营于平恩东北，隋志，平恩县属武安郡。义臣引兵直抵临清之西，据永济渠为营，隋志，临清县属清河郡。刘昫曰：临清，汉清泉县，后魏改为临清。永济渠，大业初所开。去金称营四十里，深沟高垒，不与战。金称日引兵至义臣营西，义臣勒兵擐甲，擐，音宦。约与之战，既而不出。日暮，金称还营，明旦，复来；复，扶又翻；下同。如是月馀，义臣竟不出。金称以为怯，屡逼其营詈辱之。詈，力智翻。义臣乃谓金称曰："汝明旦来，我当必战。"金称易之，不复设备。易，以豉翻。义臣简精骑二千，夜自馆陶济河，隋志，馆陶县属武阳郡。此河，谓清河也。伺金称离营，即入击其累重。离，力智翻。累，力瑞翻。重，直用翻。金称闻之，引兵还，义臣从后击之，金称大败，与左右逃于清河之东。月馀，杨善会讨擒之。吏立木于市，悬其头，张其手足，令仇家割食之；未死间，歌讴不辍。诏以善会为清河通守。守，式又翻。

20 涿郡通守郭绚绚，许县翻。将兵万馀人讨高士达。士达自以才略不及窦建德，乃进建德为军司马，悉以兵授之。建德请士达守辎重，自简精兵七千人拒绚，诈为与士达有隙而叛，遣人请降于绚，降，户江翻。愿为前驱，击士达以自效。绚信之，引兵随建德至长河，隋志，长河县属平原郡，旧曰广川，仁寿初改名。不复设备。建德袭之，杀虏数千人，斩绚首，献士达，张金称馀众皆归建德。杨义臣乘胜至平原，欲入高鸡泊讨之。建德谓士达曰：“历观隋将，将，即亮翻。善用兵者无如义臣，今灭张金称而来，其锋不可当。请引兵避之，使其欲战不得，坐费岁月，将士疲倦，然后乘间击之，间，古苋翻。乃可破也。不然，恐非公之敌。”士达不从，留建德守营，自帅精兵逆击义臣，帅，读曰率。战小胜，因纵酒高宴。建德闻之曰：“东海公未能破敌，遽自矜大，祸至不久矣。”后五日，义臣大破士达，于陈斩之，乘胜逐北，趣其营，陈，读曰阵。趣，七喻翻。营中守兵皆溃。建德与百馀骑亡去，至饶阳，隋志，饶阳县属河间郡。骑，奇寄翻。乘其无备，攻陷之，收兵，得三千馀人。义臣既杀士达，以为建德不足忧，引去。建德还平原，收士达散兵，收葬死者，为士达发丧，军复大振，为，于伪翻。考异曰：革命记曰：“高士达、高德政与宗族鸠集离散，得五万人，掠涡于四根柳树，入高鸡泊中，德政自号东海公，以建德为长史。俄而德政病死，即有高梲脱继立为东海公，建德仍依旧任。梲脱领兵劫抄，至晏城府，为城中兵所射而死。贼之异姓皆欲建德为主，高氏一族不欲更立别人，遂分为两军，各相猜贰。然高氏兵精强，建德恐被屠，乃诈分为官军，告高氏并力共击之。高氏无疑，即合军共斗，兵刃才交，建德自后击之，高氏兵大乱，建德两军拥掠遣坐，简其骁勇及头首千馀人，杀之，遂总统其众。建德自号长乐王，寇抄州县，即大业十二年二月也。”今从隋、唐书。自称将军。先是，群盗得隋官及士族子弟，皆杀之，先，悉荐翻。独建德善遇之；由是隋官稍以城降之，声势日盛，胜兵至十馀万人。降，户江翻；下同。胜，音升。

21 内史侍郎虞世基以帝恶闻贼盗，恶，乌路翻。诸将及郡县有告败求救者，将，即亮翻。世基皆抑损表状，不以实闻，但云："鼠窃狗盗，郡县捕逐，行当殄尽，愿陛下勿以介怀！"帝良以为然，或杖其使者，以为妄言，由是盗贼遍海内，陷没郡县，帝皆弗之知也。杨义臣破降河北贼数十万，列状上闻，所降者皆张金称、高士达之众。将，即亮翻。使，疏吏翻。上，时掌翻。帝叹曰："我初不闻贼顿如此，义臣降贼何多也！"世基对曰："小窃虽多，未足为虑，义臣克之，拥兵不少，少，诗沼翻；下同。久在阃外，此最非宜。"帝曰："卿言是也。"遽追义臣，放散其兵，贼由是复盛。复，扶又翻。

治书侍御史韦云起劾奏："世基及御史大夫裴蕴职典枢要，维持内外，四方告变，不为奏闻。治，直之翻。劾，户概翻，又户得翻。为，于伪翻。贼数实多，裁减言少，陛下既闻贼少，发兵不多，众寡悬殊，往皆不克，故使官军失利，贼党日滋。请付有司结正其罪。"大理卿郑善果奏："云起诋訾名臣，訾，将此翻。所言不实，非毁朝政，妄作威权。"朝，直遥翻。由是左迁云起为大理司直。唐六典：后魏永安三年，御史中尉高穆奏置司直十人，视五品，隶廷尉，位在正、监上，不署曹事，唯覆理御史劾事；北齐及隋因之。

22 帝至江都，江、淮郡官谒见者，见，贤遍翻。专问礼饷丰薄，丰则超迁丞、守，薄则率从停解。江都郡丞王世充献铜镜屏风，迁通守；守，式又翻。历阳郡丞赵元楷献异味，迁江都郡丞。帝改和州为历阳郡。赵元楷自小郡丞迁大郡丞。由是郡县竞务刻剥，以充贡献。民外为盗贼所掠，内为郡县所赋，生计无遗；加之饥馑无食，无谷曰饥，无蔬果曰馑。民始采树皮叶，或捣藳为末，或煮土而食之，诸物皆尽，乃自相食；而官食犹充牣，吏皆畏法，莫敢振救。王世充密为帝简阅江淮民间美女献之，由是益有宠。

23 河间贼帅格谦拥众十馀万，据豆子䴚，帝改瀛州为河间郡。姓苑：格姓，允格之后。帅，所类翻。䴚，各朗翻。自称燕王，帝命王世充将兵讨斩之。谦将勃海高开道帝改沧州为勃海郡。燕，因肩翻。将，即亮翻；下同。收其馀众，寇掠燕地，军势复振。复，扶又翻。

24 初，帝谋伐高丽，丽，力知翻。器械资储，皆积于涿郡；涿郡人物殷阜，屯兵数万。又，临朔宫多珍宝，诸贼竞来侵掠；留守官虎贲郎将赵什住等不能拒，唯虎贲郎将云阳罗艺独出战，守，式又翻。贲，音奔。将，即亮翻。云阳县，属京兆郡。前后破贼甚众，威名日重，什住等阴忌之。艺将作乱，先宣言以激其众曰："吾辈讨贼数有功，数，所角翻。城中仓库山积，制在留守之官，而莫肯散施以济贫乏，施，式豉翻。将何以劝将士！"众皆愤怨。军还，郡丞出城候艺，艺因执之，陈兵而入。什住等惧，皆来听命，乃发库物以赐战士，开仓廪以赈贫乏，境内咸服；杀不同己者勃海太守唐祎等数人，守，式又翻。威振燕地，柳城、怀远并归之。艺黜柳城太守杨林甫，改郡为营州，隋志，柳城县带辽西郡，与襄平郡盖皆帝所置。改郡为州，示复开皇之旧也。以襄平太守邓暠为总管，暠，古老翻。艺自称幽州总管。

25 突厥数寇北边。厥，九勿翻。诏晋阳留守李渊帅太原道兵与马邑太守王仁恭击之。晋阳留守，即太原留守也。太原有晋阳宫，故亦称晋阳留守。帝改朔州为马邑郡。帅，读曰率；下同。守，式又翻。时突厥方强，两军众不满五千，仁恭患之。渊选善骑射者二千人，使之饮食舍止一如突厥，或与突厥遇，则伺便击之，前后屡捷，突厥颇惮之。前后屡得小捷耳。曰颇惮者，未深惮也。厥，九勿翻。骑，奇寄翻。伺，相吏翻。

恭皇帝上 讳侑，封代王；元德太子昭之子，炀帝之孙也。谥法：尊贤让善曰恭。

义宁元年（丁丑、六一七）是年十一月，李渊克长安，方奉代王即位改元，通鉴因以系年。

1 春，正月，右御卫将军陈棱讨杜伏威，伏威帅众拒之。棱闭壁不战，伏威遗以妇人之服，谓之"陈姥"。遗，于季翻。姥，莫补翻。棱怒，出战，伏威奋击，大破之，棱仅以身免。考异曰：隋陈棱传云："往往克捷。"唐杜伏威传云："棱仅以身免。"盖棱先破李子通等，后为伏威所败也。今从唐书。伏威乘胜破高邮，隋志，高邮县属江都郡。引兵据历阳，自称总管，以辅公祏为长史，祏，音石。长，知两翻。分遣诸将徇属县，所至辄下，将，即亮翻。江淮间小盗争附之。伏威常选敢死之士五千人，谓之"上募"，宠遇甚厚，有攻战，辄令上募先击之，战罢阅视，有伤在背者即杀之，以其退而被击故也。破，皮义翻。所获资财，皆以赏军。士有战死者，以妻、妾徇葬。故人自为战，所向无敌。

2 丙辰，窦建德为坛于乐寿，隋志，乐寿县属河间郡，古乐城县，仁寿初更名。乐，音洛；下同。自称长乐王，置百官，改元丁丑。考异曰：许敬宗太宗实录、旧唐帝纪皆云"武德元年二月，建德称长乐王"。按建德改元丁丑，即是今岁。今从隋帝纪及建德传。

3 辛巳，鲁郡贼徐圆朗攻陷东平，分兵略地，自琅邪以西，北至东平，尽有之，炀帝改兖州为鲁郡，改郓州为东平郡，沂州为琅邪郡。邪，音耶。胜兵二万馀人。胜，音升。

4 卢明月转掠河南，至于淮北，众号四十万，自称无上王；帝命江都通守王世充讨之。世充与战于南阳，大破之，隋志：南阳郡，旧置荆州，开皇初，改邓州，炀帝改为郡。守，式又翻。斩明月，馀众皆散。

5 二月，壬午，朔方鹰扬郎将梁师都帝改夏州为朔方郡。将，即亮翻。杀郡丞唐世宗，据郡，自称大丞相，北连突厥。

6 马邑太守王仁恭，炀帝改朔州为马邑郡。多受货赂，不能振施。施，式豉翻。郡人刘武周，骁勇喜任侠，骁，坚尧翻。喜，许记翻。为鹰扬府校尉，炀帝改大都督为校尉。校，户教翻。仁恭以其土豪，甚亲厚之，令帅亲兵屯阁下。帅，读曰率。武周与仁恭侍儿私通，恐事泄，谋作乱，先宣言曰："今百姓饥馑，僵尸满道，王府君闭仓不赈恤，岂为民父母之意乎！"僵，居良翻。赈，津忍翻；下同。众皆愤怒。武周称疾卧家，豪杰来候问，武周椎牛纵酒，因大言曰："壮士岂能坐待沟壑！今仓粟烂积，谁能与我共取之？"豪杰皆许诺。己丑，仁恭坐听事，听，读曰厅。武周上谒，上，时掌翻。其党张万岁等随入，升阶，斩仁恭，持其首出徇，郡中无敢动者。于是开仓以赈饥民，驰檄境内属城，皆下之，收兵得万馀人。武周自称太守，守，式又翻。考异曰：创业注云："二月己丑，马邑军人刘武周杀太守王仁恭，据其郡，自称天子，国号定杨。"按唐书，武周据汾阳宫乃僭号，于时未也。遣使附于突厥。使，疏吏翻。厥，九勿翻。

7 李密说翟让曰：说，式芮翻。翟，苌伯翻。"今东都空虚，兵不素练；越王冲幼，留守诸官政令不壹，士民离心。段达、元文都，暗而无谋，以仆料之，彼非将军之敌。若将军能用仆计，天下可指麾而定。"乃遣其党裴叔方觇东都虚实，守，式又翻。令，力定翻。觇，丑廉翻，又丑艳翻。留守官司觉之，始为守御之备，且驰表告江都。密谓让曰："事势如此，不可不发。兵法曰：'先则制于己，后则制于人。'今百姓饥馑，洛口仓多积粟，去都百里有馀，都，谓东都。将军若亲帅大众，轻行掩袭，帅，读曰率。彼远未能救，又先无豫备，取之如拾遗耳。比其闻知，比，必寐翻。吾已获之，发粟以赈穷乏，远近孰不归附！百万之众，一朝可集，枕威养锐，枕，职任翻。以逸待劳，纵彼能来，吾有备矣。然后檄召四方，引贤豪而资计策，选骁悍而授兵柄，骁，坚尧翻。悍，户盱翻；又下罕翻。除亡隋之社稷，布将军之政令，岂不盛哉！”让曰：“此英雄之略，非仆所堪；惟君之命，尽力从事，请君先发，仆为后殿。”殿，丁甸翻。庚寅，密、让将精兵七千人将，即亮翻。出阳城北，逾方山，自罗口袭兴洛仓，破之；隋志，阳城县属河南郡。陆浑县有方山。巩县有兴洛仓。魏收地形志，巩县有长罗川。罗口，盖即长罗川口。水经：罗水出方山西北流，谓之长罗川，又西北过訾城东北而入于洛。括地志，方山，在洛州汜水县东南三十二里，汜水所出也。开仓恣民所取，老弱襁负，道路相属。襁，居两翻。属，之欲翻。

朝散大夫时德叡以尉氏应密，时姓，楚大夫申叔时之后。隋志，尉氏县属颍川郡。尉氏，汉县也。应劭曰：古狱官曰尉氏，郑之别狱也。臣瓒曰：郑大夫尉氏之邑，故遂以名邑。朝，直遥翻。散，悉亶翻。前宿城令祖君彦自昌平往归之。隋志，宿城县属东平郡，开皇十六年置。刘昫曰：汉须昌县故城，在今郓州东南三十二里，隋于此置宿城县。昌平县，隋志属涿郡。君彦，珽之子也，珽，他鼎翻。博学强记，文辞赡敏，著名海内，吏部侍郎薛道衡尝荐之于高祖，高祖曰：“是歌杀斛律明月人儿邪？歌杀斛律光，事见一百七十一卷陈高宗太建四年。邪，音耶。朕不须此辈！”炀帝即位，尤疾其名，依常调选东平书佐，检校宿城令。隋制，州郡皆有书佐，在祭酒从事之上，视正九品，谓之流内视品。检校官，未得为真。调，徒钓翻。选，宣恋翻。君彦自负其才，常郁郁思乱，密素闻其名，得之大喜，引为上客，军中书檄，一以委之。

越王侗遣虎贲郎将刘长恭、光禄少卿房崱侗，音通。贲，音奔。将，即亮翻。少，始照翻。崱，士力翻。帅步骑二【张：“二”作“三”。】万五千讨密。帅，读曰率；下同。骑，奇寄翻。时东都人皆以密为饥贼盗米，乌合易破，易，以豉翻。争来应募，国子三馆学士隋以国子、太学、四门为三馆。及贵胜亲戚皆来从军，器械修整，衣服鲜华，旌旗钲鼓甚盛。长恭等当其前，使河南讨捕大使裴仁基等将所部兵自汜水而入以掩其后，大使，疏吏翻。将，即亮翻。汜，音祀。约十一日会于仓城南，考异曰：蒲山公传云："克取二十一日会战。"河洛记曰："取其月十二日会战。"按下有庚子，则非二十一日也，当是十一日。密、让具知其计。东都兵先至，士卒未朝食，长恭等驱之渡洛水，陈于石子河西，水经注：洞水出南溪石泉，世亦名之为石泉水，过巩东坎欿聚西而北入于洛。盖即石子河也。陈，读曰阵；下同。南北十馀里。密、让选骁雄，分为十队，骁，坚尧翻。令四队伏横岭下以待仁基，以六队陈于石子河东。长恭等见密兵少，轻之。少，诗沼翻。让先接战，不利，密帅麾下横冲之。隋兵饥疲，遂大败，长恭等解衣潜窜得免，奔还东都，士卒死者什五六。越王侗释长恭等罪，慰抚之。密、让尽收其辎重器甲，重，直用翻。威声大振。

让于是推密为主，上密号为魏公；上，时掌翻。庚子，设坛场，即位，称元年，考异曰：壶关录云："王伯当令密于西垣校射，书王字于堋上如钱，约中者为主，其次以近、远为拜官高下。使贾雄执箭，仰天而誓，密正中字心，遂奉以为主。"其说鄙陋，今不取。河洛记云："改大业十三年为永平元年。"今从蒲山公传及隋、唐书。大赦。其文书行下，下，遐嫁翻。称行军元帅府；帅，所类翻；下同。其魏公府置三司、六卫，元帅府置长史以下官属。拜翟让为上柱国、司徒、东郡公，长，知两翻。考异曰：河洛记云，邓公盖后来进封耳，今从蒲山公传及隋、唐书。亦置长史以下官，减元帅府之半；以单雄信为左武候大将军，单，音善。徐世勣为右武候大将军，各领所部；房彦藻为元帅左长史，东郡邴元真为右长史，杨德方为左司马，郑德韬为右司马，祖君彦为记室，其馀封拜各有差。于是赵、魏以南，江、淮以北，群盗莫不响应，孟让、郝孝德、王德仁郝，呼各翻。及济阴房献伯、上谷王君廓、长平李士才、淮阳魏六儿、李德谦、谯郡张迁、魏郡李文相、谯郡黑社、白社、济北张青特、上洛周比洮、胡驴贼等皆归密。隋志：长平郡，旧曰建州，开皇初，改为泽州，炀帝改为郡。谯郡，后魏置南兖州，后周改亳州，炀帝改为郡。改济州为济北郡，商州为上洛郡。黑社、白社，盖贼之号，非人姓名也。济，子礼翻。相，息亮翻。比，毗至翻。洮，土刀翻。密悉拜官爵，使各领其众，置百营簿以领之。道路降者不绝如流，降，户江翻。众至数十万。考异曰：略记云，"二月丙辰，密遣其将夜袭仓城，二府兵击退之。己未，又悉众来攻，而府兵败，遂入据仓；然二府将士犹各固小仓城，二十馀日不下。既而外救不至，食又尽，城乃陷没，死者太半。于是巩县长柴孝和、监察御史郑颋等举县降贼。密开仓招纳降者，日数百千人。于是赵、魏以南，江、淮以北，莫不归附，自是贼徒滋蔓矣。壬子，使刘长恭、房崱等统兵东讨，大败，戊午，还都，王慰抚，不责也。于是发教募士庶商旅奴等，分置营壁，各立将帅统领而固守，其诸里居民皆移入三城之内，于省寺府舍安置焉。又使宋遵贵将兵镇陕县太原仓。"杂记："密称魏公改年，于时仓犹自固守。既而密遣翟让将兵夜袭仓城，官军击退之；明日，又引众攻仓，连战三日，陷外城，官军犹捉子城。月馀，外援不至，城尽陷没，死者十六七。"按二月壬午朔，无丙辰等日。今从隋书。乃命其护军田茂广筑洛口城，方四十里而居之，考异曰：壶关录云："周四十八里。"今从隋书。密遣房彦藻将兵东略地，取安陆、汝南、淮安、济阳，炀帝改安州为安陆郡。隋志：汝南郡，后魏置豫州。帝改洛州为豫州，以此为秦州，又改曰蔡州，寻改为郡。淮安郡，后魏置东荆州，西魏改为淮州，开皇五年又改为显州，炀帝改为郡。济阳县属济阴郡。济，子礼翻。河南郡县多陷于密。

8 雁门郡丞河东陈孝意与虎贲郎将王智辩共讨刘武周，围其桑乾镇。桑乾，汉县，后魏为桑乾郡，后周废，隋以为镇，在马邑郡善阳县界。贲，音奔。将，即亮翻。乾，音干。壬寅，武周与突厥合兵击智辩，杀之；孝意奔还雁门。三月，丁卯，武周袭破楼烦郡，进取汾阳宫，获隋宫人，以赂突厥始毕可汗；厥，九勿翻。可，从刊入声。汗，音寒。始毕以马报之，兵势益振，又攻陷定襄。炀帝改云州为定襄郡。突厥立武周为定杨可汗，言将使之定杨州也。考异曰：新、旧唐书武周皆无国号，惟创业起居注云，国号定杨。遗以狼头纛。隋书曰：突厥本狼种。牙门建狼头纛，示不忘本也。遗，于季翻。武周即皇帝位，立妻沮氏为皇后，沮，子余翻。改元天兴。以卫士杨伏念为尚书左仆射，妹婿同县苑君璋为内史令。武周引兵围雁门，陈孝意悉力拒守，乘间出击武周，屡破之；间，古苋翻；下同。既而外无救援，遣间使诣江都，皆不报。使，疏吏翻。孝意誓以必死，旦夕向诏敕库俯伏流涕，悲动左右。围城百馀日，食尽，校尉张伦杀孝意以降。校，户教翻。降，户江翻。

9 梁师都略定雕阴、弘化、延安等郡，隋志：雕阴郡，西魏置绥州，大业初，改为上郡，寻改为雕阴郡。改庆州为弘化郡。遂即皇帝位，国号梁，改元永隆。始毕遗以狼头纛，号为大度毗伽可汗。师都乃引突厥居河南之地，攻破盐川郡。隋志：盐川郡，西魏置西安州，后改为盐州，炀帝改为郡。

10 左翊卫蒲城郭子和郭子和，盖卫士之属左翊卫府者。坐事徙榆林。会郡中大饥，子和潜结敢死士十八人攻郡门，执郡丞王才，数以不恤百姓，斩之，数，所具翻。开仓赈施。自称永乐王，施，式豉翻。乐，音洛。改元丑平。尊其父为太公，以其弟子政为尚书令，子端、子升为左右仆射。有二千馀骑，南连梁师都，北附突厥，各遣子为质以自固。骑，奇寄翻。厥，九勿翻。质，音致。始毕以刘武周为定杨天子，梁师都为解事天子，解，户买翻。子和为平杨天子；平杨，犹定杨也。子和固辞不敢当，乃更以为屋利设。

11 汾阴薛举，侨居金城，隋志，汾阴县属河东郡。炀帝改兰州为金城郡。侨，寓也。骁勇绝伦，家赀钜万，交结豪杰，雄于西边，为金城府校尉。新唐志，金城郡有府二，曰广武、金城。校尉，其帅。骁，坚尧翻。校，户教翻。时陇右盗起，金城令郝瑗金城县，带郡。郝，呼各翻。瑗，于眷翻。募兵得数千人，使举将而讨之。将，即亮翻。夏，四月，癸未，方授甲，置酒飨士，举与其子仁果及同党十三人，于座劫瑗发兵，考异曰：唐高祖实录先作"仁果"，后作"仁杲"。新、旧高祖、太宗纪、薛举传、柳芳唐历、柳宗元集皆作"仁杲"。太宗实录、吴兢太宗勋史、革命记、焦璐唐朝年代记、陈岳唐统记皆作"仁果"。今醴泉昭陵前有石马六匹，其一铭曰："白蹄乌，平薛仁果时所乘。"此最可据，今从之。囚郡县官，开仓赈施。赈，津忍翻。施，式智翻。自称西秦霸王，改元秦兴。以仁果为齐公，少子仁越为晋公，招集群盗，掠官牧马。贼帅宗罗睺帅众归之，以为义兴公。少，诗照翻。贼帅，所类翻。睺帅，读曰率。将军皇甫绾将兵一万屯枹罕，炀帝改河州为枹罕郡。绾将，即亮翻。枹，音肤。举选精锐二千人袭之。【章：十二行本"之"下有"遂克枹罕"四字；乙十一行本同；张校同；退斋校同。】岷山羌酋钟利俗拥众二万归之，隋志：临洮郡临洮县有岷山。酋，才由翻。举兵大振。更以仁果为齐王，领东道行军元帅，帅，所类翻。仁越为晋王，兼河州刺史，复以枹罕郡为河州。罗睺为兴王，以副仁果；分兵略地，取西平、浇河二郡。炀帝改鄯州为西平郡，周武帝逐吐谷浑，置廓州，炀帝改为浇河郡。浇，古尧翻。未几，尽有陇西之地，众至十三万。几，居岂翻。

12 李密以孟让为总管、齐郡公，考异曰：河洛记作"孟达"，今从隋书。己丑夜，让帅步骑二千入东都外郭，外郭，罗郭也。帅，读曰率。骑，奇寄翻。烧掠丰都市，比晓而去。比，必寐翻。于是东京居民悉迁入宫城，台省府寺皆满。巩县长柴孝和、监察御史郑颋以城降密，长，知两翻；下同。颋，他鼎翻。降，户江翻；下同。密以孝和为护军，颋为右长史。

裴仁基每破贼得军资，悉以赏士卒，监军御史萧怀静不许，监，工衔翻。士卒怨之；怀静又屡求仁基长短劾奏之。劾，户概翻，又户得翻。仓城之战，仁基失期不至，闻刘长恭等败，惧不敢进，屯百花谷，百花谷盖在汜水县西，巩县东南。固垒自守，又恐获罪于朝。朝，直遥翻。李密知其狼狈，集韵：狈，音贝。狼属生子，或欠一足，二足相附而行，离则蹎，故猝遽谓之狼狈。使人说之，说，输芮翻。啖以厚利。啖，徒滥翻。贾务本之子闰甫在军中，贾务本，见上荥阳之战。劝仁基降密，仁基曰："如萧御史何？"闰甫曰："萧君如栖上鸡，若不知机变，在明公一刀耳。"仁基从之，遣闰甫诣密请降。密大喜，以闰甫为元帅府司兵参军，兼直记室事，使之复命，遗仁基书，慰纳之，遗，于季翻。仁基还屯虎牢。萧怀静密表其事，仁基知之，遂杀怀静，帅其众以虎牢降密。密以仁基为上柱国、河东公；仁基子行俨，骁勇善战，密亦以为上柱国、绛郡公。骁，坚尧翻；下同。

密得秦叔宝及东阿程咬金，隋志，东阿县，属济北郡。咬，五巧翻。皆用为骠骑。骠骑，开皇官制也，炀帝改为鹰扬郎将。骠，匹妙翻。骑，奇寄翻。选军中尤骁勇者八千人，分隶四骠骑以自卫，号曰内军，常曰："此八千人足当百万。"咬金后更名知节。更，工衡翻。罗士信、赵仁基皆帅众归密，密署为总管，使各统所部。

癸巳，密遣裴仁基、孟让帅二万馀人袭回洛东仓，破之；新唐志：孟州河阳有回洛故城。是地得名之由，见一百五十八卷梁武帝大同九年。遂烧天津桥，炀帝使宇文恺营造东都，洛水贯都，有河汉之象，因名其桥为天津桥。纵兵大掠。东都出兵击之，仁基等败走，密自帅众屯回洛仓。东都兵尚二十馀万人，乘城击柝，柝，他各翻。昼夜不解甲。密攻偃师、金墉，皆不克；偃师县，属河南郡，在都城东六十里。晋金墉城，在洛城西北，隋营东都城，东去故都十八里，则金墉亦在都城之东。乙未，还洛口。考异曰：略记："三月辛未，密遣孟让将二十馀人夜入都郭，烧丰都市，比晓而去。癸未，密袭据都仓。乙亥，密部众入自上春门，于宣仁门东街立栅而住。丙寅，烧上春门及街南北里门楼，火接宣仁门，因逼门为陈，与城上弓矢相接，而退还仓。”杂记：“密遣格谦将兵烧丰都市。三月，越王侗教募力捉，宫城守固，官赏有差，撤天津等诸桥，运回洛仓米入城。四月，密攻偃师，围金墉，东都兵出，密还洛口。五月，裴仁基翻虎牢入贼，自荥阳以东至陈、谯、下邳、彭城、梁郡皆属密，贼众逾盛，并家口百万。”蒲山公传：“三月乙亥，密帅众入自上东门，攻宣仁门，不克。丙寅，烧上东门而退。”此三书月日交错，皆不可凭。今从隋、唐书。

东都城内乏粮，而布帛山积，至以绢为汲绠，绠，古杏翻。然布以爨。越王侗使人运回洛仓米入城，遣兵五千屯丰都市，五千屯上春门，五千屯北邙山，为九营，首尾相应，以备密。

丁酉，房献伯陷汝阴，炀帝改颍州为汝阴郡。淮阳太守赵陁举郡降密。守，式又翻。陁，徒河翻。降，户江翻。考异曰：隋书作“赵佗”，今从蒲山公传。

己亥，密帅众三万复据回洛仓，大修营堑以逼东都；复，扶又翻。堑，七艳翻。段达等出兵七万拒之。辛丑，战于仓北，隋兵败走。丁未，密使其幕府移檄郡县，数炀帝十罪，数，所具翻，又所主翻。且曰：“罄南山之竹，书罪无穷；决东海之波，流恶难尽。”祖君彦之辞也。

越王侗遣太常丞元善达间行贼中，间，古苋翻。诣江都奏称：“李密有众百万，围逼东都，据洛口仓，城内无食。若陛下速还，乌合必散；不然者，东都决没。”因歔欷呜咽，帝为之改容。歔，音虚。欷，音希，又许既翻。为，于伪翻。虞世基进曰：“越王年少，少，诗照翻。此辈诳之。诳，居况翻。若如所言，善达何缘来至！”帝乃勃然怒曰：“善达小人，敢廷辱我！”因使经贼中向东阳催运，此东阳，盖指婺州东阳郡。善达遂为群盗所杀。是后人人杜口，莫敢以贼闻。

世基容貌沈审，沈，持林翻。言多合意，特为帝所亲爱，朝臣无与为比；亲党凭之，鬻官卖狱，贿赂公行，其门如市。

由是朝野共疾怨之。朝，直遥翻。内史舍人封德彝托附世基，以世基不闲吏务，闲，习也。密为指画，宣行诏命，谄顺帝意，群臣表疏忤旨者，皆屏而不奏。为，于伪翻。忤，五故翻。屏，必郢翻。鞫狱用法，多峻文深诋，论功行赏，则抑削就薄。故世基之宠日隆而隋政益坏，皆德彝所为也。

13 初，唐公李渊娶于神武肃公窦毅，神武，郡名。隋志，马邑郡神武县，旧置神武郡。生四男，建成、世民、玄霸、元吉；一女，适太子千牛备身临汾柴绍。隋志：东宫左、右内率府有千牛备身八人，掌执千牛刀。以千牛名刀者，取其解千牛而芒刃不顿。临汾县，带临汾郡，本平阳也，开皇初，改名。

世民聪明勇决，识量过人，见隋室方乱，阴有安天下之志，倾身下士，散财结客，咸得其欢心。下，遐稼翻。世民娶右骁卫将军长孙晟之女；骁，坚尧翻。长，知两翻。晟，承王翻。右勋卫长孙顺德，晟之族弟也，与右勋侍池阳刘弘基隋开皇置亲、勋、武三卫，大业初，改为亲、勋、武三侍。顺德盖开皇中为勋卫，弘基则为大业勋侍也。三卫、三侍皆分左、右。刘弘基，雍州池阳人。隋志，雍州有云阳县，无池阳。旧唐志云：贞观三年，改石门为云阳，云阳为池阳。通鉴据唐书，以唐州县书之也。皆避辽东之役，亡命在晋阳依渊，与世民善。左亲卫窦琮，炽之孙也，窦炽，隋初三公。亦亡命在太原，素与世民有隙，每以自疑；世民加意待之，出入卧内，琮意乃安。

晋阳宫监猗氏裴寂，隋离宫皆置宫监，猗氏县，属河东郡。晋阳令武功刘文静，晋阳县，带太原郡。武功县，属京兆郡。相与同宿，见城上烽火，寂叹曰："贫贱如此，复逢乱离，复，扶又翻。将何以自存！"文静笑曰："时事可知，吾二人相得，何忧贫贱！"文静见李世民而异之，深自结纳，谓寂曰："此非常人，豁达类汉高，神武同魏祖，年虽少，命世才也。"少，诗照翻。寂初未然之。未知文静之言为是。

文静坐与李密连昏，系太原狱，系郡狱。世民就省之。文静曰："天下大乱，非高、光之才，不能定也。"以汉高祖、光武之事擿发世民。省，悉景翻；下同。世民曰："安知其无，但人不识耳。我来相省，非儿女子之情，欲与君议大事也。计将安出？"文静曰："今主上南巡江、淮，李密围逼东都，群盗殆以万数。当此之际，有真主驱驾而用之，取天下如反掌耳。太原百姓皆避盗入城，文静为令数年，知其豪杰，一旦收拾，可得十万人，尊公所将之兵复且数万，将，即亮翻。复，扶又翻。一言出口，谁敢不从！以此乘虚入关，号令天下，不过半年，帝业成矣。"世民笑曰："君言正合吾意。"乃阴部署宾客，渊不之知也。世民恐渊不从，犹豫久之，不敢言。

渊与裴寂有旧，每相与宴语，或连日夜。文静欲因寂关说，关，白也。说，输芮翻；下同。乃引寂与世民交。世民出私钱数百万，使龙山令高斌廉与寂博，稍以输之，按隋志，后齐置龙山县，带太原郡，开皇十年改曰晋阳。则此时不复有龙山矣，岂斌廉在开皇中尝为令史，以旧官书之邪？对博者，不胜者纳物与胜者曰输。斌，音彬。寂大喜，由是日从世民游，情款益狎。世民乃以其谋告之，寂许诺。

会突厥寇马邑，渊遣高君雅将兵与马邑太守王仁恭并力拒之；仁恭、君雅战不利，按王仁恭是年春已死，此必去年，史序李渊起兵来历及之。厥，九勿翻。将，即亮翻。守，式又翻。渊恐并获罪，甚忧之。世民乘间屏人说渊曰：间，古苋翻。屏，必郢翻。"今主上无道，百姓困穷，晋阳城外皆为战场；大人若守小节，下有寇盗，上有严刑，危亡无日。不若顺民心，兴义兵，转祸为福，此天授之时也。"渊大惊曰："汝安得为此言，吾今执汝以告县官！"因取纸笔，欲为表。世民徐曰："世民观天时人事如此，故敢发言；必欲执告，不敢辞死！"渊曰："吾岂忍告汝，汝慎勿出口！”明日，世民复说渊曰：“今盗贼日繁，遍于天下，大人受诏讨贼，贼可尽乎！要之，终不免罪。且世人皆传李氏当应图谶，复，扶又翻。说，式芮翻。谶，楚谮翻。故李金才无罪，一朝族灭。李浑，字金才，族灭事见上卷大业十一年。大人设能尽贼，则功高不赏，身益危矣！唯昨日之言，可以救祸，此万全之策也，愿大人勿疑。”渊乃叹曰：“吾一夕思汝言，亦大有理。今日破家亡躯亦由汝，化家为国亦由汝矣！”

先是，裴寂私以晋阳宫人侍渊，先，悉荐翻。渊从寂饮，酒酣，寂从容言曰：“二郎阴养士马，欲举大事，正为寂以宫人侍公，世民第二。从，千容翻。为，于伪翻。恐事觉并诛，为此急计耳。众情已协，公意如何？”渊曰：“吾儿诚有此谋，事已如此，当复奈何，正须从之耳。”复，扶又翻；下同。

帝以渊与王仁恭不能御寇，遣使者执诣江都。此帝谓炀帝。使，疏吏翻。渊大惧，世民与寂等复说渊曰：“今主昏国乱，尽忠无益。偏裨失律，而罪及明公。说，式芮翻。裨，宾弥翻。事已迫矣，宜早定计。且晋阳士马精强，宫监蓄积巨万，以兹举事，何患无成！代王幼冲，关中豪杰并起，未知所附，公若鼓行而西，抚而有之，如探囊中之物耳。探，吐南翻。奈何受单使之囚，使，疏吏翻；下遣使同。坐取夷灭乎！”渊然之，密部勒，将发；会帝继遣使者驰驿赦渊及仁恭，使复旧任，考异曰：创业注曰：“隋主遣司直姓名驰驿系帝而斩仁恭。帝自以姓名著于图箓，太原王气所在，恐被猜忌，因而祸及，颇有所悔。时皇太子在河东，独有秦王侍侧，耳语谓王曰：‘隋历将尽，吾家继膺符命，不早起兵者，顾尔兄弟未集耳。今遭羑里之厄，尔昆季须会孟津之师，不可从吾同受孥戮，家破身亡，为英雄笑。’王泣而启帝曰：‘芒砀山泽，是处容人，请同汉祖，以观时变。’帝曰：‘今遇时来，逢兹锢系，虽睹机变，何能为也！然天命有在，吾应会昌，未必不以此相启，今吾激励，谨当敬天之诫以卜兴亡，自天佑吾，彼焉能害，天必亡我，何所逃刑。’乃后数日，果有诏使驰驿而至。释渊而免仁恭，各依旧检校所部。”按炀帝若有诏斩仁恭，则比后使之至，仁恭已死矣。又高祖身为留守，且被禁系，亡去何之？恐此亦非太宗之谋也！今皆不取。渊谋亦缓。

渊之为河东讨捕使也，大业十一年，渊为使讨捕河东。使，疏吏翻。请大理司直夏侯端为副。端，详之孙也，梁武帝起兵荆、雍，夏侯详佐命。夏，户雅翻。善占候及相人，相，息亮翻。谓渊曰："今玉床摇动，帝座不安，晋天文志：北极五星，第二星主帝座。太乙之座，谓最赤明者。紫宫门内六星，曰天床，主寝舍，解息燕休。又大角一星在摄提间，大角者，天王帝座也。天官书云：大角北三星为帝座，主宴饮、酬酢也。参墟得岁，必有真人起于其分，左传：参为晋星，故以晋阳为参墟。得岁，谓岁星居参也。参，所今翻。分，扶问翻。非公而谁乎！主上猜忍，尤忌诸李，金才既死，公不思变通，必为之次矣。"渊心然之。及留守晋阳，鹰扬府司马太原许世绪炀帝制鹰扬府，有司马及兵、仓两司。说渊曰："公姓在图箓，名应歌谣；握五郡之兵，五郡，谓太原、雁门、马邑、楼烦、西河。说，式芮翻。当四战之地，举事则帝业可成，端居则亡不旋踵；唯公图之。"行军司铠文水武士彟、按士彟传，盖为行军府司铠参军。隋志，文水县属太原郡，旧曰受阳，开皇十年改名。宋白曰：文水县，汉大陵县，后魏省大陵，于今处置受阳县，隋改曰文水。彟，一虢翻。前太子左勋卫唐宪、开皇之制，东宫左、右卫率府亦有亲、勋、翊三卫，炀帝改亲卫为功曹。宪弟俭皆劝渊举兵。俭说渊曰："明公北招戎狄，南收豪杰，以取天下，此汤、武之举也。"渊曰："汤、武非所敢拟，在私则图存，在公则拯乱，卿姑自重，吾将思之。"宪，邕之孙也。唐邕以强干事高齐。时建成、元吉尚在河东，渊留建成护家居河东。故渊迁延未发。

刘文静谓裴寂曰："先发制人，后发制于人。何不早劝唐公举兵，而推迁不已！推迁，言推故迁延也。推，吐雷翻。且公为宫监，而以宫人侍客，公死可尔，何误唐公也！"寂甚惧，屡趣渊起兵。趣，读曰促。渊乃使文静诈为敕书，发太原、西河、雁门、马邑民年二十已上五十已下悉为兵，期岁暮集涿郡，击高丽，丽，力知翻。由是人情恟恟，思乱者益众。恟，许拱翻。

及刘武周据汾阳宫，世民言于渊曰："大人为留守，而盗贼窃据离宫，不早建大计，祸今至矣！"渊乃集将佐谓之曰：将，即亮翻；下同。"武周据汾阳宫，吾辈不能制，罪当族灭，若之何？"王威等皆惧，再拜请计。渊曰："朝廷用兵，动止皆禀节度。今贼在数百里内，江都在三千里外，加以道路险要，复有他贼据之；复，扶又翻。以婴城胶柱之兵，当巨猾豕突之势，必不全矣。进退维谷，何为而可？"威等皆曰："公地兼亲贤，同国休戚，若俟奏报，岂及事机；要在平贼，专之可也。"渊阳若不得已而从之者，曰："然则先当集兵。"乃命世民与刘文静、长孙顺德、刘弘基等各募兵，远近赴集，旬日间近万人，仍密遣使召建成、元吉于河东，柴绍于长安。近，其靳翻。使，疏吏翻。

王威、高君雅见兵大集，疑渊有异志，谓武士彟曰："顺德、弘基皆背征三侍，所犯当死，二人避役亡命，故曰背征。背，蒲妹翻。安得将兵！"欲收按之。士彟曰："二人皆唐公客，若尔，必大致纷纭。"威等乃止。留守司兵田德平欲劝威等按募人之状，隋制：留守置司功、仓、户、兵、法、士曹等书佐。守，式又翻。士彟曰："讨捕之兵，悉隶唐公，威、君雅但寄坐耳，言但寄身于留守坐间也。坐，徂卧翻。彼何能为！"德平亦止。

晋阳乡长刘世龙开皇初，置保长、党长，乡长亦此类也。长，知两翻。密告渊云："威、君雅欲因晋祠祈雨，为不利。"晋阳有晋王祠。五月，癸亥夜，渊使世民伏兵于晋阳宫城之外。甲子旦，渊与威、君雅共坐视事，使刘文静引开阳府司马胙城刘政会入立庭中，新唐志，太原有府十八，开阳其一也。隋志，胙城县属东郡，旧曰东燕，开皇十八年改名。称有密状。言有状告密。渊目威等取状视之，政会不与，曰："所告乃副留守事，唯唐公得视之。"渊阳惊曰："岂有是邪！"视其状，乃云："威、君雅潜引突厥入寇。"邪，音耶。厥，九勿翻。君雅攘袂大诟曰：诟，苦候翻，骂也。"此乃反者欲杀我耳。"时世民已布兵塞衢路，塞，悉则翻。文静因与刘弘基、长孙顺德等共执威、君雅系狱。丙寅，突厥数万众寇晋阳，轻骑入外郭北门，出其东门。骑，奇寄翻；下同。渊命裴寂等勒兵为备，而悉开诸城门，突厥不能测，莫敢进。众以为威、君雅实召之也，渊于是斩威、君雅以徇。渊部将王康达将千馀人出战，皆死，城中恟惧。将，即亮翻；下举将同。恟，许拱翻。渊夜遣军潜出城，旦则张旗鸣鼓自他道来，如援军者；突厥终疑之，留城外二日，大掠而去。

14 炀帝命监门将军泾阳庞玉、隋志：左、右监门府各将军一人，掌宫殿门禁及守卫事。泾阳县，属京兆郡。监，工衔翻。虎贲郎将霍世举将关内兵援东都。柴孝和说李密曰：贲，音奔。将，即亮翻。说，式芮翻。"秦地山川之固，秦、汉所凭以成王业者也。今不若使翟司徒守洛口，裴柱国守回洛，翟司徒，让也；裴柱国，仁基。翟，苌伯翻。明公自简精锐西袭长安。既克京邑，业固兵强，然后东向以平河、洛，传檄而天下定矣。方今隋失其鹿，豪杰竞逐，不早为之，必有先我者，先，悉荐翻。悔无及矣！"密曰："此诚上策，吾亦思之久矣。但昏主尚存，从兵犹众，从，才用翻。我所部皆山东人，见洛阳未下，谁肯从我西入！诸将出于群盗，留之各竞雌雄，如此，则大业隳矣。"孝和曰："然则大军既未可西上，仆请间行观衅。"将，即亮翻。上，时掌翻。间，古苋翻。密许之。孝和与数十骑至陕县，隋志，陕县属河南郡。骑，奇寄翻。陕，式冉翻。山贼归之者万馀人。时密兵锋甚锐，每入苑，与隋兵连战。苑，即大业初所筑西苑。会密为流矢所中，尚卧营中，丁丑，越王侗使段达与庞玉等夜出兵，陈于回洛仓西北。陈，读曰阵。密与裴仁基出战，达等大破之，杀伤太半，密乃弃回洛，奔洛口。考异曰：略记云："四月戊申，段达等帅关内兵陈于仓西、仓南，密出兵拒战，大破凶丑，密还固仓。五月丁丑，达等又出兵陈于仓西、仓北，密又来拒，大破之，密奔洛口。"按隋书、北史、新·旧唐书皆云，"密为流矢所中，卧营中，东都出兵击之，密众大溃，弃回洛仓，奔洛口。"俱无月日。河洛记云："密军失利，归于巩县，东都复得回洛仓。"蒲山公传曰："五月二十八日，越王夜出师，使段达等大战于仓西、北；密军败绩，归于巩县。"亦不云密连月再败也。戊申，四月二十八日；丁丑，五月二十八日。盖赵毅承蒲山公传，误以密一败分为二事也。庞玉、霍世举军于偃师，庞，薄江翻。杜佑曰：偃师，帝喾所都，古西亳也，汤亦都之。武王伐纣，回师息戎，遂名。偃师县属河南郡。柴孝和之众闻密退，各散去。孝和轻骑归密，杨德方、郑德韬皆死。考异曰：杨德方，壶关录作"王德仁"，今从河洛记。密以郑颋为左司马，颋，他鼎翻。荥阳郑乾象为右司马。考异曰：隋、唐书皆作"虔象"，唯壶关录作"乾象"，云"密杀其兄乾覆。乾覆之子会通后从盛彦师杀密"，今从之。

15 李建成、李元吉弃其弟智云于河东而去，吏执智云送长安，杀之。建成、元吉遇柴绍于道，与之偕行。

王崇武标点容肇祖聂崇岐覆校

中华国学文库

资治通鉴

九

〔宋〕司马光 编著

〔元〕胡三省 音注

中华书局

资治通鉴卷第二百七

端明殿学士兼翰林侍读学士太中大夫
提举西京嵩山崇福宫上柱国河内郡开国公 司马光 奉敕编集
食邑二千二百户食实封九百户赐紫金鱼袋臣

后学天台胡三省音注

唐纪二十三 起上章困敦（庚子）七月，尽旃蒙大荒落（乙巳）正月，凡四年有奇。

则天顺圣皇后下

久视元年（庚子、七〇〇）

1 秋，七月，献俘于含枢殿。李楷固献契丹之俘也。含枢殿盖在三阳宫。太后以楷固为左玉钤卫大将军、燕国公，钤，其廉翻。燕，因肩翻。赐姓武氏。召公卿合宴，召公卿，谓将帅合宴也。举觞属仁杰曰：属，之欲翻。"公之功也。"将赏之，对曰："此乃陛下威灵，将帅尽力，将帅，上即亮翻，下所类翻。臣何功之有！"固辞不受。

2 闰月，戊寅，车驾还宫。自三阳宫还洛阳宫。

3 己丑，以天官侍郎张锡为凤阁侍郎、同平章事。鸾台侍郎、同平章事李峤罢为成均祭酒。锡，峤之舅也，故罢峤政事。

4 丁酉，吐蕃将曲莽布支寇凉州，围昌松，吐，从暾入声。将，即亮翻。昌松县即汉武威郡苍松县，吕光改为昌松。陇右诸军大使唐休璟与战于港【章：十二行本“港”作“洪”；乙十一行本同；孔本同。】源谷。使，疏吏翻。璟，居永翻。曲莽布支兵甲鲜华，休璟谓诸将曰：“诸论既死，诸论死见上卷圣历二年。曲莽布支新为将，不习军事，【章：十二行本“事”下有“诸贵臣子弟皆从之”八字；乙十一行本同；孔本同；张校同；退斋校同。】望之虽如精锐，实易与耳，请为诸君破之。”乃被甲先陷陈，易，以豉翻。为，于伪翻。被，皮义翻。陈，读曰阵。六战皆捷，吐蕃大奔，斩首二千五百级，获二裨将而还。还，音旋，又如字。

5 司府少卿杨元亨，光宅元年，改太府寺为司府寺。尚食奉御杨元禧，皆弘武之子也。杨弘武见二百一卷高宗乾封二年。元禧尝忤张易之，忤，五故翻。易之言于太后：“元禧，杨素之族；素父子，隋之逆臣，子孙不应供奉。”太后从之，壬寅，制：“杨素及其兄弟子孙皆不得任京官。”左迁元亨睦州刺史，元禧贝【严：“贝”改“资”。】州刺史。马何罗为逆于汉武之时，而马援贵显于东都再造之日。沈充失身于王敦，而沈劲尽节于司马。恶恶止其身，追罪异代之臣而并弃其子孙，此盖出于一时之爱憎，姑以是说而借口耳。睦州，京师东南三千六百五十九里，至东都二千八百二十一里。贝州，京师东北一千七百八十二里，至东都九百九十三里。

6 庚戌，以魏元忠为陇右诸军大使，击吐蕃。

7 庚申，太后欲造大像，使天下僧尼日出一钱以助其功。尼，女夷翻。狄仁杰上疏谏，其略曰：“今之伽蓝，上，时掌翻。疏，所去翻。伽蓝，佛寺也，梵语云僧伽蓝摩。僧伽蓝摩，犹中华言众园也。伽，求加翻。制过宫阙。功不使鬼，止在役人，物不天来，终须地出，不损百姓，将何以求！”又曰：“游僧皆托佛法，诖误生人；诖，户卦翻。里陌动有经坊，阛阓亦立精舍。崔豹古今注：阛，市垣；阓，市门。阛，户关翻。阓，户对翻。化诱所急，切于官征；诱，音酉。法事所须，严于制敕。”又曰：“梁武、简文舍施无限，施，式豉翻。及三淮沸浪，五岭腾烟，用太宗诏中语。列刹盈衢，无救危亡之祸，刹，初辖翻。缁衣蔽路，岂有勤王之师！”又曰：“虽敛僧钱，百未支一。尊容既广，不可露居，覆以百层，覆，敷又翻。尚忧未遍，自馀廊宇，不得全无。如来设教，以慈悲为主，释氏谓佛为如来。岂欲劳人，以存虚饰！”又曰：“比来水旱不节，比，毗至翻。当今边境未宁，若费官财，又尽人力，一隅有难，将何以救之！”难，乃旦翻。太后曰：“公教朕为善，何得相违！”遂罢其役。

8 阿悉吉薄露叛，阿悉吉，即西突厥弩失毕五俟斤之阿悉结也；薄露，其名。遣左金吾将军田扬名、殿中侍御史封思业讨之。军至碎叶，薄露夜于城傍剽掠而去，思业将骑追之，反为所败。剽，匹妙翻。将，即亮翻。骑，奇寄翻。败，补迈翻。扬名引西突厥斛瑟罗之众攻其城，旬馀，不克。九月，薄露诈降，思业诱而斩之，降，户江翻。诱，音酉。遂俘其众。

9 太后信重内史梁文惠公狄仁杰，群臣莫及，常谓之国老而不名。仁杰好面引廷争，好，呼到翻。争，读曰诤。太后每屈意从之。尝从太后游幸，遇风吹仁杰巾坠，而马惊不能止，太后命太子追执其鞚而系之。鞚，苦贡翻。仁杰屡以老疾乞骸骨，太后不许。入见，常止其拜，见，贤遍翻。曰：“每见公拜，朕亦身痛。”仍免其宿直，戒其同僚曰：“自非军国大事，勿以烦公。”辛丑，薨，太后泣曰：“朝堂空矣！”自是朝廷有大事，众或不能决，太后辄叹曰：“天夺吾国老何太早邪！”

太后尝问仁杰：“朕欲得一佳士用之，谁可者？”仁杰曰：“未审陛下欲何所用之？”太后曰：“欲用为将相。”将，即亮翻。相，悉亮翻。仁杰对曰：“文学缊藉，缊，于问翻。藉，慈夜翻。则苏味道、李峤固其选矣。必欲取卓荦奇才，荦，吕角翻。则有荆州长史张柬之，其人虽老，宰相才也。”太后擢柬之为洛州司马。自大州长史进神州司马，故曰擢。数日，又问仁杰，对曰：“前荐柬之，尚未用也。”太后曰：“已迁矣。”对曰：“臣所荐者可为宰相，非司马也。”乃迁秋官侍郎；久之，卒用为相。卒，子恤翻。仁杰又尝荐夏官侍郎姚元崇、监察御史曲阿桓彦范、太州刺史敬晖等数十人，监，古衔翻。武德三年，以并州之太谷、祈〔祁〕县置太州，六年，州废；当是此时复置也。考异曰：梁公传云：“张柬之、桓彦范、敬晖、崔玄時、袁恕己皆公所荐。公尝退食之后，谓五公曰：‘所恨衰老，身先朝露，不得见五公盛事，冀各保爱，愿尽本心。’五公心知目击，悬悟公意。公寝疾，五公候问，偶对终日，竟无一言。少顷，流涕及枕，但相视而已。五公退出，递不测其由。袁恕己曰：‘岂不气力转羸，须问家事乎？’张柬之曰：‘未闻大贤废国谋家者也。’斯须，命张柬之、袁恕己、桓彦范三公入，馀二公立于门外，曰：‘向者无言，盖以二公之故。此二公能断而不能密，若先与议之，事必外泄，一泄之后，则国异而家亡也。至其时或不与共之，事亦不就。梁王三思掌权，可先收而后行也。不然，则必反生大祸。’狄公没后，经岁馀，五公潜会于幽闲之处，叙公当时之言，重结盟约，彻馔之后，相顾欲言，未至其时，恐负前诺，欲言又止，前后数四。桓彦范乃叙其言。言犹未毕，闻户牖之外，声若雷霆，须臾风雨，咫尺莫辨，所坐床褥悉掷于阶下。五公战惧，不知所据，乃相谓曰：‘此是狄公忠烈之至，假此灵变以惊众心，不欲吾辈先论此事，未至其时，不可复言也。’斯须，天清日明，不异于初。易之等既诛，袁谓张公曰：‘昔有遗言，使先收三思，岂可舍诸？’张公曰：‘但大事毕功，此是机上之物，岂有逃乎！’后梁王交通于内，五公果为所谮，俱遭流窜，所期兴废年月，遗约轨模少无异也。”按柬之等五人偶同时在位，协力立功，仁杰岂能预知其事，举此五人，专欲使之辅立太子邪！且易之等若有可诛之便，太子有可立之势，仁杰身为宰相，岂待五年之后，须柬之等然后发邪！此盖作传者因五人建兴复之功，附会其事，云皆仁杰所举，受教于仁杰耳。其言谲怪无稽，今所不取。旧传惟著举柬之、彦范、晖三人姓名，今从之。率为名臣。或谓仁杰曰：“天下桃李，悉在公门矣。”程大昌演繁露：赵简子谓阳虎曰：“惟贤者为能报恩，不肖者不能矣。夫植桃李者，夏得休息，秋得其食；植蒺藜者，夏不得休息，秋得其刺焉。今子之所得者，蒺藜也。”今世通以所荐士为桃李者，说皆本此。仁杰曰："荐贤为国，非为私也。"为，于伪翻；下为之同。

初，仁杰为魏州刺史，见二百五卷万岁通天元年。有惠政，百姓为之立生祠。后其子景晖为魏州司功参军，贪暴为人患，人遂毁其像焉。史言狄仁杰尽忠，所以劝天下之为人臣；言其以景晖贪暴而毁祠，所以戒天下之为人子。

10 冬，十月，辛亥，以魏元忠为萧关道大总管，以备突厥。萧关在原州平高县界，贞观六年，以突厥降户置缘州，治平高之他楼城。高宗置他楼县，神龙元年省，更置萧关县。厥，九勿翻。

11 甲寅，制复以正月为十一月，一月为正月。以十一月为正月，事见二百四卷天授元年。以一月为正月，用夏正建寅也。复，扶又翻。赦天下。

12 丁巳，纳言韦巨源罢，以文昌右丞韦安石为鸾台侍郎、同平章事。纳言，侍中。文昌右丞，尚书右丞。鸾台，门下。安石，津之孙也。韦津死隋，事见一百八十五卷高祖武德元年。

时武三思、张易之兄弟用事，安石数面折之。数，所角翻。折，之舌翻。尝侍宴禁中，易之引蜀商宋霸子等数人在座同博。安石跪奏曰："商贾贱类，不应得预此会。"顾左右逐出之，座中皆失色；太后以其言直，劳勉之，贾，音古。劳，力到翻。同列皆叹服。考异曰：旧传曰："时凤阁侍郎陆元方在座，退而告人曰：'此真宰相，非吾属所及也。'"按新纪，元方已罢相。今不取。

13 丁卯，太后幸新安；壬申，还宫。还，从宣翻，又音如字。

14 十二月，甲寅，突厥掠陇右诸监马万馀匹而去。厥，九勿翻。

15 时屠禁尚未解，禁屠见二百五卷长寿元年。凤阁舍人全节崔融上言，凤阁，中书。全节县，属齐州，汉、晋之东平陵县地；后魏曰平陵，属济南郡。贞观十七年，齐王佑反，平陵人不从，更名全节。上，时掌翻。以为"割烹牺牲，弋猎禽兽，圣人著之典礼，不可废阙。又，江南食鱼，河西食肉，一日不可无；富者未革，贫者难堪。况贫贱之人，仰屠为生，日戮一人，终不能绝，但资恐喝，喝，呼葛翻。徒长奸欺。长，知两翻。为政者苟顺月令，合礼经，自然物遂其生，人得其性矣。”戊午，复开屠禁，复，扶又翻，又音如字。祠祭用牲牢如故。

长安元年（辛丑、七〇一）是年十月始改元长安。

1 春，正月，丁丑，以成州言佛迹见，见，贤遍翻。改元大足。自此以后，是大足元年。考异曰：朝野佥载云：“司刑寺囚三百馀人，秋分后无计可作，乃于圆狱外罗墙角边作圣人迹五尺，至夜半，三百人一时大叫。内使推问，云‘昨夜有一圣人见，身长三丈，面作金色，云：“汝等并冤枉，不须怕惧，天子万年，即有恩赦放汝。”’把火照之，见有伪迹，即大赦天下，改为大足元年。识者相谓曰：‘武家理，天下足也。’”按改元在春，不在秋；又无赦。今不取。

2 二月，己酉，以鸾台侍郎柏人李怀远同平章事。鸾台，门下。柏人县，自汉以来属钜鹿郡；钜鹿，唐邢州，天宝改曰尧山县。

3 三月，凤阁侍郎、同平章事张锡坐知选漏泄禁中语、赃满数万，当斩，临刑释之，流循州。旧志：循州至东都四千八百里。选，须绢翻。时苏味道亦坐事与锡俱下司刑狱，下，遐稼翻。锡乘马，意气自若，舍于三品院，先是，制狱既繁，司刑寺别置三品院以处三品以上官之下狱者。帷屏食饮，无异平居。味道步至系所，席地而卧，蔬食而已。太后闻之，赦味道，复其位。

4 是月，大雪，苏味道以为瑞，帅百官入贺。帅，读曰率。殿中侍御史王求礼止之曰：“三月雪为瑞雪，腊月雷为瑞雷乎？”味道不从。既入，求礼独不贺，进言曰：“今阳和布气，草木发荣，而寒雪为灾，岂得诬以为瑞！贺者皆谄谀之士也。”太后为之罢朝。为，于伪翻；下同。考异曰：统纪在延载元年，佥载在久视二年。统纪云“左拾遗”，佥载云“侍御史”。御史台记云“殿中侍御史”。统纪云“味道无以对”。旧传云“求礼止之，味道不从”。今年从佥载，官从台记，事则参取诸书。

时又有献三足牛者，宰相复贺。复，扶又翻。求礼飏言曰：孔安国曰：大言而疾曰飏。飏，余章翻。“凡物反常皆为妖。妖，于乔翻。此鼎足非其人，三公鼎足承君。政教不行之象也。”太后为之愀然。愀，七小翻。

5 夏，五月，乙亥，太后幸三阳宫。

6 以魏元忠为灵武道行军大总管，以备突厥。

7 天官侍郎盐官顾琮同平章事。盐官县，汉属吴郡，吴属嘉兴，置海昌都尉；梁、陈属钱塘郡，隋属馀杭郡，唐属杭州。

8 六月，庚申，以夏官尚书李迥秀同平章事。

迥秀性至孝，其母本微贱，妻崔氏常叱媵婢，母闻之不悦，迥秀即时出之。迥，户顷翻。媵，以证翻。或曰：“贤室虽不避嫌疑，然过非七出，律，妻犯七出者弃之：一无子，二淫佚，三不事舅姑，四口舌，五窃盗，六妒忌，七恶疾。何遽如是？”迥秀曰：“娶妻本以养亲；今乃违忤颜色，养，余亮翻。忤，五故翻。安敢留也！”竟出之。

9 秋，七月，甲戌，太后还宫。

10 甲申，李怀远罢为秋官尚书。

11 八月，突厥默啜寇边，命安北大都护相王为天兵道元帅，相，悉亮翻。帅，所类翻。统诸军击之，未行而虏退。

12 丙寅，武邑人苏安恒上疏曰：“陛下钦先圣之顾托，受嗣子之推让，先圣，谓大帝。嗣子，谓皇嗣相王。恒，户登翻。上，时掌翻。疏，所去翻；下同。推，吐雷翻。敬天顺人，二十年矣。岂不闻帝舜褰裳，周公复辟！舜之于禹，事祗族亲；旦与成王，不离叔父。史记，舜，黄帝之八代孙，禹，黄帝之玄孙，故云族亲。周公，武王之弟，成王之叔父；旦，其名也。离，力智翻。族亲何如子之爱，叔父何如母之恩？今太子孝敬是崇，春秋既壮，若使统临宸极，何异陛下之身！陛下年德既尊，宝位将倦，机务烦重，浩荡心神，何不禅位东宫，自怡圣体！自昔理天下者，不见二姓而俱王也。当今梁、定、河内、建昌诸王，武三思封梁王，攸暨封定王，懿宗封河内王，攸宁封建昌王。承陛下之荫覆，覆，敷又翻。并得封王；臣谓千秋万岁之后，于事非便，臣请黜为公侯，任以闲简。臣又闻陛下有二十馀孙，今无尺寸之封，此非长久之计也；臣请分土而王之，择立师傅，教其孝敬之道，以夹辅周室，屏藩皇家，斯为美矣。"屏，卑郢翻。疏奏，太后召见，见，贤遍翻。赐食，慰谕而遣之。

13 太后春秋高，政事多委张易之兄弟；邵王重润与其妹永泰郡主、主婿魏王武延基窃议其事。重，直龙翻。易之诉于太后，九月，壬申，太后皆逼令自杀。考异曰：重润传云："重润为人所构，与其妹永泰郡主婿魏王武延基等窃议张易之兄弟何得恣入宫中；则天令杖杀。"今从实录。延基，承嗣之子也。承嗣，太后之侄。

14 丙申，以相王知左、右羽林卫大将军事。

15 冬，十月，壬寅，太后西入关，辛酉，至京师；赦天下，改元。改元长安。

16 十一月，戊寅，改含元宫为大明宫。长安东内本曰大明宫，高宗龙朔三年曰蓬莱宫，咸亨元年曰含元宫，今复旧名。

17 天官侍郎安平崔玄暐，安平县，汉属涿郡，后汉属安平国，后魏属博陵郡，唐属定州。性介直，未尝请谒。执政恶之，恶，乌路翻。改文昌左丞。月馀，太后谓玄暐曰："自卿改官以来，闻令史设斋自庆。唐吏部四司令史八十人。此欲盛为奸贪耳；今还卿旧任。"乃复拜天官侍郎，复，扶又翻，又如字。仍赐彩七十段。唐制，凡赐十段，其率绢三匹，布三端，绵四屯；若杂彩十段，则丝布二匹，绸二匹，绫二匹，缦四匹。

18 以主客郎中郭元振为凉州都督、陇右诸军大使。唐主客郎掌二王后及诸蕃朝聘之事，属礼部。使，疏吏翻。

先是，凉州南北境不过四百馀里，先，悉荐翻。突厥、吐蕃频岁奄至城下，百姓苦之。元振始于南境硖口置和戎城，北境碛中置白亭军，杜佑曰：白亭守捉在凉州城西北五百里。碛，七迹翻。控其冲要，拓州境千五百里，自是寇不复至城下。复，扶又翻。元振又令甘州刺史李汉通开置屯田，尽水陆之利。旧凉州粟麦斛至数千，及汉通收率之后，收率者，收民而率其耕。一缣籴数十斛，积军粮支数十年。元振善于抚御，在凉州五年，夷、夏畏慕，令行禁止，牛羊被野，夏，户雅翻。被，皮义翻。路不拾遗。

二年（壬寅、七〇二）

1 春，正月，乙酉，初设武举。武举之制，有长垛、马射、步射、平射、筒射、马枪、翘关、负重、身材之选。唐六典曰：武举以七等阅其人：一曰射长垛，试射长垛三十发不出第三院为第，入中院为上，入次院为次上，入外院为次。二曰骑射，发而并中为上，或中或不中为次上，总不中为次。三曰马枪，三板四板为上，二板为次上，一板及不中为次。四曰步射，射草人中者为次上，虽中而不法，虽法而不中者为次。五曰材貌，以身长六尺已上者为次上，已下为次。六曰言语，有神采堪统领者为次上，无者为次。七曰举重，谓翘关，率以五次上为第。皆试其高第以名闻。

2 突厥寇盐、夏二州。三月，庚寅，突厥破石岭，忻州定襄县有石岭关。杜佑曰：定襄县本汉阳曲县，有石岭关甚险固。汉定襄郡在今马邑郡地。寇并州。以雍州长史薛季昶摄右台大夫，充山东防御军大使，沧、瀛、幽、易、恒、定等州诸军皆受季昶节度。使，疏吏翻。恒，户登翻。夏，四月，以幽州刺史张仁愿专知幽、平、妫、檀防御，妫，居为翻。仍与季昶相知，以拒突厥。

3 五月，壬申，苏安恒复上疏曰：复，扶又翻。“臣闻天下者，神尧、文武之天下也，高祖，神尧皇帝；太宗，文武皇帝。陛下虽居正统，实因唐氏旧基。当今太子追回，谓召庐陵王自房陵回，复为太子。年德俱盛，陛下贪其宝位而忘母子深恩，将何圣颜以见唐家宗庙，将何诰命以谒大帝坟陵？高宗称天皇大帝。陛下何故日夜积忧，不知钟鸣漏尽！魏田豫告老曰：譬犹钟鸣漏尽而夜行不休，此罪人也。臣愚以为天意人事，还归李家。陛下虽安天位，殊不知物极则反，器满则倾。臣何惜一朝之命而不安万乘之国哉！"言不顾其死而上疏，欲以安国也。乘，绳证翻。太后亦不之罪。

4 乙未，以相王为并州牧，充安北道行军元帅，帅，所类翻。以魏元忠为之副。

5 六月，壬戌，召神都留守韦巨源诣京师，以副留守李峤代之。守，手又翻。

6 秋，七月，甲午，突厥寇代州。

7 司仆卿张昌宗光宅元年，改太仆寺为司仆寺。兄弟贵盛，势倾朝野。朝，直遥翻。八月，戊午，太子、相王、太平公主上表请封昌宗为王，制不许；壬戌，又请，乃赐爵邺国公。

8 敕："自今有告言扬州及豫、博馀党，扬州事见二百三卷光宅元年。豫、博事见二百四卷垂拱四年。一无所问，内外官司无得为理。"为，于伪翻。

9 九月，乙丑朔，日有食之，不尽如钩，神都见其既。

10 壬申，突厥寇忻州。

11 己卯，吐蕃遣其臣论弥萨来求和。萨，桑葛翻。

12 庚辰，以太子宾客武三思为大谷道大总管，洛州长史敬晖为副；辛巳，又以相王旦为并州道元帅，三思与武攸宜、魏元忠为之副；姚元崇为长史，司礼少卿郑杲为司马；欲以击突厥。然竟不行。

13 癸未，宴论弥萨于麟德殿。麟德殿在大明宫右银台门内；殿西重廊之后，即翰林院。是殿有三面，亦曰三殿。时凉州都督唐休璟入朝，亦预宴。璟，居永翻。朝，直遥翻。弥萨屡窥之。太后问其故，对曰："洪源之战，此将军猛厉无敌，故欲识之。"太后擢休璟为右武威、金吾二卫大将军。龙朔改左、右威卫曰左、右武威卫。休璟练习边事，自碣石以西逾四镇，绵亘万里，山川要害，皆能记之。碣石在辽西，四镇在西域。此言唐之西、北二边，其山川要害，休璟皆能记之也。碣，其谒翻。亘，古邓翻。

14 冬，十月，甲辰，天官侍郎、同平章事顾琮薨。

15 戊申，吐蕃赞普将万馀人寇茂州，将，即亮翻。都督陈大慈与之四战，皆破之，斩首千馀级。

16 十一月，辛未，监察御史魏靖上疏，以为："陛下既知来俊臣之奸，处以极法，监，古衔翻。上，时掌翻。疏，所去翻。处，昌吕翻。乞详覆俊臣等所推大狱，伸其枉滥。"太后乃命监察御史苏颋按覆俊臣等旧狱，由是雪免者甚众。考异曰：松窗杂录："中宗尝召宰相苏瓌、李峤子进见，二丞相子皆童年，迎抚于赭袍前，赐与甚厚。因语二儿曰：'尔宜意所通书，可为奏吾者言之。'颋应曰：'木从绳则正，后从谏则圣。'峤子亡其名，亦进曰：'斮朝涉之胫，剖贤人之心。'上曰：'苏瓌有子，李峤无儿。'"按颋此年已为御史，瓌为相时颋为中书舍人，父子同掌枢密，非童年也。今不取。颋，夔之曾孙也。颋，他鼎翻。苏夔，威之子，隋开皇初议乐。

17 戊子，太后祀南郊，赦天下。

18 十二月，甲午，以魏元忠为安东道安抚大使，使，疏吏翻；下同。羽林卫大将军李多祚检校幽州都督，右羽林卫将军薛讷、左武卫将军骆务整为之副。

19 戊申，置北庭都护府于庭州。太宗平高昌，于西州之北置庭州，即汉车师后王之地。

20 侍御史张循宪为河东采访使，有疑事不能决，病之，问侍吏曰："此有佳客，可与议事者乎？"吏言前平乡尉猗氏张嘉贞有异才，魏收志：广平郡任县有平乡城。隋置平乡县，治古钜鹿城，属邢州。猗氏县，古郇国，自汉以来属河东郡。循宪召见，询以事；嘉贞为条析理分，随条而析之，随理而分之。为，于伪翻。莫不洗然；洗，与洒同，苏蟹翻。洗然，悚然也。循宪因请为奏，皆意所未及。循宪还，见太后，见，贤遍翻。太后善其奏，循宪具言嘉贞所为，且请以己之官授之。太后曰："朕宁无一官自进贤邪！"因召嘉贞，入见内殿，见，贤遍翻。与语，大悦，即拜监察御史；擢循宪司勋郎中，唐司勋郎掌邦国官人之勋级，属吏部。监，古衔翻。赏其得人也。

三年（癸卯、七〇三）

1 春，三月，壬戌朔，日有食之。

2 夏，四月，吐蕃遣使献马千匹、金二千两以求婚。使，疏吏翻；下同。

3 闰月，丁丑，命韦安石留守神都。

4 己卯，改文昌台为中台。光宅元年，改尚书省为文昌台。以中台左丞李峤知纳言事。

5 新罗王金理洪卒，卒，子恤翻。遣使立其弟崇基为王。

6 六月，辛酉，突厥默啜遣其臣莫贺干来，请以女妻皇太子之子。妻，七细翻。

7 宁州大水，溺杀二千馀人。溺，奴狄翻。

8 秋，七月，癸卯，以正谏大夫朱敬则同平章事。考异曰：新纪云"壬寅"；唐历云"十四日癸卯"，今从之。

9 戊申，以相【章：十二行本"相"上有"并州牧"三字；乙十一行本同；孔本同。】王旦为雍州牧。相，悉亮翻。雍，于用翻。考异曰：唐历"十八日丁未"，今从实录。

10 庚戌，以夏官尚书、检校凉州都督唐休璟同凤阁鸾台三品。时突骑施酋长乌质勒与西突厥诸部相攻，骑，奇寄翻。酋，慈由翻。长，知两翻。考异曰：武平一景龙文馆记作"乌折勒"，今从新、旧书。

安西道绝。太后命休璟与诸宰相议其事，顷之，奏上，上，时掌翻。太后即依其议施行。后十馀日，安西诸州请兵应接，程期一如休璟所画，太后谓休璟曰："恨用卿晚。"谓诸宰相曰："休璟练习边事，卿曹十不当一。"

时西突厥可汗斛瑟罗用刑残酷，诸部不服。乌质勒本隶斛瑟罗，号莫贺达干，能抚其众，诸部归之，斛瑟罗不能制。乌质勒置都督二十员，各将兵七千人，屯碎叶西北；将，即亮翻。后攻陷碎叶，徙其牙帐居之。斛瑟罗部众离散，因入朝，不敢复还，天授元年书斛瑟罗入居内地，神功元年书来俊臣诬陷斛瑟罗，则其入朝必不在是年，此因书乌质勒事叙其得国之由，遂及斛瑟罗失国事耳。朝，直遥翻。乌质勒悉并其地。

11 九月，庚寅朔，日有食之，既。

12 初，左台大夫、同凤阁鸾台三品魏元忠为洛州长史，洛阳令张昌仪恃诸兄之势，每牙，直上长史听事；凡牙参者，立于庭下。上，时掌翻。听，读曰厅。元忠到官，叱下之。下，遐稼翻。张易之奴暴乱都市，元忠杖杀之。及为相，太后召易之弟岐州刺史昌期，欲以为雍州长史，对仗，问宰相曰："谁堪雍州者？"元忠对曰："今之朝臣无以易薛季昶。"雍，于用翻。朝，直遥翻。太后曰："季昶久任京府，朕欲别除一官；昌期何如？"诸相皆曰："陛下得人矣。"元忠独曰："昌期不堪！"太后问其故，元忠曰："昌期少年，不闲吏事，少，诗照翻。向在岐州，户口逃亡且尽。雍州帝京，事任繁剧，不若季昶强干习事。"太后默然而止。元忠又尝面奏："臣自先帝以来，蒙被恩渥，今承乏宰相，元忠自言朝廷乏人，已得承之备位宰相。被，皮义翻。不能尽忠死节，使小人在侧，臣之罪也！"小人在侧，斥张易之兄弟。太后不悦。由是诸张深怨之。

司礼丞高戬，太平公主之所爱也。司礼丞，即太常丞。戬，即浅翻。会太后不豫，张昌宗恐太后一日晏驾，为元忠所诛，乃谮元忠与戬私议云：“太后老矣，不若挟太子为久长。”言为久长之计。太后怒，下元忠、戬狱，下，遐稼翻。将使与昌宗廷辨之。昌宗密引凤阁舍人张说，赂以美官，使证元忠；说许之。说，读曰悦。明日，太后召太子、相王及诸宰相，使元忠与昌宗参对，往复不决。昌宗曰：“张说闻元忠言，请召问之。”

太后召说。说将入，凤阁舍人南和宋璟南和县，汉属广平国。宋白曰：水经云，北有和成县，故此县云南。后周置南和郡，隋废郡为县，唐属邢州。璟，居永翻。谓说曰：“名义至重，鬼神难欺，不可党邪陷正以求苟免！若获罪流窜，其荣多矣。若事有不测，璟当叩阁力争，言叩阁门而力争也。程大昌曰：凡内殿、便殿皆可谓之阁。与子同死。努力为之，万代瞻仰，在此举也！”殿中侍御史济源张廷珪曰：“朝闻道，夕死可矣！”论语载孔子之言。济，子礼翻。左史刘知几曰：“无污青史，为子孙累！”几，居希翻。污，乌故翻。累，力瑞翻。

及入，太后问之，说未对。元忠惧，谓说曰：“张说欲与昌宗共罗织魏元忠邪！”说叱之曰：“元忠为宰相，何乃效委巷小人之言！”昌宗从旁迫趣说，使速言。趣，读曰促。说曰：“陛下视之，在陛下前，犹逼臣如是，况在外乎！臣今对广朝，不敢不以实对。朝，直遥翻。臣实不闻元忠有是言，但昌宗逼臣使诬证之耳！”易之、昌宗遽呼曰：呼，火故翻。“张说与魏元忠同反！”太后问其状。对曰：“说尝谓元忠为伊、周；伊尹放太甲，周公摄王位，非欲反而何？”说曰：“易之兄弟小人，徒闻伊、周之语，安知伊、周之道！日者元忠初衣紫，衣，于既翻。太宗贞观四年，诏三品以上服紫。臣以郎官往贺，元忠语客曰：‘无功受宠，不胜惭惧。’语，牛倨翻。胜，音升。臣实言曰：‘明公居伊、周之任，何愧三品！’彼伊尹、周公皆为臣至忠，古今慕仰。陛下用宰相，不使学伊、周，当使学谁邪？且臣岂不知今日附昌宗立取台衡，三台为泰阶，北斗杓三星为玉衡。宰辅得人，则玉衡正而泰阶平，故谓宰辅为台衡。附元忠立致族灭！但臣畏元忠冤魂，不敢诬之耳。”太后曰：“张说反覆小人，宜并系治之。”治，直之翻。他日，更引问，说对如前。太后怒，命宰相与河内王武懿宗共鞫之，说所执如初。

朱敬则抗疏理之曰：“元忠素称忠正，张说所坐无名，若令抵罪，失天下望。”苏安恒亦上疏，恒，户登翻。上，时掌翻。疏，所去翻。以为：“陛下革命之初，人以为纳谏之主；暮年以来，人以为受佞之主。自元忠下狱，里巷恟恟。下，遐稼翻。恟，许勇翻。皆以为陛下委信奸宄，斥逐贤良，忠臣烈士，皆抚髀于私室而箝口于公朝，畏迕易之等意，箝，其廉翻。朝，直遥翻。迕，五故翻。徒取死而无益。方今赋役烦重，百姓凋弊，重以谗慝专恣，刑赏失中，重以，直用翻。窃恐人心不安，别生他变，争锋于朱雀门内，问鼎于大明殿前，朱雀门，谓宫城南门。大明殿，即含元殿。陛下将何以谢之，何以御之？”易之等见其疏，大怒，欲杀之，赖朱敬则及凤阁舍人桓彦范、著作郎陆泽魏知古保救得免。先天元年，方复置深州，又分饶阳、鹿城于古鄡城置陆泽县。史因魏知古贵显于开元之时，遂以后来土断书之。鄡，苦么翻。考异曰：旧传云：“易之欲遣刺客杀之。”若遣刺客，必不遣人知，敬则等安能保护！盖欲白太后杀之耳。

丁酉，贬魏元忠为高要尉；高要县，汉属苍梧郡，宋、齐属南海郡，陈置高要郡，隋带端州。戬、说皆流岭表。元忠辞日，言于太后曰：“臣老矣，今向岭南，十死一生。陛下他日必有思臣之时。”太后问其故，时易之、昌宗皆侍侧，元忠指之曰：“此二小儿，终为乱阶。”易之等下殿，叩膺自掷称冤。太后曰：“元忠去矣！”

殿中侍御史景城王晙景城县，汉属勃海郡，后魏并入城平县，隋开皇十八年改曰景城，属沧州。晙，私润翻，又音俊。复奏申理元忠，复，扶又翻；下子复同。宋璟谓之曰："魏公幸已得全，今子复冒威怒，得无狼狈乎！"晙曰："魏公以忠获罪，晙为义所激，颠沛无恨。"璟叹曰："璟不能申魏公之枉，深负朝廷矣。"

太子仆崔贞慎等八人饯元忠于郊外，唐制，太子仆从四品下，掌太子车舆、乘骑、仪仗之政令。易之诈为告密人柴明状，称贞慎等与元忠谋反。太后使监察御史丹徒马怀素鞫之，丹徒，春秋时吴之朱方也，汉为丹徒县，属会稽郡；吴为京口戍，晋以下为南徐州；隋为延陵县，属江都郡；唐为丹徒县，带润州。监，古衔翻。谓怀素曰："兹事皆实，略问，速以闻。"顷之，中使督趣者数四，使，疏吏翻。趣，读曰促。曰："反状昭然，何稽留如此？"怀素请柴明对质，太后曰："我自不知柴明处，但据状鞫之，安用告者？"怀素据实以闻，太后怒曰："卿欲纵反者邪？"对曰："臣不敢纵反者！元忠以宰相谪官，贞慎等以亲故追送，若诬以为反，臣实不敢。昔栾布奏事彭越头下，汉祖不以为罪，栾布事见十二卷汉高帝十一年。况元忠之刑未如彭越，而陛下欲诛其送者乎！且陛下操生杀之柄，操，千高翻。欲加之罪，取决圣衷可矣；若命臣推鞫，臣不敢不以实闻。"太后曰："汝欲全不罪邪？"对曰："臣智识愚浅，实不见其罪。"太后意解。贞慎等由是获免。

太后尝命朝贵宴集，朝，直遥翻。易之兄弟皆位在宋璟上。易之素惮璟，欲悦其意，虚位揖之曰："公方今第一人，何乃下坐？"璟曰："才劣位卑，张卿以为第一，何也？"天官侍郎郑杲谓璟曰："中丞奈何卿五郎？"考异曰：新、旧传皆作"郑善果"。按善果乃是高祖时人，新、旧传皆误，当从御史台记。璟曰："以官言之，正当为卿。足下非张卿家奴，何郎之有！"门生、家奴呼其主为郎，今俗犹谓之郎主。举坐悚惕。坐，徂卧翻。时自武三思以下，皆谨事易之兄弟，璟独不为之礼。诸张积怒，常欲中伤之；中，竹仲翻。太后知之，故得免。

13 丁未，以左武卫大将军武攸宜充西京留守。守，式又翻。

14 冬，十月，丙寅，车驾发西京；乙酉，至神都。

15 十一月，【章：十二行本"月"下有"己丑"二字；乙十一行本同；孔本同；张校同；退斋校同。】突厥遣使谢许婚。使，疏吏翻。丙寅，【章：十二行本"寅"作"申"；乙十一行本同；孔本同；张校同。】宴于宿羽台，宿羽台在东都宿羽宫中，高宗调露元年所起。太子预焉。宫尹崔神庆上疏：上，时掌翻。疏，所去翻。以为："今五品以上所以佩龟者，为别敕征召，恐有诈妄，内出龟合，然后应命。况太子国本，古来征召皆用玉契。唐制，百官有随身鱼符，以明贵贱，应召命，左二，右一；左者进内，右者随身。皇太子以玉契召，勘合乃赴；亲王以金，庶官以铜，皆题某位姓名，盛以鱼袋。天授二年改佩鱼为龟。张鷟朝野佥载曰：唐以鲤鱼为符，遂为鱼符。至伪周，武姓也，玄武，龟也，因改鱼符为龟。符为，于伪翻。此诚重慎之极也。昨缘突厥使见，太子应预朝参，使，疏吏翻。见，贤遍翻。朝，直遥翻；下同。直有文符下宫，曾不降敕处分，下，遐稼翻。处，昌吕翻。分，扶问翻。臣愚谓太子非朔望朝参、应别召者，望降墨敕及玉契。"太后甚然之。

16 始安獠欧阳倩始安郡，桂州。范成大桂海虞衡志曰：獠依山林而居，无酋长版籍，蛮之荒忽无常者也。以射生食动为活，虫豸能蠕动者皆取食。獠，鲁皓翻。拥众数万，攻陷州县，朝廷思得良吏以镇之。朱敬则称司封郎中裴怀古有文武才，唐司封郎掌国之封爵，属吏部。制以怀古为桂州都督，仍充招慰讨击使。使，疏吏翻。怀古才及岭上，飞书示以祸福，倩等迎降，降，户江翻。且言"为吏所侵逼，故举兵自救耳。"怀古轻骑赴之。骑，奇寄翻。左右曰："夷獠无信，不可忽也。"怀古曰："吾仗忠信，可通神明，而况人乎！"遂诣其营，贼众大喜，悉归所掠货财；诸洞酋长素持两端者，皆来款附，酋，慈由翻。长，知两翻。岭外悉定。

17 是岁，分命使者以六条察州县。使，疏吏翻。

18 吐蕃南境诸部皆叛，赞普器弩悉弄自将击之，卒于军中。将，即亮翻。卒，子恤翻。诸子争立，久之，国人立其子弃隶蹜赞为赞普，生七年矣。史言诸论既死，吐蕃国势稍衰。

四年（甲辰、七〇四）

1 春，正月，丙申，册拜右武卫将军阿史那怀道为西突厥十姓可汗。怀道，斛瑟罗之子也。厥，九勿翻。可，从刊入声。汗，音寒。

2 丁未，毁三阳宫，以其材作兴泰宫于万安山。万安山在洛州寿安县西南四十里。二宫皆武三思建议为之，请太后每岁临幸，功费甚广，百姓苦之。左拾遗卢藏用上疏，以为："左右近臣多以顺意为忠，朝廷具僚皆以犯忤为戒，上，时掌翻。疏，所去翻。朝，直遥翻。忤，五故翻。致陛下不知百姓失业，伤陛下之仁。陛下诚能以劳人为辞，发制罢之，则天下皆知陛下苦己而爱人也。"不从。藏用，承庆之弟孙也。卢承庆见二百卷显庆二年。

3 壬子，以天官侍郎韦嗣立为凤阁侍郎、同平章事。天官，吏部。嗣，祥吏翻。

4 夏官侍郎、同凤阁鸾台三品李迥秀颇受贿赂，监察御史马怀素劾奏之。夏官，兵部。凤阁、鸾台，中书、门下。迥，户顶翻。监，古衔翻。劾，户概翻，又户得翻。二月，癸亥，迥秀贬庐州刺史。隋改梁、周之合州为庐州。唐因之。旧志：庐州，京师东南二千三百八十七里，至东都一千五百六十九里。

5 壬申，正谏大夫、同平章事朱敬则以老疾致仕。敬则为相，相，悉亮翻。以用人为先，自馀细务不之视。

6 太后尝与宰相议及刺史、县令。三月，己丑，李峤、唐休璟等奏："窃见朝廷物议，远近人情，莫不重内官，轻外职，每除授牧伯，皆再三披诉。比来所遣外任，多是贬累之人；比，毗至翻。累，力瑞翻，罪累也。风俗不澄，寔由于此。望于台、阁、寺、监妙简贤良，分典大州，共康庶绩。臣等请辍近侍，率先具僚。”太后命书名探之，探，吐南翻。得韦嗣立及御史大夫杨再思等二十人。癸巳，制各以本官检校刺史。嗣立为汴州刺史。旧志：汴州，京师东一千三百五十里，至东都四百一里。其后政绩可称者，唯常州刺史薛谦光、徐州刺史司马锽而已。锽，户萌翻，又音皇。常州，京师东南二千八百四十三里，至东都一千九百八十三里。徐州，京师东二千六百四里，东都东一千二百五十七里。

7 丁丑，徙平恩王重福为谯王。重，直龙翻。

8 以夏官侍郎宗楚客同平章事。

9 凤阁侍郎、同凤阁鸾台三品苏味道谒归葬其父，制州县供葬事。味道，赵州栾城县人。味道因之侵毁乡人墓田，役使过度，监察御史萧至忠劾奏之，左迁坊州刺史。唐之先元皇帝，周天和中为敷州刺史，于中部县置马坊。高祖武德二年，因分鄜州之中部鄜城置坊州。至忠，引之玄孙也。萧引见一百七十卷陈宣帝太建二年。监，古衔翻。劾，户概翻，又户得翻。

10 夏，四月，壬戌，同凤阁鸾台三品韦安石知纳言，李峤知内史事。

11 太后幸兴泰宫。

12 太后复税天下僧尼，作大像于白司马阪，复，扶又翻。洛城北邙山有白司马阪。令春官尚书武攸宁检校，糜费巨亿。李峤上疏，以为：“天下编户，贫弱者众。造像钱见有一十七万馀缗，若将散施，见，贤遍翻；下见在同。散，如字。施，式豉翻。人与一千，济得一十七万馀户。拯饥寒之弊，省劳役之勤，顺诸佛慈悲之心，沾圣君亭育之意，人神胥悦，功德无穷。方作过后因缘，岂如见在果报！”监察御史张廷珪上疏谏曰：“臣以时政论之，则宜先边境，蓄府库，养人力；以释教论之，则宜救苦厄，灭诸相，先，悉荐翻。相，息亮翻。崇无为。伏愿陛下察臣之愚，行佛之意，务以理为上，不以人废言。”太后为之罢役，为，于伪翻。仍召见廷珪，见，贤遍翻。深赏慰之。

13 凤阁侍郎、同凤阁鸾台三品姚元崇以母老固请归侍，六月，辛酉，以元崇行相王府长史，秩位并同三品。

14 乙丑，以天官侍郎崔玄暐同平章事。

15 召凤阁侍郎、同平章事、检校汴州刺史韦嗣立赴兴泰宫。

16 丁丑，以李峤同凤阁鸾台三品。峤自请解内史。

17 壬午，以相王府长史姚元崇兼知夏官尚书、同凤阁鸾台三品。

18 秋，七月，丙戌，以神都副留守杨再思为内史。守，手又翻。

再思为相，专以谄媚取容。司礼少卿张同休，易之之兄也，尝召公卿宴集，酒酣，戏再思曰：“杨内史面似高丽。”再思欣然，即翦纸帖巾，反披紫袍，为高丽舞，唐十部乐有高丽伎，舞者四人；杨再思盖仿之为此舞。举坐大笑。坐，徂卧翻。时人或誉张昌宗之美誉，音余。曰：“六郎面似莲花。”再思独曰：“不然。”昌宗问其故，再思曰：“乃莲花似六郎耳。”

19 甲午，太后还宫。

20 乙未，司礼少卿张同休、汴州刺史张昌期、尚方少监张昌仪皆坐赃下狱，下，遐稼翻。命左右台共鞫之；丙申，敕，张易之、张昌宗作威作福，亦命同鞫。辛丑，司刑正贾敬言奏：“张昌宗强市人田，光宅改大理正为司刑正，从五品，掌参议刑辟、详正科条之事。应征铜二十斤。”制“可”。乙巳，御史大夫李承嘉、中丞桓彦范奏：“张同休兄弟赃共四千馀缗，张昌宗法应免官。”昌宗奏：“臣有功于国，所犯不至免官。”太后问诸宰相：“昌宗有功乎？”杨再思曰：“昌宗合神丹，合音閤。圣躬服之有验，此莫大之功。”太后悦，赦昌宗罪，复其官。左补阙戴令言作两脚狐赋以讥再思，言再思妖媚如狐，特两脚耳。再思出令言为长社令。

21 丙午，夏官侍郎、同平章事宗楚客有罪，左迁原州都督，充灵武道行军大总管。

22 癸丑，张同休贬岐山丞，后魏分扶风雍县置平秦郡，西魏改为岐山郡，隋废郡为县，属岐州。张昌仪贬博望丞。

鸾台侍郎、知纳言事、同凤阁鸾台三品韦安石举奏张易之等罪，敕付安石及右庶子、同凤阁鸾台三品唐休璟鞫之，未竟而事变。八月，甲寅，以安石兼检校扬州刺【章：十二行本“刺”作“长”；乙十一行本同；张校同，云无注本作“刺”。】史，考异曰：唐历云“五日戊午”。今从实录。庚申，以休璟兼幽营都督、安东都护。休璟将行，密言于太子曰：“二张恃宠不臣，必将为乱。殿下宜备之。”

23 相王府长史兼知夏官尚书事、同凤阁鸾台三品姚元崇上言：“臣事相王，不宜典兵马。夏官即兵部也，故云然。相，息亮翻。臣不敢爱死，恐不益于王。”辛酉，改春官尚书，馀如故。元崇字元之，时突厥叱列元崇反，太后命元崇以字行。

24 突厥默啜既和亲，戊寅，始遣淮阳王武延秀还。武延秀被拘，见上卷圣历元年。

25 九月，壬子，以姚元之充灵武道行军大总管；辛酉，以元之为灵武道安抚大使。使，疏吏翻。

元之将行，太后令举外司堪为宰相者。外司，谓外朝诸司官。对曰：“张柬之沈厚有谋，能断大事，沈，持林翻。断，丁乱翻。且其人已老，惟陛下急用之。”冬，十月，甲戌，以秋官侍郎张柬之同平章事，时年且八十矣。

26 乙亥，以韦嗣立检校魏州刺史，馀如故。

27 壬午，以怀州长史河南房融同平章事。

28 太后命宰相各举堪为员外郎者，韦嗣立荐广武公【章：十二行本“公”作“令”；乙十一行本同；孔本同；熊校同。】岑羲曰：“但恨其伯父长倩为累。”长倩死见二百四卷天授二年。累，力瑞翻；下同。太后曰：“苟或有才，此何所累！”遂拜天官员外郎。唐六典曰：周官太宰之属官有上士，盖今员外郎之任也。宋百官阶次有员外郎，美迁为尚书郎。隋文帝开皇六年，尚书二十四曹，各置员外郎一人，品从第六，谓曹郎本员之外复置郎也。炀帝大业三年，又废二十四司员外郎，每司减一员，置承务郎一人，同开皇员外郎之职，曰选部承务郎。唐尚书诸曹各置员外郎，吏部置二人。天官，即吏部也。由是诸缘坐者始得进用。

29 十一月，丁亥，以天官侍郎韦承庆为凤阁侍郎、同平章事。

30 癸卯，成均祭酒、同凤阁鸾台三品李峤罢为地官尚书。

31 十二月，甲寅，敕大足已来新置官并停。

32 丙辰，凤阁侍郎、同平章事韦嗣立罢为成均祭酒，检校魏州刺史如故；以兄承庆入相故也。相，息亮翻。

33 太后寝疾，居长生院，长生院，即长生殿；明年五王诛二张，进至太后所寝长生殿，同此处也。盖唐寝殿皆谓之长生殿。此武后寝疾之长生殿，洛阳宫寝殿也。肃宗大渐，越王系授甲长生殿，长安大明宫之寝殿也。白居易长恨歌所谓“七月七日长生殿，夜半无人私语时”，华清宫之长生殿也。宰相不得见者累月，惟张易之、昌宗侍侧。疾少闲，闲，如字。崔玄暐奏言：“皇太子、相王，仁明孝友，足侍汤药。相，息亮翻。宫禁事重，伏愿不令异姓出入。”太后曰：“德卿厚意。”易之、昌宗见太后疾笃，恐祸及己，引用党援，阴为之备。屡有人为飞书及榜其书于通衢，云“易之兄弟谋反”，太后皆不问。

辛未，许州人杨元嗣，告“昌宗尝召术士李弘泰占相，弘泰言昌宗有天子相，相，悉亮翻。劝于定州造佛寺，则天下归心。”考异曰：实录云：“长安四年秋，元嗣告之，太后令凤阁侍郎韦承庆推鞫。”按十一月丁亥，承庆始为凤阁侍郎。今从唐历。太后命韦承庆及司刑卿崔神庆、御史中丞宋璟鞫之。神庆，神基之弟也。承庆、神庆奏言：“昌宗款称‘弘泰之语，寻已奏闻’，准法首原；法，自首者原其罪。承庆、神庆欲准此条以脱昌宗之罪。首，式又翻。弘泰妖言，请收行法。”妖，于乔翻；下同。璟与大理丞封全祯奏：“昌宗宠荣如是，复召术士占相，复，扶又翻。志欲何求！弘泰称筮得纯乾，天子之卦。昌宗傥以弘泰为妖妄，何不执送有司！虽云奏闻，终是包藏祸心，法当处斩破家。处，昌吕翻。请收付狱，穷理其罪！”太后久之不应，璟又曰：“傥不即收系，恐其摇动众心。”太后曰：“卿且停推，停其事，且莫推究。俟更检详文状。”璟退，左拾遗江都李邕进曰：江都县带扬州。“向观宋璟所奏，志安社稷，非为身谋，愿陛下可其奏！”太后不听。寻敕璟扬州推按，又敕璟按幽州都督屈突仲翔赃污，屈，九勿翻。又敕璟副李峤安抚陇、蜀；璟皆不肯行，奏曰：“故事，州县官有罪，品高则侍御史、卑则监察御史按之，中丞非军国大事，不当出使。监，古衔翻。使，疏吏翻。今陇、蜀无变，不识陛下遣臣出外何也？臣皆不敢奉制。”考异曰：御史台记云：“易之、昌宗冀璟使后，当列状诛璟。”按易之等若果可以列状诛璟，则何必待其出使然后为之！此盖璟方奏请收禁昌宗，故太后欲遣璟出以散其事耳。璟必欲收禁，故辞不肯行；太后自省理屈，故不迫遣耳。不然，璟若无事不行，太后岂不能以拒违制命罪之邪！又云：“时璟家礼会，易之等伺其夕以刺之。有密告璟者，乘庳车于他所而免。”按若实有其迹，璟安得不自陈于太后！若无其迹，则人妄言耳。今不取。

司刑少卿桓彦范上疏，以为：“昌宗无功荷宠，荷，下可翻。而包藏祸心，自招其咎，此乃皇天降怒；陛下不忍加诛，则违天不祥。且昌宗既云奏讫，则不当更与弘泰往还，使之求福禳灾，是则初无悔心；所以奏者，拟事发则云先已奏陈，不发则俟时为逆。此乃奸臣诡计，若云可舍，谁为可刑！况事已再发，陛下皆释不问，使昌宗益自负得计，天下亦以为天命不死，此乃陛下养成其乱也。苟逆臣不诛，社稷亡矣。请付鸾台凤阁三司，考竟其罪！"三司，谓尚书刑部、大理寺、御史台也。唐制，大狱则召大三司考竟，又诏中书、门下同鞫之。疏奏，不报。

崔玄玮亦屡以为言，太后令法司议其罪。玄玮弟司刑少卿昪，处以大辟。昪，皮变翻。处，昌吕翻。辟，毗亦翻。宋璟复奏收昌宗下狱。复，扶又翻。下，遐嫁翻。太后曰："昌宗已自奏闻。"对曰："昌宗为飞书所逼，穷而自陈，势非得已。且谋反大逆，无容首免。首，式又翻。若昌宗不伏大刑，安用国法！"太后温言解之。璟声色逾厉曰："昌宗分外承恩，分，扶问翻。臣知言出祸从，然义激于心，虽死不恨！"【章：十二行本"恨"下有"太后不悦"四字；乙十一行本同；孔本同；张校同。】杨再思恐其忤旨，遽宣敕令出，忤，五故翻。璟曰："圣主在此，不烦宰相擅宣敕命！"太后乃可其奏，遣昌宗诣台。璟庭立而按之；事未毕，太后遣中使召昌宗特敕赦之。使，疏吏翻。璟叹曰："不先击小子脑裂，负此恨矣。"太后乃使昌宗诣璟谢，璟拒不见。考异曰：御史台记、唐历、旧传并云"收按易之等"。按璟止鞫昌宗占相事耳，无缘及易之。今所不取。旧张易之传云："宋璟请按易之，则天阳许，寻敕宋璟使幽州按都督屈突仲翔；令司礼卿崔神庆希旨，雪昌宗兄弟。"唐历云，"桓彦范上疏不报，璟登时出使。"按璟传云："特敕原易之，仍令诣璟谢。"则是昌宗敕免时，璟在都，不出使也。实录云"令韦承庆、崔神庆与璟推鞫"，当是璟执正其罪而神庆宽之耳，非璟出使后，神庆始鞫之也。旧宋璟、易之传自相违。今从御史台记。

左台中丞桓彦范、右台中丞东光袁恕己共荐詹事司直阳峤为御史。光宅分御史左、右台，各置大夫、中丞、侍御史。东光县，汉属勃海郡，唐属沧州。詹事司直正九品上，掌弹劾宫僚，纠举职事。杨再思曰："峤不乐搏击之任如何？"彦范曰："为官择人，岂必待其所欲！所不欲者，尤须与之，所以长难进之风，抑躁求之路。"乐，音洛。为，于伪翻。长，知两翻。躁，则到翻。乃擢为右台侍御史。峤，休之之玄孙也。阳休之仕高齐贵显。

先是李峤、崔玄暐奏："往属革命之时，人多逆节，遂致刻薄之吏，恣行酷法，其周兴等所劾破家者，并请雪免。"司刑少卿桓彦范又奏陈之，表疏前后十上。先，悉荐翻。属，之欲翻。劾，户概翻，又户得翻。上，时掌翻。太后乃从之。

中宗大和大圣大昭孝皇帝上

讳显，高宗第七子也。中更名哲，已而复旧名。景云元年，谥孝和皇帝，庙号中宗，天宝八年，追尊大和大圣皇帝，十三载，追尊大和大圣大昭孝皇帝。

神龙元年(乙巳、七〇五)

1 春，正月，壬午朔，赦天下，改元。考异曰：新纪："长安五年，正月，壬午，大赦；甲子，太子监国，改元。"按则天实录："神龙元年，正月，壬午朔，大赦，改元。"旧纪、唐历、统纪、会要皆同。纪年通谱亦以神龙为武后年号，中宗因之。新纪误也。自文明以来得罪者，非扬、豫、博三州及诸反逆魁首，咸赦除之。

2 太后疾甚，麟台监张易之、春官侍郎张昌宗居中用事，张柬之、崔玄暐与中台右丞敬晖、光宅元年，改尚书左、右丞为文昌左、右丞，长安三年，又改为中台左、右丞。司刑少卿桓彦范、相王府司马袁恕己谋诛之。柬之谓右羽林卫大将军李多祚曰："将军今日富贵，谁所致也？"多祚泣曰："大帝也。"柬之曰："今大帝之子为二竖所危，将军不思报大帝之德乎！"多祚曰："苟利国家，惟相公处分，处，昌吕翻。分，扶问翻。不敢顾身及妻子。"因指天地以自誓。遂与定谋。

初，柬之与荆府长史阌乡杨元琰相代，荆州都督府长史，故曰荆府。閿乡在汉弘农湖县界，隋分置县，属洛州，唐属虢州。二人相代，当在久视元年。閿，音旻。同泛江，至中流，语及太后革命事，元琰慨然有匡复之志。及柬之为相，引元琰为右羽林将军，谓曰："君颇记江中之言乎？今日非轻授也。"柬之又用彦范、晖及右散骑侍郎李湛魏、晋置散骑常侍、侍郎，与侍中、黄门共平尚书奏事。其后用人或杂，江左不重此官，或省或置。隋初省侍郎，置常侍，从三品，掌陪从朝直，炀帝又省之。武德初，以为加官。贞观初，置常侍二人，属门下省，为职事官。显庆二年，又置二员，属中书省，始有左、右之号，并金蝉、珥貂，左常侍与侍中左貂，右常侍与中书令右貂，谓之八貂。唐未尝置散骑侍郎也，据旧书，湛时为右散骑常侍，当从之。散，悉亶翻。骑，奇寄翻。皆为左、右羽林将军，委以禁兵。易之等疑惧，乃更以其党武攸宜为右羽林大将军，易之等乃安。

俄而姚元之自灵武至，柬之、彦范相谓曰："事济矣！"遂以其谋告之。彦范以事白其母，母曰："忠孝不两全，先国后家可也。"先，悉荐翻。后，户遘翻。时太子于北门起居，洛阳宫北门，亦曰玄武门。不从端门入而从北门入问起居，取便近也。彦范、晖谒见，见，贤遍翻。密陈其策，太子许之。

癸卯，柬之、玄暐、彦范与左威卫将军薛思行等帅左右羽林兵五百馀人至玄武门，帅，读曰率。遣多祚、湛及内直郎、驸马都尉安阳王同皎唐东宫内直局有内直郎二人，从六品下，掌符玺、扇伞、几案、衣服之事。安阳，汉侯国，属魏郡，其故城在汤阴。曹魏时废安阳，并入邺；后周移邺，置县于安阳故城，仍为邺县；隋又改为安阳县，为魏州治所。汉、魏郡城在县西北七里。诣东宫迎太子。太子疑，不出，同皎曰："先帝以神器付殿下，横遭幽废，横，户孟翻。人神同愤，二十三年矣。按光宅元年废太子为庐陵王，至是二十二年。今天诱其衷，诱，音酉。北门、南牙，同心协力，以【章：十二行本"以"下有"今日"二字；乙十一行本同；孔本同；张校同。】诛凶竖，复李氏社稷，南牙谓宰相，北门谓羽林诸将。愿殿下蹔至玄武门以副众望。"蹔，与暂同。太子曰："凶竖诚当夷灭，然上体不安，得无惊怛！怛，当割翻。诸公更为后图。"李湛曰："诸将相不顾家族以徇社稷，殿下奈何欲纳之鼎镬乎！请殿下自出止之。"考异曰：旧李湛传曰："湛与右羽林大将军李多祚等诣东宫迎皇太子，拒而不时出。湛进启曰：'逆竖反道乱常，将图不轨，宗社危败，实在须臾。湛等诸将与南衙执事克期诛翦，伏愿殿下暂至玄武门以副众望。'太子曰：'凶竖悖乱，诚合诛夷，然圣躬不豫，虑有惊动，公等且止，以俟后图。'湛曰：'诸将弃家族，共宰相同心匡辅社稷，殿下奈何欲陷之鼎镬！殿下速出自止遏。'太子乃上马就路。"按刘子玄中宗实录、唐历、统纪皆以此为王同皎之言，而旧传以为李湛进说。今从实录、唐历等，参取旧传。太子乃出。

同皎扶抱太子上马，从至玄武门，斩关而入。上，时掌翻。从，才用翻。太后在迎仙宫，柬之等斩易之、昌宗于庑下，庑，音武。进至太后所寝长生殿，环绕侍卫。环，音宦。太后惊起，问曰："乱者谁邪？"对曰："张易之、昌宗谋反，臣等奉太子令诛之，恐有漏泄，故不敢以闻。称兵宫禁，罪当万死！"太后见太子曰："乃汝邪？小子既诛，可还东宫。"彦范进曰："太子安得更归！昔天皇以爱子托陛下，今年齿已长，长，知两翻。久居东宫，天意人心，久思李氏。群臣不忘太宗、天皇之德，故奉太子诛贼臣。愿陛下传位太子，以顺天人之望！"李湛，义府之子也。李义府朋附武后，惑高宗以取相位。太后见之，谓曰："汝亦为诛易之将军邪？我于汝父子不薄，乃有今日！"湛惭不能对。又谓崔玄暐曰："他人皆因人以进，惟卿朕所自擢，亦在此邪？"对曰："此乃所以报陛下之大德。"

于是收张昌期、同休、昌仪，皆斩之，与易之、昌宗枭首天津南。枭，坚尧翻。是日，袁恕己从相王统南牙兵以备非常，相，息亮翻。收韦承庆、房融及司礼卿崔神庆系狱，皆易之之党也。初，昌仪新作第，甚美，逾于王主，王主，谓诸王及诸公主也。或夜书其门曰："一日丝能作几日络？"言其且诛灭，能作乐得几日也。灭去，复书之，去，羌吕翻。复，扶又翻。如是六七，昌仪取笔注其下曰：“一日亦足。”乃止。

甲辰，制太子监国，监，古衔翻。赦天下。以袁恕己为凤阁侍郎、同平章事，分遣十使赍玺书宣慰诸州。十道各遣一使。使，疏吏翻。玺，斯氏翻。乙巳，太后传位于太子。

丙午，中宗即位。赦天下，惟张易之党不原；其为周兴等所枉者，咸令清雪，子女配没者皆免之。相王加号安国相王，拜太尉、同凤阁鸾台三品，太平公主加号镇国太平公主。皇族先配没者，子孙皆复属籍，仍量叙官爵。量，音良。

丁未，太后徙居上阳宫，李湛留宿卫。戊申，帝帅百官诣上阳宫，上太后尊号曰则天大圣皇帝。帅，读曰率。上，时掌翻。

庚戌，以张柬之为夏官尚书、同凤阁鸾台三品，崔玄暐为内史，袁恕己同凤阁鸾台三品，敬晖、桓彦范皆为纳言；并赐爵郡公。李多祚赐爵辽阳郡王，王同皎为右千牛将军、琅邪郡公，李湛为右羽林大将军、赵国公；自馀官赏有差。考异曰：中宗实录：“初，冬官侍郎朱敬则以张易之等权宠日盛，恐有异图。时敬晖为左羽林将军，敬则谓之曰，‘公若假皇太子之令，举北军诛易之兄弟，两飞骑之力耳。’晖等竟用其策。及易之、昌宗伏诛，晖遂矜功自恃，故赏不及于敬则，俄出为郑州刺史。”按敬则长安四年以老罢知政事，累转冬官侍郎，而则天实录诛易之时有库部员外郎朱敬则，恐误。

张柬之等之讨张易之也，殿中监田归道将千骑宿玄武门，贞观初，太宗选善射者百人，为二番于北门长上，曰百骑，武后改曰千骑。将，即亮翻。骑，奇寄翻。敬晖遣使就索千骑，使，疏吏翻。索，山客翻。归道先不预谋，拒而不与。事宁，晖欲诛之，归道以理自陈，乃免归私第；帝嘉其忠壮，召拜太仆少卿。

齐思和标点聂崇岐覆校

资治通鉴卷第二百八

端明殿学士兼翰林侍读学士太中大夫
提举西京嵩山崇福宫上柱国河内郡开国公 司马光 奉敕编集
食邑二千二百户食实封九百户赐紫金鱼袋臣

后学天台 胡三省 音注

唐纪二十四 起旃蒙大荒落(乙巳)二月，尽强圉协洽(丁未)，凡二年有奇。

中宗大和大圣大昭孝皇帝中

神龙元年(乙巳、七〇五)

1 二月，辛亥，帝帅百官诣上阳宫问太后起居；帅，读曰率。考异曰：实录、唐历皆云"乙亥"，误也；当是辛亥。自是每十日一往。

2 甲寅，复国号曰唐。天授元年，武后更国号曰周，今复旧。郊庙、社稷、陵寝、百官、旗帜、服色、文字皆如永淳以前故事。帜，昌志翻。复以神都为东都，光宅元年，改东都曰神都。复，扶又翻，又如字。北都为并州，天授元年以并州为北都。并，卑经翻。老君为玄元皇帝高宗乾封元年上老子尊号曰玄元皇帝；武后革命，改曰老君。

3 乙卯，凤阁侍郎、同平章事韦承庆贬高要尉；高要县带端州，至京师五千七百五十里，东都五千一百五十里。正谏大夫、同平章事房融除名，流高州；旧志，高州，京师南六千二百六十二里，至东都五千五百二十里。司礼卿崔神庆流钦州。旧志，钦州至京师五千二百五十一里。杨再思为户部尚书、同中书门下三品、西京留守。尚，辰羊翻。守，手又翻。

太后之迁上阳宫也，见上卷是年正月。太仆卿、同中书门下三品姚元之独呜咽流涕。桓彦范、张柬之谓曰："今日岂公涕泣时邪！恐公祸由此始。"元之曰："元之事则天皇帝久，乍此辞违，悲不能忍。且元之前日从公诛奸逆，人臣之义也；今日别旧君，亦人臣之义也，虽获罪，实所甘心。"是日，出为亳州刺史。此姚元之所以为多智也。旧志，亳州至京师一千七百里，至东都八百九十八里。

4 甲子，立妃韦氏为皇后，赦天下。追赠后父玄贞为上洛王、母崔氏为妃。

左拾遗贾虚己上疏，以为"异姓不王，古今通制。上，时掌翻。疏，所去翻。今中兴之始，万姓喁喁喁，鱼容翻。以观陛下之政；而先王后族，王，于况翻。非所以广德美于天下也。且先朝赠后父太原王，高宗赠武后父士彟太原郡王。朝，直遥翻。殷鉴不远，须防其渐。若以恩制已行，宜令皇后固让，则益增谦冲之德矣。"不听。

初，韦后生邵王重润、长宁·安乐二公主，重，直龙翻。乐，音洛。上之迁房陵也，迁房陵见二百三卷光宅元年、垂拱元年。安乐公主生于道中，上特爱之。上在房陵与后同幽闭，备尝艰危，情爱甚笃。上每闻敕使至，辄惶恐欲自杀，使，疏吏翻。后止之曰："祸福无常，宁失一死，何遽如是！"上尝与后私誓曰："异时幸复见天日，复，扶又翻，又如字。当惟卿所欲，不相禁制。"及再为皇后，遂干预朝政，如武后在高宗之世。桓彦范上表，以为："易称'无攸遂，在中馈，贞吉'，易家人卦六二爻辞，王弼注曰：六二居内处中，履得其位，以阴应阳，尽妇人之正义，无所必遂，职乎中馈，巽顺而已，是以贞吉也。朝，直遥翻。上，时掌翻。书称'牝鸡之辰，惟家之索'。书牧誓之辞；"辰"作"晨"。孔安国曰：索，尽也。喻妇人知外事，雌代雄鸣则家尽，妇夺夫政则国亡。索，西各翻。伏见陛下每临朝，朝，直遥翻。皇后必施帷幔坐殿上，幔，莫半翻。预闻政事。臣窃观自古帝王，未有与妇人共政而不破国亡身者也。且以阴乘阳，违天也；以妇陵夫，违人也。伏愿陛下览古今之戒，以社稷苍生为念，令皇后专居中宫，治阴教，记曰：天子听男教，后听女顺；天子理阳道，后治阴德；天子听外治，后听内职。教顺成俗，外内和顺，国家理治，此之谓盛德。治，直之翻。勿出外朝干国政。"朝，直遥翻。

先是，胡僧慧范以妖妄游权贵之门，与张易之兄弟善，韦后亦重之。及易之诛，复称慧范预其谋，以功加银青光禄大夫，赐爵上庸县公，出入宫掖，上数微行幸其舍。彦范复表言慧范执左道以乱政，请诛之。先，悉荐翻。复，扶又翻。数，所角翻；下又数同。记王制：执左道以乱政者杀。上皆不听。

5 初，武后诛唐宗室，有才德者先死，惟吴王恪之子郁林侯千里，褊躁无才，躁，则到翻。又数献符瑞，故独得免。上即位，立为成王，拜左金吾大将军。武后所诛唐诸王、妃、主、驸马等皆无人葬埋，子孙或流窜岭表，或拘囚历年，或逃匿民间，为人佣保。至是，制州县求访其柩，以礼改葬，柩，音旧。追复官爵，召其子孙，使之承袭，无子孙者为择后置之。既而宗室子孙相继而至，皆召见，为，于伪翻。见，贤遍翻。涕泣舞蹈，各以亲疏袭爵拜官有差。

6 二张之诛也，洛州长史薛季昶谓张柬之、敬晖曰："二凶虽除，产、禄犹在，产、禄，谓武三思等。去草不去根，终当复生。"去，羌吕翻。复，扶又翻；下可复同。二人曰："大事已定，彼犹机上肉耳，夫何能为！所诛已多，不可复益也。"季昶叹曰："吾不知死所矣。"朝邑尉武强刘幽求武强县，汉河间之武隧也，晋更名，属武邑郡，唐属冀州。朝，直遥翻。亦谓桓彦范、敬晖曰："武三思尚存，公辈终无葬地；若不早图，噬脐无及。”不从。左传，邓三甥劝邓侯杀楚子，曰：“若不早图，后君噬脐。”考异曰：御史台记曰：“张柬之勒兵于景运门，将收诸武诛之。彦范以事既竟，不欲广诛，遽解其兵。柬之固争不果。”狄梁公传曰：“袁谓张公曰：‘昔有遗言，使先收梁王武三思，岂可舍诸？’张公曰：‘但大事毕功，此皆机上之物，岂有逃乎！’”按旧唐书薛季昶传、敬晖传、唐统纪、唐历、狄梁公传皆云“张柬之、敬晖不欲诛武三思”，唯御史台记以为“柬之固争，而彦范不从。”新唐书彦范传亦云，“薛季昶劝诛三思，会日暮事遽，彦范不欲广杀，因曰：‘三思机上肉耳，留为天子藉手。’季昶叹曰：‘吾无死所矣。’”按柬之时为宰相，首建此谋，当是与桓、敬等皆不可，不应独由彦范也。

上女安乐公主适三思子崇训。上官婉儿，仪之女孙也，仪死，上官仪死见二百一卷高宗麟德元年。没入掖庭，辩慧善属文，属，之欲翻。明习吏事。则天爱之，自圣历以后，百司表奏多令参决；及上即位，又使专掌制命，益委任之，拜为婕妤，婕妤，音接予。用事于中。三思通焉，故党于武氏，又荐三思于韦后，引入禁中，上遂与三思图议政事，张柬之等皆受制于三思矣。考异曰：旧传云：“诛易之明日，三思因韦后之助，潜入宫中，内行相事，反易国政。居数日，五王皆失柄，受制于三思矣。”事似伤速。今微加删改。上使韦后与三思双陆，双陆者，投琼以行十二棋，各行六棋，故谓之双陆。而自居旁为之点筹；三思遂与后通，由是武氏之势复振。

张柬之等数劝上诛诸武，上不听。为，于伪翻。复，扶又翻，又如字。数，所角翻；下上数同。柬之等曰：“革命之际，宗室诸李，诛夷略尽；今赖天地之灵，陛下返正，而武氏滥官僭爵，按堵如故，岂远近所望邪！愿颇抑损其禄位以慰天下！”又不听。柬之等或抚床叹愤，或弹指出血，曰：“主上昔为英王，时称勇烈，吾所以不诛诸武者，欲使上自诛之以张天子之威耳。张，知亮翻。今反如此，事势已去，知复奈何！”复，扶又翻。

上数微服幸武三思第，监察御史清河崔皎密疏谏曰：清河，汉县，后汉和帝改曰甘陵，晋复旧名，唐带贝州。“国命初复，则天皇帝在西宫，上阳宫在洛阳宫城之西，故曰西宫。人心犹有附会；周之旧臣，列居朝廷，陛下奈何轻有外游，不察豫且之祸！”白龙鱼服，见困豫且。且，子余翻。上泄之，三思之党切齿。

丙寅，以太子宾客武三思为司空、同中书门下三品。

7 左散骑常侍谯王重福，上之庶子也；散，悉亶翻。骑，奇寄翻。重，直龙翻；下同。其妃，张易之之甥。韦后恶之，恶，乌路翻。谮于上曰：“重润之死，重福为之也。”重润死见上卷长安元年。由是贬濮州员外刺史，又改均州刺史，旧志，濮州，京师东北一千五百七十里，至东都七百二十五里。均州，京师东南九百三十里，至东都九百一十七里。常令州司防守之。

8 丁卯，以右散骑常侍安定王武攸暨为司徒、定王。

9 辛未，相王固让太尉及知政事，许之；又立为皇太弟，相王固辞而止。相，息亮翻。

10 甲戌，以国子祭酒始平祝钦明同中书门下三品，黄门侍郎、知侍中事韦安石为刑部尚书，罢知政事。

11 丁丑，武三思、武攸暨固辞新官爵及政事，许之，并加开府仪同三司。

12 立皇子义兴王重俊为卫王，北海王重茂为温王；仍以重俊为洛州牧。重，直龙翻。

13 三月，甲申，制：“文明已来破家子孙皆复旧资荫，唯徐敬业、裴炎不在免限。”韦、武之意也。

14 丁亥，制：“酷吏周兴、来俊臣等，已死者追夺官爵，存者皆流岭南恶地。”按旧书，此时酷吏之存者，唐奉一、李秦授、曹仁哲。

15 己丑，以袁恕己为中书令。

16 以安车征安平王武攸绪于嵩山，武攸绪隐嵩山，见二百五卷万岁通天元年。既至，除太子宾客；固请还山，许之。

17 制："枭氏、蟒氏皆复旧姓。"枭、蟒氏见二百卷高宗永徽六年。枭，工尧翻。

18 术士郑普思、尚衣奉御叶静能叶，旧音摄，后音木叶之叶。吴志孙皓传有都尉叶雄。皆以妖妄为上所信重，妖，于乔翻。夏，四月，墨敕以普思为秘书监，静能为国子祭酒。墨敕出于禁中，不由中书门下。桓彦范、崔玄暐固执不可，上曰："已用之，无容遽改。"彦范曰："陛下初即位，下制云：'政令皆依贞观故事。'贞观中，魏征、虞世南、颜师古为秘书监，孔颖达为国子祭酒，岂普思、静能之比乎！"庚戌，左拾遗李邕上疏，以为"诗三百，一言以蔽之，曰'思无邪'。引论语孔子之言。上，时掌翻。疏，所去翻。若有神仙能令人不死，则秦始皇、汉武帝得之矣；佛能为人福利，则梁武帝得之矣。尧、舜所以为帝王首者，亦修人事而已。尊宠此属，何补于国！"上皆不听。

19 上即位之日，驿召魏元忠于高要；魏元忠贬，见上卷长安三年。丁卯，至都，拜卫尉卿、同平章事。

20 甲戌，以魏元忠为兵部尚书，韦安石为吏部尚书，李怀远为右散骑常侍，唐休璟为辅国大将军，璟，俱永翻。崔玄暐检校益府长史，杨再思检校杨府长史，祝钦明为刑部尚书，并同中书门下三品。元忠等皆以东宫旧僚褒之也。史言中宗命相，非以德授。

21 乙亥，以张柬之为中书令。

22 戊寅，追赠故邵王重润为懿德太子。

23 五月，壬午，迁周庙七主于西京崇尊庙。周立七庙，见二百四卷武后天授元年；崇尊庙见天授二年。制："武氏三代讳，奏事者皆不得犯。"

24 乙酉，立太庙、社稷于东都。

25 以张柬之等及武攸暨、武三思、郑普思等十六人皆为立功之人，赐以铁券，自非反逆，各恕十死。

26 癸巳，敬晖等帅百官上表，以为："五运迭兴，五运谓五德之运。帅，读曰率。事不两大。天授革命之际，宗室诛窜殆尽，岂得与诸武并封！今天命惟新，而诸武封建如旧，并居京师，开辟以来未有斯理。愿陛下为社稷计，顺遐迩心，降其王爵以安内外。"上不许。

敬晖等畏武三思之谗，以考功员外郎崔湜为耳目，伺其动静。湜，常职翻。伺，相吏翻。湜见上亲三思而忌晖等，乃悉以晖等谋告三思，反为三思用；三思引为中书舍人。湜，仁师之孙也。崔仁师见一百九十二卷太宗贞观元年。

先是，殿中侍御史南皮郑愔谄事二张，南皮县，汉属勃海郡，唐武德初属景州，贞观初属沧州。先，悉荐翻。愔，于今翻。二张败，贬宣州司士参军，坐赃，亡入东都，旧志，宣州至东都二千五百一十里。私谒武三思。初见三思，哭甚哀，既而大笑。三思素贵重，甚怪之，愔曰："始见大王而哭，哀大王将戮死而灭族也。后乃大笑，喜大王之得愔也。大王虽得天子之意，彼五人皆据将相之权，五人谓张柬之、敬晖、桓彦范、崔玄暐、袁恕己也。胆略过人，废太后如反掌。大王自视势位与太后孰重？彼五人日夜切齿欲噬大王之肉，非尽大王之族不足以快其志。大王不去此五人，危如朝露，去，羌吕翻。朝露易晞。而晏然尚自以为泰山之安，此愔所以为大王寒心也。"为，于伪翻；下因为同。三思大悦，与之登楼，问自安之策，引为中书舍人，与崔湜皆为三思谋主。

三思与韦后日夜谮晖等，云"恃功专权，将不利于社稷。"上信之。三思等因为上画策，"不若封晖等为王，罢其政事，外不失尊宠功臣，内实夺之权。"上以为然，甲午，以侍中齐公敬晖为平阳王，桓【章：十二行本“桓”上有“谯公”二字；乙十一行本同；孔本同；张校同。】彦范为扶阳王，中书令汉阳公张柬之为汉阳王，南阳公袁恕己为南阳王，特进、同中书门下三品博陵公崔玄暐为博陵王，考异曰：统纪曰：“太后善自粉饰，虽子孙在侧，不觉其衰老。及在上阳宫，不复栉颒，形容羸悴。上入见，大惊。太后泣曰：‘我自房陵迎汝来，固以天下授汝矣，而五贼贪功，惊我至此。’上悲泣不自胜，伏地拜谢死罪。由是三思等得入其谋。”按中宗顽鄙不仁，太后虽毁容涕泣，未必能感动移其意。其所以疏忌五王，自用韦后、三思之言耳。今不取。五王尊卑，先后不定。实录，诛张易之时以张柬之为首，赐铁券以崔玄暐为首，封王及谪为司马、长流皆以敬晖为首，旧传及开元复官诏并以桓彦范为首。按长安四年，六月，玄暐为鸾台侍郎、平章事。十月，张柬之自秋官侍郎同平章事，十一月，守凤阁侍郎。诛易之时，唯此二人为相。神龙元年，正月，袁恕己自司刑少卿为凤阁侍郎、同平章事；庚戌，张柬之为夏官尚书，玄暐守内史，敬晖、桓彦范并为纳言；三月，恕己守中书令；四月，柬之为中书令，敬晖为侍中。五王迁转先后如此。疑实录但以诛易之时柬之首谋，故以柬之为首。晖与彦范同为侍中，疑侍中在中书令上，故削诸武表及罢政事皆以晖为首。赐铁券时，玄暐已加特进，晖等罢政方加特进，而玄暐如旧，疑特进虽散阶而品秩最高，故以玄暐为首。彦范与晖同为侍中，而彦范被祸最酷，疑开元诏及史官特以为首，未必以当时位次也。天后、中宗时，侍中疑在中书令上。罢知政事，赐金帛鞍马，令朝朔望；朝，直遥翻。仍赐彦范姓韦氏，与皇后同籍。寻又以玄暐检校益州长史、知都督事，又改梁州刺史。益州，京师西南二千三百七十九里，至东都三千二百一十六里。梁州至京师一千二百二十三里，东都二千七十八里。三思令百官复修则天之政，复，扶又翻，下温复同。不附武氏者斥之，为五王所逐者复之，大权尽归三思矣。

五王之请削武氏诸王也，求人为表，众莫肯为。中书舍人岑羲为之，语甚激切；中书舍人偃师毕构次当读表，辞色明厉。三思既得志，羲改秘书少监，出构为润州刺史。润州，京师东南二千八百二十一里，至东都一千七百九十七里。

易州刺史赵履温，桓彦范之妻兄也。彦范之诛二张，称履温预其谋，召为司农少卿，履温以二婢遗彦范；遗，于季翻。及彦范罢政事，履温复夺其婢。

上嘉宋璟忠直，屡迁黄门侍郎。武三思尝以事属璟，属，之欲翻。璟正色拒之曰："今太后既复子明辟，王当以侯就第，何得尚干朝政！朝，直遥翻。独不见产、禄之事乎！"

27 以韦安石兼检校中书令，魏元忠兼检校侍中，又以李湛为右散骑常侍，赵承恩为光禄卿，杨元琰为卫尉卿。

先是，元琰知三思浸用事，请弃官为僧，上不许。敬晖闻之，笑曰："使我早知，劝上许之，髡去胡头，岂不妙哉！"先，悉荐翻。去，羌吕翻。元琰多须类胡，故晖戏之。元琰曰："功成名遂，不退将危。此乃由衷之请，衷，诚也；由衷，言出于诚心。非徒然也。"晖知其意，瞿然不悦。瞿，九遇翻。瞿然，惊视貌。及晖等得罪，元琰独免。

28 上官婕妤劝韦后袭则天故事，上表请天下士庶为出母服丧三年，上，时掌翻。为，于伪翻。所以感动帝心，令其念武后也。又请百姓年二十三为丁，五十九免役，唐制，二十一为丁，六十为老。改易制度以收时望。制皆许之。

29 癸卯，制，降诸武，梁王三思为德静王，定王攸暨为乐寿王，皆降封县王也。德静县属夏州；乐寿县属深州。河内王懿宗等十二人皆降为公，以厌人心。乐，音洛。厌，于协翻。

30 甲辰，以唐休璟为左仆射，同中书门下三品如故；璟，俱永翻。豆卢钦望为右仆射。

31 六月，壬子，以左骁卫大将军裴思说充灵武军大总管，以备突厥。骁，坚尧翻。说，读曰悦。厥，九勿翻。

32 癸亥，命右仆射豆卢钦望，有军国重事，中书门下可共平章。

先是，仆射为正宰相，先，悉荐翻。其后多兼中书门下之职，午前决朝政，朝，直遥翻。午后决省事。省事，尚书省事也。至是，钦望专为仆射，不敢预政事，故有是命。是后专拜仆射者，不复为宰相矣。复，扶又翻。

又以韦安石为中书令，魏元忠为侍中，杨再思检校中书令。

33 丁卯，祔孝敬皇帝于太庙，号义宗。故太子弘谥孝敬皇帝，帝兄也。

34 戊辰，洛水溢，流二千馀家。

35 秋，七月，辛巳，以太子宾客韦巨源同中书门下三品，西京留守如故。守，式又翻。

36 特进汉阳王张柬之表请归襄州养疾；乙未，以柬之为襄州刺史，不知州事，给全俸。唐制，特进正二品，郡王从一品；从品高给一品，月俸八千，食料一千八百，杂用一千二百。上州刺史从三品，月俸五千一百，杂用九百。

37 河南、北十七州大水。八月，戊申，以水灾求直言。右卫骑曹参军西河宋务光上疏，唐诸卫府有仓、兵、骑、胄四曹参军，骑曹参军掌外内杂畜簿帐牧养，凡府马承直，以远近分七番，月一易之，以敕出宫城者给马。西河县属汾州。骑，奇寄翻。上，时掌翻。疏，所去翻。以为："水阴类，臣妾之象，恐后庭有干外朝之政者，朝，直遥翻。宜杜绝其萌。今霖雨不止，乃闭坊门以禳之，至使里巷谓坊门为宰相，言朝廷使之燮理阴阳也。宋白曰：唐制，久雨则闭坊市北门以祈晴。又，太子国本，宜早择贤能而立之。又，外戚太盛，如武三思等，宜解其机要，厚以禄赐。又，郑普思、叶静能以小技窃大位，亦朝政之蠹也。"疏奏，不省。技，渠绮翻。朝，直遥翻。省，悉景翻。

38 壬戌，追立妃赵氏为恭皇后，赵妃死见二百二卷高宗上元二年。考异曰：旧本纪云“甲子”，今从实录。孝敬皇帝妃裴氏为哀皇后。

39 九月，壬午，上祀昊天上帝、皇地祇于明堂，以高宗配。

40 初，上在房陵，州司制约甚急；刺史河东张知謇、灵昌崔敬嗣河东，旧蒲阪也，带河东郡；隋废郡，改蒲阪为河东县；唐因之，带蒲州。隋分酸枣县，置灵昌县，因河津以为名；唐属滑州。謇，九辇翻。独待遇以礼，供给丰赡。赡，而艳翻。上德之，擢知謇自贝州刺史为左卫将军，赐爵范阳公。敬嗣已卒，求得其子汪，嗜酒，不堪厘职，除五品散官。唐六典，隋炀帝置朝请大夫为正五品散官。隋文帝置朝散大夫为正四品散官，炀帝改从五品下。

41 改葬上洛王韦玄贞，其仪皆如太原王故事。武士彟封太原王。

42 癸巳，太子宾客、同中书门下三品韦巨源罢为礼部尚书，以其从父安石为中书令故也。从，才用翻。

43 以左卫将军上邽纪处讷兼检校太府卿，处讷娶武三思之妻姊故也。处，昌吕翻。

44 冬，十月，命唐休璟留守京师。守，式又翻。

45 癸亥，上幸龙门；乙丑，猎于新安而还。还，从宣翻，又如字。

46 辛未，以魏元忠为中书令，杨再思为侍中。

47 十一月，戊寅，群臣上皇帝尊号曰应天皇帝，皇后曰顺天皇后。上，时掌翻。壬午，上与后谒谢太庙，赦天下；相王、太平公主加实封，皆满万户。相，息亮翻。

48 己丑，上御洛城南楼，洛阳皇城之西南曰洛城门，门内即洛城殿。观泼寒胡戏。泼寒胡戏即乞寒胡戏，本出于胡中西域康国，十一月鼓舞乞寒，以水交泼为乐，武后末年始以季冬为之。清源尉吕元泰上疏，以为“谋时寒若，清源县属并州，隋于古梗阳城置，以水为名。书洪范曰：谋时寒若。注云：君能谋则时寒顺之。若，顺也。上，时掌翻。疏，所去翻。何必裸身挥水，鼓舞衢路以索之！”裸，郎果翻。索，山客翻。疏奏，不纳。

49 壬寅，则天崩于上阳宫，年八十二。遗制：“去帝号，去，羌吕翻。称则天大圣皇后。王、萧二族及褚遂良、韩瑗、柳奭亲属皆赦之。”武后之立也，王皇后、萧淑妃幽废，不得良死，褚遂良、韩瑗以谏死，柳奭以王后亲属死，其亲属皆流窜。

上居谅阴，以魏元忠摄冢宰三日。元忠素负忠直之望，中外赖之；武三思惮之，矫太后遗制，慰谕元忠，赐实封百户。元忠捧制，感咽涕泗，见者曰：“事去矣！”知其不敢复论武氏事也。

十二月，丁卯，上始御同明殿见群臣。见，贤遍翻。六典：东都皇宫南面三门，中曰应天，左曰兴教，右曰光政。光政之北曰明福，明福之西曰崇贤门，其内曰集贤殿，集贤之东曰亿岁殿，又东曰同明殿。

50 太后将合葬乾陵，给事中严善思上疏，以为：“乾陵玄宫以石为门，铁锢其缝，缝，扶用翻。今启其门，必须镌凿。神明之道，体尚幽玄，动众加功，恐多惊黩。况合葬非古，汉时诸陵，皇后多不合葬，魏、晋已降，始有合者。望于乾陵之傍更择吉地为陵，若神道有知，幽涂自当通会；若其无知，合之何益！”不从。

51 是岁，户部奏天下户六百一十五万，口三千七百一十四万有畸。

二年(丙午、七〇六)

1 春，正月，戊戌，以吏部尚书李峤同中书门下三品，中书侍郎于惟谦同平章事。

2 闰月，丙午，制：“太平、长宁、安乐、宜城、新都、定安、金城公主并开府，置官属。”自长宁以下皆皇女也。乐，音洛。

3 武三思以敬晖、桓彦范、袁恕己尚在京师，忌之，乙卯，出为滑、洺、豫三州刺史。旧志，滑州去京师一千四百四十里，东都五百三十里。洺州，京师东北一千五百八十五里，至东都八百五十七里。豫州，去京师一千五百四十里，至东都六百七十里。考异曰：实录、新纪、新旧列传皆不见崔玄暐及晖等出为刺史年月，惟旧纪及统纪、唐历有此三人。盖玄暐先已出矣，但不知何时。然晖等贬为司马时，乃刺朗、亳、郢、均四州，盖于后又经迁徙矣。唐历、统纪以为在王同皎诛后，今从之。

4 赐閺乡僧万回号法云公。万回姓张氏。初，母祈于观音像而妊回，回生而愚，八九岁乃能语，虽父母亦以豚犬畜之。其兄戍役于安西，音问隔绝，父母遣其问讯，一日，朝赍所备而往，夕返其家，父母异之。弘农去安西万里，以其万里而回，因号万回。武后赐之锦袍金带。

5 甲戌，以突骑施酋长乌质勒为怀德郡王。骑，奇寄翻。酋长，上慈由翻，下知两翻。

6 二月，乙未，以刑部尚书韦巨源同中书门下三品，仍与皇后叙宗族。

7 丙申，僧慧范等九人并加五品阶，赐爵郡、县公；道士史崇恩等加【章：十一行本“加”上有“三人”二字；乙十一行本同。】五品阶，除国子祭酒，同正；唐会要曰：永徽五年，蒋孝璋除尚药奉御，员外特置，仍同正员。员外官自此始也。叶静能加金紫光禄大夫。

8 选左、右台及内外五品以上官二十人为十道巡察使，使，疏吏翻。委之察吏抚人，荐贤直狱，二年一代，考其功罪而进退之。易州刺史魏人姜师度、礼部员外郎马怀素、殿中侍御史临漳源乾曜、监察御史灵昌卢怀慎、卫尉少卿滏阳李杰皆预焉。魏县，汉属魏郡，时属魏州，晋愍帝讳邺，改邺为临漳，时邺城已沦覆矣。后赵复为邺县。东魏分邺、内黄、斥丘、肥乡，置临漳县，属魏郡，周、隋、唐属相州。滏阳，汉武安县地，后周置滏阳县，属相州。滏，音釜。

9 三月，甲辰，中书令韦安石罢为户部尚书；户部尚书苏瓌为侍中、西京留守。守，手又翻。瓌，颋之父也。颋，他鼎翻。唐休璟致仕。

10 初，少府监丞弘农宋之问及弟兖州司仓之逊弘农县带虢州，治弘农川。唐制，仓曹司仓参军事掌租调、公廨、庖厨、仓库、市肆。皆坐附会张易之贬岭南，逃归东都，匿于友人光禄卿、驸马都尉王同皎家。同皎疾武三思及韦后所为，每与所亲言之，辄切齿。之逊于帘下闻之，密遣其子昙及甥校书郎李悛告三思，欲以自赎。三思使昙、悛及抚州司仓冉祖雍抚州，汉南昌南城县地，吴孙亮分置临川郡，隋平陈，置抚州。昙，徒含翻。悛，丑缘翻。上书告同皎与洛阳人张仲之、祖延庆、武当丞寿春周憬等寿春县，汉属淮南郡，晋避郑太后讳，改曰寿阳，隋复曰寿春县，带寿州。憬，俱永翻。潜结壮士，谋杀三思，因勒兵诣阙，废皇后。上命御史大夫李承嘉、监察御史姚绍之按其事，又命杨再思、李峤、韦巨源参验。仲之言三思罪状，事连宫壸。壸，苦本翻。再思、巨源阳寐不听；峤与绍之命反接送狱。仲之还顾，言不已，绍之命挝之，折其臂。仲之大呼曰：挝，则瓜翻。折，而设翻。呼，火故翻。"吾已负汝，死当讼汝于天！"庚戌，同皎等皆坐斩，考异曰：御史台记曰："同皎与张仲之等谋诛三思，为宋昙所发。御史大夫李承嘉、御史姚绍之按问，事连椒宫，内敕宰相问对。诸宰佯假寐无所闻，独峤与承嘉窃议，同皎、仲之等遇族。"又曰："张仲之等谋诛武三思，宋之逊子昙知其谋，将发之，未果。会冉祖雍、李悛于路白之，雍、悛以闻。"又曰："张仲之、宋之逊、祖延庆谋于衣袖中发铜弩射三思，伺其便未果。之逊子昙密发之，敕李承嘉与绍之按于新开门内。初，绍之将直其事，未定，敕宰相对问。诸相畏三思，但僶俛佯不闻仲之、延庆言。诸相中有附会三思者，屡与承嘉耳言，复说诱绍之，事乃变，遂密置人力十馀，命引仲之对问，至则塞口反接，送系所。绍之还谓仲之曰：'张三，事不谐矣！'仲之固言三思反状，绍之命挝之而臂折，仲之大呼天者六七，谓绍之：'反贼！我臂且折矣，已输你，当诉尔于天曹！'乃自诬反而遇族。"朝野佥载曰："初，之逊谄附张易之兄弟，出为兖州司仓，遂亡归，王同皎匿之于小房。皎，慷慨之士也，忿逆韦与武三思乱国，与一二所亲论之，每至切齿。之逊于帘下窃听之，遣侄昙上书告之，以希逆韦之旨。武三思等果大怒，奏诛同皎之党。"实录："同皎与周憬等潜谋诛三思，乃招集将士，期以则天灵驾发引因劫杀三思。李悛等知而告三思，三思因言同皎等谋反，竟坐斩。”唐历、统纪亦与实录略同，而云“仲之误泄于友人宋之问，之问伪应之，祖雍、之逊亦预其谋，既而背之。李悛，之问甥也，命以告三思，因言同皎谋反。”旧传云：“之问左迁泷州参军，未几逃还，匿于张仲之家。仲之与同皎等谋杀武三思，之问令兄子发其事以自赎。及同皎等获罪，起之问为鸿胪主簿。”按三思得幸于中宗、韦后，权倾天下，同皎等若擅杀之，岂得晏然无事！苟无胁君之志，岂得轻为此谋！又云“袖中发铜弩”，此则殆同儿戏。盖忿疾三思，或与仲之、憬等有欲杀之言，而之逊等以告三思，三思因教昙等诬告同皎，云谋于灵驾发引日劫杀三思，因废皇后谋反耳。今从佥载。籍没其家。周憬亡入比干庙中，大言曰：“比干古之忠臣，知吾此心。三思与皇后淫乱，倾危国家，行当枭首都市，恨不及见耳！”遂自刭。枭，坚尧翻。刭，古顶翻。之问、之逊、昙、悛、祖雍并除京官，京官，谓在京职官也，亦谓之京司官。加朝散大夫。朝，直遥翻。散，悉亶翻。

11 武三思与韦后日夜谮敬晖等不已，复左迁晖为朗州刺史，崔玄暐为均州刺史，桓彦范为亳州刺史，袁恕己为郢州刺史；郢州，汉竟陵县地，江左置竟陵郡，西魏置温州，后周置郢州。复，扶又翻。与晖等同立功者皆【章：十二行本“皆”上有“薛思行等”四字；乙十一行本同；孔本同；张校同；退斋校同。】以为党与坐贬。

12 大置员外官，自京司及诸州凡二千馀人，宦官超迁七品以上员外官者又将千人。

魏元忠自端州还，为相，魏元忠先贬高要尉。高要县带端州。相，息亮翻。不复强谏，复，扶又翻。惟与时俯仰；中外失望。酸枣尉袁楚客酸枣县，汉、晋属陈留郡，后齐废，隋开皇六年复置，属郑州，唐属滑州。致书元忠，以为：“主上新服厥命，惟新厥德，引书咸有一德之文。当进君子，退小人，以兴大化，岂可安其荣宠，循默而已！今不早建太子，择师傅而辅之，一失也。公主开府置僚属，二失也。崇长缁衣，使游走权门，借势纳赂，三失也。俳优小人，盗窃品秩，四失也。有司选进贤才，皆以货取势求，五失也。宠进宦者，殆满千人，为长乱之阶，六失也。长，知两翻。王公贵戚，赏赐无度，竞为侈靡，七失也。广置员外官，伤财害民，八失也。先朝宫女，得自便居外，出入无禁，交通请谒，九失也。九失，指言上官婕妤、贺娄尚宫之类。朝，直遥翻。左道之人，荧惑主听，盗窃禄位，十失也。十失指言叶静能、郑普思之类。凡此十失，君侯不正，谁与正之哉！”元忠得书，愧谢而已。

13 夏，四月，改赠后父韦玄贞为酆王，后四弟皆赠郡王。四弟，洵、浩、洞、泚也。

14 己丑，左散骑常侍、同中书门下三品李怀远致仕。

15 处士韦【章：十二行本“韦”上有“京兆”二字；乙十一行本同；孔本同。】月将上书告武三思潜通宫掖，必为逆乱；处，昌吕翻。上大怒，命斩之。黄门侍郎宋璟奏请推按，璟，俱永翻。上益怒，不及整巾，屣履出侧门，侧门，非正出之门。程大昌曰：唐大明宫朝堂外左、右金吾仗之侧，有曰侧门者，以其在端门旁侧也。以长安大明宫之侧门推之，则洛阳宫之侧门从可知也。屣，所徙翻，履不蹑跟也。谓璟曰：“朕谓已斩，乃犹未邪！”命趋斩之。趋，与趣同，尺玉翻。璟曰：“人言宫中私于三思，陛下不问而诛之，臣恐天下必有窃议。”固请按之，上不许，璟曰：“必欲斩月将，请先斩臣！不然，臣终不敢奉诏。”上怒少解。少，诗沼翻。左御史大夫苏珦、珦，式亮翻。给事中徐坚、大理卿长安尹思贞皆以为方夏行戮，有违时令。上乃命与杖，流岭南。过秋分一日，平晓，广州都督周仁轨斩之。考异曰：朝野佥载曰：“周仁轨过秋分一日平晓斩之，有敕舍之而不及。”统纪，月将死附于此年末，唐纪在二月，旧传、唐历皆在五王死后。按此年七月杀敬晖等，若在后，徐坚表不得云“朱夏在辰”，思贞不得云“发生之月也”。今约其事附于此月。

16 御史大夫李承嘉附武三思，诋尹思贞于朝，朝，直遥翻。思贞曰："公附会奸臣，将图不轨，先除忠臣邪！"承嘉怒，劾奏思贞，出为青州刺史。旧志，青州，京师东北二千五百二十里，至东都一千五百七里。或谓思贞曰："公平日讷于言，及廷折承嘉，何其敏邪？"折，之舌翻。思贞曰："物不能鸣者，激之则鸣。承嘉恃威权相陵，仆义不受屈，亦不知言之从何而至也。"

17 武三思恶宋璟，恶，乌路翻。出之检校贝州刺史。旧志：贝州，京师东北一千七百八十二里，至东都九百九十三里。

18 五月，庚申，葬则天大圣皇后于乾陵。

19 武三思使郑愔告朗州刺史敬晖、亳州刺史韦彦范、桓彦范时赐姓韦，因而称之。愔，于今翻。亳，旁各翻。襄州刺史张柬之、郢州刺史袁恕己、均州刺史崔玄暐与王同皎通谋，六月，戊寅，贬晖崖州司马，彦范泷州司马，柬之新州司马，恕己窦州司马，玄暐白州司马，泷，所江翻。白州，汉合浦县地，武德初置南州，仍分合浦置博白县，六年改曰白州。考异曰：唐历、统纪，皆于王同皎诛后即云"三思令宣州司功郑愔诬柬之等与王同皎谋反，又贬玄暐等四人为僻远州刺史。"按愔若于时已告云谋反，则岂应犹得刺史？又云告柬之等，而柬之岂得独不贬！今从实录。并员外置，仍长任，削其勋封；复彦范姓桓氏。

20 初，韦玄贞流钦州而卒，流钦州见二百三卷武后光宅元年。卒，子恤翻。蛮酋宁承基兄弟逼取其女，酋，慈由翻。妻崔氏不与，承基等杀之，及其四男洵、浩、洞、泚，洵，音荀。泚，且礼翻。上命广州都督周仁轨使将兵二万讨之。将，即亮翻。承基等亡入海，仁轨追斩之，以其首祭崔氏墓，杀掠其部众殆尽。上喜，加仁轨镇国大将军，唐武散官无镇国大将军，盖中宗创置以宠仁轨也。充五府大使，五府，广、桂、邕、容、琼五都督府也。使，疏吏翻。赐爵汝南郡公。韦后隔帘拜仁轨，以父事之。及韦后败，仁轨以党与诛。考异曰：朝野佥载曰："韦氏遭则天废庐陵之后，后父韦玄贞与妻女等并流岭南，被首领宁氏大族逼夺其女，不伏，遂杀贞夫妻，七娘等并夺去。

及孝和即位，皇后当途，广州都督周仁轨将兵诛宁氏，走入南海，轨追之，杀掠并尽。韦后隔帘拜，以父事之，用为并州长史。后阿韦作逆，轨以党与诛。”今从实录，参取诸书。

21 秋，七月，戊申，立卫王重俊为太子。重，直龙翻。太子性明果，而官属率贵游子弟，所为多不法；左庶子姚珽屡谏，不听，为太子不终张本。珽，待鼎翻。珽，璹之弟也。姚璹相武后。璹，殊玉翻。

22 丙寅，以李峤为中书令。

23 上将还西京，辛未，左散骑常侍李怀远同中书门下三品，充东都留守。散，悉亶翻。骑，奇寄翻。守，式又翻。

24 武三思阴令人疏皇后秽行，榜于天津桥，行，下孟翻。请加废黜。上大怒，命御史大夫李承嘉穷核其事。承嘉奏言：“敬晖、桓彦范、张柬之、袁恕己、崔玄暐使人为之，虽云废后，实谋大逆，请族诛之。”三思又使安乐公主谮之于内，安乐公主下嫁三思子崇训，故得使之谮五王。乐音洛。侍御史郑愔言之于外，上命法司结竟。结竟者，结其罪、竟其狱也。或曰：竟，尽也，尽其命也。愔，于今翻。大理丞三原李朝隐奏称：“晖等未经推鞫，不可遽就诛夷。”朝，直遥翻。大理丞裴谈奏称：“晖等宜据制书处斩籍没，不应更加推鞫。”处，昌吕翻。上以晖等尝赐铁券，许以不死，乃长流晖于琼州，考异曰：实录初云“嘉州”，后云“崖州”；新本纪作“嘉州”；旧传作“崖州”。今从统纪、新传。彦范于瀼州，柬之于泷州，武德四年，平萧铣，分隋永熙郡之泷水县置泷州。泷，所江翻。瀼州，隋将刘方始开此路。贞观十二年，寻刘方故道，行达交趾，开拓夷獠，置瀼州。州在郁林西南交趾之东，北有瀼水，以为州名。恕己于环州，贞观十二年，李弘节开拓生蛮，置环州，取环王国为名，属岭南道。玄暐于古州，古州，亦李弘节开夷獠置。子弟年十六以上，皆流岭外。擢承嘉为金紫光禄大夫，进爵襄武郡公，谈为刑部尚书；出李朝隐为闻喜令。

三思又讽太子上表，请夷晖等三族；上不许。

中书舍人崔湜说三思曰："晖等异日北归，终为后患，不如遣使矫制杀之。"三思问谁可使者，湜荐大理正周利用。【严："用"改"贞"；下同。】利用先为五王所恶，贬嘉州司马，乃以利用摄右台侍御史，奉使岭外。比至，柬之、玄暐已死，遇彦范于贵州，说，输芮翻。使，疏吏翻。恶，乌路翻。比，毗至翻。贵州，汉广郁县地，古西瓯骆越所居，后汉谷永为郁林太守，降乌浒人十馀万，开置七县，即此处也。地在广州西南、安南府之北，邕管所管郡县是也。隋分郁林置郁平县，属南定州，武德曰南尹州，贞观八年曰贵州。令左右缚之，曳于竹槎之上，槎，钮加翻。肉尽至骨，然后杖杀。得晖，冎而杀之。恕己素服黄金，利用逼之使饮野葛汁，本草：钩吻，一名野葛。陶弘景曰：言其入口钩人喉吻。核事而言，乃是两物，未详云何。岭表录异曰：野葛，毒草也，俗呼为胡蔓草，误食之则用羊血解之。陈藏器曰：人食其叶，饮冷水即死，冷水发其毒也。彼人以野葛饲人，勿与冷水，至肥大，以冷水饮之，至死。悬尸于树，汁滴地生菌子，收之，名菌药，烈于野葛。尽数升不死，不胜毒愤，掊地，胜，音升。掊，薄侯翻。爪甲殆尽，仍捶杀之。捶，止橤翻。利用还，擢拜御史中丞。薛季昶累贬儋州司马，饮药死。儋，都甘翻。

三思既杀五王，权倾人主，常言："我不知代间何者谓之善人，何者谓之恶人；但于我善者则为善人，于我恶者则为恶人耳。"

时兵部尚书宗楚客、将作大匠宗晋卿、太府卿纪处讷、鸿胪卿甘元柬皆为三思羽翼。胪，陵如翻。御史中丞周利用、侍御史冉祖雍、太仆丞李俊、光禄丞宋之逊、监察御史姚绍之皆为三思耳目，时人谓之五狗。

25 九月，戊午，左散骑常侍、同中书门下三品李怀远薨。

26 初，李峤为吏部侍郎，欲树私恩，再求入相，奏大置员外官，广引贵势亲识。既而为相，铨衡失序，府库减耗，相，息亮翻。乃更表言滥官之弊，且请逊位；上慰谕不许。

冬，十月，己卯，车驾发东都，以前检校并州长史张仁愿检校左屯卫大将军兼洛州长史。戊戌，车驾至西京。十一月，乙巳，赦天下。

27 丙辰，以蒲州刺史窦从一为雍州刺史。雍，于用翻。从一，德玄之子也，窦德玄见二百一卷高宗麟德元年。初名怀贞，避皇后父讳，更名从一，更，工衡翻。多谄附权贵。太平公主与僧寺争碾硙，碾，鱼蹇翻。硙，五对翻。激水为之，不劳人功而自运。雍州司户李元纮判归僧寺。唐制：户曹司户参军事掌户籍计帐、道路过所、蠲符、杂傜、逋负、良贱刍藁、逆旅、婚姻、田讼、旌别孝悌。从一大惧，亟命元纮改判。元纮大署判后曰："南山可移，此判无动！"从一不能夺。元纮，道广之子也。李道广见二百五卷武后万岁通天元年。

28 初，秘书监郑普思纳其女于后宫，监察御史灵昌崔日用劾奏之，上不听。监，古衔翻。劾，户概翻，又户得翻。普思聚党于雍、岐二州，谋作乱。事觉，西京留守苏瓌收系，穷治之。普思妻第五氏以鬼道得幸于皇后，上敕瓌勿治。及车驾还西京，瓌廷争之，守，式又翻。瓌，古回翻。治，直之翻。争，读曰诤。上抑瓌而佑普思；侍御史范献忠进曰："请斩苏瓌！"上曰："何故？"对曰："瓌为留守大臣，不能先斩普思，然后奏闻，使之荧惑圣听，其罪大矣。且普思反状明白，而陛下曲为申理。臣闻王者不死，殆谓是乎！臣愿先赐死，不能北面事普思。"魏元忠曰："苏瓌长者，用刑不枉。普思法当死。"上不得已，戊午，流普思于儋州，儋，都甘翻。馀党皆伏诛。

29 十二月，己卯，突厥默啜寇鸣沙，灵州有鸣沙府。武德二年，以鸣沙县置会州，贞观六年，州废，更置环州，以大河环曲为名。九年州废，以县还属灵州，是年为默啜所寇，移治故丰安城。宋白曰：鸣沙本汉富平县地，后周于此置会州，寻立鸣沙镇，隋立环州，以大山环曲为名。此地人马行沙有声，异于馀沙，故曰鸣沙。灵武军大总管沙吒忠义与战，军败，死者六千馀人。吒，初加翻。丁【严：“丁”改“辛”。】巳，突厥进寇原、会等州，武德二年以平凉郡会宁镇置西会州，贞观八年更名会州。掠陇右牧马万馀匹而去。免忠义官。

30 安西大都护郭元振诣突骑施乌质勒牙帐议军事，骑，奇寄翻。天大风雪，元振立于帐前，与乌质勒语。久之，雪深，元振不移足；乌质勒老，不胜寒，胜，音升。会罢而卒。卒，子恤翻。其子娑葛勒兵将攻元振，娑，素何翻。副使御史中丞解琬知之，使，疏吏翻。解，户买翻，姓也。劝元振夜逃去，元振曰：“吾以诚心待人，何所疑惧！且深在寇庭，逃将安适！”安卧不动。明旦，入哭，甚哀，娑葛感其义，待元振如初。戊戌，以娑葛袭嗢鹿州都督、怀德王。高宗显庆元年以突骑施索葛莫贺部置嗢鹿州都督府。嗢，乌没翻。

31 安乐公主恃宠骄恣，卖官鬻狱，势倾朝野。朝，直遥翻。或自为制敕，掩其文，令上署之；上笑而从之，竟不视也。自请为皇太女，上虽不从，亦不谴责。考异曰：统纪云：“安乐公主私请废皇太子而立己为皇太女，帝以问魏元忠，元忠曰：‘皇太子国之储君，生人之本，今既无罪，岂得辄有动摇，欲以公主为皇太女，驸马复若为名号？天下必甚怪愕，恐非公主自安之道。’公主知之，乃奏曰：‘元忠，山东木强田舍汉，岂足与论国家权宜盛事、仪注好恶！阿母子尚自为天子，况儿是公主，作皇太女，有何不可！’”按中宗虽愚，岂不知立皇太女为不可，何必待元忠之言！今从旧传。

景龙元年（丁未、七〇七）是年九月方改元。

1 春，正月，庚戌，制以突厥默啜寇边，命内外官各进平突厥之策。右补阙卢俌上疏，俌，方矩翻。以为：“郤縠悦礼乐，敦诗书，为晋元帅；左传：晋文公蒐于被庐，作三军，谋元帅。赵衰曰：“郤縠可。臣亟闻其言矣，说礼乐而敦诗书。诗书，义之府也；礼乐，德之则也；德义，利之本也。君其试之。”乃使郤縠将中军。帅，所类翻。杜预射不穿札，建平吴之勋。见八十一卷晋武帝太康元年。是知中权制谋，不取一夫之勇。左传曰：中权后劲。注曰：中军制谋。如沙吒忠义，骁将之材，本不足以当大任。又，鸣沙之役，主将先逃，鸣沙之败，亦指言沙吒忠义。骁，坚尧翻。将，即亮翻。宜正邦宪；赏罚既明，敌无不服。又，边州刺史，宜精择其人，使之蒐卒乘，积资粮，乘，绳证翻。来则御之，去则备之。去岁四方旱灾，未易兴师。易，以豉翻。当理内以及外，绥近以来远，俟仓廪实，士卒练，然后大举以讨之。”上善之。

2 二月，丙戌，上遣武攸暨、武三思诣乾陵祈雨。既而雨降，上喜，制复武氏崇恩庙及昊陵、顺陵，帝既复辟，改武氏崇尊庙为崇恩庙；太后崩，废崇恩庙。昊陵、顺陵，见二百四卷天授二年。考异曰：旧本纪，“正月己巳，遣武攸暨、武三思往乾陵祈雨于则天皇后。”新本纪，“甲午，褒德荣先陵置令丞。”按长历，正月庚子朔，无己巳；二月庚午朔，无甲午。今从实录。因名酆王庙曰褒德，陵曰荣先；去年追封后父韦玄贞为酆王。又诏崇恩庙斋郎取五品子充。太常博士杨孚曰：“太庙皆取七品已下子为斋郎，今崇恩庙取五品子，未知太庙当如何？”上命太庙亦准崇恩庙。孚曰：“以臣准君，犹为僭逆，况以君准臣乎！”上乃止。

3 庚寅，敕改诸州中兴寺、观为龙兴，唐会要，神龙元年，敕天下诸州各置大唐中兴寺、观。观，古玩翻。自今奏事不得言中兴。示袭武氏后，不改其政也。右补阙权若讷上疏，以为“天、地、日、月等字改制字见二百四卷武后天授元年。皆则天能事，贼臣敬晖等轻紊前规；今削之无益于淳化，存之有光于孝理。又，神龙元年制书，一事以上，并依贞观故事，岂可近舍母仪，远尊祖德！”疏奏，手制褒美。史言中宗无是非之心。

4 三月，庚子，吐蕃遣其大臣悉熏热入贡。吐，从暾入声。

5 夏，四月，辛巳，以上所养雍王守礼女金城公主妻吐蕃赞普。雍，于用翻。妻，七细翻。

6 五月，戊戌，以左屯卫大将军张仁愿为朔方道大总管，以备突厥。

7 上以岁旱谷贵，召太府卿纪处讷谋之。明日，武三思使知太史事迦叶志忠奏："是夜，摄提入太微宫，姓谱：迦叶，天竺姓。迦，居伽翻。晋天文志，摄提六星直斗杓之南，主建时节，伺机祥。三思特使志忠傅会以献谀耳。至帝座，太微宫中有太帝之座。主大臣宴见纳忠于天子。"上以为然。史言帝愚暗，为下所罔。见，贤遍翻。敕称处讷忠诚，彻于玄象，赐衣一袭，帛六十段。

8 六月，丁卯朔，日有食之。

9 姚嶲道讨击使、监察御史晋昌唐九徵击姚州叛蛮，破之，晋昌，汉敦煌郡冥安县地，河西张氏置晋昌郡，隋置瓜州，改冥安为常乐县，武德四年复改常乐为晋昌县。嶲，音髓。使，疏吏翻。监，古衔翻。斩获三千馀人。

10 皇后以太子重俊非其所生，恶之；重俊，后宫所生，史失其姓氏。恶，乌路翻。特进德静王武三思尤忌太子。上官婕妤以三思故，每下制敕，推尊武氏。安乐公主与驸马左卫将军武崇训常陵侮太子，或呼为奴。婕妤，音接予。乐，音洛。崇训又教公主言于上，请废太子，立己为皇太女。太子积不能平。

秋，七月，辛丑，太子与左羽林大将军李多祚、将军李思冲、李承况、独孤祎、【章：十二行本"祎"下有"之"字；乙十一行本同；孔本同。】沙吒忠义等，祎，吁韦翻。吒，初加翻。矫制发羽林千骑兵三百馀人，骑，奇寄翻。杀三思、崇训于其第，并亲党十馀人。又使左金吾大将军成王千里及其子天水王禧分兵守宫城诸门，太子与多祚引兵自肃章门斩关而入，叩阁索上官婕妤。索，山客翻；下同。考异曰：旧纪作"庚子"，今从实录。实录云："斩关而入，索韦氏所在。”旧重俊传亦云：“求韦庶人及安乐公主所在。”今从旧后妃传。婕妤大言曰：“观其意欲先索婉儿，婉儿，上官婕妤名也。次索皇后，次及大家。”上乃与韦后、安乐公主、上官婕妤登玄武门楼以避兵锋，使右羽林大将军刘景仁帅飞骑百馀人屯于楼下以自卫。杨再思、苏瓌、李峤与兵部尚书宗楚客、左卫将军纪处讷拥兵二千馀人屯太极殿前，闭门自守。多祚先至玄武楼下，欲升楼，宿卫拒之。多祚与太子狐疑，按兵不战，冀上问之。宫闱令石城杨思勖在上侧，唐制：宫闱局令从七品下，属内侍省，掌侍奉宫闱，出入管籥。石城县属罗州，汉合浦县地。刘昫曰：宋将檀道济于绫罗江口筑石城，后因置罗州，唐置石城县。欧阳修曰：以石城水为名。请击之。多祚婿羽林中郎将野呼利为前锋总管，将，即亮翻；下同。思勖挺刃斩之，挺，拔也。多祚军夺气。上据槛俯谓多祚所将千骑曰：“汝辈皆朕宿卫之士，何为从多祚反！苟能斩反者，勿患不富贵。”于是千骑斩多祚、承况、祎之、忠义，馀众皆溃。成王千里、天水王禧攻右延明门，阁本太极宫图，太极殿之左曰左延明门，右曰右延明门。将杀宗楚客、纪处讷，不克而死。太子以百骑走终南山，至鄠西，能属者才数人，走，音奏。鄠，音户。属，之欲翻。憩于林下，为左右所杀。上以其首献太庙及祭三思、崇训之柩，然后枭之朝堂。柩，音旧。枭，坚尧翻。朝，直遥翻。更成王千里姓曰蝮氏，同党皆伏诛。更，工衡翻。蝮，芳福翻。

东宫僚属无敢近太子尸者，近，其靳翻。唯永和县丞宁嘉勖解衣裹太子首号哭，贬兴平丞。永和，汉狐聂县地，后周置临河县及临河郡，隋废郡，改县曰永和，唐属隰州。聂，之涉翻。“兴平”，新书作“平兴”。平兴，汉高要县地，宋置平兴县，带宋熙郡，隋废郡，以平兴县属端州。岐州有兴平，畿内也；永和，外县。嘉勖若自外县丞得畿县丞，则非贬矣；此必贬岭外之平兴也。当从新书。号，户高翻。

太子兵所经诸门守者皆坐流；韦氏之党奏请悉诛之，上更命法司推断。大理卿宋城郑惟忠曰："大狱始决，人心未安，若复有改推，则反仄者众矣。"上乃止。守，手又翻。更，工衡翻。断，丁乱翻。复，扶又翻。

以杨思勖为银青光禄大夫，行内常侍。唐内常侍，正五品下，汉世之中常侍也。六典：内侍省内侍四人，内常侍六人。内侍之职，掌在内侍奉，出入宫掖，宣传诏令，总掖庭宫闱奚官、内仆、内府、五局之官属；内常侍为之贰。癸卯，赦天下。

赠武三思太尉、梁宣王，武崇训开府仪同三司、鲁忠王。安乐公主请用永泰公主故事，以崇训墓为陵，给事中卢粲驳之，以为"永泰事出特恩，永泰主死见上卷元年。帝复辟，以主礼改葬，特恩号墓为陵，亦非礼也。驳，北角翻。今鲁王主婿，不可为比。"上手敕曰："安乐与永泰无异，同穴之义，今古不殊。"粲又奏："陛下以膝下之爱施及其夫，施，以豉翻。岂可使上下无辨，君臣一贯哉！"上乃从之。公主怒，出粲为陈州刺史。旧志，陈州，京师一千五百二十里，东都七百一十七里。

襄邑尉襄阳席豫襄邑县，汉、晋属陈留郡，后魏属阳夏郡，后齐废，隋开皇十六年复置，属宋州。襄阳县带襄州。闻安乐公主求为太女，叹曰："梅福讥切王氏，梅福事见三十一卷汉成帝永始三年。独何人哉！"乃上书请立太子，言甚深切。太平公主欲表为谏官，豫耻之，逃去。

11 八月，戊寅，皇后及王公已下表上尊号曰应天神龙皇帝，改玄武门为神武门，楼为制胜楼。宗楚客又帅百官表请加皇后尊号曰顺天翊圣皇后。帅，读曰率。上并许之。

12 初，右台大夫苏珦治太子重俊之党，囚有引相王者，珦密为之申理，珦，许亮翻。治，直之翻。重，直龙翻。相，息亮翻。为，于伪翻。上乃不问。自是安乐公主及兵部尚书宗楚客日夜谋谮相王，乐，音洛。尚，辰羊翻。使侍御史冉祖雍诬奏相王及太平公主，云“与重俊通谋，请收付制狱。”上召吏部侍郎兼御史中丞萧至忠，使鞫之，至忠泣曰：“陛下富有四海，不能容一弟一妹，而使人罗织害之乎！相王昔为皇嗣，固请于则天，以天下让陛下，事见二百六卷武后圣历元年。嗣，祥吏翻。累日不食，此海内所知。奈何以祖雍一言而疑之！”上素友爱，遂寝其事。

右补阙浚仪吴兢闻祖雍之谋，浚仪，古大梁也，自汉以来，属陈留郡。竹书纪年：梁惠王为大沟，以行圃田之水，县北有浚水，像而仪之，故曰浚仪。上疏，以为：“自文明以来，国之祚胤，不绝如线，上，时掌翻。疏，所去翻。线，私箭翻。陛下龙兴，恩及九族，求之瘴海，升之阙庭。事见上神龙元年。况相王同气至亲，六合无贰，而贼臣日夜连谋，乃欲陷之极法；祸乱之根，将由此始。夫任以权则虽疏必重，夺其势则虽亲必轻。夫，音扶。自古委信异姓，猜忌骨肉，以覆国亡家者，几何人矣。况国家枝叶无几，陛下登极未久，而一子以弄兵受诛，一子以愆违远窜，受诛，谓重俊；远窜，谓重福，惟馀一弟朝夕左右，尺布斗粟之讥，不可不慎，尺布、斗粟，见十四卷汉文帝七年。青蝇之诗，良可畏也。”青蝇之诗，周人刺幽王信谗也。考异曰：实录载此事于今年八月，而兢疏云：“陛下登极，于今四稔。”则是明年所上也。盖至忠所对在今年，而实录因载兢疏耳。

相王宽厚恭谨，安恬好让，故经武、韦之世，竟免于难。好，呼到翻。难，乃旦翻。

13 初，右仆射、中书令魏元忠以武三思擅权，意常愤郁。及太子重俊起兵，遇元忠子太仆少卿升于永安门，唐六典：太极宫城南面三门，中曰承天，东曰长乐，西曰永安。胁以自随；太子死，并【章：十二行本“并”作“升”；乙十一行本同；孔本同；退斋校同；熊校同。】为乱兵所杀。元忠扬言曰：“元恶已死，虽鼎镬何伤！但惜太子陨没耳。”上以其有功，且为高宗、武后所重，故释不问。兵部尚书宗楚客、太府卿纪处讷等共证元忠，云“与太子通谋，请夷其三族。”制不许。元忠惧，表请解官爵，以散秩还第。散，悉亶翻。丙戌，上手敕听解仆射，以特进、齐公致仕，考异曰：实录，元忠致仕在九月。今从旧本纪。仍朝朔望。朝，直遥翻。

14 九月，丁卯，以吏部侍郎萧至忠为黄门侍郎，兵部尚书宗楚客为左卫将军，兼太府卿纪处讷为太府卿，并同中书门下三品；中书侍郎、同中书门下三品于惟谦罢为国子祭酒。

15 庚子，赦天下，改元。改元景龙。

16 宗楚客等引右卫郎将姚廷筠为御史中丞，使劾奏魏元忠，劾，户概翻，又户得翻。以为：“侯君集社稷元勋，及其谋反，太宗就群臣乞其命而不得，竟流涕斩之。见一百九十七卷太宗贞观十七年。其后房遗爱、薛万彻、齐王佑等为逆，虽复懿亲，皆从国法。齐王佑见一百九十六卷贞观十七年。房、薛见一百九十九卷高宗永徽四年。复，扶又翻；下一复同。元忠功不逮君集，身又非国戚，与李多祚等谋反，男入逆徒，是宜赤族污宫。但有朋党饰辞营救，以惑圣听，陛下仁恩，欲掩其过。臣所以犯龙鳞，忤圣意者，忤，五故翻。正以事关宗社耳。”上颇然之。元忠坐系大理，贬渠州司马。渠州，汉宕渠县地，后魏置流江县及流江郡，梁置渠州，后周又为北宕渠郡，隋复置渠州。旧志：渠州，京师西南二千二百七十里，至东都三千一百九十里。

宗楚客令给事中冉祖雍奏言：“元忠既犯大逆，不应出佐渠州。”杨再思、李峤亦赞之。上谓再思等曰：“元忠驱使日久，朕特矜容，制命已行，岂容数改！数，所角翻。轻重之权，应自朕出。卿等频奏，殊非朕意！”再思等惶惧拜谢。

监察御史袁守一复表弹元忠曰：“重俊乃陛下之子，犹加昭宪；元忠非勋非戚，焉得独漏严刑！”甲辰，又贬元忠务川尉。务川，汉西阳县地。隋开皇末，招慰蛰獠，置务川县，属巴东郡；唐置思州。监，古衔翻；下同。弹，徒丹翻。重，直龙翻。焉，于虔翻。

顷之，楚客又令袁守一奏言：令，力丁翻。“则天昔在三阳宫不豫，狄仁杰奏请陛下监国，元忠密奏以为不可，此则元忠怀逆日久，请加严诛！”上谓杨再思等曰：“以朕思之，人臣事主，必在一心；岂有主上小疾，遽请太子知事！此乃仁杰欲树私恩，未见元忠有失。守一欲借前事以陷元忠，其可乎！”楚客乃止。

元忠行至涪陵而卒。涪，音浮。卒，子恤翻。

17 银青光禄大夫、上庸公、圣善·中天·西明三寺主慧范于东都作圣善寺，圣善寺盖为武后资福，取“母氏圣善”之义。唐会要：圣善寺在长安城中章善坊，神龙二年，中宗为武后追福。西明寺在延康坊，本隋越国公杨素宅，贞观初赐濮长〔王〕泰，泰死乃立为寺。长乐坡作大像，长乐坡在长安城东，亦谓之浐坡。乐，音洛。府库为之虚耗。为，于伪翻。上及韦后皆重之，势倾内外，无敢指目者。戊申，侍御史魏传弓发其奸赃四十馀万，请寘极法。上欲宥之，传弓曰：“刑赏国之大事，陛下赏已妄加，岂宜刑所不及！”上乃削黜慧范，放于家。

宦官左监门大将军薛思简等有宠于安乐公主，监，古衔翻。乐，音洛。纵暴不法，传弓奏请诛之，御史大夫窦从一惧，固止之。时宦官用事，从一为雍州刺史及御史大夫，雍，于用翻。误见讼者无须，必曲加承接。意以为宦官而然。须，与鬚同。

18 以杨再思为中书令，韦巨源、纪处讷并为侍中。考异曰：新表，“九月辛亥，苏瓌罢为行吏部尚书。”按二年瓌请察正员官殿负者，择员外官代之；三年面折祝钦明请皇后亚献，于时更为侍中。表云今年罢，误也。

19 壬戌，改左、右羽林千骑为万骑。骑，奇寄翻。

20 冬，十月，丁丑，命左屯卫将军张仁愿充朔方道大总管，以击突厥；“左屯卫”之下逸“大”字。比至，虏已退，比，必利翻。追击，大破之。

21 习艺馆内教苏安恒，习艺馆，本名内文学馆，选官人有文学者一人为学士，教习宫人。武后改为习艺馆，又改为翰林内教坊，以地在禁中故也。新书曰：掌教习宫人书算众艺。恒，户登翻。矜高好奇，好，呼到翻。太子重俊之诛武三思也，安恒自言“此我之谋”。太子败，或告之；戊寅，伏诛。

22 十二月，乙丑朔，日有食之。

23 是岁，上遣使者分道诣江、淮赎生。帝以江、淮之人采捕鱼鳖为伤生，分道遣使以钱物赎之。使，疏吏翻。中书舍人房子李乂房子县，汉属常山郡，晋、后魏属赵郡，隋、唐属赵州。上疏谏曰：“江南乡人乡人，犹言乡民，避太宗讳，改“民”曰“人”。上，时掌翻。疏，所去翻。采捕为业，鱼鳖之利，黎元所资。虽云雨之私有沾于末利；【章：十二行本“利”作“类”；乙十一行本同；孔本同。】而生成之惠未洽于平人。何则？江湖之饶，生育无限；府库之用，支供易殚。易，以豉翻。费之若少，则所济何成！少，诗沼翻。用之傥多，则常支有阙。在其拯物，岂若忧人！且鬻生之徒，惟利是视，钱刀日至，古有金刀钱布，故曰钱刀。网罟年滋，施之一朝，营之百倍。施，式豉翻。未若回救赎之钱物，减贫无之傜赋，活国爱人，其福胜彼。”

齐思和标点聂崇岐覆校

资治通鉴卷第二百九

端明殿学士兼翰林侍读学士太中大夫
提举西京嵩山崇福宫上柱国河内郡开国公 **司马光** 奉敕编集
食邑二千二百户食实封九百户赐紫金鱼袋臣

后学天台 **胡三省** 音注

唐纪二十五 起著雍涒滩（戊申），尽上章阉茂（庚戌）七月，凡二年有奇。

中宗大和大圣大昭孝皇帝下

景龙二年（戊申、七〇八）

1 春，二月，庚寅，【严：“寅”改“辰”。】宫中言皇后衣笥裙上有五色云起，上令图以示百官。韦巨源请布之天下，从之，仍赦天下。

2 迦叶志忠奏：“昔神尧皇帝未受命，天下歌桃李子；桃李子见一百八十卷隋炀帝大业十三年。迦，居伽翻。文武皇帝未受命，天下歌秦王破阵乐；破阵乐见一百九十二卷太宗贞观元年。天皇大帝未受命，天下歌堂堂；调露初，京城民谣有“侧堂堂，挠堂堂”之言，太常丞李嗣真曰：“侧者不正，挠者不安。自隋以来，乐府有堂堂曲，再言堂者，唐再受命之象。”郑樵曰：堂堂，陈后主所作，唐高宗常歌之。则天皇后未受命，天下歌娬媚娘；永徽后，民歌娬媚娘曲，盖隋时已有此曲矣。娬，音武。应天皇帝未受命，天下歌英王石州；其歌不见于史志。忠以上初封英王，遂傅会以为受命之符。顺天皇后未受命，天下歌桑条韦，永徽末，里歌有桑条韦也、女时韦也。乐志：忠遂傅会以为后妃之德，专蚕桑，供宗庙事，上桑韦歌十二篇。盖天意以为顺天皇后宜为国母，主蚕桑之事，谨上桑韦歌十二篇，上，时掌翻；下同。请编之乐府，皇后祀先蚕则奏之。”太常卿郑愔又引而申之。愔，于今翻。上悦，皆受厚赏。

3 右补阙赵延禧上言：“周、唐一统，符命同归，故高宗封陛下为周王；显庆二年，帝封周王，仪凤二年，徙封英王。则天时，唐同泰献洛水图。见二百四卷武后垂拱三年。孔子曰：‘其或继周者，虽百代可知也。’陛下继则天，子孙当百代王天下。”王，于况翻。上悦，擢延禧为谏议大夫。

4 丁亥，萧至忠上疏，以为：“恩幸者止可富之金帛，食以粱肉，上，时掌翻。疏，所去翻。食，读曰饲，祥吏翻。不可以公器为私用。今列位已广，冗员倍之，干求未厌，日月增数，陛下降不赀之泽，近戚有无涯之请，卖官利己，鬻法徇私。台寺之内，朱紫盈满，忽事则不存职务，恃势则公违宪章，徒忝官曹，无益时政。”上虽嘉其意，竟不能用。

5 三月，丙辰，朔方道大总管张仁愿筑三受降城于河上。中受降城在黄河北岸，南去朔方千三百馀里，安北都护府治焉。东受降城在胜州东北二百里，西南去朔方千六百馀里。西受降城在丰州北黄河外八十里，东南去朔方千馀里。宋祁曰：中城南直朔方，西城南直灵武，东城南直榆关。宋白曰：东受降城东北至单于都护府百二十里，东南至朔州四百里，西南渡河至胜州八里，西至中受降城三百里，本汉云中郡地。中受降城西北至天德军二百里，南至麟州四百里，北至碛口五百里，本秦九原郡地，在榆林，汉更名五原，开元十年于此置安北大都护府。西受降城东南渡河至丰州八十里，西南至定远城七百里，东北至碛口三百里。降，户江翻。

初，朔方军与突厥以河为境，河北有拂云祠，祠在拂云堆，因以为名。厥，九勿翻。突厥将入寇，必先诣祠祈祷，牧马料兵而后渡河。时默啜悉众西击突骑施，骑，奇寄翻。仁愿请乘虚夺取漠南地，于河北筑三受降城，首尾相应，以绝其南寇之路。太子少师唐休璟以为“两汉以来皆北阻大河，今筑城寇境，恐劳人费功，终为虏有。”璟，俱永翻。仁愿固请不已，上竟从之。

仁愿表留岁满镇兵以助其功，戍边岁满当归者，留以助城筑之功。咸阳兵二百馀人逃归，仁愿悉擒之，斩于城下，军中股栗，六旬而成。以拂云祠为中城，距东西两城各四百馀里，皆据津要，宋白曰：东受降城本汉云中郡地，中受降城本秦九原郡地，西受降城盖汉临河县旧理处。拓地三百馀里。于牛头朝那山北，朝那山，注见二百三卷高宗弘道元年。置烽候千八百所，以左玉钤卫将军论弓仁为朔方军前锋游弈使，戍诺真水为逻卫。游弈使，领游兵以巡弈者也。中受降城西二百里至大同川，北行二百四十馀里至步越多山，又东北三百馀里至帝割达城，又东北至诺真水。杜佑曰：游弈，于军中选骁勇谙山川、泉井者充，日夕逻候于亭障之外，捉生问事；其副使、子将，并久军行人，取善骑射人。使，疏吏翻。自是突厥不敢渡山畋牧，朔方无复寇掠，复，扶又翻。减镇兵数万人。

仁愿建三城，不置壅门及备守之具。壅门，即古之悬门也。或曰：门外筑垣以遮壅城门，今之瓮城是也。壅城之外，又有八卦墙、万人敌，皆以遮壅城门。范祖禹曰：张仁愿筑三受降城，不置瓮门、曲敌、战格。或问之，仁愿曰：“兵贵进取，不利退守。寇至，当并力出战，回首望城者，犹应斩之，安用守备，生其退恧之心也！”恧，女六翻。其后常元楷为朔方军总管，始筑壅门。人是以重仁愿而轻元楷。

6 夏，四月，癸未，置修文馆大学士四员，直学士八员，学士十二员，选公卿以下善为文者李峤等为之。武德四年，置修文馆于门下省，九年，改曰弘文馆。五品已上曰学士，六品已上曰直学士，又有文学直馆，皆他官领之。武后垂拱后，以宰相兼领馆事，号曰馆主。神龙元年，避孝敬皇帝讳，改曰昭文馆，二年改曰修文馆。上官昭容劝帝置大学士四人以象四时，直学士八人以象八节，学士十二人以象十二时。每游幸禁苑，或宗戚宴集，学士无不毕从，赋诗属和，从，才用翻。属，之欲翻。和，户卧翻。使上官昭容第其甲乙，北齐河清新令有昭容，八十一御女之一也。唐昭容位亚昭仪，于九品之次第二。是年冬，方以上官婕妤为昭容。优者赐金帛；同预宴者，惟中书、门下及长参王公、亲贵数人而已，至大宴，方召八座、九列、诸司五品以上预焉。于是天下靡然争以文华相尚，儒学忠谠之士莫得进矣。谠，音党。

7 秋，七月，癸巳，以左屯卫大将军、朔方道大总管张仁愿同中书门下三品。

8 甲午，清源尉吕元泰上疏，上，时掌翻。疏，所去翻；下同。以为："边境未宁，镇戍不息，士卒困苦，转输疲弊，而营建佛寺，日广月滋，劳人费财，无有穷极。昔黄帝、尧、舜、禹、汤、文、武惟以俭约仁义立德垂名，晋、宋以降，塔庙竞起，而丧乱相继，由其好尚失所，奢靡相高，人不堪命故也。伏愿回营造之资，充疆埸之费，使烽燧永息，群生富庶，则如来慈悲之施，丧，息浪翻。好，呼到翻。施，式豉翻。平等之心，孰过于此！"疏奏，不省。省，悉景翻。

9 安乐、长宁公主及皇后妹郕国夫人、上官婕妤、婕妤母沛国夫人郑氏、尚宫柴氏、贺娄氏，唐宫官有六尚，职掌如六尚书。尚宫二人，正五品，掌导引中宫，总司记、司言、司薄、司闱四司之官。贺娄氏后为临淄王所诛。乐，音洛。婕妤，音接予。女巫第五英儿、陇西夫人赵氏，皆依势用事，请谒受赇，虽屠沽臧获，臧获，奴婢也。方言曰：陑、岱之间，骂奴曰臧，骂婢曰获；燕之北郊，民而婿婢谓之臧，女而妇奴谓之获。用钱三十万，则别降墨敕除官，斜封付中书，时人谓之"斜封官"；钱三万则度为僧尼。其员外、同正、试、摄、检校、判、知官凡数千人。时有员外置之官，有员外同正之官，有试官，有摄官，有检校官。判，谓判某官事；知，谓知某官事也。西京、东都各置两吏部侍郎，为四铨，选者岁数万人。选，须绢翻。

上官婕妤及后宫多立外第，出入无节，朝士往往从之游处，以求进达。安乐公主尤骄横，朝，直遥翻。处，昌吕翻。横，下孟翻。宰相以下多出其门。与长宁公主竞起第舍，长宁公主，上女也，下嫁杨慎交。以侈丽相高，拟于宫掖，而精巧过之。安乐公主请昆明池，上以百姓蒲鱼所资，不许。公主不悦，乃更夺民田作定昆池，延袤数里，新书曰：定，言可抗订之也。朝野佥载：定昆池方四十九里，直抵南山。考异曰：新传云，四十九里，直抵南山。盖并主田言之。今从旧传。累石象华山，华，户化翻。引水象天津，天津，谓天河也。河图括地象曰：河精上为天汉。郑玄曰：天河，水气也，精光运转于天。杨泉物理论曰：星者，元气之英也；汉，水之精也。气发而著，精华浮上，宛转随流，名曰天河，一曰云汉。欲以胜昆明，故名定昆。安乐有织成裙，直钱一亿，花卉鸟兽，皆如粟粒，正视旁视，日中影中，各为一色。

上好击球，好，呼到翻。由是风俗相尚，驸马武崇训、杨慎交洒油以筑球场。慎交，恭仁曾孙也。恭仁，杨师道之兄也。

上及皇后、公主多营佛寺。左拾遗京兆辛替否上疏谏，略曰："臣闻古之建官，员不必备，士有完行，行，下孟翻。家有廉节，朝廷有馀俸，百姓有馀食。伏惟陛下百倍行赏，十倍增官，金银不供其印，束帛不充于锡，锡，赐也，予也。遂使富商豪贾，尽居缨冕之流；鬻伎行巫，或涉膏腴之地。"贾，音古。伎，渠绮翻。又曰："公主，陛下之爱女，然而用不合于古义，行不根于人心，将恐变爱成憎，翻福为祸。何者？竭人之力，费人之财，夺人之家；爱数子而取三怨，使边疆之士不尽力，朝廷之士不尽忠，人之散矣，独持所爱，何所恃乎！君以人为本，本固则邦宁，书五子之歌曰：民惟邦本，本固邦宁。邦宁则陛下之夫妇母子长相保也。"又曰："若以造寺必为理体，理体，犹言治体也，避高宗讳，以“治”为“理”。养人不足经邦，则殷、周已往皆暗乱，汉、魏已降皆圣明，殷、周已往为不长，汉、魏已降为不短矣。陛下缓其所急，急其所缓，亲未来而疏见在，见，贤遍翻。失真实而冀虚无，重俗人之为，轻天子之业，虽以阴阳为炭，万物为铜，役不食之人，使不衣之士，犹尚不给，用汉刘陶语意。况资于天生地养，风动雨润，而后得之乎！一旦风尘再扰，霜雹荐臻，沙弥不可操干戈，寺塔不足攘饥馑，臣窃惜之。”疏奏，不省。操，千高翻。省，悉景翻。

时斜封官皆不由两省而授，两省莫敢执奏，即宣示所司。吏部员外郎李朝隐前后执破一千四百馀人，怨谤纷然，朝隐一无所顾。朝，直遥翻。

10 冬，十月，己酉，修文馆直学士、起居舍人武平一上表请抑损外戚权宠；不敢斥言韦氏，但请抑损己家。上优制不许。平一名甄，以字行；载德之子也。武氏之盛，载德封颍川郡王。

11 十一月，庚申，突骑施酋长娑葛自立为可汗，杀唐使者御史中丞冯嘉宾，遣其弟遮努等帅众犯塞。骑，奇寄翻。酋，慈由翻。长，知两翻。娑，素何翻。可，从刊入声。汗，音寒。使，疏吏翻。帅，读曰率。

初，娑葛既代乌质勒统众，见上卷神龙二年。父时故将阙啜忠节不服，将，即亮翻。啜，陟劣翻。考异曰：郭元振传作“阿史那阙啜忠节”，突厥传止谓之“阙啜忠节”，文馆记谓之“阿史那忠节”。元振疏皆云“忠节”，乃其名也。突厥有五啜，其一曰胡禄居阙啜。或者忠节官为阙啜欤？今从突厥传。今按西突厥亦姓阿史那氏；阙，部落之名；啜，官名也；忠节，人名也。诸家有书阿史那阙啜忠节者，详书之也；或书官以缀其名，或书姓以缀其名者，约文也。数相攻击。忠节众弱不能支，金山道行军总管郭元振奏追忠节入朝宿卫。

忠节行至播仙城，经略使、右威卫将军周以悌说之曰：唐置四镇经略使于安西府。数，所角翻。朝，直遥翻；下同。使，疏吏翻；下间使同。说，输芮翻。“国家不爱高官显爵以待君者，以君有部落之众故也。今脱身入朝，一老胡耳，岂惟不保宠禄，死生亦制于人手。方今宰相宗楚客、纪处讷用事，不若厚赂二公，请留不行，发安西兵及引吐蕃以击娑葛，相，息亮翻。处，昌吕翻。讷，内骨翻。吐，从暾入声。求阿史那献为可汗以招十姓，献，阿史那弥射之孙，元庆之子。使郭虔瓘发拔汗那兵以自助；杜环经行记：拔汗那国在怛逻斯南千里，东隔山，去疏勒二千馀里，西去石国千馀里。既不失部落，又得报仇，比于入朝，岂可同日语哉！”郭虔瓘者，历城人，历城县，汉、晋属济南郡，后魏以来带齐州。时为西边将。忠节然其言，遣间使赂楚客、处讷，请如以悌之策。将，即亮翻。间，古苋翻。

元振闻其谋，上疏，以为：“往岁吐蕃所以犯边，正为求十姓、四镇之地不获故耳。求十姓、四镇事，始二百五卷武后万岁通天元年。为，于伪翻；下能为同。比者息兵请和，谓入贡而金城公主下嫁也。比，毗至翻。非能慕悦中国之礼义也，直以国多内难，谓赞普南征而死，国中大乱，嫡庶竞立，将相争权，自相屠灭。难，乃旦翻。人畜疫疠，恐中国乘其弊，故且屈志求自昵。昵，尼质翻。使其国小安，岂能忘取十姓、四镇之地哉！今忠节不论国家大计，直欲为吐蕃乡导，畜，许救翻。乡，读曰向。恐四镇危机，将从此始。顷缘默啜凭陵，所应者多，兼四镇兵疲弊，势未能为忠节经略，非怜突骑施也。忠节不体国家中外之意而更求吐蕃；吐蕃得志，则忠节在其掌握，岂得复事唐也！复，扶又翻。往年吐蕃无恩于中国，犹欲求十姓、四镇之地；即谓万岁通天元年事。今若破娑葛有功，请分于阗、疏勒，不知以何理抑之！又，其所部诸蛮及婆罗门等方不服，若借唐兵助讨之，亦不知以何词拒之！是以古之智者皆不愿受夷狄之惠，盖豫忧其求请无厌，厌，于盐翻。终为后患故也。又，彼请阿史那献者，岂非以献为可汗子孙，欲依之以招怀十姓乎！按献父元庆，叔父仆罗，兄俀子及斛瑟罗、怀道等，皆可汗子孙也。往者唐及吐蕃遍曾立之以为可汗，欲以招抚十姓，武后垂拱元年册元庆为可汗，见二百三卷。册斛瑟罗，按旧书亦在是卷二年。俀子见二百五卷延载元年。长安四年册怀道为可汗，见二百七卷。仆罗、俀子，盖皆吐蕃所立。俀，吐猥翻。皆不能致，寻自破灭。何则？此属非有过人之才，恩威不足以动众，虽复可汗旧种，复，扶又翻。种，章勇翻。众心终不亲附，况献又疏远于其父兄乎？若使忠节兵力自能诱胁十姓，诱，音酉。则不必求立可汗子孙也。又，欲令郭虔瓘入拔汗那，发其兵。虔瓘前此已尝与忠节擅入拔汗那发兵，不能得其片甲匹马，而拔汗那不胜侵扰，胜，音升。南引吐蕃，奉俀子，还侵四镇。时拔汗那四旁无强寇为援，虔瓘等恣为侵掠，如独行无人之境，犹引俀子为患。今北有娑葛，急则与之并力，内则诸胡坚壁拒守，外则突厥伺隙邀遮。伺，相吏翻。臣料虔瓘等此行，必不能如往年之得志；内外受敌，自陷危亡，徒与虏结隙，令四镇不安。以臣愚揣之，实为非计。”揣，初委翻。

楚客等不从，建议“遣冯嘉宾持节安抚忠节，侍御史吕守素处置四镇，处，昌吕翻。以将军牛师奖为安西副都护，发甘、凉以西兵，兼征吐蕃，以讨娑葛。”娑葛遣使娑腊献马在京师，闻其谋，驰还报娑葛。于是娑葛发五千骑出安西，五千骑出拨换，五千骑出焉耆，五千骑出疏勒，入寇。骑，奇寄翻。元振在疏勒，栅于河口，不敢出。忠节逆嘉宾于计舒河口，娑葛遣兵袭之，生擒忠节，杀嘉宾，擒吕守素于僻城，缚于驿柱，冎而杀之。冎，古瓦翻。考异曰：御史台记云：“嘉宾为中丞，神龙中，起复，持节甘、凉。时郭元振都督凉州，奏中书令宗楚客受娑葛金两石，请绍封为可汗。楚客憾之，既用事，时议云委嘉宾与侍御史吕守素按元振。元振窃知之，乃讽番落害嘉宾于驿中，获函中敕，云‘元振父亡，匿不发丧，至是为发之，仍按其不臣之状，便诛之。’元振以为伪敕，具以闻。”今从旧传。

12 上以安乐公主将适左卫中郎将武延秀，遣使召太子宾客武攸绪于嵩山。郎将，即亮翻。使，疏吏翻。攸绪将至，上敕礼官于两仪殿设别位，欲行问道之礼，听以山服葛巾入见，不名不拜。见，贤遍翻；下辞见同。仗入，自太极殿前唤仗从东、西上阁门入，立于两仪殿前。通事舍人引攸绪就位；引就问道之位。攸绪趋立辞见班中，再拜如常仪。凡百官自中朝出为外官赴朝辞，自外官入朝觐者引入见，其辞见者不与百官序班，自为班立，谓之辞见班。杜佑曰：唐制：供奉官（左右散骑常侍，门下、中书侍郎，谏议大夫，给事中，中书舍人，左·右遗补，通事舍人在横班），辞见者，各从兼官，班在正官之次。品式令，前官被召见，及赴朝参，致仕者在本品见任上，以理解官者在同品下。上愕然，竟不成所拟之礼。上屡延之内殿，频烦宠锡，皆谢不受；亲贵谒候，寒温之外，不交一言。

初，武崇训之尚公主也，帝盖自房陵还，始以公主适崇训。延秀数得侍宴。数，所角翻。延秀美姿仪，善歌舞，公主悦之。及崇训死，见上卷元年。遂以延秀尚焉。

己卯，成礼，假皇后仗，唐六典，宫官六尚，尚服局有司仗、典仗、掌仗之官，掌羽仪仗卫之事。又按唐制，皇后乘重翟、厌翟、翟车、安车、四望车、金根车，而公主乘厌翟车，则下皇后一等。此时盖以重翟及皇后仪卫假之也。分禁兵以盛其仪卫，命安国相王障车。相，息亮翻。庚辰，赦天下。考异曰：实录、新旧纪皆云“己卯大赦”。今从景龙文馆记，成礼之明日。以延秀为太常卿，兼右卫将军。辛巳，宴群臣于两仪殿，命公主出拜公卿，公卿皆伏地稽首。稽，音启。

13 癸未，牛师奖与突骑施娑葛战于火烧城，师奖兵败没。娑葛遂陷安西，安西都护府，时在龟兹。断四镇路，断，音短。遣使上表，求宗楚客头。使，疏吏翻。上，时掌翻。楚客又奏以周以悌代郭元振统众，征元振入朝；朝，直遥翻。以阿史那献为十姓可汗，置军焉耆以讨娑葛。

娑葛遗元振书，遗，于季翻。称："我与唐初无恶，但雠阙啜。宗尚书受阙啜金，欲枉破奴部落，冯中丞、牛都护相继而来，宗尚书谓楚客，冯中丞谓嘉宾，牛都护谓师奖，各称其官也。奴岂得坐而待死！又闻史献欲来，史献即阿史那献，约言之。徒扰军州，恐未有宁日。乞大使商量处置。"元振奏娑葛书。楚客怒，奏言元振有异图，召，将罪之。元振使其子鸿间道具奏其状，乞留定西土，不敢归。周以悌竟坐流白州，复以元振代以悌，处，昌吕翻。间，古苋翻。复，扶又翻。考异曰：元载玄宗实录、旧传皆云"复以元振代以悌，元振奏称西土未宁，逗留不敢归京师。"按既代以悌，则复留居西边矣，何所逗留！今从新传。赦娑葛罪，册为十四姓可汗。西突厥先有十姓，今并咽面、葛逻禄、莫贺达干、都摩支为十四姓。

14 以婕妤上官氏为昭容。

15 十二月，御史中丞姚廷筠奏称："比见诸司不遵律令格式，事无大小皆悉闻奏。臣闻为君者任臣，为臣者奉法。万机丛委，不可遍览，岂有修一水窦，伐一枯木，皆取断宸衷！比，毗至翻。断，丁乱翻。自今若军国大事及条式无文者，听奏取进止，自馀各准法处分。处，昌吕翻。分，扶问翻。其有故生疑滞，致有稽失，望令御史纠弹。"从之。

16 丁巳晦，敕中书、门下与学士、诸王、驸马入阁守岁，设庭燎，置酒，奏乐。阁，内殿也。守岁之宴，古无之。梁庾肩吾除夕诗："聊倾柏叶酒，试奠五辛盘。"盖江左已有此矣，然未至君臣相与酣适也。隋炀帝淫侈，每除夜，殿前诸院设火山数十，尽沈香木根，每一山皆焚沈香数车，火光暗则以甲煎沃之，焰起数丈，香闻数十里，一夜之间，用沈香二百馀乘，甲煎过二百馀石。欧阳修诗："隋宫守夜沈香火"，谓此也。帝之为此，亡隋之续耳。酒酣，上谓御史大夫窦从一曰："闻卿久无伉俪，酣，户甘翻。伉，苦浪翻。俪，力计翻。朕甚忧之。今夕岁除，为卿成礼。”从一但唯唯拜谢。为，于伪翻。唯，于癸翻。俄而内侍引烛笼、步障、金缕罗扇自西廊而上，内侍之官，唐从四品上，掌在内侍奉、出入宫掖宣传之事。后魏曰长秋卿，北齐曰中侍中，后周曰司内上士，隋曰内侍，唐因之；中官之贵，极于此矣。若有殊勋懋绩，则有拜大将军者，仍兼内侍之官。上，时掌翻。扇后有人衣礼衣，花钗，唐制：命妇之服有翟衣，内命妇受册、从蚕、朝会、外命妇嫁及受册、从蚕、大朝会之服也，青质，绣翟，编次于衣及裳，重为九等。一品翟九等，花钗九树；二品翟八等，花钗八树；三品至五品皆降杀以一。礼衣者，内命妇常参、外命妇朝参、辞见礼会之服也，制同翟衣，加双佩、小绶，去舄加履。人衣，于既翻。令与从一对坐。上命从一诵却扇诗数首。唐人成婚之夕，有催妆诗、却扇诗。李商隐代董秀才却扇诗云：“莫将画扇出帷来，遮掩春山滞上才。若道团圆是明月，此中须放桂花开。”扇却，去花易服而出，去，羌吕翻。徐视之，乃皇后老乳母王氏，本蛮婢也。上与侍臣大笑。诏封莒国夫人，嫁为从一妻。俗谓乳母之婿曰“阿䞣”，从一每谒见及进表状，自称“翊圣皇后阿䞣”，时人谓之“国䞣”，阿，乌葛翻。䞣，正奢翻。见，贤遍翻。从一欣然有自负之色。

三年（己酉、七〇九）

1 春，正月，丁卯，制广东都圣善寺，按西京已有圣善寺，东都亦有圣善寺，皆帝所建，为武后追福。居民失业者数十家。

2 长宁、安乐诸公主多纵僮奴掠百姓子女为奴婢，侍御史袁从之收系狱，治之。乐，音洛。治，直之翻。公主诉于上，上手制释之。从之奏称：“陛下纵奴掠良人，何以理天下！”上竟释之。

3 二月，己丑，上幸玄武门，与近臣观宫女拔河。以麻絙巨竹分朋而挽水，谓之拔河，以定胜负。考异曰：唐纪云：“观宫女大酺。”今从实录。又命宫女为市肆，公卿为商旅，与之交易，因为忿争，言辞亵慢，上与后临观为乐。亵，息列翻。乐，音洛。

4 丙申，监察御史崔琬对仗弹宗楚客、纪处讷潜通戎狄，受其货赂，致生边患。谓受阙啜忠节赂，以致娑葛畔换也。考异曰：景龙文馆记曰："监察御史崔琬具衣冠，对仗弹大学士、兵部尚书郢国公宗楚客及侍中纪处讷。时楚客在列，奏言：'臣以庸妄，叨居枢密，中外朋结谋臣，臣先奏闻，计垂天鉴。'上颔之，谓琬曰：'楚客事朕知，且去，待仗下来。'至仗下后，琬方续奏；敕令于西省对问。中书门下奏无状；有进止即令复位。初，娑葛父子与阿史那忠节代为仇雠，娑葛频乞国家为除忠节，安西都护郭元振表请如其奏。宗楚客固执，言'忠节竭诚于国，作扞玉关，若许娑葛除之，恐非威强拯弱之义。'上由是不许。无何，娑葛擅杀御史中丞冯嘉宾、殿中侍御史吕守素，破灭忠节，侵扰四镇。时碎叶镇守使中郎周以悌率镇兵数百人大破之，夺其所侵忠节及于阗部众数万口。奏到，上大悦，拜以悌左屯卫将军，仍以元振四镇经略使授之；敕书簿责元振。宗议发劲卒，令以悌及郭虔瓘北讨，仍邀吐蕃及西域诸部计会同击娑葛；右台御史大夫解琬议称不可。后竟与之和。娑葛闻前议，大怨，乃付元振状，称宗先取忠节金。上以问之，宗具以前事奏。时太平、安乐二公主以亲贵权宠，各立党与，阴相倾夺，爰自要官宰臣皆分为两。时太平尤与宗不善，故讽琬以弹之；外传取娑葛金，非也。"今从实录、记。故事，大臣被弹，被，皮义翻。俯偻趋出，俛首为俯；伛背为偻。偻，力主翻。立于朝堂待罪。朝，直遥翻。至是，楚客更愤怒作色，自陈忠鲠，为琬所诬。上竟不穷问，命琬与楚客结为兄弟以和解之，时人谓之"和事天子"。

5 壬寅，韦巨源为左仆射，杨再思为右仆射，并同中书门下三品。

6 上数与近臣学士宴集，令各效伎艺以为乐。数，所角翻。伎，渠绮翻。乐，音洛。工部尚书张锡舞谈容娘，将作大匠宗晋卿舞浑脱，长孙无忌以乌羊毛为浑脱毡帽，人多效之，谓之赵公浑脱，因演以为舞。左卫将军张洽舞黄獐，如意初，里歌曰："黄獐黄獐草里藏，弯弓射尔伤。"亦演以为舞。左金吾将军杜元谈诵婆罗门咒，今所谓天竺神咒也。中书舍人卢藏用效道士上章。国子司业河东郭山恽独曰："臣无所解，上，时掌翻。恽，于粉翻。解，户买翻，晓也。请歌古诗。"上许之。山恽乃歌鹿鸣、蟋蟀。鹿鸣，宴群臣、嘉宾；蟋蟀，取好乐无荒之义。然山恽欲以所业自见，以附于儒学而已，非能纳君于善。明日，上赐山恽敕，嘉美其意，赐时服一袭。

上又尝宴侍臣，使各为回波辞，时内宴酒酣，侍巨率起为回波舞，故使为回波辞。众皆为谄语，或自求荣禄，谏议大夫李景伯曰："回波尔时酒巵。微臣职在箴规。侍宴既过三爵，左传曰：臣侍君，宴不过三爵；过三爵，非礼也。喧哗窃恐非仪！"上不悦。萧至忠曰："此真谏官也。"

7 三月，戊午，以宗楚客为中书令，萧至忠为侍中，太府卿韦嗣立为中书侍郎、同中书门下三品。考异曰：新表云："嗣立守兵部尚书"。今从实录。中书侍郎崔湜、赵彦昭并同平章事。崔湜通于上官昭容，故昭容引以为相。湜，常职翻。相，息亮翻。彦昭，张掖人也。张掖，故匈奴浑邪王地，汉武帝开置张掖郡及觻得县。应劭曰：张国臂掖，故曰张掖。觻得，郡所治，匈奴王号也。晋改觻得为永平。后魏置张掖军。隋开皇十七年，改永平为酒泉，大业初改为张掖县。其地自西魏以来，为甘州治所，取州甘峻山为名。觻，音禄。

时政出多门，滥官充溢，人以为三无坐处，谓宰相、御史及员外官也。韦嗣立上疏，以为："比者造寺极多，比，毗至翻。务取崇丽，大则用钱百数十万，小则三五万，无虑所费千万以上，人力劳弊，怨嗟盈路。佛之为教，要在降伏身心，降，户江翻。岂雕画土木，相夸壮丽！万一水旱为灾，戎狄构患，虽龙象如云，将何救哉！又，食封之家，其数甚众，昨问户部，云用六十馀万丁；一丁绢两匹，凡百二十馀万匹。唐初之制，一丁岁输绢二匹。臣顷在太府，每岁庸绢，多不过百万，少则六七十万匹，少，诗沼翻；下同。比之封家，所入殊少。夫有佐命之勋，始可分茅胙土。国初，功臣食封者不过三二十家，今以恩泽食封者乃逾百数；国家租赋，太半私门，私门有馀，徒益奢侈，公家不足，坐致忧危，制国之方，岂谓为得！封户之物，诸家自征，僮仆依势，陵轹州县，多索裹头，轹，郎狄翻。裹头，谓行橐赍裹以自资者，今谓答头。裹，古卧翻。转行贸易，烦扰驱迫，不胜其苦。不若悉计丁输之太府，使封家于左藏受之，胜，音升。藏，徂浪翻。于事为愈。谓犹胜于封家自征也。又，员外置官，数倍正阙，曹署典吏，困于祇承，府库仓储，竭于资奉。又，刺史、县令，近年以来，不存简择，京官有犯及声望下者方遣刺州，吏部选人，衰耄无手笔者方补县令，选，须绢翻；下选法同。以此理人，何望率化！望自今应除三省、两台及五品以上清望官，两台，谓左、右御史台。皆先于刺史、县令中选用，则天下理矣。”上弗听。

8 戊寅，以礼部尚书韦温为太子少保、同中书门下三品，太常卿郑愔为吏部尚书、同平章事。按下书“吏部侍郎同平章事郑愔”。又考新书本纪，是年是月是日书“太常少卿郑愔守吏部侍郎同中书门下平章事”。则知传写通鉴者误以侍郎为尚书也。温，皇后之兄也。

9 太常博士唐绍以武氏昊陵、顺陵置守户五百，与昭陵数同，梁宣王、鲁忠王墓守户多于亲王五倍，梁宣王，武三思；鲁忠王，武崇训。韦氏褒德庙卫兵多于太庙，立褒德庙见上卷元年。上疏请量裁减，不听。量，音良。绍，临之孙也。唐临历事高祖、太宗、高宗。

10 中书侍郎兼知吏部侍郎、同平章事崔湜、吏部侍郎同平章事郑愔俱掌铨衡，倾附势要，赃贿狼籍，数外留人，授拟不足，逆用三年阙，选法之坏，至于我宋极矣。吏部注拟，率一官而三人共之，居之者一人，未至者一人，伺之者又一人；稍有美阙，伺之者又不特一人也，岂止逆用三年阙哉！选法大坏。湜父挹为司业，受选人钱，湜不之知，长名放之。高宗总章二年，裴行俭始设长名榜，凡选人之集于吏部者，得者留，不得者放。宋白曰：长名榜定留放，留者入选，放者不得入选。其人诉曰："公所亲受某赂，奈何不与官？"湜怒曰："所亲为谁，当擒取杖杀之！"其人曰："公勿杖杀，将使公遭忧。"湜大惭。侍御史靳恒与监察御史李尚隐对仗弹之，靳，居焮翻。恒，户登翻。监，古衔翻。弹，徒丹翻。上下湜等狱，命监察御史裴漼按之。漼，七罪翻。安乐公主讽漼宽其狱，漼复对仗弹之。夏，五月，丙寅，愔免死，流吉州，湜贬江州司马。旧志：江州，京师东南二千九百四十八里，至东都二千一百九十七里。上官昭容密与安乐公主、武延秀曲为申理，复，扶又翻。为，于伪翻。明日，以湜为襄州刺史。旧志：襄州，京师〔东南〕一千一百八十三里，至东都八百五十三里。愔为江州司马。

11 六月，右仆射、同中书门下三品杨再思薨。

12 秋，七月，突骑施娑葛遣使请降；骑，奇寄翻。娑，素何翻。使，疏吏翻。降，户江翻。庚辰，拜钦化【严："钦化"改"归化"。】可汗，赐名守忠。

13 八月，己【严："己"改"乙"。】酉，以李峤同中书门下三品，韦安石为侍中，萧至忠为中书令。

至忠女适皇后舅子崔无诐，诐，彼义翻。成昏日，上主萧氏，后主崔氏，时人谓之"天子嫁女，皇后娶妇"。

14 上将祀南郊，丁酉，国子祭酒祝钦明、国子司业郭山恽建言："古者大祭祀，后祼献以瑶爵。皇后当助祭天地。"太常博士唐绍、蒋钦绪驳之，以为："郑玄注周礼内司服，惟有助祭先王先公，无助祭天地之文。皇后不当助祭南郊。"周礼内宰：大祭祀，后祼献则赞，瑶爵亦如之。注云：谓祭宗庙，王既祼而出迎牲，后乃从后祼也。献，谓荐腥荐熟，后亦从后献也。瑶爵，谓尸卒食，王既酳尸，后亚献之，其爵以瑶为饰。又内司服：掌王后之六服：袆衣、揄狄、阙狄、鞠衣、展衣、椽衣素沙。注云：袆衣、揄狄、阙狄，三者皆祭服，从王祭先王则服袆衣，祭先公则服揄狄，祭群小祀则服阙狄。今世有圭衣者，盖三狄之遗俗。据周礼，则内宰所谓大祭祀，指言祭宗庙也。祝钦明等因唐制以天地、宗庙并为大祀，遂以周礼大祭祀傅会其说以谄韦后。而周礼郑义所谓祼也、献也、瑶爵也，乃祭时行礼之三节；今钦明言后祼献以瑶爵，亦背郑义，自为之说也。祼，古玩翻。驳，北角翻。国子司业盐官褚无量议，盐官，汉海盐地，旧有盐官，吴因立为县名，唐属杭州。以为："祭天惟以始祖为主，不配以祖妣，故皇后不应预祭。"韦巨源定仪注，请依钦明议。上从之，以皇后为亚献，仍以宰相女为斋娘，助执豆笾。钦明又欲以安乐公主为终献，绍、钦绪固争，乃止；以巨源摄太尉为终献。钦绪，胶水人也。胶水，汉胶东国地，晋武帝置长广郡，后魏为光州治所，隋仁寿元年，改长广为胶水县，属莱州。

15 己【张："己"作"乙"。】巳，上幸定昆池，命从官赋诗。黄门侍郎李日知诗曰："所愿暂思居者逸，勿使时称作者劳。"从，才用翻。蹔，与暂同。及睿宗即位，谓日知曰："当是时，朕亦不敢言之。"睿宗之言，盖谓当时畏安乐公主之势也。

16 九月，戊辰，以苏瓌为右仆射、同中书门下三品。瓌，古回翻。

17 太平、安乐公主各树朋党，更相谮毁，更，工衡翻。上患之。冬，十一月，癸亥，上谓修文馆直学士武平一曰："比闻内外亲贵多不辑睦，以何法和之？"平一以为："此由谗谄之人阴为离间，比，毗至翻。间，古苋翻。宜深加诲谕，斥逐奸险。若犹未已，伏愿舍近图远，抑慈存严，示以知禁，无令积恶。"上赐平一帛而不能用其言。

18 上召前修文馆学士崔湜、郑愔入陪大礼。乙丑，上祀南郊，赦天下，并十恶咸赦除之；十恶恩赦之所不原。流人并放还；斋娘有婿者，皆改官。

19 甲戌，开府仪同三司、平章军国重事豆卢钦望薨。平章军国重事，盖自豆卢钦望始。

20 乙亥，吐蕃赞普遣其大臣尚赞咄等千馀人逆金城公主。咄，当没翻。考异曰：实录："乙亥，吐蕃大臣尚赞吐等来逆女。"文馆记云："吐蕃使其大首领瑟瑟告身赞咄、金告身尚钦藏以下来迎金城公主。"译者云："赞咄，犹此左仆射；钦藏，犹此侍中。"盖赞咄即赞吐也。今从文馆记。

21 河南道巡察使、监察御史宋务光，使，疏吏翻；下同。以"于时食实封者凡一百四十馀家，唐制：食实封者，得真户，户皆三丁以上，一分入国。开元定制，以三丁为限，租赋全入封家。应出封户者凡五十四州，皆割上腴之田，或一封分食数州；而太平、安乐公主又取高赀多丁者，刻剥过苦，应充封户者甚于征役；滑州地出绫缣，唐六典，滑州贡方纹绫。人多趋射，趋，七喻翻。射，而亦翻。尤受其弊，人多流亡；请稍分封户散配馀州。又，征封使者烦扰公私，请附租庸，每年送纳。"上弗听。

22 时流人皆放还，均州刺史谯王重福独不得归，重福徙均州，见上卷神龙元年。重，直龙翻。乃上表自陈曰："陛下焚柴展礼，郊祀上玄，苍生并得赦除，赤子偏加摈弃，赤子，重福自谓也。皇天平分之道，固若此乎！天下之人闻者为臣流涕。为，于伪翻。况陛下慈念，岂不愍臣栖遑！"栖遑者，离索忧迫之意。表奏，不报。

23 前右仆射致仕唐休璟，年八十馀，进取弥锐，娶贺娄尚宫养女为其子妇。十二月，壬辰，以休璟为太子少师、同中书门下三品。璟，俱永翻。考异曰：旧纪误作"壬戌"，今从实录。

24 甲午，上幸骊山温汤；庚子，幸韦嗣立庄舍。别业为庄。以嗣立与周高士韦敻同族，赐爵逍遥公。韦敻事见一百六十七卷陈高祖永定三年。敻，休正翻。嗣立，皇后之疏属也。由是顾赏尤重。乙巳，还宫。

25 是岁，关中饥，米斗百钱。运山东、江、淮谷输京师，牛死什八九。群臣多请车驾复幸东都，韦后家本杜陵，不乐东迁，乃使巫觋彭君卿等说上云："今岁不利东行。"后复有言者，复，扶又翻。乐，音洛。觋，刑狄翻。说，输芮翻。上怒曰："岂有逐粮天子邪！"乃止。

睿宗玄真大圣大兴孝皇帝上

讳旦，高宗第八子也。初名旭轮，后去旭名轮，后改名旦。初谥大圣真皇帝，庙号睿宗；天宝八载，追尊玄真大圣皇帝；十三载，加尊玄真大圣大兴孝皇帝。

景云元年（庚戌、七一〇）是年六月改元唐隆，七月始改元景云。

1 春，正月，丙寅夜，中宗与韦后微行观灯于市里，又纵宫女数千人出游，多不归者。

2 上命纪处讷送金城公主适吐蕃，处讷辞；又命赵彦昭，彦昭亦辞。丁丑，命左骁卫大将军杨矩送之。骁，坚尧翻。己卯，上自送公主至始平；二月，癸未，还宫。公主至吐蕃，赞普为之别筑城以居之。

3 庚戌，上御梨园球场，程大昌曰：梨园在光化门北。光化门者，禁苑南面西头第一门，在芳林、景曜门之西也。中宗令学士自芳林门入，集于梨园，分朋拔河；则梨园在太极宫西，禁苑之内矣。开元二年，玄宗置教坊于蓬莱宫，上自教法曲，谓之梨园弟子。至天宝中，即东宫置宜春北苑，命宫女数百人为梨园弟子即是。梨园者按乐之地，而预教者名为弟子耳。凡蓬莱宫、宜春院，皆不在梨园之内也。命文武三品以上抛球及分朋拔河，韦巨源、唐休璟衰老，随絙踣地，絙，古登翻。踣，蒲北翻。久之不能兴；上及皇后、妃、主临观，大笑。

4 夏，四月，丙戌，上游芳林园，按唐禁苑广矣，汉长安都城，尽入唐苑之内，而漕渠首受丰水，北流矩折入于禁苑而东流，又矩折北流而入于渭。苑地自漕渠之东，大安宫垣之西，南出与宫城齐，南列三门，中曰芳林。自芳林门而入禁苑，其地以芳林园为称。命公卿马上摘樱桃。樱桃，按尔雅名楔荆桃。树多阴，先百果熟，大如拇指，圆而色朱，味甜。每一朵率一二十颗，核如豆大。以莺所含，亦名含桃。

5 初，则天之世，长安城东隅民王纯家井溢，浸成大池数十顷，号隆庆池。池在隆庆坊南。程大昌曰：帝王之兴，若符瑞，理固有之，然而傅会者多。六典所记，隆庆坊有井，忽涌为小池，周袤十数丈，常有云气，或黄龙出其中。至景云间，潜复出水，其沼浸广，里人悉移居，遂㴋洞为龙池。然予详而考之，长安志曰：龙池在跃龙门南，本是平地，自垂拱初载后，因雨水流潦为小流；后又引龙首渠水分溉之，日以滋广。至景龙中，弥亘数顷，深至数丈，常有云龙之谓，后因谓之龙池。志又曰：隋城外东南角有龙首堰，自此堰分浐水北流至长乐坡，分为二渠，其西渠自永嘉坊西南流经兴庆宫。则是兴庆之能变平地为龙池者，实引浐之力也。至六典所纪，则全没导浐之实，乃言初时井溢，已乃泉生，合二水以成此池，专以归诸变化也。相王子五王列第于其北，寿春王成器，临淄王隆基，衡阳王成义，巴陵王隆范，彭城王隆业。五王皆相王子。望气者言，“常郁郁有帝王气，比日尤盛。”比，毗至翻。乙未，上幸隆庆池，考异曰：景龙文馆记以为其月十二日。按长历，是月壬午朔。今从实录、本纪。结彩为楼，宴侍臣，泛舟戏象以厌之。厌，于叶翻。时人以为玄宗受命之祥。

6 定州人郎岌上言，“韦后、宗楚客将为逆乱。”岌，鱼及翻。上，时掌翻。韦后白上杖杀之。

五月，丁卯，许州司兵参军偃师燕钦融复上言，“皇后淫乱，干预国政，唐诸州兵曹司兵参军事掌武官选、兵甲、器仗，门禁管籥，军防烽候，传驿、畋猎。燕，因肩翻。复，扶又翻。上，时掌翻。宗族强盛；安乐公主、武延秀、宗楚客图危宗社。”上召钦融面诘之。钦融顿首抗言，神色不桡；上默然。宗楚客矫制令飞骑扑杀之，诘，去吉翻。桡，奴教翻。骑，奇寄翻。扑，弼角翻。投于殿庭石上，折颈而死，楚客大呼称快。折，而设翻。呼，火故翻。上虽不穷问，意颇怏怏不悦；怏，于两翻。由是韦后及其党始忧惧。为韦后弑逆张本。

7 己卯，上宴近臣，国子祭酒祝钦明自请作八风舞，摇头转目，备诸丑态；祝钦明所谓八风舞，非春秋鲁大夫众仲所谓舞者所以节八音行八风者也，借八风之名而备诸淫丑之态耳。今人谓淫放不返为风，此则钦明所谓八风也。上笑。钦明素以儒学著名，吏部侍郎卢藏用私谓诸学士曰："祝公五经扫地尽矣！"诸学士者，修文馆学士及直学士也。

8 散骑常侍马秦客以医术，光禄少卿杨均以善烹调，皆出入宫掖，得幸于韦后，恐事泄被诛；散，悉亶翻。骑，奇寄翻。被，皮义翻。安乐公主欲韦后临朝，自为皇太女；乃相与合谋，于饼餤中进毒，六月，壬午，中宗崩于神龙殿。年五十五。神龙殿，以年号名；自两仪殿东入神龙门至神龙殿。六典，两仪殿之北曰甘露门，其内甘露殿；左曰神龙门，其内则神龙殿。乐，音洛。朝，直遥翻。餤，弋廉翻，又徒甘翻。

韦后秘不发丧，自总庶政。癸未，召诸宰相入禁中，征诸府兵五万人屯京城，使驸马都尉韦捷、韦灌、韦捷尚中宗女成安公主；韦灌尚定安公主。卫尉卿韦璇、左千牛中郎将韦锜、长安令韦播、郎将高嵩分领之。璇，似宣翻。将，即亮翻。考异曰：景龙文馆记："征诸兵士二千人，屯皇城左右卫，令韦捷、韦濯押当；又令韦锜押羽林军，韦播、高嵩分押左右营万骑，韦元巡六街。"实录，"兵五万人"，"韦濯"作"韦灌"，今从之。璇，温之族弟；播，从子；嵩，其甥也。从，才用翻；下同。中书舍人韦元徼巡六街。长安城中左、右六街，金吾街使主之；左、右金吾将军，掌昼夜巡警之法，以执御非违。徼，吉吊翻。又命左监门大将军兼内侍薛思简等将兵五百人驰驿戍均州，以备谯王重福。等将，即亮翻。重，直龙翻；下同。以刑部尚书裴谈、工部尚书张锡并同中书门下三品，仍充东都留守。守，式又翻。吏部尚书张嘉福、中书侍郎岑羲、吏部侍郎崔湜并同平章事。羲，长倩之从子也。

太平公主与上官昭容谋草遗制，立温王重茂为皇太子，皇后知政事，相王旦参谋政事。宗楚客密谓韦温曰："相王辅政，于理非宜；且于皇后，嫂叔不通问，引记曲礼之言。相，息亮翻。听朝之际，何以为礼！"遂帅诸宰相表请皇后临朝，罢相王政事。朝，直遥翻。帅，读曰率。苏瓌曰："遗诏岂可改邪！"温、楚客怒，瓌惧而从之，乃以相王为太子太师。

甲申，梓宫迁御太极殿，西内正殿曰太极殿。集百官发丧，皇后临朝摄政，赦天下，改元唐隆。进相王旦太尉，雍王守礼为豳王，雍，于用翻。寿春王成器为宋王，以从人望。命韦温总知内外守捉兵马事。

丁亥，殇帝即位，时年十六。尊皇后为皇太后；立妃陆氏为皇后。

壬辰，命纪处讷持节巡抚关内道，岑羲河南道，张嘉福河北道。

宗楚客与太常卿武延秀、司农卿赵履温、国子祭酒叶静能及诸韦共劝韦后遵武后故事，欲遵武后易姓事也。南北卫军、南军，十六卫军；北军，羽林及万骑也。台阁要司台阁，尚书诸司也。皆以韦氏子弟领之，广聚党众，中外连结。楚客又密上书称引图谶，谓韦氏宜革唐命。谶，楚谮翻。考异曰：旧传："安乐府仓曹苻凤说武延秀曰：'天下之心，未忘武氏。谶云："黑衣神孙披天裳。"公，神皇之孙也。大周之业，可以再兴。'劝延秀常衣皂袍以应之。"中宗实录云："宗楚客与弟将作大匠晋卿、太常少卿李愧、将作少监李守贞日夜潜图令延秀速起事。"太上皇实录云："楚客，神龙初为太仆卿，与武三思潜谋篡逆，累迁同三品。及三思诛，附安乐，而韦氏尤信任之。楚客尝谓所亲曰：'始吾在卑位，尤爱宰相；及居之，又思太极，南面一日足矣。'虽附韦氏，志窥宸极。"此所谓天下之恶皆归焉者也，今所不取。谋害殇帝，深忌相王及太平公主，密与韦温、安乐公主谋去之。去，羌吕翻。

相王子临淄王隆基，先罢潞州别驾，唐制：上州别驾从四品下，中州正五品下，下州从五品上。在京师，阴聚才勇之士，谋匡复社稷。初，太宗选官户及蕃口骁勇者，着虎文衣，跨豹文鞯，骁，坚尧翻。着，则略翻。鞯，则前翻，马被具也。从游猎，于马前射禽兽，谓之百骑；射，而亦翻。骑，奇寄翻；下同。则天时稍增为千骑，隶左右羽林；中宗谓之万骑，置使以领之。使，疏吏翻。隆基皆厚结其豪杰。

兵部侍郎崔日用素附韦、武，与宗楚客善，知楚客谋，恐祸及己，遣宝昌寺僧普润密诣隆基告之，劝其速发。隆基乃与太平公主及公主子卫尉卿薛崇暕，【严：“暕”改“简”；下同。】暕，古限翻。苑总监赣人钟绍京，钟绍京，西京苑总监也。唐京都苑各有总监一人，从五品下，掌宫苑内馆、园池之事，凡禽鱼果木皆总而司之。赣县，汉属豫章郡，吴、晋属庐陵郡，宋以下为南康郡治所，唐带虔州。赣，师古古暗翻，刘昫古滥翻。尚衣奉御王崇晔、前朝邑尉刘幽求、朝，直遥翻。利仁府折冲麻嗣宗唐雍州有府百三十一，其逸者百二十；利仁府必属雍州。谋先事诛之。韦播、高嵩数榜捶万骑，欲以立威，先，悉荐翻。数，所角翻。榜，音彭。捶，止橤翻。万骑皆怨。果毅葛福顺、陈玄礼见隆基诉之，隆基讽以诛诸韦，皆踊跃请以死自效。万骑果毅李仙凫亦预其谋。或谓隆基当启相王，隆基曰：“我曹为此以徇社稷，事成福归于王，不成以身死之，不以累王也。累，力瑞翻。今启而见从，则王预危事；不从，将败大计。”遂不启。史言隆基有大略，所以能平内难。败，补迈翻。

庚子，晡时，隆基微服与幽求等入苑中，唐禁苑在皇城之北，苑城东西二十七里，南北三十里，东抵霸水，西连故长安城，南连京城，北枕渭水。苑内离宫亭观二十四所，汉长安故城东西十三里，皆隶入苑中。会钟绍京廨舍；廨，古隘翻。绍京悔，欲拒之，其妻许氏曰：“忘身徇国，神必助之。且同谋素定，今虽不行，庸得免乎！”绍京乃趋出拜谒，隆基执其手与坐。绍京趋出拜谒者，示尊奉隆基也；隆基执手与坐，示不敢当，且以结其心也。时羽林将士皆屯玄武门，逮夜，葛福顺、李仙凫皆至隆基所，请号而行。凡用兵下营及攻袭，就主帅取号以备缓急，相照应。向二鼓，天星散落如雪，刘幽求曰："天意如此，时不可失！"福顺拔剑直入羽林营，斩韦璇、韦播、高嵩以徇，曰："韦后鸩杀先帝，谋危社稷，今夕当共诛诸韦，马鞭以上皆斩之；言诸韦男女长及马鞭以上者皆斩。立相王以安天下。敢有怀两端助逆党者，罪及三族。"羽林之士皆欣然听命。乃送璇等首于隆基，隆基取火视之，遂与幽求等出苑南门，禁苑南门，直宫城之玄武门。绍京帅丁匠二百余人，执斧锯以从，帅，读曰率；下同。从，才用翻。使福顺将左万骑攻玄德门，仙凫将右万骑攻白兽门，白兽门即白兽闼，即杜甫北征诗所谓"寂寞白兽闼"者是也，与玄德门皆通内诸门之数。将，即亮翻；下同。约会于凌烟阁前，即大噪，噪，苏到翻。福顺等共杀守门将，斩关而入。隆基勒兵玄武门外，三鼓，闻噪声，帅总监及羽林兵而入，诸卫兵在太极殿宿卫梓宫者，此南牙诸卫兵也。闻噪声，皆被甲应之。被，皮义翻。韦后惶惑走入飞骑营，有飞骑斩其首献于隆基。安乐公主方照镜画眉，军士斩之。斩武延秀于肃章门外，斩内将军贺娄氏于太极殿西。时韦氏以妇人为内将军，盖即贺娄尚宫为之也。

初，上官昭容引其从母之子王昱为左拾遗，母之姊妹谓之从母。从，才用翻。昱说昭容母郑氏曰：说，输芮翻。"武氏，天之所废，不可兴也。今婕妤附于三思，此灭族之道也，愿姨思之！"郑氏以戒昭容，昭容弗听。及太子重俊起兵讨三思，索昭容，事见上卷景龙元年。索，山客翻；下同。昭容始惧，思昱言；自是心附帝室，与安乐公主各树朋党。及中宗崩，昭容草遗制立温王，以相王辅政；宗、韦改之。及隆基入宫，昭容执烛帅宫人迎之，以制草示刘幽求。幽求为之言，为，于伪翻。隆基不许，斩于旗下。

时少帝在太极殿，少，诗照翻。刘幽求曰："众约今夕共立相王，何不早定！"隆基遽止之，捕索诸韦在宫中及守诸门，并素为韦后所亲信者皆斩之。比晓，内外皆定。辛巳，隆基出见相王，比，必利翻。见，贤遍翻。叩头谢不先启之罪。相王抱之泣曰："社稷宗庙不坠于地，汝之力也。"遂迎相王入辅少帝。

闭宫门及京城门，分遣万骑收捕诸韦亲党。斩太子少保、同中书门下三品韦温于东市之北。中书令宗楚客衣斩衰、乘青驴逃出，至通化门，衣，于既翻。衰，仓回翻。通化门，京城东面北来第一门。门者曰："公，宗尚书也。"去布帽，执而斩之，并斩其弟晋卿。考异曰：太上皇实録云："斩楚客于春明门外"。今从佥载。太上录，"杀晋卿于定陵"。按定陵，中宗陵也，于时未有；今不取。去，羌吕翻。相王奉少帝御安福门，慰谕百姓。唐六典曰：皇城西面二门，北曰安福，南曰顺义。安福门西直开远门。初，赵履温倾国资以奉安乐公主，为之起第舍，筑台穿池无休已，攊紫衫，以项挽公主犊车。为，于伪翻。攊，益涉翻。公主死，履温驰诣安福楼下舞蹈称万岁；声未绝，相王令万骑斩之。百姓怨其劳役，争割其肉立尽。秘书监汴王邕娶韦后妹崇国夫人，崇，古国名。与御史大夫窦从一各手斩其妻首以献。邕，凤之孙也。凤，高祖之子。左仆射、同中书门下三品韦巨源闻乱，家人劝之逃匿，巨源曰："吾位大臣，岂可闻难不赴！"射，寅谢翻。难，乃旦翻。出至都街，为乱兵所杀，时年八十。于是枭马秦客、杨均、叶静能等首，尸韦后于市。崔日用将兵诛诸韦于杜曲，唐京城南，韦、杜二族居之，谓之韦曲、杜曲。语云："城南韦、杜，去天尺五。"时诸韦门宗强盛，侵杜曲而居之。枭，坚尧翻。将，知亮翻，又音如字。襁褓儿无免者，襁，居两翻。褓，音保。诸杜滥死非一。

是日，赦天下，云："逆贼魁首已诛，自馀支党一无所问。"以临淄王隆基为平王，兼知内外闲厩，平王固以平州为国名，实以平内难，褒以此名。六典：尚乘奉御，掌内外闲厩之马，一曰左、右飞黄闲，二曰左、右吉良闲，三曰左右龙媒闲，四曰左、右騊駼闲，五曰左、右駃騠闲，六曰左、右天苑闲。开元时，仗内六闲曰飞龙、翔麟、凤苑、鹓鸾、吉良、六群等六厩，奔星、内驹等两闲；仗外有左飞、右飞、左万、右万等四闲，东南内、西南内等两厩。押左右厢万骑。左右厢，即前所谓左万骑、右万骑也。薛崇暕赐爵立节王。以钟绍京守中书侍郎，刘幽求守中书舍人，并参知机务。麻嗣宗行右金吾卫中郎将。武氏宗属，诛死流窜殆尽。武氏宗属至是时诛窜宜尽矣，而史曰殆尽者，攸绪、平一能避权远势，而武惠妃者犹足以成杀三子之祸也。侍中纪处讷行至华州，吏部尚书同平章事张嘉福行至怀州，皆收斩之。旧志，华州，京师东百八十里。怀州，京师东九百六十九里。华，户化翻。

壬寅，刘幽求在太极殿，有宫人与宦官令幽求作制书立太后，幽求曰："国有大难，难，乃旦翻。人情不安，山陵未毕，遽立太后，不可！"平王隆基曰："此勿轻言。"

遣十道使赍玺书宣抚，及诣均州宣慰谯王重福。使，疏吏翻。玺，斯氏翻。重，直龙翻。贬窦从一为濠州司马。旧志，濠州，京师东南二千一百五十里。罢诸公主府官。中宗时，太平、安乐等七公主皆开府置官属。

癸卯，太平公主传少帝命，请让位于相王，相王固辞。以平王隆基为殿中监、同中书门下三品，以宋王成器为左卫大将军，衡阳王成义为右卫大将军，巴陵王隆范为左羽林大将军，彭城王隆业为右羽林大将军，光禄少卿嗣道王微检校右金吾卫大将军。微，元庆之孙也。道王元庆，高祖之子。以黄门侍郎李日知、中书侍郎钟绍京并同中书门下三品。太平公主之子薛崇训为右千牛卫将军。隆基有二奴，王毛仲、李守德，皆趫勇善骑射，趫，巨娇翻，善走也。常侍卫左右。隆基之入苑中也，毛仲避匿不从，从，才用翻。事定数日方归，隆基不之责，仍超拜将军。毛仲，本高丽也。为王毛仲贵宠致祸张本。丽，力知翻。汴王邕贬沁州刺史，旧志：沁州，京师东北一千二十五里。沁，七鸩翻。左散骑常侍、驸马都尉杨慎交贬巴州刺史，中书令萧至忠贬许州刺史，旧志，许州，京师东一千二百里。兵部尚书、同中书门下三品韦嗣立贬宋州刺史，中书侍郎、同平章事赵彦昭贬绛州刺史，吏部侍郎、同平章事崔湜贬华州刺史。

刘幽求言于宋王成器、平王隆基曰："相王畴昔已居宸极，群望所属。嗣圣元年，则天废中宗而立相王，及革命，以王为皇嗣。属，之欲翻。今人心未安，家国事重，相王岂得尚守小节，不早即位以镇天下乎！"隆基曰："王性恬淡，不以代事婴怀。代事即世事，避太宗讳云尔。虽有天下，犹让于人，谓既让武后，又让中宗也。况亲兄之子，安肯代之乎！"幽求曰："众心不可违，王虽欲高居独善，其如社稷何！"成器、隆基入见相王，见，贤遍翻。极言其事，相王乃许之。甲辰，少帝在太极殿东隅西向，相王立于梓宫旁，太平公主曰："皇帝欲以此位让叔父，可乎？"幽求跪曰："国家多难，皇帝仁孝，追踪尧、舜，诚合至公；相王代之任重，慈爱尤厚矣。"难，乃旦翻。任，音壬。乃以少帝制传位相王。时少帝犹在御座，太平公主进曰："天下之心已归相王，此非儿座！"遂提下之。下，遐嫁翻。睿宗即位，御承天门，赦天下。京城西内正门曰承天门。复以少帝为温王。

以钟绍京为中书令。钟绍京少为司农录事，唐九寺皆有录事，官九品，盖流外也。少，诗照翻。既典朝政，朝，直遥翻；下同。纵情赏罚，众皆恶之。恶，乌路翻。太常少卿薛稷劝其上表礼让，上，时掌翻。绍京从之。稷入言于上曰："绍京虽有勋劳，素无才德，出自胥徒，一旦超居元宰，恐失圣朝具瞻之美。”诗云：赫赫师尹，民具尔瞻。上以为然。丙午，改除户部尚书，寻出为蜀州刺史。旧志，蜀州去京师三千三百三十二里。

9 上将立太子，以宋王成器嫡长，而平王隆基有大功，疑不能决。成器辞曰：“国家安则先嫡长，国家危则先有功；苟违其宜，长，知两翻。先，悉荐翻。四海失望。臣死不敢居平王之上。”涕泣固请者累日。大臣亦多言平王功大宜立。刘幽求曰：“臣闻除天下之祸者，当享天下之福。平王拯社稷之危，救君亲之难，难，乃旦翻。论功莫大，语德最贤，无可疑者。”上从之。丁未，立平王隆基为太子。考异曰：刘子玄先撰太上皇实录，尽传位；后又撰睿宗实录，终桥陵；文字颇不同。睿宗录及旧纪皆云“丙午，立太子”。今从太上皇录。隆基复表让成器，不许。复，扶又翻。

10 则天大圣皇后复旧号为天后。追谥雍王贤曰章怀太子。贤废见二百二卷高宗永隆元年。雍，于用翻；下同。

11 戊申，以宋王成器为雍州牧、扬州大都督、太子太师。

12 置温王重茂于内宅。恐群不逞挟之以为变也。

13 以太常少卿薛稷为黄门侍郎，参知机务。稷以工书，事上于藩邸，其子伯阳尚仙源公主，仙源公主，帝女也，后封荆山公主。故为相。

14 追削武三思、武崇训爵谥，斵棺暴尸，平其坟墓。

15 以许州刺史姚元之为兵部尚书、同中书门下三品，宋州刺史韦嗣立、许州刺史萧至忠为中书令，绛州刺史赵彦昭为中书侍郎，华州刺史崔湜为吏部侍郎，并同平章事。

16 越州长史宋之问，饶州刺史冉祖雍，坐谄附韦、武，皆流岭表。

17 己酉，立衡阳王成义为申王，巴陵王隆范为岐王，彭城王隆业为薛王；加太平公主实封满万户。

太平公主沈敏多权略，沈，持林翻。武后以为类己，故于诸子中独爱幸，颇得预密谋，然尚畏武后之严，未敢招权势；及诛张易之，公主有力焉。诛张易之见二百七卷中宗神龙元年。中宗之世，韦后、安乐公主皆畏之，又与太子共诛韦氏。既屡立大功，益尊重，上常与之图议大政，每入奏事，坐语移时；或时不朝谒，朝，直遥翻。则宰相就第咨之。每宰相奏事，上辄问："尝与太平议否？"又问："与三郎议否？"然后可之。三郎，谓太子也。公主所欲，上无不听，自宰相以下，进退系其一言，其余荐士骤历清显者不可胜数，权倾人主，趋附其门者如市。胜，音升。趋，七喻翻。子薛崇行、崇敏、崇简皆封王，田园遍于近甸，收市营造诸器玩，远至岭、蜀，输送者相属于路，属，之欲翻。居处奉养，拟于宫掖。处，昌吕翻。

18 追赠郎岌、燕钦融谏议大夫。

19 秋，七月，庚戌朔，赠韦月将宣州刺史。韦月将死见上卷中宗神龙二年。

20 癸丑，以兵部侍郎崔日用为黄门侍郎，参知机务。

21 追复故太子重俊位号；太子重俊死见上卷中宗景龙元年。雪敬晖、桓彦范、崔玄暐、张柬之、袁恕己、成王千里、李多祚等罪，复其官爵。五王事见上卷神龙二年。千里、多祚与重俊同死，见景龙元年。

22 丁巳，以洛州长史宋璟检校吏部尚书、同中书门下三品；岑羲罢为右散骑常侍，兼刑部尚书。璟与姚元之协心革中宗弊政，进忠良，退不肖，赏罚尽公，请托不行，纲纪修举，当时翕然以为复有贞观、永徽之风。复，扶又翻，又如字。

23 壬戌，崔湜罢为尚书左丞，张锡为绛州刺史，萧至忠为晋州刺史，旧志：晋州，京师东北七百二十五里。韦嗣立为许州刺史，赵彦昭为宋州刺史。丙寅，姚元之兼中书令，兵部尚书、同中书门下三品李峤贬怀州刺史。

丁卯，太子少师、同中书门下三品唐休璟致仕，右武卫大将军、同中书门下三品张仁愿罢为左卫大将军。

24 黄门侍郎、参知机务崔日用与中书侍郎、参知机务薛稷争于上前，稷曰："日用倾侧，向附武三思，非忠臣；卖友邀功，非义士。"日用曰："臣往虽有过，今立大功。立大功，谓诛韦氏之谋，日用发之。稷外托国姻，谓稷子伯阳尚主。内附张易之、宗楚客，非倾侧而何！"上由是两罢之，戊辰，以日用为雍州长史，稷为左散骑常侍。

25 己巳，赦天下，改元；改元景云。凡韦氏馀党未施行者，咸赦之。

26 乙亥，废武氏崇恩庙及昊陵、顺陵，中宗景龙元年复武氏陵庙。追废韦后为庶人，安乐公主为悖逆庶人。悖，蒲内翻，又蒲没翻。

27 韦后之临朝也，吏部侍郎郑愔贬江州司马，朝，直遥翻。愔，于今翻。潜过均州，与刺史谯王重福及洛阳人张灵均谋举兵诛韦氏，未发而韦氏败。重福迁集州刺史，未行，灵均说重福曰："大王地居嫡长，当为天子。长，知两翻。相王虽有功，不当继统。东都士庶，皆愿王来。若潜入洛阳，发左右屯营兵，东都置左、右屯营兵以卫宫城。袭杀留守，据东都，如从天而下也。然后西取陕州，东取河南北，天下指麾可定。"守，式又翻。陕，式冉翻。重福从之。

灵均乃密与愔结谋，聚徒数十人。时愔自秘书少监左迁沅州刺史，武后天授二年，改巫州为沅州。旧志：沅州，京师南四千一百九十七里，至东都三千九百里。迟留洛阳以俟重福，【章：十二行本"福"下有"为重福"三字；乙十一行本同；孔本同；张校同。】草制，立重福为帝，改元为中元克复。考异曰：太上皇实录云："改元为中宗克复元年。"今从新书。尊上为皇季叔，以温王为皇太弟，愔为左丞相知内外文事，灵均为右丞相、天柱大将军知武事，右散骑常侍严善思为礼部尚书知吏部事。重福与灵均诈乘驿诣东都，愔先供张驸马都尉裴巽第以待重福。供，居用翻。张，知亮翻。洛阳县官微闻其谋。

齐思和标点聂崇岐覆校

资治通鉴卷第二百一十

端明殿学士兼翰林侍读学士太中大夫
提举西京嵩山崇福宫上柱国河内郡开国公 司马光 奉敕编集
食邑二千二百户食实封九百户赐紫金鱼袋臣

后学天台 胡三省 音注

唐纪二十六

起上章阉茂（庚戌）八月，尽昭阳赤奋若（癸丑），凡三年有奇。

睿宗玄真大圣大兴孝皇帝下

景云元年（庚戌、七一〇）

1 八月，庚寅，往巽第按问。此承上卷洛阳县官微闻其谋。重福奄至，县官驰出，白留守；群官皆逃匿，洛州长史崔日知独帅众讨之。重，直龙翻。守，式又翻。长，知两翻。帅，读曰率。

留台侍御史李邕遇重福于天津桥，从者已数百人；驰至屯营，从，才用翻。即洛城左、右屯营也。告之曰："谯王得罪先帝，言重福得罪中宗，居之均州。今无故入都，此必为乱；君等宜立功取富贵。"又告皇城东都皇城也。使闭诸门。重福先趣左、右屯营，营中射之，趣，七喻翻。射，而亦翻。矢如雨下。乃还趣左掖门，还，从宣翻。掖，音亦。欲取留守兵，见门闭，大怒，命焚之。火未及然，左屯营兵出逼之，重福窘迫，策马出上东，然，与燃同。窘，渠陨翻。上东，洛城上东门也，东面北来第一门。逃匿山谷。明日，留守大出兵搜捕，重福赴漕渠溺死。考异曰：睿宗实录、旧本纪皆云“癸巳重福反”。今从太上皇实录。日知，日用之从父兄也。从，才用翻。以功拜东都留守。

郑愔貌丑多须，既败，梳髻，着妇人服，匿车中；愔，于今翻。着，陟略翻。擒获，被鞫，股栗不能对。被，皮义翻。张灵均神气自若，顾愔曰：“吾与此人举事，宜其败也！”与愔皆斩于东都市。初，愔附来俊臣得进；俊臣诛，附张易之；易之诛，附韦氏；韦氏败，又附谯王重福，竟坐族诛。史言张灵均虽幸祸好乱之人，犹能临死不变。郑愔者，反覆于群俭之间，冒利不顾，而畏死乃尔，乌足以权大事乎！严善思免死，流静州。岭南之静州，贞观中已改为富州。此静州属剑南，仪凤元年，以悉州之悉唐县置南和州，武后天授二年，更名静州。严善思免死而流此，夙依嬖幸，今从乱又得以偷生。

2 万骑恃讨诸韦之功，多暴横，骑，奇寄翻。横，户孟翻。长安中苦之；诏并除外官。又停以户奴为万骑；户奴为万骑，盖必起于永昌之后。更置飞骑，隶左、右羽林。更，工衡翻。

3 姚元之、宋璟及御史大夫毕构上言：“先朝斜封官悉宜停废。”璟，居影翻。上，时掌翻。朝，直遥翻。上从之。癸巳，罢斜封官凡数千人。斜封官见上卷中宗景龙三年。

4 刑部尚书、同中书门下三品裴谈贬蒲州刺史。旧志：蒲州，京师东北三百二十四里。尚，辰羊翻。

5 赠苏安恒谏议大夫。苏安恒死见二百八卷中宗景龙元年。恒，户登翻。

6 九月，辛未，以太子少师致仕唐休璟为朔方道大总管。少，始照翻。

7 冬，十月，甲申，礼仪使姚元之、宋璟奏：唐世凡有国恤，皆以宰相为礼仪使，掌山陵、祔庙等事。使，疏吏翻。“大行皇帝神主，应祔太庙，请迁义宗神主于东都，别立庙。”从之。义宗祔庙见二百八卷中宗神龙元年。

8 乙未，追复天后尊号为大圣天后。

9 丁酉，以幽州镇守经略节度大使薛讷为左武卫大将军兼幽州都督。节度使之名自讷始。使，疏吏翻。考异曰：统纪：“景云二年，四月，以贺拔延秀为河西节度使，节度之名自此始。”会要云：“景云二年，贺拔延嗣为凉州都督，充河西节度，始有节度之号。”又云：“范阳节度自先天二年始除甄道一。”新表：“景云元年置河西诸军州节度、支度、营田大使。”按讷先已为节度大使，则节度之名不始于延嗣也。今从太上皇实录。是后天宝缘边御戎之地，置八节度使，其任愈重。受命之日，赐双旌、双节，得以专制军事。行则建节，树六纛，入境，州县筑节楼，迎以鼓角，衙仗居前，旌幢居中，大将鸣珂，金钲、鼓角居后，州县赍印迎于道左。又唐之制，有节度大使、副大使、节度使；其亲王领节度大使而不出阁，则在镇知节度者为副大使；其异姓为节度使者有节度副使。至后唐开成二年七月敕：“顷因本朝亲王遥领方镇，其在镇者，遂云副大使知节度事，但年代已深，相沿未改。今天下侯伯并正节旄，其未落副大使者，只言节度使。”

10 太平公主以太子年少，意颇易之；既而惮其英武，欲更择暗弱者立之以久其权，数为流言，云“太子非长，不当立。”少，诗照翻。易，以豉翻。数，所角翻。己亥，制戒谕中外，以息浮议。公主每觇伺太子所为，纤介必闻于上，觇，丑廉翻，又丑艳翻。伺，相吏翻。太子左右，亦往往为公主耳目，太子深不自安。为诛太平公主及其支党张本。

11 谥故太子重俊曰节愍。太府少卿万年韦凑上书，以为：“赏罚所不加者，则考行立谥以褒贬之。上，时掌翻。行，下孟翻。故太子重俊，与李多祚等称兵入宫，中宗登玄武门以避之，太子据鞍督兵自若；及其徒倒戈，多祚等死，太子方逃窜。向使宿卫不守，其为祸也胡可忍言！明日，中宗雨泣，雨泣者，泪下如雨也。谓供奉官曰：中书、门下两省官谓之供奉官。‘几不与卿等相见。’其危如此。几，居希翻。今圣朝礼葬，谥为节愍，臣窃惑之。夫臣子之礼，过庙必下，下，遐嫁翻。过位必趋。汉成帝之为太子，不敢绝驰道。汉成帝为太子，初居桂宫。元帝尝急召之，太子出龙楼门，不敢绝驰道，西至直城门，得绝乃度，还入作室门。上迟之，问其故，以状对；乃著令太子得绝驰道。而重俊称兵宫内，跨马御前，无礼甚矣。若以其诛武三思父子而嘉之，则兴兵以诛奸臣而尊君父可也；今欲自取之，是与三思竞为逆也，又足嘉乎！若以其欲废韦氏而嘉之，则韦氏于时逆状未彰，大义未绝，苟无中宗之命而废之，是胁父废母也，庸可乎！汉戾太子困于江充之谗，发忿杀充，虽兴兵交战，非围逼君父也；兵败而死，事见二十二卷武帝征和二年。及其孙为天子，始得改葬，犹谥曰戾。见二十四卷宣帝本始元年。况重俊可谥之曰节愍乎！臣恐后之乱臣贼子，得引以为比，开悖逆之原，非所以彰善瘅恶也，彰，明也；瘅，病也。明其为善，病其为恶者也。瘅，丁但翻。请改其谥。多祚等从重俊兴兵，不为无罪。陛下今宥之可也，名之为雪，亦所未安。”上甚然其言，而执政以为制命已行，不为追改，为，于伪翻。但停多祚等赠官而已。

12 十一月，戊申朔，以姚元之为中书令。

13 己酉，葬孝和皇帝于定陵，定陵在雍州富平城西北十五里。庙号中宗。朝议以韦后有罪，不应祔葬。追谥故英王妃赵氏曰和思顺圣皇后，求其瘗，莫有知者，妃死见二百二卷高宗上元二年。乃以祎衣招魂，唐制：皇后之服三：祎衣、鞠衣、襢衣。祎衣者，受册、助祭、朝会大事之服也。深青织成为之，画翚，赤质，五色，十二等，素纱中单，黼领，朱罗縠褾襈，蔽膝随裳色，以緅领为缘，用翟为章，三等，青衣革带，大带随衣色，裨约纽佩绶如天子，青袜，舄加金舄。覆以夷衾，覆，敷又翻。祔葬定陵。

14 壬子，侍中韦安石罢为太子少保，左仆射、同中书门下三品苏瓌罢为少傅。

15 甲寅，追复裴炎官爵。

初，裴伷先自岭南逃归，复杖一百，徙北庭。伷，读曰胄。复，扶又翻。至徙所，殖货任侠，常遣客诇都下事。武后之诛流人也，裴炎死，伷先流岭南，见二百三卷武后光宅元年。诛流人见二百五卷长寿二年。诇，休正翻。伷先先知之，逃奔胡中；北庭都护追获，囚之以闻。使者至，流人尽死，伷先以待报未杀。既而武后下制安抚流人，有未死者悉放还，伷先由是得归。至是求炎后，独伷先在，拜詹事丞。詹事丞，正六品上，掌判詹事府事。

16 壬戌，追复王同皎官爵。王同皎死见二百八卷中宗神龙二年。

17 庚午，许文贞公苏瓌薨。制起复其子颋为工部侍郎，颋固辞。颋，他鼎翻。上使李日知谕旨，日知终坐不言而还，坐，徂卧翻。奏曰："臣见其哀毁，不忍发言，恐其陨绝。"上乃听其终制。

18 十二月，癸未，上以二女西城、隆昌公主为女官，以资天皇太后之福，仍欲于城西造观。观，古玩翻。道士所居曰观。谏议大夫宁原悌上言：以为"先朝悖逆庶人以爱女骄盈而及祸，新城、宜都以庶孽抑损而获全。新城公主下嫁武延晖，宜城公主下嫁裴巽，皆中宗女。又释、道二家皆以清净为本，不当广营寺观，劳人费财。梁武帝致败于前，先帝取灾于后，殷鉴不远。今二公主入道，将为之置观，观，古玩翻。为，于伪翻。不宜过为崇丽，取谤四方。又，先朝所亲狎诸僧，尚在左右，宜加屏斥。"朝，直遥翻。屏，卑郢翻。上览而善之。

19 宦者闾兴贵以事属长安令李朝隐，属，之欲翻。朝，直遥翻；下同。朝隐系于狱。上闻之，召见朝隐，劳之曰："卿为赤县令，能如此，朕复何忧！"劳，力到翻。复，扶又翻；下无复同。因御承天门，集百官及诸州朝集使，宣示以朝隐所为。且下制称"宦官遇宽柔之代，必弄威权。朕览前载，每所叹息。能副朕意，实在斯人，可加一阶为太中大夫，赐中上考及绢百匹。”

20 壬辰，奚、霫犯塞，掠渔阳、雍奴，出卢龙塞而去。渔阳县本属幽州，中宗神龙元年分属营州。雍奴县，汉以来属渔阳郡，隋属涿郡，唐属幽州。卢龙，汉肥如县也，属辽西郡，隋开皇十八年，更名卢龙，属北平郡，唐带平州。霫，而立翻。幽州都督薛讷追击之，弗克。

21 旧制，三品以上官册授，五品以上制授，六品以下敕授，唐王言之制有七：一曰册书，二曰制书，三曰慰劳制书，四曰发敕，五曰敕旨，六曰论事敕书，七曰敕牒。皆委尚书省奏拟，文属吏部，武属兵部，尚书曰中铨，侍郎曰东西铨。所谓三铨也。中宗之末，嬖幸用事，选举混淆，无复纲纪。至是，以宋璟为吏部尚书，李乂、卢从愿为侍郎，皆不畏强御，请谒路绝。集者万馀人，留者三铨不过二千，人服其公。以姚元之为兵部尚书，陆象先、卢怀慎为侍郎，武选亦治。选，须绢翻。治，直吏翻。从愿，承庆之族子；卢承庆，见二百卷高宗显庆四年。象先，元方之子也。陆元方，见二百五卷天后证圣元年。

22 侍御史藁城倪若水，藁城县，前汉属真定国，后汉以来属钜鹿郡，唐属恒州。奏弹国子祭酒祝钦明、司业郭山恽乱常改作，希旨病君；谓郊祀请以韦后亚献也。于是左授钦明饶州刺史，山恽括州长史。旧志：饶州，京师东南三千二百六十三里。括州后为处州，京师东南四千二百七十八里。

23 侍御史杨孚，弹纠不避权贵，权贵毁之，上曰：“鹰搏狡兔，须急救之，不尔必反为所噬。御史绳奸慝亦然。苟非人主保卫之，则亦为奸慝所噬矣。”孚，隋文帝之侄孙也。

24 置河西节度、支度、营田等使，领凉、甘、肃、伊、瓜、沙、西七州，治凉州。唐制，凡天下边军，皆有支度使，以计军资粮仗之用。节度不兼支度者，支度自为一司；其兼支度者，则节度使自支度。凡边防镇守转运不给，则开置屯田以益军储，于是有营田使。使，疏吏翻。度，徒洛翻。

25 姚州群蛮，先附吐蕃，摄监察御史李知古请发兵击之；既降，降，户江翻。又请筑城，列置州县，重税之。黄门侍郎徐坚以为不可；句断。不从。知古发剑南兵筑城，因欲诛其豪杰，掠子女为奴婢。群蛮怨怒，蛮酋傍名引吐蕃攻知古，杀之，以其尸祭天，由是姚、嶲路绝，连年不通。酋，慈由翻。嶲，音髓。

安西都护张玄表侵掠吐蕃北境，吐蕃虽怨而未绝和亲，乃赂鄯州都督杨矩，请河西九曲之地以为公主汤沐邑；矩奏与之。九曲者，去积石军三百里，水甘草良，宜畜牧，盖即汉大、小榆谷之地，吐蕃置洪济、大漠门等城以守之。史为杨矩后悔惧自杀张本。鄯，时战翻，又音善。

二年（辛亥、七一一）

1 春，正月，癸丑，突厥可汗默啜遣使请和；许之。厥，九勿翻。可，从刊入声。汗，音寒。使，疏吏翻。

2 己未，以太仆卿郭元振、中书侍郎张说并同平章事。说，读曰悦。

3 以温王重茂为襄王，充集州刺史，遣中郎将将兵五百就防之。旧志：集州，京师西南一千四百二十五里。将，即亮翻。

4 乙丑，追立妃刘氏曰肃明皇后，陵曰惠陵；德妃窦氏曰昭成皇后，陵曰靖陵。皆招魂葬于东都城南，二妃死见二百五卷武后长寿二年。立庙京师，号仪坤庙。会要，仪坤庙在亲仁里。窦氏，太子之母也。

5 太平公主与益州长史窦怀贞等结为朋党，欲以危太子，使其婿唐晙邀韦安石至其第，晙，子峻翻。安石固辞不往。上尝密召安石，谓曰："闻朝廷皆倾心东宫，卿宜察之。"对曰："陛下安得亡国之言！此必太平之谋耳。太子有功于社稷，仁明孝友，天下所知，愿陛下无惑谗言。"上瞿然曰：瞿，俱遇翻。瞿然，惊视之貌。"朕知之矣，卿勿言。"时公主在帘下窃听之，以飞语陷安石，欲收按之，赖郭元振救之，得免。

公主又尝乘辇邀宰相于光范门内，唐六典曰：宣政殿前西廊曰月华门，门西中书省，省西南北街，南直昭庆门，出光范门。韩愈伏光范门下上宰相书即此。讽以易置东宫，众皆失色，宋璟抗言曰："东宫有大功于天下，真宗庙社稷之主，公主奈何忽有此议！"

璟与姚元之密言于上曰："宋王陛下之元子，豳王高宗之长孙，豳王守礼，章怀太子贤之子。长，知两翻。太平公主交构其间，将使东宫不安。请出宋王及豳王皆为刺史，罢岐、薛二王左、右羽林，使为左、右率以事太子。韦氏初平，二王领羽林。东宫五率，分为左、右十率。此指左右卫率。太平公主请与武攸暨皆于东都安置。"上曰："朕更无兄弟，惟太平一妹，岂可远置东都！诸王惟卿所处。"处，昌吕翻。乃先下制云："诸王、驸马自今毋得典禁兵，见任者皆改他官。"见，贤遍翻。

顷之，上谓侍臣曰："术者言五日中当有急兵入宫，卿等为朕备之。"为，于季翻；下为陛同。张说曰："此必谗人欲离间东宫。间，古苋翻。愿陛下使太子监国，监，古衔翻。则流言自息矣。"姚元之曰："张说所言，社稷之至计也。"上说。说，与悦同。

二月，丙子朔，以宋王成器为同州刺史，豳王守礼为豳州刺史，旧志：同州，京师东北二百五十五里；豳州，京师西北四百九十三里。左羽林大将军岐王隆范为左卫率，右羽林大将军薛王隆业为右卫率；太平公主蒲州安置。

丁丑，命太子监国，六品以下除官及徒罪以下，并取太子处分。处，昌吕翻。分，扶问翻。

6 殿中侍御史崔莅、太子中允薛昭素言于上曰："斜封官皆先帝所除，恩命已布，斜封官，见上卷中宗景龙二年。姚元之等建议，一朝尽夺之，彰先帝之过，为陛下招怨。为，于伪翻。今众口沸腾，遍于海内，恐生非常之变。"太平公主亦言之，上以为然。戊寅，制："诸缘斜封别敕授官，先停任者，并量材叙用。"量，音良。考异曰：朝野佥载云："宋璟、毕构出后，见鬼人彭君卿受斜封人贿奏云：'孝和怒曰："我与人官，何因夺却！"'于是斜封皆复旧职。"今不取。

7 太平公主闻姚元之、宋璟之谋，大怒，以让太子。太子惧，奏元之、璟离间姑、兄，姑，谓太平公主；兄，谓宋王、豳王。间，古苋翻。请从极法。甲申，贬元之为申州刺史，璟为楚州刺史。旧志：申州至京师一千七百九十六里；楚州，京师东南二千五百一里。丙戌，宋王、豳王亦寝刺史之命。

8 中书舍人、参知机务刘幽求罢为户部尚书；以太子少保韦安石为侍中。安石与李日知代姚、宋为政，自是纲纪紊乱，复如景龙之世矣。紊，音问。复，扶又翻，又如字。前右率府铠曹参军柳泽上疏，以为："斜封官皆因仆妾汲引，岂出孝和之意！中宗谥孝和皇帝。率，所律翻。上，时掌翻。疏，所去翻。陛下一切黜之，天下莫不称明。一旦忽尽收叙，善恶不定，反覆相攻，何陛下政令之不一也！议者咸称太平公主令胡僧慧范由引此曹，诳误陛下。诳，居况翻。臣恐积小成大，为祸不细。"上弗听。泽，亨之孙也。柳亨事隋为王屋长，归高祖，以女孙窦氏妻之，历事太宗，位至检校岐州刺史。

9 左、右万骑与左、右羽林为北门四军，使葛福顺等将之。骑，奇寄翻。将，即亮翻，又音如字。

10 三月，以宋王成器女为金山公主，许嫁突厥默啜。厥，九勿翻。啜，叱劣翻。

11 夏，四月，甲申，宋王成器让司徒；许之，以为太子宾客。以韦安石为中书令。

12 上召群臣三品以上，谓曰："朕素怀澹泊，不以万乘为贵，澹，徒览翻。乘，绳证翻。曩为皇嗣，又为皇太弟，皆辞不处。

为皇嗣见二百四卷天授元年；辞太弟见二百八卷神龙元年。嗣，祥吏翻。处，昌吕翻。今欲传位太子，何如？”群臣莫对。太子使右庶子李景伯固辞，不许。殿中侍御史和逢尧附太平公主，言于上曰：“陛下春秋未高，方为四海所依仰，岂得遽尔！”上乃止。

戊子，制：“凡政事皆取太子处分。处，昌吕翻。分，扶问翻。其军旅死刑及五品已上除授，皆先与太子议之，然后以闻。”

13 辛卯，以李日知守侍中。

14 壬寅，赦天下。

15 五月，太子请让位于宋王成器；不许。请召太平公主还京师；许之。

16 庚戌，制：“则天皇后父母坟仍旧为昊陵、顺陵，量置官属。”废武氏二陵见上卷元年。量，音良。太平公主为武攸暨请之也。为，于伪翻；下各为同。

17 辛酉，更以西城为金仙公主，隆昌为玉真公主，各为之造观，金仙、玉真二观皆造于京城内辅兴坊；玉真观，本窦诞旧宅，与金仙观相对。更，工衡翻。逼夺民居甚多，用功数百万。右散骑常侍魏知古、黄门侍郎李乂谏，不听。散，悉亶翻。骑，奇寄翻。

18 壬戌，殿中监窦怀贞为御史大夫、同平章事。

19 僧慧范恃太平公主势，逼夺民产，御史大夫薛谦光与殿中侍御史慕容珣奏弹之。公主诉于上，出谦光为岐州刺史。考异曰：统纪曰：“监察御史慕容珣奏弹西明寺僧慧范，以其通宫人张氏，张即太平公主乳母也，侵夺百姓。上以为御史当不避豪贵；见公主出居蒲州，乃敢弹射，在日不言，状涉离间骨肉，遂贬为密州员外司马。”今从旧传。

20 时遣使按察十道，太宗贞观十八年，遣十七道巡察；武后垂拱初，亦尝遣九道巡察，天授二年又遣十道存抚使。至是分为十道按察使，以廉按州郡，二周年一替。使，疏吏翻。议者以山南所部阔远，乃分为东西道；又分陇右为河西道。六月，壬午，又分天下置汴、齐、兖、魏、冀、并、蒲、鄜、泾、秦、益、绵、遂、荆、岐、通、梁、襄、扬、安、闽、越、洪、潭二十四都督，武德元年，改蜀郡为益州。绵州，汉涪县地，江左置巴西郡，西魏曰潼州，隋开皇改绵州，大业初废州为金山郡，唐武德初复曰绵州。又武德二年置闽州于闽县，开元十三年更闽州为福州。鄜，音肤。各纠察所部刺史以下善恶，惟洛及近畿州不隶都督府。雍、华、同、商、岐、豳为京畿；洛、汝大都畿。太子右庶子李景伯、舍人卢俌等上言：俌，音甫。"都督专杀生之柄，权任太重，或用非其人，为害不细。今御史秩卑望重，以时巡察，奸宄自禁。"宄，音轨。其后竟罢都督，但置十道按察使而已。

21 秋，七月，癸巳，追复上官昭容，谥曰惠文。追复其昭容之职而加之以谥。

22 乙卯，以高祖故宅枯柿复生，赦天下。时诏以兴圣寺是高祖旧宅，有柿树，天授中枯死，至是重生，大赦天下。复，扶又翻，又如字。

23 己巳，以右御史大夫解琬为朔方大总管。琬考按三城戍兵，三城，三受降城也。解，户买翻。奏减十万人。

24 庚午，以中书令韦安石为左仆射兼太子宾客、同中书门下三品。太平公主以安石不附己，故崇以虚名，实去其权也。去，羌吕翻。

25 九月，庚辰，以窦怀贞为侍中。怀贞每退朝，必诣太平公主第。朝，直遥翻。时修金仙、玉真二观，群臣多谏，怀贞独劝成之，身自督役。时人谓怀贞前为皇后阿奢，事见上卷中宗景龙二年。奢，正奢翻。今为公主邑司。唐公主有邑司令、丞，掌其主家财货出入、田园征封之事。考异曰：睿宗实录云："乙卯，御史大夫窦怀贞为侍中。"太上皇实录云："庚辰，御史大夫、同中书门下三品窦怀贞为侍中，知金仙、玉真公主邑司事"。旧纪："己卯，怀贞为侍中。"新纪、新表："乙亥，怀贞守侍中。"按是月癸酉朔，无乙卯。又怀贞以自督修二观之故，时人语曰："窦仆射前为皇后国奢，今为公主邑丞。"非真知邑司也。今从旧纪。

26 冬，十月，甲辰，上御承天门，引韦安石、郭元振、窦怀贞、李日知、张说宣制，责以"政教多阙，水旱为灾，府库益竭，僚吏日滋；虽朕之薄德，亦辅佐非才。安石可左仆射、东都留守，守，手又翻。元振可吏部尚书，怀贞可左御史大夫，日知可户部尚书，说可左丞，并罢政事。"以吏部尚书刘幽求为侍中，右散骑常侍魏知古为左散骑常侍，太子詹事崔湜为中书侍郎，并同中书门下三品；中书侍郎陆象先同平章事。皆太平公主之志也。

象先清净寡欲，言论高远，为时人所重。湜私侍太平公主，公主欲引以为相，相，息亮翻。湜请与象先同升，公主不可，湜曰："然则湜亦不敢当。"公主乃为之并言于上，为，于伪翻。上不欲用湜，公主涕泣以请，乃从之。考异曰：朝野佥载云："湜妻美，并二女皆得幸于太子。时人榜之曰：'托庸才于主第，进艳妇于春宫。'"今不取。

27 右补阙辛替否上疏，以为："自古失道破国亡家者，口说不如身逢，耳闻不如目睹；臣请以陛下所目睹者言之。太宗皇帝，陛下之祖也，拨乱返正，用太史公拨乱世返之正语意。开基立极；官不虚授，财无枉费；不多造寺观而有福，不多度僧尼而无灾，观，古玩翻；下同。尼，女夷翻。天地垂佑，风雨时若，若，顺也。粟帛充溢，蛮夷率服，享国久长，名高万古。陛下何不取而法之！中宗皇帝，陛下之兄，弃祖宗之业，徇女子之意；无能而禄者数千人，无功而封者百馀家；造寺不止，费财货者数百亿，度人无穷，免租庸者数十万，所出日滋，所入日寡；夺百姓口中之食以养贪残，剥万人体上之衣以涂土木，于是人怨神怒，众叛亲离，水旱并臻，公私俱罄，享国不永，祸及其身。陛下何不惩而改之！自顷以来，水旱相继，兼以霜蝗，人无所食，未闻赈恤，赈，津忍翻。而为二女造观，用钱百馀万缗。指言金仙、玉真二观。为，于伪翻。陛下岂可不计当今府库之蓄积有几，中外之经费有几，而轻用百馀万缗，以供无用之役乎！陛下族韦氏之家而不去韦氏之恶，去，羌吕翻。忍弃太宗之法，不忍弃中宗之政乎！且陛下与太子当韦氏用事之时，日夕忧危，切齿于群凶；群凶，谓韦温、宗楚客等。今幸而除之，乃不改其所为，臣恐复有切齿于陛下者也。然则陛下又何恶于群凶而诛之！复，扶又翻。恶，乌路翻。昔先帝之怜悖逆也，帝追废安乐公主为悖逆庶人，故称之。悖，蒲内翻，又蒲没翻。宗晋卿为之造第，赵履温为之葺园，为，于伪翻。殚国财，竭人力，第成不暇居，园成不暇游，而身为戮没。今之造观崇侈者，必非陛下、公主之本意，殆有宗、赵之徒从而劝之，不可不察也。陛下不停斯役，臣恐人之愁怨，不减前朝之时。人人知其祸败而口不敢言，言则刑戮随之矣。韦月将、燕钦融之徒，先朝诛之，陛下赏之，岂非陛下知直言之有益于国乎！臣今所言，亦先朝之直也，朝，直遥翻；下同。惟陛下察之。"上虽不能从，而嘉其切直。

28 御史中丞和逢尧摄鸿胪卿，使于突厥，胪，陵如翻。使，疏吏翻。说默啜曰："处密、坚昆闻可汗结婚于唐，皆当归附。可汗何不袭唐冠带，使诸胡知之，岂不美哉！"默啜许诺，明日，幞头、衣紫衫，南向再拜，称臣，幞头、紫衫，唐三品已上之服也。幞头起于后周，便武事者也。太宗时，马周上议，以礼无服衫之文，请加襕袖褾襈。说，输芮翻。幞，防玉翻。衣，于既翻。遣其子杨我支及国相随逢尧入朝，十一月，戊寅，至京师。逢尧以奉使功，迁户部侍郎。

29 壬辰，令天下百姓二十五入军，五十五免。

30 十二月，癸卯，以兴昔亡可汗阿史那献为招慰十姓使。

31 上召天台山道士司马承祯，临海记：天台山超然秀出，山有八重，视之如一，高一万八千丈，周回八百里。又有飞泉，垂流千仞。时属台州唐兴县界。我朝太祖建隆元年，始改唐兴县为天台县。其山在今县西二十馀里。问以阴阳数术，对曰："道者，损之又损，以至于无为，安肯劳心以学术数乎！"上曰："理身无为则高矣，如理国何？"对曰："国犹身也，顺物自然而心无所私，则天下理矣。"上叹曰："广成之言，无以过也。"广成子居崆峒之上，黄帝立下风而问道。承祯固请还山，上许之。

尚书左丞卢藏用指终南山程大昌曰：终南山横亘关中，南面西起秦、陇，东彻蓝田，凡雍、岐、郿、鄠、长安、万年相去且八百里，而连绵峙据其南者，皆此一山也。毛公曰：终南，周之名山中南也，中南即终南也。关中记曰：言居天之中、都之南也。谓承祯曰："此中大有佳处，何必天台！"承祯曰："以愚观之，此乃仕宦之捷径耳！"藏用尝隐终南，则天时征为左拾遗，故承祯言之。

玄宗至道大圣大明孝皇帝上之上

讳隆基，睿宗第三子也。此谥，广德元年所定。

先天元年（壬子、七一二）是年八月方改元先天。

1 春，正月，考异曰：新纪、表："壬辰，以陆象先同中书门下三品。"太上皇、睿宗实录、旧纪皆无之。不知新书何出，今不取。辛巳，睿宗祀南郊，初因【章：十二行本"因"作"用"；乙十一行本同；孔本同。】谏议大夫贾曾议合祭天地。欧阳修曰：古者祭天于圜丘，在国之南，祭地于泽中之方丘，在国之北。所以顺阴阳，因高下，以事天地，以其类也。而后世有合祭之文。则天天册万岁元年，亲享南郊，始合祭天地。至是曾议曰：有虞氏禘黄帝而郊喾，夏后氏禘黄帝而郊鲧，郊之与庙，皆有禘也。禘于庙则祖宗合食于太祖，禘于郊则地祇群望皆合食于圜丘，以始祖配享；盖有事之大祭，非常祭也。三辅故事：祭于圜丘，上帝、后土，位皆南面。则汉尝合祭也。时皆以曾言为然。曾，言忠之子也。言忠见二百一卷高宗总章元年。

2 戊子，幸浐东，水经注：霸水北历蓝田川，又左合浐水。浐水径长乐坡西，是后韦坚引为广运潭，在京师苑城之东；此地又在浐水之东。耕藉田。藉，在亦翻。

3 己丑，赦天下；改元太极。

4 乙未，上御安福门，宴突厥杨我支，以金山公主示之；既而会上传位，婚竟不成。

5 以左御史大夫窦怀贞、户部尚书岑羲并同中书门下三品。

6 二月，考异曰：太上皇实录云："命皇太子送金山公主往并州，令幽州都督裴怀古节度内发三万兵赴黑山道，并州长史薛讷节度内发四万兵于汾州迎皇太子，右御史大夫朔方大总管解琬节度内发二万兵赴单于道。太子既亲征，诸军一事以上并取处分，按以军法从事。"他书皆无此事。按太子送公主与突厥和亲，安用九万兵！又岂得谓之亲征！今不取。辛酉，废右御史台。武后光宅元年，改御史台为肃政台，分左、右。神龙元年，为左、右御史台。

7 蒲州刺史萧至忠自托于太平公主，公主引为刑部尚书。考异曰：旧传及刘悚小说，皆云"自晋州刺史入为尚书。"今从太上皇、睿宗录。华州刺史蒋钦绪，其妹夫也，谓之曰："如子之才，何忧不达！勿为非分妄求。"分，扶问翻。至忠不应。钦绪退，叹曰："九代卿族，一举灭之，可哀也哉！"引左传卫太叔仪之言。至忠，萧德言之曾孙，故云然。至忠素有雅望，尝自公主第门出，遇宋璟，璟曰："非所望于萧君也。"至忠笑曰："善乎宋生之言！"遽策马而去。

8 幽州大都督薛讷镇幽州二十馀年，按武后圣历元年，薛讷方自蓝田令擢为安东道经略。吏民安之，未尝举兵出塞，虏亦不敢犯。与燕州刺史李琎有隙，武德六年，自营州迁燕州于幽州城中。燕，因肩翻。琎，将邻翻，又即刃翻。琎毁之于刘幽求，幽求荐左羽林将军孙佺代之。佺，此缘翻。三月，丁丑，以佺为幽州大都督，徙讷为并州长史。

9 夏，五月，益州獠反。獠，鲁皓翻。

10 戊寅，上祭北郊。

11 辛巳，赦天下，改元延和。

12 六月，丁未，右散骑常侍武攸暨卒，卒，子恤翻。追封定王。

13 上以节愍太子之乱，岑羲有保护之功，节愍之难，冉祖雍诬帝及太平与太子连谋，赖羲与萧至忠保护得免。癸丑，以羲为侍中。

14 庚申，幽州大都督孙佺与奚酋李大酺战于冷陉，贞观中，奚酋可度者内附，赐姓李，后遂以李为姓。酋，慈由翻。酺，音蒲。陉，音刑。考异曰：上皇录云"甲子"，今从睿宗录。全军覆没。

是时，佺帅左骁卫将军李楷洛，左威卫将军周以悌发兵二万、骑八千，分为三军，以袭奚、契丹。帅读曰率。骁，坚尧翻。骑，奇寄翻。契，欺讫翻，又音吃。将军乌可利谏曰："道险而天热，悬军远袭，往必败。"佺曰："薛讷在边积年，竟不能为国家复营州。营州陷见二百五卷武后万岁通天元年。为，于伪翻。今乘其无备，往必有功。"使楷洛将骑四千前驱，遇奚骑八千，楷洛战不利。佺怯懦，不敢救，将，即亮翻。懦，奴卧翻，又奴乱翻。引兵欲还，虏乘之，唐兵大败。佺阻山为方陈以自固，陈，读曰阵。大酺使谓佺曰："朝廷既与我和亲，今大军何为而来？"佺曰："吾奉敕来招慰耳。楷洛不禀节度，辄与汝战，请斩以谢。"大酺曰："若然，国信安在？"佺悉敛军中帛，得万馀段，并紫袍、金带、鱼袋以赠之。高宗永徽二年，在京文武职事官五品已上，并给随身鱼袋。天后垂拱二年，诸州都督并准京官带鱼。唐六典曰：随身鱼符，所以明贵贱、应征召，其制左二右一，太子以玉，亲王以金，庶官以铜，皆题云某位姓名，并以袋盛。其袋三品已上饰以金，五品已上饰以银。大酺曰："请将军南还，勿相惊扰。"将士惧，无复部伍，复，扶又翻，又如字。虏追击之，士卒皆溃。佺、以悌为虏所擒，献于突厥，默啜皆杀之；楷洛、可利脱归。

15 秋，七月，彗星出西方，经轩辕入太微，至于大角。

16 有相者谓同中书门下三品窦怀贞曰："公有刑厄。"相，息亮翻。怀贞惧，请解官为安国寺奴；雍录曰：安国寺在朱雀街东第四街之长乐坊。唐会要：景云元年，敕舍潜龙旧宅为寺，便以本封安国为名。敕听解官。乙亥，复以怀贞为左仆射兼御史大夫、平章军国重事。复，扶又翻。

17 太平公主使术者言于上曰："彗所以除旧布新，又帝座及心前星皆有变，帝座在中宫华盖之下。心三星，中星为明堂，天子位，前星为太子。彗，祥岁翻，又音岁，又音遂。皇太子当为天子。"上曰："传德避灾，吾志决矣。"太平公主及其党皆力谏，以为不可，上曰："中宗之时，群奸用事，天变屡臻。朕时请中宗择贤子立之以应灾异，中宗不悦，朕忧恐数日不食。岂可在彼则能劝之，在己则不能邪！"太子闻之，驰入见，见，贤遍翻。自投于地，叩头请曰："臣以微功，不次为嗣，惧不克堪，未审陛下遽以大位传之，何也？"上曰："社稷所以再安，吾之所以得天下，皆汝力也。今帝座有灾，故以授汝，转祸为福，汝何疑邪！"太子固辞。上曰："汝为孝子，何必待柩前然后即位邪！"柩，音旧。太子流涕而出。

壬辰，制传位于太子，太子上表固辞。上，时掌翻。太平公主劝上虽传位，犹宜自总大政。上乃谓太子曰："汝以天下事重，欲朕兼理之邪？昔舜禅禹，犹亲巡狩，舜既禅禹，南巡狩而崩于苍梧；引此为据也。朕虽传位，岂忘家国！其军国大事，当兼省之。"省，悉景翻。考异曰：太上皇录全以为上皇之意。睿宗录云："太子既为太平公主所构，或唯遣皇帝知三品以下除授及徒罪，其军国大务并重刑狱，上仍兼省之，五日一受朝于太极殿。"今两取之。

八月，庚子，玄宗即位，尊睿宗为太上皇。上皇自称曰朕，命曰诰，五日一受朝于太极殿。皇帝自称曰予，命曰制、敕，日受朝于武德殿。朝，直遥翻。三品以上除授及大刑政决于上皇，馀皆决于皇帝。

18 壬寅，上大圣天后尊号曰圣帝天后。

19 甲辰，赦天下，改元。

20 乙巳，于鄚州北置渤海军，莫县，自汉以来属涿郡，唐属瀛州。景云二年分置鄚州，开元十三年复单用莫字。恒、定州境置恒阳军，杜佑曰：恒阳军在恒州城东。恒，户登翻。妫、蔚州境置怀柔军，屯兵五万。妫，居为翻。蔚，纡勿翻。

21 丙午，立妃王氏为皇后；以后父仁皎为太仆卿。仁皎，下邽人也。戊申，立皇子许昌王嗣直为郯王，真定王嗣谦为郢王。

22 以刘幽求为右仆射、同中书门下三品，魏知古为侍中，崔湜为检校中书令。

23 初，河内人王琚预于王同皎之谋，谓中宗神龙二年王同皎谋杀武三思也。亡命，佣书于江都。上之为太子也，琚还长安，选补诸暨主簿，诸暨，越王允常故都也，自汉以下为县，属会稽。过谢太子。琚至廷中，故徐行高视，宦者曰："殿下在帘内。"琚曰："何谓殿下？当今独有太平公主耳！"用范雎故智，为此言以激发太子。太子遽召见，与语，琚曰："韦庶人弑逆，人心不服，诛之易耳。易，以豉翻。太平公主，武后之子，凶猾无比，大臣多为之用，琚窃忧之。"太子引与同榻坐，泣曰："主上同气，唯有太平，言之恐伤主上之意，不言为患日深，为之奈何？"琚曰："天子之孝，异于匹夫，当以安宗庙社稷为事。盖主，汉昭帝之姊，自幼供养，有罪犹诛之。事见汉纪。盖，古盍翻。供，居用翻。养，羊尚翻。为天下者，岂顾小节！"太子悦曰："君有何艺，可以与寡人游？"琚曰："能飞炼、诙嘲。"飞炼，谓飞丹砂以炼丹也。旧书载琚之言曰："飞丹炼砂，诙谐嘲咏，可与优人比肩。"太子乃奏为詹事府司直，唐六典：詹事府司直掌弹劾官寮，纠举职事。日与游处，处，昌吕翻。累迁太子中舍人；唐六典曰：太子中舍人，本汉、魏太子舍人也。晋惠帝在储宫，以舍人四人有文学才美者，与中庶子共理文书。至咸宁三年，齐王攸为太傅，遂加名为中舍人，与中庶子共掌禁令，纠正违阙，侍从左右，傧相威仪，尽规献纳。及即位，以为中书侍郎。考异曰：郑綮开天传信记云："上于藩邸时，每戏游城南韦、杜之间，因逐狡兔，意乐忘返，与其徒十数人，倦甚，休息于封部大树下。适有书生延上过其家，甚贫，止于村妻、一驴而已。上坐未久，书生杀驴拔蒜备馔，酒肉霶霈。上顾而奇之。及与语，磊落不凡，问其姓名，乃王琚也。自是上每游韦、杜间，必过琚家，琚所谘议合上意，上益亲善焉。及韦氏专制，上忧甚，独密言于琚。琚曰：'乱则杀之，又何疑也！'上遂纳琚之谋，戡定祸难，累拜为中书侍郎，实预配享焉。"今从旧传。

是时，宰相多太平公主之党，刘幽求与右羽林将军张玮谋以羽林兵诛之，使玮密言于上曰："窦怀贞、崔湜、岑羲皆因公主得进，日夜为谋不轻。若不早图，一旦事起，太上皇何以得安！请速诛之。考异曰：旧传云，"幽求自谓功在朝臣之右，志求左仆射兼领中书令。俄而窦怀贞为左仆射，崔湜为中书令，幽求心甚不平，形于言色，乃与张玮请诛之。"按幽求素尽心于玄宗；湜等附太平，非幽求因私忿而害之也，今不取。臣已与幽求定计，惟俟陛下之命。"上深以为然。玮泄其谋于侍御史邓光宾，上大惧，遽列上其状。丙辰，幽求下狱。有司奏："幽求等离间骨肉，罪当死。"上为言幽求有大功，不可杀。列上，时掌翻。下，遐嫁翻。间，古苋翻。为，于伪翻。癸亥，流幽求于封州，封州，汉广信封阳县地，梁置成州，隋改封州，唐属广州都督府。旧志：封州去京师水陆四千五百一十里。张玮于峰州，光宾于绣州。旧志：峰州，隋交趾郡之嘉宁县，武德四年置。峰州去京师七千七百一十里；绣州去京师六千九十里。

初，崔湜为襄州刺史，密与谯王重福通书，重福遗之金带。遗，于季翻。重福败，湜当死，张说、刘幽求营护得免。既而湜附太平公主，与公主谋罢说政事，以左丞分司东都。及幽求流封州，湜讽广州都督周利贞，使杀之。封州，属广州都督。桂州都督王【章：十二行本“王”上有“景城”二字；乙十一行本同；孔本同；张校同。】晙知其谋，留幽求不遣。晙，子峻翻。利贞屡移牒索之，索，山客翻。晙不应，利贞以闻。湜屡逼晙，使遣幽求，幽求谓晙曰：“公拒执政而保流人，势不能全，徒仰累耳。”累，力瑞翻。固请诣广州，晙曰：“公所坐非可绝于朋友者也。晙因公获罪，无所恨。”竟逗遛不遣。幽求由是得免。

24 九月，丁卯朔，日有食之。

25 辛卯，立皇子嗣升为陕王。陕，失冉翻。考异曰：睿宗实录作“甲申”，太上皇录作“甲午”。今从玄宗实录。嗣升母杨氏，士达之曾孙也。杨士达仕隋，官至纳言。王后无子，母养之。

26 冬，十月，庚子，上谒太庙，赦天下。

27 癸卯，上幸新丰，猎于骊山之下。骊，力知翻。

28 辛酉，沙陀金山遣使入贡。沙陀者，处月之别种也，姓朱邪氏。使，疏吏翻。种，章勇翻。邪，音耶。处月居金娑山之阳、蒲类之东，有大碛，名沙陀，故号沙陀。考异曰：薛居正五代史后唐太祖纪曰：“太祖姓朱邪氏，始祖拔野古，贞观中为墨离军使。太宗平薛延陀，分同罗、仆骨之人，置沙陀都督府，盖北庭有碛曰沙陀，因以名焉。永徽中，以拔野古为都督。其后子孙五世相承，曾祖尽忠，贞元中继为沙陀府都督。”欧阳修五代史记曰：“李氏之先，盖出于西突厥，本号朱邪，至其后世，别自号曰沙陀，而以朱邪为姓，拔野古为始祖。其自序云‘沙陀者，北庭之碛也。当唐太宗时，破西突厥诸部，分同罗、仆骨之人于此碛，置沙陀府，而以其始祖拔野古为都督，且传子孙数世，皆为沙陀都督，故其后世因自号沙陀。’然予考于传记，其说皆非也。夷狄无姓氏，朱邪，部族之号耳。拔野古与朱邪同时人，非其始祖，而唐太宗时未尝有沙陀府也。唐太宗破西突厥，分其诸部置十三州，以同罗为龟林都督府，仆骨为金微都督府，拔野古为幽陵都督府，未尝有沙陀府也。当是时，西突厥有铁勒、薛延陀、阿史那之类为最大，其别部有同罗、仆骨、拔野古等以十数，盖其小者也。又有处月、处密诸部，又其小者也。朱邪者，处月别部之号耳。太宗二十二年已降拔野古，其明年，阿史那贺鲁叛，至高宗永徽二年，处月朱邪孤注从贺鲁战于牢山，为契苾何力所败，遂没不见。后百五六十年，当宪宗时，有朱邪尽忠及子执宜见于中国，而自号沙陀，以朱邪为姓矣。盖沙陀者大碛也，在金莎山之阳，蒲类海之东，自处月以来居此碛，号沙陀突厥。而夷狄无文字传记，朱邪又微不足录，故其后世自失其传，至尽忠孙始赐姓李氏。李氏后大，而夷狄之人遂以沙陀为贵种云。"今从之。

29 十一月，乙酉，奚、契丹二万骑寇渔阳，幽州都督宋璟闭城不出，虏大掠而去。

30 上皇诰遣皇帝巡边，西自河、陇，东及燕、蓟，选将练卒。燕，因肩翻。蓟，音计。将，即亮翻。甲午，以幽州都督宋璟为左军大总管，并州长史薛讷为中军大总管，朔方大总管、兵部尚书郭元振为右军大总管。

31 十二月，刑部尚书李日知请致仕。

日知在官，不行捶挞而事集。捶，止橤翻；下同。刑部有令史，受敕三日，忘不行。忘，巫放翻。日知怒，索杖，集群吏欲捶之，索，山客翻。既而谓曰："我欲捶汝，天下人必谓汝能撩李日知嗔，撩，落萧翻，取动也。嗔，昌真翻。受李日知杖，不得比于人，妻子亦将弃汝矣。"遂释之。吏皆感悦，无敢犯者，脱有稽失，众共谪之。

开元元年（癸丑、七一三）是年十二月方改元。

1 春，正月，乙亥，诰："卫士自今二十五入军，五十免；羽林飞骑并以卫士简补。"骑，奇寄翻。

2 以吏部尚书萧至忠为中书令。

3 皇帝巡边改期，所募兵各散遣，约八月复集，复，扶又翻。竟不成行。

4 二月，庚子夜，开门然灯，按旧书严挺之传：先天二年正月望，胡僧婆陀请夜开门燃千百灯。又追作去年大酺，元年，受内禅，不及赐天下酺，乃追为之。酺，音蒲。大合伎乐。上皇与上御门楼临观，或以夜继昼，凡月馀。帝之侈心盖已发露于此矣。伎，其绮翻。左拾遗华阴严挺之上疏谏，以为"酺者因人所利，合醵为欢。醵，其虐翻，合钱饮酒也。今乃损万人之力，营百戏之资，非所以光圣德美风化也。"乃止。

5 初，高丽既亡，高丽亡见二百一卷高宗总章元年。其别种大祚荣徙居营州。及李尽忠反，李尽忠反见二百五卷武后万岁通天元年。风俗通：大姓，大庭氏之后；大款为颛帝师。按礼记曰：大连善居丧，东夷之子也。盖东夷之有大姓尚矣。种，章勇翻。祚荣与靺鞨乞四北羽聚众东走，阻险自固，靺鞨，音末曷。尽忠死，武后使将军李楷固讨其馀党。楷固击乞四北羽，斩之，引兵逾天门岭，逼祚荣。新书：天门岭在土护真河北三百里。祚荣逆战，楷固大败，仅以身免。祚荣遂帅其众东据东牟山，筑城居之。东牟山在挹娄国界，地直营州东二千里，南北(与?)新罗以泥河为境，东穷海，西契丹。帅，读曰率。祚荣骁勇善战，骁，坚尧翻；下同。高丽、靺鞨之人稍稍归之，地方二千里，户十馀万，胜兵数万人，胜，音升。自称振国王，附于突厥。时奚、契丹皆叛，道路阻绝，武后不能讨。中宗即位，遣侍御史张行岌招慰之，岌，鱼及翻。祚荣遣子入侍。至是，以祚荣为左骁卫大将军、勃海郡王；以其所部为忽汗州，令祚荣兼都督。靺鞨自此盛矣；始去靺鞨，专号勃海。

6 庚申，敕以严挺之忠直宣示百官，厚赏之。

7 三月，辛巳，皇后亲蚕。旧制：有皇后祀先蚕亲桑之礼。后周制，皇后衣十二等，采桑服鸲衣。唐制，皇后亲蚕服鞠衣，黄罗为之。考异曰：玄宗实录脱此年二月、三月事。祀先蚕诏，乃三月丁卯也，而唐历承其误，云"正月辛巳，皇后祀先蚕。"太上皇录云："三月辛巳，皇后亲蚕，自嗣圣、光宅以来，废阙此礼，至是重行。"太上皇、睿宗实录、旧本纪皆云"辛卯"。按制书云：

"以今月十八日祀先蚕。"是月甲子朔。今从玄宗实录。

8 晋陵尉杨相如上疏言时政，其略曰："炀帝自恃其强，不忧时政，虽制敕交行，而声实舛谬，言同尧、舜，迹如桀、纣，举天下之大，一掷而弃之。"又曰："隋氏纵欲而亡，太宗抑欲而昌，愿陛下详择之！"又曰："人主莫不好忠正而恶佞邪，好，呼到翻。恶，乌路翻；下同。然忠正者常疏，佞邪者常亲，以至于覆国危身而不寤者，何哉？诚由忠正者多忤意，佞邪者多顺指，积忤生憎，积顺生爱，此亲疏之所以分也。明主则不然。爱其忤以收忠贤，恶其顺以去佞邪，忤，五故翻。去，羌吕翻；下除去同。则太宗太平之业，将何远哉！"又曰："夫法贵简而能禁，罚贵轻而必行；陛下方兴崇至德，大布新政，请一切除去碎密，不察小过。小过不察则无烦苛，大罪不漏则止奸慝，使简而难犯，宽而能制，则善矣。"上览而善之。

9 先是，修大明宫未毕，先，悉荐翻。夏，五月，庚寅，敕以农务方勤，罢之以待闲月。闲月，谓农功毕人之后。

10 六月，丙辰，以兵部尚书郭元振同中书门下三品。考异曰：六月，辛丑，郭元振同三品。下注曰：旧纪在丙辰，今从睿宗实录。据考异，则通鉴正文当改"丙辰"为"辛丑"。

11 太平公主依上皇之势，擅权用事，与上有隙，宰相七人，五出其门。考异曰：唐历曰："宰相有七，四出其门；天子孤立而无援。"新、旧传皆云："宰相七人，五出主门下。"按是时窦怀贞、萧至忠、岑羲、崔湜，与主连谋，其不附主者，郭元振、魏知古、陆象先三人也。薛稷太子少保，不为宰相，或者新、旧传并象先数之，唐历不数象先耳。文武之臣，太半附之，与窦怀贞、岑羲、萧至忠、崔湜及太子少保薛稷、雍州长史新兴王晋、雍，于用翻。左羽林大将军常元楷、知右羽林将军事李慈、左金吾将军李钦、中书舍人李猷、右散骑常侍贾膺福、鸿胪卿唐晙、及僧慧范等谋废立，晙，子峻翻。又与宫人元氏谋于赤箭粉中置毒进于上。陶弘景曰：赤箭，亦是芝类，茎赤如箭簳，叶生其端，根如人足，又如芋魁，有十二子为卫。其苗为粉，久服益气力，长阴肥健，轻身增年。沈括曰：赤箭，天麻苗也。根则抽苗径直而上，苗则结子成熟而落，返从簳中而下，至土而生。赤箭则言苗，用之有自表入里之功。天麻则言根，用之有自内达外之理。本草图经曰：赤箭，茎中空，依半而上，贴茎微有尖叶，梢头生成穗，开花结子如豆粒大，其子至夏不落，却透虚入茎中潜生土内。晋，德良之孙也。德良，长平王叔良之弟，武德初封新兴王。元楷、慈数往来主第，相与结谋。数，所角翻。

王琚言于上曰："事迫矣，不可不速发。"左丞张说自东都遣人遗上佩刀，意欲上断割。遗，于季翻。君臣之礼，当言献佩刀。此因旧史成文，失于改定耳。断，丁乱翻。荆州长史崔日用入奏事，言于上曰："太平谋逆有日，陛下往在东宫，犹为臣子，若欲讨之，须用谋力。今既光临大宝，但下一制书，谁敢不从？万一奸宄得志，悔之何及！"上曰："诚如卿言；直恐惊动上皇。"日用曰："天子之孝在于安四海。若奸人得志，则社稷为墟，安在其为孝乎！请先定北军，北军，谓左右羽林、左右万骑也。后收逆党，则不惊动上皇矣。"上以为然。以日用为吏部侍郎。

秋，七月，魏知古告公主欲以是月四日作乱，考异曰：上皇录云："公主谋不利于上，与今上更立皇子，独专权，期以是月七日作乱。今上密知其事，勒左右禁兵诛之。"按是月壬戌朔，玄宗以三日甲子诛之。今从玄宗录。令元楷、慈以羽林兵突入武德殿，时上于武德殿受群臣朝，故欲突入为变。怀贞、至忠、羲等于南牙举兵应之。西内以太极殿为正牙，自北门言之曰南牙。上乃与岐王范、薛王业、郭元振及龙武将军王毛仲、景云初，以左、右万骑与左、右羽林为北门四军，置左、右龙武将军，以领万骑，位从三品。殿中少监姜皎、太仆少卿李令问、尚乘奉御王守一、内给事高力士、乘，绳证翻。内给事属内侍省，从五品下，掌判省事；元正、冬至，群臣朝贺中宫，则出入宣传；凡宫人衣服费用，则具其品秩，计其多少，春秋二时，宣送中书。果毅李守德等定计诛之。

皎，蕃之曾孙；姜蕃见一百八十四卷隋恭帝义宁元年。令问，靖弟客师之孙；李客师亦有战功。守一，仁皎之子；力士，潘州人也。潘州，古西瓯、骆越地，汉属合浦郡界。江左置定州郡，隋废郡为县，唐武德四年置南宕州，贞观八年改潘州，以潘水为名。

甲子，上因王毛仲取闲厩马及兵三百馀人，自【章：十二行本"自"上有"与同谋十馀人"六字；乙十一行本同；孔本同；退斋校同；张校同，云无注本亦无。】武德殿入虔化门，西内太极殿北曰朱明门，左曰虔化门，右曰肃章门；虔化之东曰武德西门，门内则武德殿。召元楷、慈，先斩之，擒膺福、猷于内客省以出，四方馆隶中书省，故内客省在焉。中书省在太极门之右。膺福、猷皆中书省官也。执至忠、羲于朝堂，东西朝堂在承天门内，分左右。朝，直遥翻。皆斩之。考异曰：玄宗实录作"乙丑"。按佥载，"七月三日诛常元楷"。今从睿宗、上皇实录。唐历、新、旧本纪、旧王琚传，"琚与岐王范、薛王业、姜皎、王毛仲等并预诛逆，以铁骑至承天门。时睿宗闻鼓噪声，召郭元振升承天楼，宣诏下关，令侍御史任知古召募数百人于朝堂，不得入。顷间，琚等从玄宗至楼上。"太上皇实录："公主期以是月七日令常元楷以羽林兵自北门入，窦怀贞等于南衙举兵应之。今上密知其事，登时勒左右禁兵出北门，召常元楷、李慈，即斩于阙下。还至承天门，执岑羲、萧至忠，斩于朝堂。"旧萧至忠传曰："至忠遽遁入山寺，数日，捕而伏诛。"盖误以太平公主事为至忠事。今从玄宗实录。朝野佥载曰："羽林将军常元楷三代告密得官，至先天二年七月三日，楷以反逆诛，家口配没。"玄宗实录云："上诛凶逆，睿宗恐宫中有变，御承天门，号令南衙兵士以备非常。郭元振帅兵侍卫，登楼奏曰：'皇帝前奉诰诛窦怀贞等，惟陛下勿忧。'睿宗大喜。"今择其可信者取之。怀贞逃入沟中，自缢死，戮其尸，改姓曰毒。缢，于计翻。上皇闻变，登承天门楼。郭元振奏，皇帝前奉诰诛窦怀贞等，无他也。上寻至楼上，上皇乃下诰罪状怀贞等，因赦天下，惟逆人亲党不赦。薛稷赐死于万年狱。

乙丑，上皇诰："自今军国政刑，一皆取皇帝处分。处，昌吕翻。分，扶问翻。考异曰：旧本纪云："七月三日，诛怀贞等。睿宗明日下诏，军国政刑，并取皇帝处分。"新本纪云："乙丑，始听政。"唐历亦无乙丑下诰；唯玄宗实录云丙寅。今从诸书。朕方无为养志，以遂素心。”是日，徙居百福殿。唐六典曰：两仪殿之右曰宜秋门，宜秋之右曰百福门，其内百福殿。

太平公主逃入山寺，三日乃出，赐死于家，考异曰：新传云，“三日乃出”。太上皇实录曰：“公主闻难作，遁入山寺，数日方出，禁锢终身，诸子皆伏诛。”今从新、旧传，睿宗实录。公主诸子及党与死者数十人。薛崇简以数谏其母被挞，特免死，数，所角翻。赐姓李，官爵如故。崇简，即崇暕。籍公主家，财货山积，珍物侔于御府，厩牧羊马、田园息钱，收之数年不尽。慧范家亦数十万缗。改新兴王晋之姓曰厉。姓谱本自有厉姓，汉有魏郡太守义阳侯厉温。

初，上谋诛窦怀贞等，召崔湜，将托以心腹，湜弟涤谓湜曰：“主上有问，勿有所隐。”湜不从。怀贞等既诛，湜与右丞卢藏用俱坐私侍太平公主，湜流窦州，旧志：窦州至京师水陆六千一百二里。藏用流泷州。泷，闾江翻。新兴王晋临刑叹曰：“本为此谋者崔湜，今吾死湜生，不亦冤乎！”会有司鞫宫人元氏，元氏引湜同谋进毒，乃追赐死于荆州。旧志：荆州，京师东南一千七百三十里。薛稷之子伯阳以尚主免死，流岭南，于道自杀。

初，太平公主与其党谋废立，窦怀贞、萧至忠、岑羲、崔湜皆以为然，陆象先独以为不可。公主曰：“废长立少，宋王成器长也。长，知两翻。少，诗照翻。已为不顺；且又失德，若之何不去！”去，羌吕翻。象先曰：“既以功立，当以罪废。言上平内难有大功，于天下国家无罪，不可废。今实无罪，象先终不敢从。”公主怒而去。上既诛怀贞等，召象先谓曰：“岁寒知松柏，信哉！”论语孔子曰：“岁寒然后知松柏之后凋也。”时穷治公主枝党，当坐者众，象先密为申理，所全甚多；治，直之翻。为，于伪翻。然未尝自言，当时无知者。百官素为公主所善及恶之者，恶，乌路翻。或黜或陟，终岁不尽。

丁卯，上御承天门楼，赦天下。

己巳，赏功臣郭元振等官爵、第舍、金帛有差。以高力士为右监门将军，知内侍省事。监，古衔翻。

初，太宗定制，内侍省不置三品官，内侍省，内侍四人，以久次一人知省事，从四品上。黄衣廪食，守门传命而已。天后虽女主，宦官亦不用事。中宗时，嬖幸猥多，宦官七品以上至千馀人，然衣绯者尚寡。嬖，卑义翻，又博计翻。衣，于既翻；下同。上在藩邸，力士倾心奉之，力士，冯盎曾孙也。圣历初，岭南讨击使李千里上二阉儿，曰金刚，曰力士，中人高延福养为子，故冒高姓。既壮，为宫闱丞。帝在藩，力士倾心附结。及为太子，奏为内给事，至是以诛萧、岑功赏之。是后宦官稍增至三千馀人，除三品将军者浸多，衣绯、紫至千馀人，宦官之盛自此始。衣，去声。

12 壬申，遣益州长史毕构等六人宣抚十道。

13 乙亥，以左丞张说为中书令。

14 庚辰，中书侍郎、同平章事陆象先罢为益州长史、剑南按察使。使，疏吏翻。八月，癸巳，以封州流人刘幽求为左仆射、平章军国大事。

15 丙辰，突厥可汗默啜遣其子杨我支来求婚；丁巳，许以蜀王女南和县主妻之。妻，七细翻。

16 中宗之崩也，同中书门下三品李峤密表韦后，请出相王诸子于外。相，息亮翻。上即位，于禁中得其表，以示侍臣。峤时以特进致仕，或请诛之，张说曰："峤虽不识逆顺，然为当时之谋则忠矣。"上然之。九月，壬戌，以峤子率更令畅为虔州刺史，唐六典曰：汉率更令、丞主庶子、舍人更直，职似光禄勋；晋率更令掌宫殿门户之禁、郎将屯卫之士；北齐率更令掌周卫禁防、漏刻钟鼓。更，工衡翻。令峤随畅之官。

17 庚午，以刘幽求同中书门下三品。

18 丙戌，复置右御史台，督察诸州；去年春废右御史台。复，扶又翻。罢诸道按察使。使，疏吏翻。

19 冬，十月，辛卯，引见京畿县令，唐京城两赤县为京县，畿内诸县为畿县。京县令正五品上，畿县令正六品下。见，贤遍翻。戒以岁饥惠养黎元之意。

20 己亥，上幸新丰；癸卯，讲武于骊山之下，征兵二十万，旌旗连亘五十馀里。亘，古邓翻。以军容不整，坐兵部尚书郭元振于纛下，将斩之。刘幽求、张说跪于马前谏曰："元振有大功于社稷，不可杀。"乃流新州。旧志：新州去京师五千五十二里。斩给事中、知礼仪事唐绍，以其制军礼不肃故也。上始欲立威，亦无杀绍之意，金吾卫将军李邈遽宣敕斩之。上寻罢邈官，废弃终身。时二大臣得罪，诸军多震慑失次。慑，之涉翻。惟左军节度薛讷、时讲武分左右军，以讷为左军节度。朔方道大总管解琬二军不动，上遣轻骑召之，皆不得入其陈。解，户买翻。骑，奇寄翻。陈，读曰阵。上深叹美，慰勉之。

甲辰，猎于渭川。此即新丰界之渭川。上欲以同州刺史姚元之为相，张说疾之，使御史大夫赵彦昭弹之，弹，徒丹翻。上不纳。又使殿中监姜皎言于上曰："陛下常欲择河东总管而难其人，臣今得之矣。"上问为谁，皎曰："姚元之文武全才，真其人也。"上曰："此张说之意也，汝何得面欺，罪当死！"皎叩头首服，首，式又翻。上即遣中使召元之诣行在。使，疏吏翻。既至，上方猎，引见，见，贤遍翻。即拜兵部尚书、同中书门下三品。考异曰：世传升平源，以为吴兢所撰，云："姚元崇初拒太平得罪，上颇德之。既诛太平，方任元崇以相，进拜同州刺史。张说素不叶，命赵彦昭骤弹之；不许。居无何，上将猎于渭滨，密召元崇会于行所。初，元崇闻上讲武于骊山，谓所亲曰：'准式，车驾行幸，三百里内刺史合朝觐。元崇必为权臣所挤，若何？'参军李景初进曰：'某有儿母者，其父即教坊长入内，相公傥致厚赂，使其冒法进状可达。'公然之，辄效。燕公说使姜皎入曰：'陛下久卜河东总管，重难其人，臣有所得，何以见赏？'上曰：'谁邪？如惬，有万金之赐。'乃曰：'冯翊太守姚崇，文武全材，即其人也。'上曰：'此张说意也。卿罔上，当诛。'皎首服万死。即诏中官追赴行在。上方猎于渭滨，公至，拜马首。上曰：'卿颇知猎乎？'元崇曰：'臣少孤，居广成泽，目不知书，唯以射猎为事。四十年方遇张憬藏，谓臣当以文学备位将相，无为自弃，尔来折节读书。今虽官位过忝，至于驰射，老而犹能。'于是呼鹰放犬，迟速称旨；上大悦。上曰：'朕久不见卿，思有顾问，卿可于宰相行中行。'公行犹后，上纵辔久之，顾曰：'卿行何后？'公曰：'臣官疏贱，不合参宰相行。'上曰：'可兵部尚书、同平章事。'公不谢。上顾讶焉。至顿，上命宰臣坐，公跪奏：'臣适奉作弼之诏而不谢者，欲以十事上献；有不可行，臣不敢奉诏。'上曰：'悉数之，朕当量力而行，然定可否。'公曰：'自垂拱已来，朝廷以刑法理天下；臣请圣政先仁义，可乎？'上曰：'朕深心有望于公也。'又曰：'圣朝自丧师青海，未有牵复之悔；臣请三数十年不求边功，可乎？'上曰：'可。'又曰：'自太后临朝以来，喉舌之任，或出于阉人之口；臣请中官不预公事，可乎？'上曰：'怀之久矣。'又曰：'自武氏诸亲猥侵清切权要之地，继以韦庶人、安乐、太平用事，班序荒杂；臣请国亲不任台省官，凡有斜封、待阙、员外等官，悉请停罢，可乎？'上曰：'朕素志也。'又曰：'比来近密佞幸之徒，冒犯宪网者，皆以宠免；臣请行法，可乎？'上曰：'朕切齿久矣。'又曰：'比因豪家戚里，贡献求媚，延及公卿、方镇亦为之；臣请除租、庸、赋税之外，悉杜塞之，可乎？'上曰：'愿行之。'又曰：'太后造福先寺，中宗造圣善寺，上皇造金仙、玉真观，皆费钜百万，耗蠹生灵；凡寺观宫殿，臣请止绝建造，可乎？'上曰：'朕每睹之，心即不安，而况敢为者哉！'又曰：'先朝亵狎大臣，或亏君臣之敬；臣请陛下接之以礼，可乎？'上曰：'事诚当然，有何不可！'又曰：'自燕钦融、韦月将献直得罪，由是谏臣沮色；臣请凡在臣子，皆得触龙鳞，犯忌讳，可乎？'上曰：'朕非唯能容之，亦能行之。'又曰：'吕氏产、禄几危西京，马、窦、阎、梁亦乱东汉，万古寒心，国朝为甚；臣请陛下书之史册，永为殷鉴，作万代法，可乎？'上乃潸然良久曰：'此事真可为刻肌刻骨者也。'公再拜曰：'此诚陛下致仁政之初，是臣千载一遇之日，臣敢当弼谐之地，天下幸甚！天下幸甚！'又再拜蹈舞称万岁者三。从官千万皆出涕。上曰：'坐。'公坐于燕公之下。燕公让不敢坐，上问，对曰：'元崇是先朝旧臣，合首坐。'公曰：'张说是紫微宫使，今臣是客宰相，不合首坐。’上曰：‘可紫微宫使居首座。’”果如所言，则元崇进不以正。又，当时天下之事，止此十条，须因事启沃，岂一旦可邀！似好事者为之，依托兢名，难以尽信，今不取。

元之吏事明敏，三为宰相，皆兼兵部尚书，姚崇始相武后，后相睿宗，今复为相。缘边屯戍斥候，士马储械，无不默记。上初即位，励精为治，治，直之翻。每事访于元之，元之应答如响，同僚唯诺而已，唯，于癸翻。故上专委任之。元之请抑权幸，爱爵赏，纳谏诤，却贡献，不与群臣亵狎；上皆纳之。此即前所献十事之二三也。

乙巳，车驾还京师。

21 姚元之尝奏请序进郎吏，考异曰：此出李德裕次柳氏旧闻，不知郎吏为何官。若郎中、员外郎则是清要官，不得云秩卑；恐是郎将，又不敢必，故仍用旧文。上仰视殿屋，元之再三言之，终不应；元之惧，趋出。罢朝，高力士谏曰：“陛下新总万机，宰臣奏事，当面加可否，奈何一不省察！”朝，直遥翻。省，悉景翻。上曰：“朕任元之以庶政，大事当奏闻共议之；郎吏卑秩，乃一一以烦朕邪！”会力士宣事至省中，唐世，凡机事皆使内臣宣旨于宰相。为元之道上语，为，于伪翻。元之乃喜。闻者皆服上识君人之体。

左拾遗曲江张九龄，曲江县，汉属桂阳郡，江左置始兴郡，唐武德四年置番州，寻改东衡州，贞观元年改韶州。以元之有重望，为上所信任，奏记劝其远谄躁，进纯厚，远，于愿翻。躁，则到翻。其略曰：“任人当才，为政大体，与之共理，无出此途。而向之用才，非无知人之鉴，其所以失溺，在缘情之举。”溺，奴狄翻。又曰：“自君侯职相国之重，持用人之权，而浅中弱植之徒，已延颈企踵而至，谄亲戚以求誉，媚宾客以取容，其间岂不有才，所失在于无耻。”元之嘉纳其言。

新兴王晋之诛也，僚吏皆奔散，惟司功李㧑步从，从，才用翻。唐制，诸州功曹司功参军事掌考课、假使、祭祀、礼乐、学校、表疏、书启、禄食、祥异、医药、卜筮、陈设、丧葬。不失在官之礼，仍哭其尸。姚元之闻之，曰："栾布之俦也。"栾布哭彭越。及为相，擢为尚书郎。

22 己酉，以刑部尚书赵彦昭为朔方道大总管。

23 十一月，乙丑，刘幽求兼侍中。

24 辛巳，群臣上表请加尊号为开元神武皇帝；从之。戊子，受册。上，时掌翻。

25 中书侍郎王琚为上所亲厚，群臣莫及。每进见，侍笑语，逮夜方出；或时休沐，往往遣中使召之。或言于上曰："王琚权谲纵横之才，见，贤遍翻。使，疏吏翻。谲，古穴翻。纵，子容翻。可与之定祸乱，难与之守承平。"上由是浸疏之。是月，命琚兼御史大夫，按行北边诸军。行，下孟翻。考异曰：朝野佥载曰："琚以谄谀自进，未周年为中书侍郎。其母氏闻之，自洛赴京戒之曰：'汝徒以谄媚险诐取容，色交自达，朝廷侧目，海内切齿，吾尝恐汝家坟陇无人守之。'琚惭惧，表请侍母。上初大怒，后许之。"按旧传，琚未尝去官侍母。今不取。旧传又云："使琚按行天兵以北诸军"。按五年始置天兵军于并州。盖琚传追言之耳。

26 十二月，庚寅，赦天下，改元。改元开元。尚书左、右仆射为左、右丞相；中书省为紫微省；门下省为黄门省，侍中为监；雍州为京兆府，洛州为河南府，长史为尹，司马为少尹。隋以京守为牧。武德初，因隋置牧，以亲王为之，或不出阁，以长史知府事。至是改为府，升长史为尹，从三品，专总府事。魏、晋以下，州府皆有治中，隋文帝改为司马，炀帝改为赞理，又为丞，武德改为治中，永徽避高宗名，改为司马，至是改为少尹，从四品下。雍，于用翻。

27 甲午，吐蕃遣其大臣来求和。

28 壬寅，以姚元之兼紫微令。元之避开元尊号，复名崇。姚元之本名元崇，武后长安四年命以字行；今复旧名，而省元字。复，扶又翻。

29 敕："都督、刺史、都护将之官，皆引面辞毕，侧门取进止。”东内有左右侧门，左右侧门之外，即金吾左右仗。

30 姚崇既为相，紫微令张说惧，乃潜诣岐王申款。款，诚也。他日，崇对于便殿，行微蹇。上问：“有足疾乎？”对曰：“臣有腹心之疾，非足疾也。”上问其故。对曰：“岐王陛下爱弟，张说为辅臣，而密乘车入王家，恐为所误，故忧之。”癸丑，说左迁相州刺史。考异曰：松窗杂录：“姚崇为相，忽一日对于便殿，举右足不甚轻利。上曰：‘卿有足疾邪？’崇奏曰：‘臣有腹心之疾，非足疾也。’因前奏张说罪状数百言。上怒曰：‘卿归中书，宜宣与御史中丞共按其事。’而说未之知。会朱衣吏报午后三刻，说乘马先归，崇急呼御史中丞李林甫以前诏付之。林甫语崇曰：‘说多智谋，是必困之，宜以剧地。’崇曰：‘丞相得罪，未宜太逼。’林甫又曰：‘公必不忍，即说当无害。’林甫止将诏付于小御史，中路以马坠告。说未遭崇奏前旬月，家有教授书生，通于说侍儿最宠者，会擒得奸状，以闻于说。说怒甚，将穷狱于京兆尹。书生厉声言曰：‘睹色不能禁，人之常情也。公贵为宰相，岂无缓急用人，胡靳靳于一婢女邪？’说奇其言而释之，兼以侍儿与归。书生跳迹去，旬馀无所闻知。忽一日直访于说，忧色满面而言曰：‘某感公之恩，当有谢者久矣。今闻公为姚相所构，外狱将具，公不之知，危将至矣。某愿得公平生所宝者，用计于九公主，必能立释之。’说因自历指状所宝者，书生皆曰：‘未足解公之难。’又凝思久之，忽曰：‘近有以鸡林郡夜明帘为寄信者。’书生曰：‘吾事济矣。’因请说手笔数行，恳以情言，遂急趋出。逮夜，始及九公主邸第，书生具以说言之，兼用夜明帘为贽，且谓主曰：‘上独不念在东宫时思必始终恩加于张丞相乎？而今反用快不利张丞相者之心邪！’明早，公主上谒，具为奏之。上感动，因急命高力士就御史台宣前所按狱事，并宜罢之。书生迄亦不再见于张丞相也。”此说亦似出于好事者。又元崇开元四年罢相，林甫十四年始为御史中丞。今从新传。右仆射、同中书门下三品刘幽求亦罢为太子少保。甲寅，以黄门侍郎卢怀慎同紫微黄门平章事。

齐思和标点聂崇岐覆校

资治通鉴卷第二百一十一

端明殿学士兼翰林侍读学士太中大夫
提举西京嵩山崇福宫上柱国河内郡开国公 司马光 奉敕编集
食邑二千二百户食实封九百户赐紫金鱼袋臣

后学天台 胡三省 音注

唐纪二十七 起阏逢摄提格(甲寅),尽强圉大荒落(丁巳),凡四年。

玄宗至道大圣大明孝皇帝上之中

开元二年(甲寅、七一四)

1 春,正月,壬申,制:"选京官有才识者除都督、刺史,都督、刺史有政迹者除京官,京官即在朝官也。使出入常均,永为恒式。"恒,户登翻。

2 己卯,以卢怀慎检校黄门监。去年改门下省为黄门,侍中为监。检校黄门监,检校侍中也。

3 旧制,雅俗之乐,皆隶太常。上精晓音律,以太常礼乐之司,不应典倡优杂伎;倡,音昌。伎,渠绮翻;下同。乃更置左右教坊以教俗乐,命右骁卫将军范及为之使。更,工衡翻。使,疏吏翻。又选乐工数百人,自教法曲于梨园,谓之"皇帝梨园弟子"。梨园在禁苑中,注已见前。又教宫中使习之。又选伎女,置宜春院,宜春院当在西内宜春门内,近射殿。给赐其家。礼部侍郎张廷珪、酸枣尉袁楚客皆上疏,以为"上春秋鼎盛,宜崇经术,迩端士，尚朴素；深以悦郑声、好游猎为戒。”上，时掌翻。疏，所去翻。好，呼到翻。上虽不能用，咸【章：十二行本“咸”上有“欲开言路”四字；乙十一行本同；孔本同；退斋校同。】嘉赏之。

4 中宗以来，贵戚争营佛寺，奏度人为僧，兼以伪妄；富户强丁多削发以避徭役，所在充满。姚崇上言：“佛图澄不能存赵，石虎敬重佛图澄，澄死而赵亡。鸠摩罗什不能存秦，姚兴师鸠摩罗什，兴死而秦亡。齐襄、梁武，未免祸殃。但使苍生安乐，即是福身；何用妄度奸人，使坏正法！”乐，音洛。坏，音怪。上从之。丙寅，命有司沙汰天下僧尼，尼，女夷翻。以伪妄还俗者万二千馀人。

5 初，营州都督治柳城以镇抚奚、契丹，则天之世，都督赵文翙失政，奚、契丹攻陷之，见二百五卷武后万岁通天元年。契，欺讫翻，又音吃。翙，呼会翻。是后寄治幽州东渔阳城。据旧书，渔阳城在幽州东二百里。或言：“靺鞨、奚、霫大欲降唐，正以唐不建营州，无所依投，为默啜所侵扰，故且附之；靺鞨，音末曷。霫，而立翻。降，户江翻。啜，陟劣翻。若唐复建营州，则相帅归化矣。”复，扶又翻。帅，读曰率。并州长史、和戎·大武等军州节度大使薛讷信之，大武军在代州北，后改曰大同军。使，疏吏翻。奏请击契丹，复置营州；上亦以冷陉之役，欲讨契丹。冷陉败见上卷先天元年。群臣姚崇等多谏。甲申，以讷同紫微黄门三品，将兵击契丹，将，即亮翻。群臣乃不敢言。

6 薛王业之舅王仙童，侵暴百姓，御史弹奏；业为之请，弹，徒丹翻。为，于伪翻。敕紫微、黄门覆按。姚崇、卢怀慎等奏：“仙童罪状明白，御史所言无所枉，不可纵舍。”上从之。由是贵戚束手。

7 二月，庚寅朔，太史奏太阳应亏不亏。姚崇表贺，请书之史册；从之。

8 乙未，突厥可汗默啜遣其子同俄特勒及妹夫火拔颉利发、厥，九勿翻。可，从刊入声。汗，音寒。颉，户结翻。考异曰：旧郭虔瓘传云“默啜婿”，今从旧突厥传及唐历。旧虔瓘传作“移江可汗”，突厥传作“移涅可汗”，今从唐纪。石阿失毕将兵围北庭都护府，都护郭虔瓘击破之。阿，乌葛翻。将，即亮翻。败，补迈翻。同俄单骑逼城下，虔瓘伏壮士于道侧，突起斩之。骑，奇寄翻。突厥请悉军中资粮以赎同俄，闻其已死，恸哭而去。

9 丁未，敕：“自今所在毋得创建佛寺；旧寺颓坏应葺者，诣有司陈牒检视，然后听之。”

10 闰月，以鸿胪少卿、朔方军副大总管王晙兼安北大都护、朔方道行军大总管，令丰安、定远、三受降城及旁侧诸军皆受晙节度。灵州界有丰安、定远等军，在黄河外。武德四年，分丰州回乐县置丰安县，贞观十三年，省入回乐。杜佑曰：丰安军在灵武西黄河外百八十馀里；定远军在灵武东北二百里黄河外。胪，陵如翻。晙，子峻翻。降，户江翻。徙大都护府于中受降城，杜佑曰：安北府东至榆林三百五十里，南至朔方八百里，西至九原三百五十里，北至回纥界七百里。置兵屯田。

11 丁卯，复置十道按察使，罢十道按察使，见上卷上年。复，扶又翻。使，疏吏翻。以益州长史陆象先等为之。长，知两翻。

12 上思徐有功用法平直，乙亥，以其子大理司直惀为恭陵令。惀，力迍翻，又力尹翻。恭陵，孝敬皇帝陵。窦孝谌之子光禄卿豳公希瑊等请以己官爵让惀以报其德，窦孝谌事见二百五卷武后长寿二年。谌，氏壬翻。瑊，古咸翻。由是惀累迁申王府司马。唐制：大理司直从六品上，亲王府司马从四品下。

13 丙子，申王成义请以其府录事阎楚珪为其府参军，唐亲王府录事从九品上，流外官也；参军，正七品上。上许之。姚崇、卢怀慎上言，“先尝得旨，云王公、驸马有所奏请，非墨敕皆勿行。

引近旨以寝格其请。臣窃以量材授官，当归有司；量，音良。若缘亲故之恩，得以官爵为惠，踵习近事，近事，谓中宗朝滥官之弊。实紊纪纲。”紊，音问。事遂寝。由是请谒不行。

14 突厥石阿失毕既失同俄，不敢归；癸未，与其妻来奔，以为右卫大将军，封燕北郡王。燕，因肩翻。命其妻曰金山公主。

15 或告太子少保刘幽求、太子詹事钟绍京有怨望语，下紫微省按问，幽求等不服。姚崇、卢怀慎、薛讷言于上曰：“幽求等皆功臣，乍就闲职，微有沮丧，下，遐嫁翻。沮，在吕翻。丧，息浪翻。人情或然。功业既大，荣宠亦深，一朝下狱，恐惊远听。”戊子，贬幽求为睦州刺史，绍京为果州刺史。果州，汉安汉县地。宋于安汉故城置南宕渠郡，隋废郡，改安汉县曰南充县，属隆州；武德四年，置果州。旧志：睦州，京师东南三千六百五十九里，果州至京师二千五百五十八里。考异曰：幽求传曰：“姚崇素嫉忌之，乃奏言幽求郁怏于散职，兼有怨言，贬授睦州刺史。”绍京传曰：“姚崇素恶绍京之为人，因奏绍京发言怨望，左迁绵州刺史。”今从实录。紫微侍郎王琚行边军未还，去年遣王琚按行北边诸军。行，下孟翻。还，从宣翻，又如字。亦坐幽求党贬泽州刺史。泽州，京师东北一千三十里。

16 敕：“涪州刺史周利贞等十三人，皆天后时酷吏，周利贞、裴谈、张栖正、张思敬、王承本、刘晖、杨允、康玮、封珣行、张知默、卫遂忠、公孙琰、钟思廉等凡十三人。涪，音浮。比周兴等情状差轻，宜放归草泽，终身勿齿。”

17 西突厥十姓酋长都担叛。三月，己亥，碛西节度使阿史那献克碎叶等镇，擒斩都担，降其部落二万馀帐。厥，九勿翻。酋，慈由翻。长，知两翻。担，都甘翻。碛，七迹翻。降，户江翻。考异曰：实录此月云，“献擒贼帅都担，六月，枭都担首。”盖此月奏擒之，六月传首方至耳。实录此月又云，“以西域二万馀帐内附”，六月云“擒其部落五万馀帐”，新传云“三万帐”。盖兵家好虚声，今从其少者。

18 御史中丞姜晦以宗楚客等改中宗遗诏，事见二百九卷睿宗景云元年。青州刺史韦安石、太子宾客韦嗣立、刑部尚书赵彦昭、特进致仕李峤，于时同为宰相，不能匡正，令监察御史郭震弹之；监，古衔翻。弹，徒丹翻。且言彦昭拜巫赵氏为姑，蒙妇人服，与妻乘车诣其家。甲辰，贬安石为沔州别驾，嗣立为岳州别驾，彦昭为袁州别驾，旧志：岳州，京师东南二千二百二十七里；袁州，京师东南三千五百八十里。沔，弥兖翻。考异曰：彦昭传曰："姚崇素恶彦昭之为人。"今从实录。峤为滁州别驾。滁州，汉全椒县地，江左为南、北二谯州及新昌郡，隋改南谯州曰滁州。旧志：滁州，京师东南二千五百六十四里。滁，音除。安石至沔州，晦又奏安石尝检校定陵，定陵，中宗陵。盗隐官物，下州征赃。下，遐嫁翻。安石叹曰："此祇应须我死耳。"愤恚而卒。恚，於避翻。卒，子恤翻。晦，皎之弟也。

19 毁天枢，造天枢见二百五卷武后延载元年。发匠镕其铁钱，【章：十二行本作"铜铁"；乙十一行本同；孔本同；张校同。】历月不尽。先是，韦后亦于天街作石台，高数丈，以颂功德，天街即京城朱雀街。先，悉荐翻。高，古号翻。至是并毁之。

20 夏，四月，辛巳，突厥可汗默啜复遣使求婚，复，扶又翻。使，疏吏翻。自称"乾和永清太驸马、天上得果报天男、突厥圣天骨咄禄可汗。"天男，犹云天子也。咄，当没翻。

21 五月，己丑，以岁饥，悉罢员外、试、检校官，员外官，一也；试官，二也；检校官，三也。罢之，以其冗滥，且糜俸廪也。自今非有战功及别敕，毋得注拟。此三项官，今后非有战功及别敕特行录用，吏、兵部毋得注拟。

22 己酉，吐蕃相坌达延吐，从暾入声。相，息亮翻。坌，蒲顿翻。遗宰相书，遗，于季翻。请先遣解琬至河源正二国封疆，然后结盟。琬尝为朔方大总管，故吐蕃请之。前此琬以金紫光禄大夫致仕，复召拜左散骑常侍而遣之。复，扶又翻，又如字。又命宰相复坌达延书，招怀之。琬上言，吐蕃必阴怀叛计，请预屯兵十万于秦、渭等州以备之。史言解琬所言，其识远过崔汉衡。上，时掌翻。

23 黄门监魏知古，本起小吏，因姚崇引荐，以至同为相。崇意轻之，请知古摄吏部尚书、知东都选事，遣吏部尚书宋璟于门下过官；唐制：凡文武职事官六品以下，吏、兵部进拟必过门下省，量其阶资，校其才用，以审定之；若拟职不当，随其优屈退而量焉，谓之过官。选，须绢翻。知古衔之。

崇二子分司东都，恃其父有德于知古，颇招权请托；知古归，悉以闻。他日，上从容问崇：从，千容翻。“卿子才性何如？今何官也？”崇揣知上意，揣，初委翻。对曰：“臣有三子，两在东都，为人多欲而不谨；是必以事干魏知古，臣未及问之耳。”上始以崇必为其子隐，为，于伪翻。及闻崇奏，喜问：“卿安从知之？”对曰：“知古微时，臣卵而翼之。左传：楚子西谓白公胜曰：“胜如卵，余翼而长之。”臣子愚，以为知古必德臣，容其为非，故敢干之耳。”上于是以崇为无私，而薄知古负崇，欲斥之。崇固请曰：“臣子无状，挠陛下法，挠，奴巧翻，又奴教翻。陛下赦其罪，已幸矣；苟因臣逐知古，天下必以陛下为私于臣，累圣政矣。”累，力瑞翻。上久乃许之。辛亥，知古罢为工部尚书。考异曰：旧知古传：“二年还京，上屡有顾问，恩意甚厚，寻改紫微令。姚崇深忌惮之，阴加谗毁，乃除工部尚书，罢知政事。”新传亦云“由黄门监改紫微令”。今据实录，知古自黄门监罢政事；其所以罢，从柳氏旧闻。

24 宋王成器，申王成义，于上兄也；岐王范，薛王业，上之弟也；豳王守礼，上之从兄也。从，才用翻。上素友爱，近世帝王莫能及；初即位，为长枕大被，与兄弟同寝。诸王每旦朝于侧门，朝，直遥翻；下同。退则相从宴饮，斗鸡，击球，或猎于近郊，游赏别墅，中使存问相望于道。墅，承与翻。使，疏吏翻；

下同。上听朝罢，多从诸王游，在禁中，拜跪如家人礼，饮食起居，相与同之。于殿中设五幄，与诸王更处其中。【章：十二行本“中”下有“谓之五王帐”五字；乙十一行本同；孔本同。】更，工衡翻；下更奏同。处，昌吕翻。或讲论赋诗，间以饮酒、博弈、游猎，间，古苋翻；下谗间同。或自执丝竹；成器善笛，范善琵琶，与上更奏之。诸王或有疾，上为之终日不食，终夜不寝。业尝疾，上方临朝，须臾之间，使者十返。上亲为业煮药，为，于伪翻。回飙吹火，误爇上须，左右惊救之。上曰：“但使王饮此药而愈，须何足惜？”爇，如悦翻。须，与鬚同。成器尤恭慎，未尝议及时政，与人交结；上愈信重之，故谗间之言无自而入。然专以【章：十二行本“以”下有“衣食”二字；乙十一行本同。】声色畜养娱乐之，畜，吁玉翻。乐，音洛。不任以职事。群臣以成器等地逼，请循故事出刺外州。六月，丁巳，以宋王成器兼岐州刺史，旧志：岐州，京师西三百一十五里。申王成义兼豳州刺史，考异曰：实录、旧传作“幽州”，今从唐历、旧纪。豳王守礼兼虢州刺史，虢州西至京师四百三十里。令到官但领大纲，自馀州务，皆委上佐主之。上佐，长史、司马也。是后诸王为都护、都督、刺史者并准此。

25 丙寅，吐蕃使其宰相尚钦藏来献盟书。尚，吐蕃之贵姓也。

26 上以风俗奢靡，秋，七月，乙未，制：“乘舆服御、金银器玩，宜令有司销毁，以供军国之用；其珠玉、锦绣，焚于殿前；乘，绳证翻。后妃以下，皆毋得服珠玉锦绣。”戊戌，敕：“百官所服带及酒器、马衔、镫，镫，都邓翻，鞍镫也。三品以上，听饰以玉，四品以金，五品以银，自馀皆禁之；妇人服饰从其夫、子。夫、子者，夫若子也。其旧成锦绣，听染为皂。自今天下更毋得采珠玉，织锦绣等物，违者杖一百，工人减一等。”唐法：杖一百，决臀杖二十；减一等则杖八十。罢两京织锦坊。

臣光曰：明皇之始欲为治，治，直吏翻。能自刻厉节俭如此，晚节犹以奢败；甚哉奢靡之易以溺人也！诗云："靡不有初，鲜克有终。"诗荡之辞。易，以豉翻。鲜，息浅翻。可不慎哉！

27 薛讷与左监门卫将军杜宾客、定州刺史崔宣道等将兵六万监，古衔翻。将，即亮翻。考异曰：旧传云"兵二万"，佥载云"八万人皆没"。今从唐纪。出檀州击契丹。宾客以为"士卒盛夏负戈甲，赍资粮，深入寇境，难以成功。"讷曰："盛夏草肥，羔犊孳息，小羊曰羔，小牛曰犊。孳，津之翻，生也。因粮于敌，正得天时，一举灭虏，不可失也。"行至滦水山峡中，蓟州雄武军东北行百二十里至盐城守捉，又东北渡滦河。滦，落官翻。契丹伏兵遮其前后，从山上击之，唐兵大败，死者什八九。讷与数十骑突围，得免，虏中嗤之，谓之"薛婆"。俗谓妇人之老曰婆。言薛讷老怯如老妇人也。薛【章：十二行本"薛"作"崔"；乙十一行本同；张校同。】宣道将后军，闻讷败，亦走。讷归罪于宣道及胡将李思敬等八人，将，即亮翻。制悉斩之于幽州。庚子，敕免讷死，削除其官爵；独赦杜宾客之罪。

28 壬寅，以北庭都护郭虔瓘为凉州刺史、河西诸军州节度使。使，疏吏翻。

29 果州刺史钟绍京心怨望，数上疏妄陈休咎；数，所角翻。乙巳，贬溱州刺史。溱，侧诜翻。

30 丁未，房州刺史襄王重茂薨，辍朝三日，追谥曰殇皇帝。以韦氏所立，故仍谥曰皇帝。重，直龙翻。朝，直遥翻。

31 戊申，禁百官家毋得与僧、尼、道士往还。壬子，禁人间铸佛、写经。

32 宋王成器等请献兴庆坊宅为离宫；甲寅，制许之，始作兴庆宫，兴庆宫，后谓之南内，在皇城东南，距京城之东，直东内之南。自东内达南内，有夹城复道，经通化门达南内，人主往来两宫，外人莫知之。仍各赐成器等宅，环于宫侧。宁王、岐王宅在安兴坊，薛王宅在胜业坊，二坊相连，皆在兴庆宫西。宁王即宋王也。环，音宦。又于宫西南置楼，题其西曰“花萼相辉之楼”，南曰“勤政务本之楼”。上或登楼，闻王奏乐，则召升楼同宴，或幸其所居尽欢，赏赉优渥。

33 乙卯，以岐王范兼绛州刺史，薛王业兼同州刺史。考异曰：实录云“八月，乙卯”。据长历，八月丙辰朔。实录自此以下脱少；今取唐历、旧本纪补之。仍敕宋王以下每季二人入朝，朝，直遥翻。周而复始。

34 民间讹言，上采择女子以充掖庭，掖，音亦。上闻之，八月，乙丑，令有司具车牛于崇明门，唐六典：大明宫紫宸殿，内朝正殿也。殿之南面紫宸门，紫宸门之左曰崇明门，右曰光顺门。自选后宫无用者载还其家；敕曰：“燕寝之内，尚令罢遣；闾阎之间，足可知悉。”

35 乙亥，吐蕃将坌达延、乞力徐帅众十万寇临洮，军兰州，至于渭源，果如解琬之言。岷州溢乐县，古临洮县，义宁二年更名渭源，汉陇西之首阳县也。后魏分陇西置渭源郡，又改首阳为渭源县。唐以县属渭州。将，即亮翻。坌，蒲顿翻。帅，读曰率；下同。洮，土刀翻。掠取牧马；命薛讷白衣摄左羽林将军，为陇右防御使，薛讷以滦河之败削除官爵，故命以白衣摄官出陇右。使，疏吏翻；下同。以右骁卫将军常乐郭知运为副使，常乐，汉广至县地，曹魏分广至置宜禾县，李暠于此置凉兴郡，隋置常乐镇，武德五年改镇为县，属瓜州。骁，坚尧翻。乐，音洛。与太仆少卿王晙帅兵击之。辛巳，大募勇士，诣河、陇就讷教习。

初，鄯州都督杨矩以九曲之地与吐蕃，事见上卷睿宗景云元年。鄯，时战翻，又音善。其地肥饶，吐蕃就之畜牧，畜，吁玉翻。因以入寇。矩悔惧自杀。

36 乙酉，太子宾客薛谦光献武后所制豫州鼎铭，武后铸九州鼎，自制铭。其末云：“上玄降鉴，方建隆基。”通典载豫州鼎铭曰：“牺、农首出，轩、昊应期，唐、虞继踵，汤、武乘时。天下光宅，域内雍熙。

上玄降鉴，方建隆基。”以为上受命之符。姚崇表贺，且请宣示史官，颁告中外。

臣光曰：日食不验，太史之过也；而君臣相贺，是诬天也。采偶然之文以为符命，小臣之谄也；而宰相因而实之，是侮其君也。上诬于天，下侮其君，以明皇之明，姚崇之贤，犹不免于是，岂不惜哉！

37 九月，戊申，上幸骊山温汤。

38 敕以岁稔伤农，令诸州修常平仓法；太宗时置义仓及常平仓，以备凶荒。高宗以后，稍假以给他费，至神龙中略尽，至是复置之。江、岭、淮、浙、剑南地下湿，不堪贮积，不在此例。贮，丁吕翻。

39 突厥可汗默啜衰老，昏虐愈甚；壬子，葛逻禄等部落诣凉州降。逻，郎佐翻。降，户江翻。

40 冬，十月，吐蕃复寇渭源。复，扶又翻。丙辰，上下诏欲亲征，发兵十馀万人，马四万匹。

41 戊午，上还宫。

42 甲子，薛讷与吐蕃战于武街，水经注：武街城在汉狄道县东白石山西北。唐为武街驿，与大来谷皆属临洮渭源县界。刘昫曰：武街驿在渭州西界。大破之。时太仆少卿陇右群牧使王晙帅所部二千人与讷会击吐蕃。坌达延将吐蕃兵十万屯大来谷，晙选勇士七百，衣胡服，夜袭之，晙，子峻翻。帅，读曰率。坌，蒲顿翻。将，即亮翻。衣，于既翻。多置鼓角于其后五里，前军遇敌大呼，后人鸣鼓角以应之。虏以为大军至，惊惧，自相杀伤，死者万计。讷时在武街，去大来谷二十里，虏军塞其中间；呼，火故翻。塞，悉则翻。晙复夜出袭之，虏大溃，始得与讷军合。追奔至洮水，复战于长城堡，秦筑长城，起临洮，因以名堡。复，扶又翻。又败之，败，补迈翻。前后杀获数万人。丰安军使王海宾战死。【章：十二行本“死”下有“乙丑，敕罢亲征”六字；乙十一行本同；孔本同；张校同；退斋校同。】使，疏吏翻。

戊辰，姚崇、卢怀慎等奏："顷者吐蕃以河为境，神龙中尚公主，遂逾河筑城，置独山、九曲两军，即杨矩所与九曲之地也。去积石三百里，又于河上造桥。今吐蕃既叛，宜毁桥拔城。"从之。

以王海宾之子忠嗣为朝散大夫、尚辇奉御，朝，直遥翻。散，悉亶翻。养之宫中。

43 己巳，突厥可汗默啜又遣使求婚，上许以来岁迎公主。

44 突厥十姓胡禄屋等诸部诣北庭请降，此西突厥也。降，户江翻；下同。命都护郭虔瓘抚存之。

45 乙酉，命左骁卫郎将尉迟瓌使于吐蕃，宣慰金城公主。吐蕃遣其大臣宗俄因矛【严："矛"改"子"。】至洮水请和，用敌国礼；骁，坚尧翻。将，即亮翻。尉，纡勿翻。使，疏吏翻。洮，土刀翻。上不许。自是连岁犯边。考异曰：唐历："四年七月丁丑，吐蕃以去年之败，遣其大臣宋俄因矛款塞请和，自恃兵强，求敌国之礼；天子忿之。"按自此至四年，非去年也。既云以败请和，又何得云自恃兵强；既云天子忿之，又当年八月已许其和！今从旧传。

46 十一月，辛卯，葬殇皇帝。

47 丙申，遣左散骑常侍解琬诣北庭宣慰突厥降者，随便宜区处。处，昌吕翻。

48 十二月，壬戌，沙陀金山入朝。

49 甲子，置陇右节度大使，须嗣鄯、奉、河、渭、兰、临、武、洮、岷、郭、叠、宕十二州，"须"当作"领"。"嗣"字衍。"奉"当作"秦"，"郭"当作"廓"。临州本汉陇西之狄道地，晋置武始郡，隋废郡复为狄道县，属兰州，天宝三载始分置临州，新、旧志皆云然。据此，则已置临州久矣。武州，古白马之地，汉武帝开置武都郡，西魏改曰石门县，置武州。宕州，后魏宕昌羌之地，后周置宕昌郡，天和元年置宕州。鄯，时战翻，又音善。宕，徒浪翻。以陇右防御副使郭知运为之。

50 乙丑，立皇子嗣真为鄫王，考异曰：实录于此作“鄫王”，于后作“郯王”。今从旧传。余详考新、旧二史，嗣真是年与嗣初、嗣玄同封，然嗣真实帝之第四子，非长子也。长子乃嗣直也，次子则嗣谦也。先天元年，封嗣直郯王，嗣谦郢王。嗣初为鄂王，嗣主为鄄王。“嗣主”当作“嗣玄”。【章：乙十一行本正作“嗣玄”。】辛巳，立郢王嗣谦为皇太子。嗣真，上之长子，母曰刘华妃。刘华妃，郯王嗣直之母。若鄫王嗣真之母则钱妃也。亦误。嗣谦，次子也，母曰赵丽妃；帝置惠妃、丽妃、华妃，以代三夫人。丽妃以倡进，有宠于上，故立之。以母宠而立其子，母宠衰则子爱弛矣。为后废太子张本。倡，音昌。

51 是岁，置幽州节度、经略、镇守大使，领幽、易、平、檀、妫、燕六州。妫，居为翻。燕，因肩翻。

52 突骑施可汗守忠之弟遮弩恨所分部落少于其兄，遂叛入突厥，请为乡导，以伐守忠。骑，奇寄翻。少，诗沼翻。乡，读曰向。默啜遣兵二万击守忠，虏之而还。还，从宣翻，又如字。考异曰：旧传以为景龙三年事。按实录，娑葛既为十四姓可汗，自后无娑葛名，但屡云突骑施守忠入朝，或者守忠即娑葛赐名邪？景云以后，守忠犹在。又，开元二年六月，阿史那献奏有龙见于北庭，为镇将妻冯言之，曰突骑施娑葛三年后破散，默啜八年后自灭。然则娑葛于时尚在也；竟不知死于何年，故附此。谓遮弩曰：“汝叛其兄，何有于我！”遂并杀之。书此，以戒兄弟日寻干戈而假手于他人以逞其志者。

三年（乙卯、七一五）

1 春，正月，癸卯，以卢怀慎检校吏部尚书兼黄门监。怀慎清谨俭素，不营资产，虽贵为卿相，所得俸赐，随散亲旧，俸，芳用翻。妻子不免饥寒，所居不蔽风雨。

姚崇尝有子丧，丧，息浪翻。谒告十馀日，政事委积，怀慎不能决，惶恐，入谢于上。上曰：“朕以天下事委姚崇，以卿坐镇雅俗耳。”崇既出，须臾，裁决俱尽，颇有得色，顾谓紫微舍人齐浣曰："余为相，可比何人？"浣未对。崇曰："何如管、晏？"浣曰："管、晏之法虽不能施于后，犹能没身。公所为法，随复更之，似不及也。"复，扶又翻。更，工衡翻。观姚崇之所以问，齐浣之所以对，皆揣己以方人，欲不失其实。今之好议论者，当大臣得权之时，则誉之为伊、傅、周、召；为大臣者安受之而不愧。失权之后，则诋之为王莽、董卓、李林甫、杨国忠，为大臣者亦受之而不得以自明。则今日之谄我者，乃他日之毁我者也。崇曰："然则竟如何？"浣曰："公可谓救时之相耳。"崇喜，投笔曰："救时之相，岂易得乎！"

怀慎与崇同为相，自以才不及崇，每事推之，易，以豉翻。推，吐雷翻，又如字。时人谓之"伴食宰相"。

臣光曰：昔鲍叔之于管仲，子皮之于子产，皆位居其上，能知其贤而下之，授以国政；孔子美之。管仲请囚于鲁，鲍叔受之以归，言于桓公曰："管夷吾治于高傒，使相可也。"桓公用之，遂霸诸侯。郑子皮当国，授子产政，子产辞。子皮曰："虎帅以听，孰敢不听！"遂授以政，郑国大治。下，遐稼翻。曹参自谓不及萧何，一遵其法，无所变更；汉业以成。事见十二卷汉惠帝二年。更，工衡翻。夫不肖用事，为其僚者，爱身保禄而从之，不顾国家之安危，是诚罪人也。贤智用事，为其僚者，愚惑以乱其治，专固以分其权，媢嫉以毁其功，愎戾以窃其名，是亦罪人也。治，直吏翻。媢，音冒。愎，弼力翻。崇，唐之贤相，怀慎与之同心戮力，以济明皇太平之政，夫何罪哉！秦誓曰："如有一介臣，断断猗，无他技；断，丁乱翻。猗，于绮翻，又于宜翻。技，渠绮翻；下同。其心休休焉，其如有容；人之有技，若己有之，人之彦圣，其心好之，好，呼到翻。不啻如自其口出，是能容之，以保我子孙黎民，亦职有利哉。"怀慎之谓矣。

2 御史大夫宋璟坐监朝堂杖人杖轻，贬睦州刺史。监，古衔翻。朝，直遥翻。

3 突厥十姓降者前后万馀帐。高丽莫离支文简，十姓之婿也，二月，与跌跌都督思泰等亦自突厥帅众来降；丽，力知翻。跌，奚结翻。跌，徒结翻。帅，读曰率。考异曰：实录，二年九月壬子，“葛逻禄、车鼻施失钵罗俟斤等十二人诣凉州内属。”乙卯，“胡禄屋阙及首领等一千三十一人来降。”十月庚辰，“胡禄屋二万帐诣北庭内属。”明年正月，“突厥葛逻禄下首领裴罗达干来降。”二月，“突厥十姓部落左厢五咄陆啜、右厢五弩失毕俟斤等相继内属，前后二千馀帐。”三月，“突厥支副忌等来朝，诏曰‘胡禄屋大首领之匐忌’”。四月，“三姓葛逻禄率众归国”。五月“诏葛逻禄、胡屋、鼠尼施等”。又云：“宜令北庭都护汤嘉惠与葛逻禄、胡屋等相应。安西都护吕休璟与鼠尼施相应。”又云：“及新来十姓大首领计会掎角。”唐历，九月云“胡禄屋阙啜”，十月云“胡禄屋二万帐”。新传前云“胡禄屋”，后云“胡屋”。按十姓有胡禄屋阙啜、鼠尼施处半啜。诸书名号虽各参差，要之葛逻、胡禄屋、鼠尼施为三姓必矣。然胡禄屋以二万帐，而云十姓内属前后二千馀帐，参差难据，今从旧传。余考新、旧史，时默啜既破突骑施，不能抚安，西突厥十姓故来降，而高文简则默啜之子婿也。制皆以河南地处之。处，昌吕翻。

4 三月，胡禄屋酋长支匐忌等入朝。上以十姓降者浸多，夏，四月，庚申，以右羽林大将军薛讷为凉州镇〔军〕大总管，赤水等军并受节度，居凉州；凉州有赤水军，本赤乌镇，有赤青泉，因名之；幅员五千一百八十里，军之最大者也。左卫大将军郭虔瓘为朔州镇〔军〕大总管，和戎等军并受节度，居并州，“朔州”，蜀本作“朔川”；新纪亦然。【章：十二行本正作“川”；乙十一行本同。】勒兵以备默啜。

默啜发兵击葛逻禄、胡禄屋、鼠尼施等，屡破之；葛逻禄本突厥诸族，在北庭西北金山之西，有三族，一谋落，二炽俟，三踏实力；当东西突厥间，后稍南徙，自号三姓叶护。逻，郎佐翻。尼，女夷翻。敕北庭都护汤嘉惠、左散骑常侍解琬等发兵救之。五月，壬辰，敕嘉惠等与葛逻禄、胡禄屋、鼠尼施及定边道大总管阿史那献互相应援。

5 山东大蝗，民或于田旁焚香膜拜设祭而不敢杀，姚崇奏遣御史督州县捕而瘗之。膜，莫胡翻。膜拜，胡礼拜也。瘗，于计翻。考异曰：旧传："开元四年，山东蝗大起，崇奏请捕瘗。"按本纪："三年六月，山东诸州大蝗，姚崇奏差御史下诸道促官吏遣人驱扑焚瘗；从之。是岁，田收有获，人不甚饥。"四年又云，"是夏，山东、河南、河北蝗虫大起，遣使分捕而瘗之。"又实录，今年十一月，"制以间者河南、河北灾蝗水潦。"明年正月辛未，"以右丞倪若水为汴州刺史。"五月敕曰："今年蝗暴，乃是孳生，所由官司不早除遏，信虫成长，看食田苗，不恤人灾，自为身计。向若信其拘忌，不有指麾，则山东之苗，扫地俱尽。"然则三年有蝗，崇令讨捕不能尽，明年又有蝗也。今从本纪。议者以为蝗众多，除不可尽；上亦疑之。崇曰："今蝗满山东，河南、北之人，流亡殆尽，岂可坐视食苗，曾不救乎！借使除之不尽，犹胜养以成灾。"上乃从之。卢怀慎以为杀蝗太多，恐伤和气。崇曰："昔楚庄吞蛭而愈疾，贾谊书曰：楚王食寒菹而得蛭，因遂吞之，腹有疾而不能食。令尹入问疾。曰："吾食菹而得蛭，不行其罪，是法废而威不立也；谴而诛之，恐监食者皆死，遂吞之。"令尹曰："天道无亲，唯德是辅。王有仁德，疾不为伤。"王疾果愈。蛭，之日翻。孙叔杀蛇而致福，说苑：孙叔敖为儿时，出游见两头蛇，杀而埋之，还家而哭。母问其故，曰："见两头蛇，恐死。"母曰："蛇安在？"曰："闻见两头蛇者死，恐人复见，已杀而埋之矣。"母曰："毋忧，汝不死矣，吾闻有阴德者天必报以福。"奈何不忍于蝗而忍人之饥死乎！若使杀蝗有祸，崇请当之。"

6 秋，七月，庚辰朔，日有食之。

7 上谓宰相曰："朕每读书有所疑滞，无从质问；可选儒学之士，日使入内侍读。"卢怀慎荐太常卿马怀素，九月，戊寅，以怀素为左散骑常侍，使与右散骑常侍褚无量更日侍读。更，工衡翻。每至阁门，令乘肩舆以进；或在别馆道远，听于宫中乘马。亲送迎之，待以师傅之礼。以无量羸老，特为之造腰舆，羸，伦为翻。腰舆，令人举之，适与腰平。为，于伪翻。在内殿令内侍昇之。昇，羊茹翻。

8 九姓思结都督磨散等来降；己未，悉除官遣还。

9 西南蛮寇边，遣右骁卫将军李玄道发戎、泸、夔、巴、梁、凤等州兵三万人戎州本犍为郡，梁置戎州。泸，音卢。并旧屯兵讨之。

10 壬戌，以凉州大总管薛讷为朔方道行军大总管，太仆卿吕延祚、灵州刺史杜宾客副之，以讨突厥。

11 甲子，上幸凤泉汤；唐六典：岐州郿县有凤凰汤。十一月，乙卯，还京师。

12 刘幽求自杭州刺史徙郴州刺史，郴州，汉郴县地，为桂阳郡治所，隋平陈，置郴州。郴，丑林翻。愤恚，恚，於避翻。甲申，卒于道。卒，子恤翻。

13 丁酉，以左羽林大将军郭虔瓘兼安西大都护、四镇经略大使。虔瓘请自募关中兵万人诣安西讨击，皆给递驮及熟食；递驮者，沿路递发马、牛、驴驮运兵器什物也。唐六典曰：驴载曰驮，每驮一百斤，其脚直一百里一百文，山阪处一百二十文，驴少处不得过一百五十文，平易处不得下八十文；其有人负处，两人分一驮。又给熟食，欲其速达安西。驮，徒何翻。敕许之。将作大匠韦凑上疏，以为："今西域服从，虽或时有小盗窃，旧镇兵足以制之。关中常宜充实，以强干弱枝。自顷西北二虏寇边，凡在丁壮，征行略尽，岂宜更募骁勇，远资荒服！骁，坚尧翻。又，一万征人行六千馀里，咸给递驮熟食，道次州县，将何以供！秦、陇之西，户口渐少，凉州已往，沙碛悠然，少，诗沼翻；下同。碛，七迹翻；下同。遣彼居人，如何取济？纵令必克，其获几何？傥稽天诛，无乃甚损！请计所用、所得，校其多少，则知利害。昔唐尧之代，兼爱夷、夏，中外乂安；汉武穷兵远征，虽多克获，而中国疲耗。唐尧协和万邦。韦凑所谓兼爱夷、夏也。汉武事见汉纪。夏，户雅翻。今论帝王之盛德者，皆归唐尧，不归汉武；况邀功不成者，复何足比议乎！”时姚崇亦以虔瓘之策为不然。既而虔瓘卒无功。复，扶又翻。卒，子恤翻。

14 初，监察御史张孝嵩奉使廓州监，古衔翻。使，疏吏翻；下同。还，陈碛西利害，请往察其形势；上许之，听以便宜从事。

拔汗那者，古乌孙也，内附岁久。吐蕃与大食共立阿了达为王，发兵攻之，拔汗那王兵败，奔安西求救。孝嵩谓都护吕休璟曰：“不救则无以号令西域。”遂帅旁侧戎落兵万馀人，出龟兹西数千里，下数百城，璟，俱永翻。帅，读曰率。龟兹，音丘慈。下，遐嫁翻。长驱而进。是月，攻阿了达于连城。孝嵩自擐甲督士卒急攻，自巳至酉，屠其三城，俘斩千馀级，阿了达与数骑逃入山谷。擐，音宦。骑，奇寄翻。孝嵩传檄诸国，威振西域，大食、康居、大宛、罽宾等八国皆遣使请降。【章：十二行本“降”下有“勒石纪功而还”六字；乙十一行本同；孔本同；张校同；退斋校同。】罽，音计。会有言其赃污者，坐系凉州狱，贬灵州兵曹参军。兵曹参军，即司兵参军。是后复用孝嵩为都护，著名西域。

15 京兆尹崔日知贪暴不法，御史大夫李杰将纠之，日知反构杰罪。十二月，侍御史杨玚廷奏曰：“若纠弹之司，使奸人得而恐愒，玚，雉杏翻，又音畅。愒，呼葛翻。则御史台可废矣。”上遽命杰视事如故，贬日知为歙县丞。歙县，汉属丹阳郡，县南有歙浦，因以为名；唐带歙州。歙，书涉翻。

16 或上言：“按察使徒烦扰公私，考异曰：开元宰臣奏云李伯等，不知伯何人也，今去其名。请精简刺史、县令，停按察使。”上命召尚书省官议之。姚崇以为：“今止择十使，犹患未尽得人，况天下三百馀州，县多数倍，安得刺史县令皆称其职乎！”称，尺证翻；下不称同。乃止。

17 尚书左丞韦玢玢，方贫翻。奏：“郎官多不举职，请沙汰，改授他官。”玢寻出为刺史，宰相奏拟冀州，敕改小州。姚崇奏言：“台郎宽怠及不称职，玢请沙汰，乃是奉公。台郎甫尔改官，玢即贬黜于外，议者皆谓郎官谤伤；臣恐后来左右丞指以为戒，则省事何从而举矣！省事，谓尚书省之事也。伏望圣慈详察，使当官者无所疑惧。”乃除冀州刺史。

18 突骑施守忠既死，默啜兵还，守忠部将苏禄鸠集馀众，为之酋长。骑，奇寄翻。将，即亮翻。酋，慈由翻。长，知两翻。苏禄颇善绥抚，十姓部落稍稍归之，有众二十万，遂据有西方，寻遣使入见。使，疏吏翻；下同。见，贤遍翻。是岁，以苏禄为左羽林大将军、金方道经略大使。西方属金，故曰金方道。

19 皇后妹夫尚衣奉御长孙昕以细故与御史大夫李杰不协。殿中省有尚食、尚药、尚衣、尚舍、尚乘、尚辇六局，各有奉御二人。尚衣奉御掌供天子衣服，详其制度，辨其名数，而供其进御。

四年（丙辰、七一六）

1 春，正月，昕与其妹夫杨仙玉于里巷伺杰而殴之。伺，相吏翻。殴，乌口翻。杰上表自诉曰：“发肤见毁，虽则痛身，冠冕被陵，诚为辱国。”上大怒，命于朝堂杖杀，以谢百僚。上，时掌翻。被，皮义翻。朝，直遥翻。仍以敕书慰杰曰：“昕等朕之密戚，不能训导，使陵犯衣冠，虽寘以极刑，未足谢罪。卿宜以刚肠疾恶，勿以凶人介意。”

2 丁亥，宋王成器更名宪，申王成义更名㧑。二王以成字犯昭成皇后谥号更名。更，工衡翻。

3 乙酉，陇右节度使郭虔瓘奏，奴石良才等八人皆有战功，请除游击将军。唐制：游击将军从五品下。敕下，下，遐嫁翻。卢怀慎等奏曰：“郭虔瓘恃其微效，辄侮彝章，为奴请五品，为，于伪翻。实乱纲纪，不可许。”上从之。

4 丙午，以郿王嗣真为安北大都护、安抚河东·关内·陇右诸蕃大使，据新、旧书，此亦郯王嗣直，以为鄫王嗣真，误也。而新、旧书以安北为安西，亦误。使，疏吏翻；下同。以安北大都护张知运为之副。陕王嗣升为安西大都护、安抚河西四镇诸蕃大使，以安西都护郭虔瓘为之副。陕，失冉翻。二王皆不出阁。诸王遥领节度自此始。

5 二月，丙辰，上幸骊山温汤。

6 吐蕃围松州。

7 丁卯，上还宫。

8 辛未，以尚书右丞倪若水为汴州刺史兼河南采访使。唐会要：开元二十二年二月十九日，初置十道采访处置使。据此，则先置采访使，二十二年始置采访处置使也。旧志：汴州，京师东一千三百五十里。

上虽欲重都督、刺史，选京官才望者为之，然当时士大夫犹轻外任。扬州采访使班景倩入为大理少卿，过大梁，唐汴州治浚仪县，古之大梁也。若水饯之行，立望其行尘，久之乃返，谓官属曰："班生此行，何异登仙！"

9 癸酉，松州都督孙仁献袭击吐蕃于城下，大破之。

10 上尝遣宦官诣江南取鸡鹊、鸂鶒等，鸡，居肴翻。鹊，咨盈翻。鸡鹊似凫而大脚、高毛冠，水鸟也。尔雅曰：鳽，鸡鹊。陆佃新义曰：鸡鹊斗视不流，其睛交据，泝出不流，所谓鸡鹊旋目者也。尔雅翼：鳽似凫而胫高，有毛冠，江东人养之以厌火灾，又谓之交精。精，目精也；其目精交也。陆龟蒙曰：鸡鹊，黑襟，青胫，丹爪嘴，色几及项。鸂，苦奚翻。鶒，耻力翻。鸂鶒，亦水鸟也，毛有五色。陆佃埤雅曰：鸂鶒五色，尾有毛如船柂，小于鸭，性食短狐，在山泽中，无复毒气。故淮赋云："鸂鶒寻邪而逐害。"此鸟盖溪中之敕邪逐害者，故以名云。陈昭裕建州图经曰：鸂鶒于水中宿，先少若有敕令也。亦以浮游，雄者左，雌者右，群伍皆有式度。欲置苑中，使者所至烦扰。道过汴州，倪若水上言："今农桑方急，而罗捕禽鸟以供园池之玩，远自江、岭，水陆传送，食以粱肉。传，张恋翻。食，祥吏翻。道路观者，岂不以陛下贱人而贵鸟乎！陛下方当以凤凰为凡鸟，麒麟为凡兽，况鸡鹊、鸂鶒，曷足贵也！”上手敕谢若水，赐帛四十段，纵散其鸟。

11 山东蝗复大起，复，扶又翻。姚崇又命捕之。倪若水谓：“蝗乃天灾，非人力所及，宜修德以禳之。禳，如羊翻。刘聪时，常捕埋之，为害益甚。”拒御史，不从其命。崇牒若水曰：“刘聪伪主，德不胜妖；今日圣朝，妖不胜德。妖，于乔翻。朝，直遥翻。古之良守，守，手又翻。蝗不入境。若其修德可免，彼岂无德致然！”若水乃不敢违。夏，五月，甲辰，敕委使者详察州县捕蝗勤惰者，各以名闻。由是连岁蝗灾，不至大饥。

12 或言于上曰：“今岁选叙大滥，选，须绢翻；下典选同。县令非才。”及入谢，上悉召县令于宣政殿庭，大明宫正殿曰含元殿，其北曰宣政殿。试以理人策。惟鄄城令韦济词理第一，鄄城古县，汉属济阴郡，后汉为兖州治所，晋属濮阳郡，唐带濮州。鄄，吉掾翻。擢为醴泉令。自紧县擢为次赤县也。馀二百馀人不入第，且令之官；“百”当作“十”。四十五人放归学问。吏部侍郎卢从愿左迁豫州刺史，李朝隐左迁滑州刺史。旧志：滑州去京师一千四百四十里。朝，直遥翻。考异曰：韦济传云“问安人策一道”。今从唐历。卢从愿传曰：“上尽召新授县令，一时于殿庭策试，考入下第者，一切放归学问。”唐历试在四月，从愿、朝隐贬在五月。朝隐传云：“四年春，以授县令非其人，贬。”今从唐历。又韦济传曰：“时有人密奏上曰：‘今岁吏部选叙大滥，县令非才，全不简择。’及县令谢官日，引入殿庭问安人策，试者二百馀人，独济策第一，或有不书纸者。擢济为醴泉令，二十馀人还旧官，四十五人放归习读。”今亦从唐历。从愿典选六年，与朝隐皆名称职。史以从愿、朝隐为称职，则或言为非矣。称，尺证翻。初，高宗之世，马载、裴行俭在吏部最有名，时人称吏部前有马、裴，后有卢、李。济，嗣立之子也。韦嗣立，思谦之子，长安中为相。

13 有胡人上言海南多珠翠奇宝，海南谓林邑、扶南、真腊诸国也。

上，时掌翻。可往营致，因言市舶之利；舶，音白。又欲往师子国师子国，天竺旁国也，居西南海中，旧无人民，止有鬼神及龙居之。诸国商贾来共市易，鬼神不见其形，但出珍宝，显其所堪价，商贾依价取之。其地和适，无冬夏之异。诸国人闻其土乐，因此竞至，或有停住者，遂成大国；能驯养师子，因以名国。求灵药及善医之妪，寘之宫掖。妪，威遇翻。掖，音亦。上命监察御史杨范臣与胡人偕往求之，范臣从容奏曰："陛下前年焚珠玉、锦绣，示不复用。今所求者何以异于所焚者乎！彼市舶与商贾争利，殆非王者之体。从，千容翻。复，扶又翻。贾，音古。胡药之性，中国多不能知；况于胡妪，岂宜寘之宫掖！夫御史，天子耳目之官，必有军国大事，臣虽触冒炎瘴，死不敢辞。此特胡人眩惑求媚，无益圣德，窃恐非陛下之意，愿熟思之。"上遽自引咎，慰谕而罢之。

14 六月，癸亥，上皇崩于百福殿。年五十五。考异曰：睿宗、玄宗实录皆曰甲子。按下云，"己巳，睿宗一七斋，度万安公主为女道士。"今从旧本纪、唐历。己巳，以上女万安公主为女官，欲以追福。

15 癸酉，拔曳固斩突厥可汗默啜首来献。时默啜北击拔曳固，大破之于独乐水，乐，音洛。恃胜轻归，不复设备，遇拔曳固迸卒颉质略，自柳林突出，斩之。兵败溃散，士卒迸走，故曰迸卒。复，扶又翻。迸，北孟翻。时大武军子将郝灵荃奉使在突厥，子将，小将也。唐令，制每军大将一人，别奏八人，傔十六人。副二人，分掌军务，奏、傔减大将半，判官二人，典四人。总管四人，二主左、右虞候，二主左、右押衙，傔各五人。子将八人，资其分行阵，辩金鼓及部署，傔各二人。颉质略以其首归之，考异曰：唐历作"勃曳固"，今从实录。唐历又云"灵荃引特勒回纥部落斩默啜于毒乐河"，今从旧传。旧传云"入蕃使郝灵佺"，今从唐历。又新旧纪皆云六月癸酉斩默啜，唐历亦在六月。玄宗实录，七月戊寅诏书与降附突厥云："乘其衰弱，早就翦除，其能捉获默啜者，已立赏格。"盖未奏到耳。与偕诣阙，悬其首于广街。拔曳固、回纥、同罗、霫、仆固五部皆来降，置于大武军北。

默啜之子小可汗立，骨咄禄之子阙特勒击杀之，骨咄禄即骨笃禄，默啜之兄也，永淳二年反，天授二年死，默啜代立。及默啜诸子、亲信略尽；立其兄左贤王默棘连，是为毗伽可汗，国人谓之“小杀”。毗伽以国固让阙特勒，阙特勒不受；乃以为左贤王，专典兵马。

16 秋，七月，壬辰，太常博士陈贞节、苏献以太庙七室已满，请迁中宗神主于别庙，奉睿宗神主祔太庙；从之。又奏迁昭成皇后祔睿宗室，肃明皇后留祀于仪坤庙。肃明皇后，睿宗之元妃也。昭成后，次妃也，以生帝升祔睿宗，而肃明后祀于别庙，非礼也。仪坤庙，见上卷景云二年。八月，乙巳，立中宗庙于太庙之西。

17 辛未，契丹李失活、奚李大酺帅所部来降。武后万岁通天时，奚、契丹叛。帝即位之后，孙佺、薛讷相继丧师，两蕃不敢乘胜凭陵中国，乃相帅来降，中国之势安强，有以服其心故也。酺，音蒲。帅，读曰率。降，户江翻；下同。制以失活为松漠郡王、行左金吾大将军兼松漠都督，因其八部落酋长，拜为刺史；贞观末，以契丹达稽部为峭落州，纥便部为弹汗州，独活部为无逢州，芬问部为羽陵州，突便部为日连州，芮奚部为徒河州，坠斤部为万丹州，伏部为匹黎、赤山二州，并松漠府凡六部十州；今复以其酋长各为刺史。又以将军薛泰督军镇抚之。大酺为饶乐郡王、行右金吾大将军兼饶乐都督。失活，尽忠之从父弟也。李尽忠即万岁通天叛者。乐，音洛。从，才用翻。

18 吐蕃复请和；复，扶又翻；下禄复、多复、必复、无复同。上许之。

19 突厥默啜既死，奚、契丹、拔曳固等诸部皆内附，突骑施苏禄复自立为可汗。突厥部落多离散，毗伽可汗患之，乃召默啜时牙官暾欲谷，以为谋主。暾欲谷年七十馀，暾，乃昆翻。多智略，国人信服之。突厥降户处河曲者，北河之曲。处，昌吕翻。闻毗伽立，多复叛归之。

并州长史王晙上言：“此属徒以其国丧乱，丧，息浪翻。故相帅来降；若彼安宁，必复叛去。今置之河曲，此属桀黠，实难制御，往往不受军州约束，兴兵剽掠；黠，户八翻。剽，匹妙翻。闻其逃者已多与虏声问往来，通传委曲。乃是畜养此属使为间谍，畜，吁玉翻。间，工苋翻。日月滋久，奸诈逾深，窥伺边隙，将成大患。虏骑南牧，必为内应，伺，相吏翻。骑，奇寄翻。来逼军州，表里受敌，虽有韩、彭，不能取胜矣。愿以秋、冬之交，大集兵众，谕以利害，给其资粮，徙之内地。二十年外，渐变旧俗，皆成劲兵；虽一时暂劳，然永久安靖。比者守边将吏及出境使人，多为谀辞，皆非事实，比，毗至翻。将，即亮翻。或云北虏破灭，或云降户妥帖，皆欲自衒其功，非能尽忠徇国。愿察斯利口，孔子曰："恶利口之覆邦家者。"勿忘远虑。议者必曰：'国家向时已尝寘降户于河曲，皆获安宁，谓贞观时也。今何所疑！'此则事同时异，不可不察。向者，颉利既亡，降者无复异心，故得久安无变。今北虏尚存，谓默啜虽死，毗伽又立也。此属或畏其威，或怀其惠，或其亲属，岂乐南来！较之彼时，固不侔矣。彼时，谓贞观之时。乐，音洛。以臣愚虑，徙之内地，上也；多屯士马，大为之备，华、夷相参，人劳费广，次也；正如今日，下也。愿审兹三策，择利而行，纵使因徙逃亡，得者皆为唐有；若留至河冰，恐必有变。"

疏奏，未报；降户跌跌思泰、阿悉烂等果叛。冬，十月，甲辰，命朔方大总管薛讷发兵追讨之。王晙引并州兵西济河，昼夜兼行，追击叛者，破之，斩获三千级。

先是，单于副都护张知运悉收降户兵仗，先，悉荐翻。令渡河而南，降户怨怒。御史中丞姜晦为巡边使，使，疏吏翻。降户诉无弓矢，不得射猎，晦悉还之；降户得之，遂叛。张知运不设备，与之战于青刚岭，青刚岭在庆州方渠县北，灵州之南。为虏所擒，欲送突厥；至绥州境，将军郭知运以朔方兵邀击之，大破其众于黑山呼延谷，虏释张知运而去。上以张知运丧师，斩之以徇。

毗伽可汗既得思泰等，欲南入为寇。暾欲谷曰："唐主英武，民和年丰，未有间隙，不可动也。丧，息浪翻。间，古苋翻。我众新集，力尚疲羸，且当息养数年，始可观变而举。"毗伽又欲筑城，并立寺观，羸，伦为翻。寺观，古玩翻。暾欲谷曰："不可。突厥人徒稀少，少，诗沼翻。不及唐家百分之一，所以能与为敌者，正以逐水草，居处无常，处，昌吕翻。射猎为业，人皆习武，强则进兵抄掠，弱则窜伏山林，唐兵虽多，无所施用。若筑城而居，变更旧俗，更，工衡翻。一朝失利，必为所灭。释、老之法，教人仁弱，非用武争胜之术，不可崇也。"毗伽乃止。

20 庚午，葬大圣皇帝于桥陵，桥陵在同州蒲城县三十里。是岁改蒲城县为奉先县，属京兆尹。庙号睿宗。御史大夫李杰护桥陵作，判官王旭犯赃，杰按之，反为所构，左迁衢州刺史。衢州，汉新安、太末之地，晋改新安为信安，改太末为龙丘，属东阳郡，唐武德四年分置衢州。衢州，京师东南四千七百十二里。

21 十一月，己卯，黄门监卢怀慎疾亟，上表荐宋璟、李杰、李朝隐、卢从愿并明时重器，所坐者小，所弃者大，望垂矜录；上深纳之。乙未，薨。考异曰：郑处诲明皇杂录云："怀慎为黄门监、吏部尚书，卧病既久，宋璟、卢从愿相与访焉。怀慎常器重二人，持二人手谓曰：'公出入为藩辅，主上求治甚切，然享国岁久，近者稍倦于勤，必有人乘此而进矣，君其志之。'"按怀慎初为吏部时，璟贬睦州；及卒，璟犹未归。从愿未尝入相。又，四年未为享国岁久。今不取。家无馀蓄，惟一老苍头，请自鬻以办丧事。史言卢怀慎之奴异乎人奴。

22 丙申，以尚书左丞源乾曜为黄门侍郎、同平章事。

姚崇无居第，寓居罔极寺，以病疟谒告，唐会要，神龙元年，太平公主为天后立罔极寺于大宁坊，开元二十年改为兴唐寺。疟，失廉翻，疟疾也。上遣使问饮食起居状，日数十辈。使，疏吏翻。源乾曜奏事或称旨，上辄曰："此必姚崇之谋也。"或不称旨，辄曰："何不与姚崇议之！"称，尺证翻。乾曜常谢实然。每有大事，上常令乾曜就寺问崇。癸卯，乾曜请迁崇于四方馆，四方馆属中书省。仍听家人入侍疾；上许之。崇以四方馆有簿书，非病者所宜处，固辞。上曰："设四方馆，为官吏也；使卿居之，为社稷也。处，昌吕翻。为，于伪翻。恨不可使卿居禁中耳，此何足辞！"

崇子光禄少卿彝、宗正少卿异，广通宾客，颇受馈遗，为时所讥。遗，于季翻。主书赵诲为崇所亲信，唐中书省有主书四人，从七品上。受胡人赂，事觉，上亲鞫问，下狱当死，崇复营救，下，遐稼翻。复，扶又翻。上由是不悦。会曲赦京城，敕特标诲名，杖之一百，流岭南。考异曰：朝野佥载："紫微舍人倪若水赃至八百贯，因诸王内宴，姚元崇讽之曰：'倪舍人正直，百司嫉之，欲成事，何不为上言之！'诸王入，众共救之，遂释，一无所问。主书赵诲受蕃饷一刀子，或直六七百钱；元崇宣敕处死。后有降，崇乃劬曰：'别敕处死者，决一百，配流。'大理决赵诲一百不死，夜，遣给使缢杀之。""劬"盖"批"字也。今从旧传。崇由是忧惧，数请避相位，数，所角翻。荐广州都督宋璟自代。

十二月，上将幸东都，以璟为刑部尚书、西京留守，璟，俱永翻。守，式又翻。令驰驿诣阙，遣内侍、将军杨思勖迎之。按旧书杨思勖传，时为内常侍、右监门卫将军。内侍，内侍省官之长，内常侍则为之贰者也。内侍，从四品下；内常侍，正五品上。璟风度凝远，人莫测其际，在涂竟不与思勖交言。思勖素贵幸，归，诉于上，上嗟叹良久，益重璟。

23 丙辰，上幸骊山温汤；乙丑，还宫。

24 闰月，己亥，姚崇罢为开府仪同三司，源乾曜罢为京兆尹、西京留守，守，手又翻。以刑部尚书宋璟守吏部尚书兼黄门监，紫微侍郎苏颋同平章事。颋，他鼎翻。

璟为相，务在择人，随材授任，使百官各称其职；称，尺证翻。刑赏无私，敢犯颜直谏。上甚敬惮之，虽不合意，亦曲从之。

突厥默啜自则天世为中国患，朝廷旰食，朝，直遥翻。旰，古按翻。倾天下之力不能克；郝灵荃得其首，自谓不世之功。璟以天子好武功，恐好事者竞生心徼幸，好，呼到翻。徼，工尧翻。痛抑其赏，逾年始授郎将；灵荃恸哭而死。郝灵荃因人以为功，授以郎将，非抑之也。将，即亮翻。

璟与苏颋相得甚厚，颋遇事多让于璟，璟每论事则颋为之助。璟尝谓人曰："吾与苏氏父子皆同居相府，仆射宽厚，诚为国器，仆射，谓苏瓌也。然献可替否，吏事精敏，则黄门过其父矣。"按旧书苏颋传，颋以紫微侍郎同紫微黄门平章事。

姚、宋相继为相，崇善应变成务，璟善守法持正；二人志操不同，然协心辅佐，使赋役宽平，刑罚清省，百姓富庶。唐世贤相，前称房、杜，后称姚、宋，他人莫得比焉。二人每进见，上辄为之起，去则临轩送之。见，贤遍翻。辄为，于伪翻。及李林甫为相，虽宠任过于姚、宋，然礼遇殊卑薄矣。史终言之。紫微舍人高仲舒博通典籍，齐浣练习时务，姚、宋每坐二人以质所疑，既而叹曰："欲知古，问高君，欲知今，问齐君，可以无阙政矣。"

25 辛丑，罢十道按察使。开元二年复置按察使。

26 旧制，六品以下官皆委尚书省奏拟，是岁，始制员外郎、御史、起居、遗、补不拟。员外郎、御史、起居、遗、补，皆台省要官，由人主亲除，不由尚书奏拟。按唐制，员外郎从六品，侍御史、起居郎亦从六品，补阙七品，拾遗及监察御史则八品耳。

五年（丁巳、七一七）

1 春，正月，癸卯，太庙四室坏，上素服避正殿。时上将幸东都，旧志：东都至西京八百五十里。以问宋璟、苏颋，对曰："陛下三年之制未终，去年六月睿宗崩，故云然。遽尔行幸，恐未契天心，灾异为戒；愿且停车驾。"又问姚崇，对曰："太庙屋材，皆苻坚时物，岁久朽腐而坏，适与行期相会，何足异也！言不足以为灾异。且王者以四海为家，陛下以关中不稔幸东都，百司供拟已备，不可失信；但应迁神主于太极殿，更修太庙，更，工衡翻。如期自行耳。"上大喜，从之。赐崇绢二百匹。己酉，上行享礼于太极殿，命姚崇五日一朝，仍入閤供奉，入閤供奉者，应内殿朝参立于供奉班中。姚崇旧相也，盖立于供奉班首。朝，直遥翻。恩礼更厚，有大政辄访焉。右散骑常侍褚无量上言："隋文帝富有天下，迁都之日，岂取苻氏旧材以立太庙乎！此特谀臣之言耳。愿陛下克谨天戒，纳忠谏，远谄谀。"褚无量之言，说言也。上，时掌翻。远，于愿翻。上弗听。

辛亥，行幸东都。过崤谷，道隘不治；崤谷在陕州硖石县。上欲免河南尹及知顿使官，车驾行幸有知顿使。使，疏吏翻。宋璟谏曰："陛下方事巡幸，今以此罪二臣，臣恐将来民受其弊。"上遽命释之。璟曰："陛下罪之，以臣言而免之，是臣代陛下受德也；请令待罪朝堂而后赦之。"朝，直遥翻。上从之。考异曰：实录："此年五月乙巳，以李朝隐为河南尹。"宋璟传云："上次永宁之崤谷，驰道隘狭，车骑停拥，河南尹李朝隐、知顿使王怡失于部伍，上令黜其官爵。"二传相违。盖当时河南尹不知何人，非朝隐耳。又明皇杂录曰："上幸东都，至绣岭宫，当时炎酷，上以行宫狭隘，谓左右曰：'此有佛寺乎？吾将避暑于广厦。'或云：'六军填委于其中，不可速行。'上谓高力士曰：'姚崇多计，第往觇之。'力士回奏云：'姚崇方纱絺绤乘小驷按辔于木阴下。'上悦曰：'吾得之矣。'遽命小驷，而顿消暑溽，乃叹曰：'小事尚如此，触类而长之，天下固受其惠矣。'"按正月东幸，二月至东都，未炎暑也。今不取。

二月，甲戌，至东都，赦天下。

2 奚、契丹既内附，贝州刺史宋庆礼建议，请复营州。三月，庚戌，制复置营州都督于柳城，制复，扶又翻，又如字。兼平卢军使，管内州县镇戍皆如其旧；武后万岁通天元年营州陷，至是乃复。以太子詹事姜师度为营田、支度使，与庆礼等筑之，三旬而毕。庆礼清勤严肃，开屯田八十馀所，招安流散，数年之间，仓廪充实，市里浸繁。

3 夏，四月，甲戌，赐奚王李大酺妃辛氏号固安公主。酺，音蒲。

4 己丑，皇子嗣一卒，追立为夏王，谥曰悼。夏，户雅翻。嗣一母武惠妃，攸止之女也。武攸止，武后从子也。

5 突骑施酋长左羽林大将军苏禄部众浸强，虽职贡不乏，阴有窥边之志。五月，十姓可汗阿史那献欲发葛逻禄兵击之，上不许。

6 初，上微时，与太常卿姜皎亲善，及诛窦怀贞等，诛怀贞等，见上卷元年。皎预有功，由是宠遇群臣莫及，常出入卧内，与后妃连榻宴饮，赏赐不可胜纪。胜，音升。弟晦，亦以皎故累迁吏部侍郎。宋璟言皎兄弟权宠太盛，非所以安之，上亦以为然。秋，七月，庚子，以晦为宗正卿，因下制曰："西汉诸将，以权贵不全；谓汉高帝时也。将，即亮翻。南阳故人，以优闲自保。谓汉光武时也。皎宜放归田园，散官、勋、封皆如故。"散，悉亶翻。

7 壬寅，陇右节度使郭知运大破吐蕃于九曲。

8 安西副大都护汤嘉惠奏突骑施引大食、吐蕃，谋取四镇，围钵换及大石城，钵换即拨换城。大石城盖石国城也。已发三姓葛逻禄兵与阿史那献击之。

9 并州长史张嘉贞上言："突厥九姓新降者，散居太原以北，请宿重兵以镇之。"辛酉，置天兵军于并州，集兵八万；以嘉贞为天兵军大使。天兵军在并州城中。

10 太常少卿王仁惠奏则天立明堂不合古制；又，明堂尚质，而穷极奢侈，密迩宫掖，人神杂扰。甲子，制复以明堂为乾元殿，毁乾元殿见二百四卷武后垂拱四年。复，扶又翻，又如字。冬至、元日受朝贺，朝，直遥翻。季秋大享，复就圜丘。

11 九月，中书、门下省及侍中皆复旧名。改中书、门下省及省官名，见上卷元年。

12 贞观之制，中书、门下及三品官入奏事，必使谏官、史官随之，有失则匡正，美恶必记之；诸司皆于正牙奏事，御史弹百官，服豸冠，对仗读弹文；獬豸冠，法冠也，一曰柱后惠文，高五寸，以缅为展筒，铁柱卷，执法者服之，观王义方弹李义府事可见。弹，徒丹翻；下同。故大臣不得专君而小臣不得为谗慝。慝，吐得翻。及许敬宗、李义府用事，政多私僻，奏事官多俟仗下，于御坐前屏左右密奏，坐，徂卧翻。屏，必郢翻。监奏御史监奏御史，意即殿中侍御史也。监，古衔翻；下同。及待制官永徽中，命弘文馆学士一人日待制于武德殿西门。文明元年，诏京官五品已上清官日一人待制于章善明福门；先天末，又命朝集使六品已上二人随仗待制。远立以俟其退；谏官、御史【章：十二行本作"史官"；乙十一行本同；孔本同。】皆随仗出，仗下后事，不复预闻。复，扶又翻。武后以法制群下，谏官、御史得以风闻言事，自御史大夫至监察得互相弹奏，率以险诐相倾覆。诐，彼义翻。及宋璟为相，欲复贞观之政，戊申，制："自今事非的须秘密者，皆令对仗奏闻，史官自依故事。"唐制：天子御正殿，则左右皆俯陛而听，有命则退而书之；若仗在紫宸内阁，则夹香案分立殿下。自永徽之后，唯得对仗承旨，仗下之后，谋议皆不得预闻。

13 冬，十月，癸酉，伊阙人孙平子上言："春秋讥鲁跻僖公；春秋文二年：大事于太庙，跻僖公。传曰：逆祀也，君子以为失礼。礼无不顺；祀，国之大事也，而逆之，可谓礼乎！子虽齐圣，不先父食久矣。故禹不先鲧，汤不先契，文、武不先不窋。宋祖帝乙，郑祖厉王，犹上祖也。上，时掌翻。今迁中宗于别庙而祀睿宗，正与鲁同。兄臣于弟，犹不可跻，谓鲁僖公尝臣于闵公也。况弟臣于兄，谓睿宗之于中宗也。可跻之于兄上乎！若以兄弟同昭，昭，读曰佋。则不应出兄置于别庙。愿下群臣博议，迁中宗入庙。"事下礼官，下，遐嫁翻。太常博士陈贞节、冯宗、苏献议，以为："七代之庙，不数兄弟。殷代或兄弟四人相继为君，殷时阳甲、盘庚、小辛、小乙兄弟四人相继为君。若数以为代，则无祖祢之祭矣。祢，乃礼翻。今睿宗之室当亚高宗，故为中宗特立别庙。中宗既升新庙，睿宗乃祔高宗，何尝跻居中宗之上？而平子引跻僖公为证，诬罔圣朝，渐不可长。"时论多是平子，上亦以为然，故议久不决。苏献，颋之从祖兄也，长，知两翻。从，才用翻。考异曰：唐历曰：献，颋之再从叔。今从旧志、新表。故颋右之。左传：天子之所右者，寡君右之。右，音又。卒从礼官议。卒，子恤翻。平子论之不已，谪为康州都城尉。都城，汉端溪县地，晋立都城县，属晋康郡，隋省并入端溪，属信安郡，唐分端溪置康州，都城属焉。

14 新庙成。更作太庙成也。戊寅，神主祔庙。

15 上命宋璟、苏颋为诸皇子制名及国邑之号，为，于伪翻。又令别制一佳名及佳号进之。璟等上言："七子均养，著于国风。诗曹国风曰：鸤鸠在桑，其子七兮。淑人君子，其仪一兮。注云：鸤鸠之养其子，朝从上下，暮从下上，平均如一。上，时掌翻。今臣等所制名号各三十馀，辄混同以进，以彰陛下覆焘无偏之德。"覆，敷又翻。上甚善之。

16 十一月，丙申，契丹王李失活入朝。朝，直遥翻。考异曰：长历，十一月丁酉朔，丙申，十月晦也，与实录差一日。旧纪、唐历皆云"十一月己亥，契丹李失活来朝。”今从实录。十二月，壬午，以东平王外孙杨氏为永乐公主，妻之。东平王续，纪王慎之子也。慎，太宗子。乐，音洛。妻，子细翻。

17 秘书监马怀素奏：“省中书散乱讹缺，请选学术之士二十人整比校补。”从之。比，毗至翻。于是搜访逸书，选吏缮写，命国子博士尹知章、桑泉尉韦述等二十人同刊正，桑泉县，隋开皇十六年分猗氏县置，属蒲州。考异曰：旧传为栎阳尉，今从韦述集贤注记。以左散骑常侍褚无量为之使，使，疏吏翻。于乾元殿前编校群书。

齐思和标点聂崇岐覆校

资治通鉴卷第二百一十二

端明殿学士兼翰林侍读学士太中大夫
提举西京嵩山崇福宫上柱国河内郡开国公 司马光 奉敕编集
食邑二千二百户食实封九百户赐紫金鱼袋臣
后学天台胡三省音注

唐纪二十八

起著雍敦牂(戊午)，尽旃蒙赤奋若(乙丑)，凡八年。

玄宗至道大圣大明孝皇帝上之下

开元六年(戊午、七一八)

1 春，正月，辛丑，突厥毗伽可汗来请和；许之。厥，九勿翻。伽，求迦翻。可，从刊入声。汗，音寒。

2 广州吏民为宋璟立遗爱碑。去年宋璟自广州入相。为，于伪翻。璟，居永翻。璟上言："臣在州无他异迹，今以臣光宠，成彼谄谀；欲革此风，望自臣始，请敕下禁止。"上，时掌翻。下，遐稼翻。上从之。于是他州皆不敢立。

3 辛酉，敕禁恶钱，武德四年铸开元通宝钱。其后盗铸浙起，显庆五年以恶钱多，官为市之，以一善钱售五恶钱。民间藏恶钱以待禁弛。乾封以后，私钱犯法日蕃，有以舟筏铸于江中者。诏所在纳恶钱，而奸亦不息。武后时，钱非穿穴及铁锡铜液，皆得用之，熟铜排斗沙涩之钱皆售。自是盗铸蜂起，吏莫能捕。先天之际，两京钱益滥，或镕锡模钱，须臾百十，故禁之。重二铢四分以上乃得行。敛人间恶钱镕之，更铸如式钱。更，工衡翻。于是京城纷然，卖买殆绝。宋璟、苏颋请出太府钱二万缗置南北市，以平价买百姓不售之物可充官用者，及听两京百官豫假俸钱，庶使良钱流布人间，从之。㮄，他鼎翻。俸，芳用翻。

4 二月，戊子，移蔚州横野军于山北，杜佑曰：横野军在蔚州东北百四十里，去太原九百里。此盖指言开元所移军之地。蔚，纡勿翻。屯兵三万，为九姓之援；以拔曳固都督颉质略、同罗都督毗伽末啜、霫都督比言、回纥都督夷健颉利发、仆固都督曳勒歌等各出骑兵为前、后、左、右军讨击大使，颉，户结翻。啜，陟劣翻。霫，而立翻。骑，奇寄翻。使，疏吏翻；下同。皆受天兵军节度。天兵军在并州城中。考异曰：实录："壬辰，制大举击突厥，五都督及拔悉密金山道总管处木昆执米啜、坚昆都督骨笃禄毗伽、契丹都督李失活、奚都督李大酺及默啜之子右贤王默特勒逾输等夷夏之师，凡三十万，并取朔方道行军大总管王晙节度；"而于后俱不见出师胜败。按此年正月，突厥请和，帝有答诏；而二月伐之，恐无此事。旧纪及王晙、突厥传皆无此月出兵事。新突厥传云："默棘连遣使请和，帝以不情，答而不许，俄下诏伐之，以王晙统之，期以八年并集稽落水上。"行兵贵密，不应前二年早先下诏，盖取实录附会旧传耳。有所讨捕，量宜追集；量，音良。无事各归部落营生，仍常加存抚。

5 三月，乙巳，征嵩山处士卢鸿入见，见，贤遍翻。拜谏议大夫；鸿固辞。考异曰：旧传作"卢鸿一"，本纪、新传皆作"鸿"。按中岳真人刘君碑，云卢鸿撰，今从之。

6 天兵军使张嘉贞入朝，朝，直遥翻。有告其在军奢僭及赃贿者，按验无状；上欲反坐告者，反坐者，以诬告人所得罪坐之。嘉贞奏曰："今若罪之，恐塞言路，塞，悉则翻。使天下之事无由上达，愿特赦之。"其人遂得减死。上由是以嘉贞为忠，有大用之意。为张嘉贞入相张本。

7 有荐山人范知璇文学者，并献其所为文，璇，从宣翻。宋璟判之曰："观其良宰论，颇涉佞谀。良宰论盖称美当时宰相。山人当极言谠议，谠，音党。岂宜偷合苟容！文章若高，自宜从选举求试，不可别奏。”

8 夏，四月，戊子，河南参军郑铣、朱阳丞郭仙舟投匦献诗，河南参军，河南府参军也。唐制：诸府州诸曹参军之外，又有参军事，掌出使赞导。新志注曰：武德初，改行书佐曰行参军，寻又改曰参军事。朱阳，汉弘农县南界地，后魏分置朱阳郡，属析州；后周废郡为县。隋属弘农郡，唐龙朔初属商州，万岁通天二年度属洛州。匦，居洧翻。敕曰：“观其文理，乃崇道法；至于时用，不切事情。宜各从所好。”好，呼到翻。并罢官，度为道士。

9 五月，辛亥，以突骑施都督苏禄为左羽林大将军、顺国公，充金方道经略大使。骑，奇寄翻。

10 契丹王李失活卒，癸巳，以其弟娑固代之。契，欺讫翻，又音吃。娑，素何翻。

11 秋，八月，颁乡饮酒礼于州县，令每岁十二月行之。唐乡饮酒之礼，刺史为主人，先召致仕乡有德者谋之，贤者为宾，其次为介，其次为众宾，与之行礼。县则令为主人，乡之老人年六十以上有德望者一人为宾，次一人为介，又其次为三宾，又其次为众宾。年六十者三豆，七十者四豆，八十者五豆，九十者及主人皆六豆。主、宾、介、三宾、众宾既升，即席，工持瑟升自阶就位，鼓鹿鸣。卒歌，笙入立于堂下北面，奏南陔。乃间歌，歌南有嘉鱼，笙崇丘，乃合乐周南关雎、召南鹊巢。司正升自西阶，赞礼，扬觯，而戒之以忠孝之本，主、宾、介以下皆再拜。奠酬既毕，乃行无算爵，无算乐。

12 唐初，州县官俸，皆令富户掌钱，出息以给之；息至倍称，多破产者。唐初，在京诸司官及天下官置公廨本钱，以典史主之，收赢十之七，富户幸免傜役，贫者破产甚众。称，音尺证翻。秘书少监崔沔上言，请计州县官所得俸，于百姓常赋之外，微有所加以给之。时沔请计户均出，每丁加升尺以给之。从之。

13 冬，十一月，辛卯，车驾至西京。

14 戊辰，吐蕃奉表请和，乞舅甥亲署誓文；吐蕃以尚文成公主，与唐为舅甥之国。吐，从暾入声。又令彼此宰相皆著名于其上。

15 宋璟奏："括州员外司马李邕、仪州司马郑勉，并有才略文词，先天元年，避帝名，改箕州为仪州。但性多异端，好是非改变；若全引进，则咎悔必至，若长弃捐，则才用可惜，请除渝、硖二州刺史。"又奏："大理卿元行冲素称才行，初用之时，实允佥议；当事之后，颇非称职，请复以为左散骑常侍，以李朝隐代之。好，呼到翻。行，下孟翻。称，尺证翻。复，扶又翻。散，悉亶翻。骑，奇寄翻。朝，直遥翻。陆象先闲于政体，宽不容非，请以为河南尹。"从之。

七年（己未、七一九）

1 春，二月，俱密王那罗延、俱密国治山中，在吐火罗东北，南临黑河；其王，突厥延陀种。康王乌勒伽、安王笃萨波提杜佑曰：康国在米国西南三百馀里，汉康居国也。萨，桑葛翻。皆上表言为大食所侵掠，乞兵救援。

2 敕太府及府县出粟十万石粜之，府，谓京兆府；县，谓京县及畿县也。粜，他吊翻。以敛人间恶钱，送少府销毁。

3 三月，乙卯，以左武卫大将军、检校内外闲厩使、苑内营田使王毛仲行太仆卿。唐初以尚乘局掌内外闲厩之马十二闲；既置内外闲厩使专掌御马，因以尚乘局隶闲厩使。苑内诸监本隶司农寺，今亦隶苑内营田使。毛仲严察有干力，万骑功臣、闲厩官吏皆惮之，骑，奇寄翻。苑内所收常丰溢。上以为能，故有宠。虽有外第，常居闲厩侧内宅，上或时不见，则悄然若有所失；宦官杨思勖、高力士皆畏避之。

4 勃海王大祚荣卒；考异曰：实录："六月，丁卯，祚荣卒，遣左监门率吴思谦摄鸿胪卿，充使吊祭。"按此月丙辰已云祚荣卒；盖六月方遣思谦吊祭耳。丙辰，命其子武艺袭位。

5 夏，四月，壬午，开府仪同三司祁公王仁皎薨。其子驸马都尉守一请用窦孝谌例，筑坟高五丈二尺；窦孝谌，上外祖也。

谌，氏壬翻。上许之。宋璟、苏颋固争，以为："准令，一品坟高一丈九尺，高，居号翻。其陪陵者高出三丈而已。窦太尉坟，议者颇讥其高大，当时无人极言其失，岂可今日复踵而为之！复，扶又翻；下蕃复同。昔太宗嫁女，资送过于长公主，魏征进谏，太宗既用其言，文德皇后亦赏之，事见一百九十四卷太宗贞观六年。长，知两翻。岂若韦庶人崇其父坟，号曰酆陵，事见二百八卷中宗景龙元年。以自速其祸乎！夫以后父之尊，欲高大其坟，何足为难！而臣等再三进言者，盖欲成中宫之美耳。况今日所为，当传无穷，永以为法，可不慎乎！"上悦曰："朕每欲正身率下，况于妻子，何敢私之！然此乃人所难言，卿能固守典礼，以成朕美，垂法将来，诚所望也。"赐璟、颋帛四百匹。

6 五月，己丑朔，日有食之。上素服以俟变，彻乐减膳，命中书、门下察系囚，赈饥乏，劝农功。赈，津忍翻。辛卯，宋璟等奏曰："陛下勤恤人隐，此诚苍生之福。然臣闻日食修德，月食修刑；亲君子，远小人，绝女谒，除谗慝，所谓修德也。君子耻言浮于行，论语孔子曰："君子耻其言而过其行。"远，于愿翻。慝，吐得翻。行，下孟翻。苟推至诚而行之，不必数下制书也。"数，所角翻。下，遐稼翻。

7 六月，戊辰，吐蕃复遣使请上亲署誓文；上不许，曰："昔岁誓约已定，苟信不由衷，亟誓何益！"用左传语意。吐，从暾入声。复，扶又翻。亟，去吏翻。

8 秋，闰七月，右补阙卢履冰上言："礼，父在为母服周年，则天皇后改服齐衰三年，事见二百二卷高宗上元元年。为，于伪翻。齐，音咨。衰，仓回翻。上，时掌翻。请复其旧。"上下其议。下，遐嫁翻。左散骑常侍褚无量以履冰议为是；诸人争论，连年不决。八月，辛卯，敕自今五服并依丧服传文，散，悉亶翻。骑，奇寄翻。传，直恋翻。然士大夫议论犹不息，行之各从其意。无量叹曰："圣人岂不知母恩之厚乎？厌降之礼，厌，于叶翻。所以明尊卑、异戎狄也。俗情肤浅，不知圣人之心，一紊其制，谁能正之！"紊，音问。

9 九月，甲寅，徙宋王宪为宁王。四年，成器更名宪。上尝从复道中见卫士食毕，弃馀食于窦中，怒，欲杖杀之；左右莫敢言。宪从容谏曰："陛下从复道中窥人过失而杀之，臣恐人人不自安。且陛下恶弃食于地者，为食可以养人也；宪从，千容翻。恶，乌路翻。为，于伪翻。今以馀食杀人，无乃失其本乎！"上大悟，蹶然起曰："微兄，几至滥刑。"几，居希翻。遽释卫士。是日，上宴饮极欢，自解红玉带，并所乘马以赐宪。

10 冬，十月，辛卯，上幸骊山温汤；癸卯，还宫。骊，力知翻。还，从宣翻，又音如字。

11 壬子，册拜突骑施苏禄为忠顺可汗。可，从刊入声。汗，音寒。

12 十一月，壬申。【章：十二行本"申"下有"契丹王李娑固与公主入朝"十一字；乙十一行本同，惟"娑"作"娑"；孔本同；张校同，"固"作"囷"；退斋校本仍作"固"。】上以岐山令王仁琛，岐山县，隋置，属岐州。琛，丑林翻。藩邸故吏，墨敕令与五品官。宋璟奏："故旧恩私，则有大例，除官资历，非无公道。仁琛向缘旧恩，已获优改，今若再蒙超奖，遂于诸人不类；又是后族，王仁琛，盖仁皎群从。须杜舆言。舆，众也。乞下吏部检勘，苟无负犯，于格应留，请依资稍优注拟。"从之。

选人宋元超于吏部自言侍中璟之叔父，冀得优假。璟闻之，牒吏部云："元超，璟之三从叔，三从，同高祖。下，遐嫁翻。选，须绢翻。从，才用翻。常在洛城，不多参见。见，贤遍翻。既不敢缘尊辄隐，又不愿以私害公。向者无言，自依大例，既有声听，事须矫枉；请放。"元超冀得饶假，今乃不得留注，所谓矫枉过正也。

宁王宪奏选人薛嗣先请授微官，事下中书、门下。选，须绢翻。事下，遐嫁翻。璟奏："嗣先两选斋郎，虽非灼然应留，以懿亲之故，固应微假官资。在景龙中，常有墨敕处分，谓之斜封。处，昌吕翻。分，扶问翻。自大明临御，兹事杜绝，行一赏，命一官，必是缘功与才，皆历中书、门下。至公之道，唯圣能行。嗣先幸预姻戚，不为屈法，许臣等商量，望付吏部知，不出正敕。"从之。量，音良。

先是，朝集使往往赍货入京师，先，悉荐翻。及春将还，多迁官；宋璟奏一切勒还以革其弊。

13 是岁，置剑南节度使，领益、彭等二十五州。

八年（庚申、七二〇）

1 春，正月，丙辰，左散骑常侍褚无量卒。按通鉴例，惟公辅书薨，偏王者公辅书卒。今书褚无量卒，以整比群书未竟，改命元行冲，故书以始事。考异曰：旧本纪："正月甲子朔，皇太子加元服；壬申，右散骑常侍褚无量卒。"按长历，正月甲寅朔；甲子十一日也。唐历亦云，"壬申无量卒。"今从实录。辛酉，命右散骑常侍元行冲整比群书。比，毗至翻。

2 侍中宋璟疾负罪而妄诉不已者，悉付御史台治之。治，直之翻。谓中丞李谨度曰："服不更诉者出之，尚诉未已者且系。"由是人多怨者。会天旱有魃，魃，蒲拨翻，旱神也。神异经曰：南方有人长二三尺，袒身，目在项上，走行如风，其名曰魃，所见之国大旱，赤地千里。一名旱母，遇者得之，投溷中即死。优人作魃状戏于上前，问魃："何为出？"对曰："奉相公处分。"相，息亮翻。处，昌吕翻。分，扶问翻。又问："何故？"魃曰："负冤者三百馀人，相公悉以系狱抑之，故魃不得不出。"上心以为然。

时璟与中书侍郎、同平章事苏颋建议严禁恶钱，江、淮间恶钱尤甚，璟以监察御史萧隐之充使括恶钱。监，工衔翻。使，疏吏翻。隐之严急烦扰，怨嗟盈路，上于是贬隐之官。辛巳，罢璟为开府仪同三司，颋为礼部尚书。考异曰：唐历云“二十八日辛卯”，旧纪云“己卯”。按是月无辛卯。今从实录。以京兆尹源乾曜为黄门侍郎，并州长史张嘉贞为中书侍郎，并同平章事。于是弛钱禁，恶钱复行矣。复，扶又翻。

3 二月，戊戌，皇子敏卒，追立为怀王，此怀王以州为国号。谥曰哀。

4 壬子，敕以役莫重于军府，一为卫士，六十乃免，宜促其岁限，使百姓更迭为之。更，工衡翻。

5 夏，四月，丙午，遣使赐乌长王、骨咄王、俱位王册命。三国皆在大食之西。乌长即乌苌。又曰乌荼。骨咄在镬沙之东，或曰阿咄罗，治思助建城。俱位，或曰商弥，治阿赊飓师多城，在大雪山勃律河北，地寒，冬窟室。咄，当没翻。大食欲诱之叛唐，诱，音酉。三国不从，故褒之。

6 五月，辛酉，复置十道按察使。罢按察见上卷五年。

7 丁卯，以源乾曜为侍中，张嘉贞为中书令。

乾曜上言：“形要之家多任京官，使俊乂之士沈废于外。沈，持林翻。臣三子皆在京，请出其二人。”上从之。因下制称乾曜之公，命文武官效之，于是出者百馀人。

张嘉贞吏事强敏，而刚躁自用。躁，则到翻。中书舍人苗延嗣、吕太一、考功员外郎员嘉静、殿中侍御史崔训皆嘉贞所引进，常与之议政事。四人颇招权，时人语曰：“令公四俊，苗、吕、崔、员。”员，音运。

8 六月，瀍、谷涨溢，漂溺几二千人。溺，奴狄翻。几，居希翻。考异曰：实录云“漂居人四百馀家”。旧纪云：“漂没九百馀户，溺死八百馀人，掌闲溺死者千一百馀人。”今从旧纪人数。按旧纪，“掌闲”之下有“番兵”二字。

9 突厥降户仆固都督勺磨及跌跌部落散居受降城侧，降，户江翻。勺，职略翻。跌，奚结翻。跌，徒结翻。朔方大使王晙言其阴引突厥，谋陷军城，密奏请诛之。诱勺磨等宴于受降城，伏兵悉杀之，河曲降户殆尽。拔曳固、同罗诸部在大同、横野军之侧者，闻之皆恼惧。大同军即大武军，武后大足元年更名。杜佑曰：在代州北三百里，去并州八百馀里。畯，子峻翻。诱，音酉。恼，许拱翻。秋，并州长史、天兵节度大使张说引二十骑，持节即其部落慰抚之，说，读曰悦。骑，奇寄翻。因宿其帐下；副使李宪以虏情难信，驰书止之。说复书曰："吾肉非黄羊，必不畏食；北人谓獐为黄羊。血非野马，必不畏刺。非人家及厩牧所畜而自孳生于野者，谓之野马。士见危致命，论语载子张之言。此吾效死之秋也。"拔曳固、同罗由是遂安。

10 冬，十月，辛巳，上行幸长春宫；壬午，畋于下邽。

11 上禁约诸王，不使与群臣交结。光禄少卿驸马都尉裴虚己与岐王范游宴，仍私挟谶纬；谶，楚谮翻。纬，于贵翻。戊子，流虚己于新州，离其公主。睿宗女霍国公主，下嫁虚己。旧志：新州至京师五千五十二里。万年尉刘庭琦、太祝张谔唐太常寺有太祝六人，正九品上。数与范饮酒赋诗，贬庭琦雅州司户，谔山茌丞。山茌县，汉、晋属泰山郡，宋属东太原郡，隋废入济州长清县；武德元年分置山茌县，属齐州。数，所角翻。然待范如故，谓左右曰："吾兄弟自无间，但趋竞之徒强相托附耳。间，古苋翻。强，其两翻。吾终不以此责兄弟也。"上尝不豫，薛王业妃弟内直郎韦宾唐六典：东宫有内直局，内直郎二人，掌符玺、伞扇、几案、衣服之事，职拟尚辇奉御。与殿中监皇甫恂私议休咎；事觉，宾杖死，恂贬锦州刺史。武后垂拱二年以辰州麻阳县地及开山洞置锦州。业与妃惶惧待罪，上降阶执业手曰："吾若有心猜兄弟者，天地实殛之。"即与之宴饮，仍慰谕妃，令复位。

12 十一月，乙卯，上还京师。

13 辛未，突厥寇甘、凉等州，凉州西至甘州五百里。考异曰：唐历，突厥寇凉州在九月。旧突厥传云："八年冬，御史大夫王晙为朔方大总管，奏请西征拔悉密，东发奚、契丹两蕃，期以明年秋初，引朔方兵数道俱入，掩突厥牙帐于稽落河上。"按王晙此月为幽州都督，今从实录、旧纪。败河西节度使杨敬述，败，补迈翻。掠契苾部落而去。贞观中，契苾来降，处其部落于凉州。契，欺讫翻。苾，毗必翻。

先是，朔方大总管王晙奏请西发拔悉密，拔悉密酋长姓阿史那氏，盖亦突厥之种也，居北庭。先，悉荐翻。东发奚、契丹，期以今秋掩毗伽牙帐于稽落水上；稽落水盖导源稽落山。毗伽闻之，大惧。暾欲谷曰："不足畏也。拔悉密在北庭，与奚、契丹相去绝远，势不相及；朔方兵计亦不能来此。若必能来，俟其垂至，徙牙帐北行三日，唐兵食尽自去矣。且拔悉密轻而好利，轻，牵正翻。好，呼到翻。得王晙之约，必喜而先至。晙与张嘉贞不相悦，奏请多不相应，必不敢出兵。史言在廷在边之谋不叶，为夷狄所窥。晙兵不出，拔悉密独至，击而取之，势甚易耳。"易，以豉翻。

既而拔悉密果发兵逼突厥牙帐，而朔方及奚、契丹兵不至，拔悉密惧，引退。毗伽欲击之，暾欲谷曰："此属去家千里，将死战，未可击也。不如以兵蹑之。"去北庭二百里，暾欲谷分兵间道先围北庭，间，古苋翻。因纵兵击拔悉密，大破之。拔悉密众溃走，趋北庭，不得入，趋，逡喻翻。尽为突厥所虏。

暾欲谷引兵还，出赤亭，掠凉州羊马，杨敬述遣裨将卢公利、判官元澄将兵邀击之。将，即亮翻。暾欲谷谓其众曰："吾乘胜而来，敬述出兵，破之必矣。"公利等至删丹，删丹县，汉属张掖郡，后汉、晋属西郡，后魏曰山丹，隋复曰删丹，属甘州。与暾欲谷遇，唐兵大败，公利、澄脱身走。毗伽由是大振，尽有默啜之众。

14 契丹牙官可突干骁勇得众心，李娑固猜畏，欲去之。骁，坚尧翻。娑，素何翻。去，羌吕翻。是岁，可突干举兵击娑固，娑固败奔营州。营州都督许钦澹遣安东都护薛泰帅骁勇五百与奚王李大酺奉娑固以讨之，战败，娑固、李大酺皆为可突干所杀，帅，读曰率。酺，音蒲。生擒薛泰，营州震恐。许钦澹移军入渝关，可突干立娑固从父弟郁干为主，遣使请罪。上赦可突干之罪，以郁干为松漠都督，以李大酺之弟鲁苏为饶乐都督。使，疏吏翻；下同。乐，音洛。

九年(辛酉、七二一)

1 春，正月，制削杨敬述官爵，以删丹之败也。以白衣检校凉州都督，仍充诸使。诸使，谓节度、支度、营田等使也。

2 丙辰，改蒲州为河中府，置中都官僚，一准京兆、河南。

3 丙寅，上幸骊山温汤；乙亥，还宫。

4 监察御史宇文融上言，天下户口逃移，巧伪甚众，请加检括。融，弼之玄孙也，宇文弼，见一百七十二卷陈宣帝太建七年。监，古衔翻。上，时掌翻。弼，古弼字。源乾曜素爱其才，赞成之。二月，乙酉，敕有司议招集流移、按诘巧伪之法以闻。诘，去吉翻。

5 丙戌，突厥毗伽复使来求和。上赐书，谕以“曩昔国家与突厥和亲，华、夷安逸，甲兵休息；国家买突厥羊马，突厥受国家缯帛，彼此丰给。自数十年来，不复如旧，正由默啜无信，口和心叛，数出盗兵，寇抄边鄙，人怨神怒，陨身丧元，复，扶又翻；下今复同。数，所角翻。丧，息浪翻。元，首也。斩默啜，事见上卷四年。吉凶之验，皆可汗所见。今复蹈前迹，掩袭甘、凉，随遣使人，更来求好。国家如天之覆，如海之容，好，呼到翻。覆，敷又翻。但取来情，不追往咎。可汗果有诚心，则共保遐福；不然，无烦使者徒尔往来。若其侵边，亦有以待。可汗其审图之！”

6 丁亥，制：“州县逃亡户口听百日自首，或于所在附籍，或牒归故乡，各从所欲。过期不首，首，式又翻。即加检括，谪徙边州；公私敢容庇者抵罪。”以宇文融充使，括逃移户口及籍外田，所获巧伪甚众。使，疏吏翻。迁兵部员外郎兼侍御史。融奏置劝农判官十人，通典及新书并云二十九人，通典且列其姓名。并摄御史，分行天下。其新附客户，免六年赋调。调，徒吊翻。使者竞为刻急，州县承风劳扰，百姓苦之。阳翟尉皇甫憬上疏言其状；阳翟县，汉属颍川郡，晋属河南郡，后魏置阳翟郡，隋废郡为县，属襄城郡，唐初属嵩州，贞观元年属许州，龙朔二年度属洛州为畿县。憬，居永翻。上方任融，贬憬盈川尉。州县希旨，务于获多，虚张其数，或以实户为客，凡得户八十馀万，田亦称是。称，尺证翻。

7 兰池州胡康待宾诱诸降户同反，夏，四月，攻陷六胡州，诱，音酉。降，户江翻。高宗调露元年，于灵夏南境以降突厥置鲁州、丽州、含州、塞州、依州、契州，以唐人为刺史，谓之六胡州，长安二年并为匡、长二州，神龙三年置兰池都督府，分六州为县。宋白曰：六胡州在夏州德静县北。考异曰：实录：“四月庚寅，康待宾反，命王晙讨平之，斩于都市。五月丁巳，既诛康待宾，下诏云云。壬寅，叛胡康待宾伪称叶护安慕容以叛，七月，己酉，王晙擒康待宾至京师，腰斩之。”前后重复，交错相违。今从旧纪。有众七万，进逼夏州；夏，户雅翻。命朔方大总管王晙、陇右节度使郭知运共讨之。

8 戊戌，敕：“京官五品以上，外官刺史、四府上佐，四府，谓京兆府、河南府、河中府、太原府。各举县令一人，视其政善恶，为举者赏罚。”

9 以太仆卿王毛仲为朔方道防御讨击大使，与王晙及天兵军节度大使张说相知讨康待宾。

10 六月，己卯，罢中都，复为蒲州。复，扶又翻。

蒲州刺史陆象先政尚宽简，吏民有罪，多晓谕遣之。州录事言于象先曰："明公不施箠挞，何以示威！"唐上州置录事三人，正九品上，中下州各一人，下州从九品下。箠，止垂翻。象先曰："人情不远，此属岂不解吾言邪！解，户买翻，晓也。必欲箠挞以示威，当从汝始！"录事惭而退。象先尝谓人曰："天下本无事，但庸人扰之耳。苟清其源，何忧不治！"治，直吏翻。

11 秋，七月，己酉，王晙大破康待宾，生擒之，杀叛胡万五千人。辛酉，集四夷酋长，腰斩康待宾于西市。酋，慈由翻。长，知两翻。

先是，叛胡潜与党项通谋，攻银城、连谷，据其仓庾，后周置银城县，后改曰银城防。贞观四年以银城属银州，八年属胜州；又以隋连谷戍置连谷县，亦属胜州。杜佑曰：银城、连谷皆汉圁阴县地，汉光禄塞在今县北。先，悉荐翻。党，底朗翻。张说将步骑万人出合河关掩击，大破之。岚州合河县北有合河关。宋白曰：合河县城下有蔚汾水，西与黄河合，故曰合河。赵珣聚米图经：合河关在府州南二百里。将，即亮翻。骑，奇寄翻。追至骆驼堰，堰，于扇翻。党项乃更与胡战，胡众溃，西走入铁建山。说安集党项，使复其居业。讨击使阿史那献以党项翻覆，请并诛之，说曰："王者之师，当伐叛柔服，岂可杀已降邪！"因奏置麟州，以镇抚党项馀众。分胜州银城、连谷置麟州，又置新秦县为麟州治所。杜佑曰：麟州，汉新秦中地。

12 九月，乙巳朔，日有食之。

13 康待宾之反也，诏郭知运与王晙相知讨之；晙上言，朔方兵自有馀力，请敕知运还本军。上，时掌翻。未报，知运已至，由是与晙不协。晙所招降者，知运复纵兵击之；虏以晙为卖己，由是复叛。降，户江翻。复，扶又翻。上以晙不能遂定群胡，丙午，贬晙为梓州刺史。梓州，汉郪、广汉、氐道之地，西魏、梁末置新州，隋改梓州。王晙贬官，未必离任也。如娄师德以素罗汗山之败贬，亦此类。

14 丁未，梁文献公姚崇薨，遗令："佛以清净慈悲为本，而愚者写经造像，冀以求福。昔周、齐分据天下，周则毁经像而修甲兵，齐则崇塔庙而弛刑政，一朝合战，齐灭周兴。近者诸武、诸韦，造寺度人，不可胜纪，胜，音升。无救族诛。汝曹勿效儿女子终身不寤，追荐冥福！道士见僧获利，效其所为，尤不可延之于家。当永为后法！"

15 癸亥，以张说为兵部尚书、同中书门下三品。考异曰：朝野佥载曰："说为并州刺史，谄事王毛仲。毛仲巡边，说于天兵军大设酒肴，恩敕忽降，授兵部尚书同中书门下三品，谢讫，便抱毛仲起舞，呜其靴鼻。"今不取。

16 冬，十月，河西、陇右节度大使郭知运卒。知运与同县【严："县"改"郡"。】右卫副率王君㚟，率，所律翻。㚟，丑略翻。郭知运，瓜州晋昌人；王君㚟，瓜州常乐人。皆以骁勇善骑射著名西陲，为虏所惮。骁，坚尧翻。骑，奇寄翻。时人谓之王、郭。㚟遂自知运麾下代为河西、陇右节度使，判凉州都督。

17 十一月，丙辰，国子祭酒元行冲上群书四录，甲部经录，乙部史录，丙部子录，丁部集录。考异曰：集贤注记在九年春。今从唐历、统纪、旧纪。凡书四万八千一百六十九卷。

18 庚午，赦天下。

19 十二月，乙酉，上幸骊山温汤；壬辰，还宫。

20 是岁，诸王为都督、刺史者，悉召还京师。开元二年，有司请依故事出诸王刺外州。

21 新作蒲津桥，镕铁为牛以系絙。时铸八牛，牛下有山，皆铁也，夹岸以维浮梁。蒲津东岸即河东县，西岸即河西县。絙，居登翻，大索也。

22 安州别驾刘子玄卒。子玄即知几也，避上嫌名，以字行。刘子玄卒，重史臣也；例犹褚无量。上名隆基，知几犯嫌名。几，居希翻。

著作郎吴兢撰则天实录，言宋璟激张说使证魏元忠事。事今见二百七卷武后长安三年。撰，士免翻。说修史见之，知兢所为，谬曰："刘五殊不相借！"知几第五，唐人多以第行相呼。兢起对曰："此乃兢所为，史草具在，不可使明公枉怨死者。"同僚皆失色。其后说阴祈兢改数字，兢终不许，曰："若徇公请，则此史不为直笔，何以取信于后！"

23 太史上言，麟德历浸疏，是历行于高宗麟德二年。上，时掌翻。日食屡不效。上命僧一行更造新历，此所谓大衍历也。欧阳修曰：自太初至麟德，历有二十三家，与天虽近而未密也。至一行密矣。其倚数立法，固无以易也。后世虽有改作者，皆依仿而已。行，下孟翻。更，工衡翻。率府兵曹梁令瓒造黄道游仪以测候七政。唐东宫十率府各有兵曹参军，从九品上，掌判句大朝会，及皇太子出，则从卤簿而莅其仪。一行更造新历，欲知黄道进退，而太史无黄道仪，令瓒以木为游仪。一行是之，请更铸铜铁，使黄道运行以追列舍之变。因二分之中以立黄道，交于奎、轸之间，二至升降，各十四度；黄道内施，白道月环，用究阴阳朓朒，动合天运。七政，日、月、五星也。

24 置朔方节度使，领单于都护府，夏、盐等六州，定远、丰安二军，三受降城。单，音蝉。夏，户雅翻。降，户江翻。

十年（壬戌、七二二）

1 春，正月，丁巳，上行幸东都，以刑部尚书王志愔为西京留守。愔，于今翻。

2 癸亥，命有司收公廨钱，以税钱充百官俸。武德元年，制京司及州县官各给公廨田，课其管种，以供公私之费。又有公廨园、公廨地，皆收其税以给百官。廨，古隘翻。俸，方用翻。

3 乙丑，收职田。唐文武官有职分田，一品十二顷，二品十顷，三品九顷，四品七顷，五品六顷，六品四顷，七品三顷五十亩，八品二顷五十亩，九品二顷，皆给百里内之地。诸州都督、都护、亲王府官，二品十二顷，三品十顷，四品八顷，五品七顷，六品五顷，七品四顷，八品三顷，九品二顷五十亩。镇，戍、关、津、岳、渎官，五品五顷，六品三顷五十亩，七品三顷，八品二顷，九品一顷五十亩。贞观十一年，以职田侵渔百姓，诏给逃还贫户，视职田多少，每亩给粟二斗，谓之地租；寻以水旱复罢之。亩率给仓粟二斗。

4 二月，戊寅，上至东都。

5 夏，四月，己亥，以张说兼知朔方军节度使。

6 五月，伊、汝水溢，漂溺数千家。溺，奴狄翻。汉志：伊水出弘农郡卢氏县，东北入洛。汝水出弘农，入淮。史言伊、汝溢而漂数千家。既二水分流，相去日益远，何至能漂流数千家！此必于发源之地水溢而并流也。被灾之家，当在虢、洛二州界。

7 闰月，壬申，张说如朔方巡边。

8 己丑，以馀姚县主女慕容氏为燕郡公主，妻契丹王郁干。燕，因肩翻。妻，七细翻。

9 六月，丁巳，博州河决，命按察使萧嵩等治之。嵩，梁明帝之孙也。后梁主岿谥明帝。治，直之翻。

10 己巳，制增太庙为九室，迁中宗主还太庙。中宗迁别庙，见上卷五年。

11 秋，八月，癸卯，武彊令裴景仙，武彊，汉河间之武隧县也，晋更名武彊，唐属冀州。坐赃五千匹，事觉，亡命；上怒，命集众斩之。大理卿李朝隐奏景仙赃皆乞取，罪不至死；朝，直遥翻。又，其曾祖寂有建义大功，载初中以非罪破家，据裴寂传，寂孙承先，武后时为酷吏所杀。惟景仙独存，今为承嫡，宜宥其死，投之荒远。其辞略曰："十代宥贤，功实宜录；左传，晋祁奚请叔向曰："社稷之固也，犹将十世宥之。"一门绝祀，情或可哀。"制令杖杀。朝隐又奏曰："生杀之柄，人主得专；轻重有条，臣下当守。今若乞取得罪，便处斩刑；处，昌吕翻。后有枉法当科，欲加何辟？辟，毗亦翻。所以为国惜法，期守律文；为，于伪翻。非敢以法随人，曲矜仙命。"又曰："若寂勋都弃，仙罪特加，则叔向之贤，何足称者；若敖之鬼，不其馁而！"左传，楚令尹子文之言。上乃许之。杖景仙一百，流岭南恶处。考异曰：实录云："初，上令集众杀之，李朝隐执奏；又下制云‘集众决杀’，朝隐又奏，乃流岭南。”盖本欲斩之也。

12 安南贼帅梅叔焉等攻围州县，遣骠骑将军兼内侍杨思勖讨之。帅，所类翻。骠，匹妙翻。骑，奇寄翻。考异曰：旧纪云“八月丙戌”，按八月庚子朔，无丙戌。思勖传云：“首领梅玄成自称黑帝，与林邑、真腊国通谋，陷安南府。”今从本纪。周尹上神宗书作“梅叔鸾”。思勖募群蛮子弟，得兵十馀万，袭击，大破之，斩叔焉，积尸为京观而还。观，古玩翻。还，从宣翻，又如字。

13 初，上之诛韦氏也，王皇后颇预密谋，及即位数年，色衰爱弛。武惠妃有宠，阴怀倾夺之志，后心不平，时对上有不逊语。上愈不悦，密与秘书监姜皎谋以后无子废之，皎泄其言。嗣滕王峤，按新书，滕王元婴薨，长子修琦嗣为长乐王，垂拱中死诏狱；神龙初，以少子修信子涉嗣。无嗣滕王峤也。新书姜皎传言，皎泄禁中语，为嗣濮王峤所劾。又按新书，太宗子魏王泰得罪，后封濮王，薨，子欣嗣，武后时为酷吏所陷，贬，神龙初，子峤嗣王。则“嗣滕王峤”当作“嗣濮王峤”明矣。后之妹夫也，奏之。上怒，张嘉贞希旨构成其罪，云：“皎妄谈休咎。”甲戌，杖皎六十，流钦州，弟吏部侍郎晦贬春州司马；旧志：春州，京师东南六千四百四十八里。亲党坐流、死者数人，皎卒于道。

己亥，【严：“己”改“乙”。】敕：“宗室、外戚、驸马，非至亲毋得往还；其卜相占候之人，皆不得出入百官之家。”相，息亮翻。

14 己卯夜，左领军兵曹权楚璧与其党李齐损等作乱，立楚璧兄子梁山为光帝，诈称襄王之子，景云二年，重茂改封襄王。拥左屯营兵数百人入宫城，求留守王志愔，不获。比晓，比，必利翻。屯营兵自溃，斩楚璧等，传首东都。志愔惊怖而薨。楚璧，怀恩之侄；权怀恩为吏，以严能称。怖，普布翻。齐损，迥秀之子也。李迥秀始见二百六卷武后神功元年。迥，户顷翻。壬午，遣河南尹王怡如京师，按问宣慰。

15 癸未，吐蕃围小勃律王没谨忙，小勃律在大勃律西北三百里，去京师九千里而赢，东少南三千里距吐蕃赞普牙。谨忙求救于北庭节度使张嵩曰："勃律，唐之西门，勃律亡则西域皆为吐蕃矣。"嵩乃遣疏勒副使张思礼将蕃、汉步骑四千救之，据新书，张嵩即张孝嵩。使，疏吏翻。将，即亮翻。骑，奇寄翻。昼夜倍道，与谨忙合击吐蕃，大破之，斩获数万。自是累岁，吐蕃不敢犯边。

16 王怡治权楚璧狱，连逮甚众，久之不决；治，直之翻。上乃以开府仪同三司宋璟为西京留守。璟至，止诛同谋数人，馀皆奏原之。

17 康待宾馀党康愿子反，自称可汗；张说发兵追讨擒之，其党悉平。徙河曲六州残胡五万馀口于许、汝、唐、邓、仙、豫等州，贞观八年，改伊州襄城郡为汝州。唐州，汉南阳郡东界比阳、湖阳、平氏之地，后魏于比阳置东荆州，后改为昌州，又改为淮州，隋改为显州；武德五年，以郡有唐城山，改为唐州。开元三年，以汝州之叶襄城、唐州之方城、豫州之西平、许州之舞阳置仙州。空河南、朔方千里之地。

先是，缘边戍兵常六十馀万，先，悉荐翻。说以时无强寇，奏罢二十馀万使还农。上以为疑，说曰："臣久在疆埸，具知其情，将帅苟以自卫及役使营私而已。埸，音亦。将，即亮翻。帅，所类翻。若御敌制胜，不必多拥冗卒以妨农务。陛下若以为疑，臣请以阖门百口保之。"上乃从之。

初，诸卫府兵，自成丁从军，六十而免，其家又不免杂徭，浸以贫弱，逃亡略尽，百姓苦之。张说建议，请召募壮士充宿卫，不问色役，优为之制，逋逃者必争出应募；上从之。旬日，得精兵十三万，分隶诸卫，更番上下。更，工衡翻。上，时掌翻。兵农之分，从此始矣。史言唐养兵之弊始于张说。

18 冬，十月，癸丑，复以乾元殿为明堂。以东都明堂复为乾元殿，见上卷五年。复，扶又翻。

19 甲寅，上幸寿安兴泰宫，寿安，古新安九曲之地，后魏置甘棠县，隋仁寿四年改为寿安县，属洛州。猎于上宜川；庚申，还宫。

20 上欲耀兵北边，丁卯，以秦州都督张守洁等为诸卫将军。

21 十一月，乙未，初令宰相共食实封三百户。唐会要曰：旧制，凡有功之臣赐实封者，皆以课户先准户数，州县与国官、邑官执帐，供其租调，各准配租调远近，州县官司收其脚直，然后付国邑官司。其丁准此，入国邑者收其庸。

22 前广州都督裴伷先下狱，下，遐嫁翻。伷，与胄同。上与宰相议其罪。张嘉贞请杖之，张说曰："臣闻刑不上大夫，记曲礼之言。上，时掌翻。为其近于君，且所以养廉耻也。为，于伪翻。近，其靳翻。故士可杀不可辱。记儒行之言。臣向巡北边，闻杖姜皎于朝堂。朝，直遥翻。皎官登三品，亦有微功，有罪应死则死，应流则流，奈何轻加笞辱，以皂隶待之！笞，丑之翻。皂，昨早翻。姜皎事往，不可复追，伷先据状当流，岂可复蹈前失！"复，扶又翻。上深然之。嘉贞不悦，退谓说曰："何论事之深也！"说曰："宰相，时来则为之。若国之大臣皆可笞辱，但恐行及吾辈。吾此言非为伷先，乃为天下士君子也。"为，于伪翻；下为农同。嘉贞无以应。

23 十二月，庚子，以十姓可汗阿史那怀道女为交河公主，武后长安四年，册怀道为十姓可汗。嫁突骑施可汗苏禄。

24 上将幸晋阳，因还长安。张说言于上曰："汾阴脽上有汉家后土祠，立后土祠见二十卷汉武帝元鼎四年。脽，音谁。其礼久废；陛下宜因巡幸修之，为农祈谷。"上从之。

25 上女永穆公主将下嫁，永穆公主下嫁王繇。敕资送如太平公主故事。僧一行谏曰："武后惟太平一女，故资送特厚，卒以骄败，太平公主始嫁薛绍而败于开元之初。卒，子恤翻。奈何为法！"上遽止之。

十一年(癸亥、七二三)

1 春，正月，己巳，车驾自东都北巡；庚辰，至潞州，给复五年；上尝为潞州别驾故也。复，方目翻。辛卯，至并州，置北都，以并州为太原府，刺史为尹；二月，戊申，还至晋州。

2 张说与张嘉贞不平，会嘉贞弟金吾将军嘉佑赃发，说劝嘉贞素服待罪于外。己酉，左迁嘉贞幽州刺史。

3 壬子，祭后土于汾阴。乙卯，贬平遥令王同庆为赣尉，平遥即汉太原郡平陶县，后魏避国讳，改平陶为平遥，周、隋属介州，唐属汾州。赣，音绀。坐广为储偫，烦扰百姓也。偫，直里翻。

4 癸亥，以张说兼中书令。

5 己巳，罢天兵、大武等军，以大同军为太原以北节度使，领太原、辽、石、岚、汾、代、忻、朔、蔚、云十州。武德三年，分并州之乐平、辽山、平城、石艾，置辽州，八年曰箕州，先天元年，避上名改曰仪州，至中和三年方复曰辽州。此以后来一定州名书之。岚，卢含翻。蔚，纡勿翻。

6 三月，庚午，车驾至京师。

7 夏，四月，甲子，以吏部尚书王晙为兵部尚书、同中书门下三品。

8 五月，己丑，以王晙兼朔方军节度大使，巡河西、陇右、河东、河北诸军。

9 上置丽正书院，聚文学之士汉、魏以来，有秘书之职。梁于文德殿内藏聚群书。北齐有文林馆学士，后周有麟趾殿学士，皆掌著述。隋写群书正副二本，藏于宫中，其馀以实秘书外阁。炀帝于东都观文殿东西厢贮书。自汉延嘉至隋皆秘书掌图籍，而禁中之书，时或有焉。太宗在藩，置学士十八人。其后弘文、崇文二馆皆有学士。开元五年，乾元殿写四部书，置乾元院使，有刊正官四人、知书官八人，分掌四库书。六年更号丽正修书院，置使及检校官，改修书官为丽正殿学士。八年，加文学直，又加修撰、校理、判正、校勘官。十一年，置丽正院修书学士。十三年改丽正修书院为集贤殿书院，五品以上为学士，六品以下为直学士，宰相一人为学士知院事，常侍一人为副知院事，又置判院一人，押院中使一人，又置集贤院侍讲学士、侍读直学士。其后又增修撰官、校理官、待制官、留院官、知检讨官、文学直之类。秘书监徐坚、太常博士会稽贺知章、监察御史鼓城赵冬曦等，会稽县带越州。鼓城县，汉临平、下曲阳两县之地；隋分稾城，于下曲阳故城东五里置昔阳县，寻改为鼓城；唐属定州。会，古外翻。监，古衔翻。或修书，或侍讲；以张说为修书使以总之。有司供给优厚。中书舍人洛阳陆坚以为此属无益于国，徒为糜费，欲悉奏罢之。考异曰：旧传作"徐坚"，今从集贤注记。张说曰："自古帝王于国家无事之时，莫不崇宫室，广声色，今天子独延礼文儒，发挥典籍，所益者大，所损者微。陆子之言，何不达也！"上闻之，重说而薄坚。

10 秋，八月，癸卯，敕："前令检括逃人，虑成烦扰，天下大同，宜各从所乐，乐，音洛。令所在州县安集，遂其生业。"

11 戊申，追尊宣皇帝庙号献祖，光皇帝庙号懿祖，宣皇帝讳熙，凉武昭王暠之曾孙，凉王歆之孙，弘农太守重耳之子也。光皇帝讳天赐，宣皇帝长子也。祔于太庙九室。

12 先是，吐谷浑畏吐蕃之强，附之者数年；先，悉荐翻。吐，从暾入声。九月，壬申，帅众诣沙州降，帅，读曰率。降，户江翻。河西节度使张敬忠抚纳之。

13 冬，十月，丁酉，上幸骊山，作温泉宫；雍录曰：骊山温汤在临潼县南一百五十步，直骊山之西北。十道志曰：泉有三所，其一处即皇堂石井，后周宇文护所造。隋文帝又修屋宇，并植松柏千馀株。贞观十八年，诏阎立本营建宫殿、御汤，名汤泉宫，是年更名温泉宫而改作之。甲寅，还宫。

14 十一月，礼仪使张说等奏，以高祖配昊天上帝，罢三祖并配之礼。此因郊祀置礼仪使也。武德初定令，圜丘以景帝配，明堂以元帝配。贞观奉高祖配圜丘，永徽二年又奉太宗配明堂。垂拱初用元万顷议，奉高宗配圜丘。自是郊祀之礼，三祖并配。三祖，谓高祖、太宗、高宗。使，疏吏翻。戊寅，上祀南郊，赦天下。考异曰：实录：“癸酉日长至，戊寅祀南郊。”唐历：“戊寅冬至，祀南郊。”按长历，去年闰五月，来年闰十二月，唐历近是。

15 戊子，命尚书左丞萧嵩与京兆、蒲、同、岐、华州长官选府兵及白丁一十二万，谓之“长从宿卫”，华，户化翻。长，知两翻。一年两番，州县毋得杂役使。

16 十二月，甲午，上幸凤泉汤；戊申，还宫。

17 庚申，兵部尚书、同中书门下三品王晙坐党引疏族，贬蕲州刺史。旧志：蕲州至京师二千五百六十里。蕲，渠希翻。考异曰：旧传云：“上亲郊祀，追晙赴京以会大礼。晙以时属冰壮，恐虏骑乘隙入寇，表辞不赴；手敕慰勉，仍赐衣一副。会许州刺史王乔家奴告乔与晙潜谋构逆，敕侍中源乾曜、中书令张说鞫其状。晙既无反状，乃以违诏追不到罪之。”今从实录。

18 是岁，张说奏改政事堂曰中书门下，列五房于其后，分掌庶政。旧制：宰相常于门下省议事，谓之政事堂。永淳元年，中书令裴炎以中书执政事笔，遂移政事堂于中书省，至是说改政事堂为中书门下，其政事印改为中书门下之印。五房，一曰吏房，二曰枢机房，三曰兵房，四曰户房，五曰刑礼房。

19 初，监察御史濮阳杜暹因按事至突骑施，监，古衔翻。濮，博木翻。暹，息廉翻。突骑施馈之金，暹固辞。左右曰：“君寄身异域，不宜逆其情。”乃受之，埋于幕下，出境，移牒令取之。虏大惊，度碛追之，不及。及安西都护阙，或荐暹往使安西，人服其清慎。碛，七迹翻。使，疏吏翻。时暹自给事中居母忧。

十二年（甲子、七二四）

1 春，三月，甲子，起暹为安西副大都护、碛西节度等使。

2 神龙初，追复泽王上金官爵，上金死见二百四卷武后天授元年。求得庶子义珣于岭南，绍其故封。许王素节之子瓘，利其爵邑，与弟璆谋，璆，音求。使人告义珣非上金子，妄冒袭封，复流岭南，以璆继上金后为嗣泽王。至是，玉真公主表义珣实上金子，为瓘兄弟所摈。夏，四月，庚子，复立义珣为嗣泽王；削璆爵，贬瓘鄂州别驾。旧志：鄂州，京师东南二千九百四十八里。壬寅，敕宗室旁继为嗣王者并令归宗。复，扶又翻。考异曰：旧纪在癸卯。今从实录。

3 壬子，命太史监南宫说等唐太史局属秘书省。景龙二年，改太史局为太史监，令名不改，不隶秘书；开元二年，又改令为监。说，读曰悦。于河南、北平地测日晷及极星，夏至日中立八尺之表，同时候之。阳城晷长一尺四寸八分弱，阳城县，前汉属颍川郡，后汉属河南郡，后魏置阳城郡，隋置嵩州，贞观三年废嵩州，以县属洛州，武后登封元年改曰告成，中宗神龙元年复故。晷，居洧翻。长，直亮翻。夜视北极出地高三十四度十分度之四；高，古号翻。浚仪岳台晷长一尺五寸微强，项安世曰：按日行黄道，每岁有差，地中亦当随之，故测日景以求地中，周在洛邑，汉在颍川阳城，唐在汴州浚仪也。长，直亮翻。考异曰：新志云：浚仪岳台晷尺五寸三分。今从僧一行大衍历议及旧志。极高三十四度八分；南至朗州晷长七寸七分，极高二十九度半；北至蔚州，晷长二尺二寸九分，极高四十度。南北相距三千六百八十八里九十步，晷差一尺五寸二分，极差十度半。又南至交州，晷出表南三寸三分；八月，海中南望老人星下，众星粲然，皆古所未名，大率去南极二十度以上星皆见。见，贤遍翻。温公作通鉴，不特纪治乱之迹而已，至于礼乐、历数、天文、地理，尤致其详。读通鉴者如饮河之鼠，各充其量而已。

4 五月，丁亥，停诸道按察使。八年，复置诸道按察使。使，疏吏翻；下同。

5 六月，壬辰，制听逃户自首，首，式又翻。辟所在闲田，随宜收税，毋得差科征役，租庸一皆蠲免。仍以兵部员外郎兼侍御史宇文融为劝农使，巡行州县，行，下孟翻。与吏民议定赋役。

6 上以山东旱，命台阁名臣以补刺史；壬午，以黄门侍郎王丘、中书侍郎长安崔沔、沔，弥兖翻。礼部侍郎·知制诰韩休等五人出为刺史。丘，同晈之从父兄子，王同晈预诛二张，死于武三思之手。从，才用翻。休，大敏之孙也。按旧书韩休传，休伯父大敏，则天初，以雪反者赐死。休父曰大智。

初，张说引崔沔为中书侍郎，故事，承宣制皆出宰相，侍郎署位而已。承宣制者，承宣及承制也。沔曰："设官分职，上下相维，各申所见，事乃无失。侍郎，令之贰也，岂得拱默而已！"由是遇事多所异同，说不悦，故因是出之。

7 秋，七月，突厥可汗遣其臣哥解颉利发来求婚。

8 溪州蛮覃行璋反。溪州，汉沅陵、零陵二县地，梁分置大乡县。旧置辰州，武后天授二年分置溪州。覃，徒含翻，姓也。姓谱，梁有东宁州刺史覃元亮。以监门卫大将军杨思勖为黔中道招讨使，将兵击之。监，古衔翻。黔，音琴。使，疏吏翻。将，即亮翻。癸亥，思勖生擒行璋，斩首三万级而归。加思勖辅国大将军，俸禄、防阁皆依品给。贞观初，百官得上考者给禄一季。未几，得上下考者给禄一年，出使者禀其家，新至官者计日给粮。中书舍人高季辅言，外官卑品贫匮，宜给禄养亲。自后以地租春秋给京官，岁凡五十万一千五百馀斛。外官降京官一等，一品以五十石为一等，二品、三品以三十石为一等，四品、五品以二十石为一等，六品、七品以五石为一等，八品、九品以二石五斗为一等，典粟则以盐为禄。职事官又有防阁、庶仆，一品防阁九十六人，二品七十二人，三品四十八人，四品三十二人，五品二十四人，六品庶仆十五人，七品四人，八品二人，九品二人。外官以州、府、县上中下为差。又按唐六典：辅国大将军，勋阶正二品。唐制，宦官不得登三品，今思勖阶二品矣。宋白曰：唐制，凡京司文武职官皆有防阁，州县官寮皆有白直。赦行璋以为洵水府别驾。唐志，商州有洵水府。又按唐制，诸府无别驾，各有别将一人，上府正七品下，中府从七品上，下府从七品下。"别驾"当为"别将"。洵，须伦翻。

9 姜晈既得罪，王皇后愈忧畏不安，然待下有恩，故无随而谮之者，上犹豫不决者累岁。后兄太子少保守一，以后无子，使僧明悟为后祭南北斗，为，于伪翻。剖霹雳木，书天地字及上名，合而佩之，霹雳木者，霹雳所震之木。今为张道陵之术者，用霹雳木为印，云有雷气，可以镇服鬼物。祝曰：“佩此有子，当如则天皇后。”事觉，己卯，废为庶人，移别室安置；贬守一潭州别驾，中路赐死。户部尚书张嘉贞坐与守一交通，贬台州刺史。旧志：台州，京师东南四千一百七十七里。

10 八月，丙申，突厥哥解颉利发还其国；以其使者轻，礼数不备，未许婚。使，疏吏翻；下同。

11 己亥，以宇文融为御史中丞。

融乘驿周流天下，事无大小，诸州先牒上劝农使，上，时掌翻。后申中书；句断。省司亦待融指㧑，然后处决。省司，谓尚书都省左、右司主者也。处，昌吕翻。时上将大攘四夷，急于用度，州县畏融，多张虚数，凡得客户八十馀万，田亦称是。融献策括籍外羡田逃户，自占者给复五年，每丁税钱千五百。州县希旨，以正田为羡，编户为客。称，尺证翻。岁终，增缗钱数百万，缗，眉巾翻。悉进入宫；由是有宠。议者多言烦扰，不利百姓，上亦令集百寮于尚书省议之。公卿已下，畏融恩势，不敢立异。惟户部侍郎杨玚独抗议，以为：“括客免税，不利居人；征籍外田税，使百姓困弊，所得不补所失。”未几，玚出为华州刺史。玚，雉杏翻，又音畅。几，居岂翻。

12 壬寅，以开府仪同三司宋璟为西京留守。

13 冬，十月，丁酉，谢飑王特勒遣使入奏，谢飑国居吐火罗西南，或曰漕矩吒，或曰漕矩，显庆时曰诃达罗支，武后改曰谢飑；东距罽宾四百里，南天竺，西波斯。飑，于笔翻。称“去年五月，金城公主遣使诣个失密国，个失密或曰迦湿弥逻，北距勃律五百里。云欲走归汝。个失密王从臣国王借兵，共拒吐蕃。王遣臣入取进止。”上以为然，赐帛遣之。

14 废后王氏卒，后宫思慕后不已，上亦悔之。

15 十一月，庚午，上幸东都；戊寅，至东都。

16 辛巳，司徒申王㧑薨，赠谥惠庄太子。

17 群臣屡上表请封禅，上，时掌翻。闰月，丁卯，制以明年十一月十日有事于泰山。时张说首建封禅之议，而源乾曜不欲为之，由是与说不平。

18 是岁，契丹王李郁干卒，弟吐干袭位。卒，子恤翻。吐，从暾入声。

十三年（乙丑、七二五）

1 春，二月，庚申，以御史中丞宇文融兼户部侍郎。制以所得客户税钱均充所在常平仓本；又委使司与州县议作劝农社，使司，劝农使司也。使，疏吏翻。使贫富相恤，耕耘以时。

2 乙亥，更命长从宿卫之士曰“彍骑”，彍，虚郭翻，引满曰彍。分隶十二卫，总十二万人为六番。

3 上自选诸司长官有声望者大理卿源光裕、尚书左丞杨承令、兵部侍郎寇泚等十一人为刺史，命宰相、诸王及诸司长官、台郎、御史诸司长官，省、寺、监之长也。台郎，谓尚书郎。先是改尚书为中台；台郎及御史，则三省官必皆集也。长，知两翻。泚，且礼翻，又音此。饯于洛滨，供张甚盛。供，居用翻。张，知亮翻。赐以御膳，太常具乐，御膳，尚食奉御所掌天子日供之常膳。太常具乐者，使太常为之具乐耳。若尽具太常之乐，则雅乐鼓吹文武二舞及十部乐，恐非宴饯之所得备也。内坊歌妓；内坊，内教坊也，即开元二年选置宜春院之妓女。妓，渠绮翻。上自书十韵诗【章：十二行本“诗”下有“命将军高力士”六字；乙十一行本同；孔本同；张校同；退斋校同。】赐之。光裕，乾曜之从孙也。从，才用翻。

4 三月，甲午，太子嗣谦更名鸿；徙郯王嗣真为庆王，更名潭；陕王嗣升为忠王，更名浚；鄫王嗣真为棣王，更名洽；读通鉴至此，可以知前此"嗣直"之误为"嗣真"矣。更，工衡翻；下同。鄂王嗣初更名涓；鄄王嗣玄为荣王，更名滉。又立子琚【严："琚"改"涺"。】为光王，潍为仪王，澐为颍王，涓，圭渊翻。鄄，吉椽翻。澐，音云。泽为永王，清为寿王，洄为延王，沭为盛王，沭，食聿翻。溢为济王。济，子礼翻。

5 丙申，御史大夫程行湛奏："周朝酷吏朝，直遥翻。来俊臣等二十三人，情状尤重，子孙请皆禁锢；傅游艺等四人差轻，子孙不听近任。"从之。

6 汾州刺史杨承令不欲外补，旧志：汾州去京师一千二百六里。意怏怏，自言"吾出守有由。"怏，于两翻。守，手又翻。上闻之，怒，壬寅，贬睦州别驾。

7 张说草封禅仪献之。夏，四月，丙辰，上与中书门下及礼官、学士宴于集仙殿。上曰："仙者凭虚之论，朕所不取。贤者济理之具，朕今与卿曹合宴，宜更名曰集贤殿。"唐六典：洛阳宫南面三门，中曰应天，左曰兴教，右曰光政；光政之内曰广运，其北曰明福；明福之西曰崇贤门，其内曰集贤殿。其书院官五品以上为学士，六品以下为直学士；以张说知院事，右散骑常侍徐坚副之。上欲以说为大学士；说固辞而止。

8 说以大驾东巡，恐突厥乘间入寇，间，古苋翻。议加兵守边，召兵部郎中裴光庭谋之。光庭曰："封禅者，告成功也。今将升中于天，记曰：因名山升中于天。注云：谓封泰山也。而戎狄是惧，非所以昭盛德也。"说曰："然则若之何？"光庭曰："四夷之中，突厥为大，比屡求和亲，而朝廷羁縻，未决许也。比，毗至翻。今遣一使，征其大臣从封泰山，使，疏吏翻。彼必欣然承命；突厥来，则戎狄君长无不皆来。长，知两翻。可以偃旗卧鼓，高枕有馀矣。"枕，职任翻。说曰："善，说所不及。"即奏行之。光庭，行俭之子也。裴行俭事高宗，典选有识鉴，为将著功名。

上遣中书直省袁振以他官直中书省，谓之直省，今之直省吏职也。摄鸿胪卿，谕旨于突厥，胪，陵如翻。小杀与阙特勒、暾欲谷环坐帐中，置酒，谓振曰："吐蕃，狗种；西戎，古曰犬戎，故谓吐蕃为狗种。奚、契丹，本突厥奴也；夷言奴，犹华言臣也。皆得尚主。突厥前后求婚独不许，何也？且吾亦知入蕃公主皆非天子女，今岂问真伪！但屡请不获，愧见诸蕃耳。"振许为之奏请。小杀乃使其大臣阿史德颉利发入贡，因扈从东巡。为，于伪翻。从，才用翻。

9 五月，庚寅，妖贼刘定高帅众夜犯通洛门；妖，于乔翻。帅，读曰率。悉捕斩之。

10 秋，八月，张说议封禅仪，请以睿宗配皇地祇；从之。

11 九月，丙戌，上谓宰臣曰："春秋不书祥瑞，惟记有年。"敕自今州县毋得更奏祥瑞。

12 冬，十月，癸丑，作水运浑天成，上具列宿，注水激轮，令其自转，昼夜一周。别置二轮，络在天外，缀以日月，逆天而行，淹速合度。每天西旋一周，日东行一度，月行十三度十九分度之七，二十九转而日月会，三百六十五转而日周天。孔颖达曰：天之昼夜以日出入为分，人之昼夜以昏明为限。日未出以前二刻半为明，日入后二刻半为昏。损夜五刻以裨于昼，则昼多于夜复校五刻。古今历术与太史所候，皆云夏至之昼六十五刻，夜三十五刻；冬至之昼四十五刻，夜五十五刻；春分秋分之昼五十五刻，（疑下"五"字衍；下同。）夜五十五刻：此其不易之法也。然今太史细候之法，则较常法半刻也。从春分至夏至昼渐长，增九刻半；夏至至于秋分，所减亦如之。从秋分至于冬至昼渐短，减十刻半，从冬至至于春分其增亦如之。又于每气之间，增减刻数，有多有少，不可通以为率。汉初未能审知，率九日增减一刻，和帝时霍融始请改之。置木匮为地平，令仪半在地下，又立二木人，每刻击鼓，每辰击钟，机械皆藏匮中。

13 辛酉，车驾发东都，百官、贵戚、四夷酋长从行。酋，慈由翻。长，知两翻。每置顿，数十里中人畜被野，畜，许救翻。被，皮义翻。有司辇载供具之物，数百里不绝。司马法曰：夏后氏谓辇曰余车，殷曰胡奴车，周曰辎辇。辇一斧、一凿、一梩、一锄，周辇加二版二筑。又曰：夏后氏二十人而辇，殷十八人而辇，周十五人而辇。贾公彦曰：辇以其束载辎重。余按司马法及贾公彦所云，皆言行军之辇；此所谓辇载，兼凡器物而言。

十一月，丙戌，至泰山下，【章：十二行本"下"下有"己丑，上备法驾至山足"九字；乙十一行本同；孔本同；张校同；退斋校同。】御马登山。考异曰：实录、唐历、统纪皆云"备法驾，登泰山"。开天传信记云："上将封泰山，益州进白骡，上亲乘之，不知登降之倦；才下山，无疾而殪，谥曰白骡将军。"按泰山非法驾可登，白骡近怪。今从旧志。留从官于谷口，从，才用翻。独与宰相及祠官俱登，仪卫环列于山下百馀里。上问礼部侍郎贺知章曰："前代玉牒之文，何故秘之？"对曰："或密求神仙，故不欲人见。"上曰："吾为苍生祈福耳。"为，于伪翻。乃出玉牒，宣示群臣。庚寅，上祀昊天上帝于山上，群臣祀五帝百神于山下之坛；其馀仿乾封故事。事见二百一卷高宗乾封元年。辛卯，祭皇地祇于社首。壬辰，上御帐殿，受朝觐，野次连幄以为殿，因谓之帐殿。朝，直遥翻。赦天下，封泰山神为天齐王，礼秩加三公一等。古制，四岳视三公。

张说多引两省吏两省，中书省、门下省也。及以所亲摄官登山。礼毕推恩，往往加阶超入五品而不及百官；中书舍人张九龄谏，不听。又，扈从士卒，但加勋而无赐物，从，才用翻。勋，勋级也。由是中外怨之。

14 初，隋末国马皆为盗贼及戎狄所掠，唐初才得牝牡三千匹于赤岸泽，徙之陇右，命太仆张万岁掌之。考异曰：统纪云：万岁三世典群牧，恩信行陇右，故陇右人谓马岁为齿，为张氏讳也。按公羊传：晋献公谓荀息曰："吾马之齿则已长矣。"然则谓马岁为齿，有自来矣。万岁善于其职，自贞观至麟德，马蕃息及七十万匹，蕃，音烦。分为八坊、四十八监，各置使以领之。唐制，凡马五千匹为上监，三千匹以上为中监，一千匹以上为下监。麟德中置八使，分总监坊。秦、兰、原、渭四州及河曲之地，凡监四十八；南使有监十五，西使有监十六，北使有监七，盐州使有监八，岚州使有监二；自京师西属陇右有七马坊，置陇右三使领之。欧阳修曰：置八坊。豳、岐、泾、宁间地广千里，一曰保乐，二曰甘露，三曰南普闰，四曰北普闰，五曰岐阳，六曰太平，七曰宜禄，八曰安定。八坊之田千二百三十顷，募民耕之以给刍秣。八坊之马为四十八监；而马多地狭不能容，又析八监，列置河西丰旷之野。是时天下以一缣易一马。垂拱以后，马潜耗太半。上初即位，牧马有二十四万匹，以太仆卿王毛仲为内外闲厩使，少卿张景顺副之。至是有马四十三万匹，牛羊称是。使，疏吏翻；下同。称，尺证翻。上之东封，以牧马数万匹从，从，才用翻；下宴从同。色别为群，望之如云锦。上嘉毛仲之功，癸巳，加毛仲开府仪同三司。

甲午，车驾发泰山；庚【严：“庚”改“丙”。】申，幸孔子宅致祭。

上还，至宋州，宴从官于楼上，刺史寇泚预焉。酒酣，上谓张说曰：“向者屡遣使臣分巡诸道，察吏善恶，今因封禅历诸州，乃知使臣负我多矣。怀州刺史王丘，饩牵之外，一无他献。魏州刺史崔沔，供张无锦绣，示我以俭。济州刺史裴耀卿，表数百言，莫非规谏。怀、魏二州在河北。济州治钜野。上行幸泰山，往还皆得迎候车驾。饩，许气翻。供，居用翻。张，知亮翻。济，子礼翻。且曰：‘人或重扰，则不足以告成。’朕常置之坐隅，重，直用翻。坐，徂卧翻。且以戒左右。如三人者，不劳人以市恩，真良吏矣。”顾谓寇泚曰：“比亦屡有以酒馔不丰诉于朕者，比，毗至翻。馔，雏恋翻，又雏皖翻。知卿不借誉于左右也。”自举酒赐之。宰臣帅群臣起贺，楼上皆称万岁。誉，音余。帅，读曰率。由是以丘为尚书左丞，沔为散骑侍郎，耀卿为定州【严：“定州”改“宣州”。】刺史。耀卿，叔业之七世孙也。尚，辰羊翻。沔，弥兖翻。散，悉亶翻。骑，奇寄翻。萧齐东昏侯之时，裴叔业叛齐入魏。

十二月，乙巳，还东都。还，从宣翻，又如字。

15 突厥颉利发辞归，上厚赐而遣之，竟不许婚。厥，九勿翻。颉，奚结翻。

16 王毛仲有宠于上，百官附之者辐凑。毛仲嫁女，上问何须。须，求也，索也。毛仲顿首对曰：“臣万事已备，但未得客。”上曰：“张说、源乾曜辈岂不可呼邪？”说，读为悦。邪，音耶。对曰：“此则得之。”上曰：“知汝所不能致者一人耳，必宋璟也。”对曰：“然。”上笑曰：“朕明日为汝召客。”为，于伪翻。明日，上谓宰相：“朕奴毛仲有婚事，卿等宜与诸达官悉诣其第。”既而日中，众客未敢举箸，待璟，久之，方至，先执酒西向拜谢，谢为君命而来，非为毛仲来也。饮不尽卮，遽称腹痛而归。璟之刚直，老而弥笃。

17 先是，契丹王李吐干与可突干复相猜忌，携公主来奔，不敢复还，更封辽阳王，留宿卫；吐，从暾入声。可，从刊入声。先，悉荐翻。复，扶又翻。更，工衡翻。可突干立李尽忠之弟邵固为主。车驾东巡，邵固诣行在，因从至泰山，拜左羽林大将军、静析军经略大使。四年，契丹来降，置静析军于松漠府，以其酋长为经略大使，言中国之兵不动而契丹自降，以静而折遐冲也。使，疏吏翻。

18 上疑吏部选试不公，时选期已迫，御史中丞宇文融密奏，请分吏部为十铨。甲戌，以礼部尚书苏颋等十人掌吏部选，选，须绢翻；下同。颋，他鼎翻。试判将毕，遽召入禁中决定，吏部尚书、侍郎皆不得预。左庶子吴兢上表，上，时掌翻。以为：“陛下曲受谗言，不信有司，非居上临人推诚感物之道。昔陈平、邴吉，汉之宰相，尚不对钱谷之数，不问斗死之人；陈平事见十三卷汉文帝元年。邴吉事见二十六卷汉宣帝神爵三年。况大唐万乘之君，岂得下行铨选之事乎！凡选人书判，并请委之有司，停此十铨。”上虽不即从，明年复故。

19 是岁，东都斗米十五钱，青、齐五钱，粟三钱。

20 于阗王尉迟眺阴结突厥及诸胡谋叛，尉，纡勿翻。安西副大都护杜暹发兵捕斩之，更为立王。为，于伪翻。

齐思和标点聂崇岐覆校

资治通鉴卷第二百一十三

端明殿学士兼翰林侍读学士太中大夫
提举西京嵩山崇福宫上柱国河内郡开国公 **司马光** 奉敕编集
食邑二千二百户食实封九百户赐紫金鱼袋臣

后学天台 **胡三省** 音注

唐纪二十九 起柔兆摄提格（丙寅），尽昭阳作噩（癸酉），凡八年。

玄宗至道大圣大明孝皇帝中之上

开元十四年（丙寅、七二六）

1 春，正月，癸未，更立契丹松漠王李邵固为广化王，奚饶乐王李鲁苏为奉诚王。契，欺讫翻。乐，音洛。以上从甥陈氏为东华公主，妻邵固；从，才用翻。妻，七细翻；下同。考异曰：东华出降，实录在三月壬子；于此终言之。以成安公主之女韦氏为东光公主，成安公主，中宗之女，下嫁韦捷。妻鲁苏。

2 张说奏："今之五礼，贞观、显庆两曾修纂，说，读曰悦。观，古玩翻。前后颇有不同，其中或未折衷。衷，竹仲翻。宋均曰：折，断也；中，当正也；若折断其物，与度相中当也。望与学士等讨论古今，删改施行。"制从之。

3 邕州封陵獠梁大海等据宾、横州反；封陵本山峒，唐世以渐开拓，乾元后始置为县。宾州，汉领方县地，属郁林郡。梁置领方郡。隋废郡为县，属郁州。唐初属南方州。贞观五年分置宾州。横州，汉广郁、高梁县地。江左置宁浦郡。隋废郡为县，属郁州。唐初分置简州，贞观八年改曰横州。二月，己酉，遣内侍杨思勖发兵讨之。考异曰：旧纪作“庚戌朔”，今从实录。

4 上召河南尹崔隐甫，欲用之，中书令张说薄其无文，奏拟金吾大将军；前殿中监崔日知素与说善，说荐为御史大夫；上不从。丙辰，以日知为左羽林大将军，丁巳，以隐甫为御史大夫。隐甫由是与说有隙。

说有才智而好贿，百官白事有不合者，好面折之，至于叱骂。恶御史中丞宇文融之为人，好，呼到翻。折，之舌翻。恶，乌路翻。且患其权重，宇文融既居风宪之地，又贰户部，故患其权重。融所建白，多抑之。中书舍人张九龄言于说曰：“宇文融承恩用事，辩给多权数，不可不备。”说曰：“鼠辈何能为！”夏，四月，壬子，隐甫、融及御史中丞李林甫共奏弹说“引术士占星，徇私僭侈，受纳贿赂。”弹，徒丹翻。贿，呼罪翻。敕源乾曜及刑部尚书韦抗、大理少卿明【严：“明”改“胡”。】珪与隐甫等同于御史台鞫之。林甫，叔良之曾孙；长平王叔良，高祖从父弟。抗，安石之从父兄子也。韦安石历事武后、中宗，贬死于开元之初。从，才用翻。

丁巳，以户部侍郎李元纮为中书侍郎、同平章事。元纮以清俭著，故上用为相。

5 源乾曜等鞫张说，事颇有状，上使高力士视说，力士还奏：“说蓬首垢面，席藁，食以瓦器，惶惧待罪。”上意怜之。力士因言说有功于国，上以为然。庚申，但罢说中书令，馀如故。说，读为悦。

6 丁卯，太子太傅岐王范薨，赠谥惠文太子。上为之撤膳累旬，为，于伪翻。百官上表固请，上，时掌翻。然后复常。

7 丁亥，太原尹张孝嵩奏，“有李子峤者，自称皇子，云生于潞州，母曰赵妃。”上命杖杀之。

8 辛丑，于定、恒、莫、易、沧五州置军以备突厥。定州置北平军，恒州置恒阳军，莫州置唐兴军，易州置高阳军，沧州置横海军。恒，户登翻。

9 上欲以武惠妃为皇后，或上言：“武氏乃不戴天之雠，岂可以为国母！人间盛言张说欲取立后之功，更图入相之计。上，时掌翻。相，息亮翻。且太子非惠妃所生，惠妃复自有子，若登宸极，太子必危。”上乃止。复，扶又翻。考异曰：唐会要云：“侍御史潘好礼闻上欲以惠妃为皇后，进疏谏曰：‘臣闻礼记曰：“父母之雠不可共戴天。”公羊传曰：“子不复父雠，不子也。”昔齐襄公复九世之雠，丁兰报木母之怨。陛下岂得欲以武氏为国母，当何以见天下之人乎！不亦取笑于天下乎！又，惠妃再从叔三思、再从父〔兄〕延秀等，并干纪乱常，递窥神器，豺狼同穴，枭獍共林。且匹夫匹妇欲结发为夫妻者，尚相拣择，况陛下是累圣之贵，天子之尊乎！伏愿详察古今，鉴戒成败，慎择华族之女，必在礼义之家，称神祇之心，允亿兆之望。又见人间盛言，尚书右丞相张说自被停知政事之后，每谄附惠妃，欲取立后之功，更图入相之计。伏愿杜之于将渐，不可悔之于已成。且太子本非惠妃所生，惠妃复自有子，若惠妃一登宸极，则储位实恐不安；古人所以谏其渐者，良为是也。昔商山四皓，虽不食汉庭之禄，尚能辅翊太子，况臣愚昧，职忝宪府。’”苏冕驳曰：“此表非潘好礼所作。且好礼，先天元年为侍御史，开元十二年为温州刺史致仕。表是十四年献，而云‘职忝宪府’。若题年恐错，则武惠妃先天元年始年十四，王皇后有宠未衰，张说又未为右丞相。竟未知此表是谁献之。”今除其名。然宫中礼秩，一如皇后。

10 五月，癸卯，户部奏今岁户七百六万九千五百六十五，口四千一百四十一万九千七百一十二。

11 秋，七月，河南、北大水，溺死者以千计。溺，奴狄翻。

12 八月，丙午朔，魏州言河溢。

13 九月，己丑，以安西副大都护、碛西节度使杜暹同平章事。碛，七迹翻。暹，息廉翻。

自王孝杰克复四镇，复四镇见二百五卷武后长寿元年。复于龟兹置安西都护府，复，扶又翻。龟兹，音丘慈。以唐兵三万戍之，百姓苦其役；为都护者，惟田杨名、郭元振、张嵩及暹皆有善政，为人所称。

14 冬，十月，庚申，上幸汝州广成汤；考异曰：令狐峘代宗实录云："上以开元十四年十月十三日生，时玄宗幸汝州之温汤，有望气者云，宫中有天子气，玄宗即日还宫，是夜代宗降诞。"按玄宗实录，此月十六日庚申始幸温汤，己巳乃还宫，与代宗实录不同。旧纪云"十二月十三日生"。旧后妃传："章敬皇后吴氏坐父事没入掖庭，开元二十三年，玄宗幸忠王邸，见王服御萧然，傍无媵侍，命将军高力士选掖庭宫人以赐之，而吴后在籍中；明年，生代宗皇帝，十八年薨。"按代宗此年生，而云二十三年以吴后赐忠王，十八年薨，盖误以十三年为二十三年也。次柳氏旧闻："肃宗在东宫为李林甫所构，势几危者数矣，无何，须鬓斑白。尝早朝，上见之，愀然曰：'汝归第，吾当幸汝。'及上至，顾见宫庭殿宇皆不洒扫，而乐器尘埃，左右使令无有妓女。上为之动色，使力士诏掖庭按籍阅视得三人，乃以赐太子，而章敬吴皇后在选中，生代宗。"按开元二十三年，李林甫初为相，二十五年废太子瑛，二十六年乃立肃宗为太子，天宝五年李林甫始构韦坚之狱。旧闻所记，事皆虚诞，年月不合。新书后妃传全取之，今皆不取。按汉广成苑在唐汝州梁县界，其地有汤泉。己酉，【严："酉"改"巳"。】还宫。

15 十二月，丁巳，上幸寿安，猎于方秀川；壬戌，还宫。

16 杨思勖讨反獠，獠，鲁皓翻。生擒梁大海等三千馀人，斩首二万级而还。还，从宣翻，又如字。

17 是岁，黑水靺鞨遣使入见；黑水靺鞨在流鬼国西南，女真即其遗种也。靺鞨，音末曷。见，贤遍翻。上以其国为黑水州，仍为置长史以镇之。"长史"恐当作"长吏"。仍为，于伪翻。

勃海靺鞨王武艺曰："黑水入唐，道由我境。往者请吐屯于突厥，突厥置吐屯以领诸附从之国。厥，九勿翻。先告我与我偕行；今不告我而请吏于唐，是必与唐合谋，欲腹背攻我也。"遣其母弟门艺与其舅任雅将兵击黑水。将，即亮翻；下同。门艺尝为质子于唐，质，音致。谏曰："黑水请吏于唐，而我以其故击之，是叛唐也。唐，大国也。昔高丽全盛之时，强兵三十馀万，不遵唐命，扫地无遗。扫地无遗，言国亡无遗育也；事见太宗、高宗纪。丽，力知翻。况我兵不及高丽什之一二，一旦与唐为怨，此亡国之势也。"武艺不从，强遣之。强，其两翻。门艺至境上，复以书力谏。武艺怒，遣其从兄大壹夏代之将兵，召，欲杀之。门艺弃众，间道来奔，复，扶又翻。夏，户雅翻。从，才用翻。间，古苋翻。制以为左骁卫将军。武艺遣使上表罪状门艺，请杀之。骁，坚尧翻。使，疏吏翻。上，时掌翻。上密遣门艺诣安西；留其使者，别遣报云，已流门艺于岭南。武艺知之，上表称"大国当示人以信，岂得为此欺诳？"诳，居况翻。固请杀门艺。上以鸿胪少卿李道邃、源复不能督察官属，致有漏泄，皆坐左迁。唐九寺皆有少卿二人。鸿胪掌四夷之客，故以漏泄为罪。胪，陵如翻。少，始照翻。暂遣门艺诣岭南以报之。

臣光曰：王者所以服四夷，威信而已。门艺以忠获罪，自归天子；天子当察其枉直，赏门艺而罚武艺，为政之体也。纵不能讨，犹当正以门艺之无罪告之。今明皇威不能服武艺，恩不能庇门艺，顾效小人为欺诳之语以取困于小国，乃罪鸿胪之漏泄，不亦可羞哉！

18 杜暹为安西都护，突骑施交河公主遣牙官以马千匹诣安西互市。使者宣公主教，暹，息廉翻。骑，奇寄翻。使，疏吏翻；下同。暹怒曰："阿史那女交河公主，阿史那怀道之女。何得宣教于我！"杖其使者，留不遣；马经雪死尽。突骑施可汗苏禄大怒，发兵寇四镇。会暹入朝，使，疏吏翻。朝，直遥翻；下同。赵颐贞代为安西都护，婴城自守；四镇人畜储积，皆为苏禄所掠，畜，许救翻。安西仅存。既而苏禄闻暹入相，稍引退，相，息亮翻。寻遣使入贡。

十五年（丁卯、七二七）

1春，正月，辛丑，凉州都督王君㚟破吐蕃于青海之西。㚟，丑略翻。吐，从暾入声。

初，吐蕃自恃其强，致书用敌国礼，事见二百十一卷二年。辞指悖慢，悖，蒲内翻，又蒲没翻。上意常怒之。返自东封，张说言于上曰："吐蕃无礼，诚宜诛夷，但连兵十馀年，甘、凉、河、鄯，不胜其弊，鄯，时战翻，又音善。胜，音升。虽师屡捷，所得不偿所亡。闻其悔过求和，愿听其款服，以纾边人。"上曰："俟吾与王君㚟议之。"说退，谓源乾曜曰："君㚟勇而无谋，常思侥幸，侥，坚尧翻。若二国和亲，何以为功！吾言必不用矣。"及君㚟入朝，果请深入讨之。

去冬，吐蕃大将悉诺逻寇大斗谷，将，即亮翻。逻，郎佐翻。进攻甘州，焚掠而去。君㚟度其兵疲，勒兵蹑其后，度，徒洛翻。蹑，尼辄翻。考异曰：吐蕃传云："君㚟畏其锋不敢出。"今从君㚟传。会大雪，虏冻死者甚众，自积石军西归。廓州达化县西有积石军，本静边镇，仪凤二年为军，东有黄沙戍。君㚟先遣人间道入虏境，烧道旁草。悉诺逻至大非川，欲休士马，而野草皆尽，马死过半。君㚟与秦州都督张景顺追之，及于青海之西，乘冰而度。悉诺逻已去，破其后军，获其辎重羊马万计而还。间，古苋翻。重，直用翻。考异曰：君㚟传曰："十六年冬，吐蕃大将悉诺逻帅众入寇大斗谷，又移攻甘州，焚烧市里而去。君㚟袭其后，败之于青海之西。"据实录及吐蕃传，入寇在十四年冬；此云十六年冬，误也。君㚟以功迁左羽林大将军，拜其父寿为少府监致仕。上由是益事边功。

2初，洛阳人刘宗器上言，请塞汜水旧汴口，更于荥泽引河入汴；隋开皇四年分荥阳置广武县，仁寿元年更名荥泽，属郑州。上，时掌翻。塞，悉则翻；下同。汜，音祀。汴，皮变翻。擢宗器为左卫率府胄曹。率，所律翻。至是，新渠填塞不通，贬宗器为循州安怀戍主。命将作大匠范安及发河南、怀、郑、汴、滑、卫三万人疏旧渠，旬日而毕。

3 御史大夫崔隐甫、中丞宇文融，恐右丞相张说复用，数奏毁之，各为朋党。上恶之，复，扶又翻。数，所角翻。恶，乌路翻。二月，乙巳，制说致仕，隐甫免官侍母，融出为魏州刺史。

4 乙卯，制："诸州逃户，先经劝农使括定按比后复有逃来者，随到准白丁例输当年租庸，有征役者先差。"使，疏吏翻。复，扶又翻；下不复同。差，初佳翻。

5 夏，五月，癸酉，上悉以诸子庆王潭等领州牧、刺史、都督、节度大使、大都护、经略使，使，疏吏翻。实不出外。

初，太宗爱晋王，晋王治，是为高宗。不使出阁；豫王亦以武后少子不出阁，及自皇嗣为相王，始出阁。中宗之世，谯王失爱，谪居外州；温王年十七，犹居禁中。谯王，重福。温王，重茂。上即位，附苑城为十王宅，朱雀街东第五街有安国寺，寺东附苑城为大宅，分处十王。十王，谓庆、忠、棣、鄂、荣、仪、台、颍、永、济也。后盛、寿、陈、丰、常、凉六王又就封入内宅，是为十六宅。以居皇子，宦官押之，就夹城参起居，自是不复出阁；虽开府置官属及领藩镇，惟侍读时入授书，欧阳修曰，唐王府侍读无定员。自余王府官属，但岁时通名起居；其藩镇官属，亦不通名。及诸孙浸多，又置百孙院。太子亦不居东宫，常在乘舆所幸之别院。乘，绳证翻。

6 上命妃嫔以下宫中育蚕，欲使之知女功。丁酉，夏至，赐贵近丝，人一綟。杜佑曰：唐令，绵六两为屯，丝五两为绚，麻三斤为綟。未知丝綟轻重何如。綟，郎计翻。

7 秋，七月，戊寅，冀州河溢。

8 己卯，礼部尚书许文宪公苏颋薨。颋，他鼎翻。

9 九月，丙子，吐蕃大将悉诺逻恭禄及烛龙莽布支攻陷瓜州，执刺史田元献及河西节度使王君㚟之父，进攻玉门军；按王君㚟之父寿以少府监致仕居乡里。玉门军在肃州之西二百里。宋白曰：肃州西门县，汉罢玉门关屯，徙其人于此，故曰玉门县。石门周匝山间，经二十里，众流北入延兴海。纵所虏僧【严："僧"改"俘"。】使归凉州，谓君㚟曰："将军常以忠勇许国，何不一战！"君㚟登城西望而泣，竟不敢出兵。

莽布支别攻常乐县，宋白曰：常乐县属瓜州，魏之宜禾郡，前凉之凉兴县地，凉武昭王于三危山东置常乐镇，唐武德五年改置常乐县。县令贾师顺帅众拒守。乐，音洛。帅，读曰率。及瓜州陷，悉诺逻悉兵会攻之。旬馀日，吐蕃力尽，不能克，使人说降之；说，式芮翻。降，户江翻。不从。吐蕃曰："明府既不降，宜敛城中财相赠，吾当退。"师顺请脱士卒衣；悉诺逻知无财，乃引去，毁瓜州城。师顺遽开门，收器械，修守备；虏果复遣精骑还，视城中，知有备，乃去。田元献不能守瓜州而贾师顺能守常乐，固圉固存乎其人也。复，扶又翻。觇，丑廉翻，又丑艳翻。师顺，岐州人也。

10 初，突厥默啜之强也，迫夺铁勒之地，故回纥、契苾、思结、浑四部度碛徙居甘、凉之间以避之。啜，叱劣翻。纥，下没翻。契，欺讫翻。苾，毗必翻。王君㚟微时，往来四部，为其所轻；及为河西节度使，以法绳之。四部耻怨，密遣使诣东都自诉。君㚟遽发驿奏"四部难制，潜有叛计。"上遣中使往察之，使，疏吏翻。诸部竟不得直。于是瀚海大都督回纥承宗流瀼州，瀼，如羊翻；杜佑曰：而章翻。浑大德流吉州，贺兰都督契苾承明流藤州，藤州，汉苍梧、猛陵县地，晋置永平郡，隋置藤州。卢山都督思结归国流琼州；以回纥伏帝难为瀚海大都督。己卯，贬右散骑常侍李令问为抚州别驾，旧志：抚州，京师东南三千三百一十二里。坐其子与承宗交游故也。

11 丙戌，突厥毗伽可汗遣其大臣梅录啜入贡。吐蕃之寇瓜州也，遗毗伽书，欲与之俱入寇，遗，于季翻。毗伽并献其书。上嘉之，听于西受降城为互市，降，户江翻。每岁赍缣帛数十万匹就市戎马，以助军旅，且为监牧之种，种，章勇翻。由是国马益壮焉。

12 闰月，庚子，吐蕃赞普与突骑施苏禄围安西城，安西副大都护赵颐贞击破之。

13 回纥承宗族子瀚海司马护输，纠合党众为承宗报仇。会吐蕃遣使间道诣突厥，王君㚟帅精骑邀之于肃州。宋白曰：隋仁寿元年分甘州福禄县置肃州，东南至甘州赤柳间二百里，西南至瓜州界安乐烽三百四十里。还，至甘州南巩笔驿，为，于伪翻。间，古苋翻。甘州张掖县西南有巩笔驿。护输伏兵突起，夺君㚟旌节，先杀其判官宋贞，剖其心曰："始谋者汝也。"君㚟帅左右数十人力战，帅，读曰率。自朝至晡，左右尽死。护输杀君㚟，载其尸奔吐蕃；凉州兵追及之，护输弃尸而走。考异曰：旧传云："回纥既杀君㚟，上命郭知运讨逐。"按知运九年已卒，君㚟代镇凉州；旧传误也。

14 庚申，车驾发东都，冬，己卯，至西京。"冬"字下逸"十月"二字。

15 辛巳，以左金吾卫大将军信安王祎为朔方节度等副大使。祎，恪之孙也。吴王恪，太宗之子。祎，吁韦翻。以朔方节度使萧嵩为河西节度等副大使。时王君㚟新败，河、陇震骇。嵩引刑部员外郎裴宽为判官，与君㚟判官牛仙客俱掌军政，人心浸安。宽，漼之从弟也。漼，取猥翻。从，才用翻。仙客本鹑觚小吏，鹑觚县，前汉属北地郡，后汉、晋属安定郡。后魏置赵平郡，后周废郡，以县属泾州。刘昫曰：节度使置判官二人，未见品秩。鹑，如伦翻。觚，攻乎翻。以才干军功累迁至河西节度判官，为君㚟腹心。

嵩又奏以建康军使河北张守珪为瓜州刺史，甘州西北百九十里祁连山有建康军。河北县属陕州。帅馀众筑故城。板干裁立，诗云：

缩板以载。缩板两旁，内土其中而筑之。干，亦板也。孔安国曰：旁曰干。帅，读曰率。吐蕃猝至，城中相顾失色，莫有斗志。守珪曰："彼众我寡，又疮痍之馀，不可以矢刃相持，当以奇计取胜。"乃于城上置酒作乐。虏疑其有备，不敢攻而退。守珪纵兵击之，虏败走。守珪乃修复城市，收合流散，皆复旧业。朝廷嘉其功，以瓜州为都督府，以守珪为都督。

悉诺逻威名甚盛，萧嵩纵反间于吐蕃，间，古苋翻。云与中国通谋，赞普召而诛之；吐蕃由是少衰。少，诗沼翻。

16 十二月，戊寅，制以吐蕃为边患，令陇右道及诸军团兵五万六千人，河西道及诸军团兵四万人，府兵废，行一切之法团结民兵，谓之"团兵"。又征关中兵万人集临洮，朔方兵万人集会州防秋，至冬初，无寇而罢；伺虏入寇，洮，土刀翻。伺，相吏翻。互出兵腹背击之。

17 乙亥，上幸骊山温泉；丙戌，还宫。

十六年（戊辰、七二八）

1 春，正月，壬寅，安西副大都护赵颐贞败吐蕃于曲子城。败，蒲迈翻。

2 甲寅，以魏州刺史宇文融为户部侍郎兼魏州刺史，充河北道宣抚使。宣抚使始此。使，疏吏翻；下同。

3 乙卯，春、泷等州獠陈行范、广州獠冯璘、何游鲁反，泷，闾江翻。獠，鲁皓翻。考异曰：本纪作"冯仁智"。今从杨思勖传。陷四十馀城。行范称帝，游鲁称定国大将军，璘称南越王，欲据岭表；命内侍杨思勖发桂州及岭北近道兵讨之。

4 丙寅，以魏州刺史宇文融检校汴州刺史，充河南北沟渠堤堰决九河使。校，古孝翻。汴，皮变翻。堰，于扇翻。使，疏吏翻。融请用禹贡九河故道开稻田，并回易陆运钱，官收其利；兴役不息，事多不就。

5 二月，壬申，以尚书右丞相致仕张说兼集贤殿学士。说虽罢政事，专文史之任，朝廷每有大事，上常遣中使访之。史言张说宠顾不衰。尚，辰羊翻。相，息亮翻。说，读为悦。使，疏吏翻。

6 壬辰，改彍骑为左右羽林军飞骑。彍骑见上卷十三年。彍，虚郭翻，又古郭翻。骑，奇寄翻。

7 秋，七月，吐蕃大将悉末朗寇瓜州，吐，从暾入声。将，即亮翻。都督张守珪击走之。乙巳，河西节度使萧嵩、陇右节度使张忠亮大破吐蕃于渴波谷；据新书吐蕃传，渴波谷当在青海西。考异曰：实录、唐历、萧嵩传作"张志亮"。今从旧本纪、吐蕃传。忠亮追之，拔其大莫门城，大莫门城在九曲。擒获甚众，焚其骆驼桥而还。还，从宣翻，又如字。

8 八月，乙巳，特进张说上开元大衍历，行之。僧一行推大衍数立术，以应气朔及日食以造新历，故曰大衍历。上，时掌翻。

9 辛卯，左金吾将军杜宾客破吐蕃于祁连城下。祁连城在甘州张掖县祁连山。时吐蕃复入寇，复，扶又翻。萧嵩遣宾客将强弩四千击之。将，即亮翻，又音如字。战自辰至暮，吐蕃大溃，获其大将一人；将，即亮翻，又音如字。虏散走投山，哭声四合。

10 冬，十月，己卯，上幸骊山温泉；己丑，还宫。考异曰：实录、十二月丁卯又云"幸温泉宫"，不言其还。唐历，"丁卯幸温泉，丁丑还宫。"按此月已幸温泉，恐重复，不取。

11 十一月，癸巳，以河西节度副大使萧嵩为兵部尚书、同平章事。

12 十二月，丙寅，敕："长征兵无有还期，人情难堪；宜分五番，岁遣一番还家洗沐，五年酬勋五转。"

13 是岁，制户籍三岁一定，分为九等。

14 杨思勖讨陈行范，至泷州，破之，擒何游鲁、冯璘。行范逃于云际、盘辽二洞，思勖追捕，竟生擒，斩之，凡斩首六万。思勖为人严，偏裨白事者不敢仰视，故用兵所向有功。然性忍酷，所得俘虏，或生剥面皮，或以刀剺发际，掣去头皮；蛮夷惮之。剺，里之翻。掣，昌列翻。去，羌吕翻。

十七年（己巳、七二九）

1 春，二月，丁卯，巂州都督张守素【严："守"改"审"。】破西南蛮，拔昆明及盐城，昆明县属巂州，汉定莋县地，后周置定莋镇，武德二年改置昆明县，以其地接昆明故也。县有盐有铁，筑城以卫之，故又有盐城。巂，音髓。杀获万人。

2 三月，瓜州都督张守珪、沙州刺史贾师顺击吐蕃大同军，大破之。

3 甲寅，朔方节度使信安王祎攻吐蕃石堡城，拔之。初，吐蕃陷石堡城，留兵据之，侵扰河右，上命祎与河西、陇右同议攻取。诸将咸以为石堡据险而道远，攻之不克，将无以自还，且宜按兵观衅。衅，许觐翻。祎不听，引兵深入，急攻拔之，乃【章：十二行本"乃"作"仍"；乙十一行本同；孔本同；退斋校同。】分兵据守要害，令虏不得前。自是河陇诸军游弈，拓境千馀里。上闻，大悦，更命石堡城曰振武军。自鄯州鄯城县河源军西行百二十里至白水军，又西南六十里至定戎城，又南隔涧七里有石堡城，本吐蕃铁仞城也。宋白曰：石堡城在龙支县西，四面悬崖数千仞，石路盘屈，长三四里，西至赤岭三十里。更，工衡翻。

4 丙辰，国子祭酒杨玚上言，玚，雉杏翻，又音畅。上，时掌翻。以为："省司奏限天下明经、进士及第，每年不过百人。窃见流外出身，每岁二千馀人，而明经、进士不能居其什一，则是服勤道业之士不如胥史之得仕也。臣恐儒风浸坠，廉耻日衰。若以出身人太多，则应诸色裁损，不应独抑明经、进士也。"又奏"诸【章：十二行本"诸"作"主"；乙十一行本同；孔本同；张校同。】司帖试明经，不务求述作大指，专取难知，问以孤经绝句或年月日；请自今并帖平文。”唐取士之科，有进士，有明经。凡明经，先帖文，然后口试经问大义十条，答时务策三道；以文理通粗为上上、上中、上下、中上，凡四等为及第。凡进士，试时务策五道，帖一大经；经策全通为甲第，策通四、帖过四以上为乙第。通典曰：唐制，帖经者，以所习经掩其两端，其间惟开一行，裁纸为帖，凡帖三字，随时增损，可否不一，或得四、得五、得六者为通。上甚然之。

5 夏，四月，庚午，禘于太庙。唐初，祫则序昭穆，禘则各祀于其室。昭，读曰佋，音时遥翻。至是，太常少卿韦绦等奏“如此，禘与常飨不异；请禘祫皆序昭穆。”从之。绦，安石之兄子也。绦，土刀翻。

6 五月，壬辰，复置十道及京、都两畿按察使。雍、同、华、商、岐、邠为京畿，洛、汝为都畿。十二年，停诸道按察使，今复置。复，扶又翻，又如字

7 初，张说、张嘉贞、李元纮、杜暹相继为相用事，源乾曜以清谨自守，常让事于说等，唯诺署名而已。元纮、暹议事多异同，遂有隙，更相奏列。唯，于癸翻。更，工衡翻。上不悦，六月，甲戌，贬黄门侍郎、同平章事杜暹荆州长史，中书侍郎、同平章事李元纮曹州刺史，旧志，曹州，京师东北一千四百五十三里。罢乾曜兼侍中，止为左丞相；开元初，改尚书左、右仆射为左、右丞相。唐初，仆射之职无所不统，是正丞相也。至中宗神龙元年豆卢钦望专为仆射，不敢预政事，是后专拜仆射者不复知政事，虽有丞相之名，非复唐初丞相之职矣。今源乾曜止为左丞相，是止为尚书左仆射，不复预政事也。以户部侍郎宇文融为黄门侍郎，兵部侍郎裴光庭为中书侍郎，并同平章事；萧嵩兼中书令，遥领河西。遥领河西节度使。

8 开府王毛仲与龙武将军葛福顺为婚。毛仲为上所信任，言无不从，故北门诸将多附之，进退唯其指使。吏部侍郎齐澣乘间言于上曰：间，古苋翻；下离间同。“福顺典禁兵，葛福顺所典，万骑也，故云然。不宜与毛仲为婚。毛仲小人，宠过则生奸；

不早为之所，恐成后患。”上悦曰：“知卿忠诚，朕徐思其宜。”涣曰：“君不密则失臣，易大传之言。愿陛下密之。”会大理丞麻察坐事左迁兴州别驾，旧志，兴州至京师九百四十八里。涣素与察善，出城饯之，因道禁中谏语；察性轻险，遽奏之。上怒，召涣责之曰：“卿疑朕不密，而以语麻察，讵为密邪？且察素无行，语，牛倨翻。邪，音耶。行，下孟翻。卿岂不知邪？”涣顿首谢。秋，七月，丁巳，下制：“涣、察交构将相，离间君臣，将，即亮翻。相，息亮翻。间，古苋翻。涣可高州良德丞，察可浔州皇化尉。”良德亦汉合浦县地，吴置高凉郡，陈分置务德县，后改为良德。浔州，汉布山、阿林之地，梁于布山地置桂平郡，隋废郡为县，又于阿林地置皇化县，隋废入桂平，贞观七年置浔州，治桂平，复置皇化县属焉。

9 八月，癸亥，上以生日宴百官于花萼楼下。考异曰：实录云，“癸亥朔”。按长历，是月己未朔；癸亥，五日也。顾况歌曰：“八月五夜佳气新，昭成太后生圣人。”实录误也。左丞相乾曜、右丞相说帅百官上表，帅，读曰率。上，时掌翻。请以每岁八月五日为千秋节，布于天下，咸令宴乐。圣节锡宴自此始。后改千秋节为天长节。德、顺、宪、穆不置节名。令，力丁翻。乐，音洛。寻又移社就千秋节。自古以来，社用戊日。

10 庚辰，工部尚书张嘉贞薨。嘉贞不营家产，有劝其市田宅者，嘉贞曰：“吾贵为将相，何忧寒馁！若其获罪，虽有田宅，亦无所用。比见朝士广占良田，身没之日，适足为无赖子弟酒色之资，尚，张羊翻。将，即亮翻。相，息亮翻。比，毗至翻。朝，直遥翻。吾不取也。”闻者是之。

11 辛巳，敕以人间多盗铸钱，始禁私卖铜铅锡及以铜为器皿；其采铜铅锡者，官为市取。为，于伪翻。

12 宇文融性精敏，应对辩给，以治财赋得幸于上，始广置诸使，竞为聚敛，治，直之翻。使，疏吏翻。敛，力赡翻。由是百官浸失其职而上心益侈，史言唐玄宗时，开利孔自宇文融始。百姓皆怨苦之。为人疏躁多言，躁，则到翻。好自矜伐，好，呼到翻。在相位，谓人曰："使吾居此数月，则海内无事矣。"相，息亮翻；下同。

信安王祎，以军功有宠于上，以平石堡城之功也。融疾之。祎入朝，朝，直遥翻。融使御史李寅弹之，弹，徒丹翻。泄于所亲。祎闻之，先以白上。明日，寅奏果入，上怒，九月，壬子，融坐贬汝州刺史，考异曰：旧传曰："殿中侍御史李宙驿召祎将下狱，祎既申诉得理，融坐阿党李宙贬。"今从唐历。凡为相百日而罢。六月甲戌，至九月壬子，九十九日耳。是后言财利以取贵仕者，皆祖于融。

13 冬，十月，戊午朔，日有食之，不尽如钩。

14 宇文融既得罪，国用不足，上复思之，复，扶又翻。谓裴光庭曰："卿等皆言融之恶，朕既黜之矣，今国用不足，将若之何！卿等何以佐朕?"光庭等惧不能对。会有飞状告融赃贿事，又贬平乐尉。平乐县，汉苍梧郡荔浦之地，晋置平乐县，属始安郡，唐分置昭州；有平乐水。乐，音洛。考异曰：唐历云："裴光庭等讽有司劾之，积其赃钜万计。"旧传曰："裴光庭时兼御史大夫，又弹融交游朋党及男受赃等事。"今从实录、统纪。又唐历云"十月乙未"。按长历，十月戊午朔，无乙未。今从统纪。至岭外岁馀，司农少卿蒋岑奏融在汴州隐没官钱钜万计，制穷治其事，融坐流岩州，高宗调露二年，分横、贵二州置岩州，以岩冈之北因名。治，直之翻。道卒。卒，子恤翻。

15 十一月，辛卯，上行谒桥、定、献、昭、乾五陵；行谒五陵，以车驾经行近远先后为次。戊申，还宫；赦天下，百姓今年地税悉蠲其半。蠲，吉玄翻。

16 十二月，辛酉，上幸新丰温泉；壬申，还宫。新丰温泉即骊山温泉，骊山在新丰县。

十八年（庚午、七三〇）

1 春，正月，考异曰：实录云："癸酉，上御含元殿受朝贺。"按长历，是月丙戌朔，无癸酉。实录此年事与本纪、唐历、统纪皆不同，正月甲子全差误；疑本书阙亡，后人附益之。新纪止据旧纪，全不取此年实录。又云："丁巳，亲迎气于东郊，下制，'十八年正月五日以前，天下囚徒常赦所不免者，咸赦放之。'"按是月无丁巳；诸书及会要皆无十八年亲迎气事。唐历在二十六年正月七日丙子，统纪在二十六年正月，实录二十六年正月丁丑又载迎气大赦，其制文推恩大略与此年相似；或者实录误重出于此。今不取。辛卯，以裴光庭为侍中。

2 二月，癸酉，初令百官于春月旬休，选胜行乐，令寻选胜地行游而宴乐也。自宰相至员外郎，凡十二筵，各赐钱五千缗；上或御花萼楼邀其归骑留饮，迭使起舞，尽欢而去。骑，奇寄翻。

3 三月，丁酉，复给京官职田。收职田见上卷十年。

4 夏，四月，考异曰：实录云："乙巳，驾幸温泉宫，丁未，至自温泉宫。"按长历，是月乙卯朔，无乙巳、丁未，旧纪、唐历亦无幸温泉事。今不取。丁卯，筑西京外郭，九旬而毕。

5 乙丑，以裴光庭兼吏部尚书。先是，选司注官，惟视其人之能否，先，悉荐翻。选，须绢翻；下同。或不次超迁，或老于下位，有出身二十馀年不得禄者；又，州县亦无等级，或自大入小，或初久【章：十二行本"久"作"近"；乙十一行本同；孔本同；张校同。】后远，皆无定制。光庭始奏用循资格，各以罢官若干选而集，谓罢官之后，经选凡几，各以多少为次而集于吏部。官高者选少，少，诗沼翻。卑者选多，无问能否，选满即注，限年蹑级，毋得逾越，非负谴者，皆有升无降；此即后魏崔亮之停年格，循而行之，至今犹然，才俊之士，老于常调者多矣。其庸愚沈滞者皆喜，沈，持林翻。谓之"圣书"，而才俊之士无不怨叹。宋璟争之不能得。光庭又令流外行署亦过门下省审。省，悉景翻。

6 五月，吐蕃遣使致书于境上求和。使，疏吏翻。

7 初，契丹王李邵固遣可突干入贡，同平章事李元纮不礼焉。左丞相张说谓人曰："奚、契丹必叛。可突干狡而很，专其国政久矣，人心附之。此谓契丹国人之心也。契，欺讫翻，又音吃。很，户垦翻。今失其心，必不来矣。"己酉，可突干弑邵固，帅其国人并胁奚众叛降突厥，奚王李鲁苏及其妻韦氏、邵固妻陈氏皆来奔。史言张说之言之验。韦、陈皆中国以为公主嫁两蕃，事见上十四年。帅，读曰率。降，户江翻。厥，九勿翻。制幽州长史赵含章讨之，又命中书舍人裴宽、给事中薛侃等于关内、河东、河南、北分道募勇士，六月，考异曰：唐朝年代记云："初，裴光庭娶武三思女，高力士私焉。光庭有吏材，力士为之推毂，因以入相，时彦鄙之，宋璟、王晙酒后舞回波乐以为戏谑。光庭患之，乃奏：'天下三十馀州缺刺史，升平日久，人皆不乐外官，请重臣兼外官领刺史以雄其望。'于是拟璟扬州，晙魏州，陆象先荆州，凡十馀人。萧嵩执奏：'天下务重，实赖旧臣宿德访其得失，今尽失之，则朝廷空矣。'上乃悟，遂止。"按实录，是岁闰六月"以太子少保陆象先兼荆州长史"，璟、晙未尝除外官。今不取。丙子，以单于大都护忠王浚领河北道行军元帅，单，音蝉。帅，所类翻。以御史大夫李朝隐、京兆尹裴伷先副之，帅十八总管以讨奚、契丹。朝，直遥翻。伷，与胄同。帅，读曰率。命浚与百官相见于光顺门。张说退，谓学士孙逖、韦述曰：此集贤书院学士也。"吾尝观太宗画像，雅类忠王，此社稷之福也。"

可突干寇平卢，先锋使张掖乌承玼破之于捺禄山。开元初，置平卢军于营州。玼，且礼翻，又音此。捺，奴葛翻。考异曰：韩愈乌氏先庙碑云："尚书讳承洽，开元中管平卢先锋军，屡破奚、契丹，从战捺禄，走可突干。"新传云："承玼，开元中与族兄承恩皆为平卢先锋，沈勇而决，号辕门二龙。"据此，则承玼、承洽一人也。今从新书。

8 壬午，洛水溢，溺东都千馀家。溺，奴狄翻。

9 秋，九【张："九"作"七"。】月，丁巳，以忠王浚兼河东道元帅，然竟不行。

10 吐蕃兵数败而惧，乃求和亲。数，所角翻。忠王友皇甫惟明唐诸王友，从五品上，掌陪侍规讽。因奏事从容言和亲之利。上曰："赞普尝遗吾书悖慢，吐蕃请用敌国礼，见二百十一卷二年。从，千容翻。遗，于季翻。悖，蒲内翻，又蒲没翻。此何可舍！"对曰："赞普当开元之初，年尚幼稚，武后长安三年，赞普立，方七岁，至开元初犹是幼年也。稚，直利翻。安能为此书！殆边将诈为之，欲以激怒陛下耳。夫边境有事，则将吏得以因缘盗匿官物，妄述功状以取勋爵，将，即亮翻；下同。此皆奸臣之利，非国家之福也。兵连不解，日费千金，兵法曰：兴师十万，日费千金。河西、陇右由兹困敝。陛下诚命一使往视公主，谓金城公主也。使，疏吏翻；下方使、遣使同。因与赞普面相约结，使之稽颡称臣，稽，音启。永息边患，岂非御夷狄之长策乎！"上悦，命惟明与内侍张元方使于吐蕃。

赞普大喜，悉出贞观以来所得敕书以示惟明。冬，十月，遣其大臣论名悉猎随惟明入贡，考异曰：实录，"十九年七月癸巳，吐蕃遣其大臣名悉猎来朝，请固和好之约，且献书"云云。按长历，十九年七月丁未朔，无癸巳。今从唐历、旧本纪、吐蕃传。表称："甥世尚公主，义同一家。中间张玄表等先兴兵寇钞，武后时，张玄表为安西都护，与吐蕃互相侵掠。钞，楚交翻。遂使二境交恶。甥深识尊卑，安敢失礼！正为边将交构，致获罪于舅；屡遣使者入朝，朝，直遥翻。皆为边将所遏。今蒙远降使臣，来视公主，甥不胜喜荷。胜，音升。荷，下可翻。傥使复修旧好，死无所恨！"自是吐蕃复款附。复，扶又翻。好，呼到翻。

11 庚寅，上幸凤泉汤；癸卯，还京师。岐州郿县有凤泉府。

12 甲寅，护密王罗真檀入朝，留宿卫。护密或曰达摩悉铁帝，或曰镬侃，元魏所谓钵和者，亦吐火罗故地，东北直京师九千里而赢，北临乌浒河，当四镇入吐火罗道。

13 十一月，丁卯，上幸骊山温泉，丁丑，还宫。

14 是岁，天下奏死罪止二十四人。

15 突骑施遣使入贡，上宴之于丹凤楼，丹凤门楼也。东内大明宫正门曰丹凤门。突厥使者预焉。二使争长，突厥曰："突骑施小国，本突厥之臣，不可居我上。"突骑施曰："今日之宴，为我设也，我不可以居其下。"长，知两翻。为，于伪翻。上乃命设东、西幕，突厥在东，突骑施在西。

16 开府仪同三司、内外闲厩监牧都使霍国公王毛仲内外十二闲、八坊、四十八监，及沙苑等监及诸牧，皆属之，故曰都使。恃宠，骄恣日甚，上每优容之。毛仲与左领军大将军葛福顺、左监门将军唐地文、左武卫将军李守德、右威卫将军王景耀、高广济亲善，福顺等倚其势，多为不法。毛仲求兵部尚书不得，怏怏形于辞色，监，古衔翻。怏，于两翻。上由是不悦。

是时，上颇宠任宦官，往往为三品将军，杨思勖、高力士之徒是也。门施棨戟；棨，音启。项安世家说曰：棨戟，殳也，以赤油韬之，亦曰油戟。奉使过诸州，官吏奉之惟恐不及，所得赂遗，少者不减千缗；使，疏吏翻。遗，于季翻。由是京城【章：十二行本"城"下有"第舍"二字；乙十一行本同；孔本同；张校同；退斋校同。】郊畿田园，参半皆在官矣。参半者，或居三分之一，或居其半。杨思勖、高力士尤贵幸，思勖屡将兵征讨，杨思勖屡出征岭南，皆有功。明皇不以阉人殿国师为辱，而又宠秩之。将，即亮翻。力士常居中侍卫。而毛仲视宦官贵近者若无人；甚卑品者，"甚"当作"其"。小忤意，辄詈辱如僮仆。忤，五故翻。詈，力智翻。力士等皆害其宠而未敢言。

会毛仲妻产子，三日，上命力士赐之酒馔、金帛甚厚，馔，雏恋翻，又雏晥翻。且授其儿五品官。力士还，上问："毛仲喜乎？"对曰："毛仲抱其襁中儿示臣曰：'此儿岂不堪作三品邪！'"襁，居两翻。上大怒曰："昔诛韦氏，此贼心持两端，事见二百九卷睿宗景云元年。朕不欲言之；今日乃敢以赤子怨我！"力士因言："北门奴，官太盛，王毛仲、李守德皆帝奴也。又葛福顺等皆出于万骑。中宗以户奴补万骑，故云然。相与一心，不早除之，必生大患。"上恐其党惊惧为变。

十九年（辛未、七三一）

1春，正月，壬戌，下制，但述毛仲不忠怨望，贬瀼州别驾，瀼，如羊翻，又而章翻。宋白曰：瀼州，临潭郡，隋将刘方始开此路，贞观十二年寻刘方故道，行达交趾，开拓夷獠，置瀼州。州在郁林之西南，交趾之东北，有瀼水，以为州名。考异曰：实录："十八年六月乙丑，王毛仲贬瀼州。"按唐历、统纪、旧纪，毛仲贬皆在十九年正月，今从之。福顺、地文、守德、景耀、广济皆贬远州别驾，毛仲四子皆贬远州参军，连坐者数十人。毛仲行至永州，追赐死。旧志，永州，京师南三千二百七十四里。

自是宦官势益盛。高力士尤为上所宠信，尝曰："力士上直，上，时掌翻。吾寝则安。"故力士多留禁中，稀至外第。四方表奏，皆先呈力士，然后奏御；小者力士即决之，势倾内外。金吾大将军程伯献、少府监冯绍正与力士约为兄弟；力士母麦氏卒，伯献等被发受吊，擗踊哭泣，过于己亲。被，皮义翻。擗，毗亦翻，抚心也。力士娶瀛州吕玄晤女为妻，擢玄晤为少卿，子弟皆王傅。唐诸王傅，从三品，掌辅相赞导，匡其过失。吕氏卒，朝野争致祭，朝，直遥翻。自第至墓，车马不绝。然力士小心恭恪，故上终亲任之。

2辛未，遣鸿胪卿崔琳使于吐蕃。琳，神庆之子也。崔神庆进用于武后之时。胪，陵如翻。使，疏吏翻；下同。吐蕃使者称公主求毛诗、春秋、礼记。正字于休烈上疏，上，时掌翻。疏，所去翻。考异曰：实录："十一年七月壬申，敕遣崔琳充入吐蕃使，癸未，命有司写毛诗、礼记等赐金城公主；于休烈谏。丁亥，以崔琳为御史大夫。八月辛卯，降书与吐蕃。"按吐蕃传，此年十月论名悉猎至京师，本纪、唐历皆同。十九年正月辛未，乃遣崔琳报使，二月甲午以琳为御史大夫，三月乙酉琳享于吐蕃，金城公主因名悉猎请书，于休烈乃谏。实录皆误在前年七月八月。按七月癸丑朔，亦无丁亥。以为："东平王汉之懿亲，求史记、诸子，汉犹不与。汉成帝弟东平王宇来朝，上疏求诸子及太史公书。上以问大将军王凤。凤曰："诸子书或反经术、非圣人，或明鬼神、信物怪。太史公书有战国纵横权谲之谋；汉兴之初，谋臣奇策，天官灾异，地形阨塞，皆不宜在诸侯王，不可与。"遂不与。况吐蕃，国之寇雠，今资之以书，使知用兵权略，愈生变诈，非中国之利也。"事下中书门下议之。事下，遐嫁翻。裴光庭等奏："吐蕃聋昧顽嚚，久叛新服，因其有请，赐以诗书，庶使之渐陶声教，化流无外。休烈徒知书有权略变诈之语，不知忠、信、礼、义，皆从书出也。"上曰："善！"遂与之。休烈，志宁之玄孙也。于志宁事太宗、高宗，得罪于武后。

3 丙子，上躬耕于兴庆宫侧，尽三百步。

4 三月，突厥左贤王阙特勒卒，赐书吊之。阙特勒杀默啜之子而立毗伽，威行于其国，故赐书吊之。

5 丙申，初令两京诸州各置太公庙，以张良配享，选古名将，以备十哲；张良配飨，齐大司马田穰苴、吴将军孙武、魏西河太守吴起、燕昌国君乐毅、秦武安君白起、汉淮阴侯韩信、蜀丞相诸葛亮、尚书右仆射卫国公李靖、司空英国公李勣。将，即亮翻。以二、八月上戊致祭，如孔子礼。祠武成王自此始。

臣光曰：经纬天地之谓文，戡定祸乱之谓武，自古不兼斯二者而称圣人，未之有也。故黄帝、尧、舜、禹、汤、文、武、伊尹、周公莫不有征伐之功，孔子虽不试，犹能兵莱夷，却费人，曰"我战则克"，鲁定公与齐会于夹谷，孔子相。齐使莱夷以兵劫鲁公。孔子曰："士兵之！两君合好，而裔夷以兵乱之，非齐君所以命诸侯也。"齐侯闻之，遽辟之。及摄行相事，将堕三都，于是叔孙氏堕郈，季氏将堕费，公山不狃、叔孙辄帅费人以袭鲁，仲尼命申句须、乐颀伐之，费人北，国人追之，败诸姑蔑，二子奔齐，遂堕费。又孔子曰：“我战则克，祭则受福。”费，音秘。岂孔子专文而太公专武乎？孔子所以祀于学者，礼有先圣先师故也。自生民以来，未有如孔子者，岂太公得与之抗衡哉！古者有发，则命大司徒教士以车甲，裸股肱，决射御，记王制之言。有发，谓有军师发卒，教以乘兵车、衣甲之仪。裸股肱，决射御，谓擐衣出其臂胫，使之射御，决胜负，见勇力。裸，力果翻。受成献馘，莫不在学。诗鲁颂泮水曰：矫矫虎臣，在泮献馘；淑问如皋陶，在泮献囚。受成，谓受狱辞之成也。所以然者，欲其先礼义而后勇力也。先，悉荐翻。后，户构翻。君子有勇而无义为乱，小人有勇而无义为盗；论语载孔子之言。若专训之以勇力而不使之知礼义，奚所不为矣！自孙、吴以降，皆以勇力相胜，狙诈相高，岂足以数于圣贤之门而谓之武哉！乃复诬引以偶十哲之目，为后世学者之师；复，扶又翻。使太公有神，必羞与之同食矣。

6 五月，壬戌，初立五岳真君祠。程大昌演繁露曰：开元十九年，司马承祯言：“今五岳神祠是山林之神，非正真之神也。”敕各置真君祠一所。杜佑曰：开元九年，天台道士司马承祯言：“今五岳神祠是山林之神，非正真之神。五岳皆有洞府，有上清真人降任其职，山川风雨，阴阳气序，是所理焉；冠冕服章，佐从神仙，皆有名数，请别立斋祠之所。”上奇其说，因敕五岳各置真君祠。

7 秋，九【张：“九”作“七”。】月，辛未，吐蕃遣其相论尚它硉入见，请于赤岭为互市；许之。相，悉亮翻。硉，郎兀翻。见，贤遍翻。石堡城西二十里至赤岭。

8 冬，十月，丙申，上幸东都。

9 或告嶲州都督解人张审素赃污，解县，属河中府。元魏分解县置虞乡县，贞观十七年省解县并入虞乡，二十年复置解县省虞乡，天授二年，复分解县置虞乡县，定为两县。嶲，音髓。解，户买翻。制遣监察御史杨汪按之。总管董元礼将兵七百围汪，杀告者，监，古衔翻。将，即亮翻。谓汪曰：“善奏审素则生，不然则死。”会救兵至，击斩之。

汪奏审素谋反，十二月【章：十二行本“月”下有“癸未”二字；乙十一行本同；退斋校同。】审素坐斩，籍没其家。为后审素二子复雠张本。

10 浚苑中洛水，六旬而罢。

二十年（壬申、七三二）

1 春，正月，乙卯，以朔方节度副大使信安王祎为河东、河北行军副大总管，将兵击奚、契丹；壬申，以户部侍郎裴耀卿为副总管。

2 二月，癸酉朔，日有食之。

3 上思右骁卫将军安金藏忠烈，金藏事见二百五卷武后长寿二年。骁，坚尧翻。三月，赐爵代国公，仍于东、西岳立碑，以铭其功。金藏竟以寿终。

4 信安王祎帅裴耀卿及幽州节度使赵含章分道击契【章：十二行本“契”上有“奚”字；乙十一行本同；孔本同；张校同。】丹，帅，读曰率；下同。含章与虏遇，虏望风遁去。平卢先锋将乌承玼言于含章曰：“二虏，剧贼也。前日遁去，非畏我，乃诱我也，将，即亮翻。玼，且礼翻，又音此。诱，音酉。宜按兵以观其变。”含章不从，与虏战于白山，白山，后汉时乌桓所居，在五阮关外大荒中。果大败。承玼别引兵出其右，击虏，破之。己巳，祎等大破奚、契丹，俘斩甚众，考异曰：唐历作“庚辰”。今从实录。可突干帅麾下远遁，馀党潜窜山谷。奚酋李诗琐高帅五千馀帐来降。酋，慈由翻。降，户江翻。祎引兵还。赐李诗爵归义王，充归义州都督，徙其部落置幽州境内。高宗总章中，以新罗降户置归义州于良乡县广阳城，后废，今复置以处李诗部落。

5 夏，四月，乙亥，宴百官于上阳东洲，上阳宫南临洛水，引洛水为中洲于宫之东。醉者赐以衾褥，肩舆以归，相属于路。属，之欲翻。

6 六月，丁丑，加信安王祎开府仪同三司。上命裴耀卿赍绢二十万匹分赐立功奚官，耀卿谓其徒曰："戎狄贪婪，婪，卢含翻。今赍重货深入其境，不可不备。"乃命先期而往，先，悉荐翻。分道并进，一日，给之俱毕。突厥、室韦果发兵邀隘道，欲掠之，比至，耀卿已还。比，必利翻。

赵含章坐赃巨万，杖于朝堂，朝，直遥翻。流瀼州，道死。

7 秋，七月，萧嵩奏："自祠后土以来，屡获丰年，宜因还京赛祠。"上从之。祠后土见上卷十一年。还京，谓还西京也。赛，先代翻。

8 敕裴光庭、萧嵩分押左、右厢兵。此分押南牙左、右厢兵也。

9 八月，辛未朔，日有食之。

10 初，上命张说与诸学士刊定五礼。说薨，萧嵩继之。起居舍人王仲丘请依明庆礼，明庆即显庆也，避中宗讳，改曰明庆。祈谷、大雩、明堂，皆祀昊天上帝；嵩又请依上元敕，父在为母齐衰三年，皆从之。礼，父在为母服期；开元之初，褚无量固尝以为言矣。为，于伪翻。齐，音咨。衰，仓回翻。以高祖配圜丘、方丘，太宗配雩祀及神州地祇，睿宗配明堂。九月，乙巳，新礼成，上之。上，时掌翻。号曰开元礼。

11 勃海靺鞨王武艺遣其将张文休帅海贼寇登州，靺鞨，音末曷。将，即亮翻。帅，读曰率。杀刺史韦俊，上命右领军将军葛福顺发兵讨之。去年春，葛福顺方以党附王毛仲贬，今则仍为宿卫；盖毛仲既诛，福顺等复叙用也。开元九年，贬王晙梓州，已而复为尚书，复居边任，事亦类此。

12 壬子，河西节度使牛仙客加六阶。初，萧嵩在河西，委军政于仙客；仙客廉勤，善于其职。嵩屡荐之，竟代嵩为节度使。

13 冬，十月，壬午，上发东都；辛卯，幸潞州；辛丑，至北都；十一月，庚申，祀后土于汾阴，萧嵩之言也。赦天下；十二月，辛未，还西京。

14 是岁，以幽州节度使兼河北采访处置使增领卫、相、洛、【章：十二行本“洛”作“洺”；孔本同；熊校同。】贝、冀、魏、深、赵、恒、定、邢、德、博、棣、营、鄚十六州及安东都护府。德州，汉安德、广川、平昌之地，旧置平原郡，时置德州。安东都护府，时治平州。处，昌吕翻。使，疏吏翻。恒，户登翻。鄚，音莫。

15 天下户七百八十六万一千二百三十六，口四千五百四十三万一千二百六十五。

二十一年（癸酉、七三三）

1 春，正月，乙巳，祔肃明皇后于太庙，毁仪坤庙。肃明留祀仪坤，见二百十一卷四年。

2 丁巳，上幸骊山温泉。

3 上遣大门艺诣幽州发兵，以讨勃海王武艺；考异曰：新书乌承玼传云：“可突干杀其王邵固，降突厥，而奚亦乱。是岁，奚、契丹入寇，诏承玼击之，破于捺禄山。”又云：“勃海大武艺引兵至马都山，屠城邑。承玼窒要路，堑以大石，亘四百里，于是流人得还土少休，脱铠而耕，岁省度支运钱。”按韩愈为乌重胤作庙碑，叙重胤父承洽云：“屡破奚、契丹，从战捺禄，走可突干勃海上，至马都山，吏民逃徙失业。尚书领所部兵塞其道，堑原累石，绵四百里，深高皆三丈。寇不得进，民还其居，岁罢钱三千万。”疑新书约此碑作承玼传。按新、旧帝纪及勃海传皆无武艺入寇至马都山事，或者韩碑云“走可突干勃海上，至马都山”，谓破走可突干勃海上，追之至马都山耳。二十一年，郭英杰与可突干战都山。然则都山盖契丹之地也。吏民逃徙失业，盖因可突干入寇而然，与上止是一事，新书承之致误。然未知新书承玼传中馀事，别据何书。庚申，命太仆员外卿金思兰使于新罗，思兰，新罗王之侍子，留京师，官为太仆卿，员外置。发兵击其南鄙。会大雪丈馀，山路阻隘，士卒死者过半，无功而还。武艺怨门艺不已，密遣客刺门艺于天津桥南，不死；上命河南搜捕贼党，尽杀之。河南，谓河南府。刺，七亦翻。

4 二月，丁酉，金城公主请立碑于赤岭以分唐与吐蕃之境，许之。为后绝吐蕃和亲、仆赤岭碑张本。

5 三月，乙巳，侍中裴光庭薨。太常博士孙琬议："光庭用循资格，失劝奖之道，请谥曰克。"其子稹讼之，稹，止忍翻。上赐谥忠献。

上问萧嵩可以代光庭者，嵩与右散骑常侍王丘善，将荐之；【章：十二行本"之"下有"丘闻之"三字；乙十一行本同；孔本同；张校同；退斋校同。】固让于右丞韩休。嵩言休于上。萧嵩既能用王丘之言而荐韩休，使能与之和衷，则丘之善乃嵩之善也。甲寅，以休为黄门侍郎、同平章事。

休为人峭直，峭，七肖翻，峻也。不干荣利；及为相，甚允时望。始，嵩以休恬和，谓其易制，易，以豉翻。故引之。及与共事，休守正不阿，嵩渐恶之。宋璟叹曰："不意韩休乃能如是！"上或宫中宴乐及后苑游猎，小有过差，辄谓左右曰："韩休知否？"言终，谏疏已至。上尝临镜默然不乐，左右曰："韩休为相，陛下殊瘦于旧，何不逐之！"上叹曰："吾貌虽瘦，天下必肥。萧嵩奏事常顺指，既退，吾寝不安。韩休常力争，既退，吾寝乃安。吾用韩休，为社稷耳，非为身也。"恶，乌路翻。乐，音洛。为，于伪翻。明皇之待韩休如此，而不能久任之，何也？

有供奉侏儒名黄䋲，䋲，部田翻。性警黠；黠，下八翻，慧也。上常冯之以行，谓之"肉几"，宠赐甚厚。一日晚入，上怪之。对曰："臣向入宫，道逢捕盗官与臣争道，臣掀之坠马，故晚。"掀，虚言翻。因下阶叩头。上曰："但使外无章奏，汝亦无忧。"有顷，京兆奏其状。上即叱出，付有司杖杀之。

6 闰月，癸酉，幽州道副总管郭英杰与契丹战于都山，败死。时节度【章：十二行本"度"下有"使"字；乙十一行本同；孔本同。】薛楚玉遣英杰将精骑一万及降奚击契丹，屯于榆关之外。"榆"当作"渝"。此渝关在营、平之间，古所谓临渝之险者也。汉书音义：渝，音喻。

又唐胜州界有榆关。隋之榆林郡界二关，有“渝”、“榆”之异。史家传写混淆无别，故详辩之。将，即亮翻。骑，奇寄翻。降，户江翻；下同。可突干引突厥之众来合战，奚持两端，散走保险；唐兵不利，英杰战死。馀众六千馀人犹力战不已，虏以英杰首示之，竟不降，尽为虏所杀。楚玉，讷之弟也。

7 夏，六月，癸亥，制：“自今选人有才业操行，委吏部临时擢用；流外奏用不复引过门下。”操，七到翻。行，下孟翻。复，扶又翻。虽有此制，而有司以循资格便于己，犹踵行之。史言裴光庭之弊法，后人循袭，莫之能革。是时，官自三师以下一万七千六百八十六员，唐制，太师、太傅、太保为三师。吏自佐史以上五万七千四百一十六员，而入仕之涂甚多，不可胜纪。胜，音升。

8 秋，七月，乙丑朔，日有食之。

9 九月，壬午，立皇子沔为信王，泚为义王，漼为陈王，澄为丰王，潓为恒王，瀓为梁【严：“梁”改“凉”。】王，沔，弥兖翻。泚，且礼翻，又音此。潓，胡桂翻。瀓，徂聪翻，又徂宗翻，又将容翻，又之戎翻。恒，户登翻。滔为汴王。汴，皮变翻。

10 关中久雨谷贵，上将幸东都，召京兆尹裴耀卿谋之，对曰：“关中帝业所兴，当百代不易；但以地狭谷少，故乘舆时幸东都以宽之。少，诗沼翻。乘，绳证翻。臣闻贞观、永徽之际，禄廪不多，岁漕关东一二十万石，足以周赡，赡，而艳翻。乘舆得以安居。今用度浸广，运数倍于前，犹不能给，故使陛下数冒寒暑以恤西人。下数，所角翻。今若使司农租米悉输东都，自都转漕，稍实关中，苟关中有数年之储，则不忧水旱矣。且吴人不习河漕，所在停留，日月既久，遂生隐盗。臣请于河口置仓，河口，汴水达河之口也。河口仓谓之武牢仓。使吴船至彼即输米而去，官自雇载分入河、洛。又于三门东西各置一仓，禹凿底柱，二石见于水中若柱然，故曰底柱。河水至此，分为三派流出其间，故亦谓之三门。时于三门东置集津仓，西置盐仓。至者贮纳，贮，丁吕翻。水险则止，水通则下，或开山路，车运而过，时于三门旁侧凿山路十八里以陆运，以避底柱之险。则无复留滞，省费钜万矣。河、渭之滨，皆有汉、隋旧仓，葺之非难也。”上深然其言。

11 冬，十月，庚戌，上幸骊山温泉；己未，还宫。

12 戊子，左丞相宋璟致仕，归东都。

13 韩休数与萧嵩争论于上前，面折嵩短，数，所角翻。折，之舌翻。上颇不悦。嵩因乞骸骨，上曰：“朕未厌卿，卿何为遽去？”对曰：“臣蒙厚恩，待罪宰相，富贵已极，及陛下未厌臣，故臣得从容引去；从，千容翻。若已厌臣，臣首领且不保，安能自遂！”因泣下。萧嵩为乞怜之态，既以自保宠禄，亦所以倾韩休。上为之动容，为，于伪翻。曰：“卿且归，朕徐思之。”丁巳，嵩罢为左丞相，休罢为工部尚书。以京兆尹裴耀卿为黄门侍郎，前中书侍郎张九龄时居母丧，起复中书侍郎，并同平章事。

14 是岁，分天下为京畿、都畿、关内、河南、河东、河北、陇右、山南东道、山南西道、剑南、淮南、江南东道、江南西道、黔中、岭南，凡十五道，各置采访使，以六条检察非法；两畿以中丞领之，馀皆择贤刺史领之。京畿采访使治西京城内，都畿治东都。关内采访使以京官领之。河南采访使治汴州，河东治蒲州，河北治魏州，陇右治鄯州，山南东道治襄州，西道治梁州，淮南治扬州，江南东道治苏州，西道治洪州，黔中治黔州，剑南治益州，岭南治广州。其后有以边镇节度领采访使者，则关中道固不拘京官，而诸道采访使治所亦难概拘以定所也。非官有迁免，则使无废更。使，疏吏翻。更，工衡翻。惟变革旧章，乃须报可；自馀听便宜从事，先行后闻。

15 太府卿杨崇礼，政道之子也，杨政道，隋炀帝之孙，齐王暕之子。在太府二十馀年，前后为太府者莫能及。时承平日久，财货山积，尝经杨卿者，无不精美；每岁句驳省便，出钱数百万缗。句，音钩。句者，句考其出入或多或少。驳者，按文籍有并缘欺弊则驳异之。省者，节其冗滥之费。便者，贸迁各随其便以取赢。驳，北角翻。是岁，以户部尚书致仕，年九十馀矣。上问宰相："崇礼诸子，谁能继其父者?"对曰："崇礼三子，慎馀、慎矜、慎名，皆廉勤有才，而慎矜为优。"上乃擢慎矜自汝阳令为监察御史，知太府出纳，慎名摄监察御史，知含嘉仓出给，含嘉仓在东都。监，工衔翻。亦皆称职；上甚悦之。称，尺证翻。慎矜奏诸州所输布帛有渍污穿破者，渍，疾智翻。污，乌故翻。皆下本州征折估钱，转市轻货，征调始繁矣。估，音古。下，遐嫁翻。调，徒吊翻。

齐思和标点聂崇岐覆校

资治通鉴卷第二百一十四

端明殿学士兼翰林侍读学士太中大夫
提举西京嵩山崇福宫上柱国河内郡开国公 司马光 奉敕编集
食邑二千二百户食实封九百户赐紫金鱼袋臣
后学天台胡三省音注

唐纪三十 起阏逢阉茂(甲戌),尽重光大荒落(辛巳),凡八年。

玄宗至道大圣大明孝皇帝中之中

开元二十二年(甲戌、七三四)

1 春,正月,己巳,上发西京;己丑,至东都。张九龄自韶州入见,见,贤遍翻。考异曰:唐纪,"二十六日,戊子,至东都;己丑,张九龄至自韶州。"今从实录。求终丧;不许。

2 二月,壬寅,秦州地连震,坏公私屋殆尽,吏民压死者四千余人;命左丞相萧嵩赈恤。坏,音怪。赈,津忍翻。

3 方士张果自言有神仙术,诳人云尧时为侍中,于今数千岁;多往来恒山中,恒山时属定州恒阳县界。诳,居况翻。恒,户登翻。则天以来,屡征不至。恒州刺史韦济荐之,上遣中书舍人徐峤赍玺书迎之。相,息亮翻。玺,斯氏翻。庚寅,至东都,肩舆入宫,恩礼甚厚。

4 张九龄请不禁铸钱,三月,庚辰,敕百官议之。裴耀卿等皆曰:"一启此门,恐小人弃农逐利,而滥恶更甚。"自武后以来,民间多恶钱,官不能禁。秘书监崔沔曰:"若税铜折役,则官冶可成，计估度庸，则私铸无利，易而可久，简而难诬。沔，弥兖翻。折，之舌翻。易，以豉翻。且夫钱之为物，贵以通货，利不在多，何待私铸然后足用也！”右监门录事参军刘秩曰：唐十六卫府皆有录事参军，正八品下，掌受诸曹及五府之外府事，句稽抄目，印给纸笔。监，古衔翻。“夫人富则不可以赏劝，贫则不可以威禁，若许其私铸，贫者必不能为之；臣恐贫者益贫而役于富，富者益富而逞其欲。汉文帝时，吴王濞富埒天子，铸钱所致也。”事见十四卷汉文帝五年。濞，匹备翻。埒，力辍翻。上乃止。秩，子玄之子也。刘子玄，即知几，避帝嫌名，以字行。

5夏，四月，壬辰，以朔方节度使信安王祎兼关内道采访处置使，增领泾、原等十二州。处，昌吕翻。

6吏部侍郎李林甫，柔佞多狡数，深结宦官及妃嫔家，伺候上动静，无不知之，伺，相吏翻。由是每奏对，常称旨，上悦之。称，尺证翻。时武惠妃宠幸倾后宫，生寿王清，诸子莫得为比，太子浸疏薄。林甫乃因宦官言于惠妃，愿尽力保护寿王；惠妃德之，阴为内助，由是擢黄门侍郎。考异曰：旧传云：“初，侍中裴光庭妻武三思女，诡谲有材略，与林甫私。中官高力士本出三思家，及光庭卒，武氏衔哀祈于力士，请林甫代其夫位；力士未敢言。玄宗使中书令萧嵩择相；嵩久之，以右丞韩休对。玄宗然之，乃令草诏。力士遽漏于武氏，乃令林甫白休。休既入相，甚德林甫，与嵩不和，乃荐林甫堪为宰相，惠妃阴助之，因拜黄门侍郎，玄宗眷遇益深。”按光庭妻，一寡妇耳，岂敢遽引所私代其夫为相！韩休正直，虽得林甫先报，必不至荐之为相。今不取。五月，戊子，以裴耀卿为侍中，张九龄为中书令，林甫为礼部尚书、同中书门下三品。为李林甫得权、太子废张本。颜真卿疏曰：“天宝已后，阉官袁思艺日宣诏至中书，玄宗动静必告林甫；林甫先意奏请，玄宗惊喜若神，以此权柄恩宠日甚。”

7上种麦于苑中，帅太子以下亲往芟之，帅，读曰率。芟，所衔翻。谓曰：“此所以荐宗庙，故不敢不亲，且欲使汝曹知稼穑艰难耳。”又遍以赐侍臣曰：“比遣人视田中稼，多不得实，故自种以观之。”种艺之事，天有雨旸之不时，地有肥硗之不等，而人力又有至不至，故所收有厚薄之异也。若人君不夺农时，人得尽其力，则地无遗利矣，岂必待自种而观其实哉！

8 六月，壬辰，幽州节度使张守珪大破契丹，使，疏吏翻，下同。契，欺讫翻，又音吃。考异曰：实录：“守珪大破林胡。”按会要，契丹事，二十二年，守珪大破之。盖实录以契丹即战国时林胡地，故云然。遣使献捷。

9 薛王业疾病，上忧之，容发为变。为，于伪翻。七月，己巳，薨，赠谥惠宣太子。

10 上以裴耀卿为江淮、河南转运使，考异曰：旧纪云：“充江、淮以南回造使。”今从旧食货志。于河口置输场。八月，壬寅，于输场东置河阴仓，西置柏崖仓，高宗咸亨二年，于洛州河阳县柏崖置仓，开元十年废，今复因旧基置之。三门东置集津仓，西置盐仓；凿漕渠十八里以避三门之险。参考新、旧志，乃是凿山开车路十八里，非漕渠也。先是，舟运江、淮之米至东都含嘉仓，僦车陆运，三百里至陕，率两斛用十【严：“十”改“千”。】钱。耀卿令江、淮舟运悉输河阴仓，更用河舟运至含嘉仓及太原仓，自太原仓入渭输关中，凡三岁，运米七百万斛，省僦车钱三十万缗。按旧志，东都含嘉仓积江淮之米，载以大舆，运而西至于陕三百里，率两斛计庸钱千，此耀卿所省之大数也。“十钱”误，当从“千钱”为是。先，悉荐翻。僦，即就翻。陕，失冉翻。更，工衡翻。考异曰：旧志云“四十万贯”。今从耀卿传。旧志又云：“明年，耀卿拜侍中，萧炅代焉。”按耀卿二十一年建此议，今年为侍中，始置河阴仓，后三年方见成效；则非作侍中时解此职也。或说耀卿献所省钱，说，式芮翻。耀卿曰：“此公家赢缩之利耳，奈何以之市宠乎！”悉奏以为市籴钱。籴，徒历翻。

11 张果固请归恒山，制以为银青光禄大夫，号通玄先生，厚赐而遣之。后卒，好异者奏以为尸解；解，佳买翻。仙家所谓尸解，譬犹蝉蜕，蝉飞而蜕在也。卒，子恤翻。好，呼到翻。上由是颇信神仙。明皇改集仙为集贤殿，是其初心不信神仙也，至是则颇信矣，又至晚年则深信矣。史言正心为难，渐入于邪而不自觉。

12 冬，十二月，戊子朔，日有食之。

13 乙巳，幽州节度使张守珪斩契丹王屈烈及可突干，传首。考异曰：旧守珪传“屈烈”作“屈剌”。契丹传来年正月传首。今从实录。

时可突干连年为边患，赵含章、薛楚玉皆不能讨，守珪到官，屡击破之。可突干困迫，遣使诈降，守珪使管记王悔就抚之。悔至其牙帐，察契丹上下殊无降意，降，户江翻；下同。但稍徙营账近西北，密遣人引突厥，谋杀悔以叛；悔知之。近，其靳翻。牙官李过折考异曰：旧契丹传作“遇折”。今从实录及守珪传。与可突干分典兵马，争权不叶，悔说过折使图之。说，式芮翻。过折夜勒兵斩屈烈及可突干，尽诛其党，帅馀众来降。帅，读曰率。守珪出师紫蒙州，【章：十二行本“州”作“川”；乙十一行本同；孔本同。】据晋书载记：秦、汉之间，东胡邑于紫蒙之野。唐书地理志，平州有紫蒙、白狼、昌黎等戍。盖平州之北境，契丹之南界也。大阅以镇抚之。枭屈烈、可突干首于天津〔桥〕之南。枭，坚尧翻。

14 突厥毗伽可汗为其大臣梅录啜所毒，厥，九勿翻。伽，求迦翻。可，从刊入声。汗，音寒。啜，陟劣翻。未死，讨诛梅录啜及其族党。既卒，子伊然可汗立，寻卒，弟登利可汗立，卒，子恤翻。旧史曰：登利，华言果报也。考异曰：旧传，“伊然立，诏宗正卿李诠吊祭，册立伊然，为立碑庙。无几，伊然病卒，又立其弟为登利可汗。”按张九龄集敕登利可汗书云：“今又遣从叔金吾大将军佺吊祭。”又云，“建碑立庙，贻范纪功。”然则告丧时登利已立矣。实录“诠”亦作“佺”。庚戌，来告丧。

15 禁京城丐者，置病坊以廪之。时病坊分置于诸寺，以悲田养病，本于释教也。丐，古太翻。

二十三年（乙亥、七三五）

1 春，正月，契丹知兵马中郎李过折来献捷；制以过折为北平王，检校松漠州都督。考异曰：实录云“同幽州节度副大使”。旧传云“授特进、检校松漠州都督”。按过折虽有功，唐未必肯使为幽州节度使。今从旧传。

乙亥，上耕藉田，九推乃止；杜佑曰：是年亲耕，有司进仪注：天子三推，公卿九推，庶人终亩。帝欲重耕藉，遂进耕五十馀步，尽陇乃止。推，吐雷翻。公卿以下皆终亩。赦天下，都城酺三日。都城，谓东都城。酺，音蒲。

上御五凤楼酺宴，观者喧隘，乐不得奏，金吾白梃如雨，不能遏；隘，乌懈翻。梃，待鼎翻。上患之。高力士奏河南丞严安之为理严，唐赤县丞从七品。理，治也；唐讳“治”，改曰“理”。为人所畏，请使止之；上从之。安之至，以手板绕场画地曰：“犯此者死！”于是尽三日，人指其画以相戒，无敢犯者。

时命三百里内刺史、县令各帅所部音乐集于楼下，各较胜负。帅，读曰率。怀州刺史以车载乐工数百，皆衣文绣，服箱之牛皆为虎豹犀象之状。诗大东曰：睆彼牵牛，不以服箱。注云：服，牝服也。箱，大车之箱也。疏云：两较之间谓之箱。甫田云：乃求万斯箱。书传云：长几充箱。是车内容物之处。丘氏曰：服箱，犹言驾车也。衣，于既翻。鲁山令元德秀惟遣乐工数人，连袂歌于芀。鲁山，古鲁县，夏孔甲时，豢龙氏刘累所迁之地。汉为鲁阳县，属南阳郡，后魏置鲁阳郡，隋复为鲁县，属汝州。唐为鲁山县，以县有鲁山，故名。于芀者，德秀所为歌也。芀，韦委翻。考异曰：明皇杂录作“于芀”，新传作“于芀于”。未详其义。今从杂录。上曰：“怀州之人，其涂炭乎！”立以刺史为散官。散官，无职事。散，苏旱翻。德秀性介洁质朴，士大夫皆服其高。

2 上美张守珪之功，欲以为相，张九龄谏曰：“宰相者，代天理物，非赏功之官也。”上曰：“假以其名而不使任其职，可乎？”对曰：“不可。惟名与器不可以假人，君之所司也。左传记孔子之言。且守珪才破契丹，陛下即以为宰相；若尽灭奚、厥，

奚、厥，谓奚与突厥。厥，九勿翻。将以何官赏之？”上乃止。二月，守珪诣东都献捷，拜右羽林大将军，兼御史大夫，赐二子官，赏赉甚厚。赉，来代翻。

3 初，殿中侍御史杨汪既杀张审素，事见上卷十九年。更名万顷。更，工衡翻。审素二子瑝、琇皆幼，瑝，户盲翻，又音皇。琇，音秀。坐流岭表；寻逃归，谋伺便复雠。伺，相吏翻。三月，丁卯，手杀万顷于都城，系表于斧，言父冤状；欲之江外杀与万顷同谋陷其父者，至汜水，为有司所得。汜，音祀。议者多言二子父死非罪，稚年孝烈能复父雠，宜加矜宥；稚，直利翻。张九龄亦欲活之。裴耀卿、李林甫以为如此，坏国法，坏，音怪。上亦以为然，谓九龄曰：“孝子之情，义不顾死；然杀人而赦之，此涂不可启也。”乃下敕曰：“国家设法，期于止杀。各伸为子之志，谁非徇孝之人！展转相雠，何有限极！咎繇作士，咎，与皋同，古劳翻。繇，与陶同，馀招翻。法在必行。曾参杀人，亦不可恕。宜付河南府杖杀。”士民皆怜之，为作哀诔，榜于衢路。为，于伪翻。诔，鲁水翻。市人敛钱葬之于北邙，恐万顷家发之，仍为疑冢数处。多作冢以疑之，使莫知其所葬之的处。

4 唐初，公主实封止三百户，中宗时，太平公主至五千户，率以七丁为限。开元以来，皇妹止千户，皇女又半之，皆以三丁为限；驸马皆除三品员外官，而不任以职事。公主邑入至少，至不能具车服，少，诗沼翻。左右或言其太薄，上曰：“百姓租赋，非我所有。战士出死力，赏不过束帛；女子何功，而享多户邪？且欲使之知俭啬耳。”秋，七月，咸宜公主将下嫁，咸宜公主下嫁杨洄。始加实封至千户。公主，武惠妃之女也。于是诸公主皆加至千户。

5 冬，十月，戊申，突骑施寇北庭及安西拨换城。骑，奇寄翻。

6 闰月，壬午朔，日有食之。考异曰：旧纪作“十一月，壬申朔”。按长历，十一月壬子朔。今从实录、唐历。

7 十二月，乙亥，册故蜀州司户杨玄琰女为寿王妃。为帝纳妃于后宫以乱国张本。考异曰：实录载册文，云“玄璬长女”。按陈鸿长恨歌传云：“诏高力士潜搜外宫，得杨玄琰女于寿邸。”旧杨贵妃传云：“玄琰女早孤，养于叔父玄璬。”又云：“或奏玄琰女容色冠代，宜蒙召见。时妃衣道士服，号太真。”新传云：“始为寿王妃云云，遂召内禁中，即为自出妃意者，丐籍女官，号太真，更为寿王娶韦昭训女，而太真得幸。”旧史盖讳之耳。玄琰，汪之曾孙也。杨汪见一百八十三卷隋炀帝大业十二年。

8 是岁，契丹王过折为其臣涅礼所杀，涅，奴结翻。考异曰：旧传，过折为可突干馀党泥里所杀，不云朝廷如何处置泥里。今据张九龄集有此赐契丹都督涅礼敕，又有赐张守珪敕云：“涅礼自擅，难以义责，而未有名位，恐其不安，卿可宣示朝旨，使知无他也。”盖泥里即涅礼也。并其诸子，一子剌乾奔安东得免。剌，卢达翻。乾，音干。开元二年移安东都护府于平州。涅礼上言，过折用刑残虐，众情不安，故杀之。上赦其罪，因以涅礼为松漠都督，且赐书责之曰：“卿之蕃法多无义于君长，长，知两翻。自昔如此，朕亦知之。然过折是卿之王，有恶辄杀之，为此王者，不亦难乎！但恐卿为王，后人亦尔。常不自保，谁愿作王！亦应防虑后事，岂得取快目前！”突厥寻引兵东侵奚、契丹，涅礼与奚王李归国击破之。

二十四年（丙子、七三六）

1 春，正月，庚寅，敕：“天下逃户，听尽今年内自首，有旧产者令还本贯，无者别俟进止；逾限不首，首，式又翻。当命专使搜求，散配诸军。”使，疏吏翻。

2 北庭都护盖嘉运击突骑施，大破之。盖，古盍翻，姓也。

3 二月，甲寅，宴新除县令于朝堂，上作令长新戒一篇，赐天下县令。朝，直遥翻。长，知两翻。

4 庚午，更皇子名：更，工衡翻。考异曰：旧纪、唐历："二十三年，七月，景子，皇太子、诸王皆改名。"今从实录。鸿曰瑛，潭曰琮，浚曰玙，洽曰琰，涓曰瑶，滉曰琬，涺曰琚，潍曰璲，璲，音遂。澐曰璬，璬，公了翻。泽曰璘，清曰瑁，瑁，音冒。洄曰玢，玢，方贫翻。沭曰琦，溢曰环，沔曰理，【严："理"改"瑝"。】泚曰玼，漼曰珪，澄曰珙，潓曰瑱，瑱，他甸翻。汉曰璇，璇，从宣翻。滔曰璥。璥，居影翻。

5 旧制，考功员外郎掌试贡举人。有进士李权，陵侮员外李昂，议者以员外郎位卑，不能服众；三月，壬辰，敕自今委礼部侍郎试贡举人。

6 张守珪使平卢讨击使、左骁卫将军安禄山讨奚、契丹叛者，击使，疏吏翻。骁，坚尧翻；下同。禄山恃勇轻进，为虏所败。夏，四月，辛亥，守珪奏请斩之。禄山临刑呼曰：败，蒲迈翻。呼，火故翻。"大夫不欲灭奚、契丹邪，奈何杀禄山！"守珪亦惜其骁勇，【章：十二行本"勇"下有"欲活之"三字；乙十一行本同；孔本同；张校同。】乃更执送京师。张九龄批曰："昔穰苴诛庄贾，史记：齐景公使司马穰苴为将，穰苴曰："愿得君之宠臣以监军。"景公使庄贾往。贾素骄贵，穰苴与之约，日中会于军门；夕时乃至。穰苴以贾后期，斩之，以令三军。批，匹迷翻，判也，今人谓之批判。孙武斩宫嫔，孙武以兵法见吴王阖庐，吴王曰："可以勒兵小试于妇人乎？"曰："可。"于是出宫中美女百八十人，分为二队，以王宠姬二人各为队长，皆令持戟。约束既布，三令五申，于是鼓之，右妇人大笑。孙子曰："约束不行，申令不熟，将之罪也。"复三令五申而鼓之，左妇人复大笑。孙子斩左、右队长以徇，用其次为队长而复鼓，妇人左右前后跪起皆中绳墨规矩。于是吴王知孙子能用兵，以为将。守珪军令若行，禄山不宜免死。"上惜其才，敕令免官，以白衣将领。将，即亮翻。九龄固争曰："禄山失律丧师，于法不可不诛。且臣观其貌有反相，不杀必为后患。"丧，息浪翻。相，息亮翻。上曰："卿勿以王夷甫识石勒，枉害忠良。”晋石勒年十四，随邑人行贩洛阳，倚啸上东门。王衍见而异之，顾谓左右曰：“向者胡雏，吾观其声视有奇志，恐将为天下之患。”驰遣收之，会勒已去。竟赦之。考异曰：玄宗实録：“四月，辛亥，张守珪奏禄山统戎失律，挫败军威，请依军法斩决；许之。禄山临刑抗声言曰：‘两蕃未和，忍杀壮士！岂为大夫谋也！’守珪以禄山尝捷于擒生，闻其言，遂舍之，以闻。”肃宗实録云：“禄山为互市牙郎，盗羊事发，守珪怒，追捕至，欲击杀之。禄山大呼曰：‘大夫不欲灭奚、契丹两蕃邪！而杀壮士！’守珪奇其貌，壮其言，遂释之。”姚汝能作禄山事迹，其盗羊事与肃宗实録同。又云：“二十一年，守珪令禄山奏事。中书令张九龄见之，谓侍中裴光庭曰：‘乱幽州者此胡也。’”又云：“二十四年，禄山为平卢将，讨奚、契丹失利，守珪奏请斩之，九龄批曰：‘穰苴出军，必诛庄贾；孙武行令，亦斩宫嫔。守珪军令若行，禄山不宜免死。’玄宗惜其勇锐，但令免官，白衣展效。九龄执奏请诛之，玄宗曰：‘卿岂以王夷甫识石勒，便臆断禄山难制邪！’竟不诛之。”孙樵作西斋录，其序曰：“张守珪以安禄山叛者何？贷刑咈教，稔祸阶也。禄山乃张守珪部将，尝犯令，张曲江令守珪斩之，不从，果使乱天下；故书曰：‘张守珪以安禄山叛。’”旧张九龄传云：“张守珪以裨将安禄山讨奚、契丹，败衄，执送京师，请行朝典。九龄奏劾曰：‘穰苴出军，必诛庄贾；孙武教战，亦斩宫嫔。守珪军令必行，禄山不宜免死。’上特舍之。九龄奏曰：‘禄山狼子野心，面有逆相，臣请因罪戮之，冀绝后患。’上曰：‘卿勿以王夷甫知石勒故事，误害忠良。’遂放归蕃。”新传语裴光庭事如事迹，执送京师事如旧传，旧禄山传盗羊事如事迹，而无失利请斩事；新传亦然。旧传仍云：“二十年，守珪为幽州节度使，禄山盗羊事觉。”按裴光庭二十一年卒，是年冬，九龄乃为相，云与光庭语，误也。孙樵云“曲江令守珪斩之”，尤为失实。实录，二十一年，守珪犹在陇右与吐蕃立分界碑，未至幽州。旧传云“二十年为节度”，亦误也。按禄山若始为互市牙郎，守珪安能知其终乱天下，释而不杀！孙樵岂得遽以叛罪加之邪！若如旧九龄传，守珪执送京师，玄宗自赦之，则守珪何罪而时人咎之也！若谓盗羊丧师，两次当死，则禄山岂只用辞而得免两死邪！若如玄宗实禄，守珪奏请行法，得报听许，感其一言，辄舍之，则守珪必不敢轻易反覆如此。且九龄何从得见其面，而云面有逆相邪！若云守珪未尝奏请行法，则张九龄集有赐守珪敕云：“禄山等轻我兵威，曾不审料，致令损失，宜其就诛；卿既行之，军法合尔。”又赐平卢将士敕云：“安禄山之诛，缘轻敌太过，勿因此畏懦，致失后图。”是当时曾许之行诛矣。若云守珪自舍之，非玄宗意，则又赐守珪敕云："禄山勇而无谋，遂至失利，衣甲资盗，挫我军威，论其轻敌，合加重罪。然初闻勇斗，亦有诛杀；又寇戎未灭，军令从权，故不以一败弃之，将欲收其后效也。不行薄责，又无所惩，宜且停官，令白衣将领。卿更审量本状，亦任随事处之。"今以诸书参考，盖禄山失律，守珪奏请行法，故前敕云："卿既行之，军法合尔。"又云："禄山之诛，缘轻敌太过。"似谓守珪已诛之矣。既而守珪感其所言，惜其骁勇，欲杀则不忍，欲舍则先已奏闻，且恐不能厌服将士之心，或者报未到，故执送京师，使上自裁之，冀上见其材力而赦之，亦犹陈平执樊哙，卫青囚苏建耳。上因是欲赦之，而九龄执奏云："守珪军令若行，禄山不宜免死。"是并劾守珪不断于阃外，乃更执以诿上之辞也。九龄因此见之，而云"面有逆相"，上终欲赦之，故九龄不得已草敕云："卿更审量本状，随事处之。"守珪得此敕，即舍之，以闻。如此则与玄宗实录相应，而于人情差似相近。

安禄山者，本营州杂胡，初名阿荦山。其母，巫也；新书曰：禄山本姓康。其母居突厥中，祷于轧荦山，虏所谓战斗神者，而生禄山，故以为字；从母冒姓安氏。阿，乌葛翻。荦，吕角翻。父死，母携之再适突厥安延偃。会其部落破散，与延偃兄子思顺俱逃来，故冒姓安氏，名禄山。又有史窣干者，窣，苏骨翻。与禄山同里闬，先后一日生。考异曰：旧传云："思明除日生，禄山元日生。"按禄山事迹："天宝十载正月二十日，上及贵妃为禄山作生日"，今不取。及长，相亲爱，皆为互市牙郎，以骁勇闻。牙郎，驵侩也：南北物价，定于其口，而后相与贸易。张守珪以禄山为捉生将，禄山每与数骑出，辄擒契丹数十人而返。狡猾，善揣人情，将，即亮翻。骑，奇寄翻。揣，初委翻。守珪爱之，养以为子。

窣干尝负官债亡入奚中，为奚游弈所得，欲杀之；窣干绐曰："我，唐之和亲使也，绐，汤亥翻。使，疏吏翻。汝杀我，祸且及汝国。"游弈信之，送诣牙帐。窣干见奚王，长揖不拜，奚王虽怒，而畏唐，不敢杀，以客礼馆之，馆，古玩翻。使百人随窣干入朝。窣干谓奚王曰："王遣人虽多，观其才皆不足以见天子。闻王有良将琐高者，何不使之入朝！”琐高者，盖奚中酋豪之号，非人名也。前已有李诗琐高。将，即亮翻。朝，直遥翻。奚王即命琐高与牙下三百人随窣干入朝。窣干将至平卢，先使人谓军使裴休子曰：“奚使琐高与精锐俱来，声云入朝，实欲袭军城，宜谨为之备，先事图之。”休子乃具军容出迎，至馆，悉坑杀其从兵，执琐高送幽州。使，疏吏翻。先，悉荐翻。从，才用翻。张守珪以窣干为有功，奏为果毅，累迁将军。后入奏事，上与语，悦之，赐名思明。安、史事始此。

7 故连州司马武攸望之子温眘，坐交通权贵，杖死。帝平韦氏，武攸望贬死。眘，时刃翻。乙丑，朔方、河东节度使信安王祎贬衢州刺史，广武王承宏贬房州别驾，泾州刺史薛自劝贬澧州别驾；皆坐与温眘交游故也。承宏，守礼之子也。豳王守礼，章怀太子贤之子。辛未，蒲州刺史王琚贬通州刺史；坐与祎交书也。

8 五月，醴泉妖人刘志诚作乱，驱掠路人，将趣咸阳。妖，于乔翻。趣，七喻翻。村民走告县官，焚桥断路以拒之，断，音短。其众遂溃，数日，悉擒斩之。

9 六月，初分月给百官俸钱。

10 初，上因藉田赦，命有司议增宗庙笾豆之荐及服纪未通者。太常卿韦縚奏请宗庙每坐笾豆十二。縚，土刀翻。坐，徂卧翻。

兵部侍郎张均、职方郎中韦述议曰：“圣人知孝子之情深而物类之无限，故为之节制。人之嗜好本无凭准，宴私之馔与时迁移，故圣人一切同归于古。屈到嗜芰，屈建不以荐，以为不以私欲干国之典。国语：楚屈到嗜芰，有疾，召其宗老而属之曰：“祭我必以芰。”及祥，宗老将荐芰，屈建命去之，曰：“国君有牛享，大夫有羊馈，士有豚犬之奠，庶人有鱼炙之荐，笾豆脯醢，则上下共之，不羞珍异，不陈庶侈，不以其私欲干国之典。”遂不用。芰，奇寄翻。菱，一名芰。说文曰：

楚谓之芰，秦谓之薢茩，今俗但言菱芰。武陵记：四角、三角曰芰，两角曰菱。好，呼到翻。去，羌吕翻。今欲取甘旨肥浓，皆充祭用，苟逾旧制，其何限焉！书曰：'黍稷非馨，明德惟馨。'书成王命君陈之言。若以今之珍馔，平生所习，求神无方，何必泥古，则簠簋可去而盘盂杯案当在御矣，韶濩可息而箜篌筝笛当在奏矣。舜乐曰韶，汤乐曰濩。箜篌，汉武帝使乐人侯调所作；或云侯辉所作。今按其形似瑟而小，七弦，用拨弹之如琵琶。旧唐书曰：箜篌，胡乐也。汉灵帝好之，体曲而长，二十三弦，竖抱于怀，用两手齐奏，俗名"擘箜篌"。凤首箜篌有项加轸七弦，郑善子作，开元中进，形如阮咸，其下轶小而身大，旁有小轶，取其身便也。一曰：箜篌乃郑、卫之音权舆，以其亡国之声，故号空国之侯，亦曰坎侯。风俗通云：汉武帝时，丘仲作笛。按周礼，笙师掌教篪篴。又云，起于羌人，后汉马融所赋横笛，空洞、无底，剡其二孔，五孔一出其背，正似今之尺八。李善为之注，七孔今一尺四寸，此乃今之横笛耳。太常鼓吹部中所谓横吹，非融所赋者。融赋："易京君明识音律，故本四孔加以一；君明所加孔后出，是谓商声五音毕。"沈约宋书亦云，京房备其五音。周礼笙师注：杜子春云：篴乃今时所吹五孔篴。以融、约所记论之，则古篴不应有五孔，子春之说，亦未为然。今三礼图画篴亦横设而有五孔，不知出何典据。篴，与笛同。簠，音甫。簋，居洧翻。既非正物，后嗣何观！夫神，以精明临人者也，不求丰大；苟失于礼，虽多何为！岂可废弃礼经以从流俗！且君子爱人以礼，不求苟合；况在宗庙，敢忘旧章！"

太子宾客崔沔议曰："祭祀之兴，肇于太古，茹毛饮血，则有毛血之荐；未有曲蘖，则有玄酒之奠。司烜氏以鉴取明水于月为玄酒。蘖，鱼列翻。施及后王，礼物渐备；施，弋智翻。然以神道致敬，不敢废也。笾豆簠簋樽罍之实，皆周人之时馔也，其用通于宴飨宾客，而周公制礼，与毛血玄酒同荐鬼神。国家由礼立训，因时制范，清庙时飨，礼馔毕陈，用周制也。如簠簋、笾豆、铏羹之类。馔，雏恋翻，又雏皖翻。园陵上食，时膳具设，遵汉法也。如叔孙通请荐含桃之类。上，时掌翻。职贡来祭，致远物也。有新必荐，顺时令也。苑囿之内，躬稼所收，搜狩之时，亲发所中，莫不荐而后食，尽诚敬也。若此至矣，复何加焉！中，竹仲翻。复，扶又翻。但当申敕有司，无或简怠，则鲜美肥浓，尽在是矣，不必加笾豆之数也。”自此以上，诸人之议，皆因旧礼而申之。

上固欲量加品味。量，音良。绦又奏每室加笾豆各六，四时各实以新果珍羞；从之。

绦又奏：“丧服‘舅，缌麻三月，从母、外祖父母皆小功五月。’外祖至尊，同于从母之服；姨、舅一等，服则轻重有殊。姨，即从母也。从，才用翻。堂姨、舅亲即未疏，恩绝不相为服；舅母来承外族，不如同爨之礼。窃以古意犹有所未畅者也，请加外祖父母为大功九月，姨、舅皆小功五月，堂舅、堂姨、舅母并加至袒免。”五服止于缌麻，此外有袒免之服。袒者，偏脱衣袒而露其肩；免者，以布广一寸，从项中而前交于额上，又却向后绕于髻。袒，音但。免，音问。

崔沔议曰：“正家之道，不可以贰；总一定义，理归本宗。是以内有齐、斩，齐，音咨。外皆缌麻，尊名所加，不过一等，此先王不易之道也。愿守八年明旨，一依古礼，崔沔所谓诏旨，见二百十二卷七年；曰八年者，通帝即位先天之年数之也。以为万代成法。”

韦述议曰：“丧服传曰：‘禽兽知母而不知父。野人曰，父母何等【章：十二行本“等”作“筭”；乙十一行本同；退斋校同。】焉！都邑之士则知尊祢矣；传，直恋翻。祢，奴礼翻。大夫及学士则知尊祖矣。’圣人究天道而厚于祖祢，系族姓而亲其子孙，母党比于本族，不可同贯，明矣。今若外祖与舅加服一等，堂舅及姨列于服纪，则中外之制，相去几何！废礼徇情，所务者末。古之制作者，知人情之易摇，恐失礼之将渐，别其同异，轻重相悬，易，以豉翻。别，彼列翻。欲使后来之人永不相杂。微旨斯在，岂徒然哉！苟可加也，亦可减也；往圣可得而非，则礼经可得而隳矣。先王之制，谓之彝伦，彝，常也。伦，道理次叙。奉以周旋，犹恐失坠；一紊其叙，庸可止乎！请依仪礼丧服为定。”紊，音问。

礼部员外郎杨仲昌议曰：唐礼部郎掌五礼，举其仪制而辩其名数。“郑文贞公魏征始加舅服至小功五月。虽文贞贤也，而周、孔圣也，以贤改圣，后学何从！窃恐内外乖序，亲疏夺伦，情之所沿，何所不至！昔子路有姊之丧而不除，孔子曰：‘先王制礼，行道之人，皆不忍也。’子路除之。见记檀弓。此则圣人援事抑情之明例也。记曰：‘毋轻议礼。’礼器之言。明其蟠于天地，并彼日月，贤者由之，安敢损益也！”

敕：“姨舅既服小功，舅母不得全降，宜服缌麻，堂姨舅宜服袒免。”

均，说之子也。说，读曰悦。

11 秋，八月，壬子，千秋节，群臣皆献宝镜。张九龄以为以镜自照见形容，以人自照见吉凶。乃述前世兴废之源，为书五卷，谓之千秋金镜录，上之；上，时掌翻。上赐书褒美。

12 甲寅，突骑施遣其大臣胡禄达干来请降，许之。骑，奇寄翻。降，户江翻。

13 御史大夫李适之，承乾之孙也，以才干得幸于上，数为承乾论辩；甲戌，追赠承乾恒山愍王。承乾废见一百九十七卷太宗贞观十七年。数，所角翻。为，于伪翻。恒，户登翻。

14 乙亥，汴哀王璥薨。

15 冬，十月，戊申，车驾发东都。先是，敕以来年二月二日行幸西京，先，悉荐翻。会宫中有怪，明日，上召宰相，即议西还。裴耀卿、张九龄曰：“今农收未毕，请俟仲冬。”李林甫潜知上指，二相退，林甫独留，言于上曰："长安、洛阳，陛下东西宫耳，往来行幸，何更择时！借使妨于农收，但应蠲所过租税而已。蠲，圭玄翻。臣请宣示百司，即日西行。"上悦，从之。过陕州，以刺史卢奂有善政，题赞于其听事而去。称人之美曰赞。陕，失冉翻。听，读曰厅。奂，怀慎之子也。丁卯，至西京。

16 朔方节度使牛仙客，前在河西，能节用度，勤职业，仓库充实，器械精利；上闻而嘉之，欲加尚书。张九龄曰："不可。尚书，古之纳言，唐兴以来，惟旧相及扬历中外有德望者乃为之。仙客本河湟使典，事见上卷十五年。相，息亮翻。使，疏吏翻。今骤居清要，恐羞朝廷。"上曰："然则但加实封可乎？"对曰："不可。封爵所以劝有功也。边将实仓库，修器械，乃常务耳，将，即亮翻。不足为功。陛下赏其勤，赐之金帛可也；裂土封之，恐非其宜。"上默然。李林甫言于上曰："仙客，宰相才也，何有于尚书！九龄书生，不达大体。"考异曰：旧林甫传曰："林甫以九龄言告仙客，仙客翌日见上泣让官爵。"按时不闻仙客在京。今从唐历。上悦，明日，复以仙客实封为言，复，扶又翻。九龄固执如初。上怒，变色曰："事皆由卿邪？"九龄顿首谢曰："陛下不知臣愚，使待罪宰相，事有未允，臣不敢不尽言。"上曰："卿嫌仙客寒微，如卿有何阀阅？"九龄曰："臣岭海孤贱，九龄，韶州人。不如仙客生于中华；牛仙客，泾州人。然臣出入台阁，典司诰命有年矣。九龄历司勋员外郎、中书舍人。仙客边隅小吏，目不知书，若大任之，恐不惬众望。"惬，苦叶翻。林甫退而言曰："苟有才识，何必辞学！天子用人，有何不可！"十一月，戊戌，赐仙客爵陇西县公，食实封三百户。

初，上欲以李林甫为相，问于中书令张九龄，九龄对曰："宰相系国安危，陛下相林甫，臣恐异日为庙社之忧。"上不从。时九龄方以文学为上所重，林甫虽恨，犹曲意事之。侍中裴耀卿与九龄善，林甫并疾之。是时，上在位岁久，渐肆奢欲，怠于政事。而九龄遇事无细大皆力争；林甫巧伺上意，日思所以中伤之。伺，相吏翻。中，竹仲翻。

上之为临淄王也，赵丽妃、皇甫德仪、刘才人皆有宠，帝置六仪，德仪其一也。丽妃生太子瑛，德仪生鄂王瑶，才人生光王琚。及即位，幸武惠妃，丽妃等爱皆弛；惠妃生寿王瑁，宠冠诸子。太子与瑶、琚会于内第，时太子、诸王皆居禁中。冠，古玩翻。各以母失职有怨望语。驸马都尉杨洄尚咸宜公主，常伺三子过失以告惠妃。咸宜公主，武惠妃之女，故杨洄党于惠妃。惠妃泣诉于上曰："太子阴结党与，将害妾母子，亦指斥至尊。"上大怒，以语宰相，欲皆废之。语，牛倨翻。九龄曰："陛下践阼垂三十年，太子诸王不离深宫，离，力智翻。日受圣训，天下之人皆庆陛下享国久长，子孙蕃昌。蕃，音烦。今三子皆已成人，不闻大过，陛下奈何一旦以无根之语，喜怒之际，尽废之乎！且太子天下本，不可轻摇。昔晋献公听骊姬之谗杀申生，三世大乱。左传，晋献公杀其世子申生，立骊姬之子；里克杀之。公子夷吾、重耳及子圉争国，三世大乱。汉武帝信江充之诬罪戾太子，京城流血。事见汉纪。晋惠帝用贾后之谮废愍怀太子，中原涂炭。事见晋纪。隋文帝纳独孤后之言黜太子勇，立炀帝，遂失天下。事见隋纪。由此观之，不可不慎。陛下必欲为此，臣不敢奉诏。"上不悦。林甫初无所言，退而私谓宦官之贵幸者曰："此主上家事，何必问外人！"上犹豫未决。惠妃密使官奴牛贵儿谓九龄曰："有废必有兴，公为之援，宰相可长处。"九龄叱之，以其语白上；上为之动色，处，昌吕翻。上为，于伪翻。故讫九龄罢相，太子得无动。林甫日夜短九龄于上，上浸疏之。考异曰：明皇杂录云："林甫请见，屡陈仙客实封，九龄颇怀诽谤。于时方秋，上命高力士以白羽扇赐之。九龄惶恐，作赋以献。”新传亦云然。按实录，仙客加实封在十月。而九龄集白羽扇赋序云：“开元二十四年夏盛暑，奉敕使大将军高力士赐宰相白羽扇，九龄与焉。窃有所感，立献赋”云云。敕报曰：“朕顷赐羽扇，聊以涤暑，佳彼劲翮，方资利用，与夫弃捐箧笥，义不同也。”然则上以盛夏遍赐宰臣扇，非以秋日独赐九龄，但九龄因此献赋，自寄意耳。

林甫引萧炅为户部侍郎。炅素不学，炅，古迥翻。尝对中书侍郎严挺之读“伏腊”为“伏猎”。挺之言于九龄曰：“省中岂容有‘伏猎侍郎’！”由是出炅为岐州刺史，故林甫怨挺之。九龄与挺之善，欲引以为相，尝谓之曰：“李尚书方承恩，李林甫时以礼部尚书相。足下宜一造门，与之款昵。”挺之素负气，薄林甫为人，竟不之诣。林甫恨之益深。挺之先娶妻，出之，更嫁蔚州刺史王元琰，元琰坐赃罪下三司按鞫，挺之为之营解。林甫因左右使于禁中白上。上谓宰相曰：“挺之为罪人请属所由。”造，七到翻。更，工衡翻。蔚，纡勿翻。下，遐嫁翻。为，于伪翻。属，之欲翻。九龄曰：“此乃挺之出妻，不宜有情。”上曰：“虽离乃复有私。”复，扶又翻；下无复同。

于是上积前事，以耀卿、九龄为阿党；壬寅，以耀卿为左丞相，九龄为右丞相，并罢政事。以林甫兼中书令；仙客为工部尚书、同中书门下三品，领朔方节度如故。考异曰：唐历曰：“宰相遥领节度，自仙客始。”按萧嵩已遥领河西，非始此。严挺之贬洺州刺史，旧志，洺州，京师东北一千五百八十五里。王元琰流岭南。

上即位以来，所用之相，姚崇尚通，宋璟尚法，张嘉贞尚吏，张说尚文，李元纮、杜暹尚俭，韩休、张九龄尚直，各其所长也。九龄既得罪，自是朝廷之士，皆容身保位，无复直言。

李林甫欲蔽塞人主视听，自专大权，明召诸谏官谓曰：“今明主在上，群臣将顺之不暇，乌用多言！诸君不见立仗马乎？食三品料，一鸣辄斥去。悔之何及！”塞，悉则翻。去，羌吕翻。唐旧仪，每日，尚乘以厩马八匹分为左右厢，立于正殿侧宫门外，候仗下即散。若大陈设则马在乐悬之北，与大象相次，进马二人，戎服执鞭，侍立于马之左，随马进退。补阙杜琎尝上书言事，琎，资辛翻。上，时掌翻。考异曰：唐历作“杜琁”。今从新书。明日，黜为下邽令。唐制：上县令从六品上，补阙从七品上。以此言之，则非黜也。盖唐人重内官，而品之高下不论也，况遗、补供奉官，地居清要乎！自是谏争路绝矣。争，读曰诤。

牛仙客既为林甫所引，专给唯诺而已。唯，于癸翻。然二人皆谨守格式，百官迁除，各有常度，虽奇才异行，不免终老常调；行，下孟翻。调，徒吊翻。其以巧谄邪险自进者，则超腾不次，自有他蹊矣。林甫城府深密，人莫窥其际。好以甘言啖人，而阴中伤之，不露辞色。凡为上所厚者，始则亲结之，及位势稍逼，辄以计去之。中，竹仲翻。去，羌吕翻。虽老奸巨猾，无能逃于其术者。如韦坚、杨慎矜、王鉷之类是也。

二十五年（丁丑、七三七）

1 春，正月，初置玄学博士，崇玄学，习老子、庄子、文子、列子，亦曰道举。每岁依明经举。

2 二月，敕曰：“进士以声韵为学，多昧古今；明经以帖诵为功，罕穷旨趣。自今明经问大义十条，对时务策三首；进士试大经十帖。”

3 戊辰，新罗王兴光卒，卒，子恤翻。子承庆袭位。

4 乙酉，幽州节度使张守珪破契丹于捺禄山。使，疏吏翻。契，欺讫翻，又音吃。捺，奴刺翻。

5 己亥，河西节度使崔希逸袭吐蕃，破之于青海西。

初，希逸遣使谓吐蕃【章：十二行本“蕃”下有“边将”二字；乙十一行本同；退斋校同；张校同，云无注本亦无。】乞力徐曰：“两国通好，今为一家，何必更置兵守捉，妨人耕牧！请皆罢之。”乞力徐曰："常侍忠厚，吐，从暾入声。崔希逸盖带散骑常侍镇河西，故称之。使，疏吏翻。好，呼到翻。捉，仄角翻。言必不欺。然朝廷未必专以边事相委，万一有奸人交斗其间，掩吾不备，悔之何及！"希逸固请，乃刑白狗为盟，各去守备；于是吐蕃畜牧被野。朝，直遥翻。去，羌吕翻。被，皮义翻。畜，许救翻。时吐蕃西击勃律，勃律来告急，上命吐蕃罢兵，吐蕃不奉诏，遂破勃律；上甚怒。会希逸傔人孙海入奏事，傔，苦念翻。傔，从也。唐制：凡诸军镇大使、副使以下，皆有傔人、别奏以为之使。大使傔二十五人，别奏十人；副使傔二十人，别奏八人。自欲求功，奏称吐蕃无备，请掩击，必大获。上命内给事赵惠琮与海偕往，审察事宜。唐内侍省有内给事十人，从五品下，掌承旨劳问，分判省事；凡元日冬至，百官贺皇后，则出入宣传；宫人衣服费用，则具品秩，计其多少，春秋宣送中书。惠琮等至，则矫诏令希逸袭之。希逸不得已，发兵自凉州南入吐蕃二千馀里，至青海西，与吐蕃战，大破之，斩首二千馀级，乞力徐脱身走。惠琮、海皆受厚赏，自是吐蕃复绝朝贡。复，扶又翻；下而复同。朝，直遥翻。

6夏，四月，辛酉，监察御史周子谅弹牛仙客非才，引谶书为证。薛居正五代史曰：天后朝，有谶辞云："首尾三鳞六十年，两角犊子自狂颠，龙蛇相斗血成川。"当时好事者解云："两角犊子"，牛也；必有牛姓干唐祚。监，古衔翻。弹，徒丹翻。上怒，命左右擈于殿庭，擈，蒲角翻，击也，又匹角翻。绝而复苏；仍杖之朝堂，流瀼州，至蓝田而死。瀼，如羊翻，又而章翻。蓝田县，汉、晋属京兆，后魏真君七年，并入霸城，太和十一年复，后周置蓝田郡，隋废郡为县，属京兆府。九域志，在府东南七十里。考异曰：旧纪云："子谅以妄陈休咎，于朝堂决杀。"实录此月则曰："子谅弹奏仙客非才，引妖谶为证。上怒，召入禁中责之。左右拉者数四，气绝而苏。"及仙客传则云："子谅窃言于御史大夫李适之曰：'牛仙客不才，滥登相位。大夫国之懿亲，岂得坐观其事！'适之遽奏子谅之言。上大怒，廷诘子谅；子谅辞穷，于朝堂决杖，配流瀼州，行至蓝田死。"旧仙客传亦然。今从此月实录及旧传。柳宗元周君墓碣云："有唐贞臣汝南周氏讳某字某。"又曰："在天宝年，有以谄谀至相位，贤臣放退。公为御史，抗言以白其事，得死于墀下。"宗元集此碣虽无名字，然其事则子谅也；云在天宝年，误矣。李林甫言，"子谅，张九龄所荐也。"甲子，贬九龄荆州长史。

7 杨洄又奏【章：十二行本"奏"作"谮"；乙十一行本同。】太子瑛、鄂王瑶、光王琚，云与太子妃兄驸马薛锈潜构异谋，锈，息六翻，又息救翻。考异曰：新传曰："二十五年，洄复构瑛、瑶、琚与妃之兄薛锈异谋。惠妃使人诡召太子、二王曰：'宫中有贼，请介以入。'太子从之。妃白帝曰：'太子、二王谋反，甲而来。'帝使中人视之，如言。遽召宰相林甫议，答曰：'陛下家事，非臣所宜豫。'帝意决，乃废瑛等。"按瑛等与惠妃相猜忌已久，虽承妃言，岂肯遽被甲入宫！又按废太子制书云："陷元良于不友，误二子于不义。"不言被甲入宫也。盖洄谮瑛等云欲害寿王瑁耳。今从旧传，但云"潜構异谋"。上召宰相谋之。李林甫对曰："此陛下家事，非臣等所宜豫。"上意乃决。乙丑，使宦者宣制于宫中，废瑛、瑶、琚为庶人；于宫中废之，用李林甫家事之言也。考异曰：独孤及作裴稹行状云："公为起居郎，三庶人以罪废；寿王以母宠子爱，议者颇有夺宗之嫌。道路悯默，朝野疑惧。公乃从容请间，慷慨献谏，上述新城之殷鉴，下陈戾园之元龟，谓兴亡之由，在废立之地。天子感悟，改容以谢，因诏以给事中授公。公曰：'陛下绝招谏之路，为日固久；今臣一言而荷殊宠，则言者众矣，何以锡之？'上善其敏而多其让，乃止不拜，寻除尚书祠部员外郎。"按稹，光庭之子。当是时，周子谅杖死，张九龄远贬，稹若敢为太子直冤，则声振宇宙，岂得湮没无闻，而诸书皆不言此事，盖出于及之虚美耳。流锈于瀼州；瑛、瑶、琚寻赐死城东驿，锈赐死于蓝田。瑶、琚皆好学有才识，死不以罪，人皆惜之。好，呼到翻。丙寅，瑛舅家赵氏、妃家薛氏、瑶舅家皇甫氏，坐流贬者数十人，惟瑶妃家韦氏以妃贤得免。

8 五月，夷州刺史杨浚坐赃当死，上命杖之六十，流古州。夷州，汉牂柯地，其后为徼外。隋开置绥阳县，属明阳郡，武德四年置夷州于思州宁夷县，明阳属焉。而绥阳属义州，贞观元年废夷州，而明阳、宁夷属务州；四年复置夷州于黔州都上县，寻又自都上移于绥阳。贞观十二年，李弘节开夷、獠，置古州，属容州都督府。左丞相裴耀卿上疏，以为"决杖赎死，恩则甚优，解体受笞，事颇为辱，止可施之徒隶，不当及于士人。"上从之。

9 癸未，敕以方隅底定，令中书门下与诸道节度使量军镇闲剧利害，审计兵防定额，于诸色征人及客户中召募丁壮，长充边军，增给田宅，务加优恤。

10 辛丑，上命有司选宗子有才者，授以台省及法官、京县官，敕曰："违道慢常，义无私于王法；修身效节，恩岂薄于他人！期于帅先，励我风俗。"帅，读曰率。

11 秋，七月，己卯，大理少卿徐峤考异曰：旧纪作"徐岵"。今从刑法志、通典。奏："今岁天下断死刑五十八，大理狱院，由来相传杀气太盛，鸟雀不栖，今有鹊巢其树。"于是百官以几致刑措，上表称贺。断，丁乱翻。几，居依翻。上，时掌翻。上归功宰辅，庚辰，赐李林甫爵晋国公，牛仙客豳国公。考异曰：实录："七月，戊寅，有司奏囚减少，上归美宰臣，制曰：'断狱五十，殆至无刑，'遂封二人。"又："十月丙午，上因听政，问京城囚徒，有司奏有五十人；怡然有喜色，下制曰：'日者丛棘之地，乌鹊来巢。今结诸刑名，才逾五十，其刑部侍郎郑少微等各赐中上考。'"二者未详其为一事、二事。今从旧纪。

上命李林甫、牛仙客与法官删修律令格式成，九月，壬申，颁行之。

12 先是，西北边数十州多宿重兵，先，悉荐翻。地租营田皆不能赡，赡，而艳翻。始用和籴之法。有彭果者，因牛仙客献策，请行籴法于关中。戊子，敕以岁稔谷贱伤农，命增时价什二三，和籴东、西畿粟各数百万斛，东畿，都畿也。西畿，京畿也。籴，他历翻。停今年江、淮所运租。自是关中蓄积羡溢，羡，延面翻。车驾不复幸东都矣。复，扶又翻。癸巳，敕河南、北租应输含嘉、太原仓者，据李泌传，太原仓在陕州西。皆留输本州。

13 太常博士王玙玙，音余。考异曰：旧传不言玙乡里世系。新传云“方庆六世孙”。又新旧传皆云：“抗疏请置春坛，因迁太常博士。”不知其本何官也。新表，“王方庆五世孙玙事肃宗”。按方庆长安二年卒，距此才三十六年，不应已有五世、六世孙能上疏，恐玙偶与之同名，实非也。今不取。上疏请立青帝坛以迎春；从之。冬，十月，辛丑，制自今立春亲迎春于东郊。

时上颇好祀神鬼，好，呼到翻。故玙专习祠祭之礼以干时。上悦之，以为侍御史，领祠祭使。玙祈祷或焚纸钱，类巫觋。汉以来丧葬有瘗钱，后世俚俗稍以纸寓钱为鬼事。使，疏吏翻。觋，刑狄翻。习礼者羞之。

14 壬申，上幸骊山温泉。乙酉，还宫。

15 己丑，开府仪同三司广平文贞公宋璟薨。

16 十二月，丙午，惠妃武氏薨，赠谥贞顺皇后。

17 是岁，命将作大匠康訔素【严：“訔”改“䛒”。】之东都毁明堂。“訔”与“愆”同，籀文也。新书礼乐志作“訔素”。訔素上言：“毁之劳人，请去上层，去，羌吕翻。卑于旧九十五尺，仍旧为乾元殿。”从之。

18 初令租庸调、租资课，调，徒吊翻。皆以土物输京都。西京、东都租庸调，高祖、太宗之法；租资课必开元以来之法。

二十六年(戊寅、七三八)

1 春，正月，乙亥，以牛仙客为侍中。

2 丁丑，上迎气于浐水之东。浐，音产。

3 制边地长征兵，召募向足，自今镇兵勿复遣，复，扶又翻。在彼者纵还。

4 令天下州、县、里别置学。

5 壬辰，以李林甫领陇右节度副大使，以鄯州都督杜希望知留后。鄯，时战翻，又音善。

二月，乙卯，以牛仙客兼河东节度副大使。牛仙客先已领朔方，今兼河东。

6 己未，葬贞顺皇后于敬陵。武惠妃谥贞顺皇后。敬陵在京兆万年县东南四十里。

7 壬戌，敕河曲六州胡坐康待宾散隶诸州者，听还故土，于盐、夏之间，置宥州以处之。徙六胡州见二百十二卷十年。今并六胡州之地以为宥州。旧志：宥州去京师一千一百里。夏，户雅翻。处，昌吕翻。

8 三月，吐蕃寇河西，节度使崔希逸击破之。鄯州都督、知陇右留后杜希望攻吐蕃新城，拔之，以其地为威戎军，鄯州星宿川西北三百五十里有威戎军。考异曰：旧传作"威武军"，今从实录。置兵一千戍之。

9 夏，五月，乙酉，李林甫兼河西节度使。已领陇右，又兼河西。

丙申，以崔希逸为河南尹。希逸自念失信于吐蕃，以背乞力徐之盟也，内怀愧恨，未几而卒。几，居岂翻。

10 太子瑛既死，李林甫数劝上立寿王瑁。上以忠王玙年长，且仁孝恭谨，又好学，意欲立之，犹豫岁馀不决。自念春秋浸高，三子同日诛死，继嗣未定，常忽忽不乐，寝膳为之减。高力士乘间请其故。数，所角翻。长，知两翻。好，呼到翻。乐，音洛。为，于伪翻。间，古苋翻。上曰："汝，我家老奴，岂不能揣我意！"揣，初委翻。力士曰："得非以郎君未定邪？"上曰："然。"对曰："大家何必如此虚劳圣心，但推长而立，长，知两翻。考异曰：统纪叙力士语云："但从大枒，"注：谓肃宗也。"大枒"，语不可晓。今从新传。谁敢复争！"复，扶又翻。上曰："汝言是也！汝言是也！"由是遂定。六月，庚子，立玙为太子。

11 辛丑，以岐州刺史萧炅为河西节度使总留后事，鄯州都督杜希望为陇右节度使，太仆卿王昱为剑南节度使，考异曰：旧传作"王昊"，今从实录、唐历。分道经略吐蕃，仍毁所立赤岭碑。立碑，见上卷二十一年。

12 突骑施可汗苏禄，素廉俭，每攻战所得，辄与诸部分之，不留私蓄，由是众乐为用。乐，音洛。既尚唐公主，又潜通突厥及吐蕃，突厥、吐蕃各以女妻之。苏禄以三国女为可敦，又立数子为叶护，用度浸广，由是攻战所得，不复更分。晚年病风，一手挛缩，妻，七细翻。复，扶又翻；下而复同。挛，闾缘翻。诸部离心。酋长莫贺达干、都摩度两部最强，酋，慈由翻。长，知两翻。考异曰：会要作"莫贺咄达干"。今从实录。新传作"都摩支"。今从实录、旧传。其部落又分为黄姓、黑姓，互相乖阻，突骑施种人自谓娑葛后者为黄姓，苏禄部为黑姓。于是莫贺达干勒兵夜袭苏禄，杀之。都摩度初与莫贺达干连谋，既而复与之异，立苏禄之子骨啜为吐火仙可汗以收其馀众，与莫贺达干相攻。莫贺达干遣使告碛西节度使盖嘉运，碛，七迹翻。上命嘉运招集突骑施、拔汗那以西诸国；吐火仙与都摩度据碎叶城，黑姓可汗尔微特勒据怛逻斯城，碎叶川长千里，西属怛逻斯城。其城初属石国，石常分兵镇之。盖，古盍翻。骑，奇寄翻。可，从刊入声。汗，音寒。怛，当割翻。逻，郎佐翻。考异曰：唐历作"恒逻斯"。今从实录。相与连兵以拒唐。

13 太子将受册命，仪注有中严、外办及绛纱袍，唐制，皇帝大祀致斋之日，昼漏上水一刻，侍中版奏请中严，诸卫入陈于殿庭，文武五品已上袴褶陪位，诸侍从之官服其器服，诸侍臣斋者结佩，诣阁奉迎。二刻，侍中版奏外办，乘舆乃出朝会，诸卫立仗，百官就列已定，侍中亦奏外办，不请中严。皇帝将出，驾发前七刻击一鼓为一严；前五刻击二鼓为再严。侍中版奏请中严，有司陈卤簿；前二刻击三鼓为三严，诸卫以次入立于殿庭，群官立朝堂，侍中、中书令已下奉迎于西阶，侍中奉宝，乘黄令进路于太极殿西阶南向，千牛将军执长刀立路前北向，黄门侍郎立侍臣之前，赞者二人。既外办，太仆卿摄衣而升，正立执辔，乘舆出升路。太后、皇后亦有中严、外办，皆尚仪版奏。皇太子中严、外办左庶子版奏。皇帝冠通天冠，则服绛纱袍，冬至受朝贺、祭还、燕群臣、养老之服也。太子冠远游冠，亦服绛纱袍，谒朝还宫、元日朔日入朝、释奠之服也。太子嫌与至尊同称，表请易之。左丞相裴耀卿奏停中严，改外办曰外备，改绛纱袍为朱明服。秋，七月，己巳，上御宣政殿，册太子。考异曰：元载肃宗实录云："二十七年七月壬辰，行册礼。"今从玄宗实录。故事，太子乘辂至殿门。至是，太子不就辂，自其宫步入。是日，赦天下。己卯，册忠王妃韦氏为太子妃。

14 杜希望将鄯州之众夺吐蕃河桥，筑盐泉城于河左，吐蕃发兵三万逆战。希望众少不敌，将，即亮翻，又音如字。鄯，音善，又时战翻。吐，从暾入声。少，始绍翻。将卒皆惧。左威卫郎将王忠嗣帅所部先犯其陈，所向辟易，杀数百人，虏陈乱。将，即亮翻。嗣，祥吏翻。帅，读曰率。陈，读曰阵。希望纵兵乘之，虏遂大败。置镇西军于盐泉。镇西军在河州西百八十里。忠嗣以功迁左金吾将军。

15 八月，辛巳，勃海王武艺卒，子钦茂立。

16 九月，丙申朔，日有食之。

17 初，仪凤中，吐蕃陷安戎城而据之，初，剑南度茂州之西筑安戎城戍之，以迮吐蕃南鄙，生羌导吐蕃取之，因守之，遂并西洱河诸蛮，东与松、茂、巂接。其地险要，唐屡攻之，不克。剑南节度使王昱筑两城于其侧，顿军蒲婆岭下，新书作"蓬婆岭"，其地在雪山外，杜甫诗所谓"次取蓬婆雪外城"是也。运资粮以逼之。吐蕃大发兵救安戎城，昱众大败，死者数千人。考异曰：旧传，"将士数万人，皆没于贼。"今从实录。昱脱身走，粮仗军资皆弃之。贬昱栝州刺史，再贬高要尉而死。

18 戊午，册南诏蒙归义为云南王。水经注：云南郡本云山县地也，蜀刘氏建兴二年置郡。自唐戎州开边县而南七十里至曲州，又二千五百里至云南城。

归义之先本哀牢夷，哀牢夷，汉明帝之时内附。地居姚州之西，东南接交趾，西北接吐蕃。蛮语谓王曰诏，先有六诏：曰蒙舍，曰蒙越，曰越析，曰浪穹，曰样备，曰越澹，考异曰：新书"六诏曰蒙巂、越析、浪穹、邆睒、施浪、蒙舍。"今从窦滂云南别录。兵力相埒，莫能相壹；埒，力辍翻。历代因之以分其势。蒙舍最在南，故谓之南诏。高宗时，蒙舍细奴逻初入朝。细奴逻生逻盛，逻盛生盛逻皮，盛逻皮生皮逻阁。朝，直遥翻。逻，郎佐翻。考异曰：新传云："蒙氏父子以名相属，细奴逻生逻盛炎，逻盛炎生炎阁。武后时，逻盛炎身入朝，妻方娠，生盛逻皮，喜曰：'我又有子，虽死唐地足矣。'炎阁立，死。开元时，弟盛逻皮立，生皮逻阁，授特进，封台登郡王。炎阁未有子时，以阁罗凤为嗣；及生子，还其宗，而名承阁遂不改。"按逻盛炎之子盛逻皮，岂得云以名相属！既有炎阁，岂得云"我又有子，虽死唐地足矣"！今从旧南诏传及杨国忠传、云南别录。又旧南诏传"阁"皆作"阁"。今从新传。皮逻阁浸强大，而五诏微弱；会有破洱河蛮之功，洱河即西洱河。洱，音乃吏翻。乃赂王昱，求合六诏为一。昱为之奏请，为，于伪翻。朝廷许之，仍赐名归义。于是以兵威胁服群蛮，不从者灭之，遂击破吐蕃，徙居大和城；其后卒为边患。南诏事始此。其先乌蛮别种。夷语山陂陀为和，故谓之大和城。卒，子恤翻。

19 冬，十月，戊寅，上幸骊山温泉；壬辰，上还宫。

20 是岁，于西京、东都往来之路，作行宫千馀间。

21 分左右羽林置龙武军，以万骑营隶焉。骑，奇寄翻。

22 润州刺史齐浣奏："自瓜步济江迂六十里。请自京口埭下直济江，穿伊娄河二十五里即达扬子县，立伊娄埭。"从之。埭，音代。按旧书本纪，齐浣开伊娄河于扬州南瓜州浦，则今之瓜洲运河是也。但扬子县今为真州治所，安能二十五里即达扬子县！若自瓜洲达扬子桥，则二十五里而近。今之扬子桥，或者唐之扬子县治所，桥以此得名也。

二十七年（己卯、七三九）

1 春，正月，壬寅，命陇右节度大使荣王琬自至本道巡按处置诸军，处，昌吕翻。选募关内、河东壮士三五万人，诣陇右防遏，至秋末无寇，听还。

2 群臣请加尊号曰圣文；二月，己巳，许之，因赦天下，免百姓今年田租。

3 夏，四月，癸酉，敕："诸阴阳术数，自非婚丧卜择，皆禁之。"

4 己丑，以牛仙客为兵部尚书兼侍中，李林甫为吏部尚书兼中书令，总文武选事。盖令牛仙客总武选，李林甫总文选也。选，须绢翻。

5 六月，癸酉，以御史大夫李适之兼幽州节度使。

幽州将赵堪、白真陁罗矫节度使张守珪之命，使平卢军使乌知义击叛奚馀党于横水之北；横水当作"潢水"。新书作"湟水"，旧书张守珪传作"潢水"，今从之。潢水在辽国，今临潢府界。志云，自营州度松陉岭北行四百里至潢水。使，疏吏翻。将，即亮翻。知义不从，白真陁罗矫称制指以迫之。知义不得已出师，与虏遇，先胜后败；守珪隐其败状，以克获闻。

事颇泄，上令内谒者监牛仙童往察之。内谒者监，唐正六品下，掌内宣传及诸亲命妇朝会所司，籍其人数送内侍省。守珪重赂仙童，归罪于白真陁罗，逼令自缢死。缢，于计翻。仙童有宠于上，众宦官疾之，共发其事。上怒，甲戌，命杨思勖杖杀之。思勖缚格，杖之数百，刳取其心，割其肉啖之。啖，徒滥翻，又徒览翻。守珪坐贬括州刺史。太子太师萧嵩尝赂仙童以城南良田数顷，李林甫发之，嵩坐贬青州刺史。

6 秋，八月，乙亥，碛西节度使盖嘉运擒突骑施可汗吐火仙。碛，七迹翻。盖，古盍翻。嘉运攻碎叶城，吐火仙出战，败走，擒之于贺逻岭。分遣疏勒镇守使夫蒙灵詧与拔汗那王阿悉烂达干潜引兵突入怛逻斯城，擒黑姓可汗尔微，遂入曳建城，取交河公主，交河公主事始二百一十二卷十一年。悉收散发之民数万以与拔汗那王，威震西陲。

7 壬午，吐蕃寇白草、安人等军，白草军在蔚茹水之西。又，鄯州星宿川之西有安人军。蔚茹水在原州萧关县，此时吐蕃兵不能至；疑“白草军”当作“白水军”。陇右节度使萧炅击破之。炅，火迥翻。

8 甲申，追谥孔子为文宣王。先是，祀先圣先师，周公南向，孔子东向坐。制：“自今孔子南向坐，被王者之服，释奠用宫悬。”先，悉荐翻。被，皮义翻。周礼，王宫悬，诸侯轩悬，卿大夫判悬，士特悬。注云：宫悬，四面悬，象宫室四面有墙，故谓之宫悬。轩悬三面，其形曲。判悬又去其一面；特悬又去其一面。追赠弟子皆为公、侯、伯。颜渊，兖公；闵子骞，费侯；冉伯牛，郓侯；仲弓，薛侯；冉有，徐侯；季路，卫侯；宰我，齐侯；子贡，黎侯；子游，吴侯；子夏，魏侯；曾参，成伯；颛孙师，陈伯；澹台灭明，江伯；宓子贱，单伯；原宪，原伯；公冶长，莒伯；南宫适，郯伯；公皙哀，郳伯；曾点，宿伯；颜路，杞伯；商瞿，蒙伯；高柴，共伯；漆雕开，滕伯；公伯寮，任伯；司马牛，向伯；樊迟，樊伯；有若，卞伯；公西赤，邵伯；巫马期，鄫伯；梁鳣，梁伯；颜柳，萧伯；冉孺，郜伯；曹恤，丰伯；伯虔，邹伯；公孙龙，黄伯；冉季产，东平伯；秦子南，少梁伯；漆雕敛，武城伯；颜子骄，琅邪伯；漆雕徒父，须句伯；壤驷赤，北徵伯；商泽，睢阳伯；石作蜀，郈邑伯；任不齐，任城伯；公夏首，亢父伯；公良孺，东牟伯；后处，营丘伯；秦开，彭衙伯；奚容箴，下邳伯；公肩定，新田伯；颜襄，临沂伯；鄡单，铜鞮伯；句井彊，淇阳伯；罕父黑，乘丘伯；秦商，上洛伯；申党，召陵伯；公祖子之，期思伯；荣子期，雩娄伯；县成，钜野伯；左人郢，临淄伯；燕伋、渔阳伯；郑子徒，荥阳伯；秦非，汧阳伯；施常，乘氏伯；颜哙，朱虚伯；步叔乘，淳于伯；颜之仆，东武伯；原亢籍，莱芜伯；乐欬，昌平伯；廉洁，莒父伯；颜何，开阳伯；叔仲会，瑕丘伯；狄黑，临济伯；邦巽，平陆伯；孔患，汶阳伯；公西与如，重丘伯；公西箴，祝阿伯。

9 九月，戊午，处木昆、鼠尼施、弓月等诸部先隶突骑施者，皆帅众内附，帅，读曰率。仍请徙居安西管内。

10 太子更名绍。更，工衡翻。

11 冬，十月，辛巳，改修东都明堂。按旧书帝纪，即东都乾元殿改修明堂。

12 丙戌，上幸骊山温泉；十一月，辛丑，还宫。

13 甲辰，明堂成。

14 剑南节度使张宥，文吏不习军旅，悉以军政委团练副使章仇兼琼。据旧志，上元后置团练使。余考唐制，凡有团结兵之地，则置团练使。此时蜀有黎、雅、邛、翼、茂五州镇防团结兵，故置团练副使；安、史乱后，诸州皆置团练使矣。兼琼入奏事，盛言安戎城可取，上悦之。丁巳，以宥为光禄卿。十二月，以兼琼为剑南节度使。

15 初，睿宗丧既除，祫于太庙；自是三年一祫，五年一禘。是岁，夏既禘，冬又当祫。祫，疾夹翻。太常议以为祭数则渎，数，所角翻。请停今年祫祭，自是通计五年一祫、一禘；从之。史言如此乃合于五年再殷祭之义。

二十八年（庚辰、七四〇）

1 春，正月，癸巳，上幸骊山温泉；庚子，还宫。

2 二月，荆州长史张九龄卒。上虽以九龄忤旨，逐之，卒，子恤翻。忤，五故翻。然终爱重其人，每宰相荐士，辄问曰："风度得如九龄不？"不，读曰否。

3 三月，丁亥朔，日有食之。

4 章仇兼琼潜与安戎城中吐蕃翟都局及维州别驾董承晏结谋，使局开门引内唐兵，尽杀吐蕃将卒，使监察御史许远将兵守之。将，即亮翻。监，古苋翻。远，敬宗之曾孙也。永徽、显庆之间，许敬宗以奸佞致位公辅；安、史之乱，远乃能效死节以报国，史故著其世以勉为臣者。

5 甲寅，盖嘉运入献捷。上赦吐火仙罪，以为左金吾大将军。嘉运请立阿史那怀道之子昕为十姓可汗；从之。考异曰：旧传云："嘉运欲立怀道之子昕为可汗以镇抚之，莫贺达干不肯，曰：'讨平苏禄，本是我之元谋，若立史昕为主，则国家何以酬赏于我！'乃不立史昕，便令莫贺达干统众。二十七年，嘉运诣阙献俘，仍令将吐火仙献于太庙。"会要："二十九年，以斛瑟罗之孙、怀道之子昕为可汗，遣兵送之。天宝元年，昕至碎叶西南俱南城，为莫贺咄达干所杀。三年，安西节度使马灵詧斩之，更立其酋长为伊地米里骨咄禄毗伽可汗。"按实录："开元二十八年，三月，甲寅，盖嘉运俘吐火仙来献；四月，辛未，册十姓可汗阿史那昕妻李氏为交河公主；十二月乙卯，突骑施可汗莫贺达干率其妻子及纛官首领百馀人内属。初，莫贺达干与乌苏万洛扇诱诸蕃叛于我，上命盖嘉运宣恩招谕，皆相率而降。"新传云："达干不肯立昕，即诱部落叛；诏嘉运招谕，乃率妻子等降，遂命统其众。后数年，复以昕为可汗，遣兵护送。昕至俱兰城，为莫贺咄所杀；莫贺咄自为可汗，安西节度使夫蒙灵詧诛斩之。"若如旧传所言，嘉运便以莫贺达干为可汗统众，则莫贺不应复叛。且立可汗当须朝廷册命，嘉运岂得擅立于塞外也！若未以为可汗，则实录十二月不应谓之突骑施可汗莫贺达干也。若如会要所言，二十九年始立昕为可汗，则实录二十八年四月不应已谓昕为十姓可汗也。盖嘉运既平突骑施，即奏立昕为十姓可汗，故莫贺达干不服而叛。明皇乃以莫贺达干为小可汗，止统突骑施之众，使嘉运招谕之，故来降；然昕为十姓可汗，兼统诸部，故明皇遣兵送之，而为莫贺达干所杀，事或然也。但实录脱落，疑不敢质；故略采诸书所见，存其梗概书之。夏，四月，辛未，以昕妻李氏为交河公主。

6 六月，吐蕃围安戎城。

7 上嘉盖嘉运之功，以为河西、陇右节度使，使之经略吐蕃。嘉运恃恩流连，不时发。盖嘉运恃其边功以自昵于人主，是从流于上也。在京师以酒色自娱而不即赴镇，是从流于下也。史以流连二字言之，旨哉！左丞相裴耀卿上疏，上，时掌翻。疏，所去翻。以为："臣近与嘉运同班，观其举措，诚勇烈有馀，然言气矜夸，恐难成事。

昔莫敖忸于蒲骚之役，卒丧楚师；左传：楚莫敖屈瑕既败郧师于蒲骚，复伐罗。鬬伯比送之曰：“莫敖必败；举趾高，心不固矣。”遂见楚子，楚子入告夫人邓曼。邓曼曰：“莫敖忸于蒲骚之役，将自用也。君若不镇抚，其不设备乎！”莫敖果不设备。及罗，罗与卢戎两军之，大败之。忸，女九翻。陆德明曰：骚，音萧，又音缫。卒，子恤翻。今嘉运有骄敌之色，臣窃忧之。况防秋非远，未言发日，若临事始去，则士卒尚未相识，何以制敌！且将军受命，凿凶门而出；今乃酣饮朝夕，殆非忧国爱人之心。若不可改易，宜速遣进涂，仍乞圣恩严加训励。”上乃趣嘉运行。趣，读曰促。已而嘉运竟无功。盖嘉运小器易盈，志气惰矣，安能有功！

8 秋，八月，甲戌，幽州奏破奚、契丹。

9 冬，十月，甲子，上幸骊山温泉；辛巳，还宫。

10 吐蕃寇安戎城及维州；发关中彍骑救之，骑，奇寄翻。吐蕃引去。更命安戎城曰平戎。更，工衡翻。

11 十一月，罢牛仙客朔方、河东节度使。

12 突骑施莫贺达干闻阿史那昕为可汗，怒曰：“首诛苏禄，我之谋也；今立史昕，何以赏我！”遂帅诸部叛。上乃立莫贺达干为可汗，使统突骑施之众；命盖嘉运招谕之。十二月，乙卯，莫贺达干降。帅，读曰率。降，户江翻。

13 金城公主薨；金城公主事始二百八卷中宗景龙元年。吐蕃告丧，且请和，上不许。

14 是岁，天下县千五百七十三，户八百四十一万二千八百七十一，口四千八百一十四万三千六百九。西京、东都米斛直钱不满二百，绢匹亦如之。海内富安，行者虽万里不持寸兵。以开元之承平，而户口犹不及汉之盛时，唐兴以来，治日少而乱日多也。

二十九年（辛巳、七四一）

1 春，正月，癸巳，上幸骊山温泉。

2 丁酉，制："承前诸州饥馑，皆待奏报，然始开仓赈给。承前，犹今言从前也；然始，犹今言然后也。道路悠远，何救悬绝！自今委州县长官与采访使量事给讫奏闻。"长，知两翻。使，疏吏翻。量，音良。

3 庚子，上还宫。

4 上梦玄元皇帝告云："吾有像在京城西南百馀里，汝遣人求之，吾当与汝兴庆宫相见。"有宋大中祥符之事，皆唐明皇教之也。上遣使求得之于盩厔楼观山间。盩厔县，汉属扶风，后魏并入武功，寻复。后周为周南郡，隋废郡，以盩厔县属雍州，唐属岐州。苏轼曰：楼观山，今为崇圣观，乃尹喜旧宅，山脚有授经台，尚在。使，疏吏翻。盩厔，音舟窒。观，古玩翻；下同。夏，闰四月，迎置兴庆宫。五月，命画玄元真容，分置诸州开元观。

5 六月，吐蕃四十万众入寇，至安仁军，"安仁军"，当作"安人军"。浑崖峰骑将臧希液帅众五千击破之。骑，奇寄翻。将，即亮翻。帅，读曰率。考异曰：旧传作"盛希液"，今从唐历。

6 秋，七月，丙寅，突厥遣使来告登利可汗之丧。初，登利从叔二人，分典兵马，号左、右杀。从，才用翻。登利患两杀之专，与其母谋，诱右杀，斩之，诱，音酉。自将其众。将，即亮翻。左杀判阙特勒勒兵攻登利，杀之，立毗伽可汗之子为可汗；俄为骨咄叶护所杀，更立其弟；伽，求迦翻。咄，当没翻。更，工衡翻。寻又杀之，骨咄叶护自立为可汗。考异曰：旧传云："左杀自立为乌苏米施可汗。"唐历、新传皆云"判阙特勒子为乌苏米施可汗，天宝初立"；今从之。上以突厥内乱，癸酉，命左羽林将军孙老奴招谕回纥、葛逻禄、拔悉密等部落。纥，下没翻。逻，郎佐翻。

7 乙亥，东都洛水溢，溺死者千馀人。溺，奴狄翻。

8 平卢兵马使安禄山，倾巧，善事人，人多誉之。誉，音余。上左右至平卢者，禄山皆厚赂之，由是上益以为贤。御史中丞张利贞为河北采访使，至平卢，禄山曲事利贞，乃至左右皆有赂。利贞入奏，盛称禄山之美。八月，乙未，以禄山为营州都督，充平卢军使，考异曰：实录，此年“八月乙未，以幽州节度副大使安禄山为营州刺史，充平卢、渤海、黑水军使。”旧纪：“以幽州节度副使安禄山为营州刺史，平卢军节度副使。”会要：“二十八年，王斛斯为平卢节度使，遂为定额。”按旧传，禄山自平卢兵马使为平卢军使，盖以平卢兵马使带幽州节度副使之名耳。实录衍“大”字也。天宝元年，始以平卢为节度，会要误也。两蕃、勃海、黑水四府经略使。唐谓奚、契丹为两蕃。

9 冬，十月，丙申，上幸骊山温泉。

10 壬寅，分北庭、安西为二节度。

11 十一月，庚戌，司空邠王守礼薨。守礼庸鄙无才识，每天将雨及霁，守礼必先言之，已而皆验。岐、薛诸王言于上曰：“邠兄有术。”上问其故，对曰：“臣无术。则天时以章怀之故，幽闭宫中十馀年，守礼幽闭事见二百四卷武后天授元年。岁赐敕杖者数四，背瘢甚厚，将雨则沈闷，瘢，蒲官翻。沈，持林翻。将霁则轻爽，臣以此知之耳。”因流涕沾襟；上亦为之惨然。为，于伪翻。

12 辛酉，上还宫。

13 辛未，太尉宁王宪薨。上哀惋特甚，曰：“天下，兄之天下也；兄固让于我，事见二百十卷睿宗景云元年。惋，乌贯翻。为唐太伯，常名不足以处之。”处，昌吕翻。乃谥曰让皇帝。其子汝阳王琎，琎，资辛翻。上表追述先志，谦冲不敢当帝号；上不许。敛日，敛，力赡翻。内出服，天子之服也。以手书致于灵座，书称“隆基白”；又名其墓曰惠陵，惠陵在同州奉先县西北十里。追谥其妃元氏曰恭皇后，祔葬焉。

14 十二月，乙巳，吐蕃屠达化县，达化，古浇河之地，后周置达化郡及县，隋废郡，以县属廓州，县西百二十里有浇河城。陷石堡城；盖嘉运不能御。果如裴耀卿之言。

齐思和标点聂崇岐覆校

资治通鉴卷第二百一十五

端明殿学士兼翰林侍读学士太中大夫
提举西京嵩山崇福宫上柱国河内郡开国公 司马光 奉敕编集
食邑二千二百户食实封九百户赐紫金鱼袋臣

后学天台胡三省音注

唐纪三十一 起玄黓敦牂（壬午），尽强圉大渊献（丁亥）十一月，凡五年有奇。

玄宗至道大圣大明孝皇帝中之下

天宝元年（壬午、七四二）

1 春，正月，丁未朔，上御勤政楼帝于兴庆宫西南隅建二楼：花萼相辉楼在西临街，以燕兄弟；勤政务本楼在南，以修政事。受朝贺，朝，直遥翻。赦天下，改元。

2 壬子，分平卢别为节度，以安禄山为节度使。使，疏吏翻；下同。

是时，天下声教所被之州三百三十一，被，支义翻。考异曰：旧纪云"三百六十二"。按地理志，开元二十八年，州府三百二十八，至此才二年，不应遽增三十馀州。今从唐历、会要、统纪。羁縻之州八百，置十节度、经略使以备边。安西节度抚宁西域，统龟兹、焉耆、于阗、疏勒四镇，治龟兹城，兵二万四千。焉耆治所在安西府东八百里；于阗在南二千里；疏勒在西二千馀里。龟兹，音丘慈，又音屈佳。阗，徒贤翻，又徒见翻。北庭节度防制突骑施、坚昆，统瀚海、天山、伊吾三军，屯伊、西二州之境，治北庭都护府，兵二万人。突骑施牙帐在北庭府西北三千馀里；坚昆在北七千里。瀚海军在北庭府城内，兵万二千人。天山军在西州城内，兵五千人。伊吾军在伊州西北三百里甘露川，兵三千人。骑，奇寄翻。河西节度断隔吐蕃、突厥，断，丁管翻。吐，从暾入声。厥，九勿翻。统赤水、大斗、建康、宁寇、玉门、墨离、豆卢、新泉八军，张掖、交城、白亭三守捉，屯凉、肃、瓜、沙、会五州之境，治凉州，兵七万三千人。赤水军在凉州城内，兵三万三千人。大斗军在凉州西二百馀里甘、肃二州界，兵七千五百人。建康军在凉州西二百里，兵五千三百人。宁寇军在凉州东北千馀里，兵八千五百人。玉门军在肃州西二百里，管兵五千二百人。墨离军本月氏国，在瓜州西北千里，管兵五千人。豆卢军在沙州城内，管兵四千三百人。新泉军在会州西北二百里，管兵千人。张掖守捉在凉州南二百里，管兵五百人。交城守捉在凉州西二百里，管兵千人。白亭守捉在凉州西北五百里，管兵千七百人。唐制：大曰军，小曰守捉。赵珣聚米图经：自甘州西至肃州五百里；自肃州西至瓜州四百五十里；自瓜州西至沙州二百八十里；自沙州西至伊州四百里。会州东至盐州八百里，西至凉州六百里，南至宋镇戎军一百四十里，北至灵州六百里。朔方节度捍御突厥，统经略、丰安、定远三军，三受降城，安北、单于二都护府，屯灵、夏、丰三州之境，治灵州，兵六万四千七百人。经略军在灵州城内，兵二万七百人。丰安军在灵州西黄河外百八十里，兵八千人。定远军在灵州东北二百里黄河外，兵七千人。西受降城在丰州北黄河外八十里，兵七千人。安北都护府治中受降城，黄河北岸，兵六千人。东受降城在胜州东北二百里，兵七千人。振武军在单于都护府城内，兵九千人。降，户江翻。单，音蝉。夏，户雅翻。河东节度与朔方掎角以御突厥，统天兵、大同、横野、岢岚四军，云中守捉，屯太原府忻、代、岚三州之境，治太原府，兵五万五千人。天兵军在太原城内，兵三万人。大同军在代州北三百里，兵九千五百人。横野军在蔚州东北一百四十里，兵三千人。岢岚军在岚州北百里，兵一千人。云中守捉在单于府西北二百七十里，兵七千七百人。忻州在太原府北八十里，兵七千八百人。代州至太原五百里，兵四千人。岚州在太原府西北二百五十里，兵三千人。岢，枯我翻。岚，卢含翻。范阳节度临制奚、契丹，统经略、威武、清夷、静塞、恒阳、北平、高阳、唐兴、横海九军，屯幽、蓟、妫、檀、易、恒、定、漠、沧九州之境，治幽州，兵九万一千四百人。经略军在幽州城内，兵三万人。威武军在檀州城内，兵万人。清夷军在妫州城内，兵万人。静塞军在蓟州城内，兵万六千人。恒阳军在恒州城东，兵六千五百人。北平军在定州城西，兵六千人。高阳军在易州城内，兵六千人。唐兴军在莫州城内，兵六千人。横海军在沧州城内，兵六千人。景云元年，以瀛州鄚县置鄚州。开元十三年，以“鄚”字类“郑”字，改为漠州，寻又改莫州。契，欺讫翻，又音吃。恒，户登翻。蓟，音计。妫，居为翻。平卢节度镇抚室韦、靺鞨，统平卢、卢龙二军，榆关守捉，安东都护府，屯营、平二州之境，治营州，兵三万七千五百人。平卢军在营州城内，兵万六千人。卢龙军在平州城内，兵万人。榆关守捉在营州城西四百八十里，兵三千人。安东都护府在营州东二百里，兵八千五百人。靺鞨，音末曷。“榆”当作“渝”，注详见上卷。陇右节度备御吐蕃，统临洮、河源、白水、安人、振威、威戎、漠门、宁塞、积石、镇西十军，绥和、合川、平夷三守捉，屯鄯、廓、洮、河之境，治鄯州，兵七万五千人。临洮军在鄯州城内，兵万五千人。河源军在鄯州西百三十里，兵四千人。白水军在鄯州西北二百三十里，兵四千人。安人军在鄯州界星宿川西，兵万人。振威军在鄯州西三百里，兵千人。威戎军在鄯州西北三百五十里，兵千人。漠门军在洮州城内，兵五千五百人。宁塞军在廓州城内，兵五百人。积石军在廓州西百八十里，兵七千人。镇西军在河州城内，兵万一千人。绥和守捉在鄯州西南二百五十里，兵千人。合川守捉在鄯州南百八十里，兵千人。平夷守捉在河州西南四十里，兵三千人。洮，土刀翻。鄯，时战翻，又音善。剑南节度西抗吐蕃，南抚蛮獠，统天宝、平戎、昆明、宁远、澄川、南江六军，屯益、翼、茂、当、嶲、柘、松、维、恭、雅、黎、姚、悉十三州之境，治益州，兵三万九百人。团结营在成都府城内，兵万四千人。天宝军在恭州东南九十里，兵千人。平戎军在恭州南八十里，兵千人。昆明军在嶲州南，兵五千一百人。宁远军在嶲州西，兵三百人。澄川守捉在姚州东六百里，管兵二千人。南江军兵三百人。翼州兵五百人。茂州兵三百人。维州兵五百人。柘州兵五百人。松州兵二千八百人。当州兵五百人。雅州兵四百人。黎州兵千人。姚州兵三百人。悉州兵五千人。杜佑曰：当州江源郡在翼州西二百七十里，西北到故通轨县二百里，以西即是生羌。悉州在当州南八十里。黎州，汉沈黎郡也，东去一里，高山万重，更无郡县；西南去郡一里，高山万重；东北去郡五里，西北去郡二里，皆高山万重。茂州，刘昫曰：隋汶山郡，武德元年改曰会州，贞观八年改曰茂州，以郡界茂湿山为名。松州东至茂州三百里，西南至当州三百里，西北至吐蕃界九十里，南至翼州一百八十里。恭州，开元二十四年分静州广平县置，东至柘州一百里。悉州西北至当州八十里。獠，鲁皓翻。嶲，音髓。岭南五府经略绥静夷、獠，统经略、清海二军，桂、容、邕、交四管，治广州，兵万五千四百人。经略军在广州城内，兵五千四百人。清海军在恩州城内，兵二千人。桂府兵千人。容府兵千一百人。邕府兵千七百人。安南府兵四千二百人。已上兵轻，税本镇以自给。此外又有长乐经略，福州领之，乐，音洛。兵千五百人。东莱守捉，莱州领之；东牟守捉，登州领之；兵各千人。凡镇兵四十九万人，捉，仄角翻。考异曰：此兵数，唐历所载也。旧纪："是岁天下健儿、团结、彍骑等，总五十七万四千七百三十三。"此盖止言边兵，彼并京畿诸州彍骑数之耳。马八万馀匹。安西府马二千七百匹，北庭瀚海军马四千二百匹，天山军马五百匹，伊吾军马三百匹，河西赤水军马万三千匹，大斗军马二千四百匹，建康军马五百匹，宁寇、玉门军共管马六百匹，墨离军马四百匹，豆卢军马四百匹，朔方经略军马三千匹，丰安军马千三百匹，定远军马二千匹，西受降城马千七百匹，中受降城马二千匹，东受降城马千七百匹，振武军马千六百匹，河东天兵军马五千五百匹，云中守捉马二千匹，大同军马五千五百匹，横野军马千八百匹，范阳经略军马五千四百匹，威武军马三百匹，清夷军马三百匹，静塞军马五百匹，平卢军马四千二百匹，卢龙军马五百匹，渝关守捉马百匹，安东府马七百匹，陇右临洮军马八千匹，河源军马六百五十匹，白水军马五百匹，安人军马二百五十匹，威戎军马五十匹，漠门军马二百匹，宁塞军马五十匹，积石军马三百匹，剑南团结营马千八百匹，昆明军马二百匹。开元之前，每岁供边兵衣粮，费不过二百万；天宝之后，边将奏益兵浸多，每岁用衣千二十万匹，粮百九十万斛，安西衣赐六十二万匹段，北庭衣赐四十八万匹段，河西衣赐百八十万匹段，朔方衣赐二百万匹段，河东衣赐百二十六万匹段，粮五十万石，范阳衣赐八十万匹段，粮五十万石，平卢失衣粮数，陇右衣赐二百五十万匹段，剑南衣赐八十万匹段，粮七十万石。将，即亮翻。公私劳费，民始困苦矣。

3 甲寅，陈王府参军田同秀皇子陈王珪府参军也。上言："见玄元皇帝于丹凤门之空中，告以'我藏灵符，在尹喜故宅。'"上，时掌翻；下上表同。上遣使于故函谷关尹喜台旁求得之。列仙传曰：关令尹喜者，周大夫也。老子西游，喜先见其气候物色而迹之，果得老子；老子亦知其旨，为著道德经。使，疏吏翻。

4 陕州刺史李齐物穿三门运渠，辛未，渠成。新书曰：齐物凿砥柱为门以通漕，开其山巅为挽路，沃醯而凿之。然弃石入河，水益湍怒，舟不能入新门，候水涨以人挽舟而上。天子疑之，遣宦者按视，齐物厚赂宦者，还，言其便。陕，失冉翻。齐物，神通之曾孙也。淮安王神通。

5 壬辰，群臣上表，以"函谷灵符，潜应年号；先天不违，易曰：先天而天不违。先，悉荐翻。请于尊号加'天宝'字。"从之。

二月，辛卯，上享玄元皇帝于新庙。时置玄元庙于大宁坊西南角。甲午，享太庙。丙申，合祀天地于南郊，赦天下。改侍中为左相，中书令为右相，尚书左、右丞相复为仆射；开元初，改左、右仆射为尚书左、右丞相。复，扶又翻；下清复同。东都、北都皆为京，州为郡，刺史为太守；改桃林县曰灵宝。隋开皇十六年置桃林县，取古者桃林之野以为县名，属洛州，唐属陕州。今以得玄元灵符，改曰灵宝。守，式又翻。田同秀除朝散大夫。朝，直遥翻。散，悉亶翻。

时人皆疑宝符同秀所为。间一岁，清河人崔以清复言："见玄元皇帝于天津桥北，云藏符在武城紫微山，"武城，即汉之东武城县，与清河县皆属清河郡。敕使往求，亦得之。东都留守王倕知其诈，按问，果首服。使，疏吏翻。守，式又翻；下太守同。倕，音垂。首，式又翻。奏之。上亦不深罪，流之而已。

6 三月，以长安令韦坚为陕郡太守，陕郡，陕州。陕，失冉翻。

领江、淮租庸转运使。先天中，李杰为陕州刺史，领水陆发运使；置使自杰始也。裴耀卿之后，命坚始以租庸使入衔。使，疏吏翻；下同。

初，宇文融既败，言利者稍息。事见二百十三卷开元十八年。及杨慎矜得幸，事始二百十三卷二十一年。于是韦坚、王𫟹之徒𫟹，户公翻。竞以利进，百司有利权者，稍稍别置使以领之，旧官充位而已。史言诸使所由始。坚，太子之妃兄也，为吏以干敏称。上使之督江、淮租运，岁增巨万；上以为能，故擢任之。王𫟹，方翼之曾孙也，自高宗至武后朝，王方翼著功名于西域。亦以善治租赋为户部员外郎兼侍御史。治，直之翻。

7 李林甫为相，凡才望功业出己右及为上所厚、势位将逼己者，必百计去之；去，羌吕翻。尤忌文学之士，或阳与之善，啖以甘言而阴陷之。世谓李林甫"口有蜜，谓其言甘也。啖，徒滥翻，又徒览翻。腹有剑"。谓其心在害人也。

上尝陈乐于勤政楼，垂帘观之。兵部侍郎卢绚谓上已起，垂鞭按辔，横过楼下；绚风标清粹，上目送之，深叹其蕴藉。绚，许县翻。蕴，于运翻。林甫常厚以金帛赂上左右，上举动必知之，乃召绚子弟谓曰："尊君素望清崇，今交、广藉才，圣上欲以尊君为之，可乎？若惮远行，则当左迁；不然，则以宾、詹分务东洛，谓以太子宾客、詹事分司东都也。亦优贤之命也，何如？"绚惧，以宾、詹为请。林甫恐乖众望，乃除华州刺史。华，户化翻。到官未几，诬其有疾，州事不理，除詹事，员外同正。几，居岂翻。

上又尝问林甫以"严挺之今安在？是人亦可用。"挺之时为绛州刺史。林甫退，召挺之弟损之，谕以"上待尊兄意甚厚，盍为见上之策，奏称风疾，求还京师就医。"挺之从之。林甫以其奏白上云："挺之衰老得风疾，宜且授以散秩，使便医药。"上叹咤久之；散，悉亶翻。咤，陟驾翻。夏，四月，壬寅，以为詹事，又以汴州刺史、河南采访使齐浣为少詹事，唐少詹事，正四品上。汴，皮变翻。使，疏吏翻。皆员外同正，于东京养疾。浣亦朝廷宿望，故并忌之。

8 上发兵纳十姓可汗阿史那昕于突骑施，至俱兰城，俱兰国所都城也。俱兰，或曰俱罗弩，或曰屈浪拏，与吐火罗接。可，从刊入声。汗，音寒。骑，奇寄翻。考异曰：会要作"俱南城"；胡语不明耳。为莫贺达干所杀。突骑施大纛官都摩度来降，纛，徒到翻。降，户江翻。六月，乙未，册都摩度为三姓叶护。

9 秋，七月，癸卯朔，日有食之。

10 辛未，左相牛仙客薨。八月，丁丑，以刑部尚书李适之为左相。

11 突厥拔悉密、回纥、葛逻禄三部共攻骨咄叶护，杀之，推拔悉密酋长为颉跌伊施可汗，回纥、葛逻禄自为左、右叶护。厥，九勿翻。纥，下没翻。逻，郎佐翻。咄，当没翻。酋，慈由翻。颉，奚结翻。跌，徒结翻。突厥馀众共立判阙特勒之子为乌苏米施可汗，以其子葛腊哆为西杀。哆，昌者翻。突厥以其亲属分掌东、西兵，号左、右杀，亦曰东、西杀。西杀，右杀也。

上遣使谕乌苏令内附，乌苏不从。朔方节度使王忠嗣盛兵碛口以威之，使，疏吏翻。碛，七迹翻。考异曰：新、旧书忠嗣传皆曰："是岁，忠嗣北伐，与奚怒皆战于桑干河，三败之，大虏其众。"又曰："明年再破怒皆及突厥之众，自是塞外晏然。"按朔方不与奚相接，不知所云奚怒皆何也。今阙之。乌苏惧，请降，而迁延不至。忠嗣知其诈，乃遣使说拔悉密、回纥、葛逻禄使攻之，乌苏遁去。忠嗣因出兵击之，取其右厢以归。击垂亡之虏，犹不肯轻用其兵，此王忠嗣所以为善将也。突厥左、右杀所部，谓之左、右厢。降，户江翻。说，输芮翻。纥，下没翻。逻，郎佐翻。

丁亥，突厥西叶护阿布思及西杀葛腊哆、默啜之孙勃德支、伊然小妻、毗伽登利之女帅部众千馀帐，相次来降，意此皆突厥右厢之众也。啜，陟劣翻。伽，求迦翻。帅，读曰率。考异曰：实录、旧纪皆云："突厥阿布思〔及默啜可汗〕之孙、登利可汗之女与其党属来降。"唐历云："乌苏米施可汗遁逃，其西叶护阿布思及毗伽可汗、可敦、男西杀葛腊哆率其部千馀帐来降。"旧王忠嗣传云："三部落攻米施可汗，走之，忠嗣因出兵伐之，取其右厢而归。其西叶护及毗伽可敦、男葛腊哆率其部落千馀帐入朝。"突厥传云："西杀妻子及默啜之孙勃德支特勒、毗伽可汗女大洛公主、伊然可汗小妻余塞匐、登利可汗女余烛公主及阿布思、颉利发等并帅其部众相次来降。"今参取用之。突厥遂微。九月，辛亥，上御花萼楼宴突厥降者，考异曰：本纪作"辛卯"。按长历，是月癸卯朔，无辛卯。唐历云"九月辛卯"，亦误也。赏赐甚厚。

12 护密先附吐蕃，戊午，其王颉吉里匐遣使请降。颉，奚结翻。匐，蒲北翻。

13 冬，十月，丁酉，上幸骊山温泉；【张："泉"下脱"十一月"。】己巳，还宫。

14 十二月，陇右节度使皇甫惟明奏破吐蕃大岭等军；戊戌，又奏破青海道莽布支营三万馀众，斩获五千馀级。庚子，河西节度使王倕奏破吐蕃渔海及游弈等军。史言明皇喜边功，故边帅告捷者相继。倕，音垂。

15 是岁，天下县一千五百二十八，乡一万六千八百二十九，户八百五十二万五千七百六十三，口四千八百九十万九千八百。

16 回纥叶护骨力裴罗遣使入贡，考异曰：旧传云："天宝初，其酋长叶护颉利吐发遣使入朝，封奉义王。"唐历："天宝三载，突厥拔志蜜可汗又为回纥葛罗禄等部落袭杀之，立回纥为主，是为骨咄禄毗伽阙可汗，遣使立为奉义王，又加怀仁可汗。"新突厥传云："回纥葛逻禄杀拔悉蜜可汗，奉回纥骨力裴罗定其国，是为国咄禄毗伽阙可汗"。按奉义王怀仁可汗是一人，而新突厥回纥传其名不同；然新传自吐迷度以来，世系皆可谱，今从之。赐爵奉义王。明未册为可汗也。

二年（癸未、七四三）

1 春，正月，安禄山入朝；朝，直遥翻。上宠待甚厚，谒见无时。见，贤遍翻。禄山奏言："去年营州虫食苗，巨焚香祝天云：'臣若操心不正，事君不忠，愿使虫食臣心；若不负神祇，愿使虫散。'即有群鸟从北来，食虫立尽。请宣付史官。"从之。操，千高翻。

2 李林甫领吏部尚书，日在政府，政府，谓政事堂。选事悉委侍郎宋遥、苗晋卿。御史中丞张倚新得幸于上，遥、晋卿欲附之。时选人集者以万计，选，须绢翻。入等者六十四人，倚子奭为之首，群议沸腾。前蓟令苏孝韫以告安禄山，蓟县带幽州涿郡，时改涿郡为范阳郡。蓟，音计。禄山入言于上，上悉召入等人面试之，奭手持试纸，终日不成一字，时人谓之"曳白"。癸亥，遥贬武当太守，晋卿贬安康太守，倚贬淮阳太守，武当郡，均州。安康郡，金州，本西城郡，元年更郡名。淮阳郡，陈州。旧志：金州，京师南七百三十七里，陈州一千五百二十里。同考判官礼部郎中裴朏等皆贬岭南官。晋卿，壶关人也。壶关县，自汉以来属上党郡，而唐上党县乃汉壶关县。隋分置上党县，带郡，唐武德四年分隋之上党县置壶关县，治高望堡，贞观十七年移治进流川。朏，音敷尾翻。

3 三月，壬子，追尊玄元皇帝父周上御大夫为先天太皇；又尊皋繇为德明皇帝，凉武昭王为兴圣皇帝。唐虞之世，皋陶为理；唐以为李氏得姓之始，故追尊为德明皇帝。凉武昭王暠，高祖之七世祖，建国于瓜、沙，李氏由是而兴，故尊为兴圣皇帝。繇，余招翻。

4 江、淮南租庸等使韦坚引浐水抵苑东望春楼下为潭，苑，禁苑也。潭在长安城东九里。浐，音产。以聚江、淮运船，役夫匠通漕渠，发人丘垄，自江、淮至京城，民间萧然愁怨。二年而成。丙寅，上幸望春楼观新潭。坚以新船数百艘，扁榜郡名，各陈郡中珍货于船背；陕尉崔成甫着锦半臂，缺胯绿衫以裼之，艘，苏遭翻。扁，补典翻。陕，失冉翻。着，陟略翻。胯，苦瓦翻。裼，先击翻，袒衣也。红袹首，袹，莫白翻。袹首，今人谓之抹额。居前船唱得宝歌，先是，民间唱俚歌曰："得体纥那邪。"其后得宝符于桃林，成甫乃更纥体歌为得宝弘农野，歌曰："得宝弘农野，弘农得宝耶？潭里舟船闹，扬州铜器多。三郎当殿坐，听唱得宝歌。"其俚又甚焉。使美妇百人盛饰而和之，和，户卧翻。连樯数里；坚跪进诸郡轻货，仍上百牙盘食。程大昌演繁露曰：唐少府监，御馔器用九饤食，以牙盘九枚装食味于上，置上前，亦谓之看食。仍上，时掌翻。上置宴，竟日而罢，观者山积。夏，四月，加坚左散骑常侍，散，悉亶翻。骑，奇寄翻。其僚属吏卒褒赏有差；名其潭曰广运。时京兆尹韩朝宗亦引渭水置潭于西街，以贮材木。朝，直遥翻。贮，丁吕翻。

5 丁亥，皇甫惟明引军出西平，西平郡即鄯州。击吐蕃，行千馀里，攻洪济城，破之。杜佑曰：廓州达化县有洪济镇，周武帝逐吐谷浑所筑，在县西二百七十里。长庆中，刘元鼎为盟会使，言河之上流，由洪济西行二千里，水益狭，冬、春可涉，夏、秋乃胜舟。其南三百里，三山中高四下，曰历山，直大羊同国，古所谓昆仑者也，虏曰闷摩黎山，东距长安五千里，河源其间，流澄缓下，稍合众流，色赤，行益远，他水并注则浊。河源东北直莫贺延碛尾，隐测其地，盖在剑南之西。此刘元鼎因洪济城而上叙河源，附见于此。

6 上以右赞善大夫杨慎矜龙朔二年，改太子中允为赞善大夫；咸亨元年复置中允，而赞善大夫不废，后又分左、右，各置五员，班左、右谕德下。谕德掌谕太子以道德；赞善掌翊赞太子以规讽。知御史中丞事。时李林甫专权，公卿之进，有不出其门者，必以罪去之；去，羌吕翻。慎矜由是固辞，不敢受。五月，辛丑，以慎矜为谏议大夫。

7 冬，十月，戊寅，上幸骊山温泉；乙卯，还宫。戊寅至乙卯三十八日。史言帝耽乐而忘返。骊，力知翻。还，从宣翻，又音如字。考异曰：旧纪，"十月戊寅幸温泉宫，十一月乙卯还宫，"与实录同。"十二月戊申又幸温泉宫，丙辰还宫"，实录无。按十二月丙寅朔，无戊申、丙辰。唐历："十一月戊申幸温泉宫，丙辰还京"，又与实录本纪不同。今皆不取。

三载（甲申、七四四）

1 春，正月，丙申朔，改年曰载。载，子亥翻。

2 辛丑，上幸骊山温泉；二月，庚午，还宫。往还亦几三旬。

3 辛卯，太子更名亨。更，工衡翻。

4 海贼吴令光等抄掠台、明，明州，汉句章、鄮县之地，属会稽郡。开元二十六年，采访使齐浣奏以越州之鄮县置明州，以境内有四明山，因名。抄，楚交翻。命河南尹裴敦复将兵讨之。将，即亮翻。

5 三月，己巳，以平卢节度使安禄山兼范阳节度使；以范阳节度使裴宽为户部尚书。使，疏吏翻。尚，辰羊翻。礼部尚书席建侯为河北黜陟使，称禄山公直；李林甫、裴宽皆顺旨称其美。三人皆上所信任，由是禄山之宠益固不摇矣。

6 夏，四月，裴敦复破吴令光，擒之。

7 五月，河西节度使夫蒙灵詧讨突骑施莫贺达干，斩之，按元和姓纂云：夫蒙本西羌姓，后秦有建威将军夫蒙羌，今蒲、同二州多此姓，或改姓马氏。考异曰：会要作"马灵詧"。今从实录。更请立黑姓伊里底蜜施骨咄禄毗伽；咄，当没翻。伽，求迦翻。考异曰：会要作"伊地米里骨咄禄毗伽"；今从实录。六月，甲辰，册拜骨咄禄毗伽为十姓可汗。可，从刊入声。汗，音寒。

8 秋，八月，拔悉蜜攻斩突厥乌苏可汗，传首京师。国人立其弟鹘陇匐白眉特勒，是为白眉可汗。于是突厥大乱，敕朔方节度使王忠嗣出兵乘之。至萨河内山，厥，九勿翻。嗣，祥吏翻。萨，桑葛翻。破其左厢阿波达干等十一部，右厢未下。会回纥、葛逻禄共攻拔悉蜜颉跌伊施可汗，杀之。回纥骨力裴罗自立为骨咄禄毗伽阙可汗，遣使言状；上册拜裴罗为怀仁可汗。于是怀仁南据突厥故地，立牙帐于乌德犍山，回纥牙帐东有平野，西据乌德犍山，南依嗢昆水。犍，居言翻。旧统药逻葛等九姓，其后又并拔悉蜜、葛逻禄，凡十一部，各置都督，每战则以二客部为先。

9 李林甫以杨慎矜屈附于己，九月，甲戌，复以慎矜为御史中丞，充诸道铸钱使。复，扶又翻，又如字。

10 冬，十月，癸巳，上幸骊山温泉；十一月，丁卯，还宫。

11 术士苏嘉庆上言：遁甲术有九宫贵神，九宫贵人，盖易乾凿度所谓太一也；注已见五十二卷汉顺帝阳嘉三年。时置九宫贵神坛。其坛三成，成三尺，四阶。其上依位置九坛，坛尺五寸：东面曰招摇，正东曰轩辕，东北曰太阴，正南曰天一，中央曰天符，正北曰太一，西南曰摄提，正西曰咸池，西北曰青龙。五为中，戴九履一，左三右七，二四为上，六八为下，符于遁甲，仍编于敕，曰"九宫贵神"，实司水旱，功佐上帝，德庇下人。又黄帝九宫经：一宫，其神太一，其星天蓬，其卦坎，其行水，其方白。二宫，其神摄提，其星天芮，其卦坤，其行土，其方黑。三宫，其神轩辕，其星天冲，其卦震，其行木，其方碧。四宫，其神招摇，其星天辅，其卦巽，其行木，其方绿。五宫，其神天符，其星天禽，其卦离，其行土，其方黄。六宫，其神青龙，其星天心，其卦乾，其行金，其方白。七宫，其神咸池，其星天柱，其卦兑，其行金，其方赤。八宫，其神太阴，其星天任，其卦艮，其行土，其方白。九宫，其神天一，其星天英，其卦离，其行火，其方紫。上，时掌翻。典司水旱，请立坛于东郊，祀以四孟月；从之。礼在昊天上帝下，太清宫、太庙上，所用牲玉，皆侔天地。

12 十二月，癸巳，置会昌县于温泉宫下。时分新丰、万年置会昌县。雍录：温汤在临潼县南一百五十步，在骊山西北。十道志曰：泉有三所，其一处即皇堂石井，后周宇文护所造，隋文帝又修屋宇，种松柏千馀株。唐贞观十八年，诏阎立德营建宫殿御汤，名汤泉宫，咸亨三年名温泉宫。元和志则曰：开元十一年置温泉宫，天宝六载改为华清宫于骊山上，益治汤井为池，台殿环列山谷。自开元来，每岁十月临幸，岁尽乃归。以新丰县去泉稍远，即于汤所置会昌县，又置百司及公卿邸第焉。临潼县，唐之新丰、庆山皆其地也。按通鉴，开元十一年书作温泉宫，与元和志合。

13 户部尚书裴宽素为上所重，李林甫恐其入相，忌之。相，息亮翻。刑部尚书裴敦复击海贼还，受请托，广序军功，宽微奏其事。林甫以告敦复，敦复言宽亦尝以亲故属敦复。属，之欲翻。林甫曰："君速奏之，勿后于人。"敦复乃以五百金赂女官杨太真之姊，使言于上。甲午，宽坐贬睢阳太守。睢阳郡宋州，本梁郡，天宝元年更郡名。睢，音虽。

初，武惠妃薨，开元二十五年，惠妃薨。上悼念不已，后宫数千，无当意者。或言寿王妃杨氏之美，绝世无双。上见而悦之，乃令妃自以其意乞为女官，号太真；更为寿王娶左卫郎将韦昭训女。更，工衡翻。将，即亮翻。潜内太真宫中。太真肌态丰艳，晓音律，性警颖，善承迎上意，不期岁，宠遇如惠妃，宫中号曰"娘子"，凡仪体皆如皇后。

14 癸卯，以宗女为和义公主，嫁宁远奉化王阿悉烂达干。帝以拔汗那助平吐火仙，册其王为奉化王，改其国曰宁远。

15 癸丑，上祀九宫贵神，赦天下。

16 初令百姓十八为中，二十三成丁。

17 初，上自东都还，李林甫知上厌巡幸，乃与牛仙客谋增近道粟赋及和籴以实关中；数年，蓄积稍丰。上从容谓高力士曰："朕不出长安近十年，开元二十四年，上自东都还，自是不复东幸。从，千容翻。近，其靳翻。天下无事，朕欲高居无为，悉以政事委林甫，何如？"对曰："天子巡狩，古之制也。且天下大柄，不可假人；彼威势既成，谁敢复议之者！"上不悦。力士顿首自陈："臣狂疾，发妄言，罪当死。"上乃为力士置酒，复，扶又翻。为，于伪翻；下为百同。左右皆呼万岁。力士自是不敢深言天下事矣。力士之不敢言，以李林甫机阱可畏也。

四载（乙酉、七四五）

1 春，正月，庚午，上谓宰相曰："朕比以甲子日，比，毗至翻。于宫中为坛，为百姓祈福，朕自草黄素置案上，俄飞升天，闻空中语云：‘圣寿延长。’又朕于嵩山炼药成，亦置坛上，及夜，左右欲收之，又闻空中语云：‘药未须收，此自守护。’达曙乃收之。”太子、诸王、宰相，皆上表贺。史言唐之君诞妄而臣佞谀。

2 回纥怀仁可汗击突厥白眉可汗，杀之，传首京师。突厥毗伽可敦帅众来降。可，从刊入声。帅，读曰率。降，户江翻。于是北边晏然，烽燧无警矣。

回纥斥地愈广，东际室韦，西抵金山，南跨大漠，尽有突厥故地。史言回纥至此强盛。怀仁卒，子磨延啜立，号葛勒可汗。

3 二月，己酉，以朔方节度使王忠嗣兼河东节度使。忠嗣少以勇敢自负，少，诗照翻。及镇方面，专以持重安边为务，常曰：“太平之将，但当抚循训练士卒而已，不可疲中国之力以邀功名。”将，即亮翻。有漆弓百五十斤，常贮之橐中，以示不用。贮，丁吕翻。军中日夜思战，忠嗣多遣谍人伺其间隙，谍，达协翻。伺，相吏翻。间，古苋翻。见可胜，然后兴师，故出必有功。既兼两道节制，自朔方至云中，边陲数千里，陲，音垂。要害之地，悉列置城堡，斥地各数百里。边人以为自张仁亶之后，将帅皆不及。张仁愿，本名仁亶，以睿宗讳旦，音近亶，避之，改名仁愿。将，即亮翻。帅，所类翻。

4 三月，壬申，上以外孙独孤氏为静乐公主，嫁契丹王李怀节；乐，音洛。甥杨氏为宜芳公主，嫁奚王李延宠。宜芳县，属岚州。

5 乙巳，以刑部尚书裴敦复充岭南五府经略等使。五月，壬申，敦复坐逗留不之官，贬淄川太守，淄川郡淄州。旧志，淄州，京师东北二千一百三十三里。守，式又翻。以光禄少卿彭果【章：十二行本“果”作“杲”；乙十一行本同；孔本同。】代之。上嘉敦复平海贼之功，故李林甫陷之。

6李适之与李林甫争权有隙。适之领兵部尚书，驸马张垍为侍郎，垍，其冀翻。林甫亦恶之，恶，乌路翻。使人发兵部铨曹奸利事，收吏六十馀人付京兆与御史对鞫之，数日，竟不得其情。京兆尹萧炅使法曹吉温鞫之。法曹司法参军事，掌鞫狱丽法，知赃贿没入。炅，火迥翻。温入院，置兵部吏于外，先于后厅取二重囚讯之，或杖或压，号呼之声，所不忍闻；号，户高翻。皆曰："苟存馀生，乞纸尽答。"兵部吏素闻温之惨酷，引入，皆自诬服，无敢违温意者。顷刻而狱成，验囚无榜掠之迹。榜，音彭。掠，音亮。六月，辛亥，敕诮责前后知铨侍郎及判南曹郎官而宥之。文宗开成二年，宰相李石奏定长冗选格，吏部请加置南曹郎中一人，别置印，以"新置南曹之印"为文。盖吏部先以郎官判南曹，开成间因置南曹郎也。宋白曰：南曹起于总章二年，司列常伯李敬玄奏置。未置已前，铨中自勘责。故事，两转厅；至建中元年，侍郎邵说奏挟阙替南曹郎中王镅，已后遂不转厅；贞元十一年，侍郎杜黄裳请准旧例转厅，后云云，同上。诮，才笑翻。垍，均之兄；温，顼之弟子也。吉顼进用于武后之时。

温始为新丰丞，太子文学薛嶷荐温才，唐六典曰：魏置太子文学。魏武为丞相，命司马宣王为文学掾，甚为世子所信，与吴质、朱铄、陈群为太子四友。自晋之后不置。至后周建德三年，置太子文学十人，后废。唐显庆中，始置太子文学二人，属司经局，掌分知经籍，侍奉文章，总缉经籍；缮写装染之功，笔札给用之数，皆料度之。嶷，鱼力翻。上召见，见，贤遍翻。顾嶷曰："是一不良人，朕不用也。"

萧炅为河南尹，尝坐事，西台遣温往按之，西台，西京御史台也。温治炅甚急。治，直之翻；下同。及温为万年丞，未几，炅为京兆尹。几，居岂翻。温素与高力士相结，力士自禁中归，温度炅必往谢官，度，徒洛翻。乃先诣力士，与之谈谑，握手甚欢，谑，迄却翻。炅后至，温阳为惊避；力士呼曰："吉七不须避。”吉温，第七。谓炅曰：“此亦吾故人也。”召还，与炅坐。炅接之甚恭，不敢以前事为怨。他日，温谒炅曰：“曩者温不敢隳国家法，自今请洗心事公。”炅遂与尽欢，引为法曹。考异曰：唐历云：“温联按大狱，倚法附邪，以出入人命者凡十馀年。性巧诋，忍而不忌，失意眉睫者，必引而陷之；其欲胶固之，虽王公大人，立可亲也。初，萧炅以赃下狱，温深竟其罪。后为万年县丞，炅拜京兆尹。温见炅于高力士第，乃与之相结，为胶漆之交，引为法曹，而荐于林甫；温之进也反以炅力。”旧传云：“炅为河南尹，有事，京台差温推诘，坚执不舍。及温选，炅已为京兆尹，一唱万年尉，即就其官，人为危之。”今参取二书用之。

及林甫欲除不附己者，求治狱吏，炅荐温于林甫；林甫得之，大喜。温常曰：“若遇知己，南山白额虎不足缚也。”时又有杭州人罗希奭，为吏深刻，林甫引之，自御史台主簿再迁殿中侍御史。唐御史台主簿，从七品上，掌印及受事发辰，勾检稽失，兼知官厨及黄卷。二人皆随林甫所欲深浅，锻炼成狱，无能自脱者，时人谓之“罗钳吉网”。以铁劫束物曰钳。钳，其廉翻。

7 秋，七月，壬午，册韦昭训女为寿王妃。

八月，壬寅，册杨太真为贵妃；考异曰：统纪：“八月册女道士杨氏为贵妃。”本纪“甲辰”，唐历“甲寅”。今据实录，“壬寅赠太真妃父玄琰等官。”甲辰、甲寅皆在后，恐册妃在赠官前。新本纪亦云“八月壬寅立太真为贵妃”，今从之。赠其父玄琰兵部尚书，以其叔父玄珪为光禄卿，从兄铦为殿中少监，锜为驸马都尉。从，才用翻；下之从同。铦，息廉翻。锜，渠绮翻，又鱼绮翻，又音奇。癸卯，册武惠妃女为太华公主，命锜尚之。考异曰：实录、旧传皆以铦、锜为再从兄，国忠为从祖兄，然则从祖亦再从也。推恩之时，何以及铦、锜而不及国忠？新传谓之宗兄。唐历以铦为玄琰之子。借使非子，比于国忠必应稍亲；今但谓之从兄。旧传云：锜为侍御史。今从实录。及贵妃三姊，皆赐第京师，宠贵赫然。

杨钊，贵妃之从祖兄也，不学无行，钊，音昭。行，下孟翻。为宗党所鄙。从军于蜀，得新都尉；考满，家贫不能自归，新政富民鲜于仲通常资给之。新都县，汉属广汉郡，梁置始康郡，西魏废郡。隋开皇十八年改新都曰兴乐，寻废县，唐初复置，属蜀郡；武德四年分南部、相如二县，置新城县，寻避隐太子名，改曰新政，时属阆中郡。杨玄琰卒于蜀，卒，子恤翻。钊往来其家，遂与其中女通。中，读曰仲。

鲜于仲通名向，以字行，颇读书，有材智，剑南节度使章仇兼琼引为采访支使，考异曰：唐历云："为节度巡官。"按颜真卿所作仲通碑见存，云"为采访支使"，今从之。唐采访、节度等使幕属有判官、有支使、有掌书记、推官、巡官、衙推等。宋朝始定制，书记、支使不得并置，有出身者为书记，无出身者为支使。委以心腹。尝从容谓仲通曰："今吾独为上所厚，苟无内援，必为李林甫所危。闻杨妃新得幸，人未敢附之。子能为我至长安与其家相结，吾无患矣。"仲通曰："仲通蜀人，未尝游上国，恐败公事。今为公更求得一人。"因言钊本末。兼琼引见钊，仪观丰伟，言辞敏给；从，千容翻。为，于伪翻。败，补迈翻。观，古玩翻。兼琼大喜，即辟为推官，往来浸亲密。乃使之献春绨于京师，将别，谓曰："有少物在郫，少，诗沼翻。郫县自汉以来属蜀郡。九域志，郫县在成都府西四十五里。师古曰：郫，音疲。以具一日之粮，子过，可取之。"钊至郫，兼琼使亲信大赍蜀货精美者遗之，遗，于季翻。可直万缗。钊大喜过望，昼夜兼行，至长安，历抵诸妹，以蜀货遗之，曰："此章仇公所赠也。"时中女新寡，钊遂馆于其室，中分蜀货以与之。于是诸杨日夜誉兼琼；且言钊善樗蒲，引之见上，馆，古玩翻。誉，音余。见，贤遍翻。得随供奉官出入禁中，唐制：中书、门下省官皆供奉官也。外官得随朝士入见者谓之仗内供奉，随翰林院官班者谓之翰林供奉，宦官谓之内供奉；又有朝士供奉禁中者。改金吾兵曹参军。

8 九月，癸未，以陕郡太守、江淮租庸转运使韦坚为刑部尚书，罢其诸使，以御史中丞杨慎矜代之。陕，失冉翻。使，疏吏翻。考异曰：旧食货志，"三载，以杨钊为水陆运使"；误也。今从实录。坚妻姜氏，皎之女，林甫之舅子也，故林甫昵之。昵，尼质翻。及坚以通漕有宠于上，遂有入相之志，相，息亮翻。又与李适之善；林甫由是恶之，恶，乌路翻。故迁以美官，实夺之权也。

9 安禄山欲以边功市宠，数侵掠奚、契丹；奚、契丹各杀公主以叛，数，所角翻；下欲数、数征同。所杀者盖即静乐、宜芳也。禄山讨破之。

10 陇右节度使皇甫惟明与吐蕃战于石堡城，为虏所败，副将褚诩战死。败，补迈翻。诩，直廉翻。考异曰：新传作"诸葛诩"。今从实录。

11 冬，十月，甲午，安禄山奏："臣讨契丹至北平郡，北平郡，平州。梦先朝名将李靖、李勣从臣求食。"朝，直遥翻。将，即亮翻；下同。遂命立庙。又奏荐奠之日，庙梁产芝。通鉴不语怪，而书安禄山飞鸟食蝗、庙梁产芝之事，以著禄山之欺罔，明皇之昏蔽。

12 丁酉，上幸骊山温泉。

13 上以户部郎中王鉷为户口色役使，敕赐百姓复除。鉷，户公翻。使，疏吏翻。复，方目翻。鉷奏征其輂运之费，广张钱数，又使市本郡轻货，百姓所输乃甚于不复除。旧制，戍边者免其租庸，六岁而更。更，工衡翻。时边将耻败，士卒死者皆不申牒，贯籍不除。贯籍，本贯之籍也。王鉷志在聚敛，敛，力赡翻。以有籍无人者皆为避课，按籍戍边六岁之外，悉征其租庸，有并征三十年者，民无所诉。上在位久，用度日侈，后宫赏赐无节，不欲数于左、右藏取之。唐有左藏、右藏。藏，徂浪翻。鉷探知上指，岁贡额外钱【章：十二行本"钱"下有"帛"字；乙十一行本同；张校同，云无注本亦无。】百亿万，贮于内库，以供宫中宴赐，曰："此皆不出于租庸调，无预经费。"贮，丁吕翻。调，徒吊翻。上以鉷为能富国，益厚遇之。鉷务为割剥以求媚，中外嗟怨。丙子，以鉷为御史中丞、京畿采访使。

杨钊侍宴禁中，专掌樗蒲文簿，钩校精密。上赏其强明，曰："好度支郎"。唐度支郎掌判天下租赋多少之数，物产丰约之宜，水陆道涂之利，每岁计其所出而度其所用，转运、征敛、送纳皆准程而节其迟速，凡和籴、和市皆量其贵贱，均天下之货以利于人，凡金银、宝货、绫罗之属，皆折庸调以造，凡天下舟车水陆载运，皆具为脚直轻重、贵贱、平易、险涩而为之制。凡天下边军有支度使，以计军资粮仗之用，每岁所费耆申度支会计，以长行旨为准。度，徒洛翻。诸杨数征此言于上，征，读曰证。又以属王铁，铁因奏充判官。属，之欲翻。

14 十二月，戊戌，上还宫。还自温泉宫。还，从宣翻，又音如字。

五载(丙戌、七四六)

1 春，正月，乙丑，以陇右节度使皇甫惟明兼河西节度使。

李适之性疏率，李林甫尝谓适之曰："华山有金矿，华，户化翻。西山记曰：太华之山，削成而四方，其高五千仞，其广十里。矿，古猛翻。采之可以富国，主上未之知也。"他日，适之因奏事言之。上以问林甫，对曰："臣久知之，但华山陛下本命，王气所在，帝制华岳碑曰：予小子之生也，岁景戌，月仲秋，膺少皞之盛德，协太华之本命，故常寤寐灵岳，肸响神交。林甫知此旨，故以误适之而陷之。王，于况翻。凿之非宜，故不敢言。"上以林甫为爱己，薄适之虑事不熟，谓曰："自今奏事，宜先与林甫议之，无得轻脱。"适之由是束手矣。适之既失恩，韦坚失权，益相亲密，林甫愈恶之。恶，乌路翻。

初，太子之立，非林甫意。事见二百十卷开元二十六年。林甫恐异日为己祸，常有动摇东宫之志；而坚，又太子之妃兄也。皇甫惟明尝为忠王友，见二百十三卷开元十八年。时破吐蕃，入献捷，见林甫专权，意颇不平。时因见上，乘间微劝上去林甫，吐，从暾入声。因见，贤遍翻。间，古苋翻。去，羌吕翻。林甫知之，使杨慎矜密伺其所为。伺，相吏翻。会正月望夜，太子出游，与坚相见，坚又与惟明会于景龙观道士之室。景龙观在长安城中崇仁坊。申公高士廉宅西北左金吾卫，神龙元年，并为长宁公主宅，韦庶人败后，遂立为观，仍以中宗年号为名。观，古玩翻。慎矜发其事，以为坚戚里，不应与边将狎昵。林甫因奏坚与惟明结谋，欲共立太子。坚、惟明下狱，将，即亮翻。昵，尼质翻。下，遐嫁翻。林甫使慎矜与御史中丞王鉷、京兆府法曹吉温共鞫之。考异曰：旧林甫传云："林甫潜令慎矜伺坚隙，奏上。"慎矜传云："鉷推坚，慎矜引身中立以候望，鉷恨之，林甫亦憾焉。"二传自相矛楯。今从唐历。上亦疑坚与惟明有谋而不显其罪，癸酉，下制，责坚以干进不已，贬缙云太守；缙云郡本括州永嘉郡，元年更郡名。考异曰：旧纪"贬括苍太守"。今从实录及旧传。惟明以离间君臣，间，古苋翻。贬播川太守；播川郡，播州。仍别下制戒百官。

2 以王忠嗣为河西、陇右节度使，兼知朔方、河东节度事。忠嗣始在朔方、河东，每互市，高估马价，诸胡闻之，争卖马于唐，忠嗣皆买之。由是胡马少，少，诗沼翻。唐兵益壮。及徙陇右、河西，复请分朔方、河东马九千匹以实之，复，扶又翻。其军亦壮。忠嗣杖四节，控制万里，天下劲兵重镇，皆在掌握，与吐蕃战于青海、积石，皆大捷。又讨吐谷浑于墨离军，虏其全部而归。吐，从暾入声。谷，音浴。

3 夏，四月，癸未，立奚酋娑固为昭信王，契丹酋楷洛为恭仁王。酋，慈由翻。娑，素禾翻。

4 己亥，制："自今四孟月，皆择吉日祀天地、九宫。"

5 韦坚等既贬，左相李适之惧，自求散地。散，悉但翻。庚寅，以适之为太子少保，罢政事。其子卫尉少卿霅尝盛馔召客，霅，文甲翻。馔，雏皖翻，又雏恋翻。客畏李林甫，竟日无一人敢往者。

6 以门下侍郎、崇玄馆大学士陈希烈同平章事。后魏置崇玄署，掌僧、尼、道士、女冠。隋以崇玄署隶鸿胪。唐置诸寺观监，隶鸿胪，每寺观有监一人；贞观中，废寺观监。上元二年，置漆园监，寻废；开元二十五年，置崇玄学于玄元皇帝庙；天宝元年，两京置博士、助教各一员。二年，改崇玄学曰崇玄馆，博士曰学士，助教曰直学士；置大学士，以宰相为之，领两京玄元宫及道院。希烈，宋州人，以讲老、庄得进，专用神仙符瑞取媚于上。李林甫以希烈为上所爱，且柔佞易制，易，以豉翻。故引以为相；凡政事一决于林甫，希烈但给唯诺。唯，于癸翻。故事，宰相午后六刻乃出，林甫奏，今太平无事，巳时即还第，军国机务皆决于私家；主书抱成案诣希烈书名而已。

7 五月，壬子朔，日有食之。

8 乙亥，以剑南节度使章仇兼琼为户部尚书；诸杨引之也。

9 秋，七月，丙辰，敕："流贬人多在道逗留。自今左降官日驰十驿以上。"上，时掌翻。是后流贬者多不全矣。

10 杨贵妃方有宠，每乘马则高力士执辔授鞭，织绣之工专供贵妃院者七百人，中外争献器服珍玩。岭南经略使张九章，广陵长史王翼，广陵郡，扬州。长，知两翻。以所献精美，九章加三品，翼入为户部侍郎；天下从风而靡。民间歌之曰："生男勿喜女勿悲，君今看女作门楣。"凡人作室，自外至者，见其门楣宏敞，则为壮观。言杨家因生女而宗门崇显也。或曰：门以楣而撑拄，言生女能撑拄门户也。妃欲得生荔支，岁命岭南驰驿致之，自苏轼诸人，皆云此时荔支自涪州致之，非岭南也。比至长安，色味不变。白居易曰：荔支生巴、峡间。树形团团如帷盖，叶如冬青，华如橘，春荣，实如丹，夏熟，朵如蒲萄，核如枇杷，壳如红缯，膜如紫绡，瓤肉洁白如冰雪，浆液甘酸如醴酪。大略如彼，其实过之。若离本枝，一日而色变，二日而香变，四五日外色香味尽去矣。

至是，妃以妒悍不逊，上怒，命送归兄铦之第。悍，户罕翻，又户旰翻。是日，上不怿，比日中，犹未食，左右动不称旨，横被棰挞。比，必利翻，及也。称，尺证翻。棰，止橤翻。横，户孟翻。高力士欲尝上意，请悉载院中储偫送贵妃，凡百馀车；上自分御膳以赐之。偫，直里翻。及夜，力士伏奏请迎贵妃归院，遂开禁门而入。唐六典：城门郎掌京城、皇城宫殿诸门开阖之节。承天门击晓鼓，听击钟后一刻，鼓声绝，皇城门开。第一冬冬鼓声绝，宫城门及左·右延明门、乾化门开。第二冬冬鼓声绝，宫殿门开。夜，第一冬冬鼓声绝，宫殿门闭。第二冬冬鼓声绝，宫城门闭，及左、右延明门皇城门闭。其京城门开闭，与皇城门同刻。承天门击鼓，皆听漏刻契，契至乃击；待漏刻所牌到，鼓声乃绝。凡皇城阖门之钥，先酉而出，后戌而入；开门之钥，后丑而出，夜尽而入。京城阖门之钥，后申而出，先子而入；开门之钥，后子而出，先卯而入。若非其时，而有命启闭，则诣阁覆奏，奉旨合符而开阖之。殿门及城门，若有敕夜开，受敕人具录须开之门，宣送中书门下。偫，直里翻。自是恩遇愈隆，后宫莫得进矣。

11 将作少匠韦兰、兵部员外郎韦芝为其兄坚讼冤，少，始照翻。为，于伪翻。且引太子为言；上益怒。太子惧，表请与妃离婚，乞不以亲废法。丙子，再贬坚江夏别驾，江夏郡，鄂州。旧志：鄂州，京师东南二千三百四十六里。夏，户雅翻。兰、芝皆贬岭南。然上素知太子孝谨，故谴怒不及。李林甫因言坚与李适之等为朋党，后数日，坚长流临封，适之贬宜春太守，太常少卿韦斌贬巴陵太守，嗣薛王琄贬夷陵别驾，睢阳太守裴宽贬安陆别驾，河南尹李齐物贬竟陵太守，临封郡本封州广信郡，元年更郡名。宜春郡，袁州。巴陵郡，岳州。夷陵郡，峡州。安陆郡，安州。竟陵郡，本复州沔阳郡，元年更郡名。旧志：封州至京师水陆四千五百一十里；岳州二千二百三十七里；峡州一千八百八十八里；安州，京师东南二千五十一里；复州一千八百里。斌，音彬。琄，胡畎翻。凡坚亲党坐流贬者数十人。斌，安石之子。琄，业之子，坚之甥也。琄母亦令随琄之官。韦安石事武后、中、睿三朝。业，上之弟也。

12 冬，十月，戊戌，上幸骊山温泉；十一月，乙巳，还宫。

13 赞善大夫杜有邻，唐赞善大夫，正五品上，掌讽诵规谏太子。女为太子良娣，唐太子内官，良娣，正三品。娣，特计翻。良娣之姊为左骁卫兵曹柳勣妻。骁，坚尧翻。勣性狂疏，好功名，喜交结豪俊。好，呼到翻。喜，许记翻。淄川太守裴敦复荐于北海太守李邕，北海郡，青州。邕与之定交。勣至京师，与著作郎王曾等为友，皆当时名士也。

勣与妻族不协，欲陷之，为飞语，告有邻妄称图谶，交构东宫，指斥乘舆。乘，绳证翻。林甫令京兆士曹吉温与御史鞫之，士曹司士参军事，掌津梁、舟车、舍宅、工艺。乃勣首谋也。温令勣连引曾等入台。十二月，甲戌，有邻、勣及曾等皆杖死，积尸大理，考异曰：旧纪、唐历皆作"辛未"。今从实录。实录云"勣与其党并伏法"，诏书则曰："犹宽极刑，俾从杖罪，其王曾等，各决重杖一百；杜有邻、柳勣念以微亲，特宽殊死，决一顿，贬岭南新兴尉。"吉温传则云："勣等杖死，积尸于大理寺。"盖诏虽与杖，其实皆死杖下也。妻子流远方；中外震栗。嗣虢王巨贬义阳司马，义阳郡，申州。旧志：申州至京师一千七百九十六里。巨，邕之子也。高祖之子，虢王凤，凤嫡孙曰嗣虢王邕。别遣监察御史罗希奭往按李邕，监，古衔翻。太子亦出良娣为庶人。

乙亥，邺郡太守王琚坐赃贬江华司马。邺郡，本相州魏郡，元年更名。江华郡，道州。琚性豪侈，与李邕皆自谓耆旧，久在外，意怏怏，李林甫恶其负材使气，故因事除之。王琚事上于东宫，赞决诛太平公主。恶，乌路翻。

六载（丁亥、七四七）

1 春，正月，辛巳，李邕、裴敦复皆杖死。邕才艺出众，卢藏用常语之曰："君如干将、莫邪，语，牛倨翻。干将、莫邪，吴王所铸宝剑。难与争锋，然终虞缺折耳。"折，而设翻。邕不能用。

林甫又奏分遣御史即贬所赐皇甫惟明、韦坚兄弟等死。罗希奭自青州如岭南，所过杀迁谪者，希奭既杀李邕于青州，遂如岭南也。郡县惶骇。排马牒至宜春，御史所过，沿路郡县给驿马，故未至先有排马牒。李适之忧惧，仰药自杀。至江华，王琚仰药不死，闻希奭已至，即自缢。希奭又迂路过安陆，欲怖杀裴宽，怖，普布翻。宽向希奭叩头祈生，希奭不宿而过，乃得免。李适之子霅迎父丧至东京，李林甫令人诬告霅，杖死于河南府。给事中房琯坐与适之善，贬宜春太守。琯，融之子也。房融见二百七卷武后长安四年。

林甫恨韦坚不已，遣使于循河及江、淮州县求坚罪，使，疏吏翻。收【章：十二行本“收”上有“所在”二字；乙十一行本同；张校同。】系纲典船夫，溢于牢狱，十船为一纲。以吏为纲，典船夫，挽船及驾船之夫也。征剥逋负，延及邻伍，皆裸露死于公府，裸，郎果翻。至林甫薨乃止。

2 丁亥，上享太庙；戊子，合祭天地于南郊，赦天下。制免百姓今载田租。又令削绞、斩条。上慕好生之名，故令应绞斩者皆重杖流岭南，其实有司率杖杀之。又令天下为嫁母服三载。载，子亥翻。好，呼到翻。为，于伪翻；下即为同。

上欲广求天下之士，命通一艺以上皆诣京师。李林甫恐草野之士对策斥言其奸恶，建言：“举人多卑贱愚聩，聩，五怪翻。恐有俚言污浊圣听。”乃令郡县长官精加试练，灼然超绝者，具名送省，委尚书覆试，御史中丞监之，监，古衔翻。取名实相副者闻奏。既而至者皆试以诗、赋、论，遂无一人及第者。林甫乃上表贺野无遗贤。

3 戊寅，以范阳、平卢节度使安禄山兼御史大夫。

禄山体充肥，腹垂过膝，尝自称腹【章：十二行本无“腹”字；乙十一行本同。】重三百斤。外若痴直，内实狡黠。常令其将刘骆谷留京师诇朝廷指趣，动静皆报之；黠，下八翻。诇，翾正翻，有所候伺也。或应有笺表者，骆谷即为代作通之。岁献俘虏、杂畜、奇禽、异兽、珍玩之物，畜，许救翻。不绝于路，郡县疲于递运。

禄山在上前，应对敏给，杂以诙谐，上尝戏指其腹曰："此胡腹中何所有？其大乃尔！"对曰："更无馀物，正有赤心耳！"上悦。又尝命见太子，禄山不拜。左右趣之拜，趣，读曰促。禄山拱立曰："臣胡人，不习朝仪，不知太子者何官？"朝，直遥翻。上曰："此储君也，朕千秋万岁后，代朕君汝者也。"禄山曰："臣愚，向者惟知有陛下一人，不知乃更有储君。"不得已，然后拜。上以为信然，益爱之。上尝宴勤政楼，百官列坐楼下，独为禄山于御座东间设金鸡障，障，坐障也，画金鸡为饰。为，于伪翻。置榻使坐其前，仍命卷帘以示荣宠。卷，读曰捲。命杨铦、杨锜、贵妃三姊皆与禄山叙兄弟。禄山得出入禁中，因请为贵妃儿。上与贵妃共坐，禄山先拜贵妃。上问何故，对曰："胡人先母而后父。"上悦。

4 李林甫以王忠嗣功名日盛，恐其入相，相，息亮翻。忌之。安禄山潜蓄异志，托以御寇，筑雄武城，蓟州广汉川有雄武军。大贮兵器，贮，丁吕翻。请忠嗣助役，因欲留其兵。忠嗣先期而往，不见禄山而还，数上言禄山必反；林甫益恶之。为王忠嗣得罪张本。先，悉荐翻。数，所角翻。上，时掌翻。恶，乌路翻。夏，四月，忠嗣固辞兼河东、朔方节度，许之。

5 冬，十月，己酉，上幸骊山温泉，考异曰：旧纪、唐历皆作"戊申"，今从实录。改温泉宫曰华清宫。

6 河西、陇右节度使王忠嗣以部将哥舒翰为大斗军副使，李光弼为河西兵马使、充赤水军使。兵马使，节镇衙前军职也，总兵权，任甚重。至德以后，都知兵马使率为藩镇储帅。将，即亮翻。使，疏吏翻。翰父祖本突骑施别部酋长，西突厥五弩失毕有哥舒阙俟斤。骑，奇寄翻。酋，慈由翻。长，知两翻。光弼，契丹王楷洛之子也，开元初，李楷洛封为契丹王。皆以勇略为忠嗣所重。忠嗣使翰击吐蕃，有同列为之副，倨慢不为用，翰棁杀之，军中股栗，棁，则瓜翻。累功至陇右节度副使。每岁积石军麦熟，吐蕃辄来获之，获，户郭翻。无能御者，边人谓之“吐蕃麦庄”。翰先伏兵于其侧，虏至，断其后，夹击之，断，音短。无一人得返者，自是不敢复来。复，扶又翻。

上欲使王忠嗣攻吐蕃石堡城，石堡城陷，见上卷开元二十九年。忠嗣上言：“石堡险固，吐蕃举国守之，今顿兵其下，非杀数万人不能克；臣恐所得不如所亡，不如且厉兵秣马，俟其有衅，然后取之。”上意不快。将军董延光自请将兵取石堡城，请将，即亮翻。上命忠嗣分兵助之。忠嗣不得已奉诏，而不尽副延光所欲，延光怨之。

李光弼言于忠嗣曰：“大夫以爱士卒之故，不欲成延光之功，唐中世以前，率呼将帅为大夫，白居易诗所谓“武官称大夫”是也。虽迫于制书，实夺其谋也。何以知之？今以数万众授之而不立重赏，士卒安肯为之尽力乎！为，于伪翻。然此天子意也，彼无功，必归罪于大夫。大夫军府充牣，何爱数万段帛不以杜其谗口乎！”忠嗣曰：“今以数万之众争一城，得之未足以制敌，不得亦无害于国，故忠嗣不欲为之。忠嗣今受责天子，不过以金吾、羽林一将军归宿卫，其次不过黔中上佐；黔中一道皆溪峒蛮、傜杂居，贬谪而不过岭者处之。上佐，长史、司马也。黔，音琴。忠嗣岂以数万人之命易一官乎！李将军，子诚爱我矣，然吾志决矣，子勿复言。”光弼曰：“向者恐为大夫之累，复，扶又翻。累，力瑞翻。故不敢不言。今大夫能行古人之事，非光弼所及也。”遂趋出。

延光过期不克，言忠嗣沮挠军计，沮，在吕翻。挠，女教翻。上怒。李林甫因使济阳别驾魏林告“忠嗣尝自言我幼养宫中，与忠王相爱狎”，武德四年，分东平之卢县置济州，隋之济北郡也，天宝元年改曰济阳郡。忠嗣年九岁，父海宾战死于渭源长城堡，帝养忠嗣宫中，太子时为忠王，与之游处。魏林先为朔州刺史，忠嗣节度河东，朔州其巡属也，故使林谮之，以示言有所自来。济，子礼翻。欲拥兵以尊奉太子。敕征忠嗣入朝，朝，直遥翻。委三司鞫之。

上闻哥舒翰名，召见华清宫，见，贤遍翻。与语，悦之。十一月，辛卯，以翰判西平太守，充陇右节度使；以朔方节度使安思顺判武威郡事，充河西节度使。西平郡，鄯州。武威郡，凉州。

7 户部侍郎兼御史中丞杨慎矜为上所厚，李林甫浸忌之。慎矜与王鉷父晋，中表兄弟也，少与鉷狎，少，诗照翻。鉷之入台，颇因慎矜推引。及鉷迁中丞，慎矜与语，犹名之；鉷自恃与林甫善，意稍不平。慎矜夺鉷职田，俱为中丞，因并鉷职田夺而有之。鉷母本贱，慎矜尝以语人；语，牛倨翻。鉷深衔之。慎矜犹以故意待之，尝与之私语谶书。谶，楚谮翻。

慎矜与术士史敬忠善，敬忠言天下将乱，劝慎矜于临汝山中买庄为避乱之所。临汝郡本伊州襄城郡，贞观八年更伊州曰汝州，天宝元年更郡名为临汝郡。会慎矜父墓田中草木皆流血，慎矜恶之，恶，乌路翻。以问敬忠。敬忠请禳之，禳，如羊翻。设道场于后园，慎矜退朝，辄裸贯桎梏坐其中。朝，直遥翻。裸，郎果翻。旬日血止，慎矜德之。慎矜有侍婢明珠，色美，敬忠屡目之，慎矜即以遗敬忠，车载过贵妃姊柳氏楼下，姊邀敬忠上楼，求车中美人，敬忠不敢拒。明日，姊入宫，以明珠自随。上见而异之，问所从来，明珠具以实对。上以慎矜与术士为妖法，恶之，含怒未发。

杨钊以告鉷，鉷心喜，因侮慢慎矜；慎矜怒。林甫知鉷与慎矜有隙，密诱使图之。遗，于季翻。上，时掌翻。恶，乌路翻。诱，音酉。考异曰：明皇杂录曰："慎矜父墓封域之内，草木流血，慎矜大惧，问术者史敬思。敬思曰：‘禳之可以免。’于慎矜后园大陈法事，令贯桎梏坐于丛林间以厌之。”唐历云：“敬思本胡人，出家还俗，涉猎书传阴阳玄象；慎矜与之善，每言天下将乱，居于临汝山中，亦劝慎矜于临汝买得山庄良田数十顷。尝于慎矜第夜坐谈宴，怒婢春草，将杖杀之。敬思曰：‘七郎何须虚杀却十头壮牛？’慎矜曰：‘何谓也？’敬思曰：‘卖却买牛，每年耕田十顷。’慎矜雅厚敬思，曰：‘任公收取。’明旦至市，卖与太真柳氏姊，得钱百二十千文，买牛以归。柳氏数将春草来往宫中，玄宗见其状貌壮大，应对分明，数目之，谓柳曰：‘几钱买得此婢？’以实对。遂留之。玄宗曾昼寝，问春草曰：‘汝本何人？何以得至柳家？’春草曰：‘本杨慎矜婢，卖与柳家。’玄宗曰：‘慎矜岂少钱而卖你？’春草曰：‘不是要钱。本将杀某，敬思救，得不杀，所以卖之。’玄宗素闻敬思名，因诘问。春草以实对，曰：‘每夜坐中庭，或说天文，遥指宿曜，某亦尽知其言。’玄宗怒，变色良久。后王鉷因奏事言引慎矜，玄宗悖然曰：‘慎矜与卿有亲，更不须相往来。’鉷初内怨慎矜凌己，常忍隐不泄，至是觉上意异。杨钊先知之，以告鉷，鉷心喜，数悖慢以侵之；慎矜尤怒。”明皇杂录又曰：“慎矜之侍婢有美者字明珠，敬思数目之，慎矜即以遗之，兼以囊装甚厚，以车送之。敬思乘马随之，路经贵妃妹八姨楼下，方登楼张乐。姨素与敬思相识，固邀敬思登楼，乃曰：‘车中美人，请以见遗。’敬思不敢拒。姨明日入宫，婢从。上见而异之，问所从来。明珠曰：‘本杨慎矜家人也，近赠史敬思。’上曰：‘敬思何人，而慎矜辄赠以婢？’明珠乃具言厌胜之事。上大怒曰：‘彼为妖乎！’遂告林甫。林甫素忌慎矜才，恐其作相，以告中丞吉温。温险害，亦有憾于慎矜，因构成其事。”今参取书之。鉷乃遣人以飞语告“慎矜隋炀帝孙，慎矜，隋炀帝之玄孙。与凶人往来，家有谶书，谋复祖业。”上大怒，收慎矜系狱，命刑部、大理与侍御史杨钊、殿中侍御史卢铉同鞫之。太府少卿张瑄，慎矜所荐也，卢铉诬瑄尝与慎矜论谶，拷掠百端，瑄不肯答辩。瑄，音宣。掠，音亮。辩者，鞫问之辞，今人谓之问头。乃以木缀其足，使人引其枷柄，向前挽之，身加长数尺，腰细欲绝，眼鼻出血，瑄竟不答。

又使吉温捕史敬忠于汝州。敬忠与温父素善，温之幼也，敬忠常抱抚之。及捕获，温不与交言，锁其颈，以布蒙首，驱之马前。至戏水，戏水在新丰东。戏，许宜翻。温使吏诱之曰：“杨慎矜已款服，惟须子一辩，若解人意则生，解，户买翻。不然必死，前至温汤，则求首不获矣。”温汤即谓会昌，时置会昌县于温泉宫下。首，式救翻，谓自首其事。或曰，首，如字。敬忠顾谓温曰：“七郎，求一纸。”温阳不应。去温汤十馀里，敬忠祈请哀切，乃于桑下令答三纸，辩皆如温意。温徐谓曰：“丈人且勿怪！”因起拜之。

至会昌，天宝元年，改骊山曰会昌山。三载，以新丰县去华清宫远，分新丰、万年置会昌县。是年，改温泉曰华清宫，治汤井为池，环山列宫室，又筑罗城，置百司及十宅。始鞫慎矜，以敬忠为证。慎矜皆引服，惟搜谶书不获。林甫危之，使卢铉入长安搜慎矜家，铉袖谶书入暗中，诟而出曰：诟，古候翻。“逆贼深藏秘记。”至会昌，以示慎矜。慎矜叹曰：“吾不蓄谶书，此何从在吾家哉！吾应死而已。”丁酉，赐慎矜及兄少府少监慎馀、洛阳令慎名自尽；敬忠杖百，妻子皆流岭南；瑄杖六十，流临封，死于会昌。嗣虢王巨虽不预谋，坐与敬忠相识，解官，南宾安置。南宾郡，忠州，本巴郡之临江县，隋义宁二年置临州，贞观八年改忠州，天宝元年改为郡。旧志，忠州，京师南二千一百二十二里。自馀连坐者数十人。慎名闻敕，神色不变，为书别姊；慎馀合掌指天而缢。

8 三司按王忠嗣，上曰：“吾儿居深宫，安得与外人通谋，此必妄也。考异曰：新传，李林甫屡白太子宜有谋上云云。按林甫虽志欲害太子，亦未肯自言之。今不取。但劾忠嗣沮挠军功。”劾，户概翻，又户得翻。沮，在吕翻。挠，奴巧翻，又奴教翻。哥舒翰之入朝也，或劝多赍金帛以救忠嗣。翰曰：“若直道尚存，王公必不冤死；如其将丧，丧，息浪翻。多赂何为！”遂单囊而行。三司奏忠嗣罪当死。翰始遇知于上，力陈忠嗣之冤，且请以己官爵赎忠嗣罪；上起，入禁中，翰叩头随之，言与泪俱。上感寤，己亥，贬忠嗣汉阳太守。汉阳郡，沔州。

9 李林甫屡起大狱，别置推事院于长安。以杨钊有掖庭之亲，掖，音亦。出入禁闼，所言多听，乃引以为援，擢为御史。事有微涉东宫者，皆指擿使之奏劾，付罗希奭、吉温鞫之。钊因得逞其私志，所挤陷诛夷者数百家，皆钊发之。擿，他历翻。挤，子西翻，又子细翻。幸太子仁孝谨静，张垍、高力士常保护于上前，故林甫终不能间也。间，古苋翻。考异曰：明皇杂录云："上与李林甫议立太子，意属忠王。林甫从容言于上曰：'古者建立储君，必推贤德，苟非有大勋于社稷，则惟元子。'上默然曰：'朕长子琮，往年因猎苑中，所伤面目尤甚。'林甫曰：'破面不犹愈于破国乎！陛下其图之。'上微感其言，徐思之。林甫亦素知其有疾，意欲动摇肃宗，而托附武惠妃，因以寿王瑁为请；竟以肃宗孝友聪明，中外所属，故奸邪之计莫得行焉。"按是时忠王若未为太子，上用林甫之言，则琮为太子矣，安能及瑁！新书李林甫传云："林甫数危太子，未得志。一日，从容曰：'古者立储君，非有大勋于宗稷，则莫若元子。'帝久之曰：'庆王往年猎，为豽伤面甚。'答曰：'破面不愈于破国乎！'帝颇惑，曰：'朕徐思之。'"此则情理似近。然新书此事必出于杂录；若太子已立，则不当云上与林甫议立太子，意属忠王也。今杂录本于所伤字上脱"为豽"两字，别本必有之。按说文：豽，兽名，无前足。此非常有之物。或者"豹"字误为"豽"字耳。事既可疑，今不取。

10 十二月，壬戌，发冯翊、华阴民夫筑会昌城，置百司。华阴郡，华州。冯翊郡，同州。华，户化翻。王公各置第舍，土亩直千金。癸亥，上还宫。

11 丙寅，命百官阅天下岁贡物于尚书省，既而悉以车载赐李林甫家。上或时不视朝，朝，直遥翻。百司悉集林甫第门，台省为空。陈希烈虽坐府，无一人入谒者。

林甫子岫为将作监，唐初曰将作大匠，龙朔改曰缮工监，光宅改曰营缮监，神龙复曰将作监。颇以满盈为惧，尝从林甫游后园，指役夫言于林甫曰："大人久处钧轴，怨仇满天下，一朝祸至，欲为此得乎！”林甫不乐曰：“势已如此，将若之何！”

先是，宰相皆以德度自处，不事威势，驺从不过数人，士民或不之避。林甫自以多结怨，常虞刺客，出则步骑百馀人为左右翼，金吾静街，前驱在数百步外，公卿走避；居则重关复壁，处，昌吕翻。乐，音洛。先，悉荐翻。驺，则尤翻。从，才用翻。骑，奇寄翻；下同。重，直龙翻。以石甃地，甃，则又翻。墙中置板，如防大敌，一夕屡徙床，虽家人莫知其处。宰相驺从之盛，自林甫始。

12 初，将军高仙芝，本高丽人，丽，力知翻。从军安西。仙芝骁勇，善骑射，骁，坚尧翻。节度使夫蒙灵詧屡荐至安西副都护、都知兵马使，充四镇节度副使。

吐蕃以女妻小勃律王，小勃律去长安九千里而赢，距吐蕃赞普牙三千里。妻，七细翻。及其旁二十馀国，皆附吐蕃，贡献不入，前后节度使讨之，皆不能克。制以仙芝为行营节度使，将万骑讨之。将，即亮翻。自安西行百馀日，乃至特勒满川，分军为三道，特勒满川即五识匿国所居。三道：一由北谷道，一由赤佛道，仙芝自由护密道。自护密勒城南至小勃律国都五百里。期以七月十三日会吐蕃连云堡下。连云堡南依山，北据娑勒川以为固。有兵近万人，近，其靳翻。不意唐兵猝至，大惊，依山拒战，炮檑如雨。仙芝以郎将高陵李嗣业为陌刀将，炮，匹貌翻。檑，卢对翻。炮即炮石。杜佑曰：檑木长五尺，径一尺，小至六七寸。唐六典：武库令掌兵器，辨其名数，以备国用。刀之制有四：曰仪刀，曰障刀，曰横刀，曰陌刀。仪刀，盖古斑剑之类，宋晋以来谓之御刀，后魏曰长刀，皆施龙凤环，至隋谓之仪刀，装饰以金银，羽仪所执。鄣刀，盖用以鄣身，以御敌。横刀，佩刀也，兵士所佩，名亦起于隋。陌刀，长刀也，步兵所持，盖古之斩马剑。令之曰：“不及日中，决须破虏。”嗣业执一旗，引陌刀缘险先登力战，自辰至巳，大破之，考异曰：旧嗣业传云“天宝七载”。今从实录及封常清传。斩首五千级，捕虏千馀人，馀皆逃溃。中使边令诚以入虏境已深，惧不敢进；边令诚时为监军。使，疏吏翻。仙芝乃使令诚以羸弱三千守其城，羸，伦为翻。复进。

三日，至坦驹岭，下峻阪四十馀里，复，扶又翻。前有阿弩越城。仙芝恐士卒惮险，不肯下，先令人胡服诈为阿弩越城守者迎降，降，户江翻。云："阿弩越赤心归唐，娑夷水藤桥已斫断矣。"娑夷水，即弱水也，小勃律王居孽多城，临娑夷水。娑，素禾翻。其水不能胜草芥。胜，音升。藤桥者，通吐蕃之路也。仙芝阳喜，士卒乃下。又三日，阿弩越城迎者果至。

明日，仙芝入阿弩越城，遣将军席元庆将千骑前行，谓曰："小勃律闻大军至，其君臣百姓必走山谷，走，音奏。第呼出，取缯帛称敕赐之，缯，慈陵翻。大臣至，尽缚之以待我。"元庆如其言，悉缚诸大臣。王及吐蕃公主逃入石窟，取不可得。仙芝至，斩其附吐蕃者大臣数人。

藤桥去城犹六十里，仙芝急遣元庆往斫之，甫毕，吐蕃兵大至，已无及矣。藤桥阔尽一矢，力修之，期年乃成。

八月，仙芝虏小勃律王及吐蕃公主而还。九月，至连云堡，与边令诚俱。月末，至播密川，遣使奏状。奏捷状于京师。使，疏吏翻。

至河西，此河西，白马河西也，自安西西出柘厥关渡白马河。夫蒙灵詧怒仙芝不先言己而遽发奏，一不迎劳，一，犹言一切也。劳，力到翻。骂仙芝曰："啖狗粪高丽奴！啖，徒滥翻，又徒览翻。汝官皆因谁得，而不待我处分，处，昌吕翻。分，扶问翻。擅奏捷书！高丽奴！汝罪当斩，但以汝新有功不忍耳！"仙芝但谢罪。边令诚奏仙芝深入万里，立奇功，今旦夕忧死。

齐思和标点聂崇岐覆校

资治通鉴卷第二百一十六

端明殿学士兼翰林侍读学士太中大夫
提举西京嵩山崇福宫上柱国河内郡开国公 司马光 奉敕编集
食邑二千二百户食实封九百户赐紫金鱼袋臣

后学天台胡三省音注

唐纪三十二 起强圉大渊献（丁亥）十二月，尽昭阳大荒落（癸巳），凡六年有奇。

玄宗至道大圣大明孝皇帝下之上

天宝六载（丁亥、七四七）载，子亥翻。

1 十二月，己巳，上以仙芝为安西四镇节度使，征灵詧入朝，使，疏吏翻。朝，直遥翻。灵詧大惧。仙芝见灵詧，趋走如故，灵詧益惧。副都护京兆程千里、押牙毕思琛及行官王滔等，押牙者，尽管节度使牙内之事。行官，主将命往来京师及邻道及巡内郡县。琛，丑林翻。皆平日构仙芝于灵詧者也，仙芝面责千里、思琛曰："公面如男子，心如妇人，何也？"又捽滔等，欲笞之，捽，才没翻。笞，丑之翻。既而皆释之，谓曰："吾素所恨于汝者，欲不言，恐汝怀忧；今既言之，则无事矣。"军中乃安。

初，仙芝为都知兵马使，猗氏人封常清，少孤贫，细瘦颣目，少，诗照翻。颣，卢对翻。一足偏短，求为仙芝傔，不纳。常清日候仙芝出入，不离其门，凡数十日，傔，苦念翻。离，力智翻；下离席同。仙芝不得已留之。会达奚部叛，夫蒙灵詧使仙芝追之，斩获略尽。常清私作捷书以示仙芝，皆仙芝心所欲言者，由是一府奇之。仙芝为节度使，即署常清判官；仙芝出征，常为留后。唐诸使之属，判官位次副使，尽总府事。又节度使或出征，或入朝，或死而未有代，皆有知留后事，其后遂以节度留后为称；至我朝遂以留后为承宣使，资序未应建节者为之。仙芝乳母子郑德诠为郎将，将，即亮翻。仙芝遇之如兄弟，使典家事，威行军中。常清尝出，德诠自后走马突之而过。常清至使院，使院，留后治事之所；节度使便坐治事，亦或就使院。使，疏吏翻。使召德诠，每过一门，辄阖之，既至，常清离席谓曰："常清本出寒微，郎将所知。今日中丞命为留后，离，力智翻。中丞谓高仙芝。唐边镇诸帅或带御史中丞、大夫时，随其所带官称之。郎将何得于众中相陵突！"因叱之曰："郎将须蹔死以肃军政。"蹔，与暂同。遂杖之六十，面仆地，曳出。仙芝妻及乳母于门外号哭救之，不及，因以状白仙芝，仙芝览之，惊曰："已死邪?"及见常清，遂不复言，号，户高翻。复，扶又翻。常清亦不之谢。军中畏之惕息。史言封常清能治军政，亦缘高仙芝不以私亲挠法。惕，他历翻。

自唐兴以来，边帅皆用忠厚名臣，不久任，不遥领，不兼统，功名著者往往入为宰相。如李靖、李勣、刘仁轨、娄师德之类是也。开元以来，薛讷、郭元振、张嘉贞、王晙、张说、杜暹、萧嵩、李适之等，亦皆自边帅入相。帅，所类翻。其四夷之将，虽才略如阿史那社尔、契苾何力犹不专大将之任，皆以大臣为使以制之。社尔讨高昌，侯君集为元帅；何力讨高丽，李勣为元帅。将，即亮翻。契，欺讫翻。苾，毗必翻。使，疏吏翻。及开元中，天子有吞四夷之志，为边将者十馀年不易，始久任矣；王晙、郭知运、张守珪之类是也。皇子则庆、忠诸王，宰相则萧嵩、牛仙客，始遥领矣；诸王事见二百十三卷开元十五年。萧嵩事见十七年，牛仙客事见二百十四卷二十四年。盖嘉运、王忠嗣专制数道，始兼统矣。盖嘉运事见二百十四卷开元二十八年。王忠嗣事见上卷五载。盖，古合翻。李林甫欲杜边帅入相之路，以胡人不知书，乃奏言："文臣为将，怯当矢石，不若用寒畯胡人；寒，谓卑贱。畯，尝有事农耕者也。畯音俊。胡人则勇决习战，寒族则孤立无党，陛下诚以恩洽其心，彼必能为朝廷尽死。"为，于伪翻，上悦其言，始用安禄山。至是，诸道节度尽用胡人，安禄山、安思顺、哥舒翰、高仙芝，皆胡人也。精兵咸戍北边，天下之势偏重，卒使禄山倾覆天下，皆出于林甫专宠固位之谋也。卒，子恤翻。

七载（戊子、七四八）

1 夏，四月，辛丑，左监门大将军、知内侍省事高力士加骠骑大将军。知内侍省事自此始。唐制：勋阶二十九，骠骑大将军为之首，从一品。监，古衔翻。骠，匹妙翻。骑，奇寄翻。力士承恩岁久，中外畏之，太子亦呼之为兄，诸王公呼之为翁，驸马辈直谓之爷。爷，以遮翻，俗呼父为爷。自李林甫、安禄山辈皆因之以取将相。其家富厚不赀。将，即亮翻。相，悉亮翻。赀，即移翻；不赀，言不可算计也。于西京作宝寿寺，寺钟成，力士作斋以庆之，举朝毕集。宋璟若在，必不预斯集矣。朝，直遥翻。击钟一杵，施钱百缗，施，式豉翻。有求媚者至二十杵，少者不减十杵。然性和谨少过，善观时俯仰，不敢骄横，故天子终亲任之，士大夫亦不疾恶也。少，始绍翻。横，户孟翻。恶，乌路翻。

2 五月，壬午，群臣上尊号曰开元天宝圣文神武应道皇帝；上，时掌翻。赦天下，免百姓来载租庸，择后魏子孙一人为三恪。三恪、二王后，注已见前。杜佑曰：周得天下，封夏、殷二王后，又封舜后，谓之恪。恪，敬也；义取王之所敬，故曰三恪。天宝十三载，公卿议曰：三恪、二王之议，有三说焉。一曰，二王之前，更立三代之后为三恪。此据乐记"武王克商，未及下车封黄帝、尧、舜之后，下车封夏、殷之后'而言。一曰，二王之前，但存一代，通二王为三恪。此据左传"但封胡公以备三恪"，明王者所敬先王有二，更封一代以备三恪。三云，二王之后为一恪，妻之父母为二恪，夷狄之君为三恪。此据“王有不臣者三”而言之。梁崔灵恩云：三说以初为长。按二王、三恪，经无正文，灵恩据礼记，遂以为通存五代，窃恐未安。记云：尊贤不过二代；第三代者，虽远难师法，岂得不录其后！故亦存之，示敬其道而已，因谓之三恪。故左传云：“封胡公以备三恪。”足知其无五代也。况历代至今，皆以三代为三恪焉。以此考之，盖以后魏子孙与周、隋子孙为三恪也。明年，寻罢魏后；注又见后。

3 六月，庚子，赐安禄山铁券。

4 度支郎中兼侍御史杨钊善窥上意所爱恶而迎之，以聚敛骤迁，岁中领十五馀使。钊，音昭。敛，力赡翻。恶，乌路翻。使，疏吏翻。洪迈随笔曰：杨国忠为度支郎，领十五馀使，至宰相，凡领四十馀使，新、旧唐史皆不详载其职。按其拜相制前衔云：御史大夫、判度支、权知太府卿事、兼蜀郡长史、剑南节度·支度·营田等副大使、本道兼山南西道采访处置使、两京太府出纳监仓、祠祭、木炭、宫市、长春·九成宫等使、关内道及京畿采访处置使，拜右相，兼吏部尚书、集贤殿·崇玄馆学士、修国史、太清·紫微宫使；自馀所领，又有管当租庸、铸钱等使。以是观之，概可见矣。甲辰，迁给事中，兼御史中丞，专判度支事，度，徒洛翻。恩幸日隆。

苏冕论曰：设官分职，各有司存。政有恒而易守，恒，户登翻。易，以豉翻。事归本而难失，经远之理，舍此奚据！洎奸臣广言利以邀恩，多立使以示宠，洎，其冀翻。使，疏吏翻。刻下民以厚敛，张虚数以献状；上心荡而益奢，人望怨而成祸；使天子有司守其位而无其事，受厚禄而虚其用。宇文融首唱其端，杨慎矜、王𫓹继遵其轨，𫓹，户公翻。杨国忠终成其乱。仲尼云：宁有盗臣而无聚敛之臣。记大学：百乘之家，不畜聚敛之臣；与其有聚敛之臣，宁有盗臣。诚哉是言！前车既覆，后辙未改，求达化本，不亦难乎！

5 冬，十月，庚戌，上幸华清宫。

6 十一月，癸未，以贵妃姊适崔氏者为韩国夫人，适裴氏者为虢国夫人，适柳氏者为秦国夫人。三人皆有才色，上呼之为姨，出入宫掖，并承恩泽，势倾天下。每命妇入见，姊，蒋兕翻。掖，音亦。命妇，外命妇也。见，贤遍翻。玉真公主等皆让不敢就位。玉真公主，睿宗之女。三姊与铦、锜五家，凡有请托，府县承迎，峻于制敕；四方赂遗，铦，丑廉翻。锜，鱼奇翻。遗，于季翻；下献遗同。辐凑其门，惟恐居后，朝夕如市。十宅诸王及百孙院婚嫁，十王宅、百孙院，见二百十三卷开元十五年。皆以钱千缗赂韩、虢使请，无不如志。上所赐与及四方献遗，五家如一。竞开第舍，极其壮丽，一堂之费，动逾千万；既成，见他人有胜己者，辄毁而改为。虢国尤为豪荡，一旦，帅工徒突入韦嗣立宅，即撤去旧屋，缗，弥宾翻。帅，读曰率。去，羌吕翻。自为新第，但授韦氏以隙地十亩而已。中堂既成，召工圬墁，圬，音乌。墁，谟官翻。约钱二百万；复求赏技，复，扶又翻。技，巨绮翻。虢国以绛罗五百段赏之，嗤而不顾，曰："请取蝼蚁、蜥蜴，嗤，丑之翻。蜥，先击翻。蜴，羊益翻。师古曰：尔雅云：蝾螈，蜥蜴；蝘蜓，守宫。是则一类耳。扬雄方言云：在泽中者谓之蜥蜴。记其数置堂中，苟失一物，不敢受直。"

7 十二月，戊戌，或言玄元皇帝降于朝元阁，上于华清宫中起老君殿，殿之北为朝元阁，以或言老君降于此，改曰降圣阁。制改会昌县曰昭应，废新丰入昭应。辛酉，上还宫。自温泉宫。还，从宣翻，又音如字。

8 哥舒翰筑神威军于青海上，吐蕃至，翰击破之。又筑城于青海中龙驹岛，吐，从暾入声。青海周八九百里，中有山，须冰合游牝马其上，明年生驹，号龙种，故谓之龙驹岛。谓之应龙城，吐蕃屏迹不敢近青海。屏，必郢翻。近，其靳翻。

9 是岁，云南王归义卒，子阁罗凤嗣，以其子凤迦异为阳瓜州刺史。卒，子恤翻。嗣，祥吏翻。南诏王父子相继，其子必以父号下一字冠于己所号之上。归义本号皮逻阁，帝赐名归义。其子号阁罗凤，是以“阁”字冠其号之上也。阁罗凤之子号凤迦异，是以“凤”字冠其号之上也。其后至丰佑乃革其旧。开元二十六年考异不取此说，然二百四十三卷穆宗之长庆四年，则又书丰佑不与父连名事。

八载(己丑、七四九)

1 春，二月，戊申，引百官观左藏，唐六典曰：周礼有外府中士，主泉藏之在外者，掌邦布之入出，以供百物而待邦用者也。又有职币上士、中士，主货币之入者也。并今左藏之职。至秦、汉，则分在司农、少府。后汉，少府属官有中藏府令、丞，掌中藏币帛金银货物；魏氏因之。晋少府属官有左、右藏令。东晋御史九人，各掌一曹，有库曹御史，后复分库曹，置外左库、内左库。宋文帝省外左库，而内左库直曰左库。齐、梁、陈有右藏库而无左藏。北齐太府寺统左、右藏令、丞。后周有外府上士、中士。隋有左、右藏署令、丞。唐左藏有东库、西库、朝堂库，又有东都库。余按雍录：太极宫中东左藏库，西左藏库；东库在恭礼门之东，西库在安仁门之西。大明宫中有左藏库，在麟德殿之左。又有右藏署令，掌邦国宝货杂物；而天下赋调之正数钱物，则皆归左藏也。藏，徂浪翻；下帑藏同。赐帛有差。是时州县殷富，仓库积粟帛，动以万计。杨钊奏请所在粜变为轻货，及征丁租地税皆变布帛输京师；屡奏帑藏充牣，古今罕俦，故上帅群臣观之，钊，音昭。帅，读曰率。赐钊紫衣金鱼以赏之。上以国用丰衍，故视金帛如粪壤，赏赐贵宠之家，无有限极。

2 三月，朔方节度等使张齐丘于中受降城西北五百馀里木剌山筑横塞军，以振远军使郑人郭子仪为横塞军使。横塞军本名可敦城。按宋白续通典：横塞军，初置在飞狐，后移蔚州，开元六年张嘉贞移于古代郡大安城南，以为九姓之援，天宝十二年改为天德军。参考诸书，横塞军即横野军，天宝元年书“河东节度统横野军”，开元六年所移者也。此筑横塞军在可敦城者也。振远军在单于府界。郑县，汉属京兆，后魏置东雍州，并华山县，西魏改华州，隋开皇初废郡，大业初废州，复置郑县，属京兆，唐属华州。使，疏吏翻。降，户江翻。剌，卢达翻。

3 夏，四月，咸宁太守赵奉璋咸宁郡本丹州丹阳郡，元年更郡名。守，式又翻。告李林甫罪二十馀条；状未达，林甫知之，讽御史逮捕，以为妖言，杖杀之。妖，于乔翻。

4 先是，折冲府皆有木契、铜鱼，朝廷征发，下敕书、契、鱼，唐制：铜鱼符所以起军旅，王畿之内，左三、右一，王畿之外，左五、右一。左者在外行用之，日从第一为首，后事须用二次发之，周而复始。木契之制，若太子监国，则王畿之内，左、右各三；王畿之外，左、右各五；庶官镇守，则左、右各十。唐六典：符宝郎掌符节。曰木契者，所以重镇守，慎出纳；车驾巡幸，皇太子监国，有兵马受处分者，为木契；并行军所及领军五百人、马五百匹以上征讨，皆给木契；三公以下，两京留守及诸州有兵马受处分，亦给木契。曰铜鱼符者，所以起军旅，易守长；两京留守若诸州、诸军、折冲府、诸处捉兵镇守之所及宫总监，皆给鱼符。程大昌演繁露曰，唐世，左鱼之外又有敕牒将之，故兼名鱼书。先，悉荐翻。下，遐嫁翻。都督、郡府参验皆合，然后遣之。自募置彍骑，彍骑见二百一十二卷开元十三年。彍，音郭，又音霍。府兵日益堕坏，堕，读曰隳。死及逃亡者，有司不复点补；复，扶又翻。其六驮马牛、器械、糗粮，耗散略尽。驮，徒何翻。糗，去九翻。府兵入宿卫者，谓之侍官，言其为天子侍卫也。其后本卫多以假人，役使如奴隶；长安人羞之，至以相诟病。记儒行曰：今众人以儒相诟病。注云：以儒相靳，故相戏。诟病，犹耻辱也。杜预云：戏而相愧为靳。诟，音遘，又呼候翻。其戍边者，又多为边将苦使，利其死而没其财。将，即亮翻；下同。由是应为府兵者皆逃匿，至是无兵可交。五月，癸酉，李林甫奏停折冲府上下鱼书；是后府兵徒有官吏而已。唐府兵之制，十人为火，火有长。火备六驮马，凡火具、乌布、幕铁、马盂、布槽、锸、镢、凿、碓、筐、斧、钳、锯，皆一，甲床二，镰二。五十人为队。队具火钻一，胸马绳一，首羁、足绊皆三，人具弓一，矢三十，胡禄横刀、砺石、大觽、毡帽、毡装、行縢皆一，麦饭九斗，米二斗，皆自备。其介胄戎具藏于库，有所征行，则视其入而出给之；其番上宿卫者，惟给弓、矢、横刀而已。今皆耗废，非其旧矣。其折冲、果毅，又历年不迁，士大夫亦耻为之。其彍骑之法，天宝以后，稍亦变废，应募者皆市井负贩、无赖子弟，孔颖达曰：白虎通云：因井为市，故曰市井。应劭通俗文云：市，恃也；养赡老小，恃以不匮也。俗说市井，谓至市者于井上洗濯其物香洁，及自严饰，乃到市也。谨按古者二十亩为一井，因为市交易，故称市井。然则本由井田之中交易为市，故国都之市亦因曰市井。按礼制九夫为井。应劭二十亩为井者，劭依汉书食货志一井八家，家有私田百亩，公田十亩，馀二十亩以为井、灶、庐、舍，故言二十亩耳。因井为市，或如劭言。未尝习兵。时承平日久，议者多谓中国兵可销，于是民间挟兵器者有禁；子弟为武官，父兄摈不齿。猛将精兵，皆聚于西北，中国无武备矣。

5 太白山人李浑等上言水经注曰：武功县有太一山，古文以为终南，亦曰中南，亦曰太白山，在武功县南，去长安二百里，不知其高几何。俗云"武功、太白，去天三百。"杜彦远曰：太白山南连武功山，于诸山最为秀杰，冬夏积雪，望之皓然。隋志曰：太一山在盩厔县界。新志曰：太白山在郿县。见神人，言金星洞有玉板石记圣主福寿之符，命御史中丞王鉷入仙游谷求而获之。上以符瑞相继，皆祖宗休烈，六月，戊申，上圣祖号曰大道玄元皇帝，上高祖谥曰神尧大圣皇帝，太宗谥曰文武大圣皇帝，高宗谥曰天皇大圣皇帝，中宗谥曰孝和大圣皇帝，睿宗谥曰玄真大圣皇帝，窦太后以下皆加谥曰顺圣皇后。

6 辛亥，刑部尚书、京兆尹萧炅坐赃左迁汝阴太守。汝阴郡，颍州。

7 上命陇右节度使哥舒翰帅陇右、河西及突厥阿布思兵，益以朔方、河东兵，凡六万三千，攻吐蕃石堡城。厥，九勿翻。吐，从暾入声。其城三面险绝，惟一径可上，上，时掌翻。吐蕃但以数百人守之，多贮粮食，积檑木及石，贮，丁吕翻。檑，卢对翻。唐兵前后屡攻之，不能克。翰进攻数日不拔，召裨将高秀岩、张守瑜，欲斩之，高秀岩后为安禄山守大同，盖二人朔方、河东将也。二人请三日期可克；如期拔之，获吐蕃铁刃悉诺罗等四百人，唐士卒死者数万，果如王忠嗣之言。王忠嗣言，见上卷六载。顷之，翰又遣兵于赤岭西开屯田，以谪卒二千戍龙驹岛，冬冰合，吐蕃大集，戍者尽没。深入虏境，声援不接，兵法曰遗人获也。

8 闰月，乙丑，以石堡城为神武军，又于剑南西山索磨川置保宁都护府。置保宁都护府，以领牂柯、吐蕃。

9 丙寅，上谒太清宫。天宝元年正月，得灵符，起玄元皇帝庙于西京大宁坊，东京置于东宫积善坊临淄旧邸，天下诸郡各置玄元像于开元观。至二年三月十二日，改在京玄元宫为太清宫，东京为太极宫，天下诸郡为紫极宫。丁卯，群臣上尊号曰开元天地大宝圣文神武应道皇帝，赦天下。禘、祫自今于太清宫圣祖前设位序正。

10 秋，七月，册突骑施移拔为十姓可汗。骑，奇寄翻。可，从刊入声。汗，音寒。

11 八月，乙亥，护密王罗真檀入朝，朝，直遥翻。请留宿卫；许之，拜左武卫将军。

12 冬，十月，乙丑，上幸华清宫。

13 十一月，乙未，吐火罗叶护失里怛伽罗遣使表称："朅师王亲附吐蕃，怛，当割翻。伽，求加翻。使，疏吏翻。朅，丘竭翻，又去谒翻。困苦小勃律镇军，阻其粮道。臣思破凶徒，望发安西兵，以来岁正月至小勃律，六月至大勃律。"朅师，亦曰羯师，胡种也；与吐火罗邻接。大勃律，或曰布露，直吐蕃西，其北即小勃律也。上许之。

九载（庚寅、七五〇）

1 春，正月，己亥，上还宫。

2 群臣屡表请封西岳，许之。

3 二月，杨贵妃复忤旨，送归私第。杨妃初忤旨，见上卷五载。复，扶又翻。忤，五故翻。户部郎中吉温因宦官言于上曰："妇人识虑不远，违忤圣心，陛下何爱宫中一席之地，不使之就死，岂忍辱之于外舍邪？”吉温此言，欲以自结于杨妃耳。邪，音耶。上亦悔之，遣中使赐以御膳。妃对使者涕泣曰：“妾罪当死，陛下幸不杀而归之。今当永离掖庭，使，疏吏翻；下同。离，力智翻。掖，音亦。金玉珍玩，皆陛下所赐，不足为献，惟发者父母所与，敢以荐诚。”乃翦发一缭而献之。缭，力照翻。上遽使高力士召还，宠待益深。还，从宣翻，又音如字。妇人女子最为难养，以忤旨而出之，若弃咳唾可也。既出而复召还，则彼之怙宠悍悖将无所不至。明皇其可再乎！古之所谓英主，如汉武之于钩弋，庶乎！

时诸贵戚竞以进食相尚，上命宦官姚思艺为检校进食使，水陆珍羞数千盘，一盘费中人十家之产。中书舍人窦华尝退朝，使，疏吏翻。朝，直遥翻。值公主进食，列于中衢，传呼按辔出其间；宫苑小儿数百奋梃于前，宫苑小儿，宫苑使领之。梃，待鼎翻。华仅以身免。

4 安西节度使高仙芝破朅师，虏其王勃特没。朅，丘竭翻。考异曰：实录，去载十一月，吐火罗叶护请使安西兵讨朅师，上许之。不见出师。今载三月庚子，册朅师国王勃特没兄素迦为王，册曰：“顷勃特没，于卿不孝，于国不忠。”不言朅师为谁所破。按十载正月，高仙芝擒朅师王来献；然则朅师为仙芝所破也。三月，庚子，立勃特没之兄素迦为朅师王。迦，音加。

5 上命御史大夫王鉷凿华山路，设坛场于其上。鉷，户公翻。华，户化翻。是春，关中旱；辛亥，岳祠灾；制罢封西岳。

6 夏，四月，己巳，御史大夫宋浑坐赃巨万，流潮阳。潮阳郡本潮州义安郡，元年更郡名。初，吉温因李林甫得进；天宝四载，吉温鞫兵部之狱，自是得进。及兵部侍郎兼御史中丞杨钊恩遇浸深，温遂去林甫而附之，为钊画代林甫执政之策。钊，音昭。为，于伪翻。萧炅及浑，皆林甫所厚也，炅，古迥翻。求得其罪，使钊奏而逐之，以翦其心腹，林甫不能救也。

7 五月，乙卯，赐安禄山爵东平郡王。唐将帅封王自此始。将，即亮翻。帅，所类翻。

8 秋，七月，乙亥，置广文馆于国子监，以教诸生习进士者。时广文馆置博士二员，助教员。

9 八月，丁巳，以安禄山兼河北道采访处置使。

10 朔方节度使张齐丘给粮失宜，军士怒，殴其判官；殴，乌口翻。兵马使郭子仪以身捍齐丘，乃得免。世皆知郭子仪得众，然后能捍免张齐丘，而不知当此之时，唐之军政果安在也！癸亥，齐丘左迁济阴太守，济阴郡，曹州。济，子礼翻。以河西节度使安思顺权知朔方节度事。

11 辛卯，处士崔昌上言：处，昌吕翻。上，时掌翻。"国家宜承周、汉，以土代火；周、隋皆闰位，不当以其子孙为二王后。"事下公卿集议。下，遐嫁翻。集贤殿学士卫包上言："集议之夜，四星聚于尾，天意昭然。"上乃命求殷、周、汉后为三恪，废韩、介、酅公；韩，元魏后。介，后周后。酅，隋后。酅，户圭翻。孔颖达曰：古春秋左氏说：周家封夏、殷二王之后以为上公，封黄帝、尧、舜之后，谓之三恪。郑氏云：所存二王之后者，命使郊天以天子之礼，祭其始祖受命之王，自行其正朔服色。恪者，敬也，敬其先圣而封其后，与诸侯无殊异，不得比夏、殷之后。以昌为左赞善大夫，包为虞部员外郎。

12 冬，十月，庚申，上幸华清宫。

13 太白山人王玄翼上言见玄元皇帝，言宝仙洞有妙宝真符。考异曰：旧志，"王鉷奏玄翼见玄元于宝仙洞中，遣鉷与张均、王倕、王济、王翼、王岳灵于洞中得玉石函、上清护国经、宝券、纪箓等献之。"今从实录云。命刑部尚书张均等往求，得之。时上尊道教，慕长生，故所在争言符瑞，群臣表贺无虚月。李林甫等皆请舍宅为观观，古玩翻。以祝圣寿，上悦。

14 安禄山屡诱奚、契丹，为设会，饮以莨菪酒，本草曰：莨菪子生海边川谷，今处处有之。苗茎高二三尺许，叶与地黄、红蓝等，而三指阔；四月开花，紫色；苗夹茎有白毛；五月结实，有壳作罂子状，如小石榴；房中子至细，青白如米粒，毒甚；煮一二日而芽方生，以酿酒，其毒尤甚。为，于伪翻；下先为同。饮，于鸩翻。莨，音浪。菪，音荡。醉而坑之，动数千人，函其酋长之首以献，前后数四。至是请入朝，上命有司先为起第于昭应。时王公皆私置第于昭应，独禄山以承恩，命有司起第。酋，慈由翻。长，知两翻。朝，直遥翻。禄山至戏水，戏，许宜翻。杨钊兄弟姊妹皆往迎之，冠盖蔽野；上自幸望春宫以待之。辛未，禄山献奚俘八千人，上命考课之日书上上考。前此听禄山于上谷铸钱五垆，禄山乃献钱样千缗。缗，弥频翻。

15 杨钊，张易之之甥也，钊，音昭。考异曰：郑审天宝故事云："杨国忠本张易之之子。天授中，张易之恩幸莫比，每归私第，诏令居楼上，仍去其梯。母恐张氏绝嗣，乃密令女奴蠙珠上楼，遂有娠而生国忠。"其说暧昧无稽，今不取。奏乞昭雪易之兄弟。易之兄弟诛见二百七卷中宗神龙元年。庚辰，制引易之兄弟迎中宗于房陵之功，迎中宗，非特二张倡其议也，事见二百六卷武后圣历元年。复其官爵；考异曰：唐历在七月二十五日。今从实录。仍赐一子官。

钊以图谶有"金刀"，请更名；谶，楚谮翻。更，工衡翻。上赐名国忠。

16 十二月，乙亥，上还宫。

17 关西游弈使王难得击吐蕃，克五桥，拔树敦城；以难得为白水军使。使，疏吏翻。吐，从暾入声。树敦城以古犬戎王树惇名城，隋在吐谷浑界，唐在吐蕃界。

18 安西四镇节度使高仙芝伪与石国约和，引兵袭之，虏其王及部众以归，悉杀其老弱。仙芝性贪，掠得瑟瑟十馀斛，使，疏吏翻。张揖广雅曰：瑟瑟，碧珠也。黄金五六橐驼，其馀口马杂货称是，皆入其家。为石国王子扇诱诸国以覆仙芝之师张本。称，尺证翻。

19 杨国忠德鲜于仲通，鲜于仲通资给国忠，又推毂之，事见上卷四载。荐为剑南节度使。仲通性褊急，失蛮夷心。褊，补典翻。

故事，南诏常与妻子俱谒都督，过云南，云南太守张虔陀皆私之。过，古禾翻。云南郡，姚州。守，式又翻。又多所征求，南诏王阁罗凤不应，虔陀遣人詈辱之，仍密奏其罪。阁罗凤忿怨，是岁，发兵反，攻陷云南，杀虔陀，取夷州三十二。夷州，谓西南夷附化羁縻之州也。

十载（辛卯、七五一）载，祖亥翻。

1 春，正月，壬辰，上朝献太清宫；癸巳，朝享太庙；朝，直遥翻；下同。甲子，合祭天地于南郊，赦天下，免天下今载地税。上书壬辰、癸巳，下书丁酉，则"甲子"当作"甲午"。

2 丁酉，命李林甫遥领朔方节度使，以户部侍郎李玮知留后事。

3 庚子，杨氏五宅夜游，杨铦、锜及韩、虢、秦三夫人为五宅。与广平公主从者争西市门，"广平"，新书作"广宁"；公主，上女也。从，才用翻。杨氏奴挥鞭及公主衣，公主坠马，驸马程昌裔下扶之，亦被数鞭。公主泣诉于上，上为之杖杀杨氏奴。被，皮义翻。为，于伪翻；下司为、使为、遽为同。明日，免昌裔官，不听朝谒。

4 上命有司为安禄山治第于亲仁坊，治，直之翻。敕令但穷壮丽，不限财力。既成，具幄帟器皿，充牣其中。有帖白檀床二，皆长丈，阔六尺；本草图经曰：檀香木如檀，生南海，种有黄、白、紫之异。帟，音亦。长，直亮翻。银平脱屏风，帐方丈六尺；【章：十二行本作"一方一丈八"五字；乙十一行本同；孔本同；退斋校同；张校云"六"作"八"。】于厨厩之物皆饰以金银，金饭罂二，罂，于耕翻，缶也。银淘盆二，淘盆，所以淅米。皆受五斗，织银丝筐及笊篱各一；筐，去王翻，所以沥米。笊，侧绞翻。篱，音离。笊篱，所以漉釜取食物。他物称是。称，尺证翻。虽禁中服御之物，殆不及也。上每令中使为禄山护役，护，监护也。使，疏吏翻；下同。筑第及造储偫赐物，常戒之曰："胡眼大，勿令笑我。"偫，直里翻。大，唐佐翻。

禄山入新第，置酒，乞降墨敕请宰相至第。是日，上欲于楼下击球，遽为罢戏，命宰相赴之。日遣诸杨与之选胜游宴，侑以梨园教坊乐。梨园，皇帝梨园弟子也。教坊，内教坊也。上每食一物稍美，或后苑校猎获鲜禽，辄遣中使走马赐之，络绎于路。

甲辰，禄山生日，上及贵妃赐衣服、宝器、酒馔甚厚。馔，雏恋翻，又雏皖翻。后三日，召禄山入禁中，贵妃以锦绣为大襁褓，裹禄山，使宫人以彩舆舁之。襁，居两翻。舁，羊茹翻。上闻后宫欢笑，问其故，左右以贵妃三日洗禄儿对。上自往观之，喜，赐贵妃洗儿金银钱，复厚赐禄山，尽欢而罢。复，扶又翻。自是禄山出入宫掖不禁，或与贵妃对食，或通宵不出，颇有丑声闻于外，上亦不疑也。闻，音问。观明皇所以待禄山者，昏庸之主所不为，殆天夺之魄也。考异曰：禄山事迹："正月二十日，禄山生日，玄宗及太真赐禄山器皿衣服，件目甚多。后三日，召禄山入内，贵妃以锦绣绷缚禄山，令内人以彩舆舁之，宫中欢呼动地。玄宗使人问之，报云：'贵妃与禄儿作三日洗儿。'玄宗就观之，大悦。因赐贵妃洗儿金银钱物，极欢而罢。自是宫中皆呼禄山为禄儿，不禁其出入。"温畬天宝乱离西幸记："禄山谄约杨妃，誓为子母；自虢国已下，次及诸王，皆戏禄儿，与之促膝娱宴。上时闻后宫三千合处喧笑，密侦则禄山果在其内。贵戚猱杂，未之前闻；凡曰钗鬟，皆啖厚利；或通宵禁掖，昵狎嫔嫱。和士开之出入卧内，方此为疏；蓟城侯之获厕刑馀，又奚足尚！"王仁裕天宝遗事云："禄山常与妃子同食，无所不至。帝恐外人以酒毒之，遂赐金牌子系于臂上，每有王公召宴，欲沃以巨觥，即禄山以金牌示之，云'准敕戒酒。'"今略取之。

5 安西节度使高仙芝入朝，献所擒突骑施可汗、吐蕃酋长、石国王、竭师王。加仙芝开府仪同三司。寻以仙芝为河西节度使，代安思顺；思顺讽群胡割耳剺面请留己，制复留思顺于河西。剺，力之翻。复，扶又翻。

6 安禄山求兼河东节度。二月，丙辰，以河东节度使韩休珉为左羽林将军，以禄山代之。

户部郎中吉温见禄山有宠，又附之，约为兄弟。说禄山曰："李右丞相虽以时事亲三兄，天宝元年，改侍中为左相，中书令为右相。李林甫时为右相，中书令之职也，"丞"字衍。安禄山，第三。说，式芮翻。不必肯以兄为相；温虽蒙驱使，终不得超擢。兄若荐温于上，温即奏兄堪大任，共排林甫出之，为相必矣。"禄山悦其言，数称温才于上，上亦忘曩日之言。数，所角翻。忘，巫放翻。言，见上卷四载。会禄山领河东，因奏温为节度副使、知留后，以大理司直张通儒为留后判官，大理司直，从六品上。通儒带司直而为河东留后判官，是后节镇有带六曹尚书，有带三省长官，有带三公、三师，其属亦率带六品以下朝职，谓之带职。黄琮曰：外官带职，有宪衔，有检校，宪衔自监察御史至御史大夫，检校自国子祭酒至三公，唐及五代之制也。河东事悉以委之。

是时，杨国忠为御史中丞，方承恩用事。禄山登降殿阶，国忠常扶掖之。掖，音亦。禄山与王𫓹俱为大夫，𫓹权任亚于李林甫。禄山见林甫，礼貌颇倨。林甫阳以他事召王大夫，𫓹至，趋拜甚谨；禄山不觉自失，容貌益恭。林甫与禄山语，每揣知其情，先言之，揣，初委翻。禄山惊服。禄山于公卿皆慢侮之，独惮林甫，每见，虽盛冬，常汗沾衣。林甫乃引与坐于中书厅，厅，他经翻。中庭曰听事，言受事察讼于是也。汉、晋皆作"听事"，六朝以来乃始加"广"而径曰厅。抚以温言，自解披袍以覆之。禄山忻荷，言无不尽，覆，敷又翻。荷，下可翻。谓林甫为十郎。林甫，第十。既归范阳，刘骆谷每自长安来，必问："十郎何言？"得美言则喜；或但云"语安大夫，语，牛倨翻。须好检校！"辄反手据床曰："噫嘻，我死矣！"

禄山既兼领三镇，赏刑己出，日益骄恣。自以曩时不拜太子，事见上卷六载。见上春秋高，颇内惧；又见武备堕弛，堕，读曰隳。有轻中国之心。孔目官严庄、孔目官，衙前吏职也，唐世始有此名；言凡使司之事，一孔一目，皆须经由其手也。掌书记高尚掌书记，位判官下，古记室参军之任。因为之解图谶，劝之作乱。为，于伪翻。谶，楚谮翻。

禄山养同罗、奚、契丹降者八千馀人，谓之"曳落河"。契，欺讫翻，又音吃。降，户江翻。考异曰：禄山事迹云：养为己子。按养子必无八千之数，今不取。曳落河者，胡言壮士也。及家僮百馀人，皆骁勇善战，一可当百。又畜战马数万匹，骁，坚尧翻。畜，许六翻。多聚兵仗，分遣商胡诣诸道贩鬻，岁输珍货数百万。输，春遇翻。私作绯紫袍、鱼袋，以百万计。以高尚、严庄、张通儒及将军孙孝哲为腹心，史思明、安守忠、李归仁、蔡希德、牛廷玠、向润容、向，式亮翻，姓也。李庭望、崔乾佑、尹子奇、何千年、武令珣、能元皓、能，奴代翻。何氏姓苑云：能姓，出自长广。田承嗣、田乾真、阿史那承庆为爪牙。尚，雍奴人，雍奴，天宝元年更名武清，属范阳郡。此因旧县名书之。本名不危，颇有辞学，薄游河朔，贫困不得志，常叹曰："高不危当举大事而死，岂能啮草根求活邪！"禄山引置幕府，出入卧内。尚典笺奏，庄治簿书。治，直之翻。通儒，万岁之子；张万岁，唐初掌厩牧。通儒必非其子，或者其孙也；否则别又有一张万岁。孝哲，契丹也。承嗣世为卢龙小校，禄山以为前锋兵马使。【章：十二行本"使"下有"治军严整"四字；乙十一行本同；孔本同；张校同；退斋校同。】尝大雪，禄山按行诸营，校，户教翻。使，疏吏翻。行，下孟翻。至承嗣营，寂若无人，入阅士卒，无一人不在者，禄山以是重之。

7 夏，四月，壬午，剑南节度使鲜于仲通讨南诏蛮，大败于泸南。泸水之南也。武后垂拱元年，置长城县，属姚州，天宝初更名泸南县。考异曰：杨国忠传："南蛮质子阁罗凤亡归不获，帝怒，欲讨之。国忠荐阆州人鲜于仲通为益州长史，令帅精兵八万讨南蛮。"按南诏传："七年，蒙归义死，诏阁罗凤袭云南王"，不云尝为质子亡归也。九年，姚州自以张虔陀侵之故反，时鲜于仲通已为益州长史。国忠传与南诏传相违。新、旧书皆如此，恐误。时仲通将兵八万分二道出戎、嶲州，至曲州、靖州。分为二道，一道出戎州，一道出嶲州也。自戎州开边县西行七十里至曲州；自嶲州西南行八百馀里渡泸水。曲州本隋之恭州，古朱提之地，武德八年更名曲州。靖州，隋属协州，古夜郎地，武德初分协州置靖州。嶲，音髓。南诏王阁罗凤谢【章：十二行本"谢"上有"遣使"二字；乙十一行本同；孔本同；张校同。】罪，请还所俘掠，城云南而去，去年，南诏攻陷云南城，必有夷毁处，故请城之以谢罪。且曰："今吐蕃大兵压境，若不许我，我将归命吐蕃，云南非唐有也。"仲通不许，囚其使。进军至西洱河，与阁罗凤战，军大败，使，疏吏翻。洱，乃吏翻。士卒死者六万人，仲通仅以身免。杨国忠掩其败状，仍叙其战功。考异曰：唐历云"令仲通白衣领节度事"，旧传无之。按既掩败叙功，岂得复白衣领职！阁罗凤敛战尸，筑为京观，观，古玩翻。遂北臣于吐蕃。蛮语谓弟为"钟"，吐蕃命阁罗凤为"赞普钟"，号曰东帝，给以金印。阁罗凤刻碑于国门，言己不得已而叛唐，且曰："我世世事唐，受其封爵，后世容复归唐，当指碑以示唐使者，知吾之叛非本心也。"其后德宗之世，异牟寻卒复归唐。复，扶又翻。

制大募两京及河南、北兵以击南诏；人闻云南多瘴疠，未战士卒死者什八九，莫肯应募。杨国忠遣御史分道捕人，连枷送诣军所。旧制，百姓有勋者免征役，时调兵既多，调，徒吊翻。国忠奏先取高勋。于是行者愁怨，父母妻子送之，所在哭声振野。

8 高仙芝之虏石国王也，石国王子逃诣诸胡，具告仙芝欺诱贪暴之状。诱，音酉。诸胡皆怒，潜引大食欲共攻四镇。仙芝闻之，将蕃、汉三万众击大食，将，即亮翻。考异曰：马宇段秀实别传云"蕃、汉六万众"，今从唐历。深入七百馀里，至恒罗斯城，或作"怛罗斯城"。与大食遇。相持五日，葛罗禄部众叛，葛罗禄，即葛逻禄。与大食夹攻唐军，仙芝大败，士卒死亡略尽，所馀才数千人。右威卫将军李嗣业劝仙芝宵遁。道路阻隘，拔汗那部众在前，人畜塞路；拔汗那时从仙芝击大食。塞，悉则翻。嗣业前驱，奋大梃击之，人马俱毙，仙芝乃得过。

将士相失，别将汧阳段秀实汧阳郡本陇州陇东郡，元年改郡名，有汧阳县，盖元魏所置。梃，待鼎翻。将，即亮翻；下同。汧，口坚翻。闻嗣业之声，诟曰：诟，苦候翻。"避敌先奔，无勇也；全己弃众，不仁也。幸而得达，独无愧乎！"嗣业执其手谢之，留拒追兵，收散卒，得俱免。还至安西，言于仙芝，以秀实兼都知兵马使，为己判官。

9 八月，丙辰，武库火，烧兵器三十七万。考异曰：唐历云四十七万事，今从实录。

10 安禄山将三道兵六万幽州、平卢、河东三道。以讨契丹，以奚骑二千为乡导。骑，奇寄翻；下同。乡，读曰向。过平卢千馀里，至土护真水，遇雨。自雄武军东北渡滦河，有古卢龙镇，有斗陉岭。自古卢龙北经九荆岭、受米城、张洪隘，渡石岭，至奚王帐六百里；又东北傍吐护真河五百里，至奚、契丹牙帐。又出檀州燕乐县东北百八十五里，至长城口，又北八百里有吐护真河，奚王牙帐也。禄山引兵昼夜兼行三百馀里，至契丹牙帐，契丹大骇。时久雨，弓弩筋胶皆弛，大将何思德言于禄山曰："吾兵虽多，远来疲弊，实不可用，不如按甲息兵以临之，不过三日，虏必降。"将，即亮翻；下同。降，户江翻。禄山怒，欲斩之，思德请前驱效死。思德貌类禄山，虏争击，杀之，以为已得禄山，勇气增倍。奚复叛，与契丹合，夹击唐兵，杀伤殆尽。射禄山，中鞍，折冠簪，失履，独与麾下二十骑走；会夜，追骑解，得入师州。贞观三年，以室韦部落置师州，治营州之废阳师镇。复，扶又翻。射，而亦翻。中，竹仲翻。折，而设翻。归罪于左贤王哥解、哥解盖自突厥来降者。解，户买翻。河东兵马使鱼承仙而斩之。

平卢兵马使史思明惧，逃入山谷近二旬，近，其靳翻。收散卒，得七百人。平卢守将史定方将精兵二千救禄山，契丹引去，禄山乃得免。至平卢，麾下皆亡，不知所出。史思明出见禄山，禄山喜，起，执其手曰："吾得汝，复何忧！"复，扶又翻。思明退，谓人曰："向使早出，已与哥解并斩矣。"史言史思明之智数过于安禄山。契丹围师州，禄山使思明击却之。

11 冬，十月，壬子，上幸华清宫。

12 杨国忠使鲜于仲通表请已遥领剑南；十一月，丙午，以国忠领剑南节度使。

十一载（壬辰、七五二）

1 春，正月，丁亥，上还宫。

2 二月，庚午，命有司出粟帛及库钱数十万缗于两市易恶钱。考异曰：旧纪、唐历皆作"癸酉"，今从实录。先是，江、淮多恶钱，贵戚大商往往以良钱一易恶钱五，载入长安，市井不胜其弊，先，悉荐翻。胜，音升。故李林甫奏请禁之，官为易取，期一月，不输官者罪之。于是商贾嚣然，不以为便。贾，音古。嚣，许骄翻，又五刀翻。众共遮杨国忠马自言，国忠为之言于上，乃更命非铅锡所铸及穿穴者，皆听用之如故。为，于伪翻。更，工衡翻。

3 三月，安禄山发蕃、汉步骑二十万击契丹，欲以雪去秋之耻。初，突厥阿布思来降，事见上卷元年。降，户江翻。上厚礼之，赐姓名李献忠，累迁朔方节度副使，赐爵奉信王。献忠有才略，不为安禄山下，禄山恨之；至是，奏请献忠帅同罗数万骑，与俱击契丹。帅，读曰率；下同。献忠恐为禄山所害，白留后张暐，请奏留不行，暐不许。安禄山领河东而张暐为留后，暐知附禄山而已，安肯为阿布思请哉！献忠乃帅所部大掠仓库，叛归漠北，禄山遂顿兵不进。

4 乙巳，改吏部为文部，兵部为武部，刑部为宪部。

5 户部侍郎、御史大夫、京兆尹王鉷，权宠日盛，领二十馀使。宅旁为使院，文案盈积，吏求署一字，累日不得前；中使赐赉不绝于门，使，疏吏翻。赉，来代翻。虽李林甫亦畏避之。林甫子岫为将作监，鉷子准为卫尉少卿，俱供奉禁中。准陵侮岫，岫常下之。下，遐嫁翻。然鉷事林甫谨，林甫虽忌其宠，不忍害也。

准尝帅其徒过驸马都尉王繇，王繇，同皎之子也。帅，读曰率。过，工禾翻。繇望尘拜伏；准挟弹命中于繇冠，折其玉簪，以为戏笑。弹，徒旦翻。命中者，先命其处而后中之。中，竹仲翻。折，而设翻。既而繇延准置酒；繇所尚永穆公主，上之爱女也，黄琮曰：皇女有美名公主，或以德，或以容，或以福寿，设名最多；又有郡公主、小国、中国等。为准亲执刀匕。刀匕，宰夫之职。记，杜蒉曰："蒉也宰夫也，惟刀匕是共。"为，于伪翻；下同。准去，或谓繇曰："鼠虽挟其父势，称之为鼠，微之也。君乃使公主为之具食，为，于伪翻。有如上闻，无乃非宜？"繇曰："上虽怒无害，至于七郎，王鉷，第七。死生所系，不敢不尔。"

鉷弟户部郎中焊，凶险不法，焊，何旦翻。召术士任海川任，音壬，姓也。问："我有王者之相否？"相，悉亮翻。海川惧，亡匿。鉷恐事泄，捕得，托以他事杖杀之。王府司马韦会，定安公主之子，王繇之同产也，定安公主，中宗女，下嫁王同皎，生繇；又嫁韦濯，生会。话之私庭。鉷使长安尉贾季邻收会系狱，缢杀之。

缢，于计翻。繇不敢言。

焊所善邢縡，縡，作代翻。与龙武万骑谋杀龙武将军，以其兵作乱，杀李林甫、陈希烈、杨国忠；前期二日，有告之者。夏，四月，乙酉，上临朝，朝，直遥翻。以告状面授铁，使捕之。铁意焊在縡所，先使人召之，日晏，乃命贾季邻等捕縡。縡居金城坊，金城坊，朱雀街西第四街之北来第二坊，汉顾或庙、博望苑、戾园皆在焉。季邻等至门，縡帅其党数十人持弓刀格斗突出。帅，读曰率。铁与杨国忠引兵继至，縡党曰："勿伤大夫人。"言勿伤铁所部人也。大夫，称铁之官。国忠之傔密谓国忠曰："贼有号，不可战也。"今人谓私记为号，言贼私为记号以相识别。傔，苦念翻。縡斗且走，至皇城西南隅。京城之内有皇城，皇城之内有宫城。会高力士引飞龙禁军四百至，飞龙禁军，乘飞龙厩马者也。武后置仗内六闲，一曰飞龙，以中官为内飞龙使。击斩縡，捕其党，皆擒之。

国忠以状白上，曰："铁必预谋。"上以铁任遇深，不应同逆；李林甫亦为之辩解。为，于伪翻。上乃特命原焊不问，然意欲铁表请罪之；使国忠讽之，铁不忍，上怒。会陈希烈极言铁大逆当诛，戊子，敕希烈与国忠鞫之，仍以国忠兼京兆尹。于是任海川、韦会等事皆发，狱具，铁赐自尽，焊杖死于朝堂，朝，直遥翻。铁子准、偁流岭南，偁，齿绳翻。寻杀之。有司籍其第舍，数日不能遍。铁宾佐莫敢窥其门，独采访判官裴冕收其尸葬之。王铁盖兼京畿采访使。

6 初，李林甫以陈希烈易制，引为相，事见上卷五载。易，以豉翻。政事常随林甫左右，晚节遂与林甫为敌，林甫惧。会李献忠叛，林甫乃请解朔方节制，且荐河西节度使安思顺自代；庚子，以思顺为朔方节度使。使，疏吏翻。

7 五月，戊申，庆王琮薨，赠靖德太子。琮，徂宗翻。"赠"字之下逸"谥"字。既曰赠矣，无"谥"字亦可。

8 丙辰，京兆尹杨国忠加御史大夫、京畿·关内采访等使，凡王𫟹所绾使务，悉归国忠。𫟹，户公翻。使，疏吏翻。

初，李林甫以国忠微才，且贵妃之族，故善遇之。国忠与王𫟹俱为中丞，𫟹用林甫荐为大夫，故国忠不悦，遂深探邢縡狱，探，吐南翻。縡，作代翻。令引林甫交私𫟹兄弟及阿布思事状，令，力丁翻。陈希烈、哥舒翰从而证之；上由是疏林甫。国忠贵震天下，始与林甫为仇敌矣。

9 六月，甲子，杨国忠奏吐蕃兵六十万救南诏，吐，从暾入声。剑南兵击破之于云南，克故隰州等三城，考异曰：实录："兵部侍郎兼御史中丞、剑南节度使杨国忠破吐蕃于云南，拔故隰州等三城，献俘于朝。"唐历："国忠上言破吐蕃于云南，拔故洪州等三城。"按国忠时在长安，盖剑南破吐蕃，以国忠领节制，故使之上表献俘耳。时国忠已为大夫，云中丞，误也。隰州，从实录。捕虏六千三百，以道远，简壮者千馀人及酋长降者献之。酋，慈由翻。长，知两翻。降，户江翻。

10 秋，八月，乙【章：十二行本作"己"；乙十一行本同；孔本同；张校同。】丑，上复幸左藏，赐群臣帛。蜀本作"己丑"，当从之。八载已尝幸左藏，赐群臣帛矣，故此书复。复，扶又翻。藏，徂浪翻。癸巳，杨国忠奏有凤皇见左藏库屋，出纳判官魏仲犀言凤集库西通训门。左藏，旧有令、丞而已，出纳判官盖帝置也。是时分立诸使，旧来司存之官备员，莫得举其职。杨国忠方承恩遇，领使最多，盖兼领左藏出纳使而以魏仲犀为判官也。宋白曰：天宝二年，始命张瑄充太府出纳使。阁本太极宫图，左藏库之西则通训门。见，贤遍翻。

11 九月，阿布思入寇，围永清栅，永清栅，亦曰永济栅，在中受降城之西二百里大同川。栅使张元轨拒却之。使，疏吏翻。

12 冬，十月，戊寅，上幸华清宫。

13 己亥，改通训门曰凤集门；魏仲犀迁殿中侍御史，杨国忠属吏率以凤皇优得调。调，徒钓翻。

14 南诏数寇边，蜀人请杨国忠赴镇；去年杨国忠领剑南；蜀人困于兵，故请之。数，所角翻。左仆射兼右相李林甫奏遣之。国忠将行，泣辞，上言必为林甫所害，贵妃亦为之请。上谓国忠曰："卿蹔到蜀区处军事，朕屈指待卿，还当入相。"屈指计日以待之。亦为，于伪翻。处，昌吕翻。相，息亮翻。林甫时已有疾，忧懑不知所为，懑，莫困翻，又莫缓翻，中烦也。巫言一见上可小愈；上欲就视之，左右固谏。上乃令林甫出庭中，林甫时盖卧疾昭应私第。上登降圣阁遥望，天宝七载十二月，以玄元皇帝见于朝元阁，改为降圣阁，在华清宫中。以红巾招之。今富贵之家，帨巾率以胭脂染之为真红色，唐之遗俗也。林甫不能拜，使人代拜。国忠比至蜀，比，必利翻，及也。上遣中使召还，中使，疏吏翻。至昭应，谒林甫，拜于床下。林甫流涕谓曰："林甫死矣，公必为相，以后事累公！"累，力瑞翻。国忠谢不敢当，汗出覆面。国忠素惮林甫，故然。覆，敷又翻。十一月，丁卯，林甫薨。

上晚年自恃承平，以为天下无复可忧，复，扶又翻。遂深居禁中，专以声色自娱，悉委政事于林甫。林甫媚事左右，迎合上意，以固其宠；杜绝言路，掩蔽聪明，以成其奸；妒贤疾能，排抑胜己，以保其位；屡起大狱，诛逐贵臣，以张其势。张，知亮翻。自皇太子以下，畏之侧足。凡在相位十九年，开元二十二年始相林甫，至是年凡十九年。养成天下之乱，而上不之寤也。

15 庚申，以杨国忠为右相，兼文部尚书，右相，即中书令；文部，即吏部。其判使并如故。判，如判度支之类；使，谓诸使。使，疏吏翻。

国忠为人强辩而轻躁，无威仪。既为相，以天下为己任，裁决机务，果敢不疑；居朝廷，攘袂扼腕，躁，则到翻。相，息亮翻。朝，直遥翻。腕，乌贯翻。公卿以下，颐指气使，莫不震慑。慑，之涉翻。自侍御史至为相，杨国忠兼侍御史，在六载、七载之间。凡领四十馀使。杨国忠为度支郎，领五十馀使，至宰相，凡领四十馀使，新、旧唐史皆不详载其职。按其拜相制前衔云：御史大夫、判度支、权知太府卿事，兼蜀郡长史、剑南节度·支度·营田等副大使、本道兼山南西道采访处置使、两京太府、司农、出纳、监仓、祀祭、木炭、宫市、长春·九成宫等使、关内道及京畿采访处置使，拜右相，兼吏部尚书、集贤殿·崇玄馆学士、修国史、太清·太微宫使；自馀所领，又有管当租庸、铸钱等使。以是观之，概可见。台省官有才行时名，行，下孟翻。不为己用者，皆出之。

或劝陕郡进士张彖谒国忠，陕郡本陕州弘农郡，天宝元年更郡名。陕，失冉翻。曰："见之，富贵立可图。"彖曰："君辈倚杨右相如泰山，吾以为冰山耳！若皎日既出，君辈得无失所恃乎！"遂隐居嵩山。

国忠以司勋员外郎崔圆为剑南留后，征魏郡太守吉温为御史中丞，充京畿、关内采访等使。魏郡，魏州。京畿、关内先置两采访使，今令温兼充。温诣范阳辞安禄山，魏郡属河北道采访使；时禄山兼采访使，故温往辞。禄山令其子庆绪送至境，为温控马出驿数十步。为，于伪翻。温至长安，凡朝廷动静，辄报禄山，信宿而达。

16 十二月，杨国忠欲收人望，建议："文部选人，无问贤不肖，选深者留之，依资据阙注官。"选，须绢翻。考异曰：唐历此敕在十月二十七日，统纪在七月。旧纪："十二月甲戌，国忠奏请两京选人铨日便定留放，无长名。"按国忠作相，始兼文部尚书，七月未也。今从旧纪。滞淹者翕然称之。国忠凡所施置，皆曲徇人所欲，故颇得众誉。

17 甲申，以平卢兵马使史思明兼北平太守，充卢龙军使。使，疏吏翻。

18 丁亥，上还宫。还自华清宫。考异曰：本纪、唐历皆云"己亥还京"，今从实录。

19 丁酉，以安西行军司马封常清为安西四镇节度使。唐制，行军司马位节度副使之上，天宝以后，节镇以为储帅。

20 哥舒翰素与安禄山、安思顺不协，上常和解之，使为兄弟。是冬，三人俱入朝，朝，直遥翻。上使高力士宴之于城东。禄山谓翰曰："我父胡，母突厥，公父突厥，母胡，族类颇同，何得不相亲？"翰曰："古人云，狐向窟嗥不祥，为其忘本故也。厥，九勿翻。窟，苦骨翻。嗥，户刀翻。为，于伪翻。兄苟见亲，翰敢不尽心！"禄山以为讥其胡也，大怒，骂翰曰："突厥敢尔！"翰欲应之，力士目翰，翰乃止，阳醉而散，自是为怨愈深。

21 棣王琰有二孺人，争宠，曲礼，大夫之妃曰孺人。注云，孺之言属。正义曰：孺，属也，言其为亲属。唐制，县王有孺人二人，视正五品。孺，而树翻。其一使巫书符置琰履中以求媚。琰与监院宦者有隙，时诸皇子列宅禁中之北，宦者监之。监，古衔翻。宦者知之，密奏琰祝诅上；上使人掩其履而获之，大怒。琰顿首谢："臣实不知有符。"上使鞫之，果孺人所为。上犹疑琰知之，囚于鹰狗坊，鹰狗坊属闲厩使。绝朝请，朝，直遥翻。忧愤而薨。

22 故事，兵、吏部尚书知政事者，知政事，即宰相之职。选事悉委侍郎以下，选，须绢翻。三注三唱，仍过门下省审，自春及夏，其事乃毕。唐制，六品以下赴选，始集而试，观其书判；已试而铨，察其身言；已铨而注，询其便利而拟；已注而唱，不厌者，得反通其辞；三唱而不厌者，听冬集。厌者为甲，上于仆射，乃上门下省，给事中读之，黄门侍郎省之，侍中审之，然后以闻。主者受旨而奉行焉，谓之奏受。省，悉景翻。及杨国忠以宰相领文部尚书，欲自示精敏，乃遣令史先于私第密定名阙。

十二载（癸巳、七五三）

1 春，正月，壬戌，国忠召左相陈希烈及给事中、诸司长官皆集尚书都堂，尚书都堂，尚书都省之堂也。长，知两翻。唱注选人，一日而毕，曰："今左相、给事中俱在座，已过门下矣。"左相，即侍中，与给事皆门下省官。其间资格差缪甚众，无敢言者。于是门下不复过官，复，扶又翻。侍郎但掌试判而已。侍郎韦见素、张倚趋走门庭，与主事无异。吏部主事四人，吏职也。见素，凑之子也。韦凑见二百十卷睿宗景云元年。

京兆尹鲜于仲通讽选人请为国忠刻颂，立于省门，制仲通撰其辞；上为改定数字，撰，士免翻。为，于伪翻。仲通以金填之。

2 杨国忠使人说安禄山说，式芮翻。诬李林甫与阿布思谋反，禄山使阿布思部落降者诣阙，诬告林甫与阿布思约为父子。上信之，下吏按问；降，户江翻。下，户嫁翻。林甫婿谏议大夫杨齐宣惧为所累，累，力瑞翻。附国忠意证成之。时林甫尚未葬，二月，癸未，制削林甫官爵；子孙有官者除名，流岭南及黔中，黔，音琴。给随身衣及粮食，自馀赀产并没官；近亲及党与坐贬者五十馀人。剖林甫棺，抉取含珠，褫金紫，抉，于穴翻。含，户绀翻。褫，敕豸翻。更以小棺如庶人礼葬之。更，工衡翻。己亥，赐陈希烈爵许国公，杨国忠爵魏国公，赏其成林甫之狱也。

3 夏，五月，己酉，复以魏、周、隋后为三恪，改三恪，见上九载。杨国忠欲攻李林甫之短也。卫包以助邪贬夜郎尉，夜郎县，属溱州，贞观十六年开山洞置。崔昌贬乌雷尉。乌雷县，属陆州。

4 阿布思为回纥所破，安禄山诱其部落而降之，诱，音酉。降，户江翻。由是禄山精兵，天下莫及。

5 壬辰，以左武卫大将军何复光将岭南五府兵五府，广、桂、邕、蒙、〔容〕、交。将，即亮翻。击南诏。

6 安禄山以李林甫狡猾逾己，故畏服之。及杨国忠为相，禄山视之蔑如也，蔑，无也。言视之若无也。由是有隙。国忠屡言禄山有反状；上不听。

陇右节度使哥舒翰击吐蕃，拔洪济、大漠门等城，悉收九曲部落。吐蕃得九曲地，见二百十卷睿宗景云元年。廓州西南百四十里有洪济桥，注见前。

初，高丽人王思礼与翰俱为押牙，事王忠嗣。翰为节度使，思礼为兵马使兼河源军使。丽，力知翻。使，疏吏翻。翰击九曲，思礼后期；翰将斩之，既而复召释之。思礼徐曰："斩则遂斩，复召何为！"复，扶又翻。

杨国忠欲厚结翰共排安禄山，奏以翰兼河西节度使。秋，八月，戊戌，赐翰爵西平郡王。翰表侍御史裴冕为河西行军司马。

是时中国盛强，自安远门西尽唐境万二千里，长安城西面北来第一门曰安远门，本隋之开远门也。西尽唐境万二千里，并西域内属诸国言之。闾阎相望，桑麻翳野，天下称富庶者无如陇右。翰每遣使入奏，常乘白橐驼，日驰五百里。使，疏吏翻。

7 九月，甲辰，以突骑施黑姓可汗登里伊罗蜜施为突骑施可汗。

8 北庭都护程千里追阿布思至碛西，以书谕葛逻禄，使相应。碛，七迹翻。逻，郎佐翻。阿布思穷迫，归葛逻禄，葛逻禄叶护执之，并其妻子、麾下数千人送之。甲寅，加葛逻禄叶护顿毗伽开府仪同三司，赐爵金山王。

9 冬，十月，戊寅，上幸华清宫。考异曰：旧纪、唐历皆作"戊申"。按长历，是月无戊申。今从实录。然实录在辛巳后，盖误。

杨国忠与虢国夫人居第相邻，虢国居宣阳坊，国忠居第在其西。昼夜往来，无复期度，或并辔走马入朝，不施障幕，妇人出必有障幕以自蔽。复，扶又翻。朝，直遥翻；下同。道路为之掩目。

三夫人将从车驾幸华清宫，三夫人，韩、虢、秦也。为，于伪翻。会于国忠第；车马仆从，充溢数坊，从，才用翻。锦绣珠玉，鲜华夺目。国忠谓客曰："吾本寒家，一旦缘椒房至此，未知税驾之所，然念终不能致令名，不若且极乐耳。"杨氏五家，队各为一色衣以相别，乐，音洛。别，彼列翻。五家合队，粲若云锦；合，音阁。国忠仍以剑南旌节引于其前。

国忠子暄举明经，学业荒陋，不及格。礼部侍郎达奚珣畏国忠权势，遣其子昭应尉抚先白之。抚伺国忠入朝上马，伺，相吏翻。上，时掌翻。趋至马下；国忠意其子必中选，有喜色。抚曰："大人白相公，郎君所试，不中程序，然亦未敢落也。"落，谓黜落也。中，竹仲翻。国忠怒曰："我子何患不富贵，乃令鼠辈相卖！"策马不顾而去。抚惶遽，书白其父曰："彼恃挟贵势，令人惨嗟，安可复与论曲直！"复，扶又翻。遂置暄上第。及暄为户部侍郎，珣始自礼部迁吏部，暄与所亲言，犹叹己之淹回，珣之迅疾。

国忠既居要地，中外饷遗辐凑，遗，于季翻。积缣至三千万匹。

10 上在华清宫，欲夜出游，龙武大将军陈玄礼谏曰："宫外即旷野，安可不备不虞！陛下必欲夜游，请归城阙。"上为之引还。为，于伪翻。还，从宣翻，又如字；下同。

11 是岁，安西节度使封常清击大勃律，至菩萨劳城，新、旧书并作"贺萨劳城"。菩，薄胡翻。萨，桑葛翻。前锋屡捷，常清乘胜逐之。斥候府果毅段秀实谏曰：新书作"陇州大堆府果毅"，此从旧书。"虏兵羸而屡北，诱我也；羸，伦为翻。诱，音酉。请搜左右山林。"常清从之。果获伏兵，遂大破之，受降而还。

12 中书舍人宋昱知选事，前进士广平刘乃以选法未善，广平郡，本洺州武安郡，天宝元年更名。选，须绢翻。上书于昱，以为："禹、稷、皋陶同居舜朝，犹曰载采有九德，考绩以九载。书：皋陶曰："亦行有九德，亦言其人有德，乃言曰载采采。"禹曰"何？"皋陶曰："宽而栗，柔而立，愿而恭，乱而敬，扰而毅，直而温，简而廉，刚而塞，强而义，彰厥有常，吉哉！"又舜典曰：三载考绩，三考黜陟幽明。三考，九载也。上，时掌翻。陶，余招翻。九载，子亥翻。近代主司，察言于一幅之判，观行于一揖之间，何古今迟速不侔之甚哉！借使周公、孔子今处铨廷，铨廷，谓吏部铨量选人之所。处，昌吕翻。考其辞华，则不及徐、庾，徐陵、庾信，唐正元、大历以前，皆尚其文。观其利口，则不若啬夫，啬夫事见十四卷汉文帝三年。何暇论圣贤之事业乎！"

齐思和标点聂崇岐覆校

资治通鉴卷第二百一十七

端明殿学士兼翰林侍读学士太中大夫
提举西京嵩山崇福宫上柱国河内郡开国公 **司马光** 奉敕编集
食邑二千二百户食实封九百户赐紫金鱼袋臣
后学天台 **胡三省** 音注

唐纪三十三

起阏逢敦牂(甲午),尽柔兆涒滩(丙申)四月,凡二年有奇。

玄宗至道大圣大明孝皇帝下之下

十三载(甲午、七五四)卷首当书天宝年号。载,子亥翻。

1 春,正月,己亥,安禄山入朝。朝,直遥翻。考异曰:肃宗实录:"十二载,杨国忠屡言禄山潜图悖逆。五月,玄宗使辅璆琳伺之。禄山厚赂璆琳,盛言禄山忠于国。国忠又言:'禄山自此不复见矣'。玄宗手诏追禄山,禄山来朝。"旧传亦同。按玄宗实录并禄山事迹,遣璆琳送甘子于范阳,觇禄山反状,在十四载五月,而肃宗实录及旧传云十二载,误也。今从唐历。是时杨国忠言禄山必反,且曰:"陛下试召之,必不来。"上使召之,禄山闻命即至。庚子,见上于华清宫,见,贤遍翻。泣曰:"臣本胡人,陛下宠擢至此,为国忠所疾,臣死无日矣!"上怜之,赏赐巨万,由是益亲信禄山,国忠之言不能入矣。太子亦知禄山必反,言于上,上不听。

2 甲辰,太清宫奏:"学士李琪此崇玄馆学士也。见玄元皇帝乘紫云,告以国祚延昌。"

3 唐初,诏敕皆中书、门下官有文者为之。乾封以后,始召文士元万顷、范履冰等草诸文辞，常于北门候进止，时人谓之"北门学士"。中宗之世，上官昭容专其事。上即位，始置翰林院，密迩禁廷，延文章之士，下至僧、道，书、画、琴、棋、数术之工皆处之，谓之"待诏"。处，昌吕翻。刑部尚书张均及弟太常卿垍皆翰林院供奉。唐，天子在大明宫，翰林院在右银台门内；在兴庆宫，院在金明门内；若在西内，院在显福门内；若在东都及华清宫，皆有待诏之所。其待诏者，有词学、经术，合练僧、道、卜、祝、术、艺、书、弈，各别院以廪之，日晚而退；其所重者词学。帝即位以来，张说、陆坚、张九龄、徐安贞、张垍等召入禁中，谓之"翰林待诏"。王者尊极，一日万机，四方进奏，中外表疏批答，或诏从中出，宸翰所挥，亦资其检讨，谓之"视草"。故常简当直四人以备顾问。至德以后，天下用兵多务，深谋密诏皆从中出，名曰"翰林学士"。得充选者，文士为荣；亦如中书舍人例置学士六人，内择年深德重者一人为承旨，所以独当密命故也。德宗好文，尤难其选。贞元以后，为学士承旨者多至宰相。尚，辰羊翻。垍，巨冀翻。上欲加安禄山同平章事，已令张垍草制。杨国忠谏曰："禄山虽有军功，目不知书，岂可为宰相！制书若下，令，力丁翻。相，悉亮翻。下，遐稼翻。恐四夷轻唐。"上乃止。乙巳，加禄山左仆射，射，寅谢翻。赐一子三品、一子四品官。

4 丙午，上还宫。还自华清宫。还，从宣翻，又音如字。

5 安禄山求兼领闲厩、群牧；庚申，以禄山为闲厩、陇右群牧等使。使，疏吏翻；下同。禄山又求兼总监；此群牧总监也。唐有四十八监以牧马。或曰：此总监即苑总监。壬戌，兼知总监事。禄山奏以御史中丞吉温为武部侍郎，武部，即兵部。充闲厩副使，杨国忠由是恶温。恶，乌路翻。禄山密遣亲信选健马堪战者数千匹，别饲之。饲，祥吏翻。

6 二月，壬申，上朝献太清宫，上圣祖尊号曰大圣祖高上大道金阙玄元大皇太帝。朝，直遥翻。上圣之上，时掌翻；下以义推。癸酉，享太庙，上高祖谥曰神尧大圣光孝皇帝，太宗谥曰文武大圣大广孝皇帝，高宗谥曰天皇大圣大弘孝皇帝，中宗谥曰孝和大圣大昭孝皇帝，睿宗谥曰玄真大圣大兴孝皇帝，以汉家诸帝皆谥孝故也。甲戌，群臣上尊号曰开元天地大宝圣文神武证道孝德皇帝。凡上尊号、上谥之上，皆时掌翻。赦天下。

7 丁丑，杨国忠进位司空；甲申，临轩册命。

8 己丑，安禄山奏："臣所部将士讨奚、契丹、九姓、同罗等，勋效甚多，将，即亮翻。契，欺讫翻，又音吃。乞不拘常格，超资加赏，仍好写告身付臣军授之。"于是除将军者五百馀人，中郎将者二千馀人。禄山欲反，故先以此收众心也。

三月，丁酉朔，禄山辞归范阳。旧志：范阳，在京师东北二千五百二十里。上解御衣以赐之，禄山受之惊喜。恐杨国忠奏留之，疾驱出关。出潼关。乘船沿河而下，令船夫执绳板立于岸侧，凡挽船夫用板长二尺许，斜搭胸前，一端至肩，一端至胁，绳贯板之两端，以接船繂而挽之。十五里一更，更，工衡翻，易也。昼夜兼行，日数百里，过郡县不下船。自是有言禄山反者，上皆缚送，【章：十二行本"送"下有"之"字；乙十一行本同；孔本同。】由是人皆知其将反，无敢言者。

禄山之发长安也，上令高力士饯之长乐坡，长乐坡即浐坡，在长安城东。乐，音洛。及还，上问："禄山慰意乎？"对曰："观其意怏怏，必知欲命为相而中止故也。"怏，于两翻。相，息亮翻。上以告国忠，曰："此议他人不知，必张垍兄弟告之也。""国忠"之下，更有"国忠"二字，文意乃明。上怒，贬张均为建安太守，垍为卢溪司马，垍弟给事中埱为宜春司马。建安郡，隋为泉州；唐改曰闽州，别置泉州。帝改闽州为福州长乐郡，以建州为建安郡。卢溪郡，辰州。旧志：建安郡，京师东南四千九百三十五里。卢溪郡，京师南微东三千四百五里。埱，昌六翻。考异曰：唐历云："垍尝赞相礼仪，雍容有度，上心悦之，翌日，谓垍曰：'朕罢希烈相，以卿代之。'垍曰：'不敢。'贵妃在坐，告国忠斥之。"

旧垍传："天宝中，玄宗尝幸垍内宅，谓垍曰：'希烈累辞机务，朕择其代者，孰可？'垍错愕未对。帝即曰：'无逾吾爱婿矣。'垍降阶陈谢。杨国忠闻而恶之。及希烈罢相，举韦见素代垍，垍深觖望。"按本纪，三月丁酉，垍贬官，韦见素八月乃知政事，而云垍深觖望，旧传误也。明皇杂录云："上幸张垍宅，谓垍曰：'中外大臣才堪宰辅者，与我悉数，吾当举而用之。'垍逡巡不对。上曰：'固无如爱子婿。'垍降阶拜舞。上曰：'即举成命。'既逾月，垍颇怀怏怏，意其为李林甫所排。会禄山自范阳入覲，禄山潜赂贵妃，求带平章事，上不许。垍因私第备言：'上前时行幸内第，面许相垍，与明公同制入辅，今既中变，当必为奸臣所排。'禄山大怀恚怒，明日谒见，因流涕请罪。上慰勉久之，因问其故。禄山具以垍所陈对。上命高力士送归焉，亦以怏怏闻。由是上怒。"按李林甫时已死，亦误也。

哥舒翰亦为其部将论功，为，于伪翻。将，即亮翻。敕以陇右十将、特进、火拔州都督、燕山郡王火拔归仁为骠骑大将军，十将，亦唐中世以来军中将领之职名。火拔，突厥别部也。开元中置火拔州。唐制：特进，文散阶，正二品。骠骑大将军，武散阶，从一品。燕，因肩翻。骠，匹妙翻。骑，奇寄翻。河源军使王思礼加特进，临洮太守成如璆、讨击副使范阳鲁炅、皋兰府都督浑惟明并加云麾将军，贞观中，铁勒来降，以浑部置皋兰都督府。云麾将军，武散阶，从三品上。洮，土刀翻。守，式又翻。璆，音求。炅，火迥翻。陇右讨击副使郭英乂为左羽林将军。英乂，知运之子也。翰又奏严挺之之子武为节度判官，河东吕諲为支度判官，諲，伊真翻。前封丘尉高适为掌书记，安邑曲环为别将。河东郡，蒲州。唐制：边军有支度使，以计军资粮仗之用，其属有判官、巡官。封丘县，汉、晋以来属陈留，唐属汴州。安邑县，属蒲州。姓谱：晋穆侯子成师封于曲沃，其后氏焉。汉有代郡太守曲谦；货殖传有曲叔。諲，伊真翻。

9 程千里执阿布思，献于阙下，斩之。甲子，以千里为金吾大将军，以封常清权北庭都护、伊西节度使。

10 夏，四月，癸巳，安禄山奏击奚破之，虏其王李日越。

11 六月，乙丑朔，日有食之，不尽如钩。

12 侍御史、剑南留后李宓杨国忠领剑南节度使，以宓为留后。宓，音密，又音伏。将兵七万击南诏。阁罗凤诱之深入，至大和城，新书作"太和城"。【章：十二行本正作"太"；乙十一行本同；孔本同；熊校同。】夷语山陂陀为和，故谓大和，阁罗凤所居也。将，即亮翻。诱，音酉。闭壁不战。宓粮尽，士卒罹瘴疫及饥死什七八，乃引还，还，从宣翻，又如字。蛮追击之，宓被擒，被，皮义翻。全军皆没。杨国忠隐其败，更以捷闻，益发中国兵讨之，前后死者几二十万人；并鲜于仲通之败，死者有此数。几，居依翻。无敢言者。上尝谓高力士曰："朕今老矣，朝事付之宰相，边事付之诸将，夫复何忧！"朝，直遥翻。相，息亮翻。将，即亮翻。夫，音扶。复，扶又翻。力士对曰："臣闻云南数丧师，又边将拥兵太盛，陛下将何以制之！臣恐一旦祸发，不可复救，数，所角翻。丧，息浪翻。复，扶又翻。何得谓无忧也！"上曰："卿勿言，朕徐思之。"高力士之言，明皇岂无所动于其心哉！祸机将发，直付之无可奈何，侥幸其身之不及见而已。

13 秋，七月，癸丑，哥舒翰奏：于所开九曲之地置洮阳、浇河二郡及神策军，以临洮太守成如璆兼洮阳太守，充神策军使。洮阳、浇河二郡，皆置于洮、廓二州西南。廓州，本浇河郡，天宝元年更名宁塞郡。洮州西八十里磨环川置神策军。新书曰：浇河郡置于积石之西。浇，坚尧翻。

14 杨国忠忌陈希烈，希烈累表辞位；上欲以武部侍郎吉温代之，国忠以温附安禄山，奏言不可；以文部侍郎韦见素和雅易制，易，以豉翻。荐之。八月，丙戌，以希烈为太子太师，罢政事；陈希烈遂以此怨望降贼。以见素为武部尚书、同平章事。考异曰：旧见素传曰："时杨国忠用事，左相陈希烈畏其权宠，凡事唯诺，无敢发明。玄宗知之，不悦。天宝十三年，秋，霖雨六十馀日，天子以宰相或未称职，见此咎征，命杨国忠精求端士。时兵部侍郎吉温方承宠遇，上意欲用之。国忠以温禄山宾佐，惧其威权，奏寝其事。国忠访于中书舍人窦华、宋昱等，华、昱言见素方雅，柔而易制；上亦以经事相王府，有旧恩，可之。"希烈传曰：

“国忠用事，素忌疾之，乃引韦见素同列，罢希烈知政事。”按明皇若恶希烈阿徇国忠，当更自择刚直之士，岂得尚卜相于国忠！今从希烈传。

15 自去岁水旱相继，关中大饥。杨国忠恶京兆尹李岘不附己，以灾沴归咎于岘，九月，贬长沙太守。恶、乌路翻。沴，音戾。长沙郡，潭州。旧志：长沙郡，京师南二千四百四十五里。岘，祎之子也。信安王祎，开元初以军功有宠于上。祎，吁韦翻。上忧雨伤稼，国忠取禾之善者献之，曰：“雨虽多，不害稼也。”上以为然。扶风太守房琯言所部水灾，扶风郡，岐州。国忠使御史推之。宋白曰：唐故事，侍御史各二人，知东西推。又各分京城诸司及诸道州府，为东西之限；只日则台院受事，双日则殿院受事。又有监察御史出使推按，谓之推事御史。是岁，天下无敢言灾者。高力士侍侧，上曰：“淫雨不已，贾公彦曰：雨三日已上为淫。卿可尽言。”对曰：“自陛下以权假宰相，赏罚无章，阴阳失度，臣何敢言！”上默然。

16 冬，十月，乙酉，上幸华清宫。

17 十一月，己未，置内侍监二员，正三品。唐制，宦官不得过三品；置内侍四人，从四品上。中官之贵，极于此矣，至帝始隳其制。杨思勖以军功，高力士以恩宠，皆拜大将军，阶至从一品，犹曰勋官也。今置内侍监正三品，则职事官矣。

18 河东太守兼本道采访使韦陟，斌之兄也，使，疏吏翻。斌，音彬。文雅有盛名，杨国忠恐其入相，相，息亮翻。使人告陟赃污事，下御史按问。陟赂中丞吉温，使求救于安禄山，复为国忠所发。下，遐嫁翻。复，扶又翻。闰月，壬寅，贬陟桂岭尉，温澧阳长史。桂岭，汉临贺县地，隋置桂岭县，唐属贺州。澧阳郡，澧州。旧志：澧阳郡，京师东南一千八百九十三里。安禄山为温讼冤，为，于伪翻。且言国忠谗疾。上两无所问。

19 戊午，上还宫。

20 是岁，户部奏天下郡三百二十一，县千五百三十八，乡万六千八百二十九，户九百六万九千一百五十四，口五千二百八十八万四百八十八。有唐户口之盛，极于此。

十四载（乙未、七五五）

1 春，正月，苏毗王子悉诺逻去吐蕃来降。新书曰：苏毗，吐蕃强部也。逻，郎佐翻。

2 二月，辛亥，安禄山使副将何千年入奏，请以蕃将三十二人代汉将，上命立进画，进画者，命中书为发日敕，进请御画而行之。唐六典：中书掌王言，其制有七，其四曰发日敕，正谓御画发日敕也；增减官员、废置州县、除免官爵、授六品以下官则用之。将，即亮翻。给告身。韦见素谓杨国忠曰："禄山久有异志，今又有此请，其反明矣。明日见素当极言；上未允，公其继之。"国忠许诺。壬子，国忠、见素入见，入见，贤遍翻。上迎谓曰："卿等有疑禄山之意邪？"见素因极言禄山反已有迹，所请不可许，上不悦；国忠逡巡不敢言，逡，七伦翻。上竟从禄山之请。他日，国忠、见素言于上曰："臣有策可坐消禄山之谋。今若除禄山平章事，召诣阙，以贾循为范阳节度使，吕知诲为平卢节度使，杨光翙为河东节度使，使，疏吏翻。翙，呼会翻。则势自分矣。"上从之。已草制，上留不发，更遣中使辅璆琳以珍果赐禄山，潜察其变。辅，姓也。左传，晋有大夫辅跞。又智果别族为辅氏。即考异前所引以甘子赐禄山事。璆，音求。璆琳受禄山厚赂，还，盛言禄山竭忠奉国，无有二心。还，从宣翻，又音如字。上谓国忠等曰："禄山，朕推心待之，必无异志。东北二虏，借其镇遏。朕自保之，卿等勿忧也！"事遂寝。考异曰：实录："正月，辛巳，禄山表请以蕃将三十人代汉将，上遣中使袁思艺宣付中书，令即日进画，便写告身。杨国忠、韦见素相谓曰：'流言传禄山有不臣之心，今又请代汉将，其反明矣。'乃请陈事。既见，上先曰：'卿等有疑禄山之意邪？'国忠等遽走下阶，垂涕具陈禄山反状，因以禄山表留上前而出。俄顷，上又令袁思艺宣曰：'此之一奏，姑容之，朕徐为图之。'国忠奉诏。自后国忠每对，未尝不恳请其事。国忠曰：'臣有一策，可销其难，伏望下制以禄山带左仆射、平章事，追赴朝廷，以贾循等分帅三道。'上许之。草制讫，留之未行。上潜令辅璆琳送甘子，私候其状。还，固称无事，其制遂寝。先是上引宰相对见，常置白麻于座前，及璆琳还，上乃谓宰臣曰：'禄山必无二心，其制朕已焚矣。'后璆琳受禄山贿事泄，上因祭龙堂，遣备储供，责以不虔，乃命左右扑杀之；始有疑禄山意。"禄山事迹云："请不以蕃将代汉将，论禄山反状，及请追禄山赴阙，并是韦见素之意旨，国忠曾无预焉。仍语见素曰：'禄山出自寒微，位居众上，时所忌嫉，成疑似耳。'见素曰：'公若实为此见，社稷危矣。'将至上前恳论，见素约以'事如未谐，公继之。'国忠都无一言，俯偻而退，见素却到中书，呜咽流涕。此非他也，国忠要禄山速反，以明己之先见耳。"宋巨玄宗幸蜀记云："是岁春，二月，二十二日辛亥，禄山使何千年表请以蕃将三十二人代汉将掌兵。其日，宰相韦见素、杨国忠在省，见素惨然，国忠问曰：'堂老何色之戚也?'见素曰：'禄山逆状，行路共知。今以蕃酋代汉将，是乱将作矣。与公位当此地，能无戚乎!'国忠于是亦惘然久之，乃曰：'与夺之间，在于宸断，岂我辈所能是非邪!'见素曰：'知祸之萌而不能防，亦将焉用彼相矣！明日对见，仆必恳论，冀其万一。若不允，子必继之。'国忠曰：'事则不谐，恐虚犯龙颜，自贻伊戚。'见素曰：'如正其言而获死，犹愈于阿从而偷生。'翌日壬子，二相入对。见素言：'禄山潜贮异图，迹已昭彰，'因扣头流涕久之。国忠但俯偻逡巡，更无所补。上不悦，遂以他事议之。既退还省，见素谓国忠曰：'圣意未回，计将安出?'国忠曰：'禄山未必有反意，但时所诽嫉，便成疑似耳。'见素曰：'公若为此见，社稷危矣。'遂悯然不言。二十四日癸丑，上又使思艺宣旨，令'且依此发遣，卿等所议，后别筹之。'自是见素数奏其凶状。三月己未朔，见素请以禄山同中书门下平章事，追赴阙庭。及辅璆琳送甘子，禄山给璆琳曰：'主上耄年，信任非次，国忠之辈，苟徇荣班。今若进逆耳之言、苦口之药，以吾之心，事将无益。今欲耀兵强谏，以迹鬻拳，此意决矣。'禄山以物赠璆琳。璆琳既受金帛，及还，奏曰：'禄山尽忠奉国，必无二心，特望官家不以东北为虑。'上然之，谓宰臣曰：'禄山朕自保之，卿勿忧也!'见素起曰：'臣忤拂圣旨，僭黩大臣，罪合万死。然愚者千虑，或有一中，愿陛下审察之。'"自馀与实录及事迹所述略同。按禄山方赂璆琳，泯其反迹，安肯对之遽出悖语！又国忠平日数言禄山欲反，此际安得不与见素同心！盖所谓天下之恶皆归焉者也。今取其可信者。循，华原人也，时为节度副使。

3 陇右、河西节度使哥舒翰入朝，道得风疾，遂留京师，家居不出。

4 三月，辛巳，命给事中裴士淹宣慰河北。

5 夏，四月，安禄山奏破奚、契丹。契，欺讫翻。

6 癸巳，以苏毗王子悉诺逻为怀义王，赐姓名李忠信。

7 安禄山归至范阳，朝廷每遣使者至，皆称疾不出迎，朝，直遥翻。使，疏吏翻。盛陈武备，然后见之。裴士淹至范阳，二十馀日乃得见，无复人臣礼。复，扶又翻，又如字。杨国忠日夜求禄山反状，使京兆尹围其第，考异曰：肃宗实录："国忠日夜伺求禄山反状，或矫诏以兵围其宅，或令府县捕其门客李起、安岱、李方来等，皆令侍御史郑昂之阴推劾，潜槌杀之。庆宗尚郡主，又供奉在京，密报其父，禄山转惧。"唐历："是夏，京兆尹李岘贬零陵太守。先是杨国忠使门客蹇昂、何盈求禄山阴事，命京兆尹围捕其宅，得安岱、李方来等与禄山反状，使侍御史郑昂之缢杀之。禄山怒，使严庄上表自理，具陈国忠罪状二十馀事。上惧其生变，遂归过于岘以安之。"安禄山事迹与唐历同，外有"命京兆尹李岘于其宅得李起、安岱、李方来等；又贬吉温为澧阳长史，以激怒禄山，幸其速反，上竟不之悟。"玄宗幸蜀记与事迹同。按李岘传："十二载，连雨六十馀日，国忠归咎京兆尹，贬长沙太守。"新宗室宰相传："杨国忠使客蹇昂、何盈擿安禄山阴事，讽京兆捕其第，得安岱、李方来等与禄山反状，缢杀之。禄山怒，上书自言。帝惧变，出岘为零陵太守。"今从实录。捕禄山客李超等，送御史台狱，潜杀之。禄山子庆宗尚宗女荣义郡主，供奉在京师，在京师为太仆卿，得随供奉官班见。密报禄山，禄山愈惧。六月，上以其子成婚，手诏禄山观礼，禄山辞疾不至。秋，七月，禄山表献马三千匹，每匹执控夫二人，遣蕃将二十二人部送。欲以袭京师也。河南尹达奚珣疑有变，奏请"谕禄山以进车马宜俟至冬，官自给夫，无烦本军。"于是上稍寤，始有疑禄山之意。会辅璆琳受赂事亦泄，上托以他事扑杀之。上遣中使冯神威赍手诏谕禄山，如珣策；扑，弼角翻。使，疏吏翻；考异曰：禄山事迹作“承威”，今从玄宗幸蜀记。且曰：“朕新为卿作一汤，自天宝六载以来，华清宫中益治汤，井池台观，环列山谷。御汤曰九龙殿，亦曰莲花汤。明皇杂录曰：“明皇幸华清宫，新广汤，制作宏丽。安禄山于范阳，以白玉石为鱼、龙、凫、雁，仍以石梁及莲花同献，雕镌巧妙，殆非人功。上大悦，命陈于汤中，仍以石梁横亘汤上，而莲花才出于水际。上至其所，解衣欲入，而鱼、龙、凫、雁皆若奋鳞举翼，状欲飞动。上恐，遽命撤去，而莲花至今犹存。又尝于宫中置长汤数十间，屋皆周回甃以文石，为银镂漆船及白木香船，置于其中。至于楫棹，皆饰以珠玉。又于汤中累瑟瑟及沈香为山，以状瀛洲、方丈。津阳门诗注曰：宫内除供奉两汤外，内更有汤，十六所长汤，每赐诸嫔御，其修广与诸汤不侔，甃以文瑶密石，中央有玉莲花捧汤，喷以成池。又缝缀锦锈为凫雁，置于水中，上时于其间泛钑镂小舟，以嬉游焉。次西曰太子汤，又次西宜春汤，又次西长汤十六所。今唯太子、少阳二汤存焉。又有玉女殿汤，今石星痕汤、玉名瓮汤所出也。”为，于伪翻。十月于华清宫待卿。”神威至范阳宣旨，禄山踞床微起，亦不拜，曰：“圣人安隐。”圣人，谓上也。隐，读曰稳。唐帖多有写“稳”字为“隐”字者。又曰：“马不献亦可，十月灼然诣京师。”即令左右引神威置馆舍，不复见；数日，遣还，亦无表。神威还，见上泣曰：“臣几不得见大家！”复，扶又翻。几，居依翻。

8 八月，辛卯，免今载百姓租庸。

9 冬，十月，庚寅，上幸华清宫。考异曰：旧纪壬辰，今从实录、新纪。

10 安禄山专制三道，阴蓄异志，殆将十年，以上待之厚，欲俟上晏驾然后作乱。会杨国忠与禄山不相悦，屡言禄山且反，上不听；国忠数以事激之，数，所角翻。欲其速反以取信于上。禄山由是决意遽反，独与孔目官·太仆丞严庄、掌书·记屯田员外郎高尚、将军阿史那承庆密谋，自馀将佐皆莫之知，但怪其自八月以来，屡飨士卒，秣马厉兵而已。会有奏事官自京师还，禄山诈为敕书，悉召诸将示之曰：“有密旨，令禄山将兵入朝讨杨国忠，将，即亮翻。朝，直遥翻。诸君宜即从军。”众愕然相顾，莫敢异言。十一月，甲子，禄山发所部兵及同罗、奚、契丹、室韦凡十五万众，号二十万，反于范阳。考异曰：平致美蓟门纪乱曰：“自其年八月后，慰谕兵士，磨厉戈矛，颇异于常，识者窃怪矣。至是，禄山勒兵夜发。将出，命属官等谓曰：‘奏事官胡逸自京回，奉密旨，遣禄山将随身兵马入朝来，莫令那人知。群公勿怪，便请随军。’那人，意杨国忠也。”命范阳节度副使贾循守范阳，平卢节度副使吕知诲守平卢，别将高秀岩守大同；中受降城西二百里有大同川。又代州北有大同军，去太原八百馀里。新志：大同军，在朔州马邑县。按宋白续通典：中受降城西之大同川，乃隋大同城之旧墟。开元五年，分善阳县东三十里置大同军以戍边；复于军内置马邑县，直代州北。诸将皆引兵夜发。

诘朝，禄山出蓟城南，诘，去吉翻。蓟，音计。大阅誓众，以讨杨国忠为名，榜军中曰：“有异议扇动军人者，斩及三族！”于是引兵而南。禄山乘铁轝，步骑精锐，烟尘千里，鼓噪震地。轝，与舆同。骑，奇寄翻。噪，苏到翻。时海内久承平，百姓累世不识兵革，猝闻范阳兵起，远近震骇。河北皆禄山统内，禄山兼河北道采访使。所过州县，望风瓦解，守令或开门出迎，守，式又翻。或弃城窜匿，或为所擒戮，无敢拒之者。禄山先遣将军何千年、高邈将奚骑二十，声言献射生手，乘驿诣太原。乙丑，北京副留守杨光翙出迎，因劫之以去。考异曰：肃宗实录云：“先令千年领壮士数千人，诈称献俘，以车千乘，包旌旗、戈甲、器械，先俟于河阳桥。”不见后来所用。又千年时方诣太原执杨光翙，未暇向河阳也。今不取。蓟门纪乱云：“是月，甲午，缚光翙。”按是月有甲子，安得甲午！亦不取。太原具言其状。东受降城亦奏禄山反。上犹以为恶禄山者诈为之，降，户江翻。恶，乌路翻。未之信也。

庚午，上闻禄山定反，乃召宰相谋之。杨国忠扬扬有德色，蜀本作"得色"，当从之。曰："今反者独禄山耳，将士皆不欲也。不过旬日，必传首诣行在。"上以为然，大臣相顾失色。上遣特进毕思琛诣东京，琛，丑林翻。金吾将军程千里诣河东，各简募数万人，随便团结以拒之。辛未，安西节度使封常清入朝，朝，直遥翻。上问以讨贼方略，常清大言曰："今太平积久，故人望风惮贼。然事有逆顺，势有奇变，臣请走马诣东京，开府库，募骁勇，挑马箠渡河，骁，坚尧翻。挑，徒了翻。箠，止蘂翻。计日取逆胡之首献阙下！"上悦。壬申，以常清为范阳、平卢节度使。常清即日乘驿诣东京募兵，旬日，得六万人；乃断河阳桥，为守御之备。断，音短。

甲戌，禄山至博陵南，博陵郡，本定州高阳郡，天宝元年更郡名。旧志：博陵郡，京师东北二千九百六里。何千年等执杨光翙见禄山，责光翙以附杨国忠，斩之以徇。考异曰：幸蜀记云："十九日甲戌，至真定南，逢杨光翙。"按唐历："禄山遣骁骑何千年等劫光翙归，遇于博陵郡，杀之。"盖幸蜀记误以定州为真定耳。禄山事迹曰："其年九月甲午，传太原尹杨光翙首至。"按禄山十一月始反，而事迹云九月取光翙，误也。禄山使其将安忠志将精兵军土门，将，即亮翻；下同。忠志，奚人，禄山养为假子；又以张献诚摄博陵太守，献诚，守珪之子也。张守珪卵翼禄山，实为厉阶。

禄山至藁城，常山太守颜杲卿力不能拒，与长史袁履谦往迎之。禄山辄赐杲卿金紫，质其子弟，使仍守常山；常山郡，本恒州恒山郡，天宝元年更郡名。刘昫曰：常山郡旧治元氏。魏道武登常山郡北望安乐垒，美之，遂移郡治于安乐城，今州城是也。魏收志，九门县有安乐垒。质，音致。又使其将李钦凑将兵数千人守井陉口，以备西来诸军。西来诸军，谓河东路兵东出井陉口者。陉，音刑。杲卿归，途中指其衣谓履谦曰："何为着此？"着，陟略翻。履谦悟其意，乃阴与杲卿谋起兵讨禄山。杲卿，思鲁之玄孙也。颜思鲁，之推之子，师古之父也。

丙子，上还宫。斩太仆卿安庆宗，赐荣义郡主自尽。以朔方节度使安思顺为户部尚书，思顺弟元贞为太仆卿。以朔方右厢兵马使、九原太守郭子仪为朔方节度使，九原郡，丰州。右羽林大将军王承业为太原尹。太原为北都，故置尹。置河南节度使，领陈留等十三郡，以卫尉卿猗氏张介然为之。陈留郡，汴州。考异曰：实录以介然为汴州刺史；旧纪以介然为陈留太守。按是时无刺史，郭纳见为太守，介然直为节度使耳。以程千里为潞州长史。诸郡当贼冲者，始置防御使。

丁丑，以荣王琬为元帅，右金吾大将军高仙芝副之，统诸军东征。帅，所类翻。出内府钱帛，于京师募兵十一万，号曰天武军，旬日而集，皆市井子弟也。

十二月，丙戌，高仙芝将飞骑、彍骑及新募兵、边兵在京师者合五万人，发长安。上遣宦者监门将军边令诚监其军，屯于陕。将，即亮翻。骑，奇寄翻。彍，虚郭翻，又古博翻。监，古衔翻。陕，失冉翻。旧志：陕郡，在京师东四百九十里，至东都三百三十里。

11 丁亥，安禄山自灵昌渡河，灵昌郡，本滑州东郡，天宝元年更郡名。以絙约败船及草木横绝河流，一夕，冰合如浮梁，遂陷灵昌郡。旧志：灵昌郡，去京师一千四百四十里，至东都五百三十里。禄山步骑散漫，人莫知其数，所过残灭。张介然至陈留才数日，禄山至，授兵登城，众恟惧，不能守。恟，许拱翻。庚寅，太守郭纳以城降。禄山入北郭，闻安庆宗死，恸哭曰："我何罪，而杀我子！"时陈留将士降者夹道近万人，降，户江翻。近，其靳翻。禄山皆杀之以快其忿；斩张介然于军门。考异曰：旧纪："辛卯，陷陈留郡。"禄山事迹："庚午，陷陈留郡，传张介然、荔非元瑜等首至。"今从实录。以其将李庭望为节度使，守陈留。旧志：陈留郡，京师东一千三百五十里，至东都四百一里。

12 壬辰，上下制欲亲征，其朔方、河西、陇右兵留守城堡之外，皆赴行营，令节度使自将之；期二十日毕集。

13 初，平原太守颜真卿汉置平原郡，唐为德州，天宝元年复改为郡。知禄山且反，因霖雨，完城浚壕，料丁壮，实仓廪；禄山以其书生，易之。料，连条翻，量度也，又力吊翻。易，以豉翻。及禄山反，牒真卿以平原、博平兵七千人防河津，博平郡，博州。真卿遣平原司兵李平间道奏之。间，古苋翻。上始闻禄山反，河北郡县皆风靡，叹曰："二十四郡，曾无一人义士邪！"及平至，旧志：平原郡，至京师一千九百八十二里。大喜曰："朕不识颜真卿作何状，乃能如是！"真卿遣亲客密怀购贼牒诣诸郡，由是诸郡多应者。真卿，杲卿之从弟也。从，才用翻。

安禄山引兵向荥阳，太守崔无诐拒之；士卒乘城者，闻鼓角声，自坠如雨。癸巳，禄山陷荥阳，荥阳郡，郑州，西至洛阳二百六十里。旧志：荥阳郡，至京师一千一百五里，东都二百七十里。考异曰：唐历旧纪作"甲午"，今从实录。杀无诐，以其将武令珣守之。禄山声势益张，张，知亮翻。以其将田承嗣、安忠志、张孝忠为前锋。封常清所募兵皆白徒，未更训练，更，工衡翻。屯武牢以拒贼；贼以铁骑蹂之，蹂，人九翻。官军大败。常清收馀众，战于葵园，又败；战上东门内，又败。葵园，在罂子谷南。上东门，即洛阳上春门也。唐六典：东都城东面三门，北曰上东。丁酉，禄山陷东京，贼鼓噪自四门入，纵兵杀掠。常清战于都亭驿，又败；退守宣仁门，又败；乃自苑西坏墙西走。坏，音怪。考异曰：常清表云："自今月七日交兵，至十三日不已。"按七日禄山犹未至荥阳，盖与贼前锋战耳。

河南尹达奚珣降于禄山。降，户江翻。留守李憕谓御史中丞卢奕曰："吾曹荷国重任，守，式又翻。憕，直陵翻。荷，下可翻。虽知力不敌，必死之！"奕许诺。憕收残兵数百，欲战，皆弃憕溃去；憕独坐府中。奕先遣妻子怀印间道走长安，走，音奏。朝服坐台中，朝，直遥翻。左右皆散。禄山屯于闲厩，使人执憕、奕及采访判官蒋清，皆杀之。奕骂禄山，数其罪，数，所具翻。顾贼党曰："凡为人当知逆顺。我死不失节，夫复何恨！"夫，音扶。复，扶又翻。憕，文水人；文水县，属并州，本汉大陵县，魏置受阳县，隋为文水县。奕，怀慎之子；清，钦绪之子也。卢怀慎，开元初贤相。蒋钦绪见二百九卷中宗景龙三年。禄山以其党张万顷为河南尹。

封常清帅馀众至陕，帅，读曰率。陕郡太守窦廷芝已奔河东，吏民皆散。常清谓高仙芝曰："常清连日血战，贼锋不可当。且潼关无兵，若贼豕突入关，则长安危矣。陕不可守，不如引兵先据潼关以拒之。"仙芝乃帅见兵西趣潼关。见，贤遍翻。趣，七喻翻。考异曰：肃宗实录云："仙芝领大军初至陕，方欲进师，会常清军败至，欲广其贼势以雪己罪，劝仙芝班师。仙芝素信常清言，即日夜走保潼关；朝野大骇。"今从本传。贼寻至，官军狼狈走，无复部伍，士马相腾践，死者甚众。至潼关，修完守备，贼至，不得入而去。禄山使其将崔乾佑屯陕，复，扶又翻。践，悉铣翻。潼，音同。将，即亮翻。陕，失冉翻。临汝、弘农、济阴、濮阳、云中郡皆降于禄山。弘农郡，本虢州虢郡，天宝元年更郡名。濮阳郡，濮州。云中郡，云州。济，子礼翻。濮，博木翻。降，户江翻。是时，朝廷征兵诸道，皆未至，关中恼惧。会禄山方谋称帝，留东京不进，故朝廷得为之备，兵亦稍集。朝，直遥翻。恼，许拱翻。

禄山以张通儒之弟通晤为睢阳太守，与陈留长史杨朝宗将胡骑千馀东略地，睢，音虽。守，式又翻。将，即亮翻。骑，奇寄翻。郡县官多望风降走，惟东平太守嗣吴王祗、济南太守李随起兵拒之。东平郡，郓州。济南郡，本齐州齐郡，天宝元年更名临淄郡；五载，更今郡名。嗣，祥吏翻。祗，祎之弟也。祎，吁韦翻。郡县之不从贼者，皆倚吴王为名。单父尉贾贲帅吏民南击睢阳，斩张通晤。单父，古县，时属睢阳郡。单，音善。父，音甫。李庭望引兵欲东徇地，闻之，不敢进而还。还，从宣翻，又音如字。

14 庚子，以永王璘为山南节度使，江陵长史源洧为之副；江陵郡，本荆州南郡，天宝元年更郡名。璘，力珍翻。洧，于轨翻。颍王璬为剑南节度使，蜀郡长史崔圆为之副。蜀郡，益州。璬，公了翻。长，知两翻。二王皆不出阁。洧，光裕之子也。源光裕见二百一十二卷开元十三年。

15 上议亲征，辛丑，制太子监国，监，古衔翻。考异曰：唐历、幸蜀记皆云“十六日辛丑”。按长历，辛丑，十七日也。实录又作“己丑”，尤误。肃宗实录云：“诏以上监国，仍令总统六军，亲征寇逆。”按制书云：“今亲总六师，率众百万，铺敦元恶，巡抚洛阳，”则是上亲征，使太子留守也。今从玄宗实录。谓宰相曰：“朕在位垂五十载，倦于忧勤，去秋已欲传位太子；值水旱相仍，不欲以馀灾遗子孙，遗，唯季翻。淹留俟稍丰。不意逆胡横发，横，户孟翻；下同。朕当亲征，且使之监国。事平之日，朕将高枕无为矣。”枕，之任翻。杨国忠大惧，退谓韩、虢、秦三夫人曰：“太子素恶吾家专横久矣，若一旦得天下，吾与姊妹并命在旦暮矣！”相与聚哭。使三夫人说贵妃，恶，乌路翻。横，下孟翻。说，式芮翻。衔土请命于上；事遂寝。

16 颜真卿召募勇士，旬日至万馀人，谕以举兵讨安禄山，继以涕泣，士皆感愤。禄山使其党段子光赍李憕、卢奕、蒋清首徇河北诸郡，至平原，壬寅，真卿执子光，腰斩以徇；取三人首，续以蒲身，棺敛葬之，祭哭受吊。棺，音贯。敛，力赡翻。禄山以海运使刘道玄摄景城太守，清池尉贾载、盐山尉河内穆宁共斩道玄，自帝事边功，运青、莱之粟，浮海以给幽、平之兵，故置海运使。景州，本沧州勃海郡，天宝更郡名。清池，汉浮阳县地，开皇十八年更名。盐山，汉高城县地，隋开皇十八年，以县有盐山更名。清池带郡，盐山属邑也。得其甲仗五十馀船；携道玄首谒长史李晧，晧收严庄宗族，悉诛之。是日，送道玄首至平原。真卿召载、宁及清河尉张澹诣平原计事。澹，徒览翻。考异曰：旧穆宁传："禄山伪署刘道玄为景城守。宁唱义起兵，斩道玄首，传檄郡邑，多有应者。贼将史思明来寇郡，宁以摄东光令将兵御之。思明遣使说诱，宁立斩之。郡惧贼怨深，后大兵至，夺宁兵及摄县。初，宁佐采访使巡按，尝过平原，与太守颜真卿密揣禄山必叛。至是，真卿亦唱义，举郡兵以拒禄山。会间使持书遗真卿曰：'夫子为卫君乎？'更无他词。真卿得书，大喜，因奏署大理评事、河北采访支使。"按宁以道玄首谒李晞，晞即族严庄家，岂有惧贼怨深而夺宁兵乎！真卿既杀段子光，帅诸郡以讨禄山，宁书中何必尚为隐语！道玄首至平原，真卿已召宁计事，岂待得此书然后用之！况真卿领采访使，乃在明年常山陷后。今皆不取。饶阳太守卢全诚据城不受代；考异曰：包谞河洛春秋作"卢皓"，今从殷仲容颜氏行状。河间司法李奂杀禄山所署长史王怀忠；李随遣游弈将訾嗣贤济河，将，即亮翻。訾，即移翻，姓也。汉有訾顺。杀禄山所署博平太守马冀；各有众数千或万人，共推真卿为盟主，军事皆禀焉。禄山使张献诚将上谷、博陵、常山、赵郡、文安五郡团结兵万人围饶阳。饶阳郡，深州。河间郡，瀛州。上谷郡，易州。赵郡，赵州。文安郡，莫州。将，即亮翻。

17 高仙芝之东征也，监军边令诚数以事干之，仙芝多不从。令诚入奏事，具言仙芝、常清桡败之状，数，所角翻。桡，奴教翻。且云："常清以贼摇众，而仙芝弃陕地数百里，又盗减军士粮赐。"上大怒，癸卯，遣令诚赍敕即军中斩仙芝及常清。初，常清既败，三遣使奉表陈贼形势，使，疏吏翻。上皆不之见。常清乃自驰诣阙，至渭南，敕削其官爵，令还仙芝军，白衣自效。常清草遗表曰："臣死之后，望陛下不轻此贼，无忘臣言！"时朝议皆以为禄山狂悖，不日授首，故常清云然。云然者，犹曰言如此也。朝，直遥翻。悖，蒲内翻，又蒲没翻。令诚至潼关，先引常清，宣敕示之；常清以表附令诚上之。上，时掌翻。考异曰：明皇幸蜀记、安禄山事迹皆曰："常清配隶仙芝军，感愤颇深，遂作遗表，饮药而死。令诚至，常清已死。"而旧传以为"敕令却赴潼关，自草表待罪，是日临刑，托令诚上之。"盖二书见常清表有"仰天饮鸩，向日封章，即为尸谏之臣，死作圣朝之鬼，"故云然。今从旧传。常清既死，陈尸蘧蒢。籧篨，芦蓆也。仙芝还，至听事，令诚索陌刀手百馀人自随，索，山客翻。乃谓仙芝曰："大夫亦有恩命。"仙芝遽下，令诚宣敕。仙芝曰："我遇敌而退，死则宜矣。今上戴天，下履地，谓我盗减粮赐则诬也。"时士卒在前，皆大呼称枉，其声振地，遂斩之。呼，火故翻。史言高仙芝由边令诚而得节，亦由边令诚而丧元。以将军李承光摄领其众。

河西、陇右节度使哥舒翰病废在家，考异曰：旧金梁凤传云："天宝十三载，哥舒翰入京师，裴冕为河西留后，在武威。"是翰虽病在京师，犹领河西、陇右两镇也。上藉其威名，且素与禄山不协，召见，见，贤遍翻。拜兵马副元帅，将兵八万以讨禄山；帅，所类翻。仍敕天下四面进兵，会攻洛阳。翰以病固辞，上不许，以田良丘为御史中丞，充行军司马，起居郎萧昕为判官，蕃将火拔归仁等各将部落以从，将，即亮翻。从，才用翻。并仙芝旧卒，号二十万，军于潼关。考异曰：肃宗实录云："以翰为皇太子先锋兵马使、元帅，领河、陇、朔方募兵十万，并仙芝旧卒，号二十万，拒战于潼关。十二月十七日，大军发。"唐历亦云"先锋兵马使、元帅"。旧传云"先锋兵马元帅"。禄山事迹云："翰为副元帅，领河、陇诸蕃部落奴剌、颉、跌、朱邪、契苾、浑、蹛林、奚结、沙陀、蓬子、处蜜、吐谷浑、思结等十三部落，督蕃、汉兵二十一万八千人，镇于潼关。"旧纪云："丙午，命翰守潼关。"按玄宗实录："癸卯，斩常清、仙芝，命翰为兵马副元帅，统兵八万，镇潼关。"时荣王为元帅，故以翰副之。盖诛仙芝之日，即命翰代仙芝。旧纪"丙午"，肃宗实录"十七日军发"，皆太早也。玄宗实录所云八万者，盖止谓汉兵随翰东征者耳，并诸蕃部落及仙芝旧兵，则及十馀万，因号二十万也。翰病，不能治事，治，直之翻。悉以军政委田良丘；良丘复不敢专决，使王思礼主骑，李承光主步，二人争长，无所统壹。复，扶又翻。长，知两翻。翰用法严而不恤，士卒皆懈弛，无斗志。史言哥舒翰所以败。

18 安禄山大同军使高秀岩寇振武军，杜佑曰：振武军，在单于都护府城内，西去朔方千七百馀里。朔方节度使郭子仪击败之，败，补迈翻。子仪乘胜拔静边军。据旧史，静边军当在单于府东北，王忠嗣镇河东所筑也。宋白曰：云中郡，西至静边军一百八十里。大同兵马使薛忠义寇静边军，子仪使左兵马使李光弼、右兵马使高浚、左武锋使仆固怀恩、右武锋使浑释之等逆击，大破之，坑其骑七千。骑，奇寄翻；下同。考异曰：陈翃汾阳王家传，此战在十二月十二日。嫌其与禄山陷东都相乱，故并置此。进围云中，使别将公孙琼岩将二千骑击马邑，拔之，开东陉关。马邑郡，朔州。雁门县有东陉关、西陉关。时河东、太原闭关以拒秀岩，子仪既破秀岩，始开关。杜佑曰：代州，雁门郡；郡南三十里有东陉关，甚险固。西陉山，即句注山。陉，音刑；下同。甲辰，加子仪御史大夫。怀恩，哥滥拔延之曾孙也，世为金微都督。哥滥拔延见一百九十八卷太宗贞观二十年。金微都督府亦置于是年。旧史曰：仆固，即铁勒仆骨部，语讹为仆固。释之，浑部酋长，世为皋兰都督。酋，慈由翻。长，知两翻。

19 颜杲卿将起兵，参军冯虔、前真定令贾深、藁城尉崔安石、郡人翟万德、内丘丞张通幽皆预其谋；真定县，带常山郡。内丘，汉中丘县也。隋讳"忠"，改曰内丘，属钜鹿郡。翟，苌伯翻。又遣人语太原尹王承业，密与相应。语，牛倨翻。会颜真卿自平原遣杲卿甥卢逖潜告杲卿，欲连兵断禄山归路，以缓其西入之谋。断，丁管翻；下乃断同。时禄山遣其金吾将军高邈诣幽州征兵，未还，杲卿以禄山命召李钦凑，使帅众诣郡受犒赉；帅，读曰率。犒，苦到翻。赉，来代翻。丙午，薄暮，钦凑至，杲卿使袁履谦、冯虔等携酒食妓乐往劳之，妓，渠绮翻。劳，力到翻；下慰劳同。并其党皆大醉，乃断钦凑首，收其甲兵，尽缚其党，明日，斩之，悉散井陉之众。有顷，高邈自幽州还，且至藁城，杲卿使冯虔往擒之。断，丁管翻。是年十一月，安禄山使李钦凑屯井陉口，今斩之而散其众。陉，音刑。还，从宣翻，又音如字。南境又白何千年自东京来，崔安石与翟万德驰诣醴泉驿迎千年，又擒之，醴泉驿，在常山郡界，南直赵郡。同日致于郡下。千年谓杲卿曰："今太守欲输力王室，既善其始，当慎其终。此郡应募乌合，难以临敌，宜深沟高垒，勿与争锋。俟朔方军至，并力齐进，传檄赵、魏，断燕、蓟要膂。【章：十二行本"膂"下有"彼则成擒矣"五字；乙十一行本同；退斋校同；张校同，云无注本亦无。】断，音短。燕，因肩翻。蓟，音计。要，读曰腰。今且宜声云，'李光弼引步骑一万出井陉；'因使人说张献诚云：'足下所将多团练之人，无坚甲利兵，难以当山西劲兵，'常山、饶阳以并、代为山西。合天下言之，则河南、河北通谓之山东，函关以西为山西。说，式芮翻。将，即亮翻，又音如字。献诚必解围遁去。此亦一奇也。"杲卿悦，用其策，献诚果遁去，其团练兵皆溃。杲卿乃使人入饶阳城，慰劳将士。劳，力到翻。将，即亮翻。命崔安石等徇诸郡云："大军已下井陉，朝夕当至，先平河北诸郡。先下者赏，后至者诛！"于是河北诸郡响应，凡十七郡皆归朝廷，兵合二十馀万；考异曰：河洛春秋曰："禄山至藁城，杲卿上书陈国忠罪恶宜诛之状，且曰：'钺下才不世出，天实纵之，所向辄平，无思不服。昔汉高仗赤帝之运，犹纳食其之言；魏武应黄星之符，亦用荀彧之策。'又曰：'今河北殷实，百姓富饶，衣冠礼乐，天下莫敌。孔子曰："十室之邑，必有忠信。"万家之邦，非无豪杰，如或结聚，岂非后患者乎？伏惟精彼前军，严其后殿，所过持重。且详观地图，凡有隘狭，必加防遏；慎择良吏，委之腹心。自洛已东，且为己有，广挽刍粟，缮理甲兵；传檄西都，望风自振。若唐祚未改，王命尚行，君相协谋，士庶奔命，则盛兵巩、洛，东据敖仓，南临白马之津，北守飞狐之塞，自当抗衡上国，割据一方。若景命已移，讴歌所系，即当长驱岐、雍，饮马渭河，黔首归命，孰有出钺下之右者！'禄山大悦，加杲卿章服，仍旧常山太守并五军团练使，镇井陉口。留同罗及曳落河一百人，首领各一人。其赵、邢、洺、相、卫等州，并皆替换。及沧、瀛、深不从禄山，张献诚围深州月馀不下，前赵州司户包处遂、前原氏尉张通幽、藁城县尉崔安晟、恒州长史袁履谦等同上书说杲卿曰：'明公身荷宠光，位居牧守，乃弃万全之良计，履必死之畏途，取适于目前，忘累于身后，窃为明公不取。今若拒禄山之命，招十万之兵，峙乃刍茭，积其食粟，分守要害，大振威声，通井陉之路，与东都合势，如此，则洪勋盛烈，何可胜言者哉！轻进瞽言，万无一用。魂销东岱，先怀屠裂之忧；心拱北辰，愿立忠贞之节。'杲卿览书，大悦。于是佥议，伪以禄山命追井陉镇兵就恒州宴设，酋长各赐帛三百段，马一匹，金银器各一床，美人各一，其馀通赐物一万段。设于州南焦同驿，自晓至暮，并以歌妓数百人悦其意，密于酒中置毒，与饮，令尽醉，悉无所觉，乃尽收其器械，一一缚之。明日，尽斩，弃尸于滹沱河中。"殷亮颜杲卿传曰："禄山起，杲卿计无所出，乃与长史袁履谦谒于藁城县。禄山以杲卿尝为己判官，矫制赐紫金鱼袋，使自守常山郡，以其孙诞、弟子询为质，俾崇郡刺史蒋钦凑以赵郡甲卒七千人守土门，约杲卿，将见钦凑，以私号召之。杲卿罢归，途中，指其衣服而谓履谦曰：'此害身之物也。禄山虽以诛君侧为名，其实反矣。我与公世为唐臣，忝居藩翰，宁可从之作逆邪！'履谦愀然变色，感叹良久，曰：'为之奈何，唯公所命，不敢违。'杲卿乃使人告太原尹王承业以杀钦凑，俟其缓急相应，承业亦使报命。杲卿恐漏泄，示己不事事，多委政于履谦，终日不相谒，唯使男泉明往来通其言；召前真定令贾深、处士权涣、郭仲邕就履谦以谋之。适会杲卿从父弟真卿据平原，杀段子光，使杲卿妹子卢逖并以购禄山所行敕牒潜告。杲卿大悦，匿逖于家。逖之未至，杲卿先使人以私号召钦凑，至，杲卿辞之曰：'日暮，夜恐有他盗，城门闭矣，请俟诘朝相见。'因遣参军冯虔、宗室李峻、灵寿尉李栖默、郡人翟万德等即于驿亭偶钦凑，夜久醉熟，以斧斫杀之；悉散土门兵。先是禄山使其腹心伪金吾将军高邈征兵于范阳，路出常山，杲卿候知之。其日，邈至于满城驿，杲卿令崔安石、冯虔杀之；邈前驱数人先至，遽杀之，遂生擒邈，送于郡。遇何千年狎至，安石于路绝行人之南者，驰至醴泉驿候千年，亦斩其人而擒之如邈。日未午，二凶偕致。"肃宗实录："杲卿初闻禄山起兵于范阳，杲卿召长史袁履谦、前真定令贾深、内丘丞张通幽谓之曰：'今禄山一朝以幽、并骑过常山，趋洛阳，有问鼎之志；天子在长安，方欲征天下兵，东向问罪，事不及矣。如贼军暴至，吾属为虏必矣。不若因其未萌，招义徒，西据土门，北通河朔，待海内之救，上以安国家，下以全臣节，此策之上者。'遂即日购士得千馀人，命履谦将兵镇土门，命贾深防东路，通幽守郡城。贼将李归仁令弟钦凑领步骑五千人先镇土门，仍令以兵隶于杲卿；又使麾下骑将高邈驰报禄山，令促其行。觇者知其谋而白杲卿，杲卿召履谦告之。履谦曰：‘事将亟矣，若不早诛钦凑，谋不集也。’遂诈追钦凑，令赴郡计事；命履谦署人吏以待之。钦凑夜至郡，杲卿命憩于驿，乃使参军李循、冯虔、县尉李栖默等享钦凑于驿，醉而夜杀之。履谦持钦凑首谒于杲卿。杲卿与履谦且喜事之捷，又惧贼之来，相对泣。杲卿收泪，励履谦曰：‘大丈夫名不挂青史，安用生为！吾与公累世事唐，岂偷安于胡羯，但使死而不朽，亦何恨也！’有顷，藁城尉崔安石报高邈自禄山所至，已宿上谷郡界；又使冯虔、县吏翟万德并命安石共方略。诘朝，邈骑数人先至驿，虔尽坑之。邈继至，虔绐之曰：‘太守将音乐迎候。’邈无疑，至厅下马。虔、安石等指挥人吏，以棒乱击，邈仆，生缚之。无何，南界又报何千年自东京宿赵郡，安石、万德先于郡南醴泉驿候之。千年至，知邈被擒，令麾下骑与安石战，败；又生擒千年，并送于郡。”旧传曰：“禄山陷东都，杲卿忠诚感发，惧贼寇潼关，即危宗社。时从弟真卿为平原太守，遣信告杲卿，相与起义兵，掎角断贼归路，以纾西寇之势。杲卿乃与长史袁履谦、前真定令贾深、前内丘丞张通幽等谋闭土门以背之。禄山遣蒋钦凑、高邈帅众五千守土门。杲卿欲诛钦凑，开土门之路。时钦凑军隶常山郡，属钦凑遣高邈往幽州未还，杲卿遣吏召钦凑至郡计事。是月二十二日夜，钦凑至，舍之于传舍。会饮既醉，令袁履谦与参军冯虔、县尉李栖默、手力翟万德等杀钦凑。中夜，履谦携钦凑首见杲卿，相与垂泣，喜事之济也。是夜，藁城尉崔安石报高邈还至满城，即令冯虔、翟万德与安石往图之。诘朝，邈之骑从数人至藁城驿，安石皆杀之。俄而邈至，安石绐之曰：‘太守备酒乐于传舍。’邈方据厅下马，冯虔等擒而絷之。是日，贼将何千年自东都来赵郡，冯虔、翟万德伏兵于醴泉驿，千年至，又擒之。即日缚二贼将还郡。”按禄山初自范阳拥数十万众南下，常山当其所出之涂，若杲卿不从命，遽以千馀人拒之，则应时齑粉，安得复守故郡乎！况时禄山犹以诛杨国忠为名，未僭位号，杲卿迎于藁城，受其金紫，殆不能免矣。肃宗实录所云者，盖欲全忠臣之节耳。然杲卿忠直刚烈，糜躯徇国，舍生取义，自古罕俦，岂肯更上书媚悦禄山，比之汉高、魏武，为之画割据并吞之策，此则粗有知识者必知其不然也。盖包谞乃处遂之子，欲言杲卿初无讨贼立节之意，由己父上书劝成之，以大其父功耳。观所载杲卿上禄山书，处遂等上杲卿书，田承嗣上史朝义疏，其文体如一，足知皆谞所撰也。又张通幽兄为逆党，又教王承业夺杲卿之功，终以反覆被诛，其行事如此，而包谞云初与处遂同上书劝杲卿为忠义，尤难信也。旧传云：“钦凑、高邈同守土门，钦凑遣邈往幽州。”二将既握兵同镇土门，钦凑岂得擅遣邈往幽州！今从殷亮杲卿传，禄山自遣邈征兵是也。河洛春秋云：“留同罗及曳落河百人”，彼镇井陉，遏山西之军，重任也，岂百人所能守乎！殷传云“七千人守土门”，此七千人又非履谦一夕所能缚也。盖禄山留精兵百人以为钦凑腹心爪牙，其馀皆团练民兵胁从者耳，故履谦得醉之以酒，诛钦凑及百人而散其馀耳。河洛春秋云“酒中置毒”，按时履谦等与钦凑同饮，岂得偏置毒于客酒中乎！今不取。旧传及殷传皆云钦凑姓蒋，今从玄宗、肃宗实录、唐历姓李。玄宗实录：“十二月，己亥，杲卿杀贼将李钦凑，执何千年、高邈送京师。”按己亥，十五日也。而真卿以壬寅斩段子光，壬寅，十八日也。真卿既杀子光，乃报杲卿同举义兵。今从旧传，为二十二日丙午杀钦凑。肃宗实录又云：“杲卿之斩钦凑等，因使徇诸郡，曰：‘今上使荣王为元帅，哥舒翰为副，征天下兵四十万，东向讨逆。’”按实录，癸卯，始命翰为副元帅，计丙午，常山亦未知。今不取。河洛春秋云“十三郡悉举义兵归朝廷”，殷亮颜氏行状、旧颜真卿传、唐历皆云“十七郡归顺”。盖河洛春秋不数平原、景城、河间、饶阳先定者耳。颜氏行状曰：“不款者六郡而已，”时魏郡亦未下，盖举其终数耳。其附禄山者，唯范阳、卢龙、密云、渔阳、汲、邺六郡而已。考唐志无卢龙郡，当是改平州北平郡为卢龙郡也。密云郡，本檀州安乐郡，天宝元年更郡名。渔阳郡，蓟州。汲郡，卫州。

杲卿又密使人入范【章：十二行本“范”作“渔”，下同；乙十一行本同；孔本同。】阳招贾循，郏城人马燧说循曰：郏城、汉颍川郏县之地，后魏置龙山县及南阳县。隋开皇初，改龙山曰汝南；十八年，改汝南曰辅城，南阳曰期城。大业初，改辅城曰郏城，废期城入焉。郏，音夹。说，式芮翻。“禄山负恩悖逆，悖，蒲内翻，又蒲没翻。虽得洛阳，终归夷灭。公若诛诸将之不从命者，以范阳归国，倾其根柢，此不世之功也。”循然之，犹豫不时发。别将牛润容知之，以告禄山，禄山使其党韩朝阳召循。朝阳至范阳，引循屏语，将，即亮翻；下同。屏，必郢翻。使壮士缢杀之，灭其族；缢，于计翻。以别将牛廷玠知范阳军事。史思明、李立节将蕃、汉步骑万人击博陵、常山。马燧亡入西山；范阳郡之西山，南连上谷、中山之诸山。隐者徐遇匿之，得免。

20初，禄山欲自将攻潼关，至新安，闻河北有变而还。考异曰：玄宗实录："十五年，正月，壬戌，禄山将犯潼关，次于新安，闻有备而还。"按禄山以此月丁酉陷东都，至壬戌凡二十六日，非乘虚掩袭也，岂得至新安然后知其有备乎！盖常山有变则幽蓟路绝，故惧而归耳。今从肃宗本纪。蔡希德将兵万人自河内北击常山。河内郡，怀州。

21戊申，荣王琬薨，赠谥靖恭太子。

22是岁，吐蕃赞普乞梨苏笼猎赞卒，子娑悉笼猎赞立。吐，从暾入声。卒，子恤翻。娑，素禾翻。

肃宗文明武德大圣大宣孝皇帝上之上

讳亨，玄宗第三子也，初名嗣升；开元十五年更名浚；二十三年更名玙；二十八年更名绍；天宝三载更名亨。

至德元载（丙申、七五六）是年七月，太子即位于灵武，始改元至德。

1春，正月，乙卯朔，禄山自称大燕皇帝，改元圣武，以达奚珣为侍中，张通儒为中书令。考异曰：幸蜀记云："以珣为左相，通儒为右相。"今从实录。高尚、严庄为中书侍郎。

2李随至睢阳，有众数万。丙辰，以随为河南节度使，是载始置河南节度使，治汴州，领陈留、睢阳、灵昌、淮阳、汝阴、谯、济阴、濮阳、淄川、琅邪、彭城、临淮、东海十三郡。睢，音虽。使，疏吏翻；下同。以前高要尉许远为睢阳太守兼防御使。许远先仕于蜀，忤章仇兼琼，贬高要尉。史为许远坚守睢阳张本。濮阳客尚衡起兵讨禄山，以郡人王栖曜为衙前总管，攻拔济阴，杀禄山将邢超然。濮，博木翻。济，子礼翻。将，即亮翻。

3颜杲卿使其子泉明、贾深、翟万德献李钦凑首及何千年、高邈于京师。翟，苌伯翻。张通幽泣请曰："通幽兄陷贼，谓通儒也。乞与泉明偕行，以救宗族。"杲卿哀而许之。至太原，通幽欲自托于王承业，乃教之留泉明等，更其表，更，工衡翻。多自为功，毁短杲卿，别遣使献之。杲卿起兵才八日，守备未完，史思明、蔡希德引兵皆至城下。考异曰：河洛春秋云："十二月乙未，思明、希德齐至城下。"杲卿丙午始杀李钦凑，云乙未，误也。今从诸书。杲卿告急于承业，承业既窃其功，利于城陷，遂拥兵不救。杲卿昼夜拒战，粮尽矢竭；壬戌，城陷。考异曰：实录："癸亥，城陷。"河洛春秋："正月一日，城陷，"旧思明传："正月六日，围常山；九日，拔之。"今从玄宗实录、唐历、旧纪、杲卿传。贼纵兵杀万馀人，执杲卿及袁履谦等送洛阳。旧志：常山郡，京师东北一千七百六十里，至东都一千一百三十六里。王承业使者至京师，玄宗大喜，拜承业羽林大将军，麾下受官爵者以百数。征颜杲卿为卫尉卿。朝命未至，常山已陷。朝，直遥翻。

杲卿至洛阳，禄山数之曰：数，所具翻。"汝自范阳户曹，我奏汝为判官，不数年超至太守，杲卿为范阳户曹，禄山表为营田判官，假常山太守。何负于汝而反邪？"杲卿瞋目骂曰："汝本营州牧羊羯奴，瞋，昌真翻。羯，居谒翻。天子擢汝为三道节度使，恩幸无比，何负于汝而反？我世为唐臣，禄位皆唐有，虽为汝所奏，岂从汝反邪！我为国讨贼，我为，于伪翻。恨不斩汝，何谓反也？臊羯狗，何不速杀我！"禄山大怒，并袁履谦等缚于中桥之柱而冎之。臊，苏遭翻。中桥，天津中桥也。冎，古瓦翻。杲卿、履谦比死，比，必利翻。骂不虚口。颜氏一门死于刀锯者三十馀人。

史思明、李立节、蔡希德既克常山，引兵击诸郡之不从者，所过残灭，于是邺、广平、钜鹿、赵、上谷、博陵、文安、魏、信都等郡复为贼守。钜鹿郡，邢州。信都郡，冀州。文安郡，莫州。复，扶又翻。饶阳太守卢全诚独不从，思明等围之。河间司法李奂将七千人、景城长史李昞遣其子祀将八千人救之，皆为思明所败。败，补迈翻。

4 上命郭子仪罢围云中，还朔方，益发兵进取东京；选良将一人分兵先出井陉，定河北。子仪荐李光弼，癸亥，以光弼为河东节度使，分朔方兵万人与之。考异曰：杜牧张保皋传曰："安禄山乱，朔方节度使安思顺以禄山从弟赐死，诏郭汾阳代之。后旬日，复诏李临淮持节，分朔方半兵，东出赵、魏。当思顺时，汾阳、临淮俱为牙门都将，二人不相能，虽同盘饮食，常睇相视，不交一言。及汾阳代思顺，临淮欲亡去，计未决，诏至，分汾阳兵东讨。临淮入请曰：'一死固甘，乞免妻子。'汾阳趋下，持手上堂偶坐，曰：'今国乱主迁，非公不能东伐，岂怀私忿时邪！'悉召军吏，出诏书读之，如诏约束。及别，执手泣涕，相勉以忠义。"按于时玄宗未幸蜀，唐之号令犹行于天下，若制书除光弼为节度使，子仪安敢擅杀之！杜或得于传闻之误也。今从汾阳家传及旧传。

5 甲子，加哥舒翰左仆射、同平章事，馀如故。

6 置南阳节度使，以南阳太守鲁炅为之，将岭南、黔中、襄阳子弟五万人屯叶北，以备安禄山。炅表薛愿为颍川太守兼防御使，南阳郡，邓州。襄阳郡，襄州。叶县，时属汝州。颍川郡，许州。炅，火迥翻。将，即亮翻。黔，音琴。叶，式涉翻。庞坚为副使。愿，故太子瑛之妃兄；坚，玉之曾孙也。庞玉，去隋归唐为将。庞，皮江翻。

7 乙丑，安禄山遣其子庆绪寇潼关；哥舒翰击却之。

8 己巳，加颜真卿户部侍郎兼本郡防御使；真卿以李晖为副。

9 二月，丙戌，加李光弼魏郡太守、河北道采访使。

10 史思明等围饶阳二十九日，不下，李光弼将蕃、汉步骑万馀人、太原弩手三千人出井陉。骑，奇寄翻。陉，音刑。考异曰：玄宗实录："己亥，光弼以朔方马步五千，东出土门，收常山郡。"河洛春秋云："光弼从大同城下领蕃、汉兵马步一万馀人，并太原弩手三千人，救真定。"盖实录言朔方元领之兵，河洛言到真定之数耳。己亥，至常山，常山团练兵三千人杀胡兵，执安思义出降。降，户江翻。光弼谓思义曰："汝自知当死否？"思义不应。光弼曰："汝久更陈行，更，工衡翻。陈，读曰阵。行，胡刚翻。视吾此众，可敌思明否？今为我计当如何？汝策可取，当不杀汝。”思义曰：“大夫士马远来疲弊，猝遇大敌，恐未易当；易，以豉翻。不如移军入城，早为备御，先料胜负，然后出兵。胡骑虽锐，不能持重，骑，奇寄翻；下同。苟不获利，气沮心离，于时乃可图矣。思明今在饶阳，去此不二百里。九域志：真定至饶阳二百三十五里。思义盖指思明下营处言之。昨暮羽书已去，计其先锋来晨必至，而大军继之，不可不留意也。”光弼悦，释其缚，即移军入城。史思明闻常山不守，立解饶阳之围；明日未旦，先锋已至，思明等继之，合二万馀骑，直抵城下。光弼遣步卒五千自东门出战，贼守门不退。光弼命五百弩于城上齐发射之，射，而亦翻；下兵射同。贼稍却；乃出弩手千人分为四队，使其矢发发相继，贼不能当，敛军道北。光弼出兵五千为枪城于道南，夹呼沱水而陈；贼数以骑兵搏战，光弼之兵射之，人马中矢者太半，陈，读曰阵。数，所角翻。中，竹仲翻。乃退，小憩以俟步兵。有村民告贼步兵五千自饶阳来，昼夜行百七十里，至九门南逢壁，度憩息。九门县属常山郡，在郡东。宋白曰：战国策云：本有九室而居，赵武灵王改为九门县。憩，去例翻。光弼遣步骑各二千，匿旗鼓，并水潜行，并，步浪翻。至逢壁，贼方饭，纵兵掩击，杀之无遗。思明闻之，失势，退入九门。时常山九县，真定、藁城、石邑、九门、行唐、井陉、平山、获鹿、灵寿，凡九县。七附官军，惟九门、藁城为贼所据。光弼遣裨将张奉璋以兵五百戍石邑；石邑县自汉以来属常山郡，在郡西南。戍兵多于馀县者，所以通太原之路也。宋白曰：隋改汉上曲阳县为石邑；寻移石邑于井陉县，于旧石邑县置恒阳县，以在恒山之阳为名。则此石邑在井陉也。馀皆三百人戍之。

11 上以吴王祗为灵昌太守、河南都知兵马使。上，谓玄宗。使，疏吏翻。贾贲前至雍丘，有众二千。先是谯郡太守杨万石以郡降安禄山，先，悉荐翻。降，户江翻。逼真源令河东张巡使为长史，西迎贼。巡至真源，帅吏民哭于玄元皇帝庙，雍丘县，汉、晋属陈留郡，后魏属汤夏郡，隋属梁郡，唐属汴州。谯郡，亳州。老子，苦县人，有祠在焉；唐祖之，故改县曰真源。九域志：县在谯郡西七十里。帅，读曰率。起兵讨贼，吏民乐从者数千人；乐，音洛。巡选精兵千人西至雍丘，与贾贲合。

初，雍丘令令狐潮以县降贼，贼以为将，使东击淮阳救兵于襄邑，破之，淮阳郡，陈州。宋白曰：襄邑县，春秋宋襄牛地也；宋襄公葬焉，故曰襄陵，今墓在县西北隅。秦始皇以承匡县卑湿，遂徙于襄陵；又以"陵"字犯讳，改为襄邑。俘百馀人，拘于雍丘，将杀之，往见李庭望；淮阳兵遂杀守者，潮弃妻子走，故贾贲得以其间入雍丘。间，古苋翻。考异曰：肃宗实录曰："雍丘令令狐潮据城以应禄山，百姓有违令者百馀人，将杀之。觇者报官军至，潮不及行刑，遂反缚，仆于地，令人守之，遽出军以御官军。缚者忽一人幸脱，杀守者，互解其缚，闭城门以拒潮，相持累日。贲闻之，入其城，领众杀潮母、妻及子，以坚人志。"旧张巡传："潮欲以城降贼，民吏百馀人不从命。潮皆反接，仆之于地，将斩之。会贼来攻城。潮遽出斗，而反接者自解其缚，闭城门拒潮，召贲，贲与巡引众入雍丘。"新传："潮举县附贼，遂自将东败淮阳兵，虏其众，反接在廷，将杀之，暂出行部。淮阳兵更解缚起，杀守者，迎贲等入。潮不得归，巡乃屠其妻子磔城上。"按潮既欲以城降贼，贼来即当出迎，岂有更出斗者。今从李翰张中丞传及新传。庚子，潮引贼精兵攻雍丘；贲出战，败死。张巡力战却贼，因兼领贲众，自称吴王先锋使。

三月，乙卯，潮复与贼将李怀仙、杨朝宗、谢元同等四万馀众奄至城下；众惧，莫有固志。复，扶又翻；下日复、疮复同。朝，直遥翻。巡曰："贼兵精锐，有轻我心。今出其不意击之，彼必惊溃。贼势小折，然后城可守也。"乃使千人乘城；自帅千人，分数队，开门突出。巡身先士卒，直冲贼陈，人马辟易，先，悉荐翻。陈，读曰阵。辟，读曰闢。易，读如字。贼遂退。明日，复进攻城，设百礮环城，复，扶又翻。礮，与炮同。环，音宦。楼堞皆尽；堞，达协翻。巡于城上立木栅以拒之。贼蚁附而登，巡束蒿灌脂，焚而投之，贼不得上。上，时掌翻。时伺贼隙，出兵击之，或夜缒斫营，伺，相吏翻。缒，驰伪翻。积六十馀日，大小三百馀战，带甲而食，裹疮复战，贼遂败走。巡乘胜追之，获胡兵二千人而还，军声大振。还，从宣翻，又音如字。

12 初，户部尚书安思顺知禄山反谋，因入朝奏之。尚，辰羊翻。朝，直遥翻。及禄山反，上以思顺先奏，不之罪也。哥舒翰素与之有隙，事见上卷天宝十载。使人诈为禄山遗思顺书，于关门擒之以献，且数思顺七罪，请诛之。遗，于季翻。数，所具翻，又所主翻。丙辰，思顺及弟太仆卿元贞皆坐死，家属徙岭外。杨国忠不能救，由是始畏翰。

13 郭子仪至朔方，益选精兵，戊午，进军于代。此代，谓代州。

14 戊辰，吴王祗击谢元同，走之，拜陈留太守、河南节度使。守，式又翻。使，疏吏翻。

15 壬午，以河东节度使李光弼为范阳长史、河北节度使。长，知两翻。考异曰：实录云："乙丑，光弼收赵郡。"按壬午，三月二十九日；乙丑，十二日也。河洛春秋收赵郡在四月，今从之。加颜真卿河北采访使。真卿以张澹为支使。

先是清河客李萼，先，悉荐翻。考异曰：颜氏行状作"李华"，今从旧传。年二十馀，为郡人乞师于真卿为，于伪翻。曰："公首唱大义，河北诸郡恃公以为长城。今清河，公之西邻，清河郡，贝州。九域志：德州，西南至贝州二百三十里。国家平日聚江、淮、河南钱帛于彼以赡北军，赡，时艳翻。谓之'天下北库'；今有布三百馀万匹，帛八十馀万匹，钱三十馀万缗，粮三十馀万斛。昔讨默啜，甲兵皆贮清河库，谓武后时也。啜，陟劣翻。贮，丁吕翻。今有五十馀万事。一物可以给一事，因谓之事。户七万，口十馀万。窃计财足以三平原之富，兵足以倍平原之强。公诚资以士卒，抚而有之，以二郡为腹心，则馀郡如四支，无不随所使矣。"真卿曰："平原兵新集，尚未训练，自保恐不足，何暇及邻！虽然，借若诸子之请，则将何为乎？"萼曰："清河遣仆衔命于公者，非力不足而借公之师以尝寇也，亦欲观大贤之明【张："明"作"名"。】义耳。今仰瞻高意，未有决辞定色，仆何敢遽言所为哉！"真卿奇之，欲与之兵。众以为萼年少轻虏，少，诗照翻。徒分兵力，必无所成，真卿不得已辞之。萼就馆，复为书说真卿，复，扶又翻。说，式芮翻。以为："清河去逆效顺，奉粟帛器械以资军，公乃不纳而疑之。仆回辕之后，清河不能孤立，必有所系托，将为公西面之强敌，公能无悔乎？"真卿大惊，遽诣其馆，以兵六千借之；送至境，执手别。真卿问曰："兵已行矣，可以言子之所为乎？"萼曰："闻朝廷遣程千里将精兵十万出崞口讨贼，崞口，在洺州邯郸县西，盖即壶关之险也。又按旧唐书：崞口，在相州西山。崞，音郭。贼据险拒之，不得前。今当引兵先击魏郡，执禄山所署太守袁知泰，纳旧太守司马垂，使为西南主人；分兵开崞口，出千里之师，因讨汲、邺以北至于幽陵郡县之未下者；幽陵，即谓幽州。平原、清河帅诸同盟，帅，读曰率。合兵十万，南临孟津，分兵循河，据守要害，制其北走之路。计官军东讨者不下二十万，河南义兵西向者亦不减十万。公但当表朝廷坚壁勿战，不过月馀，贼必有内溃相图之变矣。"真卿曰："善！"命录事参军李择交及平原令范冬馥将其兵，平原县，属平原郡，古平原郡治焉，故城在今县西南二十五里。今县治，北齐所筑城。时平原郡治安德县。会清河兵四千及博平兵千人军于堂邑西南。宋白曰：堂邑县，属博平郡，本汉清县、发干二县地；隋开皇十六年于此置堂邑县，因县西北有堂邑故城为名。袁知泰遣其将白嗣恭等将二万馀人来逆战，三郡兵力战尽日，魏兵大败，斩首万馀级，捕虏千馀人，得马千匹，军资甚众。知泰奔汲郡，遂克魏郡，军声大振。

时北海太守贺兰进明亦起兵，真卿以书召之并力，北海郡，青州。进明将步骑五千渡河，将，即亮翻。骑，奇寄翻；下同。真卿陈兵逆之，相揖，哭于马上，哀动行伍。行，户刚翻。进明屯平原城南，休养士马，真卿每事咨之，由是军权稍移于进明矣，真卿不以为嫌。真卿以堂邑之功让进明，进明奏其状，取舍任意。敕加进明河北招讨使，择交、冬馥微进资级，清河、博平有功者皆不录。进明攻信都郡，久之，不克；录事参军长安第五琦劝进明厚以金帛募勇士，遂克之。考异曰：颜氏行状云："进明失律于信都城下，有诏抵罪；公纵之，使赴行在。进明之全，乃公之护也。"今从旧传。又唐历："三月四日乙酉，真卿充河北采访使。时进明起义兵，北渡河，与真卿同经略。六月，真卿破袁知泰于堂邑。"进明再拔信都，统纪皆在三月。旧纪破知泰，拔信都，皆在六月。按三月无乙酉；乙酉，四月二日也。今从统纪。

16 李光弼与史思明相守四十馀日，思明绝常山粮道。城中乏草，马食荐藉。藉，慈夜翻。光弼以车五百乘之石邑取草，之，往也。乘，绳证翻。将车者皆衣甲，弩手千人卫之，为方陈而行，衣，于既翻。陈，读曰阵。贼不能夺。蔡希德引兵攻石邑，张奉璋拒却之。光弼遣使告急于郭子仪，子仪引兵自井陉出，使，疏吏翻。陉，音刑。夏，四月，壬辰，至常山，与光弼合，蕃、汉步骑共十馀万。甲午，子仪、光弼与史思明等战于九门城南，宋白曰：九门县，战国赵邑。战国策云本有九室而居，赵武灵王改为九门县。思明大败。中郎将浑瑊射李立节，杀之。将，即亮翻。浑，胡昆翻，又户本翻。瑊，古咸翻。射，而亦翻。瑊，释之之子也。思明收馀众奔赵郡，蔡希德奔钜鹿。思明自赵郡如博陵，时博陵已降官军，降，户江翻；下同。思明尽杀郡官。河朔之民苦贼残暴，所至屯结，多至二万人，少者万人，各为营以拒贼；及郭、李军至，争出自效。少，始绍翻。庚子，攻赵郡；一日，城降。士卒多虏掠，光弼坐城门，收所获，悉归之，民大悦。子仪生擒四千人，皆舍之，斩禄山太守郭献璆。璆，音求。光弼进围博陵，十日，不拔，引兵还恒阳就食。恒阳，即恒山郡，以其地在恒山之阳也，唐置恒阳军于郡北。又博陵郡有恒阳县，汉之上曲阳县也，隋改为恒阳县，在博陵西十里。恒，户登翻。还，从宣翻，又音如字。

17 杨国忠问士之可为将者于左拾遗博平张镐及萧昕，镐，下老翻。昕，许斤翻。将，即亮翻；下同。镐、昕荐左赞善大夫永寿来瑱，武德二年分新平置永寿县，属邠州。瑱，他见翻。丙午，以瑱为颍川太守。贼屡攻之，瑱前后破贼甚众，加本郡防御使；守，式又翻。使，疏吏翻。人谓之"来嚼铁"。

18 安禄山使平卢节度使吕知诲诱安东副大都护马灵詧，杀之。马灵詧，即夫蒙灵詧也。开元二年，徙安东都护府于平州；天宝二年，徙于辽西故郡城。诱，羊久翻。平卢游弈使武陟刘客奴、武陟，汉怀县地，隋开皇十六年分置武陟县；时属河内郡。先锋使董秦及安东将王玄志同谋讨诛知诲，遣使逾海与颜真卿相闻，请取范阳以自效。真卿遣判官贾载赍粮及战士衣助之。真卿时惟一子颇，才十馀岁，使诣客奴为质。质，音致。朝廷闻之，以客奴为平卢节度使，朝，直遥翻。赐名正臣；玄志为安东副大都护，董秦为平卢兵马使。

19 南阳节度使鲁炅立栅于滍水之南，安禄山将武令珣、毕思琛攻之。滍，直里翻。

容肇祖标点何兹全顾颉刚聂崇岐覆校

资治通鉴卷第二百一十八

端明殿学士兼翰林侍读学士太中大夫
提举西京嵩山崇福宫上柱国河内郡开国公 司马光 奉敕编集
食邑二千二百户食实封九百户赐紫金鱼袋臣
后学天台 胡三省 音注

唐纪三十四 起柔兆涒滩(丙申)五月，至九月，不满一年。

肃宗文明武德大圣大宣孝皇帝上之下

至德元载(丙申、七五六)载，祖亥翻。

1 五月，丁巳，炅众溃，走保南阳，炅，古迥翻。炅不书姓，承上卷安禄山将攻鲁炅事也。炅自颍川走保南阳。考异曰：玄宗实录云："炅携百姓数千人奔顺阳川。"今从旧传。贼就围之。太常卿张垍荐夷陵太守虢王巨有勇略，上征吴王祗为太仆卿，垍，其冀翻。夷陵郡，峡州。守，式又翻。上，亦谓玄宗，自灵武即位后，玄宗称"上皇"，称肃宗为"上"。以巨为陈留·谯郡太守、河南节度使，兼统岭南节度使何履光、陈留郡，汴州。谯郡，亳州。此二郡太守也。是年升五府经略讨击使为岭南节度使，领广、韶、循、潮、康、泷、端、新、封、春、勤、罗、潘、高、思〔恩〕、雷、崖、琼、振、儋、万安、军〔藤〕二十二州，治广州。黔中节度使赵国珍、赵国珍，牂柯别部充州蛮酋赵君道之裔。杨国忠兼剑南节度，以国珍有方略，授黔中都督，护五溪十馀年，天下方乱，其所部独宁。按新书方镇表：开元二十六年，黔州置五溪诸州经略使，天宝十四载，增领守捉使，代宗大历四年，始置辰、溪、巫、锦、业五州都团练守捉观察处置使，宪宗元和三年，黔州观察增领涪州，唐末，始于黔州置节镇。疑此时赵国珍未得建节。至明年，通鉴书置黔中节度，必有所据。南阳节度使鲁炅。国珍，本牂柯夷也。牂，音臧。柯，音哥。戊辰，巨引兵自蓝田出，趣南阳。趣，七喻翻。贼闻之，解围走。

2 令狐潮复引兵攻雍丘。潮与张巡有旧，于城下相劳苦如平生，潮因说巡曰：复，扶又翻。劳，力到翻。说，式芮翻。“天下事去矣，足下坚守危城，欲谁为乎？”为，于伪翻。巡曰：“足下平生以忠义自许，今日之举，忠义何在！”潮惭而退。

3 郭子仪、李光弼还常山，还，从宣翻，又音如字。史思明收散卒数万踵其后。子仪选骁骑更挑战，骁，坚尧翻。骑，奇寄翻。更，工衡翻。挑，徒了翻。三日，至行唐，即汉南行唐县，属常山郡。九域志：在郡北五十五里。贼疲，乃退。子仪乘之，又败之于沙河。沙河在新乐、行唐二县之间。败，补迈翻。蔡希德至洛阳，安禄山复使将步骑二万人北就思明，复，扶又翻。将，即亮翻，又音如字。又使牛廷玠发范阳等郡兵万馀人助思明，合五万馀人，而同罗、曳落河居五分之一。子仪至恒阳，思明随至，恒，户登翻。子仪深沟高垒以待之；贼来则守，去则追之，昼则耀兵，夜斫其营，贼不得休息。数日，子仪、光弼议曰：“贼倦矣，可以出战。”考异曰：河洛春秋以此为光弼语，汾阳家传作子仪语，盖二人共议耳。壬午，战于嘉山，据旧史安禄山传：嘉山在常山郡东。魏收地形志：中山郡上曲阳县有嘉山。上曲阳，即唐之恒阳也。考异曰：实录云“六月壬午”，按长历，六月癸未朔；壬午，五月二十九日也。汾阳家传、旧禄山传亦云“六月，战嘉山”。河洛春秋云：“六月二十五日，光弼破贼于嘉山。”今从实录而改其月。大破之，斩首四万级，捕虏千馀人。思明坠马，露髻跣足步走，至暮，杖折枪归营，折，而设翻。奔于博陵；光弼就围之，军声大振。于是河北十馀郡皆杀贼守将而降。将，即亮翻；下同。降，户江翻；下同。考异曰：河洛春秋云：“五月，蔡希德从东都见禄山，禄山又与马步二万人，至邢州，取尧山、招庆，射赵州东界，效曲、鼓、鹿城间，渡洿池水，入无极，至定州。牛介从幽州占归、檀、幽、易，兼大同、纥、蜡共万馀人，帖思明。思明军既壮，共五万馀人；其中精骑万人，悉是同罗、曳落河，精于驰突。光弼以十五万众顿军恒阳，樵采往来，人有难色，召有策者试之。时赵州司户参军先臣亡父包处遂上书与光弼曰：'思明用军，惟将劲悍，观其布措，实谓无谋。昔秦、赵争山，先居者胜，岂不为劳逸势倍，高下相悬。今宜重出军人有膂力者五万，被甲两重，陌刀各二。东有高山甚大，先令五千甲士于山上设伏，后出二千人山东取粮。贼见必追之，则奔山上。伏兵马与一百面鼓，应山上避贼百姓，壮者亦与器械，令随大军；老弱者令居险固守，遥为声援。贼必围山攻之；城内出五万人，择将二人统之，各领二万，一将于南面，一将于城北门出。贼营悉在山东，其军夜出，长去贼三十里行；广张左右翼，以天晓合围。其军每二十五为队，每队置旗两口，冬冬鼓子一具，围落才合，则动鼓子；贼必不测人之多少。然于城东门出军一万人，布掌底陈，山上亦击鼓而下，齐攻之，必克胜。'光弼尤然此计，乃出朔方计会，出人取粮。贼果然来袭，即奔山上。至六月二十五日，依前计大破贼于嘉山阵，斩首数万馀级，生擒数千。思明落马步遁；至暮，拄折枪归营。希德中枪索，押衙刘旻斫断而走。生擒得旻。至二十六日，覆阵。二十七日，有诏至恒阳，云潼关失守，驾幸剑南。"包谓专欲归功其父，而他书皆无之。今不取。渔阳路再绝，渔阳，即谓范阳也。范阳郡，幽州。其后又分置蓟州渔阳郡，二郡始各有分界。然范阳节度尽统幽、易、平、檀、妫、燕等州，贼之根本实在范阳也。唐人于此时多以范阳、渔阳通言之，白居易诗所谓"渔阳鼙鼓动地来"，是以范阳通为渔阳也。前此颜杲卿以常山返正，渔阳路绝矣；杲卿败而复通。今郭、李破史思明，故再绝。贼往来者皆轻骑窃过，多为官军所获，将士家在渔阳者无不摇心。

禄山大惧，召高尚、严庄诟之曰："汝数年教我反，以为万全。今守潼关，数月不能进，北路已绝，诸军四合，吾所有者止汴、郑数州而已，万全何在？汝自今勿来见我！"尚、庄惧，数日不敢见。田乾真自关下来，为尚、庄说禄山曰：为，于伪翻。说，式芮翻；下密说同。"自古帝王经营大业，皆有胜败，岂能一举而成！今四方军垒虽多，皆新募乌合之众，未更行陈，更，工衡翻。行，户刚翻。陈，读曰阵。岂能敌我蓟北劲锐之兵，何足深忧！尚、庄皆佐命元勋，陛下一旦绝之，使诸将闻之，谁不内惧！若上下离心，臣窃为陛下危之！”禄山喜曰：“阿浩，汝能豁我心事。”即召尚、庄，置酒酣宴，自为之歌以侑酒，待之如初。阿浩，乾真小字也。为，于伪翻。考异曰：禄山事迹作“阿法”，今从唐历、统纪、旧传。禄山议弃洛阳，走归范阳，计未决。

是时，天下以杨国忠骄纵召乱，莫不切齿。又，禄山起兵以诛国忠为名，王思礼密说哥舒翰，使抗表请诛国忠，说，式芮翻。考异曰：玄宗实录云：“或劝翰：‘留兵二万守关，悉以精锐回诛杨国忠，此汉挫七国之计也，公以为何如？’翰心许之，未发。有客泄其谋于国忠，国忠大惧。”按翰若回兵诛国忠，则正与禄山无异。思礼劝翰抗表言国忠罪犹不敢，况敢举兵乎！事必不然。且翰虽心许，他人安得知之！正由翰按兵不进，故国忠及其党疑惧，恐翰回兵诛之，其实翰无此心也。若果欲诛国忠，则安肯恸哭出关乎！幸蜀记云：“翰使王思礼至陕郡，见贼伪御史中丞、无敌将军、平西大使崔乾佑，令传檄与禄山，数其干纪乱常，背天逆理，且曰：‘若面缚而来，束身归死，赦尔九族，罪尔一身。如更屈强王师，迟疑未决，大军一鼓，玉石俱焚。尔审思之，悔无及矣。’”按翰与乾佑方对垒相攻，思礼军中大将，岂可使赍骂禄山之檄诣乾佑乎！必无此理。今不取。翰不应。思礼又请以三十骑劫取以来，至潼关杀之，翰曰：“如此，乃翰反，非禄山也。”或说国忠：“今朝廷重兵尽在翰手，翰若援旗西指，说，式芮翻。援，于元翻。于公岂不危哉！”国忠大惧，乃奏：“潼关大军虽盛，而后无继，万一失利，京师可忧，请选监牧小儿三千于苑中训练。”时监牧、五坊、禁苑之卒，率谓之小儿。上许之，使剑南军将李福德等领之。又募万人屯灞上，令所亲杜乾运将之，将，即亮翻。名为御贼，实备翰也。翰闻之，亦恐为国忠所图，乃表请灞上军隶潼关；六月，癸未，召杜乾运诣关，因事斩之；国忠益惧。

会有告崔乾佑在陕，兵不满四千，皆羸弱无备，此禄山之用间也。陕，失冉翻。上遣使趣哥舒翰进兵复陕、洛。趣，读曰促；下以义推。翰奏曰："禄山久习用兵，今始为逆，岂肯无备！是必羸师以诱我，若往，正堕其计中。羸，伦为翻。诱，兰久翻。且贼远来，利在速战；官军据险以扼之，利在坚守。况贼残虐失众，兵势日蹙，将有内变；因而乘之，可不战擒也。要在成功，何必务速！今诸道征兵尚多未集，请且待之。"郭子仪、李光弼亦上言："请引兵北取范阳，覆其巢穴，质贼党妻子以招之，上，时掌翻。质，音致。贼必内溃。潼关大军，唯应固守以弊之，不可轻出。"国忠疑翰谋己，言于上，以贼方无备，而翰逗留，将失机会。上以为然，续遣中使趣之，项背相望。翰不得已，抚膺恸哭；丙戌，引兵出关。逗，音豆。使，疏吏翻。趣，读曰促。考异曰：幸蜀记曰："贼将崔乾佑于陕郡西潜锋蓄锐，卧鼓偃旗，而侦者奏云，贼全无备。上然之。"又曰："玄宗久处太平，不练军事，既被国忠眩惑，中使相继督责于公，不得已，抚膺恸哭久之，乃引师出关。国忠又令杜乾运领所募兵于冯翊境上，潜备哥舒公。公曰：'今军出关，势十全矣。更置乾运于侧以为疑军，人心忧疑，即不俟见贼，吾军溃矣。必当并之以除内忧。'遂令衙前总管吒万进追军，诫之曰：'若不受追，即便斩头来。'乾运果不肯赴。进诈词如欲叛哥舒，窃请见。乾运遂喜，遽见之。与语，进忽抽佩刀曰：'奉处分，取公头。'乾运惊惧。其左右悉新招募者，悉投仗散走，进遂斩乾运，携首至于军门，众皆摄气，乃统其军赴关。"按翰若擅杀乾运而夺其军，则是已反也，朝廷安能趣之出关乎！盖奏乞以其军隶潼关，朝廷已许之，翰召乾运受处分，或有所违拒，因托军法以斩之耳。凌准邠志云："郭子仪、李光弼将进军，闻朝廷议出潼关，图复陕、洛，二公议曰：'哥舒公老疾昏耄，贼素知诸军乌合，不足以战。今禄山悉锐南驰宛、洛，贼之馀众尽委思明，我且破之，便覆其巢。质叛徒之族，取禄山之首，其势必矣。若潼关出师，有战必败。关城不守，京室有变，天下之乱，何可平之！'乃陈利害以闻，且请固关无出。"唐历："会侦人自陕至，云：'崔乾佑所将众不满四千，不足图也。'上大悦。"旧翰传："翰既斩乾运，心不自安，又素有风疾，至是颇甚，军中之务不复躬亲，委政于行军司马田良丘。良丘复不敢专断，教令不一，颇无部伍。其将王思礼、李承光又争长不叶，人无斗志。”今兼采之。

己丑，遇崔乾佑之军于灵宝西原。灵宝县更名，见二百十五卷天宝元年。乾佑据险以待之，南薄山，北阻河，隘道七十里。庚寅，官军与乾佑会战。薄，伯各翻。隘，乌介翻。考异曰：肃宗实录：“乙酉，翰与乾佑会战。”旧传：“四日，次灵宝西原。八日，与贼交战。”新传：“丙戌，次灵宝西原。庚寅，与乾佑战。”按翰军既遇贼，必不留四日然后战。玄宗实录：“丙戌，翰出关。己丑，遇贼。庚寅，战。”此近是，今从之。幸蜀记亦然。乾佑伏兵于险，翰与田良丘浮舟中流以观军势，见乾佑兵少，趣诸军使进。王思礼等将精兵五万居前，庞忠等将馀兵十万继之，翰以兵三万登河北阜望之，鸣鼓以助其势。少，始绍翻。趣，读曰促。将，即亮翻，又音如字。乾佑所出兵不过万人，什什伍伍，散如列星，或疏或密，或前或却，官军望而笑之。乾佑严精兵，陈于其后。兵既交，贼偃旗如欲遁者，官军懈，不为备。须臾，伏兵发，贼乘高下木石，击杀士卒甚众。道隘，士卒如束，枪槊不得用。翰以毡车驾马为前驱，欲以冲贼。日过中，东风暴急，乾佑以草车数十乘塞毡车之前，纵火焚之。乘，绳证翻。塞，悉则翻。考异曰：幸蜀记曰：“野中先有官草，积数十堆，因风焚之。”今从旧传。烟焰所被，被，皮义翻。官军不能开目，妄自相杀，谓贼在烟中，聚弓弩而射之。射，而亦翻。日暮，矢尽，乃知无贼。乾佑遣同罗精骑自南山过，出官军之后击之，官军首尾骇乱，不知所备，于是大败；或弃甲窜匿山谷，或相挤排入河溺死，嚣声振天地，贼乘胜蹙之。后军见前军败，皆自溃，河北军望之亦溃。【章：十二行本“溃”下有“瞬息间两岸皆空”七字；乙十一行本同；孔本同；张校同；退斋校同。】河北军，翰所自将者也。翰独与麾下数百骑走，自首阳山西渡河入关。首阳山当是首山，衍“阳”字。首山在蒲州河东县界，与湖城县之荆山隔河相对。关外先为三堑，皆广二丈，深丈，广，古旷翻。深，式浸翻。人马坠其中，须臾而满；馀众践之以度，践，息浅翻。士卒得入关者才八千馀人。辛卯，乾佑进攻潼关，克之。

翰至关西驿，揭榜收散卒，欲复守潼关。复，扶又翻。蕃将火拔归仁等以百馀骑围驿，入谓翰曰："贼至矣，请公上马。"翰上马出驿，归仁帅众叩头曰："公以二十万众一战弃之，何面目复见天子！帅，读曰率。复，扶又翻。且公不见高仙芝、封常清乎？谓军败必诛也。事见上卷上年。请公东行。"翰不可，欲下马。归仁以毛絷其足于马腹，及诸将不从者，皆执之以东。将，即亮翻；下同。会贼将田乾真已至，遂降之，俱送洛阳。降，户江翻。安禄山问翰曰："汝常轻我，事见二百十六卷天宝十一载。今定何如？"翰伏地对曰："臣肉眼不识圣人。今天下未平，李光弼在常山，李祗在东平，李祗，即谓吴王祗。鲁炅在南阳，炅，古迥翻。陛下留臣，使以尺书招之，不日皆下矣。"禄山大喜，以翰为司空、同平章事。谓火拔归仁曰："汝叛主，不忠不义。"执而斩之。翰以书招诸将，皆复书责之。禄山知不效，乃囚诸苑中。东都苑中也。潼关既败，于是河东、华阴、冯翊、上洛防御使皆弃郡走，河东郡，蒲州。华阴郡，华州。冯翊郡，同州。上洛郡，商州。华，户化翻。所在守兵皆散。

是日，翰麾下来告急，上不时召见，见，贤遍翻。但遣李福德等将监牧兵赴潼关。及暮，平安火不至，六典：唐镇戍烽候所至，大率相去三十里。每日初夜，放烟一炬，谓之平安火。时守兵已溃，无人复举火。上始惧。壬辰，召宰相谋之。杨国忠自以身领剑南，闻安禄山反，即令副使崔圆阴具储偫，以备有急投之，相，息亮翻。令，力丁翻。使，疏吏翻。偫，直里翻。至是首唱幸蜀之策。上然之。癸巳，国忠集百官于朝堂，惶懅流涕；朝，直遥翻；下同。懅，巨鱼翻，急也。问以策略，皆唯唯不对。唯，于癸翻。国忠曰：

"人告禄山反状已十年，上不之信。今日之事，非宰相之过。"仗下，朝罢，则左右三卫立仗者皆休下。士民惊扰奔走，不知所之，市里萧条。国忠使韩、虢入宫，劝上入蜀。

甲午，百官朝者什无一二。上御勤政楼，下制，云欲亲征，闻者皆莫之信。以京兆尹魏方进为御史大夫兼置顿使；京兆少尹灵昌崔光远为京兆尹，充西京留守；将军边令诚掌宫闱管钥。托以剑南节度大使颍王璬将赴镇，令本道设储偫。璬，公了翻。偫，直里翻。是日，上移仗北内。唐都长安，以太极宫为西内，大明宫为东内，兴庆宫为南内，北内当在玄武门内。又以地望言之，则自兴庆宫移仗归大明宫，兴庆宫在南，大明宫在北，故亦谓大明宫为北内。考异曰：幸蜀记："上遣中使曹仙领千人击鼓于春明门外，又令烧闲厩草积，烟焰燎天。上将乘马，杨国忠谏，以为：'当谨守宗祧，不可轻动。'韦见素力争，以为：'贼势逼近，人心不固，陛下不可不出避狄。国忠暗与贼通，其言不可听。'往返数四，上乃从见素议。加魏方进御史大夫，充前路知顿使。"按贼陷潼关，銮舆将出，人心已危，岂有更击鼓烧草以惊之！国忠久蓄幸蜀之谋，见素乃其所引，岂得上前有此争论！此盖宋巨欲归功见素，事乃近诬。今不取。既夕，命龙武大将军陈玄礼整比六军，比，毗寐翻。厚赐钱帛，选闲厩马九百馀匹，外人皆莫之知。乙未，黎明，上独与贵妃姊妹、皇子、妃、主、皇孙、杨国忠、韦见素、魏方进、陈玄礼及亲近宦官、宫人出延秋门，延秋门，唐长安禁苑之西门也。程大昌雍录有汉唐要地参出图，唐禁苑西北，包汉长安故城。未央宫，唐后改为通光殿；西出即延秋门。考异曰：幸蜀记云："丙申，百官尚赴朝。"此乙未日事，宋巨误也。妃、主、皇孙之在外者，皆委之而去。上过左藏，藏，徂浪翻。杨国忠请焚之，曰："无为贼守。"上愀然曰："贼来不得，必更敛于百姓；不如与之，无重困吾赤子。"史记玄宗有君人之言。愀，子小翻。敛，力赡翻。是日，百官犹有入朝者，至宫门，犹闻漏声，三卫立仗俨然。唐朝会之制：三卫番上，分为五仗，号衙内五卫。一曰供奉仗，以左、右卫为之。二曰亲仗，以亲卫为之。三曰勋仗，以勋卫为之。四曰翊仗，以翊卫为之。五曰散手仗，以亲、勋、翊卫为之。平明，传点毕，内门开，百官入立班，皇帝升御坐，金吾将军一人奏左、右厢内外平安，通事舍人赞，宰相、两省官再拜升殿，内谒者承旨唤仗，左、右羽林将军勘以木契，自东西阁而入。朝罢，皇帝步入东序门，然后放仗。内外仗队，七刻乃下。常参辍朝日，六刻即下。门既启，则宫人乱出，中外扰攘，不知上所之。于是王公、士民四出逃窜，山谷细民争入宫禁及王公第舍，盗取金宝，或乘驴上殿。又焚左藏大盈库。崔光远、边令诚帅人救火，帅，读曰率。又募人摄府、县官分守之，杀十馀人，乃稍定。光远遣其子东见禄山，令诚亦以管钥献之。

上过便桥，杨国忠使人焚桥。上曰："士庶各避贼求生，奈何绝其路！"留内侍监高力士，使扑灭乃来。玄宗始置内侍监，秩三品，以高力士及袁思艺为之。扑，普卜翻。上遣宦者王洛卿前行，告谕郡县置顿。食时，至咸阳望贤宫，咸阳县，在京城西四十里。望贤宫，在县东。洛卿与县令俱逃，中使征召，吏民莫有应者。日向中，上犹未食，杨国忠自市胡饼以献。胡饼，今之蒸饼。高似孙曰：胡饼，言以胡麻著之也。崔鸿前赵录：石虎讳胡，改胡饼曰麻饼。缃素杂记曰：有鬻胡饼者，不晓名之所谓，易其名曰炉饼。以为胡人所啖，故曰胡饼也。于是民争献粝饭，粝，卢达翻，粗也。杂以麦豆；皇孙辈争以手掬食之，须臾而尽，犹未能饱。考异曰：唐历："至望贤顿，御马病。上曰：'杀此马，拆行宫舍木煮食之。'众不忍食。"幸蜀记："至望贤宫，行从皆饥。上入宫，憩于树下，怫然若有弃海内之意。高力士觉之，遂抱上足，呜咽开谕，上乃止。"肃宗实录："杨国忠自入市，衣袖中盛糊饼，献上皇。"天宝乱离记："六月十一日，大驾幸蜀，至望贤宫，官吏奔窜。迨曛黑，百姓有稍稍来者。上亲问之：'卿家有饭否？不择精粗，但且将来。'老幼于是竞担挈壶浆，杂之以麦子饭，送至上前。先给兵士，六宫及皇孙已下，咸以手掬而食。顷时又尽，犹不能饱。既乏器用，又无钉烛，从驾者枕藉寝止，长幼莫之分别；赖月入户庭，上与六宫、皇孙等差异焉。"按上九日幸蜀，温畬云"十一日"，非也。馀则兼采之。上皆酬其直，慰劳之。劳，力到翻。众皆哭，上亦掩泣。有老父郭从谨进言曰："禄山包藏祸心，固非一日；亦有诣阙告其谋者，陛下往往诛之，事见上卷上年。使得逞其奸逆，致陛下播越。是以先王务延访忠良以广聪明，盖为此也。臣犹记宋璟为相，数进直言，天下赖以安平。为，于伪翻。数，所角翻。自顷以来，在廷之臣以言为讳，惟阿谀取容，是以阙门之外，陛下皆不得而知。草野之臣，必知有今日久矣，但九重严邃，区区之心无路上达。事不至此，臣何由得睹陛下之面而诉之乎！"上曰："此朕之不明，悔无所及。"慰谕而遣之。俄而尚食举御膳而至，尚，主也。主御膳之官，有奉御，有直长。"而"，一作"以"。上命先赐从官，从，才用翻；下时从同。然后食之。令军士散诣村落求食，期未时皆集而行。夜将半，乃至金城。金城县，属京兆，本始平县，中宗景龙二年送金城公主降吐蕃至此，更名金城，在京城西八十五里。县令亦逃，县民皆脱身走，饮食器皿具在，士卒得以自给。时从者多逃，内侍监袁思艺亦亡去。驿中无灯，人相枕藉而寝，贵贱无以复辨。枕，即任翻。藉，慈夜翻。复，扶又翻。王思礼自潼关至，始知哥舒翰被擒；以思礼为河西、陇右节度使，即令赴镇，收合散卒，以俟东讨。

丙申，至马嵬驿，金人疆域图：马嵬驿，在京兆兴平县。将士饥疲，皆愤怒。陈玄礼以祸由杨国忠，欲诛之，因东宫宦者李辅国以告太子，太子未决。会吐蕃使者二十馀人遮国忠马，诉以无食，国忠未及对，军士呼曰："国忠与胡虏谋反！"或射之，中鞍。国忠走至西门内，马嵬驿之西门也。呼，火故翻。射，而亦翻。中，竹仲翻。军士追杀之，屠割支体，以枪揭其首于驿门外，并杀其子户部侍郎暄及韩国、秦国夫人。御史大夫魏方进曰："汝曹何敢害宰相！"众又杀之。韦见素闻乱而出，为乱兵所挝，脑血流地。众曰："勿伤韦相公。"救之，得免。军士围驿，上闻喧哗，问外何事，左右以国忠反对。上杖屦出驿门，慰劳军士，令收队，军士不应。上使高力士问之，玄礼对曰：“国忠谋反，贵妃不宜供奉，愿陛下割恩正法。”上曰：“朕当自处之。”处，昌吕翻。入门，倚杖倾首而立。久之，京兆司录韦谔前言曰：京兆府司录参军，正七品上。武德初，改州主簿曰录事参军，掌正违失，莅符印；开元元年改曰司录。“今众怒难犯，引左传郑子产之言。安危在晷刻，愿陛下速决！”因叩头流血。上曰：“贵妃常居深宫，安知国忠反谋？”高力士曰：“贵妃诚无罪，然将士已杀国忠，而贵妃在陛下左右，岂敢自安！愿陛下审思之，将士安则陛下安矣。”将，即亮翻；下同。上乃命力士引贵妃于佛堂，缢杀之。舆尸寘驿庭，召玄礼等入视之。玄礼等乃免胄释甲，顿首请罪，上慰劳之，劳，力到翻。令晓谕军士。玄礼等皆呼万岁，再拜而出，于是始整部伍为行计。谔，见素之子也。国忠妻裴柔裴柔，故蜀倡也。与其幼子晞及虢国夫人、夫人子裴徽皆走，至陈仓，县令薛景仙帅吏士追捕，诛之。帅，读曰率；下同。

丁酉，上将发马嵬，朝臣惟韦见素一人，乃以韦谔为御史中丞，充置顿使。朝，直遥翻。使，疏吏翻。将士皆曰：“国忠谋反，其将吏皆在蜀，不可往。”或请之河、陇，或请之灵武，或请之太原，之，往也。或言还京师。上意在入蜀，虑违众心，竟不言所向。韦谔曰：“还京，当有御贼之备。今兵少，未易东向，易，以豉翻。不如且至扶风，徐图去就。”考异曰：幸蜀记曰：“上意将幸西蜀，有中使常清奏曰：‘国忠久在剑南，又诸将吏或有连谋，虑远防微，须深详议。’中官陈全节奏曰：‘太原城池固莫之比，可以久处，请幸北京。’中官郭希奏曰：‘朔方地近，被带山河，镇遏之雄，莫之与比。以臣愚见，不及朔方。’中使骆承休奏曰：‘姑臧一郡尝霸中原，秦、陇、河、兰皆足征取，且巡陇右，驻跸凉州，翦彼鲸鲵，事将取易。’左右各陈其意见者十馀辈。高力士在侧而无言。上顾之曰：'以卿之意，何道堪行？'力士曰：'太原虽固，地与贼邻，本属禄山，人心难测。朔方近塞，半是蕃戎，不达朝章，卒难教驭。西凉悬远，沙漠萧条，大驾顺动，人马非少，先无备拟，必有阙供，贼骑起来，恐见狼狈。剑南虽窄，土富人繁，表里江山，内外险固；以臣所料，蜀道可行。'上然之。即除韦谔御史中丞，充置顿使。"今从唐历。上询于众，众以为然，乃从之。及行，父老皆遮道请留，曰："宫阙，陛下家居，陵寝，陛下坟墓，今舍此，欲何之？"上为之按辔久之，乃令太子于后宣慰父老。父老因曰："至尊既不肯留，某等愿帅子弟从殿下东破贼，取长安。帅，读曰率。若殿下与至尊皆入蜀，使中原百姓谁为之主？"须臾，众至数千人。太子不可，曰："至尊远冒险阻，吾岂忍朝夕离左右。离，力智翻。且吾尚未面辞，当还白至尊，更禀进止。"涕泣，跋马欲西。还，从宣翻。跋马者，勒马使回转也。跋，蒲拨翻。建宁王倓倓，徒甘翻。与李辅国执鞚谏曰："逆胡犯阙，四海分崩，不因人情，何以兴复！今殿下从至尊入蜀，若贼兵烧绝栈道，鞚，苦贡翻。栈，士限翻。则中原之地拱手授贼矣。人情既离，不可复合，虽欲复至此，其可得乎！复，扶又翻，又音如字。不如收西北守边之兵，召郭、李于河北，与之并力东讨逆贼，克复两京，削平四海，使社稷危而复安，宗庙毁而更存，扫除宫禁以迎至尊，岂非孝之大者乎！何必区区温清，为儿女之恋乎！"记曰：凡为人子，冬温而夏清，昏定而晨省。清，七政翻。考异曰：旧宦者传："李靖忠启太子，请留，张良娣赞成之。"按太子独还宣慰百姓，良娣不在旁，何以得赞成留计！今不取。天宝乱离记："大驾至岐州，上取褒斜路幸蜀，储皇取彭原路抵灵武。"此误也。广平王俶亦劝太子留。俶，昌六翻。父老共拥太子马，不得行。太子乃使俶驰白上。上总辔待太子，久不至，使人侦之，侦，丑郑翻。还白状，上曰："天也！"乃分后军二千人及飞龙厩马从太子，仗内六厩，飞龙厩为最上乘马。且谕将士曰："太子仁孝，可奉宗庙，汝曹善辅佐之。”将，即亮翻。又谕太子曰：“汝勉之，勿以吾为念。西北诸胡，吾抚之素厚，汝必得其用。”太子南向号泣而已。上已南迈，而太子留在后，故南向号泣。号，户刀翻。又使送东宫内人于太子，张良娣在军中，自此构建宁之祸。且宣旨欲传位，太子不受。俶、倓，皆太子之子也。

4 己亥，上至岐山。岐山县在扶风郡东北，后周天和四年割泾州鹑觚县之南界置三龙县；隋开皇十六年移于岐山南十里，改为岐山县；大业九年移于今县东北八里；唐武德元年移于岐阳县界张堡垒；七年移理龙尾驿城；贞观八年又移理石猪驿。或言贼前锋且至，上遽过，宿扶风郡。士卒潜怀去就，往往流言不逊，陈玄礼不能制，上患之。会成都贡春彩十馀万匹，至扶风，上命悉陈之于庭，召将士入，临轩谕之曰：“朕比来衰耄，比，毗至翻。托任失人，致逆胡乱常，须远避其锋。知卿等皆苍猝从朕，不得别父母妻子，茇涉至此，草行为茇；水行为涉。劳苦至矣，朕甚愧之。蜀路阻长，郡县褊小，人马众多，或不能供，今听卿等各还家；朕独与子、孙、中官前行入蜀，亦足自达。今日与卿等诀别，可共分此彩以备资粮。若归，见父母及长安父老，为朕致意，为，于伪翻。各好自爱也！”因泣下沾襟。众皆哭，曰：“臣等死生从陛下，不敢有贰！”上良久曰：“去留听卿。”自是流言始息。玄宗于此，有楚昭王去国谕父老之意。然玄宗之为是言也，出于不得已。

5 太子既留，莫知所适。广平王俶曰：“日渐晏，此不可驻，众欲何之？”皆莫对。建宁王倓曰：“殿下昔尝为朔方节度大使，事见二百十三卷开元十五年。将吏岁时致启，倓略识其姓名。今河西、陇右之众皆败降贼，将，即亮翻。降，户江翻。父兄子弟多在贼中，或生异图。朔方道近，士马全盛，裴冕衣冠名族，必无贰心。时裴冕为河西行军司马。贼入长安方虏掠，未暇徇地，乘此速往就之，徐图大举，此上策也。”众皆曰：“善！”至渭滨，遇潼关败卒，误与之战，死伤甚众。已，乃收馀卒，择渭水浅处，乘马涉渡；无马者涕泣而返。太子自奉天北上，文明元年，分京兆之醴泉、始平、好畤、武功，豳州之永寿县，置奉天县，以奉乾陵，在长安西北一百五十里。上，时掌翻。比至新平，比，必寐翻，及也。通夜驰三百里，士卒、器械失亡过半，所存之众不过数百。新平太守薛羽弃郡走，太子斩之。是日，至安定，太守徐瑴亦走，又斩之。新平郡，豳州。安定郡，泾州。守，手又翻；下同。瑴，讫岳翻。

6 庚子，以剑南节度留后崔圆为剑南节度等副大使。辛丑，上发扶风，宿陈仓。

7 太子至乌氏，彭原太守李遵出迎，乌氏，汉县，故墟在彭原东南。据旧书，乌氏，驿名。康曰：是年改乌氏曰保定。余按保定县本汉安定县，唐为泾州治所，在彭原西一百二十里。保定县固是此年更名，然非乌氏之地。彭原郡，宁州，本北地郡，天宝元年更郡名。氏，音支。献衣及糗粮。至彭原，募士，得数百人。是日至平凉，糗，去久翻。平凉郡，原州。阅监牧马，得数万匹，又募士，得五百馀人，军势稍振。

8 壬寅，上至散关，散关，在陈仓县西南。散，苏旱翻。分扈从将士为六军。从，才用翻。将，即亮翻；下同。使颍王璬先行诣剑南，璬，公了翻。考异曰：肃宗实录：“七月，景寅，上皇入剑门，幸普安郡；命颍王璬先入蜀。”今从玄宗实录。康骈剧谈录：“上至骆谷山，登高望远，呜咽流涕，谓高力士曰：‘吾昔若取九龄语，不到此。’命中使往韶州祭之。”按玄宗入蜀不自骆谷，康骈误也。旧张九龄传曰：“上皇在蜀，思张九龄之先觉，下诏赠司徒，仍遣就韶州致祭。”按其诏，乃德宗赠九龄司徒诏也。张九龄事迹云“建中元年七月诏”。旧传误也。寿王瑁等分将六军以次之。瑁，莫报翻。将，同上音，又音如字。丙午，上至河池郡。河池郡，凤州。崔圆奉表迎车驾，具陈蜀土丰稔，甲兵全盛。上大悦，即日，以圆为中书侍郎、同平章事，蜀郡长史如故。以陇西公瑀为汉中王、梁州都督、山南西道采访·防御使。瑀，琎之弟也。长，知两翻。瑀，音禹。使，疏吏翻。琎，则邻翻。汝阳王琎，宁王宪之嫡长子。

9 王思礼至平凉，闻河西诸胡乱，还，诣行在。初，河西诸胡部落闻其都护皆从哥舒翰没于潼关，故争自立，相攻击；而都护实从翰在北岸，不死，又不与火拔归仁俱降贼。降，户江翻。上乃以河西兵马使周泌为河西节度使，陇右兵马使彭元耀为陇右节度使，泌，薄必翻。考异曰：肃宗实录："即位之日，以泌为河西、耀为陇右节度使。"或者玄宗已命以二镇，二人至灵武见肃宗，又加新命乎？唐历作"周秘"，今从玄宗实录。与都护思结进明等俱之镇，突厥之皋兰州、兴昔府，思结之蹛林州、金水州、贺兰州、卢山府，皆羁属河西。又陇右道有突厥州三，府二十七。招其部落。以思礼为行在都知兵马使。

10 戊申，扶风民康景龙等自相帅击贼所署宣慰使薛总，斩首二百馀级。庚戌，陈仓令薛景仙杀贼守将，克扶风而守之。帅，读曰率。将，即亮翻；下同。

11 安禄山不意上遽西幸，遣使止崔乾佑兵留潼关，凡十日，乃遣孙孝哲将兵入长安，考异曰：肃宗实录、禄山事迹惟载七月丁卯、己巳，禄山害诸妃、主。诸书皆无贼入长安之日。惟乱离记云："六月二十三日，孙孝哲等攻陷长安，害诸妃、主、皇孙。七月一日，禄山遣殿中御史张通儒为西京留守。"此书多抵牾，不足为据。然以月日计之，贼以六月八日破潼关，其入长安必在此月内矣。新传云："贼不谓天子能遽去，驻兵潼关十日，乃西行；时已至扶风。"按玄宗十六日至扶风县，十七日至扶风郡，若贼驻潼关十日，则于时未能至长安也。又云："禄山使张通儒守东京，田乾真为京兆尹。"又云："禄山未至长安，士人皆逃入山谷，群不逞剽左藏大盈库，百司帑藏竭，乃火其馀。禄山至，怒，乃大索三日。"按旧传，通儒为西京留守。遍检诸书，禄山自反后未尝至长安，新传误也。以张通儒为西京留守，崔光远为京兆尹；使安忠顺【严："忠顺"改"守忠"。】将兵屯苑中，以镇关中。此西京苑中也。孝哲为禄山所宠任，尤用事，常与严庄争权；禄山使监关中诸将，监，工衔翻。通儒等皆受制于孝哲。孝哲豪侈，果于杀戮，贼党畏之。禄山命搜捕百官、宦者、宫女等，每获数百人，辄以兵卫送洛阳。王、侯、将、相扈从车驾、家留长安者，诛及婴孩。从，才用翻。陈希烈以晚节失恩，怨上，与张均、张垍等皆降于贼。陈希烈以罢相失职，张均、张垍恨不大用，故皆降贼。禄山以希烈、垍为相，自馀朝士皆授以官。于是贼势大炽，西胁汧、陇，南侵江、汉，北割河东之半。得扶风则西胁汧、陇，围南阳则南侵江、汉。崔乾佑乘潼关之捷，北取河东。汧，口坚翻。然贼将皆粗猛无远略，既克长安，以为得志，日夜纵酒，专以声色宝贿为事，无复西出之意，复，扶又翻；下始复同。故上得安行入蜀，太子北行亦无追迫之患。

12 李光弼围博陵未下，闻潼关不守，解围而南。史思明踵其后，光弼击却之，与郭子仪皆引兵入井陉，留常山太守王俌将景城、河间团练兵守常山。俌，音甫。平卢节度使刘正臣将袭范阳，未至，史思明引兵逆击之，正臣大败，弃妻子走，士卒死者七千馀人。初，颜真卿闻河北节度使李光弼出井陉，即敛军还平原，以待光弼之命。闻郭、李西入井陉，真卿始复区处河北军事。处，昌吕翻。

13 太子至平凉数日，朔方留后杜鸿渐、六城水陆运使魏少游、朔方所统有三受降城，及丰安、定远、振武三城，皆在黄河外。节度判官崔漪、支度判官卢简金、盐池判官李涵灵、盐二州皆有盐池，故置判官。相与谋曰："平凉散地，非屯兵之所，灵武兵食完富，灵武郡，灵州，朔方节度使治所。若迎太子至此，北收诸城兵，西发河、陇劲骑，南向以定中原，此万世一时也。"乃使涵奉笺于太子，且籍朔方士马、甲兵、谷帛、军须之数以献之。涵至平凉，太子大悦。会河西司马裴冕入为御史中丞，至平凉见太子，亦劝太子之朔方，太子从之。鸿渐，暹之族子；杜暹，开元中为相。涵，道之曾孙也。道，永安王孝基兄子，嗣孝基后。鸿渐、漪使少游居后，葺次舍，庀资储，庀，卑婢翻，具也。自迎太子于平凉北境，说太子曰："朔方，天下劲兵处也。今吐蕃请和，回纥内附，说，输芮翻。纥，下没翻。四方郡县大抵坚守拒贼以俟兴复。殿下今理兵灵武，按辔长驱，移檄四方，收揽忠义，则逆贼不足屠也。"少游盛治宫室，帷帐皆仿禁中，饮膳备水陆。秋，七月，辛酉，太子至灵武，悉命撤之。史言肃宗以此成兴复之功。

14 甲子，上至普安，普安郡，剑州。宪部侍郎房琯来谒见。见，贤遍翻。上之发长安也，群臣多不知，至咸阳，谓高力士曰："朝臣谁当来，谁不来？"对曰："张均、张垍父子受陛下恩最深，且连戚里，谓垍尚主也。垍，其冀翻。是必先来。时论皆谓房琯宜为相，而陛下不用，琯，古缓翻。相，息亮翻。又禄山尝荐之，恐或不来。"上曰："事未可知。"及琯至，上问均兄弟，对曰："臣帅与偕来，逗遛不进；观其意，似有所蓄而不能言也。"帅，读曰率。逗，音豆。上顾力士曰："朕固知之矣。"即日，以琯为文部侍郎、同平章事。天宝十一载，改刑部曰宪部，吏部曰文部。

初，张垍尚宁亲公主，宁亲公主自兴信徙封，上女也。听于禁中置宅，宠渥无比。陈希烈求解政务，事见上卷天宝十三载。上幸垍宅，问可为相者。垍未对。上曰："无若爱婿。"垍降阶拜舞。既而不用，故垍怀怏怏，上亦觉之。怏，于两翻。是时均、垍兄弟及姚崇之子尚书右丞奕、萧嵩之子兵部侍郎华、韦安石之子礼部侍郎陟、太常少卿斌，皆以才望至大官，上尝曰："吾命相，当遍举故相子弟耳。"既而皆不用。自初张垍以下，史皆追叙前事。斌，音彬。

15 裴冕、杜鸿渐等上太子笺，请遵马嵬之命，即皇帝位，太子不许。上，时掌翻。嵬，五回翻。冕等言曰："将士皆关中人，日夜思归，所以崎岖从殿下远涉沙塞者，冀尺寸之功。若一朝离散，不可复集。愿殿下勉徇众心，为社稷计！"笺五上，将，即亮翻。复，扶又翻。上，时掌翻。太子乃许之。是日，肃宗即位于灵武城南楼，群臣舞蹈，上流涕歔欷。自此以后，凡书上者，皆谓肃宗也。歔，音虚。欷，许既翻，又音希。尊玄宗为上皇天帝，赦天下，改元。至是方改天宝十五载为至德元载。以杜鸿渐、崔漪并知中书舍人事，裴冕为中书侍郎、同平章事。改关内采访使为节度使，徙治安化，以前蒲关防御使吕崇贲为之。关内采访使以京官领，无治所；今改为节镇，治安化，领京兆、同、岐、金、商五州。安化县本隋之弘化县，天宝元年更名，并更庆州弘化郡为安化郡。蒲关，即蒲津关。使，疏吏翻。以陈仓令薛景仙为扶风太守，兼防御使；陇右节度使郭英乂为天水太守，兼防御使。守，式又翻。天水郡，秦州。时塞上精兵皆选入讨贼，惟馀老弱守边，文武官不满三十人，披草莱，立朝廷，制度草创，武人骄慢。大将管崇嗣在朝堂，背阙而坐，言笑自若，监察御史李勉奏弹之，朝，直遥翻。将，即亮翻。背，蒲妹翻。监，工衔翻。系于有司。上特原之，叹曰："吾有李勉，朝廷始尊！"勉，元懿之曾孙也。郑王元懿，高祖之子。旬日间，归附者渐众。

张良娣性巧慧，能得上意，从上来朔方。时从兵单寡，娣，大计翻。时从，才用翻。良娣每寝，常居上前。上曰："御寇非妇人所能。"良娣曰："苍猝之际，妾以身当之，殿下可从后逸去。"至灵武，产子；三日起，缝战士衣。上止之，对曰："此非妾自养之时。"上以是益怜之。为良娣挟宠窃权得祸张本。良娣，秩正三品。

16 丁卯，上皇制："以太子亨充天下兵马元帅，领朔方、河东、河北、平卢节度都使，南取长安、洛阳。甲子，太子即位于灵武，丁卯，上皇下此制，盖道里相去辽远，蜀中未之知也。帅，所类翻。使，疏吏翻。以御史中丞裴冕兼左庶子，陇西郡司马刘秩试守右庶子；陇西郡，渭州。刘秩必房琯所荐。永王璘充山南东道、岭南·黔中·江南西道节度都使，以少府监窦绍为之傅，璘，离珍翻。黔，音琴。少，始照翻。长沙太守李岘为都副大使；节度都副大使也。盛王琦充广陵大都督，领江南东路及淮南、河南等路节度都使，以前江陵都督府长史刘汇为之傅，广陵郡长史李成式为都副大使；广陵郡，扬州。丰王珙充武威都督，仍领河西、陇右、安西、北庭等路节度都使，以陇西太守济阴邓景山为之傅，充都副大使。诸道各有节度使，以诸王为都使以统之；其不赴镇者，都副大使摄统。济，子礼翻。应须士马、甲仗、粮赐等，并于当路自供。其诸路本节度使虢王巨等并依前充使。依前为节度使也。其署置官属及本路郡县官，并任自简择，署讫闻奏。"时琦、珙皆不出阁，惟璘赴镇。为璘举兵作乱张本。置山南东道节度使，领襄阳等九郡。领襄州襄阳郡、邓州南阳郡、随州汉东郡、唐州淮安郡、均州武当郡、房州房陵郡、(安州安陆郡、)金州安康郡、商州上洛郡。升五府经略使为岭南节度，领南海等二十二郡。升五溪经略使为黔中节度，领黔中等诸郡。注见上年。黔，音琴。分江南为东、西二道，东道领馀杭，西道领豫章等诸郡。馀杭郡，杭州。豫章郡，洪州。先是四方闻潼关失守，莫知上所之，及是制下，始知乘舆所在。先，悉荐翻。守，式又翻。乘，绳证翻。汇，秩之弟也。

17 安禄山使孙孝哲杀霍国长公主霍国长公主，睿宗女，下嫁裴虚己。长，知两翻。及王妃、驸马等于崇仁坊，刳其心，以祭安庆宗。安庆宗诛见上卷上年。凡杨国忠、高力士之党及禄山素所恶者皆杀之，恶，乌路翻。凡八十三人，或以铁棓揭其脑盖，棓，蒲项翻。人囟门有骨盖，其上谓之脑盖，今方书所云天灵盖即其物。流血满街。己巳，又杀皇孙及郡、县主二十馀人。

18 庚午，上皇至巴西；太守崔涣迎谒。隆州巴西郡，先天二年避上皇讳，更名阆州；天宝元年更名阆中郡，更绵州金山郡曰巴西郡。考异曰：肃宗实录作"辛未"，今从玄宗实录。次柳氏旧闻："上始入斜谷，天尚早，烟雾甚昧，知顿使、给事中韦倜于墅中得新熟酒一壶，跪献于马首者数四，上不为之举。倜惧，乃注于他器，自引满于前。上曰：'卿以我为疑也。始吾御宇之初，尝大醉，损一人，吾悼之，因以为戒；迨今四十年矣，未尝甘酒味。'指力士、近臣曰，'此皆知之，非绐卿也。'从者闻之，无不感悦。"幸蜀记："上皇在巴西郡，宰臣请高力士奏蜀中气候温瘴，宜数进酒。上皇令高力士宣旨曰：'朕本嗜酒，断之已久，终不再饮，深愧卿等意也。'力士因说：'上皇开元四年，因醉怒杀一人，明日都不记得，犹召之。左右具奏，上怆然不言，乃赐御库绢五百匹用给丧事，更令力士就宅宣旨致祭。从兹断酒，虽下药，亦不辄饮。'"按玄宗荒于声色，几丧天下，断酒小善，夫何足言！今不取。上皇与语，悦之，房琯复荐之，复，扶又翻。即日，拜门下侍郎、同平章事，以韦见素为左相。涣，玄晦之孙也。中宗之复辟也，崔玄晦之功列于五王。

19 初，京兆李泌，幼以才敏著闻，玄宗使与忠王游。忠王为太子，泌已长，长，知两翻。上书言事。玄宗欲官之，不可；使与太子为布衣交，太子常谓之先生。杨国忠恶之，奏徙蕲春，蕲春郡，蕲州。恶，乌路翻。后得归隐，居颍阳。武后载初元年，分河南伊阙、嵩阳置武临县，开元十五年，更名颍阳，属河南府。上自马嵬北行，遣使召之，谒见于灵武。考异曰：旧传云"谒见于彭原"，今从泌子繁所为邺侯家传，云"即位八九日矣"。见，贤遍翻。上大喜，出则联辔，寝则对榻，如为太子时，事无大小皆咨之，言无不从，至于进退将相亦与之议。上欲以泌为右相，泌固辞，曰："陛下待以宾友，则贵于宰相矣，何必屈其志！"上乃止。考异曰：旧传："泌称山人，固辞官秩，得以散官宠之。（得，当作特。）解褐，拜银青光禄大夫，俾掌枢务。"邺侯家传曰："初欲拜为右相，恐戎事，固辞爵，愿以客从，曰：'陛下待以宾友，则贵于宰相矣，何必屈其志！'上无以逼。"今从之。

20 同罗、突厥从安禄山反者屯长安苑中，甲戌，其酋长阿史那从礼帅五千骑，窃厩马二千匹逃归朔方，帅，读曰率；下同。骑，奇寄翻。谋邀结诸胡，盗据边地。上遣使宣慰之，降者甚众。考异曰：肃宗实录："忽闻同罗、突厥背禄山走投朔方，与六州群胡共图河、朔，诸将皆恐。上曰：'因之招谕，当益我军威。'上使宣慰，果降者过半。"旧崔光远传云："同罗背禄山，以厩马二千出至浐水，孙孝哲、安神威从而召之，不得；神威忧死。"陈翃汾阳王家传云："禄山多谲诈，更谋河曲熟蕃以为己属，使蕃将阿史那从礼领同罗、突厥五千骑伪称叛，乃投朔方，出塞门，说九姓府、六胡州，悉已来矣，甲兵五万，部落五十万，蚁聚于经略军北。"按同罗叛贼，则当西出，岂得复至浐水！此旧传误也。若禄山使从礼伪叛，则孝哲何故召之？神威何为怖死？又必须先送降款于肃宗，如此，则诸将当喜而不恐。贼之阴计，岂徒取河曲熟蕃也！盖同罗等久客思归，故叛禄山，欲乘世乱，结诸胡，据边地耳。肃宗实录所谓"共图河、朔"者，欲据河西、朔方两道〔边〕，犹言"河、陇"也。肃宗从而招之，必有降者；若云太半，则似太多。今参取诸书可信者存之。

21 贼遣兵寇扶风，薛景仙击却之。

22 安禄山遣其将高嵩以敕书、缯彩诱河、陇将士，大震关使郭英乂擒斩之。大震关，在陇州汧源县西陇山。缯，慈陵翻。诱，音酉。

23 同罗、突厥之逃归也，长安大扰，官吏窜匿，狱囚自出。京兆尹崔光远以为贼且遁矣，遣吏卒守孙孝哲宅。孝哲以状白禄山，光远乃与长安令苏震帅府、县官十馀人来奔。府，京兆府也。县，长安、万年。己卯，至灵武，上以光远为御史大夫兼京兆尹，使之渭北招集吏民；考异曰：天宝乱离记："禄山以张通儒为西京留守。通儒素惮侍中苗公晋卿、内史崔公光远。二人并伪于通儒处请复本职，通儒许之。由是微申存抚两街百姓，长安稍见宁帖；密宣谕人主苍惶西幸之意，老幼对泣，悲不自胜，皆感恩旨。苗公乘驴间道赴蜀奔驾，光远亦潜去焉。通儒素惮两公名德，内特宽之。"按旧苗晋卿传："潜遁山谷，南投金州，未尝受贼官。"今不取。以震为中丞。震，瓌之孙也。苏瓌事武后、中、睿三朝，历位台辅。禄山以田乾真为京兆尹。侍御史吕諲、右拾遗杨绾、奉天令安平崔器相继诣灵武；以諲、器为御史中丞，绾为起居舍人、知制诰。唐制诰，皆中书舍人掌之。以他官掌制诰者，谓之知制诰。諲，音因。

上命河西节度副使李嗣业将兵五千赴行在，考异曰：段秀实别传曰：“诏嗣业将安西五万众赴行在。”今从旧传。嗣业与节度使梁宰谋，且缓师以观变。绥德府折冲段秀实让嗣业曰：“岂有君父告急而臣子晏然不赴者乎！特进常自谓大丈夫，今日视之，乃儿女子耳！”据新书，秀实自大堆府果毅迁绥德府折冲。李嗣业以战功，散阶转至特进，故称之。嗣业大惭，即白宰如数发兵，以秀实自副，将之诣行在。上又征兵于安西；行军司马李栖筠发精兵七千人，励以忠义而遣之。

24 敕改扶风为凤翔郡。

25 庚辰，上皇至成都；从官及六军至者千三百人而已。从，才用翻。

26 令狐潮围张巡于雍丘，相守四十馀日，是年五月，令狐潮再攻雍丘。朝廷声问不通。潮闻玄宗已幸蜀，复以书招巡。复，扶又翻；下后复、敢复同。有大将六人，官皆开府、特进，白巡以兵势不敌，且上存亡不可知，不如降贼。巡阳许诺。明日，堂上设天子画像，帅将士朝之，将，即亮翻。帅，读曰率。朝，直遥翻。人人皆泣。巡引六将于前，责以大义，斩之。士心益劝。

中城矢尽，巡缚藁为人千馀，被以黑衣，夜缒城下，潮兵争射之，被，皮义翻。缒，驰伪翻。射，而亦翻：下弩射同。久乃知其藁人；得矢数十万。其后复夜缒人，复，扶又翻；下同。贼笑不设备，乃以死士五百斫潮营；潮军大乱，焚垒而遁，追奔十馀里。潮惭，益兵围之。

巡使郎将雷万春于城上与潮相闻，【章：十二行本“闻”下有“语未绝”三字；乙十一行本同；孔本同；张校同；退斋校同。】贼弩射之，面中六矢而不动。中，竹仲翻。潮疑其木人，使谍问之，乃大惊，谍，达协翻。遥谓巡曰：“向见雷将军，方知足下军令矣，然其如天道何！”巡谓之曰：“君未识人伦，焉知天道！”言叛君附贼，未识君臣之伦也。焉，于干翻。未几，出战，几，居岂翻。擒贼将十四人，斩首百馀级。贼乃夜遁，收兵入陈留，不敢复出。

顷之，贼步骑七千馀众屯白沙涡，九域志：开封中牟县有白沙镇。杜预曰：梁国宁陵县北沙阳亭，春秋之沙随地也。巡夜袭击，大破之。还，至桃陵，司马彪郡国志：东郡燕县有桃城。燕县，唐为滑州胙城县。遇贼救兵四百馀人，悉擒之。分别其众，别，彼列翻。妫、檀及胡兵，悉斩之；荥阳、陈留胁从兵，皆散令归业。妫州，汉潘县地。檀州，汉白檀县地。续书云：白檀县，即右北平。考异曰：张中丞传："自三月二日，潮至雍丘城下，攻守六十馀日，潮大败而走，"然则于时已五月初矣。又云："未几，潮又帅众来攻，谓巡曰：'本朝危蹙，兵不出关'，"则是潼关未破也。又巡答潮书："主上缘哥舒被衄，幸于西蜀，孝义皇帝收河、陇之马，取太原之甲，蕃、汉云集，不减四十万众，前月二十七日已到土门。蜀、汉之兵，吴、楚骁勇，循江而下。永王、申王部统已到申、息之南门。窃料胡虏游魂，终不腊矣。"则是七月十五日丁卯以后也。其曰"前月二十七日，兵到土门"，盖围城中传闻之误也。又云："相守四十馀日，潮收兵入陈留，不敢出，"其下乃云："五月，鲁炅败于叶。六月，哥舒翰败于潼关，上皇幸蜀，皇帝北巡灵武。六月九日，贼将瞿伯玉据圉城。十二日，贼屯白沙涡。十四日夜，巡袭破之。七月十二日，潮、伯玉至雍丘，又破之，"其日月前后差舛，不可考。盖李翰亦得于传闻，不能精审。今但置关破以前事于五月，关破以后事于七月耳。旬日间，民去贼来归者万馀户。

27 河北诸郡犹为唐守，为，于伪翻。常山太守王俌欲降贼，诸将怒，因击球，纵马践杀之。时信都太守乌承恩麾下有朔方兵三千人，诸将遣使者宗仙运帅父老诣信都，迎承恩镇常山。承恩辞以无诏命，仙运说承恩曰：说，式芮翻。"常山地控燕、蓟，路通河、洛，有井陉之险，足以扼其咽喉。顷属车驾南迁，咽，音烟。属，之欲翻。南迁，谓自长安南幸蜀也。蜀在长安南山之南。李大夫收军退守晋阳，李大夫，谓光弼也。王太守权统后军，欲举城降贼，众心不从，身首异处。大将军兵精气肃，远近莫敌，若以家国为念，移据常山，与大夫首尾相应，则洪勋盛烈，孰与为比。若疑而不行，又不设备，常山既陷，信都岂能独全！”承恩不从。仙运又曰：“将军不纳鄙夫之言，必惧兵少故也。今人不聊生，咸思报国，竞相结聚，屯据乡村，若悬赏招之，不旬日十万可致；与朔方甲士三千馀人相参用之，足成王事。若舍要害以授人，居四通而自安，言信都之地，夷庚四达，非可居之以自安。譬如倒持剑戟，取败之道也。”承恩竟疑不决。承恩，承玼之族兄也。乌承玼见二百十三卷开元二十年。玼，音此，又且礼翻。考异曰：韩愈乌氏先庙碑云：“承恩，承洽之兄。”今从新传。

是月，史思明、蔡希德将兵万人南攻九门。旬日，九门伪降，伏甲于城上。思明登城，伏兵攻之；思明坠城，鹿角伤其左胁，夜，奔博陵。

28 颜真卿以蜡丸达表于灵武。以真卿为工部尚书兼御史大夫，依前河北招讨、采访、处置使，并致赦书，亦以蜡丸达之。真卿颁下河北诸郡，处，昌吕翻。下，遐嫁翻。又遣人颁于河南、江、淮。由是诸道始知上即位于灵武，徇国之心益坚矣。

29 郭子仪等将兵五万自河北至灵武，灵武军威始盛，人有兴复之望矣。八月，壬午朔，以子仪为武部尚书、灵武长史，以李光弼为户部尚书、北都留守，武后天授元年以太原为北都；中宗神龙元年罢；开元十一年复置；天宝元年曰北京；是年复曰北都。并同平章事，馀如故。光弼以景城、河间兵五千赴太原。

先是，河东节度使王承业军政不修，朝廷遣侍御史崔众交其兵，寻遣中使诛之；众侮易承业，先，悉荐翻。易，弋豉翻。光弼素不平。至是，敕交兵于光弼，众见光弼，不为礼，又不时交兵，光弼怒，收斩之，军中股栗。考异曰：肃宗实录：“八月，壬午，子仪、光弼皆于常山郡嘉山大破贼，子仪等俱奉诏，领士马五万至自河北；以子仪为某官，光弼为某官。”汾阳家传：“六月八日，破史思明于嘉山之下。公谓光弼曰：'贼散矣，其馀几何，可长驱而南，以定天下。'其月，发恒阳，至常山。中使邢延恩至，奉诏取河北路，席卷而南。会哥舒翰败绩，玄宗幸蜀，肃宗如朔方，公闻之，独总精兵五万奔肃宗行在。玄宗有诰，以肃宗嗣皇帝位；肃宗奉诰歔欷，哀不自胜。公谏云云，跪上天子玺，以七月十三日即皇帝位。二十七日，制：可武部尚书、平章事。"幸蜀记："六月十一日，玄宗追郭子仪赴京，李光弼守太原。"河洛春秋："六月二十五日，大破贼于嘉山。二十六日，覆陈。二十七日，有诏至恒阳，云：潼关失守，驾幸剑南，储君又往灵武。由是拔军入井陉口。"邠志："六月八日，败史思明于嘉山，会潼关失守，二公班师。"唐历："七月二十八日，子仪、光弼并加平章事。又诏子仪收军赴朔方，光弼赴太原。"河洛春秋又云："光弼至太原，杀王承恩，固守晋阳。"旧纪与实录同。子仪传："七月，肃宗即位，以贼据两京，方谋收复，诏子仪班师。八月，子仪与光弼帅步骑五万至自河北。"光弼传："肃宗理兵于灵武，遣中使刘智达追光弼、子仪赴行在。"又云："以景城、河间之卒五千赴太原。"玄宗实录："六月，壬午，光弼、子仪破史思明于嘉山。"旧纪："六月，癸未朔。庚寅，哥舒翰败于灵宝。其日，光弼破史思明于嘉山。"子仪、光弼传皆云"六月"，无日。诸书言李、郭事不同如此。按岁朔历，六月、癸未朔，与旧纪同。玄宗实录云壬午，误也。肃宗实录"八月壬午"，朔日也，子仪、光弼皆于嘉山大破贼，领士马至自河北，以为某官、某官。盖壬午乃拜官日，因言已前事耳。汾阳家传、邠志皆云六月八日破思明，与旧纪同。家传云劝肃宗即位，上玺，则恐不然。哥舒翰以六月八日败，亦须旬日方传至河北。肃宗七月十三日即位，若六月二十七日班师，七月十三日岂能便达灵武也！河洛春秋，二十五日破贼，与诸书皆不合，恐太后也。今据旧玄宗纪、汾阳家传、邠志、唐历，皆云六月八日破史思明，宜可从。幸蜀记，十一日，玄宗召子仪、光弼，事或如此。但二传皆云肃宗召之，恐是二人在河北，闻潼关不守，已收军赴难在道，遇肃宗中使，遂趋灵武。今从旧传。唐历拜相在七月二十八日，汾阳家传二十七日，肃宗实录八月一日，三书皆不相远。子仪传云八月，虽无日，与实录亦略相应。今从实录。据旧传，光弼亦曾到灵武，疑朔方兵尽从肃宗，故光弼但领河北兵赴太原耳。河洛春秋月日尤疏，所云杀王承恩，固守晋阳，必误也。

30 回纥可汗、吐蕃赞普相继遣使请助国讨贼，宴赐而遣之。

31 癸未，上皇下制，赦天下。考异曰：玄宗实录、旧纪皆云"八月、癸未朔"，肃宗实录、唐历、旧纪、长历皆云"壬午朔"，今从之。是时上皇尚未知太子即位于灵武。

北海太守贺兰进明遣录事参军第五琦入蜀奏事，琦言于上皇，以为："今方用兵，财赋为急，财赋所产，江、淮居多，乞假臣一职，可使军无乏用。"上皇悦，即以琦为监察御史、江淮租庸使。开元十一年，宇文融除句当租庸地税使，此租庸使之始也。其后韦坚、杨国忠相继为之。

32 史思明再攻九门，辛卯，克之，所杀数千人；引兵东围藁城。

33 李庭望将蕃、汉二万馀人东袭宁陵、襄邑，夜，去雍丘城三十里置营，张巡帅短兵三千掩击，大破之，杀获太半。庭望收军夜遁。

34 癸巳，灵武使者至蜀，七月甲子即位，至是凡三十日，使者方至蜀。上皇喜曰："吾儿应天顺人，吾复何忧！"复，扶又翻；下不复同。丁酉，制："自今改制敕为诰，表疏称太上皇。四海军国事，皆先取皇帝进止，仍奏朕知；俟克复上京，朕不复预事。"己亥，上皇临轩，命韦见素、房琯、崔涣奉传国宝玉册诣灵武传位。考异曰：肃宗实录："癸未，上奉表至蜀。"玄宗实录："八月癸未朔，赦天下。时皇太子已至灵武，七月甲子即位，道路险涩，表疏未达。及下是诏，数日，北使方至，具陈群臣恳请、太子辞避之旨。辛卯，下诏，称太上皇。庚子，遣韦见素等奉册。"今从旧纪、唐历。

35 辛丑，史思明陷藁城。

36 初，上皇每酺宴，先设太常雅乐坐部、立部，继以鼓吹、胡乐、教坊、府·县散乐、杂戏；太常雅乐，唐初祖孝孙、张文收所定乐也。玄宗分乐为二部：堂下立奏，谓之立部伎；堂上坐奏，谓之坐部伎。立部八：一、安舞；二、太平乐；三、破阵乐；四、庆善乐；五、大定乐；六、上元乐；七、圣寿乐；八、光圣乐。坐部六：一、燕乐；二、长寿乐；三、天授乐；四、鸟歌万岁乐；五、龙池乐；六、小破阵乐。鼓吹，鼓吹署令所掌铙歌鼓吹曲也。胡乐者，龟兹、疏勒、高昌、天竺诸部乐也。教坊者，内教坊及梨园法曲也。府县者，京兆府及长安、万年两赤县。散乐，杂戏也。酺，音蒲。又以山车、陆船载乐往来；山车者，车上施棚阁，加以彩缯，为山林之状。陆船者，缚竹木为船形，饰以缯彩，列人于中，舁之以行。又出宫人舞霓裳羽衣；玄宗时，河西节度使杨敬述献霓裳羽衣曲十二遍。凡曲终必遽，惟霓裳羽衣曲终引声益缓。俚俗相传，以为帝游月宫，见素娥数百，舞于广庭，帝记其曲，归制霓裳羽衣舞，非也。又教舞马百匹，衔杯上寿；帝以马百匹，盛饰，分左右，施三重榻，舞倾杯数十曲；壮士举榻，马不动。刘昫曰：帝即内厩，引蹀马三十匹，为倾杯乐曲，奋首鼓尾，纵横应节。又施三层板床，乘马而上，抃转而舞。又引犀象入场，或拜，或舞。五坊使引大象入场，或拜或舞，动容鼓旅，中于音律。安禄山见而悦之，既克长安，命搜捕乐工，运载乐器、舞衣，驱舞马、犀、象皆诣洛阳。

臣光曰：圣人以道德为丽，仁义为乐；乐，音洛。故虽茅茨土阶，恶衣菲食，不耻其陋，惟恐奉养之过以劳民费财。明皇恃其承平，不思后患，殚耳目之玩，穷声技之巧，技，渠绮翻。自谓帝王富贵皆不我如，欲使前莫能及，后无以逾，非徒娱己，亦以夸人。岂知大盗在旁，已有窥窬之心，卒致銮舆播越，生民涂炭。卒，子恤翻。乃知人君崇华靡以示人，适足为大盗之招也。

37 禄山宴其群臣于凝碧池，唐六典：洛阳禁苑中有芳树、金谷二亭，凝碧之池。盛奏众乐；梨园弟子往往歔欷泣下，梨园弟子见二百十一卷开元二年。贼皆露刃睨之。睨，五计翻，邪视也。乐工雷海清不胜悲愤，胜，音升。掷乐器于地，西向恸哭。禄山怒，缚于试马殿前，支解之。

禄山闻向日百姓乘乱多盗库物，既得长安，命大索三日，索，山客翻。并其私财尽掠之。又令府县推按，铢两之物无不穷治，治，直之翻。连引搜捕，支蔓无穷，民间骚然，益思唐室。

自上离马嵬北行，离，力智翻。民间相传太子北收兵来取长安，长安民日夜望之，或时相惊曰："太子大军至矣！"则皆走，市里为空。贼望见北方尘起，辄惊欲走。京畿豪杰往往杀贼官吏，遥应官军；诛而复起，复，扶又翻。相继不绝，贼不能制。其始自京畿、鄜、坊至于岐、陇皆附之，至是西门之外率为敌垒，西门，谓长安城西门也。贼兵力所及者，南不出武关，北不过云阳，云阳县，汉属冯翊，后魏属北地郡，隋以来属京兆。西不过武功。武功县，汉、晋属扶风，隋、唐属京兆。江、淮奏请贡献之蜀、之灵武者，之，往也。皆自襄阳取上津路抵扶风，上津，汉汉中长利县地，梁置南洛州，后魏改曰上州；隋废州为上津县，唐属商州。道路无壅，皆薛景仙之功也。

38 九月，壬子，史思明围赵郡，丙辰，拔之；又围常山，旬日，城陷，杀数千人。

39 建宁王倓，性英果，有才略，从上自马嵬北行，兵众寡弱，屡逢寇盗；倓自选骁勇，居上前后，血战以卫上。上或过时未食，倓悲泣不自胜，军中皆属目向之。过，古禾翻，又古卧翻。胜，音升。属，之欲翻；下所属同。上欲以倓为天下兵马元帅，使统诸将东征，帅，所类翻。统，他综翻。将，即亮翻。李泌曰："建宁诚元帅才；然广平，兄也。若建宁功成，岂可使广平为吴太伯乎！"上曰："广平，家嗣也，泌，毗必翻。嗣，祥吏翻。何必以元帅为重！"泌曰："广平未正位东宫。今天下艰难，众心所属，在于元帅。若建宁大功既成，陛下虽欲不以为储副，同立功者其肯已乎！太宗、上皇，即其事也。"谓皆以有定天下功承大统。上乃以广平王俶为天下兵马元帅，诸将皆以属焉。考异曰：邺侯家传曰："以李光弼为元帅左厢兵马使，出井陉，以攻常山，图范阳。郭子仪为右厢兵马使，帅众南取冯翊、河东。"按汾阳家传，时郭子仪方北讨同罗，未向河东也。邺侯家传又曰："上召光弼、子仪议征讨计，二人有迁延之言。上大怒，作色叱之，二人皆仆地，不毕词而罢。上告公曰：'二将自偏裨，一年，遇国家有难，朕又即位于此，遂至三公、将相；看已有骄色，商议征讨，欲迁延；适来叱之，皆倒。方图克复而将已骄，朕深忧之。朕今委先生戎事，府中议事，宜示以威令，使其知惧。'对曰：'陛下必欲使畏臣，二人未见广平，伏望令王亦暂至府。二人至，时寒，臣与饮酒。二人必请谒王，臣因为酒令，约不起，王至，但谈笑，共臣同慰安。酒散，乃谕其修谒于元帅。则二人见元帅以帝子之尊俯从臣酒令，可以知陛下方宠任臣，军中之令必行，他时或失律，能死生之也。'上称善。又奏曰：'伏望言于广平，知是圣意，欲李、郭之畏臣，非臣敢恃恩然也。'上曰：'广平于卿，岂有形迹！'对曰：'弯子国储，以陛下故亲臣；臣何人，敢不惧！'明日，将晓，王亦至。及李、郭至，具军容，修敬，乃坐饮。二人因言未见元帅，乃使报王。王将至，执盏为令，并不得起。及王至，先公曰：'适有令，许二相公不起。'王曰：'寡人不敢。'遽就座饮。李、郭失色。谈笑皆欢。先公云：'二人起谢。'广平曰：'先生能为二相公如此，复何忧，寡人亦尽力。今者同心成宗社大计，以副圣意。'既出，李谓郭曰：'适来饮令，非行军意，皆上旨也，欲令吾徒禀令耳。'"按肃宗温仁，二公沈勇，必无面叱仆地之事。今不取。倓闻之，谢泌曰："此固倓之心也！"

上与泌出行军，行，下孟翻。军士指之，窃言曰："衣黄者，圣人也。衣白者，山人也。"衣，于既翻；下且衣同。上闻之，以告泌，曰："艰难之际，不敢相屈以官，且衣紫袍以绝群疑。"泌不得已，受之；服之，入谢，上笑曰："既服此，岂可无名称！"称，尺证翻。出怀中敕，以泌为侍谋军国、元帅府行军长史。创侍谋之官以处泌。泌固辞，上曰："朕非敢相臣，以济艰难耳。俟贼平，任行高志。"泌乃受之。置元帅府于禁中，俶入则泌在府，泌入俶亦如之。泌又言于上曰："诸将畏惮天威，在陛下前敷陈军事，或不能尽所怀；万一小差，为害甚大。乞先令与臣及广平熟议，臣与广平从容奏闻，从，千容翻。可者行之，不可者已之。"上许之。时军旅务繁，四方奏报，自昏至晓无虚刻，上悉使送府，泌先开视，有急切者及烽火，重封，隔门通进，重，直龙翻。凡宫禁、官府门侧置轮盘，或遇夜，门已闭，外有急切文书，纳诸轮盘，旋转向内以通之。馀则待明。禁门钥契，悉委俶与泌掌之。为泌请还钥契张本。

40 阿史那从礼说诱九姓府、六胡州诸胡数万众，聚于经略军北，时九姓胡皆居河曲，犹各带旧置府号。按旧书李吉甫传，经略军，唐末之宥州是也。天宝移经略军于灵州城内，以宥州寄治经略军。元和九年，遂于经略军故城置宥州六胡州，于郭下置延恩县。宋白曰：经略军，在夏州西北三百里。天宝中，王忠嗣奏于榆多勒城置军。今属灵武，去灵武六百馀里。说，式芮翻。将寇朔方，上命郭子仪诣天德军发兵讨之。天德军在大同川。天宝十二年安思顺奏废横塞军，请于大同城西筑城置军，玄宗赐名天安军；乾元后，改为天德军。东南至中受降城二百里，西渡河，至丰州百六十里，西至西受降城百八十里，北至碛口三百里，西北至横塞军二百里。考异曰：汾阳家传云："甲兵五万，部落五十万。"今从旧子仪传。汾阳家传又云："九月十九日，驾欲幸彭原，命公赴天德军，伐叛蕃。"按实录，"戊辰，行幸彭原。"戊辰，十七日也。汾阳传误。左武锋使仆固怀恩之子玢别将兵与虏战，兵败，降之；既而复逃归，怀恩叱而斩之。玢，方贫翻。复，扶又翻。将士股栗，无不一当百，遂破同罗。

上虽用朔方之众，欲借兵于外夷以张军势，张，知亮翻。以豳王守礼之子承寀为敦煌王，与仆固怀恩使于回纥以请兵。又发拔汗那兵，且使转谕城郭诸国，北狄逐水草为行国。西域诸国皆有城郭，故谓之城郭诸国。许以厚赏，使从安西兵入援。李泌劝上："且幸彭原，俟西北兵将至，进幸扶风以应之；于时庸调亦集，调，徒吊翻。可以赡军。"上从之。戊辰，发灵武。

41 内侍边令诚复自贼中逃归，复，扶又翻。上斩之。

42 丙子，上至顺化。上改庆州安化郡为顺化郡。韦见素等至自成都，奉上宝册，上不肯受，曰："比以中原未靖，权总百官，岂敢乘危，遽为传袭！"群臣固请，上不许，寘宝册于别殿，朝夕事之，如定省之礼。礼记：凡为人子者，昏定而晨省。奉上，时掌翻。比，毗至翻。省，悉景翻。上以韦见素本附杨国忠，事见上卷天宝十三载、十四载。意薄之；素闻房琯名，虚心待之。琯见上言时事，辞情慷慨，上为之改容，为，于伪翻。由是军国事多谋于琯。琯亦以天下为己任，知无不为；【章：十二行本‘为’下有“专决于胸臆”五字；乙十一行本同；孔本同；张校同；退斋校同。】诸相拱手避之。

43 上皇赐张良娣七宝鞍，李泌言于上曰：“今四海分崩，当以俭约示人，良娣不宜乘此。请撤其珠玉付库吏，以俟有战功者赏之。”良娣自阁中言曰：“乡里之旧，何至于是！”良娣母家新丰，泌居京兆，故云然。上曰：“先生为社稷计也。”遽命撤之。建宁王倓泣于廊下，声闻于上；闻，音问。上惊，召问之，对曰：“臣比忧祸乱未已，比，毗至翻。今陛下从谏如流，不日当见陛下迎上皇还长安，是以喜极而悲耳。”良娣由是恶李泌及倓。为良娣谮杀倓，泌不自安张本。恶，乌路翻；下亦恶同。

上尝从容与泌语及李林甫，欲敕诸将克长安，发其冢，焚骨扬灰，泌曰：“陛下方定天下，奈何雠死者！彼枯骨何知，徒示圣德之不弘耳。李林甫动摇东宫见二百十五卷天宝五载、六载。从，千容翻。且方今从贼者皆陛下之雠也，若闻此举，恐阻其自新之心。”上不悦，曰：“此贼昔日百方危朕，当是时，朕弗保朝夕。朕之全，特天幸耳！林甫亦恶卿，但未及害卿而死耳，奈何矜之！”对曰：“臣岂不知！【章：十二行本“知”下有“所以言者”四字；乙十一行本同；孔本同；张校同；退斋校同。】上皇有天下向五十年，太平娱乐，一朝失意，远处巴蜀。恶，乌路翻。乐，音洛。处，昌吕翻。南方地恶，上皇春秋高，闻陛下此敕，意必以为用韦妃之故，废韦妃事亦见二百十五卷天宝五载。内惭不怿。万一感愤成疾，是陛下以天下之大不能安君亲。”言未毕，上流涕被面，被，皮义翻。降阶，仰天拜曰：“朕不及此，是天使先生言之也！”遂抱泌颈泣不已。

他夕，上又谓泌曰："良娣祖母，昭成太后之妹也，上皇所念。玄宗幼失昭成后，母视良娣祖母，鞠爱笃备；帝即位，封为邓国夫人。其子去逸生良娣。泌，毗必翻。娣，大计翻。朕欲使正位中宫以慰上皇心，何如?"对曰："陛下在灵武，以群臣望尺寸之功，故践大位，非私己也。至于家事，宜待上皇之命，不过晚岁月之间耳。"上从之。史言李泌能引君当道。

44 南诏乘乱陷越嶲会同军，据清溪关；越嶲郡，嶲州。会同军当在越嶲会川县，当泸津关要路。清溪关，在大定城北。考异曰：唐历，是月吐蕃陷嶲州。新传，是岁阁罗凤乘衅取嶲州会同军云云。盖二国兵共陷嶲州也。寻传、骠国皆降之。新书：寻传蛮，俗无丝纩，跣履荆棘，不以为苦。射豪猪，生食其肉。战，以竹笼头，如兜鍪。骠，古朱波也，在永昌南二千里，去京师万四千里，南属海，北南诏。骠，匹妙翻。降，户江翻。

容肇祖标点何兹全顾颉刚聂崇岐覆校

资治通鉴卷第二百一十九

端明殿学士兼翰林侍读学士太中大夫
提举西京嵩山崇福宫上柱国河内郡开国公 司马光 奉敕编集
食邑二千二百户食实封九百户赐紫金鱼袋臣
后学天台胡三省音注

唐纪三十五

起柔兆涒滩(丙申)十月，尽强圉作噩(丁酉)闰月，不满一年。

肃宗文明武德大圣大宣孝皇帝中之上

至德元载(丙申、七五六)

1 冬，十月，辛巳朔，日有食之，既。

2 上发顺化，宋白曰：庆州，贞观以来为弘化郡，天宝后为安化郡，至德为顺化郡。癸未，至彭原。

3 初，李林甫为相，谏官言事皆先白宰相，退则又以所言白之；御史言事须大夫同署。至是，敕尽革其弊，开谏诤之涂。又令宰相分直政事笔、承旨，旬日而更，令宰相在政事堂，分日当笔及承上旨。更，工衡翻。惩林甫及杨国忠之专权故也。

4 第五琦见上于彭原，请以江、淮租庸市轻货，溯江、汉而上至洋川，见，贤遍翻。上，时掌翻。洋川郡，洋州；本音羊，今人多读如祥。令汉中王瑀陆运至扶风以助军；考异曰：邺侯家传云："荐元载，令于郧乡县置院以督运。"按载传，是时在苏州及洪州，未尝在郧乡。今不取。上从之。寻加琦山南等五道度支使。度支使始此。宋白曰：故事，度支案，郎中判入，员外判出，侍郎总统押案而已，官衔不言专判度支。开元已后，时事多故，遂有他官来判者，乃曰度支使，或曰判度支，或曰知度支事，或曰勾当度支使，虽名称不同，其事一也。度，徒洛翻。琦作榷盐法，用以饶。琦变盐法，尽榷天下盐。就山、海、井、灶置监院，使吏出粜。旧业盐户并游民愿业者为亭户，免其杂傜。盗煮、私市者论以法。百姓除租、庸外无得横赋，人不益税而上用以饶。榷，古岳翻。

5 房琯喜宾客，喜，许记翻。好谈论，好，呼到翻。多引拔知名之士，而轻鄙庸俗，人多怨之。北海太守贺兰进明诣行在，上命琯以为南海太守，兼御史大夫，充岭南节度使；南海郡，广州。是时兵兴，方镇重任必兼台省长官，以至外府僚佐亦带朝衔。迄于五季，遂为永制。其带台衔，自监察御史至御史大夫为宪衔。守，手又翻。琯以为摄御史大夫。进明入谢，上怪之，进明因言与琯有隙，且曰："晋用王衍为三公，祖尚浮虚，致中原板荡。王衍事见晋纪。板、荡之诗，刺周室大坏，天下无纲纪、文章之诗也。后人率引此二诗，以谕天下大乱。毛氏传曰：板板，反也。正义曰：释训云，板板，僻也。邪僻即反戾之义，故为反也。郑曰：荡荡，法度废坏之貌。今房琯专为迂阔大言以立虚名，所引用皆浮华之党，真王衍之比也！陛下用为宰相，恐非社稷之福。且琯在南朝佐上皇，使陛下与诸王分领诸道节制，事见上卷。上即位于灵武，进驻彭原，其地在关山之北。上皇在成都，其地在关山之南，故谓之南朝。仍置陛下于沙塞空虚之地，又布私党于诸道，使统大权。盖指李岘、李承式、邓景山等。其意以为上皇一子得天下，则己不失富贵，此岂忠臣所为乎！"上由是疏之。考异曰：唐历："上以房琯有重名，虚己以待之，礼遇加等。琯推诚謇谔，亦以天下为己任，知无不为。其所引进皆一时名士。其嫉恶太甚，雅有宰相望。其于弥纶天下，非所长也。后颇以直忤旨，上以名高隐忍，渐不能容矣。琯遂请兵为元帅，许之。"今从实录。据考异，则上之疏琯，非特因进明之言也。

房琯上疏，请自将兵复两京；上许之，加持节、招讨西京兼防御蒲·潼【章：十二行本"潼"作"潼"；乙十一行本同；孔本同；退斋校同。】两关兵马·节度等使。琯请自选参佐，以御史中丞邓景山为副，户部侍郎李揖为行军司马，给事中刘秩为参谋。既行，又令兵部尚书王思礼副之。琯悉以戎务委李揖、刘秩，二人皆书生，不闲军旅。闲，习也。琯谓人曰："贼曳落河虽多，安能敌我刘秩！"琯分为三军：使裨将杨希文将南军，自宜寿入；天宝元年，更盩厔县曰宜寿，属凤翔郡。刘贵哲将中军，自武功入；李光进将北军，自奉天入。光进，光弼之弟也。

以贺兰进明为河南节度使。

6 颍王璬之至成都也，见上卷。璬，公了翻。崔圆迎谒，拜于马首，璬不之止；圆恨之。璬视事两月，吏民安之。圆奏罢璬，使归内宅；京师有十宅，以处诸王未出阁者。此时在成都，亦即行宫为内宅。以武部侍郎李峘为剑南节度使，代之。峘，胡登翻。考异曰：肃宗实录，明年正月甲寅，以峘为剑南节度使。盖峘已受上皇命，而肃宗申命之也。峘，岘之兄也。上皇寻命璬与陈王珪诣上宣慰，至是，见上于彭原。延王玢从上皇入蜀，追车驾不及；上皇怒，欲诛之。汉中王瑀救之，乃命玢亦诣上所。玢，音彬。考异曰：明皇杂录："贺兰进明之初守北海也，城卑不完，储积于外，寇又将至，惧资其用，进明遂焚之。适有寺人至北海，求货于进明，不获，归，以损军用闻于上，遂诏罢郡守。属延王玢从上不及，遣中使访之，而加刑焉。会进明赴蜀，遇使，访于路，曰：'王罪不宜及刑，愿少留于路。'使者感而受约。既至蜀，进明言于上曰：'延王，陛下之爱子也，无兵权以变其心，无郡国以骄其志，间道于豺狼，乃责其不以时至，陛下罪之，人复何望！臣恐汉武望思之筑，将见于圣朝矣！'因遽驰使赦之；谓进明曰：'俾父子如初，卿之力也！'遂遣进明往灵武，道遇延王，进明驰马，亦慰之。王望之，降车稽首而去。肃宗谓之曰：'卿解平原之围，阻贼寇之军，而不以谗口介意，复全我兄弟，乃社稷之臣。'因授御史大夫。"今从旧传。

7 甲申，令狐潮、王福德复将步骑万馀攻雍丘。复，扶又翻。张巡出击，大破之，斩首数千级；贼遁去。

8 房琯以中军、北军为前锋，庚子，至便桥。辛丑，二军遇贼将安守忠于咸阳之陈涛斜。陈涛泽，在咸阳县东，其路斜出，故曰陈涛斜。又宋敏求退朝录引唐人文集曰：唐宫人墓谓之宫人斜，四仲，遣使者祭之。然则陈涛斜者，岂亦因内人所葬地而名之邪？琯效古法，用车战，以牛车二千乘，马步夹之；贼顺风鼓噪，牛皆震骇。贼纵火焚之，人畜大乱，乘，绳证翻。畜，许救翻。官军死伤者四万馀人，存者数千而已。癸卯，琯自以南军战，又败，南军，宜寿之军也。杨希文、刘贵哲皆降于贼。上闻琯败，大怒。李泌为之营救，为，于伪翻。上乃宥之，待琯如初。

以薛景仙为关内节度副使。

9 敦煌王承寀至回纥牙帐，承寀使回纥见上卷九月。敦，徒门翻。回纥可汗以女妻之，妻，七细翻。遣其贵臣与承寀及仆固怀恩偕来，见上于彭原。见，贤遍翻。上厚礼其使者而归之，赐回纥女号毗伽公主。伽，求迦翻。

10 尹子奇围河间，四十馀日不下，史思明引兵会之。颜真卿遣其将和琳将万二千人救河间，思明逆击，擒之，遂陷河间；执李奂送洛阳，杀之。又陷景城，太守李暐赴湛水死。新书作赴河死。思明使两骑赍尺书以招乐安，乐安即时举郡降。乐安郡，棣州。景城既陷，乐安孤绝，即时降贼。盖人心危惧，城主不能守也。又使其将康没野波将先锋攻平原，兵未至，颜真卿知力不敌，壬寅，弃郡渡河南走。思明即以平原兵攻清河、博平，皆陷之。清河郡，贝州。博平郡，博州。考异曰：河洛春秋云："蔡希德引兵攻贝州，贝州陷。攻博州，五日，城陷。"今从肃宗实录。思明引兵围乌承恩于信都，承恩【章：十二行本"恩"下有"以城"二字；乙十一行本同；孔本同；退斋校同。】降，亲导思明入城，交兵马、仓库，马三千匹、兵万人。信都郡，冀州。降，户江翻。史言乌承恩兵力足以拒守。思明送承恩诣洛阳，禄山复其官爵。

饶阳裨将束鹿张兴，力举千钧，性复明辨；将，即亮翻。束鹿县，属饶阳郡，本鹿城县，天宝十五载更名。刘昫曰：束鹿，汉安定侯国，今县西七里故城是也。齐、周为安定县，隋改曰鹿城。明皇以安禄山反，改常山之鹿泉曰获鹿，饶阳之鹿城曰束鹿，以厌之。复，扶又翻。贼攻饶阳，弥年不能下。饶阳受攻，事始二百十七卷天宝十四载。考异曰：此事出河洛春秋。前云"贼攻深州，经月不下"。后云"兴战守弥年而城池转固"。盖前云经月者，今次攻城也；后云弥年者，并计前后之数也。及诸郡皆陷，思明并力围之，外救俱绝，太守李系窘迫，赴火死，守，式又翻。窘，渠陨翻。城遂陷。思明擒兴，立于马前，谓曰："将军真壮士，能与我共富贵乎？"兴曰："兴，唐之忠臣，固无降理。今数刻之人耳，张兴志在必死，自言命在晷刻。愿一言而死。"思明曰："试言之。"兴曰："主上待禄山，恩如父子，群臣莫及，不知报德，乃兴兵指阙，涂炭生人。大丈夫不能翦除凶逆，乃北面为之臣乎！仆有短策，足下能听之乎？足下所以从贼，求富贵耳，譬如燕巢于幕，引左传吴季札之言。岂能久安！何如乘间取贼，间，古苋翻。转祸为福，长享富贵，不亦美乎！"思明怒，命张于木上，锯杀之，詈不绝口，以至于死。如史所云，则河北二十四郡，惟张兴可以言义士耳。

贼每破一城，城中衣服、财贿、妇人皆为所掠。男子，壮者使之负担，担，都滥翻。羸、病、老、幼皆以刀槊戏杀之。禄山初以卒三千人授思明，使定河北，至是，河北皆下之，按史思明与郭、李相持于常山、博陵，禄山盖屡益其兵。及郭、李入井陉，思明乃能下河北。此盖逆党称其才而史不削耳。郡置防兵三千，杂以胡兵镇之；思明还博陵。

尹子奇将五千骑渡河，略北海，欲南取江、淮。会回纥可汗遣其臣葛逻支将兵入援，逻，郎佐翻。先以二千骑奄至范阳城下，子奇闻之，遽引兵归。

11 十二【章：十二行本“二”作“一”；乙十一行本同；张校同，云无注本亦误“二”。】月，戊午，回纥至带汗谷，新书作“呼延谷”，盖语转耳。汗，音寒。与郭子仪军合；辛酉，与同罗及叛胡战于榆林河北，榆林郡，胜州，大河经其北。大破之，斩首三万，捕虏一万，河曲皆平。子仪还军洛交。洛交郡，本鄜州上郡，天宝元年更郡名。

12 上命崔涣宣慰江南，兼知选举。

13 令狐潮帅众万馀营雍丘城北，帅，读曰率。张巡邀击，大破之，贼遂走。

14 永王璘，幼失母，璘，郭顺仪之子也，顺仪早死。为上所鞠养，常抱之以眠；从上皇入蜀。上皇命诸子分总天下节制，事见上卷七月。谏议大夫高适谏，以为不可；上皇不听。璘领四道节度都使，镇江陵。时江、淮租赋山积于江陵，璘召募勇士数万人，日费巨万。璘生长深宫，不更人事，子襄城王玚，有勇力，好兵，有薛镠等为之谋主，长，知两翻。更，工衡翻。玚，徒杏翻，又音畅。好，呼到翻。镠，力求翻。以为今天下大乱，惟南方完富，璘握四道兵，封疆数千里，宜据金陵，康曰：楚威王埋金以镇王气，故曰金陵。保有江表，如东晋故事。上闻之，敕璘归觐于蜀；璘不从。江陵长史李岘辞疾赴行在，璘将称兵，岘不欲预其祸也。上召高适与之谋。适陈江东利害，且言璘必败之状。十二月，置淮南节度使，领广陵等十二郡，以适为之；置淮南西道节度使，领汝南等五郡，以来瑱为之；淮南节度使，领扬州广陵郡、楚州山阳郡、滁州全椒郡、和州历阳郡、寿州淮南郡、庐州合肥郡、舒州同安郡、光州弋阳郡、蕲州蕲春郡、安州安陆郡、黄州齐安郡、申州义阳郡、沔州汉阳郡，凡十三。淮南西道节度使，领蔡州汝南郡、郑州荥阳郡、许州颍川郡、光州弋阳郡、申州义阳郡。已上皆据新书方镇表。但义阳、弋阳已属淮南节度，当考。使与江东节度使韦陟共图璘。方镇表：至德二载，置江东防御使，治杭州。盖谓浙江之东也。韦陟所节度者，盖江南东道也。其巡属兼有浙东、西及升、宣、歙诸州。

15 安禄山遣兵攻颍川。城中兵少，无蓄积，太守薛愿、长史庞坚悉力拒守，绕城百里庐舍、林木皆尽。期年，救兵不至，禄山使阿史那承庆益兵攻之，昼夜死斗十五日，城陷，执愿、坚送洛阳，禄山缚于洛滨冰上，冻杀之。

16 上问李泌曰："今敌强如此，何时可定？"对曰："臣观贼所获子女金帛，皆输之范阳，输，舂遇翻。此岂有雄据四海之志邪！邪，音耶。今独虏将或为之用，中国之人惟高尚等数人，自馀皆胁从耳。以臣料之，不过二年，天下无寇矣。"上曰："何故？"对曰："贼之骁将，不过史思明、安守忠、田乾真、张忠志、阿史那承庆等数人而已。将，即亮翻。骁，坚尧翻。过，古禾翻，又古卧翻。张忠志，即安忠志，此时已复旧养父之姓。今若令李光弼自太原出井陉，郭子仪自冯翊入河东，则思明、忠志不敢离范阳、常山，守忠、乾真不敢离长安，令，力丁翻。陉，音刑。离，力智翻。是以两军絷其四将也，从禄山者，独承庆耳。愿敕子仪勿取华阴，华，户化翻。使两京之道常通，陛下以所征之兵军于扶风，与子仪、光弼互出击之，彼救首则击其尾，救尾则击其首，使贼往来数千里，疲于奔命，我常以逸待劳，贼至则避其锋，去则乘其弊，不攻城，不遏路。来春复命建宁为范阳节度大使，并塞北出，复，扶又翻，又音如字。使，疏吏翻。并，步浪翻。与光弼南北掎角以取范阳，泌欲使建宁自灵、夏并丰、胜、云、朔之塞，直捣妫、檀，攻范阳之北；光弼自太原取恒、定，以攻范阳之南。覆其巢穴。贼退则无所归，留则不获安，然后大军四合而攻之，必成擒矣。"使肃宗用泌策，史思明岂能再为关、洛之患乎！上悦。

时张良娣与李辅国相表里，皆恶泌。建宁王倓谓泌曰："先生举倓于上，得展臣子之效，无以报德，请为先生除害。"娣，大计翻。恶，乌路翻。为，于伪翻。倓，徒甘翻。泌曰："何也？"倓以良娣为言。泌曰："此非人子所言，愿王姑置之，勿以为先。"倓不从。

17 甲辰，永王璘擅引兵【章：十二行本"兵"作"舟师"二字；乙十一行本同；孔本同。】东巡，沿江而下，军容甚盛，然犹未露割据之谋。吴郡太守兼江南东路采访使李希言平牒璘，诘其擅引兵东下之意。璘，离珍翻。守，式又翻。诘，去吉翻。使，疏吏翻。方镇位任等夷者，平牒。璘怒，分兵遣其将浑惟明袭希言于吴郡，将，即亮翻。吴郡，苏州。季广琛袭广陵长史、淮南采访使李成式于广陵。琛，丑林翻。广陵郡，扬州。长，知两翻。璘进至当涂，希言遣其将元景曜及丹徒太守阎敬之将兵拒之，今之当涂，本汉丹阳县地。晋分丹阳置于湖县，成帝以江北当涂县流人寓居于湖，乃改为当涂县，仍侨置淮南郡。隋废淮南郡，以县属丹阳郡，唐属宣城郡。丹徒县带润州丹阳郡。唐未尝以丹徒名郡。"徒"，当作"阳"。守，式又翻。李成式亦遣其将李承庆拒之。璘击斩敬之以徇，景曜、承庆皆降于璘，江、淮大震。高适与来瑱、韦陟会于安陆，结盟誓众以讨之。韦陟盖赴镇，中道闻变，遂会于安陆。降，户江翻。瑱，他甸翻。

18 于阗王胜闻安禄山反，命其弟曜摄国事，自将兵五千入援。阗，徒贤翻，又徒见翻。上嘉之，拜特进，兼殿中监。

19 令狐潮、李庭望攻雍丘，数月不下，乃置杞州，筑城于雍丘之北令，力丁翻。雍丘，唐初置杞州，贞观元年废。贼复置之，筑城以逼雍丘。以绝其粮援。贼常数万人，而张巡众才千馀，每战辄克。河南节度使虢王巨屯彭城，假巡先锋使。是月，鲁、东平、济阴陷于贼。彭城郡，徐州。鲁郡，兖州。东平郡，郓州。济，子礼翻。贼将杨朝宗帅马步二万，将袭宁陵，断巡后。断，丁管翻。巡遂拔雍丘，东守宁陵以待之，帅，读曰率。范成大北使录：雍丘，百二十里至宁陵。始与睢阳太守许远相见。是日，杨朝宗至宁陵城西北，巡、远与战，昼夜数十合，大破之，斩首万馀级，流尸塞汴而下，睢，音虽。守，式又翻。塞，悉则翻。贼收兵夜遁。敕以巡为河南节度副使。巡以将士有功，遣使诣虢王巨请空名告身及赐物，巨唯与折冲、果毅告身三十通，不与赐物。巡移书责巨，巨竟不应。使，疏吏翻。将，即亮翻。折，之舌翻。

20 是岁，置北海节度使，领北海等四郡；领青州北海郡，密州高密郡，登州东牟郡，莱州东莱郡。上党节度使，领上党等三郡；领潞州上党郡，泽州长平郡，沁州阳城郡。兴平节度使，领上洛等四郡。领商州上洛郡，金州安康郡，岐州凤翔郡。方镇表止著三郡，馀一郡当考。凤翔郡郿县东原先有兴平军，因置为节镇。

21 吐蕃陷威戎、神威、定戎、宣威、制胜、金天、天成等军，石堡城、百谷城、雕窠城。定戎军在石堡城北，隔涧七里。廓州西南百四十里有洪济桥、金天军，其东南八十里有百谷城。河州西八十里索恭川有天成军，西百馀里有雕窠城。皆天宝十三载置。

22 初，林邑王范真龙为其臣摩诃漫多伽独所杀，尽灭范氏。据新书，此事在贞观十九年。通鉴因其改国号环王，书之以始事。范氏自晋以来，世有林邑，至是而灭。国人立其王头黎之女为王，女不能治国，更立头黎之姑子诸葛地，谓之环王，妻以女王。更，工衡翻。妻，七细翻。

二载（丁酉、七五七）

1 春，正月，上皇下诰，以宪部尚书李麟同平章事，总行百司，命崔圆奉诰赴彭原。麟，懿祖之后也。懿祖光皇帝，讳天锡，太祖之父也。麟，懿祖次子乞豆之后。

2 安禄山自起兵以来，目渐昏，至是不复睹物；复，扶又翻。又病疽，性益躁暴，左右使令，小不如意，动加箠挞，或时杀之。既称帝，深居禁中，大将希得见其面，皆因严庄白事。庄虽贵用事，亦不免箠挞，阉宦李猪儿被挞尤多，旧书曰：李猪儿，出契丹部落，十数岁事禄山，甚黠慧。禄山持刃尽去其势，血射数升，欲死，禄山以灰火傅之，尽日而苏。因为阉人，遂见信用。左右人不自保。

禄山嬖妾段氏，生子庆恩，欲以代庆绪为后。庆绪常惧死，不知所出。庄谓庆绪曰："事有不得已者，时不可失。"庆绪曰："兄有所为，敢不敬从。"又谓猪儿曰："汝前后受挞，宁有数乎！不行大事，死无日矣！"猪儿亦许诺。庄与庆绪夜持兵立帐外，猪儿执刀直入账中，斫禄山腹。左右惧，不敢动。禄山扪枕旁刀，不获，旧书曰：禄山眼无所见，床头常有一刀。撼帐竿，曰："必家贼也。"肠已流出数斗，遂死。掘床下深数尺，深，式浸翻。以毡裹其尸埋之，诫宫中不得泄。乙卯旦，庄宣言于外，云禄山疾亟。立晋王庆绪为太子，寻即帝位，尊禄山为太上皇，然后发丧。庆绪性昏懦，言辞无序，庄恐众不服，不令见人。庆绪日纵酒为乐，懦，奴过翻，又奴乱翻。令，力丁翻。乐，音洛。兄事庄，以为御史大夫、冯翊王，事无大小，皆取决焉；厚加诸将官爵以悦其心。将，即亮翻。

3 上从容谓李泌曰："广平为元帅逾年，今欲命建宁专征，又恐势分。立广平为太子，何如？"对曰："臣固尝言之矣，戎事交切，须即区处；从，千容翻。泌，毗必翻。帅，所类翻。处，昌吕翻。至于家事，当俟上皇。不然，后代何以辨陛下灵武即位之意邪！此必有人欲令臣与广平有隙耳；臣请以语广平，邪，音耶。语，牛倨翻。广平亦必未敢当。"泌出，以告广平王俶，俶曰："此先生深知其心，欲曲成其美也。"乃入，固辞，曰："陛下犹未奉晨昏，俶，昌六翻。谓人子晨省昏定之礼。臣何心敢当储副！愿俟上皇还宫，臣之幸也。"上赏慰之。还，从宣翻，又音如字。

李辅国本飞龙小儿，凡厩、牧、五坊、禁苑给使者，皆谓之小儿。李辅国以阉奴为闲厩小儿。粗闲书计，给事太子宫，上委信之。辅国外恭谨寡言而内狡险，见张良娣有宠，阴附会之，与相表里。建宁王倓数于上前诋讦二人罪恶，粗，坐五翻。娣，大计翻。

倓，徒甘翻。数，所角翻。讦，居谒翻。二人谮之于上曰："倓恨不得为元帅，不用倓为元帅，见上卷上年九月。谋害广平王。"上怒，赐倓死。考异曰：邺侯家传曰："肃宗自马嵬北行，至同官县，食于土豪李谦家。张良娣称腹痛不能乘马，并小女寄谦家而去。上即位，使人迎之。迎者或有他说，建宁闻而数以为言。"旧传曰："倓屡言良娣颇专恣，与护国连结内外，欲倾动皇嗣。"未知孰是。实录、新旧本纪皆无倓死年月。列传云："倓死，明年冬，广平王复两京。"然则倓死在至德元载也。按邺侯家传："上从容言曰：'广平为元帅经年，今欲命建宁为元帅。'"则是至德二载倓犹在也。又云："代宗使自彭原迎倓丧。"故置于此。"护国"，当作"辅国"。于是广平王俶及李泌皆内惧。俶谋去辅国及良娣，泌曰："不可，王不见建宁之祸乎？"俶曰："窃为先生忧之。"去，羌吕翻。为，于伪翻。考异曰：邺侯家传曰："先公在内院未起，辅国体肥重，因近床语，遂以身压先公。先公素服气，乃闭气良久而去。"按泌方为上所厚，恐辅国亦不敢擅杀。今不取。泌曰："泌与主上有约矣。谓上许泌，以贼平任行高志。见上卷上年九月。俟平京师，则去还山，庶免于患。"俶曰："先生去，则俶愈危矣。"泌曰："王但尽人子之孝。良娣妇人，王委曲顺之，亦何能为！"吾观代宗所以卒免张后之祸者，用李泌之言也。

4 上谓泌曰："今郭子仪、李光弼已为宰相，若克两京，平四海，则无官以赏之，奈何？"对曰："古者官以任能，爵以酬功。汉、魏以来，虽以郡县治民，治，直之翻。然有功则锡以茅土，传之子孙，至于周、隋皆然。唐初，未得关东，故封爵皆设虚名，其食实封者，给缯布而已。唐制：食实封者，凡一户则以一丁之岁调给之。贞观中，太宗欲复古制，大臣议论不同而止。见一百九十五卷贞观十三年。由是赏功者多以官。夫以官赏功有二害，非才则废事，权重则难制。是以功臣居大官者，皆不为子孙之远图，务乘一时之权以邀利，无所不为。向使禄山有百里之国，则亦惜之以传子孙，不反矣。为今之计，俟天下既平，莫若疏爵土以赏功臣，则虽大国，不过二三百里，可比今之小郡，岂难制哉！于人臣乃万世之利也。”上曰：“善！”夫，音扶。过，古禾翻。考异曰：邺侯家传曰：“泌既与上论封爵之事，因曰：‘若臣者，受赏与他人异。’上曰：‘何故？’公曰：‘臣绝粒无家，禄位与茅土皆非所要。为陛下帷幄运筹，收京师后，但枕天子膝睡一觉，使有司奏客星犯帝座，一动天文，足矣。’上大笑。及南幸扶风，每顿，皆令先公领元帅兵先发，清行宫，收管钥，奏报，然后上至。至保定郡，先公于本院寐，上来入院，不令人惊，登床，捧先公首置于膝上，久方觉。上曰：‘天子膝已枕睡了，克复效在何时，还朕可也。’欲起谢恩，持之不许。对曰：‘当如郡名，必保定矣。’”此近戏谑，今不取。

5 上闻安西、北庭及拔汗那、大食诸国兵至凉、鄯，甲子，幸保定。保定郡，本泾州安定郡，去载更郡名。鄯，音善，又时战翻。

6 丙寅，剑南兵贾秀等五千人谋反，将军席元庆、临邛太守柳奕讨诛之。临邛郡，邛州。邛，渠容翻。守，式又翻。

7 河西兵马使盖庭伦盖，古盍翻。与武威九姓商胡安门物等杀节度使周泌，使，疏吏翻。泌，毗必翻。聚众六万。武威大城之中，小城有七，武威郡，凉州，治姑臧，旧城匈奴所筑，南北七里，东西三里。张氏据河西，又增筑四城，箱各千步，并旧城为五。馀二城未知谁所筑也。胡据其五，二城坚守。支度判官崔称与中使刘日新以二城兵攻之，旬有七日，平之。

8 史思明自博陵，蔡希德自太行，高秀岩自大同，牛廷介自范阳，引兵共十万，寇太原。行，户刚翻。博陵郡，定州。蔡希德自上党下太行道也。高秀岩为贼守大同，自此趋太原。牛廷介自幽州，与史思明等合。李光弼麾下精兵皆赴朔方，馀团练乌合之众不满万人。思明以为太原指掌可取，既得之，当遂长驱取朔方、河、陇。太原诸将皆惧，议修城以待之，光弼曰：“太原城周四十里，太原都城，左汾右晋，潜丘在中，长四千三百二十一步，广二千一百二十二步，周万五千一百五十三步。宫城在都城西北，周二千五百二十步。汾东曰东城，贞观十一年长史李勣所筑。两城之间曰中城，武后筑，以合东城。周四十里者，止言都城耳。贼垂至而兴役，是未见敌先自困也。”乃帅士卒及民于城外凿壕以自固。作墼数十万，帅，读曰率。墼，古历翻，范土为之。众莫知所用；及贼攻城于外，光弼用之增垒于内，坏辄补之。思明使人取攻具于山东，以胡兵三千卫送之，至广阳，广阳，汉上艾县，后汉改石艾县，天宝元年更名，属太原府。井陉关在其东，苇泽关在其东北，皆通山东之道。别将慕容溢、张奉璋邀击，尽杀之。

思明围太原，月馀不下，乃选骁锐为游兵，戒之曰：“我攻其北则汝潜趣其南，攻东则趣西，有隙则乘之。”趣，七喻翻。而光弼军令严整，虽寇所不至，警逻未尝少懈，贼不得入。光弼购募军中，苟有小技，皆取之，随能使之，人尽其用，得安边军钱工三，善穿地道。安边军在蔚州兴唐县。蔚州有铜冶，有钱官，故有钱工，时得其三人也。贼于城下仰而侮詈，光弼遣人从地道中曳其足而入，临城斩之。自是贼行皆视地。贼为梯冲、土山以攻城，光弼为地道以迎之，近城辄陷。近，其靳翻。贼初逼城急，光弼作大炮，飞巨石，一发辄毙二十馀人。贼死者什二三，乃退营于数十步外，退营于炮所不能及之地。炮，匹貌翻。围守益固。光弼遣人诈与贼约，刻日出降，贼喜，不为备。光弼使穿地道周贼营中，搘之以木。搘，章移翻，拄也。至期，光弼勒兵在城上，遣裨将将数千人出，如降状，贼皆属目。属，之欲翻。俄而营中地陷，死者千馀人，贼众惊乱，官军鼓噪乘之，俘斩万计。会安禄山死，庆绪使思明归守范阳，留蔡希德等围太原。

9 庆绪以尹子奇为汴州刺史、河南节度使。甲戌，子奇以归、檀及同罗、奚兵十三万趣睢阳。归，当作妫，妫州也。唐人杂史多有作归、檀者，盖误也。趣，七喻翻。睢，音虽。许远告急于张巡，巡自宁陵引兵入睢阳。自宁陵东至睢阳四十五里。巡有兵三千人，与远兵合六千八百人。贼悉众逼城，巡督励将士，昼夜苦战，或一日至二十合；凡十六日，擒贼将六十馀人，杀士卒二万馀，众气自倍。远谓巡曰："远懦，不习兵，将，即亮翻。懦，奴过翻，又奴乱翻。公智勇兼济；远请为公守，公请为远战。"自是之后，远但调军粮，为，于伪翻。调，徒钓翻。修战具，居中应接而已，战斗筹画一出于巡。贼遂夜遁。

10 郭子仪以河东居两京之间，【章：十二行本"间"下有"扼贼要冲"四字；乙十一行本同；退斋校同；张校同，云无注本亦无。】得河东则两京可图。河东郡，蒲州。自河东进兵攻取潼关，则两京之路中断，然后可图也。时贼将崔乾佑守河东，丁丑，子仪潜遣人入河东，与唐官陷贼者谋，俟官军至，为内应。

11 初，平卢节度使刘正臣自范阳败归，事见上卷上年。安东都护王玄志鸩杀之。禄山以其党徐归道为平卢节度使，玄志复与平卢将侯希逸袭杀之；复，扶又翻。又遣兵马使董秦将兵以苇筏渡海，与大将田神功击平原、乐安，下之。防河招讨使李铣承制以秦为平原太守。筏，音伐。秦将，即亮翻，又音如字。守，式又翻。

12 二月，戊子，上至凤翔。

13 郭子仪自洛交引兵趣河东，宋白曰：鄜州洛交郡，汉上郡雕阴之地，后魏为东秦州，又改为北华州，废帝改为鄜州，取鄜畤为名；隋自杏城移治五交城；天宝改洛交郡，治洛交县，取洛水之交也。趣，七喻翻。分兵取冯翊。冯翊郡，同州。兼取蒲、同，则跨据河东、西，以图关、陕，可以制贼。己丑夜，河东司户韩旻等翻河东城迎官军，新志：户曹司户参军事，掌户籍计帐、道路过所、蠲符、杂徭、逋负、良贱、刍稿、逆旅、婚姻、田讼、旌别孝悌。杀贼近千人。近，其靳翻。崔乾佑窬城得免，发城北兵攻城，且拒官军，子仪击破之。乾佑走，子仪追击之，斩首四千级，捕虏五千人。乾佑至安邑，安邑县，时属解州。安邑人开门纳之，半入，闭门击之，尽殪。殪，一计翻。乾佑未入，自白径岭亡去。白径岭，在解县东。遂平河东。

14 上至凤翔旬日，陇右、河西、安西、西域之兵皆会，江、淮庸调亦至洋川、汉中。江、淮庸、调，溯汉而上梁、洋。调，徒吊翻。上自散关通表成都，信使骆驿。往来不绝曰骆驿。使，疏吏翻。长安人闻车驾至，从贼中自拔而来者日夜不绝。西师憩息既定，憩，去例翻。李泌请遣安西及西域之众，如前策并塞东北，自归、檀南取范阳。上曰："今大众已集，庸调亦至，当乘兵锋捣其腹心，而更引兵东北数千里，先取范阳，不亦迂乎？"对曰："今以此众直取两京，必得之。然贼必再强，我必又困，非久安之策。"上曰："何也？"对曰："今所恃者，皆西北守塞及诸胡之兵，性耐寒而畏暑，若乘其新至之锐，攻禄山已老之师，其势必克。两京春气已深，贼收其馀众，遁归巢穴，关东地热，官军必困而思归，不可留也。贼休兵秣马，伺官军之去，必复南来，然则征战之势未有涯也。伺，相吏翻。复，扶又翻。后果如泌所料。不若先用之于寒乡，除其巢穴，则贼无所归，根本永绝矣。"上曰："朕切于晨昏之恋，言急于复两京，迎上皇。不能待此决矣。"言决不能从泌之策也。

15 关内节度使王思礼军武功，兵马使郭英乂军东原，王难得军西原。此即武功之东原、西原也，蜀诸葛亮驻师之地。使，疏吏翻。丁酉，安守忠等寇武功，郭英乂战不利，矢贯其颐而走；王难得望之不救，亦走；思礼退军扶风。贼游兵至大和关，去凤翔五十里，凤翔大骇，戒严。

16 李光弼将敢死士出击蔡希德，大破之，斩首七万馀级；希德遁去。将，即亮翻，又音如字。

17 安庆绪以史思明为范阳节度使，兼领恒阳军事，封妫川王；唐会要：恒阳军置于恒州郭下。恒，户登翻。㚞，居为翻。以牛廷介【张："介"作"玠"。】领安阳军事；时庆绪分兵屯邺郡安阳县，因所屯之地而曰安阳军。张忠志为常山太守兼团练使，镇井陉口；馀各令归旧任，募兵以御官军。守，式又翻。陉，音刑。令，力丁翻。先是安禄山得两京，珍货悉输范阳。思明拥强兵，据富资，益骄横，先，悉荐翻。横，户孟翻。浸不用庆绪之命；庆绪不能制。为思明杀庆绪张本。

18 戊戌，永王璘败死，璘，离珍翻。考异曰：新旧纪、传、实录、唐历皆不见璘败时在何处，唯云"璘进至当涂"。若在当涂，不应登城望见瓜步、扬子。李白永王东巡歌云："龙盘虎踞帝王州，帝子金陵访古丘。"又云："初从云梦开朱邸，更取金陵作小山。"如此，似已据金陵。但于诸书别无所见，疑未敢质。余详考下文，璘所登以望瓜步、扬子者，盖登丹阳郡城也。璘自当涂进兵，击斩丹阳太守阎敬之，遂据丹阳城，然后可以望见扬子及瓜步江津之兵。及其败也，自丹阳奔晋陵以趣鄱阳。其道里节次可验。其党薛镠皆伏诛。

时李成式与河北招讨判官李铣合兵讨璘，铣兵数千，军于扬子；扬子，本为镇，属江都县，高宗废镇置扬子县，即今真州治所。成式使判官裴茂新书作"裴茙"。将兵三千，军于瓜步，广张旗帜，列于江津。璘与其子玚登城望之，始有惧色。季广琛召诸将谓曰："吾属从王至此，天命未集，人谋已隳，不如及兵锋未交，早图去就。【章：十二行本"就"下有"不然"二字；乙十一行本同；孔本同；张校同。】死于锋镝，永为逆臣矣。"诸将皆然之；于是广琛以麾下奔广陵，浑惟明奔江宁，是年以丹阳之江宁县置升州江宁郡。冯季康奔白沙。今真州治所，唐之白沙镇也，时属广陵郡。璘忧惧，不知所出。其夕，江北之军多列炬火，光照水中，一皆为两，璘军又以火应之。璘以为官军已济江，遽挈家属与麾下潜遁；及明，不见济者，乃复入城收兵，具舟楫而去。复，扶又翻。成式将赵侃等济江至新丰，新书曰"新丰陵"。考其地在晋陵界，盖南朝山陵之名。璘使玚及其将高仙琦将兵击之；侃等逆战，射玚中肩，射，而亦翻。中，竹仲翻。璘兵遂溃。璘与仙琦收馀众，南奔鄱阳，鄱阳郡，饶州。收库物甲兵，欲南奔岭表，江西采访使皇甫侁江西，江南西道也。史从简便曰江西。侁，所臻翻。遣兵追讨，擒之，潜杀之于传舍；传，张恋翻。玚亦死于乱兵。

侁使人送璘家属还蜀，上曰："侁既生得吾弟，何不送之于蜀而擅杀之邪！"遂废侁不用。

19 庚子，郭子仪遣其子旰及兵马使李韶光、大将王祚济河击潼关，破之，考异曰：实录："三月，朔方节度使郭子仪大破贼于潼关。"汾阳家传云："正月二十八日，使宗子怀文潜募郭俊、苟文俊入河东，构忠义，与大军约期以翻城。公乃进军出洛交，分兵收冯翊。二月十一日，郭俊等伺大军将至，中夜举火，克斩幽、檀劲卒千人，崔乾佑寻缒而免。乾佑先置兵于城北废府，遂以三千兵攻城，自领马步五千伏于关城中。公使旰及仆固怀恩等先击之，贼大破，遽焚桥，我军蹈之而灭。乾佑弃关城，寻白泾岭而逸，遂收河东郡。"旧子仪传曰："二年三月，子仪大破贼于潼关，崔乾佑退保蒲津。时永乐尉赵复、河东司户韩旻、司士徐炅、宗子李藏锋等陷贼，在蒲州，四人密谋，伺王师至则为内应。及子仪攻蒲州，赵复等斩贼守陴者，开门纳子仪。乾佑与麾下数千人北走安邑，百姓伪降，乾佑兵入将半，下悬门击之。乾佑未入，遂得脱身东走。子仪遂收陕郡永丰仓。自是潼、陕之间无复寇钞。"唐历云："子仪收蒲州，又袭下潼关。"按潼关在河东、冯翊之南，若未破河东、冯翊，安能先取潼关！又实录云："三月取河东，"而下复载二月戊戌以后事，与旧传皆误也。今从汾阳家传及唐历。斩首五百级。安庆绪遣兵救潼关，郭旰等大败，死者万馀人。李韶光、王祚战死，仆固怀恩抱马首浮渡渭水，退保河东。考异曰：汾阳家传云："伪关西节度安守忠帅兵至。二十九日，公使仆固怀恩、王仲升陈于永丰仓南。及暮，百战，斩一万级。李韶光、王祚决战而死。"唐历："子仪袭下潼关及同州，盛兵潼关以守之。贼将李归仁来救，子仪战，大败，死者万馀众，退守河东。归仁遂攻陷同州，刺史萧贲死之，尽屠城中。"旧仆固怀恩传云："怀恩退至渭水，无舟楫，抱马以渡，存者仅半，奔归河东。"按子仪不得冯翊则西路不通，后奉诏赴凤翔，历冯翊而去，则冯翊不陷也。潼关者，两京往来之路，贼所必争也，子仪若不败，则何以弃潼关而不守！今参取众书可信者存之。

20 三月，辛酉，以左相韦见素为左仆射，中书侍郎、同平章事裴冕为右仆射，并罢政事。

初，杨国忠恶宪部尚书苗晋卿，恶，乌路翻。安禄山之反也，请出晋卿为陕郡太守，兼陕、弘农防御使。兼二郡防御。晋卿固辞老病，上皇不悦，使之致仕。及长安失守，晋卿潜窜山谷；上至凤翔，手敕征之为左相，军国大务悉咨之。

21 上皇思张九龄之先见，谓识禄山有反相也，事见二百十四卷开元二十二年。为之流涕，为，于伪翻。遣中使至曲江祭之，张九龄，韶州曲江人。使，疏吏翻。宋白曰：曲江县，以溱水屈曲为名。厚恤其家。

22 尹子奇复引大兵攻睢阳。复，扶又翻。张巡谓将士曰："吾受国恩，所守，正死耳。但念诸君捐躯命，膏草野，膏，居号翻。而赏不酬勋，以虢王巨靳告身，不与赐物，恐将士怨望而不力战，故先以此言慰抚之。以此痛心耳。"将士皆激励请奋。巡遂椎牛，大飨士卒，尽军出战。贼望见兵少，笑之。巡执旗，帅诸将直冲贼陈，少，始绍翻。帅，读曰率。陈，读曰阵。贼乃大溃，斩将三十馀人，杀士卒三千馀人，逐之数十里。明日，贼又合军至城下，巡出战，昼夜数十合，屡摧其锋，而贼攻围不辍。

23 辛未，安守忠将骑二万寇河东，郭子仪击走之，斩首八千级，捕虏五千人。将，即亮翻，又音如字。骑，奇寄翻。

24 夏，四月，颜真卿自荆、襄北诣凤翔，真卿弃平原，渡河欲赴行在，而陕、洛为贼所梗，故南奔荆、襄，然后自荆、襄取上津路，北诣凤翔。上以为宪部尚书。宪部，刑部。尚，辰羊翻。

25 上以郭子仪为司空、天下兵马副元帅，帅，所类翻。考异曰：唐历："四月，子仪为司空。寻以广平王为元帅，子仪为副元帅。"按邺侯家传，广平在灵武已为元帅。唐历误也。使将兵赴凤翔。将，即亮翻，又音如字。

庚寅，李归仁以铁骑五千邀之于三原北，三原，本汉池阳地，后魏置三原县。子仪使其将仆固怀恩、王仲升、浑释之、李若幽考异曰：汾阳家传作“桑如珪”，今从旧传。伏兵击之于白渠留运桥，杀伤略尽，归仁游水而逸。白渠，汉白公所开，因名。若幽，神通之玄孙也。淮安王神通，隋义宁初起兵应高祖。

子仪与王思礼军合于西渭桥，进屯潏西。唐都长安，跨渭为三桥：东曰东渭桥，中曰中渭桥，西曰西渭桥。程大昌曰：秦、汉、唐架渭者凡三桥：在咸阳西十里名便桥，汉武帝造；在咸阳东南二十二里者名中渭桥，秦始皇造；在万年县东南四十里者为东渭桥，不知始于何世。水经注：潏水出杜陵之樊川，过汉长安城西，而北注于渭。潏，音决。安守忠、李归仁军于京城西清渠。程大昌雍录有汉、唐要地参出图：唐京城西有漕渠，南出丰水，径延平、金光二门，至京城西北角，屈而东流，径汉故长安城，南至芳林园西，又屈而北流，入渭。清渠在漕渠之东，直秦之故杜南城稍东，即香积寺北。相守七日，官军不进。五月癸丑，守忠伪退，子仪悉师逐之。贼以骁骑九千为长蛇陈，陈，读曰阵。官军击之，首尾为两翼，夹击官军，官军大溃。判官韩液、监军孙知古皆为贼所擒，军资器械尽弃之。子仪退保武功，监，古衔翻。考异曰：汾阳家传曰：“贼帅安守忠、李归仁领八万兵，屯于昆明池西，五月三日，陈于清渠之侧。公大破之，追奔十馀里，斩首二万级。六日，救兵至，又阵于清渠，我师败绩。以冒暑毒，师人多病，遂收兵赴凤翔。”今从旧传。中外戒严。

是时府库无蓄积，朝廷专以官爵赏功，诸将出征，皆给空名告身，自开府、特进、列卿、大将军，下至中郎、郎将，听临事注名。其后又听以信牒授人官爵，有至异姓王者。信牒者，未有告身，先给牒以为信也。诸军但以职任相统摄，不复计官爵高下。及清渠之败，复以官爵收散卒。恐其溃散，畏罪而归贼，复以官爵收之。复，扶又翻。由是官爵轻而货重，大将军告身一通，才易一醉。凡应募入军者，一切衣金紫，至有朝士僮仆衣金紫，称大官，而执贱役者。衣，于既翻。名器之滥，至是而极焉。

26 房琯性高简，时国家多难，难，乃旦翻。而琯多称病不朝谒，朝，直遥翻。不以职事为意，日与庶子刘秩、谏议大夫李揖，高谈释、老，或听门客董庭兰鼓琴，庭兰以是大招权利。御史奏庭兰赃贿，丁巳，罢琯为太子少师。房琯既败师而不思补过。罢之为散官，犹轻典也。以谏议大夫张镐为中书侍郎、同平章事。上常使僧数百人为道场于内，晨夜诵佛。镐谏曰："帝王当修德以弭乱安人，未闻饭僧可致太平也！"上然之。饭，扶晚翻。

27 庚申，上皇追册上母杨妃为元献皇后。妃，隋纳言士达之曾孙，景云初，入东宫为良媛，实生上。

28 山南东道节度使鲁炅守南阳，贼将武令珣、田承嗣相继攻之。城中食尽，一鼠直钱数百，饿死者相枕藉。枕，职任翻。上遣宦官将军曹日升往宣慰，以宦官而为将军，故谓之宦官将军。围急，不得入。日升请单骑入致命，襄阳太守魏仲犀不许。会颜真卿自河北至，是年夏四月，颜真卿已自荆、襄北诣灵武。曹日升之至襄阳，盖在四月之前。曰："曹将军不顾万死以致帝命，何为沮之！借使不达，不过亡一使者；达，则一城之心固矣。"日升与十骑偕往，贼畏其锐，不敢逼。城中自谓望绝，及见日升，大喜。日升复为之至襄阳取粮，复，扶又翻。以千人运粮而入，贼不能遏。炅在围中凡周岁，去年五月贼围南阳，至是周岁。昼夜苦战，力竭不能支，壬戌夜，开城帅馀兵数千突围而出，奔襄阳。承嗣追之，转战二日，不能克而还。帅，读曰率。还，音旋，又如字。时贼欲南侵江、汉，赖炅扼其冲要，南夏得全。夏，户雅翻。

29 司空郭子仪诣阙请自贬；以清渠之败也。甲子，以子仪为左仆射。

30 尹子奇益兵围睢阳益急，张巡于城中夜鸣鼓严队，若将出击者；贼闻之，达旦儆备。既明，巡乃寝兵绝鼓。贼以飞楼瞰城中，无所见，遂解甲休息。巡与将军南霁云、南，姓也。周有南仲，鲁有大夫南遗。郎将雷万春等十馀将各将五十骑开门突出，直冲贼营，至子奇麾下，营中大乱，斩贼将五十馀人，杀士卒五千馀人。巡欲射子奇而不识，乃剡蒿为矢，射，而亦翻；下云射同。剡，以冉翻，削也。中者喜，中，竹仲翻。谓巡矢尽，走白子奇，乃得其状。使霁云射之，丧其左目，几获之。丧，息浪翻。几，居使翻。子奇乃收军退还。

31 六月，【章：十二行本“月”下有“癸未”二字；乙十一行本同；孔本同；张校同；退斋校同。】田乾真围安邑。会陕郡贼将杨务钦密谋归国，河东太守马承光以兵应之，务钦杀城中诸将不同己者，翻城来降。乾真解安邑，遁去。

32 将军王去荣以私怨杀本县令，当死。王去荣，富平人。上以其善用炮，壬辰，敕免死，以白衣于陕郡效力。时陕郡新复，介居两京之间，贼所必攻也。上欲免去荣之死而收其力用，而不计其隳国法也。考异曰：实录云：“于河东承天军效力。”据贾至集，陕郡也。今从之。中书舍人贾至不即行下，下，遐嫁翻；下上下同。上表，以为：“去荣无状，杀本县之君。易曰：‘臣弑其君，子弑其父，非一朝一夕之故，其所由来者渐矣。’易坤卦文言之辞。若纵去荣，可谓生渐矣。议者谓陕郡初复，非其人不可守。然则他无去荣者，何以亦能坚守乎？陛下若以炮石一能即免殊死，今诸军技艺绝伦者，技，渠绮翻。其徒寔繁。必恃其能，所在犯上，复何以止之！复，扶又翻。若止舍去荣而诛其馀者，则是法令不一而诱人触罪也。诱，音酉。今惜一去荣之材而不杀，必杀十如去荣之材者，不亦其伤益多乎！夫去荣，逆乱之人也，焉有逆于此而顺于彼，乱于富平而治于陕郡，悖于县君而不悖于大君欤！夫，音扶。去荣，县民也。县令，则其君也。大君，谓天子。治，直吏翻。悖，蒲妹翻，又蒲没翻。伏惟明主全其远者、大者，则祸乱不日而定矣。”上下其事，令百官议之。下，户嫁翻。

太子太师韦见素等议，以为：“法者天地大典，帝王犹不敢擅杀，是【章：十二行本“是”上有“而小人得擅杀”六字；乙十一行本同；孔本同；张校同；退斋校同。】臣下之权过于人主也。过，古禾翻，又古卧翻。去荣既杀人不死，则军中凡有技能者，亦自谓无忧，所在暴横。技，渠绮翻。横，户孟翻。为郡县者，不亦难乎！陛下为天下主，爱无亲疏，得一去荣而失万姓，何利之有！于律，杀本县令，列于十恶。唐初，房玄龄依隋定律，有十恶之条：一曰谋反，二曰谋大逆，三曰谋叛，四曰谋恶逆，五曰不道，六曰大不敬，七曰不孝，八曰不睦，九曰不义，十曰内乱。犯十恶者，不得依议请之例。其不义之条，注曰：谓杀本属府主、刺史、县令，见受业师，吏卒杀本部五品已上官长，及闻夫丧匿不举哀，若作乐、释服从吉及改嫁。而陛下宽之，王法不行，人伦道屈，臣等奉诏，不知所从。夫国以法理，军以法胜；有恩无威，慈母不能使其子。陛下厚养战士而每战少利，岂非无法邪！夫，音扶。少，始绍翻。邪，音耶。今陕郡虽要，不急于法也。有法则海内无忧不克，况陕郡乎！无法则陕郡亦不可守，得之何益！而去荣末技，陕郡不以之存亡；王法有无，国家乃为之轻重。此臣等所以区区愿陛下守贞观之法。”上竟舍之。陕，失冉翻。观，古玩翻。至，曾之子也。贾曾见二百十卷先天元年。

33 南充土豪何滔作乱，执本郡防御使杨齐鲁；南充郡，果州。剑南节度使卢元裕发兵讨平之。使，疏吏翻。

34 秋，七月，河南节度使贺兰进明克高密、琅邪，杀贼二万馀人。邪，音耶。

35 戊申夜，蜀郡兵郭千仞等反，六军兵马使陈玄礼、剑南节度使李峘讨诛之。峘，胡登翻。

36 壬子，尹子奇复征兵数万，攻睢阳。先是，许远于城中积粮至六万石，睢，音虽。复，扶又翻。先，悉荐翻。虢王巨以其半给濮阳、济阴二郡，濮，博木翻。济，子礼翻。远固争之，不能得；既而济阴得粮，遂以城叛，而睢阳城至是食尽。将士人廪米日一合，“廪”，当作“禀”，音笔锦翻，给也。合，音阁。十龠为合。杂以茶纸、树皮为食，而贼粮运通，兵败复征。复，扶又翻。睢阳将士死不加益，诸军馈救不至，士卒消耗至一千六百人，皆饥病不堪斗，遂为贼所围，张巡乃修守具以拒之。贼为云梯，势如半虹，杜佑曰：以大木为床，下置六轮，上立双牙，牙有检梯，节长丈二尺，有四桄，桄相去四尺，势微回递互相检，飞于云间以窥城中。有上城梯，首冠双辘轳，枕城而上，谓之飞云梯。置精卒二百于其上，推之临城，推，吐雷翻。欲令腾入。巡豫于城凿三穴，候梯将至，于一穴中出大木，末置铁钩，钩之使不得退；一穴中出一木，拄之使不得进；一穴中出一木，木末置铁笼，盛火焚之，其梯中折，盛，时征翻。折，而设翻。梯上卒尽烧死。贼又以钩车钩城上棚阁，棚阁者，于城上架木为棚，跳出城外四五尺许，上有屋宇，以蔽风雨，战士居之，以临御外敌，今人谓之敌楼。钩之所及，莫不崩陷。巡以大木，末置连锁，锁末置大镮，搨其钩头，镮，苏果翻。搨，吐盍翻。以革车拔之入城，截其钩头而纵车令去。贼又造木驴攻城，巡镕金汁灌之，应投销铄。贼又于城西北隅以土囊积柴为磴道，磴，都邓翻。欲登城。巡不与争利，每夜，潜以松明、乾藁投之于中，松明者，松枯而油存，可燎之以为明。乾，音干。积十馀日，贼不之觉，因出军大战，使人顺风持火焚之，贼不能救，经二十馀日，火方灭。巡之所为，皆应机立办，贼服其智，不敢复攻。遂于城外穿三重壕，立木栅以守巡，复，扶又翻。重，直龙翻。巡亦于内作壕以拒之。

37 丁巳，贼将安武臣攻陕郡，杨务钦战死，贼遂屠陕。以孤城介居强寇之间，外无救援，宜其受屠。

38 崔涣在江南选补，冒滥者众，八月，【章：十二行本“月”下有“甲申”二字；乙十一行本同。】罢涣为馀杭太守、杭州，馀杭郡。隋于馀杭县置杭州，后自馀杭移治钱唐，后又移治柳浦，今州城是也。馀杭，汉古县也。寰宇记曰：禹舍舟登陆于此，因名馀杭。江东采访·防御使。

39 以张镐兼河南节度、采访等使，代贺兰进明。

40 灵昌太守许叔冀为贼所围，救兵不至，拔众奔彭城。考异曰：实录云：“拔其众南投睢阳郡。”按张中丞传云：“许叔冀在谯郡。”盖叔冀欲投睢阳，为贼所围，遂投彭城、谯郡耳。今从新纪。

41 睢阳士卒死伤之馀，才六百人，张巡、许远分城而守之，巡守东北，远守西南，与士卒同食茶纸，不复下城。贼士攻城者，巡以逆顺说之，往往弃贼来降，为巡死战，前后二百馀人。复，扶又翻。说，式芮翻。为，于伪翻。

是时，许叔冀在谯郡，尚衡在彭城，贺兰进明在临淮，汉武帝置临淮郡，后汉明帝更名下邳，其疆域广矣。梁于汉徐县地置高平郡，隋开皇十八年，废郡为徐城县，属泗州下邳郡，时泗州治宿预也。武后长安四年，割徐城南界两乡，于沙熟、淮口置临淮县。开元二十三年，移泗州治临淮；天宝元年，更为临淮郡。皆拥兵不救。城中日蹙，巡乃令南霁云将三十骑犯围而出，告急于临淮。霁云出城，贼众数万遮之，霁云直冲其众，左右驰射，贼众披靡，披，普彼翻。止亡两骑。既至临淮，见进明，进明曰：“今日睢阳不知存亡，兵去何益！”霁云曰：“睢阳若陷，霁云请以死谢大夫。且睢阳既拔，即及临淮，譬如皮毛相依，安得不救！”进明爱霁云勇壮，不听其语，强留之，强，其两翻。具食与乐，延霁云坐。霁云慷慨，泣且语曰："霁云来，【章：十二行本"来"下有"时"字；乙十一行本同；孔本同。】睢阳之人不食月馀矣！霁云虽欲独食，且不下咽。咽，乌前翻，喉也。大夫坐拥强兵，观睢阳陷没，曾无分灾救患之意，岂忠臣义士之所为乎！"因啮落一指以示进明，考异曰：韩愈书张中丞传后云："因拔所佩刀断一指，血淋漓，以示贺兰。一座大惊，皆感激，为云泣下。"按柳宗元霁云碑云："自噬其指曰：'啖此足矣。'"今从旧传。曰："霁云既不能达主将之意，请留一指以示信归报。"座中往往为泣下。为，于伪翻。

霁云察进明终无出师意，遂去。至宁陵，与城使廉坦同将步骑三千人，张巡自宁陵入睢阳，盖使廉坦守宁陵城。城使，巡所署置也。将，即亮翻。使，疏吏翻。闰月，戊申夜，冒围，且战且行，至城下，大战，坏贼营，坏，音怪。死伤之外，仅得千人入城。城中将吏知无救，皆恸哭。贼知援绝，围之益急。

初，房琯为相，恶贺兰进明，事见去载十月。恶，乌路翻。以为河南节度使，以许叔冀为进明都知兵马使，俱兼御史大夫。叔冀自恃麾下精锐，且官与进明等，不受其节制。故进明不敢分兵，非惟疾巡、远功名，亦惧为叔冀所袭也。史言房琯以私憾进明，用许叔冀以制其肘腋，使不敢分兵救巡、远。然以进明之才，借使出兵，亦未必能制胜。

42 戊辰，上劳飨诸将，劳，力到翻。遣攻长安，谓郭子仪曰："事之济否，在此行也！"对曰："此行不捷，臣必死之。"考异曰：汾阳家传："闰八月二十三日，肃宗授代宗钺，俾诛元恶，诏公为副元帅。二十三日，出凤翔。"实录："九月丁亥，元帅领兵十五万辞出。"又云："戊子，回纥叶护至扶风。"盖郭子仪以闰月二十三日先行屯扶风，九月十二日广平乃发也。

43 辛未，御史大夫崔光远破贼于骆谷。光远行军司马王伯伦、判官李椿将二千人攻中渭桥，杀贼守桥者千人，乘胜至苑门。长安苑门也。贼有先屯武功者闻之，奔归，遇于苑北，合战，杀伯伦，擒椿送洛阳。然自是贼不复屯武功矣。复，扶又翻；下同。

44 贼屡攻上党，常为节度使程千里所败。败，补迈翻。蔡希德复引兵围上党。上党郡，潞州。为程千里被擒张本。

容肇祖标点聂崇岐覆校

资治通鉴卷第二百二十

端明殿学士兼翰林侍读学士太中大夫
提举西京嵩山崇福宫上柱国河内郡开国公 司马光 奉敇编集
食邑二千二百户食实封九百户赐紫金鱼袋臣

后学天台胡三省音注

唐纪三十六

起强圉作噩(丁酉)九月，尽著雍阉茂(戊戌)，凡一年有奇。

肃宗文明武德大圣大宣孝皇帝中之下

至德二载(丁酉、七五七)

1 九月，丁丑，希德以轻骑至城下挑战，千里帅百骑开门突出，欲擒之；会救至，【章：十二行本"至"下有"千里"二字；乙十一行本同；孔本同；张校同。】收骑退还，桥坏，坠堑中，反为希德所擒。为将者，不可恃勇轻脱。程千里欲擒蔡希德，反为希德所擒，恃勇轻脱之祸也。骑，奇寄翻。挑，徒了翻。帅，读曰率。仰谓从骑曰："吾不幸至此，天也！归语诸将，从，才用翻。语，牛倨翻。善为守备，宁失帅，不可失城。"帅，所类翻。希德攻城，竟不克，送千里于洛阳，安庆绪以为特进，囚之客省。

2 郭子仪以回纥兵精，劝上益征其兵以击贼。怀仁可汗遣其子叶护及将军帝德等将精兵四千馀人来至凤翔；上引见叶护，宴劳赐赉，惟其所欲。见，贤遍翻。劳，力到翻。丁亥，元帅广平王俶将朔方等军及回纥、西域之众十五万，号二十万，发凤翔。俶见叶护，约为兄弟，叶护大喜，谓俶为兄。回纥至扶风，郭子仪留宴三日。叶护曰："国家有急，远来相助，何以食为！"宴毕，即行。日给其军羊二百口，牛二十头，米四十斛。

庚子，诸军俱发；壬寅，至长安西，陈于香积寺北沣水之东。此皆汉上林苑地也。地说云：丰水，出鄠南丰谷，北流径汉龙台观东南，与渭水会于短阴山。程大昌曰：香积寺，吕图在子午谷正北微西。郭子仪收长安，陈于寺北，距沣水，临大川。大川者，沈水、交水，唐永安渠也。盖寺在沣水之东，交水之西也。吕图云在镐水发源之北，则近昆明池矣。子仪先败于清渠，至此则循南山出都城后，据地势以待之也。陈，读曰阵；下陈于、其陈、于陈、陈乃、贼陈同。李嗣业为前军，郭子仪为中军，王思礼为后军。贼众十万陈于其北，李归仁出挑战，官军逐之，逼于其陈；贼军齐进，官军却，为贼所乘，军中惊乱，贼争趣辎重。重，直用翻。李嗣业曰："今日不以身饵贼，军无孑遗矣。"乃肉袒、执长刀，立于陈前，大呼奋击，呼，火故翻。当其刀者，人马俱碎，杀数十人，陈乃稍定。于是嗣业帅前军各执长刀，如墙而进，身先士卒，先，悉荐翻。所向摧靡。都知兵马使王难得救其裨将，王难得为凤翔都知兵马使，时上在凤翔，盖御营大将也。贼射之中眉，皮垂鄣目。难得自拔箭，掣去其皮，血流被面，射，而亦翻。中，竹仲翻。掣，昌列翻。去，羌吕翻。被，皮义翻。前战不已。贼伏精骑于陈东，欲袭官军之后，侦者知之，骑，奇寄翻。侦，丑郑翻。朔方左厢兵马使仆固怀恩引回纥就击之，翦灭殆尽，贼由是气索。索，昔各翻，尽也。李嗣业又与回纥出贼陈后，与大军夹击，自午及酉，斩首六万级，填沟堑死者甚众，贼遂大溃。馀众走入城，迨夜，嚣声不止。堑，七艳翻。嚣，五羔翻。

仆固怀恩言于广平王俶曰："贼弃城走矣，请以二百骑追之，缚取安守忠、李归仁等。”俶，昌六翻。骑，奇寄翻。俶曰：“将军战亦疲矣，且休息，俟明旦图之。”怀恩曰：“归仁、守忠，贼之骁将，骤胜而败，此天赐我也，奈何纵之！使复得众，骁，坚尧翻。将，即亮翻。复，扶又翻；下而复、可复、复修、复为、敢复同。还为我患，悔之无及！战尚神速，何明旦也！”言何用俟明旦。俶固止之，使还营。还，从宣翻，又音如字。怀恩固请，往而复反，一夕四五起。迟明，谍至，迟，直二翻。谍，达叶翻。守忠、归仁与张通儒、田乾真皆已遁矣。广平王若用仆固怀恩之言，固不假新店之战，可以径取东京矣。癸卯，大军入西京。

初，上欲速得京师，与回纥约曰：“克城之日，土地、士庶归唐，金帛、子女皆归回纥。”至是，叶护欲如约。广平王俶拜于叶护马前曰：“今始得西京，若遽俘掠，则东京之人皆为贼固守，纥，下没翻。为，于伪翻；下当为同。不可复取矣，愿至东京乃如约。”叶护惊跃下马答拜，跪捧王足，夷礼以拜跪捧足为敬。曰：“当为殿下径往东京。”即与仆固怀恩引回纥、西域之兵自城南过，营于浐水之东。过京城南，历安化门、明德门、启夏门外，绕京城东南角，转北，历延兴、春明、通化三门之外，至浐水。浐水，出蓝田县境之西，北行过白鹿原西，又北入于霸水。浐，音产。百姓、军士、胡虏见俶拜，皆泣曰：“广平王真华、夷之主！”上闻之喜曰：“朕不及也！”俶整众入城，百姓老幼夹道欢呼悲泣。俶留长安，镇抚三日，引大军东出。东出京城门，取洛阳。俶，昌六翻。以太子少傅虢王巨为西京留守。少，始照翻。守，式又翻。

甲辰，捷书至凤翔，百寮入贺。上涕泗交颐，即日，遣中使啖庭瑶入蜀奏上皇；使，疏吏翻。啖，徒敢翻，姓也。命左仆射裴冕入京师，告郊庙及宣慰百姓。

上以骏马召李泌于长安。射，寅谢翻。泌，毗必翻。李泌时从军在长安。既至，上曰：“朕已表请上皇东归，朕当还东宫复修臣子之职。”泌曰：“表可追乎？”上曰：“已远矣。”泌曰：“上皇不来矣。”上惊，问故。泌曰：“理势自然。”上曰：“为之奈何？”泌曰：“今请更为群臣贺表，言自马嵬请留，灵武劝进，更，古孟翻。嵬，五回翻。请留、劝进事并见二百十八卷至德元载。及今成功，圣上思恋晨昏，请速还京以就孝养之意，则可矣。”养，羊尚翻。上即使泌草表。上读之，泣曰：“朕始以至诚愿归万机。今闻先生之言，乃寤其失。”立命中使奉表入蜀，因就泌饮酒，同榻而寝。而李辅国请取契钥付泌，泌请使辅国掌之；上许之。泌掌契钥，见二百十八卷上年九月。今付辅国，宫禁之权尽归之矣。为辅国专擅张本。

泌曰：“臣今报德足矣，复为闲人，何乐如之！”上曰：“朕与先生累年同忧患，今方相同娱乐，乐，音洛。奈何遽欲去乎！”泌曰：“臣有五不可留，愿陛下听臣去，免臣于死。”上曰：“何谓也？”对曰：“臣遇陛下太早，陛下任臣太重，宠臣太深，臣功太高，迹太奇，此其所以不可留也。”上曰：“且眠矣，异日议之。”对曰：“陛下今就臣榻卧，犹不得请，况异日香案之前乎！唐制：凡朝日，殿上设黼扆、蹑席、熏炉、香案，皇帝升御座，宰执当香案前奏事。陛下不听臣去，是杀臣也。”上曰：“不意卿疑朕如此，岂有如朕而办杀卿邪！是直以朕为句践也！”邪，音耶。范蠡既与越王句践报吴之耻，蠡乃扁舟五湖，遗大夫文种书，以为句践长颈鸟喙，可与同患难，不可与同安乐。文种见书，遂称疾。句践赐文种死。句，音钩。对曰：“陛下不办杀臣，故臣求归；若其既办，臣安敢复言！复，扶又翻。且杀臣者，非陛下也，乃‘五不可’也。陛下向日待臣如此，臣于事犹有不敢言者，况天下既安，臣敢言乎！”

上良久曰：“卿以朕不从卿北伐之谋乎！”谓不从使建宁王自妫、檀取范阳之策也。肃宗以意言之。对曰：“非也，所不敢言者，乃建宁耳。”上曰：“建宁，朕之爱子，性英果，艰难时有功，谓马嵬劝留，及北赴灵武，血战以卫上也。事见二百十八卷元载六月。朕岂不知之！但因此为小人所教，欲害其兄，图继嗣，朕以社稷大计，不得已而除之，事见上卷本年正月。嗣，祥吏翻。卿不细知其故邪？”对曰：“若有此心，广平当怨之。广平每与臣言其冤，辄流涕呜咽。臣今必辞陛下去，始敢言之耳。”上曰：“渠尝夜扪广平，意欲加害。”对曰：“此皆出谗人之口，岂有建宁之孝友聪明，肯为此乎！且陛下昔欲用建宁为元帅，臣请用广平。事见二百十八卷元载九月。帅，所类翻。建宁若有此心，当深憾于臣；而以臣为忠，益相亲善，陛下以此可察其心矣。”上乃泣下曰：“先生言是也。既往不咎，引论语孔子之言。朕不欲闻之。”

泌曰：“臣所以言之者，非咎既往，乃欲使陛下慎将来耳。昔天后有四子，长曰太子弘，天后方图称制，恶其聪明，鸩杀之，见二百二卷高宗上元二年。立次子雍王贤。贤内忧惧，作黄台瓜辞，冀以感悟天后。天后不听，贤卒死于黔中。贤废见二百二卷永隆元年；死见二百三卷武后光宅元年。卒，子恤翻。黔，音禽。其辞曰：‘种瓜黄台下，瓜熟子离离：一摘使瓜好，再摘使瓜稀，三摘犹为可，四摘抱蔓归！’今陛下已一摘矣，慎无再摘！”上愕然曰：“安有是哉！卿录是辞，朕当书绅。”对曰：“陛下但识之于心，识，职吏翻，记也。何必形于外也！”是时广平王有大功，良娣忌之，潜构流言，故泌言及之。【章：十二行本“之”下有“泌复固请归山，上曰俟将发此议之”十四字；乙十一行本同；退斋校同；张校同，云无注本亦无。】李泌历事肃、代、德三朝，皆能言人所难言，奇士也。

3 郭子仪引蕃、汉兵追贼至潼关，斩首五千级，克华阴、弘农二郡。关东献俘百馀人，敕皆斩之；监察御史李勉言于上曰：“今元恶未除，为贼所污者半天下，污，乌故翻。闻陛下龙兴，咸思洗心以承圣化，今悉诛之，是驱之使从贼也。”上遽使赦之。

4 冬，十月，丁未，谈【章：十二行本“谈”作“啖”；乙十一行本同；孔本同。】庭瑶至蜀。

5 壬子，兴平军奏：破贼于武关，克上洛郡。时王难得领兴平军。

6 吐蕃陷西平。西平郡，鄯州。

7 尹子奇久围睢阳，城中食尽，议弃城东走，张巡、许远谋，以为：“睢阳，江、淮之保障，若弃之去，贼必乘胜长驱，是无江、淮也。考异曰：唐人皆以全江、淮为巡、远功。按睢阳虽当江、淮之路，城既被围，贼若欲取江、淮，绕出其外，睢阳岂能障之哉！盖巡善用兵，贼畏巡为后患，不灭巡则不敢越过其南耳。且我众饥羸，走必不达。古者战国诸侯，尚相救恤，谓春秋列国，同盟有急则相救恤也。况密迩群帅乎！群帅，谓张镐、尚衡、许叔冀等。帅，所类翻。不如坚守以待之。”茶纸既尽，遂食马；马尽，罗雀掘鼠；雀鼠又尽，巡出爱妾，杀以食士，食，祥吏翻。远亦杀其奴；然后括城中妇人食之，【章：十二行本“之”下有“既尽”二字；乙十一行本同；孔本同；退斋校同。】继以男子老弱。人知必死，莫有叛者，所馀才四百人。

癸丑，贼登城，将士病，不能战。巡西向再拜曰：“臣力竭矣，不能全城，生既无以报陛下，死当为厉鬼以杀贼！”鬼无所归者为厉。城遂陷，巡、远俱被执。尹子奇问巡曰：“闻君每战眦裂齿碎，何也？”眦，疾智翻，又才诣翻，目眦也。巡曰：“吾志吞逆贼，但力不能耳。”子奇以刀抉其口视之，抉，一决翻。所馀纔三四。子奇义其所为，欲活之。其徒曰：“彼守节者也，终不为用。且得士心，存之，将为后患。”乃并南霁云、雷万春等三十六人皆斩之。考异曰：新传曰：“虢王巨之走临淮，巡有妹嫁陆氏，遮巨劝勿行；不纳。赐百缣，弗受。为巡补缝行间，军中号陆家姑。先巡被害。”按巨在彭城，若走临淮，陆娣在睢阳城，何以得遮之！今不取。巡且死，颜色不乱，扬扬如常。生致许远于洛阳。

巡初守睢阳时，卒仅万人，城中居人亦且数万，巡一见问姓名，其后无不识者。前后大小战凡四百馀，杀贼卒十二万人。巡行兵不依古法教战陈，令本将各以其意教之。本将，谓本部之将。陈，读曰阵。人或问其故，巡曰：“今与胡虏战，云合鸟散，变态不恒，数步之间，势有同异。临机应猝，在于呼吸之间，而动询大将，事不相及，非知兵之变者也。故吾使兵识将意，将识士情，投之而往，如手之使指。兵将相习，人自为战，不亦可乎！”自兴兵，器械、甲仗皆取之于敌，未尝自修。每战，将士或退散，巡立于战所，谓将士曰：“我不离此，离，力智翻。汝为我还决之。”将士莫敢不还，死战，卒破敌。为，于伪翻。卒，子恤翻。又推诚待人，无所疑隐；临敌应变，出奇无穷；号令明，赏罚信，与众共甘苦寒暑，故下争致死力。

张镐闻睢阳围急，倍道亟进，张镐代贺兰进明，见上卷八月。檄浙东、浙西、淮南、北海诸节度按新书方镇表，浙东、浙西明年方置节度使。时崔涣在浙东，李希言在浙西，皆非节度使。淮南则李成式，北海尚为贼将能元皓所据。然去年已置北海节度使，是虽未复北海而已置北海帅矣。及谯郡太守闾丘晓，使共救之。晓素傲很，不受镐命。比镐至，比，必利翻，及也。睢阳城已陷三日。镐召晓，杖杀之。考异曰：旧传作“豪州刺史”，新传作“濠州刺史”，统纪作“亳州刺史”。按濠州在淮南，去睢阳远。亳州与睢阳接境，必亳州也。今从统纪。余按通鉴改统纪之亳州为谯郡，以此时未复郡为州也。读者宜知之。

8 张通儒等收馀众走保陕，自长安东走保陕。安庆绪悉发洛阳兵，使其御史大夫严庄将之，就通儒以拒官军，并旧兵步骑犹十五万。旧兵，谓张通儒等所领自西京东走之兵。己未，广平王至曲沃。此非春秋晋庄叔所封之曲沃，按其地在弘农、灵宝二县之间。水经注：弘农县东十三里有好阳亭，又东有曲沃城。回纥叶护使其将军鼻施吐拨裴罗等引军旁南山搜伏，因驻军岭北。旁，步浪翻。郭子仪等与贼遇于新店，据旧书，新店在陕城西。贼依山而陈，子仪等初与之战，不利，贼逐之下山。回纥自南山袭其背，于黄埃中发十馀矢。贼惊顾曰："回纥至矣！"遂溃。官军与回纥夹击之，贼大败，僵尸蔽野。严庄、张通儒等弃陕东走，广平王俶、郭子仪入陕城，仆固怀恩等分道追之。

严庄先入洛阳告安庆绪。庚申夜，庆绪帅其党自苑门出，东都苑门也。走河北；考异曰：实录无新店战日，但云："子仪与嗣业等至新店，遇贼，大破之，逐北五十馀里，人马相枕藉，器械、戈甲自陕至洛城委弃道路无空地。庚申，庆绪走，其夜，自东都苑门帅其众党奔河北。壬戌，元帅广平王与子仪收陕郡。"汾阳家传："九月，安庆绪自洛疾使诸将至陕，兼收败卒，犹十五万。十月四日，于陕西依山而陈，彼则凭高下击，此乃进军上冲，贼屹立不动。公使伪退，引令下山，使回纥蓦涧走险以袭其背，贼乃败绩；斩九万级，擒一万人。"汾阳家传："十月四日破贼于陕西，八日收洛阳。"年代记："十月，己未，破贼于新店。辛酉，庆绪闻军败，率其党投相州。"旧纪："庚申，庆绪奔河北。壬戌，广平王入东京。"新纪："戊申，败贼新店，克陕郡。壬子，复东京。"按陕、洛之间，几三百里，汾阳传、新纪太早，实录壬戌收陕郡太晚，今从年代记、幸蜀记。杀所获唐将哥舒翰、程千里等三十馀人而去。许远死于偃师。考异曰：实录、旧传皆曰："尹子奇执送洛阳，与哥舒翰、程千里俱囚于客省。及安庆绪败，渡河北走，使严庄皆害之。"张中丞传："相里造诔曰：'唐故御史中丞张、许二君，以守城睢阳陷，张君遇害，许君为羯贼所擒，求死不得，降逼至偃师县，亦被兵焉。'"今从之。

壬戌，广平王俶入东京。回纥意犹未厌，俶患之。父老请率罗锦万匹以赂回纥，回纥乃止。

9 成都使还，此还者，啖庭瑶也。还，音旋。上皇诰曰："当与我剑南一道自奉，不复来矣。"复，扶又翻；下嗣复同。上忧惧，不知所为。【章：十二行本“为”下有“数日”二字；乙十一行本同；孔本同；张校同。】后使者至，此奉群臣贺表中使继还也。言：“上皇初得上请归东宫表，彷徨不能食，欲不归；及群臣表至，乃大喜，命食作乐，下诰定行日。”定东行归京之日也。上召李泌告之曰：“皆卿力也！”

泌求归山不已，上固留之，不能得，乃听归衡山。衡山，在衡阳郡衡山县西三十里，南岳也。汉武帝以霍山为南岳，隋文帝以衡山为南岳。按泌传，泌愿隐衡山，诏听之。敕郡县为之筑室于山中，为，于伪翻。给三品料。

10 癸亥，上发凤翔，遣太子太师韦见素入蜀，奉迎上皇。

11 乙丑，郭子仪遣左兵马使张用济、右武锋使浑释之将兵取河阳及河内；严庄来降。陈留人杀尹子奇，举郡降。田承嗣围来瑱于颍川，亦遣使来降；郭子仪应之缓，承嗣复叛，与武令珣皆走河北。走，音奏。考异曰：旧鲁炅传云：“炅保南阳，贼使武令珣攻之。令珣死，又令田承嗣攻之。”下又云：“王师收两京，承嗣、令珣奔河北。”唐历：“庆绪据邺，武令珣自唐、邓至。”炅传云武令珣死，误也。制以瑱为河【章：十二行本“河”作“淮”；乙十一行本同；孔本同。】南节度使。

12 丙寅，上至望贤宫，雍录：望贤宫，在咸阳县东数里。得东京捷奏。丁卯，上入西京。百姓出国门奉迎，二十里不绝，舞跃呼万岁，有泣者。上入居大明宫。高宗咸亨元年，改蓬莱宫为大明宫，即东内。御史中丞崔器令百官受贼官爵者皆脱巾徒跣立于含元殿前，含元殿，东内前殿也，当丹凤门内。搏膺顿首请罪，环之以兵，环，音宦。使百官临视之。太庙为贼所焚，上素服向庙哭三日。是日，上皇发蜀郡。

13 安庆绪走保邺郡，改邺郡为安成【严：“安成”改“成安”。】府，改元天成；考异曰：唐历曰改元天和。蓟门纪乱曰改元至成，与实录年号不同。纪年通谱两存之。今从实录。从骑不过三百，步卒不过千人，诸将阿史那承庆等散投常山、赵郡、范阳。旬日间，蔡希德自上党，田承嗣自颍川，武令珣自南阳，各帅所部兵归之。又召募河北诸郡人，众至六万，军声复振。复，扶又翻。

14 广平王俶之入东京也，百官受安禄山父子官者陈希烈等三百馀人，皆素服悲泣请罪。俶以上旨释之，寻勒赴西京。己巳，崔器令诣朝堂请罪，此东内之朝堂也，在含元殿左右，左曰东朝堂，右曰西朝堂。朝，直遥翻。如西京百官之仪，然后收系大理、京兆狱。其府县所由、祗承人等受贼驱使追捕者，皆收系之。所由人，有所监典；祗承人，听指呼给使令而已。

初，汲郡甄济，有操行，隐居青岩山，五代志：汲郡隋兴县有苍岩山。隋兴县，唐时当省入汲县。甄，之人翻。操，七到翻。行，下孟翻。安禄山为采访使，奏掌书记。此天宝间事。济察禄山有异志，诈得风疾，舁归家。禄山反，使蔡希德引行刑者二人，封刀召之，济引首待刀；希德以实病白禄山。后安庆绪亦使人强舁至东京，强，其两翻。月馀，会广平王俶平东京，济起，诣军门上谒。上，时掌翻。俶遣诣京师，上命馆之于三司，时令三司按受贼官爵者，因馆济于三司署舍，使受贼官爵者罗拜之。馆，音贯。令受贼官爵者列拜以愧其心，以愧受贼官爵者之心。以济为秘书郎。国子司业苏源明称病不受禄山官，上擢为考功郎中、知制诰。壬申，上御丹凤门，下制："士庶受贼官禄，为贼用者，令三司条件闻奏；其因战被虏，或所居密近，因与贼往来者，皆听自首除罪；其子女为贼所污者，勿问。"东内端门曰丹凤门，楼曰丹凤楼。首，手又翻。污，乌故翻。

15 癸酉，回纥叶护自东京还，上命百官迎之于长乐驿，长乐驿，在浐东长乐陂。上与宴于宣政殿。自含元殿入宣政门为宣政殿，东内之中朝也。叶护奏以"军中马少，请留其兵于沙苑，沙苑，在冯翊渭曲。李吉甫郡国图：沙苑，一名沙阜，在同州冯翊县南十二里，东西八十里，南北三十里。余靖曰：唐沙苑监，今之同州。少，诗沼翻。自归取马，还为陛下扫除范阳馀孽。"为，于伪翻。上赐而遣之。

16 十一月，广平王俶、郭子仪来自东京，上劳子仪曰："吾之家国，由卿再造。"劳，力到翻。

17 张镐帅鲁炅、来瑱、吴王祗、李嗣业、李奂五节度徇河南、河东郡县，皆下之；惟能元皓据北海，高秀岩据大同未下。能，奴代翻，姓也。北海，属河南道；大同，属河东道。

18 己丑，以回纥叶护为司空、忠义王；岁遗回纥绢二万匹，遗，于季翻。使就朔方军受之。

19 以严庄为司农卿。

20 上之在彭原也，更以栗为九庙主；礼：虞，主用桑；练，主用栗。作栗主则埋桑主。上皇幸蜀，九庙之主委之贼手，故彭原更以栗为之。庚寅，朝享于长乐殿。长乐殿，考雍录及吕图皆无之。以下文上皇入大明宫，御含元殿见百官，次诣长乐殿谢九庙主，则是殿亦在大明宫中也。大明宫图有长乐门，则长乐殿盖在长乐门内。

21 丙申，上皇至凤翔，从兵六百馀人，从，才用翻。上皇命悉以甲兵输郡库。上发精骑三千奉迎。十二月，丙午，上皇至咸阳，上备法驾迎于望贤宫。上皇在宫南楼，上释黄袍，着紫袍，望楼下马，趋进，拜舞于楼下。上皇降楼，抚上而泣，上捧上皇足，呜咽不自胜。上皇索黄袍，自为上着之，着，陟略翻。胜，音升。索，山客翻。为，于伪翻。上伏地顿首固辞。上皇曰："天数、人心皆归于汝，使朕得保养馀齿，汝之孝也！"上不得已，受之。父老在仗外，欢呼且拜。上令开仗，车驾所在，卫士立仗。纵千馀人入谒上皇，曰："臣等今日复睹二圣相见，死无恨矣！"复，扶又翻。上皇不肯居正殿，此行宫正殿也。曰："此天子之位也。"上固请，自扶上皇登殿。尚食进食，上品尝而荐之。品品必尝而后进。丁未，将发行宫，上亲为上皇习马而进之上皇。上皇【章：十二行本“上皇”二字不重；乙十一行本同；张校同；熊校同。】上马，上亲执鞚。行数步，为，于伪翻。鞚，苦贡翻。考异曰：幸蜀记云：“执辔鞚，出宫门，上皇令左右扶上马。”今从实录。上皇止之。上乘马前引，不敢当驰道。上皇谓左右曰：“吾为天子五十年，未为贵；今为天子父，乃贵耳！”左右皆呼万岁。玄宗失国得反，宜痛自刻责以谢天下，乃以为天子父之贵夸左右，是全无心肠矣。上皇自开远门入大明宫，开远门，长安城西面北来第一门。御含元殿，慰抚百官；乃诣长乐殿谢九庙主，恸哭久之；乐，音洛。即日，幸兴庆宫，遂居之。上累表请避位还东宫，上皇不许。

22 辛亥，以礼部尚书李岘、兵部侍郎吕諲为详理使，因按狱，特置此官。与御史大夫崔器共按陈希烈等狱。岘以殿中侍御史李栖筠为详理判官，栖筠多务平恕，故人皆怨諲、器之刻深，而岘独得美誉。

23 戊午，上御丹凤楼，赦天下，惟与安禄山同反及李林甫、王鉷、杨国忠子孙不在免例。立广平王俶为楚王，加郭子仪司徒，李光弼司空，鉷，户公翻。俶，昌六翻。考异曰：实录，光弼旧守司徒。按旧传，光弼检校司徒耳，实录误也。自馀蜀郡、灵武扈从立功之臣，从，才用翻。皆进阶，赐爵，加食邑有差。李憕、卢奕、颜杲卿、袁履谦、许远、张巡、张介然、蒋清、庞坚等皆加赠官，差，初加翻。憕，持陵翻。李憕、卢奕、蒋清以守洛死。颜杲卿、袁履谦以守常山死。许远、张巡以守睢阳死。张介然以守荥阳死。庞坚以守颍川死。其子孙。战亡之家，给复二载。复，方目翻，除其赋役也。载，祖亥翻。郡县来载租、庸三分蠲一。蠲，圭渊翻。近所改郡名、官名，一依故事。天宝元年，改两省长官为左、右相，州为郡，刺史为太守，十一载，又改吏部为文部，兵部为武部，刑部为宪部，今皆复旧。以蜀郡为南京，凤翔为西京，西京为中京。以长安在洛阳、凤翔、蜀郡、太原之中，故为中京。以张良娣为淑妃，立皇子南阳王系为赵王，新城王仅为彭王，颍川王僩为兖王，东阳王侹为泾三，僙为襄王，倕为杞王，偲为召王，佋为兴王，侗为定王。娣，大计翻。僩，户简翻。侹，他顶翻。僙，户刚翻。召，读曰邵。佋，时昭翻。侗，吐公翻。考异曰：实录，“系”为“杰”，“僙”为“傜”，“倕”为“傀”，今从唐历、统纪、新旧纪、传、年代记。

议者或罪张巡以守睢阳不去，与其食人，曷若全人。其友人李翰为之作传，表上之，睢，音虽。为，于伪翻。传，直恋翻。上，时掌翻；下献上同。以为：“巡以寡击众，以弱制强，保江、淮以待陛下之师，师至而巡死，谓张镐之师至，而睢阳之城已陷三日也。巡之功大矣。而议者或罪巡以食人，愚巡以守死，以巡食人为巡罪，守死为巡愚。善遏恶扬，录瑕弃用，【张：“用”作“功”。】臣窃痛之。巡所以固守者，以待诸军之救，救不至而食尽，食既尽而及人，乖其素志。设使巡守城之初已有食人之心，损数百之众以全天下，臣犹曰功过相掩，况非其素志乎！今巡死大难，难，乃旦翻。不睹休明，唯有令名是其荣禄。若不时纪录，恐远而不传，使巡生死不遇，诚可悲焉。臣敢撰传一卷献上，乞编列史官。”众议由是始息。是后赦令元不及李憕等，而程千里独以生执贼庭，不沾褒赠。史言唐褒忠之典有遗恨。

24 甲子，上皇御宣政殿，以传国宝授上，上始涕泣而受之。上不敢受传国宝，见二百一十八卷元载九月。

25 安庆绪之北走也，谓自东京北走渡河。其大将北平王李归仁及精兵曳落河、同罗、六州胡数万人皆溃归范阳，所过俘掠，人物无遗。史思明厚为之备，且遣使逆招之范阳境，曳落河、六州胡皆降。同罗不从，思明纵兵击之，同罗大败，悉夺其所掠，馀众走归其国。

庆绪忌思明之强，遣阿史那承庆、安守忠往征兵，因密图之。判官耿仁智耿仁智，盖为范阳节度判官。说思明曰：“大夫崇重，人莫敢言，仁智愿一言而死。"思明曰："何也?"仁智曰："大夫所以尽力于安氏者，迫于凶威耳。今唐室中兴，天子仁圣，大夫诚帅所部归之，帅，读曰率。此转祸为福之计也。"裨将乌承玼亦说思明曰："今唐室再造，庆绪叶上露耳。朝日一出，叶上之露即晞，故以为谕。说，式芮翻。大夫奈何与之俱亡！若归款朝廷，以自湔洗，易于反掌耳。"易，以豉翻。思明以为然。

承庆、守忠以五千劲骑自随，考异曰：旧传云"三千骑"，今从实录。至范阳，思明悉众数万逆之，相距一里所，使人谓承庆等曰："相公及王远至，将士不胜其喜，胜，音升。然边兵怯懦，惧相公之众，不敢进，愿弛弓以安之。"承庆等从之。思明引承庆入内厅乐饮，乐，音洛。别遣人收其甲兵，诸郡兵皆给粮纵遣之，愿留者厚赐，分隶诸营。明日，囚承庆等，遣其将窦子昂奉表以所部十三郡及兵八万来降，十三郡，范阳、北平、妫川、密云、渔阳、柳城、文安、河间、上谷、博陵、勃海、饶阳、常山。并帅其河东节度使高秀岩亦以所部来降。乙丑，子昂至京师。考异曰：河洛春秋："乾元元年四月，乌承恩受命入幽州，陈祸福，思明乃有表。"今从实录。实录曰："明日，遂拘承庆，斩守忠之首以徇。"旧传亦曰："遂拘承庆，斩守忠、李立节之首以徇。"新乌承玼传曰："思明斩承庆。"按实录，明年二月，承庆、守忠遣人赍表状归顺。旧郭子仪传，明年七月，破贼河上，擒安守忠。然则此际未死也。盖二人既被拘，则降于思明，复为之用耳。上大喜，以思明为归义王、范阳节度使，考异曰：河洛春秋及旧传皆云"河北节度使"。按安禄山为范阳节度使兼河北采访使，思明盖袭禄山旧官耳。今从实录。子七人皆除显官。遣内侍李思敬与乌承恩往宣慰，句断。使将所部兵讨庆绪。将，即亮翻。

先是，庆绪以张忠志为常山太守，先，悉荐翻。思明召忠志还范阳，以其将薛萼摄恒州刺史，开井陉路，开太原兵自井陉出常山之路。招赵郡太守陆济，降之；命其子朝义将兵五千人摄冀州刺史，以其将令狐彰为博州刺史。乌承恩所至宣布诏旨，沧、瀛、安、深、德、棣等州皆降，后魏置安州，治方城，唐檀州即其地也。唐无安州在河北，或者安、史以莫州文安郡为安州欤？虽相州未下，谓安庆绪据邺也。河北率为唐有矣。因史思明降，史言一时之事。

26 上皇加上尊号曰光天文武大圣孝感皇帝。

27 郭子仪还东都，经营河北。

28 崔器、吕諲上言："诸陷贼官，背国从伪，准律皆应处死。"上，时掌翻。背，蒲妹翻。处，昌吕翻。上欲从之。李岘以为："贼陷两京，天子南巡，人自逃生。此属皆陛下亲戚或勋旧子孙，今一概以叛法处死，恐乖仁恕之道。且河北未平，群臣陷贼者尚多，若宽之，足开自新之路；若尽诛，是坚其附贼之心也。书曰：'歼厥渠魁，胁从罔理。'书胤征之辞。李岘避唐讳，改"治"为"理"。諲、器守文，不达大体。惟陛下图之。"争之累日，上从岘议，以六等定罪，重者刑之于市，次赐自尽，次重杖一百，次三等流、贬。壬申，斩达奚珣等十八人于城西南独柳树下，刘昫曰：独柳树，在长安子城西南隅。陈希烈等七人赐自尽于大理寺；应受杖者于京兆府门。

上欲免张均、张垍死，上皇曰："均、垍事贼，皆任权要。均仍为贼毁吾家事，为，于伪翻；下垍为同。罪不可赦。"上叩头再拜曰："臣非张说父子，无有今日。上皇之为太子也，太平公主忌之，东宫左右持两端，纤悉必闻于主。元献杨后方娠，上皇不自安，密语侍读张说曰："用事者不欲吾多子，奈何？"命说挟剂而入，上皇于曲室自煮之。梦若有介而戈者环鼎三，而三煮尽覆，以告说。说曰："天命也！"乃止。遂生帝。及帝在东宫，李林甫动摇者数矣，均、垍保护，得免。臣不能活均、垍，使死者有知，何面目见说于九泉！"因俯伏流涕。上皇命左右扶上起，曰："张垍为汝长流岭表，张均必不可活，汝更勿救。"上泣而从命。考异曰：柳珵常侍言旨云："太上皇召肃宗谓曰：'张均弟兄皆与逆贼作权要官，就中张均更与贼毁阿奴、三哥家事，虽犬彘之不若也。其罪无赦。’肃宗下殿，叩头再拜曰：‘臣比在东宫，被人诬谮，三度合死，皆张说保护，得全首领以至今日。说两男一度合死，臣不能力争，傥死者有知，臣将何面目见张说于地下！’呜咽俯伏。太上皇命左右曰：‘扶皇帝起。’乃曰：‘与阿奴处置张垍，宜长流远恶处；张均宜弃市。阿奴更不要苦救这贼也。’肃宗掩泣奉诏。”按肃宗为李林甫所危时，说已死，乃得均、垍之力。均、垍以说遗言尽心于肃宗耳。今略取其意。

安禄山所署河南尹张万顷独以在贼中能保庇百姓不坐。顷之，有自贼中来者，言“唐群臣从安庆绪在邺者，闻广平王赦陈希烈等，皆自悼，恨失身贼庭；及闻希烈等诛，乃止。”上甚悔之。

臣光曰：为人臣者，策名委质，有死无贰。希烈等或贵为卿相，或亲连肺腑，于承平之日，无一言以规人主之失，救社稷之危，迎合苟容以窃富贵；及四海横溃，乘舆播越，偷生苟免，顾恋妻子，媚贼称臣，为之陈力，为，于伪翻。此乃屠酤之所羞，犬马之不如。傥各全其首领，复其官爵，是谄谀之臣无往而不得计也。彼颜杲卿、张巡之徒，世治则摈斥外方，沈抑下僚；治，直吏翻。沈，持林翻。世乱则委弃孤城，齑粉寇手。齑，笺西翻。何为善者之不幸而为恶者之幸，朝廷待忠义之薄而保奸邪之厚邪！至于微贱之臣，巡徼之隶，徼，吉吊翻。谋议不预，号令不及，朝闻亲征之诏，夕失警跸之所，事见二百十八卷至德元载。乃复责其不能扈从，不亦难哉！复，扶又翻。从，才用翻。六等议刑，斯亦可矣，又何悔焉！

29 故妃韦氏既废为尼，居禁中，是岁卒。韦妃废见二百十五卷天宝六载。

30 置左、右神武军，取元从子弟充，元从子弟，谓从帝马嵬北行及自灵武还京师者。从，才用翻。其制皆如四军，总谓之北牙六军。

左、右羽林，左、右龙武，左、右神武，谓之北牙六军。又择善骑射者千人为殿前射生手，分左、右厢，号曰英武军。骑，奇寄翻。

31 升河中防御使为节度，领蒲、绛等七州；至德元载，置河中防御守捉蒲关使，今升为节度，领蒲、绛、隰、慈、晋、虢、同七州，治蒲州。考异曰：诸地理书皆云某郡，乾元元年复为某州，不见在何月日。是岁十二月戊午赦云："近日所改百官额及郡名、官名，一切依故事。"盖此即复以郡为州之文也。比颁下四方，已涉明年矣。故皆云乾元元年也。分剑南为东、西川节度，东川领梓、遂等十二州；东川领梓、遂、绵、剑、龙、阆、普、陵、泸、荣、资、简十二州，治梓州。又置荆澧节度，领荆、澧等五州；夔峡节度，领夔、峡等五州；荆南节度本领十州，今分两镇。荆澧兼领朗、郢、复，共五州。夔峡兼领涪、忠、万，共五州。更安西曰镇西。更，工衡翻。

乾元元年（戊戌、七五八）是年二月改元。

1 春，正月，戊寅，上皇御宣政殿，授册，加上尊号。考异曰：实录："戊寅，玄宗御宣政殿，授上传国宝。礼毕，册上加尊号。上上言让曰：'伏奉圣旨，赐臣典册曰光天文武大圣孝感皇帝，授传国宝符、受命宝符各一。'"按去年十二月癸亥，上已受国玺，告太清宫。甲子，玄宗御宣政殿，授上传国玺，于殿下涕泣拜受。今又云授宝，事似复重。唐历、统纪、年代记、旧纪皆云去年十二月授传国玺，此年正月戊寅册尊号，今从之。上固辞"大圣"之号，上皇不许。上尊上皇曰太上至道圣皇天帝。寇逆未平，九庙未复，而父子之间迭加徽称，此何为者也！

先是，官军既克京城，先，悉荐翻。宗庙之器及府库资财多散在民间，遣使检括，颇有烦扰；乙酉，敕尽停之，乃命京兆尹李岘安抚坊市。

2 二月，癸卯朔，以殿中监李辅国兼太仆卿。辅国依附张淑妃，判元帅府行军司马，势倾朝野。为辅国得权与淑妃交恶张本。朝，直遥翻。

3 安庆绪所署北海节度使能元皓举所部来降。能，奴代翻。降，户江翻。以为鸿胪卿，充河北招讨使。

4 丁未，上御明凤门，唐会要曰：至德三载，改丹凤门曰明凤门，通化门为达礼门，安上门为先天门。凡坊名有“安”者悉改之，寻却如旧。赦天下，改元。改元乾元。尽免百姓今载租、庸，复以载为年。改年为载，自上皇天宝三载始。复，扶又翻。

5 庚午，以安东副大都护王玄志为营州刺史，充平卢节度使。

6 三月，甲戌，徙楚王俶为成王。

7 戊寅，立张淑妃为皇后。

8 镇西、北庭行营节度使李嗣业屯河内。行营节度使始此。癸巳，北庭兵马使王惟良谋作乱，嗣业与裨将荔非元礼讨诛之。荔非，虏复姓。姓谱：荔非，西羌种，隋有荔非雄，泾州人。

9 安庆绪之北走也，其平原太守王暕、暕，古限翻。清河太守宇文宽皆杀其使者来降；庆绪使其将蔡希德、安太清攻拔之，生擒以归，冎于邺市。凡有谋归者，冎，古瓦翻。“归”字下当有“国”字。诛及种、族，胡人种诛之，华人族诛之。种，章勇翻。乃至部曲、州县、官属，连坐死者甚众。又与其群臣歃血盟于邺南，而人心益离。庆绪闻李嗣业在河内，夏，四月，与蔡希德、崔乾佑将步骑二万，涉沁水攻之，沁水出沁州沁源县东南，出山而东，流过河内县北。庆绪自邺攻河内，须渡沁水。沁，七鸩翻。不胜而还。还，从宣翻，又如字。

10 癸卯，以太子少师虢王巨为河南尹，充东京留守。

11 辛卯，“辛卯”当作“辛亥”，传写误也。新书肃宗纪作“四月辛亥”，此又逸“四月”二字。新主入太庙。奉栗主自长乐殿入太庙。甲寅，上享太庙，遂祀昊天上帝；乙卯，御明凤门，赦天下。

12 五月，壬午，制停采访使，改黜陟使为观察使。观察使始此。贞观初，遣大使十人巡省天下诸州水旱，则有巡察、安抚、存抚之名。神龙二年，以五品以上二十人为十道巡察使，按举州、县，再周而代。景云二年，置都督二十四人，察刺史以下善恶。当时以为权重难制，罢之，置十道按察使，开元二年曰十道按察采访处置使。四年罢。八年复置按察使，秋冬巡视州县。二十年曰采访处置使，分十五道。天宝末，又兼黜陟使。是年改曰观察处置使。

13 张镐性简澹，不事中要，中要，谓中人居权要者，如李辅国之类。闻史思明请降，上言："思明凶险，因乱窃位，力强则众附，势夺则人离，彼虽人面，心如野兽，难以德怀，愿勿假以威权。"又言："滑州防御使许叔冀，狡猾多诈，临难必变，请征入宿卫。"思明、叔冀后皆如镐言。滑州，灵昌郡。使，疏吏翻。难，乃旦翻。时上以【张："以"作"已"。】宠纳思明，"以"当作"已"，唐人多通用以、已二字。但于此作"以"，文意不通。会中使自范阳及白马来，皆言思明、叔冀忠恳可信，思明在范阳。滑州治白马县，汉古县也，许叔冀屯焉。上以镐为不切事机，戊子，罢为荆州防御使；以礼部尚书崔光远为河南节度使。尚，辰羊翻。

14 张后生兴王佋，佋，音韶。才数岁，欲以为嗣，上疑未决，从容谓考功郎中、知制诰李揆曰：嗣，祥吏翻。从，千容翻。"成王长，且有功，长，知两翻。朕欲立为太子，卿意何如?"揆再拜贺曰："此社稷之福，臣不胜大庆。"胜，音升。上喜曰："朕意决矣。"庚寅，立成王俶为皇太子。揆，玄道之玄孙也。俶，昌六翻。李玄道，武德中为天策府学士。

15 乙未，以崔圆为太子少师，李麟为少傅，皆罢政事。上颇好鬼神，少，始照翻。好，呼到翻。太常少卿王玙玙，音余。专依鬼神以求媚，每议礼仪，多杂以巫祝俚俗。上悦之，以玙为中书侍郎、同平章事。俚，音里。考异曰：旧传云"三年七月"，今从实录。

16 赠故常山太守颜杲卿太子太保，谥曰忠节，以其子威明为太仆丞。杲卿之死也，颜杲卿死事见二百十七卷至德元载。守，式又翻。杨国忠用张通幽之谮，竟无褒赠。上在凤翔，颜真卿为御史大夫，泣诉于上，上乃出通幽为普安太守，剑州普安郡。具奏其状于上皇，上皇杖杀通幽。杲卿子泉明为王承业所留，因寓居寿阳，晋置寿阳县，属乐平郡。后魏废乐平郡，以寿阳县属太原郡。九域志：在太原府东一百八十里。然本朝太原府已移治阳曲。宋白曰：寿阳县本汉榆次县地。后魏风土记：晋末，山戎内侵，太原之民来向山东，戎即居之。真君十年，出徙寿阳之户于大陵城南，置寿阳县。隋开皇改寿阳为文水县，又于寿阳故城置寿阳县，即今县是也。为史思明所虏，去年史思明攻太原，因虏泉明。裹以牛革，送于范阳，会安庆绪初立，有赦，得免。思明降，乃得归，求其父尸于东京，得之，遂并袁履谦尸棺敛以归。棺，古玩翻。敛，力赡翻。杲卿姊妹女及泉明之子皆流落河北；真卿时为蒲州刺史，使泉明往求之，泉明号泣求访，哀感路人，久乃得之。泉明诣亲故乞索，号，户高翻。索，山客翻。随所得多少赎之，先姑姊妹而后其子。姑女为贼所掠，泉明有钱二百缗，欲赎己女，闵其姑愁悴，先，悉荐翻。后，户遘翻。悴，秦醉翻。先赎姑女；比更得钱，比，必例翻，及也。求其女，已失所在。遇群从姊妹从，才用翻。及父时将吏袁履谦等妻子流落者，皆与之归，凡五十馀家，三百馀口，均减资粮，资粮则均分之，其或有不足，则减常数而均之。一如亲戚。至蒲州，真卿悉加赡给，久之，随其所适而资送之。袁履谦妻疑履谦衣衾俭薄，发棺视之，与杲卿无异，乃始惭服。颜杲卿之忠节固照映千古，而其子之孝义亦非人所及也。

17 六月，己酉，立太一坛于南郊之东，汉武帝始祀太一，至唐，复祀之，盖参用九宫贵神之说。项安世曰：中宫天极一星，其神太一，列宿之中最尊，所临之方则嘉应洊臻，汉武帝始祠之。从王玙之请也。上尝不豫，卜云山川为祟，祟，虽遂翻，神祸也。玙请遣中使与女巫乘驿分祷天下名山、大川。巫恃势，所过烦扰州县，干求受赃。

黄州有巫，盛年美色，从无赖少年数十，为蠹尤甚，使，疏吏翻。少，始照翻。至黄州，宿于驿舍。刺史左震晨至驿，门扃锁，不可启，扃，古营翻。锁，苏果翻。震怒，破锁而入，曳巫于阶下斩之，所从少年悉毙之。籍其赃，数十万，具以状闻，且请以其赃代贫民租，遣中使还京师，上无以罪也。

18 以开府仪同三司李嗣业为怀州刺史，充镇西、北庭行营节度使。李嗣业以镇西、北庭兵屯怀州，就用为刺史，征调以给军。嗣，祥吏翻。

19 山人韩颖改造新历，丁巳，初行颖历。时韩颖上言：大衍历或误。帝疑之，以颖直司天台，损益其术，每节增二日，更名至德历。

20 戊午，敕两京陷贼官，三司推究未毕者皆释之；贬、降者续处分。去年十二月始命三司推究陷贼官。处，昌吕翻。分，扶问翻。

21 太子少师房琯既失职，谓罢相也。颇怏怏，多称疾不朝，怏，于两翻。朝，直遥翻。而宾客朝夕盈门，其党为之扬言于朝云："琯有文武才，宜大用。"上闻而恶之，下制数琯罪，贬豳州刺史。为，于伪翻。恶，乌路翻。数，所具翻，又所主翻。前祭酒刘秩贬阆州刺史，京兆尹严武贬巴州刺史，皆琯党也。阆州，阆中郡。巴州，清化郡，汉巴郡宕渠县地。阆，音浪。

22 初，史思明以列将事平卢军使乌知义，考异曰：旧传，"知义为节度使"。按安禄山始为平卢节度使。旧传误也。知义善待之。知义子承恩为信都太守，以郡降思明，事见上卷至德元载。思明思旧恩而全之。及安庆绪败，承恩劝思明降唐。去年十二月事。李光弼以思明终当叛乱，而承恩为思明所亲信，阴使图之；又劝上以承恩为范阳节度副使，赐阿史那承庆铁券，令共图思明，上从之。

承恩多以私财募部曲，又数衣妇人服诣诸将营说诱之，数，所角翻。衣，于既翻。说，输芮翻。诱，音酉。诸将以白思明，思明疑未察。会承恩入京师，上使内侍李思敬与之俱至范阳宣慰。承恩既宣旨，思明留承恩馆于府中，按经典释文，馆，古玩翻。帷其床，伏二人于床下。承恩少子在范阳，思明使省其父。少，诗照翻。省，悉景翻。思明虽伏二人以察承恩，然不使其子与父共处，则谋无自而露。奸雄之智数，固非人所及也。夜中，承恩密谓其子曰："吾受命除此逆胡，当以吾为节度使。"二人于床下大呼而出。呼，火故翻。思明乃执承恩，索其装囊，凡行者之装，盛以囊橐，故曰装囊。有底曰囊，无底曰橐。索，山客翻。得铁券及光弼牒，牒云："承庆事成则付铁券；不然，不可付也。"又得簿书数百纸，皆先从思明反者将士名。乌承恩持铁券入不测之虏，使阿史那承庆之事不成，承恩其能奉铁券以还天子乎！使思明果授首，则宜宥其同恶，而先籍其姓名，果能悉诛之乎！余谓李光弼之明智必不为此。盖思明因承恩言，伪为此牒，抗表以罪状光弼；又伪为簿书，籍将士姓名以激怒之，使与己同反而无他志。思明责之曰："我何负于汝而为此！"承恩谢曰："死罪，此皆李光弼之谋也。"思明乃集将佐吏民，西向大哭曰："臣以十三万众降朝廷，何负陛下，而欲杀臣！"遂榜杀承恩父子，榜，音彭。考异曰：唐历、旧传皆云四月杀承恩。今据河洛春秋，四月始为节度副使，六月死。连坐死者二百馀人。承恩弟承玼走免。玼，音此，又且礼翻。思明囚思敬，表上其状。上，时掌翻。上遣中使慰谕思明曰："此非朝廷与光弼之意，皆承恩所为，杀之甚善。"

会三司议陷贼官罪状至范阳，思明谓诸将曰："陈希烈辈皆朝廷大臣，上皇自弃之幸蜀，今犹不免于死，况吾属本从安禄山反乎！"思明又以此激怒其将士。诸将请思明表求诛光弼，思明从之，命判官耿仁智与其僚张不矜为表云："陛下不为臣诛光弼，不为，于伪翻。臣当自引兵就太原诛之。"不矜草表以示思明，及将入函，凡表皆函封。仁智悉削去之。写表者以白思明，思明命执二人斩之。仁智事思明久，思明怜，欲活之，复召入，去，羌吕翻。复，扶又翻。谓曰：“我任使汝垂三十年，今日非我负汝。”仁智大呼曰：“人生会有一死，得尽忠义，死之善者也。今从大夫反，不过延岁月，岂若速死之愈乎！”思明怒，乱捶之，脑流于地。史言耿仁智去逆从顺，以死全节。呼，火故翻。

乌承玼奔太原，李光弼表为昌化郡王，充石岭军使。石岭军在忻州秀容县。

23 秋，七月，丙戌，初铸当十大钱，文曰“乾元重宝”，乾元钱径一寸，每缗重十斤，与开元通宝并行。从御史中丞第五琦之谋也。

24 丁亥，册命回纥可汗曰英武威远毗伽阙可汗，以上幼女宁国公主妻之。妻，七细翻。以殿中监汉中王瑀为册礼使，右司郎中李巽副之；命左仆射裴冕送公主至境上。戊子，又以司勋员外郎鲜于叔明为瑀副。叔明，仲通之弟也。天宝中，鲜于仲通党附杨国忠，致位通显。甲子，【严：“子”改“午”。】上送宁国公主至咸阳，公主辞诀曰：“国家事重，死且无恨。”上流涕而还。

瑀等至回纥牙帐，可汗衣赭袍胡帽，衣，于既翻。坐帐中榻上，仪卫甚严，引瑀等立于帐外。瑀不拜而立，可汗曰：“我与天可汗两国之君，君臣有礼，何得不拜？”瑀与叔明对曰：“向者唐与诸国为婚，皆以宗室女为公主。今天子以可汗有功，自以所生女妻可汗。妻，七细翻。恩礼至重，可汗奈何以子婿傲妇翁，坐榻上受册命邪！”可汗改容，起受册命。明日，立公主为可敦，自突厥有国以来，可汗号其正室曰可贺敦。举国皆喜。

25 乙未，郭子仪入朝。考异曰：实录：“郭子仪擒逆贼将安太清送阙下。”按上元元年，李光弼拔怀州，始擒太清。实录误也。唐历、本纪等皆无之。旧子仪传：“七月，破贼河上，擒安守忠，以献。”诸书亦无之，今不取。

26 八月，壬寅，以青、登等五州节度使许叔冀为滑、濮等六州节度使。考异曰：实录云“青、徐等五州节度使季广琛，青、登等五州节度使许叔冀。”按青州岂可属两节度！又广琛先为荆州长史，今年五月为右常侍，九月讨安庆绪时，实录称郑蔡节度使。汾阳家传称淮西、荆、澧，旧纪称荆州，未尝镇青、徐。实录于此称青、徐，恐误也。余按新书方镇表，至德元载置青密节度使，领北海、高密、东牟、东莱四郡。乾元元年，青密节度增领滑、濮二州。青密节度，即前所云北海节度也，领青、密、登、莱四州，增领滑、濮，是为六州节度使。若以青、登五州增滑、濮二州，则七州矣，其数不合。

27 庚戌，李光弼入朝。丙辰，以郭子仪为中书令，光弼为侍中。丁巳，子仪诣行营。

28 回纥遣其臣骨啜特勒及帝德将骁骑三千助讨安庆绪，上命朔方左武锋使仆固怀恩领之。

29 九月，庚午朔，以右羽林大将军赵泚为蒲、同、虢三州节度使。去年置河中节度使，领蒲、绛等七州。今赵玭节度蒲、同、虢三州而已。盖兵兴之际，分命节帅以扼险要，其所统之增减离合，随时制宜耳。

30 丙子，招讨党项使王仲升斩党项酋长拓跋戎德，传首。贞观以后，吐蕃浸盛，党项、拓跋诸部畏逼，请内徙，诏庆州置静边军州处之。又置芳池都督府于庆州怀安县界，管小州十，以处党项野利氏部落。至德以来，中国乱，党项因寇邠、宁二州。

31 安庆绪之初至邺也，虽枝党离析，犹据七郡六十馀城，汲、邺、赵、魏、平原、清河、博平，凡七郡。甲兵资粮丰备。庆绪不亲政事，专以缮台沼楼船、酣饮为事。其大臣高尚、张通儒等争权不叶，无复纲纪。蔡希德有才略，部兵精锐，而性刚，好直言，通儒谮而杀之；复，扶又翻。好，呼到翻；下好杀同。考异曰：河洛春秋："十月，蔡希德有密款归国，将袭杀庆绪以为内应。左右泄之，庆绪斩希德于邺中。"又曰："庆绪既杀希德，始有土崩之兆矣。"蓟门纪乱："史思明常畏希德，自知谋策、果断、英武皆不及之。时希德在相州，为庆绪竭节展效，思明未敢显背。无何，希德为庆绪所杀，思明初闻，惊疑不信，及知其实，大喜见于颜色焉。"今从实录。麾下数千人皆逃散，诸将怨怒不为用。以崔乾佑为天下兵马使，总中外兵。乾佑愎戾好杀，将，即亮翻。愎，弼力翻，很也。士卒不附。

庚寅，命朔方郭子仪、淮西鲁炅、兴平李奂、滑濮许叔冀、镇西·北庭李嗣业、郑蔡季广琛、河南崔光远七节度使及平卢兵马使董秦将步骑二十万讨庆绪；炅，古迥翻。濮，博木翻。嗣，祥吏翻。琛，丑林翻。将，即亮翻，又音如字。骑，奇寄翻。又命河东李光弼、关内·泽潞王思礼王思礼先为关内节度使，时兼领泽潞节度使，镇潞州。二节度使将所部兵助之。考异曰：实录有李奂，无崔光远，而云凡九节度。汾阳家传有光远，无奂，又有河东兵马使薛兼训。盖实录脱光远，汾阳传脱奂名耳。兼训盖光弼裨将，光弼未至间，先遣赴邺城也。汾阳传又以炅为襄邓，广琛为淮西、荆澧。旧本纪，"广琛为荆州"。今从实录。汾阳传又云，"公九月十二日出洛，师涉河而东。"今从实录，涉庚，二十一日也。余按"涉庚"当作"庚寅"。上以子仪、光弼皆元勋，难相统属，故不置元帅，诸军并行，步骑数十万，而不置元帅，号令不一，所以有安阳之败。但以宦官开府仪同三司鱼朝恩为观军容宣慰处置使。处，昌吕翻。观军容之名自此始。

32 癸巳，广州奏：大食、波斯围州城，广州治南海县，本汉番禺县。刺史韦利见逾城走，二国兵掠仓库，焚庐舍，浮海而去。

33 冬，十月，甲辰，册太子，考异曰：实录云："可大赦天下。顷者频兴大典，累洽殊私，率土之间，屡经荡涤。犹虑近者或滞狴牢，其天下见禁囚徒已下罪，一切放免。"按既云大赦，则死罪皆免，岂有但免徒以下罪邪！恐"可大赦天下"是衍字耳。今不书赦。更名曰豫。初，太子生之岁，豫州献嘉禾，于是以为祥，更名豫。更，工衡翻。自中兴以来，群下无复赐物，复，扶又翻。至是，始有新铸大钱，乾元重宝钱也。百官、六军沾赉有差。

34 郭子仪引兵自杏园济河，东至获嘉，九域志：卫州汲县有杏园镇。获嘉县，本汲县之新中乡，汉武帝行幸至此，闻获吕嘉，因置获嘉县；唐属怀州。九域志：获嘉县，在卫州西九十里。破安太清，斩首四千级，捕虏五百人。太清走保卫州，子仪进围之；丙午，遣使告捷。

鲁炅自阳武济，季广琛、崔光远自酸枣济，阳武县，武德四年置于故原武城，属郑州。与李嗣业兵皆会子仪于卫州。庆绪悉举邺中之众七万救卫州，分三军，以崔乾佑将上军，田承嗣将下军，庆绪自将中军。子仪使善射者三千人伏于垒垣之内，令曰："我退，贼必逐我，汝乃登垒，鼓噪而射之。"既而与庆绪战，伪退，贼逐之，至垒下，伏兵起射之，射，而亦翻。矢如雨注，贼还走，子仪复引兵逐之，复，扶又翻。庆绪大败。获其弟庆和，杀之。遂拔卫州。庆绪走，子仪等追之至邺，许叔冀、董秦、王思礼及河东兵马使薛兼训皆引兵继至。庆绪收馀兵拒战于愁思冈，愁思冈，在邺城西。据欧史，在相州汤阴县。薛居正曰：汤阴县界有一冈，土人谓之愁死冈。考异曰：汾阳家传："十月五日，战愁冈。"据实录，"癸丑，子仪破贼，擒安庆和。"癸丑，十四日也，盖捷奏始到。又败。前后斩首三万级，捕虏千人。庆绪乃入城固守，子仪等围之。【章：十二行本"之"下有"李光弼引兵继至"七字；乙十一行本同；孔本同；张校同。】庆绪窘急，遣薛嵩求救于史思明，且请以位让之。思明发范阳兵十三万欲救邺，观望未敢进，先遣李归仁将步骑一万军于滏阳，磁州治滏阳，南至邺城六十里。遥为庆绪声势。

35 甲寅，上皇幸华清宫；十一月，丁丑，还京师。

36 崔光远拔魏州；魏州，治汉元城县郭下。又置贵乡县，与元城为二县。丙戌，以前兵部侍郎萧华为魏州防御使。会史思明分军为三，一出邢、洺，一出冀、贝，一自洹水趣魏州。洹水县，汉长乐县地。魏郡国志曰：周建德六年，分临漳县东北置洹水县，在魏州西。趣，七喻翻。郭子仪奏以崔光远代华，十二月，癸卯，敕以光远领魏州刺史。

37 甲辰，置浙江西道节度使，领苏、润等十州，以升州刺史韦黄裳为之。浙西道节度使兼江宁军使，领升、润、宣、歙、饶、江、苏、常、杭、湖十州，治升州。庚戌，置浙江东道节度使，领越、睦等八州，以户部尚书李峘为之，浙东道节度使领越、睦、衢、婺、台、明、处、温八州，治越州。兼淮南节度使。此宜参考下卷上元元年都统李峘注。

38 己未，群臣请上尊号曰乾元大圣光天文武孝感皇帝，许之。

39 史思明乘崔光远初至，引兵大下，光远使将军李处崟拒之。崟，鱼今翻。贼势盛，处崟连战不利，还趣城。趣，七喻翻。贼追至城下，扬言曰："处崟召我来，何为不出！"光远信之，腰斩处崟。处崟，骁将，众所恃，既死，众无斗志，姚耸夫若在，未必能为宋保守河南，而耸夫之死，宋人惜之。李处崟若在，未必能为唐保守魏州，而处崟之死，唐人惜之。以两敌相持而自戮斗将，乃自翦其手足也。光远脱身走还汴州。丁卯，思明陷魏州，所杀三万人。

40 平卢节度使王玄志薨，上遣中使往抚将士，且就察军中所欲立者，授以旌节。高丽人李怀玉为裨将，杀玄志之子，推侯希逸为平卢军使。希逸之母，怀玉姑也，故怀玉立之。立侯希逸者李怀玉，而逐侯希逸者亦李怀玉也。怀玉后赐名正己。朝廷因以希逸为节度副使。节度使由军士废立自此始。

臣光曰：夫民生有欲，无主则乱。书仲虺之诰之言。是故圣人制礼以治之。治，直之翻。自天子、诸侯至于卿、大夫、士、庶人，尊卑有分，分，扶问翻。大小有伦，若纲条之相维，书说命曰："若网在纲，有条而不紊"。臂指之相使，贾谊曰："如身之使臂，臂之使指，莫不制从。"是以民服事其上，而下无觊觎。觊，音冀。觎，音俞。其在周易，"上天、下泽，履。"象曰："君子以辨上下，定民志。"此之谓也。凡人君所以能有其臣民者，以八柄存乎己也。周礼："王以八柄驭群臣：一曰爵，以驭其贵；二曰禄，以驭其富；三曰予，以驭其幸；四曰置，以驭其行；五曰生，以驭其福；六曰夺，以驭其贫；七曰废，以驭其罪；八曰诛，以驭其过。”苟或舍之，则彼此之势均，何以使其下哉！

肃宗遭唐中衰，幸而复国，是宜正上下之礼以纲纪四方；而偷取一时之安，不思永久之患。彼命将帅，统藩维，国之大事也，乃委一介之使，徇行伍之情，行，户刚翻。无问贤不肖，惟其所欲与者则授之。自是之后，积习为常，君臣循守，以为得策，谓之姑息。姑，且也；息，安也；且求目前之安也。乃至偏裨士卒，杀逐主帅，亦不治其罪，因以其位任授之。然则爵禄、废置、杀生、予夺，此即周礼所谓八柄也。治，直之翻。予，读曰与。皆不出于上而出于下，乱之生也，庸有极乎！

且夫有国家者，赏善而诛恶，故为善者劝，为恶者惩。彼为人下而杀逐其上，恶孰大焉！乃使之拥旄秉钺，师长一方，长，知两翻。是赏之也。赏以劝恶，恶其何所不至乎！书云：“远乃猷。”书康诰之言。猷，谋也。诗云：“猷之未远，是用大谏。”诗大雅板之辞。孔子曰：“人无远虑，必有近忧。”见论语。为天下之政而专事姑息，其忧患可胜校乎！胜，音升。由是为下者常眄眄焉伺其上，眄，眠见翻，目偏合而邪视也。苟得间则攻而族之；为上者常惴惴焉畏其下，苟得间则掩而屠之；二语曲尽唐末藩镇、将卒之情状。间，古苋翻。惴，之睡翻，忧惧貌。争务先发以逞其志，非有相保养为俱利久存之计也。如是而求天下之安，其可得乎！迹其厉阶，肇于此矣。言其祸肇于命侯希逸帅平卢也。毛苌曰：厉，恶也。郑氏曰：犯政为恶曰厉。

盖古者治军必本于礼，故晋文公城濮之战，见其师少长有礼，知其可用。左传：晋楚战于城濮。晋侯登有莘之虚以观师，曰：“少长有礼，其可用也。”遂战，楚师败绩。治，直之翻；下同。

少，诗照翻。长，知两翻。今唐治军而不顾礼，使士卒得以陵偏裨，偏裨得以陵将帅，则将帅之陵天子，自然之势也。贾谊廉陛之论，正此意。

由是祸乱继起，兵革不息，民坠涂炭，无所控诉，凡二百馀年，然后大宋受命。太祖始制军法，使以阶级相承，小有违犯，咸伏斧质。是以上下有叙，令行禁止，四征不庭，庭，直也。不庭，诸侯之不直者。近世儒者以不朝为不庭，谓其不来庭也。无思不服，宇内乂安，兆民允殖，以迄于今，皆由治军以礼故也。岂非诒谋之远哉！

41 是岁，置振武节度使，领镇北大都护府、麟·胜二州；镇北大都护府，领大同、长宁二县。振武节度使，治单于都护府，因旧振武军而建节镇，兼押蕃落使。宋白曰：振武军，旧为单于都护府，即汉定襄郡之盛乐县也，在阴山之阳，黄河之北，后魏所都盛乐是也。唐平突厥，于此置云中都督府，麟德三年，改为单于大都护府；至德后，振武节度治焉。又置陕虢华及豫许汝二节度使；安南经略使为节度使，领交、陆等十一州。安南节度使，领交、陆、峰、爱、驩、长、福禄、芝、武莪、演、武安十一州，治交州。宋白曰：陆州玉山郡，本玉州，上元二年，改为𤩽州，以州界有陆水为名。

42 吐蕃陷河源军。

容肇祖标点聂崇岐覆校

资治通鉴卷第二百二十一

端明殿学士兼翰林侍读学士太中大夫
提举西京嵩山崇福宫上柱国河内郡开国公 **司马光** 奉敕编集
食邑二千二百户食实封九百户赐紫金鱼袋臣

后学天台 **胡三省** 音注

唐纪三十七 起屠维大渊献(己亥),尽上章困敦(庚子),凡二年。

肃宗文明武德大圣大宣孝皇帝下之上

乾元二年(己亥、七五九)

1 春,正月,己巳朔,史思明筑坛于魏州城北,自称大圣燕王;以周挚为行军司马。考异曰:河洛春秋作"周万亖",邠志作"周至",旧传作"周贽"。今从实录。李光弼曰:"思明得魏州而按兵不进,此欲使我懈惰,而以精锐掩吾不备也。请与朔方军同逼魏城,求与之战,彼惩嘉山之败,嘉山之败,事见二百十八卷至德元载。必不敢轻出。得旷日引久,则邺城必拔矣。庆绪已死,彼则无辞以用其众也。"鱼朝恩以为不可,乃止。使用光弼之计,安有滏水之溃乎!朝,直遥翻。

2 戊寅,上祀九宫贵神,李心传曰:九宫贵神者,太一、摄提、权主、招摇、天符、青龙、咸池、太阴、天一。宋白曰:九宫贵神,其说本之黄帝九宫经、萧吉五行大义。用王玙之言也。乙卯,耕藉田。"乙卯",当作"乙酉"。

3 镇西节度使李嗣业攻邺城,为流矢所中,中,竹仲翻。丙申，薨；兵马使荔非元礼代将其众。将，即亮翻。初，嗣业表段秀实为怀州长史，知留后事。李嗣业以镇西、北庭兵屯怀州，会师攻邺，以段秀实知留后事。时诸军屯戍日久，财竭粮尽，秀实独运刍粟，募兵市马以奉镇西行营，相继于道。

4 二月，壬子，月食，既。春秋之法：书日食，不书月食。日，君象也。此因张后之专横而书月食。记曰：男教不修，阳事不得，谪见于天，日为之食；妇顺不修，阴事不得，谪见于天，月为之食。是故日食，则天子素服而修六官之职，荡天下之阳事；月食，则后素服而修六宫之职，荡天下之阴事。故天子之与后，犹日之与月，阴之与阳，相须而成者也。是后月食皆书于目录上方。先是百官请加皇后尊号曰“辅圣”，先，悉荐翻。考异曰：旧纪作“翊圣”，今从实录。上以问中书舍人李揆，对曰：“自古皇后无尊号，惟韦后有之，韦后事见二百八卷中宗景龙元年。岂足为法！”上惊曰：“庸人几误我！”会月食，事遂寝。后与李辅国相表里，横于禁中，几，居依翻。横，户孟翻。干豫政事，请托无穷，上颇不悦，而无如之何。

5 郭子仪等九节度使围邺城，筑垒再重，穿堑三重，重，直龙翻。壅漳水灌之。城中井泉皆溢，构栈而居，自冬涉春，安庆绪坚守以待史思明，食尽，一鼠直钱四千，淘墙䵂及马矢以食马。䵂，与职翻。先以麦䵂杂土筑墙，今围急乏刍，故淘䵂以饲马。食，祥吏翻。人皆以为克在朝夕，而诸军既无统帅，帅，所类翻。进退无所禀；禀，禀令也。禀，必锦翻。行军进退，必禀令于主帅，今诸军无所禀也。城中人欲降者，碍水深，不得出。降，户江翻。城久不下，上下解体。师老势屈，故解体。

思明乃自魏州引兵趣邺，果如李光弼之言。趋，七喻翻。使诸将去城各五十里为营，每营击鼓三百面，遥胁之。又每营选精骑五百，日于城下抄掠，骑，奇寄翻。抄，楚交翻。官军出，辄散归其营；诸军人马牛车日有所失，樵采甚艰，昼备之则夜至，夜备之则昼至。时天下饥馑，转饷者南自江、淮，西自并、汾，舟车相继。思明多遣壮士窃官军装号，督趣运者，趣，读曰促。责其稽缓，妄杀戮人，运者骇惧；舟车所聚，则密纵火焚之；往复聚散，自相辨识，而官军逻捕不能察也。逻，郎佐翻。由是诸军乏食，人思自溃。思明乃引大军直抵城下，观史思明用兵，所谓盗亦有道焉。官军与之刻日决战。

三月，壬申，官军步骑六十万陈于安阳河北，陈，读曰阵；下布陈同。滏水径安阳县而东流，谓之安阳河。思明自将精兵五万敌之，将，即亮翻。诸军望之，以为游军，未介意。思明直前奋击，李光弼、王思礼、许叔冀、鲁炅先与之战，杀伤相半；鲁炅中流矢。中，竹仲翻。郭子仪承其后，未及布陈，大风忽起，吹沙拔木，天地昼晦，咫尺不相辨，两军大惊，官军溃而南，贼溃而北，弃甲仗辎重委积于路。史言滏水之战，天未悔祸，非战之罪。使皆如李光弼、王思礼，在乱能整，则其失亡，不至于甚。重，直用翻。子仪以朔方军断河阳桥保东京。断，音短。战马万匹，惟存三千；甲仗十万，遗弃殆尽。东京士民惊骇，散奔山谷；留守崔圆、河南尹苏震等官吏南奔襄、邓；守，式又翻。襄、邓二州，属山南东道。诸节度各溃归本镇。士卒所过剽掠，剽，匹妙翻。吏不能止，旬日方定。惟李光弼、王思礼整勒部伍，全军以归。考异曰：邠志曰："史思明自称燕王。牙前兵马使吴思礼曰：'思明果反。盖蕃将也，安肯尽节于国家！'因目左武锋使仆固怀恩。怀恩色变，阴恨之。三月六日，史思明轻兵抵相州，郭公率诸军御之，战于万金驿。贼分马军并滏而西，郭公使仆固怀恩以蕃、浑马军邀击，破之。还遇吴思礼于阵，射杀之，呼曰：'吴思礼阵没。'其夕，收军，郭公疑怀恩为变，遂脱身先去。诸军相继溃于城下。"今从实录。

子仪至河阳，将谋城守，师人相惊，又奔缺门。水经注：谷水出弘农渑池县南，又东径新安县故城南，又东径千秋亭南，又东径缺门山，山阜之不接者里馀，故得是名。诸将继至，众及数万，议捐东京，退保蒲、陕。将，即亮翻。捐，于专翻。陕，失冉翻。蒲、陕二州夹河，潼关控其险，可以御敌，故议退保之。都虞候张用济曰："蒲、陕荐饥，不如守河阳，贼至，并力拒之。"子仪从之。使都游弈使灵武韩游瓌将五百骑前趣河阳，使，疏吏翻。瓌，古回翻。骑，奇寄翻。趣，七喻翻。用济以步卒五千继之。周挚引兵争河阳，后至，不得入而去。用济役所部兵筑南、北两城而守之。是后李光弼虽斩张用济而守河阳，则实张用济定计于其先也。段秀实帅将士妻子及公私辎重自野戍渡河，待命于河清之南岸，野戍，即野水渡，置戍守之，因谓之野戍。河清县，本属河南尹，本大基县，武德二年置，八年省，咸亨四年复分河南洛阳、新安、王屋、济源、河阳置大基，先天元年更名河清。帅，读曰率。将，即亮翻。辎，庄持翻。重，直用翻。荔非元礼至而军焉。诸将各上表谢罪，上，时掌翻。上皆不问，惟削崔圆阶封，崔圆先封赵国公，实封户五百。国公，从一品，阶比开府仪同三司。贬苏震为济王府长史，削银青阶。济王环，上弟也。济，子礼翻。长，知两翻。

史思明审知官军溃去，自沙河收整士众，还屯邺城南。史思明之兵溃而北去，至沙河，知官军的去，乃收整其众而南。使官军于滏水惊溃之后，各能收兵还营，坚壁而围守邺城，思明未敢南也。沙河县，隋分龙冈县置，唐属邢州，在邺城西北二百馀里。还，音旋，又音如字。安庆绪收子仪营中粮，得六七万石，与孙孝哲、崔乾佑谋闭门更拒思明。诸将曰："今日岂可复背史王乎！"复，扶又翻。背，蒲妹翻。思明不与庆绪相闻，又不南追官军，但日于军中飨士。张通儒、高尚等言于庆绪曰："史王远来，臣等皆应迎谢。"应，乙陵翻。庆绪曰："任公蹔往。"思明见之涕泣，厚礼而归之。经三日，庆绪不至。思明密召安太清令诱之，蹔，与暂同。令，力丁翻。诱，音酉。庆绪窘蹙，不知所为，乃遣太清上表称臣于思明，请待解甲入城，奉上玺绶。窘，巨陨翻。上，时掌翻。玺，斯氏翻。绶，音受。思明省表，曰："何至如此！"因出表遍示将士，咸称万岁。省，昔景翻。思明出庆绪表遍示将士，以观其情向背。乃手疏唁庆绪疏，所据翻。唁，鱼战翻，吊生曰唁。而不称臣，且曰："愿为兄弟之国，更作藩篱之援。鼎足而立，犹或庶几；北面之礼，固不敢受。"并封表还之。庆绪大悦，因请歃血同盟，思明许之。庆绪以三百骑诣思明营，思明令军士擐甲执兵以待之，几，居希翻。歃，色甲翻。骑，奇寄翻。擐，音宦。引庆绪及诸弟入至庭下。庆绪再拜稽首曰："臣不克荷负，稽，音启。荷，下可翻，又如字。弃失两都，久陷重围，重，直龙翻。不意大王以太上皇之故，庆绪尊禄山为太上皇，见二百十九卷至德元载。远垂救援，使臣应死复生，复，扶又翻，又如字。摩顶至踵，无以报德。"思明忽震怒曰："弃失两都，亦何足言。尔为人子，杀父夺其位，天地所不容。吾为太上皇讨贼，吾为，音于伪翻。岂受尔佞媚乎！"即命左右牵出，并其四弟及高尚、孙孝哲、崔乾佑皆杀之；张通儒、李庭望等悉授以官。思明勒兵入邺城，收其士马，以府库赏将士，庆绪先所有州、县及兵皆归于思明。遣安太清将兵五千取怀州，因留镇之。思明欲遂西略，虑根本未固，乃留其子朝义守相州，朝，直遥翻。引兵还范阳。

6 甲申，回纥骨啜特勒、帝德等十五人自相州奔还西京，上宴之于紫宸殿，宋敏求长安志：宣政殿北曰紫宸门，门内有紫宸殿，即内衙之正殿。赏赐有差。庚寅，骨啜特勒等辞还行营。

7 辛卯，以荔非元礼为怀州刺史，权知镇西、北庭行营节度使。元礼复以段秀实为节度判官。复，扶又翻。

8 甲午，以兵部侍郎吕諲同平章事。乙未，以中书侍郎、同平章事苗晋卿为太子太傅，王玙为刑部尚书，皆罢政事。以京兆尹李岘行吏部尚书，中书舍人兼礼部侍郎李揆为中书侍郎，及户部侍郎第五琦并同平章事。上于岘恩意尤厚，岘亦以经济为己任，军国大事多独决于岘。为李辅国忌岘，不得久于相位张本。于是京师多盗，李辅国请选羽林骑士五百以备巡逻。罗，郎佐翻。李揆上疏曰："昔西汉以南北军相制，故周勃因南军入北军，遂安刘氏。周勃安刘，事见汉高后纪。李揆谓勃因南军入北军，考其本末，恐不如此。皇朝置南、北牙，文武区分，以相伺察。今以羽林代金吾警夜，忽有非常之变，将何以制之！"乃止。金吾卫，属南牙；羽林卫，属北牙。金吾掌巡徼，李辅国欲以羽林军夺其职，故李揆以为言。朝，直遥翻。

9 丙申，以郭子仪为东畿、山东、河东诸道元帅，权知东京留守。东畿，谓东京畿。山东，谓河南、河北。河东，自蒲、绛北至并、代。以河西节度使来瑱行陕州刺史，充陕、虢、华州节度使。来瑱徙河西，未行，而相州师溃，因使之镇陕以守关。然瑱寻徙襄阳。华，户化翻。

10 夏，四月，庚子，泽潞节度使王思礼破史思明将杨旻于潞城东。潞城县，属潞州，隋开皇十六年置，春秋潞子所邑也。九域志：潞城，在潞州东北四十里。

11 太子詹事李辅国，自上在灵武，判元帅行军司马事，侍直帷幄，宣传诏命，四方文奏，宝印符契，晨夕军号，一以委之。及还京师，专掌禁兵，常居内宅，内宅，盖在禁中，辅国止宿之署舍也。制敕必经辅国押署，然后施行，宰相百司非时奏事，皆因辅国关白、承旨。常于银台门决天下事，雍录：按六典大明宫图，有左、右银台门。左银台门直紫宸殿之东，右银台门直紫宸殿之西。又考阁本大明宫图，右银台门内即翰林院、麟德殿，又东历内侍别省、延英殿、光顺门而后至紫宸殿。自左银台门西入，历温室、浴堂殿、绫绮殿而后至紫宸殿。紫宸殿在宣政殿后，当大明宫正中。右银台门在宫城西面，左银台门在宫城东面，以地望准之，正直紫宸东、西耳。事无大小，辅国口为制敕，写付外施行，事毕闻奏。又置察事数十人，潜令于人间听察细事，即行推按；有所追索，诸司无敢拒者。御史台、大理寺重囚，或推断未毕，辅国追诣银台，一时纵之。索，山客翻。断，丁乱翻。三司、府、县鞫狱，皆先诣辅国咨禀，轻重随意，称制敕行之，莫敢违者。宦官不敢斥其官，皆谓之五郎。李揆山东甲族，见辅国执子弟礼，谓之五父。李揆裔出陇西，其先客居荥阳，遂为山东甲族。李辅国，第五。

及李岘为相，于上前叩头，论制敕皆应由中书出，具陈辅国专权乱政之状，上感寤，赏其正直；岘，户典翻。相，息亮翻。辅国行事，多所变更，更，工衡翻。罢其察事。辅国由是让行军司马，请归本官，本官，太子詹事。上不许。【章：甲十六行本"许"下有"壬寅"二字；乙十一行本同；张校同，云无注本亦无。】制："比缘军国务殷，或宣口敕处分。比，毗至翻。处，昌吕翻。分，扶问翻。诸色取索及杖配囚徒，自今一切并停。如非正宣，并不得行。索，山客翻。正宣，宣命。凡出宣命，有底在中书，可以检覆，谓之正宣。中外诸务，各归有司。英武军虞候及六军诸使、诸司等，比来或因论竞，悬自追摄，英武军，殿前射生手也，置虞候以统之。六军，北门六军也。诸使，内诸使也。诸司，内诸司也。使，疏吏翻。论，卢毗翻。自今须一切经台、府。台，御史台。府，京兆府。如所由处断不平，处，昌吕翻。断，丁乱翻。听具状奏闻。诸律令除十恶、杀人、奸、盗、造伪外，馀烦冗一切删除，仍委中书、门下与法官详定闻奏。"辅国由是忌岘。考异曰：实录李岘传曰："时李辅国专典禁中兵权，诏旨或不由中书而出，岘切陈其状。肃宗甚嘉之，即日下诏，如岘奏。由是挫辅国威权，辅国颇忌之。"盖即此诏也。

12 甲辰，置陈、郑、亳节度使，以邓州刺史鲁炅为之；以徐州刺史尚衡为青、密七州节度使；七州，青、密、登、莱、淄、沂、海。炅，古迥翻。以兴平军节度使李奂兼豫、许、汝三州节度使；仍各于境上守捉防御。陈、郑、亳前此未尝置节镇，鲁炅自南阳为之。青、密等七州，尚衡自彭城升统之。兴平军本置于雍州始平县，李奂时在行营，使统豫、许、汝三州。此皆临时分镇，非有一定规模也。

九节度之溃于相州也，鲁炅所部兵剽掠尤甚，剽，匹妙翻。闻郭子仪退屯河上，李光弼还太原，炅惭惧，饮药而死。还，从宣翻，又音如字。

13 史思明自称大燕皇帝，改元顺天，燕，因肩翻。考异作“应天皇帝”，注曰：河洛春秋曰：“上元三年春三月，思明怀西侵之谋，虑北地之变，乃令男朝义留守相城，自领士马归范阳，因僭号后燕，改元顺天元年。”按实录，此年正月一日，思明称燕王，立年号。实录、旧传皆不载所改年名。纪年通谱，此年即思明顺天元年。柳璨正闰位历，思明有顺天、应天二号。按蓟门纪乱：“思明既杀乌承恩，不称国家正朔，亦不受庆绪指麾，境内但称某月而已。乾元二年四月癸酉，思明僭位于范阳，建元顺天，国号大燕，立妻辛氏为皇后，次子朝兴为皇太子，长子朝义为怀王。六月，于开元寺造塔，改寺名为顺天。上元二年正月癸卯，思明大赦，改元应天。”实录云：“正月，立年号。”河洛春秋云：“上元三年僭号。”蓟门纪乱云：“立朝兴为太子。”按思明欲立少子为太子，左右泄其谋，故朝义弑之。纪乱云于时已立为太子，误也。按长历，四月丁酉朔，无癸酉。立其妻辛氏为皇后，子朝义为怀王，以周挚为相，李归仁为将，朝，直遥翻。相，息亮翻。将，即亮翻。改范阳为燕京，诸州为郡。

14 戊申，以鸿胪卿李抱玉为郑、陈、颍、亳节度使。胪，凌如翻。使，疏吏翻。抱玉，安兴贵之后也，安兴贵，见一百八十七卷高祖武德二年。为李光弼裨将，屡有战功，自陈耻与安禄山同姓，故赐姓李氏。

15 回纥毗伽阙可汗卒，长子叶护先遇杀，国人立其少子，是为登里可汗。纥，下没翻。伽，求迦翻。长，知两翻。少，始照翻。可，从刊入声。汗，音寒。卒，子恤翻。回纥欲以宁国公主为殉。公主曰：“回纥慕中国之俗，故娶中国女为妇。若欲从其本俗，何必结婚万里之外邪！”邪，音耶。然亦为之剺面而哭。漠北之俗，死者停尸于帐，子孙及亲属男女各杀牛马，陈于帐前祭之，绕帐走马七匝，诣帐门，以刀剺面，且哭，血泪俱流，如此者七度，乃止。为，于伪翻。剺，里之翻。

16 凤翔马坊押官为劫，押官者，管押马坊之官。天兴尉谢夷甫捕杀之。天兴县，本古雍县，至德二载，改曰凤翔，仍分置天兴县，带凤翔府。其妻讼冤。李辅国素出飞龙厩，李辅国本飞龙小儿。敕监察御史孙蓥鞫之，无冤。监，古衔翻。蓥，余倾翻，又乌定翻。又使御史中丞崔伯阳、刑部侍郎李晔、大理卿权献鞫之，此唐制所谓小三司也。与蓥同。犹【章：甲十六行本"犹"上有"妻"字；乙十一行本同；张校同；退斋校同。】不服。又使侍御史太平毛若虚鞫之，太平县，属绛州，魏太武帝置泰平县，周改为太平，因太平关城为名。若虚倾巧士，希辅国意，归罪夷甫。伯阳怒，召若虚诘责，欲劾奏之。诘，去吉翻。劾，户概翻，又户得翻。若虚先自归于上，上匿若虚于帘下。伯阳寻至，言若虚附会中人，鞫狱不直。上怒，叱出之。伯阳贬高要尉，献贬桂阳尉，桂阳，汉县，隋、唐带连州。晔与凤翔尹严向皆贬岭下尉，岭下，谓度岭南下诸县，史失晔、向所贬县名，故云皆贬岭下尉。蓥除名，长流播州。吏部尚书、同平章事李岘奏伯阳无罪，责之太重，上以为朋党，五月，辛巳，贬岘蜀州刺史。尚，辰羊翻。岘，户典翻。考异曰：代宗实录云："属有盗发凤翔、管在北军者，诏遣御史讯鞫，盗已伏罪。李辅国执奏重覆。殿中侍御史毛若虚奏覆与辅国协。肃宗大怒，下三司推鞫之。岘以若虚不直，陈于上前。及三司覆奏，与岘理协，肃宗以为朋党。会同列李揆希旨，遂贬岘为通州刺史，三司大臣皆贬官。"今从肃宗实录、旧纪、传。右散骑常侍韩择木入对，散，悉亶翻。骑，奇寄翻。上谓之曰："李岘欲专权，今贬蜀州，朕自觉用法太宽。"对曰："李岘言直，非专权。陛下宽之，只益圣德耳。"若虚寻除御史中丞，威振朝廷。朝，直遥翻。

17 壬午，以滑、濮节度使许叔冀为汴州刺史，充滑、汴等七州节度使；新书方镇表：汴、滑节度使治滑州，领州五：滑、濮、汴、曹、宋。以试汝州刺史刘展为滑州刺史，充副使。

18 六月，丁巳，分朔方置邠、宁等九州节度使。方镇表：开元九年置朔方节度使，领单于大都护府，夏、盐、绥、银、丰、胜六州，定远、丰安二军，三受降城。十年，增领鲁、丽、契三州。二十二年，兼关内道采访处置使，增泾、原、宁、庆、陇、鄜、坊、丹、延、会、宥、麟十二州。以匡、长二州隶庆州，安乐、长乐二州隶原州。天宝元年，增领邠州。乾元元年，分镇北大都护府，麟、胜二州，置振武节度使。是年，废关内节度使，罢领单于大都护，以泾、原、宁、庆、坊、鄜、丹、延隶邠宁节度。邠州本豳州，开元十三年以"豳"字类"幽"，改曰邠。

19 观军容使鱼朝恩恶郭子仪，恶，乌路翻。因其败，短之于上。秋，七月，上召子仪还京师，以李光弼代为朔方节度使、兵马元帅。考异曰：邠志曰："四月，肃宗使丞相张公镐东都，慰勉诸军。郭公陈馔于军，张公不坐而去。军中不悦，朋肆流议。居十日，有中使追郭公。"汾阳家传曰："六月，公朝于京师，三让元帅，上许之。乃诏李光弼代公为副。"段公别传曰："五月，李光弼代子仪为副元帅，守东都。"今因实录七月除赵王系为元帅，并言之。士卒涕泣，遮中使请留子仪。子仪绐之曰："我饯中使耳，未行也。"因跃马而去。

光弼愿得亲王为之副，辛巳，以赵王系为天下兵马元帅，光弼副之，考异曰：旧传："思明纵兵河南，加光弼太尉兼中书令，代郭子仪为朔方节度、兵马副元帅，以东师委之。"新传云："帝贷诸将罪，以光弼兼幽州大都督府长史、知诸道节度行营事，又代子仪为朔方节度使。未几，为天下兵马副元帅。"按实录，光弼加太尉、中书令在上元元年破史思明后，为幽州都督在此年八月。其代子仪节制朔方，实录无月日。制辞云："宜副出车之命，仍践分麾之宠。"盖只在此时耳。仍以光弼知诸节度行营。光弼以河东骑五百驰赴东都，夜，入其军。光弼治军严整，始至，号令一施，士卒、壁垒、旌旗、精采皆变。史言光弼入朔方军，部分皆因子仪之旧，但号令加严整耳。治，直之翻。是时朔方将士乐子仪之宽，惮光弼之严。乐，音洛。

左厢兵马使张用济屯河阳，光弼以檄召之。用济曰："朔方，非叛军也，乘夜而入，何见疑之甚邪！"与诸将谋以精锐突入东京，逐光弼，请子仪；命其士皆被甲上马，衔枚以待。被，皮义翻。上，时掌翻。都知兵马使仆固怀恩曰："邺城之溃，郭公先去，观怀恩此言，则邠志所云亦可以传信。朝廷责帅，故罢其兵柄。今逐李公而强请之，【章：甲十六行本"之"下有"违拒朝命"四字；乙十一行本同；退斋校同。】是反也，其可乎！"帅，所类翻。强，其两翻，又音如字。右武锋使康元宝曰："君以兵请郭公，朝廷必疑郭公讽君为之，是破其家也。郭公百口何负于君乎！"用济乃止。怀恩此言，与康元宝之言皆是也。使诸将从张用济于恶，史思明之兵复至，唐事殆矣。光弼以数千骑东出汜水，用济单骑来谒。光弼责用济召不时至，斩之，命部将辛京杲代领其众。考异曰：旧传曰："用济承子仪之宽，惧光弼之令，与诸将颇有异议，欲逗留其众。光弼以数千骑出次汜水县，用济单骑迎谒，即斩于辕门，诸将慑伏，以辛京杲代之。复追都兵马使仆固怀恩。怀恩惧，先期而至。"邠志曰："五月二十三日，诏河东节度使李公代子仪兼统诸军。李公既受命，以河东马军五百骑至东都，夜，入其军。张用济在河阳，闻之曰：'朔方军，非叛人也，何见疑之甚！'欲率精骑突入东都，逐李公，请郭公。李公知之，遂留东都，表请济师于河阳。冬十月，思明引众渡河。李公曰：'思明渡河，必图洛城，我当守武牢关，扬兵于广武原以待之。'遂引军东出师汜水县。檄追河阳诸将，用济后至，李公数其罪而戮之，以辛京杲代领其职。明日，引军入河阳。"按实录，此月光弼为副元帅，九月始移军河阳耳。

20 仆固怀恩继至，光弼引坐，与语。史言李光弼待仆固怀恩有加于诸将。须臾，阍者白："蕃、浑五百骑至矣。"蕃、浑，谓诸蕃种及浑种。光弼变色。怀恩走出，召麾下将，阳责之曰："语汝勿来，何得固违！"将，即亮翻。语，牛倨翻。光弼曰："士卒随将，亦复何罪！"命给牛酒。史言怀恩成备而后见光弼，光弼虽知其情而容忍不发。复，音扶又翻。

21 以【章：甲十六行本“以”上有“丁亥”二字；乙十一行本同；退斋校同。】潞沁节度使王思礼王思礼节度泽、潞、沁三州，史或称泽路，或称潞沁。沁，七鸩翻。兼太原尹，充北京留守、河东节度使。代李光弼也。

初，潼关之败，事见一百十八卷至德元载。思礼马中矢而毙，有骑卒盩厔张光晟下马授之，中，竹仲翻。盩，音辀。厔，音窒。晟，丞正翻。问其姓名，不告而去。思礼阴识其状貌，识，音志。求之不获。及至河东，或谮代州刺史河西辛云京，云京，兰州金城人，属河西路。思礼怒之，云京惧，不知所出。光晟时在云京麾下，曰：“光晟尝有德于王公，从来不敢言者，耻以此取赏耳。今使君有急，光晟请往见王公，必为使君解之。”为，于伪翻；下特为同。云京喜而遣之。光晟谒思礼，未及言，思礼识之曰：“噫！子非吾故人乎？何相见之晚邪！”光晟以实告。思礼大喜，执其手，流涕曰：“吾之有今日，皆子力也。思礼言，光晟授己以马，脱己于兵，得有今日。吾求子久矣。”引与同榻坐，约为兄弟。光晟因从容言云京之冤。从，千容翻。思礼曰：“云京过亦不细，今日特为故人舍之。”即日擢光晟为兵马使，赠金帛田宅甚厚。张光晟于王思礼，可谓君子矣。其后事德宗，以失职怨望，遂委身于朱泚，何前后之相违也！

22 辛卯，以朔方节度副使、殿中监仆固怀恩兼太常卿，进爵大宁郡王。怀恩从郭子仪为前锋，勇冠三军，冠，古玩翻。前后战功居多，故赏之。

23 八月，乙巳，襄州将康楚元、张嘉延据州作乱，刺史王政奔荆州。楚元自称南楚霸王。

24 回纥以宁国公主无子，听归；丙辰，至京师。公主嫁回纥见上卷上年。

25 戊午，上使将军曹日升往襄州慰谕康楚元，贬王政为饶州长史，以司农少卿张光奇为襄州刺史；楚元不从。

26 壬戌，以李光弼为幽州长史、河北节度等使。使之收复河北及幽、燕也。

27 九月，甲午，张嘉延袭破荆州，荆南节度使杜鸿渐弃城走，澧、朗、郢、峡、归等州官吏闻之，争潜窜山谷。时荆南节度使领荆、澧、朗、郢、复、夔、峡、忠、万、归十州。

28 戊辰，更令绛州铸乾元重宝大钱，唐世铸钱，大凡天下诸炉九十九，而绛州之炉三十。其馀诸炉，或隔江岭，或没寇虏，故当时铸钱率倚绛州。加以重轮，一当五十；大钱径一寸二分，文亦曰“乾元重宝”，背之外郭为重轮。每缗重十二斤，号重棱钱。重，直龙翻。在京百官，先以军旅皆无俸禄，宜以新钱给其冬料。冬料，各官冬季所当得俸料钱也。

29 丁亥，以太子少保崔光远为荆、襄招讨使，充山南东道处置兵马都使；处，昌吕翻。以陈、颍、亳、申节度使王仲升为申、沔等五州节度使，知淮南西道行营兵马。时淮西节度使领申、光、寿、安、沔五州。

30 史思明使其子朝清守范阳，命诸郡太守各将兵三千从己向河南，分为四道，使其将令狐彰将兵五千自黎阳济河取滑州，思明自濮阳，史朝义自白皋，周挚自胡良济河，白皋、胡良皆河津济渡之要，在滑州西北岸。“良”，或作“梁”。濮，音卜。会于汴州。

李光弼方巡河上诸营，闻之，还入汴州，谓汴滑节度使许叔冀曰：“大夫能守汴州十五日，我则将兵来救。”叔冀许诺。光弼还东京。思明至汴州，叔冀与战，不胜，遂与濮州刺史董秦及其将梁浦、刘从谏、田神功等降之。许叔冀卒如张镐之言。思明以叔冀为中书令，与其将李详守汴州；厚待董秦，收其妻子，置长芦为质；长芦，汉参户县地，后周更名长芦县，时属沧州。质，音致。使其将南德信与梁浦、刘从谏、田神功等数十人徇江、淮。神功，南宫人也，南宫，汉古县，属冀州。思明以为平卢兵马使。顷之，神功袭德信，斩之。从谏脱身走。神功将其众来降。

思明乘胜西攻郑州，郑州荥阳郡。光弼整众徐行，至洛阳，谓留守韦陟曰："贼乘胜而来，利在按兵，不利速战。洛城不可守，于公计何如？"陟请留兵于陕，退守潼关，据险以挫其锐。守，式又翻。陕，失冉翻。潼，音同。光弼曰："两敌相当，贵进忌退，今无故弃五百里地，则贼势益张矣。张，知亮翻，又如字。不若移军河阳，北连泽潞，利则进取，不利则退守，表里相应，使贼不敢西侵，此猿臂之势也。猿臂可伸而长，可缩而短，故以为喻。夫辨朝廷之礼，光弼不如公；夫，音扶。朝，直遥翻。论军旅之事，公不如光弼。"陟无以应。判官韦损曰："东京帝宅，侍中奈何不守？"按李光弼至德之初已为司空，乾元元年为侍中，故韦损以此呼之。光弼曰："守之，则汜水、崿岭、龙门皆应置兵，汜水有成皋之险。崿岭在登封县。龙门则伊阙。汜，音祀。崿，逆各翻。子为兵马判官，能守之乎？"遂移牒留守韦陟使帅东京官属西入关，牒河南尹李若幽使帅吏民出城避贼，空其城。光弼帅军士运油、铁诸物诣河阳为守备，光弼以五百骑殿。帅，读曰率。殿，丁练翻。时思明游兵已至石桥，诸将请曰："今自洛城而北乎，当石桥而进乎？"光弼曰："当石桥而进。"水经注：谷水东径洛阳广莫门北，汉之谷门也，东径建春门石桥下，即上东门也。此言汉、晋洛城诸门，非隋、唐所徙洛城也。上东门之地，唐为镇。及日暮，光弼秉炬徐行，部曲坚重，贼引兵蹑之，不敢逼。蹑之者，欲其凶惧而自溃。不敢逼者，以其严整而难犯。光弼夜至河阳，有兵二万，郭子仪自滏水退守河阳，众及数万。及李光弼至河阳，有兵二万。何众寡之相悬乎！盖张用济之死，朔方士卒畏威而逃散者多也。粮才支十日。光弼按阅守备，部分士卒，无不严办。分，扶问翻。考异曰：实录，光弼谓韦陟曰："洛城无粮，不可守。"按河阳粮才支十日，亦非粮多也。今不取。庚寅，思明入洛阳，城空，无所得，畏光弼掎其后，掎，居绮翻。不敢入宫，退屯白马寺南，筑月城于河阳南以拒光弼。史思明乘锐胜以攻河阳，乃先筑月城者，恐战有邂逅也。于是郑、滑等州相继陷没，思明既至洛阳，则郑、滑等州已陷没矣。通鉴因史家成文，失于删修也。韦陟、李若幽皆寓治于陕。

31 冬，十月，丁酉，下制亲征史思明；群臣上表谏，乃止。

32 史思明引兵攻河阳，使骁将刘龙仙诣城下挑战。骁，坚尧翻。挑，徒了翻。龙仙恃勇，举右足加马鬣上，慢骂光弼。光弼顾诸将曰："谁能取彼者？"仆固怀恩请行。光弼曰："此非大将所为。"光弼之言得体，怀恩固心服矣。左右言"裨将白孝德可往。"光弼召问之。孝德请行。光弼问："须几何兵？"对曰："请挺身取之。"光弼壮其志，然固问所须。对曰："愿选五十骑出垒门为后继，兼请大军助鼓噪以增气。"光弼抚其背而遣之。既赏其勇，而尤赏其有取敌之方略。孝德挟二矛，策马乱流而进。横绝流曰乱。半涉，怀恩贺曰："克矣。"光弼曰："锋未交，何以知之？"怀恩曰："观其揽辔安闲，知其万全。"龙仙见其独来，甚易之；易，以豉翻。稍近，将动，孝德摇手示之，若非来为敌者，龙仙不测而止。去之十步，乃与之言，龙仙慢骂如初。孝德息马良久，息马者，使马力完复而后战。因瞋目谓曰："贼识我乎？"龙仙曰："谁也？"曰："我，白孝德也。"龙仙曰："是何狗彘！"孝德大呼，呼，火故翻。瞋，昌真翻。运矛跃马搏之。城上鼓噪，五十骑继进。龙仙矢不及发，环走堤上。孝德追及，斩首，携之以归。龙仙恃勇轻敌，而孝德出其不意搏之，故胜。贼众大骇。孝德，本安西胡人也。

思明有良马千馀匹，每日出于河南渚浴之，循环不休以示多。光弼命索军中牝马，得五百匹，索，山客翻。絷其驹于城内。俟思明马至水际，尽出之，马嘶不已，思明马悉浮渡河，一时驱之入城。牡马慕牝，一时渡河，此小术耳。思明不能制，阻河水也。思明怒，列战船数百艘，泛火船于前而随之，欲乘流烧浮桥。光弼先贮百尺长竿数百枚，艘，苏遭翻。贮，丁吕翻。以巨木承其根，毡裹铁叉置其首，以迎火船而叉之。船不得进，须臾自焚尽。又以叉拒战船，于桥上发炮石击之，中者皆沉没，贼不胜而去。

思明见兵于河清，炮，匹貌翻。中，竹仲翻。见，贤遍翻。杜佑曰：河清县，南临黄河。欲绝光弼粮道，光弼军于野水渡以备之。既夕，还河阳，留兵千人，使部将雍希颢守其栅，雍，于用翻。曰："贼将高庭晖、李日越、喻文景，皆万人敌也，喻，姓也。姓谱：东晋有喻归，撰河西记。思明必使一人来劫我。我且去之，汝待于此。若贼至，勿与之战。降，则与之俱来。"诸将莫谕其意，皆窃笑之。既而思明果谓李日越曰："李光弼长于凭城，今出在野，此成擒矣。汝以铁骑宵济，为我取之，为，于伪翻。不得，则勿返。"日越将五百骑晨至栅下，希颢阻壕休卒，吟啸相视。日越怪之，怪其无战意也。问曰："司空在乎？"李光弼加司空、侍中，故称之。曰："夜去矣。""兵几何？"曰："千人。""将谁？"曰："雍希颢。"日越默计久之，谓其下曰："今失李光弼，得希颢而归，吾死必矣，不如降也。"遂请降。希颢与之俱见光弼，光弼厚待之，任以心腹。高庭晖闻之，亦降。或问光弼："降二将何易也？"易，弋豉翻。光弼曰："此人情耳。思明常恨不得野战，闻我在外，以为必可取。日越不获我，势不敢归。庭晖才勇过于日越，闻日越被宠任，必思夺之矣。"此谓之善用其所短。孙膑有言，善战者因其势而利导之。庭晖时为五台府果毅，代州有五台府。己亥，以庭晖为右武卫大将军。唐诸府果毅，品秩犹卑，诸卫大将军，则三品矣。考异曰：新传曰："上元元年，光弼降贼将高晖、李日越。"按此月己亥，高庭晖授特进，疑即高晖也。丁巳，李日越又授特进。是此月皆已降。新传误。邠志曰："二年三月，思明引众南去，使其子朝义围河阳。四月一日，思明陷洛城。上元元年五月，思明耀兵于河清，宣言曰：'我且渡河，绝彼饷道，三城食尽，不攻自下。'李公闻之，师于野水渡。既夕，还军。"与实录亦相违。今从实录。

思明复攻河阳，复，扶又翻；下日复同。光弼谓郑陈节度使李抱玉曰：方镇表：乾元二年，置郑陈节度使，领郑、陈、亳、颍四州。然此时郑州已没于史思明矣。"将军能为我守南城二日乎？"为，于伪翻。抱玉曰："过期何如？"光弼曰："过期救不至，任弃之。"抱玉许诺，勒兵拒守。城且陷，抱玉给之曰："吾粮尽，明旦当降。"贼喜，敛军以待之。抱玉缮完城备，明日，复请战。贼怒，急攻之。抱玉出奇兵，表里夹击，杀伤甚众。

董秦从思明寇河阳，夜，帅其众五百，拔栅突围，降于光弼。帅，读曰率；下同。时光弼自将屯中潬，城外置栅，栅外穿堑，深广二丈。中河起石潬，筑城，以卫河桥。潬，荡旱翻。尔雅：潬，沙出。深，式禁翻。广，古旷翻。乙巳，贼将周挚舍南城，并力攻中潬。光弼命荔非元礼出劲卒于羊马城以拒贼。城外别筑短垣，高才及肩，谓之羊马城。光弼自于城东北隅建小朱旗以望贼。贼恃其众，直进逼城，以车载攻具自随，督众填堑，三面各八道以过兵，又开栅为门。光弼望贼逼城，使问元礼曰："中丞视贼填堑开栅过兵，晏然不动，何也？"元礼曰："司空欲守乎，战乎？"光弼曰："欲战。"元礼曰："欲战，则贼为吾填堑，为，于伪翻；下保为同。何为禁之？"光弼曰："善，吾所不及，勉之！"虽赏其敢战，而战危事也，故曰勉之。元礼俟栅开，帅敢死士突出击贼，却走数百步。元礼度贼陈坚，未易摧陷，度，徒洛翻。易，弋豉翻。乃复引退，复，扶又翻；下挚复同。须其怠而击之。光弼望元礼退，怒，遣左右召，欲斩之。元礼曰："战正急，召何为？"乃退入栅中。贼亦不敢逼。良久，鼓噪出栅门，奋击，破之。

周挚复收兵趣北城。趣，七喻翻。光弼遽帅众入北城，登城望贼曰："贼兵虽多，嚣而不整，不足畏也。不过日中，保为诸君破之。"乃命诸将出战。及期，不决，召诸将问曰："向来贼陈，陈，读曰阵。何方最坚？"曰："西北隅。"光弼命其将郝廷玉当之。廷玉，光弼之爱将也。廷玉请骑兵五百，与之三百。又问其次坚者。曰："东南隅。"光弼命其将论惟贞当之。论，姓也。诸论自吐蕃来降。惟贞请铁骑三百，与之二百。光弼令诸将曰："尔曹望吾旗而战，吾飐旗缓，任尔择利而战；吾急飐旗三至地，飐，占琰翻。则万众齐入，死生以之，少退者斩！"又以短刀置鞾中，鞾，与靴同。释名曰：靴本胡服，赵武灵王所作。实录曰：胡履也。赵武灵王好胡服，常短靿，以黄皮为之，后渐以长靿，军戎通服。唐马周杀其靿，加以靴毡。开元中，裴叔通以羊为之，隐麖，加以带子装束。故事，胡虏之服不许着入殿省，至马周加饰，乃许之。曰："战，危事，吾国之三公，不可死贼手，万一战不利，诸君前死于敌，我自刭于此，不令诸君独死也。"诸将出战，顷之，廷玉奔还。光弼望之，惊曰："廷玉退，吾事危矣。"命左右取廷玉首。廷玉曰："马中箭，非敢退也。"使者驰报。光弼令易马，遣之。仆固怀恩及其子开府仪同三司玚战小却，玚，音畅，又雉杏翻。光弼又命取其首。怀恩父子顾见使者提刀驰来，更前决战。光弼连飐其旗，诸将齐进致死，呼声动天地，呼，火故翻。贼众大溃，史言河阳之战，真为确斗，非李光弼督诸将致死，不足以决胜。斩首千馀级，捕虏五百人，溺死者千馀人，周挚以数骑遁去，擒其大将徐璜玉、李秦授。其河南节度使安太清走保怀州。考异曰：旧传："斩万馀级，生擒八千馀人，擒其大将徐璜玉、李秦授、周挚。"按李秦授上元元年四月乃见擒。周挚二年三月为史朝义所杀。今从实录。实录云："擒伪怀州节度使安太清并男朝俊，伪贝州刺史徐璜玉。"按太清，上元元年九月拔怀州始擒之。今从旧传。余按通鉴书擒徐璜玉、李秦授，盖从旧传，而以旧传擒周挚为误。

实录所云擒安太清、朝俊，通鉴皆不取，而考异谓之“今从实录”，此四字不可晓。若参取二书，又考本末，则此时只当书擒徐璜玉。如李秦授亦未当书擒。思明不知挚败，尚攻南城，光弼驱俘囚临河示之，乃遁。

丁巳，以李日越为右金吾大将军。

33 邛、简、嘉、眉、泸、戎等州蛮反。简州，汉牛鞞、广都之地，后魏于牛鞞置阳安县及武康郡，隋废郡，以县属蜀郡，仁寿初，分置简州。馀注见前。邛，渠容翻。泸，龙都翻。

34 十一月，甲子，以殿中监董秦为陕西、神策两军兵马使，此殿中监，所谓带职以寄禄也。赐姓李、名忠臣。

35 康楚元等众至万馀人，商州刺史充荆、襄等道租庸使韦伦发兵讨之，驻于邓之境，招谕降者，厚抚之；降，户江翻。伺其稍怠，进军击之，生擒楚元，其众遂溃；得其所掠租庸二百万缗，荆、襄皆平。伦，见素之从弟也。韦见素相天宝以迨至德。从，才用翻。

36 发安西、北庭兵屯陕，以备史思明。

37 第五琦作乾元钱、重轮钱，与开元钱三品并行，重，直龙翻。民争盗铸，货轻物重，谷价腾踊，饿殍相望。上言者皆归咎于琦，庚午，贬琦忠州长史。忠州，汉临江、垫江、枳县地，梁置临江郡，后周置临山〔州〕，隋废郡及州，以县属巴东郡，唐初分置忠州，地边巴徼，心怀忠信为名。殍，皮表翻。上，时两翻。长，知两翻。忠州南宾郡，唐置忠州，以地边巴徼，心怀忠信为名。御史大夫贺兰进明贬溱州员外司马，坐琦党也。

38 十二月甲午，吕諲领度支使。

39 乙巳，韦伦送康楚元诣阙，斩之。

40 史思明遣其将李归仁将铁骑五千寇陕州，神策兵马使卫伯玉以数百骑击破之于礓子阪，得马六百匹，归仁走。以伯玉为镇西、四镇行营节度使。李忠臣与归仁等战于永宁、莎栅之间，屡破之。礓子阪，在河南永宁县西。永宁，汉宜阳县西界之地，后周置同轨郡及熊耳县、崤县，隋废郡及崤县，义宁元年改为永宁县。礓，居良翻。宋白曰：永宁县，本汉渑池县之西境，后魏大统十年，于今县东黄芦城置北宜阳县，废帝二年，改为熊耳，后周移于刘坞，隋开皇三年，移于同轨城，义宁三年，移于永固，因苻坚旧城置县，以永宁为名。武德三年，移理同轨，贞观十四年移理莎栅，十七年又移理鹿桥。

上元元年（庚子、七六〇）是年闰四月始改元。

1 春，正月，辛巳，以李光弼为太尉兼中书令，馀如故。

2 丙戌，以于阗王胜之弟曜同四镇节度副使，权知本国事。于阗王与四镇节度使皆在行营，故令其弟与节度副使同权国事。

3 党项等羌吞噬边鄙，将逼京畿，乃分邠宁等州节度为鄜坊丹延节度，亦谓之渭北节度。邠宁节度领州九，分四州为渭北节度。鄜，音肤。以邠州刺史桑如珪领邠宁，鄜州刺史杜冕领鄜坊节度副使，分道招讨。戊子，以郭子仪领两道节度使，两道，邠宁、鄜坊也。留京师，假其威名以镇之。

4 上祀九宫贵神。

5 二月，李光弼攻怀州，史思明救之。癸卯，光弼逆战于沁水之上，破之，斩首三千馀级。沁，七鸩翻。

6 忠州长史第五琦既行，或告琦受人金二百两，遣御史刘期光追按之。琦曰："琦备位宰相，二百两金不可手挈；若付受有凭，请准律科罪。"期光即奏琦已服罪。史言刘期光不能审克阅实而妄奏。庚戌，琦坐除名，长流夷州。宋白曰：夷州之地，历代恃险，不闻臣附。隋大业七年，始招慰，置绥阳县，唐武德四年，置夷州。旧志：京师南四千三百八十七里，至洛阳三千八百八十里。

7 三月，甲申，改蒲州为河中府。

8 庚寅，李光弼破安太清于怀州城下；夏，四月，壬辰，破史思明于河阳西渚，斩首千五百馀级。

9 襄州将张维瑾、曹玠杀节度使史翙，据州反。翙，呼外翻。

制以陇州刺史韦伦为山南东道节度使。时李辅国用事，节度使皆出其门。伦既朝廷所除，又不谒辅国，寻改秦州防御使。己未，以陕西节度使来瑱为山南东道节度使。至德二载，废南阳节度使，升襄阳防御使为山南东道节度使，领襄、邓、随、唐、安、均、房、金、商九州，治襄州。瑱至襄州，张维瑾等皆降。降，户江翻。

10 闰月，丁卯，加河东节度使王思礼为司空。自武德以来，思礼始不为宰相而拜三公。

11 甲戌，徙赵王系为越王。

12 己卯，赦天下，改元。改元上元。

13 追谥太公望为武成王，选历代名将为亚圣、十哲。开元十九年，始置太公尚父庙，以留侯张良配；中春、中秋上戊祭之，牲乐之制如文宣王。出师命将，发日，引辞于庙。仍以古名将十人为十哲，配享。是年，尊为武成王，以历代良将为十哲像，坐侍：秦武安侯白起、汉淮阴侯韩信、蜀丞相诸葛亮、唐尚书右仆射卫国公李靖、司空英国公李勣列于左；汉太子少傅张良、齐大司马田穰苴、吴将军孙武、魏西河守吴起、燕昌国君乐毅列于右。其中祀、下祀并杂祀一切并停。旱故也。唐六典：昊天上帝、五方帝、皇地祇、神州宗庙为大祀。日月、星辰、社稷、先代帝王、岳镇、海渎、帝社、先蚕、孔宣父、齐太公、诸太子庙为中祀。司中、司命、风师、雨师、众星、山林、川泽、五龙祠等及州、县社稷、释奠为小祀。杂祀，盖小鬼之神，若汉志所谓杜将军、宝鸡之类。

14 是日，史思明入东京。考异曰：按去年九月，思明已入东京。实录至此复云尔者，盖当时城空，李光弼在河阳，思明还屯白马寺，不入宫阙，今始移军入其城耳。

15 五月，丙午，以太子太傅苗晋卿行侍中。晋卿练达吏事，而谨身固位，时人比之胡广。

16 宦者马上言受赂，为人求官于兵部侍郎、同中书门下三品吕諲，諲为之补官。为，于伪翻。事觉，上言杖死。壬子，諲罢为太子宾客。

17 癸丑，以京兆尹南华刘晏为户部侍郎，充度支、铸钱、盐铁等使。南华，本汉离狐县，历代不更名；天宝元年，更名南华县，属曹州。盐铁使，乾元元年以命第五琦。会要：开元二十五年，监察御史罗文信充诸道铸钱使，其后杨慎矜、杨国忠相继为之。晏善治财利，故用之。治，直之翻。

18 六月，甲子，桂州经略使邢济奏：破西原蛮二十万众，斩其帅黄乾曜等。西原蛮居广、容之南，邕、桂之西，有宁氏，相承为豪。又有黄氏，居黄橙洞，其属也。其地西接南诏。天宝初，黄氏强，与韦氏、周氏、侬氏相唇齿，为寇害，据十馀州，又逐韦、周于海滨县，地数千里。帅，所类翻。

19 乙丑，凤翔节度使崔光远奏破泾、陇羌、浑十馀万众。【据章钰资治通鉴校宋记补。】

20 三品钱行浸久，开元钱与乾元当十钱、重轮钱为三品。属岁荒，米斗至七千钱，人相食。京兆尹郑叔清捕私铸钱者，数月间，榜死者八百馀人，不能禁。属，之欲翻。榜，音彭。乃敕京畿，开元钱与乾元小钱皆当十，其重轮钱当三十，诸州更俟进止。是时史思明亦铸顺天、得一钱，史思明铸"得一元宝"钱，径一寸四分。既而恶得一非长祚之兆，改其文曰"顺天元宝"。一当开元钱百。贼中物价尤贵。

21 甲申，兴王佋薨。佋，张后长子也，幼曰定王侗。佋，音韶。侗，音通，又音同。张后以故数欲危太子，数，所角翻。太子常以恭逊取容。会佋薨，侗尚幼，太子位遂定。

22 乙酉，凤翔节度使崔光远破党项于普润。普润县，属凤翔府，汉杜阳县之地，隋作仁寿宫，大业初置普润县。宋白曰：普润县，本汉安定、鹑狐二县之地，在汉又为漆县。隋大业元年于细川谷置普润县，盖以杜、漆、岐三水灌溉民田，民获济利，以为县名。麟游县则汉杜阳之地，有隋仁寿宫。

23 平卢兵马使田神功奏破史思明之兵于郑州。

24 上皇爱兴庆宫，自蜀归，即居之。事见上卷至德二载。上时自夹城往起居，夹城，开元二十年所筑。上皇亦间至大明宫。间，古苋翻。左龙武大将军陈玄礼、内侍监高力士久侍卫上皇；上又命玉真公主、如仙媛、考异曰：常侍言旨作“九仙媛”，唐历作“九公主、女媛”，今从新、旧传。盖旧宫人也。内侍王承恩、魏悦及梨园弟子常娱侍左右。上皇多御长庆楼，长庆楼，南临大道，上皇每御之，裴徊观览。父老过者往往瞻拜，呼万岁，上皇常于楼下置酒食赐之；又尝召将军郭英乂等上楼赐宴。有剑南奏事官过楼下拜舞，诸道遣官入京师奏事者，谓之奏事官。上皇命玉真公主、如仙媛为之作主人。为，于伪翻。

李辅国素微贱，虽暴贵用事，上皇左右皆轻之。辅国意恨，且欲立奇功以固其宠，乃言于上曰：“上皇居兴庆宫，日与外人交通，陈玄礼、高力士谋不利于陛下。今六军将士尽灵武勋臣，皆反仄不安，臣晓谕不能解，不敢不以闻。”李辅国此言，是临肃宗以兵也。上泣曰：“圣皇慈仁，岂容有此！”帝上上皇尊号曰圣皇天帝。对曰：“上皇固无此意，其如群小何！陛下为天下主，当为社稷大计，消乱于未萌，岂得徇匹夫之孝！且兴庆宫与阎闾相参，垣墉浅露，非至尊所宜居。大内深严，奉迎居之，与彼何殊，又得杜绝小人荧惑圣听。如此，上皇享万岁之安，陛下有三朝之乐，记曰：文王之为世子也，朝于王季日三。朝，直遥翻。庸何伤乎！”上不听。兴庆宫先有马三百匹，辅国矫敕取之。矫敕，犹言矫诏也。才留十匹。上皇谓高力士曰：“吾儿为辅国所惑，不得终孝矣。”

辅国又令六军将士，号哭叩头，请迎上皇居西内。唐以大明宫为东内，太极宫为西内，兴庆宫为南内。号，户刀翻。上泣不应。辅国惧。会上不豫，秋，七月，丁未，辅国矫称上语，迎上皇游西内，至睿武门，辅国将射生五百骑，露刃遮道奏曰：“皇帝以兴庆宫湫隘，湫，下也。隘，小也，狭也。陆德明音义：湫，子小翻；徐音秋。迎上皇迁居大内。”上皇惊，几坠。几，居依翻。高力士曰：“李辅国何得无礼！”叱令下马。辅国不得已而下。力士因宣上皇诰曰：“诸将士各好在！”以将士露刃遮道，震惊上皇，殊无善状，令其好在。好在，犹今人言好生，言不得以兵干乘舆也。将士皆纳刃，再拜，呼万岁。力士又叱辅国与己共执上皇马鞚，侍卫如西内，居甘露殿。西内以两仪殿为内朝。两仪殿北有甘露门。甘露门内为甘露殿。如，往也。辅国帅众而退。帅，读曰率；下同。所留侍卫兵，才尪老数十人。尪，乌光翻。陈玄礼、高力士及旧宫人皆不得留左右。上皇曰：“兴庆宫，吾之王地，王，于况翻。事见二百九卷睿宗景云元年。吾数以让皇帝，皇帝不受。今日之徙，亦吾志也。”是日，辅国与六军大将素服见上，请罪。北门六军也。数，所角翻。见，贤遍翻。上又迫于诸将，乃劳之曰：“南宫、西内，亦复何殊！南宫，即谓兴庆宫。取语便顺，或言南宫，或言南内。劳，力到翻。复，扶又翻。卿等恐小人荧惑，防微杜渐，以安社稷，何所惧也！”刑部尚书颜真卿首率百寮上表，请问上皇起居。辅国恶之，奏贬蓬州长史。梁以汉宕渠县界置安国县，后周置蓬州，隋废州，以县属清化郡，唐复分置蓬州。恶，乌路翻。宋白曰：因蓬山为名，至京师二千三百六十里，东都二千五百八十二里。

25 癸丑，敕天下重棱钱皆当三十，如畿内。重棱钱，即重轮钱。重，直龙翻。

26 丙辰，高力士流巫州，王承恩流播州，魏悦流溱州，陈玄礼勒致仕；置如仙媛于归州，贞观八年，分辰州龙标县置巫州，京师南三千一百五十八里，至东都三千八百三十三里。播州，秦夜郎郡之南境，隋牂柯郡之牂柯县，贞观九年，置郎州，十一年，置播州，京师南四千四百五十里，至东都四千九百六十里。贞观十六年，开山洞置溱州，至京师三千四百八十里，东都四千二百里。归州，汉秭归县地，后周置秭归郡，隋废郡，以县属巴东郡；唐武德二年，分秭归、巴东二县置归州，京师南二千二百六十八里，至东都一千八百四十三里。玉真公主出居玉真观。玉真观，睿宗为主所起。上更选后宫百馀人，置西内，备洒扫。洒，所卖翻。扫，素报翻，又皆如字。令万安、咸宜二公主视服膳；万安、咸宜二公主皆上皇女。四方所献珍异，先荐上皇。然上皇日以不怿，因不茹荤，辟谷，浸以成疾。上初犹往问安，既而上亦有疾，但遣人起居。其后上稍悔寤，恶辅国，欲诛之，恶，乌路翻。畏其握兵，竟犹豫不能决。

27 初，哥舒翰破吐蕃于临洮西关磨环川，于其地置神策军。会要：天宝十三载，哥舒翰以前年收九曲，请以其地置洮阳郡，郡内置神策军，去临洮郡二百里。及安禄山反，军使成如璆璆，与球同。遣其将卫伯玉将千人赴难。难，乃旦翻。既而军地沦入吐蕃，伯玉留屯于陕，累官至右羽林大将军。八月，庚午，以伯玉为神策军节度使。为神策军强盛张本。

28 丁亥，赠谥兴王佋曰恭懿太子。

29 九月，甲午，置南都于荆州，以荆州为江陵府，仍置永平军团练兵三千人，以扼吴、蜀之冲，从节度使吕諲之请也。

30 或上言："天下未平，不宜置郭子仪于散地。"散，昔亶翻。乙未，命子仪出镇邠州；党项遁去。畏子仪也。戊申，制："子仪统诸道兵自朔方直取范阳，还定河北，发射生英武等禁军射生号英武军，见上卷至德二载十二月。及朔方、鄜坊、邠宁、泾原诸道蕃、汉兵共七万人，皆受子仪节度。"鄜，音夫。制下旬日，复为鱼朝恩所沮，事竟不行。使郭子仪果总兵向范阳，则史思明有内顾之忧，李光弼成夹攻之势，必无邙山之败矣。郭、李成功，则又必无树置河北诸帅之祸矣。复，扶又翻。

31 冬，十月，丙子，置青、沂等五州节度使。详考通鉴所书，乾元二年四月甲辰，以尚衡为青密节度使，上元二年四月乙亥，青密节度使尚衡破史朝义兵。如此，则是年尚衡尚镇青密，安得又置青沂等州节度使邪！新书方镇表：上元二年置淄沂节度使，领淄、沂、沧、德、棣五州。侯希逸自平卢引兵保青州，授青密节度使，遂废淄沂节度，并所管五州，号淄青、平卢节度。通鉴书侯希逸为平卢、淄青节度在宝应元年五月。盖新表与通鉴各以所见书为据，故参错不同如此。

32 十一月，壬辰，泾州破党项。

33 御史中丞李铣、宋州刺史刘展皆领淮西节度副使。铣贪暴不法，展刚强自用，故为其上者多恶之；恶，乌路翻。节度使王仲升先奏铣罪而诛之。时有谣言曰："手执金刀起东方。"仲升使监军使、内左常侍邢延恩入奏：唐中人出监方镇军，品秩高者为监军使，其下为监军。监，古衔翻。"展倔强不受命，姓名应谣谶，此句当属上句。倔，其勿翻。强，其两翻。谶，谓金刀之谣应刘姓也。请除之。"

延恩因说上曰："展与李铣一体之人，今铣诛，展不自安，苟不去之，恐其为乱。然展方握强兵，宜以计去之。说，式芮翻。去，羌吕翻。请除展江淮都统，代李峘，峘，户登翻。俟其释兵赴镇，中道执之，此一夫力耳。"上从之，以展为都统淮南东、江南西、浙西三道节度使；考异曰：沈既济刘展乱纪云："淮南东道、浙江西道凡二十三州，置都统节度。"下云："以展为都统江南、淮南节度使。"下又云："三道皆发吏申图籍。"按旧李峘传："峘都统淮南、江南、江西节度。"展既代峘，其所统亦三道耳。淮南者，东道杨、楚、滁、和、舒、庐、濠、寿八州也。江南者，浙西升、润、常、苏、湖、杭、睦七州也。江西者，洪、虔、江、吉、袁、信、抚七州也。凡二十二州。乱纪误以"二"为"三"，又脱"江南西道"字耳。密敕旧都统李峘及淮南东道节度使邓景山图之。李峘为浙东节度兼淮南，见上卷元年。按唐会要：乾元元年十二月，李峘除都统淮南、江东、江西节度、宣慰、观察、处置等使。都统之名起于此。通鉴但书以浙东兼淮东，与会要少异。

延恩以制书授展，展疑之，曰："展自陈留参军，数年至刺史，可谓暴贵矣。江、淮租赋所出，今之重任，展无勋劳，又非亲贤，一旦恩命宠擢如此，得非有谗人间之乎？”间，古苋翻。因泣下。延恩惧，曰：“公素有才望，主上以江、淮为忧，故不次用公。公反以为疑，何哉？”展曰：“事苟不欺，印节可先得乎？”延恩曰：“可。”乃驰诣广陵，与峘谋，解峘印节以授展。展得印节，乃上表谢恩，牒追江、淮亲旧，置之心膂，三道官属遣使迎贺，申图籍，相望于道，展悉举宋州兵七千趣广陵。趣，七喻翻。

延恩知展已得其情，还奔广陵，书云：“作伪心劳日拙，”邢延恩之谓矣。与李峘、邓景山发兵拒之，移檄州县，言展反。展亦移檄言峘反，州县莫知所从。峘引兵渡江，与副使润州刺史韦儇、儇，许缘翻。浙西节度使侯令仪屯京口，邓景山将万人屯徐城。徐城县属泗州，汉徐县地，隋置徐城县于大徐城，开元二十五年，移就临淮县。展素有威名，御军严整，江、淮人望风畏之。展倍道先期至，使人问景山曰：“吾奉诏书赴镇，此何兵也？”景山不应。展使人呼于陈前曰：呼，火故翻。“汝曹皆吾民也，勿干吾旗鼓。”使其将孙待封、张法雷击之，景山众溃，与延恩奔寿州。展引兵入广陵，遣其将屈突孝标将兵三千徇濠、楚，王晅将兵四千略淮西。晅，古邓翻。

李峘辟北固为兵场，北固山，在京口，梁武帝所登，即其地。插木以塞江口。展军于白沙，设疑兵于瓜洲，今扬州江都县南三十里，有瓜洲镇，正对京口北固山。塞，昔则翻。多张火、鼓，张火及鼓，以为疑兵。若将趣北固者，如是累日。峘悉锐兵守京口以待之。展乃自上流济，袭下蜀。此自白沙济江也。升州东北九十里至句容县，有下蜀戍，在句容县北，近江津。峘军闻之，自溃，峘奔宣城。宣城，汉宛陵县地，晋置宣城郡，隋平陈，废郡，改宛陵为宣城县，带宣州。李峘奔宣城，就郑炅之。

甲午，展陷润州。考异曰：实录：“十一月壬子，淮南节度奏展反，邓景山、李峘战败。八日，展陷润州。十日，陷升州。"按八日甲午，十日丙申，壬子二十六日，乃奏到日也。唐历："壬子，淮南奏宋州刺史刘展赴镇，扬州长史淮南节度邓景山、都统·尚书李峘承诏拒之，兵败，奔于寿州。乙未，刘展陷扬州。景申，陷润州。丁酉，陷升州。"壬子在前，盖因实录也。今从刘展乱纪及新书本纪。升州军士万五千人谋应展，攻金陵城，升州治金陵。不克而遁。侯令仪惧，以后事授兵马使姜昌群，弃城走。昌群遣其将宗犀诣展降。丙申，展陷升州，以宗犀为润州司马、丹杨军使；乾元二年置丹杨军于润州。使昌群领升州，以从子伯瑛佐之。从，才用翻。

34 李光弼攻怀州，百馀日，乃拔之，生擒安太清。考异曰：旧传云："擒安太清、周挚、杨希文等，送于阙下。"按周挚于时不在怀州城中，明年为史朝义所杀，非光弼所擒也。

35 史思明遣其将田承嗣将兵五千徇淮西，王同芝将兵三千人徇陈，许敬江将二千人徇兖郓，薛鄂将五千人徇曹州。新书"江"作"釭"，"鄂"作"萼"。

36 十二月，丙子，党项寇美原、【章：甲十六行本"原"下有"华原"二字；乙十一行本同；退斋校同。】同官，大掠而去。后魏景明元年，分汉富平县置土门县，属新平郡，因土门山为名，隋废土门县入华原。咸亨二年，分京兆之富平、华原及同州之蒲城以故土门县置美原县。同官，本汉铜官之地，后因谓之铜官川。后魏真君七年，置铜官县，属北地郡，隋为铜官，至唐，二县并属京兆。宋白曰：同官县，汉祋祤地，晋为频阳地，苻坚于祋祤城东北铜官州置铜官护军，后魏真君七年，罢军为县。后周除"金"，作此"同"字。

37 贼帅郭愔等引诸羌、胡败秦陇防御使韦伦，帅，所类翻。败，补卖翻。杀监军使。

38 兖郓节度使能元皓方镇表：乾元二年，升郓、齐、兖三州都防御使为节度使。是年，以齐州隶青密，而兖郓增领徐州。能，奴代翻。击史思明兵，破之。

39 李峘之去润州也，副使李藏用谓峘曰："处人尊位，食人重禄，临难而逃之，非忠也；处，昌吕翻。难，乃旦翻。以数十州之兵食，三江、五湖之险固，韦昭曰：三江，谓吴松江、钱唐江、浦阳江也。吴地记曰：松江东北行七十里，得三江口。东北入海为娄江，东南入江为东江，并松江为三江。五湖注已见晋安帝纪。不发一矢而弃之，非勇也。失忠与勇，何以事君！藏用请收馀兵，竭力以拒之。”峘乃悉以后事授藏用。藏用收散卒，得七百人，东至苏州募壮士，得二千人，立栅以拒刘展。

展遣其将傅子昂、宗犀攻宣州，宣歙节度使郑炅之弃城走，宣歙节度使领宣、歙、饶三州。歙，书涉翻。李峘奔淇【章：甲十六行本“淇”作“洪”；乙十一行本同。】州。

李藏用与展将张景超、孙待封战于郁墅，兵败，奔杭州。景超遂据苏州，待封进陷湖州。湖州，本汉乌程县地，吴置吴兴郡，隋平陈，废郡，置湖州，大业初，废州，以县属吴郡。唐武德四年，复置湖州。展以其将许峄为润州刺史，峄，音亦。李可封为常州刺史，杨持璧苏州刺史，待封领湖州事。景超进逼杭州，藏用使其将温晁屯馀杭。馀杭，汉县，时属杭州，在州西四十五里。晁，直遥翻。展以李晃为泗州刺史，宗犀为宣州刺史。

傅子昂屯南陵，南陵，汉春谷县地，梁置南陵县及南陵郡，隋废郡，以县属宣州。旧治赭圻城，长安四年，移治青阳城。将下江州，徇江西。江西，谓江南西道。于是屈突孝摽陷濠、楚州，屈，居勿翻。王晅陷舒、和、滁、庐等州，所向无不摧靡，聚兵万人，骑三千，横行江、淮间。寿州刺史崔昭发兵拒之，由是晅不得西，止屯庐州。

初，上命平庐【章：甲十六行本“庐”作“卢”，“卢”下有“都知”二字；乙十一行本同；张校同；退斋校同。】兵马使田神功将所部精兵五千屯任城；任，音壬。邓景山既败，与邢延恩奏乞敕神功救淮南，未报。景山遣人趣之，趣，读曰促。且许以淮南金帛子女为赂，神功及所部皆喜，悉众南下，及彭城，敕神功讨展。田神功至彭城，敕方下。展闻之，始有惧色，自广陵将兵八千拒之，选精兵二千渡淮，击神功于都梁山，展败，走至天长；天宝元年，分江都、六合、高邮置千秋县，七载，更名天长，属扬州。以五百骑据桥拒战，又败，展独与一骑亡渡江。神功入广陵考异曰：刘展乱纪云："二年春，神功举兵东下。"实录、唐历，神功入扬州在此月。今从之。及楚州，当属上句。盖先入楚州而后入广陵。大掠，杀商胡以千数，城中地穿掘略遍。穿掘，以求人所窖藏者。掘，其月翻。

40 是岁，吐蕃陷廓州。

容肇祖标点聂崇岐覆校

资治通鉴卷第二百二十二

端明殿学士兼翰林侍读学士太中大夫
提举西京嵩山崇福宫上柱国河内郡开国公 司马光 奉敕编集
食邑二千二百户食实封九百户赐紫金鱼袋臣

后学天台 胡三省 音注

唐纪三十八

起重光赤奋若（辛丑），尽昭阳单阏（癸卯）六月，凡二年有奇。

肃宗文明武德大圣大宣孝皇帝下之下

上元二年（辛丑、七六一）

1 春，正月，癸卯，史思明改元应天。

2 张景超引兵攻杭州，败李藏用将李强于石夷门。败，补迈翻。将，即亮翻；下同。孙待封自武康南出，吴分乌程、馀杭二县置永安县，晋改为永康，又改为武康，唐属杭州。将会景超攻杭州，自武康南出，过狗头岭，至杭州五十里。温晁据险击败之；去年李藏用使温晁屯馀杭。馀杭东至杭州钱塘县界一十八里，又东二十七里则至杭州。此陆路也，故温晁得趋而据险以败孙待封。待封脱身奔乌程，李可封以常州降。丁未，田神功使特进杨惠元等将千五百人西击王暅。暅，户登翻。辛亥夜，神功先遣特进范知新等将四千人自白沙济，西趣下蜀；邓景山将千人自海陵济，东趣常州；趣，七喻翻；下同。神功与邢延恩将三千人军于瓜洲，壬子，济江。展将步骑万馀陈于蒜山；陈，读曰阵。蒜山，在润州城西三里；其上多蒜，故名。蒜，苏贯翻。神功以舟载兵趣金山，会大风，五舟飘抵金山下，金山，在大江中，南直西津渡口，去润州城七里。展屠其二舟，沈其三舟，沈，持林翻。神功不得渡，还军瓜洲。而范知新等兵已至下蜀，展击之，不胜。弟殷劝展引兵逃入海，可延岁月，展曰："若事不济，何用多杀人父子乎！死，早晚等耳！"遂更率众力战。帅，读曰率。【章：胡注"帅，读曰率"，十二行本作"帅"。是注本刻误，乙十一行本同。】将军贾隐林射展，中目而仆，遂斩之。射，而亦翻。中，竹仲翻。考异曰：实录云："乙卯，平卢兵马使田神功生擒逆贼刘展。"旧神功传亦然。今从刘展乱纪。刘殷、许峄等皆死。峄，音亦。隐林，滑州人也。杨惠元等击破王晅于淮南，晅引兵东走，至常熟，乃降。王晅东走，渡江而至常熟。晋分吴县置海虞县，梁立信义郡南沙县，隋平陈，废郡，并海虞、南沙、海阳、前京、信义、兴国等县为常熟县，属苏州。孙待封诣李藏用降。张景超聚兵至七千馀人，闻展死，悉以兵授张法雷，使攻杭州，景超逃入海。法雷至杭州，李藏用击破之，馀党皆平。平卢军大掠十馀日。田神功所将平卢兵也。安、史之乱，乱兵不及江、淮，至是，其民始罹荼毒矣。考异曰：刘展乱纪，孙待封降以下事在二月。今因展败，终言之。

3 荆南节度使吕諲奏：请以江【严："江"改"湖"。】南之潭、岳、郴、邵、永、道、连，黔中之涪州，皆隶荆南；从之。邵州，汉召陵、都梁之地。召陵，后汉改为昭阳，晋改为邵阳。吴立邵陵郡，隋废郡为邵阳县，属潭州；唐武德四年，分置南梁州，贞观十年，更名邵州。郴，丑林翻。黔，其今翻。

4 二月，奴剌、党项寇宝鸡，奴剌，西羌种落之名。剌，来葛翻。至德二载，改陈仓县为宝鸡县，以其地有秦时宝鸡祠故也，时属凤翔府。烧大散关，南侵凤州，杀刺史萧忚，忚，余世翻。大掠而西；凤翔节度使李鼎追击，破之。

5 戊辰，新罗王金嶷入朝，嶷，鱼力翻。因请宿卫。

6 或言："洛中将士皆燕人，燕，于肩翻。久戍思归，上下离心，击之，可破也。"陕州观军容使鱼朝恩以为信然，屡言于上，上敕李光弼等进取东京。光弼奏称："贼锋尚锐，未可轻进。"朔方节度使仆固怀恩，勇而愎，愎，蒲逼翻。麾下皆蕃、汉劲卒，恃功，多不法，郭子仪宽厚曲容之，每用兵临敌，倚以集事；李光弼性严，一裁之以法，无所假贷。怀恩惮光弼而心恶之，乃附朝恩，言东都可取。史言仆固怀恩欲覆李光弼之军以便其私。恶，乌故翻。朝，直遥翻。由是中使相继，督光弼使出师，光弼不得已，使郑陈节度使李抱玉守河阳，与怀恩将兵会朝恩及神策节度使卫伯玉攻洛阳。

戊寅，陈于邙山。光弼命依险而陈，怀恩陈于平原，光弼曰："依险则可以进，可以退；若平原，战而不利则尽矣。思明不可忽也。"命移于险，怀恩复止之。史思明乘其陈未定，陈，读曰阵。进兵薄之，官军大败，死者数千人，军资器械尽弃之。考异曰：实录曰："史思明潜遣间谍反说官军曰：'洛中将士久戍思归，士多不睦。'鱼朝恩以为然，乃告光弼及仆固怀恩、卫伯玉等曰：'可速出军，以扫残寇。'光弼等然之。"今从旧光弼传。实录曰："光弼、怀恩败绩，步兵死者数万。"今从旧思明传。光弼、怀恩渡河走保闻喜，朝恩、伯玉奔还陕，抱玉亦弃河阳走，河阳、怀州皆没于贼。朝廷闻之，大惧，益兵屯陕。相州之败，邙山之败，皆鱼朝恩为之也。唐不以覆军之罪罪朝恩而罢郭、李兵柄，失刑甚矣。

7 李揆与吕諲同为相，不相悦。乾元二年，李揆与吕諲同相。上元元年，諲罢。諲在荆南，以善政闻，揆恐其复入相，奏言置军湖南非便，潭、郴、邵、永、道、连皆在洞庭湖之南。吕諲请兼领之，故揆言非其便。复，扶又翻。又阴使人如荆、湖荆，谓荆南。湖，谓湖南。求諲过失。諲上疏讼揆罪，癸未，贬揆袁州长史，以河中节度使萧华为中书侍郎、同平章事。

8 史思明猜忍好杀，好，呼到翻。群下小不如意，动至族诛，人不自保。朝义，其长子也，朝，直遥翻；下朝清同。长，知两翻。常从思明将兵，颇谦谨，爱士卒，将士多附之，无宠于思明。思明爱少子朝清，使守范阳，朝清守范阳，事始上卷上年。少，诗照翻。常欲杀朝义，立朝清为太子，左右颇泄其谋。思明既破李光弼，欲乘胜西入关，使朝义将兵为前锋，自北道袭陕城，思明自南道将大军继之。南道，出二崤之间。汉建安中，曹公西讨巴蜀，恶南路之险，更开北道。三月，甲午，朝义兵至礓子岭，即礓子阪也。按旧书，礓子岭在陕城东。卫伯玉逆击，破之。考异曰：实录作"甲子"。按长历，此月丙戌朔，下有戊戌，当作甲午。朝义数进兵，皆为陕兵所败。数，所角翻。败，补迈翻。思明退屯永宁，以朝义为怯，曰："终不足成吾事！"欲按军法斩朝义及诸将。戊戌，命朝义筑三隅城，新书作"三角城"，盖一角依山，止筑其三角也。欲贮军粮，贮，丁吕翻。期一日毕。朝义筑毕，未泥，思明至，诟怒之，令左右立马监泥，斯须而毕。诟，古候翻。监，古衔翻。思明又曰："俟克陕州，终斩此贼。"朝义忧惧，不知所为。

思明在鹿桥驿，鹿桥驿，永宁传舍也。贞观十七年，尝徙永宁县于此。令腹心曹将军将兵宿卫；朝义宿于逆旅，水经注：陕城东有漫涧，涧北有逆旅亭，谓之漫口客舍。此郦道元以一时经由所见者言之耳。自元魏至唐乾元、上元间，三百许年矣，漫口客舍必不复存。此逆旅特泛言旅舍耳。其部将骆悦、蔡文景说朝义曰：说，式芮翻。"悦等与王，死无日矣！自古有废立，请召曹将军谋之。"朝义俛首不应。俛，音免。悦等曰："王苟不许，悦等今归李氏，王亦不全矣。"朝义泣曰："诸君善为之，勿惊圣人！"当时臣子谓其君父为圣人。悦等乃令许叔冀之子季常召曹将军，至，则以其谋告之；曹将军知诸将尽怨，恐祸及己，不敢违。令，力丁翻。将，即亮翻。是夕，悦等以朝义部兵三百被甲诣驿，被，皮义翻。宿卫兵怪之，畏曹将军，不敢动。悦等引兵入至思明寝所，值思明如厕，问左右，未及对，已杀数人，左右指示之。思明闻有变，逾垣至厩□【章：十二行本□作“中”；乙十一行本同。】自鞴马乘之，鞴，平秘翻。悦傔人周子俊射之，傔，丁念翻。射，而亦翻。中臂，坠马，遂擒之。中，竹仲翻。思明问：“乱者为谁？”悦曰：“奉怀王命。”思明封朝义为怀王。思明曰：“我朝来语失，谓欲斩朝义也。宜其及此。然杀我太早，何不待我克长安！今事不成矣。”悦等送思明于柳泉驿，囚之，唐制：三十里一驿。柳泉驿又当在鹿桥驿东三十里。考异曰：河洛春秋曰：“思明混诸嫡庶，以少者为尊，唯爱所钟，即为继嗣，欲杀朝义，追朝清为伪太子。左右泄之，父子之隙自此始构。”邠志曰：“三月，思明乘胜欲下陕城，使朝义帅锐卒北路先往，己自宜阳引众继之。”今从实录、旧传。还，报朝义曰：“事成矣。”还，从宣翻。朝，直遥翻。朝义曰：“不惊圣人乎？”悦曰：“无。”时周挚、许叔冀将后军在福昌，将，即亮翻，又音如字。福昌又在柳泉驿之东。宋白曰：福昌县，唐属洛州，古宜阳地，今县治魏一泉坞城。悦等使许季常往告之，挚惊倒于地；朝义引军还，挚、叔冀来迎，悦等劝朝义执挚，杀之。军至柳泉，悦等恐众心未壹，遂缢杀思明，缢，一计翻，又于赐翻。以毡裹其尸，橐驼负归洛阳。

朝义即皇帝位，改元显圣。密使人至范阳，敕散骑常侍张通儒等散，昔亶翻。骑，奇计翻。杀朝清及朝清母辛氏并不附己者数十人。其党自相攻击，战城中数月，死者数千人，范阳乃定。去年若果能使郭子仪自朔方直捣范阳，适值城中自相攻击，可驰檄而下也。朝义以其将柳城李怀仙为范阳尹、燕京留守。燕，因肩翻。守，式又翻。考异曰：实录：“朝义既杀思明，密遣使驰至范阳，杀伪太子朝英及伪皇后辛氏并不附己者数十人。伪范阳留守张通儒知有变，遂引兵战于城中。数日，战不利，死者数千人，通儒被斩于乱兵中。”蓟门纪乱曰：“思明既王有数十州之地，年馀，朝兴遂为皇太子。朝兴，辛氏之长男，特为思明所爱，嗜酒好色，凶犷顽戾，招集幽、蓟恶少与其年齿相类者百人为左右，皆弯弓利剑，饰以丹雘、珠玉，带佩印，雕镂金银，控弦挥刃，常如见敌，以南行大将子弟统之。每与其党饮宴，酒酣，爇燎其须发，或以铜弹丸击之，以颐颡为的。血流至地，无楚痛之色，则赏卮酒；少似嚬蹙，乃鞭之，从胫至踵，或至数千，困绝将殒，方舍之。候稍愈，复鞭之，有杖六七千不死者。姬妾皆思明所掠良家子，有不称命，则杀之。亦有以汤镬死者，既火盛汤沸，令壮士抱而投之，初宛转叫呼，须臾骨肉糜烂。旁人皆毛竖股栗，朝兴笑临而观之，以所策球杖于镬中撞击，颜色自若。上元二年三月甲寅，使使告捷，云王师败绩于洛北，斩首万馀级，勒其六宫及朝兴，备车马，为赴洛之计。贼庭之党相庆，踊跃叫唤，声振天地十馀日。又宦者二人传思明伪敕云：收兵陕、虢，以朝兴为周京留守，仍勒驰驿速发，并辛氏已下续行。朝兴大喜。其宦者，朝义伪遣之，人莫知也。时朝义已杀思明，僭位，潜勒伪左散骑常侍张通儒、户部尚书康孝忠与朝兴衙将高鞫仁、高如震等谋诛朝兴。其日，朝兴速召工匠与其母、妻造宝钿鞍勒，搜索库藏，修乘骑之具，并命左右各备行装，唯数十人侍卫。思明留骏马百馀匹在其厩中，朝兴出入驰骤，每日则于桑干河饮之。通儒将入，潜令康孝忠从数十人持兵诣饮处，驰取其马，闭于城南毗沙门神之院。通儒与鞫仁领步兵十馀人入其日华门，伪皇城留守刘象昌逢之，惊问其故。通儒顾左右斩之。俄而朝兴腹心卫鸣鹤又问，亦斩之。子城扰乱。朝兴惶怖，犹能擐甲持兵，与亲信二三十人出拒，奔走于厩中取马。马尽矣，唯病马一匹，朝兴乘而策之，不前，遂步战。通儒立白旗招朝兴之党，降者舍罪，复官爵。恶少等虽沐朝兴之锡赉，亦怨其无道鞭捶，降者太半。朝兴犹从十馀人接战，弓矢所发，无不中者，中者皆应弦没羽。通儒军披靡，所伤者数十百人，退出子城外。人不知甲兵之故，皆惶恐潜匿。通儒于城门拒战良久，日已云暮，朝兴众寡不敌，走匿城上之逍遥楼，遂失其所。通儒兵入禁中，劫掠金帛，思明、朝兴妻衣服皆尽。夜半，蕃将曹闵之于楼上擒获之。朝兴曰：'我兄弟六七人，朝兴一身，斩之何益！'高如云对曰：'以殿下残酷，人各有怨心。'朝兴曰：'乞放此一度，后更不敢。'执者皆笑。又谓闵之曰：'此腰带三十两黄金新造，谨奉将军。'闵之曰：'殿下但死，腰带闵之自解取。'左右益笑。缢以弓弦，断其首，函送洛阳。伪侍中向闰客特受思明委托，朝兴亦甚敬惮，至是惶怖，走入私第，不自安，匍匐待罪。通儒颔之，勒驰驿赴洛。通儒收朝兴党与，悉诛之。思明骁将辛万年特有宠于朝兴，又与鞫仁、如震等友善，为兄弟。当诛朝兴之党也，通儒有意于万年。及令行刑，遂忘之。至是，敕鞫仁、如震斩万年首送。鞫仁置酒与万年同饮，谓曰：'张尚书令杀弟，故相报。'万年稽首，但乞快死。鞫仁抗声曰：'只可兄弟谋取通儒，终不肯杀弟。'于是如震、万年领其部曲百馀人入子城，斩通儒于子城南廊下，城中扰乱；又杀其素不快者军将数人，共推伪中书令阿史那承庆为留守，函通儒等首，使万年送洛阳，诬其欲以蓟城归顺。朝义闻之，使使令向闰客所在却回为留守。鞫仁、如震等各从数百人被甲巡城，城中人心弥惧。承庆为留守一两日，又不自安，递相疑阻，于是领蕃兵数十骑出子城，至如震宅门，立令屈将军暂要相见。如震不虞有难，驰至马前，承庆斩之，应声而殒。承庆入东军，与伪尚书康孝忠招集蕃、羯。鞫仁闻如震遇害，哀而且怒，统麾下军讨之，相逢于宴设楼下。接战，自午至酉，鞫仁兵皆城旁少年，骁勇劲捷，驰射如飞；承庆兵虽多，不敌，大败，杀伤甚众，积尸成丘。承庆、孝忠出城收散卒，东保潞县，又南掠属县，野营月馀，径诣洛阳自陈其事。城中蕃军家口尽逾城相继而去。鞫仁令城中，杀胡者皆重赏。于是羯、胡俱殪，小儿皆掷于空中，以戈承之，高鼻类胡而滥死者甚众。时鞫仁在城中最尊，使使奏朝义以承庆等反。向闰客行至贝州，承朝义命回，将至，众官迎之；鞫仁严兵不出。闰客甚惧，戒其子弟从者无带兵器，从数人而入。鞫仁待之于日华门，闰客望见，下马执手相慰，鞫仁亦抗礼还营。闰客但专守子城端坐，馀不敢辄有所问。奏承庆等使回，朝义以鞫仁为燕京都知兵马使。五月甲戌，朝义以伪太常卿李怀仙为御史大夫、范阳节度使；燕州颇有兵甲，故委腹心，鞫仁闻之，意不快也。无何，怀仙至，从羸马数千，自蓟城南门入。鞫仁不出，迎之于日华门。怀仙至，卑身过礼，立谈，约为兄弟，结盟相固，期同保燕邦以奖其主。鞫仁意少解。怀仙以蓟县为节度院，虽任节制，鞫仁兵五千馀人皆不受命。十数日，怀仙待之弥厚，每衙，皆降阶交接，鞫仁亦不为之屈。既而怀仙命飨军士，中宴，鞫仁疑有变，兵皆惊走，还营被甲。怀仙忧惧无计，遂囚其牙将朱希彩，责以惊军中之罪。其夜，鞫仁将袭怀仙，遇大雨，持疑未决，彻明，遂止，单骑至节度门。怀仙已潜备壮士待之。鞫仁趋入，怀仙亦不改常礼，与坐良久，乃问惊军之罪，门已关，顾左右拉杀之，立舍希彩。自暮春至夏中，两月间，城中相攻杀凡四五，死者数千，战斗皆在坊市闾巷间。但两敌相向，不入人家剽劫一物，盖家家自有军人之故，又百姓至于妇人小童，皆闲习弓矢，以此无虞。六月丙申，宣思明遗诰，发丧，将相百僚缟素，哭于其听政楼前，卑幼相视而笑，笑声与哭声参半焉。朝义又追向闰客赴洛阳，加怀仙燕京留守。"河洛春秋："初，朝义令人以书与向贡并阿史那王杀朝清。朝清既受父命，常有君临之心，惟以球猎为务，车下勇敢之士仅三千人，每日教习，然其残酷颇有父风，而加淫乱，幽州士庶，无不吁嗟。向贡、高久仁等既见诸将之书，又闻思明已死，因说朝清曰：‘昨有密旨，令大王主器承祧，其事尤重。今敌国犹在，上人未还，傥更移恩于人，诚恐自贻窘迫。’朝清然之。是日，顾左右，各令辞诀，便自饰装。高久仁、高如震等及其无备，率壮士数百人潜入子城门，阿史那王、向贡等共率三百人继至。朝清时在卧内，仆妾侍侧，忽闻兵士，问是何人。门人曰：‘三军叛。’乃擐甲登楼，责让向贡等。高如震乃于楼下佯战，朝清自援弓射之，凡毙数人。阿史那军佯北，朝清下楼，向贡等令人擒杀之。向贡摄知军事，经四十日，阿史那又杀向贡。阿史那自称长史，三日后，斩高久仁，以其首枭之，杀朝清故也。高如震还，固守，与阿史那相持。城中分两军，经五日，以燕州街为界，各自御备，递相捉搦，不得往来。阿史那从经略军领诸蕃部落及汉兵三万人，至宴设楼前与如震会战。如震不利，乃使轻兵二千人于子城东出，直至经略军南街，腹背而击之，并招汉军万馀人。阿史那军败，走于武清县界野营。后朝义使招之，尽归东都，应是胡面，不择少长，尽诛之。于是朝义伪授李怀仙幽州节度。高如震旅拒之中，承阿史那遁逸之后，野行草次，人各持兵，糗粮刍茭，非戮不应。朝义令兵士悉为商贾，白衣先行，至幽州，尽被捉为团练。怀仙方自统五千馀骑直叩蓟门。高如震方欲出师以抗其命，虑其卒叛，因出迎之。怀仙实内图之，且外示宽宥，大行诱募，咸舍厥愆，于是士众帖然，竞皆欣戴。乃大赏设，经三日，因众前却，乃斩高如震，幽州遂平。”旧传亦云“朝义令人杀伪太子朝英”，新传作“朝清”。今从河洛春秋及新传，馀从蓟门纪乱。时洛阳四面数百里，州、县皆为丘墟，而朝义所部节度使皆安禄山旧将，与思明等夷，朝义召之，多不至，朝，直遥翻。使，疏吏翻。将，即亮翻。略相羁縻而已，不能得其用。

9 李光弼上表，固求自贬；上，时掌翻。制以开府仪同三司、侍中，领河中节度使。

10 术士长塞镇将朱融据新书，长塞镇，当在蔚州界。唐制：上镇将正六品下，中镇将正七品上，下镇将正七品下。与左武卫将军窦如玢等玢，音彬。谋奉嗣岐王珍作乱，金吾将军邢济告之。夏，四月，乙卯朔，废珍为庶人，溱州安置，其党皆伏诛。嗣，祥吏翻。溱，兹诜翻。珍，业之子也。岐王业，上皇之弟。丙辰，左散骑常侍张镐贬辰州司户。镐尝买珍宅故也。散，昔亶翻。骑，奇计翻。镐，下老翻。辰州卢溪郡，汉辰陵、沅陵、义陵县地。旧志：辰州，京师南微东三千四百五里。

11 己未，以吏部侍郎裴遵庆为黄门侍郎、同平章事。

12 乙亥，青密节度使尚衡破史朝义兵，斩首五千馀级。

13 丁丑，兖郓节度使能元皓破史朝义兵。郓，音运。能，奴代翻。

14 壬午，梓州刺史段子璋反。子璋骁勇，从上皇在蜀有功，梓州梓潼郡，汉郪县、广汉、氐地道。骁，坚尧翻。东川节度使李奂奏替之，替，代也。子璋举兵，袭奂于绵州。绵州，治巴西，汉之涪县也。道过遂州，刺史虢王巨苍黄修属郡礼迎之，梓、遂二州并属东川节度，盖列郡也。巨修属郡礼以迎子璋，示卑服之意。子璋杀之。李奂战败，奔成都，子璋自称梁王，改元黄龙，以绵州为龙安府，置百官，又陷剑州。剑州，治普安，汉之梓潼县也。

15 五月，己丑，李光弼自河中入朝。

16 初，李辅国与张后同谋迁上皇于西内。迁上皇见上卷上年。是日端午，山人李唐见上，上方抱幼女，谓唐曰："朕念之，卿勿怪也。"对曰："太上皇思见陛下，计亦如陛下之念公主也。"上泫然泣下，泫，胡畎翻。然畏张后，尚不敢诣西内。

17 癸巳，党项寇宝鸡。

18 初，史思明以其博州刺史令狐彰为滑郑汴节度使，将数千兵戍滑台。滑州，古滑台也。彰密因中使杨万定通表请降，徙屯杏园度。思明疑之，遣其将薛岌围之。彰与岌战，大破之，因随万定入朝。甲午，以彰为滑、卫等六州节度使。滑、卫、相、贝、魏、博六州。

19 戊戌，平卢节度使侯希逸击史朝义范阳兵，破之。

20 乙未，西川节度使崔光远与东川节度使李奂共攻绵州，庚子，拔之，斩段子璋。

21 复以李光弼为河南副元帅、太尉兼侍中，都统河南、淮南东·西、山南东、荆南、江南西、浙江东·西八道行营节度，考异曰：实录、旧纪皆云，光弼都统河南、淮南、山南东、江东五道。唐历、会要为河南、淮南东·西、山南东、荆南五道。刘展乱纪又有江西、浙东、浙西凡八道。按袁晁乱浙东，光弼讨平之，则是浙东亦其统内也。今从之。复，扶又翻。帅，所类翻。统，他综翻。出镇临淮。临淮郡，泗州。

22 六月，甲寅，青密节度使能元皓败史朝义将李元遇。按上卷五年冬书兖郓节度使能元皓。详考本末，“青密”恐当作“兖郓”。败，补卖翻。

23 江淮都统李峘畏失守之罪，失守事见上卷上年。峘，户登翻。归咎于浙西节度使侯令仪，丙子，令仪坐除名，长流康州；康州，因晋康郡而名，治端溪县，至京师五千七百五十里，东都五千一百五十里。加田神功开府仪同三司，赏平刘展之功也。徙徐州刺史；自平卢兵马使徙刺徐州。征李峘、邓景山还京师。还，从宣翻，又音如字。

24 戊寅，党项寇好畤。党，底朗翻。畤，音止。好畤县，自汉至后魏属扶风，后周省；隋开皇十七年，置上宜县，属京兆。又有旧莫西县，十八年，改曰好畤，大业三年，废入上宜。武德二年，分醴泉置好畤，贞观八年，废上宜入岐阳，二十一年，省好畤、岐阳，复置上宜，更上宜曰好畤。

25 秋，七月，癸未朔，日有食之既，大星皆见。见，贤遍翻。

26 以试少府监李藏用为浙西节度副使。少，诗照翻。

27 八月，癸丑朔，加开府仪同三司李辅国兵部尚书。乙未，辅国赴上，仆射、尚书赴省供职，曰赴上。上，时掌翻。宰相朝臣皆送之，御厨具馔，太常设乐。辅国骄纵日甚，求为宰相，上曰：“以卿之功，何官不可为，其如朝望未允何！”相，息亮翻。朝，直遥翻。辅国乃讽仆射裴冕等使荐己。上密谓萧华曰：“辅国求为宰相，若公卿表来，不得不与。”华出，问冕；曰：“初无此事，吾臂可断，断，丁管翻。宰相不可得！”华入言之，上大悦；辅国衔之。衔，户缄翻。

28 己巳，李光弼赴河南行营。

29 辛巳，以殿中监李若幽为镇【章：十二行本“镇”上有“朔方”二字；乙十一行本同；退斋校同。】西、北庭、兴平、陈郑等节度行营及河中节度使，代李光弼。镇绛州，赐名国贞。

30 九月，甲申，天成地平节，上于景云二年九月三日生，以九月三日为天成地平节。上于三殿置道场，南部新书：大明宫中有麟德殿，在仙居殿之西北。此殿三面，亦以三殿为名。雍录：麟德殿，在翰林院之东。以宫人为佛菩萨，释典曰：菩，普也。萨，济也。言能普济众生也。武【章：十二行本“武”上有“北门”二字；乙十一行本同。】士为金刚神王，范成大曰：在处寺门有两金刚神，是千佛数中最后者，一名娄至德，一名青叶髻。召大臣膜拜围绕。膜，莫乎翻。

31 壬寅，制去尊号，但称皇帝；去年号，但称元年；去，羌吕翻。以建子月为岁首，月皆以所建为数；【严：“数”改“名”。】因赦天下。停京兆、河南、太原、凤翔四京及江陵南都之号。四京见二百二十卷至德元载。南都见上卷上年。自今每除五品以上清望官及郎官、御史、刺史，令举一人自代，观其所举，以行殿最。令，力丁翻。殿，丁甸翻。

32 江、淮大饥，人相食。

33 冬，十月，江淮都统崔圆署李藏用为楚州刺史。统，他综翻；或从上声。考异曰：刘展乱纪曰：“初，刘展既平，诸将争功，畴赏未及李藏用，崔圆乃署藏用为楚州刺史，领二城而居盱眙。”按实录，七月，藏用已除浙西节度副使。盖恩命未到耳。会支度租庸使以刘展之乱，诸州用仓库物无准，奏请征验。唐六典：度支郎，掌支度国用、租赋多少之数。凡天下边军皆有支度之使，以计军资、粮、仗之用。每岁皆申度支而会计之。此支度租庸使，盖使之支度江、淮租、庸者也。使，疏吏翻。时仓猝募兵，物多散亡，征之不足，诸将往往卖产以偿之。藏用恐其及己，尝与人言，颇有悔恨。其牙将高干挟故怨，使人诣广陵告藏用反，先以兵袭之。藏用走，干追斩之。崔圆遂簿责藏用将吏以验之，将吏畏，皆附成其状。将，即亮翻。附高干之言以成李藏用反状。独孙待封坚言不反，圆命引出斩之。或曰："子何不从众以求生！"待封曰："吾始从刘大夫，奉诏书来赴镇，刘大夫，谓刘展。赴镇事见上卷上年。人谓吾反；李公起兵灭刘大夫，今又以李公为反。如此，谁则非反者，庸有极乎！吾宁就死，不能诬人以非罪。"遂斩之。史言兵兴之时多滥刑。

34 建子月，壬午朔，上受朝贺，如正旦仪。以其月为岁首也。朝，直遥翻；下同。

35 或告鸿胪卿康谦与史朝义通，事连司农卿严庄，俱下狱。胪，陵如翻。朝，直遥翻。下，遐嫁翻。狱，宜欲翻。京兆尹刘晏遣吏防守庄家。上寻敕出庄，引见。见，贤遍翻。庄怨晏，因言晏与臣言，常道禁中语，矜功怨上。丁亥，贬晏通州刺史，通州，通川郡，汉宕渠县地。旧志：通州，京师西南二千五百里。庄难江尉，难江县，汉宕渠地，梁置东巴州，后魏恭帝改集州，后周改宕渠为难江县，以水为名也。隋废集州，以县属梁州；唐初复置集州，以难江为治所。谦伏诛。戊子，御史中丞元载为户部侍郎，充句当度支、铸钱、盐铁兼江淮转运等使。句，古候翻。当，丁浪翻。度，徒洛翻。使，疏吏翻。载初为度支郎中，敏悟善奏对，上爱其才，委以江淮漕运，数月，遂代刘晏，专掌财利。

36 戊戌，冬至；己亥，上朝上皇于西内。朝，直遥翻；下同。

37 神策节度使卫伯玉攻史朝义，拔永宁，破渑池、福昌、长水等县。永宁、渑池、福昌三县时属河南府。渑，弥兖翻。后魏分陕县置南陕县，西魏改曰长渊，属弘农郡，唐初改名长水，避高祖讳也，初属谷州，后属洛州。宋白曰：长水县，本卢氏地，后魏延昌二年，分卢氏东境库谷以西、沙渠谷以东为南陕县。馀同上注。

38 己酉，上朝献太清宫；庚戌，享太庙、元献后。太清宫，在丹凤门之左，南出第二坊。太庙，在朱雀街东第二街，北来第二坊。元献庙，上母元献杨后庙也。建丑月，辛亥朔，祀圜丘、太一坛。乾元元年立太一坛，见二百二十卷。考异曰：实录：“建子月戊戌冬至，其日祀昊天上帝。己亥，诏以来月一日祭圜丘及太一坛。”又云：“建丑月辛亥，以河南节度使来瑱为太子少保。”下又有丁未、己酉、庚戌日事。又云：“建丑月辛亥朔，拜南郊，祭太乙坛。”按瑱传，未尝为河南节度使及少保。实录误剩此一日事。其冬至祀上帝，盖有司行事，非亲祀也。

39 平卢节度使侯希逸与范阳相攻连年，救援既绝，又为奚所侵，乃悉举其军二万馀人袭李怀仙，破之，因引兵而南。

宝应元年（壬寅、七六二）以楚州表言上帝赐宝玉改元。改元实在四月。

1 建寅月，去年九月，敕以建子月为岁首，而通鉴仍以建寅月为岁首者，以是年四月制复月数皆如其旧也。改元亦在是月。甲申，追尊靖德太子琮为奉天皇帝，妃窦氏为恭应皇后，丁酉，葬于齐陵。琮，上皇之长子，天宝十载薨，谥曰靖德太子。新书地理志：齐陵，在京兆昭应县东十六里。琮，徂宗翻。

2 甲辰，吐蕃遣使请和。使，疏吏翻。

3 李光弼拔许州，擒史朝义所署颍川太守李春；朝义将史参救之，许州，颍川郡，唐已复郡为州，安、史犹仍天宝旧名。守，式又翻。将，即亮翻。丙午，战于城下，又破之。

4 戊申，平卢节度使侯希逸于青州北渡河而会田神功、能元皓于兖州。使，疏吏翻。能，奴代翻。

5 租庸使元载以江、淮虽经兵荒，其民比诸道犹有赀产，乃按籍举八年租调之违负及逋逃者，计其大数而征之；八年，自天宝十三载止上元二年。天宝十三载，天下未乱，租、调之入为盛。十四载，而禄山反，租、调始有违负逋逃。自是迄于去年，大难未平，戢兵不止，违负逋逃，年甚一年。今不问有无，计其大数而征之。调，徒钓翻。择豪吏为县令而督之，不问负之有无，赀之高下，察民有粟帛者发徒围之，籍其所有而中分之，甚者什取八九，谓之白著。著，直略翻。今人犹谓无故而费放财物者为白著。勃海高云有白著歌曰："上元官吏务剥削，江、淮之人多白著。"有不服者，严刑以威之。民有蓄谷十斛者，则重足以待命，重，直龙翻。或相聚山泽为群盗，州县不能制。

6 建卯月，辛亥朔，赦天下；复以京兆为上都，河南为东都，凤翔为西都，江陵为南都，太原为北都。去年罢西京及南都。复，扶又翻，又音如字。

7 奴剌寇成固。成固县，自汉以来属汉中。剌，来达翻。

8 初，王思礼为河东节度使，资储丰衍，赡军之外，积米百万斛，奏请输五十万斛于京师。思礼薨，乾元元年，王思礼镇太原，其薨当在去年。管崇嗣代之，为政宽弛，信任左右，数月间，耗散殆尽，惟陈腐米万馀斛在。言见在米止此数。上闻之，以邓景山代之。景山至，则钩校所出入，将士辈多有隐没，皆惧。有裨将抵罪当死，诸将请之，不许；其弟请代兄死，亦不许；请入一马以赎死，乃许之。诸将怒曰："我辈曾不及一马乎！"遂作乱，将，即亮翻。癸丑，杀景山。上以景山抚御失所以致乱，不复推究乱者，遣使慰谕以安之。复，扶又翻。诸将请以都知兵马使、代州刺史辛云京为节度使。【章：十二行本"使"下有"己未以云京为北都留守、河东节度使"十五字；乙十一行本同；退斋校同。】云京奏张光晟为代州刺史。张光晟有德于辛云京，见上卷乾元二年。

9 绛州素无储蓄，民间饥，不可赋敛，敛，力赡翻。将士粮赐不充，朔方等诸道行营都统李国贞屡以状闻；朝廷未报，军中咨怨。咨嗟忧愁而怨上也。突将王元振将作乱，突将，以领骁勇驰突之士。突将，即亮翻。矫令于众曰："来日修都统宅，各具畚锸，畚，布衮翻，织竹为器。锸，测洽翻，锹也。待命于门。"士卒皆怒，曰："朔方健儿岂修宅夫邪！"乙丑，元振帅其徒作乱，烧牙城门。帅，读曰率。国贞逃于狱，元振执之，置卒食于前，曰："食此而役其力，可乎！"国贞曰："修宅则无之，军食则屡奏而未报，诸君所知也。"众欲退。元振曰："今日之事，何必更问！都统不死，则我辈死矣。"遂拔刃杀之。镇西、北庭行营兵屯于翼城，翼城县，属绛州，本汉绛县，后魏曰北绛县。隋开皇十八年，改曰翼城，以春秋翼侯邑于此也。亦杀节度使荔非元礼，推裨将白孝德为节度使，朝廷因而授之。

10 戊辰，淮西节度使王仲升与史朝义将谢钦让战于申州城下，为贼所虏，淮西震骇。会侯希逸、田神功、能元皓攻汴州，朝义召钦让兵救之。

11 绛州诸军剽掠不已，剽，匹妙翻。朝廷忧其与太原乱军合从连贼，从，子容翻。非新进诸将所能镇服，辛未，以郭子仪为汾阳王，知朔方、河中、北庭、潞泽节度行营兼兴平、定国等军副元帅，发京师绢四万匹、布五万端、米六万石以给绛军。

建辰月，庚寅，子仪将行，时上不豫，群臣莫得进见。见，贤遍翻。子仪请曰："老臣受命，将死于外，不见陛下，目不瞑矣。"上召入卧内，谓曰："河东之事，一以委卿。"

史朝义遣兵围李抱玉于泽州，子仪发定国军救之，乃去。

12 上召山南东道节度使来瑱赴京师；瑱乐在襄阳，其将士亦爱之，乃讽所部将吏上表留之；行及邓州，复令还镇。乐，音洛。复，扶又翻。荆南节度使吕諲、淮西节度使王仲升及中使往来者言"瑱曲收众心，恐久难制。"上乃割商、金、均、房别置观察使，令瑱止领六州。山南东道领襄、邓、随、唐、安、均、房、金、商九州。今分四州，馀五州耳。曰领六州，无亦于郢、复二州增领一州邪！会谢钦让围王仲升于申州数月，瑱怨之，按兵不救，仲升竟败没。行军司马裴茙谋夺瑱位，茙，如融翻。密表瑱倔强难制，倔，其勿翻。强，其两翻。请以兵袭取之，上以为然。癸巳，以瑱为淮西、河南十六州节度使，考异曰：旧传无汝，云十五州。今从实录。外示宠任，实欲图之。密敕以茙代瑱为襄、邓等州防御使。

13 甲午，奴剌寇梁州，剌，来达翻。观察使李勉弃城走。时山南西道观察使置司梁州。以邠州刺史河西臧希让为山南西道节度使。山南西道节度领梁、洋、集、壁、文、通、巴、兴、凤、利、开、渠、蓬十三州。邠，弥频翻。使，疏吏翻。考异曰：肃宗实录作"希液"。代宗实录有传，作"希让"，今从之。

14 丙申，党项寇奉天。党，底朗翻。奉天县，属雍州。

15 李辅国以求宰相不得怨萧华。求相不得事见上上元二年八月。相，息亮翻。庚午，以户部侍郎元载为京兆尹。载诣辅国固辞，辅国识其意；壬寅，以司农卿陶锐为京兆尹。辅国言萧华专权，请罢其相，上不许。辅国固请不已，乃从之，仍引元载代华。考异曰：旧华传云："肃宗寝疾，辅国矫命罢华相。"今从辅国传。戊申，华罢为礼部尚书，以载同平章事，领度支、转运使如故。尚，辰羊翻。度，徒洛翻。

16 建巳月，庚戌朔，建巳月，四月也。泽州刺史李抱玉破史朝义兵于城下。朝，直遥翻。

17 壬子，楚州刺史崔侁表称，有尼真如，恍惚登天，见上帝，赐以宝玉十三枚，侁，疏臻翻。恍，呼广翻。尼，女夷翻。惚，音忽。唐会要："十三宝：一曰玄黄天符，如笏，长八寸，阔三寸，上圆下方，近圆有孔，黄玉也；二曰玉鸡，毛文悉备，白玉也；三曰谷璧，白玉也，径可五六寸，其文粟粒，无雕镌之迹；四曰西王母白环，二枚，白玉也，径六七寸；五曰碧色宝，圆而有光；六曰如意宝珠，圆如鸡卵，光如月；七曰红靺鞨，大如巨栗，赤如樱桃；八曰琅玕珠，二枚，长一寸二分；九曰玉玦，形如玉环，四分缺；十曰玉印，大如半手，斜长，理如鹿形，陷入印中，以印物，则鹿形著焉；十一曰皇后采桑钩，长五六寸，细如筯屈，其末似金又似银；十二曰雷公石斧，长四寸，阔二寸，无孔，细致如青玉；十三曰阙；凡十三宝，置于日中，皆白气连天。”云：“中国有灾，以此镇之。”群臣表贺。

18 甲寅，上皇崩于神龙殿，神龙殿，盖中宗于神龙间居之，遂以名殿。年七十八。乙卯，迁坐于太极殿。坐，徂卧翻，神御坐也。上以寝疾，发哀于内殿，群臣发哀于太极殿。内殿，上居大明宫之寝殿也。太极殿，西内前殿，大行所御。蕃官剺面割耳者四百馀人。剺，里之翻。丙辰，命苗晋卿摄冢宰。上自仲春寝疾，闻上皇登遐，哀慕，疾转剧，乃命太子监国。冢，而陇翻。监，古衔翻。甲子，制改元；改元宝应。复以建寅为正月，月数皆如其旧；复，扶又翻。赦天下。

19 初，张后与李辅国相表里，专权用事，见上卷乾元二年。晚年，更有隙。内射生使三原程元振党于辅国。以宦官领射生手，故曰内射生使。上疾笃，后召太子谓曰：“李辅国久典禁兵，制敕皆从之出，擅逼迁圣皇，玄宗尊号曰圣皇天帝。其罪甚大，所忌者吾与太子。今主上弥留，书顾命曰：“病日臻，既弥留。”言病日至一日，愈留而不去体也。辅国阴与程元振谋作乱，不可不诛。”太子泣曰：“陛下疾甚危，二人皆陛下勋旧之臣，一旦不告而诛之，必致震惊，恐不能堪也。”后曰：“然则太子姑归，吾更徐思之。”太子出，后召越王系谓曰：“太子仁弱，不能诛贼臣，汝能之乎？”对曰：“能。”系乃命内谒者监段恒俊选宦官有勇力者二百馀人，授甲于长生殿后。恒，户登翻。乙丑，后以上命召太子。元振知其谋，密告辅国，伏兵于陵霄门以俟之。雍录：六典大明宫图，宫城北面玄武门之西有青霄门。阁本大明宫图作凌云门。太子至，以难告。难，乃旦翻。太子曰：“必无是事，主上疾亟召我，我岂可畏死而不赴乎！”元振曰：“社稷事大，太子必不可入。”乃以兵送太子于飞龙厩，飞龙厩，仗内六闲之一也。程大昌曰：在玄武门外。且以甲卒守之。是夜，辅国、元振勒兵三殿，收捕越王系、段恒俊及知内侍省事朱光辉等百馀人，系之。以太子之命迁后于别殿。时上在长生殿，使者逼后下殿，并左右数十人幽于后宫，宦官宫人皆惊骇逃散。丁卯，上崩。年五十二。辅国等杀后并系及兖王僩。僩，下赧翻。考异曰：肃宗实录曰："张后因太子监国，谋诛辅国。其日，使人以上命召太子，语之，太子不可。乙丑，后矫上命将唤太子，程元振知之，密告辅国。景寅，元振与辅国夜勒兵于三殿前，使人收捕越王及同谋内侍朱光辉、段恒俊等百馀人，系之，移皇后于别殿。其夜，六宫内人、中官等惊骇奔走。及明，上崩。"代宗实录曰："乙丑，皇后召上。既夜，辅国、元振勒兵捕系，幽后。丁卯，肃宗崩。"系传："乙丑，后召太子。景寅夜，元振、辅国勒兵捕系，幽后。是日，俱为辅国所害。"旧肃宗纪："丁卯，宣遗诏。是日，上崩。"代宗纪："乙丑，皇后矫诏召太子。辅国、元振卫从太子入飞龙厩以俟变。是夕，勒兵于三殿，收系及朱光辉、马英俊等。丁卯，肃宗崩。"新本纪："丙寅，闲厩使李辅国、飞龙厩副使程元振迁皇后于别殿，杀越王系、兖王僩。是夜，皇帝崩。"代宗录、唐历、统纪、系传皆以段恒俊为马英俊。按张后以乙丑日召太子，迨夜不至，必知有变矣，辅国等安能待至来夜，然后勒兵收系等乎！盖收系等在乙丑之夜也。今从代宗实录、旧代宗纪。新、旧传皆云兖王僩宝应元年薨。而代宗实录群臣议系、僩之罪，云："二王同恶，共扇奸谋。"盖僩亦预谋也。今从之。是日，辅国始引太子素服于九仙门与宰相相见，阁本大明宫图，宫城西面右银台门之北有九仙门，又北转东则凌云门。相，息亮翻。叙上皇晏驾，拜哭，叙自上皇晏驾后，宫中多故，不见辅臣。始行监国之令。命太子监国在甲子前，而乙丑即有内变。既定，乃始行令。监，古咸翻。戊辰，发大行皇帝丧于两仪殿，宣遗诏。肃宗崩于东内寝殿，发丧于西内内朝，从上皇也。上皇梓宫在西内前殿。己巳，代宗即位。

20 高力士遇赦还，至朗州，上元元年，高力士流巫州，遇赦还至朗州。自朗至京师尚二千二百五十九里。赦者，甲子赦也。还，从宣翻，又音如字。闻上皇崩，号恸，呕血而卒。力士流，见上卷上元元年。号，户刀翻。卒，子恤翻。

21 甲戌，以皇子奉节王适为天下兵马元帅。奉节，县名，蜀先主改鱼复县为奉节县。帅，所类翻。

22 李辅国恃功益横，明谓上曰："大家但居禁中，外事听老奴处分。"于上前明言之，无所忌惮。横，户孟翻。处，昌吕翻。分，扶问翻。上内不能平，以其方握禁兵，外尊礼之。乙亥，号辅国为尚父而不名，齐太公辅周武王，号师尚父，今以其号宠中人。事无大小皆咨之，群臣出入皆先诣，辅国亦晏然处之。史言李辅国凶悖。处，昌吕翻。以内飞龙厩副使程元振为左监门卫将军。知内侍省事朱光辉及内常侍啖庭瑶、山人李唐等二十馀人皆流黔中。自朱光辉以下，皆大行左右。监，古衔翻。啖，徒览翻。黔，其今翻。

23 初，李国贞治军严，治，直之翻。朔方将士不乐，乐，音洛。皆思郭子仪，故王元振因之作乱。子仪至军，元振自以为功，子仪曰："汝临贼境，绛州东与河南接界，时贼又据河阳、河内，故云然。辄害主将，若贼乘其衅，衅，隙也。将，即亮翻。无绛州矣。吾为宰相，岂受一卒之私邪！"五月，庚辰，收元振及其同谋四十人，皆杀之。相，息亮翻。考异曰：实录曰："子仪至军，抚循士众，潜问罪人，得害国贞者王元礼等四十人。为首者斩，馀并决杀。"邠志曰："七月，郭公到朔方行营。"旧传曰："三月，子仪辞赴镇。"汾阳家传曰："建辰月十一日，发上都，二十七日，至绛州，五月二日，斩元振等三十人。"今元振名从诸书，月日从家传，人数从实录。辛云京闻之，亦推按杀邓景山者数十人，诛之。由是河东诸镇率皆奉法。郭子仪诛王元振而河东诸镇皆奉法，仆固怀恩分河北诸州授田承嗣等以成藩镇之祸，用人可不谨哉！

24 壬午，以李辅国为司空兼中书令。

25 党项寇同官、华原。

26 甲申，以平卢节度使侯希逸为平卢、青·淄等六州节度使，青、淄、齐、沂、密、海六州。淄州，治淄川，本汉般阳县，宋侨立清河郡及贝丘县，魏为东清河郡；隋置淄州，取淄水为名。由是青州节度有平卢之号。

27 乙酉，徙奉节王适为鲁王。适，古活翻。

28 追【章：十二行本“追”上有“庚寅”二字；乙十一行本同；退斋校同。】尊上母吴妃为皇太后。吴妃事肃宗于东宫，生上而薨。

29 壬辰，贬礼部尚书萧华为峡州司马。元载希李辅国意，辅国以不相衔华。以罪诬之也。

30 敕乾元大小钱皆一当一，民始安之。民不便乾元二品钱，见上卷乾元二年。

31 史朝义自围宋州数月，城中食尽，将陷，刺史李岑不知所为。遂城果毅开封刘昌曰：易州有遂城府。开封，汉县，唐属汴州，汉故县在今县南五十里。杜佑曰：天宝以后，边帅怙宠，便请署官，易州遂城府、坊州安台府别将、果毅之类，每一制则同授千馀人。“仓中犹有曲数千斤，请屑食之；不过二十日，李太尉必救我。李太尉，谓光弼。城东南隅最危，昌请守之。”李光弼至临淮，诸将以朝义兵尚强，请南保扬州。光弼曰：“朝廷倚我以为安危，我复退缩，朝廷何望！复，扶又翻。且吾出其不意，贼安知吾之众寡！”遂径趣徐州，趣，七喻翻。使兖郓节度使田神功进击朝义，大破之。先是，田神功既克刘展，去年正月，神功克刘展。先，悉荐翻；下同。留连扬州未还，太子宾客尚衡与左羽林大将军殷仲卿相攻于兖、郓，考异曰：衡上元元年为淄青节度使，此年五月，田神功自淄青移兖郓，六月，衡自宾客为常侍，七月，仲卿自左羽林大将军为光禄卿，而得相攻于兖、郓者，盖衡犹未离淄青，仲卿亦在彼，虽有新除官，皆未肯入朝也。闻光弼至，惮其威名，神功遽还河南，此河南，总言河南道。衡、仲卿相继入朝。考异曰：旧传曰：“朝义乘北邙之胜，寇申、光等十三州，自领精骑围李岑于宋州，将士皆惧，请南保扬州。光弼径赴徐州以镇之，遣田神功击败之。”又曰：“初，光弼将赴临淮，在道，舁疾而行。监军使以袁晁方扰江、淮，光弼兵少，请保润州以避其锋。光弼不从，径往泗州。光弼未至河南也，田神功平刘展后，逗留于扬府，尚衡、殷仲卿相攻于兖、郓，来瑱旅拒于襄阳，及光弼轻骑至徐州，史朝义退走，田神功遽归河南，尚衡、殷仲卿、来瑱皆惧其威名，相继赴阙。”按光弼既使田神功击败朝义，则是神功已还也。实录，今年八月，袁晁始陷台州。借使当时已扰江、淮，则自泗州往润州，不得谓避其锋也。今从新传。

光弼在徐州，惟军旅之事自决之，自馀众务，悉委判官张傪。傪，七感翻，又仓含翻。傪吏事精敏，区处如流，处，昌吕翻。诸将白事，光弼多令与傪议之，诸将事傪如光弼，由是军中肃然，东夏以宁。夏，户雅翻。先是，田神功起偏裨为节度使，去年六月，田神功自平卢兵马使节度兖郓。留前使判官刘位等于幕府，神功皆平受其拜；及见光弼与傪抗礼，乃大惊，遍拜位等曰：“神功出于行伍，不知礼仪，诸君亦胡为不言，成神功之过乎！”史言武夫悍将可以礼化，居其上者当以身作则。行，户刚翻。

32 丁酉，赦天下。

33 立皇子益昌王邈为郑王，天宝改利州为益昌郡。延为庆王，迥为韩王。

34 来瑱闻徙淮西，大惧，上言：“淮西无粮，请俟收麦而行；”又讽将吏留己。来瑱挟众以要君，欲再求免，得乎！上欲姑息无事，壬寅，复以瑱为山南东道节度使。复，扶又翻。

35 飞龙副使程元振谋夺李辅国权，密言于上，请稍加裁制。六月，己未，解辅国行军司马及兵部尚书，馀如故，以元振代判元帅行军司马，仍迁辅国出居外第。自肃宗时，李辅国常居禁中内宅。于是道路相贺。辅国始惧，上表逊位。辛酉，罢辅国兼中书令，进爵博陆王。辅国入谢，愤咽而言曰：“老奴事郎君不了，请归地下事先帝！”上犹慰谕而遣之。考异曰：旧传：“辅国欲入中书，作谢表，阍吏止之曰：‘尚父罢相，不应复入此门。’辅国气愤而言曰：‘老奴死罪，事郎君不了，请归地下事先帝。’上犹优诏答之。”按此乃对上之语，非对阍吏之语也。今从唐纪。

36 壬戌，以兵部侍郎严武为西川节度使。

37 襄邓防御使裴茙屯谷城，谷城，汉筑阳县地，晋置义成郡及义城县。隋开皇十六年，废郡，改县曰谷城，以其地有谷城山也。既得密敕，即帅麾下二千人沿汉趣襄阳；帅，读曰率。趣，七喻翻。己巳，陈于谷水北。瑱以兵逆之，问其所以来，对曰："尚书不受朝命，故来。若受代，谨当释兵。"瑱曰："吾已蒙恩，复留镇此，复，扶又翻。何受代之有！"因取敕及告身示之，茙惊惑。瑱与副使薛南阳纵兵夹击，大破之，追擒茙于申口，金州洵阳县有申口镇。送京师；赐死。考异曰：旧茙传曰："瑱设具于江津以俟之。茙初声言假道入朝，及见瑱，即云奉代，且欲视事。瑱报曰：'瑱已奉恩命，复任此。'茙惶惑，喻其麾下曰：'此言必妄。'遂引射瑱军，因与瑱兵交战。茙军大败。"按瑱若设具相见，则茙岂得遽射瑱军而交战！今从瑱传。

38 乙亥，以通州刺史刘晏去年十一月，晏贬通州。为户部侍郎兼京兆尹，充度支、转运、盐铁、铸钱等使。

39 秋，七月，壬辰，以郭子仪都知朔方、河东、北庭、潞·仪·泽·沁·陈·郑等节度行营时以潞、仪、泽、沁、陈、郑为一镇，以李抱玉为节度使，盖抱玉先以陈郑节度使讨贼在行营，李光弼邙山之败，抱玉奔泽州，陈郑为贼所隔，朝廷因使之节度潞、仪、沁、泽四州。及兴平等军副元帅。

40 癸巳，剑南兵马使徐知道反，以兵守要害，拒严武，武不得进。

41 八月，桂州刺史邢济讨西原贼帅吴功曹等，平之。帅，所类翻。

42 己未，徐知道为其将李忠厚所杀，剑南悉平。

43 乙丑，山南东道节度使来瑱入朝谢罪，上优待之。

44 己巳，郭子仪自河东入朝。时程元振用事，忌子仪功高任重，数谮之于上。子仪不自安，表请解副元帅、节度使。上慰抚之，子仪遂留京师。

45 台州贼帅袁晁攻陷浙东诸州，改元宝胜；考异曰：柳璨正闰位历、宋庠纪元通谱皆改元升国。今从新书。民疲于赋敛者多归之。李光弼遣兵击晁于衢州，衢州，春秋时越姑蔑之地，秦以为太末县，汉分立新安县，晋改信安；唐置衢州，以三衢山名。昔洪水派山为三道，故曰三衢。敛，力赡翻。破之。

46 乙亥，徙鲁王适为雍王。雍，于用翻。

47 九月，庚辰，以来瑱为兵部尚书、同平章事、知山南东道节度使。

48 乙未，加程元振骠骑大将军兼内侍监。骠，匹妙翻。骑，奇寄翻。

49 左仆射裴冕为山陵使，方上之役，唐置山陵使，以宰相为之。议事有与程元振相违者，丙申，贬冕施州刺史。考异曰：代宗实录：“秘书监韩颖、中书舍人刘烜善候星历，乾元中待诏翰林，颇承恩顾，又与李辅国昵狎。时上轸忧山陵，广询卜兆，颖等不能精慎，妄有否臧，因是得罪，配流岭南，既行，赐死于路。初，冕为仆射，数论时政，遂兼御史大夫，充山陵使，以李辅国权重有恩，乃奏辅国所亲信刘烜为判官，潜结辅国。烜得罪，乃连坐焉。”今从旧程元振传。

50 上遣中使刘清潭使于回纥，修旧好，好，呼到翻。且征兵讨史朝义。清潭至其庭，回纥登里可汗已为朝义所诱，云“唐室继有大丧，今中原无主，因连有玄宗、肃宗之丧，遂诈以中原无主。可汗宜速来共收其府库。”可汗信之。清潭致敕书曰：“先帝虽弃天下，今上继统，乃昔日广平王，与叶护共收两京者也。”事见二百二十卷至德二载。回纥业已起兵至三城，即朔方三受降城。见州、县皆为丘墟，有轻唐之志，乃困辱清潭。清潭遣使言状，且曰：“回纥举国十万众至矣！”京师大骇。上遣殿中监药子昂往劳之于忻州南。初，毗伽阙可汗为登里求婚，肃宗以仆固怀恩女妻之，为登里可敦。劳，力到翻。为，于伪翻。妻，七细翻。可汗请与怀恩相见，怀恩时在汾州，上令往见之，怀恩为可汗言唐家恩信不可负，为，于伪翻。可汗悦，遣使上表，请助国讨朝义。可汗欲自蒲关入，由沙苑出潼关东向，药子昂说之曰："关中数遭兵荒，说，式芮翻。数，所角数。州县萧条，无以供拟，恐可汗失望；贼兵尽在洛阳，请自土门略邢、洺、怀、卫而南，得其资财以充军装。"可汗不从；又请"自太行南下据河阴，扼贼咽喉"，可，从刊入声。汗，音寒。行，户刚翻。咽，音烟。亦不从；又请"自陕州大阳津渡河，陕州陕县北有大阳关，黄河津济之要也，即左传秦孟明伐晋，自茅津济，封殽尸之路也，亦曰陕津。陕，失冉翻。食太原仓粟，与诸道俱进"，乃从之。隋置太原仓，在河东界。史言回纥所利在中国财宝，而不敢轻与贼遇。

51 袁晁陷信州。信州，本吴鄱阳郡之葛阳县，陈改葛阳为弋阳。唐乾元元年，分饶州之弋阳、衢州之常山·玉山及割建、抚之地置信州，治上饶县，以其旁下饶州，故以名县。晁，驰遥翻。

52 冬，十月，袁晁陷温州、明州。温州，永嘉郡，治永嘉县。明州，馀姚郡，治鄮县，今之鄞县是也。

53 以雍王适为天下兵马元帅。辛酉，辞行，以兼御史中丞药子昂、魏琚为左右厢兵马使，以中书舍人韦少华为判官，给事中李进为行军司马，会诸道节度使及回纥于陕州，进讨史朝义。雍，于用翻。适，古活翻。帅，所类翻。少，始照翻。使，疏吏翻。朝，直遥翻。上欲以郭子仪为适副，程元振、鱼朝恩等沮之而止。沮，在吕翻。加朔方节度使仆固怀恩同平章事兼绛州刺史，领诸军节度行营以副适。绛州，绛郡。时朔方军屯绛州，故以怀恩领刺史。为怀恩恃功畔援张本。

54 上在东宫，以李辅国专横，心甚不平，横，下孟翻。及嗣位，以辅国有杀张后之功，不欲显诛之。壬戌夜，盗入其第，窃辅国之首及一臂而去。考异曰：旧传曰："盗杀李辅国，携首臂而去。"

统纪曰："辅国悖于明皇，上在东宫，闻而颇怒。及践阼，辅国又立功，难于显戮，密令人刺之，断其首，弃之溷中，又断其右臂，驰祭泰陵，中外莫测。后杭州刺史杜济话于人曰：'尝识一武人为牙门将，曰：某即害尚父者。'"今从旧传。敕有司捕盗，遣中使存问其家，为刻木首葬之，为，于伪翻。仍赠太傅。太傅，三公。

55 丙寅，上命仆固怀恩与母、妻俱诣行营。时登里与怀恩之女俱来，故使怀恩母、妻诣行营以亲结之。

雍王适至陕州，回纥可汗屯于河北，雍，于用翻。适，古活翻。陕，失冉翻。纥，下没翻。可，从刊入声。汗，音寒。陕州之河北也。括地志曰：陕州河北县，本汉大阳县。天宝元年，太守李齐物开三门以利漕运，得古刃，有篆文曰"平陆"，因更名平陆县。适与僚属从数十骑往见之。可汗责适不拜舞，药子昂对以礼不当然。回纥将军车鼻曰："唐天子与可汗约为兄弟，可汗于雍王，叔父也，何得不拜舞？"子昂曰："雍王，天子长子，今为元帅。骑，奇计翻。长，知两翻。帅，所类翻。安有中国储君向外国可汗拜舞乎！且两宫在殡，两宫，谓上皇、先帝，时皆未葬。不应舞蹈。"力争久之，车鼻遂引子昂、魏琚、韦少华、李进各鞭一百，以适年少未谙事，遣归营。应，于陵翻。少，诗照翻。谙，乌含翻。考异曰：代宗实录云："雍王恭行诏命，辞色不屈，虏亦不敢失礼，时人难之。时官军合围，将诛无礼，王以东略之故，止之。"又曰："会中数万人骇愕失色，雍王正色叱之，可汗遂退。"建中实录曰："上坚立不屈。"此盖史官虚美耳。今从旧回纥传。琚、少华一夕而死。

戊辰，诸军发陕州，仆固怀恩与回纥左杀为前锋，陕西节度使郭英乂、方镇表：上元元年，改陕、虢、华节度为陕西节度使。使，疏吏翻。神策观军容使鱼朝恩为殿，殿，丁练翻。自渑池入；渑，弥兖翻。潞泽节度使李抱玉自河阳入；河南等道副元帅李光弼自陈留入；分道并入以攻洛阳。雍王留陕州。考异曰：代宗实录："戊辰，元帅雍王帅仆固怀恩等诸军及回纥兵马进发陕州东讨，留英乂、朝恩为后殿。是日，又诏河东道节度使自泽州路入。"今从唐历及旧朝义传。辛未，怀恩等军于同轨。河南永宁县，后周之同轨县地，有同轨城。

史朝义闻官军将至，谋于诸将。阿史那承庆曰："唐若独与汉兵来，宜悉众与战；若与回纥俱来，其锋不可当，宜退守河阳以避之。"朝义不从。朝，直遥翻。诸将，即亮翻。纥，下没翻。壬申，官军至洛阳北郊，分兵取怀州；癸酉，拔之。去年邙山之败，河阳、怀州皆陷于贼。洛阳北郊，在邙山外。乙亥，官军陈于横水。按旧书：横水，在洛阳北郊。金人疆域图：孟津县有横水店。陈，读曰阵；下恩陈、陈于、贼陈、陈亦同。贼众数万，立栅自固，怀恩陈于西原以当之。遣骁骑及回纥并南山出栅东北，骁，坚尧翻。骑，奇计翻。并，步浪翻。栅，测革翻。表里合击，大破之。朝义悉其精兵十万救之，陈于昭觉寺，官军骤击之，杀伤甚众，而贼陈不动；鱼朝恩遣射生五百人力战，贼虽多死者，陈亦如初。镇西节度使马璘曰："事急矣！"犯陈而不能陷，引退必败，故曰事急。使，疏吏翻。璘，离珍翻。遂单骑奋击，夺贼两牌，牌，古谓之楯，晋、宋之间谓之彭排，南方以皮编竹为之，以捍敌，北人以木为之。左传：乐祁以杨楯贾祸，盖北方之用木也尚矣。突入万众中。贼左右披靡，披，普彼翻。大军乘之而入，贼众大败；转战于石榴园、老君庙，贼又败；人马相蹂践，填尚书谷，蹂，人九翻。尚，辰羊翻。斩首六万级，捕虏二万人，朝义将轻骑数百东走。将，即亮翻，又音如字；下等将同。怀恩进克东京及河阳城，获其中书令许叔冀、王伷等，伷，音胄。承制释之。怀恩留回纥可汗营于河阳，使其子右厢兵马使玚及朔方兵马使高辅成帅步骑万馀乘胜逐朝义，纥，下没翻。可，从刊入声。汗，音寒。使，疏吏翻。玚，音畅，又雉杏翻。帅，读曰率；下同。骑，奇计翻。朝，直遥翻。至郑州，再战皆捷。朝义至汴州，其陈留节度使张献诚闭门拒之，朝义奔濮州，献诚开门出降。汴，皮面翻。濮，博木翻。降，户刚翻；下同。

回纥入东京，肆行杀略，死者万计，火累旬不灭。朔方、神策军亦以东京、郑、汴、汝州皆为贼境，所过虏掠，三月乃已。使郭、李为帅，安有是祸邪！比屋荡尽，士民皆衣纸。比，毗必翻，又毗至翻。衣，于既翻。回纥悉置所掠宝货于河阳，留其将安恪守之。

十一月，丁丑，露布至京师。

朝义自濮州北渡河，怀恩进攻滑州，拔之，追败朝义于卫州。将，即亮翻。败，补卖翻。朝义睢阳节度使田承嗣等将兵四万馀人与朝义合，复来拒战；睢，音虽。嗣，祥吏翻。复，扶又翻。仆固玚击破之，长驱至昌乐东。朝义帅魏州兵来战，又败走。昌乐，汉古县，属魏州，后唐避讳，改为南乐。乐，音洛。帅，读曰率。于是邺郡节度使薛嵩以相、卫、洺、邢四州降于陈郑、泽潞节度使李抱玉，恒阳节度使张忠志以赵、恒、深、定、易五州降于河东节度使辛云京。洺，音名。恒，户登翻。考异曰：旧怀恩传曰："嵩以相、卫、洺、邢、赵州降于李抱玉，李宝臣以深、恒、定、易四州降于云京。"代宗实录曰："张忠志以赵、定、深、恒、易五州归顺。"又曰："史思明授忠志恒赵节度使。"今从旧王武俊传。嵩，楚玉之子也。楚玉，薛讷之弟。抱玉等已进军入其营，按其部伍，嵩等皆受代；居无何，仆固怀恩皆令复位。由是抱玉、云京疑怀恩有贰心，各表言之，朝廷密为之备；怀恩亦上疏自理，上慰勉之。令，力丁翻。朝，直遥翻。上，时掌翻。疏，所去翻。辛巳，制："东京及河南、北受伪官者，一切不问。"为青、冀、魏、幽各据所有州县以传世张本。

56 己丑，以户部侍郎刘晏兼河南道水陆转运都使。睿宗先天二年，以李杰为陕州刺史，充水陆运使。水陆运使自此始也。至开元二年，杰除河南少尹，充水陆运使。天宝十二载，陕郡太守崔无诐充使，杨国忠充使，水陆转运都使始此。

57 丁酉，以张忠志为成德军节度使，统恒、赵、深、定、易五州，赐姓李，名宝臣。初，辛云京引兵将出井陉，常山裨将王武俊说宝臣曰："今河东兵精锐，出境远斗，不可敌也。且吾以寡当众，以曲遇直，战则必离，守则必溃，公其图之。"宝臣乃撤守备，举五州来降。及复为节度使，以武俊之策为善，说，式芮翻。复，扶又翻。擢为先锋兵马使。武俊，本契丹也，初名没诺干。为王武俊夷张氏、得成德张本。契，欺讫翻，又音吃。

郭子仪以仆固怀恩有平河朔功，请以副元帅让之。己亥，以怀恩为河北副元帅，加左仆射兼中书令、单于、镇北大都护、朔方节度使。

史朝义走至贝州，与其大将薛忠义等两节度合，仆固玚追之至临清。临清，汉清渊县，后魏改曰临清，唐属贝州。九域志：在魏州北一百五十里。朝义自衡水引兵三万还攻之，玚设伏击走之。回纥又至，官军益振，遂逐之；大战于下博东南，下博，汉县，时属深州。贼大败，积尸拥流而下；朝义奔莫州。考异曰：河洛春秋曰："朝义战败，走归范阳，途经衡水。仆固玚领蕃、汉兵一十五万趁及朝义接战，败之。是夏涉秋苦雨，陂湖流注，河东兵马使李竭诚、成德军将李令崇咸统精兵，亦革面来王，竞为掎角。其漳河及诸津渡船，悉是虏获。朝义遣人致命，竟不应。续令散雇舟船，并皆掠尽，四路俱绝。诸将或请战，或请降，朝义不悦。田承嗣上疏与朝义曰：'臣闻兵势两均，成败由将；众寡不敌，全灭在权。昔刘主破于白帝，曹公败于赤壁，陆逊、黄盖皆以权道取之。今部统之师，皆自疲顿，主客势倍，劳逸力殊，若驱而令战，未见其利。请用车五十乘于古夏康王城北作三个车营，车上皆设棚排，倒戈为御，每车甲士二人，持兵而伏，随军子女罗于帐中，每营辎重分列其次。营后选二万人，布偃月阵，凡敌众我寡，则设此阵，左右有险，亦设此阵，左右奇军，亦设此阵，各令猛将主之，左者东南行，右者西南行，令去车营十里馀，营前选精卒五千人，雁行阵，使之接战，不胜，则退于偃月阵后。前军既却，敌必至车营，爱其珍玩，必将攻取。候其兵纵，阵势已分，然后桴鼓齐鸣，前后俱至，貔貅奋勇，卤楯争先。左军西行，右军东迈，皆取古城之南，令首尾相属。伏兵之发，料敌必惊，后军之来，自然断绝，前后既不相救，中军又遇精兵，服色相乱，不败何待！令文景义主左军，达于义感主右军，足下自主中军，若其不捷，老臣请以弱卒五千为足下吞之。’朝义览疏大悦，因用其计，官军败绩，丧师三千余级。仆固玚大震，退师数十里。由是朝义得达莫州。朝义既败官军，威声复振，凡所追集，人莫己违，鸠集舟航，并连牌栰，先济辎重，兼及老弱，方以军南行，若有攻击。仆固玚令吏士各顾所部以抗其锋。朝义乃整师徒，一时北济。仆固玚亦连船舰，宵济趋之。”今从旧怀恩传。怀恩都知兵马使薛兼训、兵马使郝庭玉与田神功、辛云京会于下博，进围朝义于莫州，青淄节度使侯希逸继至。

58 十二月，庚申，初以太祖配天地。高祖武德元年制：每岁圜丘、方丘之祀，以太祖景皇帝配。高宗乾封二年，以高祖、太宗并配。是时太常卿杜鸿渐等议，以神尧为受命之主，非始封之君，不得为太祖以配天地。太祖景皇帝始受封于唐，即殷之契、周之后稷也，请以郊配天地。从之。

代宗睿文孝武皇帝上之上

初名俶，后改名豫，肃宗长子也。登遐之后，议上庙号曰世宗，避太宗讳，改曰代宗。

广德元年（癸卯、七六三）是年七月方改元，事见下卷。

1 春，正月，己卯，追谥吴太后曰章敬皇后。吴太后，上生母也。

2 癸未，以国子祭酒刘晏为吏部尚书、同平章事，度支等使如故。

3 初，来瑱在襄阳，程元振有所请托，不从；及为相，去年加来瑱同平章事。元振谮瑱言涉不顺。王仲升在贼中，以屈服得全，贼平得归，与元振善，奏瑱与贼合谋，致仲升陷贼。壬寅，瑱坐削官爵，流播州，赐死于路，由是藩镇皆切齿于元振。为诸镇忌程元振、不敢勤王张本。

4 史朝义屡出战，皆败，田承嗣说朝义，令亲往幽州发兵，还救莫州，承嗣自请留守莫州。说，式芮翻。守，式又翻。朝义从之，选精骑五千自北门犯围而出。朝义既去，承嗣即以城降，送朝义母、妻、子于官军。于是仆固玚、侯希逸、薛兼训等帅众三万追之，及于归义，归义，汉易县地，属涿郡。北齐省入鄚县，武德五年，置归义及北义州；贞观元年，州县皆省，八年，复置归义县，属幽州。按宋白续通典，唐归义县在瓦桥关北。与战，朝义败走。

时朝义范阳节度使李怀仙已因中使骆奉仙请降，遣兵马使李抱忠将兵三千镇范阳县，范阳县，汉涿县也，为涿郡治所。曹魏文帝改涿郡为范阳郡，隋废范阳郡，复置涿郡于蓟县，以涿县属焉。武德七年，改涿县为范阳县，仍属幽州；天宝元年，改幽州涿郡为范阳郡，故蓟城亦曰范阳。史以县字别之，其地在蓟南。宋白曰：南至莫州一百六十里。朝义至范阳，不得入。官军将至，朝义遣人谕抱忠以大军留莫州、轻骑来发兵救援之意，因责以君臣之义，抱忠对曰："天不祚燕，唐室复兴，复，扶又翻。今既归唐矣，岂可更为反覆，独不愧三军邪！大丈夫耻以诡计相图，愿早择去就以谋自全。且田承嗣必已叛矣，不然，官军何以得至此！"朝义大惧，曰："吾朝来未食，独不能以一餐相饷乎！"抱忠乃令人设食于城东。于是范阳人在朝义麾下者，并拜辞而去，朝义涕泣而已，独与胡骑数百既食而去。东奔广阳，饷，式亮翻。令，力丁翻。朝，直遥翻。骑，奇计翻。檀州燕乐县，后魏置广阳郡，后齐废郡，而旧郡名犹存。广阳不受；欲北入奚、契丹，至温泉栅，据新、旧书怀恩传，温泉栅在平州界石城县东北。契，欺讫翻，又音吃。栅，测革翻。李怀仙遣兵追及之；朝义穷蹙，缢于林中，怀仙取其首以献。仆固怀恩与诸军皆还。缢，于赐翻，又于计翻。还，音旋，又如字。

甲辰，朝义首至京师。考异曰：河洛春秋曰："朝义东投广阳郡，不受。北取潞县、渔阳，拟投两蕃。至榆关，李怀仙使使招回，却至渔阳过，从潞县至幽州城东阿婆门外，于巫闾神庙中，兄弟同被绞缢而死，乃授首与骆奉仙。经一日，诸军方知，归莫州城下。"旧仆固怀恩传曰："宝应二年三月，朝义至平州石城县温泉栅，穷蹙，走入长林自缢，怀仙使妻弟徐有济传其首以献。"

史朝义传："二年正月，李怀仙于莫州生擒之，送款来降，枭首至阙下。"实录："宝应元年十一月己亥，仆固怀恩上言：幽州平，河北州县尽平，史朝义为乱兵所戮，传首上都。"旧纪："宝应二年十月，河北州郡悉平，李怀仙以幽州降，田承嗣以魏州降。"沈既济建中实录："二年正月，贼将李怀仙擒朝义以降，山东平。"唐历："正月甲辰，李怀仙擒史朝义，枭首，献至阙下，尽以所管来降。"年代记："宝应元年十二月己亥，仆固怀恩上言：'史朝义为乱兵所杀，传首上都。'二年正月甲申，朝义枭首至阙。"新纪："广德元年正月甲申，朝义自杀，其将李怀仙以幽州降。"按诸军围朝义于莫州，已在去年十一月末，而河洛春秋云围城四十日。怀恩旧传亦云攻守月馀日。然则朝义之死，必在今年正月明矣。诸书皆云朝义此年正月被杀，而实录在元年十一月，旧纪因之，又脱十一月字。怀恩传误以正月为三月。甲申，正月十日；甲辰，三十日也。新本纪盖据年代记，但年代记元年冬十一月己亥朝义死，亦与实录同。若正月被杀，不应十日首级已至长安。疑甲申自杀，甲辰传首至阙。新纪止用年代记甲申至阙为自杀日，未知何所据。今从唐历，以甲辰传首至京师。

5 闰月，己酉夜，有回纥十五人犯含光门，突入鸿胪寺，纥，下没翻。唐太极宫南面三门，中曰朱雀门，东曰安上门，西曰含光门。按朱雀门，太极宫端门也。雍录曰：承天门之南，朱雀门之北，宗庙、社稷、百僚廨舍列乎其间，六省、九寺、一台、两监、十八卫以坊里准之。比两门内外，南北各占两街，不为民居。自朱雀门南即市井邑屋，各立坊巷。以此观之，则朱雀街西两坊，百司庶府居之，其门曰含光门。朱雀街东两坊，亦百司庶府居之，其门曰安上门也。胪，陵如翻。门司不敢遏。

6 癸亥，以史朝义降将薛嵩为相、卫、邢、洺、贝、磁六州节度使，宋白曰：磁州，本汉广平县地，周武帝于此置滏阳县及成安郡。隋开皇十年，废郡，置磁州，唐武德元年分相州置磁州，贞观元年，州废。薛嵩既得节，复表以相州之滏阳、洺州之邯郸·武安置磁州。磁，墙之翻。相，音息亮翻。田承嗣为魏、博、德、沧、瀛五州都防御使，魏州，汉魏郡之地。博州，汉为东郡聊城县。德州，汉平原郡地，隋置德州，因安德县名之。李怀仙仍故地为幽州、卢龙节度使。改范阳节度使为幽州节度使。时平卢已陷，又兼卢龙节度使。时河北诸州皆已降，嵩等迎仆固怀恩，拜于马首，乞行间自效；降，户江翻。行，户刚翻。怀恩亦恐贼平宠衰，故奏留嵩等及李宝臣分帅河北，自为党援。帅，所类翻；下同。朝廷亦厌苦兵革，苟冀无事，因而授之。河北藩镇，自此强傲不可制矣。

7 回纥登里可汗归国，其部众所过抄掠，纥，下没翻。可，从刊入声。汗，音寒。抄，楚交翻。廪给小不如意，辄杀人，无所忌惮。陈郑、泽潞节度使李抱玉欲遣官属置顿，人人辞惮，使，疏吏翻。赵城尉马燧独请行。隋义宁元年，分霍邑置赵城县，属晋州。比回纥将至，比，必利翻，及也。燧先遣人赂其渠帅，约毋暴掠，帅，所类翻；下同。帅遗之旗曰：遗，惟季翻。"有犯令者，君自戮之。"燧取死囚为左右，小有违令，立斩之。回纥相顾失色，涉其境者皆拱手遵约束。抱玉奇之，燧因说抱玉曰："燧与回纥言，颇得其情。仆固怀恩恃功骄蹇，其子玚好勇而轻，说，式芮翻。好，呼到翻。玚，音畅，又雉杏翻。轻，区正翻。今内树四帅，四帅，谓田承嗣、李宝臣、李怀仙、薛嵩。外交回纥，必有窥河东、泽潞之志，宜深备之。"抱玉然之。

8 初，长安人梁崇义以羽林射生从来瑱镇襄阳，累迁右兵马使。崇义有勇力，能卷铁舒钩；沈毅寡言，瑱，他甸翻。卷，读曰捲。沈，持林翻。得众心。瑱之入朝也，命诸将分戍诸州，朝，直遥翻。将，即亮翻。瑱死，戍者皆奔归襄阳。行军司马庞充将兵二千赴河南，盖先是来瑱使庞充赴河南行营会讨史朝义。至汝州，闻瑱死，引兵还袭襄州；左兵马使李昭拒之，充奔房州。崇义自邓州引戍兵归，与昭及副使薛南阳相让为长，长，知两翻。久之不决，众皆曰："兵非梁卿主之不可。"遂推崇义为帅。崇义寻杀昭及南阳，以其状闻，上不能讨。三月甲辰，以崇义为襄州刺史、山南东道节度留后。唐藩镇命帅，未授旌节者，先以为节度留后。为梁崇义以襄阳拒命而死张本。崇义奏改葬瑱，为之立祠，不居瑱听事及正堂。为，于伪翻。听，读曰厅。

9 辛酉，葬至道大圣大明孝皇帝于泰陵；泰陵，在同州奉先县东北二十里金粟山。庙号玄宗。庚午，葬文明武德大圣大宣孝皇帝于建陵；建陵，在京兆醴泉县东北十八里武将山。庙号肃宗。

10 夏，四月，庚辰，李光弼奏擒袁晁，浙东皆平。时晁聚众近二十万，近，其靳翻。转攻州县，光弼使部将张伯仪将兵讨平之。伯仪，魏州人也。

11 郭子仪数上言："吐蕃、党项不可忽，宜早为之备。"不能用郭子仪之言，为二虏入京师张本。数，所角翻。上，时掌翻；下同。

12 辛丑，遣兼御史大夫李之芳等使于吐蕃，为虏所留，二年乃得归。史究言之。

13 群臣三上表请立太子；五月，癸卯，诏许俟秋成议之。

14 丁卯，制分河北诸州：以幽、莫、妫、檀、平、蓟为幽州管；恒、定、赵、深、易为成德军管；相、贝、邢、洺为相州管；魏、博、德为魏州管；沧、棣、冀、瀛为青淄管；怀、卫、河阳为泽潞管。自田承嗣、李灵耀相继叛乱，诸镇所管，不复守此制。

15 六月，癸酉，礼部侍郎华阴杨绾上疏，以为："古之选士必取行实，行，下孟翻；下行著同。近世专尚文辞。自隋炀帝始置进士科，犹试策而已；至高宗时，考功员外郎刘思立始奏进士加杂文，明经加帖，从此积弊，转而成俗。朝之公卿以此待士，朝，直遥翻。家之长老以此训子，长，知两翻。其明经则诵帖括以求侥幸。帖括者，举人因试帖，遂括取粹会为一书，相传习诵之，以应试，谓之帖括。又，举人皆令投牒自应，如此，欲其返淳朴，崇廉让，何可得也！请令县令察孝廉，取行著乡闾，学知经术者，荐之于州。行，下孟翻。刺史考试，升之于省。任各占一经，占，之赡翻。朝廷择儒学之士，问经义二十条，对策三道，上第即注官，中第得出身，下第罢归。又道举亦非理国，【章：

十二行本"国"下有"所资"二字；乙十一行本同；退斋校同。】置道举，见二百十四卷开元二十五年。望与明经、进士并停。"上命诸司通议，给事中李栖筠、左丞贾至、京兆尹严武并与绾同。至议以为："今试学者以帖字为精通，考文者以声病为是非，声病，谓以平、上、去、入四声缉而成文，音从文顺谓之声，反是则谓之病。风流颓弊，诚当厘改。然自东晋以来，人多侨寓，士居乡土，百无一二；请兼广学校，保桑梓者乡里举焉，在流寓者庠序推焉。"敕礼部具条目以闻。绾又请置五经秀才科。

16 庚寅，以魏博都防御使田承嗣为节度使。承嗣举管内户口，壮者皆籍为兵，惟使老弱者耕稼，数年间有众十万；又选其骁健者万人自卫，谓之牙兵。魏牙兵始此，迄于梁、唐。魏以之强，亦以之亡。

17 同华节度使李怀让为程元振所谮，恐惧，自杀。乾元元年置陕、虢、华节度使，上元元年改陕西节度使，分河中之同州与华州为同华节度使。华，户化翻。

容肇祖标点聂崇岐覆校

资治通鉴卷第二百二十三

端明殿学士兼翰林侍读学士太中大夫
提举西京嵩山崇福宫上柱国河内郡开国公 司马光 奉敕编集
食邑二千二百户食实封九百户赐紫金鱼袋臣

后学天台 胡三省 音注

唐纪三十九

起昭阳单阏（癸卯）七月，尽旃蒙大荒落（乙巳）十月，凡二年有奇。

代宗睿文孝武皇帝上之下

广德元年（癸卯、七六三）

1 秋，七月，壬寅，群臣上尊号曰宝应元圣文武孝皇帝。以楚州所献十三宝为上登极之符应也。上，时掌翻。壬子，赦天下，改元。方改元广德。诸将讨史朝义者进官阶、加爵邑有差。将，即亮翻。册回纥可汗为颉咄登蜜施合俱录英义建功毗伽可汗，可敦为娑墨光亲丽华毗伽可敦；颉咄，华言社稷发用；登蜜施，华言到竟；合俱录，华言娄罗；娑墨，华言得怜；毗伽，华言足意智。纥，下没翻。可，从刊入声。汗，音寒。颉，奚结翻。咄，当没翻。伽，求迦翻。娑，苏何翻。左、右杀以下，皆加封赏。左杀封雄朔王，右杀封宁朔王，胡禄都督封金河王，拔览将军封静汉王，诸都督十一人并封国公。

2 戊辰，杨绾上贡举条目：秀才问经义二十条，对策五道；国子监举人，令博士荐于祭酒，祭酒试通者升之于省，如乡贡法。令，力丁翻。唐取士之科，由学馆曰生徒，由州县者曰乡贡。凡明经、秀才、俊士、进士，明于理体为乡里称者，县考试，州长重覆，送之尚书省。既至省，皆疏名列到、结款通保及所居，始由户部集阅而关于礼部试之。今杨绾所上国子监举人，略如乡贡法。明法，委刑部考试。明法，律学也。或以为明经、进士，行之已久，不可遽改。事虽不行，识者是之。

3 以仆固玚为朔方行营节度使。

4 吐蕃入大震关，陷兰、廓、河、鄯、洮、岷、秦、成、渭等州，尽取河西、陇右之地。兰、廓、秦、渭等州，即河西、陇右之地也，先已为吐蕃所陷，史因其入大震关而备言之。兰州，汉金城郡，隋置兰州，因皋兰山为名。廓州，汉西平郡南界；前凉以其地为湟河郡，后魏置洮河郡；周建德五年，取河南地置廓州，取廓清之义为名。河州，汉枹罕县，前凉张骏分置河州。鄯州，汉破羌允吾县地，唐平薛举，置鄯州。洮州，治汉洮阳城，周保定初置。岷州，秦临洮县地，后魏大统十年置岷州，以南有岷山名。秦州，治成纪显亲川，因魏、晋旧州名。成州，古西戎地，后千亩戎姜氏居之，又后为白马氐国；汉为武都郡，晋为仇池郡，后魏改为南秦州，西魏改成州。渭州，治汉襄武县，后魏置。唐自武德以来，开拓边境，地连西域，皆置都督、府、州、县。开元中，置朔方、陇右、河西、安西、北庭诸节度使以统之，岁发山东丁壮为戍卒，缯帛为军资，开屯田，供糗粮，缯，慈陵翻。糗，去久翻。设监牧，畜马牛，军城戍逻，万里相望。畜，吁玉翻。逻，郎佐翻。及安禄山反，边兵精锐者皆征发入援，谓之行营，所留兵单弱，胡虏稍蚕食之；数年间，西北数十州相继沦没，自凤翔以西，邠州以北，皆为左衽矣。史言唐所以失河、陇。

5 初，仆固怀恩受诏与回纥可汗相见于太原；河东节度使辛云京以可汗乃怀恩婿，恐其合谋袭军府，闭城自守，亦不犒师。使，疏吏翻。犒，苦到翻。及史朝义既平，诏怀恩送可汗出塞，往来过太原，朝，直遥翻。过，古禾翻，又古卧翻。云京亦闭城不与相闻。怀恩怒，具表其状，不报。怀恩将朔方兵数万屯汾州，使其子御史大夫玚将万人屯榆次，裨将李光逸等屯祁

【祁】县，将，即亮翻；下裨将同，又音如字。裨，彼迷翻。榆次、祈〔祁〕，皆汉古县，属太原。李怀光等屯晋州，张维岳等屯沁州。沁，七浸翻。考异曰：邠志作“张如岳”，今从实录、唐历。怀光，本勃海靺鞨也，靺鞨，音末曷。姓茹，茹，音如。为朔方将，以功赐姓。中使骆奉仙至太原，云京厚结之，为言怀恩与回纥连谋，反状已露。使，疏吏翻。为，于伪翻。奉仙还，过怀恩，怀恩与饮于母前，母数让奉仙曰：还，音旋，又音如字。数，所角翻。“汝与吾儿约为兄弟，今又亲云京，何两面也！”唐人谓反覆者为两面。贞元以后，剑南西山白狗等羌内附，赐牛粮，治生业，差赐官禄，皆得世袭；然阴附吐蕃，世谓之两面羌。此其证也。酒酣，怀恩起舞，奉仙赠以缠头彩。唐人宴集，酒酣为人舞，当此礼者以彩物为赠，谓之缠头。倡伎当筵舞者亦有缠头喝赐，杜甫诗所谓“舞罢锦缠头”者也。酣，户甘翻。怀恩欲酬之，曰：“来日端午，当更乐饮一日。”乐，音洛。奉仙固请行，怀恩匿其马，奉仙谓左右曰：“朝来责我，又匿我马，将杀我也。”夜，逾垣而走；怀恩惊，遽以其马追还之。八月，癸未，奉仙至长安，奏怀恩谋反；考异曰：实录：“癸未，怀恩旋师，次于汾州，逗遛不进。监军使骆奉仙以闻。上以功高不之罪，优诏慰劳之。”又曰：“怀恩顿军汾上，监军使骆奉仙因公宴，言有所指，怀恩已萌二心，肆口酬对，奉仙不告而出，乘传上闻。上以功高容之，叱奉仙出，待怀恩如旧。怀恩惮奉仙，益不自安。”邠志曰：“宝应二年，河朔既平，诏太原节度辛云京及仆固怀恩各以其军送回纥还蕃。既出晋关，辛公率其轻兵先入太原。怀恩怒其不告，曰：‘辛君有虞于我也。’回纥至，辛公馆于城外，致牛酒以犒之。怀恩欲因回纥规其城壁，阴导回纥请观佛寺，辛公许之。既入城，见罗兵于诸街，蕃人大惊，辟易而去。”今从旧怀恩传。怀恩亦具奏其状，请诛云京、奉仙；上两无所问，优诏和解之。

怀恩自以兵兴以来，谓自禄山反，朔方起兵讨之，以至平贼时也。所在力战，一门死王事者四十六人，女嫁绝域，谓嫁回纥可汗也。说谕回纥，说，式芮翻。纥，下没翻。再收两京，平定河南、北，功无与比，而为人构陷，愤怨殊深，上书自讼，以为："臣昨奉诏送可汗归国，倾竭家赀，俾之上道。行至山北，上，时两翻。可，从刊入声。汗，音寒。怀恩屯汾州，谓太原之地为山北。云京、奉仙闭城不出祗迎，仍令潜行窃盗。回纥怨怒，亟欲纵兵，臣力为弥缝，方得出塞。云京、奉仙恐臣先有奏论，遂复妄称设备，令，力丁翻。为，于伪翻。复，扶又翻；下并同。与李抱玉共相组织。臣静而思之，其罪有六：昔同罗叛乱，臣为先帝扫清河曲，一也；臣男玢为同罗所虏，得间亡归，臣斩之以令众士，二也；二事并见二百十八卷肃宗至德元载。玢，悲巾翻。间，古苋翻。臣有二女，远嫁外夷，为国和亲，荡平寇敌，三也；臣与男玚不顾死亡，为国效命，四也；河北新附，节度使谓田承嗣、李宝臣、李怀仙等。皆握强兵，臣抚绥以安反侧，五也；臣说谕回纥，使赴急难，天下既平，送之归国，六也。说，式芮翻。难，乃旦翻。臣既负六罪，诚合万诛，惟当吞恨九泉，衔冤千古，复何诉哉！臣受恩深重，夙夜思奉天颜，言欲入朝也。但以来瑱受诛，瑱，他甸翻。事见上卷正月。朝廷不示其罪，诸道节度，谁不疑惧！近闻诏追数人，唐人率谓召为追，观考异所引诸家杂史可见。尽皆不至，实畏中官谗口，虚受陛下诛夷；岂惟群臣不忠，正为回邪在侧。当时君臣情事，诚如怀恩之言。且臣前后所奏骆奉仙，词情非不摭实，摭，之石翻。陛下竟无处昌吕翻。置，宠任弥深；皆由同类比周，比，毗至翻。蒙蔽圣听。窃闻四方遣人奏事，陛下皆云与骠骑议之，骠骑，谓程元振也。骠，匹妙翻。骑，奇寄翻。曾不委宰相可否，或稽留数月不还，远近益加疑阻。代宗省怀恩书至此，岂不为之动心邪！曾，才登翻。如臣朔方将士，功效最高，为先帝中兴主人，乃陛下蒙尘故吏，曾不别加优奖，反信谗嫉之词。子仪先已被猜，臣今又遭诋毁，将，即亮翻。被，皮义翻。弓藏鸟尽，信匪虚言。古语云："高鸟尽，良弓藏；狡兔死，走狗烹；敌国破，谋臣亡。"言以今事准之，非虚言也。陛下信其矫诬，矫，托也。托言谋反以厚诬。何殊指鹿为马！引赵高事以况诸阉。傥不纳愚恳，且贵因循，臣实不敢保家，陛下岂能安国！怀恩心迹，于此可见。忠言利行，忠言逆耳利于行，古语也。惟陛下图之。臣欲公然入朝，朝，直遥翻；下同。恐将士留沮。今托巡晋、绛，于彼迁延，乞陛下特遣一介至绛州问臣，臣即与之同发。"

九月，壬戌，上遣裴遵庆诣怀恩谕旨，且察其去就。怀恩见遵庆，抱其足号泣诉冤。号，户刀翻。遵庆为言圣恩优厚，讽令入朝。怀恩许诺。副将范志诚以为不可，曰："公信其甘言，入则为来瑱，不复还矣！"明日，怀恩见遵庆，以惧死为辞，请令一子入朝，志诚又以为不可，遵庆乃还。还，音旋，又如字；下同。御史大夫王翊使回纥还，怀恩先与可汗往来，恐翊泄其事，遂留之。

6 吐蕃之入寇也，边将告急，程元振皆不以闻。冬，十月，吐蕃寇泾州，刺史高晖以城降之，遂为之乡导，降，户江翻。乡，读曰向。考异曰：汾阳家传："八月，吐蕃次泾、宁州，遣感激军使高晖御之，战败，执晖。九月，至便桥。"实录："十月庚午，吐蕃寇泾州，辛未，犯奉天、武功。"按今泾州东去邠州三程，邠州南去奉天二程，不应庚午寇邠州，辛未已至奉天。盖史官据奏到日书之耳。段公家传："九月二十日，吐蕃寇泾原，节度使高晖降之。十一月一日，陷邠州，节度使张蕴琦弃城遁。"旧本纪："九月己丑，吐蕃寇泾州，刺史高晖以城降，因为吐蕃乡导。十月辛未，犯京畿。"新本纪："九月乙丑，泾州刺史高晖叛附于吐蕃，十月庚午，吐蕃陷邠州，辛未，寇奉天、武功。"今月从实录而不取其日。引吐蕃深入；过邠州，上始闻之。辛未，寇奉天、武功，京师震骇。诏以雍王适为关内元帅，郭子仪为副元帅，出镇咸阳以御之。

子仪闲废日久，宝应元年八月，郭子仪自河东入朝，遂留京师。部曲离散，至是召募，得二十骑而行，至咸阳，吐蕃帅吐谷浑、党项、氐、羌二十馀万众，弥漫数十里，已自司竹园渡渭，凤翔府盩厔县有司竹园，汉书王莽传所谓霍鸿负倚芒竹，即此地也。苏轼曰：盩厔有官竹园，临水，数十里不绝，所谓司竹也。循山而东。子仪使判官中书舍人王延昌入奏，请益兵，程元振遏之，竟不召见。见，贤遍翻。癸酉，渭北行营兵马使吕月将将精卒二千破吐蕃于盩厔之西。将、将：上如字；下即亮翻。乙亥，吐蕃寇盩厔，月将复与力战，兵尽，为虏所擒。复，扶又翻。

上方治兵，治，直之翻。而吐蕃已度便桥，仓猝不知所为，丙子，出幸陕州，陕，失冉翻。官吏藏窜，六军逃散。郭子仪闻之，遽自咸阳归长安，比至，比，必利翻，及也。车驾已去。上才出苑门，渡浐水，按唐禁苑，包大明宫之北，东距浐水。考雍录、长安志诸书，禁苑东面出浐水，无其门，盖出光泰门耳。射生将王献忠拥四百骑叛还长安，将，即亮翻。骑，奇寄翻。胁丰王珙等十王西迎吐蕃。珙，玄宗子，音居勇翻。遇子仪于开远门内，开远门，长安城西面北头第一门。子仪叱之，献忠下马，谓子仪曰："今主上东迁，社稷无主，令公身为元帅，郭子仪为中书令，故称为令公。废立在一言耳。"子仪未应。珙越次言曰："公何不言！"子仪责让之，以兵援送行在。丁丑，车驾至华州，官吏奔散，无复供拟，复，扶又翻。扈从将士不免冻馁。会观军容使鱼朝恩将神策军自陕来迎，上乃幸朝恩营。从，才用翻。将，即亮翻。使，疏吏翻。朝，直遥翻。恩将，音同上。陕，失冉翻。丰王珙见上于潼关，上不之责，退至幕中，有不逊语；群臣奏议诛之，乃赐死。

戊寅，吐蕃入长安，高晖与吐蕃大将马重英等立故邠王守礼之孙承【章：十二行本"承"上有"广武王"三字；乙十一行本同。】宏为帝，珙，居重翻。吐，从暾入声。重，直龙翻。邠，悲频翻。邠王守礼，章怀太子之子。改元，置百官，以前翰林学士于可封等为相。吐蕃剽掠府库市里，焚闾舍，长安中萧然一空。相，息亮翻。剽，匹妙翻；下同。苗晋卿病卧家，遣人舆入，迫胁之，晋卿闭口不言，虏不敢杀。于是六军散者所在剽掠，士民避乱，皆入山谷。

辛巳，上至陕，百官稍有至者。郭子仪引三十骑自御宿川循山而东，骑，奇计翻。三辅黄图曰：御宿川在长安城南。汉武帝为离宫别馆，禁御人不得往来游观。上宿其中，故曰御宿。程大昌曰：御宿川即樊川，在万年县南二十五里。谓王延昌曰："六军将士逃溃者多在商州，今速往收之，商州，治上洛县，至京师二百八十一里。并发武关防兵，数日间，北出蓝田以向长安，吐蕃必遁。"过蓝田，遇元帅都虞候臧希让、凤翔节度使高升，得兵近千人。武关，在商州西北，雍州蓝田县南。吐，从暾入声。过，古禾翻，又古卧翻。使，疏吏翻。近，其靳翻。子仪与延昌谋曰："溃兵至商州，官吏必逃匿而人乱。"使延昌自直径入商州抚谕之。诸将方纵兵暴掠，闻子仪至，皆大喜听命。将，即亮翻。子仪恐吐蕃逼乘舆，留军七盘，杜佑曰：七盘，即王莽所谓"绕溜之固南当荆楚"者也。绕溜者，言四面塞阨屈曲，水回绕而溜，今谓之七盘、十二绛。乘，承正翻。吐，从暾入声。三日乃行，比至商州，比，必利翻。行收兵，并武关防兵合四千人，军势稍振。子仪乃泣谕将士以共雪国耻，取长安，皆感激受约束。子仪请太子宾客第五琦为粮料使，给军食。将，即亮翻。粮料使，主给行营军食。我宋朝随军转运使即其任。上赐子仪诏，恐吐蕃东出潼关，征子仪诣行在。子仪表称："臣不收京城无以见陛下，若出兵蓝田，虏必不敢东向。"上许之。鄜延【章：十二行本"延"作"坊"；乙十一行本同。】节度判官段秀实说节度使白孝德引兵赴难，上元元年，置渭北、鄜坊节度使，领鄜、坊、丹、延四州，治坊州。吐，从暾入声。潼，音同。说，式芮翻。难，乃旦翻。孝德即日大举，南趣京畿，李嗣业自西域赴难于至德之初，白孝德自鄜坊赴广德之难，皆段秀实发之，其忠义盖天性也。与蒲、陕、商、华合势进击。陕，失冉翻。华，户化翻。

吐蕃既立广武王承宏，欲掠城中士、女、百工，整众归国。子仪使左羽林大将军长孙全绪将二百骑出蓝田观虏势，令第五琦摄京兆尹，与之偕行，又令宝应军使张知节将兵继之。长，知两翻。将，即亮翻，又音如字。骑，奇计翻。令，力丁翻。琦，音奇。上以射生军入禁中清难，赐名宝应功臣，故射生军亦号宝应军。全绪至韩公堆，昼则击鼓张旗帜，夜则多然火，以疑吐蕃。前光禄卿殷仲卿聚众近千人，保蓝田，与全绪相表里，帅二百馀骑直渡浐水。近，其靳翻。帅，读曰率。浐，音产。吐蕃惧，百姓又绐之曰："郭令公自商州将大军不知其数至矣！"绐，汤亥翻。将，即亮翻，又音如字。虏以为然，稍稍引军去。全绪又使射生将王甫入城阴结少年数百，夜击鼓大呼于朱雀街，将，即亮翻。少，始照翻。呼，火故翻。唐太极宫正南出朱雀门，自朱雀门南出至明德门，皆名朱雀街。吐蕃惶骇，庚寅，悉众遁去。考异曰：旧吐蕃传曰："子仪帅部曲数百人及其妻子仆从南入牛心谷，驼马车牛数百两。子仪迟留，未知所适。行军判官中书舍人王延昌、监察御史李萼谓子仪曰：'令公身为元帅，主上蒙尘于外，今吐蕃之势日逼，岂可怀安于谷中，何不南趋商州，渐赴行在！'子仪遽从之。延昌曰：'吐蕃知令公南行，必分兵来逼，若当大路，事即危矣。不如取玉山路而去，出其不意。'子仪又从之。子仪之队千馀人，山谷束隘，连延百馀里，人不得驰。延昌与萼恐狭径被追，前后不相救，至倒回口，遂与子仪别行，逾绝涧，登七盘，趋于商州。先是，六军将张知节与麾下数百人自京城奔于商州，大掠避难朝官、士庶及居人资财、鞍马，已有日矣。延昌与萼既至，说知节曰：'将军身掌禁兵，军败而不赴行在，又恣其下虏掠，何所归乎！今郭令公，元帅也，已欲至洛南，将军若整顿士卒，谕以祸福，请令公来抚之，图收长安，此则将军非常之功也。'知节大悦。其时诸军将臧希让、高升、彭体盈、李惟诜等数人，各有部曲家兵数十骑，相次而至，又从其计，皆相率为军，约不侵暴。延昌留于军中主约，萼以数骑往迎子仪，去洛南十馀里，及之，遂与子仪回至商州。诸将大喜，皆遵其约束。吐蕃将入京师也，前光禄卿殷仲卿逃难而出，至蓝田，纠合败兵及诸骁勇愿从者百馀人，南保蓝田以拒吐蕃，其众渐振，至于千人。子仪既至商州，募人往探贼势，羽林将军长孙全绪请行。全绪至韩公堆，仲卿得官军，其势益壮，遂相为表里。仲卿帅二百馀骑游弈，直渡浐水。吐蕃惧，问百姓，百姓皆绐之曰：'郭令公大军不知其数。'贼以为然，遂抽军而还。"汾阳家传曰："公以三十骑循御宿川，略山而东。公西望国门，涕不自胜，谓延昌曰：'为舍人计，何以复国？'延昌歔欷不能对。公谓曰：'料诸将散卒必逃商於，若速行收合散卒，兼武关兵，数日之内，却出蓝田，设疑兵，为旆，屯于韩公堆，吐蕃必惧我而退，乃相与速驱之。'过蓝田，公与延昌议曰：'散兵至商州，必官吏不守，则兵乱而人溃。'使延昌间道中宿至商州，果如所议。延昌以公之言巡抚之，乱乃止，溃乃复。"今从之。高晖闻之，帅麾下三百馀骑东走，至潼关，守将李日越擒而杀之。帅，读曰率。将，即亮翻；下同。考异曰：新鱼朝恩传曰："朝恩遣刘德信讨斩之。"今从实录。

壬辰，诏以元载判元帅行军司马，以第五琦为京兆尹。癸巳，以郭子仪为西京留守。甲午，子仪发商州。己亥，以鱼朝恩部将皇甫温为陕州刺史，周智光为华州刺史。为周智光以华州跋扈张本。

7 骠骑大将军、判元帅行军司马程元振专权自恣，人畏之甚于李辅国。诸将有大功者，元振皆忌疾欲害之。吐蕃入寇，元振不以时奏，致上狼狈出幸。上发诏征诸道兵，李光弼等皆忌元振居中，莫有至者，中外咸切齿而莫敢发言。太常博士柳伉上疏，伉，苦浪翻。以为："犬戎犯关度陇，不血刃而入京师，劫宫闱，焚陵寝，武士无一人力战者，此将帅叛陛下也。陛下疏元功，委近习，疏，与疎同。日引月长，以成大祸，群臣在廷，无一人犯颜回虑者，此公卿叛陛下也。陛下始出都，百姓填然，夺府库，相杀戮，此三辅叛陛下也。自十月朔召诸道兵，尽四十日，无只轮入关，此四方叛陛下也。内外离叛，陛下以今日之势为安邪，危邪？若以为危，岂得高枕，枕，职任翻。不为天下讨罪人乎！为，于伪翻。臣闻良医疗疾，当病饮药，药不当病，犹无益也。陛下视今日之病，何繇至此乎？必欲存宗庙社稷，独斩元振首，驰告天下，悉出内使隶诸州，言悉出诸宦官隶诸州羁管也。时宦官皆为内诸司使，故曰内使。持神策兵付大臣，时鱼朝恩领神策军。然后削尊号，下诏引咎，曰：'天下其许朕自新改过，宜即募士西赴朝廷；若以朕恶不悛，悛，丑缘翻。则帝王大器，敢妨圣贤，其听天下所往。'如此，而兵不至，人不感，天下不服，臣请阖门寸斩以谢陛下。"上以元振尝有保护功，保护事见上卷宝应元年。十一月，辛丑，削元振官爵，放归田里。

8 王甫自称京兆尹，聚众二千馀人，署置官属，暴横长安中。横，户孟翻。壬寅，郭子仪至浐水西，郭子仪至浐水西，则已渡浐水，近京城矣。甫按兵不出。或谓子仪，城不可入。子仪不听，引三十骑徐进，使人传呼召甫；甫失据，出迎拜伏，子仪斩之，考异曰：实录曰："有武将王甫等，诱长安恶少数百人，集六街鼓于朱雀街，大鼓之。吐蕃闻之震慑，乘夜而遁。"汾阳家传曰："射生将王抚，猛而多力，自称御史大夫，领五百骑、二千步卒，兼补官属，以谋作乱。甲午，公发商州；冬十一月壬寅，公次浐水之右。王抚知公之来也，于城中坚列行阵，戈矛若林，指挥其间，按甲不出。人劝公必不可入，公以三十骑徐进，曾不少惧，令传呼王抚，抚应声伏，乌合之徒，一时而溃。"邠志曰："郭公屯商州，十二月一日，率诸军五万馀人出蓝田，去城百里而军。城中相传，言大军将至，西戎惧焉。三日，马家小儿、张小君、李酒盏、射生官王甫等五百馀人，夜半，聚六街鼓入于子城，雷击天门街中，仍分其众建旗诸门。吐蕃以为大军夜至，相帅遁去。小君使报郭公。七日，郭公全师入于京师，系小君、酒盏、王甫等，责之曰：'吾军未至，汝设诈以畏吐蕃，吐蕃知之怒汝，燔爇宫阙，从容而去，岂不由汝乎！'命斩之。遂以破贼收城闻。"旧子仪传曰："全绪遣禁军旧将王甫入长安，阴结豪侠为内应，一日，齐击鼓于朱雀街，蕃军惶骇而去。"又曰："射生将王抚自署为京兆尹，聚兵二千人，扰乱京城，子仪召抚，杀之。诏子仪权京城留守。"吐蕃传："吐蕃馀众尚在城，军将王抚及御史大夫王仲升领兵自苑中入，椎鼓大呼，仲卿之兵又入城，吐蕃皆奔走。"若如邠志所言，是子仪杀抚而攘其功，计子仪必不为也。子仪勋业，今古推高，凌准作书，多攻其短，疑有宿嫌，不可尽信。今从汾阳家传及子仪旧传。其兵尽散。白孝德与邠宁节度使张蕴琦将兵屯畿县，京兆府管二十县，万年、长安为赤县，馀县皆为畿县。子仪召之入城，京畿遂安。

9 宦官广州市舶使吕太一发兵作乱，唐置市舶使于广州以收商舶之利，时以宦者为之。舶，音白。节度使张休弃城奔端州。旧志：广州西至端州二百四十里。太一纵兵焚掠，官军讨平之。

10 吐蕃还至凤翔，节度使孙志直闭城拒守，吐蕃围之数日。镇西节度使马璘闻车驾幸陕，将精骑千馀自河西入赴难；难，乃旦翻。转斗至凤翔，值吐蕃围城，璘帅众持满外向，突入城中，不解甲，背城出战，帅，读曰率；下同。背，蒲妹翻。单骑先士卒奋击，俘斩千计而归。明日，虏复逼城请战，先，昔荐翻。俘，方无翻。复，扶又翻。璘开悬门以待之。杜预曰：悬门，施于内城门。按今边城之门，设扉以启闭。而悬门者，设于门阒之外，常悬而不下，寇至则下之以塞门，以为重闭之固。虏引退，曰："此将军不惜死，宜避之。"遂去，居于原、会、成、渭之地。原州，高平郡；会州，会宁郡；成州，同谷郡；皆据河、陇之胜以临唐境。

11 十二月，丁亥，车驾发陕州。陕，失冉翻。左丞颜真卿请上先谒陵庙，然后还宫，元载不从，真卿怒曰："朝廷岂堪相公再坏邪！"还，从宣翻，又音如字。载，祖亥翻，又音如字。朝，直遥翻。相，昔亮翻。邪，音耶。坏，音怪。载由是衔之。甲午，上至长安，郭子仪帅城中百官及诸军迎于浐水东，伏地待罪。上劳之曰："用卿不早，故及于此。"衔，其缄翻。劳，力到翻。浐，音产。

12 以鱼朝恩为天下观军容宣慰处置使，总禁兵，权宠无比，鱼朝恩以陕州迎扈之劳，过承权寄恩宠。去程得鱼，所谓去䝙得虎也。处，昌吕翻。使，疏吏翻。朝，直遥翻。筑城于鄠县及中渭桥，屯兵以备吐蕃。以骆奉仙为鄠县筑城使，遂将其兵。鄠，音户。吐，从暾入声。

将，即亮翻，又音如字。

13 乙未，以苗晋卿为太保，裴遵庆为太子少傅，并罢政事；以宗正卿李岘为黄门侍郎、同平章事。遵庆既去，元载权益盛，以货结内侍董秀，使主书卓英倩潜与往来，上意所属，主书，省吏也。岘，户典翻。属，之欲翻。载必先知之，承意探微，探，吐南翻。言无不合；上以是益爱之。英倩，金州人也。金州，安康郡。

14 吐蕃既去，广武王承宏逃匿草野；上赦不诛，丙申，放之于华州。华州华阴郡，去京师一百八十里。

15 程元振既得罪，归三原，闻上还宫，衣妇人服，还，从宣翻，又音如字。衣，于既翻。私入长安，复规任用，京兆府擒之以闻。复，扶又翻。规，图也。考异曰：实录如此，仍云"将图进取"。旧传："元振服缞麻于车中，入京城，以规任用。与御史大夫王仲升饮酒，为御史所弹。"今从实录，参以旧传。

16 吐蕃陷松、维、保三州及云山新筑二城，松州交川郡，以郡界有甘松岭名州。开元二十八年，以维州之定廉置奉州云山郡，天宝八年，徙治天保军，更曰天保郡，是年没吐蕃。至乾元元年，嗣归诚王董嘉俊以郡来归，始更名保州。又按天宝八年分定廉置云山县，时盖于县新筑二城也。西川节度使高适不能救，于是剑南西山诸州亦入于吐蕃矣。使，疏吏翻。吐，从暾入声。

二年（甲辰、七六四）

1 春，正月，壬寅，敕称程元振变服潜行，将图不轨，长流溱州。上念元振之功，复念其保护之功也。寻复令于江陵安置。复，扶又翻。溱，缁诜翻。溱州治荣懿县，贞观开山洞所置也。江陵府，上元置府，又置南都，则善地也。令，力丁翻。

2 癸卯，合剑南东、西川为一道，以黄门侍郎严武为节度使。分剑南为东、西道，见二百二十卷肃宗至德元载。考异曰：旧传："武为京兆少尹，以史思明阻兵，不之官，出为绵州刺史，迁东川节度使。上皇诰西川合为一道，拜武剑南节度使。”新传：“武为少尹，坐房琯，贬巴州，久之，迁东川。”馀同旧传。按思明阻兵河、洛，京兆少尹何妨之官！此年始合东、西川为一道，岂上皇诰所合！新、旧传皆误。

3 丙午，遣检校刑部尚书颜真卿宣慰朔方行营。上之在陕也，颜真卿请奉诏召仆固怀恩，上不许。校，古孝翻。尚，辰羊翻。陕，失冉翻。至是，上命真卿说谕怀恩入朝。对曰：“陛下在陕，臣往，以忠义责之，使之赴难，说，式芮翻。朝，直遥翻。难，乃旦翻。彼犹有可来之理；今陛下还宫，还，从宣翻，又音如字。彼进不成勤王，退不能释众，召之，庸肯至乎！且言怀恩反者，独辛云京、骆奉仙、李抱玉、鱼朝恩四人耳，朝，直遥翻。自馀群臣皆言其枉。陛下不若以郭子仪代怀恩，可不战而服也。”时汾州别驾李抱真，抱玉之从父弟也，从，才用翻。知怀恩有异志，脱身归京师。上方以怀恩为忧，召见抱真问计，对曰：“此不足忧也。朔方将士思郭子仪，如子弟之思父兄。怀恩欺其众云，郭子仪已为鱼朝恩所杀，众信之，故为其用耳。将，即亮翻。朝，直遥翻。陛下诚以子仪领朔方，彼皆不召而来耳。”上然之。

4 甲寅，礼仪使杜鸿渐唐会要曰：高祖禅代之际，温大雅与窦威、陈叔达参定礼仪。自后至开元初，参定礼仪者并不入衔，无由检叙。开元九年，韦绦除国子司业，仍知太常礼仪事，自此至二十三年，凡四改官，至太常卿，并带知礼仪事。至天宝九载，始置礼仪使，以太子左庶子韦述为之。使，疏吏翻。奏：“自今祀圜丘、方丘请以太祖配，祈谷以高祖配，大雩以太宗配，明堂以肃宗配。”从之。唐制：冬至祀圜丘，夏至祀方丘，孟春祈谷，孟夏雩祀，季秋大享明堂；以肃宗配，严父之义也。

5 乙卯，立雍王适为皇太子。雍，于用翻。适，古活翻。

6 吐蕃之入长安也，诸军亡卒及乡曲无赖子弟相聚为盗；吐蕃既去，犹窜伏南山子午等五谷，吐，从暾入声。长安之南山，西接岐州界，东抵虢州界。其谷之大者有五，子午谷、斜谷、骆谷、蓝田谷、衡岭谷也。所在为患。丁巳，以太子宾客薛景仙为南山五谷防御使，以讨之。

7 魏博节度使田承嗣奏名所管曰天雄军，从之。使，疏吏翻。嗣，祥吏翻。

8 仆固怀恩既不为朝廷所用，遂与河东都将李竭诚潜谋取太原；朝，直遥翻。将，即亮翻。都将，都知兵马使。辛云京觉之，杀竭诚，乘城设备。怀恩使其子玚将兵攻之，云京出与战，玚大败而还，遂引兵围榆次。去年七月，怀恩使玚屯榆次。玚，音畅，又雉杏翻。还，从宣翻，又音如字。上谓郭子仪曰："怀恩父子负朕实深。代宗心事，惟与子仪言之。闻朔方将士思公如枯旱之望雨，公为朕镇抚河东，为，于伪翻。汾上之师必不为变。"汾上，谓汾阳，时朔方军多在焉。戊午，以子仪为关内、河东副元帅、河中节度等使。怀恩将士闻之，皆曰："吾辈从怀恩为不义，何面目见汾阳王！"帅，所类翻。

9 癸亥，以刘晏为太子宾客，李岘为詹事，并罢政事。晏坐与程元振交通；元振获罪，岘有功【章：十二行本"功"作"力"；乙十一行本同。】焉，由是为宦官所疾，李岘相肃宗，不为李辅国所容，宦官之媢疾非一日矣。岘，户典翻。故与晏皆罢。以右散骑常侍王缙为黄门侍郎，太常卿杜鸿渐为兵部侍郎，并同平章事。散，昔亶翻。骑，奇计翻。缙，音晋。为王缙党附元载与之俱诛张本。

10 丁卯，以郭子仪为朔方节度大使。二月，子仪至河中。云南子弟万人戍河中，将贪卒暴，为一府患，子仪斩十四人，杖三十人，府中遂安。

11 癸酉，上朝献太清宫；太清宫，玄宗所建。朝，音直遥翻。甲戌，享太庙；乙亥，祀昊天上帝于圜丘。

12 仆固玚围榆次，旬馀不拔；遣使急发祁县兵，李光逸尽与之。李光逸屯祁县，事始上年七月。士卒未食，行不能前，十将白玉、焦晖以鸣镝射其后者，后者，行不能及众者也。射，而亦翻；下乃射、射之同。军士曰："将军何乃射人？"玉曰："今从人反，终不免死；死一也，射之何伤！"白玉、焦晖欲杀玚，先激其众。至榆次，玚责其迟，胡人曰："我乘马，乘，音承。乃汉卒不行耳。"玚捶汉卒，卒皆怨怒，曰："节度使党胡人。"其夕，焦晖、白玉帅众攻玚，杀之。帅，读曰率。仆固怀恩闻之，入告其母。母曰："吾语汝勿反，语，牛倨翻。国家待汝不薄，今众心既变，祸必及我，将如之何！"怀恩不对，再拜而出。母提刀逐之曰："吾为国家杀此贼，为，于伪翻。取其心以谢三军。"怀恩疾走，得免，遂与麾下三百渡河北走。自汾州西渡河，投北，趣灵州。

时朔方将浑释之守灵州，怀恩檄至，云全军归镇，释之曰："不然，此必众溃矣。"将拒之，其甥张韶曰："彼或翻然改图，以众归镇，何可不纳也！"释之疑未决。怀恩行速，先候者而至，先，昔荐翻。释之不得已纳之。张韶以其谋告怀恩，怀恩以韶为间，杀释之而收其军，史言浑释之以临事不决自祸。间，古苋翻。使韶主之；既而曰："释之，舅也，彼尚负之，安有忠于我哉！"他日，以事杖之，折其胫，置于弥峨城而死。张韶之死宜矣。折，而设翻。胫，音胡定翻。胫，脚茎也。

都虞候张维岳在沁州，闻怀恩去，乘传至汾州，传，张恋翻，驿马也。抚定其众，杀焦晖、白玉而窃其功，以告郭子仪。子仪使牙官卢谅至汾州，节镇、州、府皆有牙官、行官，牙官给牙前驱使，行官使之行役出四方。自五季以后，诟詈武臣率曰牙官。维岳赂谅，使实其言。子仪奏维岳杀玚，考异曰：汾阳家传曰："开府卢昴，公先使汾州慰谕，及还，恶不比于己者，好赂于己者，公捶杀之。"邠志曰："郭公使牙官卢谅之军，如岳赂谅，使信其言。郭公以如岳杀玚闻，诏优之。诸将云云，郭公乃理谅罪，棒杀之。"今参取二书，昴职名从邠志。传首诣阙。群臣入贺，上惨然不悦，曰："朕信不及人，致勋臣颠越，深用为愧，又何贺焉！”命辇怀恩母至长安，给待优厚，月馀，以寿终；史言寿终，明非杀之也。以礼葬之，功臣皆感叹。

戊寅，郭子仪如汾州，考异曰：实录：“广德元年十二月丁酉，仆固玚为帐下张维岳所杀，以其众归郭子仪。怀恩闻之，弃营脱身遁走北蕃。”按朔方兵所以不附仆固氏者，以子仪为之帅也。纵不在子仪领朔方节度使之后，亦当在领河东副元帅之后也。而实录二年正月丁卯，子仪为朔方节度使。汾阳家传：“二年正月，子仪充河东副元帅、河中节度使，癸亥，代宗三殿宴送，二十六日，发上都，二月，至河中，兼朔方节度大使，戊寅，往汾州，甲申，还至河中。”邠志：“二年正月二十日诏郭公加河中节度、河东副元帅，二十九日，加朔方节度，二月，仆固玚率军攻榆次，逾旬不拔”云云。然则玚死决不在去年十二月。今因子仪如汾州，并言之。怀恩之众【章：十二行本“众”下有“数万”二字；乙十一行本同；张校同，云无注本亦无。】悉归之，咸鼓舞涕泣，喜其来而悲其晚也。卒如颜真卿、李抱真之言。子仪知卢谅之诈，杖杀之。上以李抱真言有验，迁殿中少监。

13 上之幸陕也，李光弼竟迁延不至；上恐遂成嫌隙，其母在河中，数遣中使存问之。数，所角翻。吐蕃退，除光弼东都留守以察其去就；光弼辞以就江、淮粮运，引兵归徐州。上迎其母至长安，厚加供给，使其弟光进掌禁兵，遇之加厚。皆所以怀来光弼。

14 戊子，赦天下。【据章钰资治通鉴校宋记补。】

15 自丧乱以来，丧，息浪翻。汴水堙废，漕运者自江、汉抵梁、洋，迂险劳费，自安禄山作乱，关、洛路阻，漕运溯江入汉，抵梁、洋，故汴渠堙废不治。三月己酉，以太子宾客刘晏为河南、江、淮以来转运使，议开汴水。庚戌，又命晏与诸道节度使均节赋役，听便宜行毕以闻。时兵火之后，中外艰食，关中米斗千钱，百姓挼穗以给禁军，挼，奴禾翻。宫厨无兼时之积。宫厨，所以奉上及宫中食膳。晏乃疏浚汴水，遗元载书，具陈漕运利病，时元载为相，故遗书言漕运事。遗，唯季翻。令中外相应。自是每岁运米数十万石以给关中，唐世推漕运之能者，推【严："推"改"惟"。】晏为首，后来者皆遵其法度云。

16 甲子，盛王琦薨。琦，玄宗子也。

17 党项寇同州，郭子仪使开府仪同三司李国臣击之，曰："虏得间则出掠，间，古苋翻。官军至则逃入山，宜使羸师居前以诱之，劲骑居后以覆之。"国臣与战于澄城北，澄城，春秋左传北征之地，汉为征县，属冯翊。音澄。后魏为澄城县，并置澄城郡，隋废郡存县，唐属同州。九域志：县在州北九十里。大破之，斩首捕虏千馀人。

18 夏，五月，癸丑，初行五纪历。宝应元年六月望，戊夜，月蚀三之一。官历加时在日出后，有交，不署蚀。代宗以至德历不与天合，诏司天台官属郭献之等复用麟德元纪，更立岁差，增损迟疾交会及五星差数，以写大衍旧术，上元七曜，起虚四度。帝为制序，题曰五纪历。

19 庚申，礼部侍郎杨绾奏岁贡孝弟力田无实状，及童子科皆侥幸；悉罢之。孝弟力田之科始于汉。

20 郭子仪以安、史昔据洛阳，故诸道置节度使以制其要冲；今大盗已平，而所在聚兵，耗蠹百姓，表请罢之，仍自河中为始。子仪时镇河中，表先罢河中节度以示诸镇，君子惜其有安国家尊朝廷之心而时君不能尽用之也。六月，【章：十二行本"月"下有"庚辰"二字；乙十一行本同。】敕罢河中节度及耀德军。乾元二年置耀德军于河中。子仪复请罢关内副元帅；复，扶又翻；下众复同。不许。

21 仆固怀恩至灵武，收合散亡，其众复振。上厚抚其家。癸未，下诏，称其"勋劳著于帝室，及于天下。疑隙之端，起自群小，察其深衷，本无他志；君臣之义，情实如初。但以河北既平，朔方已有所属，宜解河北副元帅、朔方节度等使，优诏解其职任，使河北诸帅不复禀其约束，朔方将士心归子仪。其太保兼中书令、大宁郡王如故。但当诣阙，更勿有疑。"怀恩竟不从。

22 秋，七月，庚子，税天下青苗钱以给百官俸。乾元以来，天下用兵，京师百寮，俸钱减耗。上即位，推恩庶寮，下议公卿，或言税亩有苗者，公私咸济。乃分遣宪官税天下地青苗钱，充百司课料。宋白曰：大历五年五月，诏京兆府应征青苗、地头钱等，承前青苗钱，每亩征十五文，地头钱，每亩征二十五文，自今已后，宜一切以青苗钱为名，每亩减五文，征三十五文，随征夏税时据数征纳。八年，每亩率十五文。俸，方用翻。

23 太尉兼侍中、河南副元帅、临淮武穆王李光弼，治军严整，治，直之翻。指顾号令，诸将莫敢仰视，谋定而后战，能以少制众，与郭子仪齐名。及在徐州，拥兵不朝，诸将田神功等不复禀畏，少，始照翻。复，扶又翻。李光弼处危疑之地，其迹若无君者，而诸将亦不复禀畏光弼。节义天下之大义，非虚语也。光弼愧恨成疾，己酉，薨。史言李光弼不能以功名自终。八月，丙寅，以王缙代光弼都统河南、淮西、山南东道诸行营。统，他综翻，俗从上声。

24 郭子仪自河中入朝，会泾原奏仆固怀恩引回纥、吐蕃十万众将入寇，朝，直遥翻。纥，下没翻。吐，从暾入声。考异曰：旧子仪传云“数十万众”，怀恩传云“诱吐蕃十万众”。按汾阳家传，实不过十万。京师震骇，诏子仪帅诸将出镇奉天。帅，读曰率。奉天县，属京兆。宋白曰：本醴泉县地，武后分置奉天县以奉乾陵，在京兆西北百五十里。上召问方略，对曰：“怀恩无能为也。”上曰：“何故？”对曰：“怀恩勇而少恩，少，诗沼翻。士心不附，所以能入寇者，因思归之士耳。以此观之，则怀恩将士盖有关内、河东人。怀恩本臣偏裨，裨，频眉翻。其麾下皆臣部曲，必不忍以锋刃相向，以此知其无能为也。”辛巳，子仪发，赴奉天。

25 甲午，加王缙东都留守。缙，音晋。守，式又翻。

26 河中尹兼节度副使崔寓使，疏吏翻。寓，于矩翻。考异曰：五月已罢河中节度，今犹有副使者，盖言其前官也。发镇兵西御吐蕃，为法不一。九月，丙申，镇兵作乱，掠官府及居民，终夕乃定。吐，从暾入声。

27 丙午，加河东节度使辛云京同平章事。

28 辛亥，以郭子仪充北道邠宁、泾原、河西以来通和吐蕃使，以陈郑、泽潞节度使李抱玉充南道通和吐蕃使。托通和以缓吐蕃之兵。吐，从暾入声。子仪闻吐蕃逼邠州，甲寅，遣其子朔方兵马使晞将兵万人救之。邠，卑旻翻。将，即亮翻，又音如字。

29 己未，剑南节度使严武破吐蕃七万众，拔当狗城。当狗城，当白狗羌之路，故以名城。

30 关中虫蝗、霖雨，米斗千馀钱。

31 仆固怀恩前军至宜禄，郭子仪使右兵马使李国臣将兵为郭晞后继。邠宁节度使白孝德败吐蕃于宜禄。将，即亮翻，又音如字，领也。败，补卖翻。考异曰：实录："癸巳，孝德败吐蕃一千馀众于宜禄，生擒蕃将数人。"按汾阳家传，二十六日，贼先军次宜禄。然则前八日孝德岂得已败吐蕃于宜禄乎！实录误。冬，十月，怀恩引回纥、吐蕃至邠州，白孝德、郭晞闭城拒守。考异曰：汾阳家传："晞屡破吐蕃。"今从实录。旧子仪传曰："虏寇邠州，子仪在泾阳，子仪令长男朔方兵马使曜率师拒之，与白孝德闭城拒守。"按实录及晞传皆云晞拒怀恩，破之。子仪传云"曜"，误也。

32 庚午，严武拔吐蕃盐川城。盐川城，在当狗城西北。维州旧有盐溪县，永徽初，省入保州定廉县。

33 仆固怀恩与回纥、吐蕃进逼奉天，京师戒严。诸将请战，郭子仪不许，曰："虏深入吾地，利于速战，吾坚壁以待之，彼以吾为怯，必不戒，乃可破也。若遽战而不利，则众心离矣。敢言战者斩！"辛未夜，子仪出陈于乾陵之南，陈，读曰阵。壬申未明，虏众大至。虏始以子仪为无备，欲袭之，忽见大军，惊愕，遂不战而退。子仪使裨将李怀光等将五千骑追虏，至麻亭而还。虏至邠州，丁丑，攻之，不克；乙酉，虏涉泾而遁。考异曰：实录："十月辛未夜，郭晞遣马步三千人于邠州西斩贼营，杀千馀人，生擒八十三人，俘大将四人。十一月乙未，怀恩及吐蕃等自溃，京师解严。"汾阳家传曰："十月七日，公誓师曰：'明日有寇，尔其备之。'及夜，出兵数万阵于西门之外，广布旗帜，如十万军。未曙，怀恩、吐蕃、回纥、吐浑等已阵于乾陵北，长二十里。怀恩等初谓无备，欲袭之。既见阵，两蕃大骇，不敢战。而怀恩顷为公所驭，慑公之威，又遁。初，军中偶语，夜中出兵，与鬼斗耳。及未曙，寇已至矣。军中所以服公之先知也。贼至于邠州，营于北原。十三日，攻其东门，不克。十四日，横阵于南原，请战。晞等与之连战，大破之，追奔数十里。二十一日，涉泾而还。"邠志："怀恩寇邠、泾，十七日，众渡泾水，郭晞率众御之，战于邠郛，我师败绩。怀恩覆其阵，泣曰：'此等昔为我儿，我教其射，反为他人致死于我，惜哉！'明日，引军南出。"旧郭晞传曰："怀恩诱虏再寇邠州，阵于泾北，晞乘其半济而击之，大破獯虏，斩首五千级，连战皆捷。"吐蕃传曰："郭晞于邠州西三十里，令精骑斫怀恩营，破五千众，斩首千馀级，生擒八十五人，降其大将四人。"诸书载邠、宁战守、胜败，事各不同，今从汾阳家传，以实录参之。

34 怀恩之南寇也，河西节度使杨志烈发卒五千，谓监军柏文达曰："河西锐卒，尽于此矣，君将之以攻灵武，使，疏吏翻。监，古衔翻。将，即亮翻；下同，又音如字。则怀恩有返顾之虑，此亦救京师之一奇也！"文达遂将众击摧砂堡、灵武县，皆下之，摧砂堡，在原州西北。灵武，后周置建安县，后又置历城郡；隋开皇三年废郡，十八年改建安为广闰，仁寿九年又改曰灵武，属泾州。进攻灵州。怀恩闻之，自永寿遽归，宋白曰：永寿县，属邠州，武德元年，于永寿原置县，因原立名。使蕃、浑二千骑夜袭文达，大破之，士卒死者殆半。文达将馀众归凉州，哭而入。志烈迎之曰："此行有安京室之功，卒死何伤。"士卒怨其言。未几，几，居岂翻。吐蕃围凉州，士卒不为用；志烈奔甘州，为沙陀所杀。【章：十二行本"杀"下有"凉州遂陷"四字；乙十一行本同；退斋校同；张校同，云无注本亦无。】旧志：凉州，西北至甘州六百里。沙陀姓朱耶，世居沙陀碛，因以为名。沙陀始见于此。

35 十一月，丁未，郭子仪自行营入朝，郭晞在邠州，纵士卒为暴，节度使白孝德患之，以子仪故，不敢言；泾州刺史段秀实自请补都虞候，虞候，古候奄之职。虞，防虞也。候，候望也。

孝德从之。既署一月，晞军士十七人入市取酒，以刃刺酒翁，酒翁，酿酒者也，今人呼为酒大工。刺，七亦翻。坏酿器，坏，古瞶翻。秀实列卒取十七人首注槊上，植市门。植，直吏翻，又时力翻。考异曰：此出柳宗元段太尉逸事状。段公家传曰："广德二年正月，白孝德授邠宁节度使。七月，大军西还，颇有俘掠，又以邠土经寇，未暇耕耘，乃谋顿军奉天，取给畿内。时仓廪匮竭，吏人潜窜，军士公行发掘，兼施搥讯，闾里怨苦，远近彰闻。孝德知之，力不能制。公戏谓宾朋曰：'若使余为军候，不令至是。'行军司马王稷以其言启于白孝德，即日，以公为都虞候，兼权知奉天县事。浃旬而军不犯禁，逾月而路不拾遗。永泰元年，孝德奉诏归邠州，表公进封张掖郡王、北庭行军、邠宁都虞候。"据实录，时晞官为左常侍，宗元云尚书，误也。又按实录，广德二年十月，吐蕃寇邠州，孝德、晞闭城拒守。汾阳家传，其年九月，公使陈回光与孝德议边事于邠州。则孝德不以永泰元年始归邠州，陈翃误也。逸事状又云："先是太尉在泾州为营田官，泾大将焦令谌取人田，自占数十顷，给与农曰：'且熟，归我半。'是岁大旱，野无草，农以告。谌曰：'我知入数而已，不知旱也。'督责益急，且饥死无以偿，即告太尉。太尉判状辞甚巽，使人来谕谌。谌盛怒，召农者曰：'我畏段某邪，何敢言我！'取判铺背上，以大杖击二十，垂死，舆来庭中。太尉大泣曰：'乃我困汝。'即自取水，洗去血，裂裳衣疮，手注善药，旦夕自哺农者然后食。取骑马卖，市谷代偿。使勿知。淮西寓军帅尹少荣，刚直士也，入见谌，大骂曰：'汝诚人邪！泾州野如赭，人且饥死，而必得谷，又用大杖击无罪者。段公，仁信大人也，而汝不知敬。今段公唯一马，贱卖市谷入汝，又取，不耻。凡为人傲天灾，犯大人，击无罪者，又取仁者谷，使主人出无马，汝将何以视天地，尚不愧奴隶耶！'谌虽暴抗，然闻言则大愧，流汗，不能食，曰：'吾终不可以见段公。'一夕，自恨死。"按段公别传，大历八年焦令谌犹存。盖宗元得于传闻，其实令谌不死也。晞一营大噪，尽甲，孝德震恐，召秀实曰："奈何？"秀实曰："无伤也，请往解之。"孝德使数十人从行，秀实尽辞去，选老躄者一人噪，则灶翻。躄，俾亦翻，跛之甚者也。持马至晞门下。甲者出，秀实笑且入，曰："杀一老卒，何甲也！吾戴吾头来矣。"老卒，秀实自谓也。言戴头而来，听其斩之也。甲者愕。因谕曰："常侍负若属邪，邪，音耶。晞时带左散骑常侍，故称之。副元帅负若属邪？副元帅，谓子仪。帅，所类翻。奈何欲以乱败郭氏！”败，补卖翻。晞出，秀实让之曰：“副元帅勋塞天地，塞，昔则翻。当念始终。今常侍恣卒为暴，行且致乱，乱则罪及副元帅；乱由常侍出，然则郭氏功名，其存者几何！”几，居岂翻。言未毕，晞再拜曰：“公幸教晞以道，句断。恩甚大，敢不从命！”顾叱左右：“皆解甲，散还火伍中，敢哗者死！”还，从宣翻，又音如字。唐制：兵五人为伍，十人为火。秀实因留宿军中。晞通夕不解衣，戒候卒击柝卫秀实。旦，俱至孝德所，谢不能，句断。请改。请改过也。邠州由是无患。

36 五谷防御使薛景仙讨南山群盗，连月不克，上命李抱玉讨之。贼帅高玉最强，抱玉遣兵马使李崇客将四百骑自洋州入，袭之于桃虢川，大破之；玉走成固。使，疏吏翻。骑，奇计翻。洋，音祥，又如字。走，音奏。将，即亮翻，又如字。洋州，古成固县。唐志：洋州，治兴道县，即古成固地。庚申，山南西道节度使张献诚擒玉，献之，馀盗皆平。

37 十二月，乙丑，加郭子仪尚书令。子仪以为：“自太宗为此官，累圣不复置，复，扶又翻。近皇太子亦尝为之，非微臣所宜当。”固辞，不受，还镇河中。

38 是岁，户部奏：户二百九十馀万，口一千六百九十馀万。史言丧乱之后，户口减于承平什七八。

39 上遣于阗王胜还国，胜固请留宿卫，以国授其弟曜，胜令弟曜摄国，自将兵入援，见二百十九卷至德元载。阗，徒贤翻，又徒见翻。上许之；加胜开府仪同三司，赐爵武都王。

永泰元年（乙巳、七六五）

1 春，正月，癸卯朔，改元；赦天下。

2 戊申，加陈郑、泽潞节度使李抱玉凤翔、陇右节度使，李抱玉时以陈郑、泽潞行营兵屯京西，故加凤翔、陇右节度使。以其从弟殿中少监抱真为泽潞节度副使。从，才用翻。少，始照翻。抱真以山东有变，上党为兵冲，而荒乱之馀，土瘠民困，无以赡军，乃籍民，每三丁选一壮者，免其租、傜，给弓矢，使农隙习射，岁暮都试，史炤曰：谓总阅试习武备也。霍光传：都肄郎。孟康曰：都，试也。汉制，郡国以八月都试，阅武备。行其赏罚。比三年，得精兵二万，比，必利翻，及也。既不费廪给，府库充实，遂雄视山东。由是天下称泽潞步兵为诸道最。为李抱真以泽潞兵横制诸叛张本。

3 二月，戊寅，党项寇富平，焚定陵殿。党，底朗翻。定陵，中宗陵也，在雍州富平县西北。凡陵有寝有殿，后曰寝，前曰殿。

4 庚辰，仪王璲薨。璲，玄宗子也，音遂。

5 三月，壬辰朔，命左仆射裴冕、右仆射郭英乂等文武之臣十三人于集贤殿待制。永徽中，命弘文馆学士二人日待制于武德殿西门。文明元年，诏京官五品以上清官日一人待制于章善、明福门。先天末，又命朝集使六品以上二人随仗待制。时勋臣罢节制，无职事，令待制于集贤殿门。宋白曰：是年，诏左仆射裴冕、右仆射郭英乂、太子少傅裴遵庆、检校太子少保兼御史大夫元志直、太子詹事兼御史大夫臧希让、左散骑常侍畅璀、检校刑部尚书王昂、高升、检校工部尚书知省事崔涣、吏部侍郎李季师、王延昌、礼部侍郎贾至、泾王傅吴令瑶集贤待制。以勋臣罢节制，无职事，乃于禁门书院待制，间以文儒，宠之也。左拾遗洛阳独孤及上疏曰："陛下召冕等待制以备询问，此五帝盛德也。上，时掌翻。疏，所句翻。顷者陛下虽容其直而不录其言，有容下之名，无听谏之实，遂使谏者稍稍钳口饱食，相招为禄仕，此忠鲠之人所以窃叹，而臣亦耻之。今师兴不息十年矣，钳，其廉翻。玄宗天宝十四载，安禄山反，至是十年。人之生产，空于杼轴。拥兵者第馆亘街陌，奴婢厌酒肉，而贫人羸饿就役，剥肤及髓。长安城中白昼椎剽，羸，伦为翻。椎，直追翻。剽，匹妙翻。吏不敢诘，官乱职废，将堕卒暴，百揆隳刺，如沸粥纷麻，唐、虞有百揆之官。孔安国曰：揆，度也。度百事，总百官。此所谓百揆，盖言百官之事也。诘，去吉翻。将，即亮翻。刺，来达翻。民不敢诉于有司，有司不敢闻于陛下，茹毒饮痛，穷而无告。陛下不以此时思所以救之之术，臣实惧焉。今天下惟朔方、陇西有吐蕃、仆固之虞，邠、泾、凤翔之兵足以当之矣。自此而往，东洎海，南至番禺，吐，从暾入声。邠，卑巾翻。洎，其计翻。番禺，音潘愚。西尽巴、蜀，无鼠窃之盗而兵不为解。为，于伪翻。倾天下之货，竭天下之谷，以给不用之军，臣不知其故。假令居安思危，自可阨要害之地，俾置屯御，令，力丁翻。阨，与扼同。悉休其馀，以粮储扉屦之资扉，扶沸翻，草屦也，黄帝臣於则所造。充疲人贡赋，岁可减国租之半。陛下岂可持疑于改作，使率土之患日甚一日乎！”上不能用。

6 丙午，以李抱玉同平章事，镇凤翔如故。

7 庚戌，吐蕃遣使请和，诏元载、杜鸿渐与盟于兴唐寺。程大昌曰：安国寺在朱雀街东第四街之长乐坊。兴唐寺别在向南一坊。开元八年造。会要：兴唐寺在大宁坊，神龙元年，太平公主为天后立，为罔极寺，开元二十年改为兴唐寺。使，疏吏翻。载，祖亥翻，又音如字。上问郭子仪：“吐蕃请盟，何如？”对曰：“吐蕃利我不虞，若不虞而来，国不可守矣。”不虞，犹不备也。乃相继遣河中兵戍奉天，又遣兵巡泾原以觇之。觇，丑廉翻，又丑艳翻。

8 是春不雨，米斗千钱。

9 夏，四月，丁丑，命御史大夫王翊充诸道税钱使。河东道租庸、盐铁使裴谞入奏事，谞，私吕翻。上问：“榷酤之利，岁入几何？”谞久之不对。上复问之，复，扶又翻。对曰：“臣自河东来，所过见菽粟未种，农夫愁怨，臣以为陛下见臣，必先问人之疾苦，乃责臣以营利，臣是以未敢对也。”上谢之，拜左司郎中。谞，宽之子也。裴宽事玄宗。

10 辛卯，剑南节度使严武薨。武三镇剑南，按至德二载收长安，以武为剑南东川节度使。上皇诰以剑南两川合为一道，拜武成都尹，充剑南节度使。既，召入朝。去年，复以武镇剑南。凡再镇剑南，前后三受命耳。广德二年，考异谓东、西川非上皇诰所合者，盖至德二载分剑南为东、西川，是年上皇还京师，则合东、西川为一道，必非上皇诰。通鉴乾元元年书严武贬巴州，宝应元年书以兵部侍郎严武为西川节度使，广德二年书合东、西川，以黄门侍郎严武为节度使。据通鉴所书，武盖再镇剑南。今曰三镇剑南，则是先尝除东川，乃可言三。通鉴既不取新、旧二书，宜不书除东川一节。然言武三镇剑南，更须博考。按下卷书武用崔旰事，亦只再镇剑南耳。唐书盖因杜甫诗，有“主恩前后三持节”之语，致有此误。厚赋敛以穷奢侈；梓州刺史章彝小不副意，召而杖杀之；然吐蕃畏之，不敢犯其境。母数戒其骄暴，敛，力赡翻。吐，从暾入声。数，所角翻。武不从；及死，母曰：“吾今始免为官婢矣！”言武骄暴，以悖逆致罪，祸必及母，今其死，乃知免。

11 五月，癸丑，以右仆射郭英乂为剑南节度使。为郭英乂为崔旰所杀张本。射，寅谢翻。使，疏吏翻。

12 畿内麦稔，京兆尹第五琦请税百姓田，十亩收其一，曰：“此古什一之法也。”史言第五琦傅会古法以欺君。琦，音奇。上从之。

13 平卢节度使侯希逸镇淄青，侯希逸镇淄青始上卷上元二年。使，疏吏翻；下同。好游畋，营塔寺，好，呼到翻。军州苦之。兵马使使，疏吏翻。李怀玉得众心，希逸忌之，因事解其军职。希逸与巫宿于城外，军士闭门不纳，奉怀玉为帅。希逸奔滑州，上表待罪，帅，所类翻。诏赦之，召还京师。还，从宣翻，又音如字。秋，七月，壬辰，以郑王邈为平卢、淄青节度大使，邈，皇子也。以怀玉知留后，赐名正己。时承【章：十二行本“承”作“成”；乙十一行本同；张校同。】德节度使李宝臣，魏博节度使田承嗣，相卫节度使薛嵩，卢龙节度使李怀仙，收安、史馀党，各拥劲卒数万，治兵完城，相，息亮翻。嗣，祥吏翻。治，直之翻。自署文武将吏，不供贡赋，与山南东道节度使梁崇义及正己皆结为婚姻，互相表里。朝廷专事姑息，不能复制，虽名藩臣，羁縻而已。

史因李正己逐侯希逸，究言藩镇之横。复，扶又翻。将，即亮翻。朝，直遥翻。

14 甲午，以上女升平公主嫁郭子仪之子暧。暧，乌代翻。

15 太子母沈氏，吴兴人也；吴兴，湖州。安禄山之陷长安也，见二百十八卷肃宗至德元载。掠送洛阳宫。上克洛阳，见二百二十一卷乾元二年。见之，未及迎归长安；会史思明再陷洛阳，见一百二十一卷乾元二年。遂失所在。上即位，遣使散求之，不获。己亥，寿州崇善寺尼广澄诈称太子母，按验，乃故少阳院乳母也，大明宫有少阳院，太子居之。尼，女夷翻。少，诗照翻。鞭杀之。

16 九月，庚寅朔，置百高座于资圣、西明两寺，据百高座，百尺高座也。唐会要：资圣寺在崇仁坊，本长孙无忌宅，龙朔三年，为文德皇后资福，立为尼寺，咸亨四年，复为僧寺。西明寺在延康坊，本越国公杨素宅，贞观中赐濮王泰，泰死，乃立为寺。讲仁王经，所谓护国仁王经。内出经二宝舆，以人为菩萨、鬼神之状，导以音乐卤簿，百官迎于光顺门外，从至寺。菩，音蒲。萨，桑葛翻。

17 仆固怀恩诱回纥、吐蕃、吐谷浑、党项、奴剌诱，羊久翻。吐，从暾入声。纥，下没翻。谷，音浴。党，音底朗翻。剌，卢达翻。数十万众俱入寇，令吐蕃大将尚结悉赞摩、马重英等自北道趣奉天，党项帅任敷、郑庭、郝德等自东道趣同州，宋白曰：任敷，朔方旧将。趣，七喻翻；下同。吐谷浑、奴剌之众自西道趣盩厔，回纥继吐蕃之后，怀恩又以朔方兵继之。

郭子仪使行军司马赵复入奏曰："虏皆骑兵，其来如飞，不可易也。易，以豉翻，轻也。请使诸道节度使凤翔李抱玉、滑濮李光庭、邠宁白孝德、"李光庭"，恐当作"李光进"。镇西马璘、河南郝庭玉、淮西李忠臣各出兵以扼其冲要。"此时李光庭、郝庭玉、李忠臣各在本道，馀皆分屯京西。上从之。诸道多不时出兵；李忠臣方与诸将击球，得诏，亟命治行。治，直之翻。诸将及监军皆曰："师行必择日。"忠臣怒曰："父母有急，岂可择日而后救邪!”即日勒兵就道。

怀恩中途遇暴疾而归;丁酉,死于鸣沙。考异曰:旧怀恩传曰:“怀恩领回纥及朔方之众继进,行至鸣沙县,遇疾,舁归;九月九日,死于灵武。”按长历,九月庚寅朔。丁酉,八日也。唐历、邠志皆云“九月八日,怀恩死于灵州”。今从实录。大将张韶代领其众,别将徐璜玉杀之,范志诚又杀璜玉而领其众。怀恩拒命三年,再引胡寇,为国大患,去年及今年之寇。上犹为之隐,为,于伪翻。前后敕制未尝言其反;及闻其死,悯然曰:“怀恩不反,为左右所误耳!”

吐蕃至邠州,白孝德婴城自守。甲辰,上命宰相及诸司长官六曹有尚书,寺有卿,监有监,皆为诸司长官。于西明寺行香设素馔,奏乐。徼福于佛也。是日,吐蕃十万众至奉天,京城震恐。朔方兵马使浑瑊、浑,户昆翻,又户本翻。瑊,古咸翻。讨击使白元光先戍奉天,虏始列营,瑊帅骁骑二百冲之,身先士卒,虏众披靡。先,昔见翻。披,普彼翻。瑊挟虏将一人跃马而还,从骑无中锋镝者。从,才用翻。中,竹仲翻。城上士卒望之,勇气始振。乙巳,吐蕃进攻之,虏死伤甚众,数日,敛众还营;瑊夜引兵袭之,杀千馀人,前后与虏战二百馀合,斩首五千级。丙午,罢百高座讲;召郭子仪于河中,使屯泾阳。己酉,命李忠臣屯东渭桥,李光进屯云阳,马璘、郝庭玉屯便桥,李抱玉屯凤翔,内侍骆奉仙、将军李日越屯盩厔,同华节度使周智光屯同州,鄜坊节度使杜冕屯坊州,上自将六军屯苑中。

庚戌,下制亲征。辛亥,鱼朝恩请索城中,括士民私马,令城中男子皆衣皂,索,山客翻。衣,于既翻。团结为兵,城门皆塞二开一。塞,悉则翻。士民大骇,逾垣凿窦而逃者甚众,吏不能禁。朝恩欲奉上幸河中以避吐蕃,恐群臣议论不一,一旦,百官入朝,立班久之,阁门不开,阁门,谓东西上阁门也。朝恩忽从禁军十馀人操白刃而出,宣言:“吐蕃数犯郊畿,操,七刀翻。

数，所角翻。车驾欲幸河中，何如？”公卿皆错愕不知所对。有刘给事者，独出班抗声曰：“敕使反邪！唐人谓宦官为敕使。使，疏吏翻。今屯军如云，不戮力扞寇，而遽欲胁天子弃宗庙社稷而去，非反而何！”朝恩惊沮而退，事遂寝。刘给事立朝守正不可夺如此；且两省官也，而史失其名，唐置史馆何为哉！考异曰：新鱼朝恩传云：“仆固玚攻绛州，使姚良据温，诱回纥陷河阳。朝恩遣李忠诚讨玚，以霍文玚监之；王景岑讨良，王希迁监之。败玚于万泉，生擒良。高晖等引吐蕃入寇，遣刘德信讨斩之。故朝恩因麾下数克获，窃以自高。是时郭子仪有定天下功，居人臣第一，心媢之，乘相州败，丑为诋谮。肃宗不内其语，然犹罢子仪兵，留京师。代宗立，与程元振一口加毁，帝未及寤，子仪忧甚；俄而吐蕃陷京师，卒用其力，王室再安。朝恩内惭，乃劝帝徙洛阳，欲远戎狄，百僚在庭，朝恩从十馀人持兵出曰：‘虏犯都甸，欲幸洛，云何？’宰相未对。有近臣折曰：‘敕使反邪！今屯兵足以扞寇，何遽胁天子弃宗庙为！’朝恩色沮，而子仪亦谓不可，乃止。”李肇国史补曰：“代宗朝百僚，立班良久，阁门不开。鱼朝恩忽拥白刃十馀人而出，宣言曰：‘西蕃频犯郊圻，欲幸河中，何如？’宰臣以下苍黄不知所对。给事中刘，不记其名，出班抗声曰：‘敕使反邪！’云云。由此罢迁幸之议。”按仆固玚攻榆次，不闻攻绛州。高晖为李日越所擒，不闻刘德信所斩。朝恩欲幸河中，不闻欲幸洛。既云频犯郊圻，必是吐蕃后入寇时也。新书所云，不知据何书。今从国史补。

自丙午至甲寅，大雨不止，故虏不能进。吐蕃移兵攻醴泉，党项西掠白水，白水县，汉粟邑之地，后魏太和二年，置白水县及白水郡，隋废郡存县，唐属同州。东侵蒲津。丁巳，吐蕃大掠男女数万而去，所过焚庐舍，蹂禾稼殆尽。周智光引兵邀击，破之于澄城北，因逐北至鄜州。宋白曰：鄜州，汉上郡雕阴之地。后魏太和十一年，置东秦州，孝昌二年，又改为北华州；废帝二年，改为鄜州，因鄜畤为名。九域志：鄜州，东南至同州四百一十四里。澄城县，在同州北九十里。坊州，汉渠搜县，中部都尉理所，后魏属鄜州管内。周天和七年，元皇帝作牧鄜州，于此置马坊，唐高祖因置坊州，取马坊为名。九域志：坊州，北至鄜州一百一十里。鄜，音夫。智光素与杜冕不协，遂杀鄜州刺史张麟，坑冕家属八十一人，焚坊州庐舍三千馀家。

冬，十月，己未，复讲经于资圣寺。

吐蕃退至邠州，遇回纥，复相与入寇，复，扶又翻；下复至同。辛酉，至奉天。考异曰：邠志曰："八月，怀恩以诸戎入寇，九月，诏郭公讨之，师于泾阳。回纥屯泾北，去我十里，朝恩请击回纥。郭公曰：'我昔与回纥情契颇至，今兹为寇，必将有故，吾方导而问之，可不战而下也。'朝恩流言谓郭公与怀恩为应，阴率诸军列营渭上。郭公章疏逾旬不达。郭公诸子在长安闻之，使小将强羽以物议告郭公。郭公间道入觐，且以众议闻。上曰：'无是。'即日令赴泾阳。朝恩惊曰：'郭公真长者，吾比疑之，诚小人也。'"按回纥九月未至泾阳，十月辛酉始至奉天，丙寅围泾阳，丁卯子仪已与之盟，首尾才七日，岂容有章疏逾旬不达之事！子仪为元帅，与强敌对垒，岂可弃军入朝！汾阳家传此际亦无入朝事。今不取。癸亥，党项焚同州官廨、民居而去。廨，居隘翻。

丙寅，回纥、吐蕃合兵围泾阳，子仪命诸将严设守备而不战。及暮，二虏退屯北原，泾阳之北原也。丁卯，复至城下。是时，回纥与吐蕃闻仆固怀恩死，已争长，不相睦，长，知两翻。分营而居，子仪知之。回纥在城西，子仪使牙将李光瓒等往说之，牙将者，牙前将领，统元帅亲兵。说，式芮翻；下往说同。欲与之共击吐蕃。回纥不信，曰："郭公固在此乎？汝绐我耳。若果在此，可得见乎？"光瓒还报，子仪曰："今众寡不敌，难以力胜。昔与回纥契约甚厚，不若挺身往说之，可不战而下也。"诸将请选铁骑五百为卫从，从，才用翻。子仪曰："此适足为害也。"郭晞扣马谏曰："彼，虎狼也；大人，国之元帅，奈何以身为虏饵！"子仪曰："今战，则父子俱死而国家危；往以至诚与之言，或幸而见从，则四海之福也！不然，则身没而家全。"子仪之审处利害而权其轻重者如此。以鞭击其手曰："去！"遂与数骑开门而出，使人传呼曰："令公来！"子仪时为中书令，故传呼令公。回纥大惊。其大帅合胡禄都督药葛罗，可汗之弟也，执弓注矢立于阵前。子仪免胄释甲投枪而进，回纥诸酋长相顾曰："是也！"酋，慈由翻。皆下马罗拜。子仪亦下马，前执药葛罗手，让之曰："汝回纥有大功于唐，谓举兵助唐平安、史也。唐之报汝亦不薄，奈何负约，深入吾地，侵逼畿县，唐京都属县，附城之县为赤，为次赤。如昭应、奉天、醴泉等县为次赤。馀为畿县。弃前功，结怨仇，背恩德而助叛臣，何其愚也！背，蒲妹翻。且怀恩叛君弃母，谓怀恩阻兵汾、绛，既而叛归灵武，弃母于汾州也。于汝国何有！今吾挺身而来，听汝执我杀之，我之将士必致死与汝战矣。"药葛罗曰："怀恩欺我，言天可汗已晏驾，令公亦捐馆，中国无主，我是以敢与之来。今知天可汗在上都，自贞观中四夷君长请太宗为天可汗，是后夷人率谓天子为天可汗。上都，长安也。令公复总兵于此，怀恩又为天所杀，我曹岂肯与令公战乎！"子仪因说之曰："吐蕃无道，乘我国有乱，不顾舅甥之亲，吐蕃尚唐公主，为舅甥之国。复，扶又翻。说，式芮翻。吞噬我边鄙，焚荡我畿甸，其所掠之财不可胜载，胜，音升。马牛杂畜，长数百里，畜，许救翻。长，直亮翻。弥漫在野，此天以赐汝也。全师而继好，漫，音万，又莫官翻。好，呼到翻。破敌以取富，为汝计，孰便于此！不可失也。"药葛罗曰："吾为怀恩所误，负公诚深，今请为公尽力，击吐蕃以谢过。为，于伪翻。然怀恩之子，可敦兄弟也，愿舍之勿杀。"子仪许之。回纥观者【章：十二行本"者"下有"左右"二字；乙十一行本同；退斋校同。】为两翼，稍前，子仪麾下亦进，子仪挥手却之，因取酒与其酋长共饮。药葛罗使子仪先执酒为誓，子仪酹地曰：纥，下没翻。酋，慈由翻。长，知两翻。酹，卢对翻。以酒沃地曰酹。"大唐天子万岁！回纥可汗亦万岁！两国将相亦万岁！有负约者，身陨陈前，家族□□。"【章：十二行本作"灭绝"二字；乙十一行本同；张校同，云无注本脱"灭绝"二字。】可，从刊入声。汗，音寒。将，即亮翻。相，息亮翻。陈，读曰阵。杯至药葛罗，亦酹地曰："如令公誓！"于是诸酋长皆大喜曰："向以二巫师从军，巫言此行甚安隐，隐，读曰稳。【章：乙十一行本正作"稳"；孔本同。】不与唐战，见一大人而还，今果然矣。"子仪遗之彩三千匹，遗，唯季翻。酋长分以赏巫。子仪竟与定约而还。吐蕃闻之，夜，引兵遁去。回纥遣其酋长石野那等六人入见天子。见，贤遍翻。

药葛罗帅众追吐蕃，子仪使白元光帅精骑与之俱；癸酉，战于灵台西原，大破之，灵台，汉鹑觚县地，天宝元年，更名灵台。九域志：灵台县，在泾州东九十里。旧史，破吐蕃处，在灵台县西五十里，地名赤山岭。杀吐蕃万计，得所掠士女四千人。丙子，又破之于泾州东。考异曰：实录曰："十月，吐蕃退至邠州，与回纥相遇，复合从为寇。辛酉，寇奉天。乙亥，回纥以怀恩死，贰于吐蕃。丁丑，郭子仪单骑诣回纥军，免胄与回纥大将语，责以负约，遂与之盟。己卯，回纥首领石野那等六人来朝。庚辰，子仪遣白元光帅精锐会回纥兵数千人大破吐蕃十馀万众于灵台县之西原。"汾阳家传曰："十月八日，吐蕃、回纥合围泾阳，屯于北原。其夜，公使方面各除道二，诘朝将战。明日，寇又至，兵甲益盛。公使衙前将李光瓒等出谕之，亦不受，请决战。公以虏骑劲，亦以众寡不敌，孤军无救，使辟军门，跃一骑而出。兵部郎中马锡、主客员外郎陈翃时以一骑从。回纥合胡禄都督药葛罗宰相立于阵前，持满相向，公前叱之云云。药葛罗等惘然怀惭，伏而请罪，因与之盟。吐蕃闻之，夜半，抽兵而逸。回纥药葛罗等遽追之，公使白元光等继之，十五日，至灵台，破尚结息一十万众。十八日，于泾州东又破之。"旧子仪传曰："子仪自河中至，屯于泾阳，而虏骑已合。子仪一军万馀人，而杂虏围之数重。子仪使李国臣、高升拒其东，魏楚玉当其南，陈回光当其西，朱元琮当其北，子仪帅甲骑二千出没于左右前后。虏见而问曰：'此谁也？'报曰：'郭令公也。'回纥曰：'令公存乎？仆固怀恩言天可汗已弃四海，令公亦谢世，中国无主，故从其来。今令公存，天可汗存乎？'报之曰：'皇帝万寿无疆。'回纥皆曰：'怀恩欺我。'子仪又使谕之云云。回纥曰：'谓令公亡矣，不然，何以至此！令公诚存，安得而见之？'子仪将出，诸将谏。子仪曰：'今力固不敌，且至诚感神，况虏辈乎！'"回纥传曰："吐蕃将马重英等十月初引退，取邠州旧路而归。回纥首领罗达干等帅其众二千馀骑诣泾阳请降，子仪许之，率众被甲持满数千人。回纥译曰：‘此来非恶心，要见令公。’子仪曰：‘我令公也。’回纥曰：‘请去甲。’子仪便脱兜鍪枪甲，竦马挺身而前。回纥酋长相顾曰：‘是也！’便下马罗拜。子仪亦下马，执回纥大将合胡禄都督药葛罗等手，责让之曰：‘国家知回纥有功，报汝大厚，汝何负约，犯我王畿！我须与汝战，何乃降为！我一身挺入汝营，任心拘縶，我下将士须与汝战。’回纥又译曰：‘怀恩负心，来报可汗云，“唐国天子今已向江、淮，令公亦不主兵，”我是以敢来。今知天可汗见在上都，令公为将，怀恩天又杀之，今请追杀吐蕃，收其羊马，以报国恩。’”邠志曰：“十月二十四日，回纥逼泾阳，阵于郭西，使汉语者曰：‘城中谁将？’军吏对曰：‘郭令公也。’虏曰：‘郭令公亡矣，给我也。’郭公闻之，独与家童五六人常服相诣。其子晞等扣马止之，公挞其手曰：‘去。’使人告虏，按辔就之。回纥熟视曰：‘是也！’下马皆拜，曰：‘始者不知令公尚在，今日降，可乎！’郭公入其众，取酒饮之。虏又请曰：‘恐不见信，愿击吐蕃以自效。’郭公从之。回纥击吐蕃，逐之，三十日，败蕃众于灵台，杀万馀人而去。”按长历十月己未朔，三日辛酉，十九日丁丑。如实录所言，岂有回纥、吐蕃数十万众入京畿，留十七日而寂无攻战之一事乎！当是时，陈翃在子仪军中，所记月日近得其实。今二虏围泾阳及子仪与回纥盟及破吐蕃月日，皆从汾阳家传。事则兼采众书，择其可信者取之。

丁丑，仆固怀恩将张休藏等降。

辛巳，诏罢亲征，京城解严。

18 初，肃宗以陕西节度使郭英乂领神策军，使内侍鱼朝恩监其军；英乂入为仆射，朝恩专将之。将，即亮翻；下同。及上幸陕，朝恩举在陕兵与神策军迎扈，悉号神策军，天子幸其营。及京师平，朝恩遂以军归禁中，自将之，然尚未得与北军齿。北军，北门六军也。至是，朝恩以神策军从上屯苑中，其势寖盛，分为左、右厢，居北军之右矣。史言神策军雄盛之所由始。

19 郭子仪以仆固名臣、李建忠等皆怀恩骁将，恐逃入外夷，请招之。名臣，怀恩之侄也，时在回纥营。上敕并旧将有功者皆赦其罪，令回纥送之。壬午，名臣以千馀骑来降。子仪使开府仪同三司慕容休贞以书谕党项帅郑庭、郝德等，皆诣凤翔降。

20 甲申，周智光诣阙献捷，再宿归镇。智光负专杀之罪未治，谓杀张麟及杜冕家属之罪。治，直之翻。上既遣而悔之。

21 乙酉，回纥胡禄都督等二百馀人入见，前后赠赉缯帛十万匹；府藏空竭，税百官俸以给之。见，贤遍翻。藏，徂浪翻。

容肇祖标点聂崇岐覆校

资治通鉴卷第二百二十四

端明殿学士兼翰林侍读学士太中大夫
提举西京嵩山崇福宫上柱国河内郡开国公 司马光 奉敕编集
食邑二千二百户食实封九百户赐紫金鱼袋臣
后学天台胡三省音注

唐纪四十 起旃蒙大荒落（乙巳）闰月，尽昭阳赤奋若（癸丑），凡八年有奇。

代宗睿文孝武皇帝中之上

永泰元年（乙巳、七六五）

1 闰十月，乙巳，郭子仪入朝。子仪以灵武初复，仆固怀恩死，始复灵武。百姓凋弊，戎落未安，请以朔方军粮使三原路嗣恭镇之；军粮使，即粮料使。河西节度使杨志烈既死，杨志烈死见上卷广德二年。请遣使巡抚河西及置凉、甘、肃、瓜、沙等州长史。上皆从之。

2 丁未，百官请纳职田充军粮；唐制：一品职分田十二顷，二品十顷，三品九顷，四品七顷，五品六顷，六品四顷，七品三顷五十亩，八品二顷五十亩，九品二顷，皆给百里内之地。诸州都督、都护、亲王府官：二品十二顷，三品十顷，四品八顷，五品七顷，六品五顷，七品四顷，八品三顷，九品二顷五十亩。镇、戍、关、津、岳、渎官：五品五顷，六品三顷五十亩，七品三顷，八品二顷，九品一顷五十亩。三卫中郎将、上府折冲都尉六顷，中府五顷五十亩，下府及郎将五顷，上府果毅都尉四顷，中府三顷五十亩，下府三顷，上府长史、别将三顷，中府、下府二顷五十亩。亲王府典军五顷五十亩，副典军四顷，千牛备身左右、千牛备身三顷，折冲上府兵曹二顷，中府、下府一顷五十亩，列军校尉一顷二十亩，旅帅一顷，队正副八十亩。亲王以下，又有永业田百顷。职事官：一品六十顷，郡王、职事官从一品五十顷，国公、职事官从二品三十五顷，郡公、职事官从三品二十五顷，县公、职事官从三品二十顷，侯、职事官从四品十二顷，子、职事官从五品八顷，男、职事官从五品五顷，六品、七品二顷五十八亩，八品、九品二顷。上柱国三十顷，柱国二十五顷，上护军二十顷，护军十五顷，上轻车都尉十顷，轻车都尉七顷，上骑都尉六顷，骑都尉四顷，骁骑、飞骑尉八十亩，云骑、武骑尉六十亩。散官五品以上，给同职事官。许之。

3 戊申，以户部侍郎路嗣恭为朔方节度使。嗣，祥吏翻。使，疏吏翻。嗣恭披荆棘，立军府，威令大行。

4 己酉，郭子仪还河中。子仪自朝京师还镇河中。还，从宣翻，又音如字。

5 初，剑南节度使严武奏将军崔旰为利州刺史；时蜀中新乱，山贼塞路，塞，昔则翻。旰讨平之。及武再镇剑南，赂山南西道节度使张献诚以求旰，利州，古苴侯邑，秦、汉为葭萌之地。蜀汉为汉寿县，晋为晋寿，梁为黎州，寻又改利州；天宝为益昌郡，乾元复为利州，山南西道巡属也。旰，古旦翻。献诚使旰移疾自解，诣武。武以为汉州刺史，使将兵击吐蕃于西山，连拔其数城，攘地数百里；汉州，汉雒县、什方、绵竹地，唐垂拱立汉州，天宝为德阳郡，乾元复为州。武作七宝轝迎旰入成都以宠之。

武薨，见上卷四月。行军司马杜济知军府事。都知兵马使郭英干，英乂之弟也，与都虞候郭嘉琳共请英乂为节度使；旰时为西山都知兵马使，与所部共请大将王崇俊为节度使。会朝廷已除英乂，英乂由是衔之，至成都数日，即诬崇俊以罪而诛之。召旰还成都，旰辞以备吐蕃，未可归，英乂愈怒，绝其馈饷以困之。旰转徙入深山，英乂自将兵攻之，声言助旰拒守。会大雪，山谷深数尺，深，式禁翻。士马冻死者甚众，旰出兵击之，英乂大败，收馀兵，才及千人而还。还，从宣翻，又音如字。

英乂为政，严暴骄奢，不恤士卒，众心离怨。玄宗之离蜀也，之离，力智翻。肃宗至德元载，玄宗离成都。以所居行宫为道士观，观，古玩翻。仍铸金为真容。英乂爱其竹树茂美，奏为军营，因徙去真容，自居之。旰宣言英乂反，不然，何以徙真容自居其处！于是帅所部五千馀人袭成都。辛巳，【章：十二行本“巳”作“亥”；乙十一行本同。】战于城西，英乂大败。旰遂入成都，屠英乂家。英乂单骑奔简州。宋白曰：简州，汉牛鞞县地。隋仁寿三年，分益州之阳安、平泉，资州之资阳，置简州，州有赖简池，因名。普州刺史韩澄杀英乂，送首于旰。邛州牙将柏茂琳、泸州牙将杨子琳、剑州牙将李昌嵕宋白曰：邛州，汉临邛县，梁武陵王纪置邛州，取南界邛来山为名。泸州，汉江阳县，梁置泸州，取泸水为名。剑州，汉广汉之梓潼县，梁置安州，西魏为始州；唐先天二年，改为剑州，取剑阁为名。嵕，奴刀翻。考异曰：唐历作“李昌夒”，今从实录。各举兵讨旰，蜀中大乱。旰，卫州人也。

6 华原令顾繇上言，元载子伯和等招权受贿，十二月，戊戌，繇坐流锦州。宋白曰：唐垂拱二年，分辰州麻阳县地，并开山洞，置锦州。旧志：锦州至京师三千五百里。

7 自安、史之乱，国子监室堂颓坏，军士多借居之。祭酒萧昕上言：“学校不可遂废。”

大历元年（丙午、七六六）是年十一月，方改元。

1 春，正月，乙酉，敕复补国子学生。

2 丙戌，以户部尚书刘晏为都畿、河南、淮南、江南、湖南、荆南、山南东道转运、常平、铸钱、盐铁等使，侍郎第五琦为京畿、关内、河东、剑南、山南西道转运等使，分理天下财赋。

3 周智光至华州，周智光还华州，见上卷上年。益骄横，横，户孟翻。召之，不至，上命杜冕从张献诚于山南以避之；智光遣兵于商山邀之，不获。智光自知罪重，乃聚亡命、无赖子弟，众至数万，纵其剽掠以悦其心，剽，匹妙翻。擅留关中所漕米二万斛，藩镇贡献，往往杀其使者而夺之。

4 二月，丁亥朔，释奠于国子监。唐制：中春、中秋释奠于文宣王，皆以上丁戊〔日？〕，以祭酒、司业、博士三献。命宰相帅常参官、常参官，常朝日常赴朝参者也。唐制，文官五品以上及两省供奉官、监察御史、员外郎、太常博士日参，号常参官。武官三品以上三日一朝，号九参官。五品以上及新行〔折冲〕当番者五日一朝，号六参官。弘文、崇文馆、国子监学生四时参。凡诸王入朝及以恩追至者日参。其文武官职事九品以上及二王后，则朝朔望而已。帅，读曰率；下同。相，息亮翻。鱼朝恩帅六军诸将往听讲，朝，直遥翻。将，即亮翻。子弟皆服朱紫为诸生。朝恩既贵显，乃学讲经为文，仅能执笔辨章句，遽自谓才兼文武，人莫敢与之抗。

辛卯，命有司修国子监。

5 元载专权，恐奏事者攻讦其私，载，祖亥翻，又如字。讦，居谒翻。乃请："百官凡论事，皆先白长官，长官白宰相，然后奏闻。"仍以上旨谕百官曰："比日诸司奏事烦多，所言多谗毁，长，知两翻。比，毗至翻。故委长官、宰相先定其可否。"

刑部尚书颜真卿上疏，以为："郎官、御史，陛下之耳目。尚，辰羊翻。上，时掌翻。疏，所据翻。郎官者，尚书省曹二十四司郎官。御史者，御史台三院御史。今使论事者先白宰相，是自掩其耳目也。陛下患群臣之为谗，何不察其言之虚实！若所言果虚宜诛之，果实宜赏之。不务为此，而使天下谓陛下厌听览之烦，托此为辞以塞谏争之路，臣窃为陛下惜之！塞，昔则翻。争，读曰诤。为，于伪翻。太宗著门司式云：唐式三十三篇，以尚书省诸曹及秘书、太常、司农、光禄、太府、太仆、少府及监门、宿卫、计帐、为其篇目。‘其无门籍人，有急奏者，皆令门司与仗家引奏，唐制：门籍，流内记官爵、姓名，流外记年齿、状貌。月一易其籍，非迁解不除。无门籍者，有急奏，则令门司与仗家引奏。仗家，宿卫五仗之执事者。令，力丁翻。无得关碍。’所以防壅蔽也。天宝以后，李林甫为相，深疾言者，道路以目。上意不下逮，下情不上达，蒙蔽喑呜，史炤曰：喑呜，语喑哑不明。卒成幸蜀之祸。卒，子恤翻。陵夷至于今日，其所从来者渐矣。夫人主大开不讳之路，群臣犹莫敢尽言，况令宰相大臣裁而抑之，则陛下所闻见者不过三数人耳。天下之士从此钳口结舌，陛下见无复言者，以为天下无事可论，是林甫复起于今日也！昔林甫虽擅权，群臣有不谘宰相辄奏事者，则托以他事阴中伤之，复，扶又翻。中，竹仲翻。犹不敢明令百司奏事皆先白宰相也。陛下傥不早寤，渐成孤立，后虽悔之，亦无及矣！”载闻而恨之，奏真卿诽谤；乙未，贬峡州别驾。峡州，夷陵郡。旧志：京师东南一千四百八十八里。

6 己亥，命大理少卿杨济修好于吐蕃。少，始照翻。好，呼到翻。吐，从暾入声。

7 壬子，以杜鸿渐为山南西道·剑南东·西川副元帅、剑南西川节度使，以平蜀乱。崔旰之乱也。帅，所类翻。使，疏吏翻。

8 以四镇、北庭行营节度使马璘兼邠宁节度使。璘以段秀实为三使都虞候。三使，四镇一也，北庭二也，邠宁三也。卒有能引弓重二百四十斤者，考异曰：旧传作“能引二十四弓”。今从段公别传。犯盗当死，璘欲生之，秀实曰：“将有爱憎而法不一，虽韩、彭不能为理。”璘善其议，竟杀之。璘处事或不中理，处，昌吕翻。中，竹仲翻。秀实力争之。璘有时怒甚，左右战栗，秀实曰：“秀实罪若可杀，何以怒为！无罪杀人，恐涉非道。”璘拂衣起，秀实徐步而出；良久，璘置酒召秀实谢之。自是军州事皆咨秀实而后行。璘由是在邠宁，声称殊美。称，尺正翻。

9 癸丑，以山南西道节度使张献诚兼剑南东川节度使，邛州刺史柏茂琳为邛南防御使；邛南，邛水以南也。邛水出严道邛崃山，入青衣江。以崔旰为茂州刺史，充西山防御使。三月，癸未，献诚与旰战于梓州，献诚军败，仅以身免，旌节皆为旰所夺。

10 夏，五月，河西节度使杨休明徙镇沙州。凉州沦陷故也。

11 秋，八月，国子监成；丁亥，释奠。记文王世子：凡始立学者，必释奠于先圣先师。考之郑注，凡学，四时皆有释奠。释奠者，设荐馔酌奠而已，无迎尸以下之事。记又曰：始立学者，既衅器，用币，然后释菜，不舞，不授器。注云：释菜，礼轻也。释奠则舞，舞则授器。司马之属，司兵、司戈、司盾。祭祀，授舞者兵也。周礼大胥：春入学，释菜，合舞。注云：合舞，等其进退。郑司农云：舍菜，谓舞者皆持芬香之菜。秦、汉释奠无文。魏则以太常行事，晋、宋以学官主祭。南齐武帝时，有司奏释奠先圣先师，礼文又有释菜，未详今当行何礼，用何乐？时从喻希议，用元嘉故事，设轩悬之乐，六佾之舞，牲牢器用悉依上公。梁及北齐，车驾视学，皆亲释奠。唐春、秋释奠，三献皆以学官。太宗贞观十四年，亲释奠于国学。玄宗开元十一年，诏春、秋释奠，用牲牢。鱼朝恩执易升高座，讲“鼎覆𫗧”以讥宰相。易曰：鼎折足，覆公𫗧。言三公鼎足承君，苟非其人，则折足而覆乱美实。𫗧，音桑谷翻，鼎实也。王缙怒，元载怡然。考异曰：是时缙留守东都而得预此会者。按实录，明年二月，郭子仪入朝，诏元载、王缙等宴于其第。然则虽守东都，有时朝京师也。朝恩谓人曰：“怒者常情，笑者不可测也。”

12 杜鸿渐至蜀境，闻张献诚败而惧，使人先达意于崔旰，许以万全。旰卑辞重赂以迎之，鸿渐喜；进至成都，见旰，但接以温恭，无一言责其干纪，【章：十二行本“纪”下有“日与将佐高会”六字；乙十一行本同；退斋校同。】州府事悉以委旰。又数荐之于朝，因请以节制让旰，数，所角翻。以柏茂琳、杨子琳、李昌巎各为本州刺史。上不得已从之。杜鸿渐习知朝廷之务姑息，故敢以崔旰等请。壬寅，以旰为成都尹、西川节度行军司马。崔旰遂据有西川。

13 甲辰，以鱼朝恩行内侍监、判国子监事。中书舍人京兆常衮上言："成均之任，当用名儒，五帝名学曰成均。垂拱元年，改国子监曰成均，义取此也。寻复其旧。常衮谓国子监为成均，亦犹今人言太学为辟雍耳。不宜以宦者领之。"丁未，命宰相以下送朝恩上。上，时掌翻。

14 京兆尹黎干自南山引涧水穿漕渠入长安，功竟不成。

15 冬，十月，乙未，上生日，开元十四年十月十三日上生，以其日为天兴圣节。诸道节度使献金帛、器服、珍玩、骏马为寿，共直缗钱二十四万。常衮上言，以为："节度使非能男耕女织，必取之于人。敛怨求媚，不可长也。长，知两翻。请却之。"上不听。

16 京兆尹第五琦什一税法，民苦其重，多流亡。十一月，甲子，日南至，赦，改元，改元大历。悉停什一税法。行什一税，见上卷上年。

17 十二月，癸卯，周智光杀陕州监军张志斌。斌，音彬。智光素与陕州刺史皇甫温不协，志斌入奏事，智光馆之，自陕州入奏事，道过华州。馆，古玩翻。志斌责其部下不肃，智光怒曰："仆固怀恩不反，正由汝辈激之。我亦不反，今日为汝反矣！"为，于伪翻。叱下斩之，脔食其肉。史炤曰：脔切其肉以食也。朝士举选人，畏智光之暴，多自同州窃过，选，须绢翻。智光遣将将兵邀之于路，死者甚众。将，即亮翻。戊申，诏加智光检校左仆射，遣中使余元仙持告身授之。智光慢骂曰："智光有大功于天下国家，不与平章事而与仆射！且同、华地狭，不足展材，若益以陕、虢、商、鄜、坊五州，庶犹可耳。"因历数大臣过失，数，所具翻。且曰："此去长安百八十里，智光夜眠不敢舒足，恐踏破长安城，至于挟天子令诸侯，惟周智光能之。"元仙股粟。郭子仪屡请讨智光，上不许。

18 郭子仪以河中军食常乏，乃自耕百亩，将校以是为差，于是士卒皆不劝而耕。是岁，河中野无旷土，军有馀粮。史言郭子仪忠勤为国。

19 以陇右行军司马陈少游为桂管观察使。桂管领桂、昭、贺、富、藤、梧、〔容〕、潘、白、廉、绣、钦、横、邕、融、柳、贵十七州。刘昫曰：桂管十五州，在广州西：桂、昭、富、梧、蒙、龚、浔、郁林、平琴、宾、澄、绣、象、柳、融。少游，博州人也，为吏强敏而好贿，好，呼到翻。善结权贵，以是得进。既得桂州，恶其道远多瘴疠；恶，乌路翻。宦官董秀掌枢密，是后遂以中官为枢密使。少游请岁献五万缗，又纳贿于元载子仲武。内外引荐，董秀引荐于内，元载引荐于外。数日，改宣歙观察使。宋白曰：乾元元年，停采访使及诸道黜陟使，置观察处置使。其年，李峘除都督江淮节度、宣慰、观察、处置使。今按李峘之任重矣，陈少游止观察一二州或数州，其任在节度使下。

二年（丁未、七六七）

1 春，正月，丁巳，密诏郭子仪讨周智光，子仪命大将浑瑊、李怀光军于渭上；智光麾下闻之，皆有离心。己未，智光大将李汉惠自同州帅所部降于子仪。帅，读曰率；下同。降，户江翻。壬戌，贬智光澧州刺史。宋白曰：澧州，汉零阳县地。吴立天门郡，隋置松州，寻改澧州，州在澧水之阳，故名。旧志：州在京师东南一千八百九十三里。澧，音礼。甲子，华州牙将姚怀、李延俊杀智光，以其首来献。

淮西节度使李忠臣入朝，以收华州为名，帅所部兵大掠，自潼关至赤水水经注：渭水东过郑县北，又东与赤水合。九域志：华州郑县有赤水镇。二百里间，财畜殆尽，官吏有衣纸衣，于既翻。或数日不食者。己巳，置潼关镇兵二千人。

2 壬申，分剑南置东川观察使，镇遂州。合东、西川，见上卷广德二年。

3 二月，丙戌，郭子仪入朝。上命元载、王缙、鱼朝恩等互置酒于其第，一会之费至十万缗。上礼重子仪，常谓之大臣而不名。

郭暧尝与升平公主争言，永泰元年，下嫁郭暧，事见上卷。暧曰："汝倚乃父为天子邪？我父薄天子不为！"公主恚，奔车奏之。上曰："此非汝所知。彼诚如是，使彼欲为天子，天下岂汝家所有邪！"慰谕令归。子仪闻之，囚暧，入待罪。上曰："鄙谚有之：史炤曰：鄙谚，俚俗所传之言也。'不痴不聋，不作家翁。'儿女子闺房之言，何足听也！"子仪归，杖暧数十。

4 夏，四月，庚子，命宰相、鱼朝恩与吐蕃盟于兴唐寺。命宰相及鱼朝恩也。

5 杜鸿渐请入朝奏事，以崔旰知西川留后。考异曰：旧鸿渐传云："鸿渐仍帅旰同入觐。"宁传云："鸿渐请旰为行军司马，仍赐名宁。鸿渐归，遂授宁西川节度使。至十四年，始入朝。"实录亦无随鸿渐入朝事，鸿渐传误也。六月，甲戌，鸿渐来自成都，广为贡献，因盛陈利害，荐旰才堪寄任；上亦务姑息，乃留鸿渐复知政事。复，扶又翻。秋，七月，丙寅，以旰为西川节度使，杜济为东川节度使。旰厚敛以赂权贵，敛，力赡翻。元载擢旰弟宽至御史中丞，宽兄审至给事中。

6 丁卯，鱼朝恩奏以先所赐庄为章敬寺，据旧史，章敬寺在通化门外。以资章敬太后冥福，上母吴后，谥章敬。于是穷壮极丽，尽都市之财不足用，奏毁曲江及华清宫馆以给之，"财"，当作"材"。都市之材，谓材木积于都市者。长安朱雀街东第五街、皇城之东第三街升道坊龙华尼寺南，有流水屈曲，谓之曲江。此地在秦为宜春苑、隑州，在汉为乐游园；开元疏凿，遂为胜境。其南有紫云楼、芙蓉苑，其西有杏园、慈恩寺。江侧菰蒲葱翠，柳阴四合，碧波红蕖，依映可爱。华清宫见二百十五卷天宝六载。费逾万亿。孔颖达曰：亿之数有大小二法：其小数，以十为等，十万为亿，十亿为兆也；其大数，以万为等，数万至万，是万万为亿，又从亿而数至万，万亿为兆。卫州进士高郢上书，略曰："先太后圣德，不必以一寺增辉；国家永图，无宁以百姓为本。舍人就寺，何福之为！"又曰："无寺犹可，无人其可乎！"又曰："陛下当卑宫室，以夏禹为法，而崇塔庙踵梁武之风乎！"又上书，略曰："古之明王积善以致福，不费财以求福；修德以消祸，不劳人以禳祸。今兴造急促，昼夜不息，力不逮者随以榜笞，榜，音彭。愁痛之声盈于道路，以此望福，臣恐不然。"又曰："陛下回正道于内心，求微助于外物，徇左右之过计，伤皇王之大猷，臣窃为陛下惜之！"为，于伪翻。皆寝不报。考异曰：郢集，前书八月二十五日、后书九月十二日上。今因造寺终言之。

始，上好祠祀，未甚重佛。元载、王缙、杜鸿渐为相，三人皆好佛；缙尤甚，不食荤血，荤，臭菜也。血者，杀六畜而取之。好，呼到翻。与鸿渐造寺无穷。上尝问以"佛言报应，果为有无？"载等奏以："国家运祚灵长，非宿植福业，何以致之！福业已定，虽时有小灾，终不能为害，所以安、史悖逆方炽而皆有子祸；谓安庆绪杀禄山、史朝义杀思明也。仆固怀恩称兵内侮，出门病死；回纥、吐蕃大举深入，不战而退：事并见上卷上年。此皆非人力所及，岂得言无报应也！"上由是深信之，常于禁中饭僧百馀人；饭，扶晚翻。有寇至则令僧讲仁王经以禳之，所谓护国仁王经也。寇去则厚加赏赐。胡僧不空，官至卿监，爵为国公，出入禁闼，势移权贵，京畿良田美利多归僧寺。敕天下无得箠曳僧尼。造金阁寺于五台山，忻州五台县有五台山，释氏相传以为文殊道场。注详见后。铸铜涂金为瓦，所费钜亿；钜亿者，亿亿也。此言大数之亿。缙给中书符牒，令五台僧数十人散之四方，求利以营之。载等每侍上从容，多谈佛事，从，千容翻。由是中外臣民承流相化，皆废人事而奉佛，政刑日紊矣。紊，亡运翻。

7 八月，庚辰，凤翔等道节度使、左仆射、平章事李抱玉入朝，李抱玉以陈郑、泽潞、凤翔等道节度使防吐蕃。固让仆射，言辞确至，确，坚也，固也。上许之；癸丑，又让凤翔节度使，不许。

8 丁酉，杜鸿渐饭千僧，以使蜀无恙故也。饭，扶晚翻。

9 九月，吐蕃众数万围灵州，游骑至潘原、宜禄；潘原，本古阴盘县，天宝元年，更名潘原，属泾州。诏郭子仪自河中帅甲士三万镇泾阳，京师戒严。甲子，子仪移镇奉天。考异曰：汾阳家传："八月十七日，吐蕃至泾西。二十七日，诏统精卒一万与马璘合攻之。"今从实录。实录："甲寅，寇灵州。乙卯，寇宜禄。"盖据奏到日。今从唐历。

10 山獠陷桂州，逐刺史李良。獠，鲁皓翻。

11 冬，十月，戊寅，朔方节度使路嗣恭破吐蕃于灵州城下，考异曰：唐历："九月，吐蕃围灵武。戊申，嗣恭破吐蕃。"按长历，戊申，九月一日也。今从实录。斩首二千馀级；吐蕃引去。

12 十二月，庚辰，盗发郭子仪父冢，捕之，不获。人以为鱼朝恩素恶子仪，疑其使之。恶，乌路翻。子仪自奉天入朝，朝廷忧其为变；子仪见上，上语及之，子仪流涕曰："臣久将兵，不能禁暴，军士多发人冢。今日及此，乃天谴，非人事也。"朝廷乃安。

13 是岁，复以镇西为安西。改镇西见二百二十卷肃宗至德元载。复，扶又翻。

14 新罗王宪英卒，子乾运立。

三年(戊申、七六八)

1 春，正月，乙丑，上幸章敬寺，度僧尼千人。

2 赠建宁王倓为齐王。倓死见二百十九卷至德二载。

3 二月，癸巳，商州兵马使刘洽杀防御使殷仲卿，寻讨平之。

4 甲午，郭子仪禁无故军中走马。南阳夫人乳母之子犯禁，子仪妻封南阳夫人。都虞候杖杀之。诸子泣诉于子仪，且言都虞候之横，宇文泰相魏，置虞候都督，后世因之，置虞候之官。横，户孟翻。子仪叱遣之。明日，以事语僚佐而叹息语，牛倨翻。曰："子仪诸子，皆奴材也。不赏父之都虞候而惜母之乳母子，非奴材而何！"

5 庚子，以后宫独孤氏为贵妃。

6 三月，乙巳朔，日有食之。

7 夏，四月，戊寅，山南西道节度使张献诚，以疾举从父弟右羽林将军献恭自代，从，才用翻。上许之。

8 壬寅，西川节度使崔旰入朝。

9 初，上遣中使征李泌于衡山，泌归衡山见二百二十卷至德二载。既至，复赐金紫，泌从肃宗于灵武，已赐金紫，既归衡山，反其初服，今复赐之。复，扶又翻。为之作书院于蓬莱殿侧，蓬莱殿在紫宸殿北。蓬莱殿北有太液池，池中有蓬莱山。为，于伪翻；下为泌同。上时衣汗衫、蹑屦过之，汗衫，宴居之常服也，今通贵贱皆服之，惟天子以黄为别。炙毂子曰：燕朝，衮冕有白纱中单，有明衣，皆汗衫之象，以行祭接神。汉高祖与项羽交战，汗透中单，改名汗衫，贵贱通服。衣，于既翻。过，古禾翻。自给、舍以上给、舍者，谓给事中、中书舍人，皆唐正五品官也。及方镇除拜、军国大事，皆与之议。又使鱼朝恩于白花屯为泌作外院，使与亲旧相见。

上欲以泌为门下侍郎、同平章事，泌固辞。泌，毗必翻。考异曰：邺侯家传曰："固辞，以让元载。"按载时已为相，何让之有！又曰："到山四岁而二圣登遐。代宗践阼，命中人手诏驲骑征先公于衡岳。先是半年前，先公夜遇盗三人，为其所拉，而投之于悬涧，及日出，乃寤，下藉树叶丈馀，都无所伤，缘岩攀萝而出，不敢至旧居，山中人初以为仙去。及中贵将至，先公大惧，沐浴更衣以俟命，乃代宗践阼之征也。疑盗为张后及辅国所遣，亦竟不知其由。"按玄、肃登遐，泌虽在山林，岂容全不知！如家传所言，是代宗才立即召泌也。顷经幸陕，泌岂得全无一言！召泌必在幸陕之后。李繁误记耳。上曰："机务之烦，不得晨夕相见，诚不若且居密近，何必署敕然后为宰相邪！"相，息亮翻。邪，音耶。后因端午，王、公、妃、主各献服玩，上谓泌曰："先生何独无所献？"对曰："臣居禁中，自巾至履皆陛下所赐，所馀惟一身耳，何以为献！"上曰："朕所求正在此耳。"泌曰："臣身非陛下有，谁则有之？"上曰："先帝欲以宰相屈卿而不能得，见二百一十八卷肃宗至德元载七月。自今既献其身，当惟朕所为，不为卿有矣！"泌曰："陛下欲使臣何为？"上曰："朕欲卿食酒肉，有室家，受禄位，为俗人。"泌泣曰："臣绝粒二十馀年，陛下何必使臣隳其志乎！"上曰："泣复何益！复，扶又翻。卿在九重之中，欲何之？"乃命中使为泌葬二亲，重，直龙翻。使，疏吏翻。为，于季翻；下又为同。又为泌娶卢氏女为妻，考异曰：邺侯家传云："永泰元年端午，上令泌食肉结婚。"按下云："阿足师窃毡履，置紫宸。上欲使内人护灯烛。泌曰：'臣六七年在此。'"又曰"况新赐婚"。上即位至永泰，才四年耳。又云，"因此得谤，元载遂因鱼朝恩事排出之"。然则结婚与朝恩诛不相远。今尽因追赠承天言之。资费皆出县官。赐第于光福坊，令泌数日宿第中，数日宿蓬莱院。

上与泌语及齐王倓，欲厚加褒赠，泌请用岐、薛故事赠太子，令，力丁翻。倓，徒甘翻。岐王范赠惠文太子，薛王业赠惠宣太子，皆在玄宗朝。上泣曰："吾弟首建灵武之议，成中兴之业，事见二百一十九卷肃宗至德元载。岐、薛岂有此功乎！竭诚忠孝，乃为谗人所害。向使尚存，朕必以为太弟。今当崇以帝号，成吾夙志。"乙卯制，追谥倓曰承天皇帝；庚申，葬顺陵。谥，申至翻。顺陵，在咸阳县咸阳原。考异曰：邺侯家传曰："命使自彭原迎丧，葬齐陵。"今从实录，葬顺陵。

10 崔旰之入朝也，以弟宽为留后，是年四月壬寅，崔旰入朝。朝，直遥翻。泸州刺史杨子琳帅精骑数千乘虚突入成都；泸，音卢。帅，读曰率。骑，奇计翻。朝廷闻之，加旰检校工部尚书，赐名宁，校，古孝翻。尚，辰羊翻。考异曰：旧传，旰初为杜鸿渐行军司马，即改名宁。今从实录。遣还镇。

11 六月，壬辰，幽州兵马使朱希彩、经略副使昌平朱泚、使，疏吏翻。昌平，本汉军都县，后魏更名昌平县，唐属幽州。泚，且礼翻，又音此。泚弟滔共杀节度使李怀仙，希彩自称留后。闰月，成德军节度使李宝臣遣将将兵讨希彩，为希彩所败；败，补卖翻。朝廷不得已宥之。庚申，以王缙领卢龙节度使；丁卯，以希彩领【章：十二行本“领”作“知”；乙十一行本同。】幽州留后。

12 崔宽与杨子琳战，数不利，数，所角翻。秋，七月，崔宁妾任氏出家财数十万，募兵得数千人，帅以击子琳，破之；任，音壬。帅，读曰率。考异曰：实录：“五月，子琳袭据成都，即日诏宁还成都。”七月壬申又云，“子琳寇成都，遂据其城，宁弟宽破之。”盖五月奏据城，七月奏破之，成功虽因任氏，奏时须著宽名故也。子琳走。

13 乙亥，王缙如幽州，朱希彩盛兵严备以逆之。缙晏然而行，希彩迎谒甚恭。缙度终不可制，度，徒洛翻。劳军，旬馀日而还。劳，力到翻。还，从宣翻，又如字。

14 回纥可敦卒，纥，下没翻。卒，子恤翻。庚辰，以右散骑常侍萧昕为吊祭使。散，昔亶翻。骑，奇计翻。昕，许斤翻。使，疏吏翻。回纥庭诘昕曰：“我于唐有大功，唐奈何失信，市我马，不时归其直？”昕曰：“回纥之功，唐已报之矣。仆固怀恩之叛，回纥助之，与吐蕃连兵入寇，逼我郊畿。诘，去吉翻。及怀恩死，吐蕃走，然后回纥惧而请和，我唐不忘前功，加惠而纵之。事见上卷永泰元年。不然，匹马不归矣。乃回纥负约，岂唐失信邪！”回纥惭，厚礼而归之。

15 丙戌，内出盂兰盆赐章敬寺。释氏盂兰盆经：目连比丘见其亡母在饿鬼中。目连白佛言：七月望日，当为七代父母厄难中者，具百味五果以著盆中，供养十方佛，然后受食。梦华录曰：中元，卖冥器、彩衣，以竹床三脚如灯窝状，谓之盂兰盆。挂冥财、衣服在上，焚之。释氏要览曰：梵云盂兰，此云救倒悬盆。陆游曰：俗以七月望日具素馔享先，织竹作盆盎，贮纸钱，盛以一竹焚之，谓之盂兰盆。呜呼！代宗为此，以七庙神灵为安在邪！设七庙神座，书尊号于旛上，百官迎谒于光顺门。阁本大明宫图：光顺门在紫宸门之西。光顺门内则明义殿、承欢殿。自是岁以为常。

16 八月，壬戌，吐蕃十万众寇灵武。丁卯，吐蕃尚赞摩二万众寇邠州，京师戒严；邠宁节度使马璘击破之。吐，从暾入声。邠，卑旻翻。使，疏利翻。璘，离珍翻。

17 庚午，河东节度使、同平章事辛云京薨，以王缙领河东节度使，馀如故。

18 九月，壬申，命郭子仪将兵五万屯奉天以备吐蕃。将，即亮翻，又如字。

19 丁丑，济王环薨。环，玄宗子也。济，子礼翻。

20 壬午，朔方骑将白元光击吐蕃，破之。壬辰，元光又破吐蕃二万众于灵武。骑，奇计翻。考异曰：实录："戊戌，郭子仪奏灵州破吐蕃六万馀众，百僚入贺，京师解严。"盖即壬辰白元光所破也。子仪合前后所破而奏之耳。凤翔节度使李抱玉使右军都将临洮李晟将兵五千击吐蕃，晟曰："以力则五千不足用；以谋则太多。"乃将千人【章：十二行本"人"下有"兼行"二字；乙十一行本同；张校同，云无注本亦无。】出大震关；至临洮，屠吐蕃定秦堡，临洮，洮州。吐蕃志吞秦土，故筑堡于洮州，以定秦为名。洮，徒刀翻。晟，承正翻。焚其积聚，虏堡帅慕容谷种而还。帅，所类翻。还，从宣翻，又音如字。吐蕃闻之，释灵州之围而去。戊戌，京师解严。

21 颍州刺史李岵以事忤滑亳节度使令狐彰，岵，侯古翻。忤，五故翻。彰使节度判官姚奭按行颍州，行，下孟翻。因代岵领州事，且曰："岵不受代，即杀之。"岵知之，因激怒将士，使杀奭，与爽同死者百馀人。岵走依河南节度使田神功于汴州。汴，皮面翻。冬，十月，乙巳，彰表言其状，岵亦上表自理。上命给事中贺若察往按之。亦上，时两翻。考异曰：实录："十月乙巳，颍州刺史李岵杀本道节度判官姚爽及爽之弟，岵弃州奔汴州。本道节度使令狐彰以闻，岵亦抗表上闻。初，岵以公务为彰所怒，因遣爽巡按境内，便留知颍州事。岵闻之，遂与亲吏潜谋，诈为爽书，将为变，使将士遗于路中，颍州守将得之，惧，乃与岵同谋杀爽。诏给事中贺若察使于颍按覆。"唐历曰："十月，颍州将士怒杀亳州判官魏爽。初，令狐彰怒颍州刺史李岵，遣爽代之，且告之曰：'若岵不受替，即杀之。'岵觉之，以告将吏，怒而杀爽并弟。"统纪作"滑亳州判官姚爽"，又曰："彰表先至，遣给事中贺若察往滑州宣诏，决李岵配流夷州，寻赐自尽。"今姓名从实录、统纪，事则参取诸书。

22 丁卯，郭子仪自奉天入朝。朝，直遥翻。

23 十一月，丁亥，以幽州留后朱希彩为节度使。使，疏吏翻。

24 郭子仪还河中。自奉天入朝，回还河中。还，从宣翻。又音如字。元载以吐蕃连岁入寇，马璘以四镇兵屯邠宁，力不能拒，载，祖亥翻，又如字。吐，从暾入声。璘，离珍翻。邠，音卑旻翻。而郭子仪以朔方重兵镇河中，深居腹中无事之地，乃与子仪及诸将议，徙璘镇泾州，而使子仪以朔方兵镇邠州，曰："若以边土荒残，军费不给，则以内地租税及运金帛以助之。"诸将皆以为然。十二月，己酉，徙马璘为泾原节度使，以邠、宁、庆三州隶朔方。将，即亮翻。朔方兵分屯邠、蒲始此。考异曰：实录："己酉，以吐蕃岁犯西疆，增修镇守，乃以邠宁节度马璘镇泾州，仍为泾原节度使，以邠、宁、庆等州隶朔方。"汾阳家传："四年五月，诏集兵于邠郊。六月，公自河中遣一万兵。二十八日，公如邠州。"旧子仪传："时以西蕃侵寇，京师不安，马璘虽在邠州，力不能拒，乃以子仪兼邠、宁、庆节度，自河中移镇邠州，徙马璘泾原节度使。"邠志："初，吐蕃既退，诸侯入觐。是时马镇西以四镇兼邠宁，李公军泽潞以防秋军盩厔。丞相元公载使人讽诸将使责己曰：'今四郊多垒，中外未宁，公执国柄有年矣，安危大计，一无所闻，如之何？'载曰：'非所及也。'他日又言，且曰：'得非旷职乎？'载莞然曰：'安危系于大臣，非独宰臣也。先王作兵，置之四境，所以御戎狄也。今内地无虞，朔方军在河中，泽潞军在盩厔，游军伺寇，不远京室，王畿之内，岂假是邪！必令损益，须自此始。故曰非所及也。’郭、李曰：‘宰臣但图之。’载曰：‘今若徙四镇于泾，朔方于邠，泽潞于岐，则内地无虞，三边有备，三贤之意何如？’三公曰：‘惟所指挥。’既而相谓曰：‘我曹既为所册，得无行乎？’十二月，诏马公兼领泾原，寻以郑颍资之；李公兼领山南，犹以泽潞资之；郭公兼领邠宁，亦以河中资之。三将皆如诏。朔方军自此大徙于邠。郭公虽连统数道，军之精甲，悉聚邠府，其他子弟，分居蒲、灵，各置守将以专其令。蒲之馀卒，稍迁于邠。十年之间，无遗甲矣。”段公别传曰：“马公朝于京师，以公掌留事。马公恳奏，请以邠、宁、庆三州让副元帅子仪，令以朔方、河中之军镇之，自帅四镇、北庭之众，迁赴泾州，将以拓西境。代宗壮而许之。十二月二日，朝廷以马公为泾原节度使。”盖三年立此议，至四年，子仪始迁邠。今参取诸书。璘先往城泾州，以都虞候段秀实知邠州留后。璘，离珍翻。邠，卑旻翻。

初，四镇、北庭兵远赴中原之难，事见二百十九卷至德元载。难，乃旦翻。久羁旅，数迁徙，数，所角翻。四镇历汴、虢、凤翔，北庭历怀、绛、鄜然后至邠，颇积劳弊。汴，皮面翻。鄜，音夫。及徙泾州，众皆怨诽。刀斧兵马使王童之谋作乱，诽，敷尾翻。刀斧兵马使，领群刀斧。期以辛酉旦警严而发。旦警严者，将旦严鼓以警众也。周礼谓之发晌，今人谓之攒点。前夕，有告之者；秀实阳召掌漏者，怒之，以其失节，令每更来白，掌漏者，谓守漏之卒也。令，力丁翻。更，工衡翻。辄延之数刻，遂四更而曙，童之不果发。秀实欲讨之而乱迹未露，恐军中疑其冤。告者又云，“今夕欲焚马坊草，因救火谋作乱”。中夕，火果起，秀实命军中行者皆止，坐者勿起，各整部伍，严守要害。童之白请救火，不许。及旦，捕童之及其党八人，皆斩之。下令曰：“后徙者族，流言者刑！”遂徙于泾。史言段秀实能弭乱。令，力丁翻。

25 癸亥，西川破吐蕃万馀众。吐，从暾入声。

26 平卢行军司马许杲考异曰：旧传作“许果”。今从韩愈顺宗实录。将卒三千人驻濠州不去，有窥淮南意，将，即亮翻，又如字。濠州治钟离，汉当涂县地；隋改濠州，因濠水而名。淮南节度使崔圆令副使元城张万福摄濠州刺史；杲闻，即提卒去，止当涂。此当涂县，宋属太平州，本汉丹阳县地。按汉书地理志，当涂属九江郡。晋成帝时，以江北之当涂县流人过江者立当涂侨县，遂为实土。是岁，上召万福，以为和州刺史、行营防御使，讨杲。万福至州，杲惧，移军上元，按上元，楚之金陵，秦之秣陵，吴之建业，江左之建康。晋分秣陵置临江县，太康初，又改为江宁，至肃宗上元二年更今名，属升州。使，疏吏翻。又北至楚州大掠，许杲既去濠州，南渡江而屯当涂。及张万福至历阳逼之，又移上元，又自上元渡江而北，掠楚州也。淮南节度使韦元甫命万福追讨之；未至淮阴，杲为其将康自劝所逐。使，疏吏翻。将，即亮翻。自劝拥兵继掠，循淮而东，万福倍道追而杀之，免者什二三。元甫将厚赏将士，万福曰："官健常虚费衣粮，无所事。兵农既分，县官费衣粮以养军，谓之官健，犹言官所养健儿也。按唐六典：卫士之外，天下诸军有健儿。旧健儿在军皆有年限，更来往，颇为劳弊。开元十五年，敕以天下无虞，宜与人休息，自今已后，诸军镇量闲剧、利害置兵防健儿，于诸色征行人内及客户中召募，取丁壮情愿充健儿、长住边军者，每年加常例给赐，兼给永年优复，其家口情愿同者，听至军州，各给田地屋宅。人赖其利，中外获安，永无征发之役。此当时言兵农已分之利，而养兵之害卒不可救，以至于今。今方立小功，不足过赏，请用三分之一。"

四年（己酉、七六九）

1 春，正月，丙子，郭子仪入朝，鱼朝恩邀之游章敬寺。朝，直遥翻。鱼朝恩建章敬寺，自以为功，因子仪入朝，请游之以夸大其事。元载恐其相结，密使子仪军吏告子仪曰："朝恩谋不利于公。"子仪不听。吏亦告诸将，将士请衷甲以从者三百人。杜预曰：衷甲，谓在衣中。从，才用翻；下同。子仪曰："我，国之大臣，彼无天子之命，安敢害我！若受命而来，汝曹欲何为！"乃从家僮数人而往。朝恩迎之，惊其从者之约。子仪以所闻告，且曰：

"恐烦公经营耳。"朝恩抚膺捧手流涕曰："非公长者，能无疑乎！"长，知两翻。

2 壬午，流李岵于夷州。岵，侯古翻。流岵，直在令狐彰也。

3 乙酉，郭子仪还河中。朝而还也。还，从宣翻，又如字。

4 辛卯，赐李岵死。

5 二月，壬寅，以京兆之好畤、凤翔之麟游、普润隶神策军，畤，音止。从鱼朝恩之请也。

6 杨子琳既败还泸州，招聚亡命，得数千人，沿江东下，声言入朝；涪州守捉使王守仙伏兵黄草峡，泸，音卢。水经注：涪州之西有黄葛峡，山高险绝，无人居。意即此峡也。按杜甫诗有"黄草峡西船不归"之句，注云：黄草峡，在涪州之西。涪，音浮。子琳悉擒之，击守仙于忠州，守仙仅以身免。子琳遂杀夔州别驾张忠，据其城。荆南节度使卫伯玉欲结以为援，以夔州许之，使，疏吏翻。夔州，荆南巡属。为之请于朝。为，于伪翻。阳曲人刘昌裔旧志：前汉阳曲县，唐忻州定襄县即其地也。后汉移阳曲县于太原界，乃于阳曲古城置定襄县。而太原之阳曲，隋开皇六年，改为阳直，十六年，又改为汾阳，恶阳曲之名也。武德七年，复改为阳曲县。说子琳遣使诣阙请罪，说，式芮翻。子琳从之。乙巳，以子琳为峡州团练使。峡州，夷陵郡。

7 初，仆固怀恩死，见上卷永泰元年。上怜其有功，置其女宫中，养以为女。回纥请以为可敦，夏，五月，辛卯，册为崇徽公主，嫁回纥可汗。壬辰，遣兵部侍郎李涵送之，涵奏祠部郎中虞乡董晋为判官。虞乡，汉解县，后魏分置虞乡县。贞观十七年，省解县并入虞乡，二十年，复置解县而省虞乡，天授二年，复分解县置虞乡县，属河中府。宋白曰：后魏太和九年，于今虞乡县西十三里置南解县，周明帝废南解，以虞乡县属绥化郡，今县西三十四里绥化故城是也。宝定四年，改绥化为虞乡县，周末，置解县于今虞乡城东，于解县西五十里别置虞乡县，今邑是也。六月，丁酉，公主辞行，至回纥牙帐。回纥来言曰："唐约我为市，马既入，而归我贿不足，我于使人乎取之。”涵惧，不敢对，视晋，晋曰：“吾非无马而与尔为市，为尔赐不既多乎！尔之马岁至，吾数皮而归资。言不计其生死，皆偿马直也。边吏请致诘也，天子念尔有劳，故下诏禁侵犯。诸戎畏我大国之尔与也，莫敢校焉。尔之父子宁而畜马蕃者，畜，呼玉翻。蕃，音烦。非我谁使之！”于是其众皆环晋拜。环，音宦。既又相帅南面序拜，皆举两手曰：“不敢有意大国。”此晋吏韩愈状晋之辞，其言容有溢美。帅，读曰率。

8 戊申，王缙表让副元帅、都统、行营使。【章：十二行本“使”下有“许之”二字；乙十一行本同；退斋校同。】

9 辛酉，郭子仪自河中迁于邠州，其精兵皆自随，馀兵使裨将将之，分守河中、灵州。将，即亮翻。军士久家河中，颇不乐徙，乐，音洛。往往自邠逃归；行军司马严郢领留府，悉捕得，诛其渠帅，众心乃定。邠，卑旻翻。郢，以井翻。帅，所类翻。

10 秋，九月，吐蕃寇灵州；丁丑，朔方留后常谦光击破之。

11 河东兵马使王无纵、张奉璋等恃功骄蹇，以王缙书生，易之，缙，音晋。易，以豉翻。多违约束。缙受诏发兵诣盐州防秋，盐州，汉五原郡地，隋置盐州，治五原县。今州南抵庆州马岭县北界，即汉马岭县地。遣无纵、奉璋将步骑三千赴之。奉璋逗遛不进，无纵托他事擅入太原城；缙悉擒斩之，并其党七人，诸将悍戾者殆尽，将，即亮翻，又如字。骑，奇计翻。悍，侯旰翻。军府始安。

12 冬，十月，常谦光奏吐蕃寇鸣沙，首尾四十里。吐，从暾入声。鸣沙县，属灵州，本汉富平县地。郭子仪遣兵马使浑瑊将锐兵五千救灵州，子仪自将进至庆州，闻吐蕃退，乃还。使，疏吏翻。将，即亮翻。瑊，古咸翻。还，从宣翻，又如字。吐，从暾入声。

13 黄门侍郎、同平章事杜鸿渐以疾辞位，壬申，许之；乙亥，薨。鸿渐病甚，令僧削发，遗令为塔以葬。令，力丁翻。遗令，力定翻。

14 丙子，以左仆射裴冕同平章事。初，元载为新平尉，射，寅谢翻。新平，汉上郡之白土县，后汉献帝置新平郡，至于后魏，县名犹不改。西魏置豳州，隋开皇四年，改曰新平县，因郡以名县也。唐为邠州治所。宋白曰：新平，汉漆县地，汉建安中，分扶风置新平郡。姚苌之乱，屠废不立，后魏于今县西南置白土县，属新平郡；隋开皇四年，改白土县为新平县；唐武德以新平县为豳州治所。冕尝荐之，故载举以为相，亦利其老病易制。易，以豉翻。受命之际，蹈舞仆地，载趋而扶之，代为谢词。十二月，戊戌，冕薨。

五年（庚戌、七七〇）

1 春，正月，己巳，羌酋白对蓬等各帅部落内属。酋，慈由翻。

2 观军容宣慰处置使、左监门卫大将军兼神策军使、内侍监鱼朝恩，专典禁兵，宠任无比，处，昌吕翻。监，古衔翻。朝，直遥翻。上常与议军国事，势倾朝野。朝恩好于广座恣谈时政，好，呼到翻。陵侮宰相，元载虽强辩，亦拱默不敢应。

神策都虞候刘希暹，都知兵马使王驾鹤，皆有宠于朝恩；希暹说朝恩于北军置狱，左、右神策军，左、右羽林军，左、右龙武军，皆谓之北军。说，式芮翻。相，息亮翻。暹，息廉翻。使坊市恶少年罗告富室，诬以罪恶，捕系地牢，讯掠取服，少，诗照翻。掠，音亮。籍没其家赀入军，并分赏告捕者；地在禁密，人莫敢言。朝恩每奏事，以必允为期；朝廷政事有不豫者，辄怒曰：“天下事有不由我者邪！”朝，直遥翻。邪，音耶。上闻之，由是不怿。

朝恩养子令徽尚幼，为内给使，衣绿，唐制：内给使无常员，属内侍省。凡无官品者，号内给使，掌诸门进物之历。宋白曰：掌诸门进物出物之历。衣，于既翻。与同列忿争，归告朝恩。朝恩明日见上曰：“臣子官卑，为侪辈所陵，侪，士皆翻。乞赐之紫衣。”上未应，有司已执紫衣于前，令徽服之，拜谢。上强笑曰："儿服紫，大宜称。"强，其两翻。称，尺正翻。心愈不平。

元载测知上指，乘间奏朝恩专恣不轨，间，古苋翻。请除之；上亦知天下共怨怒，遂令载为方略。朝恩每入殿，常使射生将周皓将百人自卫，令，力丁翻。将，即亮翻；皓将同，又音如字。又使其党陕州节度使皇甫温握兵于外以为援；陕，失冉翻。度使，疏吏翻。载皆以重赂结之，故朝恩阴谋密语，上一一闻之，而朝恩不之觉也。

辛卯，载为上谋，为，于伪翻。徙李抱玉为山南西道节度使，以温为凤翔节度使，外重其权，实内温以自助也。载又请割郿、虢、宝鸡、鄠、盩厔隶抱玉，鄠，音户。盩厔，音舟窒。汉志，右扶风有郿、虢二县，及晋，省虢县，存郿县。后魏于虢县地置武都郡，西魏置洛邑县，后周置朔州，州寻废。隋开皇初，废郡，大业初，改洛邑县为虢县。后魏又于郿县置平阳、周城二县，西魏改平阳为郿城，后周废入周城县。隋开皇十八年，改周城曰渭滨，大业二年，改曰郿县。唐志，二县皆属凤翔府。兴平、武功、天兴、扶风隶神策军，兴平，旧曰始平，景龙元年，更名金城，至德二载，更名兴平，属京兆府。朝恩喜于得地，殊不以载为虞，骄横如故。横，户孟翻。

3 壬辰，加河南尹张延赏为东京留守；罢河南等道副元帅，以其兵属留守。守，式又翻。帅，所类翻。延赏，嘉贞之子也。张嘉贞，开元中为相。

4 二月，戊戌，李抱玉徙镇盩厔，徙屯盩厔以兼统山南。军士愤怒，大掠凤翔坊市，数日乃定。

5 刘希暹颇觉上意异，以告鱼朝恩，朝恩始疑惧。暹，息廉翻。朝，直遥翻。然上每见之，恩礼益隆，朝恩亦以此自安。皇甫温至京师，元载留之未遣，因与温及周皓密谋诛朝恩。考异曰：邠志曰："五年春，诏以寒食召郭公，丰年令节，思与大臣为乐。时欲诛朝恩，因喻郭公，'朔方一军，有社稷劳，宜以功卒数千人入朝，朕因宴赏，得以相识。'一月，郭公以组甲三千人入觐。鱼朝恩请公游章敬寺，公许之。丞相元公意其相得，使讽郊吏请公无往，郊吏自中书驰告郭公曰：'军容将不利于公，'亦告诸将。须臾，朝恩使至，郭公将行，士之衷甲请从者三百人，愿备非常。郭公怒曰：'我大臣也，彼非有密旨，安敢害我！若天子之命，尔曹胡为！'独与僮仆十数人赴之。朝恩候之，惊曰：'何车骑之省也！'公以所闻对，且曰：'恐劳思虑耳！'军容抚胸捧手，呜咽雪涕曰：'非公长者，得无疑乎！'"按汾阳家传，子仪五月入朝，七月至邠州。或是四年正月入朝时事。于时未有诛朝恩之谋。今不取。家传又曰："三月，公上言鱼朝恩潜结周智光为外应，久掌禁兵，若不早图，祸将作矣。"亦不取。既定计，载白上。上曰："善图之，勿反受祸！"

三月，癸酉，寒食，荆楚岁时记：冬至后一百四日、一百五日、一百六日断火，谓之寒食。初学记曰：琴操：晋文公与介子绥俱亡，文公复国，子绥无所得，作龙蛇之歌而隐。文公求之，不肯出，乃燔左右木，子绥抱木而死。文公哀之，令人五月五日不得举火。及周举移书、魏武明罚令、陆翙邺中记，并云寒食断火起于子推。琴操所云子绥，即推也。又云五月五日，与今有异，皆因流俗所传。按左传及史记并无子推被焚之事。然周书司烜氏，仲春以木铎徇火禁于国中。注云：为季春将出火也。今寒食，准节气是仲春之末。清明是三月之初。然则禁火并周制也。上置酒宴贵近于禁中，载守中书省。宴罢，朝恩将还营，上留之议事，因责其异图。朝恩自辩，语颇悖慢，皓与左右擒而缢杀之，载，祖亥翻，又如字。朝，直遥翻。还，从宣翻，又音如字。悖，蒲妹翻，又蒲没翻。缢，于赐翻，又于计翻。考异曰：实录："是日，初诏罢朝恩观军容等使，更加实封，留于禁中。朝恩既奉诏，知负恩，乃自缢。"又曰："载遣腹心京兆尹崔昭等候朝恩出处。会寒食，宴近臣，朝恩入谒，有诏留之，朝恩乃惧，言颇悖戾。上以旧勋矜贷，不加严刑，朝恩遂自缢。"新传曰："载用左常侍崔昭尹京兆，厚以财结其党皇甫温、周皓。"按实录，去年十月乙卯，孟皞为京兆尹，今年三月辛卯为左常侍，未尝言崔昭为京兆也。奉诏自缢，殆非其实。新传云，"周皓与左右擒缢之。"今从之。外无知者。上下诏，罢朝恩观军容等使，内侍监如故。诈云"朝恩受诏乃自缢"，以尸还其家，赐钱六百万以葬。

丁丑，加刘希暹、王驾鹤御史中丞，以慰安北军之心。丙戌，赦京畿系囚，命尽释朝恩党与，且曰："北军将士，皆朕爪牙，并宜仍旧。使，疏吏翻。暹，息廉翻。将，即亮翻。朕今亲御禁旅，勿有忧惧。"

6 己丑，罢度支使及关内等道转运、常平、盐铁使，其度支事委宰相领之。度，徒洛翻。相，息亮翻。

7 敕皇甫温还镇于陕。既诛鱼朝恩，不复以温镇凤翔。陕，失冉翻。

8 元载既诛鱼朝恩，上宠任益厚，载遂志气骄溢；每众中大言，自谓有文武才略，古今莫及，弄权舞智，政以贿成，僭侈无度。吏部侍郎杨绾，典选平允，选，须绢翻。性介直，不附载；岭南节度使徐浩，贪而佞，倾南方珍货以赂载。载【章：十二行本"载"上有"辛卯"二字；乙十一行本同；张校同；退斋校同。】以绾为国子祭酒，引浩代之。浩，越州人也。载有丈人自宣州来，据颜师古汉书音义：丈人，尊老之称，盖父执也。载，祖亥翻，又如字。使，疏吏翻。从载求官，载度其人不足任事，度，徒洛翻。但赠河北一书而遣之。丈人不悦，行至幽州，私发书视之，书无一言，惟署名而已。丈人大怒，不得已试谒院僚，院僚，使院僚属也。判官闻有载书，大惊，判官，节度判官。立白节度使，遣大校以箱受书，馆之上舍，校，户教翻。馆，工唤翻。留宴数日，辞去，赠绢千匹。其威权动人如此。

9 夏，四月，庚子，湖南兵马使臧玠杀观察使崔灌；澧州刺史杨子琳起兵讨之，取赂而还。澧，音礼。杨子琳自峡州迁澧州。还，从宣翻，又音如字。

10 泾原节度使马璘屡诉本镇荒残，无以赡军，璘，离珍翻。上讽李抱玉以郑、颍二州让之；乙巳，以璘兼郑颍节度使。

11 庚申，王缙自太原入朝。缙，音晋。朝，直遥翻。

12 癸未，以左羽林大将军辛京杲为湖南观察使。

13 荆南节度使卫伯玉遭母丧，六月，戊戌，以殿中监王昂代之。伯玉讽大将杨鉥等拒昂留己；鉥，十律翻。甲寅，诏起复伯玉镇荆南如故。

14 秋，七月，京畿饥，唐以京兆、同、华、商、邠、岐为京畿。米斗千钱。

15 刘希暹内常自疑，希暹党附鱼朝恩，朝恩死，故常自疑。暹，昔廉翻。有不逊语，王驾鹤以闻。九月，辛未，赐希暹死。

16 吐蕃寇永寿。吐，从暾入声。永寿县，属邠州，古豳地，汉为漆县；唐武德分新平置永寿。

17 冬，十一月，郭子仪入朝。郭子仪自邠入朝。

18 上悉知元载所为，以其任政日久，欲全始终，因独见，深戒之；载犹不悛，上由是稍恶之。载，祖亥翻，又音如字。见，贤遍翻。恶，乌路翻。

载以李泌有宠于上，忌之，言"泌常与亲故宴于北军，与鱼朝恩亲善，宜知其谋。"上曰："北军，泌之故吏也，李泌从肃宗自灵武至凤翔，军谋大事，泌皆预决，故言北军将校皆其故吏。泌，毗必翻。故朕使之就见亲故。朝恩之诛，泌亦预谋，卿勿以为疑。"载与其党攻之不已；会江西观察使魏少游求参佐，上谓泌曰："元载不容卿，朕今匿卿于魏少游所。少，诗照翻。俟朕决意除载，当有信报卿，可束装来。"乃以泌为江西判官，江西观察判官。且属少游使善待之。属，之欲翻。

六年(辛亥、七七一)

1 春，二月，壬寅，河西、陇右、山南西道副元帅兼泽潞、山南西道节度使李抱玉上言：帅，所类翻。使，疏吏翻。上，时两翻。"凡所掌之兵，当自训练。今自河、陇达于扶、文，绵亘二千馀里，抚御至难。若吐蕃道岷、陇【章：十二行本"蕃"下有"两"字，"道"下无"岷陇"二字；乙十一行本同。】俱下，吐，从暾入声。言蕃兵入寇，分道向岷、陇二州而下。臣保固汧、陇则不救梁、岷，进兵扶、文则寇逼关辅，首尾不赡，进退无从。愿更择能臣，委以山南，使臣得专备陇坻。”诏许之。汧，口坚翻。坻，音底。

2 郭子仪还邠州。还，从宣翻，又音如字。

3 岭南蛮酋梁崇牵自称平南十道大都统，据容州，酋，慈由翻。统，他综翻，俗音从上声。容州治普宁县，汉合浦县地，今州西有容山而名。与西原蛮张侯、夏永等连兵攻陷城邑，前容管经略使元结等皆寄治苍梧。容管领辩、白、牢、钦、禺、汤、瀼、岩、古等州，在桂管西南。武德四年，分静州之苍梧、豪静置梧州。酋，慈由翻。经略使王翃至藤州，翃，户宏翻。以私财募兵，不数月，斩贼帅欧阳珪，驰诣广州，见节度使李勉，请兵以复容州；岭南节度使治广州，兼统五管，故诣之请兵。帅，所类翻。勉以为难，翃曰：“大夫如未暇出兵，但乞移牒诸州，扬言出千兵为援，冀借声势，亦可成功。”勉从之。翃乃与义州刺史陈仁璀、宋白曰：义州，即汉苍梧郡猛陵县地，隋为永熙郡永业县。唐武德四年，于此置南义州，天宝改为连城郡，乾元后为义州。璀，七罪翻。藤州刺史李晓庭等结盟讨贼。藤州，治镡津县，汉之猛陵县也。翃募得三千馀人，破贼数万众；攻容州，拔之，擒梁崇牵，前后大小百馀战，尽复容州故地。分命诸将袭西原蛮，新书：西原蛮，居广、容之南，邕、桂之西，北接道州、武冈，依阻峒穴，绵地数千里。将，即亮翻。复郁林等诸州。

先是，番禺贼帅冯崇道，先，昔荐翻。番禺，汉县，唐带广州。番山在州东三百步，禺山在北一里，因以名县。番，音潘。桂州叛将朱济时，皆据险为乱，陷十馀州，官军讨之，连年不克；李勉遣其将李观与翃并力攻讨，悉斩之，观，古玩翻。三月，五岭皆平。

4 河北旱，米斗千钱。

5 夏，四月，己未，澧州刺史杨子琳入朝，上优接之，赐名猷。澧，音礼。朝，直遥翻。

6 庚申，以典内董秀为内常侍。唐百官志：太子内坊局令，从五品下。初，内坊隶东宫，开元二十七年，隶内侍省为局，改典内曰令，置丞，掌坊事及导客。内常侍，正五品下。

7 吐蕃请和；庚辰，遣兼御史大夫吴损使于吐蕃。吐，从暾入声。使，疏吏翻。

8 成都司录李少良上书言元载奸赃阴事，少，始照翻。上，时掌翻。载，祖亥翻，又如字。上置少良于客省。少良以上语告友人韦颂，殿中侍御史陆珽以告载，载奏之。上怒，下少良、颂、珽御史台狱。御史奏少良、颂、珽凶险比周，离间君臣，下，遐驾翻。少，时照翻。珽，他顶翻。比，毗至翻。间，古苋翻。五月，戊申，敕付京兆，皆杖死。

9 秋，七月，丙午，元载奏，凡别敕除文、武六品以下官，乞令吏部、兵部无得检勘，从之。时载所奏拟多不遵法度，恐为有司所驳故也。载，祖亥翻，又音如字。驳，比角翻。

10 八月，丁卯，淮西节度使李忠臣将兵二千屯奉天防秋。使，疏吏翻。将，即亮翻，又音如字。秋高马肥，吐蕃数入寇，唐岁调关东之兵屯京西以防之，谓之防秋。

11 上益厌元载所为，思得士大夫之不阿附者为腹心，渐收载权。丙子，内出制书，以浙西观察使李栖筠为御史大夫，宰相不知，载由是稍绌。相，昔亮翻。绌，敕律翻。

12 九月，吐蕃下青石岭，军于那城；青石岭，在原州西。那城，即汉朝那，故城在原州花石川。吐，从暾入声。郭子仪使人谕之，明日，引退。

13 是岁，以尚书右丞韩滉为户部侍郎、判度支。自兵兴以来，所在赋敛无度，尚，辰羊翻。度，徒洛翻。敛，力赡翻。仓库出入无法，国用虚耗。滉为人廉勤，精于簿领，作赋敛出入之法，滉，呼广翻。御下严急，吏不敢欺；亦值连岁丰穰，边境无寇，自是仓库蓄积始充。滉，休之子也。韩休，开元中为相，有直声，而滉以强干闻。

七年(壬子、七七二)

1 春，正月，甲辰，回纥使者擅出鸿胪寺，唐鸿胪寺，在朱雀街西第二街北来第一坊，又北即西内宫城。纥，下没翻。胪，陵奴翻。掠人子女；所司禁之，殴击所司，以三百骑犯金光、朱雀门。骑，奇计翻。金光门，长安城西面中门；朱雀门，宫城南门也。是日，宫门皆闭，上遣中使刘清潭谕之，乃止。使，疏吏翻。

2 三月，郭子仪入朝；丙午，还邠州。朝，直遥翻。还，从宣翻，又音如字。邠，卑旻翻。

3 夏，四月，吐蕃五千骑至灵州，寻退。吐，从暾入声。骑，奇计翻。

4 五月，乙未，赦天下。

5 秋，七月，癸巳，回纥又擅出鸿胪寺，纥，下没翻。胪，陵如翻。逐长安令邵说至含光门街，西内宫城之外为皇城，南面三门，西为含光门。说，读曰悦。夺其马；说乘他马而去，弗敢争。

6 卢龙节度使朱希彩既得位，悖慢朝廷，残虐将卒；孔目官李怀瑗因众怒，伺间杀之。使，疏吏翻。悖，蒲妹翻，又蒲没翻。朝，直遥翻。将，即亮翻。伺，相吏翻。间，古苋翻。朱希彩杀李怀仙自立，事见上卷三年。瑗，于绢翻。众未知所从；经略副使朱泚营于城北，其弟滔将牙内兵，潜使百馀人于众中大言曰："节度使非朱副使不可，"众皆从之。泚遂权知留后，遣使言状。泚，且礼翻，又音此。将，即亮翻。冬，十月，辛未，以泚为检校左常侍、幽州·卢龙节度使。左常侍，左散骑常侍也。

7 十二月，辛未，置永平军于滑州。

八年(癸丑、七七三)

1 春，正月，昭义节度使、相州刺史薛嵩薨。子平，年十二，将士胁以为帅，平伪许之；既而让其叔父崿，相，昔亮翻。帅，所类翻。崿，五各翻。夜奉父丧，逃归乡里。壬午，制以崿知留后。

2 二月，壬申，永平节度使令狐彰薨。彰承滑、亳离乱之后，治军劝农，府廪充实。治，直之翻。时藩镇率皆跋扈，独彰贡赋未尝阙；岁遣兵三千诣京西防秋，自赍粮食，道路供馈皆不受，所过秋豪不犯。疾亟，召掌书记高阳齐映，高阳，汉县，属涿郡，唐属瀛州。与谋后事，映劝彰请代人，遣子归私第；彰从之，遗表称："昔鱼朝恩破史朝义，欲掠滑州，臣不听，由是有隙。及朝恩诛，值臣寝疾，以是未得入朝，生死愧负。臣今必不起，仓库畜牧，先已封籍，军中将士，州县官吏，按堵待命。将，即亮翻。朝，直遥翻。伏见吏部尚书刘晏、工部尚书李勉可委大事，愿速以代臣。臣男建等，今勒归东都私第。"彰薨，将士欲立建，建誓死不从，举家西归。三月，丙子，以李勉为永平节度使。

3 吏部侍郎徐浩、薛邕，皆元载、王缙之党；浩妾弟侯莫陈忿为美原尉，载，祖亥翻，又音如字。缙，音晋。忿，芳俱翻。咸亨二年，分富平、华原及同州之蒲城，以故土门县置美原县。浩属京兆尹杜济虚以知驿奏优，奏优者，言邮驿往来，供给车马、薪刍、粮用，皆无阙乏，优于馀县也。属，之欲翻。又属邕拟长安尉。忿参台，御史大夫李栖筠劾奏其状，筠，俞轮翻。劾，户盖翻，又户得翻。敕礼部侍郎万年于邵等按之。邵奏邕罪在赦前，应原除，上怒。夏，五月，乙酉，贬浩明州别驾，邕歙州刺史；丙戌，贬济杭州刺史，邵桂州长史，朝廷稍肃。明州，京师东南四千一百里。歙州，京师东南三千六百六十七里。杭州，京师东南三千五百五十六里。桂州，京师水陆路四千七百六十里。歙，音摄。杭，户刚翻。长，知两翻。考异曰：实录云："侯莫陈忿为美原尉。"旧李栖筠传云："华原尉侯莫陈忿，以主邮传优，改长安尉。"又曰："栖筠劾奏浩等，上依违未决。属月蚀，上问其故。对曰：'臣闻日蚀修德，月蚀修刑，今诬上行私之罪未理，此天所以儆戒于明圣。'由是感寤，坐忿者皆贬谪。自此朝纲益振，百度肃然。"按己丑月乃食，于时未也。今不取。

4 辛卯，郑王邈薨，赠昭靖太子。邈，上次子也。

5 回纥自乾元以来，岁求和市，每一马易四十缣，动至数万匹，马皆驽瘠无用；朝廷苦之，所市多不能尽其数，回纥待遣、继至者常不绝于鸿胪。至是，上欲悦其意，命尽市之。秋，七月，辛丑，回纥辞归，载赐遗及马价，共用车千馀乘。遗，惟季翻。乘，承正翻。

6 八月，己未，吐蕃六万骑寇灵武，践秋稼而去。考异曰：汾阳家传："八月，吐蕃五千骑至灵州南七级渠，公遣温儒雅、从政等连兵救之。九月，大破之。"今从实录。

7 辛未，幽州节度使朱泚遣弟滔将五千精骑诣泾州防秋。自安禄山反，幽州兵未常为用，滔至，上大喜，劳赐甚厚。劳，力到翻。

8 壬申，回纥复遣使者赤心以马万匹来求互市。复，扶又翻。

9 九月，壬午，循州刺史哥舒晃杀岭南节度使吕崇贲，据岭南反。

10 癸未，晋州男子郇模，郇，须伦翻；古国名，后世以国为姓。以麻辫发，持竹筐苇席，哭于东市。人问其故，对曰："愿献三十字，一字为一事；若言无所取，请以席裹尸，贮筐中，弃于野。"京兆以闻。上召见，赐新衣，馆于客省。时于古银台门置客省，或四方奏计未遣者、上书言事忤旨者及蕃客未报者，皆馆于其中，常数百人。馆，古玩翻。其言"团"者，请罢诸州团练使也；"监"者，请罢诸道监军使也。监，古衔翻。

11 魏博节度使田承嗣为安、史父子立祠堂，谓之四圣，为，于伪翻。且求为相；上令内侍孙知古因奉使讽令毁之。冬，十月，甲辰，加承嗣同平章事以褒之。

12 灵州破吐蕃万馀众。吐蕃众十万寇泾、邠，郭子仪遣朔方兵马使浑瑊将步骑五千拒之。庚申，战于宜禄。宋白曰：宜禄，本汉鹑觚县地，后魏熙平二年，分鹑觚县置东阴盘县，废帝元年，以县南临宜禄川，改为宜禄县。九域志：宜禄在邠州西六十里。考异曰：实录作"甲子"，盖奏到之日也。邠志云"十八日"，与唐历合。今从之。瑊登黄菩原菩，音倍。黄菩，草名。盖其地多黄菩草，因以名原。望虏，句断。命据险布拒马以备其驰突。宿将史抗、温儒雅等意轻瑊，不用其命；瑊召使击虏，则已醉矣；见拒马，曰："野战，乌用此为！"命撤之。叱骑兵冲虏陈，不能入而返；陈，读曰阵。虏蹑而乘之，官军大败，士卒死者什七八，居民为吐蕃所掠千馀人。

甲子，马璘与吐蕃战于盐仓，又败。盐仓，在泾州城西。考异曰：邠志曰："十月，西戎寇邠，泾原节度使马公袭之，郭公使其将浑瑊率步骑五千为之掎角。十八日，师登黄菩原，望见吐蕃，瑊急引其众前据乘险，仍设拒马枪以遏驰突之势。史抗、温儒雅等宿将五六人任气自负，轻侮都将，置酒高饮；瑊使召之，至，则皆醉矣。见拒马枪，曰：'野地见贼须击，设此何为！'命去之。戎众既陈，抗等叱马军使驰贼，及回，自冲其军，吐蕃蹑背而入，我师大败，卒之不死者什二三。"汾阳家传："十月，吐蕃四节度历泾川，过阁川南，于渭河合军，公遣浑瑊等前后相接以待之。二十四日，大战于长武城，我师败绩。瑊等突出，乃免。"唐历："十八日，吐蕃寇邠州，瑊与战于宜禄，官军大败。二十二日，马璘出兵击之，又败。二十七日己巳，璘遣军斫吐蕃营，破之。二十八日庚午，诏追诸道兵屯西郊。十一月一日，吐蕃退。"段公别传曰："八年冬十月二十三日，犬戎入寇，大战于盐仓，我军与朔方兵马使浑瑊之众并力齐攻，防秋诸军望贼而退，于是我师不利。"今日从邠志、唐历、段公家传，事从实录、旧传，兼采诸书。璘为虏所隔，逮暮未还，泾原兵马使焦令谌等与败卒争门而入。或劝行军司马段秀实乘城拒守，秀实曰："大帅未知所在，当前击虏，岂得苟自全乎！"召令谌等让之曰："军法，失大将，麾下皆死。诸君忘其死邪！"令谌等惶惧拜请命。帅，所类翻。将，即亮翻。秀实乃发城中兵未战者悉出，陈于东原，陈，读曰阵。且收散兵，为将力战状。吐蕃畏之，稍却。既夜，璘乃得还。

郭子仪召诸将谋曰：“败军之罪在我，不在诸将。然朔方兵精闻天下，闻，音问。今为虏败，何策可以雪耻？”败，补卖翻。莫对。浑瑊曰：“败军之将，不当复预议。复，扶又翻；下同。然愿一言今日之事，惟理瑊罪，理，治也。不则再见任。”不，读曰否。子仪赦其罪，使将兵趣朝那。虏既破官军，欲掠汧、陇。盐州刺史李国臣曰：“虏乘胜必犯郊畿，我掎其后，虏必返顾。”乃引兵趣秦原，括地志曰：秦州清水县有秦亭、秦谷，非子所封地也。趣，七喻翻。鸣鼓而西。虏闻之，至百城，返，百城，即泾州灵台县之百里城。浑瑊邀之于隘，尽复得其所掠；马璘亦出精兵袭虏辎重于潘原，重，直用翻。杀数千人，虏遂遁去。

13 乙丑，以江西观察使路嗣恭【章：十二行本“恭”下有“兼岭南节度使”六字；乙十一行本同。】讨哥舒晃。

14 初，元载尝为西州刺史，知河西、陇右山川形势。是时，吐蕃数为寇，数，所角翻。载言于上曰：“四镇、北庭既治泾州，无险要可守。陇山高峻，南连秦岭，秦岭，即商岭。北抵大河。今国家西境尽潘原，而吐蕃戍摧沙堡，原州居其中间，当陇山之口，其西皆监牧故地，草肥水美，平凉在其东，唐原州治古高平，当陇道之要。汉光武取陇右，先降高峻而后可以蹙隗嚣。赫连勃勃据高平，乘高以窥陇东、岭北，得以病姚兴，诚要害之地也。平凉县属原州，西南即陇山之六盘关。独耕一县，可给军食，故垒尚存，吐蕃弃而不居。每岁盛夏，吐蕃畜牧青海，去塞甚远，若乘间筑之，间，古苋翻。二旬可毕。移京西军戍原州，移郭子仪军戍泾州，为之根本，分兵守石门、木峡，原州西南有木峡关。州境又有石门关。渐开陇右，进达安西，据吐蕃腹心，则朝廷可高枕矣。”并图地形献之，密遣人出陇山商度功用。枕，职任翻。度，徒洛翻。会汴宋节度使田神功入朝，上问之，对曰："行军料敌，宿将所难，陛下奈何用一书生语，欲举国从之乎！"载寻得罪，事遂寝。为后杨炎复议城原州张本。

15 有司以回纥赤心马多，请市千匹。郭子仪以为如此，逆其意太甚，自请输一岁俸为国市之。为，于伪翻。上不许。十一月，戊子，命市六千匹。

容肇祖标点聂崇岐覆校

资治通鉴卷第二百二十五

端明殿学士兼翰林侍读学士太中大夫
提举西京嵩山崇福宫上柱国河内郡开国公 **司马光** 奉敕编集
食邑二千二百户食实封九百户赐紫金鱼袋臣

后学天台 **胡三省** 音注

唐纪四十一 起阏逢摄提格（甲寅），尽屠维协洽（己未）七月，凡五年有奇。

代宗睿文孝武皇帝中之下

大历九年（甲寅、七七四）

1 春，正月，壬寅，田神功薨于京师。田神功入朝见上卷上年。

2 澧朗镇遏使杨猷自澧州沿江而下，擅出境至鄂州，诏听入朝。猷遂溯汉江而上，澧，音礼。使，疏吏翻。朝，直遥翻。溯，苏故翻。下，遐稼翻。上，时掌翻。复州、郢州皆闭城自守，复、郢二州皆滨汉，此时盖为山南东道巡属。守，式又翻。山南东道节度使梁崇义发兵备之。

3 二月，辛未，徐州军乱，刺史梁乘逾城走。徐州，治彭城。

4 谏议大夫吴损使吐蕃，留之累年，竟病死虏中。吐，从暾入声。损出使见上卷六年。

5 庚辰，汴宋兵防秋者千五百人，盗库财溃归，汴，皮变翻。考异曰：唐历作"十日己酉"。按长历，是月庚午朔。十日，乃己卯也。今从实录。田神功薨故也。己丑，以神功弟神玉知汴宋留后。

6 癸巳，郭子仪入朝，上言："朔方，国之北门，中间战士耗散，什才有一。今吐蕃兼河、陇之地，杂羌、浑之众，朝，直遥翻。史炤曰：羌，党项之属。浑，吐谷浑也。势强十倍。愿更于诸道各发精卒，成四、五万人，则制胜之道必矣。"

7 三月，戊申，以皇女永乐公主许妻魏博节度使田承嗣之子华。乐，音洛。妻，七细翻。嗣，祥吏翻。上意欲固结其心，而承嗣益骄慢。史言狼子野心，不可以恩结。

8 以【章：十二行本"以"上有"戊午"二字；乙十一行本同；退斋校同。】澧朗镇遏使杨猷为洮州刺史、陇右节度兵马使。澧，音礼。使，疏吏翻。洮，土刀翻。洮州时已陷吐蕃，杨猷特领刺史耳。

9 夏，四月，甲申，郭子仪辞还邠州，子仪自邠入朝，今还。还，从宣翻，又音如字。考异曰：唐历作"癸未"。今从实录。复为上言边事，复，扶又翻。为，于伪翻；下为己、仍为同。至涕泗交流。

10 壬辰，赦天下。

11 五月，丙午，杨猷自澧州入朝。是年正月已书杨猷离澧州，沿江溯汉，今方至京师。朝，直遥翻。

12 泾原节度使马璘入朝，讽将士为己表求平章事。璘，离珍翻。将，即亮翻。丙寅，以璘为左仆射。璘，离珍翻。

13 六月，卢龙节度使朱泚遣弟滔奉表请入朝，且请自将步骑五千防秋；上许之，泚，且礼翻，又音此。将，即亮翻，又音如字。骑，奇寄翻。仍为先筑大第于京师以待之。

14 癸未，兴善寺胡僧不空卒，赠开府仪同三司、司空，赐爵肃国公，谥曰大辩正广智不空三藏和尚。释典云：佛在多罗奈，最初为五人说契经修多罗藏。佛在罗阅祇，最初为须那提说毗眉藏。佛在毗舍离猕猴池，最初为跂耆说阿毗昙藏。五百罗汉夜集阿毗昙，相续解说经，此为三藏学。又，三藏学，经、律、论也。卒，子恤翻。藏，徂浪翻。

15 京师旱，京兆尹黎干作土龙祈雨，自与巫觋更舞。觋，刑狄翻。更，工衡翻。弥月不雨，又祷于文宣王。上闻之，命撤土龙，减膳节用。秋，七月，戊午，雨。

16 朱泚入朝，至蔚州，有疾，蔚，纡勿翻。此自幽州西出山后，取太原路入朝。宋白曰：蔚州，西南至代州四百六十里。诸将请还，俟间而行。待病间而行也。将，即亮翻。间，读如字。泚曰："死则舆尸而前！"诸将不敢复言。复，扶又翻。九月，庚子，至京师，士民观者如堵。安、史乱后，河北诸帅阻兵不朝，朱泚之来长安，士民以为美事。辛丑，宴泚及将士于延英殿，卢文纪曰：上元以来，置延英殿，或宰相欲有奏对，或天子欲有咨度，皆非时召见。程大昌曰：高宗初创蓬莱宫，诸门殿亭皆已立名。至上元二年，延英殿当御座生玉芝。则是初有大明宫，即有延英殿。顾召对宰臣，则始于代宗耳。代宗以苗晋卿年老，蹇甚，听入阁不趋，为御延英，此优礼也。按六典，宣政殿前西上阁门之西，即为延英门。延英门之左，即延英殿。故阳城欲救陆贽，约拾遗王仲舒守延英殿上疏，伏阁不去也。犒赏之盛，近时未有。

17 壬寅，回纥擅出鸿胪寺，白昼杀人，纥，下没翻。胪，陵如翻。有司擒之；上释不问。

18 甲辰，命郭子仪、李抱玉、马璘、朱泚分统诸道防秋之兵。璘，离珍翻。泚，且礼翻，又音此。

19 冬，十月，壬申，信王瑝薨。乙亥，梁王璇薨。二王皆玄宗子。信以州为国名。瑝，户盲翻，又音皇。璇，似宣翻。

20 魏博节度使田承嗣诱昭义将吏使作乱。使，疏吏翻。嗣，祥吏翻。诱，羊久翻。将，即亮翻。

十年（乙卯、七七五）

1 春，正月，丁酉，昭义兵马使裴志清逐留后薛崿，帅其众归承嗣。帅，读曰率。承嗣声言救援，引兵袭相州，取之。相，息亮翻；下同。崿奔洺州，洺，音名。上表请入朝，许之。上，时掌翻。朝，直遥翻。

2 辛丑，郭子仪入朝。

3 壬寅，寿王瑁薨。瑁，亦玄宗子；音莫报翻。

4 乙巳，朱泚表请留阙下，以弟滔知幽州、卢龙留后，许之。

5 昭义裨将薛择为相州刺史，薛雄为卫州刺史，薛坚为洺州刺史，皆薛嵩之族也。相、卫、洺，本皆昭义巡属。戊申，上命内侍魏【章：十二行本“魏”作“孙”；乙十一行本同；下同；退斋校同。】知古如魏州谕田承嗣，使各守封疆；承嗣不奉诏，癸丑，遣大将卢子期取洺州，杨光朝攻卫州。

6 乙卯，西川节度使崔宁奏破吐蕃数万于西山，吐，从暾入声。斩首万级，捕虏数千人。

7 丙辰，诏：“诸道兵有逃亡者，非承制敕，无得辄召募。”

8 二月，乙丑，田承嗣诱卫州刺史薛雄，雄不从，使盗杀之，屠其家，尽据相、卫四州之地，相、卫已陷于承嗣，磁、洺虽未下，而承嗣已据其地。相、卫二州自此属魏博。自置长吏，掠其精兵良马，悉归魏州；逼魏知古与共巡磁、相二州，磁，疾之翻。使其将士割耳剺面，剺，力之翻。请承嗣为帅。帅，所类翻；下同。

9 辛未，立皇子述为睦王，逾为郴王，连为恩王，遘为鄜王，郴，丑林翻。鄜，芳无翻。迅为随王，造为忻王，暹为韶王，运为嘉王，遇为端王，遹为循王，遹，余律翻。通为恭王，达为原王，逸为雅王。诸皇子皆以州为王国名。

10 丙子，以华州刺史李承昭知昭义留后。华，户化翻。

11 河阳三城使常休明，河阳县，本属怀州，显庆二年，分属河南府。城临大河，长桥架水，古称设险。此城，后魏之北中城也。东、西魏兵争，又筑中潬及南城，谓之河阳三城。乾元中，史思明再陷东京，李光弼以重兵守河阳。及雍王平贼，令鱼朝恩守河阳，乃以河南之河清、济源、温四县租税入河阳三城，使河南尹但礼领其县额，寻又以汜水军赋属之。使，疏吏翻。苛刻少恩。其军士防秋者归，休明出城劳之，少，诗沼翻。劳，力到翻。

防秋兵与城内兵合谋攻之，休明奔东都；军士奉兵马使王惟恭为帅，大掠，数日乃定。上命监军冉庭兰慰抚之。监，古衔翻。

12 三月，甲午，陕州军乱，逐兵马使赵令珍。陕，失冉翻。考异曰：唐历："三月二十八日辛卯，陕州军乱。"实录、唐统纪云"甲午朔"，今从之。观察使李国清不能禁，卑辞，遍拜将士，乃得脱去。陕，失冉翻。将，即亮翻。军士大掠库物。会淮西节度使李忠臣入朝，过陕，朝，直遥翻。过，古禾翻。上命忠臣按之；将士畏忠臣兵威，不敢动。忠臣设棘围，令军士匿名投库物，设棘四帀周之，令投所掠库物于其中。一日，获万缗，尽以给其从兵为赏。缗，眉巾翻。从，才用翻。

13 乙巳，薛嵎、常休明皆诣阙请罪，上释不问。

14 初，成德节度使李宝臣、淄青节度使李正己，皆为田承嗣所轻。使，疏吏翻。淄，庄持翻。嗣，祥吏翻。宝臣弟宝正娶承嗣女，在魏州，与承嗣子维击球，马惊，误触维死；承嗣怒，囚宝正，以告宝臣。宝臣谢教敕不谨，封杖授承嗣，使挞之；承嗣遂杖杀宝正，由是两镇交恶。及承嗣拒命，宝臣、正己皆上表请讨之，上，时掌翻。上亦欲因其隙讨承嗣。夏，四月，乙未，敕贬承嗣为永州刺史，永州，汉零陵郡，隋废郡为永州。仍命河东、成德、幽州、淄青、淮西、永平、汴宋、河阳、泽潞诸道发兵前临魏博，若承嗣尚或稽违，即令进讨；罪止承嗣及其侄悦，自馀将士弟侄苟能自拔，一切不问。令，力丁翻。将，即亮翻。

时朱滔方恭顺，与宝臣及河东节度使薛兼训攻其北，正己与淮西节度使李忠臣等攻其南。五月，乙未，承嗣将霍荣国以磁州降。磁州，滏阳郡，本汉广平县地，隋废郡，于滏阳县置磁州，治滏阳，本汉成安县地。将，即亮翻。降，户江翻；下同。磁，墙之翻。丁未，李正己攻德州，拔之。德州自此属平卢军。李忠臣统永平、河阳、怀、泽步骑四万进攻卫州。统，他综翻，俗读从上声。六月，辛未，田承嗣遣其将裴志清等攻冀州，志清以其众降李宝臣。甲戌，承嗣自将围冀州，宝臣使高阳军使张孝忠将精骑四千御之，宝臣大军继至；承嗣烧辎重而遁。重，直用翻。冀州，治信都县。将，即亮翻，又音如字。骑，奇寄翻。高阳军，当置于瀛州高阳县。兵志：横海、北平、高阳等军皆属平卢道。盖安、史之乱，以兵授张孝忠统制，而属于李宝臣，因授高阳军使耳。孝忠，本奚也。张孝忠，奚人，世为乙失活部酋长。

田承嗣以诸道兵四合，部将多叛而惧，秋，八月，遣使奉表，请束身归朝。嗣，祥吏翻。将，即亮翻。使，疏吏翻。朝，直遥翻。

15 辛巳，郭子仪还邠州。入朝而还所镇。还，从宣翻，又音如字。邠，卑旻翻。考异曰：汾阳家传作"丁丑"，今从实录。子仪尝奏除州县官一人，不报，僚佐相谓曰："以令公勋德，奏一属吏而不从，何宰相之不知体！"子仪闻之，谓僚佐曰："自兵兴以来，方镇武臣多跋扈，凡有所求，朝廷常委曲从之；此无他，乃疑之也。今子仪所奏事，人主以其不可行而置之，是不以武臣相待而亲厚之也；诸君可贺矣，又何怪焉！"闻者皆服。史言郭子仪忠纯。

16 己丑，田承嗣遣其将卢子期寇磁州。将，即亮翻。磁，墙之翻。

17 九月，戊申，回纥白昼刺市人肠出，纥，下没翻。刺，七亦翻。有司执之，系万年狱；其酋长赤心驰入县狱，酋，才由翻。长，知两翻。斫伤狱吏，劫囚而去。上亦不问。

18 壬子，吐蕃寇临泾，吐，从暾入声。临泾，汉县，属安定郡。隋大业初，改曰湫谷县，寻复曰临泾县，唐属泾州。癸丑，寇陇州及普润，大掠人畜而去；百官往往遣家属出城窜匿。丙辰，凤翔节度使李抱玉奏破吐蕃于义宁。陇州华亭县，大历八年置义宁军。

19 李宝臣、正己会于枣强，枣强县，前汉属清河郡，后汉省；晋复置，属广川郡，魏、隋以来属冀州。进围贝州，田承嗣出兵救之。两军各飨士卒，成德赏厚，平卢赏薄；既罢，平卢士卒有怨言，正己恐其为变，引兵退，宝臣亦退。李忠臣闻之，释卫州，南渡河，屯阳武。阳武县，属郑州，本原武城，武德四年置阳武县，北至卫州五十许里。宝臣与朱滔攻沧州，承嗣从父弟庭玠守之；从，才用翻。宝臣不能克。

20 吐蕃寇泾州，泾原节度使马璘破之于百里城。吐，从暾入声。使，疏吏翻。璘，离珍翻。考异曰：汾阳家传："九月，吐蕃略潘原西而还。八日，至小石门白草川。十八日，下朝那川。二十三日，至里城营、支磨原，入华亭。十月，公遣浑瑊、李怀光等与幽州、义宁、汴宋军会于故平凉县。三日诘朝，大破之。"今从实录。戊午，命卢龙节度使朱泚出镇奉天行营。泚，且礼翻，又音此。

21 冬，十月，辛酉朔，日有食之。

22 卢子期攻磁州，磁，墙之翻。考异曰：旧李宝臣传作"攻邢州"。今从实录。城几陷；几，居依翻。李宝臣与昭义留后李承昭共救之，大破子期于清水，按新书田承嗣传，"清水"作"临水"。晋置临水县于滏口之右，属广平郡，后魏及隋属魏郡。唐初省，永泰元年，薛嵩表于临水故城置昭义县，属磁州。擒子期送京师；斩之。河南诸将又大破田悦于陈留；陈留，汉县，后魏废，隋开皇六年复置；时属汴州。九域志：在州东五十二里。将，即亮翻。田承嗣惧。

初，李正己遣使至魏州，承嗣囚之，至是，礼而遣之，遣使尽籍境内户口、甲兵、谷帛之数以与之，曰："承嗣今年八十有六，嗣，祥吏翻。考异曰：按承嗣卒时年七十五。此云八十六者，盖欺正己。溘死无日，溘，口答翻，奄也。庄子曰：溘然而死。谓奄然也。诸子不肖，悦亦孱弱，孱，士山翻。凡今日所有，为公守耳，为，于伪翻。岂足以辱公之师旅乎！"立使者于庭，南向，拜而授书；又图正己之像，焚香事之。正己悦，遂按兵不进。于是河南诸道兵皆不敢进。承嗣既无南顾之虞，得专意北方。

上嘉李宝臣之功，遣中使马承倩赍诏劳之；劳，力到翻。将还，宝臣诣其馆，遗之百缣，遗，于季翻。承倩诟詈，掷出道中，宝臣惭其左右。为承倩詈辱，顾见左右而自惭也。诟，许候翻，又古候翻。兵马使王武俊说宝臣曰：使，疏吏翻。说，式芮翻；下客说同。“今公在军中新立功，竖子尚尔，况寇平之后，以一幅诏书召归阙下，一匹夫耳，不如释承嗣以为己资。”宝臣遂有玩寇之志。

承嗣知范阳宝臣乡里，心常欲之，宝臣本范阳内属奚，范阳将张琐高畜为假子，因冒其姓，归唐，又赐姓李。因刻石作谶云：“二帝同功势万全，将田为侣入幽燕”，密令瘗宝臣境内，谶，楚谮翻。瘗，于计翻。使望气者言彼有王气，宝臣掘而得之。又令客说之曰：“公与朱滔共取沧州，得之，则地归国，非公所有。公能舍承嗣之罪，请以沧州归公，仍愿从公取范阳以自效。公以精骑前驱，承嗣以步卒继之，蔑不克矣。”令，力丁翻。说，式芮翻。骑，奇寄翻。宝臣喜，谓事合符谶，遂与承嗣通谋，密图范阳，承嗣亦陈兵境上。

宝臣谓滔使者曰：“闻朱公仪貌如神，愿得画像观之。”滔与之。宝臣置于射堂，与诸将共观之，曰：“真神人也！”滔军于瓦桥，将，即亮翻。瓦桥，古易京之地，在莫州北三十里，唐置瓦桥关。宋白曰：涿州归义县瓦子济桥，在涿州南，易州东，当九河之末，旧置瓦桥关，后周置雄州。宝臣选精骑二千，通夜驰三百里袭之，戒曰：“取貌如射堂者。”时两军方睦，滔不虞有变，狼狈出战而败，会衣他服得免。衣，于既翻。宝臣欲乘胜取范阳，滔使雄武军使昌平刘怦守留府。怦，普耕翻。宝臣知有备，不敢进。

承嗣闻幽、恒兵交，即引军南还，嗣，祥吏翻。恒，户登翻。还，从宣翻，又音如字。使谓宝臣曰：“河内有警，不暇从公，石上谶文，吾戏为之耳！”宝臣惭怒而退。考异曰：旧王武俊传曰：“代宗嘉其功，使中贵人马承倩赍诏宣劳。承倩将归，止传舍，宝臣亲遗百缣，承倩诟骂，掷出道中。王武俊劝玩养承嗣以为己资。宝臣曰：‘今与承嗣有衅矣，可推腹心哉！’武俊曰：‘势同患均，转寇雠为父子，欬唾间耳。若传虚言，无益也。今中贵人刘清谭在驿，斩首送承嗣，承嗣立质妻孥矣。’宝臣曰：‘吾不能如此。’武俊曰：‘朱滔为国屯兵沧州，请擒送承嗣以取信。’许之。”按承嗣方求解于宝臣，何必擒滔以取信！且承倩尚在传舍，武俊何不劝斩承倩而斩清谭乎！宝臣自以承嗣诱之共取幽州，故袭朱滔，非因承倩之辱也。今从唐纪。宝臣既与朱滔有隙，以张孝忠为易州刺史，使将精骑七千以备之。史言田承嗣凶狡过于诸帅。宋白曰：易州，东至幽州二百一十四里。将，即亮翻，又音如字。骑，奇寄翻。

23 丙寅，贵妃独孤氏薨，丁卯，追谥贞懿皇后。谥，神至翻。

24 十一月，丁酉，田承嗣将吴希光以瀛州降。

25 岭南节度使路嗣恭擢流人孟瑶、敬冕为将，考异曰：邺侯家传作“敬俛”，今从旧传。讨哥舒晃。瑶以大军当其冲，冕自间道轻入，间，古苋翻。轻，墟正翻。丁未，克广州，斩哥舒晃考异曰：旧嗣恭传曰：“嗣恭平广州，商舶之徒，多因晃事诛之，嗣恭前后没其家财宝数百万贯，尽入私室，不以贡献。代宗心甚衔之，故嗣恭虽有平方面功，止转检校兵部尚书，无所酬劳。”建中实录曰：“自兵兴以来，诸军杀将帅而要君者多矣，皆因授其任以苟安之。其王师征讨，不失有罪，始斯役也。既而有谤其收南海府库，阅上不实，不得用久之。”按代宗以嗣恭附元载，遗载琉璃盘，恶之，故不用耳，事见邺侯家传。或当时亦有人迎合，以匿货谤嗣恭，不可知也。今不取。李肇国史补云：“路嗣恭初平五岭，元载奏言嗣恭多取南人金宝，是欲为乱，陛下不信，试召，必不入朝。三伏中，追诏至，嗣恭不虑，请待秋凉以修觐礼。江西判官柳浑入，雨泣曰：‘公有功，方暑而追，是为执政所中。今少迁延，必族灭也。’嗣恭惧曰：‘为之奈何？’浑曰：‘健步追还表缄，公今日过江，宿石头驿，乃可。’从之。代宗谓元载曰：‘嗣恭不俟驾行矣。’载无以对。”按嗣恭素附元载，载诛，赖李泌营救得免，事见邺侯家传。载岂有谮嗣恭，云欲为乱之理！盖载已被诛而召嗣恭，适在三伏，浑有此疑，时人因以为浑美事耳。今不取。

余按去年命路嗣恭为岭南节度使，讨哥舒晃。嗣恭既诛晃而平广州，则当在广州。柳浑若以江西判官从嗣恭，亦当在广州。今谏嗣恭请奉诏就道，乃言过江宿石头驿。石头驿，在豫章江之西岸。嗣恭自江西观察赴召，可言宿石头驿；自岭南节度赴召，安得宿石头驿哉！亦可以明李肇之误。及其党万馀人。

嗣恭之讨晃也，容管经略使王翃遣将将兵助之；西原贼帅覃问乘虚袭容州，姓谱：梁有东宁州刺史覃元先。则蛮中有覃姓尚矣。翃伏兵击擒之。

26 十二月，回纥千骑寇夏州，考异曰：此事出汾阳家传，实录、新、旧纪皆无之。按实录，明年二月，加朔方戍兵以备回纥，则是回纥尝入寇也。州将梁荣宗破之于乌水。乌水，在夏州朔方县。贞观七年，开延化渠，引乌水入库狄泽。将，即亮翻。郭子仪遣兵三千救夏州，回纥遁去。夏，户雅翻。纥，下没翻。

27 元载、王缙奏魏州盐贵，请禁盐入其境以困之。载，祖亥翻，又音如字。缙，音晋。上不许，曰："承嗣负朕，百姓何罪！"

28 田承嗣请入朝，李正己屡为之上表，乞许其自新。嗣，祥吏翻。朝，直遥翻。为，于伪翻。上，时掌翻

十一年（丙辰、七七六）

1 春，正月，壬辰，遣谏议大夫杜亚使魏州宣慰。使，疏吏翻。

2 辛亥，西川节度使崔宁奏破吐蕃四节度及突厥、吐谷浑、氐、羌群蛮众二十馀万，斩首万馀级。吐，从暾入声。厥，九勿翻。

3 二月，庚辰，田承嗣复遣使上表，请入朝。复，扶又翻。上乃下诏，赦承嗣罪，复其官爵，听与家属入朝，其所部拒朝命者，一切不问。

4 辛巳，增朔方五城戍兵，以备回纥。朔方先统三受降城并振武、丰安、定远，为六城。时三受降城属振武军，使朔方统丰安、定远、新昌、丰宁、保宁，谓之塞下五城。纥，下没翻。

5 三月，戊子，河阳军乱，逐监军冉庭兰出城，大掠三日。

庭兰成备而入，诛乱者数十人，乃定。监，古衔翻。

6 五月，汴宋留后田神玉卒。都虞候李灵曜杀兵马使、濮州刺史孟鉴，北结田承嗣为援。汴，皮变翻。卒，子恤翻。使，疏吏翻。濮，博木翻。嗣，祥吏翻。癸巳，以永平节度使李勉兼汴、宋等八州留后。汴、宋、曹、濮、兖、郓、徐、泗八州。濮，博木翻。乙未，以灵曜为濮州刺史，灵曜不受诏。六月，戊午，以灵曜为汴宋留后，遣使宣慰。

7 秋，九【章：十二行本"九"作"七"；乙十一行本同；孔本同；张校同。】月，田承嗣遣兵寇滑州，败李勉。滑州，永平节度治所。败，补迈翻。

8 吐蕃寇石门，入长泽川。长泽川，后魏置阐熙郡，隋废郡为长泽县，属夏州。吐蕃寇原州，遂北入夏州界也。宋白曰：长泽县，汉朔方郡三封县之地。三封故城，赫连勃勃据之，筑为统万城。又按原州北有长泽监。吐，从暾入声。

9 八月，丙寅，加卢龙节度使朱泚同平章事。考异曰：实录："闰八月己亥，遣朱泚如奉天行营。"按去年已云泚出镇奉天行营；至此，又云；明年九月，又云。盖泚每年往奉天防秋，至春还京师。但实录不载其入朝耳。

10 李灵曜既为留后，益骄慢，悉以其党为管内八州刺史、县令，欲效河北诸镇。甲申，诏淮西节度使李忠臣、永平节度使李勉、河阳三城使马燧讨之。淮南节度使陈少游、淄青节度使李正己皆进兵击灵曜。

汴宋兵马使、摄节度副使李僧惠，少，始照翻。考异曰：汾阳家传作"李思惠"。今从旧传。灵曜之谋主也。宋州牙门将刘昌遣僧【严："僧"改"曾"。】神表潜说僧惠；僧惠召问计，昌为之泣陈逆顺。将，即亮翻。说，式芮翻。为，于伪翻。僧惠乃与汴宋牙将高凭、石隐金遣神表奉表诣京师，请讨灵曜。九月，壬戌，以僧惠为宋州刺史，凭为曹州刺史，隐金为郓州刺史。

乙丑，李忠臣、马燧军于郑州，汴，皮变翻。郓，音运。灵曜引兵逆战；两军不意其至，退军荥泽，隋分荥阳县置荥泽县，唐属郑州。九域志：在州西北四十五里。淮西军士溃去者什五六。郑州士民皆惊，走入东都。忠臣将归淮西，燧固执不可，曰："以顺讨逆，何忧不克，奈何自弃功名！"坚壁不动。忠臣闻之，稍收散卒，数日皆集，军势复振。史言李忠臣因马燧以成功。复，扶又翻。

戊辰，李正己奏克郓、濮二州。壬申，李僧惠败灵曜兵于雍丘。濮，博木翻。败，补迈翻；下败永同。冬，十月，李忠臣、马燧进击灵曜，忠臣行汴南，燧行汴北，屡破灵曜兵；壬寅，与陈少游前军合，与灵曜大战于汴州城西，灵曜败，入城固守。癸卯，忠臣等围之。

田承嗣遣田悦将兵救灵曜，败永平、淄青兵于匡城，少，始照翻。匡城，汉长垣县，隋开皇十六年，更名；时属滑州。乘胜进军汴州，【章：十二行本"州"下有"乙巳"二字；乙十一行本同；张校同，云无注本亦无。】营于城北数里。丙午，忠臣遣裨将李重倩将轻骑数百夜入其营，纵横贯穿，纵，子容翻。穿，尺绢翻。斩数十人而还，还，从宣翻，又如字。营中大骇；忠臣、燧因以大军乘之，鼓噪而入，悦众不战而溃。悦脱身北走，将士死者相枕藉，不可胜数。噪，则灶翻。枕，职任翻。藉，慈夜翻。胜，音升。灵曜闻之，开门夜遁，汴州平。重倩，本奚也。丁未，灵曜至韦城，隋分白马县置韦城县于古韦国之墟，故曰韦城；时属滑州。九域志：韦城县，在滑州东南五十里。永平将杜如江擒之。

燧知忠臣暴戾，以己功让之，不入汴城，将，即亮翻。汴，皮变翻。引军西屯板桥。忠臣入城，果专其功；宋州刺史李僧惠与之争功，忠臣因会击杀之；又欲杀刘昌，昌遁逃得免。

甲寅，李勉械送李灵曜至京师；斩之。

11 十二月，丁亥，李正己、李宝臣并加同平章事。

12 泾原节度使马璘疾亟，以行军司马段秀实知节度事，付以后事。秀实严兵以备非常，丙申，璘薨，使，疏吏翻。璘，离珍翻。考异曰：实录："庚寅，璘薨。"段公别传曰："十二月十三日景申，马公薨。十二年正月八日，奉制除泾州刺史、知节度事。"实录又云："丁酉，以段秀实知河东留后。"按时马璘新薨，秀实泾原留后，备御吐蕃，岂可辍之使摄河东！盖奏报未至，有斯命。寻闻璘薨，遂除泾原耳。亟，纪力翻。军中奔哭者数千人，喧咽门屏，秀实悉不听入。命押牙马頔治丧事于内，頔，徒历翻。治，直之翻。李汉惠接宾客于外，妻妾子孙位于堂，宗族位于庭，将佐位于前，牙士卒哭于营伍，百姓各守其家。有离立偶语于衢路，辄执而囚之；记曲礼曰：离立者不出中间。注云：离，两也。非护丧从行者无得远送。致祭拜哭，皆有仪节，送丧近远，皆有定处，违者以军法从事。都虞候史廷干、兵马使崔珍、十将张景华谋因丧作乱，秀实知之，奏廷干入宿卫，徙珍屯灵台，补景华外职，不戮一人，军府晏然。自高仙芝丧师于大食，段秀实始见于史。其后责李嗣业不赴难；滏水之溃，保河清以济归师；在邠州，诛郭晞暴横之卒；与马璘议论不阿，及治丧，曲防周虑，以安军府；最后笏击朱泚，以身徇国：其事业风节，卓然表出于唐诸将中。

璘家富有无算，治第京师，甲于勋贵，以功勋致贵显，故曰勋贵。治，直之翻。中堂费二十万缗，他室所减无几，几，居岂翻。其子孙无行，行，下孟翻。家赀寻尽。史言殖货无厌者，适以为不肖子孙之资。

13 戊戌，昭义节度使李承昭表称疾笃；以泽潞行军司马李抱真兼知磁、邢两州留后。使，疏吏翻。磁，墙之翻。

14 庚戌，加淮西节度使李忠臣同平章事，仍领汴州刺史，治汴州。李忠臣破李灵曜，得汴州，即以与之。汴，皮变翻。

十二年（丁巳、七七七）

1 春，三月，乙卯，兵部尚书、同平章事、凤翔·怀泽潞·秦陇节度使李抱玉薨，尚，辰羊翻。弟抱真仍领怀泽潞留后。

2癸亥，以河东行军司马鲍防为河东节度使。防，襄州人也。

3田承嗣竟不入朝，又助李灵曜，上复命讨之。承嗣乃复上表谢罪。嗣，祥吏翻。朝，直遥翻。复，扶又翻。上，时掌翻。上亦无如之何，庚午，悉复承嗣官爵，仍令不必入朝。令，力丁翻。

4中书侍郎、同平章事元载专横，载，祖亥翻，又音如字。横，户孟翻。黄门侍郎、同平章事王缙附之，二人俱贪。载妻王氏载妻，王忠嗣之女。缙，音晋。及子伯和、仲武，缙弟、妹及尼出入者，争纳贿赂。尼，女夷翻。又以政事委群吏，士之求进者，不结其子弟及主书卓英倩等，无由自达。上含容累年，载、缙不悛。悛，丑缘翻。

上欲诛之，恐左右漏泄，无可与言者，独与左金吾大将军吴凑谋之。凑，上之舅也。吴凑，章敬皇后弟也。会有告载、缙夜醮图为不轨者，庚辰，上御延英殿，命凑收载、缙于政事堂，政事堂，在东省，属门下。自中宗后，徙堂于中书省，则堂在右省也。按裴炎传：故事，宰相于门下省议事，谓之政事堂。故长孙无忌为司空，房玄龄为仆射，魏征为太子太师，皆知门下省事。至中宗时，裴炎为中书令，执政事笔，故徙政事堂于中书省。载，祖亥翻，又音如字。缙，音晋。又收仲武及卓英倩等系狱。命吏部尚书刘晏与御史大夫李涵等同鞫之，尚，辰羊翻。问端皆出禁中，问端，犹今言问头也。仍遣中使诘以阴事，载、缙皆伏罪。使，疏吏翻。诘，去吉翻。是日，先杖杀左卫将军、知内侍省事董秀于禁中，乃赐载自尽于万年县。载请主者："愿得快死！"主者曰："相公须受少污辱，相，息亮翻。少，诗沼翻。勿怪！"乃脱秽袜塞其口而杀之。袜，勿伐翻，足衣。塞，悉则翻。王缙初亦赐自尽，刘晏谓李涵等曰："故事，重刑覆奏，况大臣乎！且法有首从，首，谓罪首。从，谓从坐。从，才用翻。宜更禀进止。"涵等从之。上乃贬缙栝州刺史。宋白曰：栝州，晋为永嘉郡，隋改处州，寻为栝州，因栝苍山为名。刘昫曰：京师东南四千二百七十八里。载妻王氏，忠嗣之女也，及子伯和、仲武、季能皆伏诛。有司籍载家财，胡椒至八百石，嗣，祥吏翻。本草曰：胡椒，生西戎，形如鼠李子，调食用之，味甚辛辣。徐表南中记曰：生南海诸国。他物称是。称，尺证翻。

5 夏，四月，壬午，以太常卿杨绾为中书侍郎，礼部侍郎常衮为门下侍郎，并同平章事。绾性清俭简素，制下之日，朝野相贺。郭子仪方宴客，闻之，减坐中声乐五分之四。朝，直遥翻。坐，徂卧翻。京兆尹黎干，驺从甚盛，驺，仄尤翻。从，才用翻。即日省之，止存十骑。中丞崔宽，第舍宏侈，亟毁撤之。

6 癸未，贬吏部侍郎杨炎、谏议大夫韩洄、包佶、佶，巨乙翻。起居舍人韩会等，【章：十二行本"等"下有"十馀人"三字；乙十一行本同；退斋校同。】皆载党也。炎，凤翔人。载常引有文学才望者一人亲厚之，异日欲以代己，故炎及于贬。载，祖亥翻，又音如字。洄，滉之弟。会，南阳人也。上初欲尽诛炎等，吴凑谏救百端，始贬官。

7 丁酉，吐蕃寇黎、雅州；武后大足元年，以雅州之汉源、飞越，嶲州之阳山，置黎州。吐，从暾入声。西川节度使崔宁击破之。

8 元载以仕进者多乐京师，恶其逼己，乐，音洛。恶，乌路翻。乃制俸禄，厚外官而薄京官，京官不能自给，常从外官乞贷。杨绾、常衮奏京官俸太薄；贷，他代翻，又土得翻。俸，扶用翻。己酉，诏加京官俸，岁约十五万六千馀缗。唐会要：开元二十四年，敕百官料钱宜合为一色，都以月俸为名，各据本官，随月给付。一品三十千，二品二十四千，三品十七千，四品十一千，五品九千二百，六品五千三百，七品四千五十，八品二千四百七十五，九品一千九百一十七。至大历十二年，加京官俸：三师、三公、侍中、中书令每月各一百二十贯文，中书、门下侍郎月各一百贯文，东宫三太、左·右仆射各八十贯文，东宫三少各七十贯文，尚书、御史大夫、太常卿各六十贯文，常侍、宗正卿、太子詹事、国子祭酒各五十贯文，左·右丞及诸司侍郎、给·舍·中丞·宾客·殿中·秘书监·司农等卿、将作等监各四十五贯文，太子二庶子、太常少卿各四十贯文，谏议、诸司少卿、少监各三十五贯文，国子司业、内侍、东宫三卿各三十贯文，郎中、侍御史、司天监、少詹事、诸王傅、国子博士、谕德、中允、中舍、殿中·秘书·太常·宗正丞各二十五贯文，殿中侍御史、著作郎、大理正、都水使者、总监、内常侍、内给事各二十贯文，员外郎、通事舍人、起居、王府长史各十八贯文，监察御史、台主簿、补阙、王府司马、司天少监、太子典内、太常博士·主簿、宗正主簿、门下录事、中书主书各十五贯文，拾遗、司议、太子文学、秘书著作佐郎、国子·太学·四门·广文博士、大理司直、詹事府丞及诸寺·监丞、谒者监、中书·门下主事各十二贯文，洗马、赞善、诸寺·监主簿、詹事府司直各十贯文，评事八贯文，诸校正各六贯文，诸奉御、九成总监、诸王谘议·友、诸陵令各六贯二百文，城门、符宝、国子助教、六局郎、王府掾属、太常侍医、文学、录事参军、主簿、记室、诸卫及六军长史、两市令、诸副总监、武库署令、太公庙令各五贯三百文，太子通事舍人、东宫三寺丞、太学·广文助教、内坊丞、诸直长、内寺伯、千牛卫及诸率府长史、诸陵丞、诸陵署·诸王府判司、司竹·温泉监、尚书都事、都水及诸总监丞、司天台丞、太子侍医、诸司上局署令、王府国令、苑四面副监、公主邑司令各四贯一百一十六文，国子·四门助教、律·医学博士、协律郎、内谒者、诸卫·六军左·右卫率府等卫佐、诸王府参军、大农·都省·兵·吏·礼·房考功主事、春坊录事、司竹副监、诸司中局署令、都水主簿、诸司上局署及监庙司丞、司天台灵台郎·保章·挈壶正、太常针医及医监、尚医局司医各二贯四百七十文，太祝、奉礼、省中诸行主事、门下典仪、御史台·殿中·秘书·内侍省·春坊·詹事府主事、诸寺监·诸卫·六军诸司录事、诸司中局署丞及大理狱丞、诸司监作监事、诸率府录事、殿中省医佐、食医、奉辇、司库、司廪、奉乘、鸿胪寺掌客、司仪、太仆主乘、内坊典直、司天台司辰、司历监、内侍省宫教博士、东宫三寺主簿、太常太乐·鼓吹丞、医正、按摩·咒禁·卜筮博士及针·医·卜助教、国子书·算博士及助教、诸王府国丞·尉、诸总监主簿各一贯九百一十七文。武官：左右金吾大将军各四十五贯文，六军大将军、左右金吾将军各四十贯文，诸卫大将军、六军将军各三十贯文，诸卫将军各二十五贯文，诸卫及六军中郎将、诸率府率、副率各一十贯五百六十七文，诸卫及六军郎将、诸王府典军副各九贯二百文，诸卫及六军司阶、千牛及左右备身各五贯三百文，诸卫及六军中候、太子千牛各四贯一百六十六文，诸卫及六军司戈、太子备身各二贯四百七十五文，诸卫及六军执戟及长上各一贯九百一十七文。京兆及诸府尹各八十贯文，少尹、两县令各五十贯文，奉先·昭应·醴泉等县令、司录各四十五贯文，畿令各四十贯文，判司、两县丞各三十五贯文，两县簿·尉、奉先等县丞各三十贯文，奉先县簿·尉、诸畿令各二十五贯文，畿簿、尉各二十贯文，参军、文学博士、录事各一十贯文。应给百司正员文武官月料钱外，检校官同中书门下平章事，每月一百二十贯文；内侍省监，每月四十五贯文：每年约加一十五万六千贯文。

五月，辛亥，诏自都团练使外，悉罢诸州团练守捉使。又令诸使非军事要急，无得擅召刺史及停其职务，差人权摄。又定诸州兵，皆有常数，其召募给家粮、春冬衣者，谓之"官健"；差点土人，春夏归农、秋冬追集、给身粮酱菜者，谓之"团结"。自兵兴以来，州县官俸给不一，重以元载、王缙随情徇私，俸，扶用翻。重，直用翻。载，祖亥翻，又音如字。缙，音晋。刺史月给或至千缗、或数十缗，至是，始定节度使以下至主簿、尉俸禄，缗，眉巾翻。使，疏吏翻。自是年定俸之后，至于会昌，则又倍之。节度使三十万，都防御使、副使、监军十五万，观察使十万，诸府尹、大都督府长史、都团练使·副使、上州刺史八万，节度副使、中下州刺史、知军事七万，上州别驾五万五千，长史、司马五万，观察·团练判官、掌书记五万，诸大都督府司录参军事、鴘赤县令四万五千，节度推官、支使、防御判官、上州录事参军、畿县上县令四万，诸大都督府判官、赤县丞三万五千，观察·防御·团练推官、巡官、鴘赤县丞、两赤县主簿·尉、上州功曹参军以下、上县丞三万，畿县丞、鴘赤县簿·尉二万五千，畿县上县主簿·尉二万。由会昌以前，其间世有增减，不可详也。按类篇；鴘，翻阮切，鹰二岁色。新地理志，唐京兆有赤县、次赤县。诸负郭，亦皆为次赤县。鴘赤，字义不可晓，盖次赤也。掊多益寡，上下有叙，法制粗立。粗，坐五翻。

9 庚午，上遣中使发元载祖父墓，斲棺弃尸，毁其家庙，焚其木主。戊寅，卓英倩等皆杖死。英倩之用事也，弟英璘横于乡里。璘，离珍翻。横，户孟翻。及英倩下狱，下，户嫁翻。英璘遂据险作乱；上发禁兵讨之，乙巳，金州刺史孙道平击擒之。

10 上方倚杨绾，使厘革弊政，会绾有疾，秋，七月，己巳，薨。上痛悼之甚，谓群臣曰："天不欲朕致太平，何夺朕杨绾之速！"

11 八月，癸未，赐东川节度使鲜于叔明姓李氏。使，疏吏翻。

12 元载、王缙之为相也，上日赐以内厨御馔，可食十人，馔，雏恋翻，又雏晥翻。食，祥吏翻。遂为故事。癸卯，常衮与朱泚上言："餐钱已多，餐钱，盖所谓食料钱也。泚，直礼翻，又音此。上，时掌翻。乞停赐馔。"许之。衮又欲辞堂封，同列不可而止。唐制：堂封，岁三千六百缣。兴元后才千一百，德宗寻复旧。时人讥衮，以为："朝廷厚禄，所以养贤，不能，当辞位，不当辞禄。"朝，直遥翻。

臣光曰：君子耻食浮于人；衮之辞禄，廉耻存焉，与夫固位贪禄者，不犹愈乎！夫，音扶。诗云："彼君子兮，不素餐兮！"诗伐檀之辞。如衮者，亦未可以深讥也。

13 杨绾、常衮荐湖州刺史颜真卿，大历元年，真卿以攻元载，贬峡州别驾，寻改为吉州司马，迁抚、湖二州刺史。上即日召还；还，从宣翻，又音如字。甲辰，以为刑部尚书。尚，辰羊翻。绾、衮又荐淮南判官汲人关播，擢为都官员外郎。唐都官郎，掌配役隶、簿录俘囚，以给衣粮、药疗，以理诉竞雪冤，凡公私良贱必周知之，属刑部。

14 九月，辛酉，以四镇、北庭行营兼泾原、郑颍节度副使段秀实为节度使。考异曰：段公别传曰："自授钺三五年间，西邻无烽燧之警。"又曰："戎帅论乞力陀慕公清德，不敢侵陵我疆。"旧传亦曰："三四年间，吐蕃不敢犯塞。"按是月吐蕃寇原州。十二月，朱泚拒吐蕃，自泾州还。明年九月，吐蕃逼泾州。云三四年间不敢犯塞，盖史家溢美之辞耳。秀实军令简约，有威惠，奉身清俭，室无姬妾，非公会，未尝饮酒听乐。

15 吐蕃八万众军于原州北长泽监，盖长泽川，唐旧置马监于此。吐，从暾入声；下同。己巳，破方渠，方渠，汉县，属北地郡，后省。中宗神龙三年，分马岭置方渠县，属庆州。宋白续通典：灵州方渠镇，宋初置通远军，秦长城在城北一里。入拔谷；郭子仪使裨将李怀光救之，吐蕃退。庚午，吐蕃寇坊州。

16 冬，十月，乙酉，西川节度使崔宁奏大破吐蕃于望汉城。吐蕃筑城于西山以望蜀，因名望汉城。使，疏吏翻。

17 先是，秋霖，河中府池盐多败。河中府管下安邑、解县，皆有盐池。先，悉荐翻。户部侍郎判度支韩滉恐盐户减税，丁亥，奏雨虽多，不害盐，仍有瑞盐生。度，徒洛翻。滉，呼广翻。宋白曰：大历初，韩滉进漫生盐，以为灵瑞。后又奏乳盐生。上疑其不然，遣谏议大夫义兴蒋镇往视之。义兴，汉阳羡县地，晋置义兴郡及县，隋废郡存县，以属常州。

18 吐蕃寇盐、夏州，又寇长武；邠州宜禄县有长武城。时郭子仪遣李怀光筑长武城，据原首，临泾水，俯瞰通道，吐蕃自是不敢轻犯。宋白曰：长武镇，在凤翔府麟游县界，西至泾州四十里。夏，户雅翻。郭子仪遣将拒却之。将，即亮翻。

19 以永平军押牙匡城刘洽为宋州刺史。考异曰：旧刘玄佐传云："李灵曜据汴州，洽将兵乘其无备，径入宋州。"按刘昌以宋州牙门将说李僧惠归顺，则是僧惠先已为灵曜守宋州，朝廷因授宋州刺史耳。若僧惠未降，则洽不能得宋州；已降，则不敢取宋州。盖僧惠已为李忠臣所杀，洽因引兵据宋州耳。旧传欲以为洽功，故云然，其实非也。永平军，治滑州。仍以宋、泗二州隶永平军。

20 京兆尹黎干奏秋霖损稼，韩滉奏干不实；上命御史按视，丁未，还奏，"所损凡三万馀顷"。渭南令刘澡渭南县，唐初属华州，时属雍州。宋白曰：郭缘生述征记云：渭南县，夷狄所置，谓苻、姚也。阿附度支，谓阿附韩滉。度，徒洛翻。称县境苗独不损；御史赵计奏与澡同。上曰："霖雨溥博，岂得渭南独无！"更命御史朱敖视之，损三千馀顷。上叹息久之，曰："县令，字人之官，不损犹应言损，乃不仁如是乎！"贬滉南浦尉，后魏分朐䏰县置渔泉县，后周改曰万川，隋改曰南浦，唐带万州。计澧州司户，而不问滉。澧，音礼。滉，呼广翻。

21 十一月，壬子，山南西道节度使张献恭奏破吐蕃万馀众于岷州。使，疏吏翻。吐，从暾入声。

22 丙辰，蒋镇还，奏言"瑞盐实如韩滉所言"，仍上表贺，还，从宣翻，又音如字。上，时掌翻。请宣付史臣，【章：十二行本"臣"下有"并置神祠"四字；乙十一行本同；退斋校同。】锡以嘉名。上从之，赐号宝应灵应池。赐号者，安邑池也。时人丑之。

23 十二月，丙戌，朱泚自泾州还京师。朱泚自幽州入朝，遂留京师，因遣防秋而还。还，从宣翻，又音如字。

24 丁亥，崔宁奏破吐蕃十馀万众，斩首八千馀级。吐，从暾入声。

25 庚子，以朱泚兼陇右节度使，知河西、泽潞行营。

26 平卢节度使李正己先有淄、青、齐、海、登、莱、沂、密、德、棣十州之地，及李灵曜之乱，诸道合兵攻之，所得之地，各为己有，正己又得曹、濮、徐、兖、郓五州，因自青州徙治郓州，使其子前淄州刺史纳守青州。【章：十二行本"州"下有"癸卯，以纳为青州刺史"九字；乙十一行本同；退斋校同；张校同，云无注本亦无。】濮，博木翻。郓，音运。考异曰：实录，此年二月丙戌，以纳为青州刺史，充淄、青留后。至此又云为青州刺史。旧正己传云："正己自青州徙居郓州，使子纳及腹心之将分理其地。"纳传云："正己击田承嗣，署奏留后，寻迁青州刺史。"今从之。正己用刑严峻，所在不敢偶语；然法令齐一，赋均而轻，拥兵十万，雄据东方，邻藩皆畏之。是时田承嗣据魏、博、相、卫、洺、贝、澶七州，澶州，汉东郡顿丘县地。隋开皇十六年，分顿丘置澶渊县，唐改曰澶水，避高祖讳也。武德四年，分黎州之澶水、魏州之顿丘、观州置澶州，贞观元年，州废；大历七年，田承嗣表以魏州之顿丘、临黄，复置澶州。嗣，祥吏翻。相，息亮翻。洺，音名。澶，时连翻。李宝臣据恒、易、赵、定、深、冀、沧七州，各拥众五万；梁崇义据襄、邓、均、房、复、郢六州，有众二万；相与根据蟠结，虽奉事朝廷而不用其法令，恒，户登翻。朝，直遥翻。官爵、甲兵、租赋、刑杀皆自专之，上宽仁，一听其所为。朝廷或完一城，增一兵，辄有怨言，以为猜贰，常为之罢役；为，于伪翻。而自于境内筑垒、缮兵无虚日。以是虽在中国名藩臣，而实如蛮貊异域焉。

十三年（戊午、七七八）

1 春，正月，辛酉，敕毁白渠支流碾硙以溉田。碾，尼展翻。硙，五对翻，磨也。公输班作硙，后人又激水为之，不烦人力，引水激轮，使自旋转，谓之水磨。史炤曰：碾，磨也。硙，礲也。升平公主有二硙，入见于上，请存之。见，贤遍翻。上曰："吾欲以利苍生，汝识吾意，当为众先。"公主即日毁之。

2 戊辰，回纥寇太原，河东押牙泗水李自良曰：纥，下没翻。唐节度使置都押牙，牙前重职也，即今制置使司帐前都提举之职。泗水县，属兖州，汉之卞县也。隋时分西界为汶阳县，于卞县古城置泗水县。"回纥精锐远来求斗，难与争锋；不如筑二垒于归路，以兵戍之。虏至，坚壁勿与战，彼师老自归，乃出军乘之。二垒抗其前，大军蹙其后，无不捷矣。"留后鲍防不从，遣大将焦伯瑜等逆战；癸酉，遇虏于阳曲，将，即亮翻。宋白曰：阳曲，汉旧县；后汉末，移于太原北四十五里；后魏南移于阳曲古城；隋改曰阳直，又移于汾阳故城，改曰汾阳县，因汉汾阳县名也；炀帝又改阳直，移理木井城，今县是也。大败而还，死者万馀人。回纥纵兵大掠。二月，代州都督张光晟击破之于羊武谷，还，从宣翻，又音如字。纥，下没翻。晟，成正翻。九域志：代州崞县有阳武寨。乃引去。上亦不问回纥入寇之故，待之如初。

3 己亥，吐蕃遣其将马重英帅众四万寇灵州，吐，从暾入声。帅，读曰率。夺填汉、御史、尚书三渠水口以弊屯田。史炤曰：三渠，谓填汉渠、御史渠、尚书渠也。填，读曰镇。

4 三月，甲戌，回纥使还，过河中，朔方军士掠其辎重，朔方军士之留屯河中者。使，疏吏翻。过，古禾翻，又古卧翻。辎，庄持翻。重，直用翻。因大掠坊市。

5 夏，四月，甲辰，吐蕃寇灵州，朔方留后常谦光击破之。

6 六月，戊戌，陇右节度使朱泚献猫鼠同乳不相害者以为瑞；泚，且礼翻，又音此。乳，如住翻。常衮帅百官称贺。帅，读曰率。中书舍人崔佑甫独不贺，曰："物反常为妖。猫捕鼠，乃其职也，今同乳，妖也。妖，于骄翻。何乃贺为！宜戒法吏之不察奸、边吏之不御寇者，以承天意。"上嘉之。佑甫，沔之子也。崔沔，开元名臣。沔，弥兖翻。秋，七月，【章：十二行本"月"下有"壬子"二字；乙十一行本同。】以佑甫知吏部选事。佑甫数以公事与常衮争，由是恶之。为衮奏贬佑甫张本。选，须绢翻。数，所角翻。恶，乌路翻。

7 戊午，郭子仪奏以回纥犹在塞上，边人恐惧，请遣邠州刺史浑瑊将兵镇振武军，邠，卑旻翻。瑊，古咸翻。将，即亮翻，又音如字。振武军，在单于都护府城内，秦、汉之云中郡城也。宋白曰：振武军，即汉定襄郡之盛乐县也，在阴山之阳，黄河之北。从之。回纥始去。

8 辛未，吐蕃将马重英二万众寇盐、庆二州，重，直龙翻。郭子仪遣朔【章：十二行本"朔"上有"河东"二字；乙十一行本同。】方都虞候李怀光击却之。

9 八月，乙亥，成德节度使李宝臣请复姓张，许之。宝臣赐姓见二百二十二卷宝应元年。使，疏吏翻。

10 吐蕃二万众寇银、麟州，略党项杂畜，吐，从暾入声。银州，汉西河郡圁阴县地。麟州，汉、新秦中之地。党，底朗翻。畜，许救翻。郭子仪遣李怀光击破之。

11 上悼念贞懿皇后不已，贞懿皇后，独孤妃也，十年薨。殡于内殿，累年不忍葬；丁酉，始葬于庄陵。庄陵，在京兆三原县西北五里。

12 九月，庚午，吐蕃万骑下青石岭，逼泾州；青石岭在泾州保定县西。宋白曰：临泾城，直泾州西北九十里，其界有青石岭。骑，奇寄翻。诏郭子仪、朱泚与段秀实共却之。

13 冬，十二月，丙戌，以吏部尚书、转运·盐铁等使刘晏为左仆射，知三铨及使职如故。尚，辰羊翻。射，寅谢翻。欧阳修曰：凡选有文武：文选，吏部主之；武选，兵部主之：皆为三铨，尚书、侍郎分主之，尚书掌其一，侍郎分其二。

14 郭子仪入朝，命判官京兆杜黄裳主留务。李怀光阴谋代子仪，矫为诏书，欲诛大将温儒雅等。黄裳察其诈，以诘怀光；朝，直遥翻。将，即亮翻。诘，去吉翻。怀光流汗服罪。于是诸将之难制者，黄裳矫子仪之命，皆出之于外，军府乃安。

15 以给事中杜亚为江西观察使。

16 上召江西判官李泌入见，泌，毗必翻。李泌出佐江西，见上卷五年。见，贤遍翻。语以元载事，曰："与卿别八年，乃能诛此贼。赖太子发其阴谋，此归功于太子耳。语，牛倨翻。不然，几不见卿。"对曰："臣昔日固尝言之。陛下知群臣有不善，则去之；几，居依翻。去，羌吕翻。含容太过，故至于此。"上曰："事亦应十全，不可轻发。"上因言："朕面属卿于路嗣恭，属，之欲翻。而嗣恭取载意，奏卿为虔州别驾。嗣恭初平岭南，献琉璃盘，径九寸，朕以为至宝。及破载家，得嗣恭所遗载琉璃盘，径尺。遗，于季翻。程大昌曰：汉西域传：罽宾国有琥珀、流离。师古注曰：魏略云：大秦国出赤、白、黑、黄、青、绿、缥、绀、红、紫十种流离。此盖自然之物，采泽光润，逾于众玉。今俗所用，皆消冶石汁，加以众药，灌而为之，虚脆不耐，实非真物。按流离，今书附玉旁为琉璃字，师古之记是矣，亦未得其详也。

穆天子传：天子东征，有采石之山，凡好石之器于是出。升山取采石，铸以成器。注云：采石，文采之石也。则铸石为器，古有之矣。颜氏谓为自然之物，恐不详也。北史大月氏传：魏太武时，月氏人商贩京师，自云能铸石为五色琉璃。于是采矿于山中，即京师铸之，既成，光泽乃美于西方来者。自是琉璃遂贱。用此言推之，则虽西域琉璃，亦用石铸，无自然生成者。兼外国奇产，中国未始无之，独不闻有所谓真琉璃也。然中国所铸，有与西域异者。铸之中国，色甚光鲜，而质则轻脆，沃以热酒，随手破裂。其来自海舶者，制差钝朴，而色亦微暗。其可异者，虽百沸汤注之，与磁银无异，了不复动，是名蕃琉璃也。蕃琉璃之异于中国，其别盖如此，而未尝闻以石琢之也。余谓路嗣恭所献者，盖师古所谓大秦琉璃自然之物。否则代宗何以谓之至宝哉！程大昌考之不详耳。俟其至，当与卿议之。"泌曰："嗣恭为人，小心，善事人，畏权势，精勤吏事而不知大体。昔为县令，有能名；路嗣恭始名剑客，为萧关令，连徙神乌、姑臧二县，考绩为天下最。玄宗以为可嗣汉鲁恭，因赐名。陛下未暇知之，而为载所用，故为之尽力。陛下诚知而用之，彼亦为陛下尽力矣。为之，亦为，于伪翻。虔州别驾，臣自欲之，非其罪也。且嗣恭新立大功，即谓平岭南之功。陛下岂得以一琉璃盘罪之邪！"上意乃解，以嗣恭为兵部尚书。邪，音耶。尚，辰羊翻。

17 郭子仪以朔方节度副使张昙性刚率，谓其以武人轻己，衔之；昙，徒含翻。衔，户缄翻。孔目官吴曜为子仪所任，诸镇州皆有孔目官，以综理众事，吏职也。言一孔一目，皆所综理也。因而构之。子仪怒，诬奏昙扇动军众，诛之。掌书记高郢力争之，子仪不听，奏贬郢猗氏丞。猗氏县，属河中府。宋白曰：本郇国地，猗顿于此起富，故曰猗氏。既而僚佐多以病求去，子仪悔之，悉荐之于朝，曰："吴曜误我。"遂逐之。史言郭子仪过而能改。朝，直遥翻。

18 常衮言于上曰："陛下久欲用李泌，泌，毗必翻。昔汉宣帝欲用人为公卿，必先试理人，请且以为刺史，使周知人间利病，俟报政而用之。"太公治齐，五月而报政。伯禽治鲁，三年而报政。常衮用此语也。

十四年（己未、七七九）

1 春，正月，壬戌，以李泌为澧州刺史。澧，音礼。

2 二月，癸未，魏博节度使田承嗣薨。使，疏吏翻。嗣，祥吏翻。有子十一人，以其侄中军兵马使悦为才，使知军事，而诸子佐之。甲申，以悦为魏博留后。为田绪杀悦张本。

3 淮西节度使李忠臣，贪残好色，将吏妻女美者，多逼淫之，悉以军政委妹婿节度副使张惠光。惠光挟势暴横，军州苦之。忠臣复以惠光子为牙将，暴横甚于其父。好，呼到翻。横，户孟翻。复，扶又翻。将，即亮翻。左厢都虞候李希烈，忠臣之族子也，为众所服。希烈因众心怨怒，三月，丁未，与大将丁暠等暠，古老翻。杀惠光父子而逐忠臣。忠臣单骑奔京师，骑，奇寄翻。上以其有功，吐蕃寇京师，忠臣先诸镇赴援，又有平李灵曜之功。使以检校司空、同平章事留京师；以希烈为蔡州刺史、淮西留后。为李希烈以淮、蔡畔援张本。以永平节度使李勉兼汴州刺史，增领汴、颍二州，徙镇汴州。永平军本治滑州。汴，皮变翻。

4 辛酉，以容管经略使王翃为河中少尹、知府事。河东副元帅留后部将凌正暴横，翃抑之。使，疏吏翻。翃，户萌翻。少，始照翻。帅，所类翻。将，即亮翻。横，户孟翻。正与其徒乘夜作乱，翃知之，故缩漏水数刻以差其期，贼惊，溃走，擒正，诛之，军府乃安。

5 成德节度使张宝臣既请复姓，去年宝臣请复姓张。又不自安，更请赐姓；夏，四月，癸未，复赐姓李。复，扶又翻。

6 五月，癸卯，上始有疾，辛酉，制皇太子监国。监，古衔翻。是夕，上崩于紫宸之内殿，上年五十二。紫宸殿在东内宣政殿之北，蓬莱殿之南。遗诏以郭子仪摄冢宰。癸亥，德宗即位，在谅阴中，动遵礼法；尝召韩王迥食，迥，德宗弟也。食马齿羹，不设盐、酪。马齿，苋也。酪，音洛；奶酪也。

7 常衮性刚急，为政苛细，不合众心。时群臣朝夕临，临，力鸩翻，哭也。衮哭委顿，从吏或扶之。从，才用翻。中书舍人崔佑甫指以示众曰："臣哭君前，有扶礼乎！"衮闻，益恨之。会议群臣丧服，衮以为："礼，臣为君斩衰三年。为，于伪翻。衰，仓回翻。汉文权制，犹三十六日。事见十五卷前汉文帝后七年。高宗以来，皆遵汉制。及玄宗、肃宗之丧，始服二十七日。今遗诏云，'天下吏人，三日释服。'古者卿大夫从君而服，皇帝二十七日而除，在朝群臣亦当如之。"佑甫以为："遗诏，无朝臣、庶人之别。朝，直遥翻；下同。别，彼列翻。朝野内外，莫非天下，凡百执事，孰非吏人！皆应【章：十二行本"应"下有"三日"二字；乙十一行本同；退斋校同。】释服。"相与力争，声色陵厉。衮不能堪，乃奏佑甫率情变礼，请贬潮州刺史；上以为太重，闰月，壬申，贬佑甫为河南少尹。

初，肃宗之世，天下务殷，宰相常有数人，更直决事，更，工衡翻。或休沐各归私第，诏直事者代署其名而奏之，自是踵为故事。时郭子仪、朱泚虽以军功为宰相，皆不预朝政，衮独居政事堂，唐初，政事堂在门下省。裴炎自侍中迁中书令，乃徙政事堂于中书省。三省长官议事于此。代二人署名奏佑甫。佑甫既贬，二人表言其非罪，上问："卿向言可贬，今云非罪，何也？"二人对，初不知。上初即位，以衮为欺罔，大骇。甲辰，百官衰绖，序立于月华门，程大昌曰：按六典，宣政殿前有两庑，两庑各自有门。其东曰日华，日华之东则门下省也。西廊有门曰月华，月华之西则中书省也。衰，仓回翻。有制，贬衮为潮州刺史，潮州，去京师五千许里。以佑甫为门下侍郎、同平章事，闻者震悚。佑甫至昭应而还。昭应县，本新丰县，垂拱二年，改曰应山；神龙元年，复故名；玄宗更名昭应；隋新丰治古新丰城北；天宝昭应县治昭应宫北。还，从宣翻，又音如字。既而群臣丧服竟用衮议。

上时居谅阴，庶政皆委于佑甫，所言无不允。初，至德以后，天下用兵，诸将竞论功赏，故官爵不能无滥。及永泰以来，天下稍平，而元载、王缙秉政，四方以贿求官者相属于门，将，即亮翻。论，鲁昆翻。载，祖亥翻，又音如字。缙，音晋。属，之欲翻。大者出于载、缙，小者出于卓英倩等，皆如所欲而去。及常衮为相，思革其弊，杜绝侥幸，四方奏请，一切不与；而无所甄别，贤愚同滞。相，息亮翻。侥，坚尧翻。甄，稽延翻，察也。别，彼列翻。崔佑甫代之，欲收时望，推荐引拔，常无虚日；作相未二百日，除官八百人，考异曰：旧纪云："佑甫作相未逾年，凡除吏几八百员，多称允当。"今从建中实录。前后相矫，终不得其适。上尝谓佑甫曰："人或谤卿，所用多涉亲故，何也？"对曰："臣为陛下选择百官，为，于伪翻。不敢不详慎。苟平生未之识，何以谙其才行而用之。"谙，乌含翻。行，下孟翻；下同。上以为然。

臣光曰：臣闻用人者，无亲疏、新故之殊，惟贤、不肖之为察。其人未必贤也，以亲故而取之，固非公也；苟贤矣，以亲故而舍之，亦非公也。夫天下之贤，固非一人所能尽也，若必待素识熟其才行而用之，所遗亦多矣。夫，音扶。行，下孟翻。古之为相者则不然，举之以众，取之以公。众曰贤矣，己虽不知其详，姑用之，待其无功，然后退之，有功则进之；所举得其人则赏之，非其人则罚之。进退赏罚，皆众人所共然也，己不置豪发之私于其间。苟推是心以行之，又何遗贤旷官之足病哉！

8 诏罢省四方贡献之不急者，又罢梨园使及乐工三百馀人，使，疏吏翻。梨园事始二百一十一卷玄宗开元二年。程大昌曰：梨园，在光化门北。光化门者，禁苑南面西头第一门。所留者悉隶太常。

9 郭子仪以司徒、中书令领河中尹、灵州大都督、单于·

镇北大都护、关内·河东副元帅、朔方节度、关内支度·盐池·六城水运大使、押蕃部并营田及河阳道观察等使，河中、灵、夏皆有盐池。朔方塞下有六城。单，音蝉。帅，所类翻。使，疏吏翻。权任既重，功名复大，复，扶又翻。性宽大，政令颇不肃，代宗欲分其权而难之，久不决。甲申，诏尊子仪为尚父，太公望为周师尚父。说者谓可尚可父，天子师也。加太尉兼中书令，增实封满二千户，月给千五百人粮、二百马食，子弟、诸婿迁官者十馀人，所领副元帅诸使悉罢之；以其裨将河东、朔方都虞候李怀光为河中尹、邠·宁·庆·晋·绛·慈·隰节度使，以朔方留后兼灵州长史常谦光为灵州大都督、西受降城·定远·天德·盐·夏·丰等军州节度使，振武军使浑瑊为单于大都护、东·中二受降城、振武·镇北·绥·银·麟·胜等军州节度使，分领其任。将，即亮翻。邠，卑旻翻。长，知两翻。降，户江翻。夏，户雅翻。浑，户昆翻，又户本翻。瑊，古咸翻。

10 丙戌，诏曰："泽州刺史李鹗鹗，乌谏翻。上庆云图。上，时掌翻；下得上、上言同。朕以时和年丰为嘉祥，以进贤显忠为良瑞，如卿云、灵芝、珍禽、奇兽、怪草、异木，何益于人！卿云，即庆云也。布告天下，自今有此，无得上献。"内庄宅使上言诸州有官租万四千馀斛，上令分给所在充军储。先是，诸国屡献驯象，凡四十有二，令，力丁翻。先，悉荐翻。上曰："象费豢养而违物性，将安用之！"命纵于荆山之阳，此禹贡所谓"导汧及岐至于荆山"者也。唐属京兆富平县界。及豹、貀、斗鸡、猎犬之类，悉纵之；貀，似豹，无前足，音女滑翻。史炤曰：貀，似狸，苍黑，无前足，善捕鼠。又出宫女数百人。于是中外皆悦，淄青军士，至投兵相顾曰："明主出矣，吾属犹反乎！"淄，庄持翻。

11 戊子，以淮西留后李希烈为节度使。使，疏吏翻。

12 辛卯，以河阳镇遏使马燧为河东节度使。河东承百井之败，谓去年鲍防之败也。按东都事略张齐贤传：柏井，在并州城北四十里。宋朝徙并州城于阳曲县。骑士单弱，燧悉召牧马厮役，得数千人，教之数月，皆为精骑。骑，奇寄翻。造甲必为长短三等，称其所衣，称，尺证翻。衣，于既翻。以便进趋。又造战车，行则载兵甲，止则为营陈，或塞险以遏奔冲；陈，读曰阵。塞，悉则翻。器械无不精利。居一年，得选兵三万。辟兖州人张建封为判官，署李自良代州刺史，委任之。

13 兵部侍郎黎干，狡险谀佞，与宦官特进刘忠翼相亲善。忠翼本名清潭，恃宠贪纵。二人皆为众所恶。恶，乌路翻。时人或言干、忠翼尝劝代宗立独孤贵妃为皇后，妃子韩王迥为太子。上即位，干密乘轝诣忠翼谋事；事觉，丙申，干、忠翼并除名长流，至蓝田，赐死。

14 以户部侍郎判度支韩滉为太常卿，以吏部尚书刘晏判度支。度，徒洛翻。滉，呼广翻。尚，辰羊翻。先是晏、滉分掌天下财赋，先，悉荐翻。大历六年，韩滉判度支。分掌财赋，当在此时。晏掌江【章：十二行本“江”作“河”；乙十一行本同；退斋校同。】南、山南、江淮、岭南，滉掌关内、河东、剑南，至是，晏始兼之。上素闻滉掊克过甚，掊，蒲侯翻。故罢其利权，寻出为晋州刺史。晋州，治临汾县，古平阳也，京师东北七百二十五里。

至德初，第五琦始榷盐以佐军用，事见二百一十九卷至德元载。琦，音奇。榷，古岳翻。及刘晏代之，法益精密。初岁入钱六十万缗，末年所入逾十倍，而人不厌苦。大历末，计一岁【章：十二行本“岁”下有“征赋”二字；乙十一行本同。】所入总一千二百万缗，缗，眉巾翻。而盐利居其太半。以盐为漕佣，自江、淮至渭桥，此东渭桥也。率万斛佣七千缗，自淮以北，列置巡院，择能吏主之，不烦州县而集事。

15 六月，己亥朔，赦天下。

16 西川节度使崔宁、永平节度使李勉并同平章事。使，疏吏翻。

17 诏："天下冤滞，州府不为理，为，于伪翻。听诣三司使，所谓三司使，即御史中丞、中书省舍人、门下省给事中也。三人者，各以一司官来朝堂受词，故谓之三司，非五代时理财之三司使也。以中丞、舍人、给事中各一人，日于朝堂受词。推决尚未尽者，听挝登闻鼓。唐时登闻鼓，在西朝堂之前。挝，侧瓜翻。自今无得复奏置寺观复，扶又翻。及请度僧尼。"于是挝登闻鼓者甚众。右金吾将军裴谞上疏，谞，私吕翻。以为："讼者所争皆细故，若天子一一亲之，则安用吏理乎！"上乃悉归之有司。

18 制："应山陵制度，务从优厚，当竭帑藏以供其费。"帑，他朗翻。藏，徂浪翻。刑部员外郎令狐峘上疏谏，令，力丁翻。峘，胡登翻。上，时掌翻。其略曰："臣伏读遗诏，务从俭约，若制度优厚，岂顾命之意邪！"邪，音耶。上答诏，略曰："非唯中朕之病，中，竹仲翻。抑亦成朕之美，敢不闻义而徙！"峘，德棻之玄孙也。令狐德棻，事太宗。棻，扶分翻。

19 庚子，立皇子诵为宣王，谟为舒王，谌为通王，谅为虔王，详为肃王。乙巳，立皇弟乃为益王，傀为蜀王。谌，氏壬翻。傀，口猥翻，又公回翻。皆以州名为王国名。【严："傀"改"遂"。】

20 丙午，举先天故事，六品以上清望官，虽非供奉、侍卫之官，日令二人更直待制，以备顾问。新志曰：初，太宗即位，命京官五品以上更宿中书、门下两省，以备访问。永徽中，命弘文馆学士一人日待制于武德殿西门。文明元年，诏京官五品以上清官日一人待制于章善、明福门。先天末，又命朝集使六品以上随仗待制。永泰时，勋臣罢节制，无职事，皆待制于集贤门，凡十三人。崔佑甫为相，建议文官一品以下更直待制。其后著令，正衙待制官日二人。宋白曰：时佑甫奏准元敕文官一品以下更直待制，其待制官，待奏事官尽，然后趋出，便于内廊赐待进止，至酉时然后放。令，力丁翻。更，工衡翻；下同。

21 庚戌，以朱泚为凤翔尹。泚，且礼翻，又音此。

22 代宗优宠宦官，奉使四方者，不禁其求取。尝遣中使赐妃族，还，问所得颇少，使，疏吏翻。还，从宣翻，又音如字。少，诗沼翻。代宗不悦，以为轻我命；妃惧，遽以私物偿之。由是中使公求赂遗，无所忌惮。遗，于季翻。宰相尝贮钱于阁中，每赐一物，宣一旨，无徒还者；相，息亮翻。贮，丁吕翻。出使所历州县，移文取货，与赋税同，皆重载而归。上素知其弊。遣中使邵光超赐李希烈旌节；希烈赠之仆、马及缣七百匹，黄茗二百斤。茗，莫迥翻；茶之晚取者。上闻之，怒，杖光超六十而流之。于是中使之未归者，皆潜弃所得于山谷，虽与之，莫敢受。

23 甲子，以神策都知兵马使、右领军大将军王驾鹤为东都园苑使，东都园苑使，唐初苑总监之职也。以司农卿白琇珪代之，琇，息救翻。更名志贞。驾鹤典禁兵十馀年，权行中外，【章：十二行本“外”下有“诏下”二字；乙十一行本同。】上恐其生变；崔佑甫召驾鹤与语，留连久之，琇珪已视事矣。

24 李正己畏上威名，表献钱三十万缗；上欲受之恐见欺，却之则无辞。崔佑甫请遣使慰劳淄青将士，使，疏吏翻。劳，力到翻。将，即亮翻。因以正己所献钱赐之，使将士人人戴上恩；又诸道闻之，知朝廷不重货财。上悦，从之。正己大惭服。天下以为太平之治，庶几可望焉。治，直吏翻。几，居衣翻。

25 秋，七月，戊辰朔，日有食之。

26 礼仪使、吏部尚书颜真卿上言：“上元中，政在宫壸，始增祖宗之谥；尚，辰羊翻。上，时掌翻。壸，苦本翻；宫中道也。按咸亨五年八月十五日，改元上元，是日追尊高祖、太宗。政在宫壸，谓武后专政也。玄宗末，奸臣窃命，累圣之谥，有加至十一字者。按天宝十三载，加祖宗谥号并庙号皆为九字。而群臣上玄宗尊号凡十四字。未知颜真卿所谓加至十一字何帝也。谥，神至翻。按周之文、武，称文不称武，言武不称文，岂盛德所不优乎？盖群臣称其至者故也。故谥多不为褒，少不为贬。少，始绍翻。今累圣谥号太广，有逾古制，请自中宗以上皆从初谥，初谥，高祖太武皇帝，太宗文皇帝，高宗天皇大帝，中宗孝和皇帝。睿宗曰圣真皇帝，玄宗曰孝明皇帝，肃宗曰宣皇帝，以省文尚质，正名敦本。"上命百官集议，儒学之士，皆从真卿议；独兵部侍郎袁傪，傪，昌含翻，又七感翻。官以兵进，奏言："陵庙玉册、木主皆已刊勒，不可轻改"，事遂寝。不知陵中玉册所刻，乃初谥也。按唐陵中玉册，自睿宗圣真皇帝以上所刻皆初谥。然玄宗谥册曰至道大圣大明孝皇帝，肃宗谥册曰文明武德大圣大宣孝皇帝。袁傪所谓木主、玉册皆已刊勒，有见乎此耳。

27 初，代宗之世，事多留滞，四夷使者及四方奏计，或连岁不遣，乃于右银台门使，疏吏翻。右银台门，在东内宫城西面。又北，则九仙门。置客省以处之；处，昌吕翻。及上书言事、【章：十二行本"事"下有"孟浪者"三字；乙十一行本同；退斋校同。】失职未叙，亦置其中，动经十岁。常有数百人，并部曲、畜产动以千计，度支廪给，其费甚广。度，徒洛翻。上悉命疏理，拘者出之，事竟者遣之，当叙者任之，岁省谷万九千二百斛。

28 壬申，毁元载、马璘、刘忠翼之第。载，祖亥翻，又音如字。璘，离珍翻。初，天宝中，贵戚第舍虽极奢丽，而垣屋高下，犹存制度，然李靖家庙已为杨氏马厩矣。及安、史乱后，法度隳弛，隳，读曰隳。大臣将帅【章：十二行本"帅"下有"宦官"二字；乙十一行本同。】竞治第舍，各穷其力而后止，时人谓之木妖。将，即亮翻。帅，所类翻。治，直之翻。妖，于骄翻。上素疾之，故毁其尤者，仍命马氏献其园，隶宫司，宫司，掌宫禁园籞者也。谓之奉成园。雍录：奉成园，在安邑坊。自丹凤门南出，东街第六坊，为安邑坊。

29 癸丑，【严："丑"改"酉"。】减常贡宫中服用锦千匹、服玩数千事。

30 庚辰，诏回纥诸胡在京师者，各服其服，无得效华人。先是回纥留京师者常千人，纥，下没翻。先，悉荐翻。商胡伪服而杂居者又倍之，县官日给饔饩，熟曰饔，生曰饩。饩，许既翻。殖赀产，开第舍，市肆美利皆归之，日纵贪横，横，户孟翻。吏不敢问。或衣华服，衣，于既翻。华服，中华之服也。诱取妻妾，故禁之。诱，羊久翻。

31 辛卯，罢天下榷酒收利。唐初无酒禁，乾元元年，京师酒贵，肃宗以廪食方屈，乃禁京师酤酒，期以麦熟如初。二年，饥，复禁酤。广德二年，定天下酤户以月收税。榷，古岳翻。

32 上之在东宫也，国子博士河中张涉为侍读，太宗时，晋王府有侍读，及为太子，亦置焉。即位之夕，召涉入禁中，事无大小皆咨之；明日，置于翰林为学士，翰林故事曰：翰林院者，在银台门内，以艺能、伎术召见者之所处也。玄宗初，置翰林待诏，掌四方表疏批答，应和文章。又以诏敕文告悉由中书，多壅滞，始选朝官有才艺学识者入居翰林，供奉别旨，然亦未定名。制诏书敕，犹或分在集贤。开元二十六年，始以翰林供奉改称学士，别建学士院于翰林苑之南，俾专内命。其后又置东翰林院于金銮殿之西，随上所在。凡学士无定员，下自校书郎，上及诸曹尚书，皆为之。入院一岁则迁知制诰，未知制诰者，不作文书。久次者一人为承旨。亲重无比。为张涉以赃贿得罪张本。乙未，以涉为右散骑常侍，仍为学士。散，悉亶翻。骑，奇寄翻。

容肇祖标点聂崇岐覆校

资治通鉴卷第二百二十六

端明殿学士兼翰林侍读学士太中大夫
提举西京嵩山崇福宫上柱国河内郡开国公 司马光 奉敕编集
食邑二千二百户食实封九百户赐紫金鱼袋臣

后学天台胡三省音注

唐纪四十二 起屠维协洽（己未）八月，尽重光作噩（辛酉）五月，凡一年有奇。

代宗睿文孝武皇帝下

大历十四年（己未、七七九）

1 八月，甲辰，以道州司马杨炎为门下侍郎，大历十二年，杨炎以党元载贬。怀州刺史乔琳为御史大夫，并同平章事。考异曰：崔佑甫与炎皆自门下迁中书，是时中书在上也。宪宗以后，门下在上，中书在下，不知何时升改。上方励精求治，治，直吏翻。不次用人，卜相于崔佑甫，相，息亮翻。佑甫荐炎器业，上亦素闻其名，故自迁谪中用之。琳，太原人，性粗率，喜诙谐，粗，读曰麤。喜，许记翻。无他长，与张涉善，涉称其才可大用，上信涉言而用之；闻者无不骇愕。

2 代宗之世，吐蕃数遣使求和，吐，从暾入声。数，所角翻。使，疏吏翻；下同。而寇盗不息，代宗悉留其使者，前后八辈，有至老死不得归者；俘获其人，皆配江、岭。使，疏吏翻。俘，方无翻。江，谓大江之南。岭，谓五岭之外。上欲以德怀之，乙巳，以随州司马韦伦为太常少卿，使于吐蕃，悉集其俘五百人，各赐袭衣而遣之。少，始照翻。袭衣，衣一袭也。衣一称为一袭。

3 协律郎沈既济上选举议，唐志：协律郎，掌和律吕，辨四时之气，八风五音之节，属太常寺，正八品上。上，时掌翻。以为："选用之法，三科而已：曰德也，才也，劳也。今选曹皆不及焉；选，须绢翻；下同。考校之法，皆在书判、簿历、言词、俯仰而已。唐择人之法有四，曰：身、言、书、判。身，取其体貌丰伟；言，取其言词辩正；书，取其楷法遒美；判，取其文理优长。簿历，所以著其资考殿最。俯仰，则观诸身言之间。夫安行徐言，非德也；丽藻芳翰，非才也；累资积考，非劳也。执此以求天下之士，固未尽矣。今人未土著，夫，音扶。著，直略翻。不可本于乡闾；鉴不独明，不可专于吏部。臣谨详酌古今，谓五品以上及群司长官，宜令宰臣进叙，吏部、兵部得参议焉。长，知两翻。其六品以下或僚佐之属，许州、府辟用，其牧守、将帅守，手又翻。将，即亮翻。帅，所类翻。或选用非公，则吏部、兵部得察而举之，罪其私冒。不慎举者，小加谴黜，大正刑典。责成授任，谁敢不勉！夫如是，则贤者不奖而自进，不肖者不抑而自退，众才咸得而官无不治矣。今选法皆择才于吏部，试职于州郡。若才职不称，称，尺证翻。紊乱无任，紊，文运翻。任，音壬。责于刺史，则曰命官出于吏曹，不敢废也；责于侍郎，则曰量书判、资考而授之，不保其往也；量，音良。责于令史，则曰按由历、出入而行之，不知其他也。黎庶徒弊，谁任其咎！若牧守自用，则罪将焉逃！必州郡之滥，独换一刺史则革矣。如吏部之滥，虽更其侍郎无益也。焉，于虔翻。更，工衡翻。盖人物浩浩，不可得而知，法使之然，非主司之过。今诸道节度、都团练、观察、租庸等使，自判官、副将以下，皆使自择，纵其间或有情故，大举其例，十犹七全。则辟吏之法，已试于今，但未及于州县耳。利害之理，较然可观。向令诸使僚佐尽受于选曹，则安能镇方隅之重，理财赋之殷乎！”既济，吴人也。等使，疏吏翻；下诸使同。将，即亮翻。令，力丁翻。选，须绢翻。

4 初，衡州刺史曹王皋有治行，治，直吏翻。行，下孟翻。衡州治衡阳县，属湖南观察。湖南观察使辛京杲疾之，大历五年，辛京杲为湖南观察使。陷以法，贬潮州刺史。度岭为贬。时杨炎在道州，知其直，及入相，复擢为衡州刺史。相，息亮翻。复，扶又翻。始，皋之遭诬在治，在治者，谓狱吏治其事。皋以囚服在列。念太妃老，将惊而戚，出则囚服就辩，入则拥笏垂鱼，唐高宗给五品以上随身鱼银袋，以防召命之诈，三品以上金饰袋。天授二年，改佩鱼为龟。中宗罢龟，复给以鱼。郡王、嗣王亦佩金鱼袋。即贬于潮，即，就也。以迁入贺；及是，然后跪谢告实。皋，明之玄孙也。曹王明，太宗之子。

5 朔方、邠宁节度使李怀光既代郭子仪，邠府宿将史抗、温儒雅、庞仙鹤、张献明、李光逸功名素出怀光右，皆怏怏不服。邠，卑旻翻。庞，部江翻。怏，于两翻。怀光发兵防秋，屯长武城，军期进退，不时应令。监军翟文秀劝怀光奏令宿卫，【章：十二行本“卫”下有“怀光遣之”四字；乙十一行本同；退斋校同。】既离营，监，工衔翻。翟，苌伯翻。奏令，力丁翻。离，力智翻。使人追捕，诬以他罪，且曰：“黄萯之败，黄萯败事见二百二十四卷九年。萯，音倍。职尔之由！”尽杀之。

6 九月，甲戌，改淮西曰淮宁。

7 西川节度使、同平章事崔宁，在蜀十馀年，永泰元年，崔旰入成都，至是，十四年矣。恃地险兵强，恣为淫侈，朝廷患之而不能易；至是，入朝，加司空，兼山陵使。

南诏王阁罗凤卒，子凤迦异前死，孙异牟寻立。朝，直遥翻。使，疏吏翻。卒，子恤翻。迦，音加。冬，十月，丁酉朔，吐蕃与南诏合兵十万，三道入寇，一出茂州，一出扶、文，吐，从暾入声。文州，汉阴平之地，隋为曲水县，义宁三年，分武都之曲水、正西、长松置文州。扶州，古邓至地，后周天和中，置扶州。旧本置龙涸防，与阴平接界。盖吐蕃出扶、文，南诏出黎、雅也。一出黎、雅，黎州之地，汉属越嶲郡界，隋置汉源县，武后大足元年置黎州。黎州，汉沈黎县；雅州，汉严道县；境相接也。考异曰：建中实录、裴垍德宗实录，此月吐蕃三道入寇，皆在梁、益之境。而来年四月，乃云："去冬吐蕃三道来侵：一自灵武，一自山南，一自蜀。"又云："赞普谓韦伦曰：'今灵武之师，闻命辍矣，而山南已入扶、文，蜀师已趣灌口，追且不及。'"与此自相违。今不取。曰："吾欲取蜀以为东府。"崔宁在京师，所留诸将不能御，将，即亮翻。虏连陷州、县，刺史弃城走，士民窜匿山谷。上忧之，趣宁归镇。趣，读曰促。宁已辞，杨炎言于上曰："蜀地富饶，宁据有之，朝廷失其外府，十四年矣。宁虽入朝，全师尚守其后，贡赋不入，与无蜀同。且宁本与诸将等夷，因乱得位，威令不行。今虽遣之，必恐无功；若其有功，则义不可夺。是蜀地败固失之，胜亦不得也。愿陛下熟察。"上曰："然则奈何？"对曰："请留宁，发朱泚所领范阳兵数千人，杂禁兵往击之，何忧不克！泚，且礼翻，又音此。因而得内亲兵于其腹中，蜀将必不敢动，然后更授他帅，将，即亮翻。更，工衡翻。帅，所类翻。使千里沃壤复为国有，复，扶又翻，又如字。是因小害而收大利也。"上曰："善。"遂留宁。

初，马璘忌泾原都知兵马使李晟功名，遣入宿卫，为右神策都将。璘，离珍翻。使，疏吏翻。晟，成正翻。将，即亮翻。上发禁兵四千人，使晟将之，发邠、陇、范阳兵五千，邠、陇，邠宁、陇右二镇之兵也。将，即亮翻，又音如字；下同。使金吾大将军安邑曲环将之，以救蜀。史炤曰：曲，姓也。汉有代郡太守曲谦。东川出兵，自江油趋白坝，江油，汉、魏为无人之地，晋始置平武县，隋改为江油县，带龙州。利州管下景谷县西北有白坝镇城。坝，必驾翻。蜀人谓平川为坝。与山南兵合击吐蕃、南诏，破之。范阳兵追及于七盘，吐，从瞰入声。七盘县，属巴州，武后久视元年置。又破之，遂克维、茂二州。李晟追击于大渡河外，大渡河，在雅州卢山县。寰宇记：大渡河，自吐蕃界经雅州诸部落，至黎州东界，流入通望界，于黎州，为南边要害之地。又破之。吐蕃、南诏饥寒陨于崖谷死者八九万人。吐蕃悔怒，杀诱导使之来者。异牟寻惧，筑苴咩城，自泸州南渡泸水六百五十里，至羊苴咩城。旧史：阳苴咩城，南去大和城十馀里，东北至成都二千四百里，去云南城三百里。诱，羊久翻。咩，莫者翻，又徐婢翻。史炤曰：苴，音酢，又徐嗟切。咩，音养，又弥嗟切。薛能闻官军破吉浪诗："越巂通游客，苴咩闹聚蚊。"又西县涂中："野色生肥羊，乡仪捣散茶。梯航经杜宇，烽火彻苴咩。"延袤十五里，徙居之。吐蕃封之为日东王。

8 上用法严，百官震悚。以山陵近，禁人屠宰；郭子仪之隶人潜杀羊，载以入城，隶人，仆隶之属。右金吾将军裴谞奏之。或谓谞曰："郭公有社稷大功，君独不为之地乎？"谞曰："此乃吾所以为之地也。郭公勋高望重，上新即位，以为群臣附之者众，德宗之猜忌，裴谞于其初政已窥见之。谞，私吕翻。吾故发其小过，以明郭公威权不足畏也。如此，上尊天子，下安大臣，不亦可乎！"

9 己酉，葬睿文孝武皇帝于元陵；元陵，在京兆富平县西北二十五里檀山。庙号代宗。将发引，上送之，见辒辌车不当驰道，稍指丁未之间，引，羊晋翻。辒，音温。辌，音凉。考异曰：按车指丁未之间，则行出道外矣。盖出门，欲斜就道西，不当道中间行耳。问其故，有司对曰："陛下本命在午，不敢冲也。"上哭曰："安有枉灵驾而谋身利乎！"命改辕直午而行。肃宗、代宗皆喜阴阳鬼神，喜，许记翻。事无大小，必谋之卜祝，故王屿、黎干皆以左道得进。上雅不之信，玙，音余。雅，素也。山陵但取七月之期，礼：天子七月而葬。事集而发，不复择日。复，扶又翻；下谋复同。

10 十一月，丁丑，以晋州刺史韩滉为苏州刺史、浙江东·西观察使。滉，呼广翻。使，疏吏翻。

11 乔琳衰老耳聩，聩，五怪翻。上或时访问，应对失次，所谋议复疏阔。壬午，以琳为工部尚书，罢政事。上由是疏张涉。乔琳，涉所荐也。尚，辰羊翻。

12 杨炎既留崔宁，二人由是交恶。炎托以北边须大臣镇抚，癸巳，以京畿观察使崔宁为单于·镇北大都护、朔方节度使，镇坊州。单，音蝉。以荆南节度使张延赏为西川节度使。又以灵盐节度都虞候醴泉杜希全知灵、盐州留后；代州刺史张光晟知单于·振武等城、绥·银·麟·胜州留后；考异曰：旧传云，王雄为振武。今从实录。延州刺史李建徽知鄜、坊、丹州留后。时宁既出镇，不当更置留后，炎欲夺宁权，且窥其所为，令三人皆得特奏事，仍讽之使伺宁过失。令，力丁翻。伺，相吏翻。考异曰：旧传："初，宁代乔琳为御史大夫、平章事，宁以为选择御史当出大夫，不谋及宰相，乃奏请以李衡、于结等数人为御史。杨炎大怒，其状遂寝。炎又数谗毁刘晏，宁又救解之，因此大怒。其年十月，南蛮大至，上遣宁还镇。炎惧怨己，入蜀难制，奏止之。"按宁为御史大夫，在吐蕃、南蛮寇蜀后。旧传恐误。

13 十二月，乙卯，立宣王诵为皇太子。

14 旧制，天下金帛皆贮于左藏，太府四时上其数，比部覆其出入。唐制：太府掌廪藏、财货出纳。比部掌句会。蜀注曰：唐制：天下财赋皆纳于左藏，太府四时以数闻，尚书比部覆校其出入。贮，丁吕翻。藏，徂浪翻。上，时掌翻。比，音毗。及第五琦为度支、盐铁使，琦，音奇。度，徒洛翻。使，疏吏翻。时京师多豪将，求取无节，琦不能制，将，即亮翻。乃奏尽贮于大盈内库，百宝大盈库，始于玄宗朝，详见二百二十八卷德宗建中四年十月注。使宦官掌之，天子亦以取给为便，故久不出。由是以天下公赋为人君私藏，有司不复得窥其多少，校其赢缩，藏，徂浪翻。复，扶又翻。赢，有馀也。缩，不足也。殆二十年。宦官领其事者三百馀员，皆蚕食其中，蟠结根据，牢不可动。杨炎顿首于上前曰："财赋者，国之大本，生民之命，重轻安危，靡不由之，是以前世皆使重臣掌其事，犹或耗乱不集。耗，当读曰眊，或读如字。今独使中人出入盈虚，大臣皆不得知，政之蠹敝，莫甚于此。请出之以归有司。度宫中岁用几何，度，徒洛翻。量数奉入，量，音良。不敢有乏。如此，然后可以为政。"上即日下诏："凡财赋皆归左藏，一用旧式，岁于数中择精好者三、五千匹，进入大盈。"下，遐稼翻。考异曰：德宗实录作"三、五十万匹"，今从建中实录。炎以片言移人主意，议者称之。

15 丙寅晦，日有食之。

16 湖南贼帅王国良阻山为盗，帅，所类翻。上遣都官员外郎关播招抚之。唐都官郎，掌俘隶簿录、给衣粮、医药而理其诉冤。辞行，上问以为政之要，对曰："为政之本，必求有道贤人与之为理。"上曰："朕比以下诏求贤，比，毗至翻，近也。"以"，当作"已"。又遣使臣广加搜访，庶几可以为理乎！"使，疏吏翻。几，居希翻。对曰："下诏所求及使者所荐，惟得文词干进之士耳，安有有道贤人肯随牒举选乎！"上悦。

17 崔佑甫有疾，上令肩舆入中书，或休假在第，令，力丁翻。假，古讶翻。大事令中使咨决。

德宗神武孝文皇帝一

讳适，代宗长子也。谥法：谏争不威曰德，言不以威拒谏也；执义扬善曰德，言称人之善也。

建中元年（庚申、七八〇）

1 春，正月，丁卯朔，改元。群臣上尊号曰圣神文武皇帝；上，时掌翻。赦天下。始用杨炎议，命黜陟使与观察、刺史"约百姓丁产，定等级，改作两税法。杨炎作两税法，夏输无过六月，秋输无过十一月，视大历十四年垦田数为定。比来新旧征科色目，一切罢之；比，毗至翻。比来，犹云近来也。二税外辄率一钱者，以枉法论。”

唐初，赋敛之法曰租、庸、调，有田则有租，有身则有庸，有户则有调。玄宗之末，版籍浸坏，多非其实。及至德兵起，所在赋敛，迫趣取办，敛，力赡翻。调，徒吊翻。趣，读曰促。无复常准。复，扶又翻，又音如字。赋敛之司增数而莫相统摄，统，他综翻，俗从上声。各随意增科，自立色目，新故相仍，不知纪极。民富者丁多，率为官、为僧以免课役，而贫者丁多，无所伏匿，故上户优而下户劳。吏因缘蚕食，旬【章：十二行本“旬”上有“民”字；乙十一行本同；张校同，云无注本亦无。】输月送，不胜困弊，胜，音升。率皆逃徙为浮户，其土著百无四五。著，直略翻。至是，炎建议作两税法：先计州县每岁所应费用及上供之数而赋于人，量出以制入。户无主、客，以见居为簿；人无丁、中，以贫富为差；州、县有主户、客户。天宝三载，令民十八以上为中男，二十三以上成丁。量，音良。见，贤遍翻。为行商者，在所州县税三十之一，使与居者均，无侥利。言居行皆无侥幸之利也。侥，坚尧翻。居人之税，秋、夏两征之。其租、庸、调杂傜悉省，皆总统于度支。上用其言，因赦令行之。

2 初，左仆射刘晏为吏部尚书，杨炎为侍郎，不相悦。射，寅谢翻。尚，辰羊翻。元载之死，晏有力焉。事见上卷代宗大历十三年。载，祖亥翻，又如字。及上即位，晏久典利权，众颇疾之，多上言转运使可罢；多上，时掌翻。使，疏吏翻。又有风言晏尝密表劝代宗立独孤妃为皇后者。风言，谓得于风闻而言之者也。杨炎为宰相，欲为元载报仇，因为上流涕言：“晏与黎干、刘忠翼同谋，干、忠翼死于大历十四年，事见上卷。为，于伪翻。相，息亮翻。臣为宰相不能讨，罪当万死。”崔佑甫言：“兹事暧昧，陛下已旷然大赦，不当复究寻虚语。”暧，音爱。复，扶又翻。炎乃建言：“尚书省，国政之本，比置诸使，分夺其权，尚，辰羊翻。比，毗至翻。今宜复旧。”上从之。甲子，【张：“子”作“午”。】按是月无甲子，恐是丙子，否则戊子。诏天下钱谷皆归金部、仓部，唐志：金部掌天下库藏出纳之数，京市、互市、和市、宫市、交易之事。仓部掌天下库储，出纳、租税、禄粮、仓廪之事。罢晏转运、租庸、青苗、盐铁等使。考异曰：建中实录曰：“初，大历中，上居东宫，贞懿皇后方为妃，有宠，生韩王迥。帝又钟爱，故阉官刘清潭、京兆尹黎干与左右嬖幸欲立贞懿为皇后，且言韩王所居获黄蛇，以为符，动摇储宫，而晏附其谋，冀立殊效，图为宰辅。时宰臣元载独保护上，以为最长而贤，且尝有功，义不当移。王缙亦谓人曰：‘晏，黠考也。今所图无乃过黠乎！’后其议渐定。贞懿卒不立。上憾之。至是，以晏大臣而附邪为奸，不去将为乱。托陈奏不实，谪为忠州刺史。”沈既济，杨炎所荐，盖附炎为说。今从旧传。

3 二月，丙申朔，命黜陟使十一人分巡天下。黜陟使，始置于太宗贞观八年。先是，魏博节度使田悦事朝廷犹恭顺，先，悉荐翻。使，疏吏翻。朝，直遥翻。河北黜陟使洪经纶，考异曰：建中实录，黜陟使十一人，而无名。德宗实录有十人名，而无河北道及经纶名。盖脱误也。不晓时务，闻悦军七万人，符下，罢其四万，令还农。下，遐稼翻。令，力丁翻。悦阳顺命，如符罢之。既而集应罢者，激怒之曰：“汝曹久在军中，有父母妻子，今一旦为黜陟使所罢，将何资以自衣食乎！”众大哭。悦乃出家财以赐之，使各还部伍。于是军士皆德悦而怨朝廷。为田悦连诸镇之兵以拒命张本。

4 崔佑甫以疾，多不视事；杨炎独任大政，专以复恩雠为事，奏用元载遗策城原州，任，音壬。载，祖亥翻，又音如字。元载策见二百二十四卷代宗大历八年。又欲发两京、关内丁夫浚丰州陵阳渠，以兴屯田。陵阳渠，在丰州九原县。上遣中使诣泾原节度使段秀实，访以利害，秀实以为：“今边备尚虚，未宜兴事以召寇。”炎怒，以为沮己，征秀实为司农卿。使，疏吏翻。沮，在吕翻。丁未，邠宁节度使李怀光兼四镇、北庭行营、泾原节度使，使移军原州，以四镇、北庭留后刘文喜为别驾。为刘文喜以泾州拒命张本。京兆尹严郢奏：“按朔方五城，旧屯沃饶之地，自丧乱以来，郢，以井翻。丧，息浪翻。人功不及，因致荒废，十不耕一。若力可垦辟，不俟浚渠。今发两京、关辅人于丰州浚渠营田，计所得不补所费，而关辅之人不免流散，是虚畿甸而无益军储也。”疏奏，不报。疏，所据翻。既而陵阳渠竟不成，弃之。

5 上用杨炎之言，托以奏事不实，己酉，贬刘晏为忠州刺史。旧志：忠州，京师南二千一百二十二里。

6 癸丑，以泽潞留后李抱真为节度使。为李抱真以泽潞为国藩翰张本。

7 杨炎欲城原州以复秦、原，秦、原，谓秦州、原州。命李怀光居前督作，朱泚、崔宁各将万人翼其后。泚，且礼翻，又音此。将，即亮翻，又音如字。诏下泾州为城具，下，遐稼翻。为筑城之具也。泾之将士怒曰：“吾属为国家西门之屏，十馀年矣。将，即亮翻。屏，必郢翻，蔽也。始居邠州，甫营耕桑，有地著之安。徙屯泾州，邠，卑旻翻。著，直略翻。徙泾州见二百二十四卷大历三年。披荆榛，立军府；坐席未暖，又投之塞外。先弃原州不守，故云投之塞外。吾属何罪而至此乎！”李怀光始为邠宁帅，即诛温儒雅等，事见上大历十四年。帅，所类翻；下同。军令严峻；及兼泾原，诸将皆惧，曰：“彼五将何罪而为戮？五将，即史抗、温儒雅、庞仙鹤、张献明、李光逸。将，即亮翻。今又来此，吾属能无忧乎！”刘文喜因众心不安，据泾州，不受诏，上疏复求段秀实为帅，不则朱泚。上，时掌翻。疏，所据翻。复，扶又翻，或如字。不，读曰否，又读如字。泚，且礼翻，又音此。癸亥，以朱泚兼四镇、北庭行营、泾原节度使，代怀光。使，疏吏翻。

8 三月，翰林学士、左散骑常侍张涉受前湖南观察使辛京杲金，事觉；上怒，欲置于法。李忠臣以检校司空、同平章事、奉朝请，散，悉亶翻。骑，奇寄翻。校，古效翻。朝，直遥翻。言于上曰："陛下贵为天子，而先生以乏财犯法，以臣愚观之，非先生之过也。"张涉先侍读东宫，故李忠臣言以为先生。上意解，辛未，放涉归田里。辛京杲以私忿杖杀部曲，有司奏京杲罪当死，上将从之。李忠臣曰："京杲当死久矣！"上问其故。忠臣曰："京杲诸父兄弟皆战死，独京杲至今尚存，臣故以为当死久矣。"上悯然，左迁京杲诸王傅。忠臣乘机救人，多此类。

9 杨炎罢度支、转运使，度，徒洛翻。命金部、仓部代之。既而省职久废，谓尚书省诸司失其职已久。耳目不相接，莫能振举，天下钱谷无所总领。癸巳，复以谏议大夫韩洄为户部侍郎、判度支，以金部郎中万年杜佑权江、淮水陆转运使，皆如旧制。复，扶又翻，或如字。诸杜居城南，时号"城南韦、杜，云天尺五。"户贯则万年。

10 刘文喜又不受诏，欲自邀旌节；夏，四月，乙未朔，据泾州叛，遣其子质于吐蕃以求援。质，音致。上命朱泚、李怀光讨之，泚，且礼翻，又音此。又命神策军使张巨济将禁兵二千助之。使，疏吏翻。将，即亮翻，又音如字。

11 吐蕃始闻韦伦归其俘，吐，从暾入声。帝初即位，欲以德怀吐蕃，遣伦归代宗朝所获之俘。不之信，及俘入境，各还部落，称："新天子出宫人，放禽兽，英威圣德，洽于中国。"吐蕃大悦，除道迎伦。赞普即发使随伦入贡，且致赙赠。致代宗之赙赠也。赙，音附。癸卯，至京师，上礼接之。既而蜀将上言："吐蕃豺狼，所获俘不可归。"将上，上即亮翻，下时掌翻。上曰："戎狄犯塞则击之，服则归之。击以示威，归以示信。威信不立，何以怀远！”悉命归之。又悉归剑南所获之俘也。考异曰：建中实录曰：“及境，境上守陴者焚楼橹、弃城壁而去。初，吐蕃既得河、湟之地，土宇日广，守兵劳弊，以国家始因用胡为边将而致祸，故得河、陇之士约五十万人，以为非族类也，无贤愚，莫敢任者，悉以为婢仆，故其人苦之。及见伦归国，皆毛裘蓬首，窥觇墙隙，或搥心陨泣，或东向拜舞，及密通章疏，言蕃之虚实，望王师之至若岁焉。君子曰，惜乎，人心之可乘也。若逾代之后，斯人既没，后生安于所习，难乎哉！”此恐沈既济之溢美，且欲附杨炎复河、陇之说耳。今不取。

12 代宗之世，每元日、冬至、端午、生日，州府于常赋之外竞为贡献，贡献多者则悦之。武将、奸吏，缘此侵渔下民。自代宗迄于五代，正、至、端午、降诞，州府皆有贡献，谓之四节进奉。将，即亮翻。癸丑，上生日，上生于天宝元年四月十九日，不置节名。四方贡献皆不受。李正己、田悦各献缣三万匹，缣，并丝缯也。上悉归之度支以代租赋。度，徒洛翻。

13 五月，戊辰，以韦伦为太常卿；乙酉，复遣伦使吐蕃。复，扶又翻。伦请上自为载书，载书，盟誓之书。与吐蕃盟；杨炎以为非敌，请与郭子仪辈为载书以闻，令上画可而已，从之。令，力丁翻。

14 朱泚等围刘文喜于泾州，泚，且礼翻，又音此。杜其出入，而闭壁不与战，久之不拔。天方旱，征发馈运，内外骚然，朝臣上书请赦文喜以苏疲人者，不可胜纪。朝，直遥翻。上，时掌翻。胜，音升。上皆不听，曰：“微孽不除，何以令天下！”文喜使其将刘海宾入奏，孽，鱼列翻。将，即亮翻。海宾言于上曰：“臣乃陛下藩邸部曲，帝初以雍王为天下兵马元帅，讨史朝义，凡在行营，皆部曲也。岂肯附叛臣，必为陛下枭其首以献。为，于伪翻。枭，坚尧翻。但文喜今所求者节而已，愿陛下姑与之，文喜必怠，则臣计得施矣。”上曰：“名器不可假人，孔子之言。尔能立效固善，我节不可得也。”使海宾归以告文喜，而攻之如初。减御膳以给军士，城中将士当受春服者，赐予如故。予，读曰与。于是众知上意不可移。时吐蕃方睦于唐，不为发兵，为，于为翻。城中势穷。庚寅，海宾与诸将共杀文喜，传首，考异曰：邠志曰：“诏李怀光、朱泚并军诛之，师围泾城，数月不拔。文喜使其子求救于吐蕃。蕃众将至，二将议退军以避之。都游弈使韩游瓌争之曰：‘西戎若来，泾众必变，义不为文喜没身于戎虏。’秋七月，西蕃游骑登高，麾泾人。泾人果曰：‘始吾为文喜求节度耳，王师致讨，困则归之，安能赤土涂面为异方之人乎！’刘海宾因之杀文喜，以众降泚。泚无所戮，泾人德之，萌泚之乱亦自此始。”按是时吐蕃通好，无入援文喜事。又实录此月泾州平，而邠志云七月西蕃至，皆相违。今从建中实录。而原州竟不果城。

自上即位，李正己内不自安，遣参佐入奏事；会泾州捷奏至，上使观文喜之首而归。正己益惧。

15 六月，甲午朔，门下侍郎、同平章事崔佑甫薨。薨，呼肱翻。

16 术士桑道茂上言：“陛下不出数年，暂有离宫之厄。上，时掌翻。离，力智翻。臣望奉天有天子气，宜高大其城以备非常。”辛丑，命京兆发丁夫数千，杂六军之士，筑奉天城。考异曰：旧传云：“道茂待诏翰林，建中初，神策修奉天城，道茂请高其垣墙，大为制度。德宗不之省。及朱泚之乱，帝苍猝出幸，至奉天，方思道茂之言。时道茂已卒，命祭之。”今从实录及崔庭光幸奉天录。

17 初，回纥风俗朴厚，君臣之等不甚异，故众志专一，劲健无敌。纥，下没翻。及有功于唐，谓平安、史也。唐赐遗甚厚，遗，于季翻。登里可汗始自尊大，筑宫殿以居，妇人有粉黛文绣之饰；中国为之虚耗，可，从刊入声。汗，音寒。为，于伪翻。而虏俗亦坏。及代宗崩，上遣中使梁文秀往告哀，登里骄不为礼。九姓胡附回纥者，说登里以中国富饶，今乘丧伐之，可有大利。使，疏吏翻。说，式芮翻。考异曰：既云乘丧入寇，当在去年。今因源休册命，追叙之耳。登里从之，欲举国入寇。其相顿莫贺达干，登里之从父兄也，相，息亮翻。从，才用翻。谏曰：“唐，大国也，无负于我，吾前年侵太原，获羊马数万，可谓大捷，事见上卷代宗大历十三年。而道远粮乏，比归，士卒多徒行者。比，必利翻，及也。道远粮乏，士卒杀马食之，故多徒行。今举国深入，万一不捷，将安归乎！”登里不听。顿莫贺乘人心之不欲南寇也，举兵击杀之，并九姓胡二千人，自立为合骨咄禄毗伽可汗，遣其臣聿达干与梁文秀俱入见，咄，当没翻。伽，求迦翻。可，从刊入声。汗，音寒。见，贤遍翻。愿为藩臣，垂发不翦，以待诏命。乙卯，命京兆少尹临漳源休册顿莫贺为武义成功可汗。少，始照翻。临漳县，属相州，本邺县地，东魏孝静帝分邺县，于邺城中置临漳县。考异曰：旧传曰："休妻，即吏部侍郎王翊女也，因小忿而离，妻族上诉，下御史台验理。休迟留不答款状，除名，配流溱州。久之，移岳州。建中初，杨炎执政，以京兆尹严郢威名稍著，心欲倾之。郢，即王翊甥婿也。休与王氏离绝之时，炎风闻休、郢有隙，遂擢休自流人为京兆少尹，俾令伺郢过失。休既在职久，与郢亲善，炎怒之，奏令以本官兼御史中丞，奉使回纥。"按休奉使时，回纥方恭顺，张光晟未杀董突，炎安知回纥欲杀休而遣之！今不取。

18 秋，七月，丙寅，邵州贼帅王国良降。帅，所类翻。降，户江翻。国良本湖南牙将，观察使辛京杲使戍武冈，将，即亮翻。使，疏吏翻。武冈县，汉零陵郡都梁县之地，晋分都梁置武冈县，今冈东五十里，有汉都梁故城，是也。后汉武陵蛮为汉所伐，来保此冈，故谓之武冈。郡国志云：武冈，接武陵，因以得名，隋废，武德四年，分邵阳复置武冈县，属邵州。新志曰：本武攸县，武德四年更名。梁夫夷县，在今武冈界。以扞西原蛮。京杲贪暴，国良家富，京杲以死罪加之；国良惧，据县叛，与西原蛮合，聚众千人，侵掠州县，濒湖千里，咸被其害。被，皮义翻。诏荆、黔、洪、桂诸道合兵讨之，荆南节度使，治荆州。黔中观察使，治黔州。江南西道观察使，治洪州。桂管经略观察使，治桂州。黔，音禽。连年不能克。及曹王皋为湖南观察使，曰："驱疲甿，诛反仄，非策之得者也。"乃遗国良书，遗，于季翻。言："将军非敢为逆，欲救死耳。我与将军俱为辛京杲所构，曹王皋事见上大历十四年。我已蒙圣朝湔洗，何心复加兵刃于将军乎！朝，直遥翻。复，扶又翻，又音如字。将军遇我，不速降，后悔无及。”国良且喜且惧，遣使乞降，犹疑未决。皋乃假为使者，从一骑，越五百里，抵国良壁，鞭其门，大呼曰：“我曹王也，使，疏吏翻。骑，奇寄翻。呼，火故翻。来受降！”举军大惊。国良趋出，迎拜请罪。皋执其手，约为兄弟，尽焚攻守之具，散其众，使还农。诏赦国良罪，赐名惟新。按新书南蛮传：西原蛮居广、容之南，邕、桂之西，地数千里，种落甚众。乾元以来，累为叛乱，与夷獠梁崇牵、覃问、西原酋长吴功曹合兵内寇，陷道州，进攻永州，陷邵州。辛京杲遣王国良戍武冈，国良亦叛。建中初，城溆州以断西原，国良乃降。降，户江翻。

19 辛巳，遥尊上母沈氏为皇太后。沈氏以开元末选入代宗宫，安禄山之乱，玄宗避贼，诸王妃妾不及从者，皆为贼所得，拘之东都之掖庭。代宗克东都，入宫，得沈氏，留之东都宫中。史思明再陷东都，遂失所在。

20 荆南节度使庾准希杨炎指，奏忠州刺史刘晏与朱泚书求营救，辞多怨望，又奏召补州兵，欲拒朝命，忠州，荆南巡属也，故庾准得以诬奏刘晏。使，疏吏翻。泚，且礼翻，又音此。朝，直遥翻；下同。炎证成之；上密遣中使就忠州缢杀之，缢，于赐翻，又于计翻。己丑，乃下诏赐死。天下冤之。

初，安、史之乱，数年间，天下户口什亡八九，州县多为藩镇所据，贡赋不入，朝廷府库耗竭，中国多故，戎狄每岁犯边，所在宿重兵，仰给县官，朝，直遥翻。仰，牛向翻。所费不赀，皆倚办于晏。晏初为转运使，独领陕东诸道，宝应元年，刘晏充度支、转运等使。代宗广德二年，始以晏为河南、江·淮以来转运使，乃疏浚汴水以开漕运之利。陕，失冉翻。陕西皆度支领之，末年兼领，未几而罢。度，徒洛翻。大历十四年，晏兼判度支，建中元年罢。几，居岂翻。

晏有精力，多机智，变通有无，曲尽其妙。常以厚直募善走者，置递相望，觇报四方物价，觇，丑廉翻。虽远方，不数日皆达使司，使司，谓转运使司。食货轻重之权，悉制在掌握，国家获利而天下无甚贵甚贱之忧。常以为："办集众务，在于得人，故必择通敏、精悍、廉勤之士而用之；至于句检簿书，悍，侯旰翻，又下罕翻。句，古侯翻。出纳钱谷，【章：十二行本"谷"下有"事虽至细"四字；乙十一行本同；退斋校同，无"事"字。】必委之士类；吏惟书符牒，不得轻出一言。"常言："士陷赃贿，则沦弃于时，名重于利，故士多清修；吏虽洁廉，终无显荣，利重于名，故吏多贪污。"然惟晏能行之，他人效者终莫能逮。其属官虽居数千里外，奉教令如在目前，起居语言，无敢欺绐。绐，待亥翻。当时权贵，或以亲故属之者，属，之欲翻。晏亦应之，使俸给多少，迁次缓速，皆如其志，然无得亲职事。其场院要剧之官，俸，扶用翻。少，始绍翻。场，谓交场、船场。院，谓巡院。必尽一时之选。故晏没之后，掌财赋有声者，多晏之故吏也。

晏又以为户口滋多，则赋税自广，故其理财【章：十二行本"财"下有"常"字；乙十一行本同。】以爱【章：十二行本"爱"作"养"；乙十一行本同。】民为先。诸道各置知院官，知院官，掌诸道巡院者也。每旬月，具州县雨雪丰歉之状白使司，丰则贵籴，歉则贱粜，或以谷易杂货供官用，及于丰处卖之。知院官始见不稔之端，先申，至某月须如干蠲免，某月须如干救助，使，疏吏翻。如干，犹言若干也。程大昌曰：若干者，设数之言也。干，犹个也。若个，犹言几何枚也。又说：干者，十干，自甲至癸也，亦以数言也。及期，晏不俟州县申请，即奏行之，应民之急，未尝失时，不待其困弊、流亡、饿殍，然后赈之也。由是民得安其居业，户口蕃息。殍，居表翻。赈，津忍翻。蕃，音烦。晏始为转运使，时天下见户不过二百万，见，贤遍翻。其季年乃三百馀万；在晏所统则增，非晏所统则不增也。其初财赋岁入不过四百万缗，季年乃千馀万缗。

晏专用榷盐法充军国之用。时自许、汝、郑、邓之西，皆食河东池盐，度支主之；汴、滑、唐、蔡之东，统，他综翻，俗音如字。缗，眉巾翻。榷，古岳翻。代宗宝应元年，更豫州为蔡州，避上名也。皆食海盐，晏主之。晏以为官多则民扰，故但于出盐之乡置盐官，收盐户所煮之盐转鬻于商人，任其所之，自馀州县不复置官。复，扶又翻，下价复同。其江岭间去盐乡远者，转官盐于彼贮之。或商绝盐贵，则减价鬻之，谓之常平盐，后又榷茶，遂置常平茶盐官。贮，丁吕翻。官获其利而民不乏盐。其始江、淮盐利不过四十万缗，季年乃六百馀万缗，由是国用充足而民不困弊。其河东盐利，不过八十万缗，而价复贵于海盐。

先是，运关东谷入长安者，先，悉荐翻。以河流湍悍，率一斛得八斗至者，则为成劳，受优赏。晏以为江、汴、河、渭，水力不同，各随便宜，造运船，教漕卒，江船达扬州，汴船达河阴，悍，下罕翻，又侯旰翻。汴，皮变翻。江船达扬州，入淮；汴船自清口达河阴。开元二十二年，分汜水、武涉、荥泽，置河阴县，属河南府，有河阴仓。河船达渭口，渭船达太仓，渭口，谓渭水入河之口。其间缘水置仓，转相受给。自是每岁运谷或至百馀万斛，无斗升沈覆者。沈，持林翻。船十艘为一纲，使军将领之，艘，苏遭翻。将，即亮翻。十运无失，授优劳，官其人。数运之后，无不斑白者。晏于扬子置十场造船，每艘给钱千缗。艘，苏遭翻。缗，眉巾翻。或言“所用实不及半，虚费太多。”晏曰：“不然，论大计者固不可惜小费，凡事必为永久之虑。今始置船场，执事者至多，当先使之私用无窘，则官物坚牢矣。若遽与之屑屑校计锱铢，窘，巨陨翻。八铢为锱，十絫为铢。安能久行乎！异日必有患吾所给多而减之者；减半以下犹可也，过此则不能运矣。”其后五十年，有司果减其半。及咸通中，有司计费以给之，无复羡馀，复，扶又翻，又音如字。羡，于线翻，羡赢也。船益脆薄易坏，易，以豉翻。漕运遂废矣。宋白曰：武德、永徽之后，姜行本、薛大鼎、褚朗皆言漕运未能通济。后监察御史王师顺请运晋、绛之粟于河、渭之间，始置渭桥仓。开元初，李杰为水运使，始大兴漕事。十八年，裴耀卿以言漕运拜江淮转运使，以崔希逸、萧炅为副。转运、盐铁有副使自此始。肃宗初，第五琦以钱谷见，始置江淮租庸使，乾元初，加盐铁使，始大盐铁法，就山海井灶收榷其盐，立监院官吏。至刘晏，始以盐铁兼漕运。

晏为人勤力，事无闲剧，必于一日中决之，不使留宿，后来言财利者皆莫能及之。

21 八月，甲午，振武留后张光晟杀回纥使者董突【张：作“突董”；下同。】等九百馀人。董突者，武义可汗之叔父也。晟，成正翻。纥，下没翻。使，疏吏翻。可，从刊入声。汗，音寒。代宗之世，九姓胡常冒回纥之名，杂居京师，殖货纵暴，与回纥共为公私之患；上即位，命董突尽帅其徒归国，辎重甚盛。帅，读曰率。辎，庄持翻。重，直用翻。至振武，留数月，厚求资给，日食肉千斤，他物称是，称，尺证翻。纵樵牧者暴践果稼，振武人苦之。光晟欲杀回纥，取其辎重，而畏其众强，未敢发。九姓胡闻其种族为新可汗所诛，多道亡，践，息浅翻。种，章勇翻。董突防之甚急；九姓胡不得亡，又不敢归，乃密献策于光晟，请杀回纥。光晟喜其党自离，许之。上以陕州之辱，事见二百二十二卷宝应元年。陕，失冉翻。心恨回纥；光晟知上旨，乃奏称：“回纥本种非多，纥，下没翻。晟，成正翻。种，章勇翻。所辅以强者，群胡耳。今闻其自相鱼肉，顿莫贺新立，移地健有孽子，登里可汗名移地健。及国相、梅录各拥兵数千人相攻，国相，息亮翻。宋白曰：梅录，回鹘将军号。柳公绰帅河东时，有梅录将军李畅入贡。国未定。彼无财则不能使其众，陛下不乘此际除之，乃归其人，与之财，正所谓借寇兵赍盗粮者也。引李斯谏秦王逐客之言。请杀之。”三奏，上不许。光晟乃使副将过其馆门，故不为礼；董突怒，执而鞭之数十。光晟勒兵掩击，并群胡尽杀之，聚为京观。独留一胡，使归国为证，曰：“回纥鞭辱大将，且谋袭据振武，故先事诛之。”将，即亮翻。观，古玩翻。先，悉荐翻。上征光晟为右金吾将军，遣中使王嘉祥往致信币。回纥请得专杀者以复雠，上为之贬光晟为睦王傅以慰其意。睦王述，上弟也。为，于伪翻。

22 加【章：十二行本“加”上有“丁未”二字；乙十一行本同。】卢龙、陇右、泾原节度使朱泚兼中书令，卢龙、陇右节度如故。使，疏吏翻。以舒王谟为四镇、北庭行军、泾原节度大使，行军，当作行营。以泾州牙前兵马使河中姚令言为留后。为后姚令言以泾原兵作乱张本。考异曰：旧传：“孟皞寻归朝，遂拜令言为四镇、北庭行营、泾原节度使。”按实录，建中三年八月，以泾原节度留后姚令言为节度使，此年必始为留后也。按姚令言传：建中元年，孟皞为泾原节度留后，自以文吏进身，不乐军旅，频表荐令言谨肃，堪任将帅。皞寻归朝。谟，邈之子也，邈，代宗子，大历八年薨。早孤，上子之。

23 癸丑，诏赠太后父、祖、兄、弟官，及自馀宗族男女拜官封邑者告第告身，“第”，恐当作“策”。凡百二十有七通；中使以马负而赐之。

24 九月，壬午，将作奏宣政殿廊坏，十月魁冈，未可修。阴阳家拘忌，有天冈、河魁。凡魁冈之月及所系之地，忌修造。史炤曰：魁冈者，北斗魁星之气，十月在戌，为魁冈。宋白曰：阴阳氏书，谓是岁孟冬为魁冈，不利修作。上曰：“但不妨公害人，则吉矣。安问时日！”即命修之。

25 大历以前，赋敛出纳俸给皆无法，长吏得专之；重以元、王秉政，货赂公行，敛，力赡翻。长，知两翻。俸，扶用翻。元、王，谓元载、王缙也。天下不按赃吏者殆二十年。考异曰：建中实录云“三十年”，盖字之误也。惟江西观察使路嗣恭按虔州刺史源敷翰，流之。上以宣歙观察使薛邕，文雅旧臣，征为左丞；邕去宣州，盗隐官物以巨万计，殿中侍御史寓员发之。时以宣、歙二州依山而扼江、湖之要，分置观察使。使，疏吏翻。嗣，祥吏翻。歙，音摄。员，音运，姓也。冬，十月，己亥，贬连山尉。连山县，属连州，晋武帝分桂阳立广惠县，隋改为广泽，仁寿元年，改为连山县，避太子广讳也。于是州县始畏朝典，不敢放纵。

上初即位，疏斥宦官，亲任朝士，而张涉以儒学入侍，薛邕以文雅登朝，朝，直遥翻。继以赃败。宦官武将得以借口，曰："南牙文臣赃动至巨万，而谓我曹浊乱天下，岂非欺罔邪！"将，即亮翻。邪，音耶。于是上心始疑，不知所倚仗矣。

26 中书舍人高参请分遣诸沈访求太后，庚寅，以睦王述为奉迎使，工部尚书乔琳副之，又命诸沈四人为判官，与中使分行诸道求之。尚，辰羊翻。行，下孟翻，又音如字。

27 十一月，初令待制官外，更引朝集使二人，访以时政得失，远人疾苦。令，力丁翻。朝，直遥翻。使，疏吏翻。

28 先是，公主下嫁者，舅姑拜之，妇不答。先，悉荐翻。上命礼官定公主拜见舅、姑及婿之诸父、兄、姊之仪，舅、姑坐受于中堂，兄、【章：十二行本"兄"上有"诸父"二字；乙十一行本同；退斋校同。】姊立受于东序，如家人礼。有县主将嫁，择用丁丑，是日，上之从父妹卒，姊，蒋兕翻。从，才用翻。命罢之。有司奏："供张已备，供，居用翻。张，知亮翻。且殇服不足废事。"殇，音伤。说文：未成人而死者为殇。礼：十九至十六死者为长殇，十五至十二死者为中殇，十一至八岁死者为下殇。上曰："尔爱其费，我爱其礼。"卒罢之。卒，子恤翻。至德以来，国家多事，公主、郡、县主多不以时嫁，有华发者，虽居禁中，或十年不见天子；上始引见诸宗女，发中白者曰华。见，贤遍翻。尊者致敬，卑者存慰，悉命嫁之。所赍小大之物，必经心目。己卯、庚辰二日，嫁岳阳等九【章：十二行本“九”作“凡”；乙十一行本同。】十一县主。赍，则兮翻。

29 吐蕃见韦伦再至，益喜。是年五月，韦伦再使吐蕃。吐，从暾入声。十二月，辛卯朔，伦还，吐蕃遣其相论钦明思等入贡。还，从宣翻，又音如字。相，息亮翻。

30 是岁，册太子母王氏为淑妃。

31 天下税户三百八万五千七十六，籍兵七十六万八千馀人，籍兵，兵之著籍者也。税钱一千八十九万八千馀缗，谷二百一十五万七千馀斛。缗，眉巾翻。

二年（辛酉、七八一）

1 春，正月，戊辰，成德节度使李宝臣薨。恒、冀，成德军。考异曰：建中实录云：“二月丁巳，宝臣卒。”疑奏到之日也。今从德宗实录。谷况燕南记曰：“忠志末年，惟纳妖妄之人、兼阴阳、术数、谄媚苟且之辈，争献图谶，称有尊位，诈作朱草、灵芝，凿石上作名字。又于后堂院结坛场，清斋菜食，置金杯、玉斝、银盘，云甘露神酒自至其内。又言天符下降。忠志自谓命符上天，将吏罔有谏者。使行文牒，布告州县云：‘灵芝朱草，王者之瑞，辄生坛上，香满院中，灵石呈祥，天符飞应，甘露如蜜，神酒盈杯，匪我所求，不期自至，各牒管内郡县，宜令知委，同为喜庆也。’既而日为妖妄者更相矫云：‘不日当有天神下降，持金箱玉印而至，然后即大位，为天所授也。四方皆自归伏，不待征讨，海内坐而定矣。’忠志大悦。多以金、银、罗、锦、异物赏之。阴阳、妖妄者自知虚伪，恐事泄见诛，共言：‘相公宜服甘露、灵芝草汤，即天神降速。’忠志一任妖者，遂于汤中密着毒药，既饮毕，便失音，三日而卒。”旧传亦以为然。按方士妖妄，必为一府所疾，所凭恃者宝臣一人耳。若鸩杀宝臣，身在府中，逃无所之，安能免死乎！计方士虽愚，必不为此。盖时人见宝臣曾饮其汤，遇疾而死，以为方士所鸩，谷况承而书之耳。宝臣欲以军府传其子行军司马惟岳，以其年少暗弱，少，诗照翻。豫诛诸将之难制者将，即亮翻。深州刺史张献诚等，至有十馀人同日死者。宝臣召易州刺史张孝忠，孝忠不往，使其弟孝节召之。孝忠使孝节谓宝臣曰：“诸将何罪，连颈受戮！孝忠惧死，不敢往，亦不敢叛，正如公不入朝之意耳。”朝，直遥翻。孝节泣曰：“如此，孝节必死。”孝忠曰：“往则并命，我在此，必不敢杀汝。”遂归，宝臣亦不之罪也。兵马使王武俊，位卑而有勇，故宝臣特亲爱之，以女妻其子士真，使，疏吏翻。妻，七细翻。士真复厚结其左右；故孝忠、武俊独全。史言人不可妄杀，且为孝忠、武俊归国张本。复，扶又翻。

及薨，孔目官胡震，家僮王他奴劝惟岳匿丧二十馀日，诈为宝臣表，求令惟岳继袭，上不许；令，力丁翻。遣给事中汲人班宏往问宝臣疾，且谕之。惟岳厚赂宏，宏不受，还报。惟岳乃发丧，自为留后，使将佐共奏求旌节，上又不许。汲县，属卫州。还，从宣翻，又音如字。将，即亮翻。

初，宝臣与李正己、田承嗣、梁崇义相结，事见上卷代宗大历十二年。嗣，祥吏翻。期以土地传之子孙。故承嗣之死，见上卷大历十四年。宝臣力为之请于朝，为，于伪翻；下屡为同。朝，直遥翻。使以节授田悦；代宗从之。悦初袭位，事朝廷礼甚恭，河东节度使马燧表其必反，请先为备。至是悦屡为惟岳请继袭，上欲革前弊，不许；或谏曰：“惟岳已据父业，不因而命之，必为乱。”上曰：“贼本无资以为乱，皆借我土地，假我位号，以聚其众耳。向日因其所欲而命之多矣，而乱日益滋。是爵命不足以已乱而适足以长乱也。德宗锐于削平藩镇而发是言，诚中肃、代之病，而终不能已乱，亦以召乱，所行者未能副其言也。长，知丈翻。然则惟岳必为乱，命与不命等耳。”竟不许。悦乃与李正己各遣使诣惟岳，潜谋勒兵拒命。

魏博节度副使田庭玠谓悦曰：“尔借伯父遗业，田承嗣者，悦之伯父也。但谨事朝廷，坐享富贵，不亦善乎！奈何无故与恒、郓共为叛臣！成德节度使治恒州，淄青节度使治郓州，故以恒、郓称之。恒，户登翻。郓，音运。尔观兵兴以来，逆乱者谁能保其家乎？

必欲行尔之志，可先杀我，无使我见田氏之族灭也。”因称病卧家。悦自往谢之，庭玠闭门不内，竟以忧卒。卒，子恤翻。

成德判官邵真闻李惟岳之谋，泣谏曰：“先相公受国厚恩，大夫衰绖之中，相，息亮翻。衰，仓回翻。遽欲负国，此甚不可。”劝惟岳执李正己使者送京师，且请讨之，曰：“如此，朝廷嘉大夫之忠，则旄节庶几可得。”使，疏吏翻。朝，直遥翻。几，居希翻。惟岳然之，使真草奏。长史毕华曰：“先公与二道结好二十馀年，长，知两翻。好，呼到翻。奈何一旦弃之！且虽执其使，朝廷未必见信。正己忽来袭我，孤军无援，何以待之！”惟岳又从之。

前定州刺史谷从政，惟岳之舅也，有胆略，颇读书，王武俊等皆敬惮之，为宝臣所忌，从政乃称病杜门。惟岳亦忌之，不与图事，日夜独与胡震、王他奴等计议，多散金帛以悦将士。将，即亮翻。从政往见惟岳曰：“今海内无事，自上国来者，时藩镇窃据，自比古诸侯，谓京师为上国。皆言天子聪明英武，志欲致太平，深不欲诸侯子孙专地。尔今首违诏命，天子必遣诸道致讨。将士受赏，【章：十二行本“赏”下有“之际”二字；乙十一行本同；退斋校同；张校同，云无注本亦无。】皆言为大夫尽死；为，于伪翻；下且为同。苟一战不胜，各惜其生，谁不离心！大将有权者，乘危伺便，咸思取尔以自为功矣。伺，相吏翻。且先相公所杀高班大将，殆以百数，挠败之际，挠，奴教翻。其子弟欲复仇者，庸可数乎！又，相公与幽州有隙，谓李宝臣袭朱滔也。事见上卷代宗大历之十年。朱滔兄弟常切齿于我，今天子必以为将；滔与吾击柝相闻，左传曰：鲁击柝闻于邾。谓接境也。计其闻命疾驱，若虎狼之得兽也，何以当之！是后李惟岳祸败，皆如谷从政所言。昔田承嗣从安、史父子同反，身经百战，凶悍闻于天下，嗣，祥吏翻。悍，下罕翻，又户旰翻。违诏举兵，自谓无敌；及卢子期就擒，吴希光归国，承嗣指天垂泣，身无所措。赖先相公按兵不进，且为之祈请，先帝宽仁，赦而不诛，事亦见上卷大历十年。相，息亮翻。为，于伪翻。不然，田氏岂有种乎！况尔生长富贵，齿发尚少，不更艰危，种，章勇翻。长，知丈翻。少，诗照翻。更，工衡翻。乃信左右之言，欲效承嗣所为乎！为尔之计，不若辞谢将佐，使惟诚摄领军府，身自入朝，乞留宿卫，因言惟诚且留摄事。恩命决于圣志；上必悦尔忠义，纵无大位，不失荣禄，永无忧矣。不然，大祸将【章：十二行本"将"下有"至悔之何"四字；乙十一行本同；退斋校同；张校同，云无注本亦无。】及。吾亦知尔素疏忌我，顾以舅甥之情，事急，不得不言耳！"惟岳【章：十二行本"岳"下有"及左右"三字；乙十一行本同；张校同，云无注本亦无。】见其言切，益恶之。从政乃复归，杜门称病。将，即亮翻。朝，直遥翻。恶，乌路翻。复，扶又翻，又音如字。惟诚者，惟岳之庶兄也，谦厚好书，得众心，好，呼到翻。其母妹为李正己子妇。母妹者，惟诚同母之妹也。是日，惟岳送惟诚于正己，正己使复姓张，遂仕淄青。惟岳遣王他奴诣从政家，察其起居，将杀之，示之以意，使自引分。从政饮药而卒；卒，子恤翻。且死，曰："吾不惮死，哀张氏今族灭矣！"李宝臣本张忠志，故云然。

刘文喜之死也，李正己、田悦等皆不自安；刘晏死，正己等益惧，刘文喜、刘晏死皆见上年。相谓曰："我辈罪恶，岂得与刘晏比乎！"李正己、田悦非面相告语也，使人传言有此语。会汴州城隘，广之，东方人讹言"上欲东封，汴，皮变翻。隘，乌介翻。东封，非东封泰山之谓，盖用左传烛之武说"秦伯既东封郑，又欲肆其西封"之语。故城汴州。"正己惧，发兵万人屯曹州；曹州，李正己巡属，与汴州接壤。田悦亦完聚为备，杜预曰：完聚者，完城郭，聚人民。与梁崇义、李惟岳遥相应助，河南士民骚然惊骇。

永平旧领汴、宋、滑、亳、陈、颍、泗七州，此平李灵耀后，永平军所领巡属也。按代宗大历七年，赐滑亳军号永平；十一年，平李灵耀，增领宋、泗二州，十四年，增领汴、颍二州，滑亳未赐军号之前，已领陈州，共七州。丙子，分宋、亳、颍别为节度使，以宋州刺史刘洽为之；以泗州隶淮南；又以东都留守路嗣恭为怀·郑·汝·陕四州、河阳三城节度使。使，疏吏翻。守，式又翻。嗣，祥吏翻。陕，失冉翻。旬日，又以永平节度使李勉都统洽、嗣恭二道，仍割郑州隶之，选尝为将者为诸州刺史，以备正己等。统，他综翻，俗又读如字。将，即亮翻。

2 初，高力士有养女嫠居东京，嫠，里之翻。无夫为嫠。颇能言宫中事，女官李真一意其为沈太后，诣使者具言其状。去年遣使访求太后。上闻之，惊喜。时沈氏故老已尽，无识太后者。上遣宦官、宫人往验视之，年状颇同，宦官、宫人不审识太后，皆言是。高氏辞称实非太后，验视者益疑之，强迎入上阳宫。强，其两翻；下所强同。上发宫女百馀人，赍乘舆服御物就上阳宫供奉。乘，绳证翻。舆，音于。左右诱谕百方，诱，音酉。高氏心动，乃自言是。验视者走马入奏，上大喜。二月，辛卯，上以偶日御殿，群臣皆入贺。唐制：天子以只日受朝贺，今喜于得太后，故以耦日御殿而受贺。诏有司草仪奉迎。高氏弟承悦在长安，恐不言，久获罪，遽自言本末。上命力士养孙樊景超往覆视，景超见高氏居内殿，以太后自处，处，昌吕翻。左右侍卫甚严。景超谓高氏曰："姑何自置身于俎上！"谓将以诈伪伏罪，如置身俎上，以俟刀也。左右叱景超使下，景超抗声曰："有诏，太后诈伪，左右可下。"左右皆下殿。高氏乃曰："吾为人所强，非己出也。"强，其两翻。以牛车载还其家。还，从宣翻，又音如字。上恐后人不复敢言太后，皆不之罪，曰："吾宁受百欺，庶几得之。"复，扶又翻。几，居依翻。自是四方称得太后者数四，皆非是，而真太后竟不知所之。之，往也。

3 御史中丞卢杞，奕之子也，天宝十四载，安禄山陷洛阳，李憕、卢奕死之。貌丑，色如蓝，有口辩；上悦之，丁未，擢为大夫，擢为御史大夫。领京畿观察使。句。郭子仪每见宾客，姬妾不离侧。杞尝往问疾，子仪悉屏侍妾，独隐几待之。离，力智翻。屏，必郢翻。隐，于靳翻。或问其故，子仪曰："杞貌陋而心险，妇人辈见之必笑，他日杞得志，吾族无类矣！"

杨炎既杀刘晏，朝野侧目，李正己累表请晏罪，讥斥朝廷。炎惧，遣腹心分诣诸道，以宣慰为名，实使之密谕节度使云："晏昔朋附奸邪，请立独孤后，上自恶而杀之。"上闻而恶之，朝，直遥翻。度使，疏吏翻。恶，乌路翻。由是有诛炎之志，隐而未发。乙巳，迁炎为中书侍郎，擢卢杞为门下侍郎，并同平章事，不专任炎矣。杞蕞陋，无文学，蕞，徂外翻。炎轻之，多托疾不与会食；唐制：诸宰相，日会食于政事堂。杞亦恨之。杞阴狡，欲起势立威，小不附者必欲置之死地，引太常博士裴延龄为集贤殿直学士，亲任之。为卢杞以奸邪致乱张本。然杞为建中厉阶，人皆知之，其引裴延龄以树党，其祸蔓延，迄于贞元之末年，人未知其罪也。故通鉴著言之。

4 丙午，更汴宋军曰宣武。按是时李勉以永平军节度使镇汴州，盖以宋、亳、颍为宣武军。当从新书方镇表。更，工衡翻。

5 振武节度使彭令芳苛虐，监军刘惠光贪婪；婪，卢含翻。乙卯，军士共杀之。

6 发京西防秋兵万二千人戍关东。时吐蕃通和，西边无警，而河南、北诸镇连兵拒命，关东骚然，故抽京西防秋之兵以戍关东。上御望春楼望春楼，在灞水之西，临广运潭。宴劳将士，劳，力到翻。将，即亮翻。神策军士独不饮，上使诘之，其将杨惠元对曰："臣等发奉天，军帅张巨济戒之曰：'此行大建功名，凯还之日，相与为欢。'

【章：十二行本“欢”下有“苟未捷勿饮酒”六字；乙十一行本同；退斋校同。】故不敢奉诏。”按建中元年，遣神策军使张巨济将禁兵助朱泚等讨刘文喜。盖泾州既平，巨济还屯奉天也。诘，去吉翻。帅，所类翻。还，音旋，又如字。及行，有司缘道设酒食，独惠元所部瓶罂不发。罂，乌茎翻。上深叹美，赐书劳之。劳，力到翻。惠元，平州人也。平州，北平郡。

7 三月，置溵州于郾城。魏收地形志：颍川郡曲阳县有郾城。后齐置临颍郡，隋废郡，为郾城县，唐属蔡州。时分郾城、临颍、陈州之溵水置溵州。溵，于巾翻。郾，于建翻。

8 辛巳，以汾州刺史王翃为振武军使、镇北·绥·银等州留后。翃，户萌翻。

9 遣殿中少监崔汉衡使于吐蕃。少，始照翻。使，疏吏翻。吐，从暾入声。

10 梁崇义虽与李正己等连结，兵势寡弱，礼数最恭。或劝其入朝，朝，直遥翻。崇义曰：“来公有大功于国，上元中为阉宦所谗，迁延稽命；稽，缓也。及代宗嗣位，不俟驾入朝，犹不免族诛。来公，谓来瑱，死于广德元年，事见二百二十二卷。吾岁久衅积，何可往也！”淮宁节度使李希烈屡请讨之，方镇表：大历十四年，淮西节度使复治蔡州，赐号淮宁军，事见上。崇义惧，益修武备。流人郭昔告崇义为变，郭昔以告崇义得流罪，史因称流人以叙其事。崇义闻之，请罪，上为之杖昔，远流之；为，于伪翻；下为陈同。使金部员外郎李舟诣襄州谕旨以安之。舟尝奉使诣刘文喜，为陈祸福，文喜囚之，会帐下杀文喜以降，诸道跋扈者闻之，谓舟能覆城杀将。将，即亮翻。至襄州，崇义恶之；舟又劝崇义入朝，言颇切直，崇义益不悦。及遣使宣慰诸道，舟复诣襄州，崇义拒境不内，恶，乌路翻。复，扶又翻。拒境者，拒之于境上。上言“军中疑惧，请易以他使。”上，时掌翻。时两河诸镇方猜阻，上欲示恩信以安之，夏，四月，庚寅，加崇义同平章事，妻子悉加封赏，赐以铁券；遣御史张著赍手诏征之，仍以其裨将蔺杲为邓州刺史。裨，宾弥翻。邓州，治穰县。

11 五月，丙寅，以军兴，增商税为什一。杨炎定税法，商贾三十税一。今增之。

12 田悦卒与李正己、李惟岳定计，卒，子恤翻，终也，竟也。连兵拒命，遣兵马使孟佑将步骑五千北助惟岳。将，即亮翻，又音如字。骑，奇寄翻。薛嵩之死也，田承嗣盗据洺、相二州，事见上卷大历十年。洺，音名。相，息亮翻。朝廷独得邢、磁二州及临洺县。临洺，汉之易阳县地，属赵国，晋属广平郡，后魏属魏郡，后齐废入襄国县，置襄国郡，后周改置易阳县，别置襄国县，隋开皇之六年，改易阳为邯郸，十年，改邯郸为临洺，属武安郡，唐属洺州。范成大北使录：临洺县，东至洺州三十五里。朝，直遥翻。磁，墙之翻。悦欲阻山为境，曰："邢、磁如两眼，在吾腹中，不可不取。"乃遣兵马使康愔将八千人围邢州，使，疏吏翻。愔，挹淫翻。将，即亮翻，又音如字。别将杨朝光将五千人栅于邯郸西北以断昭义救兵，邯郸县，汉属赵国，晋属广平郡，东魏废，隋复置，属武安郡，唐属磁州。余按隋开皇十年，既改邯郸为临洺，隋志不复言别置邯郸。至唐志则临洺县属洺州，邯郸县属磁州，盖邯郸县必复置于唐世，与临洺各为一县，史逸其置县之岁月也。宋白曰：临洺县，汉易阳县地，属赵国，魏属魏郡，晋属广平郡，后魏省入邯郸，孝文于北中府城复置易阳县，属广平郡，今理是也。隋开皇六年，改易阳为邯郸县，十年，移邯郸理陟乡，在今邯郸县界，仍于北中府城置临洺县，北滨洺水为名。九域志：邯郸县在磁州东北七十里。栅，测革翻。邯，音寒。郸，音单。断，音短。悦自将兵数万围临洺；考异曰：马燧传："悦自将兵三万围邢州，次临洺。"燕南记："悦自统马步五千人应接。"今从悦传。邢州刺史李共、【严："共"改"洪"。】临洺将张伾坚壁拒守。伾，音丕。

贝州刺史邢曹俊，田承嗣旧将也，老而有谋，悦宠信牙官扈崿而疏之，嗣，祥吏翻。将，即亮翻。崿，五各翻。及攻临洺，召曹俊问计，曹俊曰："兵法十围五攻；此孙子兵法之言。尚书以逆犯顺，势更不侔。尚，辰羊翻。言以寡敌众，势已不侔，而以逆犯顺，更不侔也。今顿兵坚城之下，粮竭卒尽，自亡之道也。不若置万兵于崞口以遏西师，西师，谓泽潞、河东之师，自西山而下。崞，音郭。崞口，当西山之下，直相州之西。则河北二十四州皆为尚书有矣。”河北二十四州，即玄宗所谓河朔二十四郡也。自至德改郡为州，安、史既平之后，河北又有分置之州。若以开元、天宝河北道采访使所统大界言之，此时河北不止二十四州。邢曹俊之说，盖因时俗传习古语耳。诸将恶其异己，共毁之，悦不用其策。为田悦摧败张本。恶，乌路翻。

容肇祖标点聂崇岐覆校

资治通鉴卷第二百二十七

端明殿学士兼翰林侍读学士太中大夫
提举西京嵩山崇福宫上柱国河内郡开国公 司马光 奉敕编集
食邑二千二百户食实封九百户赐紫金鱼袋臣

后学天台胡三省音注

唐纪四十三 起重光作噩（辛酉）六月，尽玄黓阉茂（壬戌），凡一年有奇。

德宗神武圣文皇帝二

建中二年（辛酉、七八一）

1 六月庚寅，以浙江东·西观察使、苏州刺史韩滉为润州刺史、浙江东·西节度使，苏州，治吴县。滉，呼广翻。润州，治京口。使，疏吏翻。名其军曰镇海。

2 张著至襄阳，是年四月遣著，今至襄阳。盖张著亦疑梁崇义，迟迟不进也。梁崇义益惧，陈兵而见之。蔺杲得诏不敢发，得除邓州之诏也。驰见崇义请命。请免其死。崇义对著号泣，竟不受诏。号，户刀翻。著复命。

癸巳，进李希烈爵南平郡王，渝州南平郡。加汉南、汉北兵马招讨使，督诸道兵讨之。考异曰：德宗实录："五月己巳，加淮宁节度李希烈南平郡王、汉南·汉北通知诸道兵马使·招抚处置使。"希烈传曰："山南东道节度使梁崇义拒捍朝命，迫胁使臣。二年六月，诏诸道节度率兵讨之，加希烈南平郡王兼汉南、北都知诸道兵马·招抚处置使。"今从建中实录。杨炎谏曰："希烈为董秦养子，亲任无比，卒逐秦而夺其位。事见二百二十五卷代宗大历十四年。董秦，赐姓名李忠臣。卒，子恤翻。为人狼戾无亲，"狼"，当作"很"。无功犹倔强不法，倔，渠勿翻。强，其两翻。使平崇义，何以制之！"上不听。炎固争之，上益不平。

荆南牙门将吴少诚以取梁崇义之策干李希烈，希烈以少诚为前锋。少诚，幽州潞人也。将，即亮翻。少，始照翻。潞县，汉属渔阳郡，晋属燕国，隋属涿郡，唐属幽州，以潞水自塞北来经县界名县。

时内自关中，西暨蜀、汉，南尽江、淮、闽、越，北至太原，所在出兵，而李正己遣兵扼徐州甬桥、涡口，闽，眉巾翻。甬桥，在徐州南界汴水上，后置宿州于此。涡口，涡水入淮之口。涡，音戈。梁崇义阻兵襄阳，运路皆绝，人心震恐。江、淮进奉船千馀艘，泊涡口不敢进。艘，苏遭翻。上以和【严："和"改"利"。】州刺史张万福为濠州刺史。使之通涡口水路。万福驰至涡口，立马岸上，发进奉船，淄青将士停岸睥睨不敢动。淄，庄持翻。睥，匹诣翻。睨，研计翻。

3 辛丑，汾阳忠武王郭子仪薨。薨，呼肱翻。子仪为上将，拥强兵，程元振、鱼朝恩谗毁百端，诏书一纸征之，无不即日就道，由是谗谤不行。事并见代宗纪。朝，直遥翻。尝遣使至田承嗣所，承嗣西望拜之曰："此膝不屈于人若干年矣！"李灵曜据汴州作乱，事见二百二十五卷代宗大历十一年。使，疏吏翻。嗣，祥吏翻。汴，皮变翻。公私物过汴者皆留之，惟子仪物不敢近，近，其靳翻。遣兵卫送出境。校中书令考凡二十四，月入俸钱二万缗，私产不在焉；校，古效翻。俸，扶用翻。缗，眉巾翻。府库珍货山积。家人三千人，八子、七婿皆为朝廷显官；郭子仪八子，曜、晞、旰、晞、晤、暧、曙、映。诸孙数十人，每问安，不能尽辩，颔之而已。仆固怀恩、李怀光、浑瑊皆出麾下，浑，户昆翻，又户本翻。瑊，古咸翻。虽贵为王公，常颐指役使，趋走于前，家人亦以仆隶视之。天下以其身为安危殆三十年，殆，近也，将也。郭子仪奋自朔方，是年肃宗至德元载也，至建中二年而薨。是年岁在重光作噩，自柔兆涒滩至重光作噩，二十六年耳，故云殆三十年。功盖天下而主不疑，位极人臣而众不疾，穷奢极欲而人不非之，年八十五而终。其将佐至大官，为名臣者甚众。将，即亮翻。

4 壬子，以怀、郑、河阳节度副使李艽为河阳、怀州节度使，割东畿五县隶焉。艽，居包翻。使，疏吏翻。东畿，东都畿也。五县，河阳、河清、济源、温、王屋。

5 北庭、安西自吐蕃陷河、陇，隔绝不通，陷河、陇见二百二十三卷代宗广德元年。吐，从暾入声。伊西、北庭节度使李元忠、四镇留后郭昕帅将士闭境拒守，昕，许斤翻。帅，读曰率。数遣使奉表，皆不达，声问绝者十馀年；至是，遣使间道历诸胡自回纥中来，数，所角翻。间，古苋翻。上嘉之。秋，七月，戊午朔，加元忠北庭大都护，赐爵宁塞郡王；廓州宁塞郡。以昕为安西大都护、四镇节度使，赐爵武威郡王；凉州武威郡。将士皆迁七资。元忠姓名，朝廷所赐也，本姓曹，名令忠；昕，子仪弟〔之子〕也。

6 李希烈以久雨未进军，上怪之，卢杞密言于上曰："希烈迁延，以杨炎故也。因炎谏用希烈而间之。陛下何爱炎一日之名而堕大功；堕，读曰隳。不若暂免炎相以悦之，事平复用，无伤也。"相，息亮翻。复，扶又翻，又音如字。上以为然。庚申，以炎为左仆射，罢政事。射，寅谢翻。考异曰：旧传曰："初，炎之南来，途经襄、汉，固劝梁崇义入朝，崇义不能从，已怀反侧；寻又使其党李舟奉使驰说，崇义因而拒命，遂图叛逆，皆炎迫而成之。至是，德宗欲假希烈兵势以讨崇义，炎又固言不可；上不能平。会德宗尝访宰相群臣中可以大任者，卢杞荐张镒、严郢，而炎举崔昭、赵惠伯。上以炎论议疏阔，遂罢炎相。"建中实录曰："炎与卢杞同执大政，杞形神诡陋，夙为人所亵，而炎气岸高峻，罕防细故；方病，饮食无节，或为糜餐，别食阁中，每登堂会食，辞不能偶。谗者乘之，谓杞曰：

'杨公鄙公，不欲同食。'杞衔之。旧制，中书舍人分署尚书六曹以平奏报，中废其职；杞议复之以疏其烦。炎不可。杞曰：'杞不才，幸措足于斯，亦当有运用以答天造，宁常拳杞之手乎！'因密启中书主书有过咎者，有诏逐之。炎怒曰：'中书，吾局也，政之不修，吾自理之；设不理，当共议，何阴诉而越官邪！'因不相平。时淮西节度使李希烈宠任方盛，上欲以之平襄阳，炎以为不可。上曰：'卿勿复言。'遂以希烈统之。时夏潦方壮，澶漫数百里，故希烈军久不得发。会炎病，请急累日，杞启免炎相以悦之。上以为然，乃使中官朱如玉就第先喻旨，翌日，迁左仆射。谒谢之日，恩旨甚渥，杞大惧。"按沈既济为炎所引，故建中实录言炎罢相，与德宗实录颇异。今取其可信者书之。然旧传云"梁崇义之反，炎迫而成之"，亦近诬也。以前永平节度使张镒为中书侍郎、同平章事。镒，齐丘之子也。使，疏吏翻。镒，弋质翻。张齐丘，玄宗时为朔方节度使。以朔方节度使崔宁为右仆射。射，寅谢翻。

7 丙子，赠故伊州刺史袁光庭工部尚书。光庭天宝末为伊州刺史，吐蕃陷河、陇，光庭坚守累年，吐蕃百方诱之，不下。伊州，治伊吾县，汉伊吾卢地。尚，辰羊翻。吐，从暾入声。诱，音酉。粮竭兵尽，城且陷，光庭先杀妻子，然后自焚。郭昕使至，朝廷始知之，昕，许斤翻。朝，直遥翻。故赠官。

8 辛巳，以邠宁节度使李怀光兼朔方节度使。邠，卑旻翻。

9 癸未，河东节度使马燧，昭义节度使李抱真，神策先锋都知兵马使李晟，大破田悦于临洺。

时悦攻临洺，累月不拔，城中食且尽，府库竭，士卒多死伤。张伾饰其爱女，使出拜将士曰："诸君守战甚苦，伾家无他物，请鬻此女为将士一日之费。"众皆哭，曰："愿尽死力，不敢言赏。"李抱真告急于朝，朝，直遥翻。诏马燧将步骑二万与抱真讨悦，又遣李晟将神策兵与之俱；又诏幽州留后朱滔讨惟岳。李惟岳也。

燧等军未出险，先遣使持书谕悦，为好语，悦谓燧畏之，不设备。燧与抱真合兵八万，东下壶关，考异曰：旧田悦传曰："七月三日，师自壶关东下，收贼卢家砦。”燧传云：“十一月，师次邯郸。”恐误。今从悦传、燕南记。军于邯郸，击悦支军，破之。悦方急攻临洺，分李惟岳兵五千助杨朝光。明日，燧等进攻朝光栅，悦将万馀人救之，燧命大将李自良等御之于双冈，双冈在邯郸西北，临洺之西，亦名卢家疃。令之曰：“悦得过，必斩尔！”自良等力战，悦军却。燧推火车焚朝光栅，推，吐雷翻。车，尺遮翻。斩朝光，获首虏五千馀级。居五日，燧等进军至临洺，悦悉众力战，凡百馀合，悦兵大败，斩首万馀级。考异曰：旧李晟传：“战于临洺，诸军皆却。晟引兵渡洺水，乘冰而济，横击悦军，王师复振，击悦，大破之。”据此，则是临洺战在冬也，与马燧传“十一月师次邯郸”相应。实录：“十二月庚寅，马燧加左仆射。”又云：“先是，悦遣将康愔领兵围邢州，杨朝光围临洺，燧与抱真及神策将李晟合势救之，大败贼于双冈，斩杨朝光，禽其大将卢子昌。乘胜进军，又破悦于临洺，故燧等加官。”按实录，此战无月日，但于马燧加官时言之。今据燧传，先败悦于双冈，斩杨朝光，居五日，乃进至临洺。即实录此月癸未众军破悦于临洺也。实录在此年冬，与此相违。燕南记亦云：“七月，燧与抱真兵八万，自潞府东下壶关，先收邯郸卢家砦，朝光战死临洺城；又大破悦。”悦退走在李正己死前，与实录此月相应。临洺之战，疑诸军已集。燧等若未至，张伾必不能独破悦军。新本纪：“十一月丁丑，马燧及田悦战于双冈，败之。”不知此日何出，亦与诸书相违。今止从七月。悦引兵夜遁，邢州围亦解。是年五月，悦使其将康愔围邢州，悦败走而围亦解。

时平卢节度使李正己已薨，子纳秘之，擅领军务。悦求救于纳及李惟岳，纳遣大将卫俊将兵万人，惟岳遣兵三千人救之。悦收合散卒，得二万馀人，军于洹水；淄青军其东，成德军其西，首尾相应。马燧帅诸军进屯邺，洹，于原翻。帅，读曰率。洹水县，属魏州，本汉内黄地，后周武帝置洹水县，因水而名。淄，庄持翻。邺县，属相州。奏求河阳兵自助；诏河阳节度使李艽将兵会之。艽，居包翻。

10 八月，李纳始发丧，奏请袭父位，上不许。

11 梁崇义发兵攻江陵，至四望，今随州随县之东有四望山，其山最高，四望皆可见。大败而归，乃收兵襄、邓。李希烈引军循汉而上，上，时掌翻。与诸道兵会；崇义遣其将翟晖、杜少诚逆战于蛮水，希烈大破之；追至疏口，又破之。将，即亮翻。翟，苌伯翻。少，始照翻。水经：汉水自襄阳东流，又屈而西南流，又东南流，径黎丘故城西，又南与疏水合。疏水出中庐县西南，东流至邔县北界，东入汉水，谓之疏口。汉水又南过宜城东，夷水出自房陵县，东流注之；桓温以其父名彝，改曰蛮水。二将请降，希烈使将其众先入襄阳慰谕军民。将，即亮翻。降，户江翻。使将，同上音，又音如字。崇义闭城拒守，守者开门争出，不可禁。崇义与妻赴井死，传首京师。

12 范阳节度使朱滔将讨李惟岳，军于莫州；张孝忠将精兵八千守易州，范阳节度使治幽州，莫州在幽州南二百八十里。易州，成德巡属，在幽州西二百一十四里。滔遣判官蔡雄说孝忠曰：说，式芮翻。"惟岳乳臭儿，敢拒朝命；今昭义、河东军已破田悦，淮宁李仆射克襄阳，计河南诸军，朝夕北向，恒、魏之亡，可伫立而须也。使君诚能首举易州以归朝廷，则破惟岳之功自使君始，此转祸为福之策也。"朝，直遥翻。射，寅谢翻。恒，户登翻。使，疏吏翻。孝忠然之，遣牙官程华诣滔，遣录事参军董稹奉表诣阙，稹，章忍翻。滔又上表荐之；上，时掌翻。上悦。九月，辛酉，以孝忠为成德节度使。命惟岳护丧归朝，惟岳不从。孝忠德滔，为子茂和娶滔女，为，于伪翻。深相结。

13 壬戌，加李希烈同平章事。

14 初，李希烈请讨梁崇义，上对朝士亟称其忠。亟，去吏翻。黜陟使李承自淮西还，还，从宣翻，又音如字。言于上曰："希烈必立微功；但恐有功之后，偃蹇不臣，更烦朝廷用兵耳！"上不以为然。

希烈既得襄阳，遂据之为己有，上乃思承言。时承为河中尹，甲子，以承为山南东道节度使。上欲以禁兵送上，上，时掌翻。承请单骑赴镇；至襄阳，希烈置之外馆，迫胁万方，承誓死不屈，希烈乃大掠阖境所有而去。承治之期年，军府稍完。骑，奇寄翻。阖，户腊翻。治，直之翻。希烈留牙将于襄州，守其所掠财，由是数有使者往来。将，即亮翻。数，所角翻。承亦遣其腹心臧叔雅往来许、蔡，李希烈既自襄阳还蔡州，寻徙镇许州，故李承阴遣人至许、蔡，结其诸将以图之。厚结希烈腹心周曾等，与之阴图希烈。为周曾等图希烈不克而死张本。

15 初，萧嵩家庙临曲江，玄宗以娱游之地，非神灵所宅，命徙之。杨炎为相，恶京兆尹严郢，相，息亮翻。恶，乌路翻。左迁大理卿；卢杞欲陷炎，引郢为御史大夫。先是，炎将营家庙，先，悉荐翻。有宅在东都，凭河南尹赵惠伯卖之，惠伯买以为官廨，郢按之，以为有羡利。羡，于线翻。杞召大理正田晋议法，唐志：大理正，从五品下，掌议狱，正科条，凡丞断罪不当，则以法正之。晋以为："律，监临官市买有羡利，以乞取论，当夺官。"杞怒，监，古衔翻；下同。贬晋衡州司马。衡州，京师东南三千四百三里。田晋自朝士贬衡州司马。更召他吏议法，更，工衡翻。以为："监主自盗，罪当绞。"炎庙正直萧嵩庙地，杞因谮炎，云"兹地有王气，王，于况翻。故玄宗令嵩徙之；炎有异志，故于其地建庙。"冬，十月，乙未，炎自左仆射贬崖州司马；令，力丁翻。射，寅谢翻。旧志：崖州，至京师七千四百六十里。未【章：十二行本"未"上有"遣中使护送"五字；乙十一行本同。】至崖州百里，缢杀之。惠伯自河中尹贬费州多田尉；费州，汉牂柯郡，隋黔安郡涪川县地，贞观四年，分思州之涪川、扶阳二县，置费州。多田县，武德四年，务州刺史奏置，以土地稍平，垦田盈畛，故以多田为名。贞观四年，改费州为思州，乾元元年，复为费州；京师南四千七百里，至东都四千九百里；因州界费水为名。"河中尹"，当作"河南尹"。寻亦杀之。

16 辛巳，册太子妃萧氏。

17 癸卯，祫太庙。先是，太祖既正东向之位，献、懿二祖皆藏西夹室，不飨；至是，复奉献祖东向而飨之。先，悉荐翻。复，扶又翻。献祖宣皇帝熙，太祖之祖也。懿祖光皇帝天赐，太祖之父也。太祖景皇帝虎，始封于唐者也。唐初，飨四庙，宣、光二帝、太祖、世祖也。贞观九年，祔高祖于太庙。朱子奢请准礼，立七庙，三昭三穆，各置神主，太祖依晋、宋已来故事，虚其位，待递迁，方处之东向位。于是始祔弘农府君重耳及高祖为六室，虚太祖之位而行禘祫。至二十三年，太宗祔庙，迁弘农府君，乃藏于西夹室。文明元年，高宗祔庙，始迁宣皇帝于西夹室。至开元十年，玄宗特立九庙，于是追尊宣皇帝为献祖，复列于室，光皇帝为懿祖，以备九室，禘祫犹虚太祖之位。祝文于三祖不称臣，明全庙数而已。至德三载克复后，新作九室神主，遂不作弘农府君神主，明禘祫不及故也。至宝应二年，祔玄宗、肃宗于庙，迁献、懿二祖于西夹室，始以太祖当东向位。至是年，将祫飨，礼仪使颜真卿奏："合出献、懿二祖行事，其布位次第及东向之位，请准东晋蔡谟议为定。"遂以献祖当东向，懿祖于昭位南向，太祖于穆位北向。左昭右穆，陈列行事。

18 徐州刺史李洧，正己之从父兄也。李纳寇宋州，彭城令太原白季庚说洧举州归国；洧，于轨翻。从，才用翻。说，式芮翻。洧从之，遣摄巡官崔程奉表诣阙，且使口奏，并白宰相，以"徐州不能独抗纳，乞领徐、海、沂三州观察使，况海、沂二州，今皆为纳有。洧与刺史王涉、马万通素有约，使，疏吏翻。考异曰：此据旧传也。实录，万通以密州降，盖自沂移密。苟得朝廷诏书，必能成功。"程自外来，言自外方来。以为宰相一也，先白张镒，镒以告卢杞。杞怒其不先白己，不从其请。相，息亮翻。镒，戌质翻。戊申，加洧御史大夫，充招谕使。

19 十一月，戊午，以永乐公主适检校比部郎中田华，上不欲违先志故也。永乐公主许降田华，见二百二十五卷代宗大历九年。乐，音洛。

20 蜀王傀【严："傀"改"遂"。】更名遂。【严："遂"改"邈"。】傀，苦猥翻。更，工衡翻。

21 辛酉，宣武节度使刘洽，神策都知兵马使曲环，滑州刺史襄平李澄，朔方大将唐朝臣，大破淄青、魏博之兵于徐州。按新书李澄传：澄，辽东襄平人。唐自高宗世，辽东之地已弃而不有，李澄时以本贯在辽东襄平耳。朝，直遥翻。淄，庄持翻。

先是，李纳遣其将王温会魏博将信都崇庆先，悉荐翻。将，即亮翻。信都，复姓。共攻徐州，李洧遣牙官温人王智兴诣阙告急。温，古县，唐初，属怀州，显庆二年，度属洛州。智兴善走，不五日而至。旧志：徐州，京师东二千六百四里。上为之发朔方兵五千人，为，于伪翻。以朝臣将之，朝，直遥翻。将，直亮翻，又音如字。与洽、环、澄共救之。时朔方军资装不至，旗服弊恶，宣武人嗤之曰："乞子能破贼乎！"朝臣以其言激怒士卒，且曰："都统有令，嗤，丑之翻。都统，谓李勉也。统，他综翻，俗音从上声。先破贼营者，营中物悉与之。"士皆愤怒争奋。

崇庆、温攻彭城，二旬不能下，请益兵于纳；纳遣其将石隐金将万人助之，考异曰：实录前作"隐金"，后作"隐全"。今从其前。与刘洽等相拒于七里沟。日向暮，洽引军稍却，朔方马军使杨朝晟言于唐朝臣曰："公以步兵负山而陈，以待两军，我以骑兵伏于山曲，贼见悬军势孤，必搏之；我以伏兵绝其腰，必败之。"使，疏吏翻。晟，成正翻。陈，读曰阵。败，补迈翻。骑，奇寄翻。朝臣从之。崇庆等果将骑二千逾桥而西，追击官军，伏兵发，横击之；崇庆等兵中断，狼狈而返，阻桥以拒官军。其兵有争桥不得，涉水而渡者。朝晟指之曰："彼可涉，吾何为不涉！"遂涉水击，据桥者皆走，崇庆等兵大溃；洽等乘之，斩首八千级，溺死过半。朔方军尽得其辎重，溺，奴狄翻。重，直用翻。旗服鲜华，乃谓宣武人曰："乞子之功，孰与宋多？"宋，指宣武兵也。时以宋、亳为宣武军，刘洽自宋州刺史为宣武节度使，故云然。宣武人皆惭。官军乘胜逐北，至徐州城下，魏博、淄青军解围走，江、淮漕运始通。淄，庄持翻。漕，在到翻。

22 己巳，诏削李惟岳官爵；募所部降者，赦而赏之。降，户江翻。

23 甲申，淮南节度使陈少游遣兵击海州，其刺史王涉以州降。海州，李纳巡属。使，疏吏翻。少，始照翻。降，户江翻。

24 十二月，李纳密州刺史马万通乞降；丁酉，以为密州刺史。宋白曰：密州居海，得禹贡嵎夷之地，春秋时为莒、鲁之地。州理，即鲁之诸城也，汉为高密国，晋立东莞郡，后魏立胶州；隋改曰密州，取境中密水为名。

25 崔汉衡至吐蕃，崔汉衡使吐蕃，见上卷是年三月。吐，从暾入声。赞普以敕书称贡献及赐，全以臣礼见处；处，昌吕翻。又，云州之西，当以贺兰山为境，五代志，灵武弘静县有贺兰山。弘静县，唐改为保静。云州，当作灵州，史误也。邀汉衡更请之。丁未，汉衡遣判官与吐蕃使者入奏。上为之改敕书、为，于伪翻。境土，皆如其请。关东、河北方用兵，不暇与吐蕃较也。

26 加马燧魏博招讨使。

三年(壬戌、七八二)

1 春，正月，河阳节度使李艽〔芃〕引兵逼卫州，田悦守将任履虚诈降，既而复叛。卫州，治汲。艽，居苞翻。〔芃，蒲红翻。〕将，即亮翻。任，音壬。降，户江翻。复，扶又翻，又音如字。

2 马燧等诸军屯于漳滨。田悦遣其将王光进筑月城以守长桥，长桥，在漳水上。月城，两头抱河，形如半月。诸军不得渡。燧以铁锁连车数百，实以土囊，塞其下流，乘，绳证翻。塞，悉则翻。按新书，燧于长桥下流以土囊遏之。水浅，诸军涉渡。时军中乏粮，悦等深壁不战。燧命诸军持十日粮，进屯仓口，与悦夹洹水而军。洹，于元翻。洹水与漳水分流，又在漳水之东。李抱真、李艽问曰："粮少而深入，何也？"燧曰："粮少则利速战，今三镇连兵不战，三镇，谓魏博、淄青、成德。艽，居包翻。少，始绍翻。欲以老我师；我若分军击其左右，悦必救之，则我腹背受敌，战必不利。故进军逼悦，所谓攻其所必救也。兵法有是言。彼苟出战，必为诸君破之。"为，于伪翻。乃为三桥逾洹水，日往挑战，挑，徒了翻。悦不出。燧令诸军夜半起食，潜师循洹水直趋魏州，令，力正翻。趋，逡喻翻。令曰："贼至，则止为陈。"陈，读曰阵；下结陈同。留百骑击鼓鸣角于营中，仍抱薪持火，俟诸军毕发，则止鼓角匿其旁；俟悦军毕渡，焚其桥。军行十里所，悦闻之，帅淄青、成德步骑四万逾桥掩其后，骑，奇寄翻。帅，读曰率。乘风纵火，鼓噪而进。噪，则灶翻。燧按兵不动，先除其前草莽百步为战场，结陈以待之，募勇士五千馀人为前列。悦军至，火止，气衰，燧纵兵击之，悦军大败。神策、昭义、河阳军小却，神策，李晟军。昭义，李抱真军。河阳，李艽军。见河东军捷，还斗，又破之。还，从宣翻，又音如字。追奔至，三桥已焚，三桥，即在洹水上者。悦军乱，赴水溺死不可胜纪，斩首二万馀级，捕虏三千馀人，尸相枕藉三十馀里。胜，音升。枕，职任翻。藉，慈夜翻。考异曰：实录："闰月庚戌，马燧等破田悦于洹水。"按旧马燧传：洹水之战，李惟岳救兵与田悦兵犹连营相拒。又燕南记："惟岳见悦在围，敀谋归顺。"然则洹水战必在惟岳死前，实录误也。燕南记又曰："燧与抱真虽频破悦，闻李纳助军到，乃驻军候势，画必取之计，去悦军三十里下营，夜坐帐中，使心手人潜领悦兵及小将等五十馀人立帐外。燧因矫与兵马衙官已下高语曰：'昨日所以频破田悦兵马者，盖偶然之事，本亦不料有此胜也。看悦兵虽败，其将健，皆能死战，亦天下之强敌矣。今更得李纳兵助，其势不小。我虽频利，利则有钝。他日田悦更战，大将必须审看便宜。如悦直进，不可当锋耳。'悦帐外兵将往往共闻燧语，良久曰：'昨日阵上获得田悦将健，所由领过！'既至，燧大骂曰：'田悦小贼，菽麦未分，敢肆猖狂，妄动兵马。你有何所解，与我相敌！汝皆不自由，被驱入陈，又何过也！今矜汝放去。’兵等大欢叫，拜谢而去，具燧前后言见悦。悦召大将喜而谓曰：‘马燧放言惧我，对人骂我，此可知矣，吾再战必捷也。’又恃李纳助军新到，乃引兵出洹水又陈。燧先伏兵要处，佯不胜，引退。悦使兵尽出逐燧，燧引至伏兵处，伏兵齐发，横截悦军两段，与抱真纵兵击之，大破悦军三万馀人。”今从马燧传。

悦收馀兵千馀人走魏州。走，音奏。马燧与李抱真不协，顿兵平邑浮图。【章：十二行本“图”下有“迁延不进”四字；乙十一行本同；退斋校同；张校同，云无注本亦无。】据旧书田悦传：平邑浮图，在魏州南。浮图，佛寺也。悦夜至南郭，魏州南郭也。大将李长春闭关不内，以俟官军，久之，天且明，长春乃开门内之。悦杀长春，婴城拒守。城中士卒不满数千，死者亲戚，号哭满街。将，即亮翻。号，户刀翻。悦忧惧，乃持佩刀，乘马立府门外，悉集军民，流涕言曰：“悦不肖，蒙淄青、成德二丈人保荐，嗣守伯父业，淄青李正己、成德李宝臣，田悦以丈人行事之。伯父，田承嗣也。淄，庄持翻。嗣，祥吏翻。今二丈人即世，其子不得承袭，悦不敢忘二丈人大恩，不量其力，量，音良。辄拒朝命，丧败至此，朝，直遥翻。丧，息浪翻。使士大夫肝脑涂地，皆悦之罪也。悦有老母，不能自杀，愿诸公以此刀断悦首，持出城降马仆射，断，音短；下各断同。降，户江翻。马仆射，谓马燧。射，寅谢翻。自取富贵，无为与悦俱死也！”因从马上自投地。将士争前抱持悦曰：“尚书举兵徇义，非私己也。一胜一负，兵家之常。某辈累世受恩，何忍闻此！愿奉尚书一战，不胜则以死继之。”尚，辰羊翻。悦曰：“诸公不以悦丧败而弃之，悦虽死，敢忘厚意于地下！”乃与诸将各断发，约为兄弟，誓同生死；悉出府库所有及敛富民之财，得百馀万，以赏士卒；众心始定。田悦善败不亡，所谓盗亦有道。复召贝州刺史邢曹俊，使之整部伍，缮守备，军势复振。悦不用邢曹俊，见上卷上年。复，扶又翻，又音如字。

李纳军于濮阳，为河南军所逼，奔还濮州，考异曰：时濮州治鄄城，别有濮阳县。按九域志，濮阳县东至濮州九十里。濮，博木翻。征援兵于魏州。田悦遣军使符璘将三百骑送之，使，疏吏翻。璘，离珍翻。将，即亮翻。骑，奇寄翻。璘父令奇谓璘曰："吾老矣，历观安、史辈叛乱者，今皆安在！田氏能久乎！汝因此弃逆从顺，是汝扬父名于后世也。"啮臂而别。璘遂与其副李瑶帅众降于马燧。啮，鱼结翻。帅，读曰率。降，户江翻。悦收族其家，令奇慢骂而死。瑶父再春以博州降，悦从兄昂以洺州降，从，才用翻。洺，音名。王光进以长桥降。悦入城旬馀日，马燧等诸军始至城下，攻之，不克。

3 丙寅，李惟岳遣兵与孟佑守束鹿，束鹿，本鹿城县。安禄山反，玄宗改县为束鹿以厌之，属深州。九域志：在州西四十五里。宋白曰：束鹿县，本汉西梁县地，今县南六十里有西梁故城尚存。朱滔、张孝忠攻拔之，进围深州。惟岳忧惧，掌书记邵真复说惟岳，密为表，先遣弟惟简入朝；复，扶又翻。说，式芮翻。朝，直遥翻。然后诛诸将之不从命者，身自入朝，使妻父冀州刺史郑诜权知节度事，以待朝命。惟简既行，孟佑知其谋，密遣告田悦。悦大怒，使衙官扈岌往见惟岳，让之曰："尚书举兵，正为大夫求旌节耳，事始见上卷二年。岌，鱼及翻。尚，辰羊翻。为，于伪翻；下非为、相为同。非为己也。今大夫乃信邵真之言，遣弟奉表，悉以反逆之罪归尚书，自求雪身，尚书何负于大夫而至此邪！尚，辰羊翻。邪，音耶。若相为斩邵真，则相待如初；不然，当与大夫绝矣。"判官毕华言于惟岳曰："田尚书以大夫之故陷身重围，为，于季翻。重，直龙翻。大夫一旦负之，不义甚矣。且魏博、淄青兵强食富，足抗天下，事未可知，奈何遽为二三之计乎！"惟岳素怯，不能守前计，乃引邵真，对扈岌斩之；淄，庄持翻。岌，鱼及翻。发成德兵万人，与孟佑俱围束鹿。丙寅，朱滔、张孝忠与战于束鹿城下，惟岳大败，烧营而遁。考异曰：实录及旧惟岳传止言惟岳一败。按滔传曰："滔与孝忠征之，大破惟岳于束鹿。滔命偏师守束鹿，进围深州。惟岳乃统万馀众及田悦援兵围束鹿。惟岳将王武俊以骑三千方陈横进。滔缋帛为狻猊象，使猛士百人蒙之，鼓噪奋驰，贼马惊乱，随击，大破之，惟岳焚营而遁。"据此，则是惟岳再败也。燕南记，孟佑先败，惟岳又败。与滔传相应，今从之。

兵马使王武俊为左右所构，惟岳疑之，惜其才，未忍除也。束鹿之战，使武俊为前锋，私自谋曰："我破朱滔，则惟岳军势大振，归，杀我必矣。"故战不甚力而败。

朱滔欲乘胜攻恒州，使，疏吏翻。恒，户登翻。张孝忠引军西北，军于义丰。义丰县，属定州。滔大惊，孝忠将佐皆怪之，孝忠曰："恒州宿将尚多，未易可轻。将，即亮翻。易，以豉翻。迫之则并力死斗，缓之则自相图。诸君第观之，吾军义丰，坐待惟岳之殄灭耳。且朱司徒言大而识浅，可与共始，难与共终也！"朱滔后卒如张孝忠所料。于是滔亦屯束鹿，不敢进。

惟岳将康日知以赵州归国，惟岳益疑王武俊，武俊甚惧。或谓惟岳曰："先相公委腹心于武俊，先相公，谓李宝臣。相，息亮翻。使之辅佐大夫，又有骨肉之亲。谓武俊子士真婿于李氏。武俊勇冠三军，今危难之际，复加猜阻；若无武俊，欲使谁为大夫却敌乎！"冠，古玩翻。难，乃旦翻。复，扶又翻。为，于伪翻。惟岳以为然，乃使步军使卫常宁与武俊共击赵州，又使王士真将兵宿府中以自卫。将，即亮翻，又音如字。

4 癸未，蜀王遂更名遡。更，工衡翻。

5 淮南节度使陈少游拔海、密二州，李纳复攻陷之。使，疏吏翻。少，始照翻。复，扶又翻，又音如字；下不复同。

6 王武俊既出恒州，谓卫常宁曰："武俊今幸出虎口，不复归矣！当北归张尚书。"恒，户登翻。尚，辰羊翻。张尚书，谓张孝忠也。常宁曰："大夫暗弱，信任左右，观其势终为朱滔所灭。今天子有诏，得大夫首者，以其官爵与之，中丞素为众所服，与其出亡，曷若倒戈以取大夫，转祸为福，特反掌耳；事苟不捷，归张尚书，未晚也。”武俊深以为然。会惟岳使要藉谢遵至赵州城下，要藉官，亦唐时节度衙前之职。中宗景云二年，解琬为朔方大总管，分遣随军要藉官河阳丞张冠宗、肥乡令韦景骏、普安令于处忠校料三城兵募。则唐边镇有要藉官尚矣。又据新书忠义传，朱泚统幽州行营，为泾原、凤翔节度使，诏蔡廷玉以大理少卿为司马，朱体微为要藉。则要藉，乃节度使之腹心也。朱滔、王武俊之相王，改要藉官曰承令。武俊引遵同谋取惟岳；遵还，密告王士真。闰月，甲辰，武俊、常宁自赵州引兵还袭惟岳；还，从宣翻，又音如字。遵与士真矫惟岳命，启城门内之。黎明，武俊帅数百骑突入府门；帅，读曰率。骑，奇寄翻。士真应之于内，杀十馀人。武俊令曰："大夫叛逆，将士归顺，敢违拒者族！"众莫敢动。遂执惟岳，收郑诜、毕华、王它奴等，皆杀之。令，力定翻。将，即亮翻。诜，疏臻翻。武俊以惟岳旧使之子，李宝臣已死，故曰旧使。使，疏吏翻。欲生送之长安。常宁曰："彼见天子，将复以叛逆之罪归咎于中丞。"复，扶又翻；下复榷同，又音如字。中丞，谓王武俊。乃缢杀之，缢，于赐翻，又于计翻。传首京师。卒如谷从政之言。代宗广德元年，李宝臣帅成德，凡二世、十九年而灭。深州刺史杨荣国，惟岳姊夫也，降于朱滔；滔使复其位。姊，蒋兕翻。降，户江翻。

7 复榷天下酒，惟西京不榷。罢榷酒见二百二十五卷大历十四年七月。榷，古岳翻。

8 二月，戊午，李惟岳所署定州刺史杨政义降。时河北略定，惟魏州未下；河南诸军攻李纳于濮州，濮，博木翻。濮州，治鄄城县。纳势日蹙。朝廷谓天下不日可平；甲子，以张孝忠为易、定、沧三州节度使，朝，直遥翻。使，疏吏翻。王武俊为恒冀都团练观察使，康日知为深赵都团练观察使，以德、棣二州隶朱滔，令还镇。滔固请深州，不许，由是怨望，留屯深州。朱滔讨李惟岳，再战再胜，及瓜分成德巡属以赏降将，尺寸之地，滔不预焉；又欲使之取德、棣，此左氏所以知桓王之失郑也！王武俊素轻张孝忠，自以手诛李惟岳，功在康日知上，而孝忠为节度使，己与康日知俱为都团练使，又失赵、定二州，亦不悦。又诏以粮三千石给朱滔，马五百匹给马燧。武俊以为朝廷不欲使故人为节度使，王武俊，恒州旧将，故云然。魏博既下，必取恒冀，故分其粮马以弱之，疑，未肯奉诏。

田悦闻之，遣判官王侑、许士则间道至深州，说朱滔曰："司徒奉诏讨李惟岳，旬朔之间，拔束鹿，下深州，惟岳势蹙，间，古苋翻。说，式芮翻；下说王、人说同。蹙，与蹙同。故王大夫因司徒胜势，得以枭惟岳之首，此皆司徒之功也。又天子明下诏书，枭，坚尧翻。下，遐嫁翻。令司徒得惟岳城邑，皆隶本镇；今乃割深州以与日知，是自弃其信也。且今上志欲扫清河朔，不使藩镇承袭，将悉以文臣代武臣，魏亡，则燕、赵为之次矣；令，力丁翻。燕，因虔翻。若魏存，则燕、赵无患。然则司徒果有意矜魏博之危而救之，非徒得存亡继绝之义，亦子孙万世之利也。"同舟遇风，则胡、越可使相救。是以善用兵者，必先离其交。又许以贝州赂滔。贝州，魏博巡属。滔素有异志，闻之，大喜，即遣王侑归报魏州，使将士知有外援，各自坚。又遣判官王郅将，即亮翻。考异曰：旧传"王郅"作"王郢"，今从燕南记。与许士则俱诣恒州，说王武俊曰："大夫出万死之计，诛逆首，拔乱根，谓诛李惟岳也。康日知不出赵州，岂得与大夫同日论功！而朝廷褒赏略同，谁不为大夫愤邑者！朝，直遥翻。为，于伪翻。今又闻有诏支粮马与邻道，朝廷之意，盖以大夫善战，【章：十二行本"战"下有"无敌"二字；乙十一行本同；退斋校同；张校同，云无注本亦无。】恐为后患，先欲贫弱军府，俟平魏之日，使马仆射北首，射，寅谢翻。马仆射，谓马燧，时攻魏州。首，式又翻。朱司徒南向，共相灭耳。朱司徒亦不敢自保，使郅等效愚计，欲与大夫共救田尚书而存之。尚，辰羊翻。田悦拒命，宜削官，而当时犹称其朝衔，可以见朝命之重。大夫自留粮马以供军；朱司徒不欲以深州与康日知，愿以与大夫，请早定刺史以守之。三镇连兵，此三镇，谓范阳、恒冀、魏博。若耳目手足之相救，则他日永无患矣！"武俊亦喜，许诺，利害同，故说之易入。即遣判官王巨源使于滔，使，疏吏翻。且令知深州事，令，力丁翻。相与刻日举兵南向。滔又遣人说张孝忠，孝忠不从。说，式芮翻。

9 宣武节度使刘洽攻李纳于濮州，克其外城。纳于城上涕泣求自新，李勉又遣人说之，癸卯，纳遣其判官房说以其母弟经及子成务入见。说，式芮翻。见，贤遍翻。房说，读曰悦。通鉴本文作"癸卯"，然自上文二月戊午推至下文三月乙未，其间不容有癸卯，当作"己卯"。会中使宋凤朝称纳势穷蹙，不可舍，上乃囚说等于禁中，纳遂归郓州，复与田悦等合。使，疏吏翻。朝，直遥翻。郓，音运。复，扶又翻，又音如字。朝廷以纳势未衰，三月，乙未，始以徐州刺史李洧兼徐、海、沂都团练观察使，海、沂已为纳所据，洧竟无所得。洧，于轨翻。史言帝锐意削平藩镇，而不能应机抚接，以自遗患。

李纳之初反也，其所署德州刺史李西华备守甚严，都虞候李士真密毁西华于纳，纳召西华还府，以士真代之。士真又以诈召棣州刺史李长卿，长卿过德州，士真劫之，与同归国。夏，四月，戊午，以士真、长卿为二州刺史。德州治安德县，棣州治厌次县，本皆淄青巡属，今皆归国。棣，大计翻。长，知丈翻。考异曰：燕南记云："授士真德、棣两州观察团练使。"今从实录。士真求援于朱滔，滔已有异志，遣大将李济时将三千人声言助士真守德州，且召士真诣深州议军事，至则留之，使济时领州事。将，即亮翻；

时将音同上，又音如字。德宗以德、棣与朱滔，滔卒以诈力得之，不知又以为王武俊之资也。

10 庚申，吐蕃归向日所俘掠兵民八百人。自吐蕃陷河、陇，入京师，俘掠唐人，可以数计邪！德宗先归所俘者以怀之，其归向日所俘者，八百人而已。狼子野心，姑以此报塞中国，其志果如何哉！观异日平凉劫盟之事可见也。吐，从暾入声。

11 上遣中使发卢龙、恒冀、易定兵万人卢龙，朱滔；恒冀，王武俊；易定，张孝忠。使，疏吏翻。恒，户登翻。诣魏州讨田悦。王武俊不受诏，执使者送朱滔，滔言于众曰："将士有功者，吾奏求官勋，皆不遂；将，即亮翻。唐制，官有品，勋有级。今欲与诸君敕装敕，与饬同。饬，治也。共趋魏州，趋，逡谕翻。击破马燧以取温饱，何如？"皆不应。三问，乃曰："幽州之人，自安、史之反，从而南者无一人得还，今其遗人痛入骨髓。还，从宣翻，又音如字。髓，息委翻。况太尉、司徒皆受国宠荣，太尉，谓滔兄泚。将士亦各蒙官勋，诚且愿保目前，不敢复有侥冀。"复，扶又翻；下俊复同。滔默然而罢。乃诛大将数十人，厚抚循其士卒。

康日知闻其谋，以告马燧，燧以闻。上以魏州未下，王武俊复叛，力未能制滔，壬戌，赐滔爵通义郡王，冀以安之。眉州通义郡。滔反谋益甚，分兵营于赵州以逼康日知，将，即亮翻，又音如字。赵州，治平棘县。以深州授王巨源，朱滔如前约，以结王武俊。武俊以其子士真为恒、冀、深三州留后，将兵围赵州。恒，户登翻。将，即亮翻，又音如字。

涿州刺史刘怦【章：十二行本"怦"下有"与滔同县人，其母，滔之姑也，滔使知幽州留后"十八字；乙十一行本同；退斋校同；张校同，云无注本亦无。】代宗大历四年，朱希彩表分幽州之范阳、归义、固安置涿州，治范阳县，距幽州一百二十里。涿，竹角翻。怦，普耕翻。闻滔欲救田悦，以书谏之曰："今昌平故里，朝廷改为太尉乡、司徒里，此亦丈夫不朽之名也。朝，直遥翻。朱泚、朱滔本昌平人，朝廷以其官名其乡里，以宠其兄弟之功。但以忠顺自持，则事无不济。窃思近日务大乐战，乐，音洛。不顾成败而家灭身屠者，安、史是也。怦忝密亲，默而无告，是负重知。惟司徒图之，无贻后悔。”滔虽不用其言，亦嘉其尽忠，卒无疑贰。

滔将起兵，恐张孝忠为后患，复遣牙官蔡雄往说之。孝忠曰：“昔者司徒发幽州，遣人语孝忠曰：卒，子恤翻。复，扶又翻。说，式芮翻；下解说同。语，牛倨翻。‘李惟岳负恩为逆’，谓孝忠归国即为忠臣。孝忠性直，用司徒之教。今既为忠臣矣，不复助逆也。复，扶又翻，又音如字。且孝忠与武俊皆出夷落，张孝忠，本奚乙失活种。王武俊，出契丹怒皆部。深知其心最喜翻覆。喜，许记翻。司徒勿忘鄙言，他日必相念矣！”其后滔、武俊交恶，果如孝忠之言。雄复欲以巧辞说之，复，扶又翻；下复以同。孝忠怒，欲执送京师；雄惧，逃归。滔乃使刘怦将兵屯要害以备之。怦，普耕翻。将，即亮翻，又音如字；下文滔将同。孝忠完城砺兵，独居强寇之间，莫之能屈。

滔将步骑二万五千发深州，至束鹿；诘旦将行，骑，奇寄翻。诘，起吉翻。吹角未毕，士卒忽大乱，喧噪曰：“天子令司徒归幽州，奈何违敕南救田悦！”噪，则灶翻。令，力丁翻；下旨令同。滔大惧，走入驿后堂避匿。蔡雄与兵马使宗项等矫谓士卒曰：“汝辈勿喧，听司徒传令。”众稍止。使，疏吏翻。项，吁玉翻。令，力定翻。雄又曰：“司徒将发范阳，恩旨令得李惟岳州县即有之，司徒以幽州少丝纩，故与汝曹竭力血战以取深州，冀得其丝纩以宽汝曹赋率，少，诗沼翻。纩，苦谤翻，细绵也。赋率，犹言赋敛也。不意国家无信，复以深州与康日知。又，朝廷以汝曹有功，赐绢人十匹，至魏州西境，尽为马仆射所夺。复，扶又翻，又音如字。朝，直遥翻；下各还同。射，寅谢翻。司徒但处范阳，富贵足矣；今兹南行，乃为汝曹，非自为也。处，昌吕翻。为，于伪翻；下行为、不为同。汝曹不欲南行，任自归北，何用喧悖，悖，蒲昧翻，又蒲没翻。乖失军礼！”众闻言，不知所为，乃曰：“敕使何得不为军士守护赏物！”遂入敕使院，擘裂杀之。军中别置馆舍以居敕使，谓之敕使院。使，疏吏翻。又呼曰：“虽知司徒此行为士卒，终不如且奉诏归镇。”呼，火故翻。雄曰：“然则汝曹各还部伍，诘朝复往深州，休息数日，相与归镇耳。”众然后定。滔即引军还深州，密令诸将访察唱率为乱者，得二百馀人，悉斩之，诘，去吉翻，复音如字。令，力丁翻。将，即亮翻。馀众股栗；乃复引军而南，众莫敢前却。呼，火故翻。复，扶又翻，又音如字。观田庭玠之谏田悦，谷从政、邵真之谏李惟岳，范阳之兵不肯从朱滔南救魏州，河朔三镇之人岂皆好乱哉！上之人御失其道耳。进，取宁晋，宁晋县，属赵州，本瘿陶县，天宝元年更名。九域志：在赵州南四十一里。留屯以待王武俊。武俊将步骑万五千取元氏，元氏县，汉为常山郡治，后魏属赵郡，唐属赵州。将，即亮翻，又音如字。东趣宁晋。趣，七喻翻。宋白曰：宁晋，汉杨氏县也，后汉为瘿陶侯国，后魏为瘿陶县，唐天宝元年，改宁晋县。九域志：宁晋县，在赵州东南四十一里。

武俊之始诛李惟岳也，遣判官孟华入见。【章：十二行本“见”下有“上问以河朔利害”七字；乙十一行本同；退斋校同；张校同，云无注本亦无。】见，贤遍翻。华性忠直，有才略，应对慷慨；上悦，以为恒冀团练副使。慷，苦广翻。恒，户登翻。会武俊与朱滔有异谋，上遽遣华归谕旨。华至，武俊已出师，华谏曰：“圣意于大夫甚厚，苟尽忠义，何患官爵之不崇，土地之不广！不日天子必移康中丞于他镇，康中丞，谓康日知。深、赵终为大夫之有，何苦遽自同于逆乱乎！异日无成，悔之何及！”华向在李宝臣幕府，以直道已为同列所忌，至是为副使，同列尤疾之，言于武俊曰：“华以军中阴事奏天子，请为内应，故得超迁；是将覆大夫之军，大夫宜备之。”武俊以其旧人，不忍杀，夺职，使归私第。

田悦恃援兵将至，遣其将康愔将万馀人出城西，与马燧等战于御河上，将，即亮翻。愔，于今翻；愔将，音同上，又音如字。燧，音遂。御河，即隋炀帝所开永济渠也。开元二十八年，魏州刺史卢晖徙永济渠，自石灰窑引流至城西，注魏桥，以通江、淮之货。杜佑曰：御河，在魏州魏县，炀帝引白沟水为永济渠，即此。大败而还。还，从宣翻，又音如字。考异曰：悦传曰：“五月，悦以救军将至，尽率其众出战于御河之上，大败而还。”燧传曰：“悦恃燕、赵之援，又出兵二万，背城而陈。燧复与诸军击破之。”今从实录。

12 时两河用兵，月费百馀万缗，缗，眉巾翻。府库不支数月。太常博士韦都宾、陈京建议，以为：“货利所聚，皆在富商，请括富商钱，出万缗者，借其馀以供军。计天下不过借一二千商，则数年之用足矣。”上从之。甲子，诏借商人钱，令度支条上。度，徒洛翻。上，时掌翻。判度支杜佑大索长安中商贾所有货，意其不实，辄加搒捶，人不胜苦，有缢死者，索，山客翻。贾，音古。搒，音彭。捶，止橤翻。胜，音升。缢，于赐翻，又于计翻。长安嚣然如被寇盗。嚣，五羔翻，又许骄翻。被，皮义翻。计所得才八十馀万缗。又括僦柜质钱，民间以物质钱，异时赎出，于母钱之外复还子钱，谓之僦柜。僦，即就翻。凡蓄积钱帛粟麦者，皆借四分之一，封其柜窖；蓄钱帛者以柜，积粟麦者以窖。窖，古教翻。百姓为之罢市，为，于伪翻。相帅遮宰相马自诉，以千万数。帅，读曰率。卢杞始慰谕之，势不可遏，乃疾驱自他道归。计并借商所得，才二百万缗，考异曰：实录：“借商，统计田宅、奴婢等估，才馀八万贯。”今从旧卢杞传。杞传又曰：“杜佑计京师帑廪，不支数月，且得五百万贯，可支半岁用，则兵济矣。于是户部侍郎判度支赵赞与韦都宾等谋行括借，约罢兵后以公钱还。敕既下，京兆少尹韦贞督责颇峻，长安尉薛萃荷校乘车，搜人财货，计富户田宅奴婢等，估才及八十八万贯。又借僦匮质钱，共才及二百万贯。”今从实录。人已竭矣。京，叔明之五世孙也。陈叔明，陈宣帝子，封宜都王。

13 甲戌，以昭义节度副使、磁州刺史卢玄卿为洺州刺史兼魏博招讨副使。使，疏吏翻。磁，墙之翻。洺，音名。

初，李抱真为泽潞节度使，马燧领河阳三城；抱真欲杀怀州刺史杨鉥，鉥奔燧，鉥，时讫翻。燧纳之，且奏其无罪，抱真怒。及同讨田悦，数以事相恨望，二人怨隙遂深，不复相见。由是诸军逗桡，久无成功，数，所角翻；下上数同。复，扶又翻。逗者，逗留不进。势屈为桡。桡，奴教翻。上数遣中使和解之。数，所角翻。使，疏吏翻。及王武俊逼赵州，抱真分麾下二千人戍邢州，燧大怒曰："馀贼未除，宜相与戮力，乃分兵自守其地！"【章：十二行本"地"下有"我宁得独战邪"六字；乙十一行本同；退斋校同；张校同，云无注本亦无。】欲引兵归。李晟说燧曰："李尚书以邢、赵连壤，九域志：赵州南至邢州界七十四里，自界首至邢州七十里。晟，成正翻。说，式芮翻。尚，辰羊翻。分兵守之，诚未有害。今公遽自引去，众谓公何！"燧悦，乃单骑造抱真垒，骑，奇寄翻。造，七到翻。相与释憾结欢。会洺州刺史田昂请入朝，燧奏以洺州隶抱真，洺州自此遂属昭义。洺，音名。朝，直遥翻。请玄卿为刺史，兼充招讨之副。李晟军先隶抱真，又请兼隶燧，以示协和。上皆从之。晟，成正翻。燧，音遂。

14 卢龙节度行军司马蔡廷玉恶判官郑云逵，【章：十二行本"逵"下有"言于朱泚"四字；乙十一行本同；退斋校同；张校同，云无注本亦无。】奏贬莫州参军。云逵妻，朱滔之女也，滔复奏为掌书记。恶，乌路翻。复，扶又翻，又音如字。云逵深构廷玉于滔，廷玉又与检校大理少卿朱体微言于泚曰：蔡廷玉、朱体微，皆事朱泚者也。校，古孝翻。少，始照翻。"滔在幽镇，事多专擅，其性非长者，不可以兵权付之。"滔知之，大怒，数与泚书，请杀二人者，长，知丈翻。数，所角翻。泚不从；由是兄弟颇有隙。及滔拒命，上欲归罪于廷玉等以悦滔，甲子，贬廷玉柳州司户，体微万州南浦尉。柳州，汉潭州县地。唐置柳州，以分野当柳星之下而名，去京师水陆相乘五千四百七十里。万州，治南浦县，春秋夔国之地，秦、汉为朐䏰县地，后周置万州郡。唐置万州，以郡为称，京师西南一千六百二十四里。

15 宣武节度使刘洽攻李纳之濮阳，降其守将高彦昭。使，疏吏翻。濮，博木翻。降，户江翻。将，即亮翻。

16 朱滔遣人以蜡书置髻中遗朱泚，遗，唯季翻。欲与同反；马燧获之，并使者送长安，泚不之知。上驿召泚于凤翔，至，以蜡书并使者示之，泚惶恐顿首请罪。上曰："相去千里，初不同谋，非卿之罪也。"因留之长安私第，大历九年，朱泚请入朝，代宗为之筑大第于京师，事见二百二十五卷。考异曰：幸奉天录曰："上命还私第，但绝朝谒，日给酒肉而已。以内侍一人监之。"今从实录及旧传。赐名园、腴田、锦彩、金银甚厚，以安其意；其幽州·卢龙节度、太尉、中书令并如故。为朱泚失兵权、乘时逆上张本。

上以幽州兵在凤翔，幽州兵，朱泚所将以入朝防秋者。思得重臣代之。卢杞忌张镒忠直，为上所重，欲出之于外，己得专总朝政，镒，弋质翻。朝，直遥翻。乃对曰："朱泚名位素崇，凤翔将校班秩已高，非宰相信臣，无以镇抚，臣请自行。"上俛首未言，泚，且礼翻，又音此。将，即亮翻。校，户教翻。相，息亮翻。俛，音免。杞又曰："陛下必以臣貌寝，不为三军所伏，貌不扬曰寝。固惟陛下神算。"上乃顾镒曰："才兼文武，望重内外，无以易卿。"镒知为杞所排而无辞以免，因再拜受命。戊寅，以镒兼凤翔尹、陇右节度等使。为张镒为李楚琳所杀张本。

初，卢杞与御史大夫严郢共构杨炎、赵惠伯之狱，事见上二年。炎死，杞复忌郢。复，扶又翻。会蔡廷玉等贬官，殿中侍御史郑詹误递文符至昭应送之，廷玉等行已至蓝田，召还而东，还，从宣翻，又音如字。廷玉等以为执己送朱滔，至灵宝西，赴河死。灵宝县，属陕州，古桃林地，汉为弘农县，开元末，改为灵宝县。弘农县故城，在今县西南二十里。上闻之，骇异，卢杞因奏："朱泚必疑以为诏旨，请遣三司使案詹。"此谓遣两省官及御史台官为三司使，使案詹等狱。使，疏吏翻。又言："御史所为，必禀大夫，请并郢案之。"狱未具，壬午，杞奏杖杀詹于京兆府；贬郢费州刺史，费州，治涪州江岸，因州界费水为名。旧志：费州，京师南四千七百里。费，扶未翻。考异曰：旧卢杞传云"贬郢驩州刺史"。今从新传。卒于贬所。卒，子恤翻。

上初即位，崔佑甫为相，务崇宽大，故当时政声蔼然，以为有贞观之风；相，息亮翻。观，古玩翻。及卢杞为相，知上性多忌，因以疑似离间群臣，间，古苋翻。始劝上以严刻御下，中外失望。

17 淮南节度使陈少游奏，本道税钱每千请增二百。使，疏吏翻。少，始照翻。旧志：淮南道督扬、滁、常、润、和、宣、歙七州。此贞观中之制也。以今观之，唐中世以后，当统扬、楚、滁、和、濠、庐、寿、光、蕲、黄、申、安、舒等州。税钱，谓田税及商税钱也。五月，丙戌，诏增他道税钱皆如淮南；又盐每斗价皆增百钱。盐每斗价几何，而顿增百钱，人谁堪之。

18 朱滔、王武俊自宁晋南救魏州，是年四月，王武俊进屯宁晋。辛卯，诏朔方节度使李怀光将朔方及神策步骑万五千人东讨田悦，且拒滔等。将，即亮翻，又音如字。骑，奇寄翻。滔行至宗城，掌书记郑云逵、参谋田景仙弃滔来降。宗城县，属魏州，汉广宗县地。降，户江翻。

19 丁酉，加河东节度使马燧同平章事。

20 辛亥，置义武军节度于定州，以易、定、沧三州隶之。以命张孝忠。

21 张光晟之杀突董也，事见上卷元年。晟，成正翻。上欲遂绝回纥，召册可汗使源休还太原。久之，乃复遣休送突董及翳密施、大·小梅录等四丧还其国，纥，下没翻。可，从刊入声。汗，音寒。还，从宣翻，又音如字；下同。复，扶又翻。可汗遣其宰相颉子斯迦等迎之。颉子斯迦坐大帐，新书回鹘传作"颉干伽"。相，息亮翻。颉，奚结翻。迦，求加翻。立休等于帐前雪中，诘以杀突董之状，欲杀者数四，供待甚薄；留五十馀日，乃得归。可汗使人谓之曰："国人皆欲杀汝以偿怨，我意则不然。汝国已杀突董等，我又杀汝，如以血洗血，污益甚耳！诘，去吉翻。污，乌故翻。今吾以水洗血，不亦善乎！唐负我马直【章：十二行本"直"下有"绢"字；乙十一行本同；退斋校同；张校同，云无注本亦无。】百八十万匹，当速归之。"遣其散支将军康赤心随休入见，见，贤遍翻。休竟不得见可汗而还。还，从宣翻，又音如字。己【张："己"上脱"六月"。】卯，至长安，诏以帛十万匹、金银十万两偿其马直。休有口辩，卢杞恐其见上得幸，乘其未至，先除光禄卿。为源休以赏薄怨望从朱泚反张本。

22 朱滔、王武俊军至魏州，田悦具牛酒出迎，魏人欢呼动地。呼，火故翻。滔营于惬山，【严："惬山"改"连箧山"。】是日，李怀光军亦至，马燧等盛军容迎之。滔以为袭己，遽出陈；怀光勇而无谋，欲乘其营垒未就击之。燧请且休将士，观衅而动，怀光曰："彼营垒既立，将为后患，此时不可失也。"遂击滔于惬山之西，魏氏土地记曰：渤海高城县东北五十里有箧山。余按此惬山，当在魏州界，近永济渠。陈，读曰阵。燧，音遂。将，即亮翻。衅，许觐翻。惬，诘叶翻。杀步卒千馀人，滔军崩沮；沮，在吕翻。怀光按辔观之，有喜色。士卒争入滔营取宝货，王武俊引二千骑横冲怀光军，军分为二；滔引兵继之，官军大败，蹙入永济渠溺死者不可胜数，人相蹈藉，其积如山，水为之不流，骑，奇寄翻。溺，奴狄翻。胜，音升。为，于伪翻。马燧等各收军保垒。是夕，滔等堰永济渠入王莽故河，郦道元曰：汉沟洫志云：河为中国害尤甚，故禹导河自积石，历龙门，酾二渠以引河，一则漯川，今河所流也；一则北渎，王莽时绝，故世俗名是渎为王莽河。绝官军粮道及归路，明日，水深三尺馀。深，式禁翻。马燧惧，遣使卑辞谢滔，求与诸节度归本道，奏天子，请以河北事委五郎处之。使，疏吏翻。朱滔第五，故称之为五郎，若尊之然。处，昌吕翻。滔欲许之，王武俊以为不可；滔不从。秋七月，燧与诸军涉水而西，退保魏县以拒滔，九域志：魏县，在魏州城西三十五里。滔乃谢武俊，武俊由是恨滔。后数日，滔等亦引兵营魏县东南，与官军隔水相拒。考异曰：实录："六月辛巳，朱滔、王武俊兵至魏州。是日，李怀光之师亦至。七月庚子，马燧等四节度兵退保魏县。"又曰："田悦等筑堰，欲决御河水，灌王莽故河以绝我粮道。燧令白怀光，欲退军，怀光不可。抱真、晟亦欲决死守之。贼筑堰愈急，势迫，会夜，乃俱引退。"燕南记曰："六月，朱滔、武俊、怀光俱至。怀光即欲战，马燧、抱真不得已，从之。七月六日，怀光等击滔，胜之，寻为王武俊所败。其夜，决河水，绝怀光等西归之路。明日，水深三尺馀。马燧与朱滔有外族之亲，呼滔为表侄，使人说滔曰：'老夫不度气力，与李相公等昨日先陈。王大夫善战，海内所知也。司徒五郎与商议，放老夫等却归太原，诸节度亦各还本道，当为闻奏，河北地任五郎收取。'滔见武俊战胜，私心忌其胜己，乃谓武俊曰：'大夫二兄破怀光等，气已沮丧，马司徒既屈服如此，且放去，渐图未晚。'武俊曰：'岂有四五节度，兵逾十万，使打贼，始经一阵，被杀却五万人，将何面目归见天子！今穷蹙诈求退去，料不过到洺州界，必筑垒相待，悔难及也。'滔心明知其事，竟绝水，放燧等。既离魏府城下，退行三十里，遂连魏县河，列营相拒。滔虽惭谢，武俊终有恨意。又同进军魏桥河东南，去怀光营五里。"移营在七月中旬也。邠志曰："三年夏，诏怀光率邠甲五千兼统诸军东征。六月，师及魏郛，战焉，陷燕人之众，师入贼营，收其宝货。马公燧曰：'我二年困此贼，彼旦至而夕破之，人其谓我何！'乃稍抽战卒以孤其势。田悦曰：'马太原妒功也，朔方军可袭矣。'乃使步卒七百人负刀而趋，乘我失度，挤之于河，死者数百人，皆精骑也。马公遽命平射三百人争桥，以出我军，故步军不败，军势大衄。诏唐朝臣自河南引军会之。"旧田悦传曰："王武俊以二千骑横击怀光陈，滔军继踵而进，禁军大败，人相蹈藉，投尸于河二十里，河水为之不流。马燧收军保垒。是夜，王武俊决河水入王莽故河，欲隔官军，水已深三尺，粮饷路绝，王师计无从出，乃遣人告朱滔云云。时武俊战胜，滔心忌之，即曰：'大夫二兄已败官军，马司徒卑屈若此，不宜迫人于险也。'武俊曰：'燧等连兵十万，皆是国之名臣，一战而北，贻国之耻，不知此等何面目见天子邪！然吾不惜放还，但不行五十里，必反相拒。'"按长历：六月壬子朔，七月壬午朔。然则辛巳，六月三十日；庚子，七月十九日也。滔与怀光至魏之日，滔营垒犹未立，怀光即与之战，岂得至七月六日邪！战于惬山之夜，武俊决水，明日，燧等即退保魏县，岂得至十九日邪！实录、燕南记所载日，皆不可据也。然实录多据奏到之日，不知战与移营的在何日，要之必在六七月之际，故但记七月退保魏县耳。朱滔与王武俊同举兵，志在破马燧军，岂有一战才胜，遽忌武俊，纵燧令去，自贻后患邪！直是滔无远识，谓燧等不足畏，得其卑辞而纵去耳。又旧悦传云："决河水。"若决黄河，不须筑堰，决水经日，不止三尺。既决之后，不可复壅。今从实录，决御河水，灌王莽河耳。

23 李纳求救于滔等，滔遣魏博兵马使信都承庆将兵助之。纳攻宋州，不克，遣兵马使李克信、李钦遥戍濮阳、南华以拒刘洽。使，疏吏翻。将，即亮翻，又音如字。濮，博木翻。濮阳县，时属濮州。南华县，属曹州，汉离狐县也。

24 甲辰，以淮宁节度使李希烈兼平卢淄青兖郓登莱齐州节度使，讨李纳；又以河东节度使马燧兼魏博澶相节度使；加朔方、邠宁节度使李怀光同平章事。前此改淮西节度为淮宁军。郓，音运。燧，音遂。澶，时连翻。相，息亮翻。邠，卑旻翻。

25 神策行营招讨使李晟请以所将兵北解赵州之围，与张孝忠分势图范阳，上许之。晟自魏州引兵北趋赵州，晟，成正翻。将，即亮翻，又音如字。趋，逡谕翻。王士真解围去。晟留赵州三日，与孝忠合兵北略恒州。恒，户登翻。

26 演州司马李孟秋举兵反，演州，汉咸驩县之地，唐武德初，置驩州，贞观九年，改曰演州，十六年省，改咸驩为怀驩，属驩州，广德二年，分驩州后置。自称安南节度使；安南都护辅良交讨斩之。新书方镇表：乾元元年，升安南管内经略使为安南节度使。

27 八月，丁未，置河【章：十二行本"河"作"汴"；乙十一行本同；孔本同；退斋校同；熊校同。】东、西水陆运、两税、盐铁使二人，度支总其大要而已。汴，皮变翻。度，徒洛翻。

28 辛酉，以泾原留后姚令言为节度使。

29 卢杞恶太子太师颜真卿，欲出之于外。恶，乌路翻。真卿谓杞曰："先中丞传首至平原，中丞，谓杞父奕也。事见二百一十七卷天宝十四载。真卿以舌舐面血。舐，直氏翻。今相公忍不相容乎！"杞矍然起拜，然恨之益甚。

30 九月癸卯，殿中少监崔汉衡自吐蕃归，去年崔汉衡使吐蕃。赞普遣其臣区颊赞随汉衡入见。见，贤遍翻。

31 冬，十月，辛亥，以湖南观察使曹王皋为江南西道节度使。皋至洪州，悉集将佐，简阅其才，得牙将伊慎、王锷等，擢为大将，引荆襄判官许孟容置幕府。慎，兖州人；孟容，长安人也。

慎常从李希烈讨梁崇义，希烈爱其才，欲留之，慎逃归。希烈闻皋用慎，恐为己患，遗慎七属甲，遗，唯季翻。周礼：函人为甲，犀甲七属。郑注云：属，读如灌注之注，谓上旅、下旅札属之数凡七也。诈为复书，坠之境上。上闻之，遣中使即军中斩慎，皋为之论雪；皋为，于伪翻。未报。会江贼三千馀众入寇，江贼，江中群盗也。自湖口入寇江南西道。皋遣慎击贼自赎；慎击破之，斩首数百级而还，由是得免。

32 卢杞秉政，知上必更立相，相，息亮翻。恐其分己权，乘间荐吏部侍郎关播儒厚，可以镇风俗；间，古苋翻。丙辰，以播为中书侍郎、同平章事。考异曰：旧播传曰："播为吏部侍郎，转刑部尚书。十月，拜银青光禄大夫、中书侍郎、同中书门下平章事。"今实录自吏部侍郎为相，与传不同。疑传误。明年罢相，乃改刑部尚书。政事皆决于杞，播但敛衽无所可否。上尝从容与宰相论事，播意有所不可，起立欲言，杞目之而止。还至中书，杞谓播曰："以足下端悫少言，故相引至此，向者奈何发口欲言邪！"播自是不复敢言。从，千容翻。少，诗沼翻。复，扶又翻。

33 戊辰，遣都官员外郎樊泽【章：十二行本"樊"上有"河中"二字；乙十一行本同。】使于吐蕃，告以结盟之期。

34 丙子，肃王详薨。详，皇子也。

35 十一月，己卯朔，加淮南节度使陈少游同平章事。

36 田悦德朱滔之救，与王武俊议奉滔为主，称臣事之，滔不可，曰："惬山之捷，皆大夫二兄之力，二兄，谓王武俊也。武俊，第二。滔何敢独居尊位！"于是幽州判官李子千、恒冀判官郑濡等考异曰：旧传作"李子牟、郑儒"，今从燕南记。共议："请与郓州李大夫为四国，郓州李大夫，谓李纳也。俱称王而不改年号，如昔诸侯奉周家正朔。筑坛同盟，有不如约者，众共伐之。不然，岂得常为叛臣，茫然无主，用兵既无名，有功无官爵为赏，使将吏何所依归乎！"滔等皆以为然。滔乃自称冀王，田悦称魏王，王武俊称赵王，仍请李纳称齐王。是日，滔等筑坛于军中，告天而受之。考异曰：实录于十一月末云：'是月朱滔僭称大冀王。"燕南记云："十月十一日，于下营处各筑坛场，设仪注，告天，稽首称名，同日伪立为王。"旧本纪、朱滔、王武俊传皆云十一月，而无日。惟田悦传云，"十一月一日"。今从之。滔为盟主，称孤；武俊、悦、纳称寡人。所居堂曰殿，处分曰令，处，昌吕翻。分，扶问翻。令，力定翻。群下上书曰笺。妻曰妃，长子曰世子。各以其所治州为府，置留守兼元帅，以军政委之；又置东西曹，视中书、门下省；左右内史，视侍中、中书令；馀官皆仿天朝而易其名。上，时掌翻。长，知丈翻。守，式又翻。帅，所类翻。朝，直遥翻。

武俊以孟华为司礼尚书，华竟不受，呕血死；司礼尚书，视天朝礼部尚书。以兵马使卫常宁为内史监，彼所谓内史监，当位于左、右内史之上。使，疏吏翻。委以军事。常宁谋杀武俊，武俊腰斩之。武俊遣其将张终葵寇赵州，康日知击斩之。将，即亮翻。

李希烈帅所部三万徙镇许州，遣所亲诣李纳，与谋共袭汴州；帅，读曰率。汴，皮变翻。九域志：许州，东至汴州二百一十五里。遣使告李勉，云已兼领淄青，欲假道之官。勉为之治桥、具馔以待之，为，于伪翻。淄，庄持翻。治，直之翻。馔，雏恋翻，又雏晥翻。而严为之备。希烈竟不至，又密与朱滔等交通，纳亦数遣游兵渡汴以迎希烈。数，所角翻。由是东南转输者皆不敢由汴渠，自蔡水而上。蔡河，古之琵琶沟，在浚仪县。杜佑曰：汉运路，出浚仪十里，路入琵琶沟，至陈州而合。宋白曰：建中初，杜佑改漕路，自浚仪西十里路，其南涯引流入琵琶沟，经蔡河，至陈州合颍，是秦、汉故道。自隋开汴河，利涉扬、楚，故官漕不复由此道，佑始开之。上，时掌翻。

37 十二月，丁丑，李希烈自称天下都元帅、太尉、建兴王。时朱滔等与官军相拒累月，官军有度支馈粮，诸道益兵，而滔与王武俊孤军深入，专仰给于田悦，度，徒洛翻。仰，牛向翻。客主日益困弊。客，谓滔、武俊之军；主，谓田悦。闻李希烈军势甚盛，颇怨望，乃相与谋遣使诣许州，劝希烈称帝，希烈由是自称天下都元帅。使，疏吏翻。帅，所类翻。

38 司天少监徐承嗣请更造建中正元历；从之。乾元元年，改太史局为司天台，以令为监，正三品，少监，正四品上，掌察天文、稽历数，凡日月星辰风云气色之异，率其属占之。肃宗时，韩颍损益大衍历为至德历。宝应元年，代宗以至德历不与天合，诏司天台官属郭献之等复用麟德元纪，更立岁差，增损迟疾交会及五星差数，以写大衍术，曰五纪历。至是，五纪历气朔加时稍后天，推测星度与大衍差率颇异，乃诏承嗣等杂麟德、大衍之旨治新历，名建中正元历。少，始照翻。嗣，祥吏翻。更，工衡翻。

容肇祖标点聂崇岐覆校

资治通鉴卷第二百二十八

端明殿学士兼翰林侍读学士太中大夫
提举西京嵩山崇福宫上柱国河内郡开国公 司马光 奉敕编集
食邑二千二百户食实封九百户赐紫金鱼袋臣

后学天台胡三省音注

唐纪四十四 起昭阳大渊献(癸亥)正月，尽十月，不满一年。

德宗神武圣文皇帝三

建中四年(癸亥、七八三)

1 春，正月，丁亥，陇右节度使张镒与吐蕃尚结赞盟于清水。使，疏吏翻。镒，弋质翻。吐，从暾入声。清水，汉古县，唐属秦州。九域志：在州东九十里。

2 庚寅，李希烈遣其将李克诚袭陷汝州，执别驾李元平。将，即亮翻。汝州，治梁县，汉承休侯封邑也。元平，本湖南判官，薄有才艺，性疏傲，敢大言，好论兵；好，呼到翻。关【张："关"上脱"中书侍郎"。】播奇之，荐于上，以为将相之器，以汝州距许州最近，九域志：汝州，东南至许州二百七十里。史言关播所用非才。相，息亮翻。擢元平为汝州别驾，知州事。元平至汝州，即募工徒治城；治，直之翻。希烈阴使壮士应募执役，入数百人，元平不之觉。希烈遣克诚将数百骑突至城下，将，即亮翻，又音如字。骑，奇寄翻。应募者应之于内，缚元平驰去。元平为人眇小，无须，须，古字取象，以彡类髟毛也。后人从而加"髟"为"鬚"字，此俗书耳。见希烈恐惧，便液污地。便，毗连翻。便液，谓屎溺也。液，音亦。污，乌故翻。希烈骂之曰："盲宰相以汝当我，何相轻也！"以判官周晃为汝州刺史，又遣别将董待名等四出抄掠，取尉氏，尉氏县，属汴州。九域志：在州南九十里。抄，楚交翻。围郑州，官军数为所败。逻骑西至彭婆，数，所角翻。败，补迈翻。逻，郎佐翻。骑，奇寄翻。逻骑，巡逻游弈之骑。九域志：河南府河南县有彭婆镇。金人疆域图：洛阳县有彭婆镇。东都士民震骇，窜匿山谷；留守郑叔则入保西苑。东都西苑，在东都城西。郑叔则盖备有急易于西奔也。守，式又翻。

上问计于卢杞，对曰："希烈年少骁将，恃功骄慢，将佐莫敢谏止；诚得儒雅重臣，奉宣圣泽，为陈逆顺祸福，少，始照翻。骁，坚尧翻。将，即亮翻。为，于伪翻。希烈必革心悔过，可不劳军旅而服。颜真卿三朝旧臣，真卿历事玄、肃、代三朝。朝，直遥翻。忠直刚决，名重海内，人所信服，真其人也！"上以为然。甲午，命真卿诣许州宣慰希烈。诏下，举朝失色。下，遐嫁翻。

真卿乘驿至东都，郑叔则曰："往必不免，宜少留，须后命。"少，诗沼翻。须，待也。真卿曰："君命也，将焉避之！"焉，于虔翻。遂行。李勉表言："失一元老，为国家羞，请留之。"又使人邀真卿，【章：十二行本"卿"下有"于道"二字；乙十一行本同；张校同，云无注本亦无。】不及。真卿与其子书，但敕以"奉家庙、抚诸孤"而已。至许州，欲宣诏旨，希烈使其养子千馀人环绕慢骂，李希烈养壮士为子，谓之养子。环，音胡惯翻。拔刃拟之，为将剸啖之势；剸，旨兖翻，细割也。真卿足不移，色不变。希烈遽以身蔽之，麾众令退，馆真卿而礼之。令，力丁翻。馆，古玩翻。希烈欲遣真卿还，还，从宣翻，又音如字。会李元平在座，真卿责之，元平惭而起，以密启白希烈；希烈意遂变，留真卿不遣。

朱滔、王武俊、田悦、李纳各遣使诣希烈，上表称臣，劝进，使者拜舞于希烈前，说希烈曰：使，疏吏翻。上，时掌翻。

说，式芮翻。“朝廷诛灭功臣，失信天下；都统英武自天，功烈盖世，已为朝廷所猜忌，将有韩、白之祸，朝，直遥翻。统，他综翻，俗从上声。韩、白之祸，谓韩信斩于钟室，白起死于杜邮也。愿亟称尊号，使四海臣民知有所归。”希烈召颜真卿示之曰：“今四王遣使见推，不谋而同，以朱滔称冀王，王武俊称赵王，田悦称魏王，李纳称齐王，故希烈谓之四王。使，疏吏翻。太师观此事势，岂吾独为朝廷所忌无所自容邪！”邪，音耶。真卿曰：“此乃四凶，何谓四王！相公不自保功业，为唐忠臣，乃与乱臣贼子相从，求与之同覆灭邪！”希烈不悦，扶真卿出。他日，又与四使同宴，四使曰：“久闻太师重望，今都统将称大号而太师适至，是天以宰相赐都统也。”颜真卿为太子太师，故皆以其官称之。相，息亮翻。真卿叱之曰：“何谓宰相！汝知有骂安禄山而死者颜杲卿乎？颜杲卿事见二百一十七卷肃宗至德元载。叱，尺栗翻。乃吾兄也。吾年八十，知守节而死耳，岂受汝辈诱胁乎！”史炤曰：以利动之曰诱，以威迫之曰胁。诱，音酉。四使不敢复言。复，扶又翻。希烈乃使甲士十人守真卿于馆舍，掘坎于庭，云欲坑之，真卿怡然，见希烈曰：怡然，安和之貌。“死生已定，何必多端！亟以一剑相与，岂不快公心事邪！”希烈乃谢之。考异曰：颜氏行状以为：“公至许州，希烈前后诈为公表，奏请汴州者数十，上知而寝之。”旧真卿传以为：“希烈逼为章表，令雪己，愿罢兵马，累遣真卿兄子岘与从吏凡数辈继来京师。上皆不报。希烈大宴逆党，倡优斥黩朝政，真卿拂衣起。后张伯仪败绩，令以首级夸示，真卿号恸。周曾谋奉真卿，遂送真卿于龙兴寺。”按滔等推尊希烈在去年，真卿使许在今年正月，盖滔等始劝希烈称帝，希烈但称都元帅、建兴王，故今年滔等再遣樊播等劝进称为都统也。真卿刚烈，守之以死，希烈岂能逼之使为章表雪己！行状云“诈为表奏”，是也。

3戊戌，以左龙武大将军哥舒曜为东都、汝州节度使，将凤翔、邠宁、泾原、奉天、好畤行营兵万馀人讨希烈，凤翔、邠宁、泾原，三节镇之兵。奉天、好畤，神策，屯兵也。又诏诸道共讨之。曜行至郏城，郏，音夹。郏城县，属汝州，东魏之龙山县也，隋开皇初，改曰汝南，十八年，改曰辅城，大业初，改曰郏城。九域志：郏城县，在汝州东南九十里。宋白曰：春秋楚令尹子瑕城郏，即此。遇希烈前锋将陈利贞，击破之；希烈势小沮。沮，在吕翻。曜，翰之子也。天宝末，安禄山反，哥舒翰败没于潼关。

希烈使其将封有麟据邓州，南路遂绝，贡献、商旅皆不通。壬寅，诏治上津山路，置邮驿。上津县，属商州，治，直之翻。

4 二月，戊申朔，命鸿胪卿崔汉衡送区颊赞还吐蕃。区颊赞入见事始见上卷上年。胪，陵如翻。

5 丙寅，以河阳三城、怀、卫州为河阳军。

6 丁卯，哥舒曜克汝州，擒周晃。

7 三月，戊寅，江西节度使曹王皋败李希烈将韩霜露于黄梅，斩之；辛卯，拔黄州。时希烈兵栅蔡山，败，补迈翻。九域志：黄梅县，属蕲州，距州一百二十里。蔡山，在黄梅界，即江左新蔡郡治所，鲁悉达保聚之地。宋白曰：宋分江夏郡置南新蔡郡；隋开皇十八年，改为黄梅县，以界内黄梅山名之。祝穆曰：蔡山出大龟，春秋左氏传所谓大蔡，盖以山得名也。险不可攻。皋声言西取蕲州，蕲，音祈。蕲州，后汉为蕲春侯国，吴置蕲春郡，北齐置齐昌郡及罗州，后周改蕲州。州北有蕲水，南入于江。地名解云：蕲春，以水限多蕲菜，因名。引舟师溯江而上，希烈之将引兵循江随战。去蔡山三百馀里，皋乃复放舟顺流而下，上，时掌翻。复，扶又翻。下，遐嫁翻。急攻蔡山，拔之。希烈兵还救之，不及而败。皋遂进拔蕲州，表伊慎为蕲州刺史，王锷为江州刺史。

8 淮宁都虞候周曾、镇遏兵马使王玢、押牙姚憺、韦清密输款于李勉。玢，府巾翻。憺，徒滥翻，又徒敢翻。李希烈遣曾与十将康秀琳将兵三万攻哥舒曜，至襄城，襄城县，汉属颍川郡，晋属襄城郡；后周置汝州，唐贞观元年，废州，以襄城县属许州；贞观八年，以伊州为汝州，襄城仍属许州，天宝七载，复属汝州。九域志：襄城县，在汝州东南一百有五十里。曾等密谋还军袭希烈，奉颜真卿为节度使，使玢、儋、清为内应。希烈知之，遣别将李克诚将骡军三千人淮西地少马，乘骡以战，号骡子军，尤为骁锐。将，即亮翻；诚将音同，又音如字。骡，落戈翻。袭曾等，杀之，并杀玢、儋及其党。甲午，诏赠曾等官。始，韦清与曾等约，事泄不相引，故独得免。清恐终及祸，说希烈请诣朱滔乞师，说，式芮翻。希烈遣之，行至襄邑，逃奔刘洽。襄邑县，属宋州。刘洽时以宣武节度镇宋州。希烈闻周曾等有变，闭壁数日；其党寇尉氏、郑州者闻之，亦遁归。希烈乃上表归咎于周曾等，引兵还蔡州，上，时掌翻。还，从宣翻。蔡州，治汝阳县，淮宁本镇也。希烈时自许州退还。外示悔过从顺，实待朱滔等之援也。置颜真卿于龙兴寺。寺盖在蔡州。

丁酉，荆南节度使张伯仪与淮宁兵战于安州，安州，汉安陆地。官军大败，伯仪仅以身免，亡其所持节。希烈使人以其节及俘馘示颜真卿；真卿号恸投地，绝而复苏，自是不复与人言。俘，方无翻。馘，古获翻。号，户高翻。复，扶又翻，又音如字。

9 夏，四月，上以神策军使白志贞为京城召募使，募禁兵以讨李希烈。志贞请诸尝为节度、观察、都团练使者，不问存没，并勒其子弟帅奴马自备资装从军，帅，读曰率。授以五品官；贫者甚苦之，人心始摇。史言德宗穷兵，乱将作矣。

10 上命宰相、尚书与吐蕃区颊赞盟于丰邑里，区颊赞以清水之盟，疆埸未定，不果盟。是年春，张镒与吐蕃盟于清水。宋白曰：张镒与吐蕃盟文曰："今国家所守界，泾州，西至弹筝峡西口；陇州，西至清水县；凤州，西至同谷县；暨剑南西山大渡河东，为汉界。蕃国，守备在兰、渭、原、会，西至临洮，又东至成州，抵剑南西界磨些诸蛮、大渡水西南，为蕃界。"相，息亮翻。尚，辰羊翻。吐，从暾入声。埸，音亦。己未，命崔汉衡入吐蕃，决于赞普。是年二月，命崔汉衡送区颊赞，盖欲与之盟而遣之，久而盟未定。又命汉衡入吐蕃，决于赞普。此时中国疲于兵，彼固有以窥唐矣，盟无益也。

11 庚申，加永平、宣武、河阳都统李勉淮西招讨使，东都、汝州节度使哥舒曜为之副，以荆南节度使张伯仪为淮西应援招讨使，山南东道节度使贾耽、江西节度使曹王皋为之副。上督哥舒曜进兵，曜至颍桥，九域志：襄城县有颍桥镇。遇大雨，还保襄城。李希烈遣其将李光辉攻襄城；曜击却之。

12 五月，乙酉，颍王璬薨。璬，玄宗子，音古了翻。

13 乙未，以宣武节度使刘洽兼淄青招讨使。

14 李晟谋取涿、莫二州，以绝幽、魏往来之路，与张孝忠之子升云围朱滔所署易州刺史郑景济于清苑，水经注：徐水出北平，东径清苑城，东至高阳，入于河。刘昫曰：清苑县，汉之乐乡县，属信都国。隋为清苑县，属瀛州；唐景云元年，属冀州；至宋，以清苑县为保州治所。宋白曰：汉高宗访乐毅之后，得乐叔，封于乐乡。高齐省，仍自今易州满城县界移永宁县，理北城。隋改为清苑县，因满城县界清苑河为名。累月不下。滔以其司武尚书马寔为留守，司武尚书，犹天朝兵部尚书。将步骑万馀守魏营，自将步骑万五千救清苑。李晟军大败，退保易州。滔还军瀛州，张升云奔满城。刘昫曰：满城县，汉北平县地，后魏置永乐县，天宝元年，改为满城，属易州。会晟病甚，引军还保定州。考异曰：燕南记曰："晟与张升云等围郑景济于清苑，自二月至四月。滔自统马步万五千人救清苑，四月二日，发馆陶砦，五月内到。晟出战不利，城中又出攻晟，晟败去。滔乘胜逐晟等，大破之。晟奔易州，染病，不复更出。"实录曰："庚子，李晟自清苑退保易州。"旧晟传曰："自正月至于五月，会晟病甚，不知人者数焉。军吏合谋，乃以马舆还定州。"今从之。实录所云庚子，盖奏到之日也。

王武俊以滔既破李晟，留屯瀛州，未还魏桥，遣其给事中宋端趣之。趣，读曰促。端见滔，言颇不逊，滔怒，使谓武俊曰："滔以热疾，暂未南还，大王二兄遽有云云。滔以救魏博之故，叛君弃兄，如脱屣耳。履不躡跟曰屣，脱之易耳。二兄必相疑，惟二兄所为！”端还报，武俊自辨于马寔，寔以状白滔，言：“赵王知宋端无礼于大王，深加责让，实无他志。”武俊亦遣承令官郑和随寔使者见滔，谢之。时武俊等改要藉官为承令官。滔乃悦，相待如初。然武俊以是益恨滔矣。

六月，李抱真使参谋贾林诣武俊壁诈降。节度参谋，关预军中机密。武俊见之。林曰：“林来奉诏，非降也。”武俊色动，问其故，林曰：“天子知大夫宿著诚效，谓诛李惟岳也。及登坛之日，谓称王时也。抚膺顾左右曰：‘我本徇忠义，天子不察。’诸将亦尝共表大夫之志。天子语使者曰，‘朕前事诚误，悔之无及。朋友失意，尚可谢，况朕为四海之主乎！’”贾林先言武俊心事，后述天子诏旨，铺陈悔过之意，可谓善说矣。语，牛倨翻。武俊曰：“仆胡人也，为将尚知爱百姓；况天子，岂专以杀人为事乎！今山东连兵，暴骨如莽，杜预曰：草之生于广野莽莽然，故曰草莽。莽，莫朗翻。暴，步卜翻，又薄报翻。就使克捷，与谁守之！仆不惮归国，但已与诸镇结盟。胡人性直，不欲使曲在己，天子诚能下诏赦诸镇之罪，仆当首唱从化；诸镇有不从者，请奉辞伐之。如此，则上不负天子，下不负同列，不过五旬，河朔定矣。”使林还报抱真，阴相约结。为武俊与抱真破走朱滔张本。

15 庚戌，初行税间架、除陌钱法。时河东、泽潞、河阳、朔方四军屯魏县，神策、永平、宣武、淮南、浙西、荆南、江泗、沔鄂、湖南、黔中、剑南、岭南诸军环淮宁之境。江，谓江南西道，“泗”当作“西”。黔，音琴。环，音宦。旧制，诸道军出境，皆仰给度支；仰，牛向翻。上优恤士卒，每出境，加给酒肉，本道粮仍给其家，一人兼三人之给，故将士利之。各出军才逾境而止，书有之：“威克厥爱，允济；爱克厥威，允罔功。”德宗盖未知此者。

月费钱百三十馀万缗，常赋不能供。判度支赵赞乃奏行二法：二法，即所谓税间架及除陌钱也。所谓税间架者，每屋两架为间，上屋税钱二千，中税千，下税五百，吏执笔握算，入人室庐计其数。史炤曰：算，所以筹算也。其法用竹，径一分，长六寸，二百七十一枚而成。六觚为一握。或有宅屋多而无他资者，出钱动数百缗。敢匿一间，杖六十，赏告者钱五十缗。所谓除陌钱者，公私给与及卖买，每缗官留五十钱，给他物及相贸易者，约钱为率。贸，音茂。敢隐钱百，杖六十，罚钱二千，赏告者钱十缗，其赏钱皆出坐事之家。于是愁怨之声，盈于远近。

16 丁卯，徙郴王逾为丹王，鄜王遘为简王。二王，皆上弟也。

17 庚午，答蕃判官监察御史于頔答蕃判官，因当时出使署置，以为官名。頔，徒历翻。与吐蕃使者论剌没藏至自青海，剌，卢达翻。言疆埸已定，请遣区颊赞归国。秋，七月，甲申，以礼部尚书李揆为入蕃会盟使。入蕃命官，犹答蕃也。壬辰，诏诸将相与区颊赞盟于城西。李揆有才望，卢杞恶之，恶，乌路翻。故使之入吐蕃。揆言于上曰：“臣不惮远行，恐死于道路，不能达诏命！”上为之恻然，为，于伪翻。谓杞曰：“揆无乃太老！”杞曰：“使远夷，非谙练朝廷故事者不可。使，疏吏翻。谙，乌含翻。且揆行，则自今年少于揆者少，诗照翻。不敢辞远使矣。”使，疏吏翻。

18 八月，丁未，李希烈将兵三万围哥舒曜于襄城，诏李勉及神策将刘德信将兵救之。乙卯，希烈将曹季昌以随州降，寻复为其将康叔夜所杀。复，扶又翻。

19 初，上在东宫，闻监察御史嘉兴陆贽名，嘉兴，汉由拳县地，吴大帝黄龙三年，以其地嘉禾生，改为禾兴县，后避太子和名，改为嘉兴县。隋废县，唐初复置，属苏州。即位，召为翰林学士，韦执谊翰林志曰：自太宗时，名儒学士，时召草制，然犹未有名号。乾封以后，始号“北门学士”。玄宗初，置翰林待诏，掌四方表疏批答，应和文章。继以诏敕文告悉由中书，多壅滞，始选朝官有词艺学识者入居翰林，供奉别旨，然亦未定名；制诏书敕犹或分在集贤。开元二十六年，翰林供奉始改称学士，别建学士院于翰林院之南，俾专内命。其后又置东翰林院于金銮殿之西，随上所在。数问以得失。时两河用兵久不决，两河，谓河南、河北。赋役日滋，贽以兵穷民困，恐别生内变，乃上奏，其略曰："克敌之要，在乎将得其人；驭将之方，在乎操得其柄。将，即亮翻；下同。操，千高翻。将非其人者，兵虽众不足恃；操失其柄者，将虽材不为用。"又曰："将不能使兵，国不能驭将，非止费财玩寇之弊，亦有不戢自焚之灾。"左氏传曰：兵犹火也，不戢，将自焚。又曰："今两河、淮西为叛乱之帅者，独四五凶人而已。四五凶人，谓河北则朱滔、王武俊、田悦，河南则李纳，淮西则李希烈也。帅，所类翻。尚恐其中或遭诖误，诖，古卖翻，又胡卦翻。内蓄危疑；苍黄失图，势不得止。况其馀众，盖并胁从，史炤曰：书云胁从罔治，孔颖达疏云：谓被胁从而距王命者。余谓胁从者，为威力所迫胁，不得已而从于逆，非同心为逆者也。苟知全生，岂愿为恶！"又曰："无纾目前之虞，或兴意外之变。人者，邦之本也。财者，人之心也。其心伤则其本伤，其本伤则枝干颠瘁矣。"瘁，秦醉翻。又曰："人摇不宁，事变难测，是以兵贵拙速，不贵巧迟。若不靖于本而务救于末，则救之所为，乃祸之所起也。"又论关中形势，以为："王者蓄威以昭德，偏废则危；居重以驭轻，倒持则悖。王畿者，四方之本也。太宗列置府兵，分隶禁卫，大凡诸府八百馀所，而在关中者殆五百焉。举天下不敌关中，【章：乙十一行本"中"下有"之半"二字。】则居重驭轻之意明矣。承平渐久，武备浸微，虽府卫具存而卒乘罕习。卒，臧没翻。乘，绳证翻。故禄山窃倒持之柄，乘外重之资，一举滔天，两京不守。事见玄宗天宝十四载、肃宗至德元载。尚赖西边有兵，诸牧有马，每州有粮，故肃宗得以中兴。中，竹仲翻。乾元之后，继有外虞，悉师东讨，边备既弛，禁戎亦空，吐蕃乘虚，深入为寇，故先皇帝莫与为御，避之东游。事见二百二十三卷代宗广德元年。是皆失居重驭轻之权，忘深根固柢之虑。柢，都礼翻，又都计翻。内寇则殽、函失险，外侵则汧、渭为戎。汧，口肩翻。于斯之时，虽有四方之师，宁救一朝之患？陛下追想及此，岂不为之寒心哉！为，于伪翻。今朔方、太原之众，远在山东；谓李怀光以朔方军马，燧以太原军讨田悦，兵不解也。神策六军之兵，继出关外。左右羽林、左右龙武、左右神策为六军。又曰：左右羽林、龙武、神武为六军。神策军最盛，在六军之右。时李晟、哥舒曜、刘德信等皆以禁兵出关讨贼。傥有贼臣啖寇，黠虏觑边，啖，徒滥翻，又徒览翻。觑，七虑翻，伺视也。伺隙乘虚，微犯亭障，此愚臣所窃忧也。伺，相吏翻。未审陛下其何以御之！侧闻伐叛之初，议者多易其事，以其事为易也。易，弋豉翻。佥谓有征无战，役不逾时，计兵未甚多，度费未甚广，度，徒洛翻。于事为无扰，于人为不劳；曾不料兵连祸拏，变故难测，日引月长，渐乖始图。曾，户增翻。拏，女加翻，相牵引也。图，谋也。往岁为天下所患，咸谓除之则可致升平者，李正己、李宝臣、梁崇义、田悦是也。往岁为国家所信，咸谓任之则可除祸乱者，朱滔、李希烈是也。既而正己死，李纳继之；宝臣死，惟岳继之；崇义平，希烈叛；惟岳戮，朱滔携。携，离也，贰也。然则往岁之所患者，四去其三矣，去，羌吕翻。而患竟不衰；往岁之所信，今则自叛矣，而馀又难保。是知立国之安危在势，任事之济否在人。势苟安，则异类同心也；势苟危，则舟中敌国也。陛下岂可不追鉴往事，惟新令图，修偏废之柄以靖人，复倒持之权以固国！汉人曰，秦倒持太阿，授楚其柄。而乃孜孜汲汲，极思劳神，思，相吏翻。徇无已之求，望难必之效乎！今关辅之间，征发已甚，宫苑之内，备卫不全。北军皆屯苑中，时悉在行营。万一将帅之中，又如朱滔、希烈，或负固边垒，诱致豺狼，将，即亮翻。

帅，所类翻。诱，羊久翻。或窃发郊畿，惊犯城阙，此亦愚臣所窃为忧者也，未审陛下复何以备之！姚令言、朱泚之变，卒如陆贽所料。复，扶又翻，又音如字。陛下傥过听愚计，所遣神策六军李晟等及节将子弟，悉可追还；晟，成正翻。节将子弟，白志贞所奏遣东征者。还，从宣翻，又音如字。明敕泾、陇、邠、宁，但令严备封守，邠，卑旻翻。令，力丁翻。仍云更不征发，使知各保安居。又降德音，罢京城及畿县间架等杂税，则冀已输者弭怨，见处者获宁，见，贤遍翻。处，昌吕翻。人心不摇，邦本自固。”上不能用。

20 壬戌，以汴西运使崔纵兼魏州四节度都粮料使。汴东、西运使事始见上卷上年。河东节度使马燧、泽潞节度使李抱真、河阳节度使李艽、朔方节度使李怀光四军，时并在魏州行营。宋白曰：建中用兵，诸道行营出境者，皆仰给度支，谓之食出界粮。又于诸军各以台省官一人司其供亿，谓之粮料使。余按代宗广德初，郭子仪自商州进收京师，请第五琦为粮料使。纵，涣之子也。崔涣者，玄暐之孙，玄宗幸蜀，以为相。

21 九月，丙戌，神策将刘德信、宣武将唐汉臣与淮宁将李克诚战，败于沪涧。将，即亮翻。沪，侯古翻。考异曰：徐岱奉天记曰："大将唐汉臣、刘德信、高秉哲自大梁合统兵一万，屯于汝州。三帅各领本军，城小卒众，教令不一。军进至薛店，更无他路，又不设支军。贼谍知之，乘雾而进；三帅望敌大溃。戈楯资实山积，马万馀蹄，皆没焉。汝州遂陷。摄刺史李元平为寇所获，贼逻兵北至彭婆。”今从实录。时李勉遣汉臣将兵万人救襄城，上遣德信帅诸将家应募者三千人助之。将，即亮翻，又音如字。帅，读曰率；下同。勉奏："李希烈精兵皆在襄城，许州空虚，若袭许州，则襄城围自解。"去年希烈徙镇许州，盖欲乘虚捣其巢穴，则希烈必释襄城之围以自救。遣二将趣许州，趣，七喻翻。未至数十里，上遣中使责其违诏，二将狼狈而返，无复斥候。克诚伏兵邀之，杀伤太半。汉臣奔大梁，德信奔汝州；希烈游兵剽掠至伊阙。剽，匹妙翻。伊阙，禹所凿，春秋为戎蛮子之国，汉为新城县，隋为伊阙县，唐属河南府。勉复遣其将李坚帅四千人助守东都，复，扶又翻，又音如字。考异曰：新传作“李坚华”，今从实录。希烈以兵绝其后，坚军不得还。还，从宣翻，又音如字。汴军由是不振，襄城益危。汴，皮变翻。汴军，宣武兵也。此时则李勉帅永平军。方镇表：大历十四年，永平军增领汴、颍二州，徙治汴州，故使史有汴军之称。

22 上以诸军讨淮宁者不相统壹，庚子，以舒王谟为荆襄等道行营都元帅，更名谊；更，工衡翻。以户部尚书萧复为长史，右庶子孔巢父为左司马，谏议大夫樊泽为右司马，自馀将佐皆选中外之望。将，即亮翻；下同。未行，会泾师作乱而止。复，嵩之孙也；萧嵩，开元中为相。巢父，孔子三十七世孙也。

23 上发泾原诸道兵救襄城。冬，十月，丙午，泾原节度使姚令言将兵五千至京师。考异曰：旧传云：“令言率本镇兵五万赴援。”按奉天记曰：“哥舒曜表请加师，上使泾州节度使姚令言赴援。令言本领三千，请加至五千。”今从之。军士冒雨，寒甚，多携子弟而来，冀得厚赐遗其家，遗，唯季翻。既至，一无所赐。丁未，发至浐水，诏京兆尹王翃犒师，惟粝食菜啖；众怒，蹴而覆之，粝，卢达翻。啖，弋廉翻，又徒甘翻。蹴，子六翻。因扬言曰：“吾辈将死于敌，而食且不饱，安能以微命拒白刃邪！闻琼林、大盈二库，玄宗时，王鉷为户口色役使，征剥财货，每岁进钱百亿，宝货称是，入百宝大盈库，以供人主宴私赏赐之用。则玄宗时已有大盈库。陆贽谏帝曰：“琼林、大盈，自古悉无其制，传诸耆旧之说，皆云创自开元，聚敛之臣，贪权饰巧求媚，乃言‘郡国贡献，所合区分。赋税当委于有司，以给经用；贡献宜归于天子，以奉私求。’玄宗悦之，新置是二库，荡心侈欲，萌祸于兹。迨乎失邦，终以饵寇。”则库始于玄宗明矣。宋白曰：大盈库，内库也，以中人主之。至德中，第五琦始悉以租赋进入大盈库，天子以出纳为便，故不复出。金帛盈溢，不如相与取之。”乃擐甲张旗鼓噪，还趣京城。趣，七喻翻。令言入辞，尚在禁中，闻之，驰至长乐阪，遇之。长乐阪，在浐水西，本浐坂也。隋文帝恶其名，取其北对长乐，改曰长乐坂，亦曰长乐坡。乐，音洛。军士射令言，令言抱马鬣突入乱兵，呼曰：射，而亦翻。呼，火故翻；下大呼同。“诸君失计！东征立功，何患不富贵，乃为族灭之计乎！”军士不听，以兵拥令言而西。自长乐坂西入京城。上遽命赐帛，人二匹；众益怒，射中使。射，而亦翻。又命中使宣慰，贼已至通化门外，通化门，京城东面北来第一门。程大昌曰：通化门，北去丹凤门，止两坊。中使出门，贼杀之。又命出金帛二十车赐之；贼已入城，喧声浩浩，不复可遏。复，扶又翻。百姓狼狈骇走，贼大呼告之曰：“汝曹勿恐，不夺汝商货僦质矣！不税汝间架陌钱矣！”呼，火故翻。僦，即就翻。上遣普王谊、翰林学士姜公辅出慰谕之；贼已陈于丹凤门外，陈，读曰阵。小民聚观者以万计。

初，神策军使白志贞掌召募禁兵，东征死亡者志贞皆隐不以闻，但受市井富儿赂而补之，名在军籍受给赐，而身居市廛为贩鬻。司农卿段秀实上言：“禁兵不精，其数全少，卒有患难，将何待之！”不听。少，诗沼翻。卒，读曰猝。难，乃旦翻。至是，上召禁兵以御贼，竟无一人至者。贼已斩关而入，上乃与王贵妃、韦淑妃、太子、诸王、唐安公主自苑北门出，王贵妃以传国宝系衣中以从；从，才用翻；下同。后宫诸王、公主不及从者什七八。

初，鱼朝恩既诛，宦官不复典兵，事见二百二十四卷代宗大历五年。有窦文场、霍仙鸣者，尝事上于东宫，至是，帅宦官左右仅百人以从，帅，读曰率。使普王谊前驱，太子执兵以殿。殿，丁练翻。司农卿郭曙以部曲数十人猎苑中，禁苑，在京城之北，东至灞水，西连故长安城，南连京城，北枕渭水。闻跸，谒道左，遂以其众从。曙，暧之弟也。暧、曙，皆郭子仪之子。右龙武军使令狐建方教射于军中，闻之，帅麾下四百人从，帅，读曰率；下相帅同。乃使建居后为殿。

姜公辅叩马言曰："朱泚尝为泾帅，见二百二十六卷元年。帅，所类翻。坐弟滔之故，废处京师，事见上卷上年。处，昌吕翻。心尝怏怏。臣谓陛下既不能推心待之，则不如杀之，毋贻后患。今乱兵若奉以为主，则难制矣。请召使从行。"上仓猝不暇用其言，曰："无及矣！"遂行。夜至咸阳，饭数匕而过。饭，扶晚翻。时事出非意，群臣皆不知乘舆所之。之，往也。乘，绳证翻。卢杞、关播逾中书垣而出。白志贞、王翃及御史大夫于颀、中丞刘从一、户部侍郎赵赞、翰林学士陆贽、吴通微等追及上于咸阳。颀，頔之从父兄弟；颀，渠希翻。之从，才用翻。从一，齐贤之从孙也。刘齐贤，祥道之子，以方正为高宗所重。

贼入宫，登含元殿，大呼曰："天子已出，宜人自求富！"遂讙噪，争入府库，运金帛，极力而止。讙，许元翻。小民因之，亦入宫盗库物，通【章：十二行本"通"上有"出而复入"四字；乙十一行本同。】夕不已。其不能入者，剽夺于路。诸坊居民各相帅自守。姚令言与乱兵谋曰："今众无主，不能持久，朱太尉闲居私第，请相与奉之。"众许诺。乃遣数百骑迎泚于晋昌里第。按长安图，自京城启夏门北入东街第二坊曰进昌坊。考异曰：旧泚传作"招国里"，今从实录。夜半，泚按辔列炬，传呼入宫，居含元殿，设警严，设鼓角以警严。一曰，设卒以警备严卫。自称权知六军。

戊申旦，泚徙居白华殿，考李晟收复京城次第，白华殿盖近光泰门内，大明宫东北隅。程大昌曰：晟收长安，亦自白华门入，诸家不载何地。以晟兵所届言之，当在大明东苑之东。出榜于外，称："泾原将士久处边陲，处，昌吕翻。不闲朝礼，闲，习也。朝，直遥翻；下同。辄入宫阙，致惊乘舆，西出巡幸。乘，绳证翻。太尉已权临六军，应神策军士及文武百官凡有禄食者，悉诣行在；不能往者，即诣本司。若出三日，检勘彼此无名者，皆斩！"于是百官出见泚，或劝迎乘舆；泚不悦，百官稍稍遁去。

源休以使回纥还，赏薄，怨朝廷，赏薄事见上卷上年。使，疏吏翻。入见泚，屏人密语移时，屏，必郢翻，又卑正翻。为泚陈成败，引符命，劝之僭逆。为，于伪翻。泚喜，然犹未决。宿卫诸军举白幡降者，列于阙前甚众。降，户江翻。泚夜于苑门出兵，旦自通化门入，骆驿不绝，张弓露刃，欲以威众。

上思桑道茂之言，道茂言见二百二十六卷元年。自咸阳幸奉天。县僚闻车驾猝至，欲逃匿山谷；主簿苏弁止之。弁，良嗣之兄孙也。苏良嗣，武后初为相。文武之臣稍稍继至；己酉，左金吾大将军浑瑊至奉天。瑊素有威望，众心恃之稍安。瑊，古咸翻。

庚戌，源休劝朱泚禁十城门，唐都长安，京城东面通化、春明、延兴三门，南面启夏、明德、安化三门，西延秋、金光、开远三门，北光化一门，凡十门。毋得出朝士，朝士往往易服为佣仆潜出。休又为泚说诱文武之士，使之附泚。又为，于伪翻。说，输芮翻。检校司空、同平章事李忠臣久失兵柄，太仆卿张光晟自负其才，皆郁郁不得志，李忠臣失兵柄见二百二十五卷代宗大历十四年。张光晟事见二百二十六卷元年。校，古效翻。晟，成正翻。泚悉起而用之。工部侍郎蒋镇出亡，坠马伤足，为泚所得。泚，且礼翻，又音此。先是休以才能，光晟以节义，镇以清素，都官员外郎彭偃以文学，太常卿敬釭以勇略，先，悉荐翻。釭，古红翻，又古双翻。皆为时人所重，至是皆为泚用。

凤翔、泾原将张廷芝、段诚谏将数千人救襄城，原将，即亮翻；谏将音同，又音如字。未出潼关闻朱泚据长安，杀其大将陇右兵马使戴兰，溃归于泚。泚先帅凤翔、泾原，故二镇之兵闻乱皆归之。潼，音同。使，疏吏翻。泚于是自谓众心所归，谋反遂定。以源休为京兆尹、判度支，度，徒洛翻。李忠臣为皇城使。唐六典：皇城在京城之中，东西五里，一百一十五步，南北三里，一百四十步。南面三门，中曰朱雀，左曰安上，右曰含光。东面二门，北曰延喜，南曰景风。西面二门，北曰安福，南曰顺义。其中，右社稷，左宗庙，百僚廨署列乎其间。唐自开元以前，以城门郎掌皇城诸门开阖之节，中世以后，置皇城使。百司供亿，六军宿卫，咸拟乘舆。乘，绳证翻。

辛亥，以浑瑊为京畿、渭北节度使，行在都虞候白志贞为都知兵马使，令狐建为中军鼓角使，以神策都虞候侯仲庄为左卫将军兼奉天防城使。浑，户昆翻，又户本翻。瑊，古咸翻。使，疏吏翻。令，力丁翻。

朱泚以司农卿段秀实久失兵柄，段秀实失兵柄见二百二十六卷元年。意其必怏怏，怏，于两翻。遣数十骑召之。秀实闭门拒之，骑士逾垣入，劫之以兵。秀实自度不免，骑，奇寄翻。垣，于元翻。度，徒洛翻。乃谓子弟曰："国家有患，吾于何避之，当以死徇社稷；汝曹宜人自求生。"乃往见泚。泚喜曰："段公来，吾事济矣。"延坐问计。秀实说之曰："公本以忠义著闻天下，谓泚能释镇入朝及与弟滔绝也。说，式芮翻。今泾军以犒赐不丰，遽有披猖，使乘舆播越。夫犒赐不丰，有司之过也，犒，口到翻。乘，绳证翻。夫，音扶。天子安得知之！公宜以此开谕将士，示以祸福，奉迎乘舆，复归宫阙，此莫大之功也！"将，即亮翻。复，扶又翻，又音如字。泚默然不悦，泚，且礼翻，又音此。然以秀实与己皆为朝廷所废，遂推心委之。左骁卫将军刘海宾、泾原都虞候何明礼、孔目官岐灵岳，皆秀实素所厚也，朝，直遥翻。骁，坚尧翻。段秀实镇泾原时，厚遇此三人。唐藩镇吏职，使院有孔目官，军府事无细大皆经其手，言一孔一目，无不综理也。史炤曰：岐，姓也。黄帝时有岐伯。考异曰：旧传曰"判官岐灵岳"。今从段公别传。秀实密与之谋诛泚，迎乘舆。

上初至奉天，诏征近道兵入援。有上言："朱泚为乱兵所立，且来攻城，宜早修守备。"上，时掌翻。卢杞切齿言曰："朱泚忠贞，群臣莫及，奈何言其从乱，伤大臣心！臣请以百口保其不反。"上亦以为然。又闻群臣劝泚奉迎，乃诏诸道援兵至者皆营于三十里外。姜公辅谏曰:“今宿卫单寡,防虑不可不深,若泚竭忠奉迎,何惮于兵多;如其不然,有备无患。”上乃悉召援兵入城。卢杞及白志贞言于上曰:“臣观朱泚心迹,必不至为逆,愿择大臣入京城宣慰以察之。”上以诸【章:十二行本“诸”作“问”;乙十一行本同;孔本同;退斋校同;熊校同。】从臣皆畏惮,莫敢行;从,才用翻。金吾将军吴溆独请行,上悦。溆退而告人曰:“食其禄而违其难,何以为臣!吾幸托肺附,溆,章敬皇后弟也。溆,音徐吕翻。难,乃旦翻;下同。非不知往必死,但举朝无蹈难之臣,使圣情慊慊耳!”慊慊,嫌恨不足之意。朝,直遥翻。慊,苦簟翻。遂奉诏诣泚。泚反谋已决,虽阳为受命,馆溆于客省,馆,古玩翻。寻杀之。溆,凑之兄也。

泚遣泾原兵马使韩旻将锐兵三千,声言迎大驾,实袭奉天。使,疏吏翻。将,即亮翻,又音如字。时奉天守备单弱,段秀实谓岐灵岳曰:“事急矣!”使灵岳诈为姚令言符,令旻且还,当与大军俱发。窃令言印未至,秀实倒用司农印印符,募善走者追之。旻至骆驿,骆驿,地名,史炤曰,骆谷关之驿也。余按韩旻若至骆谷关之驿,则已过奉天而西南矣,炤说非也。但未知骆驿在何地。得符而还。还,从宣翻,又音如字。秀实谓同谋曰:“旻来,吾属无类矣!我当直搏泚杀之,不克则死,终不能为之臣也!”乃令刘海宾、何明礼阴结军中之士,欲使应之于外。令,力丁翻。旻兵至,泚、令言大惊;岐灵岳独承其罪而死,不以及秀实等。

是日,泚召李忠臣、源休、姚令言及秀实等议称帝事。秀实勃然起,夺休象笏,武德初,因隋旧制,五品已上执象笏,三品已下前挫后直,五品已上后屈。自时厥后,一例上圆下方,曾不分别。前唾泚面,大骂曰:“狂贼!吾恨不斩汝万段,岂从汝反邪!”唾,吐卧翻。邪,音耶。因以笏击泚,泚举手扞之,才中其额,溅血洒地。泚与秀实相搏恟恟，中，竹仲翻。恟，许拱翻。恟恟，喧扰之状。左右猝愕，不知所为。海宾不敢进，乘乱而逸。忠臣前助泚，泚得匍匐脱走。秀实知事不成，谓泚党曰："我不同汝反，何不杀我！"众争前杀之。泚一手承血，一手止其众曰："义士也！勿杀。"秀实既死，泚哭之甚哀，以三品礼葬之。唐制：司农卿，从三品。海宾缞服而逃，刘海宾不能助段秀实，与之同死，逃将焉往！缞，仓回翻。后二日，捕得，杀之；考异曰：段公别传曰："五日夜，泚使泾原将李忠臣、高昂等统锐兵五千以袭奉天，六日，贼泚又令兵马使韩旻领马步二千以继之。"奉天记曰："秀实与海宾密谋诛泚，佯入，请间计事，而海宾置匕首于靴，欲以相应，为阍者见觉。秀实遽夺源休笏，挺而击之。"旧泚传曰："秀实与刘海宾谋诛泚，且虞叛卒之震惊法驾，乃潜为贼符，追所发兵。至六日，兵及骆驿而回。因与海宾同入见泚，为陈逆顺之理，而海宾于靴中取匕首，为其所觉，遂不得前。秀实知不可以义动，遽夺源休象笏，挺而击泚。"秀实传曰："与海宾约，事急为继，而令明礼应于外。及秀实击泚，而海宾等不至。"按李忠臣等若已将五千人袭奉天，则秀实虽追还旻兵，无益矣。又海宾若于靴中取匕首为贼所觉，则登时死矣，焉能复逃！若为阍者所觉，亦应时被擒，事迹喧著，贼为之备，秀实亦不得发矣！此数者，皆恐难信。今但取段公行状、幸奉天录及旧传可信者存之。亦不引何明礼。明礼从泚攻奉天，复谋杀泚，亦死。史终言之。复，扶又翻。上闻秀实死，恨委用不至，涕泗久之。

24 壬子，以少府监李昌巙为京畿、渭南节度使。巙，奴刀翻。

25 凤翔节度使、同平章事张镒，性儒缓，好修饰边幅，好，呼到翻。不习军事，闻上在奉天，欲迎大驾，具服用货财，献于行在。后营将李楚琳，为人剽悍，将，即亮翻。剽，匹妙翻。军中畏之，尝事朱泚，为泚所厚。行军司马齐映与同幕齐抗言于镒曰："不去楚琳，必为乱首。"去，羌吕翻。镒命楚琳出戍陇州。九域志：凤翔府西至陇州一百五十里。楚琳托事不时发。镒方以迎驾为忧，谓楚琳已去矣。楚琳夜与其党作乱，镒缒城而走，缒，驰伪翻。贼追及，杀之，判官王沼等皆死。映自水窦出，抗为佣保负荷而逃，皆免。荷，下可翻，又读如字。考异曰：旧映传曰："镒不从映言，乃示宽大，召楚琳语之曰：'欲令公使于外。'楚琳恐，是夜作乱，杀镒以应泚。"今从镒传。

始，上以奉天迫隘，欲幸凤翔，户部尚书萧复闻之，遽请见见，贤遍翻。曰："陛下大误，凤翔将卒皆朱泚故部曲，其中必有与之同恶者。臣尚忧张镒不能久，岂得以銮舆蹈不测之渊乎！"上曰："吾行计已决，试为卿留一日。"为，于伪翻。明日，闻凤翔乱，乃止。

齐映、齐抗皆诣奉天，以映为御史中丞，抗为侍御史。楚琳自为节度使，降于朱泚；陇州刺史郝通奔于楚琳。郝，呼各翻。

26 商州团练兵杀其刺史谢良辅。

27 朱泚自白华殿入宣政殿，东内含元殿之北为宣政殿。自称大秦皇帝，改元应天。癸丑，泚以姚令言为侍中、关内元帅，李忠臣为司空兼侍中，源休为中书侍郎、同平章事、判度支，蒋镇为吏部侍郎，樊系为礼部侍郎，彭偃为中书舍人，自馀张光晟等各拜官有差。立弟滔为皇太弟。姚令言与源休共掌朝政，朝，直遥翻；下同。凡泚之谋画、迁除、军旅、资粮，皆禀于休。休劝泚诛翦宗室在京城者以绝人望，杀郡王、王子、王孙凡七十七人。寻又以蒋镇为门下侍郎，李子平为谏议大夫，并同平章事。镇忧惧，每怀刀欲自杀，又欲亡窜，然性怯，竟不果。源休劝泚诛朝士之窜匿者以胁其馀，镇力救之，赖以全者甚众。樊系为泚撰册文，既成，仰药而死。樊系距朱泚之命，不为撰册，不过死耳。撰册而死，于义何居！大理卿胶水蒋沇诣行在，为贼所得，【章：十二行本"得"下有"逼以官"三字；乙十一行本同；孔本同；退斋校同。】沇绝食称病，潜窜得免。沇，以转翻。

28 哥舒曜食尽，弃襄城奔洛阳；李希烈陷襄城。

29 右龙武将军李观将卫兵千馀人从上于奉天，上委之召募，数日，得五千馀人，列之通衢，旗鼓严整，城人为之增气。为，于伪翻。

姚令言之东出也，泾州在西，故以救襄城为东出。以兵马使京兆冯河清为泾原留后，判官河中姚况知泾州事。河清、况闻上幸奉天，集将士大哭，激以忠义，发甲兵、器械百馀车，通夕输行在。通夕而行，自晚至旦也。城中方苦无甲兵，得之，士气大振。诏以河清为四镇、北庭行营、泾原节度使，况为行军司马。

30 上至奉天数日，右仆射、同平章事崔宁始至，上喜甚，抚劳有加。崔宁镇西川，有威名，危难之中见其至，可以镇安人心，故喜甚而抚劳加于他人。劳，力到翻。宁退，谓所亲曰："主上聪明英武，从善如流，但为卢杞所惑，以至于此！"因潸然出涕。潸，音删，又数板翻。杞闻之，与王翃谋陷之。翃言于上曰："臣与宁俱出京城，宁数下马便液，数，所角翻。便液，溺也。便，毗连翻。液，羊益翻。久之不至，有顾望意。"会朱泚下诏，以左丞柳浑同平章事，宁为中书令。浑，襄阳人也，时亡在山谷。翃使盩厔尉康湛诈为宁遗朱泚书，献之。遗，唯季翻。杞因谮宁与朱泚结盟，约为内应，故独后至。乙卯，上遣中使引宁就幕下，云宣密旨，二力士自后缢杀之，中外皆称其冤；上闻之，乃赦其家。

31 朱泚遣使遗朱滔书，遗，唯季翻。称："三秦之地，指日克平；大河之北，委卿除殄，当与卿会于洛阳。"滔得书，【章：十二行本"书"下有"西向舞蹈"四字；乙十一行本同；退斋校同；张校同，云无注本亦无。】宣示军府，移牒诸道，以自夸大。

32 上遣中使告难于魏县行营，魏县行营，马燧诸军之讨田悦者。难，乃旦翻。诸将相与恸哭。李怀光帅众赴长安，为李怀光救奉天、破朱泚张本。帅，读曰率。马燧、李芃各引兵归镇，马燧归太原，李芃归河阳。李抱真退屯临洺。

33 丁巳，以户部尚书萧复为吏部尚书，吏部郎中刘从一为刑部侍郎，翰林学士姜公辅为谏议大夫，并同平章事。

34 朱泚自将逼奉天，军势甚盛。以姚令言为元帅，泚，且礼翻，又音此。将，即亮翻。帅，所类翻。考异曰：奉天记："十月十日，贼泚自统众攻奉天，以姚令言为都统。"今从实录、旧泚传。张光晟副之，以李忠臣为京兆尹、皇城留守，仇敬忠为同、华等州节度、拓东王，以扞关东之师，李日月为西道先锋经略使。晟，成正翻。守，式又翻。拓，达各翻。扞，户旰翻。使，疏吏翻。华，户化翻。

邠宁留后韩游瓌，庆州刺史论惟明，监军翟文秀，受诏将兵三千拒泚于便桥，与泚遇于醴泉。游瓌欲还趣奉天，邠，卑旻翻。瓌，古回翻。监，古衔翻。翟，苌伯翻。将，音同上，又音如字。还，从宣翻，又音如字。趣，七喻翻；下同。文秀曰："我向奉天，贼亦随至，是引贼以迫天子也。不若留壁于此，贼必不敢越我向奉天；若不顾而过，则与奉天夹攻之。"游瓌曰："贼强我弱，若贼分军以缀我，直趣奉天，奉天兵亦弱，何夹攻之有！我今急趣奉天，所以卫天子也。且吾士卒饥寒而贼多财，彼以利诱吾卒，吾不能禁也。"翟文秀欲留拒贼，诏旨也。夹攻之说，兵家常论也。挟诏旨而依兵家常论以制将帅，未有不折而从之者也。微韩游瓌持之，奉天殆矣。诱，羊久翻。遂引兵入奉天；泚亦随至。官军出战，不利，泚兵争门，欲入；浑瑊与游瓌血战竟日。门内有草车数乘，浑，户昆翻，又户本翻。瑊，古咸翻。乘，绳证翻。瑊使虞候高固帅甲士以长刀斫贼，皆一当百，帅，读曰率。曳车塞门，纵火焚之，塞，悉则翻。众军乘火击贼，贼乃退。会夜，泚营于城东三里，击柝张火，布满原野，使西明寺僧法坚造攻具，毁佛寺以为梯冲。西明寺，在长安城中延康坊，本隋杨素宅也。梯，云梯。冲，冲车。代宗饭僧以护国，今朱泚乃用僧造攻具以攻奉天。柝，达各翻。韩游瓌曰："寺材皆乾薪，乾，音干。但具火以待之。"固，侃之玄孙也。高侃事太宗、高宗，为将有功。泚自是日来攻城，瑊、游瓌等昼夜力战。幽州兵救襄城者闻泚反，突入潼关，归泚于奉天，幽州兵，即代宗时朱泚入朝诣京西防秋兵也。普润戍卒亦归之，普润戍卒，神策兵也。有众数万。

上与陆贽语及乱故，深自克责。贽曰："致今日之患，皆群臣之罪也。"上曰："此亦天命，非由人事。"贽退，上疏，以为："陛下志壹区宇，四征不庭，杜预曰不庭，谓不朝也。下之事上，皆成礼于庭中。一说：庭，直也；不庭，不直也。凶渠稽诛，逆将继乱，凶渠，谓田悦、李纳也。逆将，谓朱滔、李希烈等也。渠，大也。将，即亮翻。兵连祸结，行及三年。建中二年，兵端始启，至是及三年。征师日滋，赋敛日重，敛，力赡翻。内自京邑，外洎边陲，洎，其既翻。行者有锋刃之忧，居者有诛求之困。是以叛乱继起，怨讟并兴，非常之虞，亿兆同虑。唯陛下穆然凝邃，独不得闻，至使凶卒鼓行，白昼犯阙，岂不以乘我间隙，因人携离哉！间，古苋翻。陛下有股肱之臣，有耳目之任，有谏诤之列，有备卫之司，见危不能竭其诚，临难不能效其死；难，乃旦翻。臣所谓致今日之患，群臣之罪者，岂徒言欤！圣旨又以国家兴衰，皆有天命。臣闻天所视听，皆因于人。书曰：天视自我民视，天听自我民听。故祖伊责纣之辞曰：'我生不有命在天！'武王数纣之罪曰：'乃曰吾有命，罔惩其侮。'并见尚书。数，所具翻。此又舍人事而推天命必不可之理也！易曰：'视履考祥。'履卦上九爻辞。王弼曰：祸福之祥，生于所履。处履之极，履道成矣，故可以视履而考祥。又曰：'吉凶者，失得之象。'易大传之辞。此乃天命由人，其义明矣。然则圣哲之意，六经会通，皆谓祸福由人，不言盛衰有命。盖人事理而天命降乱者，未之有也；人事乱而天命降康者，亦未之有也。郑玄曰：降康者，下平安之福。自顷征讨颇频，刑网稍密，物力耗竭，人心惊疑，如居风涛，汹汹靡定。上自朝列，朝，直遥翻。下达蒸黎，日夕族党聚谋，咸忧必有变故，旋属泾原叛卒，果如众庶所虞。属，之欲翻。虞，度也。京师之人，动逾亿计，固非悉知算术，皆晓占书，则明致寇之由，未必尽关天命。臣闻理或生乱，乱或资理，理，治也。唐人避高宗讳，皆以治为理。有以无难而失守，有以多难而兴邦。难，乃旦翻。今生乱失守之事，则既往而不可复追矣；复，扶又翻。其资理兴邦之业，在陛下克励而谨修之。何忧乎乱人，何畏于厄运！勤励不息，足致升平，岂止荡涤妖氛，旋复宫阙而已！”

35 田悦说王武俊，使与马寔共击李抱真于临洺。魏县行营既散，李抱真退屯临洺。说，式芮翻；下林说、因说、复说同。抱真复遣贾林说武俊曰：“临洺兵精而有备，未易轻也。复，扶又翻。易，以豉翻。今战胜得地，则利归魏博；不胜，则恒冀大伤。易、定、沧、赵，皆大夫之故地也，时张孝忠据易、定、沧，康日知据赵州。不如先取之。”武俊乃辞悦，与马寔北归。壬戌，悦送武俊于馆陶，九域志：馆陶在元城北四十五里。执手泣别，下至将士，赠遗甚厚。

先是，武俊召回纥兵，使绝李怀光等粮道，遗，于季翻。先，悉荐翻。怀光等已西去，而回纥达干将回纥千人、杂虏二千人适至幽州北境。朱滔因说之，将，即亮翻。说，式芮翻；下同。欲与俱诣河南取东都，应接朱泚，许以河南子女【章：十二行本“女”下有“金帛”二字；乙十一行本同；张校同，云无注本亦无。】赂之。滔娶回纥女为侧室，回纥谓之朱郎，且利其俘掠，许之。

贾林复说武俊曰：复，扶又翻。“自古国家有患，未必不因之更兴；况主上九叶天子，自高祖、太宗、高宗、中宗、睿宗、玄宗、肃宗、代宗至帝，凡九世。聪明英武，天下谁肯舍之共事朱泚乎！滔自为盟主以来，轻蔑同列。河朔古无冀国，冀乃大夫之封域也。滔称冀王，盖奄禹迹冀州之域以自大。而王武俊巡属有冀州，故林以是间之。今滔称冀王，又西倚其兄，泚者，滔兄。北引回纥，其志欲尽吞河朔而王之，大夫虽欲为之臣，不可得矣。田悦之间王武俊、朱滔，与贾林之说王武俊者同一利害耳。人惟趋利而避害，故说行，非有他巧也。且大夫雄勇善战，非滔之比；又本以忠义手诛叛臣，谓杀李惟岳也。当时宰相处置失宜，处，昌吕翻。为滔所诳诱，故蹉跌至此。蹉，仓何翻。跌，徒结翻。不若与昭义并力取滔，其势必获。滔既亡，则泚自破矣。此不世之功，转祸为福之道也。今诸道辐凑攻泚，不日当平。天下已定，大夫乃悔过而归国，则已晚矣！”时武俊已与滔有隙，因攘袂作色曰：“二百年天子吾不能臣，岂能臣此田舍儿乎！”遂与抱真及马燧相结，约为兄弟；然犹外事滔，礼甚谨，与田悦各遣使见滔于河间，瀛州，治河间县。贺朱泚称尊号，且请马寔之兵共攻康日知于赵州。

36 汝、郑应援使刘德信将子弟军在汝州，是年四月，募诸尝为节度、观察、都团练使子弟，帅奴马从军，使刘德信将之以救襄城。闻难，引兵入援，难，乃旦翻。与泚众战于见子陵，破之；新书本纪作“思子陵”。水经注：阌乡县西皇天原上，有汉武帝思子台。又汉薄太后陵在霸陵之南，近文帝陵，故薄太后曰：“南望吾子，北望吾夫。”故俗呼为见子陵也。以东渭桥有转输积粟，癸亥，进屯东渭桥。程大昌曰：东渭桥，在万年县北五十里，灞水合渭之地。

37 朱泚夜攻奉天东、西、南三面。甲子，浑瑊力战却之；左龙武大将军吕希倩战死。乙丑，泚复攻城，复，扶又翻。将军高重捷与泚将李日月战于梁山之隅，破之；梁山，在奉天城北五里，乾陵在焉。重，直龙翻。乘胜逐北，身先士卒，先，悉荐翻。贼伏兵擒之。其麾下十馀人奋不顾死，追夺之；贼不能拒，乃斩其首，弃其身而去。麾下收之入城，上亲抚而哭之尽哀，结蒲为首而葬之，赠司空。朱泚见其首，亦哭之曰："忠臣也！"束蒲为身而葬之。李日月，泚之骁将也，战死于奉天城下；泚归其尸于长安，厚葬之。其母竟不哭，骂曰："奚奴！国家何负于汝而反？死已晚矣！"及泚败，贼党皆族诛，独日月之母不坐。

己巳，加浑瑊京畿、渭南·北、金商节度使。

38 壬申，王武俊与马寔至赵州城下。

39 初，朱泚镇凤翔，遣其将牛云光将幽州兵五百人戍陇州，宋白曰：后魏分泾、岐之地，置东秦州，大统十七年改为陇州，因陇山为名。以陇右营田判官韦皋领陇右留后。考异曰：奉天记作"凤翔节度判官"。今从实录。及郝通奔凤翔，李楚琳作乱，郝通自陇州奔归之。牛云光诈疾，欲俟皋至，伏兵执之以应泚，事泄，帅其众奔泚。至汧阳，汧阳县，属陇州。九域志：在州东六十里。帅，读曰率。汧，口肩翻。遇泚遣中使苏玉赍诏书加皋中丞，玉说云光曰：说，式芮翻。"韦皋，书生也。君不如与我俱之陇州，皋幸而受命，乃吾人也；不受命，君以兵诛之，如取孤豘耳！"豘，与豚同，豕子也。云光从之。皋从城上问云光曰："向者不告而行，今而复来，何也？"复，扶又翻；下同。云光曰："向者未知公心，今公有新命，谓朱泚加皋中丞之命也。故复来，愿托腹心。"皋乃先纳苏玉，受其诏书；谓云光曰："大使苟无异心，请悉纳甲兵，使城中无疑，众乃可入。"云光以皋书生，易之，易，以豉翻，轻易。乃悉以甲兵输之而入。明日，皋宴玉、云光及其卒于郡舍，伏甲诛之。筑坛，盟将士曰："李楚琳贼虐本使，本使，谓张镒也。李楚琳，镒之部曲将，而杀镒从逆，故云然。既不事上，安能恤下，陇州，凤翔巡属也。言李楚琳既虐杀其帅，安能恤陇州将士乎！宜相与讨之！”遣兄平、弇诣奉天，请命于行在所。复遣使求援于吐蕃。恐朱泚遣兵攻之，引吐蕃以为援。

容肇祖标点聂崇岐覆校